Conheça o
Saraiva Conecta

Uma plataforma que apoia o leitor em sua jornada de estudos e de atualização.

Atualize-se *online* com conteúdos complementares ao livro e que ampliam a sua compreensão dos temas abordados nesta obra.

Tudo isso com a **qualidade Saraiva Educação** que você já conhece!

Veja como acessar

No seu computador
Acesse o *link*
https://somos.in/SIDPCCB

No seu celular ou tablet
Abra a câmera do seu celular ou aplicativo específico e aponte para o *QR Code* disponível no livro.

Faça seu cadastro

1. Clique em "**Novo por aqui? Criar conta**".

2. Preencha as informações – insira um *e-mail* que você costuma usar, ok?

3. Crie sua senha e clique no botão "**CRIAR CONTA**".

Pronto! Agora é só aproveitar o conteúdo desta obra!*

Qualquer dúvida, entre em contato pelo *e-mail* **suportedigital@saraivaconecta.com.br**

Para consultar o conteúdo complementar, acesse: **https://somos.in/SIDPCCB**

* Para consultar comentários a eventuais atualizações da Constituição Federal promulgadas até o mês de dezembro de 2023, acesse a plataforma Saraiva Conecta pelo link ou pelo QRCode indicados. O seu acesso tem validade de 24 meses, a contar da data de fechamento desta edição.

INFORMAÇÃO AO LEITOR:

Para referenciar esta obra, sugerem-se os seguintes formatos:

- Na hipótese de referência ao **livro como um todo**:

CANOTILHO, J. J. Gomes; MENDES, Gilmar F.; SARLET, Ingo W.; STRECK, Lenio L.; LEONCY, Léo F. (coord.). *Comentários à Constituição do Brasil*. 3. ed. São Paulo: SaraivaJur/Almedina/IDP, 2023. 2.616 p.

- Na hipótese de referência a **parte específica do livro**:

- quando o texto for de *autoria de organizador da obra*:

STRECK, Lenio L. Comentário ao artigo 5º, XII. *In*: CANOTILHO, J. J. Gomes; MENDES, Gilmar F.; SARLET, Ingo W.; LEONCY, Léo F.; _____ (coord.). *Comentários à Constituição do Brasil*. 3. ed. São Paulo: SaraivaJur/Almedina/IDP, 2023. p. x-y.

- quando o texto for de *autoria de colaborador da obra*:

CATTONI DE OLIVEIRA, Marcelo A. Comentário ao artigo 1º, parágrafo único. *In*: CANOTILHO, J. J. Gomes; MENDES, Gilmar F.; SARLET, Ingo W.; STRECK, Lenio L.; LEONCY, Léo F. (coord.). *Comentários à Constituição do Brasil*. 3. ed. São Paulo: SaraivaJur/Almedina/IDP, 2023. p. x-y.

J. J. Gomes Canotilho
Gilmar Ferreira Mendes
Ingo Wolfgang Sarlet
Lenio Luiz Streck

Coordenação Científica

Léo Ferreira Leoncy

Coordenação Executiva

COMENTÁRIOS À CONSTITUIÇÃO DO BRASIL

3ª edição
Revista e atualizada
2023

saraiva EDUCAÇÃO | **saraiva** jur

Av. Paulista, 901, Edifício CYK, 4º andar
Bela Vista – São Paulo – SP – CEP 01310-100

SAC | sac.sets@saraivaeducacao.com.br

Diretoria executiva	Flávia Alves Bravin
Diretoria editorial	Ana Paula Santos Matos
Gerência de produção e projetos	Fernando Penteado
Gerência editorial	Thais Cassoli Reato Cézar
Novos projetos	Aline Darcy Flôr de Souza
	Dalila Costa de Oliveira
Edição	Livia Céspedes (coord.)
	Deborah Caetano de Freitas Viadana
	Ana Carolina de Souza Gomes
	Daniel Pavani Naveira
	Liana Ganiko Brito
Design e produção	Jeferson Costa da Silva (coord.)
	Rosana Peroni Fazolari
	Camilla Felix Cianelli Chaves
	Lais Soriano
	Tiago Dela Rosa
Planejamento e projetos	Cintia Aparecida dos Santos
	Daniela Maria Chaves Carvalho
	Emily Larissa Ferreira da Silva
	Kelli Priscila Pinto
Diagramação	Fernanda Matajs
Revisão	Paula Brito
	Denise Pisaneschi
Capa	Deborah Mattos
Produção gráfica	Marli Rampim
	Sergio Luiz Pereira Lopes
Impressão e acabamento	Ed. Loyola

DADOS INTERNACIONAIS DE CATALOGAÇÃO NA PUBLICAÇÃO (CIP)
VAGNER RODOLFO DA SILVA – CRB-8/9410

C732

Comentários à Constituição do Brasil / coordenado por J. J. Gomes Canotilho ... [et al.]; outros autores e coordenadores Ingo Wolfgang Sarlet, Lenio Luiz Streck, Gilmar Ferreira Mendes – 3. ed. rev. atual. – São Paulo : SaraivaJur, 2023. (Série IDP)

2616 p.

ISBN: 978-65-5362-503-7 (Impresso)

1. Direito. 2. Direito Constitucional. 3. Constituição do Brasil. I. Canotilho, J. J. Gomes. II. Mendes, Gilmar Ferreira. III. Sarlet, Ingo Wolfgang. IV. Streck, Lenio Luiz. V. Leoncy, Léo Ferreira. VI. Título.

2023-1267

CDD 342
CDU 342

Índice para catálogo sistemático:

1. Direito Constitucional   342

Data de fechamento da edição: 7-8-2023

Dúvidas? Acesse www.saraivaeducacao.com.br

Nenhuma parte desta publicação poderá ser reproduzida por qualquer meio ou forma sem a prévia autorização da Saraiva Educação. A violação dos direitos autorais é crime estabelecido na Lei n. 9.610/98 e punido pelo art. 184 do Código Penal.

| CÓD. OBRA | 10072 | CL | 608309 | CAE | 820208 |

COORDENADORES CIENTÍFICOS

GILMAR FERREIRA MENDES

Ministro do Supremo Tribunal Federal do Brasil. Professor de Direito Constitucional dos cursos de Pós-Graduação e Graduação em Direito do Instituto Brasileiro de Ensino, Desenvolvimento e Pesquisa (IDP) e da Faculdade de Direito da Universidade de Brasília (UnB) – aposentado. Pós-Doutor, Doutor e Mestre em Direito pela Universidade de Münster, Alemanha. Mestre em Direito pela UnB. Membro do conselho editorial de várias publicações nacionais e estrangeiras. Coordenador da Série IDP, da Saraiva Educação. Autor de diversas obras e artigos publicados no Brasil e no exterior. Ganhador do Prêmio Jabuti na categoria de melhor livro de Direito.

INGO WOLFGANG SARLET

Doutor e Pós-Doutor em Direito pela Universidade de Munique (Ludwig-Maximilians-Universität-München), Professor Titular da Escola de Direito da Pontifícia Universidade Católica do Rio Grande do Sul (PUCRS), onde também coordena o Mestrado e o Doutorado em Direito e atua como professor do Mestrado e Doutorado em Ciências Criminais. Desembargador aposentado do Tribunal de Justiça do Rio Grande do Sul (TJRS), advogado e parecerista.

JOSÉ JOAQUIM GOMES CANOTILHO

Professor Catedrático de Ciências Jurídico-Políticas. Foi Vice-Reitor da Universidade de Coimbra, Vice-Presidente do Conselho Diretivo da Faculdade de Direito, Presidente do Conselho Científico da Faculdade de Direito de Coimbra, Presidente da Comissão Nacional de Avaliação Externa dos Cursos de Direito, Membro da Comissão para a Revisão do Conceito Estratégico da Defesa Nacional e Presidente da Comissão de Curadores da Agência de Avaliação e Acreditação do Ensino Superior em Portugal, além de outros vários encargos e cargos públicos e acadêmicos, em Portugal e em vários outros países de Língua Portuguesa. Condecorado por duas vezes pelo Senhor Presidente da República. Prêmio Pessoa de Literatura de 2003. Comenda da Ordem Nacional do Cruzeiro do Sul de 2018. Autor de inúmeros livros, artigos e textos científicos, com destaque para os seguintes livros: *Direito Constitucional e Teoria da Constituição*; *Constituição da República Portuguesa anotada* (em coautoria com Vital Moreira) e *Constituição Dirigente e Vinculação do Legislador*.

LENIO LUIZ STRECK

Mestre em Teoria do Direito e Doutor em Direito do Estado pela Universidade Federal de Santa Catarina (UFSC). Pós-Doutor em Direito Constitucional (Universidade de Lisboa). Membro Catedrático da Academia Brasileira de Direito Constitucional (ABDCONST). Membro da Academia Brasileira de Direito (ABD). Membro da Comissão Permanente de Direito Constitucional do Instituto dos Advogados Brasileiros (IAB) e do Observatório da Jurisdição Constitucional do Instituto Brasileiro de Ensino, Desenvolvimento e Pesquisa (IDP). Ex-Procurador de Justiça do Estado do Rio Grande do Sul. Âncora do programa Direito e Literatura da TV Justiça. Colunista da Rádio Justiça no programa Compreender Direito. Professor Emérito da Escola da Magistratura do Estado do Rio de Janeiro (EMERJ). Professor titular da Universidade do Vale do Rio dos Sinos (Unisinos-RS) e Universidade Estácio de Sá (Unesa-RJ). Professor visitante de universidades brasileiras e estrangeiras. Autor de mais de 60 livros e 350 artigos em revistas especializadas em diversas línguas. Presidente de Honra do Instituto de Hermenêutica Jurídica. Criador da Crítica Hermenêutica do Direito (CHD). Coordenador do Núcleo de Estudos Hermenêuticos (DASEIN). Advogado e sócio do escritório Streck & Trindade Advogados.

COORDENADOR EXECUTIVO

LÉO FERREIRA LEONCY

Doutor em Direito do Estado pela Universidade de São Paulo (USP). Mestre em Direito pela Universidade de Brasília (UnB). Bacharel em Direito pela Universidade Federal do Pará (UFPA). Foi Professor Adjunto da Universidade Federal de Minas Gerais (UFMG), Professor Voluntário da Universidade de Brasília (UnB), Professor Doutor da Universidade Católica de Brasília (UCB), Professor Doutor do Centro Universitário de Brasília (UniCeub) e Professor da Especialização do Instituto Brasileiro de Ensino, Desenvolvimento e Pesquisa (IDP), em disciplinas como Direito Constitucional, Controle de Constitucionalidade, Direito Constitucional Estadual e Direito Constitucional das Políticas Públicas. É Procurador do Distrito Federal, atualmente na chefia da Procuradoria Especial de Defesa da Constitucionalidade, com atuação em ações do controle abstrato perante o Supremo Tribunal Federal (STF) e o Tribunal de Justiça do Distrito Federal e Territórios (TJDFT), bem como em análise da constitucionalidade de políticas públicas e de projetos de lei. Por estes Comentários, foi agraciado, ao lado dos demais coordenadores, com o Prêmio Jabuti, concedido pela Câmara Brasileira do Livro (CBL).

COLABORADORES

ADRIANO SANT'ANA PEDRA
Pós-doutorado realizado no Centro de Direitos Humanos da Faculdade de Direito da Universidade de Coimbra. Doutor em Direito Constitucional pela Pontifícia Universidade Católica de São Paulo (PUC-SP). Mestre em Direitos e Garantias Fundamentais pela Faculdade de Direito de Vitória (FDV). Mestre em Física Quântica pela Universidade Federal do Espírito Santo (Ufes). Professor do curso de Direito da FDV. Professor do Programa de Pós-Graduação *stricto sensu* – Mestrado e Doutorado – em Direitos e Garantias Fundamentais da FDV. Professor do Programa de Pós-Graduação em Gestão Pública – Mestrado Profissional – na Ufes. Professor da Escola da Advocacia-Geral da União. Membro da Associação Internacional de Direito Constitucional. Procurador Federal.

ALEXANDRE BAHIA
Mestre e Doutor em Direito Constitucional pela Universidade Federal de Minas Gerais (UFMG). Pós-Doutor pela Universidade do Porto. Professor Associado na Universidade Estadual de Ouro Preto (Ufop) e Bolsista de Produtividade do CNPq.

ALEXANDRE SANTOS DE ARAGÃO
Professor Titular de Direito Administrativo da Universidade do Estado do Rio de Janeiro (Uerj). Doutor em Direito do Estado pela Universidade de São Paulo (USP). Mestre em Direito Público pela Uerj. Procurador do Estado do Rio de Janeiro. Advogado.

ALEXANDRE SCHUBERT CURVELO
Doutor e Mestre em Direito pela Direito da Pontifícia Universidade Católica do Rio Grande do Sul (PUCRS). Professor de Direito Administrativo. Advogado.

ALINE OSORIO
Mestre em Direito Público pela Universidade do Estado do Rio de Janeiro (Uerj). Mestre (LL.M.) pela Harvard Law School. Professora de Direito Constitucional no Centro Universitário de Brasília (UniCeub).

ALMIRO REGIS MATOS DO COUTO E SILVA
(in memorian)
Professor Notório Saber em Direito Público pela Universidade Federal do Rio Grande do Sul. Graduado em Ciências Jurídicas e Sociais pela Universidade Federal do Rio Grande do Sul. Especialista em Direito Administrativo e Direito Romano pela Universidade de Heidelberg. Professor de Direito Administrativo do curso de Pós-Graduação em Direito da Universidade Federal do Rio Grande do Sul. Procurador do Estado do Rio Grande do Sul aposentado. Membro do Conselho Editorial da *Revista Brasileira de Direito Público* e do Conselho de Orientação da *Revista trimestral de Direito Público*. Membro honorário do Instituto Internacional de Estudos de Direito do Estado (IIEDE). Exerceu advocacia em Porto Alegre e perante os Tribunais Superiores em Brasília atuando, principalmente, na área do Direito Administrativo. Faleceu no dia 16 de abril de 2018.

AMANDA ROSALES GONÇALVES HEIN HAINZENREDER
Mestre em Direito pela Pontifícia Universidade Católica do Rio Grande do Sul (PUCRS). Especialista em Direito Empresarial pela Fundação Getúlio Vargas (FGV). Especialista em Direito Internacional Privado e Público pela Universidade Federal do Rio Grande do Sul (UFRS). Extensão acadêmica pela Fundação Getúlio Vargas em Arbitragem, Contratos e Direito Internacional do Comércio. Bacharel em Direito pela PUCRS. Advogada.

ANA CAROLINA BROCHADO TEIXEIRA
Doutora em Direito Civil pela Universidade do Estado do Rio de Janeiro (Uerj), Mestre em Direito Privado pela Pontifícia Universidade Católica de Minas Gerais (PUC Minas), Especialista em Direito Civil pela Scuola di Specializazzione in Diritto Civile di Camerino/Itália. Professora de Direito de Família e Sucessões do Centro Universitário UNA. Advogada.

ANA CLÁUDIA NASCIMENTO GOMES
Doutora em Direito Público e Mestre em Ciências Jurídico-Políticas pela Faculdade de Direito da Universidade de Coimbra. Pós-Doutora em Relações Sociais pelo UDF Centro Universitário (DF). Especialista em Direito do Consumidor e Direito do Trabalho. Procuradora Regional do Trabalho. Ex-Membro Auxiliar da PGR em matéria trabalhista. Professora Adjunta IV da Pontifícia Universidade Católica de Minas Gerais (PUC Minas), em Belo Horizonte. Autora de livros e artigos jurídicos.

ANA PAULA DE BARCELLOS
Pós-Doutora pela Universidade de Harvard. Doutora e Mestre em Direito Público pela Universidade do Estado do Rio de Janeiro (Uerj). Professora Titular de Direito Constitucional da Uerj. Advogada e parecerista.

ANA PAULA ZAVARIZE CARVALHAL
Doutora em Direito do Estado pela Universidade de São Paulo (USP). Mestre em Ciências Jurídico-Políticas pela Universidade de Coimbra. Assessora de Ministro do STF. Professora do Instituto Brasileiro de Ensino, Desenvolvimento e Pesquisa (IDP).

ANDRÉ COPETTI
Pós-Doutor pela Universidade do Vale do Rio dos Sinos (Unisinos). Possui Mestrado e Doutorado em Direito pela Unisinos e Graduação em Direito pela Universidade de Cruz Alta. Atualmente é professor e pesquisador do corpo permanente do Programa de Pós-Graduação e do Curso de Graduação em Direito da Universidade Regional do Noroeste do Estado do Rio Grande do Sul (Unijuí). Membro Externo do Conselho Editorial do Centro de Estudios en Antropología y Derecho, Posadas, Argentina. Membro fundador da Casa Warat Buenos Aires e da Editora Casa Warat. Livros e artigos publicados nas áreas de direito penal, direito constitucional, teoria do direito e ensino jurídico. Advogado criminalista.

ANDRÉ LUÍS CALLEGARI
Pós-Doutor em Direito Penal pela Universidade Autónoma de Madrid. Professor do Instituto Brasileiro de Ensino, Desenvolvimento e Pesquisa (IDP-DF). Advogado criminalista.

ANDRÉ RAMOS TAVARES
Ministro do Tribunal Superior Eleitoral (TSE), Professor Titular da Faculdade de Direito do Largo de São Francisco da Universidade de São Paulo (USP), Professor da Pontifícia Universidade Católica de São Paulo (PUC-SP) e Coordenador do Programa de Doutorado e Mestrado em Direito da Faculdade Autônoma de Direito (Fadisp).

ANDRÉ RUFINO DO VALE
Doutor em Direito pela Universidade de Alicante (Espanha) e pela Universidade de Brasília (UnB). Mestre em Direito pela UNB. Mestre em Argumentação Jurídica pela Universidade de Alicante. Professor de Direito Constitucional dos cursos de Graduação e Pós-Graduação do Instituto Brasileiro de Ensino, Desenvolvimento e Pesquisa (IDP). Procurador Federal.

CURRÍCULO DOS AUTORES

ANDREAS J. KRELL
Doutor em Direito pela Freie Universität de Berlim, Alemanha. Professor de Direito Ambiental e Constitucional (Graduação e Mestrado) da Faculdade de Direito de Alagoas (FDA-Ufal). Professor colaborador do Programa de Pós-Graduação em Direito da Faculdade de Direito do Recife (UFPE). Bolsista de Produtividade em Pesquisa do CNPq (PQ-1A).

ANDRESSA GUIMARÃES TORQUATO FERNANDES
Professora de Direito Financeiro da Universidade Federal Fluminense (UFF). Pós-doutorado pela Escola de Economia da Fundação Getúlio Vargas (EESP-FGV). Doutorado em Direito Financeiro pela Faculdade de Direito da Universidade de São Paulo (USP). Graduação em Direito pela Universidade Federal do Rio Grande do Norte (UFRN).

ANNA CANDIDA DA CUNHA FERRAZ
Livre-docente, Doutora e Mestre pela Faculdade de Direito da Universidade de São Paulo (Fadusp). Docente, por concurso, na mesma Instituição, aposentada no cargo de Professora Associada. Foi Professora Titular e Coordenadora do Mestrado em Direito do Centro Universitário Fieo (Unifieo). Membro de Academias e Institutos de Direito. Autora de obras e artigos publicados. Procuradora do Estado aposentada. Procuradora-Geral do Estado de São Paulo (1976-1979).

ARAKEN DE ASSIS
Professor Emérito da Pontifícia Universidade Católica do Rio Grande do Sul (PUCRS). Professor Titular (aposentado) da PUCRS. Doutor em Direito pela Pontifícia Universidade Católica de São Paulo (PUC-SP). Desembargador aposentado do Tribunal de Justiça do Rio Grande do Sul (TJ-RS). Advogado.

ARNALDO SAMPAIO DE MORAES GODOY
Livre-docente em Teoria Geral do Estado pela Faculdade de Direito da Universidade de São Paulo. Doutor e Mestre em Filosofia do Direito e do Estado pela Pontifícia Universidade Católica de São Paulo (PUC-SP). Ex-Consultor-Geral da União.

BRUNO MIRAGEM
Doutor, Mestre e Especialista em Direito pela Universidade Federal do Rio Grande do Sul (UFRS). Professor Associado da UFRS, nos cursos de Graduação e no Programa de Pós-Graduação em Direito. Coordena, na mesma instituição, o Núcleo de Estudos em Direito e Sistema Financeiro – direito bancário, dos seguros e do mercado de capitais. Advogado e parecerista.

CAIO GAMA MASCARENHAS
Doutorando em Direito Econômico e Financeiro pela Faculdade de Direito da Universidade de São Paulo (USP). Mestre em Direitos Humanos pela Universidade Federal de Mato Grosso do Sul (UFMS). Extensão universitária em federalismo comparado pela Universität Innsbruck na Áustria. Procurador do Estado do Mato Grosso do Sul.

CARLOS ALBERTO MOLINARO
Doutor em Direito, *summa cum laude*, com acreditação de Doctor Europeus (na forma do Real Decreto 56/2005) pela Universidade Pablo de Olavide (Espanha), revalidado em 2007 pela Universidade Federal de Santa Catarina. Professor aposentado da Graduação e Pós-Graduação, Mestrado e Doutorado, da Faculdade de Direito da Pontifícia Universidade Católica do Rio Grande do Sul. Pesquisador do NEADEF-PUC/RS. Experiência nas áreas de Filosofia e Teoria Crítica do Direito, Direito Ambiental, Direito Constitucional e Direito Processual Constitucional.

CARLOS AYRES BRITTO
Doutor e Mestre em Direito pela Pontifícia Universidade Católica de São Paulo. Professor Doutor da Faculdade de Ciências Jurídicas e Sociais do Centro Universitário de Brasília (UniCeub). Ministro aposentado do Supremo Tribunal Federal. Membro da Academia Brasileira de Letras Jurídicas. Membro da Academia Internacional de Direito e Economia.

CARLOS BASTIDE HORBACH
Professor Doutor de Direito Constitucional da Faculdade de Direito da Universidade de São Paulo (USP). Advogado.

CARLOS FREDERICO MARÉS DE SOUZA FILHO
Doutor em Direito do Estado. Procurador do Estado do Paraná. Integra o Programa de Mestrado e Doutorado da Pontifícia Universidade Católica do Paraná, onde é professor titular de Direito Agrário e Socioambiental. Doutor *honoris causa* pela Universidade Federal de Goiás (UFG). Foi Procurador-Geral do Estado do Paraná, Presidente da Fundação Nacional do Índio (Funai), Procurador-Geral do Instituto Nacional de Colonização e Reforma Agrária (Incra). Foi membro do Conselho Diretor do Instituto Latinoamericano para una Sociedad y un Derecho Alternativos (ILSA/Bogotá). É Presidente do Instituto Brasileiro de Advocacia Pública, Sócio-fundador do Instituto Socioambiental (ISA). Exilado político no Uruguai, Chile, Dinamarca e São Tomé e Príncipe (África), de 1970 a 1979. Advogado e assessor de povos indígenas desde 1980.

CARLOS HENRIQUE BEZERRA LEITE
Pós-Doutor em Democracia e Direitos Humanos pelo Ius Gentium Conimbrigae da Faculdade de Direito da Universidade de Coimbra-Portugal. Doutor e Mestre em Direito pela Pontifícia Universidade Católica de São Paulo (PUC-SP). Professor de Direitos Humanos Sociais Metaindividuais e Direito Processual do Trabalho na Faculdade de Direito de Vitória (FDV). Desembargador aposentado do Tribunal Regional do Trabalho do Espírito Santo (TRT-ES). Ex-Procurador Regional do Ministério Público do Trabalho. Foi Professor Associado do Departamento de Direito da Universidade Federal do Espírito Santo (Ufes). Membro da Academia Brasileira de Direito do Trabalho. Advogado e consultor jurídico.

CARLOS LUIZ STRAPAZZON
Doutor em Direito pela Universidade Federal de Santa Catarina (UFSC). Estágio de Pós-Doutorado no Programa de Pós-graduação da Pontifícia Universidade Católica do Rio Grande do Sul (PPGD-PUCRS). É professor do Programa de Pós-Graduação em Direito (Doutorado e Mestrado) da Universidade do Oeste de Santa Catarina (Unoesc) e do Programa de Pós-Graduação em Direito (Mestrado) da Universidade Positivo, em Curitiba-PR. Autor de vários livros e artigos publicados no Brasil e no exterior sobre temas do direito constitucional, das finanças públicas e dos direitos fundamentais. Também é editor e consultor.

CELSO ANTONIO PACHECO FIORILLO
Advogado militante no âmbito do direito empresarial ambiental é o primeiro professor Livre-docente em Direito Ambiental do Brasil sendo também Doutor e Mestre em Direito das Relações Sociais. Professor da Escola da Magistratura Federal da 1ª Região (Amazônia Legal-Brasil) é Director Académico do Congresso de Derecho Ambiental Contemporáneo España/Brasil-Universidade de Salamanca (Espanha). Chanceler da Academia de Direitos Humanos é professor convidado visitante da Escola Superior de Tecnologia do Instituto Politécnico de Tomar (Portugal), realizando anualmente o Congresso Luso Brasileiro de Direitos Humanos na

Sociedade da Informação. Autor com mais de uma centena e meia de artigos bem como dezenas de livros publicados até o momento com destaque para sua clássica obra *Curso de Direito Ambiental brasileiro*, atualmente em sua 23ª edição (2023), contando com milhares de citações conforme Scholar Google. Professor Titular e Pesquisador dos Programas de Doutorado e Mestrado em Direito Empresarial da Universidade Nove de Julho (Uninove-Brasil) e professor convidado do curso de Especialização em Direito do Agronegócio da Universidade Federal do Mato Grosso (Brasil). Líder e pesquisador dos Grupos de Pesquisa do CNPq Tutela Jurídica das Empresas em face do Direito Ambiental Constitucional (linha de pesquisa Sustentabilidade dos Bens Ambientais em face da Ordem Econômica Constitucional) e Regulação e Empresa Transnacional (linha de pesquisa Direito Empresarial Ambiental Transnacional e Desenvolvimento Sustentável), pela Uninove.

CELSO DE BARROS CORREIA NETO
Doutor em Direito Econômico, Financeiro e Tributário pela Universidade de São Paulo. Bacharel em Direito pela Universidade Federal de Alagoas. Consultor Legislativo da Câmara dos Deputados e Advogado. Exerce, desde 2021, o cargo de Diretor-Geral da Câmara dos Deputados. Foi Assessor e Chefe de Gabinete de Ministro do Supremo Tribunal Federal. É Professor do Mestrado e Doutorado do Instituto Brasileiro de Ensino, Desenvolvimento e Pesquisa (IDP).

CLAUDIA LIMA MARQUES
Diretora e Professora Titular da Faculdade de Direito da Universidade Federal do Rio Grande do Sul. Mestre na Universidade de Tübingen, Alemanha. Diploma de Estudos Europeus pela Universidade do Sarre. Doutorado em Direito (*summa cum laude*) na Universidade de Heidelberg e pós-doutorado na Universidade de Heidelberg, Alemanha. Professora Permanente do Programa de Pós-graduação da Universidade Federal do Rio Grande do Sul (PPGD-UFRGS) e da Universidade Nove de Julho (Uninove). Diretora do Centro de Estudos Europeus e Alemães (CDEA – UFRGS/PUCRS) com fomento do Serviço Alemão de Intercâmbio Acadêmico (DAAD). Presidente do Comitê de Proteção Internacional dos Consumidores da International Law Association (Londres). Diretora da Associação Luso-alemã de Juristas-DLJV (Berlim). Coordenadora e Editora da *Revista de Direito do Consumidor* (Brasilcon-RT). Pesquisadora 1 A do CNPq. Vice-Presidente da Comissão Especial de Direito do Consumidor do Conselho Federal da Ordem dos Advogados do Brasil (CFOAB). Advogada, árbitro e parecerista.

CLÁUDIO MASCARENHAS BRANDÃO
Ministro do Tribunal Superior do Trabalho. Doutorando pela Universidade Autônoma de Lisboa. Mestre em Direito pela Universidade Federal da Bahia (UFBA). Membro da Associacion Iberoamericana de Derecho del Trabajo, da Academia Brasileira de Direito do Trabalho, da Academia de Letras Jurídicas da Bahia e do Instituto Baiano de Direito do Trabalho. Professor convidado da Pós-Graduação da Faculdade Baiana de Direito e da Universidade Católica do Salvador.

CLÁUDIO PEREIRA DE SOUZA NETO
Doutor em Direito Público pela Universidade do Estado do Rio de Janeiro. Mestre em Direito Constitucional e Teoria do Estado pela Pontifícia Universidade Católica do Rio de Janeiro. Graduado em Direito pela Universidade Federal do Estado do Rio de Janeiro. Professor de Direito Constitucional da Universidade Federal Fluminense. Foi Conselheiro Federal da OAB pelo Estado do Rio de Janeiro (triênios 2007/2009 e 2010/2012), Presidente da Comissão Nacional de Estudos Constitucionais do Conselho Federal da OAB (triênio 2010-2012) e Secretário-Geral do Conselho Federal da OAB (triênio 2013-2015). Membro do Instituto dos Advogados do Brasil (IAB).

DANIEL MACHADO DA ROCHA
Juiz Federal junto ao TRF 4ª Região, compondo a 2ª Turma Recursal da Seção Judiciária do Rio Grande do Sul. Ex-Promotor de Justiça do Estado do Rio Grande do Sul. Professor da Universidade do Vale do Rio dos Sinos (Unisinos) no Mestrado Profissional em Direito da Empresa e dos Negócios. Coordenador acadêmico do Instituto Connect de Direito Social (ICDS). Autor de livros e artigos na área da Seguridade Social. Membro da Academia Brasileira de Direito da Seguridade Social (ABDSS), cadeira de número 11. É autor de renomadas obras.

DANIEL MITIDIERO
Professor Associado de Processo Civil nos cursos de Graduação, Mestrado e Doutorado da Universidade Federal do Rio Grande do Sul (UFRGS). Visiting Scholar na University of Edinburgh, Escócia. Pós-Doutor em Direito pela Università degli Studi di Pavia, Itália. Doutor em Direito pela UFRGS. Advogado.

DANIEL SARMENTO
Professor Titular de Direito Constitucional da Universidade do Estado do Rio de Janeiro (UERJ). Pós-Doutor pela Yale Law School, Mestre e Doutor pela UERJ. Advogado.

DANIELE WEBER S. LEAL
Doutora e Mestra em Direito Público pelo Programa de Pós-Graduação Mestrado e Doutorado da Universidade do Vale do Rio dos Sinos (Unisinos). Especialista em Direito Público pela Universidade Anhanguera-Uniderp (LFG). Graduada pela Unisinos. Integrante do grupo de Pesquisa JUSNANO (CNPq). Advogada.

DENISE PIRES FINCATO
Pós-Doutora em Direito do Trabalho. Doutora em Direito. Professora Pesquisadora do Programa de Pós-Graduação da Pontifícia Universidade Católica do Rio Grande do Sul (PUCRS). Coordenadora do Grupo de Pesquisas Novas Tecnologias, Processo e Relações de Trabalho (PUCRS/CNPq). Advogada.

DIERLE NUNES
Doutor em Direito Processual pela Pontifícia Universidade Católica de Minas Gerais (PUC Minas) e pela Università degli Studi di Roma "La Sapienza". Mestre em Direito Processual (PUC Minas). Professor Permanente do Programa de Pós-Graduação (PPGD) da PUC Minas. Professor Adjunto na Universidade Federal de Minas Gerais (UFMG) e PUC Minas. Membro do Instituto Brasileiro de Direito Previdenciário (IBDP) e do Instituto dos Advogados de Minas Gerais (IAMG). Advogado.

DIOGO BACHA E SILVA
Doutor em Direito pela Universidade Federal do Rio de Janeiro (UFRJ), Mestre em Direito pela Faculdade de Direito do Sul de Minas (FDSM), realizou estágio de Pós-Doutorado em Direito na Universidade Federal de Minas Gerais (UFMG), Advogado e Professor.

DIOGO LUIZ CORDEIRO RODRIGUES
Doutor em Direito Econômico, Financeiro e Tributário pela Faculdade de Direito da Universidade de São Paulo. Mestre em Regulação Comercial e Financeira pela London School of Economics and Political Science (LSE). Mestre em Direito do Estado pela Universidade Federal do Paraná. Visiting researcher na

Universidade de Toronto, Canadá. Professor do Departamento de Direito do Estado da Universidade Estadual de Ponta Grossa. Procurador do Estado do Paraná.

ENRIQUE RICARDO LEWANDOWSKI
Professor Titular Sênior da Faculdade de Direito da Universidade de São Paulo e Ministro aposentado do Supremo Tribunal Federal.

EROS ROBERTO GRAU
Professor Titular aposentado da Faculdade de Direito da Universidade de São Paulo (USP). Professor visitante da Université Paris 1 (Panthéon-Sorbonne), da Université de Montpellier I, da Université du Havre e da Université de Cergy-Pontoise. Doutor *Honoris Causa* da Université Cergy-Pontoise (França), da Université du Havre (França), da Universidad de la República del Uruguay, da Universidad Siglo 21 (Córdoba, Argentina). Membro da Academia Paulista de Letras. Ministro do Supremo Tribunal Federal (2004-2010). Officier da Légion d'Honneur e Officier da Ordre National du Mérite, condecorações outorgadas pelo Presidente da República francesa.

ESTÊVÃO MALLET
Livre-Docente e Doutor em Direito do Trabalho pela Faculdade de Direito da Universidade de São Paulo (USP).

EUGÊNIO FACCHINI NETO
Doutor em Direito Comparado pela Universidade de Florença (Itália). Mestre em Direito Civil pela Universidade de São Paulo. Professor Titular dos cursos de Graduação, Mestrado e Doutorado da Faculdade de Direito da Pontifícia Universidade Católica do Rio Grande do Sul (PUCRS). Professor e ex-Diretor da Escola Superior da Magistratura (AJURIS-RS). Desembargador no Tribunal de Justiça do Rio Grande do Sul.

EUGÊNIO HAINZENREDER JÚNIOR
Pós-Doutor em Direito pela Universidade de Sevilla. Doutor e Mestre em Direito pela Pontifícia Universidade Católica do Rio Grande do Sul (PUCRS). Especialista em Direito e Processo do Trabalho pela Universidade do Vale do Rio dos Sinos (Unisinos). Professor de Direito do Trabalho e Processo do Trabalho da PUCRS, nos cursos de graduação e pós-graduação em Direito. Titular da cadeira 23 da Academia Sul-Rio-Grandense de Direito do Trabalho. Advogado e Sócio-Diretor do Rossi, Maffini, Milman & Grando Advogados.

FABIANA DE MENEZES SOARES
Mãe de filho e filha. Professora da Faculdade de Direito da Universidade Federal de Minas Gerais (UFMG). Coordena o Observatório para Qualidade da Lei e o Laboratório de Inovação em Legislação e Políticas Públicas. Suas redes de pesquisa incluem as Universidades de Gênova, Bolonha, Ulaval, Genebra, Speyer, Nova Lisboa, International Council for Canadian Studies (ICCS/Canadá), o Projeto Inova Defesa (Universidade Federal de Viçosa – UFV), o Instituto de Estudos Avançados Transdisciplinares (IEAT/UFMG), a Universidade do Estado do Amazonas e o Laboratório de Inteligência Artificial do Departamento de Ciências da Computação (DCC) da UFMG, além de Escolas de Governo.

FÁBIO CORRÊA SOUZA DE OLIVEIRA
Professor de Direito Administrativo da Faculdade de Direito da Universidade Federal do Rio de Janeiro (UFRJ). Professor do Programa de Pós-Graduação em Direito na Universidade Estácio de Sá (PPGD/Unesa). Mestre e Doutor em Direito pela Universidade do Estado do Rio de Janeiro (Uerj). Pesquisador Visitante na Faculdade de Direito da Universidade de Coimbra (2004-Capes).

Pós-Doutorado em Direito na Universidade Federal de Santa Catarina (UFSC/CNPq).

FÁBIO RODRIGUES GOMES
Doutor e Mestre em Direito Público pela Universidade do Estado do Rio de Janeiro (Uerj). Professor Adjunto de Direito Processual do Trabalho na Uerj. Juiz Titular da 78ª Vara do Trabalho do Rio de Janeiro e Coordenador Pedagógico da Escola Judicial do TRT da 1ª Região.

FABRÍCIO DREYER DE ÁVILA POZZEBON
Especialista em Direito Penal, Mestre em Ciências Criminais e Doutor em Direito pela Pontifícia Universidade Católica do Rio Grande do Sul. Pós-Doutor em Democracia e Direitos Humanos pela Universidade de Coimbra.

FABRÍCIO MOTTA
Doutor em Direito do Estado pela Universidade de São Paulo (USP) e Mestre em Direito Administrativo pela Universidade Federal de Minas Gerais (UFMG). Conselheiro do Tribunal de Contas dos Municípios do Estado de Goiás (TCM-GO). Professor Associado da Faculdade de Direito da Universidade Federal de Goiás (UFG).

FÁTIMA NANCY ANDRIGHI
Ministra do Superior Tribunal de Justiça. Doutoranda em Direito Civil pela Universidade de Buenos Aires. Mestre em Mediação (Master Latinoamericano Europeo em Mediación) pelo Instituto Universitaire Kurt Bosch (Suíça). Pós-graduada em Direito Civil pela Universidade Católica do Distrito Federal. Pós-graduada pela Universidade de Ensino Unificado de Brasília. Pós-graduada pela Universidade do Vale do Rio dos Sinos (Unisinos). Corregedora do Conselho Nacional de Justiça (2014/2016). Coordenadora Nacional Honorária do Fórum Nacional dos Juizados Cíveis e Criminais (Fonaje). Coordenadora dos Trabalhos de Reforma do Código de Processo Civil e do Sistema Judicial de Moçambique, África (1997). Relatora do capítulo da Mulher no Judiciário para a Conferência de Beijing +5, indicada pelo STF (2000). Membro fundador da Escola de Direito Comunitário do Mercosul.

FERNANDA DIAS MENEZES DE ALMEIDA
Doutora e Mestre em Direito pela Faculdade de Direito da Universidade de São Paulo. Professora aposentada da Faculdade de Direito da Universidade de São Paulo. Procuradora do Estado de São Paulo aposentada.

FERNANDO ANTÔNIO DE CARVALHO DANTAS
Professor Titular de Teoria do Direito da Faculdade de Direito da Universidade Federal de Goiás. Professor Colaborador do Programa de Pós-graduação em Constitucionalismo e Direitos na Amazônia da Universidade Federal do Amazonas. Assessor Científico e Pedagógico da Escola de Magistratura Federal da 5ª Região. Especialista do Programa Harmony with Nature da Organização das Nações Unidas.

FERNANDO FACURY SCAFF
Professor Titular de Direito Financeiro da Faculdade de Direito da Universidade de São Paulo (USP). Professor Titular aposentado de Direito Financeiro e Tributário da Faculdade de Direito da Universidade Federal do Pará (UFPA). Advogado.

FERNANDO MENEZES DE ALMEIDA
Professor titular da Faculdade de Direito da Universidade de São Paulo. Livre-Docente e Doutor em Direito pela mesma Faculdade.

CURRÍCULOS DOS AUTORES

FERNANDO NEVES DA SILVA
Ministro do Tribunal Superior Eleitoral de 1997 a 2004. Presidente da Comissão de Ética Pública do Governo Federal de 2005 a 2006. Presidente do Instituto Brasileiro de Direito Eleitoral de 2009 a 2011. Presidente da Comissão Nacional de Defesa da República e da Democracia do Conselho Federal da Ordem dos Advogados do Brasil em 2012. Advogado.

FLÁVIA PIOVESAN
Professora Doutora em Direito Constitucional e Direitos Humanos da Pontifícia Universidade Católica de São Paulo. Professora de Direitos Humanos dos Programas de Pós-Graduação da Pontifícia Universidade Católica de São Paulo, da Universidade de Buenos Aires (programa de doutorado intensivo) e da American University (Washington). Foi membro da Comissão Interamericana de Direitos Humanos (2018-2021).

FLÁVIO PANSIERI
Pós-Doutor em Direito pela USP com estudos realizados na Harvard Law School. Doutor pela UFSC. Mestre pela USP. Especialista em Direito Público pelo IBEJ. Graduado em Direito na PUC-PR. Presidente do Conselho Fundador e Coordenador do Curso de Especialização em Direito Constitucional da ABDConst – Academia Brasileira de Direito Constitucional. Professor da Faculdade de Direito da PUC-PR nos cursos de Graduação e Pós-Graduação *lato sensu*. Professor visitante em diversos Cursos de Especialização em todo o país. Advogado.

FREDIE DIDIER JR.
Livre-Docente pela Universidade de São Paulo. Professor Titular da Universidade Federal da Bahia. Advogado.

GABRIELLE BEZERRA SALES SARLET
Graduada e Mestre em Direito pela Universidade Federal do Ceará (UFC) e especialista em neurociências e ciências do comportamento pela *da Pontifícia Universidade Católica do Rio Grande do Sul* (PUCRS). Doutora em Direito pela Universidade de Augsburg (Unia, Alemanha). Pós-Doutorado em Direito pela Universidade de Hamburgo, Alemanha, e pela PUCRS. Atualmente, é Professora dos cursos de Graduação, Mestrado e Doutorado em Direito (PPGD) da PUCRS. Coordenadora do grupo de estudos em Direito e IA na PUCRS. Presidente da regional do Rio Grande do Sul da Sociedade Brasileira de Bioética (Sorbi). Pesquisadora Produtividade CNPq. Advogada e consultora jurídica.

GEORGE RODRIGO BANDEIRA GALINDO
Doutor em Relações Internacionais pela Universidade de Brasília (UnB). Mestre em Direito pela UnB. Realizou estudos de pós-doutorado na Universidade de Helsinki e na Universidade de Bremen. Atualmente, é Professor da Faculdade de Direito da UnB e consultor jurídico do Ministério das Relações Exteriores. Membro e Vice-Presidente da Comissão Jurídica Interamericana (OEA), Membro da Corte Permanente de Arbitragem e Membro da Comissão de Direito Internacional (ONU).

GILBERTO STÜRMER
Pós-Doutor em Direito pela Universidade de Sevilla (Espanha). Doutor em Direito do Trabalho pela Universidade Federal de Santa Catarina. Mestre e Bacharel em Direito pela Pontifícia Universidade Católica do Rio Grande do Sul (PUCRS). Titular da Cadeira 100 da Academia Brasileira de Direito do Trabalho. Titular da Cadeira 4 e Fundador da Academia Sul-Rio-Grandense de Direito do Trabalho. Coordenador dos cursos de Pós-Graduação da Escola de Direito da PUCRS (Especialização em Direito do Trabalho e Direito Processual do Trabalho). Coordenador do Núcleo de Direito Social da Escola de Direito da PUCRS. Professor Titular de Direito do Trabalho nos cursos de Graduação e Pós-Graduação (Especialização, Mestrado e Doutorado) na mesma Escola. Advogado e parecerista.

GIOVANI AGOSTINI SAAVEDRA
Doutor em Direito e em Filosofia pela Johann Wolfgang Goethe – Universität Frankfurt am Main (Alemanha). Mestre em Direito e Bacharel em Ciências Jurídicas e Sociais pela Pontifícia Universidade Católica do Rio Grande do Sul (PUCRS). Professor da Universidade Presbiteriana Mackenzie, de São Paulo (Graduação, Especialização, Mestrado e Doutorado). Líder do Grupo de Pesquisas em Governança Corporativa, Compliance & Proteção de Dados do Mackenzie-SP, vinculado ao Diretório Nacional de Grupos de Pesquisa do CNPq. Advogado com mais de 23 anos de experiência nas áreas de Compliance, Proteção de Dados, Investigações Corporativas e Cyber/Digital Law. Sócio-fundador do escritório de advocacia Saavedra & Gottschefsky Advogados Associados (www.saavedra.adv.br). Atua de maneira destacada na Ordem dos Advogados do Brasil, sendo membro da Comissão Especial de Compliance do Conselho Federal da OAB e tendo sido Presidente da Comissão Especial de Prevenção à Corrupção da OAB-RS (2016-2021).

HELENO TORRES
Professor Titular de Direito Financeiro da Faculdade de Direito da Universidade de São Paulo (USP). Acadêmico da Cadeira 44 da Academia Paulista de Direito (APD). Presidente da Associação Brasileira de Direito Financeiro (ABDF) e do Instituto Brasileiro de Direito Financeiro (IBDFin). Foi Vice-Presidente e membro do Comitê Executivo da International Fiscal Association (IFA). Advogado e parecerista.

INOCÊNCIO MÁRTIRES COELHO
Doutor em Direito pela Universidade de Brasília. Professor Titular do Programa de Mestrado e Doutorado em Direito do Centro Universitário de Brasília (UniCeub), onde leciona as disciplinas Teoria Geral do Direito, Temas Fundamentais do Direito Constitucional e Hermenêutica Constitucional.

IVES GANDRA DA SILVA MARTINS FILHO
Ministro do Tribunal Superior do Trabalho (TST). Doutor em Direito pela Universidade Federal do Rio Grande do Sul (UFRGS). Mestre em Direito pela Universidade de Brasília (UnB). Doutor *Honoris Causa* em Filosofia pela Academia Brasileira de Filosofia (ABF). Foi Presidente do TST entre 2016 e 2018. Professor dos cursos de Pós-Graduação do Instituto Brasileiro de Ensino, Desenvolvimento e Pesquisa (IDP), da Escola Brasileira de Direito (Ebradi) e da Escola Nacional de Formação e Aperfeiçoamento de Magistrados do Trabalho (Enamat). Vice-Presidente da Academia Internacional de Direito e Economia. Membro da Academia Brasileira de Direito do Trabalho. Membro Fundador da Academia Brasiliense de Direito do Trabalho. Membro da Academia Paulista de Magistrados.

JACINTO COUTINHO
Professor Titular aposentado de Direito Processual Penal da Faculdade de Direito da Universidade Federal do Paraná. Professor do Programa de Pós-Graduação em Ciências Criminais da Pontifícia Universidade Católica do Rio Grande do Sul (PUCRS). Professor do Programa de Pós-Graduação em Direito da Faculdade Damas,

Recife. Professor do Programa de Pós-Graduação em Direito do Centro Universitário UNIVEL, Cascavel. Especialista em Filosofia do Direito pela Pontifícia Universidade Católica do Paraná (PUCPR), Mestre pela Universidade Federal do Paraná (UFPR) e Doutor pela Università degli Studi di Roma "La Sapienza". Presidente de Honra do Observatório da Mentalidade Inquisitória. Advogado. Membro da Comissão de Juristas do Senado Federal que elaborou o Anteprojeto de Reforma Global do Código de Processo Penal, hoje, Projeto 156/2009-PLS.

JANE LUCIA WILHELM BERWANGER
Doutora em Direito pela Pontifícia Universidade Católica de São Paulo. Professora de Direito Previdenciário em várias instituições. Integrante do Conselho Editorial da Juruá Editora. Coordenadora da *Revista Brasileira de Direito Previdenciário*, da Editora Lex Magister. Presidente (2012-2017) e atual Diretora Científica do Instituto Brasileiro de Direito Previdenciário. Advogada.

JAYME WEINGARTNER NETO
Desembargador do Tribunal de Justiça do Estado do Rio Grande do Sul (TJRS). Doutor em Direito Público pela Pontifícia Universidade Católica do Rio Grande do Sul (PUCRS). Mestre em Ciências Jurídico-Criminais pela Universidade de Coimbra. Professor da Escola de Direito e do Programa de Pós-Graduação em Ciências Criminais – Mestrado e Doutorado – da PUCRS. Diretor da Escola Superior de Magistratura do Rio Grande do Sul (2018/2021).

JOSÉ ADÉRCIO LEITE SAMPAIO
Doutor e Mestre em Direito. Professor da PUC Minas e da Escola Superior Dom Helder Câmara. Procurador da República.

JOSÉ ANTONIO SAVARIS
Juiz Federal da 3ª Turma Recursal do Paraná, Tribunal Regional Federal da 4ª Região. Doutor em Direito da Seguridade Social (USP). Mestre em Direito Econômico e Social (PUC-PR). Docente Permanente dos Cursos de Mestrado e Doutorado da UNIVALI-SC. Docente Formador da Escola Nacional de Formação e Aperfeiçoamento de Magistrados (ENFAM). Professor da Escola da Magistratura Federal do Paraná – ESMAFE-PR. Presidente de Honra do Instituto Brasileiro de Direito Previdenciário (IBDP).

JOSÉ CARLOS FRANCISCO
Professor do Programa de Pós-Graduação *stricto sensu* em Direito Político e Econômico da Universidade Mackenzie de São Paulo. Líder do Grupo de Pesquisa CNPq Cidadania, Constituição e Estado Democrático de Direito. Diretor do Instituto Brasileiro de Estudos Constitucionais (IBEC). Membro do Instituto Pimenta Bueno – Associação Brasileira dos Constitucionalistas. Mestre e Doutor em Direito Constitucional pela Universidade de São Paulo (USP). Coordenador Acadêmico da Escola de Magistrados (EMAG) da Justiça Federal da 3ª Região (biênio 2022/2024). Desembargador no Tribunal Regional Federal da 3ª Região.

JOSÉ CLAUDIO MONTEIRO DE BRITO FILHO
Doutor em Direito das Relações Sociais pela Pontifícia Universidade Católica de São Paulo. Professor do Programa de Pós-Graduação e do curso de Graduação em Direito do Centro Universitário do Estado do Pará (Cesupa). Procurador Regional do Trabalho, aposentado. Professor Associado II da Universidade Federal do Pará, aposentado. Titular da Cadeira 26 da Academia Brasileira de Direito do Trabalho.

JOSÉ LEVI MELLO DO AMARAL JÚNIOR
Livre-Docente e Doutor em Direito do Estado pela Universidade de São Paulo (USP). Professor Associado de Direito Constitucional na Faculdade de Direito da USP. Professor do Doutorado e do Mestrado em Direito do Centro Universitário de Brasília (UniCeub). Procurador da Fazenda Nacional, cedido ao Tribunal Superior Eleitoral (TSE). Secretário-Geral da Presidência do TSE. Foi Advogado-Geral da União, Procurador-Geral da Fazenda Nacional, Secretário-Executivo do Ministério da Justiça e Consultor-Geral da União.

JOSE LUIS BOLZAN DE MORAIS
Pós-doutoramento em Direito Constitucional na Universidade de Coimbra. Doutor em Direito do Estado (Universidade Federal de Santa Catarina/Université de Montpellier I). Mestre em Ciências Jurídicas pela Pontifícia Universidade Católica do Rio de Janeiro. Graduado em Direito pela Universidade Federal de Santa Maria. Professor Titular de Teoria do Estado e Direito Constitucional no Programa de Pós-Graduação em Direito na Faculdade de Direito de Vitória (PPGD/FDV) e na ATITUS Educação. Professor Visitante na Università degli Studi di Firenze (UNIFI/Itália) e na Universidad de Sevilla (Espanha). Pesquisador Produtividade CNPq I-D. Procurador do Estado do Rio Grande do Sul aposentado. Advogado.

JOSÉ MAURÍCIO CONTI
Livre-Docente, Doutor e Mestre em Direito Financeiro pela Faculdade de Direito da Universidade de São Paulo (USP). Professor de Direito Financeiro da USP. Juiz de Direito aposentado em São Paulo. Advogado e parecerista.

JOSÉ ROBERTO RODRIGUES AFONSO
Pós-doutorado em Administração Pública pela Universidade de Lisboa. Doutor em Ciências Econômicas pela Universidade Estadual de Campinas (Unicamp). Mestre em Economia pela Universidade Federal do Rio de Janeiro (UFRJ). É Professor do curso de Mestrado do Instituto Brasileiro de Ensino, Desenvolvimento e Pesquisa (IDP) e pesquisador do Centro de Administração e Políticas Públicas (CAPP). Foi superintendente e economista do Banco Nacional de Desenvolvimento Econômico e Social (BNDES), bem como consultor técnico do Senado Federal, da Câmara dos Deputados e da Assembleia Nacional Constituinte. Especializado em finanças públicas, federalismo fiscal e economia brasileira.

JOSÉ RUBENS MORATO LEITE
Professor Titular de Direito da Universidade Federal de Santa Catarina (UFSC), Coordenador do Grupo de Pesquisa Direito Ambiental e Ecologia Política na Sociedade de Risco (GPDA/UFSC). Pesquisador e Assessor do CNPq 1-C, Bolsista de Produtividade na Pesquisa. Membro da Acadêmica de Direito Ambiental da International Union for Conservation of Nature (IUCN). Autor de vários livros, artigos e publicações em Direito Ambiental, Dano Ambiental, Direito Constitucional, Ecologização do Direito e Estado de Direito Ecológico.

JUDITH MARTINS-COSTA
Livre-Docente e Doutora em Direito Civil pela Universidade de São Paulo. Foi Professora de Direito Civil na Faculdade de Direito da Universidade Federal do Rio Grande do Sul (1992-2010). Presidente do Instituto de Estudos Culturalistas (IEC). Autora de obras de doutrina jurídica e parecerista.

LAURA SCHERTEL MENDES
Doutora em Direito Privado – Faculdade de Direito da Humboldt-Universität zu Berlin. Professora Adjunta da Universidade de Brasília (UnB) e do Instituto Brasileiro de Ensino, Desenvolvimento e Pesquisa (IDP).

LEONARDO CARNEIRO DA CUNHA
Pós-doutorado pela Universidade de Lisboa. Doutor em Direito pela Pontifícia Universidade Católica de São Paulo (PUC-SP). Mestre em Direito pela Universidade Federal de Pernambuco (UFPE). Professor Associado da Faculdade de Direito do Recife (UFPE), nos cursos de graduação, mestrado e doutorado. Membro do Instituto Iberoamericano de Direito Processual, do Instituto Brasileiro de Direito Processual e da Associação Norte e Nordeste de Professores de Processo. Procurador do Estado de Pernambuco e Advogado.

LEONARDO MARTINS
Pós-doutorado pelo Has-Bredow-Institut para a Pesquisa de Comunicação Social da Universidade de Hamburg, pelo Erich Pommer Institut – Economia e Direito da Comunicação Social da Universidade de Potsdam e, novamente, pela Humboldt-Universität zu Berlin. Doutor e Mestre em Direito Constitucional pela Humboldt-Universität zu Berlin, Alemanha. Bacharel em Direito pela Universidade de São Paulo (USP). Professor Titular da Universidade Federal do Rio Grande do Norte (UFRN).

LEONARDO VIEIRA WANDELLI
Doutor e Mestre em Direito pela Universidade Federal do Paraná. DEA en Derechos Humanos y Desarrollo pela Universidad Pablo de Olavide de Sevilla. Consultant Contractor do OHCHR Office of the High Commissioner for Human Rights – UN. Juiz Supervisor da Secretaria de Pesquisa Judiciária e Ciência de Dados do Tribunal Superior do Trabalho. Professor de cursos de especialização e de formação de magistrados. Juiz do Trabalho no Paraná.

LIZIANE ANGELOTTI MEIRA
Doutora e Mestre em Direito Tributário pela Pontifícia Universidade Católica de São Paulo (PUC-SP). Mestre em Direito com concentração em Direito do Comércio Internacional e Especialista em Direito Tributário Internacional pela Universidade de Harvard. Presidente da Terceira Seção do Conselho Administrativo de Recursos Fiscais (CARF) e Auditora-Fiscal da Receita Federal do Brasil. Professora, pesquisadora e coordenadora adjunta do Programa de Mestrado em Políticas Públicas e Governo da Fundação Getúlio Vargas, em Brasília. Agraciada com o Prêmio Landon H. Gammon Fellow por Harvard.

LUCIANO DE ARAÚJO FERRAZ
Professor Associado IV de Direito Administrativo na Universidade Federal de Minas Gerais (UFMG). Professor Adjunto III de Direito Administrativo e Direito Financeiro na Pontifícia Universidade Católica de Minas Gerais (PUC Minas – Coração Eucarístico). Doutor e Mestre em Direito Administrativo pela UFMG, com Pós-Doutorado em Direito pela Universidade Nova de Lisboa (Nova Lisboa). Advogado, parecerista e conferencista na área de Direito Público.

LUCIANO FELDENS
Doutor em Direito Constitucional (Universidade de Valladolid, Espanha), com Pós-doutoramento em Direito (Universidade de Coimbra, Portugal). Mestre em Direito e Especialista em Direito Penal pela Universidade do Vale do Rio dos Sinos (Unisinos). Professor do Programa de Pós-Graduação em Ciências Criminais da Pontifícia Universidade Católica do Rio Grande do Sul (PUCRS). Advogado.

LUIS GUSTAVO GRANDINETTI CASTANHO DE CARVALHO
Pós-Doutor pela Universidade de Coimbra. Doutor pela Universidade do Estado do Rio de Janeiro (Uerj). Mestre pela Pontifícia Universidade Católica do Rio de Janeiro (PUC-RJ). Professor Adjunto da Uerj. Desembargador aposentado do Tribunal de Justiça do Estado do Rio de Janeiro (TJRJ). Presidente do Fórum Permanente de Direito Processual Penal da Uerj.

LUÍS ROBERTO BARROSO
Ministro do Supremo Tribunal Federal. Professor Titular de Direito Constitucional da Universidade do Estado do Rio de Janeiro (Uerj). Mestre em Direito pela Universidade de Yale, EUA. Professor do Centro Universitário de Brasília (UniCeub). Visiting Scholar na Universidade de Harvard, EUA (2011) e Senior Fellow da Harvard Kennedy School (desde 2018). Autor, dentre outros, do *Curso de Direito Constitucional contemporâneo* (Saraiva Educação).

LUIZ ALBERTO DAVID ARAUJO
Livre-Docente, Doutor e Mestre em Direito Constitucional. Professor Titular de Direito Constitucional da Pontifícia Universidade Católica de São Paulo. Procurador Regional da República aposentado. Membro da Academia Brasileira de Direito Constitucional.

LUIZ GUILHERME MARINONI
Professor Titular da Universidade Federal do Paraná. Pós-Doutorado na Università degli Studi di Milano. Pós-Doutorado na Columbia University. Professor visitante em várias Universidades da Europa e da América. Premiado com o Jabuti em 2009 e em 2017, e indicado mais três vezes ao mesmo Prêmio. Advogado em Curitiba e em Brasília.

LUIZ HENRIQUE CASCELLI DE AZEVEDO
Doutor em Teoria do Direito pela Universidade Federal do Rio Grande do Sul. Mestre em Direito Público pela Universidade de Brasília (UnB). Pós-Graduado em Fenomenologia pela UnB. Graduado em Direito e Filosofia pela UnB. Professor de Direito Constitucional, Processo Legislativo e Filosofia (ética, teoria política, lógica, estética e história da filosofia). Aprovado no concurso para professor adjunto em Teoria do Direito da Faculdade de Direito da UnB. Atualmente é Consultor Legislativo da Câmara dos Deputados mediante concurso nacional de provas e títulos.

LUMA CAVALEIRO DE MACEDO SCAFF
Doutora e Mestra em Direito pela Universidade de São Paulo. Professora na Faculdade de Direito da Universidade Federal do Pará (UFPA). Advogada.

MANOEL GONÇALVES FERREIRA FILHO
Professor Emérito da Faculdade de Direito da Universidade de São Paulo (USP). Professor Titular aposentado de Direito Constitucional da Faculdade de Direito da USP. Doutor *honoris causa* da Faculdade de Direito da Universidade de Lisboa. Professor Visitante da Faculdade de Direito da Universidade de Aix-en-Provence. Doutor em Direito pela Faculdade de Direito da Universidade de Paris, Panthéon Sorbonne. Presidente do Instituto Pimenta Bueno – Associação Brasileira dos Constitucionalistas. Membro da Academia Brasileira de Letras Jurídicas.

MARCELO ANDRADE CATTONI DE OLIVEIRA
Pós-Doutorado em Teoria do Direito na Università degli Studi di Roma Tre. Doutor e Mestre em Direito Universidade Federal de Minas Gerais (UFMG). Professor Titular de Direito Constitucional da Faculdade de Direito da UFMG. Bolsista de Produtividade em Pesquisa do CNPq.

MARCELO FIGUEIREDO
Advogado e consultor jurídico em São Paulo. Professor Associado de Direito Constitucional da Pontifícia Universidade Católica de São Paulo (PUC-SP). Diretor da Faculdade de Direito da PUC-SP (2005-2013). Autor de diversas obras e artigos jurídicos publicados no Brasil e no exterior. Ex-Vice-Presidente do Comitê Executivo da The International Association of Constitutional Law/l'Association Internationale de Droit Constitutionnel (IACL-AIDC). Presidente e Fundador da Associação Brasileira de Constitucionalistas Democratas (ABCD), secção brasileira do Instituto Ibero-Americano de Derecho Constitucional, com sede no México. Ex-Presidente da Comissão de Estudos Constitucionais da OAB-SP, Ex-Membro da mesma Comissão no Conselho Federal da OAB. Presidente da Escola de Liderança e Cidadania da OAB-SP (2018). Professor Visitante de diversas instituições de ensino superior na Europa e na América do Sul.

MÁRCIO IORIO ARANHA
Professor Efetivo de Direito Constitucional e Administrativo da Faculdade de Direito da Universidade de Brasília e Diretor do Centro de Políticas, Direito, Economia e Tecnologias das Comunicações da mesma universidade. Fundador e Coordenador do Núcleo de Direito Setorial e Regulatório da Faculdade de Direito e do Grupo de Estudos em Direito das Telecomunicações, ambos da UnB.

MARCO AURÉLIO SERAU JR.
Doutor e Mestre pela Universidade de São Paulo (USP). Professor na Universidade Federal do Paraná (UFPR). Diretor Científico do Instituto de Estudos Previdenciários (IEPREV). Advogado e consultor. Autor de diversas obras jurídicas nas áreas de Direito Previdenciário, Trabalho e Processo Civil.

MARCO FÉLIX JOBIM
Pós-Doutor pela Universidade Federal do Paraná. Mestre e Doutor em Direito. Professor Adjunto da Pontifícia Universidade Católica do Rio Grande do Sul (PUCRS) na graduação e pós-graduação *lato e stricto sensu* (mestrado e doutorado). Coordenador da Escola de Direito e da Especialização em Processo Civil da PUCRS. Advogado.

MARCOS AUGUSTO MALISKA
Doutor e Mestre em Direito Constitucional pela Universidade Federal do Paraná, com estudos de doutoramento na Ludwig Maximilians Universität, em Munique, Alemanha. Realizou Pós-doutorado no Instituto Max Planck de Direito Público de Heidelberg, Alemanha. Professor Adjunto de Direito Constitucional do Programa de Mestrado e doutorado em Direito do UniBrasil Centro Universitário, em Curitiba-PR. Procurador Federal integrante do Núcleo de Atuação Prioritária em Matéria Administrativa da Procuradoria Regional Federal da 4ª Região (PGF/AGU). É Professor Visitante permanente no curso de Direito do Centro Sulamericano de Ensino Superior Cesul, em Francisco Beltrão-PR. Foi Professor-pesquisador Visitante nas Universidades de Bayreuth, Alemanha (2007), Wroclaw, Polônia (2008 e 2010), Karaganda, Cazaquistão (2012), Salzburg, Áustria (2014), Lviv, Ucrânia (2015) e Ottawa, Canadá (2019).

MARCOS NEVES FAVA
Mestre e Doutor em Direito pela Faculdade de Direito da Universidade de São Paulo (USP), Professor da Faculdade de Direito da Fundação Getulio Vargas (FGV), em São Paulo, juiz do trabalho no TRT da 5ª Região.

MARCOS NÓBREGA
Doutor e Mestre em Direito pela Universidade Federal de Pernambuco. Pós-doutorado pela Harvard Law School, Harvard Kennedy School of Government e Faculdade de Direito de Lisboa. Professor Adjunto da Faculdade de Direito do Recife da Universidade Federal de Pernambuco (UFPE). Conselheiro Substituto do Tribunal de Contas do Estado de Pernambuco.

MARIA CECÍLIA MÁXIMO TEODORO
Pós-Doutora em Internacionalização, Trabalho e Sustentabilidade pela Universidade de Brasília (UnB). Pós-Doutora em Direito do Trabalho pela Universidade de Castilla-La Mancha com bolsa de pesquisa CAPES. Doutora em Direito do Trabalho e da Seguridade Social pela Universidade de São Paulo (USP). Mestre em Direito do Trabalho pela Pontifícia Universidade Católica de Minas Gerais (PUC Minas). Graduada em Direito pela PUC Minas. Professora de Direito do Trabalho do Programa de Pós-Graduação em Direito e da Graduação da PUC Minas e Coordenadora do Grupo de Pesquisa Retrabalhando o Direito na mesma instituição. Sócia e Advogada do escritório Máx.Oli. TEDx speaker.

MARIA CELINA BODIN DE MORAES
Doutora em Direito Civil pela Università di Camerino, Itália. Professora Associada e Ex-Diretora do Departamento de Direito da Pontifícia Universidade Católica do Rio de Janeiro (PUC-RJ). Professora Titular aposentada de Direito Civil da Faculdade de Direito da Universidade do Estado do Rio de Janeiro (Uerj).

MARIA SYLVIA ZANELLA DI PIETRO
Professora Titular aposentada da Faculdade de Direito da Universidade de São Paulo. Procuradora do Estado de São Paulo aposentada. Livre-Docente, Doutora e Mestre pela Faculdade de Direito da Universidade de São Paulo. Autora de diversas obras.

MARIANA FILCHTINER FIGUEIREDO
Doutora e Mestre em Direito pela Pontifícia Universidade Católica do Rio Grande do Sul. Pós-doutorado pelo Max-Planck-Institut für Sozialrecht und Sozialpolitik em Munique, Alemanha, e pela Pontifícia Universidade Católica do Rio Grande do Sul. Especialista em Direito Municipal pelo Centro Universitário Ritter dos Reis e pela Escola Superior de Direito Municipal. Professora convidada em cursos de Especialização *lato sensu*. Advogada da União. Ex-Procuradora do município de Porto Alegre.

MARISTELA BASSO
Livre-Docente (Pós-Doutora-Post-Ph.D) e Doutora em Direito Internacional (Ph.D) pela Universidade de São Paulo (USP). Professora de Direito Internacional da Faculdade de Direito da USP. Integra a lista de Árbitros Brasileiros do Sistema de Solução de Controvérsias do Mercosul e a lista de Painelistas especialistas em propriedade intelectual do Sistema de Solução de Controvérsias da Organização Mundial do Comércio OMC. Advogada.

NEREU JOSÉ GIACOMOLLI
Estágio de Pós-Doutor na Università degli Studi di Torino. Doutor em Processo Penal pela Universidad Complutense de Madrid. Pós-Graduado pela Universidade Federal do Rio Grande do Sul. Professor de Graduação, Mestrado e Doutorado em Ciências

Criminais na Pontifícia Universidade Católica do Rio Grande do Sul. Pesquisador integrado do Ratio Legis - Centro de Investigação e Desenvolvimento em Ciências Jurídicas da Universidade Autónoma de Lisboa, Portugal.

NÉVITON GUEDES
Doutor em Direito pela Universidade de Coimbra, Portugal. Mestre em Direito pela Universidade Federal de Santa Catarina (UFSC). Bacharel em Direito pela Universidade de Brasília (UnB). Foi Procurador da República e Procurador Regional Eleitoral no Estado do Paraná. Atualmente, exerce o cargo de Desembargador Federal no Tribunal Regional Federal da 1ª Região.

NEY DE BARROS BELLO FILHO
Mestre, Doutor e Pós-Doutor, Professor da Universidade de Brasília (UnB) e do Instituto Brasileiro de Ensino Desenvolvimento e Pesquisa (IDP). Desembargador Federal do Tribunal Regional Federal da 1ª Região.

NEY MARANHÃO
Doutor em Direito do Trabalho pela Universidade de São Paulo (USP), com estágio de Doutorado-Sanduíche na Universidade de Massachusetts (Boston/EUA). Especialista em Direito Material e Processual do Trabalho pela Universidade de Roma "La Sapienza" (Itália). Mestre em Direitos Humanos pela UFPA. Professor de Direito do Trabalho da Faculdade de Direito da Universidade Federal do Pará (UFPA). Professor Permanente do Programa de Pós-Graduação em Direito da UFPA (Mestrado e Doutorado). Professor Coordenador do Grupo de Pesquisa Contemporaneidade e Trabalho (GPCONTRAB – UFPA/CNPq). Professor da Escola Nacional de Formação e Aperfeiçoamento de Magistrados do Trabalho (Enamat/TST). Professor convidado de diversas Escolas Judiciais de Tribunais do Trabalho. Membro da Academia Brasileira de Direito do Trabalho (Cadeira 30) e da Academia Paraense de Letras Jurídicas (Cadeira 25). Juiz Titular de Vara da Justiça do Trabalho da 8ª Região (TRT-8/PA-AP). Autor, coautor, coordenador e organizador de diversas obras jurídicas. Subscritor de mais de uma centena de artigos jurídicos.

ORIDES MEZZAROBA
Professor dos Programas de Mestrado e Doutorado em Direito da Universidade Federal de Santa Catarina (UFSC). Coordenador do Programa de Mestrado Profissional em Direito da UFSC. Pesquisador de Produtividade do CNPq.

PAULO AFFONSO LEME MACHADO
Doutor em Direito pela Pontifícia Universidade Católica de São Paulo (PUC-SP). Doutor *honoris causa* pela Vermont Law School (EUA), pela Universidade Estadual Paulista (Unesp/Brasil), pela Universidade Federal da Paraíba (UFPB/Brasil) e pela Universidade de Buenos Aires (Argentina). Prêmio Elizabeth Haub (Alemanha). Professor Convidado na Universidade de Limoges, na França (1986-2003). Professor Emérito da Unesp no Instituto de Biociências (Rio Claro/Brasil). Ex-Professor da Universidade Metodista de Piracicaba. Mestre pela Universidade Robert Schuman (Strasbourg/França). Promotor de Justiça aposentado. Autor de livros jurídicos. Advogado.

PAULO CALIENDO
Doutor em Direito pela Pontifícia Universidade Católica de São Paulo. Doutorado-Sanduíche na Ludwig Maximilians Universität em Munique, Alemanha. Mestre em Direito pela Universidade Federal do Rio Grande do Sul (UFRGS). Graduado em Direito pela UFRGS. Participou do Program of Instruction for Lawyers da Harvard Law School (2001). Árbitro da lista Brasileira do Sistema de Controvérsias do Mercosul. Atualmente é Professor Titular da Pontifícia Universidade Católica do Rio Grande do Sul (PUCRS) e Professor Permanente do Programa de Pós-Graduação em direito da PUCRS (Conceito 06 da Capes). Autor de obras de Direito Tributário, dentre as quais *Curso de Direito de Tributário*, pela Saraiva Educação, 2022.

PAULO GUSTAVO GONET BRANCO
Doutor em Direito pela Universidade de Brasília (UnB). Professor da Graduação e do Programa de Mestrado do Instituto Brasileiro de Ensino, Desenvolvimento e Pesquisa (IDP). Professor da Escola Superior do Ministério Público do Distrito Federal e dos Territórios. Membro do Ministério Público Federal (MPF).

PAULO VINICIUS SPORLEDER DE SOUZA
Professor Titular da Escola de Direito e do Programa de Pós-Graduação em Ciências Criminais da PUCRS. Doutor em Ciências Jurídico-Criminais pela Universidade de Coimbra (Portugal).

RAFAEL FONSECA FERREIRA
Doutor e Mestre em Direito pela Universidade do Vale do Rio dos Sinos (Unisinos). Pós-Doutor em Direito e Novas Tecnologias pela Mediterranea International Centre for Human Rights Research (Itália). Pós-Doutor em Direito pela Unisinos. Professor da Graduação e do Programa de Pós-Graduação em Direito e Justiça Social da Universidade Federal do Rio Grande (Furg). Autor de obras e diversos artigos jurídicos. Advogado.

RAFAEL MAFFINI
Doutor e Mestre pela Universidade Federal do Rio Grande do Sul (UFRGS). Professor Adjunto de Direito Administrativo e Notarial do Departamento de Direito Público e Filosofia do Direito da UFRGS. Professor de Direito Administrativo no curso de Especialização em Direito do Estado e no Programa de Pós-Graduação em Direito (Mestrado e Doutorado) da UFRGS. Advogado e parecerista em Porto Alegre. Juiz Substituto do Tribunal Regional Eleitoral do Rio Grande do Sul, em vaga destinada a advogados, nos biênios 2016/2018 e 2018/2020.

REBECCA GROTERHORST
Doutora e Mestre em Direito do Estado pela Faculdade de Direito da Universidade de São Paulo (Fadusp). Professora de Direito Constitucional da Faculdade Estácio de Carapicuíba. Coordenadora de Projetos do Instituto Pro Bono. Membro Colaboradora do Núcleo de Justiça e Constituição (NJC) da Fundação Getulio Vargas Direito (FGV-SP) e do Grupo de Pesquisa Estrutura e Dinâmica do Estado Federal da Fadusp. Pesquisadora nas áreas de Acesso à Justiça, Direitos Fundamentais e Cortes Constitucionais.

REGINA LINDEN RUARO
Advogada e consultora jurídica nas áreas do Direito Administrativo e Empresarial, Direito Digital e da Proteção de Dados Pessoais. Sócia-fundadora do Regina Ruaro Advogados Associados. Professora Titular da Escola de Direito da Pontifícia Universidade Católica do Rio Grande do Sul (PUCRS). Procuradora Federal aposentada da Advocacia-Geral da União (AGU). Doutora em Direito pela Universidade Complutense de Madrid (1993) com título revalidado pela UFRGS e Pós-Doutora pela Universidade San Pablo – CEU de Madrid (2006/2008), Estágio Pós-doutoral (2016) na mesma Instituição. Compõe o Grupo Internacional de Pesquisa

Protección de Datos, Seguridad e Innovación: retos en un mundo global tras el Reglamento Europeu de Protección de datos. Coordenadora no Brasil pela PUCRS no Programa de Pós-Graduação em Direito (PPGD) no Projeto Identidad Digital, Derechos Fundamentales y Neuroderechos – Espanha. Professora convidada do Máster en Protección de Datos, Transparencia y Acceso a la Información da Universidad San Pablo – CEU de Madrid. Decana Associada da Escola de Direito (2018/2021), Membro do Comitê Gestor do Biobanco da PUCRS, lidera o Grupo de Pesquisa cadastrado no CNPq: Proteção de Dados Pessoais e Direito Fundamental de Acesso à Informação no Estado Democrático de Direito na linha de Direito, Ciência, Tecnologia e Inovação. Coordenadora do Grupo do PPGD, pela PUCRS, no Projeto Hangar (criação *startup* jurídica). Participa do Conselho Consultivo da AI Robotics Ethics Society (Aires), na PUCRS. Compõe o Grupo de pareceristas da curadoria da Plataforma Digital do Núcleo de Estudos de Saúde e Bioética da Associação dos Juízes do Rio Grande do Sul (Ajuris/Unimed).

RIZZATTO NUNES
Livre-Docente em Direito do Consumidor pela Pontifícia Universidade Católica de São Paulo. Doutor e Mestre em Filosofia do Direito pela PUC-SP. Desembargador aposentado do Tribunal de Justiça de São Paulo.

RODRIGO BRANDÃO
Doutor e Mestre em Direito Público pela Universidade do Estado do Rio de Janeiro (UERJ). Professor de Direito Constitucional da UERJ. Procurador do Município do Rio de Janeiro. Sócio de Rodrigo Brandão Advogados.

RODRIGO GARCIA SCHWARZ
Doutor em Direito do Estado, em Direito do Trabalho e da Seguridade Social e em História Social. Professor do Centro Universitário FIEO, da Universidade de Mogi das Cruzes e do Grupo Educacional Uníntese. Juiz do Trabalho, Titular da Vara do Trabalho de Arujá – São Paulo.

RODRIGO GHIRINGHELLI DE AZEVEDO
Bacharel em Direito e Doutor em Sociologia pela Universidade Federal do Rio Grande do Sul (UFRGS). Professor Titular da Escola de Direito da Pontifícia Universidade Católica do Rio Grande do Sul (PUCRS), atuando nos Programas de Pós-Graduação em Ciências Criminais e em Ciências Sociais. Líder do Grupo de Pesquisa em Políticas Públicas de Segurança e Administração da Justiça Penal (GPESC), associado sênior do Fórum Brasileiro de Segurança Pública e membro do Comitê Gestor do Instituto Nacional de Estudos Comparados em Administração Institucional de Conflitos (INCT-InEAC). Coordenador do Comitê de Pesquisa em Sociologia da Violência da Sociedade Brasileira de Sociologia e Bolsista de Produtividade em Pesquisa do CNPq.

ROGER STIEFELMANN LEAL
Doutor em Direito do Estado pela Universidade de São Paulo (USP). Professor de Direito Constitucional na Faculdade de Direito da USP. Membro do Instituto Pimenta Bueno – Associação Brasileira de Constitucionalistas. Procurador da Fazenda Nacional.

ROGÉRIO GESTA LEAL
Desembargador do Tribunal de Justiça do Estado do Rio Grande do Sul. Professor Titular da Universidade de Santa Cruz do Sul e Professor da Fundação Escola Superior do Ministério Público (FMP). Doutor em Direito. Autor de livros jurídicos.

ROSÂNGELA LUNARDELLI CAVALLAZZI
Pós-Doutora em Direito Urbanístico e Doutora em Direito pela École Doctorale Villes et Environnement Université Paris 8. Professora e Pesquisadora da UFRJ e da PUC Rio. Coordenadora de área de Direito, Arquitetura, Urbanismo e Planejamento Urbano da FAPERJ. Membro do Instituto dos Advogados Brasileiros. Cientista do Estado da FAPERJ. Pesquisadora com Bolsa Produtividade CNPq nível 1B. Líder do Grupo de Pesquisa CNPq Direito e Urbanismo da UFRJ desde 1994. Coordenadora das áreas de Direito, Arquitetura e Urbanismo, Planejamento Urbano e Design da Fundação Carlos Chagas Filho de Amparo à Pesquisa do Estado do Rio de Janeiro. Membro do Conselho Consultivo do Instituto Brasileiro de Defesa do Consumidor (IDEC). Diretora do BRASILCON. Coordena projetos de pesquisas nas áreas do Direito e do Urbanismo.

RUY ROSADO DE AGUIAR JÚNIOR (*in memorian*)
Ministro do Superior Tribunal de Justiça e Professor aposentado da Universidade Federal do Rio Grande do Sul (UFRGS). Mestre em Direito Civil pela UFRGS. Autor de livros e de artigos periódicos.

SALO DE CARVALHO
Doutor em Direito pela Universidade Federal do Paraná (UFPR). Mestre em Direito pela Universidade Federal de Santa Catarina (UFSC). Professor Adjunto de Direito Penal da Faculdade Nacional de Direito (UFRJ) e do Programa de Pós-Graduação em Direito da Unilasalle. Autor de *Penas e Medidas de Segurança no Direito Penal brasileiro* (3. ed., Saraiva Educação, 2020), entre outras obras. Advogado.

SAMUEL MIRANDA ARRUDA
Doutor em Ciências Jurídico-Políticas pela Universidade de Coimbra. Mestre em Direito Público pela Universidade Federal do Ceará (UFC). Bacharel em Direito e Engenharia Civil. Professor Adjunto do Departamento de Direito Público da UFC. Procurador da República em Fortaleza.

SAUL TOURINHO LEAL
Pós-Doutor pela Universidade Humboldt, sob a orientação do Professor Dieter Grimm. Foi assessor na Corte Constitucional da África do Sul e na vice-presidência da Suprema Corte de Israel. Sua tese de doutorado, Direito à Felicidade, tem sido usada pelo Supremo Tribunal Federal na concretização de direitos fundamentais. Advogado.

SÉRGIO CRUZ ARENHART
Pós-Doutor pela Università degli Studi di Firenze. Doutor e Mestre pela Universidade Federal do Paraná. Professor de Graduação e Pós-Graduação na mesma Universidade. Ex-Juiz Federal. Procurador Regional da República.

SÉRGIO GILBERTO PORTO
Professor Emérito da Pontifícia Universidade Católica do Rio Grande do Sul (PUCRS). Professor *honoris causa* da Faculdade Cenecista de Osório (FACOS). Doutor em Direito, Mestre e Especialista em Direito Processual Civil pela PUCRS. Professor dos cursos de Doutorado, Mestrado, Especialização e Graduação da PUCRS. Ex-Procurador-Geral de Justiça do Rio Grande do Sul. Procurador de Justiça aposentado. Autor de vários livros e ensaios nos campos do Processo Civil, Processo Constitucional e Direito Civil. Agraciado com diversos prêmios profissionais e comendas. Consultor e Advogado.

TERESINHA M. D. S. CORREIA
Desembargadora aposentada do Tribunal Regional do Trabalho da 4ª Região.

THIAGO SANTOS ROCHA
Doutor em Direito pela Universidade de Oviedo em regime de dupla titulação com a Pontifícia Universidade Católica do Rio Grande do Sul. Mestre em Direito e Ciência Jurídica (especialidade em Direitos Fundamentais) pela Universidade de Lisboa, Graduado em Direito pela Universidade de Uberlândia.

TIAGO FENSTERSEIFER
Doutor e Mestre em Direito Público pela Pontifícia Universidade Católica do Rio Grande do Sul (PUCRS), com pesquisa de doutorado-sanduíche junto ao Instituto Max-Planck de Direito Social e Política Social de Munique, na Alemanha (MPISOC). Estudos em nível de pós-doutorado junto ao MPISOC (2018-2019) e à Universidade Federal de Santa Catarina (2023-2024). Professor-Visitante do Programa de Pós-Graduação em Direito (PPGD) da Unifor (2021-2022). Defensor Público Estadual de São Paulo.

VALERIO DE OLIVEIRA MAZZUOLI
Professor-Associado da Faculdade de Direito da Universidade Federal de Mato Grosso (UFMT). Pós-Doutor em Ciências Jurídico-Políticas pela Universidade Clássica de Lisboa. Doutor *summa cum laude* em Direito Internacional pela Universidade Federal do Rio Grande do Sul (UFRGS). Mestre em Direito pela Universidade Estadual Paulista Júlio de Mesquita Filho (Unesp), *campus* de Franca. Professor convidado nos cursos de Pós-Graduação da UFRGS, da Pontifícia Universidade Católica de São Paulo e da Universidade Estadual de Londrina. Advogado e consultor jurídico.

VANÊSCA BUZELATO PRESTES
Doutora em Forme Dell'Evoluzione Del Diritto pela Università Del Salento (Itália), Mestre em Direito Público pela Pontifícia Universidade Católica do Rio Grande do Sul (PUCRS), Especialista em Direito Municipal pela Faculdade Ritter dos Reis/Escola Superior de Direito Municipal do Rio Grande do Sul (ESDM-RS), coautora dos livros *Direito Urbanístico* (Verbo Jurídico, 2009) e *Temas de Direito Urbano-Ambiental* (Fórum, 2006), e autora do livro *Corrupção Urbanística: da ausência de diferenciação entre direito e política no Brasil* (2017), Professora convidada das especializações em Direito Ambiental, Direito Urbanístico e Direito Municipal. Procuradora aposentada do Município de Porto Alegre (1990-2021). Advogada e consultora jurídica.

VANESSA ROCHA FERREIRA
Doutora em Direitos Humanos pela Universidade de Salamanca, Espanha (Usal/ES). Mestre em Direitos Fundamentais pela Universidade da Amazônia (Unama-PA). Professora da Graduação e Mestrado em Direito no Centro Universitário do Pará (Cesupa). Auditora do Tribunal de Contas do Estado do Pará (TCE-PA).

VLADIMIR PASSOS DE FREITAS
Doutor e Mestre em Direito pela Universidade Federal do Paraná. Promotor de Justiça nos Estados do Paraná e de São Paulo de 1970 a 1980. Juiz Federal de 1980 a 1991. Desembargador Federal de 1991 a 2006 no Tribunal Regional Federal da 4ª Região, com sede em Porto Alegre-RS, onde foi Corregedor-Geral e Presidente. Professor de Direito Ambiental no programa de Pós-Graduação da Pontifícia Universidade Católica do Paraná. Vice-Presidente do Instituto Brasileiro de Estudo do Sistema Judiciário (Ibrajus) e Presidente da Academia Paranaense de Letras Jurídicas.

WALBER DE MOURA AGRA
Pós-Doutor em Direito pela Montesquieu Bordeaux IV. Doutor em Direito pela Universidade Federal de Pernambuco (UFPE) e pela Universidade degli Studio di Firenze. Professor Adjunto de Direito Eleitoral da UFPE. Membro da Comissão de Estudos Constitucionais do Conselho Federal da Ordem dos Advogados do Brasil. Advogado. Procurador do Estado de Pernambuco.

WALTER CLAUDIUS ROTHENBURG
Livre-Docente em Direitos Humanos pela Universidade de São Paulo. Doutor e Mestre em Direito pela Universidade Federal do Paraná (UFPR). Pós-Graduado em Direito Constitucional pela Universidade de Paris II. Professor da Instituição Toledo de Ensino (ITE). Diretor do Instituto Brasileiro de Estudos Constitucionais (Ibec). Procurador Regional da República.

WILSON ANTÔNIO STEINMETZ
Doutor e Mestre em Direito pela Universidade Federal do Paraná (UFPR), Professor do Programa de Pós-Graduação em Direito da Universidade de Caxias do Sul e do Programa de Pós-Graduação em Direito da Universidade do Oeste de Santa Catarina.

WILSON ENGELMANN
Professor e Pesquisador do Programa de Pós-Graduação em Direito – Mestrado e Doutorado – e do Mestrado Profissional em Direito da Empresa e dos Negócios, ambos da Universidade do Vale do Rio dos Sinos (Unisinos). Bolsista de Produtividade em Pesquisa do CNPq.

ZULMAR FACHIN
Doutor em Direito Constitucional pela Universidade Federal do Paraná (UFPR). Mestre em Direito pela Universidade Estadual de Londrina (UEL). Mestre em Ciência Política pela UEL. Bacharel em Direito pela Universidade Estadual de Maringá (UEM). Licenciado em Letras (Unicesumar). Professor na UEL. Coordenador do Mestrado Profissional em Direito, Sociedade e Tecnologias da Escola de Direito das Faculdades Londrina. Membro eleito da Academia Paranaense de Letras Jurídicas. Presidente do Instituto de Direito Constitucional e Cidadania (IDCC).

APRESENTAÇÃO À 3ª EDIÇÃO

Promulgada em 5-10-1988, após intenso debate e embate ao longo dos cerca de dezoito meses de trabalho da Assembleia Constituinte de 1987-1988, a Constituição Federal brasileira – a "Constituição-Cidadã", tal como batizada na época pelo Deputado Federal Ulysses Guimarães, justamente por se tratar do resultado de um processo democrático plural e compromissário – tem demonstrado sua resiliência, em especial no que diz respeito à sua capacidade de, ancorada em sólidas instituições democráticas, resistir a tantas adversidades, a despeito de todos os percalços vivenciados desde então nas esferas política, econômica, social e mesmo cultural, notadamente no período transcorrido após a publicação da segunda edição desta obra, em 2018.

Nesse contexto, destacam-se tragicamente os complexos desafios postos pela pandemia de Covid-19, que infelizmente encontrou no Brasil, em virtude dos desmandos dos setores (ir)responsáveis do Governo Federal, terreno fértil e o segundo maior número de vítimas fatais no mundo, assim como os mais variados e cruentos ataques de matiz autoritário endereçados às instituições democráticas desde o período mais agudo da Ditadura Militar, tudo potencializado e hipertrofiado em escala geométrica pelos recursos das tecnologias de comunicação e informação, cada vez mais sofisticadas, surgidas no contexto da assim chamada transformação digital. Fenômenos como os discursos de ódio, a desinformação (destaque para as *fake news*), a discriminação algorítmica, o vigilantismo, a concentração de poder informacional e a exclusão digital, somados ao aumento das desigualdades socioeconômicas e ao recrudescimento, sem precedentes e paralelos nos últimos tempos, da degradação do meio ambiente, têm colocado à prova não apenas os poderes públicos, mas também a sociedade civil, além de exigirem respostas adequadas na perspectiva constitucional. Prova cabal da resiliência democrática, a despeito de alguma resistência setorial, foi a resposta firme dada pelos poderes constituídos, no sentido do reconhecimento da legitimidade das eleições gerais de 2022, em especial para a Presidência da República, bem como a pronta reação aos inomináveis acontecimentos de 8 de janeiro de 2023.

Nos cinco anos que separam esta terceira edição comemorativa dos 35 anos da Constituição Federal da edição precedente, dezenas de emendas constitucionais foram promulgadas, impactando praticamente todos os títulos do texto constitucional, sem contudo, mais uma vez, erodir (sem prejuízo de algumas investidas em matéria de restrições a direitos e garantias) aquilo que se pode designar de identidade constitucional, ou seja, o "núcleo duro", formado pelos princípios fundamentais estruturantes do Estado Federal, Democrático, Social e Ecológico de Direito. Pelo contrário, em especial no campo dos direitos fundamentais, houve a inserção – demonstração de que a inovação no Direito e pelo Direito é possível, ademais de necessária – de um direito fundamental autônomo à proteção de dados pessoais e de um novo direito social à renda básica familiar, sem prejuízo da inclusão, junto ao direito fundamental, à proteção de um meio ambiente ecologicamente equilibrado e de um mandado (ainda parcial) de gradual descarbonização da economia.

No âmbito legislativo, muitos foram os avanços dignos de nota. Para além das muitas emendas constitucionais, bastaria aqui, dentre tantos exemplos passíveis de serem inventariados, referir a aprovação e entrada em vigor da Lei Geral de Proteção de Dados (LGPD), da Lei do Governo Digital, da Nova Lei da Improbidade Administrativa, bem como da recente Lei de Inclusão Digital, de janeiro de 2023.

No que diz respeito ao papel do Poder Judiciário, com foco aqui, dada a natureza da obra, no Supremo Tribunal Federal, é de se sublinhar que, independentemente das eventuais críticas assacadas a uma série de julgados (críticas que, desde que não veiculadas por meio de ameaças, ofensas e dolosamente distorcidas quanto à sua veracidade, devem ser tidas como absolutamente saudáveis numa Democracia), nossa Suprema Corte se fortaleceu como um bastião contra o autoritarismo e toda a sorte de excessos e retrocessos. Apenas para mencionar alguns exemplos, bastaria rememorar a importância do Supremo Tribunal no combate à pandemia e as milhares de decisões em prol da vida e da saúde. Além disso, a Suprema Corte brasileira avançou ainda mais na proteção e promoção dos direitos das minorias e dos grupos vulneráveis em geral, na proteção do meio ambiente, no fortalecimento dos direitos-garantia em matéria penal, na proteção de dados pessoais e no acesso à informação, assim como no campo da abertura ao direito internacional dos direitos humanos.

Ao fim e ao cabo, é possível afirmar que a Constituição Federal de 1988 segue um projeto virtuoso e vitorioso, resultado de uma conjugação notável de esforços, mas nem sempre percebido e compreendido.

Quanto aos comentários ora lançados em sua terceira edição, foram, como das outras vezes, feitas atualizações em matéria legislativa, jurisprudencial e doutrinária, em especial no que diz respeito às emendas constitucionais promulgadas desde 2018. Mais uma vez, externamos os nossos votos de profunda gratidão a todos os autores que têm assegurado que esta obra siga mantendo o seu padrão de excelência e oferecendo ao público um texto completo e rico em informações úteis tanto para a atividade acadêmica quanto para o exercício de toda e qualquer profissão jurídica. Da mesma forma, agradecemos à editora Almedina e à competente equipe da Saraiva Educação, nas pessoas de Thais Cézar, Jeferson Silva, Livia Céspedes, Ana Carolina Gomes, Daniel Naveira, Liana Brito, Rosana Fazolari, Deborah Mattos e, em especial, Deborah Viadana.

Por fim, na apresentação à edição anterior desta obra, apontamos que a Constituição de 1988, como toda e qualquer constituição legítima, representa, senão o ideal, um necessário e eficiente remédio contra a tentação dos que pretendiam ver a ruína do Estado Democrático de Direito. No ano em que comemoramos os seus 35 anos, é alvissareiro poder afirmar: a Constituição prevaleceu! E é nosso desejo que assim permaneça.

J. J. Gomes Canotilho
Gilmar Ferreira Mendes
Ingo Wolfgang Sarlet
Lenio Luiz Streck
Léo Ferreira Leoncy

APRESENTAÇÃO À 2ª EDIÇÃO

Elaborar uma segunda edição sempre é tarefa difícil, mormente quando lidamos com dezenas de coautores. É como montar um imenso quebra-cabeças. Ademais, a dinâmica da Suprema Corte brasileira faz com que estejamos atentos para um trabalho que, no aniversário de 30 anos da Constituição, quase se mostra como uma tarefa de Sísifo. Em muitos casos, quando acabamos de atualizar determinado dispositivo à luz da jurisprudência do Supremo Tribunal Federal, descobrimos que já houve alterações na posição do Tribunal sobre a matéria...

Esta segunda edição não poderia vir em melhor hora. Afinal, nossa Constituição tem sido posta constantemente à prova, alterada – por vezes em partes substanciais – mediante uma centena de emendas e parâmetro para milhares de ações constitucionais, que vão de ações diretas de inconstitucionalidade às ações declaratórias de constitucionalidade, passando por arguições de descumprimento de preceito fundamental, mandados de segurança, recursos extraordinários, repercussão geral, *habeas corpus*, alcançando cifras sem precedente e paralelo seja na história constitucional brasileira, seja em outras partes do Globo. Tarefas do Supremo Tribunal Federal que se tornam jurisprudência, que se transformam em objeto de nossos comentários. Eis aqui o projeto que, na condição de coordenadores científicos e com a coordenação executiva de Léo Leoncy, buscamos realizar.

Em um país em que – e isto se tem como unanimidade – vivemos, na expressão de Sérgio Abranches, sob um presidencialismo de coalisão, é inexorável que o Supremo Tribunal Federal seja alçado a um patamar elevado de protagonismo. Assim, nesses trinta anos, o Tribunal vem sendo demandado a cada conflito entre os Poderes Executivo e Legislativo, envolvendo desde guerra fiscal provocada por diversos governos estaduais até a resolução da demarcação de terras indígenas, passando pelas discussões ético-morais como células tronco, aborto e fetos anencefálicos. Entre sístoles e diástoles decorrentes das constantes crises políticas, o Supremo Tribunal Federal, ao longo dessas três décadas, ofereceu à sociedade brasileira uma pletora de contribuições notáveis, mas também não quedou – como há de ser numa Democracia – imune a expressivas críticas quanto ao seu papel institucional e a atuação de seus Ministros. Tais críticas – aqui referidas em caráter meramente ilustrativo e não raras vezes sustentadas por boas razões – dizem respeito tanto a questões vinculadas a uma postura intervencionista nos processos políticos e democraticamente legitimados, quanto a demora em julgar determinadas ações e a insegurança criada por conta de frequentes alterações de entendimento, divergências entre suas duas turmas e mesmo a dificuldade de identificar os motivos determinantes dos seus julgados.

Tais momentos foram sendo captados pelas lentes "fotográfico-epistêmicas" de nossos comentaristas. Evidentemente que o livro não representa e não se limita a uma glosa na e da jurisprudência de nossa Suprema Corte. Predominantemente, desde a primeira edição – que, para nossa felicidade, rendeu premiação das mais relevantes (Prêmio Jabuti, 2º Lugar) – a intenção dos organizadores foi o de ressaltar o papel da doutrina. Esta problemática é muito cara para quem pesquisa o desenvolvimento do Direito no Brasil, mormente no período pós-1988. Urge que a doutrina doutrine, sem, é claro, perder de vista os caminhos seguidos e apontados pelo Poder Judiciário. Por isso, também se vislumbrou, desde o início, levar à comunidade jurídica esse papel prescritivo que a doutrina deve exercer em um Estado Democrático de Direito, apontando equívocos e exaltando os acertos do Supremo Tribunal Federal no exercício de sua função de guardião da Constituição, de modo a contribuir, além disso, para um processo crítico-reflexivo, mas sempre também dialético e dinâmico de permanente reconstrução da nossa ordem jurídica.

Aliás, necessário sublinhar que precisamente ao completar o seu trigésimo aniversário, a nossa Constituição talvez esteja a experimentar a sua maior "prova de fogo" desde a sua promulgação, a considerar as dimensões da crise política, social e econômica em curso, porquanto a crise generalizada de (des) confiança que assola o país também a tem atingido. Não se deve olvidar, nesse contexto, que tal crise de confiança, ao menos em parte, é caudatária de uma crise de efetividade no que diz com o cumprimento de parte das promessas constitucionais, em especial no concernente aos objetivos solenemente estabelecidos no artigo 3º e no que toca aos direitos e garantias fundamentais. Assim, atribui-se (e por vezes de modo intencional) ao texto constitucional a culpa pelas nossas mazelas quando o problema reside precisamente no fato de que, mediante um conjunto de ações e omissões, não se dá, na medida das possibilidades, o devido cumprimento aos seus preceitos.

O investimento numa obra como a que ora se reedita, alcança ainda maior importância, pois também implica uma aposta na permanência e estabilidade – sem prejuízo das mudanças tópicas e indispensáveis à atualização do programa constitucional em face dos câmbios da realidade – do projeto dos constituintes de 1988, visto que somente assim se lhe poderá assegurar a chance de um futuro. Com isso, aliás, também se estará dando uma oportunidade para a reafirmação da Democracia e do Estado de Direito sem os quais qualquer projeto de uma sociedade livre, justa e solidária restará comprometido.

Assim, é justamente com tal desiderato que se lança esta nova edição dos Comentários e é por isso também que esperamos seguir contando com a receptividade e confiança da comunidade jurídica brasileira.

Mas também é chegada a hora de agradecer.

Agradecer aos nossos colaboradores pela parceria, paciência e compreensão ao longo do processo, agradecimento que se dirige a todos os coautores, mas também a Aline Darcy Flôr de Souza, indicada pela Editora Saraiva para nos dar assistência, se revelou – mesmo ingressando na equipe apenas pouco antes de iniciado o processo da reedição – de uma perseverança e dedicação incansável e que aqui deve ser em público exaltada.

APRESENTAÇÃO À 2ª EDIÇÃO

Por fim, mas não por último, é de se sublinhar que o republicanismo de mais de uma centena de professores e representantes de todas as carreiras jurídicas tornou possível esta edição que – e não por mera coincidência – vai a público com o aniversário de trinta anos daquela que Ulisses Guimarães, com rara felicidade, designou de Constituição Cidadã, e que, tal como na longa e mítica travessia de Ulysses retornando da guerra de Troia e retratada pela pena imortal de Homero na sua Odisseia, representa as correntes que garantem a vida do herói, livrando-o do fatal abraço das sereias.

É por isso que, dito agora – mais uma vez, mas de outro modo –, a nossa Constituição (tal qual toda e qualquer constituição legítima) segue sendo senão o ideal, um necessário e – já considerados os seus limites – eficiente remédio contra a tentação dos que pretendem ver a ruína do Estado Democrático de Direito.

Boa leitura a todos.

Coimbra, Brasília, Porto Alegre e Belo Horizonte,

J. J. Gomes Canotilho
Gilmar Ferreira Mendes
Ingo Wolfgang Sarlet
Lenio Luiz Streck
Léo Ferreira Leoncy

APRESENTAÇÃO À 1ª EDIÇÃO

O século XX mostrou-se generoso para com o Direito. Ao lado de tantas transformações ocorridas na filosofia, na psicanálise e nos diversos ramos das ciências "duras" e do espírito, o campo jurídico foi atravessado por uma verdadeira revolução copernicana. Os fracassos decorrentes das duas grandes guerras tinham de fazer com que nós, juristas, aprendêssemos com os erros. Pode-se chamar a esse novo direito de "pós-Auschwitz" ou "pós-bélico", numa alusão a que, depois de tudo "aquilo", algo de revolucionário tinha de ocorrer na esfera jurídica.

Esse novo direito – que efetivamente conforma novo paradigma – veio como uma vaga reformadora e transformadora. O positivismo buscara depurar o direito das impurezas "valorativas". A democracia pagara custo demasiado alto por apostar no império do racionalismo formalista. A tarefa desse novo paradigma é(ra) imensa: dar conta do problema do poder constituinte, controlar o poder das maiorias eventuais, albergar os direitos fundamentais e, essencialmente, conceder a qualidade de norma jurídica vinculante, eficaz e apta para a efetividade, àquilo que, desde o século XVIII, chamamos de "Constituição".

A ideia de Constituição como norma ganhou particular importância nos quadrantes jurídico-constitucionais brasileiros. Veja-se: vivemos em país onde, a todo tempo, setores do pensamento jurídico-político apresentam teses que, a pretexto de problemas particulares do cotidiano, procuram, no fundo, desconstituir a Constituição. Não há ano em que não se fale em "nova Assembleia Constituinte". Torna-se por isso necessário fortificar cada vez mais os (pré) compromissos estabelecidos pelo constituinte de 1988.

Por tudo isso, a Constituição (ainda) constitui. A Constituição é norma. Tem força normativa. Vincula. Os princípios valem. São deontológicos. Eis um passo à frente das fases do constitucionalismo liberal e social. E a democracia passa a ser algo que depende não somente da política, mas também do direito. Dizendo de outro modo: no novo paradigma, as Constituições passam a ser o ponto de estofo que liga a política e o direito. E para assegurar a aplicação desse novo paradigma, foi "inventada" a jurisdição constitucional. Com isso, os debates e dilemas que atravessaram o século XX: democracia e constitucionalismo são compatíveis?

Este é o *estado da Arte* que forjou o horizonte de sentido e animou os organizadores destes *Comentários à Constituição do Brasil*. O desafio: elaborar detalhado comentário, passadas mais de duas décadas da promulgação da Constituição da República Federativa do Brasil, levando em conta os aspectos que criaram os pré-compromissos constituintes de nossa sociedade.

Para esse desiderato, fez-se verdadeira "fusão de horizontes", aceitando o desafio de "costurar" opiniões de mais de uma centena de juristas da terrae brasilis. Não se trata, tão somente, de um conjunto de comentários produzidos artigo por artigo, inciso por inciso. Preocupados com leitura que avançasse para além da (mera) dogmática constitucional – e isso era pré-compromisso assumido como verdadeiro "marco regulador" já na primeira reunião –, os organizadores buscaram produzir, em primeiro momento, uma espécie de grelha interpretativa e de leitura das milhares de páginas, apresentando, em geral, explicitação acerca dos pontos que nortearam a feitura da Constituição. De que modo devemos ler uma Constituição como a do Brasil? Como se a interpreta? Do que trata o seu preâmbulo? Quais são os princípios norteadores? Ou seja, se interpretar é aplicar, já nas primeiras palavras é iniciada a jornada de Hermes, destinada a bater nos textos para torná-los mais inteligentes. E, implicitamente, o leitor é convidado, a cada momento, a participar dessa jornada significante e que se pretende significativa, nas diversas acepções dessa palavra. É exatamente por isso que o texto ficou tão minucioso. Tarefa desse jaez não havia ainda sido tentada pós-Constituição de 1988.

Na metodologia de trabalho, uma grade (grelha) serviu de elemento condutor para o desenvolvimento dos *Comentários*. O histórico da norma, os dispositivos a ela relacionados, o direito internacional, a legislação atinente e pertinente, a jurisprudência do Supremo Tribunal Federal que conforma o DNA do dispositivo comentado, a seleção de literatura para municiar o leitor daquilo que mais importante se produziu acerca da temática e da norma sob comento, bem como o comentário – descritivo e prescritivo – de cada colaborador, que teve de passar por estes indicadores para alcançar seu desiderato. Em síntese, uma metodologia entendida como caminho necessário para revolver o chão histórico-linguístico que sustenta a tradição de cada dispositivo ou instituto analisado.

A Constituição do Brasil conta com mais de trezentos artigos, centenas de parágrafos e milhares de incisos. Os organizadores destes *Comentários* não imaginavam quão árdua seria a tarefa de dar conta desse vasto texto jurídico. Também por isso, mas também pelas habituais dificuldades que envolvem obra com tantos comentadores, o trabalho acabou levando mais de cinco anos. E, por isso também, inevitáveis algumas lacunas e mesmo alguma dispersão no que diz com a proposta metodológica e o número de páginas redigido por cada autor. Com dezenas de colaboradores e uma correspondente heterogeneidade de ideias e teses, cada dispositivo teve de passar por autêntico filtro de pontuações e contrapontuações.

Tarefa concluída? Longe disso. Comentar uma Constituição como a do Brasil é como relembrar, a todo momento, o famoso conto de Jorge Luis Borges, o Livro de Areia. Ao final do dia, ao final da leitura, as páginas se desfazem. E tudo começa novamente. No fundo, pela dinâmica do direito brasileiro, pela velocidade das decisões, densificar minimamente um significado da norma é desafio constante. Se nenhuma interpretação é definitiva, nenhum Comentário a Constituição tão complexa como a do Brasil pode ser tarefa dada por finda. Qualquer tentativa de comentar certo texto jurídico ficará sempre devedora daquilo que é ínsito a todo paradigma: os juízos são sempre provisórios. E é na distân-

APRESENTAÇÃO À 1ª EDIÇÃO

cia temporal – que nunca é obstáculo, e, sim, aliado – que pode(re)mos confirmar, ou não, as assertivas lançadas nestas reflexões.

Por fim, permitimo-nos chamar a atenção dos leitores para algumas notas que julgamos relevantes: a primeira diz respeito ao fato de que o período das colaborações que deram vida aos presentes *Comentários* cobre alguns anos e em vários casos não mais foi possível assegurar o melhor nível de atualização. Segundo, um agradecimento muito vivo ao Professor Doutor Léo Ferreira Leoncy, que exerceu a coordenadoria executiva deste projeto. Além disso, uma especial nota de gratidão endereçada a todos os comentadores, inclusive pela paciência que tiveram ao longo do processo e em virtude da demora entre os primeiros contatos e a publicação. Por último, um especial agradecimento às duas Editoras que abraçaram esta difícil empreitada: a Livraria Almedina, de Portugal, e a Editora Saraiva, do Brasil.

Boa leitura!

Os Coordenadores Científicos.
José Joaquim Gomes Canotilho
Gilmar Ferreira Mendes
Ingo Wolfgang Sarlet
Lenio Luiz Streck

SUMÁRIO

Apresentação à 3ª edição XVII

Apresentação à 2ª edição XIX

Apresentação à 1ª edição XXI

TEXTOS INTRODUTÓRIOS À CONSTITUIÇÃO DA REPÚBLICA FEDERATIVA DO BRASIL

República e autodeterminação política 3
José Joaquim Gomes Canotilho

Os métodos do achamento político 7
José Joaquim Gomes Canotilho

Evolução do constitucionalismo brasileiro pós-88 ... 15
Inocêncio Mártires Coelho

Hermenêutica e princípios da interpretação constitucional ... 21
Lenio Luiz Streck

Interpretação constitucional como interpretação específica ... 39
Luís Roberto Barroso

Anotação preliminar sobre o conteúdo e as funções dos princípios ... 45
Ana Paula de Barcellos

CONSTITUIÇÃO DA REPÚBLICA FEDERATIVA DO BRASIL
Promulgada em 5 de outubro de 1988

PREÂMBULO

Preâmbulo da CR: função e normatividade 53
Ana Paula de Barcellos e Luís Roberto Barroso

TÍTULO I
DOS PRINCÍPIOS FUNDAMENTAIS

Art. 1º 56
Adriano Sant'Ana Pedra

Art. 1º 58
Fernanda Dias Menezes de Almeida

Art. 1º 62
Lenio Luiz Streck e Jose Luis Bolzan de Morais

Art. 1º, I 65
Marcos Augusto Maliska

Art. 1º, II 68
Walber de Moura Agra

Art. 1º, III 70
Ingo Wolfgang Sarlet

Art. 1º, IV 77
Cláudio Mascarenhas Brandão

Art. 1º, IV 83
Ana Paula de Barcellos e Luís Roberto Barroso

Art. 1º, V 85
Adriano Sant'Ana Pedra

Art. 1º, parágrafo único 88
Marcelo Andrade Cattoni de Oliveira

Art. 2º 91
Lenio Luiz Streck e Fábio C. S. de Oliveira

Art. 3º 98
Lenio Luiz Streck e Jose Luis Bolzan de Morais

Art. 4º, *caput* e I 102
George Rodrigo Bandeira Galindo

Art. 4º, II 104
Flávia Piovesan

Art. 4º, III 110
Flávia Piovesan

Art. 4º, IV 110
George Rodrigo Bandeira Galindo

Art. 4º, V 113
George Rodrigo Bandeira Galindo

Art. 4º, VI 116
George Rodrigo Bandeira Galindo

Art. 4º, VII 119
George Rodrigo Bandeira Galindo

Art. 4º, VIII 121
Flávia Piovesan

Art. 4º, IX 124
Flávia Piovesan

Art. 4º, X 125
Flávia Piovesan

Art. 4º, parágrafo único 128
Marcos Augusto Maliska

TÍTULO II
DOS DIREITOS E GARANTIAS FUNDAMENTAIS

Notas introdutórias ao sistema constitucional de direitos e deveres fundamentais 131
Ingo Wolfgang Sarlet

Capítulo I – Dos direitos e deveres individuais e coletivos

Art. 5º, *caput* 157
André Ramos Tavares

Art. 5º, *caput* 161
Ingo Wolfgang Sarlet e André Rufino do Vale

— xxiii —

SUMÁRIO

Art. 5º, *caput* 167
Leonardo Martins

Art. 5º, *caput* 180
Cláudio Pereira de Souza Neto

Art. 5º, *caput* 182
Gabrielle Bezerra Sales Sarlet

Art. 5º, I 189
Leonardo Martins

Art. 5º, II 198
Gilmar Ferreira Mendes e André Rufino do Vale

Art. 5º, III 204
Luiz Alberto David Araujo

Art. 5º, IV 206
Daniel Sarmento e Aline Osorio

Art. 5º, V 217
Daniel Sarmento e Aline Osorio

Art. 5º, VI a VIII 223
Jayme Weingartner Neto

Art. 5º, IX 233
Daniel Sarmento e Aline Osorio

Art. 5º, X 237
José Adércio Leite Sampaio

Art. 5º, XI 255
Leonardo Martins

Art. 5º, XII 262
Lenio Luiz Streck

Art. 5º, XIII 267
Leonardo Martins

Art. 5º, XIV 273
Wilson Antônio Steinmetz

Art. 5º, XV 275
Wilson Antônio Steinmetz

Art. 5º, XVI a XXI 278
Paulo Gustavo Gonet Branco

Art. 5º, XXII 286
Gabrielle Bezerra Sales Sarlet

Art. 5º, XXIII 286
Eugênio Facchini Neto

Art. 5º, XXIV e XXV 291
Carlos Alberto Molinaro

Art. 5º, XXVI 295
Eugênio Facchini Neto

Art. 5º, XXVII 299
Maristela Basso

Art. 5º, XXVIII, *a* e *b* 306
Maristela Basso

Art. 5º, XXIX 309
Maristela Basso

Art. 5º, XXX 313
Judith Martins-Costa

Art. 5º, XXXI 319
Judith Martins-Costa

Art. 5º, XXXII 324
Rizzatto Nunes

Art. 5º, XXXIII 326
André Ramos Tavares

Art. 5º, XXXIV, *a* 328
Leonardo Martins

Art. 5º, XXXIV, *b* 331
Leonardo Martins

Art. 5º, XXXV 334
Luiz Guilherme Marinoni

Art. 5º, XXXVI 344
Gilmar Ferreira Mendes

Art. 5º, XXXVII 351
Jacinto Coutinho

Art. 5º, XXXVIII 351
Lenio Luiz Streck

Art. 5º, XXXIX 359
André Luís Callegari

Art. 5º, XL 362
André Luís Callegari

Art. 5º, XLI 365
José Claudio Monteiro de Brito Filho

Art. 5º, XLII 367
Luciano Feldens

Art. 5º, XLIII 372
Luciano Feldens

Art. 5º, XLIV 375
Luciano Feldens

Art. 5º, XLV 376
Salo de Carvalho

Art. 5º, XLVI 380
Salo de Carvalho

Art. 5º, XLVII 383
Salo de Carvalho

Art. 5º, XLVIII 385
Fabrício Dreyer de Ávila Pozzebon e
Rodrigo Ghiringhelli de Azevedo

Art. 5º, XLIX 389
Fabrício Dreyer de Ávila Pozzebon e
Rodrigo Ghiringhelli de Azevedo

Art. 5º, L 391
Fabrício Dreyer de Ávila Pozzebon e
Rodrigo Ghiringhelli de Azevedo

Art. 5º, LI e LII 392
Walter Claudius Rothenburg

Art. 5º, LIII 402
Jacinto Coutinho

Art. 5º, LIV 406
Gilmar Ferreira Mendes

Art. 5º, LV 411
Marco Félix Jobim

Art. 5º, LVI 416
Araken de Assis e Carlos Alberto Molinaro

Art. 5º, LVII 419
Nereu José Giacomolli

Art. 5º, LVIII 426
André Copetti

Art. 5º, LIX 428
Lenio Luiz Streck

Art. 5º, LX 430
André Copetti

Art. 5º, LXI 433
Luis Gustavo Grandinetti Castanho de Carvalho

Art. 5º, LXII 435
Luis Gustavo Grandinetti Castanho de Carvalho

Art. 5º, LXIII 437
Luis Gustavo Grandinetti Castanho de Carvalho

Art. 5º, LXIV 438
Luis Gustavo Grandinetti Castanho de Carvalho

Art. 5º, LXV 439
Luis Gustavo Grandinetti Castanho de Carvalho

Art. 5º, LXVI 439
Luis Gustavo Grandinetti Castanho de Carvalho

Art. 5º, LXVII 441
Ingo Wolfgang Sarlet

Art. 5º, LXVIII 451
Lenio Luiz Streck

Art. 5º, LXIX 455
Sérgio Cruz Arenhart

Art. 5º, LXX 457
Sérgio Cruz Arenhart

Art. 5º, LXXI 460
Ingo Wolfgang Sarlet e Lenio Luiz Streck

Art. 5º, LXXII 467
Walber de Moura Agra

Art. 5º, LXXIII 470
Sérgio Gilberto Porto

Art. 5º, LXXIV 472
Luiz Guilherme Marinoni e Daniel Mitidiero

Art. 5º, LXXV 474
Ruy Rosado de Aguiar Júnior

Art. 5º, LXXVI e LXXVII 487
Luiz Guilherme Marinoni e Daniel Mitidiero

Art. 5º, LXXVIII 487
Samuel Miranda Arruda

Art. 5º, LXXIX 493
Gabrielle Bezerra Sales Sarlet, Laura Schertel Mendes e
Ingo Wolfgang Sarlet

Art. 5º, § 1º 504
Ingo Wolfgang Sarlet

Art. 5º, § 2º 507
Ingo Wolfgang Sarlet

Art. 5º, § 3º 510
Valerio de Oliveira Mazzuoli

Art. 5º, § 4º 515
George Rodrigo Bandeira Galindo

Capítulo II – Dos direitos sociais

Art. 6º 523
Ingo Wolfgang Sarlet

Art. 6º, parágrafo único 539
Ingo Wolfgang Sarlet e Thiago Santos Rocha

Art. 7º, caput 545
Leonardo Vieira Wandelli

Art. 7º, I 553
Leonardo Vieira Wandelli

Art. 7º, II 563
Leonardo Vieira Wandelli

Art. 7º, III 567
Leonardo Vieira Wandelli

Art. 7º, IV 570
Estêvão Mallet e Marcos Fava

Art. 7º, V 573
Estêvão Mallet e Marcos Fava

Art. 7º, VI 575
Estêvão Mallet e Marcos Fava

Art. 7º, VII 577
Estêvão Mallet e Marcos Fava

Art. 7º, VIII 578
Estêvão Mallet e Marcos Fava

SUMÁRIO

Art. 7º, IX 580
Estêvão Mallet e Marcos Fava

Art. 7º, X 581
Estêvão Mallet e Marcos Fava

Art. 7º, XI 583
Estêvão Mallet e Marcos Fava

Art. 7º, XII 584
Estêvão Mallet e Marcos Fava

Art. 7º, XIII 585
Estêvão Mallet e Marcos Fava

Art. 7º, XIV 587
Estêvão Mallet e Marcos Fava

Art. 7º, XV 590
Estêvão Mallet e Marcos Fava

Art. 7º, XVI 591
Estêvão Mallet e Marcos Fava

Art. 7º, XVII 593
Estêvão Mallet e Marcos Fava

Art. 7º, XVIII 595
Estêvão Mallet e Marcos Fava

Art. 7º, XIX 596
Estêvão Mallet e Marcos Fava

Art. 7º, XX 597
Maria Cecília Máximo Theodoro

Art. 7º, XXI 602
Fábio Rodrigues Gomes

Art. 7º, XXII 605
Ney Maranhão

Art. 7º, XXIII 612
Estêvão Mallet e Marcos Fava

Art. 7º, XXIV 615
José Claudio Monteiro de Brito Filho

Art. 7º, XXV 616
Ney Maranhão

Art. 7º, XXVI 619
José Claudio Monteiro de Brito Filho

Art. 7º, XXVII 621
Denise Pires Fincato

Art. 7º, XXVIII 627
Eugênio Hainzenreder Júnior e
Amanda Rosales Gonçalves Hein Hainzenreder

Art. 7º, XXIX 634
Eugênio Hainzenreder Júnior e
Amanda Rosales Gonçalves Hein Hainzenreder

Art. 7º, XXX 639
Estêvão Mallet e Marcos Fava

Art. 7º, XXXI 642
Rodrigo Garcia Schwarz

Art. 7º, XXXII 645
Leonardo Vieira Wandelli

Art. 7º, XXXIII 648
Ney Maranhão

Art. 7º, XXXIV 652
Vanessa Rocha Ferreira

Art. 7º, parágrafo único 654
Rodrigo Garcia Schwarz

Art. 8º 657
Gilberto Stürmer

Art. 9º 662
Eugênio Hainzenreder Júnior e
Amanda Rosales Gonçalves Hein Hainzenreder

Art. 10 668
Estêvão Mallet e Marcos Fava

Art. 11 669
Estêvão Mallet e Marcos Fava

Capítulo III – Da nacionalidade

Art. 12 670
Arnaldo Sampaio de Moraes Godoy

Art. 13 677
Arnaldo Sampaio de Moraes Godoy

Capítulo IV – Dos direitos políticos

Néviton Guedes 680

Art. 14, *caput* 683
Néviton Guedes

Art. 14, § 1º 699
Néviton Guedes

Art. 14, § 2º 700
Néviton Guedes

Art. 14, § 3º 700
Néviton Guedes

Art. 14, § 4º 702
Néviton Guedes

Art. 14, § 5º 703
Néviton Guedes

Art. 14, § 6º 705
Néviton Guedes

Art. 14, § 7º 705
Néviton Guedes

Art. 14, § 8º 706
Néviton Guedes

Art. 14, § 9º 706
Néviton Guedes

Art. 14, § 10 708
Néviton Guedes

Art. 14, § 11 709
Néviton Guedes

Art. 14, § 12 709
Néviton Guedes

Art. 14, § 13 710
Néviton Guedes

Art. 15, *caput* 710
Néviton Guedes

Art. 15, I 711
Néviton Guedes

Art. 15, II 711
Néviton Guedes

Art. 15, III 712
Néviton Guedes

Art. 15, IV 712
Néviton Guedes

Art. 15, V 713
Néviton Guedes

Art. 16 713
Néviton Guedes

Capítulo V – Dos partidos políticos

Art. 17 715
Orides Mezzaroba

TÍTULO III
DA ORGANIZAÇÃO DO ESTADO

Capítulo I – Da organização político-administrativa

Art. 18, *caput* 728
Fernanda Dias Menezes de Almeida

Art. 18, § 1º 730
Fernanda Dias Menezes de Almeida

Art. 18, § 2º 730
Fernanda Dias Menezes de Almeida

Art. 18, § 3º 731
Fernanda Dias Menezes de Almeida

Art. 18, § 4º 733
Fernanda Dias Menezes de Almeida

Art. 19, *caput* e I 734
Jayme Weingartner Neto

Art. 19, II 737
Jayme Weingartner Neto

Art. 19, III 738
Jayme Weingartner Neto

Capítulo II – Da União

Art. 20 739
Almiro do Couto e Silva

Art. 21, *caput* 751
Fernanda Dias Menezes de Almeida

Art. 21, I 753
Fernanda Dias Menezes de Almeida

Art. 21, II 753
Fernanda Dias Menezes de Almeida

Art. 21, III 753
Fernanda Dias Menezes de Almeida

Art. 21, IV 753
Fernanda Dias Menezes de Almeida

Art. 21, V 754
Fernanda Dias Menezes de Almeida

Art. 21, VI 754
Fernanda Dias Menezes de Almeida

Art. 21, VII 754
Fernanda Dias Menezes de Almeida

Art. 21, VIII 754
Fernanda Dias Menezes de Almeida

Art. 21, IX 755
Fernanda Dias Menezes de Almeida

Art. 21, X 755
Fernanda Dias Menezes de Almeida

Art. 21, XI 755
Fernanda Dias Menezes de Almeida

Art. 21, XII 756
Fernanda Dias Menezes de Almeida

Art. 21, XII, *a* 756
Fernanda Dias Menezes de Almeida

Art. 21, XII, *b* 756
Fernanda Dias Menezes de Almeida

Art. 21, XII, *c* 757
Fernanda Dias Menezes de Almeida

Art. 21, XII, *d* 757
Fernanda Dias Menezes de Almeida

Art. 21, XII, *e* 757
Fernanda Dias Menezes de Almeida

Art. 21, XII, *f* 757
Fernanda Dias Menezes de Almeida

Art. 21, XIII 758
Fernanda Dias Menezes de Almeida

Art. 21, XIV	758	Art. 22, VI	764
Art. 21, XV	758	Art. 22, VII	764
Art. 21, XVI	758	Art. 22, VIII	764
Art. 21, XVII	759	Art. 22, IX	765
Art. 21, XVIII	759	Art. 22, X	765
Art. 21, XIX	759	Art. 22, XI	765
Art. 21, XX	760	Art. 22, XII	766
Art. 21, XXI	760	Art. 22, XIII	766
Art. 21, XXII	760	Art. 22, XIV	766
Art. 21, XXIII	760	Art. 22, XV	766
Art. 21, XXIII, a	761	Art. 22, XVI	766
Art. 21, XXIII, b	761	Art. 22, XVII	767
Art. 21, XXIII, c	761	Art. 22, XVIII	767
Art. 21, XXIII, d	761	Art. 22, XIX	767
Art. 21, XXIV	761	Art. 22, XX	767
Art. 21, XXV	761	Art. 22, XXI	767
Art. 21, XXVI	762	Art. 22, XXII	768
Art. 22, caput	762	Art. 22, XXIII	768
Art. 22, I	762	Art. 22, XXIV	768
Art. 22, II	763	Art. 22, XXV	769
Art. 22, III	763	Art. 22, XXVI	769
Art. 22, IV	763	Art. 22, XXVII	769
Art. 22, V	764	Art. 22, XXVIII	769

Fernanda Dias Menezes de Almeida (all entries)

Art. 22, XXIX 770
Fernanda Dias Menezes de Almeida

Art. 22, XXX 770
Fernanda Dias Menezes de Almeida

Art. 22, parágrafo único 770
Fernanda Dias Menezes de Almeida

Art. 23, *caput* 770
Fernanda Dias Menezes de Almeida

Art. 23, I 771
Fernanda Dias Menezes de Almeida

Art. 23, II 771
Fernanda Dias Menezes de Almeida

Art. 23, III 771
Fernanda Dias Menezes de Almeida

Art. 23, IV 771
Fernanda Dias Menezes de Almeida

Art. 23, V 771
Fernanda Dias Menezes de Almeida

Art. 23, VI 772
Fernanda Dias Menezes de Almeida

Art. 23, VII 772
Fernanda Dias Menezes de Almeida

Art. 23, VIII 772
Fernanda Dias Menezes de Almeida

Art. 23, IX 772
Fernanda Dias Menezes de Almeida

Art. 23, X 772
Fernanda Dias Menezes de Almeida

Art. 23, XI 772
Fernanda Dias Menezes de Almeida

Art. 23, XII 773
Fernanda Dias Menezes de Almeida

Art. 23, parágrafo único 773
Fernanda Dias Menezes de Almeida

Art. 24, *caput* 773
Fernanda Dias Menezes de Almeida

Art. 24, I 774
Fernanda Dias Menezes de Almeida

Art. 24, II 774
Fernanda Dias Menezes de Almeida

Art. 24, III 774
Fernanda Dias Menezes de Almeida

Art. 24, IV 774
Fernanda Dias Menezes de Almeida

Art. 24, V 775
Fernanda Dias Menezes de Almeida

Art. 24, VI 775
Fernanda Dias Menezes de Almeida

Art. 24, VII 775
Fernanda Dias Menezes de Almeida

Art. 24, VIII 776
Fernanda Dias Menezes de Almeida

Art. 24, IX 776
Fernanda Dias Menezes de Almeida

Art. 24, X 776
Fernanda Dias Menezes de Almeida

Art. 24, XI 776
Fernanda Dias Menezes de Almeida

Art. 24, XII 777
Fernanda Dias Menezes de Almeida

Art. 24, XIII 777
Fernanda Dias Menezes de Almeida

Art. 24, XIV 777
Fernanda Dias Menezes de Almeida

Art. 24, XV 777
Fernanda Dias Menezes de Almeida

Art. 24, XVI 778
Fernanda Dias Menezes de Almeida

Art. 24, § 1º 778
Fernanda Dias Menezes de Almeida

Art. 24, § 2º 778
Fernanda Dias Menezes de Almeida

Art. 24, § 3º 778
Fernanda Dias Menezes de Almeida

Art. 24, § 4º 779
Fernanda Dias Menezes de Almeida

Capítulo III – Dos Estados federados

Art. 25, *caput* 779
Fernanda Dias Menezes de Almeida

Art. 25, § 1º 780
Fernanda Dias Menezes de Almeida

Art. 25, § 2º 781
Fernanda Dias Menezes de Almeida

Art. 25, § 3º 781
Fernanda Dias Menezes de Almeida

Art. 26 782
Almiro do Couto e Silva

Art. 27 782
Léo Ferreira Leoncy

Art. 28 793
Léo Ferreira Leoncy

Capítulo IV – Dos Municípios

Art. 29 800
Vanêsca Buzelato Prestes

Art. 29-A 805
José Maurício Conti e Diogo Luiz Cordeiro Rodrigues

Art. 30 810
Vanêsca Buzelato Prestes

Art. 31 814
Celso de Barros Correia Neto

Capítulo V – Do Distrito Federal e dos Territórios

Seção I – Do Distrito Federal

Art. 32 820
Léo Ferreira Leoncy

Seção II – Dos Territórios

Art. 33 827
Roger Stiefelmann Leal

Capítulo VI – Da intervenção

Arts. 34 a 36 829
Enrique Ricardo Lewandowski

Capítulo VII – Da administração pública

Seção I – Disposições gerais

Art. 37, caput 846
Carlos Ayres Britto

Art. 37, I 850
Fabrício Motta

Art. 37, II 854
Fabrício Motta

Art. 37, III 858
Fabrício Motta

Art. 37, IV 860
Fabrício Motta

Art. 37, V 862
Fabrício Motta

Art. 37, VI 865
José Claudio Monteiro de Brito Filho

Art. 37, VII 867
Carlos Henrique Bezerra Leite

Art. 37, VIII 876
Fabrício Motta

Art. 37, IX 880
Fabrício Motta

Art. 37, X 882
Luciano de Araújo Ferraz

Art. 37, XI 886
Luciano de Araújo Ferraz

Art. 37, XII 893
Luciano de Araújo Ferraz

Art. 37, XIII 894
Luciano de Araújo Ferraz

Art. 37, XIV 897
Luciano de Araújo Ferraz

Art. 37, XV 898
Luciano de Araújo Ferraz

Art. 37, XVI 900
Fabrício Motta

Art. 37, XVII 902
Fabrício Motta

Art. 37, XVIII 903
Liziane Angelotti Meira

Art. 37, XIX 905
Luciano de Araújo Ferraz

Art. 37, XX 912
Luciano de Araújo Ferraz

Art. 37, XXI 914
Luciano de Araújo Ferraz

Art. 37, XXII 918
Luciano de Araújo Ferraz

Art. 37, §§ 1º e 2º 920
Fabrício Motta

Art. 37, § 3º 923
Regina Linden Ruaro e Alexandre Schubert Curvelo

Art. 37, § 4º 927
Marcelo Figueiredo

Art. 37, § 5º 945
Marcelo Figueiredo

Art. 37, § 6º 948
Ana Cláudia Nascimento Gomes

Art. 37, § 7º 964
Regina Linden Ruaro

Art. 37, § 8º 968
Luciano de Araújo Ferraz

Art. 37, § 9º 970
Luciano de Araújo Ferraz

Art. 37, § 10 972
Fabrício Motta

Art. 37, § 11 974
Fabrício Motta

Art. 37, § 12 975
Fabrício Motta

Art. 37, § 13 976
Fabrício Motta

Art. 37, § 14 976
Nota da coordenação

Art. 37, § 15 976
Nota da coordenação

Art. 37, § 16 976
Fabiana de Menezes Soares

Art. 38 981
Carlos Bastide Horbach

Seção II – Dos servidores públicos

Art. 39 986
Carlos Bastide Horbach

Art. 40 995
Daniel Machado da Rocha

Art. 41 1043
Maria Sylvia Zanella Di Pietro

Seção III – Dos militares dos Estados, do Distrito Federal e dos Territórios

Art. 42 1050
Fernando Menezes de Almeida

Seção IV – Das regiões

Art. 43 1051
Vanêsca Buzelato Prestes

TÍTULO IV
DA ORGANIZAÇÃO DOS PODERES

Capítulo I – Do Poder Legislativo

Seção I – Do Congresso Nacional

Arts. 44 a 46 1056
Fernando Menezes de Almeida

Art. 47 1058
Manoel Gonçalves Ferreira Filho e
José Levi Mello do Amaral Júnior

Seção II – Das atribuições do Congresso Nacional

Art. 48, *caput* 1060
Luiz Henrique Cascelli de Azevedo

Art. 48, I e II 1061
José Roberto Rodrigues Afonso e Marcos Nóbrega

Art. 48, III 1063
José Levi Mello do Amaral Júnior

Art. 48, IV 1063
Nota da coordenação

Art. 48, V 1063
Valerio de Oliveira Mazzuoli

Art. 48, VI 1064
Fernanda Dias Menezes de Almeida

Art. 48, VII 1064
Fernanda Dias Menezes de Almeida

Art. 48, VIII 1065
Fernanda Dias Menezes de Almeida

Art. 48, IX 1065
Fernanda Dias Menezes de Almeida

Art. 48, X 1065
José Carlos Francisco

Art. 48, XI 1069
José Carlos Francisco

Art. 48, XII 1073
Fernanda Dias Menezes de Almeida

Art. 48, XIII e XIV 1073
Fernando Facury Scaff e Luma Cavaleiro de Macedo Scaff

Art. 48, XV 1074
Nota da coordenação

Art. 49, *caput* 1074
Luiz Henrique Cascelli de Azevedo

Art. 49, I 1075
Valerio de Oliveira Mazzuoli

Art. 49, II 1079
Valerio de Oliveira Mazzuoli

Art. 49, III 1081
Nota da coordenação

Art. 49, IV 1081
Walter Claudius Rothenburg

Art. 49, V 1083
Anna Candida da Cunha Ferraz e Rebecca Groterhorst

Art. 49, VI 1087
Luiz Henrique Cascelli de Azevedo

Art. 49, VII e VIII 1087
Léo Ferreira Leoncy

Art. 49, IX 1089
Fernando Facury Scaff e Luma Cavaleiro de Macedo Scaff

Art. 49, X 1090
Anna Candida da Cunha Ferraz e Rebecca Groterhorst

Art. 49, XI 1095
Anna Candida da Cunha Ferraz e Rebecca Groterhorst

Art. 49, XII 1098
Anna Candida da Cunha Ferraz e Rebecca Groterhorst

Art. 49, XIII 1098
Nota da coordenação

Art. 49, XIV 1098
Fernanda Dias Menezes de Almeida

Art. 49, XV 1098
Nota da coordenação

Art. 49, XVI 1098
Carlos Frederico Marés de Souza Filho

Art. 49, XVII 1099
Nota da coordenação

Art. 49, XVIII 1099
Carlos Luiz Strapazzon

Art. 50 1100
Luiz Henrique Cascelli de Azevedo

Seção III – Da Câmara dos Deputados

Art. 51, *caput* 1102
Luiz Henrique Cascelli de Azevedo

Art. 51, I 1103
Nota da coordenação

Art. 51, II 1103
Fernando Facury Scaff e Luma Cavaleiro de Macedo Scaff

Art. 51, III 1103
Luiz Henrique Cascelli de Azevedo

Art. 51, IV 1105
Luiz Henrique Cascelli de Azevedo

Art. 51, V 1106
Anna Candida da Cunha Ferraz e Rebecca Groterhorst

Seção IV – Do Senado Federal

Art. 52, *caput* 1106
Luiz Henrique Cascelli de Azevedo

Art. 52, I 1107
Nota da coordenação

Art. 52, II 1107
Nota da coordenação

Art. 52, III 1107
José Levi Mello do Amaral Júnior

Art. 52, IV 1108
Valerio de Oliveira Mazzuoli

Art. 52, V 1108
Valerio de Oliveira Mazzuoli

Art. 52, VI a IX 1112
José Roberto Rodrigues Afonso e Marcos Nóbrega

Art. 52, X 1114
Anna Candida da Cunha Ferraz e Rebecca Groterhorst

Art. 52, XI 1122
Nota da coordenação

Art. 52, XII 1122
Luiz Henrique Cascelli de Azevedo

Art. 52, XIII 1123
Luiz Henrique Cascelli de Azevedo

Art. 52, XIV 1124
Anna Candida da Cunha Ferraz e Rebecca Groterhorst

Art. 52, XV 1124
Nota da coordenação

Art. 52, parágrafo único 1124
Anna Candida da Cunha Ferraz e Rebecca Groterhorst

Seção V – Dos Deputados e dos Senadores

Art. 53 1124
Lenio Luiz Streck, Marcelo Andrade Cattoni de Oliveira, Dierle Nunes e Diogo Bacha e Silva

Art. 54 1133
Lenio Luiz Streck, Marcelo Andrade Cattoni de Oliveira, Dierle Nunes e Diogo Bacha e Silva

Art. 55 1135
Lenio Luiz Streck, Marcelo Andrade Cattoni de Oliveira, Dierle Nunes e Diogo Bacha e Silva

Art. 56 1140
Lenio Luiz Streck, Marcelo Andrade Cattoni de Oliveira, Dierle Nunes e Diogo Bacha e Silva

Seção VI – Das reuniões

Art. 57 1141
Luiz Henrique Cascelli de Azevedo

Seção VII – Das comissões

Art. 58, *caput* 1143
Anna Candida da Cunha Ferraz e Rebecca Groterhorst

Art. 58, § 1º 1147
Anna Candida da Cunha Ferraz e Rebecca Groterhorst

Art. 58, § 2º 1151
Anna Candida da Cunha Ferraz e Rebecca Groterhorst

Art. 58, § 2º, I 1152
Anna Candida da Cunha Ferraz e Rebecca Groterhorst

Art. 58, § 2º, II 1155
Anna Candida da Cunha Ferraz e Rebecca Groterhorst

Art. 58, § 2º, III 1157
Anna Candida da Cunha Ferraz e Rebecca Groterhorst

Art. 58, § 2º, IV 1159
Anna Candida da Cunha Ferraz e Rebecca Groterhorst

Art. 58, § 2º, V 1160
Anna Candida da Cunha Ferraz e Rebecca Groterhorst

Art. 58, § 2º, VI 1161
Anna Candida da Cunha Ferraz e Rebecca Groterhorst

Art. 58, § 3º 1163
Anna Candida da Cunha Ferraz e Rebecca Groterhorst

Art. 58, § 4º.. 1170
Anna Candida da Cunha Ferraz e Rebecca Groterhorst

Seção VIII – Do processo legislativo
Inocêncio Mártires Coelho 1172

Subseção I – Disposição geral
Art. 59.. 1183
Lenio Luiz Streck e Marcelo Andrade Cattoni de Oliveira

Subseção II – Da emenda à Constituição
Art. 60.. 1190
Ingo Wolfgang Sarlet e Rodrigo Brandão

Subseção III – Das leis
Art. 61.. 1202
Lenio Luiz Streck e Marcelo Andrade Cattoni de Oliveira

Art. 62.. 1210
José Levi Mello do Amaral Júnior

Art. 63.. 1219
Lenio Luiz Streck e Marcelo Andrade Cattoni de Oliveira

Art. 64.. 1221
Lenio Luiz Streck e Marcelo Andrade Cattoni de Oliveira

Art. 65.. 1223
Lenio Luiz Streck e Marcelo Andrade Cattoni de Oliveira

Art. 66.. 1224
Lenio Luiz Streck e Marcelo Andrade Cattoni de Oliveira

Art. 67.. 1226
Lenio Luiz Streck e Marcelo Andrade Cattoni de Oliveira

Art. 68.. 1227
Lenio Luiz Streck e Marcelo Andrade Cattoni de Oliveira

Art. 69.. 1229
Lenio Luiz Streck e Marcelo Andrade Cattoni de Oliveira

Seção IX – Da fiscalização contábil, financeira e orçamentária

Art. 70.. 1230
Fernando Facury Scaff e Luma Cavaleiro de Macedo Scaff

Art. 71.. 1232
Fernando Facury Scaff e Luma Cavaleiro de Macedo Scaff

Art. 72.. 1235
Fernando Facury Scaff e Luma Cavaleiro de Macedo Scaff

Art. 73.. 1235
Saul Tourinho Leal

Art. 74.. 1239
Fernando Facury Scaff e Luma Cavaleiro de Macedo Scaff

Art. 75.. 1240
Fernando Facury Scaff e Luma Cavaleiro de Macedo Scaff

Capítulo II – Do Poder Executivo
Seção I – Do Presidente e do Vice-Presidente da República

Art. 76.. 1241
José Carlos Francisco

Arts. 77 a 83.. 1254
Fernando Dias Menezes de Almeida

Seção II – Das atribuições do Presidente da República

Art. 84, *caput*... 1257
José Carlos Francisco

Art. 84, I.. 1264
José Carlos Francisco

Art. 84, II... 1268
José Carlos Francisco

Art. 84, III.. 1277
José Carlos Francisco

Art. 84, IV.. 1277
José Carlos Francisco

Art. 84, V... 1290
José Carlos Francisco

Art. 84, VI, *a*.. 1290
José Levi Mello do Amaral Júnior

Art. 84, VI, *b*.. 1294
José Carlos Francisco

Art. 84, VII... 1302
George Rodrigo Bandeira Galindo

Art. 84, VIII.. 1305
Valerio de Oliveira Mazzuoli

Art. 84, IX.. 1309
Walter Claudius Rothenburg

Art. 84, X... 1310
Nota da coordenação

Art. 84, XI.. 1310
José Roberto Rodrigues Afonso e Marcos Nóbrega

Art. 84, XII... 1312
Wilson Engelmann e Daniele Weber S. Leal

Art. 84, XIII.. 1319
José Levi Mello do Amaral Júnior

Art. 84, XIV.. 1323
José Levi Mello do Amaral Júnior

Art. 84, XV... 1324
Nota da coordenação

Art. 84, XVI.. 1324
José Levi Mello do Amaral Júnior

Art. 84, XVII... 1324
Anna Candida da Cunha Ferraz e Rebecca Groterhorst

Art. 84, XVIII 1325
Anna Candida da Cunha Ferraz e Rebecca Groterhorst

Art. 84, XIX 1325
Valerio de Oliveira Mazzuoli

Art. 84, XX 1325
Valerio de Oliveira Mazzuoli

Art. 84, XXI 1326
Valerio de Oliveira Mazzuoli

Art. 84, XXII 1326
Valerio de Oliveira Mazzuoli

Art. 84, XXIII 1327
Nota da coordenação

Art. 84, XXIV 1327
Fernando Facury Scaff e Luma Cavaleiro de Macedo Scaff

Art. 84, XXV 1328
José Carlos Francisco

Art. 84, XXVI 1335
José Levi Mello do Amaral Júnior

Art. 84, XXVII 1335
José Carlos Francisco

Art. 84, XXVIII 1338
Carlos Luiz Strapazzon

Art. 84, parágrafo único 1339
José Carlos Francisco

Seção III – Da responsabilidade do Presidente da República

Art. 85 1346
Lenio Luiz Streck, Marcelo Andrade Cattoni de Oliveira, Alexandre Bahia e Diogo Bacha e Silva

Art. 86 1354
Lenio Luiz Streck, Marcelo Andrade Cattoni de Oliveira, Alexandre Bahia e Diogo Bacha e Silva

Seção IV – Dos Ministros de Estado

Art. 87 1361
José Carlos Francisco

Art. 88 1373
José Carlos Francisco

Seção V – Do Conselho da República e do Conselho de Defesa Nacional

Subseção I – Do Conselho da República

Art. 89 1378
Anna Candida da Cunha Ferraz e Rebecca Groterhorst

Art. 90 1381
Anna Candida da Cunha Ferraz e Rebecca Groterhorst

Subseção II – Do Conselho de Defesa Nacional

Art. 91 1384
Anna Candida da Cunha Ferraz e Rebecca Groterhorst

Capítulo III – Do Poder Judiciário

Seção I – Disposições gerais

Art. 92 1388
Gilmar Ferreira Mendes e Lenio Luiz Streck

Art. 93 1393
Gilmar Ferreira Mendes e Lenio Luiz Streck

Art. 94 1403
Gilmar Ferreira Mendes e Lenio Luiz Streck

Art. 95 1405
Gilmar Ferreira Mendes e Lenio Luiz Streck

Art. 96 1407
Gilmar Ferreira Mendes e Lenio Luiz Streck

Art. 97 1412
Gilmar Ferreira Mendes e Lenio Luiz Streck

Art. 98 1415
Gilmar Ferreira Mendes e Lenio Luiz Streck

Art. 99 1418
Gilmar Ferreira Mendes e Lenio Luiz Streck

Art. 100 1419
Fernando Facury Scaff e Luma Cavaleiro de Macedo Scaff

Seção II – Do Supremo Tribunal Federal

Art. 101 1429
Gilmar Ferreira Mendes e Lenio Luiz Streck

Art. 102, I, *a* 1434
Gilmar Ferreira Mendes e Lenio Luiz Streck

Art. 102, I, *b* a *r* 1446
Gilmar Ferreira Mendes e Lenio Luiz Streck

Art. 102, I, *l* 1457
Gilmar Ferreira Mendes e Lenio Luiz Streck

Art. 102, II e III 1462
Gilmar Ferreira Mendes e Lenio Luiz Streck

Art. 102, § 1º 1471
Gilmar Ferreira Mendes e Lenio Luiz Streck

Art. 102, § 2º 1479
Gilmar Ferreira Mendes e Lenio Luiz Streck

Art. 102, § 3º 1488
Gilmar Ferreira Mendes e Lenio Luiz Streck

Art. 103 1492
Gilmar Ferreira Mendes e Lenio Luiz Streck

Art. 103-A 1507
Lenio Luiz Streck

Art. 103-B 1515
Flávio Pansieri

Seção III – Do Superior Tribunal de Justiça
Fátima Nancy Andrighi 1523

Art. 104, *caput* 1525
Fátima Nancy Andrighi

Art. 104, parágrafo único 1526
Fátima Nancy Andrighi

Art. 104, parágrafo único, I 1526
Fátima Nancy Andrighi

Art. 104, parágrafo único, II 1526
Fátima Nancy Andrighi

Art. 105 1527
Fátima Nancy Andrighi

Art. 105, I, *a* 1527
Fátima Nancy Andrighi

Art. 105, I, *b* 1530
Fátima Nancy Andrighi

Art. 105, I, *c* 1531
Fátima Nancy Andrighi

Art. 105, I, *d* 1531
Fátima Nancy Andrighi

Art. 105, I, *e* 1532
Fátima Nancy Andrighi

Art. 105, I, *f* 1533
Fátima Nancy Andrighi

Art. 105, I, *g* 1534
Fátima Nancy Andrighi

Art. 105, I, *h* 1534
Fátima Nancy Andrighi

Art. 105, I, *i* 1535
Fátima Nancy Andrighi

Art. 105, II 1536
Fátima Nancy Andrighi

Art. 105, II, *a* 1536
Fátima Nancy Andrighi

Art. 105, II, *b* 1536
Fátima Nancy Andrighi

Art. 105, II, *c* 1537
Fátima Nancy Andrighi

Art. 105, III 1537
Fátima Nancy Andrighi

Art. 105, III, *a* 1540
Fátima Nancy Andrighi

Art. 105, III, *b* 1540
Fátima Nancy Andrighi

Art. 105, III, *c* 1541
Fátima Nancy Andrighi

Art. 105, § 1º, I 1541
Fátima Nancy Andrighi

Art. 105, § 1º, II 1542
Fátima Nancy Andrighi

Art. 105, § 2º 1542
Fátima Nancy Andrighi

Art. 105, § 3º 1544
Fátima Nancy Andrighi

Art. 105, §§ 2º e 3º 1546
Lenio Luiz Streck

Seção IV – Dos Tribunais Regionais Federais e dos Juízes Federais

Art. 106 1551
Vladimir Passos de Freitas e Ney de Barros Bello Filho

Art. 107, *caput* 1554
Vladimir Passos de Freitas e Ney de Barros Bello Filho

Art. 107, I 1555
Vladimir Passos de Freitas e Ney de Barros Bello Filho

Art. 107, II 1555
Vladimir Passos de Freitas e Ney de Barros Bello Filho

Art. 107, § 1º 1555
Vladimir Passos de Freitas e Ney de Barros Bello Filho

Art. 107, § 2º 1555
Vladimir Passos de Freitas e Ney de Barros Bello Filho

Art. 107, § 3º 1556
Vladimir Passos de Freitas e Ney de Barros Bello Filho

Art. 108, I, *a* 1556
Vladimir Passos de Freitas e Ney de Barros Bello Filho

Art. 108, I, *b* 1556
Vladimir Passos de Freitas e Ney de Barros Bello Filho

Art. 108, I, *c* 1556
Vladimir Passos de Freitas e Ney de Barros Bello Filho

Art. 108, I, *d* 1556
Vladimir Passos de Freitas e Ney de Barros Bello Filho

Art. 108, I, *e* 1557
Vladimir Passos de Freitas e Ney de Barros Bello Filho

Art. 108, II 1557
Vladimir Passos de Freitas e Ney de Barros Bello Filho

Art. 109, *caput* 1557
Vladimir Passos de Freitas e Ney de Barros Bello Filho

Art. 109, I 1557
Vladimir Passos de Freitas e Ney de Barros Bello Filho

SUMÁRIO

Art. 109, II 1558
Vladimir Passos de Freitas e Ney de Barros Bello Filho

Art. 109, III 1558
Vladimir Passos de Freitas e Ney de Barros Bello Filho

Art. 109, IV 1558
Vladimir Passos de Freitas e Ney de Barros Bello Filho

Art. 109, V 1559
Vladimir Passos de Freitas e Ney de Barros Bello Filho

Art. 109, V-A 1560
Vladimir Passos de Freitas e Ney de Barros Bello Filho

Art. 109, VI 1560
Vladimir Passos de Freitas e Ney de Barros Bello Filho

Art. 109, VII 1560
Vladimir Passos de Freitas e Ney de Barros Bello Filho

Art. 109, VIII 1560
Vladimir Passos de Freitas e Ney de Barros Bello Filho

Art. 109, IX 1561
Vladimir Passos de Freitas e Ney de Barros Bello Filho

Art. 109, X 1561
Vladimir Passos de Freitas e Ney de Barros Bello Filho

Art. 109, XI 1561
Vladimir Passos de Freitas e Ney de Barros Bello Filho

Art. 109, § 1º 1562
Vladimir Passos de Freitas e Ney de Barros Bello Filho

Art. 109, § 2º 1562
Vladimir Passos de Freitas e Ney de Barros Bello Filho

Art. 109, § 3º 1562
Vladimir Passos de Freitas e Ney de Barros Bello Filho

Art. 109, § 4º 1563
Vladimir Passos de Freitas e Ney de Barros Bello Filho

Art. 109, § 5º 1563
Vladimir Passos de Freitas e Ney de Barros Bello Filho

Art. 110 1563
Vladimir Passos de Freitas e Ney de Barros Bello Filho

Seção V – Do Tribunal Superior do Trabalho, dos Tribunais Regionais do Trabalho e dos Juízes do Trabalho

Arts. 111 a 113 1564
Ives Gandra da Silva Martins Filho

Arts. 114 a 117 1582
Carlos Alberto Molinaro e Teresinha M. D. S. Correia

Seção VI – Dos Tribunais e Juízes Eleitorais

Art. 118 1594
Fernando Neves da Silva

Art. 119, caput 1596
Fernando Neves da Silva

Art. 119, parágrafo único 1597
Fernando Neves da Silva

Art. 120, caput 1597
Fernando Neves da Silva

Art. 120, § 1º 1597
Fernando Neves da Silva

Art. 120, § 2º 1598
Fernando Neves da Silva

Art. 121, caput 1598
Fernando Neves da Silva

Art. 121, § 1º 1598
Fernando Neves da Silva

Art. 121, § 2º 1599
Fernando Neves da Silva

Art. 121, § 3º 1599
Fernando Neves da Silva

Art. 121, § 4º 1600
Fernando Neves da Silva

Seção VII – Dos Tribunais e Juízes Militares

Art. 122 1602
José Levi Mello do Amaral Júnior e Ana Paula Zavarize Carvalhal

Art. 123 1603
José Levi Mello do Amaral Júnior e Ana Paula Zavarize Carvalhal

Art. 124 1603
José Levi Mello do Amaral Júnior e Ana Paula Zavarize Carvalhal

Seção VIII – Dos Tribunais e Juízes dos Estados

Art. 125, caput 1605
Rogério Gesta Leal, Lenio Luiz Streck e Rafael Fonseca Ferreira

Art. 125, § 1º 1607
Rogério Gesta Leal, Lenio Luiz Streck e Rafael Fonseca Ferreira

Art. 125, § 2º 1609
Rogério Gesta Leal, Lenio Luiz Streck e Rafael Fonseca Ferreira

Art. 125, § 3º 1611
Rogério Gesta Leal

Art. 125, § 4º 1612
Rogério Gesta Leal, Lenio Luiz Streck e Rafael Fonseca Ferreira

Art. 125, § 5º 1613
Rogério Gesta Leal

Art. 125, § 6º 1614
Rogério Gesta Leal

Art. 125, § 7º 1614
Rogério Gesta Leal

Art. 126 1615
Rogério Gesta Leal, Lenio Luiz Streck e Rafael Fonseca Ferreira

Capítulo IV – Das funções essenciais à Justiça

Seção I – Do Ministério Público

Art. 127 1616
José Adércio Leite Sampaio

Art. 128 1621
José Adércio Leite Sampaio

Art. 129 1628
José Adércio Leite Sampaio

Art. 130 1632
Nota da coordenação

Art. 130-A 1632
Flávio Pansieri

Seção II – Da Advocacia Pública

Art. 131 1638
Fredie Didier Jr. e Leonardo Carneiro da Cunha

Art. 132 1642
Fredie Didier Jr. e Leonardo Carneiro da Cunha

Seção III – Da Advocacia

Art. 133 1643
Flávio Pansieri

Art. 134 1650
Fredie Didier Jr. e Leonardo Carneiro da Cunha

Art. 135 1657
Fredie Didier Jr. e Leonardo Carneiro da Cunha

TÍTULO V
DA DEFESA DO ESTADO E DAS INSTITUIÇÕES DEMOCRÁTICAS

Capítulo I – Do estado de defesa e do estado de sítio

Seção I – Do estado de defesa

Art. 136 1658
Walter Claudius Rothenburg

Seção II – Do estado de sítio

Arts. 137 a 139 1658
Walter Claudius Rothenburg

Seção III – Disposições gerais

Arts. 140 e 141 1659
Walter Claudius Rothenburg

Capítulo II – Das Forças Armadas

Arts. 142 e 143 1675
Cláudio Pereira de Souza Neto

Capítulo III – Da segurança pública

Art. 144 1679
Cláudio Pereira de Souza Neto

TÍTULO VI
DA TRIBUTAÇÃO E DO ORÇAMENTO

Capítulo I – Do sistema tributário nacional

Seção I – Dos princípios gerais

Art. 145 1683
Heleno Torres

Arts. 146 e 146-A 1693
Heleno Torres

Art. 147 1699
Paulo Caliendo

Art. 148, *caput* 1701
Paulo Caliendo

Art. 148, I 1703
Paulo Caliendo

Art. 148, II 1704
Paulo Caliendo

Art. 148, parágrafo único 1707
Paulo Caliendo

Art. 149 1707
Celso de Barros Correia Neto e Liziane Angelotti Meira

Art. 149, § 1º 1713
Celso de Barros Correia Neto e Liziane Angelotti Meira

Art. 149-A 1714
Celso de Barros Correia Neto e Liziane Angelotti Meira

Seção II – Das limitações do poder de tributar

Art. 150, *caput* e I 1716
Celso de Barros Correia Neto e Liziane Angelotti Meira

Art. 150, II 1724
Heleno Torres

Art. 150, III 1727
Heleno Torres

Art. 150, IV 1731
Heleno Torres

Art. 150, V 1736
Paulo Caliendo

Art. 150, VI, *a* 1737
Celso de Barros Correia Neto e Liziane Angelotti Meira

Art. 150, VI, b 1740
Heleno Torres

Art. 150, VI, c 1746
Heleno Torres

Art. 150, VI, d 1752
Paulo Caliendo

Art. 150, VI, e 1755
Paulo Caliendo

Art. 150, § 1º 1757
Nota da coordenação

Art. 150, §§ 2º e 3º 1757
Celso de Barros Correia Neto e Liziane Angelotti Meira

Art. 150, § 4º 1761
Nota da coordenação

Art. 150, § 5º 1761
Celso de Barros Correia Neto e Liziane Angelotti Meira

Art. 150, § 6º 1764
Paulo Caliendo

Art. 150, § 7º 1766
Celso de Barros Correia Neto e Liziane Angelotti Meira

Art. 151, I 1770
Paulo Caliendo

Art. 151, II 1772
Paulo Caliendo

Art. 151, III 1773
Paulo Caliendo

Art. 152 1774
Paulo Caliendo

Seção III – Dos impostos da União

Art. 153, I e II 1776
Heleno Torres

Art. 153, III 1780
Heleno Torres

Art. 153, IV 1783
Celso de Barros Correia Neto e Liziane Angelotti Meira

Art. 153, V 1787
Celso de Barros Correia Neto e Liziane Angelotti Meira

Art. 153, VI 1789
Paulo Caliendo

Art. 153, VII 1791
Paulo Caliendo

Art. 153, §§ 1º a 4º 1792
Paulo Caliendo

Art. 153, § 5º 1793
Fernando Facury Scaff e Luma Cavaleiro de Macedo Scaff

Art. 154, caput e I 1794
Paulo Caliendo

Art. 154, II 1795
Paulo Caliendo

Seção IV – Dos impostos dos Estados e do Distrito Federal

Art. 155, caput e I 1795
Celso de Barros Correia Neto e Liziane Angelotti Meira

Art. 155, II 1798
Heleno Torres

Art. 155, III 1811
Paulo Caliendo

Art. 155, § 1º, I e II 1813
Celso de Barros Correia Neto e Liziane Angelotti Meira

Art. 155, § 1º, III 1814
Celso de Barros Correia Neto e Liziane Angelotti Meira

Art. 155, § 1º, IV 1815
Celso de Barros Correia Neto e Liziane Angelotti Meira

Art. 155, § 1º, V 1816
Celso de Barros Correia Neto e Liziane Angelotti Meira

Art. 155, § 2º a 6º 1816
Nota da coordenação

Seção V – Dos impostos dos Municípios

Art. 156, caput e I 1818
Celso de Barros Correia Neto e Liziane Angelotti Meira

Art. 156, II 1820
Paulo Caliendo

Art. 156, III 1822
Fernando Facury Scaff e Luma Cavaleiro de Macedo Scaff

Art. 156, IV (revogado) 1824
Celso de Barros Correia Neto e Liziane Angelotti Meira

Art. 156, § 1º-A 1825
Nota da coordenação

Art. 156, IV (revogado) 1825
Nota da coordenação

Art. 156, § 2º 1825
Nota da coordenação

Art. 156, § 3º 1825
Fernando Facury Scaff e Luma Cavaleiro de Macedo Scaff

Art. 156, § 4º (revogado) 1826

Seção VI – Da repartição das receitas tributárias

Art. 157 1826
Fernando Facury Scaff e Luma Cavaleiro de Macedo Scaff

Art. 158 1829
Fernando Facury Scaff e Luma Cavaleiro de Macedo Scaff

Art. 159 1832
Fernando Facury Scaff e Luma Cavaleiro de Macedo Scaff

Art. 160 1835
Fernando Facury Scaff e Luma Cavaleiro de Macedo Scaff

Art. 161 1837
Fernando Facury Scaff e Luma Cavaleiro de Macedo Scaff

Art. 162 1838
Fernando Facury Scaff e Luma Cavaleiro de Macedo Scaff

Capítulo II – Das finanças públicas

Seção I – Normas gerais

Art. 163 1839
Fernando Facury Scaff e Luma Cavaleiro de Macedo Scaff

Art. 163, VIII 1842
Andressa Guimarães Torquato Fernandes

Art. 163-A 1843
Diogo Luiz Cordeiro Rodrigues

Art. 163-A 1847
Fernando Facury Scaff e Luma Cavaleiro de Macedo Scaff

Art. 164 1848
Fernando Facury Scaff e Luma Cavaleiro de Macedo Scaff

Art. 164-A 1850
Fernando Facury Scaff e Luma Cavaleiro de Macedo Scaff

Seção II – Dos orçamentos

Art. 165 1851
Paulo Caliendo

Art. 166 1857
Paulo Caliendo

Art. 166-A 1863
José Mauricio Conti e Caio Gama Mascarenhas

Art. 167 1871
Paulo Caliendo

Art. 167-A 1874
Carlos Luiz Strapazzon

Art. 167-B 1876
Carlos Luiz Strapazzon

Art. 167-C 1877
Carlos Luiz Strapazzon

Art. 167-D 1877
Carlos Luiz Strapazzon

Art. 167-E 1878
Carlos Luiz Strapazzon

Art. 167-F 1878
Carlos Luiz Strapazzon

Art. 167-G 1879
Carlos Luiz Strapazzon

Art. 168 1880
Paulo Caliendo

Art. 169 1881
Paulo Caliendo

TÍTULO VII
DA ORDEM ECONÔMICA E FINANCEIRA

Capítulo I – Dos princípios gerais da atividade econômica

Art. 170, *caput* 1883
Eros Roberto Grau

Art. 170, I 1892
Eros Roberto Grau

Art. 170, II 1894
Gabrielle Bezerra Sales Sarlet

Art. 170, III 1894
Eugênio Facchini Neto

Art. 170, IV 1897
Giovani Agostini Saavedra

Art. 170, V 1904
Rizzatto Nunes

Art. 170, VI 1906
Celso Antonio Pacheco Fiorillo

Art. 170, VII 1911
Eros Roberto Grau

Art. 170, VIII 1915
Eros Roberto Grau

Art. 170, IX 1917
Fernando Facury Scaff e Luma Cavaleiro de Macedo Scaff

Art. 170, parágrafo único 1919
Nota da coordenação

Arts. 171 *(revogado)* e 172 1919
Eros Roberto Grau

Art. 173 1921
Eros Roberto Grau

Art. 174 1927
Alexandre Santos de Aragão

Art. 175 1932
Alexandre Santos de Aragão

Arts. 176 e 177 1938
Eros Roberto Grau

Art. 178 1946
Alexandre Santos de Aragão

SUMÁRIO

Art. 179.. 1950
Fernando Facury Scaff e Luma Cavaleiro de Macedo Scaff

Art. 180.. 1951
Alexandre Santos de Aragão

Art. 181.. 1953
Alexandre Santos de Aragão

Capítulo II – Da política urbana

Art. 182, *caput*.. 1955
Rogério Gesta Leal

Art. 182, § 1º.. 1957
Rogério Gesta Leal

Art. 182, § 2º.. 1959
Rogério Gesta Leal

Art. 182, § 3º.. 1961
Rogério Gesta Leal

Art. 182, § 4º.. 1965
Rogério Gesta Leal

Art. 182, § 4º, I.. 1966
Rogério Gesta Leal

Art. 182, § 4º, II... 1966
Rogério Gesta Leal

Art. 182, § 4º, III.. 1971
Rogério Gesta Leal

Art. 183.. 1971
Rogério Gesta Leal

Capítulo III – Da política agrícola e fundiária e da reforma agrária

Carlos Alberto Molinaro.. 1973

Art. 184.. 1974
Carlos Alberto Molinaro

Art. 185.. 1976
Carlos Alberto Molinaro

Art. 186.. 1978
Carlos Alberto Molinaro

Art. 187.. 1980
Carlos Alberto Molinaro

Arts. 188 a 191... 1981
Carlos Alberto Molinaro

Capítulo IV – Do sistema financeiro nacional

Art. 192.. 1982
Fernando Facury Scaff e Luma Cavaleiro de Macedo Scaff

TÍTULO VIII
DA ORDEM SOCIAL
Capítulo I – Disposição geral

Art. 193.. 1983
Carlos Luiz Strapazzon

Capítulo II – Da seguridade social

Seção I – Disposições gerais

Art. 194.. 1985
Carlos Luiz Strapazzon

Art. 195.. 1989
Carlos Luiz Strapazzon

Art. 195, I, *b*... 1992
Heleno Torres

Art. 195, I, *c*, e §§ 11 a 13.. 1997
Marco Aurélio Serau Junior e Jane Lucia Wilhelm Berwanger

Art. 195, IV... 1998
Paulo Caliendo

Art. 195, § 3º.. 1999
Paulo Caliendo

Art. 195, § 4º.. 1999
Paulo Caliendo

Art. 195, § 4º.. 1999
Fernando Facury Scaff e Luma Cavaleiro de Macedo Scaff

Art. 195, § 6º.. 2000
Heleno Torres

Art. 195, § 9º.. 2001
Heleno Torres

Seção II – Da saúde
Ingo Wolfgang Sarlet e Mariana Flichtiner Figueiredo....... 2003

Art. 196.. 2015
Ingo Wolfgang Sarlet e Mariana Flichtiner Figueiredo

Art. 197.. 2020
Ingo Wolfgang Sarlet e Mariana Flichtiner Figueiredo

Art. 198.. 2021
Ingo Wolfgang Sarlet e Mariana Flichtiner Figueiredo

Art. 198, §§ 1º a 3º... 2026
Fernando Facury Scaff e Luma Cavaleiro de Macedo Scaff

Art. 199.. 2027
Ingo Wolfgang Sarlet e Mariana Flichtiner Figueiredo

Art. 200.. 2030
Ingo Wolfgang Sarlet e Mariana Flichtiner Figueiredo

Seção III – Da previdência social

Art. 201.. 2031
Carlos Luiz Strapazzon

Art. 202.. 2034
Carlos Luiz Strapazzon

Seção IV – Da assistência social

Art. 203.. 2036
Carlos Luiz Strapazzon

Art. 204.. 2038
Carlos Luiz Strapazzon

Capítulo III – Da educação, da cultura e do desporto

Seção I – Da educação

Art. 205 2039
Marcos Augusto Maliska

Art. 206 2041
Marcos Augusto Maliska

Art. 207 2045
Marcos Augusto Maliska

Art. 208 2047
Marcos Augusto Maliska

Art. 209 2050
Marcos Augusto Maliska

Art. 210 2050
Marcos Augusto Maliska

Art. 211 2051
Marcos Augusto Maliska

Art. 212 2052
Marcos Augusto Maliska

Art. 212-A 2052
Marcos Augusto Maliska

Art. 212-A 2054
José Mauricio Conti e Caio Gama Mascarenhas

Art. 213 2061
Marcos Augusto Maliska

Art. 214 2061
Marcos Augusto Maliska

Seção II – Da cultura

Arts. 215 e 216 2062
Carlos Alberto Molinaro e
Fernando Antonio de Carvalho Dantas

Art. 216-A 2073
Carlos Alberto Molinaro

Seção III – Do desporto

Art. 217 2076
Luiz Alberto David Araujo

Capítulo IV – Da ciência, tecnologia e inovação

Claudia Lima Marques 2078

Art. 218, *caput* 2084
Claudia Lima Marques

Art. 218, § 1º 2090
Claudia Lima Marques, Rosângela Lunardelli Cavallazzi e
Bruno Miragem

Art. 218, § 2º 2096
Claudia Lima Marques, Rosângela Lunardelli Cavallazzi e
Bruno Miragem

Art. 218, § 3º 2101
Claudia Lima Marques, Rosângela Lunardelli Cavallazzi e
Bruno Miragem

Art. 218, § 4º 2105
Claudia Lima Marques, Rosângela Lunardelli Cavallazzi e
Bruno Miragem

Art. 218, § 5º 2110
Claudia Lima Marques, Rosângela Lunardelli Cavallazzi e
Bruno Miragem

Art. 218, § 6º 2113
Claudia Lima Marques e Bruno Miragem

Art. 218, § 7º 2114
Claudia Lima Marques e Bruno Miragem

Art. 219 2115
Claudia Lima Marques

Art. 219-A 2126
Claudia Lima Marques e Laura Schertel Mendes

Art. 219-B 2131
Claudia Lima Marques e Laura Schertel Mendes

Capítulo V – Da comunicação social

Art. 220 2137
Daniel Sarmento e Aline Osorio

Art. 221 2145
Márcio Iorio Aranha

Art. 222 2155
Márcio Iorio Aranha

Art. 223 2165
Márcio Iorio Aranha

Art. 224 2174
Márcio Iorio Aranha

Capítulo VI – Do meio ambiente

Art. 225, *caput* 2180
Andreas J. Krell

Art. 225, § 1º 2187
Andreas J. Krell

Art. 225, § 1º, I 2187
Paulo Affonso Leme Machado

Art. 225, § 1º, II 2187
Paulo Vinicius Sporleder de Souza

Art. 225, § 1º, III 2189
Paulo Affonso Leme Machado

Art. 225, § 1º, IV 2190
Paulo Affonso Leme Machado

Art. 225, § 1º, V 2191
Paulo Affonso Leme Machado

Art. 225, § 1º, VI.. 2192
José Rubens Morato Leite e Tiago Fensterseifer

Art. 225, § 1º, VII... 2194
José Rubens Morato Leite e Tiago Fensterseifer

Art. 225, § 1º, VIII... 2199
Celso de Barros Correia Neto e Liziane Angelotti Meira

Art. 225, § 2º... 2199
José Rubens Morato Leite e Tiago Fensterseifer

Art. 225, § 3º... 2201
Andreas J. Krell

Art. 225, § 3º... 2204
Paulo Affonso Leme Machado

Art. 225, § 3º... 2205
José Rubens Morato Leite

Art. 225, § 4º... 2213
Paulo Affonso Leme Machado

Art. 225, § 5º... 2214
José Rubens Morato Leite

Art. 225, § 6º... 2215
Paulo Affonso Leme Machado

Art. 225, § 7º... 2216
Nota da coordenação

Capítulo VII – Da família, da criança, do adolescente, do jovem e do idoso

Art. 226... 2216
Maria Celina Bodin de Moraes e Ana Carolina Brochado Teixeira

Art. 227... 2227
Maria Celina Bodin de Moraes e Ana Carolina Brochado Teixeira

Art. 228... 2243
Maria Celina Bodin de Moraes e Ana Carolina Brochado Teixeira

Art. 229... 2245
Maria Celina Bodin de Moraes e Ana Carolina Brochado Teixeira

Art. 230... 2249
Maria Celina Bodin de Moraes e Ana Carolina Brochado Teixeira

Capítulo VIII – Dos índios

Arts. 231 e 232... 2254
Carlos Frederico Marés de Souza Filho

TÍTULO IX
DAS DISPOSIÇÕES CONSTITUCIONAIS GERAIS

Arts. 233 (revogado) a 235.................................. 2263
Léo Ferreira Leoncy

Art. 236... 2264
Carlos Alberto Molinaro, Flávio Pansieri e Ingo Wolfgang Sarlet

Art. 237... 2269
Liziane Angelotti Meira

Art. 238... 2271
Heleno Torres

Art. 239... 2272
Jane Lucia Wilhelm Berwanger e Marco Aurélio Serau Junior

Art. 240... 2275
Jane Lucia Wilhelm Berwanger e Marco Aurélio Serau Junior

Art. 241... 2276
Alexandre Santos de Aragão

Art. 242... 2278
Marcos Augusto Maliska

Art. 243... 2279
Carlos Alberto Molinaro

Art. 244... 2281
Maria Celina Bodin de Moraes e Ana Carolina Brochado Teixeira

Art. 245... 2287
Gilmar Ferreira Mendes e Lenio Luiz Streck

Art. 246... 2287
José Levi Mello do Amaral Júnior

Art. 247... 2289
Rafael Maffini

Art. 248... 2293
José Antonio Savaris

Art. 249... 2294
Jane Lucia Wilhelm Berwanger e Marco Aurélio Serau Junior

Art. 250... 2294
Jane Lucia Wilhelm Berwanger e Marco Aurélio Serau Junior

ATO DAS DISPOSIÇÕES CONSTITUCIONAIS TRANSITÓRIAS

Art. 1º... 2299
Zulmar Fachin

Art. 2º... 2299
Zulmar Fachin

Art. 3º... 2301
Zulmar Fachin

Art. 4º... 2303
Zulmar Fachin

Art. 5º... 2304
Zulmar Fachin

Art. 6º... 2305
Zulmar Fachin

Art. 7º .... 2306 *George Rodrigo Bandeira Galindo*	Art. 29 .... 2324 *Nota da coordenação*
Art. 8º .... 2308 *Jane Lucia Wilhelm Berwanger e Marco Aurélio Serau Junior*	Art. 30 .... 2324 *Nota da coordenação*
Art. 9º .... 2309 *Rafael Maffini*	Art. 31 .... 2325 *Nota da coordenação*
Art. 10 .... 2311 *Nota da coordenação*	Art. 32 .... 2325 *Nota da coordenação*
Art. 11 .... 2311 *Léo Ferreira Leoncy*	Art. 33 .... 2325 *Fernando Facury Scaff e Luma Cavaleiro de Macedo Scaff*
Art. 12 .... 2313 *Nota da coordenação*	Art. 34 .... 2325 *Nota da coordenação*
Art. 13 .... 2314 *Nota da coordenação*	Arts. 35 a 40 .... 2326 *Paulo Caliendo*
Art. 14 .... 2314 *Nota da coordenação*	Art. 41 .... 2327 *Fernando Facury Scaff e Luma Cavaleiro de Macedo Scaff*
Art. 15 .... 2314 *Nota da coordenação*	Art. 42 .... 2328 *Fernando Facury Scaff e Luma Cavaleiro de Macedo Scaff*
Art. 16 .... 2314 *Nota da coordenação*	Art. 43 .... 2328 *Nota da coordenação*
Art. 17 .... 2315 *Daniel Machado da Rocha*	Art. 44 .... 2329 *Nota da coordenação*
Art. 18 .... 2316 *Maria Sylvia Zanella Di Pietro*	Art. 45 .... 2329 *Nota da coordenação*
Art. 18-A .... 2317 *Nota da coordenação*	Art. 46 .... 2329 *Nota da coordenação*
Art. 19 .... 2317 *Maria Sylvia Zanella Di Pietro*	Art. 47 .... 2329 *Nota da coordenação*
Art. 20 .... 2320 *Daniel Machado da Rocha*	Art. 48 .... 2330 *Nota da coordenação*
Art. 21 .... 2321 *Nota da coordenação*	Art. 49 .... 2330 *Nota da coordenação*
Art. 22 .... 2321 *Nota da coordenação*	Art. 50 .... 2330 *Nota da coordenação*
Art. 23 .... 2322 *Nota da coordenação*	Art. 51 .... 2330 *Nota da coordenação*
Art. 24 .... 2322 *Nota da coordenação*	Art. 52 .... 2330 *Fernando Facury Scaff e Luma Cavaleiro de Macedo Scaff*
Art. 25 .... 2322 *José Levi Mello do Amaral Júnior*	Art. 53 .... 2331 *Jane Lucia Wilhelm Berwanger e Marco Aurélio Serau Junior*
Art. 26 .... 2323 *Nota da coordenação*	Art. 54 .... 2332 *José Antonio Savaris*
Art. 27 .... 2323 *Nota da coordenação*	Art. 54-A .... 2333 *José Antonio Savaris*
Art. 28 .... 2324 *Nota da coordenação*	Art. 55 .... 2334 *Jane Lucia Wilhelm Berwanger e Marco Aurélio Serau Junior*

SUMÁRIO

Art. 56 2335
Jane Lucia Wilhelm Berwanger e Marco Aurélio Serau Junior

Art. 57 2336
Jane Lucia Wilhelm Berwanger e Marco Aurélio Serau Junior

Art. 58 2336
Jane Lucia Wilhelm Berwanger e Marco Aurélio Serau Junior

Art. 59 2337
José Antonio Savaris

Art. 60 2339
José Maurício Conti e Diogo Luiz Cordeiro Rodrigues

Art. 60-A 2344
José Maurício Conti e Diogo Luiz Cordeiro Rodrigues

Art. 61 2345
Nota da coordenação

Art. 62 2345
Nota da coordenação

Art. 63 2345
Nota da coordenação

Art. 64 2345
Nota da coordenação

Art. 65 2345
Nota da coordenação

Art. 66 2346
Nota da coordenação

Art. 67 2346
Fernando Antonio de Carvalho Dantas e Carlos Alberto Molinaro

Art. 68 2347
Daniel Sarmento

Art. 69 2355
Nota da coordenação

Art. 70 2355
Nota da coordenação

Art. 71 2355
Fernando Facury Scaff e Luma Cavaleiro de Macedo Scaff

Art. 72 2356
Fernando Facury Scaff e Luma Cavaleiro de Macedo Scaff

Art. 73 2358
Fernando Facury Scaff e Luma Cavaleiro de Macedo Scaff

Arts. 74 e 75 2359
Paulo Caliendo

Art. 76 2360
José Antonio Savaris

Art. 76-A 2361
José Antonio Savaris

Art. 76-B 2362
José Antonio Savaris

Art. 77 2363
José Maurício Conti

Art. 78 2365
Paulo Caliendo

Art. 79 2366
Jane Lucia Wilhelm Berwanger e Marco Aurélio Serau Junior

Art. 80 2366
José Maurício Conti

Art. 81 2368
Fernando Facury Scaff e Luma Cavaleiro de Macedo Scaff

Art. 82 2368
José Maurício Conti

Art. 83 2370
Fernando Facury Scaff e Luma Cavaleiro de Macedo Scaff

Arts. 84 e 85 2370
Paulo Caliendo

Art. 86 2371
Fernando Facury Scaff e Luma Cavaleiro de Macedo Scaff

Art. 87 2372
Fernando Facury Scaff e Luma Cavaleiro de Macedo Scaff

Art. 88 2373
Nota da coordenação

Art. 89 2373
Nota da coordenação

Art. 90 2373
Paulo Caliendo

Art. 91 2373
Fernando Facury Scaff e Luma Cavaleiro de Macedo Scaff

Art. 92 2374
Fernando Facury Scaff e Luma Cavaleiro de Macedo Scaff

Art. 92-A 2375
Nota da coordenação

Art. 93 2375
Fernando Facury Scaff e Luma Cavaleiro de Macedo Scaff

Art. 94 2375
Paulo Caliendo

Art. 95 2375
Nota da coordenação

Art. 96 2376
Nota da coordenação

Art. 97 2376
Nota da coordenação

Arts. 98 e 99 2378
Nota da coordenação

Art. 100 2378
Nota da coordenação

Art. 101 2378
Nota da coordenação

Arts. 102 a 107 2379
Nota da coordenação

Art. 107-A 2381
Nota da coordenação

Art. 108 2382
Nota da coordenação

Art. 109 2382
Nota da coordenação

Art. 110 2383
Nota da coordenação

Arts. 111 a 112 2383
Nota da coordenação

Arts. 113 e 114 2383
Celso de Barros Correia Neto

Art. 115 2399
Nota da coordenação

Art. 116 2400
Nota da coordenação

Art. 117 2400
Nota da coordenação

Art. 118 2400
Nota da coordenação

Art. 119 2400
Celso de Barros Correia Neto

Art. 120 2401
Nota da coordenação

Art. 121 2401
Nota da coordenação

Art. 122 2402
Nota da coordenação

Art. 123 2402
Nota da coordenação

EMENDAS CONSTITUCIONAIS

EC 1, de 31-3-1992 2405

EC 2, de 25-8-1992 2405

EC 3, de 17-3-1993 2405

EC 4, de 14-9-1993 2407

ECR 1, de 1º-3-1994 2407

ECR 2, de 7-6-1994 2408

ECR 3, de 7-6-1994 2408

ECR 4, de 7-6-1994 2409

ECR 5, de 7-6-1994 2409

ECR 6, de 7-6-1994 2409

EC 5, de 15-8-1995 2409

EC 6, de 15-8-1995 2410

EC 7, de 15-8-1995 2410

EC 8, de 15-8-1995 2410

EC 9, de 9-11-1995 2411

EC 10, de 4-3-1996 2411

EC 11, de 30-4-1996 2412

EC 12, de 15-8-1996 2412

EC 13, de 21-8-1996 2413

EC 14, de 12-9-1996 2413

EC 15, de 12-9-1996 2414

EC 16, de 4-6-1997 2414

EC 17, de 22-11-1997 2415

EC 18, de 5-2-1998 2416

EC 19, de 4-6-1998 2417
Rafael Maffini

EC 20, de 15-12-1998 2426
Jane Lucia Wilhelm Berwanger, Marco Aurélio Serau Junior e Daniel Machado da Rocha

EC 21, de 18-3-1999 2438

EC 22, de 18-3-1999 2438

EC 23, de 2-9-1999 2439

EC 24, de 9-12-1999 2440

EC 25, de 14-2-2000 2440

EC 26, de 14-2-2000 2441

EC 27, de 21-3-2000 2441

EC 28, de 25-5-2000 2442

EC 29, de 13-9-2000 2442

EC 30, de 13-9-2000 2444

EC 31, de 14-12-2000 2444

EC 32, de 11-9-2001 2445

EC 33, de 11-12-2001 2447

EC 34, de 13-12-2001 2448

EC 35, de 20-12-2001 2448

EC 36, de 28-5-2002 2449

SUMÁRIO

EC 37, de 12-6-2002	2449
EC 38, de 12-6-2002	2451
EC 39, de 19-12-2002	2451
EC 40, de 29-5-2003	2452
EC 41, de 19-12-2003	2452

Daniel Machado da Rocha

EC 42, de 19-12-2003	2460
EC 43, de 15-4-2004	2462
EC 44, de 30-6-2004	2463
EC 45, de 8-12-2004	2463
EC 46, de 5-5-2005	2469
EC 47, de 5-7-2005	2469
EC 48, de 10-8-2005	2471
EC 49, de 8-2-2006	2471
EC 50, de 14-2-2006	2471
EC 51, de 14-2-2006	2472
EC 52, de 8-3-2006	2472
EC 53, de 19-12-2006	2473
EC 54, de 20-9-2007	2475
EC 55, de 20-9-2007	2475
EC 56, de 20-12-2007	2476
EC 57, de 18-12-2008	2476
EC 58, de 23-9-2009	2476
EC 59, de 11-11-2009	2477
EC 60, de 11-11-2009	2478
EC 61, de 11-11-2009	2479
EC 62, de 9-12-2009	2479
EC 63, de 4-2-2010	2482
EC 64, de 4-2-2010	2483
EC 65, de 13-7-2010	2483
EC 66, de 13-7-2010	2484
EC 67, de 22-12-2010	2484
EC 68, de 21-12-2011	2484
EC 69, de 29-3-2012	2485
EC 70, de 29-3-2012	2485
EC 71, de 29-11-2012	2486
EC 72, de 2-4-2013	2486
EC 73, de 6-4-2013	2487
EC 74, de 6-4-2013	2487
EC 75, de 15-10-2013	2487
EC 76, de 28-11-2013	2488
EC 77, de 11-2-2014	2488
EC 78, de 14-5-2014	2489
EC 79, de 27-5-2014	2489
EC 80, de 4-6-2014	2490
EC 81, de 5-6-2014	2491
EC 82, de 16-7-2014	2491
EC 83, de 5-8-2014	2492
EC 84, de 2-12-2014	2492
EC 85, de 26-2-2015	2492
EC 86, de 17-3-2015	2493
EC 87, de 16-4-2015	2494
EC 88, de 7-5-2015	2495
EC 89, de 15-9-2015	2495
EC 90, de 15-9-2015	2496
EC 91, de 18-2-2016	2496
EC 92, de 12-7-2016	2496
EC 93, de 8-9-2016	2497
EC 94, de 15-12-2016	2498
EC 95, de 15-12-2016	2499
EC 96, de 6-6-2017	2501
EC 97, de 4-10-2017	2502
EC 98, de 6-12-2017	2503
EC 99, de 14-12-2017	2504
EC 100, de 26-6-2019	2505
EC 101, de 3-7-2019	2506
EC 102, de 26-9-2019	2506
EC 103, de 12-11-2019	2507

Fabrício Motta e Carlos Luiz Strapazzon

EC 104, de 4-12-2019	2521
EC 105, de 12-12-2019	2522
EC 106, de 7-5-2020	2522

Celso de Barros Correia Neto e José Roberto Afonso

EC 107, de 2-7-2020	2529
EC 108, de 26-8-2020	2530

EC 109, de 15-3-2021 2533
Carlos Luiz Strapazzon e Celso de Barros Correia Neto

EC 110, de 15-3-2021 2543

EC 111, de 28-9-2021 2543

EC 112, de 27-10-2021 2544

EC 113, de 8-12-2021 2544
Celso de Barros Correia Neto

EC 114, de 16-12-2021 2548
Fernando Facury Scaff e Luma Cavaleiro de Macedo Scaff

EC 115, de 10-2-2022 2553

EC 116, de 17-2-2022 2553

EC 117, de 5-4-2022 2553

EC 118, de 26-4-2022 2554

EC 119, de 27-4-2022 2554

EC 120, de 5-5-2022 2555

EC 121, de 10-5-2022 2555

EC 122, de 17-5-2022 2556

EC 123, de 14-7-2022 2556
Celso de Barros Correia Neto

EC 124, de 14-7-2022 2560

EC 125, de 14-7-2022 2561

EC 126, de 21-12-2022 2561
Celso de Barros Correia Neto

EC 127, de 22-12-2022 2565

EC 128, de 22-12-2022 2566

EC 129, de 5-7-2023 2567

SUMÁRIO

EC 109, de 15-3-2021 2533
Carlos Luiz Strapazzon e Cezio de Barros Correia Neto

EC 110, de 15-3-2021 2543

EC 111, de 28-9-2021 2543

EC 112, de 27-10-2021 2544

EC 113, de 8-12-2021 2544
Celso de Barros Correia Neto

EC 114, de 16-12-2021 2548
Fernando Facury Scaff e Luma Cavaleiro de Macedo Scaff

EC 115, de 10-2-2022 2553

EC 116, de 17-2-2022 2553

EC 117, de 5-4-2022 2553

EC 118, de 26-4-2022 2554

EC 119, de 27-4-2022 2554

EC 120, de 5-5-2022 2555

EC 121, de 10-5-2022 2555

EC 122, de 17-5-2022 2556

EC 123, de 14-7-2022 2556
Celso de Barros Correia Neto

EC 124, de 14-7-2022 2560

EC 125, de 14-7-2022 2561

EC 126, de 21-12-2022 2561
Celso de Barros Correia Neto

EC 127, de 22-12-2022 2565

EC 128, de 22-12-2022 2566

EC 129, de 5-7-2023 2567

— xlvii —

TEXTOS INTRODUTÓRIOS À CONSTITUIÇÃO DA REPÚBLICA FEDERATIVA DO BRASIL

REPÚBLICA E AUTODETERMINAÇÃO POLÍTICA

JOSÉ JOAQUIM GOMES CANOTILHO

I – Nota Introdutória

A inserção de um tópico centrado na "República e Autodeterminação Política" não pretende substituir as anotações que, de uma forma directa ou indirecta, são dedicadas a princípios e regras normativamente plasmadas no texto da Constituição. É o caso dos Comentários de Martonio Mont'Alverne Barreto Lima (art. 1º, "República"), Marcos Augusto Maliska (art. 1º/I, "soberania"), Walter de Moura Agra (art. 1º/II, "a cidadania"), George Rodrigo Bandeira e Galindo (art. 4º/I e 4º/IV, "independência nacional"), Flávia Piovesan (art. 4º/III, "autodeterminação dos povos"). De igual modo, as referências bibliográficas e jurisprudenciais que acompanham os comentários são importantes para o enquadramento do texto.

Talvez interesse salientar que este comentário sobre a república e autodeterminação política exigiria hoje outras suspensões reflexivas. Estamos a referir-nos às tensões provocadas pela chamada "democracia numérica" ("democracia internet"). O "Código é a lei" (*Code is law*) e a "política dos algoritmos" tornam agora indispensável o repensamento da democracia, da república e do cidadão. Os recentes ataques presenciais e virtuais à democracia, às eleições, ao pensamento republicano e aos direitos dos vulneráveis verificados em termos globais (e não apenas no Brasil), mormente mediante violência e/ou pelo uso de plataformas digitais e redes sociais, cujo alcance extravasa limites territoriais, dão prova da relevância e da urgência dessa reflexão e debate.

Por isso mesmo, numa futura edição, talvez a introdução problemática tenha de ser a da "república e revolução numérica"[1].

II – Comentário

A Constituição do Brasil foi plasmada normativamente como "*Constituição da República Federativa do Brasil de 1988, formada pela união indissolúvel dos Estados e Municípios e do Distrito Federal*[2].

A – República como princípio constitutivo

I – Pressupostos político-filosóficos

1. Tal como acontece com outro princípio fundante – o princípio da dignidade da pessoa humana –, são poucas as indicações expressivas recolhidas no texto constitucional a propósito do princípio da autodeterminação política. Dignidade e "autodeterminação da *res publica*" são, assim, princípios abertos a tarefas de concretização constitucional.

2. Em termos jurídico-dogmáticos, o princípio republicano perfila-se na Constituição da República Federativa do Brasil de 1988, quer como princípio fundante quer como princípio "estruturante"[3]. Como princípio "constitutivo" ou "fundante", conduz-nos ao estudo do princípio da *autodeterminação* e do *autogoverno*. Como princípio estruturante, isto é, como princípio conformado pela constituição, ele está condensado na "forma republicana de governo".

3. As raízes do princípio da autodeterminação encontram-se na filosofia kantiana (republicanismo Kantiano), onde se auto-compreende a "autolegislação" como princípio racional e o direito à autodeterminação como princípio ideal subjacente a qualquer constituição[4]. É, porém, na bíblia americana do constitucionalismo – *The Federalist* – que Madison recorta com plasticidade a ligação da forma republicana de governo com a ideia de autogoverno[5].

4. Se a dignidade da pessoa humana nos conduziu ao reconhecimento da qualidade subjectiva da pessoa – com auto-consciência, auto-compreensão e auto-responsabilidade –, o princípio da autodeterminação aponta para a liberdade constituinte ou fundadora da República. "Nós queremos uma res publica" tem o sentido de direito de participação dos cidadãos na qualidade de conformadores do seu destino político e da comunidade política em que se inserem. Neste sentido, alguns autores referem-se[6] a "autodeterminação individual", a "autodeterminação institucional" e a "republicanismo cívico". Em termos mais "fundadores", o "acto fundacional" da República Brasileira é constituído *uno actu* pela liberdade jusfundamental radicada na pessoa humana e pela liberdade de conformação política assente na vontade popular[7].

---

1. Cfr. Dominique Cardon, *La démocratie internet promesses et limites,* 2010; Nicolas Vanbremeersch, *La Démocratie Numérique*, 2009; Ph. Ségur / S. Pirié-Frey, *L'Internet et la democratie numérique*, Perpignan, 2016.
2. Aprovada em 22 de Setembro de 1988 e promulgada em 5 de Outubro de 1988.
3. Cfr. R. Gröschner, "Der Freistaat des Grundgesetzes", in R. Gröschner/ O. Lembcke, *Freistaatlichkeit*, Tübingen, 2011, p. 310, que se refere também à república como princípio constitutivo ("*Konstitutionsprinzip*") objecto da teoria da Constituição e como "princípio constitucional", objecto da dogmática constitucional ("*Verfassungsprinzip*").
4. Cfr. Kant, *Der Streit der Facultäten*, Kants-Werke, Akademie-Textausgabe, 1968, vol. II, pp. 86 e ss.
5. Cfr. Madison, *The Federalist*, 38, "capacity of mankind for selfgovernment".
6. *Vide* R. Gröschner, "Der Freistaat des Grundgesetzes", in R. Gröschner/ O. Lembeke, *Freistaatlichkeit*, Tübingen, 2011, p. 316.
7. R. Gröschner, "Der Freistaat des Grundgesetzes", in R. Gröschner/ O. Lembeke, *Freistaatlichkeit*, Tübingen, 2011, p. 316. Cfr., na jurisprudência constitucional: STF, ADI 839/DF, Rel. Néri da Silveira, Tribunal Pleno, *DJ* de 24/11/2006.

II – Pressupostos políticos

1. Autodeterminação e autogoverno

5. A *República* significa uma *comunidade política*, uma "unidade colectiva" de indivíduos que se *autodetermina* politicamente através da criação e manutenção de instituições políticas próprias assentes na decisão e participação dos cidadãos no governo de uma comunidade de cidadãos livres e iguais (*self-government*). Discute-se na filosofia e teorias políticas se os princípios da *autodeterminação e autogoverno* da comunidade política se configuram como *pré-compromissos* (*precommitment*)[8], como *bases processuais* ou como *momentos* de um *consenso* fundador da República. Qualquer que seja a resposta, a República só é *soberana* quando for autodeterminada e autogovernada. Para haver um *autogoverno* (*self-government*) republicano impõe-se a observância de três imperativos políticos: (1) uma *representação territorial*; (2) um *procedimento justo* de selecção dos representantes[9]; (3) uma *deliberação* maioritária dos representantes limitada pelo *reconhecimento prévio de direitos e liberdades dos cidadãos*. Assim estruturada, a autonomia colectiva de um povo oferece-se como uma dimensão fundante do *processo de legitimação* constitucional. Se a liberdade fundante inerente à dignidade da pessoa humana – individual e pessoal – radica a autonomia e a liberdade do sujeito (*Freiheitlichkeit*), a liberdade fundante inerente à autodeterminação fornece o alicerce da liberdade de todos (*Freiheitstaatlichkeit*)[10].

2. República soberana e soberania popular

6. Uma república democrática, além de ser soberana no sentido de comunidade *autodeterminada* e *autogovernada*, é ainda soberana ao acolher como *título de legitimação* a *soberania popular*[11]. A República assume-se como *res publica – res populi* para excluir qualquer título de legitimação metafísico. Esta rejeição de legitimação metafísica abrange não apenas as tradicionais justificações de domínio de carácter dinástico-hereditário, divino ou divino-dinástico, mas também as "experiências" modernas de "condução dos povos" assentes na "vontade do chefe" (*Führerprinzip*), na "vanguarda do partido único" (leninismo) ou na "vontade de Deus" (fundamentalismo)[12]. A República é ainda uma ordem de domínio – de pessoas sobre pessoas –, mas trata-se de um domínio sujeito à *deliberação política* de cidadãos livres e iguais. Precisamente por isso, a forma republicana de governo está associada à ideia de *democracia deliberativa*. Por democracia deliberativa entende-se uma ordem política na qual os cidadãos se comprometem: (1) a resolver colectivamente os problemas colocados pelas suas escolhas colectivas através da discussão pública; (2) a aceitar como legítimas as instituições políticas de base, na medida em que estas constituem o quadro de uma deliberação pública tomada com toda a liberdade[13]; (3) a justificar e a prestar contas destas deliberações (*accountability*) e da gestão dos dinheiros públicos (virtude republicana contra a corrupção[14]).

3. República e liberdades

7. A República do Brasil é uma ordem política assente no respeito e garantia de efectivação dos direitos e liberdades fundamentais. O republicanismo não fala em *liberdade*, mas em *liberdades concretas e plurais*. Existem *liberdades republicanas* e não uma *liberdade republicana*. A ideia central da República como esquema político de respeito e garantia da efectivação de *liberdades* significa, desde logo, que a própria lei constitucional não garante uma qualquer liberdade extrajurídica, reconduzível à liberdade natural do liberalismo ou à liberdade nihilista do anarquismo. Por outras palavras, inspiradas num conhecido cultor da teoria da justiça contemporânea: a República não atribui qualquer prioridade à liberdade enquanto tal, pois a questão nuclear foi sempre a garantia de certas *liberdades básicas* específicas, tal como elas se encontram nas várias cartas de direitos e declarações de direitos humanos[15].

8. Em segundo lugar, as liberdades republicanas apontam para uma ordem constitucional livre, em virtude da articulação de dois tipos de direitos: os direitos e liberdades de natureza pessoal, tendencialmente constitutivos da liberdade do indivíduo, típica do Estado de direito liberal, e os direitos e liberdades de participação política, fundamentalmente constitutivos da ordem democrática do *citoyen*. Por outras palavras: as liberdades republicanas procuram uma articulação da *liberdade dos antigos* com a *liberdade dos modernos*, ou seja, uma articulação da *liberdade-participação política* com a *liberdade-defesa* perante o poder.

9. Em terceiro lugar, e retomando algumas das teses da "república social", a República do Brasil assume claramente a ideia de *socialidade* e *solidariedade*. Vislumbra-se na conformação consti-

---

8. Cfr. Miguel Galvão Teles/Paulo Canelas de Castro «Portugal and the Right of Peoples to Self-Determination», in *Archiv des Völkerrechts*, 34/1 (1996), pp. 2 e ss.; M. Nogueira de Brito, *A Constituição Constituinte*, pp. 220 e ss. Sobre a autonomia colectiva de um povo como valor último desse povo cfr., Jed Rubenfeld, *Freedom and Time. A Theory of Constitutional Self-Government*, New Haven, 2001.

9. Cfr., na jurisprudência do STF: ADI 4650/DF, Rel. Min. Luiz Fux, Tribunal Pleno, *DJe* n. 034, de 24/2/2016; ADI 5081/DF, Rel. Min. Roberto Barroso, Tribunal Pleno, *DJe* n. 162, de 19/8/2015; ADI 5105/DF, Rel. Min. Luiz Fux, Tribunal Pleno, *DJe* n. 49, de 16/3/2016.

10. Cfr. Gröschner, "Der Freistaat des Grundgesetzes", in R. Gröschner/ O. Lembeke, *Freistaatlichkeit*, Tübingen, 2011, p. 314; Dieter Grimm, *Constitutionalism Past, Present, and future*, New York, 2016, p. 22 ss.

11. Um excelente enquadramento histórico de alguns momentos fundamentais de "cidadania", "representação" e "democracia" ver-se-á nos trabalhos de: William H. Sewell Jr., "Le citoyen/la citoyenne: activity, passivity and the french revolutionary concept of citizenship", Mona Ozouf, "La Révolution Française et l´idée de l´homme nouveau" e de Patrice Gueniffey, "Les Assemblées et la représentation", todos inseridos na obra colectiva em quatro volumes *The French Revolution and the Creation of Modern Political Culture*. Os trabalhos referidos integram o vol. 2º, organizado por Colin Lucas, *The Political Culture of the French Revolution*, Oxford e outras cidades, 1988, pp. 105 e ss., pp. 213 e ss, e pp. 233 e ss. Na literatura recente, cfr. Dieter Grimm, *Constitutionalism*, cit., p. 20 ss.

12. Cfr., por exemplo, Wilhelm Henke, "Die Republik", in Isensee/Kirchhof, *Handbuch des Staatsrechts*, Vol. I, 1988; G. Frankenberg, "Publizität als Prinzip der Republik", in R. Gröschner/ O. Lembcke, *Freistaatlichkeit*, Tübingen, 2011, p. 277.

13. Seguimos aqui as sugestões de J. Habermas, *Faktizität und Geltung*, cit., pp. 349 e ss. Uma "concepção liberal" não se opõe, neste ponto, a uma concepção republicana da política. Cfr. J. Rawls, *Political Liberalism*, p. 205 (p. 203 da trad. portuguesa). Desenvolvidamente, C. Sousa Neto, *Teoria Constitucional e Democracia Deliberativa*, cit., pp. 87 e ss.

14. Cfr., na jurisprudência do STF: Ação Penal 470/MG, Rel. Min. Joaquim Barbosa, Tribunal Pleno, *DJe* 74, de 22/4/2013.

15. Cfr. Rawls, *Political Liberalism*, p. 258 (p. 278 da tradução portuguesa).

tucional da República Brasileira aquilo que um autor americano chamou *republicanismo post-New Deal*[16]. Trata-se de uma proposta de compreensão da República respeitadora e garantidora do direito de propriedade privada, da liberdade de iniciativa económica (pressupostos liberais), mas que se assume também como mecanismo regulativo público, mais orientado para a *prossecução do bem comum (public good)* e para a solução de assimetrias sociais (no trabalho, na família, no ensino) do que para a arbitragem dos interesses dos grupos. Aspira, neste sentido, a ser uma ordem livre marcada pela *reciprocidade, igualdade e solidariedade*[17].

10. Embora no texto da Constituição a República se afirme apenas como princípio politicamente constitutivo, parece legítimo acrescentar-se um outro elemento estruturante – *o elemento ecológico*. O princípio antrópico sedimenta ainda a base fundacional da República mediante o expresso reconhecimento da dignidade da pessoa humana, mas a Constituição tem importantes sugestões textuais no sentido de uma *República ecologicamente auto-sustentada*. A dimensão ecológica obrigará ao repensamento da localização da pessoa humana na comunidade biótica, conjuntamente com outros *direitos fundamentais dos seres vivos* (dos animais, das plantas). Por outro lado, a irradiação ecológica da República justificará a expressa assumpção da *responsabilidade dos poderes públicos perante as gerações futuras* em termos de auto--sustentabilidade ambiental[18]. A sustentabilidade passa a ser, assim, não apenas um momento ético da República (ética político--ambiental), mas também uma dimensão orientadora de comportamentos públicos e privados ambientalmente relevantes[19].

B – A República como princípio estruturante

I – O princípio da forma republicana de governo

1. Princípios organizatórios da Constituição da República Brasileira.

Na Constituição da República do Brasil pressupõe-se o *respeito* pela forma republicana de governo, mas sem individualização dos limites materiais de revisão (ou cláusulas pétreas, art. 60º/4). O rasto textual destes enunciados linguísticos encontra-se na Constituição de 1787 dos Estados Unidos (artigo 4º, secção 4): *"The United States shall guarantee to every state in this Union a Republican Form of Government..."* e foi recuperado pela Constituição Francesa de 1848, que afirmava, no preâmbulo, a adopção da República como "forme définitive de gouvernement"[20]. No plano do direito comparado, podemos ainda referir como paradigmática a redacção do artigo 139º da Constituição Italiana de 1949: *"La forma repubblicana non può essere oggetto di revisione costituzionale"*.

A nível semântico, os enunciados linguísticos das constituições parecem reiterar a existência de uma *forma republicana de governo* constitutiva de uma inarredável *identidade constitucional*[21]. Quando se trata, porém, de descobrir os traços caracterizadores dessa forma republicana, são notórias as dificuldades hermenêuticas. Por um lado, ao nível do direito constitucional positivo, a Constituição é omissa quanto à densificação expressa da forma republicana de governo. Por outro lado, em termos de direito comparado, há sempre que perguntar se, para lá de fórmulas linguísticas idênticas ou semelhantes, não haverá "memórias" e mensagens jurídicas e políticas substancialmente diferentes[22].

II – Densificação da forma republicana de governo – enquadramento geral

Uma primeira dimensão jurídico-constitucional – comum a todos os textos mencionados – é a da radical incompatibilidade de um governo republicano com o princípio monárquico (dimensão antimonárquica) e com os privilégios hereditários e títulos nobiliárquicos (dimensão antiaristocrática).

Um segundo traço de "forma republicana de governo" reconduz-se à exigência de uma *estrutura político-organizatória* garantidora das liberdades cívicas e políticas. Neste sentido, a "forma republicana" aponta para a ideia de um arranjo de competências e funções dos órgãos políticos em termos de balanceamento, de freios e de contrapesos *(checks and balances)*, marcando a *separação* dos poderes políticos. A "forma republicana de governo", além de se reconduzir a uma "forma antimonárquica", transporta também um esquema organizatório de *controlo do poder*. Regista--se que a forma republicana de governo exterioriza um momento fundamental oriundo do federalismo americano: o princípio da soberania popular (que substitui o princípio dinástico) deve articular-se com um sistema de *checks and balances* de modo a "republicanizar" a tradição liberal inglesa[23].

Em terceiro lugar, e como já se aludiu atrás, a forma republicana pressupõe um *catálogo de liberdades* (regime de liberdade) onde se articulem intersubjectivamente a *liberdade dos antigos* (direito de participação política) e a *liberdade dos modernos* (direitos de defesa individuais).

---

16. Cfr., por todos, Mark Tushnet, *Red, White and Blue: a Critical Analysis of Constitutional Law*, 1988; Cass Sunstein, *After the Rights Revolution*, Cambridge (Mass.), Harvard U.P., 1990, p. 12.

17. Sobre os antecedentes da "República Social" cfr. Bertrand Mathieu, "La République Sociale", in Bertrand Mathieu / Michel Verpeaux, *La République en Droit Français*, Paris, 1996, pp. 175 e ss. Cfr., na jurisprudência constitucional: STF, ARE 639.337 AgR/SP, Rel. Min. Celso de Mello, 2ª Turma, *DJe* n. 177, de 14/9/2011; STF, ARE 855.762 AgR/RJ, Rel. Min. Gilmar Mendes, 2ª Turma, *DJe* n. 102, de 29/5/2015.

18. Indicando o tema da "protecção de gerações" na doutrina constitucional, cfr. P. Häberle, *Verfassungslehre*, p. 603; Morlok/ Michael, *Staatsorganizationsrecht*, cit., p. 22, que alude à "justiça geracional".

19. Cfr., na jurisprudência constitucional: STF, ADI 4066/DF, Rel. Min. Rosa Weber, Tribunal Pleno, *DJe* n. 43, de 07/3/2018 (caso do Amianto); ADPF 101/DF, Rel. Min. Cármen Lúcia, Tribunal Pleno, *DJe* n. 108, de 04/6/2012 (caso da importação de pneus usados).

20. Veja-se Olivier Jouanjan, "La Forme Républicaine de Gouvernement: Norme Supraconstitutionnelle?", in Mathieu/ Verpeaux, *La République en droit français*, Paris, 1996, p. 267; Ricardo Leite Pinto, *Não-republicanismo, Democracia e Constituição*, Lisboa, 2006, p. 81 ss.

21. Cfr., na jurisprudência constitucional: STF, Acórdão do HC 80.511/MG, Rel. Min. Celso de Mello, 2ª Turma, DJ de 14/9/2001.

22. Veja-se o Capítulo "Les Républiques dans d´autres États", em forma de "table ronde", inserido no livro de Mathieu/ Verpeaux, *La République en droit français*, cit., pp. 313 e ss.

23. Cfr., na jurisprudência constitucional: STF, ADPF 378/DF, Rel. Min. Edson Fachin, Tribunal Pleno, *DJe* n. 43, de 08/3/2016.

Desta simbiose da república como regime de liberdade e como regime de livre participação política resulta a positividade da *cidadania activa e livre*, erguendo os cidadãos a "pedreiros livres" dos parâmetros político-sociais das respectivas comunidades[24]. Numa frase lapidar: "os republicanos fazem a república".

Como dimensão jurídico-normativa e jurídico-política do princípio acrescenta-se a existência de corpos territoriais autónomos (administração autónoma, *self-government*) que pode legitimar um esquema territorial, tanto de natureza federativa (caso dos Estados Unidos e do Brasil) ou de autonomia regional (Itália), como de autarquias locais ("poder local") de âmbito territorial mais restrito[25].

A "forma republicana de governo" postula, de todo o modo, uma *legitimação do poder político* baseada no povo ("governo do povo"). Consequentemente, num governo republicano, a legitimidade das leis funda-se no princípio democrático (sobretudo no princípio democrático representativo) e consequente articulação da *autodeterminação do povo* com o *"governo de leis"* e não "governo de homens" (no sentido explicitado por Kant na *Metafísica dos Costumes*, § 52). Aqui se insere a desconfiança congénita do republicanismo perante formas de poder pessoal (dinásticas, militares, religiosas). Associada às exigências de legitimação, surge a ideia "antiprivilégio" respeitante à definição dos *princípios e critérios ordenadores do acesso à função pública e aos cargos públicos*[26].

De um modo geral, a forma republicana de governo prefere os critérios da *electividade, colegialidade, temporariedade, pluralidade e publicidade*, aos critérios da designação, hierarquia e vitaliciedade[27]. Note-se que, subjacentes a estes critérios, estão outros princípios pressupostos pela forma republicana de governo, como, por exemplo, os princípios da liberdade, da igualdade, do consenso e da publicidade. A mais moderna formulação do princípio da igualdade de acesso aos cargos públicos aponta para a ideia de *oportunidade equitativa*: a garantia do justo valor das liberdades políticas significa que este valor, quaisquer quer sejam as posições sociais e económicas dos cidadãos, tem de ser aproximadamente igual, ou, no mínimo, suficientemente igual, no sentido de que todos tenham uma oportunidade equitativa de ocupar cargos públicos e de influenciar o resultado das decisões políticas[28].

Para lá destas densificações, resta saber se (1) a forma republicana de governo implica alguma desconfiança relativamente às formas de *democracia direta* e (2) fornece abertura para uma compreensão do *poder constituinte*, entendido como o poder do povo para alterar ou abolir a constituição estabelecida sempre que a considere inconsistente com a sua felicidade[29] (Kant, *Metafísica dos Costumes*).

---

24. Cfr. GRÖSCHNER, *Der Freiheitstaat*, cit., p. 315.
25. Cfr., na jurisprudência constitucional: STF, ADI 1842/RJ, Rel. Min. Luiz Fux, Tribunal Pleno, *DJe* n. 181, de 13/09/2013.
26. Cfr., na jurisprudência constitucional: STF, Súmula Vinculante n. 13.
27. No plano dogmático-constitucional, cfr. JORGE MIRANDA, *Manual*, VII, p. 142 ss; PAULO OTERO, *Direito Constitucional Português*, II, p. 81 ss. Sob o ponto de vista teórico-constitucional, cfr. RICARDO LEITE "Tradição republicana e estatuto dos políticos: o princípio da renovação" (breve nota ao art. 118º da Constituição da República portuguesa in *Liber Amicorum F. S. Zenha*), Coimbra, 2003, p. 597 ss.
28. Assim, precisamente, J. RAWLS, *Political Liberalism*, pp. 228 e ss. (p. 308 da tradução portuguesa).
29. *Vide*, em termos informados, R. LEITE PINTO, *O Momento Maquiavélico*, pp. 168 e ss.

Referências bibliográficas

CASTIGLIONE, D. – "The Political Theory of the Constitution", in *Political Studies*, XLIV (1996), pp. 417 e ss.

DE ASSIS, R. – *Una Aproximación a los modelos de Estado de Derecho*, Madrid, 1999.

GARCIA, Eloy – *El Estado Constitucional ante su "Momento Maquiavélico"*, Madrid, 2000.

HAEFELE, Edwin T. – "What Constitutes the American Republic?", in Stephen L. Elkin//Karol E. Soltan, *A New Constitutionalism*, 1993, p. 207.

HÄBERLE, P. – *Verfassungslehre als Kulturwissenschaft*, 2.ª ed., Berlin, 1998.

HENKE, W. – "Die Republik", in Isensee/Kirchhof, *Handbuch des Staatsrechts*, Vol. I, 1988.

MATHIEU, B./Verpeaux, M. (org.) – *La République en Droit Français*, Economica, Paris, 1996.

NINO, Carlos S. – *La Constitución de la democracia deliberativa*, Barcelona, 1997.

NETO, Cláudio – *Teoria Constitucional e Democracia Deliberativa. Um estudo sobre o papel do direito na garantia das condições para a cooperação na deliberação democrática*, Rio de Janeiro, 2006.

PETTIT, Ph. – *Republicanismo. Una Teoria sobre Libertad y Gobierno*, Barcelona – Buenos Aires – México, 1999.

PINTO, R. L. – *O 'Movimento Maquiavélico' na Teoria Constitucional Norte-Americana. Republicanismo, História, Teoria Política e Constituição*, Universidade Lusíada, Lisboa, 1998.

————. – "Algumas hipóteses sobre a 'República' e o 'Republicanismo' no Constitucionalismo Português", in J. Miranda, *Perspectivas Constitucionais*, III, pp. 195 e ss.

PREUSS, V. – "Republikanische Verfassung und gesellschaftliche Konflikte", in A. Noll (org.), *Die Verfassung der Republik*, Wien/New York, 1997.

REPOSO, A. – *La forma repubblicana secondo l'art. 139 della costituzione*, Padova, 1972.

RIDEAU, J. – "Communauté de droit et États de Droit", in *Mélanges R. J. Dupuy*, Paris, 1991, p. 249.

SCHACHTSCHNEIDER, K. A. – *Res publica res populi. Grundlegung einer Allgemeinen Republiklehre. Ein Beitrag zur Freiheits Recht und Staatslehre,* Berlin, Duncker y Humblot, p. 125.

SUNSTEIN, Cass – *After the Rights Revolution*, Cambridge (Mass.) Harvard U.P., 1990, p. 12.

SCHWARZE, J. – "Die europäische Dimension des Verfassungsrecht", in *Festschrift für Everling*, vol. I, Baden-Baden, 1995, p. 1355.

TUSHNET, M. – *Red, White and Blue: a Critical Analysis of Constitutional Law*, 1988.

VIMBERT, Ch. – *La Tradition Républicaine en Droit Public Français*, LGDJ, Paris, 1992.

ZULEEG, M. – "Die Europäische Gemeinschaft als Rechtsgemeinschaft", *NJW*, 1994, pp. 545 e ss.

OS MÉTODOS DO ACHAMENTO POLÍTICO
JOSÉ JOAQUIM GOMES CANOTILHO

O ACHAMENTO DO MÉTODO[1]

1. A Constituição e os neoconstitucionalismos

1.1. Neoconstitucionalismo e cultura estatal

A Constituição Brasileira conseguiu elevar-se ao papel de *norma jurídica fundamental*. Neste contexto, parece mesmo legítimo afirmar que uma significativa corrente da juspublicística abraçou a cultura do *neoconstitucionalismo* (cf. Luís Roberto Barroso, Neoconstitucionalismo e constitucionalização do direito – o triunfo tardio do direito constitucional no Brasil, in Claudio Sousa Neto/Daniel Sarmento, *A constitucionalização do direito*: fundamentos teóricos e aplicações específicas, Rio de Janeiro, 2007).

Como é sabido, o neoconstitucionalismo assenta no reconhecimento de um modelo preceptivo de constituição como norma com especial valorização do conteúdo prescritivo dos princípios fundamentais (Miguel Carbonell, Neoconstitucionalismo: elementos para una definición, in Eduardo Moreira/Mauricio Pugliese, *20 anos da Constituição Federal*, Rio de Janeiro, 2008; Fábio de Oliveira, *Por uma teoria de princípios*, Rio de Janeiro, 2007).

A cultura do neoconstitucionalismo é, muitas vezes, uma cultura de *cosmopolitismo constitucional* orientada para um complexo processo de articulação de sistemas constitucionais nacionais com "constelações pós-nacionais". A "identidade constitucional" brasileira parece, porém, não "coabitar" com estas constelações. O neoconstitucionalismo é um constitucionalismo de princípios, mas sem estar dependente de uma cultura cosmopolita. Embora haja sugestivas aberturas teóricas ao acolhimento da inclusão de perspectivas cosmopolitas (cf., entre outros, Marcelo Neves, *Entre Têmis e Leviatã – Uma relação difícil*, São Paulo, 2006), a forte cultura soberanista do Brasil, aliada a uma arreigada estatalidade do poder (mesmo com distribuição territorial de um "Estado-composto"), justifica a desconfiança dos juristas e políticos brasileiros perante insinuações teóricas e políticas de "supra-neoconstitucionalismos" ou de "constitucionalismos" civis globais (cf. Marcelo Neves, *Transconstitucionalismo*, São Paulo, 2009). Isto não impede, no entanto, um decidido compromisso com as tendências do direito internacional constitucional e direito constitucional internacional (cf. A. Cançado Trindade, *A protecção internacional dos direitos humanos*: fundamentos jurídicos e instrumentos básicos, São Paulo, 1991; Flávia Piovesan, *Direitos humanos e o direito constitucional internacional*, 7. ed., São Paulo, 2005). Dir-se-ia que o direito constitucional brasileiro e as constituições do Brasil pertencem àquele núcleo de matérias onde se nota mais a especificidade nacional do "povo", do "poder" e do "Estado".

1.2. Contextualismo e contexturalismo

1.2.1. Cultores da identidade do Brasil e hermeneutas do texto constitucional

Se continuarmos no caminho do "achamento do método", é quase inevitável a constatação da permanência do descompasso entre os *cultores da identidade do Brasil* e os *hermeneutas do texto constitucional*. Estes continuam a dar centralidade ao texto e ao contexto, não se erguendo a mediação dos sentidos da constituição para além das premissas dogmáticas do "Textualismo e do contextualismo" (cf. Márcio A. Vasconcelos Diniz, *Constituição e hermenêutica constitucional*, Belo Horizonte, 2002; Glauco B. Magalhães Filho, *Hermenêutica e unidade axiológica da Constituição*, Belo horizonte, 2002). Os primeiros procuram, ontem como hoje, as *contexturas* – políticas, culturais, económicas e sociais – inevitavelmente ligadas à observação, descrição e explicação das estruturas sociais e societais. Algumas das tendências visíveis na rica agitação jusconstitucional no Brasil – principialismo, normativismo, metodologismo – retomam os passos da libertação de algumas precompreensões científicas ou espirituais, designadamente de esquemas valorativos holísticos. Outras orientações – "direito achado na rua", "mobilização participativa", "activismo judicial" – observam a vida na sua "multicontextualidade". As *texturas* da vida – política, económica, social e cultural – terão de se articular com o *texto* e o *contexto* das normas da constituição sob pena de a força normativa desta se dissolver na força normativa dos factos. Por sua vez, os "referentes da vida" – dimensões económicas, sociais, políticas, culturais – emprestarão aos textos a dinâmica dialéctica de uma constituição viva, sob pena de a constituição se degradar em esquema vazio de uma juridicidade formal. Algumas sentenças recentes do Supremo Tribunal Federal ("caso de greve dos funcionários públicos", "caso da delimitação do território das populações índias", "caso das algemas nas sessões de discussão e julgamento") parecem revelar um esforço notável de articulação da *contexturalidade* e da *contextualidade* (cf. a introdução de José Afonso da Silva, Hermenêutica contextual da Constituição, in *Comentário contextual à Constituição*, São Paulo, 2005). Trata-se sempre de levar a sério a Constituição, as suas regras e os seus princípios. Procura-se, por outro lado, ir para além da constitucionalidade como princípio formal de unidade de ordem jurídica, tendo presente a realidade social.

---

1. Este texto foi expressamente elaborado para servir de introdução a esta Constituição comentada. Aproveitámos o texto, com ligeiras alterações do seu conteúdo, para proferir uma lição na Universidade Federal de Minas Gerais em junho de 2013.

1.2.2. Centrismo judicialista e societalismo comunicativo

As análises feitas pelos vários juspublicistas caracterizam-se (1) umas pelo seu "centrismo judicialista" – a lei constitucional é uma comunicação jurídica dirigida aos seus aplicadores nos casos concretos, sobretudo os juízes, e (2) outras pelo "societalismo comunicativo", considerando as comunicações normativas da Constituição dirigidas basicamente aos actores da vida quotidiana. É esta diversidade de observadores e comunicações que marcará, decisivamente, a cultura constitucional brasileira contemporânea. E o pano de fundo deste esforço colectivo reconduz-se, a nosso ver, a uma firme tentativa de não aprisionar o direito constitucional numa função simbólica de reserva ética limitada a palavras, em vez de se contribuir para a realização do direito, ou seja, para a sua implantação na vida.

2. A normativização do político

2.1. Brasília e Constituição: o último sopro iluminista de modernidade?

A Constituição brasileira de 1988 é um dos últimos e grandes fôlegos de modernidade política e constitucional. Corresponde, de certo modo, à visão iluminista, conformadora e construtiva que informou a criação *ex nihilo* de uma nova capital – *Brasília*. Em termos de "poética de forma", parece não haver comparação entre o despojamento arquitectónico niemeyeriano e a densidade material de numerosos preceitos incrustados no texto da nova lei básica brasileira. Ambas as obras procuram, porém, resgatar a *legitimidade do político*, se por político entendermos *o modo e o lugar específico da constituição de condições fundamentais da existência individual/colectiva*.

Brasília é um golpe do político implantado no cerrado; a Constituição de 1988 é um projecto conformador da *essência do político* em todas as suas dimensões fundamentais: políticas, económicas, sociais e culturais. Num e noutro caso, estamos perante discursividades libertadoras (cf. Clèmerson Merlin Clève, A teoria constitucional e o direito alternativo: para uma dogmática do direito emancipatório, in Clemerson Clève, *Uma vida dedicada ao direito. Homenagem a Carlos Henrique de Carvalho*, São Paulo, 1995). A cidade e a *civitas* convocam sempre a ideia de uma "nova ordem" territorial e política que procura libertar-se de infraestruturas estabelecidas e sistematicamente pressupostas como dados políticos imutáveis. A demanda da *justiça* através do político confronta-se com as pulsões dialécticas e as arritmias sistémicas, mesmo nas fenomenologias turbulentas que sempre caracterizaram os momentos de *Stasis* (perturbação, angústia) ou, como hoje se diz, "maquiavélicos", presentes na constituição da "cidade" ou da "república". Precisamente pela politicidade intensa que os informa, eles são momentos de *entendimento* e de *confrontação* política.

2.2. Constituição e exercício reflexivo do poder através do poder

A colocação do texto constitucional de 1988 nos quadros paradigmáticos da modernidade significa que a *normativização do político* através de uma constituição pretendeu dar centralidade a dois esquemas conceituais básicos dessa modernidade: o de *poder* e o de *política*. A Constituição, qualquer constituição, invoca um *poder constituinte* como representação acabada das possibilidades de conformação do mundo social. A constituição é *política* – qualquer constituição é política – porque nela se cristaliza o *exercício reflexivo* do poder através do poder. Esta forma de entendimento da constituição está subjacente a algumas "teorias do Estado" agitadas por um representativo número de autores (Gilberto Bercovici), uns próximos da compreensão marxista do político (cf. Eros Grau, O direito pressuposto e o direito posto, *RT* 673/21, nov. 1991), e outros influenciados pelas categorias schmittianas de essência do político. Ambos olham com desconfiança metódica e teórica a fuga pós-moderna para a "periferia", para o "fragmentário" e para os "microcosmos", em vez de se aproximarem do problema que Foucault sintetizou de forma cristalina: a política (e o político) não se reconduz a uma dialéctica da negatividade; a política (e o político) transporta positividade e com positividade deve ser exercida. A articulação das teorias do Estado com as teorias do poder e do político explica a aceitação da lógica da *constituição dirigente* no contexto político-constitucional brasileiro (cf. Gilberto Bercovici, A constituição dirigente e a crise da teoria da constituição, in *Teoria da Constituição*: estudos sobre o lugar da política no direito constitucional, 2003, p. 77 e s.; Fábio C. Souza Oliveira, A constituição dirigente está morta ... Viva a Constituição dirigente, in Luís Roberto Barroso, *A reconstrução democrática*; idem, *Morte e vida da constituição dirigente*, Rio de Janeiro, 2010; Bruno Galindo, *Teoria intercultural da constituição*, Porto Alegre, 2006; Nelson Camatta Moreira, *Fundamentos para uma Teoria da Constituição dirigente*, Florianópolis, 2010. Em termos hermenêutico-reflexivos, cf. Lenio Streck, *Jurisdição constitucional e hermenêutica*: uma nova crítica do direito, 2. ed., Rio de Janeiro, 2004, p. 135 e s.). Parece líquido que a normativização constitucional do político e da estabilidade democrática não se compadece com a ideia de constituição reduzida à institucionalização e limite do poder político. Ela é uma ordem fundamental da comunidade com efeitos directivos na política, na legislação, na aplicação e concretização das normas.

3. A identidade do Brasil

3.1. Discurso cosmopolita da razão teórica e interpretações realistas do Brasil

O problema que a "super-razão normativa" da elevação da lei fundamental a *constituição do poder* levanta é de saber se, afinal, ela não se limita a um *discurso cosmopolita da "razão teórica"* que, desde os começos da história constitucional do Brasil, ignorou sempre as *interpretações* "realistas" das instituições brasileiras. Com efeito, os "intérpretes" do Brasil – de Oliveira Vianna a Gilberto Freire, passando pelos ensaístas mais recentes como Sérgio Buarque de Olanda, Caio Prado Júnior, Raymundo Faoro e Florestan Fernandes – recorreram sempre a uma *metodologia histórico-científica* da abordagem dessas mesmas instituições. O contexto histórico-político justificava análises políticas e economicamente sensíveis das constelações sociais emergentes – *Populações meridionais do Brasil, Casa Grande e Sanzala, Formação do Brasil Contemporâneo, Os donos do poder, A Revolução Burguesa do Brasil* – em desfavor de um *idealismo constitucionalista* mais propenso à retórica da *pedanteria legislata* (Raymundo Faoro) do que a levar a sério as arritmias de uma República entre o velho e o novo, mas sempre *inacabada* (Raymundo Faoro, *A República inacabada*, São Paulo, 2008). Este "descompasso" não passou, apesar de tudo, despercebido aos cultores da história constitucional tendencialmente normativista. "Em verdade, tem essa história um fundamento elitista porque o povo não a escreveu... O problema constitucional do Brasil, como se vê, passa por uma enorme contradição entre a constitucionalidade formal e a constitucionalidade material" (Paulo Bonavides / Paes de Andrade, *História constitucional do Brasil*, 3. ed., São Paulo, 1991; M. Seabra Fagundes, Estrutura constitucional brasileira, *Revista de Direito Público*, 21/09, jul./set. 1972; Manoel de Oliveira Franco Sobrinho, História breve do constitucionalismo no Brasil, *Revista de Direito Público*, 3/62, jan./mar. 1968).

Seguindo a sugestão de alguns autores (Paul Ricoeur), a dúvida persiste: *é ou não possível escrever a história constitucional – a história constitucional do Brasil –* sob um ponto de vista cosmopolítico? Os cultores da *interpretação do Brasil* procuram compreender a constitucionalidade material, colocando-nos de sobreaviso relativamente a *certas comédias ideológicas* de mãos dadas com *ideias fora do lugar* (R. Schwarz, *As ideias fora do lugar*, São Paulo, 1977). Coloquemos a Constituição de 1988 na rota dos intérpretes mais consagrados. Oliveira Vianna (cf. Oliveira Vianna, Novos métodos de exegese constitucional, *RT*, 109/843, set. 1937) procurou apreender a particularidade brasileira salientando a marginalidade das próprias elites cosmopolitas. Não aprofunda os esquemas juridicistas da constitucionalidade formal / constitucionalidade material, preferindo, sim, explicar o "descompasso entre as ideias e a realidade do Brasil" e salientar a existência de duas culturas: uma – a do seu povo –, que lhe forma o subconsciente colectivo; outra – a europeia ou norte-americana –, que lhe dá as ideias, as directrizes de pensamentos, os paradigmas constitucionais, os critérios de julgamento político (cf. *Instituição política do Brasil*, 1949). Gilberto Freire é tudo, menos cosmopolita. Na sua *Casa-Grande e Senzala* vislumbra-se mesmo uma *certa hostilidade pelo cosmopolitismo*. O regaço da "família patriarcal" albergaria o equilíbrio de todos os antagonismos: "a cultura europeia e a indígena". A europeia e africana. A economia agrária e pastoril. O jesuíta e o fazendeiro. O senhor e o escravo. Já Sérgio Buarque de Holanda (cf. Sérgio Buarque de Holanda, *Raízes do Brasil*, 1936, 3. ed., São Paulo, 1986) é um cosmopolita, mas o seu *corpo e alma do Brasil*, as suas "Raízes do Brasil", filtradas por uma perspectiva moderno-cultural, permitem entrever uma "sociologia de inautenticidade, cujas bases se teriam de procurar na herança ibérica, no personalismo e no patrimonialismo". A sua síntese é magistral: "Nesta terra andam as coisas trocadas, porque toda ela não é república, sendo a casa a casa". Caio Prado Júnior (cf. Caio Prado Júnior, *Formação do Brasil contemporâneo*, 1. ed., 1942, 11ª reimpr., São Paulo, 2008) assume o enquadramento tipicamente marxista: a colonização do Brasil é um "episódio, um pequeno detalhe daquele quadro imenso" que foi a expansão colonial europeia. A *Formação do Brasil contemporâneo – Colónia* só se compreende como um longo processo histórico que se prolonga até aos nossos dias e ainda não está terminado.

Com Raymundo Faoro captamos os *Donos do Poder* (cf. Raymundo Faoro, *Os donos do poder. Formação do patronato político brasileiro*, 4. ed., São Paulo, 2008), o patronato político brasileiro implantado no Estado e burocracia portugueses. O dono do poder merece decifração política: "o país real conquistado pelo oficial". Mais perto de nós, Florestan Fernandes coloca-nos na *Revolução Burguesa no Brasil*. Melhor: na autocracia burguesa brasileira (cf. Florestan Fernandes, *A integração do negro na sociedade de classes*, 5. ed., São Paulo, 2008, 2 v.).

3.2. Métodos em confronto

É visível que os "intérpretes do Brasil" estão muito longe de qualquer *método jurídico* de aplicação de norma (cf. Paulo Azevedo, *Crítica à dogmática e hermenêutica jurídica*, Porto Alegre, 1989; Luiz Coelho, *Teoria crítica do direito*, 2. ed., Porto Alegre, 1991; Juarez Freitas, *A interpretação sistemática do direito*, 4. ed., São Paulo, 2004). Articulam referências históricas inseridas no seu contexto histórico-político e histórico-económico (*método histórico-científico*) com paradigmas sociológicos (*método científico sociológico*), ousando mesmo lidar com referências especificamente culturais (*método científico-cultural*). De um modo nem sempre explícito, os "intérpretes do Brasil" têm todos em comum assinalar o paradoxo da normatividade do poder sem uma teoria real do poder. Um autor contemporâneo exprime bem este "descompasso": "A teoria liberal da constituição limita-se, no essencial, à construção de um modelo contrafáctico cuja tendência universalista é dificilmente compatível com o Estado concreto. Coloca a ênfase sobretudo nos princípios preordenados à organização política, limitando-a ou funcionalizando-a" (G. Zenkert).

Um outro perigo que assoma na *automovimentação jurídico-constitucional* é o de desfasamento entre a Constituição e a vida acabar por converter um texto que se pretende radicalmente normativo numa *Constituição simbólica* (Marcelo Neves, *A constitucionalização simbólica*, 2. ed., São Paulo, 2007). Muita da comentarística emergente da feitura de uma nova constituição não deixou de observar os perigos da simbolização sob a perspectiva do "excesso de constituição" e da "rigidez regulamentar" de muitos dos seus preceitos e dos "custos da constituição" (cf. Manoel Gonçalves Ferreira Filho, *Comentários à Constituição brasileira (de 1988)*, São Paulo, 1990, 1999, 2000, 3 v.; Ives Gandra da Silva Martins / Celso Ribeiro Bastos, *Comentários à Constituição do Brasil*, São Paulo, 1988-1998, 15 v.).

4. O neoconstitucionalismo fundador

4.1. Materialidade constitucional e força normativa da Constituição

O repto dos pensadores do Brasil encontra algumas ressonâncias no pensamento constitucional brasileiro contemporâneo. A primeira e decisiva expressão de uma nova materialidade constitucional detecta-se nos autores que acompanharam de perto a feitura do novo texto constitucional (José Afonso da Silva, Paulo Bonavides, Carlo Roberto de Siqueira Freire, Dalmo de Abreu Dallari) e acentuaram o processo constituinte como *verdadeiro "caminho" de experiência popular* (J. Afonso da Silva). A gramática do *neoconstitucionalismo democrático e comunitário* dá centralidade não apenas às palavras que sempre foram palavras de luta do constitucionalismo – Estado de direito democrático, república, cidadania, dignidade da pessoa humana, separação de poderes, voto directo, periódico, universal e secreto –, mas também às novas pulsões dinâmicas da participação política e da justiça social. Neste contexto, o neoconstitucionalismo inicial ergueu o documento de 1988 a "reserva de cidadania" ("constituição cidadã", foi o mote do Presidente da Assembleia constituinte, Ulysses Guimarães) e a "reserva de justiça" (O. Vilhena Vieira, *A Constituição e a sua reserva de justiça*: um ensaio sobre os limites materiais do poder de reforma, São Paulo, 1999), por nela se cristalizaram, nem sempre de forma coerente, as esperanças renovadas de justiça social.

Sob o ponto de vista metodológico e dogmático, o neoconstitucionalismo inicial representou, como dissemos, a continuação do constitucionalismo iluminístico (cf. recente síntese de José Afonso da Silva, *O constitucionalismo brasileiro*, São Paulo, 2011). O Estado Constitucional de direito procura a sua conformação normativa numa constituição longa, rígida, programática e dirigente. Dir-se-ia que o neoconstitucionalismo inicial não podia deixar de transportar algumas dimensões da inteligência laica do positivismo (N. Bobbio). O positivismo neoconstitucionalista afastava-se decididamente dos "apriorismos conceptuais" e dos formalismos positivistas sempre presentes na ciência jurídica brasileira. A programática constitucional vazada no texto de 1988 pressupunha a centralidade da "constituição como norma" e a necessidade de descobrir as pistas da sua efectivação, concretização e implementação (cf. José Afonso da Silva, *Aplicabilidade das normas constitucionais*, 6. ed., São Paulo, 2005). Diferentemente do que parece detectar-se em algumas propostas metodológicas actuais, que convertem a norma da constituição num conjunto de princípios incorporadores de uma teoria moral, os neoconstitucionalistas fundadores (cf. Paulo Bonavides, *Curso de direito constitucional*, 15. ed., São Paulo, 2004) permanecem fiéis à radicalidade normativa da Constituição. Por outro lado, afastam-se do positivismo enquanto método que aprisiona as transformações do sistema e neutraliza as propostas de concretização do programa constitucional (cf. L.R. Barroso, Neoconstitucionalismo e constitucionalização do direito – o triunfo tardio do direito constitucional no Brasil, in *Jus Navigandi*, 9, 851, 2005; A. Cavalcanti Maia, *As transformações dos sistemas jurídicos contemporâneos*. Apontamentos acerca do neoconstitucionalismo, *Revista Diálogo Jurídico*, 16, 2007; E. Ribeiro Moreira, *Neoconstitucionalismo*: a invasão da Constituição, São Paulo, 2008).

Alguns cultores do neoconstitucionalismo fundador não enjeitaram a proposta teórica da *constituição dirigente* como constituição normativa que propõe linhas ou direcções para a política de concretização e implementação do programa constitucional em domínios sensíveis como os dos direitos sociais, da transformação agrária e dos instrumentos de garantia de direitos. Combatida com veemência por alguns sectores doutrinais (M. Gonçalves Ferreira, Ney Prado), a constituição dirigente logrou razoável aceitação em muitos sectores doutrinais. Aqui basta registar um ponto importante nas preocupações do neoconstitucionalismo fundador. Esse diz respeito à desconfiança congénita dos juristas relativamente às insuficiências das concretizações político-legislativas do programa constitucional e aos "silêncios eloquentes" do legislador na efectivação de normas consagradoras de direitos fundamentais. Num primeiro momento, o "programa constitucional", "a direcção programática da constituição", afigurou-se como um esquema juridicamente forte para exigir *políticas públicas* concretizadoras dos "mandatos dirigentes". Num segundo momento, o neoconstitucionalismo desce da dogmática normativa para o método (para a "metodonomologia constitucional", na expressão de L. Fernando Coelho, *Direito constitucional e filosofia da Constituição*: fundamentos de uma dogmática constitucional transformadora, São Paulo, 2003, p. 138 e s.) ou para uma "nova hermenêutica do Estado de Direito Democrático" (L. Luiz Streck, *Hermenêutica jurídica em crise*, Porto Alegre, 1999; *Verdade e consenso*, Rio de Janeiro, 2006).

De qualquer forma, deve-se ao neoconstitucionalismo fundador a sugestão das primeiras tentativas metodológicas no sentido de garantir a força normativa da Constituição. Recorde-se que a distinção entre constituição em sentido normativo ("constituição jurídica") e constituição em sentido fáctico (constituição real") serviu para realçar a condicionalidade recíproca entre ambas, de forma a obter metodicamente uma realista força normativa de Constituição (assim, K. Hesse, *Die normative Kraft der Verfassung*, 1999, com tradução brasileira de Gilmar Mendes, *A força normativa da Constituição*, Porto Alegre, 1991). Para imprimir força normativa a uma constituição é necessário assegurar a sua *concretização* e a concretização nada mais é que o processo ou procedimento integral de interpretação e aplicação da norma. Não poderíamos, porém, ignorar que é de normas constitucionais que estamos falando e estas apontam para um processo de concretização que tenha em conta os *esquemas normativo-estruturais* e a actualização de sentido das suas regras e princípios que torna incontornável o processo *hermenêutico de conhecimento e compreensão* dos textos normativos.

4.2. Omissões constitucionais e "constituição não cumprida"

O "neoconstitucionalismo fundador" tentou captar o sentido da *concretização* das normas constitucionais sob uma perspectiva metódica normativo-estrutural preocupada em recortar os tipos de disposição do texto da Constituição, a especificidade vinculativa de várias normas, os esquemas de mediação de sentido e a sua aplicação concreta à realidade social. Tal como acontecera noutros quadrantes jurídico-culturais (Alemanha, Itália, Portugal, Espanha), procurava-se "bater" nas normas constitucionais de forma a descobrir as condições da sua efectivação, da sua aplicabilidade e da sua exequibilidade. Os perigos de uma "constituição não cumprida", de uma "constituição sem força normativa", de uma "constituição programática não exequível" obrigavam a doutrina a um trabalho dogmático centrado na aplicabilidade das normas constitucionais (cf. José Afonso da Silva, com o seu trabalho sobre *Aplicabilidade das normas constitucionais*, 6. ed., São Paulo, 2003; Paulo Bonavides, *Curso de direito constitucional*, São Paulo, 1999; Luís Roberto Barroso, *Interpretação e aplicação da Constituição*, São Paulo, 1996; e, mais tarde, A. Ramos Tavares, *Fronteiras de hermenêutica constitucional*, São Paulo, 1998). Não era fácil, porém, alicerçar esta teoria normativo-estrutural das normas sem se indagar o carácter "vinculante" de muitas dessas normas que reduziam a tradicional liberdade de conformação do legislador, reconduzindo-a um esquema de discricionariedade aplicativa semelhante à que se recortava na actividade administrativa. Datam desta época as primeiras investigações sobre o "silêncio do legislador", a "inconstitucionalidade por omissão" e a "acção de injunção" (cf. a suspensão reflexiva de L. Roberto Barroso, *O direito constitucional e a efectividade das suas normas*, 4. ed., Rio de Janeiro, 2000). O silêncio do legislador tornava-se cada vez mais "eloquente" (Marsílio Franca Filho) em relação aos problemas políticos e sociais, correndo-se o risco de, em vez de normas efectivas mediadas eficazmente pelo legislador, assistir-se à simbolização da própria constituição (cf. Marcelo Neves, *A constitucionalização simbólica*, 2. ed., São Paulo, 2007).

Olhados com mais de trinta anos de distância e com várias suspensões reflexivas de permeio, talvez seja legítimo dizer que os neoconstitucionalistas fundadores transportavam, no seu bojo, algumas das preocupações do positivismo iluminista. A positivação dos valores democráticos e sociais na constituição convertia-os, através dessa mesma positivação, em valores internos. Isso justificaria a ideia de "concretização" e "actualização" das normas constitucionais como esquema metodológico cognitivo (cf. Ingo W. Sarlet (org.), *A constituição concretizada: construindo pontes entre o público e o privado*, Porto Alegre, 2000). O "dever ser" estava agora "constitucionalizado", ocupando o lugar cimeiro da validade. Cumpria agora assegurar a aplicação directa da constituição, e restringir, ao mesmo tempo, os arbítrios interpretativos dos órgãos políticos, sobretudo dos órgãos legislativos e de governo.

5. O neoconstitucionalismo principialista

5.1. Dimensões básicas do neoconstitucionalismo principialista

O neoconstitucionalismo principialista procura dar resposta aos impasses metodológicos do positivismo subjacente nas propostas de alguns dos "neoconstitucionalistas fundadores", evitando, do mesmo passo, cair no jogo moralista do "neojusnaturalismo". A via escolhida foi a de seguir o rasto dworkiniamo (de Ronald Dworkin) e alexyano (R. Alexy) sobre a distinção entre normas e princípios. (cf. R. Dworkin, *Taking Rights Seriously*, Camdbrige, 1977; R. Alexy, *Theorie der Grundrechte*, Frankfurt/M, 1986, *Teoria dos Direitos Fundamentais*, trad. Virgilio Afonso da Silva, São Paulo, 2008). Em comum com a perspectiva normativo-estrutural do neoconstitucionalismo fundador, o neoconstitucionalismo principialista também arranca de uma teoria normativo-estruturante de normas: qualquer norma jurídica ou é uma *regra* ou é um *princípio*. Além disso, também partilha com a teoria normativo-estruturante a posição metodológica de que o diferente carácter de uma norma conduz a um processo de compreensão e aplicação também diferente. Aplicar regras é, ainda, um esquema metodológico de "subsunção"; concretizar princípios exige um novo modelo – o modelo de ponderação. Este novo modelo domina uma significativa parte da juspublicística brasileira actual. O neoconstitucionalismo brasileiro converte-se em neoconstitucionalismo principialista (Humberto Ávila, *Teoria dos princípios*, São Paulo, 2003; Ana Paula de Barcellos, *Ponderação, racionalidade e actividade jurisdicional*, Rio de Janeiro, 2005; Luís Roberto Barroso (org.), *A nova interpretação constitucional. Ponderação, direitos fundamentais e relações privadas*, Rio de Janeiro, 2003; Ruy Espindola, *Conceito e princípios constitucionais*, São Paulo, 1999; George Salomão Leite (org.), *Dos princípios constitucionais*: considerações em torno das normas principiológicas da Constituição, São Paulo, 2003; Manuel Messias Peixinho (org.), *Os princípios da Constituição de 1988*, Rio de Janeiro, 2001; Walter Claudius Rothenberg, *Princípios constitucionais*, Porto Alegre, 1999; Daniel Sarmento, *A ponderação dos interesses na Constituição Federal*, Rio de Janeiro, 2000; Wilson António Steinmetz, *Colisão de direitos fundamentais e princípios de proporcionalidade*, Porto Alegre, 2001).

Uma parte da literatura jurídica consagrada à problemática dos princípios enfatiza as dimensões metódicas e metodológicas (interpretação, ponderação, racionalidade). Mas não só: a teoria dos princípios serve também para aprofundar complexas questões sobre as competências e funções dos órgãos constitucionais (cf. Virgílio Afonso Silva, *Grundrechte und gesetzgeberische Spielräume*, Baden-Baden, 2003).

5.2. Riscos teóricos, metódicos e políticos do principialismo

A sobrecarga principialista transporta riscos teóricos, metódicos e políticos. Em primeiro lugar, a redução metodológica dos princípios tende a minimizar as autorreferências ético-deontológicas de natureza material e, pior do que isso, em vez de abastecer as raízes de uma filosofia prática ao serviço de uma concretização pós-positivista dos princípios constitucionais fundantes e estruturantes da República brasileiros, acaba por revelar pouca atractividade pelos *princípios de governo* que animaram as discussões do neoconstitucionalismo fundador. O "achamento do método" corre pelas vias de uma metódica constitucional segundo os princípios da proporcionalidade, da racionalidade e da justiça. Em segundo lugar, o caminho da extrinsecação principialista do direito ergue à qualidade de alavanca de Arquimedes o princípio da dignidade da pessoa humana (cf. a obra paradigmática de Ingo Sarlet, *Dignidade da pessoa humana e direitos fundamentais na Constituição Federal de 1988*, Porto Alegre, 2002, e o monumental trabalho colectivo dirigido por J. Miranda e Marco António Marques da Silva, *Tratado luso-brasileiro da dignidade da pessoa humana*, São Paulo, 2008). Esta perspectiva metódica tem o mérito de recolher com incisividade um dos princípios materialmente fundantes da comunidade, mas tende a estreitar o leque de bens e de direitos ponderativamente relevantes no contexto de um Estado constitucional democrático (cf. Ingo Sarlet, A eficácia do direito fundamental à segurança jurídica: dignidade da pessoa humana, direitos fundamentais e proibição do retrocesso social no direito constitucional brasileiro, in Cármen Lúcia A. Rocha (org.), *Constituição e segurança jurídica*, Belo Horizonte, 2004; Fábio Konder Comparato, *A afirmação histórica dos direitos humanos*, São Paulo, 1999; Luís Roberto Barroso, A dignidade da pessoa humana no direito constitucional contemporâneo. Natureza jurídica, conteúdo, mínimos e critérios de aplicação, in *O novo direito constitucional brasileiro*, Belo Horizonte, 2012). Não deixa de ser significativo que a jurisprudência constitucional em torno da dignidade da pessoa humana escamoteie a autonomização de direitos sociais (ex.: direito ao salário mínimo, subsídio de desemprego) e converta a ideia de dignidade em esquema argumentativo de uma cultura jurídico-cultural dos mínimos existenciais ("mínimo de existência condigna").

6. O neoconstitucionalismo judiciário-activista

6.1. Interpretação ou normação?

O neoconstitucionalismo jurisprudencial afivela duas máscaras jurídico-culturalmente diversas. A primeira é a de aproveitar a revelação jurisprudencial do direito para ditar vinculadamente interpretações reiteradas na apreciação de casos concretos (súmulas vinculantes). A segunda é a de transmutar o controlo abstracto de normas em interpretações autênticas da Constituição quer através da Acção Declaratória da Constitucionalidade (cf. I. Gandra Martins / Gilmar Mendes (coords.), *Acção declaratória de constitucionalidade*, São Paulo, 1994), quer através da *Acção Directa de Inconstitucionalidade*, quer ainda mediante a *Arguição de Descumprimento de Preceito Fundamental* (cf. A. Ramos Tavares, *Tratado de arguição de preceito fundamental*, São Paulo, 2001). Globalmente consideradas, estas precipitações hermenêuticas veiculam a possibilidade de a cúpula do Poder Judiciário (o Supremo Tribunal Federal), através de processos interpretativos, introduzir normas com o nível de normas constitucionais. A Constituição e o direito são o que o Supremo Tribunal diz que é. Não é este o lugar adequado para apreciar criticamente este neoconstitucionalismo jurisprudencial (cf. L. Luiz Streck, O efeito vinculante das súmulas e o mito da efectividade: uma crítica hermenêutica, *Revista do Instituto de Hermenêutica Jurídica*, 2005, p. 96 e s.; Luís Werneck Viana/Maria Alice Carvalho/Manoel Melo/Marcelo Burgon, *A judicialização da política e das relações sociais no Brasil*, Rio de Janeiro, 1999; L. Werneck Viana (org.), *A democracia e os três poderes no Brasil*, Belo Horizonte, 2002). Existe um risco neste caminho do achamamento do político: o poder judiciário converter-se em *sistema autorreferencial*, fechado na cúpula, e imune a quaisquer exigências de *accountability* (cf. L. L. Streck, O efeito vinculante, cit. p. 96; *Jurisdição constitucional e hermenêutica*: uma nova crítica do direito, 2. ed., Rio de Janeiro, 2004).

6.2. Positivismo judiciário e ecological approach

O neoconstitucionalismo jurisprudencial é, porém, mais abrangente do que o que poderia resultar das considerações anteriores. De novo reclama-se: (1) uma metódica pós-positivista para adequar o dirigismo constitucional aos países de "modernidade tardia"; (2) uma concepção de constituição como "ordem e medida material da sociedade" (cf. Lenio Streck, Hermenêutica e concretização de constituição, *Revista Latino-Americana de Estudos Constitucionais*, 1/2003, p. 699; A. R. Sousa Cruz, *Jurisdição constitucional democrática*, Belo Horizonte, 2004, p. 127 e s.). Esta concepção e aquela metódica estariam aptas para fornecer o arrimo teórico-metodológico ao activismo judiciário, segundo o paradigma do *ecological approach*. Perante a indiferença e, até, aversão, dos poderes politicamente conformadoras, em definir um programa de políticas públicas em conformidade com a constituição (cf. Ada Pellegrini Grinover, O controlo das políticas públicas pelo poder judiciário, *Revista de Processo*, 164/9, out. 2008), seria legítimo ao poder judicial "realizar os valores constitucionais" actuando e actualizando os princípios e regras constitucionais. A ajuda da hermenêutica de concretização constitucional passaria por aqui. Mesmo que o "achamento do político" se revele refractário à "judiciarização da política" (cf. Martonio Barreto Lima, Jurisdição constitucional: um problema de democracia política, in Cláudio Sousa Neto/Gilberto Bercovici / José Morais Filho / Martonio Lima, *Teoria da Constituição*: estudos sobre o lugar da política no direito constitucional, Rio de Janeiro, 2003; *Controlo da constitucionalidade e democracia*, Rio de Janeiro, 2008), sempre se perfilaria metodicamente adequada a concretização judicial, seguindo as sugestões de ilustres cultores da metódica e hermenêutica constitucionais (F. Müller, P. Häberle), para dar uma específica dinâmica praxeológica ao processo concretizador. Em termos práticos, colocar-se-iam em relevo as informações produzidas pelos factos sobre as normas, em vez de atribuir, unilateralmente, sentido aos factos a partir do significado das normas (cf. precisamente Gilmar Ferreira Mendes, na apresentação da obra de Peter Häberle, *Hermenêutica constitucional*, Porto Alegre, 1997, p. 10). Alguns dos "casos" resolvidos pelo Supremo Tribunal Federal – caso das "terras dos índios", o caso da "greve dos funcionários públicos", o caso das "algemas", o caso de perda de mandato parlamentar por mudança de partido político, "o caso de nepotismo na administração pública" – estão longe de se transformar em *leading cases* de um "judiciarismo militante", mas trabalham os factos e os dados – o direito surge como facto social – de modo a prefigurar decisões sociais de tipo particular. Utilizando a terminologia de um autor muito conhecido no Brasil (F. Müller), o "domínio da realidade social" nunca é pressuposto posterior à norma, mas uma *fattispecie* constitutiva do âmbito normativo. Esta imbricação permite uma articulação subtil entre visões procedimentalistas e perspectivas substancialistas no exercício da função jurisdicional (cf. Cláudio Ari Mello, *Democracia constitucional e direitos fundamentais*, Porto Alegre, 2004; Humberto T. Junior / Dierle Nunes / Alexandre Bahia, Breves considerações sobre a politização do judiciário e sobre o problema de aplicação no direito brasileiro, *Revista de Processo*, 189/9, nov. 2010).

7. Neoconstitucionalismo democrático-deliberativo

7.1. Premissas básicas e discutibilidade do patriotismo constitucional

A premissa fundamental do neoconstitucionalismo democrático brasileiro assenta no seguinte: a normatividade do político só poderá alcançar dimensões práticas relevantes se a articulação entre democracia e constituição for de novo levada a sério (cf. O. Gerstenberg, *Bürgerrechte und deliberative Demokratie. Elemente einer pluralistische Verfassungstheorie*, Frankfurt/M., 1997; Rodolfo Viana Pereira, *Controle, Constituição e democracia*: o controle social do processo eleitoral como elemento de uma teoria democrática do controle eleitoral, Coimbra, tese dout. 2005). Por sua vez, a força normativa da Constituição dificilmente poderá aspirar a uma efectiva normativização do político se, metodicamente, insistir na concretização de princípios abstractos ou na força dirigente exclusiva das suas regras. E também pouco adianta recorrer a um discutível *patriotismo constitucional*. Na verdade, "o patriotismo constitucional concreto" tende a reduzir um texto normativo a sucedâneo de esquemas simbólicos" (tradições, opiniões), enquanto o *"patriotismo* constitucional abstracto" arranca de um modelo abstracto de princípios democráticos e de direitos universais (ou universalizáveis), desprezando a força normativa das constituições concretas e a indispensabilidade de procedimentos democráticos deliberativos (cf. D. Sternberger, *Verfassungspatriotismus* Frankfurt/M, 1990; J. Habermas, Geschichtbewusstsein und postraditionale Identität, in *Ein Art Schadensabwicklung. Kleine politische Schriften,* VI, Frankfurt/M., 1987).

7.2. Interactividade discursiva e processos deliberativos

É neste contexto que se podem compreender algumas recentes propostas da compreensão interactiva do exercício do poder alicerçados em teorias discursivas do poder. A invocação de um "patriotismo constitucional" só terá sentido se, através dele, se identificarem os "processos devidos", indispensáveis à retomada do fôlego normativo da constituição por todos os sujeitos, quer do poder, quer da sociedade (cf. M. Cattoni, *Poder constituinte e patriotismo institucional*, Belo Horizonte, 2006). Dir-se-ia que a forma de organização constitucional pressupõe itinerários (*itinere*) capazes de veicular a *responsabilidade colectiva*, não só porque, através deles, se estabelecem os canais de comunicação que conferem legitimação, visibilidade e transparência às decisões políticas, mas também porque possibilitam uma imediação razoável com os destinatários finais das normas (exemplo paradigmático é o das audiências de interessados levadas a efeito pelo Supremo Tribunal Federal). Neste contexto, os *processos devidos* (processo conjuga-se no plural, pois abrange não apenas os processos legislativos e judiciários, mas também outras manifestações participativas como é o caso dos *amicii curiae*), alargariam o *espaço público* para além do "espaço estatal". A mobilização cidadã e a "mobilização institucional" alargariam, através do processo, as funções da hermenêutica constitucional no Estado de direito democrático (cf. M. Cattoni, *Jurisdição e hermenêutica constitucional no Estado de direito democrático*, Belo Horizonte, 2004).

Subjacente às propostas do processo devido, parecem estar as pulsões categóricas do republicanismo da Virtude e as angústias cívicas provocadas pela patologia do político e da política (cf. António Cavalcanti Maia, Nos vinte anos da carta cidadã: do pós-positivismo ao neoconstitucionalismo, in Cláudio Sousa Neto/Daniel Sarmento/Gustavo Binenbojan, *Vinte anos da Constituição Federal de 1988*, Rio de Janeiro, 2008).

Ainda é cedo para avaliar bem o rumo desta forma brasileira de neoconstitucionalismo deliberativo. Pelo menos, tenta evitar que a transcendentalização moral da política signifique apenas isso – transcendentalização. O "devido processo" é um meio de razão prática. E é um meio de razão prática, quer quando se defende um "activismo judiciário" para colocar em acção as normas constitucionais entendidas como "ordem e medida material da sociedade" (cf. Lenio Streck, Hermenêutica e concretização de constituição, *Revista Latino-Americana de Estudos Constitucionais*, 1/2003, p. 694), quer quando se mobiliza para combater questionáveis práticas constitucionais como as que dizem respeito ao desenvolvimento do processo legislativo (cf. J. A. Leite Sampaio, *Crise e desafios da Constituição*: perspectivas críticas da teoria e das práticas constitucionais brasileiras, Belo Horizonte, 2004).

8. Síntese conclusiva

Tantos constitucionalismos! Ainda bem para os cidadãos brasileiros. Como nos adverte um ilustre historiador americano (Tony Judt, *Um tratado sobre os nossos actuais descontentamentos*, Lisboa, 2012), o pior que poderá acontecer é a crítica à constituição poder transformar-se pouco a pouco em "banalidade do bem". "Abandonar os labores de um século – escreve este Autor – é trair aqueles que viveram antes de nós, assim como as gerações do futuro". Os "métodos do achamento político" são a ponte de passagem para a outra margem.

EVOLUÇÃO DO CONSTITUCIONALISMO BRASILEIRO PÓS-88

INOCÊNCIO MÁRTIRES COELHO

A exposição deste tópico tem como ponto de partida e fio condutor duas premissas básicas. A primeira, as célebres palavras de Marshall ao dizer que a Constituição dos Estados Unidos e as leis feitas de conformidade com ela compunham a "suprema lei do país", destinada a "durar nos séculos vindouros" e, conseguintemente, a "ser adaptada às várias crises dos negócios humanos"[1]; a segunda premissa, a observação de Luis Recaséns Siches, a nos advertir que uma norma jurídica é aquilo que ela faz e não aquilo que o legislador imaginou fazer[2].

Destarte, partimos da ideia de que a Constituição, embora sendo a *chave de abóbada* de todo o sistema jurídico – a lei suprema do país –, não é aquilo que o seu autor, o constituinte histórico, imaginou ou pretendeu que se fizesse com ela, mas o que, afinal, resultar da experiência da sua aplicação. Entregue aos seus destinatários – tanto os intérpretes/aplicadores oficiais quanto os cidadãos, que orientam a vida conforme os seus ditames –, a Carta Política, mais do que uma obra feita, é um *projeto* em constante reformulação, um experimento em marcha ou, se preferirmos, um *conjunto de materiais de construção*, com que se poderão erguer monumentos diversos, a depender da *política constitucional* que, a cada época, vier a presidir a sua utilização[3].

Adotada essa postura, comecemos relembrando as palavras, cheias de simbolismo, do Deputado Ulysses Guimarães, Presidente da Assembleia Nacional Constituinte, no dia 5/10/88, na solenidade de promulgação da Carta Política de 1988, que ele batizou de *constituição coragem* e de *constituição cidadã*:

O Homem é o problema da sociedade brasileira: sem salário, analfabeto, sem saúde, sem casa, portanto sem cidadania.

A Constituição luta contra os bolsões de miséria que envergonham o país.

Diferentemente das sete constituições anteriores, começa com o homem.

Graficamente testemunha a primazia do homem, que foi escrita para o homem, que o homem é seu fim e sua esperança. É a Constituição Cidadã.

Cidadão é o que ganha, come, sabe, mora, pode se curar.

A Constituição nasce do parto de profunda crise que abala as instituições e convulsiona a sociedade.

Por isso mobiliza, entre outras, novas forças para o exercício do governo e a administração dos impasses. O Governo será praticado pelo executivo e o legislativo.

Eis a inovação da Constituição de 1988: dividir competências para vencer dificuldades, contra a ingovernabilidade concentrada em um, possibilita a governabilidade de muitos.

É a Constituição Coragem.

Andou, imaginou, inovou, ousou, ouviu, viu, destroçou tabus, tomou partido dos que só se salvam pela lei.

A Constituição durará com a democracia e só com a democracia sobrevivem para o povo a dignidade, a liberdade e a justiça.

Verdadeira profissão de fé no poder demiúrgico e emancipador do texto constitucional, essa mensagem está permeada de expressões de ira cívica e de revolta política, a par de outras tantas, cheias de esperança, de resto em perfeita sintonia com o imaginário social daquela época, quando a Nação mal despertava para a democracia plena, depois de superados cinco lustros de regime autoritário e de restrições às liberdades públicas. Nesse sentido, costumamos dizer que a Carta Política de 1988, se não chega a ser uma Constituição-Revanche, por certo é uma *Constituição-Resposta*, o que não representa nenhuma novidade se considerarmos que toda norma jurídica – independentemente da sua posição hierárquica no seio ordenamento em que vem a se integrar –, é quase sempre uma resposta a determinado problema social, uma solução – duradoura ou passageira –, para algo que está a demandar provimento normativo.

Decorridos, agora, exatos trinta e cinco anos daquele evento – tempo que, embora ainda seja relativamente curto, em termos de perspectiva histórica, já nos permite *balançar os olhos* entre o que se fez e o que ainda se espera fazer –, vejamos o que *aconteceu*, de fato, com a Constituição de 1988, um *livro* que nós compreendemos melhor do que os seus autores o compreenderiam, pela simples razão de que, situados no passado dessa obra, obviamente eles não poderiam vivenciar – *experimentar vivendo* – aquilo que viria a lhe acontecer depois. Noutras palavras, eles saberiam sempre menos sobre a *sua* constituição porque desconheciam o que viria a acontecer com ela, a história da sua *repercussão*, como se diz, no âmbito da hermenêutica filosófica, acerca das obras ou de acontecimentos que nos dispomos a estudar. É que, ensina Paul Ricoeur, com a sua costumeira argúcia, aquilo que *é passado* para os historiadores do *presente*, foi o *futuro* para os homens de *outrora*[4].

---

1. John Marshall. *Decisões Constitucionais de Marshall*. Rio de Janeiro, Imprensa Nacional, 1903, p. 109 e 115.

2. Luis Recaséns Siches. *Experiencia jurídica, naturaleza de la cosa y Lógica "razonable"*. México: Fondo de Cultura Económica/UNAM, 1971, p. 521.

3. Gustavo Zagrebelsky. *El derecho dúctil*. Madrid: Trotta, 1999, p. 13.

4. Paul Ricoeur. O passado tinha um futuro, in *A religação dos saberes*. Rio de Janeiro: Bertrand Brasil, 2005, p. 377.

Assentadas essas premissas, o que se tem a dizer, desde logo, é que a Constituição de 1988, em razão mesmo do seu processo de elaboração, é a mais democrática das nossas cartas políticas, seja em razão do ambiente em que ela foi gerada — *participação* era, então, a palavra de ordem —, seja em função da experiência negativamente acumulada nos momentos constitucionais precedentes, quando, em regra, nossas constituições foram simplesmente outorgadas ou resultaram de textos originariamente redigidos por *grupos de notáveis* — com ou sem mandato político —, para só depois serem levados a debate nas assembleias constituintes. A essa luz, a rigor, só a Carta Política de 1988 pode ser considerada uma constituição verdadeiramente *espontânea*, porque foi feita de baixo para cima e *de fora para dentro*, sendo todas as demais ou impostas por déspotas — uns pouco, outros nem tanto esclarecidos —, ou induzidas por tutores intelectuais, que não nos consideravam crescidos o bastante para caminharmos com as próprias pernas e traçarmos o nosso destino[5].

Divergindo dessa ideia de que o processo constituinte de 1987/1988 foi aberto, democrático e participativo, alguns estudiosos afirmam que, pelo contrário, o que tivemos, mesmo, foi um "pacto pelo alto", de que resultou uma transição negociada, sem ruptura real com a ordem jurídica estabelecida e marcada por um acentuado desconhecimento ou alheamento da população em relação àquele processo, como demonstravam as pesquisas então realizadas[6].

Uma segunda observação, já agora do lado de dentro da Constituição, diz com a sua *extensão* e *abrangência temática*. Sob esses aspectos, a Carta de 1988 é o que se poderia chamar uma constituição *analítica* e *sobrecarregada*, porque possui precisos **373** artigos, entre disposições permanentes e disposições transitórias; **129** *Emendas* constitucionais ordinárias; e **6** *Emendas de Revisão*, o que, tudo somado, sugere o propósito de abarcar nas malhas da sua normatividade todo o conjunto da vida social. Se isso configura uma virtude ou um defeito, é uma questão em aberto, até porque não são poucos os estudiosos de expressão a nos dizerem que as constituições, como as demais coisas do espírito, são fenômenos históricos, que devem ser compreendidos em estrita consonância com o tempo e o lugar em que se manifestam, e não com referência a modelos ideais, que não existem e, mesmo se existissem e fossem adotados, não produziriam mais do que objetos artificiais. Nesse sentido, por exemplo, é que Peter Häberle nos adverte que "a Constituição não é apenas um conjunto de textos jurídicos ou um mero compêndio de regras normativas, mas também a expressão de um certo grau de desenvolvimento cultural, um veículo de autorrepresentação própria de todo um povo, espelho de seu legado cultural e fundamento de suas esperanças e desejos"[7]. A essa luz, portanto, idiossincrasias à parte, a *Constituição da República Federativa do Brasil*, promulgada em 5 de outubro de 1988 e sucessivamente alterada, é a *nossa* Carta Política, a lei suprema da nossa terra, a lei sob cujos preceitos nós exercemos os nossos direitos e cumprimos os nossos deveres.

Se essa, digamos, é a postura *patriótica*, que devemos adotar com relação à nossa Constituição, isso não significa, entretanto, nenhuma espécie de *temor reverencial* diante do seu texto, que de resto não é sagrado, a nos impedir de analisá-la *criticamente*, reconhecendo-lhe as virtudes e apontando-lhe os defeitos, que, aliás, não são muitos, e, afinal, sugerirmos o que nos parecer adequado para aperfeiçoá-la continuamente.

Começando pelas suas virtudes, impõe-se reconhecer que estamos diante de uma Constituição *constitucionalmente adequada*, quer dizer, de uma carta política que não contém nenhuma *extravagância*, nenhuma idiossincrasia, o que facilmente se comprova comparando-a com outras leis fundamentais, tanto antigas quanto recentes. Em tema de direitos fundamentais, aquilo que constitui o seu *núcleo essencial*, a Constituição de 1988 nada fica a dever às mais modernas cartas políticas — *e.g.* as constituições de Portugal e da Espanha —, porque nesse particular ela avançou muito e avançou bem, ostentando um *catálogo de direitos* que se pode considerar *temporalmente adequado*, eis que, a par de reconsagrar todos os *velhos direitos* — os clássicos direitos civis e políticos —, ela nos garantiu, também, os chamados *novos direitos*, aqueles direitos que historicamente foram se destacando — como *especificações* – de uma geratriz originária, a compasso das necessidades e dos reclamos do *homem concreto*, daquele indivíduo que precisamente pelo *fato* de ser portador de carências especiais, tem que receber *tratamento diferenciado*. É a essa luz, portanto, que devem ser reconhecidos, como direitos *autônomos*, a merecer tutela diferenciada, por exemplo, os direitos da *criança*, do *idoso*, do *deficiente mental*, dos *incapacitados* e das *mulheres*, pessoas que passaram a receber proteção específica quando se tomou consciência de que, pela sua particular fragilidade, só um *favorecimento* efetivo lhes faria justiça em sentido material, que *é dar a cada um o que é seu*[8]. Nesse sentido, já se afirmou, por exemplo, acerca do caráter protecionista da Justiça do Trabalho, que essa jurisdição especializada nasceu com o propósito de vir a ser uma *desigualdade jurídica* para compensar uma *inferioridade econômica*.

Em contraponto ao *humanitarismo* da Constituição de 1988, não são poucos os que, no mais suave dos reparos, ironizam os autores da nova carta política, dizendo que no afã de se mostrarem *modernos* e *politicamente corretos*, eles acabaram se esquecendo de calcular o *custo* desses novos direitos, de fazer a previsão dos direi-

---

5. Para uma visão panorâmica dessa experiência constitucional, ver o capítulo 3 do *Curso de Direito Constitucional*, que escrevemos em parceria com Gilmar Ferreira Mendes e Paulo Gustavo Gonet Branco. São Paulo: Saraiva, 2007, p. 151/169.

6. Marcus Vinicius Martins Antunes. *Mudança constitucional:* o Brasil pós-88. Porto Alegre: Livraria do Advogado, 2003, p. 96/97.

7. *Teoría de la Constitución como ciencia de la cultura*. Madrid: Tecnos, 2000, p. 34.

8. Norberto Bobbio. *A era dos direitos*. Rio de Janeiro: Campus, 1992, p. 62-63 e 127. Sob tal ótica, esses *novos direitos humanos*, a rigor, não são direitos novos, nascidos *ex nihilo*, mas apenas especificações de um *núcleo essencial*, que dialeticamente se adensa e se expande em sempre renovadas concretizações históricas; Jacques Maritais. *Los derechos del hombre*. México: Fondo de Cultura Económica, 1949, p. 70; e *O homem e o Estado*. Rio de Janeiro: Agir, 1966, p. 106. Em certo sentido, na sua formulação legal, a norma jurídica, alheia às circunstâncias de cada caso, há de ser, por princípio, abstrata e geral e, não raro, por isso mesmo, necessariamente injusta. (Aurelio Menéndez Menéndez. *Sobre lo jurídico y lo justo*, in Eduardo García de Enterría & Aurelio Menéndez Menéndez. *El Derecho, la Ley e el Juez. Dos estudios*. Madrid: Civitas, 2000, p. 76).

tos que estavam a constitucionalizar, contrariando, assim, a regra elementar de que, nesse terreno – o dos *direitos a prestações positivas* –, não se deve prometer o que não se pode cumprir, que nada se pode fazer além do *financeiramente possível*, daquilo que os financistas clássicos chamariam de as *forças do erário*. Caso contrário, prosseguem os adversários desses *compromissos sem lastro* – que os críticos mais contundentes chamam de *prodigalidade irresponsável*[9] –, caso contrário, o que teremos, mesmo, é uma generalizada frustração de expectativas, tanto mais evitável quanto sabem todos, governantes e governados, que *não se criam fatos com palavras*, ainda que essas palavras saiam da *boca da lei*. Para o bem ou para o mal, também a linguagem normativa conhece limites, fronteiras além das quais tudo é *flatus vocis*, tudo é mensagem vazia[10].

Se, do ponto de vista dessas promessas sociais, muitos são os que combatem a Constituição de 1988, o mesmo já não ocorre com os chamados *avanços institucionais*, talvez porque estas conquistas sejam de mais baixo custo econômico se comparadas com os direitos a prestações, sabidamente onerosos. Referimo-nos, entre essas instituições *vitalizadas* pela Constituição, especificamente ao Ministério Público, que se agigantou nessa Carta Política, graças à intensa participação dos seus membros no processo constituinte e à receptividade que tiveram os seus reclamos junto à maioria dos parlamentares, alguns deles juristas experimentados nas lides forenses e igualmente ansiosos por mudanças profundas nas instituições incumbidas de *promover* a justiça e *realizar* o direito.

Fruto dessa *nova atitude* em relação ao Ministério Público, que tradicionalmente era visto apenas como um braço do Executivo, a instituição que brotou da constituinte foi totalmente *outra*, investida, agora, dos mais amplos poderes e garantias para atuar em nome da Sociedade e do Estado, podendo, nessa condição, contrapor-se até mesmo ao Governo, sempre que, a seu juízo, os interesses da administração entrem em choque com os direitos dos cidadãos. Uma leitura atenta, entre outros, do artigo 127 da Constituição evidencia que, a rigor, o Ministério Público foi alçado à condição de super-criatura constitucional, porque a nova Carta Política confiou-lhe nada menos que a defesa da ordem jurídica, do *regime democrático* e dos *interesses sociais e individuais indisponíveis*, o que significa dizer que lhe atribuiu a guarda do próprio Estado de Direito, que só existe onde esses bens e interesses são efetivamente tutelados.

E nem se diga que, ainda assim, proeminente, mesmo, é o Poder Judiciário, porque lhe compete – e não ao Ministério Público – a guarda da Constituição e nem a lei poderá excluir da sua apreciação qualquer lesão ou ameaça a direito. É que, estando "condenado" a só agir por provocação e "escravizado" ao *princípio do pedido*, apesar de todas as suas prerrogativas e do acentuado *protagonismo* que tem marcado as suas ações recentes, ao contrário do Ministério Público, o Judiciário deve esperar que o convoquem para, só então, pôr em funcionamento a sua máquina de fazer justiça. Já o Ministério Público, mesmo que a Constituição o considere uma instituição *funcionária*, ao dizer que ele é essencial à função jurisdicional do Estado, ainda assim é por natureza e destino uma instituição *permanente*, à qual a Carta Política atribui competência autônoma para *promover* não apenas, e em caráter privativo, a ação penal pública, mas também abrir inquéritos civis e propor ações civis públicas, que os seus agentes entenderem cabíveis e necessários à proteção do patrimônio público e social, do meio ambiente e de outros interesses difusos e coletivos, além da clássica representação para fins de intervenção da União nos Estados, e destes em seus municípios, nos casos previstos na própria Constituição. Afora, é claro, a competência – de que participam outros agentes igualmente legitimados –, para promover a *ação direta de inconstitucionalidade*, a *ação declaratória de constitucionalidade* e a *arguição de descumprimento de preceito fundamental*, o que, tudo somado, dá a exata medida do *poder de fogo* com que a Constituição, deliberadamente, armou o novo Ministério Público.

Consequência dessa formidável gama de poderes e de atribuições, ultimamente têm surgido muitas críticas à atuação dos membros da instituição, acusados, genericamente, de afoiteza e sensacionalismo, quando não de facciosismo e irresponsabilidade, o que se é verdade em situações específicas, nem por isso chega a abalar a crença da Sociedade de que *este* Ministério Público é melhor que os anteriores, e que o acerto e o desassombro da maioria dos seus membros compensa, em larga escala, os erros da minoria. A se julgar pelo que dizem os órgãos de comunicação social, a Sociedade brasileira parece gostar, cada vez mais, do *seu* Ministério Público, talvez porque acredite que embora não seja nenhum mosteiro, ali é certamente um lugar onde se cometem menos pecados.

Quanto ao Judiciário, creio que não seria errado dizer-se que, a rigor, a grande novidade constitucional foi a criação, ainda que tardia (EC n. 45/2004), do Conselho Nacional de Justiça, com a incumbência de controlar a atuação administrativa e financeira desse Poder e o cumprimento dos deveres funcionais dos juízes, além de outras atribuições, igualmente não jurisdicionais, mas de grande relevo, indicadas na Constituição. Dizemos que foi uma providência serôdia porque só veio a ser adotada 14 anos depois de promulgada a Constituição de 1988 – e ainda assim enfrentando grandes resistências, sobretudo de segmentos do próprio Judiciário –, quando se fez mais intenso o clamor contra notórios desmandos de juízes e tribunais, especialmente no âmbito administrativo, sem qualquer repressão efetiva por parte dos órgãos disciplinares da magistratura. Daí a qualificação desse colegiado como órgão de controle *externo*, em que pese figurar entre os órgãos do Poder Judiciário (CF, art. 92) e serem *de fora* da Justiça apenas seis dos seus quinze integrantes, a saber: um membro do Ministério Público da União; um membro do Ministério Público estadual; dois advogados; e dois cidadãos, indicados um pela Câmara dos Deputados e outro pelo Senado Federal.

---

9. Celso Ribeiro Bastos. *Emendas à Constituição de 1988*. São Paulo: Saraiva, 1996, p. VII.

10. Uma ligeira mirada sobre alguns preceitos da *Ordem Social* da Constituição – artigos 193 a 232 –, assim como sobre os estatutos que os regulamentam – Estatuto do Deficiente, Estatuto do Idoso, Estatuto da Criança e do Adolescente, entre outros –, dá-nos uma ideia da magnitude dessas promessas, que até hoje não foram minimamente cumpridas pela falta de recursos que as tornem viáveis. Daí a criação de *bolsas* de todo o tipo, fórmulas puramente *assistencialistas*, que num primeiro momento aliviam as pressões sobre a Sociedade e o Estado, mas, a longo prazo, não oferecem *saída* para ninguém, instituidores ou beneficiários.

Decorridos cerca de quatorze anos da sua criação — a Emenda Constitucional n. 45 foi promulgada em dezembro de 2004 —, pode-se dizer que já são expressivos os ganhos com o Conselho Nacional de Justiça, e isso não apenas pela coibição dos crônicos abusos, que tingiam a magistratura e foram determinantes para a criação desse órgão de controle — *nepotismo* generalizado, à frente de todos os desmandos —, mas também pela percepção de que, doravante, *planejamento seguro* e *gestão responsável* passaram a fazer parte da administração da Justiça.

Finalmente, merece registro, pela singular importância institucional de que se reveste, a radical mudança operada pela Carta de 1988 em nosso modelo de controle concentrado de constitucionalidade, a tal ponto inovadora e fecunda que, sem nenhum favor, pode-se dizer que possuímos, hoje, um sistema de defesa da Constituição tão completo e tão bem estruturado que, no particular, nada fica a dever, no particular, aos mais avançados ordenamentos jurídicos da atualidade. Desde logo, rompendo com uma tradição restritiva do acesso aos mecanismos de controle abstrato de constitucionalidade — até a Carta Política de 1967/1969, só o Procurador-Geral da República podia provocar o STF a se manifestar, em tese, sobre a constitucionalidade das leis e atos normativos federais ou estaduais —, descartando esse modelo fechado, a nova Constituição ampliou o rol dos agentes legitimados a tomar essa iniciativa, incluindo, ao lado do Chefe do Ministério Público da União, os seguintes agentes igualmente habilitados a instaurar o contencioso de constitucionalidade: o Presidente da República; a Mesa do Senado Federal; a Mesa da Câmara dos Deputados; a Mesa de Assembleia Legislativa ou da Câmara Legislativa do Distrito Federal; o Governador de Estado ou do Distrito Federal; o Conselho Federal da Ordem dos Advogados do Brasil; partido político com representação no Congresso Nacional; e confederação sindical ou entidade de classe de âmbito nacional. Graças a essa mudança de atitude, arejou-se o ambiente político, na medida em que, sentindo-se esmagadas pelo rolo compressor das maiorias ocasionais, as minorias políticas agora liberadas para provocar a jurisdição constitucional, a ela podem submeter, numa espécie de *segundo turno* de discussão e votação, fora da arena parlamentar, aqueles atos legislativos que, mesmo denunciando como contrários à Constituição, não consigam barrar no âmbito do Congresso Nacional.

Fruto dessa abertura da jurisdição constitucional, desde a promulgação da Carta de 1988, milhares de ações de inconstitucionalidade já deram entrada no STF, um número que se mostra impressionante mesmo se levarmos em conta a ampliação do rol dos agentes legitimados a provocar essa jurisdição extraordinária e o natural inconformismo dos que, não conseguindo viabilizar as suas propostas legislativas, ou impedir as dos seus adversários, batem às portas do tribunal na esperança de reverter decisões que reputam contrárias às suas ideias ou interesses.

Mesmo que, na maioria das vezes, essas tentativas se mostrem infrutíferas, até porque não é usual produzirem-se leis inconstitucionais, a simples possibilidade de se reabrir a discussão da matéria fora do Parlamento, só essa possibilidade já impele o Governo e a sua extensa base parlamentar a negociar com as minorias, cujos direitos não podem ignorar sob uma errada compreensão do princípio majoritário. Exemplos significativos dessa missão inibidora de abusos políticos, que a Carta de 1988 atribuiu à jurisdição constitucional e que esta tem desempenhado sem titubeios ou tergiversações, são as decisões do STF assegurando às minorias o direito de ver instaladas Comissões Parlamentares de Inquérito, por elas propostas, mas que a maioria governamental — a chamada *base aliada* — tentava impedir com o "expediente" de não indicar os seus representantes nesses colegiados de investigação congressual e, assim, inviabilizar o seu funcionamento[11].

Mas não é apenas sob esse ângulo, digamos assim, repressivo ou inibidor de inconstitucionalidades, que a jurisdição constitucional tem-se mostrado importante, talvez até mesmo indispensável, para o aprimoramento do Estado de Direito e das instituições democráticas. Igualmente significativa é a sua dimensão *positiva*, consubstanciada na possibilidade de vir a ser provocada para que *declare* — também com eficácia *erga omnes* e efeito vinculante — a validade de normas do mais amplo alcance político, econômico e social, cuja legitimidade constitucional, uma vez posta em dúvida, deve ser prontamente definida, para que esse estado de incerteza jurídica não provoque prejuízos à comunidade. Com tal propósito é que foi introduzida em nosso ordenamento jurídico a chamada *ação declaratória de constitucionalidade* (Emenda Constitucional n. 3, de 1993, mediante alteração dos artigos 102 e 103, da Constituição; Lei n. 9.868, de 10/11/99, artigos 13 e 14), assim explicada por Gilmar Mendes, que, juntamente com Ives Gandra Martins, deu suporte doutrinário para o ingresso desse instrumento de controle de constitucionalidade no direito brasileiro: a ação declaratória de constitucionalidade configura típico *processo objetivo*, destinado a elidir a insegurança jurídica ou o estado de incerteza sobre a legitimidade de lei ou ato normativo federal. Os eventuais requerentes atuam no interesse de preservação da segurança jurídica e não na defesa de um interesse próprio, Tem-se, aqui, tal como na ação direta de inconstitucionalidade, um processo sem partes, no qual existe um requerente, mas inexiste requerido[12].

Expressando esse mesmo entendimento dogmático-jurídico, o Supremo Tribunal Federal, em voto do ministro Moreira Alves, assentou que, à semelhança da ação direta de inconstitucionalidade, também a novel ação declaratória de constitucionalidade — introduzida no já complexo sistema de controle de constitucionalidade existente no Brasil —, possui a natureza de *processo objetivo*, com um aspecto que nela se apresenta com mais intensidade do que na primeira — o da *ausência de legitimado passivo* —, afora a específica exigência de que os legitimados para manejá-la comprovem a existência de controvérsia judicial, no âmbito do controle difuso, que ponha em risco a presunção de constitucionalidade do ato normativo sob exame nessa via do controle abstrato[13].

Elogios e críticas à parte, pode-se dizer que essa *Ação Declaratória de Constitucionalidade*, concebida como instrumento a

---

11. BRASIL. Supremo Tribunal Federal. Mandado de Segurança n. 24.831, Rel. Min. Celso de Mello, julgado em 22/6/05.

12. Ives Gandra da Silva Martins & Gilmar Ferreira Mendes. *Controle concentrado de constitucionalidade*. São Paulo: Saraiva, 2001, p. 240 e 250.

13. BRASIL. Supremo Tribunal Federal. Ação Declaratória de Constitucionalidade n. 1-DF, Rel. Min. Moreira Alves, *RTJ* 157/382, 383, 386.

ser manejado pelo STF para dirimir *controvérsia* ou *dúvida* relevante sobre a legitimidade constitucional de uma norma, ao fim e ao cabo, a depender do veredicto da corte, funciona como proclamação – *urbi et orbi* – de que o preceito questionado é válido e, por isso, pode continuar em vigor ou que, por incompatibilidade com a Constituição, carece de validade e, por isso, fica banido do ordenamento jurídico, com ou sem modulação dos efeitos do julgado, nos termos do artigo 27, da Lei n. 9.868, de 10/11/1999.

Outra grande contribuição da Carta Política de 1988 para o enriquecimento do sistema brasileiro de controle de constitucionalidade é a chamada *ação de descumprimento de preceito fundamental* – hoje identificada simplesmente como *ADPF* –, instrumento que o constituinte anunciou vagamente no § 1º do art. 102 da Constituição, deixando ao legislador ordinário a tarefa de conformá-lo e, assim, a viabilizar seu exercício, o que se concretizou com a Lei n. 9.882, de 3/12/99. Tal como assinala Gilmar Mendes, a quem se deve, juntamente com Celso Bastos, a modelagem inicial da futura lei da *ADPF*, esta ação – que, a princípio, ninguém sabia bem o que era –, graças à latitude que lhe emprestou o STF, veio completar o sistema de controle de constitucionalidade de perfil relativamente concentrado construído por essa corte, uma vez que as questões até então não apreciadas em sede do controle abstrato de constitucionalidade (ação direta de inconstitucionalidade e ação declaratória de constitucionalidade) poderão ser objeto de exame no âmbito desse novo procedimento, como as controvérsias constitucionais em torno de leis ou atos normativos municipais, mesmo se anteriores à nova Constituição (as leis pré-constitucionais)[14].

Finalmente, como que "fechando" esse complexo sistema, a Carta Política de 1988 pôs fim a todo um histórico de controvérsias, dúvidas e perplexidades sobre a constitucionalidade do "controle de constitucionalidade estadual", ao possibilitar, em disposição expressa – art. 125, § 2º – que os Estados adotem instrumentos próprios de aferição da legitimidade de normas locais em face da Constituição Estadual, do que, tudo somado, assim nos dá conta o jurista Léo Leoncy, em trabalho doutrinário que já constitui referência sobre esse tema: "Com isso, e na medida em que tal possibilidade foi positivada no texto constitucional vigente, a criação de um controle jurisdicional voltado à defesa em abstrato do direito constitucional estadual objetivo deixou de ser uma hipótese polêmica – apenas aventada pela doutrina, criada por alguns legisladores constituintes estaduais e aceita por determinados pretórios locais quando da vigência do regime constitucional anterior –, e passou a ser considerada um dado prévio inquestionável para o estudo da matéria"[15].

No âmbito do Distrito Federal, cuja legislação, no particular, é da competência da União (CF – art. 48, inc. IX), esse controle de constitucionalidade estadual foi regulado, igualmente, pela Lei n. 9.868/99, que, para tanto, alterou a Lei de Organização Judiciária do Distrito Federal e Territórios (Lei n. 8.185, de 14/5/91), atribuindo competência ao respectivo Tribunal de Justiça para julgar a ação direta de inconstitucionalidade de lei ou ato normativo do Distrito Federal em face da sua Lei Orgânica, com aplicação, no que couber, das normas sobre o processo e o julgamento da ação direta de inconstitucionalidade perante o Supremo Tribunal Federal.

Aperfeiçoado, com mais este passo, o sistema brasileiro de controle de constitucionalidade, sem que isso esgote as suas possibilidades de aprimoramento – nesse particular, a ADPF só está engatinhando –, pode-se dizer que a Carta Política de 1988 reforçou a ideia de que a Constituição é, mesmo, a *chave de abóbada* do nosso ordenamento jurídico, ao qual serve de fundamento de validade e vetor hermenêutico.

Em face de tudo quanto se disse acerca desses aspectos macro institucionais da Carta Política de 1988, creio que é justo considerá-la como a mais avançada dentre as muitas que tivemos ao longo da nossa experiência constitucional, nada ficando a dever às leis fundamentais dos chamados *povos cultos*.

---

14. Gilmar Ferreira Mendes, Inocêncio Mártires Coelho & Paulo Gustavo Gonet Branco. *Curso de direito constitucional*. 2. ed. São Paulo: Saraiva, 2008, p. 1157.

15. Léo Ferreira Leoncy. *Controle de constitucionalidade estadual*. São Paulo: Saraiva, 2007, p. 45-46.

HERMENÊUTICA E PRINCÍPIOS DA INTERPRETAÇÃO CONSTITUCIONAL

LENIO LUIZ STRECK

1. A hermenêutica (constitucional) e a superação dos cânones interpretativos

Na história moderna, tanto na hermenêutica teológica como na hermenêutica jurídica, a expressão tem sido entendida como arte ou técnica (método) com efeito diretivo sobre a lei divina e a lei humana. O ponto comum entre a hermenêutica jurídica e a teológica reside no fato de que, em ambas, sempre houve uma tensão entre o texto proposto e o sentido que alcança a sua aplicação na situação concreta, seja em um processo judicial ou em uma pregação religiosa. Essa tensão entre o texto e o sentido a ser atribuído ao texto coloca a hermenêutica diante de vários caminhos, todos ligados, no entanto, às condições de possibilidade de acesso ao conhecimento acerca das coisas. Assim, ou se demonstra que é possível colocar regras que possam guiar o hermeneuta no ato interpretativo – mediante a criação, *v.g*, de uma teoria geral da interpretação – ou se reconhece que a pretensa cisão entre o ato do conhecimento do sentido de um texto e a sua aplicação a um determinado caso concreto não são atos separados, reconhecendo-se, finalmente, que as tentativas de colocar o "problema hermenêutico" a partir do predomínio da subjetividade do intérprete ou da objetividade do texto não passaram de *falsas contraposições* fundadas no esquema cognitivo sujeito-objeto.

Foram várias as tentativas de estabelecer regras ou cânones hermenêuticos, com ênfase no predomínio da objetividade do texto ou na subjetividade do intérprete ou, até mesmo, na conjugação das duas teses (paradigma objetivista e da filosofia da consciência). Lembremos Savigny e seus métodos construídos para o direito privado, que ainda continuam influenciando as práticas jurídicas; Emilio Betti e sua abordagem objetivo-idealista e, no Brasil, por todos, Carlos Maximiliano, cuja obra, datada dos anos 20 do século passado, bem retrata a confusão metodológica na qual estamos mergulhados.

A revolução copernicana representada pelo *linguistic turn* – complementada por um *ontological turn* – não conseguiu superar o imaginário no interior do qual doutrina e jurisprudência ainda se sustentam na ideia da indispensabilidade do método ou do procedimento para alcançar a "vontade da norma", o "espírito de legislador" etc. Na verdade, não se consolidou uma metodologia capaz de proporcionar uma aplicação coerente de algum dos cânones ou "regras" procedurais. A sobrevinda da Constituição de 1988 apenas acirrou o problema, sendo possível perceber a continuidade da convicção de que a ausência de critérios acerca da supremacia ou hierarquia entre os princípios deveria – e deve – ser solucionada pelo juiz, a partir de uma pretensa "compreensão teleológico-social do direito". Isto é, embora ciente da ruptura paradigmática que *uma Constituição nos moldes da brasileira provoca*, parcela considerável dos teóricos do direito continuou a insistir e apostar nas "virtudes" do sujeito (solipsista) da modernidade: para eles, mudou apenas "o objeto a ser interpretado", uma vez que o protagonista continuou sendo o mesmo. No decorrer dos anos, esse protagonismo vem sendo sustentado/justificado por uma produção "metodológica de resultados", bastando, para tal constatação, o exame da jurisprudência dos tribunais brasileiros e da produção doutrinária predominantemente sustentada em uma "pluralidade de métodos" escolhidos *ad hoc*.

Essa "metodologia" deita raízes na teoria geral do direito que conforma o pensamento jurídico. Com efeito, se o direito forjado a partir do positivismo kelseniano sempre teve no dedutivismo o centro de sua racionalidade, favorecendo um grau acentuado de normativismo (objetivismo) – embora o próprio Kelsen admitisse que os juízes pudessem decidir voluntaristicamente –, o seu contraponto passou a ser o indutivismo, representado pela observação empírica das decisões individuais, deslocando o centro nevrálgico do poder de solucionar os casos jurídicos para o *protagonismo judicial*. Com efeito, no decorrer do século XX essa problemática pôde ser detectada de vários modos, como no debate "formalismo *versus* realismo", este último recebendo, nas últimas décadas, o reforço dos *Critical Legal Studies* e seus similares. O que acontece é que tanto o dedutivismo quanto o indutivismo ficaram aquém das novas perspectivas paradigmáticas do direito, exatamente por não conseguirem enfrentar o cerne da problemática pós-positivista: a interpretação do direito no contexto de um mundo em que o sujeito solipsista (*Selbstsuchtiger*) morreu e, consequentemente, o método deixou de ser o supremo momento da subjetividade.

Não se pode desconsiderar, contudo, que esse problema filosófico-paradigmático continua presente nos diversos ramos do direito, mormente na problemática relacionada à jurisdição e o papel destinado ao juiz. Desde Oskar von Bullow – questão que também pode ser vista em Anton Menger e Franz Klein –, a relação publicística está lastreada na figura do juiz, "porta-voz avançado do sentimento jurídico do povo", com poderes para além da lei, tese que viabilizou, na sequência, a Escola do Direito Livre. Essa aposta solipsista está lastreada no paradigma representacional, que atravessa dois séculos, podendo facilmente ser percebida, na sequência, em Chiovenda, para quem a vontade concreta da lei é aquilo que o juiz afirma ser a vontade concreta da lei; em Carnellutti, de cuja obra se depreende que a jurisdição é "prover", "fazer o que seja necessário"; também em Couture, para o qual, a partir de sua visão intuitiva e subjetivista, chega a dizer que "o problema da escolha do juiz é, em definitivo, o problema da justiça"; em Liebman, para quem o juiz, no exercício da jurisdição, é livre de vínculos enquanto intérprete qualificado da lei; já no Brasil, afora a doutrina que atravessou o século XX (*v.g.*, de Carlos Maximiliano a Paulo Dourado de Gusmão), tais questões estão presentes na concepção instrumentalista do processo, cujos defensores admitem a existência de escopos metajurídicos, estando permitido ao juiz realizar determinações jurídicas, *mesmo que não contidas no direito legislado*, com o que o aperfeiçoamento do sistema jurídico dependerá da "boa escolha dos juízes" (*sic*) e, consequentemente, de seu ("sadio") protagonismo. Sob outra perspectiva, esse fenômeno se repete no direito civil, a partir da defesa, por parte da maioria da doutrina, do poder interpretativo dos juízes nas cláusulas gerais, que "devem ser preenchidas" com amplo "subjetivismo" e "ideologicamente"; no processo penal, não passa despercebida a continuidade da força do "princípio" da "verdade real" e do "livre convencimento"; já no direito constitucional, essa perspectiva é perceptível pela utilização descriteriosa dos princípios, transformados em "álibis persuasivos"; fortalecendo, uma vez mais, o protagonismo judicial.

Destarte, trata-se de uma discussão de cunho paradigmático. Veja-se que até mesmo as tentativas da teoria da argumentação jurídica de "racionalizar" o processo de aplicação do direito a partir da ponderação dos princípios (cindindo *hard cases* e *easy cases*) acabaram por alargar ainda mais o coeficiente de incerteza e incontrolabilidade do resultado da decisão judicial. Isso porque, em plena era da superação da metodologia especialmente fundada no paradigma da filosofia da consciência, é impossível negar que a ponderação seja um método, e, como tal, é inegável a sua pretensão de ser uma técnica de legitimação da decisão que será proferida no caso concreto. Ocorre que a única possibilidade de "controle" dessa operação *se dá no âmbito do próprio procedimento* (e qual seria o *fundamento* desse procedimento?), e não no conteúdo vinculado por ele.

A superação da hermenêutica tradicional – entendida como "técnica" no seio da doutrina e da jurisprudência praticadas cotidianamente – implica admitir que há uma diferença entre o texto jurídico e o sentido desse texto, isto é, que o texto não "carrega", de forma reificada, o seu sentido (a sua norma) e, tampouco, que o intérprete está livre para adjudicar os sentidos que melhor lhe convier. Trata-se de compreender, destarte, que entre texto e norma não há uma equivalência e, tampouco, uma total autonomização (cisão). Afinal, estando diante de um paradigma jurídico que busca a afirmação de sua autonomia, parece evidente que o *declínio do método* não poderia ocasionar um "livre atribuir de sentidos".

Não se pode olvidar que a assim denominada "era dos princípios", que propiciou o surgimento de textos constitucionais com características sociais-diretivas, encontrou – mormente em países como o Brasil – um imaginário jurídico ainda fortemente dependente da metodologia tradicional e de suas variações, a partir de um amplo espectro que abrangia desde normativistas (formalistas) até adeptos do direito alternativo (realistas). Com efeito, de um lado, doutrina e jurisprudência, ainda ligadas à dogmática jurídica tradicional, continuaram a sustentar práticas normativistas, com enormes dificuldades para compreender minimamente o advento de *uma nova teoria das fontes*; já de outro, setores que, embora engajados na concretização da Constituição, passaram a apostar no Poder Judiciário como condutor desse processo, *mas sem a correspondente reflexão acerca das condições de possibilidade desse novo protagonismo*.

Daí a pergunta: se quando estávamos sob a égide de um direito autoritário, antes de 1988, apostávamos em um *positivismo fático* para que os juízes não fossem a "boca da lei", onde estava a discricionariedade aqui denunciada e presente nas críticas dos pós e antipositivistas? A resposta não é difícil: a discricionariedade estava no nível da política (fruto do paradigma formal-burguês). Havia um nítido enfraquecimento da autonomia do direito, que se apresentava como refém do processo político. Por isso a aposta no realismo jurídico que pudesse, paradoxalmente, resgatar um grau mínimo de autonomia para o jurídico. Note-se: se a história do direito é uma história de superação do poder arbitrário, então podemos afirmar que o que se procura enfrentar é o *locus* onde a decisão privilegiada acontece, o lugar onde a *escolha* ocorre. Nessa medida, a história do direito também é uma história de superação ou do enfrentamento do problema da discricionariedade (arbitrariedade). É possível dizer que a ideia de lei que surge com a revolução francesa é uma tentativa de pôr fim ao modelo de estado jurisdicional que existia ao tempo do *ancién regime*. Estado jurisdicional este que estava centrado na figura do monarca que concentrava os poderes do *gubernaculum* e da *jurisdictio*. O *gubernaculum* representava o poder de declarar a guerra e celebrar a paz, enquanto que a *jurisdictio* era a manifestação da vontade do governante na resolução dos conflitos de interesses que aconteciam no interior de seu território. A moderna ideia de lei rompe com essa estrutura – que ainda guardava profundas semelhanças com a estrutura de governo do medievo – e institui um novo espaço institucional onde as decisões públicas são tomadas num ambiente parlamentar que expressa o conteúdo da vontade geral. É evidente que essa primeira ruptura com o modelo político do Estado absolutista representou uma conquista no que tange ao enfrentamento do arbítrio e na afirmação das liberdades. Porém, em um segundo momento, a conquista da revolução decai, com a formulação de um Estado legislativo – na forma denunciada por Ferrajoli – que traz consigo novas consequências de cunho autoritário.

Ou seja, a ideia que se tornou símbolo da revolução francesa retratada pela pena de Montesquieu – do juiz como "a boca que pronuncia as palavras da lei" (da vontade geral) – *estava sedimentada na concepção de que a lei "cobriria tudo" o que pode se dar no mundo dos fatos*. Isto significa que, de alguma forma, seria possível prever – antecipadamente – todas as hipóteses fáticas de aplicação da lei. Daí a herança que todos nós conhecemos: o silogismo interpretativo, a cisão entre fato e direito e a proibição de interpretação dos juízes. Todavia, paradoxalmente será no interior desse mesmo sistema que aparecerá o primeiro inconveniente: a constatação de que a lei *não cobre tudo*, que a facticidade apresenta problemas que nem sempre foram esboçados pelo *legislador racional* – termo que ainda faz moda em algumas teorias da interpretação do direito da atualidade. A adaptação criada pelo próprio sistema para resolver esta questão foi colocar, ao lado do *legislador racional*, um *juiz/intérprete racional*. Desse modo, o primeiro criará, *de forma absolutamente discricionária* – poderíamos falar em uma discricionariedade política que funciona como condição de possibilidade –, o conteúdo da lei, ao passo que o *juiz/intérprete* racional terá uma delegação para, de forma limitada, preencher os vácuos deixados pela discricionariedade absoluta (política) do legislador. Cria-se, assim, uma espécie de "discricionariedade de segundo nível" representada pela atividade interpretativa do *juiz racional*. Essa discricionariedade de segundo nível será justificada pelos chamados *princípios gerais do direito* que, junto com a analogia e os costumes, representarão as autorizações legislativas para a análise discricionária do juiz no caso concreto. Desse modo, a discricionariedade deferida ao juiz pelo legislador acaba por se consubstanciar em uma *política judiciária*, que, no limite, *dá poderes para que o juiz determine a "lei do caso", a pretexto do dever de julgamento que a própria ordem requer*. Veja-se que não é por acaso que Kelsen, ao desconsiderar o problema da razão prática e construir sua ciência sob uma pura razão teórica, irá chamar de política dos juízes (*política jurídica*) a atividade dos juízes e tribunais. E é por isso que Kelsen desdobra a interpretação em dois níveis: o ato de conhecimento, a ser feito pelo cientista do direito, e o ato de vontade (do poder, lembrando sempre o último princípio epocal da modernidade, a *Wille zur Macht*), pelo qual se institucionalizou o decisionismo judicial.

Dito de outro modo, se até o advento da Constituição de 1988 apostava-se em um certo ativismo judicial baseado, por exemplo, nas diversas formas de positivismo fático como forma específica de luta por espaços no interior do "sistema" na busca de inclusões sociais – mormente no que diz respeito aos direitos de liberdade em um regime político-jurídico *autoritário/ditatorial* que deixou de fora do direito os conflitos e aspirações sociais –, na sequência, já na vigência da nova Constituição, não foram construídas as condições necessárias para a concretização de um direito *agora produzido democraticamente* e com feições nitidamente transformadoras da sociedade. Destarte, parece óbvio que a solução para (ess)as novas demandas não adviriam de uma aposta nas velhas posturas racionalistas.

Exsurge, assim, a necessidade de se dar novos contornos à interpretação do direito (constitucional), sem que se confundam, contudo, os *princípios da interpretação constitucional* com os *princípios jurídico-constitucionais*. Fundamentalmente – e a lembrança é de Gomes Canotilho –, há que se ter claro que uma hermenêutica ligada ao caráter compromissório do Constitucionalismo Contemporâneo terá que construir as condições de possibilidade para que a retórica dos juristas adquira positividade, abrindo "caminhos hermenêuticos capazes de auxiliarem a extrinsecação do direito constitucional" (cf. Gomes Canotilho, *O Direito Constitucional como Ciência de Direcção*, op. cit., p. 118). E essa tarefa é indelegável.

2. Princípios conformadores da hermenêutica no Estado Democrático de Direito

Uma nova perspectiva hermenêutica vem se forjando a partir de duas rupturas paradigmáticas: a revolução do constitucionalismo, que institucionaliza um elevado grau de autonomia do direito, e a revolução copernicana provocada pelo *giro-linguístico-ontológico*. De um lado, a existência da Constituição exige a definição dos deveres substanciais dos poderes públicos que vão além do constitucionalismo liberal-iluminista, diminuindo-se o grau de discricionariedade do Poder Legislativo, assim como do Poder Judiciário nos denominados "casos difíceis". De outro, parece não restarem dúvidas de que, contemporaneamente, a partir dos avanços da teoria do direito, é possível dizer que não existem respostas *a priori* acerca do sentido de determinada lei que exsurjam de procedimentos ou métodos de interpretação. Nesse sentido, "conceitos" que tenham a pretensão de abarcar, de antemão, todas as hipóteses de aplicação, *nada mais fazem do que reduzir a interpretação a um processo analítico*, que se caracteriza pelo emprego "sistemático" da análise lógica da linguagem, buscando descobrir o significado dos vocábulos e dos enunciados, tornando-a refém daquilo que Dworkin chama de "aguilhão semântico".

Nesta quadra da história, já não pairam dúvidas de que os métodos de interpretação propalados pela teoria geral do direito – mesmo que esta se ocupe apenas da estrutura dos diversos sistemas jurídicos, e não propriamente do conteúdo normativo – são incompatíveis com esse novo paradigma compreensivo. Não percebemos, de forma distinta (cindida), primeiro os textos para, depois, acoplar-lhes sentidos. Ou seja, na medida em que o ato de interpretar – que é sempre compreensivo/aplicativo – é unitário, o texto (pensemos, fundamentalmente, na Constituição) não está, e não nos aparece, desnudo, como se estivesse à nossa disposição. Com isso também desaparece qualquer distinção entre estrutura e conteúdo normativo. Destarte, não podemos esquecer que mostrar a hermenêutica como produto de um raciocínio feito por etapas foi a forma que as diversas formas de subjetivismo encontraram para buscar o controle político-ideológico do "processo" de interpretação. Daí a importância conferida ao método, que sempre teve/tem a função de "isolar" a norma (sentido do texto) de sua concretização.

A interpretação do direito não é filologia. Há um mundo prático que se atravessa no processo de compreensão do direito. Esse fenômeno é protagonizado pelos princípios constitucionais, que têm uma força fática – que resgata os sentidos que construímos na nossa interação cotidiana – e, com isso, diminui, na hora da aplicação, as múltiplas possibilidades de sentidos semânticos do texto. Não devemos esquecer que o texto não pode ser entendido em sua "textitude", devendo ser compreendido na *applicatio*, que não é uma "operação subsidiária", mas a condição de possibilidade para que, do texto, construamos a norma.

Por isso, não podemos esquecer as conquistas da contemporânea teoria do direito: texto e norma, palavras e coisas, fato e direito, *não estão cindidos e tampouco um é imanente ao outro*. Ou seja, se é verdadeiro que o texto (constitucional) não "carrega" um "sentido-em-si-mesmo", também é verdadeiro afirmar que *não devemos aceitar propostas metódicas que pretendam deslegitimar a norma jurídico-positiva*, isto é, a normatividade do direito ou a concreta normatividade do direito.

Por outro lado, há que se levar em conta que o constitucionalismo exsurgido do segundo pós-guerra é, fundamentalmente, pós-positivista; os textos constitucionais – agora principiológicos – albergam essa nova perspectiva do direito (ruptura paradigmática). Nesse contexto, a busca da preservação da força normativa da Constituição sempre corre o risco de ficar diluída/fragilizada pela equivocada aposta nessa pretensa "abertura interpretativa", uma vez que – e é neste ponto que se dá a passagem do esquema sujeito-objeto para a relação sujeito-sujeito – a abundante principiologia veio para introduzir, no direito, o mundo prático que dele havia sido expungido pelas diversas posturas positivistas. Entende-se o positivismo, para os limites desta abordagem, a partir de sua principal característica apontada por Dworkin no seu debate com Hart: a *discricionariedade*, que ocorre a partir da "delegação", em favor dos juízes, do poder de solucionar os casos difíceis. É indubitável a relação da discricionariedade – delegada por Hart ao juiz – com o decisionismo kelseniano. Discricionariedade será, assim, o poder conferido ao juiz/intérprete para escolher uma entre várias alternativas. O problema é saber se as alternativas são legítimas e se a "escolha" se enquadra na circunstância discutida. Considere-se, ademais, o problema dessa "delegação" nos casos da interpretação do processo judicial, que fica à mercê da interpretação discricionária do juiz. O pano de fundo, a toda evidência, era – e ainda é – a discussão acerca das condições de possibilidade da realização da democracia. Afinal, se alguém tem que decidir por último, a pergunta que se põe obrigatoriamente é: de que modo podemos evitar que a legislação – suposto produto da democracia representativa (produção democrática do direito) – *seja solapada pela falta de legitimidade da jurisdição?* Ou, melhor dizendo, com Miranda Coutinho, não propriamente uma "falta de legitimidade", mas uma "possível" expropriação de um espaço de poder que ele – o juiz – *não tem* e, portanto, para tal "atribuição" é que *não encontra legitimidade*.

Aponte-se, ademais, que, à diferença da compreensão de outros fenômenos, a hermenêutica jurídica contém uma especificidade: a de que o processo hermenêutico possui um vetor de sentido, produto de um processo constituinte que não pode ser alterado a não ser por regramento próprio constante no próprio processo originário. *E isso faz a diferença*. A Constituição é o elo conteudístico que liga a política e o direito, d'onde se pode dizer que o grande salto paradigmático nesta quadra da história está exatamente no fato de que o direito deve servir como garantia da democracia. Trata-se, no fundo, de um paradoxo: a Constituição é um remédio contra maiorias, mas, ao mesmo tempo, serve como garantia destas.

Assim, na medida em que estamos de acordo que a Constituição possui características especiais exsurgidas de um profundo câmbio paradigmático, o papel da hermenêutica passa a ser, fundamentalmente, o de preservar a força normativa da Constituição e o grau de autonomia do direito diante das tentativas usurpadoras provenientes do processo político (compreendido *lato sensu*). Nesse contexto, a grande engenharia a ser feita é, de um lado, preservar a força normativa da Constituição e, de outro, não colocar a política a reboque do direito.

Essa (inter)mediação é o papel a ser desempenhado pelos princípios forjados na tradição do Estado Democrático de Direito. Princípios funcionam, assim, como *Leitmotiv* do processo interpretativo, como que a mostrar que cada enunciado jurídico possui uma motivação (*Jede Aussage ist motiviert*, dirá Gadamer). Princípios têm a função de mostrar/denunciar a ruptura com a plenipotenciariedade das regras; o direito não isenta o intérprete de qualquer compromisso com a realidade. "Princípio" advém da palavra *arché*, presente desde os tempos pré-socráticos, quando representavam a substância de onde tudo se origina, sendo considerado uma das ideias mais antigas da filosofia ocidental, pois representa a transição do pensamento mítico ao racional. Posteriormente, mas ainda na Grécia Antiga, é possível encontrar na literatura o que pode ser interpretado como a primeira decisão principiológica: o resultado do julgamento de Orestes pelo assassinato de sua mãe e o amante dela, que haviam matado seu pai. O célebre caso, relatado na *Oresteia*, de Ésquilo, acaba empatado em votação de um Tribunal do Júri, tendo a figura da deusa Palas Athena intervindo e assegurando a absolvição de Orestes naquilo que podemos chamar de o primeiro *in dubio pro reo* da História.

A Antiguidade nos legou, assim, por meio dos princípios, metáforas pelas quais podemos nos balizar. Uma dessas metáforas foi a usada por Jon Elster, ao invocar o mito de Odisseu – ou Ulisses, rebatizado pelos romanos –, que em seu retorno em mar à cidade natal, Ítaca, ordena aos seus marinheiros que o amarrem ao mastro do navio, para que assim ele não fosse seduzido pelo canto das sereias (ELSTER, Jon. *Ulises y las sirenas: estúdios sobre racionalidade e irracionalidade*. Tradução de Juan José Utrilla. México: Fondo de Cultura Económica, 2015). A sobrevivência de Ulisses reside no cumprimento da primeira ordem. Porque Ulisses sabe que, caso contrário, morrerá. E por quê? Porque ele não resistirá ao canto das sereias. As maiorias são como as sereias e por isso as correntes que prendem Ulisses ao mastro representam a metáfora da Constituição. A principiologia se funde com a própria ideia de Constituição, pois não há uma sem a outra. A moral, a política e a economia – por mais que sejam incindíveis do Direito no plano ôntico – não podem ser confundidas entre si no plano hermenêutico da *applicatio*. É por isso que há uma Constituição, para que, a partir dos princípios nela contidos e a ela inerentes, possamos interpretar o direito com uma referência que nos afaste do "sedutor canto" das maiorias, alerta dado a nós desde a Antiguidade.

Uma melhor compreensão do papel dos princípios leva-nos a discordar, contudo, do posicionamento posterior de Elster – que indiretamente está presente em parcela majoritária da doutrina, caudatária do pragmatismo jurídico. Trata-se de revisar a metáfora na figura de um Ulisses "liberto", solto das correntes que o prendiam ao mastro. Elster afirma, nesse novo momento, ser "arbitrário" que gerações antigas decidam sobre temas polêmicos e que as gerações posteriores não possam participar do debate. Assim, cláusulas pétreas, seriam, em *Ulysses Unbound* (ELSTER, Jon. *Ulisses liberto: estudos sobre racionalidade, pré-compromisso e restrições*. Tradução de Cláudia Sant'Ana Martins. São Paulo: Unesp, 2009, p. 220-221), elementos que enfraqueceriam a ordem constitucional, legando um sistema político inevitavelmente a "crises constitucionais". Acontece que, para reputar a tese do "segundo" Elster como verdadeira, há de se inevitavelmente crer que as maiorias respeitariam aquilo que Lon Füller chamou de a "o mínimo de moralidade que torna o direito possível". Como mediar a vontade das maiorias sem uma mediação (hermenêutica)? Todas as apostas da filosofia que ignoraram o caráter intersubjetivo da decisão em uma democracia caíram em teses arbitrárias – o pragmatismo não foge da regra. Apostar tanto em teses favoráveis às maiorias (segundo Elster), quanto em teses céticas – crentes que, ao fim e ao cabo, o juiz é quem decidirá o caso com discricionariedade –, é uma prova da ignorância (no sentido literal e figurado da palavra) aos princípios e seu papel de *mediar* a política, inclusive no aspecto epocal, histórico e intergeracional apontado por Elster.

Por tais razões, é fundamental que se passe a entender que "metodologia" ou "principiologia" constitucional não querem dizer "cânones", "regras" ou "metarregras", mas, sim, *um modo de concretizar a Constituição*, isto é, o modo pelo qual a Constituição deve ser "efetivamente interpretada". Afinal, a fragilidade dos "cânones" reside precisamente no fato de que não existe um "método" ou uma "regra" que estabeleça o modo de aplicá-los, a menos que se acredite na possibilidade de um "método dos métodos" ou de um metafísico "método fundamental" (*Grundmethode*). Do mesmo modo, não há um metaprincípio apto a servir de norte para a aplicação dos diversos princípios cunhados nas diversas fases do constitucionalismo.

Desse modo, propõe-se, aqui, um conjunto mínimo de princípios (hermenêuticos) a serem seguidos pelo intérprete. Tais princípios, sustentados na historicidade da compreensão e na sedimentação dessa principiologia, somente se manifestam quando colocados em um âmbito de reflexão que é radicalmente prático-concreto, pois representam um contexto de significações históricas compartilhadas por uma determinada comunidade política, uma vez que abarcam e apontam para além dos diversos princípios, subprincípios, pontos de vista, *standards* interpretativos, postulados etc. forjados na tradição do Estado Democrático de Direito, tais como a inviolabilidade da Constituição, da vinculação do direito, da rigidez do direito constitucional, da segurança jurídica, da delimitação normatizada de funções, da unidade da Constituição, do efeito integrador, da máxima efetividade, da conformidade funcional, da concordância prática, da força normativa da Constituição e da interpretação conforme, para citar apenas os principais. Mas, se as diversas tentativas de autonomizar esses critérios interpretativos fracassaram – em face da própria impossibilidade de se construir uma "teoria geral dos princípios" ou dos cânones – visando a conceder autonomia a estes ou a alguns destes, *isso não quer dizer que a interpretação do direito deva ficar à mercê de procedimentos* ad hoc *ou de atitudes pragmatistas*. Por essas razões é que a interpretação do direito somente tem sentido se implicar *um rigoroso controle das decisões judiciais*, porque se trata, fundamentalmente, de uma questão que atinge o cerne desse novo paradigma: a democracia. E sobre isso parece não haver desacordo.

2.1. Princípio um: a preservação da autonomia do direito

Cimeiro, este princípio interpretativo abarca vários padrões compartilhados pelo direito constitucional a partir do segundo pós-guerra, denominados de métodos ou princípios, tais como o da *correção funcional* (designado por Muller como princípio autônomo que veda a alteração, pela instância decisória, da distribuição constitucionalmente normatizada das funções nem por intermédio do resultado dela), o da *rigidez do texto constitucional* (que blinda o direito contra as convicções revolucionárias acerca da infalibilidade do legislador), o da *força normativa da Constituição* e o da *máxima efetividade* (sentido que dê à Constituição a maior eficácia, como sustentam, por todos, Pérez Luño e Gomes Canotilho). Mais do que sustentáculo do Estado Democrático, a preservação do acentuado grau de autonomia conquistado pelo direito é a sua própria condição de possibilidade e por isso é erigido, aqui, à condição de princípio basilar, unindo, conteudisticamente, a visão interna e a visão externa do direito. Trata-se, também, de uma "garantia contra o poder contramajoritário", abarcando a garantia da legalidade na jurisdição.

Nesse novo paradigma, o direito deve ser compreendido no contexto de uma crescente autonomização, alcançada diante dos fracassos da falta de controle *da e sobre* a política. A Constituição é, assim, a manifestação deste (acentuado) grau de autonomia do direito, devendo este ser entendido na sua dimensão autônoma face às outras dimensões com ele intercambiáveis, como, por exemplo, a política, a economia e a moral (e aqui há que se ter especial atenção, uma vez que a moral tem sido utilizada como a "*porta de entrada*" dos discursos adjudicadores *com pretensões corretivas do direito*, trazendo consigo a política e a análise econômica do direito; é nesse contexto em que deve ser vista a "retomada" da moral pelo direito, a partir daquilo que Habermas tão bem denomina de *cooriginariedade*). Essa autonomização dá-se no contexto histórico do século XX, tendo atingido o seu auge com a elaboração das Constituições do segundo pós-guerra.

Trata-se de uma autonomia entendida como ordem de validade, representada pela força normativa de um direito produzido democraticamente. A autonomia do direito não emerge apenas na sua perspectiva jurisprudencial, como acentua, *v.g.*, Castanheira Neves. Há algo que se coloca como condição de possibilidade ante essa perspectiva jurisprudencial: a Constituição entendida no seu todo principiológico. Isso significa assumir que os princípios constitucionais – afinal, qualquer interpretação do direito que se faça, seja a partir de Dworkin, Gadamer ou Habermas, *só tem sentido no contexto do paradigma do Estado Democrático* –, ao contrário do que se possa pensar, não remete para uma limitação do direito, mas, sim, para o fortalecimento de sua de autonomia. Por isso, a Constituição não é um documento meramente "político" (declarativo, pessoal, partidarista), que conteria um finalismo político-social, do qual o direito seria um instrumento, mas, sim, é o seu conteúdo jurídico que institucionaliza os campos com ela intercambiáveis, como a política, a economia e a moral.

Portanto, a Constituição é o fundamento normativo; não, evidentemente, no sentido de *fundamentum inconcussum absolutum veritatis*, e, sim, no sentido hermenêutico, com o que se pode dizer que a autonomia do direito passa a ser a sua própria condição de possibilidade. Por isso é que o jurídico não é aquilo que a jurisdição diz que é. Se assim se admitir, corre-se o risco de suprimir a democracia, *substituindo-se a vontade geral pelo governo dos juízes*. Ou seja, a autonomia do direito é exatamente o elemento que se coloca no entremeio desses dois polos. Trata-se, pois, de uma *aposta na Constituição* como fio condutor dessa intermediação, cuja interpretação deve ser controlada hermeneuticamente.

Supera-se, desse modo, o problema da dimensão meramente institucional do direito ou do direito como caudatário do poder ou, ainda, do direito "como mera técnica a serviço de concepções absenteístas de Estado", que, paradoxalmente, necessitam que o direito tenha o mínimo de autonomia possível. Não se pode olvidar, nesse sentido, que a questão da autonomia do direito está relacionada com a compatibilidade "democracia-constitucionalismo" e com o crescente deslocamento do polo de tensão da relação entre a legislação e a jurisdição em direção desta última. É inegável que a autonomia adquirida pelo direito implicou o crescimento do controle da constitucionalidade das leis, que é fundamentalmente contramajoritário. Entretanto – e essa questão é fulcral para uma compreensão hermenêutica do fenômeno –, a diminuição da liberdade de conformação do legislador por meio de textos constitucionais cada vez mais analíticos e com ampla previsão de acesso à jurisdição constitucional, portanto, de amplo controle de constitucionalidade, não pode implicar a diminuição do "espaço" da legislação no contexto da relação entre os poderes do Estado, vindo isso a representar um apequenamento da democracia, circunstância que descaracteriza(ria) o próprio Estado Democrático de Direito.

As diversas tentativas de garantir a especificidade do direito frente à política sempre se desenvolveram, no interior do modelo de direito praticado pelos diversos positivismos, a partir de processos lógico-formais que procuravam retirar o conteúdo político do direito no âmbito de uma teoria da legislação. Ora, a lei não é o ato jurídico por excelência, mas, ao contrário, é na lei que aparece uma quase-identidade entre direito e política (compreendida *lato sensu*, englobando economia, moral, etc.). A autonomia do direito fundamenta-se a partir de uma teoria da decisão judicial que comporta, por sua vez, uma teoria da jurisdição e uma teoria da controvérsia judicial, como bem mostra Dworkin, em *Taking Rights Seriously*. Colocando a teoria da decisão judicial como eixo temático, tem-se por instalada uma reflexão concreta, livre das abstrações semânticas que sustentam o positivismo e, ao mesmo tempo, alocada/alçada no horizonte correto para que se torne possível encontrar os traços especificamente jurídicos da experiência humana concreta. Autonomia não será, assim, uma autonomia formal, tal como se dava – e ainda se dá – nas fórmulas positivistas, mas uma autonomia material, porque ligada ao mundo prático institucionalizado no texto constitucional, representado pela historicidade trazida para dentro deste texto constitucional. Novamente e a todo o tempo, está-se a tratar de uma questão paradigmática.

Dessa maneira, é possível perceber uma radical mudança na intencionalidade com relação ao direito, que, em última análise, trará consigo propostas jusfilosóficas dispostas a repensar o seu sentido e os seus vínculos com o comportamento humano concreto. Isso importa em não o tratar mais como um sistema cerrado, construído abstratamente a partir de modelos epistemológicos fundados na subjetividade e modelados conforme os padrões matemáticos de conhecimento. Ou seja, trata-se de afirmar, de forma radical, a fragilidade do direito frente à política – os eventos que envolvem todo o dilema das duas guerras do século XX apontavam para isso –, *e nesta fragilidade mesma procurar um sentido para o direito*, já de um modo diferente da ingenuidade do positivismo, que acreditava que simples procedimentos lógico-formais poderiam garantir a especificidade do jurídico.

O que congrega todos esses elementos em uma unidade é a oposição a qualquer normativismo abstrato, levando em conta, para tanto, a concreta aplicação do direito, desiderato final de qualquer sistema normativo de perfil compromissório e transformador, com comandos constitucionais de efetivação de direitos e fortíssimos elementos de blindagem contra retrocessos institucionais. Isto é, há que se compreender que os debates teóricos e os problemas jurídicos passam a reivindicar o estatuto da "prática", e a atividade jurisdicional assume um lugar proeminente neste contexto. Este fenômeno aparece com nitidez nos movimentos que levaram à consolidação da chamada *jurisprudência dos valores*, que surge na Alemanha em virtude da atuação do Tribunal Constitucional Federal alemão nos anos que sucederam à promulgação da Lei Fundamental. Inegavelmente, os argumentos axiológicos do Tribunal representavam a estratégia de legitimação da Lei Fundamental perante a sociedade alemã. Ao mesmo tempo, era preciso afirmar, num contexto internacional mais amplo, o total rompimento com o modelo jurídico-político vigente ao tempo do nazismo. Essa experiência do tribunal alemão é significativa para compreender o perfil do direito no contexto do paradigma do qual aqui se fala.

Mas, ao mesmo tempo, não podem permanecer dúvidas de que as estratégias de fundamentação desenvolvidas pela jurisprudência dos valores propiciaram *perigosos espaços de discricionariedade judicial*, e, portanto, uma teoria do direito concretizadora deve se propor a ir (bem) além dessa experiência que colocou no protagonismo da Corte Constitucional a busca da legitimidade do direito. Por isso é que a radicalidade do problema interpretativo e o controle dos fundamentos de validade (dever fundamental de justificar as decisões) lançados nas decisões devem ocorrer a partir da exploração do elemento hermenêutico que está presente em toda experiência jurídica.

Afinal, não se pode perder de vista que as palavras que o legislador escolhe são aquelas e não outras, mas são sempre palavras (textos), cuja relação com os objetos dependerá de um longo processo de sedimentação hermenêutico (tradição, coerência, integridade, fusão de horizontes, etc). Por isso, a validade do direito perante a política, a economia e a moral, não pode depender de uma jurisprudencialização do direito, isto é, não é a jurisprudência que garante o indispensável grau de autonomia do direito, e, sim, *é a autonomia do direito, sustentada em um denso controle hermenêutico, que assegura as possibilidades de a Constituição ter preservada a sua força normativa*. Ou seja, não se pode confundir o direito (e suas possibilidades autônomas) com a instância judiciária e, tampouco, a política com a lei (vontade geral sem controle).

Nesse contexto, o primeiro passo – ou o principal – para preservar a autonomia do Direito pode/deve ser dado a partir do teste das seis hipóteses pelas quais o Poder Judiciário pode deixar de aplicar uma lei (*lato sensu*) ou dispositivo legal. Não estando diante de nenhuma delas, estar-se-á diante do dever fundamental de aplicar a lei votada pelo parlamento (ou o ato normativo emanado de outras esferas legítimas de poder), preservando-se, destarte, o elevado grau de autonomia do direito no paradigma do Estado Democrático. Assim, o Judiciário somente pode deixar de aplicar uma lei:

a) quando a lei (o ato normativo) for inconstitucional, caso em que deixará de aplicá-la (controle difuso de constitucionalidade *stricto sensu*) ou a declarará inconstitucional mediante controle concentrado;

b) quando for o caso de aplicação dos critérios de resolução de antinomias. Neste caso, há que se ter cuidado com a questão constitucional, pois, *v.g.*, a *lex posterioris*, que derroga a *lex anterioris*, pode ser inconstitucional, com o que as antinomias deixam de ser relevantes;

c) quando aplicar a interpretação conforme a Constituição (*verfassungskonforme Auslegung*), ocasião em que se torna necessária uma adição de sentido ao artigo de lei para que haja plena conformidade da norma à Constituição. Nesse caso, o texto de lei (entendido na sua "literalidade") permanecerá intacto; o que muda é o seu sentido, alterado por intermédio de interpretação que o torne adequado à Constituição;

d) quando aplicar a nulidade parcial sem redução de texto (*Teilnichtigerklärung ohne Normtextreduzierung*), pela qual permanece a literalidade do dispositivo, sendo alterada apenas a sua incidência, ou seja, ocorre a expressa exclusão, por inconstitucionalidade, de determinada(s) hipótese(s) de aplicação (*Anwendungsfälle*) do programa normativo sem que se produza alteração expressa do texto legal. Assim, enquanto, na interpretação conforme, há uma adição de sentido, na nulidade parcial sem redução de texto ocorre uma abdução de sentido;

e) quando for o caso de declaração de inconstitucionalidade com redução de texto, ocasião em que a exclusão de uma palavra conduz à manutenção da constitucionalidade do dispositivo;

f) quando – e isso é absolutamente corriqueiro e comum – for o caso de deixar de aplicar uma regra em face de um princípio, entendidos estes não como *standards* retóricos ou enunciados performativos. Claro que isso somente tem sentido fora de qualquer pamprincipiologismo. É por meio da aplicação principiológica que será possível a não aplicação da regra a determinado caso (a aplicação principiológica sempre ocorrerá, já que não há regra sem princípio e o princípio só existe a partir de uma regra – pensemos, por exemplo, na regra do furto, que é "suspensa" em casos de "insignificância"). Tal circunstância, por óbvio, acarretará um compromisso da comunidade jurídica, na medida em que, a partir de uma exceção, casos similares exigirão – mas exigirão mesmo – aplicação similar, graças à integridade e à coerência. Trata-se de entender os princípios em seu caráter deontológico e não meramente teleológico. Como uma regra só existe – no sentido da *applicatio* hermenêutica – a partir de um princípio que lhe densifica o conteúdo, a regra só persiste, naquele caso concreto, se não estiver incompatível com um ou mais princípios. A regra permanece vigente e válida; só deixa de ser aplicada naquele caso concreto. Se a regra é, em definitivo, inconstitucional, então se aplica a hipótese "a". Por outro lado, há que ser claro que um princípio só adquire existência hermenêutica por intermédio de uma regra. Logo, é dessa diferença ontológica (*ontologische Differenz*) que se extrai o sentido para a resolução do caso concreto.

Fora dessas hipóteses, isto é, se a hipótese não se enquadrar em um dos elementos anteriormente especificados, violado estará o primeiro princípio, o da autonomia do Direito.

Portanto, é nesse sentido que adquire valor a tradição hermenêutica acerca dos limites das possibilidades de decisão sobre o sentido (possível) a ser dado ao texto. Em outras palavras, sem ser uma abstração e nem um conjunto de enunciados que reflete a essência das coisas (ou que tenha a pretensão de abarcar todas as hipóteses de aplicação), o texto deve, efetivamente, ser levado a sério, mormente se compreendermos que o projeto de modernidade política ainda não respondeu satisfatoriamente, por intermédio da categoria político-estatal, às três violências chamadas por Gomes Canotilho de *triângulo dialéctico*: *(a)* a falta de segurança e de liberdade, impondo a ordem e o direito (o Estado de direito contra a violência física e o arbítrio); *(b)* a desigualdade política alicerçando liberdade e democracia (Estado democrático); *(c)* a pobreza – mediante esquemas de socialidade (cf. Canotilho, *O Estado Adjetivado,* op. cit., p. 40). Se a resposta às três violências (ou no mínimo a duas delas) for negativa, é porque a Constituição – nos moldes da brasileira – continua a ser o suporte normativo do desenvolvimento desse projeto de modernidade incompleto. E isso, inegavelmente, tem uma relação umbilical com a possibilidade de (um elevado grau de) autonomia do direito. É evidente que esse texto constitucional e sua autonomia – nos moldes aqui propalados – têm que ter em conta uma "condição de sentido minimamente objetivada", isto é, a partir da Constituição constituímos um limite (interdição) para a criação de qualquer norma. Dito de outro modo, isso tudo só é possível superando a "livre atribuição" do intérprete, ou seja, devemos construir as condições para entender que as palavras da lei (escolhidas pelo legislador) dizem alguma coisa, e não o seu contrário. Há, pois, um processo de objetivação que funciona como interdição e anteparo às tentativas de atribuição de sentido a partir de "graus zero".

2.2. Princípio dois: o controle hermenêutico da interpretação constitucional (ratio final, a imposição de limites às decisões judiciais – o problema da discricionariedade)

A partir do "encurtamento" do espaço de manobra e conformação do legislador (vontade geral) e do consequente aumento da proteção contra maiorias (eventuais ou não) – cerne do contramajoritarismo –, parece evidente que, para a preservação do nível de autonomia conquistado pelo direito, é absolutamente necessário implementar mecanismos de controle daquilo que é o repositório do deslocamento do polo de tensão da legislação para a jurisdição: *as decisões judiciais*. Em outras palavras, a autonomia do direito e a sua umbilical ligação com a dicotomia "democracia--constitucionalismo" exigem da teoria constitucional uma reflexão de cunho hermenêutico.

Essa relevante circunstância implica colocar em xeque o cerne da teoria do direito, isto é, a discussão acerca dos limites da interpretação do direito, questão presente nas diversas teorias construídas contemporaneamente (Peter Häberle, Ronald Dworkin, Robert Alexy, Neil MacCormick, por exemplo). O fato de não existir um método que possa dar garantia à "correção" do processo interpretativo – denúncia presente, aliás, já no oitavo capítulo da *Teoria Pura do Direito*, de Hans Kelsen – não autoriza o intérprete a escolher o sentido que mais lhe aprouver, o que seria dar azo à discricionariedade e/ou ao decisionismo típicos do modelo positivista propugnado pelo próprio Kelsen. A "vontade" e o "conhecimento" do intérprete não constituem salvo-conduto para a atribuição arbitrária de sentidos e tampouco para uma atribuição de sentidos arbitrária (que é consequência da discricionariedade). É preciso compreender que a delegação em favor do juiz do "preenchimento" da "zona de incerteza" é uma institucionalização do positivismo, que funciona como poder *arbitrário* no interior de uma *pretensa discricionariedade*. Não se pode esquecer, aqui, que a "zona da incerteza" (ou as especificidades em que ocorrem os "casos difíceis") pode ser fruto de uma "construção ideológica" desse mesmo juiz, que, *ad libitum*, aumenta o espaço de incerteza, aumentando, assim, o seu espaço de "discricionariedade".

Nesse sentido, discricionariedade acaba como sinônimo de arbitrariedade. E não confundamos essa discussão – tão relevante para a teoria do direito – com a separação feita pelo direito administrativo entre atos discricionários e atos vinculados, ambos diferentes de atos arbitrários. Trata-se, sim, de discutir o grau de liberdade de escolha dado ao intérprete (juiz) em face da legislação produzida democraticamente, com dependência fundamental da Constituição. E esse grau de liberdade – chame-os como quiser – acaba se convertendo em um poder que não lhe é dado, uma vez que a "opção" escolhida pelo juiz deixará de lado outras "opções" de outros interessados, cujos direitos ficaram à mercê de uma atribuição de sentido, muitas vezes decorrentes de discursos exógenos, não devidamente filtrados na conformidade com os limites impostos pela autonomia do direito.

Daí a necessária advertência: não é correto trazer o conceito de discricionariedade administrativa para o âmbito da interpretação do direito (discricionariedade judicial). Também não se trata da distinção entre a "discricionariedade na *civil law* e na *common law*". Para os limites desta discussão, não se compreende a discricionariedade interpretativa (ou discricionariedade judicial) a partir da simples oposição entre ato vinculado e ato discricionário, mas sim tendo como ponto específico de análise o fenômeno da interpretação, em que – e isso parece óbvio – seria impróprio falar de vinculação. Ora, toda interpretação é um ato produtivo; sabemos que o intérprete atribui sentido a um texto e não reproduz sentidos nele já existentes. Tem sido muito comum aproximar – embora que de forma equivocada – aquilo que se menciona como discricionariedade judicial daquilo que a doutrina administrativa chama de *ato administrativo discricionário*. Nota-se, de plano, que há aqui uma nítida diferença de situações: no âmbito judicial, o termo discricionariedade se refere a um espaço a partir do qual o julgador estaria legitimado a *criar* a solução adequada para o caso que lhe foi apresentado a julgamento. No caso do administrador, tem-se por referência a prática de um ato autorizado pela lei e que, por este mesmo motivo, mantém-se adstrito ao princípio da legalidade.

O que se está a tratar é daquilo que está convalidado pela tradição da teoria do direito, isto é, a experiência interpretativa "conhece" um conceito de discricionariedade, utilizado por Herbert Hart em seu *Conceito de Direito*. Ao enfrentar o problema da aplicação da regra jurídica, Hart apresenta a tese de que no direito existe uma "textura aberta" (que proporcionará os casos difíceis – *hard cases*). Neste ponto aparece uma diferença gritante com relação à noção de discricionariedade administrativa: nesta o administrador está autorizado pela lei a eleger os meios necessários para determinação dos fins por ela estabelecido, mas qualquer ato por ele praticado poderá ser questionado tendo em vista o princípio da legalidade; já na discricionariedade judicial, o julgador efetivamente cria uma regulação para o caso que, antes de sua decisão, não encontrava respaldo no ordenamento ou que ultrapassa os limites semânticos e ingressa na arbitrariedade, coisa que ocorre frequentemente.

Em outras palavras, o que se chama de discricionariedade judicial nada mais é que do que uma abertura criada no sistema para legitimar, de forma velada, uma arbitrariedade, não mais cometida pelo administrador, mas pelo judiciário. Veja-se o exemplo das interceptações telefônicas, em que o STF (QO no Inquérito n. 2.424-RJ) vem autorizando, com base em um juízo de proporcionalidade, o exercício da interceptação telefônica também na esfera civil para ser utilizada como prova emprestada em processos de outra natureza que não processos criminais.

Uma vez que a discricionariedade judicial abre espaço para arbitrariedades, é preciso entender, agora mais de perto, o problema envolvendo a crítica de Dworkin ao positivismo discricionário de Herbert Hart. Veja-se: a principal diferença entre os sentidos forte e fraco da discricionariedade de que fala Dworkin reside no fato de que, em seu sentido forte, a discricionariedade implica o descontrole da decisão segundo um padrão antecipadamente estabelecido. Neste caso, *alguém que possua poder discricionário em seu sentido forte pode ser criticado, mas não pode ser considerado "desobediente"*. Não se pode dizer que ele cometeu um erro em seu julgamento, porque este está legitimado pela ideia de discricionariedade judicial. Esta é a tese do positivismo. E é nesse sentido forte da discricionariedade que Dworkin assenta sua crítica ao positivismo hartiano. A todo tempo a colocação do problema da discricionariedade judicial nos leva, necessariamente, até Ronald Dworkin e seu célebre debate com o positivismo de Herbert Hart (assim como o de Kelsen, cujo voluntarismo carrega, em suas entranhas, a discricionariedade judicial no sentido forte).

Por isso, a afirmação de que o "intérprete sempre atribui sentido (*Sinngebung*) ao texto" nem de longe pode significar a possibilidade de ele estar autorizado a atribuir sentidos de forma discricionária/arbitrária, como se texto e norma estivessem separados (e, portanto, tivessem "existência" autônoma). Como bem diz Gadamer, quando o juiz pretende adequar a lei às necessidades do presente, tem claramente a intenção de resolver uma tarefa prática (veja-se, aqui, a importância que o mestre alemão dá ao programa aristotélico de uma *praktische Wissenschaft*). Isso não quer dizer, de modo algum, que a interpretação da lei seja uma tradução arbitrária, produto de um intérprete solipsista.

Ou seja, a força normativa da Constituição – que se manifesta pelo elevado grau de autonomia conquistado pelo direito a partir do segundo pós-guerra –, dependendo do *modus* compreensivo-interpretativo utilizado pelos juristas, pode vir a ser fragilizada ou até mesmo anulada pelo crescente aumento das posturas pragmatistas (nos seus mais variados matizes) que, a pretexto de superar o "ultrapassado" silogismo dedutivista do paradigma liberal-formal-burguês, vêm deslocando o *locus* do sentido do texto – que representa a produção democrática do direito –, na direção do protagonismo (racionalista-indutivista) do intérprete.

Mais do que isso, a autonomia do direito – ou o grau de autonomia atingido pelo direito produzido democraticamente no interior do novo paradigma – não pode, agora, vir a soçobrar diante de uma simplista visão que reprístina exatamente o paradigma que sempre buscamos superar: a filosofia da consciência, que conferiu ao sujeito cognitivo uma posição central com respeito à natureza e ao objeto (assim, o direito não seria cognoscível se o sujeito/intérprete que "conhece" não dispusesse de "títulos", faculdades e intuições *a priori*, capacidades de dar espaço e tempo às coisas, além de organizar a experiência segundo categorias do intelecto). Se assim se pensar, a autonomia será substituída – e esse perigo ronda a democracia a todo tempo – exatamente por aquilo que a gerou: o pragmatismo político-jurídico nos seus mais diversos aspectos, que vem colocando historicamente o direito em permanente "estado de exceção", o que, ao fim e ao cabo, *representa o próprio declínio do "império do direito"*, problemática que é retroalimentada permanentemente, mormente nos países de tardia modernidade como o Brasil.

Paradoxalmente, depois dessa revolução copernicana representada pelo acentuado grau de autonomia do direito conquistado, está-se diante de uma crescente perda dessa característica, o que pode ser interpretado simbolicamente, nestes tempos difíceis de pós-positivismo, a partir das diversas teses que apostam na análise econômica do direito, no interior das quais as regras e os princípios jurídico-constitucionais só têm sentido funcionalmente. Ou seja, em uma dimensão absolutamente pragmática, o direito não possui "DNA". Para as diversas posturas pragmático-axiologistas – *inimigas principiológicas da integridade e da coerência do direito* –, também não faz sentido ligar o direito à tradição. Por isso, ocorre um constante enfraquecimento da perspectiva interna do direito, isso porque, compreendido exogenamente, o direito deve servir apenas para "satisfazer", de forma utilitária, às necessidades "sociais" dos grupos hegemônicos, deixando-se de lado exatamente a parcela do direito previsto na Constituição – veja-se, portanto, a importância paradigmática do constitucionalismo e da autonomização do direito que isso proporcionou – que resgata as promessas incumpridas da modernidade. Um dos argumentos pragmatistas (visto que seu ceticismo rejeita pretensões não estratégicas), nas suas diversas vertentes, é o de que o direito deve ser visto como essencialmente indeterminado, no que – e essa questão assume relevância no contexto da inefetividade da Constituição brasileira – tais posturas se aproximam, perigosamente, das diversas matrizes positivistas (teorias semânticas em geral), que continuam a apostar em elevados graus de discricionariedade na interpretação do direito. Há, portanto, algo que as aproxima, e essa ligação é uma espécie de grau zero de sentido. Trata-se, com efeito, da maximização do poder: o princípio que gere as relações institucionais entre a política e o direito é o poder de o dizer, em última *ratio*. Em síntese, a velha "vontade do poder" (*Wille zur Macht*), de Nietzsche, ou, em outras palavras, o poder político de fato.

Daí a inegável importância da hermenêutica nesse novo direito exsurgido no Estado Democrático de Direito. Há, visivelmente, uma aposta na Constituição (direito produzido democraticamente) como instância da autonomia do direito para delimitar a transformação das relações jurídico-institucionais, protegendo-as do constante perigo da exceção. Disso tudo é possível dizer que tanto o velho discricionarismo positivista quanto o pragmatismo fundado no declínio do direito têm algo em comum: o déficit democrático. Isso porque, se a grande conquista do século XX foi o alcance de um direito transformador das relações sociais, a esta altura da história é um retrocesso reforçar/acentuar formas de exercício de poder fundados na possibilidade de atribuição de sentidos de forma discricionária, circunstância que conduz, inexoravelmente, às arbitrariedades, soçobrando, com isso, a própria Constituição. É nesse contexto que se afigura imprescindível uma principiologia apta, ao mesmo tempo, a "proteger" e a concretizar o direito.

Se a partir da autonomia do direito apostamos na determinabilidade dos sentidos como uma das condições para a garantia da própria democracia e de seu futuro, as posturas axiologistas e pragmatistas – assim como os diversos positivismos *stricto sensu* – apostam na indeterminabilidade. É por tais caminhos e condicionantes que passam as novas demandas de uma *renovada hermenêutica constitucional*.

Dito de outro modo, os diversos positivismos – pragmatistas, normativistas e axiologistas – não contribuem satisfatoriamente para o enfrentamento do problema interpretativo que compõe o núcleo de toda experiência jurídica. Afirmações como "o direito é aquilo que os tribunais dizem que é" ou "o texto é apenas a ponta do *iceberg*," ou, ainda, "mais além do texto existem os valores que são a condição de possibilidade do texto", soçobram, hermeneuticamente, diante do problema que verdadeiramente se apresenta quando somos colocados diante da autonomia do direito: a interpretação.

Igualmente, a já amplamente discutida discricionariedade da "textura aberta" de Hart, ou o espaço de conformação do órgão aplicador no âmbito da "moldura da norma" de Kelsen (decisionismo), é resultado de um projeto teórico que procura colocar a reflexão jurídica nos trilhos de uma subjetividade plenipotente. Resgatar o mundo prático *do direito* e *no direito* significa: *a)* colocar a interpretação no centro da problemática da aplicação jurídica; *b)* explorar o "elemento hermenêutico" da experiência jurídica e, *c)* enfrentar aquilo que o positivismo desconsiderou, isto é, o espaço da discricionariedade do juiz e o que isso representa na confrontação com o direito produzido democraticamente.

Importa referir, ademais, que a defesa de um efetivo controle hermenêutico das decisões judiciais, *a partir do dever fundamental de justificação e do respeito à autonomia do direito*, não quer dizer que, por vezes, não seja aconselhável e necessário uma atuação propositiva do Poder Judiciário (justiça constitucional), mormente se pensarmos nas promessas incumpridas da modernidade e no indispensável controle de constitucionalidade que deve ser feito até mesmo, no limite, nas políticas públicas que, positiva ou negativamente, desbordem da Constituição e da determinação da construção de um Estado Social. Em outras palavras, a defesa de posturas substancialistas e concretistas acerca da utilização da jurisdição constitucional – que implica inexorável avanço em relação às tradicionais posturas de *self restraint* – não pode ser confundida com decisionismos e atitudes pragmatistas, em que o Judiciário se substitui ao legislador, com o aumento desmesurado de protagonismos judiciais. Isto é, deve-se evitar aquilo que se denomina "ativismo". E isso deve ficar bem claro. Com efeito, a Constituição autoriza/determina o amplo controle da constitucionalidade, chegando à profundidade de prever o mandado de injunção (veja-se, além disso, as demandas quotidianas por remédios e tratamentos de saúde, problemas fundiários, etc.); mas essa mesma Constituição não é uma "carta em branco" para o exercício de voluntarismos interpretativos.

2.3. Princípio três: o efetivo respeito à integridade e à coerência do direito

Como forma de estabelecer barreiras contra a fragmentação própria das teorias pragmatistas em geral, o respeito à integridade e à coerência engloba princípios (ou subprincípios que, por vezes, se confundem com "métodos" de interpretação) construídos ao longo dos anos pela teoria constitucional, tais como o *princípio da unidade da Constituição*, o *princípio da concordância prática entre as normas ou da harmonização*, o *princípio da eficácia integradora ou do efeito integrador*, o *princípio integrativo ou científico-espiritual* (Paulo Bonavides) e o *princípio da proporcionalidade* (alçado à essa categoria para resolver "colisão de princípios", especialmente no plano da teoria da argumentação de Robert Alexy). Sua funcionalidade depende de outra garantia de cariz principiológico: a *da necessidade da fundamentação das decisões* (art. 93, X, da CRFB), aqui alçada a dever fundamental do juiz e a direito fundamental do cidadão.

A integridade está umbilicalmente ligada à democracia, exigindo que os juízes construam seus argumentos de forma integrada ao conjunto do direito (Cf. Dworkin, *Law's Empire*, op. cit., p. 176). Trata-se, pois, de "consistência articulada". Com isso, afasta-se, de pronto, tanto o *ponto de vista objetivista*, pelo qual "o texto carrega consigo a sua própria norma" (lei é lei em si), como o *ponto de vista subjetivista-pragmatista*, para o qual – aproveitando a relação "texto-norma" – a norma pode fazer soçobrar o texto. Nesses casos – e estaríamos sucumbindo ao realismo jurídico – esse texto acaba encoberto não pela nova norma (sentido), mas, sim, *por outro* (novo) *texto*, o que pode facilmente ocorrer quando da edição de súmulas vinculantes. Ou seja, esse respeito à tradição, ínsito à integridade e à coerência, *é substancialmente antirrelativista* e deve(ria) servir de blindagem contra subjetivismos e objetivismos. Na verdade, a tese hermenêutica da integridade coloca-se contra os dois polos do positivismo – e a feliz observação é de Blackburn (*Verdade*, op. cit., p. 251): um polo é a visão positivista de que a prática legal é inteiramente ditada por fatos preexistentes, tal como estatutos e decisões em letra gótica que estão, por assim dizer, na folha, ou "simplesmente seja lá como for"; o outro polo, confusamente chamado de "realismo" na filosofia do direito, é, no fundo, o ponto de vista subjetivo ou puramente pragmático, segundo o qual o que os juízes e advogados fazem a nada corresponde, exceto às próprias percepções que eles têm das necessidades momentâneas da sociedade (ou até mesmo apenas às próprias necessidades dos juízes).

A integridade faz respeitar a comunidade de princípios, colocando efetivos limites às atitudes solipsistas-voluntaristas. O respeito à integridade, diz Dworkin, é uma forma de virtude política, exigindo que as normas públicas da comunidade sejam criadas e vistas de modo a expressar um sistema único e *coerente* de justiça e direito a um tratamento equânime (*fairness*) na correta proporção, diante do que, por vezes, a coerência com as decisões anteriores será sacrificada em nome de tais princípios. Essa circunstância, aliás, assume especial relevância nos sistemas jurídicos como o do Brasil, em que os princípios constitucionais transformam *em obrigação jurídica* um ideal moral da sociedade (lembrando, sobremodo, para tanto, o dizer de Ralf Dreyer).

Entenda-se, aqui, a importância das decisões em sede de jurisdição constitucional, pelo seu papel de proporcionar a aplicação em casos similares. Haverá coerência se os mesmos princípios que foram aplicados nas decisões o forem para os casos idênticos; mas, mais do que isso, estará assegurada a integridade do direito a partir da força normativa da Constituição. Supera-se, desse modo, o *conceito tradicional* do princípio da proporcionalidade, que deixa de ser um "super princípio" manejado a partir de um elevado grau de discricionariedade (como reconhecem, por exemplo, Pietro Sanchis e o próprio Alexy). Daí a necessária advertência: no plano da hermenêutica aqui delineada, a exigência de proporcionalidade *será o nome a ser dado à necessidade de coerência e integridade de qualquer decisão e à garantia de uma equanimidade das decisões.* uma decisão possui efeitos colaterais. Uma decisão é – no dizer de Dworkin – como um romance em cadeia. Portanto, não é um conto. Um romance tem personagens, encadeamento, início, meio e fim. E é feito em capítulos. Um conto é uno. Autônomo. Não é como um romance. No conto, não se exige coerência com outros contos. No romance, um capítulo deve ser coerente com outro, preservando, assim, a integridade do romance. A decisão adequada constitucionalmente (tratada no *princípio cinco*, na sequência) exsurgirá da reconstrução do direito, com efetivo respeito à integridade e à coerência. Portanto, decisão não deve ser uma "opção política por valores", como bem recomendam Habermas e Dworkin, para citar apenas estes.

Acrescente-se que a integridade é algo como uma terceira virtude percebida em uma comunidade política, ao lado da justiça e do direito a um tratamento equânime (*fairness*). Observe-se que Dworkin a coloca ao lado do "devido processo legal". Aduz, assim, que mesmo que rejeitássemos a integridade e fundamentássemos nossa atividade política apenas no direito à igualdade de tratamento, na justiça e no devido processo legal, veríamos que essas primeiras virtudes, às vezes, seguem caminhos opostos. Se acreditarmos que a integridade é um terceiro e independente ideal, pelo menos quando as pessoas divergem sobre um dos dois primeiros, então podemos pensar que, às vezes, a equanimidade ou a justiça devem ser sacrificadas à integridade. Mas não podemos pensar em defender a integridade de maneira (meramente) formal, pois sabemos que, às vezes, a integridade entrará em conflito com aquilo que recomendam o direito a um tratamento equânime e à justiça. Se quisermos afirmar a integridade política como um ideal distinto e dotado de autonomia, precisamos aumentar a amplitude do argumento político. Por isso, deveríamos procurar nossa defesa da integridade como um *direito a ter direitos*, que perpassam as dimensões liberais ou sociais frutos da evolução do Estado e do direito, exsurgidos da superação do paradigma solipsista sujeito-objeto. A integridade é uma virtude ao lado da justiça, do direito a um tratamento equânime e do devido processo legal, mas isso não significa que, em alguma das duas formas (legislativa e jurisdicional), a integridade seja necessariamente, ou sempre, superior às outras virtudes, complementa Dworkin.

Será a integridade apenas coerência (decidir casos semelhantes da mesma maneira) sob um nome mais grandioso? Ele mesmo responde que isso dependerá do que entendemos por coerência ou casos semelhantes. Se uma instituição política só é coerente quando repete suas próprias decisões anteriores o mais fiel ou precisamente possível, então a integridade não é coerência; é, ao mesmo tempo, mais e menos. Há um direito fundamental a um tratamento equânime. Uma instituição que aceite esse ideal às vezes irá, por esta razão, afastar-se da estreita linha das decisões anteriores, em busca de fidelidade aos princípios mais fundamentais da comunidade política como um todo. A integridade é uma norma mais dinâmica e radical do que parecia de início, pois incentiva um juiz a ser mais abrangente e imaginativo em sua busca de coerência com o princípio fundamental.

Por último, ainda fundado em Dworkin, o direito como integridade rejeita, por considerar inútil, a questão de se os juízes descobrem ou inventam o direito; sugere que só entendemos o raciocínio jurídico tendo em vista que os juízes fazem as duas coisas e nenhuma delas. Segundo o direito como integridade, as proposições jurídicas são verdadeiras se constam, ou se derivam, dos princípios de justiça, equanimidade e devido processo legal, que oferecem a melhor interpretação construtiva da prática jurídica da comunidade.

Daí a aproximação da hermenêutica, aqui delineada, com algumas das teses do jusfilósofo norte-americano, mormente quando diz ser possível fazer a distinção entre *boas e más decisões* e que, quaisquer que sejam seus pontos de vista sobre a justiça e o direito a um tratamento igualitário, *os juízes, nas decisões que proferem, também devem aceitar uma restrição independente e superior* que decorre da integridade. Importa acrescentar que *Dworkin*, ao combinar princípios jurídicos com objetivos políticos, coloca à disposição dos juristas/intérpretes um manancial de possibilidades para a construção de respostas coerentes com o direito positivo – o que confere uma blindagem contra discricionariedades (se assim se quiser, pode-se chamar a isso de "segurança jurídica") – e com a grande preocupação contemporânea do direito: *a pretensão de legitimidade*. E aqui, a toda evidência, parece desnecessária a advertência de que se não se está a tratar de simples ou simplista transplantação de uma sofisticada tese do *common law* para o terreno do *civil law*. Há, inclusive, nítida vantagem em falar em princípios – e na aplicação destes – a partir da Constituição do Brasil em relação ao direito norte-americano.

Fundamentalmente – e nesse sentido não importa qual o sistema jurídico em discussão –, trata-se de superar as teses convencionalistas e pragmatistas a partir da *obrigação de os juízes respeitarem a integridade do direito e a aplicá-lo coerentemente*. Neste ponto cabe ainda uma outra advertência: a de que *obediência da integridade e da coerência não implica uma "proibição de interpretar"*. Ora, interpretar é dar sentido. É fundir horizontes. O direito é uma atividade interpretativa que se articula a partir de regras e princípios, prática esta comandada por uma Constituição. Não constitui mais nenhuma novidade afirmar que as palavras da lei (*lato sensu*) contêm vaguezas e ambiguidades. O que deve ser entendido é que a aplicação destes textos (isto é, a sua transformação em normas) não depende de uma subjetividade assujeitadora (esquema sujeito-objeto que sustenta a filosofia da consciência), como se os sentidos a serem atribuídos fossem frutos da vontade (do poder) do intérprete. Definitivamente, o aplicador do direito não é o "proprietário dos sentidos".

2.4. Princípio quatro: o dever fundamental de justificar as decisões ou de como a motivação não é igual à justificação

Se nos colocamos de acordo que a hermenêutica a ser praticada no Estado Democrático de Direito *não pode deslegitimar o texto jurídico-constitucional* produzido democraticamente, parece evidente que a sociedade não pode ser "indiferente às razões pelas quais um juiz ou um tribunal toma suas decisões. O direito, sob o paradigma do Estado Democrático de Direito, cobra reflexão acerca dos paradigmas que informam e conformam a própria decisão jurisdicional" (Cattoni de Oliveira, op. cit., p. 51). Há, pois, uma forte responsabilidade política dos juízes e tribunais, circunstância que foi albergada no texto da Constituição, na especificidade do art. 93, IX, que determina, embora com outras palavras, *que o juiz explicite as condições pelas quais compreendeu*.

Mais do que fundamentar uma decisão, é necessário justificá-la, o que torna inexplicável e injustificável, *v.g.*, a proliferação do recurso denominado "embargos declaratórios" nos tribunais da República (e, não raras vezes, em face da negativa de os tribunais explicitarem o que foi decidido, a parte litigante fica obrigada a interpor Recurso Especial em face da "negativa de vigência do dispositivo legal que confere o direito a embargar decisões *não plenamente fundamentadas*"). *Fundamentar a fundamentação*: eis o elemento hermenêutico pelo qual se manifesta a compreensão do fenômeno jurídico. Não há princípio constitucional que resista à falta de fundamentação, assim como não há embargo declaratório que possa restabelecer, posteriormente, aquilo que é a sua condição de possibilidade: *o fundamento do compreendido*.

O dever de fundamentar as decisões (e não somente a decisão final, mas todas as do *iter*) está assentado em um novo patamar de participação das partes no processo decisório. A fundamentação está ligada ao controle das decisões, e o controle depende dessa alteração paradigmática no papel das partes da relação jurídico-processual. Por isso, o protagonismo judicial-processual – que, como já se viu, provém das teses iniciadas por Bullow, Menger e Klein ainda no século XIX – deve soçobrar diante de uma adequada garantia ao contraditório e dos princípios já delineados. Decisões de caráter "cognitivista", de ofício ou que, serodiamente, ainda buscam a "verdade real" se pretendem "imunes" ao controle intersubjetivo e, por tais razões, são incompatíveis com o paradigma do Estado Democrático. Veja-se que a Corte de Cassação da Itália (n. 14.637/02) recentemente anulou decisão fundada sobre uma questão conhecida de ofício e não submetida pelo juiz ao contraditório das partes, chegando a garantir que o recurso deve vir já acompanhado da indicação da atividade processual que a parte poderia ter realizado se tivesse sido provocada a discutir. Em linha similar – e em certo sentido indo além –, o Supremo Tribunal de Justiça de Portugal (Rec.

10.361/01) assegurou o direito de a parte *controlar as provas do adversário*, implementando a garantia da participação efetiva das partes na composição do processo, incorporando, no *decisum*, doutrina (Lebre de Freitas, op. cit., p. 96) no sentido de que o contraditório deixou de ser a defesa, no viés negativo de oposição ou resistência à atuação alheia, para passar a ser a influência, no sentido positivo do direito de *influir ativamente* no desenvolvimento do processo. O Supremo Tribunal Federal do Brasil (MS 24.268/04, Rel. Min. Gilmar Mendes) – embora venha impedindo, historicamente, a análise de recursos extraordinários que invoquem o aludido princípio – dá sinais sazonais da incorporação dessa democratização do processo, fazendo-o com base na jurisprudência do *Bundesverfassungsgericht*, é dizer, a pretensão à tutela jurídica corresponde à garantia consagrada no art. 5°, LV, da CF, contendo os seguintes direitos: (a) direito de informação (*Recht auf Information*), que obriga o órgão julgador a informar a parte contrária dos atos praticados no processo e sobre os elementos dele constantes; (b) direito de manifestação (*Recht auf Äusserung*), que assegura ao defensor a possibilidade de manifestar-se oralmente ou por escrito sobre os elementos fáticos e jurídicos constantes do processo; (c) direito de ver seus argumentos considerados (*Recht auf Berucksichtigung*), que exige do julgador capacidade, apreensão e isenção de ânimo (*Aufnahmefähigkeit und Aufnahmebereitschaft*) para contemplar as razões apresentadas. O mesmo acórdão da Suprema Corte brasileira incorpora a doutrina de Durig/Assmann, sustentando que o dever de conferir atenção ao direito das partes não envolve apenas a obrigação de tomar conhecimento (*Kenntnisnahmeplicht*), mas também a de considerar, séria e detidamente, as razões apresentadas (*Erwägungsplicht*).

Assim, além de outros princípios, a garantia que cada cidadão tem de que a decisão estará devidamente fundamentada – porque cada ato de aplicação judicial é um ato de jurisdição constitucional – está umbilicalmente ligada à *garantia do contraditório*, que assume uma especificidade radical nesta quadra da história, isto é, o contraditório passa a ser a garantia da possibilidade da efetiva participação das partes na formação da resposta judicial, *questão que se refletirá na fundamentação da decisão*, que deve explicitar o *iter* percorrido no processo, tornando a decisão visível e apta ao controle social-jurisdicional (inclusive, a toda evidência, transparente à apreciação que a doutrina deve fazer sobre as decisões judiciais).

Mais ainda, a fundamentação (justificação) da decisão, em face da mediação entre o geral e o particular (o todo e a parte que constituem o *hermeneutische Zirkel*) na tomada de decisões práticas faz com que nela – na fundamentação do compreendido – o intérprete (juiz) *não possa impor um conteúdo moral atemporal ou a-histórico*, porque o caso concreto representa a síntese do fenômeno hermenêutico-interpretativo. Em outras palavras, há que se ter claro que o espaço da adjudicação de "valores" a partir de discursos com pretensões corretivas *já foi "ocupado" pelo legislador democrático*, valendo por todos, nesse particular, o acerto da tese habermasiana da cooriginariedade entre direito e moral.

Por esse princípio (dever fundamental de justificar as decisões), é possível discutir a aplicação do direito a partir da historicidade de cada ato hermenêutico-interpretativo, isso porque o dever de fundamentar significa uma blindagem contra historicismos e a-historicidades. Com efeito, a historicidade da compreensão se apresenta como elemento fundamental do dever de fundamentação das decisões e, ao mesmo tempo, como pressuposto do princípio do direito fundamental a uma resposta constitucionalmente adequada. Afinal, como já ressaltado, é impossível estabelecer um "grau zero" a partir de onde se desencadeará o processo hermenêutico-compreensivo. Os sentidos que compreendemos e articulamos não são escolhidos arbitrariamente por nós mesmos. De alguma forma, sempre prestamos tributo à autoridade de algo que nos antecede e que, ao mesmo tempo, possibilita nossos projetos de sentido, permitindo, assim, que nos compreendamos uns aos outros e que compreendamos os textos que nos foram legados pela tradição. Portanto, é este o sentido daquilo que Gadamer descreve como consciência histórica efeitual (*Wirkungsgeschichtliches Bewußtsein*).

Portanto, a historicidade da compreensão gera, para o intérprete-juiz, uma série de compromissos a serem cumpridos na fundamentação de sua decisão. À medida que o julgador não está isolado dos demais participantes de uma comunidade política e tampouco é um observador privilegiado capaz de acessar os significados universais (por mais difícil que seja a admissão dessa limitação humana), é absolutamente necessário que sua decisão explicite os vínculos que necessariamente ela – a decisão – mantém com a tradição, enfim, com a história da qual ela se compreende como efeito. Ao explicitar tais vínculos – que deverão manifestar a compreensão de um contexto composto de textos doutrinários, de precedentes, de leis e da compatibilidade destes para com a Constituição – aparecerão também os choques ou rupturas que a nova interpretação estabelecerá com relação à história que a possibilitou.

Isso é próprio do processo hermenêutico, visto que o círculo da compreensão não se dá como um círculo vicioso, mas, sim, como um círculo virtuoso, que agrega mais possibilidades de sentido, cada vez que esta se compreende como efeito da história. Essas rupturas e choques que a decisão atual opera com relação à história institucional deverão passar por um *amplo e sólido processo de justificação* que legitimará a decisão que foi tomada. Essa "nova" decisão, por sua vez, tornará possível – graças aos efeitos da história – que outra decisão (futura) utilize o seu contexto significativo para oferecer uma solução jurídica para outros casos concretos, justificando novamente qualquer ruptura ou choque com uma decisão anterior numa cadeia constante que, com Gadamer, poderíamos compará-la à forma de uma *espiral* e, com Dworkin, à descrição do direito como *integridade*, em especial as questões atinentes à integridade e história e à cadeia do direito.

Por isso apostamos ainda no primeiro Elster, aquele que metaforizou a Constituição como o mastro da nau que levava Ulisses a Ítaca, em face do segundo momento do autor, no qual este afirma que a Constituição "deveria ser uma estrutura de ação política, não um instrumento para a ação" (ELSTER, op. cit., p. 133). Os efeitos da história constroem uma cadeia para que, assentada na tradição, delimitar balizas que devem ser vistas por todos os atores envolvidos no processo democrático não como um *instrumento* – tampouco como uma *estrutura* – para a ação, mas sim como condição de possibilidade para que essa *cadeia* ou *espiral* seja construída. A força normativa da Constituição de Hesse só terá *sentido* quando esse elemento histórico-efetual se fizer presente no imaginário dos juristas, fazendo com que a historicidade (que só existe *na* e *pela* linguagem) seja compreendida como elemento fundante da tradição que nos lega a integridade e a coerência. Uma jurisdição só será íntegra e coerente quando, de fato, compreender a historicidade.

A historicidade da compreensão opera também quando procuramos esclarecer o significado paradigmático dos princípios jurídico-constitucionais. O resgate do mundo prático (facticidade) efetuado por tais princípios (porque os princípios são a transcendência da regra) e a sua importância antidiscricionária devem ser colocados no nível da historicidade da compreensão para que possam aparecer seus contornos diferenciais em relação às demais manifestações principiológicas que verificamos no âmbito da teoria do direito.

Essa consciência histórico-efeitual pressupõe que todas as decisões e pareceres subscritos pelos juristas devem estar detalhadamente fundamentados, e essa fundamentação deve estar embasada em *argumentos de princípio*, e não de política (política entendida no sentido apontado por Dworkin: um tipo de padrão que estabelece um objetivo a ser alcançado, em geral uma melhoria em algum aspecto econômico, político, criminal ou social, ainda que certos objetivos sejam negativos pelo fato de estipularem que algum estado atual deve ser protegido contra mudanças adversas). Portanto, os argumentos de política que devem ser evitados são argumentos com base em fins coletivos, fins sociais, como na tradição utilitarista (*v.g.*, argumentos como "combate à impunidade", "resguardo da moralidade pública", "adequação social da conduta", "reserva do possível", para referir apenas alguns). Tal circunstância evidentemente – e até para evitar mal-entendidos – não retira o caráter político do empreendimento coletivo que é o direito.

Não há dúvidas, portanto, de que o direito é "*political*" no sentido de *politics*, assim como as decisões judiciais (Dworkin). Mas não se pode "criar um grau zero de significação" a partir de argumentos de política (*policy*), que justificariam atitudes/decisões meramente baseadas em estratégias econômicas, sociais ou morais. Corre-se o risco de estabelecer uma contradição insuperável para o direito, tornando-o caudatário da política, da economia, da moral, etc., *a partir da transformação da hermenêutica em uma mera disputa retórica*. Já os argumentos baseados em princípios decorrem de um padrão (por isso, princípio) que deve ser observado, não porque vá promover ou assegurar uma situação econômica, política ou social considerada desejável, *mas porque é uma exigência de justiça ou direito a tratamento equânime ou alguma outra dimensão da moralidade*. Dworkin exemplifica a diferença entre argumentos de política e de princípio, ao asseverar que o padrão que estabelece que os acidentes de trânsito devem ser reduzidos é uma política, enquanto o padrão segundo o qual nenhum homem deve beneficiar-se de seus próprios delitos é um princípio. A distinção poderá ruir se interpretarmos um princípio como a expressão de objetivo social ou se interpretarmos uma política como expressando um princípio (isto é, o princípio de que o objetivo que a contém é meritório) ou, ainda, se adotarmos a tese utilitarista pela qual os princípios de justiça são declarados disfarçados de objetivos (assegurar a maior felicidade para o maior número).

A partir disso – uma vez que a consequência é o reforço do espaço de autonomia do direito e da força normativa da Constituição – tem-se que o dever fundamental de justificar as decisões assume especial relevância no plano da *transparência* do processo democrático de aplicação das leis. Destarte, as possibilidades de controlar democraticamente as decisões dos juízes (que transitam no terreno do contramajoritarismo) residem precisamente na necessidade de sua justificação. E esse dever de fundamentação não é meramente teleológico; é, também e fundamentalmente, um dever de esclarecimento acerca do estado da arte do processo sob apreciação; é uma *accountability* permanente. Trata-se, pois, de um direito fundamental do cidadão, como, aliás, é posição assumida pelo Tribunal Europeu de Direitos Humanos. Afinal, se o Estado Democrático de Direito representa a conquista da supremacia da produção democrática e do acentuado grau de autonomia do direito, a detalhada fundamentação das decisões proporciona uma espécie de *accountability* jurídico-político em favor da sociedade.

A necessidade da fundamentação impede que as decisões se resumam à citação de enunciados assertóricos, anti-hermenêuticos na origem, por obnubilarem a singularidade dos casos (veja-se que o princípio é o mundo prático do direito; nem mesmo o princípio pode ser resumido a um enunciado assertórico). Este princípio – que é um dever fundamental – vem a ser complementado por outro igualmente fundamental: o do direito de obter uma resposta constitucionalmente adequada à Constituição, isto é, o do direito a obter uma resposta baseada em pretensões juridicamente tuteladas.

Advirta-se, por relevante, que o trabalho do intérprete não exclui a dimensão pessoal-valorativa inerente a qualquer atividade compreensiva. Como já referido, o controle rigoroso da interpretação, a preservação da autonomia do direito, o respeito à integridade do direito e o dever fundamental de justificar detalhadamente às decisões *não implicam uma "vedação de atribuir sentidos aos textos jurídicos"*, ou seja – e me permito insistir nisso –, nada disso implica uma "proibição de interpretar". Longe disso! Insista-se: a superação (morte) do esquema sujeito-objeto acarretou também o fim da filosofia da consciência, pensada como elemento de fundamentação transcendental. Mas tal circunstância – e isso é de fundamental importância, para evitar mal-entendidos –, não representou a eliminação do sujeito, *que evidentemente está presente em qualquer relação de objeto que faz parte de qualquer enunciado* (jurídico ou não). Que fique bem claro: não se pode confundir pré-compreensão com visão de mundo, preconceitos ou qualquer outro termo que revele uma abertura para o relativismo. A pré-compreensão (*Vorverständnis*) demonstra exatamente que não há espaço para este tipo de relativização subjetivista que acabaria, no fundo, caindo nas armadilhas de um ceticismo filosófico. Daí a pergunta que a hermenêutica repete indefinidamente: de que modo um processo lógico-argumentativo pode "acontecer" sem a pré-compreensão (atenção: pré-compreensão e não "preconceitos")? Eis o "enigma" proposto por Schnädelbach, na esteira de Gadamer: *o problema do sentido se situa antes do problema do conhecimento*.

Esse é o significado da pré-compreensão. Por isso a interpretação é a explicitação daquilo que se compreendeu.

Contudo, admitir que cada sujeito possua preferências pessoais, escolhas, decisões, gostos, valores etc. – o que é inerente ao modo próprio de ser-no-mundo de cada pessoa (são os seus preconceitos) – não quer dizer, sob hipótese alguma, que não possa haver *condições de verificação sobre a correção ou veracidade acerca de cada decisão* que for tomada pelo sujeito-intérprete. Ou seja, nada disso quer dizer que dependemos apenas dos aspectos linguísticos presentes no dizer ou de limites semânticos dos textos jurídicos aptos e necessários para qualquer enunciado. Com efeito, há sempre um significado do texto (é, lembremos, como deixo claro, em *Hermenêutica Jurídica em Crise*, op. cit., e *Verdade e Consenso*, op. cit., a partir do conjunto da obra de Gadamer, *texto é sempre um evento*) que não advém tão somente do "próprio texto", mas, sim, de uma análise de decisões anteriores, da aplicação coerente de tais decisões e da compatibilidade do texto com a Constituição (que compromete o jurista com o futuro do direito e, portanto, com seu aspecto transformador). Nesse sentido, o grau de exigência de fundamentação aumentará à medida que essa significação atribuída ao texto se afastar dos "aspectos formais-semânticos" da linguagem do texto (constitucional, em especial). Trata-se, pois, de produzir adesão mediante a construção de processos de convencimento e de estabelecer amplas possibilidades de controle da decisão através de uma interpretação elucidativa do que está implícito no discurso jurídico.

Essa questão assume ainda maior relevância se atentarmos para o fato de que não há mecanismos exteriores de controle das decisões últimas do Supremo Tribunal Federal, razão pela qual *aumenta a responsabilidade da doutrina* e da comunidade jurídica situada sempre no contexto maior da sociedade, onde se articulam os elementos últimos do funcionamento em termos de controle político-democrático, visto que o todo em que se insere a Constituição não possui, fora de si, referências a que se possa apelar como critérios de fundamentação.

Há que se levar em conta, ademais, que justificar quer dizer fundamentar. E que isso vai muito além do "motivar". Posso ter vários motivos para fazer algo; mas talvez nenhum deles seja justificado. Isto quer dizer que fica afastada a possibilidade de se dizer que o juiz primeiro decide para só depois fundamentar (ou "motivar"). Se, diante de um Auto de Prisão em Flagrante, o juiz se limita a dizer que "o flagrante prende por si" ou "a gravidade do crime é suficiente para decretar a preventiva", tem-se que, de forma inequívoca, estar-se-á diante de decisões não corretas. Por mais que o crime seja violento e que, teleologicamente, o juiz queira manter o indiciado preso, essa decisão deverá ser reformada (concessão de *habeas corpus*). Isto porque uma mínima reconstrução da história institucional do Direito aplicável ao caso demonstrará a posição da doutrina e da jurisprudência, especialmente do Supremo Tribunal Federal, acerca dos requisitos exigíveis para uma prisão ser legítima. A deontologia do princípio da presunção da inocência – que atua no código lícito-ilícito – aponta para a resposta correta (concessão do *habeas corpus*).

Em síntese, a interpretação do direito deve levar em conta que há algo que está subentendido no pensamento jurídico: a necessidade de que essa hermenêutica possa garantir que uma universalidade *já sempre em operação*, como forma do modo de nos relacionarmos com os objetos do mundo, não possa, a qualquer momento, vir a ser restringida por especificações exteriores advindas da simples objetificação – *como se a nossa relação com os objetos fosse mediada por um "grau zero de sentido"* –, decorrentes de uma analítica, preocupada simplesmente com a análise de textos ou de posturas pragmatistas despreocupadas com a autonomia do direito ou com o mundo prático traduzido nos princípios constitucionais.

2.5. Princípio cinco: o direito fundamental a uma resposta constitucionalmente adequada

Esse princípio tem uma relação de *estrita dependência* do dever fundamental de justificar as decisões e daqueles princípios (ou subprincípios) – cunhados pela tradição constitucionalista – que tratam do *efeito integrador* (ligado ao princípio da unidade da Constituição), da *concordância prática* ou da *harmonização*, da *máxima efetividade* e da *interpretação conforme a Constituição*. Como princípio instituidor da relação jurisdição-democracia, a obrigação de fundamentar – que, frise-se, não é uma fundamentação de caráter apodítico – visa a preservar a força normativa da Constituição e o caráter deontológico dos princípios. Consequentemente, representa uma blindagem contra interpretações deslegitimadoras e despistadoras do conteúdo que sustenta o *domínio normativo* dos textos constitucionais. Trata-se de substituir qualquer pretensão solipsista pelas condições histórico-concretas, sempre lembrando, nesse contexto, a questão da tradição, da coerência e da integridade, para bem poder inserir a problemática na superação do esquema sujeito-objeto pela hermenêutica jurídica.

Se o desafio de uma metódica jurídica, no interior desse salto paradigmático, é "como se interpreta" e "como se aplica", as próprias demandas paradigmáticas do direito no Estado Democrático apontam para uma terceira questão: a discussão acerca das condições que o intérprete/aplicador possui para encontrar uma resposta que esteja adequada ao *locus* de sentido fundante, isto é, *a Constituição*. Quem está encarregado de interpretar a Constituição a estará concretizando, devendo encontrar um *resultado constitucionalmente justo* (a expressão é de Gomes Canotilho). E esse resultado deve estar justificado, formulado em condições de aferição acerca de estar ou não constitucionalmente adequado.

Há, assim, um direito fundamental ao cumprimento da Constituição. Mais do que isso, trata-se de um *direito fundamental a uma resposta adequada à Constituição* ou, se assim se quiser, uma resposta constitucionalmente adequada (ou, ainda, uma resposta hermeneuticamente correta em relação à Constituição). Essa resposta (decisão) ultrapassa o raciocínio causal-explicativo, buscando no *ethos* principiológico a fusão de horizontes (*Horizontverschmelzung*) demandada pela situação que se apresenta. Antes de qualquer outra análise, deve-se sempre perquirir a compatibilidade constitucional da norma jurídica com a Constituição e a existência de eventual contradição. Deve-se sempre perguntar se, à luz dos princípios e dos preceitos constitucionais, a norma é aplicável ao caso. Mais ainda, há de se indagar em que sentido aponta a pré-compreensão (*Vor-verständnis*), condição para a compreensão do fenômeno. Para interpretar, é necessário compreender (*verstehen*) o que se quer interpretar. Este "estar diante" de algo (*ver-stehen*) é condição de possibilidade do agir dos juristas: a Constituição.

A decisão constitucionalmente adequada é *applicatio* (superada, portanto, a cisão do ato interpretativo em conhecimento, interpretação e aplicação), logo, a Constituição só acontece enquanto "concretização", como demonstrado por Friedrich Muller a partir de Gadamer. Isso porque a interpretação do direito é um ato de "integração", cuja base é o círculo hermenêutico, sendo que o sentido hermeneuticamente adequado se obtém das concretas decisões por essa integração coerente na prática jurídica, assumindo especial importância a autoridade da tradição (que não aprisiona, mas funciona como condição de possibilidade). Não esqueçamos que a constante tarefa do compreender consiste em elaborar projetos corretos, adequados às coisas, como bem lembra Gadamer.

Nesse sentido, os conceitos jurídicos (enunciados linguísticos que pretendem descrever o mundo, epistemologicamente) não são o lugar dessa resposta (constitucionalmente adequada), mas *essa resposta será o lugar dessa "explicitação"*, que, hermeneuticamente, não se contenta com uma fundamentação assertórica/semântica, porque nela – nessa resposta – há um elemento *a priori*, sustentado na pré-compreensão e no mundo prático. Em outras palavras, a resposta constitucionalmente adequada, *como direito fundamental do cidadão*, é a explicitação das condições de possibilidade a partir das quais é possível desenvolver a ideia do que significa fundamentar e do que significa justificar.

Por fim, o direito fundamental a uma resposta constitucionalmente adequada não implica a elaboração sistêmica de respostas definitivas. Isso porque a pretensão de se buscar respostas definitivas é, ela mesma, anti-hermenêutica, em face do *congelamento de sentidos* que isso propiciaria. Ou seja, a pretensão a esse tipo de resposta sequer teria condições de garanti-la. Mas o fato de se obedecer à coerência e à integridade do direito, a partir de uma adequada suspensão da pré-compreensão que temos acerca do direito, enfim, dos fenômenos sociais, *por si só já representa o primeiro passo no cumprimento do direito fundamental que cada cidadão tem de obter uma resposta adequada à Constituição*. Veja-se, nesse sentido, que Habermas, em seu *Era das transições* (op. cit.), embora a partir de uma perspectiva não propriamente próxima à hermenêutica, mas, evidentemente antirrelativista – e esse ponto interessa aos propósitos da hermenêutica aqui trabalhada –, afirma que a busca da resposta correta ou de um resultado correto somente pode advir de um processo de autocorreções reiteradas, que constituem um aprendizado prático e social ao longo da história institucional do direito.

O direito a uma resposta constitucionalmente adequada será, assim, *consequência da obediência aos demais princípios*, isto é, a decisão (resposta) estará adequada na medida em que for respeitada, em maior grau, a autonomia do direito (que se pressupõe produzido democraticamente), evitada a discricionariedade (além da abolição de qualquer atitude arbitrária) e respeitada a coerência e a integridade do direito, a partir de uma detalhada fundamentação. O direito fundamental a uma resposta adequada à Constituição, mais do que o assentamento de uma perspectiva democrática (portanto, de tratamento equânime, respeito ao contraditório e à produção democrática legislativa), é um "produto" filosófico, porque caudatário de um novo paradigma que ultrapassa o esquema sujeito-objeto predominante nas duas metafísicas (clássica e moderna).

3. Elementos conclusivos: padrões principiológicos, e não *topoi*

Inegavelmente a Constituição do Brasil abarcou o universo das diferentes características que conforma(ra)m o constitucionalismo do segundo pós-guerra. Consequentemente, necessita de um novo patamar hermenêutico. Com efeito, as diversas Constituições e ordenamentos anteriores estabeleceram uma prática institucional, incompatível com essa nova concepção de direito. Trata-se, portanto, da demanda de um novo paradigma interpretativo e de se saber se o conhecimento jurídico está ou não imune aos influxos das revoluções paradigmáticas ocorridas na filosofia e na linguagem, ou se, em definitivo, o direito pode seguir "um caminho separado", como se fosse possível reservar/confinar suas complexidades às discussões acerca dos usos pragmáticos da linguagem ou a outras críticas externas que se pretendem "otimizadoras" de um conhecimento que, desse modo, assume-se insipiente e insuficiente diante do que representa o direito no Estado Democrático. A compreensão dessa nova fenomenologia dependerá, portanto, de uma interpretação jurídica sustentada em princípios que se forjam no interior do paradigma que engendrou esse novo direito.

Tais princípios, não exaustivos – e que são padrões, e não regras ou metarregras –, apontam para além dos tradicionais princípios (gerais do direito ou jurídico-constitucionais entendidos como meros critérios ou *standards*) e para além dos contemporâneos métodos de interpretação, que, embora preocupados com a efetividade/concretização da Constituição, guardam filiação à dicotomia "método-aplicação" e, em alguns casos, não superaram o problema do paradigma representacional. O caráter deontológico dos princípios afasta, do mesmo modo, critérios, *standards* e *prêt-à-porters* travestidos de princípios, como, por todos, os "da confiança no juiz da causa", "da circularidade", "do fato consumado", "da afetividade", "da benignidade", "da instrumentalidade", "da tempestividade", "da delação impositiva" e "da cooperação processual", para citar apenas alguns, que representam invenções *ad hoc* e fragilizam a força normativa do direito produzido democraticamente. Esses *standards*, na verdade, permanecem na superficialidade das posturas analíticas presas ao "aguilhão semântico" ou no entremeio de teorias que buscam deslocar o polo central da interpretação em direção a um conjunto de procedimentos argumentativos, terminando, ao fim e ao cabo, por servir aos propósitos de discursos "substitutivos/corretivos" do direito, com o sacrifício do caráter normativo dos próprios princípios, duramente conquistado no paradigma do Estado Democrático de Direito.

Refira-se, ainda na mesma linha, que esses princípios não devem ser vistos como um conjunto de *topoi* argumentativos, nem como componentes de uma hermenêutica (jurisprudencialista) baseada na tópica ou na nova retórica (por todos, lembremos Theodor Viehweg), ou, ainda, dependentes, para a sua aplicação, das fórmulas para resolver "casos difíceis" (é o caso, *v.g.*, da ponderação de valores, que não escapa às fortíssimas críticas advindas de autores que vão de Friedrich Muller a Jürgen Habermas). Princípio é, assim, condição de possibilidade de qualquer interpretação, estando presente, de forma transcendental, em cada relação regra-princípio (por isso, não há distinção estrutural entre regra e princípio). Por isso, o princípio funciona como um acentuado grau de "blindagem" contra os desvios hermenêuticos (conveniências políticas, argumentos morais etc.). Talvez o principal problema da compreensão do princípio esteja em localizá-lo ou *confiná-lo* no plano analítico, como se fosse uma regra "com adereços" e "comandos de otimização". E, à medida que essa circunstância, segundo determinadas leituras, leva à "abertura" da interpretação e ao aumento do poder discricionário do intérprete, tem-se, inexoravelmente, um segundo problema: o enfraquecimento da autonomia do direito diante de discursos "corretivos" que, assim compreendido o papel de abertura dos princípios, "penetram" nestas "frestas", configurando a aludida correção interpretativa com fulcro na moral, na economia, na política etc.

Na mesma linha, a (simples) equiparação dos princípios a valores significa negar a historicidade da compreensão. Somente podemos falar no conteúdo dos princípios constitucionais quando nos apropriamos do horizonte histórico hermeneuticamente correto. No caso, p. ex., do *due process of law*, sua determinação concreta na decisão judicial não poderá obedecer às simples opiniões e aos preconceitos do intérprete-juiz, mas, sim, prestar contas a uma carga histórica complexa que se arrasta no tempo histórico. Por certo que essa *accountability* hermenêutica não se dá na forma de um inventário interminável de datas e principais características que o devido processo legal assume ao longo da história. Mas há contextos de significados conteudísticos que são marcados pela história e que precisam ser explicitados pelo juiz no momento de sua decisão. São esses conteúdos históricos, frutos de experiências compartilhadas, *que irão tomar conta do espaço que o positivismo reservou à discricionariedade judicial.* No âmbito da história efeitual, não há espaço para os antigos "proprietários dos meios de produção do sentido" sustentados no protagonismo do sujeito solipsista.

Algumas questões se colocam na implicitude da formulação dos princípios em questão, o que implica a superação de alguns pressupostos que se encontram na base da cotidianidade das práticas dos juristas brasileiros. Destarte: *primeiro*, quando se diz que a Constituição e as leis são constituídas de plurivocidades sígnicas (textos "abertos", palavras vagas e ambíguas, etc.), tal afirmativa não pode reforçar o cerne das teorias semânticas sobre o direito e, tampouco, incentivar/permitir recaídas solipsistas em pleno paradigma da intersubjetividade; *segundo*, a assim denominada "era dos princípios" (chamada por Luis Prieto Sanchis de "nova idade de ouro") não pode significar um "aumento do espaço de discricionariedade do intérprete" (princípios constitucionais e discricionariedade judicial são antitéticos); *terceiro*, ao contrário disso, a abundância principiológica demonstra a dimensão do mundo prático introduzido nas Constituições, questão bem demonstrada nas teses de jusfilósofos de tão diferentes matizes como Ronald Dworkin, Luigi Ferrajoli e Jürgen Habermas, para citar apenas estes; em outras palavras, princípios "fecham" a interpretação e não a "abrem"; *quarto*, quando se popularizaram as assertivas de que "texto não é igual à norma" e de que "a norma é o produto da interpretação do texto" – questão para a qual até mesmo alguns setores da dogmática jurídica mais elementar já se atenta(ra)m –, nem de longe isso pode significar que "o texto não vale nada" ou que "norma e texto" são "coisas à disposição do intérprete", ou, ainda, que a "fixação da norma ao texto" depende da "vontade" (no velho sentido kelseniano da palavra, apesar de estarmos no século XXI) do intérprete; *quinto*, não basta salvaguardar ou distinguir a "discricionariedade" da "arbitrariedade", isso porque a própria discricionariedade – que nem de longe se esgota em uma dimensão semântico-analítica (seria uma ilusão pensar que o texto, desindexado da tradição, pudesse "segurar qualquer sentido") – implica "escolhas" não democráticas, caminho para arbitrariedades e decisionismos, problemática facilmente perceptível no direito brasileiro, a ponto de se poder dizer que as súmulas vinculantes representam uma resposta "darwiniana" a esse estado de exceção hermenêutico; deixando mais claro: o fato de considerável parcela da teoria do direito admitir a discricionariedade e abominar – ao menos no plano retórico – interpretações arbitrárias *não coloca aquela ao abrigo da democracia, como se qualquer escolha dentro do "espaço da incerteza" já estivesse, de per si, ungida de legitimidade*; mais do que isso, o direito é um fenômeno que não pode depender de autorizações dadas aprioristicamente, como se a "delegação em favor dos juízes decidirem discricionariamente" fosse um discurso fundamentado previamente; *sexto*, não basta a invocação do "caso concreto" para transformar a interpretação em uma atividade prático-normativa, isso porque, primeiro, o "caso concreto" não é álibi para posturas indutivistas/pragmatistas e, segundo, o "caso" não é fundamento para estabelecer, a qualquer momento, um "estado (*ad hoc*) de exceção hermenêutico", sem respeito à integridade do direito; em outras palavras, a afirmação simplista de que "cada caso é um caso" é uma mi(s)tificação do direito, uma vez que o direito não pode ser fragmentado em uma sucessão de casos desconexos, o que o torna refém de um mero pragmatismo; *sétimo*, a assertiva de que o direito é um sistema de regras e princípios não implica afirmar que entre estes haja uma distinção de caráter estrutural; *oitavo*, é por essa razão que se mostra equivocado afirmar que cabe aos princípios a função de "reserva hermenêutica" (justificação externa), chamados à colação apenas para solucionar casos difíceis, na "insuficiência" da "subsunção" da regra (justificação interna, mediante raciocínio dedutivo); *nono*, diante de tal circunstância, pensar que o principal problema da hermenêutica (constitucional) é a resolução dos casos difíceis (*hard cases*) é não inovar em relação ao dilema positivista do "tudo ou nada" resultante do conflito de regras; *décimo* e último, a mera denúncia da "insuficiência da subsunção" não tem o condão de superar as questões fundamentais do positivismo, servindo tão somente para isolar a regra do princípio, relegando-o a um segundo plano, como se fosse um mero "valor a ser agregado à regra".

Por tudo isso, os princípios aqui propostos têm a função de denunciar que atitudes discricionárias e arbitrárias tão somente deslegitimam aquilo que é condição de possibilidade: a Constituição, que tem a sua sustentação paradigmática na autonomia do direito. Significa também dizer que o conjunto de princípios que sustentam esse (novo) patamar interpretativo representa a preservação do processo a partir do qual se opera.

Numa palavra: Friedrich Muller já de há muito denunciava que os métodos de interpretação do direito – e a vertente principal está em Savigny – carecem de autonomia, porque qualquer interpretação se inicia pelo texto (interpretação gramatical); porque nenhuma norma do direito representa apenas a si mesma (interpretação sistemática) e porque cada norma pode ser questionada com vista à sua finalidade (interpretação teleológica). Ora, os métodos ou princípios da interpretação constitucional apresentados pela doutrina e pela jurisprudência sofrem de problema similar. Em outras palavras: malgrado a relevância de cada método (*v.g.*, método jurídico, tópico-problemático, hermenêutico-concretizador, científico-espiritual, normativo-estruturante) e de cada princípio (*v.g.*, unidade da Constituição, efeito integrador, máxima efetividade, conformidade funcional, concordância prática ou da harmonização, força normativa da Constituição, interpretação conforme a Constituição), além de subprincípios (*v.g.*, praticabilidade, interpretação a partir do nexo da história das ideias), *o problema continua sendo a ausência* – por impossibilidade filosófica – *de critérios para a sua aplicação*, a menos que se admita, em pleno paradigma da intersubjetividade, que ainda é possível lançar mão de uma metodologia sustentada no paradigma racionalista. Outra dificuldade advém do fato de que, por vezes, o intérprete lança mão, a um só tempo, de métodos e princípios sem a necessária especificação acerca das condições "epistemológicas" para tal, como se fosse possível utilizá-los a partir de um "grau zero de sentido", *sem compromisso com a coerência e a integridade do direito*. É nesse sentido que o conjunto de princípios aqui delineados busca apontar para a necessidade de uma unidade interpretativa, no interior da qual os diferentes princípios nominados pela tradição encontram guarida.

A partir da derrocada da metódica racionalista acende-se o debate acerca da condição de possibilidade para interpretar. Em uma apressada leitura da história, poder-se-ia entender que, cortadas as "amarras do supremo momento da subjetividade", isso poderia representar uma espécie de abertura do processo de compreensão, mormente em um direito repleto de princípios e cláusulas abertas. Veja-se, entretanto, que a herança *kelseniana* do decisionismo não foi superada até hoje e que a discricionariedade *hartiana* foi, de algum modo, reapropriada pelas teorias argumentativas, só que sob o manto de uma racionalidade argumentativa com a pretensão de dar solução ao problema de uma pós-metódica. Com efeito, a teoria da argumentação alexyana, tese que mais tem sido utilizada na tentativa de solucionar os dilemas destes tempos pós-positivistas – embora tenha trazido seus avanços –, não conseguiu fugir do velho problema engendrado pelo subjetivismo: a discricionariedade, circunstância que é reconhecida pelo próprio Alexy: "Os direitos fundamentais não são um objeto passível de ser dividido de uma forma tão refinada que inclua impasses estruturais – ou seja, impasses reais no sopesamento –, de forma a torná-los praticamente sem importância. Neste caso, então, *existe uma discricionariedade para sopesar, uma discricionariedade tanto do legislativo quanto do judiciário*" (Cf. Alexy, *Teoria dos Direitos Fundamentais*, op. cit., p. 611). Esse é o ponto que liga a teoria alexyana ao protagonismo judicial, isto é, o *sub-jectum* da interpretação termina sendo o juiz e suas escolhas.

De todo modo – a partir dos avanços e dos recuos das diversas teorias preocupadas em buscar justificativas para o discurso – a preocupação da teoria do direito continuou e continua sendo, com o controle da interpretação do direito, problemática agravada pelo crescimento da jurisdição em relação à legislação. Se aos princípios é possível *debitar* esse crescimento tensional, é igualmente neles que reside o modo de, ao mesmo tempo, preservar a autonomia do direito e a concretização da força normativa da Constituição. À medida que não existe uma teoria geral dos princípios e tampouco princípios autônomos que possam nortear a hermenêutica jurídica, *a formulação de um conjunto de padrões aplicativos significa*, a um só tempo, *abertura para novas formulações e unidade na aplicação, com a preservação da autonomia do direito* (ou o grau acentuado de autonomia conquistado no Estado Democrático de Direito), sua *integridade* (política e decisional) e *coerência* a partir de decisões devidamente fundamentadas (*accountability* hermenêutica), garantindo-se, assim, o direito de todos a obterem decisões adequadas à Constituição.

Tais princípios, no contexto de uma hermenêutica jurídica inserida no Estado Democrático de Direito, representam o arcabouço de uma concepção *prático-normativa do direito* que busca, a todo tempo, privilegiar a democracia, atribuindo à aplicação do direito um papel que não o torne dependente ou refém de discursos adjudicadores ou corolários de justificação de conclusões normativas.

4. Seleção de literatura

ALEXY, Robert. *Teoría de la argumentación jurídica*. Madrid: CEC, 1989; *La institucionalización de la justicia*. Granada: Comares, 2005; *Teoria dos Direitos Fundamentais*. Trad. de Virgílio A. da Silva. São Paulo: Malheiros, 2008; AROSO LINHARES, J.M. e ROSA, Alexandre M. da. *Diálogo com a Law & Economics*. Rio de Janeiro: Lumen Juris, 2008; BLACKBURN, Simon. *Verdade*: uma guia para os perplexos. Rio de Janeiro: Civilização Brasileira, 2006; BULLOW, Oskar. *Gesetz und Richteramt. Juristische Zeitgeschichte*. Berlin: Berliner Wissenschafts, 2003; CANOTILHO, J. J. Gomes. *Direito constitucional e teoria da Constituição*. 6. ed. Coimbra: Almedina, 2006; "O estado Adjetivado e a teoria da Constituição". In: *Revista da PGE-RS*, n. 56, dez./2002; O Direito Constitucional como Ciência de Direcção. O núcleo essencial de prestações sociais ou a localização incerta da socialidade – contributo para a reabilitação da força normativa da "constituição social". In: *Revista da ABDConst*, vol. 10B, 2006; CASTANHEIRA NEVES, António. *O actual problema metodológico da interpretação jurídica – I*. Coimbra: Coimbra Editora, 2003; CATTONI DE OLIVEIRA, Marcelo Andrade (Coord.). *Jurisdição e hermenêutica constitucional*. Belo Horizonte: Mandamentos, 2004; CORDEIRO LEAL, André. *Instrumentalidade do processo em crise*. Belo Horizonte: Mandamentos, 2008; COUTINHO, Jacinto Nelson Miranda. O papel do juiz no novo processo penal. In: *Crítica à teoria geral do direito processual penal*. Rio de Janeiro: Renovar, 2005; DREYER, Ralf. *Derecho y Justicia*. Bogotá: Temis, 1994; DWORKIN, Ronald. *A*

Matter of Principle. Cambridge, Mass.: Harvard University Press, 1985; *Law's Empire*. Harvard University Press, 1986; *Taking Rights Seriously*. Harvard Universiy Press, 1978; GADAMER, Hans-Georg. *Wahrheit und Methode. Grundzuge einer philosophischen Hermeneutik. I.*; *Wahrheit und Methode. Ergänzungen Register. Hermeneutik II.* Tübingen: Mohr, 1990; HABERMAS, Jurgen. *Direito e democracia I e II*. Rio de Janeiro: Tempo Brasileiro, 1997; *Era das transições*. Tempo Brasileiro, 2003; HART, Herbert. *O conceito de direito*. Lisboa: Gulbenkian, 1994; HEIDEGGER, Martin. *Ser e tempo*. Petrópolis: Vozes, 2007; *Parmênides*. Petrópolis: Vozes, 1992; LEBRE DE FREITAS, José. *Introdução ao processo civil*. Coimbra: Coimbra Editora, 1999; MAUNZ-DURIG. *Grundgesetz-Kommentar (Art. 103)*. München: Verlag C. H. Beck, 1976. v. 4. p. 85-99; MENGER, Anton. *El derecho civil e los pobres*. Buenos Aires: Atalaya, 1947; MULLER, Friedrich. *Métodos de trabalho do direito constitucional*. 3. ed. Rio de Janeiro: Renovar, 2005; NUNES, Dierle. *Processo Jurisdicional Democrático*. Curitiba: Juruá, 2008; OLIVEIRA, Rafael Tomaz de. *Decisão Judicial e conceito de princípio*. Porto Alegre: Livraria do Advogado, 2008; SANCHÍS, Luis Pietro. *Neoconstitucionalismo y ponderación judicial. Neoconstitucionalismo(s)*. Madrid: Trotta, 2003; STEIN, Ernildo. *Diferença e metafísica*. Porto Alegre: Edipucrs, 2000; STRECK, Lenio Luiz. *Dicionário de hermenêutica*: quarenta temas fundamentais da teoria do direito à luz da crítica hermenêutica do Direito. Belo Horizonte: Letramento: Casa do Direito, 2017; STRECK, Lenio Luiz. *Hermenêutica e jurisdição*: diálogos com Lenio Streck. Porto Alegre: Livraria do Advogado, 2017; STRECK, Lenio Luiz. *Verdade e Consenso*: constituição, hermenêutica e teorias discursivas. 6. ed. rev. e ampl. São Paulo: Saraiva, 2017; STRECK, Lenio Luiz. *Jurisdição Constitucional*. 5. ed. Rio de Janeiro: Forense, 2018.

INTERPRETAÇÃO CONSTITUCIONAL COMO INTERPRETAÇÃO ESPECÍFICA

LUÍS ROBERTO BARROSO

A – TERMINOLOGIA: HERMENÊUTICA E INTERPRETAÇÃO

A *hermenêutica jurídica* é um domínio teórico, especulativo, voltado para a identificação, desenvolvimento e sistematização dos princípios de interpretação do Direito[1]. A *interpretação jurídica* consiste na atividade de revelar ou atribuir sentido a textos ou outros elementos normativos (como princípios implícitos, costumes, precedentes), notadamente para o fim de solucionar problemas. Trata-se de uma atividade intelectual informada por métodos, técnicas e parâmetros que procuram dar a ela legitimidade, racionalidade e controlabilidade.

B – ESPECIFICIDADE DA INTERPRETAÇÃO CONSTITUCIONAL[2]

A interpretação constitucional é uma modalidade de interpretação jurídica. A ideia da Constituição como um documento dotado de força normativa e de justiciabilidade foi assentada, no direito americano, desde *Marbury v. Madison*, caso julgado pela Suprema Corte em 1803. Na tradição europeia-continental, tal concepção só veio a se firmar após a 2ª Guerra Mundial, tendo se tornado conhecimento convencional nas últimas décadas, inclusive no Brasil. Por ser a Constituição uma norma jurídica[3], sua interpretação se socorre dos variados elementos, regras e princípios que orientam a interpretação jurídica em geral, cujo estudo remonta ao direito romano e, na cultura jurídica romano-germânica, passa por autores importantes como Savigny, Gény e Kelsen. A interpretação, portanto, deve levar em conta o texto da norma (interpretação gramatical[4]), sua conexão com outras normas (interpretação sistemática[5]), sua finalidade (interpretação teleológica[6]) e aspectos do seu processo de criação (interpretação histórica[7])[8].

Nada obstante isso, a interpretação constitucional compreende um conjunto amplo de particularidades, que a singularizam no universo da interpretação jurídica. As especificidades das normas constitucionais quanto à sua posição hierárquica, natureza da linguagem, conteúdo e dimensão política fazem com que a interpretação constitucional extrapole os limites da argumentação puramente jurídica. De fato, além das fontes convencionais, como o texto da norma e os precedentes judiciais, o intérprete constitucional deverá ter em conta considerações relacionadas à separação dos Poderes, aos valores éticos da sociedade e à moralidade política. A moderna interpretação constitucional, sem

---

1. O termo *hermenêutica* vem de *Hermes*, personagem da mitologia grega encarregado de transmitir a mensagem dos deuses aos homens. Como os homens não falavam diretamente com os deuses, sujeitavam-se à intermediação de Hermes, à sua capacidade de compreender e revelar.

2. Para uma exposição analítica acerca da interpretação constitucional, v. BARROSO, Luís Roberto. *Interpretação e aplicação da Constituição*. 6. ed. São Paulo: Saraiva, 2004.

3. Aliás, a conquista desse *status* fez parte do processo histórico de ascensão científica e institucional da Constituição, libertando-a de uma dimensão estritamente política e da subordinação ao legislador infraconstitucional. A Constituição é dotada de força normativa e suas normas contêm o atributo típico das normas jurídicas em geral: a imperatividade. Como consequência, aplicam-se direta e imediatamente às situações nelas contempladas e sua inobservância deverá deflagrar os mecanismos próprios de sanção e de cumprimento coercitivo.

4. A interpretação gramatical se funda nos conceitos contidos na norma e nas possibilidades semânticas das palavras que integram o seu relato. Os conceitos e possibilidades semânticas do texto figuram como ponto de partida e como limite máximo da interpretação.

5. A ordem jurídica é um sistema e, como tal, deve ser dotada de unidade e harmonia. Os diferentes ramos do Direito constituem subsistemas fundados em uma lógica interna e na compatibilidade externa com os demais subsistemas. A Constituição, além de ser um subsistema normativo em si, é também fator de unidade do sistema como um todo, ditando os valores e fins que devem ser observados e promovidos pelo conjunto do ordenamento.

6. O Direito não é um fim em si mesmo, e todas as formas devem ser instrumentais. Isso significa que o Direito existe para realizar determinados fins sociais, certos objetivos ligados à justiça, à segurança jurídica, à dignidade da pessoa humana e ao bem-estar social.

7. No elenco de elementos de interpretação, os que têm caráter *objetivo*, como o sistemático e o teleológico, têm preferência sobre os de índole *subjetiva*, como o histórico. A análise histórica desempenha um papel secundário, suplementar na revelação de sentido da norma. Apesar de desfrutar de certa reputação nos países do *common law*, o fato é que na tradição romano-germânica os trabalhos legislativos e a intenção do legislador – conteúdos primários da interpretação histórica –, sem serem irrelevantes, não são, todavia, decisivos na fixação de sentido das normas jurídicas. À medida que a Constituição e as leis se distanciam no tempo da conjuntura histórica em que foram promulgadas, a vontade subjetiva do legislador (*mens legislatoris*) vai sendo substituída por um sentido autônomo e objetivo da norma (*mens legis*).

8. Os elementos tradicionais de interpretação jurídica, na sistematização adotada no Brasil e nos países de Direito codificado, remonta à contribuição de Savigny. Expoente da ciência jurídica do século XIX, fundador da Escola Histórica do Direito, distinguiu ele, em terminologia moderna, os componentes gramatical, sistemático e histórico na atribuição de sentido aos textos normativos. Posteriormente, uma quarta perspectiva foi acrescentada, consistente na interpretação teleológica. Com pequena variação entre os autores, este é o catálogo dos elementos clássicos da interpretação jurídica: gramatical, histórica, sistemática e teleológica. Nenhum desses elementos pode operar isoladamente, sendo a interpretação fruto da combinação e do controle recíproco entre eles. V. SAVIGNY, Friedrich Carl von. *Sistema del diritto romano attuale*. v. 1. Torino: Unione Tipografico-Editrice, 1886. p. 225 e ss. A edição original alemã, de 1840, tinha como título original *Das System des heutigen römischen Rechts*.

desgarrar-se das categorias do Direito e das possibilidades e limites dos textos normativos[9], ultrapassa a dimensão puramente positivista da filosofia jurídica, para assimilar argumentos da filosofia moral e da filosofia política. Ideias como interpretação evolutiva, leitura moral da Constituição[10] e interpretação pragmática se inserem nessa ordem de considerações.

C – A METODOLOGIA DA INTERPRETAÇÃO CONSTITUCIONAL TRADICIONAL

Um típico operador jurídico formado na tradição romano-germânica, como é o caso brasileiro, diante de um problema que lhe caiba resolver, adotará uma linha de raciocínio semelhante à que se descreve a seguir. Após examinar a situação de fato que lhe foi trazida, irá identificar no ordenamento positivo a norma que deverá reger aquela hipótese. Em seguida, procederá a um tipo de raciocínio lógico, de natureza silogística, no qual a norma será a premissa maior, os fatos serão a premissa menor e a conclusão será a consequência do enquadramento dos fatos à norma. Esse método tradicional de aplicação do Direito, pelo qual se realiza o enquadramento dos fatos na previsão da norma e pronuncia-se uma conclusão, denomina-se método *subsuntivo*.

Esse modo de raciocínio jurídico utiliza, como premissa de seu desenvolvimento, um tipo de norma jurídica que se identifica como regra. Regras são normas que especificam a conduta a ser seguida por seus destinatários. O papel do intérprete, ao aplicá-las, envolve uma operação relativamente simples de verificação da ocorrência do fato constante do seu relato e de declaração da consequência jurídica correspondente. É reservado ao intérprete um papel estritamente técnico de revelação do sentido de um Direito integralmente contido na norma legislada. O desenvolvimento de alguns princípios específicos de interpretação constitucional, estudados a seguir, apurou o processo de interpretação constitucional, sem subverter, contudo, as premissas metodológicas aqui identificadas.

D – PRINCÍPIOS INSTRUMENTAIS DE INTERPRETAÇÃO CONSTITUCIONAL

Em razão das especificidades das normas constitucionais, desenvolveram-se ou sistematizaram-se categorias doutrinárias próprias, identificadas como princípios específicos ou princípios instrumentais de interpretação constitucional.

Impõe-se, nesse passo, uma qualificação prévia. O emprego do termo *princípio*, nesse contexto, prende-se à proeminência e à precedência desses mandamentos dirigidos ao intérprete, e não propriamente ao seu conteúdo, à sua estrutura ou à sua aplicação mediante ponderação. Os *princípios instrumentais* de interpretação constitucional constituem premissas conceituais, metodológicas ou finalísticas que devem anteceder, no processo intelectual do intérprete, a solução concreta da questão posta. Nenhum deles se encontra expresso no texto da Constituição, mas são reconhecidos pacificamente pela doutrina e pela jurisprudência. A seguir, breve comentário objetivo acerca de cada um deles[11].

1. Princípio da supremacia da Constituição

O poder constituinte cria ou refunda o Estado, por meio de uma Constituição. Com a promulgação da Constituição, a soberania popular se converte em supremacia constitucional. Do ponto de vista jurídico, este é o principal traço distintivo da Constituição: sua posição hierárquica superior às demais normas do sistema. A Constituição é dotada de supremacia e prevalece sobre o processo político majoritário – isto é, sobre a vontade do poder constituído e sobre as leis em geral – porque fruto de uma manifestação especial da vontade popular, em uma conjuntura própria, em um *momento constitucional*[12]. Note-se que o princípio não tem um conteúdo material próprio: ele apenas impõe a primazia da norma constitucional, qualquer que seja ela.

Como consequência do princípio da supremacia constitucional, nenhuma lei ou ato normativo – a rigor, nenhum ato jurídico – poderá subsistir validamente ser for incompatível com a Constituição. Para assegurar esta superioridade, a ordem jurídica concebeu um conjunto de mecanismos destinados a invalidar e/ou paralisar a eficácia dos atos que contravenham a Constituição, conhecidos como *controle de constitucionalidade*. Assim, associado à superlegalidade da Carta Constitucional, existe um sistema de fiscalização *judicial* da validade das leis e atos normativos em geral. No Brasil, esse controle é desempenhado por meio de dois ritos diversos: (i) a via *incidental*, pela qual a inconstitucionalidade de uma norma pode ser suscitada em qualquer processo judicial, perante qualquer juízo ou tribunal, cabendo ao órgão judicial deixar de aplicar a norma indigitada ao caso concreto, se considerar fundada a arguição; e (ii) a via *principal*, pela qual algumas pessoas, órgãos ou entidades, constantes do art. 103 da Constituição Federal, podem propor uma ação direta perante o Supremo Tribunal Federal, na qual se discutirá a constitucionalidade ou inconstitucionalidade, em tese, de determinada lei ou ato normativo.

2. Princípio da presunção de constitucionalidade das leis e atos normativos

As leis e atos normativos, como os atos do Poder Público em geral, desfrutam de presunção de validade. Isso porque, ideal-

---

9. Além dos elementos clássicos, como o gramatical, histórico, sistemático e teleológico, vale-se das múltiplas categorias desenvolvidas pela hermenêutica, como a interpretação declarativa, restritiva e extensiva, a analogia, o costume, dentre muitas outras. Sobre o tema, v. BARROSO, Luís Roberto. *Interpretação e aplicação da Constituição*. 6. ed. São Paulo: Saraiva, 2004.

10. DWORKIN, Ronald. *Freedom's law:* the moral reading of the American Constitution. Cambridge: Harvard University Press, 1996.

11. Esta foi a ordenação da matéria proposta em nosso *Interpretação e aplicação da Constituição*, cuja 1ª edição é de 1995. Autores alemães e portugueses de grande expressão adotam sistematizações diferentes, mas o elenco que será apresentado parece o de maior utilidade, dentro de uma perspectiva brasileira de concretização da Constituição.

12. V. ACKERMAN, Bruce. *Nós, o povo soberano:* fundamentos do direito constitucional. Belo Horizonte: Del Rey, 2006. p. 371 e ss.

mente, sua atuação se funda na legitimidade democrática dos agentes públicos eleitos, no dever de promoção do interesse público e no respeito aos princípios constitucionais, inclusive e notadamente os que regem a Administração Pública (art. 37)[13].

Pois bem. Em um Estado constitucional de direito, os três Poderes interpretam a Constituição[14]. A presunção de constitucionalidade, portanto, é uma decorrência do princípio da separação de Poderes e funciona como fator de autolimitação da atuação judicial. Em razão disso, não devem juízes e tribunais, como regra, declarar a inconstitucionalidade de lei ou ato normativo quando: (i) a inconstitucionalidade não for patente e inequívoca, existindo tese jurídica razoável para preservação da norma[15]; (ii) seja possível decidir a questão por outro fundamento, evitando-se a invalidação de ato de outro Poder; e (iii) existir interpretação alternativa possível, que permita afirmar a compatibilidade da norma com a Constituição.

3. Princípio da interpretação conforme a Constituição

A interpretação conforme a Constituição, categoria desenvolvida amplamente pela doutrina e pela jurisprudência alemãs, compreende sutilezas que se escondem por trás da designação truística do princípio. Destina-se ela à preservação da validade de determinadas normas, suspeitas de inconstitucionalidade, assim como à atribuição de sentido às normas infraconstitucionais, da forma que melhor realizem os mandamentos constitucionais. Como se depreende da assertiva precedente, o princípio abriga, simultaneamente, uma técnica de interpretação e um mecanismo de controle de constitucionalidade.

Como técnica de interpretação, o princípio impõe a juízes e tribunais que interpretem a legislação ordinária de modo a realizar, da maneira mais adequada, os valores e fins constitucionais. Vale dizer: entre interpretações possíveis, deve-se escolher a que tem mais afinidade com a Constituição.

Como mecanismo de controle de constitucionalidade, a interpretação conforme a Constituição permite que o intérprete, sobretudo o tribunal constitucional, preserve a validade de uma lei que, na sua leitura mais óbvia, seria inconstitucional. Nessa hipótese, o tribunal, simultaneamente, *infirma* uma das interpretações possíveis, declarando-a inconstitucional, e *afirma* outra, que compatibiliza a norma com a Constituição. Trata-se de uma atuação "corretiva", que importa na declaração de inconstitucionalidade sem redução de texto[16] e tem por limite as possibilidades semânticas do texto.

4. Princípio da unidade da Constituição

A Constituição é o documento que dá unidade ao sistema jurídico, pela irradiação de seus princípios aos diferentes domínios infraconstitucionais. O princípio da unidade é uma especificação da interpretação sistemática, impondo ao intérprete o dever de harmonizar as tensões e contradições entre normas jurídicas. A superior hierarquia das normas constitucionais impõe-se na determinação de sentido de todas as normas do sistema.

O problema maior associado ao princípio da unidade não diz respeito aos conflitos que surgem entre as normas infraconstitucionais ou entre estas e a Constituição, mas sim às tensões que se estabelecem dentro da própria Constituição. De fato, a Constituição é um documento dialético, fruto do debate e da composição política. Como consequência, abriga no seu corpo valores e interesses contrapostos. Nesses casos, como intuitivo, a solução das colisões entre normas não pode se beneficiar, de maneira significativa, dos critérios tradicionais[17].

Portanto, na harmonização de sentido entre normas contrapostas, o intérprete deverá promover a *concordância prática*[18] entre os bens jurídicos tutelados, preservando o máximo possível de cada um. Em algumas situações, precisará recorrer a categorias como a teoria dos limites imanentes[19]: os direitos de uns têm de ser compatíveis com os direitos de outros. E em muitas situações, inexoravelmente, terá de fazer ponderações, com concessões recíprocas e escolhas.

---

13. Trata-se, naturalmente, de presunção *iuris tantum*, que admite prova em contrário. O ônus de tal demonstração, no entanto, recai sobre quem alega a invalidade ou, no caso, a inconstitucionalidade.

14. De fato, a atividade legislativa destina-se, em última análise, a assegurar os valores e a promover os fins constitucionais. A atividade administrativa, por sua vez, tanto normativa quanto concretizadora, igualmente se subordina à Constituição e destina-se a efetivá-la. O Poder Judiciário, portanto, não é o único intérprete da Constituição, embora o sistema lhe reserve a primazia de dar a palavra final. Por isso mesmo, deve ter uma atitude de deferência para com a interpretação levada a efeito pelos outros dois ramos do governo, em nome da independência e harmonia dos Poderes.

15. Consoante jurisprudência firme do STF, a inconstitucionalidade nunca se presume. A violação há de ser manifesta (*RTJ* 66:631, Rp 881/MG, rel. Min. Djaci Falcão), militando a dúvida em favor da validade da lei.

16. Figura próxima, mas não equivalente, é a da interpretação conforme a Constituição para declarar que uma norma válida e em vigor não incide sobre determinada situação de fato.

17. Em primeiro lugar, e acima de tudo, porque inexiste *hierarquia* entre normas constitucionais, embora se possa cogitar de uma certa hierarquia axiológica. Não é possível afirmar a inconstitucionalidade de disposições fruto da mesma vontade constituinte originária. Por essa razão, uma norma constitucional não pode ser inconstitucional em face de outra. A matéria é pacífica entre nós. V. STF, *DJU*, 10 maio 1996, ADIn 815-3/DF, rel. Min. Moreira Alves, e, na mesma linha, STF, *DJU*, 9 fev. 2006, ADInMC 3.300/DF, rel. Min. Celso de Mello. O critério *cronológico* é de valia apenas parcial. É que, naturalmente, as normas integrantes da Constituição originária são todas promulgadas na mesma data. Logo, em relação a elas, o parâmetro temporal é ineficaz. Restam apenas as hipóteses em que emendas constitucionais revoguem dispositivos suscetíveis de serem reformados, por não estarem protegidos por cláusula pétrea. Também o critério da *especialização* será insuficiente para resolver a maior parte dos conflitos porque, de ordinário, normas constitucionais contêm proposições gerais e não regras específicas.

18. Sobre concordância prática, v. HESSE, Konrad. La interpretación constitucional. In: *Escritos de derecho constitucional*. Madrid: Centro de Estudios Constitucionales, 1983. p. 48; v. tb. ÁVILA, Humberto. *Teoria dos princípios*: da definição à aplicação dos princípios jurídicos. 2. ed. São Paulo: Malheiros, 2003. p. 88.

19. Sobre a teoria dos direitos imanentes, na literatura nacional, v. PEREIRA, Jane Reis Gonçalves. *Interpretação constitucional e direitos fundamentais*. Rio de Janeiro: Renovar, 2006. p. 182 e ss.; e SILVA, Luís Virgílio Afonso da. *O conteúdo essencial dos direitos fundamentais e a eficácia das normas constitucionais*, 2005. p. 168 e ss. Mimeografado.

5. Princípio da razoabilidade ou da proporcionalidade

O princípio da razoabilidade-proporcionalidade, termos aqui empregados de modo fungível[20], é de grande importância na dogmática jurídica contemporânea, tanto por sua dimensão instrumental, quanto material. O referido princípio não está expresso na Constituição, mas tem seu fundamento nas ideias de devido processo legal substantivo e na de justiça. Trata-se de um valioso instrumento de proteção dos direitos fundamentais e do interesse público, por permitir o controle da discricionariedade dos atos do Poder Público e por funcionar como a medida com que uma norma deve ser interpretada no caso concreto para a melhor realização do fim constitucional nela embutido ou decorrente do sistema.

Em resumo sumário, o princípio da razoabilidade permite ao Judiciário invalidar atos legislativos ou administrativos quando: (i) não haja adequação entre o fim perseguido e o instrumento empregado (*adequação*); (ii) a medida não seja exigível ou necessária, havendo meio alternativo menos gravoso para chegar ao mesmo resultado (*necessidade/vedação do excesso*); (iii) os custos superem os benefícios, ou seja, o que se perde com a medida é de maior relevo do que aquilo que se ganha (*proporcionalidade em sentido estrito*). O princípio pode operar, também, no sentido de permitir que o juiz gradue o peso da norma, em uma determinada incidência, de modo a não permitir que ela produza um resultado indesejado pelo sistema, fazendo assim a justiça do caso concreto.

6. Princípio da efetividade

Consoante doutrina clássica, os atos jurídicos em geral, inclusive as normas jurídicas, comportam análise em três planos distintos: os da sua existência, validade e eficácia. No período imediatamente anterior e ao longo da vigência da Constituição de 1988, consolidou-se um quarto plano fundamental de apreciação das normas constitucionais: o da sua efetividade.

Efetividade significa a realização do Direito, a atuação prática da norma, fazendo prevalecer no mundo dos fatos os valores e interesses por ela tutelados. Simboliza, portanto, a aproximação, tão íntima quanto possível, entre o *dever-ser* normativo e o *ser* da realidade social[21]. O intérprete constitucional deve ter compromisso com a efetividade da Constituição: entre interpretações alternativas e plausíveis, deverá prestigiar aquela que permita a atuação da vontade constitucional, evitando, no limite do possível, soluções que se refugiem no argumento da não autoaplicabilidade da norma ou na ocorrência de omissão do legislador.

E – NOVOS PARADIGMAS E CATEGORIAS DA INTERPRETAÇÃO CONSTITUCIONAL

A ideia de uma nova interpretação constitucional liga-se ao desenvolvimento de algumas fórmulas originais de realização da vontade da Constituição. Não importa em desprezo ou abandono do método clássico – o *subsuntivo*, fundado na aplicação de *regras* – nem dos elementos tradicionais da hermenêutica: gramatical, histórico, sistemático e teleológico. Ao contrário, continuam eles a desempenhar um papel relevante na busca de sentido das normas e na solução de casos concretos. Relevante, mas nem sempre suficiente.

Mesmo no quadro da dogmática jurídica tradicional, já haviam sido sistematizados diversos princípios específicos de interpretação da Constituição, aptos a superar as limitações da interpretação jurídica convencional, concebida sobretudo em função da legislação infraconstitucional[22]. A grande virada na interpretação constitucional se deu a partir da difusão de uma constatação que, além de singela, sequer era original: não é verdadeira a crença de que as normas jurídicas em geral – e as constitucionais em particular – tragam sempre em si um sentido único, objetivo, válido para todas as situações sobre as quais incidem. E que, assim, caberia ao intérprete uma atividade de mera revelação do conteúdo preexistente na norma, sem desempenhar qualquer papel criativo na sua concretização. No Direito contemporâneo, mudaram o papel do sistema normativo[23], do problema a ser resolvido[24] e

---

20. A ideia de razoabilidade remonta ao sistema jurídico anglo-saxão, tendo especial destaque no direito norte-americano, como desdobramento do conceito de devido processo legal substantivo. O princípio foi desenvolvido, como próprio do sistema do *common law*, através de precedentes sucessivos, sem maior preocupação com uma formulação doutrinária sistemática. Já a noção de proporcionalidade vem associada ao sistema jurídico alemão, cujas raízes romano-germânicas conduziram a um desenvolvimento dogmático mais analítico e ordenado. De parte isto, deve-se registrar que o princípio, nos Estados Unidos, foi antes de tudo um instrumento de direito constitucional, funcionando como um critério de aferição da constitucionalidade de determinadas leis. Já na Alemanha, o conceito evoluiu a partir do direito administrativo, como mecanismo de controle dos atos do Executivo. Sem embargo da origem e do desenvolvimento diversos, um e outro abrigam os mesmos valores subjacentes: racionalidade, justiça, medida adequada, senso comum, rejeição aos atos arbitrários ou caprichosos. Por essa razão, razoabilidade e proporcionalidade são conceitos próximos o suficiente para serem intercambiáveis. No sentido do texto, v., por todos, OLIVEIRA, Fábio Corrêa Souza de. *Por uma teoria dos princípios. O princípio constitucional da razoabilidade*. Rio de Janeiro: Lumen Juris, 2003. p. 81 e ss. Em sentido diverso, v. SILVA, Luís Virgílio Afonso da. O proporcional e o razoável. *Revista dos Tribunais*, São Paulo, v. 91, n. 798, abr. 2002.

21. BARROSO, Luís Roberto. *O direito constitucional e a efetividade de suas normas*: limites e possibilidades da Constituição brasileira. 8. ed. Rio de Janeiro: Renovar, 2006.

22. Tais princípios instrumentais foram estudados no tópico anterior e compreendem os da supremacia, da presunção de constitucionalidade, da interpretação conforme a Constituição, da unidade, da razoabilidade-proporcionalidade e da efetividade.

23. Na interpretação constitucional contemporânea, a *norma* jurídica já não é percebida como antes. Em primeiro lugar porque, em múltiplas situações, ela fornece apenas um início de solução, não contendo, no seu relato abstrato, todos os elementos para determinação do seu sentido. É o que resulta da utilização, frequente nos textos constitucionais, da técnica legislativa que recorre a cláusulas gerais. E, em segundo lugar, porque vem conquistando crescente adesão na ciência jurídica a tese de que a norma não se confunde com o enunciado normativo – que corresponde ao texto de um ou mais dispositivos –, sendo, na verdade, o produto da interação texto-realidade. Nessa visão, não existe norma em abstrato, mas somente norma concretizada.

24. Nesse cenário, o *problema* deixa de ser apenas o conjunto de fatos sobre o qual irá incidir a norma, para se transformar no fornecedor de parte dos elementos que irão produzir o Direito. Em múltiplas situações, não será possível

do intérprete[25]. Em razão dessas circunstâncias, a nova interpretação precisou desenvolver, reavivar ou aprofundar categorias específicas de trabalho, que incluem a atribuição de sentido a conceitos jurídicos indeterminados, a normatividade dos princípios, as colisões de normas constitucionais, a ponderação e a argumentação.

Os denominados *conceitos jurídicos indeterminados*, por vezes referidos como cláusulas gerais, constituem manifestação de uma técnica legislativa que se utiliza de expressões de textura aberta, dotadas de plasticidade, que fornecem um início de significação a ser complementado pelo intérprete, levando em conta as circunstâncias do caso concreto. É o caso de locuções como interesse social, calamidade pública, urgência e relevância. A norma em abstrato não contém integralmente os elementos de sua aplicação. O intérprete precisa fazer a valoração de fatores objetivos e subjetivos presentes na realidade fática, de modo a definir o sentido e o alcance da norma. Como a solução não se encontra integralmente no enunciado normativo, sua função não poderá se limitar à revelação do que lá se contém; ele terá de ir além, integrando o comando normativo com a sua própria avaliação.

O reconhecimento de *normatividade aos princípios* e sua distinção qualitativa em relação às regras é um dos símbolos do pós-positivismo. Princípios não são, como as regras, comandos imediatamente descritivos de condutas específicas, mas sim normas que consagram determinados valores ou indicam fins públicos a serem realizados por diferentes meios. São exemplos de princípios constitucionais a dignidade da pessoa humana, a moralidade ou a solidariedade social. Como se percebe claramente, a menor densidade jurídica de tais normas impede que delas se extraia, no seu relato abstrato, a solução completa das questões sobre as quais incidem. Também aqui, portanto, impõe-se a atuação do intérprete na definição concreta de seu sentido e alcance.

A existência de *colisões de normas constitucionais*, tanto as de princípios como as de direitos fundamentais, passou a ser percebida como um fenômeno natural – até porque inevitável – no constitucionalismo contemporâneo. As Constituições modernas são documentos dialéticos, que consagram bens jurídicos que se contrapõem. Nestes casos, a atuação do intérprete criará o Direito aplicável ao caso concreto, a partir das balizas contidas nos elementos normativos em jogo.

A existência de colisões de normas constitucionais leva à necessidade de *ponderação*. A subsunção, por óbvio, não é capaz de resolver o problema, por não ser possível enquadrar o mesmo fato em normas antagônicas. Esses são os *casos difíceis*, assim chamados por comportarem, em tese, mais de uma solução possível e razoável. Neste cenário, a ponderação de normas, bens ou valores é a técnica a ser utilizada pelo intérprete, por via da qual ele (i) fará *concessões recíprocas*, procurando preservar o máximo possível de cada um dos interesses em disputa ou, no limite, (ii) procederá à *escolha* do bem ou direito que irá prevalecer em concreto, por realizar mais adequadamente a vontade constitucional. Conceito-chave na matéria é o princípio instrumental da *razoabilidade* ou da *proporcionalidade*.

Chega-se, por fim, à *argumentação*, à razão prática, ao controle da racionalidade das decisões, especialmente as proferidas mediante ponderação. As decisões que envolvem a atividade criativa do juiz potencializam o dever de fundamentação, por não estarem inteiramente legitimadas pela lógica da separação de Poderes – por esta última, o juiz limitar-se-ia a aplicar, no caso concreto, a decisão abstrata tomada pelo legislador. Para assegurar a legitimidade e a racionalidade de sua interpretação nessas situações, o intérprete deverá, em meio a outras considerações: (i) reconduzi-la sempre ao sistema jurídico, a uma norma constitucional ou legal que lhe sirva de fundamento – a legitimidade de uma decisão judicial decorre de sua vinculação a uma deliberação majoritária, seja do constituinte ou do legislador; (ii) utilizar-se de um fundamento jurídico que possa ser generalizado aos casos equiparáveis, que tenha pretensão de universalidade: decisões judiciais não devem ser casuísticas; e (iii) levar em conta as consequências práticas que sua decisão produzirá no mundo dos fatos[26].

---

construir qualquer solução jurídica sem nela integrar o problema a ser resolvido e testar os sentidos e resultados possíveis. Esse modo de lidar com o Direito é mais típico dos países da tradição do *common law*, onde o raciocínio jurídico é estruturado a partir dos fatos, indutivamente, e não a partir da norma, dedutivamente. No entanto, em países da família romano-germânica, essa perspectiva recebeu o impulso da Tópica, cuja aplicação ao Direito beneficiou-se da obra seminal de Theodor Viehweg, e de seu método de formulação da solução juridicamente adequada a partir do problema concreto. V. CANARIS, Claus-Wilhelm. *Pensamento sistemático e conceito de sistema na ciência do Direito*. 3. ed. Lisboa: Fundação Calouste Gulbenkian, 2002. p. 277.

25. A dogmática contemporânea já não aceita o modelo importado do positivismo científico de separação absoluta entre sujeito da interpretação e objeto a ser interpretado. O papel do *intérprete* não se reduz, invariavelmente, a uma função de conhecimento técnico, voltado para revelar a solução contida no enunciado normativo. Em variadas situações, o intérprete torna-se copartícipante do processo de criação do Direito, completando o trabalho do constituinte ou do legislador, ao fazer valorações de sentido para as cláusulas abertas e ao realizar escolhas entre soluções possíveis.

26. Sobre o tema, v. BARCELLOS, Ana Paula de. *Ponderação, racionalidade e atividade judicial*. Rio de Janeiro: Renovar, 2005. V. tb. MACCORMICK, Neil. *Legal reasoning and legal theory*. Oxford: Clarendon Press, 1978, que sistematiza como requisitos justificadores de uma decisão: a) o requisito da universalidade; b) o requisito da coerência e da consistência; c) o requisito consequencialista, que diz respeito aos efeitos prejudiciais ou benéficos por ela produzidos no mundo. Sobre o princípio da coerência, v. GAENSLY, Marina. *O princípio da coerência*: reflexões de teoria geral do direito contemporânea. 2005. Dissertação (Mestrado em Direito) – Universidade do Estado do Rio de Janeiro, Rio de Janeiro, 2005.

ANOTAÇÃO PRELIMINAR SOBRE O CONTEÚDO E AS FUNÇÕES DOS PRINCÍPIOS

ANA PAULA DE BARCELLOS

A – INTRODUÇÃO

O positivismo normativista veio à tona com o declarado objetivo de afastar do Direito todas as influências externas, tornando-o autossuficiente e autocentrado[1]. Apesar dos inúmeros problemas teóricos de uma tal concepção, esta acabou se tornando hegemônica no início do século XX e, de certa forma, ainda hoje faz sentir seus efeitos.

Ao pensamento normativista contrapunham-se diversas visões sociológicas do Direito, marcadas, na sua diversidade, por um elemento comum: uma ideia do Direito como mero reflexo de uma infraestrutura de dominação, constituindo pura e simplesmente uma imposição da elite sobre as classes exploradas ou, dito de outro modo, dos fortes sobre os fracos[2]. De certa forma, trata-se de uma resposta ao Direito estéril do positivismo, supostamente imune a valores e incapaz de aperceber-se da realidade que o cercava.

A essa crise do Direito respondeu a doutrina com um movimento que passou a ser designado de *pós-positivismo*: reata-se com as possibilidades transformadoras do Direito sobre a realidade, sem, contudo, compactuar com um rumo vazio: os valores voltam à cena para preencher de conteúdo as normas jurídicas. Pretendeu-se, com isso, a reaproximação entre Direito e Ética, rejeitando-se, ao mesmo tempo, o jusnaturalismo[3]. Em suma: alteraram-se radicalmente a ideia que se fazia do Direito e a própria posição deste no universo das Ciências. Diante disso, não poderia a metodologia jurídica permanecer a mesma.

Para poderem fazer uso do instrumental jurídico, os valores compartilhados pela comunidade, em dado momento e lugar, migram da Filosofia para o Direito materializando-se sobretudo em princípios, abrigados na Constituição explícita ou implicitamente. Embora a existência de princípios no sistema jurídico não seja uma novidade, é certo que essa categoria, há muito conhecida do mundo jurídico, recebeu novo conteúdo e nova função. Acompanhando um Direito em mutação, a própria ideia de norma jurídica teve de se adequar, para incluir os repaginados princípios. O mesmo se pode dizer quanto à própria metodologia do Direito, que se viu obrigada a adaptar a lógica subsuntiva que sempre lhe serviu de fundamento (ou pretexto) para lidar explicitamente com valores e princípios. É esse o ambiente em que se insere o presente comentário.

B – BREVE HISTÓRIA DOS PRINCÍPIOS

Como já mencionado, a existência de princípios e seu reconhecimento pela ordem jurídica não são propriamente novidades. Vindos dos textos religiosos, filosóficos ou jusnaturalistas, os princípios de longa data permeiam o Direito, de modo direto ou indireto. Na tradição judaico-cristã, colhe-se o mandamento de *respeito ao próximo*; da filosofia grega origina-se o princípio da não contradição, formulado por Aristóteles, que se tornou uma das leis fundamentais do pensamento: "*Nada pode ser e não ser simultaneamente*", preceito que embasa a ideia de que o Direito não tolera antinomias. No direito romano, assim foram sintetizados os princípios básicos do Direito: "*Viver honestamente, não lesar a outrem e dar a cada um o que é seu*"[4]. Os princípios, como se percebe, vêm de longe e desempenham papéis variados[5]. A novidade está no reconhecimento de sua *normatividade*[6]. Explica-se.

Na trajetória que os conduziu ao centro do sistema, os princípios tiveram de conquistar o *status* de norma jurídica, superando a crença de que teriam uma dimensão puramente axiológica, ética, sem eficácia jurídica ou aplicabilidade direta e imediata. Deixando para trás a ideia de que seriam elementos exteriores ao Direito, passaram a ser identificados com mandamentos nuclea-

---

1. KELSEN, Hans. *Teoria pura do direito*. 6. ed. trad. João Baptista Machado. São Paulo: Martins Fontes, 2000, p. 1: "Quando a si própria se designa como 'pura' teoria do Direito, isto significa que ela se propõe garantir um conhecimento apenas dirigido ao Direito e excluir deste conhecimento tudo quanto não pertença ao seu objeto, tudo quanto não se possa, rigorosamente, determinar como Direito. Quer isto dizer que ela pretende libertar a ciência jurídica de todos os elementos que lhe são estranhos. Esse é o seu princípio metodológico fundamental".

2. V. CITTADINO, Gisele. *Pluralismo, direito e justiça distributiva*. Rio de Janeiro: Lumen Juris, 1999.

3. BARROSO, Luís Roberto. Fundamentos teóricos e filosóficos do novo direito constitucional brasileiro (pós-modernidade, teoria crítica e pós-positivismo). In: Id. (org.), *A nova interpretação constitucional*. 2. ed. rev. e atual. Rio de Janeiro: Renovar, 2006. p. 28.

4. ULPIANO, Digesto 1.1.10.1: "Honeste vivere, alterum non laedere, suum cuique tribuere".

5. BARROSO, Luís Roberto. *Fundamentos...*, cit., p. 28-9.

6. Não é de todo nova a ideia de um "princípio" dotado de normatividade. Fala-se, e.g., no Direito Civil, em um princípio da identidade da coisa devida (NCC, art. 313) e, já no Direito Público, em um princípio constitucional do concurso público (CF, art. 37, II). Mas é razoavelmente evidente a diferença estrutural que extrema tais comandos, e.g., do princípio da livre-iniciativa (CF, art. 170, *caput*) ou mesmo do que determina a busca do pleno emprego (CF, art. 170, VIII). E é precisamente aqui que está a novidade: na atribuição de normatividade a estes últimos. A peculiaridade que os distingue dos primeiros será aprofundada mais adiante; por enquanto, basta dizer que, em sentido estrutural, apenas estes podem ser considerados verdadeiros princípios.

res do sistema, disposições fundamentais que serviam, ao mesmo tempo, como fonte de unidade do ordenamento e critério para a adequada interpretação das normas jurídicas. Nesse sentido é que se dizia, por exemplo, que a violação de um princípio era muito mais grave do que a transgressão de uma norma qualquer[7]. O que transparece nessa noção, em primeiro lugar, é a distinção entre princípio e norma, peremptoriamente afastada pela dogmática contemporânea, como se verá mais adiante. É evidente, ainda, e em segundo lugar, a primazia axiológica atribuída aos princípios em relação às regras[8].

A transposição completa dos princípios para o mundo do Direito se deu, verdadeiramente, a partir da ampliação da noção corrente de *norma jurídica*, que passou a constituir um gênero dentro do qual se distinguem as regras e os princípios[9]: enquanto as primeiras contêm um relato mais objetivo, dirigindo-se, em primeiro plano, para a fixação de uma conduta a ser observada, os últimos têm maior teor de abstração, estabelecendo, imediatamente, um estado de coisas a ser atingido.

Com isso, os princípios – as principais portas do sistema jurídico para o plano axiológico – tornaram-se efetivamente comandos. Assim, restou ultrapassada a concepção que lhes confinava à função secundária do art. 4º da LINDB[10]. Desse momento em diante, passaram a gerar, direta e imediatamente, direitos subjetivos e seus correspondentes deveres jurídicos. Efetuado o ingresso no Direito, coube à doutrina enfrentar, ainda, um grande problema: como lidar com essas normas de natureza e estrutura tão singulares. A isso se dedica o tópico que segue.

C – ESTRUTURA DOS PRINCÍPIOS[11]

O que caracteriza os princípios? É intuitiva a diferença entre estes e as regras, mas ainda causa alguma discussão doutrinária a definição exata dos pontos de divergência. E não se trata apenas de uma celeuma acadêmica. Muito ao revés, a distinção mencionada terá repercussões importantes em toda a vida da disposição normativa: em sua interpretação individual, em seu papel no sistema a que pertence e no ordenamento como um todo e em sua eficácia jurídica. Com efeito, a diferenciação estrutural que há entre princípios e regras, e o fato de um enunciado ter a natureza de um ou de outra, é determinante para a compreensão de sua eficácia jurídica e, em consequência, da posição em que investe o particular.

Muitos critérios têm sido apresentados para operar essa distinção entre princípios e regras, valendo percorrê-los, ainda que brevemente. Como se poderá perceber com facilidade, alguns são mais consistentes que outros; nada obstante, todos contribuem para formar um quadro mental mais preciso, menos intuitivo, acerca da distinção entre princípios e regras. Seguem abaixo oito dos critérios mais comumente propostos pela doutrina para esse fim.

(a) *O conteúdo*. Os princípios estão mais próximos da ideia de valor e de direito[12]. Eles formam uma exigência da justiça, da equidade ou da moralidade, ao passo que as regras têm um conteúdo diversificado e não necessariamente moral. Ainda no que diz respeito ao conteúdo, Rodolfo L. Vigo chega a identificar determinados princípios, que denomina de "fortes", com os direitos humanos[13].

(b) *Origem e validade.* A validade dos princípios decorre de seu próprio conteúdo, ao passo que as regras derivam de outras regras ou dos princípios. Assim, é possível identificar o momento e a forma como determinada regra tornou-se norma jurídica, perquirição essa que será inútil no que diz respeito aos princípios[14].

(c) *Compromisso histórico*. Os princípios são para muitos (ainda que não todos), em maior ou menor medida, universais, absolutos, objetivos e permanentes, ao passo que as regras caracterizam-se de forma bastante evidente pela contingência e relatividade de seus conteúdos, dependendo do tempo e lugar[15].

(d) *Função no ordenamento*. Os princípios têm uma função explicadora e justificadora em relação às regras[16]. Ao modo dos axiomas[17] e leis científicas, os princípios sintetizam uma grande quantidade de informação de um setor ou de todo o ordenamento jurídico, conferindo-lhe unidade e ordenação[18].

---

7. Na clássica lição de MELLO, Celso Antônio Bandeira de. *Curso de direito administrativo*. 22. ed. São Paulo: Malheiros, 2007. p. 922-3.

8. Essa primazia, contudo, não se estende às hipóteses de conflito, sujeitos à ponderação, entre princípios e regras. Sobre o tema, recomenda-se a leitura, nesta obra, do comentário Ponderação.

9. Cumpre assinalar que parte da doutrina acrescenta, ainda, uma terceira categoria, constituída pelos postulados. É o caso de ÁVILA, Humberto. *Teoria dos princípios*: da definição à aplicação dos princípios jurídicos. 6. ed. São Paulo: Malheiros, 2006.

10. Lei de Introdução às Normas do Direito Brasileiro (Decreto-lei n. 4.657/42), art. 8º: "Para qualificar os bens e regular as relações a eles concernentes, aplicar-se-á a lei do país em que estiverem situados".

11. O tema é melhor desenvolvido em BARCELLOS, Ana Paula. *A eficácia jurídica dos princípios constitucionais*: o princípio da dignidade da pessoa humana. 2. ed. Rio de Janeiro: Renovar, 2008. p. 48 e ss.

12. V. CANOTILHO, J. J. Gomes. *Direito constitucional e teoria da Constituição*. Coimbra: Almedina, 1997.

13. VIGO, Rodolfo L. *Los principios jurídicos* – perspectiva jurisprudencial. Buenos Aires: Depalma, 2000. p. 21.

14. DWORKIN, Ronald. *Taking rights seriously*. Cambridge: Harvard University Press, 1977. p. 24 e ss.

15. VIGO, Rodolfo L. Op. cit., p. 15.

16. LARENZ, Karl. *Derecho justo* – fundamentos de ética jurídica. Trad. Luis Díez-Picazo. Madrid: Editorial Civitas S.A., 1991. p. 36.

17. Embora princípios e axiomas sejam fenômenos distintos, como registra Humberto Bergmann Ávila: "os princípios jurídicos não se confundem com axiomas. Axioma denota uma proposição cuja veracidade é aceita por todos, dado que não é nem possível nem necessário prová-la. (...) Não se encontram, portanto, no mundo jurídico do dever ser, cuja concretização é sempre prático-institucional" (ÁVILA, Humberto Bergmann. A distinção entre princípios e regras e a redefinição do dever de proporcionalidade. *Revista da Pós-Graduação da Faculdade de Direito da USP*, v. 1, p. 27-54, 1999).

18. Esse é o ponto essencial da lição clássica de MELLO, Celso Antônio Bandeira de. *Curso de direito administrativo*. 11. ed. São Paulo: Malheiros, 1999. p. 620: "Violar um princípio é muito mais grave que transgredir uma norma qualquer. A desatenção ao princípio implica ofensa não apenas a um específico mandamento obrigatório, mas a todo o sistema de comandos. É a mais grave forma de ilegalidade ou inconstitucionalidade, conforme o escalão do princípio atingido, porque representa insurgência contra todo o sistema,

(e) *Estrutura linguística*. Os princípios são mais abstratos que as regras; em geral não descrevem as condições necessárias para sua aplicação e, por isso mesmo, aplicam-se a um número indeterminado de situações[19]. Em relação às regras, diferentemente, é possível identificar, com maior ou menor trabalho, suas hipóteses de aplicação[20].

(f) *Esforço interpretativo exigido*. Os princípios exigem uma atividade argumentativa muito mais intensa, não apenas para precisar seu sentido, como também para inferir a solução que ele propõe para o caso, ao passo que as regras demandam apenas uma aplicabilidade, na expressão de Josef Esser, "burocrática e técnica"[21].

(g) *Aplicação*. O ponto merecerá melhor desenvolvimento no tópico seguinte. Por ora, basta registrar que, também na aplicação, princípios e regras se diferenciam.

(h) *(In)determinação dos efeitos*. As regras são enunciados que estabelecem desde logo os efeitos que pretendem produzir no mundo dos fatos, efeitos determinados e específicos[22], podendo determinar uma única conduta – que não sofrerá alteração importante em decorrência dos diferentes ambientes de fato sobre os quais incidirá –, ou condutas diversas – que variam em função dos fatos subjacentes, ainda que o efeito pretendido seja sempre o mesmo (*e.g.*, a regra que proíbe o trabalho noturno, perigoso ou insalubre aos menores de dezoito anos pretende produzir um efeito específico: nenhum menor de dezoito anos poderá realizar trabalhos noturnos, perigosos ou insalubres, mesmo que ainda seja necessária uma definição técnica sobre o que é perigoso ou insalubre).

Os princípios, todavia, funcionam diversamente. Para facilitar a exposição sobre os princípios, e tendo em conta razões estruturais, é possível agrupá-los em duas categorias: (i) princípios que descrevem efeitos relativamente indeterminados, cujo conteúdo, em geral, é a promoção de fins ideais, valores ou metas políticas – sendo que essa indeterminação, ainda que relativa, decorre de a compreensão integral do princípio depender de concepções valorativas, filosóficas, morais e/ou de opções ideológicas (*e.g.*, princípio da dignidade da pessoa humana); (ii) princípios que, embora também pretendam produzir efeitos associados a metas valorativas ou políticas, descrevem fins determinados. A dificuldade, porém, é que a identificação das condutas necessárias e exigíveis para a realização dos efeitos desses princípios não depende apenas da complexidade do próprio efeito e/ou da variedade de circunstâncias fáticas sobre as quais ele incide, como nas regras. Por conta da natureza do efeito pretendido, não se trata apenas de empreender um raciocínio lógico-jurídico para apurar as condutas exigíveis; cuida-se, diversamente, de escolher entre diferentes condutas possíveis a partir de distintas posições políticas, ideológicas e valorativas[23] (*e.g.*, busca do pleno emprego). Se há um caminho que liga o efeito às condutas no caso das regras, há uma variedade de caminhos que podem ligar o efeito do princípio a diferentes condutas, sendo que o critério que vai definir qual dos caminhos escolher não é exclusivamente jurídico ou lógico[24].

Os dois grupos de princípios que se acaba de descrever têm sua indefinição – no primeiro caso, indefinição de efeitos, e, no segundo, das condutas – associada a disputas entre valores diversos, concepções morais e filosóficas e/ou diferentes opções político-ideológicas, sendo que, repita-se, a escolha entre esses elementos não decorre de um juízo puramente jurídico. Esse quadro é bastante diverso do que se passa com algumas regras. Em relação a elas, a variedade de condutas exigíveis decorre da necessidade, própria do direito em geral, de ajuste entre o efeito previsto no enunciado e a complexidade das situações de fato que ele pretende regular ou sobre as quais vai incidir[25].

Registradas as diferenças fundamentais entre princípios e regras, cabe um último registro acerca da indeterminação que, a rigor, caracteriza as duas categorias de princípios referidas acima. Ao longo do texto, e até aqui, falou-se sempre de efeitos *relativamente* (e não *completamente*) indeterminados, e o mesmo acontece com as condutas[26]. E isso porque, a despeito de todas as indeterminações, é possível afirmar, com frequência, que certos efeitos estão contidos de forma inexorável na descrição do princípio, até por força de uma imposição linguística, já que toda expressão haverá de ter um sentido mínimo. Esse conjunto de efeitos forma um núcleo essencial de sentido do princípio, com natureza de regra, uma vez que se trata agora de um conjunto de efeitos *determinados*. Igualmente, muitas vezes será possível afirmar que certas condutas são absolutamente indispensáveis para a realização do fim indicado pelo princípio[27].

---

subversão de seus valores fundamentais, contumélia irremissível a seu arcabouço lógico e corrosão de sua estrutura mestra".

19. CANOTILHO, J. J. Gomes. Op. cit., p. 1034-5.

20. ESSER, Josef. *Principio y norma en la elaboración jurisprudencial del derecho privado*. Trad. Eduardo Valentí Fiol. Barcelona: Bosh, Casa Editorial, 1961. p. 66.

21. ESSER, Josef. Op. cit., p. 66.

22. É importante não confundir a indeterminação dos efeitos com a indeterminação de conceitos empregados na descrição da hipótese fática utilizada por muitas regras.

23. Os dois grupos não são estanques evidentemente. Princípios cujos efeitos são relativamente indeterminados também podem depender de decisões políticas ou valorativas para a definição das condutas necessárias à realização de seus efeitos (ainda que a parte determinada deles).

24. ÁVILA, Humberto. *A distinção*..., cit., p. 43: "Essas considerações levam à seguinte conclusão: tanto as normas de conduta [regras] quanto aquelas que estabelecem fins [princípios] possuem a conduta como objeto. A única diferença é o grau de determinação quanto à conduta devida: nas normas finalísticas, a conduta devida é aquela adequada à realização dos fins; nas normas de conduta, há previsão direta da conduta devida, sem ligação direta com fins".

25. Como se pode perceber, a distinção entre princípios e regras apresentada no texto conjuga um critério estrutural (a determinação dos efeitos e/ou a multiplicidade de meios para atingi-los) com um critério material: a circunstância de a determinação dos efeitos e/ou dos meios para atingi-los depender ou não de decisões de natureza política, ideológica ou valorativa.

26. A partir deste momento a distinção entre as duas categorias de princípios já não terá maior relevância.

27. Veja-se que, ao afirmar que é possível identificar um núcleo com natureza de regra nos princípios (seja de efeitos determinados, seja de condutas indispensáveis à realização de efeitos), já não se está trabalhando no plano dos enunciados normativos originais. Esse núcleo – e, *a fortiori*, essas regras – é apurado após um processo de interpretação.

É possível visualizar as duas categorias de princípios recorrendo à imagem de dois círculos concêntricos. O círculo interior corresponderá – quanto ao primeiro grupo de princípios – a um núcleo de efeitos que acabam tornando-se *determinados* por decorrerem de forma inafastável do seu sentido e, consequentemente, adquirem a natureza de regra. Isto é: cuida-se de um conjunto mínimo de efeitos determinados (e a partir deles as condutas necessárias e exigíveis deverão ser construídas) contidos no princípio. Ainda que haja disputa sobre a existência de outros efeitos a partir desse núcleo, a ideia é a de que quanto a estes haverá consenso. O espaço intermediário entre o círculo interno e o externo (a coroa circular) será o espaço de expansão do princípio reservado à deliberação democrática; esta é que definirá o sentido, dentre os vários possíveis em uma sociedade pluralista, a ser atribuído ao princípio a partir de seu núcleo.

O mesmo pode ocorrer com a segunda categoria de princípios. Embora a definição das condutas necessárias para realizar o efeito normativo dependa de avaliações políticas, em muitos casos será possível identificar condutas básicas indispensáveis para a realização do efeito indicado pelo princípio, independentemente de colorações ideológicas. Desse modo, a imagem de dois círculos concêntricos também aqui pode ser empregada de forma útil: o círculo interior ocupado por condutas mínimas, elementares, e exigíveis e o exterior a ser preenchido pela deliberação democrática[28].

Feitas essas considerações sobre a estrutura dos princípios, pode-se passar à análise da forma em que se opera sua aplicação.

D – APLICAÇÃO DOS PRINCÍPIOS

Como padrão geral, e sem aprofundar o debate sobre a interpretação das regras, parece correto afirmar que elas têm estrutura biunívoca, aplicando-se de acordo com o modelo do "tudo ou nada", popularizado por Ronald Dworkin[29]. Isto é, dado seu substrato fático típico, e não incidindo qualquer exceção, as regras só admitem duas espécies de situação: ou são válidas e se aplicam ou não se aplicam por inválidas[30]. Uma regra vale ou não vale juridicamente; não são admitidas gradações.

Todavia, essa simplicidade – aparentemente tão objetiva – não se compadece dos princípios, diversos que são das regras pelas razões expostas acima. Fundada em boa parte na segurança jurídica, a regra tende à rigidez; já os princípios, inspirados por uma ideia de justiça, pretendem adaptar-se às circunstâncias dos casos concretos e, por isso, contêm em si uma boa dose de flexibilidade, operando em uma dimensão de peso. Como registra Robert Alexy, os princípios determinam que algo seja realizado na maior medida possível, admitindo uma aplicação mais ou menos ampla de acordo com as possibilidades físicas e jurídicas existentes. Estes limites jurídicos, que podem restringir a otimização de um princípio, são (i) regras que o excepcionam em algum ponto e (ii) outros princípios opostos que procuram igualmente maximizar-se, daí a necessidade eventual de ponderá-los[31]. Desenvolvendo esse critério de distinção, Alexy denomina as regras de *comandos de definição* e os princípios de *comandos de otimização*[32].

A grande generalidade e abstração dos princípios implica que, ao menos para a grande maioria dos casos, sua aplicação dependerá do recurso à técnica da ponderação. Por exemplo, saber se o direito à saúde de uma pessoa gera o dever de fornecimento de certo remédio pelo Poder Público é análise que não prescinde de uma ponderação entre aquele princípio (direito à saúde) e o da separação dos Poderes ou da reserva do possível. Isso, porém, não autoriza a afirmação de que a ponderação é a forma exclusiva de aplicação dos princípios; também a aplicação das regras, observados determinados limites, pode depender dessa técnica[33]. Ademais, há aspectos dos princípios que não funcionam completa ou necessariamente sob a lógica da ponderação (*e.g.*, porque dispõem de núcleo com natureza de regra). De qualquer modo, trata-se da forma típica de aplicação dos princípios, embora não lhes seja privativa ou mesmo, em certos casos, necessária.

Todo um comentário foi dedicado ao tema da ponderação, e não há motivo para *bis in idem*. Pode-se, passar, então, à análise das modalidades de eficácia jurídica.

E – MODALIDADES DE EFICÁCIA JURÍDICA

Eficácia é um atributo associado às normas e consiste na consequência jurídica que deve resultar de sua observância, podendo ser exigida judicialmente se necessário. O natural seria que se pudesse exigir diante do Poder Judiciário exatamente aquele resultado que a norma pretende produzir e que, por qualquer razão, não veio a acontecer espontaneamente. Bastaria, assim, identificar o efeito pretendido pela norma e solicitar ao Judiciário que o produzisse no mundo dos fatos, coativamente. Embora essa seja a situação desejável, nem sempre é o que ocorre, seja porque

---

28. A identificação do núcleo será em geral mais fácil – aqui já migrando para um exame do conteúdo dos enunciados – quando se trate de princípios que consagram direitos. Princípios que estabelecem metas ou fins públicos de natureza geral sofrem muito maior influência de concepções políticas diversas que os direitos, cuja existência lógica independe, em geral, do Direito. V. NOVAIS, Jorge Reis. As restrições aos direitos fundamentais não expressamente autorizadas pela Constituição. Coimbra: Coimbra Editora, 2003. p. 162-3.
29. DWORKIN, Ronald. Op. cit., p. 24-6.
30. ALEXY, Robert. *Teoría de los derechos fundamentales*. Trad. Ernesto Garzón Valdés. Madrid: Centro de Estudios Constitucionales, 1997. p. 88.
31. Confira-se sobre o tema: SCHOLLER, Heinrich. O princípio da proporcionalidade no direito constitucional e administrativo da Alemanha. Trad. Ingo Wolfgang Sarlet. *Revista Interesse Público*, v. 2, p. 93-107, 1999; SARMENTO, Daniel. Os princípios constitucionais e a ponderação de bens. In: TORRES, Ricardo Lobo. *Teoria dos direitos fundamentais*. Rio de Janeiro: Renovar, 1999. p. 35 e ss.
32. ALEXY, Robert. Op. cit., p. 86. Boa parte da doutrina brasileira tem trabalhado com esse critério distintivo. Veja-se STUMM, Raquel Denize. *Princípio da proporcionalidade no direito constitucional brasileiro*. Porto Alegre: Livraria do Advogado, 1995. p. 42; e PIMENTA, Paulo Roberto Lyrio. *Eficácia e aplicabilidade das normas constitucionais programáticas*. Rio de Janeiro: Max Limonad, 1999. p. 121 e ss. Para uma crítica, em boa parte pertinente, dos critérios propostos por Alexy para a distinção entre princípios e regras, v. ÁVILA, Humberto. Teoria..., cit., 2006.
33. Nesse sentido, ÁVILA, Humberto. *Teoria...*, cit., p. 35: "Com efeito, a ponderação não é método privativo de aplicação dos princípios".

o próprio ordenamento atribui ao caso eficácia jurídica diferenciada[34], seja por impossibilidade material ou por deficiência da dogmática jurídica nesse particular.

A percepção de que também aos princípios constitucionais deve ser reconhecida eficácia jurídica é fenômeno relativamente recente, em comparação com as regras, como se viu. De toda sorte, a doutrina tem procurado expandir a capacidade normativa dos princípios através de dois movimentos: aplicando, com as adaptações necessárias, a modalidade convencional de eficácia jurídica das regras também aos princípios – é a eficácia positiva ou simétrica referida abaixo – e desenvolvendo modalidades diferenciadas, adaptadas às características próprias dos princípios – de que são exemplo as três outras modalidades de eficácia apresentadas na sequência[35].

Eficácia jurídica positiva ou *simétrica* é o nome pelo qual se convencionou designar a eficácia associada à maioria das regras. Embora sua enunciação seja bastante familiar, a aplicação da eficácia positiva aos princípios ainda é uma construção recente. Seu objetivo, no entanto, seja quando aplicável a regras, seja quando aplicável a princípios, é o mesmo: reconhecer àquele que seria beneficiado pela norma, ou simplesmente àquele que deveria ser atingido pela realização de seus efeitos, direito subjetivo a esses efeitos, de modo que seja possível obter a tutela específica da situação contemplada pelo enunciado normativo. Isto é: se os efeitos pretendidos pelo princípio constitucional não ocorreram – tenha a norma sido violada por ação ou por omissão –, a eficácia positiva ou simétrica pretende assegurar ao interessado a possibilidade de exigi-los diretamente, na via judicial se necessário. Como se vê, um pressuposto para o funcionamento adequado dessa modalidade de eficácia é a identificação precisa dos efeitos pretendidos por cada princípio constitucional.

A *eficácia interpretativa* significa, muito singelamente, que se pode exigir do Judiciário que as normas de hierarquia inferior sejam interpretadas de acordo com as de hierarquia superior a que estão vinculadas. Isso acontece, *e.g.*, entre leis e seus regulamentos e entre as normas constitucionais e a ordem infraconstitucional como um todo. A eficácia interpretativa poderá operar também dentro da própria Constituição, em relação aos princípios; embora eles não disponham de superioridade hierárquica sobre as demais normas constitucionais, é possível reconhecer-lhes uma ascendência axiológica sobre o texto constitucional em geral, até mesmo para dar unidade e harmonia ao sistema[36]. A eficácia dos princípios constitucionais, nessa acepção, consiste em orientar a interpretação das regras em geral (constitucionais e infraconstitucionais), para que o intérprete faça a opção, dentre as possíveis exegeses para o caso, por aquela que realiza melhor o efeito pretendido pelo princípio constitucional pertinente.

A *eficácia negativa*[37], por sua vez, autoriza que sejam declaradas inválidas todas as normas ou atos que contravenham os efeitos pretendidos pela norma[38]. É claro que para identificar se uma norma ou ato viola ou contraria os efeitos pretendidos pelo princípio constitucional é preciso saber que efeitos são esses. Como já referido, os efeitos pretendidos pelos princípios podem ser relativamente indeterminados a partir de um certo núcleo; é a existência desse núcleo, entretanto, que torna plenamente viável a modalidade de eficácia jurídica negativa.

A *vedação do retrocesso*, por fim, é uma derivação da eficácia negativa[39], particularmente ligada aos princípios que envolvem os direitos fundamentais. Ela pressupõe que esses princípios sejam concretizados através de normas infraconstitucionais (isto é: frequentemente, os efeitos que pretendem produzir são especificados por meio da legislação ordinária) e que, com base no direito constitucional em vigor, um dos efeitos gerais pretendidos por tais princípios é a progressiva ampliação dos direitos fundamentais[40]. Partindo desses pressupostos, o que a vedação do retrocesso propõe se possa exigir do Judiciário é a invalidade da revogação de normas que, regulamentando o princípio, concedam ou ampliem direitos fundamentais, sem que a revogação em questão seja acompanhada de uma política substitutiva ou equivalente. Isto é: a invalidade, por inconstitucionalidade, ocorre quando se revoga uma norma infraconstitucional concessiva de um direito, deixando em seu lugar um vazio ou uma regulamentação tão irrelevante que, caso editada originariamente, não teria sido capaz de concretizar o direito fundamental[41]. Não se trata, é bom observar, da substituição de uma forma de atingir o fim constitucional por outra, que se entenda

---

34. Por exemplo: a norma civil não quer que menores se casem sem a autorização de seus pais ou responsáveis. Mas se eles o fazem, o tempo passa, nascem filhos, que se há de fazer? Determinar, a qualquer tempo, que tudo seja desfeito? Não parece razoável. Há, entretanto, razões menos nobres responsáveis pela circunstância de algumas modalidades de eficácia jurídica serem associadas a determinadas normas e não a outras, como o preconceito, as opções ideológicas travestidas de técnica e a acomodação dogmática.

35. V. BARROSO, Luís Roberto, *Interpretação e aplicação da Constituição*. 6. ed. Rio de Janeiro: Renovar, 2004. p. 151 e ss.; e ESPÍNDOLA, Ruy Samuel. *Conceito de princípios constitucionais*. São Paulo: RT, 2002.

36. SILVA, José Afonso da. *Aplicabilidade das normas constitucionais*. 3. ed. 2. tir. São Paulo: Malheiros, 1998. p. 157 e ss.; e BARROSO, Luís Roberto Barroso. *Interpretação*..., cit., p. 141 e ss.

37. V., entre outros, MIRANDA, Jorge. *Manual de direito constitucional*. vol. II. Coimbra: Coimbra Editora, 1990. p. 220 e ss.; BIDART CAMPOS, Germán J. La interpretación y el control constitucionales en la jurisdicción constitucional. Buenos Aires: EDIAR, 1987. p. 238 e ss. Vale registrar que alguns autores desenvolvem a eficácia negativa (e também a interpretativa) principalmente em relação às chamadas normas programáticas, e apenas secundariamente no que diz respeito aos princípios. Todavia, as chamadas normas programáticas não são mais do que espécies de princípios, de modo que o raciocínio utilizado para extrair delas tais modalidades de eficácia se aplica perfeitamente aos princípios como gênero.

38. No caso das normas, elas poderão ser consideradas revogadas ou não recepcionadas, caso anteriores à promulgação da Constituição.

39. A vedação do retrocesso enfrenta ainda alguma controvérsia, especialmente quanto à sua extensão. Para uma visão crítica dessa construção, confira-se VIEIRA DE ANDRADE, José Carlos. *Os direitos fundamentais na Constituição portuguesa de 1976*. Coimbra: Almedina, 1998. p. 307-11.

40. Na Carta brasileira, esse propósito fica claro tanto no art. 5º, § 2º, como no *caput* do art. 7º.

41. ROCHA, Cármen Lúcia Antunes. O princípio da dignidade da pessoa humana e a exclusão social. *Revista Interesse Público*, v. 4, p. 23-48, 1999: "De se atentar que prevalece, hoje, no direito constitucional, o princípio do não retrocesso, segundo o qual as conquistas relativas aos direitos fundamentais não podem ser destruídas, anuladas ou combalidas (...)".

mais apropriada. A questão que se põe é a da revogação da norma infraconstitucional, pela qual o legislador esvazia o comando constitucional, exatamente como se dispusesse contra ele diretamente[42].

A atribuição aos princípios constitucionais das modalidades de eficácia descritas acima tem contribuído decisivamente para a construção de sua normatividade. Entretanto, como já indicado, essas modalidades de eficácia somente podem produzir o resultado a que se destinam se forem acompanhadas da identificação cuidadosa dos efeitos pretendidos pelos princípios e das condutas que realizem o fim indicado pelo princípio ou que preservem o bem jurídico por ele protegido.

42. V. CANOTILHO, J. J. Gomes. Op. cit., p. 327.

CONSTITUIÇÃO DA REPÚBLICA FEDERATIVA DO BRASIL

PROMULGADA EM 5 DE OUTUBRO DE 1988

PREÂMBULO

> Nós, representantes do povo brasileiro, reunidos em Assembleia Nacional Constituinte para instituir um Estado Democrático, destinado a assegurar o exercício dos direitos sociais e individuais, a liberdade, a segurança, o bem-estar, o desenvolvimento, a igualdade e a justiça como valores supremos de uma sociedade fraterna, pluralista e sem preconceitos, fundada na harmonia social e comprometida, na ordem interna e internacional, com a solução pacífica das controvérsias, promulgamos, sob a proteção de Deus, a seguinte CONSTITUIÇÃO DA REPÚBLICA FEDERATIVA DO BRASIL.
>
> *Ana Paula de Barcellos*
> *Luís Roberto Barroso*

PREÂMBULO DA CR: FUNÇÃO E NORMATIVIDADE

A – CONCEITO E CLASSIFICAÇÃO DO PREÂMBULO

O termo "preâmbulo" deriva do latim *preambulus*, significando *o que caminha na frente* ou *o que precede*[1], razão pela qual é utilizado para identificar a parte preliminar de algum texto, na qual se procura explicar ou justificar o que vem a seguir. Tal como ocorre nas obras artísticas e literárias, também a promulgação de atos normativos pode vir acompanhada desta exposição, que introduz o texto. Embora não seja um elemento obrigatório ou mesmo necessário para que o texto constitucional produza seus efeitos[2], é comum que as constituições sejam acompanhadas de um preâmbulo, até por se tratar de uma oportunidade privilegiada para o constituinte originário, na qual pode apresentar uma síntese da reflexão acerca do Direito e da sociedade que pautou os trabalhos desenvolvidos e culminou na Constituição que terá vigência a partir de então[3]. Conterá este documento, em regra, as principais motivações, intenções, valores e fins que inspiraram os constituintes.

Os preâmbulos que acompanham textos normativos em geral, e Constituições em particular, não apresentam estrutura idêntica. Tendo em vista suas características próprias, é comum identificar-se três modalidades diferentes de preâmbulos: (i) *formal*, constituído por um pequeno trecho que antecede os artigos que compõem a Carta Constitucional, do qual constam, de maneira sucinta, o órgão, o local e a data de sua aprovação; (ii) *histórico-narrativo*, que pretende descrever as circunstâncias históricas e políticas que nortearam o poder constituinte, indicando sua origem e fundamento de legitimidade, bem como a intenção e o sentido conferido às normas no momento de sua criação; e (iii) *normativo*, que apresenta características idênticas às normas constitucionais, apesar de precedê-las, sendo-lhe atribuída força vinculante, o que, em regra, ocorre por força de interpretação da doutrina e/ou da jurisprudência[4].

B – BREVE HISTÓRICO

A primeira Constituição a apresentar preâmbulo foi a Carta norte-americana de 1787[5], apesar de assim não tê-lo nomeado expressamente. Posteriormente, adotaram preâmbulos as Constituições da França (1791), Argentina (1853), Suíça (1874) e Alemanha (1919), dentre outras. No Brasil, a tradição de iniciar o texto dessa forma foi observada em todas as Constituições[6], in-

---

1. HOUAISS, Antônio e VILLAR, Mauro de Salles. *Dicionário Houaiss da Língua Portuguesa*. Rio de Janeiro: Objetiva, 2001. p. 2279.

2. MIRANDA, Jorge. *Manual de direito constitucional*. t. II. 2. ed. Coimbra: Coimbra, 1983. p. 206-207.

3. Nesse sentido, o preâmbulo pode expressar a *ideia de Direito* subjacente a determinado processo constituinte. Sobre o ponto, v. Georges Burdeau, *Manuel de droit constitutionnel et institutions politiques*, 1984, p. 86: "Em relação ao Estado, o poder constituinte originário é, portanto, um poder primário, incondicionado e perfeitamente senhor das formas nas quais entende deva ser exercido. Mas esta independência cessa à vista da ideia de direito porque, como todas as formas do Poder, o poder constituinte é tributário de uma ideia de direito que ele exprime e que o legitima. Não existe, assim, um poder constituinte abstrato, válido em qualquer que seja a sociedade considerada. Cada ideia de direito traz um poder constituinte que não vale senão que em relação a ela, e que cessa de ser eficaz quando ela mesma não seja mais a ideia dominante dentro do grupo".

4. GOUVEIA, Jorge Bacelar. *Manual de direito constitucional*. v. 1. Coimbra: Almedina, 2005. p. 700-701. O autor entende que, dependendo da modalidade na qual se enquadra o preâmbulo, ele poderá ser dotado ou não de força normativa. O ponto será retomado no próximo tópico.

5. U. S. Constitution: "*We the people of the United States, in order to form a more perfect union, establish justice, insure domestic tranquility, provide for the common defense, promote the general welfare, and secure the blessings of liberty to ourselves and our posterity, do ordain and establish this Constitution for the United States of America*". Uma discussão sobre o alcance do preâmbulo nos Estados Unidos ocorreu no caso *United States v. Verdugo-Urquidez* (494 U. S. 259). Na hipótese, a Suprema Corte norte-americana considerou que a expressão "*We the people*", constante do preâmbulo, não se aplicaria aos estrangeiros, ainda que residentes nos Estados Unidos. V. SIFFERT, Paulo de Abreu. Breves notas sobre constitucionalismo americano. In: José Ribas Vieira (Org.). *Temas de direito constitucional norte-americano*. Rio de Janeiro: Forense, 2002, p. 53-91.

6. Confiram-se os textos dos preâmbulos das Cartas anteriores: (i) Constituição de 1824: "Dom Pedro Primeiro, por graça de Deus e unânime aclamação dos Povos Imperador Constitucional e Defensor Perpétuo do Brasil: Fazemos saber a todos os nossos súditos que, tendo-nos requerido os Povos deste Império, juntos em câmaras, que nós quanto antes jurássemos e fizéssemos jurar o projeto de Constituição que havíamos oferecido às suas observações para serem depois presentes à nova Assembleia Constituinte, mostrando o grande desejo que tinham de que ele se observasse já como Constituição do Império, por lhes merecer a mais plena aprovação, e dele esperarem a sua individual e geral felicidade política: nós juramos o sobredito Projeto para observarmos, e fazermos observar como Constituição, que de ora em diante fica sendo deste Império; a qual é de teor seguinte (...)"; (ii) Constituição de 1891: "Nós, os representantes do povo brasileiro, reunidos em Congresso Constituinte, para organizar um regime livre e democrático, estabelecemos, decretamos e promulgamos a seguinte Constituição da República dos Estados"; (iii) Constituição de 1934: "Nós, os representantes do Povo brasileiro, pondo a nossa confiança em Deus, reunidos em

cluindo a Carta de 1988[7], cujo preâmbulo apresenta uma parte *formal* ou *protocolar,* na qual se se atribui o texto à Assembleia Nacional Constituinte, bem como uma parte *substantiva,* na qual são enunciadas as principais ideias que informam o texto aprovado, notadamente o compromisso de se fundar uma sociedade democrática, pluralista e orientada à promoção dos direitos individuais e sociais[8].

Assembleia Nacional Constituinte para organizar um regime democrático, que assegure à Nação a unidade, a liberdade, a justiça e o bem-estar social e econômico, decretamos e promulgamos a seguinte Constituição da República dos Estados Unidos do Brasil"; (iv) Constituição de 1937: "O Presidente da República dos Estados Unidos do Brasil: atendendo às legitimas aspirações do povo brasileiro à paz política e social, profundamente perturbada por conhecidos fatores de desordem, resultantes da crescente agravação dos dissídios partidários que uma notória propaganda demagógica procura desnaturar em luta de classes, e da extremação, de conflitos ideológicos, tendentes, pelo seu desenvolvimento natural, resolver-se em termos de violência, colocando a Nação sob a funesta iminência da guerra civil; atendendo ao estado de apreensão criado no País pela infiltração comunista, que se torna dia a dia mais extensa e mais profunda, exigindo remédios, de caráter radical e permanente; atendendo a que, sob as instituições anteriores, não dispunha o Estado de meios normais de preservação e de defesa da paz, da segurança e do bem-estar do povo; Com o apoio das forças armadas e cedendo às inspirações da opinião nacional, umas e outras justificadamente apreensivas diante dos perigos que ameaçam a nossa unidade e da rapidez com que se vem processando a decomposição das nossas instituições civis e políticas: Resolve assegurar à Nação a sua unidade, o respeito à sua honra e à sua independência, e ao povo brasileiro, sob um regime de paz política e social, as condições necessárias à sua segurança, ao seu bem-estar e à sua prosperidade; decretando a seguinte Constituição, que se cumprirá desde hoje em todo o país: Constituição dos Estados Unidos do Brasil"; (v) Constituição de 1946: "Nós, os representantes do povo brasileiro, reunidos, sob a proteção de Deus, em Assembleia Constituinte para organizar um regime democrático, decretamos e promulgamos a seguinte Constituição dos Estados Unidos do Brasil"; e (vi) Constituição de 1967: "O Congresso Nacional, invocando a proteção de Deus, decreta e promulga a seguinte Constituição da República Federativa do Brasil".

7. A presente Constituição foi a única em que a nomenclatura "preâmbulo" foi utilizada de forma expressa. Um breve comentário sobre os preâmbulos das Constituições brasileiras até o diploma de 1967 pode ser encontrado em MIRANDA, Pontes de. *Comentários à Constituição de 1967:* com a Emenda n. 1, de 1969. t. 1. 2. ed. Rio de Janeiro: Revista dos Tribunais, 1970. p. 418 e ss. Sobre o tema, v. tb. Carlos Antonio de Almeida. *Temas Constitucionais.* Cuiabá: Edições FESMP, 2001. p. 45. Nagib Slaibi Filho aponta uma distinção entre os *consideranda* e o preâmbulo: o primeiro traria o elenco dos motivos que conduziram ao ato normativo, enquanto o segundo indica o sentido objetivo do ato. SLAIBI FILHO, Nagib. *Direito constitucional.* Rio de Janeiro: Forense, 2004. p. 160.

8. Dalmo de Abreu Dallari considera que o preâmbulo da Constituição de 1988 é adequado à moderna concepção de Constituição democrática. V. DALLARI, Dalmo de Abreu. Preâmbulos das Constituições do Brasil. *Revista da Faculdade de Direito da USP,* Brasília, v. 96, p. 268, 2001. Não se vai examinar de forma específica, neste ponto, o significado de cada expressão constante do atual preâmbulo, como os conceitos de "segurança", "liberdade" e "justiça", que serão objeto de comentário em outros verbetes da presente obra. Uma análise de cada um dos elementos do preâmbulo pode ser encontrada em ARAÚJO, Sérgio Luiz Souza. O preâmbulo da Constituição brasileira de 1988 e sua ideologia. *Revista de Informação Legislativa,* Brasília, v. 36, n. 143, p. 5-18, jul./set. 1999; e SILVA, José Afonso da. *Comentário contextual à Constituição.* São Paulo: Malheiros, 2005. p. 21-26.

C – A NORMATIVIDADE DE SEU CONTEÚDO

O caráter político do preâmbulo constitucional é bastante claro e nele são resumidos o projeto de Estado que se pretendeu instituir. Além do caráter político, porém, é importante definir sua natureza jurídica e sua eventual função no sistema normativo. De forma específica, questiona-se qual a relação do preâmbulo com o disposto nos artigos da Constituição e com as demais normas do ordenamento jurídico[9]. Na verdade, há posições divergentes sobre a dimensão jurídica do preâmbulo, sendo possível identificar quatro correntes principais[10].

A primeira delas considera o preâmbulo irrelevante do ponto de vista jurídico, possuindo valor meramente político, moral ou religioso. A ele caberia apenas apresentar o texto constitucional, suas intenções e as circunstâncias de seu surgimento, reduzindo-se a uma referência ideológica, terreno da filosofia e da história[11]. Não seria o preâmbulo, portanto, parte integrante da Constituição sob o ponto de vista material, mas apenas formal.

Um segundo entendimento, por sua vez, confere valor jurídico-legal ao preâmbulo. Este seria dotado de significado normativo, mas apenas infraconstitucional, e não jurídico-constitucional[12].

A terceira posição sustenta que o preâmbulo é dotado de valor jurídico constitucional direto, sendo possível cogitar de previsões normativas identificadas somente a partir da sua dicção. Para os integrantes dessa corrente, o preâmbulo é parte da Constituição e, como tal, além de sua significação política, detém a mesma dignidade e eficácia das normas constitucionais,

---

9. Este debate, não obstante ser clássico em países como a França, é relativamente recente no Brasil. Como aponta Dalmo de Abreu Dallari, somente após a Constituição de 1988 surgiu a preocupação com o preâmbulo, dando origem a alguma discussão acerca de seu eventual caráter normativo. O autor ressalta esta afirmativa com a comprovação de que, antes da Constituição de 1988, raríssima doutrina se ocupava do tema, já que o preâmbulo não era considerado parte da Constituição, nem mesmo uma diretriz para a interpretação e aplicação de seus artigos. DALLARI, Dalmo de Abreu. Preâmbulos das Constituições do Brasil. *Revista da Faculdade de Direito da USP,* Brasília, v. 96, p. 245, 2001.

10. Intenso debate sobre o tema ocorreu na França, uma vez que muitas das inúmeras constituições francesas invocavam princípios das Declarações de Direito Revolucionárias. Neste sentido: FERREIRA FILHO, Manoel Gonçalves. *Comentários à Constituição brasileira:* Emenda Constitucional n. 1 de 17 de outubro de 1969. v. 1. São Paulo: Saraiva, 1972. p. 48.

11. Nessa linha, v. KELSEN, Hans. *Teoria geral do direito e do Estado.* São Paulo: Malheiros, 2000. p. 372. Carl Schmitt, por sua vez, apresentou posicionamento diverso. Ao analisar as Constituições alemãs de 1871 e 1919, entendeu que seus preâmbulos não constituíam simples declarações ou mera notícia histórica. V. SCHMITT, Carl. *Teoría de la Constitución.* Madrid: Alianza, 1982. p. 49.

12. V. GOUVEIA, Jorge Bacelar. *Manual de direito constitucional.* v. 1. Coimbra: Almedina, 2005. p. 700. José Afonso da Silva indica ainda que esta é a corrente que prevalece na jurisprudência francesa, conferindo ao preâmbulo um valor de lei supletiva. V. SILVA, José Afonso da. *Comentário contextual à Constituição.* São Paulo: Malheiros, 2005. p. 22. Ressalta-se, ainda, a Decisão n. 71-44, de 16 de julho de 1971, do Conselho Constitucional francês, através da qual o preâmbulo, ao qual, até então, não se reconhecia densidade normativa, passou a ser tido como parâmetro para o controle de constitucionalidade.

estando acima das leis infraconstitucionais[13]. A principal justificativa para essa posição reside na origem do preâmbulo, uma vez que ele emana do Poder Constituinte originário, tendo sido aprovado sob as mesmas condições que o corpo da Constituição. Seria, portanto, parte integrante do texto constitucional, sob perspectiva formal e também material[14]. Essa orientação foi adotada na França, segundo decisão do Conselho Constitucional que reconheceu a existência de um *bloco de constitucionalidade*, formado pelo texto da Constituição de 1958 e também por outros diplomas, referidos em seu preâmbulo: a Declaração dos Direitos do Homem e do Cidadão e o próprio preâmbulo da Constituição de 1946[15]. Em menor escala, a normatividade (possível) do preâmbulo foi reconhecida também pelo Tribunal Constitucional alemão, em decisão de 1985, quando extraiu do preâmbulo da Lei Fundamental um *mandamento de reunificação (Wiedervereinigungsgebot)*, impondo-se aos órgãos estatais o dever de agir para afastar os impedimentos fáticos e jurídicos à reunião das então duas Alemanhas, separadas pela cortina de ferro[16].

Por fim, a última corrente, que parece a mais acertada, sustenta o valor jurídico-constitucional indireto do preâmbulo.

Como já referido, o preâmbulo ostenta a mesma origem das demais previsões constitucionais, não sendo consistente a posição de lhe negar, em caráter geral, qualquer valor jurídico, sobretudo em razão da unidade da Constituição. Esta conclusão, entretanto, não resulta em autonomia do preâmbulo, que deve ser entendido como vetor interpretativo – e em alguma medida de integração – das normas constitucionais, não detendo, portanto, a mesma eficácia das demais previsões contidas na Carta[17]. Por estar fora do corpo da Constituição – no qual se concentram as decisões constitucionais explícitas –, o preâmbulo valeria, sobretudo, como pauta hermenêutica.

Assim, o preâmbulo e as demais normas constitucionais apresentarão características diversas quanto à eficácia e ao papel que desempenham. O preâmbulo pode ser invocado em conjunto com as demais normas constitucionais – sobretudo para aclarar ou reforçar o seu sentido – mas não de forma independente. Também por isso, não seria possível a declaração de inconstitucionalidade por violação direta, e exclusiva, ao preâmbulo: a invalidade poderia ser caracterizada na medida em que se verifique ofensa ao preâmbulo em conjunto com as demais normas constitucionais[18]. De modo geral, e tendo em vista o caso específico da Constituição de 1988, não parece difícil identificar preceitos constitucionais específicos que correspondam às ideias gerais contidas no preâmbulo.

D – O PREÂMBULO E SUA REPERCUSSÃO PRÁTICA

O Supremo Tribunal Federal já teve oportunidade de se manifestar acerca da eficácia jurídica do preâmbulo. Em ação direta de inconstitucionalidade ajuizada pelo Partido Social Liberal[19], discutiu-se a necessidade de reprodução da expressão "sob a proteção de Deus", constante do preâmbulo da Carta Federal, também nas Constituições estaduais. O Tribunal entendeu que não existia simetria obrigatória em relação a esta

---

13. Um dos adeptos desta teoria foi Luís Pinto Ferreira. V. FERREIRA, Luís Pinto. *Curso de direito constitucional*. 4. ed. São Paulo: Saraiva, 1978. p. 64-65. Também Carlos Antonio de Almeida Melo reconhece o preâmbulo não apenas como vetor interpretativo, mas também como princípio a ser observado pelo legislador infraconstitucional e constituinte derivado. V. MELO, Carlos Antonio de Almeida. *Temas constitucionais*. Cuiabá: Edições FESMP, 2001. p. 50. Sobre a diferença entre regras e princípios, que são espécies de normas jurídicas, v. BARROSO, Luís Roberto. *Interpretação e aplicação da Constituição*. 6. ed. Rio de Janeiro: Saraiva, 2004. p. 350 e ss.; e BARCELLOS, Ana Paula de. *A eficácia jurídica dos princípios constitucionais*. 2. ed. Rio de Janeiro: Renovar, 2008. p. 44 e ss.

14. CARVALHO, Kildare Gonçalves. *Direito constitucional:* teoria do Estado e da Constituição, direito constitucional positivo. Belo Horizonte: Del Rey, 2007. p. 507.

15. Objetivamente, a decisão 71-44 DC, de 16.07.71 (In: www.conseil-constitutionnel.fr/decision/1971/7144dc.htm, acesso em 26 jul. 2005), considerou que a exigência de autorização prévia, administrativa ou judicial, para a constituição de uma associação violava a liberdade de associação. Sua importância, todavia, foi o reconhecimento de que os direitos fundamentais previstos na Declaração de Direitos do Homem e do Cidadão, de 1789, e no preâmbulo da Constituição de 1946, incorporavam-se à Constituição de 1958, por força de referência constante do preâmbulo desta, figurando, portanto, como parâmetro para o controle de constitucionalidade das leis. Esta decisão reforçou o prestígio do Conselho Constitucional, que passou a desempenhar o papel de protetor dos direitos e liberdades fundamentais. Sobre a importância dessa decisão, v. Léo Hamon, *Contrôle de constitutionnalité et protection des droits individuels*, 1974, p. 83-90; G. Haimbowgh, Was it France's Marbury v. Madison?, *Ohio State Law Journal* 35:910, 1974; J.E.Beardsley, The Constitutional Council and constitutional liberties in France, *American Journal of Comparative Law*, 1972, p. 431-52. Para um comentário detalhado da decisão, v. L. Favoreu e L. Philip, *Les grandes décisions du Conseil Constitutionnel*, 2003. Especificamente sobre bloco de constitucionalidade, v. Michel de Villiers, *Dictionaire du droit constitutionnel*, 2001; e Olivier Duhamel e Yves Mény, *Dictionaire constitutionnel*, 1992.

16. Sobre o tema, referindo-se a uma vinculação constitucional dos agentes públicos ao objetivo da reunificação, v. BADURA, Peter. *Staatsrecht – Systematische Erläuterung des Grundgesetzes*. 3. ed. Munique: C.H. Beck, 2003. p. 70.

17. V. MORAES, Alexandre de. *Constituição do Brasil interpretada e legislação constitucional*. São Paulo: Atlas, 2003. p. 119; CANOTILHO, J. J. Gomes; MOREIRA, Vital. *CRP:* Constituição da República Portuguesa anotada. v. 1. 4. ed. Coimbra: Coimbra, 2006. p. 181; e MIRANDA, Jorge. *Manual de direito constitucional*. t. II. 2. ed. Coimbra: Coimbra, 1983. p. 210-211. José Afonso da Silva, entretanto, defende que o preâmbulo, quando contiver uma declaração de direitos sociais e políticos do homem, valerá como princípio, caso o corpo da Constituição não possua norma que os confirme eficazmente. Nos demais casos, teria esta eficácia interpretativa e integrativa. V. SILVA, José Afonso da. *Comentário contextual à Constituição*. São Paulo: Malheiros, 2005. p. 22.

18. CANOTILHO, J. J. Gomes; MOREIRA, Vital. *CRP:* Constituição da República Portuguesa anotada. v. 1. 4. ed. Coimbra: Coimbra, 2006. p. 181.

19. STF, *DJ* 08 ago. 2003, ADIn 2.076-5/AC, Rel. Min. Carlos Velloso: "CONSTITUCIONAL. CONSTITUIÇÃO: PREÂMBULO. NORMAS CENTRAIS. Constituição do Acre. I. – Normas centrais da Constituição Federal: essas normas são de reprodução obrigatória na Constituição do Estado-membro, mesmo porque, reproduzidas, ou não, incidirão sobre a ordem local. Reclamações 370-MT e 383-SP (*RTJ* 147/404). II. – Preâmbulo da Constituição: não constitui norma central. Invocação da proteção de Deus: não se trata de norma de reprodução obrigatória na Constituição estadual, não tendo força normativa. III. – Ação direta de inconstitucionalidade julgada improcedente".

passagem e, mais importante, afirmou, nas palavras do relator, Ministro Carlos Velloso, que o preâmbulo não estaria situado no âmbito do Direito, mas sim no domínio da política e, desta maneira, refletiria apenas uma posição ideológica do constituinte. Na linha dessa decisão, é possível afirmar que na ocasião o STF adotou a primeira corrente referida acima acerca da normatividade do preâmbulo, negando-lhe força normativa. Em outra oportunidade, porém, ao considerar válida lei federal que concede passe livre às pessoas com deficiência, o preâmbulo foi invocado como elemento de reforço interpretativo (na linha da terceira corrente descrita acima, portanto) para destacar a opção constitucional por valores que visam a construir uma "comunidade fraterna, pluralista e sem preconceitos" e, nesse contexto, a validade da opção legislativa[20].

TÍTULO I
DOS PRINCÍPIOS FUNDAMENTAIS

Art. 1º A República Federativa do Brasil, formada pela união indissolúvel dos Estados e Municípios e do Distrito Federal, constitui-se em Estado Democrático de Direito e tem como fundamentos:

Adriano Sant'Ana Pedra

1. História da norma

A proclamação da República, em 15 de novembro de 1889, pelo Marechal Manuel Deodoro da Fonseca, surgiu de um vasto movimento de ideias que acompanhou toda a crise política do Segundo Reinado. Não se pode esquecer as causas primárias do movimento, as raízes institucionais da insatisfação revolucionária e os acontecimentos que foram se sucedendo. O Decreto n. 1, de 15 de novembro de 1889, cumpriu a formalidade de proclamar a República bem como de estabelecer o regime. Deve ser dito que o art. 7º deste Decreto previa que a República deveria ser confirmada pelo "pronunciamento definitivo do voto da nação, livremente expressado pelo sufrágio popular", o que não ocorreu naquela época (BONAVIDES; ANDRADE, 2004, p. 208).

Não obstante, com a vigência da atual Constituição, o artigo 2º do Ato das Disposições Constitucionais Transitórias – ADCT convocou plebiscito para escolher entre a forma republicana e a monárquica de governo. Marcada inicialmente para o dia 7 de setembro de 1993, mas antecipada para 21 de abril do mesmo ano, a consulta popular confirmou a República. Para alguns, tal resultado tornou a República uma cláusula pétrea implícita (PEDRA, 2016, p. 67), mas este entendimento não é unânime (SILVA, 2002, p. 66).

2. Constituições brasileiras anteriores

A primeira Constituição brasileira, a Constituição Política do Império do Brasil, de 1824, é *sui generis* no constitucionalismo latino-americano, pois as primeiras Constituições da América espanhola eram republicanas e presidencialistas e inspiraram-se na Constituição dos Estados Unidos da América, a primeira República federativa e presidencialista da história da humanidade. No entanto, a Constituição brasileira de 1824 inspirou-se no modelo constitucional europeu e era monárquica.

Posteriormente, com a proclamação da República, o Marechal Deodoro da Fonseca, chefe do Governo Provisório, nomeou uma comissão para apresentar um projeto que serviria de base para debates na futura Assembleia Constituinte. Os autores do Anteprojeto da Constituição, notadamente Rui Barbosa, voltaram-se para o modelo norte-americano e de lá importaram a República, o Federalismo, o Presidencialismo e as técnicas inerentes às novas instituições. A primeira Constituinte republicana foi instalada solenemente no dia 15 de novembro de 1890, ou seja, no primeiro aniversário da Proclamação da República e, após três meses de trabalho, a primeira Constituição republicana foi aprovada. Assim, no dia 24 de fevereiro de 1891, foi promulgada a *Constituição da República dos Estados Unidos do Brasil*.

Desde então, a República manteve-se em todas as Constituições brasileiras. Convém acrescentar que a Constituição de 1891 (art. 90, § 4º) continha a proibição de abolição da República, da Federação e da igual representação dos Estados no Senado Federal. A Constituição de 1934 (art. 178, § 5º) previa como limitações materiais expressas a República e a Federação. A Constituição de 1937 repetiu a de 1824 e não apresentou nenhuma limitação material expressa. A Constituição de 1946 (art. 217, § 6º) novamente protegeu a República e a Federação, o que veio a ser mantido pela Constituição de 1967-69 (art. 50, § 1º, e art. 47, § 1º, respectivamente).

---

20. STF, *DJe* 17 out.2008, ADIn 2649-6/DF, Rel. Min. Carmen Lúcia: "Devem ser postos em relevo os valores que norteiam a Constituição e que devem servir de orientação para a correta interpretação e aplicação das normas constitucionais e apreciação da subsunção, ou não, da Lei 8.899/1994 a elas. Vale, assim, uma palavra, ainda que brevíssima, ao Preâmbulo da Constituição, no qual se contém a explicitação dos valores que dominam a obra constitucional de 1988 (...). Não apenas o Estado haverá de ser convocado para formular as políticas públicas que podem conduzir ao bem-estar, à igualdade e à justiça, mas a sociedade haverá de se organizar segundo aqueles valores, a fim de que se firme como uma comunidade fraterna, pluralista e sem preconceitos (...). E, referindo-se, expressamente, ao Preâmbulo da Constituição brasileira de 1988, escolia José Afonso da Silva que 'O Estado Democrático de Direito destina-se a assegurar o exercício de determinados valores supremos. *Assegurar*, tem, no contexto, função de garantia dogmático-constitucional; não, porém, de garantia dos valores abstratamente considerados, mas do seu *exercício*. Este signo desempenha, aí, função pragmática, porque, com o objetivo de *assegurar*, tem o efeito imediato de prescrever ao Estado uma ação em favor da efetiva realização dos ditos valores em direção (função diretiva) de destinatários das normas constitucionais que dão a esses valores conteúdo específico' (...). Na esteira destes valores supremos explicitados no Preâmbulo da Constituição brasileira de 1988 é que se afirma, nas normas constitucionais vigentes, o princípio jurídico da solidariedade".

3. Constituições estrangeiras

A República é adotada em diversos países do mundo. A Constituição dos Estados Unidos da América (1787), a primeira Constituição em sentido moderno, assegura a todos os Estados da União a forma republicana de governo (art. IV, n. 4). A Constituição francesa (1958) também adota a República (*Cinquième République*) e estabelece que a forma republicana de governo não pode ser objeto de reforma constitucional (art. 89, 5). A Itália, após a Segunda Guerra Mundial e o fim da monarquia, também dispôs em sua Constituição (1948) a proibição de modificar a forma republicana de governo (art. 139). No mesmo sentido, a Constituição da República Portuguesa (1976) estabelece que a revisão constitucional terá que respeitar a forma republicana de governo (art. 288, *b*).

4. Direito Internacional

A consciência e o pensamento da humanidade sobre o respeito à pessoa e à independência dos povos acenam que o direito internacional deve ser considerado entre as fontes substanciais do direito interno nacional (CUEVA, 2008, p. 64). Nesse sentido, José Joaquim Gomes Canotilho escreve que um sistema jurídico interno "não pode, hoje, estar *out* da comunidade internacional. Encontra-se vinculado a princípios de direito internacional" (CANOTILHO, 2002, p. 81).

Nesse sentido, pode-se citar a Convenção Americana sobre Direitos Humanos (Pacto de São José da Costa Rica), que dispõe sobre direitos civis e políticos no seu capítulo II da parte I, entre eles o direito de votar e de ser votado em eleições periódicas (art. 23). Ademais, o Pacto Internacional sobre Direitos Civis e Políticos também assegura o direito do cidadão de participar da condução dos assuntos públicos, diretamente ou por meio de representantes livremente eleitos (art. 25). Além disso, a Declaração Universal dos Direitos Humanos dispõe que a vontade do povo é o fundamento da autoridade dos poderes públicos e deve exprimir-se através de eleições honestas e realizadas periodicamente por sufrágio universal e igual (art. 21).

5. Remissões constitucionais e legais

Além de acentuado logo no art. 1º, o princípio republicano está presente ao longo do texto constitucional, notadamente, pelo menos, nos seguintes dispositivos: separação dos órgãos de poder (art. 2º e título IV); princípio da igualdade (art. 5º, *caput*); princípio da legalidade (art. 5º, II; e art. 37, *caput*); direitos políticos (arts. 14 e 15); proibição de distinções entre brasileiros ou preferências entre si (art. 19, III); forma republicana como princípio sensível cuja inobservância pode ensejar intervenção federal (art. 34, VII, *a*); princípio da impessoalidade (art. 37, *caput*); princípio da moralidade (art. 37, *caput*); princípio da publicidade dos atos e transparência administrativa (art. 5º, XXXIII; art. 37, *caput*, e § 3º, II; art. 93, IX; e art. 216, § 2º); acesso aos cargos públicos (art. 37, I); periodicidade dos mandatos (art. 28; art. 29, I e II; art. 44, parágrafo único; art. 46, § 1º; art. 60, § 4º, II; art. 77; e art. 82); fiscalização e prestação de contas (art. 49, IX e X; e arts. 70 a 75); responsabilidade dos agentes públicos (art. 52, I e II; art. 55; art. 85; e art. 102, I, *c*); legalidade das despesas (arts. 165 a 169).

Vários desses temas relacionados à República são tratados pela legislação infraconstitucional, especialmente: Lei n. 1.079/1950 (Lei dos Crimes de Responsabilidade); Lei n. 4.717/1965 (Lei da Ação Popular); Lei n. 4.737/1965 (Código Eleitoral); Lei n. 4.898/1965 (Lei de Abuso de Autoridade); Lei n. 7.347/1985 (Lei da Ação Civil Pública); Lei n. 8.027/1990 (Código de Ética dos Servidores Públicos); Lei n. 8.429/1992 (Lei de Improbidade Administrativa); Lei n. 8.666/1993 (Lei de Licitações e Contratos da Administração Pública); Lei n. 9.096/1995 (Lei dos Partidos Políticos); Lei n. 9.504/1997 (Lei das Eleições); Lei n. 12.527/2011 (Lei de Acesso à Informação); Lei n. 12.562/2011 (processo e julgamento da representação interventiva perante o STF); Lei n. 12.813/2013 (Lei de Conflito de Interesses); Lei n. 12.846/2013 (Lei Anticorrupção); Lei Complementar n. 64/1990 (Lei de Inelegibilidades); e Lei Complementar n. 101/2000 (Lei de Responsabilidade Fiscal).

6. Jurisprudência

Acerca do tema, podem ser mencionados os seguintes julgados do Supremo Tribunal Federal brasileiro: RMS 24.699 (controle judicial de atos administrativos que envolvem a aplicação de conceitos indeterminados); ADI 3.046 (fiscalização legislativa da ação administrativa do Poder Executivo); Inq 1.376 AgR (foro por prerrogativa de função); MS 26.602, MS 26.603 e MS 26.604 (fidelidade partidária de vereadores, deputados estaduais e federais); RE 637.485 (vedação de terceira eleição consecutiva para cargo de prefeito, ainda que em município diverso); RE 345.822 (inelegibilidade para cargo de vereador de presidente da Câmara Municipal que substitui ou sucede o prefeito nos seis meses anteriores ao pleito); RE 543.117 AgR (vedação de perpetuidade ou alongada presença de familiares no poder); ADI 4.180 (destinação de recursos públicos para a realização de evento privado); MS 28.178 (transparência no acesso a documentos públicos); SS 3.902 AgR-segundo (transparência na folha de pagamento de entidades e órgãos públicos); ADC 12 (vedação de nepotismo); Súmula Vinculante 13 (vedação de nepotismo); ADI 1.021 (somente a Constituição pode outorgar excepcional imunidade de persecução penal ao chefe de Estado); MS 28.279 (exigência de concurso público para exercício de atividade notarial e de registro); ADI 4.650 (financiamento de campanhas eleitorais); HC 80.511 (responsabilidade penal de governador de Estado); e Inq 687 QO (inexistência de prerrogativa de foro para quem deixou mandato ou cargo).

7. Referências bibliográficas

AGRA, Walber de Moura. *Republicanismo*. Porto Alegre: Livraria do Advogado, 2005.

ATALIBA, Geraldo. *República e Constituição*. 2. ed. São Paulo: Malheiros, 1998.

BASTOS, Celso Ribeiro. *Curso de direito constitucional*. 19. ed. São Paulo: Saraiva, 1998.

BONAVIDES, Paulo. *Ciência política*. 15. ed. São Paulo: Malheiros, 2008.

BONAVIDES, Paulo. *Curso de direito constitucional*. 13. ed. São Paulo: Malheiros, 2003.

BONAVIDES, Paulo; ANDRADE, Antônio Paes de. *História constitucional do Brasil*. 5. ed. Brasília: OAB, 2004.

CANOTILHO, José Joaquim Gomes. *Direito constitucional e teoria da Constituição*. 5. ed. Coimbra: Almedina, 2002.

CÍCERO, Marco Túlio. *Da República*. Trad. Amador Cisneiros. Bauru: Edipro, 1995.

CUEVA, Mario de la. *Teoría de la Constitución*. Cidade do México: Porrúa, 2008.

FERRAJOLI, Luigi. *Principia iuris*: teoría del derecho y de la democracia. Trad. Perfecto Andrés Ibáñez *et al*. Madri: Trotta, 2011, v. II.

FERREIRA, Luiz Pinto. *Curso de direito constitucional*. 11. ed. São Paulo: Saraiva, 2001.

HORTA, Raul Machado. *Direito constitucional*. 3. ed. Belo Horizonte: Del Rey, 2002.

MAQUIAVEL, Nicolau. *Comentários sobre a primeira década de Tito Lívio*. 4. ed. Trad. Sérgio Bath. Brasília: UnB, 2000.

MONTESQUIEU (Charles-Louis de Secondat, Barão de La Brède e de Montesquieu). *Do espírito das leis*. São Paulo: Nova Cultural, 1997.

MORAIS, José Luís Bolzan de. *As crises do Estado e da Constituição e a transformação espacial dos direitos humanos*. Porto Alegre: Livraria do Advogado, 2002.

PEDRA, Adriano Sant'Ana. *A Constituição viva*: poder constituinte permanente e cláusulas pétreas na democracia participativa. 4. ed. Rio de Janeiro: Lumen Juris, 2016.

PEDRA, Adriano Sant'Ana. *Mutação constitucional*: interpretação evolutiva da Constituição na democracia constitucional. 3. ed. Rio de Janeiro: Lumen Juris, 2017.

SARLET, Ingo Wolfgang; MARINONI, Luiz Guilherme; MITIDIERO, Daniel. *Curso de direito constitucional*. 6. ed. São Paulo: Saraiva, 2017.

SILVA, José Afonso da. *Curso de direito constitucional positivo*. 20. ed. São Paulo: Malheiros, 2002.

STRECK, Lenio Luiz; MORAIS, José Luís Bolzan de. *Ciência política e teoria geral do Estado*. Porto Alegre: Livraria do Advogado, 2000.

8. Comentários

A forma de governo indica como o poder político é instituído e exercitado em um Estado e como nele se estabelece a relação entre governantes e governados.

Como forma de governo, a República teve um sentido de contraposição à Monarquia. "Nesta, tudo pertencia ao rei, que governava de maneira absoluta e irresponsável" (BASTOS, 1998, p. 154). A Monarquia caracteriza-se pela vitaliciedade do governante e pela transferência do poder através de laços hereditários àqueles que pertencem a determinada dinastia. A República surge para retirar o poder das mãos do rei e passá-lo ao povo. O desenvolvimento da ideia de República busca atribuir-lhe uma base popular, não obstante a existência de Repúblicas aristocráticas, como assinala Montesquieu.

Na Monarquia absolutista o rei estava acima da lei, tinha o poder concentrado em suas mãos e era irresponsável por seus atos. Não obstante, à medida que as Monarquias foram cedendo parcelas de seu poder e encontrando-se sob limites das Constituições, foram aproximando-se das Repúblicas. "As Monarquias da Europa ocidental em nada diferenciam-se de suas vizinhas Repúblicas, à exceção da figura decorativa do monarca que nominalmente exerce as funções de chefe de Estado" (BASTOS, 1998, p. 154). Neste contexto atual, as Monarquias são parlamentaristas e o rei, como chefe de Estado que não governa, está inserido no princípio da legalidade.

A República é uma forma de governo em que o povo é o titular do poder político e exerce-o direta ou indiretamente por meio de representantes eleitos periodicamente. Há igualdade entre as pessoas, inclusive de acesso aos cargos públicos, com sufrágio universal, porquanto a sociedade não é dividida em estamentos. A República caracteriza-se pela temporariedade dos mandatos dos governantes, pela eletividade como meio de condução aos cargos políticos, pela possibilidade de prestação de contas e responsabilização política, administrativa, civil e penal dos detentores do poder. Na República, é possível implantação do sistema de governo presidencialista ou parlamentarista.

Mas vale dizer que o sentido de República não se restringe à sua manifestação concreta como forma de governo e não se pode perder o ideário republicano. Assim, há que se distinguir, a despeito de seus importantes pontos de contato, entre "a República como forma de governo e o republicanismo (ou princípio republicano), como conjunto de valores e princípios que norteiam a República em seus traços essenciais" (SARLET; MARINONI; MITIDIERO, 2017, p. 291). As principais características do Republicanismo são: negação de qualquer tipo de dominação; defesa e difusão das virtudes cívicas; estabelecimento de um Estado de Direito; construção de uma democracia participativa; incentivo ao autogoverno dos cidadãos; e implementação de políticas que diminuam as desigualdades sociais (AGRA, 2005). Os valores republicanos impõem uma atuação virtuosa dos cidadãos voltada para o bem comum e não para a realização de interesses privados.

O sentido da palavra República mudou muito ao longo da história, mas continua presente a ideia de coisa pública (*res publica*), igualdade e ausência de privilégios (CÍCERO, 1995, p. 29). Hodiernamente, a conformação de República dada pela Constituição brasileira vai além daquele que indica uma forma de governo em oposição à Monarquia. Ademais, a República compõe uma estrutura político-organizatória que garante as liberdades fundamentais e assegura o controle do poder (CANOTILHO, 2002, p. 228-230). Pode-se dizer, então, que não é a Monarquia que se opõe à República, mas qualquer regime autoritário, totalitário ou tirânico, ainda que possua outra denominação.

Fernanda Dias Menezes de Almeida

FEDERAÇÃO

1. A Implantação da Federação no Brasil

No Brasil a Federação chegou com a República. Na verdade, a aspiração federativa se fizera sentir bem antes, tendo se manifestado já no ambiente constituinte de 1823, embora não tivesse, então, encontrado maior acolhida, a ideia de uma Monarquia federativa. Ao longo do Império tornou a repontar, episodicamente, a defesa do modelo federal de Estado, como ocorreu por ocasião da revolução pernambucana, que, por curto período de tempo, implantou no nordeste a chamada Confederação do Equador, ou por ocasião do estabelecimento, também temporário, da República do Piratinim no Rio Grande do Sul, ou ainda nas lutas que resultaram na abdicação de D. Pedro I, aos 7 de abril de 1831. O imperador, aliás, sempre se opusera à pregação federativa, que chegou a taxar de criminosa, insurgindo-se contra aqueles que "escrevem sem rebuço, e concitam os povos à Federação". Estes e outros dados históricos relevantes sobre o despontar e o progresso das ideias federativas no Brasil podem ser encontrados em obra de leitura indispensável de Raul Machado Horta – *Estudos de Direito Constitucional*. Belo Horizonte: Livraria Del Rey Editora, 1995, p. 427 e s.

Na fase final do Império, recobra força o ideal federativo, então associado à bandeira republicana. De fato, em 1870 volta a instaurar-se na França a República, com fortes reflexos nos meios culturais brasileiros, surgindo no mesmo ano, no Rio de Janeiro, o primeiro Clube Republicano, de que fizeram parte, entre outros brasileiros ilustres, Quintino Bocaiúva, Saldanha Marinho, Aristides Lôbo e Rangel Pestana. De modo geral, eram eles não apenas republicanos, mas também federalistas, como se percebe pelo teor do manifesto republicano que fizeram publicar em 13-12-1870. Nesse texto, de grande repercussão, além de preconizar-se a República, em substituição à Monarquia, taxada de "instituição decadente", pretendia-se igualmente a adoção de uma Federação que se apoiasse na "independência recíproca da província, elevando-a à categoria dos Estados próprios, unicamente ligados pelo vínculo da nacionalidade e da solidariedade dos grandes interesses da representação e defesa exterior".

A materialização do ideal federativo acontece, por fim, acoplada à proclamação da República. De fato, o Decreto n. 1, de 15-11-1889, editado pelo Governo Provisório da República, declarou: "Fica proclamada provisoriamente e decretada como a fórmula de governo da nação brasileira – a República Federativa" (art. 1º). E completou: "As províncias do Brasil, reunidas pelo laço da federação, ficam constituindo os Estados Unidos do Brasil" (art. 2º).

Mudaram-se, portanto, a um tempo, a forma de governo, que de monárquico passou a republicano, e a forma de Estado, que de unitário passou a federal. A inspiração mais próxima para a mudança terá vindo das instituições políticas norte-americanas – conhecidas e apreciadas pelos juristas brasileiros da época – nas quais se encontram a origem da Federação moderna e o exemplo de um bem sucedido republicanismo.

Desde então, todas as Constituições brasileiras mantiveram, logo em seu pórtico, a Federação e a República. É o que confirmam o art. 1º da Constituição de 1891; o art. 1º da Constituição de 1934; os arts. 1º e 3º da Constituição de 1937; o art. 1º da Constituição de 1946 e o art. 1º da Constituição de 1967, em sua versão original, confirmada pela EC n. 1/69.

Mantendo a tradição, a Constituição de 1988, proclama, no art. 1º, ser o Brasil uma República Federativa, e volta em particular ao tema da Federação no Título III – Da organização do Estado, em que detalha e estrutura as regras de atuação e convivência dos seus integrantes.

2. Características do modelo federal de Estado

Criação dos convencionais de Filadélfia, reunidos em 1787 com o objetivo de aprimorar a união dos Estados em que se haviam convertido, com a independência, treze das colônias britânicas da América do Norte, o modelo federal de Estado, como então proposto e aprovado, mostrou-se uma alternativa inovadora e eficaz para solucionar problemas vivenciados na constância da Confederação que os Estados recém-independentes haviam constituído, mediante tratado conhecido como "Artigos de Confederação", celebrado em 1776 e ratificado em 1781 (para maiores detalhes, cf. ALMEIDA, F. D. M. *Competências na Constituição de 1988*. 6. ed. São Paulo: Atlas, 2013, p. 6-9).

Enunciam-se, na sequência, os principais traços da Federação idealizada nos Estados Unidos, reproduzidos nas demais que nela se inspiraram, inclusive a Federação brasileira.

2.1. Autonomia dos Estados-membros

A originalidade da Federação está em ter feito surgir um Estado soberano composto de Estados autônomos. Para os Estados independentes que se associam, ingressar em uma Federação significa abdicar de sua soberania, transferida para o Estado Federal, passando a deter autonomia, nos termos postos na Constituição Federal.

Da mesma forma, no caso de Federações formadas por desagregação de Estados unitários, a opção pelo modelo federal representa conferir às antigas províncias autonomia em grau de que não dispunham, ficando com o Estado Federal a soberania. Na Constituição brasileira de 1988, o tema da autonomia é referido no *caput* do art. 18.

Em outras Federações podem-se encontrar também normas pertinentes à autonomia dos Estados, como, por exemplo, na Constituição da Alemanha de 1949 (arts. 30 e 70, alínea 1); da Suíça de 1874 (arts. 3º e 5º); da Argentina de 1853 (arts. 104 a 106); do México de 1917 (art. 40); e da antiga União Soviética de 1977 (art. 76).

2.2. A Constituição como fundamento jurídico do Estado Federal

A base jurídica da Federação é sempre uma Constituição escrita, comum a todas as entidades federadas, na qual estão fixados os fundamentos essenciais de suas relações recíprocas.

É na Constituição Federal que se cristaliza o compromisso entre os interesses de unidade nacional e de diversidades regionais, mantidas em proveito de todos os participantes, cujo desligamento não é possível, já que não têm mais soberania que legitime decisão separatista.

Daí referir-se Karl Loewenstein (*Teoría de la Constitución*. 2. ed. Trad. de Alfredo Gallego Anabinarte. Barcelona: Ariel, 1970, p. 356) à Constituição como encarnação do contrato sobre a aliança eterna.

2.3. Inexistência do direito de secessão

Não há na Federação o direito de secessão, em virtude do fato acima registrado de os Estados-membros não serem detentores de soberania que enseje o rompimento dos vínculos federativos. Bem por isso é que não contraria a lógica do sistema a previsão de cláusula constitucional proibindo expressamente o desligamento dos entes federados ou, ao menos, de cláusula de que decorra implicitamente esta proibição, como a que estabeleça serem indissolúveis os laços federativos.

Pela mesma razão é que igualmente tem sentido a existência de um mecanismo de defesa como a intervenção federal, acionável basicamente quando em risco a unidade nacional.

Registre-se, entretanto, por oportuno, que a tese da inexistência do direito de secessão não constituiu preocupação dos fundadores da Federação norte-americana, nem está consagrada expressamente na Constituição dos Estados Unidos. Somente ao se desencadear a Guerra de Secessão, quando Estados do sul do país pretenderam tornar-se independentes, é que o tema passou a ser discutido, a partir da interpretação dos separatistas, para quem, em verdade, o regime constitucional não alterara a organização confederativa, continuando os Estados a manter sua soberania. Vencidos, entretanto, pela força das armas, tornou-se fato consumado a impossibilidade de rompimento dos liames federativos.

Fugindo a esta regra, a Constituição soviética de 1977 conservava expressamente o direito das Repúblicas Federadas de saírem livremente da União Soviética (art. 72). Na prática, contudo, não se confirmou a possibilidade de se exercer tal direito, tendo sido sempre vigorosa a reação do poder central contra tentativas de proclamação de independência por algumas das Repúblicas Federadas.

Na Federação brasileira a indissolubilidade dos vínculos federativos está prevista no art. 1º da atual Constituição.

2.4. Aspectos unitários nos planos internacional e interno

Na estrutura da Federação devem equilibrar-se, segundo ensina Manoel Gonçalves Ferreira Filho (*Curso de Direito Constitucional*. 40. ed. São Paulo: Saraiva, 2015, p. 80), aspectos unitários e aspectos societários típicos dessa forma de Estado.

Os primeiros resultam do fato de ser uno o Estado Federal, tanto no âmbito internacional, como no âmbito interno. Assim é que, perante o concerto das nações, há uma unidade de personalidade (só o Estado Federal é pessoa jurídica de Direito Internacional Público); uma unidade de nacionalidade (não há nacionalidades estaduais, mas apenas a do Estado Federal) e uma unidade territorial (para efeitos externos o que conta é o território nacional como um todo).

Já no plano interno, os aspectos unitários manifestam-se pela existência, ao lado dos diversos ordenamentos estaduais, de um ordenamento jurídico federal válido e aplicável em todo o território nacional; pela consequente existência de um tribunal federal habilitado a resolver os conflitos entre o todo e as partes; e, ainda, pela já mencionada possibilidade de intervenção federal quando circunstâncias desagregadoras comprometerem a sobrevivência da Federação.

O tratamento dos referidos aspectos unitários no plano interno concentra-se, majoritariamente, nos artigos da Constituição Federal brasileira referentes à competência legislativa da União (arts. 22 e 24); às competências do Supremo Tribunal Federal (art. 102, I, *f*); e à intervenção da União nos Estados (art. 34).

Para citar Constituições de outros Estados Federais que cuidam de aspectos unitários da Federação, sirvam de exemplo a Constituição da Áustria de 1920 (arts. 6º, n. 1; 10, 6º, e 138) e a da Alemanha de 1949 (arts. 32, n. 1; 73; e 93).

2.5. Aspectos societários

Os aspectos societários na organização federativa derivam do fato de ser a Federação, em sua expressão mais simples, uma verdadeira sociedade de Estados, do que deflui naturalmente que haja uma participação deles no governo central.

É o que se assegura pela previsão de uma casa de representação dos Estados, o Senado, integrando o centro de decisões, que é o Poder Legislativo federal.

Além disso, registra-se também a possibilidade de participação dos Estados no governo central, quando se lhes defere competência para eleger o chefe do Poder Executivo federal, como se dá na hipótese de eleição indireta por colégio eleitoral de que participem representantes dos Estados.

Uma outra possibilidade de participação abre-se ainda aos Estados se lhes for atribuído um papel no processo de modificação da Constituição Federal, seja como titulares de iniciativa de propostas de emenda à Constituição, seja quando se faça necessária sua aprovação para a entrada em vigor de tais emendas.

A Constituição de 1988 prevê a existência do Senado Federal como câmara de representação dos Estados no art. 46 e dá a estes poder de apresentação de emendas constitucionais no art. 60, inciso III. Nunca foi prevista no federalismo brasileiro a exigência de aprovação de emendas à Constituição Federal pelos Estados como condição para sua entrada em vigor. De outra parte, não tendo sido mantidas as eleições indiretas para a Presidência da República estabelecidas no regime militar anterior (art. 76, § 1º, da versão original da Constituição de 1967 e art. 74, § 1º, daquela Constituição com a redação da EC n. 1/69), deixaram os Estados de ter a participação de representantes seus na escolha do Presidente, que desde a EC n. 25/85 passou a ser feita mediante eleição direta.

Para dar exemplos do tratamento conferido a aspectos societários da Federação em Constituições estrangeiras, são de lembrar a Constituição dos Estados Unidos de 1787, que cuida de alguns deles no art. I, seções 1 e 3, e no art. V, o mesmo ocorrendo na Constituição alemã de 1949, arts. 50 e 54.

2.6. A repartição de competências

A existência, no Estado Federal, de um poder central e de poderes periféricos, que devem funcionar autônoma, mas concomitantemente, conduz necessariamente a que haja no arranjo federativo um esquema de repartição de competências entre o todo e as partes.

Por um lado, a partilha de competências é que dá substância à descentralização em unidades autônomas. Isto porque, se o fulcro da autonomia dos entes federados está primordialmente na capacidade de auto-organização e de autolegislação, ficaria destituído de sentido reconhecer esta capacidade, sem se definir o objeto passível de normatização pelo poder central e pelos poderes estaduais.

Por outro lado, se se quiser a preservação de um relacionamento harmônico entre o conjunto e as partes, é imprescindível delimitar as respectivas atribuições, sem o que seria inevitavelmente conflituosa a sua convivência.

A repartição de competências na Constituição de 1988 está concentrada especialmente nos arts. 21, 22, 23, 24, 25, § 1º, 30 e 32, § 1º, dispondo ainda, pontualmente, a respeito, outros dispositivos ao longo do texto constitucional.

As Constituições de outros Estados Federais também necessariamente estabelecem a repartição de competências entre seus integrantes. Sirva aqui de exemplo, pelo fato de ter sido o modelo estrangeiro que mais influenciou a elaboração da atual Constituição brasileira, a da Alemanha de 1949, que largamente disciplinou a matéria nos arts. 70 a 75 e 83 a 91.

2.7. A repartição de rendas

Como atribuir competências importa conferir poderes, mas também deveres, para cujo cumprimento são indispensáveis recursos financeiros suficientes, torna-se evidente a importância de uma equilibrada distribuição constitucional de rendas, mormente de receitas tributárias, entre os integrantes da Federação, para que possam desempenhar suas atribuições sem dependência financeira de uns em relação aos outros. Sim, porque a dependência financeira acaba sempre descaracterizando o federalismo, com o qual é incompatível a dependência política que aquela provoca. Fontes próprias de recursos, adequadamente distribuídas, constituem, portanto, o fulcro da autonomia nas relações federativas, sem a qual não pode sobreviver uma autêntica Federação.

Da repartição de rendas se ocupa detidamente a Constituição de 1988 no Título VI, dedicado à tributação e ao orçamento, ao longo de seu Capítulo I que cuida do sistema tributário nacional e se estende do art. 145 ao art. 162.

Igualmente minuciosa, a respeito, é a Constituição alemã de 1949 (arts. 104 a 108), que aqui se lembra como exemplo do tratamento da matéria em Constituição federal estrangeira, ao lado da Constituição suíça de 1874 (arts. 41 e 42).

3. As diferentes fases na evolução do federalismo brasileiro

A capacidade de adaptação da forma federal de Estado aos imperativos de ordem social, econômica e política que se vão colocando na evolução natural das sociedades tem sido apontada, com razão, como virtude responsável pelo não envelhecimento do modelo e por sua aceitação, ao longo de mais de duzentos anos, em países muito diferenciados entre si. De fato, a maleabilidade que enseja a Federação – respeitado, é óbvio, o núcleo de princípios cardeais a ela inerentes – tem sido uma garantia de seu sucesso. De uma Federação nunca se pode dizer que esteja pronta e acabada, admitindo sempre alterações para a acomodação às exigências de novos tempos. Assim é que, tanto em sua pátria de origem, como alhures, identificaram-se diferentes fases na sua evolução.

No Brasil as instituições federativas obedeceram ao padrão inicial da matriz norte-americana. Por isso, no seu nascedouro, a Federação brasileira enquadrou-se no esquema clássico, que se convencionou chamar de federalismo dual. Pressupõe este, como ensina Bernard Schwartz (*O federalismo norte-americano atual.* Rio de Janeiro: Forense Universitária, 1984, p. 26), dois campos de poder mutuamente exclusivos e limitadores, em que a regra é a não ingerência recíproca das autoridades federal e estadual no campo das respectivas competências, que devem ser rigidamente delimitadas. E foi exatamente este o esquema montado na Constituição de 1891, com a definição de esferas estanques de competências, enumeradas as da União e remanescentes as dos Estados, abstendo-se o poder central de interferir nos assuntos estaduais, conduzidos pelos Estados com ampla autonomia.

Em ordem cronológica praticamente coincidente com a dos Estados Unidos, transformou-se em federalismo cooperativo o nosso federalismo, basicamente a partir da Constituição de 1934. Em parte devido à iniciativa dos próprios Estados, principalmente dos Estados mais pobres, que não se bastavam, demandando o concurso da União para prover às suas necessidades. De outra parte, em razão da ascendência do intervencionismo estatal típico dos anos trinta do século XX, que se reflete no acréscimo das competências da União, principalmente no plano econômico, acompanhado por paralela restrição das competências estaduais.

A expansão da autoridade federal não diminuiu, como era de se esperar, ao tempo da Constituição de 1937 e também não cessou, aumentando pelo contrário, sob a Constituição de 1946, em atenção, em especial, aos propósitos desenvolvimentistas e de combate aos desníveis regionais do governo Juscelino Kubitschek.

Mas o auge do processo de centralização e de ingerência da União nos assuntos estaduais aconteceu ao tempo da Constituição de 1967, mormente após a EC n. 1/69, quando se chegou, eufemisticamente, a falar em um federalismo de integração no Brasil. Foi essa a fórmula utilizada por Alfredo Buzaid (*O Estado federal brasileiro.* Brasília: Ministério da Justiça, 1971, p. 40), para identificar a fase então vivida, em que a União pontificou, detendo um vasto rol de competências, que lhe permitiam condicionar, planejar, dirigir e controlar a ação dos Estados.

Quase um novo Estado unitário foi o que o constituinte de 1988 recebeu como herança, assumindo, pois, tarefa delicada quando se dispôs a manter, por entendê-lo mais adequado à realidade brasileira, o modelo federal de Estado que praticamente precisava ser reconstruído. Com a Constituição de 1988, o que se pretendeu iniciar foi, portanto, uma nova fase, a do federalismo de equilíbrio. Nesse sentido a lição de Raul Machado Horta (*Estudos*, cit., p. 355), para quem é da Constituição alemã de 1949 que se buscou importar a receita de uma convivência mais equilibrada entre a União e os Estados. Isso adviria de uma repartição de competências em que se reservasse maior espaço para competências concorrentes, principalmente para competências legislativas concorrentes, de modo a permitir maior participação dos Estados na produção normativa.

4. Referências bibliográficas

ALMEIDA, Fernanda Dias Menezes de. *Competências na Constituição de 1988.* 6. ed. São Paulo: Atlas, 2013.

BARACHO, José Alfredo de Oliveira. *Teoria geral do federalismo.* Belo Horizonte: FUMARC/UCMG, 1982.

FERREIRA FILHO, Manoel Gonçalves. *Curso de Direito Constitucional.* 40. ed. São Paulo: Saraiva, 2015.

HORTA, Raul Machado. *Estudos de Direito Constitucional.* Belo Horizonte: Del Rey Editora, 1995.

TAVARES, André Ramos. *Curso de Direito Constitucional.* 16. ed. São Paulo: Saraiva, 2018.

Lenio Luiz Streck
Jose Luis Bolzan de Morais

ESTADO DEMOCRÁTICO DE DIREITO

A – REFERÊNCIAS

1. Origem do texto

Redação presente no texto original elaborado pela Assembleia Nacional Constituinte, sem alterações desde então.

2. Direito internacional

PIDESC e PIDCP, em seus preâmbulos.

3. Direito constitucional latino-americano

Algumas Constituições latino-americanas adotam expressão similar àquela brasileira para definir Estado, tais como a venezuelana de 1999 (art. 2º), a boliviana de 1976, com a reforma de 1994 (art. 1º, II), e a peruana de 1993 (art. 3º) – única a assumir a mesma fórmula de Estado Democrático de Direito. Outras incorporam a noção de Estado Social de Direito, como a colombiana de 1991 (art. 1º), a equatoriana de 1998 (art. 1º) e a paraguaia de 1992 (art. 1º). A Constituição de Honduras de 1982 adota a terminologia Estado de Direito, porém informa que este se destina à realização do bem-estar econômico e social (art. 1º).

4. Jurisprudência

STJ – REsp 1.640.084/SP (inconvencionalidade do crime de desacato por incompatibilidade com o Estado Democrático de Direito); STF-MS 26.602 (o vínculo entre partido político e filiado é autônomo; a perda do mandato por troca de legenda – sem que a Constituição contenha tal previsão – viola a segurança jurídica do Estado Democrático de Direito); STF-MS 26.603; 26.604 (fidelidade partidária e princípio da segurança jurídica no Estado Democrático de Direito); ADI 775-MC (autorização parlamentar para ausência do Chefe do Poder Executivo: controle que traduz exigência plenamente compatível com o princípio do Estado Democrático de Direito e com as consequências político-jurídicas que derivam da consagração do princípio republicano e da separação de poderes); HC 82.424 (crime de racismo: liberdades públicas limitadas pelo princípio do Estado Democrático de Direito).

5. Literatura selecionada

Bolzan de Morais, Jose Luis e Streck, Lenio Luiz. *Ciência Política e Teoria do Estado*. 6. ed. Porto Alegre: Livraria do Advogado, 2008; Tribe, Laurence. *American Constitutional Law*. Foundation Press: Meneola, 1978; Holmes, Stephen. El precompromiso y la paradoja de la democracia. In: *Constitucionalismo y Democracia*. Jon Elster y Rune Slagstad (org.). México: Fondo de Cultura Económica, 2003; *Introducción a obra Constitucionalismo y Democracia*. Jon Elster y Rune Slagstad (org.). México: Colégio Nacional de Ciências Políticas y Administración Pública, A. C.; Fondo de Cultura Econômica, 2001; Dworkin, Ronald. *Uma Questão de Princípio*. São Paulo: Martins Fontes, 2000; Canotilho, J. J. Gomes. *Constituição Dirigente e Vinculação do Legislador*. 4. ed. Coimbra: Coimbra Editores, 1994; Canotilho, J. J. Gomes e Moreira, Vital. *Fundamentos da Constituição*. Coimbra: Coimbra Editores, 1991; Coutinho, Jacinto Nelson de Miranda (org.). *Canotilho e a Constituição Dirigente*. Rio de Janeiro: Renovar, 2002; Faria, José Eduardo. *Direito e Justiça – A Função Social do Judiciário*. São Paulo: Ática, 1989; Bobbio, Norberto. *Dalla Struttura alla Funzione*. Millano: Comunità, 1977; Bercovici, Gilberto. Constituição e superação das desigualdades regionais. In: *Direito Constitucional – estudos em homenagem a Paulo Bonavides*. São Paulo: Malheiros, 2001; Lerche, Peter. *Ubermass und Verfassungsrecht: Zur Bildung des Gezetzgebers an die Grundsätze der Verhältnismässigkeit und der Erforderlichkeit*. 2. ed. Goldbach: Keip Verlag, 1999.

B – COMENTÁRIOS

A Constituição do Brasil de 1988 – ao lado do princípio republicano e da forma federativa de Estado, princípios fundamentais da organização do Estado, inova ao incorporar o conceito de Estado Democrático de Direito, na tentativa de conjugar o ideal democrático ao Estado de Direito, não como uma aposição de conceitos, mas sob um conteúdo próprio onde estão presentes as conquistas democráticas, as garantias jurídico-legais e a preocupação social. Tudo constituindo um novo conjunto onde a preocupação básica é a transformação do *status quo*.

O conteúdo da legalidade – princípio ao qual permanece vinculado – assume a forma de busca efetiva da concretização da igualdade, não pela generalidade do comando normativo, mas pela realização, por meio dele, de intervenções que impliquem diretamente uma mudança substantiva nas circunstâncias de vida da comunidade política.

O Estado Democrático de Direito tem um conteúdo transformador da realidade, não se restringindo, como o Estado Social de Direito, a uma adaptação melhorada das condições sociais de existência. Assim, o seu conteúdo ultrapassa o aspecto material de concretização de uma vida digna ao homem e passa a agir simbolicamente como fomentador da participação pública no processo de construção e reconstrução de um projeto de sociedade, apropriando-se do caráter incerto da democracia para veicular uma perspectiva de futuro voltada à produção de uma nova sociedade, onde a questão da democracia contém e implica, necessariamente, a solução do problema das condições materiais de existência, apesar de manter-se adstrito pelos limites impostos pela dinâmica da economia capitalista como opção constitucional.

Com efeito, são princípios do Estado Democrático de Direito: A – Constitucionalidade: vinculação do Estado Democrático de Direito a uma Constituição como instrumento básico de garantia jurídica; B – Organização Democrática da Sociedade; C – Sistema de direitos fundamentais individuais e coletivos, seja como Estado "de distância", porque os direitos fundamentais asseguram ao homem uma autonomia perante os poderes públicos, seja como um Estado "antropologicamente amigo", pois respeita a dignidade da pessoa humana e empenha-se na defesa e garantia da liberdade, da justiça e da solidariedade; D – Justiça Social como mecanismos corretivos das desigualdades; E – Igualdade não apenas como possibilidade formal, mas, também, como articulação de uma sociedade justa; F – Especialização de Poderes ou de Funções, marcada por um novo relacionamento e vinculada à produção dos "resultados" buscados pelos "fins" constitucionais; G – Legalidade que aparece como medida do direito, isto é, através de um meio de ordenação racional, vinculativamente prescritivo, de regras, formas e procedimentos que excluem o arbítrio e a prepotência; H – Segurança e certeza jurídicas.

Assim, o Estado "Liberal" Democrático de Direito teria a característica de ultrapassar não só a formulação do Estado Liberal de Direito, como também a do Estado "Liberal" Social de Direito – vinculado ao *welfare state* neocapitalista – impondo à ordem jurídica e à atividade estatal um conteúdo utópico de transformação da realidade. Dito de outro modo, o Estado Democrático é *plus* normativo em relação às formulações anteriores. A novidade que apresenta o Estado Democrático de Direito é muito mais em um sentido teleológico de sua normatividade do que nos instrumentos utilizados ou mesmo na maioria de seus conteúdos, os quais vêm sendo construídos de alguma data, permanecendo no âmbito das fórmulas do liberalismo político e econômico.

Para sintetizar este debate, é possível afirmar que, como contraposição ao modelo absolutista, o modelo liberal se formaliza como Estado de Direito. Este se afasta da simplista formulação como Estado Legal, pois pressupõe não apenas uma regulação jurídico-normativa qualquer, mas uma ordenação calcada em determinados conteúdos. E é neste ponto que as várias possibilidades se produzem. Como liberal, o Estado de Direito sustenta juridicamente o conteúdo próprio do liberalismo, referendando a limitação da ação estatal e tendo a lei como ordem geral e abstrata. Por outro lado, a efetividade da normatividade é garantida, genericamente, por meio da imposição de uma sanção diante da desconformidade do ato praticado com a hipótese normativa. Transmutado em liberal-social, o Estado de Direito acrescenta à juridicidade liberal um conteúdo social, conectando aquela restrição à atividade estatal a prestações implementadas pelo Estado. A lei passa a ser, privilegiadamente, um instrumento de ação concreta do Estado, tendo como método assecuratório de sua efetividade a promoção de determinadas ações pretendidas pela ordem jurídica. Em ambas as situações, todavia, o fim ultimado é a adaptação à ordem estabelecida.

Quando assume o feitio liberal-democrático, o Estado de Direito tem como objetivo a igualdade e, assim, não lhe basta limitação ou a promoção da atuação estatal, mas referenda a pretensão à transformação do *status quo*. A lei aparece como instrumento de transformação da sociedade não estando mais atrelada inelutavelmente à sanção ou à promoção. O fim a que pretende é a constante reestruturação das próprias relações sociais. É com a noção de Estado de Direito, contudo, que liberalismo e democracia se interpenetram, permitindo a aparente redução das antíteses econômicas e sociais à unidade formal do sistema legal, principalmente através de uma Constituição, onde deve prevalecer o interesse da maioria. Assim, a Constituição é colocada no ápice de uma pirâmide escalonada, fundamentando a legislação que, enquanto tal, é aceita como poder legítimo.

Assim, e com o intuito de dispersar ou absorver as contradições decorrentes da diversidade socioeconômica, pondo à mostra o falacioso princípio da isonomia (formal) diante da lei, o liberalismo jurídico-político alberga as noções de um ordenamento completo, ausente de lacunas e hierarquizado, que, para conseguir a reprodução da dominação vigente, requer a aceitação acrítica de normas básicas, calibrando expectativas e induzindo à obediência no sentido de uma vigorosa prontidão generalizada de todos os cidadãos para a aceitação passiva de normas gerais e impessoais, ou seja, das prescrições legais ainda indeterminadas quanto ao seu conteúdo concreto.

Todavia, esse processo não se dá sem rupturas e transformações. O Direito do Estado vai assumindo o conteúdo das transformações pelas quais este passa. Em síntese, a transformação do conceito de Estado de Direito irá implicar a assunção de um novo feitio para Estado e Direito. Tal estrutura nos mostra, *grosso modo*, duas dicotomias – absolutista/liberal e Estado Legal/Estado de Direito – que vão se instalando conjuntamente com o estabelecimento do que convencionamos apontar como Estado Moderno, ou seja, aquele Estado no qual aparece unificado um centro de tomada e implementação de decisões, caracterizado pelo poder soberano incontrastável sobre um determinado espaço geográfico – território.

De início, estabelece-se uma grande dicotomia que irá se apresentar na base do Estado Moderno, colocando de um lado o Estado absolutista, caracterizado pela figura do monarca, que se identificava com o próprio Estado e, de outro, temos o desenvolvimento do modelo liberal, que, desde suas origens, significou a limitação do poder e o estabelecimento de garantias próprias aos indivíduos, ao lado de uma mecânica econômica assentada na liberdade contratual e no livre desenvolvimento do mercado. Toma-se como substrato básico o modelo liberal, para pensar como se desenvolve no seu interior a estrutura do Estado de Direito, partindo de seu modelo liberal clássico para chegar a um ponto de quase ruptura, representado pelo Estado Democrático de Direito.

Para tanto, é fundamental que se perceba que a teoria do Estado de Direito foi confrontada, no século XX, com um duplo desafio. Um primeiro proveniente do surgimento dos regimes totalitários, nos quais a ordem jurídica não se apoiava em nenhum valor subjacente ao Estado de Direito. Outro, proveniente da construção do Estado de Bem-Estar, que modificou profundamente o substrato liberal sobre o qual se fundava o ideário do Estado de Direito. Ambos acabam por contribuir para o surgimento de uma concepção substancial de Estado de Direito.

Tendo-se assente a distinção entre Estado Legal e Estado de Direito, aquele restrito à forma da legalidade, enquanto este incorpora a ela determinados conteúdos, pode-se pensar, no interior deste último, uma tripartição que se expressa pelos Estado Liberal de Direito, Estado Social de Direito e Estado Democrático de Direito. Assim, o Estado Liberal de Direito apresenta-se caracterizado pelo conteúdo liberal de sua legalidade, onde há o privilegiamento das liberdades negativas, através de uma regulação restritiva da atividade estatal. A lei, como instrumento da legalidade, caracteriza-se como uma ordem geral e abstrata, regulando a ação social através do não impedimento de seu livre desenvolvimento; seu instrumento básico é a coerção através da sanção das condutas contrárias. O ator característico é o indivíduo.

O desenrolar das relações sociais produziu uma transformação neste modelo, dando origem ao Estado Social de Direito, que, da mesma forma que o anterior, tem por conteúdo jurídico o próprio ideário liberal agregado pela convencionalmente nominada questão social, a qual traz à baila os problemas próprios ao desenvolvimento das relações de produção e aos novos conflitos emergentes de uma sociedade renovada radicalmente, com atores sociais diversos e conflitos próprios a um modelo industrial-desenvolvimentista. Temos aqui a construção de uma ordem jurídica na qual está presente a limitação do Estado ladeada por um conjunto de garantias e prestações positivas que referem a busca de um equilíbrio não atingido pela sociedade liberal. A lei assume uma segunda função, qual seja a de instrumento de ação concreta do Estado, aparecendo como mecanismo de facilitação de benefícios. Sua efetivação estará ligada privilegiadamente à promoção das condutas desejadas – função promocional do Direito. O personagem principal é o grupo que se corporifica diferentemente em cada movimento social.

Ao final, o que se observa é uma certa identidade nesses modelos apresentados, podendo-se dizer que ambos têm como fim comum a adaptação social. Seu núcleo básico permanece intocado. A novidade do Estado Democrático de Direito não está em uma revolução das estruturas sociais, mas deve-se perceber que esta nova conjugação incorpora características novas ao modelo tradicional. Ao lado do núcleo liberal agregado à questão social, tem-se com este novo modelo a incorporação efetiva da questão da igualdade como um conteúdo próprio a ser buscado garantir através do asseguramento jurídico de condições mínimas de vida ao cidadão e à comunidade.

Embora tal problemática já fosse visível no modelo anterior, há, neste último, uma redefinição que lhe dá contornos novos onde tal objetivo se coloca vinculado a um projeto solidário – a solidariedade agrega-se a ela compondo um caráter comunitário. Aqui estão inclusos problemas relativos à qualidade de vida individual e coletiva dos homens.

A atuação do Estado passa a ter um conteúdo de transformação do *status quo*, a lei aparecendo como um instrumento de transformação por incorporar um papel simbólico prospectivo de manutenção do espaço vital da humanidade. Dessa forma, os mecanismos utilizados aprofundam paroxisticamente seu papel promocional, mutando-o em transformador das relações comunitárias. O ator principal passa a ser coletividades difusas a partir da compreensão da partilha comum de destinos.

À diferença dos modelos anteriores, o Estado Democrático de Direito, mais do que uma continuidade, representa uma ruptura, porque traz à tona, formal e materialmente, a partir dos textos constitucionais diretivos e compromissórios, as condições de possibilidade para a transformação da realidade. Aponta, assim, para o resgate das promessas incumpridas da modernidade, circunstância que assume especial relevância em países periféricos e de modernidade tardia como o Brasil.

Há, desse modo, uma identificação entre o constitucionalismo do segundo pós-guerra e o paradigma do Estado Democrático de Direito. Veja-se, para tanto, a Constituição do Brasil, que determina, no art. 3º, a construção do Estado Social, cujo papel, cunhado pela tradição do constitucionalismo contemporâneo, é o de instaurar uma sociedade coesa e integrada, sem romper com a autonomia individual própria da tradição liberal, porém voltada à transformação das condições de vida dos cidadãos. Ou seja, a Constituição de 1988 parte do pressuposto de que o Brasil não passou pela etapa do Estado Social. E é exatamente por isso que o texto – dirigente e compromissório – aponta para esse desiderato.

Percebe-se nesta trajetória como que uma redefinição contínua do Estado de Direito, com a incorporação de conteúdos novos, em especial em face da imposição dos novos paradigmas próprios ao Estado de Bem-Estar Social. O que ocorre não pode ser circunscrito apenas a um aumento no número de direitos mas, isto sim, a uma transformação fundamental no conteúdo do Direito.

Para além da passagem dos *droits-libertés* para os *droits-créances*, da transmutação da sanção em promoção, há a constituição de realidades novas que se impõem. O caráter democrático implica uma constante mutação e ampliação dos conteúdos do Estado de Direito.

Mais do que apontar a mutação das características tradicionais do Direito, a mudança de caráter da regra jurídica – não mais um preceito genérico e abstrato, mas uma regulação tendente à particularização –, de sua transitoriedade e, em consequência, de seu eventual desprestígio vinculado à sua complexidade, especificidade, tecnicalidade e proliferação, o que conduz ao seu difícil conhecimento por parte dos operadores jurídicos, é preciso perceber que o Estado de Direito passa a ser percebido a partir da adesão a um conjunto de princípios e valores que se beneficiarão de uma consagração jurídica explícita e serão providos de mecanismos garantidores apropriados, fazendo com que a concepção formal fique submetida a uma concepção material ou substancial que a engloba e ultrapassa, tornando a hierarquia das normas um dos componentes do Estado de Direito substancial.

O Estado de Direito, dada a sua substancialidade, para além de seu formalismo, incorporando o feitio indomesticado da democracia, apresenta-se como uma contínua (re)criação, assumindo um caráter dinâmico mais forte do que sua porção estática, formal. Ao aspecto paralisante de seu caráter hierárquico agrega-se o perfil mutante do conteúdo das normas, que estão, a todo instante, submetidas às variações sociopolíticas.

Evidentemente que uma prefiguração positiva de tal fenômeno não subestima, sequer faz desaparecer, alguns problemas que são fundamentais e estão intrinsecamente relacionados à prática do Estado de Direito, como a possibilidade de que mais do que garantir e promover interesses sociais apresente-se como um mecanismo de opressão, utilizando-se da juridicização integral do cotidiano das relações sociais, construindo a realidade tomando como paradigma o prisma jurídico. Seu caráter retórico-argumentativo serve, inclusive, de vínculo redutor da política no debate público.

O risco de mitificação do Estado de Direito, transformando-o em uma referência ritual, pode ser, todavia, matizado por sua adequação aos princípios democráticos – o que caracteriza o seu protótipo como Estado Democrático de Direito, onde a democracia vincula Estado e Direito –, com o que estará sob a constante interrogação democrática.

Daí a necessidade constante do debate acerca dos limites do direito e do grau de vincularidade da Constituição, que, embora já tenha o seu fim anunciado pelos defensores das teorias processuais-procedimentais, continua absolutamente atual, mormente em países periféricos como o Brasil. Há uma ligação umbilical entre o Estado Democrático de Direito e o grau de autonomia assumido pelo direito nesta fase da história. Por isso, a ideia de Estado Democrático de Direito continua a estar ligada ao constitucionalismo compromissório e, considerados os déficits de inclusão social, à noção de dirigismo constitucional, exatamente porque o texto constitucional aponta para o resgate das promessas incumpridas da modernidade.

Decorre disso a perene importância daquilo que se convencionou chamar de dirigismo constitucional ou Constituição Dirigente, tese elaborada inicialmente por Peter Lerche (*dirigierende Verfassung*) e devidamente adaptada à doutrina constitucional portuguesa por J. J. Gomes Canotilho. No decorrer dos anos, a tese do dirigismo constitucional tem sofrido críticas das mais variadas, mormente a partir do fortalecimento da globalização e do neoliberalismo. De outra banda, o engendramento das teses processuais-procedimentais acerca da Constituição vem, paulatinamente, enfraquecendo o papel compromissário-vinculante dos textos constitucionais. De todo modo, embora um dos próprios autores da tese (Canotilho) sustente que o texto constitucional não pode mais servir de fonte jurídica única e tampouco ser o alfa e o ômega da constituição de um Estado, reconhece, por outro lado, que o texto constitucional continua a constituir uma dimensão básica da legitimidade moral e material e, por isso, pode continuar sendo um elemento de garantia contra a deslegitimação ética e desestruturação moral de um texto básico através de desregulamentações etc.

Essa questão assume relevância especialmente a partir da tese de que a Constituição (e cada Constituição) depende de sua identidade nacional, das especificidades de cada Estado Nacional e de sua inserção no cenário internacional. Do mesmo modo, não há "um constitucionalismo", e, sim, vários constitucionalismos, assim como se torna cada vez mais difícil sustentar uma teoria geral da Constituição. Ou seja, para uma melhor compreensão da problemática relacionada aos limites da Constituição em países como o Brasil, marcadamente compromissória e social, é necessário que se entenda a teoria da Constituição enquanto uma teoria que resguarde as especificidades histórico-factuais de cada Estado nacional.

Desse modo, a noção de Estado Democrático de Direito – normatizada no art. 1º da Constituição do Brasil – demanda a existência de um núcleo (básico) que albergue as conquistas civilizatórias assentadas no binômio democracia e direitos humanos fundamentais-sociais. Esse núcleo derivado do Estado Democrático de Direito faz parte, hoje, de um núcleo básico geral-universal que comporta elementos que poderiam confortar uma teoria (geral) da Constituição e do constitucionalismo do Ocidente. Já os demais substratos constitucionais aptos a confortar uma compreensão adequada do conceito derivam das especificidades regionais e da identidade nacional de cada Estado.

Dito de outro modo, afora o núcleo mínimo universal, que pode ser considerado comum a todos os países que adotaram formas democrático-constitucionais de governo, há um núcleo específico de cada Constituição, que, inexoravelmente, será diferenciado de Estado para Estado. É o que se pode denominar núcleo de direitos sociais-fundamentais plasmados em cada texto que atendam ao cumprimento das promessas da modernidade. É nesse contexto que deve ser compreendido o *plus* normativo representado pelo Estado Democrático de Direito, mesmo condicionado pelos limites da opção pela ordem econômica capitalista.

Art. 1º, I – a soberania;

Marcos Augusto Maliska

1. História da norma

As constituições, como bem escreve Silva, têm por objeto, entre outros aspectos, "estabelecer a estrutura do Estado, a organização de seus órgãos, o modo de aquisição do poder e a forma de seu exercício, limites de atuação" (SILVA, 1997, p. 46), ou seja, as Constituições disciplinam o exercício da soberania, sendo, portanto, esse conceito inerente às Leis Fundamentais.

2. Constituições brasileiras anteriores

A referência à soberania do Brasil e de seu povo nas constituições brasileiras anteriores encontra-se no art. 1º da Constituição de 1824; no art. 1º da Constituição de 1891; no art. 2º da Constituição de 1934; no art. 1º da Constituição de 1946; no art. 1º, § 1º, da Constituição de 1967 e na EC de 1969.

3. Constituições estrangeiras

A referência à soberania nas constituições estrangeiras encontra-se expressamente, por exemplo, no art. 3º da Constituição de Portugal; no art. 1º, frase 2, da Constituição da Espanha; e no art. 4º da Constituição da Polônia. A Constituição da Argentina faz referência implícita à soberania, quando, por exemplo, no art. 1º das disposições transitórias reivindica como legítima e imprescritível a soberania da Nação Argentina sobre as Ilhas Malvinas, Geórgia do Sul e Sandwich do Sul e sobre os espaços marítimos e insulares correspondentes, parte integrantes do território nacional argentino. Igualmente a Constituição alemã se refere implicitamente à soberania quando, no art. 1º, frase 2, da Lei Fundamental, o povo alemão reconhece os direitos invioláveis e inalienáveis do homem. A Constituição dos Estados Unidos da América também não se refere expressamente à soberania. Os Artigos da Confederação de 1781, documento que antecedeu a Constituição, dispunha no art. 2º que cada Estado permanecia senhor de sua soberania. A estrutura dual do federalismo americano impôs cautela, quando da redação original do texto, no uso da expressão soberania como fundamento da ordem federal.

4. Direito Internacional

A Carta das Nações Unidas não faz referência expressa à soberania dos Estados. No seu conjunto a carta vem mitigar o princípio da soberania em sua compreensão tradicional para dar a ele novos contornos, quais sejam a necessidade de abertura, cooperação e integração das ordens soberanas nacionais com vista à promoção da paz e dos direitos humanos.

5. Remissões constitucionais

Art. 1º, parágrafo único; art. 5º, inciso LXXI; art. 14; art. 17; art. 91; art. 170, inciso I; art. 231, § 5º, da Constituição.

6. Jurisprudência

Decidiu o Supremo Tribunal Federal, em 8 de junho de 2011 (*DJe* de 05/10/2011), na Rcl. 11.243, sendo Relator para o Acórdão o Ministro Luiz Fux, que "o art. 1º da Constituição assenta como um dos fundamentos do Estado brasileiro a sua soberania – que significa o poder político supremo dentro do território, e, no plano internacional, no tocante às relações da República Federativa do Brasil com outros Estados soberanos, nos termos do art. 4º, I, da Carta Magna. A soberania nacional no plano transnacional funda-se no princípio da independência nacional, efetivada pelo presidente da República, consoante suas atribuições previstas no art. 84, VII e VIII, da Lei Maior. A soberania, dicotomizada em interna e externa, tem na primeira a exteriorização da vontade popular (art. 14 da CRFB) através dos representantes do povo no parlamento e no governo; na segunda, a sua expressão no plano internacional, por meio do presidente da República". Em 19 de março de 2009 (*DJe* de 01/07/2010) decidiu o Supremo Tribunal Federal na Pet 3.388, sendo Relator o Ministro Ayres Britto, que "as 'terras indígenas' versadas pela CF de 1988 fazem parte de um território estatal-brasileiro sobre o qual incide, com exclusividade, o Direito nacional. E como tudo o mais que faz parte do domínio de qualquer das pessoas federadas brasileiras, são terras que se submetem unicamente ao primeiro dos princípios regentes das relações internacionais da República Federativa do Brasil: a soberania ou 'independência nacional' (inciso I do art. 1º da CF). (...) Há compatibilidade entre o usufruto de terras indígenas e faixa de fronteira. Longe de se pôr como um ponto de fragilidade estrutural das faixas de fronteira, a permanente alocação indígena nesses estratégicos espaços em muito facilita e até obriga que as instituições de Estado (Forças Armadas e Polícia Federal, principalmente) se façam também presentes com seus postos de vigilância, equipamentos, batalhões, companhias e agentes. Sem precisar de licença de quem quer que seja para fazê-lo". No HC 72.391-QO, sendo Relator o Ministro Celso de Mello, decidiu o Supremo Tribunal Federal em 8 de março de 1995 (*DJe* 17/03/1995) que "a imprescindibilidade do uso do idioma nacional nos atos processuais, além de corresponder a uma exigência que decorre de razões vinculadas à própria soberania nacional, constitui projeção concretizadora da norma inscrita no art. 13, *caput*, da Carta Federal, que proclama ser a língua portuguesa 'o idioma oficial da República Federativa do Brasil'".

7. Referências bibliográficas

ACCIOLI, Wilson. *Teoria geral do Estado*. Rio de Janeiro: Forense, 1985.

CATANIA, Alfonso. *Lo Stato Moderno*: Sovranità e Giuridicità. Torino: G. Giappichelli Editore, 1996.

HÄBERLE, Peter. *Estado Constitucional Cooperativo*. Tradução do alemão por Marcos Augusto Maliska e Elisete Antoniuk. Rio de Janeiro: Renovar, 2007.

KELSEN, Hans. *Teoria Pura do Direito*. 3. ed. São Paulo: Martins Fontes, 1991.

KIMMINICH, Otto. *Deutsche Verfassungsgeschichte*. Frankfurt am Main: Athenäum, 1970.

MALISKA, Marcos Augusto. *Pluralismo jurídico e direito moderno*: notas para pensar a Racionalidade Jurídica. 2. ed. rev. e amp. Curitiba: Juruá, 2022.

MALISKA, Marcos Augusto. *Estado e século XXI*: a integração supranacional sob a ótica do Direito Constitucional. Rio de Janeiro: Renovar, 2006.

MALISKA, Marcos Augusto. *Fundamentos da Constituição*. Abertura. Cooperação. Integração. Curitiba: Juruá, 2013.

MALUF, Sahid. *Teoria geral do Estado*. 22. ed. São Paulo: Saraiva, 1993.

NEVES, Marcelo. *Verfassung und Positivität des Rechts in der peripheren Moderne*. Eine theoretische Betrachtung und eine Interpretation des Falls Brasilien. Berlin: Duncker & Humblot, 1992.

SCHWARCZ, Lilia Moritz. Estado sem nação: a criação de uma memória oficial no Brasil do Segundo Reinado. In: NOVAES, Adauto. (Org.). *A crise do Estado-Nação*. São Paulo: Civilização Brasileira, 2003.

SILVA, José Afonso. *Curso de direito constitucional positivo*. 14. ed. São Paulo: Malheiros, 1997.

WOLKMER, Antônio Carlos. *Pluralismo jurídico*: fundamentos de uma nova cultura no direito. 4. ed. São Paulo: Saraiva, 2015.

8. Comentários

8.1. Histórico

A superação do modelo feudal medieval e o início do período absolutista determinaram o surgimento do Estado Moderno. Neste cenário é de grande importância histórica o Tratado de Paz de Westphalia, assinado em Münster, na Alemanha, em 1648, onde se reconheceu o princípio fundamental dos direitos das gentes: a soberania dos Estados (ACCIOLI, 1985, p. 199, e MALUF, 1993, p. 115)[1].

Contrária à idade média, que se caracterizou pela existência de diversas ordens jurídico-políticas[2], a monarquia absolutista buscou o estabelecimento de uma ordem contínua, unitária, previsível e eficaz, que determinou as linhas fundamentais do Estado Moderno. O absolutismo, segundo escreve Alfonso Catania, "teve uma origem dramática, entrelaçada com as guerras religiosas dos séculos XVI e XVII. É a forma do Estado em si mesma, pois sua função é especificamente política, com a renúncia a legitimação do poder em qualquer credo religioso. Em um tecido social de profundas tensões ideológicas, afirma-se a função técnica do Estado como mantenedor de uma ordem unitária, contínua, previsível e eficaz" (CATANIA, 1996, p. 11).

Assim, o absolutismo monárquico representou a ruptura do modelo feudal-medieval para aquilo que foi o início do caminho até o Estado de Direito Liberal das Revoluções Burguesas do final do Século XVIII. Sua importância está em definir os traços característicos do Estado Moderno, em especial a centralização

---

1. Segundo KIMMINICH (1970, p. 216), a Soberania foi reconhecida no Tratado de Paz de Westphalia como um instituto do direito e passou a ser o conceito central da ordem jurídica sobre a qual os Estados Europeus passaram a exercer os seus domínios e justificar o colonialismo e o imperialismo em todo o mundo.

2. Sobre o pluralismo jurídico na idade média, ver: MALISKA, 2022, p. 37 e seg., e WOLKMER, 2015, p. 23 e seg.

do poder político. Ainda que distante da divisão de poderes que será estabelecida posteriormente, bem como do domínio racional legal que caracteriza os Estados atuais, o Estado absolutista apresentou-se historicamente como o meio possível para fazer frente à instável estrutura medieval. O absolutismo tinha como fundamento teórico o direito divino dos reis, em que a autoridade do soberano era considerada como de natureza transcendental, proveniente diretamente de Deus. O poder de *imperium* era exercido exclusivamente pelo Rei, cuja pessoa era sagrada e desligada de qualquer liame de sujeição pessoal.

O fundamento divino do direito dos reis é uma característica do início do Estado Moderno enquanto Estado Absolutista. No entanto, ainda que o domínio racional do Estado seja uma característica do Estado de Direito e, portanto, não absolutista, a ciência política que surge no período do renascimento é, se não racionalista, ao menos profundamente realista[3]. Desta época destacam-se dois pensadores de fundamental importância para a compreensão da organização política moderna, Nicolau Maquiavel e Jean Bodin.

A burguesia, no período do absolutismo, ainda que não figurante do cenário político, já desempenhava certa influência em razão das transformações econômicas que estavam acontecendo, pois o absolutismo apresentou uma profunda contradição, ao manter a superestrutura política tradicional e abrir caminhos à infraestrutura econômica da burguesia que lhe foram fatais. O desenvolvimento econômico capitalista em determinado momento não suportou mais a antiga estrutura política absolutista. Surge o Estado de Direito.

O Estado de Direito consagrou o princípio da igualdade formal, dos direitos individuais, em especial a garantia da propriedade privada, da liberdade de contrato e da liberdade religiosa. O Estado aparta-se da igreja no trato da coisa pública. A soberania, que em um primeiro momento, quando das monarquias constitucionais, encontra seu fundamento de validade tanto no monarca quanto no povo, no século XX consolida-se como expressão da vontade popular. O povo, como verdadeiro soberano, exerce seu poder diretamente ou por meio de representantes. A soberania do Estado como oriunda da vontade popular passa a ser um importante instrumento de controle democrático do exercício do poder.

8.2. A Soberania no contexto da internacionalização e supranacionalização do direito

Aspecto importante a ser observado atualmente quando da interpretação do Princípio da Soberania é o processo de internacionalização e supranacionalização do direito. Trata-se, por certo, de fenômeno de grande impacto na compreensão do sentido do Princípio da Soberania. Se outrora ele foi um importante instrumento para manter a paz e o equilíbrio entre as nações, atualmente é de fundamental importância compreendê-lo no contexto da inserção dos países em instituições e organizações internacionais e supranacionais. Esse processo, que começou no pós-segunda guerra mundial em decorrência das graves violações aos direitos humanos cometidas durante o conflito armado, teve sua importância ampliada com o fenômeno da globalização e com os problemas de dimensão global, como a depredação do meio ambiente, que acabaram por conscientizar e interligar ainda mais os povos do mundo trazendo de forma inevitável a necessidade de o direito estabelecer formas de regulação social para além das tradicionais fronteiras nacionais.

A soberania estatal hoje deve ser compreendida a partir dos conceitos de abertura, cooperação e integração (MALISKA, 2006, p. 147 e seg., e 2013). Trata-se de uma visão que não vê mais as soberanias dos Estados isoladas, ou seja, Estados fechados que pouco se comunicam e que apenas se autorreconhecem como sujeitos de direito internacional. Esse Estado, assentado no dogma da soberania nacional absoluta, dá lugar ao conceito de Estado Constitucional Cooperativo, que exige estar em permanente diálogo com a comunidade internacional, buscando a cooperação e formas de regulação jurídica cada vez mais vinculantes[4].

A ideia de Estado soberano, a rigor, nunca foi afirmada como o máximo do poder real, pois Estados em comparação com superpotências não possuem nenhum poder real. A soberania foi sustentada como conceito jurídico, ou seja, como última instância da ordem jurídica (KELSEN, 1991, p. 350). Assim, o chamado Estado Constitucional Nacional revelou-se como expressão de decisão soberana muito mais no sentido de ser um fator decisivo de equilíbrio das relações internacionais, pautadas no direito internacional de coexistência, do que propriamente como meio de demonstração de condições materiais soberanas.

A Constituição, por certo, é o documento central na construção de uma ordem internacional cooperativa. É a partir dela que os Estados se abrem para a cooperação e integração, e é a partir dela também que se faz necessário o controle democrático. A supremacia da Constituição resgata o tema da soberania popular e da jurisdição constitucional como elementos centrais de controle democrático da ordem supranacional. No entanto, as Constituições Nacionais devem ser compreendidas em rede, ou seja, o reconhecimento da existência de uma Constituição implica também o reconhecimento da existência de outras, que convivem lado a lado e, em conjunto, buscam soluções para seus problemas comuns.

Nesse aspecto, é necessário distinguir o Princípio da supremacia da Constituição, quando esse se relaciona com atos normativos das organizações internacionais e supranacionais, do Princípio da supremacia da Constituição em relação aos demais atos normativos internos do Estado. Essa distinção se faz necessária em razão de que, enquanto o Estado, na produção legislativa interna atua de forma absoluta, ou seja, ele possui o monopólio da produção legislativa, na produção legislativa internacional e supranacional o Estado compartilha essa competência com outros

---
[3]. "O absolutismo monárquico que compõe o período de transição para os tempos modernos teve as suas fulgurações produzidas pelo verniz teórico dos humanistas da renascença, os quais, afastando os fundamentos teológicos do Estado, passaram a encarar a ciência política por um novo prisma, exageradamente realista" (MALUF, 1993, p. 115).

[4]. Segundo escreve Peter Häberle (2007, p. 70-71), o Estado Constitucional Cooperativo (*Der Kooperative Verfassungsstaat*) caracteriza-se (i) pela abertura para a integração internacional com possibilidade de efeito jurídico interno de normas internacionais (permeabilidade), como também para a realização cooperativa dos direitos humanos; (ii) pelo potencial jurídico ativo da Constituição para a comum realização de tarefas no âmbito internacional, como atividades comunitárias dos Estados, processual e material; e (iii) pela atividade solidária estatal, cooperação além dos limites fronteiriços, como a ajuda para o desenvolvimento, a proteção do meio ambiente, a luta contra o terrorismo e a promoção da cooperação internacional também no campo privado (Cruz Vermelha e Anistia Internacional).

Estados, sendo que a sua vontade muitas vezes não prepondera no texto final da lei, pois aqui há um conjunto de vontades soberanas atuando simultaneamente sobre um mesmo objeto.

8.3. A Soberania no contexto das experiências históricas latino-americana e brasileira

A interpretação do Princípio da Soberania constante da Constituição brasileira deve, por certo, ser também mediada por uma visão realista do papel dos Estados Nacionais na América Latina. A independência dos países latino-americanos não levou à construção de um Estado Nacional "soberano". A contrário da experiência norte-americana, o rompimento jurídico-político do Brasil com a dominação portuguesa, por exemplo, não levou à reprodução de um sistema político independente, delimitado sobre determinado território. Da formal independência de Portugal, o país caminhou para a submissão aos interesses ingleses (NEVES, 1992, p. 116, e MALISKA, 2006, p. 21).

Essa situação histórica peculiar, marcada pela formação de Estados Nacionais muito mais vinculados aos interesses das elites do que propriamente como elemento de identificação popular, pois é necessário aqui lembrar que não foram poucos os viajantes europeus que retrataram o Brasil do Século XIX como um país sem povo (SCHWARCZ, 2003, p. 351), dá ao processo de superação do constitucionalismo liberal nacional e do dogma da soberania nacional, ao menos, alguns elementos de reflexão que nos colocam em dúvida sobre os avanços que esse processo de organização política trouxe: (i) processo "civilizatório" das comunidades autóctones, (ii) tentativas de homogeneização e discriminação dos grupos minoritários, (iii) extinção do pluralismo em nome de uma visão monista eurocentrista, (iv) exclusão e marginalização social por meio de um sistema econômico tradicional que, além de já conter elementos de discriminação social intrínsecos, também acabou por colocar o país na condição de dependência econômica. Assim, a América Latina, com suas históricas contradições, em que o moderno e o arcaico convivem lado a lado, exige uma reflexão à parte no que diz respeito à formação, desenvolvimento e perspectivas para os seus Estados Nacionais Soberanos.

Art. 1º, II – a cidadania;

Walber de Moura Agra

A cidadania foi agasalhada no art. 1º, II, formando um dos fundamentos da República Federativa do Brasil. O étimo dessa palavra se encontra envolto em bastante controvérsia em virtude de ele ostentar uma substância política, convertendo-se em um dos conceitos simbólicos e combativos, que tem sua razão de existência não na voluntariedade do conhecimento, mas em sua adequação instrumental para o litígio com o adversário[1]. Esse estorvo dificulta sua planificação conceitual, mas não impede o estabelecimento de determinados contornos.

A palavra cidadania deriva-se do latim *civis*, *civitas* e *activa civitatis* para designar os laços que prendem um cidadão a uma organização política, dotando-o de prerrogativas de influir nas decisões políticas e obrigando-o a seguir o que fora decidido pelas instâncias legais. Representa a qualidade auferida aos seus detentores de ser cidadãos, membros de uma determinada comunidade política organizada, tornando-se os autores e destinatários do ordenamento jurídico delineado. Dessa relação entre o detentor da cidadania e um Estado deriva uma série de situações jurídicas ativas e passivas que o obriga a obedecer ao conjunto normativo estabelecido[2].

Ela se configura na participação dos cidadãos nas decisões políticas da sociedade. Porém, não se restringe ao voto, exaurindo-se de forma imediata – o voto é apenas uma etapa desse processo. Todas as vezes que um cidadão se posiciona frente à atuação estatal, criticando ou apoiando determinada medida, está realizando um exercício de cidadania. Tomada em acepção ampla, abrange uma série de fatores que permitem o exercício consciente dos direitos políticos, como à educação, à informação, ao emprego, à moradia etc. Tem seu nascimento tipificado quando o cidadão se torna consciente de seus deveres e de suas obrigações na sociedade.

Historicamente, o conceito de cidadania nos leva à análise da *polis* grega, especialmente de Atenas, onde alcançou grande desenvolvimento. A cidadania foi concebida como um conjunto de deveres e de obrigações com relação à cidade, em que a esfera privada da vida do indivíduo é preterida em razão das obrigações políticas do cidadão, muitas delas de conteúdo moral[3].

O sentido de *civitas* romano também de igual forma contribuiu para sua evolução, pois os homens livres podiam influir nos eventos políticos e a República Romana era concebida como algo inviolável e sublime, a ponto de um político tão popular quanto Cézar ter sido assassinado por ter se autonomeado Ditador Perpétuo de Roma.

Na Idade Média, o conceito de cidadania sofre um esvaziamento, haja vista a fragmentação de poder e o declínio das Cidades-Estados existentes, juntamente com seu conceito de *polis*. Na Renascença, singularidade do Ocidente, o individualismo aperfeiçoou seu desenvolvimento, com a convicção de que o homem é detentor de direitos e garantias perante o Estado[4].

As ideias contratualistas, uma das matrizes da Revolução Francesa, principalmente na perspectiva de Rousseau, igualmente exerceram notável influência ao asseverar que os homens são os próprios corifeus das direcionantes do regime políticos[5]. A con-

---

1. PELAYO, Manuel García. *Derecho Constitucional Comparado*. 3. ed. Madrid: Alianza Universidad, 1991, p. 33.

2. MARTINES, Themistocle. *Diritto Costituzionale*. 10. ed. Milano: Giuffrè, p. 136.

3. O nascimento da democracia pode ser creditado a Atenas, apesar de a maior parte da população não ter participado do processo democrático. Ela surge depois da tirania de Pisístrato e seu filho, através da legislação produzida por Clístenes. O órgão principal era o Conselho dos Quinhentos, que tinha as funções administrativas, financeiras, militares e redigia as propostas que seriam votadas em assembleia geral pela população, denominada de *Ekklesia*. O terceiro órgão mais importante do regime democrático grego era a *Eliea* (*Heliáia*), que tinha a incumbência de exercer as funções judiciais. FASSÓ, Guido. *La democrazia in Grecia*. Milano: Giuffrè, 1999, p. 18-19.

4. CONSTANTINESCO, Vlad e PIERRÉ-CAPS, Stéphane. *Droit Constitutionnel*. Paris: PUF, 2004, p. 20.

5. LAVROFF, Dimitri Georges. *Les Grandes Étapres de La Pensée Politique*. Paris: Dalloz, 1999, p. 244.

tribuição implementada pela Revolução Norte-Americana foi a ideia do "*We the People*", fundadores da Constituição e, em decorrência, detentores do poder supremo da sociedade[6].

Giuseppe Vergottini diferencia os conceitos de cidadania, povo e população[7]. O primeiro é formado do sujeito que o ordenamento jurídico reconhece o *status* de cidadão, dotado de direitos políticos eleitorais e participando de seu corpo político. Povo não é uma simples soma dos cidadãos, representando uma figura jurídica coletiva, dotada da titularidade da soberania popular. Já população se refere, em um sentido amplo, aos sujeitos que habitam um território, compreendendo os estrangeiros, sem se referir a titularidade de direitos específicos de uma sociedade politicamente organizada.

Durante um largo período histórico, o conceito de cidadania estava ligado ao conceito de democracia, regime político este que propicia uma maior participação da população nas decisões dos órgãos governamentais, no que aufere um maior grau de legitimidade e permite uma discussão prévia para orientar a tomada de decisões. Esse regime político forceja uma seara simbiótica entre os órgãos de poder e a sociedade, no que contribui para que o cidadão não seja um mero expectador da vida política. Há um espaço para a construção conjunta entre os atores políticos e o Estado, que se desenvolve de acordo com a intensidade da evolução do regime democrático. Dworkin assevera que uma democracia ideal seria aquela em que cada um de seus membros, de forma geral, tivesse influência igual na legislação produzida em seu país[8].

Contudo, a densidade conceitual da expressão cidadania não pode ensejar uma confusão teórica com o regime democrático, que apresenta uma esfera de inter-relação comum, mas diversos pontos de disparidade. O conceito de democracia formal não é suficiente[9], inclusive como já vimos anteriormente, para explicar em densidade o tema ora proposto, necessita-se densificar seu conteúdo para que ele possa atender as demandas de um mundo insólito e sem a presença de paradigmas absolutos[10].

Na segunda metade do século XX, começa-se sua teorização ligando-a ao conceito de dignidade da pessoa humana, perpassando todas as dimensões das prerrogativas outorgadas aos cidadãos. Os direitos fundamentais tornam-se elementos imprescindíveis do ordenamento jurídico, constituindo-se em um de seus alicerces. A "Era dos Direitos" assinala a morte da concepção hobbesiana de que os direitos fundamentais somente existem em função do Estado e não são apanágio da realidade humana[11]. O que levou alguns autores a afirmar que uma verdadeira *Lex Mater* inexistia até o apogeu dos direitos fundamentais na estrutura estatal[12].

Essa concepção de cidadania encontra vários opositores que advogam que a Carta Magna ou qualquer conceito jurídico não pode mitigar o poder de conformação do Legislador e impedir que a vontade dos representantes populares possa cristalizar os anseios da cidadania[13]. Todavia, pode-se perguntar se a vontade dos nobres representantes se configura com a vontade dos cidadãos?[14] Não seria o conceito de cidadania muito mais amplo e substancial?

Se os entes estatais não propiciarem aos cidadãos condições materiais mínimas, a concepção de cidadania resta irremediavelmente mitigada. Nesse sentido, o artigo 5º, inciso LXXVII, da Constituição Federal de 1988 disciplinou a respeito da gratuidade dos atos necessários ao exercício da cidadania, que estão listados na Lei n. 9.265/1996. Quanto à matéria, o Supremo Tribunal Federal julgou no bojo da ADI 4.825/MS sobre a gratuidade na emissão da primeira via da Carteira de Identidade ou Registro Geral, que capacita o cidadão ao exercício da soberania popular (art. 1º, I, da Lei n. 9.265/1996).

Em seu voto, o Ministro relator Edson Fachin ressaltou "parece-nos evidente que **a expedição de carteira de identidade pelos Estados-membros, Distrito Federal e Territórios se enquadra juridicamente como ato necessário ao exercício da cidadania**, assim como a lei impugnada só vem a cumprir o comando constitucional de que a matéria referente aos requisitos para a fruição da gratuidade dos atos precitados esteja submetida à reserva de lei"[15].

Ainda no teor do voto, cita-se extrato da doutrina da Ministra do STJ Regina Helena Costa "**atos necessários ao exercício da cidadania, por sua vez, são aqueles referentes ao exercício dos direitos políticos. Dessarte, a remuneração que o Poder**

---

6. ACKERMAN, Bruce. *We the people. Foundations*. Cambridge: The Belknap Press of Havard University Press, 1991, p. 285-290.

7. VERGOTTINI, Giuseppe. *Diritto Costituzionale*. Milano: CEDAM, 2001, p. 81.

8. DWORKIN, Ronald. *O império do direito*. São Paulo: Martins Fontes, 1999, p. 436.

9. Como exemplo desse conceito ultrapassado vê-se Mirkine-Guetzévitch: "A democracia expressa em linguagem jurídica é o Estado de Direito, é a racionalização jurídica da vida, porque o pensamento jurídico consequente conduz a democracia, como única forma do Estado de Direito. A democracia pode realizar a supremacia do Direito; eis porque o Direito Constitucional geral é o conjunto das formas jurídicas da Democracia, do Estado de Direito". MIRKINE-GUETZÉVITCH, Boris. *As Novas Tendências do Direito Constitucional*. Trad. Candido Motta Filho, Rio de Janeiro: José Konfino Editor, 1933, p. 45.

10. DERRIDA, Jacques. "Diritto alla Giustizia". In: *Diritto, Giustizia e Interpretazione*. Roma: Laterza, 1998, p. 31.

11. HOBBES, Thomas. *El Estado*. México: Fondo de Cultura Económica. 1998, p. 43.

12. STERN, Klaus. Global Constitution Movements and New Constitutions. *Revista Latino-Americana de Estudos Constitucionais*. Belo Horizonte: Del Rey. Número 2. Julho/Dezembro, 2003, p. 343.

13. SCALIA, Antonin Scalia. *A Matter of Interpretation*. *Federal Courts and The Law*. New Jersey: Princeton University Press, 1997, p. 23-24.

14. Usando o neologismo empregado por Giovanni Santori o *Homo sapiens* se transforma em *Homo videns* modificando a democracia em uma videodemocracia. "O *Homo sapiens* é, ou se tornou, um animal que lê, capaz de abstrair, cuja compreensão (inteligência, do latim *intelligere*) ultrapassa de muito o que ele enxerga, e na verdade não se relaciona com o que ele vê. Mas o *Homo sapiens* está sendo deslocado e substituído pelo *Homo videns*, simplesmente vê (*videre*, em latim, significa "ver"); seu horizonte é limitado pelas imagens que lhe são fornecidas. Assim, enquanto o *Homo sapiens* tem o direito de dizer, com toda inocência, que ele compreende o que vê, o *Homo videns* vê sem compreender, porque boa parte do que lhe é mostrado significa pouco ou que é significativo, na melhor das hipóteses, é mal explicado". SARTORI, Giovanni. *Engenharia Constitucional. Como Mudam as Constituições*. Trad. Sérgio Bath. Brasília: Universidade de Brasília, 1996, p. 162.

15. BRASIL. Supremo Tribunal Federal. Ação direta de inconstitucionalidade n. 4.825/MS – Mato Grosso do Sul. Rel. Min. Edson Fachin. J. 15 dez. 2016. Disponível em: https://jurisprudencia.stf.jus.br/pages/search/sjur363013/false. Acesso em: 10 jul. 2023.

Público, em tese, poderia exigir para viabilizar a prática desses atos está afastada pela exoneração constitucional". Tal decisão evidencia, portanto, a fundamental função do poder público de viabilizar o amplo exercício da cidadania ao promover condições materiais, desta vez, refletidas por imunidade tributária.

Concorda-se com José Afonso da Silva quando afirma que é preciso dar ao conceito de cidadania um sentido mais preciso e operativo em prol da população mais carente da sociedade de modo a retirá-lo da pura ótica retórica que tende a esvaziar seu conteúdo ético[16].

Se sua definição clássica não atende mais as demandas atuais da sociedade, ela não pode ser restrita ao pronunciamento da coletividade de dois em dois anos, mesmo porque não há instrumentos disponíveis para obrigar os representantes a cumprirem a vontade de seus representados. A cidadania deve ser reestruturada para contemplar seu sentido participativo, em que significativa parcela das decisões políticas passam a ser exercidas pelo povo, em orçamentos participativos, associações, *recall* etc.

Defender novas bases para o regime democrático significa formar os alicerces para a construção de uma cidadania ativa em seu sentido material, em que cada cidadão tenha consciência de seus deveres sociais. A cidadania ativa é um avanço em relação ao conceito empregado por Montesquieu, de natureza formal, que se caracteriza pelo fato de a soberania popular residir nos representantes populares, permitindo uma participação da sociedade de maneira episódica, nos momentos eleitorais definidos em lei[17].

Destarte, arrima-se essa releitura do conceito de cidadania em três elementos essenciais: democracia material, dignidade da pessoa humana e cidadania participativa, em uma tentativa de maximizar a participação dos cidadãos nos negócios políticos do Estado, assegurando que a liberdade-autonomia, protegida pelos direitos fundamentais, possa existir ao lado do direito de liberdade-participação, de acordo com a concepção de "animal político" defendida por Aristóteles[18].

Ressalve-se que com o processo de globalização, principalmente naqueles blocos em que ela não tem uma finalidade apenas econômica, há uma completa reestruturação do conceito de cidadania, que perde sua vinculação clássica com a *polis*, no senso de *locus* nacional, e passa a ostentar um significado transnacional, em que seu espaço público de atuação passa a ser multinacional. Se por um lado as decisões políticas deixam de ser auferidas apenas por decisões dos cidadãos locais, por outro lado evidencia-se um ganho no âmbito de sua atuação, que não pode mais se circunscrever ao espaço nacional. Os limites territoriais da cidadania deixam de existir, não obstante haver um enfraquecimento de sua vontade direta, que passa a depender da decisão de outras cidadanias participantes da comunidade política.

O conceito clássico de cidadania o ligava a um Estado, o novo conceito que se vislumbra o liga a uma comunidade formada pela adesão de várias comunidades políticas, com a necessidade de uma reestruturação de novos espaços para sua atuação, de incrementar a proteção efetiva dos direitos fundamentais e incentivar a construção de uma cidadania ativa, que leve o cidadão a se sentir responsável por cada ato praticado pelos entes estatais.

Bibliografia

ACKERMAN, Bruce. *We the people. Foundations.* Cambridge: The Belknap Press of Havard University Press, 1991.

CONSTANTINESCO, Vlad & PIERRÉ-CAPS, Stéphane. *Droit Constitutionnel.* Paris: PUF, 2004.

DERRIDA, Jacques. "Diritto alla Giustizia". In: *Diritto, Giustizia e Interpretazione.* Roma: Laterza, 1998.

DOMINIQUE, Turpin. *Droit Constitutionnel.* Paris: PUF, 1992.

DWORKIN, Ronald. *O império do direito.* São Paulo: Martins Fontes, 1999.

FASSÓ, Guido. *La democrazia in Grecia.* Milano: Giuffrè, 1999.

HOBBES, Thomas. *El Estado.* México: Fondo de Cultura Económica, 1998.

LAVROFF, Dimitri Georges. *Les Grandes Étapres de La Pensée Politique.* Paris: Dalloz, 1999.

MARTINES, Themistocle. *Diritto Costituzionale.* 10. ed., Milano: Giuffrè.

MIRKINE-GUETZÉVITCH, Boris. *As Novas Tendências do Direito Constitucional.* Trad. Candido Motta Filho. Rio de Janeiro: José Konfino Editor, 1933.

MONTESQUIEU, Charles-Louis de Secondat de. *Lo Spirito delle Leggi.* Trad. Beatrice Boffito Serra. 5. ed. V. I. Milano: Universale Rizzoli, 1999.

PELAYO, Manuel García. *Derecho Constitucional Comparado.* 3. ed. Madrid: Alianza Universidad, 1991.

SARTORI, Giovanni. *Engenharia Constitucional. Como Mudam as Constituições.* Trad. Sérgio Bath. Brasília: Universidade de Brasília, 1996.

SCALIA, Antonin Scalia. *A Matter of Interpretation. Federal Courts and The Law.* New Jersey: Princeton University Press, 1997.

SILVA, José Afonso da. *Comentários Contextuais à Constituição.* São Paulo: Malheiros.

STERN, Klaus. Global Constitution Movements and New Constitutions. *Revista Latino-Americana de Estudos Constitucionais.* Belo Horizonte: Del Rey. Número 2. Julho/Dezembro, 2003.

VERGOTTINI, Giuseppe. *Diritto Costituzionale.* Milano: CEDAM, 2001.

Art. 1º, III – a dignidade da pessoa humana;

Ingo Wolfgang Sarlet

---

16. SILVA, José Afonso da. *Comentários Contextuais à Constituição.* São Paulo: Malheiros, p. 35.

17. MONTESQUIEU, Charles-Louis de Secondat de. *Lo Spirito delle Leggi.* Trad. Beatrice Boffito Serra. 5. ed. V. I. Milano: Universale Rizzoli, 1999, p. 155.

18. DOMINIQUE, Turpin. *Droit Constitutionnel.* Paris: PUF, 1992, p. 245.

1. Histórico: breves notas a respeito da trajetória da noção de dignidade da pessoa humana no âmbito do pensamento filosófico até a sua recepção na esfera jurídico-constitucional[1]

Embora não se trate de um conceito completamente estranho à cultura política, filosófica e jurídica oriental[2], a noção de dignidade da pessoa humana de há muito permeia o pensamento ocidental. Na tradição filosófica e política do período clássico, a dignidade (*dignitas*) da pessoa humana estava vinculada com o *status* social do indivíduo e de seu reconhecimento pelos demais membros da comunidade, de modo que se podia falar na existência de pessoas mais ou menos dignas de acordo com a sua posição social[3]. Em sentido diverso, o pensamento estoico (em especial na obra de Marco Túlio Cícero) concebia as pessoas como igualmente dotadas de dignidade, que, nesta outra perspectiva, já era tomada por qualidade própria e inerente aos seres humanos e estava vinculada à ideia de liberdade pessoal de cada indivíduo[4]. Com o advento do cristianismo, acabou ocorrendo o fortalecimento da noção de dignidade como característica da própria essência ou substância da pessoa, atestada pela especial relação de Deus – por intermédio de Cristo – com a humanidade, destacando-se, neste período, o pensamento de Boécio, ao introduzir a ideia de que pessoa é uma substância individual de natureza racional[5], noção posteriormente retomada por Tomás de Aquino (que associava a *dignitas humana* com o livre-arbítrio mas ainda como dádiva divina)[6], e, de certo modo, também por Pico della Mirandola, este já no alvorecer da idade moderna[7]. Na fase subsequente, tanto a concepção de dignidade da pessoa humana quanto o próprio jusnaturalismo passaram por um processo de racionalização e secularização, que atingiu seu ponto culminante com o pensamento de Immanuel Kant, que, dialogando com a tradição anterior, construiu uma noção de dignidade fundada na autonomia da vontade e na ideia de que o homem é um fim em si mesmo, não podendo jamais ser tratado como mero objeto[8], teorização que influenciou profundamente o pensamento subsequente, mas também deitou raízes no constitucionalismo contemporâneo, apesar da inserção de importantes contribuições de outros autores, como é o caso de Hegel, especialmente naquilo em que aponta para a circunstância de que a dignidade também é uma qualidade a ser conquistada[9]. De qualquer sorte, vinculada à noção de liberdade e de direitos inerentes à natureza (racional) humana, a dignidade passou a ser gradativamente reconhecida e tutelada pelo direito positivo, tanto constitucional quanto internacional, assumindo, no que parece existir considerável dose de consenso, a condição parâmetro de legitimidade do Estado e do Direito, espécie de valor-fonte (Miguel Reale) e "ponto de Arquimedes" do Estado Constitucional (Haverkate), muitas vezes mesmo sem que tenha havido previsão expressa quanto ao seu reconhecimento como valor e princípio fundamental, como precisamente bem ilustra a evolução constitucional brasileira, onde apenas em 1988 a dignidade da pessoa humana veio a ser expressamente referida – e com o merecido destaque – no texto constitucional.

2. Constituições estrangeiras

Dentre os países da Europa (aqui não limitados à União Europeia), colhem-se os exemplos das Constituições da Alemanha (art. 1º, inc. I), Espanha (Preâmbulo e art. 10. 1), Grécia (art. 2º, inc. I), Irlanda (Preâmbulo) e Portugal (art. 1º), que consagram expressamente o princípio. Ademais, há referência à dignidade nas Constituições de países como a Itália (art. 3º), Bélgica (art. 23), Bulgária (Preâmbulo), Romênia (art. 1º), Letônia (art. 1º), Estônia (art. 10), República Eslovaca (art. 12), República Tcheca (Preâmbulo), assim como nos casos da Croácia (art. 25) e da Rússia (art. 21). No âmbito latino-americano, além da Constituição brasileira (art. 1º, inc. III), encontram-se referências à dignidade em inúmeras cartas constitucionais de diversos países, tais como Paraguai (Preâmbulo), Cuba (Preâmbulo e art. 9º, entre outros), Chile (art. 1º), Guatemala (art. 4º), Peru (arts. 1º e 3º, entre outros), e Bolívia (art. 6º, II). Também algumas constituições de nações africanas utilizam o termo, dentre elas, África do Sul (art. 1º, *a*, 7. 1, 10, 35. 2. *e*, 36. 1, 39. 1. *a*, 165. 4, 181. 3, 196. 3), Tanzânia (art. 9. *a* e *f*, 12. 2, 13. 6. *d*, entre outras), Somália (Preâmbulo, art. 4., 1. *c*, 16. 3, entre outros), Maláui (art. 12. iv, 19. 1 e 2, entre outros), Zâmbia (Preâmbulo, art. 44. 1), Tunísia (Preâmbulo), Togo (Preâmbulo, arts. 11, 16 e 28, entre outros), Suazilândia (arts. 18. 1, 30. 1, 57. 2, entre outros), Sudão (arts. 17, 20 e 30), Serra Leoa (arts. 8. 2, 13. *e*, 95, entre outros), Seychelles (Preâmbulo e art. 16), Nigé-

---

1. Para maior desenvolvimento do tópico, v. o nosso *Dignidade da Pessoa Humana e Direitos Fundamentais na Constituição Federal de 1988*. 10. ed. rev. e atual. Porto Alegre: Livraria do Advogado, 2015.

2. Cf. as ponderações ilustrativas de HÖFFE, Otfried. *Medizin ohne Ethik?* Frankfurt am Main: Suhrkamp, 2002, 262 p., p. 60 e s.

3. Cf. PODLECH, Adalbert. Anmerkungen zu Art. 1 Abs. 1 Grundgesetz. In: WASSERMANN, Rudolf. (Org.). *Kommentar zum Grundgesetz für die Bundesrepublik Deutschland (Alternativkommentar)*. v. II, 2. ed. Neuwied: Luchterhand, 1989, p. 275.

4. Cf. COMPARATO, Fábio Konder. *A afirmação histórica dos direitos humanos*. São Paulo: Saraiva, 1999, 421 p., especialmente p. 11 e s.

5. Cf., a respeito do ponto, MORAES, Maria Celina Bodin. O conceito de dignidade humana: substrato axiológico e conteúdo normativo. In: SARLET, Ingo (Org.). *Constituição, Direitos fundamentais e Direito Privado*. Porto Alegre: Livraria do Advogado, 2003, p. 111, bem como SANTOS, Virgínia Coelho Felippe dos. *A dignidade da pessoa humana nas decisões judiciais: uma exploração da tradição Kantiana no Estado Democrático de Direito Brasileiro*. 2007, 149 f. Dissertação (Mestrado em Direito) – Faculdade de Direito, UNISINOS, São Leopoldo, 2007.

6. TOMÁS DE AQUINO, Santo. *Suma teológica*. v. 1. Primeira Parte. Questões 1-49. Tradução de Alexandre Corrêa. Porto Alegre: Livraria Sulina, 1980, p. 276 e s.

7. Cf. MIRANDOLA, Giovanni Pico della. *A dignidade do homem*. Lisboa: Edições 70, 1986, p. 52-53.

8. Cf. KANT, Immanuel. Fundamentação da Metafísica dos Costumes. In: *Os Pensadores – Kant (II)*. Tradução. Paulo Quintela. São Paulo: Abril Cultural, 1980, p. 134-135.

9. Cf. HERDEGEN, Matthias. Neuarbeitung von Art. 1 Abs. 1 – Schutz der Menschenwurde. In: DURIG, Gunter; MAUNZ, Theodor (Orgs.). *Grundgesetz Kommentar*. München: C.H. Beck, 2003, p. 7; SEELMAN, Kurt. Pessoa e dignidade da pessoa humana na filosofia de Hegel. Tradução de Rita Dostal Zanini. In: SARLET, Ingo (Org.). *Dimensões da dignidade*. Ensaios de filosofia do direito e direito constitucional. Porto Alegre: Livraria do Advogado, 2005, 148 p., p. 55 e s.; HÖFFE, Otfried. Menschenwurde als ethisches Prinzip. In: HÖFFE, Otfried; HONNEFELDER, Ludger; ISENSEE, Josef. *Gentechnik und Menschenwurde*. An den Grenzen von Ethik und Recht. Köln: Du Mont, 2002, p. 133.

ria (arts. 7. 2. b, 21. a, 23, 24. c, 34, entre outros), Namíbia (Preâmbulo, arts. 8, 29, entre outros), Mali (arts. 1º e 93), República Central Africana (Preâmbulo), Burkina Fasso (Preâmbulo), Benim (Preâmbulo), Angola (arts 2, 20 e 124), Algéria (Preâmbulo, arts. 34 e 62), Uganda (objetivos XVI e XXIV, arts. 24, 33. 1, entre outros), Cabo Verde (Preâmbulo, arts. 1º, 23, entre outros), Chade (Preâmbulo e art. 218), Congo (arts. 11, 18 e 36, entre outros), Eritreia (Preâmbulo, arts. 2 e 16, entre outros), Gana (arts. 15, 33 e 35, entre outros), Camarões (Preâmbulo, arts. 1 e 22, entre outros), Costa do Marfim (art. 2), Egito (Preâmbulo e art. 42), Guiné Equatorial (itens 5, 13 e 14), Etiópia (arts. 21, 24 e 29, entre outros), Guiné (art. 5º), Líbia (art. 27), Madagascar (arts. 17 e 29), Mauritânia (Preâmbulo), Níger (Preâmbulo e art. 39), Moçambique (arts. 19, 48 e 119, entre outros), e Burúndi (arts. 13, 14, 21, entre outros), que indicam a dignidade como valor ou princípio de importância. Também as Cartas de São Tomé e Príncipe (art. 106), do Gabão (art. 94), de Lesoto (arts. 28 e 118) e da Gâmbia (arts. 28, 31 e 37, entre outros) mencionam o termo. No âmbito da Ásia referem-se as Constituições da Índia (Preâmbulo, arts. 39 e 51A), da Tailândia (seções 4, 26 e 35, entre outras), do Paquistão (arts. 11 e 14), Bangladesh (art. 11), do Butão (arts. 9, 10 e 18, entre outros), do Camboja (arts. 38, 119 e 138), da Coreia do Sul (arts. 10, 32 e 36), do Afeganistão (Preâmbulo, arts. 6, 24 e 75), de Hong Kong (art. 6 da Carta de Direitos), da Indonésia (arts. 27 e 32), do Japão (art. 24), da República das Maldivas (art. 50), do Nepal (art. 25), de Papua Nova Guiné (arts. 36, 37 e 38), das Filipinas (arts. 2. 11, 6. 29 e 13. 1), do Timor Leste (Preâmbulo, seções 1 e 20, entre outras) e do Vietnã (arts. 63, 71 e 126).

3. Direito internacional

O documento seguramente mais influente segue sendo a Declaração Universal dos Direitos Humanos (ONU), de 10 de dezembro de 1948, que trata do tema não apenas em seu Preâmbulo, mas também em artigos subsequentes. De acordo com o art. 1º da Declaração, "Todos os seres humanos nascem livres e iguais em dignidade e em direitos. Dotados de razão e de consciência, devem agir uns para com os outros em espírito de fraternidade". Na esfera supranacional, vale referir, ainda, além de uma série de tratados de direitos humanos que fazem referência expressa à dignidade da pessoa humana, o recente compromisso com a dignidade da pessoa assumido pela União Europeia, por meio da Carta dos Direitos Fundamentais da União Europeia (embora ainda não dotada de força vinculante) promulgada em Nice, em dezembro de 2000, cujo art. 1º declara que "A dignidade do ser humano é inviolável. Deve ser respeitada e protegida".

4. Constituições brasileiras anteriores

A Constituição de 1824 apenas menciona a dignidade da nação, do Imperador e de sua esposa, ao tratar da dotação que seria destinada a esses últimos. Já a Constituição de 1934, ao dispor sobre a Ordem Econômica e Social (art. 115), ditava que essa deveria ser organizada de modo a possibilitar "a todos existência digna". Da mesma forma, a Carta Magna de 1946, tratando da Ordem Econômica e Social (art. 145), estabelecia que "A todos é assegurado trabalho que possibilite existência digna" (parágrafo único).

5. Remissões constitucionais (outros dispositivos que tratam direta e indiretamente da dignidade da pessoa humana)

A dignidade foi objeto de referência direta nos seguintes dispositivos: art. 170, caput (a ordem econômica tem por finalidade assegurar a todos uma existência digna); art. 226, § 7º (ao se fundar o planejamento familiar nos princípios da dignidade da pessoa humana e da paternidade responsável), art. 227, caput (ao se assegurar a dignidade à criança e ao adolescente); art. 230, caput (ao se ter por objetivo a proteção da pessoa idosa, defendendo sua dignidade e bem estar), assim como no art. 79 do ADCT (criação do Fundo de Combate e Erradicação da Pobreza, cujo objetivo é "viabilizar a todos os brasileiros acesso a níveis dignos de subsistência"). Outros dispositivos dizem respeito de forma não expressa à dignidade da pessoa humana, como, por exemplo, o art. 5º, III (proíbe a tortura e o tratamento desumano ou degradante) e, XLVII, da CF (vedação de alguns tipos de penas, como as cruéis).

6. Jurisprudência do STF

Dentre as decisões do STF que envolvem a aplicação do princípio da dignidade da pessoa humana destacam-se as que seguem:

Habeas Corpus n. 70.389/SP, Rel. Min. Celso de Mello. Brasília, DF, 23 de junho de 1994. Disponível em: http://www. stf. gov. br (tortura perpetrada contra adolescentes por parte de policiais militares).

Habeas Corpus n. 71.373/RS, Rel. Min. Francisco Resek. Brasília, DF, 10 de novembro de 1994. Disponível em: http://www. stf. gov. br (impossibilidade de se compelir o suposto pai, demandado em ação investigatória de paternidade, a realizar o exame de DNA).

Agravo Regimental no RE n. 271. 286-8/RS, Rel. Min. Celso de Mello. Brasília, DF. Diário de Justiça da União, 24 de novembro de 2000 (sobre o fornecimento de medicamentos pelo estado – no caso, paciente portador de HIV).

ADPF n. 45, Min. Celso de Mello. Brasília, DF, 29 de abril de 2004, Informativo 345 do STF (possibilidade de controle judicial de políticas públicas quando se cuidar especialmente da implementação da garantia do mínimo existencial).

RE-AgR 410715/SP, Rel. Min. Celso de Mello. Brasília, DF, 22 de novembro de 2005. Disponível em: http://www. stf. gov. br (bloqueio de recursos públicos para atendimento do direito à educação).

RE-AgR 393175/RS, Rel. Min. Celso de Mello. Brasília, DF, 12 de dezembro de 2006. Disponível em: http://www. stf. gov. br (bloqueio de recursos públicos para o atendimento do direito à saúde).

ADI 3.510, Rel. Min. Ayres Britto, j. em 29.05.2009 (pesquisas com células-tronco).

ADPF 132, Rel. Min. Ayres Britto, j. em 05.05.11 (equiparação da união homoafetiva à união estável entre homens e mulheres nos termos do artigo 226 da CF).

ADPF 54, Rel. Min. Marco Aurélio, j. em abril de 2012 (autorização para interrupção da gravidez nos casos de anencefalia fetal).

AI 8478845 AgR, Rel. Min. Luiz Fux (transporte público gratuito para pessoas com deficiência mental).

ADI 4.425, Rel. Min. Luiz Fux, j. em 14.03.2013 (superpreferência para idosos e pessoas com doenças graves nos casos de precatórios para pagamento de créditos de natureza alimentar).

RMS 32732 AgR, Rel. Min. Celso de Mello, j. em 03.06.2014 (reservas de vagas para pessoas com deficiência).

RE 845779 RG, Rel. Min. Roberto Barroso, j. em 13.11.2014 (sobre a proibição de uso de banheiros femininos em *Shoppings Centers* por transexuais).

ARE 833248 RG, Rel. Min. Dias Toffoli (reconhecimento da Repercussão Geral do problema do assim chamado direito ao esquecimento no contexto do conflito entre dignidade e direitos de personalidade e a liberdade de expressão e de informação).

RE 670422 RG, Rel. Min. Dias Toffoli, j. em 20.11.2014 (uso do termo transexual no registro civil das pessoas naturais).

ADPF 247, Rel. Min. Marco Aurélio, j. em 09.09.2015 (sistema penitenciário e violação da dignidade da pessoa humana).

RE 592581, Rel. Min. Ricardo Lewandowski, j. em 13.08.2015 (obrigação de implementar medidas diversas que impliquem melhoria das condições carcerárias).

ADP 291, Rel. Min. Roberto Barroso, j. em 28.10.2015 (crime de pederastia e outros atos libidinosos tipificado no artigo 235 do Código Penal Militar em parte não recepcionado pela CF).

RE 898060, Rel. Min. Luiz Fux, j. em 21.09.2016 (paternidade socioafetiva e biológica).

AR 1.244 EI/MG, Rel. Min. Cármen Lúcia, j. em 22.09.2016 (chancela o reconhecimento de um direito fundamental à busca da identidade genética como direito de personalidade).

ACO 1472 AgR, Rel. Min. Ricardo Lewandowski, j. em 01.09.2017 (determinação de atendimento de pessoas com deficiência mental).

ADC 41, Rel. Min. Roberto Barroso, j. em 08.06.2017 (reserva de vagas para negros em concursos públicos).

RE 1058333 RG, Rel. Min. Luiz Fux, j. em 02.11.2017 (direito da candidata gestante em concurso público de remarcar teste de aptidão física mesmo sem expressa previsão editalícia).

ADI 4.275/DF, Relator originário Ministro Marco Aurélio, Redator p/ o Acórdão Min. Edson Fachin, j. 28.02 e 1º.03.2018 (reconhecimento às pessoas transgêneras do direito a, mediante autodeclaração e sem necessidade de realização prévia de cirurgia de transgenitalização e/ou tratamentos hormonais ou patologizantes, alterar, no seu registro civil, o seu prenome e sexo/gênero).

MC na Rcl. 38.782/RJ, Rel. Min. Gilmar Mendes, decidido pelo então Presidente do STF, Min. Dias Toffoli, j. 09.01.2020 (suspensão da decisão de desembargador do TJ/RJ que havia determinado a censura da exibição do especial de Natal do Porta dos Fundos na plataforma de *streaming* Netflix, caso em que a liberdade de expressão foi observada como decorrente da dignidade da pessoa humana).

HC 187.368, j. 21.07.2020, Min. Dias Toffoli (concessão de liminar para converter a execução da pena da paciente em prisão domiciliar humanitária em razão do risco de contágio do novo coronavírus e por se tratar de pessoa idosa, portadora de HIV, diabética e hipertensa).

ADI 5.543/DF, Rel. Min. Edson Fachin, j. 11.05.2020 (declaração de inconstitucionalidade dos dispositivos de normas do Ministério da Saúde e da Agência Nacional de Vigilância Sanitária – Anvisa, que excluíam do rol de habilitados para doação de sangue os "homens que tiveram relações sexuais com outros homens e/ou as parceiras sexuais destes nos 12 meses antecedentes", por utilizarem tratamento não igualitário com critérios ofensivos à dignidade da pessoa humana).

ADI 6.387/DF, Rel. Min. Rosa Weber, j. 07.05.2020 (reconhecimento, com base na dignidade humana, autodeterminação informacional e direitos da personalidade, de um direito fundamental autônomo à proteção de dados pessoais).

HC 143.988, Rel. Min. Edson Fachin, Segunda Turma, j. 24.08.2020 (proibição de superlotação em unidades socioeducativas e mediante a observância de critérios e parâmetros).

ADPF 527, Rel. Min. Roberto Barroso, j. 18.03.2021 (autorização para que transexuais e travestis que se identificam de gênero feminino optem por cumprir penas em presídios femininos ou masculinos).

ADPF 607, Rel. Min. Dias Toffoli, j. 28.03.2022 (dever estatal de evitar e punir a tortura e todo e qualquer tratamento desumano e degradante implica inconstitucionalidade de qualquer obstáculo à atuação de órgão criado para inspecionar instituições de privação de liberdade, com o objetivo precisamente de prevenir e reprimir práticas atentatórias aos direitos humanos e fundamentais).

7. Literatura (monografias) em língua portuguesa selecionada

ALVARENGA, Lúcia Barros Freitas de. *Direitos humanos, dignidade e erradicação da pobreza*: uma dimensão hermenêutica para a realização constitucional. Brasília: Brasília Jurídica, 1998.

ALVES, Cleber Francisco. *O princípio constitucional da dignidade da pessoa humana*: o enfoque da doutrina social da Igreja. Rio de Janeiro: Renovar, 2001.

ANDRADE, Vander Ferreira de. *A dignidade da pessoa humana*: valor-fonte da ordem jurídica. São Paulo: Revista dos Tribunais, 2007.

BARCELLOS, Ana Paula de. *A eficácia jurídica dos princípios constitucionais. O princípio da dignidade da pessoa humana*. 3. ed. Rio de Janeiro: Renovar, 2011.

BARROSO, Luiz Roberto. *A dignidade da pessoa no direito constitucional contemporâneo*: a construção de um conceito jurídico à luz da jurisprudência mundial. Belo Horizonte: Fórum, 2013.

GARCIA, Maria. *Limites da ciência*: a dignidade da pessoa humana: a ética da responsabilidade. São Paulo: Revista dos Tribunais, 2004.

JACINTHO, Jussara Maria Moreno. *Dignidade humana*: princípio constitucional. Curitiba: Juruá, 2006.

MARTINS, Flademir Jerônimo Belinati. *Dignidade da pessoa humana*: princípio constitucional fundamental. Curitiba: Juruá, 2006.

MIRANDOLA, Giovanni Pico della. *A dignidade do homem*. Lisboa: Edições 70, 1986.

NOVAIS, Jorge Reis. *A dignidade da pessoa humana*. 2. ed. Coimbra: Almedina, v. I, 2019.

NOVAIS, Jorge Reis. *A dignidade da pessoa humana*. 2. ed. Coimbra: Almedina, v. II, 2018.

NUNES, Luiz Antônio Rizzatto. *Princípio constitucional da dignidade da pessoa humana*. 5. ed. São Paulo: Saraiva, 2022.

PALAZZOLO, Massimo. *Persecução penal e dignidade da pessoa humana*. São Paulo: Quartier Latin, 2007.

PITHAN, Lívia Haygert. *A dignidade humana como fundamento jurídico das "ordens de não ressuscitação" hospitalares*. Porto Alegre: EDIPUCRS, 2004.

RABENHORST, Eduardo Ramalho. *Dignidade humana e moralidade democrática*. Brasília-DF: Brasília Jurídica, 2001.

ROCHA, Cármen Lúcia Antunes (Coord.). *O direito à vida digna*. Belo Horizonte: Fórum, 2004.

SANTOS, Fernando Ferreira dos. *Princípio constitucional da dignidade da pessoa humana*. São Paulo: Celso Bastos, 1999.

SARLET, Ingo Wolfgang. *Dignidade da pessoa humana e direitos fundamentais na Constituição Federal de 1988*. 10. ed. rev. atual. e ampl. Porto Alegre: Livraria do Advogado, 2015.

SARLET, Ingo Wolfgang (Org.). *Dimensões da dignidade. Ensaios de filosofia do direito e direito constitucional*. Porto Alegre: Livraria do Advogado, 2005.

SARMENTO, Daniel. *Dignidade da pessoa humana. Conteúdo, Trajetórias e Metodologia*. 2. ed. Belo Horizonte: Fórum, 2016.

SOARES, Ricardo Maurício Freire. *O princípio constitucional da dignidade da pessoa humana*. São Paulo: Saraiva, 2012.

TEIXEIRA, Evilázio Francisco Borges. *Dignidade da pessoa humana e o direito das crianças e dos adolescentes*. Porto Alegre: EDIPUCRS, 2022.

ZILLES, Urbano. *Pessoa e dignidade humana*. Porto Alegre: Editora CRV, 2020.

ZISMAN, Célia Rosenthal. *O princípio da dignidade da pessoa humana*. São Paulo: Thomson IOB, 2005.

8. Anotações

Ao consagrar a dignidade da pessoa humana como um dos fundamentos do Estado Democrático (e social) de Direito (art. 1º, III), a CF de 1988, além de ter tomado uma decisão fundamental a respeito do sentido, da finalidade e da justificação do próprio Estado e do exercício do poder estatal, reconheceu categoricamente que o Estado existe em função da pessoa humana, e não o contrário[10]. Da mesma forma, não foi por acidente que a dignidade não constou do rol dos direitos e garantias fundamentais, tendo sido consagrada em primeira linha como princípio (e valor) fundamental[11], que, como tal, deve servir de norte ao intérprete, ao qual incumbe a missão de assegurar-lhe a necessária força normativa.

Em termos gerais, a doutrina constitucional parte do pressuposto de que a dignidade da pessoa humana se assenta em fundamentos ético-filosóficos[12], sendo ínsita à condição humana[13], representando um "princípio supremo no trono da hierarquia das normas"[14]. Com efeito, a qualificação normativa da dignidade da pessoa humana como princípio fundamental traduz a certeza de que o art. 1º, III, da Constituição não contém apenas (embora também) uma declaração de conteúdo ético, na medida em que representa uma norma jurídico-positiva dotada, em sua plenitude, de *status* constitucional formal e material. Como tal, afigura-se inequivocamente carregada de eficácia, alcançando, portanto, a condição de valor jurídico fundamental da comunidade[15]. Importa considerar, neste contexto, que a dignidade da pessoa humana desempenha o papel de valor-guia não apenas dos direitos fundamentais, mas de toda a ordem jurídica (constitucional e infraconstitucional), razão pela qual, para muitos, se justifica a caracterização da dignidade como princípio constitucional de maior hierarquia axiológica[16].

As afirmações precedentes, embora endossadas pela tradição jurídico-político-filosófica prevalentemente ocidental, evidentemente, ainda não permitem que se tenha uma noção relativamente clara a respeito do conteúdo da dignidade da pessoa humana, especialmente para efeitos de sua aplicação na esfera jurídica, onde, a exemplo dos demais princípios e direitos e garantias fundamentais, não se pode prescindir de uma determinação do âmbito de proteção da norma, precisamente para que se possa identificar quais são as situações tuteladas juridicamente. Embora evidente a dificuldade, consoante exaustiva e corretamente destacado na doutrina, a busca de uma definição ao mesmo tempo aberta e minimamente objetiva impõe-se também em face da exigência de um certo grau de segurança e estabilidade jurídica, inclusive

---

10. Cf. BLECKMANN, Albert. *Staatsrecht II – Die Grundrechte*. 4. ed. Köln-Berlin-Bonn-München: Carl Heymanns, 1997, p. 539.

11. Cf. o nosso ensaio intitulado Algumas notas em torno da relação entre o princípio da dignidade da pessoa humana e os direitos fundamentais na ordem constitucional brasileira. In: LEITE, George Salomão (Org.). *Dos princípios constitucionais*. Considerações em torno das normas principiológicas da Constituição. São Paulo: Malheiros, 2003. 430 p., p. 216.

12. BARRETTO, Vicente de Paulo. A ideia de pessoa humana e os limites da bioética. In: BARBOZA, Heloisa Helena; MEIRELLES, Jussara Maria de Leal de; BARRETTO, Vicente de Paulo (Orgs.). *Novos temas de biodireito e bioética*. Rio de Janeiro: Renovar, 2003, 267 p., p. 220.

13. ROCHA, Cármen Lúcia Antunes. O princípio da dignidade da pessoa humana e a exclusão social. *Revista Interesse Público*. n. 4, 1999, p. 28; MORAES, Maria Celina Bodin de. O conceito de dignidade humana: substrato axiológico e conteúdo normativo. In: SARLET, Ingo (Org.). *Constituição, direitos fundamentais e direito privado*. Porto Alegre: Livraria do Advogado, 2006, 429 p., p. 110.

14. Cf., por todos, Paulo Bonavides no prefácio à 1ª edição do nosso *Dignidade da pessoa humana e direitos fundamentais na Constituição Federal de 1988*. 6. ed. rev. e atual. Porto Alegre: Livraria do Advogado, 2008, 146 p., p. 15-16.

15. Cf BENDA, Ernst. Menschenwurde und Persönlichkeitsrecht. In: BENDA, Ernst; MAIHOFER, Werner; VOGEL, Hans-Jochen (Orgs.). *Handbuch des Verfassungsrechts der Bundesrepublik Deutschland*. 2. ed. Berlin-New York: Walter de Gruyter, 1994, 1771 p., p. 164 – lição esta que, embora voltada ao art. 1º da Lei Fundamental da Alemanha, revela-se perfeitamente compatível com a posição outorgada pelo nosso constituinte de 1988 ao princípio da dignidade da pessoa humana.

16. Cf. STERN, Klaus. *Das Staatsrecht der Bundesrepublik Deutschland*. v. III/1. München: C.H. Beck, 1988, p. 23 – sem que nestes comentários se vá explorar a controvérsia em torno da relação entre o valor da vida humana e a dignidade da pessoa, já que não faltam os que sustentam a prevalência da primeira.

para evitar que a dignidade continue a justificar o seu contrário[17]. Uma aproximação conceitual, todavia, há que levar em conta a multidimensionalidade da dignidade da pessoa humana, que também assume relevância para o Direito.

Com efeito, a ideia de dignidade da pessoa humana costuma ser desdobrada em diferentes dimensões[18], visto que, embora a expressiva maioria dos atores e a jurisprudência sigam referindo ser a dignidade da pessoa humana algo inerente ao ser humano, tal entendimento não significa que a dignidade tenha uma dimensão exclusivamente natural[19]. Assim, não se pode deixar de reconhecer que, para além de uma dimensão ontológica (mas não necessariamente biológica) a dignidade possui uma dimensão histórico-cultural, sendo, em certo sentido, uma noção em permanente processo de construção, fruto do trabalho de diversas gerações da humanidade, razão pela qual estas duas dimensões se complementam e interagem mutuamente[20]. Justamente esta interação deixa ainda mais claro que o fato de considerar-se a dignidade da pessoa humana algo (também) vinculado à própria condição humana não significa ignorar sua necessária dimensão comunitária (ou social); afinal, a dignidade apenas ganha significado em função da intersubjetividade que caracteriza as relações humanas, cuidando-se, nesta perspectiva, do valor intrínseco atribuído à pessoa pela comunidade de pessoas e no correspondente reconhecimento de deveres e direitos fundamentais[21]. Além disso, há que destacar o que se convencionou designar de dupla dimensão negativa (defensiva) e positiva (prestacional) da dignidade da pessoa humana, que atua simultaneamente como limite e tarefa dos poderes estatais e da comunidade em geral, de todos e de cada um. Como limite, a dignidade implica não apenas que a pessoa não pode ser reduzida à condição de mero objeto da ação própria e de terceiros, como também o fato de que a dignidade gera direitos fundamentais (negativos) contra atos que a violem ou a exponham a graves ameaças, sejam tais atos oriundos do Estado, sejam provenientes de atores privados. Como tarefa, a dignidade implica deveres vinculativos de tutela por parte dos órgãos estatais, com o objetivo de proteger a dignidade de todos, assegurando-lhe, também por meio de medidas positivas (prestações), o devido respeito e promoção[22], assim como decorrem deveres fundamentais (inclusive de tutela) por parte de outras pessoas.

Também (mas não só!) em função dessas diversas dimensões da dignidade da pessoa humana é que se mostra inviável estabelecer uma fórmula abstrata e genérica que abarque tudo o que constitui o seu conteúdo. Isto não significa que não se possa ou não se deva buscar uma definição. Esta, todavia, logrará alcançar pleno sentido e operacionalidade apenas em face do caso concreto. Valendo-nos aqui do conceito formulado em obra de maior envergadura[23], à qual remetemos para maior desenvolvimento do tema, e buscando dialogar com a multidimensionalidade sumariamente apresentada, entendemos que dignidade da pessoa humana é *a qualidade intrínseca e distintiva reconhecida em cada ser humano que o faz merecedor do mesmo respeito e consideração por parte do Estado e da comunidade, implicando, neste sentido, um complexo de direitos e deveres fundamentais que assegurem a pessoa tanto contra todo e qualquer ato de cunho degradante e desumano, como venham a lhe garantir as condições existenciais mínimas para uma vida saudável[24], além de propiciar e promover sua participação ativa e corresponsável nos destinos da própria existência e da vida em comunhão com os demais seres humanos, mediante o devido respeito aos demais seres que integram a rede da vida"*.

A partir do exposto e sedimentado o entendimento de que também no ordenamento brasileiro a dignidade da pessoa humana ostenta o *status* de valor e princípio constitucional fundamental, dificilmente se poderá refutar a tese de que, pelo menos no que diz com a sua dimensão principiológica, também a dignidade da pessoa humana atua como uma espécie de mandado de otimização, ordenando a proteção e promoção da dignidade da pessoa, a ser realizada na maior medida possível, considerando as possibilidades fáticas e jurídicas existentes[25]. Tal afirmativa, é bom enfatizar, não afasta a circunstância de que a dignidade da pessoa humana também assume a condição de regra jurídica, impondo ou vedando determinados comportamentos, como ocorre, por exemplo, com a vedação (sem exceções justificáveis, ainda que

---

17. Nesse sentido, ver a advertência de MAURER, Béatrice. Notas sobre o respeito da dignidade da pessoa humana... ou pequena fuga incompleta em torno de um tema central. Tradução de Rita Dostal Zanini. In: SARLET, Ingo (Org.). *Dimensões da dignidade. Ensaios de filosofia do direito e direito constitucional*. Porto Alegre: Livraria do Advogado, 2005, 184 p., p. 63.

18. Para maiores detalhes sobre o tema, remetemos o leitor ao nosso *Dimensões da dignidade. Ensaios de filosofia do direito e direito constitucional*. Porto Alegre: Livraria do Advogado, 2005, 184 p.

19. Afinal, o próprio Kant – ao que nos parece – afirmava um caráter subjetivo e relacional da dignidade da pessoa humana, sublinhando a existência de um dever de respeito no âmbito da comunidade dos seres humanos. De forma mais detalhada, cf. o nosso *Dignidade da pessoa humana e direitos fundamentais na Constituição Federal de 1988*. 6. ed. rev. e atual. Porto Alegre: Livraria do Advogado, 2008, 146 p., p. 54 e s.

20. Cf. Peter Häberle, A dignidade humana como fundamento da comunidade estatal. Tradução de Ingo Wolfgang Sarlet e Pedro Scherer de Mello Aleixo. In: SARLET, Ingo (Org.). *Dimensões da dignidade. Ensaios de filosofia do direito e direito constitucional*. Porto Alegre: Livraria do Advogado, 2005, 184 p., p. 150, destacando-se que, a despeito da referida dimensão cultural, a dignidade da pessoa mantém sempre sua condição de valor próprio, inerente a cada pessoa humana, podendo-se falar, assim, de uma espécie, de constante antropológica, de tal sorte que a dignidade possui apenas uma dimensão cultural relativa (no sentido de estar situada num contexto cultural), apresentando sempre também traços tendencialmente universais (p. 127).

21. Cf. o nosso As dimensões da dignidade da pessoa humana: construindo uma compreensão jurídico-constitucional necessária e possível. In: SARLET, Ingo (Org.). *Dimensões da dignidade. Ensaios de filosofia do direito e direito constitucional*. Porto Alegre: Livraria do Advogado, 2005, 184 p., p. 22 e s.

22. Mais detalhadamente a respeito do tema, cf. os nossos As dimensões da dignidade da pessoa humana: construindo uma compreensão jurídico-constitucional necessária e possível. In: SARLET, Ingo (Org.). *Dimensões da dignidade. Ensaios de filosofia do direito e direito constitucional*. Porto Alegre: Livraria do Advogado, 2005, 184 p., p. 30 e s.; e *Dignidade da pessoa humana e direitos fundamentais na Constituição Federal de 1988*. 6. ed. rev. e atual. Porto Alegre: Livraria do Advogado, 2008, 146 p., p. 121 e s.

23. Cf. o nosso *Dignidade da pessoa humana e direitos fundamentais na Constituição Federal de 1988*. 10. ed. Porto Alegre: Livraria do Advogado, 2015, p. 70-71.

24. Como critério para aferir o que é uma vida saudável, parece-nos apropriado utilizar os parâmetros estabelecidos pela Organização Mundial da Saúde, quando se refere a um completo bem-estar físico, mental e social, parâmetro este que, pelo seu reconhecimento amplo no âmbito da comunidade internacional, poderia igualmente servir como diretriz mínima a ser assegurada pelos Estados.

25. Para uma abordagem mais aprofundada, cf. o nosso *Dignidade da pessoa humana e direitos fundamentais na Constituição Federal de 1988*. 6. ed. rev. e atual. Porto Alegre: Livraria do Advogado, 2008, 146 p., p. 72 e s.

em nome da dignidade de terceiros) da tortura ou de qualquer tratamento desumano ou degradante (art. 5º, III, da CF). Aliás, ainda que não houvesse regra proibitiva expressa, tal vedação é decorrente do próprio princípio da dignidade da pessoa humana, visto que explícita manifestação inerente ao seu núcleo essencial, especialmente no que diz com a proibição da redução de qualquer pessoa à condição de mero objeto da ação alheia. A proibição da tortura ou de outros tratamentos manifestamente indignos, por sua vez, guarda relação com a conhecida fórmula-objeto, desenvolvida na doutrina e prática constitucional germânica a partir da filosofia kantiana.

Por outro lado, não obstante ter sido a nossa CF promulgada em 1988, é possível afirmar, salvo exceções, que a efetiva aplicação jurisprudencial da dignidade da pessoa humana – assim como de outras normas constitucionais inicialmente tidas como meramente programáticas[26] – constitui um fenômeno mais recente. Representativa dessa mudança no sentido da valorização do papel desempenhado pela dignidade da pessoa humana, é a paradigmática decisão do STF proferida no *Habeas Corpus* n. 70.389/SP, relatado pelo Ministro Celso de Mello (23/6/1994), onde se tratava da tortura perpetrada contra adolescentes por parte de policiais militares, e a dignidade da pessoa humana foi objeto de reiterada menção na fundamentação da decisão[27]. Igualmente paradigmática, a multicitada decisão proferida no *Habeas Corpus* n. 71.373/RS, julgado em 10/11/1994, que decidiu pela impossibilidade de se compelir o suposto pai, demandado em ação investigatória de paternidade, a realizar o exame de DNA, por considerar, dadas as circunstâncias, a condução coercitiva atentatória à dignidade pessoal do investigado, ainda mais havendo outros meios de prova[28].

Atualmente, a aplicação da dignidade da pessoa humana tem se revelado relativamente constante na seara jurisprudencial, tanto no STF, quanto no STJ e demais órgãos judiciários. Assim, por exemplo, tem ocorrido quando da solução de litígios entre concessionárias de energia elétrica ou empresas de fornecimento de água e pessoas físicas em condição de miserabilidade[29], situações nas quais o Poder Judiciário, por vezes, tem vedado a interrupção de fornecimento de energia elétrica ou água a pessoas que não possuem condições de arcar sequer com suas necessidades básicas, considerando a referida prestação de serviço como algo essencial a uma vida com dignidade. Nestes casos lança-se mão, de regra, da dignidade como forma de proteção às condições mínimas de vida, o que se depreende da argumentação do Ministro Luiz Fux, prolator do voto vencedor e relator do acórdão do Recurso Especial n. 684.442/RS[30]. Também em demandas envolvendo direitos sociais, especialmente quando relacionadas ao direito à saúde, o recurso à dignidade da pessoa humana e a sua conexão com a noção de um direito ao mínimo existencial tem sido frequente[31]. Um caso altamente polêmico, igualmente envolvendo (também!) uma fundamentação calcada na dignidade da pessoa humana, é a ADPF n. 54/DF, relator Min. Marco Aurélio, j. em abril de 2012, na qual se reconheceu a constitucionalidade da interrupção terapêutica da gravidez nos casos de fetos anencéfalos. Tais exemplos, à evidência, não excluem muitos outros julgados do STF, parte dos quais relacionada no item 6, *supra* (jurisprudência do STF).

Tais exemplos, dentre os inúmeros que poderiam ser colacionados, não apenas demonstram o quanto a dignidade da pessoa humana está sendo acessada pelos aplicadores do Direito, mas também ilustram quão íntima é a ligação entre a dignidade da pessoa humana e os direitos e garantias fundamentais. Embora na ordem constitucional brasileira, especialmente em face da amplitude do catálogo constitucional, nem todos os direitos fundamentais tenham um fundamento direto na dignidade da pessoa humana (o que não lhes retira necessariamente a condição de direitos fundamentais), segue sendo correta a afirmação de que, em sua maioria, os direitos fundamentais constituem, em maior ou menor medida, explicitações, ou, como preferem outros, densificações do princípio da dignidade da pessoa humana. Em outras palavras, em cada direito fundamental se faz presente um conteúdo ou, pelo menos, alguma projeção da dignidade humana[32].

Muito em função desta peculiar vinculação, a dignidade da pessoa humana desempenha papel de destaque na condição de critério para a construção de um conceito materialmente aberto de direitos fundamentais na ordem constitucional brasileira, as-

---

26. Nesse sentido, a observação de Ruy Rubem Ruschel, *Direito constitucional em tempos de crise*. Porto Alegre: Sagra Luzzatto, 1997, 179 p., p. 132.

27. Cumpre transcrever trechos do paradigmático voto do Min. Celso de Mello: "A simples referência normativa à tortura, [...] exterioriza um universo conceitual impregnado de noções com o que o senso comum e o sentimento de decência das pessoas identificam as condutas aviltantes que traduzem, na concreção de sua prática, o gesto inaceitável de ofensa à dignidade da pessoa humana. [...] Tal como pude salientar na anterior sessão de julgamento, [...] esta é uma verdade que não se pode desconhecer: a emergência das sociedades totalitárias está causalmente vinculada, de modo rígido e inseparável, à desconsideração da pessoa humana, enquanto valor fundante e condicionante, que é, da própria ordem político-jurídica do Estado".

28. BRASIL. Supremo Tribunal Federal. *Habeas Corpus* n. 71.373/RS, Rel. Min. Francisco Resek. Brasília, DF, 10 de novembro de 1994. Disponível em: http://www.stf.gov.br. No mesmo sentido, BRASIL. Supremo Tribunal Federal. *Habeas Corpus* n. 76.060/SC, Rel. Min. Sepúlveda Pertence. Brasília, DF, 31 de março de 1998. Disponível em: http://www.stf.gov.br. Cf., ainda, o nosso *Dignidade da pessoa humana e direitos fundamentais na Constituição Federal de 1988*. 6. ed. rev. e atual. Porto Alegre: Livraria do Advogado, 2008, 146 p., p. 110-112, especialmente nota de rodapé n. 294.

29. Cf. o nosso *Dignidade da pessoa humana e direitos fundamentais na Constituição Federal de 1988*. 6. ed. rev. e atual. Porto Alegre: Livraria do Advogado, 2008, 164 p., p. 113, nota de rodapé n. 297.

30. Cf. BRASIL. Superior Tribunal de Justiça. Recurso Especial n. 684442/RS, Rel. Min. José Delgado, Rel. para o acórdão Min. Luiz Fux. Brasília, DF, 3 de fevereiro de 2005. Disponível em: http://www.stj.gov.br. Cf., ainda, BRASIL. Superior Tribunal de Justiça. Recurso Especial n. 617588/SP, Rel. Min. Luiz Fux. Brasília, DF, 27 de abril de 2004. Disponível em: http://www.stj.gov.br. Não obstante ainda se encontrem decisões neste sentido (cf., sobretudo no âmbito dos Tribunais de Justiça dos Estados, por exemplo, no RIO GRANDE DO SUL. Tribunal de Justiça. Apelação Cível n. 70011242500, Rel. Des. Adão Sérgio do Nascimento Cassiano, Segunda Câmara Cível. Porto Alegre, 14 de junho de 2006. Disponível em: http://www.tj.rs.gov.br), o próprio Ministro Luiz Fux, quando de seu voto no Recurso Especial n. 691.516/RS, refere que o atual entendimento dominante é o de que o corte, seja de água, seja de energia elétrica, não feriria o Código de Defesa do Consumidor nem a Lei n. 8.987/95.

31. Cf. BRASIL. Superior Tribunal de Justiça. Recurso Especial n. 575280, Rel. Min. José Delgado. Brasília, DF, 2 de setembro de 2004. Disponível em: http://www.stj.gov.br.

32. Em sentido semelhante, André Ramos Tavares defende a existência de uma consubstancialidade parcial dos direitos fundamentais na dignidade da pessoa humana (Princípio da consubstancialidade parcial dos direitos fundamentais na dignidade do homem). *Revista Brasileira de Direito Constitucional*, n. 4, jul./dez., 2004, p. 232 e s.

pecto que aqui não será desenvolvido, já que objeto de comentário mais detalhado por ocasião do exame do § 2º do art. 5º da CF. O que importa frisar, ainda neste contexto, é que a relação entre dignidade da pessoa humana e direitos fundamentais é uma relação *sui generis*[33], visto que a dignidade opera simultaneamente como elemento constitutivo (quando for o caso) e medida dos direitos fundamentais. Em regra, portanto, uma violação de um direito fundamental poderá estar vinculada a uma ofensa da dignidade da pessoa humana[34]. Por outro lado, não se pode olvidar que a mesma dignidade serve como elemento limitador dos direitos fundamentais, pois serve como justificativa para a imposição de restrições a estes[35], como, por exemplo, para a limitação da liberdade individual em prol da dignidade[36]. Além de atuar como limite, a dignidade da pessoa humana opera como limite aos limites dos direitos fundamentais, ao exercer restrições à atividade limitadora no âmbito dos direitos fundamentais, com o objetivo de coibir eventual abuso que pudesse levar ao seu esvaziamento ou até mesmo à sua supressão[37].

No tocante à dinâmica de realização normativa da dignidade da pessoa humana, afigura-se em princípio conveniente que se busque inicialmente sondar a existência de uma ofensa a determinado direito fundamental em espécie no caso concreto objeto de exame. Isto não apenas pelo fato de tal caminho se mostrar o mais simples, mas acima de tudo por viabilizar a redução da margem de arbítrio do intérprete. Afinal, em se tratando de um direito fundamental como tal consagrado pelo constituinte, este já tomou uma decisão prévia em prol da explicitação do conteúdo e da respectiva necessidade de proteção do princípio da dignidade da pessoa em uma dimensão específica, seja na sua dimensão jurídico-defensiva, seja na sua perspectiva jurídico-prestacional (fática ou normativa). Isso, contudo, não significa que uma eventual ofensa a determinado direito fundamental não possa constituir também, simultaneamente, uma violação do âmbito de proteção da dignidade da pessoa humana[38], nem afasta a existência de posições fundamentais (direitos e deveres) diretamente vinculados à dignidade.

Verifica-se, assim, que, se por um lado a complexidade inerente ao princípio da dignidade da pessoa humana abre um campo fértil para a proteção da pessoa humana, tal fator representa, por outro lado, óbice para uma delimitação mais precisa do alcance e da realização normativa do referido princípio. É justamente neste sentido que avulta a importância da construção jurisprudencial, porquanto é no constante manejo da riqueza de aportes oferecidos pela casuística que se torna possível uma aproximação do que constitui a dignidade da pessoa humana em cada caso concreto.

Que o exame da jurisprudência e da própria doutrina invocando a dignidade da pessoa humana não revela apenas aspectos positivos, mas inclusive coloca ainda mais em evidência uma série de pontos problemáticos, também não poderia deixar de ser objeto de referência. Nesse passo, a aplicação do princípio da dignidade da pessoa humana, assim como muitas vezes dos próprios direitos fundamentais e de outros princípios, não raras vezes ocorre de modo flagrantemente distanciado da realidade concreta, sem qualquer fundamentação racional justificando a sua aplicação, gerando um déficit de segurança. Da mesma forma, censurável o uso meramente retórico e até mesmo panfletário do princípio, que, com isso, acaba tendo comprometida a sua força simbólica e eficácia normativa. Assim, também (e talvez de modo especial) com relação à dignidade da pessoa humana aplica-se a diretriz hermenêutica (e ética) bem destacada por Lenio Streck, de que não é legítimo o intérprete dizer "qualquer coisa sobre qualquer coisa".

Art. 1º, IV – os valores sociais do trabalho e da livre iniciativa;

Cláudio Mascarenhas Brandão

OS VALORES SOCIAIS DO TRABALHO

1. História da norma

Uma das mais significativas inovações da Constituição de 1988 residiu no fato de o texto ser iniciado, pela primeira vez, mediante uma carta de princípios fundamentais que sustentam a soberania e a organização nacional. Até então, a experiência cons-

---

33. Cf. GEDDERT-STEINACHER, Tatjana. *Menschenwurde als Verfassungsbegriff*. Berlin: Duncker & Humblot, 1990, 220 p., p. 166, destacando, ainda, que a dignidade da pessoa humana, na condição de princípio jurídico fundamental, atua como princípio regulativo da interpretação constitucional.

34. No sentido de que sem que se reconheçam à pessoa os direitos fundamentais que lhe são inerentes estar-se-á negando-lhe a própria dignidade, cf. DELPÉRÉE, Francis, O direito à dignidade humana. In: BARROS, Sérgio Resende de; ZILVETI, Fernando Aurélio (Coords.). *Direito Constitucional* – Estudos em homenagem a Manoel Gonçalves Ferreira Filho. São Paulo: Dialética, 1999, 288 p., p. 160. De forma mais detalhada acerca da relação entre a dignidade da pessoa humana e os direitos fundamentais, cf. o nosso *Dignidade da pessoa humana e direitos fundamentais na Constituição Federal de 1988*. 6. ed. rev. e atual. Porto Alegre: Livraria do Advogado, 2008. 146 p., p. 86 e s.

35. Não se pode confundir a dimensão da dignidade da pessoa humana enquanto limite aos poderes estatais (acima), com a ora referida função limitadora da mesma, ainda que se fale em "dignidade enquanto limite". Nesse caso não se trata de limitar a atuação do Estado em si, mas de casos em que a dignidade da pessoa humana justifique a restrição a bens constitucionalmente protegidos, mesmo em se tratando de normas de cunho jusfundamental. De forma mais detida acerca do tema, cf. o nosso *Dignidade da pessoa humana e direitos fundamentais na Constituição Federal de 1988*. 6. ed. rev. e atual. Porto Alegre: Livraria do Advogado, 2008. 146 p., p. 112 e s.; e, em sentido semelhante, PÉREZ, Jesús González. *La dignidad de la persona*. Madrid: Civitas, 1986, p. 91 e s.; MARTINEZ, Miguel Angel Alegre. *La dignidad de la persona como fundamento del ordenamiento constitucional español*. León: Universidad de León, 1996, p. 81 e s.; BARTOLOMEI, Franco. *La dignità umana come concetto e valore costituzionale*. Torino: G. Giappichelli, 1987, p. 23 e s.

36. Cf. o nosso *Dignidade da pessoa humana e direitos fundamentais na Constituição Federal de 1988*. 6. ed. rev. e atual. Porto Alegre: Livraria do Advogado, 2008. 146 p., p. 118 e s.

37. Cf. o nosso *Dignidade da pessoa humana e direitos fundamentais na Constituição Federal de 1988*. 6. ed. rev. e atual. Porto Alegre: Livraria do Advogado, 2008. 146 p., p. 121 e s.

38. Ainda que se pudesse argumentar a prescindibilidade do recurso à dignidade da pessoa humana quando atingido um direito fundamental (já impregnado de dignidade), não se poderia defender uma aplicação meramente subsidiária daquele princípio, pois se trata de uma relação caracterizada por uma substancial fundamentalidade assumida pela dignidade em face dos demais direitos fundamentais. Cf., a propósito do tema, por exemplo, DREIER, Horst. Anmerkungen zu Art. 1 I GG. In: DREIER, Horst (Org.). *Grundgesetz Kommentar*. v. I, Tübingen: Mohr Siebeck, 1996, p. 127.

titucional brasileira consistia em inaugurar a carta fundamental com referência ao fato de ser o Brasil uma República Federativa, constituída sob regime representativo, seguindo-se a indicação dos símbolos nacionais, língua nacional, capital da União Federal e regra da soberania.

O debate sobre o tema na Assembleia Nacional Constituinte teve início ainda na Subcomissão da Nacionalidade, da Soberania e das Relações Internacionais, integrante da Comissão da Soberania e dos Direitos e Garantias do Homem e da Mulher, onde se invocou o exemplo de países, como Espanha (1977) e Portugal (1976), que tiveram, assim como o Brasil, política e historicamente, a experiência de um longo período autoritário seguido de um reencontro com a democracia. Afirmava-se, naquela oportunidade, que as Constituições democráticas desses países serviram de resposta ao passado, para evitar a recidiva ditatorial, e buscaram promover o avanço da sociedade[1].

Desde as primeiras discussões, apontava-se a importância de ser adotada essa matriz principiológica por representar valor abraçado pelo constituinte e que deveria servir de paradigma para a interpretação não apenas da própria Constituição, mas de todo o sistema jurídico[2]. Contudo, a proposta não foi acolhida no parecer do relator da referida Subcomissão.

As tratativas tiveram prosseguimento na Comissão da Organização do Estado, segunda etapa do processo de elaboração da nova Carta, e o substitutivo nela embrionado continha um capítulo reservado aos "Princípios Gerais", entre os quais se mencionava "zelar pelo respeito à dignidade da pessoa humana e promover a sua valorização"[3].

Em seguida, na Comissão de Sistematização, desde o primeiro substitutivo, foram relacionados como "Princípios Fundamentais" a soberania, a nacionalidade, a cidadania, a dignidade das pessoas e o pluralismo político[4], sem que entre eles figurasse, como se vê, o trabalho e a livre-iniciativa.

Finalmente no Plenário, a Emenda Substitutiva n. 2.037, subscrita pelo constituinte Irapuan Costa Júnior e 289 outros constituintes, foi apresentada em 13/1/1988 e aprovada na sessão realizada no dia 28 desse mesmo mês com 480 votos favoráveis, 9 contrários e 4 abstenções[5]. Incluíam-se, definitivamente, os valores sociais do trabalho e da livre-iniciativa (embora ainda no *caput* do art. 1º) e posteriormente, depurado o texto pelo relator, como resultado da votação do 1º turno, foram elencados nos seis e definitivos incisos.

2. Retrospectiva constitucional

Apesar de a história constitucional brasileira não ter precedente de texto fundamental iniciado por uma carta de princípios, a Constituição de 1934 foi a primeira a dispor sobre trabalho e atividade econômica. No art. 115, garantia-se a "liberdade" em uma ordem econômica organizada conforme os princípios da justiça e das necessidades da vida nacional, capaz de permitir a todos uma existência digna. A referência à proteção social do trabalho surgiu no art. 121 como uma diretriz a ser observada na elaboração de leis que objetivassem amparar a produção e estabelecer as condições de trabalho.

Nos parágrafos desse dispositivo foram enumerados os direitos assegurados aos trabalhadores, alguns deles de singular importância, como a proibição de diferença de salário entre homens e mulheres, limitação da jornada de trabalho e fixação do salário mínimo.

Ainda que de modo incipiente, o princípio da valorização do trabalho humano foi ali tratado pela primeira vez. Essa referência já representou importante conquista para a classe trabalhadora e caracterizou, ao lado da inserção dos direitos de natureza social, a positivação dos direitos constitucionais de segunda geração, cuja característica se assenta no fato de serem concretizados em normas que objetivam prestações positivas estatais. Por meio dessas normas se buscou propiciar condições de vida mais favoráveis aos trabalhadores e ao povo, com a finalidade de promover um progressivo nivelamento entre classes sociais, na tentativa de reduzir, de modo efetivo, as desigualdades existentes.

Acrescente-se que esse paradigma de tratamento atribuído aos direitos sociais revelou uma preocupação com o homem fundamentada em uma perspectiva de integração com a sociedade e em postura ativa diante do Estado, de maneira a concretizar prestações que lhe garantissem condições mínimas de vida.

Na Carta de 1937, também em dois dispositivos (arts. 135 e 136), foi garantida a iniciativa individual, o poder de criação, de organização e de invenção do indivíduo, desde que exercidos no limite do bem público. O trabalho, qualificado como um "dever social", mereceu proteção do Estado, destinada a estabelecer condições favoráveis ao seu exercício e medidas aptas à sua defesa.

A referência expressa ao princípio de justiça social como fundamento da ordem econômica surgiu a partir da Constituição de 1946, vinculando a liberdade de iniciativa à valorização do trabalho humano como fundamentos para a organização produtiva, ainda que o trabalho fosse qualificado como "obrigação social" (art. 145).

Sob o aspecto meramente formal, o panorama se modificou com a Constituição de 1967. O princípio da valorização do trabalho como condição da dignidade humana e a justiça social como objetivo da ordem econômica (art. 157) são mencionados, o que se repetiu na Emenda de 1969, em dispositivo de redação quase idêntica (art. 160).

---

1. Veja-se, a propósito, ata da 4ª reunião de Audiência Pública da Comissão, ocorrida em 30 de abril de 1987, com pronunciamento do Procurador-Geral do Estado do Rio de Janeiro, Carlos Roberto de Siqueira Campos. In: BRASIL. Câmara dos Deputados. *Diário da Assembleia Nacional Constituinte* (suplemento), edição de 27 de maio de 1987.
2. Foram também mencionadas as Constituições da Alemanha (1949), Itália (1947) e Cuba (1976).
3. BRASIL. Câmara dos Deputados. Documentos da Assembleia Nacional Constituinte. Vol. 83. Parecer e Substitutivo do Relator.
4. BRASIL. Câmara dos Deputados. Documentos da Assembleia Nacional Constituinte. Vol. 235. Comissão de Sistematização. Primeiro Substitutivo do Relator. Agosto de 1987.
5. A emenda aprovada continha a seguinte redação: "A República Federativa do Brasil, formada pela União indissolúvel dos Estados, Municípios, Distrito Federal e Territórios, constitui-se em Estado Democrático de Direito, visa a construir uma sociedade livre, justa e solidária, e tem como fundamentos a soberania, a cidadania, a dignidade da pessoa humana, os valores sociais do trabalho e da livre-iniciativa, o pluralismo político e a convivência em paz com a humanidade".

3. 1988: princípio político constitucional conformador

A Carta de 1988 apontou um novo rumo ao encimar os princípios fundamentais no portal de suas disposições, seguindo a trilha deixada pelas Constituições de países como a Itália, que reconhece o trabalho como um dos seus fundamentos, assegura o dever de torná-lo efetivo e proclama a sua função social (arts. 1º e 4º).

Não se tratou de uma mera alteração de natureza topológica. Ao contrário, a mudança na disposição introdutória do texto constitucional fincou de modo definitivo a opção política de estabelecer tratamento privilegiado ao trabalho como elemento integrante do próprio conceito de dignidade humana e fundamentador do desenvolvimento da atividade econômica. Isso representou um compromisso inafastável com a valorização do ser humano e com a legitimação do Estado Democrático de Direito.

A valorização do trabalho e da livre-iniciativa assim como o seu caráter social foram elevados ao patamar dos *princípios políticos constitucionalmente conformadores*[6] ou *princípios constitucionais fundamentais*[7], que se caracterizam por explicitar as valorações políticas fundamentais do legislador constituinte, condensar as opções políticas nucleares e refletir a ideologia dominante da Constituição[8].

Por outro lado, os princípios fundamentais constituem a essência dos valores encampados pelo constituinte e cuja densidade é refletida nos demais preceitos e, por isso mesmo, caracterizam paradigma a ser observado a partir da interpretação de toda a Constituição. Não se restringem tão somente à conformação do binômio trabalho x liberdade de iniciativa ou mesmo diretrizes exclusivas da ordem econômica.

4. Conteúdo

Tarefa de fôlego consiste em delinear o conteúdo do princípio em análise, diante do fato de tratar-se de conceito jurídico indeterminado, cuja principal característica reside na utilização de termos de significados intencionalmente imprecisos e abertos, dotados de elevado grau de vagueza semântica. Ao analisá-lo, o intérprete deve voltar-se aos valores abraçados no contexto social do qual foram originados a fim de torná-los efetivos.

A análise parte do próprio preceito, que pode sugerir uma primeira interpretação consistente em assegurar-se a prioridade do trabalho humano sobre todos os demais valores da economia de mercado, ao ostentar uma adjetivação que a ele se atrela, como se somente o trabalho fosse qualificado como de valor social, ao lado da liberdade de lançar-se ao exercício de uma atividade econômica[9], de natureza capitalista e sem peias por parte do Estado (vista como qualificação da liberdade individual na esfera econômica e com um caráter meramente secundário).

Nesse princípio, no que diz respeito ao trabalho, também pode ser identificada a liberdade de escolha profissional por parte do cidadão para que possa nutrir-se dos elementos materiais necessários à sua subsistência e de sua família. É, todavia, mais abrangente.

Na linha do que afirma Eros Roberto Grau, no dispositivo analisado se enuncia o valor social do trabalho e o valor social da livre-iniciativa[10]. O seu conteúdo não corresponde, singelamente, à opção pelo modelo capitalista de produção e, em decorrência, à outorga da autorização para o desempenho de uma atividade empresarial ou profissional, mas o que ela contém de socialmente valioso.

Significa afirmar que a atividade do empresário ou do trabalhador, neste caso na escolha da profissão, somente encontrará guarida se for exercida pelo que ela possa conter de socialmente justo, sobretudo diante da inexorável correlação a ser feita com o art. 170, que enumera os princípios fundamentadores da ordem econômica, entre os quais se inclui, mais uma vez, a valorização do trabalho humano, ao lado da existência digna (para todos e não apenas para o titular do empreendimento econômico); função social da propriedade (compreendida como função social da empresa ou mesmo do exercício da atividade econômica); busca do pleno emprego (ampliação do acesso ao mercado formal); redução das desigualdades (distribuição da riqueza); e justiça social (justiça distributiva). Tudo isso permeado pelo princípio da dignidade humana[11], verdadeiro esteio de todo o sistema jurídico brasileiro, princípio essencial e valor-fonte que conforma e inspira todo o ordenamento constitucional vigente[12].

Não se trata de conferir-se ao trabalho uma proteção meramente filantrópica ou de estabelecê-la no plano exclusivamente teórico. É cláusula principiológica que exprime potencialidade transformadora[13], diante da importância de que desfruta no mundo contemporâneo pelo que representa para a própria economia, em virtude da riqueza e do crescimento econômico, como também pelo que representa como instrumento de inserção social e de afirmação do ser humano, condições imprescindíveis para que se possa atingir o ideal da dignidade humana.

É por meio do trabalho que o homem atinge a sua plenitude, realiza a sua própria existência, socializa-se, exercita todas as suas potencialidades (materiais, morais e espirituais). A partir dessas premissas, Leonardo Raup Bocorny, após destacar a importância de que goza o trabalho nos aspectos social, econômico e político, o que justificaria as garantias jurídicas outorgadas pela Constituição, afirma ser mecanismo fundamental para conter a exclusão social e, ao ter a sua valorização elevada ao patamar constitucional,

---

6. Assim pensa Eros Roberto Grau, que se vale da classificação proposta por José Joaquim Gomes Canotilho. GRAU, Eros Roberto. *A ordem econômica na constituição de 1988*. 7. ed. São Paulo: Malheiros, 2002, p. 240.

7. SILVA, José Afonso da. *Curso de direito constitucional positivo*. 23. ed. São Paulo: Malheiros, 2004, p. 93.

8. CANOTILHO, José Joaquim Gomes. *Direito constitucional e teoria da Constituição*. 6. ed. Coimbra: Almeida, 2002, p. 1152.

9. CORVAL, Paulo Roberto. Os valores sociais da livre-iniciativa. *Revista de Informação Legislativa*, ano 43, n. 171, jul./set. 2006, p. 66.

10. GRAU, Eros Roberto. *A ordem econômica na Constituição de 1988*. 7. ed. São Paulo: Malheiros, 2002, p. 242.

11. Sobre o princípio da dignidade da pessoa humana, SARLET, Ingo Wolfgang. *Dignidade da pessoa humana e direitos fundamentais na Constituição de 1988*. Porto Alegre: Livraria do Advogado, 2004, p. 77 *passim*.

12. BRASIL. Supremo Tribunal Federal. HC n. 85.237, Tribunal Pleno, Rel. Min. Celso de Mello, julgamento em 17-3-2005, *DJ* 29-4-2005.

13. A expressão é tomada de empréstimo de Eros Roberto Grau (GRAU, Eros Roberto. *A ordem econômica na Constituição de 1988*. 7. ed. São Paulo: Malheiros, 2002, p. 241).

determina que o desenvolvimento seja orientado no sentido de buscar combater os abusos cometidos no passado, para possibilitar a construção de uma sociedade mais justa e fraterna, com condições de trabalho mais humanas e satisfazer um anseio democrático, por representar o que há de mais importante em termos de harmonia e convivência social[14]. Pode-se, sem receio, afirmar que o valor social do trabalho representa a projeção do princípio da proteção à dignidade do homem na condição de trabalhador[15].

Em função dessa mesma supremacia da dignidade, sustenta-se o cabimento de uma interpretação mais abrangente ainda para o valor social da livre-iniciativa, superando a concepção liberal-capitalista. Essa linha de argumentação aponta para a existência de múltiplos valores sociais, entre os quais se encontram a igualdade (de oportunidade e de participação econômica e social); a livre concorrência (para impedir o abuso do poder econômico); a proteção aos consumidores[16] (com o objetivo de compensar a desigualdade em face do fornecedor); e o desenvolvimento sustentável (aproximar meio ambiente do desenvolvimento econômico e qualidade de vida). Representam uma cláusula de suporte aos fundamentos inferidos do art. 170, que trata da ordem econômica, e consolidam a opção jurídico-política no sentido de conciliar os valores da liberdade e da igualdade nas diversas relações patrimoniais e existenciais; visam proteger a ação criadora do ser humano e não diretivas meramente econômicas voltadas para as forças da produção e do consumo[17].

O trabalho e a livre-iniciativa, portanto, objetivam alcançar um ideal de engrandecimento social e não podem ser considerados apenas como um processo de acumulação de riqueza pessoal[18].

5. Alcance e efetividade

A enumeração dos princípios fundamentais em uma Constituição, como salientado, deve servir de vetor interpretativo para todo o sistema jurídico. Trata-se de inafastável compromisso assumido pelo Estado brasileiro e, por isso, de caráter vinculante para os três Poderes da República, no sentido de torná-los efetivos, o que também se aplica aos particulares nas relações jurídicas e sociais mantidas diuturnamente. Significa, concretamente, travar uma luta incessante para que não se torne preceito meramente teórico ou, o que é pior, uma promessa vazia do constituinte.

Por conseguinte, a interpretação do art. 1º, IV, inspirada nos princípios da unidade, da coerência e da força normativa da Constituição, deve priorizar o conteúdo axiológico da primazia da valorização social, especialmente do trabalho, reafirmado na disciplina da ordem econômica (art. 170) e social (art. 193).

Como reforço a essa argumentação, exemplos podem ser colhidos na jurisprudência, ao longo dos vinte anos de vigência da Carta Constitucional, no sentido da afirmação e preponderância dos princípios fundamentais, como a definição, por lei, de critérios de reajustes das mensalidades das escolas particulares, tendo como fundamento o abuso do poder econômico (livre-iniciativa e justiça social)[19]; a vedação do comércio de combustíveis pelo transportador-revendedor-retalhista (livre-iniciativa e regulação de mercado)[20]; o direito à remuneração pelos serviços prestados por servidor afastado (valor social do trabalho)[21]; o reconhecimento do direito ao valor do salário nos contratos de trabalho declarados nulos em virtude de ausência de concurso público (valor social do trabalho)[22]; a responsabilidade subsidiária do ente público na terceirização de serviços (valor social do trabalho)[23].

Tropeços também foram evidenciados e revelaram um frontal e injustificável descompasso entre a atividade legislativa e os princípios constitucionais. Como exemplo, cita-se a limitação da preferência atribuída ao crédito trabalhista na recuperação judicial e na falência, inocorrente nos créditos com garantia real (art. 83, I e II, da Lei n. 11.101/2000), o que significa desguarnecer o trabalho em benefício do capital especulativo. Outro episódio de repulsa aos princípios ocorreu com a denúncia da Convenção n. 158, da OIT[24].

Acrescente-se a inexplicável e injustificável omissão do Congresso Nacional em promover a regulamentação dos dispositivos constitucionais que asseguram direitos sociais, como a proteção contra a despedida arbitrária (art. 7º, I), a redução dos riscos à saúde (art. 7º, XXII) ou a caracterização do trabalho penoso (art. 7º, XXIII). Tais comportamentos legislativos de caráter omissivo justificam a atuação do Poder Judiciário em responder às demandas calcadas na busca da máxima efetividade e legitimam decisões que construam a norma jurídica de caráter geral, como ocorreu com o direito de greve dos servidores públicos, assegurado por decisão do Supremo Tribunal Federal[25].

Nessa mesma linha, também devem ser evitadas interpretações que traduzam o enfraquecimento da valorização do trabalho. Mais do que isso, afirma-se a necessidade de que se promova uma releitura da Constituição para atribuir-lhe um sentido dinâmico, coerente com a vida que pulsa nos tribunais e que reclama efetiva proteção. Tais situações são visíveis no reconhecimento da responsabilidade objetiva por acidentes do trabalho em atividades de risco; na alteração da base de cálculo dos adicionais de insalubridade, periculosidade e penosidade, para que repercutam sobre a remuneração percebida pelo empregado; no reconhecimento de que a afirmação do texto constitucional no sentido da desvinculação da participação dos lucros à remuneração é tão somente critério de cálculo com a preservação de sua natureza jurí-

---

14. BOCORNY, Leonardo Raupp. *A valorização do trabalho humano no Estado Democrático de Direito*. Porto Alegre: Sérgio Antônio Fabris, 2003, p. 72-74.

15. Sobre o valor do trabalho: por todos: DELGADO, Gabriela Neves. *Direito fundamental ao trabalho digno*. São Paulo: LTr, 2006, p. 111 *passim*.

16. CORVAL, Paulo Roberto. Os valores sociais da livre-iniciativa. *Revista de Informação Legislativa*, Senado Federal, ano 43, n. 171, jul./set. 2006, p. 74.

17. Id., ibid.

18. MOURA, Walber Agra. *Curso de direito constitucional*. 2. ed. Rio de Janeiro: Forense, 2006, p. 101.

19. BRASIL. Supremo Tribunal Federal. ADI n. 319/DF, Tribunal Pleno, Rel. Min. Moreira Alves, julgamento em 3-3-1993, *DJ* de 30-4-1993.

20. BRASIL. Supremo Tribunal Federal. RE n. 349.686/PE, 2ª T., Rel. Min. Ellen Gracie, julgamento em 14-6-2005, *DJ* de 5-8-2005.

21. BRASIL. Supremo Tribunal Federal. ROMS n. 215.004, Rel. Min. Eros Roberto Grau. *DJ* de 31-3-2006.

22. BRASIL. Tribunal Superior do Trabalho. RR n. 388.300, 3ª T., Rel. Juiz Convocado Horácio Pires, *DJ* de 16-2-2001.

23. BRASIL. Tribunal Superior do Trabalho. Súmula n. 331, IV.

24. BRASIL. Decreto n. 2.100, de 20-12-1996.

25. BRASIL. Supremo Tribunal Federal. MI n. 670, Tribunal Pleno, Red. Min. Gilmar Mendes, julgamento em 25-10-2007, *DJ* de 12-11-2007.

dica salarial; na adoção de medidas efetivas que promovam a redução dos riscos propiciados pelo trabalho.

Enfim, imbuídos do sentimento constitucional de que fala Pablo Lucas Verdu[26], deve-se buscar, incessantemente, a compatibilização entre o fim social da utilização produtiva do capital e a valorização do trabalho humano, para garantir a atualidade do preceito que o consagra. A norma constitucional não deve ser encarada como um momento estático e permanente na vida do Estado brasileiro, "e sim como algo dinâmico, que se renova continuamente, a compasso das transformações, igualmente constantes, por que passa a realidade que as normas constitucionais intentam regular"[27].

5.1. Aplicação no âmbito do Tribunal Superior do Trabalho

No âmbito do Tribunal Superior do Trabalho, nota-se progressiva concretização desse princípio, materializada em número cada vez maior de julgados que reconhecem a sua aplicação aos casos concretos, seja como fundamento principal, seja de forma tangenciada, o que representa guinada definitiva de sua jurisprudência na direção da proteção dos valores encampados na Constituição. Como exemplos dessa mudança, podem ser mencionados temas como:

– reconhecimento de danos morais decorrentes da exigência de atestado de antecedentes criminais sem autorização legal ou motivação idônea relacionada às atribuições do cargo[28];

– proteção especial aos trabalhadores com deficiência, especificamente quanto à inexistência de limitações ao percentual de admissão e à natureza da atividade econômica, incumbindo à empresa, a fim de garantir a inserção no mercado de trabalho, contratar trabalhador habilitado para desempenhar funções compatíveis com a sua capacidade laborativa ou lavratura de auto de infração por ausência de contratação[29];

– princípio orientador da negociação coletiva, quando importar limitação de direitos do empregado, como na prévia estipulação do tempo gasto em percurso, se inferior a 50% de sua efetiva duração[30];

– aplicação nas relações de trabalho de natureza autônoma[31];

– danos morais decorrentes do atraso reiterado no pagamento de salários[32];

– direito à remuneração integral das horas extraordinárias laboradas pelo cortador de cana-de-açúcar, cuja realidade revela que trabalha mediante produção, com grande desgaste físico, em geral, sob precárias condições e, por ser remunerado pela quantidade realizada, é incentivado a fazê-lo até a exaustão, com o fim de obter melhor salário, em razão do baixo valor pago por unidade[33];

– ausência de limitações à formação profissional de aprendizes[34];

– responsabilidade por danos causados por acidente de trabalho em atividades de risco[35];

– ilicitude e precarização do trabalho caracterizadas pela terceirização de atividade-fim[36];

– caracterização de conduta antissindical e tratamento discriminatório pela dispensa de trabalhadores que aderiram à greve e se associaram à fundação de novo sindicato[37];

– manutenção de plano de saúde ao empregado aposentado por invalidez, como medida voltada à preservação de sua saúde e integridade física e mental[38];

– legitimidade do Ministério Público do Trabalho para ajuizamento de ação civil pública para a defesa de interesses coletivos, quando desrespeitados os direitos sociais constitucionalmente garantidos e outros interesses individuais indisponíveis, homogêneos, sociais, difusos e coletivos[39], ou que objetive o ressarcimento de dano moral coletivo decorrente da limitação à contratação de aprendizes[40];

---

26. VERDU, Pablo Lucas. *O sentimento constitucional:* aproximação ao estudo do sentir constitucional como de integração política. Rio de Janeiro: Forense, 2004, p. 127 *passim*.

27. COELHO, Inocêncio Mártires. *Interpretação constitucional*. 2. ed. Porto Alegre: Sérgio Fabris, 2003, p. 119.

28. BRASIL. Tribunal Superior do Trabalho. RR-168100-04.2013.5.13.0024, Relatora Ministra: Dora Maria da Costa, Data de Julgamento: 11-6-2014, 8ª Turma, Data de Publicação: *DEJT* 13-6-2014 e RR-207600-31.2013.5.13.0007, Relator Desembargador Convocado: João Pedro Silvestrin, Data de Julgamento: 11/06/2014, 8ª Turma, Data de Publicação: *DEJT* 13-6-2014.

29. BRASIL. Tribunal Superior do Trabalho. ARR–55400-93.2007.5.07.0014, Relatora Ministra: Kátia Magalhães Arruda, Data de Julgamento: 14-5-2014, 6ª Turma, Data de Publicação: *DEJT* 30-5-2014.

30. BRASIL. Tribunal Superior do Trabalho. E-RR-703-88.2012.5.15.0026, Relator Ministro: Alexandre de Souza Agra Belmonte, Data de Julgamento: 15-5-2014, Subseção I Especializada em Dissídios Individuais, Data de Publicação: *DEJT* 23-5-2014.

31. BRASIL. Tribunal Superior do Trabalho. RR-466400-59.2009.5.12.0032, Relator Ministro: Walmir Oliveira da Costa, Data de Julgamento: 14-5-2014, 1ª Turma, Data de Publicação: *DEJT* 16-5-2014.

32. BRASIL. Tribunal Superior do Trabalho. RR-115100-57.2007.5.12.0047, Relatora Ministra: Delaíde Miranda Arantes, Data de Julgamento: 2-4-2014, 7ª Turma, Data de Publicação: *DEJT* 2-5-2014.

33. BRASIL. Tribunal Superior do Trabalho. RR-86300-75.2009.5.15.0011, Relator Ministro: Cláudio Mascarenhas Brandão, Data de Julgamento: 19-3-2014, 7ª Turma, Data de Publicação: *DEJT* 2-5-2014.

34. BRASIL. Tribunal Superior do Trabalho. RR-97100-86.2010.5.17.0007, Relatora Ministra: Maria de Assis Calsing, Data de Julgamento: 26-3-2014, 4ª Turma, Data de Publicação: *DEJT* 4-4-2014.

35. BRASIL. Tribunal Superior do Trabalho. E-ED-RR-35400-70.2006.5.04.0732, Relator Ministro: Luiz Philippe Vieira de Mello Filho, Data de Julgamento: 13-2-2014, Subseção I Especializada em Dissídios Individuais, Data de Publicação: *DEJT* 21/03/2014.

36. BRASIL. Tribunal Superior do Trabalho. RR-122200-11.2006.5.13.0002, Relator Ministro: Augusto César Leite de Carvalho, Data de Julgamento: 19-3-2014, 6ª Turma, Data de Publicação: *DEJT* 21-3-2014.

37. BRASIL. Tribunal Superior do Trabalho. RR-900-83.2009.5.23.0007, Relator Ministro: Mauricio Godinho Delgado, Data de Julgamento: 26-2-2014, 3ª Turma, Data de Publicação: *DEJT* 7-3-2014.

38. BRASIL. Tribunal Superior do Trabalho. RR-2391-13.2010.5.02.0028, Relator Ministro: Luiz Philippe Vieira de Mello Filho, Data de Julgamento: 25-2-2014, 7ª Turma, Data de Publicação: *DEJT* 7-3-2014.

39. BRASIL. Tribunal Superior do Trabalho. Ag-RR-165600-76.2006.5.11.0052, Relatora Ministra: Maria Cristina Irigoyen Peduzzi, Data de Julgamento: 14-11-2012, Órgão Especial, Data de Publicação: *DEJT* 26-3-2013 e RR-1640-22.2007.5.04.0401, Relator Ministro: José Roberto Freire Pimenta, Data de Julgamento: 28-8-2013, 2ª Turma, Data de Publicação: *DEJT* 6-9-2013.

40. BRASIL. Tribunal Superior do Trabalho. AIRR-674-98.2010.5.03.0072, Relator Ministro: Cláudio Mascarenhas Brandão, Data de Julgamento: 12-2-2014, 7ª Turma, Data de Publicação: *DEJT* 14-2-2014.

– assédio moral, caracterizado por atitudes voltadas para a destituição do empregado do exercício de função comissionada[41];

– reparação por danos morais decorrentes de violação ao direito de intangibilidade física e psíquica[42];

– equivalência de direitos entre o trabalhador avulso e com vínculo permanente, quanto à não extinção da inscrição no cadastro e registro do trabalhador portuário em virtude da aposentadoria espontânea[43], ou o direito ao intervalo para refeição, consequente ao cômputo, na jornada de trabalho, do tempo de percurso interno entre a frente de trabalho e a boca da mina[44];

– estabilidade à gestante, nos contratos por prazo determinado[45];

– danos morais decorrentes da inclusão e divulgação, pelo empregador, do nome do empregado em "lista suja" (lista contendo dados negativos)[46];

– constitucionalidade dos depósitos do FGTS aos empregados admitidos sem concurso público, na administração pública[47];

– condição degradante do trabalho executado a céu aberto, sem fornecimento de água em quantidade e condições adequadas[48];

– frustração da reabilitação profissional de empregado vítima de doença do trabalho[49] ou dispensa de empregado portador de doença grave estigmatizante[50];

– terceirização ilícita da terceirização mediante a contratação fraudulenta por intermédio de cooperativas[51];

– exigência de renúncia ao exercício do direito de participar de processo seletivo interno como condição para adesão a regime de previdência privada[52];

– empresa repassar informações, ainda que públicas, a outras integrantes da categoria econômica com o objetivo de impedir a contratação de empregado[53];

– pesquisa da situação financeira de candidato a emprego[54].

6. Referências bibliográficas

BARROSO, Luís Roberto. *Interpretação e aplicação da Constituição*. 6. ed. São Paulo: Saraiva, 2004.

BERCOVICI, Gilberto. *Constituição econômica e desenvolvimento:* uma leitura a partir da Constituição de 1988. São Paulo: Malheiros, 2005.

BOCORNY, Leonardo Raupp. *A valorização do trabalho humano no estado democrático de direito*. Porto Alegre: Sérgio Antônio Fabris, 2003.

BRASIL. Câmara dos Deputados. *Diário da Assembleia Nacional Constituinte (suplemento)*, edição de 27 de maio de 1987.

BRASIL. Câmara dos Deputados. *Documentos da Assembleia Nacional Constituinte*. V. 83. Parecer e Substitutivo do Relator.

_____. V. 235. Comissão de Sistematização. Primeiro Substitutivo do Relator. Agosto de 1987.

CANOTILHO, José Joaquim Gomes. *Direito constitucional e teoria da Constituição*. 6. ed. Coimbra: Almedina, 2002.

_____; MOREIRA, Vital. *Fundamentos da Constituição*. Coimbra: Almedina, 1991.

COELHO, Inocêncio Mártires. *Interpretação Constitucional*. 2. ed. Porto Alegre: Sérgio Fabris, 2003.

CORVAL, Paulo Roberto. Os valores sociais da livre-iniciativa. *Revista de Informação Legislativa*, Senado Federal, ano 43, n. 171, jul./set. 2006, p. 66.

CUNHA JÚNIOR, Dirley da. *Curso de direito constitucional*. Salvador: JusPodivm, 2008.

DELGADO, Gabriela Neves. *Direito fundamental ao trabalho digno*. São Paulo: LTr, 2006.

GOMES, Dinaura Godinho Pimentel. *Direito do trabalho e dignidade da pessoa humana no contexto da globalização econômica*. São Paulo: LTr, 2005.

GRAU, Eros Roberto. *A ordem econômica na Constituição de 1988*. 7. ed. São Paulo: Malheiros, 2002.

LOBATO, Marthius Sávio Cavalcante. *O valor constitucional para a efetividade dos direitos sociais nas relações de trabalho*. São Paulo: LTr, 2006.

---

41. BRASIL. Tribunal Superior do Trabalho. AIRR-575-91.2011.5.10.0010, Relator Ministro: Hugo Carlos Scheuermann, Data de Julgamento: 26-6-2013, 1ª Turma, Data de Publicação: *DEJT* 5-7-2013.

42. BRASIL. Tribunal Superior do Trabalho. RR-1224-19.2010.5.04.0023, Relator Ministro: Mauricio Godinho Delgado, Data de Julgamento: 26-6-2013, 3ª Turma, Data de Publicação: *DEJT* 1º-7-2013.

43. BRASIL. Tribunal Superior do Trabalho. RR-138000-96.2010.5.17.0012, Relator Ministro: José Roberto Freire Pimenta, Data de Julgamento: 27-5-2013, 2ª Turma, Data de Publicação: *DEJT* 31-5-2013.

44. BRASIL. Tribunal Superior do Trabalho. RR-976-11.2011.5.20.0011, Relatora Ministra: Kátia Magalhães Arruda, Data de Julgamento: 11-9-2013, 6ª Turma, Data de Publicação: *DEJT* 27-9-2013.

45. BRASIL. Tribunal Superior do Trabalho. RR-106000-69.2007.5.09.0562, Relator Ministro: Luiz Philippe Vieira de Mello Filho, Data de Julgamento: 8-5-2013, 7ª Turma, Data de Publicação: *DEJT* 17-5-2013.

46. BRASIL. Tribunal Superior do Trabalho. RR-9952300-26.2005.5.09.0091, Relator Ministro: José Roberto Freire Pimenta, Data de Julgamento: 10-4-2013, 2ª Turma, Data de Publicação: *DEJT* 19-4-2013.

47. BRASIL. Tribunal Superior do Trabalho. AIRR-38600-92.2009.5.15.0047, Relator Ministro: José Roberto Freire Pimenta, Data de Julgamento: 3-4-2013, 2ª Turma, Data de Publicação: *DEJT* 12-4-2013.

48. BRASIL. Tribunal Superior do Trabalho. RR-142900-50.2009.5.09.0669, Relatora Ministra: Maria de Assis Calsing, Data de Julgamento: 27-2-2013, 4ª Turma, Data de Publicação: *DEJT* 1º-3-2013.

49. BRASIL. Tribunal Superior do Trabalho. RR-434-41.2011.5.05.0033, Relator Ministro: Cláudio Mascarenhas Brandão, Data de Julgamento: 14-3-2018, 7ª Turma, Data de Publicação: *DEJT* 23-3-2018.

50. BRASIL. Tribunal Superior do Trabalho. RR-109000-58.2013.5.17.0008, Relator Ministro: Alexandre de Souza Agra Belmonte, Data de Julgamento: 10-5-2017, 3ª Turma, Data de Publicação: *DEJT* 12/05/2017.

51. BRASIL. Tribunal Superior do Trabalho. RR-2359-62.2011.5.02.0031, Relatora Ministra: Kátia Magalhães Arruda, Data de Julgamento: 21-3-2018, 6ª Turma, Data de Publicação: *DEJT* 23-3-2018.

52. BRASIL. Tribunal Superior do Trabalho. RR-97-84.2013.5.18.0012, Relator Ministro: José Roberto Freire Pimenta, Data de Julgamento: 13-12-2017, 2ª Turma, Data de Publicação: *DEJT* 15-12-2017.

53. BRASIL. Tribunal Superior do Trabalho. RR-10-57.2015.5.09.0094, Relator Ministro: José Roberto Freire Pimenta, Data de Julgamento: 22-11-2017, 2ª Turma, Data de Publicação: *DEJT* 24-11-2017.

54. BRASIL. Tribunal Superior do Trabalho. RR-209-39.2011.5.05.0027, Relator Ministro: Alexandre de Souza Agra Belmonte, Data de Julgamento: 30-11-2016, 3ª Turma, Data de Publicação: *DEJT* 2-12-2016.

MAIOR, Jorge Luiz Souto. *O direito do trabalho como instrumento de justiça social.* São Paulo: LTr, 2000.

MARQUES, Rafael da Silva. *Valor social do trabalho na ordem econômica na Constituição brasileira de 1988.* São Paulo: LTr, 2007.

MOURA, Walber Agra. *Curso de direito constitucional.* 2. ed. Rio de Janeiro: Forense, 2006.

RODRIGUES, Aluisio (coord.). *Direito constitucional do trabalho.* São Paulo: LTr, 1993.

SARLET, Ingo Wolfgang. *A eficácia dos direitos fundamentais.* 6. ed. Porto Alegre: Livraria do Advogado, 2006.

_____. *Dignidade da pessoa humana e direitos fundamentais na Constituição de 1988.* Porto Alegre: Livraria do Advogado, 2004.

SILVA, José Afonso da. *Curso de direito constitucional positivo.* 23. ed. São Paulo: Malheiros, 2004.

SILVA NETO, Manoel Jorge e. *Direito constitucional econômico.* São Paulo: LTr, 2001.

_____. *Direitos fundamentais e o contrato de trabalho.* São Paulo: LTr, 2005.

TAVARES. André Ramos. *Curso de direito constitucional econômico.* São Paulo: Método, 2003.

VERDU, Pablo Lucas. *O sentimento constitucional:* aproximação ao estudo do sentir constitucional como de integração política. Rio de Janeiro: Forense, 2004.

ZIMMERMANN, Augusto. *Curso de direito constitucional.* 3. ed. Rio de Janeiro: Lumen Juris, 2004.

Ana Paula de Barcellos
Luís Roberto Barroso

OS VALORES SOCIAIS DA LIVRE-INICIATIVA

1. Introdução

O art. 1º da Constituição enuncia os princípios fundamentais da República Federativa do Brasil e inclui nesse rol, em seu inciso IV, os valores sociais do trabalho e da livre-iniciativa. Ambos os elementos guardam manifesta relação com o princípio geral de proteção à liberdade – que abarca uma dimensão de liberdade profissional e econômica – e também com a realização da dignidade da pessoa humana, tanto pelo fato de esta depender da existência de condições materiais mínimas, como por exigir o respeito a todos os projetos de vida que se mostrem lícitos. Como se sabe, a opção pela valorização da liberdade econômica é típica dos Estados que adotam o modo de produção capitalista, mais do que nunca dominante. Isso não significa, porém, que a Constituição haja consagrado o liberalismo econômico extremado como opção normativa. Embora a adoção de uma economia de mercado exclua determinadas formas de intervenção estatal na economia, é certo que a presença do Poder Público nesse domínio deve ser graduada segundo as opções políticas de cada momento, respeitados os limites e exigências constitucionais[1]. Para um estudo mais aprofundado acerca da influência dos valores aqui referidos sobre as ordens econômica e social, recomenda-se a leitura dos comentários aos arts. 170 e 193 da Constituição (ver *infra*).

2. Classificação e destinatários

O art. 1º, IV, tem conteúdo essencialmente principiológico, estabelecendo determinado estado de coisas a ser atingido, sem definir precisamente os meios para tanto[2], e exigindo a concretização máxima da sua finalidade diante das possibilidades fáticas e jurídicas existentes[3].

O enunciado ora comentado admite diversas modalidades de eficácia jurídica, notadamente a negativa e a interpretativa[4]. Isto é: será possível postular a invalidade de atos e normas que violem o princípio, bem como será legítimo pretender que, dentre sentidos possíveis de normas existentes no sistema, o intérprete escolha aqueles que realizem de forma mais abrangente o estado de coisas pretendido pelo dispositivo em questão. Dessa forma, o art. 1º, IV, certamente proíbe, *e. g.*, a adoção de uma política global de desapropriação dos meios de produção, bem como a extinção automática da relação laboral pelo regular exercício de um direito pelo trabalhador[5]. Além disso, o dispositivo constitui vetor essencial à interpretação de toda a ordem jurídica – papel realçado pelo seu caráter de *princípio fundamental*[6]. Afinal, longe de ser axiologicamente neutro, o ordenamento brasileiro se baseia

---

1. SOUZA NETO, Cláudio Pereira de; MENDONÇA, José Vicente Santos de. Fundamentalização e fundamentalismo na interpretação do princípio constitucional da livre-iniciativa. In: SOUZA NETO, Cláudio Pereira de; SARMENTO, Daniel (Coord.). *A constitucionalização do direito:* fundamentos teóricos e aplicações específicas. Rio de Janeiro: Lumen Juris, 2007. p. 737: "Podem existir boas razões para que o Estado não assuma tantos encargos como em outras épocas. Mas esse juízo político não pode ser convertido em imposição constitucional. Se jamais o seria por exigência abstrata do constitucionalismo democrático, ainda mais difícil é sustentá-lo com fundamento no texto da Constituição de 1988. De fato: a Constituição Federal está repleta de 'compromissos dilatórios'. Como as forças políticas atuantes na Constituinte não chegaram a um consenso sobre qual seria o modelo econômico brasileiro, inseriram no texto constitucional disposições abstratas e diretrizes alternativas, deferindo ao legislador a competência para *densificá-las* de acordo com as condições históricas de seu tempo" (destacado no original).

2. Ver por todos, ÁVILA, Humberto. *Teoria dos princípios:* da definição à aplicação dos princípios jurídicos. 2. ed. São Paulo: Malheiros, 2003, p. 70; BARCELLOS, Ana Paula de. *A eficácia jurídica dos princípios constitucionais:* o princípio da dignidade da pessoa humana. 2. ed. ampl., rev. e atual. Rio de Janeiro: Renovar, 2008. p. 61 *et seq.*

3. ALEXY, Robert. *Teoría de los derechos fundamentales.* 1. ed. 3. reimp. Madrid: Centro de Estudios Políticos y Constitucionales, 2002. p. 86.

4. Sobre as modalidades de eficácia jurídica, v. BARCELLOS, Ana Paula de. *A eficácia jurídica dos princípios constitucionais:* o princípio da dignidade da pessoa humana. 2. ed. ampl., rev. e atual. Rio de Janeiro: Renovar, 2008, p. 73 *et seq.*

5. Em atenção ao valor social do trabalho, o STF declarou a inconstitucionalidade de dispositivo legal que determinava a extinção do vínculo empregatício quando da concessão da aposentadoria voluntária (ADI 1.721-3/DF, rel. Min. Carlos Britto, *DJ*, 29 jun. 2007).

6. LEITE, Fábio Carvalho. Os valores sociais da livre-iniciativa como fundamento do Estado brasileiro. In: PEIXINHO, Manoel Messias; GUERRA, Isabella Franco; NASCIMENTO FILHO, Firly. *Os princípios da Constituição de 1988.* 2. ed. Rio de Janeiro: Lumen Júris, 2006. p. 722.

em uma específica concepção sobre o direito, materializada nos princípios fundamentais contemplados na Constituição[7].

Esses dois fundamentos do Estado brasileiro encontram desenvolvimento em outros dispositivos da própria Constituição Federal. Com efeito, a Carta protege de forma específica, *e. g.*, a manifestação do pensamento, a expressão da atividade intelectual, artística, científica e de comunicação, o exercício de qualquer trabalho, ofício ou profissão, bem como a liberdade de associação para fins lícitos (CF, art. 5º, IV, IX, XIII e XVII). Igualmente, o art. 7º prevê uma série de direitos dos trabalhadores, que procuram impor padrões básicos de valorização para o trabalho humano.

O destinatário principal do comando referido é, sem dúvida, o Poder Público. Nesse sentido, o Estado está vinculado positiva e negativamente a ele, em qualquer nível de poder e no exercício de todas as suas funções. Sem prejuízo dessas considerações, e tendo em vista que a Constituição não conforma apenas o Poder Público, mas também a sociedade, não se pode negar, em princípio, alguma extensão da eficácia do art. 1º, IV, também aos particulares[8]. Assim é que, *e. g.*, a utilização de mão de obra escrava ou em condições equiparadas à servidão é evidentemente inconstitucional, não apenas por contrastar de maneira frontal com a determinação do art. 170 – valorização do trabalho humano –, como também por desconsiderar o valor social deste último – violando o art. 1º, IV –, na medida em que restringe os benefícios do trabalho à pessoa do "empregador", prejudicando o trabalhador, sua família, e até mesmo a economia nacional.

3. Os valores sociais do trabalho humano e da livre-iniciativa como fundamento do Estado brasileiro

De início, há um detalhe importante a ser observado. O fato de a livre-iniciativa e a valorização do trabalho humano constarem tanto do art. 1º, IV, quanto do art. 170, impõe ao intérprete o dever de considerar ambos os dispositivos quando da interpretação de cada um deles. Não deve o operador do direito presumir a inutilidade das palavras empregadas pelo constituinte, cabendo-lhe a tarefa de compreendê-las de modo que a todas elas seja reconhecida vigência própria. Dessa forma, pode-se dizer que a presença da livre-iniciativa e da valorização do trabalho entre os fundamentos da República indica a intenção de admitir e proteger todas as manifestações de iniciativa e trabalho humanos, ainda que não constituam atividade econômica de qualquer ordem[9]. Afinal, se o objetivo fosse abarcar exclusivamente as manifestações de caráter econômico, o art. 170 seria suficiente e o art 1º, IV, irrelevante.

Assim, estão incluídos no art. 1º, IV, da Constituição todas as espécies de trabalho (empregado, avulso, doméstico, científico, manual, artesanal, industrial etc.), com ou sem finalidade lucrativa, exercido por quaisquer pessoas: o objetivo é tutelar a indústria humana, independentemente da forma que ela possa tomar[10]. Do mesmo modo, contempla-se a iniciativa em todas as esferas (econômica, artística, científica, assistencial, humanitária etc.), ainda quando desempenhada pelo Estado[11]. Em todo caso, ressalvam-se as restrições constitucionais e as validamente impostas pela legislação ordinária.

Mas essas considerações não esgotam o dispositivo em questão. Com efeito, sua leitura revela que, em verdade, o fundamento do Estado brasileiro não é apenas o trabalho humano ou a livre-iniciativa, mas os *valores sociais de ambos*[12]. Essa circunstância, por si só, gera duas consequências da maior relevância.

Em primeiro lugar, a reunião das duas figuras em um só inciso implica não apenas a igual dignidade de ambas[13], mas também que a interpretação a ser dada ao dispositivo não pode ser extraída isoladamente, do valor social do trabalho ou da livre-iniciativa. Dito de outra forma, a técnica legislativa demonstra a importância conferida pelo constituinte à *inter-relação* dos dois valores. Nesse sentido, compreende-se que a Constituição garante a liberdade de iniciativa como uma forma de valorizar o trabalho humano, permitindo seu livre desenvolvimento[14]; por sua vez, aquela liberdade só é exercida legitimamente se der ao trabalho seu devido valor.

Em segundo lugar, o uso da expressão "valores sociais" evoca uma ideia de transindividualidade[15]: o fundamento da República não é constituído apenas pela livre-iniciativa e pela valorização do trabalho, mas também, e especialmente, pela repercussão social de ambas as figuras. Impossível, portanto, não associar a "valores sociais" a noção de "função social" da maior relevância para a Constituição de 1988: o direito, mesmo em sua vertente subjetiva, é instituído para possibilitar e regular a coexistência minimamente pacífica dos indivíduos, sendo uma decorrência necessária da vida em sociedade. Por isso, exige-se que o seu exercício, mes-

---

7. BARCELLOS, Ana Paula de. *A eficácia jurídica dos princípios constitucionais:* o princípio da dignidade da pessoa humana. 2. ed. ampl., rev. e atual. Rio de Janeiro: Renovar, 2008. p. 98.

8. Segundo o STF, o art. 1º da Constituição informa um plano de ação normativo não só para o Estado, mas também para a sociedade (ADI 3.512-6/ES, rel. Min. Eros Grau, *DJ*, 23 jun. 2006). Ademais, o próprio Pacto Internacional de Direitos Econômicos, Sociais e Culturais (ONU, 1966; Decreto Legislativo n. 226/91; Decreto n. 591/92), reconhece, em seus *consideranda*, que "o indivíduo, por ter deveres para com seus semelhantes e para com a coletividade a que pertence, tem a obrigação de lutar pela promoção e observância dos direitos reconhecidos no presente Pacto".

9. Nesse sentido, v. ADI 3.512-6/ES, rel. Min. Eros Grau, *DJ*, 23 jun. 2006.

10. A Constituição pretende, com o art. 1º, IV, privilegiar a produção, a capacidade de criar riquezas. V. SILVA, José Afonso da. *Comentário contextual à Constituição*. São Paulo: Malheiros, 2005. p. 39; SLAIBI FILHO, Nagib. *Anotações à Constituição de 1988:* aspectos fundamentais. 4. ed. Rio de Janeiro: Forense, 1993. p. 324.

11. ADI 3.512/ES, rel. Min. Eros Grau, *DJ*, 23 jun. 2006. Isso não significa que os serviços públicos sejam manifestações de livre-iniciativa, mas apenas que o Estado deve prestá-los sem se opor à liberdade humana, na medida em que esta seja "socialmente prezável". É o que destaca GRAU, Eros Roberto. *A ordem econômica na Constituição de 1988 (interpretação e crítica)*. São Paulo: Revista dos Tribunais, 1990. p. 227.

12. Em sentido diverso, entendendo que somente os *valores sociais* constituem o fundamento da República, v. LEITE, Fábio Carvalho. Os valores sociais da livre-iniciativa como fundamento do estado brasileiro. In: PEIXINHO, Manoel Messias; GUERRA, Isabella Franco; NASCIMENTO FILHO, Firly. *Os princípios da Constituição de 1988*. 2. ed. Rio de Janeiro: Lumen Júris, 2006. p. 734.

13. MENDES, Gilmar Ferreira; COELHO, Inocêncio Mártires; BRANCO, Paulo Gustavo Gonet. *Curso de direito constitucional*. São Paulo: Saraiva, 2007. p. 1290.

14. Nesse sentido, v. GRAU, Eros Roberto. *A ordem econômica na Constituição de 1988 (interpretação e crítica)*. São Paulo: Revista dos Tribunais, 1990. p. 226.

15. V. STF, ADI 3.512/ES, rel. Min. Eros Grau, *DJ*, 23 jun. 2006.

mo que se cuide de direito tipicamente privado, atenda a uma finalidade social[16], gerando benefícios não apenas para o seu titular, mas também para toda a coletividade.

Em outras palavras, o art. 1º, IV, evidencia a importância do trabalho para a vida digna dos próprios trabalhadores – que através dele obtêm meios para seu sustento –, bem como do mundo que os cerca, em menor ou maior escala (e. g., respectivamente, sua família e o desenvolvimento socioeconômico local e nacional)[17].

Da mesma forma, resta claro que a iniciativa é livre na medida em que a liberdade será sempre essencial à dignidade humana em geral, e do "empreendedor" (se for o caso, também de seus sócios) em particular, bem como dos seus funcionários e das respectivas famílias, sem desconsiderar – é claro – seu importante papel para o desenvolvimento econômico, social, cultural e tecnológico do país e de suas regiões[18]. Além disso, mesmo que indiretamente, a valorização do trabalho e a livre-iniciativa geram repercussões sociais de monta também quando o "empreendedor" e o trabalhador atuam, e. g., como consumidor e contribuinte, impulsionando a economia e viabilizando o desenvolvimento de políticas públicas e a própria subsistência da máquina administrativa.

Art. 1º, V – o pluralismo político.
Adriano Sant'Ana Pedra

1. História da norma

Um procedimento constituinte democrático é imprescindível para alcançar a legitimidade constitucional. Qualquer que seja o modo utilizado para corporificar a vontade constituinte do povo, é necessário observar o procedimento adotado ao longo do processo constituinte, devendo ser legitimamente aceitas as regras regimentais pré-constituintes (BÖCKENFÖRDE, 2000, p. 47). Ao longo do processo constituinte, é imperioso que seja observado o princípio democrático, inclusive respeitando a vontade da minoria e assegurando-lhe o direito de participar e expressar livremente sua opinião, podendo influir e até mesmo transformar a decisão majoritária, procedimento indispensável em um pluralismo político.

O processo constituinte de 1987-88 contou com grande participação popular, fomentada por instituições como igrejas, partidos políticos, sindicatos, entre outros atores sociais. Esse processo de participação política e o pluralismo de propostas resultaram no amplo sistema de direitos fundamentais assegurado na eclética Constituição de 1988, bem como no avanço democrático e no pluralismo político consagrado, o que foi refletido no texto constitucional brasileiro.

---

16. REQUIÃO, Rubens. Abuso de direito e fraude através da personalidade jurídica (*disregard doctrine*). *RT*, São Paulo, v. 58, n. 410, p. 16, dez. 1969.
17. SILVA, José Afonso da. *Comentário contextual à Constituição*. São Paulo: Malheiros, 2005. p. 39.
18. REZEK, José Francisco. Princípios fundamentais. In: CRETELLA JÚNIOR, José *et al*. *A Constituição brasileira – 1988:* interpretações. Rio de Janeiro: Forense Universitária, 1988. p. 13.

2. Constituições brasileiras anteriores

O pluralismo político representa um grande avanço democrático na história constitucional brasileira.

A Constituição Política do Império (1824) foi outorgada por D. Pedro I a partir de um projeto elaborado por um Conselho de Estado nomeado pelo Imperador após este ter dissolvido a Assembleia Constituinte em 1823. O Imperador pendia entre as ideias de liberdade e a herança absolutista das famílias Bourbon e Bragança (PEDRA, 2016, p. 84). O texto constitucional estabelecia a religião católica apostólica romana como a religião do império (art. 5º). Além disso, a Constituição do Império estabeleceu o Poder Moderador, concentrado na pessoa do Imperador, como "a chave de toda a organização política" (art. 98). Ademais, havia um poder centralizador que freava os poderes regionais e locais.

Após a proclamação da República, a Constituição de 1891 consagrou a separação de poder proposta por Montesquieu, confirmou o sistema federativo já decretado em 15 de novembro de 1889 e assegurou a autonomia dos municípios, embora a intervenção federal tenha sido um poderoso instrumento político de arbítrio. A Constituição de 1891 era liberal, estabeleceu a separação entre a Igreja e o Estado, e enunciou as liberdades clássicas, inclusive as políticas. O governo federal desprezava os partidos políticos e construiu a "política dos governadores", que dominou a Primeira República e foi causa de sua queda (SILVA, 2002, p. 80).

A Revolução de 1930 marcou a queda da primeira Constituição da República e contribuiu para transformar o diálogo liberal num diálogo social (BONAVIDES; ANDRADE, 2004, p. 268). Em 1932 Getúlio Vargas decretou o Código Eleitoral, através do qual as mulheres adquiriram pela primeira vez no Brasil o direito de votar, que estabeleceu um novo sistema eleitoral e também instituiu a Justiça Eleitoral. A Constituição de 1934 buscou inspiração no novo constitucionalismo do pós-guerra de 1914-1918 e sofreu grande influência da Constituição do México de 1917 (Querétaro) e da Alemanha de 1919 (Weimar). Mas a Constituição brasileira de 1934 pouco durou. O Brasil encontrava-se em grande efervescência política e o Partido Comunista, organizado e chefiado por Luís Carlos Prestes, intentou uma transformação revolucionária, logo debelada (FERREIRA, 2001, p. 2001). Getúlio Vargas, por entender que "as novas formações partidárias" ofereciam "perigo imediato para as instituições", implantou o regime ditatorial conhecido como Estado Novo.

Esse novo sistema político passou a ser regido pela Constituição de 1937, que se inspirou no fascismo de Benito Mussolini na Itália e no nazismo de Adolf Hitler na Alemanha. A Carta brasileira de 1937 também sofreu grande influência da Constituição da Polônia, do ditador Józef Pilsudski, o que fez com que os críticos da época a chamassem de "A Polaca". As liberdades de imprensa e de opinião foram amordaçadas e os partidos políticos foram dissolvidos.

Após o término da Segunda Grande Guerra Mundial, o Estado Novo chegou ao seu fim. Durante os trabalhos constituintes, foram muito discutidas as questões relacionadas à liberdade de funcionamento dos partidos políticos e à autonomia dos sindicatos. A Constituição de 1946 representou um ponto intermédio entre as forças conservadoras e progressistas, e restaurou as liberdades e garantias que o Estado Novo havia suprimido. Vale registrar que a Constituição de 1946 reconheceu o direito de greve (art. 158).

Na noite de 31 de março para 1º de abril de 1964 desencadeou-se um movimento político militar que depôs o Presidente João Goulart, sob a justificativa de uma impulsão do governo anterior para o trabalhismo, o sindicalismo e o esquerdismo nacionalista (FERREIRA, 1983, p. 78). A Constituição de 1967, ao contrário da Constituição de 1946, estava voltada para o fortalecimento do Poder Executivo e da autoridade do Presidente da República. O texto constitucional de 1967 reduziu a autonomia individual e introduziu a figura do "abuso dos direitos individuais". Quem abusasse do direito à livre manifestação de pensamento, de convicção política ou filosófica, do direito ao livre exercício de qualquer trabalho, ofício ou profissão, do direito de reunião e do direito de associação poderia ter seus direitos políticos suspensos temporariamente (art. 151). Igual tratamento também poderia ter quem abusasse dos próprios direitos políticos. Por força de Atos Institucionais, foram suspensos os direitos políticos de inúmeros cidadãos, entre eles três ex-presidentes da República (João Goulart, Jânio Quadros e Juscelino Kubitschek). O Ato Institucional n. 5/1968, em especial, estabeleceu a possibilidade de cassação de mandatos parlamentares e de suspensão de direitos políticos, pelo Presidente da República, "no interesse de preservar a Revolução" (art. 4º). A Emenda Constitucional n. 1/1969, ou Constituição de 1969, manteve o regime. Havia censura à imprensa e às artes, eliminação da atividade política e violenta perseguição aos opositores do regime. A abertura política, "lenta, gradual e segura", teve seu início sob a presidência do General Ernesto Geisel, que tomou posse em 1974.

3. Constituições estrangeiras

Atualmente é frequente a menção ao pluralismo político em textos constitucionais, como se verifica *v. g.* na Constituição de Portugal (art. 2º), Angola (art. 2º), Moçambique (art. 3º), Espanha (art. 1º) e França (art. 4º).

Além disso, convém dizer que uma das principais tendências do constitucionalismo latino-americano contemporâneo é o reconhecimento e a tutela da diversidade e do pluralismo que caracteriza tais sociedades. Esse caráter pluralista do Estado manifesta-se não só no constitucionalismo andino das Constituições do século XXI do Equador (2008) e da Bolívia (2009), mas também em Constituições do século XX da América Latina, como Colômbia (1991), Paraguai (1992), Peru (1993) e Argentina (1994), o que vem a reforçar a democracia contemporânea.

4. Direito Internacional

Embora haja uma afirmação do direito interno em relação ao direito internacional, este tem uma pretensão cada vez mais presente, especialmente no que concerne às normas fundamentais que tutelam os direitos humanos (FERREIRA FILHO, 1999, p. 77). Nesse sentido, um sistema jurídico interno encontra-se vinculado a princípios de direito internacional, como o da observância de direitos humanos (CANOTILHO, 2002, p. 81).

É possível verificar que importantes documentos e convenções internacionais de direitos humanos abordam o pluralismo político. A Convenção Americana sobre Direitos Humanos (Pacto de São José da Costa Rica) veda discriminações de qualquer natureza, inclusive de opinião, logo no seu art. 1º, além de assegurar liberdade de consciência, religião, pensamento, expressão, reunião, associação e sufrágio (arts. 12 a 16, e 23). O Pacto Internacional sobre Direitos Civis e Políticos também veda discriminações de qualquer natureza (arts. 2º, 26 e 27) e assegura liberdade de pensamento, consciência, religião, opinião, expressão, informação, reunião, associação e sufrágio (arts. 18 a 22, e 25). No mesmo sentido, a Declaração Universal dos Direitos Humanos dispõe sobre a proibição de qualquer tipo de discriminação, inclusive de opinião e aquela fundada do estatuto político do país (art. 2º), além de prescrever sobre liberdade de pensamento, de consciência, de religião, de opinião, de expressão, de reunião e de associação (arts. 18 a 20).

5. Remissões constitucionais

A Constituição brasileira de 1988 faz a primeira menção ao pluralismo logo em seu preâmbulo, ainda que este não tenha força normativa segundo o entendimento do STF (ADI 2.076). Ademais, além de permear o texto constitucional, o pluralismo político também se confirma nos seguintes dispositivos: vedação de qualquer forma de discriminação (art. 3º, IV, e art. 19, III); princípio da igualdade (art. 5º, *caput*); liberdade de manifestação do pensamento (art. 5º, IV); liberdade de consciência (art. 5º, VI e VIII); liberdade religiosa (art. 5º, VI e VIII, art. 19, I, e art. 210, § 1º); liberdade intelectual (art. 5º, IX); liberdade artística (art. 5º, IX); liberdade científica (art. 5º, IX); liberdade de comunicação (art. 5º, IX); liberdade de trabalho (art. 5º, XIII); liberdade de informação (art. 5º, XIV e XXXIII); liberdade de reunião (art. 5º, XVI); liberdade de associação (art. 5º, XVII a XX); função social da propriedade (art. 5º, XXII a XXV, e art. 170, II e III); vedação de racismo (art. 5º, XLII); ação popular (art. 5º, LXXIII); liberdade sindical (art. 8º e art. 37, VI); greve (art. 9º e art. 37, VII); sufrágio universal (art. 14); pluripartidarismo (art. 17); sistema eleitoral proporcional (art. 45); sistema eleitoral majoritário (arts. 46 e 77); representação dos partidos nas comissões parlamentares (art. 58); processo legislativo (arts. 61 a 69); composição do Supremo Tribunal Federal (art. 101); legitimação para propositura de ação direta de inconstitucionalidade (art. 103); pluralismo econômico (art. 170); pluralismo de ideias e de instituições de ensino (art. 206, III); pluralismo cultural (arts. 215 e 216); liberdade de imprensa (art. 220); e proteção de grupos vulneráveis (arts. 227, 230 e 231).

6. Jurisprudência

Os seguintes julgados do Supremo Tribunal Federal podem ser mencionados acerca do tema: ADI 1.355 MC (impossibilidade de condicionar o número de candidatos às Câmaras Municipais ao número de representantes do respectivo partido na Câmara dos Deputados); ADI 4.430 e ADI 4.795 (rateio do tempo de propaganda eleitoral); HC 82.424 (antissemitismo); MS 26.602, MS 26.603 e MS 26.604 (fidelidade partidária de vereadores, deputados estaduais e federais); AI 705.630 AgR (liberdade de imprensa); ADPF 130 (liberdade de imprensa); ADI 1.351 e ADI 1.354 (inconstitucionalidade da cláusula de barreira, por lei, para restringir o direito dos partidos políticos ao funcionamento parlamentar, o acesso ao horário gratuito de rádio e televisão e a distribuição dos recursos do Fundo Partidário); ADPF 186 e RE 597.285 (reserva de vagas com base em critério étnico-racial em processo de seleção para ingresso em instituição pública de ensino superior); ADI 4.277, ADPF 132 e RE 477.554 (reconhecimento da união entre pessoas de mesmo sexo como entidade familiar); ADI 1.465 (fidelidade partidária e vedação de dupla filiação); RE 197.917 (proporcionalidade do número de vereadores em relação à população); e ADI 3.685 (verticalização das coligações partidárias eleitorais).

7. Referências bibliográficas

BÖCKENFÖRDE, Ernest Wolfgang. *Estudios sobre el Estado de Derecho y la democracia*. Madri: Trotta, 2000.

BONAVIDES, Paulo; ANDRADE, Antônio Paes de. *História constitucional do Brasil*. 5. ed. Brasília: OAB, 2004.

CANOTILHO, José Joaquim Gomes. *Direito constitucional e teoria da Constituição*. 5. ed. Coimbra: Almedina, 2002.

CANOTILHO, José Joaquim Gomes; MOREIRA, Vital. *Constituição da República Portuguesa anotada*. São Paulo/Coimbra: RT/Coimbra, 2007, v. I.

DAHL, Robert A. *Sobre a democracia*. Trad. Beatriz Sidou. Brasília: UnB, 2001.

FERRAJOLI, Luigi. *Principia iuris*: teoría del derecho y de la democracia. Trad. Perfecto Andrés Ibáñez *et al*. Madri: Trotta, 2011, v. II.

DUVERGER, Maurice. *Os partidos políticos*. Trad. Cristiano Monteiro Oiticica. Rio de Janeiro: Zahar, 1970.

FERREIRA, Luiz Pinto. *Curso de direito constitucional*. 11. ed. São Paulo: Saraiva, 2001.

FERREIRA, Luiz Pinto. *Princípios gerais do direito constitucional moderno*. 6. ed. São Paulo: Saraiva, 1983.

FERREIRA FILHO, Manoel Gonçalves. *O poder constituinte*. 3. ed. São Paulo: Saraiva, 1999.

HOROWITZ, Donald L. Electoral systems: a primer for decision makers. *Journal of democracy*, Washington, v. 14, n. 4, p. 115-127, out. 2003.

PEDRA, Adriano Sant'Ana. *A Constituição viva*: poder constituinte permanente e cláusulas pétreas na democracia participativa. 4. ed. Rio de Janeiro: Lumen Juris, 2016.

PEDRA, Adriano Sant'Ana. *Mutação constitucional*: interpretação evolutiva da Constituição na democracia constitucional. 3. ed. Rio de Janeiro: Lumen Juris, 2017.

SARLET, Ingo Wolfgang; MARINONI, Luiz Guilherme; MITIDIERO, Daniel. *Curso de direito constitucional*. 6. ed. São Paulo: Saraiva, 2017.

SARTORI, Giovanni. *Teoría de la democracia*: los problemas clásicos. Trad. Santiago Sánchez González. Madri: Alianza, 2000, t. 2.

SILVA, José Afonso da. *Curso de direito constitucional positivo*. 20. ed. São Paulo: Malheiros, 2002.

WOLKMER, Antonio Carlos. *Pluralismo jurídico*: fundamentos de uma nova cultura no direito. 2. ed. São Paulo: Alfa Ômega, 1997.

ZAGREBELSKY, Gustavo. *El derecho dúctil*: ley, derechos, justicia. Trad. Marina Gascón. Madri: Trotta, 2008.

8. Comentários

A compreensão filosófica do pluralismo reconhece que a vida humana "é constituída por seres, objetos, valores, verdades e aspirações marcadas pela essência da diversidade, fragmentação, circunstancialidade, temporalidade, fluidez e conflituosidade" (WOLKMER, 1997, p. 157-158). A complexidade da sociedade contemporânea, alcançada com a evolução social, política, econômica, científica e cultural experimentada ao longo dos anos, impõe desafios para harmonizar os diferentes e conflituosos interesses que podem levar a divisões irredutíveis. Em uma sociedade politicamente pluralista, os indivíduos possuem uma percepção diversificada da realidade, mas é preciso que haja amplo respeito à diversidade, à alteridade e às liberdades individuais.

Cabe à Constituição assegurar o espaço próprio do pluralismo político bem como o adequado funcionamento dos mecanismos democráticos a fim de ser estabelecida uma forma racional de coexistência. Daí a consagração do pluralismo político como fundamento da República.

O pluralismo político guarda intrínseca relação com o princípio democrático e permite uma abertura para posições políticas distintas e a possibilidade de participação política por parte de todos os integrantes do corpo da cidadania (SARLET; MARINONI; MITIDIERO, 2017, p. 276). Regimes ditatoriais impedem a liberdade de professar ideias políticas contrárias a este e são inimigos do pluralismo político. Assim, é imprescindível a observação do princípio democrático, inclusive com respeito à vontade da minoria e assegurando-lhe o direito de participar e expressar livremente sua opinião, podendo influir e até mesmo transformar a decisão majoritária, procedimento indispensável em um pluralismo político (PEDRA, 2016, p. 334). Dessa forma, a vontade da maioria, que em algumas vezes representa ideários efêmeros de grupos hegemônicos, não poderá jamais oprimir e massacrar a minoria vencida no processo democrático.

Assim, em uma sociedade pluralista, nenhum indivíduo ou grupo pode impor sua vontade sobre os demais, que possuem diferentes interesses, ideologias e projetos, e a Constituição não busca estabelecer diretamente um projeto predeterminado de vida em comum, mas, sim, realizar as condições de possibilidade deste (como na redação do art. 7º, XV: "São direitos dos trabalhadores [...]: XV – repouso semanal remunerado, *preferencialmente* aos domingos") (PEDRA, 2017, p. 45). Nesse sentido, a abertura constitucional permite acomodar os diferentes interesses de uma sociedade pluralista (ZAGREBELSKY, 2008, p. 14).

Para José Joaquim Gomes Canotilho e Vital Moreira, o pluralismo político e os direitos fundamentais são as bases do Estado Democrático de Direito. "O pluralismo político cobre vários aspectos, especialmente garantidos noutros preceitos constitucionais" (CANOTILHO; MOREIRA, 2007, p. 207). Dessa forma, o ordenamento constitucional deve assegurar direitos fundamentais que permitam a assunção de distintas ideologias legítimas assim como formas democráticas de participação nos assuntos públicos, com uma competição pacífica e saudável pelo poder, tal como permite o pluripartidarismo.

O pluralismo político deve nortear as decisões políticas. Os mecanismos de democracia direta, como as consultas populares, por exemplo, devem transcorrer pautados *v.g.* na liberdade de expressão, de reunião e de informação. Da mesma forma, no âmbito da democracia representativa, os sistemas eleitorais devem propiciar o governo da maioria, a proteção da minoria, a conciliação entre diferentes ideologias, governos estáveis e controle social dos representantes políticos. A representatividade do governo e do parlamento não pode desconsiderar a oposição e a minoria, inclusive com poder de veto como ocorre nas exigências de maiorias qualificadas no processo legislativo, e exige que seja ouvida toda a sociedade, inclusive movimentos sociais e grupos de pressão legítimos. Da mesma forma, a justiça constitucional precisa afirmar o seu caráter democrático, não só através da participação de partidos políticos, *amici curiae* e audiências públicas, mas também a partir de um pluralismo político na composição do Tribunal Constitucional.

Art. 1º, parágrafo único. Todo o poder emana do povo, que o exerce por meio de representantes eleitos ou diretamente, nos termos desta Constituição.

Marcelo Andrade Cattoni de Oliveira

A – REFERÊNCIAS

1. Origem do texto

Projetos de Constituição A e B, Comissão de Sistematização, Assembleia Nacional Constituinte 1987-1988. Constituição da República Federativa do Brasil, de 5 de outubro de 1988, art. 1º, parágrafo único.

2. Constituições brasileiras anteriores

Constituição Política do Império do Brasil, de 1824, arts. 1, 8, 12, 26, 178 e 179. Constituição dos Estados Unidos do Brasil, de 1891, Preâmbulo, arts. 1º; 11, 2º; 72, §§ 3, 5, 7, 28, 29. Constituição da República dos Estados Unidos do Brasil, de 1934, Preâmbulo, arts. 2º, 57, 66, 68, 81, *i*, 110 e 111, 113, 1, 4, 5, 9, 31, 170, 9º; 178. Constituição dos Estados Unidos do Brasil, de 1937, Preâmbulo, arts. 1º; 118 a 120; 122, 13, *d, e*. Constituição dos Estados Unidos do Brasil, de 1946, Preâmbulo, arts. 1º, 2; 89; 96, III; 134 a 137; 141, §§ 5º, 7º, 8º, 11, 13 e 33. Atos Institucionais n. 1 a 4. Constituição da República Federativa do Brasil, de 1967, arts. 1º, § 1º; 143 e 144; 149; 150, §§ 1º, 6º, 8º, 19; 151 a 156. Atos Institucionais n. 5 a 17. Atos Complementares n. 38 e 39. EC n. 1/69, Preâmbulo. Atos Complementares n. 102 a 104. EC n. 11/78; EC n. 25/85; EC n. 26/85.

3. Constituições estrangeiras

Constituição da República Portuguesa, Preâmbulo, arts. 1º a 3º, 7º a 10º, 48º a 52º. Constituição da Espanha, Preâmbulo, arts. 1, 6 e 20. Constituição da República Francesa, Preâmbulo, art. 1º. Constituição da República Italiana, arts. 1 a 3, 7, 8, 13, 17 a 19, 21 e 22, 33 e 48 a 54. Lei Fundamental para a República Federal da Alemanha, arts. 1 a 5, 8 a 10, 18 e 19. Constituição dos Estados Unidos da América, Preâmbulo, EC n. 1. Constituição Nacional da República Argentina, arts. 2º, 14, 18, 22, 36 a 40 e 43. Constituição da República Oriental do Uruguai, arts. 4º, 5º, 7º e 14. Constituição da República de Paraguai, Preâmbulo, arts. 1 a 6, 24, 26 a 32, 37, 42 e 117 a 126.

4. Direito internacional

Declaração Universal dos Direitos Humanos, de 10-12-1948; Pacto Internacional de Direitos Civis e Políticos, de 16-12-1966; Convenção Americana de Direitos Humanos, de 22-11-1969.

5. Remissões constitucionais e legais (não exaustivas)

CRFB: Preâmbulo; arts. 3º, I a IV, 4º, II e VIII, 5º a 17, 19, I a III, 34, VII, *a* e *b*, 37, *caput*, 47, 53 a 56, 58, §§ 1º e 3º, 60, §§ 1º a 4º, 62, § 1º, I, *a*, 68, § 1º, II, 69, 85, 86, 93, IX, 95, 97, 99, 102, I, *a*, e III, 127, 128, § 5º, 129, II, III, IV e V, 133, 136 a 144, 170, 174, § 2º, 193, 194, 205, 215, 220, 225, 231 e 232; ADCT, 6º; EC n. 52/2006. Lei Federal n. 9.096/95 (Partidos Políticos); Lei Federal n. 4.737/65 (Código Eleitoral); Projeto de Lei n. 6. 764/2002 (Crimes contra o Estado Democrático de Direito).

6. Jurisprudência (STF; TSE)

STF, caráter nacional dos partidos (ADI n. 3685-DF); cláusula de barreira/de desempenho (ADIs n. 1351 e n. 1354) e direito de participação das minorias (ADIs 1351-DF e 1354-DF); direito de oposição e de fiscalização (MS 24831/DF); fidelidade partidária (STF, MS 26602, 26603, 26604; TSE, CTAs n. 1398 e 1407).

7. Referências bibliográficas

ALVES, A. D. *Elementos bonapartistas no processo de constitucionalização brasileiro: uma análise crítico-reflexiva da história constitucional brasileira de 1823 a 1945*. Belo Horizonte: Conhecimento, 2018. ALVES, A. D.; CATTONI DE OLIVEIRA, M.A.; GOMES, D.F.L. *Constitucionalismo e teoria do Estado*. Belo Horizonte: Arraes, 2013. ARATO, A.; COHEN, J. *Civil society and political theory.* Cambridge, Mass.: MIT, 1994. BOBBIO, N.; MATTEUCCI, N.; PASQUINO, G. *Dicionário de política*. Trad. C. C. Variale *et al*. Brasília: UnB, 2007. CATTONI DE OLIVEIRA, M. A. *Direito, política, filosofia: contribuições para uma teoria discursiva da Constituição democrática no marco do patriotismo constitucional.* Rio de Janeiro: Lumen Juris, 2007. CANOTILHO, J. J. G. *Direito constitucional e teoria da constituição*. 7. ed. Coimbra: Almedina, 2003. CATTONI DE OLIVEIRA, M.A. *Contribuições para uma teoria crítica da constituição.* 2. ed. Belo Horizonte: Conhecimento, 2021. CATTONI DE OLIVEIRA, M.A. *Teoria da constituição.* 3. ed. Belo Horizonte: Conhecimento, 2021. CATTONI DE OLIVEIRA, M.A.; REPOLÊS, M.F.S.; PRATES, F.C. *Liberdades comunicativas.* 2. ed. Belo Horizonte: Conhecimento, 2022. CALVET DE MAGALHÃES, Th. *Filosofia analítica e filosofia política.* Belo Horizonte: Arraes, 2011. CARVALHO NETTO, M. *Teoria da Constituição e direito constitucional*, v. 1 e 2. D.F.L. Gomes (apr.). Belo Horizonte: Conhecimento, 2021. DAHL, R. *Sobre a democracia.* Trad. B. Sidou. Brasília: UnB, 2001.

DWORKIN, R. *Law's empire.* Cambridge, Mass.: Harvard University, 1986. DWORKIN, R. *Freedom's Law.* Cambridge, Mass.: Harvard University, 1995. FIOVARANTI, M. *Costituzione.* Bologna: Il Molino, 1999. GOMES, D.F.L. *A Constituição de 1824 e o problema da modernidade: o conceito moderno de Constituição, a história constitucional brasileira e a teoria da Constituição no Brasil.* Belo Horizonte: D'Plácido, 2019. GOMES, D.F.L. *Para uma teoria da Constituição como teoria da sociedade: estudos preparatórios*, v. 1. Belo Horizonte: Conhecimento, 2022. HABERMAS, J. *Facticidade e validade: contribuições para uma teoria discursiva do direito e da democracia.* Trad. F.G. Silva; R. Melo. São Paulo: Unesp, 2020. HABERMAS, J. *A inclusão do outro: estudos de teoria política.* Trad. L. Werle. São Paulo: Unesp, 2018. HABERMAS, J. *Teoria política* (Obras escolhidas, v. 4). Trad. L. Nahodil. Lisboa: Edições 70, 2015. HONNETH, A. *O direito da liberdade.* Trad. Saulo Krieger. São Paulo: Martins Fontes, 2015. JAKOBS, G.; CANCIO MELIÁ, M. *Direito penal do inimigo.* Trad. CALLEGARI, A.L.; GIACOMOLLI, N.J. Porto Alegre: Livraria do Advogado, 2005. LOEWENSTEIN, K. Militant democracy and fundamental rights, I. *American Political Science Review,* v. XXXI, n. 3, 1937, p. 417-432. MEGALI NETO, A.; CATTONI DE OLIVEIRA, M.A. A democracia constitucional entre militantes contra a democracia e a democracia militante. *Empório do Direito*, de 07-12-2022. Disponível em: https://emporiododireito.com.br/leitura/a-democracia-constitucional-entre-militantes-contra-a-democracia-e-a-democracia-militante. Acesso em: 11-7-2023. MARRAMAO, G. *Passaggio a occidente: filosofia e globalizzazione.* 2. ed. Torino: Bollati Boringhieri, 2009. MARRAMAO, G. *Universais em conflito: identidade e diferença na era global.* Trad. M.A. Cattoni de Oliveira. Belo Horizonte: Conhecimento, 2018. MEYER, E.P.N. *Ditadura e responsabilização: elementos para uma justiça de transição no Brasil.* Belo Horizonte: Arraes, 2012. MEYER, E.P.N. *Constitutional erosion in Brazil.* Oxford: Hart Publishing, 2021. MÜLLER, F. *Quem é o povo?* Trad. P. Naumann. São Paulo Max Limonad, 1998. RAWLS, J. *Political liberalism.* New York: Columbia University, 1993. ROSENFELD, M. *A identidade do sujeito constitucional.* Trad. M. Carvalho Netto. Belo Horizonte: Mandamentos, 2003. REPOLÊS, M.F.S. *Habermas e a desobediência civil.* Belo Horizonte: Mandamentos, 2003.

B – ANOTAÇÕES

I – Na teoria clássica das formas de governo, a democracia configura, pelo menos até Tocqueville, o governo de *muitos*, o governo da *maioria* ou mesmo o governo dos *pobres*, invariavelmente julgada de forma negativa. A autodeterminação dos cidadãos em igualdade de direitos políticos perante a lei era representada pelo arquétipo da *politeia* grega ou da República romana, em contraposição à monarquia, à tirania, ao despotismo ou a outras formas de governo, quer aristocráticas, quer oligárquicas, fundadas na restrição de direitos políticos, ou seja, ao governo de *um* e ao governo de *poucos*. Mesmo em Aristóteles, que irá considerar em sua classificação uma dimensão teleológica referida ao bem-comum, a democracia era, nestes termos, criticada pela tradição da filosofia política como uma forma de governo facciosa, parcial e, mesmo entre os modernos, essa visão negativa ainda se encontra presente, como em Madison, quando afirma que a Constituição, fundada na igualdade de cidadania perante a lei, era a republicana e não a democrática. Ou, se em sentido positivo, como Robespierre, que passa a usar o termo democracia em substituição à República, na época do terror, a democracia é vista como governo dos *sans-culottes*, e, de forma facciosa, centralizada no Comitê de Saúde Pública, que exercerá, mais do que uma *ditadura comissária*, uma ditadura revolucionária, *soberana*, para referir-se aqui à distinção proposta por Schmitt. E se, anteriormente a Robespierre, Rousseau pudesse ser um candidato à excepção, apresentando um juízo positivo quanto à democracia, cabe recordar que a adoção da democracia na idade moderna pressuporia, para esse autor, Estados com pouca extensão territorial, como Genebra, não sendo, por isso, passível de ser adotada em qualquer lugar. Já Sieyes, na sua defesa do governo representativo, à época da redação da Constituição francesa de 1791, situar-se na tradição liberal para defender o voto censitário, em resposta aos jacobinos, e a impossibilidade, numa sociedade sem escravos, de exercício do poder político por todos os indivíduos, em igualdades de direitos, em razão da necessidade de satisfação prévia dos interesses privados, a fim de que se pudesse ser capaz de divisar o interesse público. Tocqueville, referindo-se à democracia norte-americana, é quem irá com sentido moderno e positivo usar o termo para chamar atenção para a possibilidade, contudo, na América, de uma democracia em grande extensão territorial, posto que fundada no federalismo e no associativismo. Mas *na América*, cabe chamar atenção, em razão exatamente do pluralismo associativo e de corpos intermediários capazes de sustentarem o regime, algo que inexistiria na Europa. Sobre o pano de fundo da *republicanização* das monarquias europeias em razão da sua progressiva transição ao parlamentarismo e adoção do direito universal de voto, e da queda das últimas *monarquias resistentes* (Jellinek), Alemanha, mas também Áustria e Rússia, na passagem do século XIX ao XX, à república, Kelsen irá propor uma nova classificação que passasse a considerar a maior ou menor participação dos destinatários na formação das decisões jurídico-políticas, adotando assim a distinção entre democracia e autocracia: democracia é justamente aquela forma de governo em que os destinatários participam do processo de produção das normas. Como chama atenção Kelsen, o critério numérico tradicional de classificação das formas de governo, agora inútil para se analisar as repúblicas e as monarquias parlamentares, encobria exatamente essa maior ou menor participação, impossibilitando diferenciar formas democráticas e autocráticas de governo. No período entre guerras, a polêmica entre Kelsen e Schmitt sobre o guardião da Constituição democrática pode bem ilustrar tais mudanças: há uma divergência profunda quanto às concepções de constituição e de democracia entre Schmitt e Kelsen. Pois para Schmitt, a Constituição é a decisão política sobre a unidade e a forma de existência do Estado e para Kelsen são as normas que regulam formal e materialmente as competências e o processo de produção válida das demais normas do ordenamento. Enquanto para Schmitt somente um presidente forte encarnaria essa unidade do Estado, decidindo sobre o estado ou situação de exceção, realizando, assim, o ideal da democracia como identidade entre governantes e governados, para Kelsen democracia é a forma de governo que em contraposição à autocracia garante a participação dos destinatários das normas, por meio do exercício de direitos políticos, no processo de produção dessas normas. Assim, a defesa da jurisdição constitucional em Kelsen remete-se à defesa do federalismo como forma de Estado e ao parlamentarismo e à democracia pluralista e de partidos como sistema de governo e forma de governo, enquanto em Schmitt remete-se a uma visão bonapartista da democracia moderna. O pós-guerra irá por um lado agudizar e por outro tratar, *após* Kelsen e *além* de Schmitt, muito essas questões, no sentido de uma democracia não apenas política, mas também social, que, para citar Bobbio, não basta apenas saber *quem* e *como* decide, mas *onde* decide, nas empresas, nos sindicatos, nas associações, nas universidades etc., pressupondo-se não apenas uma igualdade formal, mas material, de oportunidades de efetivo exercício de direitos. Daí a preocupação com a democracia participativa e com a aproximação entre representantes e representados, via redefinição da representação política e o uso mais adequado e cuidadoso de mecanismos de democracia direta, como o plebiscito e o referendo que, por si sós, podem ser meros instrumentos autoritários de legitimação, se não se garantirem a formação pública da opinião e da vontade na esfera pública e a garantia dos direitos das minorias sociais e políticas. E democracia é hoje, sobretudo, *poliarquia* (R. Dahl), para uma sociedade plural e descentrada, preocupada com a garantia, as condições e a institucionalização do exercício dos direitos fundamentais, individuais, sociais, coletivos e difusos.

II – Hoje, o desafio da democracia pressupõe considerar uma sociedade hipermoderna que se caracteriza por uma crescente diferenciação entre os vários subsistemas sociais e por uma acentuada autonomização de antigas esferas normativas, tais como as da moralidade, da eticidade e da religião, no plano global-local (G. Marramao). À diferenciação sistêmica, à autonomização de esferas normativas e à perda de um centro acrescenta-se o fato de essa concepção de sociedade reconhecer o *fato do pluralismo razoável* (J. Rawls) de formas de vida e de visões de mundo não fundamentalistas, que estão em desacordo entre si, mas que podem ser vistas como igualmente razoáveis e assim pretenderem concorrentemente o reconhecimento de sua dignidade. A democracia implica hoje a realização na história, enquanto processo de permanente aprendizagem social crítica, do projeto constitucional do Estado Democrático de Direito, fundado na relação interna entre autonomia pública e autonomia privada, sob a pressão dos imperativos sistêmicos da economia capitalista e do poder administrativo estatal, em que a soberania popular, vista agora como reflexiva e processualizada, ao mesmo tempo constitui e é constituída por direitos fundamentais principiologicamente considerados (J. Habermas) e, portanto, abertos à *interpretação construtiva* e ao desenvolvimento político-legislativo (R. Dworkin). Hoje, o princípio da democracia envolve o reconhecimento de uma noção mais ampla de esfera pública política que não se reduz aos fóruns oficiais do Estado, assim como de uma renovada concepção de sociedade civil que, diferentemente do velho conceito hegeliano de *sistema das necessidades*, é formada por grupos, movimentos, associações e organizações sociais que se diferenciam tanto da esfera governamental, quanto do mercado, e que visam à dramatização e generalização de temas e problemas que dizem publicamente respeito aos diversos âmbitos da sociedade (A. Arato; J. Cohen), por meio de formas argumentativas ou de narrativas de autoexpressão (G. Marramao). Democracia hoje é, portanto, democracia constitucional.

III – O princípio da democracia constitucional garante-se, entre outros: a) pelo reconhecimento do direito fundamental de dizer *não*; pelo respeito aos direitos políticos das minorias; b) por meio das diversas formas de participação e de representação políticas dos vários pontos de vista ideológicos presentes na sociedade nos processos legislativos de produção das leis e das demais decisões jurídico-políticas; c) pelos mecanismos participativos e representativos de fiscalização do governo; d) por meio de direitos processuais de participação nas diversas deliberações coletivas e sociais; e) pelo reconhecimento das identidades coletivas sociais e culturais; f) pela garantia de direitos sociais, econômicos e culturais e por ações afirmativas e políticas públicas que visam à inclusão social, econômica e cultural. Todavia, não basta uma política de tolerância e reconhecimento das diferentes identidades coletivas e das diversas minorias sociais, econômicas e culturais para se caracterizar uma democracia constitucional. Afinal, não se contribui paternalisticamente para a emancipação social, econômica, cultural e política de cidadãos que não puderem reconhecer como conquista própria a construção permanente do Estado Democrático de Direito. As políticas de redistribuição social e econômica não podem ser vistas como o mero desdobramento de políticas de reconhecimento ou de concessão de medidas de bem-estar social, mas como fruto de um processo de luta por reconhecimento (A. Honneth) da sua dignidade e pela efetividade de seus direitos fundamentais por parte da cidadania que, todavia, implique uma transformação das condições materiais de vida. Afinal, só se aprofundam as condições materiais e formais para o exercício de direitos de liberdade e igualdade em um processo de construção, ao longo do tempo, de uma cidadania ativa que aprende por si própria com a democracia.

IV – Como forma de garantia da democracia constitucional e dos direitos fundamentais (individuais, políticos, coletivos, sociais, econômicos e culturais) que a constituem, o Estado Democrático de Direito deve combater todas as formas de violência física e/ou psicológica, de intolerância, de terrorismo, de preconceito e de discriminação social, econômica, religiosa, de gênero, racial, de cor, de procedência, de orientação sexual, de idade, entre outras, como garantia do princípio democrático. Deve, portanto, garantir a segurança pública e a seguridade social, todavia de forma não paternalista. Assim sendo, não pode cercear as liberdades públicas e privadas, nem calar os dissidentes políticos que, no exercício de seu direito constitucional de oposição ou mesmo de seu direito fundamental à desobediência civil, não apenas poderão divergir, mas se opor pacificamente, por meio de manifestações públicas e de gestos simbólicos, às decisões majoritárias, em nome do aprofundamento e prosseguimento dos debates públicos, do respeito aos direitos fundamentais e do próprio regime democrático-constitucional, em face da inércia dos poderes estatais e das organizações sociais e econômicas. As oposições, os dissidentes políticos e os desobedientes civis não podem ser confundidos com criminosos políticos e com inimigos da Constituição que de forma violenta, intolerante, fundamentalista e subversiva atentarem contra o regime democrático. Mas a diferença entre dissidência política e inimigos da Constituição não pode, contudo, ser *naturalizada*, e mesmo aqueles que forem acusados de práticas atentatórias ao regime democrático possuem o direito fundamental ao devido processo legal, ao contraditório, à ampla defesa, a julgamentos públicos e à fundamentação das decisões, a fim de que o Estado Democrático de Direito seja capaz de lidar com o risco sempre presente de desrespeito à democracia em nome de uma suposta defesa da democracia (J. Habermas). E, nesse sentido, sem que para defender a democracia constitucional seja necessário apelar sequer para a ideia de uma "democracia militante" (K. Loewenstein). Assim, a velha doutrina da segurança nacional ou um *direito penal do inimigo* (G. Jakobs) são sempre violações ao constitucionalismo democrático, ao princípio constitucional do pluralismo político e ao direito constitucional à diferença próprios de um Estado Democrático de Direito que se opõe crítica e decididamente a práticas sociais, econômicas e políticas atentatórias à construção de uma identidade constitucional, democrática, aberta, plural, dinâmica e inclusiva (M. Rosenfeld).

V – Se todo poder emana do povo que o exerce diretamente ou por meio de seus representantes, o princípio da democracia constitucional envolve a defesa de um patriotismo constitucional que visa compreender a própria Constituição do Estado Democrático de Direito como processo de aprendizagem social crítica por parte do *povo* como instância política plural, contra toda a velha teologia política do macrossujeito povo como nação soberana, una e indivisível. A noção de patriotismo constitucional diz respeito, portanto, à própria construção, ao longo do tempo, de uma identidade constitucional plural, advinda de um processo democrático constituído internamente por princípios universalistas, cujas pretensões de validade vão além de contextos socioculturais específicos (J. Habermas). Em outras palavras, trata-se de uma adesão racionalmente justificável, e não somente emotiva, por parte dos cidadãos, às instituições político-constitucionais – uma lealdade política ativa e consciente à Constituição democrática. Isso significa dizer que a defesa do patriotismo constitucional não se identifica com uma tradição cultural meramente herdada, mas com tradições refletidas criticamente – à luz dos direitos fundamentais e da democracia. E nesse sentido é que se deve entender, inclusive, que a questão acerca da legitimidade democrática das instituições políticas modernas só pode ser compreendida como a própria construção e projeção a um futuro aberto dessa legitimidade. Isso envolve a construção de uma cultura política pluralista com base na Constituição democrática, de uma República de cidadãos livres e iguais, como expressão de uma forma de integração social, que se dá, portanto, através da construção dessa identidade política pluralista e aberta, que pode ser sustentada por diversas formas de vida e identidades socioculturais, que convivem entre si, desde que assumam uma postura não fundamentalista de respeito recíproco, umas em relação às outras. Do ponto de vista particular de cada uma dessas formas de vida, isso significa que se podem ter os mais diversos motivos para aderir ao universalismo subjacente ao projeto constituinte do Estado Democrático de Direito, em cada situação histórica concreta. Através da construção de uma identidade constitucional comum e pluralista, que afasta a velha doutrina da soberania como una e indivisível, é possível articular a unidade da cultura política no contexto múltiplo de subculturas e formas de vida presentes na sociedade, desde uma perspectiva não fundamentalista. A noção de patriotismo constitucional assenta, assim, a adesão autônoma aos fundamentos do regime constitucional-democrático não em substratos culturais pré-políticos de uma pretensa comunidade étnico-nacional, como numa visão excessivamente comunitarista da soberania do povo, mas sim nas condições jurídico-constitucionais de um processo deliberativo democrático de gênese legítima do direito capaz de estreitar a coesão entre os diversos grupos culturais e de consolidar uma cultura política de tolerância entre eles. Isso somente é possível em razão da diferenciação que se deve reconhecer entre dois níveis de integração social, o da integração ético-cultural e o da integração político-constitucional, em que a construção de uma cultura política pluralista, por meio da práxis e do exercício dos direitos políticos de cidadania, deve ser reflexivamente levada adiante (J. Habermas). O que, enfim, também significa que a defesa do patriotismo constitucional por parte do povo como instância política plural (J. J. G. Canotilho) representa uma forma de cultura política pluralista que permite ancorar o sistema de direitos e a sua pretensão de universalidade no contexto histórico de uma comunidade política concreta.

Art. 2º São Poderes da União, independentes e harmônicos entre si, o Legislativo, o Executivo e o Judiciário.

Lenio Luiz Streck
Fábio C. S. de Oliveira

A – REFERÊNCIAS

1. Origem do texto

Redação presente no texto original elaborado pela Assembleia Nacional Constituinte, sem alterações desde então.

2. Constituições anteriores

O princípio da separação de poderes foi incorporado logo pela primeira Constituição brasileira, que inaugurou a tradição da sua figuração explícita em todas as Constituições subsequentes, com a exceção, única, da Carta de 1937. A Carta de 1824 discriminou quatro funções estatais: a legislativa, a moderadora, a executiva e a judicial (art. 10). É escrito que a divisão e harmonia dos poderes é o princípio conservador dos direitos dos cidadãos e o mais seguro meio de fazer efetivas as garantias que a Constituição oferece (art. 9º). O imperador, pessoa inviolável, sagrada, não sujeita a responsabilidade alguma, é o chefe do executivo e exerce o poder moderador, considerado a chave de toda a organização política (arts. 98 e 99). Com a primeira Constituição republicana, o princípio da separação de poderes toma o formato tripartite, sem o poder moderador (art. 15). A Constituição de 1934 utiliza a palavra *coordenados* (art. 3º) em vez de *harmônicos*, esta última sempre adotada pelos demais textos constitucionais. Como aduzido, a separação de poderes não teve guarida expressa na Carta de 1937. A Constituição de 1946 retorna com a previsão explícita (art. 36), no que é seguida pela Carta de 1967 (art. 6º) e pela Emenda Constitucional n. 1, de 1969 (art. 6º).

3. Dispositivos constitucionais relacionados

O poder legislativo é regulado do art. 44 até o art. 75; o poder executivo, do art. 76 ao art. 91; e o poder judiciário, do art. 92 até o art. 135. A teor do art. 60, § 4º, III, o princípio da separação de poderes é cláusula pétrea.

4. Direito internacional

PIDCP, no seu art. 2º, 3, "b", que referencia autoridade judicial, administrativa e legislativa.

5. Constituições estrangeiras

O princípio da separação de poderes, com engendramentos peculiares, é previsto pela generalidade das Constituições ao redor do mundo. Nada obstante, muitas vezes não versado em um comando específico, um preceito a dispor algo do tipo "São poderes independentes e harmônicos...". Entre as Constituições que adotam o princípio, a estadunidense (arts. 1º, 2º e 3º), a francesa (arts. 5º, 20, 24, 64, 67), a da Áustria (arts. 24, 60, 82), a alemã (art. 20, 3), a italiana (arts. 55, 83, 92, 101), a portuguesa (art. 110, 1), a espanhola (arts. 56, 66, 97, 117), a da Suécia (capítulos 3, 5, 6, 11), a grega (art. 26), a canadense (arts. 9º, 17, 96), a mexicana (art. 49), a da Costa Rica (arts. 105, 130, 152), a de São Tomé e Príncipe (arts. 68; 69, 2), a de Cabo Verde (art. 118, 1 e 2), a angolana (arts. 53; 54, "c"), a de Guiné-Bissau (art. 59, 1 e 2), a do Timor-Leste (arts. 67, 69), a de Moçambique (arts. 133, 134), a paraguaia (art. 3º), a chilena (arts. 24, 46, 76), a uruguaia (arts. 83, 149, 233), a argentina (arts. 44, 87, 100, 108), a peruana (arts. 90, 110, 138), a colombiana (art. 113), a venezuelana (art. 136) e a da Bolívia (art. 12).

6. Jurisprudência

ADI 162-MC (os conceitos de relevância e de urgência, requisitos para a edição de medidas provisórias, decorrem, em princípio, do juízo discricionário do Presidente da República, mas admitem o controle judiciário quanto ao excesso do poder de legislar); ADI 1.717-MC (a falta dos requisitos da relevância e da urgência somente é caracterizada quando objetivamente evidenciada, não quando dependa de uma avaliação subjetiva, estritamente política, mediante critérios de oportunidade e conveniência, esta confiada aos poderes executivo e legislativo, que têm melhores condições que o judiciário para uma conclusão a respeito); ADI 1.753-MC (inconstitucionalidade, por descumprimento, entre outras normas, do requisito da urgência, da medida provisória que elevou o prazo para a propositura de ação rescisória em favor do poder público e criou nova hipótese de rescindibilidade); ADI 2.213-MC (uso abusivo de medidas provisórias; perigo e reflexos para o sistema de *checks and balances;* cabe ao judiciário esse controle); ADI 546 (sendo o projeto de lei da iniciativa privativa do chefe do poder executivo, o poder legislativo não pode fixar prazo para o exercício da aludida prerrogativa); ADI 177 (inconstitucionalidade da norma que subordina convênios e dívidas da administração à aprovação da assembleia legislativa); RE 197.911 (a competência normativa da justiça do trabalho, a despeito de configurar fonte do direito objetivo, reveste caráter subsidiário, somente suscetível de operar no vazio legislativo e sujeita à supremacia da lei formal); STF-HC 79.441 (não se inclui entre os poderes de investigação da CPI o exame do mérito judicial); STF-MS 21.689 (não é cabível controle judicial do mérito da decisão do senado federal que resolve o *impeachment*, mas sim da regularidade do processo); ADPF 45-MC (possibilidade do controle judicial de políticas públicas, relatividade da liberdade de conformação do legislador, "reserva do possível" e "mínimo existencial"); STF-AI 616.792; STF-RMS 22.307 (impossibilidade de o judiciário estender reajustes salariais com base na isonomia); RE 274.048 (proporcionalidade entre a população e o número de vereadores; conformação da liberdade do legislador); STF-MI 107-3 (exigência de prévia declaração de omissão inconstitucional); STF-MI 283-5 (possibilidade de o judiciário determinar prazo para a edição da regulamentação faltante, sob pena de o prejudicado obter indenização, perdas e danos); STF-MI 232-1 (reconhecimento da imediata aplicabilidade do preceito constitucional, uma vez escoado em branco o prazo estabelecido pelo órgão jurisdicional para o cumprimento do dever de legislar); STF-MI 780 (colmatação da lacuna normativa; direito de greve dos servidores públicos; analogia); STF-MI 943 (possibilidade de, por meio da jurisdição, garantir o exercício do direito; advento da lei); ADI 775-MC (governador e vice-governador; afastamento do país por qualquer tempo; autorização da assembleia legislativa; previsão temporal da Constituição do Estado que não encontra paralelo na Constituição da República); STF-MS 26.602, MS 26.603, MS 26.604 (fidelidade partidária; perda do mandato; TSE Consulta n. 1.398); ADI 3.510 (pesquisas científicas com células-tronco embrionárias); ADI 3.999 (fidelidade partidária); ADPF 132 (reconhecimento da união estável homoafetiva, em que pese o texto do art. 226, § 3º, da Constituição); ADPF 54 (reconhecimento da possibilidade da interrupção terapêutica da gravidez de feto anencéfalo, descaracterizando a conduta como sendo de abortamento, nos termos do Código Penal); ADO 26 (reconhecimento da homofobia e da transfobia como crimes por traduzirem racismo); STJ-RMS 129 (o mérito do ato administrativo, juízo de oportunidade e conveniência, é próprio do administrador, vedado ao judiciário substituí-lo; admissível, porém, a análise dos fundamentos da decisão para averiguar se a opção está entre aquelas franqueadas pelo direito); RESP 79.761 (o juízo discricionário deve respeito à moralidade pública, à razoabilidade, à proporcionalidade, sob pena de desvirtuamento; a deliberação discricionária deve ser motivada, sob pena de invalidade); RESP 857.502 (bloqueio de verbas públicas; cabimento; fornecimento de medicamentos; ato vinculado e não discricionário); RESP 493.811 (nova compreensão do juízo discricionário; viabilidade do exame judicial dos requisitos de relevância e urgência).

7. Literatura selecionada

ARISTÓTELES. *Política.* São Paulo: Nova Cultural, 1999. LOCKE, John. *Two treatises of government.* Cambridge: Cambridge University Press, 1988. MONTESQUIEU, Charles-Louis de Secondat. *De l´esprit des lois.* Paris: Garnier, Flammarion, 1979. KELSEN, Hans. *Jurisdição constitucional.* São Paulo: Martins Fontes, 2003. ELY, John Hart. *Democracy and distrust*: a theory of judicial review. Harvard University Press, 1980. DWORKIN, Ronald. *Taking rights seriously.* Cambridge, Massachusetts: Harvard University Press, 1977. HIRSCHL, Ran. *Rumo à juristocracia.* Londrina: Educação, Direito e Alta Cultura, 2020. ACKERMAN, Bruce. *A nova separação de poderes.* Rio de Janeiro: Lumen Juris, 2009. WALDRON, Jeremy. *The core of the case against judicial review.* In: *The Yale Law Journal,* v. 115, 6, 2006. TUSHNET, Mark. *Taking the Constitution away from the courts.* Princeton: Princeton University Press, 1999. CANOTILHO, J. J. Gomes. *Constituição dirigente e vinculação do legislador.* 2. ed. Coimbra: Coimbra Editora, 2001. CANOTILHO, J. J. Gomes. "Discurso moral" ou "discurso constitucional", "reserva de lei" ou "reserva de governo"? Universidade de Coimbra, *Boletim da Faculdade de Direito,* v. LXIX. Coimbra: Coimbra Editora, 1993. AFONSO, Orlando Viegas Martins. *Poder Judicial*: independência. Coimbra: Almedina, 2004. PIÇARRA, Nuno. *A separação de poderes como doutrina e princípio constitucional*: um contributo para o estudo das suas origens e evolução. Coimbra: Coimbra Editora, 1989. SUORDEM, Fernando Paulo da Silva. *O princípio da separação de poderes e os novos movimentos sociais*. Coimbra: Almedina, 1995. GARCÍA DE ENTERRÍA, Eduardo. *La Constitución como norma y el tribunal constitucional*. 3. ed. Madrid: Civitas, 1994. GARCÍA PELAYO, Manuel. La división de poderes y su control jurisdicional. In: *Revista de Derecho Político*, n. 18-19, 1983. CAPPELLETTI, Mauro. *Juízes legisladores?* Porto Alegre: Fabris, 1999. CAPPELLETTI, Mauro. *Juízes irresponsáveis?* Porto Alegre: Fabris, 1989. CAVALCANTI, Themístocles Brandão; LEAL, Victor Nunes; SILVA, Carlos Medeiros. *Cinco estudos*: a federação, divisão de poderes (2 estudos), os partidos políticos, a intervenção do Estado. Rio de Janeiro: Fundação Getúlio Vargas, 1955. CLÈVE, Clèmerson Merlin. *Atividade legislativa do poder executivo*. 2. ed. São Paulo: Revista dos Tribunais, 2000. COMPARATO, Fábio Konder. Ensaio sobre o juízo de constitucionalidade de políticas públicas. In: *Revista de Informação Legislativa*, n. 138. Brasília: Senado, 1998. FERRAZ JÚNIOR, Tércio Sampaio. O Judiciário frente à divisão de poderes: um princípio em decadência? In: *Revista USP*, n. 21. São Paulo: Universidade de São Paulo, 1994. MOREIRA NETO, Diogo de Figueiredo. Interferências entre poderes do Estado: fricções entre o executivo e o legislativo na Constituição de 1988. In: *Revista de Informação Legislativa*, n. 103. Brasília: Senado, 1989. SALDANHA, Nelson. *O Estado Moderno e a separação de poderes*. São Paulo: Saraiva, 1987. BARROSO, Luís Roberto. A razão sem voto: a função representativa e majoritária das Cortes Constitucionais. In: *Revista de Estudos Institucionais*, v. 2. Rio de Janeiro: Universidade Federal do Rio de Janeiro, 2016. OLIVEIRA, Fábio Corrêa Souza de. *Por uma teoria dos princípios*: o princípio constitucional da razoabilidade. 2. ed. Rio de Janeiro: Lumen Juris, 2007. OLIVEIRA, Fábio Corrêa Souza de. *Morte e vida da Constituição Dirigente*. Rio de Janeiro: Lumen Juris, 2010. OLIVEIRA, Fábio Corrêa Souza de; STRECK, Lenio Luiz. Comentário à decisão do Supremo Tribunal Federal na Ação Penal n. 1.044 e seus desdobramentos. In: *Revista Brasileira de Ciências Criminais*, v. 193, 2022. STRECK, Lenio Luiz. *Jurisdição constitucional*. 5. ed. Rio de Janeiro: Forense, 2018.

B – COMENTÁRIOS

Consideradas as produções paradigmáticas de John Locke e de Montesquieu, o segundo ainda mais citado do que o primeiro, como elaboradores da doutrina da separação de poderes (órgãos, funções), a noção da divisão orgânico-funcional da estrutura e das atividades do Estado remonta, em especial, à Grã-Bretanha do século XVII, associada, umbilicalmente, a compreensão de *rule of law*. Conquanto seja possível observar traços em Aristóteles e em Cícero, *v. g.*, o conceito é, a rigor, delineado no contexto inglês caracterizado pela disputa entre a monarquia e o parlamento, notadamente a partir do reinado de Jaime I (1603-1625). Dentre os episódios, a *Petition of Rights* de 1628, o *short parliament*, logo dissolvido por Carlos I (1625-1649), e o *long parliament*, cuja tentativa de dissolução daria ensejo a uma guerra civil de sete anos, a qual opôs, então, defensores da realeza e do parlamento e que levaria à proclamação da república em 1649, a *commonwealth*, a dissolução do parlamento por Oliver Cromwell (1649-1658) em 1653, a reconvocação do parlamento em 1660 com a restauração monárquica, o *Habeas Corpus Act* de 1679, nova dissolução do parlamento por Carlos II (1660-1685) em 1683, quadro que culminou com a *Revolução Gloriosa*, de 1688, que depôs Jaime II (1685-1688), levou ao trono Guilherme de Orange (1689-1702) e suscitou, no ano seguinte, o *Bill of Rights*, marco da implantação da monarquia constitucional.

É nesta atmosfera conturbada, importando notar que os antagonismos entre monarquia e parlamento guardam variadas motivações (políticas, econômicas, religiosas), que é gestado o princípio da separação de poderes. É mecanismo que nasce contra o poderio absoluto, incontido, em combate ao arbítrio, a favor do controle, da limitação do poder, em salvaguarda da liberdade, uma técnica a bem da racionalidade pública, estatal.

A concepção de que o poder real encontra fronteira na lei e deve respeitar direitos não é, todavia, novidade do século XVII. Fonte basilar, mais remota, firmada em outro ambiente social, é a *Magna Charta Libertatum*, de 1215, já uma limitação do poder do rei à legislação, garantia de liberdades, da propriedade. Em seu art. 39, dispôs o julgamento legal por pares, *per legem terrae* (*law of the land*), locução esta que veio a dar oportunidade ao termo *due process of law*. A *Magna Charta*, capítulo nuclear no processo de construção da concepção da separação de poderes e, assim, do constitucionalismo, teve papel destacado nos embates que se seguiram. Como antecedente, a *Carta de Liberdades* do ano de 1100, firmada, ao começo do seu reinado, por Henrique I (1100-1135), a qual serviu, em larga medida, de matriz para a *Magna Charta*.

Calha salientar que, sem embargo das iniciativas em prol da limitação do poder estatal, a teoria do absolutismo, ao longo do século XVII, se apresentava robusta, sediada em diferentes justificativas, do direito divino de reinar e governar à renúncia da liberdade, por meio do contrato social, em troca da ordem propiciada pelo Estado. Nesta esteira, pensadores como Jean Bodin (1530-1596), Hugo Grotius (1583-1645), Thomas Hobbes (1588-1679) e Jacques Bossuet (1627-1704). Na França, durante este período, o absolutismo está no auge. Basta recordar a figura de Luís XIV, o Rei Sol (1651-1715), a quem é atribuída a significativa frase "*L'État c'est moi*".

Contudo e embora seja seu principal alvo, cumpre registrar que a separação de poderes não vem no sentido de se contrapor ou de relativizar, exclusivamente, o poder do rei, porquanto também voltado para a contenção do parlamento. O entendimento de que a mesma pessoa ou o mesmo ente não deve acumular as atribuições de estabelecer as leis e de aplicá-las, pois que ocasião para abusos. Daí a formação de um corpo próprio de julgadores, encarregados, então, de assegurar o acatamento ou a efetividade das leis.

Vale recordar que Edward Coke (1552-1634) defendeu a sujeição do Estado à *common law*. Uma vez que os pronunciamentos dos juízes, incumbidos de dizer a *common law*, ostentavam a potencialidade de repercutir ou vincular a atividade governativa, a cargo basicamente do rei, em conjugação com a tese da submissão do parlamento ao direito comum, evidente que a celeuma escapava da dicotomia entre monarquia e parlamento para incluir a tarefa jurisdicional e seus agentes, exercício este consideravelmente presente no cotidiano dos indivíduos. De lembrar que William Blackstone (1723-1780) sustentou, diversamente de Coke, a soberania ou ascendência parlamentar.

O delicado contato orgânico-funcional revela que, desde a sua gênese, a divisão de poderes teve o poder judicial, à época denominado executivo, como questão capital, tanto no relacionamento com a monarquia quanto com o parlamento. A sistemática da divisão de poderes deu-se em muito por causa da percepção de que, a fim de garantir liberdades, direitos, a igualdade, a estabilidade social, a imparcialidade, imprescindível que o juiz não se confunda com o governante ou com o legislador.

No decurso da história, com idas e vindas, vários arranjos foram propostos ou implementados. Em 1649, o *rump parliament* determinou que a função legislativa era exclusiva do parlamento, extinguiu a monarquia, decretou a abolição da câmara dos lordes, em razão da soberania popular, o parlamento eleito periodicamente pelo povo. Debateu-se se o rei deveria ter a prerrogativa de veto às leis ou se seria intervenção indevida no âmbito do parlamento. Enquanto uma corrente esposou a tese de que o parlamento deveria ter ação frequente ou permanecer ininterruptamente reunida, tendo em conta que a não ser deste modo haveria usurpação da função legislativa, outra postulou que a assembleia deveria ter uma atuação episódica, partida, se formar e trabalhar por um intervalo temporal e logo após ser dissolvida, exatamente para evitar excessos, isto é, que viesse a se apoderar das funções governativa e judicial. Caberia ao monarca convocar e pôr termo à assembleia. Por outro lado, a posição de que ao parlamento deveria conferir a atribuição de julgar em algumas hipóteses, nomeadamente a responsabilização criminal dos governantes, em primazia dada a estatura política da sua atividade, e dos juízes.

Na obra (*Segundo Tratado do Governo Civil*) de John Locke (1632-1704), afirma-se que o fundamento do Estado, inclusive da monarquia, não é fornecido por qualquer ordem natural ou pela vontade divina, mas sim pela convenção, ou seja, pelo contrato social, a passagem do estado da natureza para o estado da sociedade, que não traduz renúncia total dos direitos (naturais), implica que se tenha a lei, produto do acordo comum, majoritário, como pilastra da segurança, da paz. Locke, um dos clássicos do liberalismo, preconiza, pois, a limitação do poder estatal pelos direitos do indivíduo, a vida, a liberdade e a propriedade, sob pena do direito de resistência.

A divisão de poderes, também na doutrina lockeana, se explica pela fragilidade humana: se os mesmos que fazem a lei vêm a executá-la há uma grande tentação de que se privilegiem, de que se eximam do cumprimento ou de que acomodem os ditames legais aos seus interesses particulares, em violação da igualdade e do bem público. Para Locke o corpo legislativo deve ser frequentemente dissolvido, operar em sessões legislativas curtas, de maneira a impedir que se transforme em tirano, certificar que aqueles que produziram as leis estejam a elas submetidos. O poder de emanar normas é intermitente, breve, e o poder de dar realização às leis é ininterrupto, permanente. Admite o pensador inglês que o parlamento seja reunido através de chamado do príncipe, posto que não seja esta a única via. Nesta versão, *balance of powers*, o monarca possui o veto (*negative voice*) não para satisfazer a sua vontade particular e sim para atender à vontade geral, isto é, como delegado da comunidade, e o parlamento o *impeachment*.

Outro poder é o concernente às relações externas, o plano internacional, como fazer a guerra e a paz, instituir ligas, celebrar tratados, função mais difícil de regular pelo direito positivo, a qual sugere denominar poder natural ou federativo. Segundo Locke, o governante mantém a prerrogativa de, em algumas hipóteses, raras, extravagantes, em nome do bem comum, agir quando a norma silencia ou mesmo contra a lei, a despeito de o parlamento guardar a faculdade de derrubar ou alterar as medidas levadas a cabo. Dado identificador do pensamento de Locke é a supremacia da função legislativa.

Montesquieu (1689-1755), em *Do espírito das leis* (1748), concebe a função judicial como autônoma, apartada do poder executivo e do poder legislativo. Daí a classificação tripartite, já antes conhecida, não inédita. À função judicial cabe julgar litígios, punir, em conformidade com as leis. Montesquieu partilha da desconfiança perante o homem. Em passagem célebre, assevera que aquele que tem poder é tentado a abusar dele, segue até onde encontra limites. Para bloquear o abuso é indispensável que o poder freie o poder, o que demanda equivalência.

O padrão da liberdade é a lei: liberdade é poder fazer tudo o que as leis permitem. Se os poderes estão concentrados na mesma pessoa ou órgão, azo ao despotismo, não há liberdade. A propensão ao abuso, à tirania, decorrente da confusão orgânico-funcional entre os poderes, inviabiliza que se afiance a liberdade. A separação de poderes é, pois, técnica em defesa da liberdade.

O corpo legislativo é bipartido. Uma parte constituída pela nobreza, modelo hereditário, e a outra pelos representantes do povo, por eleição. Não deve ser contínuo. Compete ao executivo convocá-lo e estatuir a sua duração. O poder executivo é confiado ao monarca, pessoa sagrada. Se o monarca não pode ser acusado e julgado, os conselheiros, os ministros, podem ser perseguidos e punidos pelo legislativo. A única participação do monarca no processo legislativo se dá com o veto, destinado a preservar as suas funções da usurpação do parlamento, caráter defensivo, negativo, ferramenta a tutelar a separação de funções. Tal como Locke, refuta o *king in parliament*.

Os juízes, diz Montesquieu, devem ser provenientes do corpo do povo e ter atuação temporária, tribunais por prazo certo e não fixos. Vista a proximidade, simbiose, histórica entre a monarquia (nobreza) e os julgadores, fator que embala o sentimento de suspeita frente aos juízes, em força do primado da lei, os julgamentos, afirma o barão francês, nada mais devem ser do que um texto exato da lei. A interditar que as decisões exprimam as opiniões particulares dos julgadores, porquanto se deixaria de saber os compromissos assumidos na sociedade e se cairia na insegurança, afirma Montesquieu, no trecho talvez mais famoso ou citado da sua obra, que os juízes não são mais que a boca que pronuncia as sentenças da lei, seres inanimados que não podem moderar nem sua força nem seu rigor. O juiz não tem autonomia decisória perante a lei, é mero reprodutor.

Não obstante, nem todos serão julgados pelo mesmo corpo de juízes. Os poderosos, sempre expostos à inveja, não devem ser julgados pelos juízes ordinários, do povo, e sim pela parte do corpo legislativo composta pelos nobres, consoante o direito de ser avaliado pelos seus pares. Se o cidadão, nos negócios públicos, agride direito do povo, a parte legislativa do povo faz a acusação diante do segmento dos nobres.

A última menção, nesse inventário expressivo das imagens originais da separação de poderes, é a Benjamin Constant (1767-1830), especificamente relevante no cenário brasileiro em razão da sua influência no arquétipo incorporado pela Constituição imperial. Insta, em realce, gravar que Benjamin Constant, além do poder de legislar, exercido por duas assembleias, uma hereditária e a outra eleita, do poder executivo, entregue aos ministros, e do poder de julgar, propugna o poder real, praticado pelo chefe de Estado, poder moderador, situado acima dos demais, neutro, responsável pelo equilíbrio entre eles, pelo bom desempenho de todos, por coibir que um poder destrua ou atravanque o outro.

Acalentado na revolução francesa, o princípio da separação de poderes é estampado na Declaração dos Direitos do Homem e do Cidadão, de 1789, no seu preceito XVI, o qual dispõe que toda sociedade na qual a garantia dos direitos não é assegurada, nem a separação dos poderes determinada, não tem Constituição. É de ressaltar a essencialidade que o dispositivo concede à divisão de poderes para a configuração da Constituição. Ou seja: se não há separação de poderes, não é possível dizer que há Constituição. Forma-se, assim, um vínculo indissolúvel, inerente. Sem a divisão de poderes, a própria definição de Constituição resta prejudicada, descaracterizada, degradada.

Desde a Inglaterra e a França, o princípio da separação de poderes ganhou o mundo. Ainda previamente à revolução francesa, foi encampado pela Constituição dos Estados Unidos da América, datada de 1787. Antes mesmo do advento da Constituição estadunidense, a separação de poderes, *check and balances*, foi prevista, *e. g.*, pela Declaração de Direitos do Bom Povo de Virgínia, do ano de 1776. Com efeito, o princípio serviu de inspiração ou foi acolhido pelas primeiras Constituições, codificadas, surgidas. Ilustrativamente, a Constituição da Polônia, de maio de 1791; a Constituição da França, de setembro do mesmo ano; a Constituição portuguesa, de 1822; a Constituição brasileira, de 1824, que adotou o poder moderador.

Com o passar do tempo e na dependência do lugar, amoldado aos elementos culturais, enquanto fenômeno social (histórico), o princípio da separação de poderes, manifestação também do iluminismo, instrumento em proveito da racionalização do Estado, vai se despojando, tanto no aspecto orgânico quanto no aspecto funcional, dos seus protótipos primitivos, revisando-os, adaptando-os. A atividade executiva é transferida do monarca para o presidente ou para o primeiro-ministro. O poder legislativo e o poder judicial se sedimentam como perenes, não como transitórios. O parlamento pode derrubar o veto, deliberar pelo *impeachment* ou resolver dar voto de desconfiança. Para mais do veto, o executivo toma parte na função legislativa, angaria poder de normatizar. O molde do parlamento integrado por assembleia reservada aos tidos por nobres entra em crise, em decadência, quase não mais empregado: tal câmara, onde persiste (câmara dos lordes, Inglaterra), se vê combalida, com poderes diminuídos, com a hereditariedade posta à extinção, enfrenta reformas e a oposição pela sua abolição.

Algumas notas à experiência constitucional brasileira. A Carta de 1824, como averbado, discriminou quatro funções estatais: a legislativa, a moderadora, a executiva e a judicial. É escrito que a divisão e harmonia dos poderes é o princípio conservador dos direitos dos cidadãos e o mais seguro meio de fazer efetivas as garantias que a Constituição oferece. O senado é formado por membros vitalícios, escolha pelo imperador a partir de lista tríplice, e com assento alocado aos príncipes da casa real, senadores por direito. As eleições são indiretas e censitárias. O imperador, pessoa inviolável, sagrada, não sujeita a responsabilidade alguma, é o chefe do executivo e exerce o poder moderador, considerado a chave de toda a organização política. O monarca, que, antes de ser aclamado, está obrigado a prestar juramento na assembleia geral, possui a prerrogativa de denegar projeto de lei, todavia o parlamento pode derrubar o veto. Compete ao imperador, em data fixada na Carta Constitucional, convocar a nova assembleia geral; caso não o faça, as cartas de convocação serão expedidas pelo senado. Se algum senador ou deputado for pronunciado, o juiz deverá aguardar que a respectiva câmara decida pela continuidade ou não do processo judicial, a quem cabe também resolver acerca da suspensão ou não do seu membro. Tem-se uma monarquia constitucional.

Com a primeira Constituição republicana, o princípio da separação de poderes tomou o formato tripartite, sem o poder moderador. Dentre as previsões afins: é instituído o sufrágio direto; o vice-presidente da república é o presidente do senado; quando o senado delibera como tribunal de justiça é presidido pelo presidente do supremo tribunal federal; os membros do supremo tribunal federal são nomeados pelo presidente da república, com a aprovação do senado; os juízes federais são nomeados pelo presidente da república, mediante indicação do supremo tribunal; o presidente da república é julgado pelo senado nos crimes de responsabilidade e pelo supremo tribunal na hipótese de crime comum. Entre os crimes de responsabilidade, o atentado contra o livre exercício dos poderes políticos. O art. 1º das Disposições Transitórias determinou que a primeira eleição para presidente e vice-presidente da república se desse pelo congresso nacional.

A Constituição de 1934 utiliza a palavra *coordenados* em vez de *harmônicos*, esta última sempre adotada pelos demais textos constitucionais. É a primeira Carta Magna a conferir a iniciativa de projetos de lei ao presidente da república, o qual, assim, passa a ter uma participação mais ativa no processo legislativo, além do veto. A câmara dos deputados e o senado são autorizados a criar comissões de inquérito e podem convocar qualquer ministro de Estado a prestar informações, sendo que a falta, sem justificação, enseja crime de responsabilidade. Dispositivo emblemático que veicula demarcação entre os poderes, a sinalizar para um posicionamento de contenção do judiciário, é o art. 68, *in verbis*: "É vedado ao Poder Judiciário conhecer de questões exclusivamente políticas".

A separação de poderes não teve guarida expressa na Carta de 1937, sintoma do ânimo que deu origem à Carta, a qual, no momento da sua outorga, dissolveu o senado e a câmara dos deputados, as assembleias legislativas estaduais e as câmaras municipais. Ao presidente da república, autoridade suprema do Estado, foi atribuída, *e. g.*, a coordenação funcional dos órgãos representativos, de grau superior, a promoção e orientação da política legislativa de interesse nacional. O chefe do executivo federal recebeu o poder de expedir decretos-leis, possuía a prerrogativa de dissolver a câmara dos deputados, adiar, prorrogar e convocar o parlamento. O senado foi extinto e substituído pelo conselho federal, composto por membros eleitos pelas assembleias legislativas, um por Estado, e por dez membros nomeados pelo presidente da república. O art. 94 reproduziu, *ipsis litteris*, o art. 68 da Constituição de 1934. O judiciário estava interditado de conhecer dos atos praticados em motivo do estado de emergência ou do estado de sítio. No caso de uma lei ser declarada inconstitucional, o presidente da república podia submetê-la novamente ao legislativo; se fosse confirmada, restaria sem efeito a decisão do judiciário.

A Constituição de 1946 retorna com a previsão explícita da separação de poderes. O senado é restabelecido e a eleição é direta. A iniciativa das leis cabe a qualquer deputado ou senador, além do presidente da república, diferentemente da Carta de 1937, que exigia 1/3 dos membros de cada câmara. O decreto-lei é suprimido. É da incumbência do senado suspender a execução, no todo ou em parte, de lei ou decreto declarados inconstitucionais pelo supremo tribunal federal; previsão que tem equivalente na Carta de 1934.

De acordo com a Carta de 1967, o presidente da república passa a ser eleito indiretamente, por um colégio eleitoral constituído pelos integrantes do congresso nacional e por delegados indicados pelas assembleias legislativas estaduais. O decreto-lei é instituído mais uma vez. Pelas disposições gerais e transitórias, são excluídos da apreciação judicial, p. ex., "os atos praticados pelo Comando Supremo da Revolução", bem como os atos do governo federal baseados nos atos institucionais n. 1, 2, 3, 4, e em seus atos complementares, os atos de natureza legislativa expedidos com finco nos tais atos institucionais e complementares.

Não se pode deixar de mencionar o Ato Institucional n. 5, de 1968, que, entre outras providências, estabeleceu poder o presidente da república decretar o recesso do congresso nacional, das assembleias legislativas e das câmaras dos vereadores, estes somente voltando a funcionar por sua convocação; decretado o recesso parlamentar, o Executivo assume poder de legislar sobre qualquer assunto; ao chefe do executivo federal é permitido cassar quaisquer mandatos eletivos, sem as limitações constitucionais; as garantias de vitaliciedade, inamovibilidade e estabilidade são suspensas. Investido no poder pleno de legislar, haja vista o Congresso em recesso, a junta militar editou a Emenda Constitucional n. 1, de 1969, a qual veio a conviver com os atos institucionais e correlatos e, assim, quando em choque, teve a sua eficácia prejudicada, perdida, e que, no que tange à separação de poderes, afora isto, não importou em novidades de relevo.

A palavra *poder* comporta duas significações: os órgãos estatais, sentido orgânico ou subjetivo – poder executivo, poder legislativo e poder judiciário –, e as funções a serem desempenhadas, sentido funcional ou objetivo – atividade executiva ou administrativa, atividade legislativa ou normativa e atividade jurisdicional. Como é sabido, cada órgão não exerce, exclusivamente, uma única função, em correspondência nominal. *E. g.*, o poder legislativo não pratica apenas a atividade normativa. Diz-se, então, função típica, aquela correspondente, por excelência ou basicamente, ao órgão e função atípica, aquela exercida pelo órgão em caráter extravagante, pois que relativa, a princípio ou propriamente a outro órgão, ou como meio para o desempenho da sua função clássica ou prioritária, caráter instrumental. Exemplo de função atípica do executivo, de índole excepcional, é a edição de medidas provisórias (art. 62 da CF). Exemplo de função atípica do judiciário, via para aperfeiçoar a sua atuação final, principal ou essencial, é a organização da sua estrutura, funcionamento, que engloba, p. ex., a eleição dos seus órgãos diretivos, a estipulação de competências, a realização de concursos para o provimento de cargos de juiz e demais servidores – autonomia administrativa (arts. 96 e 99 da CF).

Consoante anotado, a separação de poderes tem por mote o controle do poder pelo próprio poder, um sistema de fiscalização e limitação recíprocas, o denominado sistema de freios e contrapesos. Exs.: sanção ou veto do chefe do executivo a projeto de lei (art. 66 da CF), o STF declarar, em tese, a inconstitucionalidade de lei ou ato normativo (art. 102, I, *a*, da CF), o parlamento sustar os atos normativos do executivo que exorbitam do poder regulamentar ou dos limites da delegação legislativa (art. 49, V, da CF).

Entende-se que a separação não é propriamente do poder político-jurídico, considerado uno, indivisível, e sim das funções. O poder não se divide, as funções provenientes do poder sim. Vale observar que a divisão funcional tripartida não corresponde, necessariamente, a uma separação em três órgãos. Muitas Constituições adotam uma separação orgânica quadripartida ou pentâmera. Isto a par dos tribunais constitucionais, não integrantes da estrutura do poder judiciário.

O princípio da separação de poderes é ancorado na concepção de discricionariedade: um poder está proibido de invadir a discricionariedade dos outros. Este o ponto de equilíbrio, a linha fronteiriça. Acontece que a apreensão do juízo discricionário passa por uma (r)evolução, uma acentuada mudança, e, assim, a separação de poderes. Discricionariedade não significa liberdade total, ao sabor da opinião individual do agente, refém do subjetivismo (solipsismo), onipotência, juízo fora ou ignorante do Direito, sem parâmetros, sem balizas. Discricionariedade, nesse sentido, também não se confunde com "discricionariedade interpretativa", valendo sempre lembrar a aguda crítica feita por Ronald Dworkin ao positivismo de Herbert Hart, aplicável ao decisionismo de Hans Kelsen. Também não é um espaço para o agente escolher a melhor dentre alternativas, pois se há uma que é melhor, esta deve ser obrigatoriamente adotada, configurando, pois, juízo vinculado. Há, destarte, uma reengenharia da separação de poderes, com o judiciário promovendo a sindicância de hipóteses até pouco tempo consideradas proibidas.

Por outro lado, a atividade jurisdicional se despe da mítica de ser mera reprodução, robótica, neutra, fiel, da lei. A jurisdição não é simplesmente declaratória (de algo que já existe pronto, feito, como se apenas revelasse algo escondido), é criativa. A inteligência pressupõe a superação da distinção ou do distanciamento entre sujeito e objeto, o reconhecimento da pré-compreensão, com a diferença, neste passo e no lastro da virada linguística, entre texto e norma. O juiz deixa de ser a boca que pronuncia as palavras da lei para construir o verbo com esteio no texto legal. Sem cair forçosamente no voluntarismo, as palavras da norma não deixam de ser as palavras do juiz, comprometido com o texto normativo e com a facticidade, uma parceria, porquanto o texto não permite qualquer voz. É um concerto de vozes (intersubjetividade). Dito de outra forma, exige-se do judiciário, quando dessa sindicância, o respeito à integridade e a coerência, assim como a preservação da autonomia do direito, tão duramente conquistada (e a conquista é um processo) a partir do segundo pós-guerra.

Não se pode esquecer que judicialização da política e ativismo judicial são fenômenos distintos. O primeiro é contingencial, fruto de um contexto caracterizado pela necessária implementação de direitos, por um déficit na atuação dos demais Poderes. O segundo, por vez, está relacionado a um problema hermenêutico, isto é, à pergunta sobre como se decide. O ativismo judicial consiste numa postura do judiciário, extrapolando os limites constitucionais de sua atuação.

Outrossim, a divisão de poderes não vem em guarda apenas dos direitos individuais, mas sim de todas as dimensões dos direitos fundamentais, assimiladas em unidade. Vem em favor tanto das liberdades públicas, dos direitos civis, quanto dos direitos sociais, da cidadania ativa, dos direitos transindividuais, do meio ambiente – cobrança de prestações, eficácia positiva. As funções adquirem novo sentido, outras raias de legitimidade, novas conformações.

Por fim, é realçar que o princípio da separação de poderes não possui uma formulação rígida, universal, padronizada. Sem prejuízo de uma concepção genérica, mundializada, denota peculiaridades de país para país. É formação cultural. Há que se reconhecer, ademais, que o recurso trivial, sem justificativa ou com fundamentação deficiente, ao princípio da separação de poderes, como um curinga sempre na manga, algo pronto a ser sacado como chave-mestra, inclusive em casos qualificados como complexos ou difíceis, como se em um passe de mágica tornasse tudo singelo ou evidente, conforme, p. ex., a embasar a *tese do ato político*, a vedar que o judiciário tome ciência da questão trazida ao seu conhecimento, leva à banalização e ao descrédito, além de deixar a entrever a pré-compreensão sobre a matéria.

De uma maneira ou de outra, o tema da separação de poderes é sempre presente em todas as decisões jurisdicionais, haja vista que qualquer julgado expõe ou pontua uma posição sobre a matéria. Em tantos julgamentos, a questão parece nem se colocar, pois considerada induvidosa ou evidente a legitimidade do poder judiciário. Fica imanente, subentendida. Em outros, por diversas circunstâncias fáticas e/ou normativas, a questão vem à tona vigorosamente, irrompe com ares dramáticos, é tomada como de grave complicação, e parece se tornar o principal problema, antecedendo à própria aferição do mérito. É, todavia, aparência enganosa. O posicionamento acerca da separação de poderes, quando se vai afirmar o judiciário com atribuição ou não para a deliberação ou em que termos o julgado deve se dar, bem como o deslinde de conflito entre os demais poderes, exige, por indeclinável, juízo sobre o mérito. A assertiva de que não cabe ao judiciário investigar ou resolver o caso levado até ele, em razão de não afrontar a separação de poderes, é consequente de uma avaliação (prévia) acerca da hipótese e, é claro, de uma conceituação do princípio em pauta.

Vale ainda registrar o aporte trazido pela perspectiva das capacidades institucionais, dos diálogos institucionais e sociais, quando também se chama a atenção para os efeitos sistêmicos de decisões jurisdicionais, os quais podem não ser divisados pela falta ou carência de *expertise* do judiciário, motivo pelo qual se recomenda uma posição contida diante de certos assuntos. Na linha dos apregoados diálogos institucionais, chega-se a afirmar que a questão da última palavra fica prejudicada. Se é certo que se preconiza a prática dialógica e, assim, um resultado consensual, esta, por si, não afasta que seja dada uma palavra que se afirme sobre as demais, embora não necessariamente em caráter permanente, uma vez que, como fenômeno histórico, a decisão pode no futuro ser revista pelo próprio ou outro órgão (Poder) ou mesmo pelo próprio povo no exercício da sua soberania (revoltas, revoluções, poder constituinte originário). A última palavra não obrigatoriamente será do judiciário, o que comporta três hipóteses de consideração: 1) a discussão sobre a vinculação ou não do legislativo ao julgado pelo judiciário (com a reação contrária ocorrendo por meio de lei ou por meio de emenda à Constituição); 2) a imperiosidade de provocação para que a jurisdição seja exercida, isto é, se o judiciário não for instigado a agir não há palavra (final) a ser proferida; 3) o judiciário pode compreender que a palavra sobre dado assunto não é sua e entendê-la como do executivo ou do legislativo, o que não traduz negativa de jurisdição, pois esta é a jurisdição (a sua palavra final, mas não a que resolve o caso) em proveito da separação de funções.

Questão problemática central relativa à atuação do judiciário e, em especial, do Supremo Tribunal Federal é a de terminar por agir como legislador positivo e ainda *ex post facto*. A separação de poderes é tensionada pela afirmação de que o judiciário não está circunscrito a ser legislador negativo. É a defesa da chamada *decisão interpretativa com eficácia aditiva*, tese que, nominalmente ou não, já encontrou, algumas vezes e em casos de ampla repercussão, assento no STF, além de ser matéria de debate em vários países. Em Portugal, por ex., o tribunal constitucional julgou inconstitucional previsão legal que atribuía aos *assentos* (doutrina com) *força obrigatória geral*, isto é, caráter normativo, inovador na ordem jurídica, o que se deu por meio do Acórdão 810/93, por considerar, portanto, que assim os tribunais assumiam a função legiferante. No Brasil, a discussão é condizente com as súmulas e teses estabelecidas a partir da configuração de repercussão geral (temas). Tal exercício é o antagônico do que se denominou *minimalismo judicial* (Cass Sunstein) e vai à fronteira da separação de poderes ou a ultrapassa, denotando ativismo judicial. O STF proferiu decisões que flagrantemente põem em dúvida o conteúdo do art. 2º, da Constituição, que, embora comporte alguma relatividade, possui também conformações (limites e condicionamentos), não aceita qualquer formatação, todo tipo de arranjo. Na *cultura dos precedentes*, a experiência brasileira vem comportando o estabelecimento de comandos genéricos e abstratos, voltados para o futuro, com o que se assume a decisão judicial como fonte do direito (criação de direito e obrigação), isto é, a aceitação de *ato normativo não legislativo* (não proveniente do poder legislativo), na expressão empregada pelo tribunal constitucional português na referida decisão, que oferece apontamentos para a vivência que se opera aqui. Sob diferentes argumentos, nem sempre claros ou alinhados nos julgados, como mutação constitucional ou de desvelar norma implícita, da suposta abertura interpretativa dos princípios (que não é a teoria dworkiniana), sob a invocação da sua legitimidade argumentativa (Robert Alexy), do seu compromisso com a justiça, o supremo tribunal já assujeitou o texto legal e o fato, já transformou a *reserva legal* em *reserva judicial*. Se o direito tem limites – e tem, não é filosofia –, o judiciário tem mais limites ainda. Se nem tudo é possível resolver pelo direito, menos ainda pelo judiciário.

Como se percebe, a separação de poderes abarca diversos desenhos. Varia se em sistema presidencialista ou parlamentarista, bem como dentro de cada qual. Sem prejuízo dos seus muitos padrões, o princípio da separação de poderes se consolida como um princípio geral do Direito Constitucional, postulado básico e aglutinador da Teoria da Constituição, evocado sempre a responder aos desafios da atualidade. Vai, assim, se reorganizando, ensejando leituras sucessivas, se renovando.

> **Art. 3º** Constituem objetivos fundamentais da República Federativa do Brasil:
>
> I – construir uma sociedade livre, justa e solidária;
> II – garantir o desenvolvimento nacional;
> III – erradicar a pobreza e a marginalização e reduzir as desigualdades sociais e regionais;
> IV – promover o bem de todos, sem preconceitos de origem, raça, sexo, cor, idade e quaisquer outras formas de discriminação.

Lenio Luiz Streck
Jose Luis Bolzan de Morais[1]

A – REFERÊNCIAS

1. Histórico da norma

Texto original da CF/88.

2. Constituições anteriores

Não há referência de norma similar no constitucionalismo brasileiro anterior a 1988. As Constituições brasileiras anteriores não trataram os objetivos da República de forma específica, como se pode perceber, exemplificativamente, no corpo da Constituição monárquica de 1824 e na republicana de 1946.

3. Dispositivos constitucionais relacionados

Art. 5º, III (dispõe que ninguém será submetido a tortura nem a tratamento desumano e degradante); art. 6º (dispõe sobre os direitos sociais, entre eles a assistência aos desamparados); art. 7º, XXX, XXXII e XXXIV, art. 170 (estabelece que a ordem econômica tem como fim assegurar a todos existência digna); art. 193 (estabelece que a ordem social tem como base o trabalho e como objetivo o bem-estar e a justiça sociais); art. 226 (dispõe que a família tem especial proteção do Estado tendo como fundamento a dignidade da pessoa humana); art. 227 (dispõe ser dever da família, da sociedade e do Estado assegurar à criança e ao adolescente o direito à dignidade); art. 231 (reconhecer a cultura, tradições, costumes, línguas, crenças indígenas e direitos sobre as suas terras) etc.

4. Constituições estrangeiras

Constituição Portuguesa (1976) – O art. 9º trata das tarefas fundamentais do Estado, voltadas para a (re)construção de um Estado democrático de direito, atendendo à independência nacional, aos direitos e liberdades fundamentais, à participação democrática dos cidadãos e ao bem-estar e a qualidade de vida do povo e a igualdade real entre os portugueses, bem como a efectivação dos direitos económicos, sociais, culturais e ambientais, mediante a transformação e modernização das estruturas econômicas e sociais. O mesmo art. 9º do texto magno português dispõe sobre a proteção e a valorização do patrimônio cultural, a defesa do meio ambiente e ainda a promoção da igualdade entre homens e mulheres. *Constituição Espanhola* (1978) – O seu art. 10 explicita a preocupação constitucional para com a dignidade da pessoa, a inviolabilidade e o respeito à lei e aos direitos humanos enquanto fundamentos da ordem política e da paz social a serem assegurados pelo Estado Espanhol. *Constituição italiana* (1948) – Os objetivos fundamentais da república democrática italiana encontram-se dispersos nos arts. 1º a 11 da sua Constituição. Assim, tem-se que a Constituição italiana reconhece e garante os direitos invioláveis do homem, quer como ser individual quer nas formações sociais onde se desenvolve a sua personalidade, e requer o cumprimento dos deveres inderrogáveis de solidariedade política, econômica e social. Veda a discriminação de sexo, de raça, de língua, de religião, de opiniões políticas, de condições pessoais e sociais bem como adota o princípio da isonomia e o do pleno desenvolvimento da pessoa humana e a efetiva participação de todos os trabalhadores na organização política, econômica e social do País. *Constituição do Peru* (1993) – O art. 1º assegura que a defesa da pessoa humana e o respeito a sua dignidade são a prioridade da sociedade e do Estado peruano. *Constituição do Chile* (1980) – O art. 1º, dentre outras garantias, afirma que o Estado está a serviço da pessoa humana e, portanto, o seu objetivo fundamental é a promoção do bem comum. Deste modo, a Constituição do Chile afirma que o Estado constitucional chileno tem por objetivo fundamental proporcionar as condições sociais para que todo o cidadão possa realizar-se espiritual e materialmente, com pleno respeito dos direitos e garantias constitucionais. É, também, objetivo fundamental do Estado chileno, a proteção da família e integração harmônica de todos os setores nacionais, assegurando os direitos humanos e promovendo a igualdade de oportunidades na vida nacional. *Constituição do Equador* (2008) – O art. 3º define que são deveres primordiais do Estado: garantir sem discriminação alguma os direitos estabelecidos na Constituição; garantir e defender a soberania nacional, fortalecer a unidade na diversidade, garantir a ética laica, planejar o desenvolvimento nacional, erradicar a pobreza, promover o desenvolvimento sustentável e a redistribuição equitativa dos recursos e da riqueza, com vistas ao bem viver, promover o desenvolvimento equitativo e solidário em todo o território, proteger o patrimônio cultural e natural do país, garantir aos habitantes uma cultura democrática e livre da corrupção. *Constituição da Bolívia* (2009) – O art. 9º consagra os fins do chamado Estado Plurinacional. Dentre eles, encontram-se construir uma sociedade justa, com fundamento na decolonização, sem discriminação ou exploração, com o fito de consolidar as identidades plurinacionais, garantir o bem-estar, o desenvolvimento, a segurança e a proteção e igual dignidade das pessoas, das nações, dos povos e das comunidades e fomentar o diálogo intercultural e pluricultural, reafirmar e consolidar a unidade do país e preservar como patrimônio histórico a diversidade plurinacional, garantir o cumprimento dos princípios, valores, direitos e deveres consagrados na Constituição, garantir o acesso das pessoas à saúde, educação e trabalho, promover e garantir o respeito à biodiversidade e possibilitar o aproveitamento racional dos recursos naturais e conservar o meio ambiente para as atuais e futuras gerações. As Constituições dos países do *Mercosul* (Argentina, Uruguai, Para-

---

[1]. Colaborou na pesquisa Angela Araujo da Silveira Espindola, Mestre e Doutora em Direito pela UNISINOS e Professora da UFSM e Faculdade de Direito de Guanambi.

guai, Brasil, Chile e Bolívia) garantem o direito à vida, proíbem a pena de morte, a prisão arbitrária, a tortura e os tratamentos cruéis ou degradantes, bem como protegem a liberdade de ir e vir e a integridade física das pessoas. Todas elas vedam a discriminação e adotam o princípio da isonomia.

5. Textos internacionais

Declaração Universal dos Direitos Humanos (DUDH).

6. Legislação

As normas implementadoras dos direitos sociais apresentam-se como exemplos de legislação que, de alguma forma, repercute a concretização dos objetivos da República brasileira.

7. Jurisprudência

ADI's n. 3.105/DF e 3.128/DF (é constitucional a retenção das contribuições previdenciárias devidas pelos servidores públicos e demais empregados inativos e/ou aposentados, segundo o EC n. 41/2003); RE 415.454 e RE 416.827 (inaplicabilidade de lei posterior mais benéfica ao benefício de pensão por morte por ofender o ato jurídico perfeito e porque não existe correspondente fonte de custeio para justificar a alteração, nos termos do art. 195, § 5º, da CF); AI 630.997-AgR (é constitucional (Decreto n. 420/92) estabelecer alíquotas diferenciadas – incentivo fiscal – com vistas à redução das desigualdades regionais e de desenvolvimento nacional. A concessão do benefício da isenção fiscal é ato discricionário, fundado em juízo de conveniência e oportunidade do Poder Público, cujo controle é vedado ao Judiciário. A alíquota de 18% para o açúcar de cana não afronta o princípio da essencialidade); ADI 319-QO (para conciliar o fundamento da livre-iniciativa e do princípio da livre concorrência com os da defesa do consumidor e da redução das desigualdades sociais, em conformidade com os ditames da justiça social, pode o Estado, por via legislativa, regular a política de preços de bens e de serviços, abusivo que é o poder econômico que visa ao aumento arbitrário dos lucros. É constitucional a Lei n. 8.039/90 que trata sobre critérios de reajuste das mensalidades em escolas particulares); ADI n. 3.330-1/DF (sobre a constitucionalidade do ProUni – Programa Universidade para Todos); ADPF 291 (inconstitucionalidade de lei que utiliza termos pejorativos ante o reconhecimento da liberdade de orientação sexual); ADI 4277 e ADPF 132 (proibição da discriminação seja em razão do sexo ou do gênero).

8. Bibliografia

BERCOVICI, Gilberto. *Desigualdades regionais, Estado e Constituição*. São Paulo: Max Limonad, 2003; BOLZAN DE MORAIS, José Luis. *Costituzione o Barbarie*. Col. Costituzionalismi Difficili, n. 2. Lecce: Ed. Pensa, 2004; BOLZAN DE MORAIS, José Luis. O Brasil pós-88. Dilemas do/para o Estado Constitucional. In: SCAFF, Fernando Facury (Org.). *Constitucionalizando direitos*: 15 anos da Constituição brasileira de 1988. Rio de Janeiro: Renovar, 2003; BONAVIDES, Paulo. *A Constituição aberta*. Belo Horizonte: Del Rey, 1993; BONAVIDES, Paulo. *Do Estado Liberal ao Estado Social*. 6. ed. São Paulo: Malheiros, 1996; CANOTILHO, J. J. Gomes. *Direito constitucional e Teoria da Constituição*. 7. ed. Coimbra: Almedina, 2004; CANOTILHO, J. J. Gomes. *Constituição dirigente e vinculação do legislador*: contributo para a compreensão das normas constitucionais programáticas. Coimbra: Coimbra Ed., 1994; CANOTILHO, J. J. Gomes; MOREIRA, Vital. *Constituição da República portuguesa anotada*. Ed. Coimbra: Coimbra; São Paulo: Revista dos Tribunais, 2007. v. 1; CITTADINO, Gisele. *Pluralismo, direito e justiça distributiva. Elementos da filosofia constitucional contemporânea*. 2. ed. Rio de Janeiro: Lumen Juris, 2000; ELSTER, Jon e SLAGSTAD, Rune. *Constitucionalismo y democracia*. Ciudad do Mexico: Fondo de Cultura Económica, 1999; GARCIA-PELAYO, Manuel. *As transformaciones del Estado constitucional*. Madrid: Alianza Editorial, 1996; MATTEUCCI, Nicola. *Organización del poder y libertad. Historia del constitucionalismo moderno*. Madrid: Trotta, 1998; HESSE, Konrad. *A força normativa da Constituição*. Porto Alegre: Martins Fontes, 1998; MOREIRA, Vital. O futuro da Constituição. In: *Estudos em homenagem a Paulo Bonavides*. São Paulo: Malheiros, 2001; SARLET, Ingo. *A eficácia dos direitos fundamentais*. 7. ed. Porto Alegre: Livraria do Advogado, 2007; STRECK, Lenio Luiz. *Jurisdição constitucional e hermenêutica*: uma nova crítica do direito. 2. ed. Rio de Janeiro: Forense, 2004; STRECK, Lenio Luiz. *Verdade e consenso. Constituição, hermenêutica e teorias discursivas*. 2. ed. Rio de Janeiro: Lumen Juris, 2007; ZOLO, Danilo e COSTA, Pietro (Orgs.). *Lo Stato di Diritto. Storia, teoria, critica*. 2. ed. Milano: Feltrineli, 2003.

B – ANOTAÇÕES

I. Com a opção presente no art. 1º – Estado Democrático de Direito – a Constituição brasileira de 1988 inegavelmente incorpora a tese do constitucionalismo dirigente e compromissório. Com isso se identifica com o constitucionalismo português emergente da Revolução dos Cravos, no contexto do processo de redemocratização de Portugal, após longo período de autoritarismo. Tal proposta, contida no texto constitucional português, assume *um texto de caráter revolucionário*, na medida em que até mesmo especificava a transformação do modo de produção rumo ao socialismo. As sucessivas revisões constitucionais em Portugal acabaram por retirar esse caráter revolucionário do Texto Maior português, ocorrendo aquilo que foi chamado por Vital Moreira de "normalização constitucional".

Já a Constituição do Brasil ficou distante dessa veia revolucionária que estava explícita na Constituição de Portugal. Com efeito, enquanto aquela claramente apontava para a transformação do modo de produção do Estado português, esta – embora isso significasse um expressivo avanço – limitou-se a apontar para a transformação do modelo de Estado (Estado Democrático de Direito), restringindo-se, no plano econômico, a estabelecer as bases (núcleo político) de um Estado Social (*Welfare State*). Em síntese, a Constituição brasileira não contém, ao contrário do que continha, na sua origem, a portuguesa, uma função normativo-revolucionária; mesmo assim ela incorpora um conjunto de *objetivos* que devem pautar e marcar toda a ação política do Estado, em todos os seus ambientes – executivo, legislativo e judiciário. Ou seja: o caráter compromissório do constitucionalismo vem expresso em sua opção finalística, a qual deve ser obtida pela persecução dos objetivos que indicam os fins da ação estatal, delimitando formal e substancialmente as decisões políticas. Além do mais, o estabelecimento de um conteúdo finalístico na Constituição de 1988 funciona como um critério da atividade hermenêutica de desvelamento do conteúdo constitucional, pelo qual todo e qualquer interprete deverá observar, navegando nas águas cristalinas da opção constituinte.

II. A noção de Constituição dirigente e compromissória tem sido contestada no decorrer dos anos. Originalmente proposta por Peter Lerche (*Dirigierende Verfassung*), foi adaptada por J. J. Gomes Canotilho à Constituição de Portugal de 1976. De todo modo, Canotilho vai ressaltar que a Constituição dirigente está morta se o dirigismo constitucional for entendido como normativismo constitucional revolucionário capaz de, só por si, operar transformações emancipatórias. Também suportará impulsos tanáticos qualquer texto constitucional dirigente introvertidamente vergado sobre si próprio e alheio aos processos de abertura do direito constitucional ao direito internacional e os direitos supranacionais. Numa época de cidadanias múltiplas e de múltiplos de cidadania seria prejudicial aos próprios cidadãos o fecho da Constituição, erguendo-se à categoria de "linha Maginot" contra invasões agressivas dos direitos fundamentais. Alguma coisa ficou, porém, da programaticidade constitucional, assevera. Contra os que ergueram as normas programáticas a "linha de caminho de ferro" neutralizadora dos caminhos plurais da implantação da cidadania, Canotilho acredita que os textos constitucionais devem estabelecer as premissas materiais fundantes das políticas públicas num Estado e numa sociedade que se pretendem continuar a chamar de Direito, democráticos e sociais.

III. Assim, para que se compreenda o papel da Constituição nestes duros tempos de globalização e de fragilização dos Estados Nacionais, parece imprescindível ter como norte uma teoria da Constituição como *uma teoria que resguarde as especificidades histórico-factuais de cada Estado nacional*. Nesse sentido, absorvidas as críticas ao modelo original-dirigista da Constituição do Brasil, é preciso entender as especificidades do país. As promessas da modernidade continuam incumpridas, circunstância que reforça o papel do direito constitucional e da teoria constitucional. Desse modo, a teoria da Constituição deve conter um núcleo (básico) que albergue as conquistas civilizatórias próprias do Estado Democrático (e Social) de Direito, assentado, como já se viu à saciedade, no binômio democracia e direitos humanos-fundamentais. Esse núcleo derivado do Estado Democrático de Direito faz parte, hoje, de um núcleo básico geral-universal que comporta elementos que poderiam conformar uma teoria geral da Constituição e do constitucionalismo do Ocidente. Já os demais substratos constitucionais aptos a conformar uma teoria da Constituição derivam das especificidades regionais e da identidade nacional de cada Estado.

IV. Afora o núcleo mínimo universal que conforma uma teoria geral da Constituição, que pode ser considerado comum a todos os países que adotaram formas democrático-constitucionais de governo, há um núcleo específico de cada Constituição, que, inexoravelmente, *será diferenciado de Estado para Estado*. Referimo-nos ao que se pode denominar núcleo de direitos sociais-fundamentais plasmados em cada texto que atendam ao cumprimento das promessas da modernidade. O preenchimento do déficit resultante do histórico descumprimento das promessas da modernidade pode ser considerado, no plano de uma teoria da Constituição adequada a países periféricos ou, mais especificamente, de uma Teoria da Constituição Dirigente Adequada aos Países de Modernidade Tardia, como conteúdo compromissário mínimo a constar no texto constitucional, bem como os correspondentes mecanismos de acesso à jurisdição constitucional e de participação democrática.

V. A ideia de uma teoria da Constituição adequada implica uma interligação com uma teoria do Estado, visando à construção de um espaço público, apto a implementar a Constituição em sua materialidade, o que implica a necessária assunção de *objetivos* a serem perseguidos e concretizados por meio de ações estatais, as quais, com isso, passam a ser observadas, em sua constitucionalidade, pelos fins perseguidos, pelos meios utilizados e pela viabilidade dos instrumentos utilizados para tanto. Dito de outro modo, uma tal teoria da Constituição não prescinde da teoria do Estado, apta a explicitar as condições de possibilidade para a implantação das políticas de desenvolvimento constantes – de forma dirigente e vinculativa – no texto da Constituição e que indicam os *fins a serem perseguidos por toda a atividade estatal em suas diversas esferas de poder*, tanto na perspectiva da especialização de funções quanto na sua estrutura institucional que desenha a *forma* do Estado – o federalismo. Portanto, além de as funções do Estado estarem vinculadas a tais objetivos, estes devem ser perseguidos e concretizados em todos os níveis do Estado brasileiro – União, Estados e Municípios são responsáveis pela busca e concretização destes fins, constitucionalmente selecionados e positivados.

VI. Defender o cumprimento do texto constitucional, mormente naquilo que ele tem de social e compromissório, não significa defender a tese de um país autárquico. A globalização excludente e o neoliberalismo que tantas vítimas têm feito em países periféricos não são a única realidade possível. Ou seja, não se pode olvidar que, juntamente com a globalização, vêm os ventos neoliberais, assentados em desregulamentações, desconstitucionalizações e reflexividades. E tais desregulamentações – e suas derivações – colocam-se exatamente no contraponto dos direitos sociais-fundamentais previstos na Constituição brasileira, assim como condicionam negativamente as condições e possibilidades para o cumprimento dos objetivos da República, presentes neste art. 3º.

VII. Nitidamente, a Constituição brasileira aponta para a construção de um Estado Social de índole intervencionista, que deve pautar-se por políticas públicas distributivistas, questão que exsurge claramente da dicção do art. 3º do texto magno. Desse modo, a noção de Constituição que se pretende preservar, nesta quadra da história, é aquela que contenha uma força normativa capaz de assegurar esse núcleo de modernidade tardia não cumprida. Esse núcleo consubstancia-se exatamente nos fins do Estado estabelecidos no aludido art. 3º da Constituição. Aqui, mostra-se absolutamente pertinente a análise de Gilberto Bercovici acerca da noção de desenvolvimento nacional enquanto objetivo da República constante no art. 3º da Constituição, quando, ao fixar o desenvolvimento nacional e a redução das desigualdades regionais como fins a serem alcançados, fundamenta a reivindicação e o compromisso do direito e da atuação do poder público à realização de políticas públicas para a concretização do programa constitucional.

VIII. O que há em comum em todas as políticas públicas é o processo político de escolha de prioridades para o governo, tanto em termos de finalidades como em termos de procedimentos, e tal já vem condicionado pelos objetivos constitucionais postos ao Estado Democrático de Direito. As funções públicas estão, todas elas, condicionadas pelo cumprimento destes objetivos, ficando sua *discricionariedade* desenhada por tais conteúdos. Ou seja, a formulação e execução das políticas públicas vêm não apenas sujeitas ao controle de sua regularidade formal, como também de sua destinação adequada ao cumprimento dos fins do Estado.

IX. Para se implementar efetivamente o desenvolvimento consagrado no programa constitucional, é preciso que tenhamos mecanismos aptos ao controle (judicial) de políticas públicas. Trata-se da possibilidade de ampla sindicabilidade de atos legislativos e aqueles emanados do Poder Executivo.

X. Para alguns autores, como J. J. Gomes Canotilho, o controle de constitucionalidade de políticas públicas seria de difícil efetivação em razão da tradicional especialização de funções erigida, ela também, em princípio constitucional de organização do Estado, sendo tarefa da função executiva a elaboração e implementação de políticas públicas. É aqui que se coloca o debate doutrinário constitucional entre uma postura restritiva – adotada, inclusive, como *self restraint* – da atividade jurisdicional, de outra que admite uma pró-atividade do Estado Jurisdição. A questão dos limites de sindicabilidade das políticas públicas tem, assim, merecido a atenção cada vez maior no contexto do constitucionalismo contemporâneo, como neoconstitucionalismo, ganhando reforço, sobretudo em países de modernidade tardia, teses que valorizam a substancialidade do texto constitucional que deve impulsionar a atuação do Estado.

XI. Na doutrina e na jurisprudência brasileiras este tema tem ganho cada vez mais destaque. Neste sentido, a decisão do STF sobre a constitucionalidade do ProUni (Programa Universidade para Todos). Na decisão, o STF fez constar que é através do combate a situações de desigualdade que se concretiza a igualdade, devendo a lei assumir-se como instrumento de reequilíbrio social: "o típico da lei é fazer distinções, diferenciações, desigualações para contrabater renitentes desigualações". Este é um dos múltiplos casos, em que se percebe a emergência de direitos que carecem de um Estado não só preocupado com a resolução de conflitos, mas, sobretudo, com a concretização das normas constitucionais que tratam dos objetivos da República. Enfim, direitos que carecem um Estado ativo e não só reativo (ADI 3.330-1). Também vale ressaltar o importante passo dado pela jurisdição constitucional do STF no sentido de reconhecer a possibilidade de união estável para pessoas do mesmo sexo, asseverando que qualquer critério em razão do sexo ou do gênero não condiz com os objetivos da Constituição de vedar a discriminação e constituir um Estado justo.

XII. Há que se considerar, desde logo, que a ideologia constitucional não é neutra, é política, e vincula o intérprete. Os objetivos constitucionais fundamentais, como o art. 3º da Constituição de 1988, são a expressão das opções ideológicas essenciais sobre as finalidades sociais e econômicas do Estado, cuja realização é obrigatória para os órgãos e agentes estatais e para a sociedade ou, ao menos, os detentores de poder econômico ou social fora da esfera estatal. Constitui o art. 3º da Constituição de 1988 um verdadeiro programa de ação e de legislação, devendo todas as atividades do Estado brasileiro (inclusive as políticas públicas, medidas legislativas e decisões judiciais) se conformar formal e materialmente ao programa inscrito no texto constitucional. As políticas públicas podem ser controladas, assim, não apenas em seus aspectos de legalidade formal, mas também no tocante à sua adequação ao conteúdo e aos fins da Constituição, que são, entre outros, fundamentalmente, os fixados no art. 3º.

XIII. A redução das desigualdades regionais é um imperativo que deve permear todas as políticas públicas propostas e executadas no Brasil. Nesse sentido, com Bercovici, é possível apontar para a inconstitucionalidade de políticas públicas que atentem contra os fins determinados na Constituição de 1988, que desconsiderem ou prejudiquem o desenvolvimento e a diminuição dos desequilíbrios regionais. Não se pode olvidar, no contexto de uma Teoria da Constituição com objetivos concretizadores, que a opção por um comando como o constante no art. 3º. diminui consideravelmente o espaço de liberdade de conformação do legislador ordinário e do poder executivo.

XIV. O atendimento a esses fins sociais e econômicos é condição de possibilidade da própria inserção do Estado Nacional na seara da pós-modernidade globalizante. Portanto, há que se ter presente que os objetivos constantes no art. 3º não são conceitos desvinculados da contemporaneidade que cerca a noção de Estado Nacional; na verdade, o art. 3º da Constituição do Brasil conecta-se com a própria noção de Estado Democrático de Direito constante do art. 1º.

XV. Isto porque o Estado Democrático de Direito representa a vontade constitucional de realização do Estado Social. Trata-se de um *plus* normativo e qualitativo em relação ao direito promovedor-intervencionista próprio do Estado Social de Direito. Registre-se que as garantias transindividuais, assim como os *objetivos* da República, por exemplo, surgem, no plano normativo, como inerentes à própria ideia do Estado Providência.

XVI. Nesse sentido, torna-se importante ressaltar que tanto a forma de Estado Social em sua vertente como Estado Democrático de Direito como seu conteúdo material possuem assento no texto constitucional brasileiro de 1988. Há, assim, uma "ideologia constitucional" que aponta para o cumprimento do desiderato constitucional: a construção das condições de possibilidade do cumprimento do estabelecido nos arts. 1º, 3º e 170 da Constituição. Tais dispositivos representam a espinha dorsal da estrutura do Estado Social-Constitucional brasileiro (sem olvidar outros dispositivos, como os que asseguram amplamente os direitos sociais, a participação dos trabalhadores nos lucros das empresas, a função social da propriedade, as políticas fundiárias, para citar apenas alguns).

XVII. Com efeito, entre os fins dessa forma de Estado, o conceito-chave é a distribuição e a busca dos instrumentos aptos para o cumprimento desse objetivo. O papel primordial do Estado Social é o de promover a integração da sociedade nacional, ou seja, "o processo constantemente renovado de conversão de uma pluralidade em uma unidade sem prejuízo da capacidade de autodeterminação das partes" – como sugere Garcia-Pelayo.

XVIII. Essa integração, no caso específico do Brasil, deve-se dar tanto nos níveis municipal e estadual quanto no federal, com a transformação das estruturas econômicas e sociais. É por isso que a Constituição de 1988, ao exercer esta função diretiva, fixando fins e objetivos para o Estado e a sociedade, pode ser classificada como uma Constituição dirigente. Já a forma/modelo de Estado Democrático de Direito, como demonstrado nos comentários ao art. 1º, está assentado nos dispositivos que estabelecem os mecanismos de realização da democracia – nas suas diversas formas – e os direitos fundamentais. Não esqueçamos que o Estado Democrático de Direito constitui uma terceira forma de Estado de Direito exatamente porque agrega um *plus* às formas anteriores (Liberal e Social), representado por esses dois pilares: democracia e direitos fundamentais. Assim, o art. 1º estabelece que o Brasil é uma República que se constitui em Estado Democrático de Direito. A soberania popular, prevista no parágrafo único do art. 1º, é o sustentáculo do Estado Democrático, podendo ser exercida sob diversas formas, inclusive diretamente, tudo ancorado no pressuposto do pluralismo político garantido na Lei Fundamental. Os direitos fundamentais, âncora do modelo, contêm exaustiva previsão no art. 5º, sendo complementados pelos diversos mecanismos de acesso à justiça e pela garantia de independência dos Poderes e do Ministério Público (instituição permanente, essencial à função jurisdicional do Estado, incumbindo-lhe a defesa da ordem jurídica, do regime democrático e dos interesses sociais e individuais indisponíveis).

XIX. É nesse contexto que a Constituição, enquanto explicitação do pacto de (re)fundação da sociedade ocorrido a partir de um legítimo processo constituinte, define um novo modelo de nação, impondo perceber o art. 3º da Constituição do Brasil como estabelecedor dos parâmetros constitucionais para a verificação da compatibilidade da atividade estatal em face dos desígnios teleológicos que define. Mais do que procedimentos, a Constituição instituidora do Estado Democrático de Direito apresenta, a partir de uma revolução copernicana do direito constitucional, a determinação da realização substantiva dos direitos sociais, de cidadania e aqueles relacionados diretamente à terceira dimensão de direitos. Para tanto, o Direito assume uma nova feição: a de transformação das estruturas da sociedade.

Art. 4º A República Federativa do Brasil rege-se nas suas relações internacionais pelos seguintes princípios:

I – independência nacional;

George Rodrigo Bandeira Galindo

1. História da norma

A tradição política brasileira sempre foi enfática ao defender a independência do Estado em face dos membros da comunidade internacional, assim como sempre buscou se portar de maneira a respeitar a independência de outros Estados. A referência, na Constituição de 1988, à independência como princípio das relações internacionais, no entanto, não encontra precedentes diretos na tradição constitucional. De fato, é possível encontrar o uso do termo independência em algumas Constituições brasileiras; essa referência, contudo, diz respeito apenas à independência do próprio Estado brasileiro e não dos demais Estados. Aqui, é possível perceber uma influência da Constituição portuguesa, que elenca igualmente a independência nacional como princípio.

2. Constituições brasileiras anteriores

Embora todas as Constituições brasileiras deixem absolutamente clara a ideia de que o Brasil é um Estado soberano e independente dos demais, apenas as Constituições de 1824, art. 1, e a Constituição de 1937, preâmbulo, se referem expressamente ao Brasil como independente. Tais normas, no entanto, se restringem a sustentar a independência do Brasil em face de outros Estados.

3. Constituições estrangeiras (relação ilustrativa)

De alguma maneira, todas as Constituições modernas estabelecem que o Estado é soberano. Isso implica que tal soberania pode ser invocada no plano internacional como independência. Contudo, uma referência direta à independência (ou soberania) como algo que o Estado deve respeitar em relação aos outros Estados (nas relações internacionais) é encontrável somente em algumas Constituições. Exemplos: Constituição da Bulgária: Art. 24 (2); Constituição da Colômbia: Art. 9; Constituição da República Dominicana: Art. 3; Constituição da Etiópia: Art. 86 (2); Constituição da Lituânia: Art. 135 (1); Constituição do Paraguai: Art. 143 (1); Constituição da Venezuela: Art. 152; Constituição do Vietnã: Art. 24; Constituição de Portugal: Art. 7 (1).

4. Direito internacional

Referências expressas à independência nacional podem ser encontradas em vários tratados de que o Brasil faz parte. Dois deles merecem destaque. O primeiro é a Convenção sobre Direitos e Deveres dos Estados, conhecida como Convenção de Montevidéu (Decreto n. 1.570, de 13-4-1937), que se refere ao direito de o Estado defender sua independência. O segundo é a Carta da Organização dos Estados Americanos (Decreto n. 30.544, de 14-2-1952), que enumera como um dos princípios seguidos nas relações entre os Estados americanos a independência nacional.

5. Dispositivos constitucionais relevantes (relação ilustrativa)

Art. 1º, I (soberania nacional); Art. 4º, IV (não intervenção), V (igualdade entre os Estados), IX (cooperação entre os povos para o progresso da humanidade), parágrafo único (integração na América Latina); Art. 5º, § 4º (Tribunal Penal Internacional); Art. 21, I (competência da União para manter relações com Estados estrangeiros e participar de organizações internacionais); Art. 84, VII (competência do Presidente da República para manter relações com Estados estrangeiros); Art. 91 (disposições sobre o Conselho de Defesa Nacional); Arts. 136 e 137 (disposições sobre o Estado de Defesa e Estado de Sítio); Art. 170, I (soberania nacional como princípio da ordem econômica); Art. 7º do ADCT (Tribunal Internacional de Direitos Humanos).

6. Jurisprudência (STF)

O Supremo Tribunal Federal expressamente consagrou a ideia de que a independência nacional é a face "externa" da soberania nacional, que, por sua vez, seria efetivada, no sistema de tripartição de poderes consagrado no Brasil, pelo Presidente da República, conforme suas competências estabelecidas no art. 84, VII e VII. Nesse sentido, Ext. 1085 PET-AV, rel. p/acórdão Luiz Fux, Pleno, *DJe* de 03.04.2013 e, também, Rcl 11243, rel. p/ acórdão Luiz Fux, Pleno, *DJe* de 05.10.2011.

7. Literatura selecionada

BRIERLY, James Leslie. *Direito internacional*. 4. ed. Trad. M. R. Crucho de Almeida. Lisboa: Fundação Calouste Gulbenkian, 1979; COHEN, Jean L. Whose sovereignty? Empire *versus* international law. *Ethics & International Affairs*, New York, v. 18, n. 3, p. 1-24, 2004; DALLARI, Pedro. *Constituição e relações exteriores*. São Paulo: Saraiva, 1994; FERRAJOLI, Luigi. *A soberania no mundo moderno*: nascimento e crise do Estado nacional. Trad. Carlo Coccioli, Márcio Lauria Filho e Karina Jannini. São Paulo: Martins Fontes, 2002; GALINDO, George Rodrigo Bandeira. A construção do direito internacional público pelas Constituições brasileiras. *Cadernos de Política Exterior*, n. 11, p. 101-126, 2022; GALINDO, George Rodrigo Bandeira. *Tratados internacionais de direitos humanos e Constituição brasileira*. Belo Horizonte: Del Rey, 2002; HEGEL, G. W. F. *Principios de la filosofía del derecho*. Trad. Juan Luiz Vermal. Buenos Aires: Sudamericana, 2004; MATIAS, Eduardo Felipe Pérez. *A humanidade e suas fronteiras*: do Estado soberano à sociedade global. São Paulo: Paz e Terra, 2005; MELLO, Celso de Albuquerque. *Direito constitucional internacional*: uma introdução. 2. ed. Rio de Janeiro: Renovar, 2000; NEUMANN, Franz. *Behemoth*: the structure and practice of national socialism 1933-1944. New York: Harper, 1944; ROCHA JÚNIOR, José Jardim. O futuro da soberania e dos direitos dos povos na *communitas orbis* vitoriana. *Notícia do Direito Brasileiro – Nova série*, Brasília, n. 9, p. 191-223, 2002; SLAUGHTER, Anne-Marie. *A new world order*. Princeton: Princeton University Press, 2004; TRUYOL Y SERRA, António. *História do direito internacional público*. Trad. Henrique Barrilaro Ruas. Lisboa: Instituto Superior de Novas Profissões, 1996.

8. Anotações

A Constituição de 1988 faz referência tanto à soberania nacional (art. 1º, I) como à independência nacional (art. 4º, I) como princípios constitucionais. A diferença constitucionalmente atribuída aos dois princípios é que, enquanto não há no primeiro uma referência expressa ao elemento internacional, ela ocorre no segundo; ou seja: a soberania se afirma internamente enquanto a independência o faz internacionalmente.

Assim como faz a Constituição, é esse sentido que se costuma atribuir à independência nacional: a face externa da soberania ou, simplesmente, soberania externa. Isso restou consagrado pelo próprio Supremo Tribunal Federal, na já mencionada Ext. 1085 PET-AV.

Atribui-se a Bodin o sentido moderno do termo "soberania". Para ele, o poder soberano se manifestava essencialmente no poder de fazer leis; estas, por sua vez, não limitariam o próprio soberano que as fazia.

A soberania para Bodin, contudo, nunca significou um poder acima de certas leis, como a lei natural, da qual o direito internacional da época, o direito das gentes, retirava seu fundamento. A soberania existia primordialmente para garantir a ordem – algo incomum em boa parte da Europa ao tempo em que Bodin publicou *Os seis livros da República*, na segunda metade do século XVI. A preocupação com a ordem não significava que o Estado pudesse estar acima de determinadas regras de convivência internacional. Exatamente como sustentou Brierly (1979, p. 10), "[a] doutrina da soberania tal como Bodin a defendeu não levantou problemas especiais para o direito internacional. Para ele, a soberania era um princípio essencial da ordem política interna. E ficaria certamente surpreendido se pudesse prever que, mais tarde, ela viria a ser falsamente transformada num princípio de desordem internacional e invocada para demonstrar que os Estados estavam, por natureza, acima da lei"[1].

Durante alguns séculos, a ideia de que a soberania implicava a submissão do Estado ao direito internacional foi seguida com constância por autores e homens de Estado. No século XIX, uma ruptura toma forma, o que leva a um descolamento entre a soberania interna e a soberania externa e, por consequência, a uma aporia no conceito de soberania, como já bem identificou Luigi Ferrajoli (2002, p. 27-38). Assim, se é no século XIX que se inicia com vigor o projeto do constitucionalismo, que pretendia estabelecer a vinculação de todos, sem exceção, ao direito, é também no século XIX que as pretensões de uma soberania ilimitada no plano internacional começam a tomar vulto e angariar vários adeptos. O descolamento, portanto, é gritante. Enquanto as pretensões de uma soberania como poder sem limites dentro de um território começam a fenecer, essas mesmas pretensões ganham força e intensidade no plano internacional.

A filosofia do Estado de Hegel parece cumprir uma função importante no surgimento dessa aporia. Hegel não conseguia admitir qualquer poder superior ao próprio Estado que pudesse lhe vincular. Por isso podem-se encontrar, em sua *Filosofia do Direito*, afirmações tais como a de que "[o] povo é, enquanto Estado, o espírito em sua racionalidade substancial e em sua realidade imediata e, portanto, o poder absoluto sobre a Terra. Como consequência, um Estado tem frente a outro uma independência soberana" (HEGEL, 2004, p. 299-300). A influência de Hegel foi duradoura, especialmente entre autores do século XIX, servindo, inclusive, de inspiração para aqueles que buscaram negar a existência de um sistema jurídico internacional (TRUYOL Y SERRA, 1996, p. 119-120), ou considerá-lo, quando muito, uma mera extensão do direito estatal (MATIAS, 2005, p. 49-50).

O desenvolvimento das normas de direito internacional, especialmente após a 2ª Guerra Mundial, começa a produzir um movimento de desconfiança à soberania. Não há dúvidas que a ascensão de poderes supranacionais, como daqueles encontrados no âmbito da hoje União Europeia, estimulou essa desconfiança.

---

1. De fato, antes mesmo de Bodin, os teólogos espanhóis do século XVI tiveram de se defrontar com a questão dos limites do poder soberano, especialmente em virtude da descoberta das Américas. Franciso de Vitória se destaca nesse universo por diversas razões, especialmente pelo fato de ressaltar, de maneira mais evidente que o próprio Bodin, que o poder soberano se justificava no postulado da "limitação jurídica do poder". Tal concepção certamente pode ser vista como precursora da futura ideia de estado de direito (ROCHA JÚNIOR, 2002, p. 196).

Nos dias atuais, são muitos os detratores da soberania. Alguns podem ser citados, como a influente ex-presidente da Sociedade Americana de Direito Internacional, Anne Marie Slaughter, (2004, p. 12-13, 19), que insiste na necessidade de encarar o Estado não de maneira unitária — como a doutrina do direito internacional fez tradicionalmente, tornando irrelevantes as sutilezas presenciadas no cenário interno. Ao contrário, Slaughter pretende ver o cenário internacional como "agregações de instituições distintas com papéis e capacidades distintos". Assim, o sistema internacional gera redes governamentais em dois níveis: horizontal, em que agentes estatais se reúnem com suas contrapartes em outros Estados, como os encontros feitos regularmente pelos ministros das finanças ou presidentes de bancos centrais; e, vertical, em que agentes estatais se reúnem com suas contrapartes em nível supranacional, como acontece com mais frequência e intensidade entre os membros dos tribunais internos e os membros da Corte Europeia de Justiça ou entre os tribunais internos e o Tribunal Penal Internacional, com base no princípio da complementaridade. A consequência dessa desagregação do Estado em redes significa a desagregação do próprio conceito de soberania.

Boa parte do discurso que advoga o fim ou a desagregação da soberania esquece, todavia, as potencialidades que esta possui para o próprio fortalecimento da ordem jurídica internacional. Intencionalmente ou não, tal perspectiva contribui também para a marginalização do direito internacional, permitindo a violação unilateral da incolumidade territorial de Estados mais fracos em nome de bandeiras como a democracia e os direitos humanos. Isso definitivamente abre o flanco para o imperialismo.

Nas condições atuais do sistema internacional, por mais paradoxal que possa parecer, a soberania pode se tornar um dos instrumentos mais eficazes contra a ascensão do imperialismo. Isso foi muito bem percebido por Franz Neumann durante o período da 2ª Guerra Mundial, numa clara crítica à teoria dos grandes espaços, de Carl Schmitt, que pretendia institucionalizar as desigualdades entre os Estados que pertenciam a grandes espaços distintos. Neumann (1944, p. 168) encarava a soberania de maneira dialética, ao sustentar que ela cria uma barreira que, "embora retardando o estabelecimento de uma ordem internacional justa, limita seriamente, ao mesmo tempo, a extensão do poder do Estado".

Mas, para além de Neumann, até o lado "negativo" da soberania possui uma potencialidade para a positividade. O surgimento da ideia de estado de direito no plano interno traz à tona a exigência de que a soberania somente tem uma relevância jurídica se entendida de maneira dúplice: ela significa tanto o poder público que faz a lei como o direito público que restringe o poder (COHEN, 2004, p. 14).

O grande desafio é transplantar essa compreensão para o plano internacional. Desse modo, a soberania deve ser entendida como o meio pelo qual o direito internacional se desenvolve — uma vez que este ainda é um conjunto de normas para regular *também* as relações entre os Estados soberanos —, e, além disso, como o limite para o exercício dos poderes soberanos. De outra maneira, é preciso desvincular-se do discurso que pretendeu ver a soberania como exclusividade; ao invés, soberania deve ser entendida essencialmente como autonomia.

A presença do princípio da independência nacional na Constituição de 1988 já foi duramente criticada por alguns autores, sob os argumentos de que seria desnecessária, em virtude de o princípio da soberania já estar inserido no art. 1º e de várias Constituições modernas terem tentado limitá-la (MELLO, 2000, p. 130-132, 134). Mas a importância central do dispositivo, parece, não deve ser ressaltada pelo que ele exclui, mas sim pelo que ele inclui e possibilita. Primeiro, ele demonstra que a vinculação do país a princípios internacionais não se dá apenas com relação àqueles que buscam a internacionalização do Estado, mas também aos que visam à sua autonomia (GALINDO, 2022, p. 112). Ademais, se verdadeiramente entendida como autonomia e como um instrumento para conter pretensões imperialistas, a independência nacional serve muito mais para incluir o Estado brasileiro no projeto de fortalecimento do direito internacional do que o contrário. Por essa razão, pode-se dizer que o inciso I do art. 4º possui uma transcendência muito maior que aquela atribuída ao termo pela Constituição de 1824, cabendo falar aqui em ruptura (DALLARI, 1994, p. 167-170). A independência nacional de que trata o dispositivo, na qualidade de princípio das relações internacionais, não deve ser afirmada apenas em relação ao Estado brasileiro — como fazia a Constituição de 1824 — mas também em relação aos vários outros Estados do mundo, dado o caráter naturalmente intersubjetivo da independência nacional.

Dessarte, com base no princípio da independência nacional, é possível estabelecer o controle da política externa brasileira que pretender fortalecer algum tipo de imperialismo contrário à autonomia dos Estados na qualidade de sujeitos de direito submetidos a normas jurídicas internacionais.

E mais, se o princípio da independência nacional pode ser lido de maneira favorável, e não contrária ao direito internacional, não há que se falar que sirva ele de empecilho para uma futura transferência de poderes soberanos para entidades supranacionais no âmbito de processos de integração econômica (GALINDO, 2002, p. 118-119). Se é verdade que muitos Estados europeus precisaram fazer reformas em seus textos constitucionais a fim de permitir a dita transferência de poderes soberanos, isso não significa que o mesmo entendimento deva ser automaticamente aplicado ao Brasil caso algum projeto integracionista se desenvolva a ponto de exigir a transferência de poderes. A independência e a soberania surgem como conceitos necessariamente limitados pelo direito internacional. Suas existências não são, por si sós, um empecilho à integração econômica; seus usos, sim, o são. O esforço aqui deve ser muito mais de entender a Constituição como um texto que estabelece vários canais de comunicação com o direito internacional do que um texto estanque no tempo e, principalmente, no espaço.

Art. 4º, II – prevalência dos direitos humanos;

Flávia Piovesan

1. História da norma

A Constituição Federal de 1988 simboliza o marco jurídico da transição democrática e da institucionalização dos direitos humanos no país. O valor da dignidade da pessoa humana, como fundamento do Estado Democrático de Direito (artigo 1º, III, da Constituição), impõe-se como núcleo básico e informador de todo ordenamento jurídico, como critério e parâmetro de valoração a orientar a interpretação do sistema constitucional.

Introduz a Carta de 1988 um avanço extraordinário na consolidação dos direitos e garantias fundamentais, sendo a primeira Constituição brasileira a consagrar, dentre os princípios a reger o Brasil no plano internacional, o princípio da prevalência dos direitos humanos.

De todas as Constituições brasileiras, foi a Carta de 1988 a que mais assegurou a participação popular em seu processo de elaboração, a partir do recebimento de elevado número de emendas populares. É, assim, a Constituição que apresenta o maior grau de legitimidade popular. Foram ainda realizadas dezenas de audiências públicas, com a participação de especialistas e da sociedade civil organizada.

No que se refere aos princípios elencados no artigo 4º, a participação ativa de destacados internacionalistas, em particular dos professores Antônio Augusto Cançado Trindade e Celso Albuquerque de Mello, ao longo do processo constituinte, notadamente nas audiências públicas, foi relevante fator a contribuir para a inserção daquele dispositivo constitucional. Ambos defenderam com ênfase a necessidade de previsão de dispositivo ou mesmo título específico concernente às relações internacionais. Argumentaram pela exigência de democratização não apenas no âmbito interno, mas também no âmbito da política internacional[1].

Note-se que, no anteprojeto de Constituição, a redação proposta era: "Art. 21. Na convivência com Estados estrangeiros e participando de organismos multilaterais, o Brasil favorecerá a obra de codificação progressiva do Direito Internacional, os movimentos de proteção dos direitos humanos e a instauração de uma ordem econômica justa e equitativa"[2].

Já o anteprojeto constitucional elaborado pela Comissão Provisória de Estudos Constitucionais, instituída pelo Decreto n. 91.450, de 18 de julho de 1985, além de endossar a proteção dos direitos humanos, previa: "Art. 5º O Brasil rege-se nas relações internacionais pelos seguintes princípios: I – defesa e promoção dos direitos humanos; II – condenação da tortura e de todas as formas de discriminação e de colonialismo; III – defesa da paz, repúdio à guerra, à competição armamentista e ao terrorismo; IV – apoio às conquistas da independência nacional de todos os povos, em obediência aos princípios de autodeterminação e do respeito às minorias; V – intercâmbio das conquistas tecnológicas, do patrimônio científico e cultural da humanidade"[3].

De acordo com o projeto de Constituição "A", a redação sugerida foi: "Art. 4º O Brasil fundamenta suas relações internacionais nos princípios da independência nacional, da prevalência dos direitos humanos, da autodeterminação dos povos, da igualdade dos Estados, da solução pacífica dos conflitos e da defesa da paz, bem como no repúdio ao terrorismo e ao racismo e propugnará pela formação de um tribunal internacional dos direitos humanos e pela cooperação entre os povos, para a emancipação e o progresso da humanidade"[4].

Ao comparar as duas redações, constata-se que o projeto de Constituição "A" inclui como princípios a igualdade entre os Estados; a solução pacífica dos conflitos; o repúdio ao terrorismo e ao racismo; e o apoio à formação de um Tribunal internacional de direitos humanos. Não prevê especificamente, como princípio, a condenação da tortura e de todas as formas de discriminação e de colonialismo e tampouco o repúdio à competição armamentista – como o fez o anteprojeto constitucional elaborado pela Comissão Provisória de Estudos Constitucionais. De todo modo, tais preocupações foram ao final incorporadas no título dedicado aos direitos e garantias fundamentais. No tocante à formação de um Tribunal internacional, o artigo 7º do Ato das Disposições Constitucionais Transitórias prescreve que o Brasil propugnará pela formação de um tribunal internacional dos direitos humanos.

Por fim, a redação definitiva do art. 4º foi conferida pelo projeto de Constituição (D)[5]: "Art. 4º A República Federativa do Brasil rege-se nas suas relações internacionais pelos seguintes princípios: I – independência nacional; II – prevalência dos direitos humanos; III – autodeterminação dos povos; IV – não intervenção; V – igualdade entre os Estados; VI – defesa da paz; VII – solução pacífica dos conflitos; VIII – repúdio ao terrorismo e ao racismo; IX – cooperação entre os povos para o progresso da humanidade; e X – concessão de asilo político".

Para José Afonso da Silva: "Reconhecem-se no rol dos princípios consagrados no art. 4º quatro inspirações: (a) uma nacionalista, nas ideias de independência nacional (inciso I), de autodeterminação dos povos (inciso III) e de não intervenção (inciso IV) e de igualdade entre os Estados (inciso V); (b) outra internacionalista, nas ideias da prevalência dos direitos humanos (inciso II) e de repúdio ao terrorismo e ao racismo (inciso VIII); (c) uma pacifista, nas ideias de defesa da paz (inciso V), de solução pacífi-

---

1. A respeito ver *Diário da Assembleia Nacional Constituinte*, 27 de maio de 1987, na parte dedicada à Subcomissão da nacionalidade, soberania e relações internacionais, em que se destaca a participação de Celso Albuquerque de Mello, em audiência pública realizada em 28 de abril de 1987: "O tema de que trata esta Subcomissão é, a meu ver, um dos mais importantes, porque imprime a democratização, ou não, da política externa de um país. Defendo a ideia de que deve haver na Constituição um título sobre relações exteriores". Consultar ainda Antônio Augusto Cançado Trindade, *A proteção internacional dos direitos humanos e o Brasil (1948-1997)*: as primeiras cinco décadas, 2ª edição, Brasília, Fundação Universidade de Brasília, UnB.

2. Assembleia Nacional Constituinte, Comissão de Soberania e dos Direitos e Garantias do Homem e da Mulher, Subcomissão da Nacionalidade, da Soberania e das Relações Internacionais, redação final do anteprojeto.

3. Comissão Provisória de Estudos Constitucionais, instituída pelo Decreto n. 91.450, de 18 de julho de 1985, *Suplemento Especial do Diário Oficial* – Seção I – 26-09-1986.

4. Assembleia Nacional Constituinte, Brasília, Centro Gráfico do Senado Federal, v. 269, janeiro de 1988.

5. Assembleia Nacional Constituinte, Brasília, Centro Gráfico do Senado Federal, v. 316, setembro de 1988. Em uma versão anterior, o projeto de Constituição consagrou: "Art. 4º O Brasil fundamentará suas relações internacionais nos princípios da independência nacional, da prevalência dos direitos humanos, da autodeterminação dos povos, da não intervenção, da igualdade entre os Estados, da solução pacífica dos conflitos e da defesa da paz, bem como no repúdio ao terrorismo e ao racismo e propugnará pela cooperação entre os povos e pelo progresso da humanidade" (Assembleia Nacional Constituinte, Secretaria-Geral da Mesa, seções de 27-1-88 a 30-6-88, Brasília, Centro Gráfico do Senado Federal, julho de 1988, v. 293). Sobre a inserção do princípio da prevalência dos direitos humanos, afirmou o então embaixador Paulo Tarso Flexa de Lima: "Enfim, temos a cada momento uma consciência dos problemas internacionais. (...) acho que o ponto importante que a nova Constituição não pode deixar de levar em conta é a questão da obediência aos direitos humanos, a questão da fidelidade a normas de padrões universais de ética e de moral. Creio que alguma coisa deveria ser feita em matéria de princípios que se relacionassem com a fidelidade e observância às normas dos direitos humanos" (*Diário da Assembleia Nacional Constituinte*, 8 de maio de 1987, p. 13).

ca dos conflitos (inciso VII) e na concessão de asilo político (inciso X); (d) uma orientação comunitarista, nas ideias de cooperação entre os povos para o progresso da humanidade (inciso IX) e na formação de uma comunidade latino-americana (parágrafo único)"[6].

2. Constituições anteriores

A Constituição Imperial de 1824 consagrava como vértice maior da política externa brasileira a afirmação da independência nacional. Nos termos de seu artigo 1º: "O império do Brasil é a associação política de todos os cidadãos brasileiros. Eles formam uma nação livre, e independente, que não admite com qualquer outra laço algum de união, ou federação, que se oponha à sua independência".

Com a República, o Brasil passa a afirmar uma vocação pacificista, favorável ao recurso do arbitramento, como reflete o artigo 4º da Constituição de 1934: "O Brasil só declarará a guerra se não couber ou malograr-se o recurso do arbitramento; e não se empenhará jamais em guerra de conquista, direta ou indiretamente, por si ou em aliança com outra nação".

No mesmo sentido, corroborando tal vocação pacifista, por meio da defesa da paz, do repúdio à guerra e da solução pacífica das controvérsias, destacam-se as Constituições de 1946 e 1967. Com efeito, de acordo com a Carta de 1946: Art. 4º "O Brasil só recorrerá à guerra se não couber ou se malograr o recurso ao arbitramento ou aos meios pacíficos de solução de conflito, regulados por órgão internacional de segurança, de que participe; e em caso algum se empenhará em guerra de conquista, direta ou indiretamente, por si ou em aliança com outro Estado". Já a Constituição de 1967 previa: Art. 7º "Os conflitos internacionais deverão ser resolvidos por negociações diretas, arbitragem e outros meios pacíficos, com a cooperação dos organismos internacionais de que o Brasil participe". Parágrafo único. "É vedada a guerra de conquista".

Deste modo, as Constituições anteriores à de 1988, ao estabelecer tratamento jurídico às relações internacionais, limitavam-se a assegurar os valores da independência e soberania do País – tema básico da Constituição imperial de 1824 – ou se restringiam a proibir a guerra de conquista e a estimular a arbitragem internacional – Constituições republicanas de 1891 e de 1934 – ou a propor a adoção de meios pacíficos para a solução de conflitos – Constituições de 1946 e de 1967. Como explica Celso Lafer: "Na experiência brasileira, o Império cuidou da independência e da preservação da unidade nacional e a República, tendo consolidado as fronteiras nacionais, afirmou a vocação pacífica do país, reconhecendo progressivamente a importância da cooperação internacional para a preservação da paz"[7].

Neste cenário, a Constituição de 1988 introduz inovações extraordinárias no plano das relações internacionais. Por um lado, reitera a antiga preocupação vivida no Império no que se refere à independência nacional e à não intervenção, endossando ainda os ideais republicanos voltados à defesa da paz e à solução pacífica das controvérsias. Contudo, por outro, inova ao realçar uma orientação internacionalista jamais vista na história constitucional brasileira. A orientação internacionalista se traduz nos princípios da prevalência dos direitos humanos, da autodeterminação dos povos, do repúdio ao terrorismo e ao racismo, da cooperação entre os povos para o progresso da humanidade e da concessão de asilo político, nos termos do art. 4º, incisos II, III, VIII, IX e X.

3. Constituições estrangeiras

Na ordem contemporânea vislumbra-se a tendência da constitucionalização do Direito Internacional e da internacionalização do Direito Constitucional.

Para Celso Albuquerque Mello: "A inclusão de princípios de política externa no texto constitucional não é uma novidade e já foi consagrado no art. 29 da Constituição da URSS de 1977 e no art. 7º da Constituição de Portugal, sendo esta que nos influenciou"[8].

Com efeito, a Constituição da República Portuguesa de 1976 consagra, no artigo 7º, os princípios a reger Portugal nas relações internacionais: "1. Portugal rege-se nas relações internacionais pelos princípios da independência nacional, do respeito dos direitos do homem; dos direitos dos povos; da igualdade entre os Estados; da solução pacífica dos conflitos internacionais; da não ingerência nos assuntos internos dos outros Estados e da cooperação com todos os outros povos para a emancipação e o progresso da humanidade".

Ao comparar tal redação com a do artigo 4º do texto constitucional brasileiro, conclui-se o quanto a fonte inspiradora do constituinte brasileiro foi a Constituição Portuguesa. O artigo 4º ilumina-se fundamentalmente no artigo 7º da Carta Portuguesa, acrescendo os princípios da autodeterminação dos povos; da defesa da paz; do repúdio ao terrorismo e ao racismo; e da concessão de asilo político.

Observa-se que a Constituição da República Portuguesa, adiciona no mesmo artigo 7º, concernente às relações internacionais, os seguintes parágrafos: "2. Portugal preconiza a abolição do imperialismo, do colonialismo e de quaisquer formas de agressão, domínio e exploração nas relações entre os povos, bem como o desarmamento geral, simultâneo e controlado, a dissolução dos blocos político-militares e o estabelecimento de um sistema de segurança colectiva, com vista à criação de uma ordem internacional capaz de assegurar a paz e a justiça nas relações entre os povos; 3. Portugal reconhece o direito dos povos à autodeterminação e independência e ao desenvolvimento, bem como direito à insurreição contra todas as formas de opressão; (...) 5. Portugal empenha-se no reforço da identidade europeia e no fortalecimento da acção dos Estados europeus a favor da democracia, da paz, do progresso económico e da justiça nas relações entre os povos".

No que se refere ao instituto do asilo, a Constituição portuguesa, em seu art. 33 (8), prescreve: "É garantido o direito de

---

6. José Afonso da Silva, *Comentário Contextual à Constituição*, São Paulo, Malheiros, 2005, p. 50.

7. Celso Lafer, prefácio ao livro de Pedro Dallari, *Constituição e relações exteriores*, São Paulo, Saraiva, 1994, p. XVII-XVIII.

8. Fernando Whitaker da Cunha; Manoel de Oliveira Franco Sobrinho; Celso Albuquerque Mello; Alcino Pinto Falcão; Arnaldo Sussekind, *Comentários à Constituição – 1º volume – Arts. 1º a 7º*, Rio de Janeiro, Livraria Freitas Bastos, 1990, p. 145.

asilo aos estrangeiros e aos apátridas perseguidos ou gravemente ameaçados de perseguição, em consequência de sua actividade em favor da democracia, da libertação social e nacional, da paz entre os povos, da liberdade e dos direitos da pessoa humana".

Portanto, constata-se a preocupação da Constituição portuguesa com a autodeterminação dos povos, com o repúdio a qualquer forma de exploração nas relações internacionais, com a integração europeia, bem como com o direito de asilo.

No Direito Comparado, menção também há de ser feita à Lei Fundamental da República Federal da Alemanha, que, no seu artigo 24 (2), consagra: "Com o fim de manter a paz, a Federação pode aderir a um sistema de segurança coletiva recíproca; aceitará restrições dos seus direitos de soberania que promovam e assegurem uma ordem pacífica e duradoura na Europa e entre os povos do mundo". Em igual direção, destaca-se a vocação pacifista do texto alemão, que autoriza a relativização da soberania nacional em prol de um sistema de segurança coletiva e de uma ordem internacional pacífica.

No mesmo sentido, a Constituição espanhola, em seu preâmbulo, assinala: "La Nación española, deseando establecer la justicia, la libertad y la seguridad y promover el bien de cuantos la integran, en uso de su soberanía, proclama su voluntad de: Colaborar en el fortalecimiento de unas relaciones pacíficas y de eficaz cooperación entre todos los pueblos de la Tierra". Uma vez mais, os lemas da paz e da cooperação internacional são enfatizados.

Outra referência necessária atém-se à Constituição francesa de 1958, que em seu preâmbulo dispõe: "O povo francês proclama solenemente a sua adesão aos Direitos Humanos e aos princípios da soberania nacional tal como foram definidos pela Declaração de 1789, confirmada e complementada pelo Preâmbulo da Constituição de 1946. Em virtude destes princípios e do princípio da livre determinação dos povos, a República oferece aos Territórios Ultramarinos que manifestem vontade de a ela aderir novas instituições baseadas no ideal comum de liberdade e fraternidade, concebidas com vistas a sua evolução democrática". Os princípios de respeito aos direitos humanos, à soberania nacional e à autodeterminação dos povos são, assim, corroborados pelo texto constitucional francês. Adicione-se que, em seu artigo 53 (1), a Constituição francesa traz expressa referência à temática do asilo, nos seguintes termos: "A República pode concluir com os Estados Europeus ligados por compromissos idênticos aos seus em matéria de asilo e protecção aos direitos humanos e às liberdades fundamentais acordos determinando as suas respectivas competências para examinar pedidos de asilo que lhe sejam apresentados. Todavia, mesmo que este pedido não entre em sua competência em virtude de acordos, as autoridades da República têm sempre o direito de conceder asilo a qualquer estrangeiro perseguido em razão da sua acção em favor da liberdade, ou que solicite da protecção da França por outro motivo".

4. Direito Internacional

O princípio da prevalência dos direitos humanos – inédito na história constitucional brasileira – atesta o crescente processo de internacionalização dos direitos humanos e seu reflexo imediato, a humanização do Direito Internacional.

O movimento de internacionalização dos direitos humanos surge a partir do pós-guerra, como resposta às atrocidades e aos horrores cometidos durante o nazismo. Apresentando o Estado como o grande violador de direitos humanos, a era Hitler foi marcada pela lógica da destruição e da descartabilidade da pessoa humana, que resultou no envio de 18 milhões de pessoas a campos de concentração, com a morte de 11 milhões, sendo 6 milhões de judeus, além de comunistas, homossexuais e ciganos. O legado do nazismo foi condicionar a titularidade de direitos, ou seja, a condição de sujeito de direito, à pertença à determinada raça – a raça pura ariana. Para Ignacy Sachs, o século XX foi marcado por duas guerras mundiais e pelo horror absoluto do genocídio concebido como projeto político e industrial[9].

É neste cenário que emerge o esforço de reconstrução dos direitos humanos, como paradigma e referencial ético a orientar a ordem internacional contemporânea. A barbárie do totalitarismo significou a ruptura do paradigma dos direitos humanos, através da negação do valor da pessoa humana como valor fonte do Direito. Se a Segunda Guerra significou a ruptura com os direitos humanos, o Pós-Guerra deveria significar a sua reconstrução. Nas palavras de Thomas Buergenthal: "O moderno Direito Internacional dos Direitos Humanos é um fenômeno do pós-guerra. Seu desenvolvimento pode ser atribuído às monstruosas violações de direitos humanos da era Hitler e à crença de que parte dessas violações poderiam ser prevenidas se um efetivo sistema de proteção internacional de direitos humanos existisse"[10].

Fortalece-se a ideia de que a proteção dos direitos humanos não se deve reduzir ao domínio reservado do Estado, porque revela tema de legítimo interesse internacional. Por sua vez, esta concepção inovadora aponta a duas importantes consequências: 1ª) a revisão da noção tradicional de soberania absoluta do Estado, que passa a sofrer um processo de relativização, na medida em que são admitidas intervenções no plano nacional em prol da proteção dos direitos humanos; isto é, transita-se de uma concepção "hobbesiana" de soberania centrada no Estado para uma concepção "kantiana" de soberania centrada na cidadania universal[11]; e 2ª) a cristalização da ideia de que o indivíduo deve ter direitos protegidos na esfera internacional, na condição de sujeito de direito.

---

9. Ignacy Sachs, O Desenvolvimento enquanto apropriação dos direitos humanos, in *Estudos Avançados* 12 (33), 1998, p. 149.

10. Thomas Buergenthal, *International human rights*, Minnesota, West Publishing, 1988, p. 17. Para Henkin: "Por mais de meio século, o sistema internacional tem demonstrado comprometimento com valores que transcendem os valores puramente 'estatais', notadamente os direitos humanos, e tem desenvolvido um impressionante sistema normativo de proteção desses direitos" (*International law: cases and materials*, 3ª ed., Minnesota, West Publishing, 1993, p. 2). Ainda sobre o processo de internacionalização dos direitos humanos, observa Celso Lafer: "Configurou-se como a primeira resposta jurídica da comunidade internacional ao fato de que o direito *ex parte populi* de todo ser humano à hospitalidade universal só começaria a viabilizar-se se o 'direito a ter direitos', para falar com Hannah Arendt, tivesse uma tutela internacional, homologadora do ponto de vista da humanidade. Foi assim que começou efetivamente a ser delimitada a 'razão de estado' e corroída a competência reservada da soberania dos governantes, em matéria de direitos humanos, encetando-se a sua vinculação aos temas da democracia e da paz" (Prefácio ao livro de José Augusto Lindgren Alves, *Os direitos humanos como tema global*, São Paulo, Perspectiva, p. XXVI).

11. Para Celso Lafer, de uma visão *ex parte principe*, fundada nos deveres dos súditos com relação ao Estado, passa-se a uma visão *ex parte populi*, fundada na promoção da noção de direitos do cidadão (*Comércio, Desarmamento, Direitos Humanos: reflexões sobre uma experiência diplomática*, São Paulo, Paz e Terra, 1999, p. 145).

Prenuncia-se, deste modo, o fim da era em que a forma pela qual o Estado tratava seus nacionais era concebida como um problema de jurisdição doméstica, decorrência de sua soberania. Para Andrew Hurrell: "O aumento significativo das ambições normativas da sociedade internacional é particularmente visível no campo dos direitos humanos e da democracia, com base na ideia de que as relações entre governantes e governados, Estados e cidadãos, passam a ser suscetíveis de legítima preocupação da comunidade internacional; de que os maus-tratos a cidadãos e a inexistência de regimes democráticos devem demandar ação internacional; e que a legitimidade internacional de um Estado passa crescentemente a depender do modo pelo qual as sociedades domésticas são politicamente ordenadas"[12].

Neste contexto, a Declaração de 1948 vem inovar a gramática dos direitos humanos, ao introduzir a chamada concepção contemporânea de direitos humanos, marcada pela universalidade e indivisibilidade desses direitos. Universalidade porque clama pela extensão universal dos direitos humanos, sob a crença de que a condição de pessoa é o requisito único para a titularidade de direitos, considerando o ser humano como um ser essencialmente moral, dotado de unicidade existencial e dignidade, esta como valor intrínseco à condição humana. Indivisibilidade porque a garantia dos direitos civis e políticos é condição para a observância dos direitos sociais, econômicos e culturais e vice-versa. Quando um deles é violado, os demais também o são. Os direitos humanos compõem, assim, uma unidade indivisível, interdependente e inter-relacionada, capaz de conjugar o catálogo de direitos civis e políticos com o catálogo de direitos sociais, econômicos e culturais.

A partir da Declaração de 1948, começa a se desenvolver o Direito Internacional dos Direitos Humanos, mediante a adoção de inúmeros instrumentos internacionais de proteção.

O processo de universalização dos direitos humanos permitiu a formação de um sistema internacional de proteção desses direitos. Esse sistema é integrado por tratados internacionais de proteção que refletem, sobretudo, a consciência ética contemporânea compartilhada pelos Estados, na medida em que invocam o consenso internacional acerca de temas centrais aos direitos humanos, na busca da salvaguarda de parâmetros protetivos mínimos – do "mínimo ético irredutível". Nesse sentido, cabe destacar que, até 2017, o Pacto Internacional dos Direitos Civis e Políticos contava com 169 Estados-partes; o Pacto Internacional dos Direitos Econômicos, Sociais e Culturais contava com 166 Estados-partes; a Convenção contra a Tortura contava com 162 Estados-partes; a Convenção sobre a Eliminação da Discriminação Racial contava com 178 Estados-partes; a Convenção sobre a Eliminação da Discriminação contra a Mulher contava com 189 Estados-partes e a Convenção sobre os Direitos da Criança apresentava a mais ampla adesão, com 196 Estados-partes[13].

Ao lado do sistema normativo global, surgem os sistemas regionais de proteção, que buscam internacionalizar os direitos humanos nos planos regionais, particularmente na Europa, América e África. Consolida-se, assim, a convivência do sistema global da ONU com instrumentos do sistema regional, por sua vez, integrado pelos sistemas interamericano, europeu e africano de proteção aos direitos humanos.

Os sistemas global e regional não são dicotômicos, mas complementares. Inspirados pelos valores e princípios da Declaração Universal, compõem o universo instrumental de proteção dos direitos humanos, no plano internacional. Nesta ótica, os diversos sistemas de proteção de direitos humanos interagem em benefício dos indivíduos protegidos. Ao adotar o valor da primazia da pessoa humana, esses sistemas se complementam, somando-se ao sistema nacional de proteção, a fim de proporcionar a maior efetividade possível na tutela e promoção de direitos fundamentais.

Na experiência brasileira, o período pós-1988 é marcado pela adoção de uma ampla normatividade nacional voltada à proteção dos direitos humanos, ao que se conjuga a crescente adesão do Brasil aos principais tratados internacionais de proteção dos direitos humanos. A Constituição Federal de 1988 celebra, deste modo, a reinvenção do marco jurídico normativo brasileiro no campo da proteção dos direitos humanos.

Desde o processo de democratização do país e em particular a partir da Constituição Federal de 1988, os mais importantes tratados internacionais de proteção dos direitos humanos foram ratificados pelo Brasil[14].

Além dos significativos avanços decorrentes da incorporação, pelo Estado Brasileiro, da normatividade internacional de proteção dos direitos humanos, o pós-1988 apresenta a mais vasta produção normativa de direitos humanos de toda a história legislativa brasileira. Pode-se afirmar que a maior parte das normas de proteção aos direitos civis e políticos foi elaborada após a Constituição de 1988, em sua decorrência e sob a sua inspiração[15].

---

12. Andrew Hurrell, Power, principles and prudence: protecting human rights in a deeply divided world. In: Tim Dunne e Nicholas J. Wheeler, *Human Rights in Global Politics*, Cambridge, Cambridge University Press, 1999, p. 277.

13. Alto Comissariado de Direitos Humanos das Nações Unidas, *Status of Ratifications of the Principal International Human Rights Treaties*, http://www.unhchr.ch/pdf/report.pdf [26.01.2017].

14. Dentre eles, destacam-se: a) a Convenção Interamericana para Prevenir e Punir a Tortura, em 20 de julho de 1989; b) a Convenção contra a Tortura e outros Tratamentos Cruéis, Desumanos ou Degradantes, em 28 de setembro de 1989; c) a Convenção sobre os Direitos da Criança, em 24 de setembro de 1990; d) o Pacto Internacional dos Direitos Civis e Políticos, em 24 de janeiro de 1992; e) o Pacto Internacional dos Direitos Econômicos, Sociais e Culturais, em 24 de janeiro de 1992; f) a Convenção Americana de Direitos Humanos, em 25 de setembro de 1992; g) a Convenção Interamericana para Prevenir, Punir e Erradicar a Violência contra a Mulher, em 27 de novembro de 1995; h) o Protocolo à Convenção Americana referente à Abolição da Pena de Morte, em 13 de agosto de 1996; i) o Protocolo à Convenção Americana em matéria de Direitos Econômicos, Sociais e Culturais (Protocolo de San Salvador), em 21 de agosto de 1996; j) o Estatuto de Roma, que cria o Tribunal Penal Internacional, em 20 de junho de 2002; k) o Protocolo Facultativo à Convenção sobre a Eliminação de todas as formas de Discriminação contra a Mulher, em 28 de junho de 2002; l) os dois Protocolos Facultativos à Convenção sobre os Direitos da Criança, referentes ao envolvimento de crianças em conflitos armados e à venda de crianças e prostituição e pornografia infantis, em 24 de janeiro de 2004; m) o Protocolo Facultativo à Convenção contra a Tortura, em 11 de janeiro de 2007; n) a Convenção sobre os Direitos das Pessoas com Deficiência e seu Protocolo Facultativo, em 01 de agosto de 2008; o) o Protocolo Facultativo ao Pacto Internacional de Direitos Civis e Políticos, bem como do Segundo Protocolo ao mesmo Pacto visando à Abolição da Pena de Morte, em 25 de setembro de 2009; e p) a Convenção Internacional para a Proteção de todas as pessoas contra o Desaparecimento Forçado, em 29 de novembro de 2010. A esses avanços, soma-se o reconhecimento da jurisdição da Corte Interamericana de Direitos Humanos, em dezembro de 1998.

15. Neste sentido, dentre outros, destacam-se os seguintes atos normativos: a) Lei 7.716, de 05 de janeiro de 1989 – Define os crimes resultantes de preconceito de raça e cor, prevendo o racismo como crime inafiançável e imprescriti-

Ao romper com a sistemática das Cartas anteriores, a Constituição de 1988, ineditamente, consagra o primado do respeito aos direitos humanos, como paradigma propugnado para a ordem internacional. Esse princípio invoca a abertura da ordem jurídica interna ao sistema internacional de proteção dos direitos humanos. A prevalência dos direitos humanos, como princípio a reger o Brasil no âmbito internacional, não implica apenas o engajamento do país no processo de elaboração de normas do Direito Internacional dos Direitos Humanos, mas sim a busca da plena integração de tais regras na ordem jurídica interna brasileira. Implica, ademais, o compromisso de adotar uma posição política contrária aos Estados em que os direitos humanos sejam gravemente desrespeitados.

A partir do momento em que o Brasil se propõe a fundamentar suas relações com base na prevalência dos direitos humanos, está ao mesmo tempo reconhecendo a existência de limites e condicionamentos à noção de soberania estatal. Isto é, a soberania do Estado brasileiro fica submetida a regras jurídicas, tendo como parâmetro obrigatório a prevalência dos direitos humanos. Rompe-se com a concepção tradicional de soberania estatal absoluta, reforçando o processo de sua flexibilização e relativização, em prol da proteção dos direitos humanos. Esse processo é condizente com as exigências do Estado Democrático de Direito constitucionalmente pretendido.

Surge, pois, a necessidade de interpretar os antigos conceitos de soberania estatal e não intervenção, à luz de princípios inovadores da ordem constitucional – dentre eles, destaque-se o princípio da prevalência dos direitos humanos. Estes são os novos valores incorporados pelo texto de 1988, que compõem a tônica do constitucionalismo contemporâneo.

Se para o Estado brasileiro a prevalência dos direitos humanos é princípio a reger o Brasil no cenário internacional, está-se consequentemente admitindo a concepção de que os direitos humanos constituem tema de legítima preocupação e interesse da comunidade internacional. Os direitos humanos, nessa concepção, surgem para a Carta de 1988 como tema global.

Cabe ainda considerar que o princípio da prevalência dos direitos humanos contribuiu substantivamente para o sucesso da ratificação, pelo Estado brasileiro, de instrumentos internacionais de proteção dos direitos humanos. Como ponderou o então Ministro Celso Lafer: "O princípio da prevalência dos direitos humanos foi um argumento constitucional politicamente importante para obter no Congresso a tramitação da Convenção Americana dos Direitos Humanos — o Pacto de San José. Foi em função dessa tramitação que logrei depositar na sede da OEA, nos últimos dias de minha gestão (25-09-92), o instrumento correspondente de adesão do Brasil a este significativo Pacto"[16].

5. Remissões constitucionais

1) Artigos constitucionais conexos
– Artigo 5º, parágrafos 2º, 3º e 4º;
– Artigo 7º do Ato das Disposições Constitucionais Transitórias.

2) Legislação infraconstitucional
Vide nota 14.

6. Jurisprudência

a) Supremo Tribunal Federal, *Habeas Corpus* n. 82. 424- RS. Paciente: Siegfried Ellwanger. Impetrante: Werner Cantalício João Becker. Relator: Min. Maurício Correa, Brasília, DF, 17 de setembro de 2003. *Diário da Justiça da União*, 9 de março de 2004.

b) Supremo Tribunal Federal, Extradição n. 633-9 – China. Requerente: Governo da República Popular da China. Extraditando: Qian Hong. Relator: Min. Celso de Mello, Brasília, DF, 28 de agosto de 1996, *Diário da Justiça da União*, 6 de abril de 2001.

"Extradição – República Popular da China – Crime de estelionato punível com a pena de morte – tipificação penal precária e insuficiente que inviabiliza o exame do requisito concernente à dupla incriminação – pedido indeferido".

"A essencialidade da cooperação internacional na repressão penal aos delitos comuns não exonera o Estado brasileiro – e, em particular, o Supremo Tribunal Federal, de velar pelo respeito aos direitos fundamentais do súdito estrangeiro que venha a sofrer, em nosso país, processo extradicional instaurado por iniciativa de qualquer Estado estrangeiro.

– O fato de o estrangeiro ostentar a condição jurídica de extraditando não basta para reduzi-lo a um estado de submissão incompatível com a essencial dignidade que lhe é inerente como pessoa humana e que lhe confere a titularidade de direitos fundamentais inalienáveis, dentre os quais avulta, por sua insuperável importância, a garantia do *due process of law*.

Em tema de direito extradicional, o Supremo Tribunal Federal não pode e nem deve revelar indiferença diante de transgressões ao regime das garantias processuais fundamentais. É que o Estado Brasileiro – que deve obediência irrestrita à própria Constituição que lhe rege a vida institucional – assumiu, nos termos desse mesmo estatuto político, o gravíssimo dever de sempre conferir prevalência aos direitos humanos (art. 4º, II). (...)

---

vel (anteriormente à Constituição de 1988, o racismo era considerado mera contravenção penal); b) Lei 9.029, de 13 de abril de 1995 – Proíbe a exigência de atestados de gravidez e esterilização e outras práticas discriminatórias para efeitos admissionais ou de permanência da relação jurídica de trabalho; c) Decreto 1.904, de 13 de maio de 1996 – Institui o Programa Nacional de Direitos Humanos, que ineditamente atribui aos direitos humanos o *status* de política pública governamental, contendo propostas de ações governamentais para a proteção e promoção dos direitos civis e políticos no Brasil; d) Lei 9.459, de 13 de maio de 1997 – Altera e aprimora a Lei 7.716/89 (que define os crimes resultantes de preconceito de raça ou de cor), prevendo também a punição de crimes resultantes de preconceito de etnia, religião ou procedência nacional; e) Lei 9.504, de 30 de setembro de 1997 – Estabelece normas para as eleições, dispondo que cada partido ou coligação deverá reservar o mínimo de trinta por cento e o máximo de setenta por cento para candidaturas de cada sexo; f) Lei 8.069, de 13 de julho de 1990 – Dispõe sobre o Estatuto da Criança e Adolescente, considerada uma das legislações mais avançadas a respeito da matéria, ao estabelecer a proteção integral à criança e ao adolescente, destacando os seus direitos fundamentais, bem como a política de atendimento destes direitos; e g) Lei 9.455, de 7 de abril de 1997 – Define e pune o crime de tortura, como crime inafiançável e insuscetível de graça ou anistia, por ele respondendo os mandantes, os executores e os que, podendo evitá-lo, se omitirem, em consonância com o disposto no artigo 5º, XLIII, da Constituição de 1988.

16. Celso Lafer, prefácio ao livro de Pedro Dallari, *Constituição e relações exteriores*, São Paulo, Saraiva, 1994, p. XIX.

O Supremo Tribunal Federal não deve deferir o pedido de extradição, se o ordenamento jurídico do Estado requerente não se revelar capaz de assegurar, aos réus, em juízo criminal, a garantia plena de um julgamento imparcial, justo, regular e independente".

Art. 4º, III – autodeterminação dos povos;
Flávia Piovesan

1. Direito Internacional

O respeito ao princípio da autodeterminação dos povos constitui um dos propósitos básicos das Nações Unidas. Com efeito, em seu artigo 1 (2), a Carta da ONU de 1945 inaugura o seu texto afirmando que entre seus propósitos básicos está o de "desenvolver relações amistosas entre as nações, baseadas no respeito ao princípio de igualdade de direito e de autodeterminação dos povos, adotando medidas apropriadas para o fortalecimento da paz universal". Para o fim de fortalecer o princípio da autodeterminação dos povos, estimulando o processo de descolonização, a ONU criou inclusive um órgão específico denominado "Conselho de Tutela".

A autodeterminação dos povos é hoje uma regra do Direito Internacional contemporâneo, de aplicação universal, consagrada nos Pactos Internacionais de Direitos Civis e Políticos e de Direitos Econômicos, Sociais e Culturais, ratificados por mais de 150 Estados. Significa que todos os povos têm o direito de estabelecer livremente seu sistema político e de determinar seu desenvolvimento econômico, social e cultural. A Unesco define povos como um grupo que apresenta algumas ou todas as seguintes características: a) uma tradição histórica comum; b) uma identidade étnica grupal; c) uma homogeneidade cultural; d) uma unidade linguística; e) uma afinidade ideológica ou religiosa; f) uma conexão territorial; e g) uma vida econômica comum[1].

Nos termos do artigo 1º do Pacto Internacional dos Direitos Civis e Políticos: "1– Todos os povos têm direito à autodeterminação. Em virtude desse direito, determinam livremente seu estatuto político e asseguram livremente seu desenvolvimento econômico, social e cultural; 2– Para a consecução de seus objetivos, todos os povos podem dispor livremente de suas riquezas e recursos naturais, sem prejuízo das obrigações decorrentes da cooperação econômica internacional, baseada no princípio do proveito mútuo e do Direito Internacional. Em caso algum poderá um povo ser privado de seus próprios meios de subsistência". O direito à autodeterminação dos povos foi endossado pelo artigo 1º do Pacto Internacional dos Direitos Econômicos, Sociais e Culturais, em idêntica redação. Note-se que ambos os Pactos foram ratificados pelo Brasil em 1992.

No entendimento do Comitê de Direitos Humanos da ONU, à luz da Recomendação Geral n. 12 (1984):

---
1. A respeito ver também Declaração dos Direitos das Pessoas Pertencentes a Minorias Nacionais, Étnicas, Religiosas e Linguísticas (ONU, 1992); Convenção sobre os Direitos dos Povos Indígenas (Convenção n. 169 da OIT); e o projeto de Declaração dos Direitos dos Povos Indígenas da ONU (Un Doc.E/CN.4/Sub.2/1994/2/Add.1, 20 April 1994).

"1. (...) O direito à autodeterminação é de particular importância porque sua realização é uma condição essencial para a eficaz garantia e a observância dos direitos humanos individuais e para a promoção e o fortalecimento desses direitos. Por essa razão que os Estados estabeleceram o direito à autodeterminação como uma prescrição em ambos os Pactos e colocaram essa previsão como o artigo 1º, aparte e antes de todos os outros direitos.

2. O artigo 1 conserva um direito inalienável de todos os povos como descrito em seus parágrafos 1 e 2. (...) O artigo impõe a todos os Estados-partes obrigações correspondentes. Esse direito e as obrigações correspondentes à sua implementação estão relacionadas a outras previsões do Pacto e a regras de Direito Internacional.

(...)

5. O parágrafo 2 afirma um aspecto particular do conteúdo econômico do direito à autodeterminação, também chamado direito dos povos (...) Esse direito envolve deveres correspondentes para todos os Estados e para comunidade internacional.

(...)

8. O Comitê considera que a história provou que a realização e o respeito do direito à autodeterminação dos povos contribuem para o estabelecimento de relações amistosas e da cooperação entre os Estados e para o fortalecimento da paz e da compreensão internacional".

2. Remissões constitucionais

1) Artigos constitucionais conexos
– Artigo 231.

2) Legislação infraconstitucional
– Lei n. 6.001/73 – Estatuto do Índio.

3. Jurisprudência

a) STF. *Habeas Corpus* n. 80.240-RR. Rel. Min. Sepúlveda Pertence. Brasília, DF, 20 de junho de 2001. *Diário da Justiça da União*, 14 de outubro de 2005.

"A autonomia dos povos indígenas, contudo, não se esgota no reconhecimento de um território no qual permaneçam, nem tampouco a ele se limita. Equivocada seria a leitura que se fizesse exclusivamente a partir do artigo 231 da Constituição, a pretender que o reconhecimento dos seus usos, costumes e tradições se desse apenas no âmbito do território que lhes foi outorgado, por ser este o objeto específico da regulação do dispositivo invocado. Evidencia o artigo 216 da CF que, enquanto grupo formador da sociedade brasileira, os índios têm direito, em suas relações com os demais segmentos constituintes desta nação, a deles exigir observância aos seus modos de criar, fazer e viver (inciso II), e, muito mais, fazer-lhes ver como a eles – índios – se representam os modos de criar, fazer e viver desta sociedade que integram, de modo diferenciado (inciso II)".

b) STF. Recurso Extraordinário n. 416.144 – MT. Relatora: Min. Ellen Gracie. Brasília, DF, 10 de agosto de 2004.

Art. 4º, IV – não intervenção;
George Rodrigo Bandeira Galindo

1. História da norma

O dispositivo é inovador na história constitucional brasileira. Entretanto, a diplomacia brasileira – e especialmente de outros Estados latino-americanos –, desde há muito, vem ressaltando a importância do princípio. Esse é mais um dispositivo que parece ter sido fortemente influenciado pela constituição portuguesa.

2. Constituições brasileiras anteriores

Nenhuma constituição anterior consagrou a não intervenção como princípio ou se referiu expressamente a ela.

3. Constituições estrangeiras (relação ilustrativa)

Algumas Constituições estrangeiras mencionam expressamente a não intervenção, a não ingerência ou a não interferência em assuntos internos de outros Estados. Exemplos: Constituição da Argélia: art. 28; Constituição da República Dominicana: art. 3; Constituição da Etiópia: art. 86 (2); Constituição do México: art. 89, X; Constituição da Nicarágua: art. 7; Constituição do Paraguai: art. 143 (7); Constituição da Venezuela: art. 152; Constituição de Portugal: art. 7 (1).

4. Direito internacional

A Carta da ONU (Decreto n. 19.841, de 22.10.1945) estabelece – art. 2º (4) e (7) – que os Membros da Organização deverão evitar a ameaça ou o uso da força contra qualquer Estado; também dispõe que nada na Carta autoriza que as Nações Unidas intervenham em assuntos relativos ao domínio interno dos Estados. Por sua vez, a Carta da Organização dos Estados Americanos (OEA) (Decreto n. 30.544, de 14.02.1952) é mais expressa em seu art. 19: "Nenhum Estado ou grupo de Estados têm o direito de intervir, direta ou indiretamente, seja qual for o motivo, nos assuntos internos ou externos de qualquer outro. Este princípio exclui não somente a força armada, mas também qualquer outra forma de interferência ou de tendência atentatória à personalidade do Estado e dos elementos políticos, econômicos e culturais que o constituem". Outros instrumentos se referem ao princípio da não intervenção.

5. Dispositivos constitucionais relevantes (relação ilustrativa)

Art. 4º, I (independência nacional), II (prevalência dos direitos humanos), III (autodeterminação dos povos), V (igualdade entre os Estados), VI (defesa da paz), IX (cooperação entre os povos para o progresso da humanidade); Art. 21, I (competência da União para manter relações com Estados estrangeiros e participar de organizações internacionais); Art. 84, VII (competência do Presidente da República para manter relações com Estados estrangeiros e acreditar seus representantes diplomáticos).

6. Jurisprudência (STF)

O Supremo Tribunal Federal ainda não se pronunciou diretamente acerca do art. 4º, IV, da CF/1988.

7. Literatura selecionada

BELLAMY, Alex J. The responsibility to protect and the problem of military intervention. *International Affairs*. London, v. 84, n. 4, p. 615-639, 2008; BERMAN, Nathaniel. Intervention in a 'divided world': axes of legitimacy. *European Journal of International Law*, Firenze, v. 17, n. 4, p. 743-769, 2006; CAVANDOLI, Sofia; WILSON, Gary. Distorting Fundamental Norms of International Law to Resurrect the Soviet Union: The International Law Context of Russia's Invasion of Ukraine. *Netherlands International Law Review*, Amsterdam, v. 69, n. 3, p. 383-410, 2022; GRAY, Christine. The use of force and the international legal order. In: EVANS, Malcolm (Ed.). *International Law*. New York: Oxford University Press, 2003, p. 589-620; ICISS – INTERNATIONAL COMMISSION ON INTERVENTION AND STATE SOVEREIGNTY. *The responsibility to protect*. Ottawa: IDRC, 2001. Disponível em: https://www.globalr2p.org/resources/the-responsibility-to-protect-report-of-the-international-commission-on-intervention-and-state-sovereignty-2001/. Acesso em: 14.04.2023; KANT, Immanuel. *A Paz Perpétua*: Um Projecto Filosófico. Trad. Artur Morão. Covilhã: Universidade da Beira Interior, 2008; KOSKENNIEMI, Martti. 'The Lady doth protest too much': Kosovo, and the turn to ethics in international law. *The Modern Law Review*, London, v. 65, n. 2, p. 159-175, 2002; LOWE, Vaughan; TZANAKOPOULOS, Antonios. Humanitarian Intervention. *Max Planck Encyclopedia of Public International Law*, 2011, para. 46. Disponível em: https://opil.ouplaw.com/display/10.1093/law:epil/9780199231690/law-9780199231690-e306. Acesso em: 14.04.2023; MELLO, Celso de Albuquerque. *Direito Internacional Americano*: estudo sobre a contribuição de um direito regional para a integração econômica. Rio de Janeiro: Renovar, 1995; NYE JR., Joseph S. *O paradoxo do poder americano*: porque a única superpotência do mundo não pode prosseguir isolada. Trad. Luiz Antônio Oliveira de Araújo. São Paulo: Editora UNESP, 2002; RAWLS, John. *O direito dos povos*. Trad. Luís Carlos Borges e Sérgio Sérvulo da Cunha. São Paulo: Martins Fontes, 2001; SIMMA, Bruno; NATO. The UN and the use of force: legal aspects. *European Journal of International Law*, Firenze, v. 10, n. 1, p. 1-22, 1999; TESÓN, Fernando R. *A philosophy of international law*. Boulder: Westview Press, 1998; UNITED NATIONS. World Summit Outcome Document, G.A. Res. 60/1, U.N. Doc. A/60/L.1, Sept. 20, 2005.

8. Anotações

Talvez tenha sido Kant quem primeiro explicitou o conteúdo de uma projetada norma internacional sobre não intervenção em *A Paz Perpétua*, de 1795. Para ele, um dos artigos preliminares da paz perpétua deveria ser: "Nenhum Estado se deve imiscuir pela força na constituição e no governo de outro Estado" (KANT, 2008, p. 7).

Do ponto de vista do direito internacional positivo, é possível crer que uma norma sobre a não intervenção antes foi codificada no continente americano, e apenas posteriormente no restante do mundo (MELLO, 1995, p. 137) – o que não significa, evidentemente, que tal norma tenha sempre sido respeitada em nosso continente.

O século XIX, nas Américas, foi repleto de intervenções, doutrinas e políticas para justificá-las ou condená-las. A doutrina Monroe, a doutrina (ou tese) Drago, a política do *Big Stick* são apenas alguns exemplos de ações e reações em face das intervenções realizadas na América Latina durante o século XIX, mas que também se estenderam por boa parte do século XX (MELLO, 1995, p. 139-142).

Em várias ocasiões, a diplomacia brasileira, em conjunto com a diplomacia de outros Estados latino-americanos, ressaltou a importância do princípio da não intervenção no plano internacional. Por isso não é estranho que esteja ele presente na Constituição de 1988, embora nenhum texto brasileiro anterior o tenha consagrado.

Levado às últimas consequências, o princípio significaria, para o Brasil, uma proibição total de intervenção não referente apenas ao plano militar (da força armada), mas também ao plano político, econômico e cultural. Justamente com essa abrangência, a Carta da OEA, em seu citado art. 19, proíbe a intervenção ao menos entre os membros da organização. Assim, a norma imporia tanto a obrigação de o Brasil não intervir como de outros Estados não intervirem no Brasil.

Mas é possível proibir a intervenção sem comprometer o intercâmbio entre os Estados? Um princípio muito forte de não intervenção não inviabilizaria as relações internacionais, os direitos humanos e o próprio direito internacional?

Intervenção tem necessariamente a ver com imposição de pautas por aqueles que possuem uma posição de poder mais privilegiada que a de outros. Se se verifica tal imposição no domínio militar, político, econômico ou cultural, parece estar-se diante de uma intervenção. A norma jurídica proibitiva da intervenção, contudo, não abrange ações que acontecem com o consentimento do Estado em virtude de alguma preferência adotada. Um bom exemplo disso é o que se convencionou chamar *soft power* (ou poder brando), em oposição ao *hard power* (ou poder bruto) (NYE JR., 2002, p. 36). É inegável que os Estados Unidos exercem uma posição de influência sobre o Brasil – ainda que ela tenha sido relativizada nos últimos anos. O plano cultural é um perfeito exemplo disso. Não se pode, no entanto, configurar uma violação ao princípio da não intervenção a influência do cinema ou do modo de vestir dos Estados Unidos no Brasil se isso não é diretamente imposto, mas aceito por cidadãos brasileiros.

O princípio da não intervenção será, de fato, violado, quando envolver algum tipo de imposição em algum nível, seja militar, político, econômico ou cultural. No caso específico do Brasil, o princípio dará um norte à política externa tanto se o Brasil intervir como se for objeto de intervenção.

De todos os tipos de intervenção, a que mais tem causado acaloradas controvérsias tem sido a intervenção militar, especialmente quando é rotulada de "humanitária", ou seja, quando se guia por postulados de proteção aos direitos humanos. Algumas vezes, o argumento humanitário é mesclado – constantemente de maneira confusa e de forma incoerente – ao de autodeterminação de povos. É o que ocorreu recentemente, por exemplo, na invasão da Ucrânia pela Rússia (CAVANDOLI; WILSON, 2022, p. 387-388).

Qualquer discussão sobre a legalidade (ou mesmo legitimidade) da intervenção humanitária precisa partir do art. 2 (4) da Carta das Nações Unidas, que proíbe, como princípio geral, que os Estados se utilizem da força ou da ameaça do uso da força contra outros Estados. O princípio é complementado pelos artigos contidos no Capítulo VII da Carta que permitem que o Conselho de Segurança tome medidas relativas à ameaça ou ruptura da paz ou qualquer ato de agressão. Tais medidas podem significar até mesmo o uso da força pela própria ONU ou por algum Estado com sua autorização. Dentro desse quadro, estar-se-ia diante do único tipo de intervenção permitida pela Carta: aquela feita pela ONU ou em seu nome. Estar-se-ia, também, diante do único tipo de intervenção permitida pela Constituição brasileira. Especialmente após o fim da guerra fria, o Conselho de Segurança já autorizou o uso da força com o envio de tropas para a manutenção da paz em virtude da alegação de maciças violações a direitos humanos (GRAY, 2003). Nesse sentido, pode-se dizer que a Carta da ONU, conjuntamente com a prática reiterada do Conselho de Segurança, tem permitido a intervenção humanitária sob os auspícios da própria Organização. Mas poderia haver a intervenção humanitária ainda sem a autorização do Conselho de Segurança, ou seja, à sua margem?

Durante a década de 1990, diversos autores começaram a insistir mais fortemente na ideia de que Estados liberais teriam o direito de intervir em Estados que violam direitos humanos (Estados fora da lei). John Rawls (2001) e Fernando Tesón (1998) são bons exemplos dessa posição.

A adoção de tais posturas gerava um paradoxo com a realidade internacional da regulação da força pela Organização das Nações Unidas. Ora, se a ONU congrega a quase totalidade dos Estados e, dentro desse universo, existem Estados liberais e não liberais, Estados "dentro da lei" e Estados "fora da lei", as decisões do Conselho de Segurança em intervir ou não intervir em uma dada situação não necessariamente representariam a vontade dos Estados liberais ou "dentro da lei". Por isso, o direito de intervenção poderia existir até mesmo à margem da Carta das Nações Unidas.

A discussão sobre o direito de intervenção assumiu proporções gigantescas ao final da década de 1990. Nesse período, além de sua relevância teórica (*v. g.*, BERMAN, 2006), a intervenção humanitária adquiriu uma dimensão prática bastante singular.

Em 1999, a OTAN bombardeou o território da ex-Iugoslávia em resposta à repressão e ao deslocamento forçado de indivíduos pertencentes à etnia albanesa no território do Kosovo. O bombardeio, no entanto, não foi precedido por nenhuma autorização expressa do Conselho de Segurança. Alguns membros da OTAN basearam a ação militar em uma autorização implícita prévia do Conselho de Segurança; outros, porém, fundamentaram-na em um direito de intervenção humanitária (SIMMA, 1999). Tais variações de interpretação mostram, por si próprias, que a intervenção humanitária à margem da Carta da ONU estava envolvida por uma névoa intensa. Se, por um lado, a normatividade, encarnada na Carta da ONU, não poderia simplesmente ser desprezada, por outro lado, a seletividade política com que o Conselho de Segurança trata várias situações em que ocorrem graves violações a direitos humanos não poderia ser um empecilho para a ação de outros Estados (KOSKENNIEMI, 2002). Dessa situação de incerteza que circundava a doutrina da intervenção humanitária começou a surgir uma doutrina alternativa, que passou a ser denominada responsabilidade de proteger.

A doutrina da responsabilidade de proteger (também conhecida em inglês como "responsibility to protect", e pela sigla R2P) surgiu de maneira mais vigorosa a partir de um estudo feito por uma comissão independente: a Comissão Internacional sobre Intervenção e Soberania do Estado. Em seu relatório, a Comissão pretendeu oferecer uma abordagem bastante diferenciada ao tema da intervenção humanitária (ICISS, 2001).

Para a Comissão, soberania significa essencialmente responsabilidade e, mais precisamente, responsabilidade para proteger o próprio povo. Externamente, a responsabilidade que advém da soberania é o respeito a outras soberanias; internamente, a responsabilidade do Estado existiria em razão da proteção da dignidade e dos direitos básicos dos indivíduos. Soberania não seria somente atributo, mas também ônus. Mas o relatório vai além ao estabelecer que sempre que se verificar que tal responsabilidade não está sendo cumprida pelo próprio Estado, seja por não querer ou por não poder, tal responsabilidade de proteger recai sobre a própria comunidade internacional. O Conselho de Segurança seria a melhor entidade para agir nessas situações (ICISS, 2001, p. xi, 1-9).

A responsabilidade de proteger abrangeria três níveis: prevenção, reação e reconstrução. A prevenção deve ser esgotada para que se chegue aos dois níveis seguintes. Ademais, a prevenção e a reação devem ser minimamente intrusivas.

Ainda que limitada, a reação – o equivalente, em termos gerais, à intervenção armada – é possível. No entanto, ela somente poderia acontecer: (a) em caso de perda de vidas em larga escala; (b) em caso de limpeza étnica em larga escala (ICISS, 2001, p. xii).

O debate sobre intervenção humanitária girou, por muito tempo, em torno de um direito a intervir. O relatório deliberadamente fugiu do debate por identificar nele três problemas: (1) foca-se demais nas questões dos direitos e prerrogativas e se esquece das necessidades urgentes das pessoas beneficiadas; (2) o foco na intervenção esquece das medidas que devem ser tomadas anteriormente e posteriormente a uma ação armada; (3) a linguagem relativa ao direito de intervenção faz a intervenção triunfar sobre a soberania. A mudança da terminologia permitiria alcançar: (1) o foco na questão de quem precisa da assistência e não em quem considera a intervenção; (2) a definição de que a responsabilidade primária reside no próprio Estado; a responsabilidade da comunidade internacional só entra em jogo quando o Estado não pode ou não quer agir; (3) a ideia de que a responsabilidade de proteger não é apenas responsabilidade de reagir, mas também responsabilidade de prevenir e reconstruir (ICISS, 2001, p. 16-18).

Após a publicação do relatório, muito se discutiu sobre o conceito, a ponto de a Assembleia-Geral da ONU, ao final da Cúpula Mundial de 2005, aprovar uma resolução consagrando a responsabilidade de cada Estado de proteger suas populações de genocídio, crimes de guerra, limpeza étnica e crimes contra a humanidade, além de reconhecer a responsabilidade das Nações Unidas em ajudar a proteger as populações nesses casos, inclusive com o uso da força (UNITED NATIONS, 2005).

Uma das grandes contribuições do relatório da Comissão Independente foi enfocar a responsabilidade de proteger também sob o prisma da prevenção e da reconstrução. Especialmente os Estados em vias de desenvolvimento necessitam de um engajamento da comunidade internacional nesses níveis. A ajuda ao desenvolvimento é uma agenda que constantemente é adiada em nome de preocupações supostamente mais prementes. É lamentável que a citada resolução não enfatize a dimensão da prevenção. Seja como for, a disseminação do conceito de responsabilidade de proteger "confirma a continuada relutância dos Estados em aceitar um direito a intervenção humanitária fora dos limites da Carta das Nações Unidas e dos procedimentos para resposta coletiva lá estabelecidos" (LOWE; TZANAKOPOULOS, 2011, para. 46).

Eis a grande potencialidade que o princípio constitucional da não intervenção abre para o Brasil: poder discutir, no plano internacional, medidas para evitar qualquer tipo de intervenção, enfatizando o papel da prevenção a violações de direitos humanos. E se, mesmo com a prevenção, a comunidade internacional precisar agir militarmente em um Estado, que isso seja feito nos limites do sistema de segurança coletiva de que o Brasil faz parte há mais de cinquenta anos: o sistema da Carta das Nações Unidas[1].

Art. 4º, V – igualdade entre os Estados;

George Rodrigo Bandeira Galindo

1. História da norma

Embora não conste das Constituições brasileiras anteriores, a igualdade entre os Estados não é estranha ao direito brasileiro. Desde os primórdios da República, o Brasil tem ressaltado, em foros internacionais, a importância do princípio. A jurisprudência dos tribunais internos, inclusive do Supremo Tribunal Federal, já se referiu ao princípio algumas vezes. A consagração do princípio na Constituição portuguesa parece ter inspirado sua inserção no Texto Constitucional de 1988.

2. Constituições brasileiras anteriores

Nenhuma Constituição anterior consagrou a igualdade entre os Estados como princípio ou se referiu expressamente a ela.

3. Constituições estrangeiras (relação ilustrativa)

Algumas Constituições estrangeiras se referem expressamente à igualdade entre os Estados. Exemplos: Constituição de Portugal: art. 7 (1); Constituição da Argélia: art. 28; Constituição do Equador: art. 416 (1); Constituição da Etiópia: art. 86 (2); Constituição do México: art. 89, X; Constituição do Paraguai: art. 143 (3); Constituição da Venezuela: art. 152.

4. Direito internacional

A Carta da ONU (Decreto n. 19.841, de 22.10.1945) é referência essencial sobre o tema. Ela dispõe, em seu art. 2º (1), que "a Organização é baseada no princípio da igualdade de todos os seus membros". A Carta da Organização dos Estados Americanos (OEA) (Decreto n. 30.544, de 14.2.1952) estabelece, em seu art. 10: "Os Estados são juridicamente iguais, desfrutam de iguais direitos e de igual capacidade para exercê-los, e em deveres iguais". Vários outros instrumentos, como tratados e resoluções da Assembleia Geral da ONU, ressaltam o princípio.

---

1. A responsabilidade de proteger está longe de ser unânime. Alguns pensam ser ela a velha intervenção humanitária com outras roupas. Mas certamente há um consenso entre os Estados: ele não permite intervenções à margem da Carta da ONU (BELLAMY, 2008, p. 638).

5. Dispositivos constitucionais relevantes (relação ilustrativa)

Art. 4º, I (independência nacional), III (autodeterminação dos povos), IV (não intervenção), VI (defesa da paz), IX (cooperação entre os povos para o progresso da humanidade), parágrafo único (integração na América Latina); Art. 21, I (competência da União para manter relações com Estados estrangeiros e participar de organizações internacionais); Art. 84, VII (competência do Presidente da República para manter relações com Estados estrangeiros e acreditar seus representantes diplomáticos).

6. Jurisprudência (STF)

O STF já se referiu expressamente ao princípio da igualdade entre os Estados, especialmente em casos sobre as imunidades de jurisdição e execução. A Corte entende que as imunidades são derivadas do princípio. Ver, *v. g.,* voto do min. Celso de Mello e voto do min. Carlos Britto na ACO AgR 633, *DJ* de 22.6.2008; RE AgR 222368, rel. min. Celso de Mello, *DJ* de 14.2.2003; ACO 298, rel. p/ acórdão Décio Miranda, *DJ* de 17.12.1982 (que envolveu litígio até então inédito entre dois Estados estrangeiros sobre sucessão de Estados em matéria de bens ARE 954858, rel. min. Edson Fachin, *DJ* de 24.09.2021 (sobre imunidade de jurisdição do Estado em face de violações de direitos humanos). Em outro caso, a Suprema Corte entendeu que, em virtude também do princípio da igualdade entre os Estados, a competência para entregar um extraditando é do Presidente da República, não cabendo a um Estado estrangeiro exigir a sua entrega. Ver Ext. 1085 PET-AV, rel. p/acórdão Luiz Fux, Pleno, *DJe* de 03.04.2013 e, também, Rcl 11243, rel. p/ acórdão Luiz Fux, Pleno, *DJe* de 05.10.2011.

7. Literatura selecionada

ALVAREZ, José. Judging the security council. *American Journal of International Law*, Washington, v. 90, n. 1, p. 1-39, 1996; BARBOSA, Rui. *Obras completas de Rui Barbosa*, v. XXIV (1907), t. II: A Segunda Conferência da Paz. Rio de Janeiro: Ministério da Educação e Cultura, 1966; BEAULAC, Stéphane. *The power of language in the making of international law*: the word sovereignty in Bodin and Vattel and the myth of Westphalia. Leiden: Martinus Nijhoff, 2004; GALINDO, George Rodrigo Bandeira. On Form, Substance, and Equality Between States. *AJIL Unbound*, Washington, v. 111, p. 75-80, 2017; HILLGRUBER, Christian. The admission of new states to the international community. *European Journal of International Law*, Firenze, v. 9, n. 3, p. 491-509, 1998; KOSKENNIEMI, Martti; KARI, Ville. Sovereign Equality. In: VIÑUALES, Jorge (ed.). *The UN Friendly Relations Declaration at 50*: An Assessment of the Fundamental Principles of International Law. Cambridge: Cambridge University Press, 2020, p. 166-188; KINGSBURY, Benedict. Sovereignty and inequality. *European Journal of International Law*, Firenze, v. 9, n. 4, p. 599-625, 1998; MELLO, Celso de Albuquerque. *Direito constitucional internacional*: uma introdução. 2. ed. Rio de Janeiro: Renovar, 2000; PREUß, Ulrich K. Equality of States – Its meaning in a constitutionalized global order. *Chicago Journal of International Law*, Chicago, v. 9, n. 1, p. 17-49, 2008; SIMPSON, Gerry. *Great powers and outlaw states*: unequal sovereigns in the international legal order. Cambridge: Cambridge University Press, 2004; TOBA, Marcos Maurício. *O Brasil e o Princípio da Igualdade Soberana dos Estados no âmbito das Nações Unidas*: Poder, Legitimidade e Ação Diplomática. Tese (Curso de Altos Estudos) – Instituto Rio Branco, Ministério das Relações Exteriores, 2022; VATTEL, Emer de. *O direito das gentes*. Trad. Vicente Marotta Rangel. Brasília: Universidade de Brasília; Instituto de Pesquisa de Relações Internacionais, 2004.

8. Anotações

"Nessa fortaleza de um direito igual para todos, e igualmente inviolável, inalienável, indiscutível, cada Estado, grande ou pequeno, se sente tão senhor de si mesmo e tão seguro em relação aos outros Estados quanto o cidadão livre nos muros de sua casa. A soberania é a grande muralha da pátria. Ela é a base de todo o sistema de sua defesa jurídica na esfera do direito das gentes". Assim Rui Barbosa (1966, p. 256) descrevia a igualdade entre os Estados durante a II Conferência da Paz da Haia, de 1907.

O trecho bem demonstra como a diplomacia brasileira, desde ao menos o começo do século XX, insiste em defender a igualdade entre os Estados como um princípio de direito internacional (TOBA, 2022) – não obstante sua presença expressa em uma de nossas Constituições somente ocorra em 1988. Mas defender a igualdade entre os Estados no início do século XX, em meados do século XVII – quando se convencionou dizer que surgiu o direito internacional – ou nos dias atuais significa o mesmo?

A Paz de Vestfália, de 1648, é vista como o momento crucial do surgimento do direito internacional por ter lançado as bases para a construção de um sistema de Estados que superou o Império (no caso, o Sacro Império Romano Germânico) pela ênfase na pluralidade de entidades que se reconheciam como independentes.

Qualquer conceito de igualdade implica necessariamente a possibilidade de comparação entre dois ou mais entes no que se refere a qualidades particulares que cada um possui (PREUß, 2008, p. 20-21). A partir de 1648, o que possibilitava a comparação entre os Estados era a religião cristã – na medida em que, no século XVII, o direito internacional ainda era direito basicamente restrito à Europa – e o fato de cada Estado ter uma característica espacial: um território delimitado por outros (PREUß, 2008, p. 21-22). Ainda que se pudessem enfatizar diferenças, a ninguém seria dado negar identidades entre Estados.

É possível dizer que igualdade jurídica entre os Estados se manifesta em três níveis: formal, legislativo e existencial.

A igualdade formal, também chamada de igualdade jurídica ou igualdade perante o direito, significa que os Estados devem ser tratados com igualdade perante os órgãos judiciais internacionais. Esse tipo de igualdade nada diz sobre a substância dos direitos dos Estados ou sobre a capacidade de influenciar a maneira pela qual tais direitos são distribuídos. Ou seja, ela não estabelece que os Estados possuem os mesmos direitos, mas que devem ter a capacidade jurídica para gozar os direitos que já possuem previamente em procedimentos judiciais (SIMPSON, 2004, p. 43-44)[1].

---

[1] Em outra oportunidade (GALINDO, 2017), eu aduzi que as regras procedimentais aplicadas pela Corte Internacional de Justiça em casos contenciosos, ao diferenciar forma e substância de maneira estrita, contribuem significativamente para estimular a desigualdade entre Estados.

O segundo nível, a igualdade legislativa, implicaria: (a) que os Estados estariam obrigados apenas àquilo que consentiram; (b) a exigência de peso e representação igualitários nos processos decisórios em órgãos internacionais, além de um papel igualitário na aplicação das normas internacionais (tais como costumes e tratados) (SIMPSON, 2004, p. 48).

Por fim, a igualdade existencial significaria o direito de existir (integridade territorial), o direito de escolher a maneira de existir (independência política) e o direito de participar do sistema internacional como consequência dos dois direitos antecedentes. Como corolários, a igualdade existencial teria a não intervenção e o direito de escolher a própria forma de governo sem interferências externas (SIMPSON, 2004, p. 54).

Em 1758, Emerich de Vattel (2004, p. 8), em sua mais famosa obra, *Le droit des gens, ou principes de la loi naturele appliqués à la conduite et aux affaires des nations et des souverains*, partia da analogia com os indivíduos para tentar descrever o modo como a igualdade jurídica entre os Estados operava: "Desde que os homens são iguais por natureza, e suas obrigações e direitos são os mesmos, como provenientes igualmente da natureza, as Nações compostas de homens, consideradas como pessoas livres que vivem juntas num estado natural, são por natureza iguais e recebem da natureza as mesmas obrigações e os mesmos direitos. O poder ou a fraqueza não acarretam a esse respeito nenhuma diferença. Um anão é tão homem quanto um gigante: uma república pequena não é menos um Estado soberano do que o mais poderoso dos reinos". Ao ressaltar a igualdade plena em nível de direitos e obrigações, Vattel pretendia sustentar uma igualdade que pressupunha os três níveis acima citados (formal, legislativo e existencial) de modo a alcançar o plano da distribuição dos direitos e das obrigações.

É certo que, nem ao tempo de Vattel e nem nos dias de hoje, essa igualdade de direitos e obrigações foi alcançada no plano internacional. Na medida em que o direito internacional é moldado pela ideia de consentimento – sendo o tratado a fonte jurídica que melhor representa tal ideia –, é difícil conceber a possibilidade de todos os Estados possuírem idênticos direitos e deveres, pois dispõem da liberdade para consentir obrigações. Mas o pressuposto dessa igualdade de direitos e obrigações – a igualdade em nível formal, legislativo e existencial – já existia ao tempo de Vattel?

A igualdade entre os Estados, como já se afirmou, dependeu da superação do Império em favor da independência das coletividades. O Império (ou sua sombra) impediria ou dificultaria a manutenção de um sistema de Estados. Estudos históricos robustos demonstram que um mito se incorporou à Paz de Vestfália. O Sacro Império somente deixou de exercer sua influência, de fato, com as conquistas de Napoleão (BEAULAC, 2004, p. 96). Assim, seria ao menos duvidoso afirmar que a igualdade entre os Estados se sustentava como princípio do direito internacional no período de 1648 até as Guerras Napoleônicas. Após esse período, a igualdade jurídica pôde, enfim, se afirmar?

O Congresso de Viena – a consequência política e jurídica das Guerras Napoleônicas – representou um ponto decisivo no cenário internacional. Em 1815 ficam, de uma vez por todas, legalizadas hierarquias no direito internacional. De duas maneiras essas hierarquias passaram a se mostrar: a hegemonia legalizada e o antipluralismo.

Hegemonia legalizada seria "a existência, dentro de um sistema internacional, de uma elite poderosa de Estados cujo *status* superior é reconhecido pelas potências menores como um fato político, gerando a existência de certos privilégios, direitos e deveres de índole constitucional, e cujas relações mútuas são definidas pela adesão a um princípio bruto de igualdade soberana" (SIMPSON, 2004, p. 68).

Por sua vez, o antipluralismo liberal significaria que, "em cada caso, as características internas de um Estado têm o potencial de determinar sua posição na Família das Nações" (SIMPSON, 2004, p. 76).

Durante o Congresso, as grandes potências fizeram o direito, as potências médias somente assinaram o tratado que resultou das negociações e as potências menores foram desconsideradas. As grandes potências eram também maioria nos principais comitês de negociação. Ademais, a integridade territorial e a independência política de principados e reinados não foram respeitadas. O Congresso não restabeleceu completamente as fronteiras anteriores às conquistas de Napoleão: Estados foram divididos, territórios amputados e principados incorporados (SIMPSON, 2004, p. 112-113).

Desde 1815, o sistema jurídico internacional, com extensão e intensidade variáveis, passou a consagrar, ao lado da igualdade jurídica dos Estados, hierarquias legalizadas. O direito internacional contemporâneo, ao mesmo tempo em que atribui uma importância capital ao princípio, permite a sua convivência, juridicamente justificada, com um grupo de nações mais favorecidas.

Do ponto de vista da igualdade legislativa, é difícil justificar a existência de: (a) membros permanentes com direito a veto na Organização das Nações Unidas; (b) o voto ponderado de alguns Estados em certas instituições econômicas internacionais; ou (c) a impossibilidade de entrada de novos membros no "clube" das potências nucleares. Ainda no âmbito desse tipo de igualdade, não seria fácil justificar como certas normas podem se tornar obrigatórias para o Estado sem seu próprio consentimento: como as normas *jus cogens* ou os princípios da Carta das Nações Unidas.

Em sentido semelhante, a igualdade de existência seria fortemente abalada pela possibilidade das intervenções humanitárias. Do mesmo modo, não se poderia dizer que cada Estado possui o direito de escolher sua própria maneira de existir: durante a década de 1990, por exemplo, os Estados europeus estipularam vários requisitos – *v. g.*, respeito à democracia e aos direitos humanos – como condição necessária a fim de reconhecerem novos Estados do leste europeu (HILLGRUBER, 1998).

Ante esse quadro, poder-se-ia indagar: a igualdade entre os Estados sempre terá de conviver com a hierarquia, negando-se a si própria? Um comentarista já afirmou que, em um sistema anárquico – ou seja, em um sistema descentralizado – a tensão entre hierarquia e igualdade não pode ser resolvida (SIMPSON, 2004, p. 86). O paradoxo que envolve igualdade e hierarquia, de fato, parece não poder ser equacionado nas condições atuais do sistema internacional. Não há dúvidas que certos aspectos hierárquicos trouxeram avanços ao direito internacional – o *jus cogens* seria um bom exemplo disso –; por outro lado, abrir mão do princípio da igualdade entre os Estados seria abrir espaço para que o direito do império se sobrepusesse ao direito internacional (KINGSBURY, 1998). Talvez a melhor maneira de resolver tal paradoxo seja superar seus próprios limites.

Os Estados que entram no sistema internacional precisam seguir regras e desistir de um conceito ideal e inalcançável de igualdade para preservar o que resta de igualdade em relação aos outros componentes do sistema. Qualquer agrupamento de Estados (ou indivíduos) necessita de certo grau de solidariedade. O sistema internacional não pode ser diferente. A igualdade deve se tornar o direito do Estado ao reconhecimento e ao respeito de sua identidade em um mundo interdependente (PREUß, 2008, p. 45); um mundo de interesses contrapostos que devem, de quando em vez, ceder a outros.

A igualdade do sistema vestfaliano tende sempre a produzir paradoxos porque é assumida como um dado e não como algo a ser alcançado. Com isso, historicamente, poucos mecanismos foram desenvolvidos para assegurá-la. Afirmar que a igualdade entre os Estados exprime o direito ao reconhecimento e ao respeito de sua identidade significa proporcionar a possibilidade de Estados pequenos contestarem as grandes potências. Ideias já propostas de controle de legalidade das resoluções do Conselho de Segurança por tribunais internacionais (ALVAREZ, 1996), que infelizmente ainda não encontram respaldo no direito positivo, poderiam cumprir um papel essencial na afirmação da igualdade entre os Estados.

O reconhecimento e a identidade dos Estados, como corolários de um novo princípio da igualdade, somente serão alcançados se o direito internacional finalmente levar adiante ideias como a justiça distributiva, que também tem tido pouco impacto no direito internacional positivo (KOSKENNIEMI; KARI, 2020, p. 166-188). Muitos internacionalistas se acostumaram a dizer que, juridicamente, os Estados são iguais; economicamente, contudo, não o seriam. A igualdade econômica, todavia, é pressuposto de qualquer igualdade jurídica fundada na ideia de reconhecimento e identidade (MELLO, 2000, p. 140-147). E as regras jurídicas dão causa às desigualdades entre Estados (e também, evidentemente, entre indivíduos). Quando algo que pretende ser solução – o direito internacional – torna-se parte do problema, há motivos sérios para se preocupar.

O princípio constitucional da igualdade entre os Estados necessita ser interpretado como um instrumento de transformação do sistema internacional. Igualdade e interdependência, afinal, devem ser as duas faces da mesma moeda.

Art. 4º, VI – defesa da paz;
George Rodrigo Bandeira Galindo

1. História da norma

O princípio da defesa da paz tem uma origem remota na tradição constitucional brasileira. A não ser por momentos esporádicos, o Estado brasileiro sempre se empenhou na defesa da paz, como fica atestado, por exemplo, pelo amplo apoio dado pelo Brasil à criação da Organização das Nações Unidas – cujo grande objetivo é garantir a paz no mundo. Embora as constituições anteriores condenassem a guerra de conquista, nenhuma delas assumiu um compromisso tão amplo de "defesa da paz". A Constituição Portuguesa parece ter sido o texto que mais influenciou o dispositivo ao incitar a criação de uma ordem internacional capaz de assegurar a paz.

2. Constituições brasileiras anteriores

Nenhum texto anterior referiu-se diretamente à defesa da paz. Contudo, é possível identificar em quase todos textos constitucionais republicanos a proibição da guerra de conquista: Constituição de 1969, art. 7º, parágrafo único; Constituição de 1967, art. 7º, parágrafo único; Constituição de 1946, art. 4º; Constituição de 1934, art. 4º; Constituição de 1891, art. 88.

3. Constituições estrangeiras

Algumas Constituições estrangeiras se referem à ideia de defesa ou consolidação da paz no âmbito das relações internacionais. Exemplos, Constituição de Portugal: Art. 7 (2); Constituição do Japão: Art. 9; Constituição do Equador: Art. 416 (4); Constituição da Finlândia: Seção 1 (3); Constituição da Grécia: Art. 2 (2); Constituição da Guatemala: Art. 149; Constituição de Honduras: Art. 15; Constituição da Hungria: Art. 6; Constituição da Irlanda: Art. 29 (1); Constituição da Itália: Art. 11; Constituição do México: Art. 89, X; Constituição da Nigéria: Art. 19 (c); Constituição do Paraguai: Art. 145; Constituição da Suíça: Art. 54; Constituição da Alemanha: Art. 24 (2); Constituição da Índia: Art. 51 (a); Constituição da Coreia do Sul: Art. 5 (1); Constituição da Colômbia: Art. 22 (direito dos cidadãos à paz).

4. Direito internacional

O inciso VI do art. 4º da Constituição guarda uma relação direta com as normas internacionais que visam a garantir a paz no globo. O Brasil é membro fundador da Carta das Nações Unidas (Decreto n. 19.841, de 22.10.1945) e da Carta da Organização dos Estados Americanos (Decreto n. 30.544, de 14.02.1952). Ambos os tratados estabelecem um sistema de manutenção da paz em nível global e regional.

5. Dispositivos constitucionais relevantes (relação ilustrativa)

Art. 4º, I (independência nacional), IV (não intervenção), V (igualdade entre os Estados), VII (solução pacífica dos conflitos), IX (cooperação entre os povos para o progresso da humanidade); Art. 21, II (competência da União para declarar a guerra e celebrar a paz); Art. 49, II (competência do Congresso Nacional para autorizar o Presidente da República a declarar a guerra e celebrar a paz); Art. 84, XIX (competência do Presidente da República para declarar a guerra), XX (competência do Presidente da República para celebrar a Paz); Art. 91 (disposições sobre o Conselho de Defesa Nacional); Arts. 136 e 137 (disposições sobre o Estado de Defesa e Estado de Sítio).

6. Jurisprudência (STF)

O Supremo Tribunal Federal ainda não se pronunciou diretamente acerca do art. 4º, VI, da CF/1988.

7. Literatura selecionada

CASSESE, Antonio. A paz será, atualmente, imaginável? (mesa redonda). In: AHLMARK, Per *et al. Imaginar a Paz*. Brasília: UNESCO; Paulus, 2006, p. 140-150; CHRISTÓFOLO, João Ernesto. *Princípios constitucionais de relações internacionais*: significado, alcance e aplicação. Belo Horizonte: Del Rey, 2019; CAVALCANTI, Amaro. Pro pace. *Boletim da Sociedade Brasileira de Direito Internacional*, Brasília, v. 47, n. 91/92, p. 9-12, 1994; DALLARI, Pedro. *Constituição e Relações Exteriores*. São Paulo: Saraiva, 1994; DELAHUNTY, Robert J.; YOO, John C. Peace through law? The failure of a noble experiment. *Michigan Law Review*, Ann Arbor, v. 106, n. 6, p. 923-939, 2008; GALINDO, George Rodrigo Bandeira. *Tratados internacionais de direitos humanos e Constituição Brasileira*. Belo Horizonte: Del Rey, 2002; GALTUNG, Johan. Violence, peace and peace research. *Journal of Peace Research*, Oslo, v. 6, n. 3, p. 167-191, 1969; INTERNATIONAL LAW COMMISSION. *Draft Conclusions on Identification and Legal Consequences of Peremptory Norms of General International Law* (jus cogens). Report of the International Law Commission. Seventy-third session (A/77/10), p. 11-89, 2022; KELSEN, Hans. *Law and peace in international relations*. Cambridge: Harvard University Press, 1942; MELLO, Celso de Albuquerque. *Direito Constitucional Internacional*: uma introdução. 2. ed. Rio de Janeiro: Renovar, 2000; NICZ, Alvacir Alfredo. Princípios constitucionais regentes das relações internacionais. In: GOMES, Eduardo Biacchi; REIS, Tarcísio Hardman (Coord.). *O Direito Constitucional Internacional após a Emenda 45/04 e os Direitos Fundamentais*. São Paulo: Lex, 2007, p. 7-20; RANGEL, Vicente Marotta. Ordenamento jurídico internacional e direito interno: a recente constituição brasileira. In: PÉREZ GONZÁLEZ, Manuel (Coord.). *Hacia un nuevo orden internacional y europeo*: estudios en homenaje al Profesor Manuel Diez de Velasco. Madrid: Tecnos, 1993, p. 489-496; STEWART, James G. Towards a single definition of armed conflict in international humanitarian law: a critique of internationalized armed conflict. *International Review of the Red Cross*, Geneva, v. 85, n. 850, p. 313-350, 2003.

8. Anotações

Nenhuma das constituições brasileiras anteriores havia se comprometido, de maneira tão ampla, com a defesa da paz no plano internacional. Pode-se identificar, desde mesmo a primeira constituição republicana, o compromisso constitucional em não promover a chamada guerra de conquista, o que implicava a necessidade de o Brasil apenas se utilizar da guerra para defender a si próprio ou a seus aliados. Em 1988, preferiu-se não mais se referir à proibição da guerra de conquista e estabelecer, de maneira mais ampla, a defesa da paz. Nesse sentido, e levando em conta a tradição constitucional brasileira, parece evidente que a expressão "defesa da paz" abarca necessariamente a proibição da guerra de conquista[1]. Em verdade, não apenas a guerra de conquista, mas todo e qualquer uso da força armada com o intuito de conquista, ainda que não denominado guerra. Essa proibição se justifica em virtude de outros princípios dispostos no próprio art. 4º, como o da solução pacífica das controvérsias.

Ora, só é possível defender a paz se se adota a concepção de que as controvérsias internacionais devem ser resolvidas de maneira pacífica[2].

Mas o princípio da defesa da paz implica um número maior de responsabilidades do Estado brasileiro que não se referem apenas ao ato de não provocar conflitos.

A primeira delas possui uma conotação mais positiva que negativa; quer dizer, implica a tomada, por parte do Estado brasileiro, de medidas que pretendam estabelecer ou manter a paz – seja em conflitos armados internacionais ou não internacionais[3]. Sem essa responsabilidade positiva, a responsabilidade negativa – de não provocar conflitos – pode não surtir qualquer efeito.

Historicamente, o exercício de tal responsabilidade positiva tem sido feito, no direito internacional, de três maneiras: por um Estado apenas, por um grupo reduzido de Estados ou por um órgão internacional que congrega a totalidade ou a quase totalidade dos Estados no mundo.

As duas primeiras maneiras parecem ser veementemente rechaçadas por princípios dispostos no próprio art. 4º. Um sistema de estabelecimento ou manutenção da paz que faça *tabula rasa* dos princípios da não intervenção (art. 4º, IV) e da igualdade entre os Estados (art. 4º, V) não se sustenta constitucionalmente. De várias fórmulas tentadas no cenário internacional para defender a paz, a utilização de organizações internacionais dotadas de competência para lidar com matérias referentes à paz e segurança coletivas é maneira que historicamente se mostrou mais satisfatória, com procedimentos que valorizam a igualdade entre os Estados e a não intervenção, para alcançar tal fim. Com isso não se quer dizer que a atuação e a composição dessas organizações internacionais sejam isentas de críticas. Quer-se dizer apenas que esse ainda é o meio mais adequado de alcançar a paz sem violar princípios constitucionais e de direito internacional[4].

Realizando tais princípios, o Brasil está inserido, desde há muitos anos, em mecanismos de segurança coletiva em nível global e regional; mecanismos esses que não se excluem mutuamente, mas se complementam. A Carta da ONU, sem dúvida, é o mais importante, até mesmo por sua amplitude global. Esse instrumento proscreve o uso da força (armada) nas relações internacionais, permitindo-a apenas em dois casos: (a) legítima defesa

---

1. Vicente Marotta Rangel (1993, p. 491) afirma ser compreensível a ausência de referência na Constituição de 1988 à guerra de conquista, uma vez que o recurso à força é proibido no direito internacional atual. A preferência foi estabelecer princípios como a defesa da paz e a solução pacífica dos conflitos.

2. Sobre a relação entre os princípios: Nicz, 2007, p. 14-15.

3. Celso de A. Mello (2000, p. 147) entende a defesa da paz como a ausência de conflitos armados, internacionais ou não internacionais. A distinção entre conflitos armados internacionais e não internacionais perde hoje sentido por diversas razões. Uma delas: é quase impossível distinguir elementos internos e internacionais em um conflito armado (STEWART, 2003, p. 313-350).

4. Inúmeros especialistas americanos em direito internacional têm insistido no caráter arcaico do sistema de segurança coletiva. Alguns deles formulam a crítica a partir da constatação de que não há relação lógica entre a adoção desse sistema e a redução de conflitos no mundo – os conflitos não deixaram de existir porque foram criadas organizações internacionais para gerenciar o sistema de segurança coletiva. Ver, *v.g.*, (Delahunty; YOO, 2008, p. 923-939. A constatação é realmente difícil de ser negada. Mas a alternativa fora de um sistema de segurança coletiva certamente produz mais opressão que o próprio sistema já gera, porque a institucionaliza ao permitir que um Estado ou apenas alguns controlem o uso da força no direito internacional. Além do mais, o fato de a paz não ter sido alcançada pelo sistema de segurança coletiva não significa que ela não seja alcançável. O direito é, essencialmente, a resistência de alguém dizer que, pelo fato de as coisas serem como são, isso não significa que elas devam continuar assim sendo.

individual ou coletiva; (b) uso da força pela ONU quando autorizada pelo Conselho de Segurança. A Carta da OEA também merece ser mencionada tendo em vista que tal instrumento regula o uso da força no âmbito regional das Américas. Ambos os tratados estabelecem procedimentos a fim de garantir a paz em escala global e regional, respectivamente, e, no atual contexto da ordem jurídica internacional, buscam o respeito à igualdade dos Estados e ao princípio da não intervenção[5].

Ora, a leitura conjugada do princípio da defesa da paz com os outros princípios citados leva à seguinte constatação: qualquer medida ou arranjo que pretenda defender a paz fora desse parâmetro não é apenas internacionalmente ilícita, mas também inconstitucional. Dois exemplos práticos. A invasão dos Estados Unidos e seus aliados ao território do Iraque sem o consentimento do Conselho de Segurança, em 2003, ou a agressão da Rússia à Ucrânia, em 2022, não poderiam ter sido apoiadas pelo Brasil – como, de fato, não o foram –, não apenas pelo Estado brasileiro fazer parte da Carta da ONU, mas também porque tais atos certamente não configuram o respeito à defesa da paz de maneira conjugada à igualdade entre os Estados e ao princípio da não intervenção.

O princípio da defesa da paz não constitucionaliza a Carta da ONU ou a Carta da OEA, mas constitucionaliza a forma com que esses dois tratados lidam com a questão da paz e da segurança internacionais. Isso significa uma abertura da Constituição brasileira aos atos dessas organizações internacionais. Três exemplos dessa abertura: (a) internalização e cumprimento de decisões de organizações internacionais; (b) presença do Brasil em missões de paz estabelecidas por essas organizações internacionais; (c) a condução de uma política nuclear pacífica.

O princípio do art. 4º, VI, serve juridicamente de apoio para que as resoluções de organizações internacionais que tratam de paz e segurança internacionais sejam internalizadas e cumpridas no direito brasileiro[6]. É um parâmetro constitucional, e não apenas legal, para que medidas que visem a preservar a paz no plano internacional sejam aplicadas no âmbito interno. Muitas vezes, o estabelecimento e a manutenção da paz requererão medidas que não envolvem diretamente o uso da força, como, por exemplo, o estabelecimento de embargos econômicos.

Do mesmo modo, o respeito ao art. 4º, VI, é um argumento constitucional que legitima a presença do Brasil em missões de paz estabelecidas sob os auspícios de organizações internacionais como a ONU. A presença de um Estado em uma missão de paz não constitui propriamente uma obrigação; nem o art. 4º, VI, faz isso em relação ao Brasil. Contudo, o parâmetro constitucional justifica a eventual presença brasileira em tais missões. Tais medidas concretas, que envolvem o possível uso da força, precisam ser entendidas com o objetivo precípuo de realizar a paz no âmbito internacional.

O dispositivo ainda serve de parâmetro para a condução da política nuclear brasileira (DALLARI, 1994, p. 172). Sabe-se que o art. 21, XXIII, *a*, dispõe que a atividade nuclear sempre será feita para fins pacíficos. A leitura conjugada do art. 4º, VI, com tal dispositivo leva à conclusão de que o Brasil está proibido de, por exemplo, estabelecer tratados sobre proliferação nuclear ou qualquer medida com esse fim.

Levando tudo isso em conta, é bastante duvidoso que o princípio da defesa da paz justifique a presença brasileira em "intervenções humanitárias" em outros Estados fora dos limites estabelecidos na Carta das Nações Unidas ou na Carta da Organização dos Estados Americanos. Tais medidas, ainda que tomadas sob a bandeira "humanitária", violam o princípio da defesa da paz, na medida em que o entendem de maneira descolada do respeito aos princípios, também constitucionais, da igualdade dos Estados e, especialmente, da não intervenção.

O art. 4º, VI, possui uma conotação internacional extremamente importante. A proibição do uso ou da ameaça do uso da força no plano internacional não é uma simples norma de direito internacional, mas uma norma de natureza *jus cogens* (INTERNATIONAL LAW COMMISSION, 2022), ou seja, uma norma internacional que não permite qualquer derrogação. Ao estabelecer o princípio da defesa da paz, a Constituição brasileira abre um canal direto com o desenvolvimento do direito internacional, porque não apenas reforça o sentido da importância da norma, alçando-a ao nível constitucional no âmbito nacional, mas também estimula a ideia de constitucionalização do direito internacional, no sentido da consagração de normas que possuem uma hierarquia privilegiada internacionalmente.

Por último, é importante ressaltar que é possível uma interpretação bastante generosa da defesa da paz.

Hans Kelsen (1942, p. 1), no auge da Segunda Guerra Mundial, iniciava uma de suas mais famosas obras devotadas ao direito internacional com a seguinte afirmação: "o direito é, essencialmente, uma ordem para manter a paz". A frase estabelece uma relação radical entre direito e paz que pode produzir inúmeras consequências para o direito brasileiro.

Defender a paz, no plano das relações internacionais, significa defender o próprio direito internacional: sem ele, não se pode realizar a paz. A paz assim entendida abre espaço para interpretações constitucionais que levam a sério as obrigações internacionais assumidas pelo Estado, compatibilizando-as ao máximo à Constituição (CHRISTÓFOLO, 2019, p. 367; GALINDO, 2002, p. 127).

Se se vai mais além, como fez um estudioso em influente estudo, para sustentar que o termo "paz" poderia ser usado para alcançar "fins sociais", ou seja, a própria justiça social (GALTUNG, 1969, p. 167), o compromisso da defesa da paz torna-se talvez o compromisso mais importante e premente do ser humano. Em outras palavras, e para usar a linguagem dos direitos, o

---

5. É paradoxal, como lembra Pedro Dallari, que o princípio da defesa da paz não tenha sido consagrado de maneira acoplada ao respeito a organizações internacionais, como dava a entender o art. 7º da Constituição anterior (DALLARI, 1994, p. 171-172). Todavia, a leitura do princípio da defesa da paz com os demais princípios apontados gera mesmo a necessidade de a defesa da paz ser realizada por meio de organizações internacionais.

6. Até 2019, tais resoluções eram internalizadas no direito brasileiro por meio de decretos presidenciais. A Lei n. 13.810, de 8 de março de 2019, contudo, mudou tal sistemática, estabelecendo, em seu art. 6º, que "As resoluções sancionatórias do Conselho de Segurança das Nações Unidas e as designações de seus comitês de sanções são dotadas de executoriedade imediata na República Federativa do Brasil". O art. 7º da mesma lei prevê que tais resoluções ou seus extratos serão publicados pelo Ministério das Relações Exteriores, no vernáculo, para fins de publicidade. Importante ressaltar que resoluções do Conselho de Segurança podem gerar consequências graves para cidadãos brasileiros e estrangeiros, como, por exemplo, a impossibilidade de praticar o comércio internacional com certo Estado ou o congelamento de bens.

art. 28 da Declaração Universal dos Direitos Humanos, de 1948, estabelece que "cada um de nós 'tem direito a que a ordem internacional' seja modelada de maneira tal que nossos direitos fundamentais – o direito à vida, à liberdade, à segurança da pessoa, o direito à igualdade, ao trabalho, a um nível de vida decente, à alimentação, à saúde, à educação – sejam plenamente realizados" (CASSESE, 2006, p. 148)[7].

A paz é constantemente acusada de ser utópica, e suas concepções aqui apresentadas também o são. Talvez a acusação seja verdadeira, mas a Constituição pode – e este autor acrescentaria que deve – ser lida como potencialidade.

Art. 4º, VII – solução pacífica dos conflitos;
George Rodrigo Bandeira Galindo

1. História da norma

Assim como o princípio da defesa da paz, o princípio da solução pacífica dos conflitos tem uma origem remota na tradição constitucional brasileira. Nas primeiras constituições republicanas, optou-se por alçar a um grau mais importante um dos meios de solução pacífica: a arbitragem; o recurso a esse meio era condição prévia para a declaração de guerra. A partir da Constituição de 1946, a referência passou a ser ao recurso tanto à arbitragem como a outros meios pacíficos de solução de conflitos, levando-se em conta as organizações internacionais a que o Brasil fosse membro, como pré-condição para a declaração de guerra. A história republicana brasileira mostra inúmeros esforços para a defesa da paz no cenário internacional. Além da própria tradição constitucional, estabelecida a partir da Constituição de 1946, a Constituição Portuguesa parece ter exercido influência na consagração do princípio.

2. Constituições brasileiras anteriores

Na história constitucional republicana, somente a partir da Constituição de 1946 surgirá a referência a outros "meios pacíficos" de solução de conflitos como pré-condição para a declaração de guerra; antes disso, a referência era apenas ao arbitramento como pré-condição: Constituição de 1969, art. 7º, parágrafo único; Constituição de 1967, art. 7º, parágrafo único; Constituição de 1946, art. 4º; Constituição de 1934, art. 4º e art. 40, *b*; Constituição de 1891, art. 34 (11).

3. Constituições estrangeiras (relação ilustrativa)

Algumas Constituições estrangeiras se referem expressamente à solução pacífica das controvérsias (ou à solução de controvérsias sem recurso à guerra); outras elegem certos meios, como a arbitragem, aos quais o Estado recorrerá. Exemplos: Constituição de Portugal: Art. 7 (1); Constituição da Argélia: Art. 26 (2); Constituição do Equador: Art. 4 (3); Constituição da Etiópia: Art. 86 (6); Constituição da Alemanha: Art. 24 (3); Constituição da Índia: Art. 51, *d*; Constituição da Irlanda: Art. 29 (2); Constituição da Itália: Art. 11; Constituição do Japão: Art. 9 (1); Constituição do México: Art. 89, X; Constituição da Nicarágua: Art. 5; Constituição da Nigéria: Art. 19, *c*; Constituição da Venezuela: Art. 152.

4. Direito internacional

A Carta da ONU (Decreto n. 19.841, de 22.10.1945), da qual o Brasil é parte, é referência obrigatória sobre o tema. É importante lembrar que o Brasil também faz parte de instrumentos institucionalizados de solução pacífica de controvérsias: o Estatuto de Roma, que cria o Tribunal Penal Internacional (Decreto n. 4.388, de 25.09.2002); a Convenção Americana de Direitos Humanos, que cria a Corte Interamericana de Direitos Humanos (Decreto n. 678, de 06.11.1992), tendo Brasil aceito a sua jurisdição compulsória para casos contenciosos (Decreto n. 4.463, de 08.11.2002); o Protocolo de Olivos para a Solução de Controvérsias no MERCOSUL (Decreto n. 4.982, de 09.02.2004); o Acordo Constitutivo da Organização Mundial do Comércio, onde se inclui um Anexo 2 – Entendimento relativo às normas e procedimentos sobre solução de controvérsias (Decreto n. 1.355, de 30.12.1994). Nosso país também é parte do Tratado Americano de Soluções Pacíficas – Pacto de Bogotá (Decreto n. 57.785, de 11.02.1966), que estabelece, em determinadas condições, a jurisdição obrigatória da Corte Internacional de Justiça. Ademais, o Brasil é parte em várias organizações internacionais que preveem métodos específicos de solução de controvérsias.

5. Dispositivos constitucionais relevantes (relação ilustrativa)

Art. 4º, I (independência nacional), IV (não intervenção), V (igualdade entre os Estados), VI (defesa da paz), IX (cooperação entre os povos para o progresso da humanidade); Art. 5º, § 4º (Tribunal Penal Internacional); Art. 21, I (competência da União para manter relações com Estados estrangeiros e participar de organizações internacionais), II (competência da União para declarar a guerra e celebrar a paz); Art. 84, VII (competência do Presidente da República para manter relações com Estados estrangeiros); Art. 7º do ADCT (Tribunal Internacional de Direitos Humanos).

6. Jurisprudência (STF)

O Supremo Tribunal Federal ainda não se pronunciou diretamente acerca do art. 4º, VII, da CF/1988.

7. Literatura selecionada

CANÇADO TRINDADE, Antônio Augusto. International law for humankind: towards a new jus gentium (II). *Recueil des Cours*, La Haye, v. 316, p. 9-312, 2006; CHAZOURNES, Laurence Boisson de. Plurality in the Fabric of International Courts and Tribunals: The Threads of a Managerial Approach. *European Journal of International Law*, v. 28, n. 1, p. 13-72, 2017;

---

[7]. E como dizia um grande internacionalista brasileiro do passado, Amaro Cavalcanti (1994, p. 11), ao refletir sobre o conceito de "paz duradoura", em uma conferência originalmente proferida em 1919, e levando em conta os fins sociais de tal conceito: "'Paz duradoura' requer que ella se inspire de preferencia no dever ingênito que as nações tem para com os direitos e o bem da humanidade, deixando ellas de persistir no apego egoístico de interesses exclusivos, como em geral tem sucedido até o presente".

DALLARI, Pedro. *Constituição e relações exteriores*. São Paulo: Saraiva, 1994; GALINDO, George Rodrigo Bandeira. A paz (ainda) pela jurisdição compulsória? *Revista Brasileira de Política Internacional*, Brasília, v. 57, n. 2, p. 82-98, 2014; GALINDO, George Rodrigo Bandeira. *Tratados internacionais de direitos humanos e Constituição Brasileira*. Belo Horizonte: Del Rey, 2002; INTERNATIONAL COURT OF JUSTICE. Case concerning military and paramilitary activities in and against Nicaragua (Nicaragua v. United States of America). Merits. Judgment of 27 June 1986. *ICJ Reports*, The Hague, 1986; INTERNATIONAL COURT OF JUSTICE. Case concerning the aerial incident of 10 August 1999 (Pakistan v. India). Merits. Judgment of 21 June 2000. *ICJ Reports*, The Hague, 2000; INTERNATIONAL COURT OF JUSTICE. Case concerning United Nations diplomatic and consular staff in Tehran (United States v. Iran). Judgment of 24 May 1980. *ICJ Reports*, The Hague, 1980; MELLO, Celso de Albuquerque. *Direito constitucional internacional*: uma introdução. 2. ed. Rio de Janeiro: Renovar, 2000; MERRILS, J. G. *International dispute settlement*. 3. ed. Cambridge: Cambridge University Press, 1998; RAMOS, André de Carvalho. A execução das sentenças da Corte Interamericana de Direitos Humanos. In: CASELLA, Paulo Borba *et al*. (Orgs.). *Direito Internacional, humanismo e globalidade*: Guido Fernando Soares micorum Discipulorum Liber. São Paulo: Atlas, 2008, p. 451-468; ROMANO, Cesare P. R. International dispute settlement. In: BRUNNÉE, Jutta *et al*. (Eds.). *The Oxford Handbook of International Environmental Law*. New York: Oxford University Press, 2007, p. 1037-1056; ROMANO, Cesare P. R. The shift from the consensual to the compulsory paradigm in international adjudication: elements for a theory of consent. *New York University Journal of International Law and Politics*, New York, v. 39, n. 4, p. 791-872, 2007; TREVES, Tullio. Règlement des conflits interétatiques: possibilités et limites à l'aube du système de Stockholm. In: CAFLISCH, Lucius (Ed.). *The peaceful settlement of disputes between States*: Universal and European Perspectives. The Hague: Kluwer, 1998, p. 3-15.

8. Anotações

Uma primeira questão que surge quando se observa com cuidado a redação do art. 4º, VII, é o uso do termo "conflito" (GALINDO, 2002, p. 127-129).

Historicamente, no direito internacional, a expressão mais empregada não é solução pacífica dos "conflitos", mas solução pacífica das "controvérsias". A opção tomada em 1988 mostra-se paradoxal se a própria Constituição é tomada como referência. No preâmbulo está disposto "e comprometida, na ordem interna e internacional, com a solução pacífica das *controvérsias*". No vocabulário jurídico internacional, o termo conflito normalmente é utilizado para referir-se ao uso da força armada; por sua vez, controvérsia denota uma disputa ou diferença que não envolve necessariamente a questão armada.

Seja como for, e ainda que a Constituição tenha empregado o termo em um sentido pouco técnico, a ideia que subjaz ao dispositivo é que qualquer contenda em nível internacional deve ser resolvida pacificamente, ou seja, sem qualquer coação (DALLARI, 1994, p. 175).

As constituições brasileiras anteriores estabeleciam que o recurso à guerra somente poderia ser utilizado em caso de esgotamento da arbitragem ou outros meios pacíficos de solução de controvérsias. A falta da referência ao princípio da solução pacífica das controvérsias como requisito prévio ao recurso à guerra na Constituição de 1988 não contradiz a tradição constitucional brasileira (MELLO, 2000, p. 148). A guerra, que é inclusive limitada pelo princípio da defesa da paz, somente pode ser entendida como possível na medida em que respeite o princípio da solução pacífica das controvérsias. Assim, nos casos em que ela ainda é possível, deve ser precedida da busca de uma solução pacífica.

Há vários meios disponíveis no direito internacional para resolver uma controvérsia. Uma enumeração se encontra no art. 33 (1) da Carta da ONU, que menciona, de maneira exemplificativa: negociação, inquérito, mediação, conciliação, arbitragem, solução judicial e recurso a entidades ou acordos regionais.

Fora mesmo do âmbito da Carta, não há qualquer dúvida de que, nos dias atuais, a solução pacífica de controvérsias é uma norma de direito internacional costumeiro (INTERNATIONAL COURT OF JUSTICE, 1986, p. 145). A norma gera duas consequências práticas importantes.

A primeira tem a ver com o tipo de obrigação contido na norma: o direito internacional impõe uma obrigação de meio para se alcançar a solução da controvérsia. É possível que dois ou mais Estados demorem até mesmo séculos para resolver certa controvérsia – a atividade de negociação muitas vezes exige pausas e acelerações. Ainda que não cheguem a uma solução, mas seja possível aferir boa-fé na conduta das partes, a norma costumeira ainda sim está sendo realizada (INTERNATIONAL COURT OF JUSTICE, 2000, p. 25).

A segunda consequência diz respeito à maneira com que deve ser buscada a solução da controvérsia. Os sujeitos de direito internacional dispõem de uma ampla liberdade na escolha de meios lícitos a fim de que uma controvérsia seja resolvida. Um consectário lógico da liberdade da escolha de meios é a ausência, como regra, de uma hierarquia nos meios de solução de controvérsias. Meios judiciais, por exemplo, não são superiores à negociação, um meio tipicamente político (INTERNATIONAL COURT OF JUSTICE, 1980, p. 20-21).

A existência de tais consequências não impede, contudo, que os sujeitos de direito internacional estabeleçam, por meio de tratado, que se deverá, inevitavelmente, chegar a uma solução para a controvérsia, utilizando-se de alguns meios determinados, podendo alguns, inclusive, ter precedência sobre outros. Nessa situação, tem-se uma *lex specialis* (o tratado) que prevalece sobre a *lex generalis* (o costume), que prevê uma obrigação de meio e a liberdade de escolha de meios na solução de controvérsias[1].

Essa descrição do princípio no direito internacional costumeiro não esgota, contudo, as possibilidades que o inciso VII do art. 4º abre para a construção de um direito internacional mais

---

1. Um bom exemplo do estabelecimento da solução de controvérsias como fim e da restrição na liberdade da escolha de meios é o Entendimento relativo às normas e procedimentos sobre solução de controvérsias, instrumento anexo ao Acordo Constitutivo da Organização Mundial do Comércio (OMC). O instrumento estabelece o recurso ao Órgão de Solução de Controvérsias como meio obrigatório de solução de controvérsias e prazos para que certas decisões sejam tomadas.

efetivo. Isso porque, do ponto de vista costumeiro, a solução pacífica das controvérsias é pouco desenvolvida: "ela continua a depender da vontade das partes" (TREVES, 1998, p. 3). Assim, três potencialidades podem ser identificadas no dispositivo.

(1) A solução pacífica das controvérsias no plano internacional não pode ser entendida de maneira descolada da solução pacífica das controvérsias no plano interno. A ligação foi percebida, inclusive, no preâmbulo da Constituição brasileira. Há uma ligação forte entre as duas dimensões não apenas porque é indiscutível que, nos dias de hoje, os atores internos, inclusive juízes, aplicam o direito internacional, como também porque determinadas controvérsias possuem aspectos internacionais e internos.

O princípio favorece a aplicação sem percalços, no âmbito interno, das soluções de controvérsias no plano internacional. Se isso não puder ocorrer, e de maneira rápida, o inciso VII do art. 4º perde muito de sua efetividade. Nesse campo, sobressai a questão da implementação de decisões de organizações internacionais e tribunais internacionais no Brasil, como, por exemplo, as decisões da Comissão Interamericana de Direitos Humanos e da Corte Interamericana de Direitos Humanos.

O Brasil já teve decisões contra si tomadas tanto pela Comissão como pela Corte Interamericana. A ausência de uma lei interna específica sobre a incorporação de tais decisões gerou a necessidade de promulgação de Decreto[2] e até mesmo de lei[3] – em virtude de não haver previsão orçamentária para o pagamento de reparações pecuniárias.

Pode-se mesmo defender que o art. 4º, VII, exige a concretização, por meio de atos normativos internos, de uma disciplina geral para as decisões da Comissão e da Corte Interamericana de Direitos Humanos, assim como de outros mecanismos de solução de controvérsias em que o Brasil esteja inserido. Um ato normativo desse tipo precisa prever não apenas a forma com que as decisões serão incorporadas ao direito interno, como também o tempo em que isso ocorrerá.

Quanto à forma de incorporação, não parece viável a leitura que pretende ver tais decisões, especialmente aquelas tomadas por tribunais internacionais, como decisões estrangeiras que necessitariam de homologação pelo Superior Tribunal de Justiça (art. 105, I, *i*, da CF/1988). O compromisso constitucional com a solução de controvérsias em nível internacional as torna relevantes para o direito interno. Não há um elemento estrangeiro em tais decisões que exija uma análise por parte das autoridades nacionais de princípios básicos do direito brasileiro. Sem contar que o processo de homologação geraria grande morosidade. Em decisão monocrática na PET 4.625 (2020, p. 13), a min. Rosa Weber, do STF, expressamente rechaçou a leitura de que sentenças de um tribunal internacional específico, o Tribunal Penal Internacional, são sentenças estrangeiras.

Também não parece viável defender que os pagamentos de indenizações decorrentes de decisões de tribunais internacionais somente devam ser feitos por precatório. No caso da Corte Interamericana de Direitos Humanos, o dever de o Estado cumprir suas decisões é previsto na Convenção Americana de Direitos Humanos. Na medida em que tal convenção foi internalizada ao direito brasileiro, fica permitido, inclusive, ao juiz interno, obrigar o Estado a cumprir o tratado. É apenas no caso de cumprimento forçado que a questão do precatório surge. Pode-se defender, como já o fez a melhor doutrina, que as indenizações determinadas pela Corte Interamericana poderiam ser, no mínimo, equiparadas "à obrigação alimentar e com isso criar uma ordem própria para seu pagamento", na esteira do art. 100, *caput*, da CF/1988 (RAMOS, 2008, p. 460-462).

(2) Embora a doutrina internacionalista tradicional tenha sempre enfatizado a *solução* pacífica das controvérsias, existem certos ramos do direito internacional, como o meio ambiente ou os direitos humanos, em que as controvérsias, para além de solucionadas, precisam ser essencialmente gerenciadas (ROMANO, 2007, p. 1037-1056; GALINDO, 2014, p. 82-89). A responsabilização de um Estado, por exemplo, pela poluição de um rio ou pelo cometimento da tortura pode resolver um caso específico, mas, por si própria, não atingirá o âmago do problema. Tais violações possuem um caráter sistemático e representam aspectos profundos da sociedade.

Dessa maneira, a solução pacífica das controvérsias gera uma obrigação por parte do Estado brasileiro de gerenciar os conflitos no sentido de atacar suas causas mais profundas, estabelecendo políticas públicas específicas. A adoção de uma perspectiva como essa, na leitura no inciso VII do art. 4º, contribui decisivamente para alterar convicções tradicionais no direito internacional que pretendem solucionar as controvérsias de maneira isolada dos contextos em que elas se inserem.

(3) O princípio da solução pacífica das controvérsias precisa ser um instrumento de combate ao que já foi chamado de "pecado original" (ROMANO, 2007, p. 868) do sistema internacional, ou seja, sua estrutura horizontal, que não permite um tribunal obrigatório para todos os Estados do mundo.

Sob a acusação de idealismo, inúmeros juristas já reivindicaram para o direito internacional um tribunal permanente que julgasse compulsoriamente controvérsias entre Estados. Idealistas ou não, esses juristas estavam profundamente comprometidos com a promoção do estado de direito em plano internacional, a fim de evitar que um Estado simplesmente recuse ser julgado em um tribunal. E não é possível defender o estado de direito apenas no nível interno. Como muito bem sintetizado por um grande jurista brasileiro: "[a] jurisdição compulsória é a manifestação do reconhecimento que o direito internacional, mais que voluntário, é necessário" (CANÇADO TRINDADE, 2006, p. 237).

Art. 4º, VIII – repúdio ao terrorismo e ao racismo;

Flávia Piovesan

1. Direito Internacional

Embora haja um consenso internacional de que o terrorismo constitui grave ameaça à paz e à segurança internacional, revelan-

---

2. Trata-se do Decreto n. 6.185, de 13.08.2007, que autorizou a Secretaria Especial dos Direitos Humanos a promover gestões com o fim de fazer cumprir a decisão da Corte Interamericana de Direitos Humanos no caso Damião Ximenes Lopes.

3. Como a Lei n. 10.706, de 30.07.2003, que autorizou o pagamento de indenização a José Pereira Ferreira, a fim de fazer cumprir decisão da Comissão Interamericana de Direitos Humanos.

do uma violação sistemática e deliberada contra os direitos humanos[1], não se alcançou na comunidade internacional um consenso a respeito de sua definição.

A inexistência deste consenso, por sua vez, tem obstado a adoção de um tratado específico voltado à prevenção e à repressão ao crime de terrorismo.

Atente-se que a definição de terrorismo demanda, em sua complexidade, o desafio de romper com a ótica tradicional inspiradora da arquitetura internacional protetiva dos direitos humanos – de que as violações de direitos humanos envolvem, de um lado, o Estado (como agente violador) e de outro a vítima singularmente considerada. Isto porque no terrorismo o agente violador é um ator não estatal e a vítima é a população civil coletivamente considerada. Deste modo, o terrorismo envolve um padrão de conflituosidade distinto do padrão de conflituosidade tradicional, ao qual os tratados de direitos humanos buscam responder.

Somam-se esforços e tentativas de definição de terrorismo, ainda que falte um consenso claro sobre sua definição. Com efeito, a Declaração de Medidas para Eliminação do Terrorismo Internacional, adotada pela Assembleia Geral em 9 de dezembro de 1994, em anexo à Resolução 49/60, contempla elementos centrais ao terrorismo: *"criminal acts intended or calculated to provoke a state of terror in the general public (civilian and non-combatants), a group of persons or particular persons for political purposes"*. Adiciona que tais atos *"are in any circumstances unjustifiable, whatever the consideration of a political, philosophical, ideological, racial, ethnic, religious, or other nature that may be invoked to justify them"*[2].

Faz-se, deste modo, necessário avançar e aprofundar o debate sobre o que é e o que não é terrorismo; suas implicações para os direitos humanos e para o Direito Humanitário; e a *accountability* de atores governamentais e não governamentais.

Na visão do então Secretário Geral da ONU: *"Our strategy against terrorism must be comprehensive and should be based on 5 pillars: 1) it must aim at dissuading people from resorting to terrorism or supporting it; 2) it must deny terrorists access to funds and materials; 3) it must deter States from sponsoring terrorism; 4) it must develop State capacity to defeat terrorism; and 5) it must defend human rights"*[3].

As medidas preventivas e repressivas ao terrorismo requerem a cooperação internacional e, sobretudo, o avanço do direito ao desenvolvimento, de forma a reduzir a desigualdade e a exclusão social que demarcam as relações assimétricas entre os hemisférios Norte e Sul. Enfatiza-se a necessidade de enfrentar o desafio da pobreza, bem como de implementar políticas de desarmamento. Observa Thomas Pogge que: "Em 2000, os países ricos gastaram em média $4,650 milhões de dólares em assistência ao desenvolvimento aos países pobres; contudo, venderam aos países em desenvolvimento, em média, $25,438 milhões em armamentos – o que representa 69% do total do comércio internacional de armas. Os maiores vendedores de armas são: EUA (com mais de 50% das vendas); Rússia, França, Alemanha e Reino Unido"[4]. No mesmo sentido, alerta Amartya Sen: "Os principais vendedores de armamentos no mercado global são os países do G8, responsáveis por 84% da venda de armas no período de 1998 a 2003. (...) Os EUA sozinhos foram responsáveis pela venda de metade das armas comercializadas no mercado global, sendo que dois terços destas exportações foram direcionadas aos países em desenvolvimento, incluindo a África"[5].

Às medidas internacionais, de natureza preventiva e repressiva, hão de ser conjugadas medidas nacionais de prevenção e combate ao terrorismo. Faz-se fundamental investir em inteligência; estratégia; prevenção; informação; e ações articuladas.

No enfrentamento do terrorismo, essencial é reiterar a ideia de que o combate só será efetivo com o respeito e a promoção dos direitos humanos. Vale dizer, afasta-se o conflito entre combate ao terror e preservação dos direitos humanos para consagrar a noção de que não há segurança sem direitos humanos e não há direitos humanos sem segurança. Esses termos são interdependentes e inter-relacionados, mantendo uma relação de condicionalidade e de complementaridade.

Na avaliação do Secretário-Geral da ONU: *"we will not enjoy development without security, we will not enjoy security without development and we will not enjoy either without respect for human rights"*[6]. Reforça-se, assim, a relação de interdependência entre desenvolvimento, segurança e direitos humanos.

Observe-se que, em setembro de 2001, o Conselho de Segurança adotou a Resolução 1.373, obrigando os Estados-partes a implementar medidas mais efetivas de combate ao terrorismo na esfera nacional e a incrementar a cooperação internacional no combate ao terrorismo. Tal resolução criou o Comitê de Combate ao Terrorismo para monitorar ações nessa matéria e receber relatórios dos Estados sobre as medidas tomadas. Foi reiterado que o combate ao terrorismo só será efetivo com o respeito e a promoção dos direitos humanos.

As estratégias antiterror devem ser compatíveis com o Direito Internacional dos Direitos Humanos, o Direito Humanitário e Direito dos Refugiados.

A respeito, a Resolução 1.456 (2003) do Conselho de Segurança alertou que: *"States must ensure that any measure taken to combat terrorism comply with all their obligations under international law, and should adopt such measures in accordance with international law, in particular international human rights, refugee, and humanitarian law"*[7].

---

1. Sobre o tema ver United Nations, General Assembly, *Uniting against terrorism: recommendations for a global counter-terrorism strategy*, 27 de abril de 2006, especialmente no tópico intitulado *Terrorism is unacceptable*, em que se afirma: "We strongly condemn terrorism in all its forms and manifestations, committed by whomever, wherever and for whatever purposes, as it constitutes one of the most serious threats to international peace and security".

2. Consultar United Nations, Economic and Social Council, *Promotion and Protection of Human Rights*, E/CN.4/2006/98, 28 de dezembro de 2005, p. 14, e *Digest of Jurisprudence of the UN and Regional Organizations on the Protection of Human Rights while countering terrorism*, p. 3.

3. Ver *In larger freedom: towards development, security and human rights for all*, Report do Secretário-Geral da ONU, março de 2005.

4. Thomas Pogge, *World Poverty and Human Rights*, Cambridge, Polity Press, 2002.

5. Amartya Sen, *Identity and Violence: The illusion of destiny*, New York/London, W. W. Norton & Company, 2006, p. 97.

6. Ver *In larger freedom: towards development, security and human rights for all*, Report do Secretário-Geral da ONU, março de 2005.

7. Sobre o tema ver United Nations, General Assembly, *Uniting against terrorism: recommendations for a global counter-terrorism strategy*, 27 de abril de

Os tratados de proteção dos direitos humanos estabelecem um núcleo inderrogável de direitos, a serem respeitados seja em tempos de guerra, instabilidade, comoção pública ou calamidade pública, como atestam o artigo 4º do Pacto Internacional de Direitos Civis e Políticos (que conta com mais de 169 Estados-partes, em 2017), o artigo 27 da Convenção Americana de Direitos Humanos e o artigo 15 da Convenção Europeia de Direitos Humanos[8]. A Convenção contra a Tortura, de igual modo, no artigo 2º, consagra a cláusula da inderrogabilidade da proibição da tortura, ou seja, nada pode justificar a prática da tortura (seja ameaça ou estado de guerra, instabilidade política interna ou qualquer outra emergência pública).

Há que se demandar dos Estados o fiel cumprimento dos tratados de direitos humanos por eles ratificados, em especial a estrita observância do núcleo inderrogável de tais tratados, como já exposto. Assim, *"any measures taken by States to combat terrorism must be in accordance with States' obligations under the international human rights instruments. They are determined, in the framework of their respective mandates, to monitor and investigate developments in this area and call upon all those committed to respect for human rights, including the United Nations, to be vigilant to prevent any abuse of counter-terrorism measures"*[9].

Como realça o Comitê sobre a Eliminação de todas as formas de Discriminação Racial, em sua Recomendação Geral n. 30, é fundamental: "Garantir que qualquer medida tomada na luta contra o terrorismo não gere discriminação, em causa ou efeito, baseada na raça, cor, descendência ou origem nacional ou étnica e que os não cidadãos não estejam sujeitos à caracterização ou esteritipização e ordem racial ou étnica".

Deste modo, as estratégias de enfrentamento ao terrorismo devem respeitar o princípio da igualdade e da não discriminação, repudiando práticas discriminatórias, racistas e xenófobas, atentatórias ao direito à diversidade e ao direito à identidade, pautada pela nacionalidade, etnia, raça ou religião. Isso porque, como leciona Amartya Sen, *"identity can be a source of richness and warmth as well as of violence and terror"*[10].

Atente-se para que, ao longo da história, as mais graves violações aos direitos humanos tiveram como fundamento a dicotomia do "eu *versus* o outro", em que a diversidade era captada como elemento para aniquilar direitos. Vale dizer, a diferença era visibilizada para conceber o "outro" como um ser menor em dignidade e direitos, ou, em situações limites, um ser esvaziado mesmo de qualquer dignidade, um ser descartável, objeto de compra e venda (*vide* a escravidão) ou de campos de extermínio (*vide* o nazismo). Nesse sentido, merecem destaque as violações da escravidão, do nazismo, do sexismo, do racismo, da homofobia, da xenofobia e outras práticas de intolerância.

Nesse sentido, fundamental é o repúdio ao racismo. A Convenção sobre a Eliminação de todas as formas de Discriminação Racial de 1965 foi ratificada pelo Brasil em 1968. Para fins da Convenção, a expressão discriminação racial significa "toda distinção, exclusão, restrição ou preferência baseada em raça, cor, descendência ou origem nacional ou étnica, que tenha por objeto ou resultado anular ou restringir o reconhecimento, gozo ou exercício em um mesmo plano (em igualdade de condição) de direitos humanos e liberdades fundamentais nos campos político, econômico, social, cultural ou em qualquer outro campo da vida pública". Prevê a Convenção a vertente repressiva-punitiva (mediante a qual os Estados devem proibir e eliminar a discriminação) e a vertente positiva-promocional (mediante a qual os Estados devem promover a igualdade).

2. Remissões constitucionais

1) Artigos constitucionais conexos

– Artigos 3º, IV; 5º, XLII e XLIII.

2) Legislação infraconstitucional

– Lei 7.716/89 – define crimes resultantes de preconceitos de raça e de cor; alterada posteriormente pela Lei 9.459/97;

– Lei 8.072/90 – dispõe sobre os crimes hediondos, nos termos do art. 5º, XLII.

3. Jurisprudência

a) Supremo Tribunal Federal, *Habeas Corpus* n. 82.424- RS. Relator: Min. Maurício Correa, Brasília, DF, 17 de setembro de 2003. *Diário de Justiça da União*, 9 de março de 2004. Disponível em: www.stf.gov.br (acesso em 10 de dezembro de 2006).

"Ementa: *Habeas corpus*. Publicação de livros: antissemitismo. Racismo. Crime Imprescritível. Conceituação. Abrangência constitucional. Liberdade de Expressão. Limites. Ordem Denegada.

1. Escrever, divulgar e comercializar livros 'fazendo apologia de ideias preconceituosas e discriminatórias' contra a comunidade judaica (Lei 7.716/89, artigo 20, na redação dada pela Lei 8.081/90) constitui crime de racismo sujeito às cláusulas de inafiançabilidade e imprescritibilidade (CF, artigo 5º, XLII).

(...)

4. Raça e racismo. A divisão de seres humanos em raças resulta de um processo de conteúdo meramente político-social. Desse pressuposto origina-se o racismo que, por sua vez, gera a discriminação e o preconceito segregacionista.

2006, e *Digest of Jurisprudence of the UN and Regional Organizations on the Protection of Human Rights while countering terrorism*.

8. Ver também a Recomendação Geral n. 29 do Comitê de Direitos Humanos, que esclareceu acerca dos direitos inderrogáveis e identificou os elementos que não podem ser sujeitos à suspensão.

9. Ver http://www.ohchr.org/english/issues/terrorism/index.htm (Acesso em 31/07/06). Sobre a matéria, ver relatório da Human Rights Watch, *In the Name of Counter-Terrorism: Human Rights Abuses Worldwide*. A respeito, cite-se histórica decisão da Suprema Corte Americana proferida em 29 de junho de 2006, ao determinar que o presidente norte-americano não tem competência para instituir os tribunais militares para julgar os presos na base militar de Guantánamo por supostos crimes de guerra. A decisão foi proferida no julgamento do caso Salim Ahmed Hamdan (Hamdan *v*. Rumsfeld, Secretário de Defesa e outros), nacional do Yemen, ex-motorista e ex-guarda costas de Osama bin Laden, preso há quatro anos naquela base militar, desde que foi capturado por forças militares no Afeganistão em 2001. Todos os julgamentos serão cancelados, sob o argumento de que os tribunais de exceção são ilegais, por afronta às Convenções e Genebra e às próprias leis americanas. O impacto da decisão é duplo: de um lado impõe firmes limites ao exercício abusivo de poder Executivo e por outro assegura aos detentos os direitos consagrados nos tratados internacionais de proteção dos direitos humanos. Sobre o tema ver Flávia Piovesan, Triunfo do Estado de Direito ante a Barbárie, *O Estado de S. Paulo*, 2 de julho de 2006.

10. Amartya Sen, *Identity and Violence: The illusion of destiny*, New York/London, W. W. Norton & Company, 2006, p. 4.

5. Fundamento do núcleo do pensamento do nacional-socialismo de que os judeus e os arianos formam raças distintas. Os primeiro seriam raça inferior, nefasta e infecta, características suficientes para justificar a segregação e o extermínio: inconciliabilidade com os padrões éticos e morais definidos na Carta Política do Brasil e do mundo contemporâneo, sob os quais se ergue e se harmoniza o Estado Democrático. Estigmas que por si só evidenciam crime de racismo. Concepção atentatória dos princípios nos quais se erige e se organiza a sociedade humana, baseada na respeitabilidade e dignidade do ser humano e de sua pacífica convivência no meio social. Condutas e evocações aéticas e imorais que implicam repulsiva ação estatal por se revestirem de densa intolerabilidade, de sorte a afrontar o ordenamento infraconstitucional e constitucional do país. (...)

11. As liberdades públicas não são incondicionais, por isso devem ser exercidas de maneira harmônica, observados os limites definidos na própria Constituição Federal (CF, artigo 5º, parágrafo 2º, primeira parte). O preceito fundamental de liberdade de expressão não consagra o 'direito à incitação ao racismo', dado que um direito individual não pode constituir-se em salvaguarda de condutas ilícitas, como sucede com os delitos contra a honra. Prevalência dos princípios da dignidade humana e da igualdade jurídica".

b) Supremo Tribunal Federal. Extradição n. 855- Chile. Requerente: Governo do Chile. Extraditando: Maurício Fernandez Norambuena. Relator: Min. Celso de Mello, Brasília, DF, 26 de agosto de 2004. *Diário de Justiça da União*, 1º de julho de 2005.

"Extradição – atos delituosos de natureza terrorista – descaracterização do terrorismo como prática de criminalidade política (...)

Repúdio ao terrorismo: um compromisso ético-jurídico assumido pelo Brasil, quer em face de sua própria Constituição, quer perante a comunidade internacional.

– Os atos delituosos de natureza terrorista, considerados os parâmetros consagrados pela vigente Constituição da República, não se subsumem à noção de criminalidade política, pois a Lei Fundamental proclamou o repúdio ao terrorismo como um dos princípios essenciais que devem reger o Estado Brasileiro em suas relações internacionais (CF, art. 4º, VIII), além de haver qualificado o terrorismo, para efeito de repressão interna, como crime equiparável aos delitos hediondos, o que expõe, sob tal perspectiva, o tratamento jurídico impregnado de máximo rigor, tornando-o inafiançável e insuscetível de clemência soberana do Estado e reduzindo-o, ainda, à dimensão ordinária dos crimes meramente comuns (CF, art. 5º, XLIII).

– O terrorismo – que traduz expressão de uma macrodelinquência capaz de afetar a segurança, a integridade e a paz dos cidadãos e das sociedades organizadas – constitui fenômeno criminoso da mais alta gravidade, a que a comunidade internacional não pode permanecer indiferente, eis que o ato terrorista atenta contra as próprias bases em que se apoia o Estado democrático de Direito, além de representar ameaça inaceitável às instituições políticas e às liberdades públicas, o que autoriza excluí-lo da benignidade de tratamento que a Constituição do Brasil (art. 5º, LII) reservou aos atos configuradores de criminalidade política.

– A extradição – enquanto meio legítimo de cooperação internacional na repressão às práticas de criminalidade comum – representa instrumento de significativa importância no combate eficaz ao terrorismo, que constitui 'uma grave ameaça para os valores democráticos e para a paz e a segurança internacionais (...)' (Convenção Interamericana contra o Terrorismo, art. 11) (...)".

Art. 4º, IX – cooperação entre os povos para o progresso da humanidade;

Flávia Piovesan

1. Direito internacional

Promover a cooperação internacional nos campos social e econômico constitui um dos propósitos básicos da ONU, nos termos do artigo 1º da Carta da ONU de 1945.

A Declaração Universal de Direitos Humanos de 1948, na mesma direção, consagra ser essencial promover o desenvolvimento das relações internacionais. O artigo XXVI da Declaração enuncia: "Toda pessoa tem direito a uma ordem social e internacional em que os direitos e liberdades estabelecidos na presente Declaração possam ser plenamente realizados".

Por sua vez, o Pacto Internacional dos Direitos Econômicos, Sociais e Culturais de 1966 reconhece os benefícios que derivam do fomento e do desenvolvimento da cooperação e das relações internacionais no domínio da ciência e da cultura.

Em 1986, foi adotada pela ONU a Declaração sobre o Direito ao Desenvolvimento por 146 Estados, com um voto contrário (EUA) e 8 abstenções. Para Allan Rosas: "A respeito do conteúdo do direito ao desenvolvimento, três aspectos devem ser mencionados. Em primeiro lugar, a Declaração de 1986 endossa a importância da participação. (...) Em segundo lugar, a Declaração deve ser concebida no contexto das necessidades básicas de justiça social. (...) Em terceiro lugar, a Declaração enfatiza tanto a necessidade de adoção de programas e políticas nacionais, como da cooperação internacional. (...)"[1].

Deste modo, o direito ao desenvolvimento compreende três dimensões: a) a importância da participação, com realce ao componente democrático a orientar a formulação de políticas públicas, dotando-lhes maior transparência e *accountability*; b) a proteção às necessidades básicas de justiça social, enunciando a Declaração sobre o Direito ao Desenvolvimento que: "A pessoa humana é o sujeito central do desenvolvimento e deve ser ativa participante e beneficiária do direito ao desenvolvimento"; e c) a necessidade de adoção de programas e políticas nacionais, como de cooperação internacional – já que a efetiva cooperação internacional é essencial para prover aos países mais pobres meios que encorajem o direito ao desenvolvimento. A respeito, adiciona o artigo 4º da Declaração que os Estados têm o dever de adotar medidas, individual ou coletivamente, voltadas a formular políticas de desenvolvimento internacional, com vistas a facilitar a plena realização de direitos.

Em uma arena global não mais marcada pela bipolaridade Leste/Oeste, mas sim pela bipolaridade Norte/Sul, abrangendo os país desenvolvidos e em desenvolvimento (sobretudo as regiões da América Latina, Ásia e África), é que se demanda uma globalização mais ética e solidária, mediante a *cooperação entre os*

---

1. Allan Rosas, The Right to Development. In: Asbjorn Eide, Catarina Krause e Allan Rosas, *Economic, Social and Cultural Rights*, Martinus Nijhoff Publishers, Dordrecht, Boston e Londres, 1995, p. 254-255.

povos para o progresso da humanidade, como frisa a Constituição de 1988 em sua orientação comunitarista.

2. Remissões constitucionais

1) Artigos constitucionais conexos
– preâmbulo da Constituição.

3. Jurisprudência

a) Supremo Tribunal Federal. Ag. Reg. na Carta Rogatória 9.854-4, Reino Unido da Grã-Bretanha e da Irlanda do Norte. Relator: Min. Presidente, Brasília, 28 de maio de 2003, *Diário de Justiça da União*, 27 de maio de 2003.

"Carta Rogatória – colaboração – inexistência de tratado. A inexistência de tratado entre o país no qual é situada a Justiça rogante e o Brasil não obstaculiza o cumprimento da carta rogatória, implementando-se atos a partir do critério da cooperação internacional no combante ao crime".

b) Supremo Tribunal Federal, Extradição n. 633-9 – China. Relator: Min. Celso de Mello, Brasília, DF, 28 de agosto de 1996, *Diário de Justiça da União*, 6 de abril de 2001.

"O processo extradicional, dentro desta perspectiva, constitui, sob a égide do princípio da solidariedade, meio efetivo de cooperação internacional na repressão à criminalidade comum (...)".

Art. 4º, X – concessão de asilo político.

Flávia Piovesan

1. Direito internacional

Afirma o art. 14, (1), da Declaração Universal, que "toda pessoa vítima de perseguição tem o direito de procurar e de gozar asilo em outros países". Acrescenta o mesmo artigo que "este direito não pode ser invocado em caso de perseguição legitimamente motivada por crimes de direito comum ou por atos contrários aos propósitos e princípios das Nações Unidas" (art. 14 (2)).

A Declaração assegura, assim, o direito fundamental de toda pessoa de estar livre de qualquer forma de perseguição. Consequentemente, na hipótese de perseguição decorre o direito fundamental de procurar e gozar asilo em outros países.

Já o art. 22 (7) da Convenção Americana de Direitos Humanos de 1969 dispõe: "Toda pessoa tem o direito de buscar e receber asilo em território estrangeiro, em caso de perseguição por delitos políticos ou comuns conexos com delitos políticos, de acordo com a legislação de cada Estado e com as Convenções internacionais". Se a Declaração Universal condicionava o direito de asilo à perseguição de qualquer natureza, à luz da Convenção Americana delineiam-se os contornos do asilo político, isto é, do asilo decorrente de perseguição por delitos políticos. Como leciona José Afonso da Silva, "o asilo político consiste no recebimento do estrangeiro no território nacional, a seu pedido, sem os requisitos de ingresso, para evitar punição ou perseguição no seu país de origem por delito de natureza política ou ideológica"[1]. Na mesma direção, observa Celso Albuquerque Mello: "O asilo diplomático (político) e territorial é um instituto eminentemente político e no fundo, em última instância, a discussão em favor de sua concessão ou não cabe ao Poder Executivo"[2].

Importa realçar, contudo, que já no século XIX surgia a primeira regulamentação jurídica do asilo político no continente americano. Como explica José Henrique Fischel de Andrade: "Na ocasião do Primeiro Congresso Sul-americano de Direito Internacional Privado concluiu-se, aos 23 de janeiro de 1889, o Tratado sobre Direito Penal Internacional, que, em seus arts. 15-19, vislumbra o asilo, relacionando-o, *inter alia*, às regras atinentes à extradição e aos delitos políticos. O tratado de 1889 foi deveras importante numa época em que se lutava pela independência de alguns Estados latino-americanos e pela consolidação da democracia em outros. Nessa luta pela independência e pela democracia, em que constantemente facções dissidentes impunham, à força, sistemas de governos ditatoriais, a utilização do instituto asilo foi ampla. Como consequência, foram concluídos, neste continente, instrumentos internacionais regionais convencionais que regulavam, como ainda regulam, direta ou indiretamente, a concessão do asilo, somando-se até o presente oito instrumentos que legislam sobre o assunto. A necessidade particular deste continente fez com que, na regulamentação jurídica regional do asilo, características próprias e peculiares fossem moldadas nos seus respectivos instrumentos. (...) O refúgio, como instituto jurídico internacional global, surgiu e evoluiu já no século XX, a partir de 1921, à luz da Liga das Nações e, posteriormente, da Organização das Nações Unidas, motivado por razões via de regra diferentes das que ensejaram a gênese do asilo latino-americano"[3].

---

1. José Afonso da Silva, *Comentário contextual à Constituição*, São Paulo, Malheiros, 2005, p. 53.
2. Fernando Whitaker da Cunha; Manoel de Oliveira Franco Sobrinho; Celso Albuquerque Mello; Alcino Pinto Falcão; Arnaldo Sussekind, *Comentários à Constituição – 1º volume – Arts. 1º a 7º*, Rio de Janeiro, Livraria Freitas Bastos, 1990, p. 147.
3. José Henrique Fischel de Andrade, *Direito internacional dos refugiados: evolução histórica (1921-1952)*. Rio de Janeiro: Renovar, 1996, p. 18-19. Acrescenta o mesmo autor que o termo asilo foi usado larga, mas não exclusivamente, para significar esse aspecto particular do direito de asilo, qual seja, a não extradição por motivos políticos. Ainda explica José Henrique Fischel de Andrade: "A proteção é precisamente a noção da palavra 'asilo', que deriva do nome grego *asylon*, formado pela partícula privativa *a*, que significa 'não', e da palavra *aylao*, que equivale aos verbos quitar, arrebatar, tirar, sacar, extrair. Não é por acaso que a palavra 'asilo' deriva do grego: foi particularmente na Grécia antiga que o asilo foi objeto de grande valia e de extenso uso, tendo sempre sido concedido como uma noção de 'inviolabilidade' ou de 'refúgio inviolável', onde o perseguido podia encontrar proteção para a vida" (idem, p. 9). Para Norberto Bobbio: "O asilo se laicizou para tornar-se mais decididamente objeto de normas jurídicas, que têm função precisa de tutela a perseguidos políticos. É sobretudo em conexão com esse desenvolvimento que se pode falar hoje de um Direito de Asilo. O asilo se distingue em territorial e extraterritorial, conforme é concedido por um Estado em seu próprio território ou na sede de uma legação ou num barco ancorado no mar costeiro. (...) O asilo extraterritorial ou diplomático está largamente em uso nos países da América Latina" (*Dicionário de política*. Brasília: UnB, 1986, p. 57-58). Na lição de W. R. Smyser: "O asilo significa a admissão de uma pessoa em um determinado país e apresenta duas espécies: o diplomático e o territorial (ou político). O asilo diplomático envolve o uso de uma residência diplomática ou consular ou de navio de guerra como local de refúgio.(...) O asilo territorial ou político é oferecido a pessoas acusadas de ofensas políticas ou vítimas de perseguição política que se encontrem no território do Estado ao qual solicita-se o asilo" (Refugees: a never ending story. In: PIERRE CLAUDE, Richard; H. WES-

Embora o asilo na acepção regional latino-americana e o refúgio (em sua acepção global) sejam institutos diferentes, buscam ambos a mesma finalidade – que é a proteção da pessoa humana. Verifica-se, pois, uma complementaridade entre os dois institutos.

Ao tecer as diferenças entre o asilo e o refúgio, vislumbra-se inicialmente que o refúgio é um instituto jurídico internacional, tendo alcance universal e o asilo é um instituto jurídico regional, tendo alcance na região da América Latina. A respeito do refúgio, ressalte-se que a Convenção relativa ao Estatuto dos Refugiados de 1951, em seu art. 1º, considera refugiado toda pessoa que, "em virtude dos eventos ocorridos antes de 1º de janeiro de 1951 e devido a fundado temor de perseguição por motivos de raça, religião, nacionalidade, participação em determinado grupo social ou opiniões políticas, está fora do país de sua nacionalidade, e não pode ou, em razão de tais temores, não queira valer-se da proteção desse país; ou que, por carecer de nacionalidade e estar fora do país onde antes possuía sua residência habitual não possa ou, por causa de tais temores ou de razões que não sejam de mera conveniência pessoal, não queira regressar a ele".

O refúgio é, pois, medida essencialmente humanitária, enquanto o asilo é medida essencialmente política. O refúgio abarca motivos religiosos, raciais, de nacionalidade, de grupo social e de opiniões políticas, enquanto o asilo abarca apenas os crimes de natureza política[4]. Para o refúgio basta o fundado temor de perseguição, enquanto para o asilo há a necessidade da efetiva perseguição. Ademais, no refúgio a proteção como regra se opera fora do país, já no asilo a proteção pode se dar no próprio país ou na embaixada do país de destino (asilo diplomático). No refúgio há cláusulas de cessação, perda e exclusão, constantes da Convenção sobre o Estatuto dos Refugiados de 1951, já no asilo inexistem tais cláusulas. Outra distinção está na natureza do ato de concessão de refúgio e asilo – enquanto a concessão de refúgio apresenta efeito declaratório, a concessão de asilo apresenta efeito constitutivo, dependendo exclusivamente da decisão do país.

Por sua vez, ambos os institutos se identificam por constituírem uma medida unilateral, destituída de reciprocidade e sobretudo por objetivarem fundamentalmente a proteção da pessoa humana.

2. Remissões constitucionais

1) Artigos constitucionais conexos

– artigo 5º, LII.

2) Legislação infraconstitucional

– Lei 13.445/2017 – Institui a Lei de Migração;

– Lei 9.474/97 – Define mecanismos para a implementação do Estatuto dos Refugiados de 1951.

3. Jurisprudência

a) Supremo Tribunal Federal. Extradição n. 524-3/120. Requerente: Governo do Paraguai. Brasília, DF, 31 de outubro de 1989, *Diário de Justiça da União*, 08 de março de 1991.

"Extradição passiva – natureza do processo extradicional – limitação jurídica dos poderes do STF – inextraditabilidade por delitos políticos – compromisso constitucional do Estado Brasileiro – asilo político – extradição política disfarçada – inocorrência – deficiência na formulação do pedido de extradição – inobservância do Estatuto do Estrangeiro e do tratado de extradição Brasil/Paraguai – incerteza quanto à adequada descrição dos fatos delituosos – ônus processual a cargo do Estado requerente – descumprimento – indeferimento do pedido".

"O processo extradicional, que é meio efetivo de cooperação internacional na repressão à criminalidade comum, não pode constituir, sob o pálio do princípio da solidariedade, instrumento de concretização de pretensões, questionáveis ou censuráveis, que venham a ser deduzidas por Estado estrangeiro perante o Governo do Brasil (...)".

"Não há incompatibilidade absoluta entre o instituto do asilo político e o da extradição passiva, na exata medida em que o Supremo Tribunal Federal não está vinculado ao juízo formulado pelo Poder Executivo na concessão administrativa daquele benefício regido pelo Direito das Gentes. Disso decorre que a condição jurídica de asilado político não suprime, por si só, a possibilidade de o Estado brasileiro conceder, presentes e satisfeitas as condições constitucionais e legais que a autorizam, a extradição que lhe haja sido requerida. O estrangeiro asilado no Brasil só não será passível de extradição quando o fato ensejador do pedido assumir a qualificação de crime político ou de opinião ou as circunstâncias subjacentes à ação do Estado requerente demonstrarem a configuração de inaceitável extradição política disfarçada".

4. Literatura

AMARAL JR., Alberto do; PERRONE-MOISÉS, Claudia (orgs.). *O Cinquentenário da Declaração Universal dos Direitos do Homem*. São Paulo, Editora da Universidade de São Paulo, 1999.

ANDRADE, José Henrique Fischel de. *Direito internacional dos refugiados: evolução histórica (1921-1952)*. Rio de Janeiro, Renovar, 1996.

ARAUJO, Nadia de; ALMEIDA, Guilherme Assis de (coord.). *O Direito Internacional dos Refugiados – Uma perspectiva brasileira*. Rio de Janeiro, Renovar, 2000.

BALDI, César Augusto. *Direitos Humanos na Sociedade Cosmopolita*. Rio de Janeiro, Renovar, 2004.

BARCELLOS, Ana Paula de. *A Eficácia Jurídica dos Princípios Constitucionais – O princípio da Dignidade da Pessoa Humana*. Rio de Janeiro, Renovar, 2002.

BARROSO, Luis Roberto. *O direito constitucional e a efetividade de suas normas – limites e possibilidades da Constituição brasileira*. 5ª ed. Rio de Janeiro, Renovar, 2001.

_____. Fundamentos teóricos e filosóficos do novo Direito Constitucional Brasileiro (pós-modernidade, teoria crítica e pós-positivismo). *Revista Forense*, v. 358.

TON, Burns. *Human rights in the world community: issues and action*. Philadelphia: University of Pennsylvania Press, 1992, p. 114).

4. Para José Afonso da Silva, "o asilo político é o recebimento de ingresso de indivíduo, para evitar punição ou perseguição no seu país de origem por delito de natureza política e ideológica. Cabe ao Estado asilante a classificação da natureza do delito e dos motivos da perseguição. É razoável que assim o seja, porque a tendência do Estado do asilado é a de negar a natureza política do delito imputado e dos motivos da perseguição, para considerá-lo comum" (*Curso de direito constitucional positivo*. 13. ed. São Paulo: Malheiros, 1997, p. 325-326).

BAYEFSKY, Anne F. (editor). *The UN Human Rights System in the 21st Century*. The Hague, London, Boston. Kluwer Law International, 2000.

BOBBIO, Norberto. *A era dos direitos*. Trad. Carlos Nelson Coutinho. Rio de Janeiro, Campus, 1992.

BONAVIDES, Paulo. *Curso de direito constitucional*. 10ª ed. São Paulo, Malheiros, 2000.

BOUCAULT, Carlos Eduardo de Abreu; ARAUJO, Nadia de (orgs.). *Os Direitos Humanos e o Direito Internacional*. Rio de Janeiro, Renovar, 1999.

BUERGENTHAL, Thomas. *International human rights*. Minnesota, West Publishing, 1988.

BUERGENTHAL, Thomas; SHELTON, Dinah. *Protecting Human Rights in the Americas – Cases and Materials*. 4ª ed. International Institute of Human Rights, Strasbourg, 1995.

CANÇADO TRINDADE, Antônio Augusto. *A proteção internacional dos direitos humanos: fundamentos jurídicos e instrumentos básicos*. São Paulo, Saraiva, 1991.

_____. *A proteção dos direitos humanos nos planos nacional e internacional: perspectivas brasileiras* (Seminário de Brasília de 1991). Brasília/San José da Costa Rica, IIDH/F. Naumann-Stiftung, 1992.

_____. A proteção internacional dos direitos humanos no liminar do novo século e as perspectivas brasileiras. In: *Temas de política externa brasileira II*, v. 1, 1994.

_____. A interação entre o direito internacional e o direito interno na proteção dos direitos humanos. *Arquivos do Ministério da Justiça*, Brasília, v. 46, n. 182, p. 27-54, jul./dez. 1993.

_____. *Direito das Organizações Internacionais*. 2ª ed. Belo Horizonte, Del Rey, 2002.

_____. *A proteção internacional dos direitos humanos e o Brasil (1948-1997): as primeiras cinco décadas*. 2ª ed. Brasília, Fundação Universidade de Brasília, UnB.

CANOTILHO, José Joaquim Gomes. *Direito constitucional*. 6ª ed. revista. Coimbra, Livraria Almedina, 1993.

_____. *Direito constitucional e teoria da Constituição*. Coimbra: Livr. Almedina, 1998.

CANOTILHO, J. J. Gomes; MOREIRA, Vital. *Fundamentos da Constituição*. Coimbra: Coimbra Ed., 1991.

_____. *Constituição da República Portuguesa anotada*. 2. ed. rev. e ampl. Coimbra: Coimbra Ed., 1984. v. 1.

CASSESSE, Antonio. *Human rights in a changing world*. Philadelphia, Temple University Press, 1990.

CLAUDE, Richard Pierre; WESTON, Burns H. Ed. *Human rights in the world community: issues and action*. Philadelphia, University of Pennsylvania Press, 1989.

COICAUD, Jean-Marc; DOYLE, Michael W., GARDNER, Anne-Marie. *The Globalization of Human Rights*. Tokyo/New York/Paris, United Nations University Press, 2003.

COICAUD, Jean-Marc; WARNER, Daniel. *Ethics and International Affairs: Extent & Limits*. Tokyo/New York/Paris, United Nations University Press, 2001.

COMPARATO, Fábio Konder. *Afirmação histórica dos direitos humanos*. São Paulo, Saraiva, 1999.

CUNHA, Fernando Whitaker da; SOBRINHO, Manoel de Oliveira Franco; MELLO, Celso Albuquerque; FALCÃO, Alcino Pinto; SUSSEKIND, Arnaldo. *Comentários à Constituição – 1º volume – Arts. 1º a 7º*. Rio de Janeiro, Livraria Freitas Bastos, 1990.

DALLARI, Pedro. *Constituição e relações exteriores*. São Paulo, Saraiva, 1994.

DOLINGER, Jacob (org.). *A nova Constituição e o direito internacional*. Rio de Janeiro: Freitas Bastos, 1987.

DONNELLY, Jack. *Universal human rights in theory and practice*. 2ª ed. Ithaca, NY, Cornell University Press, 2003.

_____. *International Human Rights*. Boulder, Westview Press, 1998.

DUNNE, Tim; WHEELER, Nicholas. *Human Rights in Global Politics*. Cambridge, Cambridge University Press, 2001.

EIDE, Asbjorn; KRAUSE, Catarina; ROSAS, Allan. *Economic, Social and Cultural Rights*. Martinus Nijhoff Publishers, Dordrecht, Boston e Londres, 1995.

HENKIN, Louis. Ed. *The age of rights*. New York, Columbia University Press, 1990.

_____. *Constitutionalism, democracy and foreign affairs*. New York, Columbia University, 1990.

HENKIN, Louis; PUGH, Richard; SCHACHTER, Oscar; SMIT, Hans. *International law: cases and materials*. 3ª ed. Minnesota, West Publishing, 1993.

HEYMANN, Philip B. Civil Liberties and Human Rights in the aftermath of september 11. *Harvard Journal of Law & Public Policy*, Spring 2002, p. 441-456.

LAFER, Celso. *A reconstrução dos direitos humanos: um diálogo com o pensamento de Hannah Arendt*. São Paulo, Cia. das Letras, 1988.

_____. Reflexões sobre a inserção do Brasil no contexto internacional. *Contexto Internacional*, Rio de Janeiro, n. 11, jan./jun. 1990.

_____. *A Internacionalização dos Direitos Humanos: Constituição, Racismo e Relações Internacionais*. São Paulo, Manole, 2005

_____. *Comércio, Desarmamento, Direitos Humanos: reflexões sobre uma experiência diplomática*. São Paulo, Paz e Terra, 1999.

LEWANDOWSKI, Enrique Ricardo. *Proteção dos direitos humanos na ordem interna e internacional*. Rio de Janeiro: Forense, 1984.

LINDGREN ALVES, José Augusto. Abstencionismo e intervencionismo no sistema de proteção das Nações Unidas aos direitos humanos. *Política Externa*, v. 3, n. 1, jun. 1994.

_____. *Os direitos humanos como tema global*. 2ª ed. São Paulo, Perspectiva, 2003.

_____. O sistema internacional de proteção dos direitos humanos e o Brasil. *Arquivos do Ministério da Justiça*, Brasília, v. 46, n. 182, p. 85-114, jul./dez. 1993.

MAHONEY, Kathleen E.; MAHONEY, Paul Ed. *Human rights in the twenty-first century: a global challenge*. Boston, Martinus Nijhoff, 1993.

MELLO, Celso D. de Albuquerque. *Curso de direito internacional público*. 6ª ed. Rio de Janeiro, Livraria Freitas Bastos, 1979.

_____. *Direito constitucional internacional.* Rio de Janeiro, Renovar, 1994.

_____. O direito constitucional internacional na Constituição de 1988. *Contexto Internacional,* Rio de Janeiro, p. 9-21, jul./dez. 1988.

_____. A sociedade internacional: nacionalismo versus internacionalismo e a questão dos direitos humanos. *Arquivos do Ministério da Justiça,* Brasília, v. 46, n. 182, p. 115-127, jul./dez. 1993.

_____. *Direitos Humanos e Conflitos Armados.* Rio de Janeiro, Renovar, 1996.

_____. *A nova Constituição e o direito internacional.* Rio de Janeiro: Freitas Bastos, 1987.

MELLO, Celso D. de Albuquerque; TORRES, Ricardo Lobo. *Arquivos de Direitos Humanos.* Rio de Janeiro, Renovar, 1999. v. 1.

_____. *Arquivos de Direitos Humanos.* Rio de Janeiro, Renovar, 2000. v. 2.

_____. *Arquivos de Direitos Humanos.* Rio de Janeiro, Renovar, 2001. v. 3.

MIRANDA, Jorge. *Manual de direito constitucional.* 3ª ed. Coimbra, Coimbra Editora, 1991. v. 2.

_____. *Manual de direito constitucional.* Coimbra, Coimbra Editora, 1988. v. 4.

PEREIRA, André Gonçalves; QUADROS, Fausto de. *Manual de direito internacional público.* 3ª ed. Coimbra, Almedina, 1993.

PIOVESAN, Flávia. *Direitos Humanos e o Direito Constitucional Internacional.* 17ª ed. São Paulo, Saraiva, 2017.

_____. *Direitos Humanos e Justiça Internacional.* 7ª ed. São Paulo, Saraiva, 2017.

_____. *Temas de Direitos Humanos.* 10ª ed. São Paulo, Saraiva, 2017.

PIOVESAN, Flávia (coord.). *Direitos Humanos, Globalização Econômica e Integração Regional: Desafios do Direito Constitucional Internacional.* São Paulo, Max Limonad, 2002.

PIOVESAN, Flávia; SOUZA, Douglas Martins (coord.). *Ordem Jurídica e Igualdade Étnico-Racial.* Brasília: SEPPIR, 2006.

POGGE, Thomas. *World Poverty and Human Rights.* Cambridge, Polity Press, 2002.

SACHS, Ignacy. Desenvolvimento, direitos humanos e cidadania. In: *Direitos humanos no século XXI.* Instituto de Pesquisas de Relações Internacionais e Fundação Alexandre de Gusmão, 1998, p. 155-166.

_____. O desenvolvimento enquanto apropriação dos direitos humanos. *Estudos Avançados,* n. 12 (33), 1998.

Santiago NINO, Carlos. *Fundamentos de derecho constitucional: análisis filosófico, jurídico y politológico de la práctica constitucional.* Buenos Aires, Astrea, 1992.

_____. *Ética y derechos humanos: un ensayo de fundamentación.* 2ª ed. Buenos Aires, Astrea, 1989.

SARLET, Ingo Wolfgang. *Dignidade da Pessoa Humana e Direitos Fundamentais na Constituição Federal de 1988.* 3ª ed. Porto Alegre, Livraria do Advogado, 2004.

_____. *A Eficácia dos Direitos Fundamentais.* 2ª ed. Porto Alegre, Livraria do Advogado, 2001.

SCHACHTER, Oscar. *International law in theory and practice.* Boston, Martinus Nijhoff, 1991.

SEN, Amartya. *Identity and Violence: The illusion of destiny.* New York/London, W. W. Norton & Company, 2006.

SILVA, José Afonso da. *Curso de direito constitucional positivo.* 18ª ed. São Paulo, Revista dos Tribunais, 2000.

_____. *Comentário Contextual à Constituição.* São Paulo, Malheiros, 2005.

STEINER, Henry J., ALSTON, Philip. *International Human Rights in Context – Law, Politics and Morals.* 2ª ed. Oxford, Oxford University Press, 2000.

STRECK, Lenio Luiz. *Hermenêutica Jurídica e(m) crise: uma exploração hermenêutica da construção do Direito.* 5ª ed. Porto Alegre, Livraria do Advogado, 2004.

VINCENT, R. J. *Human rights and international relations.* Cambridge, Cambridge University Press, 1986.

WALLACE, Rebecca M. M. *International law: a student introduction.* London, Sweet & Maxwell, 1992.

_____. *International Law.* 2ª ed. London, Sweet & Maxwell, 1992.

Art. 4º, parágrafo único. A República Federativa do Brasil buscará a integração econômica, política, social e cultural dos povos da América Latina, visando à formação de uma comunidade latino-americana de nações.

Marcos Augusto Maliska

PRINCÍPIO DA INTEGRAÇÃO LATINO-AMERICANA

1. História da norma

O Princípio da Integração Latino-americana é norma que inova no constitucionalismo brasileiro, visto que na história constitucional do país não há referência a dispositivo semelhante nos textos constitucionais anteriores. A integração latino-americana, uma vocação histórica brasileira, restou positivada no texto constitucional como medida inerente à nova ordem constitucional democrática.

2. Constituições brasileiras anteriores

Não há referência à integração latino-americana nas Constituições brasileiras anteriores.

3. Constituições estrangeiras

A referência à integração latino-americana consta do art. 75, inciso 24, da Constituição da Argentina. O art. 6º da Constituição do Uruguai expressamente refere-se à integração social e econômica com os Estados Latino-americanos. O art. 153 da Constituição da República Bolivariana da Venezuela dispõe que a República promoverá e favorecerá a integração latino-americana.

4. Direito Internacional

O Tratado de Assunção criou o Mercado Comum do Cone Sul, o Mercosul, considerando a integração como condição fundamental para acelerar os processos de desenvolvimento econômico da região, com justiça social. Outra iniciativa para a integração latino-americana encontra-se na União de Nações Sul-Americanas – UNASUL, formada pelos doze países da América do Sul. O tratado constitutivo da organização foi aprovado durante Reunião Extraordinária de Chefes de Estado e de Governo, realizada em Brasília, em 23 de maio de 2008. Segundo o art. 2º do seu tratado constitutivo "a União de Nações Sul-americanas tem como objetivo construir, de maneira participativa e consensuada, um espaço de integração e união no âmbito cultural, social, econômico e político entre seus povos, priorizando o diálogo político, as políticas sociais, a educação, a energia, a infraestrutura, o financiamento e o meio ambiente, entre outros, com vistas a eliminar a desigualdade socioeconômica, alcançar a inclusão social e a participação cidadã, fortalecer a democracia e reduzir as assimetrias no marco do fortalecimento da soberania e independência dos Estados".

5. Remissões constitucionais e legais

O Decreto n. 350/1991 promulgou o Tratado de Assunção. O Decreto n. 7667/2012 promulgou o Tratado constitutivo da União de Nações Sul-americanas.

6. Jurisprudência

O Supremo Tribunal Federal decidiu na CR 8.279-AgR, em 17 de junho de 1998 (*DJe* de 10/08/2000), sendo Relator o Ministro Presidente Celso de Mello, que "sob a égide do modelo constitucional brasileiro, mesmo cuidando-se de tratados de integração, ainda subsistem os clássicos mecanismos institucionais de recepção das convenções internacionais em geral, não bastando, para afastá-los, a existência da norma inscrita no art. 4º, parágrafo único, da CR, que possui conteúdo meramente programático e cujo sentido não torna dispensável a atuação dos instrumentos constitucionais de transposição, para a ordem jurídica doméstica, dos acordos, protocolos e convenções celebrados pelo Brasil no âmbito do Mercosul".

7. Referências bibliográficas

BASTOS, Celso Ribeiro e MARTINS, Ives Gandra. *Comentários à Constituição do Brasil*. Vol. I. São Paulo: Saraiva, 1988.

CARVALHO DE SOUZA, João Ricardo. *Constituição Brasileira & Tribunal de Justiça do Mercosul*. Curitiba: Juruá, 2001.

DEL'OLMO, Florisbal de Souza. *O Mercosul e a nacionalidade*: estudo à Luz do direito internacional. Rio de Janeiro: Forense, 2001.

EULER, Heinrich. Lateinamerika im 20. Jahrhundert. In. *Lateinamerika. Geschichte, Probleme, Perspective*. Freiburg: Ploetz, 1978.

GOMES, Eduardo Biacchi. *Blocos econômicos*. Solução de controvérsias. Uma análise comparativa a partir da União Européia e Mercosul. Curitiba: Juruá, 2001.

HÄBERLE, Peter. *Estado constitucional cooperativo*. Rio de Janeiro: Renovar, 2007.

MALISKA, Marcos Augusto. *Estado e século XXI*. Rio de Janeiro: Renovar, 2006.

REIS, Márcio Monteiro. *Mercosul, União Europeia e Constituição*: a integração dos Estados e os ordenamentos jurídicos nacionais. Rio de Janeiro: Renovar, 2001.

VENTURA, Deisy de Freitas Lima. *A ordem jurídica do Mercosul*. Porto Alegre: Livraria do Advogado, 1996.

8. Comentários

8.1. Histórico

8.1.1. As tentativas de integração na América Latina

As ideias integracionistas na América Latina são tão antigas quanto a própria existência dos Estados Nacionais que formam a região. Simon Bolívar (1783-1830) e José de San Martín (1778-1850) foram grandes entusiastas da integração latino-americana que, infelizmente, durante o século XIX acabou por se caracterizar como movimentos efêmeros sem maiores implicações práticas no tocante a formação de uma unidade política maior (DEL'OLMO, 2001, p. 77-78).

O tema da integração na América Latina retornou ao cenário político regional na segunda metade do Século XX. Seguindo o exemplo europeu, alguns países da América Latina assinaram em 18 de fevereiro de 1960 o Tratado de Montevidéu, criando a ALALC – Associação Latino-Americana de Livre Comércio. O Tratado foi assinado por Argentina, Brasil, Chile, México, Paraguai, Peru e Uruguai. Em 1961 entraram na Associação a Colômbia e o Equador e em 1966 a Venezuela e a Bolívia. A associação tinha alguns objetivos bem concretos, como o levantamento em 12 anos de todas as barreiras alfandegárias entre os países firmatários do acordo, a integração da produção industrial, a coordenação da política agrária bem como a definição de uma tarifa externa comum. Enfim, a associação tinha por objetivo criar um Mercado Comum Latino-Americano (MALISKA, 2006, p. 88).

A ALALC teve um início promissor, em especial no que diz respeito ao comércio interno. No entanto, na metade dos anos sessenta, apesar do grande número de reduções alfandegárias, ela começou a enfraquecer-se. As causas desse enfraquecimento foram de diversas ordens, como a falta de coordenação de uma política externa e de industrialização, a falta de especialização regional da estrutura de produção, além das diferentes ordens de tamanho dos Estados Membros e os interesses nacionalistas. A ALALC foi substituída, em 1980, pela ALADI (Associação Latino-Americana de Integração) (EULER, 1978, p. 81).

O processo de integração Latino-americano, iniciado após a Segunda Guerra, contou também com o importante papel desempenhado pela CEPAL (Comissão Econômica para a América Latina e Caribe), organismo criado pela ONU em 1948 e sediado em Santiago do Chile para viabilizar o desenvolvimento dos países da região.

8.1.2. O Mercosul

Com o fim dos regimes militares no Brasil e na Argentina criou-se um novo ambiente, bastante favorável a integração das duas nações. Simbólica nesse reencontro foi a inauguração, em 30 de novembro de 1985, da Ponte Tancredo Neves, que liga a cidade argentina de Puerto Iguazu à Foz do Iguaçu, no Brasil. Era o início do projeto de criação do Mercosul (Mercado Comum do Cone Sul). Diversos atos se seguiram até a assinatura do Tratado de Assunção. Em 29 de Junho de 1986 foi assinado em Buenos Aires o *Programa de Integração Argentina-Brasil* (PICAB). Nos dois anos seguintes foram assinados 23 Protocolos sobre trabalhos conjuntos setoriais entre Brasil e Argentina, propondo de ambos os lados uma qualitativa forma de integração bilateral com vista a um mercado comum. Em 29 de Novembro de 1988 foi firmado também em Buenos Aires o *Tratado de Integração, Cooperação e Desenvolvimento* (TICD), no qual se comprometeram os Estados firmatários, no prazo de dez anos, levantar todas as proteções tarifárias bem como por meio de convênios adicionais harmonizar as políticas econômicas, financeiras e monetárias. Com a *Ata de Buenos Aires*, assinada em julho de 1990, os Presidentes dos dois países decidiram instituir um mercado comum bilateral até o final de 1994. E, por fim, com o *Tratado de Assunção*, assinado no dia 26 de Março de 1991, foi instituído o *Mercado Comum do Cone Sul* (*Mercosul*) entre o Brasil, Argentina, Paraguai e Uruguai, sendo que atualmente a Venezuela encontra-se em processo de adesão ao bloco. Chile e Bolívia participam, desde 1996 e 1997, respectivamente, como associados.

É objetivo do Mercosul, segundo o Tratado de Assunção, (i) a inserção competitiva dos países membros em um mundo caracterizado pela consolidação de blocos regionais de comércio e no qual a capacitação tecnológica é cada vez mais importante para o progresso econômico e social; (ii) a viabilização de economias de escala, permitindo a cada um dos países membros ganhos de produtividade; (iii) a ampliação das correntes de comércio e de investimentos com o resto do mundo, bem como a promoção da abertura econômica regional, favorecendo o objetivo último da integração latino-americana.

8.2. Da autorização constitucional para a integração supranacional

Sob o ponto de vista de uma discussão dos efeitos jurídico-normativos do dispositivo analisado, interessa saber se há uma autorização do legislador constituinte originário brasileiro para a busca de uma integração supranacional ou se o dispositivo está restrito a uma compreensão de integração nos moldes tradicionais do direito internacional, sem transferência de direitos de soberania.

Com o devido respeito àqueles que pensam de modo diferente, estão corretos Celso Bastos e Ives Gandra Martins quando escrevem que o dispositivo "deixa certo que o País conta com a autorização constitucional para buscar a sua integração em uma comunidade latino-americana de nações. (...) O texto constitucional não esclarece de maneira expressa se a forma desta integração deve guardar respeito aos princípios clássicos da soberania ou se envolve a possibilidade da integração em organismos supranacionais. Quer-nos parecer, no entanto, que a mera existência do artigo implica uma opção por esta última forma. Do contrário, ele seria desnecessário, posto que organização sem caráter supranacional já existe na América Latina. De outra parte, a expressão utilizada 'integração' envolve certamente a participação em entidades que não sejam de cunho meramente associativo" (BASTOS e MARTINS, 1988, p. 464 e 466).

O legislador constituinte originário, caso quisesse dar ao processo de integração latino-americano o mesmo *status* jurídico das formas de associação em geral, não teria dedicado uma menção especial ao processo de integração latino-americano no título que trata dos Princípios Fundamentais da Constituição. Se assim fez é porque teve a intenção de dar a ele uma condição jurídica diferenciada. Não nos parece adequado o entendimento que, procurando encontrar um meio-termo entre a integração intergovernamental e a supranacional, sustenta que o dispositivo proíbe a redução do nível de integração já obtido[1]. Como bem observam Celso Bastos e Ives Gandra Martins, "a constituição da unidade latino-americana é algo que independe dos esforços exclusivos do Brasil" (BASTOS e MARTINS, 1988, p. 464). Além do mais, sendo a integração resultado do conjunto de vontades soberanas, o entendimento da proibição do retrocesso, em tese, não seria adequado. Nesse sentido, o Tribunal Constitucional Federal alemão, analisando a constitucionalidade do Tratado de Maastricht, observou que a manutenção da estrutura democrática da União Europeia é condicionante da participação do Estado alemão como Estado-membro (*BVerfGE* 89, 155). Esse entendimento é válido para o Brasil e seguindo o raciocínio da proibição da redução do nível de integração já obtido, o país não poderia sair do processo de integração sul-americano, mesmo percebendo que esse processo estivesse tomando caminhos não condizentes com a estrutura de uma organização democrática, argumento que parece não estar em sintonia com a Constituição.

8.3. Da necessidade de Reforma Constitucional

Aqueles que se posicionam contrário ao entendimento que o parágrafo único autoriza a integração supranacional, sustentam que com uma Reforma Constitucional essa dificuldade poderia ser superada (GOMES, 2001, p. 91, VENTURA, 1996, p. 126 e CARVALHO DE SOUZA, 2001, p. 17). No entanto, uma análise mais apurada demonstrará que esse entendimento coloca em risco o projeto de integração supranacional. Aqui se faz necessário distinguir *autorização* para uma integração supranacional de *regulamentação* da participação do país em estruturas supranacionais (MALISKA, 2006, p. 197).

A distinção aqui proposta é fundamental para uma compreensão constitucionalmente adequada do processo de integração da República Federativa do Brasil ao Mercosul. Enquanto que o atual dispositivo constitucional apenas *autoriza* a participação do país na construção de uma comunidade latino-americana de nações e, portanto, trata-se de uma opção do legislador constituinte originário brasileiro, que absorveu o conceito "Estado Constitucional Cooperativo"[2] como elemento central da estrutura normativa do Estado Brasileiro, se faz necessária, sem dúvida alguma, uma reforma constitucional que propriamente não buscará a autorização, mas a *regulamentação* da participação do país na estrutura supranacional. A autorização para a transferência de direitos de soberania, em tese, já foi realizada quando o legislador consti-

---

1. Conforme sustenta Reis, 2001, p. 268.
2. Sobre o conceito de Estado Constitucional Cooperativo, ver: Häberle, 2007.

tuinte estabeleceu o parágrafo único do art. 4º da Constituição. Agora se trata de regulamentar a participação do país, ou seja, disciplinar, por exemplo, a participação dos estados membros da federação brasileira no processo decisório, regras claras quanto à observância dos direitos fundamentais e da ordem democrática, maior poder ao congresso nacional brasileiro, integrando a vontade política do legislativo brasileiro ao processo de integração. A emenda constitucional é bem-vinda e necessária para disciplinar e ampliar os mecanismos democráticos de controle do poder[3].

TÍTULO II
DOS DIREITOS E GARANTIAS FUNDAMENTAIS

Ingo Wolfgang Sarlet[1]

NOTAS INTRODUTÓRIAS AO SISTEMA CONSTITUCIONAL DE DIREITOS E DEVERES FUNDAMENTAIS

1. Aspectos terminológicos, conceito, formação e evolução do sistema de direitos e deveres fundamentais

Uma breve análise sobre a evolução constitucional brasileira[2] mostra que a CF 88, inspirada principalmente no constitucionalismo alemão, português e espanhol, foi a primeira a lançar mão da expressão genérica *direitos e garantias fundamentais*, abrangendo as diversas espécies de direitos (individuais e coletivos, sociais, nacionalidade, direitos políticos), o que aproxima o direito constitucional positivo pátrio da tendência dominante no âmbito do direito comparado, especialmente a partir da Lei Fundamental da Alemanha, de 1949. Ao passo que no âmbito da filosofia política e das ciências sociais de um modo geral, bem como no plano do direito internacional, a expressão mais utilizada seja a de direitos humanos, no domínio do direito constitucional a opção ter-minológica pelos direitos fundamentais acaba sendo a mais afinada com o significado e conteúdo de tais direitos na Constituição, tanto em homenagem ao direito constitucional positivo, quanto em virtude do regime jurídico reforçado dos direitos assegurado pelo constituinte. Tendo em conta que se trata de direitos com assento constitucional, a própria noção de fundamentalidade dos assim designados direitos (e deveres) fundamentais guarda relação já com determinada hierarquia normativa no âmbito interno de cada Estado, especialmente no que diz com a limitação jurídica do poder e a supremacia das normas constitucionais no âmbito do ordenamento interno. Além disso, a evolução constitucional aponta para o reconhecimento de um regime jurídico privilegiado dos direitos e deveres fundamentais no contexto de determinada Constituição, regime este que depende particularmente das peculiaridades do direito constitucional positivo, reclamando uma construção dogmática vinculada ao contexto vigente.

Traçando-se um paralelo entre a Constituição de 1988 e o direito constitucional positivo anterior, constata-se, já numa primeira leitura, a existência de algumas inovações de significativa importância na seara dos direitos fundamentais, a começar pela própria opção terminológica já referida. No que concerne ao processo de elaboração da Constituição de 1988, há que fazer referência à circunstância de que esta foi resultado de um amplo processo de discussão oportunizado com a redemocratização do País após mais de vinte anos de ditadura militar, o que refletiu diretamente na configuração do catálogo de direitos fundamentais e no respectivo sistema de garantias. Por outro lado, a ausência de um anteprojeto oficial devidamente sistematizado (além do texto preparado pela assim designada Comissão Afonso Arinos), bem como a precária e apressada sistematização na fase final do processo constituinte, acabou por influenciar também o título dos direitos fundamentais, de modo particular, no que diz com importantes problemas de ordem terminológica, a coordenação entre alguns dispositivos, entre outros aspectos que poderiam ser destacados.

Entre outras, três características consensualmente atribuídas à Constituição de 1988 podem ser consideradas como extensivas ao título dos direitos fundamentais, nomeadamente seu caráter analítico, seu pluralismo e seu forte cunho dirigente. O perfil analítico reflete-se também no Título II (dos Direitos e Garantias Fundamentais), que contém ao todo sete artigos, seis parágrafos e 109 incisos, sem se fazer menção aqui aos diversos direitos fundamentais dispersos pelo restante do texto constitucional. O pluralismo da Constituição advém basicamente do seu caráter marcadamente compromissário, já que, na redação final dada ao texto, foram acolhidas posições e reivindicações nem sempre afinadas entre si, resultantes das fortes pressões políticas exercidas pelas diversas tendências envolvidas no processo constituinte, o que, no campo dos direitos fundamentais, pode ser verificado com base na reunião de dispositivos, reconhecendo uma grande gama de direitos sociais, ao lado dos assim designados direitos de liberdade, direitos políticos, etc., tudo a demonstrar que não houve adesão a apenas uma teoria sobre os direitos fundamentais, que, de resto, assumem múltiplas funções na ordem constitucional. De outra parte, ressalta na Constituição vigente o seu cunho programático e dirigente, que resulta do grande número de disposições constitucionais, estabelecendo programas, fins e tarefas a serem implementados pelos poderes públicos. A despeito de tais normas, na concepção dominante, não serem destituídas de eficácia, e muito embora a previsão da aplicabilidade imediata das

---

3. Sobre o tema, ver também: Maliska, 2006.

1. Na elaboração do texto introdutório (primeira edição), contamos com a colaboração, na formatação, revisão das referências, parte da pesquisa jurisprudencial, assim como com a adequação aos padrões do comentário, de Ivar Alberto Martins Hartmann, Bacharel em Direito e Mestrando em Direito pela PUCRS.

2. A Constituição de 1824 continha a expressão "Garantias dos Direitos Civis e Políticos dos Cidadãos Brasileiros", ao passo que a Constituição de 1891 continha simplesmente a expressão "Declaração de Direitos" como epígrafe da Secção II do Título IV (Dos cidadãos brasileiros). Foi na Constituição de 1934 que pela primeira vez constou a expressão "Direitos e Garantias Individuais", mantida nas Constituições de 1946 e 1967, inclusive após a Emenda n. 1, de 1969, integrando o Título da Declaração de Direitos.

normas definidoras de direitos fundamentais (v. comentário ao art. 5º, § 1º, da CF), não há como negar, especialmente no âmbito da assim chamada dimensão objetiva, que a eficácia pode ser diferenciada, notadamente quando se trata de deveres estatais de proteção e das assim chamadas imposições legiferantes, temática que aqui, contudo, não será desenvolvida, mas sim, versada no verbete destinado ao dispositivo acima citado.

Considerando o propósito destas notas introdutórias, é de se fazer referência a alguns dos aspectos inovadores e positivos que decorrem de uma primeira leitura do título dos direitos fundamentais, assim como de algumas críticas que lhe podem ser endereçadas. Dentre as inovações, assume destaque a situação topográfica dos direitos fundamentais, positivados no início da Constituição, logo após o Preâmbulo e os princípios fundamentais. Igualmente inovadora foi a acolhida dos direitos sociais em capítulo próprio no título dos direitos fundamentais, o que se revelou fundamental para a valorização sem precedentes de tais direitos na ordem jurídica brasileira, a despeito das controvérsias em torno da aplicação integral do regime jurídico dos direitos fundamentais aos direitos sociais. Todavia, talvez a inovação mais significativa tenha sido a do art. 5º, § 1º, da CF, de acordo com o qual as normas definidoras dos direitos e garantias fundamentais possuem aplicabilidade imediata, excluindo, em princípio, o cunho programático destes preceitos, conquanto não exista consenso a respeito do exato alcance deste dispositivo, que, de resto, será objeto de comentário específico. Já no que diz com a proteção dos direitos fundamentais, merece destaque, tal como já apontado, a sua expressa inclusão no rol das assim designadas "cláusulas pétreas" do art. 60, § 4º, da CF, de tal sorte que se encontra vedada a supressão e erosão dos preceitos relativos aos direitos fundamentais pela ação do poder de reforma constitucional.

A própria amplitude do catálogo dos direitos fundamentais, já que houve um aumento expressivo e sem precedentes do número de direitos protegidos, é outra característica preponderantemente positiva digna de referência, embora tal amplitude não tenha impedido fossem levadas a efeito, pelo processo de reforma constitucional, algumas inserções importantes no campo dos direitos fundamentais, como é o caso, na seara dos direitos sociais, do direito à moradia, do direito à alimentação e do direito ao transporte (todos incorporados ao art. 6º), do direito à razoável duração do processo judicial e administrativo (art. 5º, LXXVIII) do direito à proteção de dados pessoais (art. 5º, LXXIX) e, por último, do direito à renda básica familiar para todo brasileiro em situação de vulnerabilidade social (art. 6º, § 1º). Da mesma forma merecedora de referência é a inclusão, igualmente no art. 5º, de um parágrafo 3º, prevendo a possibilidade de aprovação, com *status* de emenda constitucional, de tratados em matéria de direitos humanos, bem a inserção, no mesmo dispositivo, de um parágrafo 4º, este dispondo sobre o reconhecimento da jurisdição do Tribunal Penal Internacional, igualmente objeto de comentário próprio. Todas as novidades ora referidas, que não ficaram também imunes a uma série de críticas, serão objeto de comentário em item próprio. A título de contraponto, é preciso salientar, contudo, que o caráter analítico do catálogo constitucional de direitos também acabou gerando uma multiplicação das situações de conflito e uma ampliação sem precedentes do número de demandas judiciais invocando violações da CF, contribuindo para o fenômeno da crescente juridicização e judicialização das relações sociais, aspecto bem visualizado por autores do porte de um Luís Roberto Barroso, dentre outros Da mesma forma, aponta-se para o risco de uma hipertrofia ou efeito inflacionário em matéria de direitos fundamentais, que poderá implicar até mesmo a sua desvalorização simbólica e normativa, aspecto que, como outros tantos que poderiam ser colacionados, aqui não será desenvolvido, mas que tem merecido contínua reflexão.

A despeito do grande número de direitos reconhecidos pelo constituinte e mesmo levando em conta o grande número de emendas constitucionais editadas desde a promulgação da Constituição, é possível afirmar que, a despeito de algumas modificações que acabaram por afetar alguns direitos fundamentais, nenhum direito chegou a ser suprimido, ainda que se possa controverter sobre eventuais abusos na limitação de direitos. Em termos gerais, é possível afirmar que o sistema de direitos fundamentais acabou sendo inclusive fortalecido, o que, por sua vez, também está vinculado ao labor da jurisdição constitucional e à ampliação dos instrumentos de controle de constitucionalidade e de tutela dos direitos disponibilizados pelo constituinte, como é o caso do Mandado de Injunção, da Arguição de Descumprimento de Preceito Fundamental, do *Habeas Data*, que se somaram aos clássicos institutos do *Habeas Corpus*, do Mandado de Segurança e da Ação Popular, isto sem falar na constitucionalização da Ação Civil Pública, que se revelou eficiente meio de tutela, principalmente dos direitos transindividuais.

Nesta quadra, importa observar que nem o elevado número de direitos consagrados na Constituição, nem mesmo a relativa falta de sistematização do texto constitucional são, por si sós, incompatíveis com a noção de um sistema de direitos e deveres fundamentais. Assim, segue atual a lição de Konrad Hesse, que, embora reconheça a existência de certas vinculações de natureza sistêmica (relação de especialidade e generalidade entre alguns direitos fundamentais, bem como similitudes no que concerne ao seu conteúdo), entende ser impossível sustentar o ponto de vista de um sistema autônomo e fechado, portanto isento de lacunas, integrado pelos direitos fundamentais da Constituição[3]. Com efeito, inviável, também entre nós, a concepção segundo a qual os direitos fundamentais formam um sistema em separado e fechado no contexto da Constituição, do que dá conta, dispensando maior digressão, a abertura material consagrada pelo art. 5º, § 2º, da CF. Além disso, a diversidade do catálogo dos direitos fundamentais impede, em princípio, que se estabeleçam critérios abstratos e genéricos que possam demonstrar uma identidade de conteúdos, inclusive no sentido de uma construção baseada numa relação de generalidade e especialidade. Outrossim, também os direitos fundamentais de nossa Constituição não radicam, em sua totalidade, ao menos não de forma direta, no princípio da dignidade da pessoa humana, havendo que reconhecer, neste sentido, no mínimo relevantes distinções quanto ao grau desta vinculação[4]. Postas estas questões preliminares, há como concluir, desde já, que o sistema dos direitos fundamentais (em verdade, o subsistema) não pode ser compreendido como um sis-

---

3. Cf. HESSE, Konrad. *Grundzuge des Verfassungsrechts der Bundesrepublik Deutschland*. 20. ed. Heidelberg: C. F. Muller, 1995. 335 p., 136-137 (existe tradução para o português, publicada pela Editora Sérgio Fabris, Porto Alegre).

4. Sobre o ponto, ver em particular SARLET, Ingo Wolfgang. *Dignidade da pessoa humana e direitos fundamentais na Costituição Federal de 1988*. 6. ed. Porto Alegre: Livraria do Advogado, 2007. 146 p., p. 89 e ss.

tema lógico-dedutivo, autônomo e autossuficiente, mas sim como um sistema aberto e flexível, receptivo a novos conteúdos e desenvolvimentos, integrado ao restante da ordem constitucional, além de sujeito aos influxos do mundo circundante.

2. A dupla dimensão objetiva e subjetiva, a multifuncionalidade e a classificação dos direitos e garantias fundamentais

No âmbito da teoria constitucional dos direitos fundamentais, também no Brasil tem sido recepcionada a noção de que a função dos direitos fundamentais não se limita a serem direitos subjetivos, já que também representam decisões valorativas de natureza jurídico-objetiva da Constituição, que se projetam em todo o ordenamento jurídico. Em outras palavras, os direitos fundamentais passaram a apresentar-se no âmbito da ordem constitucional como um conjunto de valores objetivos básicos e fins diretivos da ação positiva dos poderes públicos, e não apenas garantias negativas (e positivas) dos interesses individuais[5]. Em termos gerais, a dimensão objetiva dos direitos fundamentais significa que às normas que preveem direitos subjetivos é outorgada função autônoma, que transcende a perspectiva subjetiva[6], implicando, além disso, o reconhecimento de conteúdos normativos e, portanto, de funções distintas aos direitos fundamentais[7]. É por isso que a doutrina costuma apontar para a perspectiva objetiva como representação também – naqueles aspectos que se agregaram às funções tradicionalmente reconhecidas aos direitos fundamentais – do reforço da juridicidade das normas de direitos fundamentais[8], que, por sua vez, pode ser aferido por meio das diversas categorias funcionais desenvolvidas na doutrina e na jurisprudência, integrantes da assim denominada perspectiva objetiva da dignidade da pessoa humana e dos direitos fundamentais, o que, por si só, já aponta para uma multifuncionalidade dos direitos fundamentais na ordem constitucional.

Como um dos mais importantes desdobramentos da força jurídica objetiva dos direitos fundamentais, costuma-se apontar para o que boa parte da doutrina e da jurisprudência constitucional na Alemanha denominou de uma eficácia irradiante ou efeito de irradiação dos direitos fundamentais, no sentido de que estes, na sua condição de direitos objetivos, fornecem impulsos e diretrizes para a aplicação e avaliação do direito infraconstitucional, implicando uma interpretação conforme os direitos fundamentais de todo o ordenamento jurídico. Associado a este efeito – mas não exclusivamente decorrente do reconhecimento da dimensão objetiva, visto que o papel principal neste processo foi desempenhado pela afirmação da supremacia normativa da Constituição e pelo controle de constitucionalidade das leis – está o assim designado fenômeno da constitucionalização do Direito, incluindo-se a questão da eficácia dos direitos fundamentais na esfera das relações entre particulares.

Outra função que tem sido reconduzida à dimensão objetiva está vinculada ao reconhecimento de que os direitos fundamentais implicam deveres de proteção do Estado, impondo aos órgãos estatais a obrigação permanente de, inclusive preventivamente, zelar pela proteção dos direitos fundamentais dos indivíduos, não somente contra os poderes públicos, mas também contra agressões por parte de particulares e até mesmo por parte de outros Estados. Isto não significa, contudo, que não se possa – a despeito da forte resistência neste sentido – falar em deveres de proteção de particulares, o que, contudo, diz mais de perto com o item dos deveres fundamentais, bem como com o tópico da vinculação dos particulares aos direitos fundamentais[9]. Tais deveres de proteção, parte dos quais expressamente previstos nas Constituições, podem ser também reconduzidos ao princípio do Estado de Direito, na medida em que o Estado é o detentor do monopólio, tanto da aplicação da força, quanto no âmbito da solução dos litígios entre os particulares[10]. Por força dos deveres de proteção, aos órgãos estatais incumbe assegurar níveis eficientes de proteção para os diversos bens fundamentais, o que implica não apenas a vedação de omissões, mas também a proibição de uma proteção manifestamente insuficiente, tudo sujeito a controle por parte dos órgãos estatais, inclusive pelo Poder Judiciário. Assim, os deveres de proteção implicam deveres de atuação (prestação) do Estado e, no plano da dimensão subjetiva – na condição de direitos à proteção –, inserem-se no conceito de direitos a prestações estatais.

Uma terceira função, igualmente vinculada à dimensão objetiva, e que, além disso, demonstra que todas as funções dos direitos fundamentais, tanto na perspectiva jurídico-objetiva, quanto na dimensão subjetiva, guardam direta conexão entre si e se complementam reciprocamente (embora a existência de conflitos), pode ser genericamente designada de função organizatória e procedimental. Neste sentido, sustenta-se que, a partir do conteúdo das normas de direitos fundamentais, é possível extrair consequências não só para a aplicação e interpretação das normas procedimentais, mas também para uma formatação do direito organizacional e procedimental que auxilie na efetivação da proteção aos direitos fundamentais, evitando-se os riscos de uma redução do seu significado e conteúdo material[11]. Neste contexto, há que considerar a íntima vinculação entre direitos fundamentais, organização e procedimento, no sentido de que os primeiros são,

---

5. Cf. PÉREZ LUÑO, Antonio-Enrique. *Los derechos fundamentales*. 6. ed. Madrid: Tecnos, 1995. 550 p., p. 20-21, que, neste contexto, aponta para a função legitimadora do Estado de Direito decorrente desta significação axiológica objetiva dos direitos fundamentais, visto que atuam como pressupostos do consenso sobre o qual se funda qualquer sociedade democrática, exercendo, neste sentido, o papel de sistematizar o conteúdo axiológico objetivo do ordenamento democrático.

6. Cf., dentre tantos, VIEIRA DE ANDRADE, José Carlos. *Os direitos fundamentais na Constituição da República portuguesa de 1976*. Coimbra: Almedina, 1987. 350 p., p. 143.

7. Neste sentido, por exemplo, DREIER, Horst. Subjektiv-rechtliche und objektiv-rechtliche Grundrechtsgehalte. *Juristiche Ausbildung*. 1994. p. 505 e ss., p. 509.

8. Cf. leciona VIEIRA DE ANDRADE, José Carlos. *Os direitos fundamentais...*, op. cit., p. 165.

9. Para maior desenvolvimento do tópico, v., em especial, SARLET, Ingo Wolfgang. *A eficácia dos direitos fundamentais*. 8. ed. Porto Alegre: Livraria do Advogado, 2007. 503 p., p. 169 e ss.

10. Sobre este fundamento da teoria dos deveres de proteção, v. Ingo von Munch, Die Drittwirkung von Grundrechten in Deutschland. In: MUNCH, Ingo von; CODERCH, Pablo Salvador; FERRER I RIBA, Josep. *Zur Drittwirkung der Grundrechte*. Frankfurt am Main: Peter Lang, 1998. 135 p., p. 26.

11. Neste sentido, representando a posição majoritária na doutrina, as lições de MANSSEN, Gerrit. *Staatsrecht I Grundrechtsdogmatik*. München: Franz Vahlen, 1995, p. 18; PIEROTH, Bodo; SCHLINK, Bernhard. *Grundrechte, Staatsrecht II*. 11. ed. Heidelberg: C. F. Muller, 1995. 347 p., p. 27, bem como de HESSE, Konrad. *Grundzuge*, op. cit., p. 156.

ao mesmo tempo e de certa forma, dependentes da organização e do procedimento (no mínimo, sofrem uma influência da parte destes), e também atuam sobre o direito procedimental e as estruturas organizacionais[12].

Tendo em vista que os deveres de proteção do Estado em muitos casos se concretizam tanto por meio de normas que dispõem sobre o procedimento administrativo ou judicial (inclusive na criação e aperfeiçoamento de técnicas de tutela dos direitos), bem como pela criação de órgãos incumbidos da tutela e promoção de direitos, constata-se, logo, a conexão que pode existir entre estas duas facetas da perspectiva jurídico-objetiva dos direitos fundamentais, no caso, entre os deveres de proteção e a dimensão organizatória e procedimental. Já na perspectiva das posições subjetivas das quais é investido o titular de direitos fundamentais, consolidou-se a noção de que se trata de espécie do gênero "direitos a prestações", visto que seu objeto é o de assegurar ao indivíduo a execução (implementação) de procedimentos ou organizações em geral, ou mesmo a possibilidade de participação em procedimentos ou estruturas organizacionais já existentes[13]. É bom frisar que a dimensão procedimental e organizatória, no que se refere ao plano subjetivo, pode não ser limitada à condição dos direitos fundamentais como direitos a prestações. Em síntese, o que importa sublinhar, nesta quadra, é que a fruição de diversos direitos fundamentais não se revela possível ou, no mínimo, perde em efetividade, sem que sejam colocadas à disposição prestações estatais na esfera organizacional e procedimental[14].

À vista da circunstância de que os direitos fundamentais possuem uma dupla dimensão: subjetiva (como posições subjetivas atribuídas às pessoas) e objetiva, exercendo, portanto, uma multiplicidade de funções na ordem jurídico-constitucional, coloca-se o problema da classificação dos direitos fundamentais.

Embora haja diversas formas de classificar os direitos fundamentais, nem sempre incompatíveis entre si, pois fundadas em critérios distintos, a CF, no seu Título II, preferiu classificar os direitos fundamentais de uma forma não necessariamente sistemática e operacional, além de, em alguns aspectos, até mesmo anacrônica ou, pelo menos, terminologicamente questionável, pois dividiu o título dos direitos e garantias fundamentais (e a distinção entre direitos e garantias já é uma forma de classificação) em cinco capítulos. O primeiro versa sobre os direitos e deveres individuais e coletivos (embora os deveres não sejam direitos, ainda que em parte diretamente conexos a direitos); o segundo cuida dos direitos sociais; o terceiro dispõe sobre nacionalidade; o quarto, sobre os direitos políticos, e o último, sobre os partidos políticos. A própria distinção entre direitos e garantias, por sua vez, não pode mascarar a circunstância de que, em termos gerais, as garantias, embora evidentemente tenham uma função de natureza assecuratória e, nesta perspectiva, instrumental[15], atuam também como direitos (tanto na dimensão subjetiva quanto na objetiva), pois investem o seu titular de uma posição subjetiva no sentido de invocar a garantia em seu favor. É por esta razão que muitos preferem utilizar, em relação às garantias, a expressão "direitos-garantia", ou mesmo, a depender da estrutura normativa, "princípios-garantia"[16].

Sem que aqui se vá aprofundar este aspecto, importa ter presente que os direitos fundamentais (sejam eles direitos ou garantias, individuais ou sociais, de nacionalidade ou direitos políticos) em geral abrangem um complexo de posições jurídicas, que, seguindo a prestigiada fórmula de Robert Alexy, assumem condições negativa (defensiva) e positiva (prestacional)[17]. Em outras palavras, especialmente levando-se em conta a posição subjetiva atribuída ao titular do direito, os direitos fundamentais atuam (em muitos casos simultaneamente), tanto como direitos de defesa, ou seja, direitos à não intervenção no âmbito de proteção do direito por parte do Estado ou outros particulares, quanto como direitos a prestações, incluindo prestações de cunho normativo e material (fático). Tal classificação, a despeito das críticas que têm recebido, não é incompatível com o fato de que também os direitos de liberdade, assim como os direitos negativos de um modo geral, dependem de um sistema de prestações, guardando, portanto, direta relação com os assim designados direitos positivos (prestacionais). Assim, a classificação adotada refuta qualquer compreensão dicotômica a respeito dos direitos fundamentais como direitos de defesa (negativos) e direitos a prestações (positivos), já que ambos se complementam e, a despeito de eventualmente entrarem em conflito (como, de resto, há conflitos dos direitos negativos entre si), acabam por se reforçar mutuamente. O que não se deve esquecer é que, em matéria de direitos fundamentais como direitos subjetivos, em verdade o que temos é um complexo heterogêneo de posições jurídico-subjetivas fundamentais, que, no âmbito das diversas funções exercidas pelos direitos fundamentais, podem assumir tanto uma dimensão positiva quanto negativa[18].

---

12. Neste sentido, representando a tendência doutrinária, dentre outros, PIEROTH, Bodo; SCHLINK, Bernhard. *Grundrechte*, op. cit., p. 27.
13. Neste sentido, dentre outros, MURSWIEK, Dietrich. Grundrechte als Teilhaberechte, soziale Grundrechte. In: ISENSEE, Josef; KIRCHHOF, Paul. *Handbuch des Staatsrechts der Bundesrepublik Deutschland*. Vol. V. München: C. F. Muller, 2000, p. 251.
14. Para maior desenvolvimento, remetemos ao nosso *A eficácia dos direitos fundamentais*, op. cit., p. 229, bem como aos contributos de MENDES, Gilmar; COELHO, Inocêncio; BRANCO, Paulo. *Hermenêutica constitucional e direitos fundamentais*. Brasília: Brasília Jurídica, 2000. 322 p.; MENDES, Gilmar; COELHO, Inocêncio Mártires; BRANCO, Paulo Gustavo Gonet. *Curso de direito constitucional*. São Paulo: Saraiva: Instituto Brasiliense de Direito Público, 2007. 1364 p., p. 255 e ss. Especialmente no que concerne à importância da dogmática dos direitos fundamentais e das funções aqui sumariamente apresentadas para o processo, indispensáveis os aportes de MARINONI, Luiz Guilherme. *Técnica processual e tutela dos direitos*. São Paulo: Rev. dos Tribunais, 2004. 701 p.; OLIVEIRA, Carlos Alberto Alvaro de. O processo civil na perspectiva dos direitos fundamentais. In: OLIVEIRA, Carlos. *Processo e Constituição*. Rio de Janeiro: Forense, 2004. p. 2 e ss.; ZANETI JÚNIOR, Hermes; MITIDIERO, Daniel Francisco. *Introdução ao estudo do processo civil*: primeiras linhas de um paradigma emergente. Porto Alegre: S. A. Fabris, 2004. 272 p.
15. Cf. por todos, SARLET, Ingo Wolfgang. *A eficácia dos direitos fundamentais*, op. cit., p. 210.
16. Cf., novamente, SARLET, Ingo Wolfgang. *A eficácia dos direitos fundamentais*, op. cit., p. 211.
17. Sobre a classificação adotada, v. especialmente a fundamentação de ALEXY, Robert. *Teoría de los derechos fundamentales*. Madrid: Centro de Estudios Políticos y Constitucionales, 2002. 607 p., p. 419 e ss., plenamente conciliável com o direito constitucional positivo pátrio. Neste sentido, também remetemos, para maiores desenvolvimentos, ao nosso *A eficácia dos direitos fundamentais*, op. cit., p. 156 e ss.
18. Sobre o tema, vale conferir, em especial, a lição de ALEXY, Robert, op. cit., p. 173-245. Para maiores desenvolvimentos quanto ao direito brasileiro v. SARLET, Ingo Wolfgang. *A eficácia dos direitos fundamentais*, op. cit., p. 237; CLÈVE, Clémerson Merlin. A eficácia dos direitos fundamentais sociais. *Revista de Direito Constitucional e Internacional*. São Paulo, ano 14, n. 54, p. 28-39, jan.-mar. 2006, p. 29.

3. A titularidade dos direitos e garantias fundamentais na Constituição Federal de 1988[19]

3.1. Direito constitucional anterior

Constituição de 1824: art. 179; Constituição de 1891: arts. 72 a 78; Constituição de 1934: arts. 106 a 114; Constituição de 1937: arts. 122 e 123; Constituição de 1946: arts. 141 a 144; Constituição de 1967: Sem menção; Constituição de 1969: Sem menção.

3.2. Dispositivos constitucionais correlatos

Preâmbulo (o Estado é destinado a assegurar o exercício dos direitos sociais e individuais); arts. 4º, II (supremacia dos direitos humanos nas relações internacionais do Brasil); 6º a 11 (direitos sociais); 14 a 16 (direitos políticos); 60, § 4º, IV (normas de direitos e garantias individuais são cláusulas pétreas); 196 (saúde é direito de todos); 205 (a educação é direito de todos); 215 (o Estado garantirá a todos o pleno exercício dos direitos culturais); 217 (é dever do Estado fomentar práticas desportivas formais e não formais, como direito de cada um); 225 (todos têm direito ao meio ambiente ecologicamente equilibrado); 226, § 5º (os direitos e deveres referentes à sociedade conjugal são exercidos igualmente pelo homem e pela mulher); § 7º (o planejamento familiar por livre decisão do casal é um direito); 227 (enumera os direitos do adolescente); § 6º (os filhos havidos durante o casamento ou fora dele têm direitos iguais); 230 (pessoas idosas devem ter garantido seu direito à vida); 231 (os índios têm direitos originários sobre as terras que tradicionalmente ocupam).

3.3. Textos de direito internacional

Convenção relacionada ao *Status* dos Refugiados (1954); Convenção n. 111 da OIT (Sobre a Discriminação com respeito a Emprego ou Ocupação, 1958); Convenção Internacional para a Eliminação de todas as Formas de Discriminação Racial (1965); Convenção para a Eliminação de todas as Formas de Discriminação contra Mulheres (1979); Declaração sobre a Eliminação de todas as Formas de Intolerância e Discriminação Baseadas em Religião ou Credo (1981); Convenção n. 159 da OIT (Reabilitação Vocacional e Emprego de Pessoas Deficientes, 1983); Convenção n. 163 da OIT (Povos Indígenas e Tribais em Países Independentes, 1989); Convenção dos Direitos da Criança (1989); Convenção Internacional sobre Proteção dos Direitos de todos os Trabalhadores Migrantes e suas Famílias (1990); Proclamação sobre o Envelhecimento (Nações Unidas, 1992); Declaração sobre os Direitos das Pessoas Pertencentes a Minorias Nacionais ou Étnicas, Religiosas ou Linguísticas (1992); Rascunho (*Draft*) da Declaração dos Direitos dos Povos Indígenas (Nações Unidas, 1994); Convenção sobre Direitos Humanos e Biomedicina (União Europeia, 1997); Protocolo Adicional à Convenção para Proteção dos Direitos Humanos e Dignidade da Pessoa Humana com Relação à Aplicação da Biologia e Medicina, sobre a Proibição de Clonagem de Seres Humanos (União Europeia, 1998); Convenção sobre os Direitos das Pessoas com Deficiências (2006); Convenção Internacional para a Proteção de todas as Pessoas contra o Desaparecimento Forçado (2006).

3.4. Constituições estrangeiras

Nas Américas, tratam da titularidade dos direitos fundamentais as Constituições da Argentina (arts. 8, 14, 17, 18 e 19), da Bolívia (Parte Primeira, Título Primeiro), do Canadá (Seções 2 e 3), do Chile (art. 19), da Costa Rica (Título IV), de Cuba (arts. 32, 34, 41 e 45), de El Salvador (arts. 1º e 2º), do Equador (art. 19), dos Estados Unidos (art. IV, Seção 2, entre outros), do México (art. 1º), da Nicarágua (art. 23), do Panamá (arts. 20 e 22), do Paraguai (art. 48), do Peru (Título I e Capítulo I), do Suriname (art. 8), do Uruguai (arts. 7 e 8) e da Venezuela (Título III, Capítulo III). Na Europa, podem-se citar as Cartas da Alemanha (arts. 2.1, 2.2 e 3.1), da Áustria (arts. 2, 3 e 11), da Bélgica (arts. 8 e 11), da Bulgária (art. 57), da Dinamarca (arts. 66 e 71, § 1º), da Espanha (arts. 10 e 15), da Finlândia (art. 5º), da França (art. 1º), da Grécia (art. 4), da Holanda (art. 1), da Hungria (art. 54), da Noruega (art. 49), da Polônia (art. 67 e Capítulo 8), de Portugal (art. 12), da Romênia (art. 17), da Rússia (art. 2), da Suécia (Capítulo II) e da Turquia (art. 12).

Na África tratam do tema as Constituições da África do Sul (art. 7.1), de Angola (art. 17), do Cabo Verde (art. 22), de Camarões (arts. 1 e 2 da Declaração de Direitos), de Gana (arts. 3, 4 e 6), da Etiópia (10.2) da Líbia (art. 5), do Marrocos (art. 8), de Moçambique (art. 26), da Nigéria (art. 33), de São Tomé e Príncipe (art. 9), do Senegal (arts. 1 e 7) e da Tunísia (art. 6). Na Ásia podem-se citar Bangladesh (art. 11), China (art. 33), Coreia do Sul (art. 10), Filipinas (art. III, Seção 1ª), Hong Kong (art. 24), Índia (art 14), Indonésia (art. 27), Irã (arts. 20 e 22), Japão (Capítulo III), Nepal (arts. 8 e 11) Cingapura (art. 9).

3.5. Legislação brasileira

Lei n. 6.001, de 19 de dezembro de 1973 (Estatuto do Índio); Lei n. 6.815, de 19 de agosto de 1980 (Estatuto do Estrangeiro); Lei n. 8.069, de 13 de julho de 1990 (Estatuto da Criança e do Adolescente); Lei n. 8.078, de 11 de setembro de 1990 (Código de Defesa do Consumidor); Decreto n. 3.298, de 21 de dezembro de 1999 (Estatuto das Pessoas com Deficiência); Lei n. 10.741, de 1º de outubro de 2003 (Estatuto do Idoso); Lei n. 10.671, de 15 de maio de 2003 (Estatuto de Defesa do Torcedor).

3.6. Jurisprudência do STF selecionada sobre titularidade de direitos e garantias fundamentais

Extradição n. 633, Rel. Min. Celso de Mello, Brasília, DF, 28 de agosto de 1996. Disponível em: http://www. stf. gov. br (titularidade de direitos fundamentais por parte de estrangeiros).

ADI n. 3526, Rel. Min. Celso de Mello, Brasília, DF. Disponível em: http://www. stf. gov. br (titularidade de direitos fundamentais por embriões).

ADPF n. 54, Rel. Min. Marco Aurélio, Brasília, DF, *Informativos do STF n. 354, 366, 367 e 385* (titularidade de direitos fundamentais e vida intrauterina, anencefalias).

---

19. Pelo auxílio prestado no que diz respeito a algumas referências bibliográficas, coleta de jurisprudência, sugestões e críticas, agradecemos a colaboração de Carlos Alberto Molinaro (Doutor em Direito pela Universidade Pablo Olavide, Sevilha, e Professor da Faculdade de Direito e do Programa de Pós-Graduação em Direito da PUCRS) e Sérgio Osborne Moreira Alves (Advogado e Mestrando em Direito pela PUCRS).

Rcl. – ED-AgR 1905/SP, Rel. Min. Marco Aurélio, Brasília, DF, 15 de agosto de 2002. Disponível em: http://www.stf.gov.br (titularidade de direitos fundamentais por pessoa jurídica).

HC 74051-1/SC, Rel. Min. Marco Aurélio, Brasília, DF, julgado em 20 de setembro de 1996. *Ementário v. 1842-03, p. 533* (estrangeiros têm titularidade de direitos fundamentais).

RExt 177888/RS, Rel. Min. Moreira Alves, Brasilia, DF, julgado em 6 de agosto de 1999. Disponível em: http://www.stj.gov.br (titularidade por parte de pessoas jurídicas de direito público).

ADPF 54/DF, Rel. Min. Marco Aurélio, j. 13.04.2012 (interrupção da gravidez no caso de fetos anencéfalos).

RE 494.601, Rel. Min. Marco Aurélio, j. 28.03.2019 (sacrifício de animais para prática de rituais religiosos).

ADPF – MC, Rel. Min. Gilmar Mendes, j. 20.09.2021 (abate de animais apreendidos).

3.7. *Distinção entre titulares e destinatários dos direitos e garantias fundamentais: aspectos conceituais e terminológicos*

Em que pese a existência, no Brasil, de considerável doutrina utilizem que a expressão "destinatário" (no sentido de destinatário da proteção ou tutela do direito) como sinônima de "titular de direitos fundamentais"[20], é preciso enfatizar que a terminologia mais adequada e que, em termos gerais, corresponde à tendência dominante no cenário jurídico contemporâneo é a de "titular de direitos fundamentais". Titular do direito, notadamente na perspectiva da dimensão subjetiva dos direitos e garantias fundamentais, é quem figura como sujeito ativo da relação jurídico-subjetiva, ao passo que destinatário é a pessoa (física ou mesmo jurídica ou ente despersonalizado) em face da qual o titular pode exigir o respeito, a proteção ou a promoção do seu direito.

Aspecto polêmico diz respeito à distinção entre a titularidade de direitos fundamentais e a capacidade jurídica regulada pelo Código Civil, em que a titularidade, para alguns efeitos, seguramente mais ampla que a capacidade jurídica, sem prejuízo da discussão em torno da necessidade de uma releitura da própria legislação infraconstitucional e dos conceitos civilistas sobre as capacidades com base na Constituição, que não podem ser pura e simplesmente transportados para o domínio dos direitos fundamentais. Com efeito, no plano do direito constitucional, registra-se a tendência de superação da distinção entre a capacidade de gozo e a capacidade de exercício de direitos, a primeira identificada com a titularidade, pois, como dá conta a lição de Jorge Miranda, a titularidade de um direito (portanto, a condição de sujeito de direitos fundamentais) abrange sempre a correspondente capacidade de exercício[21]. Na mesma linha de entendimento, enfatizando a ausência de utilidade da distinção entre capacidade de direito e de exercício, colaciona-se a lição de José Joaquim Gomes Canotilho, para quem uma aplicação direta e generalizada da capacidade de fato (exercício) em matéria de direitos fundamentais poderia resultar numa restrição indevida de tais direitos, e que sugere que, quanto aos direitos que prescindem de um determinado grau de maturidade para serem exercidos, não haveria razão para reconhecer a distinção entre capacidade de direito e de fato[22].

Das considerações tecidas resulta necessário sempre identificar de qual direito fundamental se trata em cada caso, pois diversas as manifestações em termos de capacidade de direito e capacidade de fato ou de exercício, como, por exemplo, no caso de menores e incapazes em geral. Assim, é correto afirmar que a determinação da titularidade (independentemente da distinção entre titularidade e capacidade jurídica) de direitos fundamentais não pode ocorrer de modo prévio para os direitos fundamentais em geral, mas reclama identificação individualizada, à luz de cada norma de direito fundamental e das circunstâncias do caso concreto e de quem figura nos polos da relação jurídica[23].

3.8. *O princípio da universalidade e a titularidade dos direitos fundamentais*

Embora a CF não tenha feito referência direta ao princípio da universalidade e a despeito de ter atribuído a titularidade dos direitos e garantias fundamentais aos brasileiros e aos estrangeiros residentes no País (art. 5º, *caput*) também no direito constitucional positivo brasileiro encontrou abrigo o princípio da universalidade, que, embora sempre vinculado ao princípio da igualdade, com este não se confunde (Jorge Miranda). Aliás, não é à toa que o constituinte, no mesmo dispositivo, enunciou que "todos são iguais perante a lei, sem distinção de qualquer natureza", e, logo na sequência, atribuiu a titularidade dos direitos fundamentais "aos brasileiros e aos estrangeiros residentes no País". Assim, embora diversamente do que estabeleceu, por exemplo, a Constituição portuguesa de 1976 (art. 12), no sentido de que "todos os cidadãos gozam dos direitos e estão sujeitos aos deveres consignados na Constituição", uma interpretação sistemática não deixa margem a maiores dúvidas no tocante à recepção do princípio da

---

20. Por exemplo, SILVA, José Afonso da. *Curso de direito constitucional positivo*. 27. ed. São Paulo: Malheiros. 2006. 924 p., p. 19; BESTER, Gisela Maria. *Direito constitucional*. Vol. I: Fundamentos teóricos. Barueri: Manole, 2005, p. 569; MORAES, Alexandre de. *Direito constitucional*. 19. ed. São Paulo: Atlas. 2006. 948 p., p. 29-30; BASTOS, Celso Ribeiro. *Curso de direito constitucional*. 22. ed. São Paulo: Saraiva. 2001. 515 p., p. 186; BASTOS, Celso Ribeiro; MARTINS, Ives Gandra. *Comentários à Constituição do Brasil*. 2º Vol. 3. ed. São Paulo: Saraiva, 2004. 720 p., p. 4; CARVALHO, Kildare Gonçalves. *Direito constitucional*: teoria do Estado e da Constituição – direito constitucional positivo. 10. ed. Belo Horizonte: Del Rey, 2004. 746 p., p. 378; AGRA, Walber de Moura. *Curso de direito constitucional*. Rio de Janeiro: Forense, 2006. 734 p., p. 100; MORAES, Alexandre de. *Direitos humanos fundamentais* – teoria geral. 6. ed. São Paulo: Atlas. 2005. 323 p., p. 72, especialmente onde este autor utiliza, agora corretamente, a expressão "titulares" sob a rubrica "destinatários", evidenciando a confusão de sentidos em parcela da doutrina brasileira.

21. Cf. MIRANDA, Jorge. In: *Constituição portuguesa anotada*. Tomo I, Coimbra: Coimbra Editora, 2005, p. 112-13.

22. Cf. CANOTILHO, José Joaquim Gomes; MOREIRA, Vital. *Constituição da República Portuguesa anotada*. Artigos 1º a 107º. 4. ed., Coimbra: Coimbra Editora, 2007, p. 331-332.

23. Cf. VON MUNCH, Ingo. *Grundgesetz-Kommentar*, v. I, 5. ed., München: C. H, Beck, 2000. 1130 p., p. 24. V., no âmbito da doutrina nacional, DIMOULIS, Dimitri e MARTINS, Leonardo. *Teoria geral dos direitos fundamentais*. São Paulo: Revista dos Tribunais, 2007. 334 p., p. 81 e ss.; NUNES, Anelise Coelho. *A titularidade dos direitos fundamentais na Constituição Federal de 1988*. Porto Alegre: Livraria do Advogado, 2007. 126 p., p. 41 e ss. e MENDES, Gilmar Ferreira; COELHO, Inocêncio Mártires; BRANCO, Paulo Gustavo Gonet. *Curso de direito constitucional*, op. cit., p. 261 e ss., bem como, por último, SARLET, Ingo Wolfgang. *A eficácia dos direitos fundamentais*. 9. ed., Porto Alegre: Livraria do Advogado, 2008 (primeira parte, capítulo seis).

universalidade no direito constitucional positivo brasileiro[24]. De acordo com o princípio da universalidade, todas as pessoas, pelo fato de serem pessoas, são titulares de direitos e deveres fundamentais, o que, por sua vez, não significa que não possa haver diferenças a serem consideradas, inclusive, em alguns casos, por força do próprio princípio da igualdade, além de exceções expressamente estabelecidas pela Constituição, como dá conta a distinção entre brasileiro nato e naturalizado, algumas distinções relativas aos estrangeiros, entre outras. Com efeito, como bem leciona Gomes Canotilho, a universalidade será ampliada ou restringida de acordo com a postura do legislador constituinte, sempre respeitando o núcleo essencial de direitos fundamentais, que é intangível por qualquer discricionariedade, núcleo que pode ser alargado pela atuação e concretização judicial dos direitos[25].

É preciso enfatizar, por outro lado, que o princípio da universalidade não é incompatível com o fato de que nem mesmo os brasileiros e os estrangeiros residentes no País são titulares de todos os direitos sem qualquer distinção, já que direitos há que são atribuídos apenas a determinadas categorias de pessoas. Assim ocorre, por exemplo, com os direitos dos cônjuges, dos pais, dos filhos, dos trabalhadores, dos apenados, dos consumidores, tudo a demonstrar que há diversos fatores, permanentes ou vinculados a determinadas situações ou circunstâncias (como é o caso da situação familiar, da condição econômica, das condições físicas ou mentais, da idade etc.), que determinam a definição de cada uma dessas categorias. Em suma, o que importa, para efeitos de aplicação do princípio da universalidade, é que toda e qualquer pessoa que se encontre inserida em cada uma dessas categorias seja, em princípio, titular dos respectivos direitos[26].

3.9. A pessoa natural como titular de direitos fundamentais: generalidades

A Constituição de 1988, no *caput* do seu art. 5º, reconhece como titular de direitos fundamentais, orientada pelo princípio da dignidade humana (inciso III do art. 1º) e pelos conexos princípios da isonomia e universalidade, toda e qualquer pessoa, seja ela brasileira ou estrangeira residente no País. Contudo – e a própria limitação quanto à residência no Brasil por parte dos estrangeiros já o indica – algumas distinções entre nacionais e estrangeiros devem ser observadas, designadamente no que diz respeito a cidadania e à nacionalidade, pois como bem anotou Gilmar Mendes, "a nacionalidade configura vínculo político e pessoal que se estabelece entre o Estado e o indivíduo, fazendo com que este integre uma dada comunidade política, o que faz com que o Estado distinga o nacional do estrangeiro para diversos fins"[27].

A expressão "brasileiros", consignada no art. 5º, *caput*, da CF, abrange todas as pessoas que possuem a nacionalidade brasileira, independentemente da forma de aquisição da nacionalidade, ou seja, de serem brasileiros natos ou naturalizados, ressalvadas algumas exceções previstas na própria Constituição e que reservam aos brasileiros natos alguns direitos. De outra parte, o gozo da titularidade de direitos fundamentais por parte dos brasileiros evidentemente não depende da efetiva residência em território brasileiro, pois a titularidade sujeita-se exclusivamente ao vínculo jurídico da nacionalidade, ao passo que para os estrangeiros a titularidade dos direitos assegurados na CF somente é reconhecida se estiverem residindo no Brasil[28], embora com isto não se esteja a delimitar – ainda – quais sejam tais direitos.

Dentre os direitos reservados aos nacionais e que, portanto, não são assegurados ao estrangeiro residente no País, destacam-se os direitos políticos, embora precisamente quanto a estes existam restrições em relação aos brasileiros naturalizados. Com efeito, apenas para ilustrar, por força do art. 12, §§ 2º e 3º, da CF, são privativos dos brasileiros natos os cargos de Presidente e Vice-Presidente da República, de Presidente da Câmara dos Deputados, de Presidente do Senado Federal, de Ministro do Supremo Tribunal Federal, da carreira diplomática, de oficial das Forças Armadas e de Ministro de Estado da Defesa. Aos estrangeiros naturalizados, é assegurado o exercício dos cargos não reservados constitucionalmente aos brasileiros natos, impondo-se especial atenção aos casos em que haja reciprocidade de tratamento, como o do acordo bilateral entre Brasil e Portugal (Decreto n. 3.927, de 19 de setembro de 2001). Caso especial do reconhecimento de direito fundamental de acesso a cargos e empregos públicos remunerados aos estrangeiros, está previsto, por exemplo, no inciso I do art. 37, assim como no § 1º do art. 207 da CF, ambos com a redação imprimida pelas Emendas Constitucionais n. 11/1998 e n. 19/1996. Por sua vez, há direitos fundamentais cuja titularidade é reservada aos estrangeiros, como é o caso do direito ao asilo político e o da invocação da condição de refugiado e das prerrogativas que lhe são inerentes, direitos que, pela sua natureza, não são dos brasileiros.

3.10. Direitos dos estrangeiros e a relevância da distinção entre estrangeiro residente e não residente

O fato de a CF ter feito expressa referência aos estrangeiros residentes acabou colocando em pauta a discussão a respeito da extensão da titularidade de direitos fundamentais aos estrangeiros não residentes no Brasil, bem como sobre a própria definição do que sejam estrangeiros residentes, para, sendo o caso, justificar eventual recusa da titularidade de direitos aos demais estrangeiros (não residentes). Aliás, neste particular, severas as críticas endereçadas ao constituinte de 1988, por estar aferrado a uma tradição que remonta à primeira Constituição da República (1891), onde já se fazia a distinção entre estrangeiros residentes e demais estran-

---

24. Sobre o tema, v. NUNES, Anelise Coelho. *A titularidade dos direitos fundamentais na Constituição Federal de 1988*, op. cit.

25. Slaibi FILHO, Nagib. *Direito constitucional*. Rio de Janeiro: Forense. 2004. 964 p., p. 384, afirmando ser uma tradição estender aos estrangeiros não residentes faculdades jurídicas deferidas para todas as pessoas. Sobre este aspecto, consultar a instigante doutrina de CASTRO, Carlos Roberto Siqueira. *A Constituição aberta e os direitos fundamentais* – ensaios sobre um constitucionalismo pós-moderno e comunitário. Rio de Janeiro: Forense. 2005. 813 p., p. 144 e ss., especialmente tendo em vista a questão da indivisibilidade dos direitos fundamentais do homem, que merece tutela e proteção além – fronteiras de Estado. Quanto à aplicação universal, consultar CARVALHO, Kildare Gonçalves. *Direito constitucional*: teoria do Estado e da Constituição – direito constitucional positivo. 10. ed. Belo Horizonte: Del Rey. 2004. 746 p., p. 378.

26. Cf. MIRANDA, Jorge. *Constituição...*, op. cit., p. 112; e CANOTILHO, José Joaquim Gomes, op. cit., p. 328.

27. MENDES, Gilmar Ferreira. Direito de nacionalidade e regime jurídico do estrangeiro. Direitos fundamentais & justiça, *Revista do Programa de Pós-Graduação* (Mestrado e Doutorado) da PUCRS, Porto Alegre, ano 1, n. 1. p. 141-154. out./dez. 2007.

28. Cf. por todos, DIMOULIS, Dimitri; MARTINS, Leonardo. *Teoria geral dos direitos fundamentais*, op. cit., p. 82.

geiros, excluindo estes da tutela constitucional dos direitos fundamentais[29]. Por outro lado, a distinção entre estrangeiros residentes e não residentes, por ter sido expressamente estabelecida na CF, não pode ser pura e simplesmente desconsiderada, podendo, contudo, ser interpretada de modo mais ou menos restritivo.

Uma primeira alternativa de interpretação mais extensiva guarda relação com a definição de estrangeiro residente e não residente, de tal sorte que, seja em homenagem aos princípios da dignidade da pessoa humana, isonomia e universalidade (fundamento aqui adotado), seja na aplicação do princípio (próximo, mas não idêntico) do *in dubio pro libertate*, que impõe a interpretação mais favorável ao indivíduo em detrimento do Estado, como estrangeiros residentes são compreendidos todos os que, não sendo brasileiros natos ou naturalizados, encontram-se, pelo menos temporariamente, no País, guardando, portanto, algum vínculo de certa duração[30]. Este é o caso, por exemplo, do estrangeiro que trabalha no Brasil, reside com familiares ou mesmo aquele beneficiado com visto de duração superior a do turista ou de outra pessoa que apenas ingresse no País de forma eventual, por exemplo, para visitar amigos ou parentes, exercer atividades profissionais de curta duração, entre outras.

Hipótese distinta é a da extensão da titularidade de direitos fundamentais a qualquer estrangeiro, ainda que não residente, mesmo nos casos em que tal não decorra diretamente de disposição constitucional expressa. Neste contexto, há que invocar o princípio da universalidade, que, fortemente ancorado no princípio da dignidade da pessoa humana e no âmbito de sua assim designada função interpretativa, na dúvida, implica uma presunção de que a titularidade de um direito fundamental é atribuída a todas as pessoas[31]. A tese de que em face da ausência de disposição constitucional expressa os estrangeiros não residentes não poderiam ser titulares de direitos fundamentais, podendo apenas gozar dos direitos que lhes fossem atribuídos por lei, visto a "consciente omissão" por parte do constituinte de 1988 apenas poderia ser corrigida por emenda constitucional, não pode prevalecer em face do inequívoco (ainda que implícito) reconhecimento do princípio da universalidade, de acordo com a exegese imposta pelos princípios da dignidade da pessoa humana e da isonomia. Além disso, a recusa da titularidade de direitos fundamentais aos estrangeiros não residentes, que, salvo nas hipóteses expressamente estabelecidas pela Constituição, poderiam contar apenas com uma tutela legal (portanto, dependente do legislador infraconstitucional) viola frontalmente o disposto no art. 4º, inciso II, da CF, que, com relação à atuação do Brasil no plano das relações internacionais, estabelece que deverá ser assegurada a prevalência dos direitos humanos, posição que inclusive encontra respaldo em diversos julgados do STF[32]. Ainda neste contexto, por se cuidar de aspecto relativo aos estrangeiros de um modo geral, é preciso destacar que eventual ilegalidade da permanência no Brasil por si só não afasta a titularidade de direitos fundamentais, embora não impeça (respeitados os direitos, inclusive o do devido processo legal) eventuais sanções, incluindo a deportação ou mesmo a extradição[33].

3.11. Casos especiais: direitos do embrião e o problema da titularidade de direitos fundamentais nos limites da vida e post mortem

Caso difícil em termos de atribuição de titularidade dos direitos fundamentais é aquele da condição de embrião humano e do nascituro. Desde logo, designadamente quanto aos embriões, impõe-se uma distinção: (a) a dos embriões implantados no útero materno; (b) a dos que se encontram no ambiente laboratorial aguardando o seu destino. Em ambos os casos a questão está centrada no direito à vida e mesmo na atribuição de dignidade humana a esta vida, assim como o reconhecimento de direitos fundamentais correspondentes.

No caso dos embriões (e fetos) em fase gestacional, com vida uterina, nítida é a titularidade de direitos fundamentais, especialmente no que concerne à proteção da conservação de suas vidas, e onde já se pode, inclusive, reconhecer como imanentes os direitos da personalidade, assim como, em alguns casos, direitos de natureza patrimonial. Na seara da proteção penal de bens fundamentais, situa-se a proibição – ainda que não absoluta – do aborto. Por outro lado, embora a tendência dominante de assegurar à vida intrauterina pelo menos uma proteção jurídico-fundamental objetiva, segue intenso o debate sobre os limites desta proteção, como dá conta, entre nós, a controvérsia a respeito da interrupção da gravidez nos casos de anencefalia[34], assim como a discussão – igualmente travada no STF[35] – a respeito da legislação sobre biotecnologia, designadamente naquilo que está em causa a determinação do início da vida humana e da sua necessária proteção. Para os embriões que ainda não se encontram em fase gestacional, portanto, com vida extrauterina, caso, por exemplo, dos embriões excedentes, dos pré-implantados ou conceputuros, a questão é mais delicada e merece especial reflexão, o que, dados os limites do comentário, aqui não poderá ser objeto de maior desenvolvimento.

Tomando-se como referência – no plano do direito comparado – a doutrina e jurisprudência da Alemanha, que, em termos gerais, reconhece, de há muito, a tutela constitucional da vida e da dignidade antes do nascimento[36], resulta evidente que não se pode

---

29. Cf., entre tantos, a particularmente enfática crítica de DIMOULIS, Dimitri; MARTINS, Leonardo. *Teoria geral dos direitos fundamentais*, op. cit., p. 85.
30. Cf. também DIMOULIS, Dimitri; MARTINS, Leonardo. *Idem*, p. 85.
31. Cf. ALEXANDRINO, José de Melo. *Direitos fundamentais*. Introdução geral. Estoril: Principia Editora, 2007. 160 p., p. 67.
32. Paradigmáticas, nesse sentido, diversas decisões em matéria de extradição, com destaque para o processo de extradição n. 633 (BRASIL. Supremo Tribunal Federal. Proc. de Extradição n. 633. Rel. Min. Celso de Mello, Brasília, 28 de agosto de 1996. Disponível em: http://www.stf.gov.br), onde precisamente restou consignado que a condição de estrangeiro não basta para reduzir a pessoa a um estado incompatível com sua dignidade, que lhe confere a titularidade de direitos inalienáveis, inclusive a garantia do devido processo legal. Neste mesmo julgamento, além de considerar aplicáveis ao estrangeiro as garantias da Constituição brasileira, naquilo em que aplicáveis na espécie, houve invocação do argumento da necessária interpretação que assegure a prevalência dos direitos humanos, tal qual consignado no art. 4º, inciso II, da CF.
33. Neste ponto, com razão DIMOULIS, Dimitri; MARTINS, Leonardo. *Teoria geral dos direitos fundamentais*, op. cit., p. 85.
34. BRASIL. Supremo Tribunal Federal. ADPF n. 54, Rel. Min. Marco Aurélio, Brasília, DF, *Informativos do STF* ns. *354, 366, 367 e 385*.
35. BRASIL. Supremo Tribunal Federal. ADIn n. 3526, Rel. Min. Nunes Marques, Brasília, DF, mérito submetido a sucessivos pedidos de vista. Disponível em: http://www.stf.gov.br.
36. Com efeito, já em 1975 (em decisão que, quanto a este ponto, foi posteriormente ratificada) o Tribunal Constitucional Federal da Alemanha se manifestava, cuidando da hipótese da interrupção da gravidez, no sentido de que "o

reconhecer, simultaneamente, o direito à vida como algo intrínseco ao ser humano e não dispensar a todos os seres humanos igual proteção, numa nítida menção à humanidade do embrião e, com ainda maior razão, à condição humana do nascituro. Tal entendimento, a despeito de importantes variações na doutrina, tem sido majoritariamente consagrado na doutrina brasileira, que igualmente assegura uma tutela constitucional e jusfundamental à vida não nascida (intrauterina), mas também reconhece, em termos gerais, uma (ainda que diferenciada) proteção à vida embrionária extrauterina[37]. Já com relação do reconhecimento – ao embrião e ao nascituro – da condição de pessoa, para efeitos do regulado pelo Código Civil brasileiro (art. 2º), a situação já se revela diversa, não faltando quem, a despeito de reconhecer uma tutela constitucional da vida nesta fase, recuse a personalidade jurídica[38]. Levando em conta, por outro lado, que tal discussão guarda conexão com inúmeros problemas teóricos e práticos, abrangendo desde a antiga discussão sobre as possibilidades e os limites da interrupção da gravidez até os diversos aspectos que envolvem as terapias gênicas e processos reprodutivos artificiais, aqui são indicados apenas os contornos da problemática, afirmando-se que tanto o nascituro quanto o embrião situado fora do útero, em virtude de sua vida e dignidade humana, são titulares de direitos fundamentais.

Outra hipótese especial a ser brevemente analisada refere-se à possível titularidade *post mortem* dos direitos fundamentais, especialmente considerando os efeitos daí decorrentes, sejam individuais ou patrimoniais, inclusive quanto aos reflexos em universalidades de direito, como é o caso da sucessão. No direito constitucional comparado, sempre volta a ser mencionada a assim designada sentença Mefisto do Tribunal Constitucional Federal da Alemanha[39], onde se estabeleceu que a obrigação por parte do Estado de tutelar a dignidade da pessoa humana (assim como os direitos de personalidade que lhe são inerentes) não cessa com a morte. Neste contexto, situam-se, por exemplo, os direitos ao bom nome, à privacidade, à honra, bem como o dever (e direito) de respeito ao cadáver, a discussão sobre a possibilidade de disposição de órgãos, entre outros. É certo que a própria definição de quando ocorre o evento morte, pressuposto lógico para eventual reconhecimento da titularidade de direitos fundamentais nesta fase, segue sendo objeto de discussão em diversas áreas do conhecimento, inclusive no campo do Direito (basta apontar para questões ligadas ao transplante de órgãos, interrupção do uso de equipamentos médicos, determinação da abertura da sucessão, entre tantas outras), não sendo, todavia, objeto de atenção neste comentário.

3.12. Pessoas jurídicas como titulares de direitos fundamentais

Diversamente de outras Constituições, como é o caso da Lei Fundamental da Alemanha (artigo 19, III) e da Constituição da República Portuguesa de 1976 (artigo 12. 2), a CF não contém cláusula expressa que assegure a titularidade de direitos fundamentais às pessoas jurídicas (ou entes coletivos, como preferem alguns), o que, todavia, não impediu a doutrina e jurisprudência de reconhecerem, de forma tranquila, tal possibilidade[40], ressalvada alguma discussão pontual sobre determinadas hipóteses e eventuais limitações decorrentes da condição de pessoa jurídica. Da mesma forma, recepcionada no direito constitucional brasileiro a tese de que as pessoas jurídicas, ao contrário das pessoas naturais (físicas ou singulares), não são titulares de todos os direitos, mas apenas daqueles direitos que lhes são aplicáveis por serem compatíveis com a sua natureza peculiar de pessoa jurídica, além de relacionados aos fins da pessoa jurídica, o que, todavia, há de ser verificado caso a caso. Neste particular, também ao direito constitucional brasileiro é aplicável, segundo o entendimento aqui adotado, a lição de Jorge Miranda, no sentido da inexistência de uma equiparação entre pessoas jurídicas e naturais[41], visto que se trata, em verdade, de uma espécie de cláusula (no caso brasileiro, de uma cláusula implícita) de limitação, designadamente de limitação da titularidade aos direitos compatíveis com a condição de pessoa jurídica[42].

Ainda quanto ao tópico ora versado, verifica-se não serem muitos os casos em que a CRFB expressamente atribuiu a titularidade de direitos fundamentais às pessoas jurídicas (art. 5º, XXI; art. 8º, III; art. 17, especialmente §§ 1º e 3º; art. 170, IX; art. 207, entre outros), havendo mesmo quem proponha uma interpretação mais restritiva e apegada ao texto constitucional, no sentido de que na falta de previsão constitucional expressa os direitos da pessoa jurídica, embora reconhecidos por lei, não gozam de proteção constitucional, podendo o legislador infraconstitucional introduzir as limitações que considerar necessárias, inclusive diferenciando o tratamento das pessoas jurídicas e físicas[43]. Tal posição mais restritiva não corresponde, contudo, ao que parece ser a orientação majoritária – aqui também adotada –, inclusive por parte do STF[44], prevalecendo a regra geral de que, em havendo

---

processo de desenvolvimento [...] é um processo contínuo que não revela nenhuma demarcação especial e que não permite nenhuma divisão precisa das diferentes etapas de desenvolvimento da vida humana" (*BVerfGE*, v. 39). Mais tarde, em 1993, o mesmo Tribunal assentou, em síntese, que onde há vida humana há dignidade humana e onde há dignidade humana há um direito fundamental à vida (*BVerfGE*, v. 88, p. 203 e ss.).

37. Cf., por todos, no âmbito da produção monográfica nacional, a recente e atualizada contribuição de PETTERLE, Selma Rodrigues. *O direito fundamental à identidade genética na Constituição brasileira*. Porto Alegre: Livraria do Advogado, 2007. 187 p. V., ainda, contendo uma série de estudos relacionados ao tema, SARLET, Ingo Wolfgang; LEITE, George Salomão (Coord.). *Direitos fundamentais e biotecnologia*. São Paulo: Método, 2008. 368 p.

38. Cf., dentre outros, SARMENTO, Daniel. Legalização do aborto e Constituição. In: SARMENTO, Daniel; PIOVESAN, Flávia (Orgs.). *Nos limites da vida*: Aborto, clonagem humana e eutanásia sob a perspectiva dos direitos humanos. Rio de Janeiro: Lumen Juris, 2007, p. 28 e ss.

39. Cf. *BVerfGE* (coletânea oficial das decisões do Tribunal Constitucional Federal), v. 30, p. 173 e ss.

40. Cf., aqui por todos, MENDES, Gilmar Ferreira; COELHO, Inocêncio Mártires; BRANCO, Paulo Gustavo Gonet. *Curso de direito constitucional*, op. cit., p. 261.

41. Em sentido oposto, v. DIMOULIS, Dimitri; MARTINS, Leonardo. *Teoria geral dos direitos fundamentais*, op. cit., p. 97, para quem, "de acordo com uma regra geral, as pessoas jurídicas são equiparadas às físicas", embora reconhecendo que a titularidade de direitos no caso das pessoas jurídicas depende da compatibilidade do direito com a natureza de pessoa jurídica.

42. Cf., MIRANDA, Jorge. *Manual de direito constitucional*. Tomo IV, direitos fundamentais. 3. ed. Coimbra: Coimbra Editora, 2000, 564 p., p. 219.

43. DIMOULIS, Dimitri; MARTINS, Leonardo, *Teoria geral dos direitos fundamentais*, op. cit., p. 98-99.

44. Dentre uma série de decisões do STF reconhecendo a titularidade de direitos fundamentais por parte de pessoas jurídicas, destaca-se um julgado que assegurou o benefício da assistência judiciária gratuita à pessoa jurídica que comprovar a insuficiência de recursos para custear as despesas do processo,

compatibilidade entre o direito fundamental e a natureza e os fins da pessoa jurídica, em princípio (*prima facie*) reconhecida a proteção constitucional, o que, por outro lado, não impede que o legislador estabeleça determinadas distinções ou limitações, sujeitas, contudo, ao necessário controle de constitucionalidade. Convém não esquecer, nesta perspectiva, que a extensão da titularidade de direitos fundamentais às pessoas jurídicas tem por finalidade maior proteger os direitos das pessoas físicas, além do que em muitos casos é mediante a tutela da pessoa jurídica que se alcança melhor proteção dos indivíduos[45].

Questão bem mais controversa refere-se à atribuição de titularidade às pessoas jurídicas de direito público, visto que, em regra, consideradas destinatárias da vinculação dos direitos fundamentais, na condição de sujeitos passivos da obrigação de tutela e promoção dos direitos fundamentais, de tal sorte que, em termos gerais, as pessoas jurídicas de direito público têm tido recusada a condição de titulares de direitos fundamentais. Todavia, considerando, especialmente em se tratando de um Estado Democrático de Direito, tal qual consagrado pela nossa Constituição, que o Estado e a Sociedade não são setores isolados da existência sociojurídica, sendo precisamente no amplo espaço do público que o indivíduo logra desenvolver livremente sua personalidade, designadamente por meio de sua participação comunitária, viabilizada em especial por meio dos direitos políticos e dos direitos de comunicação e expressão, não há como deixar de reconhecer às pessoas jurídicas de direito público, evidentemente consideradas as peculiaridades do caso, a titularidade de determinados direitos fundamentais.

Com efeito, a exemplo do que tem sido reconhecido no âmbito do direito comparado, onde o tema tem alcançado certa relevância, também no direito constitucional brasileiro é possível identificar algumas hipóteses atribuindo a titularidade de direitos fundamentais às pessoas jurídicas de direito público, o que se verifica especialmente na esfera dos direitos de cunho processual (como o de ser ouvido em Juízo, o direito à igualdade de armas – este já consagrado no STF – e o direito à ampla defesa[46]), mas também alcança certos direitos de cunho material, como é o caso das Universidades (v. a autonomia universitária assegurada no art. 207 da CF), órgãos de comunicação social (televisão, rádio, etc.), corporações profissionais, autarquias e até mesmo fundações, que podem, a depender das circunstâncias, ser titulares do direito de propriedade, de posições defensivas em relação a intervenções indevidas na sua esfera de autonomia, liberdades comunicativas, entre outros.

Ainda que não de modo generalizado e a despeito da controvérsia registrada a respeito deste ponto, especialmente no direito constitucional comparado, também aos entes despersonalizados e a determinadas universalidades é de ser atribuída a titularidade de determinados direitos fundamentais, como dão conta os casos da sucessão, da família, entre outros. Da mesma forma, digno de nota é o caso do povo judeu ou mesmo de outros povos e nações (curdos, armênios etc.), aos quais é possível atribuir a titularidade de direitos fundamentais, como o direito à honra e a sua reparação.

4. Destinatários dos direitos e garantias fundamentais

Destinatários dos direitos e garantias fundamentais são, em contraposição aos titulares, os sujeitos passivos da relação jurídica; em outras palavras, as pessoas físicas ou jurídicas (de direito público ou privado) que estão vinculadas pelas normas de direitos fundamentais. Embora se trate de temática também relacionada à eficácia e aplicabilidade das normas de direitos fundamentais, é aqui que serão delineadas algumas considerações a respeito do tema. Na medida em que o mandamento da aplicação imediata (art. 5º, § 1º, da CF) diz respeito a todas as normas de direitos fundamentais, independentemente de sua função (direitos a prestações ou direitos de defesa) e da forma de sua positivação, o problema da eficácia vinculativa será abordado de forma genérica, considerando-se, todavia, as especificidades das diversas categorias de direitos fundamentais. De outra parte, em que pese uma série de convergências, seguir-se-á a convencional distinção entre o poder público e os particulares na condição de destinatários dos direitos fundamentais.

Diversamente do que enuncia o art. 18/1 da Constituição Portuguesa, que expressamente prevê a vinculação das entidades públicas e privadas aos direitos fundamentais, a CF de 1988 foi omissa neste particular. Tal omissão não significa, todavia, que os poderes públicos (assim como os particulares) não estejam vinculados pelos direitos fundamentais. Com efeito, ao art. 5º, § 1º, da CF, tem sido atribuído significado similar ao outorgado, por exemplo, ao art. 18/1 da Constituição da República Portuguesa e ao art. 1º, inc. III, da Lei Fundamental da Alemanha, o que, em última análise, significa – de acordo com a lição de Jorge Miranda – que cada ato (qualquer ato) dos poderes públicos deve tomar os direitos fundamentais como "baliza e referencial"[47]. Importante, ainda, é a constatação de que o preceito em exame fundamenta uma vinculação isenta de lacunas dos órgãos e funções estatais aos direitos fundamentais, independentemente da forma jurídica pelo qual são exercidas estas funções, razão por que – como assevera Gomes Canotilho – inexiste ato de entidade pública que seja livre dos direitos fundamentais[48]. Assim, se de acordo com um critério formal e institucional os detentores do poder estatal formalmente considerados (os órgãos dos Poderes Legislativo, Executivo e Judiciário) se encontram obrigados pelos direitos fundamentais, também num sentido material e funcional todas as funções exercidas pelos órgãos estatais o são[49]. Além disso, importa destacar

---

sem prejuízo de suas atividades essenciais (v. BRASIL. Supremo Tribunal Federal. Rcl. – ED-AgR 1905/SP. Rel. Min. Marco Aurélio, Brasília, 15 de agosto de 2002. Disponível em: http://www.stf.gov.br), não admitindo, todavia, a apresentação de mera declaração no sentido da falta de condições.

45. Neste sentido, por todos, TAVARES, André Ramos. *Curso de direito constitucional*. São Paulo: Saraiva, 2007. 1239 p., p. 439.

46. Cf. MENDES, Gilmar Ferreira; COELHO, Inocêncio Mártires; BRANCO, Paulo Gustavo Gonet. *Curso de direito constitucional*, op. cit., p. 262.

47. Cf. MIRANDA, Jorge. *Manual de direito constitucional*..., op. cit., p. 279.

48. Esta a lição de CANOTILHO, José Joaquim Gomes. *Direito constitucional*..., op. cit., p. 591, e de MIRANDA, Jorge. *Manual de direito constitucional*..., op. cit., p. 278-80.

49. Cf. HÖFLING, Wolfram. Die Grundrechtsbindung der Staatsgewalt. In: *Juristische Arbeitsblätter*. 1995, p. 342. Esta dupla perspectiva é também referida por CANOTILHO, José Joaquim Gomes. *Direito constitucional*..., op. cit., p. 591. No âmbito da amplitude espacial da vinculação, assume relevo o problema da vinculação das entidades públicas estrangeiras aos direitos funda-

que de tal vinculação decorre, num sentido negativo, que os direitos fundamentais não se encontram na esfera de disponibilidade dos poderes públicos, ressaltando-se, contudo, que, numa acepção positiva, os órgãos estatais acham-se na obrigação de tudo fazer no sentido de realizar os direitos fundamentais[50].

Quanto aos órgãos legislativos, notadamente em função da substituição da plena soberania do Parlamento pela soberania da Constituição, verifica-se, desde logo, que a vinculação aos direitos fundamentais significa para o legislador uma limitação material de sua liberdade de conformação em sua tarefa de regulamentar e concretizar a Constituição[51], especialmente gerando uma limitação das possibilidades de intervenção restritiva no âmbito de proteção dos direitos fundamentais[52]. Ainda neste contexto há que acolher a lição de Gomes Canotilho, ao ressaltar a dupla dimensão da vinculação do legislador aos direitos fundamentais. Assim, num sentido negativo (ou proibitivo), ocorre a proibição da edição de atos legislativos contrários às normas de direitos fundamentais, que, sob este ângulo, atuam como normas de competência negativas. Na sua acepção positiva, a vinculação do legislador implica um dever de conformação de acordo com os parâmetros fornecidos pelas normas de direitos fundamentais e, neste sentido, um dever de concretização dos direitos fundamentais, que, no âmbito de sua faceta jurídico-objetiva, também assumem a função de princípios informadores de toda a ordem jurídica[53].

Também a vinculação dos órgãos da administração estatal aos direitos fundamentais é reconhecida entre nós, registrando-se, contudo, falta de consenso no tocante a determinados aspectos, especialmente quanto à forma e alcance da vinculação, a exemplo, aliás, do que ocorre no direito alienígena, questões que aqui não serão desenvolvidas. Esclareça-se, desde logo, que destinatárias dos direitos fundamentais não são apenas as pessoas jurídicas de direito público, mas também as pessoas jurídicas de direito privado que, nas suas relações com os particulares, dispõem de atribuições de natureza pública, assim como pessoas jurídicas de direito público que atuam na esfera privada[54], o que revela importante ponto de contato entre a vinculação do poder público e a vinculação dos particulares aos direitos fundamentais. O que se pretende com esta interpretação ampliada é justamente evitar que os órgãos da administração venham a se furtar à vinculação aos direitos fundamentais por meio de uma atuação nas formas do direito privado[55], resultando naquilo que os autores alemães costumam denominar de uma fuga para o direito privado (*Flucht in das Privatrecht*)[56]. O que importa, portanto, é a constatação de que os direitos fundamentais vinculam os órgãos administrativos em todas as suas formas de manifestação e atividades, na medida em que atuam no interesse público, como um guardião e gestor da coletividade[57]. A respeito da relação entre os órgãos da administração e os direitos fundamentais, no qual vigora o princípio da constitucionalidade imediata da administração, a vinculação aos direitos fundamentais significa que os órgãos administrativos devem executar apenas as leis que àqueles sejam conformes, bem como executar estas leis de forma constitucional, isto é, aplicando-as e interpretando-as de acordo com os direitos fundamentais[58]. A não observância destes postulados poderá, por outro lado, levar à invalidação judicial dos atos administrativos contrários aos direitos fundamentais[59], problema relacionado com o controle jurisdicional dos atos administrativos, que não temos condições de desenvolver nesta oportunidade e a respeito do qual encontramos obras de inestimável valor na bibliografia pátria[60].

A vinculação dos órgãos judiciais aos direitos fundamentais, de acordo com a lição de Gomes Canotilho, manifesta-se, por um

---

mentais nacionais, aspecto que, todavia, optamos por deixar em aberto, considerando os limites da presente obra.

50. Cf. HESSE, Konrad. Bestand und Bedeutung der Grundrechte in der Bundesrepublik Deutschland. In: *Europäische Grundrechtszeitschrift*. 1978, p. 433.

51. Neste sentido, v., entre outros, a lição de HESSE, Konrad. *Bestand und Bedeutung der Grundrechte in der Bundesrepublik Deutschland*, op. cit., p. 429.

52. Reputamos perfeitamente compatível com o nosso direito constitucional este entendimento dominante na doutrina luso-germânica. A este respeito, v. PATTO, Pedro Maria Godinho Vaz. A vinculação das entidades públicas pelos direitos, liberdades e garantias. Documentação e Direito Comparado. n. 33-34 (1988), p. 487, assim como STARCK, Christian. In: VON MANGOLDT, Hermann; KLEIN, Friedrich. *Das Bonner Grundgesetz*. Vol. I. 3. ed. Munique: Vahlen, 1985. p. 119 e ss., DENNINGER, Erhard. Anmerkungen zu Art. 1 Abs. 2 und 3 GG. In: WASSERMANN, Rudolf (Org.). *Kommentar zum Grundgesetz für die Bundesrepublik Deutschland* (Alternativkommentar). Vol. I. 2. ed. Neuwied: Luchterhand, 1989. p. 309, e KUNIG, Philip, op. cit., p. 130-1. Versando sobre o tema, v., entre nós, a monografia específica de LOPES, Ana Maria D'Ávila. *Os direitos fundamentais como limites ao poder de legislar*. Porto Alegre: S.A. Fabris, 2001. 207 p.

53. Cf. CANOTILHO, José Joaquim Gomes. *Direito constitucional...*, op. cit., p. 592-3. Neste sentido, também, MIRANDA, Jorge. *Manual de direito constitucional...*, op. cit., p. 280, ressaltando que, mesmo no caso de normas de eficácia limitada, nas quais o constituinte remeteu ao legislador a tarefa de regulamentar o direito fundamental, os atos legislativos devem guiar-se pelo sentido objetivo das normas de direitos fundamentais.

54. Cf. MIRANDA, Jorge. *Manual de direito constitucional...*, op. cit., p. 281. Neste sentido também posiciona-se CANOTILHO, José Joaquim Gomes. *Direito constitucional...*, op. cit., p. 594, sustentando que o efeito vinculante alcança os casos em que a administração atua "nas vestes do direito privado".

55. Cf. VIEIRA DE ANDRADE, José Carlos. *Os direitos fundamentais...*, op. cit., p. 267, e CANOTILHO, José Joaquim Gomes. *Direito constitucional...*, op. cit., p. 595, ressaltando a impossibilidade de aceitar-se a "formação de uma reserva da actividade estatal fora da Constituição".

56. Cf. BADURA, Peter. *Staatsrecht*. Munique: C. H. Beck, 1986. 632 p., p. 75.

57. Cf. HÖFLING, Wolfram. Anmerkungen zu Art. 1 Abs. 3 GG. In: SACHS, Michael (Org.). *Grundgesetz – Kommentar*. Munique: C.H. Beck, 1996. 2015 p., p. 130.

58. Esta a lição de CANOTILHO, José Joaquim Gomes, *Direito constitucional...*, op. cit., p. 595.

59. Cf. MIRANDA, Jorge. *Manual de direito constitucional...*, op. cit., p. 281. Neste sentido, encontramos também a lição de MELLO, Celso Antônio Bandeira de. Eficácia das normas constitucionais sobre justiça social. *Revista de Direito Público*. n. 57-58. São Paulo: Revista dos Tribunais, 1981. p. 254, com a ressalva de que esse autor se refere especificamente aos direitos sociais.

60. V., recentemente, o clássico Fagundes, Miguel Seabra. *O controle dos atos administrativos pelo Poder Judiciário*. 7. ed. atual. Rio de Janeiro: Forense, 2005. 538 p. V. também MELLO, Celso Antônio Bandeira de. *Discricionariedade e controle jurisdicional*. 2. ed. São Paulo: Malheiros, 2000. 110 p.; BINENBOJM, Gustavo. *Uma teoria do direito administrativo*: direitos fundamentais, democracia e constitucionalização. Rio de Janeiro: Renovar, 2006. 337 p.; SARMENTO, Daniel (Org.). *Interesses públicos versus interesses privados*: desconstruindo o princípio de supremacia do interesse público. Rio de Janeiro: Lumen Juris, 2005. 246 p.; BARROSO, Luís Roberto (Org.). *A reconstrução democrática do direito público no Brasil*: livro comemorativo dos 25 anos de magistério do professor Luís Roberto Barroso. Rio de Janeiro: Renovar, 2007. 790 p.; SIRAQUE, Vanderlei. *Controle social da função administrativa do Estado*: possibilidades e limites na Constituição de 1988. São Paulo: Saraiva, 2005. 230 p.; FREITAS, Juarez. *O controle dos atos administrativos e os princípios fundamentais*. 3. ed. atual. e ampl. São Paulo: Malheiros, 2004. 367 p. FREITAS, Juarez. *Discricionariedade administrativa e o direito fundamental à boa administração pública*. São Paulo: Malheiros, 2007. 143 p.

lado, por intermédio de uma constitucionalização da própria organização dos tribunais e do procedimento judicial, que, além de deverem ser compreendidos à luz dos direitos fundamentais, por estes são influenciados, expressando-se, de outra parte, na vinculação do conteúdo dos atos jurisdicionais aos direitos fundamentais, que, neste sentido, atuam como autênticas medidas de decisão material, determinando e direcionando as decisões judiciais[61]. Quanto a sua amplitude, também aqui é de enfatizar que a totalidade dos órgãos jurisdicionais estatais, bem como os atos por estes praticados no exercício de suas funções, assume a condição de destinatária dos direitos fundamentais. De outra parte, há que ressaltar a particular relevância da função exercida pelos órgãos do Poder Judiciário, na medida em que não apenas se encontram, eles próprios, também vinculados à Constituição e aos direitos fundamentais, mas que exercem, para além disso (e em função disso) o controle da constitucionalidade dos atos dos demais órgãos estatais, de tal sorte que os tribunais dispõem – consoante já se assinalou em outro contexto – simultaneamente do poder e do dever de não aplicar os atos contrários à Constituição, de modo especial os ofensivos aos direitos fundamentais, inclusive declarando-lhes a inconstitucionalidade[62]. Paralelamente a esta dimensão negativa da vinculação do Poder Judiciário aos direitos fundamentais, Jorge Miranda, aponta a existência de uma faceta positiva, no sentido de que os juízes e tribunais estão obrigados, por meio da aplicação, interpretação e integração, a outorgar às normas de direitos fundamentais a maior eficácia possível no âmbito do sistema jurídico[63], aspecto que, por sua vez, remete ao sentido e alcance do art. 5º, § 1º, da CF, que será objeto de comentário próprio mais adiante.

Além dos órgãos estatais (na acepção ampla aqui utilizada) também os particulares, na condição de destinatários, estão sujeitos à força vinculante dos direitos fundamentais, temática habitualmente versada sob o rótulo da constitucionalização do direito privado ou, de modo mais preciso, da eficácia dos direitos fundamentais na esfera das relações privadas. Diversamente do direito constitucional lusitano, onde existe referência expressa à vinculação das entidades privadas aos direitos fundamentais, na CF de 1988, a exemplo do que ocorreu com o poder público, o texto constitucional nada dispôs sobre os particulares como destinatários dos direitos fundamentais. Mesmo assim, tanto na doutrina quanto na jurisprudência tal possibilidade – de os particulares serem também destinatários dos direitos – nunca foi seriamente questionada, muito embora, e a evolução doutrinária nos últimos anos bem o atesta, a problemática dos limites e possibilidades vinculadas à eficácia dos direitos fundamentais nas relações privadas tenha passado a ocupar um lugar de destaque[64].

Ainda que não se questione, pelo menos não em termos gerais, a possibilidade em si de os particulares serem destinatários dos direitos fundamentais, quanto ao modo pelo qual se opera tal vinculação, assim como em relação aos efeitos daí decorrentes, também entre nós registra-se alguma controvérsia.

Além das hipóteses em que uma vinculação direta (imediata) dos particulares resulta inequivocamente do enunciado textual da norma de direito fundamental, controverte-se a respeito da forma como se dá esta vinculação. Neste particular, a doutrina oscila entre os que advogam a tese da eficácia mediata (indireta) e os que sustentam uma vinculação imediata (direta), ressaltando-se a existência de posicionamentos que assumem feição mais temperada em relação aos modelos básicos referidos, situando-se, por assim dizer, numa esfera intermediária. Sem adentrar especificamente o mérito destas concepções e das variantes surgidas no seio da doutrina constitucional, é possível constatar – a exemplo do que sustenta Vieira de Andrade – uma substancial convergência de opiniões no que diz respeito ao fato de que também na esfera privada ocorrem situações de desigualdade geradas pelo exercício de um maior ou menor poder social. Por isso não podem ser toleradas discriminações ou agressões à liberdade individual que atentem contra o conteúdo em dignidade da pessoa humana dos direitos fundamentais, zelando-se, de qualquer modo, pelo equilíbrio entre estes valores e os princípios da autonomia privada e da liberdade negocial e geral, que, por sua vez, não podem ser completamente destruídos[65]. Ainda neste contexto, sustentou-se, acertadamente, que em qualquer caso e independentemente do modo pelo qual se dá a vinculação dos particulares aos direitos fundamentais (isto é, se de forma imediata ou mediata), verifica-se, entre as normas constitucionais e o direito privado, não o estabelecimento de um abismo, mas uma relação pautada por um contínuo fluir, de tal sorte que, ao aplicar-se uma norma de direito privado, também se está a aplicar a própria Constituição[66]. É justamente por esta razão que, para muitos, o problema da vinculação dos particulares aos direitos fundamentais consti-

---

61. Cf. CANOTILHO, José Joaquim Gomes. *Direito constitucional...*, op. cit., p. 598-599.

62. Neste sentido, v., entre outros, VIEIRA DE ANDRADE, José Carlos. *Os direitos fundamentais...*, op. cit., p. 270-71. Assim também MIRANDA, Jorge. *Manual de direito constitucional...*, op. cit., p. 284, atribuindo a este aspecto da vinculação dos órgãos judiciais uma dimensão negativa.

63. Cf. MIRANDA, Jorge. *Manual de direito constitucional...*, op. cit., p. 283-4. Bem explorando o problema da vinculação dos órgãos judiciais, enfatizando a questão da interpretação à luz dos direitos fundamentais, v., entre nós, o consistente contributo de MARTINS, Leonardo. Do vínculo do Poder Judiciário aos direitos fundamentais e suas implicações práticas. *Revista da Escola Paulista da Magistratura*. São Paulo, 2004, ano 5, n. 2. p. 89 e ss.

64. Sobre o ponto, v. o nosso: A influência dos direitos fundamentais no direito privado: o caso brasileiro. In: MONTEIRO, Antonio Pinto; SARLET, Ingo Wolfgang; NEUNER, Jörg (Orgs.). *Direitos fundamentais e direito privado* – uma perspectiva de direito comparado. Coimbra: Almedina, 2007, p. 111-144.

65. Esta a conclusão a que chegou VIEIRA DE ANDRADE, José Carlos. *Os direitos fundamentais...*, op. cit., p. 284. Também CAUPERS, João. (*Os direitos fundamentais dos trabalhadores e a Constituição*. Coimbra: Almedina, 1985. 212 p., p. 167 e ss.) rechaça a tese de que a ordem constitucional permita ou imponha o sacrifício absoluto da autonomia privada em favor da eficácia imediata dos direitos fundamentais, já que a autonomia privada se encontra ao menos implicitamente reconhecida e assegurada pela Constituição como direito ou princípio fundamental. Também entre nós podemos partir da premissa de que o constituinte, se não erigiu a autonomia privada à condição de direito ou princípio fundamental expresso, a reconheceu e protegeu na condição de princípio implícito, como dão conta, por exemplo, o art. 1º, inc. IV (valores sociais do trabalho e da livre-iniciativa), o direito geral de liberdade (art. 5º, *caput*), a liberdade de exercício de trabalho, ofício ou profissão (art. 5º, inc. XIII), o direito de propriedade (art. 5º, inc. XXII) e o de herança (art. 5º, inc. XXX), entre outros. Nesta mesma linha, admitindo uma vinculação direta dos particulares ao conteúdo em dignidade da pessoa humana dos direitos fundamentais, situam-se as preciosas contribuições de NEUNER, Jörg. *Privatrecht und Sozialstaat*. Munique: C.H. Beck, 1999. p. 150 e ss., bem como de PINTO, Paulo Mota. O direito ao livre desenvolvimento da personalidade. In: *Portugal-Brasil Ano 2000*. *Boletim da Faculdade de Direito de Coimbra*, Coimbra, 1999. p. 149-246, p. 241-43.

66. Cf. SILVA, Manuel Pascoal Dias Pereira da. Vinculação das entidades privadas pelos direitos, liberdades e garantias. *Revista de Direito Público*. n. 82. São Paulo: Revista dos Tribunais, 1987. p. 46.

tui, em verdade, mais propriamente um problema relativo à conciliação dos direitos fundamentais com os princípios basilares do direito privado[67].

De qualquer modo, para além dessas e de outras considerações que aqui poderiam ser tecidas, constata-se que no direito constitucional brasileiro tem prevalecido a tese de que, em princípio, os direitos fundamentais geram uma eficácia direta *prima facie* na esfera das relações privadas[68], sem deixar de reconhecer, todavia, que o modo pelo qual se opera a aplicação dos direitos fundamentais às relações jurídicas entre particulares não é uniforme, reclamando soluções diferenciadas[69], além de revelar uma confluência e, portanto, um diálogo permanente entre a vinculação dos órgãos estatais, especialmente do Poder Legislativo e do Poder Judiciário (pois é o legislador que regulamenta, em primeira linha, a composição de conflitos na esfera privada e são os órgãos jurisdicionais que aplicam a lei ou extraem os efeitos das normas de direitos fundamentais) e a vinculação dos particulares. Tal circunstância, por sua vez, não se contrapõe ao fato de que, no âmbito da problemática da vinculação dos particulares, as hipóteses de um conflito entre os direitos fundamentais e entre estes e o princípio da autonomia privada reclamem sempre uma análise calcada nas circunstâncias específicas do caso concreto. De forma similar às colisões entre direitos fundamentais de diversos titulares, buscam-se solução norteada pela ponderação dos valores em pauta, equilíbrio e concordância prática, caracterizados, em última análise, pelo não sacrifício completo dos direitos fundamentais em pauta, bem como pela preservação, na medida do possível, do seu conteúdo essencial[70].

Tal modo de compreender o fenômeno da vinculação dos particulares aos direitos fundamentais, pelo menos assim o demonstra a evolução jurisprudencial de um modo geral, corresponde ao entendimento prevalente dos órgãos jurisdicionais brasileiros, destacando-se aqui, a despeito da existência de importantes decisões do STJ e de outros Tribunais, o papel do STF, que, em vários casos, acabou reconhecendo a existência de uma eficácia (até mesmo direta) dos direitos fundamentais na esfera das relações privadas[71]. Embora não se possa falar na existência, por ora, de uma espécie de "doutrina jurisprudencial" consistente e dominante, a exemplo da que foi desenvolvida pela Suprema Corte Norte-Americana (no caso da assim designada *state action doctrine*) ou pelo Tribunal Constitucional Federal da Alemanha, ainda que, neste caso, adotando a tese da eficácia indireta ou mediata, é preciso registrar ter ocorrido significativa evolução, especialmente na esfera do STF. Com efeito, em decisão relativamente recente, em especial o alentado voto proferido pelo Ministro Gilmar Mendes, a partir de aportes dogmáticos tanto de inspiração norte-americana, quanto alemã, bem como com sustentação na doutrina nacional, o Tribunal, por maioria, reconheceu, na esteira de decisão similar anterior, a incidência, em relação a uma entidade privada, do princípio-garantia do devido processo legal e da ampla defesa, precisamente no que diz respeito ao afastamento compulsório de associado da entidade[72]. Além disso, é de enfatizar que também os direitos sociais geram efeitos em relação a entidades privadas, muito embora a necessidade de maior cautela com a natureza de tais efeitos e o modo de sua manifestação em cada situação concreta, temática que aqui igualmente não cabe desenvolver, mas que, a despeito de algumas importantes divergências, tem encontrado ressonância na jurisprudência e na doutrina[73]. Aliás, cada vez mais é preciso admitir que o problema da vinculação dos particulares e da eficácia dos direitos fundamentais na esfera das relações privadas acaba alcançando, em termos gerais, alguma relevância, seja qual for o direito fundamental em causa, ainda que, consoante já frisado, se deva avaliar a incidência de tal eficácia em cada caso[74].

---

67. *Idem*, p. 45.
68. Cf. já vínhamos sustentando desde o nosso Direitos fundamentais e direito privado, algumas considerações em torno da vinculação dos particulares aos direitos fundamentais. In: SARLET, Ingo Wolfgang (Org.). *A Constituição concretizada* – construindo pontes para o público e o privado. Porto Alegre: Livraria do Advogado, 2000. p. 107-163, p. 157, posição esta também advogada recentemente em Portugal, com expressa referência ao nosso estudo, por MAC CRORIE, Benedita Ferreira da Silva. *A vinculação dos particulares aos direitos fundamentais*. Coimbra: Almedina, 2005. 122 p., p. 86 e ss. Igualmente, sustentando uma eficácia direta (embora sempre responsiva às exigências do caso concreto e, portanto, sujeita à necessária flexibilização em função da natureza dos direitos em pauta e da opção legislativa existente), v., na literatura brasileira: SARMENTO, Daniel. *Direitos fundamentais e relações privadas*. Rio de Janeiro: Lumen Juris, 2006. 362 p.; STEINMETZ, Wilson Antonio. *Vinculação dos particulares a direitos fundamentais*. São Paulo: Malheiros. 2005. 327 p.; SILVA, Virgílio Afonso da. *A constitucionalização do direito*: os direitos fundamentais nas relações entre particulares. São Paulo: Malheiros, 2005. 191 p.; SOMBRA, Thiago Luís Santos. *A eficácia dos direitos fundamentais nas relações jurídico-privadas*: a identificação do contrato como ponto de encontro dos direitos fundamentais. Porto Alegre: S. A. Fabris, 2004. 214 p.; VALE, André Rufino do. *Eficácia dos direitos fundamentais nas relações privadas*. Porto Alegre: S. A. Fabris, 2004. 231 p.; PEREIRA, Jane Reis Gonçalves. A vinculação dos particulares aos direitos fundamentais no direito comparado e no Brasil. In: BARROSO, Luís Roberto (Org.). *A nova interpretação constitucional*: ponderação, direitos fundamentais e relações privadas. Rio de Janeiro: Renovar, 2003; MOREIRA, Eduardo Ribeiro. *Obtenção dos direitos fundamentais nas relações entre particulares*. Rio de Janeiro: Lumen Juris, 2007. 241 p.; e MENDES, Gilmar; COELHO, Inocêncio Mártires; BRANCO, Paulo Gustavo Gonet. *Curso de direito constitucional*, op. cit., p. 265 e ss.
69. Para maior desenvolvimento das premissas do nosso entendimento, remetemos ao já referido: Direitos fundamentais e direito privado: algumas considerações em torno da vinculação dos particulares aos direitos fundamentais. In: *A Constituição concretizada*, p. 107-163.
70. É neste sentido que se posiciona MIRANDA, Jorge. *Manual de direito constitucional*..., op. cit., p. 289-90, entendimento compartilhado por CAU-

PERS, João. *Os direitos fundamentais dos trabalhadores e a Constituição*, op. cit., p. 170-1.

71. Neste sentido, v. o nosso: A influência dos direitos fundamentais no direito privado: o caso brasileiro. In: MONTEIRO, Antonio Pinto; SARLET, Ingo Wolfgang; NEUNER, Jörg (Orgs.). *Direitos fundamentais e direito privado* – uma perspectiva de direito comparado. Coimbra: Almedina, 2007. p. 111-144. Também da nossa autoria, v. Direitos fundamentais e direito privado: algumas considerações em torno da vinculação dos particulares aos direitos fundamentais. *Revista de Direito do Consumidor*. São Paulo. n. 36. p. 54-104. out./dez. 2000.
72. Cf. BRASIL. Supremo Tribunal Federal. RE n. 201.819/RJ. Rel. para o acórdão Min. Gilmar Ferreira Mendes, Brasília, 11 de outubro de 2005. Disponível em: http://www.stf.gov.br. (caso da União dos Compositores do Brasil).
73. Na doutrina, v. especialmente SARMENTO, Daniel. *Direitos fundamentais e relações privadas*. Rio de Janeiro: Lumen Juris, 2006. 362 p., p. 343 e ss., compartilhando do nosso ponto de vista (sumariamente) enunciado em texto anterior, mas desenvolvendo a argumentação. Em sentido parcialmente diverso, refutando uma vinculação direta de particulares aos direitos sociais, designadamente na sua condição de direitos a prestações, v. STEINMETZ, Wilson Antonio. *Vinculação dos particulares a direitos fundamentais*. São Paulo: Malheiros. 2005. 327 p., p. 278 e ss. Por último, v. o nosso Direitos fundamentais sociais, mínimo existencial e direito privado. *Revista de Direito do Consumidor*. São Paulo, Revista dos Tribunais, v. 61, 2007, p. 90-125.
74. Cf., por último, NOVAIS, Jorge Reis. *Direitos fundamentais*: trunfos contra a maioria. Coimbra: Coimbra Editora, 2006. 285 p., p. 70-71.

5. Âmbito de proteção, limites e limites aos limites dos direitos fundamentais[75]

5.1. Considerações introdutórias

A prática constitucional contemporânea apresenta características comuns dotadas de especial importância para a realização normativa dos direitos fundamentais. Dentre essas, destacam-se três, que, de acordo com a tradição constitucional de matriz germânica, amplamente difundida, encontram correspondência nas seguintes categorias dogmáticas: âmbito de proteção, limites e limites aos limites dos direitos fundamentais. Tal esquema, aplicável aos direitos fundamentais de um modo geral, acabou sendo recepcionado, ainda que nem sempre com a mesma terminologia, em outras ordens constitucionais, inclusive a brasileira, como demonstra farta e atualizada doutrina, bem como atestam uma série de decisões judiciais, mesmo que muitas vezes tal recepção tenha ocorrido sem qualquer referência expressa ao esquema acima exposto. Certo é que todo direito fundamental possui um âmbito de proteção (um campo de incidência normativa ou suporte fático, como preferem outros) e, ao menos em princípio, está sujeito a intervenções neste âmbito de proteção. Especialmente a problemática dos limites e restrições em matéria de direitos fundamentais não dispensa, em primeira linha, um exame do âmbito de proteção dos direitos, primeiro tópico a ser versado.

5.2. O âmbito de proteção dos direitos e garantias fundamentais

O âmbito de proteção de um direito fundamental abrange os diferentes pressupostos fáticos instituídos pela respectiva norma jurídica[76]. Trata-se, com outras palavras, do bem jurídico protegido, ou seja, do objeto tutelado[77], que nem sempre se afigura de fácil identificação, especialmente em decorrência das indeterminações semânticas invariavelmente presentes nos textos que contemplam direitos fundamentais. Por outro lado, considerando que nenhuma ordem jurídica pode proteger os direitos fundamentais de maneira ilimitada, a ideia de que os direitos fundamentais não sejam absolutos não tem oferecido maiores dificuldades e tem sido amplamente aceita no direito constitucional contemporâneo.

Para a adequada discussão sobre a restringibilidade dos direitos e seus respectivos limites incontornável a análise, ainda que sumária, da contraposição entre as assim designadas "teoria interna" e "teoria externa" dos limites aos direitos fundamentais, visto que a opção por uma destas teorias acaba por repercutir no próprio modo de compreender a maior ou menor amplitude do âmbito de proteção dos direitos fundamentais[78].

Segundo a "teoria interna"[79] um direito fundamental existe desde sempre com seu conteúdo determinado, afirmando-se mesmo que o direito já "nasce" com os seus limites[80]. Neste sentido, fala-se na existência de "limites imanentes"[81], que consistem em fronteiras implícitas, de natureza apriorística, que não se deixam confundir com autênticas restrições, pois estas são, em geral, compreendidas (para a teoria externa) como "desvantagens" normativas impostas externamente a estes direitos[82], inadmitidas pela teoria interna, visto que para esta o direito tem o seu alcance definido de antemão, de tal sorte que sua restrição se revela desnecessária e até mesmo impossível do ponto de vista lógico[83]. Assim, correta a afirmação de que para a teoria interna o processo de definição dos limites do direito é algo interno a ele[84]. Por outro lado, a ausência, por parte da teoria interna, de separação entre o âmbito de proteção e os limites dos direitos fundamentais, permite que sejam incluídas considerações relativas a outros bens dignos de proteção (por exemplo, interesses coletivos ou estatais) no próprio âmbito de proteção destes direitos, o que aumenta o risco de restrições arbitrárias da liberdade[85].

A "teoria externa"[86], por sua vez, distingue os direitos fundamentais das restrições a eles eventualmente impostas, daí a neces-

---

75. Nos trabalhos preparatórios para a redação e formatação do texto relativo ao âmbito de proteção e limites dos direitos fundamentais, seja no que se refere ao levantamento doutrinário e jurisprudencial, seja quanto à confecção de uma primeira versão do texto, sob nossa orientação, supervisão e responsabilidade final, contamos com a especial colaboração de Pedro Scherer de Mello Aleixo, Bacharel e Mestre em Direito pela PUCRS, Doutorando (bolsista CAPES-DAAD) e Professor Assistente junto à Universidade de Augsburg, Alemanha.

76. Idem, p. 211. Advogando uma distinção entre o suporte fático e o âmbito de proteção, no sentido de que este é mais restrito do que aquele (pelo fato de que o que é protegido constitui apenas uma parte do suporte fático do direito), v. SILVA, Virgílio Afonso da. *O conteúdo essencial dos direitos fundamentais e a eficácia das normas constitucionais*. São Paulo: 2005, p. 79 e ss. Trata-se da tese apresentada pelo autor para o concurso de provas e títulos para provimento do cargo de Professor Titular, junto ao Departamento de Direito do Estado – área de direito constitucional – na Faculdade de Direito da USP, ainda não publicada. Registramos o nosso especial agradecimento ao autor pela generosa disponibilização de uma cópia da tese, que, considerando o prazo de conclusão do presente texto e os limites do comentário, aqui ainda não recebeu a consideração merecida, embora a inserção já de várias referências.

77. Cf., por todos, CORREIA, Sérvulo. *O direito de manifestação*: âmbito de proteção e restrições. Coimbra: Almedina, 2006, p. 31 e ss.

78. Entre nós, v. especialmente, cuidando do âmbito de proteção, DIMOULIS, Dimitri; MARTINS, Leonardo. *Teoria geral dos direitos fundamentais*, op. cit., p. 136 e ss.; e MENDES, Gilmar Ferreira; COELHO, Inocêncio Mártires e BRANCO, Paulo Gustavo Gonet. *Curso de direito constitucional*, op. cit., p. 285 e ss.

79. Sobre a teoria interna, no âmbito da produção monográfica nacional, v., por todos, PEREIRA, Jane Reis Gonçalves. *Interpretação constitucional e direitos fundamentais*. Uma contribuição ao estudo das restrições aos direitos fundamentais na perspectiva da teoria dos princípios. Rio de Janeiro: Renovar, 2006. 546 p., p. 140 e ss., bem como, por último, FREITAS, Luiz Fernando Calil de. *Direitos fundamentais*: limites e restrições. Porto Alegre: Livraria do Advogado, 2007, p. 79 e ss.

80. Cf. CANOTILHO, José Joaquim Gomes. Dogmática de direitos fundamentais e direito privado. In: SARLET, Ingo Wolfgang (Org.). *Constituição, direitos fundamentais e direito privado*. 2. ed., Porto Alegre: Livraria do Advogado, 2006, p. 349.

81. Sobre os limites imanentes, v., na doutrina brasileira, STEINMETZ, Wilson Antônio. *Colisão de direitos fundamentais e princípio da proporcionalidade*. Porto Alegre: Livraria do Advogado, 2001. 327 p., p. 43 e ss.; PEREIRA, Jane Reis Gonçalves. *Interpretação constitucional e direitos fundamentais...*, op. cit., p. 182 e ss.; e FREITAS, Luiz Fernando Calil de. *Direitos fundamentais*: limites e restrições. Porto Alegre: Livraria do Advogado, 2007. 236 p., p. 83 e ss.

82. CANOTILHO, José Joaquim Gomes. In: *Constituição, direitos fundamentais e direito privado*, op. cit., p. 349.

83. BOROWSKI, Martin. *La estrutura de los derechos fundamentales* (trad. de Carlos Bernal Pulido). Bogotá: Universidad Externado de Colômbia, 2003. p. 68-70.

84. Cf. SILVA, Virgílio Afonso da. *O conteúdo essencial dos direitos fundamentais...*, op. cit., p. 165 e ss.

85. Cf. os desenvolvimentos de CANOTILHO, José Joaquim Gomes. *Direito constitucional...*, op. cit., p. 1279 e ss.

86. Entre nós, sobre a teoria externa, v., por todos, PEREIRA, Jane Reis Gonçalves. *Interpretação constitucional e direitos fundamentais*, op. cit., p. 146 e s., e FREITAS, Luiz Fernando Calil de. *Direitos fundamentais...*, op. cit., p. 138 e ss.

sidade de uma precisa identificação dos contornos de cada direito. De acordo com a teoria externa, existe inicialmente um direito em si, ilimitado[87], que, mediante a imposição de eventuais restrições, se converte em um direito limitado. Tal construção parte do pressuposto de que existe uma distinção entre posição *prima facie* e posição definitiva, a primeira correspondendo ao direito antes de sua limitação, a segunda equivalente ao direito já limitado. Tal distinção, contudo, não afasta a possibilidade de direitos sem res-trições, visto não haver uma relação necessária entre o conceito de direito e o de restrição[88], sendo tal relação estabelecida pela necessidade de compatibilizar diferentes bens jurídicos. Em virtude de ser pautada pela referida distinção entre posições jurídicas *prima facie* e definitivas, a teoria externa acaba sendo mais apta a propiciar a reconstrução argumentativa das colisões de direitos fundamentais, tendo em conta a necessidade da imposição de limites a tais direitos, para que possa ser assegurada a convivência harmônica entre seus respectivos titulares no âmbito da realidade social[89]. Nesta perspectiva, as limitações impostas a estes direitos deverão observar, por sua vez, outros limites, que têm sido designados de *limites dos limites*, que serão analisados mais adiante.

Precisar se determinado bem, objeto ou conduta encontra-se compreendido no âmbito de proteção de determinado direito fundamental não é, conforme referido, tarefa simples. Na linha de que não apenas se interpretam os textos legais, mas também os fatos a que estes se encontram referidos, há de se proceder a uma cuidadosa investigação acerca de quais realidades da vida se acham afetas ao âmbito de proteção do direito fundamental examinado. Em suma, busca-se identificar, com base sobretudo (mas não exclusivamente, é bom enfatizar!) na literalidade do dispositivo, se a esfera normativa do preceito abrange ou não uma certa situação ou modo de exercício.

Há casos em que o próprio preceito constitucional não comporta certa conduta ou modo de exercício, de tal sorte que existem determinadas situações que não integram o âmbito de proteção do direito fundamental. Nada obstante, salvo hipóteses em que tais situações estejam manifestamente situadas fora do âmbito de proteção de um direito, afigura-se preferível examinar tais hipóteses no plano dos *limites* dos direitos fundamentais. Neste contexto, calha referir a lição de Sérvulo Correia, ao sustentar que o âmbito de proteção de um direito não resulta apenas da tipificação de dados pré-normativos, mas que guarda relação com determinadas finalidades constitucionalmente ancoradas e vinculadas a determinados valores, evidenciando a complexidade do processo da identificação e mesmo reconstrução do âmbito de proteção dos direitos fundamentais, visto que mesmo em se tratando do "perfil *prima facie* do direito fundamental", que ainda não leva em conta as restrições legítimas, há um perfil normativamente predeterminado a ser respeitado[90].

Tome-se como exemplo o direito fundamental à inviolabilidade de correspondência, previsto no art. 5º, XII, da Constituição Federal de 1988. O STF considerou a interceptação de cartas de presidiários pela administração penitenciária medida excepcional, enquadrando-a como restrição aos direitos fundamentais dos presos – na linha do art. 41 da Lei de Execução Penal – em vez de considerar o envio de cartas com propósitos criminosos não incluídos no âmbito de proteção do direito fundamental[91]. Percebe-se, desde logo, que tal distinção entre âmbito de proteção e limites oferece significativas vantagens em termos de operacionalidade jurídico-dogmática, correspondendo à exigência de transparência metodológica, especialmente por não misturar interesses divergentes[92], além de implicar que o ônus da justificação de uma restrição recaia sobre o intérprete que a invoca, o que apenas reforça a tese de que os fins não podem jamais justificar os meios, visto que não apenas o resultado, mas sobretudo o caminho percorrido da conversão de uma posição *prima facie* (âmbito de proteção) em um direito (ou garantia) definitivo(a) afigura-se decisivo e viabiliza um controle de todo o procedimento.

5.3. Os limites dos direitos fundamentais

A identificação dos limites dos direitos fundamentais constitui condição para que se possa controlar o seu desenvolvimento normativo, partilhado com o legislador ordinário[93]. A ideia de que existam limites ou restrições a um direito, que com este não se confundem, embora possa parecer trivial à primeira vista, oculta, todavia, uma série de problemas, resultantes, por um lado, da determinação do significado destes limites, por outro, da distinção entre limitação e outras atividades normativas[94].

Limites aos direitos fundamentais, em termos sumários, podem ser definidos como ações ou omissões dos poderes públicos (Legislativo, Executivo e Judiciário) ou de particulares que dificultem, reduzam ou eliminem o acesso ao bem jurídico protegido, afetando o seu exercício (*aspecto subjetivo*) e/ou diminuindo deveres estatais de garantia e promoção (*aspecto objetivo*) que resultem dos direitos fundamentais[95]. Todavia, como é cediço, nem toda a disciplina normativa dos direitos fundamentais pode ser caracteri-

---

87. Cf. BOROWSKI, Martin. *La estructura de los derechos fundamentales*, op. cit., p. 66 e ss.
88. ALEXY, Robert. *Teoría de los derechos fundamentales* (trad. de Ernesto Garzon Valdés). Madrid: Centro de Estudios Constitucionales, 1997, p. 268.
89. Nesse sentido, por todos, BOROWSKI, Martin. *La estructura de los derechos fundamentales*, op. cit., p. 68.
90. Cf. CORREIA, Sérvulo. *O direito de manifestação*, op. cit., p. 31-34.

91. Cf. BRASIL. Supremo Tribunal Federal. HC 70.814/SP. Rel. Min. Celso de Mello, Brasília, 1º de março de 1994. *DJ* de 24 de junho de 1994.
92. CANOTILHO, José Joaquim Gomes, op. cit., p. 353, explica de maneira convincente o fato de a teoria externa dos limites aos direitos fundamentais não guardar obrigatoriamente afinidade com posturas que desprezam as dimensões comunitárias do fenômeno jurídico, uma vez que ela não pretende dizer mais do que o seguinte: "primeiro nascem os direitos e as normas garantidoras destes direitos e depois estabelecem-se normas restritivas destes direitos. A regra do direito e a exceção da restrição, eis o esquema básico deste pensamento".
93. STEINMETZ, Wilson Antônio. *Colisão de direitos fundamentais...*, op. cit., p. 39.
94. ALEXY, Robert. *Teoría de los derechos fundamentales*, op. cit., p. 267 e ss. V., para maiores desenvolvimentos sobre a questão dos limites aos direitos fundamentais, STEINMETZ, Wilson Antônio. *Colisão de direitos fundamentais...*, op. cit., p. 29 e s.; DIMOULIS, Dimitri; MARTINS, Leonardo. *Teoria geral dos direitos fundamentais*, op. cit., p. 152 e ss.; PEREIRA, Jane Reis Gonçalves. *Interpretação constitucional e direitos fundamentais...*, op. cit., p. 131 e ss.; FREITAS, Luiz Fernando Calil de. *Direitos fundamentais...*, op. cit., p. 77 e ss.; e MENDES, Gilmar; COELHO, Inocêncio Mártires, e BRANCO, Paulo Gustavo Gonet. *Curso de direito constitucional*, op. cit., p. 289 e ss.
95. NOVAIS, Jorge Reis. *As restrições aos direitos fundamentais não expressamente autorizadas pela Constituição*. Coimbra: Coimbra, 2003. p. 157.

zada como constituinte de uma limitação. Muitas vezes as normas legais se limitam a detalhar tais direitos a fim de possibilitar o seu exercício, situações que correspondem aos termos *configurar, conformar, completar, regular, densificar* ou *concretizar*, habitualmente utilizados para caracterizar este fenômeno[96]. Algo distinto, contudo, se dá com as limitações de direitos fundamentais, as quais, como visto, reduzem o alcance de conteúdos *prima facie* conferidos a posições de direitos fundamentais mediante a imposição de "cargas coativas"[97]. Além disso, há que distinguir as normas que limitam bens jurídicos protegidos *prima facie* das que fundamentam a competência estatal para realizar essas limitações. Com efeito, enquanto as primeiras, as limitações propriamente ditas, consistem em mandados ou proibições dirigidos aos cidadãos (titulares de direitos fundamentais), as últimas – chamadas de reservas legais – não configuram limitações na acepção mais rigorosa do termo, e sim autorizações constitucionais que fundamentam a possibilidade de o legislador restringir direitos fundamentais[98].

No que diz respeito às espécies de limitações, registra-se substancial consenso quanto ao fato de que os direitos fundamentais podem ser restringidos tanto por expressa disposição constitucional como por norma legal promulgada com fundamento na Constituição. Da mesma forma, há quem inclua uma terceira alternativa, vinculada à possibilidade de estabelecer restrições a direitos por força de colisões entre direitos fundamentais, mesmo inexistindo limitação expressa ou autorização expressa assegurando a possibilidade de restrição pelo legislador. Embora tal hipótese possa ser subsumida na segunda alternativa, considera-se que a distinção entre os três tipos de limites referidos torna mais visível e acessível o procedimento de controle da atividade restritiva em cada caso.

Importa destacar, na esfera dos limites diretamente estabelecidos pela Constituição, que a ideia de que existam limites no interior dos direitos fundamentais (para os partidários da teoria interna tal hipótese equivaleria a uma situação de não direito, ou seja, algo que constitui o próprio âmbito de proteção do direito) fica, sob certo aspecto, absorvida pela ideia das limitações diretamente constitucionais, visto que as cláusulas restritivas constitucionais expressas, na prática, convertem uma posição jurídica *prima facie* em um não direito definitivo[99]. A título de exemplo, cita-se novamente o direito fundamental à inviolabilidade de correspondência (art. 5º, XII, CF), visto que, apesar de previsto como não sujeito a restrição no dispositivo referido, a inviolabilidade em princípio assegurada poderá ser temporária e excepcionalmente condicionada nas hipóteses de estado de defesa e de estado de sítio (art. 136, § 1º, I, *b*; art. 139, III), expressamente previstas na Constituição.

Já no campo das assim designadas restrições indiretas – isto é, das restrições estabelecidas por lei (em sentido formal, incluídas as medidas provisórias, por força do art. 62, *caput*, da Constituição Federal de 1988), com fundamento em autorizações constitucionais, há que enfrentar a problemática das reservas legais[100], que, em termos gerais, podem ser definidas como disposições constitucionais que autorizam o legislador a intervir no âmbito de proteção dos direitos fundamentais.

As reservas legais costumam, por sua vez, ser classificadas em dois grupos, as reservas legais simples e as reservas legais qualificadas. As reservas do primeiro grupo distinguem-se por autorizar o legislador a intervir no âmbito de proteção de um direito fundamental sem estabelecer pressupostos e/ou objetivos específicos a serem observados, implicando, portanto, a atribuição de uma competência mais ampla de restrição. Como exemplo, cita-se o art. 5º, LVIII, da Constituição Federal de 1988: "o civilmente identificado não será submetido a identificação criminal, salvo nas hipóteses previstas em lei". Já as reservas legais qualificadas têm como traço distintivo o fato de estabelecerem pressupostos e/ou objetivos a serem atendidos pelo legislador ordinário para limitar os direitos fundamentais, como bem demonstra o clássico exemplo do sigilo das comunicações telefônicas (art. 5º, XII, CF): "é inviolável o sigilo da correspondência e das comunicações telegráficas, de dados e das comunicações telefônicas, salvo, no último caso, por ordem judicial, nas hipóteses e na forma que a lei estabelecer para fins de investigação criminal ou instrução processual penal".

Desde logo, sem que se vá aqui avançar no ponto, é preciso ter presente que o regime jurídico-constitucional das reservas legais sujeita-se a rigoroso controle e que existem uma série de exigências daí decorrentes, parte das quais será versada na matéria relativa aos limites dos limites dos direitos fundamentais.

De outra parte, como já anunciado, afiguram-se possíveis limitações decorrentes da colisão de um direito fundamental com outros direitos fundamentais ou bens jurídico-constitucionais, o que legitima o estabelecimento de restrições, ainda que não expressamente autorizadas pela Constituição[101]. Em outras palavras, direitos fundamentais formalmente ilimitados (isto é, desprovidos de reserva) podem ser restringidos caso isso se revelar imprescindível para a garantia de outros direitos constitucionais[102], de tal sorte que há mesmo quem tenha chegado a sustentar a existência de uma verdadeira "reserva geral imanente de ponderação"[103].

---

96. Registra-se aqui a posição de SILVA, Virgílio Afonso da. *O conteúdo essencial dos direitos fundamentais*, op. cit., p. 125, que assume postura crítica em relação à distinção entre o que constitui uma mera regulação (ou regulamentação) e uma restrição, preferindo partir do pressuposto, que asseguraria maior proteção aos direitos fundamentais, de que uma regulação sempre pode vir acompanhada de uma restrição.
97. CANOTILHO, José Joaquim Gomes, op. cit., p. 346.
98. Cf., por exemplo, ALEXY, Robert. *Teoría de los derechos fundamentales*, op. cit., p. 272-273.
99. Cf., com base na concepção de Alexy, STEINMETZ, Wilson Antônio, *Colisão de direitos fundamentais...*, op. cit., p. 31 e ss.
100. Sobre o tema das reservas legais, v., na doutrina nacional, DIMOULIS, Dimitri; MARTINS, Leonardo. *Teoria geral dos direitos fundamentais*, op. cit., p. 153 e ss.; PEREIRA, Jane Reis Gonçalves. *Interpretação constitucional e direitos fundamentais...*, op. cit., p. 211 e ss.; FREITAS, Luiz Fernando Calil de. *Direitos fundamentais*, op. cit., p. 187 e ss., bem como MENDES, Gilmar Ferreira; COELHO, Inocêncio Mártires; BRANCO, Paulo Gustavo Gonet. *Curso de direito constitucional*, op. cit., p. 296 e ss.
101. LERCHE, Peter. Grundrechtsschranken. In: ISENSEE, Josef; KIRCHHOF, Paul (Orgs.). *Handbuch des Staatsrechts der Bundesrepublik Deutschland*. v. V, 3. ed. Heidelberg: Muller, 2007. p. 789-790. Em sentido semelhante, ver, entre nós, MENDES, Gilmar Ferreira. *Hermenêutica constitucional e direitos fundamentais...*, op. cit., p. 240-241.
102. Cf., por todos, NEUNER, Jörg. O Código Civil da Alemanha (BGB) e a lei fundamental. In: SARLET, Ingo Wolfgang (Org.) *Constituição, direitos fundamentais e direito privado*. 2. ed. Porto Alegre: Livraria do Advogado, 2006, p. 247-271.
103. NOVAIS, Jorge Reis. *As restrições...*, op. cit., p. 570 e ss.

Tais hipóteses exigem, no entanto, cautela redobrada por parte dos poderes públicos[104].

Como é fácil reconhecer, não é possível ao constituinte – e tampouco ao legislador ordinário – prever e regular todas as colisões de direitos fundamentais[105]. Tendo em vista a caracterização dos direitos fundamentais como posições jurídicas *prima facie*, não raro encontram-se eles sujeitos a ponderações mediante situações concretas de colisão, nas quais a realização de um direito se dá à custa do outro[106]. Situações de colisão de direitos fundamentais afiguram-se cada vez mais frequentes na prática jurídica brasileira devido ao alargamento do âmbito e da intensidade de proteção dos direitos fundamentais levado a cabo pela Constituição Federal de 1988, notadamente em função do já referido caráter analítico do catálogo constitucional de direitos. Muito embora as situações de conflito tenham, em sua maioria, sido regulamentadas pela legislação ordinária, há casos em que a ausência de regulação esbarra na necessidade de resolver o conflito decorrente da simultânea tutela constitucional de valores ou bens que se apresentam em contradição concreta. A solução desse impasse, como é corrente, não poderá dar-se com recurso à ideia de uma ordem hierárquica abstrata dos valores constitucionais, não sendo lícito, por outro lado, sacrificar pura e simplesmente um desses valores ou bens em favor do outro. Com efeito, a solução amplamente preconizada afirma a necessidade de respeitar a proteção constitucional dos diferentes direitos no quadro da unidade da Constituição, buscando harmonizar preceitos que apontam para resultados diferentes, muitas vezes contraditórios.

Hipótese clássica diz respeito à liberdade de expressão, prevista no art. 5º, IX, CF ("é livre a expressão da atividade intelectual, artística, científica e de comunicação, independentemente de censura ou licença"), que, a despeito de não sujeita à reserva legal, pode entrar em rota de colisão com outros direitos fundamentais, como, por exemplo, os direitos à intimidade, à vida privada, à honra e à imagem (art. 5º, X, da CF), igualmente não sujeita à reserva de lei.

Pelo fato de as normas constitucionais não deverem ser aplicadas mediante a simples exaltação dos valores aos quais se acham referidas, como se tais valores fossem por si sós evidentes quanto ao conteúdo e alcance (basta ver, em caráter ilustrativo, o que ocorre com o uso retórico e mesmo panfletário da dignidade da pessoa humana e da própria proporcionalidade), sendo sempre necessária uma fundamentação intersubjetivamente controlável, não basta somente identificar os valores em jogo, mas construir e lançar mão de critérios que permitam aplicá-los racionalmente[107], cabendo ao intérprete/aplicador dos direitos fundamentais con-

ferir importância distinta aos valores por eles densificados, sempre atento às circunstâncias do caso concreto, mas também igualmente receptivo às hierarquizações axiológicas levadas a cabo pelo legislador democraticamente legitimado. Também nesta esfera, mais ainda do que nas hipóteses decorrentes de expressa reserva legal (onde o constituinte autorizou previamente a restrição por parte do legislador) incidem os limites aos limites dos direitos fundamentais, tópico a ser examinado logo na sequência.

5.4. Limites aos limites dos direitos fundamentais

5.4.1. Noções preliminares

Até meados do século XX, por conta de uma tradição fortemente vinculada à postura reverencial em relação ao legislador, os direitos fundamentais não raras vezes tinham sua eficácia esvaziada pela atuação erosiva dos poderes constituídos. Ao longo da evolução dogmática e jurisprudencial, todavia, especialmente a partir do labor da doutrina e jurisprudência constitucional germânica, foi desenvolvida uma série de instrumentos, destinada a controlar as ingerências exercidas sobre os direitos fundamentais, evitando ao máximo a sua fragilização.

Em síntese, o que importa destacar, nesta quadra, é que eventuais limitações dos direitos fundamentais somente serão tidas como justificadas se guardarem compatibilidade formal e material com a Constituição. Sob perspectiva formal, parte-se da posição de primazia ocupada pela Constituição na estrutura do ordenamento jurídico, no sentido de que suas normas, na qualidade de decisões do poder constituinte, representam atos de autovinculação fundamental-democrática que encabeçam a hierarquia normativa imanente ao sistema. Pela perspectiva material, parte-se da premissa de que a Constituição não se restringe a regulamentar formalmente uma série de competências, mas estabelece, paralelamente, uma ordem de princípios substanciais, calcados essencialmente nos valores da dignidade da pessoa humana e na proteção dos direitos fundamentais que lhe são inerentes[108].

O controle da constitucionalidade formal e material dos limites aos direitos fundamentais implica, no plano formal, a investigação da competência, do procedimento e da forma adotados pela autoridade estatal. Já o controle material consiste essencialmente na observância da proteção do núcleo (ou conteúdo) essencial destes direitos, no atendimento das exigências da proporcionalidade e da razoabilidade, bem como no que se tem convencionado designar de proibição de retrocesso, categorias que, neste sentido, assumem a função de limites aos limites dos direitos fundamentais. Os limites aos limites dos fundamentais, portanto, funcionam como verdadeiras barreiras à restringibilidade destes direitos, sendo, nesta perspectiva, garantes da eficácia dos direitos fundamentais nas suas múltiplas dimensões e funções. No Brasil, diferentemente de outros países, como é o caso da Alemanha (art. 19, II, da Lei Fundamental de 1949) e Portugal (art. 18, II e III, da Constituição de 1976), não há previsão constitucional expressa a respeito dos limites aos limites dos direitos fundamentais na Constituição Federal de 1988. A tradição doutrinária e jurisprudencial brasileira, todavia, ainda que nem sem-

---

104. MENDES, Gilmar Ferreira. *Hermenêutica constitucional e direitos fundamentais...*, op. cit., p. 227 e ss.
105. Cf. CLEVÈ, Clemerson Merlin; FREIRE, Alexandre Reis Siqueira. Algumas notas sobre colisão de direitos fundamentais. In: CUNHA, Sérgio Sérvulo da; GRAU, Eros Roberto (Orgs.). *Estudos de direito constitucional em homenagem a José Afonso da Silva*. São Paulo: Malheiros, 2003, p. 233-234. Cf., ainda, ALEXY, Robert. Colisão de direitos fundamentais e realização de direitos fundamentais no Estado de Direito Democrático. *Revista de Direito Administrativo*. São Paulo: Atlas, v. 217, Rio de Janeiro: Renovar, 1999, p. 67-69.
106. ALEXY, Robert. Grundrechte als subjektive Rechte und als objektive Normen. *Der Staat*. N. 29, 1990, p. 50 e ss., p. 54.
107. ÁVILA, Humberto. *Teoria dos princípios* – Da definição à aplicação dos princípios jurídicos. 2. ed. São Paulo: Malheiros, 2003. 138 p., p. 56.
108. Cf., por todos, NEUNER, Jörg. O Código Civil da Alemanha (BGB) e a lei fundamental, cit., p. 249-254.

pre da mesma forma, acabou por recepcionar tal noção, objeto de farta análise doutrinária e expressiva (embora muitas vezes extremamente controversa) prática jurisdicional[109].

5.4.2. Proporcionalidade e razoabilidade como limites dos limites

a) Do princípio da proporcionalidade e sua dupla função como proibição de excesso e proibição de proteção insuficiente

Embora as ideias de proporção e de razoabilidade, vinculadas à própria noção de justiça e equidade, sempre tenham estado presentes no âmbito do fenômeno jurídico, permeando, em termos gerais, o direito contemporâneo[110], nem todas as manifestações suscitadas pela ideia de proporção dizem respeito ao princípio da proporcionalidade em seu sentido técnico-jurídico[111], tal qual desenvolvido no direito público alemão[112]. Da mesma forma, segue existindo acirrada controvérsia doutrinária e jurisprudencial sobre o conteúdo jurídico e significado da proporcionalidade e razoabilidade.

Embora não se pretenda sobrevalorizar a identificação de um fundamento constitucional para os princípios da proporcionalidade e da razoabilidade no ordenamento jurídico brasileiro, em termos gerais, é possível reconduzir ambos os princípios a um ou mais dispositivos constitucionais. Assim, de acordo com a vertente germânica, o ponto de referência é o princípio do Estado de Direito (art. 1º, CF), notadamente naquilo que veda o arbítrio, o excesso de poder, entre outros desdobramentos. Já para quem segue a orientação do direito norte-americano, a proporcionalidade guarda relação com o art. 5º, LIV, CF, no que assegura um devido processo legal substantivo[113]. No plano da legislação infraconstitucional, por sua vez, os princípios da proporcionalidade e da razoabilidade foram positivados em vários momentos, destacando-se o art. 2º da Lei n. 9.784/99, que regulamenta o processo administrativo no âmbito da Administração Federal direta e indireta. É bom frisar, contudo, que independentemente de sua expressa previsão em textos constitucionais ou legais, o que importa é a constatação, amplamente difundida, de que a aplicabilidade dos princípios da proporcionalidade e da razoabilidade não está excluída de qualquer matéria jurídica.

O princípio da proporcionalidade, que constitui um dos pilares do Estado democrático de direito brasileiro[114], desponta como instrumento metódico de controle dos atos – tanto comissivos quanto omissivos – dos poderes públicos, sem prejuízo de sua eventual aplicação a atos de sujeitos privados. Neste contexto, assume relevância, a conhecida e já referida distinção entre as dimensões negativa e positiva dos direitos fundamentais, com destaque para a atuação dos direitos fundamentais como *deveres de proteção* ou *imperativos de tutela*, implicando uma atuação positiva do Estado, obrigando-o a intervir, preventiva e repressivamente, inclusive quando se tratar de agressões oriundas de particulares.

Para a efetivação de seus deveres de proteção, corre o Estado – por meio de seus órgãos ou agentes – o risco de afetar de modo desproporcional outro(s) direito(s) fundamental(is), inclusive o(s) direito(s) de quem esteja sendo acusado de violar direitos fundamentais de terceiros. Esta hipótese corresponde às aplicações correntes do princípio da proporcionalidade como critério de controle de constitucionalidade das medidas restritivas de direitos fundamentais – atuantes, nesta perspectiva, como direitos de defesa. O princípio da proporcionalidade atua aqui, no plano da proibição de excesso, como um dos principais limites às limitações dos direitos fundamentais. Por outro lado, poderá o Estado frustrar seus deveres de proteção atuando de modo insuficiente, isto é, ficando aquém dos níveis mínimos de proteção constitucionalmente exigidos ou mesmo deixando de atuar – hipótese, por sua vez, vinculada (ao menos em boa parte) à problemática das omissões inconstitucionais. É neste sentido que – como contraponto à assim designada proibição de excesso – expressiva doutrina e inclusive jurisprudência têm admitido a existência daquilo que se convencionou chamar de proibição de insuficiência (no sentido de insuficiente implementação dos deveres de proteção do Estado e como tradução livre do alemão *Untermaßverbot*)[115]. É por tal razão que também a doutrina bra-

---

109. V., sobre o tema, na literatura pátria: STEINMETZ, Wilson Antônio. *Colisão de direitos fundamentais...*, op. cit.; SCHÄFER, Jairo Gilberto. *Direitos fundamentais*. Proteção e restrições. Porto Alegre: Livraria do Advogado, 2001. 152 p.; BARROS, Suzana Toledo. *O princípio da proporcionalidade...*, op. cit.; PEREIRA, Jane Reis Gonçalves. *Interpretação constitucional e direitos fundamentais*, op. cit., p. 297 e ss.; DIMOULIS, Dimitri; MARTINS, Leonardo. *Teoria geral dos direitos fundamentais*, op. cit., p. 167 e ss.; FREITAS, Luiz Fernando Calil de. *Direitos fundamentais...*, op. cit., p. 185 e ss.; e MENDES, Gilmar; COELHO, Inocêncio Mártires; BRANCO, Paulo Gustavo Gonet. *Curso de direito constitucional*, op. cit., p. 304 e ss.

110. Cf., para uma descrição dos antecedentes filosóficos da ideia de proporcionalidade, bem como da evolução do conceito na história do direito, GUERRA FILHO, Willis Santiago. *Teoria processual da Constituição*. São Paulo: Celso Bastos, 2000. 230 p., p. 71-80.

111. Discute-se, há bastante tempo, sobre a correta qualificação jurídico-normativa da proporcionalidade. Assim, ao passo que a maioria da doutrina ainda prefira falar na proporcionalidade como princípio ou mesmo como regra (tomando-se aqui ambas as noções tal qual formuladas teoricamente por Robert Alexy e seus seguidores), há quem questione tal modelo, vislumbrando na proporcionalidade uma figura substancialmente distinta das regras e dos princípios, qualificando-a como sendo um postulado normativo-aplicativo, razão pela qual se faz também referência a um dever de proporcionalidade. Cf., neste sentido, a contribuição crítica de ÁVILA, Humberto. *Teoria dos princípios...*, op. cit., especialmente p. 104 e ss., sem que se esteja aqui a aderir à terminologia (postulado normativo-aplicativo) proposta pelo autor.

112. GUERRA FILHO, Willis Santiago. *Teoria processual da Constituição*, op. cit., p. 75.

113. Nesse sentido, a jurisprudência do STF. Cf., na doutrina, dentre muitos, MENDES, Gilmar Ferreira. *Direitos fundamentais e controle de constitucionalidade*: estudos de direito constitucional. São Paulo: Celso Bastos, 1988, p. 83; BARROSO, Luís Roberto. *Interpretação e aplicação da Constituição*: fundamentos de uma dogmática constitucional transformadora. 5. ed., São Paulo: Saraiva, 2003. 379 p., p. 237.

114. Para um conceito constitucionalmente adequado de Estado Democrático de Direito, v., por todos, STRECK, Lenio; MORAIS, José Luis Bolzan de. *Ciência política e teoria geral do Estado*. Porto Alegre: Livraria do Advogado, 2004. 195 p.

115. Cf., especialmente, na doutrina nacional, STRECK, Lenio Luiz. Bem jurídico e Constituição: da proibição de excesso (Uebermassverbot) à proibição de proteção deficiente (Untermassberbot): de como não há blindagem contra normas penais inconstitucionais. *Boletim da Faculdade de Direito de Coimbra*, v. 80, 20004, p. 303-345; FELDENS, Luciano. *A Constituição penal*. A dupla face da proporcionalidade no controle de normas penais. Porto Alegre: Livraria do Advogado, 2005; SARLET, Ingo Wolfgang. Constituição, proporcionalidade e direitos fundamentais: o direito penal entre proibição de excesso e de insuficiência. *Boletim da Faculdade de Direito de Coimbra*, n. 81, 2005, p. 325-386. Por último, v. ROTHENBURG, Walter Claudius, Princípio da proporcionalidade, in: OLIVEIRA NETO, Olavo de; LOPES, Maria Elizabeth de Castro (Org.). *Princípios processuais civis na Constituição*. São Paulo: Elsevier Editora, 2008, p. 309 e ss.

sileira (e, em alguns casos, a própria jurisprudência), em que pese não ser pequena a discussão a respeito, em geral já aceita a ideia de que o princípio da proporcionalidade possui como que uma *dupla face*, atuando simultaneamente como critério para o controle da legitimidade constitucional de medidas restritivas do âmbito de proteção de direitos fundamentais, bem como para o controle da omissão ou atuação insuficiente do Estado no cumprimento dos seus deveres de proteção. Em suma, desproporções – para mais ou para menos – caracterizam violações ao princípio em apreço e, portanto, *antijuridicidade*[116].

De acordo com a posição corrente e amplamente recepcionada pela doutrina e também acolhida em sede jurisprudencial (embora nem sempre corretamente aplicada!), na sua função como critério de controle da legitimidade constitucional de medidas restritivas do âmbito de proteção dos direitos fundamentais, o princípio da proporcionalidade costuma ser desdobrado em três elementos (subcritérios ou subprincípios constitutivos, como prefere Gomes Canotilho): a) a adequação ou conformidade, no sentido de um controle da viabilidade (isto é, da idoneidade técnica) de que seja em princípio possível alcançar o fim almejado por aquele(s) determinado(s) meio(s), muito embora, para alguns, para que seja atendido o critério, bastaria que o poder público (mediante a ação restritiva) cumpra com o dever de fomentar o fim almejado[117]; b) da necessidade, em outras palavras, a opção pelo meio restritivo menos gravoso para o direito objeto da restrição, exame que envolve duas etapas de investigação: o exame da igualdade de adequação dos meios (para verificar se os meios alternativos promovem igualmente o fim) e, em segundo lugar, o exame do meio menos restritivo (com vista a constatar se os meios alternativos restringem em menor medida os direitos fundamentais afetados)[118]; c) da proporcionalidade em sentido estrito (que exige a manutenção de um equilíbrio (proporção e, portanto, de uma análise comparativa) entre os meios utilizados e os fins colimados, no sentido do que para muitos tem sido também chamado de razoabilidade ou justa medida[119], já que mesmo uma medida adequada e necessária poderá ser desproporcional[120].

Cumpre anotar, neste contexto, que, embora não se trate propriamente de um critério interno, a aferição da proporcionalidade de uma medida restritiva há de partir do pressuposto de que a compressão de um direito encontra sua razão de ser na tutela de outro bem jurídico constitucionalmente relevante (não necessariamente outro direito fundamental), ou seja, a restrição deve ter uma finalidade constitucionalmente legítima[121]. De outra parte, há quem questione a utilização da terceira exigência interna, qual seja, a da proporcionalidade em sentido estrito, sob o argumento central (aqui apresentado em apertada síntese e de modo simplificado) de que as etapas da adequação e da necessidade são suficientes para assegurar a aplicação da proporcionalidade, e que justamente a terceira fase (onde se daria, segundo Alexy, a ponderação propriamente dita) é responsável pelos excessos de subjetivismo cometidos por conta da proporcionalidade, expondo-a, neste sentido justificadamente, aos seus críticos[122]. Sem que se possa aprofundar o debate, parece-nos que tal proposta, a despeito de apontar com razão para os riscos inerentes ao terceiro momento, o da proporcionalidade em sentido estrito, acaba subestimando o fato de que a ponderação, seja qual o nome que se atribuir ao procedimento de sopesamento dos bens e alternativas em pauta, apenas acaba sendo deslocada e concentrada nas primeiras duas etapas, visto que a supressão do exame da relação entre os meios e os fins ínsita ao terceiro momento (da proporcionalidade em sentido estrito) poderá resultar na própria violação do princípio da razoabilidade, que não se confunde com o da proporcionalidade mas com este guarda íntima relação. Com efeito, há de se levar em conta, neste contexto, que resta enfrentar o problema de até que ponto medidas adequadas e necessárias podem, ainda assim, resultar em compressão excessiva do bem afetado pela restrição, sendo questionável se a categoria do núcleo essencial por si só possa dar conta do problema. De outra parte, a aceitação de que os direitos fundamentais possuem um núcleo essencial, re-

---

116. Cf. FREITAS, Juarez. Responsabilidade objetiva do Estado, proporcionalidade e precaução. Direito e justiça. *Revista da Faculdade de Direito da Pontifícia Universidade Católica do Rio Grande do Sul*. Vol. 31. Porto Alegre: Editora PUCRS, 2006. p. 14.

117. Nesse sentido, cf., dentre muitos, ÁVILA, Humberto. *Teoria dos princípios*..., op. cit., p. 109.

118. *Idem*, p. 114.

119. Importa registrar, neste ponto, a discussão doutrinária a respeito da fungibilidade dos princípios da proporcionalidade e da razoabilidade, especialmente a existência de fortes posições que, também entre nós, sustentam a ausência de identidade entre ambos, notadamente quanto ao fato de que o princípio da proporcionalidade tal como desenvolvido dogmaticamente na Alemanha (embora também lá não de modo completamente uniforme e incontroverso quanto a uma série de aspectos) não equivale pura e simplesmente à razoabilidade dos americanos (como, por exemplo, chega a sugerir BARROS, Suzana de Toledo. *O princípio da proporcionalidade*..., op. cit., p. 57), e que possui, portanto, um sentido e conteúdo distintos (pelo menos parcialmente, considerando especialmente as noções de proporcionalidade em sentido amplo e em sentido estrito dos alemães). A respeito deste ponto, remetemos especialmente aos estudos de STEINMETZ, Wilson Antônio. *Colisão de direitos*..., op. cit., p. 173 e ss., e SILVA, Luís Virgílio Afonso da. O proporcional e o razoável. *RT*. São Paulo: Revista dos Tribunais. v. 798. p. 23-50. abr. 2002, p. 27 e ss.

120. A respeito destes três critérios e sua aplicação, v., entre tantos, SCHOLLER, Heinrich. O princípio da proporcionalidade no direito constitucional e administrativo da Alemanha. *Revista Interesse Público*. São Paulo: NOTADEZ. n. 2. 1999. p. 97 e ss. Entre nós, v., também neste sentido (pelo menos em linhas gerais e no que diz respeito à adoção deste exame da proporcionalidade em três níveis, consoante o paradigma germânico), as já clássicas contribuições de BONAVIDES, Paulo. *Curso de direito constitucional*. 7. ed. São Paulo: Malheiros, 1997. 755 p., p. 360 e ss., BARROS, Suzana de Toledo. *O princípio da proporcionalidade*..., op. cit.; GUERRA FILHO, Willis Santiago. Direitos fundamentais, processo e princípio da proporcionalidade. In: GUERRA FILHO, Willis Santiago (Coord.). *Dos direitos humanos aos direitos fundamentais*. Porto Alegre: Livraria do Advogado, 1997. p. 25 e ss. (o autor possui outros estudos importantes sobre o tema); SCHÄFER, Jairo Gilberto. *Direitos fundamentais*, op. cit.; STEINMETZ, Wilson Antônio. *Colisão de direitos*..., op. cit., p. 137 e ss.; ÁVILA, Humberto Bergmann. *Teoria dos princípios*..., op. cit., p. 108; PEREIRA, Jane Reis Gonçalves. *Interpretação constitucional e direitos fundamentais*, op. cit., p. 324 e ss.; FREITAS, Luiz Fernando Calil de. *Direitos fundamentais*, op. cit., p. 205 e ss., DIMOULIS, Dimitri; MARTINS, Leonardo. *Teoria geral dos direitos fundamentais*, op. cit., p. 176 e ss. (embora a divergência quanto ao critério da proporcionalidade em sentido estrito). Por último, v. MENDES, Gilmar Ferreira; COELHO, Inocêncio Mártires; BRANCO, Paulo Gustavo Gonet. *Curso de direito constitucional*, op. cit., p. 320 e ss.

121. Cf., por todos e entre nós, DIMOULIS, Dimitri; MARTINS, Leonardo, *Teoria geral dos direitos fundamentais*, op. cit., p. 198 e ss.

122. Neste sentido, seguindo o magistério de Bernhard Schlink, na Alemanha, v., entre nós, DIMOULIS, Dimitri; MARTINS, Leonardo. *Teoria geral dos direitos fundamentais*, op. cit., p. 226 e ss., argumentando que falta uma medida objetiva para a ponderação. Por último, aderindo, mas não exatamente pelos mesmos fundamentos, v. ROTHENBURG, Walter Claudius. Princípio da proporcionalidade, op. cit., p. 303 e ss.

mete novamente ao problema de saber se este núcleo é o que resulta do processo de ponderação (para o que fica difícil a dispensa da proporcionalidade em sentido estrito ou outro nome que se atribuir a esta terceira fase), a exemplo do que, em linhas gerais, preconiza Alexy e, entre nós, Virgílio Afonso da Silva[123]. Cuida-se, sem dúvida, de debate a ser aprofundado, revelando que também a dogmática constitucional brasileira está engajada em avançar quanto a este ponto, de tal sorte que aqui nos limitamos a referir a controvérsia, dada a sua relevância, visto que o que se busca é aprimorar os mecanismos de controle das restrições e reduzir os níveis de subjetivismo e irracionalidade na aplicação da proporcionalidade.

A aplicação da proporcionalidade como proibição de proteção insuficiente (ou deficiente, como preferem outros) utiliza-se, em termos gerais, da mesma análise trifásica (em três níveis ou etapas) – já de todos conhecida – aplicada no âmbito da proibição de excesso, guardadas, é claro, as peculiaridades que decorrem da finalidade do exame do devido cumprimento dos deveres de proteção. Com efeito, valendo-nos aqui das lições de Christian Calliess[124] (que sustenta uma distinção dogmática e funcional entre proibição de excesso e insuficiência), uma vez determinada a existência de um dever de proteção e o seu respectivo objeto, o que constitui um pressuposto de toda a análise posterior, é possível descrever as três etapas da seguinte maneira: a) no que se refere ao exame da adequação ou idoneidade, é necessário verificar se a(s) medida(s) – e a própria concepção de proteção – adotada(s) ou mesmo prevista(s) para a tutela do direito fundamental é (são) apta(s) a proteger de modo eficaz o bem protegido; b) em sendo afirmativa a primeira resposta, cuida-se de averiguar se existe uma concepção de segurança (proteção) mais eficaz, sem que com isso se esteja a intervir de modo mais rigoroso em bens fundamentais de terceiros ou interesses da coletividade? Em outras palavras, existem meios de proteção mais eficientes, mas pelo menos tão pouco interventivos em bens de terceiros? Ainda neste contexto, anota o autor referido, que se torna possível controlar medidas isoladas no âmbito de uma concepção mais abrangente de proteção, por exemplo, quando esta envolve uma política pública ou um conjunto de políticas públicas; c) no âmbito da terceira etapa (que corresponde ao exame da proporcionalidade em sentido estrito ou razoabilidade, como preferem alguns) é preciso investigar se o impacto das ameaças e riscos remanescentes após a efetivação das medidas de proteção é de ser tolerado em face de uma ponderação com a necessidade de preservar outros direitos e bens fundamentais pessoais ou coletivos. É justamente aqui, aliás, que, segundo o autor, se verifica a confluência entre as proibições de excesso e de insuficiência, já que no âmbito das duas primeiras etapas é necessário efetuar o controle considerando as peculiaridades de cada instituto (embora as etapas em si, adequação ou idoneidade e necessidade ou exigibilidade sejam as mesmas), ao passo que na terceira etapa é que, no quadro de uma argumentação e de uma relação jurídica multipolar, é necessário proceder a uma ponderação que leve em conta o quadro global, ou seja, tanto as exigências do dever de proteção, quanto os níveis de intervenção em direitos de defesa de terceiros ou outros interesses coletivos (sociais), demonstrando a necessidade de estabelecer uma espécie de "concordância prática multipolar"[125].

b) Da relação entre proporcionalidade e razoabilidade e da possível distinção entre ambos

Importa registrar, neste ponto, a discussão doutrinária a respeito da "fungibilidade" dos princípios da proporcionalidade e da razoabilidade, especialmente a existência de fortes posições que, também entre nós, sustentam a ausência de identidade entre ambos, notadamente quanto ao fato de que o princípio da proporcionalidade tal como desenvolvido dogmaticamente na Alemanha (embora também lá não de modo completamente uniforme e incontroverso quanto a uma série de aspectos) não equivale pura e simplesmente à razoabilidade dos americanos[126], e que possui, portanto, um sentido e conteúdo distintos (pelo menos parcialmente, considerando especialmente as noções de proporcionalidade em sentido amplo e em sentido estrito dos alemães)[127].

Vale referir, ademais, haver quem atribua ao critério da proporcionalidade em sentido estrito (inclusive com base na prática jurisprudencial do Tribunal Constitucional Federal da Alemanha) significado mais teórico do que prático, sustentando que, em geral, é no plano do exame da necessidade da medida restritiva que se situa a maior parte dos problemas, pois é neste nível que se dá o teste decisivo da constitucionalidade da restrição[128], aspecto que reclama uma digressão calcada na análise sistemática da jurisprudência constitucional e que aqui não será desenvolvida.

Retomando a controvérsia a respeito da relação entre proporcionalidade e razoabilidade, convém lembrar que, no campo da proporcionalidade em sentido estrito, exige-se a comparação entre a importância da realização do fim e a intensidade da restrição aos direitos fundamentais, examinando, em síntese, se as vantagens produzidas pela adoção do meio superam as desvantagens advindas da sua utilização[129].

Precisamente quanto a este ponto assume relevo a conexão dos princípios da proporcionalidade em sentido estrito e da razoabilidade com o método da ponderação de bens[130]. Tendo em

---

123. Cf. SILVA, Virgílio Afonso da. *O conteúdo essencial dos direitos fundamentais...*, op. cit., especialmente, em síntese, p. 271 e ss.

124. Cf. CALLIESS, Christian. Die grundrechliche Schutzpflicht im mehrpoligen Verfassungsrechtsverhältnis. In: *Juristen Zeitung* (doravante JZ), 2006. p. 329.

125. Cf. *Idem*, p. 330.

126. Cf., v.g., BARROS, Suzana de Toledo. *O princípio da proporcionalidade...*, op. cit., p. 57.

127. A respeito deste ponto, cf. especialmente STEINMETZ, Wilson Antônio. *Colisão de direitos...*, op. cit., p. 173 ss., e SILVA, Virgílio Afonso da. O proporcional e o razoável, op. cit., p. 27 e ss.

128. Cf. SCHOLLER, Heinrich, *O princípio da proporcionalidade...*, op. cit., p. 101-102.

129. Cf. ÁVILA, Humberto. *Teoria dos princípios...*, op. cit., p. 116. Em sentido aproximado, a definição oferecida ao exame da *proporcionalidade em sentido estrito* por SILVA, Virgílio Afonso. O proporcional e o razoável, op. cit., para quem o referido exame "consiste em um sopesamento entre a intensidade da restrição ao direito fundamental atingido e a importância da realização do direito fundamental que com ele colide e que fundamenta a adoção da medida restritiva".

130. Cf., dentre muitos, ALEXY, Robert. *Teoría de los derechos fundamentales*, op. cit., p. 161 ("cuanto mayor es el grado de la no satisfacción de un principio, tanto mayor tiene que ser la importancia de la sastisfacción del otro"). Neste caso, faz-se necessário averiguar a relação de precedência entre os direitos fundamentais em tensão no caso concreto.

conta que o juízo de ponderação se verifica, com toda a sua extensão, no assim designado terceiro nível da aplicação da proporcionalidade (seguindo-se a metódica trifásica da proporcionalidade), o fato é que mesmo a ponderação sendo considerada coincidente com o raciocínio requisitado pelo princípio da razoabilidade como parâmetro da atuação normativa estatal, é este seguramente o ponto de contato mais importante entre a proporcionalidade e a razoabilidade. É por esta razão que a razoabilidade é também identificada com a proporcionalidade em sentido estrito, o que, todavia, não significa necessariamente que se trate de noções integralmente fungíveis e que não tenham uma aplicação autônoma. Sem que se possa aqui adentrar o terreno conceitual, avaliando todas as possíveis diferenças e semelhanças, assim como eventuais distinções conceituais entre proporcionalidade e razoabilidade, é certo que se a proporcionalidade não for aplicada na sua integralidade, mediante consideração, ainda que sumária, de seus três subprincípios, não será a proporcionalidade que estará efetivamente em causa. A razoabilidade, por sua vez, não reclama tal procedimento trifásico e é assim que tem sido aplicada. A utilização indistinta das expressões proporcionalidade e razoabilidade não se justifica pelo simples fato de que isto corresponde a uma prática usual, especialmente entre nós, visto que a reiterada prática de um equívoco não o torna necessariamente menos equivocado. Com efeito, o uso equivalente dos termos apenas encontraria explicação eficiente se de fato existisse a – por alguns – reclamada equivalência substancial entre os dois princípios. O que de fato ocorre, e a jurisprudência brasileira bem o atesta, é que em muitos casos, por não ser aplicada a análise trifásica exigida pela proporcionalidade, a ponderação ocorre essencialmente no plano da "mera" razoabilidade, o que justamente constitui prova evidente de que, a despeito do importante elo comum (razoabilidade e proporcionalidade em sentido estrito) não se trata de grandezas idênticas em toda sua extensão.

A técnica da ponderação (aqui não se fará sequer a tentativa de distinção em relação a outros termos de uso corrente, como a hierarquização, o sopesamento, entre outras), tanto no âmbito do direito público quanto na seara do direito privado, a despeito das toneladas de papel e dos verdadeiros oceanos de tinta gastos com o tema, não chega a apresentar maiores novidades, visto que, com o passar do tempo, consolidou sua posição como instrumento apto a determinar a solução juridicamente correta em cada caso, com destaque para a solução dos conflitos entre direitos e princípios fundamentais, embora não se aplique exclusivamente nesta esfera. Isso não afasta, contudo, a necessidade de encontrar vias por meio das quais sejam mitigados ou evitados os perigos e excessos que tradicionalmente lhe são imputados[131], com o intuito de conferir à ponderação suporte racional e disciplinado, renunciando, todavia, à sua redução a uma fórmula matemática, esta sim, seguramente condenada ao fracasso[132]. Assim, a despeito da existência de uma série de teorizações a respeito dos meios de controle da utilização não abusiva da própria proporcionalidade e da razoabilidade, assim como dos princípios em geral, não é aqui que tais questões serão desenvolvidas, remetendo-se aqui ao comentário sobre a interpretação constitucional.

5.4.3. A garantia do núcleo essencial dos direitos fundamentais

A garantia de proteção do núcleo essencial dos direitos fundamentais aponta para a parcela do conteúdo de um direito sem a qual ele perde a sua mínima eficácia, deixando, com isso, de ser reconhecível como um direito fundamental[133]. Com efeito, a limitação de um direito fundamental não pode privá-lo de um mínimo de eficácia. A ideia fundamental deste requisito é a de que existem conteúdos invioláveis dos direitos fundamentais que se reconduzem a posições mínimas indisponíveis às intervenções dos poderes estatais, mas que também podem ser opostas a particulares, embora quanto a este último aspecto exista divergência doutrinária relevante. Mesmo quando o legislador está constitucionalmente autorizado a editar normas restritivas, ele permanece vinculado à salvaguarda do núcleo essencial dos direitos restringidos[134]. Não cabe aqui avaliar se o núcleo essencial seria, ou não, determinado com base num processo de ponderação, dando origem a duas teorias sobre o núcleo essencial: a absoluta e a relativa[135]. Na primeira hipótese, o respeito ao núcleo intangível dos direitos fundamentais poderia desempenhar o papel de um "filtro" (muitas vezes subsidiário) ao exame de proporcionalidade; na segunda, estaria muito provavelmente fadado a ser absorvido por este exame[136]. Cumpre, no entanto, ressaltar o objetivo comum que ambas as teorias, mesmo que por caminhos diversos,

---

131. SANTIAGO, José María Rodríguez de. *La ponderación de bienes e intereses en el derecho administrativo*. Madrid: Marcial Pons, 2000. p. 12: "la mayor parte de las opiniones descalificadoras del método de la ponderación incidan, casi siempre, en las mismas ideas: la *imprevisibilidad* de sus resultados, la remisión a la *justicia del caso concreto*, con lo que eso supone de pérdida en *seguridad jurídica*, la utilización de esa técnica como brecha a través de la cual se amplía el poder de quien tiene la competencia para decidir en último término, etc.". Material para aprofundamento a respeito da polêmica envolvendo a ideia de ponderação no pensamento jurídico contemporâneo poderá ser encontrado, entre muitos, em LEISNER, Walter. *Der Abwägungsstaat* – Verhältnismässigkeit als Gerechtigkeit? Berlin: Duncker & Humblot, 1997, especialmente p. 11-45. Na literatura jurídica brasileira, entre muitos, SARMENTO, Daniel. *A ponderação de interesses na Constituição Federal*. Rio de Janeiro: Lumen Juris, 2003. 220 p.; STEINMETZ, Wilson Antônio. *Colisão de direitos...*, op. cit., p. 193-207, bem como, mais recentemente, BARCELLOS, Ana Paula de. *Ponderação, racionalidade e atividade jurisdicional*. Rio de Janeiro: Renovar, 2005. 334 p.; STRECK, Lenio Luiz. *Verdade e consenso:* Constituição, hermenêutica e teorias discursivas. Da possibilidade à necessidade de respostas corretas no direito. 2. ed. Rio de Janeiro: Lumen Juris, 2007. 435 p.

132. SANTIAGO, José María Rodríguez de. *La ponderación de bienes...*, op. cit., p. 16. No mesmo sentido, a lição de SARMENTO, Daniel. *A ponderação de interesses na Constituição Federal*, op. cit., p. 146-147: "a realidade dos fatos desmente a crença, algo pueril, de que seja possível equacionar *more geometrico* todos os contrastes potenciais entre as normas da Constituição, delimitando rigidamente os campos normativos de cada uma. Por isto, está certo Klaus Stern ao afirmar que ... *en ninguna parte un ordenamiento jurídico puede prescindir de la ponderación de bienes jurídicos*".

133. ÁVILA, Humberto. Conteúdo, limites e intensidade dos controles de razoabilidade, de proporcionalidade e de excessividade das leis. *Revista de Direito Administrativo*. São Paulo: Atlas. v. 236, 2004, p. 374.

134. CANOTILHO, José Joaquim Gomes. *Direito constitucional...*, op. cit., p. 456.

135. Cf., a favor da teoria absoluta, STERN, Klaus; SACHS, Michael. *Das Staatsrecht der Bundesrepublik Deutschland*. v. III/2, Munique: C. H. Beck, 1994, p. 865 e ss.; a favor da teoria relativa, MAUNZ, Theodor; DURIG, Gunter (Orgs.). *Grundgesetz-Kommentar*. Art. 19 Abs. 2, Munique: C. H. Beck, 1977, p. 1 e ss. Para uma exposição densa e sucinta da matéria na literatura jurídica alemã, cf., por todos, HESSE, Konrad. *Grundzuge...*, op. cit., p. 266-268.

136. BACIGALUPO, Mariano. La aplicación de la doctrina de los "límites inmanentes" a los derechos fundamentales sometidos a reserva de limitación legal. *Revista Española de Derecho Constitucional*. n. 38, 1993, p. 301 e ss.

se esforçam em alcançar: a garantia de maior proteção dos direitos fundamentais[137]. Daí referir Peter Lerche que, não obstante os posicionamentos não se encaixem bem uns com os outros do ponto de vista formal, permanecem "avizinhados" no que toca aos seus efeitos práticos[138].

No direito constitucional brasileiro, em termos gerais, segue correta a observação, de que, a despeito de importantes contribuições doutrinárias, não existem trabalhos mais extensos exclusivamente dedicados ao tema, o que, ainda mais considerando a frequência com que a garantia do núcleo essencial tem sido referida na jurisprudência, com destaque para a do STF, não deixa de causar espécie, como, aliás, bem apontou Virgílio Afonso da Silva, autor da mais recente, atualizada e instigante monografia em língua portuguesa sobre o tema[139].

Diversamente de outras ordens constitucionais (como é o caso da Alemanha, da Grécia, de Portugal e da Espanha, para referir apenas as que mais influenciaram o nosso constituinte), a CF de 1988 não agasalhou expressamente uma garantia do núcleo essencial, o que, pelo perfil eminentemente declaratório de tais cláusulas expressas, nunca impediu – e nem teria como – o reconhecimento, entre nós, de tal garantia[140]. Neste contexto, vale realçar que a ideia de núcleo essencial tem sido utilizada pelo STF, por exemplo, para interpretar as limitações materiais ao poder constituinte de reforma, enumeradas pelo art. 60, § 4º, da Constituição Federal de 1988[141]. Por ocasião da arguição da inconstitucionalidade de preceito supostamente tendente a abolir a "forma federativa de Estado" (CF, art. 60, § 4º, I), firmou-se o entendimento de que "as limitações materiais ao poder constituinte de reforma (...) não significam a intangibilidade literal da respectiva disciplina na Constituição originária, mas apenas a proteção do núcleo essencial dos princípios e institutos cuja preservação nelas se protege"[142].

Embora nós mesmos tenhamos lançado mão de tal linha argumentativa, no sentido de que a dicção do art. 60, § 4º, da CF, que dispõe que não será objeto de deliberação proposta de emenda constitucional *tendente a abolir (grifo nosso)*, implica uma manifestação constitucional em prol da tutela do núcleo essencial, no sentido de que também restrições que possam ser consideradas equivalentes a uma efetiva supressão encontram-se vedadas[143], parece correto que o significado da tutela assegurada por conta de uma garantia (implícita) do núcleo essencial não pode ser simplesmente equiparado à função dos limites materiais do poder de reforma constitucional, o que não impede a aplicação da noção de núcleo essencial, assim nos parece, nesta seara, ainda que, a prevalecer esta tese, no contexto da tutela contra emendas constitucionais, se esteja, em princípio, em face da dimensão objetiva da garantia do núcleo essencial, onde se busca impedir restrições que tornem o direito tutelado sem significado para a vida social como um todo[144].

Para além de outras considerações, insistimos aqui na tese de que o núcleo essencial dos direitos fundamentais não se confunde com o maior ou menor conteúdo em dignidade da pessoa humana dos direitos fundamentais, assim como a designada garantia do mínimo existencial, mesmo no caso dos direitos sociais, não pode ser pura e simplesmente identificada com o núcleo essencial de tais direitos, pelo menos não no sentido de que se trata de categorias absolutamente idênticas, o que, todavia, não significa que não haja uma relação entre tais figuras jurídicas[145].

De qualquer sorte, reafirmando o intento de não aprofundarmos aqui o debate, colocamos em destaque algumas assertivas de crucial relevância para o tema e o seu adequado tratamento doutrinário e jurisprudencial, que, a considerar a ausência especialmente de uma jurisprudência pelo menos tendencialmente uniforme, no que se refere à adoção da teoria absoluta ou relativa do núcleo essencial, deverão ainda ser objeto de acirrada controvérsia. Com efeito, resulta elementar que a exata determinação de qual núcleo essencial de um direito dificilmente poderá ser estabelecida em abstrato e previamente, de tal sorte que, ainda que se possa controverter sobre aspectos importantes de sua formulação doutrinária, a razão de fato parece estar com Virgílio Afonso da Silva, ao afirmar que "o conteúdo essencial dos direitos fundamentais é definido a partir da relação entre diversas variáveis – e de todos os problemas que as cercam – como o suporte fático dos direitos fundamentais (amplo ou restrito) e a relação entre os direitos e suas restrições (teorias externa ou interna)". Acima de tudo, retoma-se aqui a exortação feita no início do presente item, no sentido de que o mais importante é que doutrina e jurisprudência sigam desenvolvendo parâmetros que assegurem, sem prejuízo de sua consistência argumentativa e, portanto, de sua sempre possível controlabilidade, aos direitos fundamentais a sua máxima proteção, potencializando a noção de limites aos limites dos direitos fundamentais.

---

137. Cf. MENDES, Gilmar Ferreira. *Controle de constitucionalidade...*, op. cit., p. 244.

138. LERCHE. Peter. Das Bundesvergassungericht und die Verfassungsdirektiven. *Archiv des öffentlichen Rechts*. n. 90. Tübingen: Mohr Siebeck, 1965. p. 791.

139. Cf. SILVA, Virgílio Afonso da. *O conteúdo essencial dos direitos fundamentais e a eficácia das normas constitucionais*, op. cit., p. 19-22.

140. Cf. SILVA, Virgílio Afonso da. *O conteúdo essencial dos direitos fundamentais*, op. cit., p. 266 e ss.

141. Cf. SARLET, Ingo Wolfgang. *A eficácia dos direitos fundamentais*, op. cit., p. 428 e ss., bem como, mais recentemente, BRANDÃO, Rodrigo. *Direitos fundamentais, democracia e cláusulas pétreas*. Rio de Janeiro: Renovar, 2008, especialmente p. 241 e ss.

142. BRASIL. Supremo Tribunal Federal. ADI 2024. Relator Min. Sepúlveda Pertence, Brasília, DF, 3 de maio de 2007. *DJ* de 22 de junho de 2007. Na doutrina nacional, v., sobre o princípio da proteção do núcleo essencial, especialmente as mais recentes contribuições de BIAGI, Claudia Perotto. *A garantia do conteúdo essencial dos direitos fundamentais na jurisprudência constitucional brasileira*. Porto Alegre: S. A. Fabris, 2005. 142 p.; PEREIRA, Jane Reis Gonçalves. *Interpretação constitucional e direitos fundamentais...*, op. cit., p. 366 e ss.; FREITAS, Luiz Fernando Calil de. *Direitos fundamentais...*, op. cit., 192 e ss.; SILVA, Virgílio Afonso da. Núcleo essencial dos direitos fundamentais e eficácia das normas constitucionais, op. cit., p. 23-51.

143. Cf. o nosso *A eficácia dos direitos fundamentais*, op. cit., p. 430 e ss., mediante referência a estudo anterior, entre nós, da lavra de Flávio B. Novelli.

144. SILVA, Virgílio Afonso da. *O conteúdo essencial dos direitos fundamentais*, op. cit., p. 244 e ss.

145. Cf. o nosso *Dignidade da pessoa humana e direitos fundamentais*, op. cit., p. 124. No mesmo sentido, ao que tudo indica, também SILVA, Virgílio Afonso da. *O conteúdo essencial dos direitos fundamentais*, op. cit., p. 252 e ss.

6. Dos deveres fundamentais[146]

6.1. Notas introdutórias

Os *deveres fundamentais* guardam íntima (embora não exclusiva) vinculação com a assim designada axiológica da função objetiva dos direitos fundamentais. Com efeito, já foi assentado que os direitos fundamentais, além de dizerem respeito à tutela e promoção da pessoa na sua individualidade, considerada como titular de direitos, representam valores da comunidade no seu conjunto, valores estes que o Estado e a sociedade devem respeitar, proteger e promover. É neste sentido que não se deveria esquecer que direitos (fundamentais ou não) não podem ter uma existência pautada pela desconsideração recíproca. Não é à toa que a máxima de que direitos não podem existir sem deveres segue atual e mais do que nunca exige ser levada a sério.

A despeito disso, o tema dos *deveres fundamentais*, como oportunamente averbou Casalta Nabais, é reconhecidamente, salvo algumas exceções, um dos mais "esquecidos" pela doutrina constitucional contemporânea[147], não dispondo de um regime constitucional equivalente (ou mesmo aproximado) àquele destinado aos *direitos fundamentais*. No âmbito da doutrina constitucional brasileira, os deveres fundamentais não tiveram destino diferente, sendo praticamente inexistente o seu desenvolvimento doutrinário e jurisprudencial. Em boa parte, tal evolução encontra razão de ser na configuração do próprio Estado de Direito e do que se poderia designar de uma "herança liberal"[148], no sentido de compreender a posição do indivíduo em face do Estado como a de titular de prerrogativas de não intervenção em sua esfera pessoal, conduzindo à primazia quase absoluta dos "direitos subjetivos" em detrimento dos "deveres"[149]. Tal hipertrofia dos direitos, por outro lado, guarda conexão com a noção de um cidadão pouco (ou quase nada) comprometido com a sua comunidade e seus semelhantes, o que, na perspectiva do Estado Social, acabou desafiando uma mudança. Em virtude da necessidade de moderação do excessivo individualismo, bem como do caráter demasiadamente liberal atribuído à ideia de Estado de Direito, contemplam-se, dessa maneira, os elementos sociais e os deveres econômicos, sociais e culturais[150].

O reconhecimento de deveres fundamentais implica a participação ativa dos cidadãos na vida pública e, na acepção de Vieira de Andrade, "um empenho solidário de todos na transformação das estruturas sociais"[151], portanto, reclama um mínimo de responsabilidade social no exercício da liberdade individual e implica a existência de deveres jurídicos (e não apenas morais) de respeito pelos valores constitucionais e pelos direitos fundamentais, inclusive na esfera das relações entre privados, justificando, inclusive, limitações ao exercício dos direitos fundamentais[152]. Foi o reconhecimento dos direitos sociais e ecológicos que, já no âmbito do Estado Social, acabou levando a um fortalecimento da noção de deveres fundamentais, além de caracterizar o direito à igual repartição dos encargos comunitários demandados pela existência e pelo funcionamento da comunidade estatal[153]. Subjacente à noção de deveres fundamentais está também a da dignidade da pessoa humana, compreendida de modo individualizado e comunitário (institucionalizada), não se podendo falar em garantias efetivas dos direitos fundamentais sem o cumprimento mínimo de deveres do homem e do cidadão[154].

6.2. Breve notícia a respeito dos deveres no âmbito do direito internacional dos direitos humanos

A Declaração Universal dos Direitos do Homem (1948), adotada pela Organização das Nações Unidas, já apontava, no seu art. 29, para a existência de deveres e responsabilidades do indivíduo no exercício dos seus direitos humanos, prevendo que "todo homem tem *deveres* para com a comunidade na qual o livre e pleno desenvolvimento de sua personalidade é possível". Também merece registro a previsão de *deveres humanos* no Preâmbulo do Pacto Internacional dos Direitos Econômicos, Sociais e Culturais (1966), ao determinar que "o indivíduo, por ter deveres para com os outros indivíduos e a comunidade a que pertence, está obrigado a procurar a vigência e observância dos direitos reconhecidos neste Pacto". Mais recentemente, embora não esteja formalmente em vigor, a Carta dos Direitos Fundamentais da União Europeia (2000), no seu Preâmbulo, ao destacar o princípio (essencialmente dever!) da solidariedade, estabeleceu que o gozo dos direitos consagrados na Carta "implica responsabilidades e deveres, tanto para com as outras pessoas individualmente consideradas, como para com a comunidade humana e as gerações futuras".

No âmbito do Sistema Interamericano de Direitos Humanos, o art. 32 da Convenção Americana sobre Direitos Humanos (1969) estabelece a correlação entre deveres e direitos ao determinar que "toda pessoa tem deveres para com a família, a comunidade e a humanidade". Da mesma forma, de modo emblemático, o Preâmbulo da Declaração Americana dos Direitos e Deveres do Homem dispõe que "o cumprimento do dever de cada um é exigência do direito de todos. Direitos e deveres integram-se correlativamente a toda a atividade social e política do homem. Se os direitos exaltam a liberdade individual, os deveres exprimem a dignidade dessa liberdade".

Embora os exemplos citados não esgotem todas as referências a deveres nos documentos internacionais, resulta evidente

---

146. Na elaboração deste item contamos com a especial colaboração, seja na coleta de material bibliográfico e jurisprudencial, seja fornecendo sugestões para a própria redação do texto, de Tiago Fensterseifer, Mestre em Direito pela PUCRS e Defensor Público no Estado de São Paulo.

147. NABAIS, José Casalta. *O dever fundamental de pagar impostos*: contributo para a compreensão constitucional do estado fiscal contemporâneo. Coimbra: Almedina, 1998. 746 p., p. 15. A obra de NABAIS, em que pese a temática tributária de fundo, é seguramente a principal obra em língua portuguesa sobre deveres fundamentais, tendo o autor desenvolvido uma teoria geral dos deveres fundamentais nos primeiros capítulos da sua obra, p. 15-181.

148. VIEIRA DE ANDRADE, José Carlos. *Os direitos fundamentais...*, op. cit., p. 162.

149. NABAIS, José Casalta. *O dever fundamental de pagar impostos...*, op. cit., p. 16.

150. *Idem*, p. 59.

151. VIEIRA DE ANDRADE, José Carlos. *Os direitos fundamentais...*, op. cit., p. 155.

152. Cf. NABAIS, José Casalta. *O dever fundamental de pagar impostos...*, op. cit., p. 30-31.

153. *Idem*, p. 49-50.

154. *Ibidem*, p. 59. V., para mais considerações sobre os deveres fundamentais, na literatura nacional: DIMOULIS, Dimitri; MARTINS, Leonardo. *Teoria geral dos direitos fundamentais*, op. cit., p. 76 e ss.

que, a exemplo do que ocorre com os direitos fundamentais consagrados nas constituições, também o exercício efetivo de direitos humanos reclama sejam reconhecidos determinados deveres.

6.3. Direito constitucional comparado

No âmbito da Europa, referem-se, em caráter ilustrativo, as Constituições de Portugal (Parte I), da Espanha (Título I), da Itália (Parte I), da Bulgária (Capítulo II), da Polônia (Capítulo II), e da Turquia (Parte II). Na América do Sul, as Constituições da Colômbia (Capítulo V), do Paraguai (Capítulo XI) e da Venezuela (Capítulo X) dedicam seções exclusivamente aos deveres dos indivíduos, enquanto as Cartas do Uruguai (Seção II), da Argentina (Seção 41, dever de preservar o ambiente), da Bolívia (Título Primeiro), do Chile (Capítulo Terceiro) e do Peru (Capítulo III) trazem disposições sobre deveres em menor destaque ou incorporadas àquelas dos direitos fundamentais.

As Constituições africanas de Burkina Fasso (Capítulo I), da República Central Africana (arts. 6 e 16), do Burundi (Título II), do Congo (Título III), do Egito (Parte III), da Nigéria (art. 24), de Serra Leoa (art. 13), de Moçambique (Título III) e de Gana (art. 41), entre outras, possuem dispositivos estipulando deveres individuais. No âmbito asiático, podem-se citar as Constituições da Coreia do Sul (Capítulo II), de Hong Kong (Capítulo III da Lei Básica), da Índia (Parte IV A) e do Afeganistão (Capítulo II).

6.4. Dispositivos constitucionais relacionados

Arts. 205 (a educação é direito de todos e dever do Estado e da família), 225 (impõe-se ao Poder Público e à coletividade o dever de defender e preservar o meio ambiente), 226, § 5º (os direitos e deveres referentes à sociedade conjugal são exercidos igualmente pelo homem e pela mulher), 227 (lista os deveres da família, da sociedade e do Estado para com as crianças e adolescentes), 229 (deveres dos pais para com os filhos menores e os dos filhos maiores para com os pais) e 230 (deveres da família, da sociedade e do Estado para com os idosos).

6.5. Tipologia dos deveres fundamentais

Uma primeira distinção costuma ser traçada levando-se em conta a existência de *deveres conexos ou correlatos* (aos direitos) e *deveres autônomos*, cuja diferença reside justamente no fato de que os últimos não estão relacionados diretamente à conformação de nenhum direito subjetivo, ao passo que os primeiros tomam forma a partir do direito fundamental a que estão atrelados materialmente. Os direitos fundamentais a um ambiente equilibrado e à saúde, por exemplo, constituem típicos direitos-deveres, pois os deveres fundamentais de proteção do ambiente e de promoção da saúde encontram-se vinculados de forma direta ao comando normativo-constitucional que prevê os direitos fundamentais em questão, conforme é possível depreender do conteúdo do disposto no art. 225, *caput*, bem como no art. 196, ambos da CF, cuidando-se, portanto, de típicos deveres do tipo conexo ou correlato. Nesta linha de entendimento, colaciona-se decisão do STF reconhece que também o *dever de solidariedade* que se projeta a partir do direito fundamental ao ambiente, gerando uma obrigação de tutela ambiental por parte de toda a coletividade (ou seja, particulares) e não apenas por parte do Estado[155]. O direito fundamental ao ambiente, portanto, como também tem sustentado abalizada doutrina[156], atua simultaneamente como "direito" e "dever" fundamental, o que, de resto, decorre do próprio conteúdo normativo do art. 225 da CF, especialmente em relação ao texto do seu *caput*, que dispõe de forma expressa sobre o dever da coletividade de defender e preservar o ambiente para as presentes e futuras gerações.

O mesmo poderia ser afirmado em relação ao dever do Estado com a educação (art. 208, CF). Já os deveres fundamentais de pagar impostos, de colaborar na administração eleitoral, de prestar serviço militar, entre outros, são deveres usualmente reportados à categoria dos deveres autônomos. No direito constitucional positivo brasileiro, tal elenco pode ser acrescentado dos deveres autônomos de votar, que é obrigatório para os maiores de 18 anos e menores de ou iguais a 70 anos (art. 14, § 1º, CF). De outra parte, há hipóteses mais difíceis de enquadrar numa ou noutra categoria, como é o caso, por exemplo, do exercício do direito de propriedade de acordo com a sua função social (art. 5º, XXIII, CF), que para alguns nem sequer constitui um autêntico dever fundamental, mas sim, um limite constitucional da propriedade[157]. O entendimento mais adequado, todavia, nos parece ser o de enquadrar a função social da propriedade no grupo dos deveres fundamentais conexos, pela sua íntima vinculação ao direito de propriedade, o que também ocorre no caso da função ecológica da propriedade. Assim como os direitos fundamentais, os deveres podem apresentar conteúdo de natureza defensiva ou prestacional, na medida em que imponham ao seu destinatário um comportamento positivo ou um comportamento negativo. Assim, é possível afirmar a existência de *deveres fundamentais defensivos (ou negativos)* e *deveres fundamentais prestacionais (ou positivos)*. No entanto, a complexidade inerente a alguns deveres fundamentais (o que também ocorre com alguns direitos fundamentais) não permite o seu enquadramento exclusivo em uma das categorias referidas, precisamente em função da presença dos dois elementos, como é o caso dos deveres de defesa e promoção da saúde, de defesa do ambiente e de defesa do patrimônio cultural[158].

Outra distinção relevante, também utilizada para os direitos fundamentais, quanto à diferenciação entre deveres expressos e deveres implícitos, visto que, diversamente do que ocorre com os direitos, no caso dos deveres fundamentais, são poucas as hipóteses de deveres que tenham sido expressamente estabelecidos no texto constitucional. Embora seja correto afirmar que a existência de deveres implícitos tem sido majoritariamente aceita, não há consenso fechado a respeito de quais seriam estes deveres implí-

---

155. BRASIL. Supremo Tribunal Federal. ADIN 3.540-1/DF. Rel. Min. Celso de Mello, Brasília, 1º de setembro de 2005. Disponível em: http://www.stf.gov.br.

156. Reforçando a ideia em torno da função mista de direito e dever consubstanciada na norma do art. 225 da Constituição, cf. MEDEIROS, Fernanda Luiza Fontoura. *Meio ambiente*: direito e dever fundamental. Porto Alegre: Livraria do Advogado, 2004. 205 p., p. 32-33.

157. Neste sentido, DIMOULIS, Dimitri; MARTINS, Leonardo. *Teoria geral dos direitos fundamentais*, op. cit., p. 78, embora a divergência entre o pensamento dos dois autores da obra, já que tal não é o entendimento do primeiro autor, que reconhece a existência de um dever fundamental.

158. NABAIS, José Casalta. *O dever fundamental de pagar impostos*..., op. cit., p. 112.

citos. Da mesma forma, questiona-se a tese se a cada direito em espécie corresponde um dever fundamental, pelo menos de natureza implícita, o que implicaria, em outras palavras, reconhecer uma relação de correspondência direta e absoluta entre direitos e deveres fundamentais[159]. Em outras palavras, haveria sempre pelo menos tantos deveres fundamentais quanto direitos, sem prejuízo da existência de deveres autônomos.

A existência de deveres conexos a direitos (deveres-direitos e direitos-deveres, a depender da ênfase), como bem lembra Gomes Canotilho, *não afasta a circunstância de que os deveres fundamentais constituem uma categoria constitucional autônoma, especialmente por não poderem ser confundidos com as restrições e limitações de direitos fundamentais, ainda que possam servir de justificativa constitucional para eventuais limitações ou restrições*[160].

6.6. O regime jurídico-constitucional dos deveres fundamentais

No plano normativo-constitucional pátrio, a Constituição Federal, no Capítulo I do Título II (Dos Direitos e Garantias Fundamentais), fez menção expressa aos deveres na própria epígrafe do capítulo "Dos direitos e deveres individuais e coletivos". A despeito da redação do texto, já ficou suficientemente demonstrado que a categoria dos deveres fundamentais não se limita a deveres em relação a direitos individuais (no sentido de direitos de liberdade), mas alcança deveres de natureza política, bem como deveres sociais, econômicos, culturais e ambientais. Em termos gerais, quanto ao seu conteúdo, regime jurídico dos deveres fundamentais guarda sintonia com o regime jurídico dos direitos fundamentais, respeitadas, é claro, as distinções entre as diferentes dimensões de direitos fundamentais, bem como a sua natureza defensiva ou prestacional. Nesse sentido, é possível afirmar que os deveres fundamentais podem ter eficácia e aplicabilidade imediatas, mas que tais características, no plano dos deveres, devem, a depender da hipótese, ser compreendidas de modo distinto do que ocorre com os direitos fundamentais. Com efeito, especialmente quando se cuidar da imposição, diretamente deduzida de deveres fundamentais (sem mediação legislativa) de sanções de natureza penal, administrativa e mesmo econômica, há que ter a máxima cautela e render sempre a devida homenagem ao princípio da legalidade e seus diversos desdobramentos, entre outros. Em sentido contrário, no âmbito jurídico-constitucional lusitano, prevalece o entendimento de que, diversamente do que ocorre com os preceitos constitucionais relativos aos direitos, liberdades e garantias, que são diretamente aplicáveis (ainda que nem sempre exequíveis), os preceitos relativos aos deveres fundamentais apenas são indireta ou mediatamente aplicáveis[161].

De outra parte, embora, conforme já enfatizado, os deveres não possam ser confundidos com os limites e as restrições aos direitos fundamentais, tais restrições podem ser justificadas a partir dos deveres fundamentais, designadamente em prol do interesse comunitário (ou da assim designada responsabilidade comunitária dos indivíduos) prevalente, desde que preservado o núcleo essencial dos direitos[162], visto que os deveres não justificam, por si, uma prevalência apriorística do interesse público sobre o particular. A dimensão normativa dos deveres fundamentais determina tanto a limitação de direitos subjetivos como também a redefinição do conteúdo desses, como ocorre, por exemplo, com a imposição constitucional do cumprimento da função social da propriedade[163]. Tendo em conta que a aplicação dos deveres implica limitação da dimensão subjetiva de direitos, é importante ressaltar a consideração obrigatória do *princípio da proporcionalidade*, assegurando que todas as medidas tomadas em nome dos deveres (limitação ou redefinição do conteúdo de direitos fundamentais) estejam ajustadas ao sistema constitucional, resguardando, além disso, sempre o núcleo essencial do direito fundamental afetado[164].

7. Bibliografia sobre direitos e deveres fundamentais em geral e sobre os tópicos versados no comentário introdutório: seleção em língua portuguesa

ALEXANDRINO, José de Melo. *Direitos fundamentais*. Introdução geral. Estoril: Principia Editora, 2007.

ALEXY, Robert. *Teoria dos Direitos Fundamentais*. Trad. Virgílio Afonso da Silva. São Paulo: Malheiros, 2015.

ANDRADE, José Carlos Vieira de Andrade. *Os direitos fundamentais na Constituição portuguesa de 1976*. 3. ed. Coimbra: Almedina, 2004.

ÁVILA, Humberto Bergmann. *Teoria dos princípios*. Da definição à aplicação dos princípios jurídicos. São Paulo: Malheiros, 2003.

BARCELLOS, Ana Paula de. *Ponderação, racionalidade e atividade jurisdicional*. Rio de Janeiro: Renovar, 2005.

BARROS, Suzana de Toledo. *O princípio da proporcionalidade e o controle de constitucionalidade das leis restritivas de direitos fundamentais*. 3. ed. Brasília: Brasília Jurídica, 2003.

BARROSO, Luís Roberto (Org.). *A nova interpretação constitucional*: ponderação, direitos fundamentais e relações privadas. Rio de Janeiro: Renovar, 2003.

_____ (Org.). *A reconstrução democrática do direito público no Brasil*: livro comemorativo dos 25 anos de magistério do professor Luís Roberto Barroso. Rio de Janeiro: Renovar, 2007.

_____. *Interpretação e aplicação da Constituição*: fundamentos de uma dogmática constitucional transformadora. 6. ed. São Paulo: Saraiva, 2004.

BESTER, Gisela Maria. *Direito constitucional*. V. I: fundamentos teóricos. Barueri: Manole, 2005.

---

159. Cf. DIMOULIS, Dimitri; MARTINS, Leonardo. *Teoria geral dos direitos fundamentais*, op. cit., p. 79, novamente sustentando posições divergentes entre si.

160. CANOTILHO, José Joaquim Gomes; MOREIRA, Vital. *Constituição da República portuguesa anotada*. Coimbra: Coimbra Ed., 2007. 1152 p., p. 320-321.

161. NABAIS, José Casalta. *O dever fundamental de pagar impostos...*, op. cit., p. 148.

162. SARLET, Ingo Wolfgang. *A eficácia dos direitos fundamentais*, op. cit., p. 160.

163. COMPARATO, Fábio Konder. Direitos e deveres fundamentais em matéria de propriedade. In: STROZAKE, Juvelino José (Org.). *A questão agrária e a justiça*. São Paulo: Revista dos Tribunais, 2000, p. 130-147.

164. NABAIS, José Casalta. *O dever fundamental de pagar impostos...*, op. cit., p. 145.

BIAGI, Cláudia Perotto. *A garantia do conteúdo essencial dos direitos fundamentais na jurisprudência constitucional brasileira*. Porto Alegre: S. A. Fabris, 2005.

BINENBOJM, Gustavo. *Uma teoria do direito administrativo*: direitos fundamentais, democracia e constitucionalização. Rio de Janeiro: Renovar, 2006.

BONAVIDES, Paulo. *Curso de direito constitucional*. 23. ed. São Paulo: Malheiros, 2008.

BREGA FILHO, Vladimir. *Direitos fundamentais na Constituição de 1988*: conteúdo jurídico das expressões. São Paulo: Juarez de Oliveira, 2002.

BUECHELE, Paulo Armínio Tavares. *O princípio da proporcionalidade e a interpretação da Constituição*. Rio de Janeiro: Renovar, 1999.

CANARIS, Claus Wilhelm. *Direitos fundamentais e direito privado*. Coimbra: Almedina, 2003.

CANOTILHO, José Joaquim Gomes. *Direito constitucional e teoria da Constituição*. Coimbra: Almedina, 2006.

_____; MOREIRA, Vital. *Constituição da República portuguesa anotada*. Coimbra: Coimbra Ed., 2007.

CASTRO, Carlos Roberto Siqueira. *A Constituição aberta e os direitos fundamentais*: ensaios sobre o constitucionalismo pós-moderno e comunitário. Rio de Janeiro: Forense, 2005.

CATTONI DE OLIVEIRA, Marcelo Andrade (Org.). *Jurisdição e hermenêutica constitucional*. Belo Horizonte: Mandamentos, 2004.

COMPARATO, Fábio Konder. *A afirmação histórica dos direitos humanos*. São Paulo: Saraiva, 1999.

CORREIA, Sérvulo. *O direito de manifestação*. Âmbito de proteção e restrições. Coimbra: Almedina, 2006.

CRUZ, Álvaro Ricardo de Souza. *Hermenêutica jurídica e(m) debate*. O constitucionalismo brasileiro entre a teoria do discurso e a ontologia existencial. Belo Horizonte: Editora Fórum, 2007.

CUNHA, Paulo Ferreira da. *Teoria da Constituição*. Lisboa: Verbo, 2000.

DIMOULIS, Dimitri; MARTINS, Leonardo. *Teoria geral dos direitos fundamentais*. 5. ed. São Paulo: Atlas, 2017.

DUQUE, Marcelo Schenk. *Direitos Fundamentais*: Teoria e Prática. São Paulo: Revista dos Tribunais, 2013.

_____. *Direito Privado e Constituição*. São Paulo: Revista dos Tribunais, 2013.

FARIAS, Edilsom Pereira de. *Colisão de direitos*: a honra, a intimidade, a vida privada e a imagem *versus* a liberdade de expressão e informação. 2. ed. Porto Alegre: S. A. Fabris, 2000.

FERREIRA FILHO, Manoel Gonçalves. *Direitos humanos fundamentais*. São Paulo: Saraiva, 2007.

FREITAS, Juarez. *A interpretação sistemática do direito*. 4. ed. São Paulo: Malheiros, 2004.

_____. *O controle dos atos administrativos e os princípios fundamentais*. 3. ed. atual. e ampl. São Paulo: Malheiros, 2004.

_____. *Discricionariedade administrativa*: e o direito fundamental à boa administração pública. São Paulo: Malheiros, 2007.

FREITAS, Luiz Fernando Calil de. *Direitos fundamentais*: limites e restrições. Porto Alegre: Livraria do Advogado, 2007.

GALINDO, Bruno César Machado Torres. *Direitos fundamentais*: análise de sua concretização constitucional. Curitiba: Juruá, 2006.

GUERRA FILHO, Willis Santiago (Coord.). *Dos direitos humanos aos direitos fundamentais*. Porto Alegre: Livraria do Advogado, 1997.

LEAL, Rogério Gesta. *Perspectivas hermenêuticas dos direitos humanos e fundamentais no Brasil*. Porto Alegre: Livraria do Advogado, 2000.

LOPES, Ana Maria D'Ávila. *Os direitos fundamentais como limites ao poder de legislar*. Porto Alegre: Sergio Antonio Fabris Editor, 2001.

MAC CRORIE, Benedita Ferreira da Silva. *A vinculação dos particulares aos direitos fundamentais*. Coimbra: Almedina, 2005.

MARINONI, Luiz Guilherme. *Técnica processual e tutela dos direitos*. São Paulo: Revista dos Tribunais, 2004.

MARMELSTEIN, George. *Curso de Direitos Fundamentais*. 7. ed. São Paulo: Atlas, 2018.

MARTINS NETO, João dos Passos. *Direitos fundamentais*: conceito, função e tipos. São Paulo: Revista dos Tribunais, 2003.

MEDEIROS, Fernanda Luiza Fontoura de. *Meio ambiente*: direito e dever fundamental. Porto Alegre: Livraria do Advogado, 2004.

MENDES, Gilmar Ferreira. *Direitos fundamentais e controle de constitucionalidade*: estudos de direito constitucional. 3. ed. São Paulo: Saraiva, 2007.

_____; COELHO, Inocêncio Mártires; BRANCO, Paulo Gustavo Gonet. *Curso de direito constitucional*. São Paulo: Saraiva: Instituto Brasiliense de Direito Público, 2007.

_____; COELHO, Inocêncio Mártires; BRANCO, Paulo Gustavo Gonet. *Hermenêutica constitucional e direitos fundamentais*. Brasília: Brasília Jurídica, 2002.

MIRANDA, Jorge. *Manual de direito constitucional*. Tomo IV, Direitos Fundamentais. 6. ed. Coimbra: Coimbra Editora, 2015.

_____; MEDEIROS, Rui. *Constituição portuguesa anotada*. Tomo I. Coimbra: Coimbra Editora, 2006.

MONTEIRO, Antonio Pinto; SARLET, Ingo Wolfgang; NEUNER, Jörg (Orgs.). *Direitos fundamentais e direito privado* – uma perspectiva de direito comparado. Coimbra: Almedina, 2007.

MORAES, Guilherme Braga Peña de. *Direito constitucional*: teoria dos direitos fundamentais. Rio de Janeiro: Lumen Juris, 2008.

MOREIRA, Eduardo Ribeiro. *Obtenção dos direitos fundamentais nas relações entre particulares*. Rio de Janeiro: Lumen Juris, 2007.

NABAIS, José Casalta. *O dever fundamental de pagar impostos*: contributo para a compreensão constitucional do estado fiscal contemporâneo. Coimbra: Almedina, 1998.

NOVAIS, Jorge Reis. *As restrições aos direitos fundamentais não expressamente autorizadas pela Constituição*. Coimbra: Coimbra Editora, 2003.

_____. *Direitos fundamentais*: trunfos contra a maioria. Coimbra: Coimbra Editora, 2006.

NUNES, Anelise Coelho. *A titularidade dos direitos fundamentais na Constituição Federal de 1988.* Porto Alegre: Livraria do Advogado, 2007.

PEREIRA, Jane Reis Gonçalves. *Interpretação constitucional e direitos fundamentais*: uma contribuição ao estudo das restrições aos direitos fundamentais na perspectiva da teoria dos princípios. São Paulo: Saraiva, 2018.

PETTERLE, Selma Rodrigues. *O direito fundamental à identidade genética na Constituição brasileira.* Porto Alegre: Livraria do Advogado, 2007.

PIOVESAN, Flávia. *Direitos humanos e o direito constitucional internacional.* 17. ed. São Paulo: Saraiva, 2017.

QUEIROZ, Cristina M. M. *Direitos fundamentais (Teoria Geral.* Coimbra: Coimbra Editora, 2002.

SAMPAIO, José Adércio Leite. *Direitos fundamentais*: retórica e historicidade. Belo Horizonte: Del Rey, 2004.

SARLET, Ingo Wolfgang. *A eficácia dos direitos fundamentais.* 13. ed. Porto Alegre: Livraria do Advogado, 2018.

_____ (Org.). *A Constituição concretizada* – Construindo pontes para o público e o privado. Porto Alegre: Livraria do Advogado, 2000.

_____ (Org.). *Constituição, direitos fundamentais e direito privado.* 3. ed. Porto Alegre: Livraria do Advogado, 2010.

_____. *Dignidade da pessoa humana e direitos fundamentais na Constituição Federal de 1988.* 10. ed. rev. atual. e ampl. Porto Alegre: Livraria do Advogado, 2015.

_____; LEITE, George Salomão (Orgs.). *Direitos fundamentais e biotecnologia.* São Paulo: Método, 2007.

SARMENTO, Daniel. *A ponderação de interesses na Constituição Federal.* Rio de Janeiro: Lumen Juris, 2003.

_____. *Direitos fundamentais e relações privadas.* Rio de Janeiro: Lumen Juris, 2006.

_____ (Org.). *Interesses públicos versus interesses privados*: desconstruindo o princípio de supremacia do interesse público. Rio de Janeiro: Lumen Juris, 2005.

_____; GALDINO, Flávio (Orgs.). *Direitos fundamentais*: estudos em homenagem ao professor Ricardo Lobo Torres. Rio de Janeiro: Renovar, 2006.

_____; PIOVESAN, Flávia (Orgs.). *Nos limites da vida*: aborto, clonagem humana e eutanásia sob a perspectiva dos direitos humanos. Rio de Janeiro: Lumen Juris, 2007.

_____; SOUZA NETO, Cláudio Pereira de (Coords.). *A constitucionalização do direito*: fundamentos teóricos e aplicações específicas. Rio de Janeiro: Lumen Juris, 2007.

SCHÄFER, Jairo Gilberto. *Direitos fundamentais.* Proteção e restrições. Porto Alegre: Livraria do Advogado, 2001.

SILVA, Virgílio Afonso da. *A constitucionalização do direito*: os direitos fundamentais nas relações entre particulares. São Paulo: Malheiros, 2005.

_____. *O conteúdo essencial dos direitos fundamentais e a eficácia das normas constitucionais.* São Paulo: Malheiros, 2009.

SOMBRA, Thiago Luís Santos. *A eficácia dos direitos fundamentais nas relações jurídico-privadas*: a identificação do contrato como ponto de encontro dos direitos fundamentais. Porto Alegre: S. A. Fabris, 2004.

STEINMETZ, Wilson Antônio. *Colisão de direitos fundamentais e princípio da proporcionalidade.* Porto Alegre: Livraria do Advogado, 2001.

_____. *Vinculação dos particulares a direitos fundamentais.* São Paulo: Malheiros. 2005.

STRECK, Lenio Luiz. *Verdade e consenso. Constituição, hermenêutica e teorias discursivas.* Da possibilidade à necessidade de respostas corretas em direito. 7. ed. São Paulo: Saraiva, 2017.

_____; MORAIS, José Luis Bolzan de. *Ciência política e teoria geral do Estado.* Porto Alegre: Livraria do Advogado, 2004.

TAVARES, André Ramos. *Curso de direito constitucional.* São Paulo: Saraiva, 2007.

TORRES, Ricardo Lobo. *Teoria dos direitos fundamentais.* 2. ed. Rio de Janeiro: Renovar, 2001.

VALE, André Rufino do. *Eficácia dos direitos fundamentais nas relações privadas.* Porto Alegre: S. A. Fabris, 2004.

_____. *A Estrutura das Normas de Direitos Fundamentais.* São Paulo: Saraiva, 2014.

VIEIRA, Oscar Vilhena. *Direitos fundamentais.* Uma leitura da jurisprudência do STF. São Paulo: Malheiros, 2006.

WEINGARTNER NETO, Jayme. *Liberdade religiosa na Constituição*: fundamentalismo, pluralismo, crenças, cultos. Porto Alegre: Livraria do Advogado, 2007.

CAPÍTULO I

DOS DIREITOS E DEVERES INDIVIDUAIS E COLETIVOS

Art. 5º Todos são iguais perante a lei, sem distinção de qualquer natureza, garantindo-se aos brasileiros e aos estrangeiros residentes no País a inviolabilidade do direito à vida, à liberdade, à igualdade, à segurança e à propriedade, nos termos seguintes:

André Ramos Tavares

DIREITO À VIDA

A – ENUNCIADOS CONSTITUCIONAIS

1. Evolução do direito constitucional à vida no Brasil

Na História brasileira republicana, a vida ganhou preocupação constitucional a partir do art. 113, 34, da Constituição Federal de 1934, que propunha um direito à vida de forma indireta, posto que pautado na positivação do direito de manter a subsistência própria mediante o trabalho. A fórmula será repetida pela

Constituição seguinte. Pontes de Miranda compreendia, aqui, um "intuito social do legislador constituinte"[1].

O art. 136 da Constituição de 1937 assinalava, já dentro da ordem econômica: "O trabalho é um dever social. (...) A todos é garantido o direito de subsistir mediante o seu trabalho honesto e este, como meio de subsistência do indivíduo, constitui um bem, que é dever do Estado proteger, assegurando-lhe condições favoráveis e meios de defesa". Bem observou Pontes de Miranda[2] a inversão promovida por este texto, que colocou o dever antes do direito.

Na Constituição de 1946, em seu art. 141, podia ler-se a fórmula que será consagrada nas constituições seguintes: "a inviolabilidade dos direitos concernentes à vida (...)". Também com a Constituição de 1967 e a Emenda Constitucional n. 1, de 1969, ficara garantida a inviolabilidade "dos direitos concernentes à vida" (art. 153, *caput*). A fórmula, aqui, era dúbia, por deixar de referir-se, diretamente, à inviolabilidade do direito à vida, para falar dos direitos "concernentes".

A Constituição de 1988, em seu art. 170, *caput*, determina que "A ordem econômica, fundada na valorização do trabalho humano (...) tem por fim assegurar a todos *existência* digna (...)". Prevê, ainda, com variação redacional da fórmula criada em 1946, no art. 5º, *caput*, expressamente, "a inviolabilidade do direito à vida".

2. Caracterização do direito à vida

a) Liberdade negativa

Tradicionalmente, o mais básico sentido alcançado pelo direito à vida foi exemplarmente apresentado pelo Pacto de Direitos Civis e Políticos, de 1966, como a proteção contra a privação arbitrária da vida, ou seja, o direito de permanecer existindo.

Em termos tecnicamente rigorosos, constitui enunciado dirigido ao Estado, especialmente, no caso brasileiro, ao Estado em seu aparato policial-repressor, para que respeite o direito de viver de todo indivíduo.

Ainda no contexto especificamente brasileiro, uma das decorrências mais intensas dessa proteção é a vedação à pena de morte, que na Constituição assumiu caráter expresso (norma de reforço de sentido já tutelado), no mesmo art. 5º, inc. XLVII, *a*. A exceção, por isso, havia de ser igualmente expressa: caso de guerra declarada (art. 84, XIX).

b) Direito prestacional e conexões normativas de sustentação

É preciso assegurar um nível mínimo de vida, compatível com a dignidade humana (parece haver, atualmente, um consenso em torno da vinculação entre estes dois "valores", que são expressos na Constituição de 1988, falando-se comumente em vida digna). Isso inclui o direito à alimentação adequada, à moradia (art. 6º), ao vestuário, à saúde (art. 196), à educação (art. 205), à cultura (art. 215) e ao lazer (art. 217). Também se deve incluir, aqui, a garantia do direito à vida das pessoas idosas, expresso no art. 230 da Constituição. Observe-se, com Paulo Roberto Barbosa Ramos, que o direito à vida na plenitude de sua extensão depende de se tutelarem adequadamente (dignamente) as crianças, adolescentes e adultos[3].

O direito à vida se cumpre, assim, por meio de um aparato estatal (as denominadas garantias de organização – *Einrichtungsgarantien*, de Schmitt, ou garantias de instituições[4]) que ofereça amparo à pessoa que não disponha de recursos aptos a seu sustento, propiciando-lhe uma vida saudável. É o caso, por exemplo, da rede pública de hospitais, do Sistema Único de Saúde, de creches, de prestações como o seguro-desemprego, o bolsa família e outros institutos brasileiros.

Nesse mesmo sentido se pode colher a jurisprudência do STF, quando vislumbra um vínculo indissociável entre o direito à saúde e o direito à vida[5].

Ainda em termos prestacionais, embora aqui já sob certa polêmica, bem se poderia exigir do Estado que ofereça o aparato da segurança pública no sentido de ser um corpo que impeça a prática da justiça privada que possa culminar em desrespeito ao direito à vida. Em tumultos, revoltas, situações extremas e similares, o Estado há de fazer-se presente, garantindo a inviolabilidade do direito à vida.

Por fim, não é de todo desarrazoado o questionamento sobre se o dever estatal de respeito à vida envolve um dever de fiscalização e instrução das próprias autoridades estatais. Ou seja, não basta a determinação liberal clássica, de não interferência estatal, mas também uma conscientização prévia para que o comportamento dos agentes estatais seja compatível com esse nível de exigência constitucional.

B – ALCANCE

1. Alcance da norma contida no art. 5º, *caput*

Desde o primeiro e mais essencial elemento do direito à vida, vale dizer, a garantia de continuar vivo, é preciso assinalar o momento a partir do qual se considera haver um ser humano vivo (e quando cessa a existência humana); dessa forma se compreenderá o dever estatal quanto à vida, o dever de mantê-la e provê-la.

Muitos autores consideram que a marcação da data de início desse direito é uma questão essencialmente biológica. Mesmo nesse cenário, contudo, como se sabe, há várias teorias. São oportunas, aqui, as observações da ex-presidente do Tribunal Constitucional Federal da Alemanha, Jutta Limbach, sintetizadas por Sarlet: "assim como é correto afirmar que a ciência jurídica não é competente para responder à pergunta de quando inicia a vida humana, também é certo que as ciências naturais não estão em condições de responder desde quando a vida humana deve ser colocada sob a proteção do direito constitucional"[6].

---

1. Pontes de Miranda, *Comentários à Constituição de 1946*, v. 3, p. 162.
2. *Comentários à Constituição de 1946*, v. 3, p. 162.
3. Paulo Roberto Barbosa, *Fundamentos constitucionais do direito à velhice*, p. 49.
4. Sobre o tema: Dimitri Dimoulis e Leonardo Martins, *Teoria geral dos direitos fundamentais*, p. 74-6; J. H. Meirelles Teixeira, *Curso de direito constitucional*, p. 693-706.
5. AgRg no RE 271.286-8-RS, rel. Min. Celso de Mello, j. 12/09/2000.
6. Ingo Wolfgang Sarlet, As dimensões da dignidade da pessoa humana: construindo uma compreensão jurídico-constitucional necessária e possível.

A Constituição de 1988, em seu teor literal, fez apenas prever que é *inviolável* o direito à vida. A *inviolabilidade* é a nota essencial (e fora de discussão) da norma contida no *caput* do art. 5º. O alcance dessa inviolabilidade, com a identificação, no limite, das hipóteses de vida humana e de não vida ou da vida não humana, ou mesmo das hipóteses em que não há de prevalecer a vida, em face de outros valores, cai no âmbito da discussão intensamente marcada pelo desacordo moral e pela improvável ocorrência – ao contrário do que supõe Dworkin[7] – de um consenso ou da aceitação de uma única resposta jurídico-impositiva por todos os segmentos sociais. No Brasil, em virtude de conexões normativo-constitucionais a seguir desenvolvidas, há de se reconhecer a tutela desde a concepção.

2. Priorização

O sentido normativo da inviolabilidade da vida contida no art. 5º, *caput*, é reforçado no âmbito específico da criança e do adolescente, pela Constituição brasileira, em seu art. 227, *caput*, quando prescreve constituir dever da família, da sociedade e do Estado assegurar à criança e ao adolescente o direito à vida.

A Constituição determina, ainda, "absoluta prioridade" no dever de assegurar o direito à vida da criança e do adolescente, juntamente com os demais direitos "básicos" que indica. Esse tipo de dispositivo, muito raro mesmo no constitucionalismo contemporâneo, impede que o Estado, dentro de seus múltiplos deveres, pretenda satisfazer outras finalidades sem cumprir os direitos mencionados no referido dispositivo, quanto à criança e ao adolescente.

Assim, a conduta do Estado que, promovendo determinadas situações, relegue a segundo plano os direitos indicados no art. 227, *caput*, será inconstitucional. Não cabe ao Estado, quando estiver em jogo o direito da criança e do adolescente, em face de outros direitos, a discricionariedade na escolha de prioridades. Em outras palavras, o alcance normativo do direito à vida, no âmbito subjetivo de proteção da criança e do adolescente, é reforçado, quando em confronto com outros direitos não elencados no art. 227, *caput*.

Em parte, aqui, pode-se identificar o que considero como uma quarta dimensão dos direitos fundamentais, a dimensão de tutelas específicas, de "uma diferenciação de tutela quanto a certos grupos sociais, como, por exemplo, as crianças e os adolescentes, a família, os idosos, os afrodescendentes"[8].

3. Posição de fontes normativas internacionais e o Pacto de São José da Costa Rica

Declarações de Direitos e Pactos Internacionais geralmente contemplam o direito à vida, sem maiores especificações, pelo que permanece exatamente idêntica a polêmica acerca de sua incidência. É o caso do art. 3º da Declaração Universal dos Direitos Humanos, de 10 de dezembro de 1948, do Pacto Internacional de Direitos Civis e Políticos, em seu extenso art. 6º.

Com a EC n. 45/2004 (Reforma do Judiciário) e com a interpretação que se pode adotar para o novo § 3º do art. 5º (especialmente a tese da recepção dos tratados anteriores à EC n. 45/2004 com a estatura constitucional), merecerá especial atenção, para deslinde deste tema, o Pacto de São José de Costa Rica. Este Pacto, conhecido como a Convenção Americana sobre Direitos Humanos, foi aprovado pelo Decreto legislativo n. 27, em 26/05/92 e promulgado pelo Decreto presidencial n. 678, de 06/11/92. Em seu art. 4º, n. 1, determina: "Toda pessoa tem o direito de que se respeite sua vida. Esse direito deve ser protegido pela lei e, em geral, desde o momento da concepção".

Ora, resulta nítido no dispositivo que a regra, doravante, tendo como marco a EC n. 45/2004, deverá ser a proteção desde o momento da concepção, superando-se a dificuldade indicada pela doutrina constitucional brasileira.

A expressão "em geral", contida no dispositivo do Pacto, ressalva a possibilidade de quebra dessa diretriz, o que só poderá ocorrer em situações apontadas pelo legislador ou pelo Judiciário, com respeito ao critério da proporcionalidade, especialmente legitimada (a relativização), quando estiverem em jogo outros valores igualmente constitucionais a merecerem a mesma atenção. O exemplo típico, aqui, é a gravidez com comprovado risco de vida à mulher (inviolabilidade da vida da gestante). Nessa mesma linha, costumam ser invocados, ainda, diversos outros direitos contrapostos aos do feto: a dignidade da mulher, o direito à saúde, a liberdade, a personalidade e a privacidade[9], que, em determinadas situações, poderiam ensejar o afastamento da diretriz contida no dispositivo transcrito; essas propostas se apresentam sempre numa situação de solução no âmbito da teoria constitucional. Porém, a mesma dignidade como postulado geral, a mesma ideia de saúde pública e demais direitos referidos aqui também costumam aparecer como fundamentos para os argumentos contrários ao aborto[10].

4. Intervenção da Justiça Constitucional

Apesar de toda divergência moral e problematizações acerca deste tema, é bastante conhecido um conjunto de decisões, adotadas pela Justiça Constitucional de diversos países, que se imiscuíram por essa delicada temática do início e fim da vida.

Assim em Roe vs. Wade, decisão da Suprema Corte dos EUA, datada de 1973 (bem como em Doe vs. Bolton), que não deixou de ser considerada como uma das mais controvertidas[11]. O tribunal Warren Burger considerou inconstitucionais as leis estaduais e federais proibitivas do aborto, privilegiando a liberdade pessoal e de escolha da mulher e distanciando-se da teoria da concepção. Assim, admite-se o aborto desde que o feto não tenha

---

In: *Dimensões da dignidade*: ensaios de filosofia do direito e direito constitucional, p. 18.

7. *V.* especialmente sua obra: *Domínio da vida*: aborto, eutanásia e liberdades individuais.

8. André Ramos Tavares, *Curso de Direito Constitucional*, p. 459.

9. Embora aqui com forte polêmica sobre uma possível desnaturação da proporcionalidade, cf. Fernando Araújo, *A procriação assistida e o problema da santidade da vida*, p. 12 e ss.

10. Sobre o tema, *v.* André Ramos Tavares e Pedro Buck, Direitos fundamentais e democracia: complementaridade/contrariedade. In: Clèmerson Clève, Merlin, Ingo Wolfgang Sarlet, Alexandre Coutinho Pagliarini (org.). *Direitos humanos e democracia*.

11. Cf. Archibald Cox, *The role of the supreme court in american government*, p. 113.

ainda condições de sobreviver fora do útero, o que se considera como ocorrendo entre 24 e 28 semanas de gravidez. Essa decisão acendeu o debate, ainda muito atual naquela sociedade, que ficou conhecido como *pro-choice* vs. *pro-life*.

Em 2022, a Suprema Corte dos EUA, ao julgar o caso Dobbs vs. Jacksons Women's Health Organization, superou o entendimento estabelecido em Roe vs. Wade, decidindo que, agora, cabe a cada estado legislar sobre o aborto[12].

No Tribunal Constitucional Federal alemão em 25 de fevereiro de 1975, o Primeiro Senado do Tribunal entendeu que a nova redação da Lei de Reforma do Direito Penal, que permitia a interrupção da gravidez naquela que ficou conhecida como a "solução de prazo"[13], era inconstitucional. Em decisão de 28 de maio de 1993, porém, o Segundo Senado entendeu que não era censurável a decisão do legislador em permitir o aborto na fase inicial da gestação, desde que se adotasse, como se adotou, preventivamente, um plano sério e consistente de aconselhamento na manutenção da gravidez[14].

No Brasil, o tema, como se verá, chegou ao Supremo Tribunal Federal por meio da discussão do aborto do feto anencefálico, da manipulação de células-tronco e da interrupção da gravidez no primeiro trimestre de gestação.

C – ALGUNS CASOS POLÊMICOS

1. O caso da anencefalia

Por meio da Arguição de Descumprimento de Preceito Fundamental n. 54 questionou-se, perante o STF, a constitucionalidade da suposta tipicidade e, assim, ocorrência do crime de aborto, na antecipação terapêutica do parto de fetos anencéfalos. Trata-se, nesta, de hipótese em que se pretende discutir (em abstrato) a pertença de certos dispositivos normativos ao sistema pátrio vigente (discussão acerca da existência jurídica, acerca da recepção, e não da pertinência, que seria exatamente o controle da adequação, ou seja, da constitucionalidade). E o objeto de análise, consoante a petição inicial apresentada, é formado pelo "conjunto normativo representado" por dispositivos normativos do Decreto-lei n. 2.848/40 (Código Penal) relacionados ao crime de aborto e sua exata extensão. Como o Código Penal é de 1940, a discussão de sua compatibilidade com a Constituição de 1988 só poderia ocorrer fora dos limites estreitos da ação direta de inconstitucionalidade, motivo pelo qual foi admitida como adequada, para o caso, a referida arguição de descumprimento de preceito fundamental (ADPF 54).

No caso em apreço, a existência de apenas duas excludentes da tipicidade, nas quais não se inclui o caso do feto anencefálico, faz com que se possa (uma opção interpretativa do bloco dos dispositivos) incluí-la (esta última) como hipótese de incidência (também chamada de aplicação) do dispositivo incriminador.

Ora, se é assim, o que nesse caso se solicitou é que o STF procedesse à verificação da compatibilidade dessa hipótese de aplicação (que resulta da leitura conjunta dos arts. 124, 126 e 128 do CP) com dispositivos da Constituição do Brasil, especificamente com o princípio da dignidade da mulher e o direito à saúde.

O órgão, por maioria, concluiu eivada de vício a tipificação da interrupção de gravidez nos casos de feto anencéfalo. Nesse caso, por meio de uma declaração de inconstitucionalidade parcial, sem redução de texto, evitou-se uma declaração de inconstitucionalidade total do dispositivo, o que, no caso presente, significaria a "liberação" do aborto em qualquer hipótese, contra o próprio Pacto de São José da Costa Rica. Essa sim poderia consistir numa decisão de atrito.

Todavia, as exceções às regras prescritas no Código Penal que classificam como crime o aborto têm se estendido na jurisprudência do país. Colho, aqui, a título ilustrativo, decisão na qual à mulher com gestação de aproximadamente 25 semanas foi concedido o direito de interromper a gravidez, por ter sido diagnosticado o feto como portador da síndrome de Edwards, que desencadeia má formação de órgãos, na quase totalidade dos casos resultando em aborto espontâneo ou necessária morte logo após o nascimento[15]. Na fundamentação de sua conclusão, o magistrado argumentou tratar-se de uma "terceira hipótese" de permissão do aborto (para além das duas exceções que o Código Penal já prescreve): o "eugenésico ou eugênico [...] quando há sério ou grave perigo de vida para o nascituro", destacando a diferenciação desses casos para aqueles nos quais o feto é portador de deficiência física ou mental.

Outro exemplo é o julgamento do HC 124.306/RJ, em que a 1ª Turma do STF, por maioria, afastou a aplicação dos arts. 124 e 126 do Código Penal na hipótese de interrupção voluntária da gestação no primeiro trimestre. Em seu voto, o Min. Luís Roberto Barroso destacou que a criminalização do aborto realizado de forma voluntária nos três primeiros meses "vulnera o núcleo essencial de um conjunto de direitos fundamentais da mulher"[16], entre eles a igualdade de gênero, a autonomia e os direitos sexuais e reprodutivos. Ressaltou, ainda, que a medida viola o princípio da proporcionalidade e afeta, sobremaneira, as mulheres pobres que não têm acesso a médicos e clínicas privadas para realizar o procedimento. Recordo, contudo, que esse entendimento ficou limitado ao caso em questão e que o tema não foi levado ao Plenário da Corte.

2. A pesquisa com embriões fertilizados *in vitro*

Distinguem-se, na biologia, duas espécies de células-tronco, as células-tronco adultas, encontradas nos organismos já desenvolvidos, e as células-tronco embrionárias, encontradas em embriões (no caso que aqui interessa, os embriões fertilizados *in vitro* e congelados, na prática assumida por diversas entidades dedicadas à chamada procriação assistida).

---

12. Dobbs vs. Jacksons Women's Health Organization. Disponível em: https://www.supremecourt.gov/opinions/21pdf/19-1392_6j37.pdf. Acesso em: 26-4-2023.

13. *V.* Leonardo Martins, *Cinquenta anos de jurisprudência do tribunal constitucional federal alemão* (Organização e Introdução), p. 267.

14. *Apud* Leonardo Martins, *Cinquenta anos de jurisprudência do tribunal constitucional federal alemão* (Organização e Introdução), p. 278-94.

15. 1ª Vara Criminal de Goiânia, Cautelar Inominada Criminal, j. 15-12-2015. Disponível em: <http://s.conjur.com.br/dl/juiz-goias-autoriza-aborto-feto1.pdf>. Acesso em: 8-1-2015.

16. STF, HC 124.306, rel. Min. Marco Aurélio, red. p/ ac. Min. Luís Roberto Barroso, j. 9-8-2016.

Todas as células-tronco apresentam a capacidade de gerar células especializadas, que dão origem aos diversos tecidos e órgãos humanos (pele, ossos, músculos e até mesmo o sistema nervoso). O uso de células-tronco embrionárias, pela circunstância de pressuporem o uso de embriões, remete à disputa sobre ser uma forma de violação do direito à vida (envolve, novamente, a discussão acerca do alcance da tutela constitucional).

A potencialidade terapêutica maior das células-tronco embrionárias na cura de doenças graves que afligem a humanidade poderá justificar seu uso em certas circunstâncias, desde que sua autorização seja feita com parcimônia[17].

No Brasil, a Lei de Biossegurança (Lei n. 11.105/2005), em seu art. 5º, permite, para fins de pesquisa e terapia, a utilização de células-tronco embrionárias obtidas de embriões humanos produzidos por fertilização *in vitro* e não utilizados no respectivo procedimento, estabelecendo, porém, restrições razoáveis e de salvaguarda, em seu uso, inclusive o consentimento dos genitores. As instituições de pesquisa que pretendam realizar essa manipulação, contudo, dependerão de aprovação dos respectivos comitês de ética e pesquisa. A comercialização desse material biológico, ademais, restou tipificada como crime.

O referido dispositivo da Lei n. 11.105/2005 foi objeto de Ação Direta de Inconstitucionalidade (ADI 3.510/DF). Alegou-se que a permissão estabelecida pelo art. 5º desse diploma viola o direito à vida, fundamentando esse posicionamento a concepção de que a vida se inicia já a partir da fecundação, sendo o zigoto um "ser humano embrionário"[18]. Entretanto, a maioria dos Ministros não compartilhou do mesmo entendimento apresentado pelo requerente, com decisão fundamentada, essencialmente, no entendimento que as fases anteriores ao nascimento devem ser protegidas, sem que com isso se esteja a concluir serem estas etapas anteriores equiparáveis, juridicamente, a uma pessoa, de maneira a se apresentarem os mesmos direitos assegurados a esta.

Referências bibliográficas

ALARCÓN, Pietro de Jesús Lora. *Patrimônio genético humano e sua proteção na Constituição Federal de 1988.* São Paulo: Método, 2004.

ARAÚJO, Fernando. *A procriação assistida e o problema da santidade da vida.* Coimbra: Almedina, 1999.

COX, Archibald. *The role of the supreme court in american government.* Oxford: Oxford University, 1976.

DIMOULIS, Dimitri; MARTINS, Leonardo. *Teoria geral dos direitos fundamentais.* São Paulo: RT, 2006.

DWORKIN, Ronald. *Domínio da vida*: aborto, eutanásia e liberdades individuais. São Paulo: Martins Fontes, 2003.

MARTINS, Leonardo. V. SCHWABE.

MIRANDA, Pontes de. *Comentários à Constituição de 1946.* Rio de Janeiro: Livraria Boffoni, 1947. v. 3.

RAMOS, Paulo Roberto Barbosa. *Fundamentos constitucionais do direito à velhice.* Florianópolis: Obra Jurídica/Letras Contemporâneas, 2002.

SARLET, Ingo Wolfgang. As dimensões da dignidade da pessoa humana: construindo uma compreensão jurídico-constitucional necessária e possível. In: SARLET, Ingo Wolfgang (org.). *Dimensões da dignidade*: ensaios de filosofia do direito e direito constitucional. Porto Alegre: Livraria do Advogado, 2005. Bibliografia: 13-43.

SCHWABE, Júrgen. *Cinquenta anos de jurisprudência do tribunal constitucional federal alemão.* Organização e Introdução de Leonardo Martins. Montevideo: Konrad-Adenauer, 2005.

TAVARES, André Ramos. *Curso de direito constitucional.* 15. ed. São Paulo: Saraiva, 2017.

TEIXEIRA, J. H. Meirelles. *Curso de direito constitucional.* Rio de Janeiro: Forense Universitária, 1991.

Ingo Wolfgang Sarlet
André Rufino do Vale

DIREITO GERAL DE LIBERDADE

1. Antecedentes: fase pré-constitucional

Magna Carta de 1215 (art. 2), Declaração de Direitos (*Bill of Rights*) de 1689 (arts. 15 e 16), Declaração dos Direitos do Homem e do Cidadão de 1789 (art. 4º).

2. Constituições brasileiras anteriores

Constituição de 1824 (art. 179), Constituição de 1891 (art. 72), Constituição de 1934 (art. 113), Constituição de 1937 (art. 122), Constituição de 1946 (art. 141), Constituição de 1967/1969 (art. 153).

3. Constituições estrangeiras

Art. 2º da Lei Fundamental da República Federal da Alemanha de 1949; Parte 1, número 2, da Carta de Direitos e Liberdades do Canadá (Ato Constitucional de 1982); art. 17 da Constituição Espanhola de 1978; art. 14 da Constituição da Argentina; art. 13 da Constituição da Colômbia; art. 1º da Constituição do Chile; Art. 3º da Constituição Italiana; art. 2º da Constituição do Peru; art. 7º da Constituição do Uruguai.

4. Documentos internacionais

Art. 1º da Declaração Universal dos Direitos Humanos de 1948; art. 9º do Pacto Internacional dos Direitos Civis e Políticos de 1966; art. 7º da Convenção Americana sobre Direitos Humanos de 1969 (Pacto de San José da Costa Rica); art. 5º da Convenção para Proteção dos Direitos do Homem e das Liberdades Fundamentais de 1950 (Convenção Europeia de Direitos Humanos); art. 6º da Carta Africana dos Direitos Humanos e dos Povos de 1979 (Carta de Banjul).

---

17. Nesse sentido, no caso brasileiro: Pietro de Jesús Lora Alarcón, *Patrimônio genético humano e sua proteção na Constituição Federal de 1988*, p. 148.
18. STF, ADI n. 3.510/DF, Rel. Min. Carlos Ayres Britto, j. 29.05.2008.

5. Jurisprudência

HC 94.016, Rel. Min. Celso de Mello, julgamento em 16-9-2008, Segunda Turma, DJe de 27-2-2009; HC 94.404, Rel. Min. Celso de Mello, julgamento em 18-11-2008, Segunda Turma, DJe de 18-6-2010 (*status libertatis* do estrangeiro); MS 23.452, Rel. Min. Celso de Mello, julgamento em 16-9-1999, Plenário, DJ de 12-5-2000; HC 103.236, Rel. Min. Gilmar Mendes, julgamento em 14-6-2010, Segunda Turma, DJe de 3-9-2010 (não existência de direitos individuais absolutos no estatuto constitucional das liberdades); HC 94.147, Rel. Min. Ellen Gracie, julgamento em 27-5-2008, Segunda Turma, DJe de 13-6-2008 (liberdade de ir e vir); ADI 1.706, Rel. Min. Eros Grau, julgamento em 9-4-2008, Plenário, DJe de 12-9-2008 (poder de polícia e restrições à liberdade de locomoção); HC 80.719, Rel. Min. Celso de Mello, julgamento em 26-6-2001, Segunda Turma, DJ de 28-9-2001; HC 84.662/BA, Rel. Min. Eros Grau, Primeira Turma unânime, DJ de 22-10-2004; HC 86.175/SP, Rel. Min. Eros Grau, Segunda Turma, unânime, DJ de 10-11-2006; HC 87.041/PA, Rel. Min. Cezar Peluso, Primeira Turma maioria, DJ de 24-11-2006; e HC 88.129/SP, Rel. Min. Joaquim Barbosa, Segunda Turma, unânime, DJ de 17-8-2007; HC 84.983/SP, Rel. Min. Gilmar Mendes, Segunda Turma, unânime, DJ de 11-3-2005 (prisões cautelares e reserva de decisão judicial fundamentada para limitação da liberdade); HC 80.719, Rel. Min. Celso de Mello, julgamento em 26-6-2001, Segunda Turma, DJ de 28-9-2001 (prisão preventiva); ADI 1.969, Rel. Min. Ricardo Lewandowski, julgamento em 28-6-2007, Plenário, DJ de 31-8-2007 (exercício coletivo da liberdade; liberdade de reunião); ADI 3.045, voto do Rel. Min. Celso de Mello, julgamento em 10-8-2005, Plenário, DJ de 1º-6-2007; ADI 2.054, Rel. p/ o ac. Min. Sepúlveda Pertence, julgamento em 2-4-2003, Plenário, DJ de 17-10-2003 (liberdades negativa e positiva) HC 101.505, Rel. Min. Eros Grau, julgamento em 15-12-2009, Segunda Turma, DJe de 12-2-2010; HC 100.185, Rel. Min. Gilmar Mendes, julgamento em 8-6-2010, Segunda Turma, DJe de 6-8-2010; HC 100.742, Rel. Min. Celso de Mello, julgamento em 3-11-2009, Segunda Turma, Informativo 566; HC 101.055, Rel. Min. Cezar Peluso, julgamento em 3-11-2009, Segunda Turma, DJe de 18-12-2009; HC 100.362-MC, Rel. Min. Celso de Mello, decisão monocrática, julgamento em 1º-9-2009, DJe de 7-10-2009; HC 94.404, Rel. Min. Celso de Mello, julgamento em 18-11-2008, Segunda Turma, DJe de 18-6-2010 (liberdade provisória); HC 95.009, Rel. Min. Eros Grau, julgamento em 6-11-2008, Plenário, DJe de 19-12-2008 (*habeas corpus* como garantia da liberdade e da segurança); ADI 173 e ADI 394, Rel. Min. Joaquim Barbosa, julgamento em 25-9-2008, Plenário, DJe de 20-3-2009 (liberdade das pessoas jurídicas); HC 73.338, Rel. Min. Celso de Mello, julgamento em 13-8-1996, Primeira Turma, DJ de 19-12-1996 (direito penal e processo penal como restrições à esfera de liberdade do indivíduo); RE 349.703, Rel. p/ o ac. Min. Gilmar Mendes, julgamento em 3-12-2008, Plenário, DJe de 5-6-2009 (proibição de prisão civil); ADPF 54, voto do Rel. Min. Marco Aurélio, j. 12-4-2012, P, DJe de 30-4-2013 (aborto de feto anencéfalo); ADI 4.277 e ADPF 132, Rel. Min. Ayres Britto, j. 5-5-2011, DJe de 14-10-2011 (reconhecimento das uniões homoafetivas); ADI 6.466 MC-REF, Rel. Min. Edson Fachin, j. 21-9-2022, P, DJe de 19-12-2022 (dimensões positiva e negativa dos direitos e liberdades fundamentais); ADI 6.119 MC-REF, Rel. Min. Edson Fachin, j. 21-9-2022, P, DJe de 23-11-2022 (liberdades fundamentais e inexistência de um direito ao acesso às armas de fogo pelos cidadãos); ADPF 336, Rel. Min. Luiz Fux, j. 1º-3-2021, P, DJe de 10-5-2021 (cumprimento da pena privativa de liberdade e restrições legais ao exercício do trabalho).

6. Bibliografia

6.1. Jurídica

CAVALCANTI, João Barbalho Uchoa. *Constituição Federal Brasileira, 1891: comentada*. Ed. fac-similar. Brasília: Senado Federal, 2002. CASTRO, Araújo. *A Constituição de 1937*. Ed. fac-similar. Brasília: Senado Federal, 2003. MAXIMILIANO, Carlos. *Comentários à Constituição Brasileira de 1891*. Ed. fac-similar. Brasília: Senado Federal, 2005. BARBOSA, Ruy. *Comentários à Constituição Federal Brasileira*. Vol. V. São Paulo: Saraiva, 1934. CAVALCANTI, Themístocles Brandão. *A Constituição Federal Comentada*. Vol. III. Rio de Janeiro: José Konfino Editor, 1958. PONTES DE MIRANDA. *Comentários à Constituição de 1967, com a Emenda n. 1, de 1969*. Tomo IV. 2ª ed. São Paulo: Ed. RT, 1972. PONTES DE MIRANDA, *Democracia, Liberdade e Igualdade (os três caminhos)*. Rio de Janeiro: José Olympio Editora, 1945. CANOTILHO, J. J. Gomes. *Direito Constitucional e Teoria da Constituição*. Coimbra: Coimbra Ed., 2008. CANOTILHO, J. J. Gomes; MOREIRA, Vital. *Constituição da República Portuguesa Anotada*. Vol. 1. Coimbra: Coimbra Ed., 2007. ALEXY, Robert. *Teoria dos Direitos Fundamentais*. Trad. Virgílio Afonso da Silva. São Paulo: Malheiros, 2008. ISRAEL, Jean-Jaques. *Direito das liberdades fundamentais*. Trad. Carlos Souza. Barueri-SP: Manole, 2005. MORANGE, Jean. *Direitos humanos e liberdades públicas*. Trad. Eveline Bouteiller. Barueri-SP: Manole, 2004. BURDEAU, Georges. *Les Libertés Publiques*. Paris: Librarie Generale de Droit et de Jurisprudence, R. Pichon et R. Durand-Auzias, 1966. COLLIARD, Claude-Albert. *Libertés publiques*. Paris: Dalloz, 1975. ROBERT, Jacques. *Libertés publiques*. Paris: Editions Montchrestien, 1971. WACHSMANN, Patrick. *Libertés publiques*. Paris: Dalloz, 1996. LEBRETON, Gilles. *Libertés publiques & Droits de l'homme*. Paris: Armand Colin, 1999. ROCHE, Jean. *Libertés publiques*. Paris: Dalloz, 1984. RIVERO, Jean. *Les Libertés Publiques*. Paris: Presses Universitaires de France, 1974. BARILE, Paolo. *Le Libertà nella Costituzione*. Padova: Cedam, 1966. PACE, Alessandro. *Problematica delle libertà costituzionali*. Padova: Cedam, 1990. ELIA, Leopoldo; CHIAVARIO, Mario (org.). *La libertà personale*. Torino: UTET, 1977. SÁNCHEZ FERRIZ, Remédio. *Estudio sobre las libertades*. Valencia: Tirant lo Blanch, 1995. LEONI, Bruno. *La libertad y la ley*. Madrid: Union Editorial, 1974. MIRANDA, Jorge; MEDEIROS, Rui. *Constituição Portuguesa Anotada*. Tomo I. Coimbra: Coimbra Editora, 2005. BOBBIO, Norberto. *Liberdade e Igualdade*. 2ª ed. Rio de Janeiro: Ediouro, 1997. CODERCH, Pablo Salvador. *El derecho de la libertad*. Madrid: Centro de Estudios Constitucionales, 1993. STARCK, Christian, Artikel 2. In: v. MANGOLDT; KLEIN; STARCK. *Kommentar zum Grundgesetz*. 6ª ed. Vol. I. Artigos 1 – 19. München: Verlag Franz Vahlen, 2010, p. 175 e ss. PIEROTH, Bodo; SCHLINK, Bernhard. *Grundrechte – Staatsrecht II*. 23ª ed. Heidelberg: C.F. Muller, 2007. STERN, Klaus. *Das Staatsrecht der Bundesrepublik Deutschland*. Vol. IV/1. München: C.H. Beck, 2006, p. 876 e ss. ERICHSEN, Hans-Uwe. Allgemeine Handlugsfreiheit. In: ISENSEE-KIRCHHOF (Ed.). *Handbuch des Staatsrechts der Bundesrepublik Deutschland*. Vol.

VI. 2ª ed. Heidelberg: C.F. Muller, 2000. GRIMM, Dieter. *Constitutionalism*: past, present, and future. Oxford: Oxford University Press, 2019. SILVA, Virgílio Afonso da. *Direito Constitucional brasileiro*. São Paulo: Edusp, 2021. NOVAIS, Jorge Reis. *Limites dos Direitos Fundamentais*: fundamento, justificação e controle. Coimbra: Almedina, 2021.

6.2. Literatura filosófica e política

LASKI, Harold. *La Liberté*. Paris: Librarie du Recueil Sirey, 1938. CONSTANT, Benjamin. De la libertad de los antiguos comparada con la libertad de los modernos. In: *Escritos Políticos*. Madrid: Centro de Estudios Constitucionales, 1989. HOBBES, Thomas. *Os elementos da lei natural e política*. São Paulo: Ícone, 2002. MILL, John Stuart. *A Liberdade*: utilitarismo. São Paulo: Martins Fontes, 2000. LOCKE, John. *Dois Tratados sobre o Governo*. São Paulo: Martins Fontes, 2001. ROUSSEAU, Jean Jacques. *O contrato social*. São Paulo: Martins Fontes, 1998. BERLIN, Isaiah. Dois conceitos de liberdade. In: *Estudos sobre a humanidade*: uma antologia de ensaios. São Paulo: Companhia das Letras, 2002. PETTIT, Philip. *Republicanismo*. Barcelona: Paidós, 1999. SKINNER, Quentin. *Hobbes e a liberdade republicana*. São Paulo: Ed. Unesp, 2010. HAYEK, F. A. *The Constitution of Liberty*. London: Routledge & Kegan Paul, 1960. DWORKIN, Ronald. *Taking Rights Seriously*. Cambridge: Harvard, 1978.

7. Comentários

Direito geral de liberdade. O art. 5º, *caput*, da Constituição de 1988, garante aos brasileiros e aos estrangeiros residentes no país a inviolabilidade do direito à liberdade. Assim, a liberdade, juntamente com a vida, a igualdade, a propriedade e a segurança, integra o que se poderia designar de um "quinteto dourado" em matéria de direitos fundamentais na CF. A redação desse dispositivo é praticamente idêntica àquela utilizada nas Constituições brasileiras anteriores (Constituição de 1824, art. 179; Constituição de 1891, art. 72; Constituição de 1934, art. 113; Constituição de 1937, art. 122; Constituição de 1946, art. 141; Constituição de 1967/1969, art. 153). A trajetória constitucional brasileira, portanto, revela a existência de uma consolidada tradição do constitucionalismo brasileiro no sentido da positivação não apenas das *liberdades específicas*, mas também de um *direito geral de liberdade*. O art. 5º, em seu *caput*, protege o denominado direito geral de liberdade, ao passo que diversos de seus incisos cuidam das liberdades em espécie, tais como a liberdade de manifestação do pensamento, as liberdades de informação e de imprensa, a liberdade de exercício profissional, as liberdades religiosa, artística e cultural, a liberdade de associação etc. Por outro lado, o destaque outorgado à liberdade e aos demais direitos tidos como "invioláveis" no art. 5º, *caput*, da CF, traduz uma aproximação evidente com o espírito que orientou, já no seu nascedouro, as primeiras declarações de direitos, bem como reproduz o catálogo de direitos da pessoa humana difundidos pela literatura política e filosófica de matriz liberal, aspecto que, todavia, aqui não será possível aprofundar.

Por outro lado, é possível afirmar que o reconhecimento de um direito geral de liberdade não corresponde a uma tendência uníssona e uniforme nos diversos ordenamentos constitucionais. A Constituição Portuguesa, por exemplo, não garante a liberdade em geral, mas apenas as principais liberdades em espécie (cf. CANOTILHO, J. J. Gomes; MOREIRA, Vital. *Constituição da República Portuguesa Anotada*. Vol. 1. Coimbra: Coimbra Ed., 2007, p. 478). Em algumas ordens jurídicas, esse reconhecimento advém não da positivação no texto constitucional, mas da interpretação jurisprudencial de outros direitos fundamentais pelos Tribunais Constitucionais. Na Alemanha, por exemplo, o Tribunal Federal Constitucional, ao decidir o famoso *caso Elfes* (*BVerfGE* 6, 32, de 16.1.1957) identificou um direito à *liberdade geral de ação* no art. 2º da Lei Fundamental, o qual assegura o direito ao livre desenvolvimento da personalidade. Todavia, mesmo diante de uma já sólida jurisprudência, construída e aplicada pelo Tribunal Constitucional, a concepção de um direito geral de liberdade é objeto de objeções entre os juristas alemães. Afirma-se, por exemplo, que ela constituiria um direito vazio de conteúdo, um direito sem suporte fático determinável (cf. ALEXY, Robert. *Teoria dos Direitos Fundamentais*. Trad. Virgílio Afonso da Silva. São Paulo: Malheiros, 2008).

As objeções a um direito geral de liberdade não apenas ocorrem no âmbito da dogmática dos direitos fundamentais, mas também se fazem presentes na filosofia do direito. Para Ronald Dworkin, por exemplo, uma concepção forte de direitos individuais não pode aceitar a noção de um direito geral de liberdade, mas apenas a de liberdades específicas ou concretas, pois a ideia de um direito abstrato à liberdade em geral conflitaria permanentemente com o direito à igual consideração e respeito, o qual constitui a base de uma teoria deontológica dos direitos (DWORKIN, Ronald. *Taking Rights Seriously*. New York: New York University Press, 1978).

Além das críticas mais comuns em torno da falta de substância desse direito ou de sua inadequação no âmbito de uma teoria deontológica dos direitos, seria questionável a necessidade de positivação no texto constitucional de uma ideia que decorre da própria instituição do Estado de Direito e que seria dispensável para a efetiva proteção das liberdades em espécie.

Apesar das controvérsias em torno do significado do direito geral de liberdade, sua positivação em todas as Constituições brasileiras não tem sido objeto de contestação, podendo ser vista como uma vantagem institucional que tem o condão de reforçar a proteção das liberdades ao oferecer um apoio normativo sólido em nível constitucional. Uma breve mirada sobre o elenco das liberdades especiais positivadas ao longo dos incisos do artigo 5º, da CF, evidencia que o constituinte brasileiro agasalhou um catálogo minucioso de liberdades, incluindo a liberdade de ir e vir (artigo 5º, XV), que, a exemplo do que ocorre em Portugal e mesmo na Alemanha, costuma ser reconduzida ao dispositivo que consagra o direito de liberdade de forma mais genérica, especialmente quando não admitida a existência de um direito geral de liberdade propriamente dito.

Por outro lado, a exemplo do que ocorre com a dignidade da pessoa humana, que tem na liberdade (assim como na igualdade) um de seus elementos centrais – para muitos, liberdade e dignidade praticamente convergem, especialmente quando se reduz a dignidade ao princípio da autonomia –, o direito geral de liberdade atua como critério material para a identificação de outras posições jurídicas fundamentais, em especial, como parâmetro para dedução de liberdades específicas que não foram objeto de direta e expressa previsão pelo constituinte. Nessa perspectiva, o direito geral de liberdade pode ser interpretado em conjunto com o

§ 2º do art. 5º da Constituição, o qual estabelece um *sistema aberto* de direitos e garantias fundamentais, consagrando outros direitos não previstos de forma explícita no texto constitucional. Dessa forma, o direito geral de liberdade (ou liberdade geral) também está aberto à integração com outras liberdades previstas nas declarações de direitos no plano internacional, além de guardar sintonia com a ideia de liberdades implícitas. Apenas para ilustrar a afirmação, é possível relacionar os exemplos da liberdade de utilização da informática, o livre e igual acesso à rede de comunicação, a livre disposição dos dados pessoais (para os alemães, o direito à autodeterminação informativa), entre outros que poderiam ser nominados, e que não encontram previsão direta e expressa no texto constitucional. O direito geral de liberdade, nesse contexto, atua como uma espécie de cláusula de abertura constitucional para liberdades fundamentais especiais não nominadas.

Dito de outro modo, o direito geral de liberdade funciona como um princípio geral de interpretação e integração das liberdades em espécie e de identificação de liberdades implícitas na ordem constitucional. Assim sendo, para reforçar a linha argumentativa já lançada, a positivação de um direito geral de liberdade tem a vantagem de introduzir no ordenamento jurídico uma cláusula geral que permite dela derivar, por meio de interpretação extensiva, outras liberdades não expressamente consagradas no texto constitucional. Com efeito, a liberdade, como faculdade genérica de ação ou de omissão, concede ao indivíduo um amplíssimo leque de possibilidades de manifestação de suas vontades e preferências e de expressão de sua autonomia pessoal que não pode ser apreendido através de liberdades específicas previstas em textos normativos.

Quanto a tal função do direito geral de liberdade, compreendido como cláusula de abertura material, importa registrar, contudo, que metodologicamente não se haverá de recorrer ao direito geral de liberdade quando se tratar da aplicação de uma cláusula especial já consagrada no texto constitucional, inclusive para a necessária salvaguarda do âmbito de proteção de cada liberdade (cf. MIRANDA, Jorge; MEDEIROS, Rui. *Constituição Portuguesa Anotada*, Tomo I, Coimbra: Coimbra Editora, 2005, p. 300). Em síntese, o direito geral de liberdade assume relevância jurídico-constitucional, para efeitos de aplicação às situações da vida, quando e na medida em que não esteja em causa o âmbito de proteção de uma liberdade em espécie (cf. PIEROTH, Bodo; SCHLINK, Bernhard. *Staatsrecht II – Grundrechte*, 23ª Ed., Heidelberg: C.F. Muller, 2007, p. 86). O direito geral de liberdade também cumpre, portanto, a função de assegurar uma proteção isenta de lacunas da liberdade e das liberdades (cf. STERN, Klaus, *Das Staatsrecht der Bundesrepublik Deutschland*, vol. IV/1, München: C.H. Beck, 2006, p. 893 e ss.).

Já pelo que foi exposto até o momento, mas especialmente considerando que os direitos especiais de liberdade serão objeto de comentário próprio, aqui se busca apenas tecer algumas considerações de ordem geral, com destaque para a demonstração do sentido de um direito geral de liberdade no esquema constitucional e a sua articulação com as cláusulas especiais de liberdade.

No que diz com sua vertente constitucional mais importante e remota, o direito fundamental tem origem na ideia de liberdade geral contida no art. 4º da Declaração dos Direitos do Homem e do Cidadão, de 1789: *"A liberdade consiste em poder fazer tudo o que não prejudica ao outro".* O preceito consagra a ideia liberal originariamente presente no pensamento de John Locke e Stuart Mill, na Inglaterra, e Benjamin Constant e Alexis de Tocqueville, na França, segundo a qual todo ser humano possui uma área ou esfera de liberdade pessoal que não pode ser de qualquer modo violada e na qual pode desenvolver, livre de qualquer interferência externa, suas faculdades e vontades naturais. Já no âmbito do constitucionalismo brasileiro, nos comentários ao art. 72, *caput*, da Constituição de 1891, Carlos Maximiliano conceituava a liberdade como "o direito que tem o homem de usar suas faculdades naturais ou adquiridas pelo modo que melhor convenha ao mais amplo desenvolvimento da personalidade própria, sem outro limite senão o respeito ao direito idêntico atribuído aos seus semelhantes" (MAXIMILIANO, Carlos. *Comentários à Constituição Brasileira de 1891*. Ed. fac-similar. Brasília: Senado Federal, 2005, p. 691). Sem que se vá aqui recorrer a outros conceitos, antigos ou mais recentes, o fato é que a noção de um direito geral de liberdade guarda relação com a ideia de um direito ao livre desenvolvimento da personalidade, por sua vez, também compreendido, nos ordenamentos que o consagram (como é o caso da Alemanha, Portugal, Espanha, entre outros) como uma cláusula geral que permite a dedução de direitos especiais de personalidade, tudo tendo a dignidade da pessoa humana como fio condutor.

Aspecto amplamente discutido, na seara jurídica e filosófica, diz respeito a uma fundamentação da liberdade a partir do direito natural. É antigo o debate filosófico em torno da existência de direitos naturais preexistentes a qualquer forma de organização política. Os direitos, nessa concepção, seriam inerentes à própria condição humana, independentemente de sua previsão em declarações, constituições, leis, ou qualquer estatuto estabelecido por instituições humanas. Sem que se possa aqui resgatar todas as formulações neste sentido, que podem ser reconduzidas a diferentes escolas e autores, mas com destaque para as teorizações produzidas ao longo dos séculos XVII e XVIII, dentre as quais sobressaem autores como Samuel Pufendorf, Johannes Althusius, John Locke e Immanuel Kant, entre tantos outros, o fato é que a fundamentação jusnaturalista prevaleceu durante muito tempo (sobre tal evolução, *v.* a excelente síntese de STERN, Klaus, *Das Staatsrecht der Bundesrepublik Deutschland*, vol. IV/1, München: C.H. Beck, 2006, p. 879 e ss.). Hoje, contudo, percebe-se que a tendência de superação da doutrina do direito natural acabou acirrando a discussão sobre se a liberdade, como faculdade de livre-arbítrio humano, poderia ser concebida como um direito natural anterior e superior ao Estado ou se, por outro lado, sua existência dependeria do suporte institucional e normativo das constituições ou das declarações de direitos.

Apenas para situar tal debate no contexto da evolução constitucional brasileira, vale recorrer aos comentários de João Barbalho à Constituição de 1891, para quem "uma Constituição já é em si um sistema e conjunto de garantias para assegurar o livre exercício dos direitos; ela não os cria, não os fabrica, encontra-os existentes; nem precisa registrá-los; é ordenada para protegê-los todos. E há até perigo na menção particularizada deles, porque nisso alguma coisa pode escapar e os termos da declaração ou rol de direitos podem motivar dúvidas quanto à extensão deles, ou fornecer pretexto para interpretações cavilosas e tirânicas" (CAVALCANTI, João Barbalho Uchoa. *Constituição Federal Brasileira, 1891: comentada*. Ed. fac-similar. Brasília: Senado Federal, 2002, p. 298).

Todavia, tanto o jusnaturalismo quanto o positivismo jurídico, salvo manifestações particulares e não necessariamente articuladas entre si advindas de setores cada vez mais tímidos da literatura, especialmente no campo do Direito, encontram-se largamente superados, especialmente o primeiro. Sem que se pretenda (e se possa) aprofundar a questão, parte-se aqui da premissa de que a despeito de sua formatação originária ter sido levada a efeito em grande parte pela doutrina do direito natural, tanto os direitos humanos quanto os direitos fundamentais, na perspectiva, aliás, assumida como baliza por este comentário, não são direitos naturais, mas sim direitos expressa ou implicitamente positivados no plano supranacional ou constitucional, atribuídos às pessoas na condição de direitos subjetivos e implicando deveres de matriz jurídico-objetiva para os Estados e em geral os órgãos estatais e demais atores vinculados. O direito e os direitos são um produto cultural, possuem um caráter histórico-relativo e assim são aqui compreendidos, o que se aplica também ao direito geral de liberdade. Com isso, todavia, não se refuta nem o papel desempenhado pela doutrina do direito natural para o processo de conquista e institucionalização política e jurídica dos direitos humanos e fundamentais e das liberdades em particular, nem se afasta, já enveredando por outro caminho, uma justificação e fundamentação ética e moral dos direitos e deveres, que – o reconhecimento de uma dimensão objetiva assim já o atesta – estão sempre vinculados a valores mais ou menos centrais para a pessoa individual e coletivamente considerada, aspecto que também aqui não será desenvolvido.

Por outro lado, sabe-se que eventual falta de apoio institucional, por meio de norma jurídica expressa na Constituição ou na lei, não é capaz de, por si só, anular a liberdade humana nem de impedir o seu reconhecimento e proteção. No caso da Constituição brasileira, o fato de o seu Preâmbulo enunciar a instituição de um Estado democrático destinado a assegurar o exercício da liberdade e dos direitos individuais, não deixa dúvida de que a expressão normativa contida no art. 5º, *caput*, referente especificamente ao direito geral de liberdade, não representa a única e indispensável fonte desse direito fundamental; ela representa, sim, apenas a tradução normativa de um valor que decorre logicamente do próprio sistema constitucional e de um direito indissociável da dignidade humana.

No Brasil, como as Constituições sempre positivaram o direito geral de liberdade, a questão nunca ganhou uma importância prática maior, tendo surgido com certa intensidade apenas em períodos de ditadura ou de arroubos autoritários por parte dos governos. Não se pode negar, sem embargo, que a positivação da liberdade no texto constitucional sempre cumpriu o relevante papel de reforço institucional para a garantia das liberdades e para a construção da democracia no país. Em momentos de instabilidade institucional e de violação de direitos básicos, o recurso ao texto constitucional como paradigma das mudanças reivindicadas tem a vantagem de poder impedir, ou de pelo menos dificultar, a atuação de grupos revolucionários subversivos da ordem, que comumente se amparam na existência de um direito "não escrito" anterior e superior ao próprio Estado.

Na esteira das considerações precedentes, percebe-se também o lugar de destaque que a liberdade, na condição de valor, princípio e direito (mas também como dever) ocupa na arquitetura jurídico-constitucional e política brasileira, construída em torno e com base da noção de um Estado Democrático de Direito, com o qual guardam conexão direta o direito geral de liberdade, os direitos especiais de liberdade (incluindo as liberdades políticas e sociais) e os demais direitos fundamentais.

No que diz respeito ao conteúdo do direito geral de liberdade, especialmente no que concerne à sua relação com os direitos especiais de liberdade, remete-se aqui aos comentários das liberdades fundamentais em espécie, evitando, assim, desnecessária superposição. O mesmo vale para o conjunto de questões que dizem com a teoria geral dos direitos fundamentais, notadamente a dimensão subjetiva e objetiva dos direitos fundamentais, a titularidade, os destinatários, a eficácia e aplicabilidade e o problema dos limites e restrições, visto que, em termos gerais, também se aplicam ao direito geral de liberdade.

Em termos gerais, no que diz com os seus contornos dogmáticos, o direito geral de liberdade pode ser descrito recorrendo-se à formulação de Robert Alexy (*Teoria dos Direitos Fundamentais*, op. cit., p. 343), que aqui vai transcrita: "A liberdade geral de ação é uma liberdade de se fazer ou deixar de fazer o que se quer .... De um lado, a cada um é *prima facie* – ou seja, caso nenhuma restrição ocorra – *permitido* fazer ou deixar de fazer o que quiser (norma permissiva). De outro, cada um tem *prima facie* – ou seja, caso nenhuma restrição ocorra – o *direito*, em face do Estado, a que este não embarace sua ação ou sua abstenção, ou seja, a que o Estado nelas não intervenha (norma de direitos)". Nessa perspectiva, a assim designada liberdade negativa implica – para o sujeito (titular) do direito de liberdade – a prerrogativa de não fazer algo sem que lhe seja imposto, em princípio, tal conduta positiva, ou de fazer algo sem que lhe seja imposto um impedimento.

Embora tal definição tenha sido formulada a partir do dispositivo que consagra uma liberdade geral de ação (o direito ao livre desenvolvimento da personalidade) na Lei Fundamental da Alemanha (Art. 2º, § 1º), ela pode ser, em princípio, trasladada para o ambiente constitucional brasileiro, visto que de modo ainda mais explícito do que ocorreu no caso da Alemanha, a CF consagrou, como já visto, um direito geral de liberdade. Por outro lado, quanto aos aspectos relacionados com a definição do âmbito de proteção, limites e restrições no âmbito do direito geral de liberdade, já foi feita remissão a outros comentários, de modo que o que aqui deve ser sublinhado é que também para a ordem jurídico-constitucional brasileira importa reconhecer que o direito geral de liberdade abarca uma liberdade negativa e uma liberdade positiva, que, por sua vez, implica um complexo de posições jurídicas que dialogam com cada uma das duas dimensões.

As noções filosóficas de liberdade negativa e liberdade positiva remontam, em seu aspecto essencial, à conhecida distinção comparativa realizada por Benjamin Constant entre a *liberdade dos antigos* e a *liberdade dos modernos*, a primeira consistente no direito de autodeterminação e de participação política (liberdade positiva) e a segunda consagrada no direito à liberdade individual (liberdade negativa) (CONSTANT, Benjamin. De la libertad de los antiguos comparada con la libertad de los modernos. In: *Escritos Políticos*. Madrid: Centro de Estudios Constitucionales, 1989). Mas talvez essa distinção não encontre melhor apresentação do que na obra de Isaiah Berlin. A liberdade negativa, para Berlin, corresponde a uma liberdade como não interferência, a qual protege uma área mínima na qual um homem pode ser e agir sem a interferência de outros. A liberdade positiva, por outro lado, mais do que a ausência de interferência, requer que o indivíduo tome parte ativa no controle e domínio de si próprio (BERLIN, Isaiah. *Dois conceitos de liberdade*. In: *Estudos sobre a humanidade: uma antologia de ensaios*. São Paulo: Companhia das Letras, 2002). Desenvolvendo o ponto numa perspectiva política, Norberto Bobbio traça a seguinte distinção entre liberdade negativa e positiva. Para o conhecido filósofo da Política e do Direito, a "liberdade negativa compreende tanto a ausência de impedimento, ou seja, a possibilidade de fazer, quanto a ausência de constrangimento, ou seja, a possibilidade de não fazer". Já a assim designada liberdade positiva, de acordo com o mesmo autor, é a capacidade de autodeterminação do indivíduo, ou seja, a possibilidade de orientação do próprio querer no sentido de uma finalidade, portanto, sem ser determinado pelos outros (Cf. BOBBIO, Norberto, *Igualdade e Liberdade*, 2ª ed., Rio de Janeiro: Ediouro, 1997, p. 48 e ss.). Não se pode desconsiderar, por outro lado, posições ditas "republicanas", como as de Philip Pettit, que, a partir de uma dura crítica à distinção liberdade negativa-positiva, reivindica um terceiro modo de entender a liberdade; um enfoque distinto que, baseado numa diferenciação entre interferência e dominação (interferência arbitrária), estabelece um conceito de *liberdade como não dominação* do indivíduo por poderes arbitrários (PETTIT, Philip. *Republicanismo*. Barcelona: Paidós, 1999).

De toda forma, sem qualquer aprofundamento sobre os diversos conceitos filosóficos e políticos de liberdade, essas duas dimensões da liberdade em geral (negativa e positiva) acabam funcionando como vetores interpretativos do conteúdo das posições jurídicas protegidas pelas liberdades específicas. O direito fundamental de associação, por exemplo, visto como expressão do direito geral de liberdade, inclui, primordialmente, dois âmbitos ou faces, que podem ser assim divididos: *liberdade positiva* de associação, consistente no direito de constituir e organizar novas associações, assim como de ingressar e participar de associações já existentes (art. 5º, XVII); *liberdade negativa* de associação, que se expressa no direito de não se associar e de abandonar a associação da qual se é membro (art. 5º, XX). Essa é a interpretação do direito fundamental de associação acolhida pelo Supremo Tribunal Federal, a qual leva em conta as duas dimensões, negativa e positiva, da liberdade (ADI 2.054, Rel. p/ o ac. Min. Sepúlveda Pertence, julgamento em 2-4-2003, Plenário, *DJ* de 17-10-2003).

Da mesma forma, inclusive por traduzir uma das principais conexões entre dignidade, liberdade e igualdade, importa, ainda que de modo sumário, abordar o problema da relação entre liberdade formal e liberdade substancial ou material.

O enunciado de que todos têm o mesmo direito à liberdade e igualdade, combinado com o postulado inscrito na Declaração da ONU, de 1948, de que todos nascem iguais em dignidade e em direitos, constitui a pedra angular do Estado Democrático de Direito. A relação entre dignidade e as duas principais manifestações que a concretizam, a liberdade e a igualdade, é, portanto, inarredável e sobre ela se constrói todo o edifício dos direitos e garantias fundamentais, ainda que submetido a um processo de permanente reconstrução e necessária contextualização. De qualquer sorte, liberdade e igualdade não são valores nem direitos em contradição, como se um fosse o oposto do outro, o que já foi bem percebido por Pontes de Miranda, em clássico estudo sobre o tema (Cf. PONTES DE MIRANDA, *Democracia, Liberdade e Igualdade (os três caminhos)*, Rio de Janeiro: Livraria José Olympio Editora, 1945, p. 275 e ss.). Ambas – liberdade e igualdade – são expressões da mesma dignidade da pessoa humana e eventuais restrições não podem ser confundidas com uma contraposição insuperável. Da mesma forma, tanto a liberdade formal quanto o que se poderia designar como uma liberdade material, correspondem às exigências da dignidade humana. Com efeito, a liberdade formal assume a feição de uma liberdade jurídica, no sentido de uma liberdade de matriz liberal, ou seja, quando, nas palavras de Robert Alexy, "é permitido tanto fazer algo, quanto deixar de fazê-lo. Isso ocorre exatamente quando algo não é nem obrigatório, nem proibido". Ainda para Alexy, a liberdade material, por sua vez, abarca, além da liberdade liberal (liberdade formal ou jurídica) uma liberdade econômico-social, que implica a ausência de barreiras econômicas que tenham por consequência o embaraço e mesmo impedimento do exercício de alternativas de ação (cf. ALEXY, Robert, *Teoria dos Direitos Fundamentais*, op. cit., p. 351). Assim, é perceptível que a igualdade, notadamente quando em causa a liberdade real (material) não só não se contrapõe à liberdade como é mesmo o seu pressuposto, a sua condição de possibilidade.

Outra relação crucial é a que se estabelece entre liberdade e legalidade. A CF torna explícita a intrínseca relação entre *legalidade* e *liberdade*, designadamente no artigo 5º, inciso II, ao estabelecer que "ninguém será obrigado a fazer ou deixar de fazer alguma coisa senão em virtude de lei", dispositivo, aliás, objeto de comentário específico. A lei é o instrumento por excelência do qual dispõe o Estado de Direito para garantir e ao mesmo tempo regular a liberdade. Incorpora-se, assim, a ideia de liberdade oriunda do ideário liberal-burguês do Século XVIII, com destaque para a Revolução Francesa, traduzida de modo emblemático e solene no art. 4º da Declaração de Direitos de 1789: "A liberdade consiste em poder fazer tudo o que não prejudica ao outro. O exercício dos direitos naturais de cada homem não tem mais limites que os que asseguram a outros membros da sociedade o gozo desses mesmos direitos. *Estes limites somente podem ser estabelecidos pela lei*".

A legalidade também representa a existência e permanência da ordem jurídica do Estado, edificada por um corpo coeso de normas, organismos e procedimentos que funcionam como garantias constitucionais da liberdade dos cidadãos. No Estado de Direito, a liberdade somente é assegurada mediante uma série de garantias constitucionais calcadas na organização política e administrativa dos poderes, de acordo com as leis e a Constituição. A ordem jurídico-constitucional, dessa forma, torna-se condição necessária da possibilidade de pleno exercício da liberdade. Portanto, o direito de liberdade garantido pelo art. 5º, *caput*, deve ser interpretado em conjunto (sistematicamente) com o princípio da legalidade assegurado pelo inciso II do mesmo artigo, que contém a tradicional fórmula garantidora da liberdade: "*ninguém será obrigado a fazer ou deixar de fazer alguma coisa senão em virtude de lei*". O princípio da legalidade constitui, portanto, uma garantia constitucional da liberdade.

Na medida em que a lei é o instrumento por excelência de limitação ou restrição da liberdade, ao mesmo tempo ela representa uma permanente ameaça a essa mesma liberdade, de forma que a ordem constitucional deve prever mecanismos de *controle da constitucionalidade da lei*. Nesse sentido, já na década de 1930, Araújo Castro corretamente enfatizava que, na ordem constitucional brasileira, "o controle da constitucionalidade das leis é uma garantia suplementar das liberdades individuais" (CASTRO, Araújo. *A Constituição de 1937*. Ed. fac-similar. Brasília: Senado Federal, 2003, p. 265). A garantia da fiscalização formal e material da lei em face da Constituição, mas especialmente no que diz com a afetação de direitos fundamentais, veio a complementar o conjunto de garantias constitucionais da liberdade, avançando no processo de racionalização do poder, especialmente a partir da Revolução Francesa e – no que diz com o controle de constitucionalidade – do constitucionalismo norte-americano, fruto do mesmo espírito.

Leonardo Martins

DIREITO FUNDAMENTAL À IGUALDADE

I. Histórico da norma

O direito fundamental, público-subjetivo, ou, ao menos, o princípio (jurídico-objetivo) da igualdade vem sendo reconhecido e protegido desde as primeiras Cartas de Direitos da segunda metade do séc. XVIII, como no art. I da Declaração de Direitos do Estado norte-americano da Virgínia, de 1776, e, igualmente, no art. 1º da Declaração Francesa dos Direitos do Homem e do Cidadão, de 1789.

Nos séculos seguintes, encontrou respaldo, entre outros, também na Décima Quarta Emenda à Constituição Federal dos EUA, como consequência da Guerra de Secessão (ratificada em 28.07.1868); e também no art. I da Declaração Universal dos Direitos Humanos da ONU, de 1948. Hoje, integra o texto normativo de toda Constituição de Estado Democrático de Direito.

II. Constituições brasileiras anteriores

Art. 179, XIII, da Constituição Imperial de 1824; art. 72, § 2º, da Constituição de 1891; art. 113, n. 1, da Constituição de 1934; art. 122, § 1º, da Constituição de 1937; art. 141, § 1º, da Constituição de 1946; art. 153, § 1º, da Constituição de 1967.

III. Constituições estrangeiras

Art. 3 da *Grundgesetz* (Constituição alemã); art. 7 da Constituição da Áustria; Art. 3 da Constituição da Itália; art. 8 da Constituição da Suíça; art. 13º da Constituição de Portugal; art. 15 da Constituição da Hungria; art. 13 da Constituição da Colômbia; arts. 16 e 37 da Constituição da Argentina; arts. 1 e 19, § 2º, da Constituição do Chile; art. 14 da Constituição do Japão; e Décima Quarta Emenda à Constituição Federal dos EUA.

IV. Direito Internacional

Arts. I e VII da Declaração Universal dos Direitos Humanos, de 10.11.1948; art. 26 do Pacto Internacional de Direitos Civis e Políticos, de 1966; e art. 24 da CADH (Pacto de San José), de 12.11.1969.

V. Dispositivos constitucionais relacionados

Art. 3º, IV; art. 5º, I; art. 7º, XXXIV; art. 37, XXI; art. 150, II; e art. 226, § 5º, da CF.

VI. Jurisprudência

ADPF 655, Rel. Min. Cármen Lúcia, julgamento em 29.10.2020; ADI 5.543, Rel. Min. Edson Fachin, julgamento em 11.05.2020; STF, Mandado de Injunção 4.733, Rel. Min. Edson Fachin, julgamento em 13.06.2019; ADI 5.617, Rel. Min. Edson Fachin, julgamento em 15.03.2018; ADC 41, Rel. Min. Roberto Barroso, julgamento em 08.06.2017, Plenário; ADI 3.330, Rel. Min. Ayres Britto, julgamento em 03.05.2012, Plenário, *DJe* de 22.03.2013; ADPF 186, Rel. Min. Ricardo Lewandowski, julgamento em 26.04.2012; ADI 4.364, Rel. Min. Dias Toffoli, julgamento em 02.03.2011, Plenário, *DJe* de 16.05.2011; ADI 3.795, Rel. Min. Ayres Britto, julgamento em 24.02.2011, Plenário, *DJe* de 16.06.2011.

VII. Referências bibliográficas

ALEXY, Robert. *Theorie der Grundrechte*. 3. ed. Frankfurt: Suhrkamp, 1996; BAER, Susanne. *Würde oder Gleichheit?* Zur angemessenen grundrechtlichen Konzeption von Recht gegen Diskriminierung am Beispiel sexueller Belästigung am Arbeitsplatz in der Bundesrepublik Deutschland und den USA. Baden-Baden: Nomos, 1995; BAER, Susanne; MARKARD, Nora. Artikel 3, Absätze 2 und 3. In: MANGOLDT, Hermann v.; KLEIN, Friedrich; STARCK, Christian (Org.). *Das Bonner Grundgesetz*. Kommentar. vol. 1. 7. ed. München: Beck, 2018, p. 408-474; BARROSO, Luís Roberto. *O controle de constitucionalidade no direito brasileiro*. 5. ed. São Paulo: Saraiva, 2011; CARVALHO, Kildare Gonçalves. *Direito constitucional*. 17. ed. rev., atual. e ampl. Belo Horizonte: Del Rey, 2011; CORBO, Wallace. *Discriminação indireta*. Rio de Janeiro: Lumen Juris, 2017; DALLA-BARBA, Rafael G. (Org.). *Princípios jurídicos*. O debate metodológico entre Robert Alexy e Ralf Poscher. Belo Horizonte: Casa do Direito, 2022; DE LAURENTIIS, Lucas Catib. *A proporcionalidade no direito constitucional*. Origem, modelos e reconstrução dogmática. São Paulo: Malheiros, 2017; DIMOULIS, Dimitri. Igualiberdade. Notas sobre a crítica dos direitos humanos. *Ius Gentium*, v. 7, n. 1, p. 22-39, jan./jun. 2016; DIMOULIS, Dimitri. *Direito de igualdade*: antidiscriminação minorias sociais, remédios constitucionais. São Paulo: Almedina, 2021; DIMOULIS, Dimitri; MARTINS, Leonardo. *Teoria geral dos direitos fundamentais*. 9. ed. rev., atual. e ampl. São Paulo: RT-Thomson Reuters, 2022; GOMES, Joaquim Benedito Barbosa. *Ação afirmativa e princípio constitucional da igualdade*. O direito como instrumento de transformação social: a experiência dos EUA. Imprenta: Rio de Janeiro, Renovar, 2001; GROIPL, Christoph. Art. 3 Gleichheit. In: GROIPL, Christoph; WINDTHORST, Kay; von COELLN; Christian (Org.). *Grundgesetz*: Studienkommentar. 5. ed. München: Beck, 2022; KERSTING, Wolfgang. *Kritik der Gleichheit*. Über die Grenzen der Gerechtigkeit und der Moral. Weilerswist: Verbrück, 2002; KINGREEN, Thorsten; POSCHER, Ralf. *Grundrechte*: Staatsrecht II. 38. ed. Heidelberg: Müller, 2022; MARTINS, Leonardo. Da Distinção entre regras e princípios. In: LEITE, George Salomão (Org.). *Dos princípios constitucionais – considerações em torno das normas principiológicas da Constituição*. São Paulo: Método, 2008; MARTINS, Leonardo. Sigfried Ellwanger: liberdade de expressão e crime de racismo: parecer sobre o caso decidido pelo STF no HC 82.424. *Revista Brasileira de Estudos Constitucionais – RBEC*, Belo Horizonte, ano 1, n. 4, p. 179 e ss. out./dez. 2007; MARTINS,

Leonardo. *Liberdade e Estado constitucional*: leitura jurídico-dogmática de uma complexa relação a partir da teoria liberal dos direitos fundamentais. São Paulo: Atlas, 2012; MARTINS, Leonardo. *Tribunal Constitucional Federal Alemão*: decisões anotadas sobre direitos fundamentais. v. I. Dignidade humana, livre desenvolvimento da personalidade, direito fundamental à vida e à integridade física, igualdade. São Paulo: Konrad-Adenauer-Stiftung, 2016; MARTINS, Leonardo. *Direito processual constitucional alemão*. 2. ed. rev., atual. e ampl. São Paulo: Foco, 2018; MARTINS, Leonardo. Posfácio. In: DALLA-BARBA, Rafael G. (Org.). *Princípios jurídicos*. O debate metodológico entre Robert Alexy e Ralf Poscher. Belo Horizonte: Casa do Direito, 2022-a; MARTINS, Leonardo. *Direitos fundamentais*: conceito permanente – novas funções. Rio de Janeiro: Marcial Pons, 2022-b; MELLO, Celso Antônio Bandeira de. *O conteúdo jurídico do princípio da igualdade*. 3. ed. São Paulo: Malheiros, 2005; MENDES, Gilmar Ferreira. *Controle de constitucionalidade*: aspectos jurídicos e políticos. São Paulo: Saraiva, 1990; MOREIRA, Adilson José. *Tratado de direito antidiscriminatório*. São Paulo: Contracorrente, 2020; POSCHER, Ralf. A ressureição de um fantasma? A última tentativa de Robert Alexy salvar seu conceito de princípio. In: DALLA-BARBA, Rafael G. (Org.). *Princípios jurídicos*. O debate metodológico entre Robert Alexy e Ralf Poscher. Belo Horizonte: Casa do Direito, 2022; SARLET, Ingo Wolfgang. *A eficácia dos direitos fundamentais*: uma teoria geral dos direitos fundamentais na perspectiva constitucional. 13. ed. Porto Alegre: Livraria do Advogado, 2021; SARLET, Ingo Wolfgang; SARLET, Gabrielle Bezerra. Igualdade como proibição de discriminação e direito à (e dever de) inclusão: o acesso ao ensino superior e a regulamentação do Estatuto Brasileiro das Pessoas com Deficiência. *RDU*, n. 78, p. 197-226, 2017; SCHLINK, Bernhard. *Vergangenheitsschuld und gegenwärtiges Recht*. Frankfurt: Suhrkamp, 2002; SCHLINK, Bernhard. Liberdade mediante resistência à intervenção estatal. Reconstrução da função clássica dos direitos fundamentais (trad. e resumo de Leonardo Martins). *RDCC*, v. 4, n. 11, p. 261-297, 2017; SILVA, Rodrigo da. *Discriminação múltipla como discriminação interseccional*. Rio de Janeiro: Lumen Juris, 2016; SOMEK, Alexander. 2001. *Rationalität und Diskriminierung*. Zur Bindung der Gesetzgebung an das Gleichheitsrecht. Wien: Springer, 2001; VIEIRA, Oscar Vilhena. *Direitos fundamentais*: uma leitura da jurisprudência do STF. São Paulo: Malheiros, 2006; VIEIRA, Oscar Vilhena. Igualdade. In: VIEIRA, Oscar Vilhena. *Direitos fundamentais*. Uma leitura da jurisprudência do STF. São Paulo: Malheiros, 2017; WESTEN, Peter. *Speaking of Equality*. An Analysis of the Rhetorical Force of "Equality" in Moral and Legal Discourse. Princeton: Princeton University Press, 1990.

VIII. Comentários

A – ESTRUTURA NORMATIVA

Comentários pertinentes à estrutura da norma constitucional em apreço pressupõem a pesquisa de alguns de seus elementos justeóricos centrais (a seguir: sob *1.* e *2.1*). Estabelecida essa base justeórica, comentam-se os elementos do "suporte fático" dessa norma definidora de direito fundamental (de *2.2* a *3.*). Por fim, comenta-se a norma em seu contexto, com especial alusão ao pressuposto sistema de limites normativo-constitucionais e aos seus limites específicos (sob *4.*).

1. Natureza da igualdade entre princípio e direito

A Constituição Federal faz uma asserção no art. 5º, *caput*, relativa à igualdade: "todos são iguais perante a lei". Assim, consagrou um clássico princípio, próprio do Estado de direito, da igualdade (formal) de todos os submetidos ao ordenamento jurídico brasileiro perante a lei. Princípios informadores de um sistema constitucional são, como aqui, frequentemente formulados em forma de afirmação (proclamação) na introdução de capítulos.

Segundo um entendimento, princípios são normas que contêm "mandamentos de otimização" (Cf. ALEXY, 1996, p. 75 e as eloquentes sucessivas contestações reunidas em DALLA-BARBA, 2022). Podem ser cumpridos em maior ou menor grau. Ao contrário, as normas regras comportariam, segundo essa compreensão dicotômica da estrutura das normas jurídicas, somente as categorias "regra cumprida/regra infringida".

Independentemente dessa distinção pretensamente qualitativa, mas, de fato, meramente quantitativa (cf. crítica em MARTINS, 2008 e MARTINS, 2012, p. 65-88 e síntese por POSCHER, 2022), o preceito constitucional da igualdade é o parâmetro para a *aplicação* da lei infraconstitucional. Trata-se do exercício da função estatal junto à qual não se poderá fazer "distinção de qualquer natureza". Tal expressão significa que os órgãos públicos não poderão fazer distinção quando da *aplicação* da lei ordinária. A igualdade, nesse contexto, é igualdade em sentido formal, pois implica proibição de distinção *pelo aplicador* do direito (Administração e Judiciário) que não esteja prevista *pela* ou *na* lei.

Entendido em seu sentido estritamente formal, o parâmetro constitucional da igualdade corresponde ao chamado "princípio da legalidade" firmado no art. 5º, II, da CF, que fixa a necessidade de lei formal para a configuração de obrigações jurídicas gerais. Ambos os dispositivos não oferecem proteção contra o poder discricionário do legislador, contra a distinção ou desigualdade acarretada *pela* lei. Assim, a igualdade, tal qual mencionada na primeira parte ou primeiro subperíodo do *caput* do art. 5º, seria um direito fundamental pleno como todos os demais cuja inviolabilidade foi garantida aos "brasileiros e estrangeiros residentes" a partir da segunda parte (2º subperíodo) do *caput* do mesmo art. 5º, tão somente se se tivesse, nessa primeira parte, fixado a igualdade *material*, oponível, especialmente, em face do legislador. Essa hipótese hermenêutica é, em princípio, excluída pelas inequívocas expressões "perante a lei" (*caput*) e "(obrigado) em virtude de lei" (inc. II), que pressupõem, portanto, segundo seu teor, a preexistência de lei, parâmetro por excelência do tratamento igualitário pelos órgãos do Executivo e Judiciário. A *contrario sensu*, a igualdade mencionada na primeira parte do *caput* do art. 5º não contém nenhuma exigência direcionada ao legislador formal, não dispondo nada sobre o conteúdo e o alcance de seu vínculo ao direito fundamental à igualdade.

Não obstante, a outorga constitucional do direito em tela não se limita ao *sentido formal* da igualdade. Não se pode considerar a repetição pelo constituinte dos termos/locuções, dada no *caput* do art. 5º, quais sejam, "iguais perante a lei" (1º subperíodo) e "igualdade" (direito cuja "inviolabilidade" é, segundo o 2º subperíodo, 3ª variante, garantida), uma redundância normativa. A lei que em si atingir direitos fundamentais deverá ser compatível com o parâmetro normativo constitucional. Para tanto, *poderá* e, em alguns contextos, até *deverá realizar distinções*, sempre que necessárias à proteção do direito fundamental à *igualdade material*. É o que decorre do vínculo do legislador a todos os direitos fundamentais, entre os quais a própria garantia da inviolabilidade do direito à igualdade (art. 5º, *caput*, 2º subperíodo, CF).

No *caput* do art. 5º são garantidas, portanto, duas modalidades do direito à igualdade: a primeira é a igualdade *perante* a lei ou igualdade de aplicação da lei; a segunda é a igualdade em sentido amplo. Esta abrange, além da primeira, também a igualdade *da* lei ("*na*" lei) ou igualdade *pela* lei, vale dizer, a igualdade material.

A igualdade material poderia ser entendida como um "mandamento de otimização", como um *princípio* que determina sua maior realização possível, sobretudo em face de outros princípios que gozem também de dignidade constitucional, de mesmo nível hierárquico, como o princípio da liberdade (Cf. ALEXY, 1996, p. 357 ss.).

Contudo, mesmo com base nessa questionável distinção (cf. POSCHER, 2022 e MARTINS, 2022-a), a igualdade material pode, não obstante, ser mais bem entendida, como se exporá a seguir (especialmente sob o tópico "*B.*"), como *regra* que, no caso concreto, será cumprida ou descumprida. A compreensão teórica dos direitos fundamentais pode variar. Tal variação e os nela implícitos diferentes entendimentos justeóricos não afastam, porém, a necessidade de o Estado ter de justificar sua ação ou omissão em face dos direitos assegurados. As concepções teóricas são multifacetárias e importantes para a compreensão do sistema jurídico e de sua função social, política, histórica etc. Contudo, para a solução de problemas jurídico-dogmáticos, não deveriam ser protagonistas; pelo menos não a ponto de levar a conclusões diferentes, a depender da teoria escolhida pelo intérprete (sobre o papel das teorias dos direitos fundamentais e sua respectiva relação com a dogmática, v. DIMOULIS e MARTINS, 2022, p. 22 s.; MARTINS, 2012, p. 7 s.; DE LAURENTIIS, 2017, p. 38-46; e KINGREEN e POSCHER, 2022, p. 34-36).

2. Compreensão teórica, conteúdo e efeitos do direito fundamental à igualdade

2.1. Comparados aos direitos fundamentais de liberdade (negativa, *status negativus*), os direitos de igualdade têm peculiaridades teóricas e, em face de sua aplicação, também características dogmáticas distintas daqueles. Direitos de liberdade asseguram ao seu titular um "direito de resistência" (ou "de defesa") contra intervenções estatais nas respectivas áreas (ou "âmbitos") de proteção. Eles impossibilitam ou dificultam a manutenção de um *status quo jurídico-normativamente marcado ou constituído* (exemplo: direito à propriedade) e, principalmente, a prática do comportamento tutelado pela norma (exemplo: a livre manifestação do pensamento segundo o art. 5º, IV, da CF).

Por sua vez, o direito fundamental à igualdade nem assegura nenhum comportamento individual ou coletivo específico que fosse livre de intromissões estatais, nem um determinado *status* jurídico fundado em garantia institucional privada. Tecnicamente, não garante o exercício de um direito cuja área de proteção pudesse ser "invadida" pelo Estado. Não há de se falar, portanto, em área de proteção como também não em intervenção estatal nela (sobre os conceitos dogmáticos e opções terminológicas, nem sempre condizentes com as adotadas pela doutrina nacional, que importou conceitos cunhados e desenvolvidos no direito constitucional germânico aqui utilizados, v. DIMOULIS e MARTINS, 2022, p. 173-228 e SARLET, 2021, p. 403-424). Ao contrário do que ocorre com os direitos de liberdade, não há um objeto específico de tutela (recente opinião divergente foi apresentada por DIMOULIS, 2021, p. 66, 251-255, 261-277). Protege-se uma relação entre normas cerceadoras ou promotoras dos diversos aspectos da liberdade de pelo menos dois grupos de titulares de direitos ou situações jurídicas *comparáveis*. O efeito por excelência da garantia continua sendo, porém, o mesmo: assegurar ao indivíduo uma posição jurídica de natureza público-subjetiva: o direito de resistir, desta vez não à intervenção na área de proteção de seu direito, mas ao tratamento desigual *perante* a lei, no contexto da aplicação do direito pelos poderes Executivo e Judiciário, ou *pela* lei (discriminatória injustificada).

Essa *diferença metodológica* para a verificação da violação dos dois direitos fundamentais matrizes da liberdade e igualdade tem lastro teórico historicamente formado que pode ser esclarecido quando se traz à pauta seus respectivos desenvolvimentos à luz da separação de tarefas entre as instâncias legislativa e judicial.

Como se sabe, liberdade e igualdade foram as grandes bandeiras das primeiras fases do constitucionalismo (séc. XVIII). Passaram a integrar o corpo de todas as Constituições do tipo ocidental democrático. Em geral, ambas aparecem nas Constituições de Estados democráticos lado a lado, como no caso da Constituição brasileira. Tradicionalmente, porém, a reivindicação social e política por máxima liberdade possível conflita com a reivindicação social e política por máxima igualdade possível. Ambas encontram-se nas sociedades capitalistas, de fato, em constante conflito, pois "a liberdade social é também a liberdade concorrencial inescrupulosa do mais forte; já a igualdade social exige, pelo contrário, justamente a existência da igualdade de chances e condições a serem concedidas ao mais fraco. As garantias constitucionais da liberdade e da igualdade não transportam esse conflito social ao plano constitucional: como normas constitucionais, elas apresentam-se no texto constitucional [como já aludido] lado a lado, harmoniosas e sem hierarquização entre si" (KINGREEN e POSCHER, 2022, p. 154). É o legislador ordinário quem deve disciplinar o conflito social entre esses dois anseios; ele o fará na medida em que determinar quanta margem de ação deixará ao mais forte e quanta proteção prestará ao mais fraco (sobre nuances do vínculo do legislador, v. SOMEK, 2001). Tanto as garantias constitucionais de igualdade quanto as garantias de liberdade servem para impor ao legislador certos limites que não poderá ultrapassar: em suma, a restrição ou diminuição da liberdade, de um lado, e o tratamento desigual, do outro, não poderão ocorrer sem um motivo racional (KINGREEN e POSCHER, ibid.; e MARTINS, 2012, p. 6 s.).

Por si, essa breve panorâmica revela que as apontadas peculiaridades teóricas e diferenças metodológicas na aplicação entre liberdade e igualdade não sustentam nem as teses político-filosóficas radicais liberais, de um lado, nem as comunitaristas, de outro, quando ambas propugnam pela proeminência de um direito sobre o outro.

Em recente profundo estudo monográfico, Dimoulis (2021) sistematizou seus anteriores bem-sucedidos esforços justeóricos a respeito do tema da relação entre os direitos em tela. Concluiu sua intensa pesquisa, que contrapõe o parâmetro constitucional da igualdade em apreço com as bases de um devido, mas ainda a ser configurado direito (objetivo infraconstitucional) antidiscriminatório, com uma revisitação do conceito de "igualiberdade" (cf. ibid., p. 373-381). Em sua proposição teórica e metodológica, não se trata de uma hibridização indisciplinada, teórica e metodologicamente, de categorias jurídicas por pretensiosos "pós-modernos" (cf., já no estudo preliminar anterior: DIMOULIS, 2016, p. 33, especialmente nota rod. 13, destaque meu), mas de "*união* [...] dos conceitos que o liberalismo [de fato] artificialmente separou" (destaque em itálico no original; inserção entre colchetes minha). Tais esforços já perpetrados nas duas últimas décadas foram inspirados em três publicações do filósofo francês Étienne Balibar, de 1988, 1992 e 2010 (referências em DIMOULIS, 2016, p. 29 e DIMOULIS, 2021, p. 373 e ss.). A crítica lá resultante, com uma exceção relativa à contraposição estrutural entre propriedade dos meios de produção e propriedade privada, a cujo exame não se procederá aqui por extrapolar os limites da exposição, é plenamente compatível com a interface ora buscada entre a teoria e a dogmática jurídica do direito fundamental à igualdade. O equívoco e improdutividade das posições político-filosóficas e de "cosmovisão"/ "visão de mundo" (*Weltanschauung*) radicais para a interpretação do direito constitucional vigente e sua ulterior dogmática, além de buscar naturalizar os direitos fundamentais que têm fundamento último em pactos políticos expressos no poder constituinte originário (com ou sem dominação e opressão de um grupo sobre outro; discussão que não interessa aqui), é, de fato, fazer a distinção ontológica e correspondente hierarquização entre igualdade e liberdade (para um aprofundamento filosófico sobre a complexa crítica da igualdade, v. KERSTING, 2002. Cético em face de uma racionalidade jurídica autônoma do parâmetro da igualdade que fosse além de uma "igual legalidade": WESTEN, 1990).

Ainda em relação à aludida interface entre teoria e dogmática, Kingreen e Poscher (2022, p. 34-36) correlacionam as funções com a teoria dos direitos fundamentais. Segundo eles, "a teoria dos direitos fundamentais dedica-se à descrição e caracterização dos direitos fundamentais que podem ter como ponto de partida garantias jusfundamentais *de determinado sistema jurídico*, mas que objetivam reconhecimentos mais gerais. [...] Tem a pretensão de revelar estruturas gerais de garantias jusfundamentais que não sejam relevantes apenas para os direitos fundamentais da *Grundgesetz* [Constituição alemã]. Diferentemente da dogmática dos direitos fundamentais, não dá informação direta a respeito de como devam ser aplicados os direitos fundamentais de determinado sistema jurídico devam ser aplicados. Não obstante, seus reconhecimentos sobre o caráter e estruturas de garantias jusfundamentais podem produzir efeitos sobre a dogmática dos direitos fundamentais" (ibid., p. 34). Seguramente, como Dimoulis (2016, p. 29) bem discorreu ao criticar com razão as falsas evidências de termos jurídicos carregados de axiologia, termos como liberdade e igualdade passam por mutação conceitual no tempo e, com toda certeza, no espaço. Entretanto, para uma teoria ser científica e não somente refletir mero desiderato político-ideológico de seu mentor, não tem como desconsiderar-se a dogmática como objeto privilegiado e instância de teste ou falseamento no sentido epistemológico (nesse sentido: MARTINS, 2012, p. 7-9).

Assim, a teoria dos direitos fundamentais não pode viver de – ou empacar em – tais crises semânticas. Seu papel é outro. Em todo caso, tem o papel de realizar a reflexão sobre a consistência e racionalidade jurídica do método jurídico-hermenêutico (idoneidade em face de seu escopo). Em sua "reconstrução da função clássica dos direitos fundamentais", incluindo-se a função clássica do direito fundamental à igualdade, Schlink (1984; no vernáculo, cf. SCHLINK, 2017, trad. por Leonardo Martins) demonstrou a não suspeição ideológica do método aqui adotado. Ele o fez ao distinguir entre uma macro e uma microperspectiva da abordagem teórica dos direitos fundamentais de liberdade e igualdade e comparar as chamadas novas funções dos direitos fundamentais a um jogo:

Comparado a um ramo do direito objetivo, o jogo, visto panoramicamente em sua macroperspectiva, poderia ser considerado como um todo, assim como ocorre em teorias de direitos fundamentais que os entendem – e a própria liberdade – como grandezas objetivas: valores, institutos e papel na democracia (cf. a clássica sistematização de BÖCKENFÖRDE, 1976; amplamente debatida por MARTINS, 2012, p. 10-18 e 25-27 e, mais recentemente, em debate com a tese de Dimoulis (2021) por MARTINS, 2022-b, p. 100-107). Assim, por exemplo, "a legislação territorial e predial [poderia ser] classificada como justa". Porém, "na microperspectiva aclaram-se os jogadores individuais, as jogadas e as regras do jogo" (Cf. SCHLINK, 2017, p. 293 e amplas referências em MARTINS, 2012, p. 37-43). No exemplo citado, na microperspectiva revela-se a legalidade de cada ato administrativo e a constitucionalidade da lei, assim como o controle de constitucionalidade do modo da interpretação e aplicação judicial da lei.

Dessa dicotomia macro/microperspectiva resulta que o método hermenêutico em tela que opera com as figuras da intervenção estatal ou tratamento desigual e seus limites constitucionais, tais quais desenvolvidas pela teoria dos direitos fundamentais, é perfeitamente compatível com uma dogmática para o vigente sistema jusfundamental de ambos os países. Com o princípio distributivo do ônus argumentativo a ser carregado sempre pelos destinatários diretos das normas jusfundamentais, os órgãos estatais, – exceto se se quiser derivar de cláusulas de teor restritivo a falácia da classificação de normas constitucionais em eficácias "contida" e "limitada", a par da única eficácia condizente com aplicação imediata de normas dotadas de supremacia, que é a plena (art. 5º, § 1º, CF) – não se cede a uma *naturalização* ou *mistificação da liberdade* implícita na equivocada tese de que ela preexista ao Estado (Cf. SCHLINK, 2017, p. 294 e DIMOULIS e MARTINS, 2022, p. 63-65). Muito menos se justifica sua ênfase e proeminência sobre a igualdade.

Por essa via metodológica, apenas resta determinado que é a *mudança* do *status* social que deve ser justificada; não sua manutenção. Necessidade de justificação não significa, todavia, impossibilidade. Especialmente em um contexto socioeconômico, em que houver "condições deficitárias para uma convivência próspera" e, correspondentemente, estiverem ausentes condições positivas para tal convivência próspera que fossem de acesso, de fato, universal, muitos "serão também os propósitos lícitos [constitucionalmente], em prol de cuja persecução o legislador pode atualizar suas possibilidades formadoras e transformadoras, podendo também limitar direitos fundamentais" (SCHLINK, 2017, p. 295. Sobre a possibilidade de socialização progressiva, não a vedada estatização, da propriedade privada, desde que cumprido progressivamente o referido ônus argumentativo junto a cada alteração de *status quo ante* perpetrada, cf. MARTINS, 2012, p. 208-210). Confia-se à instância política, em consonância com o princípio constitucional democrático e aos a ele subjacentes "pluralismo político-ideológico" e "possibilidade formal e real de alternância de titulares do poder legislativo e executivo", estabelecer os diagnósticos de tais mazelas sociais. Feito isso, cabe-lhe fixar os propósitos lícitos que, fatalmente, implicarão restrições a direitos fundamentais de liberdade negativa que, por sua vez, devem corresponder a intervenções estatais *justificadas* naqueles, respeitando-se, por fim, sua prerrogativa da decisão entre prognósticos quando dos respectivos exames de adequação como subcritério da proporcionalidade (Cf. DIMOULIS e MARTINS, 2022, p. 260-269). Tudo isso vale sem embargo da possibilidade de verificação de *inconstitucionalidades por omissão* diante dos muitos explícitos e implícitos mandados legislativos firmados pelo constituinte brasileiro, às quais a presente exposição ainda se voltará.

Por isso que a avaliação em "perspectiva substancial ou performática" dos "direitos humanos" de Dimoulis (2016, p. 32), recapitulada em Dimoulis (2021, p. 377), com menção à marca conceitual por W.C. Rothenburg, na qual usa a expressão "direitos humanos" para contrapor à unilateralmente comprometida objeção pela teoria crítica do direito à universalidade dos direitos humanos uma parcial, mas muito convincente reabilitação do discurso, não representa, na substância, um *aliud* em relação a ora propugnada concepção da relação entre igualdade e liberdade. Ocorre que essa perspectiva justeórica de abordagem holística e macroperspectivista do fenômeno jusfundamental, recorrente em outras abordagens institucionalistas ou social-democráticas, é mais indicada a métodos concebidos para outras disciplinas científicas sociais aplicadas que se ocupem do mesmo objeto. Ao propor a solidariedade como elemento comediador da igualiberdade, ao lado da propriedade, a ser construída "de baixo", não imposta "de cima" por regimes autoritários de governo, junto à qual "surgem redes de colaboração e de apoio que encorajam a livre atuação dos participantes (*empowerment*)", Dimoulis (2016, p. 35) (cf. também DIMOULIS, 2021, p. 379) aproxima-se do entendimento macroperspectivista. Não obstante, isso é plenamente condizente com os objetivos justeóricos ali perseguidos de reabilitar o discurso dos direitos humanos em face da referida crítica superficial e ideologicamente enviesada.

Sem embargo, na transição para a sistematização jurídico-dogmática, a demanda é mesmo por um método que viabilize, *em cada caso*, respostas dicotômicas (constitucional × inconstitucional, pedido procedente × improcedente etc.). À perspectiva e abordagem "dinâmica" do fenômeno, apresentam-se, alternativamente e com potencial mais promissor em face dos específicos objetivos de reconhecimento jurídico-científico, a perspectiva e abordagem alcunhadas por Dimoulis de "estática" (ibid., p. 32). Com efeito, é o "frame" individual, mas não a sequência de vários frames, produzindo a ilusão ótica do movimento, que possibilita uma resposta segura pelo operador do direito à questão trazida à sua apreciação sobre a base de um determinado sistema normativo e institucional. Sabidamente, a imagem em movimento captada por aparato tecnicamente idôneo seduz o observador e revela tão somente uma representação, no mais das vezes, bem distante da realidade. Por sua vez, as várias fotos individualmente consideradas possibilitam uma análise praticamente infindável a depender do recurso do tempo disponível ao intérprete (citação direta, já constante da 2ª edição do presente comentário, e crítica a essa tese em: DIMOULIS, 2021, p. 68 s.).

2.2. Assim, a diferença jurídico-dogmática entre os direitos fundamentais à igualdade e à liberdade consiste na técnica e no método jurídico-constitucional adotados para se avaliar a presença ou não de suas violações. Isso pode ser reduzido à seguinte fórmula: Enquanto as possíveis violações de garantias de liberdade, incluindo-se as violações do direito fundamental à propriedade, são examinadas com a análise da área de proteção do respectivo direito, da intervenção do Estado e com o questionamento da justificação da intervenção, as possíveis violações de garantias de igualdade são verificáveis por meio de um processo constituído por duas etapas, quais sejam (com mais especificações e referências à doutrina germânica, cf. DIMOULIS e MARTINS, 2022, p. 308-314, e sua aplicação no controle de constitucionalidade pelo Tribunal Constitucional Federal Alemão: MARTINS, 2016, p. 221-290):

i. verificação do tratamento desigual; e

ii. questionamento da possível justificação.

2.3. Não obstante, segundo o STF, a garantia do direito à igualdade não vincula somente os órgãos estatais, mas teria, em alguns casos específicos, um efeito horizontal direto (cf., entre outros: RE 161.243-6-DF [caso *"Air France"*], cujos principais excertos foram reproduzidos em: VIEIRA, 2006, p. 300-304). A maioria dos casos, porém, nos quais o STF reconhece uma eficácia horizontal direta do direito fundamental à igualdade encontra-se, como no caso do citado, no campo do direito trabalhista que, pelo menos no sistema jurídico-constitucional brasileiro (arts. 7º e ss. CF), tem sabidamente caráter *sui generis*, não comparável ao direito privado.

No mais, a eficácia horizontal direta aparentemente decorre de certos dispositivos do art. 5º que buscam coibir a discriminação ocorrente na esfera da sociedade (e não pelo Estado), concretizando a *lex generalis* do *caput*, como, por exemplo, a determinação constitucional para a prática de racismo ser crime: o assim chamado "mandado de criminalização" do inc. XLII. O primeiro efeito dessa assertiva do constituinte é a redução a zero da discricionariedade do legislador penal nesse âmbito no que tange ao "se" (existência ou não do dever) da criminalização. Ele não pode deixar de tipificar condutas identificáveis como expressão de discriminação racial.

No que tange ao "como" (o modo de cumprimento do dever) da criminalização, o constituinte não teve como deixar de confiar a certa (reduzida) discricionariedade legislativo-penal. Não houve como se dispensar a lei configuradora ("nos termos da lei"). A Constituição de um Estado democrático de direito nunca poderia ser a *sedes materiae* para a tipificação de condutas, por mais odiosas que sejam. Ela é, antes, um conjunto de reservas de liberdade, implicando ônus argumentativo do Estado ao ter de restringir a liberdade para perseguir todos os escopos por mais justos e convenientes que pareçam ser ou efetivamente sejam. O teor do inciso XLII assegura um *status positivus* dos titulares do direito à igualdade. Pela dimensão jurídico-objetiva, o Estado deve agir para coibir a prática do racismo e, assim, intervir ativamente na esfera social. Nesse contexto jurídico-dogmático, seria inútil falar-se em vínculo direto perante particulares. Em todo caso, depende-se da interposição da lei penal tipificadora da conduta, pois persiste a vigência da garantia *nulla poena sine lege* (cf. a respeito: MARTINS, 2007, p. 189 s. e MARTINS, 2012, p. 211 ss., 221 s.). Tem-se, aqui, um explícito *dever estatal de tutela*; não um caso de eficácia horizontal propriamente dito, figura que deveria ser reservada ao controle de constitucionalidade da interpretação e aplicação judicial de normas infraconstitucionais que deve ocorrer de modo orientado pelos direitos fundamentais (sobre todas as nuances de diferenciação entre as duas figuras, v. DIMOULIS e MARTINS, 2022, p. 82 ss., 139 ss. e 162 ss.). Em suma: não tivesse o legislador penal criado o tipo específico do racismo (mas o criou sob a égide da Lei 7.716/1989), haveria inconstitucionalidade por omissão legislativa. Uma vez criado o tipo penal, deve ser controlado em face de eventuais direitos fundamentais colidentes. De resto, tem-se uma questão de direito penal, não se carecendo tratar mais da eficácia horizontal do direito fundamental à igualdade.

Por fim, a doutrina brasileira em geral não distingue, pelo menos não com o devido rigor, entre o direito fundamental à igualdade e os direitos fundamentais prestacionais (*status positivus*), tais quais os direitos sociais e trabalhistas (arts. 6º ss. CF). Essa postura está especialmente presente na ampla literatura que referencia e referenda as supostas "gerações dos direitos fundamentais" (v. a crítica, com referências a outras fontes nacionais no mesmo sentido crítico, de DIMOULIS e MARTINS, 2022, p. 36-40). O direito em pauta, como ocorre também com os direitos fundamentais de igualdade específicos (*v.g.* inc. I), seria classificável na segunda geração de direitos, tal como os direitos sociais. Uma consequência para o exame, aqui muito relevante, da exclusão de grupos de pessoas ou situações comparáveis de determinada vantagem seria o reconhecimento de inconstitucionalidades por "omissões parciais" ou "omissões parciais *relativas*" (cf. nesse sentido, por muitos: BARROSO, 2011, p. 446 e CARVALHO, 2011, p. 328 s.).

Sem embargo, tanto a equiparação dos efeitos do direito em tela aos efeitos típicos dos direitos de *status positivus* quanto o reconhecimento da modalidade da inconstitucionalidade por omissão parcial (não aplicável, segundo nosso entendimento, nem sequer aos direitos de *status positivus*) representam construções equivocadas.

Primeiro, porque, como decorre do retro desenvolvido, o direito comentado e quaisquer outros específicos de igualdade (*v.g.* art. 5º, I; 7º, XXXIV; art. 37, XXI; art. 150, II; e art. 226, § 5º da CF) têm por precípuo efeito a resistência (ou defesa) contra tratamentos desiguais por parte dos poderes constituídos, destinatários das normas jusfundamentais. Trata-se, reitere-se, de uma norma relacional, triangular – embora o destinatário direto seja apenas o Estado – não condizente com a estrutura bipolar dos direitos sociais, em que os órgãos estatais, destinatários da norma jusfundamental (a ela vinculados) são obrigados a um fazer correspondente ao direito subjetivo do titular a exigir tal prestação.

Segundo, no plano da consequência para o controle de supostas inconstitucionalidades por omissão parcial, porque a hipótese a ela subjacente da exclusão de vantagem a grupo de pessoas ou a situações comparáveis não tem como ser, nem sequer logicamente, muito menos jurídico-dogmaticamente falando, ser considerada uma omissão, seja total ou, como se defende, parcial ou, ainda, "parcial relativa". Pelo contrário, há sempre, na hipótese, uma implícita decisão política do legislador (para o caso de lapsos redacionais e demais consequências da verificação da inconstitucionalidade, v., ao final, o tópico *C.1*), transformada em tratamento desigual por exclusão de grupo de titulares ou situações (com repercussões em posições jurídico-individuais), a ser justificada, sendo, portanto, potencialmente inconstitucional. A referida decisão política do legislador reduzida a termo normativo *poderá ser como um todo, não parcialmente*, inconstitucional. Por isso, equivocada é, pelo menos em princípio (especialmente em face de seu uso não fundamentado e abusivo na jurisprudência pátria), a chamada "variante de dispositivo" da declaração de inconstitucionalidade "sem redução de texto" (sobre as origens germânicas de tais figuras jurídico-processuais mal importadas do direito germânico, cf. KORIOTH e SCHLAICH, 2021, p. 323-359 e MARTINS, 2018, p. 66-70. Cf. a correlação entre o direito à igualdade, os direitos prestacionais, inclusive os de marca institucional, e a inviabilidade da figura da omissão parcial por: MARTINS, 2022-b, p. 152, 259-261 e 332), na verdade, na origem germânica, lá suscitadora de muitas controvérsias, trata-se de uma declaração de "nulidade" sem redução de texto, i.e., de manutenção do texto e determinação de não aplicação a determinadas constelações fáticas. Ainda assim, nada tem a ver com fechamento de supostas ou reais omissões "parciais" ou "parciais relativas" (cf. especificamente: KORIOTH e SCHLAICH, 2021, p. 326-328; aplicado ao problema da exclusão de vantagens como incompatibilidade com o direito à igualdade: ibid., p. 332-334). Ademais, da perspectiva processual constitucional, há um título impugnável que é a norma excludente da vantagem conferida a grupos de pessoas ou situações comparáveis. Logo, por carecer de objeto uma arguição de omissão nesse contexto, não cabe, na espécie, uma ação de inconstitucionalidade por omissão.

A Lei 12.063/2009, que inseriu os arts. 12-A ss. à Lei 9868/1999, não elidiu o problema ao ter positivado a equivocada posição doutrinária em seu art. 12-B, inc. I. Trata-se, pelo contrário, de um erro sistêmico do legislador (*de lege ferenda*).

Por fim, um último esclarecimento: é possível trazer-se, significativamente, o adjetivo "parcial" junto a uma verificada inconstitucionalidade por omissão apenas em duas situações. Essas são intrinsecamente conectadas e atinentes à composição da parte dispositiva de uma decisão judicial constitucional (especificamente, no acordão do STF).

Primeira situação: em face de um pedido de declaração de inconstitucionalidade por ação (ADI, ADPF) ou omissão (AIO) formulado por um dos (nove) órgãos estatais e sociais legitimados à propositura dos quatro instrumentos de controle abstrato, cabe à Corte obviamente a possibilidade, entre outras, de julgar o pedido parcialmente procedente.

Como se trata de decisão definitiva de instância originária, em que o instituto processual da sucumbência não tem relevância, a segunda situação é a mais significativa: tanto a declaração de inconstitucionalidade por ação quanto a declaração por omissão recaem sobre unidades normativas de sentido autônomo. Ou seja, recaem sobre dispositivos ou pelo menos partes deles, ou ainda, apenas sobre sua interpretação (fixação de interpretação conforme a Constituição). Nesse sentido, a omissão poderá ser parcial ao faltar uma regulamentação *em geral* de algo específico correspondente a inequívoco dever de legislar decorrente de parâmetro constitucional igualmente específico. Em relação à interpretação conforme a Constituição, algo que não existe, logicamente, não pode ser passível de ser interpretado de um ou outro modo. Portanto, não se trata, em absoluto, na situação em tela, daquela aventada com a adição de mais um adjetivo à omissão: parcial "relativa".

Aqui, o parâmetro específico é o art. 5º, *caput*, da CF. Tem-se uma norma que, de tão abstrata, não determina nada específico ao legislador, tal como ocorre com os direitos prestacionais. Para reduzi-lo a uma fórmula: se o legislador conferiu vantagem aos grupos ou situações comparáveis A, B e C e deixou de fora o grupo ou situação "D", ele *não se omitiu*. Ao contrário, tomou uma decisão política que, em princípio, cabe somente a ele. À instância judicial competente para o controle de constitucionalidade cabe, em princípio, apenas a competência de cassação, não a criativa ou "aditiva". Diferente será, novamente, a matéria se a exclusão da vantagem puder ser medida com base em outra norma constitucional, vale dizer, em direito fundamental de igualdade específico ou mesmo em algum direito fundamental de *status positivus*. Nesse caso, porém, não há de se lastrear o dispositivo da decisão judicial na norma ora comentada.

3. Verificação do tratamento desigual

O tratamento desigual constitucionalmente relevante pode ser verificado em duas hipóteses (para um aprofundamento teórico e jusfilosófico que remonta à ética aristotélica [A Ética a Nicômaco], v. VIEIRA, 2006, p. 283-287).

Na primeira hipótese, verifica-se um tratamento desigual quando uma pessoa, um grupo de pessoas ou uma situação forem essencialmente iguais, mas, apesar disso, tratadas diferentemente.

A segunda hipótese estará presente sempre que uma pessoa, um grupo de pessoas ou uma situação forem essencialmente diferentes, mas, apesar disso, tratadas indiferentemente (tratar os desiguais "na medida de suas desigualdades" foi a fórmula um tanto quanto abstrata proposta por MELLO, 2005; citado também por VIEIRA, 2006, p. 286).

Como exemplo da primeira hipótese, mencione-se o caso de lei federal fixar somente para bacharéis em direito de um determinado Estado-membro da federação a necessidade de provar prática forense de dois anos como pressuposto para a inscrição em concurso público à magistratura. A segunda hipótese pode ser ilustrada com o caso de um reitor de universidade que denegue o pedido feito por um grupo de deficientes visuais para a realização de avaliações orais.

Assim, para a fixação do tratamento desigual em sentido amplo, que também abrange o tratamento igual de essencialmente desiguais, faz-se necessário fixar um *tertium comparationis* ou ponto de referência mais próximo possível dos distinguidos. Em regra, é o gênero mais próximo (*genus proximum*: profissão; ramo e sub-ramo econômico; situação de parentesco ou titularidade de poder familiar; faixa etária, nacionalidade etc.) das pessoas, grupos de pessoas ou situações *comparáveis* que representará o *tertium comparationis*, sob o qual aquelas possam se encontrar (cf. KINGREEN e POSCHER, 2022, p. 154). Certas características reúnem certas pessoas ou situações, excluindo todas as outras que não tenham tais características do conjunto comparado. A profissão de médico, por exemplo, reúne como principais características uma formação específica, certas habilidades e conhecimentos sobre a estrutura e o funcionamento do corpo humano. Essas habilidades funcionam como critério de exclusão do grupo dos médicos daquelas pessoas que, por exemplo, aprenderam a interpretar e a aplicar um sistema jurídico brasa à solução de conflitos sociais por ele disciplinados e que, por isso, correspondem a outra espécie do gênero profissão: à profissão de jurista. O gênero comum ou ponto de referência (*tertium comparationis*) define a *comparabilidade*, mediante a qual o intérprete classificará os comparados como essencialmente iguais ou diferentes. O tratamento desigual consuma-se quando, apesar das igualdades ou diferenças, as situações e pessoas essencialmente iguais ou diferentes forem tratadas de modo respectivamente desigual ou igual. No último caso do tratamento igualitário de essencialmente diferentes, há a necessidade de justificação constitucional porque "problemas do tratamento igual podem ser sempre também compreendidos como problemas do tratamento desigual. Apenas precisa ser escolhido o grupo de comparação correto" (cf., por último, KINGREEN e POSCHER, 2022, p. 156).

Por fim, o tratamento desigual tem de partir do mesmo poder estatal: apesar de a CF ser hierarquicamente superior a todas as leis estaduais, não fere o direito fundamental à igualdade o fato de os legislativos estaduais tratarem situações e pessoas semelhantes diferentemente entre si. Nesse caso, falta o *tertium comparationis*, pois o domicílio em Estados federados diferentes afasta a comparabilidade exigida. No mais, falta também o requisito do tratamento desigual intencional e arbitrário, uma vez que esse tratamento desigual não teria partido da mesma autoridade.

Em síntese: para verificar-se a presença de tratamento desigual relevante em face do art. 5º, *caput*, da CF, devem ser reunidas as seguintes condições: as pessoas, grupos de pessoas ou situações supostamente tratadas desigualmente têm de, em primeiro lugar, pertencer ao mesmo gênero, sendo, portanto, comparáveis. Em segundo lugar, as pessoas, os grupos de pessoas ou as situações comparáveis (daí a procedência, nesse contexto, do uso do advérbio "essencialmente" junto ao adjetivo "iguais", no sentido de que as peculiaridades individuais não comprometem sua comum *differentia specifica* em relação aos não subsumíveis ao *genus proximum*) devem ser tratadas desigualmente pelo mesmo ente estatal. Por fim, para efeitos da verificação de tratamento desigual carecedor de justificação constitucional, abrange-se também o arbitrário tratamento igual de essencialmente diferentes (tratamento desigual *lato sensu*).

4. Limites constitucionais ao direito fundamental à igualdade

O direito fundamental à igualdade é, ao lado dos demais direitos fundamentais definidos no *caput* do art. 5º (direitos à vida, à liberdade, à segurança e à propriedade), um direito fundamental matriz sobre o qual incidem as especificações definidas nos 78 incisos do art. 5º. Isso decorre do inequívoco teor do art. 5º, *caput*, *in fine*, da CF: "nos termos seguintes:". Assim, todas as limitações lá dispostas, em tese, podem atingir o direito fundamental à igualdade.

Todavia, não se vislumbra uma reserva legal – e, com ela, um limite constitucional expresso ao direito fundamental em tela – que autorize o legislador a cercear seu livre exercício. Em havendo direitos de igualdade mais específicos (exemplo: direito fundamental à igualdade entre homens e mulheres, do inciso I), os limites a eles previstos não podem ser transferidos à tutela do direito mais abrangente, pois: *lex specialis derrogat lex generalis*. Nesse contexto, Kingreen e Poscher (2022, p. 155) apresentam um exemplo muito elucidativo: leis que diferenciem pais solitariamente responsáveis pela educação dos filhos (pais ou mães solteiros) não podem ter como *tertium comparationis* a categoria dos pais, mas justamente dos educadores solitários.

De resto, trata-se do fenômeno da concorrência e não de uma colisão de direitos fundamentais que têm peculiaridades bem distintas entre si (*vide* a respeito: DIMOULIS e MARTINS, 2022, p. 222-228).

Por isso, vem à pauta como limites são outros bens jurídicos constitucionais que, para serem realizados concretamente, podem resultar no necessário sacrifício do direito fundamental à igualdade. É o caso, sobretudo, da interpretação e aplicação do art. 3º, IV, da CF, em face do art. 5º, *caput*, da CF ("igualdade").

B – JUSTIFICAÇÃO CONSTITUCIONAL DE TRATAMENTOS DESIGUAIS

1. Direito comparado

A doutrina e a jurisprudência norte-americanas desenvolveram critérios para a avaliação de um tratamento desigual por parte do legislador. A jurisprudência da *Supreme Court* tem há várias décadas examinado o grau de "suspeição" (*suspect classification*) de critérios de diferenciação adotados pelo legislador. Gradações de suspeição foram desenvolvidas: seus extremos são as "bitolas" do *rational basis test* e do *strict scrutiny*; entre eles encontra-se o chamado *intermediate scrutiny test* (em geral a respeito, v. BAER, 1995).

Essas figuras foram *mutatis mutandis* recepcionadas pela jurisprudência do Tribunal Constitucional Federal alemão ("*Evidenzkontrolle*" versus "*neue Formel*", cf., por todos, a tabela sinótica por: GROIPL, 2022, p. 116 s.), que, no entanto, adota, desde 1980, outra terminologia. Fundamenta-a não com o "grau de suspeição" do tratamento desigual, mas com o *grau de intensidade* do tratamento desigual que atinge as pessoas ou situações pela lei discriminadas (positiva ou negativamente). Fala-se em "nova fórmula" (cf. *BVerfGE* 55, 72). O critério alemão da intensidade vai além da suspeição, porquanto engloba, primeiro, a potencial capacidade de o atingido influenciar no critério estatal do tratamento desigual. Assim, toda vez que o atingido não puder influenciar, ou seja, toda vez que o critério basear-se em aspecto objetivo e não centrado nas aptidões do sujeito atingido, a intensidade aumenta. Segundo, a intensidade também aumenta se estiver presente o comprometimento do exercício de outros direitos fundamentais, especialmente de direitos fundamentais de liberdade (Cf. KINGREEN e POSCHER, 2022, p. 156 s.).

Os critérios de diferenciação considerados "suspeitos" nos EUA, desenvolvidos basicamente pela jurisprudência da *Supreme Court*, equivalem, na Alemanha, a determinados critérios de diferenciação expressamente proibidos constitucionalmente pelo art. 3, III, GG, segundo o qual "ninguém pode ser prejudicado ou beneficiado por causa de seu sexo, sua etnia, sua raça, sua língua, da região da qual se origina ou de sua origem social, sua fé, de sua ideologia religiosa ou política". O uso de critérios próximos deles justifica um controle de constitucionalidade mais minucioso. Consequentemente, representa intervenção maior do Judiciário na criação de critérios diferenciadores que, em princípio, cabe exclusivamente ao *poder discricionário* do Legislativo. O legislador tem, tanto nos EUA quanto na Alemanha ou no Brasil, ampla margem discricionária, dentro da qual pode decidir sem ferir o direito à igualdade. Contudo, enquanto nos EUA tais critérios são "muito suspeitos", de modo a autorizar maior intensidade do exame revisional judicial quanto à sua constitucionalidade, na Alemanha são em si, como propósitos do tratamento desigual, absolutamente proibidos.

No mais, busca-se, na Alemanha, coibir a *discriminação indireta* de grupos em razão dos critérios proibidos no Art. 3, III, GG que sejam perpetrados pela interpretação e aplicação de normas gerais pela Administração e pelo Judiciário (da jurisprudência do Tribunal Constitucional Federal, cf. as decisões anotadas e amplamente contextualizadas por MARTINS, 2016, p. 221 ss.).

Todavia, no sistema constitucional de proteção dos direitos de igualdade geral e específicos da *Grundgesetz*, há uma diferença relevante quando comparada à mesma relação estabelecida pelo constituinte brasileiro: Enquanto o constituinte alemão estabeleceu, no Art. 3, I GG, um princípio da igualdade geral perante a lei, que, a despeito de seu teor, é unanimemente considerado como direito fundamental oponível também contra o legislador (igualdade *pela* ou *na* lei) e que, ainda segundo seu teor, restringe igualmente *discriminações positivas*, o constituinte brasileiro optou, como se verá no tópico seguinte, por não vedar a discriminação positiva no art. 3º, IV, da CF. O caráter de direito fundamental do Art. 3, I GG e não apenas de mero mandamento objetivo de tratamento igualitário ou princípio da igualdade é sublinhado pelo Art. 1, III GG, que o antecede e determina que os direitos fundamentais elencados do Art. 2 ao Art. 19 GG vinculam todos os órgãos dos três poderes. De resto, nos parágrafos II e III do mesmo Art. 3, além de outros esparsos como o Art. 6, V GG, foram outorgados alguns direitos de igualdade específicos reforçados com a vedação absoluta de discriminação positiva ou negativa. Por isso que as geral e frequentemente imprescindíveis diferenciações legislativas são lá medidas a partir do parâmetro do princípio geral da igualdade, tratado como direito fundamental geral à igualdade. Por sua vez, leis e atos dos demais poderes que diferenciem em razão do gênero, aqui, vale dizer, do binário masculino/feminino (Art. 3, II GG), dos demais *discrimina* positivados no Art. 3, III GG (neste, como primeiro *discrimen* proibido – Art. 3, III, 1 GG –, mencionado é o sexo ou gênero "[...] significa – diferentemente do parágrafo II, período 1 – mais do que apenas mulheres e homens": BAER e MARKARD, 2018, p. 442-444; ou seja, abrange a identificação de gênero/transgeneridade. Mesma interpretação sistemática pode ser aplicada ao art. 5º, I, c.c. art. 3º, IV, 3ª variante ("sem preconceitos de [...] sexo"), da CF – Cf. a citação e outras referências, inclusive a *BVerfGE* 147, 1 [28-29] por MARTINS, 2022-b, p. 369, esp. n. rod. 992) e de outros esparsos, tais como o derivado do Art. 6, V GG (não discriminação de filhos nascidos fora do casamento), são medidos com fulcro em tais parâmetros específicos, junto aos quais, em sede de conclusão, muito dificilmente representam tratamentos desiguais justificados constitucionalmente.

2. Discriminação "positiva" como direito constitucional colidente e proporcionalidade

A Constituição Federal estabelece, em seu art. 3º, IV, um mandamento de ação cujos destinatários são todos os órgãos estatais, inclusive os do Legislativo. Ele ordena "promover o bem de todos, sem preconceitos de origem, raça, sexo, cor, idade e quaisquer outras formas de discriminação" (inciso IV do art. 3º), como um dos "objetivos fundamentais da República Federativa do Brasil", segundo o *caput* do mesmo art. 3º (para uma impressionantemente analítica e inédita interpretação, não apenas do inc. IV, mas também de cada um de seus três primeiros incisos, v. DIMOULIS, 2021, p. 191-229). Se esse dispositivo for entendido como regra – e não apenas como norma programática com conteúdo meramente declaratório –, resta evidente que nomeia critérios que não podem ser utilizados pelo legislador para o estabelecimento de uma *desvantagem* a ser imposta a um grupo de pessoas pertinente a uma das categorias expressa ou implicitamente positivadas ("e quais outras formas de discriminação"). Interpretando-o sistematicamente com o dispositivo do art. 5º, *caput* ("inviolabilidade do direito... à igualdade"), reforça-se o vínculo do legislador ao direito à igualdade. Como "objetivo fundamental" do Estado brasileiro, a promoção do bem de "todos", sem os "preconceitos" (conceito sociopolítico que, traduzido juridicamente, significa sem as "distinções") implica parâmetros à concretização do vínculo do legislador ao direito à igualdade. Todavia, questiona-se como esse vínculo apresentar-se-ia na prática.

2.1. A concretização do vínculo do legislador segue o método do exame da possível violação do direito à igualdade: uma vez verificado o tratamento desigual, tal qual anteriormente definido, questiona-se seu motivo. Consequentemente, perscruta-se uma possível presença de limite constitucionalmente previsto e aplicado de modo constitucionalmente compatível (justificação constitucional). O tratamento desigual pode ter como propósito justamente a realização da "promoção do bem de todos", conforme o art. 3º, IV, da CF, no sentido de incluir "todos" ao "bem", ou seja, estender as condições de uma *convivência social próspera* a quem dela ainda não partilha.

Para enfrentar-se esse problema, seguem-se os seguintes passos:

O primeiro passo é verificar qual critério a lei usa para discriminar. Se estiver tratando *desiguais* de *maneira desigual*, não há de se falar em tratamento desigual no sentido técnico. Todavia, o Estado não precisa sempre encontrar a desigualdade na esfera social para justificar um tratamento desigual. Ao Estado é lícito criar desigualdades sempre que elas não restarem arbitrárias ou não forem destituídas de fundamento racional e, em casos de intensidade elevada, observarem o critério da proporcionalidade (Cf. KINGREEN e POSCHER, 2022, p. 157 s.).

O exemplo mais eloquente aqui é a interferência do Estado na esfera econômica, inclusive por meio da legislação tributária. Há tratamento desigual de pessoas formalmente iguais, muitas vezes também semelhantes do ponto de vista material, que pode ser justificado com uma fundamentação racional do tratamento desigual. O legislador pode, por exemplo, justificar um tratamento desigual com base na política econômica que pretenda implantar; pode também aumentar alíquotas de impostos para certos grupos e deixar de fazê-lo em relação a outros, mesmo que esses grupos estejam no mesmo ramo da economia. A condição é que a discriminação não seja arbitrária, ou seja, que o legislador possa nomear, ao menos, um fundamento racional para sua decisão de tratar iguais de modo desigual. Invasões do Estado no plano econômico podem, todavia, passar no crivo do direito à igualdade, mas não passar no crivo de outros direitos fundamentais como o da propriedade. Além do tratamento desigual, o legislador também terá de justificar as respectivas intervenções em outros direitos fundamentais (no caso: direitos de liberdade) que considerar necessárias para o alcance de seus propósitos legítimos.

Nesse primeiro caso, tem-se o *controle menos intenso*, aquele que se ocupa de um simples teste de razoabilidade e que veda tão somente a decisão arbitrária (*rational basis test* nos EUA ou *Willkürverbot* na Alemanha, cf., por todos: GROIPL, 2022, p. 113-118).

Por sua vez, nos casos em que os critérios em si aproximarem-se dos cinco critérios nomeados no art. 3º, IV, da CF (origem, raça, sexo, cor ou idade), tais como, por exemplo, o critério da discriminação por orientação sexual (tacitamente vedado pelo art. 3º, IV c.c. art. 5º, *caput*, da CF), há duas consequências hermenêuticas alternativas. A primeira é a impossibilidade da justificação, como no caso do referido direito constitucional positivo alemão. A segunda é a possibilidade da justificação, com base em rígido controle da proporcionalidade da relação entre o tratamento desigual e o propósito por ele almejado.

Pela *impossibilidade da justificação* apresenta-se o texto do art. 3º, IV, da CF e sua relação sistemática em razão da matéria com o art. 5º, *caput*, da CF: o art. 3º, IV, prescreve o propósito da promoção do bem de todos e explicita o meio a ser seguido, qual seja, a proibição de algumas discriminações e também de "quaisquer outras". A lista exemplificativa torna proibida a *discriminação negativa*, ou seja, a imposição de desvantagens a determinados grupos de pessoas.

A tese da *possibilidade de justificação* baseia-se na abertura interpretativa que o termo "discriminação" traz em si. Discriminação corresponde sempre à desvantagem a ser sofrida pelo grupo atingido? Conceder vantagens a certos grupos – entre os quais, inclusive, os diferenciados pelos critérios cuja aplicação *a priori* seja proibida – não seria o mesmo que discriminar outros grupos que não se beneficiem das vantagens estabelecidas pelo legislador? Mas, por outro lado, a expressão "promover o bem de todos" não pressupõe exatamente a intervenção ativa do Estado, principalmente do legislador, para compensar desigualdades sociais por meio da concessão de vantagens que, logicamente, não contemplam ou atingem a todos? Esse questionamento torna-se muito relevante quando se pensa na constitucionalidade do estabelecimento de quotas para ingresso no serviço público, nas universidades públicas ou mesmo quando o Estado pretende fixá-las no mercado de trabalho, interferindo na iniciativa privada.

Como exemplos, podem ser elencados os seguintes casos; o primeiro, apenas em tese:

Uma autoridade do Executivo poderia, por ato administrativo, respeitadas as regras de competência, fixar certa porcentagem dos cargos relativos ao serviço público a deficientes físicos. Com essa *discriminação positiva* (concessão de prerrogativa por fixação de quotas), o Estado persegue a concretização do direito à igualdade prescrita pelo art. 3º, IV, e art. 5º, *caput*, da CF. Aqui, a justificação do tratamento desigual é possível por tratar-se de uma espécie de privilégio que representa um *tratamento desigual* daqueles não contemplados por aquela (discriminação indireta ou reversa) que pode ser justificado com base no critério da proporcionalidade (*Vide* a respeito: DIMOULIS e MARTINS, 2022, p. 229 e ss.).

A mesma autoridade não poderia excluir pessoas que provenham de uma família que perceba mais de 10 salários mínimos mensais, a pretexto de ajudar os mais pobres, pois tal medida representaria um tratamento desigual, cujo propósito é discriminar em função da origem socioeconômica, propósito inconstitucional em face do teor do art. 3º, IV, da CF ("sem preconceitos de origem"). Essa interpretação valeria, embora pudesse ser sustentado, pela via da interpretação teleológica do dispositivo, que o termo "origem" refere-se à origem "humilde", "hipossuficiente" ou "vulnerável" ("espírito do dispositivo") que não seria cumprido por pessoas ou grupos de pessoas abastadas economicamente (ou, em termos contemporâneos, de membros de "minorias sociais", a respeito, v. DIMOULIS, 2021, p. 181-189). Um argumento teleológico sempre é mais fraco do que os demais cânones hermenêuticos tradicionais (*Savigny*), principalmente em relação ao texto que, entretanto, não exclui tal possibilidade. Não obstante, deve questionar-se a partir de qual classe social ou faixa de renda individual ou familiar iniciam-se as referidas caracterizações, valorações que extrapolam a competência e racionalidade jurídicas e que, *a contrario sensu*, são mais idôneas à racionalidade e responsabilidade políticas, consequentemente, do ponto de vista jurídico-dogmático, pertencentes à mais ampla discricionariedade legislativa.

Finalmente, o tratamento desigual, havido no plano municipal, consubstanciado pela diferença de pontuação ou até exclusão do direito à inscrição a certos cargos públicos municipais de pessoas vindas de municípios de outros Estados, poderia ser, em tese, justificado constitucionalmente em razão de demonstrada ou comprovada necessidade específica, daquele que ingressa no serviço público local, de conhecer a fundo os problemas de sua comunidade. Em tal caso, surgiriam duas dúvidas diante da ambivalência do termo/critério "origem" que, primeiro, pode ser entendido tanto em sua acepção socioeconômica anteriormente referida, quanto em sua acepção geográfica (e em face da última aludida, pode-se, ainda, questionar: último domicílio ou naturalidade?). Em segundo lugar, a condição da naturalidade ou de último domicílio dos candidatos poderia ser considerada, a despeito das dúvidas quanto à vedação do critério da origem na acepção geográfica, uma outorga de vantagem (apenas) potencialmente violadora do art. art. 5º, *caput*, c.c. art. 3º, IV, da CF, caso não haja uma exclusão taxativa de "forasteiros", mas apenas uma prerrogativa de naturais da mesma unidade da federação, segundo uma política do "primeiro os da terra" em um contexto de combate às desigualdades regionais? Em casos com tais configurações, quando não se rechaçar o tratamento desigual como diretamente vedado pelo art. 3º, IV, da CF, há de se fazer intenso e preciso exame da proporcionalidade do tratamento desigual.

Em favor da segunda alternativa hermenêutica sobre as locuções "sem preconceito" e "formas de discriminação" do art. 3º, IV, da CF, apresenta-se também o reconhecimento de que, para promover o bem de todos, faz grande diferença discriminar em sentido amplo (que abrange também, no caso, especialmente, a concessão de vantagens) o idoso, o negro, o nordestino, a mulher, o judeu; ou discriminar o artesão ou o empresário; ou, ainda, discriminar tão somente a prática de determinada atividade econômica (carros movidos a álcool ou carros movidos à gasolina devem ter alíquotas maiores/menores de IPI?). São três categorias e contextos bem distintos entre si (cf. anteriormente, no texto, sob o tópico *1.*, a discussão sobre as bitolas no exame no constitucionalismo norte-americano e os níveis de intensidade da dogmática jusfundamental germânica). É nesse sentido que deve ser entendida a expressão "quaisquer outras formas de discriminação": as formas de discriminação que sejam relevantes para a promoção do bem de todos; não para a promoção de determinada política econômica e social que cabe à livre escolha do legislador e/ou de um governo, estando eles vinculados apenas à vedação do arbítrio.

O controle mais intenso justifica-se nos casos em que a lei revelar a tendência de discriminar grupos de pessoas pertencentes às cinco categorias nomeadas e a outras muito semelhantes: orientação sexual, religião, etnia, deficiência física ou ideologia política. O critério para a justificação aqui não é mais a mera proibição do arbítrio (*Willkürverbot*), mas a demonstração de que está presente um motivo não apenas racional como também muito relevante. Esse motivo deixaria a proibição dos critérios intocada, desde que a diferença no tratamento fosse baseada em outros fatores.

2.2. O critério da proporcionalidade deve ser também aqui aplicado, especificamente da seguinte forma:

2.2.1. O legislador pode perseguir somente propósitos legítimos para justificar o tratamento desigual. Qualquer diferenciação que estabelecer não poderá reverter-se em *desvantagem direta* para grupos pertencentes àqueles identificados por intermédio dos cinco critérios e para outros a eles equiparáveis (rol meramente exemplificativo, não taxativo, principal razão pela qual a equiparação jurisdicional constitucional pelo STF da homofobia e transfobia – MI 4.733, Rel. Edson Fachin, julg. 13.06.2019 – ao crime de racismo, em que pese seu compreensível valor político-simbólico, é absolutamente desnecessária à positivação de vedação absoluta de discriminações por orientação sexual e por identificação de gênero: se dela podem até decorrer efeitos políticos positivos, o mesmo não se pode dizer sobre seu estrito significado jurídico, pois infringe todas as mínimas exigências de Estado de direito ao se aderir a uma estapafúrdia criação pretoriana de tipo penal; trata-se do mesmo erro primário cometido pelo TCF alemão em 1975 [excertos anotados em MARTINS, 2016, p. 176-181 <178 s.>] quando derivou do dever estatal de proteção da vida nascitura um suposto dever de cominação penal do aborto, ao arrepio do direito fundamental da mulher à autodeterminação, porém, lá, ao menos, configurado concretamente pelo legislador penal e não pelo "guardião" da Constituição). Quando a diferenciação tiver por escopo a promoção de grupo pertencente a uma categoria discriminada positivamente por intermédio dos critérios citados, considerados "suspeitos" pelos constitucionalistas estadunidenses, ela terá de ser adequada e necessária em relação a tal escopo.

2.2.2. Adequada será a diferenciação somente quando ela, em geral, contribuir para o propósito almejado (DIMOULIS e MARTINS, 2022, p. 260-269). Esse critério dificilmente *não* será atendido no caso concreto quando se tratar do propósito de promover o bem de grupos *tradicional* e *negativamente discriminados*, não partícipes das mesmas condições iniciais competitivas que tenham membros de outros grupos subsumíveis ao mesmo *genus proximum* (notadamente: local de formação, acesso à profissão específica) *reversa, tradicional* e *positivamente* "discriminados" (*privilegiados*).

2.2.3. Necessária será a diferenciação, em primeiro lugar, se o propósito da promoção do bem dos grupos distinguidos, pertinentes aos critérios da origem, raça, sexo, cor, idade etc. (não escritos) *não puder* ser alcançado *sem* a diferenciação e, portanto, desde que ela represente o meio adequado menos oneroso que se conhece. A necessidade terá muito mais relevância prática quando, ao contrário desse primeiro contexto descrito de *conditio sine qua non*, for possível estabelecer diferentes níveis de intensidade da desigualdade criada pelo Estado, de tal sorte a poupar ao máximo o(s) direito(s) fundamental(is) daqueles não contemplados pela discriminação positiva. Esse caso estará especificamente presente quando o tratamento desigual vier acompanhado de uma ou mais *intervenções nas esferas de liberdade* daqueles que não foram beneficiados.

Isso porque a intervenção na liberdade, excluindo-se os direitos de marca institucional como o direito fundamental à propriedade (a respeito dessa distinção e suas consequências, cf. MARTINS, 2022-b, p. 219-220, 299 e ss.), refere-se sempre a um *tornar impossível algum comportamento individual* tutelado por direito fundamental causado pela medida tomada ou, ao menos, ao seu sancionamento *a posteriori*. Já o tratamento desigual atinge algum *status* ou algumas *situações jurídicas dos titulares* dos direitos fundamentais. O problema é que o aludido "tornar impossível" dá-se, por vezes, na esfera social como *consequência indireta* do tratamento desigual. Por exemplo, uma lei que obrigue determinadas empresas a contratarem 30% de deficientes físicos representaria (além da intervenção nas liberdades profissional e contratual dos empresários atingidos) uma intervenção, ainda que indireta, na liberdade profissional daqueles que seriam contratados se não existisse a lei de quotas, além da aludida discriminação reversa.

2.3. Um sistema de quotas atinge, assim, em regra, outras liberdades. Contudo, o critério da necessidade não tem, aqui, a mesma força racional de medida, pelo menos não comparável àqueles casos em que se avalia tão somente uma intervenção na liberdade. A harmonização dos conflitos sociopolíticos cabe, em princípio, como anteriormente aventado, exclusivamente ao legislador, fazendo parte de sua margem de ação discricionária. Ele tem a competência originária à realização de prognósticos e, destarte, o poder para "experimentar" com meios empregados para o alcance de propósitos por ele livremente (lastreados, contudo, em seu mandato popular) definidos como dignos de serem perseguidos ou, como no caso do art. 3º, IV, da CF, expressamente ordenados constitucionalmente (mandado de legislação derivado de uma fixação de objetivo estatal). A fixação dos propósitos a serem perseguidos corresponde à tomada de uma decisão política à qual, uma vez positivada como norma jurídica, o operador do direito está vinculado. A prova da desproporção por parte do operador jurídico (ausência de necessidade) não pode ser, portanto, leviana. Senão, ela não vale como tal. Não se pode substituir a vontade política do legislador pela vontade política do operador do direito.

Ilustrando: É sempre questionável, do ponto de vista político e segundo certo entendimento ideológico do conceito de democracia, dizer que a imposição de uma quota de 20% ou 30% que beneficie certos trabalhadores com deficiência física, cuja representatividade na sociedade não passe dos 3%, não seja meio legítimo, democrático ou (juridicamente falando) necessário em prol do propósito de sua inclusão no mercado de trabalho. Dependendo das disparidades dos números, dos diagnósticos sociológicos e dos prognósticos sociopolíticos estabelecidos, ou seja, da análise mais intensa da adequação e da necessidade do tratamento desigual, o operador do direito pode até sustentar a tese da ausência de proporcionalidade por não ser o tratamento desigual necessário para a promoção do grupo específico como um todo. A ausência de proporcionalidade deverá restar, entretanto, *evidente*. Na dúvida, a diferenciação fixada pelo legislador será, nesse caso, constitucional, em relação ao direito à igualdade daqueles excluídos da vantagem. Trata-se de uma prerrogativa decisória do legislador de optar por seu prognóstico (Cf. DIMOULIS e MARTINS, 2022, p. 261-267 e MARTINS, 2022-b, p. 265-275).

Diferente poderá ser a situação em que as quotas persigam o propósito de compensar gravíssimas diferenças sociais históricas, além do combate ao racismo, profundamente enraizado e praticado na sociedade brasileira, excludente de parcelas consideráveis da população a iguais chances e condições do desenvolvimento de personalidades mediante ascensão socioeconômica.

Esse é o caso das quotas aplicadas em benefício da população *preta* – na terminologia da segunda lei a seguir mencionada, primeira na ordem cronológica) –, parda e indígena (cf. Lei 12.990/2014 – reserva de vagas a negros no serviço público; e Lei 12.711/2012 – correspondentes quotas universitárias). O art. 2º, *caput*, da Lei 12.990/2014, em cuja ementa lê-se: "reserva aos negros 20% (vinte por cento) das vagas oferecidas nos concursos públicos para provimento de cargos efetivos e empregos públicos no âmbito da administração pública federal, das autarquias, das fundações públicas, das empresas públicas e das sociedades de economia mista controladas pela União", trata "negros" como gênero que abrange as espécies "pretos" e "pardos". A adequação e a necessidade do tratamento desigual em face daqueles excluídos das vantagens implícitas no sistema de quotas podem ser, em qualquer tempo, revistas em sede de controle abstrato e, em tese, também concreto-incidental de constitucionalidade, desde o momento da publicação da lei.

Sem embargo, considerando a atual situação jurídico-legislativa, tem-se o seguinte.

Para perseguir o propósito não apenas legítimo, mas também ordenado pelo art. 3º, IV, da CF ("promover o bem de todos"), o legislador – partindo do fato de que a parcela negra, no sentido do citado art. 2º, *caput*, da Lei 12.990/2014, é de aproximadamente 50% da população brasileira e que essa parcela da população corresponde, predominantemente, aos estratos sociais de mais baixa renda e que fazem sua formação escolar fundamental e média em escolas públicas – fixou a quota de 50% das vagas em universidades e demais instituições federais de ensino superior aos estudantes "que tenham cursado integralmente o ensino médio em escolas públicas" (art. 1º da Lei 12.711/2012). No mais, segundo o parágrafo único do mesmo dispositivo, metade dos estudantes provenientes do ensino público – e, portanto, correspondendo a 25% do universo total das vagas disponíveis em universidades e instituições federais de ensino superior – deverá ser reservada "aos estudantes oriundos de famílias com renda igual ou inferior a 1,5 salário mínimo (um salário mínimo e meio) *per capita*". A par do critério socioeconômico, o aspecto racial (pretos, pardos e indígenas) e o de inclusão de pessoas com deficiência nas quotas foram contemplados pela lei em pauta, em seu novo art. 3º (redação pela Lei 13.409/2016), que determinou um sistema constituído pelos elementos da autodeclaração racial e da proporção verificada nas várias unidades da federação dos três grupos étnicos e da condição especial da deficiência contemplados.

Sabidamente (opinião presente no debate, partícipe na formação da opinião pública, e também no debate jurídico), por vezes afirma-se que a adequação e a necessidade de tal medida de ação afirmativa são problemáticas, porque estimular a integração dessas parcelas da população brasileira que foram historicamente marginalizadas poderia (deveria) começar pela melhoria das condições estruturais da educação básica (ensino fundamental). A ausência de escola pública do ensino fundamental de boa qualidade que atenda indistintamente todos, independentemente da etnia, equiparando crianças negras a brancas, poderia, em tese, não ser mais compensável pela promoção da integração mediante sistema de quotas em âmbito universitário. As experiências norte-americanas demonstram que o negro norte-americano em geral continua não integrado, vivendo às margens da maioria WASP da população norte-americana (cf. o estudo comparativo de VIEIRA, 2006, p. 360-378 e com análises muito criteriosas de vários julgados da US-Supreme Court: GOMES, 2001). Não pode deixar de ser considerada a possibilidade de indivíduos beneficiados com o sistema de quotas acabarem tornando-se vítimas do preconceito de colegas e do ressentimento social causados, principalmente, por parcela da população branca que não tem a consciência de ter sido, historicamente falando, beneficiada pela marginalização das "minorias" (em termos sociológicos, não quantitativos) étnicas.

Também no direito internacional público, o argumento da injustiça histórica não tem podido ser imposto em termos de consequências efetivas. Pelo contrário, em congressos internacionais compostos por representantes e líderes políticos de Estados intensamente industrializados, aceitam-se tão somente declarações inócuas de que a escravidão teria sido algo ruim ou uma injustiça. A razão desse cuidado é conhecida: procura-se evitar a constituição da obrigação jurídica de indenização endereçada aos Estados beneficiados pela escravidão de africanos entre os sécs. XVI e XIX.

Sem embargo, a responsabilidade histórica é difusa e de difícil realização material. Deve, um cidadão alemão, nascido nos anos noventa do século passado, ser responsabilizado por um israelense, nascido na mesma década, pelo homicídio de seus bisavós praticado pelos líderes políticos da geração dos bisavós daquele em seu país? O caso da Alemanha é extremo, uma vez que a simples execução de indenizações pelas mais de 6 milhões de vidas tiradas pelo Estado teria inviabilizado o ressurgimento da Alemanha como Estado, em 1949. *Mutatis mutandis* nenhum cidadão brasileiro branco gostaria de entregar metade de seus rendimentos para pagar indenizações aos descendentes da população escrava, usurpada por seus ancestrais. Tendo em vista a grande miscigenação étnica na formação da população brasileira, não tardaria a aparecerem pessoas de fenótipo caucasiano autodeclarando-se pardas ou, ao menos, com algum ancestral negro por mais longínquo que fosse.

Nesse contexto, o parágrafo único do art. 2º da Lei 12.990/2014, que trata da autodeclaração de cumprimento do "quesito cor ou raça utilizado pel(o)... IBGE" (*caput*), determina um procedimento administrativo em caso de "declaração falsa", qual seja: "na hipótese de constatação de declaração falsa, o candidato será eliminado do concurso e, se houver sido nomeado, ficará sujeito à anulação da sua admissão ao serviço ou emprego público, após procedimento administrativo em que lhe sejam assegurados o contraditório e a ampla defesa, sem prejuízo de outras sanções cabíveis".

Há, nesse dispositivo legal, dois problemas. Primeiro, questionável é se esse teor cumpre a condição de *mínima clareza e taxatividade*, decorrente do princípio do Estado de direito, direcionado a qualquer norma restritiva de direitos (ampla defesa e contraditório em face da acusação de falsa declaração). Segundo, como deve ocorrer a constatação da incompatibilidade entre autodeclaração e real pertinência racial que pudesse ser considerada suficiente para uma condenação às penas previstas no dispositivo trazido à pauta? A depender dos métodos de aferição e entendimentos a serem adotados, o assombro histórico de testes raciais vigentes no Terceiro Reich poderia, ao cabo de certo lapso temporal e processo, bater à nossa porta (argumento do risco de *slippery slope*).

A compensação histórica é, de fato, um assunto por demais problemático e de difícil quantificação. A responsabilidade intergeracional, principalmente a partir da terceira geração pós-abolição (a respeito, v. SCHLINK, 2002), é de difícil fundamentação, tanto ética quanto jurídica. Entretanto, a par da aludida responsabilidade intergeracional, trata-se de um imperativo moral que o constituinte brasileiro implicitamente positivou, no texto constitucional, em seu art. 3º, IV. A compensação histórica deve dar-se, se se quiser de fato concretizá-la, paulatinamente, mediante medidas que busquem resultados não apenas imediatos, mas sustentáveis.

Fala-se, às vezes, em "preconceito às avessas". Mas: as desvantagens dos não contemplados pelas ações afirmativas teriam de ser de vulto e aferidas, empiricamente, após certo lapso temporal de experiência legislativa. Jargões e palavras de ordem da disputa política à parte, o que pode ser constatado, jurídico-dogmaticamente, mesmo no caso questionabilidade da proporcionalidade das ações afirmativas, é que a referida *discriminação reversa* não guarda nenhuma relação com o conceito sociopolítico do preconceito em razão da pele, necessariamente ligada à imposição direta ou indireta de uma *desvantagem* (v. as exaustivamente analíticas classificações e subclassificações das discriminações diretas e indiretas e a localização sistemática da discriminação "inversa" por DIMOULIS, 2021, p. 98-148, 125 s., com procedentes críticas aos equívoco do "raciocínio simétrico" e as obras por ele intensamente analisadas e debatidas de SILVA, 2016; CORBO, 2017 e MOREIRA, 2020. Com foco na derivação de direitos prestacionais de inclusão, v. o estudo de caso de SARLET e SARLET, 2017).

Em se constatando a adequação das políticas afirmativas por quotas raciais, experimento legislativo em curso, especialmente no direito objetivo universitário (Lei 12.990/2014), que deverá passar oportunamente, mediante balanço com fulcro em dados empíricos consolidados seguros, o critério da necessidade, cujo sentido aqui é desonerar ao máximo os não contemplados pelas medidas, pode ser aplicado com a definição de lapsos temporais dentro dos quais os propósitos de inclusão devam ser atingidos. Desse modo, evita-se que a medida transmute-se em indevida prerrogativa, em discriminação reversa destituída de justificação jurídico-constitucional, o que conduziria à conclusão pela presença de sua desproporcionalidade e, consequentemente, de tratamento desigual não justificado constitucionalmente, equivalente à violação do direito fundamental à igualdade decorrente do art. 5º, *caput*, da CF. Em outras palavras: certa (ora suposta) discriminação reversa, assim como ocorre com intervenções em direitos fundamentais de liberdade, há de ser suportada, desde que proporcionais no sentido técnico-jurídico constitucional.

C – CONSEQUÊNCIAS DA CONSTATAÇÃO DE VIOLAÇÃO DO DIREITO À IGUALDADE

Quando o Estado viola um direito fundamental de liberdade individual (liberdade de expressão, liberdade profissional, propriedade etc.) mediante intervenção injustificada nas esferas de liberdade tuteladas, a consequência jurídica é relativamente simples: suspensão do ato ou da intervenção fática em sentido amplo e consequente restabelecimento do *status quo* de liberdade anterior à ocorrência da intervenção (efeito de cassação).

No caso da violação do direito à igualdade, a consequência pode variar: ou se trata de modo diferente um grupo ou o outro ou os dois deverão ser tratados de um terceiro modo (KINGREEN e POSCHER, 2022, p. 171 s.). Importante é também notar que a violação do direito à igualdade por meio de *desvantagens ou vantagens diretas* deverá ser, em cada caso, diferentemente enfrentada. Por fim, os efeitos da verificação de violação são divergentes, a depender do órgão do qual emana. Em todo caso, o efeito da decisão não pode ser a simples cassação, mas a determinação da configuração de uma nova situação jurídica. Há, portanto, notadamente, um momento criativo na declaração de inconstitucionalidade em face do direito fundamental à igualdade do art. 5º, *caput*, da CF. Todavia, esse "momento criativo" há de ser o mais curto possível.

1. Violação pela lei e outros atos normativos

Como visto, a lei pode atingir o direito à igualdade mediante fixação de desvantagens, mas também por favorecimento de certos grupos. O problema é saber o que deve o Judiciário determinar ao detectar um tratamento desigual violador do direito à igualdade, sem invadir a competência do legislador.

Se houver *desvantagem inconstitucional* sofrida por determinado grupo, titulares do direito à igualdade, eles não precisarão mais se sujeitar a ela, uma vez que o dispositivo e/ou toda a lei que determinou o tratamento desigual inconstitucional devem ser declarados nulos.

Se um grupo de titulares do direito à igualdade for *excluído de uma vantagem de maneira inconstitucional*, ele poderá participar da vantagem, sendo integrado diretamente pela declaração de inconstitucionalidade do dispositivo discricionário, desde que tal integração derive de um mandamento constitucional. Alternativamente, a integração à vantagem pode decorrer de interpretação sistemática do dispositivo por meio da qual esclareça-se que a exclusão perpetrada pelo legislador não ocorrera intencionalmente, restando caracterizado lapso ou erro material na lei (cf. KINGREEN e POSCHER, 2022, p. 172-173). Por ter o direito fundamental à igualdade uma estrutura de direito de *status negativus* e não prestacional, não há de se falar em inconstitucionalidade por omissão, muito menos em omissão "parcial", figura equivocada do ponto de vista jurídico-dogmático e metodológico (cf., com referências, já anteriormente, sob *A.2*).

Se, entretanto, o mesmo grupo não puder valer-se de um mandamento constitucional ou da interpretação sistemática que faça com que a vantagem tenha de ser a ele estendida, então não poderá participar imediatamente da vantagem. A inconstitucionalidade do tratamento desigual será constatada, podendo o legislador ser obrigado, principalmente em países de controle de constitucionalidade concentrado, dentro de determinado prazo, a regulamentar novamente a matéria.

Foram, principalmente, essas dificuldades provocadas pelas consequências das declarações de inconstitucionalidade legislativa em face do direito fundamental à igualdade que levaram o Tribunal Constitucional Federal alemão a criar as chamadas *variantes de dispositivo* ou *mitigação ou modulações dos efeitos* da declaração de inconstitucionalidade, como as conhecemos no Brasil. A finalidade foi evitar o surgimento de lacunas legislativas, decorrentes do efeito ordinário da nulidade, que pudessem ser, do ponto de vista da política jurisdicional constitucional, mais nocivas do que a inconstitucionalidade em si (v. MENDES, 1990, p. 70 e MARTINS, 2018, p. 66-70).

2. Violação pela Administração Pública

A Administração Pública somente pode ferir, faticamente, o direito fundamental à igualdade quando a lei conceder-lhe o chamado poder discricionário. Caso contrário, a Administração é toda *vinculada à legalidade*, ou seja, à consonância de seus atos com a lei que fixa seus procedimentos e fundamenta os direitos dos administrados em face dela, entre outros, por óbvio também o direito à igualdade. Portanto, se houver violação do direito fundamental à igualdade nesse caso, a violação será perpetrada, originariamente, pelo legislador, cabendo somente ao Judiciário reconhecê-lo.

Se e quando a Administração detiver poder discricionário, estará vinculada aos seus atos internos (portarias, circulares, instruções, resoluções etc.) e à sua práxis interna (consolidada principalmente por atos administrativos, como o comunicado, o alvará etc.), que sempre poderão ser examinados pelo Judiciário no que tange ao respeito aos direitos fundamentais, entre eles, ao direito à igualdade. O problema da invasão de competência pelo Judiciário não existe aqui, podendo ele diretamente ordenar a inclusão de pessoa ou grupo de pessoas em uma vantagem concedida pela Administração, se entender que o uso do poder discricionário foi arbitrário ou mesmo que o tratamento desigual não obedeceu o princípio da proporcionalidade, restando inconstitucional em face do art. 5º, *caput*, da CF.

3. Violação pelo Judiciário

Quando algum órgão do Poder Judiciário de primeira ou segunda instância julgar desigualmente aqueles que pela lei são iguais, tratando desigualmente os "iguais perante a lei", comete um *erro de aplicação do direito*, que deverá ser corrigido pela instância imediatamente superior. Somente quando o erro for cometido pelos tribunais superiores, sobretudo pelo STF, ou quando contra a decisão não couberem mais recursos, estar-se-á diante de inconstitucionalidade provocada pelo Judiciário em face do direito à igualdade (Cf. KINGREEN e POSCHER, 2022, p. 175 s.).

Ainda não há, no Brasil, um sistema judicial no qual os precedentes em geral vinculam, em que pese as muitas inovações inseridas na legislação processual civil codificada. Em regra, não podem as decisões criar regras gerais. Assim, a única hipótese de violação do direito à igualdade, além daquela já apontada (erro de aplicação em última instância), é o caso da interpretação de conceitos legais indeterminados que aumentam a discricionariedade judicial, de modo a possibilitar, em tese, uma violação perpetrada, originalmente, pelo exercício da atividade jurisdicional (cf., especificamente a respeito do vínculo do Judiciário aos direitos fundamentais: MARTINS, 2012, p. 89-119 e MARTINS, 2022-b, p. 140, 171-172 e 358 s.).

Cláudio Pereira de Souza Neto[1]

SEGURANÇA

1. História da norma

A norma tem sua origem na fórmula adotada pela Declaração de Direitos do Homem e do Cidadão, da Revolução Francesa. Em todos os textos constitucionais brasileiros é reconhecido, no catálogo de direitos e liberdades básicas, o princípio da segurança. No entanto, até a Constituição de 1946, a segurança era qualificada como *segurança individual*. De 1967 em diante, as constituições passaram a conter apenas a referência à segurança, sem qualificá-la como individual, o que está em conformidade com seu caráter multidimensional.

2. Constituições brasileiras anteriores

Art. 179 da Constituição Política do Império do Brasil de 1824: A inviolabilidade dos Direitos Civis, e Políticos dos Cidadãos Brasileiros, que tem por base a liberdade, a *segurança individual*, e a propriedade, é garantida pela Constituição do Império (...); Art. 72 da Constituição da República dos Estados Unidos do Brasil de 1891: A Constituição assegura a brasileiros e a estrangeiros residentes no País a inviolabilidade dos direitos concernentes à liberdade, à *segurança individual* e à propriedade (...); Art. 113 da Constituição da República dos Estados Unidos do Brasil de 1934: A Constituição assegura a brasileiros e a estrangeiros residentes no País a inviolabilidade dos direitos concernentes à liberdade, à subsistência, à *segurança individual* e à propriedade (...); Art. 122 da Constituição dos Estados Unidos do Brasil de 1937: A Constituição assegura aos brasileiros e estrangeiros residentes no País o direito à liberdade, à *segurança individual* e à propriedade (...); Art. 141 da Constituição dos Estados Unidos do Brasil de 1946: A Constituição assegura aos brasileiros e aos estrangeiros residentes no País a inviolabilidade dos direitos concernentes à vida, à liberdade, à *segurança individual* e à propriedade (...); Art. 150 da Constituição da República Federativa do Brasil de 1967: A Constituição assegura aos brasileiros e aos estrangeiros residentes no País a inviolabilidade dos direitos concernentes à vida, à liberdade, à *segurança* e à propriedade (...); Art. 153 da Emenda Constitucional n. 1, de 1969: A Constituição assegura aos brasileiros e aos estrangeiros residentes no País a inviolabilidade dos direitos concernentes à vida, à liberdade, à *segurança* e a propriedade (...).

3. Constituições estrangeiras

Declaração dos Direitos do Homem e do Cidadão (Preâmbulo da Constituição Francesa de 1946): art. 2º; Constituição do Paraguai: art. 9º; Constituição do Uruguai: art. 7º; Constituição do Peru de 1993: art. 7; Constituição de Honduras de 1982: art. 61; Constituição de El Salvador de 1983: art. 2; Constituição da Bolívia: art. 7, a; Constituição da Guatemala: Preâmbulo e art. 2º; Constituição do Equador de 1998: art. 23, 26; Constituição do Chile de 1980: art. 19; Constituição da Venezuela: art. 299; Constituição dos Estados Unidos da América: Emenda 4; Constituição do Canadá (Ato Constitucional de 1982): art. 7; Constituição Portuguesa: art. 27; Constituição da Índia: arts. 19 e 51; Constituição da África do Sul: art. 12; Constituição da Itália: art. 41; Constituição da Espanha: preâmbulo, arts. 9 e 17.

4. Direito internacional

Carta da ONU: art. 1º; Convenção Interamericana de Direitos Humanos (Pacto de São José da Costa Rica): art. 7º; Convenção Europeia de Direitos Humanos: art. 5º.

5. Dispositivos constitucionais relevantes (relação ilustrativa)

Art. 5º, II (princípio da legalidade); art. 5º, XXXVI (garantias do direito adquirido, do ato jurídico perfeito e da coisa julgada); art. 5º, XXXVII (vedação de juízo ou tribunal de exceção); art. 5º, XXXIX e XL (irretroatividade da lei penal); art. 16 (regra da anualidade eleitoral); art. 144 (segurança pública); art. 150 (limites constitucionais ao poder de tributar); art. 194 (seguridade social); art. 201 (previdência social); art. 203 (assistência social); art. 225 (direito ao meio ambiente ecologicamente equilibrado).

6. Jurisprudência selecionada (STF)

Súmula 473: a Administração pode anular seus próprios atos, quando eivados de vícios que os tornam ilegais, porque deles não se originam direitos; ou revogá-los, por motivo de conveniência ou oportunidade, respeitados os direitos adquiridos, e ressalvada, em todos os casos, a apreciação judicial. Súmula Vinculante 1: ofende a garantia constitucional do ato jurídico perfeito a decisão que, sem ponderar as circunstâncias do caso concreto, desconsidera a validez e a eficácia de acordo constante de termo de adesão instituído pela Lei Complementar n. 110/2001. Súmula 239: decisão que declara indevida a cobrança do imposto em determinado exercício não faz coisa julgada em relação aos posteriores. ADI 493/DF, *DJU* de 04-06-1992: decisão em que se reconhece que, se a lei alcançar os efeitos futuros de contratos celebrados anteriormente a ela, será essa lei retroativa (retroatividade mínima) porque vai interferir na causa, que é um ato ou fato ocorrido no passado. ADI 939-7/DF, *DJ* de 18-3-1994: decisão que atribui fundamentalidade ao princípio da anterioridade tributária previsto no art. 150, III, *b*, da CF, por configurar garantia da segurança jurídica do contribuinte. ADI 3105, *DJU* de 18-02-2005: decisão em que se reconhece que, no ordenamento jurídico vigente, não há norma, expressa nem sistemática, que atribua à condição jurídico-subjetiva da aposentadoria de servidor público o efeito de lhe gerar direito subjetivo como poder de subtrair *ad aeternum* a percepção dos respectivos proventos e pensões à incidência de lei

---
1. Na elaboração deste comentário, especialmente na coleta das referências ao direito constitucional anterior, ao direito comparado e à jurisprudência, contamos com a colaboração de Siddharta Legale Ferreira (discente e monitor de Direito Constitucional da Universidade Federal Fluminense).

tributária que, anterior ou ulterior, os submeta à incidência de contribuição previdencial. ADI 3.104, j. em 26-09-2007: decisão em que se reafirma que, em questões previdenciárias, aplicam-se as normas vigentes ao tempo da reunião dos requisitos de passagem para a inatividade. ADI 3.685, *DJU* de 10-08-2006: decisão que declarou inconstitucional a aplicação de nova regra eleitoral, instituída pela Emenda 52, às eleições gerais que se realizariam em menos de sete meses, por conta do que dispõe o art. 16 da Constituição Federal, com o fim da afronta aos direitos individuais da segurança jurídica e do devido processo legal.

7. Literatura selecionada

BARROSO, Luís Roberto. A segurança jurídica na era da velocidade e do pragmatismo. In: BARROSO, Luís Roberto (Org.). *Temas de direito constitucional*. T. I. Rio de Janeiro: Renovar, 2002; SARMENTO, Daniel. Direito adquirido, emenda constitucional, democracia e justiça social. In: SARMENTO, Daniel. *Livres e Iguais*. Lumen Juris: Rio de Janeiro, 2006; ROCHA, Cármen Lúcia Antunes (Coord.). *Constituição e segurança jurídica:* direito adquirido, ato jurídico perfeito e coisa julgada: estudos em homenagem a José Paulo Sepúlveda Pertence. Belo Horizonte: Fórum, 2004; SILVA, José Afonso da. Reforma constitucional e direito adquirido. In: SILVA, José Afonso da. *Poder constituinte e poder popular:* estudos sobre a Constituição. São Paulo: Malheiros, 2007; RIBEIRO, Ricardo Lodi. *A segurança jurídica do contribuinte*. Rio de Janeiro: Lumen Juris, 2008; SARLET, Ingo Wolfgang. A eficácia do direito fundamental à segurança jurídica: dignidade da pessoa humana, direitos fundamentais e proibição de retrocessos sociais no direito constitucional brasileiro. In: ROCHA, Cármen Lúcia Antunes (Coord.). *Constituição e segurança jurídica:* direito adquirido, ato jurídico perfeito e coisa julgada: estudos em homenagem a José Paulo Sepúlveda Pertence. Belo Horizonte: Fórum, 2004; DERBLI, Felipe. Proibição do retrocesso social: uma proposta de sistematização à luz da Constituição de 1988. In: BARROSO, Luís Roberto (Org.). *A reconstrução democrática do direito público no Brasil*. Rio de Janeiro: Renovar, 2007; RAMOS, Elival da Silva. *A proteção aos direitos adquiridos no direito constitucional brasileiro*. São Paulo: Saraiva, 2003; BRITO, Carlos Ayres; PONTES FILHO, Walmir. Direito adquirido contra emenda constitucional. *Revista de Direito Administrativo*, n. 202, 1995; TORRES, Ricardo Lobo. A segurança jurídica e as limitações constitucionais ao poder de tributar. *Revista Eletrônica de Direito do Estado*, n. 4, 2005.

8. Anotações

8.1. Segurança significa estabilidade, previsibilidade e redução dos riscos

A segurança possui dupla fundamentalidade. É norma formalmente fundamental, por se encontrar prevista no *caput* do art. 5º, i. e., no catálogo expresso de direitos e garantias fundamentais (essa posição topográfica, contudo, não impede que seus subprincípios e garantias setoriais se espraiem por toda a Constituição). A segurança é ainda materialmente fundamental, por se entrelaçar, correntemente, com a dignidade da pessoa humana, provendo a tranquilidade e a previsibilidade, sem as quais a vida se converte em uma sucessão angustiante de sobressaltos. A segurança, como vários outros princípios constitucionais, é multidimensional, exercendo diversas funções em diferentes contextos, e se especializando em múltiplos subprincípios, que vão da irretroatividade da norma tributária à anualidade das regras eleitorais. Tais subprincípios, contudo, se subsumem a três categorias básicas: *estabilidade*, *previsibilidade* e *ausência de perigos*.

8.2. A primeira dimensão da segurança é a estabilidade das relações jurídicas

No catálogo expresso de direitos fundamentais estão suas principais garantias: o *direito adquirido*, o *ato jurídico perfeito* e a *coisa julgada*. No Brasil costuma-se distinguir entre expectativa de direito, direito adquirido e direito consumado. No primeiro, o fato aquisitivo teve início, mas não se completou. No segundo, o fato aquisitivo já se completou, mas o efeito previsto não se produziu. No terceiro e último, o fato aquisitivo se completou e o efeito previsto na norma foi produzido de forma integral. A ordem jurídica brasileira apenas protege o segundo e o terceiro momentos. O ato jurídico perfeito é aquele apto a produzir os seus efeitos, porque constituído em conformidade com a legislação então em vigor. A lei nova não pode desconstituí-lo. A coisa julgada consiste na impossibilidade de desconstituição da decisão já transitada em julgado. Esses são importantes instrumentos de produção de estabilidade jurídica. As soluções adotadas pelo Estado não podem ser modificadas, salvo em situações excepcionais.

8.3. A segunda dimensão fundamental da segurança é a previsibilidade da atuação estatal

A previsibilidade é garantida, sobretudo, através da *legalidade*. Ninguém será obrigado a fazer ou deixar de fazer alguma coisa senão em virtude de lei (art. 5º, II). Não há crime sem lei anterior que o defina, nem pena sem prévia cominação legal (art. 5º, XXXIX). A previsibilidade é garantida ainda pelo princípio do juiz natural. A Constituição determina que não haja juízo ou tribunal de exceção (art. 5º, XXXVII) e que ninguém seja processado nem sentenciado senão pela autoridade competente (art. 5º, LIII). Em matéria *eleitoral*, a *previsibilidade* das normas é reforçada pelo princípio da anualidade eleitoral. A democracia pressupõe o respeito às regras do jogo. Não se pode modificá-las no curso do seu desenvolvimento. Por isso, a lei que alterar o processo eleitoral só será aplicada à eleição que ocorrer após um ano da data de início de sua vigência (art. 16, com a redação dada pela Emenda Constitucional n. 4, de 1993). Em matéria *tributária*, a segurança, concebida como *previsibilidade* da ação estatal, também é objeto de proteção reforçada. Além da legalidade e da irretroatividade tributárias (art. 150, I e III, *a*), a Constituição institui ainda a regra da anterioridade tributária, que veda ao Estado instituir ou majorar tributos em relação aos fatos geradores que ocorram no mesmo exercício financeiro (art. 150, III, *b*), e a regra da noventena, segundo a qual os tributos que forem instituídos ou majorados entre 3 de outubro e 31 de dezembro só incidem sobre os fatos geradores ocorridos após 90 dias (arts. 150, III, c, e 195, § 6º). No âmbito infraconstitucional, o princípio da proteção da confiança prevê a proteção de expectativas legítimas dos contribuintes diante de mudanças de interpretação da norma, operada pela adoção de novos critérios pela Administração (art. 146 do CTN). Todas essas garantias têm em vista impedir a ação casuística ou arbitrária do Estado. A previsibilidade da atuação estatal permite que os particulares estabeleçam responsavelmente seus planos de ação e saibam com antecedência quais serão as consequências de seus atos.

8.4. A segurança, concebida como redução dos riscos, se manifesta, em primeiro lugar, como segurança pública

O Estado tem o dever de garantir a incolumidade das pessoas e do patrimômio (art. 144) através da atividade de prevenção, vigilância e repressão de condutas delituosas. O objetivo das políticas públicas de segurança não deve ser senão o de preservar um ambiente de tranquilidade que permita aos particulares desenvolver suas aspirações e potencialidades. A segurança concebida como *redução dos riscos* se manifesta também na esfera *ambiental*. Os riscos gerados pelo processo econômico devem ser minorados pela atuação do Estado e dos particulares. O princípio da precaução requer que o Poder Público fiscalize as entidades dedicadas à pesquisa e manipulação de material genético; defina espaços territoriais e seus componentes a serem especialmente protegidos; exija estudo prévio de impacto ambiental; controle a produção, a comercialização e o emprego de técnicas, métodos e substâncias que comportem risco para a vida, a qualidade de vida e o meio ambiente; proteja a fauna e a flora, vedando as práticas que coloquem em risco sua função ecológica (art. 225, § 1º).

8.5. A segurança também possui uma dimensão social, em que se entrelaçam as noções de previsibilidade, estabilidade e redução dos riscos

O constituinte preferiu o espanholismo *seguridade* para designar o sistema formado pela saúde, pela assistência e pela previdência social (arts. 194-203). O objetivo fundamental do sistema é reduzir riscos e permitir que o indivíduo supere as intempéries de um mundo contingente. A *saúde* deverá ser garantida mediante políticas sociais e econômicas que visem à redução do risco de doença e de outros agravos e ao acesso universal e igualitário às ações e serviços para sua promoção, proteção e recuperação (art. 196). A *previdência social* deve proteger os segurados diante de eventos de doença, invalidez, morte e idade avançada; proteger a maternidade e a gestante; proteger o trabalhador em situação de desemprego involuntário; prover o salário-família e o auxílio-reclusão para os dependentes dos segurados de baixa renda, bem como a pensão por morte do segurado (art. 201). A *assistência social*, independentemente de contribuição à seguridade social, cuidará da proteção à família, à maternidade, à infância, à adolescência e à velhice; do amparo às crianças e adolescentes carentes; da promoção da integração ao mercado de trabalho; da habilitação e reabilitação das pessoas portadoras de deficiência e da promoção de sua integração à vida comunitária; da garantia de um salário mínimo de benefício mensal à pessoa portadora de deficiência e ao idoso que comprovem não possuir meios de prover à própria manutenção ou de tê-la provida por sua família (art. 203). A função de garantir a segurança social é desempenhada ainda por institutos próprios do *direito do trabalho*, em que se destacam as noções de previsibilidade e de estabilidade, como a proteção contra a despedida arbitrária ou sem justa causa (art. 7º, I), o seguro-desemprego, em caso de desemprego involuntário (art. 7º, II), o fundo de garantia do tempo de serviço (art. 7º, III), a irredutibilidade do salário (art. 7º, VI), o aviso prévio proporcional ao tempo de serviço (art. 7º, XXI) e a redução dos riscos inerentes ao trabalho, por meio de normas de saúde, higiene e segurança (art. 7º, XXII).

8.6. No âmbito da segurança social, exerce papel especialmente relevante o princípio da proibição do retrocesso

É vedada, por esse princípio, a revogação de normas que tenham efetivado direitos fundamentais, sem que tenha lugar a edição de novas normas, em substituição. Um dos principais objetivos da Constituição é justamente garantir a segurança social dos indivíduos, protegendo-os contra a instabilidade da dinâmica econômica.

Gabrielle Bezerra Sales Sarlet

DIREITO À PROPRIEDADE

1. Histórico da norma

Em rigor há cinco principais teorias que tratam sobre o direito à propriedade, destacando-se a teoria da natureza, a teoria do trabalho, a teoria individualista ou da personalidade, a teoria positivista e a teoria da função social, desenvolvidas e afirmadas ao longo da História da evolução das concepções sobre o Estado desde os primórdios até seus contornos atuais. Com efeito, na relação objetal o ser humano igualmente se humaniza, enraizando-se em vínculos de pertencimento e personificando-se em esboços profundos de estruturas que marcarão toda a sua vida, em sua atuação pessoal e coletiva e, destarte, em um quadro que, ao fim e ao cabo, oportuniza a superação e a sublimação. Sob o enfoque histórico e evocando à idade antiga, salienta-se, em um primeiro plano, o surgimento do viés coletivo da ideia de apropriação, *conditio sine qua non* para a análise da propriedade como fenômeno sociocultural, advindo posteriormente a sua feição individualizada. Na qualidade de legado do processo de sedentarização do ser humano, a propriedade privada tem se mantido como uma das mais relevantes formas de expressão de um *modus vivendi* em que a Humanidade tem continuamente se redesenhado. Sua origem aponta para um marco na institucionalização da Sociedade Civil na medida em que seus desdobramentos se tornaram indeléveis no transcurso da afirmação cultural do ser humano perante ao itinerário percorrido na conformação do conceito de Estado. De modo inegável, a relação de apropriação com as coisas possui, em geral, um caráter identitário para o ser humano, tendo evoluído em razão do fortalecimento do pensamento liberal, tanto em sua face econômica quanto jurídica, para ser a expressão de um direito ancorado na exclusividade que compreendia, em síntese, um somatório de direitos, dentre eles, o de usar, de gozar, de abandonar e até mesmo de abusar. Deve-se, outrossim, afirmar que comumente a propriedade foi concebida sob a ótica do arbítrio, sobretudo no decurso do século XIX até meados do século XX. De fato, a propriedade como um direito abstrato, individual, praticamente absoluto, consiste em uma herança do codificismo napoleônico e, nesses termos, em um fenômeno espontâneo que sofreu um substancial incremento com o advento da moeda e, empós, com a atribuição de sua natureza e fonte de legitimação divina para culminar com o positivismo, tornando-se um instituto nuclear para a estruturação do direito privado. Recorda-se que inicialmente a propriedade possuía um caráter personalista, oponível a todos, podendo ser mantida por ação própria mediante a *rei vindicatio,* assumindo subdivisões em: pretoriana, peregrina, provincial e quiritária. Destaca-se, no entanto, que desde a Lei das XII Tábuas (VI, 3) foi assegurada a propriedade de áreas para a cultura com a previsão de aquisição por usucapião após demonstração de dois anos de uso e, então, ocorreu uma espécie de priorização da produção na medida em que se evidenciaram mais nitidamente os contornos do direito à propriedade face à posse. Tornou-se, nesses termos, perceptível a consagração do direito à propriedade em uma versão mitigada pelo alcance da concepção de utilidade pública e em decorrência da previsão de desapropriação e, portanto, de uma multiplicidade de obrigações impostas aos proprietários. Interessa mencionar que gradativamente a propriedade foi se expressando como um feixe de faculdades enquanto o aspecto perpétuo foi sendo flexibilizado em razão da funcionalização e em um panorama de redescobrimento do direito romano sob a ótica germânica. No cenário do direito português é oportuno sublinhar o sistema de sesmarias como uma forma de distribuição de terras em que havia a distinção entre domínio direto e domínio útil, reservando a relevância da propriedade fundiária. A pós-modernidade, por seu turno, ampliou o esquadrinhamento da propriedade como um direito, em particular ao incluir os bens incorpóreos em seu âmbito de proteção, sobretudo ao submeter o instituto às restrições que encetaram um paradigma composto pelos limites impostos pela dignidade da pessoa humana, pela racionalidade jurídica e pela sustentabilidade. Assim, ora absoluta, ora limitada, o alcance dos contornos da propriedade, em seus múltiplos prismas, vem sendo posto em xeque pelo adensamento na perspectiva da teoria dos direitos humanos e fundamentais, notadamente no que tange ao enfoque dado aos direitos da personalidade e em especial após a clivagem do binômio direito público e privado mediante a constitucionalização do direito mediante a incidência direta do princípio da dignidade da pessoa humana, a consequente funcionalização e a despatrimonialização dos pilares privatistas e seus influxos no âmbito da tutela penal.

2. Constituições brasileiras anteriores

Desde 1824, ocasião em que foi outorgada a constituição imperial, a propriedade foi assegurada no artigo 179 na forma de um direito subjetivo, ocasião em que foi introduzida no cenário nacional a ideia de função social em decorrência da sua circunscrição ao interesse da coletividade e, desse modo, à guisa de exemplo, ocasionou a reestruturação das relações de vizinhança. Interessa grifar o pioneirismo da proteção à propriedade intelectual. Nos mesmos moldes, a carta de 1891 o consagrou no artigo 72, § 17, ampliando a garantia à propriedade industrial, enquanto a carta de 1934 o consagrou como um direito inviolável no artigo 113, § 17, mencionando de modo inaugural a expressão função social. Em 1937, conforme o teor do artigo 122, § 14, salvo na hipótese de desapropriação por necessidade ou por utilidade pública, o texto constitucional ampliou o âmbito de proteção do direito de propriedade, outorgando ao legislador ordinário a regulamentação para, em 1946, nos termos dos artigos 141, § 16, e 147, retomar a uma versão mais restritiva de modo a considerar o seu condicionamento ao bem-estar social e, nesse sentido, enfatizou a promoção à distribuição justa e isonômica. A constituição de 1967, e nesse aspecto não há registros de ter sido alterada pela Emenda número 1 de 1969, tratou a propriedade a partir da consagração da função social no teor do artigo 157, III, como um princípio constitucional encrustado na Ordem econômica nacional.

3. Constituições estrangeiras

Lista ilustrativa com base nos principais modelos constitucionais de proteção da propriedade:

a) Matriz liberal –

Constituição norte-americana 1787 – Emenda V

AMENDMENT V – No person shall be held to answer for a capital, or otherwise infamous crime, unless on a presentment or indictment of a Grand Jury, except in cases arising in the land or naval forces, or in the Militia, when in actual service in time of War or public danger; nor shall any person be subject for the same offence to be twice put in jeopardy of life or limb; nor shall be compelled in any criminal case to be a witness against himself, nor be deprived of life, liberty, or property, without due process of law; nor shall private property be taken for public use, without just compensation.

b) Matriz do constitucionalismo do Estado social democrático de Direito –

Constituição alemã 1949 – Artigo 14;

Artikel 14 (1) Das Eigentum und das Erbrecht werden gewährleistet. Inhalt und Schranken werden durch die Gesetze bestimmt.(2) Eigentum verpflichtet. Sein Gebrauch soll zugleich dem Wohle der Allgemeinheit dienen.(3) Eine Enteignung ist nur zum Wohle der Allgemeinheit zulässig. Sie darf nur durch Gesetz oder auf Grund eines Gesetzes erfolgen, das Art und Ausmaß der Entschädigung regelt. Die Entschädigung ist unter gerechter Abwägung der Interessen der Allgemeinheit und der Beteiligten zu bestimmen. Wegen der Höhe der Entschädigung steht im Streitfalle der Rechtsweg vor den ordentlichen Gerichten offen.

Constituição portuguesa 1976 – Parte I, Título III, Cap. I, artigo 62;

Artigo 62º – *(Direito de propriedade privada)* A todos é garantido o direito à propriedade privada e à sua transmissão em vida ou por morte, nos termos da Constituição; 2. A requisição e a expropriação por utilidade pública só podem ser efectuadas com base na lei e mediante pagamento de justa indemnização.

Constituição espanhola 1978 – Parte I, Cap. 2, Divisão 2, Seção 33

Artículo 33º – 1. Se reconoce el derecho a la propiedad privada y a la herencia.2. La función social de estos derechos delimitará su contenido, de acuerdo con las leyes.3. Nadie podrá ser privado de sus bienes y derechos sino por causa justificada de utilidad pública o interés social, mediante la correspondiente indemnización y de conformidad con lo dispuesto por las leyes.

c) Matriz socialista e coletivista – Constituição cubana 1976 – Cap. I, artigos 15, 19 a 23;

Artículo 15º – on de propiedad estatal socialista de todo el pueblo: 1. las tierras que no pertenecen a los agricultores pequeños o a cooperativas integradas por estos, el subsuelo, las minas, los recursos naturales tanto vivos como no vivos dentro de la zona económica marítima de la República, los bosques, las aguas y las vías de comunicación; 2. los centrales azucareros, las fábricas, los medios fundamentales de transporte, y cuantas empresas, bancos e instalaciones han sido nacionalizados y expropiados a los imperialistas, latifundistas y burgueses, así como las fábricas, empresas e instalaciones económicas y centros científicos, sociales, culturales y deportivos construidos, fomentados o adquiridos por el Estado y los que en el futuro construya, fomente o adquiera. Estos bienes no pueden trasmitirse en propiedad a personas naturales o jurídicas, salvo los casos excepcionales en que la transmisión parcial o total de algún objetivo económico se destine a los fines del desarrollo del país y no afecten los fundamentos políticos, sociales y económicos del Estado, previa aprobación del Consejo de Ministros o su Comité Ejecutivo. En cuanto a la transmisión de otros derechos sobre estos bienes a empresas estatales y otras entidades autorizadas, para el cumplimiento de sus fines, se actuará conforme a lo previsto en la ley.

Artículo 19º – El Estado reconoce la propiedad de los agricultores pequeños sobre las tierras que legalmente les pertenecen y los demás bienes inmuebles y muebles que les resulten necesarios para la explotación a que se dedican, conforme a lo que establece la ley. Se prohibe el arrendamiento, la aparcería, los prestamos hipotecarios y cualquier acto que implique gravamen o cesión a particulares de los derechos emanados de la propiedad de los agricultores pequeños sobre sus tierras. El Estado apoya la producción individual de los agricultores pequeños que contribuyen a la economía nacional.

Artículo 20º – Los agricultores pequeños tienen derecho a asociarse entre sí, en la forma y con los requisitos que establece la ley, tanto a los fines de la producción agropecuaria como a los de obtención de créditos y servicios estatales. Se autoriza la organización de cooperativas de producción agropecuaria en los casos y en la forma que la ley establece. Esta propiedad cooperativa es reconocida por el Estado y constituye una forma avanzada y eficiente de producción socialista. Las cooperativas de producción agropecuaria administran, poseen, usan y disponen de los bienes de su propiedad, de acuerdo con lo establecido en la ley en sus reglamentos. Las tierras de las cooperativas no pueden ser embargadas ni gravadas y su propiedad puede ser transferida a otras cooperativas o al Estado, por las causas y según el procedimiento establecido en la ley.

Artículo 21º – Se garantiza la propiedad personal sobre los ingresos y ahorros procedentes del trabajo propio, sobre la vivienda que se posea con justo titulo de dominio y los demás bienes y objetos que sirven para la satisfacción de las necesidades materiales y culturales de la persona. Asimismo se garantiza la propiedad sobre los medios e instrumentos de trabajo personal o familiar, los que no pueden ser utilizados para la obtención de ingresos provenientes de la explotación del trabajo ajeno. La ley establece la cuantía en que son embargables los bienes de propiedad personal.

Artículo 22º – El Estado reconoce la propiedad de las organizaciones políticas, de masas y sociales sobre los bienes destinados al cumplimiento de sus fines.

Artículo 23º – El Estado reconoce la propiedad de las empresas mixtas, sociedades y asociaciones económicas que se constituyen conforme a la ley. El uso, disfrute y disposición de los bienes pertenecientes al patrimonio de las entidades anteriores se rigen por lo establecido en la ley y los tratados, así como por los estatutos y reglamentos propios por los que se gobiernan.

Constituição chinesa 1982– Cap. 1 artigo 13

Citizens' lawful private property is inviolable.

The State, in accordance with law, protects the rights of citizens to private property and to its inheritance. The State may, in the public interest and in accordance with law, expropriate or requisition private property for its use and shall make compensation for the private property expropriated or requisitioned.

Constitucionalismo Andino – reconhecimento das variadas formas de propriedade.

Constituição Equatoriana

Art. 321 – El Estado reconoce y garantiza el derecho a la propriedad en sus formas pública, privada, comunitaria, estatal, asociativa, mixta, y que deberá cumplir su función social y ambiental.

Constituição Boliviana

Art. 56 – I. Toda persona tiene derecho a la propiedad privada individual o colectiva, siempre que ésta cumpla una función social.

4. Remissões constitucionais

Art. 5º, *caput*; XXII (garantia do direito de propriedade); XXIII(função social da propriedade); XXIV(desapropriação por necessidade ou por utilidade pública); XXV(requisição administrativa para uso de propriedade particular); XXVI(proteção ao bem de família); XXVII(proteção ao direito autoral); XXIX (propriedade intelectual e industrial); XXX (direito de herança); XXXI(sucessão de bens de estrangeiros); Art. 170, II (propriedade como princípio da atividade econômica), III (função social da propriedade); Art. 182, § 2º (propriedade urbana), § 4º (política urbana e desapropriação); Art. 185, I e II(propriedade rural e produtiva); Art. 186(função social da propriedade rural); Art. 183 e 191 (propriedade urbana destinada à habitação); Art. 190 (aquisição ou arrendamento de propriedade rural por pessoa estrangeira, física ou jurídica); Art. 231, § 6º (propriedade e demarcação de terras indígenas); Art. 243 (expropriação-sanção e confisco); Art. 68 dos ADCT (propriedade quilombola).

5. Remissões legais

Dec.-Lei n. 2.848/1940 (Código Penal Brasileiro); Dec.-Lei n. 3.365/1941 (Lei que dispõe sobre a desapropriação por necessidade ou utilidade públicas); Lei n. 4.132/1962 (Lei que dispõe sobre a desapropriação por interesse social); Lei n. 4.504/1964 (Estatuto da Terra); Lei n. 5.709/1971 (Lei que dispõe sobre a aquisição de imóvel rural por estrangeiro residente no país ou pessoa jurídica estrangeira autorizada a funcionar no Brasil); Lei n. 8.009/1990 (Lei da impenhorabilidade do bem de família); Lei n. 8.174/1991 (Lei que regulamenta a reforma agrária); Lei n. 8.629/1993 (Lei que dispõe sobre a pequena propriedade rural); Lei n. 9.279/1996 (Lei da propriedade industrial); Lei n. 9.609/1998 (Lei de proteção da propriedade intelectual do programa de computador e sua comercialização); Lei n. 10.257/2001 (Estatuto da cidade); Lei n. 10.406/2002 (Código Civil Brasileiro); Lei n. 10.610/2002 (Lei que dispõe sobre a participação de capital estrangeiro nas empresas jornalísticas e de radiofusão sonora, de sons e de imagens); Lei n. 10.826/2003 (Estatuto do desarmamento); Lei n. 10.695/2003 (Lei que dispõe direito autoral); Lei n. 11.343/2006 (Lei que dispõe sobre a expropriação de glebas cultivadas com plantações ilícitas).

Medida Provisória n. 1162/2023 (Dispõe sobre o Programa Minha Casa, Minha Vida – direito à cidade, à moradia, função social da propriedade) – Lei n. 11.977/2009 (Dispõe sobre o Programa Minha Casa, Minha vida e a Regularização fundiária de assentamentos localizados em áreas urbanas).

Lei n. 14.382/2022 (Dispõe sobre o Sistema Eletrônico dos Registros Públicos – Serp; altera as Leis n. 4.591, de 16 de dezembro de 1964, 6.015, de 31 de dezembro de 1973 – Lei de Registros Públicos, 6.766, de 19 de dezembro de 1979, 8.935, de 18 de novembro de 1994, 10.406, de 10 de janeiro de 2002 – Código Civil, 11.977, de 7 de julho de 2009, 13.097, de 19 de janeiro de 2015, e 13.465, de 11 de julho de 2017; e revoga a Lei n. 9.042, de 9 de maio de 1995, e dispositivos das Leis n. 4.864, de 29 de novembro de 1965, 8.212, de 24 de julho de 1991, 12.441, de 11 de julho de 2011, 12.810, de 15 de maio de 2013, e 14.195, de 26 de agosto de 2021).

Lei n. 14.474/2022 (Altera a Lei n. 9.636, de 15 de maio de 1998, para modificar a forma de reajuste das receitas patrimoniais da União decorrentes da atualização da planta de valores e desburocratizar procedimentos de alienação e registro de imóveis da União, as Leis n. 11.483, de 31 de maio de 2007, e 13.240, de 30 de dezembro de 2015; e os Decretos-Lei n. 2.398, de 21 de dezembro de 1987, para dispor sobre as hipóteses em que se aplica o prazo de transferência de imóveis, e 9.760, de 5 de setembro de 1946, para dispor sobre regras de demarcação de terrenos de marinha; e dá outras providências).

Lei n. 14.285/2021 (Altera as Leis n. 12.651, de 25 de maio de 2012, que dispõe sobre a proteção da vegetação nativa, 11.952, de 25 de junho de 2009, que dispõe sobre regularização fundiária em terras da União, e 6.766, de 19 de dezembro de 1979, que dispõe sobre o parcelamento do solo urbano, para dispor sobre as áreas de preservação permanente no entorno de cursos d'água em áreas urbanas consolidadas).

Lei n. 14.063/2020 (Dispõe sobre o uso de assinaturas eletrônicas em interações com entes públicos, em atos de pessoas jurídicas e em questões de saúde e sobre as licenças de softwares desenvolvimentos por entes públicos; e altera as Leis n. 9.096, de 19 de setembro de 1995, e 5.991, de 17 de dezembro de 1973, e a Medida Provisória n. 2.200-2, de 24 de agosto de 2001).

Lei n. 13.999/2020 (Institui o Programa Nacional de Apoio às Microempresas e Empresas de Pequeno Porte – Pronampe, para o desenvolvimento e o fortalecimento dos pequenos negócios; e altera as Leis n. 13.636, de 20 de março de 2018, 10.735, de 11 de setembro de 2003, e 9.790, de 23 de março de 1999).

Lei n. 13.874/2019 (Institui a Declaração de Direitos de Liberdade Econômica; estabelece garantias de livre mercado; altera as Leis n. 10.406, de 10 de janeiro de 2002 – Código Civil, 6.404, de 15 de dezembro de 1976, 11.598, de 3 de dezembro de 2007, 12.682, de 9 de julho de 2012, 6.015, de 31 de dezembro de 1973, 10.522, de 19 de julho de 2002, 8.934, de 18 de novembro 1994, o Decreto-Lei n. 9.760, de 5 de setembro de 1946 e a Consolidação das Leis do Trabalho, aprovada pelo Decreto-Lei n. 5.452, de 1º de maio de 1943; revoga a Lei Delegada n. 4, de 26 de setembro de 1962, a Lei n. 11.887, de 24 de dezembro de 2008, e dispositivos do Decreto-Lei n. 73, de 21 de novembro de 1966; e dá outras providências).

Lei Complementar n. 167/2019 (Dispõe sobre a Empresa Simples de Crédito – ESC – e altera as Leis n. 9.613, de 3 de março de 1998 – Lei de Lavagem de Dinheiro, e 9.249, de 26 de dezembro de 1995, e a Lei Complementar n. 123, de 14 de dezembro de 2006 – Lei do Simples Nacional, para regulamentar a ESC e instituir o Inova Simples).

Lei n. 13.465/2017 (Dispõe sobre a regularização fundiária rural e urbana, sobre a liquidação de créditos concedidos aos assentados da reforma agrária e sobre a regularização fundiária no âmbito da Amazônia Legal; institui mecanismos para aprimorar a eficiência dos procedimentos de alienação de imóveis da União; altera as Leis n. 8.629, de 25 de fevereiro de 1993, 13.001, de 20 de junho de 2014, 11.952, de 25 de junho de 2009, 13.340, de 28 de setembro de 2016, 8.666, de 21 de junho de 1993, 6.015, de 31 de dezembro de 1973, 12.512, de 14 de outubro de 2011, 10.406, de 10 de janeiro de 2002 – Código Civil, 13.105, de 16 de março de 2015 – Código de Processo Civil, 11.977, de 7 de julho de 2009, 9.514, de 20 de novembro de 1997, 11.124, de 16 de junho de 2005, 6.766, de 19 de dezembro de 1979, 10.257, de 10 de julho de 2001, 12.651, de 25 de maio de 2012, 13.240, de 30 de dezembro de 2015, 9.636, de 15 de maio de 1998, 8.036, de 11 de maio de 1990, 13.139, de 26 de junho de 2015, 11.483, de 31 de maio de 2007, e 12.712, de 30 de agosto de 2012, a Medida Provisória n. 2.220, de 4 de setembro de 2001, e os Decretos-Leis n. 2.398, de 21 de dezembro de 1987, 1.876, de 15 de julho de 1981, 9.760, de 5 de setembro de 1946, e 3.365, de 21 de junho de 1941; revoga dispositivos da Lei Complementar n. 76, de 6 de julho de 1993, e da Lei n. 13.347, de 10 de outubro de 2016; e dá outras providências).

Decreto n. 9.854/2019 (Institui o Plano Nacional de Internet das Coisas e dispõe sobre a Câmara de Gestão e Acompanhamento do Desenvolvimento de Sistemas de Comunicação Máquina a Máquina e Internet das Coisas).

Lei n. 13.146/2015 (Institui a Lei Brasileira de Inclusão da Pessoa com Deficiência [Estatuto da Pessoa com Deficiência – acessibilidade arquitetônica – acessibilidade urbana – moradia]).

Lei n. 13.105/2015 (Código de Processo Civil. Art. 832. Não estão sujeitos à execução os bens que a lei considera impenhoráveis ou inalienáveis. Art. 833. São impenhoráveis: I – os bens inalienáveis e os declarados, por ato voluntário, não sujeitos à execução; II – os móveis, os pertences e as utilidades domésticas que guarnecem a residência do executado, salvo os de elevado valor ou os que ultrapassem as necessidades comuns correspondentes a um médio padrão de vida; III – os vestuários, bem como os pertences de uso pessoal do executado, salvo se de elevado valor;

IV – os vencimentos, os subsídios, os soldos, os salários, as remunerações, os proventos de aposentadoria, as pensões, os pecúlios e os montepios, bem como as quantias recebidas por liberalidade de terceiro e destinadas ao sustento do devedor e de sua família, os ganhos de trabalhador autônomo e os honorários de profissional liberal, ressalvado o § 2º; V – os livros, as máquinas, as ferramentas, os utensílios, os instrumentos ou outros bens móveis necessários ou úteis ao exercício da profissão do executado; VI – o seguro de vida; VII – os materiais necessários para obras em andamento, salvo se essas forem penhoradas; VIII – a pequena propriedade rural, assim definida em lei, desde que trabalhada pela família; IX – os recursos públicos recebidos por instituições privadas para aplicação compulsória em educação, saúde ou assistência social; X – a quantia depositada em caderneta de poupança, até o limite de 40 salários mínimos; XI – os recursos públicos do fundo partidário recebidos por partido político, nos termos da lei; XII – os créditos oriundos de alienação de unidades imobiliárias, sob regime de incorporação imobiliária, vinculados à execução da obra. § 1º A impenhorabilidade não é oponível à execução de dívida relativa ao próprio bem, inclusive àquela contraída para sua aquisição).

Lei n. 12.651/2012 (Dispõe sobre a proteção da vegetação nativa; altera as Leis n. 6.938, de 31 de agosto de 1981, 9.393, de 19 de dezembro de 1996, e 11.428, de 22 de dezembro de 2006; revoga as Leis n. 4.771, de 15 de setembro de 1965, e 7.754, de 14 de abril de 1989, e a Medida Provisória n. 2.166-67, de 24 de agosto de 2001; e dá outras providências).

Lei n. 11.445/2007 (Estabelece as diretrizes nacionais para o saneamento básico; cria o Comitê Interministerial de Saneamento Básico; altera as Leis n. 6.766, de 19 de dezembro de 1979, 8.666, de 21 de junho de 1993, e 8.987, de 13 de fevereiro de 1995; e revoga a Lei n. 6.528, de 11 de maio de 1978 (Redação pela Lei n. 14.026, de 2020).

Lei n. 11.101/2005 (Regula a recuperação judicial, a extrajudicial e a falência do empresário e da sociedade empresária).

Lei n. 10.835/2004 (Institui a renda básica de cidadania e dá outras providências).

Decreto n. 4.887/2003 (Regulamenta o procedimento para identificação, reconhecimento, delimitação, demarcação e titulação das terras ocupadas por remanescentes das comunidades dos quilombos de que trata o art. 68 do Ato das Disposições Constitucionais Transitórias).

Lei n. 8.078/1990 (Dispõe sobre a proteção do consumidor e dá outras providências).

Lei n. 7.102/1983 (Dispõe sobre segurança para estabelecimentos financeiros, estabelece normas para constituição e funcionamento das empresas particulares que exploram serviços de vigilância e de transporte de valores, e dá outras providências).

Decreto-Lei n. 227/1967 (Dá nova redação ao Decreto-Lei n. 1.985, de 29 de janeiro de 1940 – Código de Minas).

Decreto-Lei n. 5.452/1943 (Aprova a Consolidação das Leis do Trabalho).

6. Jurisprudência nacional e internacional

Resp 931.060/RJ. Voto do Min. Luiz Fux. STJ. Publicado no DJ em 10/02/2011. Disponível em: <www.stj.jus.br>. Acesso em: 11.04.2018. (propriedade quilombola)

ADI 5.838 DF Distrito Federal. 0014604-81 2017.1.00.0000. STF. Disponível em: <https://www.jusbrasil.com.br/jurisprudencia/busca?q=Direito+de+propriedade&idtopico=T10000001&l=365dias>. Acesso em: 13.04.2018; ADI 2213 MC/DF. Rel. Min. Celso de Mello. STF. Pleno (04.04.2002). (reforma agrária); MS ADI 2584/DF. Rel. Min. Marco Aurélio. Pleno (17.06.2010) (direito de propriedade não é absoluto); MS 23.949/DF. Rel. Min. Celso de Mello. (01.02.2002) (desapropriação-sanção); RE 407.688/SP. Rel. Min. Ricardo Lewandowski. (02.09.2008) (penhora de bem de família pertencente ao fiador de contrato de locação); MS 24.595/DF. Rel. Min. Celso de Mello. Pleno (20/09/2006) (sobre a pequena e a média propriedade); MS 26.192/PB. Rel. Min. Joaquim Barbosa. (11.05.2011) (desapropriação para fins de reforma agrária); RE 635.336/PE. Rel. Min. Gilmar Mendes. (14.12.2016) (expropriação)

Supremo Tribunal Federal (STF)

ARE 1266095 RJ. Rel. Min. Dias Toffoli, 2022 (Propriedade industrial. Exclusividade. Caso Gradiente Iphone vs. Apple Inc. Iphone).

ADI 5.657 DF. Rel. Min. Luiz Fux, 2022 (Constitucionalidade de lei federal. Não violação ao direito de propriedade. Determinação de reserva, por veículo, de duas vagas gratuitas e, após estas esgotarem, de duas vagas com tarifa reduzida em, no mínimo, 50%, para serem utilizadas por jovens de baixa renda no sistema de transporte coletivo interestadual de passageiros).

ADI 5.529 DF. Rel. Min. Dias Toffoli, 2021 (Patente. Prazos extras de patentes de medicamentos e equipamentos de saúde. Inconstitucionalidade do parágrafo único do art. 40 da Lei de Propriedade Intelectual).

ADI 5.881 DF. Rel. Min. Marco Aurélio, 2021 (Inconstitucionalidade. Indisponibilidade de bens em ato administrativo. Necessário o respeito à reserva de jurisdição, contraditório e ampla defesa, por ser tratar de forte intervenção no direito de propriedade).

ADI 3.239 DF. Rel. Min. Cezar Peluso, 2018 (Titulação e posse das terras ocupadas por remanescentes das comunidades quilombolas. Decreto n. 4.887/2003).

RE 870947 SE. Rel. Min. Luiz Fux, 2017 (Direito fundamental à propriedade. Art. 1º –F da Lei n. 9.494/1997. Atualização monetária de condenações impostas à Fazenda Pública).

RE 638491 PR. Rel. Min. Luiz Fux, 2017 (Válido o confisco de qualquer bem de valor econômico apreendido em decorrência do tráfico de drogas).

AI 526272 AgR SP. Rel. Min. Ellen Gracie, 2011 (Restrição administrativa pré-existente à aquisição da propriedade. Não violação ao direito de propriedade. Não violação ao direito de justa indenização).

ADI 1.706 DF. Rel. Min. Eros Grau, 2008 (Tombamento. Competência do Poder Executivo para estabelecer as restrições do direito de propriedade).

ADI 3.112 DF. Rel. Min. Ricardo Lewandowski, 2007 (Estatuto do Desarmamento. O direito do proprietário à justa e adequada indenização, reconhecida na lei, afasta a alegada violação ao direito de propriedade, bem como ao ato jurídico perfeito e ao direito adquirido).

RE 267817 SP. Rel. Min. Maurício Corrêa, 2002 (Inexistência de indenização sobre parcela de cobertura vegetal sujeita à preservação permanente implica violação aos postulados que asseguram o direito de propriedade e a justa indenização).

RE 134.297 SP. Rel. Min. Celso de Mello, 1995 (Reservas florestais. Necessária indenização compensatória ao particular, quando a atividade pública, decorrente do exercício de atribuições em tema de direito florestal, impedir ou afetar a válida exploração econômica do imóvel por seu proprietário).

Superior Tribunal de Justiça (STJ)

EREsp 1874222 DF. Rel. Min. João Otávio de Noronha (Corte Especial), 2023 (Relativização da impenhorabilidade do salário para pagamento de dívida não alimentar).

REsp 1840561 SP. Rel. Min. Marco Aurélio Bellizze, 2022 (Usucapião. Condômino que exerce posse sem oposição do coproprietário pode pedir usucapião em nome próprio).

REsp 1984847 MG. Rel. Min. Nancy Andrighi, 2022 (Direito de propriedade e direito de posse. Autônomos. Possibilidade de partilha de direitos possessórios sobre áreas rurais não escrituradas).

Resp 1966111 PR PR. Rel. Min. Mauro Campbeel Marques, 2022 (Impossibilidade de que medida cautelar fiscal de indisponibilidade de bens recaia sobre bem de família, tendo em vista a proteção contida no art. 1º da Lei n. 8.009/1990).

Resp 1926559 SP. Rel. Min. Luis Felipe Salomão, 2022 (Tratando-se de execução proposta por credor diverso daquele em favor do qual fora outorgada a hipoteca, é inadmissível a penhora do bem imóvel destinado à residência do devedor e de sua família, pois não incide a regra excepcional do art. 3º, V, Lei n. 8.009/1990).

AgInt no AREsp RS. Rel. Min. Gurgel de Faria, 2021 (A alienação, elo executado, de imóvel considerado bem de família, após a constituição do crédito tributário, não caracteriza fraude à execução fiscal, pois a transferência do imóvel não afasta a cláusula de impenhorabilidade do bem).

AgInt no REsp PR. Rel. Min. Napoleão Nunes Maia Filho, 2019 (A indenização referente à cobertura vegetal deve ser calculada em separado do valor da terra nua quando comprovada a exploração dos recursos vegetais de forma lícita e anterior ao processo interventivo na propriedade).

CC 153473 PR. Rel. Min. Maria Isabel Galloti, 2018 (Proteção da propriedade. Essencialidade do bem para a atividade em recuperação judicial).

REsp 1359534 MA. Rel. Min. Herman Benjamin, 2016 (Ato de tombamento geral não precisa individualizar os bens abarcados pelo tombo, pois as restrições impostas pelo Decreto-Lei n. 25/1937 se estendem à totalidade dos imóveis pertencentes à área tombada).

REsp 1527252 BA. Rel. Min. Herman Benjamin, 2015 (Inexistindo ofensa à harmonia estética de conjunto arquitetônico tombado, não há falar em demolição de construção acrescida).

REsp 1474995 SC. Rel. Min. Assusete Magalhães, 2015 (Não incide imposto de renda sobre os valores indenizatórios recebidos pelo particular em razão de servidão administrativa instituída pelo Poder Público).

AgRg nos EDcl no AREsp 457.837 MG. Rel. Min. Humberto Martins, 2014 (Propriedade. Restrições normas ambientais. Desapropriação indireta. Não incidente. Indenização).

REsp 1784226 RJ. Rel. Min. Herman Benjamin, 2018 (Propriedade. Restrições normas ambientais. Desapropriação indireta. Disposições especiais. Prazo prescricional).

AgInt REsp 1772897 ES. Rel. Min. Sérgio Kukina, 2018 (Cautelar. Ação de improbidade. Não equiparação a expropriação. Indisponibilidade de bens adquiridos antes ou depois dos fatos. Viabilidade de constrição aos bens de família).

REsp 1732757 RO. Rel. Min. Herman Benjamin, 2018 (Não indenizável em separado. Área de preservação permanente onde não é possível haver exploração econômica do mananciais vegetal pelo expropriado. Portanto, a indenização deve ser limitada à terra nua, não se estendendo à cobertura vegetal).

REsp 976566 RS. Rel. Min. Luis Felipe Salomão, 2010 (Decidida a impenhorabilidade do bem de família, nos termos da Lei n. 8.009/1990, não é permitido ao Judiciário, ao seu arbítrio, em razão da preclusão consumativa, proferir novo pronunciamento sobre a mesma matéria).

Internacional

Corte Interamericana de Direitos Humanos (CIDH)

Caso Valencia Campos e outros v. Bolívia, 2022 (Violação ao direito de propriedade. Violência estatal).

Caso do Povo Indígena Xucuru e seus membros v. Brasil, 2018 (Violação ao direito de propriedade coletiva).

Caso Andrade Salmón v. Bolívia. 2022. (Violação ao direito de propriedade. Limitações baseadas no interesse social. Expropriação. Necessidade de se investigar, para além de aspectos formais (a aparência do ato), a situação subjacente (*real detrás*) do contexto denunciado. Montante requerido para a fiança – excessividade e continuidade –, em desconformidade com as possibilidades do sujeito. Impedimento de acesso ao direito a medidas substitutivas de privação da liberdade).

Caso Granier y otros (Radio Caracas Televisión) v. Venezuela, 2015 (Análise sobre a violação ao direito de propriedade da pessoa jurídica. Análise sobre a violação ao direito de propriedade das pessoas físicas acionistas. Proteção ao patrimônio constrito. Medidas cautelares).

Corte Europeia de Direitos Humanos (CEDH)

Applications n.s 32949/17 – 34614/17. J.D. n A. v. The United Kingdom, 2020 (Discriminação; posse; redução da prestação social para incentivar inquilinos de habitação social a mudarem-se para acomodações menores – *bedroom tax*; mulher vítima de violência doméstica; filha pessoa com deficiência; ausência de distinção realizada favoravelmente para certas pessoas vulnerabilizadas; margem de apreciação; proporcionalidade).

Application n. 3401/09. Dimitar Yordanov v. Bulgaria, 2018 (Direito de propriedade. Proprietário é indenizado por propriedade desmoronada em zona de risco ambiental).

Application n. 63362/09. Rummi v. Estonia, 2015 (Direito de propriedade. Viúva. Propriedade do marido – pedras preciosas – confiscadas pela polícia).

Application n. 2113/04. Schneider v. Luxembourg, 2007 (Violação ao direito de propriedade. Forçar uma proprietária, por lei, a fazer parte de uma associação de caça, e a "permiti-la" em sua terra, a ser realizada por terceiros, em uma forma que contrarie as suas convicções, é um fardo desproporcional e injustificado).

Application n. 31443/96. Broniowski v. Poland, 2004 (Compensação. direito de propriedade. Segunda Guerra Mundial. "*pilot judgment*"; problemas sistêmicos. Polônia. *Big River claims*).

Casos – direito de propriedade – tecnologia – digital – inteligência artificial

Estados Unidos

Class action. J. Doe n J. Doe 2, individualmente e representante de outros v. GITHUB, INC., Microsoft Corporation., OPENAI INC. US District Court of California – San Fracisco Division, 2022 (allegedly violating copyright law by reproducing open-source code using AI – pende de julgamento).

Class action. Sarah Andersen, Kelly Mckernan, Karla Ortiz, individual and representative Plaintiffs v. Stability AI LT., Stability AI, INC., Midjourney INC., Deviantart INC. US District Court of California – San Francisco Division, 2023 (AI image generators – pende de julgamento).

Caso Google LLC v. Oracle America INC. Supreme Court of the United States, 2021 (fair use. Código em Application Programming Interface – API – JAVA SE. New and transformative program).

Australia

Caso Dabus – Thaler v. Commissioner of Patents. Australian Federal Court, 2021 (I.A. Dabus – autor. I.A. autoria).

7. Referências bibliográficas

ARAÚJO, Gisele Marques. *Função ambiental da propriedade privada sob a ótica do STF*. Curitiba: Juruá, 2015.

BENHAMOU, Yaniv. Big data and the law: a holistic analysis based on a three-step approach – mapping property-like rights, their exceptions and licensing practices. *Revue Suisse de droit des affaires et du marché financier*, 2020, n. 4, p. 393-418.

CACCIAVILLANI, Pamela Alejandra. *Celebrar lo impossible: El Código Civil en el régimen jurídico de la prioriedad: Córdoba entre fines del siglo XIX y comienzos del XX (Global Perspectives on Legal History 18)*. Frankfurt am Main: Max Planck Institute for Legal History and Legal Theory, 2021.

CONSTITUTE. *The world's constitutions to read, search and compare*. Disponível em: https://www.constituteproject.org/search?lang=en&key=proprght&status=in_force. Acesso em: 16.04.2018.

COMPARATO, Fabio Konder. Função social da propriedade dos bens de produção. *RDM* 62. Jul./Set. de 1986. 71-79.

COULANGES, Fustel. *A cidade antiga*. Aurélio Barroso Rebello e Laura Alves(Trad.). Rio de Janeiro: Ediouro, 2004.

CORTIANO JÚNIOR, Eroulths. A propriedade privada na Constituição Federal. *Revista Brasileira de Direito Civil*. vol 2. Out./Dez. 2014. 28-41.

FAIRFIELD, Joshua A. T. *Owned: Property, Privacy, and the New Digital Serfdom*. Cambridge: Cambridge University Press, 2017.

GRAU, Eros Roberto. *A Ordem Econômica na Constituição de 1988*. 11. ed. São Paulo: Malheiros, 2006.

LOUREIRO, Francisco Eduardo. *A propriedade como relação jurídica complexa*. Rio de Janeiro: Renovar, 2003.

MALASPINA, Elisabetta Fiocchi; TAROZZI, Simona (orgs.). *Historical Perspectives on Property and Land Law: An Interdisciplinary Dialogue on Methods and Research Approaches*. Madrid: Dykinson, 2019.

MARQUES NETO, Floriano de Azevedo. *Bens públicos: função social e exploração econômica: o regime das utilidades públicas*. Belo Horizonte: Fórum, 2009.

MAUNZ-DURIG. *Grundgesetz Kommentar*. Band 1. München: C.H.Beck, 1990.

MENDES, Gilmar Ferreira; BRANCO, Paulo Gustavo Gonet. *Curso de Direito Constitucional*. 12 ed. São Paulo: Saraiva, 2017.

_____. Os direitos individuais e suas limitações: breves reflexões. In: *Direitos fundamentais e controle de constitucionalidade*. São Paulo: Saraiva, 2005.

MIRANDA, Pontes de. *Comentários à Constituição dos Estados Unidos do Brasil*. Rio de Janeiro: Guanabara, 1934.

MOTTA, Marcia; SECRETO, Maria Veronica. *O direito às avessas: por uma história social da propriedade*. São Paulo: Horizonte, 2011.

RERUM NOVARUM. Disponível em: <w2.vatican.va/content/leo-xiii/pt/.../hf_l-xiii_enc_15051891_rerum-novarum.html>. Acesso em 15.04.2018.

ROLIM, Luiz Antonio. *Instituições de Direito Romano*. 2. ed. rev. São Paulo: Editora Revista dos Tribunais, 2003.

SALVADOR NETTO, Alamiro Velludo. *Direito Penal e a Propriedade Privada*: A racionalidade do sistema penal na tutela do patrimônio. São Paulo: Atlas, 2014.

SARMENTO, Daniel. *A garantia do direito à posse dos remanescentes de quilombos antes da desapropriação*. Disponível em: <http://ccr6.pgr.mpf.gov.br/institucional/grupos-de-trabalho/quilombos-1/documentos/Dr_Daniel_Sarmento.pdf>. Acesso em 10.04.2018.

SCHWARTZ, Paul M. Property, Privacy and Personal Data. *Harvard Law Review*, v. 117, n. 7, maio 2004.

TEPEDINO, Gustavo; SCHREIBER, Anderson. A garantia da Propriedade no Direito Brasileiro. *Revista da Faculdade de Direito de Campos*. Ano VI. n. 6. Jun/2005.

TEPEDINO, Gustavo. Contornos constitucionais da propriedade privada. In: *Temas de Direito Civil*. 2. ed. Rio de Janeiro: Renovar, 2001.

WALDRON, Jeremy. *The Right to Private Property*. New York: Oxford University Press, 1989.

VARELA. Laura Beck. Das propriedades à propriedade: construção de um direito. In: *A Reconstrução do direito privado: Reflexos dos princípios, diretrizes e direitos fundamentais constitucionais no direito privado*. Judith Martins-Costa(Org.). São Paulo: Revista dos Tribunais, 2002.

8. Comentários

A afirmação da propriedade como um direito e como uma garantia fundamental consagrado na moldura do artigo 5º da Constituição de 1988 derivou da inclusão no ordenamento jurídico de um paradigma de novas modalidades de reconhecimento de garantias às novas situações proprietárias, incidindo sobre bens móveis e imóveis, materiais e imateriais, e às dimensões da personalidade a despeito do caráter meramente patrimonial. Em rigor, essa alteração, no que afeta radicalmente à esfera privada, implicou na reorganização do sistema normativo como um mecanismo que implica necessariamente na cooperação social. Cabe, portanto, reafirmar que, face ao cenário constitucional de 1988, a *summa divisio* entre o direito público e o privado perdeu sua razão de existência e, nesse sentido, o direito de propriedade pode ser considerado como um protótipo perfeito de instituto de direito civil-constitucional, sobretudo a partir do teor do artigo 1.228 do CCB/2002, que o reconheceu como um feixe de faculdades. Em rigor, o conteúdo da norma extraída do *caput* realçou o singular alcance da trintenária carta constitucional sobre as dimensões patrimoniais, de modo a esboçar um pioneirismo quanto à forma de mitigação do âmbito de proteção desse direito principalmente em razão da ideia de consolidação de um solidarismo. Incontestável que o texto constitucional em vigor estabeleceu distintos estatutos para múltiplas situações proprietárias, contemplando posições singulares, e.g. quanto à propriedade rural, aos direitos autorais, à propriedade industrial, a direito de herança e de sucessões, sobretudo no que toca aos bens de estrangeiros situados no Brasil e, atualmente, aos bens digitais. Enfatiza-se, nessa ordem, a necessidade do legislador constituinte em conferir um alcance de uma considerável diversificação de bens por meio da incidência de um complexo feixe de direitos e de deveres fundamentais decorrentes da proteção da propriedade, conferindo inclusive um novo sentido à posse na medida em que foi muito além da mera tendência à imobilização do patrimônio, todavia, evidenciando-se ainda uma dificuldade de incidir sobre os bens virtuais. Infere-se da previsão constitucional extraída do *caput* que a propriedade no atual panorama brasileiro é protegida de modo condicionado, mediante restrição dos direitos individuais e coletivos que exorbitem na fruição desse direito, e em um delineamento que contempla uma dimensão que enceta efeitos externos, afetando a terceiros, principalmente no que toca à escassez e à finitude dos bens, surgindo a partir da demanda intergeracional e intertemporal que passou a ser preponderante na composição do conceito de interesse público/social. O direito à propriedade na ótica desse texto constitucional possui restrições diretas e indiretas que se aplicam às características tradicionais, e, assim, enquanto o caráter absoluto foi afastado pela função social, o exclusivo recebeu a irradiação da possibilidade de requisições civis e militares e o perpétuo restou afetado pelas hipóteses de desapropriação, usucapião, expropriação-sanção e de confisco. Digna de nota é a previsão constitucional de exigência de indenização prévia e justa em dinheiro, em títulos da dívida agrária ou da dívida pública para os casos em que se aplica desapropriação. Embora o texto constitucional aponte consideráveis e inusitadas limitações ao direito de propriedade na forma de restrições diretas e indiretas, segue reafirmando sistematicamente as funções protetiva e punitiva em um contexto em que cabe, e.g., a incidência das normas de proteção ambiental, de poder de polícia, de normas urbanísticas, sendo, todavia, incontestável, de modo geral, a sua amplitude, em especial quanto aos destinatários, vez que, a princípio, todos, nacionais e estrangeiros, podem ser proprietários, desde que se submetam à ordem normativa que inadmite a exploração fútil e irresponsável dos bens, ressalvando-se o teor da regra extraída do artigo 190 que opôs reservas à aquisição ou ao arrendamento de propriedade rural no Brasil por pessoas estrangeiras, físicas ou jurídicas. De todo modo, importa sublinhar que ao reconhecer a propriedade como um direito subjetivo o legislador constituinte erigiu instrumentos contra qualquer tipo de intervenção ilegítima, inclusive ao traçar o rol de cláusulas pétreas e nelas arrolar os direitos e garantias individuais. Relevante ainda apontar o aspecto emblemático evidenciado na EC n. 81/2014, que, além de incluir o confisco de bens fruto do trabalho escravo, estabeleceu a partir daí a criação de um fundo para destinação específica, nos termos da lei.

Art. 5º, I – homens e mulheres são iguais em direitos e obrigações, nos termos desta Constituição;

Leonardo Martins[1]

DIREITO FUNDAMENTAL À IGUALDADE ENTRE HOMEM E MULHER

I. Histórico da norma

O direito fundamental à igualdade entre homens e mulheres remonta à luta das mulheres por tratamento igualitário em relação aos homens. Já na Revolução Francesa, a escritora e ativista francesa *Marie Gouze* (conhecida também pelo pseudônimo de "*Olympe de Gouges*") compôs uma declaração de direitos, como contraponto feminista à *Declaração de Direitos do Homem e do Cidadão*, dois anos após sua publicação, em 1791. A declaração foi intitulada, de maneira sugestiva, "*Declaração de Direitos da Mulher e da Cidadã*" ("*Déclaration des droits de la femme et de la citoyenne*"). Seu papel de precursora, em tempos revolucionários, rendeu-lhe a execução da pena capital pela guilhotina, executada pelos jacobinos, em novembro de 1793.

Com diferentes acentos, a história do tratamento igual, devido pelo menos pelo legislador e demais funções estatais, foi retomada somente no séc. XX com a discussão, em vários países, do direito ao voto das mulheres e, com repercussões para a relação entre particulares, com a prescrição de igual remuneração para o mesmo trabalho exercido por homens e mulheres. Inclusive, a garantia contra diferença salarial para mesmo trabalho em razão do sexo foi o primeiro ensejo, logo após a promulgação da *Grundgesetz* alemã, para a admissão da chamada eficácia horizontal direta dos direitos fundamentais, propugnada, sobretudo, pelo jurista alemão *Hans Carl Nipperdey*, muito atuante desde a República de *Weimar* (1918-1933) e que fora também presidente

---

1. Pela pesquisa e indicação das fontes trazidas no **Tópico VIII. A.2.** ("conteúdo e principais efeitos do direito fundamental à igualdade entre os gêneros") agradeço a *Fabrízia Pessoa Serafim*, membro do Grupo de Pesquisa por mim liderado na UFRN "Constituição Federal e sua Concretização pela Justiça Constitucional".

do Tribunal Federal do Trabalho (*Bundesarbeitsgericht – BAG*). Foi justamente essa questão salarial que passou a integrar o constitucionalismo brasileiro a partir da Constituição de 1934 (cf. a seguir, sob **II.**).

Hoje, o acento encontra-se, nas mais diversas ordens constitucionais dos Estados democráticos e direito internacional público, na equiparação de direitos e obrigações em todas as áreas da vida social. Há a possibilidade de justificar tratamentos desiguais que beneficiem a mulher (ações afirmativas), principalmente na formação educacional e no mercado de trabalho, quando tiverem por finalidade assegurar a igualdade de chances e condições competitivas, tendo em vista peculiaridades como a gravidez, que atinge mulheres de maneira mais intensa do que homens, potenciais genitores.

II. Constituições brasileiras anteriores

Art. 121, § 1º, *a*, da Constituição de 1934 [proibição de diferença salarial para mesmo trabalho em razão do sexo]; arts. 133 e 157, II, da Constituição de 1946; e art. 150, § 1º, da Constituição de 1967.

III. Constituições estrangeiras

Art. 3, II, da *Grundgesetz* (Constituição alemã); art. 9º, *h*; art. 13º, 2; art. 58º, 2, *b*; art. 59º, 1; art. 68º, 3; e art. 109º da Constituição de Portugal.

IV. Direito Internacional

Art. XII da Declaração Universal dos Direitos Humanos, de 10.11.1948; art. IX da Declaração Americana dos Direitos e Deveres do Homem, de 1948; e art. 11, n. 2 e 3 da CADH (Pacto de San José), de 12.11.1969.

V. Dispositivos constitucionais e legais relacionados

Art. 3º, IV, da CF; art. 5º, XLVII; art. 7º, XX e XXX; art. 40, III; art. 143; § 2º; art. 183, § 1º; art. 189, parágrafo único; art. 201, V, e § 7º; art. 226, § 5º, da CF.

Lei 8.239/1991.

VI. Jurisprudência

ADC 19, rel. Min. Marco Aurélio, julgamento em 09.02.2012, Plenário, *DJe* de 29.04.2014; ADI 2.487, rel. Min. Joaquim Barbosa, julgamento em 30.08.2007, Plenário, *DJe* de 28.03.2008; ADI 3.166, rel. Min. Cezar Peluso, julgamento em 27.05.2010, Plenário, *DJe* de 10.09.2010; RE 225.721, rel. Ilmar Galvão, julg. 22.02.2000, 1. Turma, *DJ* 24.04.2000; RE 204.193 rel. Min. Carlos Velloso, julgamento em 30.05.2001, Plenário, *DJ* de 31.10.2002.

VII. Referências bibliográficas

BAER, Susanne. *Würde oder Gleichheit?*: Zur angemessenen grundrechtlichen Konzeption von Recht gegen Diskriminierungen am Beispiel sexueller Belästigung am Arbeitsplatz in der Bundesrepublik Deutschland und den USA. Baden-Baden: Nomos, 1995; BUTLER, Judith. *Gender trouble feminism and the subversion of identity*. New York: Routledge, 1999; CHARLESWORTH, Hilary; CHINKIN, C. M. *The boundaries of international law*: a feminist analysis. Executive Park, NY Manchester, UK: Juris Pub. Manchester University Press, 2000; DIEESE, Negociação coletiva e igualdade de gênero e raça no Brasil. Relatório final do estudo, disponível em: https://www.dieese.org.br/relatoriotecnico/2008/NegociacaoColetivaTrabalho_relatorioFinal.pdf. Acesso em: 15.04.2023; DIMOULIS, Dimitri. *Direito de igualdade*: antidiscriminação, minorias sociais, remédios constitucionais. São Paulo: Almedina, 2021; DIMOULIS, Dimitri; MARTINS, Leonardo. *Teoria Geral dos Direitos Fundamentais*. 9. ed. rev., atual. e ampl. São Paulo: Atlas, 2022; FINEMAN, Martha. *Transcending the boundaries of law*: generations of feminism and legal theory. Abingdon. Oxon UK New York, NY: Routledge, 2011; KINGREEN, Thorsten; POSCHER, Ralf. *Grundrechte*. Staatsrecht II. 38. ed. Heidelberg: Müller, 2022; JARASS, Hans D.; PIEROTH, Bodo. *Grundgesetz für die Bundesrepublik Deutschland*: Kommentar. 11. ed. München: Beck, 2011; MacKINNON, Catharine A. *Are women human?*: and other international dialogues. Cambridge, Mass: Belknap Press of Harvard University Press, 2006; MARTINS, Leonardo. *Tribunal Constitucional Federal Alemão*: decisões anotadas sobre direitos fundamentais. v. I. Dignidade humana, livre desenvolvimento da personalidade, direito fundamental à vida e à integridade física, igualdade. São Paulo: Konrad-Adenauer-Stiftung, 2016; MARTINS, Leonardo. *Direitos fundamentais*: conceito permanente – novas funções. Rio de Janeiro: Marcial Pons, 2022; MATSUDA, Mari J. *Words that wound*: critical race theory, assaultive speech, and the First Amendment. Boulder, Colo: Westview Press, 1993; NIPPERDEY, Hans Carl. Gleicher Lohn der Frau für gleiche Leistung. Ein Beitrag zur Auslegung der Grundrechte. *Recht der Arbeit*. Ano 1950, p. 121-128; OSTERLOH, Lerke. Art. 3, GG. In: SACHS, Michael (Org.). *Grundgesetz-Kommentar*. 3. ed. München: Beck, 2003, p. 176-249; RABENHORST, Eduardo Ramalho. Encontrando a teoria feminista do direito. *Prim@ Facie*, v. 9, p. 7-24, 2011; SACKSOFSKY, Ute. *Das Grundrecht auf Gleichberechtigung*. 2. ed. Baden-Baden: Nomos, 1996; SCHLINK, Bernhard. Stand der Methodendiskussion in der Verfassungsrechtswissenschaft. *Der Staat*, ano 19 (1980), p. 75-109; SCHUBERT, Björn G. *Affirmative Action and Reverse Discrimination*. Baden-Baden: Nomos, 2003; SPECHT, Stefan. *Das Zweite Gleichberechtigungsgesetz*: eine Betrachtung unter besonderer Berücksichtigung der verfassungs-und europarechtlichen Grundlagen der Gleichberechtigungsgesetzgebung. Bayreuth: Verlage PCO, 1999.

VIII. Comentários

A – ESTRUTURA NORMATIVA

1. Especificidade da igualdade entre os gêneros

O caráter peculiar da igualdade garantida a homens e mulheres titulares do direito à igualdade entre os gêneros é que, ao contrário do direito geral à igualdade, cuja especial concretização ocorre pela proibição da discriminação baseada na cor, raça, origem etc., não se trata de simples proibição de discriminação negativa, mas também de proibição de discriminação positiva ou proibição de privilégio. É o que decorre da expressão "...são iguais em direitos e *obrigações*" (grifo do autor). Esse é o caráter especial que afasta o genérico da igualdade baseada em outros critérios que, restringidos à vedação de "discriminação", deixam em aberto saber se a discriminação positiva é ou não lícita. Com efeito, o teor da tutela do princípio ou direito fundamental geral da igualdade do art. 5º, *caput*, c.c. o art. 3º, IV, da CF não exclui tal possibilidade (→ Comentário ao Art. 5º, *caput* – "igualdade").

2. Conteúdo e principais efeitos do direito fundamental à igualdade entre os gêneros

O direito fundamental à igualdade entre homens e mulheres tem por conteúdo, em síntese, o direito de resistência ou defesa (*Abwehrrecht*) contra tratamentos desiguais perpetrados pelos destinatários da norma, quais sejam, todos os órgãos dos três "poderes" estatais. Ele implica quatro efeitos básicos:

Em *primeiro lugar*, trata-se da prescrição do tratamento igual entre homens e mulheres, ou de proibição de discriminação não simplesmente *perante* a lei, tal qual contemplado pela igualdade formal já prescrita na primeira parte do *caput* do art. 5º, mas também e justamente *pela* lei. Vale aqui *mutatis mutandis* também o que foi discorrido sobre o direito geral à igualdade. Como igualdade é, em primeira linha, um direito de resistência (ou de defesa), mas não prestacional, quando o legislador excluir uma categoria de titulares de algum benefício (previdenciário, por exemplo), não há de se falar, ao contrário de uma opinião defendida na doutrina brasileira que parece identificar igualdade com direito prestacional, em "omissão parcial (relativa)", mas em potencial inconstitucionalidade por ação estatal (v. comentários ao art. 5º, *caput*, "Direito Fundamental à Igualdade", sob **VIII.A.2**). Com efeito, se o legislador excluir de determinada vantagem uma situação, pessoa ou grupo de pessoas de maneira incompatível com o parâmetro constitucional em pauta, não se omitiu em prestar o que a Constituição Federal ordena, mas tomou uma decisão política incompatível com o parâmetro derivado dos direitos fundamentais à igualdade. Logo, confirmada tal hipótese, feriu a Constituição Federal por *ação*.

De resto, a omissão inconstitucional não comporta gradação, ao contrário do que ocorre com as intervenções em direitos de *status negativus* que sejam compatíveis com a Constituição, quando presentes um limite previsto pela própria Constituição ao direito fundamental atingido e sua imposição for proporcional (mais recentemente, cf. MARTINS, 2022, p. 213-233 e 235-264). Como o direito fundamental à igualdade tem, como todos os direitos do art. 5º, aplicabilidade imediata (art. 5º, § 1º), não há de se exigir interposição legislativa de qualquer espécie, sobretudo não para a previsão de recursos econômicos ou financeiros suficientes à sua satisfação. Nesse sentido, equivocada era a antiga jurisprudência do STF que negava provimento a recursos extraordinários movidos por viúvos sob menção ao art. 195, § 5º, da CF (cf., por exemplo: STF, RE 204.193 Rel. Min. Carlos Velloso, julgamento em 30.05.2001, Plenário, *DJ* de 31.10.2002).

Em *segundo lugar*, proíbe-se a distinção feita em razão do critério "sexo" ou "gênero". As conhecidas diferenças fisiológicas em si não podem ser usadas como critério diferenciador. É óbvio que homens e mulheres são fisiologicamente distintos. Essa diferença não pode, entretanto, ser utilizada pelo Estado como causa legitimadora de tratamentos desiguais. Por isso, muitas regras do não mais vigente direito de família do Código Civil de 1916 não foram recepcionadas pela nova ordem constitucional por serem, de plano, incompatíveis com o direito fundamental à igualdade entre homens e mulheres. Inconcebível do ponto de vista constitucional foi uma decisão do TJ/SP, prolatada em 1992, nos autos de um processo de anulação de casamento, cuja causa de pedir fora um "erro essencial" (desconhecimento pelo marido do fato de a esposa ter perdido a virgindade antes do casamento). O TJ/SP julgou "inadmissível" a "alegação" de igualdade entre homens e mulheres. Segundo o entendimento lá firmado, a igualdade seria "válida no que diz respeito a direitos e obrigações, não fisicamente" (acórdão da 8ª Câmara Civil, Apelação Cível 164517-1, de 18.11.1992).

Entendimentos dessa natureza são insustentáveis. Segundo a vontade soberana do constituinte não podem ser diferentes os direitos e obrigações justamente em função da diferença física entre os gêneros. De resto, os direitos e obrigações variam, no ordenamento jurídico e nos contratos particulares, em função dos mais diferentes critérios. Podem ser diferentes em razão daqueles eventualmente admitidos constitucionalmente, mas não da diferença física entre os gêneros. A única distinção com embasamento fisiológico que não se choca contra o dispositivo em pauta é a distinção necessária em torno dos fenômenos da gravidez, do nascimento e da maternidade que têm o condão de constituir direitos e obrigações diferentes para ambos os sexos. Ocorre que o direito fundamental da igualdade de gênero engloba, no mínimo, a exemplo do direito geral de igualdade, a vedação de diferenciação arbitrária aferível imediatamente a partir de mero exame de razoabilidade e adequação da diferenciação. Assim, a não diferenciação dos gêneros em razão dos fenômenos da gravidez e maternidade há de ser refutada por revelar-se irracional e arbitrária, pois sabidamente tais fenômenos atingem a mulher com impacto nitidamente superior e com intensas repercussões em várias esferas de sua vida social, cultural e econômica. Mas também tal diferenciação pode revelar-se injustificada constitucionalmente quando, na situação concreta, o pai desempenhar o papel tradicionalmente atribuído à mãe, como se verá abaixo (**B.2.1**, *infra*.). Trata-se, no caso, de tratamento igual de essencialmente desiguais, potencialmente violador do art. 5º, I, c.c. art. 5º, *caput*, ("igualdade"), da CF.

Em *terceiro lugar*, tem-se também, em primeira linha, um direito fundamental individual e não um direito coletivo, muito menos um direito difuso à erradicação de preconceitos, discriminações indiretas e/ou hierarquizações sociais como sugerem algumas vertentes das teorias feministas do direito (nesse sentido, v. a defesa da referida tese do direito coletivo ao combate à hierarquização em BAER, 1995, p. 221-244, 329 e, mais recentemente, BAER, 2013. No mais, a respeito do estado da arte do conhecimento em âmbito das diversas vertentes da teoria feminista do direito referidas, v. representativamente algumas obras de filósofas feministas como BUTLER, 1999; MacKINNON; CHARLESWORTH, 2006; MATSUDA, 1993; e FINEMAN, 2011. No vernáculo, cf. RABENHORST, 2011 e, sobretudo, DIMOULIS, 2022, p. 306-312).

Não obstante, como todo direito fundamental, a igualdade de gênero tem uma *dimensão jurídico-objetiva* da qual decorrem diretrizes impostas a todo poder estatal constituído no sentido de combaterem-se concepções patriarcais ou tradicionalistas que atribuam à mulher um papel social subalterno em relação ao papel masculino. O reconhecimento da dimensão ou, segundo alguns autores, das dimensões jurídico-objetivas dos direitos fundamentais corresponde à doutrina majoritária. Porém, pode revelar problemas dogmáticos que poderiam ser evitados quando houver uma "re-subjetivação" da dimensão objetiva ou, como mais recorrente no direito pátrio, do direito tratado como difuso ou coletivo (v. a discussão em DIMOULIS e MARTINS, 2022, p. 159-162; MARTINS, 2022, p. 165-185).

Finalmente, e também como decorrência do terceiro aspecto supracitado, há de se reconhecer, com racional comedimento, um efeito horizontal, sobretudo no que tange às relações jurídico-trabalhistas nas quais a diferença de tratamento sempre foi, historicamente falando, mais intensa. É o que decorre da locução "nos termos desta constituição" ao final do comentado inciso I do art. 5º da CF que suscita uma imprescindível interpretação sistemática do texto constitucional. Essa locução torna todos os dispositivos relativos a direitos fundamentais relevantes para a concretização do direito à igualdade entre homens e mulheres. Assim, relevantes são, precipuamente, as disposições especiais do art. 7º, XVIII, XIX, XX e outras esparsas pelo texto constitucional que garantam direitos fundamentais da mulher e do homem, vinculando terceiros a eles, no caso, os empregadores. Aliás, como mencionado, foi justamente em face do direito fundamental em pauta que, no início da década de 1950, surgiu a tese da eficácia horizontal direta (cf., sobretudo, NIPPERDEY, 1950, p. 121 e ss.).

3. Aferição do tratamento desigual

A verificação de uma violação do art. 5º, I, da CF pressupõe, a exemplo do que ocorre com direito fundamental geral de igualdade, a constatação de um tratamento desigual não justificado constitucionalmente.

O tratamento desigual dá-se por desvantagem sofrida por um dos sexos ou pelo privilégio a ser concedido somente a um deles ("*reverse discrimination*"), ambos perpetrados por órgão estatal (sobre o conceito de *reverse discrimination* proveniente do direito anglo-saxônico, *v.* **B.1** e já os → Comentários ao Art. 5º, *caput*, "igualdade", sob **VIII.B.2**).

Em segundo lugar, tem-se, como salientado, em correspondência ao *caráter específico* do tratamento desigual desse direito especial de igualdade, a possibilidade de vincularem-se terceiros diretamente (efeito horizontal direto). É o que se dá principalmente pelo direito do trabalho que vincula o empregador diretamente ao direito de igualdade entre homens e mulheres. Consequentemente, por força constitucional, um contrato de trabalho pode ser julgado inválido, independentemente da ausência de normas trabalhistas expressas. Isso é decorrência também do elevado grau de constitucionalização do direito trabalhista (art. 7º ao art. 11 da CF) que, no sistema jurídico brasileiro, reduziu drasticamente a margem discricionária do legislador ordinário.

3.1. Pela lei e demais atos normativos, pela Administração e pelo Judiciário

A lei não pode realizar a distinção baseada na diferença do gênero para definir direitos e obrigações. O grande estatuto normativo de tratamento desigual encontrava-se, até a promulgação do Código Civil em 2002, no antigo direito de família, que era pré-constitucional (Código Civil de 1916), mas que foi revogado pelo Código Civil vigente.

Restam, precipuamente, após a entrada em vigor do Código Civil, três tratamentos desiguais perpetrados normativo-abstratamente:

- privilégio das mulheres em face de sua não obrigação de prestar o serviço militar;
- os direitos e deveres decorrentes do estado de gestação e maternidade; e
- diferenciação de idade e tempo de serviço para a aposentadoria.

De resto, a legislação estatal diuturna pode, faticamente falando, ter como produto ato normativo que configure tratamento desigual a ser justificado constitucionalmente; seja de *maneira direta* pela previsão do critério de diferenciação do gênero, seja *indiretamente* pela busca de outros propósitos, cujos alcances impliquem ônus fático para um dos gêneros (a respeito, v. as diferenciadas análises das várias dinâmicas discriminatórias com classificações originais de DIMOULIS, 2022, p. 98-126, 306-312).

Também a Administração pode, por atos administrativos pertinentes ao seu âmbito de competência discricionária, fixar tratamento desigual que deve passar pelo controle de constitucionalidade (processo de justificação constitucional).

Por fim, o Judiciário pode interpretar conceitos jurídicos indeterminados e cláusulas gerais de modo a tratar, por ato de sua exclusiva responsabilidade (interpretação vinculante e aplicação do direito posto), desigualmente homens e mulheres, seja infligindo-os desvantagens, seja atribuindo-lhes privilégios. Tais tratamentos deverão, porém, tais como os de responsabilidade de órgãos dos poderes Legislativo e Executivo, sempre passar pelo exame de constitucionalidade.

3.2. Pelo contrato: concorrência do art. 7º, XXX, da CF?

Por contrato, o tratamento desigual relevante constitucionalmente ocorre tipicamente nas mencionadas relações de trabalho, tanto individuais como, principalmente, pelos acordos coletivos (sobre os dados socioeconômicos envolvidos, v. DIEESE, "Negociação coletiva e igualdade de gênero e raça no Brasil", relatório final do estudo, disponível em https://www.dieese.org.br/relatoriotecnico/2008/NegociacaoColetivaTrabalho_relatorioFinal.pdf. Acesso: 15.04.2023). Fixar direitos e obrigações distintos para empregados e empregadas, como o demonstra o mais eloquente dos exemplos, mediante salários diferentes para as mesmas atividades, representa tratamento desigual que *a priori* viola o direito fundamental de homens ou mulheres à igualdade.

Em face do claro teor do art. 7º, XXX, da CF, que, entre outros, veda a diferença de salários por motivo de sexo, torna-se a justificação de dado tratamento desigual praticamente impossível. Pode-se admitir, inclusive, concorrência aparente (sobre o conceito de concorrência aparente em oposição à concorrência ideal, v. DIMOULIS e MARTINS, 2022, p. 222-228) com o art. 5º, I, a ser solucionada com o afastamento do genérico art. 5º, I, em prol da fixação do parâmetro específico do art. 7º, XXX, da CF. O vínculo direto do legislador, administrador público e Judiciário a esse dispositivo implica, nesse caso específico, inexistência de discricionariedade. O particular sabe, destarte, *ab initio* que qualquer cláusula contratual que se afaste da determinação constitucional deverá ser declarada nula pelo órgão judicial competente.

4. Limites constitucionais ao direito fundamental à igualdade entre homem e mulher

4.1. Da relação entre o art. 5º, I; art. 3º, IV; e art. 7º, XX, da CF

O procedimento para aferir-se a legitimidade constitucional da imposição dos limites constitucionais é o mesmo aplicado ao exame do tratamento desigual havido em função dos outros critérios apresentados nos comentários sobre o direito geral de igualdade (→ art. 5º, *caput*. "*Direito Fundamental à* Igualdade").

Trata-se, além da proibição da desvantagem ou privilégio a ser imputado a um dos sexos, também de um critério elencado no art. 3º, IV, da CF. Interpretando-se sistematicamente o art. 5º, I com o art. 3º, IV, da CF, conclui-se que há um conflito parcial, quando se admite a legitimidade constitucional de medidas compensatórias tomadas pelo Estado com o fim de beneficiar certo grupo social. A tese é que a promoção do "bem" da mulher poderia acarretar que esse grupo devesse ser agraciado com privilégios, como se deduziu nos comentários ao direito fundamental geral de igualdade do art. 5º, *caput*, da CF em relação a algumas das outras categorias, tais como as categorias da raça, origem, etnia etc.

Ainda sobre a igualdade geral, concluiu-se que o estabelecimento do sistema de quotas, como vetor das chamadas ações afirmativas em alguns contextos como o da admissão a funções e cargos públicos ou a vagas em instituições de formação profissional, deve ser justificado constitucionalmente, porque ele implica desvantagens aos grupos não beneficiados com as ações afirmativas. O estabelecimento das quotas tem de passar pelo exame de proporcionalidade, confiando-se a decisão, em última instância, ao legislador, que tem o direito de "experimentar" no campo sociopolítico e a prerrogativa de realizar prognósticos (cf. DIMOULIS e MARTINS, 2022, p. 262-280).

Mas essa possibilidade foi *prima facie* excluída pelo teor do art. 5º, I, da CF, segundo o qual homens e mulheres são iguais em direitos *e* obrigações. Privilegiar a mulher, sobrecarregando o homem pelo sistema de quotas, representa um tratamento desigual que, em princípio, não pode ser justificado constitucionalmente. Nesse ponto, o art. 5º, I, é *lex specialis* em relação ao art. 3º, IV, da CF, afastando-o como parâmetro aplicável.

Mas há uma exceção, na qual o sistema de quotas poderia, em tese, ser instaurado. Segundo o art. 7º, XX, da CF, o Estado está obrigado à "proteção do mercado de trabalho da mulher, mediante incentivos específicos, nos termos da lei". Trata-se de uma inequívoca ordem constitucional para a tomada de medidas compensatórias dos tradicionais ônus socioeconômicos sofridos pela mulher em razão de distribuição assimétrica de papéis em âmbito familiar, social, econômico e cultural.

Dogmaticamente, tem-se, nesse caso, uma limitação constitucional em forma de reserva de lei qualificada (pelo propósito a ser perseguido pelo Estado legislador) que justifica o tratamento desigual, desde que proporcional em relação à discriminação reversa por *exclusão de vantagem* infligida ao grupo dos homens, isto é, que a medida concretizada pelo legislador seja adequada e necessária ao especial propósito da proteção do mercado de trabalho da mulher.

Portanto, se o claro teor do inciso I do art. 5º da CF vedou peremptoriamente a concessão de privilégios a qualquer dos gêneros, o dispositivo do art. 7º, XX, da CF estipulou uma exceção ou, dogmaticamente falando, de maneira mais procedente, um limite ao conteúdo jurídico-subjetivo daquele direito fundamental do homem como direito de resistência (ou defesa) contra a concessão de privilégio ou a chamada discriminação reversa ("*reverse discrimination*"). Entretanto, tal discriminação ao avesso somente estará presente se a imposição do limite ao alcance de propósitos permitidos e, por vezes, até mesmo ordenados constitucionalmente, não passar no crivo da proporcionalidade (sobre as implicações gerais da *reverse discrimination* suscitáveis, precipuamente, com a introdução de um sistema de quotas absolutas, i.e., não como critério adicional para o caso de igual qualificação entre um candidato masculino e feminino, para mulheres que visem à paridade; indo muito além, destarte, do combate à discriminação, v. SCHUBERT, 2003, p. 123 ss.). Como ainda se verá, tem-se, além de um limite, igualmente a fixação de um dever constitucional de atuação do Estado no sentido de se coibir, por intermédio de cominação legal de certas condutas, que mulheres não sejam contratadas ou que percebam menores salários que os homens nas mesmas funções. Busca-se coibir os aludidos *tratamentos desiguais indiretos* ao mesmo tempo em que se afirma um dever estatal de tutela perante agressões provenientes de particulares (Cf. *BVerfGE* 109, 64, 89).

4.2. Do tratamento desigual em face da obrigação de prestação do serviço militar entre exclusão de tutela e necessidade de justificação constitucional

A obrigação da prestação do serviço militar atinge somente os cidadãos brasileiros do sexo masculino. Questionável é se esse tratamento desigual não se choca contra o art. 5º, I, da CF.

A exclusão das mulheres, feita pelo Estado quando da fixação da obrigação da prestação do serviço militar, constitui-se em privilégio para a mulher, na medida em que a exclui da obrigação cívica e, assim, sobrecarrega o grupo dos cidadãos brasileiros do sexo masculino. Esse tratamento desigual deveria ser medido com base em um argumento de forte relevância que então passasse pelo exame de sua proporcionalidade, *mas* não em supostas diferenças funcionais que traduzem visões de mundo ultrapassadas. A antiga jurisprudência do STF ignorou esse reconhecimento (v., por exemplo, o *leading case*, no RE 225.721, Rel. Min. Ilmar Galvão, *DJ* 24.04.2000, no qual não se vislumbrou a inconstitucionalidade de lei estadual que criou critérios diferenciados para a promoção de policiais militares masculinos e femininos em face do art. 5º, I, da CF).

Não se trata de aplicar a medida de mero controle de razoabilidade, que seria oponível tão somente contra decisões patentemente arbitrárias, como ocorre *v.g.*, no controle de leis que visem à concretização de determinada política econômica e, para tanto, distribuam desigualmente certos ônus entre os agentes econômicos, em face do direito fundamental geral à igualdade do art. 5º, *caput*, da CF. Não se faz política econômica sem discriminar positiva ou negativamente ramos e agentes econômicos. Por isso, a *densidade do controle* (*Kontrolldichte*) pelo guardião da Constituição deve ser bem menor do que a devida junto a discriminações em razão dos critérios tidos por "suspeitos", especialmente positivados no art. 3º, IV, da CF. Que argumento então poderia ser aqui utilizado? O único e recorrente argumento aqui é, em verdade, a precária e genérica afirmação da suposta inaptidão geral do sexo feminino para a prática do serviço militar. Haveria uma inaptidão que normalmente vem embasada na constituição física feminina, supostamente inadequada ao serviço militar, em outras concepções tradicionalistas e até mesmo em arquétipos que infligem à mulher uma condição de ser humano frágil ou inferior, que deva ser poupado de certas atividades físicas e intelectuais (cf., a respeito, por exemplo, a exemplar decisão do Tribunal Constitucional Federal alemão sobre a inconstitucionalidade de lei proibitiva de trabalho noturno para as mulheres em *BVerfGE* 85, 191 – *Nachtarbeitsverbot*. Nessa decisão, foi cunhada a chamada "nova fórmula", segundo a qual "regras diferenciadoras somente podem ser admitidas, na medida em que elas sejam estritamente necessárias para a solução de problemas que, por sua natureza, somente aparecem junto a homens ou a mulheres". Tal fundamento decisório foi, com muita propriedade, alcunhado de "nova fórmula" porque a antiga jurisprudência daquela Corte partia frequentemente de tais diferenças funcionais baseadas ainda em uma visão patriarcalista do mundo. Cf. MARTINS, 2016, p. 221 e ss.).

Esse argumento por si não tem forças para justificar o discutido tratamento desigual: o inciso I do art. 5º da CF veio justamente para suspender a admissibilidade de tais diferenciações baseadas na constituição física da mulher, supostamente inferior. Veio equiparála ao homem em todos os seus *direitos* e em todas as suas *obrigações*. Se a mulher é ou não apta ao exercício desta ou daquela função, ela deverá/poderá demonstrar na prática. A aplicação da diferenciação tradicional entre os sexos para justificar diferença no tratamento geral é inconstitucional em face do art. 5º, I, da CF.

Não obstante, pode-se considerar o art. 143, § 2º, da CF, que exclui mulheres e eclesiásticos do *dever fundamental* de prestar o serviço militar, como limite constitucional, respectivamente do art. 5º, *caput*, da CF (igualdade geral em face dos eclesiásticos) e do art. 5º, I, da CF (igualdade em face das mulheres). Como ocorre em geral na dogmática dos limites constitucionais a direitos fundamentais (cf. a respeito: DIMOULIS e MARTINS, 2022, p. 198-228), também a imposição concreta pela lei desse limite deveria restar justificada em face do art. 5º, *caput*, da CF e do art. 5º, I, da CF.

Por outro lado, o art. 143, § 2º, da CF também pode ser entendido como regra *a priori* de exceção ao suporte fático (essa é a posição amplamente majoritária da doutrina e jurisprudência alemãs. *Vide*, por exemplo, nesse sentido, claramente, por todos: KINGREEN e POSCHER, 2022, p. 164) do art. 5º, I, da CF. Assim, o constituinte teria excluído *ab initio* a possibilidade de exigir-se tratamento igual dos gêneros no contexto do serviço militar, como ocorre com certos direitos de liberdade, com a exclusão de algumas condutas e situações que correspondam à área de incidência ou de regulamentação (DIMOULIS e MARTINS, 2022, p. 177-180), da área de proteção do direito fundamental de liberdade. *Mutatis mutandis*, desde o início, o homem não poderia, no caso em pauta, resistir ao tratamento desigual específico ou mesmo exigir do Estado legislador e das demais funções estatais (judicial e administrativa) uma justificação constitucional para o tratamento desigual, pois o art. 143, § 2º, da CF afastaria de plano, segundo tal entendimento, a possibilidade de inconstitucionalidade.

Porém, uma interpretação sistemática e análise detida do teor do art. 143, § 2º, da CF desautoriza essa conclusão. Primeiro (argumento sistemático), porque não se trata de um *direito fundamental* à isenção de prestar o serviço militar outorgado à mulher (direito de resistência ou defesa), mas de um *dever fundamental* (o conceito de dever fundamental é ainda mal compreendido tanto na teoria como na dogmática nacionais dos direitos fundamentais. V. a respeito: DIMOULIS e MARTINS, 2022, p. 82-92; e MARTINS, 2022, p. 185-196) imposto, em princípio, apenas ao homem. Sem precisar valer-se da questionável tese do direito constitucional inconstitucional, o intérprete pode, com coerência, deduzir que, a despeito do teor "ficam isentos", o constituinte não vedou ao legislador infraconstitucional a possibilidade de estabelecer uma obrigação equivalente ao serviço militar em tempos de paz, restabelecendo a igualdade na distribuição dos ônus cívicos entre os gêneros. Disso decorre até mesmo a obrigação de o legislador criar compensações, o que vai ao encontro do segundo argumento de natureza gramatical, pois, segundo o art. 143, § 2º, *in fine*, da CF, mulheres e eclesiásticos estariam "sujeitos (...) a outros encargos que a lei lhes atribuir".

Chega-se, por essa via hermenêutica, à seguinte conclusão: O legislador deve atuar no sentido de realizar uma compensação, implicando o *atual estado omissivo* uma inconstitucionalidade da conformação infraconstitucional do dever fundamental de prestação de serviço militar em tempos de paz infligido somente ao homem. Não se trataria, portanto, segundo esse entendimento, de violação do direito fundamental de igualdade de direitos e obrigações entre homem e mulher, mas de inconstitucionalidade por omissão com base no parâmetro do art. 143, § 2º, da CF.

Ocorre, no entanto, que, do ponto de vista político-constitucional, i.e., *de constitutione ferenda*, a isenção das mulheres de prestar o serviço militar obrigatório em tempos de paz é ilegítima por traduzir não mais do que concepções ideológicas ultrapassadas, principalmente quando comparada à chamada escusa de consciência prevista no art. 143, § 1º, da CF. Nesse dispositivo, o constituinte previu, tendo em vista o direito fundamental do art. 5º, VI, da CF, que caberá às Forças Armadas atribuir "serviço alternativo" de caráter não militar. Trata-se de um despropósito e de uma incompatibilidade com o espírito democrático-liberal da Constituição Federal dispensar mulheres e eclesiásticos do serviço militar, enquanto aqueles que desaprovam – por consciência ou crença pessoais – em si (toda) a atividade militar sejam obrigados a prestar um serviço, ainda que indiretamente, às Forças Armadas.

4.3. Do tratamento desigual em face da gravidez e maternidade

Em relação à gestação e à maternidade, há uma limitação constitucional ao tratamento igual dado a homens e mulheres pelo art. 5º, I, da CF. Com efeito, o art. 6º da CF define como direito social, entre outros, a proteção à maternidade. A proteção à maternidade é, assim, tarefa constitucional do Estado que pode limitar direitos individuais e justificar tratamento diferenciado quando medidas aplicáveis representarem o preço para o alcance do cumprimento da referida tarefa constitucional. Todo benefício ou privilégio atribuído à mulher em função de sua gravidez ou maternidade representa um tratamento desigual que, em regra, está justificado, por não haver nenhum outro meio de proteger a maternidade a não ser pelo tratamento desigual específico.

O argumento da desigualdade física pode ser utilizado apenas nesse contexto. De fato, tal diferença fisiológica entre o homem e a mulher é uma diferença que, objetivamente, justifica o tratamento desigual sem ferir o art. 5º, I, da CF, uma vez em que absolutamente incontroversa e livre de preconceitos e "diferenciações funcionais" pautadas na tradição (Cf. HEUN, 2004, p. 467 s. e *BVerfGE* 84, 9 [18 s.], decisão na qual foi declarada a inconstitucionalidade de dispositivo da lei civil que prescrevia a adoção do nome do marido como nome da família quando os cônjuges não dispusessem diferentemente. Cf. os excertos dessa decisão da Corte constitucional alemã introduzidos e anotados por MARTINS, 2016, p. 230-233). Porque o art. 6º da CF como direito constitucional colidente já pode representar um limite ao art. 5º, I, da CF, não é necessário examinar esse argumento. No entanto, ele tem aqui a função de demonstrar, *a contrario sensu*, que as supostas diferenças físicas em regra não têm o condão de justificar nenhuma diferença de tratamento além da presente exceção.

B – JUSTIFICAÇÃO CONSTITUCIONAL DE TRATAMENTOS DESIGUAIS

A necessidade de se justificarem tratamentos desiguais, ainda que em princípio permitidos por limites constitucionais ao direito fundamental em tela, dá margem à interpretação do critério por excelência para justificação tanto de limites às liberdades quanto de tratamentos desiguais em face dos direitos de igualdade: o critério da proporcionalidade. O maior desafio da dogmática jurídica é firmar para essa, que é uma matéria altamente politizada, elementos caracterizadores do contexto da justificação (*Rechtfertigungszusammenhang*) no caso das discriminações positivas. Isso remete o intérprete ao questionamento da constitucionalidade de quotas para mulheres no serviço público e em outros contextos trabalhistas e sociais em geral. Antes, porém, de apresentar um esboço desse contexto de justificação, uma visão panorâmica do direito comparado germânico deve facilitar a tarefa. Pautar-se no contexto da justificação significa despedir-se da tese da relevância do pré-entendimento (*Vorverständnis*), típica do contexto do processo decisório propriamente dito ou "contexto da descoberta" – *Rechtsfindungszusammenhang* (a respeito, v. SCHLINK, 1980, p. 89 s.). Com efeito, o psicologismo implícito na investigação dos pré-entendimentos e preconceitos judiciais pode ter relevância para outras disciplinas científicas, tais como as ciências políticas e sociais, mas não para a dogmática jurídica, na qual o que interessa é a justificação com fundamento no direito vigente.

1. Direito comparado

Na dogmática do direito em pauta tal qual desenvolvida na Alemanha em grande e eloquente parte a partir da jurisprudência do Tribunal Constitucional Federal – a seguir: TCF (há pelo menos 37 decisões que, nas mais de seis décadas de existência do TCF alemão, vêm dando os contornos da dogmática específica. Dentre as principais, cf. *BVerfGE* 3, 225; 48, 327; 52, 369; 74, 163; 84, 9 e 85, 179. Cf. excertos introduzidos e anotados por MARTINS, 2016, p. 223 ss.) –, a preocupação básica para a contextualização da justificação constitucional é investigar o alcance da proibição de discriminação, se absoluta ou não, e como decidir em caso de discriminações indiretas.

O ponto de partida da ciência jurídico-constitucional alemã é o reconhecimento de uma proibição de discriminação com vigência absoluta (Cf. HEUN, 2004, p. 461). O antigo comentador da *Grundgesetz* alemã, Theodor Maunz, trazia, até 1980, a hoje refutada tese de que o Art. 3, II, GG, segundo o qual, "homens e mulheres têm direitos iguais", proibiria, como simples repetição do Art. 3, I, GG, somente as diferenciações arbitrárias (*Apud* HEUN, 2004, p. 465, nota rod. n. 625). Nos novos comentários à *Grundgesetz* e em obras monográficas, há praticamente unanimidade em se reconhecer que o dispositivo do Art. 3, II, GG fixa "exigências mais rigorosas" (HEUN, 2004: 465; OSTERLOH, 2003, p. 233 s.; JARASS e PIEROTH, 2011, p. 140) do que as exigências derivadas do direito geral à igualdade do Art. 3, I, GG.

Outra questão sistemática preliminar é a relação do Art. 3, II, GG com o Art. 3, III, GG que veda, como primeiro critério de diferenciação, o gênero (antes de outros tais como a ascendência, a raça, a origem, a língua, a fé e as convicções políticas ou religiosas). Essa suposta redundância teria levado o constituinte derivado a, em 1994, emendar o Art. 3, II com um segundo período (Art. 3, II, 2, GG), pelo qual "O Estado promoverá a efetiva realização da igualdade em direitos de mulheres e homens e atuará em prol da eliminação de desvantagens existentes". Com esse novo dispositivo, o Art. 3, III, GG passou a ser entendido como direito de resistência ou de defesa (*Abwehrrecht*), enquanto o novo dispositivo instituiu ou corroborou uma tarefa ou dever constitucional de atuação estatal (*Verfassungsauftrag*) em prol principalmente do grupo das mulheres que, tradicionalmente, teria sofrido e sofreria ainda discriminação, ainda que indiretamente.

Há várias teses a interpretar o alcance do dispositivo inserido. Todas reconhecem, todavia, o papel proeminente do legislador. Os titulares da competência legislativa formal são os primeiros chamados a configurar a referida ordem constitucional (sobre a evolução legislativa nesse campo no período imediato à referida emenda constitucional, v. SPECHT, 1999, p. 60 ss. e 241 ss.). Importante é denotar que, ao contrário do art. 3º, IV, da CF brasileira, o qual veda, de maneira genérica, "preconceitos de origem, raça, sexo, cor, idade e quaisquer outras formas de discriminação", logo após estipular o dever constitucional de atuação estatal para a "promoção do bem de todos", não excluindo, portanto, benefícios para determinadas categorias de pessoas em face dos critérios de diferenciação indicados, o Art. 3, III, GG vedou expressamente a concessão de vantagens a grupos individualizados a partir dos critérios de diferenciação proibidos. Kingreen e Poscher (2022, p. 161) expressam-no com precisão quando alocam a diferenciação proibida como um "propósito" que não pode ser perseguido. Isso tem consequências para o exame de uma possível justificação constitucional de aplicação de limite a esse direito fundamental.

Por isso, o grande problema hermenêutico é fixar o alcance específico do efeito vinculante do Art. 3, II, GG.

O Tribunal Constitucional Federal alemão já reconheceu, há muito, o caráter jurídico-objetivo do direito fundamental à igualdade de gênero ao lado do direito subjetivo de resistência ao tratamento desigual (cf. *BVerfGE* 17, 1, 27 e *BVerfGE* 37, 217, 259 s.). Como se sabe, o caráter jurídico-objetivo de direito fundamental que, em princípio, é decorrência de um juízo de valor do constituinte em prol da proteção de determinado bem jurídico, tem variadas acepções e consequências. As principais podem ser deduzidas do desenvolvimento da jurisprudência constitucional. O Estado deve atuar para "impor no futuro a igualdade de direitos entre os gêneros" (*BVerfGE* 85, 191, 207) ou pelo menos para tornar similares as condições gerais da vida social (cf. HEUN, 2004, p.

460-464). Osterloh (2003, p. 239) enxerga nessa ordem constitucional o fundamento de um dever estatal de tutela. Na citada decisão *BVerfGE* 85, 191 (*Nachtarbeitsverbot*), o TCF julgou inconstitucional, em face do art. 3, II, GG, uma norma trabalhista que vedava trabalho noturno às mulheres. Para que as condições gerais da vida social sejam similares, o Estado deve, primeiro, acabar com toda diferenciação de tratamento jurídico pautada em preconceitos sedimentados, como aquele segundo o qual, por caber à mulher precipuamente as tarefas domésticas e até a tarefa de garantir a "coesão familiar", deveria ser proibida legalmente de realizar trabalhos noturnos. Segundo o TCF, "o conteúdo normativo do Art. 3, II, GG, que vai além da proibição de discriminação do Art. 3, III, GG, compõe-se do reconhecimento de que ele constitui uma ordem de igualdade, estendendo-a à realidade social".

A meta é a desconstrução das desvantagens tradicionais sofridas pelas mulheres, mas homens são igualmente protegidos contra desvantagens. Em outra muito conhecida decisão (*BVerfGE* 52, 369 – *Hausarbeitstag*. Cf. excertos anotados e síntese da matéria em: MARTINS, 2016, 227-230), o TCF alemão julgou inconstitucional lei estadual que concedia somente às mulheres solteiras o direito a um dia por mês de folga remunerada para a realização dos necessários trabalhos domésticos. Em uma terceira decisão, já da década de 1990 (*BVerfGE* 92, 91 – *Feuerwehrabgabe*), o TCF julgou inconstitucional em face, no entanto, do Art. 3, III, GG, uma lei que previa um tributo (contribuição) em prol do corpo de bombeiros somente para os homens), pois o dispositivo protege também contra o que se convencionou chamar na discussão anglo-saxã de *"reverse discrimination"* (cf. SCHUBERT, 2003, p. 123 ss.; SACKSOFSKY, 1996, p. 374 ss.; KINGREEN e POSCHER, 2022, p. 162).

De resto, as desvantagens e discriminações sofridas pelo gênero feminino hão de ser atuais e não históricas. Trata-se de um equilíbrio difícil de ser estabelecido entre a concretização do dever constitucional de atuação estatal por intermédio, sobretudo, de leis antidiscriminatórias que irão atuar nas mais variadas relações sociais e econômicas (principalmente no direito trabalhista), de um lado, e a vedação da criação de desvantagens para o grupo dos homens, de outro (cf. HEUN, 2004, p. 468, que chama a atenção para uma decisão do Tribunal Europeu sobre a profissão de "parteiro", tradicionalmente uma profissão feminina que, todavia, não pode ser ensejo para tratamento desigual entre os gêneros).

Como aludido, o TCF justifica regras diferentes para homens e mulheres tão somente com as chamadas "diferenças biológicas objetivas" que resolveriam problemas os quais "segundo sua natureza ocorreriam somente junto aos homens ou às mulheres" (*BVerfGE* 85, 191, 207 – *Nachtarbeitsverbot*). Isso justificaria, por exemplo, no direito de família, privilégios da mãe em face do pai, na medida em que tais privilégios levariam em conta os ônus da gravidez, nascimento e amamentação. Porém, antes da decisão sobre a inconstitucionalidade da lei que proibia a jornada de trabalho noturno (entre 20 e 6 horas; ou depois das 17 horas, aos domingos), o TCF ainda justificava tratamentos desiguais pela lei de maneira muito genérica com o argumento da proteção à maternidade e da proteção à mulher no mercado de trabalho, tendo em vista, em verdade, a proteção do *papel da esposa* como responsável pela administração das tarefas domésticas (cf., por exemplo, como *leading case*: *BVerfGE* 3, 225, 242) e a antiga cominação de pena somente ao homossexualismo masculino como justificado: *BVerfGE* 6, 389, 423 s., há tempos revogada pelo legislador). A máxima trazida para as fundamentações era que as diferenças biológicas e funcionais "objetivas" deveriam ter, para justificar o tratamento desigual, o condão de marcar de tal maneira decisiva as relações a ponto de os elementos comparáveis desaparecerem totalmente (v., por exemplo, *BVerfGE* 10, 59, 74; e 6, 389, 423 s.). Essa antiga jurisprudência do TCF, hoje substituída pela chamada "nova fórmula", faz lembrar do caso anteriormente citado decidido pelo TJ-SP: A diferença fisiológica em si, ou seja, "objetiva", justificaria tratamentos diferenciados.

Nesse sentido, Kingreen e Poscher (2022, p. 165) afirmam, em implícita discordância ao menos parcial dessa fundamentação, que mais convincente do que justificar certas vantagens da mulher no referido contexto com base nessas diferenças biológicas *objetivas* é fazê-lo com base na ordem (ou mandamento) constitucional de proteção da maternidade como direito fundamental social do Art. 6, IV, GG.

O caráter jurídico-objetivo também provoca um efeito horizontal. Porém, não o efeito direto como preconiza, desde a década de 1950, a jurisprudência do Tribunal Federal do Trabalho alemão. Justamente pelo fato de o TCF e a doutrina amplamente majoritária não admitirem uma eficácia horizontal direta do direito fundamental à igualdade de gênero, o TCF ensejou paulatinamente uma legislação civilista ao reconhecer estados de inconstitucionalidade de diversas leis que, entre outros, tratavam da determinação do nome da família (cf., por muitas, somente: *BVerfGE* 48, 327 – *Familiennamen* e *BVerfGE* 84, 9 – *Ehenamen*. A respeito das duas decisões, *vide*, respectivamente: MARTINS, 2016, p. 224 ss. e 230 ss.).

Nesse contexto, o marido somente pôde valer-se das antiquadas regras originais do BGB (Código Civil) até 31 de março de 1953, por força de um prazo para adequação legislativa concedido pelo próprio constituinte no Art. 117, I, GG. Em sua primeira decisão sobre a matéria (*BVerfGE* 3, 225), o TCF deu o norte para a legislação de adequação (seguiram-se, entre outras: *BVerfGE* 10, 59 – *Elterliche Gewalt*, que ensejou a derrogação da regra do antigo § 1628, que concedia ao marido o "voto de minerva" toda vez que os cônjuges não pudessem acordar sobre o local de domicílio da família; *BVerfGE* 15, 337 – *Höfeordnung*; 17, 1 – *Waisenrente*; 26, 265 [§ 1708 BGB, revogado]; 37, 217; e 39, 169 – *Witwerrente*). O auge do desenvolvimento de um TCF relativamente "ativista", que estipula ao legislador certos *standards* e a obrigação de cumprir um dever estatal de tutela de lastro jusfundamental (*grundrechtliche Schutzpflicht*), deu-se com uma decisão de 1993 que criou diretrizes para a interpretação e aplicação de uma regra da BGB sobre a vedação de discriminações (com exceções) da mulher no mercado de trabalho (cf. *BVerfGE* 89, 276 [§ 611a BGB]).

Por fim, o Art. 3, II, 2, GG, que contém a explícita ordem de combate às desvantagens históricas sofridas pela mulher, tem sido cada vez mais entendido como dever estatal de tutela. Esse dever limita positivamente a discricionariedade do legislador, i.e., retira-lhe a competência de seguir, exclusivamente, seu juízo de indicação e oportunidade. Impõe-lhe, especificamente, o dever de legislar para coibir agressões ao direito fundamental que sejam provenientes de particulares, no caso, discriminações sofridas pela mulher, sobretudo nos contextos familiares, econômicos e trabalhistas.

Nesse contexto do impacto da jurisprudência do TCF no direito de família configurável pelo legislador, mais recentemente, a jurisprudência do TCF lidou com questionamentos da constitucionalidade de discriminações que, mesmo não se pautando no critério do gênero, mas da forma de constituição de família por homossexuais, exerceu influência decisiva no desenvolvimento do contemporâneo direito de família, depois de aprovada pela Câmara Federal a Lei da União Registrada para pessoas do mesmo sexo (cf. MARTINS, 2016, p. 254 ss., 262 ss., 267 ss. e 276 ss.). Todavia, ao contrário do STF na ADI 4.277 ("União Homoafetiva"), o TCF funcionou sempre como órgão de cassação, i.e., como legislador negativo e não positivo (Cf. *BVerfGE* 105, 313 e a reconstrução dogmática da ref. decisão do STF por MARTINS, 2022, p. 279-374).

2. "Discriminação positiva" como direito constitucional colidente e proporcionalidade

"Discriminação positiva" é permitida no direito brasileiro pelo menos em face dos dois propósitos já anteriormente citados: proteção da maternidade e do mercado de trabalho da mulher. Trata-se de propósitos claros no que tange à intenção básica do constituinte, mas cuja configuração concreta é problemática, dificultando-se a aplicação do critério da proporcionalidade.

2.1. Propósito da proteção da maternidade

A proteção da maternidade é direito fundamental social, isto é, de *status positivus*. Seu cumprimento pelo Estado tem, em regra, como consequência a criação de privilégios à mulher em detrimento do homem. Se, portanto, não houver dúvidas quanto à licitude constitucional do propósito limitador do direito à igualdade entre os gêneros, as medidas perpetradas deverão revelar-se adequadas e, em face do critério da menor onerosidade para o grupo dos excluídos da vantagem, necessárias. A *in*adequação de uma medida raramente será constatada, já a necessidade pode ser problemática em muitos casos.

Proteger a "maternidade" ou a "mãe" é proteção em função de terceiro, i.e., que tem por objetivo proteger a vida nascitura e os recém-nascidos. Certos benefícios podem ser desnecessários quando a proteção da vida nascitura ou de recém-nascidos puder ser igualmente efetivada pelo pai. Quando ao pai for concretamente transferida a função tradicionalmente confiada à mãe, não importando a causa, o Estado obriga-se a tratá-lo igualmente, i.e., estendendo a ele todas as vantagens e privilégios outorgados pelo direito vigente à mulher (cf., por exemplo, a decisão *BVerfGE* 114, 357, 367 ss. – *Aufenthalterlaubnis* – sobre a inconstitucionalidade da regulamentação do visto de permanência de pai estrangeiro). Nesse sentido, inconstitucional, por exemplo, é, entre outras, a não extensão ao pai do benefício da licença trabalhista igual à da mãe, ou seja, de quatro meses, no caso de a mãe ter falecido no parto, ou vir a falecer antes de completada sua licença. Ao contrário de uma visão muito difundida, o art. 7º, XVIII, da CF não obsta tal constatação de inconstitucionalidade em face do art. 5º, I, da CF. De fato, partindo-se de uma teoria liberal-democrática da Constituição (ou seja, de uma Constituição "das liberdades", antes de uma Constituição do Estado), a lei ordinária pode proteger mais do que a Constituição Federal, sem que uma incompatibilidade normativa vertical possa ser verificada.

2.2. Propósito da proteção do mercado de trabalho da mulher

Muito mais complexo e politicamente controvertido pode ser o exame de proporcionalidade de um tratamento desigual tendo em vista a proteção do mercado de trabalho da mulher e demais diferenciações típicas da legislação trabalhista.

O "mercado de trabalho da mulher" é uma categoria de natureza socioeconômica que corresponde à vontade do constituinte de promover, primeiro, a emancipação econômica da mulher em face de conhecidos entraves tradicionais. Tratar-se-ia de estabelecer uma reserva de mercado para as mulheres, tendo em vista as profissões, ofícios e trabalhos tradicionalmente femininos com a consequente exclusão dos homens? Quais seriam esses concretamente falando? A julgar por reivindicações de entidades sindicalistas (*v.*, por exemplo: DIEESE, "Negociação coletiva e igualdade de gênero e raça no Brasil", relatório final do estudo, disponível em http://www.dieese.org.br/projetos/OIT/NegociacaoColetivaTrabalho_relatorioFinal.pdf. Acesso: 15.04.2023), a preocupação básica é criar uma legislação antidiscriminatória que atue principalmente junto ao contrato de trabalho, que não deve ser rescindido preventiva ou posteriormente em face do fenômeno da gravidez.

Também nas constelações fáticas em apreço ocorre uma concorrência da igualdade de gêneros no sentido de se buscar uma simetria das chances e condições competitivas para a mulher que, em qualquer tempo, pode ficar grávida. A decisão pela gravidez é, no mais, direito fundamental ao livre desenvolvimento da personalidade com fulcro no direito fundamental à liberdade do art. 5º, *caput*, da CF (liberdade negativa) e no direito fundamental social à proteção à maternidade do art. 6º da CF.

2.3. Idades e tempo de serviço diferenciados para a aposentadoria

O mesmo questionamento político-constitucional realizado em face da isenção da mulher de prestar o serviço militar obrigatório pode ser aqui também apresentado. *Prima vista*, parece não haver argumento jurídico-dogmático constitucional a impugnar tal decisão soberana do constituinte, ao contrário do que se discorreu no caso da isenção de prestação de serviço militar. Poder-se-ia afirmar com plausibilidade que tal decisão do constituinte que, inclusive, foi corroborada na mais recente reforma da previdência, continua embasada em uma perspectiva machista da sociologia do trabalho. Os argumentos utilizados, até mesmo por parlamentares do sexo feminino e formadoras de opinião, em torno do fato de ter a mulher "dupla ou tripla jornada de trabalho", querendo-se dizer com isso que a mulher continua sendo, de fato, na sociedade brasileira, a principal responsável pela educação dos filhos e administração das tarefas domésticas, parece não contribuir para as justamente reivindicadas emancipação e equiparação. Muito menos são condizentes com a igualdade de homens e entre homens e mulheres que optem por outras formas de vida familiar ou por não constituírem nenhum tipo de "entidade familiar" (solteiras e solteiros). Contudo, tem essa observação natureza apenas *de constitutione ferenda*. O aprofundamento dessa questão faz parte da política constitucional. Portanto, não deve interferir nos presentes comentários à norma constitucional vigente.

Todavia, cabe ao menos uma reflexão. Tendo em vista o caráter liberal-democrático anteriormente citado da Constituição Federal que engloba, em primeira linha, o conteúdo de Constituição-Garantia, poderia o legislador ordinário reduzir a idade e o tempo de serviço para a aposentadoria do homem, com a finalidade de equipará-los aos da mulher?

A resposta é afirmativa. A opinião contrária provavelmente valer-se-ia, precipuamente no âmbito da aposentadoria de servidores públicos, do fato de uma Constituição do Estado objetivar também garantir sua capacidade funcional por intermédio de finanças equilibradas, as quais poderiam ser comprometidas por uma maior "generosidade legislativa". Argumentos como esse costumam enfatizar unilateralmente aspectos relativos à *Staatsräson* (ou "*raison d'état*"), não podem prevalecer em face do inequívoco norte liberal-democrático da Constituição Federal. Na mesma linha, nada obsta que o legislador ordinário, que for competente em razão da matéria, conceda estabilidade ao servidor público antes do prazo constitucional de três anos (art. 41, *caput*, da CF) ou o legislador cível outorgue à união estável de pares homossexuais os mesmos efeitos de proteção similares ao matrimônio que o constituinte outorgou no art. 226, § 3º, da CF, somente à união estável "entre o homem e a mulher" (a respeito novamente: MARTINS, 2022, p. 279 e ss.).

Em todos os mencionados casos, como no presente, a ausência de antinomia é evidente. No primeiro, a despeito da EC 19 ter alterado de dois para três anos a conquista da estabilidade, também não há antinomia, pelo menos segundo a teoria constitucional sobre a qual se baseia a presente posição. Também não há, consequentemente, incompatibilidade vertical do art. 21 da Lei 8.112/1990 em face do art. 41, *caput*, da CF, razão pela qual tanto a hierarquia quanto a cronologia dos dispositivos comparados são irrelevantes. Para que se imponha a derrogação do direito à estabilidade após dois anos de efetivo serviço público necessário se faz, portanto, que o legislador ordinário derrogue o art. 21 da Lei 8.112/1990 (proeminência aplicativa de norma inferior constitucionalmente compatível). O novo art. 41, *caput*, da CF apenas fez autorizar tal derrogação, porque não mais garante a estabilidade do servidor após o segundo, mas somente após o terceiro ano.

Art. 5º, II – ninguém será obrigado a fazer ou deixar de fazer alguma coisa senão em virtude de lei;

Gilmar Ferreira Mendes
André Rufino do Vale

A – REFERÊNCIAS

1. Histórico da norma

Declaração dos Direitos do Homem e do Cidadão de 1789 (arts. 4º, 5º, 6º, 7º e 8º).

2. Constituições anteriores

Constituições de 1824 (art. 179, I), 1891 (art. 72, § 1º), 1934 (art. 113, 2), 1946 (art. 141, § 2º) e 1967/69 (art. 153, § 2º).

3. Dispositivos constitucionais relacionados

Art. 5º, XXXVI e XXXIX; art. 37, *caput*; arts. 59 a 68; art. 84, III a VI; art. 150, I; art. 165.

4. Referências bibliográficas

CANOTILHO, J. J. Gomes. *Direito constitucional e teoria da Constituição*. Coimbra: Almedina. CANOTILHO, J. J. Gomes; MOREIRA, Vital. *Constituição da República Portuguesa anotada*. Coimbra: Coimbra Editora. MENDES, Gilmar Ferreira; COELHO, Inocêncio Mártires; BRANCO, Paulo Gustavo Gonet. *Curso de direito constitucional*. São Paulo: IDP-Saraiva. SILVA, José Afonso da. *Curso de direito constitucional positivo*. São Paulo: Malheiros. PONTES DE MIRANDA, F. C. *Comentários à Constituição de 1967*. São Paulo: Revista dos Tribunais, 1971, t. V. MEIRELLES, Hely Lopes. *Direito administrativo brasileiro*. São Paulo: Malheiros. MELLO, Celso Antônio Bandeira de. *Curso de direito administrativo*. São Paulo: Malheiros. GARCÍA DE ENTERRÍA, Eduardo; FERNÁNDEZ, Tomás-Ramón. *Curso de derecho administrativo*. Madrid: Thomson-Civitas. SCHMITT, Carl. *Teoría de la Constitución*. Madrid: Alianza. SCHMITT, Carl. *Legalidad y legitimidad*. Madrid: Aguilar. ZAGREBELSKY, Gustavo. *Il diritto mite*. Torino: Einaudi. KRIELE, Martin. *Introducción a la teoría del Estado*. Buenos Aires: Depalma. CONSTANT, Benjamin. De la libertad de los antiguos comparada con la libertad de los modernos. In: *Escritos políticos*. Madrid: Centro de Estudios Constitucionales. ROSSEAU, J. J. *O contrato social*. São Paulo: Martins Fontes. LOCKE, John. *Dois tratados sobre o governo*. São Paulo: Martins Fontes. VAZ, Manuel Afonso. *Lei e reserva de lei*. Porto, 2002. MAXIMILIANO, Carlos. *Comentários à Constituição de 1946*. 4. ed. Rio de Janeiro: Freitas Bastos, 1948. FONTES, Bonifácio. Delegação legislativa. *RDA*, 62/365-366. VELLOSO, Carlos Mário. Do poder regulamentar, *RDP* 65/41. LEAL, Victor Nunes. Delegações legislativas. *Arquivos do Ministério da Justiça*, n. 20, p. 7-8. ALEXY, Robert. *Teoria dos direitos fundamentais*. Trad. Virgílio Afonso da Silva. São Paulo: Malheiros, 2008. MONCADA, Luis S. Cabral de. *Estudos de direito público*. Coimbra: Coimbra Editora, 2001. VILLACORTA MANCEBO, Luis. *Reserva de Ley y Constitución*. Madrid: Dykinson, 1994.

B – COMENTÁRIOS

1. Princípio da legalidade

O dispositivo constitucional do art. 5º, II, possui precedente remoto na primeira Constituição do Brasil, de 1824, a qual estabelecia, em seu art. 179, I, que "nenhum cidadão pode ser obrigado a fazer, ou deixar de fazer alguma coisa, senão em virtude da Lei". Todas as demais Constituições brasileiras (1891, 1934, 1946, 1967/69), com exceção da Constituição de 1937, previram essa norma que traduz o denominado princípio da legalidade.

No primeiro quartel do século XIX, a Constituição Imperial de 1824 incorporou o postulado liberal de que todo o Direito deve expressar-se por meio de leis. Essa ideia inicial de "Império da Lei", originada dos ideários burgueses da Revolução Francesa, buscava sua fonte inspiradora no pensamento iluminista, principalmente em Rosseau, cujo conceito inovador na época trazia a lei como norma geral e expressão da vontade geral (*volonté general*). A generalidade de origem e de objeto da lei (Rosseau) e sua consideração como instrumento essencial de proteção dos direitos dos cidadãos (Locke) permitiu, num primeiro momento, consolidar esse então novo conceito de lei típico do Estado Liberal, expressado no art. 4º da Declaração de Direitos de 1789: "A liberdade consiste em poder fazer tudo o que não prejudica ao outro. O exercício dos direitos naturais de cada homem não tem mais limites que os que asseguram a outros membros da sociedade o gozo desses mesmos direitos. *Estes limites somente podem ser estabelecidos pela lei*".

Esses são os primórdios da ideia essencial de lei como garantia da coexistência de direitos e liberdades na sociedade. Foi no pensamento liberal de Benjamin Constant, decisivamente influenciador do constituinte brasileiro de 1824, que ela encontrou uma de suas melhores expressões. Na Conferência pronunciada no Ateneo de Paris, em fevereiro de 1819, Benjamin Constant fez a distinção comparativa entre a *liberdade dos antigos* e a *liberdade dos modernos*, para explicar que esta consiste no "direito de cada um a não se submeter senão à lei".

O princípio da legalidade, tal como incorporado pelas Constituições brasileiras, traduz essa concepção moderna de lei como instrumento de proteção das liberdades individuais, que permitiu a formação de um Estado de Direito (*Rechtsstaat*) distinto e contraposto ao Estado absoluto (*Machtstaat*) ou ao Estado de Polícia (*Polizeistaat*) dos séculos XVII e XVIII. Pelo menos nesse aspecto, não há como negar também a similitude do modelo com as concepções formadas na paralela história constitucional do princípio inglês do *Rule of Law*. O princípio da legalidade, assim, opõe-se a qualquer tipo de poder autoritário e a toda tendência de exacerbação individualista e personalista dos governantes. No Estado de Direito impera o governo das leis, não o dos homens (*rule of law, not of men*).

A Constituição de 1988, em seu art. 5º, II, traz incólume, assim, o princípio liberal de que somente em virtude de lei podem-se exigir obrigações dos cidadãos. Ao incorporar essa noção de lei, a Constituição brasileira torna explícita a intrínseca relação entre *legalidade* e *liberdade*. A lei é o instrumento que garante a liberdade.

A legalidade também não pode ser dissociada, dessa forma, da ideia de "Império da Lei" (*force de loi*), que submete todo poder e toda autoridade à soberania da lei. Não há poder acima ou à margem da lei. Todo o Direito está construído sobre o princípio da legalidade, que constitui o fundamento do Direito Público moderno. O Direito Penal funda-se no princípio de que não há crime sem lei anterior, nem pena sem prévia cominação legal (art. 5º, XXXIX), manifestado pela famosa expressão cunhada por Feuerbach no século XIX *nullum crimen nulla poena sine lege*. No Direito Administrativo, a tradição doutrinária permitiu dizer que, enquanto no âmbito privado é lícito fazer tudo o que a lei não proíbe, na Administração Pública só é permitido fazer o que está autorizado pela lei, ideia que condensa, pelo menos em termos, o princípio da legalidade administrativa previsto no art. 37, *caput*, da Constituição. O Direito Tributário também está vinculado a limites constitucionais (art. 150), dentre os quais a ideia de lei sobressai nos princípios da "reserva de lei", da "anterioridade da lei" e da "irretroatividade da lei".

Não há como negar, portanto, que o Estado de Direito esteja construído sobre esse conceito de lei. O princípio da legalidade permanece insubstituível como garantia dos direitos e como fundamento e limite a todo funcionamento do Estado.

É certo, sem embargo, que essa concepção de *Estado Legislativo* foi aos poucos substituída pela contemporânea ideia de *Estado Constitucional*, sobretudo a partir do advento das constituições européias do segundo pós-guerra (Constituição da Itália de 1948, Constituição da Alemanha de 1949, Constituição de Portugal de 1976 e Constituição da Espanha de 1978), fortemente influenciadoras da noção de Estado recepcionada pela Constituição do Brasil de 1988.

A situação normativo-hierárquica privilegiada da lei como fonte única do direito e da justiça, fruto do pensamento racional-iluminista, não pôde resistir ao advento das leis constitucionais contemporâneas como normas superiores repletas de princípios e valores condicionantes de toda produção e interpretação/aplicação da lei. Rebaixada de sua proeminência normativa inicial, a lei passou a ter com a Constituição uma relação de subordinação (formal e material), submetida à possibilidade constante de ter sua validade contestada, e de ser, portanto, anulada, perante um Tribunal ou órgão judicial especificamente encarregado da fiscalização de sua adequação aos princípios constitucionais que lhe são superiores.

Por outro lado, o incontestável fenômeno da *inflação legislativa*, que permite a alguns conceituar o legislador contemporâneo como um "legislador motorizado" (Zagrebelsky), e a contínua perda do caráter geral e abstrato das normas, ante a profusão e multiplicação de leis setoriais, concretas e temporárias, faz transparecer uma evidente "crise de legalidade", cujo remédio mais imediato pode ser observado no intento das Constituições de estabelecer uma unidade normativa por meio de princípios capazes de permitir a convivência social em meio ao pluralismo inerente às sociedades complexas.

Antes que uma crise do princípio da legalidade, no entanto, o que parece mais evidente é uma crise da concepção liberal de lei própria do Estado legislativo. Permanece incólume a ideia de lei como instrumento de garantia de direitos fundamentais e como fundamento, limite e controle democráticos de todo o poder no Estado de Direito.

O art. 5º, II, da Constituição de 1988, reproduz essa renovada concepção de lei.

A ideia expressa no dispositivo é a de que somente a lei pode *criar regras jurídicas* (*Rechtsgesetze*), no sentido de interferir na esfera jurídica dos indivíduos de forma inovadora. Toda novidade modificativa do ordenamento jurídico está reservada à lei. É inegável, nesse sentido, o conteúdo material da expressão "em virtude de lei" na Constituição de 1988. A lei é a regra de direito (*Rechtssatz*) ou norma jurídica (*Rechtsnorm*) que tem por objeto a condição jurídica dos cidadãos, ou seja, que é capaz de interferir na esfera jurídica dos indivíduos, criando direitos e obrigações. A lei deve ser igualmente geral e abstrata, uma disposição normativa válida em face de todos os indivíduos (de forma impessoal) e que regule todos os casos que nela se subsumam no presente e no futuro. Trata-se também de um conceito material de lei como *ratio* e *ethos* do Estado de Direito, que leva em conta o conteúdo e a finalidade do ato legislativo, sua conformidade a princípios e valores compartilhados em sociedade, assim fortalecendo o necessário liame entre *legalidade* e *legitimidade*.

O termo "lei" não pode deixar de ser também entendido em seu sentido formal, como a norma produzida pelo órgão competente (parlamento) e segundo o *processo legislativo* previstos na Constituição. Tem relevância, nesse âmbito, o viés democrático do conceito de lei, como ato originado de um órgão de representação popular (expressão da vontade coletiva ou de uma *volonté general*) legitimado democraticamente. A lei, segundo esse conceito democrático, é entendida como expressão da autodeterminação cidadã e do autogoverno da sociedade.

O conceito de legalidade não faz referência a um tipo de norma específica, do ponto de vista estrutural, mas ao ordenamento jurídico em sentido material. É possível falar-se então em um *bloco de legalidade* ou de *constitucionalidade* que englobe tanto a lei como a Constituição. *Lei*, nessa conformação, significa *norma jurídica*, em sentido amplo, independentemente de sua forma.

Quando a Constituição, em seu art. 5º, II, prescreve que "ninguém será obrigado a fazer ou deixar de fazer alguma coisa senão em virtude de lei", por "lei" pode-se entender o *conjunto do ordenamento jurídico* (em sentido material), cujo fundamento de validade formal e material encontra-se precisamente na própria Constituição. Traduzindo em outros termos, a Constituição diz que ninguém será obrigado a fazer ou deixar de fazer alguma coisa que não esteja previamente estabelecida na própria Constituição e nas normas jurídicas dela derivadas, cujo conteúdo seja inovador no ordenamento (*Rechtsgesetze*). O princípio da legalidade, dessa forma, converte-se em *princípio da constitucionalidade* (Canotilho), subordinando toda atividade estatal e privada à *força normativa da Constituição*.

O primeiro significado do termo lei diz respeito, assim, à própria Constituição. É certo que não apenas a lei em sentido formal, mas também a Constituição emite comandos normativos direcionados à atividade estatal. Esses comandos normativos podem possuir a estrutura de regras ou de princípios. No primeiro caso, a prescrição detalhada e fechada da conduta deontologicamente determinada estabelece uma estrita vinculação dos Poderes Públicos. Por exemplo, a regra da anterioridade tributária descrita pelo enunciado normativo do art. 150, III, da Constituição. No caso dos princípios, a estrutura normativa aberta deixa certas margens de "livre deliberação" (*freie Ermessen*) aos Poderes do Estado. Assim ocorre quando a Constituição, em seu art. 37, determina a obediência, pela Administração Pública, à moralidade e à impessoalidade.

Nesse bloco de legalidade estão incluídas igualmente as emendas constitucionais (art. 60), as leis complementares, as leis delegadas (art. 68) e as medidas provisórias (art. 62), estas como atos equiparados à lei em sentido formal. São os atos normativos igualmente dotados de *força de lei* (*Gesetzeskraft*), ou seja, do poder de inovar originariamente na ordem jurídica.

Também os tratados internacionais ratificados pelo Brasil constituem atos equiparados à lei em sentido formal, igualmente dotados de força de lei, com especial relevância para os tratados sobre direitos humanos, os quais, com *status* de *supralegalidade*, situam-se na ordem jurídica num patamar entre a lei e a Constituição, tal como fixado na recente jurisprudência do Supremo Tribunal[1]. Dessa forma, possuem os tratados internacionais de direitos humanos *efeito revogador* da legislação interna anterior que com eles seja incompatível, assim como um *efeito paralisador* ou *impeditivo* da *eficácia* das leis contrárias posteriores. O princípio da legalidade, nesse sentido, converte-se em *princípio da legalidade comunitária* (Canotilho), englobando as normas jurídicas de direito internacional aplicáveis na ordem jurídica interna.

Na ordem jurídica brasileira, os decretos e regulamentos não possuem valor normativo primário, de forma que têm função meramente regulamentar da lei. Assim, pode-se afirmar que no sistema constitucional brasileiro não são admitidos os regulamentos e decretos ditos autônomos ou independentes, mas apenas os de *caráter executivo* (art. 84, IV) e os de *natureza organizatória* (art. 84, VI), os quais possuem função normativa secundária ou subordinada à lei. É preciso enfatizar, não obstante, que a modificação introduzida pela EC n. 32/2000 parece ter inaugurado, no sistema constitucional de 1988, o assim denominado "decreto autônomo", isto é, decreto de perfil não regulamentar, cujo fundamento de validade repousa diretamente na Constituição. Ressalte-se, todavia, que o decreto de que cuida o art. 84, VI, da Constituição, limita-se às hipóteses de "organização e funcionamento da administração federal, quando não implicar aumento de despesa nem criação ou extinção de órgãos públicos", e de "extinção de funções ou cargos públicos, quando vagos". Em todas essas situações, a atuação do Poder Executivo não tem força criadora autônoma, nem parece dotada de condições para inovar decisivamente na ordem jurídica, uma vez que se cuida de atividades que, em geral, estão amplamente reguladas na ordem jurídica.

É bem verdade que a relação entre lei e regulamento não é despida de dificuldades.

A diferença entre lei e regulamento, no direito brasileiro, não se limita à origem ou à supremacia daquela sobre este. A distinção substancial reside no fato de que a lei pode inovar originariamente no ordenamento jurídico, enquanto o regulamento não o altera, mas tão somente desenvolve, concretiza ou torna específico o que já está disposto na lei.

Nos modelos constitucionais que vedam ou restringem a delegação de poderes, desenvolvem-se normalmente fórmulas atenuadoras desse rigorismo, seja através do exercício ampliado do poder regulamentar, seja por via das chamadas autorizações legislativas. É possível que a inexistência de vedação expressa às delegações legislativas tenha propiciado o surgimento de uma orientação mais flexível quanto ao exercício do poder regulamentar. No império da Constituição de 1946, que vedava expressamente a delegação de poderes (art. 36, § 2º), deixou assente o Supremo Tribunal Federal que o princípio da indelegabilidade não excluía "certas medidas a serem adotadas pelo órgão executor no tocante a fatos ou operações de natureza técnica, dos quais dependerá a iniciativa ou aplicação mesma da lei"[2]. Asseverou, na oportunidade, Castro Nunes que, se a Constituição "implicitamente declara que o Poder Legislativo não pode delegar suas atribuições, lança uma proibição a ser observada em linha de princípio, sem excluir, todavia, certas medidas a serem adotadas pelo órgão executor no tocante a fatos ou apurações de natureza técnica das quais dependerá a incidência ou aplicação mesma da lei".

É que, embora considerasse nulas as autorizações legislativas incondicionadas ou de *caráter demissório*, o Supremo Tribunal entendia legítimas as autorizações fundadas no enunciado da lei formal, desde que do ato legislativo constassem os *standards*, isto é, "os princípios jurídicos inerentes à espécie legislativa"[3]. Daí observar Carlos Maximiliano que o Supremo Tribunal Federal sempre considerou inadmissíveis leis cujo conteúdo se cingisse ao seguinte enunciado: "O Poder Executivo é autorizado a reorganizar o Tribunal de Contas"; aceitando, porém, como legítimas, fórmulas

---

1. STF, Pleno, RE 349.703, rel. p/ acórdão Min. Gilmar Mendes, j. em 3-12-2008; STF, Pleno, RE 466.343, rel. Min. Cezar Peluso, j. em 3-12-2008.
2. HC 30.555, rel. Castro Nunes, *RDA* 21/136.
3. MS 17.145, rel. Gonçalves de Oliveira, *RTJ* 50/472; RE 76.729, rel. Aliomar Baleeiro, *RTJ* 71/477.

que, *v.g.*, enunciassem: "Fica o Poder Executivo autorizado a reorganizar o Ensino Superior, sobre as seguintes bases: 1) só obtêm matrícula os bacharéis em letras diplomados por ginásios oficiais; ...". Nessa linha, revela-se expressiva a decisão proferida pelo Supremo Tribunal Federal no qual ficou assente que "o regulamento obriga enquanto não fira princípios substanciais da lei regulada. Se o regulamento exorbita da autorização concedida em lei ao Executivo, cumpre ao Judiciário negar-lhe aplicação"[4]. Em julgado mais recente tal entendimento foi reafirmado, assentando-se inexistir "uma delegação proibida de atribuições, mas apenas uma flexibilidade na fixação de *Standards* jurídicos de caráter técnico"[5].

Assim, afigura-se razoável entender que o regulamento autorizado *intra legem* é plenamente compatível com o ordenamento jurídico brasileiro, podendo constituir relevante instrumento de realização de política legislativa, tendo em vista considerações de ordem técnica, econômica, administrativa etc. Diversamente, a nossa ordem constitucional não se compadece com as autorizações legislativas puras ou incondicionadas, de nítido e inconfundível conteúdo renunciativo. Tais medidas representam inequívoca deserção do compromisso de deliberar politicamente, configurando manifesta fraude ao princípio da reserva legal e à vedação à delegação de poderes.

O desenvolvimento das agências reguladoras, dotadas de amplo poder regulamentar, suscita desafiadores problemas. É lícito indagar se o modelo tradicional do regulamento de execução, até aqui dominante, pode ser aplicado, sem reparos, ao sistema inaugurado com o surgimento dessas agências. Em outras palavras, é preciso questionar se a decisão regulatória tomada pelas agências estaria submetida ao princípio da legalidade estrita, tal como os denominados regulamentos de execução, ou se estaríamos diante de uma nova categoria de regulamento ou de um regulamento autônomo.

Enfim, é possível perceber que o vocábulo "lei" é dotado de uma plurissignificância, que é resultado de diferentes conceitos e concepções fundadas historicamente em distintos princípios estruturantes do Estado, ora assumindo feições aproximadas ao conceito formal decorrente do princípio democrático, ora traduzindo sentidos próprios do conceito material fundado no princípio do Estado de Direito.

Não é fácil precisar o significado da *lei* na Constituição de 1988, dada a polissemia da palavra empregada em diversos dispositivos ao longo do texto. A Constituição impõe ao seu intérprete esforço hermenêutico tanto na identificação do significado do termo "lei", como na distinção das hipóteses em que se exige lei ordinária ou lei complementar para o tratamento de determinado tema submetido à reserva legal. Assim também ocorre nas hipóteses em que a Constituição estabelece as reservas de lei, cuja tipologia diferenciada exige tratamentos legislativos diversos, como adiante será analisado.

2. Reserva legal

O princípio da legalidade contempla tanto a ideia de *supremacia da lei* (*Vorrang des Gesetzes*) quanto a de *reserva legal* (*Vorbehalt des Gesetzes*). A primeira, como analisado, diz respeito, essencialmente, à submissão geral aos parâmetros da ordem jurídico-constitucional, fixados por aquelas normas que, do ponto de vista material, podem criar, modificar ou extinguir direitos e obrigações, inovando na ordem jurídica. A *reserva legal*, por seu turno, constitui uma exigência de que algumas matérias devem ser necessariamente tratadas por meio de lei (reservadas à lei).

O princípio da reserva legal explicita as matérias que devem ser disciplinadas diretamente pela lei. Esse princípio, na sua *dimensão negativa*, afirma a inadmissibilidade de utilização de qualquer outra fonte de direito diferente da lei. Na sua *dimensão positiva*, admite que apenas a lei pode estabelecer eventuais limitações ou restrições.

A reserva de lei pode ser estabelecida em razão da natureza da matéria, como ocorre quando a Constituição exige que determinado tema seja objeto de lei complementar – *reserva de lei complementar* (arts. 146, 163 e 192), de lei orgânica (art. 29) ou simplesmente de lei ordinária. A reserva legal, nesse primeiro aspecto, denota a ideia lógica de que apenas a lei ou os atos normativos a ela equiparados, e nenhuma outra fonte normativa, poderão tratar da matéria nela indicada.

Fala-se também em *reserva de parlamento* (*Parlamentsvorbehalt*), para representar a exclusividade de tratamento de determinadas matérias pelo Congresso Nacional (arts. 68, § 1º, 48 e 49). Exige-se que certos temas, dada a sua relevância, sejam objeto de deliberação democrática, num ambiente de publicidade e discussão próprio das casas legislativas. Busca-se assegurar, com isso, a legitimidade democrática para a regulação normativa de assuntos que sensibilizem a comunidade.

Parece evidente, por outro lado, que a caracterização de uma reserva de parlamento acaba por restringir o conteúdo mais amplo do que seja a reserva de lei, ao ocupar-se apenas com o órgão competente para emitir atos com força de lei. A reserva de lei, como expressão do princípio da legalidade, não deve ser reduzida à reserva de parlamento. Mais do que mera distribuição orgânica do poder legislativo, a reserva legal cuida antes da limitação funcional desse poder. Assim é que, fundada historicamente não somente no princípio democrático, mas também nos princípios do Estado de Direito e da Separação dos Poderes, a reserva de lei e sua problemática constitucional estão relacionadas não apenas com a fonte e a forma, mas igualmente com o conteúdo e a *ratio* da lei. Esse é o sentido hodierno da reserva de lei no Estado Democrático de Direito.

Conforme a doutrina, a reserva de lei pode ser também *absoluta* ou *relativa*. Há *reserva legal absoluta* quando uma norma constitucional prescreve à lei a exclusividade na disciplina da totalidade de determinada matéria, subtraindo-a da regulamentação por outras fontes normativas, como pode ocorrer nas hipóteses em que a Constituição utiliza as seguintes expressões: "a lei criará", "a lei disporá", "a lei disciplinará", "lei complementar estabelecerá".

Assim, por exemplo, o art. 14, § 9º, da Constituição, estabelece que "a lei complementar estabelecerá outros casos de inelegibilidade (...)". Nesse caso, apenas a lei complementar poderá tratar de outras causas de inelegibilidade, excluindo qualquer outra fonte normativa. Também o art. 146 reserva à lei complementar a normatização dos conflitos de competência em matéria tributária, a regulação das limitações ao poder constitucional de tributar e a criação de normas gerais em matéria de legislação

---

4. RE 13.357, de 9-1-1950, rel. Min. Ribeiro Costa.
5. ADI 2.387, rel. Min. Ellen Gracie, *DJ* 5-12-2003.

tributária. Em todos os casos, a reserva absoluta de lei complementar tem sido reafirmada pelo Supremo Tribunal Federal (ADI 1.063, ADI 3.592, ADI 1.917).

Quando a Constituição estabelece uma *reserva legal relativa*, admite que na lei sejam estabelecidas as bases, os fundamentos ou o regime jurídico geral da matéria, que poderá ser regulamentada por outra fonte normativa de caráter infralegal. Pode ocorrer quando no dispositivo constitucional estão presentes as seguintes expressões: "nos termos fixados em lei", "na forma da lei", "segundo os critérios da lei" etc.

Exemplo de matéria sob reserva legal relativa são as alíquotas dos impostos sobre importação e exportação e sobre produtos industrializados, as quais, de acordo com o art. 153, § 1º, poderão ser alteradas pelo Poder Executivo, "atendidas as condições e os limites estabelecidos em lei".

É bem verdade que, como observa Canotilho, todas as reservas acabam sendo relativas, pois, ao fim e ao cabo, deixam aos órgãos concretizadores (administrativos ou jurisdicionais) uma margem maior ou menor de intervenção. No entanto, a consideração de uma reserva relativa não é despida de problemas. Argumenta-se, muitas vezes, que se trata de uma categoria, em grande parte, fundada em critérios gramaticais que tornam um tanto simplória a apreensão do significado da reserva de lei como exigência de que determinadas matérias sejam, primária e exclusivamente, reguladas pela lei. Ademais, afirma-se que a consideração de uma reserva relativa tende, em certa medida, a olvidar que o princípio da reserva de lei é expressão de uma relação entre poderes e não mera relação entre atos normativos. É inegável, assim, a relevância das teses que defendem a superação dessa distinção entre reservas absoluta e relativa.

A reserva de lei tem especial significado na conformação e na restrição dos direitos fundamentais. A Constituição autoriza a intervenção legislativa no âmbito de proteção dos direitos e garantias fundamentais. O conteúdo da autorização para intervenção legislativa e sua formulação podem assumir significado transcendental para a maior ou menor efetividade das garantias fundamentais. A utilização de fórmulas vagas e de conceitos indeterminados pode configurar autêntica ameaça aos direitos individuais. Não há dúvida de que a questão central das reservas ou restrições legais aos direitos é o problema de sua limitação. A formulação assaz imprecisa de garantia individual ou a outorga ao legislador de responsabilidade pela sua concretização podem esvaziar por completo o significado dos direitos individuais em determinada ordem constitucional.

Assim, se a falta de previsão quanto à reserva legal não assegura maior efetividade à garantia fundamental – uma vez que, em muitos casos, o esforço hermenêutico de compatibilização pode levar à redução do âmbito de proteção, ou mesmo legitimar a imposição de restrições –, a utilização abusiva dessas reservas pode reduzir ou nulificar a garantia outorgada pela Constituição.

Sem dúvida, o estabelecimento de reservas legais impede a multiplicação de conflitos entre direitos individuais diversos. Não se deve olvidar, por outro lado, que a técnica que exige expressa autorização constitucional para intervenção legislativa no âmbito de proteção dos direitos individuais traduz, também, uma preocupação de segurança jurídica, que impede o estabelecimento de restrições arbitrárias ou aleatórias.

A questão da reserva legal envolve aspectos formais, relacionados com a competência para o estabelecimento de restrição de direitos, com o processo e a forma de realização e com aspectos materiais, referentes ao exercício dessa competência, principalmente no que concerne às condições das reservas qualificadas, aos limites estabelecidos pelo princípio da proteção do núcleo essencial, à aplicação do princípio da proporcionalidade e, com ele, do princípio de ponderação.

Essa concepção também suscita problemas. É que a inflexível vinculação do legislador aos direitos individuais pode reduzir a sua tarefa a uma simples confirmação do juízo de ponderação sobre os princípios relevantes. Isso levaria praticamente a uma confusão entre restrições constitucionais imediatas (*verfassungsunmittelbare Schranken*) e as reservas legais, atribuindo-se a estas últimas caráter meramente declaratório. Todas as restrições aos direitos individuais seriam limitações imanentes, e, por isso, o legislador não deteria, propriamente, competência para fixação de restrições, mas, sim, competência para interpretação dos limites (*Der Vorbehalte normierten keine Schrankensetzungs-, sondern nur eine Interpretationskompetenz*). A dificuldade para essa chamada *teoria de interpretação* (*Interpretationstheorie*) reside no fato de que, efetivamente, o legislador decide, em muitos casos, sobre o estabelecimento ou não de restrições, de modo que a competência para restringir direitos pode assumir caráter nitidamente constitutivo. Por isso, importantes vozes na doutrina sustentam que a restrição a direito não se limita à constatação, pelo legislador, do que efetivamente vige; também o autoriza, nesses casos, a estabelecer *autênticas limitações* aos direitos de liberdade.

Quanto à sistematização, essas restrições, também chamadas *restrições constitucionais indiretas* (*verfassungsmittelbare Schranken*), classificam-se, fundamentalmente, como *restrição legal simples* ou como *restrição legal qualificada*. No primeiro caso, limita-se o constituinte a autorizar a intervenção legislativa sem fazer qualquer exigência quanto ao conteúdo ou à finalidade da lei; na segunda hipótese, eventual restrição deve ser feita tendo em vista a persecução de determinado objetivo ou o atendimento de determinado requisito expressamente definido na Constituição.

Sob outra perspectiva, a dos direitos, e não a das restrições, encontramos, além dos direitos individuais não submetidos expressamente à restrição legal (*v. g.*, CF, art. 5º, X – inviolabilidade da imagem), os direitos individuais submetidos à *reserva legal simples* e os direitos individuais submetidos à *reserva legal qualificada*. No primeiro caso, limita-se o constituinte a autorizar a intervenção legislativa sem fazer qualquer exigência quanto ao conteúdo ou à finalidade da lei; na segunda hipótese, eventual restrição deve ser feita tendo em vista a persecução de determinado objetivo ou o atendimento de determinado requisito expressamente definido na Constituição.

Assim, a prestação de assistência religiosa nas entidades civis e militares de internação coletiva é assegurada, *nos termos da lei* (CF, art. 5º, VII). Tem-se, nesse exemplo, caso típico de *simples reserva legal* ou de *simples restrição legal* (*einfacher Gesetzesvobehalt*), exigindo-se apenas que eventual restrição seja prevista em lei.

A leitura de alguns incisos do art. 5º do texto constitucional explicita outros exemplos de *reserva legal simples*. O constituinte se vale de fórmulas diversas para explicitar a chamada reserva legal simples: "na forma da lei"; "nos termos da lei"; "salvo nas hipóteses previstas em lei"; "assim definida em lei"; "no prazo da lei"; "a lei estabelecerá".

Diante de normas densas de significado fundamental, o constituinte defere ao legislador atribuições de significado *instrumental*, *procedimental* ou *conformador/criador* do direito fundamental. Exemplo do primeiro caso é a referência, na desapropriação, ao procedimento que a lei fixar (art. 5º, XXIV), ou, ainda, o direito a receber informações de órgãos públicos, *que serão prestadas no prazo que a lei fixar* (CF, art. 5º, XXXIII).

Em outras situações, a atividade legislativa assume um caráter *substancializador* ou *definidor* do próprio direito fundamental. Nesse sentido, consagra-se no art. 5º, XXVI, a impenhorabilidade da pequena propriedade, *assim definida em lei*. Assegura-se também no art. 5º, XXVII, que os direitos autorais serão transmitidos aos herdeiros *pelo tempo que a lei fixar*. A proteção às participações individuais em obras coletivas e à reprodução da imagem e da voz humanas, bem como o direito de fiscalização do aproveitamento econômico das obras (...) são assegurados *nos termos da lei* (CF, art. 5º, XXVIII). Também cabe à *lei assegurar* aos autores de inventos industriais privilégio temporário para sua utilização, bem como proteção às criações industriais, à propriedade das marcas e aos nomes das empresas (CF, art. 5º, XXIX).

Outras vezes o constituinte utiliza-se de formas menos precisas, submetendo o direito fundamental à aplicação de conceito ou instituto jurídico que reclama densificação. É o que se verifica em algumas hipóteses do art. 5º: incisos XLIII (a lei considerará crimes inafiançáveis e insuscetíveis de graça ou anistia), LXVI (ninguém será levado à prisão ou nela mantido, quando a lei admitir a liberdade provisória, com ou sem fiança), LXVII (não haverá prisão civil por dívida, salvo a do responsável pelo inadimplemento voluntário e inescusável de obrigação alimentícia e a do depositário infiel).

No primeiro caso, relativo aos crimes hediondos, o constituinte adotou um *conceito jurídico indeterminado*, que conferiu ao legislador ampla liberdade, o que permite quase a conversão da reserva legal em um caso de interpretação da Constituição segundo a lei. Os crimes hediondos passam a ter tratamento penal agravado por simples decisão legislativa. No que se refere à liberdade provisória, também optou o constituinte, aparentemente, por conferir amplo poder discricionário ao legislador, autorizando que este defina os casos em que seria aplicável o instituto. É quase certo que a expressão literal aqui é má conselheira e que todo o modelo de proteção à liberdade instituído pela Constituição recomende uma leitura invertida, segundo a qual haverá de ser admitida a liberdade provisória, com ou sem fiança, salvo em casos excepcionais, especialmente definidos pelo legislador. Por derradeiro, a autorização para que se decrete a prisão civil do depositário infiel enseja discussão, exatamente pela possibilidade que oferece ao legislador de ampliar legalmente o conceito de depósito. É a controvérsia que se desenvolve entre nós sobre a prisão do fiduciante na alienação fiduciária em garantia.

Anote-se que também a cláusula de proteção judicial efetiva – "*a lei não excluirá* da apreciação do Poder Judiciário lesão ou ameaça a direito" (CF, art. 5º, XXXV) – parece conter clara reserva legal, que, atenta ao caráter institucional do direito, não exclui a intervenção legislativa, mas tão somente aquela restrição legal apta a excluir a apreciação pelo Judiciário de lesão ou ameaça a direito.

Por outro lado, tem-se uma *reserva legal qualificada* ou *restrição legal qualificada* (*qualifizierter Gesetzesvorbehalt*) quando a Constituição não se limita a exigir que eventual restrição ao âmbito de proteção de determinado direito seja prevista em lei, estabelecendo, também, as condições especiais, os fins a serem perseguidos ou os meios a serem utilizados. Por exemplo, dispõe o art. 5º, XIII, que é "livre o exercício de qualquer trabalho, ofício ou profissão, *atendidas as qualificações profissionais que a lei estabelecer*". Da mesma forma, consagra-se, no art. 5º, XII, que a restrição à inviolabilidade do sigilo das comunicações telefônicas somente poderá concretizar-se mediante *ordem judicial, para fins de investigação criminal ou instrução processual penal*, nas hipóteses e na forma que a lei estabelecer.

Ao garantir a instituição do júri, consagrou o constituinte que "é reconhecida a instituição do júri, com a organização que lhe der a lei, assegurados: *a*) a plenitude de defesa; *b*) o sigilo das votações; *c*) a soberania dos veredictos; *d*) a competência para o julgamento dos crimes dolosos contra a vida" (CF, art. 5º, XXXVIII). Tem-se aqui inequívoco caso de reserva legal qualificada, uma vez que a atuação conformadora/limitadora do legislador deverá ficar restrita aos conteúdos e aos fins enunciados pelo constituinte.

Outra hipótese de reserva legal qualificada parece contida no art. 5º, LX, segundo o qual *a lei só poderá restringir a publicidade dos atos processuais quando a defesa da intimidade ou o interesse social o exigirem*. Também aqui a restrição à publicidade dos atos submetidos a uma reserva qualificada atinente à defesa da intimidade ou à preservação do interesse social.

No caso de direitos fundamentais sem reserva legal expressa, não prevê a Constituição, explicitamente, a possibilidade de intervenção legislativa. Não obstante, também nesses direitos vislumbra-se o perigo de conflitos em razão de abusos perpetrados por eventuais titulares de direitos fundamentais. Assim, a colisão entre direitos de terceiros e outros valores jurídicos com hierarquia constitucional pode, excepcionalmente, em consideração à unidade da Constituição e à sua ordem de valores, legitimar o estabelecimento de restrições a direitos não submetidos a uma expressa reserva legal. Todavia, no caso dos direitos fundamentais sem reserva legal expressa, não pode o legislador, em princípio, ir além dos limites definidos no próprio âmbito de proteção. A possibilidade de uma colisão legitimaria, assim, o estabelecimento de restrição a um direito não submetido a reserva legal expressa. Na ordem constitucional brasileira, a atividade legislativa, nessas hipóteses, estaria facilitada pela cláusula de reserva legal subsidiária contida no art. 5º, II, da Constituição.

Dessa forma, é certo que, ao consagrar as disposições de direitos fundamentais com cláusulas de reserva de lei, o constituinte brasileiro buscou inspiração em sistemas de reserva legal estabelecidos em Constituições estrangeiras – como as Constituições da Alemanha (1949) e de Portugal (1976). Isso não implica, contudo, a necessária adoção de concepções teóricas formadas em torno de um modelo que associa a reserva legal às restrições de direitos fundamentais conforme. Segundo uma concepção estrita dessa tipologia, aqueles direitos garantidos no texto constitucional sem reserva legal não poderiam ser objeto de restrições por meio da lei. Ao contrário do que se observa em outros ordenamentos constitucionais, a inexistência na Constituição brasileira de cláusulas proibitivas de restrições não expressamente autorizadas pelo texto constitucional parece emprestar outro significado, em nossa realidade, a certas discussões doutrinárias sobre os denominados "limites imanentes", categoria originalmente criada no direito comparado para tornar possível, e assim legitimar, as restrições aos direitos não submetidos a reserva legal. A referência à lei no texto constitucional, especificamente em disposições de direitos fundamentais, pode conter outros significados, pelo menos no aspecto aqui tratado, se considerarmos que as restrições legais são possíveis tanto nos direitos submetidos à reserva legal simples quanto nos direitos com previsão de reserva legal qualificada ou mesmo naqueles direitos garantidos sem qualquer reserva de lei. Na análise da constitucionalidade das restrições legais aos direitos fundamentais, decisivo é o *controle de proporcionalidade da lei*, seja na qualidade de *proibição de excesso* (*Übermassverbot*) ou em sua versão de *proibição de proteção insuficiente* (*Untermassverbot*). Nesse âmbito, o princípio da reserva legal (*Gesetzesvorbehalt*) pode ser traduzido, de maneira geral, como *princípio da reserva legal proporcional* (*Vorbehalt des verhältnismässigen Gesetzes*).

Por fim, cabe mencionar a existência de *limites à reserva de lei*. Em nosso sistema constitucional, assume relevância a questão de saber se à reserva de lei se contrapõe uma *reserva de administração*. No conceito definido por Canotilho, por reserva de administração entende-se um núcleo funcional da administração resistente à lei, ou seja, um domínio reservado à administração contra as ingerências do parlamento. Como ressalta o constitucionalista português, diante da multiforme e heterogênea atividade da administração, ainda não foi possível, até hoje, caracterizar com precisão o conteúdo específico da reserva de administração. De fato, é tarefa difícil tentar precisar os limites de atuação do legislador e da administração, ou seja, delimitar os contornos do poder legislativo e do poder administrativo normativo. O Supremo Tribunal Federal, sem embargo, já admitiu a existência do "postulado constitucional da reserva de administração" como limite à atuação legislativa (ADI 3.075, ADI 2.364, ADI 3.169, ADI 3.343, ADI-MC 776). O Tribunal tem rechaçado, por inconstitucionalidade, os atos legislativos que visem a desconstituir, *in concreto*, atos administrativos regularmente editados pelo Chefe do Poder Executivo. Admite-se, assim, um âmbito de competências administrativas imune, em princípio, à atividade parlamentar.

Art. 5º, III – ninguém será submetido a tortura nem a tratamento desumano ou degradante;

Luiz Alberto David Araujo

TORTURA E TRATAMENTO DEGRADANTE

A proibição de tortura, de imposição de tratamento desumano ou degradante é norma didática dentro do texto constitucional. A proteção já estaria contida no direito à vida, já consagrado em todas as constituições brasileiras. No entanto, a explicitação tem caráter didático e pretende relembrar os destinatários da norma e, especialmente, as autoridades encarregadas do processo de investigação criminal. Não há, na análise isolada do texto, necessidade de a lei criminalizar o comportamento. Verificamos que apenas há a proibição constante do inciso. A leitura sistemática, no entanto, faz com que tal imposição venha com a leitura do mesmo artigo, em seu inciso XLIII, que determina que a tortura seja considerada crime inafiançável. A prolixidade do texto é criticada por Manoel Gonçalves Ferreira Filho[1]. O conceito de tortura estaria dentro da ideia de tratamento desumano. Na verdade, a Constituição Federal cuidou de deixar claro que três comportamentos estariam sendo condenados: a prática da tortura, o tratamento desumano, que poderia ser qualquer outro que, assim caracterizado, não se enquadraria na hipótese de tortura, e, por fim, o tratamento degradante. Cuidou, o constituinte, de alargar o conceito, mesmo pecando por excesso. Quis deixar claro que todo e qualquer comportamento atentatório à dignidade da pessoa humana, quer enquadrado como tortura, quer enquadrado como degradante, ou ainda desumano, mereceria reprovação do Estado Brasileiro. Haveria, nos dizeres de Raúl Canosa Usera[2], gradações da mesma situação. Não há necessidade, neste dispositivo, de clara identificação entre uma e outra situação. Serão necessárias digressões quando da criminalização da tortura e quando da definição do tipo, tema que será tratado em local apropriado. No entanto, neste momento, todos os comportamentos (com suas gradações) estão proibidos e são indesejáveis. E assim fez para consignar a rejeição a tais situações, provavelmente, ainda preocupado com o passado recente de situações ocorridas. A Constituição, então, cria três situações que são indesejadas: prática de tortura, submissão a tratamento desumano e submissão a tratamento degradante. Das três situações, apenas a prática de tortura veio com comando de criminalização, deixando de ter, as outras duas práticas censuráveis, mandado de criminalização ao legislador infraconstitucional (ao menos, expressamente). O comando deve ser compatibilizado com o direito-dever de o Estado impor punições aos criminosos, dever assegurado também pelo texto constitucional. A execução criminal regular não pode configurar nenhuma das situações proibidas pelo texto. No entanto, verifica-se claramente que a proibição das práticas de tratamento desumano e degradante gera, de imediato, a proibição de o Estado assim se comportar, o que é estendido aos particulares, gerando, outrossim, direito a indenização no caso de existência do comportamento censurável. O conceito de tortura pode ser recolhido da própria convenção internacional, assinada pelo Brasil (*vide* a seguir). Assim disciplina o artigo primeiro da Convenção:

"1. Para os fins da presente Convenção, o termo 'tortura' designa qualquer ato pelo qual dores ou sofrimentos agudos, físicos ou mentais, são infligidos intencionalmente a uma pessoa a fim de obter, dela ou de uma terceira pessoa, informações ou confissões; de castigá-la por ato cometido; de intimidar ou coagir esta pessoa ou outras pessoas; ou por qualquer motivo baseado em discriminação de qualquer natureza; quando tais dores ou sofrimento são infligidos por um funcionário público ou outra pessoa no exercício de funções públicas, ou por sua instigação, ou com o seu consentimento ou aquiescência. Não se considerará como tortura as dores ou sofrimentos consequência unicamente de sanções legítimas, ou que sejam inerentes a tais sanções ou delas decorram".

Ficariam, dentro de uma gradação estampada no comando constitucional, os outros comportamentos: tratamento desumano e degradante. Alguns exemplos podem ser citados, como referidos por Usera[3]. A alimentação compulsória de grevistas de fome em um presídio poderia ser configurada como tratamento

---
1. *Comentários à Constituição Brasileira de 1988*, Saraiva, São Paulo, v. 1, p. 30.
2. *El Derecho a la integridad personal*, Editorial Lex Nova, Valladolid, 2006.
3. Op. cit., p. 183.

degradante. No entanto, se tal alimentação, mesmo que forçada, se desse por meio intravenoso, haveria o equilíbrio entre a situação de manifestação de vontade dos grevistas e o dever da Administração Pública de cuidar de seus detentos. Vamos verificar, seguindo o autor espanhol, que os elementos necessários para a configuração dos tratamentos previstos no inciso III são os seguintes: a) a consequência objetiva do padecimento físico ou psíquico que se possa verificar; b) o modo vexatório de infligir esse padecimento; e, por último, c) a intenção do autor de impor e superar a vontade da vítima. Os elementos, é preciso ressaltar, devem estar presentes de forma cumulativa. O resultado (conseguir ou não que a vítima se "dobre" ao pretendido) não é necessário para a configuração dos comportamentos descritos.

Importante notar que a questão envolve também particulares, não devendo estar restrita ao envolvimento de agentes públicos ou aqueles que exerçam funções delegadas.

Alguns pontos devem ser analisados, especialmente no tocante à gradação de algumas penas e práticas. Uma situação sensível e delicada é a repreenda dos pais em relação aos filhos. Os castigos corporais, apesar de bem mais moderados do que antigamente, ainda representam grande ameaça às crianças e aos adolescentes. Pais que castigam com rigor excessivo podem estar enquadrados nas situações previstas no texto constitucional. Em alguns países, a prática de castigos corporais a alunos ainda está presente. A gradação excessiva de tais castigos poderia ser enquadrada nos comportamentos proibidos pelo inciso III do art. 5º.

O Supremo Tribunal Federal, ao julgar a Ação de Descumprimento de Preceito Fundamental n. 347, reconheceu o tratamento desumano dado pelo Estado aos presidiários e determinou algumas medidas para a tentativa da solução da situação (cf. acórdão da medida cautelar em http://redir.stf.jus.br/paginadorpub/paginador.jsp?docTP=TP&docID=10300665).

1. História da norma

A norma, conforme se verá adiante, ingressou em nosso sistema com a Constituição do Império de 1824. No entanto, assumiu uma feição universal quando foi objeto de Convenção Internacional promovida pela Organização das Nações Unidas. Para o Brasil, a norma poderia apresentar dois vetores: o primeiro, de caráter universalista, tratando da questão da vedação da tortura e do tratamento degradante e desumano, alinhando-se com as tendências atuais e as preocupações dos modernos textos constitucionais. O segundo vetor seria a preocupação de não retorno ao Estado autoritário que precedeu a Constituição Federal de 1988. Ao cuidarmos do tema, de forma explícita e inequívoca, a Constituição não só atendeu aos anseios internacionalistas como também reforçou a proibição de qualquer tratamento desumano ou de tortura, temas que frequentaram os interrogatórios do período antidemocrático. Portanto, se temos uma Convenção Internacional dando suporte para a inclusão no texto constitucional, nossa história nos leva a uma preocupação de caráter quase didático, reforçando a impossibilidade de retorno a um sistema de tristes lembranças.

2. Constituições brasileiras anteriores

Encontramos, nas constituições brasileiras anteriores, referências à proibição de penas degradantes, cruéis e tratamentos desumanos. A Constituição do Império, no entanto, em seu artigo 179, inciso XIX, é a única, antes da atual, que traz a proibição de tortura. Reza o inciso XIX, do referido artigo: "Desde já ficam abolidos os açoites, a tortura, a marca de ferro quente e todas as mais penas cruéis". Certamente, a norma tinha como objetivo principal o tratamento dos escravos, servindo, no entanto, como regramento a ser aplicado de forma genérica aos cidadãos. A referência à proibição de tortura só volta em 1988, com o texto atual.

3. Constituições estrangeiras

Diversos textos constitucionais estrangeiros trazem a proibição de tratamento infame ou cruel, especialmente quanto às penas impostas aos condenados. São exemplos de proteção genérica a Constituição de Cuba, Argentina, Itália dentre outros países. A Constituição da Espanha de 1978, em seu artigo 15, proíbe expressamente a tortura e os tratamentos degradantes. O mesmo teor é encontrado no item 3, do artigo 32, da Constituição de Guiné-Bissau. A Constituição do Japão também proíbe expressamente a tortura, em seu artigo 36. E, em seu artigo 38, a Constituição do Japão afirma que a confissão obtida sob tortura não será válida, reforçando o tema. A Constituição Portuguesa, em seu artigo 25, número 2, também proíbe expressamente a tortura, as penas cruéis e o tratamento desumano. E, no artigo 32, 6, trata de anular a prova obtida mediante tortura. A Constituição do Paraguai, em seu artigo 65, proíbe a tortura explicitamente[4].

4. Direito internacional

O Presidente da República promulgou a Convenção contra a Tortura e Outros Tratamentos ou Penas Cruéis, Desumanos ou Degradantes, pelo Decreto n. 40, de 15 de fevereiro de 1991. Referido documento internacional havia sido assinado em 1984 e o Congresso Nacional havia ratificado o instrumento em 1989. Trata-se de fonte direta da preocupação do constituinte brasileiro. Apesar de outros instrumentos de Direitos Humanos, ratificados pelo Brasil, já terem tratado do tema da proteção à integridade física, o instrumento é cercado de relevo pela sua peculiaridade e proteção expressa[5].

Na área das Américas, o Brasil ratificou o Pacto de São José da Costa Rica pelo Decreto n. 678, de 06 de novembro de 1992 que, em seu artigo 5º, número 2, proíbe a tortura, as penas cruéis e degradantes. Portanto, além de adotar e internalizar a Convenção Internacional, o país tratou de aderir ao ajuste americano[6].

5. Remissões constitucionais (outros artigos da Constituição) e legais (leis reguladoras)

O tema referente à proibição de tortura e de tratamento cruel ou degradante está diretamente ligado ao direito à vida e,

---

4. A fonte para a busca das Constituições Estrangeiras foi: <http://www.senado.gov.br/sf/legislacao/basesHist/asp/consulta.asp>.
5. O texto integral da Convenção pode ser obtido no site: <http://www.mj.gov.br/sedh/ct/legis_intern/conv_contra_tortura.htm>, consulta em 19.4.2008.
6. Consulta ao site: <http://www.planalto.gov.br/ccivil_03/decreto/1990-1994/anexo/andec678-92.pdf>.

como consequência, como direito à integridade física e mental. Não se pode perder de vista que a configuração da tortura não compreende apenas a violência física, mas também a psíquica, fortalecendo a ideia de que o direito à vida engloba, além da integridade física, a integridade psíquica.

O artigo 5º, em seu inciso XLIII, cuidou de determinar que a lei considerasse o crime de tortura como inafiançável e insuscetível de graça ou anistia, além de outros como tráfico internacional de entorpecentes e terrorismo. Portanto, há comando claro para a edição de lei que dificulte a situação daqueles que cometeram o crime de tortura. Na verdade, pela leitura do dispositivo constitucional, verifica-se que o constituinte pretendeu criminalizar a conduta e agravá-la. Não poderia o legislador ordinário deixar de consagrar a tortura como crime e, por força do referido dispositivo, crime com tratamento mais agravado[7]. A norma tem caráter de complementariedade ao dispositivo constante do inciso III, pois envolve na responsabilidade, exigindo que o comando infraconstitucional cuide do tema, responsabilizando também os mandantes, os executores e os que, podendo evitá-los, se omitirem. Portanto, a preocupação do constituinte foi a de cercar, de forma mais efetiva possível, as possibilidades de participação, direta ou indireta, na prática de tortura.

No plano infraconstitucional, a Lei n. 9.455/97, com certo atraso, trata de criar e definir o crime de tortura.

6. Referências bibliográficas (nacionais e/ou estrangeiras) sobre o tema

BITTAR, Eduardo C. B. (Org.). *História do Direito Brasileiro* – Leituras da ordem jurídica nacional. Atlas, 2003, Notícias da Inquisição no Brasil: O processo e a tortura no período colonial (p. 137).

CHAVES, Antonio. *Direito à vida e ao próprio corpo (intersexualidade, transexualidade, transplantes)*. 2. ed. rev. e ampl. São Paulo: Revista dos Tribunais, 1994.

CIFUENTES, Santos. *Derechos personalísimos*. 2. ed. atual. e ampl. Buenos Aires: Astrea, 1995.

Colliard, Claude-Albert. *Libertés Publiques*. 5. ed. Paris: Dalloz, 1975.

RIVERO, Jean. *Les Libertés Publiques* – Le régime des principales libertés. Themis: Presses Universitaires de France, 1977.

USERA, Raúl Canosa. *El derecho a la integridad personal*. Valadolid: IVAP, Editorial Lex Nova, 2006.

Art. 5º, IV – é livre a manifestação do pensamento, sendo vedado o anonimato;

Daniel Sarmento
Aline Osorio

1. Histórico e Constituições brasileiras anteriores

Na Antiguidade, a participação dos cidadãos nas discussões travadas nas praças públicas era um elemento central da cultura política grega[1]. Sem embargo, a ideia da liberdade de expressão como um direito só se desenvolve depois do advento da Modernidade, no contexto do iluminismo jusnaturalista. Dentre os fatores importantes que impulsionaram este processo, cabe destacar a quebra da unidade religiosa decorrente da Reforma Protestante, com a consequente erosão da ideia de "verdade" teologicamente fundada; a valorização crescente da racionalidade humana; a preocupação com a contenção do poder político, visto como ameaça à liberdade individual; e o desenvolvimento da imprensa, a partir da disseminação da invenção de Gutenberg[2]. É a partir do século XVIII que as principais declarações de direitos e documentos constitucionais passarão a consagrar a liberdade de expressão.

No Brasil, não se cogitava desta liberdade durante o regime colonial. Pesavam contra ela tanto a opressão exercida pela metrópole, à qual não convinha a difusão de novas ideias políticas no país, como o contexto cultural em que se deu a colonização, impregnado pelos valores de rigidez e intolerância da Contrarreforma. Contudo, desde a independência do Brasil, a proteção da liberdade de expressão tem figurado em todas as nossas Constituições, com variações na sua amplitude decorrentes da natureza mais ou menos aberta dos respectivos regimes políticos. Em geral, o déficit de proteção da liberdade de expressão tem decorrido menos de imperfeições dos nossos textos constitucionais e mais da crônica falta de eficácia social das Constituições brasileiras.

A Constituição de 1824 consagrou a liberdade de expressão e de imprensa no seu art. 179, inciso IV, vedando a censura. Porém, no período em que vigorou, a efetividade destas liberdades deixou bastante a desejar. Num país predominantemente rural, não era incomum que lideranças locais censurassem e atacassem os que ousassem criticá-las. No plano nacional, houve graves episódios de violação do 1º Reinado e no período da Regência. Porém, no 2º Reinado, o respeito foi maior, apesar da virulência dos ataques constantemente desferidos pela imprensa contra D. Pedro II.

Em nossa primeira Constituição republicana de 1891, essas liberdades públicas foram mantidas no art. 72, § 12. No mesmo dispositivo, foi expressamente vedado o anonimato. Todavia, a clareza do texto constitucional não impediu a ocorrência de diversos casos de censura, com empastelamento de jornais e perseguição aos adversários políticos dos governantes.

Na Constituição de 1934 foi mantida a garantia da liberdade de expressão e a proibição do anonimato (art. 113.9). Contudo, o constituinte excepcionou da proibição de censura os "espetáculos e diversões públicas" e ainda proibiu a "propaganda de guerra ou de processos violentos para subverter a ordem econômica e social".

A Carta outorgada de 1937 manteve nominalmente a liberdade de expressão (art. 122, item 15), mas instituiu a censura pré-

---

7. Reza o inciso XLIII, do artigo 5º: "a lei considerará crimes inafiançáveis e insuscetíveis de graça ou anistia a prática da tortura, o tráfico ilícito de entorpecentes e drogas afins, o terrorismo e os definidos como crimes hediondos, por eles respondendo os mandantes, os executores e os que, podendo evitá-los, se omitirem".

1. Cf. COMPARATO, Fábio Konder. A democratização dos meios de comunicação de massa. In: GRAU, Eros Roberto; GUERRA FILHO, Willis Santiago. *Direito Constitucional: estudos em homenagem a Paulo Bonavides*, p. 156-157.
2. Veja-se, a propósito, MACHADO, Jónatas E. M. *Liberdade de Expressão: dimensões constitucionais da esfera pública no sistema social*, p. 15 e s.

via "da imprensa, do teatro, do cinematógrafo, da radiodifusão, facultando à autoridade competente proibir a circulação, a difusão ou a representação" (art. 122, item 15, *a*). Naquela época, os críticos do governo foram implacavelmente perseguidos pelas suas ideias e funcionou o Departamento de Imprensa e Propaganda – DIP, que exerceu com mão de ferro a censura dos meios de comunicação.

A Constituição de 1946, editada após a redemocratização do país, consagrou mais uma vez a liberdade de expressão e proibiu a censura (art. 141, § 5º), "salvo quanto a espetáculos e diversões públicas". Ademais, o constituinte vedou o anonimato e proibiu a "propaganda de guerra, de processos violentos para subverter a ordem política e social, ou de preconceitos de raça ou de classe". Porém, durante a vigência daquela Constituição ocorreu o golpe militar de 1964, que abalou profundamente o regime constitucional de proteção das liberdades públicas, instaurando a prática de perseguição aos esquerdistas e críticos do regime. Sob tal inspiração, o Ato Institucional n. 2 modificou a redação da Constituição, para retirar do âmbito de proteção da liberdade de expressão a propaganda "de subversão da ordem".

Em 1967 é elaborada nova Constituição, mantendo formalmente a liberdade de expressão (art. 150, § 8º), com os mesmos limites impostos pela Constituição de 1946 e pelo Ato Institucional n. 2. Em tal período, ocorre um recrudescimento do regime militar, que enseja a edição do Ato Institucional n. 5, conferindo poderes praticamente ilimitados ao Presidente da República para cassar e restringir direitos dos seus opositores, inclusive quanto à manifestação política, e retirando tais atos da esfera de apreciação do Poder Judiciário.

Em 1969, a Emenda Constitucional n. 1 é editada pelos ministros militares que então governavam o país, dando redação inteiramente nova à Carta de 1967. O novo texto esforçava-se por manter a fachada liberal do regime, com a consagração da liberdade de expressão (art. 153, § 8º), sujeita aos mesmos limites antes previstos, com o acréscimo da proibição de "publicações e exteriorizações contrárias à moral e aos bons costumes". Mas, naquela altura, já se havia generalizado no país a censura prévia dos meios de comunicação, que se servia de instrumentos legais de má inspiração, como a Lei n. 5.520/67 e o Decreto-Lei n. 236/67, e era exercida tanto por razões políticas como visando à proteção de uma moral tradicionalista e opressiva.

As restrições à liberdade de expressão foram atenuadas durante o lento processo de abertura do país, que se inicia no final da década de 1970 e deságua na eleição indireta de um governo civil em 1985. A Assembleia Constituinte, instaurada com o propósito de coroar a redemocratização do país, assume a proteção da liberdade de expressão dos cidadãos e dos meios de comunicação social como um objetivo de máxima importância, o que se reflete no texto da Carta de 1988, que chega a ser repetitivo na garantia desse direito, prodigalizando-se em disposições com esta finalidade. O art. 5º, inciso IV, ora comentado, mantém a redação dada pelo constituinte originário.

2. Constituições estrangeiras

A liberdade de expressão é protegida pela maioria das Constituições democráticas contemporâneas, cabendo destacar a norte-americana (1ª Emenda), a alemã (art. 5º), a portuguesa (arts. 37 e 38); a espanhola (art. 20), a italiana (art. 21), a francesa (Preâmbulo da Constituição de 1958 c/c art. 11 da Declaração dos Direitos do Homem e do Cidadão de 1789), a canadense (art. 2(b) da Carta de Direitos e Liberdades de 1982), a argentina (arts. 14 e 32), a colombiana (art. 20) e a mexicana (art. 6º), dentre tantas outras.

3. Direito internacional

No sistema global de direitos humanos, é importante a referência à Declaração Universal dos Direitos Humanos (art. 19) e ao Pacto Internacional dos Direitos Civis e Políticos (art. 19). No âmbito regional, cumpre destacar a Convenção Americana de Direitos Humanos (art. 13), a Convenção Europeia de Direitos Humanos (art. 10) e a Carta Africana de Direitos Humanos e dos Povos (art. 9º, item 2). No Direito europeu, vale referir a Carta de Direitos Fundamentais da União Europeia (art. 11).

4. Remissões constitucionais e legais

São múltiplos os dispositivos constitucionais relacionados à liberdade de expressão, cumprindo destacar, além do preceito ora comentado, os incisos V, IX, XIV e XVI do art. 5º, o art. 139, inciso III, o art. 150, inciso VI, alínea *d*, o art. 206, incisos II e III, o art. 215 e os arts. 220 a 224. Há também diversos dispositivos constitucionais que instituem limites à liberdade de expressão, como o art. 5º, incisos X e XLII, e o art. 21, inciso XVI.

No plano infraconstitucional, cabe mencionar a Lei n. 8.389/91, que instituiu o Conselho de Comunicação Social, a Lei n. 9.504/97, que estabelece normas para as eleições, a Lei n. 9.612/98, que instituiu o Serviço Nacional de Rádios Comunitárias, a Lei n. 12.485/2011, que regulou as TVs por assinatura, a Lei n. 12.965/2014, que consagrou o chamado "Marco Civil da Internet", a Lei n. 13.188/2015, sobre direito de resposta ou retificação, a Lei n. 13.709/2018, que institui a Lei Geral de Proteção de Dados Pessoais (LGPD), e a Lei n. 14.197/2021, relativa aos crimes contra o Estado Democrático de Direito.

5. Jurisprudência selecionada

ADI n. 956, Plenário do STF, Rel. Min. Francisco Rezek, julgada em 01/07/1994, em que se entendeu que a vedação à utilização de gravações externas, montagens ou trucagens na propaganda eleitoral gratuita é constitucional, sob o argumento de que, como o direito de antena é custeado pelo Estado, tem por objetivo garantir a igualdade de oportunidades entre candidatos e não tem sede constitucional, não violaria a liberdade de expressão submetê-lo a restrições legais. Vencidos os Ministros Marco Aurélio e Celso de Mello, que entenderam que a proibição restringia, de forma ilegítima, a liberdade de manifestação do pensamento.

ADI 1.969-4, Plenário do STF, Rel. Min. Marco Aurélio, julgada em 24/03/1999, em que se declarou a inconstitucionalidade de decreto que impusera a proibição do uso de carros de som, aparelhos e objetos sonoros nas manifestações na Praça dos Três Poderes, por ofensa à liberdade de reunião e de manifestação.

ADI 869-2/DF, Plenário do STF, Rel. Min. Ilmar Galvão, julgada em 4/8/1999, em que se reconheceu a inconstitucionalidade de dispositivo legal que previra pena de suspensão de programação de emissora por até dois dias, ou de publicação de periódico por até dois números, caso divulgassem nome ou imagem de criança ou adolescente infrator.

ADI 2.566-0, Plenário do STF, Rel. Min. Sydney Sanches, julgada em 22/5/2002, em que se indeferiu pedido de medida cautelar contra dispositivo de lei que vedara o "proselitismo de qualquer natureza" nos serviços de rádios comunitárias, com votos vencidos dos Ministros Marco Aurélio e Celso de Mello.

ADI n. 2.677-MC, Plenário do STF, Rel. Min. Maurício Corrêa, julgada em 26/06/2002, em que o STF indeferiu medida cautelar pleiteada na ADI, na qual se postulava a declaração de inconstitucionalidade de preceito da Lei n. 9.096/95, que vedou a participação, na propaganda partidária gratuita, de pessoa filiada a partido diverso daquele responsável pelo programa, por entender que tal propaganda destina-se à divulgação de ideias do partido, vencido o Ministro Marco Aurélio.

Medida Cautelar em Petição 2.702-2, Rel. Min. Sepúlveda Pertence, julgada em 18/9/2002, em que se denegou pedido de empresa jornalística de publicar o conteúdo de gravação telefônica clandestina a que tivera acesso, que envolvia Governador de Estado em atos ilícitos.

MS 24.405-4/DF, Plenário do STF, Rel. Min. Carlos Velloso, julgado em 3/12/2003, DJ de 23/4/2004, em que se reconheceu incidentalmente a inconstitucionalidade de dispositivo da Lei n. 8.433/92, que previa que seria mantido em segredo o nome de quem fizesse denúncias ao TCU, haja vista a vedação constitucional do anonimato.

HC 82.424/RS, Plenário do STF, Rel. Min. Maurício Corrêa, julgado em 17/9/2003, em que se entendeu que a publicação de livros de caráter antissemita constitui crime de racismo, e que, na hipótese, a proteção da igualdade e da dignidade humana dos judeus prevalece diante da liberdade de expressão, com votos vencidos dos Ministros Moreira Alves, Marco Aurélio e Ayres Britto.

HC 83.996-7/RJ, 2ª Turma do STF, Rel. Min. Gilmar Mendes, julgado em 17/8/2004, DJ de 26/8/2004, em que se determinou o trancamento de ação penal por atentado ao pudor instaurada contra diretor teatral que, em protesto contra vaias, expusera suas nádegas ao público, por considerar a Corte o ato atípico, eis que tutelado pela liberdade de expressão, vencidos os Ministros Carlos Velloso e Ellen Gracie.

HC 84.827-3/TO, 1ª Turma do STF, Rel. Min. Marco Aurélio, em que se trancou notícia-crime formulada pelo Ministério Público Federal junto ao STJ, por basear-se em denúncia anônima, tendo em vista a proibição do anonimato, tendo ficado vencido o Min. Carlos Ayres de Britto.

ADPF 130, Plenário do STF, Rel. Min. Ayres de Britto, em que o STF declarou a não recepção de todos os dispositivos da Lei n. 5.250/67 (Lei de Imprensa), por incompatibilidade com o regime constitucional da liberdade de imprensa, vencidos o Min. Marco Aurélio, que julgava a ação improcedente, e os Ministros Joaquim Barbosa, Ellen Gracie e Gilmar Ferreira Mendes, que a julgavam procedente apenas em parte.

ADI 3.741, Plenário do STF, Rel. Min. Ricardo Lewandowski, julgada em 06/08/2006, em que o STF declarou a inconstitucionalidade da proibição de divulgação de pesquisas eleitorais a partir do 15º dia anterior até às 18 horas do dia do pleito, por violação ao direito à informação.

Recurso Extraordinário n. 511.961/SP, Plenário do STF, Rel. Min. Gilmar Ferreira Mendes, em que se reconheceu a não recepção do art. 4º, V, do Decreto-Lei n. 972/69, que condicionou o exercício da profissão de jornalista à posse de diploma universitário de jornalismo, por violação não só à liberdade profissional, como também às liberdades de expressão e imprensa.

ADI 4.451 MC-Ref, Plenário do STF, Rel. Min. Ayres Britto, julgada em 2/9/2010, em que a Corte declarou a inconstitucionalidade de preceitos da Lei n. 9.504/97, que restringiam o humor nos veículos de telecomunicação que envolvessem candidatos a cargos eletivos, dentro do período eleitoral. O julgamento final de mérito se deu em 21/6/2018, sob a relatoria do Min. Alexandre de Moraes, ocasião em que mantida a decisão da cautelar.

ADI 3.944, Plenário do STF, Rel. Min. Ayres Britto, julgada em 5/8/2010, em que se entendeu que o Decreto n. 5.820/2006, que dispôs sobre a implantação do Sistema Brasileiro de Televisão Digital, não teria violado a vedação à criação de monopólios ou oligopólios nos meios de comunicação social.

Ação Cautelar 2.695, Rel. Min. Celso de Mello. Decisão monocrática do Relator, publicada no DJe de 30/11/2010, reconheceu a possibilidade do exercício do direito de resposta mesmo após o reconhecimento da não recepção da Lei de Imprensa, com base em aplicação direta da Constituição. Afirmou, ainda, a natureza dúplice do direito de resposta, que serve não apenas à tutela dos direitos da personalidade, como também à pluralização dos meios de comunicação social, na medida em que propicia ao público o acesso a pontos de vista diferentes sobre temas de relevo público.

ADPF 187, Plenário do STF, Rel. Min. Celso de Mello, julgada em 15/6/2011, em que a Corte, com fundamento nos direitos à liberdade de reunião e de manifestação, afastou qualquer interpretação do Código Penal que pudesse importar na criminalização da realização da chamada "Marcha da Maconha", que defende a legalização da referida droga.

ADI 4.815, Plenário do STF, Rel. Min. Cármen Lúcia, julgada em 10/6/2015, em que o STF afastou a exigência, presente nos arts. 20 e 21 do Código Civil, de autorização prévia do biografado para fins de publicação de biografias.

ADI 4.650, Plenário do STF, Rel. Min. Luiz Fux, julgada em 17/9/2015, em que o Supremo decidiu que o financiamento eleitoral feito por empresas ofende os princípios republicano, democrático e da igualdade.

ADI 2.404, Plenário do STF, Rel Min. Dias Toffoli, julgada em 31/8/2016, em que a Corte assentou que a classificação indicativa de diversões públicas, programas de rádio e televisão, prevista na Constituição e no Estatuto da Criança e do Adolescente, reveste-se de caráter indicativo também para as emissoras.

HC 141.949, Segunda Turma do STF, Rel. Min. Gilmar Mendes, julgado em 13/3/2018, em que se decidiu que o crime de desacato, tipificado no Código Penal, não ofende a liberdade de expressão, consagrada na Constituição e na Convenção Interamericana de Direitos Humanos (a Corte Interamericana tem posição oposto, de que o crime é incompatível com a liberdade de expressão).

ADI 5.122, Plenário do STF, Rel. Min. Edson Fachin, julgada em 3/5/2018, em que o STF entendeu constitucional a vedação à propaganda eleitoral por meio de telemarketing conforme previsto em resolução do TSE.

ADPF 548 MC-Ref, Plenário do STF, Rel. Min. Cármen Lúcia, julgada em 31/10/2018, em que o STF julgou inconstitucional qualquer interpretação da Lei n. 9.504/97, que permita atos judiciais ou administrativos que restrinjam a liberdade de expressão nos ambientes universitários durante as eleições, inclusive pelo ingresso de agentes públicos em universidades públicas e privadas, recolhimento de documentos e interrupção de aulas, debates ou manifestações de docentes e discentes universitários.

ADO 26, Plenário do STF, Rel. Min. Celso de Mello, julgada em 13/6/2019, em que o STF determinou a criminalização de condutas homofóbicas e transfóbicas, até que sobrevenha lei, assentando que a liberdade de expressão não protege manifestações de aversão odiosa à orientação sexual ou à identidade de gênero de alguém, por traduzirem expressões equiparadas ao racismo.

ADPF 572, Plenário do STF, Rel. Min. Edson Fachin, julgada em 18/6/2020, em que o Supremo considerou legítima a instauração e continuidade de inquérito pela própria Corte (apelidado de "inquérito das *fake news*") diante de incitamento ao fechamento do STF, de ameaça de morte ou de prisão de seus membros e de apregoada desobediência a decisões judiciais.

RE 1.010.606, com repercussão geral reconhecida (Tema 786), Plenário do STF, Rel. Min. Dias Toffoli, julgado em 11/2/2021, em que a Corte entendeu que o reconhecimento do direito ao esquecimento é incompatível com a ordem constitucional, sob pena de violação da liberdade de expressão.

ADI 5.970, Plenário do STF, Rel. Min. Dias Toffoli, julgada em 7/10/2021, em que a Corte declarou a constitucionalidade da proibição aos "showmícios", ainda que gratuitos.

ADI 6.281, Plenário do STF, Rel. Min. Luiz Fux, Red. p/ acórdão Min. Nunes Marques, julgada em 17/2/2022, na qual o STF assentou a constitucionalidade das restrições impostas pela Lei n. 9.504/97 à veiculação de propaganda eleitoral na imprensa escrita (em especial, em *sites* de empresas jornalísticas).

AP 1.044, Plenário do STF, Rel. Min. Alexandre de Moraes, julgado em 20/4/2022, em que deputado federal foi condenado pelo crime de ameaça ao Estado Democrático de Direito, afastando-se, por ausência de conexão com a função, a proteção da imunidade parlamentar material.

TPA 39 MC-Ref, 2ª Turma, Rel. Min. Nunes Marques, Red. p/ Acórdão Min. Edson Fachin, julgado em 7/6/2022, em que se restabeleceu a eficácia de decisão do TSE que cassou o mandato de deputado estadual por divulgação de notícias falsas sobre o sistema de votação em rede social, sob o fundamento de que a liberdade de expressão não concede autorização para disseminar desinformação contra o processo eleitoral e contra a democracia.

ADI 7.261 MC-Ref, Plenário do STF, Rel. Min. Edson Fachin, julgada em 26/10/2022, em que afastada a alegação de inconstitucionalidade de resolução do TSE sobre o enfrentamento à desinformação atentatória à integridade do processo eleitoral, considerando-se que os limites impostos à livre expressão pela norma são justificados à luz da violação concreta dos princípios da confiança e lisura eleitorais, não consistindo em exercício de censura prévia.

6. Referências bibliográficas

ANDRADE, André. *Liberdade de Expressão em tempos de cólera*. São Paulo: GZ Editora, 2020.

ASH, Timothy Garton. *Free Speech: Tem Principles for a Connected World*. London: Atlantic Books, 2016.

BALKIN, Jack. The Future of Free Expression in a Digital Age. *Pepperdine Law Review*, v. 36, n. 2, 2009.

_____. Old-School/New-School Speech Regulation. *Harvard Law Review*, v. 127, 2014.

_____. Free Speech is a Triangle. *Columbia Law Review*, v. 118, n. 7, 2018.

BARENDT, Eric. *Freedom of Speech*. 2. ed. Oxford: Oxford University Press, 2005.

BARROSO, Luís Roberto. Liberdade de expressão, censura e controle da programação de televisão na Constituição de 88. In: *Temas de Direito Constitucional*. Rio de Janeiro: Renovar, 2001, p. 341-387.

_____. Liberdade de expressão *versus* direitos da personalidade. Colisão de direitos fundamentais e critérios de ponderação. In: *Temas de Direito Constitucional*, tomo III. Rio de Janeiro: Renovar, 2005, p. 79-130.

BARROSO, Luna van Brussel. *Liberdade de Expressão e Democracia na Era Digital*. Belo Horizonte: Fórum, 2022.

BENKLER, Yochai. *The Wealth of Networks: How Social Production Transforms Markets and Freedom*. New Haven: Yale University Press, 2006.

BENKLER, Yochai; FARIS, Robert; ROBERTS, Hal. *Network propaganda*: manipulation, disinformation, and radicalization in American politics. Oxford University Press, 2018.

BINENBOJM, Gustavo. Meios de comunicação de massa, pluralismo e democracia deliberativa: as liberdades de expressão e de imprensa nos Estados Unidos e no Brasil. In: *Temas de Direito Administrativo e Constitucional*. Rio de Janeiro: Renovar, 2007, p. 245-268.

BOLLINGER, Lee C.; STONE, Geoffrey R. *Social Media, Freedom of Speech, and the Future of our Democracy*. Oxford University Press, 2022.

BRADSHAW, Samantha. *The Social Media Challenge for Democracy*: Propaganda and Disinformation in a Platform Society. University of Oxford, 2020.

CARVALHO, Luis Gustavo Grandinetti Castanho de. *Direito de Informação e Liberdade de Expressão*. Rio de Janeiro: Renovar, 1999.

CASTELLS, Manuel. *Communication Power*. Oxford: Oxford University Press, 2013.

CHEQUER, Cláudio. *A Liberdade de Expressão como Direito Fundamental Preferencial* Prima Facie *(análise crítica e proposta de revisão ao padrão jurisprudencial brasileiro)*. Rio de Janeiro: Lumen Juris, 2010.

CLÈVE, Clèmerson Merlin. Liberdade de expressão, de informação e propaganda comercial. In: SARMENTO, Daniel e GALDINO, Flávio (Orgs.). *Direitos Fundamentais*: Estudos em homenagem ao professor Ricardo Lobo Torres. Rio de Janeiro: Renovar, 2006, p. 267-324.

CODERCH, Pablo Salvador. *El Derecho de la Libertad*. Madrid: Centro de Estudios Constitucionales, 1993.

_____. *El Mercado de Ideas*. Madrid: Centro de Estudios Constitucionales, 1990.

COMPARATO, Fábio Konder. A democratização dos meios de comunicação de massa. In: GRAU, Eros Roberto;

GUERRA FILHO, Willis Santiago. *Direito Constitucional*: estudos em homenagem a Paulo Bonavides. São Paulo: Malheiros, 2001, p. 149-166.

DAVENPORT, Thomas H.; BECK, John C. *The Attention Economy*: Understanding the New Currency of Business. *Harvard Business Review*, 2002.

EMERSON, Thomas I. *The System of Freedom of Expression*. New York: Vintage Books, 1970.

FARIAS, Edílson. *Liberdade de Expressão e Comunicação*. São Paulo: RT, 2004.

_____. *Colisão de Direitos*: a honra, a intimidade, a vida privada e a imagem versus a liberdade de expressão e informação. Porto Alegre: Sergio Antonio Fabris, 1996.

FISS, Owen. *A Ironia da Liberdade de Expressão*. Trad. Gustavo Binenbojm e Caio Mário da Silva Pereira Neto. Rio de Janeiro: Renovar, 2005.

FUKUYAMA, Francis et al. *Report of the Working Group on Platform Scale*. Stanford Program on Democracy and the Internet, 2020.

HOWARD, Philip N. *Lie Machines*: How to Save Democracy from Troll Armies, Deceitful Robots, Junk News Operations, and Political Operatives. New Haven: Yale University Press, 2020.

IGLESIAS KELLER, Clara. *Regulação nacional de serviços na internet*: exceção, legitimidade e o papel do Estado. Tese de Doutorado. Universidade do Estado do Rio de Janeiro, 2019.

KLONICK, Kate. The New Governors: The People, Rules, and Processes Governing Online Speech. *Harvard Law Review*, n. 131, p. 1598, 2017.

KOATZ, Rafael Lorenzo-Fernandez. "As liberdades de expressão e de imprensa na jurisprudência do Supremo Tribunal Federal". In: SARMENTO, Daniel e SARLET, Ingo Wolfgang. *Direitos Fundamentais no Supremo Tribunal Federal*: balanço e crítica. Rio de Janeiro: Lumen Juris, 2011.

MACHADO, Jónatas E. M. *Liberdade de Expressão*: dimensões constitucionais da esfera pública no sistema social. Coimbra: Coimbra Editora, 2002.

MAGARIAN, Gregory P. The Internet and Social Media. In: STONE, Adrienne, SCHAUER, Frederick (Eds.). *Freedom of Speech*. United Kingdom: Oxford University Press, 2021.

MATSUDA, Mari J.; LAWRENCE III, Charles R.; DELGADO, Richard; CRENSHAW, Kimberlé Williams. *Words that Wound*. Boulder: Westview Press, 1993.

MENDES, Gilmar Ferreira. Colisão de direitos fundamentais: liberdade de expressão e de comunicação e direito à honra e à imagem. In: *Direitos Fundamentais e Controle de Constitucionalidade*. São Paulo: Instituto Brasileiro de Direito Constitucional, 1998, p. 75-83.

MENDES, Gilmar Ferreira; FERNANDES, Victor Oliveira. Constitucionalismo Digital e Jurisdição Constitucional: uma agenda de pesquisa para o caso brasileiro. *Revista Justiça do Direito*, v. 34, n. 2, p. 6-51, 2020.

MUÑOZ, Oscar Sánchez. *La regulación de las campañas electorales en la era digital*: desinformación y microsegmentación en las redes sociales con fines electorales. Madrid: Centro de Estudios Politicos y Constitucionales, 2020.

OSORIO, Aline. *Direito Eleitoral e Liberdade de Expressão*. 2. ed. Belo Horizonte: Fórum, 2022.

PEREIRA, Guilherme Döring Cunha. *Liberdade e Responsabilidade dos Meios de Comunicação*. São Paulo: RT, 2002.

PONTES, João Gabriel Madeira. *Democracia militante em tempos de crise*. Rio de Janeiro: Lumen Juris, 2020.

POST, Robert. *Constitutional Domains*: Democracy, Community, Management. Cambridge: Harvard University Press, 1995.

SARLET, Ingo Wolfgang (Org.). *Direitos Fundamentais, Informática e Comunicação*. Porto Alegre: Livraria do Advogado, 2007.

SARMENTO, Daniel. A liberdade de expressão e o problema do "Hate Speech". In: *Livres e Iguais*: estudos de direito constitucional. Rio de Janeiro: Lumen Juris, 2006, p. 207-262.

_____. Liberdade de expressão, pluralismo e o papel promocional do Estado. In: *Livres e Iguais*: estudos de direito constitucional. Rio de Janeiro: Lumen Juris, 2006, p. 263-299.

SCHAUER, Frederick. *Free Speech*: A Philosophical Enquiry. Cambridge: Cambridge University Press, 1982.

SOUSA FILHO, Ademar Borges; LEITE, Alaor. A tutela da integridade do processo eleitoral contra a desinformação: entre a retórica eleitoral lícita e a desinformação ilícita. *Revista da AJURIS*, v. 152, p. 431-484, 2022.

SOUZA, Rodrigo Telles de. *A investigação Criminal e o Anonimato no Sistema Jurídico Brasileiro*. Curitiba: Juruá, 2013.

STONE, Geoffrey R.; SEIDMAN, Louis M.; SUNSTEIN, Cass R.; TUSHNET, Mark V.; KARLAN, Pamela S. *The First Amendment*. 2. ed. New York: Aspen Publishers, 2003.

SUNSTEIN, Cass. *Democracy and the Problem of Free Speech*. New York: The Free Press, 1995.

_____. *#republic*: Divided Democracy in the Age of Social Media. Princeton: Princeton University Press, 2017.

TEUBNER, Gunther. Horizontal Effects of Constitutional Rights in the Internet: A Legal Case on the Digital Constitution. *The Italian Law Journal*, v. 3, n. 1, p. 193-205, 2017.

WEINGARTNER NETO, Jayme. *Honra, Privacidade e Liberdade de Imprensa*. Porto Alegre: Livraria do Advogado, 2002.

7. Fundamentos

Há várias razões de ordem filosófica, moral e pragmática que justificam a proteção da liberdade de expressão[3]. Os três principais fundamentos historicamente invocados para a tutela desse princípio são a dignidade humana, a democracia e a busca da verdade.

Por um lado, pode-se afirmar que a liberdade de expressão constitui uma garantia essencial ao livre desenvolvimento da personalidade e à dignidade humana. Com efeito, a possibilidade de cada indivíduo interagir com o seu semelhante, tanto para expressar as próprias ideias e sentimentos como para ouvir aquelas expostas pelos outros, é vital para a realização existencial[4].

---

3. Para um bem elaborado inventário dessas razões, veja-se MACHADO, Jónatas E. M. *Liberdade de Expressão*, p. 237 e s. Para uma análise crítica, confronte-se SCHAUER, Frederick. *Free Speech: A Philosophical Enquiry*.
4. Cf. SCANLON, Thomas. A Theory of Freedom of Expression. In: DWORKIN, Ronald (Ed.). *The Philosophy of Law*. Oxford: Oxford Univesity Press, 1977, p. 153 e s.

Outro argumento importantíssimo é a garantia da democracia[5]. O ideário democrático norteia-se pela busca do autogoverno popular, que ocorre quando os cidadãos podem participar com liberdade e igualdade na formação da vontade coletiva. Para que esta participação seja efetiva e consciente, as pessoas devem ter amplo acesso a informações e a pontos de vista diversificados sobre temas de interesse público, a fim de que possam formar as suas próprias opiniões. Ademais, elas devem ter a possibilidade de tentar influenciar, com suas ideias, os pensamentos dos seus concidadãos. Por isso, a realização da democracia pressupõe um espaço público aberto, plural e dinâmico, onde haja o livre confronto de ideias, o que só é possível mediante a garantia da liberdade de expressão.

Além disso, defende-se tradicionalmente que o debate público desinibido é o mecanismo mais apto para que prevaleçam na sociedade as melhores ideias e para a rejeição das falsidades. Diante do pluralismo social, não há outra saída senão a discussão pública aberta para permitir a tomada das decisões mais adequadas. Daí a associação entre liberdade de expressão e busca da verdade, tematizada por Stuart Mill[6] e bem sintetizada nas palavras do juiz norte-americano Oliver Wendell Holmes, de que "o melhor teste para a verdade é o poder do pensamento de se fazer aceito na competição do mercado"[7]. Dado o atual modo de funcionamento do ecossistema informacional digital e o conhecimento contemporâneo de ciência comportamental, o fundamento da busca da verdade tem sido objeto de ampla crítica[8]. Nem sempre o livre mercado de ideias tem conduzido à prevalência da verdade factual, científica ou mesmo moral. Todavia, ainda que se possa questionar a base empírica deste fundamento, não se justifica o seu abandono. A liberdade de expressão permanece como um elemento necessário, embora não suficiente, para que se possa eventualmente alcançar a verdade possível[9].

8. Conteúdo

a) Âmbito de proteção

O âmbito de proteção da liberdade de expressão é amplo, abarcando todos os atos não violentos que tenham como objetivo transmitir mensagens, bem como a faculdade de não se manifestar[10]. Para fins didáticos, é possível desdobrar a liberdade de expressão em dois campos: manifestação do pensamento e divulgação de fatos[11]. Com grande frequência, a narração de fatos e a manifestação do pensamento são atividades que se amalgamam, tornando-se praticamente indissociáveis. Sem embargo, há certas diferenças entre os respectivos regimes jurídicos, sobretudo no que concerne à questão da verdade, que pode ter relevo quando estão em jogo fatos, mas não tem pertinência no campo das ideias. Aqui será primariamente focalizada a manifestação do pensamento, sendo certo que a divulgação de fatos também é protegida pela Constituição, no art. 5º, IX e XIV, bem como no capítulo que trata da Comunicação Social. Por outro lado, a liberdade de expressão incide em diferentes contextos, que vão desde as interações intersubjetivas pessoais até a atuação dos meios de comunicação de massa. Estes, contudo, submetem-se a um regime diferenciado, previsto nos arts. 220 a 224 do texto constitucional.

Todo e qualquer conteúdo de mensagem encontra-se *prima facie* salvaguardado constitucionalmente, por mais impopular que seja. Aliás, um dos campos em que é mais necessária a liberdade de expressão é exatamente na defesa do direito à manifestação de ideias impopulares, tidas como incorretas ou até perigosas pelas maiorias, pois é justamente nestes casos em que ocorre o maior risco de imposição de restrições, como assentou com propriedade o STF, no julgamento da ADPF 187, que versou sobre a chamada "Marcha da Maconha".

A consagração constitucional da liberdade de expressão parte da premissa antipaternalista de que as pessoas são capazes de julgar por si mesmas o que é bom ou ruim, correto ou incorreto, e têm o direito moral de fazê-lo[12]. Por isso, não é legítimo às autoridades públicas proibirem a manifestação de uma ideia por considerá-la errada ou até perniciosa. Até porque, se o Estado pudesse decidir o que pode e o que não pode ser exprimido, haveria a tendência natural de que tentasse silenciar as ideias contrárias aos governantes, ou aquelas que desagradassem às maiorias que lhe dão suporte político.

Quanto ao meio, todos os que não sejam violentos estão protegidos: manifestações orais ou escritas, imagens, encenações, bem como o uso dos novos veículos e formas de expressão decorrentes do avanço tecnológico[13]. Também não se questiona a incidência da liberdade de expressão sobre os mais variados "estilos" de manifestação, desde os mais sérios e comedidos, até os mais irônicos, satíricos ou agressivos; desde os que se revestem de conteúdo eminentemente racional, até os que apelam mais diretamente às emoções ou aos sentidos. O STF, no julgamento da ADI 4.451, ressaltou, neste sentido, que manifestações de humor estão abrangidas no âmbito de proteção da liberdade de expressão.

Há quem faça distinção entre discurso e conduta, afirmando que só o primeiro estaria salvaguardado pela liberdade de expressão. Assim, por exemplo, a liberdade de expressão protegeria a defesa da descriminalização das drogas, mas não o consumo de entorpecentes; autorizaria a sustentação da ilegitimidade de um governo, mas não a promoção de um golpe de estado contra ele. A distinção é importante, mas não possui uma natureza absoluta, na

---

5. Cf. SUNSTEIN, Cass. *Democracy and the Problem of Free Speech*; MICHELMAN, Frank. Relações entre democracia e liberdade de expressão: discussão de alguns argumentos. In: SARLET, Ingo Wolfgang (Org.). *Direitos Fundamentais, Informática e Comunicação*, p. 49 e s.
6. MILL, Stuart. On Liberty. In: *American State Papers, Federalist, J.S. Mill: great Books of the Western World*. Chicago: Encyclopaedia Britannica Inc., 1978, p. 267 e s.
7. *Abrahams v. United States* – 250 U.S. 616 (1919).
8. V. SCHAUER, Frederick, Free Speech, the Search for Truth, and the Problem of Collective Knowledge. *70 SMU Law Review*, v. 70, n. 2, 2017, p. 231-251; LOMBARDI, Claudio. The Illusion of a "Marketplace for Ideas", 2018. Disponível em: https://ssrn.com/abstract=3104449 or http://dx.doi.org/10.2139/ssrn.3104449. Acesso em: 21 jul. 2023.
9. V. Pew Research Center. "The Future of Truth and Misinformation Online", out. 2017; SCHAUER, Frederick. Free Speech, the Search for Truth, and the Problem of Collective Knowledge. *70 SMU Law Review*, v. 70, n. 2, p. 231-251, 2017.
10. Cf. MENDES, Gilmar Ferreira; COELHO, Inocêncio Mártires; e BRANCO, Paulo Gustavo Gonet. *Curso de Direito Constitucional*. São Paulo: Saraiva, 2007, p. 351.
11. Cf. PEREIRA, Guilherme Döring Cunha. *Liberdade e Responsabilidade dos Meios de Comunicação*, p. 54 e s.
12. DWORKIN, Ronald. Why Speech Must Be Free?. In: *Freedom's Law: The Moral Reading of the American Constitution*. Cambridge: Harvard University Press, 1996, p. 200.
13. Cf. CANOTILHO, J. J. Gomes; MOREIRA, Vital. *Constituição da República Portuguesa Anotada*. 4ª ed., Coimbra: Coimbra Editora, 2007, v. I, p. 572.

medida em que há condutas que se revestem de uma natureza eminentemente expressiva, já que têm como objetivo exatamente a transmissão de uma mensagem[14]. Um exemplo interessante aflorou no direito norte-americano: a queima da bandeira nacional, como um ato de protesto contra o governo[15]. Condutas deste tipo, de caráter eminentemente simbólico e expressivo, também estão compreendidas *prima facie* na esfera da liberdade de expressão.

b) Titularidade e dupla dimensão

Todas as pessoas físicas e jurídicas, nacionais ou estrangeiras, são titulares do direito à liberdade de expressão. Além de ser de titularidade universal, a liberdade de expressão abarca uma titularidade complexa ou bidirecional, pois é um direito que visa proteger não apenas os interesses do emissor das manifestações, como também os da sua audiência e da sociedade em geral.

No que tange aos destinatários, trata-se de um direito primariamente voltado para o Estado, mas que também possui eficácia horizontal, vinculando diretamente os particulares, sobretudo os detentores de poder social. Neste caso, contudo, há que se reconhecer a mitigação da incidência do direito fundamental, em decorrência da tutela da autonomia do sujeito privado.

Como os demais direitos fundamentais, a liberdade de expressão reveste-se de uma dupla dimensão. Na sua dimensão subjetiva, ela é, antes de tudo, um direito negativo, que protege os seus titulares das ações do Estado e de terceiros que visem a impedir ou a prejudicar o exercício da faculdade de externar e divulgar ideias, opiniões e informações. Tal direito opera em dois momentos distintos: antes da ocorrência das manifestações, para protegê-las de todas as formas de censura prévia, e depois delas, para afastar a imposição de medidas repressivas de qualquer natureza, em casos de exercício regular da liberdade de expressão.

Já a dimensão objetiva da liberdade de expressão deriva do reconhecimento de que, além de direito individual, ela acolhe um valor extremamente importante para o funcionamento das sociedades democráticas, que deve ser devidamente protegido e promovido[16]. Esse valor deve se irradiar por todo o ordenamento jurídico, guiando os processos de interpretação e aplicação das normas jurídicas em geral. Ademais, da dimensão objetiva decorre também o dever do Estado de criar organizações e procedimentos que deem amparo ao livre exercício de tal direito fundamental.

Está associada à dimensão objetiva da liberdade de expressão a ideia de que o papel do Estado diante desse direito não é apenas negativo, mas também envolve ações positivas[17]. Cabe a ele proteger a liberdade de expressão, em face das ameaças representadas por terceiros, além de promovê-la, adotando as medidas necessárias à viabilização do seu exercício pelos segmentos que têm menos possibilidades reais de se exprimirem no espaço público. Com isso, os debates públicos são enriquecidos, dando-se voz a grupos e pessoas que tenderiam a ficar excluídos da esfera comunicativa num regime que se baseasse exclusivamente no mercado[18].

Em um cenário como o brasileiro, em que o poder comunicativo encontra-se socialmente distribuído de maneira profundamente assimétrica, tais aspectos prestacionais da liberdade de expressão assumem importância especial. Contudo, esta questão é extremamente delicada e polêmica, uma vez que as medidas voltadas para a promoção da liberdade de expressão dos grupos excluídos e pluralização das vozes na esfera pública podem ensejar restrições ao exercício das liberdades expressivas dos titulares dos meios de comunicação social. Tem-se aí um conflito interno envolvendo os valores da liberdade de expressão, fortemente impregnado de colorido ideológico. De um lado, há uma linha libertária, que enxerga com profunda desconfiança qualquer intervenção estatal na seara comunicativa, ainda quando voltada à promoção do pluralismo[19]. Segundo os seus adeptos, a atuação estatal neste campo abriria espaço para uma ação distorcida, que tenderia a privilegiar as visões favoráveis ao governo e aos grupos sociais que lhe são próximos, e a discriminar as posições opostas. Do outro lado, há uma linha ativista, que sustenta a necessidade desta intervenção estatal para tornar mais igualitário o exercício da liberdade de expressão e mais ricos os debates públicos, evitando que estes se tornem reféns dos interesses e da agenda dos detentores dos meios de comunicação de massa[20].

c) Liberdade de expressão na internet: modelo triangular e nova dimensão da eficácia horizontal

A internet, de maneira geral, e a criação de um complexo ecossistema informacional digital, em particular, trouxeram importantes impactos para a conformação do direito à liberdade de expressão. A partir da revolução digital, a liberdade de expressão migra de uma configuração dualista, em que governos e emissores de discursos se colocavam em duas pontas da regulação, para um modelo pluralista ou triangular, em que múltiplos atores se inter-relacionam na esfera do discurso público[21]. Segundo Jack Balkin, este novo paradigma da liberdade de expressão pode ser descrito como um triângulo cujos vértices são ocupados por governos, por emissores de discurso (categoria que passa a incluir não só os tradicionais meios de comunicações, mas também entidades da sociedade civil, personalidades, pessoas comuns e até *bots* e *trolls*) e por provedores de aplicações de internet privados (as plataformas digitais)[22].

Nesse novo contexto, a garantia do exercício da liberdade de expressão deixa de depender apenas da regulação estatal sobre os diferentes meios de comunicação para se submeter também aos modelos de governança privada desses provedores de

---

14. Cf. CODERCH, Pablo Salvador. *El Derecho de la Libertad*, op. cit., p. 12 e s.
15. *Texas v. Johnson*. 109 S. Ct. 2533 (1989).
16. Sobre a dimensão objetiva da liberdade de expressão, veja-se FARIAS, Edilsom. *Liberdade de Expressão e Comunicação*, São Paulo: Revista dos Tribunais, 2004, p. 68 e s.
17. Cf. SARMENTO, Daniel. Liberdade de expressão, pluralismo e o papel promocional do Estado. In: *Livres e Iguais*, op. cit.
18. Cf. FISS, Owen. *A Ironia da Liberdade de Expressão*, op. cit.
19. Veja-se POST, Robert. Meiklejohn's Mistake: Individual Autonomy and the Reform of Public Discourse. In: *Constitutional Domains*. Cambridge: Harvard University Press, 1995, p. 268-290.
20. Cf. SUNSTEIN, Cass. *Democracy and the Problem of Free Speech*, op. cit., SARMENTO, Daniel. Liberdade de expressão, pluralismo e o papel promocional do Estado; e BINENBOJM, Gustavo. Meios de comunicação de massa, pluralismo e democracia deliberativa: as liberdades de expressão e de imprensa nos Estados Unidos e no Brasil.
21. Cf. BALKIN, Jack. Free Speech is a Triangle. *Columbia Law Review*, v. 118, n. 7, 2018.
22. Id.

aplicações de internet[23]. As plataformas digitais tornam-se verdadeiros "governadores" de suas redes, de modo a exercer uma "quase-soberania" nesses espaços, a partir de seu *design* tecnológico, políticas de uso, algoritmos e práticas de moderação de conteúdos[24]. À luz da ideia de um constitucionalismo digital, tais definições por parte das plataformas não podem mais ser entendidas meramente como decorrência de sua livre iniciativa, mas como uma forma de exercício de poder privado que conforma significativamente a vida das pessoas na esfera pública digital e condiciona a fruição de seus direitos fundamentais, em especial a liberdade de expressão[25]. Daí a necessidade de refletir sobre uma nova concepção da eficácia horizontal dos direitos fundamentais, que não seja pensada apenas em termos de poderes sociais, mas considere a dimensão coletivo-institucional desses novos espaços de poder[26].

Na esfera digital, se por um lado o discurso é descentralizado e democratizado, por outro, os conteúdos nocivos e perigosos são amplificados e a esfera pública a que cada indivíduo tem acesso se torna crescentemente "personalizada". Por meio do que se convencionou chamar de "autocomunicação de massa"[27], qualquer pessoa ou grupo tem acesso a plataformas que viabilizam a sua participação digital não só passivamente pelo consumo, mas também ativamente tanto pela criação quanto pela distribuição de conteúdos, sem qualquer custo ou a custos acessíveis[28]. De forma positiva, essa nova configuração dá espaço a novas fontes jornalísticas independentes e se torna fundamental para o acesso ao conhecimento e para a circulação de ideias na sociedade[29]. Em paralelo, porém, dada a superabundância de conteúdos, são amplificados os conteúdos ilícitos e nocivos[30], e as plataformas digitais passam a exercer a função de direcionar, por algoritmos, os conteúdos que estarão disponíveis para cada pessoa, inclusive por meio de perfilhamento, microdirecionamento e formas de impulsionamento[31]. Essa arquitetura das redes tem significado não ape-

---

23. Id.
24. KLONICK, Kate. The New Governors: The People, Rules, and Processes Governing Online Speech. *Harvard Law Review*, n. 131, p. 1598, 2017. Sobre o tema, confira-se, em língua portuguesa: MENDES, Gilmar Ferreira; FERNANDES, Victor Oliveira. Constitucionalismo digital e jurisdição constitucional: uma agenda de pesquisa para o caso brasileiro. *Revista Justiça do Direito*, v. 34, n. 2, p. 6-51, 2020.
25. TEUBNER, Gunther. Horizontal Effects of Constitutional Rights in the Internet: A Legal Case on the Digital Constitution. *The Italian Law Journal*, v. 3, n. 1, 2017, p. 193-205.
26. TEUBNER, Gunther. Horizontal Effects of Constitutional Rights in the Internet: A Legal Case on the Digital Constitution. *The Italian Law Journal*, v. 3, n. 1, 2017, p. 193-205; MENDES, Gilmar Ferreira; FERNANDES, Victor Oliveira. Constitucionalismo digital e jurisdição constitucional: uma agenda de pesquisa para o caso brasileiro. *Revista Justiça do Direito*, v. 34, n. 2, p. 6-51, 2020.
27. Cf. CASTELLS, Manuel. *Communication Power*. Oxford: Oxford University Press, 2013.
28. Cf. BALKIN, Jack. The Future of Free Expression in a Digital Age. *Pepperdine Law Review*, v. 36, n. 2, 2009.
29. BENKLER, Yochai. *The Wealth of Networks: How Social Production Transforms Markets and Freedom*. New Haven: Yale University Press, 2006.
30. MAGARIAN, Gregory P. The Internet and Social Media. In: STONE, Adrienne; SCHAUER, Frederick (Ed.). *Freedom of Speech*. Oxford: Oxford University Press, 2021.
31. KLONICK, Kate. The New Governors: The People, Rules, and Processes Governing Online Speech. *Harvard Law Review*, n. 131, p. 1598, 2017. Sobre o tema, confira-se, em língua portuguesa: MENDES, Gilmar Ferreira; FERNANDES, Victor Oliveira. Constitucionalismo digital e jurisdição constitucional: uma agenda de pesquisa para o caso brasileiro. *Revista Justiça do Direito*, v. 34, n. 2, p. 6-51, 2020.

---

nas uma crise do jornalismo profissional, mas uma crise social, decorrente da dificuldade de garantir que cidadãos tenham acesso a um conjunto minimamente confiável e diversificado de informações nas diferentes "bolhas", bem como da disseminação massiva de desinformação, teorias da conspiração, discursos de ódio, extremismo violento e outros conteúdos ilícitos[32].

Portanto, embora o conteúdo e os fundamentos de garantia à liberdade de expressão não tenham sido alterados no ecossistema informacional digital, torna-se necessário lidar com as implicações sobre esse direito produzidas pelo modo de funcionamento desse ecossistema e pelos mecanismos usados por atores estatais e privados para intervir sobre ele. Em especial, é preciso lidar com antigas e novas formas de censura pública e privada. Quanto à censura pública, é preciso ter especial cuidado com a tentativa de governos se valerem do poder dos provedores para controlar, indiretamente (por meio de coerção ou regulação), manifestações dos cidadãos dentro de suas aplicações, o que pode gerar os problemas adicionais da censura colateral e prévia (com remoção mais ampla de conteúdo pelas plataformas para evitarem responsabilização e isso sem uma definição prévia sobre a ilicitude do conteúdo)[33]. Quanto aos riscos de censura privada, surge, em especial, a preocupação em construir garantias substantivas e procedimentais (incluindo requisitos de transparência, a previsão de um devido processo para aplicação de consequências aos usuários e formas de análise e mitigação dos riscos sistêmicos produzidos pelas plataformas)[34], sem, porém, limitar a possibilidade de as plataformas restringirem a circulação de conteúdos especialmente nocivos para a liberdade de expressão e para a democracia. A partir dessas garantias, busca-se permitir que as plataformas digitais possam ser construídas como espaços institucionais em que os direitos fundamentais sejam exercidos e tutelados coletivamente, sem foco excessivo no controle de conteúdos individualmente considerados[35].

9. Limites

A liberdade de expressão não constitui um direito absoluto. De acordo com o famoso exemplo invocado pelo juiz norte-americano Oliver Wendell Holmes, essa liberdade não vai ao ponto de proteger a pessoa que grita "fogo!" no interior de um cinema lotado. São inúmeras as hipóteses em que o seu exercício entra em conflito com outros direitos fundamentais ou bens jurídicos coletivos constitucionalmente tutelados. Tais conflitos devem ser equacionados mediante uma ponderação de interesses, informada pelo princípio da proporcionalidade, e atenta às peculiaridades de cada caso concreto. Na resolução destas colisões, deve-se partir da premissa de que a liberdade de expressão

---

32. BRADSHAW, Samantha. *The Social Media Challenge for Democracy*: Propaganda and Disinformation in a Platform Society. Oxford: University of Oxford, 2020. p. 42-43. Disponível em: https://ora.ox.ac.uk/objects/uuid:e75e4796-d614-454b-b2e2-df6b8659e610. Acesso em: 22 jul. 2022.
33. BALKIN, Jack. Free Speech is a Triangle. *Columbia Law Review*, v. 118, n. 7, 2018.
34. OSORIO, Aline. *Direito Eleitoral e Liberdade de Expressão*. 2ª ed. Belo Horizonte: Fórum, 2022; BARROSO, Luna van Brussel. *Liberdade de Expressão e Democracia na Era Digital*. Belo Horizonte: Fórum, 2022.
35. TEUBNER, Gunther. Horizontal Effects of Constitutional Rights in the Internet: A Legal Case on the Digital Constitution. *The Italian Law Journal*, v. 3, n. 1, p. 193-205, 2017.

se situa em um elevado patamar axiológico na ordem constitucional brasileira, em razão da sua importância para a dignidade humana e a democracia[36]. Tal como ocorre em países como Estados Unidos, Alemanha e Espanha, também é possível falar-se no Brasil em uma "posição preferencial" *a priori* desta liberdade pública no confronto com outros interesses juridicamente protegidos[37]. Esta foi a posição expressamente adotada pelo STF, no julgamento da ADPF 130.

Outra orientação geral importante é a de que apenas em hipóteses absolutamente excepcionais são admissíveis restrições prévias ao exercício desta liberdade, em favor da tutela de direitos ou outros bens jurídicos contrapostos, e tão somente por meio de decisões judiciais (reserva de jurisdição). A regra geral, que se infere claramente da nossa Constituição, é a de que os eventuais abusos e lesões a direitos devem ser sancionados e compensados posteriormente.

Tema que suscita discussão concerne à possibilidade de limitação legislativa da liberdade de expressão. O Ministro Carlos Ayres Britto, no voto condutor que proferiu na ADPF 130, sustentou que nenhum limite legal poderia ser instituído em relação a este direito. As limitações existentes seriam apenas aquelas já contempladas no texto constitucional, cabendo tão somente ao Poder Judiciário fazer as ponderações pertinentes em caso de tensões com outros direitos. Porém, o Ministro Gilmar Ferreira Mendes registrou, no voto condutor que proferiu no RE 511.961/SP, que as restrições à liberdade de expressão em sede legal são admissíveis, desde que visem a promover outros valores e interesses constitucionais também relevantes e respeitem o princípio da proporcionalidade. Esta posição se afigura mais correta e consentânea com a teoria geral dos direitos fundamentais. Afinal, se o Judiciário pode, no caso concreto, restringir a liberdade de expressão para tutelar outros princípios constitucionais, não há qualquer razão para que o legislador também não possa fazê-lo de forma geral e abstrata, desde que respeitados os "limites dos limites" dos direitos fundamentais, notadamente o princípio da proporcionalidade[38].

Vejamos, sucintamente, alguns dos conflitos mais frequentes entre a liberdade de expressão e outros interesses constitucionalmente protegidos:

a) direito à honra

A liberdade de expressão exige que se reconheça uma ampla margem para manifestações e para circulação de informações, sobretudo quando estiverem envolvidos temas de interesse social. Ocorre que as opiniões e fatos divulgados podem prejudicar a honra e reputação das pessoas envolvidas. Diante da proteção constitucional do direito à honra, há que se traçar critérios mínimos para solução dessas colisões.

Em primeiro lugar, deve-se considerar que a tutela da honra das pessoas públicas – ou seja, daquelas que pelas suas atividades têm uma presença mais marcante no espaço público – é menos intensa no confronto com a liberdade de expressão do que a de cidadãos comuns, uma vez que o debate sobre as atividades das primeiras envolve, em regra, questões de maior interesse social. Ademais, parte-se da premissa que, por desfrutarem de notoriedade, é razoável submetê-las a um regime em que a sua reputação não é, *a priori*, tão protegida como a dos demais cidadãos. O critério da verdade é relevante quando se tratar de informação a respeito de fatos, mas não quando estivermos diante da manifestação de opiniões e de ideias – já que estas não podem ser qualificadas objetivamente como certas ou erradas. Finalmente, o tom empregado na manifestação também é relevante. Embora manifestações agressivas ou irônicas também estejam compreendidas no âmbito da proteção da liberdade de expressão, essas costumam impor um dano maior ao direito à honra, nem sempre constitucionalmente justificável.

b) privacidade

O direito à privacidade também pode entrar em colisão com a liberdade de expressão, quando o conteúdo da manifestação ensejar a revelação ao público de aspectos da vida privada dos indivíduos. Essas tensões se avolumam na sociedade contemporânea, em razão do apetite nem sempre saudável de setores da mídia e da sociedade sobre informações a respeito da vida íntima das celebridades, bem como em razão dos avanços tecnológicos, que permitem que se devasse muito mais a esfera privada das pessoas.

Também aqui justifica-se uma proteção menos intensa da privacidade das pessoas públicas do que dos cidadãos comuns, em situações de tensão com a liberdade de expressão. Ademais, há que se indagar sobre a existência de algum interesse público no conhecimento de aspectos da vida privada de certos indivíduos. Saber, por exemplo, que um candidato a cargo eletivo é um pai relapso, que não visita nem paga pensão aos filhos, pode ser relevante para que o eleitor faça o seu juízo a propósito do caráter do político em questão, em que pese a natureza privada do fato.

A questão da veracidade dos fatos reportados funciona aqui de maneira peculiar: a inveracidade comprovada é certamente um fator que pode justificar eventuais restrições à liberdade de expressão, mas a veracidade não é argumento definitivo contra a proteção da privacidade. Afinal, tal direito compreende a faculdade do titular de não ver revelados a terceiros aspectos íntimos *verdadeiros* da sua vida[39]. Finalmente, outro elemento importante é a forma pela qual foram obtidas as informações de caráter privado, pois a liberdade de expressão não constitui licença para a prática de atos ilícitos que objetivem a colheita dessas informações. Assim, a proibição das provas obtidas ilicitamente também se estende ao domínio comunicativo.

c) igualdade e dignidade humana

Há manifestações que se voltam contra a igualdade dos membros de determinados grupos, como as expressões de racismo, sexismo, homofobia e intolerância religiosa, entre outras formas de discriminação. Tais manifestações tendem a abalar a

---

36. FARIAS, Edilsom Pereira de. *Colisão de Direitos: a honra, a intimidade, a vida privada e a imagem versus a liberdade de expressão e informação*, op. cit., p. 158.
37. No mesmo sentido, BARROSO, Luís Roberto. Liberdade de expressão *versus* direitos da personalidade. Colisão de direitos fundamentais e critérios de ponderação, op. cit., p. 105-106.
38. Sobre as restrições a direitos fundamentais na doutrina brasileira, veja-se PEREIRA, Jane Reis Gonçalves. *Interpretação Constitucional e Direitos Fundamentais:* uma contribuição ao estudo das restrições aos direitos fundamentais na perspectiva da teoria dos princípios. Rio de Janeiro: Renovar, 2006; e SILVA, Virgílio Afonso da. *Direitos Fundamentais:* conteúdo essencial, restrições e eficácia. São Paulo: Malheiros, 2009.

39. Cf. MIRAGEM, Bruno. *Responsabilidade Civil da Imprensa por Dano à Honra*, op. cit., p. 252.

autoestima das suas vítimas, atingindo a sua dignidade e fomentando um ambiente de intolerância, que nada contribui para a democracia. Por isso, quase todos os Estados democráticos admitem em tais casos restrições a esse direito[40], sendo tal posição endossada também por tratados internacionais de direitos humanos em vigor no país, como o Pacto Internacional para a Eliminação de Todas as Formas de Discriminação Racial (art. 4º), o Pacto dos Direitos Civis e Políticos (art. 20.2), e a Convenção Interamericana de Direitos Civis e Políticos (art. 13.5)[41]. O Supremo Tribunal Federal, no julgamento do famoso caso *Elwanger* (HC 82.424/RS), decidiu que a proteção da igualdade e da dignidade humana prevaleceria sobre a liberdade de expressão, em caso que envolveu a condenação por crime de racismo de editor que se especializara na publicação de livros caracterizados pelo antissemitismo.

Tal posição é substancialmente correta, à luz do sistema de valores da Constituição de 1988. Contudo, há que se ter redobrada cautela na admissão de restrições à liberdade de expressão, baseadas num juízo de desvalor sobre o conteúdo das manifestações, pois isto pode conduzir à submissão deste direito às pautas do "politicamente correto", em detrimento do dinamismo da esfera comunicativa e do direito à manifestação daqueles que tiverem ideias impopulares. Por isso, as restrições devem ser preservadas para casos extremos, após uma detida ponderação dos interesses em jogo.

d) proteção da infância e adolescência

A liberdade de expressão pode confrontar-se com a proteção da criança e do adolescente, e os direitos dessas pessoas em formação desfrutam de elevada estatura constitucional (art. 227 da CF).

Em primeiro lugar, há a possibilidade de manifestações ou de difusão de notícias que atinjam os direitos da personalidade de crianças e adolescentes determinados. É o que pode ocorrer, por exemplo, com matérias jornalísticas relativas a atos ilícitos praticados por menores, nas quais existe a proibição legal de divulgação do nome ou da imagem de crianças ou adolescentes envolvidos (art. 247 da Lei n. 8.689/90). Tal vedação é válida, pois resultou de uma adequada ponderação entre os interesses em jogo realizada pelo legislador, mas era inconstitucional, segundo o entendimento do STF, a sanção prevista para o seu descumprimento, que abrange a suspensão da programação da emissora por até dois dias, ou da publicação do periódico por até dois números.

Outra hipótese de conflito é a que envolve a possibilidade de acesso a conteúdos incompatíveis com o estágio de desenvolvimento psíquico da criança e do adolescente. Em que pese a existência de debate sobre a questão[42], é intuitivo que o contato prematuro com material de conteúdo erótico, ou excessivamente violento, por exemplo, pode ser prejudicial à formação da criança e do adolescente. Tal questão já foi parcialmente equacionada pelo próprio constituinte originário, quando previu a competência da União para exercer a classificação, para efeito indicativo, de diversões públicas e programas de rádio e televisão (art. 21, XVI, c/c art. 220, § 3º, da CF).

Travou-se controvérsia importante sobre os limites desta competência no que diz respeito à programação das emissoras de rádio e televisão, com duas posições bem definidas. Para a posição mais libertária, como o texto constitucional estabelece que a classificação é de caráter indicativo, as emissoras não estariam obrigadas a segui-la na sua programação, mas tão somente a informá-la antes e durante a exibição de cada atração, de modo a permitir aos pais o exercício mais informado do poder familiar sobre o que seus filhos podem assistir[43]. A outra posição, mais preocupada com a tutela da criança e do adolescente, afirma que a alusão ao caráter indicativo da classificação destina-se aos pais e não às emissoras, estando estas obrigadas a seguirem os horários estabelecidos pela União. Esta última corrente invoca em favor da sua tese o argumento empírico de que muitas vezes as crianças e adolescentes ouvem o rádio ou assistem à televisão desacompanhados dos pais. Tal posição foi seguida pelo art. 254 do Estatuto da Criança e do Adolescente, que previu sanções para as emissoras que não obedecerem aos horários estipulados na classificação estabelecida pela União. Contudo, ao julgar a ADI 2.404, o STF adotou a tese oposta, assentando o caráter indicativo da classificação também para as emissoras de rádio e televisão.

e) lisura do processo político-eleitoral

As manifestações de natureza política integram o núcleo duro da liberdade de expressão. A democracia pressupõe que haja ampla possibilidade de que candidatos, partidos, eleitores e imprensa defendam ideias e projetos, veiculem informações relevantes e exerçam a crítica sobre a vida pública e as propostas de políticos, inclusive de forma irônica ou contundente. Não obstante, limites podem ser impostos à liberdade de expressão também nesta seara, visando à promoção de outros objetivos constitucionais, também ligados à democracia, como a redução da influência do poder econômico ou político nas eleições e a promoção da igualdade de chances entre candidatos e partidos. Neste sentido, por exemplo, são constitucionais medidas como a imposição de limites de gastos em campanhas eleitorais.

O mesmo não pode ser dito de regulações do processo eleitoral de inspiração paternalista e/ou autoritária, que busquem abafar ou resfriar os debates políticos, ou mesmo privar o eleitorado do acesso à informação. Neste sentido, o STF acertou ao declarar a inconstitucionalidade da proibição do uso do humor contra candidatos por veículos de telecomunicação, durante o período eleitoral (ADI 4.451-MC), bem como ao invalidar a proibição de divulgação de pesquisas eleitorais nos dias anteriores ao pleito (ADI 3.758). Infelizmente, a legislação e jurisprudência eleitorais nem sempre atribuem o peso devido à liberdade de expressão, o que deve ser urgentemente corrigido. Afinal,

---

40. A principal exceção é representada pelos Estados Unidos, em que se considera que a expressão de ideias racistas e intolerantes que propagam o ódio e o preconceito contra grupos estigmatizados está plenamente protegida pela liberdade de expressão. Para uma exposição e defesa da visão norte-americana, veja-se GATES JR., Henry Louis; GRIFFIN, Anthony P.; LIVELY, Donald E.; POST, Robert C.; RUBENSTEIN, William B.; STROSSEN, Nadine. *Speaking of Race, Speaking of Sex*: hate speech, civil rights and civil liberties. New York: New York University Press, 1994.
41. Veja-se, a propósito, SARMENTO, Daniel. Liberdade de expressão, pluralismo e o papel promocional do Estado. In: *Livres e Iguais*, op. cit.
42. MACHADO, Jónatas E. M. Liberdade de programação televisiva: notas sobre os seus limites negativos. In: SARLET, Ingo Wolfgang (Org.). *Direitos Fundamentais, Informática e Comunicação*, op. cit., p. 141-142.
43. BARROSO, Luís Roberto. Liberdade de expressão, censura e controle da programação de televisão na Constituição de 1988, p. 377-378.

como destacou o STF no julgamento da ADI 4.451-MC, "processo eleitoral não é estado de sítio".

Por outro lado, no quadro empírico brasileiro, as doações de campanha eleitoral por empresas não devem ser consideradas como exercício de liberdade de expressão. Como bem destacou o Ministro Luiz Fux, no voto condutor proferido na ADI 4.650, que baniu tais doações, na imensa maioria dos casos as mesmas não visavam à defesa de posições político-ideológicas, mas à criação de relações de proximidade – quando não de verdadeira promiscuidade – entre doadores e representantes, tão nefastas para os valores republicanos. A maior prova disso é o fato de que os principais doadores costumavam contribuir para campanhas de candidatos rivais no mesmo pleito, de inclinações ideológicas muitas vezes opostas, desde que esses tivessem chance de ganhar. Em tal contexto, a tutela da igualdade política e da moralidade justificam que se proíba estas doações eleitorais, como fez o STF, ao julgar a ADI 4.650.

f) Desinformação e ataques discursivos à democracia

Mais recentemente, observa-se uma tendência crescente de discutir se conteúdos desinformativos e ataques à democracia encontram-se protegidos pela liberdade de expressão[44]. De maneira geral, há importante corrente doutrinária que defende que a mentira sistemática, *i.e.*, a enunciação deliberada de fatos sabidamente inverídicos, não se encontra tutelada pelo direito à liberdade de expressão[45]. Não se pode, porém, ignorar que a liberdade de expressão concede algum grau de proteção a declarações errôneas, exigindo, no mínimo, dolo ou manifesta negligência para a responsabilização[46]. Isto porque a definição do que é verdadeiro ou falso é, em muitos casos, tarefa complexa e aberta a interpretações subjetivas, de modo que atribuir a juízes ou quaisquer autoridades a tarefa de distinguir informações corretas e incorretas, além de não ser socialmente desejável, abre a porta a interpretações excessivamente restritivas[47].

Embora não se questione a necessidade de medidas de enfrentamento à desinformação, justifica-se cautela redobrada para que tais medidas não restrinjam de forma desproporcional a liberdade de expressão, conferindo um instrumental para censurar críticas políticas legítimas e opiniões minoritárias e impopulares. Nesse sentido, o alerta contido em declaração conjunta de organismos internacionais (ONU, OSCE, OEA e CADHP) de que "proibições gerais à disseminação de informação baseadas em conceitos vagos e ambíguos, incluindo 'notícias falsas' (*fake news*) ou 'informações não objetivas' são incompatíveis com os parâmetros internacionais sobre restrições à liberdade de expressão [...] e devem ser abolidas"[48].

Por outro lado, se tem procurado circunscrever o campo de ilicitude da desinformação aos casos mais graves e em que estejam em jogo bens jurídicos especialmente relevantes, em especial a proteção da integridade do regime democrático. Nesse sentido, há um campo de consenso relativo às limitações à liberdade de expressão que resultam do direito penal de tutela da democracia. Em quase todas as partes do mundo, se reconhece que ataques à democracia podem ser criminalizados, inclusive quando tais ameaças são formuladas discursivamente[49]. Esse tipo de limitação se materializa em tipos penais específicos, que, no Brasil, criminalizam não apenas a tentativa de abolição violenta do Estado Democrático de Direito e de golpe de Estado, mas também, diante da história brasileira, a incitação das forças armadas contra os poderes constitucionais[50]. Nesse sentido, o STF, na AP 1.044, condenou deputado federal pela prática do delito de abolição do Estado Democrático de Direito, em razão de agressões verbais contra magistrados da Corte, entendendo-se que estas revelaram grave ameaça de restrição ao exercício do Poder Judiciário, em especial diante do contexto de ameaça autoritária no país[51].

Na esfera eleitoral, tem-se buscado construir uma caixa de ferramentas contra a desinformação, que se mostra capaz de atingir a integridade do processo eleitoral[52]. A título ilustrativo, do ponto de vista normativo, o TSE passou a permitir a remoção de conteúdos no caso de divulgação ou compartilhamento de fatos sabidamente inverídicos ou gravemente descontextualizados que atinjam a integridade do processo eleitoral[53]. Já do ponto de vista jurisprudencial, o TSE decidiu pela cassação do mandato de deputado estadual por uso indevido de meios de comunicação social, em razão da disseminação, em rede social, de alegações infundadas de fraude eleitoral[54]. No caso, entendeu-se que tais alegações tinham aptidão de ameaçar a sobrevivência da democracia e, assim, ostentavam gravidade suficiente para justificar a cassação de mandato, de modo a afastar a proteção da liberdade de expressão.

É preciso, porém, adotar uma leitura restritiva dessas ferramentas. Os casos citados (tanto no TSE quanto no STF) têm como elemento distintivo a ideia de que o particular contexto de vertiginoso crescimento de correntes políticas autoritárias no país, em que se verifica o ataque sistêmico à normalidade das eleições e à democracia por meio de campanhas de desinformação, exige respostas mais duras e capazes de operar um efeito de prevenção geral, evitando-se que sua repetição possa levar à recusa de resultados eleitorais, à violência e até mesmo à subversão do

---

44. OSORIO, Aline. *Direito Eleitoral e Liberdade de Expressão*. 2ª ed. Belo Horizonte: Fórum, 2022.
45. SOUSA FILHO, Ademar Borges; LEITE, Alaor. A tutela da integridade do processo eleitoral contra a desinformação: entre a retórica eleitoral lícita e a desinformação ilícita. *Revista da AJURIS*, v. 152, p. 431-484, 2022.
46. EUA, Suprema Corte, caso *New York Times Co. v. Sullivan*, 376 U.S. 254 (1964).
47. SÁNCHEZ MUÑOZ, Oscar. *La regulación de las campañas electorales en la era digital*: desinformación y microsegmentación en las redes sociales con fines electorales. Madrid: Universidad de Valladolid/CEPC, p. 99, 2020; KELLER, Clara Iglesias. Don't Shoot the Message: Regulating Disinformation Beyond Content. *Direito Público*, v. 18, n. 99, p. 500, 2021.
48. *Declaración Conjunta Sobre Libertad de Expresión y "Noticias Falsas" ("Fake News"), Desinformación y Propaganda*, Relator Especial de las Naciones Unidas (ONU) para la Libertad de Opinión y de Expresión, la Representante para la Libertad de los Medios de Comunicación de la Organización para la Seguridad y la Cooperación en Europa (OSCE), el Relator Especial de la OEA para la Libertad de Expresión y la Relatora Especial sobre Libertad de Expresión y Acceso a la Información de la Comisión Africana de Derechos Humanos y de los Pueblos (CADHP), 2017. Disponível em: https://www.oas.org/es/cidh/expresion/showarticle.asp?artID=1056&lID=2. Acesso em: 21 jul. 2023.
49. SOUSA FILHO, Ademar Borges; LEITE, Alaor. A tutela da integridade do processo eleitoral contra a desinformação: entre a retórica eleitoral lícita e a desinformação ilícita. *Revista da AJURIS*, v. 152, p. 431-484, 2022.
50. Lei n. 14.197/2021, relativa aos crimes contra o Estado Democrático de Direito.
51. VIEIRA, Oscar Vilhena; BORGES, Ademar. Democracia militante e a quadratura do círculo. *Jota*. 16/2/2023. Disponível em: https://www.jota.info/opiniao-e-analise/artigos/democracia-militante-e-a-quadratura-do-circulo-16022023. Acesso em: 21 jul. 2023.
52. OSORIO, Aline. *Direito Eleitoral e Liberdade de Expressão*. 2ª ed. Belo Horizonte: Fórum, 2022.
53. V. Resolução TSE n. 23.610/2019 (art. 9º-A) e Res. TSE n. 23.714/2022.
54. RO n. 0603975-98, Rel. Min. Luis Felipe Salomão, j. em 28.10.2021.

Estado Democrático de Direito. Nesse sentido, a chave conceitual para compreender esses casos é a ideia de "democracia militante", a qual, diante de ataques e ameaças de destruição do regime democrático, reputa legítimas restrições a direitos fundamentais e à participação de atores autoritários na vida político-eleitoral como mecanismos de autodefesa da democracia[55]. Como assentou o STF, "não se pode utilizar de um dos fundamentos da democracia, a liberdade de expressão, para atacá-la. O sistema imunológico da democracia não permite tal prática parasitária que deverá ser sempre coibida à luz das práticas concretas que visam atingir a integridade do processo eleitoral"[56]. É, porém, importante que, com o retorno à normalidade democrática, os mecanismos de enfrentamento à desinformação sejam atualizados à luz da proteção preferencial da liberdade de expressão, reservando-se o uso das ferramentas mais drásticas a momentos institucionais excepcionais, de grave crise democrática.

10. A vedação ao anonimato

O modelo de liberdade de expressão desenhado pela Constituição de 1988 é o da liberdade com responsabilidade. Em outras palavras, é consagrada com grande amplitude a liberdade de manifestação, mas, por outro lado, estabelece-se que aqueles que atuarem de forma abusiva no exercício do seu direito, e com isso causarem danos a terceiros, podem ser responsabilizados por seus atos. A proibição do anonimato destina-se exatamente a viabilizar essa possibilidade de responsabilização, por meio da identificação do autor de cada manifestação. Ademais, o conhecimento da identidade do autor da manifestação pode ser importante para que seus destinatários possam fazer o seu juízo de valor a propósito do conteúdo do que se exprimiu. A proibição do anonimato não exclui, contudo, o *sigilo da fonte*, previsto no art. 5º, XIV, da Constituição, que visa a proteger o exercício profissional dos jornalistas, de forma a promover o acesso da cidadania a informações relevantes, que, sem esta garantia, poderiam não chegar ao público.

Sem embargo, a vedação constitucional do anonimato também tem sido invocada pela jurisprudência brasileira fora do contexto do debate sobre liberdade de expressão. Trata-se da questão da validade de investigações promovidas a partir de denúncias anônimas. A ideia que tem prevalecido na jurisprudência do STF é a de que, em regra, as denúncias anônimas não devem ser aceitas, nem tampouco se pode privar o atingido por uma delas do acesso ao nome daquele que o denunciou. Todavia, a vedação tem sido tratada como princípio, e, como tal, sujeita à ponderação de interesses, pois há situações excepcionais em que outros bens jurídicos de estatura constitucional podem justificar, num juízo de proporcionalidade, a aceitação da instauração de investigações a partir de denúncias anônimas. Afinal, há contextos em que a recusa absoluta às denúncias anônimas inviabilizaria, na prática, a apuração de graves delitos e a proteção dos direitos fundamentais das suas vítimas, como ocorre no caso de crimes praticados por traficantes de drogas ou milicianos, em comunidades carentes territorialmente dominadas por grupos criminosos desta natureza.

---

55. Sobre o tema, confira-se: PONTES, João Gabriel Madeira. *Democracia militante em tempos de crise*. Rio de Janeiro: Lumen Juris, 2020.
56. ADI 7.261 MC-Ref, Plenário do STF, Rel. Min. Edson Fachin, julgada em 26/10/2022.

Art. 5º, V – é assegurado o direito de resposta, proporcional ao agravo, além da indenização por dano material, moral ou à imagem;

Daniel Sarmento
Aline Osorio

1. História da norma

O direito de resposta surgiu inicialmente na França, na sua Lei de Imprensa de 1822, e, ainda no século XIX, foi adotado pela legislação infraconstitucional de vários países, como Alemanha, Itália, Portugal e Espanha[1]. No Brasil, tal direito foi consagrado pela primeira vez pela Lei Adolfo Gordo, editada em 1923 (Lei n. 4.743/1923).

Quanto ao direito à indenização por danos decorrentes do exercício abusivo da liberdade de expressão, a ideia de que cabe a responsabilidade civil nessas hipóteses existe desde que se consagrou pela primeira vez aquela liberdade. Contudo, no direito brasileiro, por muito tempo não se aceitou a reparabilidade do dano moral, ressalvados os casos expressamente previstos na legislação. Num segundo momento, que começa a se delinear a partir da década de 1960, a jurisprudência passa a admitir tal reparação, mas apenas quando não houvesse também um dano patrimonial. E no terceiro momento, que só se consolida após a Constituição de 1988, passa-se a aceitar a cumulação entre o dano material e o dano moral[2].

O art. 5º, inciso V, mantém a mesma redação atribuída pelo poder constituinte originário.

2. Constituições brasileiras anteriores

O direito de resposta foi previsto nas Constituições de 1934 (art. 113.9), 1937 (art.122.15, *c*), 1946 (art. 141, § 5º), 1967 (art. 150, § 8º) e 1969 (art. 153, § 8º). Quanto à reparação do dano material, moral ou à imagem, não há preceito semelhante nas Cartas brasileiras anteriores.

3. Direito internacional

O direito de resposta está consagrado no art. 14 da Convenção Interamericana de Direitos Humanos. Embora a Convenção Europeia de Direitos Humanos não possua disposição específica sobre o direito de resposta, a Corte Europeia de Direitos Humanos reconheceu que esse direito pode ser extraído do art. 10 da Convenção[3].

4. Constituições estrangeiras

A maior parte das constituições não consagra o direito de resposta, que é objeto de disciplina em sede legislativa. Dentre as ex-

---

1. Sobre a trajetória histórica do direito de resposta no Direito Comparado, veja-se MOREIRA, Vital. *O Direito de Resposta na Comunicação Social*, Coimbra: Coimbra Editora, 1994, p. 43-71.
2. Sobre essa evolução, veja-se CAVALIERI FILHO, Sérgio. *Programa de Responsabilidade Civil*. 6. ed. São Paulo: Malheiros, 2005, p. 101-104.
3. Veja-se: Conselho da Europa, Corte Europeia de Direitos Humanos, Melnychenko v. Ukraine, 17707/02, j. em 19/10/2004.

ceções, destaque-se a atual Constituição portuguesa (art. 37.4), a Constituição da República Dominicana (art. 49.4), a Constituição do Equador (art. 66.7), a Constituição do México (art. 6) e a Constituição de Angola (art. 40.5).

Também não é frequente no Direito Comparado a previsão constitucional expressa de um direito a reparação por dano material, moral ou à imagem em caso de lesão decorrente do exercício da liberdade de expressão. Uma exceção, mais uma vez, vem do direito português, cujo texto constitucional assegurou indenização pelos danos sofridos em decorrência do exercício da liberdade de expressão e informação (art. 37.4). Na Alemanha, não há previsão constitucional expressa desse direito, mas o Tribunal Constitucional Federal, no caso *Soraya* (34 *BVerfGE* 269), reconheceu que a responsabilidade por dano moral no caso de abusos da imprensa encontra suporte no direito fundamental ao livre desenvolvimento da personalidade, ainda quando não seja prevista em lei.

5. Remissões constitucionais e legais

No plano constitucional, arts. 1º, III, 5º, V, X e XIV, 53, *caput*, 220 e 221. Na legislação ordinária, o tema do direito de resposta era regulamentado pela Lei n. 5.250/67. Porém, o STF assentou a não recepção *in totum* do referido diploma legal, no julgamento da ADPF 130. A lacuna foi suprida pela edição da Lei n. 13.188/2015, que traz disciplina específica sobre o direito de resposta ou retificação do ofendido em matéria divulgada, publicada ou transmitida por veículo de comunicação social. Subsiste, ainda, a disciplina do direito de resposta no âmbito eleitoral – art. 58 da Lei n. 9.504/97. Quanto à indenização por dano, veja-se a Lei n. 10.406/2002 (Código Civil), especialmente os seus arts. 11 a 21 e 186 a 188, bem como a Lei n. 12.965/2014 (Marco Civil da Internet).

6. Jurisprudência selecionada

– ADPF 130, Plenário do STF, Rel. Min. Carlos Ayres Britto, julgada em 30/04/2009 em que o STF declarou a não recepção de todos os dispositivos da Lei n. 5.250/67 (Lei de Imprensa), por incompatibilidade com o regime constitucional da liberdade de imprensa, vencidos o Min. Marco Aurélio, que julgava a ação improcedente, e os Ministros Joaquim Barbosa, Ellen Gracie e Gilmar Ferreira Mendes, que a julgavam procedente apenas em parte.

– Recurso Extraordinário n. 208.685-1/RJ, Plenário do STF, Rel. Min. Ellen Gracie, julgado em 2/12/2003, em que se decidiu que não cabe a reparação por dano moral contra jornalista que se limitara a reproduzir na imprensa acusação feita contra magistrado de mau uso de verba pública, prática de nepotismo e tráfico de influência, tendo em vista a prevalência do direito fundamental à informação.

– Recurso Extraordinário n. 447.584-7/RJ, 2ª Turma do STF, Rel. Min. Cezar Peluso, julgado em 28/11/2006, *DJ*, 16/3/2007, em que se afirmou a não recepção do limite ao dano moral estabelecido pelo art. 52 da Lei de Imprensa.

– Recurso Extraordinário n. 511.961/SP, Plenário do STF, Rel. Min. Gilmar Ferreira Mendes, em que se reconheceu a não recepção do art. 4º, V, Decreto-lei n. 972/69, que condicionou o exercício da profissão de jornalista à posse de diploma universitário de jornalismo, por violação não só à liberdade profissional, como também às liberdades de expressão e imprensa.

– Ação Cautelar n. 2.695, Rel. Min. Celso Mello. Decisão monocrática do Relator, publicada no *DJe* de 30/11/2010, reconheceu a possibilidade do exercício do direito de resposta mesmo após o reconhecimento da não recepção da Lei de Imprensa, com base em aplicação direta da Constituição. Afirmou, ainda, a natureza dúplice do direito de resposta, que serve não apenas à tutela dos direitos da personalidade, como também à pluralização dos meios de comunicação social, na medida em que propicia ao público o acesso a pontos de vista diferentes sobre temas de relevo público.

– ADI 4.815, Plenário do STF, Rel. Min. Cármen Lúcia, julgada em 10/06/2015, em que o STF afastou a exigência, presente nos arts. 20 e 21 do Código Civil, de autorização prévia do biografado para fins de publicação de biografias.

– Recurso Especial n. 267.529, 4ª Turma do STJ, Rel. Min. Sálvio de Figueiredo Teixeira, julgado em 3/10/2000, *DJ*, 18/12/2000, em que se estabeleceu que em casos de dano à imagem, provocado pelo uso da imagem de pessoa sem a sua autorização, não há necessidade de prova de prejuízo material ou moral, pois o dano já é a própria utilização indevida da imagem.

– Recurso Especial n. 521.697, 4ª Turma do STJ, Rel. Min. César Asfor Rocha, julgado em 16/2/2006, *DJ*, 20/3/2006, em que se assentou que os filhos do falecido jogador de futebol Garrincha tinham direito à reparação por danos materiais e morais, pela publicação não autorizada da biografia do pai, com conteúdo lesivo à sua memória.

– Recurso Especial n. 1.334.097, 4ª Turma do STJ, Rel. Min. Luis Felipe Salomão, julgado em 28/05/2013, em que, em nome do direito ao esquecimento, se condenou rede de televisão a indenizar indivíduo que fora processado e absolvido por envolvimento na "Chacina da Candelária", em razão da exibição de programa que revelara seu nome e imagem, pontando-o como um dos envolvidos na dita chacina.

– Recurso Especial n. 1.335.153, 4ª Turma do STJ, Rel. Min. Luis Felipe Salomão, julgado em 28/05/2013, em que se rechaçou pretensão indenizatória, baseada no direito ao esquecimento, de irmãos de vítima de rumoroso homicídio ocorrido em 1958, narrado em programa televisivo. Assentou-se que seria impossível, na hipótese, retratar o fato histórico sem alusão à vítima do crime.

– ADI 5.418, Plenário do STF, Rel. Min. Dias Toffoli, julgada em 11/3/2021, em que se reconheceu a constitucionalidade da Lei n. 13.188/2015, sobre direito de resposta ou retificação, afirmando-se que o rito especial mais célere criado pela lei não importa em violação do devido processo legal, tendo em vista a necessidade de imediatidade do exercício do direito de resposta.

7. Referências bibliográficas

ANDRADE, Manoel da Costa. *Liberdade de imprensa e inviolabilidade pessoal*. Coimbra: Coimbra Editora, 1996.

BARROSO, Luís Roberto. Liberdade de expressão *versus* direitos da personalidade. Colisão de direitos fundamentais e critérios de ponderação. In: *Temas de Direito Constitucional*, tomo III. Rio de Janeiro: Renovar, 2005, p. 79-130.

BINENBOJM, Gustavo. Meios de comunicação de massa, pluralismo e democracia deliberativa: as liberdades de expressão e de imprensa nos Estados Unidos e no Brasil. In: *Temas de Direito Administrativo e Constitucional*. Rio de Janeiro: Renovar, 2007, p. 245-268.

CAVALIERI FILHO, Sérgio. *Programa de Responsabilidade Civil*. 3. ed. São Paulo: Malheiros, 2002.

CODERCH, Pablo Salvador; PALOU, Maria Teresa Castiñera. *Prevenir y Castigar:* libertad de información y expresión, tutela del honor y funciones del derecho de daños. Madrid: Marcial Pons, 1997.

FARIAS, Edilsom. *Liberdade de Expressão e Comunicação*. São Paulo: Revista dos Tribunais, 2004.

_____. *Colisão de Direitos:* a honra, a intimidade, a vida privada e a imagem *versus* a liberdade de expressão e informação. Porto Alegre: Sergio Antonio Fabris, 1996.

FRAZÃO, Ana. Responsabilidade civil dos provedores de Internet: a liberdade de expressão e o art. 19 do Marco Civil. In: EHRHARDT JUNIOR, Marcos (coord.). *Liberdade de expressão e relações privadas*. Belo Horizonte: Fórum, p. 413-431, 2021.

GUERRA, Sidney Cesar Silva. *A Liberdade de Imprensa e o Direito à Imagem*. Rio de Janeiro: Renovar, 1999.

KOATZ, Rafael Lorenzo Fernandez. As liberdades de expressão e de imprensa na jurisprudência do Supremo Tribunal Federal. In: SARMENTO, Daniel e SARLET, Ingo Wolfgang. *Direitos Fundamentais no Supremo Tribunal Federal*: balanço e crítica. Rio de Janeiro: Lumen Juris, 2011.

LECUYER, Guillaume. *Liberté d'Expression et Responsabilité*: étude de droit privé. Paris: Dalloz, 2006.

MACHADO, Jónatas E. M. *Liberdade de Expressão*: dimensões constitucionais da esfera pública no sistema social. Coimbra: Coimbra Editora, 2002.

MACKINNON, Catherine A. *Only Words*. Cambridge: Harvard University Press, 1993.

MENDES, Gilmar Ferreira. Colisão de direitos fundamentais: liberdade de expressão e de comunicação e direito à honra e à imagem. In: *Direitos Fundamentais e Controle de Constitucionalidade*. São Paulo: Instituto Brasileiro de Direito Constitucional, 1998, p. 75-83.

MENDES, Gilmar Ferreira; FERNANDES, Victor Oliveira. Constitucionalismo Digital e Jurisdição Constitucional: uma agenda de pesquisa para o caso brasileiro. *Revista Justiça do Direito*, v. 34, n. 2, p. 6-51, 2020.

MIRAGEM, Bruno. *Responsabilidade Civil por Dano à Honra*. Porto Alegre: Livraria do Advogado, 2005.

MORAES, Maria Celina Bodin de. *Danos à Pessoa Humana*: uma leitura civil-constitucional dos danos morais. Rio de Janeiro: Renovar, 2003.

MOREIRA, Vital. *O Direito de Resposta na Comunicação Social*. Coimbra: Coimbra Editora, 1994.

OSORIO, Aline. *Direito Eleitoral e Liberdade de Expressão*. 2ª ed. Belo Horizonte: Fórum, 2022.

POST, Robert. Os alicerces sociais do direito de difamação: a reputação e a Constituição. In: SOUZA NETO, Cláudio Pereira de Souza; SARMENTO, Daniel (Orgs.). *A Constitucionalização do Direito*. Rio de Janeiro: Lumen Juris, 2007, p. 455-506.

SARMENTO, Daniel. A liberdade de expressão e o problema do "Hate Speech". In: *Livres e Iguais*: estudos de direito constitucional. Rio de Janeiro: Lumen Juris, 2006, p. 207-262.

_____. Liberdade de expressão, pluralismo e o papel promocional do Estado. In: *Livres e Iguais*: Estudos de Direito Constitucional. Rio de Janeiro: Lumen Juris, 2006, p. 263-299.

_____. Liberdades comunicativas e "direito ao esquecimento" na ordem constitucional brasileira. In: *Direitos, Democracia e República*: Escritos de Direito Constitucional. Belo Horizonte: Fórum, 2018, p. 217-250.

STONE, Geoffrey R.; SEIDMAN, Louis M.; SUNSTEIN, Cass R.; TUSHNET, Mark V.; KARLAN, Pamela S. *The First Amendment*. 2ª ed. New York: Aspen Publishers, 2003.

WEINGARTNER NETO, Jayme. *Honra, Privacidade e Liberdade de Imprensa*. Porto Alegre: Livraria do Advogado, 2002.

8. O direito de resposta

O direito de resposta assegurado pela Constituição protege a honra, a imagem e a reputação das pessoas físicas ou jurídicas, que tenham sido acusadas ou ofendidas mediante os meios de comunicação social, ao conferir a elas a faculdade de fazerem publicar ou transmitir, no mesmo veículo de comunicação, uma resposta proporcional à acusação ou ofensa sofrida. Embora envolva uma restrição à liberdade dos titulares dos meios de comunicação social, o direito de resposta opera também como um instrumento que proporciona o direito de acesso à mídia, viabilizando, em alguma medida, um contraditório perante a opinião pública. Neste sentido, pode-se afirmar que o direito de resposta, além de tutelar os direitos da personalidade do atingido pelos meios de comunicação, possibilita que ele exercite a sua liberdade de expressão de forma a participar da formação da opinião pública em tema que lhe concerne. Ademais, ele opera também a serviço do direito à informação do público em geral, que tem a chance de conhecer versões e visões diferentes sobre os mesmos fatos ou realidades[4].

O direito em questão é regido pelo princípio da equivalência, igualdade de armas ou proporcionalidade da resposta, que impõe seja dada à resposta o mesmo destaque conferido à imputação ofensiva[5], o que envolve aspectos como tamanho e localização da resposta, na imprensa escrita, ou duração e horário, na radiodifusão. Outro princípio basilar do direito de resposta é o da imediatidade, que exige que a divulgação da resposta seja realizada com a maior brevidade possível, visando a preservar a sua utilidade para os fins a que se destina[6].

No ordenamento infraconstitucional brasileiro, o direito de resposta estava previsto no art. 29 da Lei n. 5.250/67, que impôs como pressuposto para o seu exercício o caráter errôneo ou inverídico do fato divulgado. Portanto, o legislador optou por uma versão restritiva do direito de resposta, circunscrevendo-o ao campo dos fatos, e excluindo da sua incidência as opiniões e juízos de valor. Adotou-se, no particular, o modelo alemão do direito de resposta, que se opõe ao modelo francês, no qual podem ser

---

4. Cf. MOREIRA, Vital. *O Direito de Resposta na Comunicação Social*, op. cit., p. 32.
5. Cf. MACHADO, Jónatas E. M. *Liberdade de Expressão*, op. cit., p. 695.
6. Idem, ibidem.

objeto do direito de resposta tanto as afirmações de fato como os juízos de valor, independentemente da sua veracidade ou do seu caráter ofensivo. Contudo, como antes assinalado, todos os preceitos da Lei n. 5.250/67 foram considerados não recepcionados pelo STF, no julgamento da ADPF 130, em 2009. Nesse ponto, a referida decisão do STF parece equivocada, já que sequer se questionava na ADPF 130 a existência de vício na disciplina legal do direito de resposta. Era mais adequado reconhecer a não recepção de parte dos dispositivos da Lei de Imprensa, de inspiração mais autoritária, sem expurgar da ordem jurídica os preceitos que regulavam o direito de resposta, preservando-se, com isso, a segurança jurídica e a previsibilidade quanto ao manejo do instituto.

A decisão do STF criou nesse ponto uma lacuna, que apenas foi suprida em 2015, com a edição da Lei n. 13.188/2015, sobre direito de resposta ou retificação do ofendido em matéria divulgada, publicada ou transmitida por veículo de comunicação social. A lei passou a disciplinar o instituto de maneira abrangente, definindo questões importantes como pressupostos, prazos, ritos processuais e forma. Porém, durante o período em que ausente a lei regulamentadora, não houve impedimento ao exercício do direito de resposta, uma vez que, por se tratar de direito fundamental, o direito reveste-se de aplicabilidade imediata (art. 5º, § 1º, da CF), não dependendo da edição de lei para produção dos seus efeitos. O Poder Judiciário tratou de viabilizar o exercício do direito de resposta em cada caso concreto, com base na aplicação direta da Constituição, sempre levando em consideração os princípios da equivalência da resposta e da imediatidade. Mencione-se, ainda, que, na seara eleitoral, o direito de resposta possui regramento específico, nos termos do art. 58 da Lei n. 9.504/97.

Por outro lado, é possível conceber uso diverso para o direito de resposta, associado ao dever do Estado de promover o pluralismo nos meios de comunicação social e assegurar ao cidadão a efetividade do seu direito à informação. Em um contexto de grande concentração dos meios de comunicação de massa, o direito de resposta pode ser empregado também para possibilitar que porta-vozes representativos de pontos de vista relevantes em temas de interesse social tenham assegurado o seu acesso ao público, quando as posições que representam não estejam sendo minimamente divulgadas e só "um lado da moeda", em questões socialmente relevantes, esteja sendo mostrado à sociedade[7]. Tal possibilidade, que não está contemplada na Lei n. 13.188/2015, pode ser inferida da própria Constituição, mediante uma leitura da liberdade de expressão que, em matéria de comunicação social, priorize a sua função democrática, de robustecimento e pluralização dos debates públicos, e se mostre atenta às distorções na democracia que tendem a ocorrer quando uma pequena minoria, pelo controle dos meios de comunicação de massa, assume o poder de moldar a opinião pública, de acordo com a sua agenda e os seus próprios interesses. Essa outra dimensão transindividual do direito de resposta foi reconhecida pelo STF, em decisão monocrática da lavra do Ministro Celso Mello, proferida na Ação Cautelar n. 2.695, no final do ano de 2010.

De qualquer forma, seria de todo conveniente que essa outra modalidade do exercício do direito de resposta fosse disciplinada, tanto para a consagração do seu uso como para evitar-se eventuais abusos na sua tutela, que pudessem restringir em demasia a liberdade dos titulares dos meios de comunicação.

9. O direito de resposta no ecossistema informacional digital

Os desenvolvimentos tecnológicos e a formação de um complexo ecossistema informacional digital geram a necessidade de repensar e adaptar o direito de resposta às peculiaridades desse ambiente e de cada tipo de provedor de aplicação de internet utilizado para a veiculação de ofensas. Um primeiro ponto é que o mero fato de as redes sociais permitirem que qualquer pessoa ofendida injustamente por um conteúdo publique imediatamente sua explicação ou versão não afasta a utilidade do direito de resposta. Como se viu, tal direito é pautado pelo requerimento da equivalência, que exige que a resposta tenha o mesmo destaque da mensagem ofensiva. Por outro lado, não é possível replicar automaticamente a disciplina aplicável às mídias tradicionais para o contexto digital.

Um exemplo dessa necessidade de adequação está na própria exigência da equivalência. A lógica por trás do princípio é permitir que a resposta possa atingir audiência e impacto semelhantes à mensagem ofensiva. A questão é que uma série de características de *design* e funcionamento das plataformas torna muito difícil alcançar tal propósito, a exemplo dos mecanismos de impulsionamento de conteúdos, da possibilidade de microdirecionamento e microssegmentação de anúncios, bem como dos sistemas de recomendação e de ampliação ou redução do alcance de postagens. Por exemplo, não é tarefa simples garantir que a resposta seja publicada com o uso das mesmas ferramentas de publicidade de plataforma e seja direcionada à mesma audiência selecionada para a transmissão do conteúdo ofensivo.

Outra discussão relevante é se é possível exigir direito de resposta quanto a mensagens enviadas por serviços de mensageria privada, criptografados ou não. Nesse aspecto, é preciso considerar que o direito de resposta é assegurado para mensagens que ganhem algum grau de publicidade. Desse modo, não parece irrazoável considerar que a possibilidade de concessão ou não do direito de resposta dependerá não apenas do tipo de provedor de aplicação de internet, mas também da própria forma de distribuição da mensagem. Enquanto mensagens em grupos privados de aplicativos de mensageria não devem, em regra, ensejar direito de resposta, é possível que conteúdos publicados via listas de transmissão ou em canais públicos possam justificar a sua concessão, especialmente quando as mensagens tiverem grande alcance e não for possível ao ofendido publicar a sua réplica imediatamente e no mesmo meio.

Apesar dessas particularidades, a legislação em vigor sobre o tema não considerou as características específicas das mídias online na conformação do direito de resposta. A Lei n. 13.188/2015 apenas exclui da aplicação do direito a hipótese de comentários realizados por usuários da internet nas páginas eletrônicas dos veículos de comunicação social (art. 2º, § 1º), e, quanto à forma e à duração da resposta ou retificação, dispõe que "praticado o agravo em mídia escrita ou na internet, terá a resposta ou retificação o destaque, a publicidade, a periodicidade e a dimensão da matéria que a ensejou" (art. 4º, I).

---

7. Em sentido semelhante, veja-se CARVALHO, Luiz Gustavo Grandinetti Castanho de. *Direito de Informação e Liberdade de Expressão*. Op. cit., p. 174-175.

Já no campo eleitoral, o legislador empreendeu maior esforço para conformar o direito de resposta ao ambiente online. A Lei n. 9.504/97 não apenas assegura o direito de resposta no caso de exercício abusivo da liberdade de expressão por meio da rede mundial de computadores (art. 57-D), como também disciplina o exercício do direito de resposta por ofensas veiculadas na propaganda eleitoral na internet (art. 58). A título ilustrativo, especificou-se que cabe ao usuário ofensor realizar a publicação da resposta do ofendido e que a divulgação deve empregar o "mesmo impulsionamento de conteúdo eventualmente contratado" e se dar no "mesmo veículo, espaço, local, horário, página eletrônica, tamanho, caracteres e outros elementos de realce usados na ofensa" (art. 58-D, § 3º, IV, "a"), além de ficar "disponível para acesso pelos usuários do serviço de internet por tempo não inferior ao dobro em que esteve disponível a mensagem considerada ofensiva" (art. 58-D, § 3º, IV, "b").

10. A reparação por dano material, moral ou à imagem

A localização da garantia da indenização por dano material, moral ou à imagem no mesmo inciso que consagra o direito de resposta, e logo após aquele que tutela a liberdade de manifestação do pensamento, indica que se trata de uma previsão relacionada ao regime da liberdade de expressão, que visou a reconhecer a responsabilidade do agente que comete abusos no exercício deste direito, causando danos a terceiros. Portanto, tal dispositivo não confere fundamento constitucional para qualquer pretensão relacionada à responsabilidade civil, mas tão somente para as atinentes à reparação de danos decorrentes do exercício da liberdade de expressão. Sem embargo, é possível lastrear outras pretensões relativas à responsabilidade civil em diferentes preceitos constitucionais, como os arts. 1º, III, e 5º, X, nos casos de danos à personalidade, ou o art. 5º, XXII, nos casos de lesão patrimonial.

O modelo em que se baseou a Constituição de 1988 em matéria de liberdade de expressão é o da liberdade com responsabilidade. Daí a vedação à censura, acompanhada da proibição do anonimato e da consagração da responsabilidade civil em caso de dano material, moral ou à imagem. Tal modelo se harmoniza com o sistema de valores da Constituição, que atribuiu superlativa importância tanto à liberdade de expressão como aos direitos contrapostos, como honra, reputação e privacidade, que podem com ela colidir.

Contudo, se é verdade que a tutela de bens jurídicos conflitantes pode justificar a responsabilização civil e até a penal daqueles que exercitarem de maneira abusiva a sua liberdade de expressão, não é menos certo que os valores dessa liberdade não deixam de incidir neste momento posterior. Afinal, pouco adiantaria proibir a censura prévia e permitir que, pela via da responsabilização ulterior penal ou civil, as pessoas fossem perseguidas ou prejudicadas pela manifestação das suas opiniões sempre que estas de alguma maneira atingissem os interesses de terceiros. Além das injustiças que fatalmente seriam perpetradas contra os críticos mais corajosos dos poderosos de plantão, este modelo teria efeitos sistêmicos nefastos, pois induziria a sociedade ao silêncio e à autocensura, empobrecendo os debates sociais e prejudicando o direito à informação do público. Trata-se do fenômeno que a doutrina norte-americana denominou "efeito resfriador" (*chilling effect*) do discurso[8].

Daí por que o regime jurídico da responsabilidade civil nessa área deve buscar um delicado ponto de equilíbrio em que, por um lado, não se desguarneça a proteção dos direitos da personalidade, mas, por outro, também não se asfixie o exercício da liberdade de expressão. Isso permite o descarte de alguns modelos de responsabilidade civil, pela sua franca incompatibilidade com a Constituição. Um deles é o da responsabilidade objetiva da imprensa pelos danos à personalidade, que é defendido por alguns juristas, com base na teoria da assunção dos riscos inerentes ao desempenho de atividades potencialmente perigosas. A adoção de tal concepção, ao possibilitar a responsabilização dos meios de comunicação social por lesão aos direitos de personalidade sem qualquer necessidade de aferição da culpa, tenderia a gerar uma esfera pública amordaçada, em que o medo da responsabilidade civil comprometeria o importante papel de crítica que a imprensa deve exercer numa democracia.

No extremo oposto, outro modelo incompatível com a Constituição brasileira foi o adotado no direito norte-americano, a partir do importante precedente *Sullivan v. New York Times*[9], em que, em nome da proteção à liberdade de expressão, se assentou que as pessoas públicas, mesmo diante da divulgação de fato inverídico prejudicial à sua reputação, só fazem jus a indenização se provarem que o responsável agiu com dolo real (*actual malice*) ou eventual (*reckless disregard of whether it was false or not*). Tal modelo, se protege muito bem a liberdade de expressão, não tutela adequadamente os direitos da personalidade, sendo, portanto, inadequado para o sistema constitucional brasileiro.

Em nossa ordem jurídica, a responsabilidade civil nestas hipóteses deve envolver um exame da abusividade da ação daquele que se expressou. Trata-se, portanto, de uma responsabilidade subjetiva, focada na análise sobre a existência de dolo ou culpa na ação do agente causador do dano. E nesse exame de abusividade, devem ser considerados diversos fatores, tais como a posição da vítima – se é ou não uma personalidade pública, hipótese em que só ensejará responsabilidade a culpa grave –; a intenção e a diligência empregada por quem apurou os fatos, quando o caso envolver a divulgação de notícias inverídicas[10]; a existência de algum interesse social na questão, quando a hipótese resvalar no direito de privacidade; e o grau de lesão aos direitos fundamentais do ofendido. Nesse quadro, críticas dirigidas contra as atividades públicas ou as posições assumidas por personalidades notórias ou por instituições estatais ou da sociedade civil, ainda quando contundentes, bem como notícias verdadeiras sobre temas de interesse público, mesmo quando prejudiciais à reputação dos envolvidos, não devem ser vistas como exercício abusivo da liberdade de expressão, não rendendo ensejo à responsabilidade civil.

---

8. Cf. FARBER, Daniel A. *The First Amendment*. 2nd. ed. New York: The Foundation Press, 2003, p. 79-102.
9. 376 U.S. 254 (1964).
10. De acordo com o magistério de Edilsom Pereira de Farias, "o limite interno da veracidade, aplicado ao direito à informação, refere-se à verdade subjetiva e não à verdade objetiva. Vale dizer, no Estado Democrático de Direito, o que se exige do sujeito é um dever de diligência ou apreço pela verdade, no sentido de que seja contactada a fonte dos fatos noticiáveis e verificada a seriedade ou idoneidade da notícia antes de qualquer divulgação" (*Colisão de Direitos: a honra, a intimidade, a vida privada e a imagem versus a liberdade de expressão e informação*, p. 132).

Por outro lado, o constituinte preocupou-se em assegurar a possibilidade de reparação cabal dos danos perpetrados pelo exercício abusivo das liberdades comunicativas, contemplando tanto o dano material como o moral e à imagem. Como se sabe, o dano material é aquele dotado de imediata expressão econômica, devendo corresponder ao valor da reconstituição do bem patrimonial lesado pela ação do agente. Já o dano moral caracteriza-se por ser insuscetível de quantificação econômica. Ele pode estar relacionado à injusta provocação de dor e sofrimento à vítima, ou ao abalo da sua reputação no meio social, guardando estreita relação com a cláusula geral de tutela da personalidade humana.

A jurisprudência atual é pacífica no sentido do cabimento da reparação de dano moral sofrido por pessoa jurídica, estando a orientação cristalizada na Súmula 227 do STJ. O entendimento dominante é de que, embora não possam padecer de sofrimentos, as pessoas jurídicas têm uma reputação no meio social – a sua "honra objetiva" –, cujo abalo dá ensejo à reparação do dano moral[11].

Também se afigura possível a indenização por danos morais coletivos, quando o exercício abusivo da liberdade de expressão atingir a toda uma coletividade ou grupo social desprovido de personalidade jurídica[12]. Na jurisprudência do STJ, há controvérsia sobre o cabimento dos danos morais coletivos, mas a melhor posição é a de que *"o dano moral coletivo, assim entendido o que é transindividual e atinge uma classe específica ou não de pessoas, é passível de comprovação pela presença de prejuízo à imagem e à moral coletiva de indivíduos enquanto síntese das individualidades percebidas como segmento"* (2ª Turma, REsp 1.057.274, Rel. Min. Eliana Calmon, *DJe* 26-2-2010)[13]. Um exemplo seria a difusão, por um veículo de comunicação social, de mensagem de conteúdo racista ou preconceituoso, dirigida contra determinado segmento de pessoas. Nesta hipótese, o valor da indenização deve ser de alguma maneira revertido em proveito do grupo atingido.

Por outro lado, é tranquila a jurisprudência no sentido de que o tarifamento do dano moral, imposto pela Lei de Imprensa, não foi recepcionado pela Constituição, que consagrou de forma ampla a reparação deste dano. Aliás, como já salientado, todos os dispositivos daquela lei foram tidos como não recepcionados pelo STF, no julgamento da ADPF 130. Por isso a indenização, quando cabível, deve ser arbitrada pelo juiz da causa, de forma razoável, levando em consideração elementos como a intensidade do dano sofrido pela vítima, a capacidade econômica do agente e a intensidade da sua culpa[14]. Entendo, por outro lado, que na fixação dessa indenização deve estar também presente a preocupação com a liberdade de expressão, uma vez que a proliferação de decisões que fixem reparações em patamares muito elevados pode constituir um sério fator de inibição do exercício desta liberdade, em detrimento da vitalidade da esfera da comunicação pública. Esse ponto foi destacado pelo STF no julgamento da ADPF n. 130.

Quanto ao dano à imagem, trata-se de uma decorrência de violação ao direito à imagem, que é um dos direitos da personalidade. Este, por sua vez, não se esgota na prerrogativa pessoal de não ter o retrato divulgado sem autorização. Na verdade, a ideia de imagem é mais ampla, compreendendo toda sorte de representações de uma pessoa[15], produzidas por qualquer meio. O direito à imagem ostenta tanto um conteúdo moral, por tutelar uma emanação da personalidade humana, como uma dimensão patrimonial, por impedir o locupletamento ilícito decorrente do uso comercial não autorizado da imagem individual. De acordo com um importante julgado do STJ, em se tratando de direito à imagem, "a obrigação de reparação decorre do próprio uso indevido do direito personalíssimo, (...) não sendo necessária a demonstração de prejuízo material ou moral" (STJ, 4ª Turma, REsp 267.529, Rel. Min. Sálvio de Figueiredo Teixeira, *DJ* 18-12-2000).

Contudo, é certo que o direito à imagem não desfruta de prioridade em face da liberdade de expressão e do direito de informação. Assim, para aferir a abusividade da ação daquele que expõe ao público, sem autorização, a imagem de uma pessoa, há que se proceder a uma cuidadosa ponderação entre os interesses em disputa, que em muitos casos afastará o caráter ilícito da ação, e, por consequência, também a responsabilidade civil[16]. Não se deve considerar como ato ilícito, por exemplo, a exposição da imagem de pessoas notórias quando envolvidas em atividades públicas, mesmo sem a sua autorização. Há, ademais, inúmeras outras situações em que o interesse da sociedade no acesso a informações sobrepuja a tutela constitucional da imagem. Neste sentido, o STF reconheceu a inconstitucionalidade do art. 20 do Código Civil, que apenas autorizou a exposição ou utilização da imagem de uma pessoa quando esta tenha concedido autorização, ou quando tal providência seja "necessária à administração da justiça ou à manutenção da ordem pública". Na verdade, o regime do Código Civil não atribuiu na regulação da matéria qualquer peso à liberdade de expressão ou ao direito fundamental à informação, não resistindo, por isso, a um juízo de constitucionalidade.

Em todo caso, porém, é preciso que as quantias indenizatórias sejam arbitradas em valores moderados e proporcionais, de modo a evitar o mencionado *"chilling effect"*, que se traduziria em um desincentivo a que cidadãos e profissionais de imprensa exerçam o seu direito à liberdade de expressão pelo receio da sanção[17].

---

11. Para uma visão crítica à admissibilidade do dano moral de pessoa jurídica, veja-se TEPEDINO, Gustavo. A pessoa jurídica e os direitos da personalidade. In: *Temas de Direito Civil*. 3ª ed. Rio de Janeiro: Renovar, 2004, p. 559-561.
12. Cf. SARMENTO, Daniel. Direito constitucional e igualdade étnico-racial. In: PIOVESAN, Flávia; e SOUZA, Douglas Martins de (Coords.). *Ordem Jurídica e Igualdade Étnico-Racial*. Rio de Janeiro: Lumen Juris, 2008, p. 104-105; e MEDEIROS NETO, Xisto Tiago de. *Dano Moral Coletivo*. São Paulo: LTr, 2004, p. 155.
13. A questão do cabimento do dano moral coletivo ainda não se pacificou no STJ. Aquela Corte tem também decisões contrárias ao seu cabimento, baseadas na ideia de que seria *"necessária sua vinculação com a noção de dor, sofrimento psíquico e de caráter individual, incompatível, assim, com a noção de transindividualidade da lesão – indeterminabilidade do sujeito passivo, indivisibilidade da ofensa e de reparação da lesão"* (1ª Turma, REsp 971.844).
14. Não cabe aqui enveredar pela discussão a propósito dos critérios de arbitramento do dano moral, nem tampouco sobre a existência de uma dimensão punitiva na respectiva indenização. Confira-se, a respeito, MORAES, Maria Celina Bodin de. *Danos à Pessoa Humana: uma leitura civil-constitucional dos danos morais*, p. 193-311.
15. Cf. SOUZA, Carlos Affonso Pereira de. Contornos atuais do direito à imagem. *Revista Trimestral de Direito Civil*, v. 13, jan./mar. 2003, p. 33-72.
16. BARROSO, Luís Roberto. Liberdade de expressão, censura e controle da programação de televisão na Constituição de 1988, p. 377-378.
17. OSORIO, Aline. *Direito Eleitoral e Liberdade de Expressão*. 2ª ed. Belo Horizonte: Fórum, p. 79, 2022.

11. A responsabilidade civil dos provedores de aplicações de internet por conteúdos de terceiros

Embora assegure o direito à indenização por dano material, moral ou à imagem decorrente do exercício abusivo da liberdade de expressão, a Constituição não aborda a questão da possibilidade de se imputar responsabilidade não apenas ao responsável pelo conteúdo lesivo, mas ao provedor de aplicações de internet em cuja plataforma o conteúdo lesivo foi publicado.

O tema da responsabilidade civil das plataformas digitais por conteúdo gerado por terceiro é hoje regulado pelo Marco Civil da Internet, com forte inspiração no direito norte-americano (em especial, no art. 230 do *Communications Decency Ac*t). No art. 19 do Marco Civil, estabeleceu-se, como regra, um regime de responsabilidade subjetiva dos provedores apenas pelo descumprimento de decisão judicial específica de remoção do conteúdo. Esse regime geral é excepcionado apenas em hipóteses muito bem delineadas, de infrações a direitos de autor e pornografia de vingança, em que basta a notificação privada (arts. 19, § 2º, e 21). Esse sistema reflete a preocupação em garantir uma proteção reforçada à liberdade de expressão na internet, evitando conceder aos provedores incentivos para estabelecer um sistema de monitoramento geral da rede e para suprimir o acesso a todo tipo de conteúdo apontado por seus usuários como infringente para evitar o risco de responsabilização. E, é claro, a exigência de definição judicial sobre a ilicitude de conteúdo como condição para imputação de responsabilidade não impede que as plataformas exerçam a atividade de moderação de conteúdos de acordo com suas políticas e termos de uso e, eventualmente, tornem indisponível conteúdos após mera notificação privada.

Hoje, porém, está em discussão, se esse regime de responsabilidade permanece compatível com a Constituição, considerando que não tem sido capaz de produzir os incentivos necessários para que as plataformas efetivem uma moderação mais eficaz de conteúdos ilícitos em contextos de graves riscos à democracia, à saúde pública e aos direitos fundamentais de grupos vulnerabilizados. O debate está colocado não apenas na seara legislativa, mas também perante o STF (RE 1.037.396, sob o regime da repercussão geral).

Entendemos que o regime de responsabilidade dos provedores previsto no art. 19 do Marco Civil é válido em relação à maior parte das situações, por conferir adequada proteção à garantia da liberdade de expressão. Em determinadas hipóteses, contudo, é necessária a definição de exceções adicionais à incidência da regra da reserva de jurisdição, substituindo-a por um sistema de notificação extrajudicial para a responsabilização do provedor de aplicações de internet. Nesse caso, porém, para não produzir os riscos de novas formas de censura *online*, seria necessário estabelecer um pequeno rol de hipóteses de ilicitude delineadas de modo objetivo, levando-se em consideração tipos penais específicos (a exemplo do racismo, do terrorismo e da tentativa de abolição violenta ao Estado Democrático de Direito). Para além do debate sobre a responsabilidade civil dos provedores, mais relevante para a garantia de um ambiente *online* mais saudável e plural, é necessário pensar em um sistema de responsabilidade administrativa baseada em deveres de devida diligência pelas plataformas e de identificação e mitigação de riscos sistêmicos produzidos pelo funcionamento de seus serviços, na linha adotada pelo Digital Services Act (DSA) europeu.

Art. 5º, VI – é inviolável a liberdade de consciência e de crença, sendo assegurado o livre exercício dos cultos religiosos e garantida, na forma da lei, a proteção aos locais de culto e a suas liturgias;

VII – é assegurada, nos termos da lei, a prestação de assistência religiosa nas entidades civis e militares de internação coletiva;

VIII – ninguém será privado de direitos por motivo de crença religiosa ou de convicção filosófica ou política, salvo se as invocar para eximir-se de obrigação legal a todos imposta e recusar-se a cumprir prestação alternativa, fixada em lei;

Jayme Weingartner Neto

A – REFERÊNCIAS

1. História da norma

Redação original, conforme legislador constituinte.

2. Constituições brasileiras anteriores

Const. de 1824, art. 179, § 5º; Const. de 1891, arts. 72, § 3º, 28, 29; Const. de 1934, art. 111, *b*, art. 113, 1, 4, 5 e 6; Constituição de 1937, art. 119, *b*, art. 122, 4º; Constituição de 1946, art. 141, §§ 7º a 9º; Constituição de 1967, art. 144, II, *b*; art. 150, §§ 1º, 5º a 7º; Emenda Const. de 1969, art. 153, § 5º.

3. Constituições estrangeiras

Lei Fundamental Alemã, arts. 4º e 3º, 3; Constituição da Argentina, art. 14; Constituição do Canadá, arts. 2º e 15; Constituição dos EUA, 1ª emenda; Constituição da Espanha, arts. 16 e 20 (1, d); Constituição de Portugal, art. 13º, 2 e 41; Constituição da França, Preâmbulo, art. 2º; Constituição da Itália, arts. 3º, 8º, 19, 20; Constituição do Japão, art. 20; Constituição da China, art. 34; Constituição de Cuba, arts. 8º, 42, 43 e 55; Constituição da Rússia, arts. 19-2; 28; 29-2; 59-3.

4. Direito internacional

4.1. Legislação

Declaração das Nações Unidas de 1948, arts. 2º e 18; Pacto dos direitos civis e políticos de 1966, arts. 2º, 4º, 18, 20, 27; Estatuto dos refugiados de 1951, art. 4º; Declaração sobre a eliminação de todas as formas de intolerância e discriminação fundadas na religião ou nas convicções de 1981 (Resolução da Assembleia Geral da ONU, n. 36/55), arts. 2º a 6º; Pacto de São José da Costa Rica (Convenção americana de direitos humanos), arts. 12 e 13; Convenção europeia dos direitos do homem e das liberdades fundamentais de 1950, arts. 9º e 14; Carta dos direitos fundamentais da União Europeia, arts. 10º, 14, 21 e 22.

4.2. Jurisprudência

Tribunal Constitucional Alemão:

Sentença 93, 11 (1995) – considera que a colocação de cruz ou crucifixo numa sala de aula de uma escola estatal, que não tem o caráter confessional, viola a liberdade de crença individual.

Sentença 32, 198 (1971) – confirma efeito irradiante do direito fundamental à liberdade de crença na penalização por omissão do dever de prestar auxílio.

Sentença 104, 337 (2002) – considera constitucional a degola ritual de animais, de motivação religiosa, não só para consumo próprio como para comércio.

Tribunal Europeu de Direitos Humanos:

Dahlab v. Suíça (2001) – a um Estado Democrático é permitido limitar o direito de vestir lenço islâmico se sua utilização for considerada incompatível com a proteção de direitos e liberdades de outros, da ordem pública e da segurança pública.

Sahin v. Turquia (2004) – inclui-se na margem de apreciação das autoridades nacionais proibir o véu, se sua utilização dificulta a proteção dos direitos femininos, o processo de secularização e a tutela das minorias religiosas.

Jewish Litturgical Assoc. Cha'are Shalom Ve Tsedek v. França (2000) – trata do acesso, pleiteado por uma comunidade judaica ultraortodoxa, aos matadouros em França, a fim de assegurar o respectivo direito de comer *glatt* (carne *Kosher*).

Kokkinakis v. Grécia (1993) – a condenação por crime de proselitismo violava o direito à liberdade religiosa, que comporta o direito de tentar convencer o seu próximo.

Buscarani *et al* v. San Marino (2000) – considerou que a exigência de jurar uma religião particular, sob pena de perder o mandato, representa limitação coercitiva ao direito subjetivo de liberdade religiosa.

Lautsi v. Italia (2011) – O TEDH, em 2009 (primeira instância), decidiu que a exposição de crucifixos nas salas de aula é "uma violação do direito dos pais de educar seus filhos de acordo suas convicções e o direito dos estudantes à liberdade de religião"; não podendo determinar a retirada de crucifixos de escolas italianas e europeias, condenou a Itália a indenizar a requerente por danos morais. O julgamento final (18/3/2011), em grau recursal, revogou a decisão, prevalecendo a tese (15 votos a 2) segundo a qual não há nenhuma evidência a provar qualquer influência [sobre os alunos] decorrente da exibição do crucifixo nas salas de aula, pelo que não se trata de violação dos direitos de ensino e educação das crianças. Ponderou-se que a escola pública italiana não impõe qualquer tipo de doutrinação religiosa; ao decidir manter os crucifixos nas salas de aula frequentadas pelos filhos da requerente, o Estado italiano respeita o direito dos pais a assegurar educação e ensino de acordo com as suas convicções religiosas e filosóficas.

S.A.S. v. France (ECHR, 1º/7/2014, Rec. 43.835/11), polêmica do véu no espaço público – o *topos* "segurança pública" não passou no teste da necessidade, mas o TEDH aceitou o fundamento [a suportar a restrição da liberdade religiosa] da "proteção dos direitos e liberdades de terceiros", o que se insere nos "requisitos mínimos para uma vida em sociedade". A proibição legal francesa deve ser entendida como "necessária em uma sociedade democrática", o que torna a lei compatível com os artigos 8º e 9º da Convenção Europeia de Direitos Humanos. Além disso, não houve violação dos artigos 10 e 14 dessa convenção.

Pavez Pavez v. Chile (2022) – a CIDH declarou que o Estado do Chile é responsável pela violação aos direitos à igualdade e não discriminação, à liberdade pessoal, à vida privada e ao trabalho, reconhecidos na CADH, em prejuízo de Sandra Pavez Pavez, pelo tratamento discriminatório que sofreu ao ter sido afastada de seu cargo de professora de religião católica em um colégio público, depois de ter revogado seu certificado de idoneidade por parte da Vicária para a Educação do Bispado de San Bernardo com base em sua orientação sexual.

Suprema Corte Norte-Americana:

Church of Lukumi Balalu Aye v. City of Hialeah (1993) – invalidou, por ofensiva da liberdade religiosa, legislação municipal que proibia o sacrifício de animais cujo propósito era excluir particular "seita" religiosa.

5. Remissões constitucionais e legais

– Constitucionais: Preâmbulo (sob a proteção de Deus); art. 15, IV; art. 19, I; art. 143, § 1º e 2º; art. 150, inciso VI, letra *b*; art. 210, § 1º, art. 213, *caput* e inciso II; art. 226, § 2º.

Legais: Leis n. 6.932/81 e n. 7.672/89 (assistência religiosa nas Forças Armadas); Lei n. 7.210/84, arts. 3º, 24, 41, VII (assistência religiosa na execução penal); Lei n. 8.069/90, arts. 94, XII, 124, IV (assistência religiosa nas entidades de internação para adolescentes); Lei n. 9.982/00 (assistência religiosa nas entidades hospitalares públicas e privadas, bem como nos estabelecimentos prisionais civis e militares); Lei n. 11.635/07 (institui o dia nacional de combate à intolerância religiosa); Ensino: Lei de Diretrizes e Bases da Educação, 9.394/96, art. 33, com redação da Lei n. 9.475/97; e art. 7º-A, incluído pela Lei n. 13.796/2019 (estabelece prestações alternativas para ausência de provas/aulas em face de preceitos religiosos); Código Civil, art. 2.031, parágrafo único (exclui as organizações religiosas do dever de adaptação ao novo Código Civil); Código Penal, art. 140, § 3º, com redação da Lei n. 9.549/97 (crime de injúria religiosa); art. 208 (crime de ultraje a culto e impedimento/perturbação); arts. 283 e 284 (charlatanismo e curandeirismo); Lei n. 7.716/89 (arts. 3º, 4º e 20, com redação da Lei n. 9.549/97 – crime de discriminação/preconceito religioso); Feriados: Lei n. 10.607/02 (feriados nacionais); Lei n. 6.802/80 (feriado nacional de Nossa Senhora Aparecida, Padroeira do Brasil); Lei n. 9.093/95 (feriados religiosos municipais). Acordo entre a República Federativa do Brasil e a Santa Sé relativo ao *estatuto jurídico da Igreja Católica*, assinado no Vaticano em 13/11/2008 e aprovado pelo Dec. Legislativo n. 698/2009 e promulgado pelo Presidente da República pelo Dec. n. 7.107/2010; Conselho Nacional de Justiça, Resolução n. 440 de 07/01/2022 (institui a Política Nacional de Promoção à Liberdade Religiosa e Combate à Intolerância no âmbito do Poder Judiciário brasileiro).

6. Jurisprudência do STF

MS 1.114 (1949) – inviável a uma confissão dissidente a Igreja Católica Apostólica Brasileira exercer cultos que foram considerados próprios da Igreja Católica Romana.

RMS 16.857 (1969). Reconhecido pela Corte o poder de polícia estatal para evitar a exploração da credulidade pública, sendo o mandado de segurança deferido, em parte, para assegurar apenas o exercício de culto religioso, enquanto não contrariar a ordem pública e os bons costumes, sem prejuízo de ação, prevista em lei, das autoridades competentes.

RE 92.916 (1981). Processo de suspensão condicional da pena (*sursis*), em que o beneficiário havia sido proibido de frequentar, auxiliar ou desenvolver cultos religiosos em locais não especificamente destinados para tal. Reconhecimento de que tal condição não se coaduna ao princípio constitucional da liberdade religiosa, devendo a Justiça estimular a prática da religião em razão de seu caráter pedagógico.

Representação 959-9 (1985) – julgada prejudicada, o voto do relator considerava razoável que o legislador local exigisse requisitos adicionais para o exercício dos cultos africanos.

HC 82.424 (2003) – condenação de editor por escrever, editar, divulgar e comerciar livros fazendo apologia de ideias preconceituosas e discriminatórias contra a comunidade judaica, o que foi considerado crime de racismo e como tal imprescritível.

ADI 2.076-5 (2002) – não há inconstitucionalidade na ausência de invocação a Deus na Constituição Estadual do Acre, diante da ausência de força normativa do Preâmbulo da Constituição Federal.

Sentença Estrangeira Contestada 5.529 (2002). Sentença estrangeira de divórcio, proveniente da Síria, prolatada pelo Tribunal de Assuntos Religiosos de Damasco. Considerando que foram atendidos os requisitos formais e regimentais, bem como as características da lei e costumes do país de origem, a sentença foi homologada.

Suspensão de Segurança 2.144 (2002) – a Corte entendeu pela manutenção da segurança a candidato a concurso público cuja data aprazada recaía no sábado.

HC 62.240 (2006) – condenação por curandeirismo fundada em fatos inconfundíveis com o mero exercício da liberdade religiosa.

ADI 2.806/RS (2003) – declara inconstitucional a Lei n. 11.830/2002, do Estado do Rio Grande do Sul, que procurava adequar as atividades do serviço público aos dias de guarda de diferentes religiões, escorando-se, a Corte, no vício formal em virtude de desobediência à regra da iniciativa (que foi de membro da Assembleia Legislativa) para legislar sobre os assuntos tratados na lei (que deveria ser do Executivo, no caso dos órgãos estaduais, a par de afrontar a autonomia constitucional das universidades). Confira-se o voto do Min. Sepúlveda Pertence, que julgou a lei materialmente inconstitucional, considerando também violados princípios substanciais (*due process of law* substancial e caráter laico da República).

ADI 3.510/DF (2009) – questionava a lei da biossegurança (Lei n. 11.105/2005), que, ao permitir a pesquisa científica com células-tronco embrionárias, violaria o direito à vida e à dignidade humana, com marcadas ressonâncias religiosas. Por maioria e após acirrada controvérsia, a Corte chancelou a possibilidade de pesquisa utilizar células-tronco obtidas de embriões humanos produzidos mediante fertilização *in vitro* e descartados no procedimento ulterior – os votos vencidos, em boa parte, sustentaram a necessidade de uma série de restrições e controles em relação à proposta original da lei (na linha de que seria possível harmonizar dogmas religiosos com o desenvolvimento científico, cf. voto do Min. Menezes Direito).

RHC 134.682 (2016) – trancou ação penal em relação a crime de racismo religioso por publicação de livro por sacerdote católico que incitava a respectiva comunidade a salvar adeptos do espiritismo, considerados inferiores, reafirmando o proselitismo como núcleo essencial da liberdade de expressão religiosa.

RHC 146.303 (2018) – o direito à liberdade religiosa implica uma multiplicidade de crenças/descrenças religiosas, que se vinculam e se harmonizam – para a sobrevivência de toda a multiplicidade de fés protegida constitucionalmente – na chamada tolerância religiosa. "Há que se distinguir entre o discurso religioso (que é centrado na própria crença e nas razões da crença) e o discurso sobre a crença alheia, especialmente quando se faça com intuito de atingi-la, rebaixá-la ou desmerecê-la (ou a seus seguidores). Um é tipicamente a representação do direito à liberdade de crença religiosa; outro, em sentido diametralmente oposto, é o ataque ao mesmo direito". Ao considerar que a conduta do paciente não consiste apenas na "defesa da própria religião, culto, crença ou ideologia, mas, sim, de um ataque ao culto alheio, que põe em risco a liberdade religiosa daqueles que professam fé diferente [d]a do paciente", a Segunda Turma não proveu o recurso.

ADI 2.566/DF (2018) – inconstitucional vedar proselitismo religioso em rádios comunitárias.

ADO 26, MI 4.733 (2019) – criminalização da homofobia, Tese 2. A repressão penal à prática da homotransfobia **não alcança nem restringe ou limita o exercício da liberdade religiosa**, qualquer que seja a denominação confessional professada, a cujos fiéis e ministros (sacerdotes, pastores, rabinos, mulás ou clérigos muçulmanos e líderes ou celebrantes das religiões afro-brasileiras, entre outros) é assegurado o *direito de pregar e de divulgar, livremente, pela palavra, pela imagem ou por qualquer outro meio, o seu pensamento e de externar suas convicções de acordo com o que se contiver em seus livros e códigos sagrados*, bem assim o de ensinar segundo sua orientação doutrinária e/ou teológica, *podendo buscar e conquistar prosélitos* e praticar os atos de culto e respectiva liturgia, independentemente do espaço, público ou privado, de sua atuação individual ou coletiva, **desde que tais manifestações não configurem discurso de ódio**, assim entendidas aquelas exteriorizações que **incitem a discriminação, a hostilidade ou a violência contra pessoas** em razão de sua orientação sexual ou de sua identidade de gênero.

RE 494.601 (2019) – questionava dispositivo, no âmbito de Código Estadual de proteção aos animais, que permite o sacrifício ritual de animais, por considerá-lo livre exercício dos cultos e liturgias de matriz africana. O Plenário, por maioria, negou provimento ao RE, e fixou a seguinte tese: "É constitucional a lei de proteção animal que, a fim de resguardar a liberdade religiosa, permite o sacrifício ritual de animais em cultos de religiões de matriz africana".

ARE 1.267.879 – RG (2020): "É constitucional a obrigatoriedade de imunização por meio de vacina que, registrada em órgão de vigilância sanitária, tenha sido incluída no plano nacional de imunizações; ou tenha sua aplicação obrigatória decretada em lei; ou seja objeto de determinação da União, dos estados, do Distrito Federal ou dos municípios com base em consenso médico-científico. Em tais casos, não se caracteriza violação à liberdade de consciência e de convicção filosófica dos pais ou responsáveis, nem tampouco ao poder familiar" – por analogia, também não haverá violação à objeção de consciência por motivo de crença religiosa.

ADPF 701/MG, ADPF 810/SP, 5/4/2021, ADPF 811/SP (2021) – medidas que limitam e mesmo impedem, temporariamente (na pendência das razões legítimas que as ensejaram), a realização de cultos presenciais coletivos são constitucionalmente legítimas por assegurarem a coordenação mútua das condições de vida, inclusive espiritual, visando a reduzir a morte e a doença, em tempos de pandemia.

6.1. Processos pendentes

RE 859.376/PR (2017), reconhecida a Repercussão Geral, versa sobre o direito ao uso de hábito religioso em fotografia de documento de habilitação e identificação civil, afastando norma administrativa que veda a utilização de item de vestuário/acessório que cubra parte do rosto ou da cabeça na foto, questionando se é possível, em nome do direito à liberdade de crença e religião, excepcionar obrigação imposta a todos relativa à identificação civil.

RE 979.742-AM (2017), reconhecida a repercussão geral, trata-se de decidir se o exercício da liberdade religiosa pode justificar o custeio de tratamento de saúde pelo Estado. O recurso foi interposto pela União contra acórdão da Turma Recursal do Juizado Especial Federal do Amazonas e Roraima, que a condenou, juntamente com o Estado do Amazonas e o Município de Manaus, a custear um procedimento cirúrgico indisponível na rede pública, pois a religião do paciente (Testemunha de Jeová) proíbe transfusão de sangue.

ADPF 618/2019 – visa assegurar às Testemunhas de Jeová maiores de idade e capazes o direito de não se submeterem a transfusões de sangue por motivo de crença religiosa e convicção pessoal, ao questionar o art. 146, § 3º, inciso I, do Código Penal e dispositivos da Resolução 1.021/1980 do Conselho Federal de Medicina, que estabelecem como dever do médico a realização da transfusão mesmo que haja recusa do paciente ou de seus responsáveis.

ADI 6.622/DF (2020) – questiona o § 1º do art. 13 da Lei 14.021/2020, o Rel. Min. Barroso deferiu parcialmente a cautelar para explicitar o impedimento de ingresso de missões religiosas em terras indígenas de povos isolados, com base em seu direito à vida e à saúde, conforme decisão já proferida na ADPF 709 (23/9/2021).

7. Jurisprudência do STJ

HC 1.498 (1992). Inepta a denúncia que não aponta o perigo concreto à saúde pública em fatos de charlatanismo e curandeirismo, diante da liberdade de culto, com proteção do local e da liturgia.

RMS 16.107 (2005). A Corte não reconheceu o direito de candidato de concurso público, membro da Igreja Adventista, no sentido de realizar provas discursivas fora de data e horário previamente designados, inexistindo lesão aos incisos VI e VIII do art. 5º da CF.

RE 1.961.729/SP (2022). A Terceira Turma decidiu, em polêmica travada entre associações católicas que divergem sobre a dimensão teológica do aborto, que **carece a parte autora de legitimidade ativa** na medida em que inexistia qualquer relação jurídica de direito material entre as partes que justificasse o ajuizamento da ação, pois **quem teria, em tese, ligação direta com o direito material deduzido em juízo não seria a associação de fiéis, mas a própria organização religiosa, que é pessoa jurídica de direito privado autônoma e titular da própria esfera jurídica**, nos termos do inciso IV do art. 44 do Código Civil.

HC 697.581 (2023), trancou a ação penal, considerando atípica ameaça (art. 147 do Código Penal) perpetrada por meio de "trabalho espiritual" visando à morte de várias autoridades municipais, pois o mal prometido deve ser sério e verossímil, ou seja, ter potencialidade de concretização, sob a perspectiva da ciência e do homem médio, o que não se afigura na hipótese de "crendices, sortilégios e fatos impossíveis de demonstrar cientificamente".

8. Referências bibliográficas

ADRAGÃO, Paulo Pulido. *A liberdade religiosa e o Estado*. Coimbra: Almedina, 2002; ALVES, Rodrigo Vitorino Souza (Org.). *Latin American Perspectives on Law and Religion*. Heidelberg & Londres: Springer, 2020; ALVES, Rodrigo Vitorino Souza. A proteção internacional da liberdade de religião ou crença no contexto do combate ao terrorismo. In: ARGIOLAS, Davide (Org.). *Novos estudos sobre liberdade religiosa, risco e segurança no século XXI*. Lisboa: Petrony, 2018, p. 181-223; ALVES, Rodrigo Vitorino Souza. *Direito e religião*: uma teoria geral. Porto Alegre: Editora Fênix, 2022; ALVES, Rodrigo Vitorino Souza; ALVES PINTO, T. F. Investigations on the Use of Limitations to Freedom of Religion or Belief in Brazil. *Religion and Human Rights*, v. 15, p. 77-95, 2020. Disponível em: https://brill.com/view/journals/rhrs/15/1-2/article-p77_6.xml?language=en. Acesso livre; ALVES PINTO, Thiago Alves Pinto. 'An Empirical Investigation of the Use of Limitations to Freedom of Religion or Belief at the European Court of Human Rights' 15 *Religion & Human Rights* 96, 2020. Disponível em: https://brill.com; CANOTILHO, J. J. Gomes; MOREIRA, Vital. *Constituição da República Portuguesa Anotada*. 4. ed. rev. Coimbra: Coimbra Editora, v. I, 2007; GODOY, Arnaldo Moraes. A liberdade religiosa nas Constituições do Brasil. *Revista de Direito Constitucional e Internacional*, ano 9, n. 34, jan./mar. 2001; GRIMM, Dieter. Após as disputas em torno das caricaturas: precisamos de um novo balanço entre liberdade de imprensa e proteção à religião? In: LEITE, George Salomão; SARLET, Ingo Wolfgang (Coords.). *Direitos fundamentais e Estado constitucional*: estudos em homenagem a J. J. Gomes Canotilho. São Paulo, Coimbra: Revista dos Tribunais e Coimbra Editora, 2009, v. 1, p. 176-189; LEITE, Fábio Carvalho. *Estado e religião*. *A liberdade religiosa no Brasil*. Curitiba: Juruá, 2014; LEITE, Fábio Carvalho. Liberdade de expressão religiosa e discurso de ódio contrarreligioso: a decisão do STF no RHC 134.682. *REDES – Revista eletrônica Direito e Sociedade*. UnilaSalle Editora, v. 7, n. 3 (2019). Disponível em: https://revistas.unilasalle.edu.br/index.php/redes/article/view/6103. Acesso em 26.12.2022; LOREA, Roberto Arriada (Org.). *Em defesa das liberdades laicas*. Porto Alegre: Livraria do Advogado, 2008; MACHADO, Jónatas Eduardo Mendes. *Liberdade religiosa numa comunidade constitucional inclusiva. Dos direitos da verdade aos direitos dos cidadãos*. Coimbra: Coimbra Editora, 1996; Id. *Estado constitucional e neutralidade religiosa. Entre o teísmo e o (neo)ateísmo*. Porto Alegre: Livraria do Advogado, 2013; MAZZUOLI, Valério de Oliveira; SORIANO, Aldir Guedes (Coord.). *Direito à liberdade religiosa*: desafios e perspectivas para o século XXI. Belo Horizonte: Fórum, 2009, p. 235-249; MIRANDA, Jorge. *Manual de Direito Constitucional*. Tomo IV, Coimbra: Coimbra Ed., 2000; MIRANDA, Lucas. *O delito de discriminação religiosa*: limites entre a crítica legítima à religião e o discurso discriminatório. Rio de Janeiro: Marcial Pons, 2022; PIOVESAN, Flávia. *Estado laico, intolerância e diversidade religiosa no Brasil*: pesquisas, reflexões e debates. Ministério dos Direitos Humanos. Secretaria Nacional de Cidadania, 2018; PONTES DE MIRANDA, F. C. *Comentários à Constituição de 1967*. Tomo IV. São Paulo: RT, 1967;

SANTOS JUNIOR, Aloísio Cristovam dos. *A liberdade de organização religiosa e o estado laico brasileiro*. São Paulo: Mackenzie, 2007; Id. *A liberdade religiosa e contrato de trabalho – a dogmática dos direitos fundamentais e a construção de respostas constitucionalmente adequadas aos conflitos religiosos no ambiente de trabalho*. Niterói: Impetus, 2013; SARLET, Ingo Wolfgang; MARINONI, Luiz G.; MITIDIERO, Daniel. *Curso de direito constitucional*. 12. ed. São Paulo: Saraiva Jur, 2023 (liberdade de consciência e de crença – liberdade religiosa); SILVA, Priscilla Regina. *Contrarreligião*: liberdade de expressão e discurso de ódio contrarreligioso. Curitiba: Juruá, 2017; SILVA NETO, Manoel Jorge. *Proteção constitucional à liberdade religiosa*. Rio de Janeiro: Lumen Juris, 2008; SORIANO, Aldir Guedes. *Liberdade religiosa no direito constitucional e internacional*. São Paulo: Juarez de Oliveira, 2000; VIEIRA, Thiago Rafael; REGINA, Jean Marques. *A laicidade colaborativa*: da aurora da civilização à Constituição brasileira de 1988. São Paulo: Vida Nova, 2021; WEINGARTNER NETO, Jayme. *Liberdade religiosa na Constituição*: fundamentalismo, pluralismo, crenças e cultos. Porto Alegre: Livraria do Advogado, 2007; Id. Liberdade religiosa na jurisprudência do STF. In: SARMENTO, Daniel; SARLET, Ingo Wolfgang (Coords). *Direitos fundamentais no Supremo Tribunal Federal*: balanço e crítica. Rio de Janeiro: Lumen Juris, 2011, p. 481/530; Id. O que é ser Charlie para a minoria religiosa? A dignidade da pessoa humana como ponte intercultural para proteger vidas e harmonizar liberdades em tempos de cólera. In: BERTOLI, Márcia Rodrigues; GASTAL, Alexandre Fernandes; CARDOSO, Simone Tassinari (Org.). *Direitos fundamentais e vulnerabilidade social*. Porto Alegre: Livraria do Advogado, 2016, v. 1, p. 149-169; WEINGARTNER NETO, Jayme; WOLFGANG SARLET, Ingo. A liberdade religiosa aos trinta anos da Constituição Federal Brasileira. In: BOLONHA, Carlos; OLIVEIRA, Fábio Corrêa Souza de; ALMEIDA, Maíra Almeida; SEGUNDO, Elpídio Paiva Luz (Orgs.). *30 anos da Constituição de 1988*: uma jornada democrática inacabada. Belo Horizonte: Fórum, 2019, v. 1, p. 257-282; WEINGARTNER NETO, Jayme; SARLET, Ingo W. *Constituição e Direito Penal – Questões polêmicas*. 2. ed. São Paulo: Thomson Reuters/Revista dos Tribunais, 2023 (2.5, Proselitismo e liberdade de expressão religiosa).

Recomenda-se, finalmente, consulta ao sítio eletrônico do CEDIRE (Centro Brasileiro de Estudos em Direito e Religião – grupo de pesquisa cadastrado no Conselho Nacional de Desenvolvimento Científico e Tecnológico), pioneiro na promoção desta abordagem interdisciplinar como disciplina jurídica e área de ensino, pesquisa e extensão no Brasil; disponibiliza uma série de conteúdos úteis para pesquisadores e outros profissionais (ex.: relatórios, resumos de casos, notas sobre publicações, *links* para *websites* relevantes) – https://www.direitoereligiao.org/sobre-nos.

B – COMENTÁRIOS

1. Liberdades de consciência e religiosa: noções gerais

Os três dispositivos consagram, a rigor, dois direitos fundamentais distintos, certo que conexos: a liberdade de consciência e a liberdade de religião. A primeira parte do inciso VI assegura genericamente a liberdade de consciência que, adiante, no inciso VIII, densifica-se no direito à objeção (ou escusa) de consciência. Tal liberdade, em suma, traduz-se na autonomia moral-prática do indivíduo, a faculdade de autodeterminar-se no que tange aos padrões éticos e existenciais, seja da própria conduta ou da alheia – na total liberdade de autopercepção –, seja em nível racional, mítico-simbólico e até de mistério. Já a liberdade de religião, como direito complexo, engloba em seu núcleo essencial a liberdade de ter, não ter ou deixar de ter religião e desdobra-se em várias concretizações: liberdade de crença (2ª parte do inciso VI), as liberdades de expressão e de informação em matéria religiosa, a liberdade de culto (3ª parte do inciso VI) e uma sua especificação, o direito à assistência religiosa (inciso VII) e outros direitos fundamentais específicos, como o de reunião e associação e a privacidade, com as peculiaridades que a dimensão religiosa acarreta.

Em face da experiência histórica de que o fenômeno religioso, ao institucionalizar-se, resvala com facilidade para a coerção e a discriminação, seja no seio interno da confissão ou em relação aos "infiéis" ou não crentes (*freio ao poder*), e, por outro lado, de que a dimensão espiritual é constitutiva da dignidade humana (também no aspecto *identitário*), bem por isso imprescindível para assegurar a autodeterminação pessoal (tutela individual de concretização da dignidade, expressão de dimensão existencial pessoal nuclear) e disputada pelo poder político diante das lealdades e coesão social que logra obter, o direito constitucional do Estado Democrático de Direito ocupa-se da matéria, a fim de compatibilizar a mais ampla e livre (con)vivência religiosa com os valores constitucionais basilares (igual dignidade e liberdade, pluralismo intercultural, justiça social). Diante desse programa normativo, deve-se operar com um *conceito amplo* de liberdade religiosa e de religião (um âmbito normativo alargado), que aposte no maior grau de *inclusividade* (abertura para religiões minoritárias e inconvencionais) compatível com a igual liberdade e dignidade dos cidadãos, anteparos ao *fundamentalismo-militante*, que discrimina e quer se impor aos não crentes.

2. Antecedentes históricos

Na Antiguidade, o *monismo* identificava o poder político e a religião, uma característica fundamental do mundo pré-cristão, ora com predomínio do elemento religioso (teocentrismo), ora do poder político (cesarismo). Em qualquer variante, o indivíduo estava dissolvido nas práticas da comunidade. O *dualismo* (a Deus o que é de Deus e a César o que é de César), com a valorização cristã da personalidade individual, afirma a independência entre poder político e religioso, mas o paradigma teocêntrico da Idade Média tornaria mais problemática a clara delimitação das esferas. No início, a Igreja afirmou seus direitos em relação ao Estado (hierocracia) – a *libertas ecclesia* (liberdade eclesiástica) era prerrogativa da Igreja Católica com sua pretensão teológica exclusiva de corporificar a verdade, e a regra era a intolerância com o pluralismo religioso (daí a noção de heresia e os desdobramentos da Inquisição); depois, há gradativa supremacia do Estado (regalismo). Só no constitucionalismo os cidadãos passam a ter direitos em relação a ambos (Igreja e Estado).

A Reforma Protestante desencadeia as guerras religiosas, que se relacionam com o advento do Estado Moderno, que é soberano como solução política para os conflitos teológicos. O processo passa pela questão da tolerância religiosa e da igualdade entre as confissões e anda de mãos dadas com a progressiva juridicização da liberdade de consciência. O *constitucionalismo* liberal e revolucionário, com postulados contratualistas e jusnaturalistas, funda raízes no *paradigma secular e racional* e desemboca no discurso jurídico-constitucional, que proclama o direito à liberdade religiosa. É consabida a tese de Jellinek de que a liberdade religiosa, nas colônias anglo-americanas, está na origem da ideia de consagração legislativa de um direito universal do homem. É a primeira emenda (1791) da Constituição Americana que consagra o direito à liberdade religiosa (*free exercise clause*) e o princípio da separação Igreja/Estado (*establishment clause*). Já na Europa, tendo em vista a tradição histórica de unidade teológica-política, seja com primado católico, protestante ou ortodoxo, a sedimentação jurídico-constitucional sofreu maiores vicissitudes. Um certo laicismo antirreligioso defronta-se, hoje, com um clima pós-secular, de ressurgimento religioso, no qual o cidadão não se contenta em confinar sua espiritualidade aos deuses lares e exige espaço, em maior ou menor grau, na praça.

3. Âmbito de proteção

Quanto ao *âmbito normativo*, a liberdade religiosa compreende duas grandes dimensões, apresentando-se como *direito subjetivo* (1) e como *vetor objetivo* (2). Examinada na ótica do direito subjetivo, comporta duas outras categorias, consoante o titular respectivo: *direitos subjetivos individuais* (1.1), que pertencem aos brasileiros e estrangeiros (pessoas naturais), incluindo os menores e os incapacitados (com as devidas particularidades, especialmente no seu exercício); e *direitos subjetivos das pessoas jurídicas* (1.2), titulados pelas igrejas e confissões religiosas. Vista pelo prisma objetivo, a liberdade religiosa apresenta pelo menos três vertentes: *princípios* (2.1), *deveres de proteção* (2.2) e *garantias institucionais* (2.3). Segue um *Catálogo de Posições Jusfundamentais* que densifica o conteúdo e o alcance da liberdade religiosa. Como direito subjetivo individual, destacam-se: (1.1.1) a *liberdade de ter, não ter* ou *deixar de ter* religião; (1.1.2) como *liberdade de crença*, de escolher livremente, mudar ou abandonar a própria crença religiosa; (1.1.3) liberdade de *atuação* segundo a própria crença (unidade essencial entre crença e conduta religiosa – agir ou não agir em conformidade com as normas da religião professada); (1.1.4) liberdade de *professar* a própria crença: (1.1.4.1) procurar para ela novos crentes (*proselitismo*); (1.1.4.2) *exprimir e divulgar* livremente, pela palavra, pela imagem ou por qualquer outro meio, o seu *pensamento* em matéria religiosa; (1.1.4.3) inclusive de *produzir obras* científicas, literárias e artísticas sobre religião; (1.1.5) liberdade de *informar e se informar* sobre religião; (1.1.6) liberdade de *aprender e ensinar* religião; (1.1.7) *liberdade de culto*, de praticar ou não praticar os atos do culto, particular ou público, da religião professada; (1.1.7.1) a liberdade de culto inclui a *inviolabilidade dos templos* e (1.1.7.2) direitos de *participação religiosa*: (1.1.7.2.1) aderir à igreja ou confissão religiosa que escolher, participar na vida interna e nos ritos religiosos celebrados em comum e receber a assistência religiosa que pedir; (1.1.7.2.2) celebrar casamento e ser sepultado com os ritos da própria religião; (1.1.7.2.3) comemorar publicamente as festividades religiosas da própria religião; (1.1.8) *reunir-se, manifestar-se e associar-se* com outros de acordo com as próprias convicções em matéria religiosa; (1.1.9) direito à *privacidade religiosa*, pelo qual (1.1.9.1) ninguém pode ser perguntado por qualquer autoridade acerca das suas convicções ou prática religiosa, salvo para recolha de dados estatísticos não individualmente identificáveis, nem ser prejudicado por se recusar a responder; (1.1.9.2) direito de escolher para os filhos os nomes próprios da onomástica religiosa da religião professada; (1.1.9.3) direito de educação dos filhos em coerência com as próprias convicções em matéria religiosa; (1.1.10) direito à *objeção de consciência* por motivo de crença religiosa, com atribuição de serviço alternativo ao serviço militar obrigatório; (1.1.11) direito à *assistência religiosa* em situações especiais: na qualidade de membro, ainda que transitório, das Forças Armadas ou de segurança pública; ou em caso de internamento em hospitais, asilos, colégios, estabelecimentos de saúde, de assistência, de educação e similares; bem como em caso de privação de liberdade em estabelecimento prisional; (1.1.12) direito à *dispensa do trabalho e de aulas/provas* por motivo religioso, quando houver coincidência com os dias de descanso semanal, das festividades e nos períodos e horários que lhes sejam prescritos pela confissão que professam; (1.1.13) o *conteúdo negativo* da liberdade religiosa avulta nas seguintes hipóteses, em que ninguém pode: (1.1.13.1) ser obrigado a professar uma crença religiosa, a praticar ou a assistir atos de culto, a receber assistência religiosa ou propaganda em matéria religiosa; (1.1.13.2) ser coagido a fazer parte, a permanecer ou a sair de associação religiosa, igreja ou confissão, sem prejuízo das respectivas normas sobre filiação e exclusão dos membros; (1.1.13.3) ser obrigado a prestar juramento religioso; (1.1.14) direito a *tratamento diferenciado* para as pessoas consideradas *ministros* do culto pelas normas da respectiva igreja ou confissão religiosa, que envolve ampla liberdade de exercer seu ministério, direito à seguridade social, isenção de serviço militar obrigatório, escusa de intervenção como jurado ou testemunha; (1.1.15) direito ao *ensino religioso em escola pública* de ensino fundamental.

Como *direito subjetivo das igrejas*, cujo objeto bitola-se pelos fins religiosos propostos pela respectiva confissão, mencionam-se: (1.2.1) um direito geral de *autodeterminação*, que se desdobra em: (1.2.1.1) *autocompreensão* e *autodefinição* no que tange à identidade religiosa e ao caráter próprio da confissão professada, bem assim no tocante aos fins específicos da atividade de cada sujeito titular do direito; (1.2.1.2) *auto-organização* e *autoadministração*, podendo dispor com autonomia sobre: formação, composição, competência e funcionamento de seus órgãos; representação, funções e poderes dos seus representantes, ministros etc.; direitos e deveres religiosos dos crentes; adesão ou participação na fundação de federações ou associações interconfessionais, com sede no país ou no estrangeiro; (1.2.1.3) *autojurisdição* e *autodissolução*; (1.2.2) liberdade de *exercício das funções religiosas e do culto*, podendo, sem interferência do Estado ou de terceiros: (1.2.2.1) exercer os atos de culto, privado ou público, sem prejuízo das exigências de polícia e trânsito; (1.2.2.2) estabelecer lugares de culto ou de reunião para fins religiosos, inclusive construir ou abrir edifícios religiosos e adquirir e usar os bens convenientes; (1.2.2.3) ensinar na forma e pelas pessoas autorizadas por si a doutrina da confissão professada; (1.2.2.4) difundir a confissão professada e procurar para ela novos crentes (proselitismo); (1.2.2.5) assistir religiosamente os próprios membros; (1.2.2.6) comunicar e publicar atos em matéria religiosa e de culto (divulgar o próprio credo); (1.2.2.7) relacionar-se e comunicar-se com as organizações similares ou de outras confissões, no território nacional ou no estrangeiro; (1.2.2.8) designar e formar os seus ministros; (1.2.2.9) fundar seminários ou quaisquer outros estabelecimentos de formação ou cultura religiosa; (1.2.3) direito de *autofinanciamento*, podendo pedir e receber contribuições voluntárias, financeiras e de outros tipos, a particulares e instituições; (1.2.4) exercício de *atividades não religiosas* de caráter instrumental, consequencial ou complementar das suas funções religiosas, podendo: (1.2.4.1) criar escolas particulares e cooperativas e, de modo geral, promover instituições religiosas e constituir associações e fundações educativas, culturais, caritativas e sociais de inspiração religiosa; (1.2.4.2) praticar beneficência dos crentes ou de quaisquer pessoas; (1.2.4.3) promover as próprias expressões culturais ou a educação e a cultura em geral; (1.2.4.4) utilizar meios de comunicação social próprios para a prossecução de suas atividades.

Neste plano de direitos subjetivos, sejam de pessoas físicas ou jurídicas, incidem os princípios da *igualdade* e da *dignidade humana*, bem como um princípio de *tolerância*, que acarreta um dever de tolerância, por parte do Estado e dos particulares (pessoas naturais ou jurídicas), de não perseguir e não discriminar os titulares dos direitos subjetivos, quando do respectivo exercício. Outro ponto a gizar é que a *família* (típico exemplo de garantia institucional), como entidade reconhecida constitucionalmente, é titular de direitos subjetivos em matéria religiosa, lógico que no que couber e com as dinâmicas próprias da convivência familiar.

A segunda dimensão (*vetor objetivo*) é tradicionalmente tratada na doutrina brasileira como *princípio da separação das confissões religiosas do Estado* e/ou da não confessionalidade, pelo que se remete ao comentário ao art. 19, inciso I. De todo modo, há presunção constitucional a favor da dimensão subjetiva dos direitos fundamentais e, portanto, primazia da liberdade religiosa negativa individual perante as correspondentes pretensões confessionais ou estatais. Natural, pois, que a liberdade religiosa apresente-se primordialmente como liberdade negativa (direito de defesa a delimitar esfera de competência negativa para o Estado – *v.g.*, o Estado não adota qualquer religião, nem interfere, de qualquer forma, nas respectivas escolhas dos cidadãos), embora também avultem aspectos positivos, a exigir respostas prestacionais do Estado (ex., ao assegurar a prestação de assistência religiosa nas entidades civis e militares, bem como o ensino religioso, de matrícula facultativa, nas escolas públicas de ensino fundamental), o que será detalhado no comentário ao art. 19, I.

No que tange à liberdade de consciência, o bem fundamental tutelado é a autodeterminação ético-existencial. Abrange tanto o *forum internum* (liberdade de formar as próprias convicções) – ameaçada por regimes totalitários, reflete-se como limite às "lavagens cerebrais", hipnoses e narcoanálises – quanto o *forum externum* (possibilidade de exteriorizar as decisões de consciência de modo oral, escrito ou artístico). Engloba, ainda, a liberdade de agir (comissiva ou omissivamente) segundo a consciência. Embora garantida como direito sem restrições, colocam-se difíceis questões em torno de limites e ponderações com outros direitos e valores constitucionais protegidos[1]. A própria Constituição, no inciso VIII do art. 5º, opera uma primeira harmonização. Diante das traumáticas experiências totalitárias do "breve" século XX, transcende o valor da democracia plural e tolerante, mas o funcionamento desse regime não dispensa a submissão individual a decisões axiológicas majoritárias. Todavia, muitas vezes, para o indivíduo, do cerne de sua personalidade ética, cumprir determinados comandos legais (mesmo sancionados penalmente) pode significar a perda de sua identidade profunda. Certo que há limites mais evidentes (a Constituição não socorre o crente que ritualmente sacrifica a vida de um filho a seu deus por imperativo religioso de consciência), convivem, contudo, com zonas mais sombrias (figure-se o médico que se sente impedido, em função de sua consciência religiosa, de interromper uma gravidez, embora indicação técnica de aborto terapêutico, ou a testemunha de Jeová que não consente na transfusão de sangue ao filho necessitado). A solução de tais conflitos depende de ponderação, devendo prevalecer o fato de consciência quando não afete – ou o faça de forma periférica – liberdades e direitos fundamentais de terceiros.

4. Objeção de consciência

A concretizar a liberdade de consciência, estão protegidas constitucionalmente as convicções políticas, religiosas, sociais, ideológicas, filosóficas, científicas etc., inaceitável, em linha de princípio, a privação de direitos por tais crenças (art. 5º, VIII), de que deriva o direito individual de escusa (objeção) de consciência, que se configura, sob reserva de lei, no texto constitucional, desde que tais convicções/crenças não sejam invocadas para eximir-se de obrigação legal a todos imposta, e, neste caso, se o titular do direito recusar-se a cumprir prestação alternativa, a ser regulada em lei (para a recusa do serviço militar por imperativo de consciência, mais usual, há serviço alternativo previsto na Lei n. 8.239/91). Se o titular do direito à objeção de consciência também recusar a alternativa legal, desde que neutra em relação à convicção dissidente (para preservar o conteúdo material da liberdade de consciência), sujeita-se à perda ou suspensão de seus direitos políticos (Constituição, art. 15, IV). A objeção de consciência não pode ser invocada pelos titulares de cargos públicos no que tange ao cumprimento dos deveres inerentes às funções que desempenham (mesmo porque não há investidura forçada, a incidir princípio básico de lealdade democrático-republicana)[2]. Certos conflitos derivados da escusa de consciência religiosa colocam especiais exigências de ponderação (casos, por exemplo, de recusa a vacinações obrigatórias ou transfusões sanguíneas necessárias), prevalecendo, no caso de crianças, adolescentes e incapazes, soluções a favor das medidas em prol da saúde e da conservação da vida.

5. Arranjo dogmático e inter-relação das liberdades

Há evidentes conexões e relações de precisão e de meio/fim entre os feixes complexos que formam as liberdades jusfundamentais básicas, vale dizer, entre liberdade religiosa, liberdade de consciência e liberdade de pensamento. Parece mais adequada a corrente majoritária na doutrina portuguesa (a inviolabilidade de consciência como raiz), ao passo que os comentadores brasileiros, em geral, derivam, na esteira de Pontes de Miranda, a liberdade religiosa da *liberdade de pensamento* (a liberdade religiosa como uma sua especialização).

---

1. CANOTILHO/MOREIRA, *Constituição portuguesa anotada*, p. 609-610.

2. Id., ib., p. 616.

A problemática da liberdade de expressão em sentido amplo (*liberdades publicísticas, liberdades comunicativas* ou *liberdades da comunicação*) – a liberdade de manifestação do pensamento, vedado o anonimato (art. 5º, IV), subsume-se nela – deve ser entendida como estando presente em outros direitos fundamentais que concretizam aquele direito nos vários domínios da vida social (político, religioso, científico etc.) – beneficiando-se de certa "permeabilidade categorial", interpenetrando-se, em concreto, as liberdades de consciência, religiosa e comunicativa.

Os elementos positivos (textuais) disponíveis na Constituição apontam para a conveniência de lidar-se com dois direitos fundamentais obviamente conexos e interligados (sem precedência valorativa), mas com autonomia dogmática suficiente: (i) as *liberdades comunicativas*, por um lado (liberdade de expressão em sentido amplo); (ii) a *liberdade religiosa*; (iii) como *ponte* entre ambos os complexos, e vista como *matricial* (direito-mãe), a *liberdade de consciência*. No caso brasileiro, argumento auxiliar retira-se da própria distinção textual, cabível a objeção de consciência por motivo de *crença religiosa* ou (o que não é o mesmo, embora de efeito igual) de *convicção filosófica e política* (inciso VIII) – ademais, há clara conotação religiosa na liberdade de crença do inciso VI, pois o que se assegura, nos desdobramentos do dispositivo, é o culto religioso, os locais de culto e as respectivas liturgias.

6. Conceito jurídico de religião

Quanto aos possíveis conceitos de religião, é de se optar, juridicamente, pela abordagem tipológica. Superam-se, pois, as definições objetivas, que buscam uma definição material, um conceito substancial e essencialista de religião, via percorrida pela Suprema Corte norte-americana, remontando aos célebres *Mormon cases* do último quartel do século XIX, a definir religião, em síntese, com base nos elementos *divindade, moralidade* e *culto* – além de deixar de fora até religiões tradicionais, como o budismo, não se coaduna com a proteção das minorias, especialmente no caso dos novos movimentos religiosos, muitos inconvencionais.

Tampouco um conceito funcional-subjetivo (religião seria aquilo que se apresenta como tal na consciência do sujeito), que a Suprema Corte norte-americana adotou a partir da década de 60 do século XX, revelou-se operacional, posto o dilema de escrutinar a sinceridade da convicção religiosa do indivíduo ou cair-se no subjetivismo de aceitar como religiosa qualquer crença alegada pelo pretenso titular do direito.

Já o conceito tipológico, amplo e não essencialista, parte das parecenças de famílias, os elementos comuns e relativamente consolidados das grandes religiões mundiais, mas nenhum deles, *per se*, é necessário ou suficiente, realizando-se uma análise de similitude/contraste com os padrões mais estabelecidos do fenômeno religioso – o que permite afastar as visões de mundo ideológicas, filosóficas, agnósticas ou ateias (marxismo ou maçonaria, por exemplo, que recebem proteção constitucional por outra via, em face da liberdade de consciência).

A expressão *seita*, sem contorno jurídico, de viés pejorativo e potencial discriminatório, é de ser descartada (embora o conceito tipológico remeta, em última instância, a um fenômeno social típico).

7. Liberdade de crença

A *liberdade de crença*, desse modo, não engloba o *ateísmo* e outras *visões não religiosas*, que vão tuteladas constitucionalmente, como assentado, pelo direito geral de liberdade de consciência. Nesta seara, duas posições são particularmente relevantes, a *liberdade de atuação segundo a própria crença* (a confluir no consagrado direito à objeção de consciência por motivo religioso) e o *direito ao proselitismo*, que é pré-condição para materializar-se o direito de mudar de convicções religiosas – a ênfase na difusão da fé e na conquista de novos crentes é particularmente acentuada em alguns movimentos religiosos (casos, *v.g.*, das Testemunhas de Jeová e dos Mórmons) e/ou em determinados momentos históricos (Cruzadas, expansão do Islã, missões cristãs).

8. Liberdade de culto

A prática religiosa manifesta-se no exercício dos atos de culto (liberdade de atividade cultual), condutas individuais ou grupais, tais como *orações, certas formas de meditação, jejum, leitura e estudo de livros sagrados, serviços religiosos nos templos, homilias, pregações, procissões, sacrifícios rituais de animais*. Pode-se tomar *liturgia* como culto público e oficial instituído por uma igreja, ritual institucionalizado, o que torna a inclusão do termo quase redundante. Para muitos autores, trata-se o culto de elemento primordial da liberdade religiosa, inclusive porque seu caráter de externalização tende a facilitar a identificação do fenômeno religioso. Da liberdade de culto desdobra-se a inviolabilidade dos templos (lugares de culto ou de reuniões religiosas). Reuniões e procissões religiosas, aliás, inserem-se no âmbito de proteção do direito à liberdade de reunião e associação (art. 5º, XVI e XVII, da Constituição), aplicando-se-lhes o respectivo programa normativo geral (caráter pacífico da reunião, sem armas, em lugares abertos ao público, independentemente de autorização; fins lícitos e vedação de associação paramilitar). De toda sorte, a proibição de impedir ou perturbar os atos de culto vincula entidades públicas e privadas e dá azo a um dever de proteção por parte do Estado, vale dizer, além de abster-se de perturbar o culto, o poder público deve, ao mesmo tempo, prevenir, reprimir e sancionar a sua perturbação por terceiros, alargando-se aos respectivos momentos anteriores e posteriores e abrangendo a ida e o regresso aos locais de culto.

9. Assistência religiosa

Da liberdade de culto, ainda, deriva a possibilidade de obtenção, em certos casos, de *assistência religiosa* por parte de confissões ou comunidades religiosas (CF, art. 5º, VII), gerando um dever prestacional para o Estado (assegurar a prestação de assistência religiosa) que depende de situações especiais para concretização do direito (condição pessoal e *locus* de estada). Assegura-se, com reserva de lei, a *prestação de assistência religiosa* (de responsabilidade das igrejas e confissões religiosas – ao Estado só cabe facultar, não prestar diretamente –, por isso o dispositivo não fere o caráter laico do Estado) "nas entidades civis e militares de internação coletiva". A maioria da doutrina subsume as Forças Armadas na dicção constitucional, mesmo porque há lei específica regulando a matéria (Leis n. 6.923/81 e 7.672/88). Também existe previsão legal no tocante aos estabelecimentos prisionais (art. 41, VII, Lei n. 7.210/84) e às entidades de internação para adolescentes privados de liberdade pela prática de atos infracionais (art. 124, IV, Lei n. 8.069/90). A Lei n. 9.982/2000 regula a prestação de assistência religiosa nas entidades hospitalares públicas e privadas, bem como nos estabelecimentos prisionais civis e militares ao assegurar aos religiosos de todas as confissões o *acesso* a tais locais.

10. Privacidade religiosa

A *privacidade em matéria religiosa*, além de proteger o âmbito da intimidade e impedir o escrutínio estatal de dados religiosos (salvo para fins estatísticos), tem especial incidência no *seio familiar*, inclusive no direito a *educar os filhos* de acordo com as próprias convicções religiosas, e dialoga com aspectos negativos do direito como um todo, fundando a inconstitucionalidade, por exemplo, de *obrigação de prestar juramento religioso* (veja-se *Buscarini v. San Marino*, TEDH, 2000).

11. Direitos subjetivos das igrejas

Quanto à liberdade religiosa titulada pelas igrejas, tais pessoas jurídicas detêm: (a) um direito geral de autodeterminação; (b) as liberdades de exercício das funções religiosas e de culto; (c) o direito de autofinanciamento; (d) e a prerrogativa de exercício de atividades não religiosas. Desde logo, excluem-se os direitos que exigem obrigatória referência à pessoa humana – caso evidente da liberdade de consciência. Sendo sua *personalidade jurídica* de direito privado (associações, art. 44, I, do Código Civil), ressaltam-se as cláusulas de *salvaguarda da identidade religiosa* e do caráter próprio das confissões religiosas (que podem "irritar" o programa democrático da legislação civil) – solução adotada pelo legislador (parágrafo único do art. 2.031 do Código Civil), ao dispensar as organizações religiosas de se adaptar às disposições do diploma legal. Outras pessoas jurídicas, para além das confissões religiosas, podem reclamar da proteção do direito à liberdade religiosa – associações pias de fins religiosos, bem como fundações.

12. Restrições e limites

No que tange às restrições e limites à liberdade religiosa, não se tem, no caso brasileiro, *previsão explícita*, no plano *constitucional*, de *qualquer restrição legal*, o que, se é coerente com a íntima proximidade com a dignidade da pessoa humana (a conferir perímetro especialmente alargado à liberdade religiosa, que não pode ser suspensa no *estado de defesa* ou sequer no *estado de sítio* – arts. 136 e 139 da Constituição), não significa direito destituído de limitação. Seja como for, os direitos individuais fundamentais só podem ser limitados (restringidos) por expressa disposição constitucional (*restrição imediata*) ou mediante lei ordinária com fundamento na própria Constituição (*restrição mediata*), sendo que algumas restrições explícitas no texto constitucional advêm do regime excepcional de *estado de necessidade* (estado de defesa e estado de sítio). Assim, não há previsão constitucional de que lei possa restringir a liberdade de crença (art. 5º, VI, 2ª parte – trata-se de um direito individual sem reserva legal expressa), ao passo que a proteção aos locais de culto e as suas liturgias, bem como o direito de assistência religiosa (art. 5º, VI, 3ª parte, "na forma da lei"; VII, "nos termos da lei"), submetem-se ao regime de reserva legal simples.

De todo modo, os limites *implícitos* estão presentes, em face da *necessidade de compatibilizar a liberdade religiosa com os direitos de terceiros e com outros bens constitucionais* (vida, integridade física, saúde, meio ambiente, ordem/segurança pública, saúde pública). Observa-se que as restrições também submetem-se aos *limites dos limites* (a lei limitadora, em face do efeito recíproco, interpreta-se segundo o programa do direito fundamental objeto de restrição, sendo limitada na sua eficácia limitadora); ao crivo da *proporcionalidade*; e, como salvaguarda final, à garantia do *núcleo essencial* do direito à liberdade religiosa. Aplicáveis ao quadro brasileiro os limites previstos no Pacto de São José da Costa Rica, advertindo-se que ficam vedadas, todavia, restrições que recorram à dicotomia crença/conduta ou que façam prevalecer, incondicionalmente, concepções majoritárias ou conveniências administrativas, bem assim o recurso metódico a fórmulas fáceis – afasta-se, assim, em interpretação sistemática, o recurso à *moral pública* ou aos *bons costumes*. Na tensão com o *meio ambiente*, alerta-se que a liberdade religiosa, muitas vezes sem qualquer preocupação de concordância prática, é restringida pela aplicação *tout court* de regulamentos administrativos, o que é de ser reavaliado (tensão entre cultos ruidosos, "igrejas eletrônicas", e direitos de vizinhança, poluição sonora). Não é de aceitar, porém reitera-se o limite dos *bons costumes*, limites implícitos para a tendência majoritária da doutrina brasileira (ainda que na roupagem de *moral pública*), cuja vagueza semântica autorizaria a imposição de mundivisões fixadas e discriminatórias, embora a questão seja controversa na doutrina e jurisprudência pátrias. Já o descarte da *moral pública* e dos *bons costumes* liga-se à noção de que são amiúde utilizados como "conceitos de atalho" (*shortcuts*) "para justificar a restrição ou mesmo a neutralização de direitos fundamentais como a liberdade de expressão, de imprensa, de manifestação, de religião, de uma forma subtraída a qualquer avaliação crítica", uma automática abertura a outros códigos deônticos (morais e religiosos) "insuscetíveis de descrição sistêmica pelo binário característico do discurso jurídico".

Ao desdobrar-se em *posições jurídicas* que *substanciam outros direitos fundamentais*, naturalmente a liberdade religiosa vai conformar-se com os limites constitucionais diretos e indiretos que *valem genérica e formalmente para as atividades de suporte*: liberdade de expressão, de reunião, de manifestação, de associação etc., estabelecidos já de forma ponderada pelo legislador constituinte. Também para a *livre manifestação do pensamento religioso é vedado o anonimato* (art. 5º, IV); *a reunião religiosa há de ser pacífica e sem armas*, não podendo frustrar outra reunião anteriormente convocada para o mesmo local e exigível o "prévio aviso à autoridade competente" (art. 5º, XVI); é livre a criação de associações religiosas, desde que para *fins lícitos e sem caráter paramilitar* (art. 5º, XVII) – os fins lícitos, aqui, devem escoimar-se da chamada "infecção de preconceitos majoritários" (*infection of majoriarian bias*), pena de tornar-se retórica a garantia constitucional[3]. Também *as reuniões religiosas*, por outro lado, *podem ser restringidas* (mesmo que exercidas no seio das confissões religiosas) *na vigência do estado de defesa* (art. 136, § 1º, I, *a*, da CF/88) e *suspensas por decreto de estado de sítio* (art. 139, IV, da CF/88)

---

3. MACHADO, *Liberdade religiosa*, nota 922 da p. 280.

– reuniões religiosas, bem-entendido, não o *"exercício dos cultos religiosos"* (liberdade posta em patamar superior pelo inciso VI do art. 5º). *A liberdade de expressão religiosa* (inviolabilidade de correspondência, sigilo das comunicações, direito de informação, liberdade de imprensa, radiodifusão e televisão), todavia, submete-se às *restrições do estado de sítio*, nos termos do regime geral do art. 139, III, da Constituição (certo que com expressa reserva de lei). Seja como for, a tarefa é de harmonização.

13. Titulares: pessoas naturais e jurídicas

No que tange aos titulares da liberdade religiosa, como direito subjetivo individual, apresentam-se as pessoas naturais e, dada sua natureza essencialmente pessoal (forte conteúdo de dignidade humana), abrange tanto cidadãos nacionais quanto estrangeiros. Certo que o exercício de alguns direitos especificados depende da questão da capacidade do sujeito titular, inviável solução genérica e apriorística. Pode-se presumir, *juris tantum*, a *maioridade religiosa* dos *adolescentes* (pessoa entre 12 e 18 anos de idade, consoante o art. 2º da Lei n. 8.069/90), afastável por demonstração de *imaturidade* biopsicossocial para o ato/omissão religiosos considerados, bem como a *incapacidade religiosa* das *crianças* (até 12 anos de idade incompletos, conforme o dispositivo citado), também afastável por demonstração de *maturidade* biopsicossocial para o ato/omissão religiosos em apreço.

Como referido, também as pessoas jurídicas titulam direitos subjetivos de cunho religioso (igrejas, grupos religiosos, comunidades religiosas – e até associações e fundações com fins religiosos) – excluídos obviamente aqueles de referência obrigatória à pessoa humana, liberdade de consciência, *e.g.* Mesmo a família, já se consignou no item 3, é titular de direito subjetivo em matéria religiosa, sob determinadas circunstâncias.

14. Destinatários: poderes públicos e entidades privadas

Mencionou-se que a compreensão da liberdade religiosa como direito de defesa (negativo) perante o Estado importa abstenção dos poderes públicos de interferirem nas áreas de proteção garantidas – conduta omissiva que ganha especial relevo no que toca aos princípios da separação e da não confessionalidade. Há, entretanto, alguns direitos positivos (dimensão social) que exigem até mesmo prestações por parte dos Poderes Públicos, inclusive de cunho legislativo (por exemplo, reconhecer a validade civil, sob condições reguladas, do casamento celebrado de forma religiosa), o que se evidencia nos princípios de cooperação e da solidariedade, presentes ainda deveres de proteção, em cujo âmbito cabe ao Estado criar condições para que as confissões religiosas desempenhem suas missões – dever de aperfeiçoamento.

A liberdade religiosa, por diferentes modos e com diversas intensidades, também vincula os particulares nas suas relações privadas (é pacífica, por exemplo, a ilicitude de cláusula testamentária que obrigue alguém a mudar de religião), agregando-se, nesta seara, ainda, o aludido princípio de tolerância. As refrações variam, conforme situações especiais, surgindo tensões no interior da família, nas relações laborais e até no seio das confissões religiosas. No primeiro caso, vale lembrar, cada um dos cônjuges é titular do direito à liberdade religiosa; ambos partilham o direito de educar religiosamente os seus filhos; e que cada um dos filhos também goza de liberdade religiosa – em linha de tensão, especialmente, com a liberdade de atuação segundo a própria crença.

Nas relações trabalhistas, os empregadores também estão vinculados à liberdade religiosa de seus empregados, vedado o assédio por motivo religioso, sendo de ponderar um dever, por parte do empregador, de acomodação (razoável) da religião no ambiente de trabalho. Nesse contexto devem ser analisadas as implicações dos dias de guarda, inclusive os domingos e feriados, a fim de viabilizar-se, na medida do possível (ponderação), o direito subjetivo de o crente comemorar as festividades religiosas da religião professada, inclusive com direito à dispensa do trabalho e de *aulas/provas* por (justificado) motivo religioso. Repercussões práticas, aqui, especialmente para os adventistas (sabatistas), que têm dificuldade mesmo perante o Poder Público (concursos públicos, exames vestibulares nas redes de ensino público e privado) para alcançar solução alternativa.

No âmbito interno *das confissões religiosas*, em suas relações com particulares, é de se procurar um equilíbrio entre a excessiva fiscalização estatal e um princípio de imunidade espiritual das igrejas. A ideia, amparada na possibilidade de o indivíduo deixar de ter religião ou mudar/abandonar a própria crença, é *reforçar o núcleo essencial do direito de autodeterminação das confissões religiosas* (especialmente autocompreensão, autodefinição, auto-organização e autoadministração), prevalecendo a liberdade de exercício das funções religiosas e de culto das igrejas sobre os direitos individuais de participação religiosa (não há discriminação sexual no clero patriarcal, por exemplo). Em relação a crenças segregacionistas e comportamentos discriminatórios de confissões religiosas, tampouco *há direito subjetivo de resistência contra a intolerância dogmática confessional*. Ocorre que o *dever de tolerância* incide para o Estado e para os particulares, mas não se apresenta em relação às igrejas, que substanciam o respectivo direito subjetivo naqueles direitos de autodeterminação, implicando a já referida posição preferencial da garantia institucional da liberdade religiosa coletiva (a igreja como instituição); repare-se que, no caso de *adesão voluntária*, o indivíduo não tem posição prevalente sobre a igreja (*cede*); se é *não aderente*, goza de *imunidade* perante a mesma igreja.

15. Núcleo essencial e tópicos polêmicos

Vistos o princípio da proteção do núcleo essencial como limite às restrições e aos limites e a primazia da dimensão subjetiva pessoal de defesa, a liberdade de ter, não ter ou deixar de ter religião e a liberdade de livre escolha da crença, de mudar e abandonar a própria crença religiosa configuram, para os *indivíduos*, o *núcleo essencial* do direito complexo (*cluster right*), e, portanto, caracterizam posições *definitivas*. Vale o mesmo, embora *sem o correlato conteúdo de dignidade* (pese a relação instrumental fazer com que remanesça em algum grau), em relação às *confissões religiosas*, para os direitos de autocompreensão e autodefinição no que tange à identidade religiosa e ao caráter próprio da confissão professada. Identificam-se, ainda, núcleos essenciais, agora na dimensão objetiva, no que tange à separação estrutural e organizacional entre o Estado e as confissões religiosas e à não confessionalidade (o Estado não adota qualquer religião nem se pronuncia sobre questões religiosas). Outros conteúdos negativos da liberdade religiosa (ninguém pode: ser obrigado a professar uma crença, a participar/assistir a atos de culto, a receber assistência religiosa; ser coagido a permanecer em associações religiosas; ser obrigado a prestar juramento religioso) também se apresentam como núcleo essencial do direito fundamental – *posições definitivas de conteúdo negativo*.

Nessa perspectiva hermenêutica e manejando-se sistematicamente o Catálogo de Posições Jusfundamentais elencado, encontra-se subsídio dogmático para resolução de algumas polêmicas que estão na agenda, tanto internacional quanto brasileira: o ensino religioso nas escolas públicas; o embate francês contra o véu; a supressão da cruz nas escolas da Baviera; o sacrifício religioso de animais pelas confissões afro-brasileiras; a retirada de circulação de obras de cunho religioso, nas quais uma igreja ataca as religiões afro-brasileiras. O núcleo essencial do direito à liberdade religiosa revela-se conceito útil para a resolução desses conflitos. Mais especificamente, os vários núcleos das diversas posições do catálogo jusfundamental, considerados seus conteúdos em dignidade humana, que vai acrescendo à medida que se aproxima do direito matricial de liberdade de consciência. Assim, a vedação dos símbolos religiosos nas escolas públicas francesas parece muito próxima de violar uma das facetas do núcleo da liberdade religiosa dos alunos, o que não ocorreu nas escolas da Baviera, em que a retirada da cruz da sala de aula não contende de forma tão incisiva na respectiva liberdade individual. Já no caso do sacrifício de animais pelas religiões afro-brasileiras, a conduta em apreço assume relevância estrutural para tais confissões, pelo que sua supressão significaria erosão do conteúdo essencial da religião professada, com reflexos no conteúdo em dignidade humana. Remanescem dúvidas e reticências, no caso da recolha de livros nos quais determinada igreja neopentecostal ataca práticas de confissões afro-brasileiras, agora no que tange ao direito de proselitismo, virulento e até ofensivo, na linha de ameaça ao núcleo essencial das liberdades expressivas que se conectam à própria identidade confessional (não intervenção estatal no conteúdo das crenças e dogmas religiosos, um círculo vital que protege direitos de natureza negativa). Viável afirmar o expansivo direito de proselitismo, evidente que não absoluto, sendo imperioso compatibilizá-lo com as liberdades comunicativas (religiosas e sobre a religião) e com o direito a não ser insultado, o que conduz à fronteira difícil entre a injúria religiosa, o discurso do ódio e o risco da restrição desproporcional da liberdade de expressão (caso das caricaturas dinamarquesas, por exemplo [republicadas pela revista francesa Charlie Hebdo], que ofenderam profundamente boa parte do mundo islâmico).

Art. 5º, IX – é livre a expressão da atividade intelectual, artística, científica e de comunicação, independentemente de censura ou licença;

Daniel Sarmento
Aline Osorio

---

1. Histórico e Constituições anteriores

Ver comentários ao art. 5º, inciso IV. O texto do inciso IX foi elaborado pelo constituinte originário e não sofreu desde então qualquer alteração.

2. Constituições estrangeiras

Vide comentários ao art. 5º, inciso IV.

3. Proteção internacional

Vide comentários ao art. 5º, inciso IV.

4. Remissões constitucionais e legislativas

Vide comentários ao art. 5º, inciso IV.

5. Jurisprudência selecionada

Vide comentários ao art. 5º, IV. Entre os julgados mais recentes em que discutido o alcance do dispositivo, destacam-se:

ADPF 548 MC Ref, Plenário do STF, Rel. Min. Cármen Lúcia, julgada em 31/10/2018, em que o STF julgou inconstitucional qualquer interpretação da Lei n. 9.504/97, que permita atos judiciais ou administrativos que restrinjam a liberdade de expressão nos ambientes universitários durante as eleições, inclusive pelo ingresso de agentes públicos em universidades públicas e privadas, recolhimento de documentos e interrupção de aulas, debates ou manifestações de docentes e discentes universitários.

Rcl 38.782, Segunda Turma, Rel. Min. Gilmar Mendes, julgada em 3/11/2020, em que o STF entendeu que a liberdade artística protege a difusão de conteúdo audiovisual em que formuladas sátiras a elementos religiosos, assentando a excepcionalidade da proibição de divulgação de conteúdo artístico e distinguindo os casos de incitação à violência contra grupos religiosos daqueles de mera crítica religiosa.

ADI 5.970, Plenário do STF, Rel. Min. Dias Toffoli, julgada em 7/10/2021, em que a Corte declarou a constitucionalidade da proibição aos "showmícios", ainda que gratuitos.

ADI 7.261 MC Ref, Plenário do STF, Rel. Min. Edson Fachin, julgada em 26/10/2022, em que afastada a alegação de inconstitucionalidade de resolução do TSE sobre o enfrentamento à desinformação atentatória à integridade do processo eleitoral, considerando-se que os limites impostos à livre expressão pela norma são justificados à luz da violação concreta dos princípios da confiança, legitimidade e lisura eleitorais, não consistindo em exercício de censura prévia.

6. Referências bibliográficas

Vide comentários ao art. 5º, inciso IV.

7. Conteúdo

Pelo inciso IX do art. 5º, o constituinte definiu em termos amplos os contornos do direito à liberdade de expressão, que já fora previsto no inciso IV do mesmo artigo. Para evitar repetições ociosas, pede-se vênia para remeter o leitor aos comentários do art. 5º, inciso IV, onde são salientados os fundamentos desse direito, precisados os seus contornos e abordadas as hipóteses mais comuns de conflitos com outros bens jurídicos de estatura constitucional. Aqui serão discutidas algumas questões concernentes à incidência da liberdade de expressão em certos domínios específicos, bem como analisada a vedação constitucional à censura.

Os termos empregados pelo constituinte tiveram o propósito de alargar ao máximo o raio da proteção da liberdade de expressão. Com efeito, ainda que se possa estabelecer definições mais ou menos restritas para o que seja atividade "artística", ou "científica", as expressões "atividade intelectual" e "de comunicação" são amplas o suficiente para abarcarem sob o pálio do direito fundamental em análise todo tipo de manifestação de ideias, opiniões ou sentimentos, e ainda a transmissão de informações sobre qualquer tema ou assunto. Existem, todavia, alguns domínios específicos sobre os quais há justificada controvérsia a propósito da incidência da liberdade de expressão, como a pornografia e a publicidade comercial. Por outro lado, há campos em que a livre expressão da atividade intelectual e artística deveria ser tutelada de maneira mais rigorosa, mas têm sido objeto de uma leitura restritiva equivocada e paternalista por parte da jurisprudência, a exemplo do Direito Eleitoral.

8. Pornografia

Inicialmente, cabe frisar que pornografia não é sinônimo de qualquer atividade artística, intelectual ou comunicativa que envolva sexo e erotismo. Não há a menor dúvida de que os debates sobre sexualidade, bem como as manifestações artísticas e culturais que transitem por este domínio, estão plenamente protegidas pela liberdade de expressão. Felizmente, está ultrapassada a época em que, em nome de puritanismos, livros, filmes e outras obras de arte podiam ser censurados pelo seu conteúdo mais "apimentado" ou por envolverem questionamentos à moral sexual dominante. O debate hoje existente é a propósito daquelas obras que não têm qualquer pretensão de transmitir ideias ou mensagens nem difundir informações, mas destinam-se tão somente a provocar a excitação sexual do seu público.

Há, basicamente, três linhas argumentativas diferentes contrárias à proteção da pornografia para adultos: o argumento de que a pornografia não é uma forma de expressão, o argumento moralista tradicional e o feminista. Em apertada síntese, o argumento de que a pornografia não envolve a expressão liga-se à ideia de que ela não visa a transmitir mensagens ou informações de qualquer espécie[1]. Já o argumento tradicional é o de que a pornografia provoca a erosão dos padrões morais da sociedade, atentando contra os bons costumes, razão pela qual não deveria ser protegida. E o argumento feminista gravita em torno do princípio da igualdade. Ele se assenta na afirmação de que a pornografia é tipicamente um fenômeno que interessa aos homens, e que envolve opressão de gênero, ao disseminar o estereótipo da mulher como um mero objeto sexual[2]. A difusão desta visão da mulher na sociedade serviria para silenciar as vozes femininas no espaço público, na medida em que infligiria abalos à autoestima de muitas mulheres, que acabariam deixando de se manifestar e atuar politicamente. Ademais, ao promover o enraizamento desse estereótipo, ela induziria o público em geral a não levar na devida conta as contribuições das mulheres nos debates sociais, prejudicando o exercício da sua liberdade de expressão.

Tais argumentos não são convincentes[3]. A expressão constitucionalmente protegida não é apenas aquela que se volta à razão humana, mas também a que se destina a afetar os sentidos das pessoas. Ademais, a adoção de uma leitura restritiva do âmbito de proteção da liberdade de expressão poderia facilmente conduzir a interpretações moralistas desse direito, que retirassem do seu raio manifestações que contrariassem os valores hegemônicos da sociedade. Não é demais lembrar quantas obras literárias importantes, de Decameron ao Amante de Lady Chatterly, já foram proibidas em nome dos "bons costumes"[4].

O argumento moralista é também equivocado, porque um dos papéis da liberdade de expressão é o de manter abertos à mudança os padrões morais da sociedade. Portanto, o *status quo* das convenções e tradições aceitas em cada quadra histórica não deve ser concebido como limite ao exercício desse direito. Já o argumento feminista parte de premissas empíricas frágeis, para chegar a resultado equivocado. É verdade que a pornografia é consumida predominantemente pelo público masculino, mas constitui uma generalização incorreta a afirmação de que ela envolva necessariamente a disseminação do estereótipo da mulher como "objeto sexual". Com a imensa variedade de gostos e preferências sexuais existentes, o mercado pornográfico e a criatividade dos agentes envolvidos não poderiam ficar – e não ficaram – presos a um único padrão estereotipado de comportamento feminino. Por outro lado, a história não confirma a tese de que a pornografia abafa a voz das mulheres no espaço público. Pelo contrário, o movimento de emancipação das mulheres e os avanços feitos por elas na conquista da igualdade material e cultural na sociedade ocidental ocorreram num contexto de liberalização dos costumes sexuais, em que houve também uma maior disseminação da pornografia. Com isso, não se está afirmando que a pornografia promove a igualdade de gênero, mas sim que não se trata de um embaraço tão grave na busca dessa igualdade que possa justificar a sua exclusão do âmbito de proteção da liberdade de expressão.

Porém, por não envolver o debate de ideias ou a circulação de informações, a pornografia situa-se na periferia do âmbito de proteção da liberdade de expressão, o que importa em proteção constitucional mais fraca em casos de colisão com outros princípios constitucionais. É plenamente admissível, por exemplo, a regulação da pornografia nos meios de comunicação social, com o propósito de proteção de crianças e adolescentes, e até mesmo a proscrição de certos conteúdos cuja produção envolva grave lesão a direitos fundamentais ou a outros interesses constitucionais relevantes – *e.g.* filmes envolvendo pedofilia ou zoofilia – sempre mediante um juízo de ponderação, calcado no princípio da proporcionalidade.

---

1. Cf. SCHAUER, Frederick. *Free Speech: A Philosophical Enquiry.* Cambridge: Cambridge University Press, 1982, p. 178-188.
2. Para uma defesa do argumento feminista contrário à pornografia, veja-se MACKINNON, Catherine A. *Feminism Unmodified: Discourses on Life and Law.* Cambridge: Harvard University Press, 1987, p. 127-214.
3. No mesmo sentido, cf. DWORKIN, Ronald. "Mackinnon Words". In: *Freedom's Law.* Cambridge: Harvard University Press, 1996, p. 227-243.
4. É clássico o voto condutor de Aliomar Baleeiro proferido no Mandado de Segurança n. 18.534-SP, julgado em 1968, no qual se invalidou o ato de censura de artigos da revista *Realidade* que discutiam a sexualidade fora do casamento e a união informal depois do desquite. No seu voto, o Ministro discorreu sobre a evolução da moralidade sexual e listou uma série de obras importantes que foram proibidas à época por serem consideradas imorais ou obscenas.

9. Publicidade comercial

Há também quem argumente que a publicidade comercial não é protegida pela liberdade de expressão, por não objetivar a discussão de ideias, mas sim a obtenção de lucro por agentes econômicos[5]. Afirma-se, ainda, que a publicidade comercial se volta precipuamente para a criação artificial de desejos e necessidades contingentes nos consumidores, nada tendo a ver com o nobre propósito da liberdade de expressão, de viabilizar o debate de temas de interesse público na esfera social.

Porém, é importante ressaltar que, numa sociedade capitalista, a busca de ganhos econômicos está também presente em diversas outras atividades comunicativas desenvolvidas por particulares, cuja cobertura pela liberdade de expressão ninguém questiona. Ademais, o domínio da liberdade de expressão não se circunscreve aos temas considerados de interesse público, abrangendo todos os subsistemas sociais, inclusive o econômico. E não é uma exclusividade do discurso publicitário a tentativa de influenciar as atitudes e condutas humanas, pois esta é uma característica presente, em maior ou menor escala, na comunicação que ocorre nos mais variados domínios, como o político, religioso, artístico etc. Não bastasse, a publicidade comercial, quando despida de vícios, desempenha papel importante que tem nexo íntimo com os valores da liberdade de expressão, que é municiar o indivíduo com informações para que ele possa, a partir das suas próprias valorações, realizar escolhas autônomas sobre o que é bom para seu próprio consumo[6].

Por tais razões, predomina o entendimento de que a propaganda comercial é também protegida pela liberdade de expressão[7]. Sem embargo, tal como a pornografia, ela não se situa no epicentro deste direito fundamental – onde habitam o discurso político, artístico, religioso, científico etc. –, mas em zona mais afastada, em que a proteção constitucional é menos intensa[8]. Daí por que podem ser aceitas restrições mais profundas à liberdade de expressão nessa seara, como as voltadas à proteção do consumidor – que também é tarefa constitucional (arts. 5º, XXXII, e 170, V, da CF) –, dentre as quais sobressaem as presentes na Lei n. 8.078/90, que visaram a proscrever a publicidade disfarçada (art. 36), enganosa ou abusiva (art. 37). Outras restrições também são admitidas – há até caso de imposição constitucional de restrição (art. 220, § 4º, da CF, a propósito da propaganda de tabaco, bebidas alcoólicas, agrotóxicos, medicamentos e terapias) – em nome da tutela de bens jurídicos relevantes, como a saúde, o meio ambiente e a proteção à criança e adolescente. Porém, é sempre necessário analisar a validade de cada medida restritiva, o que envolve tanto o respeito à reserva de lei formal como o acatamento do princípio da proporcionalidade.

10. Liberdade intelectual e artística em campanhas eleitorais

O direito eleitoral brasileiro tem sido permeado por uma equivocada pretensão de excluir as emoções da política e de tutelar o eleitor como se fosse incapaz de tomar as suas próprias decisões. A pretexto de supostamente garantir um exercício racional e independente do voto, as normas eleitorais e a jurisprudência do TSE e do STF nesse âmbito têm restringido indevidamente a livre expressão da atividade intelectual e artística[9].

Um exemplo ilustrativo é a proibição da realização de "showmício" com apresentação de artistas, ainda que não remunerados, com a finalidade de animar comício e reunião eleitoral, prevista na Lei n. 9.504/97. No julgamento da ADI 5.970, o STF concluiu pela constitucionalidade da vedação aos "showmícios" gratuitos, por entender que tais eventos representariam vantagem indevida ao eleitor, que não saberia dissociar a experiência de entretenimento da sua opção política. Por outro lado, a Corte considerou que a limitação não afeta a livre expressão da atividade artística, pois os artistas teriam preservada a possibilidade de manifestar seus posicionamentos políticos em suas próprias apresentações. Trata-se, porém, de restrição indevida a um meio legítimo de propaganda eleitoral e à liberdade política da classe artística. Na hipótese, há um evidente cerceamento da livre expressão intelectual e artística, uma vez que a vedação restringe, sem fundamento, as formas por meio das quais os artistas podem conceder apoio espontâneo a candidato de sua preferência. Além disso, a restrição representa uma tutela estatal paternalista, que busca definir os tipos de conteúdos que o eleitor pode ou não acessar para fazer sua escolha de voto.

11. A vedação de censura

A proibição da censura é um dos aspectos centrais da liberdade de expressão. É natural a inclinação dos regimes autoritários em censurar a difusão de ideias e informações que não convêm aos governantes. Mas, mesmo fora das ditaduras, a sociedade muitas vezes reage contra posições que questionem os seus valores mais encarecidos e sedimentados, e daí pode surgir a pretensão das maiorias de silenciar os dissidentes. O constituinte brasileiro foi muito firme nesta matéria, ao proibir peremptoriamente a censura.

Pode-se adotar uma definição estrita de censura, ou preferir conceitos mais amplos. Em sentido estrito, censura é a restrição prévia à liberdade de expressão realizada por autoridades administrativas, que resulta na vedação à veiculação de um determinado conteúdo[10]. Este é o significado mais tradicional do termo. Neste sentido, a censura envolve um controle preventivo das mensagens cuja comunicação se pretende realizar. Trata-se do mais grave atentado à liberdade de expressão que se pode conceber, que é absolutamente incompatível com os regimes democráticos. Esta forma de censura, posta em prática no Brasil em períodos ditatoriais, foi completamente banida pela Constituição e não pode ser objeto de relativizações, estando à margem de quaisquer ponderações.

---

5. Nessa linha, SHINER, R. A. *Freedom of Commercial Expression*. Oxford: Oxford University Press, 2003.
6. Cf. CLÈVE, Clèmerson Merlin. Liberdade de expressão, de informação e propaganda comercial. *Op. cit.*
7. Tal orientação é seguida pela Suprema Corte norte-americana, pelo menos desde o julgamento do caso *Virginia State Board of Farmacy v. Virgina Citizens Consumer Council*, – 425 U.S. 748 (1976), assim como pela Suprema Corte canadense, desde o caso *Ford v. A. G. of Quebec (1988) 2 SCR 712*.
8. Cf. BARENDT, Eric. *Freedom of Speech*. 2. ed. Oxford: Oxford University Press, 2005, p. 405-406.

9. Cf. OSORIO, Aline. *Direito Eleitoral e Liberdade de Expressão*. 2. ed. Belo Horizonte: Fórum, 2022.
10. Cf. MACHADO, Jónatas E. M., *Liberdade de expressão*. *Op. cit.*, p. 486-487.

Em sentido um pouco mais amplo, a censura abrange também as restrições administrativas posteriores à manifestação ou à obra, que impliquem vedação à continuidade da sua circulação. A censura posterior pode envolver, por exemplo, a apreensão de livros após o seu lançamento, ou a proibição de exibição de filmes ou de encenação de peças teatrais depois da sua estreia. Ela também é inaceitável, por ofender gravemente a Constituição.

Um conceito ainda mais amplo de censura envolve os atos judiciais, que, em linha de princípio, também não podem proibir a comunicação de mensagens e informações ou a circulação de obras. Porém, aqui já não é mais possível falar em vedação absoluta, mas apenas em forte presunção de inconstitucionalidade das medidas judiciais que impliquem neste tipo de restrição à liberdade de expressão. É que, não sendo a liberdade de expressão um direito absoluto, em algumas hipóteses extremas pode ser admissível a proibição de manifestações que atentem gravemente contra outros bens jurídicos constitucionalmente protegidos[11]. E, diante da importância da liberdade de expressão no nosso regime constitucional, deve-se reservar apenas ao Poder Judiciário a possibilidade de intervir neste campo para decretar tais proibições, nas situações absolutamente excepcionais em que forem constitucionalmente justificadas. Contudo, cabe lamentar o fenômeno que vem ocorrendo no Brasil, de multiplicação de decisões judiciais envolvendo vetos ao exercício da liberdade de expressão, fora daquele contexto de excepcionalidade que, mediante um delicado juízo de ponderação, poderia eventualmente ensejar medidas desta natureza.

Nesse conceito mais amplo de censura, pode ainda entrar a censura legislativa, que ocorre quando é o legislador quem veda determinados conteúdos de manifestação. Tais proibições também são inválidas *prima facie,* mas é possível que sejam constitucionalmente justificáveis mediante um juízo de ponderação calcado no princípio da proporcionalidade. É o que acontece, por exemplo, com a proibição legal de exibição de imagens e divulgação dos nomes de menores infratores, prevista no Estatuto da Criança e do Adolescente.

E é ainda possível abranger na definição a censura privada, que ocorre quando particulares se valem do seu poder social para impedirem a veiculação de ideias e informações. A proibição de censura também ostenta eficácia horizontal, mas é sempre necessário ponderá-la com a autonomia do particular ao qual se impute a prática da censura, com especial atenção para a liberdade de expressão deste último, que também pode estar em jogo[12].

Em relação às plataformas digitais, o tema das novas formas de censura – pública e privada – vem ganhando destaque, em especial nas discussões sobre moderação de conteúdos pelas redes sociais.

Em relação a novas formas de censura pública, conforme apontado por Jack Balkin, há o risco de que governos busquem de forma indireta controlar conteúdos dentro das plataformas digitais, por meio de formas de "regulação, ameaça, coerção e cooptação" de plataformas digitais para que criem filtros para remoção de determinados conteúdos indesejados[13]. Nesse caso, é possível que as plataformas passem a impor restrições ao discurso de seus usuários mais amplas do que o necessário para fugir de responsabilidades (configurando a chamada "censura colateral") e que isso seja efetivado sem uma determinação judicial específica sobre a ilicitude do conteúdo (configurando uma espécie de censura prévia)[14].

Em relação à censura privada, tem-se debatido se, e em que hipóteses, a atividade de moderação de conteúdos pode representar ato censório indevido. Em especial, agentes políticos têm questionado o poder das plataformas de remover conteúdos e suspender ou excluir suas contas e perfis. É verdade que há quem argumente que, por serem espaços operados por empresas privadas, as redes sociais constituem um campo em que os provedores possuem irrestrita liberdade para restrição de conteúdos e contas de acordo com os seus termos de uso e políticas[15]. No Brasil, porém, dado o reconhecimento da dimensão horizontal dos direitos fundamentais, embora não se possa impedir os provedores de realizarem a atividade de moderação, é possível, no mínimo, cogitar da imposição de requisitos substantivos e procedimentais, como requisitos de transparência, a definição clara das regras de moderação, sua aplicação não discriminatória e a previsão de um devido processo para a atividade de moderação[16].

Finalmente, nem todo controle exercido sobre a liberdade de expressão configura censura, por mais amplo que seja o sentido atribuído ao termo. A responsabilização civil e a criminal em casos de exercício abusivo desse direito, por exemplo, podem entrar em tensão com os valores subjacentes à liberdade de expressão e operar como fatores de desaquecimento dos debates públicos, conforme analisado nos comentários aos inciso V deste art. 5º, mas, nem por isso, elas se qualificam como censura.

O Supremo Tribunal Federal vem revelando legítima preocupação com outras medidas restritivas à liberdade de expressão que, conquanto não possam ser propriamente qualificadas como censura, limitam este direito de forma desproporcional. Isto levou a Corte a reconhecer a não recepção da exigência de diploma de jornalismo para exercício da profissão de jornalista, assentando que, *"em se tratando de jornalismo, atividade intimamente ligada às liberdades de expressão e informação, o Estado não estaria legitimado a estabelecer condicionamentos e restrições quanto ao acesso à profissão e ao respectivo exercício profissional"*[17]. Neste mesmo julgamento, o Tribunal afirmou, em *obter dictum*, que não seria cabível a criação de uma ordem ou conselho profissional para fiscalizar tal profissão, pois isso equivaleria a legitimar o poder de polícia estatal em campo no qual ele é vedado.

---

11. Cf. MENDES, Gilmar Ferreira. *Colisão de direitos fundamentais*: liberdade de expressão e comunicação e direito à honra e à imagem. *Op. cit.*
12. Cf. FARIAS, Edilsom. *Liberdade de expressão e comunicação, Op. cit.*, p. 200-1.
13. BALKIN, Jack. Old-School/New-School Speech Regulation. *Harvard Law Review*, v. 127, 2014.
14. Id.
15. GREENE, Jamal. Free Speech on Public Platforms. In: BOLLINGER, Lee C.; STONE, Geoffrey R. *Social Media, Freedom of Speech, and the Future of our Democracy*. Oxford University Press, 2022.
16. Cf. OSORIO, Aline. *Direito Eleitoral e Liberdade de Expressão*. 2ª ed. Belo Horizonte: Fórum, 2022; BARROSO, Luna van Brussel. *Liberdade de Expressão e Democracia na Era Digital*. Belo Horizonte: Fórum, 2022.
17. RE 511.961/SP.

Não é tão relevante optar por uma definição mais ampla ou mais restrita da censura. Basta que se tenha presente que a censura operada por autoridades administrativas é proibida de forma absoluta no sistema constitucional brasileiro. Já as restrições judiciais, legislativas e privadas à liberdade de expressão devem ser vistas com grave suspeição, mas a sua constitucionalidade só pode ser aferida por meio de um exame baseado na dogmática de restrição de direitos fundamentais.

Ressalte-se, por derradeiro, que o termo "licença" empregado pelo constituinte visou a reforçar a proibição de censura, para explicitar a inexigibilidade de qualquer autorização prévia para difusão de ideias ou fatos.

Art. 5º, X – são invioláveis a intimidade, a vida privada, a honra e a imagem das pessoas, assegurado o direito a indenização pelo dano material ou moral decorrente de sua violação;

José Adércio Leite Sampaio

1. Constituições brasileiras anteriores

EC n. 1/69 (art. 30, parágrafo único, *b*). Constituição de 1937 (Preâmbulo; art. 1º). Constituição de 1891 (art. 23, § 2º).

2. Remissões constitucionais e legais

Constituição da República de 1988: arts. 5º, V; 5º, X; 5º, XI; 5º, XII; 5º, XXVIII, a; 5º, LVI; 5º, LX; 5º, LXXII; 93, IX; 220, § 1º. Legislação infraconstitucional: arts. 12, 20, 21 e 944 do Código Civil; art. 201, § 6º, do Código de Processo Penal; art. 483, *e*, da Consolidação das Leis do Trabalho; art. 2º do Decreto n. 4.553/2002.

3. Constituições estrangeiras

África do Sul (art. 14), Bélgica (art. 22), Chile (art. 19.4), Espanha (art. 18), Colômbia (arts. 15 e 42), Nicarágua (art. 26.1), Peru (art. 2.7), Portugal (art. 26.1), Suriname (art. 17.1).

4. Direito internacional

Art. 5º da Declaração Americana dos Direitos e Deveres do Homem, art. 12 da Declaração Universal dos Direitos Humanos, art. 17-1 do Pacto Internacional dos Direitos Civis e Políticos, art. 8º da Convenção para a Proteção dos Direitos do Homem e das Liberdades Fundamentais, art. 11 da Convenção Americana de Direitos Humanos.

5. Jurisprudência no Supremo Tribunal Federal

ADPF 54, 132; ADI 3.394, 3.510, 4.275; AO 1.390; HC 89.429, 91.952, 84.758, 87.654, 76.060, 71.373, 95.009; RE 215984, 363889; RE-AgR 445906; 477.554, 577.785, 670.422, 845.779; AP 307, AI-AgRg 655.298; Rcl-QO 2.040.

6. Direito à vida privada

Nos Estados Unidos, como em geral no mundo de língua inglesa, emprega-se a expressão *privacy* ("privacidade", "privaticidade"), em *right to/of privacy*, para indicar pretensões jurídicas de ver respeitada a esfera de autonomia pessoal e familiar, especialmente quanto: a) ao direito de ser deixado em paz (*tort privacy*) – não se admitindo a obtenção e disseminação não autorizadas de informações pessoais, particularmente por meio da imprensa; violação do repouso no lar e do anonimato em ambiente público. A revelação de assuntos privados é tanto mais séria quanto mais exponha o indivíduo aos olhos do público de uma forma embaraçosa, falsa ou divorciada da realidade. Também se inclui nessa modalidade a vedação ao uso comercial não autorizado de aspectos da personalidade, como a imagem e o nome pessoal; b) à inviolabilidade em face do Estado da casa, de bens e objetos pessoais (*fourth amendment privacy*) – a impedir buscas e apreensões estatais, realizadas na esfera privada, que superem a expectativa do que a sociedade, segundo o filtro judicial, julgue em cada caso "razoável"; e c) ao direito de tomar decisões de caráter pessoal ou íntimo (*intimate* ou *fundamental decisions privacy*) – a defender o indivíduo e a família contra a intromissão estatal nas opções e decisões de natureza reservada ou personalíssima, que estejam explícita ou implicitamente reservadas aos indivíduos nos termos do "contrato social" estabelecido, nomeadamente em matéria de contraceptivos, aborto, criação e educação dos filhos.

No direito europeu, a expressão empregada é o "direito ao respeito da vida privada", cujo objeto inclui o respeito à inviolabilidade da correspondência, reunindo a liberdade e a inviolabilidade das comunicações em geral; além da garantia de intangibilidade do domicílio, igualmente desdobrada em seu aspecto passivo, de inviolabilidade, e ativo, de autonomia; associados a um regime de proteção aos dados pessoais e à liberdade e identidade sexual e da vida familiar.

Na literatura alemã, encontramos diferentes nomes para distintos extratos de atuação da vida individual: íntimo, secreto, privado, social e público, bem como uma recente elaboração de um *informationelle Selbstbestimmungsrecht* (direito de autodeterminação informacional), extraídos, a partir de um juízo concreto de ponderação, do "direito geral da personalidade" (elemento passivo do desenvolvimento da personalidade: referência à situação do "ser") e do "direito geral de liberdade" (elemento ativo daquele desenvolvimento: referência à ação, ao "fazer") assegurados pelos arts. 1.1 e 2.1 da Lei Fundamental de Bonn.

O "direito geral da personalidade", para alguns, considerado como uma parte da teoria das esferas elevada ao nível dos direitos, é precisado a partir da efetivação de direitos mais concretos, tais como: a) *o direito às esferas íntima, secreta e privada*, assegurando o respeito de um "âmbito protegido" e de uma situação de inviolabilidade documental, de dados e de comunicações pessoais, sendo a intimidade o núcleo mais sensível e, consequentemente, nuclear da esfera privada, "espaço último intangível da liberdade humana" (*BVerfGE* 6, 32 (41)), em que o indivíduo, por não afetar, por meio de seu "ser" ou de seus comportamentos, a esfera pessoal dos congêneres ou o interesse da vida da comunidade" (*BVerfGE* 35, 202 (220)), exige uma proteção maior relativamente à esfera privada, em que essa afetação se faz presente e a ação intersubjetiva se opera de forma mais contundente. No âmbito dessa proteção se incluem a honra e o prestígio social, a identidade, a própria imagem e a voz, mais a liberdade profissional; b) *direitos de autodeterminação*, designadamente sexual e informacional, esta com a tendência a sobrepor-se à teoria das esferas.

Na França, o art. 9º do Código Civil diferencia o direito ao respeito da vida privada, consagrado em sua primeira parte, da intimidade da vida privada, prevista na sua segunda parte, hábil esta a autorizar a adoção de medidas judiciais vigorosas como o sequestro e a busca e apreensão da matéria jornalística portadora de *une atteinte intolérable à personnalité*. Fala-se assim de uma "vida privada íntima" e de uma "vida privada ordinária", cujos atentados importam distintas consequências jurídicas: sequestros, buscas e apreensões, responsabilidade civil, no primeiro caso; apenas demanda indenizatória, no segundo. O significado de "intimidade da vida privada" tem sido dado pelos tribunais: seriam aquelas intromissões intoleráveis, de captação e divulgação de informações pessoais, como o estado de saúde, a realização de cirurgias, a vida amorosa e sentimental de alguém. Nos países de língua espanhola, domina o entendimento de que intimidade e vida privada, embora possam ter, em abstrato, conceitos distintos, operacionalmente não revelam desigualdade significativa, podendo, consequentemente, ser usados ambos os termos para designar o mesmo recorte jurídico, enfim, a mesma coisa.

No Brasil há uma tendência nesse mesmo sentido. Usam-se intimidade e vida privada indistintamente, embora alguns ressaltem ser aquela um extrato mais restrito desta. Sem embargo de seus respeitáveis defensores, há que se fazer radical distinção a partir das lições do direito comparado e mesmo da matriz etimológica das duas expressões, sem esquecer ainda do fator de diferenciação feito pela disposição constitucional consagradora de um geral direito à vida privada e à intimidade: "são invioláveis a intimidade, a vida privada..." (art. 5º, X, da CF). Ou, se quisermos maior distinção, direitos da esfera privada.

O direito geral à vida privada (ou direitos da esfera privada) desafia uma compreensão muito mais ampla, assentada na própria ideia de autonomia privada e da noção de livre desenvolvimento da personalidade, sem embargo, contida em certos desdobramentos materializantes, como a seguir veremos. Tais desdobramentos são produto de uma dada realidade social, econômica e política, perceptível pelo pensamento jurídico contemporâneo e, por ele, revelado. Essa materialização, por outro lado, não se expande a domínios indefinidos, nem contempla todas as potencialidades e mesmo manipulações ideológicas da "autonomia privada", circunscrevendo-se antes a um âmbito da existencialidade humana e suas projeções mais acercas. Tudo porque conjuga os sentidos de "autonomia", "personalidade" e "dignidade humana" sob uma metodologia jurídica de pesquisa e argumentação que o substancializa, dando-lhe cores e fronteiras.

Sem qualquer pretensão de esgotar o conteúdo do direito à vida privada, porém atentos às lições do direito comparado, podemos apresentar os seguintes componentes definidores desse conteúdo: a liberdade sexual; a liberdade da vida familiar; a intimidade; além de outros aspectos de intercessão com demais bens ou atributos da personalidade. Muitos desses aspectos estão sendo examinados hoje sob o rótulo de "direitos sexuais e reprodutivos"[1].

6.1. Liberdade sexual

No centro de toda vida privada se encontra a autodeterminação sexual, vale dizer, a liberdade de cada um viver a sua própria sexualidade, afirmando-a como signo distintivo próprio, a sua *identidade sexual*, que engloba a temática do homossexualismo, do inter-sexualismo e do transexualismo, bem assim da livre escolha de seus parceiros e da oportunidade de manter com eles, de maneira consentida, relações sexuais. A proteção da liberdade sexual ainda engloba o direito à integridade sexual, protegendo particularmente os indivíduos mais vulneráveis e incapazes de se defender.

A afirmação da própria sexualidade, sem embargo, tem enfrentado inúmeras barreiras, revelando características peculiares que, de certo modo, explicam a "clandestinidade" de seu estatuto jurídico e a variação de tratamento dispensado pelos diversos países, ou, em um mesmo país, pelos diferentes tribunais. Acompanhando Regourd (1985, p. 51-53), podemos enumerá-las assim: a) a desconsideração da sexualidade como objeto de direito deve-se ao esforço conjugado da religião, da moral e mesmo da medicina, por tratarem-na ora como símbolo do pecado, ora, sob certos aspectos, como manifestação de alguma patologia psíquica ou física; b) contrariamente à maioria dos direitos fundamentais, o próprio exercício da liberdade sexual pressupõe o recato, o recôndito e o esconderijo; c) essa ambivalência também se faz presente na sua estruturação: congrega simultaneamente um direito a viver a própria sexualidade e um dever de fazê-lo em ambiente privado, desafiando assim um tênue limite entre uma liberdade juridicamente garantida e a prática de um ilícito, penalmente sancionado; d) seu exercício requer a participação consentida de uma outra pessoa. De modo que se encontram fora de seu objeto os intercursos forçados, seja mediante emprego de violência ou grave ameaça (estupro e atentado violento ao pudor), seja por meio de artifícios ardilosos. Tampouco são admitidas "práticas de convencimento" que ultrajem a dignidade e a liberdade sexual do outro, denominadas, genericamente, sob o rótulo de "assédio sexual". Diferentemente da maioria dos direitos fundamentais, essa bilateralidade desenha o outro não apenas como um limite da liberdade, mas também como parceiro incondicional para o seu exercício; e) se a vontade é pedra angular na manifestação da liberdade, destaca-se, mais do que nunca, a necessidade de que seja esclarecida e livre, trazendo a debate o temário da capacidade jurídica em tons mais fortes do que em outros domínios. Não se exige, entretanto, a espontaneidade, vale dizer, a motivação do ato. Nessa linha, a prostituição por si mesma não é – nem poderia ser – penalmente condenada.

Tantas particularidades conduzem à imprecisão e à incerteza. Para muitos, não se poderia apropriadamente falar em uma "liberdade", ficando a maioria das suas manifestações no âmbito da tolerância, uma vez que os comportamentos pertinentes poderiam ser praticados sem que importassem ilícitos jurídicos. Dessa forma, a "liberdade" resultaria apenas da não interdição ou da ausência de repressão. É mais: é autodeterminação sexual como projeção da dignidade humana e do direito ao respeito à vida pri-

---

1. Na jurisprudência constitucional brasileira, os desdobramentos do conteúdo do direito à vida privada, mencionados no texto, são articulados com o princípio da dignidade humana, com o direito à busca da felicidade, à intimidade, à igualdade e à não discriminação, dentre outros (*v.g.*, ADPF 132). O direito à vida privada é projeção da dignidade humana na esfera da autodeterminação sexual e familiar, fundando as bases dos direitos sexuais e reprodutivos. SAMPAIO, 1997.

vada. Toda limitação há de passar por fundamentos objetivos que superem o teste de proporcionalidade e de não discriminação.

A liberdade envolve a identidade e a orientação sexual. O Estado tem dever de protegê-la suficientemente, não apenas viabilizar sua expressão como reprimir formas de discriminação. O legislador não pode, por exemplo, vedar o ensino sobre gênero e orientação sexual, tampouco a utilização desses termos nas escolas (ADPF 461-PR; 467-MG; 526-PR). Além disso, as pessoas LGBTQIA+, como todas as demais, não podem ser privadas de seus direitos à busca da felicidade e à igualdade de tratamento nem sofrer qualquer restrição em sua esfera jurídica em razão de sua orientação sexual ou de sua identidade de gênero. As condutas homofóbicas e transfóbicas, reais ou supostas, que envolvam aversão à orientação sexual ou à identidade de gênero de alguém são expressões de racismo "social", adequando-se aos crimes definidos na Lei n. 7.716/89 e, conforme o caso, hipótese de homicídio doloso qualificado por motivo torpe (ADO 26-DF; MI 4733-DF).

6.2. Identidade sexual

Integra a liberdade sexual a faculdade de o indivíduo definir a sua orientação sexual, bem assim de externá-la por meio não só de seu comportamento, mas de sua aparência e biotipia. Esse componente da liberdade reforça a proteção de outros bens da personalidade como o direito à identidade, o direito à imagem e, em grande escala, o direito ao corpo. De Cupis (1950, p. 414) define identidade sexual, no desdobramento do direito à identidade pessoal, como o "poder" de aparecer externamente igual a si mesmo em relação à realidade do próprio sexo, vale dizer, o direito ao exato reconhecimento do próprio sexo real, antes de tudo na documentação constante dos registros do estado civil.

A temática traz à tona primeiramente questões pertinentes à mudança de sexo requeridas ou realizadas fisicamente por transexuais. Afirma-se que a dificuldade do Direito em captar toda problemática, via de regra, negando pleitos da espécie de forma indiscriminada, tem sido obscurecida pela ignorância da especificidade da síndrome transexual e pela confusão feita entre intersexualismo e transexualismo. No intersexualismo, o sexo do indivíduo não é precisamente identificável, vez que a sua diferenciação não chegou a termo. O "inter-sexual" apresenta características de homem e de mulher. No transexualismo, não existe ambiguidade sexual. Tanto cromossômica quanto fisiologicamente, o indivíduo tem o sexo bem definido. No entanto, o "sexo psicológico" se acha divorciado da sua determinação somática. É diferente do inter-sexual, porque não existe a presença de traços físicos de ambos os sexos; é também diferente do homossexual, porque convive este com o próprio sexo, tendo consciência de a ele pertencer, sem maiores dramas.

As soluções alvitradas para os dois fenômenos são distintas: no caso de intersexualismo, os tribunais em diversos países têm aceito a mudança de sexo. No respeitante ao transexual, a doutrina e a jurisprudência no direito comparado se mostram divididas. Parece mais certo (correção normativa, claro está) admitir a possibilidade de alteração do sexo, tendo-o sob o conceito de manifestação psicomorfológica, e em consideração às aspirações individuais identitárias (SAMPAIO, 1997, p. 313 et seq).

No Brasil, o Superior Tribunal de Justiça tem procurado conferir ao transexual tratamento jurídico que respeite sua esfera de autonomia sexual, cara à garantia da dignidade humana. Tem-se acolhido, por exemplo, pedido de alteração de prenome e designativo de sexo nos registros civis de pessoas submetidas à cirurgia para mudança do sexo genital:

> A afirmação da identidade sexual, compreendida pela identidade humana, encerra a realização da dignidade, no que tange à possibilidade de expressar todos os atributos e características do gênero imanente a cada pessoa. Para o transexual, ter uma vida digna importa em ver reconhecida a sua identidade sexual, sob a ótica psicossocial, a refletir a verdade real por ele vivenciada e que se reflete na sociedade (3ª Turma. REsp 1008398/SP).

É certo que já se fez uma ressalva que contraria o enunciado de princípios, corretamente, formulado na passagem anterior: a averbação, à margem do registro de prenome e de sexo, de que as modificações decorreram de decisão judicial (4ª Turma. REsp 737.993/MG). Não parece, mesmo considerando direitos de terceiros, a melhor interpretação. E, por isso, evoluiu. O Superior Tribunal de Justiça passou a reconhecer o direito à alteração do nome e do gênero por transexuais sem a averbação discriminatória e até sem cirurgia de alteração do sexo (v.g., 4ª Turma. REsp 1626739-RS[2]). O STF manifestou-se no mesmo sentido: os transexuais podem requerer aos cartórios modificação dos documentos de registro civil sem necessidade de decisão judicial autorizatória, de laudos médicos ou psicológicos e mesmo sem a realização de cirurgia de transgenitalização ou da realização de tratamentos hormonais ou patologizantes. Veda-se a inclusão do termo "transexual" e a expedição de certidão de inteiro teor, salvo a requerimento do próprio interessado ou por determinação judicial (Pleno, ADI 4275/DF; RE 670422/RS)[3].

Que dizer da cirurgia de mudança de sexo para aqueles que a quiserem? Leitores do artigo 13 do Código Civil, atentos ao crime de lesão corporal, continuam a reputá-la ilícita. Aquele dispositivo civil veda a disposição de parte do corpo, a não ser em casos de exigência médica (que não lhes parece ser o caso) e (ainda mais convictos de sua opinião) desde que tal disposição não traga inutilidade do órgão ou contrarie os bons costumes. Mas, ao contrário, é o caso. O drama psicológico de uma identidade sexual divorciada da biotipia é hipótese daquela exigência. A lei não distingue entre saúde ou bem-estar físico e saúde ou bem-estar mental. A parte final do dispositivo deve guardar conformidade com a realidade (o sentido de utilidade do órgão) e com a Constituição (o bom costume não pode sobrepor-se a um direito fundamental sem exame acurado da situação concreta). As mesmas razões se aplicam à exclusão da antijuridicidade, para uns, ou da culpabilidade para outro, para nós, à atipicidade da conduta por ausência da intenção finalística (não meramente literal do tipo penal). A decisão do STF na ADI 4275/DF autoriza a conclusão de que cabe ao transexual realizá-la, se assim desejar.

---

[2]. A admissibilidade da alteração do registro civil em decorrência da operação de mudança de sexo já constava da jurisprudência do Tribunal (v.g. 3ª Turma. REsp 1.008.398/SP; 4ª Turma. REsp 737.993/MG). A decisão citada no texto dispensou a obrigatoriedade da cirurgia para postular-se a alteração.

[3]. Há a possibilidade de também de se impor responsabilidade civil a estabelecimento comercial como "shopping centers" que impeça transexual de utilizar banheiro feminino (Pleno, RE 845779-SC).

6.3. Liberdade da vida familiar

A liberdade da vida ou das relações familiares pode ser apresentada como a autonomia dos membros de uma entidade familiar de viver uma vida normal sob o mesmo teto, impondo uma obrigação positiva ao Estado de respeitar e promover essa autonomia, bem assim, mais concretamente, dos direitos às relações entre seus membros.

"Entidade familiar", segundo a Constituição brasileira, é a sociedade conjugal formada pelo homem e pela mulher, enlaçados matrimonialmente (art. 226, §§ 1º, 5º e 6º) ou não, desde que estável o relacionamento (art. 226, § 3º); bem como a comunidade formada por qualquer dos pais e seus descendentes (art. 226, § 4º). A literalidade parece excluir entidades homoafetivas, mas, como veremos, é um apressamento hermenêutico que nem atenta para uma compreensão sistemática do texto constitucional nem acompanha a evolução do sentido e expressão das diferentes e legítimas formas de vida e da procura da felicidade.

Tradicionalmente, a família começa com a união de duas pessoas, por meio do matrimônio. Na formulação clássica, este deve obedecer a uma série de requisitos e procedimentos legalmente estabelecidos, sob pena de não possuir validade jurídica. A disciplina tem sido enfrentada, sobretudo no respeitante aos requisitos estabelecidos, mais por uma crescente demanda de igualdade de grupos que se sentem, em razão deles, marginalizados, do que pela novidade das situações reveladas. Estamos a nos referir mais propriamente às uniões homossexuais, que pretendem fugir da clandestinidade e usufruir o mesmo regime dos casamentos heterossexuais; das comunhões envolvendo transexual operado, com igual anseio; e do concubinato. Não seriam todos aspectos de um só direito: o direito a casar?

A resposta é variável de país para país. Há os que incriminam as práticas e uniões homoafetivas, os que as toleram com ou sem vedação de direitos conjugais e os que as admitem, estendendo os benefícios concedidos às uniões entre homem e mulher. Países islâmicos como a Arábia Saudita, o Iêmen, o Irã, a Mauritânia e o Sudão chegam a punir o homossexualismo com a pena de morte. A prisão é a sanção no caso da Argélia, do Bahrain, das Ilhas Maldivas e do Qatar. Em outros, como o Egito, a Jordânia, Mali e a Turquia, não se incriminam as práticas, mas tampouco admitem a união entre pessoas do mesmo sexo.

Em que pese a Corte Europeia de Direitos do Homem, no *Affaire Rees*, decidido em 1986, ter recusado a extrair dos arts. 8º e 12º da Convenção Europeia de Direitos do Homem direito ao casamento de pessoas do mesmo sexo, os Estados europeus tendem, em geral, a atribuir algum tipo de proteção. Na Bélgica, na Espanha e na Holanda, a união é juridicamente reconhecida, admitindo-se inclusive a adoção de criança no caso holandês. Em outros países, como na Dinamarca, na Grã-Bretanha, na Noruega, na Suécia e na Suíça, a legislação permite o registro civil das uniões homoafetivas, concedendo alguns benefícios sociais. Fora do continente, o destaque fica para o Canadá, que aprovou a legalização do vínculo em 2005, após decisão favorável da Suprema Corte em 1999. Na África do Sul, o Tribunal Constitucional, no caso *Minister of Home Affairs v. Fourie*, decidido no final de 2005, declarou legítimo o casamento entre duas mulheres e determinou ao parlamento que estendesse os mesmos direitos dos casais heterossexuais às uniões entre pessoas do mesmo sexo.

O quadro é um pouco mais confuso nos Estados Unidos. O Congresso norte-americano aprovou em 1996 a "Defense of Marriage Act" proibindo o acesso de parceiros homossexuais aos benefícios concedidos a casais heterossexuais, como seguro de saúde para cônjuge de empregados federais, deduções de imposto de renda ou mesmo o emprego do último nome do companheiro. Eleitores de 30 Estados aprovaram emendas às Constituições Estaduais vedando o casamento entre pessoas do mesmo sexo. Quando não é o texto da Constituição, é a lei que veda expressamente o reconhecimento, ou, como faz Maryland, define o casamento como a união entre um homem e uma mulher. Até mesmo na Califórnia, onde a Suprema Corte havia reconhecido o direito, um referendo popular ocorrido em novembro de 2008 voltou a bani-lo.

As exceções ficam por conta de Massachusetts, com a decisão tomada em 2003 em *Goodridge v. Dept. of Public Health* pela Suprema Corte do Estado; de Vermont, com a afirmação legal do direito, e de Estados como Nova Jersey, Oregon e o Distrito de Colúmbia que admitem as uniões. É de se notar que mesmo em alguns daqueles Estados em que há norma impedindo as uniões, admitem-se na prática alguns direitos às relações homoafetivas. É o caso do Hawaii, de Maine e de New Hampshire. A Suprema Corte do país, em *Lawrence v. Texas*, (2003), reverteu seu entendimento firmado em *Bowers v. Texas* (1986), declarando inconstitucional a lei texana que incriminava as relações entre pessoas do mesmo sexo mesmo em ambiente privado.

No Brasil, uma construção hermenêutica muito sólida, baseada, sobretudo, na dignidade humana, no direito de igualdade e da vida privada, tem sido capaz de vencer a crueza literal das disposições pertinentes do texto constitucional e a resistência dos grupos sociais mais conservadores. A leitura apressada do artigo 226, § 3º, estava a indicar que só haveria reconhecimento da união entre um homem e uma mulher, sem contextualizar que o apontamento do gênero fora um esforço do constituinte para destacar o papel igualitário da mulher na constituição da família e não para excluir outras formas de unidades familiares. Nem poderia ser diferente. A negativa de tratamento igualitário entre uniões homo e heterossexuais é forma de discriminação de minoria, baseada no sexo, e, portanto, atentatória à igualdade. Além do mais, a sociedade não tem legitimidade para impor um estilo de vida a todos os seus membros sem considerar e respeitar as peculiaridades e valores, acolhidos pelo pluralismo autossustentado, dos que pensam e vivem de maneira diferente da maioria. O reconhecimento das uniões entre pessoas do mesmo sexo, enfim, possibilita a integração da cultura *gay* no âmbito da sociedade, reduzindo espaços de conflitos e preconceitos.

O Supremo Tribunal Federal, em 5 de maio de 2011, equiparou as uniões homoafetivas àquelas heterossexuais, baseando-se no respeito à dignidade humana, na vedação à discriminação com base no sexo, no direito à busca da felicidade e no "empírico uso da sexualidade nos planos da intimidade e da privacidade". Sem divergência, o Tribunal afirmou que o "núcleo familiar (...) é o principal lócus institucional de concreção dos direitos fundamentais que a própria Constituição designa por "intimidade e vida privada" (inciso X do art. 5º)". Seguindo em sua construção, declarou que a "isonomia entre casais heteroafetivos e pares homoafetivos (...) somente ganha plenitude de sentido se desembocar no igual direito subjetivo à formação de uma autonomizada família. Família como figura central ou continente, de que tudo o mais é conteúdo" (ADPF 132/RJ)[4].

Diversos outros aspectos se projetam, ora como objeto, ora como limite a essa liberdade. Não teremos como nos demorar em seu exame. Mas deixamos à reflexão: Pode-se extrair da liberdade da vida familiar um direito a ter um filho? Se a resposta for afirmativa, levanta imediatamente a questão: não estaria aí um limite ao direito ao abortamento, na hipótese de o marido ser contrário a essa prática? Como veremos, o direito comparado não entende assim; a Suprema Corte norte-americana, o Conselho de Estado francês, a Corte de Apelação inglesa e a Corte Europeia de Direitos do Homem veem no direito ao abortamento (ou a não procriar) um poder conferido exclusivamente à vontade da mulher, recusando-se ao pai, em certa medida, até o direito à informação. Há, contudo, outro ponto mais nebuloso, que desafia uma consideração: o direito a ter um filho faculta ao casal, por problemas de fertilidade, doenças hereditárias ou outro motivo qualquer, recorrer ao uso de novas técnicas de procriação assistida e, assim, procurar uma "mãe de aluguel", "sub-rogada" ou "de substituição"? Ou a uma mulher, que se recusa a manter relações com um homem, a ser inseminada artificialmente, desenvolvendo uma "maternidade solitária", ou, em outro giro, uma "maternidade de consolação", após a viuvez?

A Constituição brasileira, no artigo 226, § 7º, assegura a liberdade do planejamento familiar como direito do casal, fundado nos princípios da dignidade da pessoa humana e da paternidade responsável. Essa liberdade cria obrigações negativas e positivas ao Estado. Dentre estas, a de propiciar recursos educacionais e científicos para o exercício daquela liberdade; dentre aquelas, a vedação de qualquer forma coercitiva por parte de instituições oficiais ou privadas. O Supremo Tribunal Federal já se pronunciou no sentido de que "a decisão por uma descendência ou filiação exprime um tipo de autonomia de vontade individual que a própria Constituição rotula como 'direito ao planejamento familiar'". Em sendo assim, estaria no âmbito da autonomia da vontade a "opção do casal por um processo *in vitro* de fecundação artificial de óvulos". Uma opção, todavia, que não poderia acarretar a esse casal "o dever jurídico do aproveitamento reprodutivo de todos os embriões eventualmente formados e que se revelem geneticamente viáveis" ou "dever da tentativa de nidação no corpo da mulher de todos os óvulos afinal fecundados" (ADI 3510/DF).

Decorre da liberdade da vida familiar o direito ao divórcio? No Brasil, não há dúvidas sobre o assunto, haja vista que a própria Constituição Federal dispõe que o casamento civil pode ser dissolvido pelo divórcio. A EC 66/2010 suprimiu a última limitação que ainda havia: prévia separação judicial por mais de um ano nos casos expressos em lei, ou comprovada a separação de fato por mais de dois anos (art. 226, § 6º). Todavia, essa matéria não tem recebido tratamento igual entre os diversos povos.

A Corte Europeia de Direitos do Homem, por exemplo, tem adotado um posicionamento no sentido de serem reconhecidos e reforçados institutos e mecanismos que levem à união dos cônjuges, de forma muito mais intensa e explícita, do que outros no sentido inverso, tendo, a esse propósito, negado insistentemente a afirmação de um "direito ao divórcio". Em outro sentido, a Suprema Corte dos Estados Unidos tem proclamado que o divórcio é tão fundamental ao indivíduo que não podem ser cobrados emolumentos ou custas para ingresso de uma ação em juízo, pleiteando-o; tampouco o Estado pode criar barreiras para sua obtenção, tais como obstáculos para realização de novo casamento. Como devem ser equacionados os conflitos e relações entre pais e filhos, uma vez que, inegavelmente, compõem a liberdade da vida familiar, assim como a disciplina do pátrio poder, de guarda e de visita, nos casos de ruptura conjugal ou de "família substituta"?

A liberdade da vida familiar também remete à relação conjugal e filial e, nesse campo, à legitimidade de intervenção do Estado para definir institutos e abusos no exercício do poder familiar. Uma questão tormentosa, todavia. Não parece insuspeita norma que visa coibir a violência doméstica ou que obrigue os pais a encaminhar seus filhos à vacinação contra certas doenças. Mas como tomar partido em questões que envolvem conflitos de interesses, senão legítimos, pelo menos legais, entre os membros de uma família? Um divórcio é apenas uma deles. A identidade biológica é outro. Não se têm admitido investigações de paternidade que contrariem o sentido afetivo do instituto em benefício de eventuais interesses meramente patrimoniais, ainda que trasvestidos de um suposto direito à identidade. Tampouco se tem forçado o indicado pai a realizar exame genético diante da existência de provas indiciárias da paternidade, sobrepondo-se um "pai presumido" a um "pai biológico" (HC 71373/RS). Também se tem relativizado a coisa julgada firmada em ações de investigação de paternidade "em que não foi possível determinar-se a efetiva existência de vínculo genético a unir as partes, em decorrência da não realização do exame de DNA" (RE 363889/DF). Referido exame deve ser custeado pelo Poder Público para pessoas que não tenham condições financeiras de pagá-lo (ADI 3394/AM).

A liberdade familiar com seus complexos de direitos e deveres é titulada tanto pelas uniões homo como heterossexual. Discussões atinentes à separação, sucessão e mesmo filiação devem ser travadas nos dois âmbitos sem pauta discriminatória. Isso vale inclusive para fins de organização estatal. A vara privativa para julgamento de processos de família deve apreciar e julgar pedido de reconhecimento e dissolução de união estável homoafetiva, independentemente das limitações inseridas no Código de Organização e Divisão Judiciária local (STJ. 3ª Turma. REsp 1291924/RJ). Por mesma inspiração, é juridicamente possível o pedido de adoção unilateral de menor, feito pela companheira da mãe biológica da adotanda, fruto de planejamento do casal, que já vivia em união estável, que acordara na inseminação artificial heteróloga, por doador desconhecido.

A orientação foi firmada pela Terceira Turma do Superior Tribunal de Justiça, fundada na igualdade de condições entre homossexual, assexual ou transexual. Naquela oportunidade, afirmou-se que "o avanço na percepção e alcance dos direitos da personalidade, em linha inclusiva, que equipara, em *status* jurídico, grupos minoritários como os de orientação homoafetiva – ou aqueles que têm disforia de gênero – aos heterossexuais, traz como corolário necessário a adequação de todo o ordenamento infraconstitucional para possibilitar, de um lado, o mais amplo sistema de proteção ao menor – aqui traduzido pela ampliação do

---

4. Em 2013, o Conselho Nacional de Justiça editou a Resolução n. 175/2013, que veda a recusa pelos cartórios de celebração de casamento entre pessoas do mesmo sexo.

leque de possibilidades à adoção – e, de outro, a extirpação dos últimos resquícios de preconceito jurídico – tirado da conclusão de que casais homoafetivos gozam dos mesmos direitos e deveres daqueles heteroafetivos" (REsp 1281093/SP)[5].

6.4. Direito ao abortamento

A mulher tem direito a interromper a gravidez? A resposta passa pela definição da condição jurídica do feto ou, em sentido mais genérico, do concebido e pela determinação do início da vida humana. Sem embargo, o que vem a significar propriamente a expressão "vida"? Resume-se a parâmetros biológicos ou estes se devem unir a outros componentes conceituais? E por "vida humana" o que entender? Os gametas, suas células primordiais, o zigoto antes da nidação, após a nidação, o feto após as três primeiras semanas, após três, seis meses, a termo, nascido, vivo, inviável, viável; afinal, é ou não o nascituro uma "pessoa"? Não queiram uma resposta pronta.

Admitamos que seja uma "pessoa", ainda que virtual, *spes personae* ou *spes hominis*, como justificar, a exemplo de diversas legislações, inclusive a nossa, a legalização do aborto em casos de estupro ou de sério risco à saúde da mãe? Tem ela, na linha desse pensamento, um direito, *a priori*, prevalecente? Os transtornos para a mãe e para o futuro filho, por exemplo, de uma gravidez não desejada, decorrente de estupro, não surgiriam em outras tantas igualmente não desejadas, pelos mais diversos motivos? Não haveria de ser reconhecido o impedimento a todos, inclusive ao feto, de usar o corpo da mãe sem o seu consentimento? Não seria hipocrisia negar que, não obstante ilegal, a comum prática de aborto, além de grande fonte de renda para certos profissionais, leva a uma séria discriminação social, haja vista que mulheres mais pobres, tantas vezes para garantia do próprio emprego, veem-se contingenciadas a procurar soluções mais baratas, correndo muito maior risco de morrerem ou de ficarem estéreis? Toda a questão, do ponto de vista moral, não estaria centrada no especial valor que se atribui à vida humana, antes de qualquer outra consideração? Sob que linguagem e em que contornos o Direito promove ou subjuga esse valor? O direito à vida privada, a liberdade sexual e a segurança da mulher não se sobreporiam ao *status* jurídico do feto?

Os sistemas jurídicos divergem quanto às respostas a essas indagações, mas especialmente no tocante a admitirem ou não a prática do abortamento. Em sentido afirmativo, a tomar-se o ano de 2008 como referência, encontramos países como a África do Sul, Albânia, Alemanha, Armênia, Áustria, Bangladesh, Bélgica, Bielo-Rússia, Bósnia-Herzegovina, Bulgária, Camboja, Canadá, China, Cingapura, Coreia do Norte, Croácia, Estados Unidos, França, Grécia, Holanda, Hungria, Islândia, Nepal, Noruega, Portugal, República Tcheca, Romênia, Rússia, Suécia, Suíça e Ucrânia. Contrariamente à prática, estão o Chile, El Salvador, Irã, Iraque, Irlanda, Laos, Malta e a Nicarágua. Em geral, no entanto, a proibição admite exceções apenas para as hipóteses de risco de morte materna (Andorra, Angola, Argentina, Costa do Marfim, Espanha, Filipinas, Guatemala, Iêmen, Indonésia, Irlanda, Madagascar, Mauritânia, México, Mônaco, República Dominicana, Sri Lanka) somada à gravidez decorrente de relações sexuais forçadas ou de incesto (Argentina, Benin, Bolívia, Bostwana, Burkina Faso, Camarões, Colômbia, Coreia do Sul, Equador, Espanha, Etiópia, Finlândia, Gana, Índia, Irlanda do Norte, Itália, Japão, Libéria, Mali, México, Namíbia, Panamá, Tailândia, Uruguai e Zimbábue) e, em alguns lugares como na Alemanha, Finlândia, Grã-Bretanha, Índia, Itália, Japão, Nova Zelândia, Uruguai e Zâmbia, de condições sociais desfavoráveis ou, em Benin, Bostwana, Burkina Faso, Chad, Espanha, Etiópia, Gana, Libéria, México, Namíbia e Panamá a doenças fetais graves (ROSS, 2011, p. 571 et seq; GITHENS; STETSON, 2013).

Em alguns Estados federais como Austrália e México e, em virtude das peculiaridades descritas a seguir, os Estados Unidos, a disciplina muda de um lugar para outro. No México, predomina, com a exceção, em todo o território, de gravidez decorrente de estupro; em trinta Estados, admite-se também a interrupção de gestação acidental (ou, como se prescreve legalmente, é resultado de uma conduta culposa ou imprudente); em vinte e um, quando há risco de morte da mãe; poucos incluem o aborto eugênico, noutros se incluem danos à saúde da mulher. Em dois deles, Morelos e Yucatán, há ampliação do leque de possibilidades, de modo a incluir, no segundo caso, mãe pobre com mais de três filhos, enquanto, no Distrito Federal, a prática é permitida sem restrições nas primeiras doze semanas. O quadro se repete na Austrália: em todos os Estados, ela é admitida para proteger a vida ou a saúde da mulher. No Território da Capital da Austrália e, na prática, na Austrália Oriental e em Nova Gales do Sul, cujas hipóteses legais autorizadoras são amplas o bastante para admitir inúmeras situações, o abortamento não é punido. No sul da Austrália, no Território Nordeste e na Tasmânia, ela é admitida para proteger a saúde física e mental da mulher, bem como a sua vida, e para fetos acometidos de grave enfermidade. Em Queensland e Victoria, a exceção se restringe às condições de saúde e à vida da mãe.

Na Europa, a Comissão de Direitos do Homem se viu provocada, no final da década de 1980, por um requerimento formulado por um cidadão inglês contra sua esposa que havia unilateralmente decidido fazer aborto, amparada na *Abortion Act* de 1967. Alegava, em sua sustentação, que tal atitude violava o direito à vida, garantido pelo art. 2º da Convenção, e o direito ao respeito da vida familiar, consagrado pelo art. 8º da mesma Convenção. A Comissão, acolhendo a motivação da sentença da Suprema Corte dos Estados Unidos em *Roe v. Wade*, declarou inadmissível o requerimento protocolizado, especialmente porque a palavra "pessoa" empregada pelo art. 2º só se aplicava a indivíduos já nascidos, e que o termo "vida" não poderia servir de fundamento, devido às interpretações diferentes, dadas pelos Estados europeus, quanto à definição de seu termo inicial. E concluiu: tratando-se de uma interrupção de gravidez, praticada nas dez primeiras semanas, desde que respeitadas as demais condições da *Abortion Act*, o direito ao respeito da vida familiar do pai potencial deveria ceder à saúde da mãe e ao seu direito ao respeito da vida privada.

Mesmo nos países que permitem o abortamento, há vedações a partir de determinado estágio da gravidez, podendo variar de doze semanas (como na África do Sul, Albânia, Alemanha, Armênia, Áustria, Azerbaijão, Bielo-Rússia, Bósnia-Herzegovina, Bulgária, Cazaquistão, Croácia, Cuba, Dinamarca, Eslová-

---

[5]. O direito à adoção é decorrência do reconhecimento de igual estatuto às uniões entre pessoas de mesmo ou diferente sexo. Veja-se: STF. 2ª Turma. RE 477554/MG. Assim também não se pode impedir que um homem ou uma mulher solteiros e homossexuais possam adotar uma criança: STJ. 3ª Turma. REsp 1540814-PR; 4ª. Turma. REsp 1525714-PR.

quia, Eslovênia, Estônia, França, Geórgia, Grécia, Letônia, Lituânia, Macedônia, Noruega, República Tcheca, Rússia, Tadjiquistão, Tunísia, Ucrânia e Uzbequistão), treze semanas (na Itália), catorze semanas (na Alemanha, Áustria, Bélgica, Camboja, Hungria e Romênia), dezoito semanas (Suécia) ou até vinte e quatro semanas (em Cingapura e Grã-Bretanha) (ROSS, 2011; GITHENS; STETSON, 2013). A definição se pode dar não por tempo, mas pelas condições de viabilidade fetal, como ocorre na Holanda e, de certa forma, nos Estados Unidos. Por falar nos Estados Unidos, a "guinada republicana" de sua Corte Suprema tem permitido um processo de restrição e mesmo de incriminação mais ou menos sutil do abortamento.

A começar pela negativa dada à obrigação dos serviços públicos de realização de práticas não terapêuticas (*Beal v. Doe, Maher v. Toe, Poelker v. Doe*), depois pelo reconhecimento da competência estadual para vedar a interrupção da gravidez durante o terceiro trimestre, bem como de exigir, para tanto, um teste de viabilidade fetal para gestações com pelo menos vinte semanas (*Webster v. Reproductive Health Services*) e de autorização dos pais para mães menores de idade (*Hodgson v. Minessota; Ohio v. Akron Center for Reproductive Health*). Enfim, houve a reversão de "Roe" em 2021, ao considerar que a disciplina da matéria deveria ser deixada aos Estados (*Dobbs v. Jackson*).

As exigências de certos protocolos antes do procedimento abortivo nos países que o liberam são quase uma regra. Na Alemanha, na Áustria, na Grã-Bretanha, na Holanda e na Suíça, por exemplo, requer-se um aconselhamento médico-psicológico ou interdisciplinar, associado, em regra, a um prazo de deliberação. Embora sejam passíveis de crítica por suposta violação à autodeterminação sexual, são, na verdade, formas de garantia de uma decisão informada com os suportes médicos e psicológicos adequados. Não podem, todavia, converter-se em reais obstáculos ao procedimento.

O prazo máximo da gravidez pode ser ultrapassado em certas circunstâncias. É o que sucede na Alemanha, na Áustria, na França, na Itália e na Suíça, por exemplo. O abortamento pode ser livre até a décima segunda semana ou primeiro trimestre. Entretanto, se sobrevierem razões sérias de natureza médica, a interrupção da gravidez pode ser autorizada depois daquela data. Assim também, condições sociais graves, na Alemanha, malformação fetal, na Áustria e Itália, e idade materna inferior a 14 anos, na Áustria, doença física ou mental da mãe ou patologia incurável da criança, na França, podem gerar as mesmas consequências. Na Suécia, entre a décima oitava e vigésima segunda semana de gestação, a mulher precisa de autorização para interrompê-la, baseada, em geral, em doença própria ou do feto.

No Brasil, tem-se admitido, sem muito aprofundamento ou justificativa, a recepção dos artigos do Código Penal que incriminam o aborto, com a exceção do que seja terapêutico (ou necessário) e sentimental (ético, humanitário). Trata-se, o primeiro, de aborto praticado para salvar a vida da gestante, devendo obedecer a dois requisitos: que haja efetivo perigo de vida da grávida, e não exista outro meio para salvar a sua vida; o segundo obedece também a dois requisitos: que a gravidez seja decorrente de estupro; e haja prévio consentimento da gestante ou de seu responsável legal. Tudo o mais será crime: o autoaborto (art. 124, 1ª parte); o consentimento da gestante para que lhe provoquem o abortamento (art. 124, 2ª parte); o aborto provocado por terceiro sem o consentimento da gestante (art. 125), ou com seu consentimento (art. 126). O respeito ao direito à vida privada, associado aos argumentos trazidos pelas indagações performáticas do início do item, aponta para a não recepção dos tipos penais que envolvam a prática do abortamento consentido.

O Supremo Tribunal não enfrentou diretamente o tema, a não ser quando foi chamado a examinar a incidência dos tipos penais nos casos de interrupção terapêutica de gravidez de fetos anencéfalos. Ainda assim, restringiu-se a decidir o caso, emitindo sinais divergentes quanto à recepção constitucional dos dispositivos penais de modo mais amplo. Considerou-se, naquela oportunidade, violadora do direito à saúde, da dignidade, da liberdade sexual e reprodutiva da mulher, a obrigação de levar a termo uma gravidez de um feto com "doença congênita letal", no caso a anencefalia. Segundo o relator do processo, Ministro Marco Aurélio, "A imposição estatal da manutenção de gravidez cujo resultado final será irremediavelmente a morte do feto vai de encontro aos princípios basilares do sistema constitucional, mais precisamente à dignidade da pessoa humana, à liberdade, à autodeterminação, à saúde, ao direito de privacidade, ao reconhecimento pleno dos direitos sexuais e reprodutivos de milhares de mulheres" (ADPF 54/DF).

Em outro caso, também deixou pistas sobre uma compreensão mais liberal do tema. Cuidava-se do exame da constitucionalidade do artigo 5º da Lei de Biossegurança (Lei n. 11.105/2005, que permitia, sob certas condições, o uso de embriões congelados no processo de fertilização "in vitro", que fossem inviáveis ou existentes há três anos, na pesquisa terapêutica com células-tronco. Embora alguns ministros tenham feito questão, como no caso precedente, de afirmar que não estavam discutindo a descriminalização do abortamento e chegaram mesmo a diferençar entre o embrião nidado e o embrião fora do útero, estabeleceram premissas hermenêuticas que podem consistentemente servir para evoluções da jurisprudência. Afirmou-se, por exemplo, que a Constituição "não dispõe sobre o início da vida humana ou o preciso instante em que ela começa". Significa dizer que não fez "de todo e qualquer estádio da vida humana um autonomizado bem jurídico, mas da vida que já é própria de uma concreta pessoa, porque nativiva (teoria 'natalista', em contraposição às teorias 'concepcionista' ou da 'personalidade condicional')".

Uma segunda premissa foi lançada, ao se dizer que "quando [a Constituição] se reporta a 'direitos da pessoa humana' e até dos 'direitos e garantias individuais' como cláusula pétrea está falando de direitos e garantias do indivíduo-pessoa, que se faz destinatário dos direitos fundamentais…". Uma coisa é ser titular do direito à vida ou à liberdade, por exemplo, outra coisa é, legalmente, reconhecer a um sujeito ressalvas ou projeções normativas de proteção de interesses morais ou patrimoniais.

Tais ressalvas e projeções devem ser feitas pelo legislador, pois o "mutismo constitucional [é] hermeneuticamente significante de transpasse de poder normativo para a legislação ordinária". E haveria razões bastantes para essa providência, pois "a potencialidade de algo para se tornar pessoa humana já é meritória o bastante para acobertá-la, infraconstitucionalmente, contra tentativas levianas ou frívolas de obstar sua natural continuidade fisiológica". Um farol, pode ser, para esforços de manutenção da interrupção da gravidez como um problema criminal (e criminoso).

Entretanto, outra premissa foi lançada na argumentação: "as

três realidades não se confundem: o embrião é o embrião, o feto é o feto e a pessoa humana é a pessoa humana". Chama a atenção a seguinte conclusão: "não exist[e] pessoa humana embrionária, mas embrião de pessoa humana". Se é dado ao legislador reunir o sistema de proteção do embrião, do feto e da pessoa humana, deve fazê-lo em respeito à Constituição e à ideia dworkiana de integridade (DWORKIN, 1986); ou, pelo menos, sem cometer antinomias valorativas. Uma tarefa que avança para promover o princípio da razoabilidade e o da proporcionalidade tão caros ao próprio Tribunal (SAMPAIO, 2003). Há, enfim, um julgado da 1ª Turma que considerou inconstitucional a criminalização da interrupção voluntária da gestação efetivada no primeiro trimestre, por violar os direitos sexuais e reprodutivos, a autonomia, a integridade psicofísica e a igualdade da mulher, bem como o princípio da proporcionalidade. A medida seria de duvidosa adequação para proteger a vida do nascituro, por não produzir impacto relevante sobre o número de abortos praticados no país e, ainda, impedir que fossem feitos de modo seguro – haveria meios mais eficazes de evitação do aborto, a exemplo da educação sexual, distribuição de contraceptivos e amparo à mulher – além de gerar problemas de saúde pública e mortes que superariam seus eventuais benefícios (HC 124306-RJ).

6.5. Direito a morrer dignamente ou a organizar a própria morte

Esse "direito" no mais das vezes é apresentado como uma faceta do "direito à vida". Não deixa de ser; sem embargo, sobrepõe-se à autodeterminação da vida privada, pois concerne à decisão, mais do que outras, existencial.

Do direito fundamental à vida deflui a proteção da própria vida como bem objetivo, valor "em si", para alguns. Daí afloram os argumentos contra a asserção de um "direito à morte", pois seria indisponível ao próprio titular a vida, com o reforço de que a manutenção de pessoas vivas, mesmo na hipótese de uma intuitiva ideia de que sob tais circunstâncias melhor seria o fim, ajudaria a proteger o sentido comunitário da importância da vida como bem essencial a preservar. Numa perspectiva teológica, a vida teria um valor intrínseco, pois seria um presente de Deus; a sua abreviação, além de importar um desrespeito aos desígnios divinos, reduziria o estoque universal dos valores fundamentais, degradando princípios caros à humanidade ou, em outra versão, corroendo a sua própria espiritualidade e a "energia cósmica" (SHERSHOW, 2014). Não obstante, diversas legislações contemporâneas, a exemplo da austríaca, da alemã e da holandesa, reconhecem esse direito, sob certas condições que especificam (DYAL, 2012).

É de se ver que a proteção da vida só se justifica se estiver associada a uma "pessoa", não se podendo atribuir essa qualidade a um ser vegetativo irreversível. O Estado não tem o poder legítimo de manter alguém nessa situação, quando a própria família, no seu padecimento e na dor que reputa sofrer o ente querido, resolve autorizar o desligamento dos aparelhos. Ao contrário, o dever do Estado é de garantir o fim da vida com dignidade.

No Brasil, como em diversos países ocidentais, admite-se a eutanásia passiva ou ortotanásia – direito de se opor ao prolongamento artificial da própria vida – na hipótese de doenças incuráveis em fase terminal. Já a eutanásia ativa – provocação da morte para atenuar a dor – é reprimida, embora o "homicida eutanásico" ou "piedoso" se beneficie da atenuante prevista no § 1º do art. 121 do CP (veja-se, sobre o tema, SÁ, 2001).

6.6. Liberdade do domicílio

O domicílio ou, na linguagem constitucional brasileira, a casa, é o espaço indispensável ao desenvolvimento da personalidade humana. A inviolabilidade, garantida no inciso XI deste artigo, reflete a sua proteção passiva ou de não intromissão, complementando-se com o seu lado ativo, de autonomia, do direito à vida privada. Para começar, ela envolve a escolha da morada, evidentemente, dentro das limitações materiais existentes. Contempla ainda o seu livre uso, a dizer: a sua organização e o seu desfrute, dentro de limites administrativos razoáveis, e das regras gerais de convivência e vizinhança.

7. Direito à intimidade

Em geral, define-se o direito à intimidade como uma espécie de editoria das informações pessoais ou como um genérico "direito a ser deixado em paz". Ele é mais do que isso e mais bem se apresenta como direito à liberdade, marcado por um conteúdo mais determinado ou determinável, conjugado a um complexo de princípios constitucionais, que nada mais são do que suas manifestações concretas. Os conceitos tradicionais de "direito a estar só" ou equivalentes não dizem de seu sentido exato, sequer alcançam muitas de suas exteriorizações. O referencial da dignidade da pessoa humana como fundamento da República dá o tom da proteção do direito à intimidade, como o faz em relação ao direito geral à vida privada, a partir de suas múltiplas ligações com princípios e regras constitucionais, v.g., a inviolabilidade da casa (art. 5º, XI); do sigilo dos dados, da correspondência e das comunicações (art. 5º, XII); a inadmissibilidade no processo das provas obtidas por meios ilícitos (art. 5º, LVI) e o *habeas data* (art. 5º, LXXII). São todos um conjunto, ora de situações ou posições jurídicas (inviolabilidade da casa e das comunicações), ora de "instrumentos de garantia do direito" (*habeas data*), que integram o "conteúdo" do direito à intimidade de forma não exaustiva.

Afirmar que o ser humano é livre exige, não como seu pressuposto, mas como consectário, reconhecer seu domínio ou controle sobre os *inputs* e *outputs* de informação. Esse sentido natural de liberdade se traduz, no mundo jurídico, na liberdade "informacional", próxima ao que o Tribunal Constitucional Federal alemão chamou de *Informationelle Selbstbestimmung*, ou autodeterminação em matéria de informação, que conjuga o aspecto negativo de não impedimento ao positivo, de controle.

Em seu conteúdo está o controle de informações juridicamente relevantes, emitidas e recebidas, desdobrado em um conjunto de faculdades atribuídas ao seu titular de, em gênero, seletividade dos *inputs* e *outputs* de informação. A definição exposta parece ampla demais, se não considerarmos que a ilimitação *prima facie* do direito exige adequabilidade aos interesses da sociabilidade humana. Do ponto de vista do controle de *inputs*, identificamos um conjunto de faculdades, não definitivas, respeitantes à decisão individual do que ouvir, ver ou ler e, eventualmente, do que sentir.

Nesse critério de relevância de interesses em jogo muito influi o ambiente em que se encontra o sujeito. No lar, há o reforço do princípio da inviolabilidade da casa, a ponto de prevalecer a intimidade sobre outros princípios ocorrentes, a exemplo da liberdade de expressão ou de comércio, exercida por terceiros. Em lugares públicos, todavia, esse direito normalmente não apresenta suporte tão forte *prima facie*, para se prevalecer sobre aquelas liberdades. Evidentemente que se hão de analisar as peculiaridades de cada situação, de modo a bem equacionar o direito e sua expressão. Quem transita por um jardim público não está a dar franquia a livres e insistentes abordagens ou à captação de sua imagem (a imagem é também um tipo de informação pessoal). Claro que não se pode dar guarida a excessos de suscetibilidades, tampouco se pode deixar o indivíduo à mercê da vontade alheia.

O direito à intimidade está mais associado ao controle de *outputs* informacionais, desde a sua obtenção por outros até seu uso ulterior. Diz-se assim que o direito à intimidade concede um poder ao indivíduo para controlar a circulação de informações a seu respeito. As informações que se encontram protegidas são aquelas de caráter "privado", "particular" ou "pessoal". É o mesmo que dizer, ainda que sob os riscos da tautologia, aquelas informações associadas às particulares do ser. Na caracterização da "informação pessoal" se deve ter em conta: o papel da vontade, a definição do que seja "obtenção de informação", a compreensão do termo "uso de informação" e a natureza ampla de informação "pessoal".

A vontade é definidora daquilo que deve ser considerado como pessoal e, conseguintemente, excluído do conhecimento alheio, desde que conte com o apoio de um consenso social sobre o que é reservado à esfera de cada um. Embora aparentemente difícil identificar os conteúdos desse consenso, na rotina da vida, as manifestações da esfera íntima acabam sendo reconhecidas por todos. A opção religiosa ou a orientação sexual, por exemplo, são comumente vistas como aspectos da vida íntima. Não há, entretanto, como se fazer uma tabulação antecipada do que seja ou não do domínio da intimidade. Apenas as peculiaridades de cada situação e a associação de outros elementos conceituais de que estamos a tratar fornecem soluções de concretização. Seja como for, a autorização para captação ou divulgação das informações é excludente de ilicitude. Deixe-se escrito que essa autorização tem sempre prazo de validade que, se não for expresso, deve ser definido pelo contexto de significação da informação autorizada para o indivíduo e para a sociedade.

Ainda que autorizada a captação, a pessoa ainda detém o direito de controlar o uso das informações pessoais que não se contenham no âmbito do domínio fático dessas informações, de sua exclusividade, próprios do conceito de "segredo", mas vai além: mesmo quando as informações tenham saído desses domínios, a pessoa – de que se trata – continua a exercer um "controle" sobre sua destinação. Vale dizer que não poderão ser usadas: armazenadas, processadas, tratadas, comunicadas, transmitidas, divulgadas ou publicadas – sem que tenha sido inequivocamente dada a autorização para tanto. Mais uma vez estamos a falar de um controle normativo e não naturalístico. Informação pessoal não pode ser entendida restritivamente como "segredo" ou como "informação confidencial", senão como, literalmente, "informação a respeito de uma pessoa". Ou de maneira mais clara: informações que tornem a pessoa identificada ou identificável. O STF, utilizando-se de vários dos argumentos ora apresentados, reconheceu o direito à proteção de dados, derivado do "respeito à privacidade" e "à autodeterminação informativa" (ADIMC-REF 6387-DF). Claro está que o desenvolvimento das tecnologias da informação e comunicação e o fenômeno da internet passaram a impor maiores desafios ao controle informacional, a merecer ênfase de proteção assim como puseram o debate sobre os limites à intimidade em outro patamar. Para fins de maior proteção, a autonomia pode ser justificada. Do ponto de vista conceitual, porém, continua a ser derivação do direito à intimidade.

São titulares do direito à intimidade a pessoa física e a pessoa jurídica de direito privado até mesmo grupo despersonalizados como grupos étnicos, religiosos ou uma associação. Há quem, atento à peculiaridade dessa classe de direitos, de ou ligados à personalidade e ao pressuposto anímico e biológico ou à inerência do ser humano, recuse a sua titularidade por pessoas jurídicas (DE CUPIS, 1950, p. 45). Haveria, quanto muito, uma técnica da proteção por empréstimo ou extensão de tutela sempre que a conduta afetar os resultados econômicos ou a finalidade das pessoas coletivas. Poderão ser atingidos tais direitos, porém, se a conduta atingir a pessoa dos sócios ou acionistas, sua dignidade, honra, imagem e intimidade (TEPEDINO, 2004, p. 55-56). Mas há bons argumentos para defender a extensão da titularidade às pessoas coletivas. Como categoria dogmática, a ideia de subsistência e unidade da subjetividade jurídica não autoriza distinguir se física ou jurídica a pessoa para efeito de proteção. As características e atributos da personalidade que são reconhecidos primariamente às pessoas naturais se podem aplicar às pessoas jurídicas, quando menos, por analogia (COSTI, 1964, p. 11; GALGANO, 1972, p. 59-60).

As pessoas coletivas são produtos do exercício de direitos fundamentais (de propriedade, de associação, de livre-iniciativa) e se destinam a realizar os fins morais e econômicos projetados pelo desenvolvimento da personalidade humana. Seria, portanto, contraditório a elas não estender posições jusfundamentais. As mesmas razões se podem aplicar aos entes despersonalizados. Acrescentem-se outras para superar as exigências do formalismo jurídico. Uma nos traz de novo o princípio unificador da subjetividade como categoria jurídica. Outra funda-se na ideologia dos direitos que estimula a ampliação, não apenas de faculdades e objetos protegidos, mas também dos seus titulares, notadamente de organizações sociais que, sem exigências de rigores formais, podem demandar pretensões e interesses jusfundamentais (BASILE, 1999, p. 477).

Não parece exato, porém, atribuir a elas todos os direitos e garantias fundamentais, em vista da pluralidade de interesses envolvidos e da natureza das pessoas jurídicas. A discussão nos remete à exigência de teste de compatibilidade de um direito fundamental com as características das pessoas coletivas e dos entes despersonalizados para definir-lhes a titularidade por equiparação (SAMPAIO, 2013). Em princípio, o plexo de interesses e necessidades de reserva (assim como da imagem e honra) que se projetam sobre tais entes ou pessoas está protegido pela inviolabilidade estabelecida pelo inciso X do artigo 5º. O teste de compatibilidade deve ser feito em vista da situação concreta e do interesse em discussão.

A reserva de informações internas se pode cruzar, por exemplo, com a proteção comercial do segredo dos negócios, mas há salvaguarda de outros dados da empresa, inclusive daqueles que não tenham qualquer significação econômica. Ficam de fora, porém, as pessoas jurídicas de direito público. Não são elas portadoras de direitos fundamentais (a não ser por reconhecimento jurisprudencial dos chamados direitos instrumentais), sob pena de atentar contra a historicidade e teleologia de tais direitos. Não significa dizer que eles fiquem completamente desamparados diante de ameaças ou violações à sua intimidade. Em primeiro lugar, há o recurso ao direito comum e civil que a salvaguarda. Vejam-se, por exemplo, os artigos 20 e 52 do Código Civil. Depois, porque são titulares de direitos reflexos dos direitos da coletividade (povo ou nação) à intimidade (como de resto à honra e imagem). Quando menos, detêm situações subjetivas de resguardo quanto às suas informações. Os segredos de Estado tendem a ser equiparados a tais sistemas de proteção, mas por disciplina própria.

As controvérsias também se instalam quando se analisa a titularidade dos nascituros e dos mortos. Em relação aos primeiros, duas são as correntes principais: as dos concepcionistas e a dos natalistas. Segundo aqueles, o nascituro deteria personalidade jurídica formal e, portanto, titularia direitos fundamentais como à vida, a alimentos, à intimidade e à imagem. Baseiam-se no artigo 2º do Código Civil que põe a salvo os direitos do nascituro desde a concepção. A segunda corrente exige uma interpretação conforme a Constituição desse dispositivo civil. Tais direitos mencionados seriam antes direitos de cunho mais patrimonial que moral. A questão não é tão simples assim. Mesmo que se admita titularidade jusfundamental a quem não nasceu, plena ou condicionalmente (a nascer com vida), é preciso examinar as situações concretas e o direito envolvido antes de filiar-se a um ou outro sentido. Um direito à sepultura parece evidente, mas há um direito à intimidade em jogo ou um verdadeiro direito à imagem a se postular? Um direito à honra, pois não? Existe, pelo menos no tocante aos direitos da esfera privada, apenas expectativa de direito ou interesses protegidos.

Também se dividem as opiniões em torno da titularidade por quem já morreu. A tese clássica é de que, finda a personalidade com a morte, extintos os direitos que lhe são correspondentes (*mors omnia solvit*). Sucessores e parentes adquiririam um direito novo e próprio de defesa dos interesses do *de cujus* (MORAES, 1972, p. 27). Há, porém, os defensores dos direitos residuais ou de uma espécie de ultratividade de titulação *post mortem*. Os herdeiros e parentes exerceriam esses direitos em nome do – e no interesse – de quem morreu (BITTAR, 2001, p. 13). O parágrafo único do artigo 12 do Código Civil não inibe qualquer das duas leituras. Dispõe que terá legitimação para requerer que cesse a ameaça, ou a lesão, a direito da personalidade, e reclamar perdas e danos, sem prejuízo de outras sanções previstas em lei, o cônjuge sobrevivente (e por extensão o convivente), ou qualquer parente em linha reta, ou colateral até o quarto grau.

Estou a meio termo na defesa da projeção desse direito mesmo pós-morte, dada a sua intransmissibilidade. A imagem, a biografia, as informações, a honorabilidade e a fama do falecido projetam-se no tempo e na memória familiar e social, um lado moral eternizado ou eternizável. Dá-se, porém, a transmissão dos interesses correlacionados a esse direito aos sucessores, não os direitos propriamente. É o mesmo raciocínio que se aplica à transmissibilidade, por exemplo, do direito à imagem ou à biografia mesmo em vida. Transmitem-se aspectos e interesses do direito, não, porém, o direito em si. Decorre disso a impossibilidade do estabelecimento de limitações voluntárias de caráter geral ou vitalício.

7.1. Limites do direito à intimidade

O direito à intimidade pode, em vista das circunstâncias do caso, ceder a um outro direito ou liberdade ou mesmo em face da saúde ou segurança públicas, da punibilidade ou de outro bem coletivo. A intimidade referida aos dados pessoais genéticos, por exemplo, pode ser desafiada pelo poder de investigação policial ou pelo poder do empregador e ainda pelo direito à identidade genética de um suposto filho. Quando haverá de superar o interesse oposto ou a ele sucumbir? As peculiaridades do caso com a força de suas evidências é que responderão. As informações genéticas são elementos sensíveis e nucleares à proteção da intimidade. Em caso de não haver concordância de seu titular, haverá necessidade de se indagar sobre a justificação da pretensão diversa, da existência de meios menos gravosos e do quanto se sacrificará a reserva ou o controle pessoal sobre suas informações íntimas numa tarefa normativamente exauriente do caso. É legítima a exigência do empregador ao conhecimento da herança genética de seu empregado? Por quais razões? A garantia da segurança coletiva ou individual, por exemplo, se o seu ramo é de transporte de pessoas ou de cargas perigosas e está a contratar um motorista, sabendo que há doenças hereditárias que ponham em risco a vida e a integridade física das pessoas. Questões como essas estão a pulular no cotidiano, embora exijam cuidados para que não se dê um salvo-conduto para todo tipo de investigação sobre a biogenética das pessoas.

Até que ponto existem elementos científicos confiáveis para afirmar a correlação entre certa carga gênica e o aparecimento de doenças? Mesmo que ultrapassemos o campo da mera suposição, qual a probabilidade de uma predisposição conduzir efetivamente a um quadro patológico? É possível a prevenção? Não haverá, na prática, uma porta aberta a novas (e velhas) formas de discriminação? Há situações ainda mais complexas. Certamente que forçar alguém a um exame de sangue para coleta de seu DNA é muito mais invasivo à sua intimidade do que consegui-lo de um fio de cabelo caído naturalmente, embora a finalidade seja a mesma e, nas duas hipóteses, exista a desconsideração do poder de controle pessoal. A invasão comporta graus e, consequentemente, oferecerá maior ou menor resistência ao interesse que a requer ou impõe. O Supremo Tribunal Federal não tem admitido obrigar um suposto pai a se submeter a um exame genético no curso de uma ação de investigação de paternidade (HC 71373/RS), embora tenha admitido que se possa usar, para o mesmo fim (identidade biológica do pai), partes da placenta liberadas durante o parto, mesmo contra a vontade da mãe (Rcl-QO 2040/DF).

A fronteira mais frequentemente exposta da intimidade se dá com a liberdade de imprensa e expressão ou, coletivamente, do direito à informação. Não há como se antecipar, de modo absoluto, uma prevalência abstrata de um ou outro direito fundamental. Tudo depende da situação de conflito, a considerarem-se, por exemplo, o tipo de informação captada e publicada, o lugar da captação, o comportamento do titular do direito, o interesse público e a objetividade na divulgação da notícia. Um homem público detém uma expectativa de intimidade menor do que um cidadão comum, sendo legítimo revelar certos aspectos de sua intimidade que interfiram ou possam concretamente interferir em sua atividade ou profissão. Os eleitores podem ter um legítimo interesse na divulgação do estado de saúde do candidato a um cargo eletivo, se, por exemplo, vier a não permitir o seu livre exercício, caso eleito.

Será, por igual, lícita a divulgação da vida opulenta que leva um servidor público, clara e comprovadamente incompatível com suas rendas, ou um líder de uma seita, financiada por fundos recolhidos em campanhas televisivas. Ilegítima será, no entanto, a afirmação, por um jornal ou *blog*, da homossexualidade de um homem político sem mais. O chamado jornalismo investigativo não pode sucumbir a "furos" ou ao "denuncismo" sem precatar--se da veracidade das informações e do interesse público da notícia, evitando divulgar dados de caráter íntimo e sem pertinência necessária e estrita com a matéria e com o público direito à informação. Muitas vezes, infelizmente, dados periféricos à notícia são divulgados com o objetivo, explícito ou não, de atender apenas à curiosidade e maledicência de seus leitores. Artistas e desportistas, na prática, são as maiores vítimas de invasões de sua intimidade, embora, em muitos casos, eles mesmos revelem certa tolerância com tais invasões. Mas é preciso atenção da mídia para não esvaziar o direito de tais pessoas.

Não se pode reconhecer como legítima a curiosidade dos fãs, por exemplo, sobre uma malformação física ou doenças graves, a vida conjugal ou extraconjugal de seus ídolos, se o comportamento deles demonstra a intenção de reserva em relação a tais fatos. Mesmo a tolerância no passado não pode ser vista como uma renúncia perpétua à intimidade, de modo a autorizar a reprodução das informações diante da mudança de atitude do afetado. Essa é uma orientação extremamente útil num tempo em que a intimidade virou um negócio. O direito não pode ser reduzido a contrato nem o contrato pode importar renúncia definitiva às informações, às imagens e à voz captadas, gravadas ou divulgadas no passado.

Integra a intimidade o direito ao esquecimento, desde, evidentemente, que o "contratante" tenha mudado de comportamento, passando a valorizar o mundo do recato e o recolhimento aos olhos do público. Um quadro tormentoso é dado pelas biografias não autorizadas. Há de se distinguir, em primeiro lugar, a atuação oportunista do biógrafo e a visão séria do historiador. Nem mesmo este pode descrever os aspectos que integram o núcleo duro da intimidade, a menos que tais elementos tenham sido franqueados em outras publicações ao conhecimento geral ou que se demonstrem indispensáveis à história e à opinião pública informada. Poderão estar em questão, todavia, vantagens patrimoniais, mas não necessariamente interesses morais da intimidade a exigir exclusão. Essa é a distinção que se deve fazer.

As observações anteriormente feitas se aplicam à "cultura da *selfie*" e das mídias sociais. As pessoas, sem compreenderem que são mais produto do que consumidor, mais objeto que sujeito de direito, expõem aspectos de sua intimidade e vida privada na rede mundial de computadores e renunciam a pretensões de reserva. Quem a tudo se expõe, pouco retém de expectativa de intimidade. A renúncia se faz ao tempo da exposição. Do ponto de vista diacrônico, a permanência e uso dos rastros digitais estão a depender do comportamento das pessoas. Vaidades da adolescência devem ser deixadas no seu tempo, se, na vida adulta ou na velhice, mudou--se o comportamento e houver clara intenção de as ver apagadas, a menos que haja razões coletivas bastantes para infirmá-las.

Em face de bens coletivos, há necessidade de um juízo de adequação ainda mais apurado, de modo a determinar a real precisão da medida constritiva da intimidade, tanto em sentido de sua exigência quanto de sua medida. Em que circunstâncias e sob que premissas a restrição ao direito é exigida? Não haveria outra forma de promover a finalidade constitucional perseguida? Ou outra menos gravosa? Há exigência de definir uma autoridade de arbitragem no caso concreto? Os autores brasileiros, por influência alemã, têm falado em teste da proporcionalidade constritiva (adequação, necessidade e proporcionalidade estrita) para solução das colisões de direitos. Ninguém pode acreditar em fórmulas prontas para resolver tais conflitos. Como postulados linguísticos, as máximas da proporcionalidade são carentes de interpretação, podendo, por conseguinte, gerar entendimentos diversos para diversos intérpretes. É, sem dúvida, uma ferramenta de argumentação importante, mas sempre auxiliar, nunca exauriente da análise do caso.

A redução do âmbito de incidência da proteção se pode dar em abstrato apenas por meio de uma lei. Essa tarefa legislativa deve realizar um adequado ajustamento entre os interesses em jogo para aferir a sua constitucionalidade. Mas não só. Exige-se ainda um juízo concreto de aplicação, quando for o caso, de maneira a verificar se os pressupostos e modos da lei se confirmam pelo quadro fático e jurídico do caso em discussão.

8. Direito à imagem

A imagem de uma pessoa se compõe de seu traço físico, de suas feições, de sua aparência *in natura* ou representada gráfica, plástica ou fotograficamente (BITTAR, 2001, p. 87). Poder-se-ia falar em um direito a uma certa aparência e representação; ou um controle do signo físico distintivo, em todas as suas etapas, inclusive de sua captação e reprodução. Sob esse ângulo, seria mera faculdade do direito à identidade pessoal.

Como objeto de um direito, o direito à imagem, a experiência jurídica a tem associado a componentes que, embora inter--relacionados com a noção identitária, destacam-se na precisa definição dos poderes atribuídos a seus titulares: *negativos*: de oposição à sua realização, produção, reprodução e divulgação, enfim, ao conhecimento alheio; *positivos*: de consentir com tudo isso. A imagem, nesse sentido, é um desdobramento da intimidade. E o é até certo ponto.

Como instrumento de informação comunicativa, a imagem integra o âmbito do direito à intimidade; todavia, na sua manifestação de autodeterminação, seja como prévia definição de aparência, *per se*, seja como proteção contra a apresentação exata ou inexata de seu titular, público, aos públicos olhos, não. São titulares tanto pessoas físicas quanto pessoas jurídicas e entes despersonalizados. Há, todavia, forte resistência a essa extensão, fundada, sobretudo, na inexistência da imagem como objeto jusfundamental ou mesmo de direito da personalidade diante dos fatores econômicos e financeiros, regulados pelo direito de empresas, que caracterizam seus elementos distintivos (é a tendência italiana, por exemplo: Corte Cassação, I seção cível, decisão n. 5716, de 21/10/1988; n. 4785, de 2/5/1991). Parece uma generalização. A imagem de uma empresa envolve mais a fachada de seu prédio, seu ambiente de trabalho ou seus produtos e aspectos correlatos com a sua identidade e fama, do que propriamente com suas marcas, símbolos e sinais figurativos, disciplinados pelo direito comercial. É difícil, mas possível separar os domínios puramente mercantis daqueles morais e de direito fundamental.

O Estado e suas instrumentalidades, como vimos, detêm direitos ou situações subjetivas reflexos de proteção da imagem, seja do direito comum e civil, seja como extensão do direito de todos os membros da coletividade. Não, porém, como direito fundamental (SAMPAIO, 2013). É preciso lembrar, no entanto, um julgado do Supremo Tribunal Federal em que se reconheceu o direito à imagem de policiais federais, acusados de estupro por uma custodiada, e à imagem da própria instituição policial (Rcl-QO 2040/DF). Há também dúvidas quanto à titularidade de nascituro e pelo falecido, falando-se em interesses protegidos ou transmitidos como analisamos. Os interesses à imagem do nascituro podem ser defendidos por seus representantes legais, inclusive em juízo. Em relação ao falecido, a imagem se projeta com e entre os sucessores com a "eternização" da fotografia ou memória mecânica ou, para quem a amplia à sua dimensão social, do repositório biográfico (JABUR, 2003, p. 15).

Costuma-se dividir o objeto desse direito em imagem retrato e imagem atributo. A primeira se refereria ao aspecto físico da pessoa ou à sua fisionomia, seu visual e fonografia, sua identificação. A outra se relacionaria à sua projeção, repercussão ou identidade social, às características como se apresenta à e na sociedade, seu repositório identitário social e historicamente construído (FACCHIN, 1999, p. 47 et seq). Divulgar a fotografia de alguém sem autorização seria atentado à imagem-retrato; propalar, também sem consentimento, que esse alguém usa certa mercadoria como forma de promovê-la seria violação à imagem-atributo. As duas seriam até autônomas e poderiam sofrer influências diferentes de uma só conduta. Uma reportagem que reproduza uma foto não autorizada do retratado, mesmo que lhe seja favorável, viola a imagem-retrato, embora reforce a imagem-atributo. Ou poderiam as duas espécies sofrer efeitos negativos convergentes. Na imagem captada de um professor de etiqueta praticando, por força demonstrativa, um gesto obsceno como forma de mostrar-lhe deliberadamente as contradições, hipocrisia ou despreparo, haveria atentado ao retrato e ao atributo. Cultores dessa distinção procuram diferençar os incisos constitucionais de apoio a cada uma delas. A imagem-retrato seria objeto deste dispositivo em comento, enquanto a imagem-atributo estaria prevista pelo inciso V. Haveria, a propósito, três tipos possíveis de indenização: uma por dano material, outra por dano moral e outra ainda por dano à imagem. Esta derradeira se reportaria à imagem-tributo ou à mera publicação desautorizada; as outras duas, à imagem-retrato.

A distinção tem que dar conta da previsão do artigo 5º, XXVII, *a*, que relaciona a proteção da reprodução da imagem ao direito do autor e de arena, remitida à atuação legislativa. Violação a esse direito condicionado (à disciplina do legislador) comportaria qual daquelas espécies e indenização? Ou seria uma terceira e quarta modalidade de imagem e indenização? Em regra, a palavra, embora sendo a mesma, teria significado jusfundamental diferente. As duas primeiras seriam típicos direitos de defesa com pouca ou nenhuma liberdade de disciplina legislativa, enquanto essa última envolveria um direito conexo ao direito de autor, deferindo amplo espaço de configuração ao legislador (ARAÚJO, 1997, p. 107).

Por mais que a diferença tenha sua importância (e acolhimento doutrinal no Brasil), não parece muito produtiva, pelo menos, com os efeitos (indenizatórios, notadamente) que dela se têm extraído. O ganho teórico da imagem-atributo pode-se conter na ideia de respeitabilidade e de decoro (externa), de moral, caráter ou autoestima (interna). Ou, ao que parece mais frequentemente, com o "direito à identidade" (veja-se, por exemplo, PIZZORUSSO, 1981, p. 29-35). A imagem, por outro lado, é uma só em diferentes projeções, vinculadas ora mais à sua dimensão moral (incisos V e X), ora mais à sua dimensão patrimonial (inciso XXVII)[6]. "Mais" é o termo, não "exclusivamente". As violações importam ou podem importar danos morais e materiais, conseguintemente.

9. Direito à honra

Conceitua-se direito à honra aquele que tem toda pessoa a ser respeitada perante si mesma e perante os outros. A honra apresenta, portanto, dupla face: a subjetiva – a autoestima, o amor próprio, o apreço que o ser humano possui por si mesmo, a qualidade moral da alma ou do ser que a si se vê; e a objetiva – materializada no interesse de toda pessoa pelo prestígio, reputação e bom nome, a qualidade moral do ser como é visto (MUSCO, 1974, p. 4).

Toda nova informação sobre a pessoa importa uma alteração do seu espaço de intimidade. *Prima facie*, assim, as atividades que levassem a modificações do conceito social de alguém estariam violando sua intimidade, porquanto não consentida. Há algo mais, porém. Sob o direito à honra, dá-se mais do que simples manipulação de um determinado dado pessoal, pois se acrescenta a intenção dirigida à sua depreciação, à sua desvalorização, que pode ser inexata, confundindo-se, certa medida, com a identidade; mas dela se diferençando, pois pode ser verdadeira; pode dizer respeito a aspectos particulares, privados, confluindo com as águas da intimidade. Entretanto, pode também se referir a atividades públicas, delas fugindo.

Titulares são tanto a pessoa física quanto a pessoa jurídica ou até os entes despersonalizados. Essa é uma tendência no direito europeu (Espanha: 2ª Sala. STC 135/1995; Itália: Cassação, V seção penal, decisão de 16/1/1986; de 24/11/1987, 30/1/1998; III seção penal, n. 12744, de 7/10/1998; III seção cível, decisão n. 2367, 3/3/2000). A titularidade por entes públicos, por outro lado, divide a jurisprudência comparada. Na Espanha, por exemplo, é "mais correto, do ponto de vista constitucional, empregar os termos de dignidade, prestígio e autoridade moral, que são valores que merecem a proteção penal que lhes dispensa o legislador, mas que não são exatamente identificáveis com a honra, consagrada (...) como direito fundamental" (1ª Sala. STC 107/1988).

Na Itália, por outro lado, já se reconheceu o direito à integridade da reputação do Estado ("Caso Lockheed", Tribunal de Roma de 10/6/1986; Corte de Cassação, decisão n. 7642, de 10/7/1991; Cassação, I seção cível, decisão n. 12951, de 5/12/1992). Embora se possa relativizar a decisão, em vista de suas particularidades, não podemos deixar sem nota também aqui o reconhecimento pelo Supremo Tribunal Federal do direito fundamental à honra como bem comunitário e dos agentes públicos, designadamente policiais federais, acusados de estupro (Rcl-QO 2040/DF). Sobre a polêmica, incluindo a titularidade por nascituro e pelo morto ou herdeiros, remetemos o leitor ao exame feito ao direito à intimidade.

---

6. Não escapa à observação que o direito de arena reúne o espetáculo desportivo, sento titulado pela entidade de desporto; enquanto a imagem é do atleta individual ou coletivamente considerado. A captação e transmissão do espetáculo exige concordância daquela e deste.

9.1. Limites da imagem e da honra

As observações feitas ao direito à intimidade se aplicam à imagem e à honra. Especialmente em relação à imagem, cada vez mais empresas e governos se valem de câmeras de vigilância com vistas a impedir ou reprimir a ocorrência de danos ou crimes. É legítimo esse emprego difundido? Em regra, responde-se positivamente, exigindo-se apenas que haja bem visível a informação de que o procedimento está sendo adotado. Há, contudo, certos cuidados adicionais à regra que não podem ser desconsiderados. Para os dois casos, deve-se ter uma política de boas práticas no tratamento das imagens captadas. Claramente há de ser definido o tempo de permanência da gravação, seguindo-se as exigências de justa necessidade de prova. Em caso de não ocorrência de dano ou ilícito penal, a exclusão das imagens deve ser incontinenti.

Mesmo diante da necessidade de preservação das gravações, são necessárias as ações de cautela para impedir que terceiros captados pelas câmeras tenham sua imagem, identidade e intimidade adequadamente protegidas. A finalidade da vigilância, por outro lado, não pode estar voltada para incursões no espaço mais íntimo das pessoas, de modo a identificar as relações amorosas ou orientação sexual, por exemplo, havendo de servir apenas à proteção do patrimônio de empresas e da segurança pública, no caso do Estado. Em vista disso, o foco da filmagem ou fotografia deve ser fixado para a captação de imagem ou informação estritamente necessárias à consecução da finalidade. Esclarece-se. Se o objetivo da vigilância é identificar velocidades excessivas no trânsito, que podem pôr em risco a segurança de todos, a captação se deve restringir à placa de identificação veicular. A filmagem ou fotografia do interior do carro, em princípio, excede o objetivo perseguido, violando o direito à imagem e à intimidade do condutor e de eventuais caronas.

Imagens captadas em espaços públicos para outros fins, inclusive jornalísticos, estão sujeitas a certos condicionamentos. Em princípio, quem transita por ruas ou participa de eventos tem uma expectativa menor de sua intimidade e de proteção da imagem. Menor não significa inexistente. A captação não pode assim visar a uma pessoa determinada, salvo evidentemente sua autorização. Problemas maiores surgem com a sua divulgação. As pessoas retratadas devem, em regra, estar em segundo plano e sua imagem deve passar por um processamento, de modo a não permitir a sua pronta identificação. A quebra desse procedimento deve ser justificada, fora da hipótese do consentimento expresso ou excepcionalmente tácito[7], pelos objetivos da divulgação. A jurisprudência não tem sido muito simpática a esse entendimento. Já se disse que se a pessoa expõe sua imagem em cenário público, não é ilícita ou indevida sua reprodução pela imprensa, uma vez que a proteção à imagem encontra limite na própria exposição realizada (STJ. 4ª Turma. REsp 595600/SC). Em outra oportunidade, cogitou da dispensabilidade do consentimento para divulgar imagem captada em cenário público (STJ. 4ª Turma. REsp 58101/SP). Na verdade, tudo depende da existência do ânimo exibicionista. Um transeunte que percorre uma praça ou rua tem um nível de proteção diferente de alguém que resolve fazer um *topless* em via pública. Crianças e adolescentes gozam de uma tutela mais reforçada, impedindo a sua identificação.

O artigo 20 do Código Civil estabelece que, salvo se autorizadas, ou se necessárias à administração da justiça ou à manutenção da ordem pública, a divulgação de escritos, a transmissão da palavra, ou a publicação, a exposição ou a utilização da imagem de uma pessoa poderão ser proibidas, a seu requerimento e sem prejuízo da indenização que couber, se lhe atingirem a honra, a boa fama ou a respeitabilidade, ou se se destinarem a fins comerciais. A redação do dispositivo é tão infeliz quanto incompleta. Infeliz, porque confunde diferentes direitos da esfera privada, tornando a imagem e a intimidade dependentes da honra; incompleta, porque a ela escapa a inviolabilidade prevista no inciso constitucional em comento, como se a indenização só coubesse no caso de a honra objetiva ou subjetiva ser atingida ou que uma apropriação comercial desautorizada tiver ocorrido. Incompleta também, porque as pautas autorizadoras da "violabilidade" (a necessidade da administração da justiça ou a manutenção da ordem) não se bastam por si, havendo de ser justificadas casuisticamente. Vale dizer, não basta a alegação de que administração da justiça ou a manutenção da ordem genericamente requerem ou necessitam. É necessário um convencimento razoável dessa necessidade. Enfim, a autorização do titular é mera licença de uso da imagem, ato limitado pelo fim a que se propõe e por tempo certo, além de outras condições eventualmente estipuladas em contrato. O consentimento ou a autorização não é uma cessão de direito.

10. Direito ao esquecimento

Para alguns, um mero aspecto da intimidade, para outros um direito autônomo dentre tantos dos chamados "direitos da personalidade". Suas raízes são encontradas principalmente na luta do pensamento humanista contra a perpetuidade das penas e em defesa da crença de progresso do ser humano e da solidariedade social. Era, até então, um direito daquele que prestou contas de seu erro, de não ser reduzido nem mais julgado pelo que passou e pagou. Correlatamente, havia um dever social de oferecer-lhe as condições de retomar os rumos de uma vida honrada, no mínimo, com o apagamento dos registros físicos e a impossibilidade, sobretudo da imprensa, de reavivá-los. Refiro-me ao que se passou a chamar de "direito ao esquecimento".

A revolução da tecnologia da informação trouxe esse direito (autônomo ou derivado) para o centro do debate. Em princípio, foram os bancos eletrônicos de dados; depois, a rede mundial de computadores. Se Deus perdoa e esquece, a internet, por meio de escritos, fotos ou vídeos, perpetua a lembrança e pode instigar a vindita e o desprezo. Alega-se, em favor desse efeito eternizante da rede, o direito à informação; a ele se contrapõe o direito ao esquecimento e dão-se ao tempo e aos instrumentos jurídicos as formas ou fórmulas de equação do conflito (RENDING, 2010; AMBROSE, 2013).

Diversos expedientes normativos foram aprovados como produto desse esforço de equilibrar no tempo a informação e o esquecimento. Inicialmente foram decisões judiciais e legislações

---

7. O consentimento tácito ou presumido, por ser excepcional, exige um cuidadoso exame das circunstâncias de tempo e local, bem como do contexto e finalidade da captação, de modo a apurar o ânimo do retratado. Quem procura a câmera não pode ser equiparado a quem dela foge ou lhe é indiferente. A presença em atos oficiais ou a circulação em companhia de pessoas famosas são indicativas do consentimento ou, pelo menos, de reduzida expectativa de proteção. Importa examinar, em cada caso, o elemento volitivo em questão pelos elementos fáticos apresentados. Se houver dúvida, deve-se concluir pela inocorrência do consentimento. Há quem, à semelhança do direito de autor, recuse a possibilidade desse tipo de consentimento: SAHM, 2002, p. 197.

pertinentes à proteção da intimidade, imagem e honra em vista, sobretudo, das divulgações pela imprensa de fatos ocorridos. Vêm à lembrança, dentre tantas, algumas decisão. O caso Rachel, julgado pelo Tribunal de Sena em 1858, reconheceu-se que mesmo as pessoas famosas podiam desejar morrer no anonimato após uma vida de festas e triunfos. Se essa era a sua vontade reforçada pela vontade de seus parentes, a celebridade não franqueava a reprodução de uma fotografia no leito de morte. Era a afirmação da imagem e prenúncio claro, pelas justificações, ao esquecimento (SAMPAIO, 1997, p. 55-56). As leis processuais davam um passo adiante, determinando-se progressivamente que as anotações criminais fossem apagadas passado algum tempo do cumprimento da Pena. No ambiente civil, continuava-se a evolução.

Estado da Califórnia, Estados Unidos, 1931. O Tribunal de Apelação reconheceu o direito "à privacidade" de uma ex-prostituta, inocentada da acusação de homicídio, que largara a profissão para constituir família, para impedir a divulgação de um documentário que a retratava no período da prostituição e no roteiro do assassinato (*Melvin v. Reid*)[8]. 1973, Alemanha, o Tribunal Constitucional Federal, após destacar a importância da liberdade de expressão para as sociedades democráticas, definiu-lhe um limite na proteção constitucional da personalidade. Não se admitia que uma emissora de televisão dispusesse da vida privada de criminoso depois de ter cumprido a sua pena. Um noticiário, a ser exibido ao tempo de sua saída da prisão, era inadmissível por lhe provocar um prejuízo novo ou adicional, dificultando-lhe a reintegração à sociedade. Não vinha a palavra, mas a ideia do esquecimento (caso "Lebach", *BVerfGE* 35, 202). Era o que podemos chamar de primeira geração do direito ao esquecimento.

A partir dos anos 1970, diversos países passaram a adotar um sistema de proteção dos dados pessoais, levando em conta o desenvolvimento de técnicas automatizadas de coleta e armazenamento de dados. As legislações sobre bancos de dados passaram a estipular princípios norteadores dos registros, destacadamente o da finalidade e o da temporalidade. Por um, obriga-se que o tratamento dos dados pessoais devam ter objetivo determinado, legítimo e transparente. Por outro, exige-se que a sua manutenção se dê pelo tempo estritamente necessário ao cumprimento de seus objetivos. Fiquemos em dois exemplos do direito europeu. De acordo com o artigo 6º, § 1º, *e*, da diretiva europeia n. 95/46, os sistemas de tratamentos dos dados pessoais devem manter os registros de forma que permitam a identificação dos interessados durante um período não superior ao necessário aos fins para os quais foram recolhidos ou para os quais se tratem ulteriormente. Basicamente o mesmo direito é assegurado pelo artigo 8.2 da Carta de Direitos Fundamentais da União Europeia. O direito ao esquecimento chegava à sua segunda fase[9].

O repertório da jurisprudência nacional já coleciona alguns exemplares, embora vinculados à primeira fase do direito ao esquecimento. No Superior Tribunal de Justiça, tem-se entendido que há no direito brasileiro um direito ao esquecimento, "um direito de não ser lembrado contra sua vontade", especialmente no tocante a fatos desabonadores ou a "inesquecíveis feridas". Não seria um direito expresso, mas uma decorrência dos princípios da dignidade humana e do sistema de direitos fundamentais, e do efeito de saneamento ou pacificação do tempo sobre os atos e fatos jurídicos, tais como a prescrição, a decadência, o perdão, a anistia, a irretroatividade da lei, o respeito ao direito adquirido, ao ato jurídico perfeito e à coisa julgada, o prazo máximo para o inadimplente constar dos cadastros restritivos de crédito, a reabilitação penal e o direito ao sigilo quanto à folha de antecedentes daqueles que já cumpriram pena. Se os condenados que já cumpriram a pena, disse a Quarta Turma do Tribunal, sob a verve e inspiração do Ministro Luís Felipe Salomão, "têm direito ao sigilo da folha de antecedentes, assim também a exclusão dos registros da condenação no Instituto de Identificação, por maiores e melhores razões aqueles que foram absolvidos não podem permanecer com esse estigma, conferindo-lhes a lei o mesmo direito de serem esquecidos" (4ª Turma. REsp 1334097/RJ).

Em outra oportunidade, a mesma Turma afirmou que "as vítimas de crimes e seus familiares têm direito ao esquecimento – se assim desejarem –, direito esse consistente em não se submeterem a desnecessárias lembranças de fatos passados que lhes causaram, por si, inesquecíveis feridas". Um direito de recomposição do equilíbrio e justiça, pois, caso contrário, "chegar-se-ia à antipática e desumana solução de reconhecer esse direito ao ofensor (que está relacionado com sua ressocialização) e retirá-lo dos ofendidos, permitindo que os canais de informação se enriqueçam mediante a indefinida exploração das desgraças privadas pelas quais passaram" (REsp 1335153/RJ).

A técnica é mais veloz que o direito. A internet com suas potencialidades e memória eterna continua a desafiar os poderes e limites desses expedientes, tanto os originários, quanto os já adaptados a seu ambiente. A rede criou um mundo novo do "e-": o e-mail, a e-comunicação, a e-imprensa e também a e-intimidade, a e-imagem, a e-honra e o e-squecimento, até um suposto novo ramo do direito: o e-direito ou direito digital. Um recente esforço de responder a um desses desafios à proteção do e-squecimento foi dado pelo Tribunal de Justiça da Europa. Segundo a decisão, tomada em 13 de maio de 2014, os instrumentos de busca como "Google" e "Yahoo" estão obrigados a eliminar de sua lista de resultados páginas da web, publicadas por terceiros, que contenham informações pessoais de quem postulou sua eliminação, fundado no caráter incompleto ou inexato dos dados (art. 12, *b*, da diretiva 95/46) ou de outras razões preponderantes e legítimas relacionadas com a sua particular situação (art. 14, § 1º, *a*, da mesma diretiva).

Ainda de acordo com o Tribunal, a solicitação se deve fazer ao gestor de busca e, caso não atendida, ao órgão administrativo de proteção de dados e ao Judiciário (TJE. C-131/12). Os membros da Corte fizeram menção ao direito ao esquecimento, mas, como não se trata de um direito expresso na Carta de Direitos Fundamentais, fundamentaram a decisão nos direitos ao respeito da vida privada e familiar (art. 7), e à proteção de dados pessoais (art. 8). Segundo eles, esses direitos "prevalecem, em princípio, não só sobre o interesse econômico do gestor do instrumento de

---

8. Veja-se, porém, *Sidis v F-R Publishing Corporation* 311 U.S. 711 61 S. Ct. 393 85 L. Ed. 462 (1940): Uma celebridade não pode querer, depois da fama, o esquecimento total; *Florida Star v. B.J.F.*, 491 U.S. 524 (1989): não se pode proibir a vinculação de uma notícia, obtida licitamente.
9. Veja-se, todavia, decisão do Superior Tribunal de Justiça alemão (BGH) que refutou o dever de sites alemães de verificar seus arquivos permanentemente, de forma a garantir os direitos de personalidade para os criminosos condenados após o cumprimento de sua pena. O Tribunal fez questão de destacar que a decisão atendia às peculiaridades do caso e não importava autorização ilimitada de desconsideração do direito ao esquecimento (FOCUSONLINE, 2012).

busca, mas também sobre o interesse d[o] público em acessar a (...) informação [pessoal] em pesquisas que versem sobre o nome dessa pessoa". Fizeram, todavia, uma ressalva a essa prevalência no caso de, "por razões concretas", envolver "o papel desempenhado na vida pública pelo interessado, cuja ingerência em seus direitos fundamentais esteja justificada pelo interesse do público em ter, em razão dessa inclusão, acesso à informação". Entramos na era da terceira geração do direito ao esquecimento, o e-squecimento ou o esquecimento no mundo 2.0.

O Supremo Tribunal Federal, no entanto, afastou a existência, no direito brasileiro, do direito ao esquecimento, Ninguém teria o poder de obstar, em razão da passagem do tempo, a divulgação de fatos ou dados verídicos e licitamente obtidos e publicados em meios de comunicação social analógicos ou digitais. A liberdade de expressão e a de informação não o admitiriam. Eventuais excessos deveriam ser analisados caso a caso (RE 1010606-RJ). Um assunto problemático e que certamente voltará à pauta do Tribunal.

10.1. Limites ao direito ao esquecimento

Na decisão do Tribunal de Justiça da Europa, já divisamos os limites que se impõem ao direito ao esquecimento: um interesse público à manutenção do informe. Como transformar esse conceito indeterminado em algo menos abstrato, que é ruim para os direitos em geral e para o direito ao esquecimento em particular? Há, pelo menos, dois critérios que podem servir de balizas a um legítimo interesse que sobreponha a informação ao esquecimento: a) trate-se um fato relacionado com a história ou que tenha real interesse histórico; e b) diga respeito ao exercício da atividade pública de uma pessoa igualmente pública (TERWANGNE, 2012, p. 56).

No Brasil, o Superior Tribunal de Justiça já fez ressalvas ao direito ao esquecimento para "os fatos genuinamente históricos – historicidade essa que deve ser analisada em concreto –, cujo interesse público e social deve sobreviver à passagem do tempo, desde que a narrativa desvinculada dos envolvidos se fizer impraticável" (4ª Turma. REsp 1334097/RJ).

É legítimo que se tenha interesse em que erros ou dores passados não sejam lembrados nem fiquem num local onde a qualquer instante alguém possa reavivá-los por um simples clique, uma pesquisa ou postagem. Mas é preciso analisar com atenção o "direito de apagar" o passado, sobretudo amparado em fórmulas genéricas como, em que pese todo cuidado tomado, o Tribunal Europeu e o brasileiro acabaram por fazer. No âmbito da internet, empresas como o Google e Yahoo se podem converter num poderoso censor de ideias, de história e do destino (BENNET, 2012; ROSEN, 2012). Valerão os riscos?

11. Indenização por danos morais e materiais

A violação do direito à vida privada, à intimidade, à honra e à imagem dá ensejo à pretensão indenizatória por danos materiais e morais. Danos materiais são lesões a interesses pecuniários de uma pessoa ou que levem à diminuição, perda ou deterioração do potencial de exploração econômica de alguns dos aspectos dos direitos protegidos pelo inciso X. É certo que, em geral, não se repara o dano eventual, hipotético ou remoto, mas em se tratando de tais bens, hão de avaliar as repercussões de uma invasão indevida na esfera privada, na honra ou imagem que reduzam ou até inviabilizem eventual uso comercial de alguns de seus elementos.

A pessoa que teve aspectos de sua intimidade, não apenas sua imagem e nome, utilizados por um meio de comunicação para fins lucrativos sofreu uma diminuição patrimonial correspondente ao lucro que poderia obter com a cessão onerosa dessas informações. Assim também a publicação de diários íntimos, sem a autorização do autor, importa prejuízo patrimonial. No cálculo da indenização deve ser levada em conta a notoriedade do interessado, de modo que quanto mais célebre for, mais elevados sejam os valores, no suposto de que maior terá sido o grau de atratividade do público, maior o lucro do agente de comunicação e, por consequência, maior o prejuízo que terá aquele sofrido. O valor da indenização pode ainda ser extraído a partir do cálculo percentual que se estabeleça sobre o número de exemplares vendidos ou sobre o vulto da campanha publicitária em que se tenha veiculado fato da intimidade do retratado; ou ainda tomando por base o cachê que obteria se tivesse firmado contrato, permitindo a divulgação.

Do atentado aos direitos da esfera privada podem decorrer danos de ordem psicológica ou física, que, na linha de causalidade, possam vir a ser imputados ao agente causador. A vítima pode sofrer um infarto fulminante, motivado pelo conhecimento de que fatos de sua vida mais íntima, mais secreta, foram revelados ao público; ou pode sofrer alterações menos fatais, que a levem a ser hospitalizada ou a se submeter a tratamentos psiquiátricos. São todas consequências que podem advir do ato ilícito da divulgação, com repercussão não apenas no âmbito moral, mas inclusive na órbita do patrimônio.

A perda de produtividade no trabalho ou no desempenho profissional, decorrente de abalos psicológicos e às vezes físicos, por atentado à vida privada, por exemplo, constitui igualmente um dano patrimonial indireto, que exige compensação. Os custos de eventual tratamento médico ou psicológico também integram o valor da indenização. Pode ocorrer inabilitação da vítima devido a sequelas de um derrame consequente à divulgação. Mais comum, todavia, a redução do rendimento que provoque rebaixamento de posto e até demissão. A vítima há de ser indenizada pelo *minus* de sua renda. O mesmo se diga de um profissional liberal; um dentista que venha a perder sua clientela pela publicação de uma reportagem que revele aspectos de sua vida privada.

No caso de o ofendido ser pessoa jurídica, deve-se apurar a perda de oportunidades de negócios ou desvantagens competitivas, decorrentes da bisbilhotice ou divulgação de informações reservadas, de sua honra ou imagem. Os efeitos negativos à produtividade, decorrentes de abalos internos, embora de difícil quantificação (e aceitação doutrinária e jurisprudencial), deveriam ser computados para esse efeito. Menos discutíveis, todavia, com semelhantes problemas de liquidação, são os danos à honra objetiva, identificados pelo abalo à credibilidade ou reputação da empresa no mercado. Embora identificados como danos morais, melhor seriam definidos como dano patrimonial indireto.

O dano moral consiste na lesão de interesses extrapatrimoniais da pessoa física ou jurídica, provocada, para fins desses comentários, pelo ato lesivo a um ou mais dos direitos da esfera privada. A Súmula 227 do Superior Tribunal de Justiça estipula que a "pessoa jurídica pode sofrer dano moral". É preciso fazer alguma anotação a esse entendimento. Pessoa jurídica de direito privado tem um sistema de proteção dos direitos da esfera privada análogo ao das pessoas naturais. A analogia exige compatibilidade do direito com a natureza das pessoas coletivas. Indevidas coleta e divulgação de informações sensíveis de uma empresa assim como uso desautorizado de sua imagem ou ataques à sua honra podem gerar compensações pecuniárias ou mesmo adoção de medidas judiciais inibitórias[10]. Especialmente no tocante à intimidade (informacional), a questão se pode converter em violações de segredos comerciais, industriais ou de privilégios, agravando a responsabilidade civil (e penal) de quem as perpetra. Em se tratando de pessoa jurídica de direito público, a situação é distinta. Há entendimento que refuta a hipótese.

No Superior Tribunal de Justiça, já se afirmou que, em virtude de não haver titulação de direitos fundamentais de natureza material por tais pessoas, "o reconhecimento da possibilidade teórica de o município pleitear indenização por dano moral contra o particular constitui a completa subversão da essência dos direitos fundamentais" (4ª Turma. REsp 1258389/PB). A afirmação tem seu acerto em vista das particularidades do caso julgado, mas é preciso cautela para não levá-la longe demais. Não há um direito fundamental tecnicamente envolvido, mas situações subjetivas a serem claramente consideradas. Imagem e honra, como elementos de direito comum ou projeção de um direito coletivo (do povo brasileiro ou da nação), podem excepcionalmente ser violadas e, portanto, passíveis de indenização. Assim também atividades de espionagem ou ataques cibernéticos a dados coligidos em sistemas e bancos de dados do Estado e de suas instrumentalidades, o que pode incluir segredos de Estado. Convenhamos, todavia, que a efetividade da tutela deixa a desejar pelas peculiaridades desses assuntos. Em primeiro lugar, em razão do foro próprio da postulação para obtenção de um provimento judicial útil e exequível (interno ou externo). Em segundo lugar, pela dificuldade da prova; e, enfim, pela natureza mais política do que jurídica do tema ou, pelo menos, pela insatisfatória ou incompleta resposta da esfera cível do direito.

Em se tratando de pessoa natural, não há necessidade de comprovação de dor e sofrimento, bastando que seja demonstrada a ocorrência de ofensa aos direitos da esfera privada ou, de modo mais amplo, injusto atentado à dignidade humana (STJ. 3ª Turma. REsp 1337961/RJ). A captação de informações pessoais e da imagem, assim como a sua divulgação não autorizada ou atentado à honra ensejam indenização a esse título. Como já decidiu o Supremo Tribunal Federal, "de regra, a publicação da fotografia de alguém, com intuito comercial ou não, causa desconforto, aborrecimento ou constrangimento, não importando o tamanho desse desconforto, desse aborrecimento ou desse constrangimento" (2ª Turma. RE 215984/RJ. Ver também: 1ª Turma. RE 192593/SP). Se houver uso comercial da imagem sem a devida autorização, opera-se *in re ipsa* o dano moral a exigir compensação. Vale dizer que a utilização não autorizada da imagem de uma pessoa, para fins econômicos ou comerciais, ainda que não a retrate de modo pejorativo ou vexatório nem lhe cause prejuízo, gera o dever de indenizar (Súmula 403/STJ). A mesma ordem de ideia deveria prevalecer em relação ao emprego desautorizado de informações pessoais, embora a jurisprudência brasileira ainda não se tenha mostrado muito sensível ao tema. Talvez porque a imagem seja o lado mais perceptível e identificável da personalidade; talvez porque as informações pessoais sejam tão banalizadas na sociedade de informação (lembremos: a imagem é ela mesma um tipo de informação).

Mas já seria hora de se considerar o direito à intimidade como um direito fundamental e não como mera expectativa ou pretensão de segunda categoria, de modo a coibir práticas comerciais ilegítimas com dados pessoais, notadamente por meio de trocas e vendas de bancos de informações pessoais entre empresas. Havido o uso desautorizado, dever-se-ia incidir o dever de indenizar, independentemente da prova de prejuízo. Assim também a publicação dessas informações, mesmo sem intuito comercial e desde que não tenha a franquia de noticiabilidade, também haveria de produzir o mesmo efeito. No caso da honra, não basta a mera veiculação de informações, exigindo-se a incidência na esfera da respeitabilidade social, familiar e pessoal. Não se atinge a honra somente por palavras ou informações publicadas, mas também por ataques diretos, gestos ou outros expedientes vexatórios. Não se há de proteger suscetibilidades excessivas, todavia não se pode deixar no desamparo vítimas de atitudes que lhes firam a dignidade e honra. A orientação dos tribunais italianos tem seguido esses passos, em relação à intimidade e à reputação, ao considerar que os danos pessoais são *in re ipsa* (Cassação, III seção cível, decisão n. 6507, de 10/5/2001).

Na reparação de dano, moral ou material, costumava-se dizer que a gravidade da falta não deveria influir sobre a indenização. A aplicação dessa regra poderia tornar a tutela judicial inútil, com a desconsideração do patrimônio do devedor, ou desproporcional, na hipótese de culpa leve acompanhada de uma certa dose de fatalidade. Estava-se diante de um impasse: ou o juiz julgava procedente a ação indenizatória e condenava o agente ao pagamento da indenização integral ou, então, se entendesse que representava castigo excessivo para culpa, teria de julgar a ação improcedente. A jurisprudência evoluiu e o próprio Código Civil passou a prever no parágrafo único do artigo 944 que "Se houver excessiva desproporção entre a gravidade da culpa e o dano, poderá o juiz reduzir, equitativamente, a indenização".

Para efeito de quantificação da indenização, devem-se levar em conta, dentre outros fatores, a extensão do dano (art. 944, Código Civil), incluindo-se a repercussão futura do ato na vida familiar e social do ofendido; as condições pessoais, financeiras e sociais da vítima e do violador; o comportamento da vítima; os meios empregados para violação e a finalidade perseguida; o ambiente e as circunstâncias em que ocorreu o ato ilícito, além do aspecto dos direitos envolvidos: o prejuízo moral provocado pela divulgação de um defeito físico que a vítima procura esconder do público ou de suas ligações amorosas é relativamente maior do que aquele causado pela divulgação do nome patronímico de um artista, conhecido apenas por um pseudônimo. Por fim, o valor da indenização deve contemplar um acréscimo de forma a desestimular novas investidas do agente violador. Já existe no país uma farta jurisprudência sobre a matéria (dentre outros, STF. Pleno.

---

10. Veja-se: "Ação inibitória fundada em violação do direito à imagem, privacidade e intimidade de pessoas fotografadas e filmadas em posições amorosas em areia e mar espanhóis – Esfera íntima que goza deproteção absoluta, ainda que um dos personagens tenha alguma notoriedade, por não se tolerar invasão de intimidades [cenas de sexo] de artista ou apresentadora de tv – Inexistência de interesse público para se manter a ofensa aos direitos individuais fundamentais [artigos 1º, III e 5º, V e X, da CF] – Manutenção da tutela antecipada expedida (...) – Provimento para fazer cessar a divulgação dos filmes e fotografias em *websites*, por não ter ocorrido consentimento para a publicação – Interpretação do art. 461, do CPC e 12 e 21, do CC, preservada a multa diária de R$ 250.000,00, para inibir transgressão ao comando de abstenção". (TJSP. 4ª Câmara de Direito Privado, Apelação Cível 556.090.4/4-00; STJ. 3ª Turma. REsp 1323754/RJ (Caso Cicarelli)).

AO 1390/PB; STJ, 4ª Turma. REsp 215607-RJ; REsp 1331098/GO). Em se tratando do direito ao esquecimento, não tem sido aceito tão prontamente o dever de indenizar.

Àqueles que cumpriram suas penas ou foram absolvidos, há um dano a ser reparado, se a notícia reconta a sua história, aguça a memória, cometendo o ilícito de atentar contra "a maior nobreza" do direito ao esquecimento, "um direito à esperança, em absoluta sintonia com a presunção legal e constitucional de regenerabilidade da pessoa humana" (4ª Turma. REsp 1334097/RJ). No caso de familiares de vítimas de crimes passados, não haveria dano moral a recompor. E a razão parece equívoca: na medida em que o tempo passa e se vai adquirindo um "direito ao esquecimento", a dor vai diminuindo, de modo que, relembrar o fato trágico da vida, a depender do tempo transcorrido, embora possa gerar desconforto, não causa o mesmo abalo de antes. É quase uma transcrição literal dos fundamentos da orientação firmada (STJ. 4ª Turma. REsp 1335153/RJ). O caso seria, nas duas hipóteses, de dano *in re ipsa*, ao se considerar a violação do direito ao esquecimento.

De acordo com a jurisprudência do Superior Tribunal de Justiça, incidem, sobre os valores da indenização por dano moral, a correção monetária e os juros de mora, contados a partir do seu arbitramento (Súmula n. 362) e do evento danoso (Súmula n. 54), respectivamente.

A liberdade de expressão e de imprensa tem uma certa franquia quando opera no ambiente da busca e divulgação da informação de relevância pública, caracterizada, senão pela verdade, ao menos, pela verossimilhança. Tanto maior será a franquia quanto mais pública for a pessoa retratada. Entretanto, o espaço da livre crítica não pode chegar a ofensas pessoais nem mesmo a condutas displicentes na confirmação das informações obtidas e publicadas. Tampouco se pode desconsiderar que, embora públicas e sujeitas a restrições maiores, figuras como o político ou o artista são também titulares de tais direitos (STF. Pleno. AO 1390/PB; STJ. 3ª Turma. REsp 1328914/DF; REsp 1414004/DF). Como vimos, no tocante à indenização, o esquecimento em relação à família de uma vítima a reduz, a esquece, a vaporiza. Pelo menos, por enquanto.

A internet não modifica as linhas gerais das orientações desenvolvidas para atribuição reparatória de danos materiais e morais decorrentes de violação aos direitos da esfera privada. Dada a capilaridade da rede mundial de computadores, os valores indenizatórios tendem a ser majorados. A exequibilidade ou a consequência útil das determinações judiciais, por outro lado, têm sido os desafios às vítimas e ao próprio Judiciário, pela multiplicação de fontes e de "*sites* espelhos" quase instantaneamente publicados nos diversos espaços do globo. As ordens, em regra, dirigem-se aos provedores para que retirem do ar os sítios eletrônicos e postagens ou que estabeleçam filtros que impeçam o atentado ou a continuidade da violação. Em geral, alega-se falta de tecnologia adequada e de censuras indevidas a conteúdos similares, em virtude das limitações de tais filtros[11]. Multas pesadas têm sido a arma para enfrentar o descumprimento das ordens judiciais. Um segundo ponto de maior interesse nesses domínios diz respeito à definição de responsabilidades. No passo da jurisprudência, o novo Marco Civil da Internet (Lei n. 12.965/2014) determina que o provedor de conexão à internet não será responsabilizado civilmente por danos decorrentes de conteúdo gerado por terceiros (art. 18).

O provedor de aplicações somente poderá ser responsabilizado civilmente por danos decorrentes de conteúdo gerado por terceiros se, após ordem judicial específica, não tomar as providências para, no âmbito e nos limites técnicos do seu serviço e dentro do prazo assinalado, tornar indisponível o conteúdo apontado como infringente (art. 19). A Lei admite recurso aos juizados especiais no caso de ressarcimento relacionado à honra, à reputação ou a direitos de personalidade, bem como sobre a indisponibilização desses conteúdos por tais provedores (art. 19, § 2º). E, de modo expresso, autoriza o juiz, inclusive nos juizados especiais, a antecipar, total ou parcialmente, os efeitos da tutela pretendida, se existir prova inequívoca do fato e considerado o interesse da coletividade na disponibilização do conteúdo na internet, desde que presentes os requisitos de verossimilhança da alegação do autor e de fundado receio de dano irreparável ou de difícil reparação (art. 19, § 4º).

A ação inibitória ou de indenização deve ser ajuizada pela própria pessoa afetada, dada a natureza personalíssima dos direitos. Os de titularidade coletiva exigem legitimidade extraordinária ou substituição processual. Os incapazes são processualmente representados. No caso de falecimento, o Código Civil atribui legitimidade aos descendentes, aos ascendentes e ao cônjuge, incluindo, por analogia e justiça, o companheiro ou convivente, bem assim os colaterais até quarto grau, ressalvado, injustificada e, por isso mesmo, inconstitucionalmente, esses últimos no caso do direito à imagem (arts. 12, parágrafo único, e 20, parágrafo único).

A vida privada, a intimidade, a imagem e a honra não são protegidas apenas no campo cível ou neste somente por meio da indenização. A depender do tipo de violação e direito em jogo, a pena cível pode ainda contemplar a publicação da retratação do ofensor, além do exercício do direito de resposta. Esta última tem previsão constitucional expressa (art. 5º, V); a primeira desafia a dúvida de sua possibilidade diante da revogação do artigo 75 da antiga Lei de Imprensa na ADPF 130/DF. Em situações excepcionalíssimas e em que seja medida adequada para reparar o dano, pode ser adotada (STF. Rcl-AgR 16389/GO). Aliás, o próprio Código Civil prevê que se "pode exigir que cesse a ameaça, ou a lesão, a direito da personalidade, e reclamar perdas e danos, sem prejuízo de outras sanções previstas em lei" (art. 12). O dispositivo é reforçado com a prescrição de que, independentemente da responsabilidade civil a que haja lugar, a pessoa ameaçada ou ofendida possa requerer as providências adequadas às circunstâncias do caso, com o fim de evitar a consumação da ameaça ou atenuar os efeitos da ofensa já cometida (art. 70.2).

Aqueles que tiverem seus direitos da esfera privada comprometidos se podem valer das "tutelas de urgência", postulando a realização de buscas e apreensões quando for o caso e sempre em situações de gravíssimos atentados a tais direitos. A autoridade judiciária há de precatar-se no deferimento de tais tutelas diante da possibilidade de converter-se num ilegítimo censor ao avançar perigosamente sobre domínios próprios da vida democrática.

Legislações, como a francesa, apresentam ainda figuras delituosas típicas, definidas por vários aspectos de intromissão no espaço íntimo (KAYSER, 1980). No Brasil, contudo, essa modalidade de proteção faz-se de modo indireto ou reflexo, a partir da tutela de outros bens jurídico-penais, como expostos no Código Penal: a violação do domicílio (art. 150) e da correspondência

---

11. Foi a alegação, por exemplo, do Google em relação à divulgação da filmagem de artista fazendo sexo numa praia espanhola. Ver STJ. 3ª Turma. REsp 1323754/RJ.

(art. 151), a divulgação de segredo (art. 153), inclusive de informações sigilosas ou reservadas, assim definidas em lei, c (art. 153, § 1º) e a violação do segredo profissional (art. 154), acrescendo-se a invasão de dispositivo informático alheio, conectado ou não à rede de computadores, mediante violação indevida de mecanismo de segurança e com o fim de obter, adulterar ou destruir dados ou informações sem autorização expressa ou tácita do titular do dispositivo ou instalar vulnerabilidades para obter vantagem ilícita; bem como quem produz, oferece, distribui, vende ou difunde dispositivo ou programa de computador com o intuito de permitir a prática da conduta (art. 154-A, *caput*, e § 1º).

Podemos ainda lembrar, na hipótese de *inputs* informacionais, dos delitos enumerados nos arts. 233 e 234 do CP. No caso da honra, pune-se a calúnia (art. 138), a difamação (art. 139) e a injúria (art. 140). Também a liberdade sexual é objeto de crimes de estupro (art. 213), violação sexual mediante fraude (art. 215) e assédio sexual (art. 216-A), além de condutas listadas nos tipos dos artigos 227 a 231-A. A liberdade da vida familiar tem proteção em alguns dos crimes contra a família (Título VII do Código Penal). De se lembrar, por fim, que o parlamentar não pode ser responsabilizado civil ou criminalmente por crimes de opiniões (art. 53) (veja, dentre outros, STF. RE-AgR 445906/AC; 1ª Turma. RE-AgR 577785/RJ).

12. Referências bibliográficas

AMBROSE, Meg L. It's About Time: Privacy, Information Life Cycles, and the Right to be Forgotten. *Stanford Technology Law Review*, v. 16, p. 369-833, 2013.

ARAÚJO, Luiz Alberto David. *A proteção constitucional da própria imagem*. Belo Horizonte: Del Rey, 1997.

BASILE, Massimo. Gli enti di fatto. In RESCIGNO, Pietro (dir). *Trattato di diritto privato*, vol. I, t. 2. Torino: Utet, 1999.

BENNETT, Steven C. The Right to Be Forgotten: Reconciling EU and US Perspectives. *Berkeley Journal of International Law*, v. 30, p. 161-185-195, 2012.

BERTI, Silma Mendes. *Direito à própria imagem*. Belo Horizonte: Del Rey, 1993.

BITTAR, Carlos A. *Os direitos da personalidade*. 5ª ed. atual. por Eduardo Carlos Bianca Bittar. Rio de Janeiro: Forense Universitária, 2001.

COSTI, Renzo. *Il nome della società*. Padova: Cedam, 1964.

DE CUPIS, Adriano. *I diritti della personalità*. Milano: Giuffrè, 1950.

DOTTI, René Ariel. *Proteção da vida privada e liberdade de informação*: possibilidades e limites. São Paulo: Revista dos Tribunais, 1980.

DWORKIN, Ronald. *Law's Empire*. Cambridge: Belknap Press, 1986.

DYAL, Mandeep. Self-Determination, Dignity and End-of-Life Care, Regulating Advance Directives in International and Comparative Perspectives. *Medical Law Review*, v. 20, n. 4, p. 650-655, 2012.

FACHIN, Zulmar A. *A Proteção Jurídica da Imagem*. São Paulo: Celso Bastos: IBDC, 1999.

FOCUSONLINE. BGH-UrteilKeine ständige Kontrolle von Online-Archiven, 15/12/2009, disponível em http://bit.ly/1lCRPqt, acesso em 15/6/2014.

GALGANO, Francesco. Delle persone giuridiche. In: SCIALOJA, Antonio; BIANCA, Giuseppe (a cura di). *Commentario del Codice Civile*. Bologna: Zanichelli, 1972.

GITHENS, Marianne; STETSON, Dorothy McBride (ed.). *Abortion politics*: public policy in cross-cultural perspective. New York: Routledge, 2013.

HENDERSON, Harry. Privacy *in the information age*. New York: Facts On File, 2006.

JABUR, Gilberto Haddad. Limitações ao direito à própria imagem no novo código civil. In: DELGADO, Mário L.; ALVES, Jones F. (coord). *Questões controvertidas no novo código civil*. São Paulo: Método, 2003.

KAYSER, Pierre. *La protection de la vie privée*. Paris: Economica, 1990.

MORAES, Walter. Direito à própria imagem (II). *Revista dos Tribunais*, v. 444, 11-28, 1972.

MUSCO, Enzo. *Bene giuridico e tutela dell'onore*. Milano: Giuffrè, 1974.

PIZZORUSSO, Alessandro. I profili costituzionali di un nuovo diritto della persona. In: ALPA, Guido; BESSONE, Mario;. BONESCHI, Luca (a cura di). *Il diritto alla identità personale*. Padova: Cedam, 1981, p. 29-35.

PROSSER, William. Privacy. *California Law Review*, v. 48, n. 3, p. 383–423. 1960.

REDING, V. Why the EU needs new personal data protection rules? In: *The European Data Protection and Privacy Conference*. Bruxelas, 30/11/2010.

REGOURD, Serge. Sexualité et libertés publiques. *Annales de l'Université des Sciences Sociales de Toulouse*, 1985.

ROSEN, Jeffrey. The right to be forgotten. *Stanford Law Review Online*, v. 64, 2012, p. 88-92.

ROSS, Susan Deller. *Women's human rights*: the international and comparative law casebook. Philadelphia: University of Pennsylvania Press, 2011.

SÁ, Maria de Fátima F. *Direito de Morrer*. Belo Horizonte: Del Rey, 2001.

SAHM, Regina. *Direito à imagem no direito civil contemporâneo*. São Paulo: Atlas, 2002.

SAMPAIO, José Adércio Leite. *Direito à intimidade e à vida privada*. Belo Horizonte: Del Rey, 1997.

SAMPAIO, José Adércio Leite. O retorno às tradições: a razoabilidade como parâmetro constitucional. In: SAMPAIO, José Adércio L. (Org.). *Jurisdição constitucional e direitos fundamentais*. Belo Horizonte: Del Rey, 2003.

SAMPAIO, José Adércio Leite. *Teoria da Constituição e dos direitos fundamentais*. Belo Horizonte: Del Rey, 2013.

SHERSHOW, Scott C. *Deconstructing Dignity*: A Critique of the Right-to-Die Debate. Chicago: University of Chicago Press, 2014.

SOLOVE, Daniel J. *Privacy, information, and technology*. New York: Aspen Publishers, 2009.

TEPEDINO, Gustavo. *Temas de direito civil* 3ª ed. Rio de Janeiro: Renovar, 2004.

TERWANGNE, Cécile. Privacidad en Internet y el derecho a ser olvidado/derecho al olvido. VII Congreso Internacional Internet, Derecho y Política. Neutralidad de la red y otros retos para el futuro de Internet. *Revista de los Estudios de Derecho y Ciencia Política*, n. 13, 2012, p. 53-66.

WESTIN, Alan F. *Privacy and freedom*. New York: Athenure, 1967.

WIDDOWS, Heather; IDIAKEZ, Itziar A.; CIRIÓN, Aitziber E. (eds.). *Women's reproductive rights*. Basingstoke New York: Palgrave Macmillan, 2006.

Art. 5º, XI – a casa é asilo inviolável do indivíduo, ninguém nela podendo penetrar sem consentimento do morador, salvo em caso de flagrante delito ou desastre, ou para prestar socorro, ou, durante o dia, por determinação judicial;

Leonardo Martins

I. Histórico da norma

Um precursor normativo relevante da norma em comento pode ser enxergado no constitucionalismo norte-americano do séc. XVIII, especificamente no art. X do *Bill of Rights* do Estado de Virginia, de 1776. Mesmo sem conter a fórmula solene hoje encontrada no texto constitucional brasileiro do "asilo inviolável" ou congêneres, o dispositivo citado garantia a proteção contra ordens de buscas domiciliares arbitrárias.

Em 1791, a mesma garantia seria consolidada como Quarta Emenda à Constituição Federal estadunidense. Muito lembrada é também a Constituição belga de 1831, que, em seu art. 10, cunhou originalmente a expressão normativa, repetida em várias constituições atualmente vigentes como na *Grundgesetz* alemã, com uso do verbo "ser", no modo indicativo, tal qual feito com a garantia da dignidade humana a fim de denotar-se total força normativa: "o domicílio é inviolável" (cf. SARLET *et al.*, 2012, p. 401 e HERMES, 2004, p. 1180).

II. Constituições brasileiras anteriores

Art. 179, VII, da Constituição Imperial de 1824; art. 72, § 11, da Constituição de 1891; art. 113, n. 16, da Constituição de 1934; art. 122, § 6º, da Constituição de 1937; art. 141, § 15; art. 150, § 10, da Constituição de 1967.

III. Constituições estrangeiras

Art. 13 da *Grundgesetz* (Constituição alemã); art. 18, da Constituição da Espanha; art. 14 da Constituíção da Itália; art. 34º da Constituição de Portugal; art. 9 da Constituição da Grécia; art. 12 da Constituição dos Países Baixos.

IV. Direito Internacional

Art. XII da Declaração Universal dos Direitos Humanos, de 10.11.1948; art. IX da Declaração Americana dos Direitos e Deveres do Homem, de 1948; e art. 11, n. 2 e 3, da CADH (Pacto de San José), de 12.11.1969.

V. Dispositivos constitucionais e legais relacionados

a) Constitucionais: art. 5º, X, e art. 5º, XII, da CF; **b) Legais:** art. 150 do Código Penal (cf., todavia, em relação a ambos, as importantes ressalvas perpetradas nos comentários propriamente ditos, abaixo, sob **VIII**).

VI. Jurisprudência

RE 603.616, Rel. Min. Gilmar Mendes, j. de 05.11.2015, Pleno, *DJe* de 10.05.2016 (com repercussão geral); STF-HC 91.610, Rel. Min. G. Mendes, julg. 08.06.2010, 2ª Turma, *DJe* de 22.10.2010; RHC 117.159/RJ, Rel. Min. Luiz Fux, julg. 05.11.2013, 1ª Turma; HC 111252/RS, Min. Ayres Britto, julg. 28.02.2012, 2ª Turma, *DJe* 26.02.2012; Inq. 2.424/RJ, Rel. Min. Cezar Peluso, j. 26.11.2008, Pleno, *DJe* de 26.03.2010; RHC 86082/RS, Min. Ellen Grace, julg. 05.08.2008, 2ª Turma, *DJe* 22.08.2008; RHC 90.376/RJ, Rel. Min. Celso de Mello, j. 03.04.2007, 2ª Turma, *DJ* de 18.05.2007; RE 418416/SC, Rel. Min. Sepúlveda Pertence, julg. 10.05.2006, Plenário, *DJ* 19.12.2006; HC 82788/RJ, Rel. Min. Celso de Mello, julg. 12.04.2005, 2ª Turma, *DJ* 02.06.2006; RE 230020/SP, Rel. Min. Sepúlveda Pertence, julg. 06.04.2004, 1ª Turma, *DJ* 25.06.2004.

VII. Referências bibliográficas

AGRA, Walber de Moura. *Curso de direito constitucional*. 2. ed. Rio de Janeiro: Forense, 2007; CHORRES, Hesbert Benavente. La afectación de los derechos constitucionales en el proceso penal acusatorio según la jurisprudencia del Tribunal Constitucional del Perú en el período 1997-2009. *Estudios Constitucionales*, Talca, v. 8, n. 2, p. 293-358, set. 2010; CYRINO, Juliana Melo. *Busca e apreensão em escritório de advocacia*. 2012. 74 f. TCC (Graduação) – Curso de Direito, Departamento Direito, Faculdades Integradas "Antonio Eufrasio de Toledo", Presidente Prudente, 2012; DE LAURENTIIS, Lucas Catib. *A proporcionalidade no direito constitucional*. Origem, modelos e reconstrução dogmática. São Paulo: Malheiros, 2017; DIMOULIS, Dimitri; MARTINS, Leonardo. *Teoria geral dos direitos fundamentais*. 9. ed. rev., atual. e ampl. São Paulo: Revista dos Tribunais, 2022; EPPING, Volker. *Grundrechte*. 9. ed. Berlin e Heidelberg: Springer, 2021; HERMES, Georg. Kommentierung zum Art. 13 GG. In: DREIER, Horst (Org.). *Grundgesetz-Kommentar*. 2. ed. Tübingen: Mohr Siebeck, 2004, v. 1; IPSEN, Jörn. *Staatsrecht II*. Grundrechte. 20. ed. München: Vahlen, 2017; KLUTH, Winfried. *Grundrechte*. 4. ed. Halle an der Saale: Halle-Wittenberg, 2017; KINGREEN, Thorsten; POSCHER, Ralf. *Grundrechte*. Staatsrecht II. 38. ed. Heidelberg: Müller, 2022; KÜHNE, Jörg-Detlef. Kommentierung zum Art. 13 GG. In: SACHS, Michael (Org.). *Grundgesetz Kommentar*. 3. ed. München: Beck, 2003; MANSSEN, Gerrit. *Staatsrecht II. Grundrechte*. 19. ed. München: Beck, 2022; MARTINS, Leonardo. *Liberdade e Estado constitucional*: leitura jurídico-dogmática de uma complexa relação a partir da teoria liberal dos direitos fundamentais. São Paulo: Atlas, 2012; MARTINS, Leonardo. Direitos fundamentais à intimidade, à vida privada, à honra e à imagem (art. 5º, X, da CF): alcance e substrato fático da norma constitucional (intervenção estatal potencialmente violadora). *Ius Gentium*, v. 7, n. 1, p. 105-132, jan./jun. 2016; MARTINS, Leonardo. Direito fundamental à liberdade de reunião e controle de constitucionalidade de leis penais e de sua interpretação e aplicação: contribuição para o direito de reunião como sub-ramo autônomo do direito administrativo. *Revista Espaço Jurídico Journal of Law – EJJL*, v. 18, p. 289-362, 2017; MARTINS, Leonardo. *Tribunal Constitucional Federal Alemão*: decisões anotadas sobre direitos fundamentais. v. II. Liberdade de consciência e crença; liberdades de expressão e de comunicação social; liberdades artística e científica. São Paulo: Konrad-Adenauer-Stiftung, 2018; MARTINS, Leonardo. *Tribunal Constitucional Federal Alemão*: decisões anotadas sobre direitos fundamentais. v. IV. Liberdade de reunião; sigilo da comunicação; liberdade de locomoção e inviolabilidade do domicílio. São Paulo: Marcial Pons Konrad-Adenauer-Stiftung, 2020; MARTINS, Leonardo. *Direitos fundamentais*: conceito permanente – novas funções. Rio de Janeiro: Marcial Pons, 2022; MENDES, Gilmar Ferreira; BRANCO, Paulo Gustavo Gonet. *Curso de Direito Constitucional*. 8. ed. rev. e atual. São Paulo: Saraiva, 2013; MICHAEL, Lothar; MORLOK, Martin. *Grundrechte*. 6. ed. Baden-Baden: Nomos, 2017; NOVELINO, Marcelo. *Manual de direito constitucional*. 8. ed. rev. e atual. Rio de Janeiro: Forense; São Paulo: Método, 2013; PAPIER, Hans-Jürgen; KRÖNKE, Christoph. *Grundkurs Öffentliches Recht 2*. Grundrechte. Heidelberg: Müller, 2012; RUSSO, Luciana. *Direito constitucional*. 5. ed. São Paulo: Saraiva, 2012 (edição digital); SALEME, Edson Ricardo. *Direito constitucional*. Barueri, SP: Manole, 2011; SARLET, Ingo Wolfgang. *Eficácia dos direitos fundamentais*. 13. ed. Porto Alegre: Livraria do Advogado, 2021; SARLET, Ingo Wolfgang; MARINONI, Luís Guilherme; MITIDIERO, Daniel. *Curso de direito constitucional*. São Paulo: Revista dos Tribunais, 2012; SARLET, Ingo Wolfgang; WEINGARTNER NETO, Jayme. A inviolabilidade do domicílio e seus limites: o caso do flagrante delito. *Revista de Direitos Fundamentais e Democracia*, Curitiba, v. 14, n. 14, p. 544-562, jul./dez. 2013; SCHILDHEUER, Frank. *Grundrechte*. 5. ed. Frankfurt: Jura Intensiv, 2017; SCHMIDT, Rolf. *Grundrechte*. Sowie Grundzüge der Verfassungsbeschwerde. 24. ed. Grasberg bei Bremen: RS-Verlag, 2019; SILVA NETO, Manoel Jorge e. *Curso de direito constitucional*. Rio de Janeiro: Lumen Juris, 2006; SILVA, José Afonso da. *Curso de direito constitucional positivo*. 17. ed. São Paulo: Malheiros, 2000; SIQUEIRA, Flaviane Montalvão. *Limites constitucionais à invasão de domicílio nos casos de flagrante por crime de tráfico de drogas*: análise da imprescindibilidade do mandado judicial na Corte Norte-Americana e da prática judicial de aceitação do flagrante em crime permanente na Cidade de Salvador. TCC (Graduação) – Curso de Direito, Departamento de Faculdade de Direito, Universidade de Brasília, Brasília, 2013; STERN, Klaus. *Das Staatsrecht der Bundesrepublik Deutschland*. München: Beck, 1994. v. III/2; TAVARES, André Ramos. *Curso de direito constitucional*. 5. ed. São Paulo: Saraiva, 2007.

VIII. Comentários

A – ESTRUTURA NORMATIVA

1. Teor e premissas dogmáticas

O art. 5º, XI, da CF declara em tom solene que "a casa é o asilo inviolável do indivíduo". Outorga a todos os brasileiros e estrangeiros residentes no país esse clássico direito fundamental, comumente chamado de inviolabilidade do domicílio. Em verdade, todos os direitos fundamentais são invioláveis, na medida em que, mesmo outorgados com limites (entre os quais destacam-se as reservas legais), não podem ter seu núcleo essencial atingido. A determinação do conteúdo ou do que faça parte do núcleo essencial dá-se por tentativa do intérprete de justificar a intervenção estatal, formalmente legitimada pelo limite constitucional ao direito, com base no critério da proporcionalidade (os pressupostos terminológicos, teóricos e dogmáticos do presente comentário, podem ser extraídos de DIMOULIS; MARTINS, 2022, p. 229-295 e 207-270; DE LAURENTIS, 2017, p. 178-259 e, com certa variação terminológica, mas mesma inspiração germânica: SARLET, 2005, p. 155 s. Cf. também MARTINS, 2022, p. 244-265).

Uma vez constatada a não justificação da intervenção *a priori* lícita constitucionalmente, há de se considerar violado o direito. A consequência jurídica será a nulidade ou anulação do ato estatal violador, a depender da dicção da decisão jurisdicional reconhecer efeitos retroativos ou não, o que escapa ao objeto específico dos presentes comentários.

Porém, a equiparação casa = asilo (do grego *asylon* – local de refúgio, abrigo) "inviolável", abrigo não profanável, tal qual feita pelo constituinte, é bastante eloquente. Trata-se de uma equiparação que deve ter consequências para a elucidação do alcance da norma. Nesse sentido, a doutrina pátria faz referências às origens antigas, romanas, da concepção de casa como algo sagrado (cf. SILVA, 2000, p. 437 s.). Silva Neto (2006, p. 523 s.) fala até em "redundância" da "linguagem constitucional" ao mencionar a equação "casa" = "asilo" = "local inviolável", concluindo tratar-se de "reforço ao direito individual" (ibid., p. 525). Em especial, quando se debruça sobre a parte final iniciada pela conjunção "salvo" – a qual aparentemente insere exclusões à proteção, mas não limites, cujas imposições concretas devem passar pela justificação constitucional com a aplicação do critério da proporcionalidade – percebe-se que a intenção do constituinte foi criar, a par de tais hipóteses de exceção à regra de proteção, um tabu instransponível ("inviolável") à autoridade estatal. Há de se distinguir, no entanto, por razões a serem expostas (sob **B.**), a quarta hipótese da *determinação judicial* por suas muitas peculiaridades em face das três primeiras.

Preliminarmente, porém, já pode restar assentado que, excluindo-se as aludidas três exceções e a quarta hipótese, cujo papel dogmático deve ser oportunamente definido (**B.**), qualquer intervenção estatal não concretizadora de direito constitucional colidente amparado por lei já será, por si, uma violação do domicílio. Isso decorre da ausência de uma reserva legal (sobre o conceito: DIMOULIS e MARTINS, 2022, p. 198-216) explícita cuja concretização pelo legislador pudesse, em tese, legitimar uma intervenção estatal.

2. Conceito constitucional de domicílio ("casa")

a) Antecedentes históricos e direito comparado

Depois do *habeas corpus* da *common law* britânica e da liberdade religiosa, o direito fundamental à inviolabilidade do domicílio, tematicamente desenvolvido paralelamente à garantia contra prisão ilegal (*habeas corpus*), voltou-se contra possível arbítrio estatal em face da "privacidade espacial" do indivíduo. No *Bill of Rights* da Constituição do Estado norte-americano de Virgínia, assegurou-se, em seu art. 10, uma proteção contra buscas autorizadas pelos *general warrants* ou mandados genéricos (Cf. HERMES, 2004, p. 1180 s.).

As seis primeiras constituições brasileiras trazem aproximadamente o mesmo teor sobre a tutela básica, havendo mudanças somente no que tange à titularidade e às exceções de proteção ou limites. Todas determinavam, tal como o faz a comentada Constituição Federal, que a casa é o asilo inviolável do seu detentor.

O conceito constitucional de domicílio é, porém, controverso (exemplarmente: KINGREEN e POSCHER, 2022, p. 289 s.; TAVARES, 2007, p. 588; SILVA NETO, 2006, p. 523 s.; SILVA, 2000, p. 437 s.; AGRA, 2007, p. 148 s.; MENDES e BRANCO, 2013, p. 289-291 e NOVELINO, 2013, p. 497).

No sentido estrito, o conceito em tela comporta as moradias de todo gênero, incluindo as alugadas ou mesmo as sublocadas. O título da posse é, em princípio, irrelevante. Abrange as moradias provisórias, tais como quartos de hotel ou moradias móveis como *trailers* ou barcos, barracas e outros do gênero que sirvam de moradia. Determinante é o reconhecível propósito do possuidor de residir no local, estabelecendo-o como *abrigo* ("asilo") *espacial de sua esfera privada*. Para a aferição desse propósito, há de se determinar, antes de tudo, se há alguma barreira física capaz de fechar ao público o acesso ao espaço protegido (cf. EPPING, 2021, p. 362). Assim, as referidas moradas são geralmente consideradas domicílio no sentido do "asilo inviolável", ligado tradicionalmente a outro direito fundamental, o direito à privacidade (art. 5º, X, CF). Kingreen e Poscher (2022, p. 289) enfatizam-no, ainda que relacionem a inviolabilidade do domicílio do art. 13 *Grundgesetz* com o direito subsidiário e mais amplo do que a privacidade no sentido do art. 5º, X, CF, que é o direito ao "livre desenvolvimento da personalidade" do Art. 2, I GG. Nesse ponto, são acompanhados praticamente pela unanimidade das exposições (cf., por exemplo, SCHILDHEUER, 2017, p. 286 s.; MICHAEL e MORLOK, 2017, p. 198; SCHMIDT, 2019, p. 438: "desde que elas [também] sirvam como meio para o desenvolvimento da privacidade". *Vide* também MANSSEN, 2022, p. 223, além de PAPIER e KRÖNKE, 2012, p. 182).

Entretanto, trata-se do direito à privacidade específico, em seu aspecto espacial (cf. MARTINS, 2016, p. 110). Em relação ao alcance de quartos de hotel, o STF confirmou-o, categoricamente, quando deu provimento a um recurso de *habeas corpus* impetrado contra acórdão do STJ (STF, RHC 90.376/RJ, Rel. Min. Celso de Mello, *DJ* 18.05.2007, p. 338 s., com amplas referências doutrinárias no mesmo sentido, cf. RUSSO, 2012, p. 103; no direito peruano, cf. o mesmo entendimento em CHORRES, 2010, p. 300). Enfatizando o propósito de estabelecer morada, fala-se em "vontade exteriormente reconhecível do indivíduo de acessibilidade somente privada de aposentos e locais" (KINGREEN e POSCHER, 2022, p. 289. *Vide* também AGRA, 2007, p. 148). Com efeito, essa vontade está notoriamente presente no caso de quartos hotéis e de hospitais (Cf. EPPING, 2021, p. 362, com referência a interessante caso julgado pela Corte Federal de Justiça da Alemanha sobre o caráter interventivo de uma escuta de conversas do paciente consigo mesmo). Segundo Schmidt (2019, p. 438), abrangidas são também as "casas de final de semana, casas de associações e [com referência a julgado da mesma Corte Federal de Justiça, até mesmo as] salas de clube", independentemente da tendência à permanência de curta ou curtíssima duração, *v.g.* apenas um pernoite. Por sua vez, segundo o pacífico entendimento doutrinário e jurisprudencial alemão não são compreendidos no conceito os automóveis e as típicas grandes poltronas de praia (*Strandkörbe*), em que duas pessoas podem proteger-se tanto dos ventos frios e fortes, quanto dos raios solares, nas praias do Mar do Norte e do Mar Báltico (cf. KLUTH, 2017, p. 247; EPPING, 2021, p. 362).

No sentido amplo, o domicílio inclui as partes externas de uma casa como garagens, quintais e jardins, considerados também como a ele pertencentes, ainda que nem sempre esteja presente o critério do fechamento ao público. Em seus comentários ao Art. 13 da *Grundgesetz*, Kühne (2003, p. 593 s.) acentua, por isso, os propósitos correlacionados à moradia (esfera privada, fechamento ao público, teto etc.). Na mesma linha, Mendes e Branco (2013, p. 291) incluem no conceito de casa "o jardim, a garagem, as paredes externas, muradas ou não". Trata-se, também no caso da proteção de tais "cômodos e áreas adstritas", como Michael e Morlok (2017, p. 1999) explicam, da aplicação de um "conceito funcional de domicílio" (ibid.). Tal conceito funcional atende a determinada demanda ou *necessidade de proteção* da privacidade espacial que é imprescindível ao desenvolvimento da personalidade (cf. SCHMIDT, 2019, p. 438-439).

Em parte, ainda na discussão alemã, polêmico é estender a escritórios e demais dependências comerciais o conceito de "casa" ou domicílio. Kingreen e Poscher (2022, p. 290) distinguem três situações objetivas nas quais, contudo, também o *animus* do titular do direito desempenha um papel relevante na determinação do alcance do conceito de casa e ulterior avaliação do impacto de intervenções estatais nela (determinante para o exame da proporcionalidade na fase da justificação constitucional da intervenção; nesse sentido, v. PAPIER e KRÖNKE, 2012, p. 182), quais sejam:

a) escritórios podem ser integrados ao próprio domicílio residencial e, destarte, retirados do acesso público do mesmo modo que a própria residência;

b) escritórios separados das residências que, no entanto, podem ser retirados do acesso público não controlado, como é o caso, por exemplo, dos consultórios médicos, cozinhas de restaurantes etc. ("espaços mistos", cf. SCHILDHEUER, 2017, p. 290); e

c) espaços de acesso amplo ao público dos quais justamente a atividade empresarial dependa, tais como supermercados e *shopping centers*.

A jurisprudência do Tribunal Constitucional Federal alemão admite, desde uma decisão de 1971, a extensão do conceito de "casa" a espaços empresariais que poderia abarcar, segundo ela, inclusive, espaços de amplo acesso ao público avocando o direito regulamentar da casa, instituto chamado "*Hausrecht*" ("direito da casa" na tradução literal" – a respeito, ainda que lá pautado no inc. XIII – liberdade profissional – v. MARTINS, 2017, p. 460, especialmente: n. rod. 90). Segundo Ipsen (2017, p. 77), tal "interpretação extensiva do conceito de casa é necessária porque não se pode claramente distinguir entre esfera privada-profissional e privada-pessoal". Sempre mediante menção ao entendimento constitucional tradicional, parte dos autores sustenta o papel do trabalho de autônomos e profissionais liberais e de seu local de exercício no desenvolvimento e realização da privacidade espacial como partícipe do livre desenvolvimento da personalidade (nesse sentido, cf. a neutra referência à tese por KINGREEN e POSCHER, 2022, p. 290; PAPIER e KRÖNKE, 2012, p. 182). Não obstante, alguns autores recomendam aplicar tão somente o parâmetro genérico do Art. 2, I, GG, em razão do limite que o vocábulo "casa" teria imposto (p. ex.: SCHMIDT, 2019, p. 438. Cf. a discussão bastante ponderada-equilibrada, mas, em última instância, que destaca a necessidade de proteção específica do Art. 13, I, GG, de EPPING, 2021, p. 363-365).

Na doutrina pátria, Cyrino (2012, p. 49) apontou, criticamente, a possibilidade de abuso por parte de escritórios advocatícios como um problema de fundamentação em face do princípio da igualdade. Tendo por objeto um HC impetrado contra uma ordem judicial de busca e apreensão, o STF mediu-o com base no "sigilo profissional", não em primeira linha no art. 5º, XI, da CF (Cf. STF-HC 91.610, Rel. Min. G. Mendes, *DJe* de 22.10.2010. Cf., no entanto, a decisão do Inq. 2.424, Rel. Min. C. Peluso, publicada no *DJe* de 26.02.2010, que mediu uma ordem judicial de busca e apreensão em escritório advocatício com base, além do art. 5º, X, também no art. 5º, XI, da CF).

Apesar de algumas divergências e dúvidas pontuais, o termo "casa" deve ser entendido em seu sentido amplo segundo a opinião predominante na doutrina brasileira, de maneira a abranger qualquer morada ou espaço reservado de trabalho que separe o ambiente interno do externo. Por exemplo, Silva Neto (2006, p. 525 s.) adota o mesmo conceito amplo de casa, distinguindo-o claramente dos conceitos de domicílio da lei civil e penal. Assim, não haveria mais dúvidas quanto à caracterização de quartos de hotel como casa no sentido do art. 5º, XI, da CF (cf. novamente SILVA NETO, 2006, p. 525 e RUSSO, 2012, p. 103). No mais, quanto aos limites físicos do "asilo inviolável" no ambiente profissional-privado, não há razão para não se adotar o mesmo entendimento retro referido aplicável aos ambientes pessoais-privados (residências em sentido estrito) segundo o qual as partes externas, tais como quintais e outras adjacências semelhantes, fazem também parte da tutela.

Em síntese, conclui-se que não é somente o interior da casa que a Constituição Federal de 1988 protege. Também o aspecto funcional dos escritórios, oficinas e demais espaços em que se desenvolva e se realize a privacidade espacial profissional, ao lado da pessoal, autoriza a extensão da tutela do art. 5º, XI, da CF a tais espaços. O texto do art. 5º, XI, da CF é mais extenso do que seu equivalente da *Grundgesetz*. Pelo muito lacônico texto constitucional alemão, deu-se margem à dúvida, uma vez que lá se positivou tão somente: "a casa é inviolável". Na Constituição Federal, o uso da aglutinação de preposição e artigo "nela" pode parecer ter, *prima vista*, o condão de excluir a proteção de espaços externos. Todavia, essa impressão pode ser, igualmente, desfeita se se expandirem os limites do conceito de "casa", como apontam os resultados tanto da interpretação histórica quanto da sistemático-comparativa. Se o terreno for considerado (parte da) casa, seus limites serão os portões e/ou os muros. Essa distinção entre os conceitos de domicílio torna-se relevante *v.g.*, na hipótese de o legislador autorizar o uso de aparelhos de escuta e filmagem nas adjacências da "casa" (domicílio pessoal residencial em sentido estrito ou profissional-privado) por agentes estatais de investigação.

Foi, a propósito, o que fez o legislador processual penal alemão, em 1999, motivado pelas graves ameaças à coletividade provenientes do terrorismo e da criminalidade organizada. Em 2004, entretanto, o Tribunal Constitucional Federal alemão julgou inconstitucional boa parte daquela lei (vide os excertos anotados por MARTINS, 2020, p. 258 e ss.; 300-344 e sua ampla análise por MARTINS, 2012, p. 311-353). Contemporaneamente, cada vez mais a vigilância e a escuta espaciais têm sido entendidas como representando, pelo menos, uma intervenção estatal no comentado direito fundamental (*vide*, por exemplo: SARLET e WEINGARTNER NETO, 2013, p. 544-562).

Contudo, por vezes nega-se, na doutrina brasileira, a possibilidade de o legislador ordinário introduzir limites, mas sem nenhuma fundamentação específica. Menciona-se apenas uma suposta jurisprudência pacífica, como discorrido por Saleme (2011, p. 143): "A Constituição vigente conferiu à inviolabilidade do domicílio tratamento mais generoso em face das constituições anteriores. Pela jurisprudência, não há espaço para atuação do legislador ordinário na matéria. A norma é considerada de eficácia plena". Todavia, a jurisprudência admite que se realize escuta domiciliar, que, tal qual a interceptação e qualquer outra medida policial-investigativa (emanada, portanto, do Poder Executivo), tem de ter lastro legal muito bem determinado. Assim, as normas que autorizam uma escuta implicam indubitavelmente intervenções no direito fundamental, não o sendo apenas uma determinada interpretação e aplicação pelo Judiciário que, eventualmente, confirme a legalidade da medida. Trata-se, aqui, da ingenuidade de pensar-se que uma lei ordinária apenas terá violado um direito fundamental quando seu teor for diretamente incompatível com o imperativo jusfundamental. Ocorre que, desde o *leading case Lüth* (a respeito: MARTINS, 2018, p. 95-104), sabe-se que as normas gerais podem dar azo a intervenções na área de proteção dos direitos fundamentais, ainda que sua atualização dependa da respectiva interpretação e aplicação judiciais.

b) **Concorrências com outros direitos fundamentais, em especial concorrência com o art. 5º, X, da CF**

Pressuposto de um exame de constitucionalidade correto é a escolha do parâmetro constitucional aplicável ao seu objeto. Isso não pode ficar ao livre critério discricionário do intérprete. Pelo contrário, é o objeto do exame de constitucionalidade que determinará com base em que parâmetro deverá ser ele medido (a respeito, minuciosamente: DIMOULIS e MARTINS, 2022, p. 222-228 e, com mais detalhes e referências: MARTINS, 2022, p. 239-244).

Identifica-se, por vezes, a inviolabilidade do domicílio com alguns dos direitos fundamentais de personalidade outorgados no art. 5º, X, da CF. De fato, nesse dispositivo constitucional são tutelados, além dos direitos à imagem e à honra, mais ligados à esfera social da personalidade, também os direitos fundamentais da personalidade ligados à esfera privada, isto é, os direitos fundamentais da intimidade e da vida privada. Defende-se, em geral, a tese de estar-se sempre diante de um caso de concorrência aparente, em que o inciso XI protegeria um aspecto específico da vida privada e intimidade em geral. Tavares (2007, p. 587 s.), por exemplo, aloca sua análise do direito em pauta no capítulo sobre o direito à privacidade, como subtópico do direito à intimidade, ao lado dos direitos fundamentais ao sigilo das comunicações e do segredo profissional.

Por ser muito impreciso e misturar várias áreas da vida ou de regulamentação, esse entendimento genérico não deve prosperar. Protege-se, pelo inciso XI do art. 5º da CF, a confiança jurídica do titular do direito no fato de que tudo que se passar dentro dos limites de seu "asilo inviolável" não será participado a terceiros que não se encontrem naqueles limites, por mais atinente ao interesse público que seja a informação. Trata-se, especificamente, como muito bem firmado na doutrina e jurisprudência alemãs, da proteção da "privacidade *espacial*". É um tipo de privacidade que se distingue essencialmente da privacidade em geral, da intimidade e, sobretudo, do sigilo das comunicações, junto aos quais tem-se, quando muito, um caso de "concorrência ideal" que implica o dever de se aplicarem sucessivamente ambos os parâmetros (cf. com mais referências: DIMOULIS e MARTINS, 2022, p. 223 e ss. e STERN, 1994, p. 1365 s.). Apesar do gênero comum da privacidade, tanto a tutela em si (área de proteção) quanto as possibilidades de intervenção e violação são bem distintas entre si nas duas ordens constitucionais comparadas (cf. da doutrina germânica: HERMES, 2003, p. 1227).

A depender do caso concreto, várias outras concorrências poderiam ser verificadas com os direitos fundamentais de propriedade, liberdade de imprensa, com o já aludido sigilo das comunicações telefônicas etc. Isso apenas aumenta o dever de cuidado do operador intérprete. Em havendo concorrência, ou seja, hipótese em que uma situação ou determinado conjunto de comportamentos individuais seriam abarcados pelos dois incisos, ela será uma "concorrência ideal": o ato estatal questionado deverá passar no crivo dos dois ou mais direitos fundamentais concorrentes, não sendo o caso da solução pela aplicação da regra *lex specialis derrogat lex generalis* (concorrência meramente "aparente" – cf. DIMOULIS e MARTINS, 2022, p. 223 s.). Apenas quando se opera com um conceito mais restritivo de domicílio, pode-se pensar em concorrência aparente no sentido de ser a inviolabilidade do domicílio *lex specialis* em relação à tutela da autodeterminação informacional e da privacidade do art. 5º, *caput* – "inviolabilidade do direito à liberdade" c.c. 5º, X, CF.

3. Área de proteção material: "privacidade espacial"

Definida a questão da concorrência, chega-se à determinação do **alcance específico da área de proteção** do dispositivo em comento. Traduz-se pelo aludido aspecto da proteção de um espaço restrito ao titular do direito e da consequente exclusão do público, dentro do qual vale, excetuando-se as três hipóteses a serem ainda comentadas, que o Estado não pode (nenhum de seus órgãos) adentrar a casa sem a anuência do titular.

Ademais, a natureza do direito impede a possibilidade de seu *exercício negativo*. Não faz sentido dizer que, se o titular do direito permitir a entrada do agente estatal, ele esteja exercendo-o negativamente, mas dele desiste, ainda que momentaneamente (sobre a distinção entre exercício negativo e desistência do exercício de um direito fundamental, também chamada de abstenção ou renúncia, com mais exemplos: DIMOULIS; MARTINS, 2022, p. 183-186).

A privacidade espacial pode ser atingida não somente quando o agente estatal adentra a casa sem a anuência, como também ao se valer de recursos técnicos para a escuta e/ou a visualização do que ocorre no espaço considerado casa (Cf. MARTINS, 2012, p. 327 s.).

4. Área de proteção subjetiva (titulares)

A titularidade cabe, na falta de uma atribuição específica do inciso, segundo o art. 5º, *caput*, da CF, a todo brasileiro e estrangeiro residente no País. Mas isso denota somente quem pode, em tese, valer-se do direito fundamental em tela.

No caso concreto, a dificuldade pode dar-se em face de hóspedes e crianças. O conceito de consentimento pode revelar alguns problemas no caso da morada coletiva. Também a jurisprudência do Tribunal Constitucional Federal alemão parece não exigir a anuência de todos os moradores (cf. KÜHNE, 2003, p. 598 s.). Basta que um consinta ou há a necessidade de todos (incluindo crianças, empregados residentes e hóspedes) consentirem? Se bastar que um consinta, são todos os moradores igualmente legitimados a questionar judicialmente a constitucionalidade do ato ou apenas um? Com tais questionamentos, a jurisprudência do STF, tanto quanto perceptível, ainda não se ocupou, provavelmente por falta de provocação específica ou mesmo de ensejo para "obter dicta". Tendo em vista alguns princípios, como o da máxima efetividade da proteção de direitos fundamentais e *in dubio pro libertate*, propugna-se aqui pelo entendimento de que qualquer morador ainda que provisório (hóspede) e crianças com maturidade mínima para aquiescer com a presença do agente estatal poderá, em tese, alegar violação de seu direito fundamental à inviolabilidade do domicílio, ainda que se encontrem na casa dos pais, de anfitriões, de patrões, entre outros. Também com base no princípio da confiança, não há razão para excluir os hóspedes de pensões e hotéis. O direito fundamental em pauta tutela o interesse de tais pessoas à privacidade espacial, nada tendo a ver com direitos reais, sejam eles de propriedade, posse ou mera detenção de imóveis.

Sérias dúvidas recaem sobre a titularidade das pessoas jurídicas. *Prima vista*, as pessoas jurídicas não poderiam valer-se do direito fundamental comentado dada incompatibilidade da natureza desse direito com uma pessoa artificial. Nos limites do teor do art. 5º, *caput*, da CF, não são titulares de direitos fundamentais, pelo menos não sem maior ônus de fundamentação específico a partir de interpretação sistemático-teleológica. Falta, na Constituição Federal, um dispositivo tal qual o art. 12, § 2º, da Constituição Portuguesa ou o art. 19, III, da *Grundgesetz* alemã a estender a titularidade a pessoas artificiais de acordo com a natureza do direito supostamente violado (Cf. discussão em: DIMOULIS; MARTINS, 2022, p. 119 e ss.).

Sem embargo, a jurisprudência e a doutrina alemãs são praticamente unânimes em estender à pessoa jurídica a titularidade da inviolabilidade do domicílio aproximadamente pelas mesmas razões materiais da extensão do conceito de domicílio a espaços profissionais (Cf. por todos: MICHAEL e MORLOK, 2017, p. 199. Silenciam eloquentemente a respeito KINGREEN e POSCHER, 2022, p. 289-290).

5. Efeitos, destinatários e intervenções estatais típicas

Trata-se de direito fundamental clássico de resistência (ou defesa) à intervenção estatal (*status negativus*), exercido originariamente contra a Administração e o poder de polícia do Estado. Hoje vincula também a atividade legislativa ao limitar o legislador penal e o processual penal que devem observar o critério da proporcionalidade na aplicação de limites constitucionais em prol da capacidade funcional estatal de investigações e da persecução penal em geral.

Não implica nenhum conteúdo prestacional. O teor do dispositivo é claro ao assegurar que a casa é o asilo "inviolável" do "indivíduo". Violação de direito individual em sentido estrito nunca ocorrerá por omissão de uma devida prestação estatal. Além do teor, o contexto normativo (interpretação sistemática) indica que, se o indivíduo não tiver casa, deverá valer-se de um dos direitos fundamentais sociais do art. 6º da CF: o direito à moradia. Também a interpretação histórica avaliza tal entendimento.

No mais, não implica nenhum conteúdo jurídico-objetivo.

Entre os principais conteúdos objetivos de todo direito fundamental, merece destaque a sua eficácia horizontal. Silva (2000, p. 438) afirma implicitamente, como faz parte da doutrina pátria, a eficácia horizontal nos seguintes termos: "(...) também se dirige aos particulares. O crime de violação de domicílio tem por objeto tornar eficaz a regra da inviolabilidade do domicílio". Eficácia de norma constitucional dependente do legislador penal? É uma visão equivocada em face da função de todo direito fundamental como limite da atuação do Poder Público, em sentido amplo, em face da liberdade individual. Justamente por não ter o *direito fundamental* à inviolabilidade do domicílio eficácia horizontal que o legislador penal viu-se instado a tipificar a conduta dos *particulares*.

Também não há de se falar em *dever estatal de tutela*, caso não se queira esgarçar o conceito (a respeito: DIMOULIS e MARTINS, 2022, p. 162-169 e MARTINS, 2022, p. 177-182), a tal ponto de ele abarcar todo o classicamente codificado núcleo jus-penalista). Por sua vez, a tipificação da devida conduta omissiva estatal (ou implicitamente de sua inobservância, intervenção injustificada que implica a consequência em regra da nulidade do ato), encontra-se no dispositivo constitucional ora comentado.

Contudo, a doutrina pátria tende a admitir o vínculo dos particulares ao direito comentado fazendo referência ao art. 150 do CP (cf., por muitos: TAVARES, 2007, p. 589). Não obstante todos os problemas da dita teoria da eficácia ou efeito horizontal direto dos direitos fundamentais que não têm aqui como ser mais bem debatidos (discussões circunstanciadas oferecem: SARLET, 2005, p. 371-380; e DIMOULIS; MARTINS, 2022, p. 141-156 e MARTINS, 2022, p. 169-177), a proteção pelo Código Penal da inviolabilidade do domicílio, cujos destinatários (e potenciais vítimas do correspondente crime) são todas as pessoas submetidas à ordem jurídica brasileira, incluindo, obviamente, os estrangeiros não residentes, não pode ser considerada uma conformação ou configuração infraconstitucional do direito fundamental previsto no art. 5º, XI, da CF. Há, inclusive, nessa posição, o grande risco de se interpretar a Constituição com base em parâmetros infraconstitucionais. Ainda que o bem jurídico tutelado pelo dispositivo constitucional fosse estritamente o mesmo que o da tipificação da conduta pelo legislador penal, restaria demonstrado apenas que o protegeu contra agressões provenientes de particulares, justamente o que *per se* não faz uma Constituição "do Estado" e "das liberdades". Não houvesse a tipificação penal, poder-se-ia até falar, em tese, contrariamente ao retro recomendado, em omissão legislativa em face de um suposto dever estatal de tutela (*staatliche Schutzpflichten*) que, em tese, poderia ser derivado do caráter (ou conteúdo) jurídico-objetivo do direito em pauta (*vide* DIMOULIS e MARTINS, 2022, p. 162-172 e MARTINS, 2022, p. 177-182). Todavia, essa questão resta prejudicada porque, assim como no caso da tipificação do homicídio que protege a vida como direito (ou bem jurídico) oponível contra todos, não se confundindo com a tutela constitucional do art. 5º, *caput*, da CF, assim também a tipificação penal torna despicienda a discussão desse conteúdo jurídico-objetivo específico.

Destarte, a inviolabilidade deve ser entendida como a vedação de intervenções legislativa, administrativa ou judicial não justificadas. Na área de proteção do direito à inviolabilidade do domicílio tal qual definida, vislumbram-se intervenções estatais, entre outras, nas seguintes situações:

i. Pelo Executivo, quando um de seus órgãos entra ou permanece no domicílio sem a anuência do titular do direito, mesmo que a lei atribua-lhe esse poder (poder discricionário), uma vez que tanto a lei abstrata quanto sua interpretação e aplicação pela Administração e/ou pelo Judiciário deverão ser controladas quanto à sua respectiva constitucionalidade. No último caso, trata-se de *interpretação orientada pelos direitos fundamentais* como subcaso da *interpretação conforme a Constituição*. A interpretação orientada pelos direitos fundamentais é critério do uso conforme a Constituição de qualquer discricionariedade administrativa ou judicial (Cf. a análise aprofundada em: MARTINS, 2012, p. 89-119; MARTINS, 2017, p. 440-443 e MARTINS, 2022, p. 171-173, 384);

ii. Pelo Judiciário, quando interpreta e aplica normas de direito infraconstitucional cuja concretização seja relevante para o exercício do direito fundamental em pauta (aplicação de normas interventivas, poder discricionário judicial);

iii. Pelo Legislativo, quando promulga norma que cerceie o *status* jurídico e as faculdades inerentes à inviolabilidade do domicílio, permitindo, por exemplo, a instalação de aparelhos de escuta no domicílio para investigações criminais, além de proibições da fundação de segundo domicílio, prescrições sobre número de aposentos de uma "casa" etc. No caso das últimas mencionadas, há várias concorrências com outros direitos fundamentais, tratando-se de formas mais antigas de intervenção estatal, em geral ausentes da agenda política de legisladores contemporâneos. O problema contemporâneo é mesmo o uso de aparato tecnológico para a vigilância domiciliar (Cf. KÜHNE, 2003, p. 598).

Não haverá intervenção nos eventos excluídos da área de proteção pelo art. 5º, XI, da CF, como no flagrante delito, prestação de socorro, desastre ou por determinação judicial, desde que cada intervenção pontual potencialmente revisável possa ser considerada *não arbitrária*. Ou seja, desde que, nas três primeiras hipóteses, a medida configure *ultima ratio* do agente público e que, na quarta hipótese, haja fundamento legal e constitucional para a ordem judicial. Ainda no caso da última hipótese, o juiz deverá fazer uso de sua margem discricionária existente junto à interpretação de dispositivos penais e processuais penais à luz do direito fundamental em tela. Para que a intervenção não corresponda à violação, há de ser justificada constitucionalmente.

Intervenções legislativas devem respeitar, além de todos os pressupostos formais, o critério da proporcionalidade. Esse admite somente a intervenção mínima para o alcance de propósitos lícitos constitucionalmente (Cf. DIMOULIS e MARTINS, 2022, p. 229-295; DE LAURENTIIS, 2017, p. 36-37 e 225-243).

Intervenções administrativas e judiciais embasadas em dispositivos que passaram no critério da proporcionalidade somente serão justificadas se o uso da margem de ação ou conformação, que elas necessariamente têm de deixar à autoridade para que cumpra seu papel, também for proporcional. Isso apenas estará presente se o exercício de seus respectivos poderes discricionários não ocorrer de maneira aleatória, mas representarem meios adequados e necessários (busca da "intervenção mínima") ao alcance de propósitos lícitos constitucionalmente.

B – EXCEÇÕES À PROTEÇÃO E LIMITES CONSTITUCIONAIS

O direito fundamental à inviolabilidade do domicílio sofre restrições de duas ordens: exclusões aprioristicas da área de proteção, nas três primeiras hipóteses definidas pelo constituinte após a conjunção "salvo", e limitação *a posteriori*, no caso da quarta hipótese da determinação judicial.

Em geral, somente a aplicação da segunda categoria de restrição deverá ser justificada constitucionalmente por se tratar de intervenção estatal em área de proteção de direito fundamental. Porém, na análise do suporte fático (afirmação da intervenção estatal na área de proteção do direito fundamental à inviolabilidade do domicílio), deve-se proceder com rigor. Deve admitir-se uma ausência de intervenção que dispense a justificação constitucional com base em bens jurídico-constitucionais colidentes apenas quando, especialmente junto às hipóteses de prestação de socorro e desastre, restar evidente que ocorreram no estrito interesse dos socorridos e das vítimas de catástrofes. Trata-se de caso em que os respectivos titulares, racionalmente, nem sequer cogitem a possibilidade de ter havido abuso de poder por parte dos agentes públicos envolvidos.

1. Hipóteses do "flagrante delito", "desastre" e "prestação de socorro"

Dentro desse grupo das exclusões aprioristicas da área de proteção, há de se distinguirem dois subgrupos:

a) "Flagrante delito": não cabe aqui discutir nem questionar a conveniência, correção ou "justiça" de o constituinte ter, em princípio, excluído da área de proteção do dispositivo em pauta a resistência jurídica contra a entrada no domicílio em situação de flagrante delito. Tratar-se-ia, no caso de tal questionamento, de proposição política jurídico-constitucional, mas não de assunto de dogmática constitucional. A vontade do constituinte é bastante clara. Cabe, contudo, de outra feita, investigar se o conceito de flagrante delito deve ser o mesmo conceito próprio das leis penal e processual penal. A resposta deve ser negativa, segundo o entendimento aqui defendido. Não corresponde à boa prática hermenêutica constitucional interpretar conceitos constitucionais a partir de termos encontrados em leis ordinárias esparsas ou códigos. Pelo contrário, deve haver um esforço no sentido de interpretarem-se os conceitos a partir do sistema interno constitucional, levando em consideração o *princípio da unidade da Constituição* (a respeito, por todos, v. a sistematização metodológica por DE LAURENTIIS, 2017, p. 31-38).

Nesse sentido, o conceito de flagrante delito deve ser interpretado mais restritivamente possível, porque a Constituição brasileira é uma Constituição *de* liberdade e *das* liberdades. A consequência é que desprotegido estará o domicílio, no contexto dessa primeira hipótese, somente no caso de prévia certeza pelo agente policial da prática atual de um crime, que, portanto, *esteja ocorrendo* dentro do domicílio. Mero flagrante esperado não tem como ser considerado suficiente. Especialmente no caso dos crimes continuados que não impliquem prática de violência, como a guarda de entorpecentes para fins de seu tráfico ilícito, nada obsta que o investigador ou agente policial ostensivo requeira uma ordem judicial autorizadora de entrada. A consequência dogmática é que pode haver uma prisão legal baseada em flagrante delito, independentemente do exame sobre a possível violação do domicílio, no sentido constitucional jusfundamental, que pode estar presente no caso. Em outras palavras: pode haver prisão legal, mas inconstitucional. Não há aqui incoerência, mas apenas diferentes campos de incidência dos direitos fundamentais (garantia constitucional contra prisão ilegal – art. 5º, LXV, de um lado; e contra violação do direito fundamental à inviolabilidade domicílio, de outro) e diferentes intensidades de intervenção estatal em cada um deles.

Cabe uma observação crítica quanto à interpretação e aplicação dessa causa de exclusão aprioristica. A falta de análise e consequentes distinções entre as áreas de regulamentação e proteção dos direitos – no caso, entre a inviolabilidade do domicílio e a proteção da intimidade – pode levar, com o tempero de uma visão conservadora que, às vezes, dá conteúdo a normas constitucionais a partir de dados socioculturais, a gravíssimos equívocos dogmáticos, tais como considerar mais fortemente protegida a esfera íntima (sexual) de um casal do que a casa como asilo inviolável. Assim, se a casa oferece guarida, ainda que provisória, para crimes continuados segundo o entendimento aqui firmado, como o aludido tráfico de entorpecentes (até que se tenha um mandado de busca e apreensão fundamentado), ela não tem o condão de obstar a ação estatal e até privada em caso de flagrante delito sexual perpetrado por um dos cônjuges. Ilustrando: o estupro praticado pelo cônjuge-varão não apenas significa uma omissão de proteção da integridade física e moral da vítima, como também fundamenta o dever de o Estado-polícia intervir em tempo hábil para interromper o estupro e realizar a prisão em flagrante do agressor e o dever, ao menos moral, de terceiros acionarem a autoridade estatal policial. Isso pode ser aplicado a todos os crimes "familiares", principalmente àqueles relativos à violência doméstica contra mulheres e crianças. Eventuais aspectos socioculturais e, excepcionalmente, o autoentendimento da vítima são igualmente irrelevantes em face do dever estatal de proteção (sobre a problemática geral, mas ainda com pouca precisão terminológica: SIQUEIRA, 2013, p. 14).

Nesse sentido, na comparação entre as duas situações de flagrância, indefensável é considerar protegida em geral ou mais protegida a "privacidade espacial" do agressor em ambiente doméstico do que do suspeito de tráfico ilícito de drogas. A consequência hermenêutica e jurídico-dogmática correta no primeiro caso é excluir da área de proteção do art. 5º, XI, da CF a situação de flagrância e realizar uma análise mais cuidadosa e correspondente melhor definição da área de proteção com a antecipação, extraordinária, da aplicação do princípio da proporcionalidade, especialmente, do subprincípio da necessidade, o que normalmente ocorre apenas na terceira fase do exame da justificação constitucional. Alternativamente, pode-se entender, especialmente no segundo caso da suspeição de tráfico ilícito de drogas, que a análise da *área de proteção* nos casos em que o bem jurídico protegido pela norma penal não exija, necessariamente, a prisão em flagrante no domicílio leve à sua ampliação. Como cediço, tratar-se-ia do ônus de se justificar uma intervenção estatal naquela.

b) As duas demais hipóteses não revelam maiores problemas dogmáticos, pois a penetração no domicílio sem anuência dos titulares ocorre não somente no interesse de toda coletividade, incluindo-se os titulares (principalmente no caso da "catástrofe"), como principalmente no interesse dos próprios titulares do direito ("prestação de socorro").

No último caso, obviamente o socorro pode ser devido à vítima de um dos moradores titulares do direito, por exemplo, no referido caso do estupro praticado pelo próprio marido da vítima, hipótese em que a entrada no domicílio ocorre em sentido contrário ao interesse do titular do direito. Porém, aqui não haveria problemas dogmáticos, pois estaria presente uma concorrência de hipóteses de exclusão da vedação ao Estado de entrada no domicílio ou presença de duas hipóteses legitimadoras da ação estatal ("prestação de socorro" e "flagrante delito").

Por sua vez, no caso da catástrofe, especialmente de epidemias e pandemia, categoria da qual a Covid-19 é o exemplo contemporâneo mais eloquente, que grassem sem controle, pode haver, ao contrário, choque de interesses (indivíduo titular do direito fundamental × Estado defendendo o interesse da coletividade). Porém, falta nesse caso qualquer argumento para uma interpretação mais restritiva em prol do indivíduo atingido. A hipótese de catástrofe corresponde a evento contundente e atual, não abrangendo medidas sanitárias que visem à interrupção ou diminuição relevante de uma cadeia de contágio por vírus, como no mencionado caso da Covid-19.

Portanto, as duas hipóteses finais ora tratadas inexoravelmente levam à *exclusão* da área de proteção da pretensão jurídica de resistir às correspondentes medidas estatais de prestação de socorro e combate a catástrofes. Em outras palavras, o Estado não precisa justificar *a posteriori* sua ação com base, por exemplo, em limite constitucional à outorga do direito que, no caso, por ausência de reserva legal, somente poderia derivar de um direito constitucional colidente.

2. Hipótese da execução de determinação judicial durante o dia

No caso da hipótese da execução de determinação judicial durante o dia, há de se fazer duas observações jurídico-dogmáticas:

a) No que tange à classificação, está-se diante de uma espécie de reserva jurisdicional qualificada pelo meio da execução: "durante o dia" (sobre o conceito, com referência à jurisprudência do STF: DIMOULIS e MARTINS, 2022, p. 201 s.), que significa um limite, cuja aplicação deve ser justificada. Tem-se uma intervenção estatal na área de proteção a ser justificada constitucionalmente porque a determinação judicial há de ser:

i) baseada em lei formal e

ii) motivada e fundamentada na lei após constatação de sua constitucionalidade, além de ser interpretada e aplicada à luz do direito fundamental comentado (Cf. DIMOULIS e MARTINS, 2022, p. 130 e ss., 143 e ss.; MARTINS, 2022, p. 169-174).

Assim, há duas consequências:

i) O dispositivo constitucional reconhece, nesse mister, ainda que implicitamente, uma reserva legal. A essa conclusão chega-se porque uma determinação ou ordem judicial, necessariamente pautada em lei, pode perseguir os mais diversos propósitos lícitos do ponto de vista constitucional. Um objeto procurado no interior da casa como medida baseada em mandado de busca e apreensão poderá visar à proteção não apenas do direito de propriedade de terceiros, mas a vários outros interesses lícitos constitucionalmente.

ii) Tanto a ordem judicial quanto os dispositivos infraconstitucionais sobre os quais aquela fundamentam-se devem passar no crivo da proporcionalidade. A promoção do propósito da norma (controle abstrato) e do propósito concreto da ordem judicial (controle concreto no âmbito da discricionariedade judicial) deverão dar-se com o uso do meio de intervenção adequado e menos oneroso possível (necessário).

b) Todavia, antes de proceder-se à análise da proporcionalidade dos meios de intervenção escolhidos pelo legislador e pelo juiz do feito no âmbito de sua discricionariedade permitida pela norma, deve ser enfrentada a questão do elemento qualificador do meio de intervenção da execução da ordem judicial. Ela somente poderá ocorrer "durante o dia". De novo, não convém, pelas razões expostas, questionar os motivos do constituinte, salvo quando forem relevantes para a determinação do alcance da norma constitucional. Importante é tão somente interpretar a locução "durante o dia".

A doutrina pátria dominante (discussão e referências em: TAVARES, 2007, p. 591 s., e AGRA, 2007, p. 149) tende a rejeitar uma opinião minoritária que se pauta no critério da luminosidade, segundo o qual a execução da ordem judicial poderia ocorrer "da aurora ao crepúsculo", com o procedente argumento de que isso geraria indeterminação e falta de segurança jurídica (na acepção de confiança). Esse entendimento orientado pelo critério da luminosidade não impediria, portanto, a prática de possíveis arbitrariedades, como defendido por Agra (2007, p. 149). A maioria parece, tanto quanto observável, de fato, advogar pela adoção de horários fixos, considerando que, no Brasil, com boa parte do seu território localizado entre os trópicos, os fenômenos dia e noite duram, na maior parte do ano, aproximadamente 12 horas cada. Fala-se, destarte, que a execução de determinações judiciais autorizadoras da penetração na casa do titular do direito pode dar-se no interregno entre as 6 e 18 horas. Regras processuais que dispõem, por exemplo, que o oficial de justiça possa cumprir seus mandados até às 20 horas deve ter sua interpretação "orientada pelo direito fundamental", no sentido de poder fazê-lo depois das 18 horas tão somente quando houver expressa anuência de todos os titulares atingidos.

Melhor seria restringir ainda mais o interregno permitido no interesse da máxima efetividade do direito fundamental e, em conformidade com o princípio *in dubio pro libertate*, permitir o ingresso no domicílio, a despeito da possível não anuência, somente no usual horário comercial: das 8 às 18 horas, isso corresponderia ao entendimento mais social da expressão "dia".

Art. 5º, XII – é inviolável o sigilo da correspondência e das comunicações telegráficas, de dados e das comunicações telefônicas, salvo, no último caso, por ordem judicial, nas hipóteses e na forma que a lei estabelecer para fins de investigação criminal ou instrução processual penal;

Lenio Luiz Streck[1]

SIGILO DE CORRESPONDÊNCIA E DE COMUNICAÇÕES

1. Histórico da norma

Texto original da CF/88.

---

[1] Colaboraram na pesquisa André Karan Trindade, doutor em Direito pela Universidade Roma TRE, e Daniel Picolo Catelli, especialista em Direito Constitucional e Procurador Federal.

2. Constituições anteriores

Art. 179, XXVII, CF/1824; art. 72, § 18, CF/1891; art. 113, § 8º, CF/1934; art. 122, § 6º, CF/1937; art. 141, § 6º, CF/1946; art. 150, § 9º, CF/1967; art. 153, § 9º, CF/1969.

3. Dispositivos constitucionais relacionados

Arts. 5º, X e LVI, e 60, § 4º, IV, da CF/1988.

4. Constituições estrangeiras

Emenda IV da Constituição norte-americana; arts. 26, itens 1 e 2, 32, item 8, e 34, itens 1 e 4, da Constituição portuguesa; art. 18, item 3, da Constituição espanhola; art. 10 da Constituição alemã; art. 15 da Constituição italiana; art. 19, item 5, da Constituição chilena; art. 15 da Constituição colombiana; art. 20 da Constituição boliviana; art. 23, item 13, da Constituição equatoriana; art. 2º, item 10, da Constituição peruana; art. 48 da Constituição venezuelana.

5. Textos internacionais

Art. XI, Declaração dos Direitos do Homem e do Cidadão; arts. 12 e 29, II, Declaração Universal dos Direitos Humanos.

6. Legislação

Arts. 151-152, Decreto-lei n. 2.848/40 (Código Penal); art. 233, Decreto-lei n. 3.689/41 (Código de Processo Penal); arts. 53-58, Lei n. 4.117/62 (Código Brasileiro de Telecomunicações); art. 3º, c, Lei n. 4.898/65 (Lei do Abuso de Autoridade); art. 369, Lei n. 13.105/2015 (Código de Processo Civil); art. 41, XV, parágrafo único, Lei n. 7.210/84 (Lei de Execuções Penais); Decreto n. 1.687/95 (Estatuto da Empresa Brasileira de Correios e Telégrafos – ECT); art. 2º, Lei n. 9.034/95 (Lei das Organizações Criminosas); Lei n. 9.296/96 (Lei de Interceptações Telefônicas); art. 3º, V, Lei n. 9.472/97 (Lei dos Serviços de Telecomunicações); Resolução do Conselho Nacional de Justiça n. 59, de 9 de setembro de 2007.

7. Jurisprudência do STF

ADI 2390, 2386, 2397 e 2859 e RE 601.314 (Fisco pode requisitar das instituições financeiras informações bancárias sobre os contribuintes sem intervenção do Poder Judiciário); HC 83.983 (ilegalidade da interceptação telefônica e cerceamento de defesa); Inq 2.245-QO (disponibilidade de informações por meio eletrônico nos sites dos tribunais, excluídas as informações de conteúdo sigiloso); HC 70.814 (possibilidade de interceptação de carta de detento pela administração penitenciária); MS 21.729 e RE 418.416 (a proteção a que se refere o art. 5º, XII, é da comunicação de "dados" e não dos "dados em si mesmos", ainda quando armazenados em computador); MS 22.801 (Tribunal de Contas da União não tem poderes para determinar a quebra do sigilo bancário); Inq 2.424-QO-QO (dados obtidos em interceptação de comunicações telefônicas e em escutas ambientais, judicialmente autorizadas para produção de prova em investigação criminal ou em instrução processual penal, podem ser usados em procedimento administrativo disciplinar, contra a mesma ou as mesmas pessoas em relação às quais foram colhidos, ou contra outros servidores cujos supostos ilícitos teriam despontado à colheita dessa prova); MS 23.652 (a quebra de sigilo telefônico, que não se confunde com a interceptação telefônica, não está sujeita à reserva de jurisdição); HC 81.260 (competência para quebra de sigilo telefônico); HC 80.949 (ilicitude da escuta gravada por terceiro); HC 74.678 (licitude da escuta de terceiro em caso de legítima defesa); ADI 1.488-MC (constitucionalidade da interceptação do fluxo de comunicações em sistemas de informática e telemática); HC 75.338 (licitude de gravação telefônica contra investida criminosa); HC 90.232 (vedação de consulta a dados da interceptação por advogado); HC 92.331 (direito de acesso da defesa às provas colhidas, após a gravação e a transcrição dos dados interceptados); RE 449.206 (autorização para interceptação em investigação penal própria do Ministério Público); HC 83.515 (interceptação em processo de crime apenado com detenção conexo com crime apenado com reclusão e possibilidade de renovação da medida, desde que indispensável para a investigação ou processo criminal).

STJ: HC-PR 26.405-6 (2008) (nulidade da intercepção e, por decorrência, de toda prova derivada, nas hipóteses de ultrapassagem de trinta dias previstos em lei).

8. Seleção de literatura

AVOLIO, Luiz Francisco Torquato. *Provas ilícitas*. São Paulo: Revista dos Tribunais, 1996; CARVALHO, Ivan Lira de. A regulamentação da escuta telefônica – abordagem primária. *Enfoque Jurídico*, Suplemento do Jornal Informe TRF da 1ª Região, Brasília, n. 1, ago. 1996; CARVALHO, Luis Gustavo Grandinetti Castanho de. *Processo penal e Constituição: princípios constitucionais do processo penal*. 4. ed. Rio de Janeiro: Lumen Juris, 2006; FERNANDES, Antonio Scarance. A lei de interceptação telefônica. *Justiça Penal – Provas ilícitas e reforma pontual*, São Paulo, n. 4, p. 48-70, 1997; GOMES FILHO, Antonio Magalhães. *Direito à prova no processo penal*. São Paulo: Revista dos Tribunais, 1997; GOMES FILHO, Antonio Magalhães. A violação do princípio da proporcionalidade pela Lei 9.296/96. *Boletim IBCCrim*, São Paulo, n. 45, p. 15-16, ago. 1996; GRECO FILHO, Vicente. *Interceptação telefônica*. São Paulo: Saraiva, 1996; NERY JR., Nelson. Proibição da prova ilícita. Novas tendências do direito. *Justiça Penal – Provas ilícitas e reforma pontual*, São Paulo, n. 4, p. 13-31, 1997; PITOMBO, Sérgio. Sigilo nas Comunicações. Aspecto processual penal. *Boletim IBCCrim*, São Paulo, n. 49, p. 7-8, dez. 1996; PRADO, Geraldo. *Limite às interceptações telefônicas e a jurisprudência do STJ*. 2. ed. Rio de Janeiro: Lumen Juris, 2006; STRECK, Lenio Luiz. *As interceptações telefônicas e os direitos fundamentais – Constituição, cidadania e violência. A Lei 9.296/96 e seus reflexos penais e processuais*. 2. ed. Porto Alegre: Livraria do Advogado, 2001; VIEIRA, Ana Lúcia Menezes. *Processo penal e mídia*. São Paulo: Revista dos Tribunais, 2003.

9. Comentários

I. O presente dispositivo trata de um dos maiores dilemas constitucionais verificados na atualidade no que diz respeito à tutela dos direitos e garantias fundamentais: de um lado, há a proteção ao sigilo da correspondência e das comunicações; de outro, tem-se a exceção constitucional que autoriza o Estado a invadir a esfera da privacidade e da intimidade dos cidadãos nos casos previstos pela legislação ordinária. Dito de outro modo, embora a Constituição assegure a inviolabilidade das correspondências e comunicações, ela também prevê, nitidamente, a possibilidade de limitação/restrição dessa garantia constitucional. A grande questão que se coloca, portanto, é saber em que medida o Estado, com todo o seu aparato, pode ingressar na esfera privada da vida dos cidadãos, em consonância com o regime inaugurado pelo constitucionalismo democrático.

II. Segundo o disposto na Constituição de 1988, a inviolabilidade do sigilo da correspondência e das comunicações telegráficas, de dados e das comunicações telefônicas – salvo, no último caso, por ordem judicial, para fins de investigação criminal ou instrução processual penal, nas hipóteses estabelecidas por lei – constitui uma garantia fundamental dos cidadãos, que visa preservar os direitos à privacidade e à intimidade. Contudo, essa proteção nem sempre se deu desse modo ao longo da história constitucional.

III. Desde a Constituição do Império, o sigilo à correspondência é assegurado pelo ordenamento constitucional, ao contrário do que ocorre com o sigilo das comunicações telegráficas e telefônicas, que surge apenas com a Constituição de 1967, sendo mantido pela Emenda Constitucional n. 1/69 e ampliado pela Constituição de 1988, para a inclusão do sigilo das comunicações de dados. Todavia, o constituinte estabeleceu que, em determinadas circunstâncias, a serem previstas em lei, o sigilo das comunicações pode ser quebrado, adentrando-se, assim, na esfera da intimidade e da privacidade. Ocorre, entretanto, que a regulamentação do referido dispositivo constitucional se deu apenas com a promulgação da Lei n. 9.296/96, o que resultou uma grande discussão, na medida em que a doutrina e os tribunais eram instados a se manifestar sobre a denominada "escuta telefônica" – ligada à produção (i)lícita de provas nos mais diversos ramos do direito – antes mesmo do advento da legislação ordinária. Em síntese, o que se verifica é que a possibilidade de restrição do direito fundamental do sigilo à correspondência e às comunicações telegráficas, de dados e telefônicas exsurge, inevitavelmente, como a questão principal. Aliás, o STF entendeu que o inciso XII do art. 5º era dispositivo de "eficácia limitada", julgando ineficazes todas as interceptações anteriores à Lei n. 9.296/96, mesmo que precedidas de autorização judicial.

IV. Nesse sentido, por exemplo, a Lei de Execução Penal (art. 41, parágrafo único) autoriza o diretor do estabelecimento prisional a suspender ou restringir, mediante ato motivado, o direito do preso de ter "contato com o mundo exterior por meio de correspondência escrita, da leitura e de outros meios de informação que não comprometam a moral e os bons costumes". Ora, em que pese se tratar de uma limitação – e não violação – a um direito fundamental, o dispositivo ordinário em análise não apresenta qualquer incompatibilidade com a ordem constitucional, sendo por ela recepcionado, desde que lido em harmonia com a última parte do inc. XII do art. 5º da Constituição de 1988. Isso porque, se o texto constitucional exigiu, como se verá mais adiante, autorização judicial para que o Estado possa se intrometer na esfera privada do cidadão no caso das interceptações telefônicas, mostra-se imprescindível que o art. 41, parágrafo único, da Lei n. 7.210/84 seja interpretado conforme a Constituição (*verfassungskonforme Auslegung*), visto que o legislador ordinário não pode simplesmente conferir ao diretor do estabelecimento prisional o poder de restringir ou suspender uma garantia constitucional. Afinal de contas, se a Constituição exigiu *o mais*, não pode a lei ordinária estabelecer *o menos*.

V. A doutrina, ao conceituar interceptação, tem estabelecido subdivisões: (a) interceptação em sentido estrito – captação da conversa por terceiro, sem a ciência dos interlocutores; (b) escuta telefônica – captação da conversa com o conhecimento de somente um dos interlocutores. Ambas estão abrangidas pelo inciso XII, submetendo-se, consequentemente, ao regramento da Lei n. 9.296/96. Situação distinta ocorre quando o próprio interlocutor grava a conversa, hipótese em que o Supremo Tribunal Federal já entendeu como válida a prova daí decorrente, com o fundamento de que a garantia constitucional do sigilo refere-se à interceptação telefônica de conversa mantida por terceiros. Parte da doutrina, porém, entende que a Lei n. 9.296/96 aplica-se às três espécies. Também não se pode confundir a hipótese do inc. XII com a possibilidade de quebra do sigilo dos dados telefônicos (registros de telefonemas já efetuados mantidos pelas empresas de telecomunicações). Veja-se que tais dados podem ser requisitados, inclusive, por Comissão Parlamentar de Inquérito – em face dos poderes investigatórios que lhe conferiu a própria Constituição –, desde que, obviamente, haja a devida fundamentação. Dito de outro modo: a quebra de sigilo telefônico, ao contrário da interceptação telefônica, não está sujeita à cláusula de reserva de jurisdição.

VI. Por outro lado, a grande discussão gira em torno do sigilo das comunicações, tendo em vista, precisamente, a abertura da exceção prevista no texto constitucional. Com efeito, a possibilidade de quebra do sigilo das comunicações telefônicas institucionalizou a conhecida "escuta telefônica", na medida em que, com o advento da Lei n. 9.296/96, ocorreu a regulamentação da parte final do art. 5º, XII, CF e, consequentemente, a revogação do art. 57, II, e, da Lei n. 4.117/62 (Código Brasileiro de Telecomunicações). A lei que regulamentou a interceptação telefônica seguiu a linha daquilo que se denominou "sistema de prévia verificação", baseando-se, portanto, em três pontos: (a) a autorização da interceptação – escrita e, devidamente, fundamentada – deve ser concedida somente pelo juiz (cláusula de reserva de jurisdição) que for competente para a apreciação da ação principal, o que significa dizer que, nos casos em que o investigado gozar de prerrogativa de foro, o seu deferimento está vinculado ao princípio do juiz natural; (b) a interceptação telefônica somente pode ser autorizada para constituir prova em investigação criminal ou em instrução processual penal; (c) o sigilo do procedimento da interceptação telefônica não viola o direito constitucional ao contraditório e à ampla defesa – garantidos, nesse caso, após a gravação e a transcrição, conforme entendimento do STF (por todos, HC 92.331) –, tendo em vista que qualquer notificação prévia ou vista à defesa impossibilitaria o cumprimento da diligência, considerando que, uma vez ciente da escuta, o investigado jamais iria efetuar qualquer comunicação comprometedora.

VII. A legislação também prevê a possibilidade de "captação e interceptação ambiental de sinais eletromagnéticos, óticos ou acústicos, e o seu registro e análise, mediante circunstanciada autorização judicial", consoante o inciso IV do art. 2º da Lei n. 9.034/95, incluído pela Lei n. 10.217, de 11.4.2001.

VIII. Aliás, cumpre destacar, aqui – em relação ao alcance da exceção constitucional –, que muito se discutiu acerca da expressão "no último caso", contida no art. 5º, XII, última parte, CF: a expressão faz referência apenas às "comunicações telefônicas" ou, então, às três modalidades de comunicações previstas no dispositivo legal? A resposta adequada à Constituição, nesse caso, é no sentido de que *qualquer que seja o meio utilizado para a comunicação* – telegráfica, de dados e telefônica – é passível de interceptação para prova em investigação criminal e em instrução processual penal, desde que autorizada por ordem judicial, nos termos da Lei n. 9.296/96. Ainda em relação ao objeto da interceptação, cumpre referir que, logo após o advento da referida legislação, suscitou-se a inconstitucionalidade do parágrafo único do seu art. 1º. Isso porque, ao estender a possibilidade de interceptação também ao fluxo de comunicações em sistemas de informática e telemática, o referido dispositivo ordinário apenas especificou que a lei também atingirá toda e qualquer variante de informações que utilizem a modalidade "comunicações telefônicas". Dito de outro modo, a lei objetivou estender a aplicação das hipóteses de interceptação de comunicações telefônicas a qualquer espécie de comunicação, ainda que realizada mediante sistemas de informática, existentes ou que venham a ser criados, como, por exemplo, a modalidade "cabo" ou *"wireless"* (rede sem fio, hoje largamente utilizada, em substituição ao uso da telefonia para o funcionamento da internet), devendo a lei ordinária ser interpretada de acordo com a Constituição, adaptando-a à criação (inexorável) de novas tecnologias de comunicação de informações e dados. Ora, observa-se, assim, que o constituinte, ao utilizar a expressão "comunicações telefônicas", deixou evidente que optava por abarcar a possibilidade de o Estado interceptar "informações em tráfego". Quisesse o constituinte limitar a interceptação simplesmente aos telefonemas entre pessoas, não teria usado "comunicações" *lato sensu*. Além disso, sabe-se perfeitamente que, com o avanço da informática, permite-se a prática de comunicações via computador, como ocorre, por exemplo, com a internet. A telemática, por sua vez, é a ciência que trata da manipulação e utilização da informação por meio do uso combinado do computador e dos meios de telecomunicação. Desta forma, as comunicações implementadas por *faxmodem*, sendo este um dispositivo que permite a transmissão e a recepção de informações digitais de um computador para outro, através de linha telefônica, podem ser incluídas na previsão de telemática, prevista no parágrafo único do art. 1º da Lei n. 9.296/96. Não se pode, todavia, confundir dados estáticos – que, aliás, sequer estão protegidos pelo dispositivo constitucional sob comento (veja-se que a Constituição alude à "comunicação de dados") – com dados em tráfego (excepcionalmente violáveis): há que se distinguir "bancos de dados" do seu "conteúdo", qual seja, os dados em si – cujo conteúdo se relaciona a crimes – transmitidos, via informática, de um banco ou uma empresa para outra (empresa ou pessoa). Nesses casos, sempre que houver suspeita de que alguns desses dados guardam relação com crimes, ou quando os objetos da transmissão forem os próprios dados violados, não há dúvida de que poderão ser alvos de interceptação, com base no parágrafo único do art. 1º da Lei n. 9.296/96. Se assim não fosse, chegar-se-ia ao absurdo de que, tendo alguém violado um banco de dados e, telematicamente, os enviado a outra pessoa, não se poderia interceptá-los e, tampouco, descobrir o criminoso, ou ainda, o que é mais importante, coletar a prova da violação. Dito de outro modo, nesse caso, a interceptação constitui a própria proteção que o lesado tem para a descoberta e punição do violador. Portanto, reside precisamente aqui a eficácia máxima que se deve dar aos direitos fundamentais de sigilo. Por tudo isso, não há como se considerar inconstitucional o parágrafo único do art. 1º da Lei n. 9.296/96: a correspondência – entendida como comunicação dentro da legalidade entre pessoas – é inviolável; já o sigilo das comunicações telegráficas, das comunicações de dados (seja por *fax modem* ou por qualquer outra forma, inclusive pelas sofisticadas formas que superam o *modus* "linha telefônica") e as comunicações telefônicas, podem ser violadas pelo Estado, desde que por ordem judicial e na forma que a lei estabelecer para fins de investigação criminal ou instrução processual penal.

IX. Acolhendo ainda o caráter de excepcionalidade da quebra de sigilo das comunicações telefônicas, o legislador ordinário estabeleceu, no art. 2º da Lei n. 9.296/96, as hipóteses em que não pode ser autorizada a interceptação: (a) quando não houver indícios razoáveis da autoria ou participação em infração penal; (b) quando a prova puder ser feita por outros meios disponíveis; (c) quando o fato investigado constituir infração penal punida, no máximo, com pena de detenção, desde que, evidentemente, não esteja conexo a crime punido com pena de reclusão, conforme entendimento do STF. Contudo, verifica-se que, se as duas primeiras hipóteses não levantam quaisquer problemas de ordem constitucional, visto que corresponderiam, em certa medida, ao *fumus boni juris* e ao *periculum in mora*, respectivamente, a terceira delas reanima a discussão constitucional relativa à teoria do bem jurídico contemporânea, uma vez que, *a contrario sensu*, a investigação de todos os crimes punidos com pena de reclusão tem o condão de resultar na quebra do sigilo das comunicações telefônicas, colocando em xeque o princípio da proibição de excesso (*Ubermassverbot*), no que diz respeito à invasão do Estado, por meio de seu aparato investigatório, na privacidade dos cidadãos. Isso implica o inevitável retorno ao clássico problema: pode o remédio (interceptação telefônica) ser mais drástico do que a doença que pretende combater (pequenos crimes com pena de reclusão)? Observa-se, desse modo, nítido descompasso entre a opção feita pelo legislador ordinário, de um lado, e a diretriz constitucional e o critério sinalizado pelo STF, de outro, no sentido de que as interceptações telefônicas deveriam ser restritas a casos de extrema gravidade, como, por exemplo, o crime organizado, os crimes inafiançáveis, os crimes praticados contra o meio ambiente e contra a administração pública, etc. Nesse sentido, é possível afirmar que o legislador ordinário pecou duplamente: primeiro, ele foi *além* da disposição constitucional, visto que elegeu como critério para a autorização da escuta telefônica o simples fato de os crimes serem apenados com reclusão; e, segundo, ele ficou *aquém* da disposição constitucional, na medida em que deixou de contemplar os crimes de ameaça e contra a honra, cometidos frequentemente por meio telefônico. Dito de outro modo, o problema já conhecido de todos – e ainda muito discutido – é que o legislador ordinário não dispõe de liberdade e de autonomia plenas para incluir os delitos que bem entender nas hipóteses de autorização de interceptação telefônica, em face da força normativa da Constituição. Aliás, já não as tinha para estabelecer – e isso é um grave problema da Lei n. 9.296 – que todos os delitos punidos com reclusão seriam suscetíveis de invasão da privacidade dos investigados. Do mesmo modo que a hediondez de um crime, isto é, as condições de possibilidades de determinado delito ser ou não tipificado pela lei como "hediondo", há de ser perquirida na Constituição – visto que a lei penal não pode criar tutelas que desatendam à hierarquia dos bens jurídicos constitucionais e, tampouco, ignorar o valor atribuído pela Constituição aos interesses de dimensões transindividuais e coletivas –, não resta dúvida de que o elenco dos delitos sob o manto das interceptações deve estar condizente com os preceitos e princípios instituídos pela Constituição. Em síntese, ao permitir o enquadramento *tábula rasa* de todos os delitos punidos com reclusão, a Lei n. 9.296/96 estabeleceu o risco da violação do princípio da proibição de excesso. Longe de atender ao caráter excepcional da previsão constitucional, o legislador ordinário ampliou de tal modo as hipóteses de interceptação telefônica que terminou por aniquilar o direito fundamental à intimidade assegurado pela Constituição, afastando-se a realidade legislativa do modelo garantista de processo penal esboçado pelo constituinte. Tal crítica é perfeitamente aplicável à prática de sucessivas (e condenáveis) renovações na autorização de interceptação, o que acaba por fazer com que a regra – a privacidade – torne-se verdadeira exceção. Isso porque, quando a Constituição excepcionou a invasão da esfera da privacidade dos cidadãos – por meio da possibilidade de interceptação telefônica nas hipóteses a serem estabelecidas por lei para fins de investigação criminal ou instrução processual penal –, sua finalidade não foi, certamente, outorgar uma *carta branca* para que o legislador ordinário autorizasse a sua utilização na apuração de todos os crimes apenados com reclusão.

X. Destaque-se, ainda, que toda essa problemática – a amplitude dada pelo legislador ordinário às hipóteses de autorização para interceptação telefônica – pode ser facilmente solucionada pelo correto manejo da inconstitucionalidade parcial sem redução de texto (*Teilnichtigerklärung ohne Normtextreduzierung*) toda vez que a "escuta" for utilizada para a investigação de crimes que, à evidência, não estejam na previsão/reserva constitucional, porquanto não são capazes de justificar o sacrifício da violação do direito à intimidade. Isso porque o direito penal contemporâneo sustenta-se justamente na diversidade dos bens jurídicos que os tipos penais protegem. Delitos como o crime organizado, o contrabando, a sonegação de impostos, o tráfico de entorpecentes, a remessa ilegal de divisas, a lavagem de dinheiro, aqueles contra o meio ambiente e contra a administração pública etc., todos nitidamente graves, por causarem múltiplas lesões, violando bens jurídicos supraindividuais *lato sensu*, não podem ser equiparados ou "isonomizados" com delitos como, *v.g.*, o furto, o estelionato, a apropriação indébita, ou seja, com crimes cuja gravidade é restrita, especialmente porque adquirem sentido apenas no âmbito meramente patrimonial e, portanto, individual. Nesse contexto, a técnica da nulidade parcial sem redução de texto permite, de um lado, a preservação (da literalidade) do art. 2º, III, da Lei n. 9.296/96 e, de outro, que a sua leitura seja feita de acordo com os princípios constitucionais, expungindo, assim, a possibilidade de emprego do invasivo procedimento da "escuta telefônica" nos crimes apenados com reclusão cuja gravidade se mostrar inversamente proporcional à violação por ele provocada, isto é, naqueles casos em que não se justifica a restrição de um direito fundamental. Dito de outro modo, não é qualquer delito punido com reclusão que pode ensejar a autorização, sob pena de, assim, banalizar-se o instituto e incentivar uma *panoptização* da sociedade. Somente os delitos tidos como graves – aqueles que colocam em xeque os ditames do Estado Democrático de Direito – podem ser passíveis do uso desse remédio extremo (interceptação telefônica).

XI. A exceção constitucional que autoriza a quebra do sigilo das comunicações telefônicas não deve ser invocada para enfrentar a microcriminalidade – na esteira da legislação repressiva, que historicamente seleciona os setores mais pobres da sociedade, subtraindo-lhes garantias –, mas deve, ao contrário, ser entendida como um importante e eficaz instrumento destinado a combater, fundamentalmente, a macrocriminalidade, isto é, o crime organizado, a corrupção, os crimes do "colarinho branco", enfim as práticas delituosas que colocam em risco os objetivos fundamentais da República na construção de uma sociedade livre, justa, solidária, bem como solapam os direitos transindividuais e coletivos, como é o caso, por exemplo, dos crimes contra o meio ambiente.

XII. Outra questão que merece atenção é a omissão legislativa no que diz respeito à participação prévia do Ministério Público, embora o legislador o tenha autorizado expressamente a requerer a autorização para a interceptação telefônica, inclusive nos casos em que a investigação for conduzida pelo próprio *parquet*, conforme vem admitindo o STF. Ora, parece evidente que, em matéria de tamanha relevância – destaque-se que a autorização de interceptação é uma invasão na esfera da privacidade do cidadão –, a prévia participação do Ministério Público mostra-se essencial, sobretudo porque a sua missão constitucional é justamente a de ser o guardião dos direitos individuais e coletivos da sociedade. Aliás, se o legislador optou pelo sistema de autorização prévia, e não pela verificação posterior da legalidade, então o parecer prévio do Ministério Público se faz absolutamente indispensável, além de representar um efetivo resguardo da garantia constitucional do cidadão. Ademais, caso se leve devidamente em conta que o Ministério Público, por definição constitucional, é o controlador externo da atividade policial, fica evidente que os pedidos de interceptação advindos da autoridade policial não podem prescindir do crivo do agente do Ministério Público, para que seja verificada a presença dos requisitos para a concessão da interceptação. Afinal de contas, como destinatário das provas, já que titular incontestável da ação penal, nada mais lógico que tenha o controle, desde o início, da produção das provas. Portanto, é nula qualquer autorização de interceptação telefônica sem que, previamente, seja ouvido o Ministério Público. Isto exsurge a partir de uma adequada interpretação do texto legal em conformidade com a Constituição, mormente se levado em conta o *status* de *dominus litis* atribuído pela Constituição ao Ministério Público e à matéria sob exame (restrições a direitos fundamentais).

XIII. Nessa mesma direção, ainda, cumpre referir a infelicidade do legislador ordinário ao prever, no art. 3º da Lei n. 9.296/96, a possibilidade de o juiz determinar a "escuta telefônica" *de ofício*. Ora, tal previsão ofende indiscutivelmente o princípio acusatório (art. 129, I, CF) – que, por sua vez, pré-determina o funcionamento de todo o processo penal atualmente –, devendo, portanto, ser corrigida por meio de interpretação conforme a Constituição (*verfassungskonforme Auslegung*), até que se providencie a sua retirada da legislação ordinária.

XIV. Seguindo a linha de proteção dos direitos e garantias fundamentais e considerando que o sigilo das comunicações telefônicas deve ser entendido como a regra, é indubitável que a autorização para a interceptação telefônica depende de fundamentação, nos termos do art. 93, IX, CF, por meio da qual se justifique a necessidade – ou indispensabilidade – de sua realização, visto que não é qualquer investigação que pode acarretar a limitação de direitos fundamentais, invadindo a privacidade dos cidadãos, bem como se indique quais os meios deverão ser empregados no cumprimento da diligência, em atenção à inutilidade de provas obtidas ilicitamente. Assim, uma fundamentação adequada pressupõe que o juiz, quando da apreciação do pedido de interceptação no caso concreto, deve observar se a escuta/interceptação é o meio adequado e necessário para alcançar o objetivo procurado – a produção da prova criminal –, sem esquecer, contudo, que esse meio será *adequado* apenas quando a sua utilização for imprescindível para que se alcance o resultado desejado e será *necessário* somente quando não houver outro meio para a realização da prova, igualmente eficaz, porém que não limite, ou limite da maneira menos sensível, o direito fundamental do cidadão. Nesse sentido, aliás, cumpre referir que a Lei n. 9.296/96 (mais especificamente em seu art. 10) possui – além de normas processuais – disposições penais, estabelecidas exatamente para proteger bem jurídico fundamental (a privacidade e, consequentemente, a liberdade de comunicação). Tal tipo de dispositivo não se insere na recente onda de criminalização de comportamentos, uma vez que – em obediência ao caráter fragmentário e subsidiário do Direito Penal (em um Estado Democrático de Direito) – tem por escopo precípuo a proteção de bem jurídico fundamental.

XV. Outra questão importante diz respeito à privacidade das pessoas citadas nas interceptações telefônicas, sem que tenham, todavia, qualquer relação com o fato investigado. Nesses casos, parece razoável que essas pessoas sejam informadas a respeito do conteúdo da gravação. Tal recomendação se justifica na medida em que, após a conclusão da instrução, as provas somente podem ser inutilizadas mediante requerimento do Ministério Público ou da parte interessada, aqui entendida genericamente, compreendendo, portanto, qualquer pessoa cujos dados tenham sido recolhidos e que não tenham relação com o fato em discussão no processo ou na investigação.

XVI. Parece importante destacar mais uma vez que, se o constituinte, de um lado, optou por tutelar a privacidade dos cidadãos, dando ao sigilo da correspondência e das comunicações a condição de direito e garantia fundamental, de outro, estabeleceu algumas restrições ao seu exercício, em razão da necessidade de o Estado proteger a sociedade entendida no seu todo. Para tanto, permitiu que fossem previstas, por meio de lei ordinária, as hipóteses nas quais, mediante ordem judicial, possa ocorrer a interceptação das comunicações telefônicas de qualquer natureza. Assim sendo, a Lei n. 9.296/96 deve ser interpretada em conformidade com os direitos fundamentais, especialmente porque regula uma invasão na esfera da privacidade e intimidade do cidadão, excepcionalmente aceita/tolerada pela Constituição. Afinal de contas, sob a perspectiva do constitucionalismo contemporâneo, é possível afirmar que, quanto menos o Estado (secular) invadir, desnecessariamente, a vida privada de seus cidadãos, mais democrático ele se mostrará, visto que toda e qualquer restrição a um direito ou garantia fundamental deve levar em conta o fato de que o processo ideal é aquele que combate o crime e resguarda o cidadão. Dito de outro modo, o Estado apenas pode restringir, legitimamente, a liberdade dos indivíduos na medida em que essa limitação se mostrar imprescindível à liberdade e à segurança de todos.

XVII. Releva registrar, por fim, que os episódios ocorridos no decorrer do ano de 2008 envolvendo interceptações telefônicas de autoridades da República fizeram com que o Conselho Nacional de Justiça (CNJ) aprovasse a Resolução n. 59, de 9 de setembro de 2008, regulamentando (*sic*) o procedimento destinado às autorizações judiciais para escutas telefônicas. A Resolução, além de repetir dispositivos da Lei n. 9.296, produz inovações que alçam o CNJ à categoria de legislador, o que, seguramente, coloca em xeque a relação entre os Poderes da República, produzindo invasões indevidas na esfera do legislador. A partir da Resolução, os juízes de todo o país deverão informar mensalmente às corregedorias estaduais a quantidade de escutas autorizadas. A regulamentação prevê ainda a redução dos intermediários e a identificação das pessoas que tiveram acesso às escutas autorizadas, com a finalidade de preservar o sigilo das informações obtidas e evitar vazamentos. As informações serão sistematizadas pelo Conselho e possibilitarão dados estatísticos sobre o assunto. O tempo da intervenção deve ser estipulado pelo juiz na mesma decisão que autoriza a escuta. Também deve constar na decisão a vedação expressa da "interceptação de outros números não discriminados na decisão". A Resolução também dispõe que, quando da formulação de eventual pedido de prorrogação de prazo pela autoridade competente, deverão ser apresentados os áudios (CD/DVD) com o inteiro teor das comunicações interceptadas, as transcrições das conversas relevantes à apreciação do pedido de prorrogação e o relatório circunstanciado das investigações com seu resultado. Nesse sentido, sempre que possível os áudios, as transcrições das conversas relevantes à apreciação do pedido de prorrogação e os relatórios serão gravados de forma sigilosa, encriptados com chaves definidas pelo Magistrado condutor do processo criminal. Por fim, a Resolução especifica que, mensalmente, os Juízos investidos de competência criminal informarão às Corregedorias dos respectivos tribunais, preferencialmente pela via eletrônica, em caráter sigiloso: I – a quantidade de interceptações em andamento; II – o número dos ofícios expedidos às operadoras de telefonia. A busca por um controle efetivo sobre os procedimentos de interceptação culmina com a obrigação de as corregedorias dos respectivos tribunais comunicarem à Corregedoria Nacional de Justiça, até o dia 10 do mês seguinte ao de referência, os dados enviados pelos juízos criminais. Ao mesmo tempo, surpreendendo até mesmo o CNJ e a Suprema Corte brasileira, o Superior Tribunal de Justiça, na mesma data, anulou processo judicial cuja prova condenatória estava lastreada em interceptações telefônicas cujo prazo de validade fora constantemente renovado, fixando, assim, o prazo máximo de trinta dias para a realização da escuta.

Art. 5º, XIII – é livre o exercício de qualquer trabalho, ofício ou profissão, atendidas as qualificações profissionais que a lei estabelecer;

Leonardo Martins

I. Histórico da norma

A gênese da tutela da liberdade profissional (de escolha e exercício de uma profissão, ofício ou trabalho) remonta à segunda metade do séc. XVIII e início do séc. XIX. Está intimamente relacionada aos reconhecimentos iluministas dos constitucionalistas das primeiras horas que queriam pôr termo definitivo aos resquícios da ordem econômica medieval na qual as atividades econômicas a serem desempenhadas pelas pessoas eram determinadas, já por ocasião de seu nascimento, segundo o estamento ao qual pertencesse alguém.

Com o amadurecimento das ideias iluministas e conclusão do processo de transformação da sociedade estamental em sociedade de classes, o "trabalho, profissão e formação" criavam "nos olhos dos teóricos do Estado e sociedade os fundamentos da liberdade e igualdade dos seres humanos" (WIELAND, 2004, p. 1075 s.). Todavia, um primeiro lastro em texto normativo a liberdade profissional encontraria somente no art. 17 da Declaração dos Direitos do Homem e do Cidadão, da Constituição da República Francesa, de 24.06.1793 (WIELAND, 2004, p. 1076).

II. Constituições brasileiras anteriores

Art. 179, XXIV, da Constituição Imperial de 1824; art. 72, § 24, da Constituição de 1891; art. 113, n. 13, da Constituição de 1934; art. 122, § 8º, da Constituição de 1937; art. 141, § 14, da Constituição de 1946; art. 150, § 23, da Constituição de 1967.

III. Constituições estrangeiras

Art. 12, I, da *Grundgesetz* (Constituição alemã); art. 35.1 da Constituição da Espanha; art. 14 da Constituição da Itália; art. 47º da Constituição de Portugal; art. 19, 16º, da Constituição do Chile, art. 4 da Constituição da Itália, art. 5º da Constituição do México.

IV. Direito Internacional

Art. XXIII, n. 1, da Declaração Universal dos Direitos Humanos.

V. Dispositivos constitucionais e legais relacionados

Art. 170, parágrafo único da CF, Lei 8.906/1994 (Estatuto da OAB) e congêneres.

VI. Jurisprudência

1. Nacional: ADI 1.040/DF, Rel. Min. Néri da Silveira, julg. 11.11.2004, Plenário, 01.04.2005; ADI 1.062/DF, Rel. Min. Sydney Sanches, julg. 25.04.1994, Plenário, *DJ* 01.07.1994, p. 17496; RE 511.961, Rel. Min. Gilmar Mendes, julgamento em 17.06.2009, Plenário, *DJe* de 13.11.2009; ADI 3.541, Rel. Min. Dias Toffoli, julgamento em 12.02.2014, Plenário, *DJe* de 24.03.2014; RE 603.583, Rel. Min. Marco Aurélio, julgamento em 26.10.2011, Plenário, *DJe* de 25.05.2012.

2. Alemã: *BVerfGE* 7, p. 377 (*Apothekenurteil*).

3. Portuguesa: Acórdão 187, Rel. Paulo Mota Pinto, de 02.05.2001.

VII. Referências bibliográficas

AGRA, Walber de Moura. *Curso de Direito Constitucional*. 2. ed. Rio de Janeiro: Forense, 2007; DE LAURENTIIS, Lucas Catib. *A proporcionalidade no direito constitucional*. Origem, modelos e reconstrução dogmática. São Paulo: Malheiros, 2017; DIMOULIS, Dimitri; MARTINS, Leonardo. *Teoria Geral dos Direitos Fundamentais*. 9. ed. rev., atual. e ampl. São Paulo: RT Thomson Reuters, 2022; HUFEN, Freidehelm. *Staatsrecht II*: Grundrechte. 9. ed. München: Beck, 2021; KINGREEN, Thorsten; POSCHER, Ralf. *Grundrechte*. Staatsrecht II. 38. ed. Heidelberg: Muller, 2022; MARTINS, Leonardo. Significado macroeconômico dos direitos fundamentais à luz da liberdade profissional-empresarial (art. 5º, XIII, da CF). *Revista da AJURIS*, ano XXXIV, n. 108, p. 247-266, dez. 2007; MARTINS, Leonardo. *Liberdade e Estado constitucional*: leitura jurídico-dogmática de uma complexa relação a partir da teoria liberal dos direitos fundamentais. São Paulo: Atlas, 2012; MARTINS, Leonardo. *Tribunal Constitucional Federal Alemão*: decisões anotadas sobre direitos fundamentais. v. V. Liberdade profissional, direito fundamental de propriedade, garantia de não expatriação e não extradição. São Paulo: Marcial Pons e Konrad-Adenauer-Stiftung, 2021; MARTINS, Leonardo. *Direitos fundamentais*: conceito permanente – novas funções. Rio de Janeiro: Marcial Pons, 2022; SARLET, Ingo Sarlet. *Eficácia dos Direitos Fundamentais*. 13. ed. Porto Alegre: Livraria do Advogado, 2021; SARLET, Ingo Wolfgang; MARINONI, Luís Guilherme; MITIDIERO, Daniel. *Curso de direito constitucional*. São Paulo: Revista dos Tribunais, 2012; SILVA NETO, Manoel Jorge e. *Curso de Direito Constitucional*. Rio de Janeiro: Lumen Juris, 2006; SILVA, José Afonso da. *Curso de Direito Constitucional Positivo*. 17. ed. São Paulo: Malheiros, 2000; TAVARES, André Ramos. *Curso de Direito Constitucional*. 5. ed. São Paulo: Saraiva, 2007; VIEIRA, Oscar Vilhena. *Direitos fundamentais*: uma leitura da jurisprudência do STF. São Paulo: Malheiros, 2006; WIELAND, Joachim. Art. 12 GG. In: DREIER; Horst (Org.). *Grundgesetz*. Kommentar. v. 1. 2. ed. Tübingen: Mohr Siebeck, 2004, p. 1109-1141; ZIMMERMANN, Augusto. *Curso de Direito Constitucional*. 3. ed. Rio de Janeiro: Lumen Juris, 2004.

VIII. Comentários

A – ESTRUTURA NORMATIVA

1. Área de regulamentação (campo de incidência normativa) do art. 5º, XIII, da CF

A definição da área de regulamentação (sobre a terminologia dos conceitos jurídico-dogmáticos adotada, v. DIMOULIS e MARTINS, 2022, p. 173-295; e parcialmente diferente: SARLET, 2021, p. 215-233) – ou seja, do âmbito da realidade social sobre o qual incide a norma do art. 5º, XIII, da CF – pauta-se na investigação da natureza das atividades tuteladas "trabalho", "ofício" e "profissão". "Ofício" ou "profissão" referem-se a uma atividade social e política, à qual o indivíduo dedica-se de forma duradoura para a consecução dos meios de sua subsistência econômica [Cf. a classificação de AGRA, 2007, p. 139 e s.: "trabalho (atividade não estruturada em carreira), ofício (trabalho manual) ou profissão (atividade estruturada em carreira)" e mais detalhadamente MARTINS, 2007, p. 247 e s.; MARTINS, 2012, p. 159-179 e, no direito constitucional comparado alemão: MARTINS, 2021, p. 7-111].

No caso do termo "trabalho", falta a característica da "forma duradoura", pois o termo indica que já deve ser protegida uma atividade praticada uma única vez com o fim de se adquirir certa remuneração.

A área de regulamentação corresponde, assim, à realização de *qualquer* atividade individual que, de modo duradouro ou não (até mesmo única), contribua para a subsistência econômica daquele que a pratica. Em princípio, o teor do dispositivo não exclui nenhuma atividade individual feita para contribuir com a subsistência de quem a pratica.

2. Antecedentes históricos

Os antecedentes normativos do art. 5º, XIII, da CF, i.e., os dispositivos das seis Constituições brasileiras hoje não mais vigentes, referem-se ao direito fundamental, em geral, apenas como "liberdade profissional". Todavia, recebe outras alcunhas na doutrina brasileira. Silva (2000, p. 259 s), por exemplo, prefere chamá-lo de "liberdade de ação profissional", seguido por Silva Neto (2006, p. 509). O direito fundamental em pauta foi assegurado, também no conturbado passado histórico-constitucional brasileiro, com variações terminológicas interessantes para a tarefa da delimitação do objeto da proteção.

Assim, a Constituição do Império de 1824 prescrevia em seu art. 179, XXIV, que "nenhum genero de trabalho, de cultura, industria, ou commercio póde ser prohibido...".

Por sua vez, a primeira Constituição da República, de 1891, garantia, em seu art. 72, § 24, de maneira semelhante ao texto constitucional comentado, "o livre exercício de qualquer profissão moral, intelectual e industrial".

Já a Constituição de 1934 era mais sintética ao determinar somente: "é livre o exercício de qualquer profissão" (art. 113, 13). Não havia, portanto, uma reserva legal (sobre o conceito: DIMOULIS e MARTINS, 2022, p. 201-214).

A Constituição outorgada do Estado Novo (1937) revela o conceito de profissão do constituinte em oposição ao conceito de trabalho como a oposição entre profissões liberais e trabalho assalariado, estendendo a proteção também às atividades empresariais da indústria e comércio e, de maneira peculiar, protegendo a "escolha" profissional e não o "exercício" como nas demais Constituições (*Vide* art. 47º, 1, da *Constituição da República Portuguesa*, que fecha o rol das liberdades individuais ao outorgar o direito de "escolher livremente a profissão ou o gênero de trabalho"). Segundo seu teor, assegurada a brasileiros e estrangeiros residentes no país seria "a liberdade de escolha de profissão ou do gênero de trabalho, indústria ou comércio" (art. 122, 8º).

A Constituição de 1946 volta praticamente ao teor mais abstrato, centrado no conceito de profissão da Constituição de 1934, ao tutelar a liberdade em pauta com um simples "é livre o exercício de qualquer profissão" (art. 141, § 14).

Finalmente, a Constituição de 1967, em seu art. 150, § 23, cunhou a fórmula tríade repetida pelo constituinte de 1988: "é livre o exercício de qualquer trabalho, ofício ou profissão".

3. Alcance da área de proteção material

Uma vez definido acima o campo social de incidência normativa, resta delinear o alcance da proteção, investigando precisamente quais atividades, comportamentos individuais ou coletivos ou situações jurídicas são, pelo menos *a priori*, abarcados pela norma constitucional do art. 5º, XIII, da CF. Para tanto, faz-se necessário enfrentar os significados i.) do advérbio "qualquer", que parece não excluir nem sequer trabalhos, ofícios ou profissões ilícitas e/ou não regulamentadas (irregulares) e ii.) da relação já aludida entre a escolha e o exercício do trabalho, ofício e profissão.

"Ofício" e "profissão" indicam um feixe de atividades coordenadas que somente em seu conjunto configuram exercício profissional (Cf., com exemplos elucidativos: KINGREEN e POSCHER, 2022, p. 274).

Assim, se a proteção refere-se a esse feixe de atividades coordenadas, significa que cai fora da área de proteção, ou seja, representam comportamentos e situações não protegidos *ab initio* pela norma do art. 5º, XIII, da CF aquelas atividades individualizadas que se chocarem contra o ordenamento jurídico. Não se trata de deixar de proteger a "profissão do assaltante profissional de bancos" ou do "traficante de substâncias entorpecentes", mas de denegar proteção às atividades individualizadas que sejam proibidas e que, por isso, conjuntamente também não podem ser protegidas. Da área de regulamentação subtraem-se tais "profissões" ilícitas para a definição da área de proteção mais restrita. Isso deve ocorrer apesar da aparência provocada pelo advérbio "qualquer", que se refere a ofícios e profissões, mas não a atividades individualizadas que, por sua vez, podem ser proibidas por normas vigentes no ordenamento sem que o Estado tenha de justificar tal proibição em face do art. 5º, XIII, da CF (ausência do ônus de argumentação específico), mas tão somente em face da liberdade geral de ação do art. 5º, *caput*, da CF. A contemplação das profissões ilícitas na área de proteção tornaria a tutela subsidiária da liberdade geral de ação do *caput* do art. 5º absolutamente despicienda, ao "roubar-lhe" completamente seu âmbito de incidência. Ademais, nos casos em que o núcleo do tradicional direito penal codificado é atingido, contemplar a conduta ilícita é exercício meramente teórico-acadêmico, pois a intervenção, em regra ou até inexoravelmente, restará justificada (cf. KINGREEN e POSCHER, 2022, p. 130 s., 135-137).

Mais problemática é a questão do trabalho ilícito, pois, em seu caso, falta o aludido feixe de atividades coordenadas.

A tutela do trabalho ilícito levaria o exercício dessa garantia ao choque com outros bens jurídicos constitucionais. Então, por que não o excluir desde o início do exame da área de proteção? A resposta é simples: porque o constituinte não o fez. Há, pelo menos por enquanto, somente um argumento capaz de excluir o trabalho ilícito da área de proteção estudada: o argumento da unidade da área de proteção da liberdade de trabalho, de um lado, e de ofício e profissão, de outro. Apesar da distinção no que tange à durabilidade da proteção tutelada, pode-se argumentar que os três conceitos devem ser considerados conjuntamente. Assim, à liberdade de profissão ou de ofício seria acrescida a liberdade de trabalho, sendo que da junção resultaria uma área de proteção comum (nesse sentido, cf. KINGREEN e POSCHER, 2022, p. 274).

A liberdade de profissão ou de ofício representa, no entanto, e malgrado a ordem em que surgem no dispositivo em pauta, uma liberdade matriz em relação à liberdade de trabalho. É o que ocorre em face do caráter efêmero dessa em relação àquela. Sendo a liberdade de trabalho uma liberdade que traz um *plus* de proteção, que deita suas raízes na liberdade profissional (atividade individual voltada à subsistência econômica), tal adição não poderá resultar na contradição da raiz, ou seja, a não proteção da profissão ilícita deve ser estendida à não proteção do trabalho ilícito, assim como a proteção da atividade duradoura foi estendida à atividade não duradoura da liberdade de trabalho. Trata-se, portanto, de coerência material que deve prevalecer quando se considera a área de proteção do art. 5º, XIII, da CF, em seu conjunto. O teor do dispositivo contribui para essa opção que conduz à consolidação da dogmática na espécie.

Logo, o trabalho ilícito deve ser excluído da área de proteção do art. 5º, XIII, da CF.

As profissões não regulamentadas ou "irregulares" do ponto de vista administrativo fazem parte da área de proteção em pauta porque a ausência de regulamentação significa que a atividade pode ser exercida sem restrições e, no caso da irregularidade, sua determinação pelo ordenamento infraconstitucional há de ser considerada intervenção estatal e, como tal, justificada constitucionalmente.

No que tange ao alcance específico dessa área de proteção conjunta, tem-se que, porque a escolha de profissão, ofício ou trabalho é tutelada, faz parte dessa escolha também todos os seus pressupostos, como cursos profissionalizantes, faculdades, estágios etc. (cf., na vasta jurisprudência constitucional alemã, a decisão chamada *Numerus Clausus*, que inaugurou a figura muito utilizada na doutrina constitucional brasileira da "reserva do possível": *BVerfGE* 33, 303 s. Cf. a crítica em MARTINS, 2021, p. 23, 85 e ss.). A partir daí, tutela-se a livre escolha do local do trabalho, entendendo-se a escolha da empresa e do local geográfico e, finalmente, o exercício profissional ou do trabalho.

No seu aspecto negativo ("exercício negativo" da liberdade, cf. DIMOULIS e MARTINS, 2022, p. 183-184 e MARTINS, 2022, p. 222-228), o direito fundamental discutido protege a liberdade de não seguir nenhuma profissão, não realizar nenhum ofício ou trabalho. Com efeito, o sancionamento penal do ócio representa uma intervenção na área de proteção do direito ao livre exercício profissional, tendo também de ser justificado constitucionalmente.

Finalmente, a liberdade empresarial é protegida pelo direito ao livre exercício profissional. Como liberdade empresarial entende-se a liberdade para criar e desenvolver uma empresa. A origem desse alcance específico deu-se com o surgimento de empresas organizadas pelos assim chamados "profissionais liberais". O *status negativus* relativo a esse alcance específico refere-se à obrigação do Estado de *não impedir* a associação profissional criada com a finalidade de seus membros exercerem, sob seus auspícios, conjunta ou separadamente, suas profissões e não obstar seu funcionamento. Nesse ponto, há, dependendo da constelação fática em apreço, concorrência com o direito fundamental à liberdade de associação do art. 5º, XVII a XXI, da CF.

4. Área de proteção subjetiva (titulares)

Titular do direito fundamental em pauta pode ser toda pessoa física nacional ou estrangeira residente no país. A exigência de visto de trabalho para estrangeiro, desde que já residente no país (liame fático independentemente da regularidade jurídica) não significa exclusão da titularidade, mas limitação constitucional a ser imposta pela concretização da reserva legal do art. 5º, XIII, da CF.

A Constituição Federal não estendeu a titularidade de nenhum direito fundamental arrolado no art. 5º a estrangeiros não residentes e, em princípio, também não a pessoas jurídicas. Porém, a redação do constituinte tem sido atacada na doutrina e jurisprudência dominantes como antiquada. De maneira temerária, especialmente a doutrina tem realizado uma interpretação teleológica para universalizar a proteção de alguns direitos fundamentais supostamente ligados ao princípio da dignidade da pessoa humana, entendendo-os a todos. Outro argumento traz à luz o direito internacional por intermédio da cláusula de abertura do art. 5º, § 2º, da CF. Todas essas saídas revelam, no entanto (cf. DIMOULIS e MARTINS, 2022, p. 100-111), graves deficiências dogmáticas em razão do inequívoco teor excludente da titularidade do estrangeiro (pessoa física) não residente (sobre as consequências que não são tão graves como uma visão superficial poderia equivocadamente concluir, v. DIMOULIS e MARTINS, 2022, p. 109-110). Não obstante, a mesma contundência de exclusão do estrangeiro não residente não pode ser observada em relação à pessoa jurídica. Em tal caso, uma interpretação sistemática, sistemático-comparativa e teleológica pode levar à contemplação da pessoa jurídica (cf. ibid., p. 119-124).

5. Efeitos e destinatários

a) Conteúdos jurídico-subjetivos

i. Direito de resistência (ou de "defesa" ou de *status negativus*)

A liberdade profissional implica, em primeira linha, tutela de um direito de resistência contra intervenções estatais ou de *status negativus* na terminologia da amplamente conhecida teoria do *status* de Georg v. Jellinek. Trata-se de direito individual à abstenção da ação estatal. Por ele, ao Estado endereça-se uma obrigação de "não fazer", isto é, uma intervenção estatal está *a priori* proibida.

Esse conteúdo jurídico-subjetivo é aceito na doutrina e jurisprudência nacional e estrangeira (Cf. SILVA, 2000, p. 260: "(...) simples direito individual, (...) não se garante o trabalho", e, também, AGRA, 2007, p. 140. No direito germânico, *vide* a exposição bem estruturada WIELAND, 2004, p. 1109-1141 e, na jurisprudência portuguesa, o Acórdão 187, rel. Paulo Mota Pinto, de 02.05.2001).

ii. Direito a prestações (ou de *status positivus*)?

Menos uníssono na literatura jurídica especializada nacional e estrangeira e também na jurisprudência é o conteúdo jurídico-subjetivo que encerre posições jusfundamentais de pretensões a prestações estatais (*Leistungsgrundrechte*). Com efeito, não há nenhum elemento no art. 5º, XIII, da CF e no sistema constitucional pátrio que autorize essa tese (Cf. SILVA, 2000, p. 260).

b) Conteúdos jurídico-objetivos

Conteúdos jurídico-objetivos de direitos fundamentais correspondem a obrigações jurídicas estatais totalmente independentes de sua efetiva persecução pelos titulares dos direitos fundamentais. Dizem respeito a um suposto sistema (hierarquizado) de valores encontrado na Constituição que determinaria ao Estado, principalmente ao Estado-juiz, ora observar um efeito ou eficácia horizontal dos direitos fundamentais na tradição iniciada pela decisão *Lüth* do Tribunal Constitucional Federal Alemão, ora, ao Estado-legislador parlamentar, a tomada de medidas eficazes de proteção preventiva contra ameaças a direitos fundamentais partidas de particulares (deveres estatais de tutela – *staatliche Schutzpflichten*), entre outros (cf. a discussão teórica e dogmática em DIMOULIS e MARTINS, 2022, p. 143 ss., 162 ss.). A tendência na doutrina brasileira – assim como da jurisprudência do STF – é enfatizar cada vez mais tais conteúdos objetivos (v., por exemplo: TAVARES, 2007, p. 560, que, nesse ponto, faz correta correlação do dispositivo em pauta com os arts. 170, parágrafo único, e 1º, IV, da CF. V. também STF, ADI 319-4/DF, Rel. Min. Moreira Alves, excertos em VIEIRA, 2006, p. 229-238, que identifica liberdade profissional com o princípio constitucional econômico da livre-iniciativa/concorrência do art. 170 da CF.).

Malgrado os vários problemas de fundamentação de tais teses "objetivistas", elas correspondem hoje, no Brasil, à opinião dominante.

Dentre os principais efeitos dessa opinião dominante, cite-se a admissão do efeito horizontal direto do art. 5º, XIII, da CF nas relações privadas e a prática doutrinária e judicial de sopesamentos ou ponderações de princípios, interesses, bens jurídicos ou "valores constitucionais", que acabam redundando em atecnicismo no trato da interpretação de normas constitucionais definidoras de direitos fundamentais.

B – INTERVENÇÕES ESTATAIS E LIMITES CONSTITUCIONAIS À LIBERDADE PROFISSIONAL

A liberdade profissional não foi outorgada sem limites. O constituinte acresceu à outorga uma reserva legal da qual o legislador ordinário pode fazer uso para a tutela de bens jurídicos ameaçados por determinados exercícios da liberdade profissional. Tal reconhecimento é enfatizado pela maioria dos autores pátrios e encontra respaldo na jurisprudência do STF (entre outros: TAVARES, 2007, p. 560; no mesmo sentido: ZIMMERMANN, 2004, p. 275; SILVA NETO, 2006, p. 509; SILVA, 2000, p. 261; e AGRA, 2007, p. 140. Na jurisprudência do STF, v. ADI 1.040/DF, Rel. Min. Néri da Silveira, *DJ* 17.03.1995, p. 5788, e ADI 1.062/DF, Rel. Min. Sydney Sanches, *DJ*, 01.07.1994, p. 17496). Há várias intervenções estatais comuns ou típicas que merecem atenção antes de se proceder à análise da reserva legal. Classificá-las facilita a tarefa de verificar-se se estão "cobertas" pela reserva legal, para, em um terceiro momento, analisar-se a constitucionalidade material de sua concretização legal a partir do critério da proporcionalidade.

1. Intervenções estatais típicas

a) Intervenções na escolha profissional

Em primeiro lugar, a intervenção na escolha do ofício ou profissão pode ocorrer em razão de restrições objetivas ou subjetivas do ingresso do titular do direito em um ofício ou profissão escolhidos.

a.i Restrições objetivas

As restrições objetivas estão presentes quando o Estado submeter a admissão a um ofício ou uma profissão a critérios objetivos e, como tais, não dependentes das qualificações específicas dos titulares de direitos. Tais limites extrapolam apenas aparentemente o teor da reserva legal do art. 5º, XIII, da CF que versa somente sobre "qualificações profissionais", porque elas podem ser entendidas como meios de alcance da proteção de outros bens jurídicos conflitantes e, destarte, como *condições objetivas*. *Mutatis mutandis*, todas as restrições a seguir podem recair sobre a atividade empresarial, tendo como titular do direito uma pessoa jurídica (cf. MARTINS, 2021, p. 15).

Tais restrições objetivas ocorrem principalmente nas seguintes hipóteses:

i. Cláusulas de necessidade

O Estado pode, em tese, regulamentar o ingresso a certas profissões, de tal sorte a impedir que venham ao mercado mais profissionais do que o necessário. Verificou-se, por exemplo, na Alemanha, na década de 1950, que à época não era do interesse público que fossem estabelecidas mais farmácias do que o necessário para um atendimento racional da população, uma vez que uma oferta muito grande de medicamentos e a concorrência entre as farmácias poderiam levar ao estímulo do consumo e a um excesso de publicidade de medicamentos. Consequentemente, haveria o risco do aumento da dependência química dos clientes de estabelecimentos farmacêuticos, de modo a contrariar a proteção da saúde pública (Cf. o *leading case* alemão: *BVerfGE* 7, p. 377 s. [*Apothekenurteil*] Vide os principais excertos dessa decisão traduzidos e anotados por MARTINS 2021, p. 114-133.).

ii. Carga tributária muito elevada

Uma carga tributária muito elevada pode sufocar, objetivamente, o ingresso a determinada profissão ou atividade empresarial pelos titulares do direito ao livre exercício profissional (incluindo-se as pessoas jurídicas), porque pode tornar-se economicamente inviável dedicar-se a elas.

iii. Serviço público e demais profissões monopolizadas pelo Estado

Algumas profissões totalmente subordinadas ao Estado podem sofrer restrições objetivas quando os "quadros" daqueles servidores específicos, sobre os quais unicamente o Estado decide, estiverem completos. O aspecto da "acessibilidade à função pública" é trazido e enfatizado com uma boa interpretação sistemática (cf. art. 37, I e II, da CF) por Silva (2000, p. 260 s.).

a.ii Restrições subjetivas

Por sua vez, as restrições subjetivas, de intensidade intermediária, referem-se a critérios centrados na qualificação do candidato ao ingresso na profissão escolhida: a fixação de critérios admissionais em concursos públicos, os exames de qualificação profissional para o exercício de profissões liberais, como o "exame de ordem", promovido periodicamente pelas Seções da OAB, entre outros do gênero, representam limites subjetivos, infligíveis à *escolha* profissional.

Por fim, tais restrições subjetivas podem, em tese, recair apenas sobre o *exercício* profissional, mas não sobre a escolha (v. a seguir, sob **b.**).

a.iii Classificação das restrições e proporcionalidade

Essa classificação, que remonta à tradição iniciada na decisão *Apotheken* do TCF alemão, alcunhada pela doutrina jurídica daquele país como "teoria dos degraus" (*Stufentheorie*), serve apenas limitadamente como exame preparatório à aplicação do critério da proporcionalidade (a seguir: **C.2**), pois há várias zonas cinzentas na determinação da variação de intensidades das intervenções, de tal sorte que a classificação ideal-típica tem de, necessariamente, ser complementada pela análise concreta das respectivas intervenções estatais (em detalhes, v. MARTINS, 2021, p. 51 e ss.).

b) Intervenções no exercício profissional/empresarial

Intervenções no exercício profissional/empresarial, que se dão, sobretudo, por regulamentações do exercício profissional e das atividades das empresas, são consideradas menos intensas porque somente ocorrem quando o titular do direito já ingressou no ofício ou na profissão desejada ou a empresa já tenha iniciado suas atividades.

2. Reserva legal como "reserva parlamentar" (necessidade de lei formal)

O art. 5º, XIII, da CF contém uma reserva legal simples, ao firmar que a liberdade profissional está sujeita às "qualificações profissionais que a lei estabelecer". Trata-se de lei em sentido formal. Segundo a "teoria da essencialidade" ("*Wesentlichkeitslehre*", a respeito ver DIMOULIS e MARTINS, 2022, p. 213), a parte substancial de assuntos que dizem respeito à limitação de direitos fundamentais tem de ser disciplinada diretamente pelo legislador ordinário. Por consequência, o legislador não pode transferir ao Poder Executivo a regulamentação de tais assuntos essenciais. Daí a necessidade da lei formal federal (cf. art. 22, XVI, da CF) para o estabelecimento de qualificações profissionais.

C – JUSTIFICAÇÃO CONSTITUCIONAL DE INTERVENÇÕES NA LIBERDADE PROFISSIONAL

A lei configuradora da reserva legal prevista constitucionalmente e as medidas administrativas nela baseadas deverão atender a uma série de pré-requisitos formais e materiais para que representem intervenções estatais justificadas na área de proteção da liberdade profissional, passando, portanto, no controle de constitucionalidade.

1. Critérios formais

Em relação aos critérios formais, devem ser observadas todas as normas constitucionais relativas à competência legislativa (no caso, trata-se de competência privativa da União, segundo o art. 22, XVI, da CF) e ao processo legislativo em si. De resto, outros critérios formais são derivados do princípio do Estado de direito, como o da determinabilidade de leis interventoras (cf. MARTINS, 2022, p. 245 e ss.).

2. Proporcionalidade da lei interventora

Embora sem lastro literal na Constituição Federal, o critério da proporcionalidade para a análise da justificação de intervenções estatais é aceito pela doutrina e jurisprudência do STF. O grande problema é o *modus* de aplicação do critério, que encontra respaldo nos mais diversos matizes dogmáticos, teóricos, filosóficos ou puramente político-ideológicos. A seguir, será aplicado segundo o entendimento mais técnico dos autores e da jurisprudência alemãs (Cf. a reconstrução dogmática do critério da proporcionalidade de DIMOULIS e MARTINS, 2022, p. 229-295 e exposição monográfica por DE LAURENTIIS, 2017).

A lei que definir qualificações profissionais ou restringir a atividade econômico-empresarial deverá passar pelo exame de sua proporcionalidade. Ela será proporcional se servir a um propósito lícito constitucionalmente e se for, em relação a ele, adequada e necessária.

i. A reserva legal do art. 5º, XIII, da CF poderia ser classificada, em um primeiro momento, como qualificada se entendermos que ela já fixa o propósito que deverá ser perseguido pela lei concretizadora. Esse propósito seria assegurar à sociedade que certos profissionais (sobretudo os "liberais") possuam qualificação necessária, indispensável ao exercício de suas atividades (nesse sentido o voto do Min. Gilmar Mendes e Rel. Min. Marco Aurélio no RE 603.583/RS, no qual o STF confirmou a constitucionalidade do Exame de Ordem promovido periodicamente pela OAB como requisito para o ingresso de bacharéis em Direito em seus quadros). O termo "qualificação profissional" pode ser entendido em seu sentido estrito, isto é, como propósito da lei limitadora. Especialmente no caso das chamadas profissões liberais, nas quais a qualificação concreta daquele que oferece os seus serviços não possa *a priori* ser avaliada por quem procura a prestação do serviço, faz-se necessário que o Estado regulamente tal qualificação, ao limitar o exercício do art. 5º, XIII, da CF e estabelecer critérios avaliadores de competências específicas. Trata-se, em geral, de restrições subjetivas (admissionais) ao ingresso profissional.

No entanto, a locução "qualificações profissionais" pode ter positivado uma reserva legal *simples*. Isso porque as "qualificações profissionais" não seriam "o" propósito nesse segundo sentido, mas expressaria a faculdade em si do legislador comum para a criação de critérios (relativos ao mero exercício ou relativos ao ingresso; subjetivos ou objetivos, *mutatis mutandis*, também às atividades empresariais) ou, ainda, justamente "qualificações" que servissem a outros propósitos legítimos não explícitos na reserva legal em pauta.

Em meio a tantos propósitos possíveis, há aqueles que são lícitos e aqueles que são ilícitos *per se* por ferirem preceito do ordenamento jurídico, ainda que infraconstitucional. Propósito ilícito seria, por exemplo, a eliminação da concorrência ("reserva de mercado"). Propósitos lícitos seriam, entre outros: a saúde pública, a melhoria da produtividade de um setor econômico estratégico, a defesa do consumidor, a proteção do meio ambiente, a proteção da fé pública, a boa administração da Justiça etc. É claro que a persecução de tais propósitos implicará necessariamente intervenções na liberdade de escolha e exercício profissionais/empresariais de cada categoria específica, entre outros: dos profissionais da saúde, no caso da proteção da saúde pública; dos advogados, no caso do propósito de assegurar-se a boa administração da Justiça etc.

ii. A adequação da intervenção estará presente se houver uma relação empiricamente demonstrável entre a situação conseguida pelo Estado com a intervenção e a situação implícita na realização do propósito. Exemplos recentes contundentes foram as medidas de combate à pandemia da Covid-19 (Cf. por muitos, com várias referências: HUFEN, 2021, p. 661-662). Inadequado ao propósito da defesa do consumidor seria, por exemplo, a fixação da idade máxima de 18 anos para o ingresso na profissão de *ombudsman*. Essa profissão exige, pelo contrário, maior experiência de vida. Adequado ao propósito de garantir-se a possibilidade de concorrência da microempresa familiar com grandes redes de supermercados (*v.g.*, do empório da esquina – e, com isso, de contribuir-se para a diminuição do desemprego) seria uma lei que obrigasse quase todos os supermercados a fecharem suas portas às 20 horas, pois, desse modo, os consumidores, ao terem de realizar suas compras mais cedo, poderiam considerar a possibilidade de comprar nesses pequenos estabelecimentos, que, em função de sua estrutura familiar, têm de fechar mais cedo (questão e medidas historicamente debatidas no direito alemão, cf. com referências à legislação e jurisprudência alemãs: MARTINS, 2021, p. 33, 35 e 114). No entanto, uma vez afirmada a presença da adequação da medida, restaria pendente ainda a busca de meios igualmente adequados, mas menos onerosos às empresas atingidas – subexame da necessidade.

iii. O exame da necessidade pode valer-se do caráter indicativo da teoria dos degraus. O legislador somente poderá subir ao degrau seguinte se, por meio do degrau imediatamente inferior, o propósito da intervenção não puder ser alcançado. Tem de ser observado, entretanto, a possibilidade da intersecção entre os degraus. Em suma, a aplicação do critério da necessidade segue a regra geral da busca do meio adequado que seja o menos oneroso possível para a posição jusfundamental atingida pela intervenção estatal (cf. DIMOULIS e MARTINS, 2022, p. 269-280).

Art. 5º, XIV – é assegurado a todos o acesso à informação e resguardado o sigilo da fonte, quando necessário ao exercício profissional;

Wilson Antônio Steinmetz

1. História da norma

Redação da Constituição originária de 5 de outubro de 1988.

2. Constituições brasileiras anteriores

Nas constituições brasileiras anteriores, não houve expressa institucionalização do direito fundamental de acesso à informação e do direito fundamental de resguardo do sigilo da fonte. São inovações da Constituição da República Federativa do Brasil de 1988.

3. Constituições estrangeiras

Constituição da Federação Russa, art. 29, 4; Constituição da República Portuguesa, arts. 37.1 e 38.2, *b*; Constituição Espanhola, art. 20, 1, *d*; Constituição da República da África do Sul, art. 32; Lei Fundamental da República Federal da Alemanha, art. 5, 1, 1ª frase, 2ª parte; Constituição da República Argentina, art. 42; Constituição Política da Colômbia, art. 20.

4. Direito internacional

Declaração Universal dos Direitos Humanos, art. XIX; Pacto Internacional dos Direitos Civis e Políticos, art. 19.2; Convenção Americana sobre Direitos Humanos, art. 13; Declaração do Rio de Janeiro sobre Meio Ambiente e Desenvolvimento (1992), Princípio 10; Convenção sobre o Acesso à Informação, a Participação do Público no Processo Decisório e o Acesso à Justiça em Matéria de Meio Ambiente (Aarhus, Dinamarca, 25 de junho de 1998); Convenção Internacional sobre os Direitos das Pessoas com Deficiência, art. 21.

5. Remissões constitucionais e legais

CF: art. 5º, IV, IX, XXXIII, XXXIV, LXXII; arts. 220-224.

Legislação: Lei 8.159/1991, art. 4º; Lei 9.507/1997; Lei 10.650/2003; Lei 12.527/2011; Decreto 7.724/2012; Lei 13.445/2017, art. 4º, XIII; Lei 13.709/2018, art. 9º, art. 13, art. 18 e art. 23.

6. Jurisprudência

STF, RMS 23.036/RJ (Segunda Turma), rel. para o acórdão Min. Nelson Jobim, *DJ* de 25-08-2006; ADI 3.741/DF (Tribunal Pleno), rel. Min. Ricardo Lewandowski, *DJ* de 23-02-2007; ADPF 130/DF (Tribunal Pleno), rel. Min. Ayres Britto, *DJe* n. 208 de 06-11-2009; RE 511.961/SP (Tribunal Pleno), rel. Min. Gilmar Mendes, *DJe* n. 213 de 13-11-2009; HC 91.610/BA (Segunda Turma), rel. Min. Gilmar Mendes, julgamento em 08-06-2010, *DJe* de 22-10-2010; ADI 4.451 Referendo-MC/DF (Tribunal Pleno), rel. Min. Ayres Britto, julgamento em 1º e 02-09-2010, *DJe* de 28-08-2012.

7. Referências bibliográficas

CANOTILHO, J. J. Gomes; MOREIRA, Vital. *Constituição da República Portuguesa anotada*. Coimbra, São Paulo: Coimbra Editora, Revista dos Tribunais, 2007. v. 1.

CENEVIVA, Walter. *Segredos profissionais*. São Paulo: Malheiros, 1996.

GONÇALVES, José Renato. *Acesso à informação das entidades públicas*. Coimbra: Almedina, 2002.

VEIGA, Alexandre Brandão da. *Acesso à informação da administração pública pelos particulares*. Coimbra: Almedina, 2007.

8. Anotações

O inciso XIV do art. 5º veicula dois direitos fundamentais. O primeiro é o de acesso à informação; o segundo é o de resguardo do sigilo da fonte.

O **direito fundamental de acesso à informação** é um dos direitos constitucionais relativos à informação. É o direito de se informar. Os outros são o direito de informar – decorrente da liberdade de manifestação do pensamento (art. 5º, IV) e da liberdade de comunicação (art. 5º, IX) e também do que prescreve o art. 220, *caput*, e § 1º – e o direito de ser informado (art. 5º, XXIII). Não obstante sejam juridicamente distintos, os direitos relativos à informação possuem entre si uma forte conexão material. Isso é especialmente claro em relação ao direito de informar e ao direito de se informar. A Declaração Universal dos Direitos Humanos, no art. 19, inclui, no direito à liberdade de opinião e expressão, a liberdade de, sem interferência, ter opiniões e de *pro-*

curar, *receber* e *transmitir* informações e ideias por quaisquer meios e independentemente de fronteiras. Também o Pacto Internacional sobre Direitos Civis e Políticos, no art. 19.2, inclui, no direito à liberdade de expressão, a liberdade de *procurar*, *receber* e *difundir* informações e ideias de qualquer natureza. De igual forma dispõe a Convenção Americana sobre Direitos Humanos, no art. 13.1. Portanto, a Declaração, o Pacto e a Convenção põem as ações de *procurar* (acesso) e de difundir (transmissão) informações sob o âmbito de proteção do mesmo direito. Ações de impedimento ou obstrução do direito de informar implicam impedimento ou obstrução do direito de acesso à informação e vice-versa. São direitos que se coimplicam e se complementam.

O direito de acesso à informação protege, *prima facie*, as ações ou condutas de procura, levantamento, consulta, pesquisa, coleta ou recebimento de informações. A pessoa tem um direito a que os Poderes Públicos e, em certos casos, também os particulares não obstaculizem ou impeçam essas ações. Trata-se de direito de defesa.

A Constituição não define o que é informação. Aqui, propõe-se uma interpretação ampla para o vocábulo. Entende-se por informação qualquer juízo de fato ou de valor sobre pessoas, coisas, fatos, relações, ideias, conceitos, representações, opiniões, crenças etc. A Constituição também não especifica o(s) âmbito(s) de vida em que o acesso à informação está protegido. Na literatura constitucional brasileira, sobretudo nos livros-textos e manuais de direito constitucional, é comum reportar-se somente ao universo da informação jornalística ou veiculada por meio de comunicação social. Parece que essa interpretação restritiva é orientada pela referência, no próprio inciso XIV, ao resguardo do sigilo da fonte – associando-se então este direito de sigilo à atividade jornalística – e pela remissão que o § 1º do artigo 220, que tem por objeto a plena liberdade de informação jornalística em qualquer veículo de comunicação social, faz ao inciso XIV.

Aqui, entende-se que a melhor interpretação é aquela que não limita o âmbito de proteção ao universo da informação jornalística ou veiculada por meio de comunicação social. Trata-se, sim, do acesso a qualquer tipo de informação, independentemente de conteúdo, relevância, finalidade, âmbito de vida ou fronteiras. (A Convenção Americana sobre Direitos Humanos, no art. 13, menciona a busca e o recebimento de "informações e ideias de toda natureza, sem consideração de fronteiras".)

A Constituição também não especifica os meios de acesso. Em princípio, as ações de acesso à informação podem se processar ou viabilizar por quaisquer meios, desde que lícitos. Contudo, do direito de acesso à informação não decorre um imediato e exigível *direito subjetivo* aos meios materiais ou financeiros de acesso à informação. O que não significa ou implica que os Poderes Públicos estejam, do ponto de vista *jurídico-constitucional objetivo*, desobrigados de, na medida do possível e progressivamente, adotar políticas públicas que disponibilizem os meios e promovam o acesso igual e universal à informação. Além disso, havendo pedido ou requerimento, é dever dos órgãos públicos permitir ou dar acesso a informações de interesse particular, coletivo ou geral que detenham (art. 5º, XXXIII).

O direito fundamental de acesso à informação contribui para a livre formação das ideias, opiniões, avaliações, convicções e crenças da pessoa sobre assuntos ou questões de interesse público, relativos ao Estado e à sociedade civil, e de interesse individual ou de grupo. Contribui para o livre, consciente e responsável desenvolvimento da personalidade. Por fim, contribui para a preservação e desenvolvimento do pluralismo político (art. 1º, V) e, por consequência, do regime democrático.

São sujeitos titulares todos os brasileiros, natos ou naturalizados. Embora o *caput* do art. 5º faça referência expressa somente aos estrangeiros residentes, aplicam-se os postulados do *in dubio pro libertate* e da universalidade dos direitos humanos fundamentais. Assim, também são sujeitos titulares os migrantes e visitantes, observados os pressupostos e os limites estabelecidos em lei (Lei 13.445/2017).

No que toca à vinculação dos Poderes Públicos, constata-se que há uma sobreposição parcial – uma área de intersecção – entre o âmbito de proteção do inciso XIV e o do inciso XXXIII do art. 5º. Daí por que há casos em que ambos os incisos são aplicáveis de forma sistemática e combinada (*e.g.*, STF, RMS 23.036). Os Poderes Públicos estão proibidos de impedir ou obstruir o acesso à informação tanto pelo inciso XIV como pelo inciso XXXIII. A diferença é que este último inciso protege o acesso àquelas informações que os órgãos públicos detêm. O inciso XIV proíbe os Poderes Públicos de impedir ou obstruir o acesso a toda e qualquer informação, esteja ela de posse de órgãos públicos ou de entes privados (STF, ADI 3.741).

Também estão vinculados os particulares. Para exemplificar, um hospital privado que negar ao paciente acesso ao teor de seu prontuário clínico violará o direito fundamental de acesso à informação.

O direito fundamental de acesso à informação é direito individual. Mas também assume, em algumas situações de vida, uma dimensão coletiva *stricto sensu* e, em outras situações, uma dimensão difusa. Nesse sentido, são paradigmáticos os casos em que está em questão o acesso à informação jornalística ou veiculada por meio de comunicação social. A título de exemplo, uma regulamentação estatal que proibisse programas de televisão sobre educação sexual violaria o direito difuso de acesso à informação. Outro exemplo são as relações de consumo. Em uma sociedade de massas, o direito ao acesso à informação possui uma inequívoca dimensão coletiva *stricto sensu* (*e.g.*, segurados de um plano de saúde) ou difusa (*e.g.*, consumidores de um determinado produto ou serviço disponível no mercado).

O direito fundamental de acesso à informação não é absoluto. À partida, não está sob o âmbito de proteção o acesso ao nome da fonte da informação, quando o sigilo for necessário ao exercício profissional. Trata-se aqui de delimitação do âmbito de proteção. A aplicação do direito fundamental de acesso à informação poderá ceder, parcial ou totalmente, em casos em que houver razões mais fortes em favor de outros direitos ou bens constitucionalmente protegidos (*e.g.*, segurança nacional, segredo de justiça, ordem pública, honra, imagem, intimidade, vida privada). Contudo, eventuais restrições legislativas ou judiciais estão sujeitas ao exame de proporcionalidade. Não satisfeito o princípio da proporcionalidade, as restrições carecem de legitimidade constitucional.

Quanto à garantia processual, a Constituição prevê uma ação específica para assegurar a efetividade do direito de acesso à informação: o *habeas data* (ver comentário ao inciso LXXII do art. 5º).

O **resguardo do sigilo da fonte** não é somente um recorte delimitador do âmbito de proteção do direito fundamental de acesso à informação. É também um autêntico direito subjetivo, cujos titulares mais em evidência são aqueles profissionais que se dedicam à atividade jornalística, em sentido amplo, e os próprios veículos de informação (empresas).

No caso da atividade jornalística, o direito ao resguardo do sigilo da fonte assegura ao profissional ou à empresa o direito de não informar de quem obteve a informação ou qualquer fato – *e.g.*, como, onde e quando obteve a informação – que conduza à identificação da fonte. O objetivo é garantir o exercício livre e independente da atividade de informar, protegendo concomitantemente o exercício da atividade profissional e o interesse e direito da sociedade em ser informada ou em ter acesso à informação.

A maioria os livros-textos e manuais de direito constitucional se limita a tratar do resguardo do sigilo da fonte no âmbito da atividade jornalística. Contudo, não se pode afastar, de plano, a possibilidade de outros profissionais invocarem o sigilo da fonte, quando isso for indispensável ao exercício da atividade profissional. Para esses profissionais, o exame da pretensão deverá ser muito mais rigoroso.

Art. 5º, XV – é livre a locomoção no território nacional em tempo de paz, podendo qualquer pessoa, nos termos da lei, nele entrar, permanecer ou dele sair com seus bens;

Wilson Antônio Steinmetz

1. História da norma

Redação da Constituição originária de 5 de outubro de 1988.

2. Constituições brasileiras anteriores

Constituição Política do Império do Brasil de 1824, art. 179, VI; Constituição da República dos Estados Unidos do Brasil de 1891, art. 72, § 10; Constituição da República dos Estados Unidos do Brasil de 1934, art. 113, 14; Constituição dos Estados Unidos do Brasil de 1946, art. 142; Constituição da República Federativa do Brasil de 1967, art. 150, § 26; Constituição da República Federativa do Brasil de 1967 com a redação dada pela Emenda Constitucional n. 1/1969, art. 153, § 26.

3. Constituições estrangeiras

Constituição da Federação Russa, art. 27; Constituição da República Italiana, art. 16; Constituição da República Portuguesa, art. 44; Constituição Espanhola, art. 19; Constituição da República da África do Sul, art. 21; Lei Fundamental da República Federal da Alemanha, art. 11.; Constituição da República Argentina, art. 14; Constituição Política da Colômbia, art. 24.

4. Direito internacional

Declaração Universal dos Direitos Humanos, art. XIII; Convenção Relativa ao Estatuto dos Refugiados, art. 26; Pacto Internacional sobre Direitos Civis e Políticos, art. 12; Convenção Americana sobre Direitos Humanos, art. 7º; Convenção Internacional sobre os Direitos das Pessoas com Deficiência, art. 18.

5. Remissões constitucionais e legais

CF: art. 5º, XLVI, LIV, LXVIII, LXXVII; art. 139, I; art. 150, V.

Legislação: Decreto-Lei 2.848/1940 (CP), arts. 32 e ss.; Decreto-Lei 3.689/1941 (CPP), arts. 282 e ss.; Lei 13.445/2017, art. 4º, II e XV, e arts. 38-62; Lei 13.979/2020, art. 3º, I, II, VI.

6. Jurisprudência

STF, ADPF 90, Rel. Min. Luiz Fux, Plenário, jul. 03-04-2020; HC n. 84.662/BA, Rel. Min. Eros Grau, 1ª Turma, unânime, *DJ* 22-10-2004; HC n. 86.175/SP, Rel. Min. Eros Grau, 2ª Turma, unânime, *DJ* 10-11-2006; HC n. 87.041/PA, Rel. Min. Cezar Peluso, 1ª Turma, maioria, *DJ* 24-11-2006; HC n. 88.129/SP, Rel. Min. Joaquim Barbosa, 2ª Turma, unânime, *DJ* 17-08-2007; HC 89.645, Rel. Min. Gilmar Mendes, *DJ* de 28-9-2007; HC 94.147/RJ, Rel. Min. Ellen Gracie, 2ª Turma, unânime, *DJe* de 13-06-2008; ADI 1.706/DF, Rel. Min. Eros Grau, Plenário, unânime, *DJe* de 12-09-2008; HC 97.710/SC, Rel. Min. Eros Grau, 2ª Turma, unânime, *DJe* n. 76 de 30-04-2010.

7. Bibliografia

ALEXY, Robert. *Teoria dos direitos fundamentais*. Trad. de Virgílio Afonso da Silva. São Paulo: Malheiros, 2008.

BERLIN, Isaiah. Dois conceitos de liberdade. In: BERLIN, Isaiah. *Estudos sobre a humanidade*: uma antologia de ensaios. Editado por Henry Hardy e Roger Hausheer. Trad. de Rosaura Eichenberg. São Paulo: Companhia das Letras, 2002. p. 226-272.

CANOTILHO, J. J. Gomes; MOREIRA, Vital. *Constituição da República Portuguesa anotada*. Coimbra, São Paulo: Coimbra Editora e Revista dos Tribunais, 2007, p. 630-634.

SARLET, Ingo Wolfgang. Direitos fundamentais em espécie. In: SARLET, Ingo Wolfgang; MARINONI, Luiz Guilherme; MITIDIERO, Daniel. *Curso de direito constitucional*. 2. ed. rev. atual. e ampl. São Paulo: Revista dos Tribunais, 2013. p. 483-490.

SILVA, José Afonso da. *Curso de direito constitucional positivo*. 34. ed. rev. e atual. São Paulo: Malheiros, 2011. p. 237-240.

STEINMETZ, Wilson. *A vinculação dos particulares a direitos fundamentais*. São Paulo: Malheiros, 2004.

STEINMETZ, Wilson. Direito à liberdade de locomoção: um escorço de interpretação constitucional. *Revista de Direito Constitucional e Internacional*, São Paulo, p. 163-173, abr.-jun. 2013.

8. Anotações

O direito à liberdade de locomoção é a mais elementar e imediata manifestação da liberdade geral de ação das pessoas. Sem a institucionalização e garantia desse direito, estaria gravemente prejudicado o direito fundamental à liberdade a que se refere o *caput* do art. 5º.

A liberdade de locomoção é uma liberdade em sentido negativo (BERLIN, 2002; ALEXY, 2008, p. 351). Trata-se do direito de poder escolher entre alternativas de ação. As ações que constituem a liberdade de locomoção não são nem obrigatórias nem proibidas pela Constituição. Daí por que a liberdade de locomoção é uma expressão típica da liberdade jurídica. "Uma liberdade jurídica existe quando é permitido tanto fazer algo quanto deixar de fazê-lo" (ALEXY, 2008, p. 351).

Estudo comparado mostra que a opção dos constituintes brasileiros difere da eleita em alguns documentos normativos internacionais e em algumas constituições estrangeiras. Nestes, é comum distinguir como direitos autônomos: o direito de locomoção (ou circulação) interna ao território do Estado, o direito de fixar residência no território nacional, o direito de emigrar (saída) e o direito de regresso (entrada) no território nacional. Na Constituição brasileira, todos esses direitos estão institucionalizados e englobados no direito à liberdade de locomoção.

Quanto ao *âmbito normativo de proteção*, o direito fundamental à liberdade de locomoção protege, *prima facie*, um feixe de faculdades ou ações da pessoa. Qualquer pessoa poderá deslocar-se (ir e vir), livremente, em tempo de paz, de um local para outro: nas fronteiras de um município (locomoção intramunicipal), de um município para outro (locomoção intermunicipal), de um Estado para outro (locomoção interestadual, incluído o Distrito Federal e os territórios federais) e de uma região para outra (locomoção inter-regional). Qualquer pessoa poderá livremente, em tempo de paz, permanecer ou fixar residência, definitiva ou temporariamente, no território nacional. Os Poderes Públicos, em primeiro plano, e os particulares não poderão impedir, interditar ou obstacularizar a qualquer pessoa o exercício da liberdade de ir, vir e permanecer nas fronteiras internas da República Federativa do Brasil.

Está também protegido *prima facie*, para qualquer pessoa com seus bens, observadas as condições e os limites estabelecidos em lei, o exercício das liberdades de saída, permanência ou entrada no território nacional. Trata-se dos direitos de emigração (saída), direito de fixar residência (permanência) e direito de regresso (entrada).

À partida, constata-se, com recurso à interpretação textual ou semântica, que a jusfundamentalidade desse direito está assegurada somente em tempo de paz. Não se trata de restrição, mas de expressa delimitação do âmbito de proteção. No entanto, isso não significa ou implica que os Poderes Públicos não possam permitir a livre locomoção no território nacional e a livre entrada, saída ou permanência no território nacional em tempo de guerra, a brasileiros e a estrangeiros.

Usa-se o conceito de feixe de faculdades ou ações *prima facie* porque aqui parte-se da premissa que a liberdade de locomoção, assegurada por dispositivo constitucional, é um mandamento de otimização, ou seja, um mandamento que ordena "[...] que algo seja realizado na maior medida possível dentro das possibilidades jurídicas e fáticas existentes" (ALEXY, 2008, p. 90). O grau de realização depende das condições fáticas e dos princípios e das regras que eventualmente a ela (liberdade de locomoção) se opõem. É uma norma-princípio no sentido da concepção formulada por Alexy (2008, p. 85 e ss.).

O direito à liberdade de locomoção é pressuposto fático para a realização concreta de outros direitos fundamentais de liberdade (STEINMETZ, 2013, p. 166). Citem-se os direitos fundamentais ao livre exercício de qualquer trabalho, ofício ou profissão (CF, art. 5º, XIII), o direito fundamental de propriedade (CF, art. 5º, XXII – liberdade de se locomover portando seus bens), o direito fundamental ao livre exercício de qualquer atividade econômica (CF, art. 170, parágrafo único), o direito fundamental de reunião (CF, art. 5º, XVI) e o direito fundamental à liberdade de associação. Todos esses direitos fundamentais de liberdade para o seu pleno exercício requerem em alguma medida a realização das ações protegidas pelo direito fundamental à liberdade de locomoção.

O direito à liberdade de locomoção também é pressuposto fático dos direitos políticos (direitos de participação). Cite-se, por exemplo, a necessidade de ir a uma seção eleitoral para exercício do direito de votar (CF, art. 14, *caput* e § 1º). É ainda pressuposto fático para a fruição de direitos prestacionais. Citem-se aqui o acesso aos estabelecimentos de ensino e aos hospitais e às demais unidades dos serviços de saúde (STEINMETZ, 2013, p. 166).

A liberdade de locomoção é, em primeiro plano, um direito de defesa contra o Estado. São sujeitos destinatários os Poderes Públicos e seus agentes. Contudo, essa liberdade não cria apenas deveres negativos para o Estado. Ela também impõe deveres positivos, ou seja, deveres de proteção contra ameaças de terceiros (indivíduos, organizações privadas, Estados estrangeiros e organismos supranacionais).

Quanto à eficácia jurídica e aplicação nas relações entre particulares, não há consenso sobre a forma e a medida dos efeitos dos direitos fundamentais (STEINMETZ, 2004). Isso, por consequência, também vale para o direito à liberdade de locomoção. Segundo a teoria da eficácia imediata, os direitos fundamentais são de aplicação direta nas relações entre particulares, independentemente de mediação legislativa. Para a teoria da eficácia mediata, os efeitos dos direitos fundamentais nas relações entre os particulares são indiretos, mediados por lei ou pelo uso das cláusulas gerais de direito privado interpretadas ("preenchidas") conforme o conteúdo valorativo dos direitos fundamentais. Por fim, a teoria dos deveres de proteção sustenta que os direitos fundamentais incidem nas relações entre os particulares sob a forma de deveres estatais de proteção, também denominados imperativos de tutela, sendo proibida ao Estado uma proteção deficiente, abaixo de um *standard* mínimo.

São **sujeitos titulares** os brasileiros, natos ou naturalizados. Embora o *caput* do art. 5º faça referência expressa somente aos estrangeiros residentes, aplica-se o postulado do *in dubio pro libertate* e da universalidade dos direitos humanos fundamentais. Assim, também são sujeitos titulares os migrantes e os visitantes, observados os pressupostos e os limites estabelecidos em lei (Lei 13.445/2017).

Quanto às *restrições ou intervenções estatais* no âmbito de proteção, há na própria Constituição referências expressas à sua admissibilidade.

A Constituição prevê a pena de privação ou restrição da liberdade (art. 5º, XLVI, *a*). Condiciona esse tipo de pena à regulação por lei. Assim, à partida, a legitimidade constitucional de penas de privação da liberdade (prisão, detenção, medidas de segurança) está condicionada à existência de lei. Ademais, a própria lei que instituir essas penas estará sujeita ao exame de constitucionalidade, formal e material, em sede de controle difuso e/ou controle concentrado, tomando como parâmetro o princípio da proporcionalidade. Some-se a isso que ninguém será privado da liberdade sem o devido processo legal (art. 5º, LIV).

A Constituição autoriza, expressamente, que na vigência do estado de sítio, decretado com fundamento no art. 137, I, determine-se contra pessoas obrigação de permanência em localidade determinada (art. 139, I). Embora a Constituição não mencione textualmente as medidas que poderão ser tomadas contra pessoas no caso de vigência do estado de sítio decretado com fundamento no art. 137, II (declaração de estado de guerra ou resposta a agressão armada estrangeira), é interpretação razoável afirmar que também nessa hipótese poderá ser restringida ou suspensa a liberdade de locomoção, invocando-se razões de segurança nacional e de segurança das próprias pessoas.

Ainda na enumeração de hipóteses textualmente expressas pela Constituição, há a autorização para a cobrança de pedágio pela utilização de vias conservadas pelo Poder Público (art. 150, V).

Para além dessas hipóteses expressamente previstas pela Constituição, há outras que justificariam a restrição da liberdade de locomoção?

A interpretação literal simples do inciso XV do art. 5º poderia conduzir à conclusão de que seriam legítimas apenas restrições ou intervenções legais à entrada, permanência ou saída de pessoa, com ou sem bens, do território nacional. Estariam excluídas hipóteses de restrições à liberdade de locomoção de pessoas, com ou sem bens, dentro das fronteiras do território nacional além daquelas previstas expressamente pela Constituição. Essa é a interpretação de José Afonso da Silva (2011, p. 238): "a lei referida no dispositivo não se aplica à hipótese de locomoção dentro do território nacional em *tempo de paz*. Portanto, será inconstitucional lei que estabeleça restrições nessa locomoção".

No estado da arte da teoria e dogmática dos direitos fundamentais essa interpretação está superada. Não estão sujeitos a restrições legais apenas os direitos fundamentais cujo dispositivo constitucional enuncie uma reserva legal de restrição. O direito à liberdade de locomoção assim como os demais direitos fundamentais, mesmo quando não há expressa autorização constitucional, está sujeito a restrições sempre que estiverem em jogo outros direitos ou bens constitucionalmente protegidos (*e.g.*, saúde pública na hipótese de uma epidemia ou segurança pública na hipótese de o toque de recolher em determinados locais e horários ser medida necessária para preservar a vida e o direito de propriedade de ataques ou arrastões de criminosos). Contudo, a legitimidade constitucional de eventuais restrições está condicionada à satisfação do princípio da proporcionalidade. É preciso examinar no caso concreto se a medida restritiva da liberdade de locomoção é adequada e necessária para promover o fim pretendido (proteção de outro direito ou bem constitucional). Caso a medida mostre-se adequada e necessária, deve-se por fim examinar se as razões que justificam a restrição da liberdade de locomoção são mais fortes que as razões em favor da máxima otimização da liberdade de locomoção; se os "benefícios" superam os "custos"; se as "vantagens" ultrapassam as "desvantagens". Trata-se de um sopesamento ou uma ponderação cujo resultado deve ser criteriosa e analiticamente argumentado (STEINMETZ, 2013, p. 169).

Sobre as restrições à liberdade de locomoção, ainda há uma questão relevante a ser enfrentada brevemente. Se a liberdade de locomoção integra-se à noção de liberdade negativa, a pergunta a ser feita é esta: a liberdade de locomoção integra-se à noção de liberdade negativa em sentido amplo ou apenas à noção de liberdade negativa em sentido estrito? A resposta não é apenas de interesse filosófico, mas também de interesse jurídico.

Se se define e delimita a liberdade como não impedimento ou não interferência do Estado ou de particulares na decisão (escolha) entre fazer ou deixar de fazer alguma coisa, então se adota o conceito de liberdade negativa em sentido estrito. Nesse sentido, liberdade é ausência de coerção de outrem (Estado ou particulares).

Contudo, se se entende que na noção de liberdade também está compreendida a ausência de incapacidades (físicas ou intelectuais) ou privações (*e.g.*, econômicas) que afetam ou impedem nossas escolhas, então se adota o conceito de liberdade em sentido amplo (ALEXY, 2008, p. 351).

É verdade que incapacidades, físicas ou intelectuais, e privações, em especial as econômicas, interferem e afetam, às vezes gravemente, na liberdade de locomoção, no sentido de que as pessoas não são livres ou são menos livres para fazer as escolhas entre as alternativas possíveis (ir, vir, permanecer, sair ou entrar). No entanto, considerar que essas incapacidades ou privações constituem violação do direito constitucional à liberdade de locomoção seria ampliar de tal forma o âmbito de proteção, que a tutela judicial satisfatória ou plena desse direito seria impossível, haja vista uma decisão judicial ser apta a proteger direitos, bens ou interesses que dependam da vontade humana (ação ou omissão). Dizendo em outras palavras, um provimento judicial dirige-se a pessoas ou a instituições administradas por pessoas, podendo determinar um fazer ou um não fazer. E nem sempre o cessar de uma incapacidade ou de uma privação de uma pessoa depende da vontade de outrem (STEINMETZ, 2013, p. 171).

Alguém poderia argumentar que nas hipóteses nas quais a liberdade de locomoção é parcial ou totalmente afetada por incapacidades ou privações não causadas pelo Estado ou por particulares, mas cuja afetação possa ser amenizada por medidas estatais, normativas e/ou fáticas, então essas medidas seriam devidas (*e.g.*, facilitação do ir e vir de cadeirantes em vias públicas). A resposta a esse argumento é simples: aqui já estaríamos em outra esfera, a das políticas de inclusão social (*e.g.*, acessibilidade e transporte gratuito para idosos ou pessoas com deficiência) exigíveis a partir de direitos prestacionais em sentido estrito.

Assim, a melhor interpretação constitucional aponta para a compreensão da liberdade de locomoção como uma liberdade negativa em sentido estrito (STEINMETZ, 2013, p. 171).

Quanto à *garantia processual*, a Constituição prevê uma ação específica para assegurar a efetividade do direito à liberdade de locomoção: "conceder-se-á *habeas corpus* sempre que alguém sofrer ou se achar ameaçado de sofrer violência ou coação em sua liberdade de locomoção, por ilegalidade ou abuso de poder" (art. 5º, LXVIII). A ação constitucional de *habeas corpus* é gratuita (art. 5º, LXXVII). Pode ser impetrado contra autoridades estatais, particulares que se equiparam a servidores públicos e particulares.

Art. 5º, XVI – todos podem reunir-se pacificamente, sem armas, em locais abertos ao público, independentemente de autorização, desde que não frustrem outra reunião anteriormente convocada para o mesmo local, sendo apenas exigido prévio aviso à autoridade competente;

XVII – é plena a liberdade de associação para fins lícitos, vedada a de caráter paramilitar;

XVIII – a criação de associações e, na forma da lei, a de cooperativas independem de autorização, sendo vedada a interferência estatal em seu funcionamento;

XIX – as associações só poderão ser compulsoriamente dissolvidas ou ter suas atividades suspensas por decisão judicial, exigindo-se, no primeiro caso, o trânsito em julgado;

XX – ninguém poderá ser compelido a associar-se ou a permanecer associado;

XXI – as entidades associativas, quando expressamente autorizadas, têm legitimidade para representar seus filiados judicial ou extrajudicialmente;

Paulo Gustavo Gonet Branco

1. Constituições brasileiras anteriores

Art. 72, § 8º, da Constituição da República dos Estados Unidos do Brasil de 1891: A todos é lícito associarem-se e reunirem-se livremente e sem armas; não podendo intervir a polícia senão para manter a ordem pública; **Art. 113, incisos 11 e 12, da Constituição da República dos Estados Unidos do Brasil de 1934:** 11) A todos é lícito se reunirem sem armas, não podendo intervir a autoridade senão para assegurar ou restabelecer a ordem pública. Com este fim, poderá designar o local onde a reunião se deva realizar, contanto que isso não o impossibilite ou frustre; **Art. 122, incisos 9 e 10, da Constituição da República dos Estados Unidos do Brasil de 1937:** 9º) a liberdade de associação, desde que os seus fins não sejam contrários à lei penal e aos bons costumes; 10) todos têm direito de reunir-se pacificamente e sem armas. As reuniões a céu aberto podem ser submetidas à formalidade de declaração, podendo ser interditadas em caso de perigo imediato para a segurança pública; **Art. 141, §§ 11 e 12, da Constituição da República dos Estados Unidos do Brasil de 1946:** § 11 – Todos podem reunir-se, sem armas, não intervindo a polícia senão para assegurar a ordem pública. Com esse intuito, poderá a polícia designar o local para a reunião, contanto que, assim procedendo, não a frustre ou impossibilite. § 12 – É garantida a liberdade de associação para fins lícitos. Nenhuma associação poderá ser compulsoriamente dissolvida senão em virtude de sentença judiciária; **Art. 150, §§ 27 e 28, da Constituição da República Federativa do Brasil de 1967:** § 27 – Todos podem reunir-se sem armas, não intervindo a autoridade senão para manter a ordem. A lei poderá determinar os casos em que será necessária a comunicação prévia à autoridade, bem como a designação, por esta, do local da reunião. § 28 – É garantida a liberdade de associação. Nenhuma associação poderá ser dissolvida, senão em virtude de decisão judicial.

2. Constituições estrangeiras

Constituição do Afeganistão de 1382: art. Trinta e cinco, Ch. 2, Art. 14; Constituição da Nação Argentina de 1853 (amplamente reformada em 1994): art. 14; Constituição Espanhola de 1978: art. 21; Constituição da Bolívia de 2009: art. 21. 4; Constituição Política da República do Chile de 1980 (com a reforma de 2005): art. 19, § 13º; Constituição Política da Colômbia de 1991 (com a reforma de 2005): art. 37; Constituição da República Italiana de 1948: art. 17; Constituição Política do Paraguai de 1992: art. 32; Constituição Política do Peru de 1993 (com a reforma de 2005): art. 2º, 2; Constituição da República Portuguesa de 1976: art. 45; Constituição da República do Uruguai de 1967 (com as reformas até 2004): art. 38; Constituição da República Bolivariana da Venezuela de 1999: arts. 52 e 53.

3. Direito internacional

Convenção Americana de Direitos Humanos – Pacto de San José da Costa Rica, de 1969: Artigo 15º – Direito de reunião – É reconhecido o direito de reunião pacífica e sem armas. O exercício de tal direito só pode estar sujeito às restrições previstas pela lei e que sejam necessárias, em uma sociedade democrática, no interesse da segurança nacional, da segurança ou da ordem públicas, ou para proteger a saúde ou a moral públicas ou os direitos e liberdades das demais pessoas; Declaração Universal dos Direitos Humanos, de 1948: Artigo XX. 1. Toda pessoa tem direito à liberdade de reunião e associação pacíficas. 2. Ninguém pode ser obrigado a fazer parte de uma associação; Pacto Internacional dos Direitos Civis e Políticos, de 1966: Art. 21 – O direito de reunião pacífica será reconhecido. O exercício desse direito estará sujeito apenas às restrições previstas em lei e que se façam necessárias, em uma sociedade democrática, ao interesse da segurança nacional, da segurança ou ordem públicas, ou para proteger a saúde ou a moral públicas ou os direitos e as liberdades das demais pessoas. Art. 22 – 1. Toda pessoa terá o direito de associar-se livremente a outras, inclusive o direito de constituir sindicatos e de a eles filiar-se, para proteção de seus interesses. 2. O exercício desse direito estará sujeito apenas às restrições previstas em lei e que se façam necessárias, em uma sociedade democrática, ao interesse da segurança nacional, da segurança e da ordem públicas, ou para proteger a saúde ou a moral públicas ou os direitos e as liberdades das demais pessoas. O presente artigo não impedirá que se submeta a restrições legais o exercício desses direitos por membros das forças armadas e da polícia. 3. Nenhuma das disposições do presente artigo permitirá que os estados-partes, na Convenção de 1948, da Organização Internacional do Trabalho, relativa à liberdade sindical e à proteção do direito sindical, venham a adotar medidas legislativas que restrinjam – ou a aplicar a lei de maneira a restringir – as garantias previstas na referida Convenção.

4. Jurisprudência do STF

ADI 1969, *DJ* 31.8.2007: é inconstitucional decreto do Distrito Federal (Decreto 20.098/99) que vedava a realização de manifestações públicas com a utilização de carros, aparelhos sonoros em pontos específicos do Distrito Federal, por impor uma limitação ao direito constitucionalmente assegurado, sem qualquer justificativa substancial para a restrição. Ainda, foi dito que o balizamento do direito de reunião exige lei em sentido formal; RE 806.339 RG, tese: "A exigência constitucional de aviso prévio relativamente ao direito de reunião é satisfeita com a veiculação de informação que permita ao Poder Público zelar para que seu exercício se dê de forma pacífica ou para que não frustre outra reunião no mesmo local". Plenário, Sessão Virtual de 4.12.2020 a 14.12.2020; ADPF 722, *DJe* 9.6.2022: "o uso da máquina estatal para a colheita de informações de servidores com postura política contrária ao governo caracteriza desvio de finalidade e afronta aos direitos fundamentais de livre manifestação do pensamento, de privacidade, reunião e associação". ADPF 722, *DJe* 4.4.2023: "atos de violência real, vandalismo do patrimônio público e ameaça ao funcionamento das instituições democráticas não estão amparados pelas garantias constitucionais de liberdade de manifestação e reunião, não se confundem com o exercício da cidadania popular e demais liberdades democráticas, e devem ser rigorosamente reprimidos pelo Poder Público, com a responsabilização cível e criminal de todos os envolvidos, conforme o Devido Processo Legal. (...) Constitui abuso do direito de reunião o seu exercício direcionado a, ilícita e criminosamente, propagar o desrespeito ao resultado do processo eleitoral e à legitimidade do Poder Executivo federal, constitucionalmente eleito e investido pelo Congresso Nacional da autoridade executiva, mediante à convocação, organização e incitação para manifestações pela RETOMADA DO PODER, na sequência aos atentados praticados na Praça dos Três Poderes, contra as sedes do Congresso Nacional, do Palácio do Planalto e do SUPREMO TRIBUNAL FEDERAL". ADI 5852, *DJe* 26.11.2020: "A vedação da prática de qualquer ato que possa acarretar perturbação à execução da atividade laboral pelos servidores e pelas autoridades públicas, ao acesso ao serviço público pela população em geral, ao trânsito de veículos e de pessoas, bem como degradação ou prejuízo ao meio ambiente, concede verdadeira carta-branca para a restrição do uso do bem público com base em juízo de conveniência e oportunidade das autoridades, subordinando a realização de reunião pública à discricionariedade administrativa, já que todo e qualquer ato de manifestação pública pressupõe algum grau de afetação a direitos de terceiros. *In casu*, o Poder Executivo foi além do que a Constituição Federal autoriza em matéria de legalidade, ao criar, *ab nihilo*, tipos sancionadores que inovam na ordem jurídica e que representam verdadeira restrição do núcleo essencial do direito fundamental, sem fundamento legal que delineie princípios inteligíveis (*intelligible principles*) aptos a guiar sua respectiva aplicação e controle". ADI 5108, *DJe* 20.6.2022: "A expressão 'filiadas àquelas', constante dos §§ 2º e 4º do art. 1º e do § 2º do art. 2º da Lei n. 12.933/2013, pressupõe uma vinculação compulsória das entidades estudantis locais e regionais às entidades nacionais (UNE, UBES e ANPG), cujo não atendimento tem como consequência a impossibilidade de aquelas associações expedirem documento de identificação em relação aos estudantes que estão a elas vinculados. Esse dever de filiação importa em intervenção direta na autonomia da entidade estudantil, que se vê obrigada a se associar a entidade não necessariamente alinhada às suas metas, princípios, diretrizes e interesses". ADI 2054, *DJ* 17.10.2003: reconheceu a legitimidade do ECAD para a arrecadação de direitos autorais, apesar de ser o único órgão arrecadador, constituído por diversas associações que cuidam dos interesses dos integrantes da indústria musical, permitindo-se, todavia, nos termos da lei, que o próprio artista possa cobrar pessoalmente os valores referentes aos direitos de sua produção; ADI 3464, *DJe* 6.3.2009: foi declarada a inconstitucionalidade do art. 2º, IV, e alíneas, da Lei 10.779/2003, por violação ao princípio da livre associação, porque se exigia dos pescadores profissionais, que exercem sua atividade de modo artesanal, para a concessão de benefício do seguro-desemprego, a apresentação de atestado de filiação de colônia de pescadores; Súmula 629/STF: "A impetração de mandado de segurança coletivo por entidade de classe em favor dos associados independe da autorização destes"; Inq 3218, *DJe* 1.10.2013: "não é possível qualificar como crime de quadrilha eventuais manifestações coletivas de desagravo ou de *desobediência civil*, sob pena de inversão dos valores do Estado de Democrático, com inequívoco reflexo no direito de manifestação e de reunião constitucionalmente assegurados". Adotou-se o magistério de Canotilho, para quem, é correto *dar guarida constitucional ao 'direito à indignação, procurando-se convencer a opinião pública de que* uma lei, uma política *ou* medidas de uma política *são ilegítimas tornando-se a contestação pública destas plenamente justificada*"; ADI 4274, *DJe* 05.02.2012 e ADPF 187, julgada em 15.6.2011: os tipos penais de induzir ou instigar o uso de droga e o da apologia de fato criminoso não servem de fundamento para proibição judicial de eventos públicos de defesa da descriminalização do uso de entorpecentes (marcha da maconha).

5. Literatura selecionada

CARA, Juan Gavara de. *El Sistema de Organización del Derecho de Reunión y Manifestación*. Madrid: McGraw-Hill, 1997.

CODERCH, Salvador, MUNCH e RIBA, Ferrer i. *Asociaciones, Derechos Fundamentales y Autonomía Privada*. Madrid: Civitas, 1997.

CORREIA, Sérvulo. *O Direito de Manifestação – âmbito de proteção e restrições*. Coimbra: Almedina, 2006.

GUTMANN, Amy. *Freedom of Association*. New Jersey: Princeton, 1998.

MARTINS, Leonardo. *Tribunal Constitucional Federal Alemão – Decisões anotadas sobre direitos fundamentais*. São Paulo: Marcial Pons, v. 3, 2019.

_____. *Tribunal Constitucional Federal Alemão – Decisões anotadas sobre direitos fundamentais*. São Paulo: Marcial Pons, v. 4, 2020.

MELLO FILHO, José Celso de. *O Direito Constitucional de Reunião*, São Paulo: Justitia, 1997, v. 98.

MENDES, Gilmar Ferreira. BRANCO, Paulo Gustavo Gonet. *Curso de Direito Constitucional*. 18. ed. Série IDP. São Paulo: Saraiva, 2023.

MONTORO, Ángel J. Gómez. *Asociación. Constitución, Ley*. Madrid: Centro de Estudios Políticos y Constitucionales, 2004.

6. Comentários

6.1. Liberdade de reunião e de associação

O direito de associação e o direito de reunião ligam-se intimamente à liberdade de expressão e ao sistema democrático de governo. Configuram instrumento relevante de controle do exercício do poder e tornam concretas condições importantes para efetiva participação na vida pública e expressão de ideias e reivindicações e para a expansão do espírito. Daí a liberdade de reunião ter sido identificada como "instrumento da livre manifestação de pensamento, aí incluído o direito de protestar"[1]. Trata-se, também já se disse, de "um direito à liberdade de expressão exercido de forma coletiva"[2].

O direito de reunião, como expresso no art. 5º, XVI, da Constituição, expressa um direito individual de exercício coletivo, que pode ser decomposto em elementos que lhe dão identidade.

6.1.1. Elementos do direito de reunião

O direito de reunião, possui um elemento subjetivo, já que pressupõe um agrupamento de pessoas.

Tal agrupamento não deve ser resultado de um acaso, mas responder a alguma coordenação, circunstância que revela ao conceito o seu elemento formal. A aglomeração deve ser o resultado de uma convocação prévia ao encontro de pessoas num mesmo lugar[3]. Quem participa da reunião deve integrá-la conscientemente. Dessa forma, não configura exercício do direito de reunião o encontro casual de automóveis em ruas e pistas, em que habitualmente os carros afluem para, com buzinas, comemorar algum resultado esportivo. Não se exige, para se caracterizar uma reunião, que se perceba no grupo uma estrutura organizada em pormenores, o que é pressuposto da associação.

O agrupamento, para figurar uma reunião, deve ainda ostentar um elemento teleológico, consistente na existência de uma finalidade a atrair as pessoas no mesmo espaço. O objetivo pode ter como meta a exposição de convicções ou a afirmação de uma posição de cunho político, religioso, artístico ou filosófico. Por isso também, não há reunião constitucionalmente protegida numa fila de supermercado.

O agrupamento de pessoas, no direito à reunião, é necessariamente transitório, passageiro – traço que revela o elemento temporal do conceito do direito básico[4].

Como elemento objetivo do conceito, cumpre apontar que a reunião deve ser pacífica e sem armas. A reunião, portanto, não se pode ordenar a romper a paz social, mas não se descaracteriza constitucionalmente se atrai violência externa, deflagrada por pessoas que não pertencem ao grupo. Mesmo que a violência inesperada parta de alguns dos participantes, a reunião continuará legítima, se tal violência não se alastrar pelos demais participantes. Caberá às forças de segurança coibir os abusos isolados.

Que dizer da passeata que, sem realizar atos violentos ilegítimos, faz apologia deles? Nesses casos, a reunião poderá ser considerada imprópria, pela finalidade ilícita que a anima, mas não por ser, ela própria, violenta[5].

Nos Estados Unidos, o critério é algo diferente. Reuniões em que se advogam atividades ilícitas são toleradas, contanto que a proposição não incite, não produza nem seja apta para gerar iminente ação ilegal, como decidiu a Suprema Corte[6].

Subtrai à reunião o seu caráter pacífico o fato de os seus integrantes portarem armas. O termo *armas*, aqui, tem significado amplo. Não apenas se refere àquelas de fogo, como também alude às armas brancas e aos instrumentos que, desvirtuados da sua finalidade, estejam sendo usados como meios de agressão (bastões de *baseball*, produtos químicos etc.)[7]. Certamente há de se atentar para a finalidade da reunião. Um desfile militar não se desfigurará pelo fato de os seus integrantes portarem armas.

A licitude da reunião é outro requisito que, conquanto não mencionado expressamente na Constituição, é encarecido pela doutrina e pela jurisprudência[8]. De outro modo, chegar-se-ia à conclusão inaceitável de que aquilo que é proibido ao indivíduo, singularmente, é-lhe permitido em grupo, ou que "o direito de reunião suprime os poderes da Administração de intervir em atividades privadas desde que um número suficiente de pessoas decida realizá-las"[9]. Não se tolera a reunião que vise à supressão do Estado Democrático de Direito, bem como de suas instituições elementares, em que se revele descolamento total do comprometimento mínimo com a ordem constitucional que garante o próprio direito fundamental em causa. A reunião que vise a ataques a forças de segurança decerto foge do requisito da licitude. Ainda, se é possível que a reunião se preste para protestar contra a criminalização de certas condutas, o ato incriminado não pode ser ele próprio realizado no movimento[10].

A noção de *reunião* é suficientemente ampla para acomodar tanto manifestações estáticas, circunscritas a um único espaço territorial, como para acolher situações mais dinâmicas, em que há o deslocamento dos manifestantes por vias públicas. Haverá sempre, porém, um local delimitado, uma área especificada para a reunião – elemento espacial desse direito.

Da circunstância de a Constituição aludir a encontros em lugares abertos não deve ser extraída a precipitada ilação de que não protege aqueles que ocorrem em ambientes privados. Estes estão protegidos por outras cláusulas, como a da liberdade geral

---

1. José Celso de Mello Filho, "O Direito Constitucional de Reunião", *Justitia*, São Paulo, 1997, v. 98, p. 163.
2. Juan Gavara de Cara, *El Sistema de Organización del Derecho de Reunión y Manifestación*. Madrid: McGraw-Hill, 1997, p. 4.
3. Gavara de Cara, ob. cit., p. 11.
4. Lembra Manoel Gonçalves Ferreira Filho (*Curso de Direito Constitucional*, São Paulo: Saraiva, 1982, p. 282) que, "se o agrupamento adota laços duradouros, passa da reunião para o campo da associação".
5. Nesse sentido também Gavara de Cara, ob. cit., p. 26, que, citando Piedad Garcia-Escudero Márquez, distingue a finalidade de apoio a violência legítima (apoio a intervenção armada contra um inimigo exterior) da que propugna a violência ilegítima (de vandalismos, por exemplo).
6. Caso Brandenburg v. Ohio 395 U.S. 444 (1969), em que um comício da Ku Klux Klan advogou a luta entre raças. Firmou-se que propugnar por uma ação ilegal somente está fora da proteção da Primeira Emenda se "o discurso é dirigido a incitar ou a produzir iminente ação ilegal" (p. 447).
7. José Afonso da Silva refere-se a armas como os instrumentos "que denotem, a um simples relance de olhos, atitudes belicosas ou sediciosas" (*Curso de Direito Constitucional Positivo*, São Paulo: Malheiros, 1999, p. 240). Oportunamente, o autor esclarece que essa exigência do desarmamento não dá entrada a que agentes públicos submetam os participantes da reunião ao constrangimento de revistas para aferir a satisfação da exigência constitucional. A presença avulsa de pessoas armadas que concorrem à reunião não deve ser causa necessária de dissolução do encontro, mas, de acordo com o princípio da proporcionalidade, deve ensejar medidas de desarmamento ou a exclusão do grupo, se forem suficientes para assegurar a ordem pacífica da reunião. Este é o parecer de José Celso de Mello (ob. cit., p. 161): "Se apenas um ou alguns estiverem armados, tal circunstância não terá o condão de obstar a reunião, devendo a Polícia intervir para desarmá-los, ou, então, afastá-los da assembleia, que se realizará e prosseguirá normalmente com os que se acharem desarmados".
8. A propósito, Alexandre de Moraes, ob. cit., p. 168. J. Celso de Mello Filho, ob. cit., p. 161. Gavara de Cara, ob. cit., p. 12.
9. Cf. Gavara de Cara, ob. cit., p. 13, citando jurisprudência do Tribunal Constitucional Espanhol.
10. A esse propósito, o caso da "marcha da maconha", STF: ADPF 187, *DJe* 28.5.2014.

(art. 5º, II), a da inviolabilidade do domicílio, a da privacidade e a da liberdade de associação[11].

6.1.2. Limites do direito de reunião

A Constituição submete a liberdade de reunião a dois condicionantes expressos. Exige que o encontro não frustre outro, anteriormente convocado para o mesmo local, e impõe que seja dado prévio aviso à autoridade competente.

O prévio aviso resolve o problema da duplicidade de reuniões no mesmo espaço, seguindo-se o critério da precedência da notificação à autoridade pública.

O prévio aviso não se confunde com pedido de autorização prévia, já que o direito em tela não se submete a assentimento do Poder Público. Trata-se tão somente de uma comunicação para que se tomem providências de ajuste do desempenho desse direito com outros interesses que cabe à autoridade viabilizar. A Administração deve adotar as medidas necessárias para a realização da manifestação, possibilitando, na prática, o direito. Cabe aos poderes públicos se aparelhar para que outros bens jurídicos, igualmente merecedores de tutela, venham a ser protegidos e conciliados com a anunciada pretensão de o grupo se reunir. Isso envolve providências para reorientação do tráfego de pessoas e automóveis e de segurança material dos participantes e de bens existentes no espaço alcançado pela reunião.

Sob a Constituição de 1988, é dado afirmar que todo logradouro público, em princípio, é, não apenas um lugar de trânsito, mas também de manifestação pública.

Mesmo não havendo lei que regule o prévio aviso, a norma da Constituição que o impõe é autoexecutável.

É possível, pelo exame das funções que exerce o aviso, descobrir-lhe o conteúdo que deve apresentar. Além do lugar, do itinerário, da data e do horário de início e da duração prevista para o evento, é indispensável que o aviso indique o objetivo da reunião. Como o direito de reunião é exercido a partir da convocação de líderes ou associações (e esta convocação já é exercício do direito), cumpre também que se apontem quem são os organizadores do ato, e se informem os respectivos domicílios – não somente para que as autoridades públicas saibam com quem tratar, em caso de ajustes necessários para a realização do ato, como também para que se fixem os responsáveis civis por danos causados a terceiros, decorrentes de omissões dos organizadores da manifestação[12].

A falta do aviso prévio pode comprometer a proteção ideal dos direitos de outrem e da ordem pública; por isso, a omissão pode conduzir a que o legislador comine sanções. O descuido na satisfação desse dever não é, contudo, pressuposto suficiente para que as autoridades dissolvam a reunião. A dissolução da reunião é medida apropriada aos casos extremos, em que a violência se torna iminente ou já instalada, assumindo proporções incontroláveis. Trata-se de medida derradeira, para a defesa de outros valores constitucionais e a que não se deve recorrer pela só falta do cumprimento da formalidade do anúncio com antecedência razoável do exercício do direito de reunião.

6.1.3. Hipótese de concorrência de direitos

Já se viu que o direito de reunião está intimamente relacionado com o direito de liberdade de expressão. Uma eventual concorrência – hipótese relevante, em face da possibilidade diferenciada de interferência estatal em cada um dos direitos fundamentais – pode ser resolvida a partir dos supostos de fato de cada qual.

A especificidade do direito de reunião está em que, nele, a manifestação de pensamento é coletiva e se vale de comportamentos materiais dos participantes – como marchar, assumir posturas corporais estáticas, etc. Isso significa que, ao seu intrínseco caráter comunicativo, agregam-se elementos de caráter não puramente comunicativos. Daí que nem toda a interferência sobre a liberdade de reunião pode ser assimilada necessariamente a uma interferência sobre a liberdade de expressão. A proteção, por isso mesmo, da liberdade de expressão será mais ampla do que a oferecida pela liberdade de reunião, já que, ao puro elemento intelectual daquela, soma-se, nesta, um elemento de conduta, que propicia maior possibilidade de colisão com outros bens jurídicos protegidos.

6.1.4. Direito de abstenção e direito a prestação

O direito de reunião engendra pretensão de respeito, não somente ao direito de estar com outros numa mesma coletividade organizada, mas também de convocar a manifestação, de prepará-la e de organizá-la. Essa dimensão revela o ângulo de direito a abstenção dos poderes públicos (direito negativo).

O direito de reunião possui, de outra parte, aspecto de direito a prestação do Estado. O Estado deve proteger os manifestantes, assegurando os meios necessários para que o direito seja fruído regularmente, até mesmo em face de grupos opositores, obstando que perturbem a manifestação[13].

Há um certo grau de eficácia horizontal do direito de reunião. O direito de reunião em espaço aberto pode ser exercido mesmo em oposição a outras pessoas. O grupo que se reúne tem o direito de impedir que pessoas que não comungam do ideário que anima a reunião dela participem[14]. Assim, mesmo sendo a reu-

---

11. Nesse sentido, José Afonso da Silva, *Curso de Direito Constitucional Positivo*, São Paulo: Malheiros, 1992, p. 240.
12. Nesse sentido, Gavara de Caras, ob. cit., p. 44.

13. Na Corte Europeia de Direitos Humanos, já se afirmou, com ênfase, esse caráter de direito a ação do Estado ínsito à liberdade de reunião. No caso *Ärzte für das Leben v. Austria* (ECHR Series A, v. 139 – transcrito também em R. A. Lawson e H. G. Schermers. Leading Cases of the European Court of Human Rights. Mijmegen, Ars Aequi Libri, 1997, p. 264-267), a Corte lembrou que "uma demonstração pode desagradar ou ser ofensiva a pessoas que se opõem às ideias ou reivindicações que a demonstração pretende promover. Os participantes devem, no entanto, ser capazes de manter a demonstração sem medo de que possam ser submetidos a violência física por seus oponentes". Acrescentou que, de outro modo, "esse medo seria fator que deteria associações ou outros grupos que partilham das mesmas ideias de expressar abertamente suas opiniões sobre assuntos altamente controvertidos que afetam a comunidade". Concluiu, em lição perfeitamente ajustada ao nosso Direito: "Numa democracia o direito de contramanifestar não pode ter tal extensão a ponto de inibir o exercício do direito de manifestação".
14. Nos Estados Unidos, em Boston, no mês de março, tradicionalmente, pessoas ligadas à Igreja Católica promovem uma concorrida parada, no dia de São Patrício. Comemora-se, também, o Evacuation Day, quando os ingleses e seus partidários saíram da cidade em 1776, no contexto do movimento de independência americana. Em 1993, um grupo de americanos de origem irlandesa composto de gays, lésbicas e bissexuais se inscreveu para participar da parada. Ante a resistência dos organizadores, o conflito foi entregue ao descortino do Judiciário. A Suprema Corte decidiu que os organizadores tinham o direito de escolher o conteúdo da mensagem que pretendiam divulgar, o que significava o direito de recusar mensagens que não compartilhassem os "valores religiosos e sociais tradicionais" dos seus organizadores. Exigir que grupo abertamente

nião aberta ao público, nela não se há de exigir que sejam ouvidas ideias contrárias ao objetivo da manifestação.

A defesa do direito de reunião, quando se defronta com uma ação estatal, terá no mandado de segurança o instrumento hábil para se desenvolver. A liberdade de locomoção, aqui, é apenas instrumento do exercício do direito a ser protegido. É, portanto, descabido o uso do *habeas corpus*, a menos que a ação das autoridades públicas importe ameaças de prisão.

6.2. Liberdade de associação

Quando pessoas se coligam entre si, em caráter estável, sob uma direção comum, para fins lícitos, dão origem às associações em sentido amplo.

A liberdade de associação presta-se a satisfazer necessidades várias das pessoas, que podem associar-se para alcançar metas econômicas, para mútuo apoio, para fins religiosos, para promover interesses gerais ou da coletividade, ou para se fazerem ouvir, conferindo maior ímpeto à democracia participativa. Por isso mesmo, o direito de associação está vinculado ao preceito de proteção da dignidade da pessoa, aos princípios de livre-iniciativa, da autonomia da vontade e da garantia da liberdade de expressão.

Não obstante o vínculo da liberdade de associação com tantos outros valores constitucionais, trata-se de um direito dotado de autonomia com relação aos objetivos que busca satisfazer. Com a proclamação do direito de se associar, protege-se a liberdade de criação de grupos em si mesma, desde que lícitos – e não a liberdade de formação de grupos para fins necessariamente democráticos, por exemplo.

6.2.1. Breve notícia de história

Conquanto o direito de associação se inclua iniludivelmente na lista dos direitos de liberdade, este não foi um direito fundamental de primeira geração. Na realidade, não frequentou as primeiras declarações de direitos. Quando foi acolhido pelas constituições do século XIX, cercou-se de um conjunto de normas que o submetia a um regime de controle prévio e de autorização. Somente no século XX essa liberdade ganhou plenitude[15].

O primeiro constitucionalismo, de caráter liberal individualista, desconfiava dos valores coletivos, que remetessem à formação de grupos fechados na sociedade. A Restauração Monárquica, no século XIX, continuou a devotar reserva para com as associações, especialmente as de caráter político, vistas como perigosas à soberania do rei ou da soberania do monarca compartilhada com o parlamento. A preocupação maior era com as associações de cunho ideológico, sem fins econômico, já que as sociedades voltadas para o lucro eram de criação real ou dependiam da ordem estabelecida para prosperar. Delas cuidava o direito privado.

O direito de livre associação ganha valor constitucional, na Europa, depois da Segunda Guerra Mundial[16].

Na América, a ampla liberdade de associação impressionou Alexis de Tocqueville, que, em 1835, escreveu que, nos EUA, "o direito de associação é uma importação inglesa e existiu desde sempre. O uso deste direito passo hoje para os hábitos e costumes", tendo-se tornado "uma garantia necessária contra a tirania da maioria". Tratava-se de algo inusitado para o europeu continental, que vivia num ambiente em que não se tinha na liberdade de associação "senão o direito de fazer guerra aos governos"[17]. Apesar disso, a Constituição americana fala no direito de reunião ("the right of the people peaceably to assemble"), mas não no direito de associação ("freedom of association"), embora se compreenda que "direitos específicos a se associar livremente estejam implicados na primeira e na décima quarta emenda" à Constituição americana[18].

O direito de associação repete-se nos tratados de direitos humanos do século XX[19].

6.2.2. A liberdade de associação na Constituição Federal

A Constituição de 1988 tratou dessa liberdade nos incisos XVII a XXI do art. 5º e em preceitos esparsos, relacionados com os partidos políticos e organização sindical.

6.2.3. Conteúdo da liberdade de associação

Os dispositivos da Lei Maior brasileira a respeito da liberdade de associação revelam que sob a expressão estão abarcadas distintas faculdades, tais como (a) a de constituir associações, (b) a de ingressar nelas, (c) a de abandoná-las e de não se associar e, finalmente, (d) a de os sócios se auto-organizarem e desenvolverem as suas atividades associativas[20].

A liberdade de associação compreende, portanto, um amálgama de direitos, de diferentes titulares. Alguns direitos são de indivíduos, outros da própria associação ou de indivíduos coletivamente considerados.

6.2.4. A base constitutiva da associação – pluralidade de pessoas e ato de vontade

A associação consiste numa união de pessoas, não havendo número mínimo para que se configure. A sociedade unipessoal é

---

sendo dispensada a autorização dos Poderes Públicos. Vedam-se as associações secretas e as organizações paramilitares. A Lei Fundamental de Bonn, de 1949, reconhece o direito de os alemães fundarem associações ou sociedades, proscrevendo, contudo, as que busquem finalidade rechaçada pelo direito penal ou pela ordem constitucional (art. 9). A Constituição portuguesa de 1976 proclama a liberdade de associação no seu art. 46º, livre de autorizações, desde que não se destinem a finalidades contrárias à lei penal, nem ao fomento de ideias fascistas e desde que não apresentem cunho militar. Assegura-se o direito à existência das associações e à autodeterminação. A Constituição espanhola, de 1978, no art. 22, afirma o direito de associação, condenando aquelas que busquem fins delituosos ou se valham de meios assim qualificados. Proíbem-se as associações de cunho secreto ou paramilitar e se assegura o direito de existência, não se exigindo autorização para sua formação.

17. Alexis de Tocqueville, *Da Democracia na América*. Porto: Rés, s/d, p. 40, 41 e 43.
18. A propósito, Amy Gutmann, *Freedom of Association*. New Jersey: Princeton, 1998, p. 17.
19. Art. 16 do Pacto de San José (Tratado de Direitos Humanos das Américas), art. 11 do Tratado Europeu de Direitos Humanos e art. 22.1 do Pacto Internacional de Direitos Civs e Políticos da ONU.
20. Nesse sentido, em lição perfeitamente adequada ao direito pátrio, Salvador Coderch, Munch e Ferrer i Riba, *Asociaciones, Derechos Fundamentales y Autonomía Privada*. Madrid, Civitas, 1997, p. 100-101. Em sentido semelhante, veja-se José Afonso da Silva, ob. cit., p. 241.

---

em oposição a esses valores fossem admitidos à manifestação seria violar o direito de expressão, que engloba o direito de "escolher os conteúdos da própria mensagem" – 515 U.S. 557 (1995) caso *Hurley v. Irish American Gay, Lesbian e Bissexual Group of Boston*.
15. A propósito, Ángel J. Gómez Montoro, *Asociación, Constituición, Ley*. Madrid: Centro de Estudios Políticos y Constitucionales, 2004, p. 43 e s.
16. A Constituição italiana de 1947, no seu art. 18, garante aos cidadãos o direito de se associarem livremente para fins não repelidos pela legislação penal.

ficção legislativa que não se ampara no direito em tela. Tampouco as fundações – como patrimônio dotado de personalidade jurídica – podem ser tidas como alcançadas pelo dispositivo constitucional. Por outro lado, pessoas jurídicas também podem se associar (vejam-se, a propósito, as confederações sindicais).

A associação pressupõe ato de vontade. Um grupamento formado por indivíduos que dela participam forçosamente, por obrigação legal, não constitui uma associação no sentido do texto protetivo das liberdades fundamentais, e a ela não se aplicam as normas em estudo[21]. Com relação a esses entes, não se pode invocar o direito de não se associar. O controle de constitucionalidade da obrigação de pertencer a essas entidades há de tomar por parâmetros outros princípios constitucionais, como o da liberdade geral e o da liberdade de profissão.

6.2.5. A finalidade da associação

Todo objeto social, desde que lícito, pode inspirar a constituição de uma associação.

Os meios de que a associação se vale para a consecução dos seus objetivos devem denotar a estabilidade no encontro de vontades e de ações dos integrantes, o que exclui do âmbito desse direito a reunião esporádica de pessoas que, por acaso, possuem interesses comuns. Não forma uma associação o conjunto de espectadores de uma partida de futebol, que não componha uma *torcida organizada*.

Aqui se nota o traço de distinção das liberdades de associação e de reunião. Nesta, a união de pessoas é transitória e o encontro físico de indivíduos num mesmo local é indispensável à sua caracterização. Na associação, as pessoas se unem de modo estável[22] e o elemento espacial, decisivo para se falar em "reunião", é, aqui, irrelevante.

Os fins para os quais a associação se volta são de toda a espécie que não seja ilícita. A associação não precisa ostentar um objetivo de natureza política, nem necessita de se dedicar a um objeto de interesse público. Na realidade, as associações podem ter por meta desígnios de feitio puramente espiritual ou ideológico, ou então se dedicar a propósito de cunho profissional.

A garantia constitucional, de outra parte, não se limita aos grupamentos dotados de personalidade jurídica, que não se revela elemento indispensável para que se reconheça num grupamento de pessoas uma associação protegida constitucionalmente[23]. O termo *associação* no texto constitucional tem sentido amplo, nele se incluindo as modalidades diversas de pessoas jurídicas conhecidas do Direito Civil, bem como outros grupamentos desvestidos de personalidade jurídica.

Se, entretanto, a associação, para se inserir no domínio da tutela constitucional, não precisa assumir um feitio predefinido na legislação ordinária, o legislador está legitimado para, nos limites impostos pela razoabilidade, dispor sobre direitos e atividades que somente podem ser titularizados ou desempenhados por entidades devidamente registradas e que assumam determinada forma jurídica.

Estão proibidas as associações cujos fins sejam ilícitos. Os fins ilícitos não são apenas aqueles mais óbvios, tipificados em leis penais. Também são fins ilícitos aqueles que contrariam os bons costumes[24]. Esses fins devem ser descobertos não somente a partir dos atos constitutivos e estatutos, mas também do conjunto de atividades efetivamente desenvolvidas pela entidade.

O caráter paramilitar que torna imprópria a associação tem que ver sobretudo com o modo como desenvolve as suas atividades, em desafio ao monopólio da força bruta pelo Estado. É recorrente na associação paramilitar a adoção de estrutura interna similar às das forças militares em termos de hierarquia e princípio de obediência.

6.2.6. Dimensões subjetiva e objetiva do direito à livre associação – a liberdade de associação em face do Estado e em face dos particulares

A liberdade de associação gera, ao lado da sua feição de direito de defesa – impondo barreira à interferência estatal –, uma obrigação positiva para o Estado. Não obstante o reconhecimento da personalidade jurídica não seja essencial para que a associação se veja protegida constitucionalmente, imperativos de segurança jurídica cobram que o legislador preveja formas de associação que viabilizem aos grupamentos atingir plenamente os seus objetivos. Para isso, não raro, a associação terá que assumir forma disciplinada pelo legislador. Cogita-se, então, aqui, de uma pretensão a que o legislador disponha sobre tipos associativos, do que resulta um aspecto de direito a prestação normativa da liberdade de associação. Nesse sentido, Gilmar Ferreira Mendes recorda que "a Constituição outorga, não raras vezes, garantia a determinados institutos, isto é, a um complexo coordenado de normas, tais como a propriedade, a herança, o casamento, etc. Outras vezes, clássicos direitos de liberdade dependem, para sua realização, de intervenção do legislador. Assim, a liberdade de associação (CF, art. 5º, XVII) depende, pelo menos parcialmente, da existência de normas disciplinadoras do direito de sociedade (constituição e organização de pessoa jurídica, etc.)"[25]. Reconhece-se, de toda sorte, ao legislador uma liberdade ampla de conformação neste particular, respeitados certos limites, como, por exemplo, o de não se impor a permanência eterna do associado na pessoa jurídica de direito privado e o de não se reduzir, para além do necessário, a margem de auto-organização da própria entidade.

Outras pretensões positivas, que demandem comportamento ativo do Estado, não resultam da liberdade associativa. Dela não ressai, por si só, um dever de os poderes públicos subvencionarem as entidades. Não é pelo fato de a associação poder existir que o Estado se vê obrigado a assumir posições específicas para que os fins por ela almejados sejam de fato atingidos[26].

---

21. É o caso da obrigação de se filiar, por exemplo, a um conselho fiscalizador de profissão, ou a uma organização de direito privado que exerce um serviço público por delegação.
22. Ángel Gómez Montoro vê a ideia e estabilidade "estreitamente vinculada com a organização", denotando uma estrutura com mecanismos assentados para a formação da vontade conjunta; nas suas palavras, "uma organização dirigida à formação conjunta da vontade associativa" (ob. cit., p. 100).
23. Nesse sentido, Ángel Gómez Montoro, ob. cit., p. 179.
24. Pontes de Miranda, ob. cit., p. 570.
25. Gilmar Ferreira Mendes, Inocêncio Mártires Coelho e Paulo Gonet Branco, *Hermenêutica Constitucional e Direitos Fundamentais*. Brasília: Brasília Jurídica, 2002, p. 201.
26. Nesse sentido, já se afirmou na Comissão de Direitos Humanos de Estrasburgo, em decisão de 14 de julho de 1981, que a liberdade de associação não requer do Estado que se lance a "ação positiva a fim de prover as associações de meios especiais que lhes facultem a persecução dos seus objetivos" (caso

É de se distinguir a liberdade para se associar da situação jurídica dos atos (não ilícitos) que a associação pretende praticar. A proteção constitucional da liberdade de associação não imanta de índole constitucional nem os objetivos que a associação livremente criada busca realizar, nem os meios que elege para tanto. Daí que um obstáculo que se venha impor a uma atividade a que se dedica a associação não poderá ser tido, por si só, como hostil ao direito fundamental de associação.

Como direito negativo, a liberdade de associação impede que o Estado limite a sua existência ou interfira sobre a sua vida interna.

Toda dissolução não voluntária de associação depende de decisão judicial transitada em julgado, para o caso de dissolução definitiva. A sentença ainda suscetível de recurso pode suspender as atividades do ente. As causas para a dissolução estão enumeradas no inciso XVII, referindo-se à ilicitude dos seus fins ou ao seu caráter paramilitar.

Na liberdade de se associar se inclui a liberdade negativa de não se associar. Esse já era o entendimento que prevalecia sob as constituições brasileiras anteriores. O Texto de 1988 entendeu por bem explicitá-lo em inciso autônomo (XX) do art. 5º, deixando expresso que "ninguém poderá ser compelido a associar-se ou a permanecer associado". Isso não obstante, a lei pode vir a conferir certas prerrogativas apenas a algumas organizações, como decidiu o STF, ao entender legítimo o sistema de gestão coletiva de arrecadação e distribuição de direitos autorais por meio de um escritório único de arrecadação, o ECAD[27].

Como consequência do direito de não se associar e como resultado do veto à interferência estatal no funcionamento das associações, há de se reconhecer a liberdade de escolha de associados. Em linha de princípio, o Estado não pode impor o ingresso de alguém numa associação; do contrário, estaria obrigando os anteriores sócios a se associarem com quem não desejam. Há casos, porém, em que não será legítimo barrar o ingresso de novo sócio em certos tipos de associações.

Tem-se traçado uma classificação das associações, com vistas a se mensurar o grau de interferência do Estado em certos aspectos da sua economia interna. Às sociedades *expressivas* (de cunho espiritual, ideológico) contrapõem-se as *não expressivas* (de finalidades profissionais ou comerciais). Neste último grupo, incluem-se as associações que se dedicam a viabilizar certas atividades essenciais aos associados, sobretudo quando atuam de forma monopolizadora[28]. São também *não expressivas* as associações que exercem, com marcado predomínio na sociedade, uma função social ou econômica relevante. Essas associações, ao contrário das *expressivas*, estão sujeitas a imposições estatais relacionadas com o seu modo de existir, em virtude da pertinência a elas de outros valores constitucionais concorrentes. Já se disse, a esse respeito, que "quanto menos *privada* é uma associação, mais penetrante é a intervenção judicial" que enseja[29]. A tais tipos de associações não se abriria margem para a recusa, por mero capricho ou malícia, de um pretendente a associado[30]. Raciocínio análogo é pertinente ao tema da expulsão de sócios.

Assim, associações com meta de representação de interesses encontram restrições para recusar o ingresso nelas de todos os abrangidos pela atividade ou pelo grupo que dizem representar. Isso pode ser justificado, aludindo-se à doutrina dos atos próprios – "quem pretende assumir a condição de porta-voz ante as instâncias públicas e nas relações sociais dos interesses de uma certa coletividade de pessoas deve permitir que confluam à formação da vontade do grupo todas as correntes de opinião que se formam no conjunto das pessoas que dizem representar"[31].

Essas associações formadas para representar uma classe de pessoas sofrem ainda modulação na sua liberdade de se autogerirem, no que tange ao mecanismo de formação da sua vontade. Elas devem adotar um sistema democrático de organização interna, com vistas, justamente, a assegurar a máxima legitimidade da representação. Cobra-se de associações desse tipo ampla liberdade interna de dissenso, isento de retaliações.

Em associações de outros tipos, não tem cabimento exigir-se estatuto interno caracteristicamente democrático, sob pena de ofensa ao inciso XVIII do art. 5º da CF, como se tornou pacífico em outros sistemas materialmente próximos do nosso[32]. Assim, em outras associações, sem fins de representação de interesses de uma classe, a dissensão com a linha de orientação predominante da associação pode ser tipificada internamente como causa de afastamento do associado. Um bispo que passe a professar ideias cismáticas não tem direito constitucional a se opor a uma medida de suspensão de ordem ou de excomunhão (exclusão de uma associação religiosa). Nas associações religiosas as questões de ideologia estão isentas de controle judicial. As deliberações internas a esse respeito integram o núcleo essencial do direito de associação. Questões como o ingresso nelas ou a exclusão de associados não podem ser revistas pelo Estado.

Associação X × República Federal da Alemanha, citado por Gómez Montoro, ob. cit., p. 87).
27. ADI 2.054, *DJ* 17.10.2003, rel. para o acórdão o Ministro Sepúlveda Pertence. Lê-se do voto do relator designado para o acórdão: "À luz do art. 5º, XXVIII, alínea ´b´, ficou à lei ordinária livre para outorgar ou não às associações constituídas pelos autores e titulares de direitos conexos o poder de substituição processual dos associados na cobrança de seus direitos patrimoniais, assim como o poder de arrecadá-los dos usuários. Se livre para conceder ou não tais poderes e disciplinar a forma como poderiam ser exercidos, é óbvio que a lei, ao concedê-los, poderia condicioná-los. A substituição foi outorgada às associações sem outra condição que a da filiação do titular, conforme os arts. 98 e 99, § 2º [da Lei de Direitos Autorais]. Já o poder de arrecadação e distribuição extrajudicial negou-se-lhes o poder de fazê-lo, a cada uma delas isoladamente, impondo-lhes, desse modo, a 'gestão coletiva', a não ser que o próprio titular a faça, por si mesmo, ou por mandato à sua associação. Pode, assim, haver associação que se recuse a filiar-se ao ECAD. A consequência grave – não há dúvida, do sistema, e a força que se deu ao ECAD – é apenas a de não participar da gestão coletiva da arrecadação e distribuição e, por conseguinte, não poder fazê-las isoladamente. São condições do exercício de poderes que não derivam da Constituição, mas da lei, a qual, assim, poderia subordiná-los e limitá-los, no tópico, à participação na entidade de gestão coletiva".

28. Exemplo desse tipo de sociedade pode ser encontrado no próprio ECAD, aludido no precedente acima.
29. Juan Maria Bilbao Ubillos. *Libertad de Asociación y Derechos de los Socios*. Valladolid: Secretariado de Publicaciones e Intercambio Científico, Universidad de Valladolid, 1997, p. 27.
30. Decidiu-se, na Alemanha, que não é facultado ao único clube desportivo com equipamentos e instalações idôneos de uma população recusar-se a admitir uma pessoa desejosa de praticar ginástica. A razão é que, de outro modo, haveria "um menoscabo injusto para o desenvolvimento da personalidade do indivíduo" (Salvador, Munch e Ferre i Rocha, ob. cit., p. 107-108).
31. Salvador, Munch e Ferre i Rocha, ob. cit., p. 108.
32. Salvador, Munch e Ferre i Rocha, ob. cit., p. 111, dando conta de que a jurisprudência alemã é tranquila a esse respeito.

Já nas entidades de fins associativos predominantemente econômicos, a expulsão é passível de ser revista, em consideração ao dano patrimonial que pode causar ao excluído.

Nem toda disputa em torno do estatuto associativo pode ser tomada, primariamente, como controvérsia própria do direito fundamental de associação, o que produz óbvia repercussão sobre a competência da justiça constitucional. Casos, no entanto, de desprezo à garantia de defesa do expulso – defesa que há de abranger a notificação das imputações feitas e o direito a ser ouvido – candidatam-se a ser inseridos na lista dos temas de índole constitucional, em que se admite, ademais, a eficácia dos direitos fundamentais no âmbito das associações particulares.

O direito de defesa ampla assoma-se como meio indispensável para se prevenirem situações de arbítrio, que subverteriam a própria liberdade de se associar. A tipificação de fatos como passíveis de expulsão também é tida como relevante. A partir daí, é de se reconhecer às associações margem de discricionariedade (variável conforme o tipo finalístico da associação) na subsunção, de fatos provados às suas normas internas.

Nesse sentido, vale recordar decisão do STF[33], em que se anulou decisão de cooperativa que expulsara associado sem lhe reconhecer o direito de defesa das acusações que motivaram a sanção.

Em julgado de notável relevância doutrinária, o STF alinhou-se, com minuciosa argumentação, a esse e a outros precedentes, em que se admitiu a incidência de direitos fundamentais nas relações entre particulares. No RE 201.819, o relator para o acórdão, Ministro Gilmar Mendes[34], conduziu a maioria da 2ª Turma ao entendimento de que, diante de uma associação com finalidades de defesa de interesses econômicos – ainda que ela própria não tivesse fins de lucro –, a expulsão de associado não pode prescindir da observância de garantias constitucionais, já que "a exclusão de sócio do quadro social da UBC, sem qualquer garantia de ampla defesa, do contraditório, ou do devido processo constitucional, onera consideravelmente o recorrido, o qual fica impossibilitado de perceber os direitos autorais relativos à execução de suas obras".

Como se vê, o direito de associação apresenta aspecto de eficácia em face de particulares, que não pode ser desprezado.

6.2.7. Entidades associativas e representação de associados

O constituinte de 1988 deliberou deixar expresso, no art. 5º, XXI, do Texto Magno, que "as entidades associativas, quando expressamente autorizadas, têm legitimidade para representar seus filiados judicial e extrajudicialmente".

O dispositivo suscitou algumas dúvidas. Discutiu-se se a autorização para representar os associados poderia ser conferida genericamente nos estatutos da entidade ou se haveria a necessidade de uma autorização específica para agir, conferida por assembleia geral ou individualmente. A questão tem a sua relevância acentuada pelo fato de que, conforme a resposta, o sócio poderia se ver como litigante em um processo sem a tanto consentir. Debateu-se, ainda, a natureza dessa representação, para se compreender se aqui se estaria versando a mesma hipótese do mandado de segurança coletivo.

Quanto ao mandado de segurança coletivo (art. 5º, LXX, CF), firmou-se, logo, no STF, a inteligência de que ocorre aí o fenômeno da substituição processual, o que dispensa a autorização específica dos associados para a demanda[35]. Tampouco é necessária a relação nominal deles[36]. A execução pode ser coletiva ou individual[37].

Quanto às demais ações, o tribunal se encaminhou para o entendimento de que nelas se dá a representação, exigindo-se a autorização expressa dos representados. O STF, porém, se advertiu para o fato de que, acaso exigida a autorização individual de cada associado, ficaria frustrado o propósito do constituinte de favorecer a demanda coletiva. Admitiu, então, a possibilidade de autorização por assembleia geral. Nesse caso, porém, cobra-se que os estatutos da associação prevejam, como uma das finalidades da entidade, a representação em juízo dos associados. Disse o STF que "a legitimação da entidade por força de deliberação da assembleia geral resulta, de um lado, de compreender-se o seu objeto nas finalidades estatutárias da associação, somado, em relação a cada um deles, ao ato voluntário de filiação do associado, que envolve a adesão aos respectivos estatutos"[38]. Entende, ainda, o Supremo Tribunal que, se a inicial da associação, que age como representante processual, está baseada em autorizações individuais, somente os que anuíram dessa forma expressa à ação coletiva estão legitimados para a respectiva execução[39].

---

33. RE 158.215 (*RTJ* 164/757, rel. Min. Marco Aurélio).
34. O voto do relator para o acórdão se acha reproduzido no *Informativo STF* n. 405. O caso foi julgado em 11.10.2005.
35. Nesse sentido, a Súmula 629/STF: "A impetração de mandado de segurança coletivo por entidade de classe em favor dos associados independe da autorização destes". Em casos assim, ademais, "o objeto do mandado de segurança coletivo será um direito dos associados, independentemente de guardar vínculo com os fins próprios da entidade impetrante do *writ*, exigindo-se, entretanto, que o direito esteja compreendido na titularidade dos associados e que exista ele em razão das atividades exercidas pelos associados, mas não se exigindo que o direito seja peculiar, próprio, da classe" (RE 193.382, *DJ* 20.9.1996, rel. Min. Carlos Velloso). Prestigiando a inteligência sumulada, o MS 31.336, *DJe* 10.5.2017.
36. RE 501.953 AgR, *DJe* 26.4.2012.
37. RE 861.054 AgR, *DJe* 18.9.2015.
38. Voto do Ministro Sepúlveda Pertence na AO 152, *DJ* 3.3.2000, em que faz uma completa análise do problema, à vista de precedentes do próprio STF e da doutrina.
39. STF: RE 573.232 RG, Plenário, *DJe* de 19-9-2014. O precedente resultou na Tese 82 da Repercussão Geral: "I – A previsão estatutária genérica não é suficiente para legitimar a atuação, em Juízo, de associações na defesa de direitos dos filiados, sendo indispensável autorização expressa, ainda que deliberada em assembleia, nos termos do artigo 5º, inciso XXI, da Constituição Federal; II – As balizas subjetivas do título judicial, formalizado em ação proposta por associação, são definidas pela representação no processo de conhecimento, limitada a execução aos associados apontados na inicial". O entendimento foi reiterado no RE 612043 (*DJe* 5.10.2017), em que se disse que "beneficiários do título executivo, no caso de ação proposta por associação, são aqueles que, residentes na área compreendida na jurisdição do órgão julgador, detinham, antes do ajuizamento, a condição de filiados e constaram da lista apresentada com a peça inicial" (Tese 499). É importante ter presente que essa decisão vale para casos em que a associação é autora, na qualidade de representante processual. Os sindicatos, que atuam como substitutos processuais, não se enquadram na hipótese julgada. Como dito no ARE 789300 ED (*DJe* 31.3.2015), a jurisprudência da Corte é "no sentido de que a legitimidade do sindicato para a defesa em Juízo dos direitos e interesses individuais ou coletivos de seus filiados prescinde de autorização dos sindicalizados e aplica-se à fase de liquidação e execução da sentença". Essa jurisprudência foi reiterada sob o regime de repercussão geral no RE 883.642 (*DJe* 26.6.2015). Reafirmou-se a "ampla legitimidade extraordinária dos sindicatos para defender em juízo os direitos e interesses coletivos ou individuais dos integrantes da categoria que representam, inclusive nas liquidações e execuções de sentença, independentemente de autorização dos substituídos".

A lei, de toda sorte, pode conferir a determinado tipo de associação legitimidade para atuar na qualidade de substituto processual[40]. A situação dos Sindicatos também e peculiar, dados os termos do art. 8º, III, da Constituição. O STF reafirmou a sua jurisprudência, sob a sistemática da repercussão geral, no sentido "da ampla legitimidade extraordinária dos sindicatos para defender em juízo os direitos e interesses coletivos ou individuais dos integrantes da categoria que representam, inclusive nas liquidações e execuções de sentença, independentemente de autorização dos substituídos"[41].

A legitimidade para representar em juízo os interesses dos associados restringe-se ao âmbito cível. Para o STF, a associação não dispõe de legitimidade para promover interpelação judicial em defesa da honra de seus filiados, já que o bem juridicamente tutelado, na hipótese, é personalíssimo[42].

Art. 5º, XXII – é garantido o direito de propriedade;
Gabrielle Bezerra Sales Sarlet

Anotação Remissiva

Considerando que no dispositivo ora anotado o constituinte de 1988 em geral praticamente replicou o constante no artigo 5º, *caput*, CF, enunciando um direito geral à proteção (garantia) da propriedade, remetemos aqui ao comentário introdutório ao direito de e à propriedade relativo ao artigo inaugural do catálogo dos assim chamados direitos e deveres individuais e coletivos.

Todavia, há que destacar que ao passo que o enunciado geral do artigo 5º, *caput*, abarca tanto a propriedade privada como a pública, no presente caso – o que se pode depreender mediante a simples leitura dos diversos enunciados textuais relativos ao direito de (à) propriedade consagrados neste capítulo –, refere-se essencialmente à propriedade privada.

Note-se, ademais disso, que todas as questões atinentes a dimensões específicas do direito de propriedade na CF serão objeto de comentários autônomos no local próprio.

Art. 5º, XXIII – a propriedade atenderá a sua função social;
Eugênio Facchini Neto

1. História da norma

O direito constitucional brasileiro vem convivendo com a ideia de uma propriedade dotada de função social desde a Constituição de 1934, cujo art. 113, n. 17, primeira parte, após garantir o direito de propriedade, ressalvava que tal direito "não poderá ser exercido contra o interesse social ou coletivo, na forma que a

---

40. A propósito, do STF, o RE-AgRg 436.047, *DJ* 13.5.2005, rel. o Ministro Sepúlveda Pertence. No STJ se assentou que "nos termos do art. 82, IV, do Código de Defesa do Consumidor, as associações devidamente constituídas possuem legitimidade ativa para defender os interesses de seus associados, estando ínsita a autorização para tanto". Nesses casos, o tema de fundo da demanda há de ser uma relação de consumo. Essa máxima está repetida em alguns precedentes do STJ, como o REsp 132.906, *DJ* 25.8.2003, e o AgRg no Ag 541.334, *DJ* 3.5.2004, ambos relatados pelo Ministro Carlos Alberto Direito.
41. RE 883.642 RG, *DJe* 26.6.2015.
42. Pet-AgRg 1.249, *DJ* 9.4.1999, rel. o Ministro Celso de Mello.

---

lei determinar". Foi a primeira vez, entre nós, que um texto constitucional relativizava o direito de propriedade, que historicamente sempre foi visto como um direito de natureza individual, absoluto, quase sagrado, competindo ao legislador apenas a tarefa de garanti-lo.

O advento do Estado Novo representou um passo atrás em tal concepção, pois a Carta outorgada de 1937 suprimiu a menção à necessidade de uso com destinação social, referindo, apenas, que "o seu conteúdo e os seus limites serão os definidos nas leis que lhe regularem o exercício" (art. 122, 14, parte final).

Com a redemocratização do país, a Constituição de 1946 voltou a referir que "o uso da propriedade será condicionado ao bem-estar social. A lei poderá, com observância do disposto no art. 141, § 16, promover a justa distribuição da propriedade, com igual oportunidade para todos" (art. 147).

Mas foi com a Constituição de 1967 que, pela primeira vez, a expressão "função social da propriedade" comparece em texto constitucional (lembrando-se que, anteriormente, o art. 2º do Estatuto da Terra – Lei 4.504, de 30.11.64 – já havia usado tal expressão) no direito pátrio. Seu art. 157 estabelecia que "a ordem econômica tem por fim realizar a justiça social, com base nos seguintes princípios: III – função social da propriedade".

A mesma previsão é mantida na Emenda Constitucional n. 1/69, que regulou a matéria no seu art. 160, III.

Importante notar, porém, que em todos esses textos constitucionais, a disciplina da matéria é colocada no título destinado à ordem econômica e social. Novidade marcante, na Constituição de 1988, é o fato de que, além de manter a previsão da função social da propriedade como um dos princípios reguladores da ordem econômica (art. 170, III), o vigente texto também a ela faz referência no rol dos direitos fundamentais do art. 5º. Imediatamente após referir, no seu inciso XXII, que "é garantido o direito de propriedade", o inciso seguinte comanda que "a propriedade atenderá a sua função social".

2. Constituições brasileiras anteriores

Constituição de 1934, art. 113, n. 17, primeira parte; Constituição de 1946, art. 147; Constituição de 1967, art. 157, III; Emenda Constitucional n. 1/69, art. 160, III.

3. Constituições estrangeiras

Constituição Mexicana de 1917 (art. 27); Constituição alemã (Carta de Bonn) (art. 14, n. 2); Constituição italiana de 1947 (art. 42, segunda alínea); Constituição espanhola de 1978 (art. 33, I).

A primeira constituição que fez referência a uma função social da propriedade, embora sem utilizar essa expressão, foi a mexicana, em 1917. Seu enorme art. 27 refere que "a Nação terá sempre o direito de impor à propriedade privada as regras que dite o interesse público, assim como o direito de regular o aproveitamento dos elementos naturais suscetíveis de apropriação, com vista à distribuição equitativa e à conservação da riqueza pública. (...)".

Mas a que teve maior impacto e repercussão internacional foi a Constituição alemã de Weimar, de 1919, cujo art. 153, última alínea, afirmava que "a propriedade obriga. Seu uso deve igualmente ser um serviço ao bem comum" (*Eigentum verpflichtet. Sein Gebrauch soll zugleich Dienst sein für das Gemeine Beste*). Todavia, embora a fórmula tenha sido revolucionária – pois até então sempre se teve a propriedade como um instituto que apenas gerava direitos, faculdades, vantagens, ao seu titular, ao passo que a novel fórmula estabelecia que a propriedade também gera deveres, ônus –, tal previsão normativa sempre foi tida como de difícil concreção e aplicação prática.

A atual Constituição alemã (1949), após prever a garantia do direito de propriedade, cujo conteúdo e limites seriam definidos na lei ordinária, manteve incorporado ao texto a famosa expressão, estabelecendo, no n. 2 de seu art. 14, que "*a propriedade obriga o seu uso e deve, ao mesmo tempo, servir o bem-estar geral*".

A mesma laconicidade apresentam os textos da Constituição italiana de 1947 (Art. 42, segunda alínea: "*A propriedade é reconhecida e garantida pela lei, que determina o seu modo de aquisição, de gozo e seus limites, ao fim de garantir sua função social e de torná-la acessível a todos.*") e da Constituição espanhola de 1978 (Art. 33: "*1. se reconoce el derecho a la propiedad privada y a la herencia. 2. La función social de estos derechos delimitará su contenido, de acuerdo con las leyes*").

A Constituição do Japão, de 1946, em seu art. 29, prevê que "o direito de propriedade ou de posse dos bens é inviolável. Os direitos da propriedade serão definidos em lei, em conformidade com o bem-estar público".

A minuciosa Constituição da Grécia, de 1975, em seu art. 17, inserida na parte que trata dos direitos individuais e sociais, refere no seu n. 1 que "a propriedade é posta sob a proteção do Estado. Os direitos que dela derivam, todavia, não podem ser exercitados de modo contrário ao interesse geral". O art. 18, em seus ns. 4 e 6, prevê a adoção de medidas para evitar o fracionamento das pequenas propriedades agrícolas e facilitar a sua recomposição em unidades maiores, que permitam um uso mais racional do solo.

4. Direito Internacional

No campo do direito internacional, embora a Declaração Universal dos Direitos do Homem, da ONU, de 1948, não tenha feito menção a uma função social da propriedade, é relevante notar que seu art. XVII não prevê a garantia de um direito de propriedade, mas sim estabelece que "todo homem tem direito à propriedade". A diferença é notável, pois se direito de propriedade significa uma garantia estática, de quem já é proprietário, a expressão direito à propriedade sinaliza um aspecto dinâmico, a garantia de acesso à propriedade, ou, no mínimo, à moradia.

É de se apontar, porém, que nem a Convenção Europeia dos Direitos Humanos, de 1950, nem os dois pactos da ONU, de 1966 – o Pacto Internacional dos Direitos Civis e Políticos e o Pacto Internacional de Direitos Econômicos, Sociais e Culturais –, fazem referência ao direito de propriedade. Não o fazendo, igualmente não mencionam sua possível função social.

Já a Convenção Americana de Direitos Humanos (Pacto de São José da Costa Rica, de 1969) estabelece, em seu art. 21, 1, que "toda pessoa tem direito ao uso e gozo de seus bens. A lei pode subordinar esse uso e gozo ao interesse social". Na anterior Declaración Americana de Derechos y Deberes Del Hombre, apro-vada em Bogotá, em 1948, fora estabelecido que "toda persona tiene derecho a la propiedad privada correspondiente a las necesidades esenciales de uma vida decorosa, que contribuya a mantener la dignidad de la persona y del hogar".

Percebe-se, portanto, que nosso texto constitucional, comparado aos congêneres estrangeiros e aos textos das convenções internacionais, é bem mais generoso no tratamento da função social da propriedade, a ela fazendo diversas menções, fornecendo, inclusive, alguns critérios para a sua concretização.

5. Remissões constitucionais e legais

5.1. Remissões constitucionais

Para deixar claro que se trata de uma posição consciente, no sentido de que a função social passou a integrar a própria noção de propriedade privada, o legislador constituinte, em diversas outras passagens, além do art. 5º, XXIII, e do art. 170, III, fez referências à função social da propriedade, como se vê do art. 156, § 1º, na sua redação original (antes da alteração efetuada pela Emenda Constitucional n. 29/2000) (condicionando a progressividade do IPTU), art. 173, § 1º, I (função social das empresas estatais), art. 182, § 2º (função social da propriedade urbana), art. 184 (desapropriação-sanção do imóvel rural que não estiver cumprindo sua função social), art. 185, parágrafo único (previsão de tratamento legislativo mais favorável aos imóveis rurais que observem sua função social), e art. 186 (indicando os critérios para que um imóvel rural seja considerado como cumpridor de sua função social). Resta evidenciado, assim, o comprometimento global do texto constitucional com a ideia de uma propriedade imbuída estrutural e conceitualmente de uma inerente função social.

5.2. Remissões legais

Lei 4.504, de 30.11.1964 (Estatuto da Terra), art. 2º, *caput*, § 1º, § 2º, *b*, art. 12, art. 13, art. 18, *a*, art. 47, I; Lei n. 8.629, de 25.02.1993 (regulamenta a reforma agrária, prevista no Capítulo III, Título VII, da Constituição Federal), art. 2º, *caput* e § 1º, art. 5º, art. 9º; Lei 10.257, de 10.07.2001 (Estatuto da Cidade), art. 39; Lei 10.406, de 10.01.2002 (Código Civil), art. 1.228, § 1º e art. 2.035.

6. Jurisprudência relevante

STF, tese firmada (Tema 155) em sede de Repercussão Geral, no AI712743-QO-RG/SP – 2009: "É inconstitucional a lei municipal que tenha estabelecido, antes da Emenda Constitucional 29/2000, alíquotas progressivas para o IPTU, salvo se destinada a assegurar o cumprimento da função social da propriedade urbana" (Súmula 668/STF); STF, tese firmada em sede de Repercussão Geral, no RE 422.349-RS – 2015: "Preenchidos os requisitos do art. 183 da Constituição Federal, o reconhecimento do direito à usucapião especial urbana não pode ser obstado por legislação infraconstitucional que estabeleça módulos urbanos na respectiva área em que situado o imóvel (dimensão do lote)". (Assim, com base na função social da propriedade, admitiu-se a pretensão autoral de usucapir apenas 225 m², apesar de a lei municipal fixar a área do módulo mínimo de um terreno urbano em 360 m²). **STF, Med. Caut. em ADIn n. 2.213-0/2002** (legitima a intervenção estatal na propriedade privada que não observa sua função social, pois sobre toda propriedade grava uma hipoteca social, O acesso à terra, a solução dos conflitos sociais, o aproveitamento racional e adequado do imóvel rural, a utilização apropriada dos recursos naturais disponíveis e a preservação do meio ambiente constituem elementos de realização da função social da propriedade – no mesmo sentido, **STF, MS 25.284/2010**); **STF, Mandado de Segurança n. 22.164/95** (o imóvel rural que não preserva o meio ambiente não cumpre sua função social e pode sofrer desapropriação-sanção); **STF, R.E. n. 178.836-4/99** (relatividade do direito de construir, inerente ao domínio, que está condicionado à função social); **STF RE 153.771/96, AI 456.513/2003, RE 192.737/97** (assegurar o cumprimento da função social da propriedade é a única hipótese admitida pela Constituição para se implementar a progressividade das alíquotas do IPTU); **STJ, REsp 1616038 – 2016** (invocando o princípio constitucional da função social da propriedade, afirmou-se que o direito de propriedade não é absoluto e ilimitado, devendo levar em conta outros direitos igualmente consagrados no ordenamento jurídico. Assim, se não existem outros meios de passagem de água, o vizinho tem o direito de construir aqueduto no terreno alheio independentemente do consentimento de seu vizinho); **STJ, REsp 1.336.293-2016** (invocando-se o princípio da função social da propriedade, afirmou-se ser de cinco anos o prazo mínimo para a duração de contrato de arrendamento rural em que ocorra pecuária de gado bovino, independentemente da maior ou menor escala da atividade exploratória ou da extensão da área a que se refira o contrato). **STJ, REsp 1.147.082-1016** (afirmando que a função social da propriedade é princípio do qual emanam, principalmente, deveres, não direitos, concluiu-se que por força do princípio da justiça social, o direito de preferência para aquisição do imóvel arrendado não beneficia empresa rural de grande porte); **STJ, REsp 1.040.296-2015** (invocando a função social da propriedade e a *ratio* estabelecida no RE 422.349, afirmou-se que, presentes os requisitos exigidos no art. 191 da CF, mesmo o imóvel rural com área inferior ao "módulo rural" estabelecido para a região (art. 4º, III, da Lei 4.504/1964) poderá ser adquirido por meio de usucapião especial rural); **STJ, REsp 1.182.967-2015** (invocando-se o princípio da função social da propriedade, afirmou-se que nos contratos agrários é nula a cláusula de renúncia à indenização pelas benfeitorias necessárias e úteis); **STJ, REsp 1.179.259/2013** (a função social da propriedade pode ser invocada para a extinção de usufruto, pois o usufrutuário está compelido a exercer seus direitos em consonância com a finalidade social a que se destina a propriedade); **STJ, REsp 1.158.679/2011** (a função social da propriedade pode ser invocada como argumento para a revogação de cláusulas de inalienabilidade, incomunicabilidade e impenhorabilidade impostas em testamento); **STJ, AgRg no REsp 1.138.517/2010** (Distingue a propriedade como direito fundamental e como função social, que abrange os bens de produção, sobre essa recaindo o influxo de outros interesses, exigindo-se do proprietário uma postura ativa – um poder-dever de explorar sua propriedade de modo racional e sustentável, também no interesse de terceiros); **STJ, REsp 303.424-2004** (com base no princípio da função social da propriedade, autorizou-se o afastamento de cláusula de impenhorabilidade e inalienabilidade incidente sobre terras havidas por testamento, em caso que a herdeira pretendia dar 20% da área em garantia de empréstimo formalizado em cédula rural pignoratícia, com o fito de investir na própria gleba, tornando-a produtiva e viável para a atividade agropecuária); **STJ 27.039-3/93** (em razão da função social da propriedade, não pode uma sociedade proprietária de um hospital impedir um médico de ali internar e assistir seus pacientes, mesmo que não integre seu corpo clínico).

7. Comentários

Como todos os institutos jurídicos, a propriedade também é uma instituição cujo conceito, estrutura e função alteram-se ao longo da história, com a preservação, porém, de um núcleo essencial. Recuando no tempo, ela revela um tom mais absoluto, sacralizado. Era o que constava, por exemplo, do art. 17 da Declaração dos Direitos do Homem e do Cidadão, de 1789, dos revolucionários franceses: "Sendo a propriedade um direito inviolável e sagrado, ninguém pode ser dela privado, a não ser quando a necessidade pública legalmente verificada o exigir de modo evidente, e sob a condição de uma justa e prévia indenização". Ainda no século XIX era assim que ela se apresentava nas legislações nacionais, como se vê da caracterização dos direitos dos proprietários nos códigos civis da Áustria e da Argentina. O § 362 do ABGB (Código Civil Austríaco, de 1811, ainda vigente) reza: "Como consequência de seu direito de dispor livremente de sua propriedade, o proprietário pleno pode (...) fazer uso da coisa ou não fazer nenhum uso dela, a seu arbítrio; ele pode destruí-la, transmiti-la totalmente ou em parte a outras pessoas ou ainda desfazer-se dela, abandonando-a". No mesmo sentido dispunha o art. 2.513 do Código Civil argentino de 1869, antes da grande reforma de 1968 (atualmente substituído pelo Código Civil de 2016): "Art. 2.513. Es inherente a la propiedad, el derecho de poseer la cosa, de disponer o de servirse de ella, de usarla y gozarla según la voluntad del propietario. El puede desnaturalizarla, degradarla o destruirla; (...)".

Aos poucos, porém, essa concepção absolutista de propriedade foi sendo relativizada, sob o influxo de ideias religiosas, filosóficas, políticas e econômicas, que acabaram repercutindo na cultura jurídica.

A ideia de função, no direito, surge primeiramente no âmbito do direito público, acompanhando os desdobramentos da ideia de democracia e da necessidade de controle do poder. No Estado Democrático do Direito, os agentes públicos dispõem de poderes para que possam desempenhar suas funções. O detentor de um poder público apenas dispõe de faculdades ou poderes para que possa agir no interesse de outrem – o povo. Na verdade, ele tem o dever de agir de certa forma e, para que possa fazê-lo, titulariza alguns poderes ou faculdades.

Bandeira de Mello (1992, 14 e 15) esclarece que a expressão "função" quer designar um tipo de situação jurídica em que existe, previamente assinalada por um comando normativo, uma finalidade a cumprir e que *deve ser* obrigatoriamente atendida por alguém, mas *no interesse de outrem*, sendo que, este sujeito – o obrigado – *para desincumbir-se de tal dever*, necessita manejar poderes indispensáveis à satisfação do *interesse alheio* que está a seu cargo prover. Daí uma distinção clara entre a função e a faculdade ou o direito que alguém exercita em seu prol. Na função, o sujeito exercita um poder, porém o faz em proveito alheio, e o exercita não porque acaso queira ou não queira. Exercita-o porque é um dever.

Do âmbito público a ideia de função acaba migrando para o direito privado. A ideia de um direito privado também provido de função social, em termos gerais, surgiu há mais de um século atrás. De fato, já em 1884 o italiano Enrico Cimbali havia publicado um livro intitulado *"La funzione sociale dei contratti e la causa giuridica della loro forza obbligatoria"*. Na Alemanha, Otto Von Gierke publica obra intitulada precisamente de *"Função social do direito privado"*, onde defende a ideia básica de que, ainda que disciplinando aspectos da vida de relação entre indivíduos, o direito privado contém também uma função social em muitos de seus institutos. Um pouco mais tarde o austríaco Karl Renner, em livro publicado na Alemanha, em 1929, também dedica estudo à função social do direito privado (*Die Rechsinstitute des Privatrechts und ihre soziale Funktion* – Os institutos do direito privado e a sua função social). Na França, coube a Leon Duguit a primazia, no início do século XX, de defender a ideia de uma função social de alguns institutos do direito privado, como a propriedade.

Duguit (1975, 179 e 240), nas famosas conferências que proferiu em Buenos Aires, em 1911, defendeu que a propriedade não seria verdadeiramente um direito subjetivo, mas uma função social. Em suas palavras, "la propiedad no es un derecho; es una función social. El propietario, es decir, el poseedor de una riqueza tiene, por el hecho de poseer esta riqueza, una función social que cumplir; mientras cumple esta misión sus actos de propietario están protegidos. Si no la cumple o la cumple mal, si por ejemplo no cultiva su tierra o deja arruinarse su casa, la intervención de los gobernantes es legítima para obligarle a cumplir su función social de propietario, que consiste en asegurar el empleo de las riquezas que posee conforme a su destino". Mais adiante, Duguit torna a afirmar que "a propriedade não é, pois, o direito subjetivo do proprietário; é a função social do detentor da riqueza".

Essa concepção, segundo a qual a propriedade não mais seria um direito, mas sim uma função, jamais fez escola. Aceita-se que a propriedade seja um direito subjetivo (ou, como preferimos, uma situação jurídica complexa, composta de direitos, vantagens, benefícios, poderes, faculdades, mas também ônus, deveres, responsabilidades). Trata-se, porém, de um direito não absoluto, funcionalizado a outros interesses que não apenas aqueles do seu titular. Nas palavras de Fachin (1996, 109), a tutela da situação proprietária passa pelo respeito da situação não proprietária.

Modernamente, como salienta Almeida Costa (1984, 51), entende-se que os poderes do titular de um direito subjetivo estão condicionados pela respectiva função, ao mesmo tempo em que se alarga a esfera dos direitos que não são conferidos no interesse próprio, mas no interesse de outrem ou no interesse social (*direito-função*).

A ideia de que também o direito privado desempenha uma função social está ligada ao valor da solidariedade, conceito fundamental para o direito contemporâneo. O significado moderno do valor solidariedade abrange, segundo Peces-Barba (1993, 255 a 259), algumas características, dentre as quais o reconhecimento da realidade do outro e a consideração dos seus problemas não como estranhos e alheios a nós, mas como problemas cuja resolução pode exigir uma atuação nossa ou uma intervenção dos poderes públicos. O objetivo político é a criação de uma sociedade na qual todos se considerem membros e superem, no seu seio, suas necessidades básicas, realizando-se como seres autônomos e livres. O princípio da igualdade não sofre pelo fato de que, em nome da solidariedade, sejam adotadas medidas discriminatórias a favor dos mais fracos. Trata-se de igualdade enquanto diferenciação.

Também Comparato (1999, 52) assenta no princípio da solidariedade o dever fundamental de dar à propriedade privada uma função social.

Na verdade, a propriedade imbuída de uma função social não consubstancia mais um direito subjetivo *justificado exclusivamente pela sua origem*, pois seu fundamento é inseparável da consideração de seu uso. Daí a fórmula segundo a qual não pode a propriedade ser usada de modo contrário à utilidade social, preservando-se o direito subjetivo do proprietário somente enquanto o seu uso contrário ao interesse social não ocorrer (Grau, 1977, 17). Assim é porque, para a propriedade contemporânea, é mais importante a *atividade* do que a *titularidade* do sujeito proprietário, em função do interesse social (Amaral, 2003, 147).

No direito brasileiro, foi no direito agrário que o princípio da função social da propriedade há mais tempo vem sendo trabalhado. Nesse âmbito, Telga de Araújo refere que todo titular do domínio, por ser um membro da comunidade, tem direitos e obrigações com relação aos demais membros da sociedade. O direito do titular implica o poder de usar a coisa, mas, por outro lado, supõe o dever de utilizá-la de maneira que não a desnaturalize. Isso em razão de que sua capacidade produtiva interessa por igual a todos os sujeitos da comunidade. Assim, a terra cumprirá a sua função social quando, explorada eficientemente, possa contribuir para o bem-estar do seu titular, bem como de sua família, mas atendendo também às necessidades da comunidade, produzindo alimentos para o povo e matéria-prima para a atividade transformativa (Araújo, 1977, 10).

7.1. Âmbito de proteção

A função social da propriedade, na Constituição brasileira, abrange todas as formas de propriedade, apesar da maior ênfase dada à propriedade imobiliária. Isso porque tanto o art. 5º, XXIII, quanto o art. 170, III, da CF, tratam a função social da propriedade enquanto princípio geral, aplicável a qualquer espécie de propriedade, ao passo que os arts. 182, § 2º, e 186, da Carta Magna, expressam cláusulas gerais reguladoras da propriedade imobiliária urbana e rural.

Além disso, não só a propriedade, como também a posse possui uma função social. É o que reconhece o próprio Miguel Reale (2002), ao afirmar que "o Código leva em conta a natureza social da posse da coisa para reduzir o prazo de usucapião, o que constitui novidade relevante na tela do Direito Civil", citando o exemplo do prazo da usucapião extraordinária, que no art. 1.238 restou reduzido para apenas 10 anos, quando "o possuidor houver estabelecido no imóvel a sua moradia, ou nele realizado obras ou serviços de caráter produtivo". E chama o mestre de revolucionária a novidade prevista nos parágrafos 4º e 5º do art. 1.228, por ele denominada de expropriação judicial, igualmente em homenagem à função social da posse.

7.2. Funções

Não se pode confundir função social da propriedade com simples limitações externas ao exercício do direito de propriedade, decorrentes do direito de vizinhança, do poder de polícia ou de normas urbanísticas e administrativas, previstas na legislação ordinária. Esclarece Lotufo (2008, 346) que a função social não pode ser encarada como algo exterior à propriedade, mas sim como elemento integrante de sua própria natureza. Daí por que não se fala mais em atividade limitativa, mas sim conformativa do legislador. Como consequência dessa distinção, tem-se que as restrições e limitações (por serem externas) devem sempre ser impostas por lei. Já os deveres positivos e eventuais restrições ligadas à função social, por constituir o próprio conteúdo do instituto, podem derivar da natureza das coisas ou impostas até mesmo por ato administrativo.

No mesmo sentido lecionam García Herrera e Maestro Buelga (2006, 153), ao acentuar a "distinción entre los límites externos, concretados en la utilidad pública o interés general, y los límites internos, identificados con la función social. En este segundo caso se admite la capacidad del legislador de definir el contenido de la propiedad para asegurar el cumplimiento de su función social. Por el contrario, en el primer caso, se mantiene íntegro el contenido del derecho que se constriñe para la satisfacción de exigencias externas al propio derecho".

Segundo Perlingieri (1999, 226), a função social, vista pelo seu prisma negativo, como o conjunto dos limites, estaria voltada a comprimir os poderes proprietários, os quais, sem os limites, ficariam íntegros e livres. Em um sistema inspirado na solidariedade política, econômica e social e ao pleno desenvolvimento da pessoa, o conteúdo da função social, porém, assume também uma função positiva, no sentido de que as normas que disciplinam o direito de propriedade – e sua interpretação – deveriam ser atuadas para garantir e para promover os valores sobre os quais se funda o ordenamento, dentre os quais a dignidade de cada cidadão e o desenvolvimento de todas as potencialidades inerentes à sua personalidade.

Discorrendo sobre a noção de função social dos imóveis rurais, lembra Tepedino (1999, 272-274) o condicionamento da fruição individual do proprietário ao atendimento dos múltiplos interesses não proprietários. A proteção ambiental, a utilização racional das reservas naturais, as relações de trabalho derivadas da situação proprietária, o bem-estar desses mesmos trabalhadores são interesses tutelados constitucionalmente e que passaram a integrar o conteúdo funcional da situação proprietária, sendo que o "estatuto proprietário somente será merecedor de tutela se atender à função social preestabelecida na Constituição, sistematicamente interpretada".

Pode-se dizer com Tepedino, aliás, que enquanto o Código Civil regula os **aspectos estruturais** da propriedade, dividindo-os em internos ou econômicos (os direitos/faculdades de usar, gozar e dispor dos bens) e externos ou jurídicos (o direito de reaver o bem acaso sob posse injusta de outrem – através das ações de tutela dominial), a Constituição regula os **aspectos funcionais** da propriedade. Sob esse aspecto, é possível identificar-se uma **função protetiva** (revelada através da previsão da impenhorabilidade da pequena propriedade rural; da imunidade da pequena e média propriedade rural, bem como dos imóveis produtivos, à desapropriação para fins de reforma agrária; da não incidência de ITR em caso de pequena propriedade rural explorada diretamente pelo proprietário; bem como pela possibilidade da usucapião especial, com prazos reduzidos, para imóveis rurais e urbanos até determinada extensão). Ao lado desta, há também uma **função punitiva**, incidente sobre proprietários que não fazem com que seus imóveis desenvolvam uma função social: daí a possibilidade de serem submetidos a edificação e parcelamento compulsórios do imóvel urbano; dos imóveis não edificados sofrerem desapropriação para fins de reforma urbana; de se sujeitarem a ITR e IPTU progressivo, além de sofrerem desapropriação para fins de reforma agrária. Tão severo é o caráter punitivo desta expropriação, que se sustenta não estar ela sujeita às restrições determinadas no art. 5º, XXIV, da Constituição: a indenização não precisa ter a mesma amplitude e as mesmas garantias da que é devida quando não há nenhuma disfunção no uso da propriedade – nesse sentido o posicionamento de Fábio Konder Comparato (1996, 43). Quanto à tributação progressiva, a partir do R.E. n. 153.771-MG, pela mão do Min. Moreira Alves o STF firmou o entendimento de que a progressividade do IPTU é de natureza extrafiscal e exigível somente em razão da função social da propriedade. Somente a partir da Emenda Constitucional 29/2000 é que se passou a permitir a progressividade por outras razões que não a função social da propriedade.

7.3. Titulares e Destinatários

Comentando o dispositivo que consagrou a função social da propriedade na Constituição brasileira de 1967, Pontes de Miranda (1968, 46-47) observou que "o que se há de tirar do art. 157, III, é que o uso da propriedade há de ser compossível com o bem-estar social; se é contra o bem-estar social, tem de ser desaprovado. Mas a regra jurídica não é somente programática. Quem quer que sofra prejuízo por exercer alguém o *usus*, ferindo ou ameaçando o bem-estar social, pode invocar o art. 157, III, inclusive para as ações cominatórias".

Ou seja, a força normativa do princípio da função social da propriedade destina-se a todos: ao legislador, que, ao inovar no plano normativo, necessariamente deverá levar em conta a função social da propriedade; ao jurista em geral, que, ao interpretar a legislação ordinária (seja a disciplina codificada do direito das coisas, seja a legislação o estatuto da cidade, estatuto da terra, lei de locações ou qualquer outra que se refira a posse, utilização, acesso ou domínio de bens), deverá fazê-lo à luz desse princípio; ao magistrado, que, na aplicação do Direito ao caso concreto, igualmente deverá estar consciente das implicações práticas de tal princípio; bem como também aos particulares, que nas suas relações entre si não poderão ignorar o significado e alcance do princípio da função social.

Abordaremos outros efeitos ao comentarmos a função social da propriedade enquanto princípio da ordem econômica, no art. 170, III, desta Constituição.

8. Referências bibliográficas

ALMEIDA COSTA, Mário Júlio de. *Direito das obrigações*. 4. ed. Coimbra: Coimbra Editora, 1984.

AMARAL, Francisco. *Direito Civil. Introdução*. 5 ed. Rio de Janeiro: Renovar, 2003.

ARAÚJO, Telga de. Verbete "Função social da propriedade". In: *Enciclopédia Saraiva do Direito*, vol. 39. São Paulo: Saraiva, 1977.

BANDEIRA DE MELLO, Celso Antônio. *Discricionariedade e controle jurisdicional*. São Paulo: Malheiros Ed., 1992.

COMPARATO, Fábio Konder. Estado, empresa e função social. *Revista dos Tribunais*, ano 85, n. 732, out. 1996.

COMPARATO, Fábio Konder. *A afirmação histórica dos direitos humanos*. São Paulo: Saraiva, 1999.

DUGUIT, León. *Las transformaciones del derecho (público y privado)*. Buenos Aires: Ed. Heliasta S.R.L., 1975.

FACHIN, Luis Edson. "A Cidade Nuclear e o Direito Periférico (reflexões sobre a propriedade urbana)". *Revista dos Tribunais*, vol. 743/109, 1996.

GARCÍA HERRERA, Miguel Ángel; MAESTRO BUELGA, Gonzalo. Dirección económica y mercado en la Constitución Europea. *Cuestiones Constitucionales: Revista Mexicana de Derecho Constitucional*, n. 15, jul.-dic. 2006.

GRAU, Eros Roberto. Verbete "Função social da propriedade (Direito econômico)". In: *Enciclopédia Saraiva do Direito*, vol. 39. São Paulo: Saraiva, 1977.

LOTUFO, Renan. A função social da propriedade na jurisprudência brasileira. In: TEPEDINO, Gustavo (org.). *Direito Civil Contemporâneo – Novos problemas à luz da legalidade constitucional*. São Paulo: Atlas, 2008.

MARTINEZ, Gregório Peces-Barba. Curso de derechos fundamentales. Teoría general, consultado na tradução italiana: *Teoria dei diritti fondamentali*. Milano: Giuffrè, 1993.

PERLINGIERI, Pietro. *Perfis do Direito Civil. Introdução ao Direito Civil Constitucional*. Trad. de Maria C. De Cicco. Rio de Janeiro: Renovar, 1999.

PONTES DE MIRANDA, Francisco Cavalcanti. *Comentários à Constituição de 1967*. São Paulo: Revista dos Tribunais, 1968. t. VI.

REALE, Miguel. Visão geral do novo Código Civil. *Jus Navigandi*, 2002. Disponível em: http://jus2.uol.com.br/doutrina/texto.asp?id=2718. Acesso em: 22 ago. 2006.

TEPEDINO, Gustavo. *Temas de Direito Civil*. Rio de Janeiro: Renovar, 1999.

Art. 5º, XXIV – a lei estabelecerá o procedimento para desapropriação por necessidade ou utilidade pública, ou por interesse social, mediante justa e prévia indenização em dinheiro, ressalvados os casos previstos nesta Constituição;

XXV – no caso de iminente perigo público, a autoridade competente poderá usar de propriedade particular, assegurada ao proprietário indenização ulterior, se houver dano;

Carlos Alberto Molinaro[1]

A – REFERÊNCIAS

1. Origem do texto

Reprodução e redação original do constituinte de 1988.

2. Constituições brasileiras anteriores

Constituição de 1824. Art. 179, XXII. Constituição de 1891. Art 72, § 17. Constituição de 1934. Art. 113, 17. Constituição de 1937. Art. 122, 14. Constituição de 1946. Art. 141, § 16. Constituição de 1967. Art. 150, § 22; Art. 157, § 1º. Emenda Constitucional n. 1, de 1969 (editada em 17/10/1969). Art. 153, § 22.

3. Constituições comparadas

Constituição dos Estados Unidos da América de 1787. Emenda n. 5, de 15/12/1791[2]. Lei Fundamental para a República Federal da Alemanha de 1949 (*Grundgesetz Für Die Bundesrepublik Deutschland*). Art. 14; 15[3]. Constituição italiana de 1947.

---

1. Agradecimento especial à Prof. Dra. Marcia Andrea Bühring pela leitura e revisão da atualização.
2. "No person shall be held to answer for a capital, or otherwise infamous crime, unless on a presentment or indictment of a grand jury, except in cases arising in the land or naval forces, or in the militia, when in actual service in time of war or public danger; nor shall any person be subject for the same offense to be twice put in jeopardy of life or limb; nor shall be compelled in any criminal case to be a witness against himself, nor be deprived of life, liberty, or property, without due process of law; nor shall private property be taken for public use, without just compensation" (Ninguém será detido para responder por crime capital, ou outro crime infamante, salvo por denúncia ou acusação perante um Grande Júri, exceto em tratando de casos que, em tempo de guerra ou de perigo público, ocorram nas forças de terra ou mar ou na milícia, durante serviço ativo; ninguém poderá pelo mesmo crime ser duas vezes ameaçado em sua vida ou saúde; nem ser obrigado em qualquer processo criminal a servir de testemunha contra si mesmo; nem ser privado da vida, liberdade, ou bens, sem processo legal; nem a propriedade privada poderá ser expropriada para uso público, sem justa indenização – tradução livre).
3. "Artikel 14 [Eigentum – Erbrecht – Enteignung] (1) Das Eigentum und das Erbrecht werden gewährleistet. Inhalt und Schranken werden durch die Gesetze bestimmt. (2) Eigentum verpflichtet. Sein Gebrauch soll zugleich dem Wohle der Allgemeinheit dienen. (3) Eine Enteignung ist nur zum Wohle der Allgemeinheit zulässig. Sie darf nur durch Gesetz oder auf Grund eines Gesetzes erfolgen, das Art und Ausmaß der Entschädigung regelt. Die Entschädigung ist unter gerechter Abwägung der Interessen der Allgemeinheit und der Beteiligten zu bestimmen. Wegen der Höhe der Entschädigung steht im Streitfalle der Rechtsweg vor den ordentlichen Gerichten offen. Artikel 15 [Vergesellschaftung] Grund und Boden, Naturschätze und Produktionsmittel können zum Zwecke der Vergesellschaftung durch ein Gesetz, das Art und Ausmaß der Entschädigung regelt, in Gemeineigentum oder in andere Formen der Gemeinwirtschaft uberfuhrt werden. Für die Entschädigung gilt Artikel 14 Abs. 3 Satz 3 und 4 entsprechend" (Artigo 14 [Propriedade, direito de sucessão, desapropriação] – 1. Serão garantidos a propriedade e o direito de sucessão (*Erbrecht*). Seu conteúdo e limites serão definidos por lei. 2. A propriedade pressupõe obrigações (*Eigentum verpflichtet*). O seu uso deverá servir também ao bem comum. 3. Só se admitirá a desapropriação (*Enteignung*) em vista do bem comum. Ela só poderá ser efetuada por uma lei ou em virtude de uma lei que estabeleça a natureza e a extensão da indenização (*Entschddigung*). A indenização deverá ser calculada levando-se em conta, de forma equitativa [ponderação], os interesses da comunidade e os das partes afetadas. Litígios concernentes ao montante da indenização serão dirimidos pelo Juízo ordinário. Artigo 15 [Socialização] – O solo, os recursos naturais e os meios de produção poderão, para fins de socialização (*zum Zwecke der Vergesellschaftung*), ser colocados em regime de propriedade [coletiva] pública (*in Gemeineigentum*) ou outras formas de gestão coletiva (*Gemeinwirtschaft*), por lei que estabeleça a natureza e a extensão da indenização. Aplicam-se à indenização, no que couber, as terceira e quarta frases do § 3 do artigo 14 – tradução livre).

Art. 42; 43; 44[4]. Constituição espanhola de 1978. Art. 33[5]. Constituição portuguesa de 1976. Art. 62[6].

4. Direito internacional

Declaração Universal dos Direitos Humanos, Art. 17. Declaração Americana dos Direitos e Deveres do Homem, Art. XXIII. Pacto de San José da Costa Rica, Art. 21.

5. Direito nacional

5.1. Legislação

Lei 3.071/1916 (Código Civil), art. 591, sem correspondência no Código Civil de 2002. Decreto-Lei 3.365, de 21/06/1941[7].

---

[4]. "Art. 42. La proprietà è pubblica o privata. I beni economici appartengono allo Stato, ad enti o a privati. La proprietà privata è riconosciuta e garantita dalla legge, che ne determina i modi di acquisto, di godimento e i limiti allo scopo di assicurarne la funzione sociale e di renderla accessibile a tutti. La proprietà privata può essere, nei casi preveduti dalla legge, e salvo indennizzo, espropriata per motivi d'interesse generale. La legge stabilisce le norme ed i limiti della successione legittima e testamentaria e i diritti dello Stato sulle eredità. Art. 43. A fini di utilità generale la legge può riservare originariamente o trasferire, mediante espropriazione e salvo indennizzo, allo Stato, ad enti pubblici o a comunità di lavoratori o di utenti determinate imprese o categorie di imprese, che si riferiscano a servizi pubblici essenziali o a fonti di energia o a situazioni di monopolio ed abbiano carattere di preminente interesse generale. Art. 44. Al fine di conseguire il razionale sfruttamento del suolo e di stabilire equi rapporti sociali, la legge impone obblighi e vincoli alla proprietà terriera privata, fissa limiti alla sua estensione secondo le regioni e le zone agrarie, promuove ed impone la bonifica delle terre, la trasformazione del latifondo e la ricostituzione delle unità produttive; aiuta la piccola e la media proprietà. La legge dispone provvedimenti a favore delle zone montane" (Art. 42 – A propriedade é pública ou privada. Os bens econômicos pertencem ao Estado, ou a entidades, ou a particulares. A propriedade privada é reconhecida e garantida pela lei, que determina as suas formas de aquisição, de posse e os limites, no intento de assegurar sua função social e de torná-la acessível a todos. A propriedade privada pode ser, nos casos previstos pela lei e salvo indenização, expropriada por motivos de interesse geral. A lei estabelece as normas e os direitos da sucessão legítima e testamentária, e os direitos do Estado sobre as heranças. Art. 43 – Para fins de utilidade geral, a lei pode reservar originariamente ou transferir, mediante expropriação e salvo indenização, ao Estado, a entidades públicas ou a comunidades de trabalhadores ou de usuários, determinadas empresas ou categorias de empresas, que se relacionem com serviços públicos essenciais ou com fontes de energia ou com situações de monopólio, e tenham caráter de preeminente interesse geral. Art. 44 – A fim de se obter uma racional exploração do solo e de estabelecer justas relações sociais, a lei impõe obrigações e vínculos à propriedade rural privada; fixa limites à sua extensão, de acordo com as regiões e as zonas agrárias; promove e impõe o saneamento das terras, a transformação do latifúndio e a reconstituição das unidades produtivas; ajuda a pequena e média propriedade. A lei prevê medidas a favor das zonas montanhosas – tradução livre).

5. "Artículo 33. 1. Se reconoce el derecho a la propiedad privada y a la herencia. 2. La función social de estos derechos delimitara su contenido, de acuerdo con las Leyes. 3. Nadie podrá ser privado de sus bienes y derechos sino por causa justificada de utilidad publica o interés social, mediante la correspondiente indemnización y de conformidad con lo dispuesto por las Leyes".

6. "Artigo 62º (Direito de propriedade privada) 1. A todos é garantido o direito à propriedade privada e à sua transmissão em vida ou por morte, nos termos da Constituição. 2. A requisição e a expropriação por utilidade pública só podem ser efetuadas com base na lei e mediante o pagamento de justa indenização". "Artigo 65º (Habitação e urbanismo). 4. O Estado, as regiões autônomas e as autarquias locais definem as regras de ocupação, uso e transformação dos solos urbanos, designadamente através de instrumentos de planeamento, no quadro das leis respeitantes ao ordenamento do território e ao urbanismo, e procedem às expropriações dos solos que se revelem necessárias à satisfação de fins de utilidade pública urbanística".

7. Com as alterações provindas dos Decretos-Leis 4.152, de 06/03/1942; 9.282, de 23/05/1946; 9.811, de 09/09/1946; das Leis 2.786, de 21/05/1956;

Legislação correlata: Decreto-Lei 7.426/1945; Leis 3.833/1960, 4.132/1962; 4.504/1964; Decretos-Leis 4.593/1964; 1.075/1970; Leis 6.602/1978, 6.766/1979; 6.825/1980; 8.197/1991; Lei Complementar 76/1993; Lei 8.629/1993; Lei Complementar 88/1996; Leis 9.469/1997; 10.406/2002 (Código Civil), art. 1.275.

5.2. Jurisprudência

5.2.1. Súmulas

STF: 23; 111; 157; 164; 218; 345; 378; 416; 561; 618; 652.

STJ: 69; 70; 113; 114; 119.

5.2.2. ADIs

ADI 2.260 MC, rel. min. Moreira Alves, j. 14-2-2001, P, *DJ* 2-8-2002; 2.260-1, *DJ* 21/02/2001; 2.332-2, *DJ* 13/09/2001; 2.332-2, *DOU* 13/09/2001.

REs:

RE 598.678 AgR, rel. min. Eros Grau, j. 1º-12-2009, 2ª T, *DJe* de 18-12-2009. RE 739.454 AgR, rel. min. Cármen Lúcia, j. 12-11-2013, 2ª T, *DJe* de 20-11-2013. RE 191.078, rel. min. Menezes Direito, j. 15-4-2008, 1ª T, *DJe* de 20-6-2008. RE 161.552, rel. min. Ilmar Galvão, j. 11-11-1997, 1ª T, *DJ* de 6-2-1998. RE 195.586, rel. min. Octavio Gallotti, j. 12-3-1996, 1ª T, *DJ* de 26-4-1996. RE 141.795, rel. min. Ilmar Galvão, j. 4-8-1995, 1ª T, *DJ* de 29-9-1995.

176.108, *DJ* 26/02/1999; 184.069, *DJ* 08/03/2002.

MS:

MS 32.898 AgR, rel. min. Teori Zavascki, j. 9-9-2016, P, *DJe* de 23-9-2016. MS 26.192, rel. min. Joaquim Barbosa, j. 11-5-2011, P, *DJe* de 23-8-2011. SL 392 AgR, rel. min. Cezar Peluso, j. 9-12-2010, P, *DJe* de 9-2-2011. MS 25.284, rel. min. Marco Aurélio, j. 17-6-2010, P, *DJe* de 13-8-2010. MS 25.295, rel. min. Joaquim Barbosa, j. 20-4-2005, P, *DJ* de 5-10-2007. MS 22.193, rel. p/ o ac. min. Maurício Corrêa, j. 21-3-1996, P, *DJ* de 29-11-1996.

6. Preceitos constitucionais relacionados

Direito de Propriedade: art. 5º cabeça e inciso XXII. Função social da propriedade: inciso XXIII do art. 5º; inciso III do art. 170; § 4º e inciso III do art. 182; art. 184; parágrafo único do art. 185; art. 186. Proteção do patrimônio cultural: § 1º do art. 216. Competência legislativa: art. 22, incisos I e II. Culturas ilegais: art. 243. Imóvel rural: art. 184. Imóvel urbano: art. 182, §§ 3º e 4º. Requisição: arts. 5º, XXV, e 22, III.

7. Bibliografia selecionada

CARVALHO FILHO, José dos Santos. *Manual de Direito Administrativo*. 31. ed. São Paulo: Atlas, 2017.

FARIA, Edimur Ferreira de. *Curso de Direito Administrativo Positivo*. Belo Horizonte: Del Rey, 2001.

4.686, de 21/06/1965; Decretos-Leis 856, de 11/09/1969; Leis 6.071, de 03/07/1974; 6.306, de 15/12/1975; 6.602, de 07/12/1978; 9.785, de 29/01/1999; e da MPV 2.183-56, de 24/08/2001.

FIGUEIREDO, Lúcia Valle. *Curso de Direito Administrativo*. 9. ed. São Paulo: Malheiros, 2008.

GASPARINI, Diógenes. *Direito Administrativo*. 17. ed. São Paulo: Saraiva, 2012.

MELLO, Celso Antônio Bandeira de. *Curso de direito administrativo*. 32. ed. São Paulo: Malheiros, 2015.

MEIRELLES, Hely Lopes. *Direito Administrativo Brasileiro*. 41. ed. São Paulo: Malheiros, 2015.

MORAES, Alexandre de. *Constituição do Brasil Interpretada e Legislação Constitucional*. 9. ed. São Paulo: Atlas, 2013.

MOREIRA NETO, Diogo de Figueiredo. *Curso de Direito Administrativo*. 16. ed. São Paulo: Forense, 2014.

SALLES, José Carlos de Moraes. *A Desapropriação à Luz da Doutrina e da Jurisprudência*. 6. ed. São Paulo: Revista dos Tribunais, 2009.

SILVA, José Afonso da. *Curso de Direito Constitucional Positivo*. 40. ed. São Paulo: Malheiros, 2017.

SUNDFELD, Carlos Ari. *Direito Administrativo Ordenador*. 3. ed. São Paulo: Malheiros, 2003.

B – COMENTÁRIOS

1. Introdução

O instituto da desapropriação, assim como o da requisição, vincula importante perspectiva cultural de proteção reversa da propriedade – pelo menos na perspectiva ocidental –; protege-se o coletivo no interesse do indivíduo no amplo campo social, econômico e político que acolhe o Direito, constituindo-se mesmo em um dos elementos de seu núcleo duro.

No plano social e político, a garantia da inviolabilidade da propriedade, sem entendê-la por direito absoluto, está bem expressada na Declaração Universal dos Direitos Humanos, no seu art. 17: "1. Toda a pessoa, individual e coletivamente, tem direito à propriedade". 2. Ninguém será privado de sua propriedade arbitrariamente". Tal declaração encontrou albergue na Declaração Americana dos Direitos e Deveres do Homem (que afirmou que toda pessoa tem direito à propriedade privada correspondente às necessidades essenciais de uma vida digna), sendo explicitada no Pacto de San José da Costa Rica[8]. Tal garantia e proteção, contudo, não desborda do contingente de sua função social.

Noutro viés, a proteção constitucional da propriedade implicou, também, uma leitura econômica constitucional ou, segundo a perspectiva que a doutrina passou a denominar "Constituição econômica" (*Wirtschaftsverfassung*), essa leitura – num sentido decisionista – foi estudada por Carl Schmitt em *Der Huter der Verfassung* (1931)[9], que bem pôs em relevo a formatação econômica – na perspectiva dos direitos – confrontada com o Estado. É que Schmitt utilizava o termo para confrontá-lo. Entendia muito arriscado "economificar" o Estado, pois, para Schmitt, a Constituição econômica revela-se no texto pelo qual o Estado dá predominância à regulamentação econômica de determinada sociedade, advertindo Schmitt que tal conteúdo pode resultar num fascismo corporativo. No entanto, com o desenvolvimento do constitucionalismo social, passou-se a entender uma leitura econômica da Constituição mediante um novo conceito, isto é, acrescentando-se aos tradicionais direitos fundamentais a concreção dos direitos sociais que implicam limitações aos direitos individuais, *v.g.*, a propriedade, tendo como alvo o atendimento das necessidades geradas no convívio social. O tema foi objeto dos mais aprofundados debates[10]; aliás, no contexto, preciosas são as lições de Rudolf Reinhardt e Ulrich Scheuner (1954) no sentido de estabelecer uma sólida distinção entre o conceito de intervenção estatal e de regulação econômica[11], logo, por essa diferenciação, várias são as densidades – da leitura econômica da Constituição – de garantias da Constituição, encontrando-se limitações mais intensas que outras, *v.g.*, liberdade empresarial na perspectiva da propriedade dos meios de produção *versus* garantia da propriedade, como está no artigo 14 da Lei Fundamental alemã, em que o foco está na pessoalidade do direito fundamental, todavia, ambas recebendo proteção idêntica no seu núcleo essencial.

No direito brasileiro, a leitura econômica da Constituição implica entender a sinonímia possível entre propriedade e patrimonialidade. Ademais, o direito de propriedade sempre foi garantido pelas Constituições brasileiras, entendendo-se o direito à propriedade como direito aos bens patrimoniais, qualquer que seja o seu gênero ou espécie, como já doutrinava Pontes de Miranda nos seus *Comentários à Constituição de 1967 com a Emenda n. 1 de 1969*[12]. Na atual Constituição (1988), repete-se a garantia ao direito de propriedade, uma garantia institucional – aliás, o conceito de garantia institucional provém, como o de conteúdo essencial, da doutrina alemã; sua formulação clássica nos foi dada por Carl Schmitt, em seus estudos sobre teoria constitucional e posteriormente em *Freiheitsrechte und institutionelle Garantien* (1931)[13] – que afirma sua natureza jurídica de atribuição individual[14]. Contudo, essa atribuição está carregada com um *dever*: realizar a *função social* do bem juridicamente tutelado. Esse *dever* não representa novidade alguma, a propósito, Otto Friedrich von Gierke já em 1889 afirmava expressamente que a propriedade não poderia justificar-se, unicamente, no atendimento do interesse egoísta do indivíduo, mas somente na medida em que envolva

---

8. Pacto de San José da Costa Rica, Art. 21: "1. Toda persona tiene derecho al uso y goce de sus bienes. La ley puede subordinar tal uso y goce al interés social. 2. Ninguna persona puede ser privada de sus bienes, excepto mediante el pago de indemnización justa, por razones de utilidad pública o de interés social y en los casos y según las formas establecidas por la ley. 3. Tanto la usura como cualquier otra forma de explotación del hombre por el hombre, deben ser prohibidas por la ley".
9. SCHMITT, Carl. *Der Huter der Verfassung*, Berlin: Duncker & Humblot, 1969, p. 98 e s.
10. Cf. por todos Werner WEBER, *Eigentum und Enteignung*, in Franz L. Neumann, – Hans Carl Nipperdey – Ulrich Scheuner (Hrsg.), *Die Grundrechte. Handbuch der Theorie und Praxis der Grundrechte*, 2. Bd.: Die Freiheitsrechte in Deutschlan, Berlin: Duncker-Humblot, 1954.
11. REINHARDT, Rudolf; SCHEUNER, Ulrich. *Verfassungsschutz des Eigentums*, 2 Ab., Tübingen: Mohr, 1954, p. 19 e s.
12. PONTES DE MIRANDA, Francisco Cavalcanti. *Comentários à Constituição de 1967 com a Emenda n. 1 de 1969*. 2. ed. rev., São Paulo: Revista dos Tribunais, 1971, t. V, p. 392 e s.
13. SCHMITT, Carl. *Freiheitsrechte und institutionelle Garantien* (1931), reedição em Verfassungsrechtliche Aufsätze, Berlin: Duncker & Humblot, 1973, p. 137 e s.
14. Cf. no mesmo sentido, PONTES DE MIRANDA, Francisco Cavalcanti. *Comentários à Constituição de 1967 com a Emenda n. 1 de 1969*, 2. ed. rev., São Paulo: Editora Revista dos Tribunais, 1971, t. V, p. 396.

deveres sociais que obriguem a perseguir os interesses de todos[15]. Note-se que nas Cartas de 1967/1969, já se afirmava a função social que deve ser emprestada à propriedade, contudo, implicada ao campo constitucional da ordem econômica e social. Todavia, no texto de 1988, mostra-se na sua inteireza a dimensão de *direito-dever* de atribuição da propriedade, topicamente inserta no capítulo referente aos direitos e deveres individuais e coletivos (art. 5º, XXII, XXIII) e, só depois, serve como princípio para conformar a ordem econômica e social (art. 170, II, III). Essa garantia e esse direito-dever, pois, estão delimitados nos incisos XXIV e XXV do art. 5º da Carta de 1988.

2. Da desapropriação

2.1. Conceito e natureza jurídica

Desapropriação é conceito de Direito Público. Revela-se como direito subjetivo público atribuído ao Estado em suas dimensões políticas (União, Estados-membros, Municípios e Distrito Federal), exercitado diretamente ou por terceiros (delegados) legitimados, nos limites de sua formatação legal, sempre que preenchidos os pressupostos de sua subjetivação. Ademais de direito subjetivo público, a desapropriação é direito objetivo decorrente do núcleo de socialidade incluído em todo o direito de propriedade. Em tempos de constitucionalismo social, não mais importa referir o Poder do Estado (o *imperium*) sobre a propriedade ou sobre o poder de intervenção do Estado na propriedade; dá-se por suposto e limitado, decorrente da supremacia da Constituição, que conforma posições jurídicas que implicam direitos, deveres, pretensões, ações e exceções topicamente insertas na dimensão do público e do privado. Atente-se que o mandamento constitucional contamina todo o sistema jurídico; neste, como sujeitos de direitos e deveres, se incluem todos, forte no princípio de solidariedade que anima a dignidade da pessoa humana, e aí vinculante também as pessoas morais, emprestada à Constituição, como princípio estruturante do Estado brasileiro.

A desapropriação, Direito do Estado, como prevista implicitamente na norma constitucional é resultado imediato da garantia atribuída à propriedade na perspectiva de sua função social, o que levou Pontes de Miranda a afirmar que a *desapropriabilidade* reside nuclearmente na substância da propriedade e se manifesta sempre que preenchidos os pressupostos legais[16]. Portanto, o exercício do direito de desapropriação como técnica processual decorrente exige pleno atendimento dos supostos atributivos: (a) necessidade ou utilidade pública, ou (b) interesse social e (c) justa e prévia indenização (salvo os casos expressos nos arts. 182, § 4º, III, 184, *caput*, e 185).

A desapropriação, pois, implica a ablação ou privação – total ou parcialmente – de bens ou de direitos, e antes de tudo perda da propriedade precedida de indenização prévia e justa. Neste sentido, diversas teorias foram construídas para delimitar a natureza da desapropriação quanto aos limites demarcados pela função social da propriedade. Na doutrina comparada, por exemplo, no direito alemão, por vezes, recorre-se ao critério material sustentado pela teoria da inexigibilidade (*Zumutbarkeitstheorie*), que considera a desapropriação àquelas intervenções que supõem uma limitação extraordinária na substância (*Kerngehalt*) do direito de propriedade. Essa tese tem a vantagem de permitir um exame diferenciado de cada caso concreto, contudo implica o perigo de sua indeterminação em detrimento do princípio da segurança jurídica. Outra perspectiva joga com um critério formal, este representado pela teoria do ato singular (*Einzelaktstheorie*), pelo qual se considera desapropriação qualquer intervenção que lesiona o princípio de igualdade ao impor ônus ou sacrifícios para indivíduos ou grupos que não se impõem aos demais detentores de bens ou direitos da mesma natureza. Há um debate doutrinário e judicial de objeção a essa teoria pela dificuldade que supõe a determinação dos bens e direitos que pertencem ao mesmo gênero jurídico (*Rechtsgattung*) e sua inadequação para reparar as intervenções de caráter geral que envolva uma lesão do direito de propriedade. Portanto, para superar essas dificuldades o *Bundesverfassungsgericht* desenvolveu a teoria da vinculação social (*Sozialbindungsansatz*), segundo a qual existe desapropriação não só no suposto de privação, singular ou individualizada, mas, ainda, quando afeta à generalidade. Essa tese tem a vantagem de conceber a desapropriação como um gravame da propriedade que sobrepassa dos limites da sua vinculação social; com isso remete a um critério constitucional, vale dizer, o dever de que o uso da propriedade sirva ao bem-estar geral (no direito alemão, *v.g.*, o teor do Art. 14 da Lei Fundamental e, no direito brasileiro, como está disposto no inciso XXIII do art. 5º, c/c art. 170, *caput* e incisos III e VII), a determinação das intervenções delimitadoras da propriedade das que constituem atos expropriatórios[17]. No direito italiano, a doutrina e, especialmente, a Corte Constitucional têm entendido que expropriações são todas as intervenções realizadas sobre a propriedade que incidem sobre um bem em determinado *cronotopos* social. Contudo, não são consideradas aquelas delimitações objetivas que, *a priori*, recaem sobre os bens e direitos, bem como a sua regulamentação. No direito judiciário italiano, reserva-se uma zona de discricionariedade para decidir sobre as questões intermédias entre as intervenções e as delimitações *a priori*[18].

2.2. Objeto da desapropriação

Constitui objeto de desapropriação todos os bens e direitos, reais ou de crédito, ou interesses patrimoniais que sejam alienáveis. Tal circunstância, por óbvio, exclui os bens de domínio público não desafetados, os direitos de personalidade e os direitos de família, considerados *extracomercium*, portanto inalienáveis e, por isso mesmo, não expropriáveis. Atente-se que os interesses patrimoniais, não constitutivos de direitos, não são, em técnica jurídica mais apurada, objetos expropriáveis; todavia, são indenizáveis se derivam de consequências da desapropriação dos bens ou direitos a eles sobrejacentes. Por outra parte, a privação de

---

15. GIERKE, Otto Friedrich von. *Die soziale Aufgabe des Privatrechts* (1889), Frankfurt am Main: Klostermann, 1948, p. 13, 24 e s.

16. PONTES DE MIRANDA, Francisco Cavalcanti. *Comentários à Constituição de 1967 com a Emenda n. 1, de 1969*. 2. ed. rev., São Paulo: Editora Revista dos Tribunais, 1971, t. V, p. 399.

17. Cf. por todos, IPSEN, Hans Peter. *Das Bundesverfassungsgericht und das Privateigentum*, in *Archiv des öffentlichen Rechts* (AÖR), Tübingen: Mohr, 1966, n. 91, p. 85 e s.; e WEBER, Hermann. *Art. 14 G.G.*, in *Rechtsprechung zum Verfassungsrecht II. Die Grundrechte*, München: C. H. Beck, 1977, p. 114 e s.

18. Cf. TARELLO, Giovanni, *Storiografia giuspolitica e interventi della Corte Costituzionale in materia di proprietà*, in *Materiali per una storia della cultura giuridica*, Bologna: Il Mulino, 1976, v. VI, p. 594-596.

bens ou direitos não precisa ser plena, pois pode ser desapropriável só alguma ou algumas das faculdades que conformam a plena titularidade sobre o direito, de modo que a privação suponha a imposição de um registro, ou arrendamento, ocupação temporal ou cessação do exercício de um direito, como estabelece, a efeitos meramente enunciativos e sem excluir outros supostos, excluindo-se ainda as prestações pessoais. Em qualquer caso, só são indenizáveis as privações de direitos certos, efetivos e atuais, mas não eventuais e futuros, e, portanto, não o são as expectativas, muito embora possam ser desapropriáveis direitos formativos geradores, na clássica lição pontiana (direitos de apropriação, de preferência, de opção, etc.), sendo mesmo a desapropriação um direito formativo.

A Constituição de 1988, pelo legislador constituinte, muito incorporou das contribuições trazidas pelas correntes doutrinárias e pelo direito pretoriano mais inovador, tendentes a indenizar todos os sacrifícios de bens e direitos, impostos pelo poder público, e susceptíveis de uma compensação econômica. Claro está que sempre que não se trate de legítimo exercício da competência delimitadora da propriedade, respeitando seu conteúdo essencial, corresponde ao poder legislativo. Daí que as pretensões de direito público fundadas em qualquer privação de bens ou direitos com valor patrimonial, incluídos no âmbito descrito, cabem, salvo a exceção recém-assinalada, dentro da garantia constitucional. Não sucede assim com o poder social sobre as pessoas que pode derivar indiretamente do poder jurídico sobre os bens, pelo que o legislador pode regulá-lo ou limitá-lo na forma que estime necessária, sem indenização e em cumprimento do disposto constitucional da construção de uma sociedade livre, justa e solidária, objetivo central da república brasileira (art. 3º, I, CF/1988).

3. Da requisição

A requisição de bens e/ou serviços, nos termos em que prevista pela Constituição da República (art. 5º, inciso XXV), somente pode incidir sobre a "propriedade particular", conforme adverte autorizado magistério doutrinário dominante, salvo o caso de Decretação de Estado de Defesa ou de Estado de Sítio. A requisição pode revelar-se como expropriatória ou não expropriatória, civil ou militar, pendente das razões justificatórias de cada espécie. Em princípio, todos os bens podem ser objeto de requisição, exceção daqueles vedados aos atos expropriatórios como retromanifestados.

Do ato requisitivo decorre o *dever* de entrega do bem pelo seu titular, remanescendo para o requisitante o ulterior *dever* de indenizar se for o caso. Os objetivos da requisição estão inscritos em fundamentos solidários, de regra, vinculados à preservação da vida, da saúde e dos bens mais caros à coletividade, incluídos aí os objetivos militares, como a segurança geopolítica, a manutenção da soberania e da ordem, seja em caso de guerra ou mesmo em caso de paz, mas com evidenciado perigo público, *v.g.*, catástrofes naturais, como inundações, incêndios de grandes proporções, segurança alimentar, comoções internas, etc. Em qualquer caso o mandamento constitucional garante a indenização correspondente sempre que sejam produzidos danos intercorrentes do ato requisitório.

Art. 5º, XXVI – a pequena propriedade rural, assim definida em lei, desde que trabalhada pela família, não será objeto de penhora para pagamento de débitos decorrentes de sua atividade produtiva, dispondo a lei sobre os meios de financiar o seu desenvolvimento;

Eugênio Facchini Neto

A IMPENHORABILIDADE DE IMÓVEL RURAL

1. História da norma

A norma em comento, sem precedentes constitucionais anteriores, foi fruto dos esforços das forças políticas mais próximas aos pequenos produtores rurais, que buscavam evitar a perda de imóveis rurais em razão de inadimplemento de financiamentos e empréstimos bancários relacionados à produção agrícola e pecuária.

Alguns meses antes do início dos trabalhos da Assembleia Nacional Constituinte fora alterado o CPC/73 pela Lei 7.513, de 09.07.1986, que introduzira, no seu art. 649, o inciso X, estabelecendo ser absolutamente impenhorável "o imóvel rural, até um módulo, desde que seja o único de que disponha o devedor, ressalvada a hipoteca para fins de financiamento agropecuário". Como se tratava da mesma legislatura, buscou-se consolidar tal garantia, incluindo-a no rol dos direitos fundamentais do art. 5º.

Posteriormente, em 2006, a Lei 11.382 alterou a redação do dispositivo processual, melhor adequando-a ao ditado constitucional e afastando a ressalva anteriormente existente. Em sua nova redação, afirma-se ser absolutamente impenhorável "VIII – a pequena propriedade rural, assim definida em lei, desde que trabalhada pela família". Idêntica redação foi mantida no art. 833, inc. VIII, do Código de Processo Civil de 2015, atualmente em vigor.

2. Constituições brasileiras anteriores

Antes da Constituição de 1988 não havia, no direito pátrio, precedente de uma disposição constitucional estabelecendo a impenhorabilidade de imóvel rural, muito embora uma semelhante previsão houvesse no CPC, ao elencar tal bem, sob certas condições, como absolutamente impenhorável, como foi visto na seção anterior.

3. Constituições estrangeiras

Da mesma forma, uma análise de direito comparado evidencia que nenhuma outra Constituição contém previsão semelhante.

A razão do ineditismo pátrio provavelmente está ligada ao fato de que os demais países não consideram essa questão como sendo de natureza constitucional, preferindo relegar o tema à legislação infraconstitucional.

4. Direito Internacional

Não há previsão de instituto diretamente correspondente nos tratados internacionais ratificados pelo Brasil.

5. Dispositivos constitucionais e legais relacionados

5.1. Constitucionais

Art. 5º, XXIII, e art. 170, III.

5.2. Legais

Art. 833, VIII, do CPC/2015; Art. 4º, II, da Lei n. 4.504/64; Art. 4º, § 2º, da Lei n. 8.009/90; Art. 4º, II, "a", da Lei n. 8.629, de 25.02.93, com redação dada pela Lei n. 13.465, de 2017; Art. 2º, parágrafo único, da Lei n. 9.393, de 19-12-1996; Art. 3º, inc. V, da Lei n. 12.651, de 25.05.2012 (Novo Código Florestal); art. 3º da Lei n. 11.326, de 24.07.2006.

6. Jurisprudência

Em 21/12/2020, o pleno do **STF** julgou o **ARE 1.038.507-Pr.**, fixando a seguinte tese, em sede de repercussão geral: "É impenhorável a pequena propriedade rural familiar constituída de mais de 01 (um) terreno, desde que contínuos e com área total inferior a 04 (quatro) módulos fiscais do município de localização"; **STF, RE 136.753/1997** (a impenhorabilidade constitucional tem aplicação imediata, alcançando processos e penhoras anteriores à CF. A falta de norma legal regulamentadora permite a invocação do conceito de propriedade familiar do Estatuto da Terra); **REsp 1.913.234/SP, Segunda Seção, j. em 8/2/2023** (a impenhorabilidade do imóvel rural depende da satisfação de dois requisitos: (i) que o imóvel se qualifique como pequena propriedade rural, atualmente entendido como aquela de área inferior a 4 módulos fiscais, e (ii) que seja explorado pela família, sendo ônus do agricultor apresentar essa prova; **STJ, 4ª T., EDcl no AgInt no AREsp 1159127/PR, j. 18.09.2018** (3. A impenhorabilidade da pequena propriedade rural harmoniza-se com o bem de família disposto na Lei 8.009/90, sendo indiferente que a dívida não seja oriunda da atividade rural); **STJ, T3, REsp 1.913.236/MT, j. 16/03/2021** (ser proprietário de um único imóvel rural não é pressuposto para o reconhecimento da impenhorabilidade do imóvel rural; o oferecimento do bem em garantia não afasta a proteção da impenhorabilidade); **STJ, T3, REsp 1.843.846/MG, j. em 02/02/2021** (estabelece critérios para a penhora quando o devedor possua mais de um imóvel rural: (i) se os terrenos forem contínuos e a soma de suas áreas não ultrapassar quatro módulos fiscais, toda a pequena propriedade rural será impenhorável; caso o somatório resulte em área superior, a proteção limitar-se-á a quatro módulos fiscais; se o devedor for titular de mais de um imóvel rural, não contínuos, todos explorados pela família e de até quatro módulos fiscais, um dos imóveis será impenhorável, podendo-se penhorar os demais); **STJ, REsp 1.591.298/2017** (para o reconhecimento da impenhorabilidade da pequena propriedade rural, não se exige que o imóvel seja a moradia do executado, bastando que o bem seja o meio de sustento do executado e de sua família, que ali desenvolverá a atividade agrícola); **STJ, REsp 1.408.152/2016** (para fins da impenhorabilidade, é ônus do pequeno proprietário, executado, a comprovação de que o seu imóvel se enquadra nas dimensões da pequena propriedade rural); **STJ, REsp 1.368.404/2015** (A pequena propriedade rural, trabalhada pela família, é impenhorável, ainda que dada pelos proprietários em garantia hipotecária para financiamento da atividade produtiva); **STJ, REsp 684.648/2013 e REsp 262.641 – 2001** (A garantia da impenhorabilidade prevalece inclusive sobre hipoteca dada pelo proprietário).

7. Comentários

7.1. Natureza e posição na arquitetura constitucional

Dispõe a norma em comento que "a pequena propriedade rural, assim definida em lei, desde que trabalhada pela família, não será objeto de penhora para pagamento de débitos decorrentes de sua atividade produtiva, dispondo a lei sobre os meios de financiar o seu desenvolvimento".

Aparentemente, a norma teria relevância meramente processual, estabelecendo mais um caso de impenhorabilidade. Todavia, um exame mais atento revela algumas conexões importantes, permitindo algumas conclusões relevantes.

A norma foi inserida no rol dos direitos e garantias fundamentais do art. 5º – um dos mais importantes artigos de nossa Carta Maior. E foi colocada em poucos incisos além daqueles que garantem o direito de propriedade e comandam que ela deva desempenhar uma função social – estando topograficamente mais afastada das garantias fundamentais que estabelecem princípios em matéria processual (devido processo legal, garantia do contraditório, vedação das provas ilícitas etc.).

A colocação topográfica da norma sugere, portanto, a sua vinculação com a garantia de intangibilidade de um certo tipo de propriedade rural – aquela vinculada à ideia de propriedade familiar – como forma de garantir a dignidade da pessoa, propiciando-lhe local onde ela e sua família pudessem continuar a trabalhar e a residir.

Como a Constituição remete à legislação ordinária a definição de "pequena propriedade rural", a exata compreensão do alcance do dispositivo constitucional necessariamente passa pelo exame da legislação infraconstitucional, muito embora esta deva ser interpretada, obviamente, em consonância com o texto constitucional.

Em se tratando de garantia constitucional prevista como direito fundamental, a jurisprudência dos tribunais superiores estabelece que ela tem aplicação imediata, alcançando mesmo processos e penhoras anteriores à CF (STF, RE 136.753), prevalece mesmo em face de hipoteca dada pelo proprietário (STJ, REsp 262.641), pode ser arguível até o final da execução, independentemente de oposição de embargos do devedor (STJ, REsp 222.823, REsp 640.703 e AgRg no REsp 1.076.317) e é irrenunciável (STJ, REsp 470.935 – 2ª Seção, REsp 526460 e REsp 1.115.265).

7.2 Legitimidade ativa

Pode invocar a impenhorabilidade, nas condições previstas na norma constitucional, quem quer que venha a ser executado judicialmente para o pagamento de dívida oriunda de débito decorrente de atividade produtiva agrária.

Note-se, porém, que o art. 833, inc. VIII, do CPC/2015 estabelece uma proteção mais ampla do que aquela derivada do texto constitucional, já que dispensa o pressuposto finalístico. Para invocar a norma processual que prevê a absoluta impenhorabilidade da pequena propriedade rural (cuja definição também o legislador processual remete para a legislação complementar), basta que se trate de imóvel "trabalhado pela família".

Como a norma processual obviamente conforma-se à previsão constitucional, pois a amplia e não a restringe, poderá ela ser invocada por outros devedores, para afastar a impenhorabilidade de seu imóvel rural (presentes os pressupostos objetivo e subjetivo), mesmo que não se trate de execução de dívida relacionada com o financiamento de atividade produtiva, como afirmado pelo STJ ao julgar o AREsp 1.159.127/PR, em 18.09.2018.

7.3. Legitimidade passiva

Tratando-se a penhora de instituto processual, a invocação desse direito fundamental dar-se-á perante o juízo no qual tenha sido realizada a penhora, ou se pretenda realizar. Pode a garantia ser invocada não só quando a penhora já tiver sido efetuada, como igualmente, de forma preventiva, diante de indicação, pelo credor, de bem a ser penhorado. Ainda que a penhora configure constrição feita por agente estatal (por oficial de justiça), não há dúvida que ela é realizada em benefício do exequente, que é, na verdade, o legitimado passivo deste direito.

7.4. Pressupostos

A partir do texto constitucional percebe-se que não basta tratar-se de 'pequena propriedade rural' para tornar o bem impenhorável. Três são os pressupostos constitucionais de aplicação da garantia: (1) objetivo; (2) subjetivo; (3) finalístico. Pelo primeiro, somente a "pequena propriedade rural", cuja extensão objetiva é definida pela legislação ordinária, é impenhorável. Mas é necessário que a tal requisito objetivo se agregue também o pressuposto subjetivo, qual seja, que se trate de imóvel rural explorado direta e pessoalmente pelo agricultor e sua família. Além disso, é necessário que o débito objeto da execução esteja relacionado com tal atividade produtiva.

Não estabelece o texto exceções à regra da impenhorabilidade, senão aquelas decorrentes logicamente da ausência das condições ali estabelecidas. Na parte final, comanda o constituinte que o legislador ordinário edite lei dispondo sobre os meios de financiar a atividade produtiva das pequenas propriedades rurais. A ausência de tal legislação, porém, em nada altera a aplicabilidade da norma em comento, pois, na verdade, trata-se de uma previsão que não guarda conexão com o direito fundamental à impenhorabilidade.

7.5. Pressuposto objetivo: a noção de "pequena propriedade rural"

Questão crucial para aplicação do dispositivo constitucional é a noção de "pequena propriedade rural", sobre o que a Constituição remete para a legislação ordinária, nada adiantando a respeito.

Quando a Constituição entrou em vigor, a legislação ordinária que orientaria a interpretação do que fosse "pequena propriedade rural" consistia no CPC e na legislação agrária. Ao ser promulgado, em 1973, o CPC nada dispunha a respeito de impenhorabilidade de imóveis rurais. Todavia, a Lei 7.513, de 1986, acrescentou o inciso X ao art. 649, que arrola os bens absolutamente impenhoráveis. Segundo tal inciso, seria impenhorável "o imóvel rural, até um módulo, desde que seja o único de que disponha o devedor, ressalvada a hipoteca para fins de financiamento agropecuário".

Logo, passou-se a entender que a pequena propriedade rural referida no texto constitucional seria aquela que tivesse área inferior a um módulo, cujo significado e extensão exigiam a consulta da legislação agrária.

Nesse sentido posicionou-se o Plenário do STF, ao julgar o RE 136.753, em 1997, quando se afirmou que "a falta de lei anterior ou posterior necessária à aplicabilidade de regra constitucional – sobretudo quando criadora de direito ou garantia fundamental – pode ser suprida por analogia: donde a validade da utilização, para viabilizar a aplicação do art. 5º, XXVI, CF, do conceito de 'propriedade familiar' do Estatuto da Terra".

Examinando-se o Estatuto da Terra (Lei 4.504/64), encontrava-se a definição de módulo rural no art. 4º, III, c/c inc. II, verbis:

"Art. 4º Para os efeitos desta Lei, definem-se:

II – 'Propriedade Familiar', o imóvel rural que, direta e pessoalmente explorado pelo agricultor e sua família, lhes absorva toda a força de trabalho, garantindo-lhes a subsistência e o progresso social e econômico, com área máxima fixada para cada região e tipo de exploração, e eventualmente trabalho com a ajuda de terceiros;

III – 'Módulo Rural', a área fixada nos termos do inciso anterior".

A ideia de módulo rural estava, pois, diretamente vinculada à ideia de propriedade familiar. Sua dimensão variava conforme a região e o tipo de exploração nela predominante (módulo regional), o que permitia que cada propriedade rural, conforme sua localização e a composição das explorações agropecuárias nela existentes, tivesse o seu módulo do imóvel.

Decretos e Instruções Especiais do Incra estabelecem as várias dimensões do módulo, conforme as regiões típicas que foram identificadas (nove regiões) e os diversos tipos de exploração (pecuária de grande, médio e pequeno porte, lavoura permanente e temporária, florestal, exploração hortifrutigranjeira, etc.).

E nesse sentido orientou-se, durante certo tempo, a jurisprudência nacional, a começar pelo Superior Tribunal de Justiça, consoante se lê no acórdão relatado pelo Min. Ruy Rosado de Aguiar Jr., REsp 66.672-4/RS: "MÓDULO RURAL. IMPENHORABILIDADE. EXECUÇÃO. O imóvel rural impenhorável, de até um módulo, a que se refere o artigo 649, X, do CPC, é o que tem as dimensões mínimas que assegurem ao pequeno agricultor e à sua família condições de sobrevivência, não se confundindo com o conceito de fração mínima de parcelamento".

Um outro fator de perturbação na definição da área impenhorável resultou da edição da Lei 8.009/90, que dispôs sobre a impenhorabilidade do bem de família. Seu art. 4º, § 2º, dispunha que "quando a residência familiar constituir-se em imóvel rural, a impenhorabilidade restringir-se-á à sede de moradia, com os respectivos bens móveis, e, nos casos do art. 5º, inciso XXVI, da Constituição, à área limitada como pequena propriedade rural". Tal dispositivo, em confusa redação, igualmente não fornece parâmetros adequados e suficientes para sua aplicação.

Diante das modificações introduzidas no direito agrário, a definição de pequena propriedade rural deixou de ser unívoca, no plano legislativo e no plano conceitual. Assim, por exemplo, para efeitos fiscais, a Lei 9.393, de 19-12-1996, considera como "pequena gleba rural" o imóvel rural com área igual ou inferior a: I – 100 ha, se localizado em município compreendido na Amazônia Ocidental ou no Pantanal Mato-grossense e Sul-mato-grossense; II – 50 ha, se localizado em município compreendido no Polígono das secas ou na Amazônia Oriental; III – 30 ha, se localizado em qualquer outro município.

Já o antigo Código Florestal (Lei 4.771/65, alterado, no aspecto aqui tratado, pela MP 2.166-67, de 2001) apresentava uma variante do conceito, estabelecendo conceito diverso para a definição da pequena propriedade rural. (art. 1º, § 2º).

Todavia, o novo Código Florestal (Lei 12.651, de 25.05.2012) novamente alterou a definição de pequena propriedade rural, estabelecendo, no seu art. 3º, que "Para os efeitos desta Lei, entende-se por: V – pequena propriedade ou posse rural familiar: aquela explorada mediante o trabalho pessoal do agricultor familiar e empreendedor familiar rural, incluindo os assentamentos e projetos de reforma agrária, e que atenda ao disposto no art. 3º da Lei n. 11.326, de 24 de julho de 2006".

Essa lei de n. 11.326/2006 é relevante, pois "estabelece as diretrizes para a formulação da Política Nacional da Agricultura Familiar e Empreendimentos Familiares Rurais". Seu art. 3º, de forma mais minudente, refere que "Para os efeitos desta Lei, considera-se agricultor familiar e empreendedor familiar rural aquele que pratica atividades no meio rural, atendendo, simultaneamente, aos seguintes requisitos: I – não detenha, a qualquer título, área maior do que 4 (quatro) módulos fiscais; II – utilize predominantemente mão de obra da própria família nas atividades econômicas do seu estabelecimento ou empreendimento; III – tenha renda familiar predominantemente originada de atividades econômicas vinculadas ao próprio estabelecimento ou empreendimento; III – tenha percentual mínimo da renda familiar originada de atividades econômicas do seu estabelecimento ou empreendimento, na forma definida pelo Poder Executivo (Redação dada pela Lei n. 12.512, de 2011); IV – dirija seu estabelecimento ou empreendimento com sua família.

O critério da Lei 11.326/2006 é compatível com aquele que já fora trazido pela Lei 8.629, de 25.02.93, regulamentando as disposições constitucionais sobre a reforma agrária, cujo art. 4º assim dispõe: "Art. 4º Para os efeitos desta lei, conceituam-se: II – Pequena Propriedade – o imóvel rural: de área compreendida entre 1 (um) e 4 (quatro) módulos fiscais; III – Média Propriedade – o imóvel rural: a) de área superior a 4 (quatro) e até 15 (quinze) módulos fiscais".

O módulo fiscal, por sua vez, é uma unidade de medida expressa em hectares, considerando vários fatores. Ao contrário do módulo rural regional, calculado para uma ampla região, e do módulo rural do imóvel, calculado para cada imóvel, o módulo fiscal é calculado para cada município. Além de suas aplicações tributárias, a referida legislação adotou tal unidade para a classificação do imóvel rural consoante seu tamanho.

A partir da edição dessa lei, os tribunais pátrios, aos poucos, passaram a interpretar o art. 649, X, do CPC/73 (atualmente substituído, pelo art. 833 do CPC/15) e o art. 5º, XXVI, da CF, em consonância com o disposto no art. 4º, II, da Lei 8.629/93, e mais recentemente o art. 3º, inc. I, da Lei 11.326/06, ou seja, considerando "pequena propriedade rural" como sendo aquela que tivesse uma área inferior a quatro módulos fiscais.

Nesse sentido a jurisprudência do STJ e do STF, citadas no item 6 (Jurisprudência).

Exatamente em razão dessa jurisprudência tendencialmente homogênea, o legislador ordinário acabou por alterar (pela Lei 11.382/06) a redação do art. 649 do CPC, transformando o antigo inciso X no novo inciso VIII, que passou a ter a seguinte redação: "Art. 649. São absolutamente impenhoráveis: (...) VIII – a pequena propriedade rural, assim definida em lei, desde que trabalhada pela família" (a expressão "módulo rural" é substituída por "pequena propriedade rural", suprimindo-se a parte final do antigo inc. X). Essa mesma redação foi mantida no atual Código de Processo Civil, promulgado em 2015, art. 833, VIII.

Com isso, adequou-se o legislador ordinário à dicção constitucional e harmonizou a legislação infraconstitucional, convalidando, também, a jurisprudência que se formara no sentido de considerar pequena propriedade rural aquela que não superasse os quatro módulos fiscais do município onde situada.

7.6. Pressupostos subjetivo e finalístico

Analisamos o pressuposto objetivo para a adequada invocação da impenhorabilidade da pequena propriedade rural, passo à análise dos demais pressupostos (subjetivo e finalístico).

O segundo pressuposto não tem suscitado grandes debates, pois sempre se entendeu que o *favor legis* se destina a proteger a propriedade familiar, entendida como aquela cultivada diretamente pelo agricultor e sua família. Afasta-se da tutela, portanto, o proprietário ausente, o simples titular do domínio, que arrenda sua propriedade ou que não faz com que o imóvel desempenhe sua função social. Isso porque é o princípio da função social da propriedade que informa a garantia da impenhorabilidade. Quer-se proteger o pequeno proprietário rural que se esforça para tornar seu imóvel produtivo, fazendo com que ele desempenhe sua função social, que é a de produzir para garantir a subsistência de sua família e gere excedentes que lhe permita o crescimento econômico e social. Caso, em seu afã de produzir, venha ele a contrair dívidas relacionadas à produção que não possa momentaneamente pagar, não lhe será retirado o bem que justamente configura sua fonte de renda e a possível origem dos recursos com que poderá, mais adiante, saldar seus compromissos.

Todavia, em razão da redação de dispositivos da legislação ordinária, alguma divergência grassou nos tribunais pátrios a respeito de temas relacionados com o último pressuposto (finalístico).

De fato, a redação do inciso X do art. 649, tal como introduzida pela Lei 7.513/86, estabelecia ser impenhorável o imóvel rural, até um módulo, *desde que este seja o único de que disponha o devedor, ressalvada a hipoteca para fins de financiamento agropecuário*.

A Lei 8.009/90, por sua vez, permitiu (art. 3º, inc. V) a penhora em "execução de hipoteca sobre o imóvel oferecido como garantia real pelo casal ou pela entidade familiar".

Já a Lei 11.382, de 2006, que alterou a redação do art. 649 do CPC, ressalvou, no novo § 1º, que a impenhorabilidade não é oponível à cobrança de crédito concedido para a aquisição do próprio bem. O § 1º do art. 833 do CPC/2015 igualmente estabelece que: "§ 1º A impenhorabilidade não é oponível à execução de dívida relativa ao próprio bem, inclusive àquela contraída para sua aquisição."

Além disso, uma corrente jurisprudencial passou a entender que a garantia da impenhorabilidade seria renunciável, podendo o executado indicar seu imóvel à penhora, e, com isso, abrir mão do direito à impenhorabilidade. De qualquer sorte, segundo essa corrente, em se tratando de direito disponível, caso não fosse alegada a impenhorabilidade, o juízo não poderia, de ofício, reconhecer a nulidade da penhora.

Tal corrente jurisprudencial, porém, além de nunca ter sido hegemônica nos Estados, não teve o respaldo nos tribunais superiores.

De fato, o próprio STF, no AgReg no AI n. 184.198-2/RS (j. em 13.12.96), entendeu compatível com o texto constitucional o acórdão de tribunal inferior que havia considerado impenhorável o imóvel rural que fora dado em hipoteca ao Banco do Brasil, para garantia de crédito relacionado à agricultura.

No mesmo sentido o entendimento do STJ, como se vê do acórdão prolatado no REsp n. 262.641/2001, que considerou impenhorável imóvel rural dado em hipoteca para garantir financiamento rural.

Por outro lado, tratando-se de direito fundamental, de aplicação imediata, a garantia da impenhorabilidade incide sobre qualquer processo, ainda que a penhora seja anterior ao advento da Constituição. Esse também é o entendimento dos tribunais superiores, inclusive do STF (RE 136.753-9/RS). Também o STJ se orientou nesse sentido (REsp n. 66.567-0/1996).

Percebe-se, portanto, que a questão da impenhorabilidade de imóvel rural é tema que se encontra disciplinado no texto constitucional, mas também na legislação ordinária, devendo essa necessariamente ser interpretada em conformidade com a constituição, que, de forma clara e irrestrita, garante a impenhorabilidade da pequena propriedade familiar, entendida essa na forma como acima referido.

8. Referência bibliográfica

SHIMURA, Sérgio; GARCIA, Julia Nolasco. A impenhorabilidade na visão do Superior Tribunal de Justiça. *Revista de Processo*, v. 305, p. 173-194, jul. 2020.

Art. 5º, XXVII – aos autores pertence o direito exclusivo de utilização, publicação ou reprodução de suas obras, transmissível aos herdeiros pelo tempo que a lei fixar;

Maristela Basso

1. Introdução

A propriedade intelectual é aquela que recai sobre os bens intangíveis resultantes das concepções da inteligência, da estética, da utilidade e do trabalho intelectual, encarados principalmente sob o aspecto do proveito material que deles pode resultar. Tradicionalmente, a propriedade intelectual abrange duas grandes categorias: de um lado, o direito do autor e conexos e, de outro, a propriedade industrial.

Neste inciso, a Constituição Federal consagra o direito do autor[1] no rol dos chamados direitos fundamentais da pessoa, cláusula imodificável, cuja interpretação sistemática e finalística destina-se a todos os indivíduos, brasileiros ou estrangeiros, residentes, ou não, que se encontrem no Brasil, sem distinção de qualquer natureza. A proteção que é dada aos direitos fundamentais estende-se a todos aqueles que estejam sujeitos à ordem jurídica brasileira.

Essencialmente, são objetos do direito do autor as obras literárias, artísticas e científicas, incluindo os programas de computador. Os direitos conexos garantem proteção dos fonogramas, dos direitos de interpretação e das emissões de radiodifusão. Protege as formas de expressão do autor – as criações do espírito, desde que expressas por qualquer meio ou fixadas em qualquer suporte, tangível ou intangível, conhecido ou que se invente no futuro. Contudo, não protege as ideias, planos e conceitos abstratos, muito menos o aproveitamento industrial ou comercial das ideias contidas nas obras[2].

2. Evolução do conceito e objeto de proteção do Direito de Autor ou Direitos Autorais: perspectiva comparada e direito brasileiro

Tobias Barreto, ao introduzir a expressão "direitos autorais" no Brasil, chamou a atenção para a necessidade de se empregar expressão mais ampla: *direitos do pensamento*, como fizeram Marcel Plaisant e Francesco Ruffini na Europa. Segundo o jurista brasileiro, a expressão "direitos do pensamento" reflete, de forma mais apropriada, os dois traços fundamentais destes direitos: a sua imaterialidade e o seu internacionalismo, sendo, como é, transcendente e, em consequência, universal, cosmopolita"[3].

Rodrigo Octávio sugeria a expressão *bens intelectuais*, também utilizada por Henri Batiffol[4], lembrando as palavras utilizadas pelo Imperador D. Pedro II: "O pensamento não pode ser objeto de propriedade, como as coisas corpóreas. Produto da inteligência, participa da natureza dela, é um atributo da personalidade garantido pela liberdade da manifestação – direito pessoal. Uma vez manifestado, ele entra na comunhão intelectual da hu-

---

[1]. João da Gama Cerqueira ensina que "direito autoral" é um neologismo que Rui Barbosa condenou, preferindo a expressão "direito do autor", reputando desnecessária aquela locução "engendrada especialmente com o fim de servir à teoria que reduz a mero privilégio os direitos da produção intelectual". *In*: CERQUEIRA, João da Gama. *Tratado da Propriedade Industrial*. 2. ed. v. 1. São Paulo: Revista dos Tribunais, 1982.

[2]. A Convenção de Berna, de 1886, revista em Berlim (1908) e em Roma (1928), indica como objeto da propriedade literária e artística toda produção do domínio literário, científico e artístico, qualquer que seja o modo ou a forma de expressão, tais como: os livros, folhetos e outros escritos; as conferências, alocuções, sermões, e outras obras da mesma natureza; as obras dramáticas ou dramático-musicais, as obras coreográficas e as pantomimas, cuja encenação for fixada por escrito ou de outro modo; as composições musicais com ou sem palavras; as obras de desenho, pintura, arquitetura e escultura; de gravura ou de litografia; as ilustrações e cartas geográficas; os planos, esboços e trabalhos plásticos relativos à geografia, à topografia, à arquitetura ou às ciências. Para aprofundar o estudo da Convenção de Berna e de suas revisões *vide* de BASSO, Maristela, *O direito internacional da propriedade intelectual*. Porto Alegre: Livraria do Advogado Editora, 2000, p. 90 e s.

[3]. Fonte Tobias Barreto – *apud* Haroldo Valladão, *Direito internacional privado*, vol. II, p. 173.

[4]. *Traité élémentaire de droit international privé*. Paris: LGDJ, 1953.

manidade, não é suscetível de apropriação exclusiva. O pensamento não se transfere, comunica-se"⁵.

Para Oscar Tenório, os *"direitos do pensamento "*abrangem, em sentido amplo, a atividade do artista e do inventor". Apoiando-se em F. Ruffini⁶, sustenta que "no âmbito dos direitos do pensamento está a proteção da obra de arte e da invenção". E esclarece: "apenas os títulos de proteção diferem. O direito do autor (escritor ou artista) é simplesmente reconhecido, enquanto o do inventor é assegurado por uma patente (registro público). Embora os dois domínios não possam ser, a rigor, separados, estão sujeitos a convenções internacionais distintas"⁷.

Eduardo Espínola apresentava os "direitos intelectuais – literários, artísticos e científicos", no capítulo destinado às regras relativas aos bens, e "as marcas industriais e o nome comercial", no capítulo dedicado aos atos de comércio⁸, indicando que os direitos de autor devem ser matéria de direito civil, enquanto a propriedade industrial, de direito comercial. Posição defendida por muitos autores no fim do século XIX e primeira metade do século XX. Nos currículos das faculdades de Direito, geralmente, esses direitos são objetos de disciplinas diferentes: o direito de autor das disciplinas de direito civil, e a propriedade industrial, de direito comercial.

Clóvis Beviláqua apresenta o *direito autoral* e o *direito industrial*, separadamente, destacando a natureza e o aspecto pessoal e real do primeiro⁹. Gomes de Castro, referindo-se à *propriedade literária e artística* e à *propriedade industrial*, destaca que "o argumento tirado da imaterialidade do direito autoral perdeu inteiramente sua força na concepção moderna do direito de propriedade, que abrange atualmente as coisas incorpóreas". Segundo ele, "para nós, o que se garante ao autor é a obra material resultante do seu trabalho intelectual". Ademais, "as ideias, as concepções, enquanto retidas no cérebro são incapazes de constituir um objeto de direito; o trabalho intelectual, o esforço individual necessário à execução da obra são apenas a razão e o fundamento pelos quais o direito a protege, tornando-a verdadeira propriedade de seu autor"¹⁰. Tito Fulgêncio mantém a distinção entre *direito autoral* e *direito industrial*¹¹. Haroldo Valladão estuda os *direitos de autor* em capítulo separado daquele que intitula *direito industrial internacional*, dedicado às patentes de invenção, marcas e correlatos¹².

Segundo Pontes de Miranda, "o substrato filosófico dos juristas gregos e romanos e dos próprios juristas medievais e pós-medievais não lhes permitia que vissem *res incorporalis* que podiam ser objeto de direitos reais". Sustenta que "a hostilidade, a relutância, a cegueira, que os impedia, ainda perdurou no século XX, com dano enorme para a ciência"¹³. Pontes faz a distinção entre *"bem incorpóreo intelectual* e *bem incorpóreo industrial"*. Segundo ele, "o invento como *res incorporalis* é que é objeto do direito, não a invenção como ato, nem os objetos em que a invenção se realiza. Diga-se o mesmo quanto a outras criações industriais e quanto aos sinais distintivos. No fundo, o que se protege é o pensamento inventivo, o que se pensou, o resultado do pensar, e não a atividade de pensar. Desce o direito ao plano psicológico das representações". Também, o autor chama a atenção para o fato de que "os institutos da patente de criações industriais e do registro de sinais distintivos vieram pôr à mostra a insuficiência de base científica dos escritores de direito e os leva a pesquisas, para as quais não estavam preparados, filosoficamente"¹⁴.

Para Pontes de Miranda, os direitos reais sobre bens incorpóreos intelectuais (literários, artísticos, científicos) se formam sem a necessidade de qualquer ato do Estado, não havendo qualquer direito ou pretensão a que se constituam: "A tutela jurídica declarativa começa por amparar direitos reais, e não só direitos formativos geradores; o direito privado prescinde, aí, de qualquer regra de direito público". Toda a construção da propriedade industrial, para Pontes de Miranda, salvo quanto às indicações de proveniência, assenta na afirmação de serem constitutivos os atos estatais de patenteação e de registro. Não se poderia chegar a resultados exatos, nem acordes com o resto do sistema jurídico, se os tivéssemos como declarativos. Não há direito real sobre invenção, modelo de utilidade, desenhos ou modelos industriais, antes da patente. Nem o há sobre sinais distintivos, antes do registro"¹⁵.

G. Bodenhausen sustenta que "a verdadeira proteção das invenções e das obras artísticas e literárias está exposta atualmente a uma tendência à socialização": "À *socialiser le droit individuel absolu"*, e completa reconhecendo que "muitos são aqueles que já constataram este fenômeno relativamente à propriedade privada, que é o direito civil por excelência". Bodenhausen recorda Ripert quando este afirma que "pouco a pouco, modificações se manifestaram nos princípios fundamentais do Código de Napoleão, em particular, justamente, naqueles da propriedade privada". Resulta disso, que "em muitos países, a capacidade conferida ao proprietário de gozar e dispor das coisas da forma mais absoluta, vista relativamente à propriedade de bens imóveis, por exemplo, tem para nós efeito de brincadeira amarga. Aqui, se pode, justamente, chamar a propriedade: um dever social"¹⁶.

Daí por que, Pontes Miranda considera anacrônico referir-se às patentes como "privilégio" e "concessão", não concordando com qualquer confusão que se possa fazer dessa matéria com os direitos de personalidade¹⁷.

Por outro lado, Limongi França afirmava que "nos direitos privados da personalidade se deve incluir o Direito à Integridade Intelectual', que compreenderia: 1) direito à liberdade de pensamento; 2) direito pessoal de autor científico; 3) direito pessoal de autor artístico e 4) direito pessoal de inventor". O autor prefere a expressão "direito pessoal" a "direito moral de autor" (como

---

5. Ver as Atas das Sessões da Comissão de Organização do Projeto de Código Civil, 1889, publicado na *Rev. Inst. Hist.*, Vol. 68, 1ª Parte, p. 33 e ss. Rodrigo Octávio: *Direito internacional privado*, 1942.
6. *In De la protection internationale* ....., p. 417 e 422.
7. *Direito internacional privado*. 4ª ed. Rio de Janeiro: Freitas Bastos. 1955, p. 405.
8. *Direito internacional privado*, p. 640-649 e 721-742.
9. *Princípios elementares de direito internacional privado*. 2ª ed. Rio de Janeiro: Freitas Bastos. 1934, p. 338 e ss.
10. *Curso de direito internacional privado*. Rio de Janeiro: Leite Ribeiro & Maurillo. 1920, p. 286.
11. *Synthesis de direito internacional privado – Theoria, jurisprudência e convenções*. Rio de Janeiro: Freitas Bastos. 1937, p. 139 e ss.
12. *Direito internacional privado*. 3ª ed. Rio de Janeiro: Freitas Bastos. 1983, Vol. II, p. 172 e ss. (direitos de autor) e Vol. III, p. 112 e ss. (direito industrial internacional).
13. *Tratado de direito privado*. São Paulo: RT. 1983, tomo XVII, p. 377.
14. *Ibidem*, p. 378.
15. *Ibidem*, p. 379.
16. *Problèmes actuels du droit international de la propriété industrielle, littéraire et astistique*. Recueil des Cours, tomo 74-I, p. 385, 383 e 384, respectivamente. Paris, 1949.
17. *Ibidem*, p. 380.

propõe Philadelpho Azevedo[18]), porque, "na realidade, esses direitos não se podem confundir com os direitos tipicamente morais". Para Limongi França, "o direito do inventor faz 'jus' a um tratamento à parte, pois não se pode dizer que seu trabalho criador seja exclusivamente artístico, ou simplesmente científico"[19].

No mesmo sentido de Limongi França, está Irineu Strenger, que assim se expressa: "O conceito de direito da personalidade é relativamente recente em direito interno, tanto no Brasil como no estrangeiro. É, igualmente, heterogêneo, pois abrange aspectos muito diversificados, como o direito à imagem, o respeito à privacidade, à integridade física, à honra, o direito moral do autor e do artista a sua criação"[20].

Na visão de Pontes de Miranda, o autor da obra literária, ou artística, ou científica, ainda que não a publique, ou exponha, tem a senhoria da *res incorporalis*, sem que lhe haja de atribuir finalidade externa. Quem inventou inventor é – e ninguém pode pretender que se desligue da sua personalidade a invenção, ou que se lhe retire o direito de nominação. Mas a propriedade do invento tiraria aos outros a utilização. É essa utilização que se propõe o inventor, caracterizando-se a industrialidade da invenção. Os modelos de utilidade e os desenhos ou modelos industriais têm em si o seu fim, mas esse fim, sem se determinar o tempo de uso, de certo modo coarctaria o desenvolvimento do tráfico". Por "essas razões que assistem ao legislador para fazer depender da patenteação ou do registro a irradiação do direito real, em se tratando de criações industriais, crescem de ponto ao se cogitar de sinais distintivos". Entretanto, "as indicações de procedência, essas, por sua natureza, escapam à exigência, porque estão ligadas a fatos que podem desaparecer e surgem a quem quer que os componha"[21].

Vê-se, portanto, o sistema duplo de proteção na doutrina e na legislação brasileiras. Fábio de Mattia lembrava, quando ainda vigorava o Código Civil de 1916, que "para o direito brasileiro, o direito de autor é um direito real, uma vez que a matéria é tratada no Livro II – Dos Direitos das Coisas – do nosso Código Civil"[22], ao passo que a propriedade industrial é objeto de legislação especial. O professor Antônio Chaves completava que "uma rápida incursão pela legislação pátria demonstra como está arraigado, entre nós, o relacionamento do direito de autor com o de propriedade"[23].

Contudo, Carlos Alberto Bittar, mais recentemente, chama atenção para a especificidade da matéria, afirmando que "estes direitos apresentam conteúdo próprio, dotado de caracteres que os distinguem no âmbito especial, cuja razão principal se encontra na defesa do criador intelectual. Daí a regulamentação em leis especiais e a autonomia conceitual de que desfruta"[24].

Ainda mais enfático, João da Gama Cerqueira defende que "a 'propriedade imaterial' abrange tanto os direitos relativos às produções intelectuais do domínio literário, científico e artístico, como os que têm por objeto as invenções e os desenhos e modelos industriais, pertencentes ao campo industrial". Segundo ele, "têm a mesma natureza, o mesmo objeto, isto é, criação intelectual, e o mesmo fundamento filosófico, além de possuírem acentuada afinidade econômico-jurídica e apresentarem inúmeros pontos de contato". Conclui que "esses direitos formam uma disciplina jurídica autônoma, cuja unidade doutrinária e científica repousa na identidade dos princípios gerais que regem seus diversos institutos"[25].

No contexto latino-americano Werner Goldschmidt chama esse conjunto de direitos de "propiedad inmaterial"[26], e Antonio Boggiano "propiedad industrial e intelectual"[27].

3. Direito do autor nas Constituições anteriores à de 1988

Os autores têm tido amparo constitucional no rol das garantias fundamentais desde a primeira Constituição Republicana de 1891. Vejamos a previsão constitucional conferida aos autores antes da Carta de 1988:

Constituição Política do Império do Brasil, de 1824 – não previa expressamente.

Constituição de 1891 – art. 72, § 26;

Constituição de 1934 – art. 113: n. 20;

Constituição de 1946 – art. 141, § 19;

Constituição de 1967 – art. 150, § 25;

Emenda Constitucional n. 1, de 1969 – art. 153, § 25.

4. Constituições estrangeiras

Os autores são protegidos, hoje, em quase todos os países que compõem o chamado mundo civilizado, pelo menos todos aqueles que integram a Organização Mundial do Comércio[28]. Vejamos alguns exemplos de países que contemplam a proteção em nível constitucional na Europa e continente americano:

1) Portugal – artigo 42 (Liberdade de criação cultural);

2) Espanha – art. 20, 1. "b";

3) Uruguai – art. 33;

4) Chile – art. 19 (25);

5) Estados Unidos da América – art. 1º, seção 8, da Constituição, e com expressa menção à função social, da seguinte maneira: "Será da competência do Congresso (...) promover o progresso da ciência e das artes úteis, garantindo, por tempo limitado, aos autores e inventores o direito exclusivo aos seus escritos ou descobertas (...)".

5. No direito internacional

No Direito Internacional, os principais Tratados e Declarações que protegem o direito do autor são: 1) Convenção de Roma (Convenção Internacional para a Proteção aos Artistas Intérpretes ou Executantes, aos Produtores de Fonogramas e aos Organismos de Radiodifusão de 26/10/1961, incorporada ao direito brasileiro pelo Decreto n. 57.125 de 19/10/1965); 2) Convenção da

---

18. *Direito moral do escritor*. Rio de Janeiro, s.ed., 1930.
19. *Manual de direito civil*. 4 vol, São Paulo: RT, 1996, p. 330 e 331.
20. *Direito internacional privado*. 3ª ed. São Paulo: LTr. 1996, p. 647.
21. Ibidem, p. 396-397.
22. *Estudos de direito de autor*. São Paulo: Saraiva. 1975, p. 3.
23. *Criador da obra intelectual*. São Paulo: LTr. 1995, p. 26 e 27.
24. *Contornos atuais do direito de autor*. São Paulo: RT. 1992, p. 16.
25. *Tratado da propriedade industrial*. São Paulo: RT. 1982, vol. 1, p. 51.
26. *Derecho internacional privad: Derecho de la tolerancia*. 5ª ed. Buenos Aires: Depalma.1985, p. 283 e ss.
27. *Derecho internacional privado*. Tomo II. 2ª ed. Buenos Aires: Depalma., p. 1191 e ss.
28. Para atualizar-se quanto aos países membros da Organização Mundial do Comércio, consulte o *site*: www.wto.org.

União de Berna (Convenção Internacional para a Proteção das Obras Literárias e Artísticas – Revista em Paris em 24/07/1971, incorporada ao direito brasileiro pelo Decreto n. 75.699 de 06/05/1975); 3) Convenção Universal sobre o Direito do Autor, assinada em Genebra, em 1952, sob os auspícios da Unesco, promulgada pelo Brasil pelo Decreto n. 76.905 de 42.12.1975; 4) Convenção Universal (Convenção Universal sobre o Direito do Autor (Revisada) de 24/07/1971, incorporada ao direito brasileiro pelo Decreto n. 76.905 de 24/12/1975; 5) Convenção sobre a Proteção de Produtores de Fonogramas Contra a Reprodução não Autorizada de seus Fonogramas, de 29/10/1971, incorporada ao direito brasileiro pelo Decreto n. 76.906, de 24/12/1975; e finalmente 6) o Acordo ADPIC/TRIPS – Acordo sobre Aspectos dos Direitos de Propriedade Intelectual Relacionados ao Comércio (Ata Final – Anexo 1 C) de 12/04/1994, em vigor no Brasil por meio do Decreto n. 1.355 de 30/12/1994.

Há outros Atos Multilaterais sobre direito autoral dos quais o Brasil ainda não faz parte, dentre os quais: 1) Tratado da OMPI[29] sobre Direito de Autor – 1996; 2) Tratado da OMPI sobre Interpretação ou Execução de Fonogramas – 1996[30]; 3) Convenção de Bruxelas[31] (Convenção da OMPI sobre a distribuição de sinais portadores de programas transmitidos por satélite – 1974)[32].

6. Natureza jurídica do direito do autor

Predomina na doutrina o entendimento de que o direito do autor é um direito autônomo, *sui generis*[33]. De início, a introdução do direito de autor no sistema codificado deu-se pela via dos direitos reais, ainda que se tratasse de bens incorpóreos, como direito de propriedade imaterial[34]. Em seguida, a concepção foi fundada na teoria dos direitos da personalidade[35], diante da ênfase dada aos direitos morais do autor, que compreenderiam direitos da própria pessoa[36]. Isso se deu porque sua natureza jurídica assenta-se sob as duas bases tradicionais e distintas: os direitos morais e os direitos patrimoniais[37]. Da mesma forma, esses bens imateriais são objetos de negócios jurídicos (licenciamento, concessão, cessão), matéria do direito das obrigações. E por isso mesmo que essas tentativas de enquadramento no direito público ou no direito privado devem ser descartadas, por se revelarem insuficientes. É exatamente pelo fato de se repartir nesses três feixes – pessoal, real e obrigacional – que o direito do autor constitui nova modalidade de direito privado – *sui generis*[38].

Muito embora a definição da natureza jurídica do direito do autor seja extremamente trabalhosa e ainda perdure focos de resistências doutrinárias que insistam no modelo histórico dicotômico, já ultrapassado, que divide a propriedade imaterial em direito do autor e os que lhe são conexos, e direito da propriedade industrial, fragilizando sua definição e classificação, o inciso XXVII, ora analisado, pacifica qualquer debate na medida em que consagra o direito do autor entre as garantias fundamentais, no contexto da inviolabilidade da propriedade. É, portanto, independentemente das infindáveis discussões que se possa travar na doutrina sobre a sua natureza jurídica, uma espécie de propriedade com matriz constitucional.

7. O direito de autor em outras remissões constitucionais

Primeiramente, lembramos que a base constitucional dos direitos intelectuais, de certa forma, também se encontra em outros lugares da CF de 1988, além do desdobramento do inciso seguinte (XXVIII). Ressaltamos as linhas gerais referentes à liberdade de expressão, notadamente a *livre manifestação do pensamento* (art. 5º, IV); a *livre expressão da atividade intelectual e de comunicação* (art. 5º, IX), o *acesso à informação* (art. 5º, inciso XIV). Verifica-se, por meio desses dispositivos, que a intenção primeira da Constituição Federal é a de estabelecer liberdades, e não a de criar direitos exclusivos. E se o que institui são liberdades, então são as restrições que terão de ser justificadas pela Constituição[39].

8. Direito do autor como direito constitucional de propriedade

A Constituição Federal, no inciso XXII do art. 5º, garante o direito de propriedade, de forma geral, como conteúdo mínimo

---

29. Até maio de 2023 o Tratado da OMPI sobre Direito Autoral ("WIPO Copyrigth Treaty – WCT") havia sido ratificado por 114 países, mas não pelo Brasil.
30. Sua sigla original é WPPT – "WIPO Performances and Phonograms Treaty". Em maio de 2023 ainda não havia sido ratificado pelo Brasil.
31. Em maio de 2023 ainda não havia sido ratificado pelo Brasil.
32. Quanto aos países membros e adesão do Brasil a esses tratados consulte o *site*: www.wipo.org.
33. Sobre a natureza jurídica da Propriedade Intelectual, sugerimos a leitura mais aprofundada da nossa obra, *O Direito Internacional da Propriedade Intelectual*, p. 27-45. *Vide* ainda João da Gama Cerqueira, que igualmente expõe as diversas teorias sobre a natureza dos direitos de propriedade intelectual. In: CERQUEIRA, João da Gama. *Tratado da Propriedade Industrial*. 2 ed., v. 1. São Paulo: Revista dos Tribunais, 1982. Para ele, o direito sobre bens imateriais é de natureza real e se classifica como propriedade sobre bens incorpóreos – propriedade imaterial.
34. Pontes de Miranda considerava direito real sobre bem incorpóreo. Para ele, "o substrato filosófico dos juristas gregos e romanos e dos próprios juristas medievais e pós-medievais não lhe permitia que vissem haver *res incorporalis* que podiam ser objeto de direitos reais. A hostilidade, a relutância, a cegueira que os impedia, ainda perdurou até o século XX, com dano enorme para a ciência". Sustenta que "os direitos reais sobre bens incorpóreos intelectuais (literários, artísticos, científicos) formam-se sem necessidade de qualquer ato do Estado. Não há qualquer direito ou pretensão a que se constituam. A tutela jurídica declarativa começa por amparar direitos reais, e não só direitos formativos geradores. O direito privado prescinde, aí, de qualquer regra de direito público". Para ele, "a propriedade intelectual pertence ao direito privado". E segue, "o que concerne ao processo e ao direito penal sem dúvida se aloja no direito público. Mas o direito formativo gerador e o direito formado são direitos privados, que têm proteção constitucional como a propriedade em geral e sobre bem corpóreo". Ele fala ainda em "direito formativo gerador material", que o titular possui a partir do pedido de registro, que faz existir o direito real (*Tratado de Direito Privado*, t. XVII, p. 377-379).
35. Rodrigo Otávio, por sua vez, adota a expressão *bens intelectuais*, e lembra as palavras usadas pelo Imperador D. Pedro II, para dizer que o pensamento não pode ser objeto de propriedade, como as coisas corpóreas. É produto da inteligência e participa da natureza dela, é um produto da personalidade garantido pela liberdade da manifestação – direito pessoal. Assim que manifestado, entra na comunhão intelectual da humanidade, sendo insuscetível de apropriação exclusiva. In: BASSO, Maristela. *O Direito Internacional da Propriedade Intelectual*, p. 39.
36. Os direitos patrimoniais do autor compreendem as faculdades de utilizar, fruir e dispor de sua obra, bem como de autorizar sua utilização ou fruição por terceiros, no todo ou em parte. Podem ser alienáveis pelo autor ou por seu sucessor, enquanto não estiver em domínio público.
37. Carlos Alberto Bittar salienta que várias teorias foram oferecidas para explicar a natureza do Direito de Autor, que ora era considerado como um privilégio, ora como direito de propriedade, ora como direito da personalidade, além de inúmeras variações e combinações. In: *Direito de Autor*. 2. ed. Rio de Janeiro: Forense Universitária, 1994, p. 10.
38. BITTAR, Carlos Alberto. *Direito de Autor*, p. 11.
39. ASCENSÃO, José de Oliveira. *Direito Intelectual, exclusivo e liberdade*, p. 42.

essencial. Por outro lado, distingue claramente a propriedade *urbana* (art. 182, § 2º), a propriedade *rural* (art. 5º, XXVI, e arts. 184, 185 e 186), a propriedade de *recursos minerais* (art. 176), a propriedade de *empresa jornalística e de radiodifusão sonora e de sons e imagens* (art. 222), cada espécie com seus regimes jurídicos próprios. Ainda, institui regras especiais para outras manifestações da propriedade. Ademais, dentre as propriedades referidas como garantias fundamentais, encontram-se: a *propriedade autoral*, a *propriedade de inventos e de marcas e patentes* e a *propriedade do bem de família*.

Assim, o conceito constitucional de propriedade é muito amplo, e compreende o complexo de direitos patrimoniais, que podem ser economicamente traduzíveis. No sentido da Constituição, o direito de propriedade não compreende apenas a propriedade material, porém, tem um amplo sentido. Por isso, inclui-se no sentido constitucional de propriedade o contexto patrimonial do direito do autor e os que lhe são conexos. Portanto, direito de autor é uma modalidade especial de direito de propriedade, que representa uma relação jurídica de natureza pessoal, patrimonial e também obrigacional – *sui generis*.

E por fazer menção "ao direito exclusivo de utilização, publicação ou reprodução", e ao fato de ser "transmissível aos herdeiros pelo tempo que a lei fixar", o presente inciso estabelece apenas a proteção ao conteúdo patrimonial do direito autoral. Ou seja, cabe ao autor, exclusivamente, o direito de utilizar, fruir e dispor da obra literária, artística ou científica, e ainda autorizar o uso e transmitir por sucessão dos direitos sobre a criação[40]. É esse aspecto patrimonial do direito autoral que a Constituição protege como direito fundamental, e que se extingue quando decorridos os prazos definidos na Lei, quando cai a obra em domínio público, tornando-se livre sua utilização e exploração.

E porque o inciso XXVII do art. 5º da CF faz referência tão somente aos direitos patrimoniais do autor, concordamos com a posição de Guilherme Carboni ao sustentar que "o constituinte falhou ao não fazer referência expressa ao direito de *paternidade* – o único direito moral de autor por excelência – no rol dos direitos e garantias fundamentais do art. 5º da Carta Magna". Assevera que apenas o direito de paternidade do autor mereceria a classificação como direito fundamental, e não o direito patrimonial do autor (tampouco a propriedade industrial, que analisaremos no inciso XXIX) que, para ele, "são reflexos de movimentos de política econômica e cultural"[41]. E vai além, ao destacar que apesar da dimensão constitucional social e solidária que limita o direito de propriedade (notadamente no inciso XXIII do art. 5º, que sujeita a propriedade, em geral, à sua função social), esse fenômeno não ocorreu com a mesma força no âmbito do direito de autor. Não há no presente inciso referência expressa à função que o direito de autor deveria desempenhar na sociedade. Mas, por não se realizar o direito do autor afastado da sociedade e levando-se em conta os demais preceitos expressos e implícitos desta CF, pode-se afirmar, sem medo de errar, que o direito do autor também deve ser exercido nos limites de sua função social.

9. A proteção infraconstitucional do direito do autor

A Lei n. 9.610, de 19 de fevereiro de 1998, regula os direitos autorais, entendendo-se sob essa denominação os direitos de autor e os que lhes são conexos. A proteção aos direitos de autor não depende de registro.

O programa de computador, por sua vez, é da mesma forma protegido como obra intelectual, conforme art. 7º, inciso XII, da Lei n. 9.610/98, mas seu regime de proteção à propriedade intelectual é objeto de lei específica, devendo ser observadas as disposições da lei autoral no que lhe seja aplicável. A Lei n. 9.609, de 19 de fevereiro de 1998, dispõe sobre a proteção da propriedade intelectual de programa de computador, sua comercialização no País, e dá outras providências. Essas obras poderão, a critério do titular dos respectivos direitos, ser registradas no Instituto Nacional da Propriedade Industrial – INPI.

9.1. Prazo de duração da proteção: restrição de direito fundamental

O inciso em análise garante ao autor exclusividade de direito a utilização, publicação ou reprodução de suas obras, transmissível aos herdeiros. Mas esse direito é limitado no tempo pela Lei n. 9.610/98. Quando o prazo de duração da proteção autoral se esgota, a obra cai em domínio público, podendo ser livremente explorada.

Pela Lei, os direitos patrimoniais do autor perduram por toda a vida do autor e mais setenta anos contados de 1º de janeiro do ano subsequente ao de sua morte, obedecida a ordem sucessória da lei civil (art. 41). Esse é também o prazo de duração das obras póstumas. No caso de a obra literária, artística ou científica realizada em coautoria ser indivisível, o prazo de setenta anos será contado da morte do último dos coautores sobreviventes, e acrescer-se-ão aos dos sobreviventes os direitos do co-autor que falecer sem sucessores (art. 42 e parágrafo único). Quanto às obras anônimas ou pseudônimas, será de setenta anos o prazo de proteção aos direitos patrimoniais, contado de 1º de janeiro do ano imediatamente posterior ao da primeira publicação (art. 43). E com relação às obras audiovisuais e fotográficas, o prazo de proteção dos direitos patrimoniais será de setenta anos, a contar de 1º de janeiro do ano subsequente ao de sua divulgação.

Com relação à duração da proteção do direito de autor de programas de computador (*software*), o § 2º do art. 2º da Lei n. 9.609/98 prescreve que fica assegurada a tutela dos direitos relativos a programa de computador pelo prazo de cinquenta anos, contados a partir de 1º de janeiro do ano subsequente ao da sua publicação ou, na ausência desta, da sua criação.

9.2. Os direitos morais do autor

O art. 24 da Lei n. 9.619/98 estabelece o elenco de direitos morais do autor, que são inalienáveis e irrenunciáveis[42], daí dizer

---

40. BITTAR, Carlos Alberto. *Contornos Atuais do Direito do Autor*, p. 22-23.
41. CARBONI, Guilherme. *Função Social do Direito de Autor*. Curitiba: Juruá, 2006, p. 145.

42. "Art. 24. São direitos morais do autor: I – o de reivindicar, a qualquer tempo, a autoria da obra; II – o de ter seu nome, pseudônimo ou sinal convencional indicado ou anunciado, como sendo o do autor, na utilização de sua obra; III – o de conservar a obra inédita; IV – o de assegurar a integridade da obra, opondo-se a quaisquer modificações ou à prática de atos que, de qualquer forma, possam prejudicá-la ou atingi-lo, como autor, em sua reputação ou honra; V – o de modificar a obra, antes ou depois de utilizada; VI – o de retirar de

que são considerados direitos da personalidade. Mas nem todos se extinguem com a morte do autor. O § 1º do art. 24 da lei autoral em vigor determina que alguns direitos morais subsistam e sejam transmitidos aos sucessores do autor e ao Estado: 1) o direito de reivindicar, a qualquer tempo, a autoria da obra – paternidade; 2) o de ter seu nome, pseudônimo ou sinal convencional indicado ou anunciado, como sendo o do autor, na utilização de sua obra – nominação; 3) o de conservar a obra inédita; 4) o de assegurar a integridade da obra, opondo-se a quaisquer modificações ou à prática de atos que, de qualquer forma, possam prejudicá-la ou atingi-lo, como autor, em sua reputação ou honra[43].

Já os direitos morais do autor de programa de computador resumem-se às disposições relativas aos direitos de reivindicar a paternidade do programa de computador e o de opor-se a alterações não autorizadas, quando estas impliquem deformação, mutilação ou outra modificação do programa de computador, que prejudiquem a sua honra ou a sua reputação.

10. O Direito de Autor e a aplicação da regra do "Teste dos Três Passos"

No que diz respeito aos direitos de autor, estabelece o art. 13 do TRIPS[44] que "os Membros restringirão as limitações aos direitos exclusivos a determinados casos especiais, que não conflitem com a exploração normal da obra e não prejudiquem injustificadamente os interesses legítimos do titular do direito".

Vê-se que esta disposição, que pode se aplicar também a todos os direitos conexos, contém uma exceção muito ampla, se compararmos com os artigos similares da Convenção da União de Berna para a Proteção das Obras Literárias e Artísticas (1886) e da Convenção de Roma para a Proteção dos Artistas Intérpretes ou Executantes, dos Produtores de Fonogramas e dos Organismos de Radiodifusão (1961).

A justificativa dessa limitação está no próprio sistema internacional de proteção dos direitos de autor e conexos que visa também alcançar um equilíbrio entre os interesses privados (dos autores e empresas cujas atividades dependem destes direitos) e públicos de acesso às obras protegidas. Nesse sentido, a Convenção da União de Berna e o Acordo TRIPS autorizam os Estados-membros a estabelecerem limitações aos direitos patrimoniais dos autores com vistas à promoção de determinadas políticas públicas.

Contudo, as restrições estão limitadas à regra do "Teste dos Três Passos" (ou *"three-step test"*), que regula e norteia as limitações aos direitos exclusivos dos autores. A norma geral do "Teste dos Três Passos" (*"three-step test"*) foi introduzida na Convenção da União de Berna, em 1967, durante a revisão de Estocolmo.

Vejamos, um pouco mais de perto esta regra e seus efeitos nas limitações aos direitos de autor e conexos.

a) As limitações aos direitos exclusivos dos autores e a regra do "Teste dos Três Passos" (*"three-step test"*)

A norma geral do "Teste dos Três Passos" (*"three-step test"*), que regula e norteia as limitações aos direitos exclusivos dos autores, foi introduzida na Convenção da União de Berna, em 1967, durante a revisão de Estocolmo, e está atualmente prevista no art. 9.2 da Convenção de Berna (revisão de Paris) e no art. 13 do Acordo TRIPS da OMC, conforme se lê:

"Art. 9.2 da Convenção de Berna
2) Às legislações dos países da União reserva-se a faculdade de permitir a reprodução das referidas obras em certos casos especiais, contanto que tal reprodução não afete a exploração normal da obra nem cause prejuízo injustificado aos interesses legítimos do autor."

"Art. 13 do Acordo TRIPS da OMC
Os Membros restringirão as limitações ou exceções aos direitos exclusivos a determinados casos especiais, que não conflitem com a exploração normal da obra e não prejudiquem injustificadamente os interesses legítimos do titular do direito."

Até a adoção da regra do "Teste dos Três Passos", os Estados-partes da Convenção de Berna adotavam inúmeras limitações aos direitos autorais que, não raramente, esvaziavam os direitos patrimoniais dos titulares de direitos autorais. Um dos objetivos das negociações de Estocolmo foi o de estabelecer uma regra geral que fosse cumprida por toda e qualquer limitação aos direitos autorais, ou seja, os Estados-partes da Convenção de Berna manteriam a discricionariedade para estabelecer exceções aos direitos autorais. Entretanto, estas necessariamente preencheriam as condições fixadas pelo art. 9.2 da Convenção de Berna. O exame dos anais das negociações de Estocolmo esclarece que o fundamento do "Teste dos Três Passos" é o de impedir que as obras reproduzidas sob os auspícios das limitações aos direitos autorais entrem em competição, direta ou indireta, com a obra introduzida no mercado diretamente ou com o consentimento do titular de direitos autorais.

A questão que se insurge é qual teria sido a razão da transposição/repetição do "Teste dos Três Passos" da Convenção de Berna para o Acordo TRIPS da OMC?

No âmbito de Berna, o "Teste dos Três Passos" era aplicável apenas às limitações ao direito de reprodução. O Acordo TRIPS, por sua vez, expande o escopo de aplicação do "Teste dos Três Passos" para todas as limitações aos direitos exclusivos dos titulares de direitos autorais, ou seja, mesmo as limitações explicitamente arroladas na Convenção de Berna – as chamadas exceções *jure conventionium* – deverão ser avaliadas pelo "Teste dos Três Passos" antes de serem observadas no caso concreto.

Consequentemente, todas as limitações aos direitos patrimoniais dos titulares de direitos autorais (nos direitos internos) deverão passar pelo crivo do "Teste dos Três Passos" antes de sua aplicação. A regra do "Teste dos Três Passos" reflete a necessidade de se manter o equilíbrio entre os direitos dos autores e o in-

---

circulação a obra ou de suspender qualquer forma de utilização já autorizada, quando a circulação ou utilização implicarem afronta à sua reputação e imagem; VII – o de ter acesso a exemplar único e raro da obra, quando se encontre legitimamente em poder de outrem, para o fim de, por meio de processo fotográfico ou assemelhado, ou audiovisual, preservar sua memória, de forma que cause o menor inconveniente possível a seu detentor, que, em todo caso, será indenizado de qualquer dano ou prejuízo que lhe seja causado."
43. Conforme Guilherme Carboni, a transmissão desses direitos para os sucessores do autor e o Estado fundamenta-se no interesse público na preservação da obra e, principalmente, em assegurar a sua paternidade, ainda depois do falecimento do autor. *In:* CARBONI, Guilherme. *Op. cit.*, p. 162.
44. O TRIPS – "Trade Related Aspects of Intellectual Property Rigths" integra o "Acordo Constitutivo da Organização Mundial do Comércio" (OMC) e entrou em vigor no Brasil por meio do Decreto Presidencial n. 1.355, de 30 de dezembro de 1994, publicado no Diário Oficial da União de 31 de dezembro de 1994.

teresse do grande público, isto é, interesses relacionados à educação, pesquisa e acesso à informação.

À luz da Doutrina da Interpretação Consistente, o "Teste dos Três Passos" é a diretriz que deve ser empregada pelo intérprete/aplicador das limitações aos direitos de autor e conexos na definição do escopo das limitações e sua aplicação, no caso concreto, a fim de não se causar um prejuízo injustificado aos interesses legítimos dos autores e empresas cujas atuações sejam intimamente dependentes dos direitos autorais e, por último, mas não menos importante, para não se infringirem obrigações internacionais assumidas pelo Estado-membro no âmbito do regime OMC/TRIPS.

Contudo, embora os Estados-membros do TRIPS gozem da liberdade de incorporar seus padrões mínimos, de acordo com suas realidades e objetivos econômicos, essa liberdade se circunscreve ao respeito e observância dos princípios gerais de TRIPS e do Acordo Constitutivo da OMC. Não é possível a um Estado-membro contemplar os direitos de autor e conexos, segundo os padrões mínimos do TRIPS, e depois limitá-los e excepcioná-los a ponto de neutralizá-los, ferindo as Convenções de Berna e Roma, o que implicaria violação do princípio da "interação entre tratados internacionais sobre a matéria".

b) A regra do "Teste dos Três Passos" no STJ

A regra do "teste dos três passos" já foi reconhecida pelo Superior Tribunal de Justiça, no Brasil, no Resp N. 964.404 – ES (2007/0144450-5), cujo relator foi o Ministro PAULO DE TARSO SANSEVERINO. Neste julgado ficou clara a:

"Necessidade de interpretação sistemática e teleológica do enunciado normativo do art. 46 da Lei n. 9.610/98 à luz das limitações estabelecidas pela própria lei especial, assegurando a tutela de direitos fundamentais e princípios constitucionais em colisão com os direitos do autor, como a intimidade, a vida privada, a cultura, a educação e a religião."

Também determinou-se que:

"O âmbito efetivo de proteção do direito à propriedade autoral (art. 5º, XXVII, da CF) surge somente após a consideração das restrições e limitações a ele opostas, devendo ser consideradas, como tais, as resultantes do rol exemplificativo extraído dos enunciados dos artigos 46, 47 e 48 da Lei 9.610/98, interpretadas e aplicadas de acordo com os direitos fundamentais."

Ademais:

"A utilização, como critério para a identificação das restrições e limitações, da regra do teste dos três passos ('three-step test'), disciplinada pela Convenção de Berna e pelo Acordo OMC/TRIPS. IV – Reconhecimento, no caso dos autos, nos termos das convenções internacionais, que a limitação da incidência dos direitos autorais "não conflita com a utilização comercial normal de obra" e "não prejudica injustificadamente os interesses do autor".

11. O Direito de Autor e Conexos e seu reconhecimento na categoria dos Direitos Humanos

Em primeiro lugar, quando se analisa a intenção do legislador constitucional, deve-se ter presente que o sistema brasileiro de proteção dos direitos autorais e conexos é fortemente influenciado pelo sistema francês do *"droit d´auteur"*, e tem como eixo central a proteção do autor.

Em seguida, temos que considerar que o art. 5º, XXVII tem sua gênese no art. 27.2 da "Declaração Universal dos Direitos do Homem" e no art. 15.c do "Pacto Internacional sobre Direitos Econômicos, Sociais e Culturais". A "Comissão sobre Direitos Econômicos, Sociais e Culturais da Organização das Nações Unidas" adotou, em 21 de novembro de 2005, em sua 35ª Sessão, o Comentário Geral n. 17 com o objetivo de "ajudar os Estados-partes a aplicar e implementar o Pacto".

Por meio da aplicação da Doutrina da Interpretação Consistente, deve-se interpretar o conteúdo do art. 5º, XXVII, da CF a partir das observações dispostas no Comentário Geral n. 17 da ONU, cujos trechos mais representativos para este estudo reproduzimos abaixo e sumarizam o conteúdo do art. 15.c do Pacto:

"Em conformidade com os demais instrumentos de direitos humanos, assim como com os acordos internacionais sobre a proteção dos interesses morais e materiais que correspondem às pessoas em razão de suas produções científicas, literárias ou artísticas, o Comitê considera que a alínea c do parágrafo 1º do art. 15 do Pacto estabelece como mínimo as seguintes obrigações básicas, que são de aplicação imediata:

a) adotar as medidas legislativas ou de outra índole necessárias para assegurar a proteção efetiva dos interesses morais e materiais dos autores;

b) proteger o direito dos autores a serem reconhecidos como criadores de suas produções científicas, literárias e artísticas e a oporem-se a qualquer deformação, mutilação ou outra modificação das mesmas ou qualquer outra ação que atente contra elas, que cause prejuízo a sua honra ou reputação.

c) respeitar e proteger os interesses materiais básicos dos autores derivados de suas produções científicas, literárias ou artísticas, que necessitam para manter, no mínimo, um nível de vida adequado;

d) garantir o acesso em pé de igualdade, em particular dos autores pertencentes a grupos vulneráveis ou marginalizados, aos procedimentos administrativos e os recursos judiciais ou de outra índole adequados que permitam aos autores obter reparação em caso de que não se haja respeitado seus interesses morais e materiais;

e) alcançar um equilíbrio adequado entre a necessidade de uma proteção efetiva dos interesses morais e materiais dos autores e as obrigações dos Estados-partes em relação aos direitos à alimentação, à saúde, à educação, assim como aos direitos de participar na vida cultural e gozar dos benefícios do progresso científico e de suas aplicações e qualquer outro direito reconhecido no Pacto."

O Estado brasileiro, portanto, nos termos da Constituição Federal, deve aplicar direta e imediatamente o disposto no art. 15.c do Pacto, que, por sua vez, deve refletir e integrar-se na interpretação dada ao 5º, inciso XXVII, da Carta Fundamental.

12. Conclusão

Pela análise do presente inciso, conclui-se que o direito do autor é uma modalidade especial de direito de propriedade com matriz constitucional, que representa uma relação jurídica de natureza pessoal, patrimonial e obrigacional, ao mesmo tempo. Por isso, compõe uma categoria de direito privado autônoma, *sui generis*. Todavia, a proteção constitucional do direito do autor nos leva a entender que sua natureza jurídica pertence à noção clássica de direito real-patrimonial, porque o presente inciso não faz referência ao conteúdo moral, personalíssimo, notadamente, ao direito de paternidade da obra. E, ao contrário do que ocorre com o inciso XXIX, sobre propriedade industrial, a proteção do direito do autor não está "expressamente" vinculada à função de promover o desenvolvimento econômico, cultural e tecnológico do país. Entendimento este a que se pode chegar recorrendo-se a princípios de interpretação mais amplos, retirados do próprio leito constitucional, que penetram a exegese do inciso XXVII e condicionam o gozo dos direitos autorais à sua função social.

13. Bibliografia

ARAÚJO, Edmir Netto de. *Proteção judicial do direito de autor*. São Paulo: LTr, 1999.

ASCENSÃO, José Oliveira. *Direito Autoral*. 2. ed. Rio de Janeiro: Renovar, 1997.

_____. Direito intelectual, exclusivo e liberdade. *Revista da ABPI – Associação Brasileira da Propriedade Intelectual*, n. 59, p. 40-49, jul./ago. 2002.

ACQUAVIVA, Marcus Cláudio. *Dicionário Jurídico Brasileiro Acquaviva*: de acordo com o novo Código Civil. São Paulo: Jurídica Brasileira, 2004.

BARBOSA, Denis Borges. Bases Constitucionais da Propriedade Intelectual. *Revista da ABPI – Associação Brasileira da Propriedade Intelectual*, n. 59, p. 16-39, jul./ago. 2002.

BARROSO, Luís Roberto. *Interpretação e Aplicação da Constituição*. 6. ed. São Paulo: Saraiva, 2006.

BASSO, Maristela. *O Direito Internacional da Propriedade Intelectual*. Porto Alegre: Livraria do Advogado, 2000.

BITTAR, Carlos Alberto. *Direito de Autor*. 2. ed. Rio de Janeiro: Forense Universitária, 1994.

_____. *Contornos atuais do direito do autor*. 2. ed. São Paulo: Revista dos Tribunais, 1999.

BONAVIDES, Paulo. *Curso de Direito Constitucional*. 21. ed. São Paulo: Malheiros, 2007.

CANOTILHO, José Joaquim Gomes. *Direito Constitucional e Teoria da Constituição*. 7. ed. Coimbra, Portugal: Almedina, 2003.

CARBONI, Guilherme. *Função Social do Direito de Autor*. Curitiba: Juruá, 2006.

CERQUEIRA, João da Gama. *Tratado da Propriedade Industrial*. 2. ed. São Paulo: Revista dos Tribunais, 1982, v. 1.

_____. *Tratado da Propriedade Industrial*. 2. ed. São Paulo: Revista dos Tribunais, 1982, v. 2.

COSTA NETTO, José Carlos. *Direito Autoral no Brasil*. Coordenação Hélio Bicudo. São Paulo: FTD, 1998.

CRETELLA JÚNIOR, José. *Comentários à Constituição Brasileira de 1988*. 3. ed. Rio de Janeiro: Forense Universitária, 1997, v. 1.

ENCICLOPÉDIA SARAIVA DO DIREITO. Coordenação do Prof. Limongi França. São Paulo, 1977.

PONTES DE MIRANDA, F. C. *Tratado de Direito Privado*: parte especial. 4. ed. São Paulo: Revista dos Tribunais. 1983, t. XVII.

SILVA, José Afonso da. *Curso de Direito Constitucional Positivo*. 27 ed. São Paulo: Malheiros, 2007.

SOARES, Orlando. *Comentários à Constituição da República Federativa do Brasil (promulgada em 05.10.1988)*. Rio de Janeiro: Forense, 2002.

Art. 5º, XXVIII – são assegurados, nos termos da lei:
a) a proteção às participações individuais em obras coletivas e à reprodução da imagem e voz humanas, inclusive nas atividades desportivas;
b) o direito de fiscalização do aproveitamento econômico das obras que criarem ou de que participarem aos criadores, aos intérpretes e às respectivas representações sindicais e associativas;

Maristela Basso

1. Introdução

A Constituição de 1988, diferentemente das anteriores, desdobrou os direitos do autor, que já mereceram estudo no inciso anterior, para proteger também as situações mais complexas. A presente proteção reforça e complementa a titularidade dos direitos do autor, garantindo-lhe também a participação individual em obras coletivas e a propriedade em relação à exploração de sua própria imagem e voz. Esse é um aspecto muito importante, tendo em vista a proliferação dos meios de comunicação de massa, que atingem número indefinido de pessoas, conferindo aos artistas, atletas, locutores, uma garantia extra de proteção a seu favor.

Vê-se no texto deste inciso três tipos de direitos: o das participações individuais em obras coletivas, o das reproduções da imagem e voz humanas, e o de fiscalização do aproveitamento econômico das obras. São direitos assegurados entre os fundamentais, cuja interpretação sistemática e finalística destina-se a todos os indivíduos, brasileiros ou estrangeiros, residentes, ou não, que se encontrem no Brasil, sem distinção de qualquer natureza. Contudo, é norma de eficácia limitada, de aplicação mediata, uma vez que os direitos dela decorrentes dependem da promulgação de lei ordinária ulterior. Assim, as normas em análise não são autoaplicáveis, muito embora o art. 5º, § 1º da Carta determine que "as normas definidoras dos direitos e garantias fundamentais têm aplicação imediata". No que se refere ao direito de autor e os que lhe são conexos, é imprescindível lei posterior. E assim foi feito com a promulgação da Lei n. 9.610, de 19 de fevereiro de 1998.

2. Natureza jurídica

Como examinado no inciso anterior, a natureza dos direitos de autor é disputada entre os doutrinadores, tendo em vista a carga de direitos reais, pessoais e obrigacionais que carrega ao mesmo tempo, representando, portanto, uma nova categoria de direito privado ou, em outras palavras, implicando categoria de direitos *sui generis*. O presente inciso nada mais é do que um reforço à titularidade de direitos dos autores, artistas e intérpretes.

E além dos direitos morais que sempre cabem a cada um, a Constituição prevê o direito de participação de caráter patrimonial. Com respeito ao direito de fiscalização do aproveitamento econômico reconhecido às representações sindicais e associativas, subentende-se que, para isso, estejam autorizadas pelo criador ou intérprete, tudo nos termos de lei de regulamentação[1].

3. Direito de proteção à participação individual em obras coletivas

A Constituição protege como direito fundamental a participação individual dos diferentes autores que contribuíram para a elaboração de uma obra, publicada sob o nome ou marca de uma pessoa física ou jurídica. Com efeito, não raro diversos autores reúnem-se para escrever sobre determinado assunto, resultando na publicação de obras coletivas, como enciclopédias, livros em coautoria e obras científicas. Além dos contratos de edição, ocorre ainda a questão das participações individuais nos direitos dos artistas, intérpretes ou executantes quando vários deles participam da interpretação e execução. São situações complexas em que a autoria da obra não cabe apenas a um autor, mas sim a uma equipe, uma coletividade de autores, um conjunto de esforços. Nesse sentido, a Constituição prevê que a lei ordinária ulterior assegurará que a exclusividade do autor para utilização, publicação ou reprodução de suas obras artísticas, científicas ou literárias, como criação singular, é assegurada da mesma forma ao autor que participa de obra coletiva. A participação aqui prevista é de caráter patrimonial.

3.1. A previsão infraconstitucional sobre as obras coletivas

De acordo com o art. 5º, VII, *h*, da Lei n. 9.610/98, que regula os direitos autorais no país, obra coletiva é a criada por iniciativa, organização e responsabilidade de uma pessoa física ou jurídica, que a publica sob seu nome ou marca, e que é constituída pela participação de diferentes autores, cujas contribuições se fundem em uma criação autônoma. O que caracteriza a obra coletiva é a multiplicidade de autores sob uma direção que por essa obra se responsabiliza.

Reafirmando a disposição constitucional, o art. 17 da Lei n. 9.610/98 garante a proteção às participações individuais em obras coletivas, assegurando que qualquer dos participantes, no exercício de seus direitos morais, poderá proibir que se indique ou anuncie seu nome na obra coletiva, sem prejuízo do direito de haver a remuneração contratada. Dispõe que cabe ao organizador a titularidade dos direitos patrimoniais sobre o conjunto da obra coletiva. E o contrato com o organizador especificará a contribuição do participante, o prazo para entrega ou realização, a remuneração e demais condições para sua execução.

O art. 88 da Lei Autoral diz respeito às obrigações do organizador da obra coletiva, o titular dos direitos patrimoniais sobre o conjunto da obra coletiva, perante os outros autores. Ao publicar a obra coletiva, o organizador deverá mencionar em cada exemplar, entre outros, a relação de todos os participantes, em ordem alfabética, se outra não houver sido convencionada. E para proibir que se indique ou anuncie seu nome na obra coletiva, sem prejuízo do direito de haver a remuneração contratada, qualquer dos participantes, no exercício de seus direitos morais, deverá notificar o organizador, por escrito, até a entrega de sua participação[2].

4. Reprodução da imagem e voz humanas, inclusive nas atividades desportivas

No presente inciso, protege-se a imagem e voz humana, *in casu*, a dos artistas, intérpretes e executantes, completando-se à garantia constitucional da inviolabilidade da imagem das pessoas, que assegura o direito a indenização pelo dano material ou moral decorrente de sua violação (art. 5º, X). A reprodução independe da forma em que é captada, como fotografia, desenho, filmagem, escultura, e não pode ser reproduzida, seja para efeito econômico, ou não, sem a autorização expressa da pessoa cuja imagem foi reproduzida. Aqui se insere a imagem dos artistas intérpretes ou executantes.

O direito à imagem traduz o vínculo que une uma pessoa à sua expressão externa, ao conjunto de traços e caracteres que a individualizam. É o direito que tem uma pessoa de impedir que outrem a utilize, sem sua prévia autorização. Está vinculado aos demais direitos da personalidade, à preservação de valores fundamentais do homem, configurando, portanto, um direito irrenunciável e inalienável[3]. Os aspectos aqui tratados se referem ao civil, moral e patrimonial, e não o penal, tendo em vista que a violação da imagem da pessoa assegura o direito à indenização pelo dano material ou moral, decorrentes disso.

Da mesma forma como ocorre com a imagem física da pessoa, a sua voz humana não pode ser reproduzida sem a autorização do artista, executante, intérprete, independentemente da forma em que seja captada, para fins econômicos, ou não. A voz falada também reflete a personalidade do homem no mundo jurídico e a Constituição protege a voz dos artistas intérpretes ou executantes: todos os atores, cantores, músicos, bailarinos ou outras pessoas que representem um papel, cantem, recitem, declamem, interpretem ou executem em qualquer forma obras literárias ou artísticas ou expressões do folclore.

4.1. Previsão infraconstitucional

A Lei n. 9.610/98 define os princípios que garantem proteção aos direitos morais[4] e patrimoniais dos artistas, intérpretes e

---

1. FERREIRA FILHO, Manoel Gonçalves. *Comentários à Constituição Brasileira de 1988*, p. 49.

2. "INDENIZATÓRIA. DIREITO AUTORAL. INEXISTÊNCIA DE AFRONTA. PUBLICAÇÃO DE OBRA COLETIVA. AUSÊNCIA DE MENÇÃO AO NOME DO AUTOR NA CAPA. REFERÊNCIA AO AUTOR NAS PÁGINAS INTERNAS. Tendo o autor participado apenas como colaborador da obra, cedendo artigo para publicação, não procede a pretensão de ver seu nome incluído na capa do livro, onde constam apenas os nomes dos coordenadores, ou seja, daqueles que tiveram efetiva participação na elaboração global da obra (...). Recursos improvidos" (Apelação Cível n. 70014074793, Nona Câmara Cível, TJRS, rel. Marilene Bonzanini Bernardi, julgado em 19/04/2006).

3. BITTAR, Carlos Alberto. *Contornos atuais do direito do autor*, p. 212.

4. Conforme o art. 92 da Lei n. 9.610/98, "aos intérpretes cabem os direitos morais de integridade e paternidade de suas interpretações, inclusive depois da cessão dos direitos patrimoniais, sem prejuízo da redução, compactação, edição ou dublagem da obra de que tenham participado, sob a responsabilidade do produtor, que não poderá desfigurar a interpretação do artista".

executantes (arts. 90 e s.). E é no sentido constitucional que o art. 90, § 2º, da Lei n. 9.619/98 estende a proteção aos artistas intérpretes ou executantes à reprodução da voz e imagem, quando associadas às suas atuações, e estabelece que o artista intérprete ou executante tem o direito exclusivo de, a título oneroso ou gratuito, autorizar ou proibir: 1) a fixação de suas interpretações ou execuções; 2) a reprodução, a execução pública e a locação das suas interpretações ou execuções fixadas; 3) a radiodifusão das suas interpretações ou execuções, fixadas ou não; 4) a colocação à disposição do público de suas interpretações ou execuções, de maneira que qualquer pessoa a elas possa ter acesso, no tempo e no lugar que individualmente escolherem.

De acordo com a lei, as empresas de radiodifusão poderão realizar fixações de interpretação ou execução de artistas que as tenham permitido para utilização em determinado número de emissões, facultada sua conservação em arquivo público (art. 91). Nesse caso, a Constituição determina também a garantia na participação econômica quando a empresa contrata com terceiros, inclusive empresas estrangeiras, como ocorre com as novelas aqui realizadas e vendidas para televisões no exterior. Nessas hipóteses, é imprescindível a autorização dos titulares dos bens intelectuais incluídos no programa, assim como é devida remuneração adicional aos titulares para cada nova utilização (art. 91, parágrafo único).

4.2. Atividades desportivas

A proteção constitucional também incide sobre a exploração da imagem e voz humana nas atividades esportivas, e não é permitida a sua reprodução, para fins econômicos ou de diversão, sem a autorização dos jogadores. Com efeito, por decorrência dos meios de comunicação em massa, a imagem dos jogadores que protagonizam o espetáculo, assim como a voz daqueles que o estão narrando, pode ser captada, ao mesmo tempo, por milhões de pessoas. E a voz do locutor esportivo não pode ser reproduzida sem a sua autorização[5].

A Lei n. 5.988/73, revogada pela atual Lei n. 9.610/98, abrigava, entre os direitos conexos aos de autor, o "direito de arena", que ficou desamparado pela Lei Autoral vigente. Aquela lei, já revogada, dispunha, em seu art.100: "À entidade a que esteja vinculado o atleta, pertence o direito de autorizar, ou proibir, a fixação, transmissão ou retransmissão, por quaisquer meios ou processos de espetáculo desportivo público, com entrada paga". O mesmo dispositivo assegurava a participação de 20% do preço da autorização, divididos em partes iguais aos atletas participantes do espetáculo.

O dispositivo referia-se à "entidade" e silenciava sobre a possibilidade de eventual fixação particularizada pelo atleta que, em função de uso posterior não autorizado, poderia constituir violação à imagem dele, com fundamento no art. 5º, XXVIII, a, da Constituição Federal. O direito de arena da lei anterior não era atribuído ao atleta, e o principal beneficiário era a entidade em que ele estivesse vinculado.

José de Oliveira Ascensão[6] destaca que o direito à imagem pertenceria ao atleta e, no direito de arena, à entidade em que ele estiver vinculado. Os clubes teriam que informar aos atletas o que embolsaram às suas custas. Mas transmitir um espetáculo esportivo não implica violar a imagem do atleta. E o presente inciso da CF assegura proteção à imagem nas atividades desportivas, mas não limita o tipo de proteção. Pela Constituição, a participação aos atletas sempre deve existir, mesmo que o espetáculo seja livre. O direito de arena não foi recepcionado pela Lei Autoral vigente, deixando uma lacuna que deve ser preenchida por outra lei, ou pela interpretação.

5. O direito de fiscalização do aproveitamento econômico aos criadores, intérpretes e às respectivas representações sindicais e associativas

Pela primeira vez a Constituição assegura, nos termos da lei ordinária, o direito de fiscalização pelo autor, intérprete e respectivas representações sindicais e associativas, do aproveitamento econômico da exploração da obra.

Assegurar o direito de fiscalização da exploração econômica da obra às respectivas representações sindicais e associativas visa resolver um problema de direito autoral muito sério no país: o da eficácia das entidades arrecadadoras. Muitos autores de grande sucesso não chegam a receber quase nada por suas obras. Daí por que a norma em comentário permite aos próprios autores, intérpretes e respectivos sindicatos e associações a fiscalização do aproveitamento econômico da obra, subentendendo-se que, para isso, sejam autorizadas pelo autor ou intérprete[7].

5.1. A previsão infraconstitucional

O art. 97 da Lei Autoral vigente permite aos autores e aos titulares de direitos conexos o direito de associar-se sem intuito de lucro, para o exercício e defesa de seus direitos. Com o ato de filiação, as associações tornam-se mandatárias de seus associados para a prática de todos os atos necessários à defesa judicial ou extrajudicial de seus direitos autorais, bem como para sua cobrança.

O art. 30, § 2º, da Lei Autoral vigente dispõe que "em qualquer modalidade de reprodução, a quantidade de exemplares será informada e controlada, cabendo a quem reproduzir a obra a responsabilidade de manter os registros que permitam, ao autor, a fiscalização do aproveitamento econômico da exploração".

E regulamentando essa disposição constitucional, o artigo 100 da Lei Autoral em vigor estabelece que o sindicato ou associação profissional que congregue mais de um terço dos filiados de uma associação autoral poderá, uma vez por ano, após notifi-

---

5. Ives Gandra da Silva Martins (*Conheça a Constituição*, p. 73) destaca que nos clubes desportivos da Europa o contrato de direito à imagem do jogador tem uma caracterização mais forte, tendo valor muitas vezes mais alto que o próprio passe. E se o jogador quiser desligar-se do clube sem indenizá-lo por isso, sua imagem não poderá ser usada pelo clube para o qual deseja transferir-se, e não poderá jogar pelo novo time, até o final do contrato com o clube anterior. Todavia, no Brasil, embora esteja o direito à imagem nas atividades esportivas constitucionalizado, não tem a mesma força que deveria ter. Isso porque, no País, prevalece o direito ao trabalho, ou seja, nada pode impedir o direito de trabalhar.

6. ASCENSÃO, José de Oliveira. *Direito autoral*, p. 508.
7. Nas palavras de Celso Ribeiro Bastos, essa garantia é um bom passo no sentido da moralização de um setor acostumado a operar à margem do direito. *In:* BASTOS, Celso Ribeiro e MARTINS, Ives Gandra. *Comentários à Constituição do Brasil*, p. 157.

cação, com oito dias de antecedência, fiscalizar, por intermédio de auditor, a exatidão das contas prestadas a seus representados.

As associações devem manter um único escritório central para a arrecadação e distribuição, em comum, dos direitos relativos à execução pública das obras musicais e literomusicais e de fonogramas, inclusive por meio da radiodifusão e transmissão por qualquer modalidade, e da exibição de obras audiovisuais. Esse é o Escritório Central de Arrecadação e Distribuição – ECAD[8].

6. Bibliografia

ASCENSÃO, José de Oliveira. *Direito Autoral*. 2. ed. São Paulo: Renovar, 1997.

BASTOS, Celso Ribeiro. *Curso de Direito Constitucional*. São Paulo: Celso Bastos, 2002.

BASTOS, Celso Ribeiro; MARTINS, Ives Gandra. *Comentários à Constituição do Brasil*. 2. ed. São Paulo: Saraiva, 2001, v. 2.

BITTAR, Carlos Alberto. *Contornos Atuais do Direito do Autor*. 2. ed. São Paulo: Revista dos Tribunais, 1999.

CUNHA, Fernando Whitaker da et al. *Comentários à Constituição*: artigos 1º ao 7º. Rio de Janeiro: Freitas Bastos, 1990, v. 1.

FERREIRA, Wolfgran Junqueira. *Direitos e Garantias Individuais*: comentários ao art. 5º da CF/88. São Paulo: EDIPRO, 1997.

FERREIRA FILHO, Manoel Gonçalves. *Comentários à Constituição brasileira de 1988*: arts. 1º a 103. 3. ed. São Paulo: Saraiva, 2000, v. 1.

MARTINS, Ives Gandra da Silva. *Conheça a Constituição*: comentários à Constituição brasileira. Barueri, São Paulo: Manole, 2005, v. 1.

MORAES, Alexandre de. *Constituição do Brasil interpretada e legislação constitucional*. 7. ed. São Paulo: Atlas, 2007.

SILVA, José Afonso da. *Comentário Contextual à Constituição*. São Paulo: Malheiros, 2005.

_____. *Manual da Constituição de 1988*. São Paulo: Malheiros, 2002.

_____. *Curso de Direito Constitucional Positivo*. 27. ed. São Paulo: Malheiros, 2006.

Art. 5º, XXIX – a lei assegurará aos autores de inventos industriais privilégio temporário para sua utilização, bem como proteção às criações industriais, à propriedade das marcas, aos nomes de empresas e a outros signos distintivos, tendo em vista o interesse social e o desenvolvimento tecnológico e econômico do País;

Maristela Basso

---

1. Introdução

A Constituição Federal consagra a propriedade intelectual no rol das garantias fundamentais do homem. Vimos que os incisos XXVII e XXVIII tratam do direito do autor. No presente, o objetivo do constituinte é a Propriedade Industrial, ou seja, os direitos do inventor, ou do autor de criações com resultados econômicos e aplicabilidades industriais. Nada mais justo é assegurar ao inventor e autor de criações industriais privilégio exclusivo de exploração econômica e industrial sobre seus inventos e progressos à técnica, durante determinado período. É uma recompensa para incentivar o espírito inventivo, visando o bem do progresso industrial, o desenvolvimento tecnológico-científico e econômico do Brasil[1].

Pelo contexto constitucional brasileiro, os direitos intelectuais de conteúdo essencialmente industrial são objetos de tutela própria que não se confunde com a regulação patrimonial de cunho econômico do direito de autor, analisados nos incisos anteriores. Os direitos do autor tradicionalmente fazem parte do Direito Civil, têm proteção independente de registro e de pagamento de taxas, o tempo de duração da proteção é longo e não depende da exploração da obra. Por outro lado, os direitos sobre as criações industriais fazem parte, também tradicionalmente, do Direito Comercial, e sua tutela depende da concessão de um título pelo Estado por meio do Instituto Nacional da Propriedade Intelectual – INPI. Ainda, estão sujeitos ao pagamento de taxas de manutenção, seu prazo de proteção é mais curto e a lei pune a não exploração do direito, como a licença compulsória e a caducidade por falta de uso. O uso abusivo das patentes e o abuso do poder econômico são igualmente punidos pela Lei.

O direito do inventor recai sobre a própria ideia inventiva, independentemente do modo de sua realização, e de maneira diferente do que ocorre com o direito do autor, que se restringe à forma em que a ideia se exterioriza. O inventor pode proibir que se reproduza sua invenção, mesmo para uso privado, e seu direito apenas se aperfeiçoa e adquire plena eficácia mediante seu reconhecimento pelo Estado, isto é, pelo registro.

---

8. "APELAÇÃO CÍVEL. AÇÃO DE COBRANÇA. ECAD. DIREITOS AUTORAIS. FEIRA DO LIVRO DO MUNICÍPIO DE MORRO REUTER. MÚSICA AO VIVO. NECESSIDADE DE IDENTIFICAÇÃO DO DIREITO AUTORAL VIOLADO. Desenvolvendo o conteúdo do direito autoral, consagrado como direito fundamental pelo art. 5º, inciso XXVII da Constituição Federal, a Lei n. 9.610/98 consignou caber ao autor o direito exclusivo de utilizar, fruir e dispor da obra literária, artística ou científica (art. 28), dependendo a sua utilização de autorização prévia e expressa de seu titular (art. 29). O art. 68 da referida legislação, por sua vez, estabelece que sem prévia e expressa autorização do autor ou titular, não poderão ser utilizadas obras teatrais, composições musicais ou literomusicais e fonogramas, em representações e execuções públicas. Desse conjunto de normas extrai-se o suporte fático da tutela do direito autoral, sendo devidos direitos autorais quando da utilização de obras no caso, composições musicais sem prévia e expressa autorização do autor ou titular. Na hipótese de o autor executar sua própria obra, não há amparo legal para cobrança de direitos autorais, porquanto não se satisfaz o já mencionado suporte fático. E, quando se trata de evento específico, com execução ao vivo de músicas determinadas, não se pode admitir cobrança de direitos autorais sem que reste demonstrado, pelo escritório central, qual foi, especificamente, o direito violado e objeto da atuação da associação referida, sob pena de conferir-lhe um poder desmesurado, absolutamente contrário aos mais elementares princípios de um Estado Democrático de Direito. Apelo desprovido" (Apelação Cível n. 70022127526, Quinta Câmara Cível, TJRS, rel. Umberto Guaspari Sudbrack, julgado em 13/02/2008).

1. O direito do inventor é um direito substancialmente idêntico ao dos autores de obras literárias e artísticas, possuindo a mesma origem, a mesma natureza e o mesmo fundamento. O inventor é também um autor, diferindo apenas o objeto da proteção legal. Na propriedade literária e artística, a lei tutela a faculdade exclusiva de publicação ou reprodução da obra, ao passo que, em relação ao direito do inventor, protege o uso e exploração exclusivos da invenção. A lei, em ambos os casos, visa amparar os interesses econômicos do autor ou do inventor, que se manifestam de forma diversa, mas que se equivalem quanto aos seus resultados. CERQUEIRA, João da Gama. *Tratado da Propriedade Industrial*. 2. ed., v. 1, p. 186.

2. Previsões constitucionais anteriores à Carta de 1988

Desde a Constituição do Império, de 1824, a propriedade industrial está no rol das garantias fundamentais, da seguinte forma: *"Os inventores terão a propriedade das suas descobertas, ou das suas produções. A Lei lhes assegurará um privilégio exclusivo temporário, ou lhes remunerará em ressarcimento da perda, que hajam de sofrer pela vulgarização"*. Citemos o tratamento conferido à propriedade industrial anterior à Constituição Federal de 1988, além da Constituição Política do Império do Brasil, de 1824, cujo art. 179, XXVI, acabamos de transcrever:

a) Constituição de 1891 – art. 72, §§ 25 e 27;

b) Constituição de 1934, art. 113 – ns. 18 e 19;

c) Constituição de 1946 – art. 141, §§ 17 e 18;

d) Constituição de 1967 – art. 150, § 24;

e) Emenda Constitucional n. 1, de 1969 – art. 153, § 24.

3. Direito comparado

Vejamos alguns exemplos de países que consagram a propriedade industrial em suas Cartas Magnas:

a) Alemanha – art. 73 (9);

b) Argentina – art. 17;

c) Espanha – art. 149, 1 (9º);

d) Chile – art. 19 (25º);

e) Uruguai – art. 33.

4. Direito internacional

O Direito Internacional protege a propriedade industrial por meio de Tratados e Convenções multilaterais e bilaterais. Desses, os principais incorporados ao direito brasileiro são: 1) O Decreto n. 75.572, de 8 de abril de 1975, que promulgou no país a Convenção da União de Paris para proteção da Propriedade Intelectual; 2) Acordo de Madri, de 14 de abril de 1891, Relativo à Repressão das Indicações de Procedência Falsas ou Falaciosas das Mercadorias. Revisto em Washington, 02/06/1911, de 06/11/1925, incorporada ao direito pátrio pelo Decreto n. 19.056; em 31/12/1929; 3) Convenção que Institui a Organização Mundial da Propriedade Intelectual (OMPI), de 14/07/1967, promulgada pelo Decreto n. 75541, de 31/03/1975; 4) Tratado de Cooperação em Matéria de Patentes (PCT), de 19/06/1970, em vigor por meio do Decreto n. 81742, de 31/05/1978; 5) Acordo TRIPS – Acordo sobre Aspectos dos Direitos de Propriedade Intelectual Relacionados ao Comércio (Ata Final – Anexo 1 C) de 12/04/1994, incorporado ao direito brasileiro por meio do Decreto n. 1.355, de 30/12/1994, e em vigor desde 1º de janeiro de 1995.

5. Propriedade industrial e a concorrência: o princípio da razoabilidade e da interpretação consistente

A Constituição funda a ordem econômica do País na valorização do trabalho humano e na livre-iniciativa, e um de seus princípios é o da livre concorrência (art. 170, IV). A exploração direta da atividade econômica pelo Estado será permitida quando necessária à segurança nacional ou no caso de relevante interesse coletivo. O Estado pode fiscalizar, incentivar e planejar a atividade econômica. E o mercado interno será incentivado de modo a viabilizar o desenvolvimento cultural e socioeconômico, o bem-estar da população e a autonomia tecnológica do País (art. 219).

Verifica-se que, ao mesmo tempo que prescreve a livre concorrência, a Constituição Federal admite monopólios em sede de lei ordinária, ao assegurar aos autores de inventos industriais privilégio temporário para sua utilização e exploração econômica. Desta forma, os instrumentos da propriedade industrial agem como mecanismos de controle do mercado interno, uma vez que impedem que outros concorrentes explorem a mesma invenção e tecnologia. Todavia, esses "monopólios temporários" também estão sujeitos à interferência estatal do art. 173, quando necessária aos imperativos da segurança nacional ou a relevante interesse coletivo, em caso de o privilégio temporário importar em exercício abusivo de direitos, abuso de poder econômico, dominação de mercado, eliminação da concorrência e aumento demasiado dos lucros. É esse o fundamento que enseja, por exemplo, a licença compulsória de patentes[2], assim como a não exploração do objeto da patente no território brasileiro por falta de fabricação ou fabricação incompleta do produto; a falta de uso integral do processo patenteado, ressalvados os casos de inviabilidade econômica, quando será admitida a importação; ou a comercialização que não satisfizer às necessidades do mercado.

Esse é um conflito que neste momento pontuamos, para entender que, ao incluir a propriedade industrial no elenco dos direitos e garantias fundamentais e permitir "monopólios", paralelamente ao princípio da livre concorrência, a Constituição busca recompensar o esforço do inventor, que exerce papel fundamental no desenvolvimento tecnológico e científico do País. Assim, impede que outros se beneficiem gratuitamente com o trabalho dele, sem sua autorização ou remuneração por esse uso, ou, ainda, sem terem cedido o direito de usar dela mediante certo preço. E, além do mais, o princípio da razoabilidade abranda o conflito, eis que proteção e privilégio temporário estão condicionados ao cumprimento da sua nobre finalidade especialíssima: interesse social e o desenvolvimento tecnológico e econômico do País. Em outras palavras, o "monopólio temporário" não será concedido se as condições específicas de finalidades sociais não forem atendidas.

6. Natureza jurídica

Da mesma forma como ocorre com o direito do autor, a propriedade industrial não pertence apenas à categoria dos direitos reais e tampouco ao direito da personalidade, em que se alojam os direitos morais, nem mesmo àquela dos direitos obrigacionais. E é exatamente pelo fato de conter, ao mesmo tempo, esses três feixes de direitos que a propriedade industrial é um desdobramento da propriedade intelectual, que constitui modalidade especial de direito privado.

A vertente moral, assim como no direito do autor, ocorre com os direitos do inventor, por exemplo, seja com relação ao direito de inédito (o inventor não precisa revelar sua invenção) ou quanto ao direito de ter seu nome de criador mencionado na patente. Em matéria dos direitos obrigacionais, esses bens imateriais podem ser objetos de negócios jurídicos de alienação, licença de exploração, cessão. Aqui também se incluem as obrigações

---

2. Art. 68 da Lei n. 9.279/98.

decorrentes de atos ilícitos de violação de segredo industrial ou outros atos de concorrência desleal.

Discute-se na doutrina se a proteção à propriedade industrial deveria ter sido assegurada pela Constituição entre as garantias individuais, por não ter natureza de direito fundamental do homem. O direito aí reconhecido é de garantia relativa, uma vez que decorrerá de legislação ordinária ulterior. É, portanto, uma norma de eficácia limitada, de aplicação mediata, contrastando com o § 1º do art. 5º que determina que "as normas definidoras dos direitos e garantias fundamentais têm aplicação imediata".

Citando Thomas Jefferson, Denis Borges Barbosa aponta que "não pode haver um direito natural aos bens intelectuais, pois a propriedade industrial é uma criação exclusiva do direito legislado, e que direito de exclusiva, de propriedade sobre bens incorpóreos, é concedido conforme a vontade e conveniência da sociedade, sendo mais um movimento de política econômica do que um direito fundamental do homem"[3]. Assevera ainda que a instituição da propriedade intelectual é medida de fundo essencialmente econômico, lembrando que nem toda propriedade privada está sob a tutela dos direitos e garantias fundamentais, nem toda propriedade é considerada direito humano, como domínio de um latifúndio improdutivo, ou a propriedade de um bloco de quotistas com o qual se exerce o controle de um grupo acionário. E por ter natureza empresarial, a propriedade industrial deveria ter sido prevista entre as normas da ordem econômica, pois não é típico direito individual[4].

7. Função social da propriedade industrial

Muito embora exista na doutrina a discussão sobre sua natureza jurídica, o certo é que a propriedade industrial, nos termos da Carta, e desde a do Império, é uma espécie de propriedade com matriz constitucional, sendo um conceito de propriedade paralelo ao clássico, muito embora seja a nossa opinião que essa não deveria estar entre o elenco das garantias fundamentais[5]. E, estando a "propriedade geral" do art. 5º, inciso XXII, submetida ao atendimento de sua função social (art. 5º, XXIII), é possível relacionar essa condição também ao exercício da propriedade industrial[6]. E sobre o sentido constitucional de propriedade, José de Oliveira Ascensão ensina que "quando se fala em propriedade na Constituição abrangem-se todos os direitos patrimoniais privados, e que são esses que se justificam, que se asseguram, que se limitam. Os direitos intelectuais exclusivos são, sem dúvida, direitos patrimoniais privados. A eventual presença de faculdades pessoais não lhes retira essa característica"[7].

Portanto, os direitos exclusivos de propriedade industrial não podem deixar de estar sujeitos à mesma relativização da propriedade "em geral", outrora absoluto, que a reconduz ao interesse social, a que se destinam a servir. Os direitos de propriedade industrial serão conferidos à medida que houver interesse coletivo na sua concessão – que devem prevalecer sobre o interesse individual do proprietário –, e são expressamente apresentados como privilégios temporários.

A Constituição Federal de 1988 consagrou o princípio da função social da propriedade como garantia fundamental (art. 5º, inciso XXIII) e como um dos princípios norteadores da ordem econômica (art. 170, incisos II e III), cujo desdobramento encontra-se no art. 182, § 2º, referente à política urbana, e no art. 184, sobre a reforma agrária. A propriedade deixou de ser um instituto exclusivo do direito das coisas, perdendo seu caráter individualista – socializou-se. E se a propriedade, em geral, não cumprir sua função social, não poderá ser tutelada pelo ordenamento jurídico.

8. A proteção infraconstitucional

A Constituição Federal, ainda que em norma de eficácia limitada, condicionada à lei ordinária ulterior, garante ao inventor a propriedade sobre suas criações, conferindo-lhe privilégio de uso e exploração, durante certo prazo, findo o qual o direito se extingue e a invenção cai em domínio público, podendo ser, desde então, livremente explorada e empregada.

Atualmente é a Lei n. 9.279, de 14 de maio de 1996, que regula os direitos e obrigações relativos à propriedade industrial. A Lei prescreve no art. 2º que a proteção dos direitos relativos à propriedade industrial, considerado o seu interesse social e o desenvolvimento tecnológico e econômico do País, efetua-se mediante: I – concessão de patentes de invenção e de modelo de utilidade; II –concessão de registro de desenho industrial; III – concessão de registro de marca; IV – repressão às falsas indicações geográficas; e V – repressão à concorrência desleal. A Lei reafirma a intenção do legislador constitucional ao sujeitar a concessão desses direitos a condições especiais de finalidade: o interesse social e o desenvolvimento econômico e tecnológico do Brasil. Sem atender a essas condições, o Estado não confere o monopólio temporário.

9. Os direitos de propriedade industrial protegidos pela Lei de Propriedade Industrial

Vejamos, brevemente, os direitos de propriedade industrial que a Constituição Federal assegura e consagra no rol dos direitos fundamentais, e que a Lei n. 9.279/96 regula.

---

3. BARBOSA, Denis Borges. Bases constitucionais da propriedade intelectual, p. 17.
4. Neste sentido, Manoel Gonçalves Ferreira Filho afirma ser um exagero incluir a proteção das marcas de indústria e comércio e a exclusividade do uso de nome comercial no rol dos direitos fundamentais, embora sua indiscutível importância para a estrutura econômica sobre a qual se ergue a Constituição. In: FERREIRA FILHO, Mantel Gonçalves. *Curso de Direito Constitucional*, p. 304. Na mesma linha, José Afonso da Silva assevera que "o dispositivo que a define e a segura está entre os dos direitos individuais, sem razão plausível para isso, pois evidentemente não tem natureza de direito fundamental do homem. Caberia entre as normas de direito econômico. Seu enunciado e conteúdo bem o denotam, quando a eficácia da norma fica dependendo de legislação ulterior" (*Curso de Direito Constitucional Positivo*, p. 277-278).
5. E no entender de Carvalho de Mendonça, "a Constituição Federal não fez mais do que restringir a propriedade natural do inventor, que ela preliminarmente reconheceu e proclamou, imprimindo-lhe o caráter limitado, resolúvel". Citado por João da Gama Cerqueira. In: CERQUEIRA, João da Gama. *Tratado da Propriedade Industrial*. 2. ed. v. 1., p. 119.
6. A Constituição do México, de 1917, e a alemã de Weimar, de 1919, foram as primeiras a tratar do direito de propriedade sob um outro prisma, sobretudo após a ocorrência de fatores econômicos, políticos e sociais que decorreram da 1ª Guerra Mundial. Na mesma linha, no Brasil, desde a Constituição de 1934 o direito de propriedade não pode ser exercido contra o interesse social ou coletivo (art. 113, n. 17), ou seja, não é mais um direito absoluto e pleno, conforme era traduzido nas Constituições de 1824 e 1891.

7. ASCENSÃO, José de Oliveira. *Direito intelectual, exclusivo e liberdade*, p. 48.

9.1. A lei assegurará aos autores de inventos industriais privilégio temporário para sua utilização, bem como proteção às criações industriais

Patente é um título de propriedade temporária outorgado pelo Estado aos inventores ou autores ou outras pessoas físicas ou jurídicas detentoras de direitos sobre uma *invenção* ou *modelo de utilidade*. Durante o prazo de vigência da patente, o titular tem o direito de excluir terceiros, sem sua prévia autorização, de atos relativos à matéria protegida, tais como fabricação, comercialização, importação, uso, venda.

É patenteável a *invenção* que atenda aos requisitos de novidade, atividade inventiva e aplicação industrial. Por sua vez, é patenteável como *modelo de utilidade* o objeto de uso prático, ou parte deste, suscetível de aplicação industrial, que apresente nova forma ou disposição, envolvendo ato inventivo, que resulte em melhoria funcional no seu uso ou em sua fabricação.

Pela Lei, a patente de invenção vigorará pelo prazo de 20 (vinte) anos e a de modelo de utilidade pelo prazo de 15 (quinze) anos contados da data de depósito. O prazo de vigência não será inferior a 10 (dez) anos para a patente de invenção e a 7 (sete) anos para a patente de modelo de utilidade, a contar da data de concessão[8].

Entre as obras do engenho humano aplicadas à indústria e protegidas pela Lei estão, ao lado das invenções e modelos de utilidade, os *desenhos e modelos industriais*. Considera-se desenho industrial a forma plástica ornamental de um objeto ou o conjunto ornamental de linhas e cores que possa ser aplicado a um produto, proporcionando resultado visual novo e original na sua configuração externa e que possa servir de tipo de fabricação industrial. Destinam-se a produzir efeito meramente visual, o que as distingue das invenções propriamente ditas, as invenções industriais, por não possuírem aplicabilidade técnica.

O registro de Desenho Industrial é concedido pelo INPI, desde que não seja contrário à moral e aos bons costumes ou que ofenda a honra ou imagem de pessoas, ou atente contra liberdade de consciência, crença, culto religioso ou ideia e sentimentos dignos de respeito e veneração. O registro vigorará pelo prazo de 10 (dez) anos contados da data do depósito, prorrogável por 3 (três) períodos sucessivos de 5 (cinco) anos cada, até atingir o prazo máximo de 25 (vinte e cinco) anos contados da data do depósito. O titular tem o direito de excluir terceiros, durante o prazo de vigência do registro, sem sua prévia autorização, de atos relativos à matéria protegida, tais como fabricação, comercialização, importação, uso, venda.

9.2. A lei assegurará proteção à propriedade das marcas

Podem ser registrados como marca os sinais distintivos visualmente perceptíveis. A principal finalidade das marcas de indústria ou comércio é relacionar o produto ao seu fabricante ou distribuidor. A marca registrada garante ao empresário e empresas o direito de uso exclusivo em todo o território nacional em seu ramo de atividade econômica. Formam, talvez, o principal ativo para as empresas, pois sua percepção pelo consumidor pode resultar em agregação de valor aos produtos ou serviços por ela identificados. O registro de uma marca pode ser prorrogado indefinidamente. O registro da marca vigorará pelo prazo de 10 (dez) anos, contados da data da concessão do registro, prorrogável por períodos iguais e sucessivos.

É nesse sentido que a Constituição protege também os nomes de empresas – sinal distintivo da atividade empresarial. Conforme a Lei, quem usa, indevidamente, nome comercial, título de estabelecimento ou insígnia alheia ou vende, expõe ou oferece à venda ou tem em estoque produto com essas referências, comete crime de concorrência desleal.

9.3. A lei assegurará proteção a outros signos distintivos

Aqui nos referimos às "indicações geográficas" (IG), que tanto podem ser as "indicações de procedência" (IP) como as "denominações de origem" (DO). Podemos conceituar "indicação de procedência" como a identificação de um produto ou serviço como originário de um local, região ou país, quando determinada reputação, característica e/ou qualidade possam ser vinculadas essencialmente a sua origem particular. É a origem geográfica que se tenha tornado conhecida como centro de extração, produção ou fabricação de determinado produto ou de prestação de determinado serviço. É uma garantia quanto à origem de um produto e/ou suas qualidades e características regionais. Por "denominação de origem" entende-se o nome geográfico de país, cidade, região ou localidade de seu território, que designe produto ou serviço cujas qualidades ou características se devam exclusiva ou essencialmente ao meio geográfico, incluídos fatores naturais e humanos.

Não há prazo de duração das indicações geográficas, tampouco o pagamento de taxas. O direito perdura enquanto houver o vínculo do produto ou serviço com o meio geográfico onde se originam.

Alguns exemplos de IG brasileiras:

- **Campos de Cima da Serra – Santa Catarina/Rio Grande do Sul (DO)**: queijo artesanal serrano
- **Campanha Gaúcha – Rio Grande do Sul – (IP)**: vinho tinto, branco, rosado e espumantes
- **Mantiqueira de Minas – Minas Gerais – (DO)**: café verde em grão e café industrializado em grão ou moído
- **Novo Remanso – Amazonas – (IP)**: abacaxi
- **Caicó – Rio Grande do Norte – (IP)**: bordado
- **Porto Ferreira – São Paulo – (IP)**: cerâmica artística
- **Terra Indígena Andirá-Marau – Amazonas/Pará – (DO)**: guaraná nativo e bastão de guaraná
- **Campos das Vertentes – Minas Gerais (IP)**: café verde, café industrializado em grão ou moído
- **Matas de Minas – Minas Gerais (IP)**: café em grãos cru, beneficiado, torrado e moído
- **Antonina – Paraná (IP)**: bala de banana

---

[8]. Nas palavras de João da Gama Cerqueira, "se é justo encorajar os inventores e incentivar as suas atividades em benefício do progresso econômico e social, não é conveniente aos interesses da sociedade que as invenções permaneçam indefinidamente ao serviço exclusivo de pequeno número de inventores (...). No caso contrário, criar-se-iam monopólios incompatíveis com os interesses da sociedade, acompanhados de todos os seus inconvenientes", privaria a sociedade de seus benefícios e vantagens. *In:* CERQUEIRA, João da Gama. *Tratado da Propriedade Industrial*. 2 ed., v. 1, p. 195-196.

10. Bibliografia

ASCENSÃO, José de Oliveira. Direito intelectual, exclusivo e liberdade. *Revista da ABPI – Associação Brasileira da Propriedade Intelectual*, n. 59, p. 40-49, jul./ago. 2002.

BARBOSA, Denis Borges. Bases Constitucionais da Propriedade Intelectual. *Revista da ABPI – Associação Brasileira da Propriedade Intelectual*, n. 59, p. 16-39, jul./ago. 2002.

BASTOS, Celso Ribeiro. *Curso de Direito Constitucional*. 21. ed. São Paulo: Saraiva, 2000.

CENEVIVA, Walter. *Direito constitucional brasileiro*. 2. ed. São Paulo: Saraiva, 1991.

CERQUEIRA, João da Gama. *Tratado da Propriedade Industrial*. 2. ed., v. 1. São Paulo: Revista dos Tribunais, 1982.

_____. *Tratado da Propriedade Industrial*. 2. ed., v. 2. São Paulo: Revista dos Tribunais, 1982.

COMPARATO, Fábio Konder. Função social da propriedade dos bens de produção. *Revista de Direito Mercantil*, n. 63, p. 71-79, 1986.

DERANI, Christiane. A propriedade na Constituição de 1988 e o conteúdo da função social. *Revista Trimestral de Direito Público*, n. 34. p. 51-60, São Paulo: Malheiros, 2001.

DIMOULIS, Dimitri (coord.). *Dicionário Brasileiro de Direito Constitucional*. São Paulo: Saraiva, 2007.

FERREIRA, Wolfgran Junqueira. *Direitos e Garantias Individuais*: comentários ao art. 5º da CF/88. São Paulo: EDIPRO, 1997.

FERREIRA FILHO, Manuel Gonçalves. *Curso de Direito Constitucional*. 2 ed. São Paulo: Saraiva, 2002.

MORATO, Antonio Carlos. O princípio da proteção à propriedade intelectual e sua função social na Constituição Federal de 1988. *Revista Brasileira de Direito Constitucional*. Tema Central: Princípios Constitucionais de Direito Privado, n. 5, p. 225-235, jan./jun. 2005.

NICS, Alvacir Alfredo; OLIVEIRA, Anna Flávia Camilli. Limite Constitucional ao Direito de Propriedade pela Função Social. *Revista Brasileira de Direito Constitucional*, n. 5, p. 101-111, jan./jun. 2005.

PIMENTEL, Luiz Otávio. *Direito Industrial*: aspectos introdutórios. Chapecó: Unoesc, 1994.

PONTES DE MIRANDA, F. C. *Comentários à Constituição de 1967 (arts. 150, § 2º – 156)*. São Paulo: Revista dos Tribunais, 1968, t. V.

SILVA, José Afonso da. *Comentário Contextual à Constituição*. São Paulo: Malheiros. 2005.

_____. *Manual da Constituição de 1988*. São Paulo: Malheiros, 2002.

_____. *Curso de Direito Constitucional Positivo*. 27. ed. São Paulo: Malheiros, 2006.

SILVEIRA, Newton. *A propriedade intelectual e a nova Lei de Propriedade Industrial (Lei n. 9.279, de 14.05.1996)*. São Paulo: Saraiva, 1996.

Art. 5º, XXX – é garantido o direito de herança;

Judith Martins-Costa

1. História da norma

O direito de herança não vinha previsto de forma expressa nas Constituições anteriores, muito embora se entendesse implícita essa garantia como decorrência daquela conferida ao direito de propriedade[1]. O texto do inciso XXX adveio de proposição da Comissão Provisória de Estudos Constitucionais ("Comissão Afonso Arinos", art. 31, em redação idêntica). Nada obstante, o direito de herança integra secularmente o ordenamento brasileiro, tendo o Código Civil de 1916 acolhido a tradição lusa advinda de fontes romanas[2] modificadas na Idade Média pelo Código Visigótico, pelas Ordenações do Reino e por Alvarás Régios, como o Alvará de 9 de novembro de 1754 que introduziu a saisina no direito luso-brasileiro[3]. O vigente Código Civil mantém a tradição, disciplinando a sucessão no Livro V da sua Parte Especial.

2. Conteúdo e funções

A herança é instituto jurídico a que a Constituição apõe o selo da garantia, conferindo-lhe a "nota de fundamentalidade"[4]. Portanto, a garantia mencionada no inciso XXX é uma *garantia institucional*[5] cujo âmbito de proteção é estritamente normativo[6], cabendo ao legislador ordinário determinar a amplitude, a conformação, o conteúdo e os modos de exercício do direito, sendo a sua atuação indispensável para a própria concretização[7] da garantia ao instituto da herança. Sua qualificação como garantia institucional, contudo, não afasta a sua função como *fundamento* do exercício de verdadeiro direito subjetivo[8], o *direito de herança*, classificado dentre os direitos fundamentais econômicos.

São destinatários do inciso XXX o Estado e a generalidade dos cidadãos. Trata-se de *direito de defesa*, pois, ao assegurar a

---

1. SILVA, José Afonso da. *Comentário contextual à Constituição*. São Paulo: Malheiros, 2005, p. 125; BARBOSA MOREIRA, Carlos Roberto. Princípios constitucionais e o direito das sucessões. *Revista Forense*, Rio de Janeiro, ano 103, v. 130, p. 45-55, mar./abr. 2007.
2. Para as fontes romanas ver AMARAL, Francisco. A sucessão testamentária no novo Código Civil brasileiro. *Revista Brasileira de Direito Comparado*, Rio de Janeiro: Instituto de Direito Comparado Luso-Brasileiro, 2007, n. 30, p. 35-40, 2007; PONTES DE MIRANDA, Francisco Cavalcanti. *Tratado de direito privado*. Vol. LV. São Paulo: Revista dos Tribunais, 2012, § 5.619, p. 248 *et seq* (este também com referências à tradição medieval e moderna).
3. DIFINI, Luis Felipe Silveira. Direito de saisine. *Revista Ajuris*, Porto Alegre, ano XVI, p. 245-251, mar. 1989.
4. ALEXY, Robert. *Teoria de los derechos fundamentales*. Trad. esp. de Ernesto Garzón Valdes. Madrid: Centro de Estudios Constitucionales, 1993, p. 503 *et seq*.; CANOTILHO, José Joaquim Gomes. *Direito constitucional*. 5. ed. Coimbra: Almedina, 1991, p. 509; SARLET, Ingo W. *A eficácia dos direitos fundamentais*. 5. ed. Porto Alegre: Livraria do Advogado, 2005, p. 82.
5. MENDES, Gilmar Ferreira, *Direitos fundamentais e controle de constitucionalidade*: estudos de direito constitucional. São Paulo: IBDC, 1998, p. 41; SARLET, Ingo. *A eficácia dos direitos fundamentais*. 3. ed. Porto Alegre: Livraria do Advogado, 2003, p. 187-195.
6. MENDES, Gilmar Ferreira, *Direitos fundamentais e controle de constitucionalidade*: estudos de direito constitucional. São Paulo: IBDC, 1998, p. 41, nota 52.
7. MENDES, Gilmar Ferreira, *Direitos fundamentais e controle de constitucionalidade*: estudos de direito constitucional. São Paulo: IBDC, 1998, p. 41.
8. Para essa problemática em vista da Constituição brasileira ver BONAVIDES, Paulo. *Curso de direito constitucional*. 7. ed. São Paulo: Malheiros, 1997, p. 498; MENDES, Gilmar Ferreira, *Direitos fundamentais e controle de constitucionalidade*: estudos de direito constitucional. São Paulo: IBDC, 1998, p. 32 *et seq*., e SARLET, Ingo W. *A eficácia dos direitos fundamentais*. 5. ed., Porto Alegre: Livraria do Advogado, 2005, p. 157 e 192.

garantia ao direito de herança e, inclusive, revesti-la com a fixidez da cláusula pétrea (art. 60, IV), a Constituição cria uma intangibilidade à herança demarcada pela vedação ao Estado de abolir o instituto ou restringir excessivamente o direito sucessório, realizando, por exemplo, o confisco dos bens deixados por sucessão em virtude da morte[9]. Positivamente, têm os cidadãos o direito de exigir omissões dos poderes públicos, de forma a evitar agressões lesivas à garantia por parte dos mesmos[10]. Há ainda uma eficácia no plano hermenêutico, na medida em que o direito assegurado concretiza aspectos dos princípios da *autodeterminação pessoal* (ao assegurar ao particular o direito de planejar, ainda que limitadamente[11], a sucessão nos seus bens, em razão da morte) e da *solidariedade econômica familiar* (ao reservar aos herdeiros necessários uma parte da herança, a "legítima" ou "quota legitimária"). Articulam-se, assim, no inciso XXX, a dimensão subjetiva (o direito à sucessão, pelo qual a herança é atribuída a alguém) e a dimensão jurídico-objetiva, esta espelhando decisão valorativa da Constituição em matéria econômica[12] do direito à herança.

Em sentido lato, a palavra "herança" designa o acervo de bens, direitos e obrigações atribuíveis a alguém em virtude da sucessão *mortis causa*, significando a *universalidade* dos bens que alguém deixa por ocasião de sua morte, e que os herdeiros adquirem[13]. Herdeiros sucedem no patrimônio, não na pessoa do *de cujus*.

Como tal, a herança tem (i) função e (ii) utilidade delimitadas: sua (i) função institucional está em "dar a finalidade possível ao descontínuo causado pela morte"[14], revestindo e regulando por formas jurídicas a pretensão à continuidade, na vida social, das relações jurídicas da pessoa morta. Nesse sentido, pode-se aludir a uma verdadeira "variante antropológica"[15], na medida em que a sucessão *mortis causa* é o instituto jurídico que acolhe, ao longo da História, a reação jurídico-social ao fenômeno da *descontinuidade* da existência humana. Sua (ii) utilidade está em assegurar que os bens que integram o patrimônio de uma pessoa tenham um destino ordenado. Assim, determinados centros de interesse patrimonial criados à volta do autor da sucessão podem prosseguir sem demasiadas fraturas. Dessa forma, diminui-se, por via da continuidade das relações econômico-jurídicas, as vicissitudes da vida social[16] permeada por credores, contratantes, proprietários e devedores, bem como por posições jurídicas assumidas por uma mesma pessoa, como, exemplificativamente, a posição de sócio de uma empresa. Se o patrimônio desaparece com a morte do indivíduo, os bens que o integram (direitos, coisas) permanecem, passando a compor o patrimônio de outrem. Herdam-se também as dívidas do autor da herança, até o limite da herança: o instituto do "benefício de inventário", portanto, protege os credores da extinção da obrigação pela morte do devedor.

O direito nasce com a abertura da sucessão que, pela saisina, é temporalmente o momento da morte do autor da herança. Esta é o *prius* necessário à substituição encerrada no fenômeno sucessório. Há uma automaticidade entre o que era transmissível por herança no momento da morte e a própria transmissão (CC, art. 1.784). Examinando analiticamente esse fenômeno, há quatro "momentos" a serem destacados: (i) a morte; (ii) a abertura da sucessão; (iii) a devolução sucessória ou delação (isto é: o mesmo momento encarado sob o aspecto da sucessibilidade, oferecendo-se a herança a quem pode adquiri-la); e a (iv) aquisição da herança, ou adição (isto é: o momento em que o herdeiro se investe na sucessão, tornando-se titular das relações jurídicas concentradas na herança[17]).

Em regra, têm legitimidade a suceder todos aqueles nascidos ou já concebidos no momento da abertura da sucessão (CC, art. 1.798), protegendo a lei não apenas o *nasciturus conceptus*, mas, igualmente, o *nondum conceptus*, se assim designado pelo autor da herança, desde que existente ao tempo da abertura da sucessão (CC, art. 1.799, I). Cabe, ainda, a substituição fideicomissária, agora só permitida aos não concebidos no momento da morte do testador (CC, art. 1.952).

A garantia ao direito de herança é concretizada pelo Código Civil que, na forma da tradição luso-brasileira, acolhe a sucessão testamentária e a sucessão legítima, articulando em um mesmo "espírito de compromisso"[18] dois diversos polos de interesses: o do indivíduo (ou da liberdade) e o da comunidade (ou da proteção econômica à família). De um lado, se o autor da herança falece intestado, abre-se a sucessão legítima (CC, art. 1.788), segundo a ordem do art. 1.829 (ou do art. 1.790, em caso de união estável). De outro lado, a liberdade de disposição é exercitável por meio de ne-

---

9. LEITE, Eduardo de Oliveira. *Comentários ao novo Código Civil*: do direito das sucessões. 5. ed. Rio de Janeiro: Forense, 2009, v. XXI, p. 55.
10. CANOTILHO, José Joaquim Gomes. *Direito constitucional*. 5. ed. Coimbra: Almedina, 1991, p. 552.
11. Levantam-se questões, todavia, do ponto de vista da política jurídica e mesmo no campo cultural, atinentes à excessiva restrição à autonomia privada. (Assim opinou-se em: MARTINS-COSTA, Judith. O direito sucessório na Constituição: a fundamentalidade do direito à herança. *Revista do Advogado*, São Paulo: AASP, ano XXXI, n. 112, p. 86, 2011).
12. SARLET, Ingo W. *A eficácia dos direitos fundamentais*. 5. ed. Porto Alegre: Livraria do Advogado, 2005, p. 147.
13. BEVILÁQUA, Clóvis. *Direito das sucessões*. 5. ed. Rio de Janeiro: Francisco Alves, 1955, p. 15; MAXIMILIANO, Carlos. *Direito das sucessões*. Rio de Janeiro: Freitas Bastos, 1937, v. 1, p. 30 *et seq.*; MORAES, Walter. *Programa de direito das sucessões*: teoria geral e sucessão legítima. São Paulo: Revista dos Tribunais, 1980, p. 1 *et seq.*; PINTO FERREIRA, Luiz. *Tratado das heranças e dos testamentos*. 2. ed. São Paulo: Saraiva, 1990, p. 15 *et seq.*; LEITE, Eduardo de Oliveira. *Comentários ao novo Código Civil*: do direito das sucessões. Vol. XXI. 5. ed. Rio de Janeiro: Forense, 2009, p. 6 e s.
14. ASCENSÃO, José de Oliveira. *Direito civil*: sucessões. 5. ed. Coimbra: Coimbra Editora, 2000, p. 11.
15. REALE, Miguel; MARTINS-COSTA, Judith. Casamento sob o regime da separação total de bens, voluntariamente escolhido pelos nubentes. Compreensão do fenômeno sucessório e seus critérios hermenêuticos. A força normativa do pacto antenupcial. *Revista Trimestral de Direito Civil*, v. 24, p. 205-230, 2005.
16. ASCENSÃO, José de Oliveira. *Direito civil*: sucessões. 5. ed. Coimbra: Coimbra Editora, 2000, p. 11-12; LEITE, Eduardo de Oliveira. *Comentários ao novo Código Civil*: do direito das sucessões. 5. ed. Rio de Janeiro: Forense, 2009, v. XXI, p. 7-8.
17. BEVILÁQUA, Clovis. *Direito das sucessões*. 5. ed. Rio de Janeiro: Francisco Alves, 1955, p. 16 e 26-34. ITABAIANA DE OLIVEIRA, Arthur Vasco. *Tratado de direito das sucessões*. Vol. I. 4. ed. rev. e atual. por autor com a colaboração de Aires Itabaiana de Oliveira. São Paulo: Max Limonad, 1952, p. 75; GOMES, Orlando. *Sucessões*. 12. ed. Rio de Janeiro: Forense, 2004, p. 4; LEITE, Eduardo de Oliveira. *Comentários ao novo Código Civil*: do direito das sucessões. 5. ed. Rio de Janeiro, Forense, 2009, v. XXI, p. 9.
18. PONTES DE MIRANDA, Francisco Cavalcanti. *Tratado de direito privado*. Vol. LV. São Paulo: Revista dos Tribunais, 2012, § 5.619, p. 248; JUNQUEIRA DE AZEVEDO, Antônio. O espírito de compromisso do direito das sucessões perante as exigências individualistas a autonomia da vontade e as supraindividualistas da família. Herdeiro e legatário. *Revista do Advogado*, São Paulo, n. 58, p. 9-13, mar. 2000; NEVARES, Ana Luiza Maia. *A tutela sucessória do cônjuge e do companheiro na legalidade constitucional*. Rio de Janeiro: Renovar, 2004, p. 38.

gócio jurídico de partilha (negócio jurídico unilateral). As disposições que dizem respeito à partilha do patrimônio do autor da herança estão albergadas pelo negócio jurídico unilateral de partilha em vida. O art. 2.018 do CC prevê ser "válida a partilha feita por ascendente, por ato entre vivos ou de última vontade, contanto que não prejudique a legítima dos herdeiros necessários". O negócio jurídico de partilha pode ser executado tanto por meio de doações quanto por meio de testamento ("sucessão testamentária"). A partilha sendo restrita à metade do patrimônio ("parte disponível"), uma vez que a outra metade ("legítima", "reserva hereditária") é reservada, cogentemente, aos herdeiros necessários, se os houver (CC, arts. 1.789 e 1.845), incluindo-se nessa categoria o cônjuge, se ao tempo do óbito estava íntegro o casamento (art. 1.830), e, conforme certo entendimento, também o companheiro.

Com a partilha não há disposição: "apenas há regramento de que os herdeiros necessários vão receber"[19]. As "partilha-testamento" e "partilha-doação" são dois meios de executar a partilha em vida: na primeira, a transmissão do patrimônio se dará por via da sucessão testamentária, mediada pelo testamento (negócio jurídico unilateral); na segunda, conforme estiver estabelecido no ato de liberalidade, mediante contrato de doação. Nada impede que a organização sobre o futuro patrimônio hereditário seja realizada pelo *de cujus*, mas que não venha a executá-lo via testamento ou doação, negócios analiticamente cindíveis. A partilha em vida contempla situação idêntica à dos legados, são determinados bens a determinados herdeiros, ou seja, confere-se uma cota exclusiva e concreta, em contraposição a cotas ideais, como seria a herança, pois esta, sendo uma universalidade, "defere-se como um todo unitário, ainda que vários sejam os herdeiros", nos termos do art. 1.791 do CC. A partilha organiza a transmissão dos bens determinados e será lícita desde que respeitadas as quotas legítimas.

Ademais, segundo Miguel Reale, a transformação do regime sucessório dos cônjuges promovida pelo Código Civil de 2002 liga-se à alteração do regime legal, antes o da comunhão universal de bens, agora o da comunhão parcial, visando a amparar aquele que, sem outros recursos, poderia nada herdar em relação aos bens do falecido, cabendo a herança integralmente aos descendentes ou ascendentes[20].

Na concorrência com descendentes, a determinação do regime de bens será relevante para determinar se o cônjuge sobrevivente recebe ou não; já se houver ascendentes, a determinação do regime não importa, visto que o cônjuge receberá de qualquer forma (Código Civil, art. 1.829, I e III). Assim, a existência de herdeiros necessários limita quantitativamente a liberdade de testar[21], mas não qualitativamente, já que o testamento pode indicar quais bens deverão compor os quinhões hereditários, *ex vi* do CC, art. 2.014. Também pode o autor da herança clausulá-los em inalienabilidade, desde que justifique (CC art. 1.848, *caput*). Na parte não limitada, pode o testador também instituir legatários. O legado configura a expressão da sucessão a título singular, importando transferência por testamento de bens individuados ou fixados em porções concretas, que não se confundem com a herança em sentido próprio ou técnico.

3. Constituições estrangeiras

As fontes do inciso XXX estão no Direito Comparado. O preceito está presente em outras constituições contemporâneas, como a Constituição Alemã de 1949 (art. 14, n. 1) cujo texto, também inscrito entre os Direitos Fundamentais, assegura que "a propriedade e o direito de herança estão garantidos", remetendo à lei a determinação de sua natureza e de seus limites; a ligação textual entre propriedade privada e direito de herança também está na Constituição Portuguesa de 1976 (que assegura o direito fundamental à propriedade privada e à sua transmissão em vida ou por morte, art. 62, 1); na Constituição Espanhola de 1978 (que reconhece o direito à propriedade privada e a herança, cujo conteúdo é delimitado pela função social desses direitos, art. 33, 1 e 2); e na Constituição da República Italiana de 1949 (que no art. 42 remete à lei a função de estabelecer as normas e os limites da sucessão legítima e testamentária, bem como dos direitos do Estado sobre a herança).

4. Direito internacional

Nos diversos sistemas, o direito de herança é assegurado como consectário lógico ao direito de propriedade, assim dispondo, por exemplo, a Carta dos Direitos Fundamentais da União Europeia (art. 17, *in verbis*: "Direito de propriedade – 1. Todas as pessoas têm o direito de fruir da propriedade dos seus bens legalmente adquiridos, de os utilizar, de dispor deles e de os transmitir em vida ou por morte"). Nos sistemas de tradição romano-germânica, adota-se, modo geral, a solução de compromisso entre a liberdade de disposição do patrimônio por via testamentária, advinda do Direito Romano (sucessão testamentária) e a reserva para os herdeiros necessários (sucessão legítima), com raízes no antigo Direito Germânico, fundado na propriedade familiar coletiva. Variam, contudo, os limites da liberdade de dispor do patrimônio (e, consequentemente, os limites da reserva hereditária): ou a sua metade, ou um terço, ou um quinto, ou mesmo escalonando a percentagem em acordo com o número e a qualidade dos sucessíveis, como na França. A liberdade de testar é extensa no sistema da *common law*, não havendo a reserva hereditária[22].

5. Remissões constitucionais e legais

A garantia do direito de herança está em conexão com outras garantias, princípios e direitos fundamentais, como, nomeadamente, o direito à liberdade (art. 5º, *caput*) e o princípio da autodeterminação pessoal, subjacente aos direitos fundamentais da dignidade da pessoa humana e da livre-iniciativa (art. 1º, III e IV, art. 170, II, quanto à livre-iniciativa econômica), bem como a ga-

---

19. PONTES DE MIRANDA, Francisco C. *Tratado de direito privado*. Vol. LX, São Paulo: Revista dos Tribunais, 2012, § 5.993, 6 e 7 p. 336-338; LEITE, Eduardo de Oliveira. *Comentários ao novo Código Civil*. vol. XXI. 5. ed. Rio de Janeiro: Forense, 2009, p. 963.
20. REALE, Miguel. *O Projeto do Novo Código Civil*. São Paulo: Saraiva, 1999, p. 18. Assim também registra TEPEDINO, Gustavo. Controvérsias sobre a tutela sucessória do cônjuge e do companheiro no direito brasileiro. *Revista do Advogado*. São Paulo: AASP, ano XXXI, n. 112, p. 53-63, jul. 2011.
21. JUNQUEIRA DE AZEVEDO, Antônio. O espírito de compromisso do direito das sucessões perante as exigências individualistas a autonomia da vontade e as supraindividualistas da família. Herdeiro e legatário. *Revista do Advogado*, São Paulo, n. 58, p. 9, mar. 2000.
22. Para uma síntese, ver ZITSCHER, Harriet Christiane. *Introdução ao direito civil alemão e inglês*. Belo Horizonte: Del Rey, 1999, p. 166.

rantia ao direito de propriedade (art. 5º, XXII). Sendo garantida a propriedade privada e reconhecida a autodeterminação, importaria em dupla incoerência sistemática que o Estado dissolvesse, após a morte, essa dupla garantia, ou absorvendo o patrimônio ou negando ao autor da herança a possibilidade de regular os próprios interesses. No primeiro caso, estaria a criar instabilidade nas relações patrimoniais, frustrando credores e premiando injustamente devedores, ou mesmo desestabilizando estruturas sociais (como as empresas, ao impedir, por exemplo, o planejamento sucessório por meio do adiantamento de legítima ou doação de quotas ou ações aos herdeiros). Além do mais, sustenta-se que a transmissibilidade integra o próprio conteúdo do direito de propriedade, que, se insuscetível de transmissão, converter-se-ia em mero usufruto vitalício[23]. No segundo caso, estaria a impedir a efetivação de aspirações pessoais legítimas da pessoa humana, na medida em que a continuidade em bens patrimoniais tem, para além de seus reflexos econômicos, dimensões no plano extrapatrimonial[24].

O direito de herança liga-se, ainda, ao Direito Autoral, na medida em que o inciso XXVII do mesmo art. 5º Constitucional garante aos herdeiros de autores a transmissibilidade, "pelo tempo que a lei fixar", do direito exclusivo de utilização, publicação ou reprodução de suas obras. Também se conecta com o direito à honra e à imagem (CF, art. 5º, X e CC, art. 20, parágrafo único). Vincula-se, ainda, com a regra do art. 150, IV, que exclui o confisco. Se o Estado pode, fundado na função social da propriedade (art. 5º, XXIII; art. 170, III), instituir tributos sobre o patrimônio, não pode, todavia, utilizar tributo com efeito de confisco. Também há forte ligação entre o inciso XXX do art. 5º e o Direito de Família: a regra constitucional do art. 227, § 6º, que igualou os filhos, havidos ou não da relação do casamento, ou por adoção, têm relação com o inciso XXX do art. 5º, pois todos os filhos têm iguais direitos à herança como herdeiros necessários[25], destinatários da chamada "legítima". Há conexão, pois, com o art. 226 Constitucional, apresentando-se o direito à herança como um aspecto da proteção patrimonial da família, institucionalmente compreendida. Para alguns, trata-se de concretizar um aspecto do *princípio da solidariedade econômica* entre os membros da entidade familiar, razão pela qual também o companheiro herda, nos termos do art. 1.790 do Código Civil, discutindo-se, todavia, se é herdeiro necessário[26] ou facultativo[27]. Mas este é, com efeito, um aspecto controverso, inclusive sobre a forma da eventual divisão[28].

A Constituição garante a herança como instituição, mas o conteúdo do direito de herança, bem como a forma como esse direito é exercido e os limites que o conformam são regulados pelo Direito Privado. O núcleo está no art. 1.784 do Código Civil: tanto os herdeiros legítimos quanto os testamentários têm saisina e adquirem imediatamente a herança com a morte do titular do patrimônio. Nos arts. 1.785 a 2.027 do mesmo Código Civil se especifica essa regulamentação, inclusive as hipóteses de deserdação e de exclusão da herança (respectivamente, arts. 1.961 a 1.965 e 1.814 a 1.818): não há contraditoriedade com a Constituição, pois o direito de herança existe *in abstracto*, mas, por causas especiais, enraizadas em profunda motivação axiológica e averiguáveis *in concreto*, o herdeiro pode ser dela afastado pelo próprio testador (deserdação) ou excluído pelos que têm legitimidade para tal (exclusão da herança). Isso ocorre justamente nos casos em que o "herdeiro" age contrariamente à família como instituição e viola os deveres de solidariedade familiar. No plano do direito processual as principais regras relativas à garantia do direito de herança estão nos arts. 23, II; 48, *caput* e parágrafo único; 796; 611 a 616; 639, 640; 645 a 647, 651 e 738 a 745 do Novo Código de Processo Civil.

6. Jurisprudência

O Supremo Tribunal Federal e Superior Tribunal de Justiça têm sido chamados a dirimir questões relativas ao alcance do direito de herança. No MS 24573/DF[29], o STF discutiu a eficácia da saisina em face do princípio da indivisibilidade da herança e o fato da multiplicidade de herdeiros tendo em conta a desapropriação para fins de reforma agrária, determinando-se que "a saisine torna múltipla apenas a titularidade do imóvel rural, que permanece uma única propriedade até que sobrevenha a partilha". Louvado em precedente[30], foi vencido o entendimento segundo o qual, ainda que já iniciado o procedimento administrativo de desapropriação, o falecimento do proprietário implica divisão tácita do imóvel entre os herdeiros.

O direito à herança por parte de netos cujo pai era filho natural foi assegurado pelo STJ na Ação Rescisória 336/RS[31]. Entendeu-se legítima a pretensão dos netos em obter, mediante ação declaratória, o reconhecimento de relação avoenga e petição de herança, se já então falecido seu pai, que em vida não vindicara a investigação sobre a sua origem paterna.

No RE 196434/SP[32], tratou o STF de julgar o alcance da disposição constitucional do art. 227, § 6º, diante da hipótese de adoção simples (na forma do Código Civil de 1916). Com o falecimento da adotante e, em seguida, do adotado, foram chamados à sucessão os irmãos consanguíneos deste último, não havendo laço de parentesco entre o adotado e os parentes do adotante A decisão deu-se exatamente como determinava o art. 376 do Código de 1916 e repete, com maior vigor, o art. 1.626 do vigente

---

23. BARBOSA MOREIRA, Carlos Roberto. Princípios constitucionais e o direito das sucessões. *Revista Forense*, Rio de Janeiro, ano 103, v. 390, p. 47, mar./abr. de 2007.
24. SCALISI, Vincenzo. Persona umana e sucessioni. Itinerari di un confronto ancora aperto. *Rivista Trimestrale di Diritto e Procedura Civile*, Milão: Giuffrè, anno XLIII, n. 2, p. 386-420, jun. 1989; NEVARES, Ana Luiza Maia. *A tutela sucessória do cônjuge e do companheiro na legalidade constitucional*. Rio de Janeiro: Renovar, 2004. BARBOSA MOREIRA, Carlos Roberto. Princípios constitucionais e o direito das sucessões. *Revista Forense*, Rio de Janeiro, ano 103, v. 390, p. 47, mar./abr. 2007.
25. CAMARGO VIANA, Rui Geraldo. A sucessão do adotado. *Revista do Advogado*, n. 58. São Paulo, n. 58, p. 30-33, mar. 2000.
26. NEVARES, Ana Luiza Maia. *A tutela sucessória do cônjuge e do companheiro na legalidade constitucional*. Rio de Janeiro: Renovar, 2004, p. 169 e s.
27. LEITE, Eduardo de Oliveira. *Comentários ao novo Código Civil*: do direito das sucessões. 5. ed. Rio de Janeiro: Forense, 2009, v. XXI, p. 71-72.
28. Para uma síntese, ver: TEPEDINO, Gustavo. Controvérsias sobre a tutela sucessória do cônjuge e do companheiro no direito brasileiro. *Revista do Advogado*, São Paulo: AASP, ano XXXI, n. 112, p. 53-63, jul. 2011. Conferir também a referência à jurisprudência, *infra*.
29. Rel. Min. Gilmar Mendes e Rel. para Acórdão Min. Eros Grau. Tribunal Pleno, j. em 12-6-2006.
30. MS 24.503, Rel. Min. Marco Aurélio, *DJ* de 5-9-2003.
31. Rel. Min. Aldir Passarinho Junior, Segunda Seção, j. em 24-8-2005, *DJ* de 24-4-2006.
32. Rel. Min. Néri da Silveira, j. em 11-12-2002, Segunda Turma, *DJ* de 19-9-2003.

Código ao determinar que a adoção atribui a situação de filho ao adotado, desligando-o de qualquer vínculo com os pais e parentes consanguíneos, salvo quanto aos impedimentos para o casamento. A mesma relação (direito à herança e filiação por adoção) foi examinada, para a determinação da lei determinante da capacidade para suceder: no RE 162350/SP[33]. Aí negou-se a pretendida eficácia retroativa ao art. 227, parágrafo único da Constituição, reafirmando-se que a capacidade de suceder se rege pela lei da época da abertura da sucessão[34].

Sucede-se o falecido nas dívidas: no REsp 998031/SP[35], o STJ decidiu caso em que o testador havia gravado os imóveis deixados com cláusulas de inalienabilidade e impenhorabilidade. Seus credores, em execução, haviam requerido a penhora. Considerou o Tribunal que os bens deixados em herança, ainda que gravados com cláusula de inalienabilidade ou de impenhorabilidade, respondem pelas dívidas do morto.

Questões relativas à capacidade para suceder de ente público, no caso de herança jacente, foram objeto do AgRg no Recurso Especial 540314/RJ[36]. Acolheu-se entendimento no sentido de que o Município tem legitimidade para habilitar-se à sucessão de bem jacente, cuja declaração de vacância deu-se na vigência da Lei n. 8.049/90 que alterava a ordem de vocação hereditária, substituindo a precedência do Estado-Membro pela do Município, assim confirmando precedente[37]. Porém, esse entendimento não mais deve prevalecer diante da regra do art. 1.784 do CC que, relativamente ao art. 1.572 do Código de 1916, aprimorou a redação, confirmando a doutrina de Pontes de Miranda: agora resta claro ser a transmissibilidade imediata (saisina) relativa à herança, e não apenas ao seu "domínio e posse". Assim, declaração de vacância da herança e a transmissão do domínio são meras condições suspensivas, cujos efeitos retroagem à data da constituição do direito.

Com relação à sucessão do cônjuge, encontra-se no STJ rico manancial de decisões sobre os vários aspectos que o tema suscita sobretudo nas hipóteses de sucessão quando o regime de casamento é o da separação convencional e o da comunhão parcial. O conjunto de decisões não se caracteriza, todavia, pela coerência e adstrição a uma comum racionalidade, causando profunda insegurança jurídica.

Assim, em tema de direito intertemporal: o casamento e o testamento haviam sido celebrados antes da entrada em vigor do Código Civil de 2002 e o cônjuge sobrevivente (herdeiro) falecera sem recolher a herança de seu consorte pré-morto. Naquele caso específico (REsp 1111095/RJ[38]), prestigiou-se a vontade do testador para excluir da herança os herdeiros do cônjuge casado sob o regime da separação convencional de bens, ao argumento de que o pacto antenupcial e o testamento, lavrados na vigência do diploma revogado, conformavam ato jurídico perfeito. Na mesma ocasião, propugnou-se, porém, em voto vencido, que qualquer disposição – conquanto firmada antes da vigência do Código Civil de 2002 – que considerasse a exclusão do cônjuge casado em regime de separação convencional como herdeiro necessário (já que terceiro na ordem de vocação hereditária) seria nula, uma vez que "nessa hipótese, o cônjuge concorre com os descendentes e ascendentes, até porque o cônjuge casado sob tal regime, bem como sob comunhão parcial na qual não haja bens comuns, é exatamente aquele que a lei buscou proteger, pois, em tese, ele ficaria sem quaisquer bens, sem amparo, já que, segundo a regra anterior, além de não herdar, (em razão da presença de descendentes) ainda não haveria bens a partilhar" (assim, Recurso Especial 1111095/RJ, voto vencido do Min. João Otavio de Noronha).

A questão voltou ao julgamento no REsp 992749/MS[39] que em louvável esforço sistematizador determinou, interpretando o art. 1.829, I (vale dizer: os casos de concorrência do cônjuge sobrevivente com descendentes do autor da herança), in verbis: "(...), o regime de separação de bens fixado por livre convenção entre a recorrida e o falecido, (...), está contemplado nas restrições previstas no art. 1.829, I, do CC/02, em interpretação conjugada com o art. 1.687 do mesmo Código, o que retira da recorrida a condição de herdeira necessária do autor da herança em concorrência com os recorrentes, descendentes daquele". Fixou-se, portanto a orientação, em tudo compatível com o sistema do Código Civil ao regrar os regimes de bens e a proteção sucessória, de que no regime da separação total de patrimônios derivada de imposição legal ou de declaração negocial, o cônjuge sobrevivente não tem a posição de herdeiro quando em concorrência com descendentes.

Especificando a hipótese no concernente ao regime da comunhão parcial de bens, a Quarta Turma do mesmo STJ, no REsp 974241/DF[40], concedeu ao cônjuge sobrevivente casado sob o regime da comunhão parcial o direito de concorrer com descendentes sobre os bens particulares do de cujus. Em direção diametralmente oposta, porém, no REsp 1377084/MG[41], entendeu-se que o direito à herança, ainda na hipótese da comunhão parcial de bens, deve recair sobre a meação do falecido e não sobre os bens particulares do autor da herança. E o entendimento mais recente a respeito da concorrência entre cônjuge sobrevivente e descendentes quando se trata de regime da comunhão parcial, esposado no REsp 1368123/SP[42], da Segunda Seção, é o de conferir ao cônjuge concorrência exclusivamente quanto aos bens particulares.

A questão foi problematizada com o julgamento do REsp 1472945/RJ[43]. Em outra reviravolta, o Superior Tribunal de Justiça concluiu pela concorrência do cônjuge com descendentes mesmo quando o regime patrimonial era o da separação convencional de

---

33. Rel. Min. Octavio Gallotti, j. em 22-8-1995, Primeira Turma.
34. Precedentes: RE 217473/SP, 1998, Rel. Min. Ilmar Galvão, Primeira Turma, DJ de 9-4-1999; e RE 231223/PB. Rel. Min. Ellen Gracie, Primeira Turma, DJ de 26-10-2001.
35. Rel. Min. Humberto Gomes de Barros, Terceira Turma, j. em 11-12-2007, DJ de 19-12-2007.
36. Rel. Min. Ari Pargendler, Terceira Turma, j. em 9-8-2007, DJ de 1º-10-2007.
37. REsp 71.551/SP, Rel. Min. Ministro Waldemar Zveiter, Segunda Seção, DJ de 9-11-1998.
38. REsp 1111095/RJ, Rel. para acórdão Min. Fernando Gonçalves, Quarta Turma, j. em 1º-10-2009

39. REsp 992749/MS, Rel. para acórdão Min. Nancy Andrighi, Terceira Turma, j. em 1º-12-2009.
40. REsp 974241/DF, Rel. para acórdão Min. Honildo Amaral de Mello Castro, Quarta Turma, j. em 07-6-2011.
41. REsp 1377084/MG, Rel. Min. Nancy Andrighi, Terceira Turma, j. em 08-10-2013.
42. REsp 1368123/SP, Relator para acórdão Raul Araújo, Segunda Seção, j. em 22-04-2015.
43. REsp 1472945/RJ, Relator Min. Ricardo Villas Bôas Cueva, Terceira Turma, j. em 23-10-2014.

bens. Seria contraditório, no entender majoritário: "admitir-se que, a despeito de o novo Código ter ampliado os direitos do cônjuge sobrevivente, assegurando ao casado pela comunhão parcial cota na herança dos bens particulares, ainda que fossem os únicos deixados pelo *de cujus*, e, incomunicáveis na vigência do regime de bens, não teria conferido o mesmo direito ao casado pela separação convencional, cujo patrimônio é inexoravelmente composto somente por acervo particular". Com esse entendimento, foram desconsiderados os efeitos da declaração de vontade do casal ao optar pelo regime de bens, suprimindo totalmente a possibilidade de escolha sobre o destino do próprio patrimônio.

Embora o entendimento dissonante capitaneado, sobretudo, pelos Min. Moura Ribeiro e Min. Nancy Andrighi, o posicionamento foi endossado pela Segunda Seção do STJ, ao julgar o REsp 1382170/SP[44]. Assim, e ao menos atualmente, o disposto no artigo 1.829, I, do Código Civil tem sido interpretado como impositivo da concorrência sucessória entre o cônjuge sobrevivente e os descendentes do falecido quando o regime não for o da separação obrigatória de bens, reformulando-se o entendimento do *supra* citado REsp 992749/MS. Encontra-se hoje ausente na Segunda Seção esse posicionamento: "o cônjuge sobrevivente casado sob o regime da separação convencional de bens ostenta a condição de herdeiro necessário e concorre com os descendentes do falecido" (*e.g.*, mais recente: AgInt nos EREsp 1354742/MG[45]).

Quanto à concorrência com os ascendentes, a Terceira Turma do STJ, no julgamento do REsp 954567/PE[46], em acórdão relatado pelo Min. Massami Uyeda, reconheceu o direito à sucessão legítima do cônjuge supérstite, qualquer que seja o regime patrimonial do casamento quando concorrer com ascendentes, uma vez que "em nenhum momento o legislador condicionou a concorrência entre ascendentes e cônjuge supérstite ao regime de bens adotado no casamento".

O exercício da liberdade quanto ao poder de dispor sobre o próprio patrimônio encontrou novo óbice, desta feita, no Supremo Tribunal Federal que, no RE 878694/MG[47], com repercussão geral, apreciou a complexa questão da equiparação da união estável ao casamento. Em caso julgado em 10-5-2017, reconheceu-se, "de forma incidental, a inconstitucionalidade do art. 1790 do CC/2002, por violar a igualdade entre as famílias, consagrada no art. 226 da CF/1988, bem como os princípios da dignidade da pessoa humana, da vedação ao retrocesso e da proporcionalidade como proibição de proteção deficiente"; declarando-se o direito de companheiro participar da herança de seu antigo consorte nos termos do art. 1.829 do Código Civil de 2002, em detrimento, naquele caso, de herdeiros colaterais. Embora a amplitude da tese provocasse potencial impacto na aplicação de outros dispositivos normativos, o STF posteriormente veio a decidir, em embargos de declaração, que a decisão em repercussão geral dizia respeito "apenas à aplicabilidade do art. 1.829 do Código Civil às uniões estáveis", e, portanto, não abrangia o rol de herdeiros necessários constante do art. 1.845[48].

Está pendente de exame, pelo Supremo Tribunal Federal, a constitucionalidade do regime da separação obrigatória de bens incidente sobre o matrimônio contraído por maiores de 70 anos (art. 1.641, II, do Código Civil). Reconheceu-se a repercussão geral da matéria[49], ainda não tendo sido proferida decisão final sobre o mérito. Em novembro de 2022, o STJ publicou a Súmula 655, estabelecendo que se aplica à união estável contraída por septuagenário o regime da separação obrigatória de bens, comunicando-se os adquiridos na constância, quando comprovado o esforço comum.

7. Referências bibliográficas

ALEXY, Robert. *Teoría de los derechos fundamentales*. Trad. esp. de Ernesto Garzón Valdes. Madrid: Centro de Estudios Constitucionales, 1993.

AMARAL, Francisco. A sucessão testamentária no novo Código Civil brasileiro. *Revista Brasileira de Direito Comparado*, Rio de Janeiro: Instituto de Direito Comparado Luso-Brasileiro, 2007, n. 30, p. 35-40, 2007.

ASCENSÃO, José de Oliveira. *Direito civil*: sucessões. 5. ed. Coimbra: Coimbra Editora, 2000.

BARBOSA MOREIRA, Carlos Roberto. Princípios constitucionais e o direito das sucessões. *Revista Forense*, Rio de Janeiro, ano 103, v. 390, p. 47, mar./abr. de 2007.

BARBOSA MOREIRA, Carlos Roberto. Princípios constitucionais e o direito das sucessões. *Revista Forense*, Rio de Janeiro, ano 103, v. 390, p. 47, mar./abr. 2007.

BEVILÁQUA, Clovis. *Direito das sucessões*. 5. ed. Rio de Janeiro: Francisco Alves, 1955.

BONAVIDES, Paulo. *Curso de direito constitucional*. 7. ed. São Paulo: Malheiros, 1997.

CAMARGO VIANA, Rui Geraldo. A sucessão do adotado. *Revista do Advogado*, São Paulo, n. 58, p. 30-33, mar. 2000.

CANOTILHO, José Joaquim Gomes. *Direito constitucional*. 5. ed. Coimbra: Almedina, 1991.

DIFINI, Luis Felipe Silveira. Direito de saisine. *Revista Ajuris*, Porto Alegre, ano XVI, p. 245-251, mar. 1989.

GOMES, Orlando. *Sucessões*. 12. ed. Rio de Janeiro: Forense, 2004.

ITABAIANA DE OLIVEIRA, Arthur Vasco. *Tratado de direito das sucessões*. Vol. I. 4. ed. rev. e atual. pelo autor com a colaboração de Aires Itabaiana de Oliveira. São Paulo: Max Limonad, 1952.

JUNQUEIRA DE AZEVEDO, Antônio. O espírito de compromisso do direito das sucessões perante as exigências individualistas de autonomia da vontade e as supraindividualistas da família. Herdeiro e legatário. *Revista do Advogado*, São Paulo, n. 58, p. 9-13, mar. 2000.

---

44. REsp 1382170/SP, Relator para acórdão Min. João Otávio de Noronha, Segunda Seção, j. em 22-4-2015.
45. AgInt nos EREsp 1354742/MG, Relator Min. Ricardo Villas Bôas Cueva, Segunda Seção, j. em 13-12-2017.
46. REsp 954567/PE, Relator Min. Massami Uyeda, Terceira Turma, j. em 10-5-2011.
47. RE 878694 RG/MG, Relator Min. Roberto Barroso, Tribunal Pleno, j. em 10-5-2017.
48. EDcl no RE 878694 RG/MG, Relator Min. Roberto Barroso, Tribunal Pleno, j. em 26-10-2018.
49. RE 1309642 RG/SP, Relator Min. Roberto Barroso, Tribunal Pleno, j. em 30-09-2022.

LEITE, Eduardo de Oliveira. *Comentários ao novo Código Civil*. vol. XXI. 5. ed. Rio de Janeiro: Forense, 2009.

MARTINS-COSTA, Judith. O direito sucessório na Constituição: a fundamentalidade do direito à herança. *Revista do Advogado*, São Paulo: AASP, ano XXXI, n. 112, 2011.

MAXIMILIANO, Carlos. *Direito das sucessões*. Rio de Janeiro: Freitas Bastos, 1937. v. 1.

MENDES, Gilmar Ferreira. *Direitos fundamentais e controle de constitucionalidade*: estudos de direito constitucional. São Paulo: IBDC, 1998.

MORAES, Walter. *Programa de direito das sucessões*: teoria geral e sucessão legítima. São Paulo: Revista dos Tribunais, 1980.

NEVARES, Ana Luiza Maia. *A tutela sucessória do cônjuge e do companheiro na legalidade constitucional*. Rio de Janeiro: Renovar, 2004.

PINTO FERREIRA, Luiz. *Tratado das heranças e dos testamentos*. 2. ed. São Paulo: Saraiva, 1990.

PONTES DE MIRANDA, Francisco Cavalcanti. *Tratado de direito privado*. Vol. LX. São Paulo: Revista dos Tribunais, 2012.

PONTES DE MIRANDA, Francisco Cavalcanti. *Tratado de direito privado*.Vol. LV. São Paulo: Revista dos Tribunais, 2012.

REALE, Miguel. *O Projeto do Novo Código Civil*. São Paulo: Saraiva, 1999.

REALE, Miguel; MARTINS-COSTA, Judith. Casamento sob o regime da separação total de bens, voluntariamente escolhido pelos nubentes. Compreensão do fenômeno sucessório e seus critérios hermenêuticos. A força normativa do pacto antenupcial. *Revista Trimestral de Direito Civil*, v. 24, p. 205-230, 2005.

SARLET, Ingo W. *A eficácia dos direitos fundamentais*. 5. ed. Porto Alegre: Livraria do Advogado, 2005.

SARLET, Ingo. *A eficácia dos direitos fundamentais*. 3. ed. Porto Alegre: Livraria do Advogado, 2003.

SCALISI, Vincenzo. Persona umana e sucessioni. Itinerari di un confronto ancora aperto. *Rivista Trimestrale di Diritto e Procedura Civile*, Milão: Giuffrè, anno XLIII, n. 2, p. 386-420, jun. 1989.

SILVA, José Afonso da. *Comentário contextual à Constituição*. São Paulo: Malheiros, 2005.

TEPEDINO, Gustavo. Controvérsias sobre a tutela sucessória do cônjuge e do companheiro no direito brasileiro. *Revista do Advogado*, São Paulo: AASP, ano XXXI, n. 112, p. 53-63, jul. 2011.

ZITSCHER, Harriet Christiane. *Introdução ao direito civil alemão e inglês*. Belo Horizonte: Del Rey, 1999.

Art. 5º, XXXI – a sucessão de bens de estrangeiros situados no País será regulada pela lei brasileira em benefício do cônjuge ou dos filhos brasileiros, sempre que não lhes seja mais favorável a lei pessoal do *de cujus*;

Judith Martins-Costa

1. História da norma

Ainda que com diferenças na redação e na extensão de seus destinatários, a regra hoje contida no art. 5º, XXXI habita o universo constitucional brasileiro desde a Constituição de 1934, cujo art. 134 determinava: "A vocação para suceder em bens de estrangeiros existentes no Brasil será regulada pela lei nacional em benefício do cônjuge brasileiro e dos seus filhos, sempre que não lhes seja mais favorável o estatuto do *de cujus*". Naquela ocasião, a proposição partira do Deputado Agamêmnon Guimarães, vindo assim explicitada pelo seu colega Deputado Alcântara Machado: "Bem sei que a matéria não é propriamente constitucional. Tantas vezes, porém, tem a Assembleia quebrado os moldes clássicos das leis fundamentais que não seria estranhável a inclusão de um preceito desta natureza, cuja procedência e justiça me parecem irrecusáveis"[1].

As mencionadas "justiça e a procedência" tinham explicação sociológica, explicitada oito anos mais tarde na Exposição de Motivos da Lei de Introdução ao Código Civil (LICC, Decreto-Lei n. 4.657/1942): sendo o Brasil um país de imigração, cuidava de beneficiar o cônjuge e os filhos de estrangeiros relativamente aos bens situados no país[2], havendo muitas as "situações de iniquidade"[3] notadamente quando a lei nacional do *de cujus* afastava da sucessão as filhas mulheres, ou a esposa. Na Carta de 1937, a regra vinha no art. 152 que explicitava, restritivamente, o alcance aos filhos "do casal". Daí a nova redação então conferida à LICC (e mantida na atual Lei de Introdução às Normas do Direito Brasileiro, LINDB), cujo art. 10 modificou o critério relativamente à antiga Lei de Introdução: da prevalência do *ius patriae* (lei nacional do *de cujus*), como constava no art. 14 da primitiva Lei de Introdução, passou-se ao critério do *ius domicilii* (lei do domicílio do falecido). A Constituição de 1946 situou a regra protetiva no art. 165, delimitando o benefício ao cônjuge e aos "filhos brasileiros". A regra foi repetida na Carta de 1967 (no art. 150, § 33) e na EC n. 1, de 1969 (no art. 153, § 33).

2. Conteúdo e funções

O inciso XXXI contém uma *garantia institucional*[4], cujo âmbito de proteção é estritamente normativo[5], mas atua como *fundamento* do exercício de um direito subjetivo[6] – qual seja, o *direito ao benefício da lei mais favorável* –, atribuído ao cônjuge e aos filhos de estrangeiro que, domiciliado fora do Brasil, tenha deixado, por sucessão, bens localizados em território brasileiro.

É discutida a fundamentalidade material da regra do inciso XXXI[7]. Pontes de Miranda advertiu que a lei da sucessão não

---

1. Cf. transcrição feita por ARAUJO CASTRO, Raimundo de. *A nova Constituição brasileira*. Liv. Rio de Janeiro: Freitas Bastos, 1935 p. 457, nota 15.
2. Exposição de Motivos. *Arquivos do Ministério da Justiça*, 1942, p. 1-45.
3. Cf. Exposição de Motivos. *Arquivos do Ministério da Justiça*, 1942, p. 1-45.
4. MENDES, Gilmar Ferreira. *Direitos Fundamentais e controle de constitucionalidade*: estudos de direito constitucional. São Paulo, IBDC, 1998, p.41; SARLET, Ingo. *A eficácia dos direitos fundamentais*. 3. ed. Porto Alegre, Livraria do Advogado, 2003, p. 187-195.
5. MENDES, Gilmar Ferreira, *Direitos fundamentais e controle de constitucionalidade*: estudos de direito constitucional. São Paulo: IBDC, 1998, p. 41, nota 52.
6. Para essa problemática em vista da Constituição brasileira ver BONAVIDES, Paulo. *Curso de direito constitucional*. 7. ed. São Paulo: Malheiros, 1997, p. 498; MENDES, Gilmar Ferreira. *Direitos fundamentais e controle de constitucionalidade*: estudos de direito constitucional. São Paulo: IBDC, 1998, p32 *et seq.*, e SARLET, Ingo. *A eficácia dos direitos fundamentais*. 3. ed. Porto Alegre, Livraria do Advogado, 2003, p. 157 e 192.
7. Para a ideia de "fundamentalidade", ver ALEXY, Robert. *Teoria de los derechos fundamentales*. Trad. esp. de Ernesto Garzón Valdes. Madrid, Centro de

constitui, em Direito Internacional Privado, nem princípio fundamental nem princípio de ajustamento[8]. Antes atende a critérios de conveniência política ou a razões de fundo histórico e sociológico, razão pela qual, no curso dos tempos, soluções variadas têm sido intentadas. A força normativa da Constituição, bem como a ideia do dever de proteção estatal[9] em sede de proteção de direitos, liberdades e garantias, enseja, todavia, a apreciação sistematizadora e axiologicamente fundamentada da garantia institucional em causa, tomando-se em consideração, para tal fim, postulados, diretrizes e princípios constitucionais, nomeadamente: (i) o postulado do pluralismo, constante no Preâmbulo constitucional (uma vez que a regra em causa quebra o princípio da unidade sucessória, introduzindo em nosso direito a pluralidade sucessória)[10]; (ii) a diretriz da solidariedade, *ex vi* do art. 3º, I; bem como (iii) o princípio da proteção à família, inserto no art. 226. Nas duas últimas relações a determinação do inciso XXI tem por função fazer prevalecer, entre a lei brasileira e a lei pessoal do falecido – quando este for estrangeiro e tenha tido bens situados no Brasil – aquela mais favorável aos herdeiros (cônjuge, e/ou descendentes) brasileiros. Privilegia-se, assim, não apenas a família, mas, igualmente, concretiza-se um aspecto da mencionada diretriz da solidariedade, no âmbito econômico e familiar.

Para a sua inteligência, três situações se devem distinguir: (i) quando o *de cujus* era estrangeiro, com bens situados apenas no estrangeiro: o dispositivo constitucional não incide, uma vez reportar-se apenas a bens situados no Brasil; (ii) o *de cujus* era (a) estrangeiro com bens situados no Brasil, (b) possuía cônjuge e/ou descendentes brasileiros, e (c) era domiciliado no Brasil: o dispositivo constitucional não incide, aplicando-se desde logo a lei brasileira (lei do seu domicílio), por considerar-se "uma inutilidade essa regra" se não se referisse a estrangeiro domiciliado fora do Brasil[11]; (iii) o falecido era estrangeiro, com bens no Brasil (ou concomitantemente no Brasil e no Exterior), cônjuge e/ou descendentes brasileiros, e domiciliado no Exterior: nesse caso, é chamada a atuar a regra constitucional em comento, para o efeito de fazer incidir ou a lei pessoal do *de cujus*, ou a lei brasileira. Escolhe-se, entre ambas, aquela que é mais favorável ao cônjuge ou aos filhos brasileiros.

Portanto, a lei brasileira incide, no caso do inc. XXXI, se a lei estrangeira (lei pessoal do *de cujus*, isto é, o seu estatuto[12]) não é a mais favorável ao cônjuge ou aos descendentes. Se a lei estrangeira é mais favorável, é essa que incide, pois o texto constitucional enseja a abertura de um "espaço em branco"[13] que será ocupado pelo direito estrangeiro. Como *prius* há, portanto, o exame da lei estrangeira, para determinar-se se é mais favorável, ou não, aos herdeiros beneficiados pela garantia constitucional. Pode ocorrer que a lei brasileira seja mais favorável apenas ao cônjuge, ou apenas aos filhos. Nesse caso, recomenda a doutrina, se a lei brasileira só é mais favorável ao cônjuge, deve ser atendida só nesse ponto; do mesmo modo, se é mais favorável só aos filhos, deve ser atendida neste particular a lei brasileira, para beneficiar os descendentes[14]. Não se cogita do local do falecimento, mas, primeiramente, da situação dos bens, aplicando-se, depois, a lei mais favorável ao cônjuge e/ou aos filhos brasileiros[15].

Trata-se de garantia jurídica constitucional protetiva, o que não inibe, porém, o Brasil de cortar efeitos da lei estrangeira aplicável, em virtude da ordem pública, tal como previsto no Código Bustamante (art. 4º). O dever de proteção aos bens garantidos por normas constitucionais reconhecedoras de direitos, liberdades e garantias orienta, todavia, para que, mesmo em caso de nulidade da disposição testamentária (segundo o direito brasileiro), deva o juiz, no Brasil, negar-se a decretar a invalidade, na salvaguarda dos interesses e direitos do cônjuge e/ou dos filhos brasileiros[16].

Estudios Constitucionales, 1993, p. 503 *et seq*; CANOTILHO, José Joaquim. *Direito constitucional*. 5. ed. Coimbra: Almedina, 1991, p. 509. SARLET, Ingo W. *A eficácia dos direitos fundamentais*. Porto Alegre: Livraria do Advogado, 2003, p. 82.

8. PONTES DE MIRANDA, Francisco Cavalcanti. *Comentários à Constituição de 1967*. São Paulo, Revista dos Tribunais, 1968, t. V, p. 603.

9. CANOTILHO, José Joaquim. Omissões normativas e deveres de proteção. In: *Estudos em homenagem a Cunha Rodrigues*. Coimbra: Coimbra Editora, 2001, v. II, p. 111-124.

10. Determinar qual o princípio que rege o direito internacional privado brasileiro em matéria sucessória tem sido o *punctum dolens* da doutrina, muito embora o STF já se tenha pronunciado pela vigência do princípio da pluralidade sucessória (RE 99230/RS, Rel. Min. Rafael Mayer, j. em 22-5-1984. Primeira Turma, *DJ* de 29-6-1984. Na doutrina a tese é defendida por VALLADÃO, Haroldo. *Direito internacional privado*. Rio de Janeiro: Freitas Bastos, 1973, p. 204 *et seq*.; BATALHA, Wilson de Souza. *Tratado elementar de direito internacional privado*: parte especial. São Paulo, Revista dos Tribunais, 1961, v. II, p. 229. RECHSTEINER, Beat Walter. Algumas questões jurídicas relacionadas à sucessão testamentária com conexão internacional. *Revista dos Tribunais*, São Paulo, ano 90, v. 786, p. 99-107, abr. 2001. Contra a tese: CASTRO, Amílcar de. *Direito internacional privado*. Rio de Janeiro: Forense, 1997 p. 453 *et seq*.; SERPA LOPES, Miguel Maria de. *Comentários à Lei de Introdução ao Código Civil*. 2. ed. Rio de Janeiro: Freitas Bastos, 1959, v. II, p. 314; TENÓRIO, Oscar. *Lei de Introdução ao Código Civil brasileiro*. Rio de Janeiro: Borsoi, 1955, p. 351, admitindo, todavia, que a regra constitucional excepciona o princípio "para atender interesses de brasileiros". Do mesmo autor, ainda: Sucessão – Universalidade – Domicílio do defunto – Aplicação da lei brasileira. *Revista Forense*, Rio de Janeiro, ano 72, v. 256, p. 171-177, 1976. ARAÚJO, Nádia de. Constituição brasileira e sucessão internacional: a aplicação da lei mais benéfica. In: MEDEIROS, Antonio Paulo Cachapuz de. (Org.). *Faculdade de direito*: o ensino jurídico no limiar do novo século. Porto Alegre: EDIPUCRS, 1997. A divergência tem origem no modo de visualizar-se o ordenamento: isoladamente considerada, a LICC (denominação alterada para LINDB – Lei de Introdução às Normas do Direito Brasileiro) privilegia o princípio da unidade, adotando o critério do domicílio; porém, se considerado o ordenamento como um todo (Constituição, LICC e demais leis infraconstitucionais, inclusive processuais, correlatas), deflui a adoção do princípio da pluralidade, a própria Constituição indicando no inciso XXXI o critério *ius rei sitae*.

11. STF, RE 17253/SP. Min. Ribeiro da Costa, j. em 20-7-1950. Primeira Turma; em contrário; BASTOS, Celso Ribeiro. *Comentários à Constituição do Brasil de 1988*. São Paulo: Saraiva, 1988-1999, v. 1 e 2, p. 152.

12. A doutrina criticava, na vigência da Constituição de 1946, a expressão "lei nacional", explicando tratar-se da lei pessoal, ou estatuto do falecido, que nem sempre se rege pela lei nacional (assim TENÓRIO, Oscar. *Lei de Introdução ao Código Civil brasileiro*. Rio de Janeiro: Borsoi, 1955, p. 353).

13. PONTES DE MIRANDA, Francisco Cavalcanti. *Tratado de direito privado*. 3. reimpr. Rio de Janeiro: Borsoi, 1972, t. LV, § 5.626, 2; BARROSO, Luís Roberto. *Interpretação e aplicação da Constituição*: fundamentos de uma dogmática constitucional transformadora. São Paulo: Saraiva, 2003, p. 34.

14. PONTES DE MIRANDA, Francisco Cavalcanti. *Comentários à Constituição de 1946*. 3. ed., rev. e aumentada. Rio de Janeiro: Editor Borsoi, 1960. Tomo VI (arts. 157-218). p. 195; idem em PONTES DE MIRANDA, Francisco Cavalcanti. *Comentários à Constituição de 1967*. São Paulo: Revista dos Tribunais, 1968, t. V, p. 608.

15. CAVALCANTI, Themístocles Brandão. *A Constituição Federal comentada*. Rio de Janeiro: Konfino, 1949, v. IV, p. 79.

16. Já apontava a essa eficácia constitucional, PONTES DE MIRANDA, Francisco Cavalcanti. *Tratado de direito privado*. Tomo LV. 3ª reimpr. Rio de Janeiro: Borsoi, 1972. § 5.626, 2. Também assim BARREIRA, Wagner. Sucessão do estrangeiro no Brasil. *Revista dos Tribunais*, São Paulo, ano 81, v. 683, p. 259-263, 1992.

Se o falecido tinha bens, concomitantemente, no Brasil e no Exterior não há como negar o *princípio da pluralidade dos juízos sucessórios*. A pluralidade sucessória indica a divisão no patrimônio deixado pelo *de cujus*, quando sua partilha ocorre em foros internacionalmente separados, de acordo com as regras de cada foro atinentes à sucessão de uma mesma pessoa[17]. Esse princípio vige no Brasil[18] na medida em que a competência internacional dos tribunais pátrios se limita aos bens localizados no território nacional[19], de modo que ao princípio da pluralidade processual acompanha o princípio da pluralidade sucessória, tendo assentado o STF, louvado em lição de Haroldo Valladão, que o princípio da unidade ou universalidade sucessória, inspirado em Savigny, é, também no Brasil, "faca que não corta"[20].

Como a adoção estrita da unidade sucessória ensejaria "dificuldades insuperáveis"[21] em se ter um único inventário com bens situados em distintas jurisdições, a doutrina[22] e a jurisprudência[23] passaram a reconhecer excepcionalmente a pluralidade de juízos sucessórios. Por essa razão, deve-se proceder ao inventário em todas as jurisdições nas quais estiverem situados bens do *de cujus*[24].

A extensão da garantia constitucional protetiva abarca tanto a sucessão legítima quanto a testamentária, seja qual for a natureza dos bens e inclusive os legados, desde que localizados no Brasil, pois o inciso XXXI utiliza o termo "sucessão", e não "herança". Conquanto a restrição contida na qualificação dos descendentes atingidos pelo benefício ("filhos brasileiros"), a aplicação da lei mais favorável não se restringe a essa literalidade, aplicando-se também "a quem os represente" (LINDB, art. 10, § 1º) – portanto, inclusive os netos, por representação do filho pré-morto ou excluído. A doutrina estende o benefício também aos filhos que, embora estrangeiros, sejam domiciliados no país, em face do *caput* do art. 5º constitucional que estabelece a igualdade de direitos para o brasileiro e o estrangeiro domiciliado no país[25]. Relativamente ao cônjuge, constitui-se condição para a sua incidência: no momento do óbito, deve haver situação de matrimônio ou de união estável. Se, por outro lado, a lei estrangeira dá sucessão ao separado ou divorciado, essa será a mais favorável[26].

A norma se dirige aos particulares (herdeiros a serem beneficiados pela lei mais favorável) e ao juiz, que deverá apreciar primeiramente a competência internacional da justiça brasileira e, em seguida – se essa for competente – as normas da competência territorial interna, determinando, após, o direito aplicável[27].

3. Constituições estrangeiras

Não há norma similar nas Constituições alemã, portuguesa, argentina, espanhola e italiana, embora aquelas Constituições contenham regras de proteção aos estrangeiros. No art. 15º, 3, da Constituição portuguesa são reconhecidos, "nos termos da lei em condições de reciprocidade", aos cidadãos dos Estados de língua portuguesa com residência permanente em Portugal, "direitos não conferidos a estrangeiros", salvo o acesso a certos cargos públicos.

4. Direito Internacional

O Código Bustamante, que promulgou a Convenção de Direito Internacional Privado de Havana, acolhido internamente pelo Decreto n. 18.871, de 13 de agosto de 1929, determina, nos arts. 152 e 153, seja a capacidade para suceder por testamento ou sem ele regulada pela lei pessoal do herdeiro ou legatário, sendo, todavia, de ordem pública internacional as incapacidades para suceder que os Estados contratantes considerem como tais. No Direito Internacional, a matéria foi objeto de três convenções de

---

17. RECHSTEINER, Beat Walter. Algumas questões jurídicas relacionadas à sucessão testamentária com conexão internacional. *Revista dos Tribunais*, São Paulo, ano 90, v. 786, p. 106, abr. 2001.
18. Ver nota 10, *supra*.
19. A competência internacional é polarizada pelo princípio da efetividade, de modo que ao Estado "só interessam as causas que guardem algum ponto de contacto com o ordenamento jurídico nacional" (BOTELHO DE MESQUITA, José Ignacio. Da competência internacional e dos princípios que a informam. *Revista de Processo*, vol. 50, abr.-jun./1988, p. 51-71), como também decidido pelo Superior Tribunal de Justiça (STJ. Terceira Turma. RO 64/SP. Relatora Min. Nancy Andrighi. J. em 13.05.2008). Estes pontos de contato são os elementos de conexão que atraem a competência para a autoridade judiciária nacional, a qual detém a competência absoluta e exclusiva para proceder ao inventário de bens situados no Brasil, ainda que o autor da herança seja de nacionalidade estrangeira ou tenha domicílio fora do território nacional (Código de Processo Civil, art. 23, II). Desde 1973, a legislação processual civil expandiu o escopo de aplicação da regra anterior, § 1º do art. 12º da LINDB, o qual abrangia a competência da autoridade brasileira apenas sobre os bens imóveis. Passou-se a prever a competência absoluta e exclusiva da autoridade judiciária brasileira sobre quaisquer bens situados em território nacional (PONTES DE MIRANDA, Francisco Cavalcanti. *Comentários ao Código de Processo Civil*. Tomo II. 4. ed. Atualizado por Sergio Bermudes. Rio de Janeiro: Forense, 2001). Trata-se de matéria atinente à soberania nacional, competindo exclusivamente à autoridade judiciária doméstica a apreciação das causas que devam produzir efeitos no seu território (BOTELHO DE MESQUITA, José Ignacio. Da competência internacional e dos princípios que a informam. *Revista de Processo*, vol. 50, abr.-jun./1988, p. 51-71; FUX, Luiz. *Teoria geral do processo civil*. Rio de Janeiro: Forense, 2014, p. 94-95).
20. Citado no STF RE 99230/RS. Relator Min. Rafael Mayer, j. em 22-5-1984. Primeira Turma. A passagem está em: VALLADÃO, Haroldo. *Direito internacional privado*. Rio de Janeiro: Freitas Bastos, 1973, p. 212.
21. A expressão é de VALLADÃO, Haroldo. Unidade ou pluralidade da sucessão e do inventário e partilha, no Direito Internacional Privado. *Revista dos Tribunais*, vol. 204, out./1952, p. 3-37. Acesso pelo *RT Online*.
22. ARAUJO, Nadia de. Direito Internacional Privado. Teoria e prática brasileira. 5. ed. Rio de Janeiro: Renovar, 2011, p. 498; RAMOS, André de Carvalho. *Curso de Direito Internacional Privado*. São Paulo: Saraiva, 2018, p. 438; CORRÊA DA FONSECA, Priscila. *Manual do planejamento patrimonial das relações afetivas e sucessórias*. 2. ed. São Paulo: Revista dos Tribunais, 2020, p. 199.
23. STF, Primeira Turma, RE 99.230/RS, Relator Min. Rafael Mayer, j. em 22.05.1984; STJ, Quarta Turma, REsp 37.356/SP, Relator Min. Barros Monteiro, j. em 22.09.1997; STJ, Terceira Turma, REsp 397.769/SP, Relatora Min. Nancy Andrighi, j. em 25.11.2002; STJ, Terceira Turma, REsp 1.362.400/SP, Relator Min. Marco Aurélio Bellizze, j. em 28.04.2015; TJDFT, Oitava Turma Cível, AI 0720600-68.2019.8.07.0000, Relator Des. Eustáquio de Castro, j. em 05.02.2020.
24. RECHSTEINER, Beat Walter. Algumas questões jurídicas relacionadas à sucessão testamentária com conexão internacional. *Revista dos Tribunais*, São Paulo, ano 90, v. 786, abr. 2001; MONACO, Gustavo Ferraz de Campos; JUBILUT, Liliana Lyra. *Direito Internacional Privado*. São Paulo: Saraiva, 2012, item 2.7. Acesso por plataforma online; CÂMARA, Alexandre Freitas. *O novo processo civil brasileiro*. 2. ed. São Paulo: Atlas, 2016, § 4.1; MADALENO, Rolf. *Sucessão legítima*. 2. ed. Rio de Janeiro: Forense, 2020, Ebook; OLIVEIRA, Euclides de; AMORIM, Sebastião. *Inventário e partilha*: teoria e prática. 26. ed. São Paulo: Saraiva, 2020, p. 290.
25. FERREIRA FILHO, Manuel Gonçalves. *Comentários à Constituição Brasileira*. Emenda Constitucional n. 1, de 17 de outubro de 1969. 2. ed. São Paulo: Saraiva, 1977, p. 52.
26. PONTES DE MIRANDA, Francisco Cavalcanti. *Comentários à Constituição de 1967*. São Paulo, Revista dos Tribunais, 1968, t. V.p. 605.
27. RECHSTEINER, Beat Walter. Algumas questões jurídicas relacionadas à sucessão testamentária com conexão internacional. *Revista dos Tribunais*, São Paulo, ano 90, v. 786, p. 100, abr. 2001.

Haia sobre as sucessões e os testamentos e de uma convenção relativa aos *trusts*[28].

Os diversos direitos nacionais adotam ora o critério da *situação do bem*, ora o da *lei pessoal do de cujus*. Em Portugal, vige o critério da lei pessoal do falecido, em princípio a lei da nacionalidade; na Alemanha, de acordo com o art. 25º da EGBGB, a lei sucessória aplicável é a lei nacional do testador na data da sua morte. Pode escolher-se a legislação alemã para os imóveis situados em território alemão. Na França, as sucessões nos bens imóveis estão submetidas à lei da situação (*ius rei sitae*), sendo as sucessões em bens móveis regidas pela lei do último domicílio do falecido. O Direito francês conhece o *droit de prélèvement*, cujo significado é de exceção à aplicação normal de uma regra de conflito de lei que pode ser oposta quando um herdeiro francês se vê apanhado por uma lei sucessória que lhe atribui menos direitos do que os resultantes da aplicação da lei francesa[29]. Na Inglaterra e País de Gales, aplicam-se, para as sucessões *ab intestato*, a lei do domicílio do testador na ocasião da morte, para os bens móveis; e a lei da jurisdição em que o imóvel está localizado à sucessão dos bens imóveis. Finalmente, na Itália, a sucessão é regulada pela lei nacional do falecido no momento da morte, porém, as pessoas podem submeter a sua sucessão, por testamento, à lei do Estado em que residem; caso se trate de um cidadão italiano, esta escolha não deve prejudicar os direitos dos herdeiros legitimários residentes em Itália.

5. Remissões constitucionais e legais

Considerado o universo constitucional, o dispositivo liga-se ao inciso III do mesmo art. 5º (garantia do direito à herança); ao *caput* do art. 5º (igualdade entre brasileiros e estrangeiros domiciliados no Brasil); ao inciso XXII (direito de propriedade); ao art. 226 (dever, do Estado, de proteção à família) e ao art. 227, § 6º, (igualdade entre os filhos). No plano infraconstitucional, o núcleo está no art. 10, *caput* e §§ da LINDB (Lei de Introdução às Normas do Direito Brasileiro). O Código Civil comparece com o regramento geral da sucessão (Parte Especial, Livro V), inclusive no que toca ao direito de representação (CC, art. 1851), bem como dispõe sobre a ausência (arts. 26 a 39), pois também a ausência enseja a abertura de sucessão. As regras referentes à determinação da competência para o processamento do inventário e partilha estão no Código de Processo Civil, arts. 23, II, e 48, bem como no art. 12, § 1º, da LINDB – que determina a competência exclusiva e absoluta do juiz brasileiro para conhecer das ações relativas a imóveis situados no Brasil. Há ligação, ainda, com os arts. 376 (prova da alegação de direito estrangeiro[30]) e 961 (eficácia de sentença proferida por tribunal estrangeiro), ambos do Código de Processo Civil.

6. Jurisprudência

O aclaramento da garantia da lei sucessória mais benéfica tem sido feito pela jurisprudência. Em decisão notável[31] por seu conteúdo e pelos debates doutrinários que suscitou, o STF explicitou, em vista de partilha de bens situados uns no Brasil, outros no Uruguai, o princípio da pluralidade dos juízos sucessórios, determinando: "Partilhados os bens deixados em herança no estrangeiro, segundo a lei sucessória da situação, descabe à justiça brasileira computá-los na quota hereditária a ser partilhada, no país, em detrimento do princípio da pluralidade dos juízos sucessórios, consagrada pelo art. 89, II do CPC [correspondente ao atual art. 23, II, do Novo CPC]". Essa orientação vem sendo ratificada: o STJ, no REsp 37.356/SP[32], reafirmou o princípio da pluralidade de juízos sucessórios, deixando claro que os imóveis sitos no Exterior escapam à jurisdição brasileira[33]; mais recentemente, no REsp 1.632.400/SP[34], o STJ reiterou a necessidade de se interpretar o art. 10, *caput*, da LINDB em conjunto com o art. 8º, *caput*, e art. 12, § 1º, além do art. 89 do CPC (correspondente ao atual art. 23 do CPC), decidindo que o juízo sucessório brasileiro não poderia dispor sobre a partilha de bem imóvel situado na Alemanha; e, no AgInt no AREsp 1.297.819/SP, decidiu ser descabida a solicitação de informações a instituição financeira estrangeira, pois o montante de titularidade do *de cujus* não se submeteria ao inventário em curso no Brasil[35].

No RE 31.064[36], o STF, por sua composição plenária, deu interpretação ampliativa à expressão "filhos" constante do art. 165 da Constituição de 1946, explicitando o *telos* do preceito, qual seja, o de proteger os descendentes brasileiros, convocados à herança. No RE 84.966/RJ[37], esclareceu-se não violar a regra constitucional o art. 10 da LINDB nem estar esse revogado pelo art. 1.611 do CC de 1916 (correspondente aos arts. 1.830 e 1.838 do vigente CC). Na SE 3.780[38], reafirmou-se a orientação

---

28. Convenção sobre os conflitos de leis em matéria de forma das disposições testamentárias, de 5 de outubro de 1961, entrada em vigor em 5 de janeiro de 1964; Convenção sobre a administração internacional das sucessões, de 2 de outubro de 1973, entrada em vigor em 1º de julho de 1993; Convenção sobre a lei aplicável às sucessões por morte, assinatura em 1º de outubro de 1989; e Convenção sobre a lei aplicável ao *trust* e ao seu reconhecimento, assinada em 1º de julho de 1985, entrada em vigor em 1º de janeiro de 1992. Há ainda uma Convenção (UNIDROIT – Instituto Internacional para a Unificação do Direito Privado Internacional) relativa à lei uniforme sobre a forma de um testamento internacional, que entrou em vigor em 9 de fevereiro de 1978. O Direito Internacional conhece ainda a Convenção de Washington, de 26 de outubro de 1973, relativa à lei uniforme sobre a forma de um testamento internacional, cabendo notar que em 1º de março de 2005, a Comissão Europeia decidiu redigir um "Livro Verde sobre as sucessões e os testamentos", apresentado e acolhido, por maioria votante, em outubro de 2005 pelo Comitê Econômico e Social Europeu, que propõe a possibilidade de adotar, na União, regras substantivas e regras referentes à competência nessa matéria, incluindo quando a componente internacional da sucessão.
29. O instituto foi previsto na "Loi du 14 juillet 1819 relative à l'abolition du droit d'aubaine et de détraction". No caso é possível "reter" ("prélever") sobre os bens componentes da sucessão na França, uma porção igual ao valor dos bens dos quais foi o herdeiro privado, por qualquer título, por conta da lei local ou de costume (v. Arrêt n. 1882 du 7 décembre 2005. Cour de Cassation. Première chambre civile).
30. DOLINGER. Jacob. Aplicação do direito estrangeiro – Ônus da Prova – Escolha da lei aplicável pelas partes – Papel do Magistrado – Apreciação pelo Tribunal (Parecer). *Revista Forense*, Rio de Janeiro, v. 94, n. 344, p. 269-279, out./dez. 1998, e BARBOSA MOREIRA, José Carlos. Garantia constitucional do direito à jurisdição – competência internacional da justiça brasileira – prova do direito estrangeiro. *Revista Forense*, Rio de Janeiro, n. 343, p. 275-291, 1998.
31. STF, RE 99230/RS, Rel. Min. Rafael Mayer, j. em 22-5-1984, Primeira Turma, *DJ* de 29-6-1984.
32. STJ, 37356/SP, Rel. Min. Barros Monteiro, j. em 22-9-1997, Quarta Turma, *DJ* de 10-11-1997.
33. STJ, REsp 397769/SP, j. em 25-11-2002, Terceira Turma, *DJ* de 19-12-2002.
34. STJ, REsp 1362400/SP, Rel. Min. Marco Aurélio Bellizze, j. em 28-4-2015.
35. STJ, AgInt no AREsp 1297819/SP, Rel. Min. Marco Aurélio Bellizze, j. em 15-10-2018.
36. STF, Rel. Min. Luis Gallotti, j. em 24-10-1960.
37. STF, Rel. Min. Cunha Peixoto, j. em 21-11-1978, Primeira Turma, *DJ* de 19-2-1979.
38. STF, Rel. Min. Francisco Rezek, j. em 6-5-1987, Tribunal Pleno, *DJ* de 22-5-1987.

atinente à competência exclusiva e absoluta do juiz brasileiro para conhecer as ações relativas a imóveis situados no Brasil e para proceder ao inventário e partilha "ainda que o autor da herança seja estrangeiro e tenha residido fora do território nacional", negando-se vigência e homologação a partilha processada no Exterior.

O STJ, no REsp 61.434/SP[39], esclareceu ponto não raramente objeto de discussão na jurisprudência, a saber: a *capacidade para suceder* não se confunde com *qualidade de herdeiro*, esta dizendo respeito à ordem da vocação hereditária (sendo aferida pela mesma lei competente para reger a sucessão do morto que, no Brasil, "obedece à lei do país em que era domiciliado o defunto" (art. 10, *caput*, da LINDB), aquela respeitando à questão de saber se a pessoa indicada é capaz ou incapaz para receber a herança, conforme a solução fornecida pela lei do domicílio do herdeiro (art. 10, § 2º, da LINDB). Por fim, o STJ, em pedido de homologação de sentença estrangeira (proveniente da Inglaterra) que reconhecera o registro de testamento declaratório de ser a esposa a única herdeira de imóveis situados no Brasil negou a homologação pleiteada, "pois arrimada em ato relacionado a inventário e partilha de bens situados no Brasil, de competência tão somente da autoridade judiciária brasileira"[40].

7. Referências bibliográficas

ALEXY, Robert. *Teoría de los derechos fundamentales*. Trad. esp. de Ernesto Garzón Valdes. Madrid: Centro de Estudios Constitucionales, 1993.

ARAUJO CASTRO, Raimundo de. *A nova Constituição brasileira*. Rio de Janeiro: Freitas Bastos, 1935.

ARAÚJO, Nádia de. Constituição brasileira e sucessão internacional: a aplicação da lei mais benéfica. In: MEDEIROS, Antonio Paulo Cachapuz de (Org.). *Faculdade de direito*: o ensino jurídico no limiar do novo século. Porto Alegre: EDIPUCRS, 1997.

ARAÚJO, Nadia de. *Direito Internacional Privado*. Teoria e prática brasileira. 5. ed. Rio de Janeiro: Renovar, 2011.

BARBOSA MOREIRA, José Carlos. Garantia constitucional do direito à jurisdição – competência internacional da justiça brasileira – prova do direito estrangeiro. *Revista Forense*, Rio de Janeiro, n. 343, p. 275-291, 1998.

BARREIRA, Wagner. Sucessão do estrangeiro no Brasil. *Revista dos Tribunais*, São Paulo, ano 81, v. 683, p. 259-263, 1992.

BARROSO, Luís Roberto. *Interpretação e aplicação da Constituição*: fundamentos de uma dogmática constitucional transformadora. São Paulo: Saraiva, 2003.

BATALHA, Wilson de Souza. *Tratado elementar de direito internacional privado*: parte especial. São Paulo: Revista dos Tribunais, 1961. v. II.

BONAVIDES, Paulo. *Curso de direito constitucional*. 7. ed. São Paulo: Malheiros, 1997.

BOTELHO DE MESQUITA, José Ignacio. Da competência internacional e dos princípios que a informam. *Revista de Processo*, v. 50, abr.-jun./1988, p. 51-71.

BRASIL. Exposição de Motivos. *Arquivos do Ministério da Justiça*, 1942.

CÂMARA, Alexandre Freitas. *O novo processo civil brasileiro*. 2. ed. São Paulo: Atlas, 2016.

CANOTILHO, José Joaquim. *Direito constitucional*. 5. ed. Coimbra: Almedina, 1991.

CANOTILHO, José Joaquim. Omissões normativas e deveres de protecção. In: *Estudos em homenagem a Cunha Rodrigues*. Coimbra: Coimbra Editora, 2001. v. II. p. 111-124.

CASTRO, Amílcar de. *Direito internacional privado*. Rio de Janeiro: Forense, 1997.

CAVALCANTI, Themístocles Brandão. *A Constituição Federal comentada*. Rio de Janeiro: Konfino, 1949. v. IV.

CORRÊA DA FONSECA, Priscila. *Manual do planejamento patrimonial das relações afetivas e sucessórias*. 2. ed. São Paulo: Revista dos Tribunais, 2020.

DOLINGER, Jacob. Aplicação do direito estrangeiro – Ônus da Prova – Escolha da lei aplicável pelas partes – Papel do Magistrado – Apreciação pelo Tribunal (Parecer). *Revista Forense*, Rio de Janeiro, v. 94, n. 344, p. 269-279, out./dez. 1998.

FERREIRA FILHO, Manoel Gonçalves. *Comentários à Constituição Brasileira*. Emenda Constitucional n. 1, de 17 de outubro de 1969. 2. ed. São Paulo: Saraiva, 1977.

FUX, Luiz. *Teoria geral do processo civil*. Rio de Janeiro: Forense, 2014.

MADALENO, Rolf. *Sucessão legítima*. 2. ed. Rio de Janeiro: Forense, 2020. Ebook.

MENDES, Gilmar Ferreira. *Direitos fundamentais e controle de constitucionalidade*: estudos de direito constitucional. São Paulo: IBDC, 1998.

MONACO, Gustavo Ferraz de Campos; JUBILUT, Liliana Lyra. *Direito Internacional Privado*. São Paulo: Saraiva, 2012. Acesso por plataforma online.

OLIVEIRA, Euclides de; AMORIM, Sebastião. *Inventário e partilha*: teoria e prática. 26. ed. São Paulo: Saraiva, 2020.

PONTES DE MIRANDA, Francisco Cavalcanti. *Comentários à Constituição de 1946*. 3. ed. rev. e aumentada. Rio de Janeiro: Editor Borsoi, 1960. t. VI.

PONTES DE MIRANDA, Francisco Cavalcanti. *Comentários à Constituição de 1967*. São Paulo: Revista dos Tribunais, 1968. t. V.

PONTES DE MIRANDA, Francisco Cavalcanti. *Comentários ao Código de Processo Civil*. 4. ed. Atualizado por Sergio Bermudes. Rio de Janeiro: Forense, 2001. t. II.

PONTES DE MIRANDA, Francisco Cavalcanti. *Tratado de direito privado*. 3. reimpr. Rio de Janeiro: Borsoi, 1972. t. LV.

RAMOS, André de Carvalho. *Curso de Direito Internacional Privado*. São Paulo: Saraiva, 2018.

RECHSTEINER, Beat Walter. Algumas questões jurídicas relacionadas à sucessão testamentária com conexão internacio-

---

39. STJ, Rel. Min. Cesar Asfor Rocha, j. em 17-6-1997, Quarta Turma, *DJ* de 8-9-1997. A mesma discussão encontra precedente in: STF, RE 79613/RJ (Rel. original Min. Thompson Flores e Rel. p/ Acórdão: Min. Xavier De Albuquerque. j. em 25-2-1976. Tribunal Pleno).
40. STJ, SEC 1.032.GB, Rel. Min. Arnaldo Esteves Lima, j. em 19-12-2007. Precedente citado: SEC 843-LB, Rel. Min. Cesar Asfor Rocha, j. em 21-3-2007, Corte Especial, *DJ* de 28-5-2007.

nal. *Revista dos Tribunais*, São Paulo, ano 90, v. 786, p. 99-107, abr. 2001.

SARLET, Ingo W. *A eficácia dos direitos fundamentais*. Porto Alegre: Livraria do Advogado, 2003.

SERPA LOPES, Miguel Maria de. *Comentários à Lei de Introdução ao Código Civil*. 2. ed. Rio de Janeiro: Freitas Bastos, 1959. v. II.

TENÓRIO, Oscar. *Lei de Introdução ao Código Civil brasileiro*. Rio de Janeiro: Borsoi, 1955.

TENÓRIO, Oscar. Sucessão – Universalidade – Domicílio do defunto – Aplicação da lei brasileira. *Revista Forense*, Rio de Janeiro, ano 72, v. 256, p. 171-177, 1976.

VALLADÃO, Haroldo. *Direito internacional privado*. Rio de Janeiro: Freitas Bastos, 1973.

VALLADÃO, Haroldo. Unidade ou pluralidade da sucessão e do inventário e partilha, no Direito Internacional Privado. *Revista dos Tribunais*, v. 204, out./1952, p. 3-37. Acesso pelo *RT Online*.

Art. 5º, XXXII – o Estado promoverá, na forma da lei, a defesa do consumidor;

Rizzatto Nunes

1. Aspectos históricos

Inicie-se colocando um ponto: o Código de Defesa do Consumidor (CDC) foi editado em 11 de setembro de 1990; é, portanto, uma lei muito atrasada de proteção ao consumidor. Passamos praticamente o século XX inteiro aplicando às relações de consumo o Código Civil de 1916 e que entrou em vigor em 1917, fundado na tradição do direito cível europeu do século anterior.

Pensemos num ponto de realce importante: em relação ao direito civil, pressupõe-se uma série de condições para contratar, que não vigem para relações de consumo. No entanto, durante praticamente o século inteiro, no Brasil, acabamos aplicando às relações de consumo a lei civil para resolver os problemas que surgiram e, por isso, o fizemos de forma equivocada. Esses equívocos remanesceram na nossa formação jurídica, ficaram na nossa memória influindo na maneira como enxergamos as relações de consumo, e, atualmente, temos toda a sorte de dificuldades para interpretar e compreender um texto que é bastante enxuto, curto, que diz respeito a um novo corte feito no sistema jurídico, e que regula especificamente as relações que envolvem os consumidores e os fornecedores.

Anote-se essa observação: nos Estados Unidos, que hodiernamente é o país que domina o planeta do ponto de vista do capitalismo contemporâneo, que capitaneia o controle econômico mundial (cujo modelo de controle tem agora o nome de globalização), a proteção ao consumidor havia começado em 1890 com a Lei Shermann, que é a lei antitruste americana. Isto é, exatamente um século antes do nosso CDC, numa sociedade que se construía como sociedade capitalista de massa já existia uma lei de proteção ao consumidor.

Sabe-se, é verdade, que a consciência social e cultural da defesa do consumidor mesmo nos Estados Unidos ganhou fôlego maior a partir dos anos 1960, especialmente com o surgimento das associações dos consumidores comandadas por Ralf Nader.

Ou seja, o verdadeiro movimento consumerista (como se costuma chamar) começou para valer na segunda metade do século XX. Mas é importante atentarmos para essa preocupação existente já no século XIX com a questão do mercado de consumo, no país mais poderoso do mundo.

É preciso que lembremos desses pressupostos para entender o porquê de uma lei que chega até nós no final do século XX trazer uma série de situações que importam em experiência que ainda não tínhamos vivenciado. Porém, apesar de atraso no tempo, o CDC acabou tendo resultados altamente positivos, porque o legislador, isto é, aqueles que pensaram em sua elaboração – os professores que geraram o texto do anteprojeto que acabou virando a Lei n. 8.078 (a partir do projeto apresentado pelo, na época, Deputado Geraldo Alckmin) – pensaram e trouxeram para o sistema legislativo brasileiro aquilo que existia e existe de mais moderno na proteção do consumidor. O resultado foi tão positivo que a lei brasileira já inspirou a lei de proteção ao consumidor na Argentina, reformas no Paraguai e no Uruguai e projetos em países da Europa.

Olhemos, então, um pouco para o passado. Uma lei de proteção ao consumidor pressupõe entender a sociedade a que nós pertencemos. E essa sociedade tem uma origem bastante remota que precisamos pontuar, especialmente naquilo que nos interessa, para entendermos a chamada sociedade de massa, com sua produção em série, na sociedade capitalista contemporânea até desembocar na garantia constitucional trazida no inciso em comento.

Vamos partir do período pós-Revolução Industrial. Com o crescimento populacional nas metrópoles, que gerava aumento de demanda e, portanto, uma possibilidade de aumento da oferta, a indústria em geral passou a querer produzir mais para vender para mais pessoas (o que era e é legítimo). Passou-se então a pensar num modelo capaz de entregar, para um maior número de pessoas, mais produtos e mais serviços. Para isso, criou-se a chamada produção em série, a *standartização* da produção, a homogeneização da produção.

Essa produção homogeneizada, "standartizada", em série, possibilitou uma diminuição profunda dos custos e um aumento enorme da oferta, indo atingir, então, uma mais larga camada de pessoas. Esse modelo de produção é um modelo que deu certo; veio crescendo na passagem do século XIX para o século XX; após a Primeira Grande Guerra sofreu um forte incremento e se solidificou e cresceu em níveis extraordinários a partir da Segunda Guerra Mundial com o surgimento da tecnologia de ponta, do fortalecimento da informática, do aperfeiçoamento das telecomunicações etc.

A partir da segunda metade do século XX, portanto, esse sistema vinga e passa a avançar sobre todo o globo terrestre, de tal modo que permitiu que nos últimos anos se pudesse implementar a ideia de globalização, a que já nos referimos.

Temos, assim, a sociedade de massa. Entre as várias características desse modelo destaca-se uma que interessa: nele a produção é planejada unilateralmente pelo fabricante no seu gabinete, isto é, o produtor pensa e decide fazer uma larga oferta de produtos e serviços para serem adquiridos pelo maior número possível de pessoas. A ideia é ter um custo inicial para fabricar um único produto, e depois reproduzi-lo em série. Assim, por exemplo, planeja-se uma caneta esferográfica única e a partir desta reproduzem-se milhares, milhões de vezes a mesma caneta em série.

Quando a montadora resolve produzir um automóvel, gasta uma quantia X de dinheiro na criação de um único modelo, e depois o reproduz milhares de vezes, o que baixa o custo final de cada veículo, permitindo que o preço de varejo possa ser acessível a um maior número de pessoas.

Esse modelo de produção industrial, que é o da sociedade capitalista contemporânea, pressupõe planejamento estratégico unilateral do fornecedor, do fabricante, do produtor, do prestador do serviço etc. Ora, esse planejamento unilateral tinha de vir acompanhando de um modelo contratual. E este acabou por ter as mesmas características da produção. Aliás, já no começo do século XX, o contrato era planejado da mesma forma que a produção.

Não tinha sentido fazer um automóvel, reproduzi-lo vinte mil vezes e depois fazer vinte mil contratos diferentes para os vinte mil compradores. Na verdade quem faz um produto e o reproduz vinte mil vezes também faz um único contrato e o reproduz vinte mil vezes. Ou, no exemplo das instituições financeiras, milhões de vezes. Quem planeja a oferta de um serviço ou um produto qualquer, por exemplo, financeiro, bancário, para ser reproduzido milhões de vezes, também planeja um único contrato e o imprime e distribui milhões de vezes.

Esse padrão é, então, o de um modelo contratual que supõe que aquele que produz um produto ou um serviço de massa planeja um contrato de massa que veio a ser chamado pela Lei n. 8.078/90 de contrato de adesão (escrito ou não).

Lembre-se, por isso, que a primeira lei brasileira que tratou da questão foi exatamente o Código de Defesa do Consumidor: no seu art. 54 está regulado o contrato de adesão. E por que o contrato é adesão? Ele é de adesão por uma característica evidente e lógica: o consumidor só pode aderir. Ele não discute cláusula alguma. Para comprar produtos e serviços o consumidor só pode examinar as condições previamente estabelecidas pelo fornecedor, e pagar o preço exigido, dentro das formas de pagamento também prefixadas.

Pois bem. Este é o modo de produção, de oferta de produtos e serviços de massa dos séculos XX e XXI. Só que nós aplicamos, no caso brasileiro, até 10 de março de 1991, o Código Civil às relações jurídicas de consumo, e isto gerou problemas sérios para a compreensão da própria sociedade.

Passamos a interpretar as relações jurídicas de consumo e os contratos com base na lei civil, inadequada para tanto e, como isso de deu durante quase todo o século XX, ainda temos dificuldades em entender o CDC em todos os aspectos. Por exemplo, nessa questão contratual, nossa memória privatista pressupõe que, quando vemos o contrato, assistimos ao aforismo que diz *pacta sunt servanda*, posto que no direito civil essa é uma das características contratuais, com fundamento na autonomia da vontade.

Sabe-se que nas relações contratuais no direito civil, no direito privado, há um pressuposto de que aqueles que querem contratar sentam-se à mesa em igualdade de condições e transmitem o elemento subjetivo volitivo de dentro para fora, transformando em dado objetivo num pedaço de papel. São proposições que, organizadas em forma de cláusulas impressas fazem surgir o contrato escrito. É a tentativa de delineamento objetivo de uma vontade, portanto elemento subjetivo. É a escrita – o tipo de contrato – que o direito civil tradicional pretende controlar.

Então, quando nos referimos às relações contratuais privatistas, o que se faz é uma interpretação objetiva de um pedaço de papel com palavras organizadas em preposições inteligíveis e que devem representar a vontade subjetiva das partes que estavam lá, na época do ato da contratação, transmitindo o elemento subjetivo para aquele mesmo pedaço de papel. E uma vez que tal foi feito, *pacta sunt servanda*, isto é, os pactos devem ser respeitados.

Acontece que isto não serve para as relações de consumo. Esse esquema legal privatista para interpretar contratos de consumo é completamente equivocado, porque o consumidor não senta à mesa para negociar cláusulas contratuais. Na verdade, o consumidor vai ao mercado e recebe produtos e serviços postos e ofertados. O problema é que a aplicação da lei civil, assim como a memória dos operadores do direito geram toda sorte de equívocos. Até a oferta, para ilustrarmos com mais um exemplo, é diferente nos dois regimes: no direito privado é um convite à oferta; no direito do consumidor, é uma oferta que vincula o ofertante. Então esta era, foi e ainda é uma situação básica dos elementos jurídicos que compõem a sociedade capitalista. Se não atentarmos para esses pontos históricos do fundamento da sociedade contemporânea, teremos muita dificuldade de interpretar aquilo que a lei de proteção ao consumidor brasileira regrou especificamente. Este é um ponto. E nossa lei surge como determinação dos comandos estabelecidos na Constituição Federal de 1988. Esse é o outro ponto que analisamos na sequência.

2. A Constituição Federal brasileira de 1988

O segundo ponto diz respeito ao nosso texto constitucional. As constituições federais do Ocidente são documentos históricos políticos ideológicos que refletem o andamento do pensamento jurídico da humanidade. Tanto é verdade que a primeira Constituição do pós-guerra, da Segunda Grande Guerra, a Constituição alemã, traz exatamente, por força desse movimento, desse pensamento jurídico humanitário, no seu art. 1º, que a dignidade da pessoa humana é um bem intangível. Foi a experiência com o nazismo da Segunda Guerra Mundial que fez com que as nações escrevessem, produzissem textos constitucionais reconhecendo esse elemento da história. Não tem sentido que o direito não venha reconhecer esse avanço do pensamento humano.

Isso foi feito, como dito, logo pela Constituição Federal alemã. Agora, a Constituição Federal brasileira de 1988 também o fez no art. 1º, III: *a dignidade da pessoa humana é um bem intangível*.

Quando examinamos o texto da Constituição Federal brasileira de 1988, percebemos que ela inteligentemente aprendeu com a história e também com o modelo de produção industrial que acabamos de relatar. Podemos perceber que os fundamentos da República Federativa do Brasil são de um regime capitalista, mas de um tipo definido pela carta Magna. Esta, em seu art.1º, diz que a República Federativa é formada com alguns fundamentos, entre os quais a cidadania, a dignidade da pessoa humana e, como elencados no inc. IV do art. 1º, os valores sociais do trabalho e da livre-iniciativa. E sobre esse último aspecto, deve-se fazer um comentário específico, o que se dará por ocasião da análise do inciso V do artigo 170.

Aqui importa, então, anotar que o legislador constitucional inseriu no contexto das garantias do artigo 5º a defesa do consumidor como dever do Estado. O consumidor foi erigido ao posto de figura constitucional, exatamente porque numa sociedade capitalista como a nossa, inserida no contexto histórico do capitalismo moderno, passa a ser dever do Estado a sua proteção.

Com efeito, o fortalecimento do polo de consumo, vale dizer, no ponto em que atua concretamente o consumidor é fundamental para o fortalecimento da própria sociedade capitalista. Não é à toa que, por exemplo, os Estados Unidos da América são o mais forte mercado de consumo do mundo e simultaneamente um sistema bastante amplo aos direitos dos consumidores locais.

Foi por isso, então, que a Constituição da República de 1988 manda que o Estado promova a defesa do consumidor. Aliás, essa garantia foi complementada pelo artigo 48 do Ato das Disposições Constitucionais Transitórias, que mandava o Congresso Nacional editar o Código de Defesa do Consumidor, o que realmente se tem em 11-09-1990 com a edição da Lei n. 8.078. E nela a atuação do Estado, como decorrência do comando constitucional, ficou estabelecida no Capítulo II do Título I, artigos 4º e 5º (Para quem tiver interesse em comentários a respeito desse tema e dos demais na Lei n. 8.078/90, indico meus *Comentários ao Código de Defesa do Consumidor*, São Paulo: Saraiva, 4ª edição, 2008). Além disso, também no artigo 170, ao estabelecer os Princípios Gerais da Atividade Econômica, a Constituição da República impõe a defesa do consumidor como princípio (*vide* nossos comentários ao inciso V do citado art. 170).

Art. 5º, XXXIII – todos têm direito a receber dos órgãos públicos informações de seu interesse particular, ou de interesse coletivo ou geral, que serão prestadas no prazo da lei, sob pena de responsabilidade, ressalvadas aquelas cujo sigilo seja imprescindível à segurança da sociedade e do Estado;

André Ramos Tavares

A – O DEVER DE TRANSPARÊNCIA

1. Base conceitual e constitucional

A liberdade de informação, na consagrada referência ao direito aqui em comento, está no centro do bom funcionamento do Estado democrático e configura-se como base para a formação de uma compreensiva e adequada opinião pública, para além de sua conhecida dimensão individual, como bem alertou Nuno e Souza[1].

O direito de acesso às informações pode também constituir uma importante diretriz para fins de delinear um mais adequado comportamento do Estado, como se explicará a seguir.

Uma ampla liberdade de informação encontra-se, em parte explicitada, na Constituição de 1988, por meio do art. 5º, quando assegura que todos têm direito a receber dos órgãos públicos informações de seu interesse particular, ou de interesse coletivo ou geral, e na Lei n. 12.527/2011 (Lei de Acesso à Informação). A ressalva (sigilo) fica por conta do já conhecido conceito de "segurança", agora referido à sociedade e ao Estado.

As informações detidas pelo Estado geram para a pessoa o direito de a elas ter acesso, caso haja interesse pessoal, coletivo ou geral. E esta é um importante componente da liberdade de informação, sentido amplo. Para além dela, o Estado tem também o dever de preservar um nível mínimo (mas não medíocre) de acesso da população às informações, como condição de exercício pleno da liberdade de opinião e da democracia representativa e participativa. Além disso, ao contemplar o acesso à informação, a Constituição quer também garantir a livre comunicação dessa informação. Pode-se utilizar, aqui, pois, também a dicotomia entre dimensão substantiva e dimensão instrumental da liberdade em comento, incidindo a ressalva constitucional do sigilo apenas na primeira dessas dimensões[2].

Tamanha é sua importância para a democracia que Nancy Chang[3], comentando as restrições do acesso das pessoas às atividades governamentais decorrentes do Patriotic Act, no contexto pós – 11-Setembro nos EUA, observou que essa opção (fortemente criticada mesmo naquele país) contribui para cercear uma oposição livre, necessária a qualquer democracia.

Apesar de a Constituição brasileira referir-se ao pedido dos interessados, nada impede que, com base no dever geral de garantir a liberdade de informação (e o acesso que a ela mostra-se inerente), o Estado ocupe-se de gerar a publicização de certas informações das quais é detentor ou das quais só ele dispõe (inclusive colhendo, reunindo e sistematizando dados), independentemente de solicitações individuais nesse sentido, ou seja, independentemente de interesse de qualquer espécie. Neste passo, registre-se que a transparência, muitas vezes, é pontualmente exigida do Poder Público, como conduta geral, como no caso das contas públicas do Município, independentemente de solicitação (art. 31, § 3º, da Constituição do Brasil). A falta de uma prestação adequada das contas públicas pode até mesmo deflagrar um dos mecanismos excepcionais da Federação brasileira, que é a intervenção (cf. arts. 34, VII, *d*, e 35, II da Constituição). A publicidade dos atos, programas, obras, serviços e campanhas dos órgãos públicos deve pautar-se pelo caráter educativo, informativo ou de orientação social (art. 37, § 1º, da Constituição). Trata-se de publicidade que, muitas vezes, será impositiva (como uma campanha de saúde que alerte contra certa epidemia) e que não deixa de constituir uma faceta constitucional do direito à informação.

A exigência de uma transparência plena do Estado vem sendo constantemente reforçada e desenvolvida. No âmbito do Poder Judiciário brasileiro, foi com a Emenda Constitucional n. 45, de 2004, que, alterando o inc. X do art. 93, passou-se a exigir que as decisões administrativas dos tribunais fossem tomadas em sessão pública.

2. Titularidade

Apesar das restrições contidas no *caput*, acerca da titularidade dos direitos individuais (brasileiros e estrangeiros residentes), o inciso em análise encerra a expressão "todos". A melhor regra

---

1. Nuno e Souza. *Liberdade de Imprensa*. Dissertação para exame de Curso de pós-graduação em Ciências Jurídicas da Faculdade de Direito de Coimbra, 1984, p. 151.

2. Sobre essas dimensões na liberdade de expressão, a partir da tese de Jónatas Machado, v. André Ramos Tavares, *Curso de Direito Constitucional*, 2008, p. 579.
3. Nancy Chang. *Silencing Political Dissent.* New York: Seven Stories Press, 2002.

de interpretação, aqui, no sentido de considerar as determinações do *caput* como comuns aos seus vários incisos ("adendos", interpretação esta que não deixa de apresentar uma vertente sistêmica) sede passo à interpretação ampliativa dos direitos fundamentais, ao texto contrário expresso no próprio inciso aqui em comento e à percepção jurídico-constitucional de que a própria opção do *caput* é exagerada e inconvenientemente reducionista.

Ademais, ao falar que todos têm assegurado este direito, a Constituição permite tanto a legitimidade de pessoas jurídicas quanto de pessoas físicas, tornando-as titulares do direito ao qual faz referência. Intercede, aqui, novamente, a interpretação ampliativa, não cumprindo ao intérprete reduzir o espectro subjetivo de um direito fundamental quando a Constituição não o fez.

3. Interesse para fins de caracterizar a titularidade

A Constituição de 1988 parece ter reduzido, *prima facie*, os titulares desse direito àqueles que possam demonstrar algum dos interesses que menciona. Nesse sentido aparecem as expressões "interesse particular" e "interesse coletivo ou geral", que deve existir, para fins de embasar o pedido e legitimar o acesso lastreado no inciso sob comento.

É difícil imaginar, contudo, situações nas quais não haja ou não possa ser invocado um interesse geral genérico na divulgação de informações eventualmente solicitadas. Para evitar uma interpretação que leve a esse desprezo por um significado mínimo das condicionantes constitucionalmente estabelecidas, o interesse geral não há de ser suficiente para fins de gerar o dever de informar com base no inc. XXXIII.

4. Qualidade das informações

Ao garantir o direito à informação, está exigido dever de veracidade na sua prestação direta pelo Estado e seus agentes. Seria tornar letra morta a Constituição, neste direito específico, se as informações assim prestadas não fossem plenamente confiáveis. De pouco ou nada valeria impor ao Estado o dever de informar se lhe fosse permitido "trabalhar" a informação a ser prestada, deturpando e manipulando dados.

Isso significa que não é permitido ao Estado informar (dar publicidade) contrariamente aos seus registros ou informar a não informação, ocultando indevidamente dados dos quais dispõe. Assim, o direito incide sobre todas informações, seja sob a forma de documentos ou de gravações, em qualquer tipo de suporte.

B – SIGILO OU PUBLICIDADE RESTRITA

A Constituição excepciona, expressamente, do dever geral de informar, a hipótese de "informações imprescindíveis à segurança da sociedade e do Estado". Nessas situações o sigilo é constitucionalmente admitido. Aqui é o sigilo necessário ao bom desempenho da atividade pública, ou à manutenção do Estado em uma posição não fragilizada em relação aos demais estados ou alguma específica organização.

O sigilo, contudo, é regime excepcional para o Estado, devendo ser invocado apenas nas hipóteses constitucionalmente aventadas. Todo e qualquer ato contrário à transparência, que não se insira em hipótese constitucionalmente tutelada, deve ser catalogado como uma "ocultação ilegítima", que apenas contribui para a opacidade da Administração Pública, como bem coloca Luiz Armando Badin[4].

É preciso louvar o texto da Constituição de 1988 no que se despojou das insuportáveis teses de uma "razão de Estado" pura. Pela nova Constituição fica determinado que apenas a segurança do Estado atrelada diretamente à segurança da sociedade é que pode justificar validamente a imposição do sigilo e a quebra do dever geral de informar.

Ademais, não há, perante a Constituição, nenhuma categoria de atos ou atividades que tenham sido consideradas de sigilo permanente, já previamente estabelecido. Fica certo que este regime surgirá em virtude de determinadas circunstâncias fáticas ligadas à segurança da sociedade e do Estado, como última e única alternativa. Esta a adequada compreensão do termo de "imprescindível". O sigilo, pois, não é uma opção livre do administrador público ou do agente político.

A desinformação e a ocultação indevida, retidas sob o escudo amplo e indefinido de uma segurança de Estado, são, no mais das vezes, meios encontrados pelo agente público para furtar-se da responsabilidade decorrente de certos atos ilegais que praticou, podendo ser fonte direta de impunidade. Além disso, como diretriz, a ocultação estimularia o desinteresse do administrador público pela decisão proba e eficaz, por forçar uma não fiscalização desses atos. Assim, seria quase desnecessário dizer, mas fica aqui registrado: as atividades ilícitas eventualmente praticadas pelo Estado jamais poderão receber o rótulo de sigilosas. Assim, por exemplo, se o Estado desrespeita de maneira convicta os direitos fundamentais que expressa e formalmente adota, encarcerando pessoas sem acusação ou direito de defesa, ou mesmo se pratica a tortura como método consciente de investigação, jamais se justificaria invocar, para tais hipóteses, um sigilo constitucionalmente conforme.

Embora a Constituição utilize-se expressamente do termo "sigilo", a melhor forma de compreendê-lo talvez seja a partir da proposta de Wallace Paiva Martins Jr., ou seja, como uma "publicidade restrita". A Lei 12.527/2011, regulando o direito ao acesso à informação, define a "informação sigilosa" precisamente em seu art. 4º, III, assim considerando "aquela submetida temporariamente à restrição de acesso público em razão de sua imprescindibilidade para a segurança da sociedade e do Estado". A não perenidade do sigilo é evidenciada pelo vocábulo "temporariamente". Assim, o mesmo diploma, em seu art. 24, § 1º, estabeleceu nova classificação, graduando a informação quanto ao seu grau de sigilo em: ultrassecreta, secreta e reservada. A cada uma dessas categorias foi atribuído o prazo máximo à manutenção dessa condição, respectivamente, 25, 15 e 5 anos.

Uma questão delicada, aqui, refere-se à taxatividade da hipótese de sigilo. De uma parte, de nada valeria a indicação inovadora acima comentada se ao Estado fosse permitido criar, conforme suas necessidades, novos casos de sigilo. Contudo, é preciso promover uma leitura constitucionalmente adequada da própria Constituição. Se esta tutela, por exemplo, a imagem e a vida privada das pessoas, estes elementos podem emergir para justificar também como legítimo o sigilo que visa preservar essas

---

4. Luiz Armando Badin. *O direito fundamental à informação em face da segurança e do Estado.* São Paulo, tese de doutorado, p. 26 e ss.

pautas⁵, especialmente em casos de investigação a partir de indícios prováveis, mas não suficientes para onerar os investigados (pelo aparato policial do Estado) com todo o peso que uma mera suspeita policial ocasiona na mídia. Nesse âmbito, o citado diploma normativo apresenta rol taxativo das informações que podem ser classificadas como sigilosas (art. 23), além de estabelecer qual o agente público competente para classificar as informações consideradas sigilosas, o qual obrigatoriamente deverá apresentar motivação desse ato (art. 28).

Ao fim, cabe mencionar que perante o STF, no Recurso Extraordinário 652.777/SP⁶, foi defendida possível violação da intimidade e vida privada diante da divulgação, em portal eletrônico estatal oficial, dos nomes de agentes públicos e suas respectivas remunerações. Em decisão unânime sedimentou-se o entendimento de que o dever da publicidade prevalece. Assim, é direito dos cidadãos acessarem essa categoria de informação, não sendo constitucionalmente adequado atribuir, nesse caso, caráter sigiloso a essas informações.

Bibliografia

BADIN, Luiz Armando. *O direito fundamental à informação em face da segurança do Estado e da sociedade*: em busca da efetiva afirmação do princípio constitucional da publicidade. Tese de Doutorado apresentada à Faculdade de Direito da USP. São Paulo, 2007. Orientador Fábio Konder Comparato.

CHANG, Nancy. *Silencing Political Dissent*. New York: Seven Stories Press, 2002.

FERRAZ JR., Tercio Sampaio. *Direito, retórica e comunicação*. São Paulo: Saraiva, 1997.

MARTINS JR., Wallace Paiva. *Transparência administrativa*: publicidade, motivação e participação popular. São Paulo: Saraiva, 2004.

SOUZA, Nuno e. *Liberdade de imprensa*. Dissertação para exame de Curso de pós-graduação em Ciências Jurídicas da Faculdade de Direito de Coimbra, 1984.

TAVARES, André Ramos. *Curso de Direito Constitucional*. 15. ed. São Paulo: Saraiva, 2017.

Art. 5º, XXXIV – são a todos assegurados, independentemente do pagamento de taxas:

a) o direito de petição aos Poderes Públicos em defesa de direitos ou contra ilegalidade ou abuso de poder;

Leonardo Martins

I. ANTECEDENTES HISTÓRICOS E DIREITO COMPARADO

O atual direito fundamental de petição tem uma história que precede o advento histórico dos direitos fundamentais no séc. XVIII. Boa parte da doutrina indica como origem o *right of petition*, do *Bill of rights* britânico, do ano de 1689 (entre outros, cf. SILVA, 2000, p. 443: "é o *right of petition* que resultou das Revoluções inglesas de 1628, especialmente, mas que já havia se insinuado na própria Magna Carta de 1215". Nesse sentido também: AGRA, 2007, p. 162 e TAVARES, 2003, p. 501). Porém, no antigo direito romano, avançando pela Idade Média, já se podem encontrar elementos que viriam a constituir os dois aspectos centrais do direito fundamental de petição, tal qual outorgado em muitas constituições modernas. O verbo *suplicare* e o substantivo *supplicium* que aparecem nas fontes romanas denotam o aspecto do pedido propriamente dito em relação ao exercício futuro de prerrogativas. O medieval *desidera* (desejos) foi completado com o *gravamina* que denota o aspecto da queixa ou reclamação em face de fatos pretéritos (cf. BAUER, 2004, p. 1476 s.).

Bastante eloquente no direito comparado é a outorga da Constituição da República Portuguesa que, em seu art. 52, estabeleceu o direito fundamental de petição como um direito político, de *status activus*, na classificação dos direitos público-subjetivos de Georg v. Jellinek (sobre a clássica tipologia dos direitos fundamentais individuais da doutrina do *status* de Georg Jellinek: DIMOULIS; MARTINS, 2022, p. 69-77-123 e MARTINS, 2022, p. 117-123). Fê-lo de maneira bastante completa, ao garantir expressamente o direito a uma apreciação da petição e a uma resposta. Segundo o teor do art. 52, 1, da Constituição da República Portuguesa de 1976, "*Todos os cidadãos têm* o direito de apresentar, individual ou colectivamente, aos órgãos de soberania, aos órgãos de governo próprio das regiões autónomas ou a quaisquer autoridades petições, representações, reclamações ou queixas para defesa dos seus direitos, da Constituição, das leis ou do interesse geral e, bem assim, *o direito de serem informados, em prazo razoável, sobre o resultado da respectiva apreciação*" (destaques nossos). Trata-se de elemento integrante da área de proteção desse direito, a despeito de o texto constitucional silenciar, como também ocorreu com o texto da *Grundgesetz* alemã, em seu art. 17 (KINGREEN e POSCHER, 2022, p. 330 s.).

Outro sinal de arrojo demonstrou o constituinte português de 1976, ao prever, em seu art. 23º, 1, uma espécie de *ombudsman*, expressão devidamente trazida ao vernáculo pelos ciosos portugueses como "Provedor de Justiça". Segundo o art. 23º, 1, da Constituição Portuguesa: "Os cidadãos podem apresentar queixas por acções ou omissões dos poderes públicos ao Provedor de Justiça, que as apreciará sem poder decisório, dirigindo aos órgãos competentes as recomendações necessárias para prevenir e reparar injustiças". Outras constituições modernas, como a Constituição espanhola (art. 54), seguiram seu exemplo.

II. CONSTITUIÇÕES BRASILEIRAS ANTERIORES

Art. 179, XXX, da Constituição Imperial de 1824; art. 72, *caput*, da Constituição de 1891; art. 113, n. 10, da Constituição de 1934; art. 122, § 7º, da Constituição de 1937; art. 141, § 37, da Constituição de 1946; art. 150, § 30, da Constituição de 1967.

III. CONSTITUIÇÕES ESTRANGEIRAS

Art. 17 da *Grundgesetz* (Constituição alemã); art. 29 da Constituição da Espanha; art. 28 da Constituição da Bélgica; art. 52º da Constituição de Portugal; art. 10 da Constituição da Grécia.

---

5. Essa tese, que defendo desde a 1ª edição do meu *Curso de Direito Constitucional* (2002), acabou sendo consagrada na legislação federal referida (art. 7º), embora essa referência expressa seja redundante, por ser hipótese que decorre da Constituição.

6. STF, RE com Agravo 652.777/SP, Rel. Min. Teori Zavascki, j. 23.04.2015.

IV. DIREITO INTERNACIONAL

As principais fontes do direito internacional público não contemplam um expresso direito fundamental à petição (cf. BAUER, 2004, p. 1480).

V. DISPOSITIVOS CONSTITUCIONAIS E LEGAIS RELACIONADOS

Art. 5º, *caput*, da CF.

VI. JURISPRUDÊNCIA

STF-AI 258.867-AgR, Rel. Min. Celso de Mello, julgamento em 26.09.2000, Segunda Turma, *DJ* de 02.02.2001; ADPF 156, Rel. Min. Carmen Lúcia, julgamento em 18.08.2011, Plenário, *DJe* de 28.10.2011.

VII. REFERÊNCIAS BIBLIOGRÁFICAS

AGRA, Walber de Moura. *Curso de direito constitucional*. 2. ed. Rio de Janeiro: Forense, 2007; BAUER, Hartmut. Art. 17 GG. In: DREIR, Horst (Org.). *Grundgesetz-Kommentar*. 2. ed. Tübingen: Mohr Siebeck, 2004, v. 1, p. 1475-1495; DIMOULIS, Dimitri; MARTINS, Leonardo. *Teoria geral dos direitos fundamentais*. 9. ed. rev., atual. e ampl. São Paulo: RT Thomson Reuters, 2022; KINGREEN, Thorsten; POSCHER, Ralf. *Grundrechte. Staatsrecht II*. 38. ed. Heidelberg: Muller, 2022; MARTINS, Leonardo. *Direitos fundamentais*: conceito permanente – novas funções. Rio de Janeiro: Marcial Pons, 2022; MENDES, Gilmar Ferreira; COELHO, Inocêncio Mártires; BRANCO, Paulo Gustavo G. *Curso de direito constitucional*. 2. ed. São Paulo: Saraiva, 2008; SARLET, Ingo Wolfgang. *Eficácia dos direitos fundamentais*. 13. ed. Porto Alegre: Livraria do Advogado, 2021; SILVA, José Afonso da. *Curso de direito constitucional positivo*. 17. ed. São Paulo: Malheiros, 2000; TAVARES, André Ramos. *Curso de direito constitucional*. 2. ed. São Paulo: Saraiva, 2003.

VIII. COMENTÁRIOS

1. Área de proteção

a) Alcance (área de proteção objetiva ou material)

O conceito de petição abrange pedidos propriamente ditos, segundo o teor do art. 5º, XXXIV, alínea "a", da CF "em defesa de direitos" e queixas ou reclamações "contra ilegalidades ou abuso de poder". Pedidos referem-se a comportamentos futuros; queixas dizem respeito a comportamentos pretéritos da Administração.

O direito fundamental alcança a livre escolha pelo titular da forma da petição. Questionável é, no entanto, se também a forma oral pode ser escolhida. Como o Poder Público não pode estabelecer taxa para o exercício desse direito fundamental, muito menos uma obrigatoriedade de representação advocatícia, há de ser admitida a forma oral, pois, em um país com índices ainda alarmantes de analfabetismo, a tutela restrita à forma escrita excluiria de seu efetivo exercício, de modo inconstitucional, uma parcela dos titulares do direito fundamental. De resto, a escolha da forma do instrumento escrito fica também a cargo do titular.

A doutrina brasileira faz referência às formas da representação, quais sejam: reclamação ou queixa (cf., com mais referências doutrinárias: TAVARES, 2003, p. 502.). Todavia, esse rol pode ser entendido como exemplificativo. Se a petição contiver um texto ofensivo ao seu destinatário ou apologético à violência, sua cominação penal não representará uma intervenção na área de proteção, pois a conduta protegida exaure-se, em primeiro lugar, no ato de peticionar. Não se exime por intermédio dela o titular das responsabilidades civil e penal por eventual conteúdo ilícito da petição (cf. KINGREEN e POSCHER, 2022, p. 329 s.).

Finalmente, o direito fundamental de petição encerra uma pretensão a um encaminhamento e/ou uma resposta do órgão estatal ao qual foi direcionada. O constituinte português, como aludido, determinou-o expressamente no art. 52º, 1, *in fine*, da Constituição Portuguesa. Na Constituição Federal Brasileira, esse elemento prestacional subentende-se, sob pena de esvaziar-se o sentido do direito.

b) Titulares (área de proteção subjetiva) e exercício

A titularidade do direito fundamental de petição segue a regra geral do art. 5º, *caput*, da CF, uma vez que a expressão: "a todos assegurados" do inciso XXXIV, alínea "a", deve ser interpretada sistematicamente com a definição da titularidade prevista no *caput* do mesmo art. 5º. Logo, é restrita aos brasileiros e aos estrangeiros residentes no Brasil. Porém, enquanto o legislador brasileiro não discriminar o estrangeiro não residente, também ele poderá valer-se da outorga do direito de petição em razão da titularidade universal da igualdade formal perante a lei, prevista no mesmo art. 5º, *caput*, da CF (sobre essa problemática, *vide* DIMOULIS; MARTINS, 2022, p. 95-111, e os nossos comentários ao art. 5º, *caput*, sob **VIII.A.2.**).

No que tange ao exercício do direito, pode ser individual ou coletivo. No exercício coletivo, pode adquirir a forma popular de "abaixo-assinado".

O exercício também pode ser classificado como positivo ou negativo (v. a respeito, DIMOULIS e MARTINS, 2022, p. 183-184): tal como ocorre, por exemplo, com a liberdade de expressão do pensamento, nenhum titular do direito pode ser compelido por lei, ato normativo, decisão administrativa ou judicial a peticionar ou, no caso coletivo, assinar um abaixo-assinado. Intervenções estatais no exercício negativo poderiam ser verificadas já a partir da prescrição (por exemplo, por lei processual) do uso desse instrumento para a defesa de direitos ou para se afastar uma ilegalidade ou um abuso de poder antes de ensejar-se a via jurisdicional. A inadmissão de mandado de segurança sob esse argumento representa uma intervenção jurisdicional no livre exercício do direito de petição. A opção por esse instrumento extrajudicial cabe, portanto, exclusivamente ao titular do direito.

2. Destinatários

Destinatários diretos do direito fundamental em pauta são tão somente os órgãos do Poder Público em sentido amplo, incluindo-se os órgãos do Legislativo e do Judiciário. Regras de distribuição de competência não devem implicar a inadmissibilidade da petição e consequente impossibilidade do exercício do direito. O órgão que se considerar incompetente em razão da matéria suscitada na petição deverá remetê-la diretamente ao órgão estatal competente, mesmo porque somente o exercício do direito de ação deve submeter-se a regras rígidas de competência que podem levar à sua inadmissibilidade (nesse sentido também: TAVARES, 2003, p. 503).

3. Efeitos

O direito de petição fundamenta ora deveres de abstenção ora de ação estatal. Seus efeitos são distribuídos pelas seguintes categorias (v. a respeito: DIMOULIS e MARTINS, 2022, p. 69 ss.) de direito fundamental:

a) Direito de resistência (ou de defesa)

Primeiro, o direito fundamental de petição é um direito de resistência (*Abwehrrecht*) ou de defesa (*status negativus*), como quer a doutrina pátria, que recepcionou elementos da dogmática dos direitos fundamentais desenvolvidos na Alemanha (Cf. DIMOULIS e MARTINS, 2022, p. 70-72). Qualquer medida estatal, sobretudo as medidas legislativas que coíbam o exercício positivo ou negativo do direito, devem ser declaradas nulas, a não ser que representem intervenção estatal justificada na área de proteção do direito. *A priori*, não permitidos serão, entre outros, o impedimento ou a imposição de restrições legais ou fáticas à coleta de assinaturas para um abaixo-assinado; a criação de dificuldades para entrega ou encaminhamento da petição ao órgão competente; a discriminação ou imposição de alguma desvantagem ao autor da petição e/ou seu encaminhamento incorreto ou sua destruição indevida (Cf. BAUER, 2004, p. 1491).

b) Direito prestacional

O direito em comento encerra também um caráter prestacional (*status positivus*) na medida em que o destinatário da petição não pode ignorá-la, estando obrigado a respondê-la. Questionável é saber se a resposta há de ser fundamentada administrativa, política ou juridicamente, ou se nenhuma fundamentação é obrigatória (cf., com exemplos da jurisprudência constitucional alemã, KINGREEN e POSCHER, 2022, p. 330). Do teor do texto constitucional e de sua interpretação sistemática não se depreende uma obrigação de fundamentação pelo destinatário, principalmente porque a via jurisdicional sempre estará aberta com as respectivas garantias processuais, principalmente o direito de ação do art. 5º, XXXV, da CF.

c) Direito democrático-participativo

Tavares (2003, p. 502 s.), ao tratar do direito de petição, define-o como tendo natureza jurídica "de prerrogativa de cunho democrático-participativo" (*status activus*). Esse aspecto tem sido cada vez mais lembrado no direito comparado, por exemplo, consubstanciado no *Teilhaberecht* do direito constitucional alemão. Com efeito, até mesmo reflexões sobre a oportunidade, conveniência ou constitucionalidade de leis em geral, incluindo leis penais, podem ser objeto de uma petição, direcionada, por exemplo, ao Congresso Nacional, principalmente na forma coletiva. Imagine-se que um projeto de iniciativa popular não alcance, por questões logísticas ou pouco acesso aos meios de comunicação em massa por parte de grupos pouco representativos numericamente, os percentuais exigidos pela Constituição Federal, mas chegue à Câmara de Deputados, ensejando então o debate parlamentar. Tal projeto de lei de iniciativa popular abortado transmutar-se-ia em legítimo exercício do direito fundamental de petição. Assim, por exemplo, mesmo um pequeno grupo que esteja convencido que a *cannabis sativa* tenha qualidades medicinais comprovadas cientificamente poderia ensejar a avaliação de tal tese por uma comissão parlamentar especializada. Não há de se confundir isso com as condições da ação, como, entre outras, a possibilidade jurídica do pedido. Assim como ocorre com o exercício da liberdade de manifestação do pensamento, o direito fundamental de petição pode ser utilizado para esse fim.

Ademais, não há de se falar em requisitos de admissibilidade de petições. Por outro lado, a autoridade a quem a petição foi enviada pode ensejar a persecução penal no caso de petições cujos conteúdos sejam, entre outros, ofensivos, apologéticos à violência, sem que isso represente potencial violação do direito de petição, mas da liberdade de manifestação do pensamento do art. 5º, IV, da CF.

Por fim, a previsão de comissões parlamentares encarregadas da apreciação de petições coletivas e até individuais em lei ou mesmo no Regimento Interno do Congresso seria uma medida a saudar-se e a ser imitada pelos mais diversos órgãos dos três poderes, porquanto todos estão vinculados ao direito fundamental comentado.

d) Direito de petição como garantia constitucional?

A doutrina brasileira, fiel à sua grande tradição e ênfase processualista, costuma distinguir entre direitos e garantias constitucionais (Cf. DIMOULIS; MARTINS, 2022, p. 92 s.; com referência a SILVA, 2000, p. 413-419 que, por sua vez, remete o leitor a Ruy Barbosa). As últimas encerrariam caráter instrumental em relação à concretização daquelas. Nesse sentido, pode-se dizer que o direito de petição seria uma garantia, ainda que centrada na prevenção ou preparação do acesso à via jurisdicional. Por outro lado, o direito de ação, que é uma garantia constitucional por excelência, pode ser exercido independentemente de o titular do direito ter peticionado antes, ter tentado ou não resolver sua insatisfação extrajuridicamente. Trata-se, portanto, em geral, e especialmente no presente caso, de uma distinção pouco produtiva do ponto de vista jurídico-dogmático. Recomenda-se, por isso, que seja abandonada. Na tabela apresentada por Silva (2000, p. 415-418), encontram-se, na coluna das garantias, alguns direitos materiais por excelência ou que inserem reservas legais, como é o caso do inciso V em relação à liberdade de expressão do inciso IV do art. 5º da CF. Assegurar o direito de resposta não tem, todavia, como ser considerado uma garantia da liberdade de expressão do pensamento, mas a aplicação de um limite àquela para salvaguarda de posições jusfundamentais com ela conflitantes, especialmente relativas aos direitos fundamentais de personalidade elencados no inciso X do mesmo art. 5º da CF.

e) Outros conteúdos jurídico-objetivos

Entre os conteúdos jurídico-objetivos dos direitos fundamentais, destacam-se o efeito horizontal e o dever estatal de tutela (a respeito: DIMOULIS; MARTINS, 2022, p. 141-155 e 162-169; SARLET, 2021, p. 156-166). O efeito horizontal de um direito fundamental diz respeito ao grau ou à medida na qual um direito fundamental influencia as relações entre particulares. Ele é, segundo nosso entendimento, um efeito horizontal *indireto*, ou seja, aquele que se aperfeiçoa necessariamente por intermédio da interpretação judicial de cláusulas gerais e conceitos jurídicos indeterminados (v. DIMOULIS; MARTINS, 2022, p. 146-151). Não há, no caso em tela, a presença de efeito horizontal nem sequer indireto, pois o direito de petição nasceu historicamente e desenvolveu-se em face, exclusivamente, do Poder Público, não se vislumbram constelações de colisão com outros direitos individuais protegidos constitucional ou infraconstitucionalmente. Isso também vale para o dever estatal de tutela.

Outros conteúdos que também fazem parte do chamado caráter jurídico-objetivo são os de garantia do instituto e garantia de organização e procedimento (*Instituts-und Verfahrensgarantie*). No primeiro deles, tem-se a garantia da manutenção em si do instituto da petição como instrumento da proteção de direitos e fiscalização pelo titular do exercício do poder público, ainda que não se reconheçam nele características plebiscitárias. Como garantia de organização e procedimento, o direito de petição tem por efeito a vinculação específica do legislador parlamentar e administrativo para que configurem o direito ao plano normativo infraconstitucional, viabilizando plenamente o seu exercício. Trata-se de uma concepção que vai muito além da simples divisão referida feita na doutrina brasileira entre direito fundamental material e garantia fundamental, porque sustenta deveres legislativos que poderiam ser tematizados no plano do controle abstrato de ações e omissões legislativas em face do art. 5º, XXXIV, *a*, da CF (sobre os efeitos aludidos nessa subsecção, v. MARTINS, 2022, p. 149-153).

4. Concorrências com outros direitos fundamentais

Relevante também é a questão da concorrência com outros direitos fundamentais, ou seja, da definição de qual direito fundamental protege determinado comportamento do mesmo titular do direito. Concorrências ideais (sobre o conceito, v. DIMOULIS e MARTINS, 2022, p. 222-228) ocorrem comumente, conforme aludido, com a liberdade de expressão do pensamento do art. 5º, IV, da CF e, principalmente, com o direito de ação do art. 5º, XXXV, da CF. A consequência dogmática é que o questionável ato do Poder Público deverá passar pelo crivo de todos os direitos fundamentais concorrentes. Ele poderá ser declarado inconstitucional, por exemplo, em face do direito fundamental à liberdade de expressão do pensamento, mas não em face do direito de petição e/ou do direito de ação. Esse último tem condições mais rigorosas para seu exercício que aparecem no juízo de admissibilidade das ações e recursos. Assim, uma medida poderá representar uma violação do direito de petição, mas não do direito de ação. O efeito prático será o mesmo, qual seja: a cassação do ato. De fato, basta obviamente a violação de único dispositivo constitucional para estar presente a inconstitucionalidade com as consequências de sua verificação determinadas pelo órgão competente (em regra: nulidade; exceções: modulações dos efeitos). A diferença é relativa apenas à fundamentação que, para efeitos de figuras processuais constitucionais questionáveis, tais como "transcendência dos efeitos da declaração de inconstitucionalidade", vínculo aos "motivos determinantes" etc., passa aos poucos a adquirir relevância dogmática.

Na qualidade de um dos elementos de preparação da realização de reuniões ou criação de associações, o exercício do direito de petição entra em concorrência meramente aparente com os respectivos direitos fundamentais do art. 5º, XVI (liberdade de reunião), e 5º, XVII a XXI (liberdade de associação), da CF (em relação aos correspondentes da *Grundgesetz*, cf. BAUER, 2004, p. 1495), pois tais liberdades podem ser consideradas *lex specialis* em relação ao geral direito fundamental de petição. Logo, basta aqui que o ato estatal potencialmente violador passe no crivo de tais parâmetros decorrentes dos direitos fundamentais mais específicos.

5. Limites constitucionais e direitos constitucionais colidentes

Limites imediatos prescritos, por exemplo, por intermédio de reserva legal expressa não foram previstos pelo constituinte no art. 5º, XXXIV, *a*, da CF. Todavia, bens jurídico-constitucionais que, no caso concreto, colidirem com o direito de petição, podem, em tese e em raríssimos casos, justificar uma intervenção estatal no direito em pauta. Mencionado como potencial bem constitucional colidente pode ser a segurança pública na sua acepção de salvaguarda da capacidade funcional das autoridades policiais científicas, no caso muito específico da exigibilidade da incomunicabilidade por, no máximo, três dias do indiciado preso (art. 21 do Código de Processo Penal).

A incomunicabilidade pode coibir o exercício coletivo do direito de petição em presídios de segurança máxima. Todos os dispositivos processuais penais que, nesse âmbito, autorizarem o cerceamento da comunicação entre presidiários representam uma intervenção na área de proteção do direito que precisa ser justificada com base no chamado "direito constitucional de colisão". Este pressupõe a verificação de um bem jurídico constitucional colidente (*kollidierendes Verfassungsrecht*) para cuja proteção possa haver, em tese, necessidade de se intervir (proporcionalmente) na área de proteção do parâmetro jusfundamental em comento (v. DIMOULIS; MARTINS, 2022, p. 214-216). Supostos choques com direitos da personalidade, como o direito à honra de autoridades ofendidas em petições, não podem ser dogmaticamente verificados (em sentido contrário parece concluir BAUER, 2004, p. 1495), porque tais conteúdos de petições são protegidos pelo direito fundamental à liberdade de expressão do pensamento, que, por ser mais específico, afasta a aplicabilidade do direito em comento.

A justificação final apenas estará presente se atendido o critério da proporcionalidade em seu sentido técnico-jurídico, ou seja: se a intervenção for perpetrada para o fim de proteção do bem constitucional colidente e revelar-se adequada e necessária ao alcance do mencionado propósito (a respeito, v. DIMOULIS e MARTINS, 2022, p. 250-280).

Art. 5º, XXXIV, *b*) a obtenção de certidões em repartições públicas, para defesa de direitos e esclarecimento de situações de interesse pessoal;

Leonardo Martins

I. EVOLUÇÃO HISTÓRICO-CONSTITUCIONAL

Em caráter autônomo, ainda que dividindo o mesmo dispositivo constitucional com outros direitos de informação, principalmente com o direito de petição, o direito fundamental de certidão foi outorgado, pela primeira vez na história constitucional brasileira, na Constituição de 1934, art. 113, n. 35. Segundo ele, "a lei assegurará [...] a expedição das certidões requeridas para a defesa de direitos individuais, ou para o esclarecimento dos cidadãos acerca dos negócios públicos [...]".

Premente resta o papel do legislador que tem o dever de conformar a área de proteção do direito e o caráter bem amplo dos fatos a serem certificados que não precisariam ser restritos a direitos individuais, mas estendidos àqueles relativos ao "esclarecimento dos cidadãos acerca dos negócios públicos".

De maneira muito clara, o constituinte de 1934 outorgou o direito com um limite a ser imposto pelo legislador e demais funções estatais ao seu exercício com a última finalidade mencionada, isto é, do esclarecimento "dos cidadãos" acerca dos "negócios públicos", em prol do interesse público no sigilo, ou consoante seu teor naqueles "casos em que o interesse público imponha segredo, ou reserva".

Esse alcance inicialmente mais amplo, seguido de duplo limite em face da finalidade de esclarecimento de negócios públicos e da titularidade, restrita, no último caso, a "cidadãos", é bastante profícuo, como se verá, para a correta interpretação do dispositivo vigente em comento.

Depois do silêncio da Constituição de 1937, que não o outorgou expressamente, a Constituição de 1946, em seu art. 141, § 36, tratou de sistematizar o direito de certidão no contexto de direitos de informação congêneres. Segundo ele:

"§ 36 – A lei assegurará:

I – o rápido andamento dos processos nas repartições públicas;

II – a ciência aos interessados dos despachos e das informações a que eles se refiram;

III – a expedição das certidões requeridas para defesa de direito;

IV – a expedição das certidões requeridas para esclarecimento de negócios administrativos, salvo se o interesse público impuser sigilo".

Assim como procedeu o constituinte de 1934, o constituinte de 1946 dirigiu-se diretamente ao legislador, obrigando-o a conformar a área de proteção desse direito fundamental preponderantemente *prestacional*. Todavia, foi mais preciso tecnicamente ao distinguir entre as finalidades da defesa de próprio direito e do esclarecimento de negócios administrativos, excluindo, explicitamente, da área de proteção do direito em pauta o esclarecimento de certos negócios administrativos, quais sejam, aqueles que devem ser mantidos sob sigilo por imposição do interesse público. Mas, *a contrario sensu*, impunha-se ao legislador a definição das situações nas quais o interesse público ordenaria o sigilo.

A evolução histórico-constitucional do direito fundamental em pauta sofreu um revés em 1967, quando o constituinte de maneira bastante lacônica definiu o direito com o seguinte teor (art. 150, § 34):

"A lei assegurará a expedição de certidões requeridas às repartições administrativas, para defesa de direitos e esclarecimento de situações".

Finalmente, a Constituição Federal vigente, no dispositivo comentado, trouxe duas novidades: a garantia da gratuidade das certidões e uma restrição da tutela na segunda hipótese do esclarecimento "de situações de interesse pessoal", transferindo para o dispositivo anterior do inciso XXXIII o direito com finalidade mais genérica a receber informações de interesse particular, de um lado, e "coletivo ou geral", de outro.

II. CONSTITUIÇÕES BRASILEIRAS ANTERIORES

Em maior ou menor medida outorgado nos mesmos dispositivos constitucionais relativos ao direito de petição retroaludidos.

III. CONSTITUIÇÕES ESTRANGEIRAS

Não há correspondentes expressos.

IV. DIREITO INTERNACIONAL

Não há correspondente.

V. DISPOSITIVOS CONSTITUCIONAIS E LEGAIS RELACIONADOS

Art. 5º, *caput*, XXXIII e LXXII, da CF e Lei 9.051/1995.

VI. JURISPRUDÊNCIA

ADI 2.969, Rel. Min. Carlos Brito, julgada em 29.03.2007, Plenário, *DJ* 22.03.2007.

VII. REFERÊNCIAS BIBLIOGRÁFICAS

BULOS, Uadi Lammêgo. *Curso de Direito Constitucional*. 2. ed. São Paulo: Saraiva, 2008; DIMOULIS, Dimitri; MARTINS, Leonardo. *Teoria geral dos direitos fundamentais*. 9. ed. rev., atual. e ampl. São Paulo: RT Thomson Reuters, 2022; MARTINS, Leonardo. *Direitos fundamentais*: conceito permanente – novas funções. Rio de Janeiro: Marcial Pons, 2022; SARLET, Ingo Wolfgang. *Eficácia dos direitos fundamentais*. 13. ed. Porto Alegre: Livraria do Advogado, 2021.

VIII. COMENTÁRIOS

1. Área de proteção

a) Alcance

Para se chegar à definição do alcance do direito protegido, faz-se necessário analisar o conceito de certidão e o condicionamento feito pelo constituinte em vista da finalidade do exercício do direito.

i. Conceito de certidão

Certidão, no sentido do dispositivo constitucional em comento, é o instrumento público emitido por órgão da Administração pública direta ou indireta, apto a indicar "a existência ou não do ato ou fato objetivado e o exato modo como existe, constante dos registros públicos" (cf. TRF, 3ª. Região, 1ª Turma, Rel. Juiz Sinval Antunes, *DJ*, 2, e 31.10.1995, p. 74958 *apud* BULOS; 2008, p. 564). Certidão não tem, portanto, o condão de informar o titular do direito sobre o conteúdo dos registros públicos, o que é, por sua vez, garantido pelo *habeas data* do art. 5º, LXXII, da CF, mas de atestar, com fé pública, a existência de um ato ou um fato jurídico.

ii. Condicionamento à finalidade

Nem toda certidão, porém, é assegurada. Seu conteúdo deve relacionar-se à pessoa daquele que a requer. A alínea "b" do inciso XXXIV distingue duas situações que, a despeito da conjunção aditiva "e", devem ser entendidas (lapso ou apenas uma pequena imprecisão redacional) como alternativas. Assim, basta que esteja presente uma delas para que a certidão emitida pelo órgão da Administração pública direta ou indireta seja devida: defesa de direitos "ou" esclarecimento de situações de interesse pessoal.

ii.1. "Defesa de direitos"

A primeira condicionante da "defesa de direitos" diz respeito à defesa de direitos próprios, públicos subjetivos ou privados, em processo judicial, administrativo ou soluções extrajudiciais de conflitos como o juízo arbitral. A exclusão da finalidade da defesa de direitos não próprios, precipuamente dos direitos coletivos e difusos, resta clara a partir da leitura sistemática do dispositivo em pauta com o inciso XXXIII e também com a segunda finalidade a seguir analisada. Também o retrospecto histórico anteriormente desenvolvido demonstrou que o constituinte brasileiro apartou a finalidade da defesa de direitos ou interesses próprios dos coletivos. Destarte, os atos ou fatos jurídicos a eles condizentes não podem ser objeto da certidão assegurada constitucionalmente a todos os brasileiros e estrangeiros residentes.

ii.2. "Esclarecimento de situações de interesse pessoal" e interpretação da lei conformadora (Lei 9.051/1995)

A lei conformadora (Lei 9.051/1995), em seu art. 2º, criou a obrigatoriedade de o "interessado", na obtenção das certidões, fazer constar em seu requerimento "esclarecimentos relativos aos fins e razões do pedido". Isso é absolutamente compatível com o art. 5º, XXXIV, "b", uma vez que o constituinte condicionou o exercício do direito às finalidades ora estudadas, excluindo justamente a outorga de certidões não relativas a direitos e a interesses *próprios*.

Não obstante, a segunda alternativa condicionante revela que o conteúdo da certidão não precisa necessariamente servir a nenhuma instrução processual, mas ao simples esclarecimento do interessado e de eventuais terceiros a respeito de situações de interesse pessoal. "Situações de interesse pessoal" poderiam também ser entendidas como situações atinentes à vida política e, portanto, transindividuais. A linha delimitadora do que seja "interesse pessoal" também pode revelar-se tênue quando, por exemplo, tratar-se de interesses de um parlamentar em face dos negócios de seu partido. Porém, não parece ser esse o espírito da segunda condicionante, mas o aspecto subsidiário do abrangente "esclarecimento de situações de interesse pessoal" em face da textualmente mais restrita "defesa de direitos".

A presente condicionante mais genérica revela também como deve ser interpretado o art. 2º da Lei 9.051/1995. A interpretação mais condizente com o art. 5º, XXXIV, "b", da CF é a que restringe ao máximo o ônus argumentativo ou de demonstração do interessado na certidão e titular do direito fundamental ora comentado: basta que o interessado demonstre que tem algum tipo de relação pessoal com o ato ou fato a ser certificado pela Administração.

A Lei 9.151/1995 fixou, em seu art. 1º, "prazo improrrogável de 15 dias" para que a certidão seja expedida pelo órgão competente. Esse prazo, no entanto, não pode ser considerado como integrante da área de proteção do direito fundamental, podendo o legislador ordinário revogá-lo, a não ser que se adote a teoria da "proibição de retrocesso" (*vide* abaixo, sob 3.b).

b) Titulares

Titulares do direito fundamental de certidão são, na ausência de cláusula mais restritiva do inciso XXXIV, "b", aqueles nomeados no *caput* do art. 5º: brasileiros e estrangeiros residentes no país. Estrangeiros não residentes e pessoas jurídicas gozam, todavia, da proteção ao plano da lei ordinária, isto é, são titulares do direito fundamental por força do mandamento constitucional de igualdade perante a lei que a todos aproveita (art. 5º, *caput*, primeira parte, da CF) em face da Administração e do Judiciário, mas não do legislador (*vide* mais abaixo, sob 3.a).

2. Destinatários

Destinatários são não somente os órgãos da Administração Pública direta e indireta, como também o legislador, que não pode criar mais óbices ao exercício do direito fundamental além daqueles estritos deveres de demonstrar a motivação do requerimento. Sem embargo, a oponibilidade do direito fundamental em pauta em face da Administração é o que mais condiz com sua função e efeito precípuos. Nesse sentido, o legislador ordinário incumbiu-se de conformar a vinculação ao direito fundamental de certidão no art. 1º da Lei 9.051/1995, segundo o qual: "órgãos da administração centralizada ou autárquica, às empresas públicas, às sociedades de economia mista e às fundações públicas da União, dos Estados, do Distrito Federal e dos Municípios".

Por fim, também o Judiciário, que deve denegar aplicabilidade a normas incompatíveis com o dispositivo constitucional em pauta e interpretar eventuais cláusulas gerais de modo a otimizar o exercício do direito, inclusive em face de particulares, é destinatário do direito fundamental em comento. Além dessa peculiaridade do vínculo do Poder Judiciário ao interpretar e aplicar a legislação ordinária, que pode estar presente em constelações de colisões de direitos fundamentais, não há de se falar em efeitos horizontais.

3. Efeitos

Os efeitos jurídicos produzidos pelo direito fundamental comentado variarão de acordo com o destinatário. Basicamente, contra o legislador há de se falar em direito de *status negativus* (direito de resistência ou de defesa) e contra a Administração em direito de *status positivus* (ou prestacional).

a) Direito de resistência (ou de "defesa")

O direito fundamental de certidão é um direito de resistência em face do legislador, na medida em que é a ele vedado criar mecanismos que obstem o pleno exercício do direito. À pauta vem a intervenção legislativa implícita no ônus criado pelo legislador no art. 2º da Lei 9.051/1995 de demonstrar os "fins e as razões do pedido (de certidão) no órgão expedidor". Essa obrigação imposta pelo legislador ordinário foi, todavia, *formalmente* legitimada por uma reserva legal qualificada (sobre o conceito, importância e classificação das reservas legais, v. DIMOULIS; MARTINS, 2022, p. 201-214), implícita no dispositivo constitucional.

Questionável é integrar o prazo improrrogável de 15 dias para expedição da certidão no conteúdo do direito de resistência previsto constitucionalmente. Em princípio, esse prazo não deve ser considerado parte integrante do direito de resistência em face do legislador, porque se trata de uma *conformação infraconstitucional* da área de proteção do direito a qual, em regra, faz parte da livre discricionariedade legislativa, mas não de uma intervenção estatal nela que suscitaria o específico ônus argumentativo da aplicação proporcional de um limite constitucional ao direito fundamental atingido (sobre a distinção: DIMOULIS e MARTINS, 2022, p. 187-198 e 198-201, cf. também MARTINS, 2022, p. 147 e ss.). O legislador criou um *acréscimo em proteção* que pode futuramente revogar sem ferir o direito constitucional. Questionável seria, no entanto, se o legislador acabasse totalmente com o prazo ou fixasse um prazo não razoável como 6 meses ou 1 ano. Nessa hipótese aventada, ter-se-ia um possível desrespeito ao caráter do direito prestacional, a seguir descrito, mas não do caráter ou efeito de resistência do direito de certidão (centrado no direito a não ver abolido esse direito subjetivo cuja área de proteção tem *cunho normativo* – DIMOULIS e MARTINS, 2022, p. 198-201; MARTINS, 2022, p. 265-270).

b) Direito prestacional

O direito de certidão é também um direito prestacional que obriga a Administração a um fazer específico, a título gratuito, constituindo-se em direito líquido e certo por excelência e, portanto, podendo ser reclamado judicialmente mediante mandado de segurança.

Como já salientado, há duas facetas do direito prestacional oponível em face do legislador: a gratuidade definida constitucionalmente e o prazo. A questão da gratuidade não revela problemas: qualquer tentativa legislativa de cobrar taxa ou qualquer outra contraprestação pecuniária está fadada à incontornável declaração de inconstitucionalidade, por evidente incompatibilidade com o disposto no art. 5º, XXXIV, da CF (cf., na jurisprudência do STF, sua reafirmação em face de tentativa do legislativo amazonense de criar uma espécie de taxa, a ADI 2.969, Rel. Min. Carlos Brito, julgada em 29.03.2007).

Problemática é a questão do prazo. Pela teoria da proibição de retrocesso, os avanços perpetrados pelo legislador no campo dos direitos sociais e demais direitos prestacionais não podem sofrer retrocesso (sobre a proibição de retrocesso, cf. a original exposição de SARLET, 2021, p. 452-477). Essa opção teórica socialdemocrata tem a desvantagem de intervir demais na discricionariedade orçamentária de um Parlamento, de natureza eminentemente política.

Todavia, para efeitos do presente comentário, essa discussão justeórica pode ser, porém, deixada de lado. Do ponto de vista jurídico-dogmático, se a Administração for liberada do prazo ou se o legislador modificá-lo, tornando-o muito generoso para a Administração e muito oneroso para o titular do direito em pauta, haverá violação do direito fundamental e de outros preceitos constitucionais (*v.g.*, do art. 5º, LXXVIII, da CF).

4. Limites constitucionais e direitos constitucionais colidentes

Não se tem, no caso em tela, nenhum limite constitucional expresso. Implícito é somente o limite relativo à finalidade da certidão, concretizado pelo legislador ordinário, do discutido ônus do interessado titular do direito fundamental que tem de demonstrar a finalidade da certidão. Mas essa obrigatoriedade deve ser imposta de maneira comedida, proporcional, pela Administração. O propósito da intervenção da Administração em um direito universal de certidão não pode ser outro senão o de garantir a capacidade funcional de seus órgãos, que restaria comprometida se qualquer pessoa requeresse, aleatoriamente, certidões a respeito de atos e fatos diversos dos negócios administrativos estatais. Porém, tais espécies de "legitimidade ativa" e/ou "interesse de agir" devem ser interpretadas de modo restritivo. Deve poder ser imposto ao titular do direito tão somente um ônus mínimo, suficiente para que, em tese, alcance-se o propósito ora delineado. Caso contrário, não se estaria respeitando a proibição de excesso derivada do princípio da proporcionalidade e, consequentemente, estar-se-ia violando o direito fundamental de certidão. Com efeito, o aspecto prestacional pode ser reconstruído como aspecto de resistência contra arbítrios administrativos, que as recusas em expedir certidões podem significar. Até por isso, ou seja, por causa desse aspecto de direito de resistência, é que da recusa inconstitucional do órgão administrativo cabe mandado de segurança e não *habeas data*, o qual está, por sua vez, mais intimamente ligado ao aspecto prestacional.

Eventuais direitos constitucionais colidentes não vêm à pauta quando se interpreta a área de proteção restritivamente, porquanto por essa via hermenêutica não se contemplam as certidões sobre atos e fatos que não digam respeito, exclusivamente, à pessoa do interessado. Todavia, se os atos e fatos certificados forem atinentes a um grupo de pessoas, pode haver, em tese, colisão com direitos fundamentais informacionais de terceiros. Mas se tratará, em regra, de intervenções justificadas em tais posições jusfundamentais.

Por fim, não há de se falar em "sigilo administrativo" como limite do direito fundamental de certidão, pois o constituinte alocou-o, como visto, no dispositivo do inciso XXXIII da CF, que tem uma área de proteção muito mais ampla. Conforme consolidada regra da interpretação sistemática, não se pode transplantar o limite de um direito fundamental a outro. Também a Lei 11.111/2005 não se aplica ao direito ora estudado.

Portanto, presentes uma das duas hipóteses do inciso XXXIV, alínea "b", a Administração pública deve expedir a certidão requerida.

Art. 5º, XXXV – a lei não excluirá da apreciação do Poder Judiciário lesão ou ameaça a direito;

Luiz Guilherme Marinoni

DIREITO FUNDAMENTAL DE AÇÃO

1. História da norma

A doutrina de Marshall, ao sintetizar que um Estado cujas leis não outorgam um remédio para a violação dos direitos não pode ser qualificado como um governo de leis[1], teve impacto no pensamento constitucional brasileiro na vigência da primeira Constituição republicana. Rui Barbosa, em articulado apresentado ao Supremo Tribunal Federal em 1892, advertiu que, *"onde quer que haja um direito individual violado, há de haver um recurso judicial para a debelação da injustiça"*[2]. Essa ideia, antes de ser agasalhada pelas Constituições brasileiras, foi positivada no art. 75 do CC de 1916, que dizia que *"a todo o direito corresponde uma ação que o assegura"*.

As Constituições de 1824, 1891, 1934 e 1937 não expressaram normas com semelhante conteúdo. O princípio da proteção jurisdicional apenas foi constitucionalizado em 1946. A Constituição de 1946, na sua declaração de direitos e garantias individuais, afirmou que *"a lei não poderá excluir da apreciação do Poder Judiciário qualquer lesão de direito individual"* (art. 141, § 4º). O princípio, consagrado na Constituição de 1946, foi repetido na Constituição de 1967 (art. 150, § 4º)[3] e na Emenda Constitucional n. 1, de 1969 (art. 153, § 4º)[4].

A Constituição de 1988 inseriu a locução "ameaça a direito" na verbalização de tal princípio. O art. 5º, XXXV, da CF de 1988, afirma que *"a lei não excluirá da apreciação do Poder Judiciário lesão ou ameaça a direito"*, deixando claro que a lei, além de não poder excluir *lesão*, não poderá excluir *"ameaça* a direito" da apreciação do Poder Judiciário.

Além disto, no art. 5º, XXXV, desapareceu a alusão a "direito *individual"*, constante das Constituições anteriores. O objetivo desta exclusão foi ressaltar que os direitos difusos e coletivos também estão protegidos pela garantia de tutela jurisdicional efetiva.

2. Constituições estrangeiras

Grande parte das Constituições estrangeiras[5] garante de forma explícita o direito à tutela jurisdicional[6]. Em relação às Constituições estrangeiras, importa aludir aos âmbitos de proteção especificamente apontados pelas normas garantidoras do direito de ação ou do direito à tutela jurisdicional[7], o que permite desde logo perceber a fisionomia que se deve dar à elaboração dogmática dirigida à interpretação da norma do art. 5º, XXXV, da Constituição brasileira.

A Constituição da República Portuguesa, em seu art. 20º, 1, diz que *"a todos é assegurado o acesso ao direito e aos tribunais para defesa dos seus direitos e interesses legalmente protegidos, não podendo a justiça ser denegada por insuficiência de meios económicos"*[8]. Esta norma expressamente impõe ao Estado a proibição de instituir óbices de caráter econômico ao exercício do direito de ação, assim como o dever de proporcionar aos cidadãos, sem condições econômicas, efetiva oportunidade para o seu exercício.

A Constituição Espanhola afirma que *"todas las personas tienen derecho a obtener la tutela efectiva de los jueces y tribunales en el ejercicio de sus derechos e intereses legítimos, sin que, en níngun caso, pueda producirse indefensión"* (art. 24, 1). A expressão *tutela efetiva* salienta o resultado esperado do direito de ação, que não se confunde com o mero julgamento do mérito. Ter direito à tutela *efetiva* implica frisar o dever estatal de proporcioná-la[9].

O art. 24 da Constituição da República Italiana diz, em sua primeira parte, que *"tutti possono agire in giudizio per la tutela dei propri diritti e interessi legittimi"*[10]. Esta norma, da mesma forma que os artigos 20 da Constituição Portuguesa e 24 da Constituição Espanhola, garante *expressamente* a tutela jurisdicional dos interesses legítimos[11].

3. O direito de ação e os seus destinatários

3.1. O direito de ação no Estado liberal

Na época do Estado liberal, o direito de ação, quando finalmente visto de forma dissociada do direito material, foi concebido como direito de pedir à Jurisdição a realização do direito material que fora negado pelo obrigado. Nesta dimensão, o direito de ação,

---

1. *"The very essence of civil liberty certainly consists in the right of every individual to claim the protection of the laws, whenever he receives an injury. One of the first duties of government is to afford that protection. The government of the United States has been emphatically termed a government of laws, and not of men. It will certainly cease to deserve this high appellation, if the laws furnish no remedy for the violation of a vested legal right."* Marbury v. Madison, 5 U.S (1Cranch) 137 (1803) (Marshall, C.J.).
2. Lêda Boechat Rodrigues, *História do Supremo Tribunal Federal*, Rio de Janeiro: Civilização Brasileira, 1991, t. 1, p. 20.
3. Art. 150, § 4º: "A lei não poderá excluir da apreciação do Poder Judiciário qualquer lesão de direito individual".
4. Art. 153, § 4º: "A lei não poderá excluir da apreciação do Poder Judiciário qualquer lesão de direito individual".
5. Ver, ainda, Declaração Universal dos Direitos Humanos de 1948, art. X; Pacto Internacional dos Direitos Civis e Políticos de 1966, art. 14; Convenção Europeia dos Direitos do Homem de 1950, art. 6º; Carta dos Direitos Fundamentais da União Europeia de 2000, art. 47; Declaração Americana dos Direitos e Deveres do Homem de 1948, art. XVIII; Convenção Americana de Direitos Humanos de 1969 (Pacto de São José da Costa Rica), art. 25; Carta Africana dos Direitos Humanos e dos Povos de 1981, art. 7º.
6. Na Alemanha, a garantia de tutela jurisdicional efetiva é extraída do princípio do Estado de Direito (LF, art. 20). Porém, na Lei Fundamental Alemã há cláusula específica garantindo o acesso ao Judiciário em relação aos atos do poder público ofensivos de direitos fundamentais (LF, art. 19, 4).
7. Algumas Constituições têm normas que garantem o direito de ação de forma menos abrangente, seja por se preocuparem apenas com a tutela jurisdicional dos direitos e liberdades constitucionais (p. ex., Carta Canadense de Direitos e Liberdades de 1982, art. 24, 1), seja por assegurarem o acesso ao Poder Judiciário somente em face de ofensas derivadas de atos do poder público (p. ex., Constituição da Hungria de 1949, art. 57, 5; Constituição da Bulgária de 1991, art. 120), seja ainda por admitirem a possibilidade da exclusão de certas situações da apreciação jurisdicional (p. ex., Constituição da Suíça de 1999, art. 29-A).
8. José Joaquim Gomes Canotilho, *Direito Constitucional*, Coimbra: Almedina, 1976, p. 654 e ss; José Joaquim Gomes Canotilho, *Direito Constitucional e Teoria da Constituição*, Coimbra: Almedina, 2002, p. 495 e ss.
9. David Vallespín Pérez, *El modelo constitucional de juicio justo en el ámbito del proceso civil*. Barcelona: Atelier, 2002. p. 142-143; Álvaro Gil-Robles, *Los nuevos límites de la tutela judicial efectiva*. Madrid: Centro de Estudios Constitucionales, 1996. p. 85 e ss.
10. Luigi Paolo Comoglio, *Commentario della Costituzione* (a cura di G. Branca). Bologna-Roma: Zanichelli-Foro italiano, 1981; Italo Andolina, *Il modello costituzionale del processo civile italiano*, Torino: Giappichelli, 1990.
11. Ver, ainda, Constituição da Grécia de 1975, art. 20; Constituição Japonesa de 1946, art. 32; Constituição da Romênia de 1991, art. 21; Constituição da República Tcheca de 1992, art. 4º c/c art. 90; Constituição do México de 1917, art. 17 (redação dada pela reforma de 1987); Constituição do Peru de 1993, art. 139, 3; Constituição da Colômbia de 1991, art. 229; Constituição do Paraguai de 1992, art. 16; Constituição da Federação Russa de 1993, art. 46; Constituição Polonesa de 1997, art. 77; Constituição da Finlândia de 1999, art. 21; Constituição da República de Cabo Verde de 1992, art. 21.

embora já definido como um direito dirigido contra o Estado, era visto apenas como uma garantia da efetividade das posições substanciais outorgadas aos cidadãos pelo Estado burguês.

O direito de ação, em outras palavras, apenas tinha sentido como garantia da proteção da liberdade, da propriedade e, ainda, da manutenção do funcionamento dos mecanismos de mercado, através da outorga do equivalente em dinheiro ao credor que não tivera o seu direito de crédito adimplido.

Naquela época, como é óbvio, sequer se podia cogitar a respeito de dificuldades econômicas para o exercício da ação. Da mesma forma, não havia como admitir tutela específica do direito material e, por consequência, vislumbrar a necessidade de técnicas processuais idôneas às diferentes situações substanciais carentes de tutela jurisdicional. Na verdade, as tutelas jurisdicionais típicas dessa época, no plano civil, eram a declaratória e a ressarcitória pelo equivalente ao valor do dano ou da prestação não cumprida.

A tutela declaratória, ao regular apenas formalmente uma relação jurídica formada a partir da autonomia das vontades, e desta forma não fazer incidir a força do Estado sobre as relações privadas, talvez fosse a tutela jurisdicional mais consentânea com os valores do Estado liberal. Mas, ao lado dela, não poderia inexistir a tutela pelo equivalente pecuniário, já que o Estado não podia deixar de dar proteção a quem havia sofrido um dano ou a um direito de crédito inadimplido, o que evidencia, assim, que o seu dever de proteção era dirigido à tutela dos direitos que podiam ser transformados em dinheiro, com exceção do direito de propriedade.

Quando o Estado concebe a transformação do direito em pecúnia e, mais do que isto, limita a proteção jurisdicional à tutela pelo equivalente em dinheiro, aceita que os direitos e as pessoas são iguais ou admite a sua falta de responsabilidade à proteção específica das diferentes posições sociais e das diversas situações de direito material. Admitida tal ausência de dever de tutela, torna-se natural a possibilidade de o Estado deixar de proteger os direitos na forma específica, transformando-os em pecúnia. Tratava-se, em verdade, de uma forma de tentar reafirmar a igualização dos direitos e das posições sociais, agora jurisdicionalmente.

Como não há racionalidade em admitir procedimentos e técnicas processuais diferenciadas para direitos e posições sociais que devem ser tratados de uma mesma forma, elaborou-se um procedimento pretensamente neutro e indiferente à realidade. Assim, a ação não tinha qualquer razão para se ligar com técnicas processuais idôneas e capazes de permitir a efetiva tutela das diferentes situações de direito material. Bastava que as partes e a jurisdição caminhassem sobre o trilho do procedimento tipificado na lei. O procedimento, assim compreendido, era apenas uma garantia de liberdade dos litigantes contra a possibilidade de arbítrio do juiz, pouco importando a sua capacidade de permitir efetiva tutela ao direito substancial, até porque a proteção jurisdicional, nesta época, limitava-se, em regra, a exprimir em dinheiro o valor da lesão, para o que a ação e o procedimento eram sempre adequados.

Se o procedimento era sempre o mesmo, não se alterando em razão das diferenças concretas, a ação podia ser simplesmente o direito à resolução do mérito, tendo o efeito de apenas gerar o dever a a jurisdição proferir a sentença.

3.2. A proibição de o juiz negar resposta ao pedido de resolução do litígio

Com efeito, o conceito clássico de ação atribuiu ao Estado somente o dever de solucionar o litígio. Era suficiente para garantir o direito de ação, nesta perspectiva, o antigo princípio de que o juiz não se pode eximir de responder ao pedido de tutela jurisdicional.

Esse princípio, embora decorrente da negação da tutela privada e da própria existência do Estado, encontra-se de certa forma presente no CPC/2015, que cujo art. 140 estabelece que *"o juiz não se exime de decidir sob a alegação de lacuna ou obscuridade do ordenamento jurídico"*.

É certo que os tribunais, inclusive o STF, ainda afirmam o princípio da proibição da negação de jurisdição, mas isto para deixar clara a amplitude e o conteúdo do dever de prestar a tutela jurisdicional, que não pode deixar de considerar as alegações e as provas produzidas pelas partes[12], ou se exaurir com a prolação da sentença quando, para a efetiva tutela do direito material, é necessária a prática de atos executivos decorrentes da própria força estatal embutida na sentença de procedência.

3.3. A proibição de o legislador excluir da apreciação do Poder Judiciário lesão ou ameaça a direito

Outra faceta da visão tradicional do conceito de ação se encontra presente na proibição da definição legislativa de matérias não jurisdicionalizáveis. É que a garantia de tutela jurisdicional não seria tão ampla, ou mesmo teria efetividade, caso o legislador pudesse definir matérias que não podem ser questionadas perante o Poder Judiciário.

As normas contidas nas Constituições brasileiras, relacionadas com a garantia de proteção jurisdicional, sempre enunciaram a proibição de a lei excluir da apreciação jurisdicional qualquer lesão a direito individual, tendo a Constituição de 1998, na norma sob comento, ampliado o espaço de garantia de tutela jurisdicional ao ajuntar à proibição de exclusão de lesão a vedação de exclusão de "ameaça a direito" – sem qualificá-lo como individual –, querendo com isto garantir tutela jurisdicional efetiva a todos os direitos – individuais, coletivos e difusos – em caso de lesão ou de ameaça de lesão[13].

Essa norma, caso interpretada em seu sentido meramente literal, dirige-se apenas contra o legislador, proibindo um fazer, ou seja, a exclusão da apreciação. A proibição de exclusão da apreciação, assim como a proibição de o juiz se negar a decidir, constituem garantias a um não fazer do Estado. Um não fazer imprescindível para a efetividade do direito à tutela jurisdicional.

3.4. A vedação da imposição de óbices ao exercício do direito de ação

Mas o legislador também não pode impor óbices ao exercício do direito de ação, pois isto configura exclusão da apreciação jurisdicional, ainda que de forma indireta. Através da imposição de óbices não se objetiva, em regra, impedir a discussão de determinada e específica matéria, afetando-se apenas determinada posição que seria dependente do cumprimento de um encargo, sem

---
12. STF, RE 172.084, 2ª Turma, Rel. Min. Marco Aurélio, *DJU* 03.03.1995.
13. Ver, adiante, item 4.4.

que esta posição possa ser relacionada com uma espécie de situação de direito substancial em particular.

O STF entende que uma lei que impõe a cobrança de taxas judiciárias excessivas para o exercício da ação viola o art. 5º, XXXV, da CF. Há no STF, a respeito do tema, a Súmula n. 667, segundo a qual *"viola a garantia constitucional de acesso à jurisdição a taxa judiciária calculada sem limite sobre o valor da causa"*. O *leading case* da matéria é a Representação de Inconstitucionalidade n. 1.077/RJ, de 28.03.1984, em que afirmou o Min. Moreira Alves que *"taxas cujo montante se apura com base em valor do proveito do contribuinte (como é o caso do valor real do pedido), sobre a qual incide a alíquota invariável, tem necessariamente de ter um limite, sob pena de se tornar, com relação às causas acima de determinado valor, indiscutivelmente exorbitante em face do custo real da atuação do Estado em face do contribuinte"*[14].

Vale ressaltar, ainda, a vedação do estabelecimento de instância administrativa de curso forçado. Tal proibição significa que não é possível exigir o exaurimento da discussão em sede administrativa para se admitir o exercício do direito de ação.

A CF de 1998 não reproduziu a segunda parte do § 4º do art. 153 da Constituição anterior – introduzida pela EC n. 7/77 –, segundo a qual *"o ingresso em juízo poderá ser condicionado a que se exauram previamente as vias administrativas, desde que não exigida garantia de instância, nem ultrapassado o prazo de cento e oitenta dias para a decisão sobre o pedido"*. O art. 5º, XXXV, proibiu a lei de criar órgão administrativo contencioso que tenha que ser necessariamente invocado ou em que a discussão acerca de um litígio tenha que se esgotar.

Segundo o STF, a exigência do prévio exaurimento da via administrativa afronta a garantia de tutela jurisdicional[15]. Na realidade, a única exceção à proibição de instância administrativa de curso forçado está delineada na própria Constituição Federal, uma vez que, segundo o seu art. 217, § 1º, *"o Poder Judiciário só admitirá ações relativas à disciplina e às competições desportivas após esgotarem-se as instâncias da justiça desportiva, reguladas em lei"*. Não obstante, caso as instâncias da justiça desportiva não profiram decisão final no prazo de sessenta dias, contados da instauração do processo, o direito de ação poderá ser livremente exercido (art. 217, 2º, CF).

3.5. O direito de ação e a sua dependência de prestações estatais capazes de obstaculizar as diferenças sociais

O direito de ação, na época do Estado liberal, não era concebido como um direito cuja realização, além de indispensável para a proteção de todos os outros direitos, requer a consideração de uma série de circunstâncias sociais.

Na época dos Estados liberais, entendia-se por direito de ação apenas o direito formal de propor uma ação. Estaria em juízo quem pudesse suportar os custos de um processo, pois a desigualdade econômica e social não era objeto das preocupações do Estado[16]. Proclamava-se o direito de ir a juízo, pouco importando se o titular do direito material lesado pudesse realmente usufruir do seu direito de ação[17].

Sabe-se, porém, que, quando as liberdades públicas passaram a ser vistas como privilégios de alguns poucos, o Estado deu uma nova roupagem e dimensão aos antigos direitos e instituiu direitos pensados como fundamentais para uma organização justa e igualitária da sociedade, abrindo também oportunidade para que ao direito de ação fossem agregados outros conteúdos.

As Constituições do século XX procuraram integrar as liberdades clássicas, inclusive as de natureza processual, com os direitos sociais, objetivando permitir a concreta participação do cidadão na sociedade, mediante, inclusive, a realização do direito de ação, que passou a ser focalizado como "direito de acesso à justiça", tornando-se objeto da preocupação dos mais modernos sistemas jurídicos[18].

O direito de ação passou a enfrentar um novo questionamento não apenas porque se percebeu que o exercício da ação poderia ser comprometido por obstáculos sociais e econômicos, mas também porque se tomou consciência de que os direitos voltados a garantir uma nova forma de sociedade, identificados nas Constituições modernas, apenas poderiam ser concretizados caso garantido um real – e não um ilusório – acesso à justiça[19].

Para viabilizar o acesso à justiça, o Estado tem o dever de dar ao autor destituído de boa condição financeira advogado gratuito, assim como isentá-lo do pagamento de taxas judiciárias e de quaisquer custas e despesas processuais, inclusive aquelas necessárias à produção das provas.

O custo do processo pode impedir o cidadão de propor a ação, ainda que tenha convicção de que o seu direito foi violado ou está sendo ameaçado de violação. Isto significa que, por razões financeiras, expressiva parte dos brasileiros poderia ser obrigada a abrir mão dos seus direitos. Porém, é evidente que não adianta outorgar direitos e técnicas processuais adequadas e não permitir que o processo possa ser utilizado em razão de óbices econômicos.

Não é por outra razão que a Constituição Federal, no seu art. 5º, LXXIV, afirma que *"o Estado prestará assistência jurídica integral e gratuita aos que comprovarem insuficiência de recursos"*. Diante disso, sendo o Estado obrigado a fornecer advogado às pessoas menos favorecidas economicamente, a própria Consti-

---

14. STF, Representação de Inconstitucionalidade n. 1.077/RJ, Pleno, Rel. Min. Moreira Alves, *DJU* 28.09.1984. Ver, ainda, STF, Pleno, ADI 1.651/PB – MC, Rel. Min. Sydney Sanches, *DJU* 11.09.1998; STF, Pleno, ADI 1.926/PE – MC, Rel. Min. Sepúlveda Pertence, *DJU* 10.09.1999; STF, Pleno, ADI 948/GO, Rel. Min. Francisco Rezek, *DJU* 17.03.2000.
15. Decidiu o STF em Plenário, relatora a Min. Ellen Gracie, que "condicionar a possibilidade do acesso ao Judiciário ao percurso administrativo, equivaleria a excluir da apreciação do Poder Judiciário uma possível lesão a direito individual, em ostensivo gravame à garantia do art. 5º, XXXV, da Constituição Federal" (STF, MS 23.789/PE, Pleno, Rel. Min. Ellen Gracie, *DJU* 23.09.2005). O STJ, a respeito, tem a Súmula 89: "A ação acidentária prescinde do exaurimento da via administrativa". Ver, ainda, STJ, 4ª Turma, REsp 4.250/SP, Rel. Min. Sálvio de Figueiredo Teixeira, *DJU* 13.05.1991.
16. Rudolf Wassermann, *Der soziale Zivilprozess*, Neuwied/Darmstadt: Luchterhand, 1978, p. 45.
17. Mauro Cappelletti, *Los derechos sociales de libertad en la concepción de Piero Calamandrei, Proceso, ideologías, sociedad*, Buenos Aires: EJEA, 1974, p. 120 e ss.
18. Mauro Cappelletti, Fundamental guarantees of the parties in civil proceedings (general report), *Fundamental guarantees of the parties in civil litigation*, Milano: Giuffrè, 1973, p. 726-727.
19. Segundo Jacques Commaille, a função da justiça como metagarante do social é exigência de sua representação aos olhos dos cidadãos (*Territoire de justice – Une sociologie politique de la Carte Judiciaire*, Paris: PUF, 2000, p. 40).

tuição Federal, mais na frente (art. 134), afirma que *"a Defensoria Pública é instituição essencial à função jurisdicional do Estado, incumbindo-lhe a orientação jurídica e a defesa, em todos os graus, dos necessitados, na forma do art. 5º, LXXIV"*[20].

Por outro lado, se o processo é indispensável, não basta ao Estado instituir formas de tutela sem considerar que algumas causas têm valor econômico incompatível com o custo do processo tradicional e que determinadas camadas da população têm dificuldades financeiras para utilizá-lo. O legislador infraconstitucional é obrigado – como não poderia ser de outra forma diante da garantia constitucional do direito de ação (art. 5º, XXXV, CF) – a instituir procedimentos e justiças especializadas para permitir o acesso dos mais pobres ao Poder Judiciário. Lembre-se, neste sentido, que o art. 98, I, da CF, estabelece o dever de o Estado criar Juizados Especiais para a conciliação, julgamento e execução das causas cíveis de "menor complexidade".

3.6. O direito de ação e a necessidade de legislação infraconstitucional capaz de lhe atribuir efetividade

Mas o direito de ação não depende apenas de prestações estatais destinadas a remover os obstáculos econômicos que impedem o acesso à justiça, mas igualmente de prestações normativas instituidoras de técnicas processuais idôneas à viabilidade da obtenção das tutelas prometidas pelo direito substancial[21].

O direito de ação não é simplesmente o direito à resolução do mérito ou a uma sentença sobre o mérito. O direito de ação é o direito à efetiva e real viabilidade da obtenção da tutela do direito material.

É óbvio que o direito de ação tem como corolário o direito de influir sobre o convencimento do juiz e, assim, o direito às alegações e à prova. Isto, porém, é praticamente inquestionável em sede doutrinária e jurisprudencial, não exigindo maior atenção.

O que realmente importa destacar é a circunstância de que, se as tutelas prometidas pelo direito substancial têm diversas formas, a ação, para poder permitir a efetiva obtenção de cada uma delas, terá que se correlacionar com técnicas processuais adequadas às diferentes situações substanciais carentes de proteção jurisdicional. É por isso que o direito de ação exige a estruturação de técnicas processuais idôneas, aí incluídas a técnica antecipatória, as sentenças e os meios executivos.

Porém, o legislador não pode antever todas as necessidades de direito material, uma vez que estas não apenas se transformam com o passar do tempo, mas igualmente assumem contornos variados conforme os casos concretos. Diante disso, chegou-se naturalmente à necessidade de uma norma processual destinada a dar aos jurisdicionados e ao juiz o poder de identificar, ainda que dentro da sua moldura, os instrumentos processuais adequados à tutela dos direitos.

Assim, uma vez que o legislador não tem condições de estruturar tantas técnicas processuais quantas são as necessidades concretas carentes de tutela, possui o dever de editar regras processuais abertas, como, por exemplo, a do art. 497 do CPC/2015. A concretização desta norma processual deve levar em conta as necessidades de direito material reveladas no caso, mas a sua instituição decorre, evidentemente, do direito fundamental de ação.

Portanto, o direito de ação, quando visto na direção das prestações positivas devidas pelo legislador, além de adquirir a feição de direito de acesso à justiça, assume a figura de direito à pré-ordenação das técnicas processuais idôneas à viabilidade da obtenção das tutelas prometidas pelo direito substancial.

O direito de ação, como direito fundamental, deve ser devidamente protegido pelo legislador infraconstitucional, seja através de prestações viabilizadoras do acesso, seja mediante prestações normativas instituidoras de técnicas processuais adequadas.

3.7. O direito de ação e o dever judicial de dar efetiva tutela aos direitos

Porém, não basta parar na ideia de que o direito fundamental de ação incide sobre a estruturação técnica do processo, pois supor que o legislador sempre atende às tutelas prometidas pelo direito material e às necessidades sociais de forma adequada constitui ingenuidade inescusável[22].

A obrigação de compreender as normas processuais a partir do direito fundamental de ação dá ao juiz o poder-dever de encontrar a técnica processual idônea à proteção do direito material.

Como o direito fundamental de ação incide sobre o Estado e, portanto, sobre o legislador e o juiz, é evidente que a omissão do legislador não justifica a omissão do juiz. Se tal direito fundamental, para ser realizado, exige que o juiz esteja munido de poder suficiente para a tutela dos direitos, a ausência de regra processual instituidora de instrumento processual idôneo para tanto constitui evidente obstáculo à atuação da jurisdição e ao direito fundamental de ação. Assim, para que a jurisdição possa exercer a sua missão – que é tutelar os direitos – e para que o cidadão realmente possa ter garantido o seu direito fundamental de ação, não há outra alternativa a não ser admitir ao juiz a supressão da omissão inconstitucional ou da insuficiência de proteção normativa ao direito fundamental de ação.

4. As novas necessidades de tutela dos direitos e a evolução do conceito de direito de ação

4.1. Efetividade da tutela dos direitos e direito de ação

A transformação da sociedade e do Estado e o consequente surgimento de novas situações substanciais carentes de tutela, frequentemente de conteúdo não patrimonial e não raramente garantidas como direitos fundamentais, modificaram as razões de demandar e o próprio conteúdo da tutela jurisdicional.

---

20. Aliás, a legislação infraconstitucional, desde 1950 (Lei 1.060/50), prevê o que chamou de "assistência judiciária aos necessitados" (art. 1º), garantindo a isenção não apenas dos honorários de advogado, como também dos honorários do perito, das custas judiciárias, inclusive em relação a serventuários da justiça, e das despesas com as publicações de atos oficiais, entre outras (art. 3º). E recentemente, diante da prova do DNA, frequente nas ações de investigação de paternidade, foi acrescentado ao art. 3º da referida Lei 1.060/50 o inciso VI, isentando o necessitado "das despesas com a realização do exame do código genético – DNA que for requisitado pela autoridade judiciária nas ações de investigação de paternidade ou maternidade".

21. Sobre os direitos fundamentais como direitos a prestações, ver Ingo Wolfgang Sarlet, *A eficácia dos direitos fundamentais*, Porto Alegre: Livraria do Advogado, 2006, 6ª ed., p. 215 e ss.

22. Luiz Guilherme Marinoni, *Il diritto alla tutela giurisdizionale effettiva nella prospettiva della teoria dei diritti fondamentali*, in *Studi di diritto processuale civile in onore di Giuseppe Tarzia*. Milano: Giuffrè, 2005, v. 1, p. 93-162.

A jurisdição deixou de ter a simples incumbência de prestar as tutelas declaratória e ressarcitória pelo equivalente, assumindo o dever de tutelar na forma específica os direitos, especialmente os direitos fundamentais, como o direito fundamental do consumidor e o direito ao meio ambiente.

Prova disso está na crescente atenção que vem sendo dada à chamada "tutela específica", prevista no art. 497 do CPC/2015 e no art. 84 do CDC. A tutela específica do direito material é a proteção jurisdicional que não se limita a outorgar ao lesado um valor equivalente ao do dano ou da obrigação, mas que, ao invés, inibe a prática do ato contrário ao direito ou do dano ou determina o ressarcimento *in natura* ou o cumprimento da prestação na forma específica ou tal como foi contratada.

Porém, enquanto a tutela prestada em dinheiro neutraliza a diferença entre as várias tutelas do direito material, admitindo uma única forma procedimental, a tutela específica, por se correlacionar com as diferentes necessidades do direito material, requer formas procedimentais diversificadas[23].

Se a ação é o direito à viabilidade da obtenção da tutela do direito material, é evidente que ela não pode deixar de se correlacionar com a forma procedimental idônea. Isto não quer dizer que devem existir tantas ações quantas são as necessidades carentes de tutela. O art. 5º, XXXV, da CF afirma um direito de ação abstrato e atípico, mas capaz de permitir a obtenção das várias tutelas prometidas pelo direito material. Ou seja, ele garante o direito ao procedimento adequado ou à técnica processual adequada, sem, obviamente, definir qual técnica processual está garantida ao jurisdicionado.

4.2. O direito de ação não é apenas o direito de pedir a resolução do litígio

O direito de ação não pode ser limitado ao direito de pedir a resolução do mérito. O direito de ação não se exaure com a apresentação da petição inicial e a ação, assim, não é simplesmente proposta, conforme se poderia pensar a partir de uma leitura rápida do art. 312 do CPC/2015.

O direito de ação tem diversos corolários, iniciando com o direito de participar adequadamente do processo, mediante a apresentação de alegações e de produção de provas em prazo racional, e de influir sobre o convencimento do juiz.

Além disso, é inquestionável que o direito de ação depende de procedimento adequado, ou seja, da pré-ordenação de técnica antecipatória, de sentenças diferenciadas e de meios de execução diversos. Tudo isto é imprescindível para que o autor possa obter a tutela jurisdicional do direito. De modo que a ação é, indubitavelmente, exercida. *A ação é exercida através do procedimento adequado.*

4.3. A ação não se exaure com a sentença de mérito transitada em julgado

O direito de ação também não se exaure com a sentença que afirma o direito, mas carece de execução para conferir a tutela do direito ao autor. É o caso das sentenças que dependem de execução, isto é, das sentenças condenatória, mandamental e executiva.

A prolação dessas sentenças, como é intuitivo, não presta a tutela do direito. A menos que sejam adimplidas voluntariamente, quando, em verdade, deixam de importar como carentes de execução.

A sentença condenatória, apesar dos esforços doutrinários, nunca prestou a tutela do direito. Sempre constituiu uma mera fase à prestação da tutela jurisdicional. Para a tutela ressarcitória pelo equivalente, mais importante do que a sentença condenatória é a execução. Em outras palavras, ninguém jamais teve direito a uma ação "condenatória", admitido o qualificativo, aí, como o resultado desejado pelo autor. Isto porque ninguém jamais desejou condenação, mas sim tutela pelo equivalente ao valor da lesão ou da prestação não cumprida, ou ainda tutela do próprio crédito pecuniário não adimplido. De modo que se a ação pode ser qualificada pela intenção do autor, deve ser definida pela tutela do direito ambicionada, e, assim, ao invés de ser enunciada como ação condenatória, deve ser intitulada de ação ressarcitória.

Note-se, aliás, que a alteração do sistema executivo, implementada em 2005 ao CPC/73 e mantida pelo CPC/2015, tem um significado importante em termos de teoria da ação. A dispensa de ação, para a execução da sentença condenatória (art. 523, CPC/2015), parte da premissa de que a ação não se exaure com a sentença condenatória transitada em julgado, exigindo a execução para que a tutela do direito seja prestada. Ou melhor, é aí reconhecida a irracionalidade do uso de duas ações – uma de conhecimento e outra de execução – para a obtenção de uma única tutela do direito. Ora, se o direito de ação é o direito à viabilidade da obtenção da tutela do direito material, ele não se pode exaurir com a sentença condenatória, que nada mais é do que uma técnica processual posta a serviço da efetiva prestação jurisdicional.

4.4. O direito à pré-ordenação de técnicas processuais adequadas. A inconstitucionalidade da lei que proíbe a concessão de liminar

Frise-se que o direito de ação, compreendido como o direito à técnica processual adequada, não depende do reconhecimento do direito material. O direito de ação exige técnica antecipatória para a viabilidade do reconhecimento da verossimilhança do direito e do fundado receio de dano, sentença idônea para a hipótese de sentença de procedência e meio executivo adequado a ambas as hipóteses. Se o direito não for reconhecido como suficiente para a concessão da antecipação da tutela ou da tutela final, não há sequer como pensar em tais técnicas processuais.

A norma do art. 5º, XXXV, ao contrário das normas constitucionais anteriores que garantiam o direito de ação, afirmou que a lei, além de não poder excluir lesão, está proibida de excluir "ameaça de lesão" da apreciação jurisdicional. O objetivo do art. 5º, XXXV, neste particular, foi deixar expresso que o direito de ação deve poder propiciar a tutela inibitória e ter a sua disposição técnicas processuais capazes de permitir a antecipação da tutela.

No STF existem três correntes em relação à interpretação da garantia de tutela jurisdicional em caso de "ameaça a direito"[24]. A

---

23. Ver Luiz Guilherme Marinoni, *Técnica processual e tutela dos direitos*, São Paulo: Ed. Revista dos Tribunais, 2004.

24. STF, Pleno, ADI n. 223/DF – MC, Rel. p/Acórdão Min. Sepúlveda Pertence, *DJU* 29.06.1990; STF, Pleno, ADI n. 975/DF – MC, Rel. Min. Carlos Velloso, *DJU* 20.06.1997; STF, Pleno, ADI n. 295/DF – MC, Rel. p/Acórdão Min. Marco Aurélio; *DJU* 22.08.1997; STF, Pleno, ADC n. 4/DF – MC, Rel.

primeira delas, afirmada especialmente pelos Ministros Celso de Mello e Carlos Velloso, sustenta que a lei que veda a concessão de liminares viola o art. 5º, XXXV, podendo ser expressa através da seguinte passagem do voto do Min. Celso de Mello na ADI 223/DF – MC: "*A proteção jurisdicional imediata, dispensável a situações jurídicas expostas a lesão atual ou potencial, não pode ser inviabilizada por ato normativo de caráter infraconstitucional que, vedando o exercício liminar da tutela jurisdicional cautelar pelo Estado, enseje a aniquilação do próprio direito material*"[25]. A segunda, radicalmente oposta, pode ser captada a partir dos votos do Min. Moreira Alves. Disse o Ministro, na ADI 223/DF – MC: "*O proibir-se, em certos casos, por interesse público, a antecipação provisória da satisfação do direito material lesado ou ameaçado não exclui, evidentemente, da apreciação do Poder Judiciário a lesão ou ameaça a direito, pois ela se obtém normalmente na satisfação definitiva que é proporcionada pela ação principal, que, esta sim, não pode ser vedada para privar-se o lesado ou ameaçado de socorrer-se do Poder Judiciário*"[26]. Mais tarde, na ADI 1.576/DF – MC, o Ministro Moreira Alves consignou que, além de a lei poder vedar a concessão de liminares, "*a tutela antecipada não é instituto constitucional. Ela foi criada pela lei. Assim como foi criada, a princípio, sem certos limites, não vejo por que não se possa limitá-la*"[27]. Por fim, a terceira posição, capitaneada pelo Min. Sepúlveda Pertence, enuncia que não é correto recusar constitucionalidade a toda e qualquer limitação legal à outorga de liminar, devendo a lei restritiva ser analisada segundo um critério de razoabilidade. Na já referida ADI 223/DF – MC, que teve por objeto a Medida Provisória que proibiu a concessão de liminar nas ações cautelares e nos mandados de segurança questionadores do Plano Econômico do Governo Collor, assim conclui o Min. Pertence: "*A solução estará no manejo do sistema difuso, porque nele, em cada caso concreto, nenhuma medida provisória pode subtrair ao juiz da causa um exame da constitucionalidade, inclusive sob o prisma da razoabilidade, das restrições impostas ao seu poder cautelar, para, se entender abusiva essa restrição, se a entender inconstitucional, conceder a liminar, deixando de dar aplicação, no caso concreto, à medida provisória, na medida em que, em relação àquele caso, a julgue inconstitucional, porque abusiva*"[28].

A posição do Min. Moreira Alves não merece guarida, uma vez que o direito fundamental de ação garante a efetiva tutela do direito material e, por consequência, a técnica antecipatória, imprescindível para permitir a antecipação da tutela e, desta forma, dar efetividade à tutela inibitória – capaz de impedir a violação do direito – e, além disso, evitar a prática de dano. Na verdade, a posição do Min. Moreira Alves encampa nitidamente a superada ideia de direito de ação como direito a uma sentença sobre o mérito. A técnica antecipatória é imprescindível para dar proteção ao direito fundamental de ação. A sua supressão ou indevida limitação, assim, é flagrantemente atentatória à norma do art. 5º, XXXV.

Por outro lado, a posição do Min. Pertence não distingue direito à técnica antecipatória de direito à obtenção da antecipação da tutela. É claro que não há direito à antecipação da tutela, uma vez que esta depende da constatação, diante do caso concreto, da probabilidade do direito, perigo de dano ou risco ao resultado útil do processo, os quais são pressupostos para a concessão da tutela antecipada com base no art. 300, CPC/2015. O Min. Pertence sustenta que a restrição à concessão de liminar pode mostrar-se abusiva (e aí a lei ser considerada inconstitucional) em determinado caso concreto e não em outro. Porém, como a abusividade da restrição diria respeito às necessidades presentes no caso concreto, a eventual inconstitucionalidade da lei dependeria da aferição dos próprios pressupostos à concessão da liminar ou da antecipação da tutela. Acontece que, quando se penetra na verificação dos pressupostos da liminar, obviamente não se está perquirindo sobre a abusividade da restrição ao requerimento de liminar ou à aferição da sua concessão, mas sim se analisando se a liminar é necessária para tutelar o direito material. Nesta situação, caso o juiz se convença de que a liminar não é imprescindível, a conclusão não será de que a lei restritiva é constitucional, mas sim de que a liminar não deve ser concedida em razão das particularidades da situação concreta. Acontece que, para que o juiz possa chegar à conclusão de que a liminar não deve ser concedida, ele necessariamente terá que admitir a inconstitucionalidade da lei.

O ponto-chave, para a solução da questão, está em perceber que a lei "proíbe a própria aferição" dos pressupostos da liminar, embora se fale, por comodidade de linguagem, que a lei "proíbe a concessão" de liminar. Uma lei que proíbe a aferição dos pressupostos necessários à concessão de liminar obviamente nega ao juiz a possibilidade de utilizar instrumentos imprescindíveis ao adequado exercício do seu poder. E, ao mesmo tempo, viola o direito fundamental à *viabilidade* da obtenção da efetiva tutela do direito material[29].

De modo que, entre as várias posições adotadas no STF, está correta a liderada pelo Min. Celso de Mello, para quem "o acesso à jurisdição, proclamado na norma constitucional de garantia, significa a possibilidade de irrestrita invocação da tutela jurisdicional cognitiva, da tutela jurisdicional executiva e da tutela jurisdicional cautelar do Estado"[30].

Min. Sydney Sanches, *DJU* 21.05.1999; STF, Pleno, ADI n. 1576/DF – MC, Rel. Min. Marco Aurélio, *DJU* 06.06.2003.

25. Voto do Min. Celso de Mello na ADI n. 223/DF – MC (STF, Pleno, Rel. p/ Acórdão Min. Sepúlveda Pertence, *DJU* 29.06.1990). Registre-se, no mesmo sentido, o voto do Min. Carlos Velloso na ADI n. 295 – MC: "*Convém não esquecer que a Constituição, ao cuidar do princípio da inafastabilidade do conhecimento do Poder Judiciário de qualquer lesão a direito, estabelece, também, que a ameaça a direito não pode ser subtraída do conhecimento do Judiciário (CF, art. 5º, XXXV). Ora, de regra, somente através da medida liminar é que seria possível coibir ameaça a direito*" (STF, Pleno, Rel. p/Acórdão Min. Marco Aurélio; *DJU* 22.08.1997).

26. Voto do Min. Moreira Alves na ADI n. 223/DF – MC (STF, Pleno, Rel. p/ Acórdão Min. Sepúlveda Pertence, *DJU* 29.06.1990).

27. Voto do Min. Moreira Alves na ADI n. 1.576/DF – MC (STF, Pleno, Rel. Min. Marco Aurélio, *DJU* 06.06.2003).

28. STF, Pleno, ADI n. 223/DF – MC, Rel. p/Acórdão Min. Sepúlveda Pertence, *DJU* 29.06.1990.

29. Luiz Guilherme Marinoni, *Derecho fundamental a la tutela jurisdiccional efetiva*, Lima: Palestra Editores, 2007, p. 248-260.

30. Voto do Min. Celso de Mello na ADI n. 223/DF – MC (STF, Pleno, Rel. p/ Acórdão Min. Sepúlveda Pertence, *DJU* 29.06.1990). No mesmo sentido: votos dos Ministros Celso de Mello e Carlos Velloso na ADI n. 295/DF – MC; votos dos Ministros Celso de Mello e Néri da Silveira na ADI n. 1.576/DF – MC. Na ADC n. 4/DF – MC não houve voto em igual sentido, uma vez que a norma objeto de apreciação era idêntica a que havia sido analisada na ADI n. 1.576/DF – MC, tendo os Ministros se limitado a afirmar a decisão antes tomada. Em sentido contrário: ADI n. 223/DF – MC, ADI n. 295/DF – MC, ADI n. 1.576/DF – MC (parcialmente) e ADC n. 4/DF – MC. Ver, ainda, ADI n. 975/DF – MC, de 09.12.1993, que entendeu inconstitucional a norma proi-

4.5. A regra processual aberta como meio para a efetividade do direito de ação

Sabendo ser impossível estabelecer tantas técnicas processuais quantas são as situações substanciais carentes de tutela, o legislador institui regras processuais abertas, isto é, regras que abrem oportunidade à utilização das técnicas processuais em qualquer situação de direito substancial, desde que presentes, no caso concreto, determinadas particularidades, ou, ainda, regras que dão ao jurisdicionado e ao juiz o poder de optar pela técnica processual adequada ao caso concreto.

O art. 300 do CPC/2015 dá ao autor e ao juiz o poder de utilizar a técnica antecipatória diante de todo e qualquer conflito, desde que presente i) probabilidade do direito ou ii) perigo de dano, ou iii) risco ao resultado útil do processo. Ou seja, basta a ocorrência de um destes requisitos para que a tutela antecipatória deva ser concedida, não importando a natureza material do litígio.

Por outro lado, o art. 497 do CPC/2015, além de também admitir a tutela antecipatória em qualquer caso em que o autor ambicione "tutela específica", admite que o juiz possa, mesmo de ofício, impor multa para pressionar o demandado a fazer ou a não fazer, fixando o seu valor em conformidade com o caso concreto (art. 536 do CPC/2015). Demais disto, o art. 536, talvez na maior demonstração normativa de que o autor e o juiz devem ter o poder de definir a técnica processual segundo as necessidades do caso, afirma expressamente que, para a efetivação da tutela, "*o juiz poderá determinar, entre outras medidas, a imposição de multa, a busca e apreensão...*".

Lembre-se que, até bem pouco tempo, a esfera jurídica da parte apenas podia ser invadida através dos meios executivos tipificados na lei e as liminares apenas podiam ser concedidas em procedimentos especiais, especialmente desenhados para determinadas situações de direito substancial. Isto para não falar da restrição, existente no processo civil de tipo liberal, ao uso da multa como meio executivo destinado a constranger a vontade do réu[31]. Nessa época, como é intuitivo, o procedimento e, por consequência, a ação não podiam ser estruturados de acordo com o caso concreto. O procedimento formalmente rígido e o princípio da tipicidade dos meios executivos eram vistos como garantias de liberdade do litigante contra a possibilidade de arbítrio do juiz[32].

Atualmente, porém, em face da necessidade de tutela jurisdicional adequada às novas situações de direito substancial e da tomada de consciência do dever de o Estado tutelar os direitos na forma específica, não há outra alternativa a não ser dar maior amplitude de poder ao Juiz. Mas, o poder de fixar o valor da multa e de escolher a "medida necessária" conforme as necessidades do caso exige, como contrapartida, o adequado emprego das regras do meio idôneo e da menor restrição possível, realçando a necessidade de o juiz bem fundamentar as suas decisões, justificando a correta observância destas regras, que, nesta hipótese, mostram-se imprescindíveis à legitimidade do exercício do poder jurisdicional.

Em resumo, as normas abertas nada mais são do que respostas do legislador ao direito fundamental de ação, permitindo o surgimento da tese de que o jurisdicionado tem o direito fundamental de construir a ação adequada ao caso concreto[33].

4.6. A insuficiência de proteção normativa ao direito fundamental de ação

Não obstante, ainda que o legislador possa dar proteção ao direito de ação através de normas abertas, não é possível admitir a ausência de regra processual para a proteção do direito fundamental de ação ou a inexistência de técnica processual adequada a determinado caso concreto.

Tome-se em consideração, por exemplo, a antecipação da tutela de soma em dinheiro, precisamente a concessão de alimentos indenizativos em ação de ressarcimento de dano. A execução desta tutela deve observar, em princípio, o § 3º do art. 273, uma vez que esta é a norma que trata da execução da tutela antecipatória. Acontece que tal norma, ao aludir às normas que devem ser observadas na execução da tutela antecipatória, refere-se aos artigos 461 e 461-A, aplicáveis, respectivamente, às obrigações de não fazer e fazer e às obrigações de entrega de coisa, e ao art. 588 (atual 475-O), relativo sobretudo à execução da sentença que condena ao pagamento de soma em dinheiro. Ademais, a norma relativa à execução da tutela antecipatória nada diz sobre os meios executivos que, servindo à execução dos alimentos fundados em parentesco – como o desconto em folha, o desconto de renda periódica e a coerção pessoal (arts. 528 e 529 do CPC/2015; arts. 17 e 18 da Lei 5.478/68) –, teriam efetividade para a execução da tutela dos alimentos indenizativos.

Portanto, ao reconhecer o direito à tutela alimentar fundada em ato ilícito, o juiz não encontrará, na norma que disciplina a execução da tutela antecipatória, técnica processual idônea. Neste caso, estará diante de falta de técnica processual adequada ou de insuficiência normativa à proteção do direito fundamental de ação.

É evidente que a omissão da lei processual na instituição de técnica adequada não elimina o dever de o juiz prestar, ao autor que possui razão no caso concreto, a tutela que lhe foi prometida pelo direito substancial. Raciocinar de forma contrária seria dar à lei processual a possibilidade de obstaculizar o exercício do poder jurisdicional ou ainda admitir que o direito à tutela do direito material, ainda que garantido pelo direito substancial e pela Constituição, pode deixar de ter efetividade segundo o desejo e a sorte da legislação processual.

Note-se que aqui, ao contrário do que sucede em outros casos – como, por exemplo, no de insuficiência de proteção ao di-

---

bitiva de concessão de liminar contra ato da Administração Pública sem a prévia audiência de seu representante; ADI n. 1.576/DF – MC, que decidiu ser inconstitucional o condicionamento à caução da concessão da liminar, ou de qualquer outra medida de natureza antecipatória, ainda que da concessão pudesse resultar dano à pessoa jurídica de direito público.

31. Parcela da doutrina francesa sustentou expressamente que as *astreintes* não se amoldariam ao princípio da separação dos poderes (cf. Henri Mazeaud, Léon Mazeaud e André Tunc, *Traité théorique et pratique de la responsabilité civile délictuelle et contractuelle*. Paris: Montchrestien, 1960, v. 3, p. 640-641).

32. Conforme a doutrina de Giuseppe Chiovenda, *Le forme nella difesa giudiziale del diritto*, 1901. De forma crítica ver Vittorio Denti, Il processo di cognizione nella storia delle riforme. *Rivista Trimestrale di Diritto e Procedura Civile*, 1993, p. 808.

33. Sobre a tese do direito à construção da ação adequada ao caso concreto, ver Luiz Guilherme Marinoni, *Curso de Processo Civil – Teoria Geral do Processo*, 2ª ed., São Paulo: Revista dos Tribunais, 2007, v. 1, p. 230-310.

reito ao meio ambiente ou ao direito do consumidor[34] –, a omissão decorre da ausência de técnica processual à efetividade *de qualquer tutela* prometida pelo direito substancial, *seja ela decorrente de direito fundamental ou não*. Isto em razão de que a insuficiência de proteção atinge o direito fundamental de ação, que tem como corolário o direito à pré-ordenação das técnicas processuais adequadas à prestação *de toda e qualquer tutela prometida pelo direito material*.

4.7. A supressão da insuficiência de técnica processual no caso concreto

Como o direito fundamental de ação também incide diretamente sobre o juiz (ver acima item 3.7), não há dúvida de que a insuficiência de proteção a tal direito fundamental deve ser suprida no caso concreto.

O raciocínio decisório, como é sabido, passa por duas fases, sendo a primeira relacionada com os fatos, as provas e o direito material e a segunda ancorada no direito processual, vinculando-se com as técnicas processuais adequadas à prestação da tutela reconhecida como devida ao autor. Neste sentido, a segunda fase do raciocínio decisório somente é necessária quando o juiz, na primeira fase do seu raciocínio, conclui que o autor tem direito à tutela do direito que almeja obter.

Quando o raciocínio decisório atinge a segunda fase, pode não encontrar técnica processual capaz de garantir efetividade à tutela do direito – reconhecida ao autor em sua primeira fase. Neste momento, como é fácil perceber, torna-se evidente a insuficiência da legislação processual, dando ao juiz o poder de, considerando outras situações substanciais devidamente protegidas pelo processo, localizar e utilizar a técnica processual capaz de outorgar a devida execução à tutela reconhecida ao direito material.

Frise-se, ainda, que o raciocínio decisório, capaz de permitir o encontro da devida técnica processual executiva, também é realizado quando se analisa pedido de antecipação da tutela, e não apenas quando se está ao final do processo, prolatando-se a sentença sobre o pedido de tutela final formulado pelo autor. A diferença está apenas na primeira fase do raciocínio decisório, que deve levar em conta, conforme o caso, os pressupostos próprios à concessão da antecipação da tutela ou à concessão da tutela final, os quais são completamente distintos, bastando lembrar que, no primeiro caso, fala-se em "verossimilhança da alegação" e em fundado receio de dano. Não obstante, a segunda fase do raciocínio, em ambas as situações, por partir da premissa de que a tutela do direito (antecipada ou final) deve ser concedida, estará preocupada apenas com o encontro da devida técnica executiva.

4.8. A importância das regras do meio idôneo e da menor restrição possível

Embora em hipóteses raras se possa proceder ao emprego da regra da proporcionalidade em sentido estrito, balanceando-se os direitos de ação e de defesa no caso concreto, sempre bastará, em caso de omissão de técnica processual idônea, aplicar as regras da adequação e da necessidade.

Quer isso dizer que, ao verificar a inexistência de técnica processual idônea a determinada situação de direito substancial, o juiz deverá adotar a técnica que, sendo adequada diante dos valores do ordenamento jurídico, seja idônea – no sentido de efetiva – à tutela do direito e, ao mesmo tempo, a que traz a menor restrição possível ao demandado.

Embora seja óbvio, é necessário frisar que a menor restrição possível não é um argumento que possa ser antecipado ao do meio idôneo. Ou melhor, não há como exigir do juiz um meio que traga menor restrição à custa da falta de idoneidade ou efetividade à tutela do direito material. Isto implicaria em inversão do raciocínio voltado a dar concretude à tutela dos direitos. Apenas após a definição do meio idôneo é que o juiz deve se preocupar, em havendo dois meios idôneos, com aquele que traz a menor restrição possível.

Tais regras são suficientes quando se parte da premissa de que a tutela do direito é devida ao autor e, assim, deve ser prestada através do meio idôneo que traga a menor restrição possível.

4.9. O balanceamento entre os direitos de ação e de defesa

É certo que, para a efetividade do processo, é preciso balancear os direitos de ação e de defesa[35]. É o que ocorre, por exemplo, na antecipação da tutela, quando se admite a limitação do direito de defesa em nome do direito de ação.

Embora seja costume afirmar que o juiz, nessa situação, faz o balanceamento entre os direitos de ação e de defesa, a verdade é que tal balanceamento foi feito pelo legislador ao instituir a regra do art. 300 do CPC/2015, admitindo a antecipação da tutela em caso de probabilidade do direito e perigo de dano ou risco ao resultado útil do processo.

No caso concreto, bastará apenas analisar a presença da verossimilhança do direito e do receio de dano. Presentes os pressupostos definidos pelo legislador, o juiz não pode deixar de conceder a tutela antecipatória.

Por outro lado, quando o direito fundamental de ação incide diretamente sobre o juiz, obrigando-lhe a dar configuração ao processo diante da insuficiência da lei processual, isto costumeiramente acontece em razão de determinada situação de direito substancial ou de uma tutela prometida ao autor pelo direito material. É difícil conceber um caso em que se obrigue o juiz a suprir a omissão do legislador única e exclusivamente em virtude do próprio direito fundamental de ação.

O art. 1.022 do CPC/2015 instituiu os embargos de declaração com o fim de permitir a correção da decisão viciada por obscuridade ou contradição (art. 1.022, I) e omissão (art. 1.022, II). Não foram estabelecidos para permitir a modificação substancial da decisão. Porém, em razão de necessidades concretas, os tribunais imprimiram outra fisionomia aos embargos de declaração, passando a admitir o seu uso para modificar a decisão nos casos de erro de fato, equívoco manifesto ou erro material.

---

34. Ver Claus-Wilhelm Canaris, *Direitos fundamentais e direito privado* (tradução de Ingo Wolfgang Sarlet e Paulo Mota Pinto), Coimbra: Almedina, 2003.

35. O direito de defesa é garantido pelo art. 5º, LV, da CF: *"aos litigantes, em processo judicial ou administrativo, e aos acusados em geral são assegurados o contraditório e ampla defesa, com os meios e recursos a ela inerentes"*.

Contudo, quando se atribui aos embargos de declaração efeitos modificativos da decisão ou efeitos infringentes, admite-se uma forma de impugnação das decisões não prevista pelo legislador. De modo que os embargos de declaração com efeitos infringentes se fundam nos direitos fundamentais de ação e de defesa, sendo um ou outro, conforme o caso, o responsável pela supressão da omissão legislativa[36].

Além disso, os embargos de declaração, tal como instituídos pelo legislador, não admitem impugnação pela parte contrária[37]. Entretanto, quando se passou a admitir o caráter modificativo dos embargos de declaração, a questão do direito à sua impugnação exigiu redimensionamento. Qualquer forma de impugnação que possa modificar uma decisão deve poder ser respondida pela parte que foi por ela beneficiada e pode ser prejudicada pela nova decisão a ser tomada. Caso os embargos de declaração com efeitos infringentes fossem aceitos sem a correspondente possibilidade de resposta, estar-se-ia violando o direito fundamental da parte adversa à embargante. Não foi por outra razão que o STF e o STJ passaram a exigir a intimação da parte contrária nos embargos de declaração com efeitos modificativos[38].

Lembre-se que os direitos de ação e de defesa são exercidos durante todo o curso do processo, e assim se desdobram em vários atos, sendo os embargos de declaração com efeitos infringentes, bem como a resposta que diante deles pode ser apresentada, apenas formas de impugnar e de alegar, ou melhor, apenas formas de participar no processo e convencer o Juiz[39].

A oportunidade de resposta constitui o desdobramento da própria admissão dos embargos de declaração com efeitos infringentes. Entretanto, o que realmente tem relevância neste momento é a circunstância de que, ao assim atuar, o Judiciário admite a incidência imediata dos direitos fundamentais de ação e de defesa, ou melhor, a supressão da omissão legal a partir desses direitos fundamentais, o que revela, ainda que possa passar imperceptível, uma criação judicial do procedimento adequado a partir da Constituição.

4.10. A ação como garantia para a participação

De outra parte, a ação também é uma garantia para a participação do cidadão na reivindicação da tutela dos direitos difusos e coletivos e na gestão da coisa pública. A ação, nesta perspectiva, é ligada à ideia de democracia participativa, sendo indispensável para o incremento da participação direta do povo no poder e para a realização de direitos imprescindíveis para a justa organização da sociedade.

O particular pode participar, ainda que indiretamente, na busca de tutela dos direitos transindividuais, os quais, não fossem as ações coletivas, certamente ficariam sem instrumentos judiciais capazes de lhes dar proteção. As ações coletivas[40], além de objetivarem a tutela dos direitos fundamentais que exigem prestações sociais e proteção normativa e fática, constituem condutos ou vias para a participação do cidadão, ainda que essa participação se dê através de entes legitimados – como o Ministério Público ou as Associações legitimadas[41] – e, portanto, de forma indireta.

Além da legitimidade característica à ação coletiva – destinada a permitir a proteção dos direitos transindividuais e, inclusive, do patrimônio público –, atribui-se a qualquer cidadão[42], sem a intermediação de outro ente ou associação, legitimidade para propor ação popular em busca da correção de eventual desvio na gestão da coisa pública. O art. 5º, LXXIII, da CF, estabelece que "qualquer cidadão é parte legítima para propor ação popular que vise a anular ato lesivo ao patrimônio público ou de entidade de que o Estado participe, à moralidade administrativa, ao meio ambiente e ao patrimônio histórico e cultural, ficando o autor, salvo comprovada má-fé, isento de custas judiciais e do ônus da sucumbência".

É claro que a ação, quando correlacionada a tais procedimentos, não pode ser vista apenas como garantia da viabilidade da obtenção da tutela prometida pelo direito substancial, constituindo forma imprescindível para a intensificação da realização da democracia a partir da otimização da participação[43].

Referências

ANDOLINA, Italo. *Il modello costituzionale del processo civile italiano*, Torino: Giappichelli, 1990.

CANARIS, Claus-Wilhelm. *Direitos fundamentais e direito privado* (tradução de Ingo Wolfgang Sarlet e Paulo Mota Pinto), Coimbra: Almedina, 2003.

---

36. Os embargos de declaração com efeitos infringentes incrementam a possibilidade de participação do autor e do réu, dando maior efetividade aos direitos de ação e de defesa. Aliás, quando se sabe que os direitos de ação e de defesa se desdobram em uma série de corolários – de possibilidades etc. –, fica muito fácil perceber que o direito à prova, o direito às alegações e o direito às impugnações pertencem, por identidade de motivos, ao autor e ao réu.
37. O legislador negou possibilidade de resposta aos embargos de declaração exatamente porque eles não teriam o objetivo de modificar a decisão embargada.
38. "Embargos de declaração em embargos de declaração no agravo regimental no agravo de instrumento – Ausência de peça indispensável à apreciação do recurso especial – Embargos com efeitos modificativos – Ausência de intimação dos embargados – Cerceamento de defesa – Ocorrência – Precedentes. 1. '*Conquanto inexista previsão legal expressa quanto à necessidade da intimação do embargado para impugnar embargos declaratórios opostos com propósito modificativo do julgado, a jurisprudência do Supremo Tribunal Federal pacificou-se no sentido de sua exigência, sob pena de violação do princípio do contraditório e da ampla defesa*' (EDcl no EDcl no EDcl no EREsp 172.082/DF)" (STJ, 1ª T., EDcl nos EDcl no Ag 314.971, rel. Min. Luiz Fux, *DJU* 31.05.2004). Ver, ainda, STJ, 2.ª T., REsp 686.752, rel. Min. Eliana Calmon, j. 17.05.2005; STJ, 1.ª T., REsp 316.202, rel. Min. Humberto Gomes de Barros, *DJU* 15.12.2003; STJ, 3ª Seção, EDcl nos EREsp 203.724, rel. Min. Gilson Dipp, *DJU* 04.10.2004; STJ, 5ª T., REsp 520.467, rel. Min. Félix Fischer, *DJU* 31.05.2004.
39. Embora seja costume associar o direito de responder com o direito de defesa, o direito afetado pela impossibilidade de resposta não é necessariamente o direito de defesa. Basta atentar para o fato de que a decisão pode prejudicar o réu, abrindo-lhe a possibilidade do uso dos embargos de declaração com efeitos infringentes. Ora, o réu, ao impugnar a decisão, obviamente continua exercendo o direito de defesa. Do mesmo modo, o autor, ao responder aos embargos de declaração, prossegue exercendo o seu direito de ação.
40. O mandado de segurança coletivo também objetiva a proteção de direitos difusos e coletivos. Segundo o art. 5º, LXX, da CF, o mandado de segurança coletivo pode ser impetrado por "partido político com representação no Congresso Nacional" (art. 5º, LXX, *a*) e "organização sindical, entidade de classe ou associação legalmente constituída e em funcionamento há pelo menos um ano, em defesa dos interesses de seus membros ou associados" (art. 5º, LXX, *b*).
41. Ver art. 82 do CDC e art. 5º da Lei da Ação Civil Pública.
42. De acordo com o art. 1º, *caput*, da Lei da Ação Popular (Lei 4.717/65), é legitimado para a ação popular "qualquer cidadão". O § 3º desse artigo afirma que "a prova da cidadania, para ingresso em juízo, será feita com o título eleitoral, ou com documento que a ele corresponda".
43. Ver José Joaquim Gomes Canotilho, *Direito constitucional*, cit., p. 665.

CANOTILHO, José Joaquim Gomes. *Direito Constitucional*, Coimbra: Almedina, 1976.

_____. *Direito Constitucional e Teoria da Constituição*, Coimbra: Almedina, 2002.

CAPPELLETTI, Mauro. Fundamental guarantees of the parties in civil proceedings (general report), *Fundamental guarantees of the parties in civil litigation*, Milano: Giuffrè, 1973.

_____. Los derechos sociales de libertad en la concepción de Piero Calamandrei. *Proceso, ideologías, sociedad*, Buenos Aires: EJEA, 1974.

CHIOVENDA, Giuseppe. *Le forme nella difesa giudiziale del diritto*, 1901.

COMMAILLE, Jacques. *Territoire de justice – Une sociologie politique de la Carte Judiciaire*, Paris: PUF, 2000.

COMOGLIO, Luigi Paolo. *Commentario della Costituzione* (a cura di G. Branca), Bologna-Roma: Zanichelli-Foro italiano, 1981.

DENTI, Vittorio. Il processo di cognizione nella storia delle riforme. *Rivista Trimestrale di Diritto e Procedura Civile*, 1993, p. 808.

GIL-ROBLES, Álvaro. *Los nuevos límites de la tutela judicial efectiva*, Madrid: Centro de Estudios Constitucionales, 1996.

MARINONI, Luiz Guilherme. *Curso de Processo Civil – Teoria Geral do Processo*, v. 1, São Paulo: Ed. RT, 2007, 2ª ed.

_____. *Novo Curso de Processo Civil – Teoria do Processo Civil*, v. 1, São Paulo: Ed. RT, 2016.

_____. *Derecho fundamental a la tutela jurisdiccional efetiva*, Lima: Palestra Editores, 2007.

_____. Il diritto alla tutela giurisdizionale effettiva nella prospettiva della teoria dei diritti fondamentali, in *Studi di diritto processuale civile in onore di Giuseppe Tarzia*, v. 1, Milano: Giuffrè, 2005, p. 93-162.

_____. *Técnica processual e tutela dos direitos*, São Paulo: Ed. RT, 2004.

PÉREZ, David Vallespín. *El modelo constitucional de juicio justo en el ámbito del proceso civil*, Barcelona: Atelier, 2002.

RODRIGUES, Lêda Boechat. *História do Supremo Tribunal Federal*, tomo 1, Rio de Janeiro: Civilização Brasileira, 1991.

SARLET, Ingo Wolfgang. *A eficácia dos direitos fundamentais*, Porto Alegre: Livraria do Advogado, 2006, 6ª ed.

WASSERMANN, Rudolf. *Der soziale Zivilprozess*, Neuwied/Darmstadt: Luchterhand, 1978.

Art. 5º, XXXVI – a lei não prejudicará o direito adquirido, o ato jurídico perfeito e a coisa julgada;

Gilmar Ferreira Mendes

1. Referências

Constituições de 1824 (art. 179, II c/c III: "Nenhuma Lei será estabelecida sem utilidade pública" "A sua disposição não terá efeito retroativo"), 1891 (art. 11, 3º: "É vedado aos Estados, como à União: (...) "Prescrever leis retroativas"), 1934 (art. 113, 3: "A lei não prejudicará o direito adquirido, o ato jurídico perfeito e a coisa julgada"), 1946 (art. 141, § 3º: "A lei não prejudicará o direito adquirido, o ato jurídico perfeito e a coisa julgada"), 1967 (art. 150, § 3º: "A lei não prejudicará o direito adquirido, o ato jurídico perfeito e a coisa julgada") e 1969 (art. 153, § 3º: "A lei não prejudicará o direito adquirido, o ato jurídico perfeito e a coisa julgada").

A Constituição de 1937 não previu essa garantia.

2. Comentários

I. É possível que a aplicação da lei no tempo continue a ser um dos temas mais controvertidos do direito hodierno. Não raro, a aplicação das novas leis às relações já estabelecidas suscita infindáveis polêmicas. De um lado, a ideia central de segurança jurídica, uma das expressões máximas do Estado de Direito; de outro, a possibilidade e necessidade de mudança. Constitui grande desafio tentar conciliar essas duas pretensões, em aparente antagonismo.

A discussão sobre direito intertemporal assume delicadeza ímpar, tendo em vista a disposição constante do art. 5º, XXXVI, da Constituição, que reproduz norma tradicional do direito brasileiro. Desde 1934, e com exceção da Carta de 1937, todos os textos constitucionais brasileiros têm consagrado cláusula semelhante.

A definição de retroatividade foi objeto de duas doutrinas principais: a do direito adquirido e a do fato passado ou fato realizado. A primeira defende que a lei nova não pode retroagir para atingir direitos já constituídos (adquiridos). A segunda entende que a lei não pode retroagir para atingir fatos anteriores ao seu início de vigência. A doutrina do fato passado é também chamada *teoria objetiva*. A teoria do direito adquirido, por sua vez, é chamada *teoria subjetiva*. Na nossa tradição, domina a teoria subjetiva do direito adquirido (ADI 493, voto Min. Moreira Alves).

É certo, outrossim, que a dimensão constitucional conferida ao princípio do direito adquirido não permite que se excepcionem da aplicação do princípio as chamadas regras de ordem pública. Em outros termos, a natureza constitucional do princípio não permite a admissão da eventual retroatividade das leis de ordem pública, muito comum em países nos quais o princípio da não retroatividade é mera cláusula legal. Assim, quer se trate de normas de direito público ou de normas de direito privado, em ambas as hipóteses, vale o princípio segundo o qual a lei nova não pode ter efeitos retroativos (critério objetivo), nem violar direitos adquiridos (critério subjetivo).

II. A referência ao direito adquirido, ao ato jurídico perfeito e à coisa julgada, constante dos textos constitucionais brasileiros, remete à necessidade de conceituação doutrinária, jurisprudencial e, para alguns, também de índole legal.

É verdade que a adoção de um conceito tríplice acaba por gerar perplexidades. Alguns autores afirmam que suficiente seria a referência a direito adquirido, uma vez que os conceitos de ato jurídico perfeito e coisa julgada nele se inserem.

Reconheça-se que a tripartição conceitual tem a vantagem, talvez, de tornar mais explícitas determinadas situações muito comuns e embaraçosas, como a separação entre as mudanças relativas à constituição (forma) e ao conteúdo. Assim, a referência ao ato jurídico perfeito permite definir com maior clareza a lei aplicável a dadas situações jurídicas que somente produzirão efeitos no futuro, eventualmente no regime de uma lei nova. É o caso das controvérsias a propósito da capacidade para prática de ato jurídico ou da forma que se deva adotar para a prática de determinados atos. A alteração posterior (exigência de escritura pública na lei nova para, *v.g.*, elaboração de testamento, quando, sob a lei anterior, tal forma era dispensável) não afeta o ato jurídico perfeito já efetivado. Da mesma forma, regras referentes à capacidade para a prática do ato são indissociáveis do momento de sua elaboração. A alteração posterior não pode repercutir no plano de sua validade, tendo em vista o ato jurídico perfeito.

O legislador ordinário estabeleceu os conceitos de direito adquirido, ato jurídico perfeito e coisa julgada no art. 6º da Lei de Introdução ao Código Civil, na redação que lhe deu a Lei n. 3.238, de 1957, preservando, assim, a tradição que remonta à Lei de Introdução ao Código Civil de 1916. Nos termos do art. 6º, § 2º, da Lei de Introdução às Normas do Direito Brasileiro (atual denominação da LICC), "consideram-se adquiridos assim os direitos que o seu titular, ou alguém por ele, possa exercer, como aqueles cujo começo de exercício tenha termo pré-fixo, ou condição preestabelecida inalterável a arbítrio de outrem". O ato jurídico perfeito seria, por sua vez, o "já consumado segundo a lei vigente ao tempo em que se efetuou" (LINDB, art. 6º, § 1º). E a coisa julgada ou caso julgado "a decisão judicial de que já não caiba mais recurso" (LINDB, art. 6º, § 3º). De qualquer sorte, é certo que, a despeito dessa formal tripartição, o conceito central é o conceito de direito adquirido, nele estando contemplados, de alguma forma, tanto a ideia de ato jurídico perfeito como a de coisa julgada.

A conveniência ou não de dispor sobre matéria tão sensível e controvertida no âmbito da legislação ordinária é suscitada não raras vezes, tendo em vista o risco de deslocamento da controvérsia do plano constitucional para o plano legal. Todavia, cuida-se de debate estéril, uma vez que a opção por essa conceitualização legal antecede à própria positivação constitucional da matéria, ocorrida apenas em 1934.

Evidentemente, a opção pela fórmula de conceituação no plano do direito ordinário envolve sérios riscos no que concerne à *legalização* da interpretação de institutos constitucionais (*interpretação da Constituição segundo a lei*) e, até mesmo, como já se verificou, no que se refere à tentativa de conversão de controvérsia estritamente constitucional em controvérsia de índole ordinária, com sérias repercussões no campo da competência do Supremo Tribunal Federal e de outros órgãos jurisdicionais.

Com a criação do Superior Tribunal de Justiça, passou-se a advogar entendimento segundo o qual as matérias relacionadas com o direito intertemporal seriam da competência daquele órgão, incumbido pela Constituição de zelar pela boa aplicação do direito federal. Essa questão chegou ao Supremo Tribunal Federal, objeto de preliminar no julgamento do RE 226.855/RS, ocasião em que a Corte decidiu que a matéria relacionada ao direito adquirido tem indubitável caráter constitucional, ficando vencidas as posições que sustentavam o perfil infraconstitucional do instituto[1].

A orientação adotada pelo Supremo Tribunal foi decisiva para a própria aplicação do princípio do direito adquirido em sede de controle de constitucionalidade incidental. Tivesse prevalecido o entendimento contrário, as questões relacionadas com direito adquirido dificilmente poderiam ser apreciadas pela Corte (pelo menos no controle difuso) e, muito provavelmente, a garantia do art. 5º, XXXVI, teria desaparecido como direito de hierarquia constitucional.

III. As duas principais teorias sobre aplicação da lei no tempo – a teoria do direito adquirido e a teoria do fato realizado, também chamada do fato passado – rechaçam, de forma enfática, a possibilidade de subsistência de situação jurídica individual em face de uma alteração substancial do regime ou de um estatuto jurídico.

Assim, sustentava Savigny que as leis concernentes aos institutos jurídicos outorgam aos indivíduos apenas uma qualificação abstrata quanto ao exercício do direito e uma expectativa de direito quanto ao ser ou ao modo de ser do direito.

O notável jurisconsulto distinguia duas classes de leis. A primeira, concernente à aquisição de direito, submetia-se ao princípio da irretroatividade, é dizer, à manutenção dos direitos adquiridos. A segunda, relativa à existência de direitos (normas relativas ao contraste entre a existência ou a inexistência de um instituto), não estava submetida ao princípio da irretroatividade.

Nesse sentido, deveriam ser, portanto, de imediata aplicação as leis que abolissem a escravidão, redefinissem a propriedade privada, alterassem o estatuto da vida conjugal ou da situação dos filhos.

Essa orientação foi retomada e desenvolvida por Gabba, segundo o qual somente existia direito adquirido em razão dos institutos jurídicos com referência às relações deles decorrentes, jamais, entretanto, relativamente aos próprios institutos.

O tema é contemplado, igualmente, por Roubier, que distingue, em relação às leis supressivas ou modificativas de institutos jurídicos, aquelas que suprimem uma situação jurídica para o futuro, sem afetar as relações jurídicas perfeitas ou consolidadas, de outras leis que não só afetam a situação jurídica, como também os seus efeitos.

O problema relativo à modificação das situações subjetivas em virtude da mudança de um instituto de direito não passou despercebido a Carlos Maximiliano, que deixou assentada a afirmação segundo a qual não há direito adquirido no tocante a instituições, ou institutos jurídicos; aplica-se logo não só a lei abolitiva, mas também a que, sem os eliminar, modifica-lhes essencialmente a natureza.

Essa orientação básica, perfilhada por nomes de prol das diferentes correntes jurídicas sobre direito intertemporal, encontrou acolhida na jurisprudência do Supremo Tribunal Federal, como se pode depreender de alguns expressivos arestos dessa Corte. Mencione-se, a propósito, a controvérsia suscitada sobre a resgatabilidade das enfiteuses instituídas antes do advento do Código Civil (de 1916) e que estavam gravadas com cláusula de perpetuidade. Em sucessivos pronunciamentos, reconheceu o Supremo Tribunal Federal que a disposição constante do art. 693 do Código Civil aplicava-se às enfiteuses anteriormente constituídas, afirmando, igualmente, a legitimidade da redução do prazo de resgate, levada a efeito pela Lei n. 2.437/55. Rechaçou-se, expressamente, então, a alegação de ofensa ao ato jurídico perfeito e ao direito adquirido. Esse entendimento acabou por ser con-

---

1. Cf., a propósito, votos dos Ministros Marco Aurélio (*RTJ* 174(3)/943), Celso de Mello, Néri da Silveira (*RTJ* 174(3)/946-947) e Carlos Velloso (*RTJ* 174(3)/948) sobre a preliminar no RE 226.855.

solidado na Súmula 170 do STF: *É resgatável a enfiteuse instituída anteriormente à vigência do Código Civil*.

Assentou-se na jurisprudência do Supremo Tribunal Federal, pois, que a proteção ao direito adquirido e ao ato jurídico perfeito não obstava à modificação ou à supressão de determinado instituto jurídico. Em acórdão proferido no RE 94.020, de 4-11-1981, deixou assente a Excelsa Corte, pela voz do Ministro Moreira Alves: "(...) em matéria de direito adquirido vigora o princípio – que este Tribunal tem assentado inúmeras vezes – de que não há direito adquirido a regime jurídico de um instituto de direito. Quer isso dizer que, se a lei nova modificar o regime jurídico de determinado instituto de direito (como é o direito de propriedade, seja ela de coisa móvel ou imóvel, ou de marca), essa modificação se aplica de imediato".

Esse entendimento foi reiterado pelo Supremo Tribunal Federal em tempos mais recentes. Em decisão proferida no RE 226.855, a Corte reconheceu a natureza institucional do FGTS, afirmando que é de aplicar-se a ele a firme jurisprudência da Corte no sentido de que não há direito adquirido a regime jurídico.

Diante dessas colocações, rigorosamente calcadas nos postulados fundamentais do direito adquirido, poder-se-ia afirmar que muitas soluções legislativas fixadas pela lei nova acabariam por causar prejuízos diretos aos titulares de direitos nos casos específicos. Embora possa apresentar relevância jurídica, essa colocação não mais se enquadra nos estritos lindes do direito intertemporal.

A propósito, já assentara Savigny que, nesse caso, o problema se desloca do âmbito do direito intertemporal para o plano da política legislativa. Como observado, o emérito jurisconsulto recomendava que, por razões de equidade, deveria o legislador conceder uma compensação ao atingido pela providência.

Vê-se, assim, que o princípio constitucional do direito adquirido não se mostra apto a proteger as posições jurídicas contra eventuais mudanças dos institutos jurídicos ou dos próprios estatutos jurídicos previamente fixados.

Questão relevante foi trazida à apreciação da Corte na ADI 3.105, na qual se discutiu a incidência da Emenda Constitucional n. 41/2003, art. 4º, *caput*, que instituiu contribuição previdenciária sobre os proventos de aposentadoria e pensões dos servidores públicos da União, dos Estados, do Distrito Federal e dos Municípios, incluídas suas autarquias e fundações. Alegava-se que a tributação dos inativos violava o art. 5º, XXXVI, da Constituição, uma vez que "os servidores públicos aposentados e os que reúnam condições de se aposentar até 19 de dezembro de 2003 têm assegurado o direito subjetivo, já incorporado aos seus patrimônios jurídicos, de não pagarem contribuição previdenciária, forçosa a conclusão de que o art. 4º da Emenda Constitucional n. 41, de 2003, não poderia, como fez, impor a eles a obrigação de pagar dito tributo, de modo a prejudicar aquele direito adquirido e impor aos seus titulares situação jurídica mais gravosa". Também aqui considerou-se a não configuração de direito adquirido a um dado estatuto jurídico. A não incidência inicial da contribuição sobre os proventos dos inativos não assegurava aos aposentados imunidade em relação à tributação, e o fato de não se ter estabelecido a tributação até então não legitimava, do ponto de vista do direito adquirido, a preservação indefinida desse *status*.

Assinale-se que o tema pode ser, porém, objeto de discussão sob uma perspectiva estrita de segurança jurídica. É a não existência de um direito adquirido a um estatuto jurídico que explica que a lei nova, que altere o regime das relações pessoais dos cônjuges ou a administração dos bens do casal, se aplique de imediato às situações constituídas anteriormente. É também o perfil institucional que vai determinar a aplicação da lei nova no caso de alteração das regras sobre impedimentos matrimoniais, se ainda não se verificou o casamento; ou de alteração das causas de indignidade sucessória, dos fundamentos da deserdação, das regras sobre vocação sucessória, antes da abertura da sucessão.

É verdade, todavia, que a validade formal de um testamento, dos pactos sucessórios e da capacidade para sua elaboração será aferida em face da lei ao tempo de sua celebração. Da mesma forma, a validade formal dos contratos, em geral, há de ser aferida com base na lei vigente ao tempo em que foram elaborados.

No que concerne ao direito dos servidores públicos, é pacífica a orientação doutrinária e jurisprudencial no sentido de que não se pode invocar direito adquirido para reivindicar a continuidade de um modelo jurídico referente ao sistema de remuneração, férias, licenças ou enquadramento ou outro qualquer benefício, exatamente por não se poder invocar direito adquirido a um dado estatuto jurídico.

IV. O *caráter institucional* do direito de propriedade e, por conseguinte, o *conteúdo normativo* de seu âmbito de proteção permitem e legitimam a alteração do regime jurídico da propriedade, a despeito dos possíveis reflexos sobre as posições jurídicas individuais. Embora essas disposições de *conteúdo conformativo-restritivo* possam provocar uma diminuição ou redução no patrimônio do titular do direito, não há como afastá-las com invocação de direito adquirido. Até aí, nada de singular em relação à classe de direitos fundamentais com âmbito de proteção marcado pelo direito: as alterações do direito ordinário "determinam simultaneamente o conteúdo e o limite, isto é, podem definir ao mesmo tempo o âmbito de proteção e constituir ingerências"[2].

A discussão há de fazer-se tendo em vista a própria e devida proteção ao direito de propriedade. O legislador não está impedido de *redefinir* o conteúdo do direito de propriedade, emprestando-lhe nova conformação. Esse poder de conformação é limitado pela garantia institucional do direito de propriedade e pelo princípio da garantia do núcleo essencial do direito (*Wesensgehaltsgarantie*). Como bem colocado pelo Tribunal Constitucional Federal da Alemanha, na veiculação de ingerências aos direitos fundamentais por ação do legislador democrático, deve ser vista não apenas uma atribuição a um Poder do Estado, mas também um dever: cumpre ao Poder Legislativo adotar os aspectos essenciais das ingerências, sendo-lhe vedado delegar à Administração Pública esse encargo[3].

A pretexto de dar nova conformação ao direito de propriedade, não pode o legislador suprimir a *utilidade privada* do bem para o seu titular (respeito ao núcleo essencial). Por outro lado,

---

2. PIEROTH, Bodo; SCHLINK, Bernhard. *Direitos Fundamentais*. 2. ed. Trads. António Francisco de Sousa e António Franco. São Paulo: Saraiva, 2019, p. 439.
3. GRZERZICK, Bernd. "Art. 20 Abs. 3 GG". In: MAUNZ, Theodor; DÜRIG, Günter (orgs.). *Grundgesetz Kommentar*. v. III (art. 17-28). Munique: C. H. Beck, 2022, especialmente Rn. 107.

com o propósito de disciplinar a forma de existência ou exercício do direito de propriedade, não pode o legislador tornar impossível a aquisição ou o exercício desse direito.

V. Costuma-se distinguir três graus de retroatividade da lei. Em primeiro lugar, a *retroatividade máxima* seria aquela em que a lei nova atinge a coisa julgada e os fatos já consumados. Em segundo plano, a *retroatividade média* ocorre quando a lei ataca os efeitos pendentes de atos jurídicos consolidados antes dela. Enfim, a *retroatividade mínima* (mitigada ou temperada) seria aquela em que a lei nova respeita os efeitos jurídicos já produzidos antes de seu advento e, dessa forma, atinge apenas os efeitos de atos anteriores verificados após a data de sua vigência.

O Supremo Tribunal Federal tem entendido que as leis que afetam os efeitos futuros de contratos celebrados anteriormente são retroativas (retroatividade mínima), afetando a causa, que é um fato ocorrido no passado. No RE 188.366, relator o Ministro Moreira Alves, restou assente a orientação segundo a qual, "em nosso sistema jurídico, a regra de que a lei nova não prejudicará o direito adquirido, o ato jurídico perfeito e a coisa julgada, por estar inserida no texto da Carta Magna (art. 5º, XXXVI), tem caráter constitucional, impedindo, portanto, que a legislação infraconstitucional, ainda quando de ordem pública, retroaja para alcançar o direito adquirido, o ato jurídico perfeito ou a coisa julgada, ou que o juiz a aplique retroativamente. E a retroação ocorre ainda quando se pretende aplicar de imediato a lei nova para alcançar os efeitos futuros de fatos passados que se consubstanciem em qualquer das referidas limitações, pois ainda nesse caso há retroatividade – a retroatividade mínima – uma vez que se a causa do efeito é o direito adquirido, a coisa julgada, ou o ato jurídico perfeito, modificando-se seus efeitos por força da lei nova, altera-se essa causa que constitucionalmente é infensa a tal alteração".

Orientação semelhante foi adotada no RE 205.999, também da relatoria de Moreira Alves, no sentido de que a modificação dos efeitos futuros de ato jurídico perfeito caracteriza a hipótese de retroatividade mínima que também é alcançada pelo disposto no art. 5º, XXXVI, da Carta Magna.

Outro caso relevante nesse contexto é o precedente firmado na ADI 1.931 (cautelar), em que o Tribunal entendeu que a retroatividade determinada por preceitos da Lei n. 9.656/98 – que dispõe sobre os planos e seguros privados de assistência à saúde – faz incidir regras da legislação nova sobre cláusulas contratuais preexistentes, firmadas sob a égide do regime legal anterior, que afrontam o direito consolidado das partes, de tal modo que violam o princípio consagrado no inciso XXXVI do art. 5º da CF e põem-se em contraste com a jurisprudência da Corte. O Tribunal concluiu, portanto, que a lei atingira os efeitos futuros dos contratos celebrados entre as empresas operadoras dos planos de saúde e os consumidores, o que se revelava contrário ao princípio do direito adquirido.

Talvez, até agora, a única hipótese, na jurisprudência do STF, de repercussão imediata da lei nova sobre os contratos de execução diga respeito às leis monetárias, ou seja, às leis que alterem radicalmente o sistema monetário.

Assim, merece consideração especial a definição dos parâmetros de proteção institucional conferida pela garantia do direito adquirido nas hipóteses em que as normas jurídicas que alteram o padrão monetário produzam consequências também no âmbito dos contratos celebrados antes de sua vigência. Localizam-se, na jurisprudência do Supremo Tribunal Federal, precedentes que demonstram o deslocamento da discussão dos efeitos de legislação monetária sobre contratos em curso da tese do ato jurídico perfeito para a tese da retroatividade mínima. Nesse particular, merece ser registrado o RE 114.982, no qual o Tribunal deixou assentado o entendimento segundo o qual "as normas que alteram o padrão monetário e estabelecem os critérios para a conversão dos valores em face dessa alteração se aplicam de imediato, alcançando os contratos em curso de execução, uma vez que elas tratam de regime legal de moeda, não se lhes aplicando, por incabíveis, as limitações do direito adquirido e do ato jurídico perfeito". Os precedentes invocados nesse julgado são referentes à previdência privada, discutindo-se se o benefício contratado segundo a variação do salário mínimo deveria respeitar nova escala de reajuste estabelecida pela lei de alteração do padrão monetário, ou seja, se haveria direito adquirido à variação contratada originalmente. A jurisprudência do Tribunal deu sinais inequívocos, especificamente nesta matéria, no sentido de reconhecer os efeitos futuros da lei monetária sobre os contratos celebrados anteriormente à sua vigência (retroatividade mínima), afastando a proteção do direito adquirido[4].

Até então, colocou-se como ponto central da reflexão a discussão acerca da retroatividade (em seus diversos graus) ou irretroatividade das leis em relação a contratos ainda em curso celebrados antes de sua vigência.

Assim sendo, a discussão sobre retroatividade (ou não) da lei monetária, e mesmo a proteção do direito adquirido diante de leis monetárias, pressupõem considerar-se as situações sob o prisma da proteção das próprias posições jusfundamentais afetadas: de um lado, a proteção do direito adquirido ou de outra situação jurídica; e, de outro lado, a implementação de política monetária e os valores por ela representados.

Diante da inevitável pergunta sobre a forma adequada de proteção dessas pretensões, tem-se como resposta indicativa que a proteção a ser oferecida há de vir do próprio direito destinado a proteger a posição afetada. Assim, se se trata de direito de propriedade ou de outro direito real, há de se invocar a proteção ao direito de propriedade estabelecida no texto constitucional. Se se tratar de proteção à política monetária ou de outro direito de perfil marcadamente institucional, também há de se invocar a própria garantia eventualmente afetada e não o princípio do direito adquirido. Sob esse prisma, desloca-se a reflexão de uma perspectiva situada puramente no direito privado para uma lógica calcada na perspectiva constitucional de Direitos Fundamentais.

Esse entendimento foi acolhido pelo Supremo Tribunal Federal no julgamento do RE 141.190 relativamente à controvérsia sobre a aplicação do fator de deflação (Tablita) aos contratos anteriores com valor de resgate prefixado[5]. A discussão pontuada no citado precedente versa sobre política monetária e opções do Governo Federal pelo congelamento de preços e salários como política pública para conter a inflação. Tinha-se a consciência, entretanto, principalmente no contexto de um Estado Constitucional, que a aplicação desse entendimento sem maiores cautelas poderia provocar sérios prejuízos aos particulares, com manifes-

---

4. Cf. RREE 105.137, 106.132, 116.063 e 110.321.
5. RREE 136.901 e 141.190, rel. p/ o acórdão Min. Nelson Jobim.

to desrespeito ao princípio da equidade e, hoje diríamos, ao princípio da proporcionalidade, que baliza toda a concretização dos direitos fundamentais.

O reconhecimento de que a política monetária de um país merece proteção institucional, equiparando-se tal proteção àquela que, no plano objetivo, sempre mereceu o "estatuto do contrato", é algo que revela o deslocamento da perspectiva puramente subjetiva para a fórmula objetiva dos direitos fundamentais. A perspectiva objetiva e institucional dos direitos fundamentais exige que se pondere, em cada situação concreta apresentada, os direitos fundamentais envolvidos, com a finalidade de que se extraia desses próprios direitos os elementos de sua máxima garantia e eficácia.

Embora não se possa negar que a garantia constitucional do direito de propriedade transcende os lindes dos direitos reais e abarca, genericamente, outros valores patrimoniais, inclusive depósitos bancários, deve-se admitir, coerentemente, que também a propriedade desses diversos bens e valores esteja submetida ao poder de conformação do legislador, que poderá, eventualmente, ampliar o âmbito de proteção ou optar pela imposição de restrições a esse direito, sempre com observância do princípio da proporcionalidade.

Diante da mudança de ambiência econômica – tal como ocorre no caso de mudança de padrão monetário – a discussão não se pode pautar no direito adquirido. No máximo, é possível discutir se há prejuízos reais quanto ao direito fundamental material envolvido (no caso os valores patrimoniais/propriedade), o que recomenda, para tais situações, normas de transição claras.

VI. Controvérsia relevante diz respeito a eventual direito adquirido à interposição de recurso judicial. Questiona-se qual seria a lei apta a reger o recurso contra decisão judicial: a lei do tempo da decisão ou a do tempo de sua publicação.

O Supremo Tribunal Federal tem entendido que a admissibilidade e a legitimação para o recurso regem-se pela lei do tempo da decisão recorrida[6] e os efeitos do recurso, pela lei vigente no dia da interposição[7].

Indagação importante diz respeito à situação na qual o julgamento é anterior e a publicação posterior ao início de vigência da lei nova que suprime o recurso.

Na ADI 1.591 discutiu-se se ainda seriam cabíveis os embargos infringentes contra decisão proferida em ação direta de inconstitucionalidade, suprimidos pela Lei n. 9.868/99. No caso, embora a decisão tenha sido proferida antes do advento da referida lei, a decisão somente foi publicada após a sua entrada em vigor. O Tribunal, tendo em conta que, ao tempo do julgamento da ação, a decisão – considerados os votos vencidos – era suscetível de embargos infringentes, rejeitou a preliminar e conheceu dos embargos.

Assim, também o aludido precedente referenda a orientação segundo a qual há um direito subjetivo ao recurso com base na lei vigente na data da decisão judicial. Parece, igualmente, traduzir a melhor doutrina orientação segundo a qual o prazo para recorrer ou impugnar uma decisão judicial será aquele previsto em lei vigente na data da prolação do *veredictum*[8].

VII. O estudo da doutrina do direito adquirido é também o estudo de suas limitações para atender às diversas demandas concernentes à proteção das situações jurídicas constituídas ou em via de consolidação.

Como se deduz das considerações desenvolvidas acima, a doutrina do direito adquirido não preserva as posições pessoais contra as alterações estatutárias, as revisões ou até mesmo a supressão de institutos jurídicos.

Diante da inevitável pergunta sobre a forma adequada de proteção dessas pretensões, tem-se como resposta indicativa que a proteção a ser oferecida há de vir do próprio direito destinado a resguardar a posição afetada.

Assim, se se trata de direito de propriedade ou de outro direito real, há de se invocar a proteção ao direito de propriedade estabelecida no texto constitucional. Se se trata de liberdade de associação ou de outro direito de perfil marcadamente institucional, também há de se invocar a própria garantia eventualmente afetada e não o princípio do direito adquirido.

É bem verdade que, em face da insuficiência do princípio do direito adquirido para proteger tais situações, a própria ordem constitucional tem se valido de uma ideia menos precisa e, por isso mesmo, mais abrangente, que é o princípio da segurança jurídica na qualidade de postulado do Estado de Direito.

A revisão radical de determinados modelos jurídicos ou a adoção de novos sistemas ou modelos suscitam indagações relevantes no contexto da segurança jurídica.

A ideia de segurança jurídica torna imperativa a adoção de cláusulas de transição nos casos de mudança radical de um dado instituto ou estatuto jurídico.

Daí por que se considera, em muitos sistemas jurídicos, que, em casos de mudança de regime jurídico, a não adoção de cláusulas de transição poderá configurar omissão legislativa inconstitucional grave.

Assim, ainda que se não possa invocar a ideia de direito adquirido para a proteção das chamadas situações estatutárias ou que se não possa reivindicar direito adquirido a um instituto jurídico, não pode o legislador ou o Poder Público em geral, sem ferir o princípio da segurança jurídica, fazer *tabula rasa* das situações jurídicas consolidadas ao longo do tempo.

Situações ou posições consolidadas podem assentar-se até mesmo em um quadro inicial de ilicitude.

Nesse contexto, assume relevância o debate sobre a anulação de atos administrativos, em decorrência de sua eventual ilicitude.

---

6. RREE 78.057 e 85.815.
7. RE 82.902.
8. Importa informar que o Enunciado Administrativo n. 2 (de 9 de março de 2016) do Superior Tribunal de Justiça firmou o entendimento que a data da publicação da decisão (e não o da sua prolação) é o marco relevante para se fixar o regime recursal aplicável. Assim, as decisões publicadas até 17 de março de 2016 devem continuar sob a regência do Código de Processo Civil de 1973. Em observância a esse cânone, que prestigia a *publicação* do *decisum*, o STJ aponta que "É devido o pagamento de honorários advocatícios recursais quando o acórdão recorrido for publicado na vigência do CPC/2015, mesmo que a sentença tenha sido proferida sob a égide do CPC/1973" (EAREsp 1.402.331-PE, Rel. Min. Mauro Campbell Marques, Primeira Seção, por unanimidade, j. 09-09-2020, *Dje* de 15-09-2020).

Igualmente relevante se afigura a controvérsia sobre a legitimidade ou não da revogação de certos atos da Administração após decorrido determinado prazo.

Em geral, associam-se aqui elementos de variada ordem ligados à boa-fé da pessoa afetada pela medida, a confiança depositada na inalterabilidade da situação e o decurso de tempo razoável.

Em verdade, a segurança jurídica, como subprincípio do Estado de Direito, assume valor ímpar no sistema jurídico, cabendo-lhe papel diferenciado na realização da própria noção de justiça material.

Numa linha de concretização parcial dessa ideia, a Lei n. 9.784/99, que regula o processo administrativo no âmbito da Administração Pública Federal, estabelece em seu art. 54 o prazo decadencial de cinco anos, contados da data em que foram praticados os atos administrativos, para que a Administração possa anulá-los. Em decisão de 27 de maio de 2004[9], o Supremo Tribunal Federal considerou que não poderia mais ser revista, com fundamento na ilegalidade da admissão, a contratação de empregados pela Infraero ocorrida em 1991 e 1992, tendo em vista o tempo decorrido (mais de 10 anos) e a presunção de legitimidade do ato de admissão à época de sua edição – controvérsia sobre necessidade ou não de concurso público para admissão nas empresas públicas e sociedades de economia mista (CF, art. 37, II, c/c o art. 173, § 1º).

Decisões reiteradas do Supremo Tribunal têm rejeitado a possibilidade de revogação ou anulação de atos administrativos sem a observância do direito ao contraditório e à ampla defesa, ou em razão de decurso de tempo razoável, e têm proclamado a subsistência de atos concretos a despeito da declaração de inconstitucionalidade de lei que lhes dava base legal[10].

VIII. Questão interessante diz respeito à revisão da coisa julgada e do ato jurídico perfeito fundados em lei posteriormente declarada inconstitucional.

No Brasil, jamais se aceitou a concepção de que a nulidade da lei importaria na eventual nulidade de todos os atos que com base nela viessem a ser praticados. Embora a ordem jurídica brasileira não disponha de preceitos semelhantes aos constantes do § 79 da Lei do *Bundesverfassungsgericht*, que prescreve a intangibilidade dos atos não mais suscetíveis de impugnação, não se deve supor que a declaração de nulidade afeta todos os atos praticados com fundamento na lei inconstitucional. É verdade que o nosso ordenamento não contém regra expressa sobre o assunto, aceitando-se, genericamente, a ideia de que o ato fundado em lei inconstitucional está eivado, igualmente, de iliceidade. Concede-se, porém, proteção ao ato singular, em homenagem ao princípio da segurança jurídica, procedendo-se à diferenciação entre o efeito da decisão no *plano normativo* (*Normebene*) e no *plano do ato singular* (*Einzelaktebene*) mediante a utilização das chamadas *fórmulas de preclusão*[11].

Assim, os atos praticados com base na lei inconstitucional que não mais se afigurem suscetíveis de revisão não são afetados pela declaração de inconstitucionalidade. Vislumbra-se uma outra exceção expressa a esse entendimento na sentença condenatória penal, uma vez que aqui inexiste prazo, fixado pela legislação ordinária, para a propositura da revisão. Nos termos do art. 621 do Código de Processo Penal, a revisão pode ser proposta a qualquer tempo se a sentença condenatória for contrária a texto expresso da lei penal. Esse fundamento abrange, inequivocamente, a sentença penal condenatória proferida com base na lei inconstitucional.

Essa constatação mostra também que a preservação dos efeitos dos atos praticados com base na lei inconstitucional passa por uma decisão do legislador ordinário. É ele quem define, em última instância, a existência e os limites das fórmulas de preclusão, fixando *ipso jure* os limites da própria ideia de retroatividade contemplada no princípio da nulidade.

Fica evidente, assim, que a jurisprudência do Supremo Tribunal Federal procede à diferenciação entre o plano da norma (*Normebene*) e o plano do ato concreto (*Einzelaktebene*) também para excluir a possibilidade de anulação deste em virtude da inconstitucionalidade do ato normativo que lhe dá respaldo. Essa lógica animou a solução adotada pela Segunda Turma do Supremo Tribunal Federal, quando enfrentou, na Reclamação 44.776/PR, a seguinte questão de fundo: declaração de inconstitucionalidade que recaiu sobre dispositivo de legislação estadual que previa o pagamento de pensão a dependentes de ex-governador (na ADI 4.545) obriga que a Administração imediatamente promova a cassação dos benefícios previdenciários? Os autos davam conta de situações concretas como a de uma viúva de 94 anos de idade, que há 45 anos percebia pensão cuja concessão teve por fundamento habilitante (dentre outros), o dispositivo declarado inconstitucional. Assim, mediante uma diferenciação entre a declaração de inconstitucionalidade no plano da norma e no plano do ato concreto, o acórdão proferido na Reclamação 44.776/PR manteve as pensões, dado o peso normativo específico que o princípio da confiança legítima assumiu no contexto específico[12].

Admite-se que uma das causas que pode dar ensejo à instauração da ação rescisória no âmbito do processo civil – manifesta violação de norma jurídica (art. 966, V, do CPC/2015) – contempla, também, a inconstitucionalidade de uma lei na qual se fundou o juiz para proferir a decisão transitada em julgado. Todavia, a rescisão de sentença proferida com base em uma lei considerada inconstitucional somente pode ser instaurada dentro do prazo de dois anos a contar do trânsito em julgado da última decisão proferida no processo (CPC/2015, art. 975).

Inicialmente, a impugnação de sentença transitada em julgado, no sistema brasileiro, somente haveria de se verificar por via de ação rescisória. Em julgado de 13 de setembro de 1968, explicitou-se essa orientação: "A suspensão da vigência da lei por inconstitucionalidade torna sem efeito todos os atos praticados sob o império da lei inconstitucional. Contudo, a nulidade da decisão judicial transitada em julgado só pode ser declarada por via de ação rescisória, sendo impróprio o mandado de segurança (...)"[13].

Esse entendimento foi reiterado posteriormente, enfatizando-se que a execução judicial de uma decisão transitada em julgado não pode ser obstada com a oposição de embargos, uma vez

---

9. MS 22.357.
10. MS 24.927 e 24.268, RMS 24.699, RE-EDcl 351.489, RE 452.721.
11. IPSEN, Jörn. *Rechtsfolgen der Verfassungswidrigkeit von Normen und Einzelakt*. Baden-Baden: Nomos, 1980, p. 174 e ss.
12. AgR na Rcl 44.776/PR, Rel. para o acórdão Min. Gilmar Mendes, 2ª Turma, Sessão de 31-03-2023.
13. RMS 17.076, Rel. Min. Amaral Santos, *RTJ* 55/744.

que a nulidade dessa decisão deve ser aferida do âmbito da ação rescisória[14]. Em acórdão mais recente, ressaltou-se que "a execução (...) está amparada no respeito à coisa julgada, que se impõe ao Juízo executante, e que impede que, sobre ela (e até que venha a ser regularmente desconstituída a sentença que lhe deu margem), tenha eficácia o acórdão posterior desta Corte"[15].

A Medida Provisória n. 2.180-35, de 24 de agosto de 2001, introduziu regra segundo a qual, para os fins de execução judicial, "considera-se inexigível o título judicial fundado em lei ou ato normativo declarados inconstitucionais pelo Supremo Tribunal Federal ou em aplicação ou interpretação tidas por incompatíveis com a Constituição Federal" (arts. 741, parágrafo único, do CPC/1973 e 884, § 5º, da CLT). Com o advento do Novo CPC, o dispositivo foi praticamente duplicado no art. 525, § 12 do novo diploma processual.

Assim sendo, ressalvada a hipótese de uma declaração de inconstitucionalidade com limitação de efeitos (art. 27 da Lei n. 9.868/99), a declaração de nulidade (com eficácia *ex tunc*) em relação a sentenças já transitadas em julgado poderá ser invocada, eficazmente, tanto em ação rescisória como nos embargos à execução.

Às vezes, invoca-se diretamente fundamento de segurança jurídica para impedir a repercussão da decisão de inconstitucionalidade sobre as situações jurídicas concretas.

Nessa linha tem-se asseverado a legitimidade dos atos praticados por oficiais de justiça investidos na função pública por força de lei posteriormente declarada inconstitucional. No RE 79.620, da relatoria de Aliomar Baleeiro, declarou-se ser "válida a penhora feita por agentes do Executivo, sob as ordens dos juízes, nos termos da lei estadual de São Paulo s/n., de 3.12.71, mormente se nenhum prejuízo disso adveio para o executado"[16]. Orientação semelhante foi firmada no RE 78.594, da relatoria de Bilac Pinto, assentando-se que, "apesar de proclamada a ilegalidade da investidura do funcionário público na função de oficial de justiça, em razão da declaração de inconstitucionalidade da lei estadual que autorizou tal designação, o ato por ele praticado é válido"[17].

Em outros termos, razões de segurança jurídica podem obstar à revisão do ato praticado com base na lei declarada inconstitucional.

3. Jurisprudência

ADI 493, Rel. Min. Moreira Alves, *RTJ* 143 (2)/724. RE 226.855, Rel. Min. Moreira Alves, *DJ* 13-10-2000. RE 188.366, Rel. Moreira Alves, *DJ* de 19-11-1999. RE 205.999, Rel. Moreira Alves, *DJ* de 3-3-2000. ADI 3.105/DF, Rel. Cezar Peluso, *RTJ* 193 (1)/177. ADI-MC 1.931/DF, Rel. Maurício Corrêa, *DJ* de 28-5-2004. RE 136.901/SP, Rel. p/ o acórdão Nelson Jobim, *DJ* de 2-2-2006. RE 141.190/SP, Rel. p/ o acórdão Nelson Jobim, *DJ* de 26-5-2006. RE 114.982, Rel. Moreira Alves, *DJ* de 1º-3-1991. RE 105.137/RS, Rel. Cordeiro Guerra, *DJ* de 27-9-1985. RE 106.132/RS, Rel. Cordeiro Guerra, *DJ* de 13-2-1985. RE 116.063/RS, Rel. Célio Borja, *DJ* de 10-6-1988. RE 110.321/RS, Rel. Célio Borja, *DJ* de 28-11-1986. RE 78.057, Rel. Luiz Gallotti, *RTJ* 68/879. RE 85.815, Rel. Bilac Pinto, *RTJ* 81/26. ADI 1.591, Rel. Sepúlveda Pertence, *DJ* de 12-9-2003. RE 82.902, Rel. Cunha Peixoto, *RTJ* 78/274. RE-AgRg 269.407, Rel. Carlos Velloso, *DJ* de 2-8-2002. RE 243.415, Rel. Sepúlveda Pertence, *DJ* de 11-2-2000. RE-AgRg 394.661, Rel. Carlos Velloso, *DJ* de 14-10-2005. RE-AgRg 191.476, Rel. Sepúlveda Pertence, *DJ* de 30-6-2006. RE 226.462, Rel. Sepúlveda Pertence, *DJ* de 25-5-2001. MS 24.875, Rel. Sepúlveda Pertence, *DJ* de 6-10-2006. RE 298.695/SP, Rel. Sepúlveda Pertence, *DJ* de 24-10-2003. RE 416.827, Rel. Gilmar Mendes, *DJ* de 25-10-2007. RE 212.780, Rel. Ilmar Galvão, *DJ* de 25-6-1999. RE 85.002/SP, Rel. Moreira Alves, *RTJ* 79/1016. ADI 2.349/ES, Rel. Eros Grau, *DJ* de 31-8-2005. RE 392.559, Rel. Gilmar Mendes. RE-AgRg 367.314/SC, Rel. Sepúlveda Pertence, *DJ* de 14-5-2004. RE 352.322/SC, Rel. Ellen Gracie, *DJ* de 19-9-2003. AI-AgRg 159.292/SP, Rel. Carlos Velloso, *DJ* de 13-6-1997. HC 77.592/SP, Rel. Ilmar Galvão, *DJ* de 3-11-1998. AI 159.587/SC, Rel. Sepúlveda Pertence, *DJ* de 8-5-1998. ADI 248/RJ, Rel. Celso de Mello, *DJ* de 8-4-1994. RE 184.099/DF, Rel. Octavio Gallotti, *RTJ* 165/327. RE 167.887/SP, Rel. Octavio Gallotti, *DJ* de 18-8-2000. ADI 605, Rel. Celso de Mello, *RTJ* 145/463. RMS 21.789/DF, Rel. Sydney Sanches, *DJ* de 31-5-1996. RE 183.700/PR, Rel. Ilmar Galvão, *DJ* de 6-12-1996. RE 193.952/ES, Rel. Ilmar Galvão, *DJ* de 19-9-1997. RE 226.749/PE, Rel. Ellen Gracie, *DJ* de 2-8-2002. RE 212.780, Rel. Ilmar Galvão, *DJ* de 25-6-1999. ADI 2.306/DF, Rel. Ellen Gracie, *DJ* de 31-10-2002. MS 24.784/PB, Rel. Carlos Velloso, *DJ* de 25-6-2004. RE 202.584, Rel. Moreira Alves, *DJ* de 14-11-1996. RE 209.519/SC, Rel. Celso de Mello, *DJ* de 29-8-1997. RE 418.918, Rel. Ellen Gracie, *DJ* de 1º-7-2005. AC 272-MC, voto da Ministra Ellen Gracie, *DJ* de 25-2-2005. RE 224.659, Rel. Sepúlveda Pertence, *DJ* de 8-5-1998. RE 136.753, Rel. Carlos Velloso, *DJ* de 25-4-1997. MS 23.299/SP, Rel. Sepúlveda Pertence, *DJ* de 12-4-2002. ADI-MC 2.214/MS, Rel. Maurício Corrêa, *DJ* de 19-4-2002. ADI-MC 1.715/DF, Rel. Maurício Corrêa, *DJ* de 30-4-2004. RMS 22.111/DF, Rel. Sydney Sanches, *DJ* de 14-11-1996. SS-AgRg 775/SP, Rel. Sepúlveda Pertence, *DJ* de 23-2-1996. ADI-MC 1.236/DF, Rel. Ilmar Galvão, *DJ* de 26-4-1996. ADI 608/DF, Rel. Cármen Lúcia, *DJ* de 17.8.2007. HC 80.560, Rel. Sepúlveda Pertence, *RTJ* 179 (2)/755. Inq. 1.538, Rel. Sepúlveda Pertence, *RTJ* 178 (3)/1090. Inq. 2.044-QO, Rel. Sepúlveda Pertence, *DJ* de 28-10-2004. HC 75.907, Rel. Sepúlveda Pertence, *DJ* de 9-4-1999. HC 80.263, Rel. Ilmar Galvão, *RTJ* 186 (3)/1040. HC 83.346, Rel. Sepúlveda Pertence, *DJ* de 19-8-2005. MS 25.460, Rel. Carlos Velloso, *DJ* de 10-2-2006. ADI 1.459/DF, Rel. Sydney Sanches, *DJ* de 7-5-1999. RE 144.996/SP, Rel. Moreira Alves, *RTJ* 164/1056. Rcl 2.154/SP, Rel. Celso de Mello, *DJ* de 9-11-2001. Rcl 365/MG, Rel. Moreira Alves, *DJ* de 7-5-1992. RE 429.171/RS, Rel. Carlos Britto, *DJ* de 11-2-2005. RE-AgRg 189.787/SP, *DJ* de 4-4-1997. MS 22.357, Rel. Gilmar Mendes, *DJ* de 5-11-2004. MS 24.927/RO, Rel. Cezar Peluso, *DJ* de 25-8-2006. MS 24.268/MG, Rel. Gilmar Mendes, *DJ* de 17-9-2004. RMS 24.699/DF, Rel. Eros Grau, *DJ* de 1º-7-2005. RE-EDcl/PR, 351.489, Rel. Gilmar Mendes, *DJ* de 9-6-2006. RE 452.721, Rel. Gilmar Mendes, *DJ* de 3-2-2006; RMS 17.076, Rel. Min. Amaral Santos, *RTJ* 55:744; RE 86.056, Rel. Min. Rodrigues Alckmin, *DJ*, 1º-7-1977; Rcl 148, Rel. Min. Moreira Alves, *RTJ* 109:463; RE 79.620, Rel. Min. Aliomar Baleeiro, *DJ*, 13-12-1974;

---

14. RE 86.056, rel. Min. Rodrigues Alckmin, *DJ* de 1º-7-1977.
15. Rcl 148, rel. Min. Moreira Alves, *RTJ* 109/463.
16. *DJ* de 13-12-1974. Cf., também, RE 78.809, rel. Min. Aliomar Baleeiro, *DJ* de 11-10-1974.
17. *DJ* de 4-11-1974.

RE 78.809, Rel. Min. Aliomar Baleeiro, *DJ*, 11-10-1974; RE 78.594, Rel. Min. Bilac Pinto, *DJ* 4.11.1974.

4. Referências bibliográficas

DEGENHART, Christoph. *Staatsrecht I*, 21. ed. Heidelberg, 2005.

FRANÇA, Rubens Limongi. *A irretroatividade da lei e o direito adquirido*. 6. ed. São Paulo: Saraiva, 2000.

GABBA, Carlo Francesco. *Teoria della retroattività delle leggi*. Torino, 1897.

HESSE, Konrad. *Grundzüge des Verfassungsrechts*. Heidelberg, 1988.

MACHADO, João Baptista. *Introdução ao direito e ao discurso legitimador*. 12. reimpr., Coimbra, 2000.

MAXIMILIANO, Carlos. *Direito intertemporal ou teoria da retroatividade das leis*. 2. ed. Rio de Janeiro: Freitas Bastos, 1955.

MELLO, Oswaldo Aranha Bandeira de. *Princípios gerais de direito administrativo*, 2. ed. Rio de Janeiro: Forense, 1979.

PIEROTH, Bodo; SCHLINK, Bernhard. *Grudrechte – Staatsrecht*. 4. ed. Heidelberg, 1988.

PONTES DE MIRANDA, F. C. *Comentários à Constituição de 1967, com a Emenda n. 1, de 1969*. 2. ed., 2. tir. São Paulo: Revista dos Tribunais, 1974.

PORCHAT, Reynaldo. *Curso elementar de direito romano*. 2. ed. São Paulo: Melhoramentos, 1937.

REALE, Miguel. *Revogação e anulamento do ato administrativo*. 2. ed. Rio de Janeiro: Forense, 1980.

ROUBIER, Paul. *Le droit transitoire*. 2. ed. Paris: Dalloz et Sirey, 1960.

SAVIGNY, M. F. C. *Traité de droit romain*. Paris, 1860.

SILVA, Almiro do Couto. Os princípios da legalidade da administração pública e da segurança jurídica no Estado de Direito contemporâneo. *Revista da Procuradoria-Geral do Estado do Rio Grande do Sul*, Porto Alegre, v. 18, n. 46, 1988.

SILVA, José Afonso da. *Curso de direito constitucional positivo*. 26. ed. São Paulo: Malheiros, 2006.

Art. 5º, XXXVII – não haverá juízo ou tribunal de exceção;

Jacinto Coutinho

- *Vide* comentários ao art. 5º, LIII.

Art. 5º, XXXVIII – é reconhecida a instituição do júri, com a organização que lhe der a lei, assegurados:

a) a plenitude de defesa;

b) o sigilo das votações;

c) a soberania dos veredictos;

d) a competência para o julgamento dos crimes dolosos contra a vida;

Lenio Luiz Streck

TRIBUNAL DO JÚRI[1]

1. Histórico da norma

Texto original da CF/88.

2. Constituições anteriores

Arts. 151-152, Constituição de 1824; art. 72, § 31, Constituição de 1891; art. 72, Constituição de 1934; art. 141, § 28, Constituição de 1946; art. 150, § 18, Constituição de 1967.

3. Dispositivos constitucionais relacionados

Arts. 5º, XXXVII, LIII, LIV, LV; 60, § 4º, IV; 93, IX, CF/1988.

4. Constituições estrangeiras

Art. 3º, seção II, item 3, Emenda VI e Emenda VII da Constituição norte-americana; art. 207, item 1, da Constituição portuguesa; art. 125 da Constituição espanhola; arts. 24 e 75, item 12, e 115 da Constituição argentina. As Constituições alemã, italiana e francesa não dispõem de previsão sobre a instituição do tribunal do júri.

5. Legislação

Arts. 406-497, Lei n. 3.689/41 (Código de Processo Penal); art. 9º, parágrafo único, do Decreto-lei n. 1.001/69 (Código Penal Militar).

6. Jurisprudência do STF

Súmula Vinculante 45 (a competência constitucional do tribunal do júri prevalece sobre o foro por prerrogativa de função estabelecido exclusivamente pela Constituição Estadual); Súmula 156 (nulidade absoluta por falta de quesito obrigatório); Súmula 162 (nulidade absoluta em face de desobediência da determinação legal de precedência dos quesitos da defesa em relação aos das circunstâncias agravantes); Súmula 713 (efeito devolutivo da apelação é adstrito aos fundamentos da sua interposição); Súmula 721 (competência constitucional do tribunal do júri prevalece sobre foro por prerrogativa de função estabelecido por Constituição estadual); HC 350.895 (anulação de julgamento proferido pelo Tribunal do Júri que absolve o acusado, apesar de reconhecer a autoria e a materialidade, desde que o faça a partir de fundamentação idônea); HC n. 232.236/SP (é obrigatória quesitação referente à tentativa, antes da pergunta sobre a eventual absolvição do réu, a teor do art. 483, § 5º, do Código de Processo Penal); as hipóteses de desaforamento previstas no art. 424 do C. P. Penal não são incompatíveis com a Constituição anterior nem com a atual (de 1988); não ensejam, tampouco, a formação de um

---

1. Colaborou na pesquisa André Karan Trindade, mestre em Direito pela Unisinos-RS e doutor em Direito pela Universidade Roma Tre.

Tribunal de exceção (HC 67.851); RE-AgR 140.975 (a publicidade das decisões não se mostra incompatível com a garantia constitucional do sigilo *das* votações, cuja leitura democrática exige a distinção com o sigilo *nas* votações); HC 85.904 (não cabe à justiça togada, em sede de apelação, acolher ou rejeitar as teses acusatória ou defensiva, cuja apreciação é reservada à competência do tribunal do júri); HC 87.614 (impossibilidade de absolvição do agente e imposição de medida de segurança, em sede de recurso em sentido estrito, nos casos cuja competência para julgamento são de competência do tribunal do júri); HC 85.837 e HC 89.833 (necessidade de restrição do exame probatório quando da sentença de pronúncia, em face da soberania dos veredictos); RE 122.706, HC 71.893, HC 84.690, HC 85.609 e HC 91.003 (restrição do efeito devolutivo da apelação do mérito das decisões do conselho de sentença baseia-se na soberania dos veredictos, não se estendendo, porém, à justiça militar); HC 69.552 e RE 115.202 (apreciação das descriminantes da legítima defesa e do estado de necessidade é de competência exclusiva do tribunal do júri, embora a decisão do conselho de sentença deva se vincular à tese acusatória ou defensiva e não possa ser manifestamente contrária à prova dos autos); HC 73.686 e HC 68.658 (soberania dos veredictos não confere ao conselho de sentença um poder incontrastável e ilimitado, na medida em que suas decisões também se submetem ao controle recursal dos tribunais, aos quais compete se pronunciar sobre a regularidade dos julgamentos); HC 69.325, HC 70.581, HC 71.654 e HC 78.168 (apenas os casos previstos na Constituição de foro especial por prerrogativa de função nos crimes comuns e de responsabilidade podem afastar competência do tribunal do júri; RE 351.487 (compete ao tribunal do júri da Justiça Federal o julgamento do crime de genocídio e dos homicídios dolosos que constituíram modalidade de sua execução); HC 73.235 (foro especial em face da prerrogativa de função de um dos réus acusados pela prática de crime contra a vida não alcança aos demais coautores, cujo julgamento deve ocorrer pelo tribunal do júri); é constitucional o julgamento dos crimes dolosos contra a vida de militar em serviço pela justiça castrense, sem a submissão destes crimes ao tribunal do júri (HC 91.003); e do TJRS, a ApCr 70012195111 e o RSE 70015840002 (não recepção constitucional da figura do assistente de acusação).

7. Seleção de literatura

LYRA, Roberto. *O júri sob todos os aspectos*. Rio de Janeiro: Editora Nacional de Direito, 1950; LOPES JR., Aury. *Tribunal do júri*: a problemática apelação do artigo 593, III, 'd' do CPP. Consultor Jurídico. 18 ago. 2017; MARQUES, José Frederico. *A instituição do júri*. São Paulo: Bookseller, 1997; MARREY, Adriano; FRANCO, Alberto Silva; STOCO, Rui (Coords.). *Teoria e prática do júri*. 7. ed. São Paulo: Revista dos Tribunais, 2000; OLIVEIRA, Edmundo. "O Tribunal do Júri na Administração da Justiça nos Estados Unidos". In: *Tribunal do Júri – Estudo sobre a mais democrática instituição jurídica brasileira*. São Paulo, RT, 1999; RANGEL, Paulo Castro. *Tribunal do júri. Visão linguística, histórica, social e dogmática*. Rio de Janeiro: Lumen Juris, 2007; STRECK, Lenio Luiz. *Tribunal do júri. Símbolos & rituais*. 4. ed. Porto Alegre: Livraria do Advogado, 2001; TUBENCHLAK, James. *Tribunal do júri: contradições e soluções*. 5. ed. São Paulo: Saraiva, 1997.

8. Comentários

I. Parece indubitável que a origem dos julgamentos populares esteja localizada na Grécia antiga. O julgamento de Sócrates no Tribunal de Helieia é ponto de partida e inspiração para a conformação histórica dos Tribunais populares adotados nos mais diversos países no decorrer do tempo. Também na mitologia o Tribunal aparece na trilogia Oresteia, de Ésquilo, podendo ser considerado como precursor do júri popular. Esse julgamento também pode ser considerado como a primeira forma de manifestação da autonomia do direito e a aplicação do *in dubio pro reo*, na medida em que a acusação não conseguiu maioria de votos (houve empate). O próprio Ministério Público pode ter sua origem nas Eumênides (o Corifeu representa o povo). No plano dos sistemas jurídicos, o júri teve terreno fértil para implementação na *Common Law*, em face da perspectiva sociológica da institucionalização desse direito. Com efeito, o júri popular foi introduzido na Inglaterra em 1066, pelo rei Guilherme, que convocava doze cidadãos – número nitidamente inspirado nos apóstolos de Cristo – para o julgamento de seus "pares" (esse número de jurados é mantido no júri instalado pela Coroa Inglesa nos Estados Unidos). Importa referir, de todo modo, que foi apenas com a Magna Carta que sua instituição aparece como modelo para o mundo, sobretudo para os Estados Unidos da América e para a França, que importou a fórmula inglesa de julgamento no período pós-revolucionário. Aliás, em termos legislativos, a primeira providência dos revolucionários foi a instituição do júri constitucional como forma de superar o problema da falta de quadros na magistratura e para preservar a vontade geral revolucionária.

II. No Brasil, do mesmo modo como a independência esteve alicerçada sobre os ideais da Revolução de 1789, a instituição do júri também foi fortemente influenciada pelo direito francês, embora, curiosamente, o tribunal popular, então composto por vinte e quatro cidadãos, tenha sido criado para julgar os crimes de imprensa, conforme a Lei de 18 de junho de 1822, e não para decidir casos graves, como os crimes contra a vida. Sob a égide da Constituição do Império, que refere expressamente, em seus arts. 151 e 152, a figura dos jurados, surge a Lei de 20 de setembro de 1830, que institui o júri de acusação, composto por vinte e três membros, competente para *admitir a acusação* (aqui a semelhança com o Grande Júri do sistema norte-americano), e o júri de julgação (sic), composto por doze membros (veja-se a repetição do número de *doze*), competente para julgar a acusação. Entretanto, a ampliação da competência do júri e o estabelecimento dos procedimentos sumário, de competência do juiz de paz e ordinário, de competência do conselho de jurados, tiveram lugar tão somente com o Código de Processo Criminal de 1832, inspirado, indubitavelmente, nas leis francesas, norte-americanas e inglesas. Em 1841 o júri de acusação foi extinto, passando a formação da culpa e a sentença de pronúncia (instrução criminal) para as mãos da polícia, em visível retrocesso, somente "justificado" pela conjuntura política do governo Imperial (observe-se que o Inquérito Policial somente foi criado no Brasil em 1871). Entrementes, a Lei n. 562, de 2 de julho de 1850, restringiu a competência do júri, subtraindo-lhe o julgamento dos crimes de moeda falsa, de roubo, de homicídio nos municípios de fronteira do Império, de resistência e de retirada de presos, além de bancarrota. A reforma processual de 1871 restabelece as competências subtraídas em 1850.

III. Com a proclamação da República, o júri é ampliado para a esfera federal, por meio do Decreto n. 848, de 11 de outubro de 1890, passando a ser composto por doze jurados, número que retoma a ideia original inglesa do início do primeiro milênio. Todavia, é com o advento da Constituição de 1891, na qual aparece a expressão "é mantida a instituição do júri" (art. 72, § 31), que surge um intenso debate entre Rui Barbosa, Duarte de Azevedo e Pedro Lessa, os quais sustentavam a tese de que a essência do júri deveria ser respeitada, e Carlos Maximiliano, que defendia o contrário, afirmando que eventuais alterações no núcleo político do júri não implicariam violação à Constituição. Sobre essa questão, em 7 de outubro de 1899, o Supremo Tribunal se manifestou, apontando as principais características do júri no que diz respeito à composição dos jurados e ao funcionamento do tribunal (cf. *Frederico Marques, A Instituição do Júri*, op.cit., pp. 45 e segs.). Com a promulgação da Constituição de 1934, o tribunal do júri é deslocado da esfera da cidadania para a órbita do Estado, na medida em que o dispositivo que tratava de sua instituição foi retirado do Título IV, *Dos Cidadãos Brasileiros*, Seção II, *Declaração dos Direitos*, e inserido no Título I, *Da Organização Federal*, Capítulo IV, *Do Poder Judiciário*, Seção I, *Disposições Preliminares*. Por outro lado, a Constituição de 1937 exsurge como a única na qual não consta qualquer referência ao tribunal do júri, de maneira que a regulamentação do instituto se dá pelo Decreto n. 167, de 5 de janeiro de 1938, mediante o qual lhe é retirada a soberania dos veredictos, com a possibilidade de apelação a respeito do mérito a ser julgada pelo Tribunal, sempre que houvesse "injustiça da decisão, por sua completa divergência com as provas existentes nos autos ou produzidas em plenário" (art. 92, alínea *b*). Como se pode perceber, no Estado Novo varguista o júri segue a mesma linha de enfraquecimento da jurisdição constitucional. Com a redemocratização, a Constituição de 1946 restabelece a soberania do júri: além de colocar o Tribunal Popular no Título IV, *Da Declaração de Direitos*, Capítulo II, *Dos Direitos e Garantias Individuais*, também estabeleceu sua composição sempre em número ímpar, o sigilo das votações, a plenitude da defesa do réu, bem como lhe conferiu competência específica para o julgamento dos crimes dolosos contra a vida, cujo modelo é seguido até os dias atuais. A Constituição de 1967, igualmente, manteve idêntico o dispositivo. No entanto, a Emenda Constitucional de 1969 omitiu-se em relação à soberania do júri, reabrindo a discussão, embora não tenha sido modificada a regulamentação dada à matéria pelo Código de Processo Penal, que garantia o princípio da soberania do júri, limitando a apelação, desde o Decreto n. 263, de 23 de fevereiro de 1948. De registrar a similitude de tratamento dada ao Júri nos dois períodos de maior autoritarismo: o Estado Novo e o período sob a égide do AI-5.

IV. Com a promulgação da Constituição de 1988, o tribunal do júri consolida seu *status* de direito fundamental, na medida em que passa a ser considerado uma garantia dos direitos individuais e coletivos, regida por quatro disposições básicas: *(1)* plenitude de defesa; *(2)* sigilo das votações; *(3)* soberania dos veredictos; *(4)* competência para o julgamento dos crimes dolosos contra a vida.

V. Desde sua instituição, o Tribunal popular sempre foi alvo de polêmicas, seja no que diz respeito às garantias e, portanto, à necessidade de sua manutenção, seja no que se refere à representatividade daqueles que o compõem; ou, ainda, em relação à capacidade dos jurados para decidir questões consideradas de "alta relevância técnica", especialmente nos julgamentos de crimes de grande repercussão social. Continua recorrente o debate acerca da compatibilidade do tribunal do júri com o regime democrático, visto que o julgamento feito pelos jurados seria desprovido da imprescindível técnica-jurídica. Todavia, não obstante as inúmeras discussões levadas a cabo ao longo da sua história, o constituinte de 1987-88 incluiu o tribunal do júri entre os direitos e garantias fundamentais, conferindo-lhe, portanto, grande importância no atual cenário do Estado Democrático de Direito. Isso significa dizer que o júri deve ser entendido como um importante mecanismo democrático, precisamente porque permite o resgate de uma dimensão tão cara ao direito e à realização da justiça: a participação popular. Aliás, não se pode olvidar que o direito frequentemente lida com questões cuja resolução encontra eco não na dogmática jurídica, mas sim na cultura de determinada época. É aí que o povo, no conselho de sentença, cumpre a função de oxigenar o Judiciário, prestigiando teses inovadoras como a inexigibilidade de conduta diversa (pense-se, por exemplo, no aborto) ou mesmo para novos contornos na legítima defesa, como o banimento da tese da legítima defesa da honra nos casos dos assim chamados "homicídios passionais".

A defesa constitucional da manutenção do tribunal do júri não significa que ele não possa – ou até mesmo deva – ser reformado com objetivo de se atender melhor as demandas democráticas dessa nova quadra da história. Aliás, o problema reside no fato de o novo texto constitucional ainda não ter sido devidamente assimilado pelos juristas, que continuam a tratar o tribunal do júri em conformidade com o que está previsto no Código de Processo Penal de 1941, sem fazer, portanto, a imprescindível filtragem hermenêutico-constitucional. Basta observar, para tanto, o clássico problema da representatividade social dos jurados. Como se pode facilmente notar, o velho Código de Processo Penal especificava, até o advento da reforma da legislação de 2008 (na especificidade, a Lei n. 11.689) – de forma discriminatória, quem podia e quem não podia ser jurado. Os jurados deviam ser "cidadãos de notória idoneidade", além da limitação à participação das mulheres. A noção de "cidadão de notória idoneidade", que vigorou por mais de 60 anos, podia ser vista como uma definição persuasiva, expressando as crenças valorativas e ideológicas dos responsáveis pelas respectivas escolhas, o que não representava a complexidade social. Com a alteração, retirou-se o requisito "notória idoneidade"; agora, é do exercício da função de jurado que decorre a presunção (sic) de idoneidade moral, o que se constitui em arrematado raciocínio falacioso. De todo modo, se, mesmo com a Constituição de 1988, não se fazia qualquer filtragem hermenêutico-constitucional de relevo, parece difícil uma transformação de vulto em um curto espaço de tempo. Tudo indica que as "velhas listas" de jurados – compostas pelos "antigos cidadãos de notória idoneidade" – continuarão a exercer o seu poder, a partir de composições assentadas nas desgastadas estruturas da legislação de 1941. Tal circunstância remete à inovação introduzida pela Lei n. 11.689/08, que, na linha do novo Código Civil (o qual determinou que a capacidade de fato do cidadão é plena a partir dos 18 anos) entendeu que se pode ser jurado a partir dos 18 anos de idade. Note-se, no ponto, que a alteração seguiu o raciocínio simplista no sentido de que, se o cidadão é capaz para os atos da vida civil, também o é para julgar os seus pares (*sic*). Não se atentou para a peculiar natureza do Tribunal do Júri. Veja-se, no específico, que o constituinte derivado, por meio da Emenda Constitucional n. 45/04, estabeleceu que, para ser juiz de direito (que, por imperativo constitucional, precisa fundamentar suas decisões), é exigido um período de três anos de prática jurídica (modificação que redundou em um aumento indireto da idade necessária para ser magistrado). Desconsiderando tal alteração constitucional e sem maior critério, o legislador ordinário concluiu que na hipótese de um juiz de fato – que, pela atual sistemática, não precisa fundamentar suas decisões, na medida em que decide por "íntima convicção" (sic) – é possível se lhe exigir uma menor experiência para julgar. Dito de um outro modo, a reforma processual penal veio na contramão da mudança trazida pela aludida Emenda Constitucional, na medida em que o constituinte derivado obrigou, indiretamente, que o juiz de direito conte com uma maior experiência.

VI. A mesma Lei n. 11.689 modifica várias regras do Tribunal do Júri, acabando, por exemplo, com a figura do "protesto por novo júri" para os condenados a mais de 20 anos de prisão. Também prevê que o julgamento somente será remarcado em casos excepcionais (v.g., doença comprovada). Ademais, permite que a sessão seja realizada mesmo que o réu, estando solto, deixe de comparecer ao julgamento. O novo regramento legal ainda estabelece que os jurados respondam unicamente a três quesitos quando forem decidir pela condenação ou não do acusado – se há efetivamente crime (materialidade), sobre a autoria (ou participação) e se o réu é culpado ou inocente –, possibilitando, ainda, mais duas perguntas a respeito das qualificadoras ou causas de aumento de pena reconhecidas na pronúncia e acerca das causas de diminuição alegadas pela defesa.

VII. As alterações promovidas pela referida Lei simplificam o procedimento previsto no Código de Processo Penal, buscando incorporar algumas posições consagradas nos tribunais (exemplo disso é a fixação de prazo para a instrução, na linha já pacificada pela jurisprudência). Muito embora a nova lei seja objeto de críticas (em especial em relação à formulação dos quesitos), nota-se uma tendência mais garantista no texto atual, modificando um procedimento notoriamente inquisitivo. Com efeito, a colocação do interrogatório do acusado após a oitiva das testemunhas acaba com a celeuma sobre a natureza do instituto: agora, não há dúvida, *trata-se de meio de defesa*. Restou determinada, ainda, a impossibilidade de referência, nos debates, à decisão de pronúncia ou a decisões posteriores que venham a versar sobre a admissibilidade da acusação. Com efeito, com isso, busca-se afastar do momento do julgamento os chamados "argumentos de autoridade", que poderiam influenciar o conselho de sentença, juízo natural para o julgamento dos crimes dolosos contra a vida.

VIII. Resolveu-se, ademais, a questão da utilização das algemas, tema carente de regulação no direito brasileiro, adotando-se visíveis critérios de proporcionalidade para seu emprego na sessão de julgamento, evitando-se a estigmatização do acusado (que, à evidência, prejudicava sua defesa perante seus pares), respeitando-se, enfim, o princípio da dignidade da pessoa humana. Aliás, considerando especialmente como fundamento o novo art. 474, § 3º, introduzido pela Lei n. 11.689, de 9 junho de 2008, o Supremo Tribunal Federal editou a Súmula Vinculante n. 11 – embora violando os requisitos estabelecidos pela EC 45/04 para edição de enunciado sumular –, no sentido de que "só é lícito o uso de algemas em caso de resistência e de fundado receio de fuga ou de perigo à integridade física própria ou alheia, por parte do preso ou de terceiros, justificada a excepcionalidade por escrito, sob pena de responsabilidade disciplinar civil e penal do agente ou da autoridade e de nulidade da prisão ou do ato processual a que se refere, sem prejuízo da responsabilidade civil do Estado". Em sede jurisprudencial, o Superior Tribunal de Justiça (STJ), realizando autêntica filtragem constitucional dos artigos 594 e 595 do CPP, editou a Súmula 347, no sentido de que "o conhecimento de recurso de apelação do réu independe de sua prisão". O anacrônico art. 594, registre-se, foi recentemente revogado pela Lei n. 11.719, de 20 de junho de 2008.

IX. A recepção da figura do assistente de acusação é um problema que deveria merecer especial atenção da doutrina e da jurisprudência. O advento do novo texto constitucional trouxe profundas modificações na esfera processual penal, entre elas a atribuição incumbida ao Ministério Público de promover, privativamente, a ação penal pública (art. 129, I, CF), expurgando a conhecida ação penal pública *ex officio*, iniciada por portaria judicial ou da autoridade policial, bem como através de prisão em flagrante. Em alguns tribunais, há decisões não recepcionando constitucionalmente a assistência à acusação, por caracterizá-la um resquício da vingança privada e cuja função precípua é a *actio civilis ex delicto* (por todos, veja-se Ap. 70012195111 e RSE 70015840002, do TJRS). Segundo essa posição, a opção constituinte pelo monopólio da ação penal pública evidencia o nítido caráter de secularização e publicização do processo penal, de maneira que qualquer discussão acerca de interesses privados deve ocorrer nos limites da esfera cível, devendo-se abandonar, portanto, eventuais resquícios do direito privado (vítima) ainda existentes no campo do direito público (sociedade). De todo modo, embora minoritária a tese, consiste em mais uma contribuição do júri popular para o aperfeiçoamento das instituições jurídicas. Trata-se de uma problemática que, no futuro, terá repercussões, como, por exemplo, a tentativa de a vítima ou seus familiares pleitearem assistência à acusação através de defensor público, o que, a toda evidência, provocará enormes desgastes à própria credibilidade da Instituição do Júri, *uma vez que o Estado estará, ao mesmo tempo, pagando para proceder a acusação* (com independência, inclusive, para pleitear a absolvição) *e, ao mesmo tempo, remunerando outro agente para "auxiliar" justamente o agente que tem a atribuição de defender a sociedade*, conforme estabelecido nos arts. 127 e seguintes da Constituição. Registre-se, de todo modo, que – na contramão de um Tribunal de Júri que passou a constar no capítulo destinado aos direitos e garantias fundamentais – a figura do assistente de acusação continua presente no novo regramento da Lei n. 11.689, de 9 junho de 2008, que alterou o rito do Tribunal do Júri. Portanto, subsiste a inconstitucionalidade.

X. Uma das garantias do Tribunal Popular é a referida *plenitude de defesa* (1). Sua amplitude e complexidade são muito maiores do que aquelas relativas às garantias da ampla defesa e do contraditório, visto que ela abrange uma argumentação que transcende a dimensão meramente jurídica, na medida em que admite aspectos de ordem social, cultural, econômica, moral, religiosa, etc. Assim, a garantia da plenitude de defesa permite que o acusado, por meio de seu advogado, utilize todos os argumentos necessários para apresentar sua defesa e, assim, buscar convencer os integrantes do conselho de sentença. Além disso, a plenitude de defesa encontra-se diretamente vinculada à assistência jurídica gratuita daqueles que comprovarem a insuficiência de recursos e à garantia de que o réu será julgado por representantes da comunidade, e não de uma só classe social, circunstância que remete à própria raiz da Instituição: seu perfil popular. Na mesma linha garantista e acatando sugestão da doutrina (já incorporada pela jurisprudência), a Lei n. 11.689, de 9 junho de 2008, estabelece que o juiz não aplicará a chamada absolvição imprópria (aplicação de medida de segurança) quando existentes outras teses defensivas, as quais serão devidamente apreciadas pelo Júri.

XI. Do ponto de vista das garantias do acusado, outra questão que se apresenta problemática é a da prática da apreciação do processo "de capa a capa" pelas partes em plenário, principalmente na valoração da prova oral, cuja extinção vinha sendo anunciada pelos Projetos de Lei n. 4.203/01 e 4.205/01 que de há muito tramitam no Congresso Nacional. Como se sabe, de ordinário, no tribunal do júri desprezam-se as diferenças de valor probante entre os depoimentos colhidos em sede de inquérito policial e os obtidos em audiência judicial: apenas estes são colhidos no espaço público, sob o crivo do contraditório. Enquanto do juiz togado se espera que faça a distinção fundamentadamente (art. 93, IX), os jurados podem esguelhar a questão, por "íntima convicção" (sic). Mais uma vez, o problema não encontra solução fácil, visto que nada veda a menção à prova inquisitorial nos debates – veja-se a própria garantia da plenitude da defesa –, além de o sigilo das votações proteger a "intimidade" da "convicção" dos julgadores. Com a edição da Lei n. 11.689/08, estabeleceu-se que "as partes e os jurados poderão requerer acareações, reconhecimento de pessoas e coisas e esclarecimento dos peritos, bem como a leitura de peças que se refiram, exclusivamente, às provas colhidas por carta precatória e às provas cautelares, antecipadas ou não repetíveis". Com relação ao uso da prova colhida fora do contraditório (prova policial), parece razoável sustentar a aplicação – no campo da produção da prova no plenário do júri (debates) – do novo art. 155 do CPP, com redação determinada pela Lei n. 11.690/2008, que estabelece que o juiz formará sua convicção – e veja-se, claramente, a inadequada e inconstitucional manutenção da perspectiva inquisitiva do processo – pela "livre apreciação da prova" (sic) produzida em contraditório judicial, *não podendo fundamentar sua decisão exclusivamente nos elementos informativos colhidos na investigação*, ressalvadas as provas cautelares, não repetíveis e antecipadas. Registre-se que o Código de Processo Civil de 2015 optou por expungir o livre convencimento do artigo 371. Despiciendo referir que o devido processo legal em uma democracia não é compatível com "livre convencimento ou livre apreciação da prova" (nesse sentido, Streck, L.L. *O que é isto – decido conforme minha consciência?* Porto Alegre, Livraria do Advogado, 5. ed., 2016).

XII. Desde 1941 – e esse fenômeno atravessou as duas décadas da Constituição de 1988 – sempre se teve dificuldade em conferir efetividade ao direito do acusado ao silêncio (art. 5º, LXIII), mormente porque os jurados julgam por "íntima convicção". Até agora, muito embora institucionalizado o princípio *nemo tenetur se detegere*, nunca houve óbice real a que os julgadores populares tomassem o silêncio do réu como prova de culpa. A alteração produzida pela Lei n. 11.690 no art. 478, II, do CPP, veda a utilização, sob pena de nulidade, de qualquer referência sobre o silêncio do acusado ou sobre a ausência de interrogatório.

XIII. Merece destaque, também, o fato de a formulação dos quesitos possuir ligação direta com a garantia da plenitude da defesa. Nesse sentido, sempre foi inconstitucional a formulação de quesito genérico indagando sobre a "participação de qualquer modo" em um fato delituoso. Com efeito, se a denúncia do Ministério Público é nula quando afirma que o réu participou de um homicídio, sem descrever a forma dessa participação, também será nulo, por decorrência lógica, o quesito que imputa conduta genérica ao réu, do tipo "concorreu de qualquer modo para o crime". Em suma, o Conselho de Sentença não deve ser instado a responder a indagações genéricas, sob qualquer pretexto, até porque não são válidas as imputações genéricas, tendo em vista que afrontam o princípio da ampla defesa, além de dificultar o entendimento e a compreensão dos jurados.

XIV. A nova Lei n. 11.689/08 estabeleceu a seguinte modalidade quesitatória: I – materialidade; II – autoria ou participação (é aqui que deve ser evitada a indagação acerca da "participação genérica"); III – se o acusado deve ser absolvido. Essa simplificação da antiga fórmula de quesitação constitui uma imitação – equivocada – do júri anglo-americano, uma vez que não leva em conta a relevante circunstância de que, naquele modelo, os jurados discutem a causa entre si, respondendo, ao final, *guilty or not guilty*. Criou-se, assim, uma estranha modalidade – antigarantista – de condenação *a contrario sensu*, porque os jurados não necessitam sequer seguir os requisitos do artigo 386 do Código de Processo Penal. Essa questão deveria instigar a comunidade jurídica preocupada com o caráter garantidor que deve assumir o processo penal no Estado Democrático de Direito, uma vez que, se o réu pode ser absolvido a partir de um quesito absolutamente "aberto" e genérico", pode, também, ser condenado do mesmo modo, o que, convenha-se, é inexplicável em um sistema jurídico que optou por colocar o júri como direito fundamental do cidadão. Especial dificuldade haverá, por exemplo, na hipótese de a defesa sustentar unicamente a tese de negativa de autoria. Uma vez que os jurados confirmem a autoria – portanto, negando a tese da defesa –, o juiz terá que perguntar aos jurados se "absolvem o acusado", porque esse é um quesito obrigatório. A pergunta inevitável é: se a tese da defesa já fora derrotada e se os jurados disserem sim ao quesito obrigatório, ainda assim o julgamento é válido? Ou se estará em face de uma contradição sanável a partir do *caput* do art. 490 do CPP? Tais perplexidades ficam mais claras se examinadas à luz dos itens XIV, XV, XVI, XVII, XVII e XIX destes comentários: *o calcanhar de aquiles do júri brasileiro ficou mais exposto do que já estava*. Portanto, não é hora para comemorações. Necessário observar, ainda, os reflexos da previsão absolutória "genérica" (que, *mutatis mutandis* é: o acusado deve ser absolvido ou não?) no sistema penal brasileiro: não bastasse a impossibilidade de delimitar o âmbito de responsabilização extrapenal, a reforma sequer permite aquilatar o conteúdo de eventual pronunciamento do conselho de sentença contra ou a favor de absolvição imprópria. Ou seja: ao réu absolvido – por qualquer motivo – o juiz poderá aplicar medida de segurança (sic). Parece, pois, inexorável a complementação (jurisprudencial ou mesmo legal) do "quesito genérico" com um quesito de explanação do fundamento absolutório para que sejam mantidos, assim, não apenas a segurança jurídica e os próprios direitos dos acusados, mas também a efetiva soberania dos veredictos e a competência do juízo natural para o pleno julgamento dos crimes dolosos contra a vida. Por tudo isso, parece viável, para "salvaguardar" esse aspecto da reforma, uma interpretação conforme a Constituição (*verfassungskonforme Auslegung*), alicerçada sob a perspectiva de que o dispositivo que estabelece o quesito III somente é constitucional se entendido no sentido de que seja indagado também ao jurado, em momento subsequente, o fundamento (tese de defesa) que determinou a resposta afirmativa.

XV. No que diz respeito ao *sigilo das votações* (2), a discussão perpassa, inevitavelmente, o problema relativo aos julgamentos por íntima convicção e a questão do sigilo das votações, confundida com a própria existência da sala secreta. Nesse sentido, impõe-se chamar a atenção da comunidade jurídica para aquilo que pode ser considerado o "calcanhar de aquiles" do tribunal do júri, em seu confronto com as garantias próprias do Estado Democrático de Direito. Trata-se, com efeito, do fato de o jurado decidir por íntima convicção, sem a necessidade de justificar seu voto. Ora, o modelo de Estado Democrático de Direito, garantista e secularizado, dificilmente poderá continuar a conviver com julgamentos nos quais não haja a devida justificação/fundamentação (veja-se que a fundamentação é considerada como um direito fundamental pelo Tribunal Europeu de Direitos Humanos, valendo citar, como paradigma, as sentenças TEDH 1994, 4; 1998, 3; 1999, 1). No entanto, este é um problema de difícil solução, uma vez que a Constituição estabelece a garantia do "sigilo das votações", o que implica a impossibilidade imediata de qualquer tentativa de introduzir outros modelos de julgamento popular, como, por exemplo, o escabinato francês, espanhol e português, ou até mesmo uma adaptação das fórmulas tradicionais do júri americano ou inglês, nos quais os jurados discutem entre si, em busca de um consenso. De qualquer sorte, parece que algumas lições podem ser tiradas dos modelos de escabinato, cujo conselho de sentença é composto tanto por juízes togados como por juízes leigos. Note-se, por exemplo, que a soberania popular está bem mais presente no modelo francês, em que é o próprio júri que decide até mesmo a pena e a forma de seu cumprimento. Do mesmo modo, vale referir o valor cimeiro assumido pelo princípio acusatório no júri espanhol (*v.g.*, o pedido de absolvição feito pelo Ministério Público tem o condão de dar por fim ao julgamento, prescindindo da manifestação do júri e do próprio magistrado-presidente).

XVI. A possibilidade de qualquer alteração introduzindo mecanismos que obriguem a fundamentação das decisões no júri brasileiro depende, contudo, de emenda à Constituição, em face do obstáculo representado pela garantia do sigilo das votações, cuja modificação não significa, necessariamente, uma violação às cláusulas pétreas. Como se sabe, a Constituição estabelece a vedação de emendas tendentes a abolir garantias. Assim, o que não pode ser extinto é o tribunal do júri; tampouco pode ele perder soberania, tornando-se, por exemplo, facultativo ou não mais competente para o julgamento dos crimes dolosos contra a vida. É nesse sentido que deve ser entendido o crucial problema do julgamento proferido por íntima convicção, ligado, umbilicalmente ao sigilo das votações. Observe-se que, em Portugal, nada do que é discutido na sala secreta pode ser revelado. Há, portanto, a garantia do sigilo: a sala é secreta. Refira-se que o Júri português é composto por três juízes, que constituem o tribunal coletivo, por quatro jurados efetivos e por quatro suplentes. O tribunal é presidido pelo presidente do tribunal coletivo, que decide sobre as questões da culpabilidade e da determinação da sanção. Quem defere a formação dos quesitos é o conselho de jurados. A deliberação dos jurados será em sala secreta, onde o juiz-presidente faz a leitura dos quesitos, explicando-os, sem fazer, no entanto, qualquer resumo dos debates ou das provas produzidas em plenário. Os votos são proferidos oralmente, em ordem crescente por idade, votando primeiro os jurados (leigos), para depois votarem os juízes togados, votando, por último, o presidente. A pena é fixada pelo tribunal coletivo. As decisões são tomadas por maioria simples. Cada juiz e cada jurado deve enunciar as razões da sua opinião, indicando, sempre que possível, os meios de prova que serviram para formar a sua convicção. Nem os juízes que constituem o Tribunal coletivo nem qualquer dos jurados poderão revelar o que se tenha passado durante a deliberação que se relacione com a causa, nem, tampouco, exprimir a sua opinião sobre o veredicto do Júri depois de proferido. Há, pois, uma preocupação com as razões pelas quais o voto é proferido. O júri em Portugal, entretanto, não constitui uma obrigação, mas uma faculdade: em determinados crimes, a defesa ou o Ministério Público podem requerê-lo, daí sua rara ocorrência.

XVII. Mas não é somente em Portugal que a fundamentação das decisões demanda preocupações, inclusive no âmbito do tribunal do júri. Embora o modelo não seja idêntico ao português, o tribunal do júri da Espanha – composto de nove jurados e presidido por um juiz – exige, conforme determinação constante no art. 61.1.d, da Ley Orgánica del Jurado, que a ata da votação contenha uma "sucinta explicación de las razones por las que han declarado o rechazado declarar determinados hechos como probados". Tal questão chegou à Sala 2ª do Tribunal Supremo de 12 de março de 2003, tendo ficado decidido que ainda que se reconheça as dificuldades que o jurado apresenta no âmbito da valoração da prova e da motivação da sentença, sobretudo quando se trata de circunstâncias probatórias particularmente complexas e, por isso, aceita a modulação da exigência constitucional de motivação, não há dúvida em afirmar que "ésta no puede situarse por debajo del mínimo consistente en la identificación – señalando su fuente – de los concretos elementos de prueba tenidos en cuenta para dictar la sentencia condenatoria, acompañando esse sencillo inventario com uma explicación siquiera elemental del porqué de la atribuición a aquéllos de determinado valor convictivo, como modo de acreditar que la valoración no fue arbitraria".

XVIII. Com uma alteração que visasse a modificar o júri brasileiro, aproximando-o, com maior ou menor intensidade, de outros modelos, o sigilo das votações continuaria a ser garantido, mas com possibilidade de previsão de mecanismos de fundamentação como garantia contra decisões arbitrárias. Como se pode perceber, embora as peculiaridades e as diferenças existentes entre os modelos de tribunal do júri dos diversos países (o modelo puro, o escabinato e o anglo-americano), o direito comparado pode ser importante para a construção de um tribunal do júri adaptado ao Estado Democrático de Direito. Em outras palavras, não se pode confundir o modelo de tribunal popular constante no Código de Processo Penal de 1941 com as possibilidades que podem advir de sua adequação à Constituição de 1988, entendida em sua materialidade principiológica. Efetivamente, sem olvidar que algumas alterações já foram realizadas, neste particular parece inconcebível que, de um lado, tenhamos o dever fundamental de motivar as decisões e, de outro, tenhamos que conviver com um tribunal que decide por íntima convicção. Por isso, emendas constitucionais tendentes a aperfeiçoar a Instituição devem ser recebidas com esse espírito.

XIX. Cumpre referir, ainda no que se refere ao sigilo das votações, que os julgamentos realizados pelo tribunal do júri, embora seja secreto o escrutínio, têm uma particularidade: quando os resultados eram unânimes – até o advento do novo art. 483, §§ 1º e 2º –, ficava rompido, materialmente, o sigilo do voto de cada jurado. Com a modificação, o julgamento ocorrerá sempre por maioria de votos, resguardando-se, assim, os jurados que, como cidadãos desprovidos de quaisquer garantias, devem voltar às suas múltiplas atividades após o término de cada julgamento popular. Essa matéria é de tamanha relevância que várias propostas nesse sentido foram apresentadas quando da revisão constitucional, em 1993.

XX. Relativamente à *soberania dos veredictos*(3) que ganhou sede constitucional (como já ocorrera na Constituição de 1946), tal circunstância não tem o condão de impedir o recurso das decisões do tribunal do júri. Logo após a promulgação da Constituição, chegou-se a sustentar a revogação da apelação prevista no art. 593, III, *d*, do CPP –, a partir do exame dos anais da Assembleia Nacional Constituinte, ocasião em que foi rejeitada a emenda n. 29.288, na qual o deputado José Egreja propunha "a soberania dos veredictos, salvo quando a decisão for contrária à prova dos autos". A tese não vingou. Ao enfrentar a matéria, o Supremo Tribunal Federal decidiu, acertadamente, pela manutenção do cabimento da apelação contra "as decisões que se mostrarem manifestamente contrárias às provas dos autos". Assim, não se pode falar em violação à soberania do júri, caso se entenda que uma interpretação restritiva do dispositivo constitucional não autoriza o Tribunal de Justiça a revisar o mérito, acolhendo uma das versões probatórias constantes dos autos para prover o recurso, e tampouco incluir ou retirar qualificadoras – o que significaria reformar a decisão dos jurados –, mas somente permite que, em segundo grau de jurisdição, corrija-se a pena imposta ou, então, provoque-se a produção de um novo julgamento pelo tribunal do júri, descabendo, a partir deste novo julgamento, uma segunda apelação pela mesma hipótese.

A discussão sobre a soberania dos veredictos recebeu novo *input* com a decisão do Superior Tribunal de Justiça, no HC 313.251, assentando que, ainda que o artigo 483, inciso III, do Código de Processo Penal tenha introduzido a possibilidade de que os jurados absolvam o acusado mesmo após terem reconhecido a autoria e materialidade delitivas, não ofende a soberania dos veredictos a anulação da decisão em segundo grau, após apelação interposta pelo Ministério Público, quando a sentença se mostrar diametralmente oposta à prova dos autos.

No caso, o paciente fora denunciado por homicídio qualificado e absolvido pelo conselho de sentença. A decisão do júri fora reformada pelo TJRJ, que acolheu recurso do MP e determinou novo julgamento perante o tribunal do júri por entender que o primeiro veredicto contrariou as provas dos autos, especialmente as evidências de que o acusado continuou a desferir golpes na vítima mesmo quando ela já estava caída no chão, causando sua morte por diversos traumatismos. Segundo o voto condutor (Min. Joel Paciornick), "a absolvição do réu pelos jurados, com base no artigo 483, III, do CPP, ainda que por clemência, não constitui decisão absoluta e irrevogável, podendo o tribunal cassá-la quando ficar demonstrada a total dissociação da conclusão dos jurados com as provas apresentadas em plenário. Assim, resta plenamente possível o controle excepcional da decisão absolutória do júri, com o fim de evitar arbitrariedades e em observância ao duplo grau de jurisdição". A tese defensiva foi a de que, com a reforma do procedimento do júri, os jurados, além dos fundamentos jurídicos, podem optar por fundamentos sociais, emocionais ou de política criminal, de acordo com a sua íntima convicção. Ademais, disse a defesa, com a introdução do artigo 483, inciso III, do CPP pela Lei n. 11.689/08, a única interpretação que não fere a soberania dos veredictos é a de que o artigo 593, inciso III, "d", do mesmo código – que prevê a apelação contra decisões do júri manifestamente contrárias às provas – tornou-se exclusivo da defesa, cabendo à acusação apenas a alegação de eventual nulidade processual.

Essa discussão e esse aspecto polêmico do júri estão ligados à própria fragilidade da instituição. De um lado, tem-se que a soberania dos veredictos não é absoluta, questão já reconhecida pelo Supremo Tribunal Federal, de outro, a previsão de íntima convicção que ganhou um reforço a partir do quesito genérico previsto no inciso III do artigo 483 do CPP, isto é, a admissão pelo legislador de que, mesmo que se admita a autoria e a materialidade, e independentemente da tese anunciada pela defesa, os jurados podem entender, por íntima convicção, que o acusado deva ser absolvido (por exemplo, por clemência). E, ao que consta da lei, não se pergunta as razões dessa absolvição. Ou o Tribunal pode dizer que o júri não pode absolver alguém por clemência? Aliás, como não há justificativa e nem quesitação jurídica propriamente dita, indaga-se apenas se o réu deve ser absolvido. Isso tem a ver com a prova dos autos? Como dizer que a absolvição é contrária à prova dos autos, se o quesito apenas fala "se o réu deve ser absolvido"? Observe-se, pois, que o quesito genérico é feito, nitidamente, em favor do réu. Não se pergunta se o réu deve ser condenado. A pergunta que cabe é: o recurso previsto na letra "d" do inciso III, do artigo 593 é também um recurso que pode ser manejado pela acusação? Como aferir a contrariedade à prova dos autos se os jurados podem absolver o acusado sem necessidade de dizer por quê?

No caso acima analisado pelo STJ, o ministro destacou que, para concluir que a decisão do conselho de sentença foi contrária à prova dos autos, a corte fluminense se baseou nos depoimentos colhidos durante a instrução probatória, assim como na *causa mortis* descrita no exame de corpo de delito, *verbis*: "Nesse contexto, a alteração do que ficou estabelecido no acórdão impugnado, quanto à existência ou não de respaldo para a cassação da decisão do júri, considerada pelo tribunal de origem como manifestamente contrária às provas dos autos, demandaria a análise aprofundada no conjunto fático-probatório, providência vedada na via estreita do *habeas corpus*".

Quer dizer: o segundo grau pode examinar o contexto probatório do modo que melhor entender, sendo que, face à súmula 7, o STJ não pode dizer se o que o tribunal de piso disse confere com a realidade? Não há uma contradição e uma ilogicidade nessa decisão do STJ? Se o júri não tem soberania para absolver por íntima convicção contra a prova dos autos, esse exame acerca do acerto ou erro do júri a ser realizado pelo Tribunal de Justiça cabe apenas a este? Segundo essa tese, fica transferida, assim, a soberania do júri para uma absoluta soberania do segundo grau. Sim, porque se o motivo do apelo do Ministério Público é reexame da prova que teria sido mal examinada pelo júri e desse julgamento do tribunal não cabe recurso porque será reexame de prova vedado pela súmula 7, então, de fato, faz sentido afirmar que o apelo de decisão do júri somente pode ser feito pela defesa, porque se trata de um quesito defensivo, genérico, vitaminado pela íntima convicção, sindicável apenas quando for a favor da defesa. À acusação restaria apenas uma apelação quando se tratar de nulidade. E isso por uma razão singela: decidindo o jurado por íntima convicção, não há fundamentação; é como se fosse feito por sorteio ou par ou ímpar. Eis a fragilidade do Tribunal do Júri.

Como o Tribunal de segundo grau vai saber que a decisão foi contrária à prova dos autos? Isso é aferido pelas teses de defesa? Mas se o júri não é indagado sobre legítima defesa ou outra tese defensiva, como saber que o jurado não decidiu porque acha injusta a condenação? Ou está proibida a absolvição por injustiça? Se sim, então não será mais íntima convicção. De todo modo, reforça-se, com isso, a extrema inadequação de o júri poder decidir por íntima convicção. Isso contraria a Constituição, que exige fundamentação. E, como já dito, a Constituição garante a instituição do júri e o sigilo das votações. Mas não garante a íntima convicção.

No âmbito do Superior Tribunal de Justiça existem três posições: a) não é permitida a absolvição por qualquer motivo fora da prova dos autos, o que torna possível o recurso do MP diante da absolvição que não tenha amparo no conjunto probatório (HC 288.054/SP – ministro Nefi Cordeiro); b) os jurados podem absolver por qualquer motivo, mesmo de forma desvinculada da prova dos autos, sendo incabível recurso do MP tendo em vista a soberania das decisões do júri (HC 350.895/RJ ministros Schietti Cruz e Saldanha Palheiro); c) o tribunal de apelação pode fazer o controle acerca do respaldo fático-probatório da decisão de clemência, para mandar o réu a novo júri quando a decisão absolutória for desprovida de elementos fáticos que a autorizem (HC 350.895/RJ – ministros Sebastião, Maria Thereza e Néfi).

Já o Supremo Tribunal Federal apreciou a problemática no âmbito do RHC 117.076/PR. De nada adiantará, entretanto, firmar posição no sentido de que a íntima convicção tem limites no conjunto probatório. Isso já está dito várias vezes. A questão é operacional: de que modo se afere isso?

Outro ponto digno de registro foi assentado pelo STJ na tese de n. 9, pela qual, após as modificações no rito do Tribunal do Júri introduzidas pela Lei n. 11.689/2008, o quesito genérico de absolvição (artigo 483, III, do CPP) não pode ser tido como contraditório em relação ao reconhecimento da autoria e da materialidade do crime. E acrescento a essa posição do STJ: mesmo que a tese do réu seja a de negativa de autoria.

Isso mostra, mais uma vez, que o quesito genérico encontra limites apenas quando confrontado com uma contradição insuperável. Seria teratológico admitir que, negada a autoria pelo réu como tese única, os jurados reconhecessem a autoria e logo depois absolvessem.

Ainda no que diz respeito à soberania dos veredictos, outro tema polêmico surgiu em *terrae brasilis* após o julgamento do HC 126.292/SP, pelo STF, em fevereiro de 2016. A partir deste julgamento, passou-se a institucionalizar a máxima de que além de soberano o júri parte de decisão colegiada o que, ao ver da então diretriz adotada pelo Supremo Tribunal Federal, à época, autorizaria a prisão imediata após a decisão do júri, a título de execução provisória da pena.

Isso porque, com o advento da nova ordem constitucional em 1988, passou-se a entender que o marco para o reconhecimento da culpabilidade penal e por conseguinte o prazo para o início da execução da pena, seria o trânsito em julgado de sentença penal condenatória, como previsto no art. 5º, LVII, da Constituição, e asseverado pelo próprio Supremo Tribunal Federal, em 2009, no julgamento do HC 84.078/MG, de relatoria do Ministro Eros Grau, no qual reafirmou o comando constitucional de que a pessoa deve ter seu tratamento de inocência garantido até a sentença penal condenatória.

Ocorre que, em 2016, no auge da Operação Lava Jato, resolveu o STF inovar ao julgar o HC 126.292/SP e autorizar, a partir daquele julgamento, a execução provisória da pena após decisão colegiada de 2ª instância. Não demorou muito, por óbvio, para que tentassem aplicar tal entendimento no júri, a partir da lógica da soberania dos veredictos e uma interpretação extensiva e totalmente *in malam partem* de que pela peculiaridade da instituição júri (o corpo de jurados) poderia ser considerado órgão colegiado.

Obviamente que a premissa posta pelo HC 126.292/SP, foi amplamente debatida pela comunidade jurídica, chegando inclusive à interposição das ADCs 43, 44 e 54 junto ao Supremo Tribunal Federal, que, acertadamente, em 2019, reviu a sua posição e colocou o processo penal novamente nos trilhos das premissas constitucionais, rechaçando por vez a possibilidade de execução da pena a partir de uma decisão de segunda instância. O que também não proíbe, obviamente, a decretação de prisões cautelares, desde que devidamente fundamentadas e demonstrada a necessidade, como determina o art. 282, § 6º, do Código de Processo Penal.

Porém, mesmo com o Supremo Tribunal Federal reafirmando a ordem constitucional, a executoriedade da pena no júri ainda permanece na ordem do dia nos debates jurídicos. Tanto é que atualmente encontra-se pendente de julgamento o Tema 1.068, já com a repercussão geral reconhecida, no Supremo Tribunal Federal, para discutir a execução imediata da pena a partir da decisão do colégio de sentença.

XXI. Parece incorreta a tese número 4 do STJ, publicada em Jurisprudência em Teses, no sentido de que a leitura em plenário do júri dos antecedentes criminais do réu não se enquadra nos casos apresentados pelo artigo 478, incisos I e II, do Código de Processo Penal, inexistindo óbice à sua menção por quaisquer das partes. Isto porque se a leitura da sentença de pronúncia em plenário e até mesmo a menção acerca da determinação do uso de algemas não podem ser referidas, parece lógico concluir que os antecedentes do réu também não podem ser utilizados contra ele. O artigo 478 não é exaustivo. Além disso, o direito penal é do fato e não do autor. Fosse do autor, estaríamos retornando à Escola de Kiel. Por isso, também o uso de antecedentes deve ser vedado em plenário.

XXII. Por fim, a circunstância de a Constituição assegurar a competência do tribunal do júri para o julgamento dos crimes dolosos contra a vida não pode significar a petrificação dessa especificidade. Com efeito, levando em conta o fato de a Constituição de 1988 localizar a instituição do tribunal do júri no capítulo atinente aos direitos e garantias individuais e coletivos, é possível afirmar que sua competência pode ser estendida de *lege ferenda* a outros crimes além daqueles dolosos contra a vida. Isso porque a competência constitucional atribuída ao júri deve ser entendida, a um só tempo, como garantia do cidadão e como direito da coletividade, isto é, o capítulo constitucional trata dos direitos individuais e coletivos, com o que também há um direito da sociedade em julgar os concidadãos pela prática de crimes graves. Desse modo, considerando ser o tribunal do júri um importante mecanismo de participação popular – participação essa que não pode ser meramente formal ou retórica –, não há qualquer óbice no sentido de o legislador incluir, no campo de sua abrangência, outros crimes, desde que de acordo com aquilo que se entende, contemporaneamente, por teoria do bem jurídico. Todavia, isso só pode ocorrer se alterado o calcanhar de Aquiles do Tribunal do Júri – o problema do sigilo das votações e a íntima convicção, umbilicalmente ligados. Se a íntima convicção já representa, por si só, o maior problema do tribunal do júri com a atual competência, imaginem-se os julgamentos por íntima convicção com a competência alargada. Em definitivo: íntima convicção e democracia não combinam.

Art. 5º, XXXIX – não há crime sem lei anterior que o defina, nem pena sem prévia cominação legal;

André Luís Callegari

1. Histórico da norma

O princípio da legalidade surgiu, como tal, pela primeira vez em 1789 na célebre Declaração Francesa dos Direitos do Homem e do Cidadão. A ideia de legalidade passou a existir através do movimento ilustrado, da Revolução Francesa, do triunfo do liberalismo político. Foi devido a essa Revolução que o governo de um soberano, no qual o Estado regia-se pela vontade dele, foi substituído por um Estado regido pela vontade geral, manifestada através da norma, da lei.

Existem, porém, registros do princípio da legalidade na Constituição de alguns Estados federados americanos de 1776, no Código Penal austríaco José II, de 1787 e na *Constitutio criminalis* de Carlos V de 1532 que, embora abrisse a possibilidade de uma punição extralegal de acordo com os bons costumes, obrigou os órgãos judiciais a atuarem conforme determinava a lei. Ainda, alguns remontam o princípio da legalidade à Magna Carta do monarca inglês João Sem Terra, de 1215, tendo em vista que seu art. 39 estabelecia que as sanções às pessoas livres só seriam admissíveis "*per legale indicium parium suorum vel per legem terrae*".

Em virtude do princípio da legalidade, a potestade punitiva do Estado fica marcada dentro de limites precisos e os direitos individuais garantidos diante de qualquer eventual intervenção arbitrária dos poderes públicos, sendo por isso o princípio da legalidade considerado efetiva limitação do poder estatal. Todos os cidadãos podem conhecer com certeza, antes de realizar a ação, se esta está compreendida dentro de uma conduta proibida e, em nenhum caso, poderão ser surpreendidos a *posteriori* com uma pena não estabelecida previamente.

O princípio da legalidade resulta, deste modo, substancial ao Estado de Direito. Isto explica, por um lado, que apareça consagrado em nível constitucional, como princípio político-jurídico fundamental e básico e, por outro, que seja repudiado ou, de fato, violado por regimes totalitários.

2. Constituições anteriores

O princípio ora estudado existe em nosso ordenamento desde a Constituição do Império, de 1824, aparecendo, de acordo com o desenvolvimento do Estado brasileiro (que passou por períodos de autoritarismo), na maioria das Constituições seguintes.

A Constituição de 1824 o trouxe em seu art. 179, inc. XI, com a seguinte redação: "Ninguém será sentenciado, senão pela Autoridade competente, por virtude de Lei anterior, e na forma por ela prescrita".

A Constituição de 1891, em seu art. 72, § 15, trazia que: "Ninguém será sentenciado, senão pela autoridade competente, em virtude de lei anterior e na forma por ela regulada".

Na Constituição de 1934, por sua vez, em seu art. 113, inc. XXVI, constava que "Ninguém será processado, nem sentenciado, senão pela autoridade competente, em virtude de lei anterior ao fato, e na forma por ela prescrita".

A Constituição de 1946, em seu art. 141, § 27, dizia que "Ninguém será processado nem sentenciado senão pela autoridade competente e na forma da lei anterior".

As Constituições de 1967 e Emenda Constitucional n. 1, de 1969, a seu turno, vigentes no período da ditadura militar e por isso abridoras de uma brecha que permitia o desrespeito ao princípio da legalidade, em seus arts. 150, § 16, e 153, § 16, respectivamente, possuíam praticamente a mesma redação:

Art. 150, § 16: "A instrução criminal será contraditória, observada a lei anterior quanto ao crime e à pena, salvo quando agravar a situação do réu".

Art. 153, § 16: "A instrução criminal será contraditória, observada a lei anterior, no relativo ao crime e à pena, salvo quando agravar a situação do réu".

Após veio a Constituição de 1988, atual e vigente, que trouxe o princípio da legalidade no art. 5º, inc. XXXIX, aqui estudado.

3. Dispositivos constitucionais relacionados

Art. 5º, II, da CF/88.

4. Constituições estrangeiras

Assim como a nossa Constituição, outras também trazem o princípio da legalidade como diretriz do Estado Democrático de Direito.

A Constituição Espanhola de 1978, em seu artigo 25.1, possui a seguinte redação: "Nadie puede ser condenado o sancionado por acciones u omisiones que en el momento de producirse no constituyan delito, falta o infracción administrativa, según la legislación vigente em aquel momento".

O artigo 53.1, da mesma Constituição, enfocando o âmbito da reserva legal, que é a exigência de lei formal para a regulamentação de determinadas matérias previstas na Constituição, diz: "Los derechos y libertades reconocidos en el Capítulo segundo del presente Título vinculan a todos los poderes públicos. Sólo por ley, que en todo caso deberá respetar su contenido esencial, podrá regularse el ejercicio de tales derechos y libertades, que se tutelarán de acuerdo con lo previsto en el artículo 161, 1 a)".

Ainda, no que tange à Constituição Espanhola, o artigo 81 traz mais especificamente a questão da reserva legal, na medida em que exige que as chamadas leis orgânicas, relacionadas a direitos fundamentais, tenham uma aprovação por maioria absoluta do Congresso. Referido dispositivo assim ordena: "1. Son leyes orgánicas las relativas al desarrollo de los derechos fundamentales y de las libertades públicas, las que aprueben los Estatutos de Autonomía y el régimen electoral general y las demás previstas en la Constituición. 2. La aprobación, modificación o derogación de las leyes orgánicas exigirá mayoría absoluta del Congreso, en una votación final sobre el conjunto del proyecto".

A Constituição da Alemanha, ou Lei Fundamental de 1949, também prevê expressamente o princípio da legalidade, trazendo-o em seu art. 103, 2: "Só serão passíveis de pena os crimes previamente previstos em lei".

A Constituição italiana também prevê o princípio da legalidade. Seu art. 25, inc. II traz que ninguém pode ser punido se não por força de uma lei cuja entrada em vigor seja anterior ao fato cometido, e o inc. III traz que ninguém pode ser submetido a medidas de segurança se não nos casos previstos na lei.

5. Textos internacionais

O princípio da legalidade figura no mais importante texto legal internacional da atualidade, a Declaração Universal dos Direitos Humanos aprovada pela Assembleia Geral das Nações Unidas em 10 de dezembro de 1948, que em seu artigo XI, 2., assim determina: "Ninguém poderá ser culpado por qualquer ação ou omissão que, no momento, não constituam delito perante o direito nacional ou internacional. Tampouco será imposta pena mais forte do que aquela que, no momento da prática, era aplicável ao ato delituoso".

Assim como a Declaração Universal dos Direitos Humanos, a Convenção Americana de Direitos Humanos, ou Pacto de São José da Costa Rica, prevê o princípio da legalidade em seu art. 7º, 2., com a seguinte redação: "Ninguém pode ser privado de sua liberdade física, salvo pelas causas e nas condições previamente fixadas pelas constituições políticas dos Estados-Partes ou pelas leis de acordo com elas promulgadas".

A mesma Convenção traz expressamente, no art. 9º, o princípio da legalidade e o da retroatividade da lei mais benéfica: "Ninguém pode ser condenado por ações ou omissões que, no momento em que forem cometidas, não sejam delituosas, de acordo com o direito aplicável. Tampouco se pode impor pena mais grave que a aplicável no momento da perpetração do delito. Se depois da perpetração do delito a lei dispuser a imposição de pena mais leve, o delinquente será por isso beneficiado".

Também o Pacto Internacional sobre Direitos Civis e Políticos, de 1996, inspirando-se na Declaração Universal dos Direitos Humanos, consolida o princípio estudado. Seu art. 15, § 1º, possui a seguinte redação: "Ninguém poderá ser condenado por atos ou omissões que não constituam delito de acordo com o direito nacional ou internacional, no momento em que foram cometidos. Tampouco poder-se-á impor pena mais grave do que a aplicável no momento da ocorrência do delito se, depois de perpetrado o delito, a lei estipular a imposição de pena mais leve, o delinquente deverá dela beneficiar-se".

Por estar presente na maioria das Constituições dos países democráticos de direito e nas principais cartas e declarações de direitos humanos, o princípio da legalidade pode ser considerado patrimônio cultural da humanidade.

6. Legislação

Princípio da legalidade, em matéria penal, também pode ser encontrado no art. 1º, Código Penal.

7. Jurisprudência

STJ – AgRg 987.172 (proibição de aplicação analógica de majorante se há regra que regula especificamente um fato, a questão estaria no princípio da legalidade); STJ – HC 85.426 (ofensa ao princípio da legalidade em decisão que determina a interrupção de prazo para a aquisição do benefício do livramento condicional); STJ – HC 89.757 (violação do princípio da legalidade quando mantido caráter hediondo do delito de associação para o tráfico, já que a Lei n. 8.072/1990 não o inclui em seu rol taxativo).

No que tange ao STF, as discussões atinentes ao princípio da legalidade foram bastante restringidas com a publicação da súmula 636, que diz não caber recurso extraordinário por contrariedade ao princípio em questão quando tal contrariedade pressuponha rever interpretação de normas infraconstitucionais.

Saliente-se que as questões jurisprudenciais relevantes trazidas pelos nossos tribunais pátrios superiores (STJ e STF) também serão abordadas nesse mesmo tópico do princípio da irretroatividade da lei penal.

Tanto o STJ quanto o STF possuem mais decisões que dizem respeito a questões relativas à retroatividade ou não da norma penal.

Destaca-se que discussões atinentes à lei penal no tempo (qual lei deve ser aplicada no caso concreto, a posterior, a anterior ou a intermediária) dizem respeito ao princípio da legalidade indiretamente, pois diretamente afetam o princípio da irretroatividade da lei penal mais severa ou da retroatividade da lei penal mais benéfica, o que não quer dizer que o princípio da legalidade não esteja em pauta, até porque tais princípios derivam dele.

Por esta razão remeto o leitor ao ponto 5 do princípio da irretroatividade da lei penal.

8. Seleção de literatura

ASSIS TOLEDO, Francisco. *Princípios Básicos de Direito Penal*. São Paulo: Saraiva, 1994. BACIGALUPO, Enrique. *Princípios de Derecho penal, Parte General*, 5ª ed. Madrid, 1998. BUSTOS RAMÍREZ, Juan. *Manual de Derecho Penal Español, Parte general*. Barcelona: Editorial Ariel, 1984. CALLEGARI, André Luís. "Legitimidade constitucional do Direito Penal econômico: uma crítica aos tipos penais abertos". *Revista dos Tribunais*. São Paulo, ano 95, setembro de 2006, v. 851. _____. *Teoria*

Geral do Delito. Porto Alegre: Livraria do Advogado Editora, 2005. CEREZO MIR, José. *Curso de Derecho Penal Español, Parte General, Tomo I*, 4ª ed. Madrid: Tecnos, 1998. COBO DEL ROSAL; VIVES ANTON. *Derecho Penal*, 5ª ed. Valencia: Tirant lo blanch, 1999. JAKOBS, Gunther. *Derecho Penal, Parte General, Fundamentos y teoría de la imputación*, tradución de Joaquín Cuello Contreras y José Luis Serrano Gonzalez de Murillo, 2ª ed. Madrid: Marcial Pons, 1997. JESCHECK, Hans-Heinrich. *Tratado de Derecho Penal, Parte General*, 4ª ed. Traducción de José Luis Manzanares Samaniego. Granada: Editorial Comares, 1993. JORGE BARREIRO, Augustín, en RODRÍGUEZ MOURULLO, Gonzalo. *Comentarios al Código Penal*. Madrid: Civitas, 1998. LUZÓN PEÑA, Diego-Manuel. *Curso de Derecho Penal*, Parte General I. Madrid: Editorial Universitas, 1996. FREDERICO MARQUES, José. Tratado de Direito Penal. São Paulo: Saraiva, 1964. MAURACH, Reinhart; ZIPF, Heinz. *Derecho penal, Parte general* 1, Traducción de Jorge Boffil Genzsch y Enrique Aimone Gibson. Buenos Aires: Editorial Astrea, 1994. MIR PUIG, Santiago. *Derecho Penal, Parte General*, 4ª ed. Barcelona: PPU, 1996. MUÑOZ CONDE, Francisco; GARCÍA ARAN, Mercedes. *Derecho Penal, Parte General*. 2ª ed. Valencia: Tirant lo blanch, 1996. REGIS PADRO, Luiz. *Curso de Direito Penal Brasileiro, Parte Geral*, 2ª ed. São Paulo: RT, 2000. RODRÍGUEZ MOURULLO, Gonzalo. *Delito y pena em la jurisprudencia constitucional*. Madrid: Civitas, 2002. RODRÍGUEZ MOURULLO, Gonzalo. *Derecho Penal, Parte General*. Madrid: Editorial Civitas, 1978. ROXIN, Claus. *Derecho Penal, Parte General*. Tomo I, Traducción y notas de Diego-Manuel Luzón Peña, Miguel Díaz y García Conlledo y Javier de Vicente Remesal. Madrid: Editorial Civitas, 1997. WELZEL, Hans. *Derecho Penal Alemán, Parte General*, 4ª ed. Traducción de Juan Bustos Ramírez y Sergio Yáñez Pérez. Editorial Jurídica de Chile, 1993. WESSELS, Johannes. *Direito Penal, Parte Geral*, Traducción de Juarez Tavarez. Porto Alegre: Fabris, 1976. ZAFFARONI, Eugenio Raúl; PIERANGELI, José Henrique. *Manual de Direito Penal Brasileiro, Parte Geral*. São Paulo: RT, 1997.

9. Comentários

I. É o princípio pelo qual nenhum fato pode ser considerado crime e nenhuma pena criminal pode ser aplicada sem que antes desse mesmo fato tenha sido instituído por lei o tipo delitivo e a pena respectiva, constituindo uma real limitação ao poder estatal de interferir na esfera das liberdades individuais.

De acordo com o princípio da reserva legal, todos os atos estatais que são gravosos aos cidadãos necessitam de apoio em uma lei formal.

Foi no Direito Penal que se desenvolveram com mais intensidade as garantias formais do Estado de Direito, afinal, nada pode ameaçar com maior persistência a liberdade individual que uma arbitrariedade das autoridades que dispõe dos meios punitivos. As intervenções jurídico-penais têm efeitos mais profundos que todas as demais "intervenções na liberdade e na propriedade" e recebem em primeiro lugar a desaprovação ético-social que importam, ou seja, um acento particularmente gravoso. Por isso, a lei penal e sua aplicação não só devem satisfazer os princípios jurídico-formais, senão que em seu conteúdo devem responder às exigências de Justiça, encarnadas no princípio material do Estado de Direito.

O princípio da legalidade, dessa forma, empresta segurança a um ordenamento jurídico e garante aos cidadãos proteção ante o *jus puniendi* estatal. Por este princípio os jurisdicionados devem saber de antemão a conduta proibida e sua sanção, bem como que o acusador e o julgador não podem criar tipos penais para incriminá-lo; eles devem estar previamente fixados em dispositivo legal.

II. A proibição de analogia (*nullum crimen, nulla poena sine lege stricta*): A analogia é transladar uma regra jurídica a outro caso não regulado na lei pela via do argumento da semelhança (dos casos). Distingue-se entre analogia legal e analogia jurídica, conforme a regra jurídica que se vá transladar proceda de um preceito concreto (analogia legal) ou de uma ideia jurídica que se desprenda de vários preceitos (analogia jurídica). Dita argumentação por analogia, que em outros campos do Direito é um dos métodos usuais de aplicação do Direito, no Direito Penal resta proibida para prejudicar o réu, pois para um caso concreto que só seja similar ao regulado na lei, não está fixada ou determinada legalmente a punibilidade.

A proibição de analogia nos coloca a tarefa de ter que diferenciar a interpretação fiel à lei, que está permitida, da analogia criadora de Direito, que está proibida.

III. A proibição do Direito consuetudinário para fundamentar e para agravar a pena (*nullum crimen, nulla poena sine lege scripta*): Em outros campos do Direito é possível recorrer do Direito legal, ao Direito consuetudinário (não escrito). Entretanto, o fato de que a punibilidade não possa fundamentar-se ou agravar-se por Direito consuetudinário é uma consequência óbvia da norma que prescreve que a punibilidade só possa ser determinada legalmente. Do teor literal e do sentido do princípio da legalidade se extrai necessariamente que em Direito Penal está proibida a aplicação do Direito consuetudinário para prejudicar o réu.

IV. A proibição de retroatividade (*nullum crimen, nulla poena sine lege praevia*): A proibição de retroatividade da lei penal deriva-se do art. 5º, XL, CF e do art. 2º, CP. A proibição de retroatividade goza de uma permanente atualidade político-jurídica pelo fato de que todo legislador pode cair na tentação de introduzir ou agravar *a posteriori* as previsões de pena sob a impressão de fatos especialmente escandalosos, para aplacar estados de emergência e excitação politicamente indesejáveis. Pois bem, impedir que se produzam tais leis *ad hoc*, feitas para o caso concreto e que em sua maioria são também inadequadas em seu conteúdo como consequências das emoções do momento, é uma exigência irrenunciável do Estado de Direito. Sobre este tópico remetemos o leitor a comentário específico do próximo inciso.

V. A proibição de leis penais e penas indeterminadas (*nullum crimen, nulla poena sine lege certa*): O princípio da taxatividade não é outra coisa que a exigência de que os textos legais, nos quais estão previstas as normas sancionadoras, descrevam com suficiente precisão quais condutas estão proibidas e que sanções serão impostas àqueles que incorram nelas.

Uma lei indeterminada ou imprecisa e por isso pouco clara não pode proteger o cidadão da arbitrariedade, porque não é uma autolimitação do *jus puniendi* estatal a que se possa recorrer; ademais, é contrária ao princípio de divisão de poderes, porque permite ao juiz fazer qualquer interpretação que queira e invadir com isso o terreno do legislativo; não pode exercer eficácia preventivo-geral, porque o indivíduo não pode reconhecer o que se quer proibir; e precisamente por isso sua existência tampouco pode proporcionar a base para uma reprovação da culpabilidade.

Atualmente, a política criminal inclina-se a uma técnica legislativa de construção de tipos penais abertos, ferindo, frontalmente, o princípio da legalidade. Isso ocorre com frequência nos tipos penais que incriminam condutas relacionadas à ordem econômica ou aos novos riscos da sociedade. As condutas são vagas e imprecisas, deixando margem de insegurança ao cidadão.

Art. 5º, XL – a lei penal não retroagirá, salvo para beneficiar o réu;

André Luís Callegari

1. Histórico da norma

O princípio da irretroatividade da lei penal decorre do princípio da legalidade, que determina que, de acordo com o art. 5º, XXXIX, da Constituição Federal, não há crime sem lei anterior que o defina, nem pena sem prévia cominação legal.

Por esta razão o surgimento do princípio da irretroatividade deve ser atrelado ao surgimento do princípio da legalidade. Na medida em que o princípio da legalidade foi criado pelas ideias iluministas e após inserido nas Constituições e códigos da maioria dos países, também o princípio da irretroatividade ganhou importância e passou a fazer parte das Cartas e codificações.

Antes disso, pode-se dizer que mesmo o direito romano admitia a punição pelo direito consuetudinário e pelos bons costumes.

Assim, remeto o leitor ao item 2.1 do princípio anterior (art. 5º, XXXIX, CF) para maiores explicações sobre o surgimento de ambos os princípios.

2. Constituições anteriores

O princípio da irretroatividade da lei, embora não em matéria penal, vigora em nosso País desde a Constituição de 1824 do Império, que, em seu art. 179, dispunha: "II – Nenhuma Lei será estabelecida sem utilidade pública. III – A sua disposição não terá efeito retroativo".

Após, veio a Constituição de 1981 que, mantendo o caráter absoluto da irretroatividade da lei, assim determinou em seu art. 11: "É vedado aos Estados, como à União: 3º) prescrever leis retroativas".

A irretroatividade da lei em matéria penal veio a ser regulada somente na Constituição de 1934, que, já abrangedora da exceção da retroatividade da lei penal mais benéfica, trouxe no art. 113, 27) a seguinte redação: "A lei penal só retroagirá quando beneficiar o réu".

A Constituição de 1937 abordou a irretroatividade da lei penal mais severa, determinando em seu art. 122, 13) que "as penas estabelecidas ou agravadas na lei nova não se aplicam aos fatos anteriores".

A Constituição de 1946, em seu art. 141, § 29, assim dispôs: "A lei regulará a individualização da pena e só retroagirá quando beneficiar o réu".

As Constituições de 1967 e a Emenda Constitucional n. 1 de 1969, por sua vez, abarcaram o princípio da legalidade, precursor do princípio da irretroatividade da lei penal, mas não abordaram este último de forma clara e expressa.

Posterior a elas veio a atual Constituição, a de 1988, aqui estudada.

3. Dispositivos constitucionais relacionados

Art. 5º, II e XXXIX.

4. Constituições estrangeiras

A maioria das Constituições dos países Democráticos de Direito traz previsto o princípio da irretroatividade da lei mais severa e a exceção da retroatividade da lei mais benéfica.

A Constituição espanhola, por exemplo, em seu artigo 9.3, entre outros princípios, faz a seguinte menção: "irretroatividade das disposições sancionadoras não favoráveis ou restritivas de direitos individuais".

A Constituição italiana também aborda, além do princípio da legalidade, o princípio da irretroatividade da lei. Seu art. 25, inc. II, traz que ninguém pode ser punido se não por força de uma lei cuja entrada em vigor seja anterior ao fato cometido, e o inc. III traz que ninguém pode ser submetido a medidas de segurança senão nos casos previstos na lei.

5. Textos internacionais

Encontramos o princípio da irretroatividade da lei nas principais declarações de direitos humanos do mundo.

Podemos dizer que a Declaração Universal dos Direitos Humanos, de 1948, ao prever o princípio da legalidade, faz uma remissão indireta ao princípio da irretroatividade da lei penal. Em seu art. XI, 2, dispõe que ninguém poderá ser culpado por qualquer ação ou omissão que, no momento, não constituam delito perante o direito nacional ou internacional. E que tampouco será imposta pena mais forte do que aquela que, no momento da prática, era aplicável ao ato delituoso. Se uma pessoa não pode ser culpada por uma ação que não seja considerada crime no momento de sua prática, então por óbvio uma lei posterior que venha a torná-la crime não pode retroagir. Da mesma forma, se a uma pessoa não pode ser imposta pena mais grave do que a aplicável no momento do fato delituoso, também é óbvio que uma lei posterior que venha a agravar essa pena não poderá retroagir.

A Declaração Americana dos Direitos do Homem, ou Pacto de São José da Costa Rica, em seu art. 9º, terceira parte, assim determina: "Se depois da perpetração do delito a lei dispuser imposição de pena mais leve, o delinquente será por isso beneficiado". Traz, portanto, expressamente, o princípio da retroatividade da lei penal mais benéfica.

O princípio da retroatividade da lei penal mais benéfica também vem expresso no Pacto Internacional sobre Direitos Civis e Políticos, de 1996. Seu art. 15, § 1º, possui a seguinte redação: "Se, depois de perpetrado o delito, a lei estipular a imposição de pena mais leve, o delinquente deverá dela beneficiar-se".

6. Legislação

Princípio da irretroatividade da lei penal e da retroatividade da lei penal mais benéfica também aparecem no art. 2º, Código Penal.

7. Jurisprudência

STF – Ext 1288 (Fatos enquadrados pelo direito peruano como *violacion sexual*, com pena máxima cominada de oito anos, artigo 170 do Código Penal. No Brasil, os fatos correspondiam aos crimes de estupro e atentado violento ao pudor, arts. 213 e 214 do Código Penal. As penas máximas para esses tipos penais eram de oito e sete anos de reclusão, respectivamente. A Lei n. 12.015/09 enfeixou ambas as condutas no tipo penal do art. 213 do CP, com pena máxima de dez anos de reclusão. Ao que interessa à extradição, a hipótese é de *novatio legis in pejus*. A lei nova aumentou a pena máxima do crime, parâmetro de avaliação da punibilidade para a extradição instrutória. Ultra-atividade da lei penal mais benéfica). STF – HC129215 (Incidência da causa de aumento de pena prevista no art. 9º da Lei n. 8.072/90. Existência de vítima menor de 14 (catorze) anos. Revogação posterior do art. 224 do Código Penal pela Lei n. 12.015/09. *Novatio legis in mellius* que deve retroagir para beneficiar o paciente). STJ – AgRg no AREsp 426.133/RJ (Verifica-se a ocorrência da *novatio legis in mellius*, uma vez que, em razão do novo tratamento legal conferido ao agente que comete o delito de associação criminosa armada – como ocorre na hipótese –, a pena deve ser aumentada até a 1/2 (metade), nos termos do que determina a Lei n. 12.850/2013 – ao contrário da anterior redação do dispositivo legal, que exasperava, de forma compulsória, a pena ao dobro). STJ – HC 88781 e 86050; STF – HC 91631 (a Lei n. 11.464/07 é caso de *novatio legis in pejus*, não devendo ser aplicada a fatos praticados anteriormente à entrada de sua vigência); STJ – HC 73766 (o art. 44 da Lei n. 11.343/06 é caso de *novatio legis in pejus*, não devendo tal dispositivo ser aplicado a fatos praticados anteriormente à entrada de vigência da lei, ofensa ao princípio da legalidade); STF – HC 88798 (a Lei n. 9.282/96 revogou o parágrafo único do art. 214 do Código Penal, que previa uma pena de 2 (dois) a 7 (sete) anos ao delito de atentado violento ao pudor, passando a prever uma pena de 6 (seis) a 10 (dez) anos. No caso *in concreto* o juiz de primeiro grau aplicou a pena maior, ignorando que o fato fora cometido antes da sua entrada em vigor, razão pela qual o Tribunal reconheceu violação ao princípio da *lex gravior* e determinou que o juiz retificasse a pena realizando o cálculo com base na lei anterior). STJ – HC 96026 e 92.469 (a Lei n. 11.343/06, em seu § 4º do art. 33, traz diminuição de pena, caso de *reformatio in mellius*, deve, portanto, retroagir).

8. Seleção de literatura

ASSIS TOLEDO, Francisco. *Princípios Básicos de Direito Penal*. São Paulo: Saraiva, 1994. BACIGALUPO, Enrique. *Princípios de Derecho penal, Parte General*, 5ª ed. Madrid, 1998. BUSTOS RAMÍREZ, Juan. *Manual de Derecho Penal Español, Parte general*. Barcelona: Editorial Ariel, 1984. CALLEGARI, André Luís. "Legitimidade constitucional do Direito Penal econômico: uma crítica aos tipos penais abertos". *Revista dos Tribunais*. São Paulo, ano 95, setembro de 2006, v. 851. -----. *Teoria Geral do Delito*. Porto Alegre: Livraria do Advogado Editora, 2005. CEREZO MIR, José. *Curso de Derecho Penal Español, Parte General, Tomo I*, 4ª ed. Madrid: Tecnos, 1998. COBO DEL ROSAL; VIVES ANTON. *Derecho Penal*, 5ª ed. Valencia: Tirant lo blanch, 1999. JAKOBS, Gunther. *Derecho Penal, Parte General, Fundamentos y teoría de la imputación*, traducción de Joaquín Cuello Contreras y José Luis Serrano Gonzalez de Murillo, 2ª ed. Madrid: Marcial Pons, 1997. JESCHECK, Hans-Heinrich. *Tratado de Derecho Penal, Parte General*, 4ª ed. Traducción de José Luis Manzanares Samaniego. Granada: Editorial Comares, 1993. JORGE BARREIRO, Augustín, en RODRÍGUEZ MOURULLO, Gonzalo. *Comentarios al Código Penal*. Madrid: Civitas, 1998. LUZÓN PEÑA, Diego-Manuel. *Curso de Derecho Penal*, Parte General I. Madrid: Editorial Universitas, 1996. FREDERICO MARQUES, José. Tratado de Direito Penal. São Paulo: Saraiva, 1964. MAURACH, Reinhart; ZIPF, Heinz. *Derecho penal, Parte general* 1, Traducción de Jorge Boffil Genzsch y Enrique Aimone Gibson. Buenos Aires: Editorial Astrea, 1994. MIR PUIG, Santiago. *Derecho Penal, Parte General*, 4ª ed. Barcelona: PPU, 1996. MUÑOZ CONDE, Francisco; GARCÍA ARAN, Mercedes. *Derecho Penal, Parte General*. 2ª ed. Valencia: Tirant lo blanch, 1996. REGIS PADRO, Luiz. *Curso de Direito Penal Brasileiro, Parte Geral*, 2ª ed. São Paulo: RT, 2000. RODRÍGUEZ MOURULLO, Gonzalo. *Delito y pena em la jurisprudencia constitucional*. Madrid: Civitas, 2002. RODRÍGUEZ MOURULLO, Gonzalo. *Derecho Penal, Parte General*. Madrid: Editorial Civitas, 1978. ROXIN, Claus. *Derecho Penal, Parte General*. Tomo I, Traducción y notas de Diego-Manuel Luzón Peña, Miguel Díaz y García Conlledo y Javier de Vicente Remesal. Madrid: Editorial Civitas, 1997. WELZEL, Hans. *Derecho Penal Alemán, Parte General*, 4ª ed. Traducción de Juan Bustos Ramírez y Sergio Yáñez Pérez. Editorial Jurídica de Chile, 1993. WESSELS, Johannes. *Direito Penal, Parte Geral*, Traducción de Juarez Tavarez. Porto Alegre: Fabris, 1976. ZAFFARONI, Eugenio Raúl; PIERANGELI, José Henrique. *Manual de Direito Penal Brasileiro, Parte Geral*. São Paulo: RT, 1997.

9. Comentários

I. A irretroatividade da lei penal mais severa: A proibição da retroatividade das leis penais significa que uma ação impune no tempo em que foi cometida não pode ser considerada mais tarde como punível, da mesma forma que se exclui a posterior agravação da pena.

A lei penal mais grave não se aplica aos fatos ocorridos antes de sua vigência, seja quando cria uma nova figura penal, seja quando se limita a agravar as penas de uma figura já existente.

II. A retroatividade da lei penal mais benéfica: A lei mais favorável é retroativa, aplica-se aos fatos praticados anteriormente a sua vigência. Além disso, a lei mais benigna é ultra-ativa, ou seja, praticado fato na vigência da lei anterior mais benigna, ela prevalecerá, no julgamento, em detrimento da lei posterior mais severa, mesmo após a sua revogação.

A lei penal mais benigna é, portanto, ultra-ativa e retroativa, sendo, dessa forma, extra-ativa.

III. Leis penais no tempo

Abolitio criminis: Está prevista nos artigos 2º e 107, III, do Código Penal. Ocorre quando a lei nova já não incrimina fato que anteriormente era considerado crime, tratando-se, portanto, de hipótese de descriminalização.

Para que haja a configuração da *abolitio criminis* deve haver uma ab-rogação completa do preceito penal, pois se for parcial pode subsistir a conduta anteriormente incriminada. Exemplo: roubo contra estabelecimento de crédito na Lei de Segurança Nacional. Após a revogação da norma, o roubo continuou existindo sem a agravante. Há incidência do princípio da retroatividade da lei mais benéfica.

Novatio legis incriminadora: Hipótese em que a lei nova torna típico um fato anteriormente não incriminado. Vige o princípio do *tempus regit actum*, ou seja, se na época em que praticado o fato ele não era considerado crime, a lei nova não deve retroagir. Exemplo: assédio sexual; violência contra a mulher (Lei Maria da Penha). As condutas praticadas antes da vigência destas leis não podem ser incriminadas. Há incidência do princípio da irretroatividade da lei penal mais severa.

Novatio legis in pejus: A lei posterior não incrimina novas condutas, mas agrava situação penal de condutas já existentes. Exemplo: aumento de pena, criação de circunstâncias agravantes ou qualificadoras, eliminação de causas de extinção da punibilidade existentes, exigência de mais requisitos para concessão de benefícios, etc. Há incidência do princípio da irretroatividade da lei penal mais severa.

Novatio legis in mellius: São os casos em que a lei nova, ainda que continue incriminando o fato, comina pena menos rigorosa, ou favoreça o agente de outra forma, acrescentando circunstância atenuante não prevista, eliminando agravante anteriormente prevista, prevendo a suspensão condicional com maior amplitude, estabelecendo novos casos de extinção da punibilidade, etc. Há incidência do princípio da retroatividade da lei penal mais benéfica.

IV. Leis intermediárias: A lei intermediária é aquela que, havendo uma sucessão de leis, está entre a lei vigente quando da prática do fato e a lei vigente quando da sentença, sendo ela a mais favorável. Nesse caso, embora haja divergências, é a lei intermediária que deve ser aplicada, pois, de acordo com o princípio estudado, é a mais benéfica. Esta lei possuirá um duplo efeito, será ao mesmo tempo retroativa e ultra-ativa.

V. Leis temporárias e excepcionais: As leis temporárias e as leis excepcionais são aquelas que vêm regular uma situação transitória ou incomum que merecem uma especial legislação enquanto durar dita situação.

A principal característica da lei temporária é que ela possui o tempo de vigência preestabelecido pelo legislador; é estabelecida uma data a partir da qual ela estará vigente (termo *a quo*) e uma data em que ela deixará de viger (termo *ad quem*).

Já a lei excepcional é aquela criada para ser aplicada durante situações de emergência, como por exemplo um período de guerra, convulsão social ou calamidade pública. Como exemplo de leis excepcionais temos normas do Código Penal Militar que só podem ser aplicadas em caso de guerra.

As leis excepcionais são vigentes, já existem, mas só possuirão eficácia quando determinada situação ocorrer. Passada a situação prevista, a lei perderá a eficácia, mas continuará vigendo.

A lei excepcional, quando praticado fato criminoso durante o seu período de aplicabilidade que venha a ser julgado somente após ele, retroagirá, afinal, ela estará em vigor, só não será mais eficaz.

Já a lei temporária, quando praticado fato criminoso durante o seu período de vigência que venha a ser julgado somente após ele, ultra-agirá.

Para estas leis não é aplicado, portanto, o princípio da retroatividade da lei penal mais benéfica.

O art. 3º do Código Penal assim determina: "a lei excepcional ou temporária, embora decorrido o período da sua duração ou cessadas as circunstâncias que a determinaram, aplica-se ao fato praticado durante a sua vigência".

Impedir que tais leis sejam aplicadas após seu período de eficácia ou vigência é negar seu próprio sentido, afinal, elas foram elaboradas justamente para responder a uma situação anormal ou perdurar por determinado tempo, sendo a temporariedade e a excepcionalidade fatores intrinsecamente ligados ao seu tipo penal. A punição é merecida pois o fato foi cometido justamente naquele período em que não poderia ter sido. O mesmo ocorre quando naquele período a conduta possui uma penalidade maior do que normalmente.

VI. Leis penais em branco: Leis penais em branco são aquelas cujo conteúdo necessita complementação de outra norma, normalmente regulamentares ou administrativas. Nas leis penais em branco a conduta proibida e a respectiva sanção vêm indicadas, mas necessita-se da complementação de uma outra norma para que o tipo penal esteja completo.

A questão aqui discutida é se a norma em branco retroage ou não, ou seja, se ocorrer uma modificação na norma complementar ela alterará o conteúdo da principal de modo que ela retroaja ou ultra-aja ou não?

Esta é uma questão controvertida, porém o mais acertado parece ser analisar se a alteração na norma complementar implicará, ou não, a supressão do caráter ilícito do fato.

Como exemplo citemos o art. 269 do Código Penal que traz a seguinte conduta: "deixar o médico de denunciar à autoridade pública doença cuja notificação é compulsória".

Para que saibamos quais são as doenças cuja notificação é compulsória precisamos de uma norma extrapenal que as determine. Caso esta norma seja alterada e uma doença deixe de necessitar de notificação compulsória, a omissão do médico deixará de ser um ilícito penal, visto que houve alteração na própria matéria da proibição. Nesse caso a lei, por ser mais benéfica, sendo inclusive um caso de *abolitio criminis*, deve retroagir.

A Lei n. 11.343/06, de Tóxicos, é outro exemplo de lei penal em branco. A determinação de quais são as substâncias entorpecentes é feita pela ANVISA, que traz uma regulamentação extrapenal complementar à lei de tóxicos. Se a ANVISA passa a desconsiderar que determinada substância seja entorpecente, retirando-a desta regulamentação, consequentemente a lei penal em branco, agora mais benéfica, retroagirá, pois aquele que consumiu ou traficou aquela substância não terá praticado crime algum.

Já quando, por exemplo, é alterado o preço das tabelas oficiais de preço, em nada se alterará o delito de transgressão de tabelas de preço, previsto no art. 2º, IV, da Lei n. 1521/51, razão pela qual a lei penal em branco não será afetada, não necessitando nem ultra nem retroagir.

VII. Retroatividade e leis processuais: O princípio da irretroatividade da lei penal mais severa e o da retroatividade da lei penal mais benéfica são aplicados somente a leis que possuam conteúdo de direito penal material; às leis de caráter penal processual não são aplicados os princípios estudados.

Saliente-se a importância de definir o tipo do conteúdo da lei, pois uma lei processual pode ter conteúdo de direito material, quando então deverão incidir os princípios acima mencionados. Um exemplo seria uma lei nova que venha a proibir fiança para determinado crime. A nova norma é uma lei processual, mas atinge diretamente o direito à liberdade (material), não devendo, portanto, retroagir, sendo um caso de *reformatio in pejus*.

Já se uma lei possui conteúdo genuinamente processual, de acordo com o art. 2º do Código de Processo Penal, ela terá aplicação imediata, não devendo nem ultra nem retroagir.

Questão que denota importância é quando a nova lei possui caráter misto, ou seja, processual e penal. Nesses casos, o conteúdo que impera é o penal em detrimento do processual penal, aplicando-se, portanto, os princípios da retroatividade da lei.

VIII. Retroatividade e combinação de leis: Um aspecto que se faz relevante é se é possível ao juiz fazer uma combinação de leis a fim de aplicar a parte mais favorável de uma e outra ao caso concreto.

Embora seja polêmica a questão da combinação de leis, vários autores brasileiros são favoráveis a sua utilização. Frederico Marques, por exemplo, traz várias razões favoráveis: a primeira seria o fato de a norma combinada ser constituída em função de um princípio constitucional com o próprio material fornecido pelo legislador, a segunda seria o fato de o juiz poder escolher entre duas leis a mais benigna, não havendo então por que ele não possa combiná-las para aplicar, mais retamente, a Constituição; e por fim, se ao juiz é permitido escolher o todo mais favorável, não deve haver qualquer obstáculo para que ele selecione parte de um todo e parte de outro a fim de cumprir uma regra constitucional que se deve sobrepor "a pruridos de lógica formal".

Portanto, na aplicação da *lex mitior* deve-se abarcar também as leis intermediárias, pois não deixam de ser leis penais e estão irradiando eficácia plena. Desse modo, não se pode afastar a combinação de parte de uma lei antiga com parte de uma lei nova, em busca de uma solução melhor para o acusado.

Este procedimento não importa na criação de uma *lex tertia* pelo órgão jurisdicional, que não teria legitimidade para tal, mas sim no trabalho de integração, permitido ao aplicador da lei uma solução justa para o caso concreto, isto é, através da interpretação integrativa.

A combinação de leis é admitida no campo penal, pois como já referimos, nunca há uma lei estritamente completa e há leis especialmente incompletas, como as leis em branco, que exigem sua complementação com outras, logo sempre o juiz em realidade está configurando uma *lex tertia*. Por outra parte, isso não viola nenhum dos conteúdos do princípio da legalidade e, mais ainda, está de acordo com o princípio da necessidade da pena que informa o princípio da culpabilidade. Definitivamente, não se vê razão para se opor à *lex tertia*, que nada mais é do que simples interpretação integrativa, completamente admissível (em favor do réu) na atividade judicial.

Art. 5º, XLI – a lei punirá qualquer discriminação atentatória dos direitos e liberdades fundamentais;

José Claudio Monteiro de Brito Filho

A – REFERÊNCIAS

1. História da norma

Texto original.

2. Direito internacional

Declaração Universal dos Direitos Humanos, art. II (1948); Pacto Internacional sobre Direitos Civis e Políticos, art. 2, 1 (1966 – aprovado pelo Congresso Nacional por meio do Decreto Legislativo n. 226, de 12 de dezembro de 1991; promulgado no Brasil pelo Decreto n. 592, de 6 de julho de 1992); Pacto Internacional sobre Direitos Econômicos, Sociais e Culturais, art. 2º. 2 (1966 – aprovado pelo Congresso Nacional por meio do Decreto Legislativo n. 226, de 12 de dezembro de 1991; promulgado no Brasil pelo Decreto n. 591, de 6 de julho de 1992); Convenção Americana sobre Direitos Humanos, art. 1º. 1 (1969 – aprovada pelo Congresso Nacional por meio do Decreto Legislativo n. 27, de 1992; promulgada no Brasil pelo Decreto n. 678, de 6 de novembro de 1992); Convenção n. 100, da Organização Internacional do Trabalho (1951 – aprovada pelo Congresso Nacional por meio do Decreto Legislativo n. 24, de 29 de maio de 1956; promulgada no Brasil pelo Decreto n. 41.721, de 25 de junho de 1957, revigorado pelo Decreto n. 95.461, de 11 de dezembro de 1987); Convenção n. 111, da Organização Internacional do Trabalho (1958 – aprovada pelo Congresso Nacional pelo Decreto Legislativo n. 104, de 1964; promulgada no Brasil pelo Decreto n. 62.150, de 19 de janeiro de 1968); Convenção sobre a Eliminação de Todas as Formas de Discriminação contra a Mulher (1979 – aprovada pelo Congresso Nacional pelo Decreto Legislativo n. 26, de 22 de junho de 1994; promulgada no Brasil pelo Decreto n. 4.377, de 13 de setembro de 2002); Convenção sobre os Direitos das Pessoas com Deficiência (2007 – aprovada pelo Congresso Nacional por meio do Decreto Legislativo n. 186, de 9 de julho de 2008, conforme o procedimento previsto no art. 5º, § 3º, da Constituição; promulgada no Brasil pelo Decreto n. 6.949, de 25 de agosto de 2009).

3. Remissões constitucionais e legais

Art. 3º, IV, e art. 5º, *caput*, da Constituição da República; Consolidação das Leis do Trabalho, art. 373-A (proteção do trabalho da mulher); Lei n. 7.716/1989 (define os crimes resultantes de preconceito de raça ou de cor); Lei n. 9.029/1995 (proíbe a exigência de atestados de gravidez e esterilização, e outras práticas discriminatórias, para efeitos admissionais ou de permanência da relação jurídica de trabalho, e dá outras providências); Lei n. 10.741/2002 (Estatuto do Idoso); Lei n. 12.288/2010 (Estatuto da Igualdade Racial). Lei n. 13.146/2015 (Estatuto da Pessoa com Deficiência).

4. Jurisprudência

HC 84.424-2/RS – STF, *DJ* de 19/3/2004 (prática de crime de racismo).

5. Referências bibliográficas

BRITO FILHO, José Claudio Monteiro de. *Discriminação no trabalho*. São Paulo: LTr, 2002. 110 p.; BRITO FILHO, José Claudio Monteiro de. *Ações afirmativas*. 4. ed. São Paulo: LTr, 2016. 135 p.; CANOTILHO, J. J. Gomes. *Direito constitucional e teoria da constituição*. 7. ed. Coimbra: Livraria Almedina, 1941. 1522 p.; CROCHIK, José Leon. *Preconceito*: indivíduo e cultura. 2. ed. São Paulo: Robe Editorial, 1997. 152 p.; GOFFMAN, Erving. *Estigma*: notas sobre a manipulação da identidade deteriorada. 4. ed. Rio de Janeiro: Editora Guanabara, 1988. 158 p.; SARLET, Ingo Wolfgang. *A eficácia dos direitos fundamentais*. 7. ed. Porto Alegre: Livraria do Advogado, 2007. 501 p.

B – COMENTÁRIOS

O inciso deve ser considerado desdobramento de um dos objetivos fundamentais da República, que é a promoção do bem de todos, sem discriminação de qualquer espécie, assim como do princípio da igualdade.

Seu objetivo é impor ao Estado a edição de normas que punam quaisquer formas de discriminação que atentem contra os direitos e liberdades fundamentais.

Discriminação

A discriminação, a propósito, deve ser compreendida como toda e qualquer conduta que se traduza em distinção, exclusão ou preferência, e que tenha por fim negar à pessoa igualdade de oportunidades ou de tratamento. O que se produz, com a discriminação, é a negação de um postulado básico: a igualdade entre os seres humanos.

Deve ainda ser entendida como a exteriorização do preconceito, ou como este em sua forma ativa. É que a discriminação é consequência do trazer para a realidade dos fatos diversos fenômenos, como o estigma e o estereótipo, mas, principalmente, o preconceito, este um fenômeno psicológico e cultural que se define como visão negativa dirigida a alguém ou a um grupo, por variáveis e infinitas razões[1].

Esses fenômenos, todavia, não pertencem ao mundo do Direito, devendo ser considerada como categoria jurídica somente a sua forma exterior, a discriminação, pois a única capaz de atentar contra direitos subjetivos.

Observe-se, ainda, a respeito da discriminação, que ela designa genericamente toda e qualquer hipótese de distinção, preferência ou exclusão, pelo que, mesmo suas formas mais conhecidas, como o racismo e a intolerância religiosa, devem ser vistas como espécies do gênero, ou formas qualificadas de discriminação, a partir de um estereótipo ou de um estigma determinado.

Modelos de combate à discriminação

Essa forma de conduta, a discriminação, embora já tenha sido albergada pelo Direito, até o brasileiro, é hoje considerada incompatível com um dos princípios-base do ordenamento jurídico, o Princípio da Igualdade, e por isso rejeitada e combatida.

Esse combate é feito a partir de dois grandes modelos: o modelo repressor e o das ações afirmativas.

No primeiro modelo, cuida-se, com destaque para a ação estatal, da edição de normas que impedem e reprimem a conduta discriminatória, criminalizando-a, mas, também, impondo sanções de natureza civil, trabalhista e administrativa. É modelo caracterizado como estático, pois se limita a punir a conduta definida como discriminatória.

Diversamente, o segundo modelo, das ações afirmativas, ou da discriminação positiva ou inversa, propõe conduta mais dinâmica, por meio do estabelecimento de normas que, reconhecendo as diferenças e as desigualdades porventura causadas pelas primeiras, criam condições especiais para o exercício dos direitos, especialmente os fundamentais, em favor de grupos vulneráveis[2]. Tem sido utilizado, no Brasil, não somente para hipóteses de exclusão, que têm como causas fatores culturais e sociais, mas também para as hipóteses de desigualdade, que têm como causa fator socioeconômico.

Note-se que um modelo não é excludente do outro; ao contrário, são complementares, no sentido de que atuam contra a discriminação com o mesmo objetivo, mas de forma distinta, o primeiro reprimindo a discriminação, com base na cláusula geral de igualdade, e o segundo promovendo o respeito às diferenças, agora fundamentado em cláusulas especiais[3].

Enquadramento do art. 5º, XLI

O dispositivo comentado enquadra-se no primeiro modelo, pois, como visto ao início, destina-se a reprimir a discriminação.

Faz isso determinando que a lei punirá qualquer forma de discriminação, o que o define como norma constitucional de baixa densidade normativa[4]. É que a disposição, para seu uso, necessita da atuação do legislador infraconstitucional.

Efeitos

Os efeitos gerados pelo comando constitucional, dessa feita, ficam limitados aos comuns a toda e qualquer disposição constitucional, e que, no caso, podem ser resumidos na proibição de o

---

1. BRITO FILHO, José Claudio Monteiro de. *Discriminação no trabalho*. São Paulo: LTr, 2002, p. 37-42.

2. Ver, a respeito, em Gomes Canotilho, a noção de igualdade justa, o princípio da proibição do arbítrio e o critério material objetivo para definir se há violação arbitrária da igualdade jurídica (*Direito constitucional e teoria da Constituição*. 7 ed. Coimbra: Livr. Almedina, p. 428-429).

3. Ver mais a respeito em BRITO FILHO, José Claudio Monteiro de. *Ações afirmativas*. 4. ed. São Paulo: LTr, 2016.

4. SARLET, Ingo Wolfgang. *A eficácia dos direitos fundamentais*. 7 ed. Porto alegre: Livr. do Advogado, 2007, p. 264.

Estado atuar contra a disposição, quer pelo impedimento de editar normas contrárias à determinação de que sejam punidas as condutas discriminatórias, quer pela impossibilidade de serem revogadas normas editadas com esse intuito punitivo, além de que disposições anteriormente existentes e incompatíveis com o comando constitucional são excluídas do ordenamento jurídico[5].

Não que não se possa reprimir a discriminação, ou praticar atos que corrijam situações de exclusão – a segunda hipótese relacionada apenas indiretamente ao dispositivo em comento –, sem a edição de norma infraconstitucional.

É possível, desde que se leve em consideração que a discriminação atenta contra diversos dispositivos constitucionais, que têm densidade normativa suficiente para punir a conduta discriminatória, e até para ensejar políticas de correção em favor de grupos excluídos.

Isso, todavia, com limitações, pois, no campo penal não há possibilidade de atuação sem lei expressa que defina o crime e a pena. No aspecto repressivo, na esfera penal, dessa forma, somente havendo lei será possível sancionar o ato de discriminação. Em outros campos, como o civil, o trabalhista, e o administrativo, não há maiores limitações.

Destinatário

O destinatário direto da disposição é o próprio Estado, obrigado a, por meio de normas por ele criadas, punir condutas discriminatórias.

Indiretamente, ou seja, como sujeitos ativos e passivos das prescrições legais proibitivas da discriminação, são destinatárias ainda as pessoas físicas e jurídicas, sob dois ângulos distintos, o da proteção e o da obrigação.

Sob o primeiro, qualquer destinatário, ou seja, qualquer pessoa detentora de direitos e liberdades fundamentais será protegida pelas normas que punam condutas discriminatórias que estejam previstas em lei como passíveis de repressão. Em sentido contrário, qualquer pessoa que incidir na conduta ilícita prevista na lei estará sujeita a sanção.

Concretização

Essa destinação, todavia, não ocorre de imediato, pois a disposição remete à lei a criação de punições à conduta discriminatória. Por esse prisma, o objetivo do dispositivo é concretizar, em um aspecto, o da repressão, as prescrições constitucionais dos artigos 3º, inciso IV, e 5º, *caput*.

A esse respeito, o Estado brasileiro já cumpriu, em parte, a disposição, começando com a Lei n. 7.716, de 5 de janeiro de 1989, que "define os crimes resultantes de preconceito de raça ou de cor".

Essa lei, que dá concretude ao comando constitucional, foi alterada pela de n. 9.459, de 15 de maio de 1997, para incluir, além da discriminação resultante de raça ou de cor, também as hipóteses de etnia, religião e procedência nacional, e é uma lei penal, pois se ocupa da repressão nesse aspecto. Foi alterada, também, pela Lei n. 12.288, de 20 de julho de 2010, esta mais para acrescentar hipóteses que configuram infração penal e para a determinação de providências, além de instituir o Estatuto da Igualdade Racial, que foi o principal objetivo deste diploma legal.

Outra norma a concretizar o dispositivo é a Lei n. 9.029, de 13 de abril de 1995, que "Proíbe a exigência de atestados de gravidez e esterilização, e outras práticas discriminatórias, para efeitos admissionais ou de permanência da relação jurídica de trabalho, e dá outras providências".

Essa lei, de índole penal, mas também trabalhista e administrativa, não obstante tenha como principal objetivo a proteção da mulher contra a discriminação, realizando-a no aspecto criminal, estende a proteção, nos aspectos trabalhista e administrativo, para as hipóteses de discriminação por motivo de origem, raça, cor, estado civil, situação familiar ou idade, além do sexo.

É cabível ressaltar também o disposto na Lei n. 10.741, de 1º de outubro de 2002, que "Dispõe sobre o Estatuto do Idoso e dá outras providências". Essa lei, no artigo 96, define como crime a discriminação da pessoa idosa.

Há, por fim, a Lei n. 13.146, de 6 de julho de 2015, o Estatuto da Pessoa com Deficiência, e que, embora preste-se à inclusão dos integrantes desse grupo vulnerabilizado, possui disposições específicas a respeito da igualdade e da não discriminação (artigos 4º a 8º), e também prescreve, no artigo 88, o crime de " Praticar, induzir ou incitar discriminação de pessoa em razão de sua deficiência".

A respeito desse conjunto de normas, é de se ressaltar que não contemplam a totalidade das hipóteses de discriminação. É natural, pois a discriminação, assim como o preconceito, ao se relacionar com diversos alvos e motivos, não pode ter todas as suas hipóteses descritas[6].

Não obstante, está claro que o objetivo do preceito constitucional é impor a punição a toda e qualquer forma de discriminação, e, embora isso não pudesse ser feito em matéria penal, onde a descrição do tipo deve ser precisa, a solução mais coerente, em matéria civil, trabalhista e administrativa, deveria ser coibir, por lei, expressamente e de forma genérica, toda e qualquer forma de discriminação, repetindo o comando que está no artigo 3º, IV, da Constituição, de onde, como referido ao início, o artigo 5º, XLI, é desdobramento.

Art. 5º, XLII – a prática do racismo constitui crime inafiançável e imprescritível, sujeito à pena de reclusão, nos termos da lei;

Luciano Feldens

1. Mandados constitucionais de criminalização: considerações gerais

A incorporação pela Constituição, em pleno Título II (Dos Direitos e Garantias Fundamentais), Capítulo I (Dos Direitos e Deveres Individuais e Coletivos), de normas tendentes a assegurar a tutela penal de direitos e valores nela consagrados reflete a explícita aceitação, por parte do constituinte originário, de deveres de proteção com feição jurídico-penal. Sobre peculiares que à

---

[5]. Idem, ibidem, p. 313-317.

[6]. A respeito dessa multiplicidade de hipóteses de preconceito, ver Crochik, José Leon. *Preconceito*: indivíduo e cultura. 2. ed. São Paulo: Robe Editorial, 1997, p. 12.

primeira vista possam parecer, essas normas não revelam qualquer excentricidade do constituinte brasileiro, mormente se fotografadas ao lado de outras Constituições democráticas hauridas no segundo pós-guerra. A exemplo da Constituição brasileira, também as Constituições da Alemanha (art. 26.1), da Itália (art. 13), da França (art. 68-1), de Portugal (art. 117.3) e da Espanha (arts. 45.3, 46 e 55.2), entre outras, aderiram a fórmulas semelhantes[1].

Normas dessa natureza ingressam na Constituição por motivações diversas. Parcela delas, como reflexo de uma concepção de cidadania que se forma à raiz de um novo modelo de Estado (Social e Democrático de Direito). Selam, nesse tom, "pontos de não retorno" (v.g., as normas que impõem constitucionalmente a criminalização do racismo, da tortura e da ação de grupos armados contra o Estado Democrático). Outras retratam uma genuína opção político-constitucional no sentido de que sejam criminalizadas determinadas condutas cujo desvalor é de imediato reconhecido pela Constituição (v.g., a imposição da criminalização do tráfico ilícito de entorpecentes e dos atentados ao meio ambiente), exteriorizando-se como produto do que se poderia designar *política criminal constitucional*.

2. Constituição e Direito penal: uma relação de base axiológico-normativa informada por uma correspondência de fins: a tutela de direitos fundamentais

A partir da correlação entre a forma do poder (instituição, divisão, limitação e controle) e os direitos fundamentais, passamos a compreender a Constituição como fonte, a um só tempo, de legitimação e de limitação do poder constituído; é dizer: de estruturação e de contenção do poder estatal. Logicamente, tais temas dizem muito de perto com o Direito penal, não mais sendo possível sustentar-se que seja escassa, hoje em dia, a zona de interseção entre essa esfera da ciência jurídica e a Constituição. Ambas compartem uma relação de base axiológico-normativa, cujas linhas essenciais enfeixam-se em torno de uma correspondência de fins: a tutela de direitos fundamentais.

Esse entendimento é corroborado pelo fato de que boa parte dos conteúdos que tradicionalmente correspondiam ao Direito penal foram constitucionalizados. Um exemplo claro desse compartilhamento pode ser recolhido do presente texto constitucional: a Constituição de 1988 contempla, por quase uma centena de vezes, expressões diretamente relacionáveis ao Direito penal. Tudo a indicar, em definitivo, que o Direito penal não desfruta de existência autônoma em face da Constituição, senão que nela encontra (com o apoio da hermenêutica constitucional) os limites máximos (formais e materiais) quanto os fundamentos mínimos de sua estruturação, ambos inultrapassáveis pelo legislador[2].

3. A Constituição como uma síntese *a priori*, pré-constituída ao legislador: a reserva constitucional de Direito penal

Identificado o foco de análise sobre esse núcleo essencial (a tutela de direitos fundamentais), é-nos facultado reconhecer que as projeções da Constituição sobre o Direito penal operam em três grandes níveis, os quais não apenas informam, senão que, em seus extremos, também conformam a atuação do legislador: (a) a Constituição como *limite material* do Direito penal (fronteiras constitucionais à configuração de ilícitos penais); (b) a Constituição como *fonte valorativa* do Direito penal (o espaço de legitimação constitucional da penalização); (c) a Constituição como *fundamento normativo* do Direito penal (as zonas de obrigatória intervenção do legislador penal).

Nenhuma controvérsia paira sobre a primeira dessas condicionantes. O mesmo se pode referir acerca da função legitimadora da Constituição no que respeita à incorporação, pelo Direito penal, de um interesse ou valor constitucionalmente reconhecido. Entretanto, pouco se desenvolveu a dogmática jurídica (constitucional e penal) sobre o conteúdo, e mesmo sobre a força vinculante, das normas constitucionais que veiculam o que denominamos mandados constitucionais de criminalização, gênero do qual os incisos ora comentados (XLII, XLIII e XLIV) são espécies eloquentes.

Ainda que não sejam ordens justapostas, essa conjunção de sentido entre a Constituição e o Direito penal forma um eclipse (parcial) entre ambas as esferas da ciência jurídica, resultando, daí, irradiações normativas da Constituição sobre o Direito penal. Logicamente, não se pretende que seja o Código Penal um espelho, um retrato fiel da Constituição. A relação entre a Constituição e o Direito penal ("bens jurídicos" constitucionais e penais) não haverá de ser necessariamente de coincidência, mas de coerência (Lascuraín Sánchez, 1998: 165). A Constituição contém as decisões valorativas fundamentais para a elaboração de um conceito de bem jurídico prévio à legislação penal e ao mesmo tempo obrigatório para ela (Rudolphi, 1975: 341), contexto no qual podemos afirmar que a obrigação de tutela jurídico-penal encontra seu objeto premeditado por uma ordem de valores ditada pela Constituição (*Wertordnung*) que se faz pré-constituída ao legislador (Pulitanò, 1984: 1251). Isso implica verificar se é possível, ou mesmo necessário, encontrar na carta constitucional uma espécie de síntese *a priori* (Bricola, 1977: 24), ou seja, um modelo de intervenção penal pré-determinado constitucionalmente; enfim, um programa mais ou menos detalhado que vincule o legislador tanto a respeito dos fins como dos instrumentos de tutela (Donini, 2001: 24-25). A isso designamos *reserva constitucional de direito penal*.

4. O dever de prestação normativa em matéria penal: base teórica, objeto e efeitos genéricos dos mandados constitucionais de criminalização

Uma das formulações contemporâneas mais significativas no âmbito da dogmática dos direitos fundamentais consiste em

---

1. Os limites deste estudo não nos permitem um tal detalhamento em torno dos deveres de proteção penal dos direitos fundamentais, razão pela qual tomamos a liberdade de remeter o leitor para: FELDENS, Luciano. *A Constituição Penal: a dupla face da proporcionalidade no controle de normas penais*. Porto Alegre: Livraria do Advogado, 2005; em versão revista e sintetizada: FELDENS, Luciano, *Direitos Fundamentais e Direito Penal – A Constituição Penal*, 2ª ed., Porto Alegre: Livraria do Advogado, 2012.
2. Essas determinantes constitucionais vinculam o direito ordinário, fazendo-o de uma dupla forma: negativa e positivamente. Decorrem daquilo que Canotilho denomina a força heterodeterminante da Constituição (heterodeterminações positivas e negativas). Na condição de determinantes negativas, as normas constitucionais desempenham uma função de limite às normas de hierarquia inferior; como determinantes positivas, as normas constitucionais regulam – pelo menos parcialmente – o próprio conteúdo das normas inferiores, de forma a poder obter-se não apenas uma compatibilidade formal entre o direito supraordenado (normas constitucionais) e infraordenado (normas infraconstitucionais), mas também uma autêntica conformidade material.

que, ao contrário do que propugnava o modelo liberal clássico, os direitos fundamentais não têm sua eficácia restringida a uma dimensão negativa, de direitos subjetivos individuais. Paralelamente, ostentam aptidão para funcionar como elementos objetivos fundamentais da comunidade, operando como valores objetivos que orientam por inteiro o ordenamento jurídico (Sarlet, 2006: 165), e reclamando, dentro da lógica do Estado Social, prestações positivas destinadas a sua proteção. Enquanto tal, a dimensão objetiva interfere na dimensão subjetiva dos direitos fundamentais, neste caso atribuindo-lhe um reforço de efetividade (Mendes, G. F.; Coelho, I. M.; Branco, P. G. G., 2007: 257).

Os deveres (mandados) de tutela penal são a expressão, no campo jurídico-penal, da teoria dos deveres estatais de proteção; configuram-se, assim, como uma projeção da dimensão objetiva dos direitos fundamentais. Anotam-se, dentre outros, os seguintes dispositivos: art. 5º, incisos XLII (prática do racismo), XLIII (tortura, terrorismo, tráfico de entorpecentes e crimes considerados hediondos) e XLIV (ação de grupos armados contra o Estado democrático), art. 225, § 3º (tutela do meio ambiente) e art. 227, § 4º (proteção especial à criança e ao adolescente)[3].

Centra-se o objeto do mandado constitucional, em princípio, sobre uma obrigação de caráter positivo, para que o legislador penal edifique a norma incriminadora, ou, quando esta já existe, em uma obrigação negativa, no sentido de que se lhe é vedado retirar, para aquém do mínimo de tutela constitucionalmente exigido, a proteção já existente (eficácia paralisante). É sob tal contexto que o mandado constitucional "sobreprotege" o bem jurídico tutelado pela norma penal, garantindo não apenas a legitimidade, mas a própria necessidade constitucional de uma proteção normativa de índole jurídico-penal. Ainda assim, o mandado constitucional não define os precisos termos da conduta incriminada, menos ainda estabelece-lhe sanção. Seu conteúdo se traduz em um comando genérico, com reduzido grau de especificidade, de tutela penal a determinado bem, valor ou interesse constitucional. A construção da conduta delituosa exige a atuação mediadora do legislador (princípio constitucional da legalidade penal), importando esclarecer que da Constituição não são diretamente deduzíveis ilícitos penais.

Acerca dos efeitos dessas normas, importa anotar: em todas essas hipóteses, o constituinte houve por afastar do âmbito de liberdade de configuração do legislador a decisão sobre merecerem, ou não, os bens ou interesses violados por essas condutas, a tutela jurídico-penal. Essa decisão já está tomada em nível constitucional. Pode-se afirmar, portanto, que a liberdade de configuração do legislador penal não é absoluta. É relativa (aliás, como sucede em relação a qualquer ramo do direito ordinário: civil, tributário, administrativo, etc.). Embora detentor de um amplo espaço de atuação, não lhe é lícito editar uma lei qualquer em nome de sua legitimidade democrática. Em uma democracia constitucional, a regra da maioria não há de prevalecer sempre e para tudo: há coisas que o legislador "não pode"

decidir e algumas outras que "não pode deixar" de decidir (Ferrajoli, 2001: 37; Prieto Sanchís, 2003: 104). Acaso assim não fosse, a Constituição, como norma superior, estaria franqueando o seu próprio suicídio.

O mandado de criminalização veicula, portanto, uma relação de natureza impositiva que tem como destinatário o legislador, a este competindo a criação de um abrigo normativo, de caráter jurídico-penal, estabelecendo os termos e os limites dessa tutela, a qual, se por um lado não pode situar-se além do constitucionalmente permitido (proibição do excesso), tampouco se pode estabelecer aquém do constitucionalmente exigido (proibição de proteção deficiente).

Diante desse panorama global, podemos concluir que a ideia do dever de prestação normativa em matéria penal encerra uma relação de complementaridade entre as funções limitadora – tradicionalmente colocadas em primeiro plano – e fundante do Direito penal, as quais não podem, sob tais circunstâncias, ver-se dissociadas. É sob esta indispensável dialética, ou seja, entre limitação e fundamento dos institutos ou poderes jurídico-penais, que gravita a temática do dever de prestação normativa em matéria penal (Pulitanó, 1984: 1241-1300). De um lado, um limite garantista intransponível (intervenção necessariamente mínima); de outro, um conteúdo mínimo irrenunciável de coerção (intervenção minimamente necessária).

5. História da norma

A ideia de um dever de proteção como decorrência dos direitos fundamentais foi adotada por um grande número de países que se libertaram de todos os tipos de regimes autoritários dentro e fora da Europa, no último quarto do século XX. Nesses casos, ou o dever de proteção foi explicitamente incorporado ao texto das Constituições, ou as recém instituídas cortes constitucionais o extraíram de suas declarações de direitos (Grimm, 2007: 164).

De fato, foi o que ocorreu no Brasil. Como anota Nilo Batista, no seio da Assembleia Nacional Constituinte, dois grupos políticos antagônicos propunham obrigações constitucionais de criminalização. Um deles, pela esquerda, sensibilizado pelo preconceito e pelas discriminações raciais entranhadas na formação social brasileira, bem como pelas nefastas consequências do período ditatorial, especialmente no que concerne à perseguição de dissidentes políticos do regime, propunha a penalização, sob condições mais rigorosas, do racismo, da tortura e da "quartelada". Por outro lado, adviria da direita uma reação tendente a submeter ao mesmo microssistema penal a luta revolucionária (então compreendida como "terrorismo"), o tráfico de entorpecentes e alguns crimes especialmente graves, tendo-se optado, para designá-los, pela expressão "crimes hediondos" (Batista, 2003: 344).

Diante desse panorama político, edificaram-se os incisos XLII, XLIII e XLIV do art. 5º da Constituição, com as especificidades que em cada qual se fará notar.

6. Âmbito de proteção: da raça ao racismo

Em um país onde os afrodescendentes somam grande parcela da população, e se encontram em situação significativamente desvantajosa em relação aos brancos em todos os indicadores sociais relevantes, o constituinte não se mostrou indiferente ao problema da intolerância racial (Sarmento, 2006: 139). A Consti-

---

[3]. É ainda escassa a discussão em torno dos deveres de proteção na jurisprudência nacional. Vale referir, a respeito, o voto e as manifestações do Min. Gilmar Mendes no julgamento da ADIn 3.112. BRASIL. Supremo Tribunal Federal. Ação Declaratória de Inconstitucionalidade n. *3.112-DF. Relator: Min. Ricardo Lewandowski, Brasília, 2 de maio de 2007. Diário de Justiça da União*, 26 out. 2007.

tuição estabeleceu, como objetivo fundamental da República, a promoção de uma sociedade "sem preconceitos de origem, raça, sexo, cor, idade e quaisquer outras formas de discriminação" (art 3º, IV), proibiu o desnivelamento salarial e funcional em razão de cor (art. 7º, XXX) e impôs a criminalização da prática do racismo (art. 5º, XLII). Entretanto, a "questão racial" estampada neste inciso ultrapassa o critério da cor como elemento proscrito de discrímen.

Nesse sentido, utilizando-se da articulação linguística em epígrafe ("da raça ao racismo"), Celso Lafer denuncia a imprecisão do conceito de raça, o qual não se conecta ao sentido do texto constitucional sob o exclusivo epíteto de uma diversidade meramente biológica (por sinal, muito discutível quando em questão a espécie humana). Adotando plenamente essa concepção, aqui fazemos coro com Lafer para anotar que se o racismo não pode ser justificado por fundamentos biológicos, persiste, no entanto, como fenômeno social, sendo esse fenômeno social de base discriminatória, e não propriamente a "raça", o conteúdo material da norma contida no inciso XLII (Lafer, 2005:58)[4].

A determinação constitucional de criminalização da prática do racismo veicula, assim, um nítido propósito protetivo daquele direito que, haja vista sua transcendência, mereceu incorporação constitucional: o direito fundamental a não ser discriminado em razão de raça[5].

7. Limites e colisões: liberdade de expressão versus honra e dignidade humana

O caráter relacional da liberdade encontra seus limites no dano que pode produzir à liberdade alheia, notadamente quando esta se encontra tutelada pelos objetivos fundamentais do País (art. 3º, IV, da CF) (Lafer, 2005: 68, com apoio em Ferraz Jr., 2002: 104). Como enfatizado pelo STF em *leading case* a seguir apresentado, as liberdades públicas não são incondicionais, por isso devem ser exercidas de maneira harmônica, observados os limites definidos na própria Constituição Federal (art. 5º, § 2º, primeira parte): "o preceito fundamental de liberdade de expressão não consagra o 'direito à incitação ao racismo', dado que um direito individual não pode constituir-se em salvaguarda de condutas ilícitas, como sucede com os delitos contra a honra". Consideraram-se prevalentes, na espécie, os princípios da dignidade da pessoa humana e da igualdade jurídica[6].

---

4. Nesse tom é a lição de Miguel Reale Jr. (2003: 333), ao afirmar, com apoio em Dario Padovan, a independência funcional do racismo em relação ao conceito científico de raça, sobrepairando a essência da questão, ou seja, a transformação da raça em uma realidade social e política, que leva à exclusão e morte de uma categoria social.
5. Discutível é se o dispositivo sob apreço introduz um direito fundamental à tutela penal. Conquanto sua estrutura pareça apontar nesse sentido, abre-se a discussão sobre *como* se (e mesmo *quem*) poderia cobrar judicialmente a realização desse "direito". A problemática pode ser sintetizada na seguinte proposição: existem direitos subjetivos de proteção ou apenas normas que prescrevem ao Estado a proteção do indivíduo, sem conferir-lhes, todavia, um direito subjetivo? Essa questão da "subjetivação" dos deveres de proteção é uma discussão que, como informa Alexy, permanece aberta na jurisprudência do Tribunal Constitucional Federal alemão. Muito embora, pode-se dizer de uma "tendência objetiva" com claras indicações para uma "interpretação subjetiva". Alexy (1997: 438).
6. BRASIL. Supremo Tribunal Federal. *Habeas Corpus n. 82424-RS*. Relator: Min. Moreira Alves. Relator p/ acórdão: Min. Maurício Corrêa. Brasília, 17 de setembro de 2003. *Diário de Justiça da União*, 19 set. 2004.

8. Inafiançabilidade

O atributo da inafiançabilidade da infração destitui do direito à fiança (arts. 322 a 324 do CPP) aqueles que se encontrem presos provisoriamente pelo cometimento de delitos compreendidos como "prática de racismo". Entretanto, tal como reconhecido em relação às demais infrações penais, a inafiançabilidade da infração (*v.g.*, pela natureza ou circunstâncias do delito, ou pela quantidade da pena cominada) não impede que o investigado ou acusado obtenha a liberdade provisória, sem fiança, desde que ausentes os requisitos da decretação da prisão preventiva (art. 310 do CPP). Inafiançabilidade, portanto, não se confunde com vedação de liberdade provisória; tampouco com necessidade de cumprimento de eventual sanção em regime prisional.

9. Imprescritibilidade

Em regra, a potestade sancionadora do Estado não é eterna. Sobre tanto dizem as regras gerais do Código Penal que dispõem acerca do instituto da prescrição das pretensões punitiva e executória (art. 109 e seguintes), fundamentalmente estabelecidas no intuito de evitar a inércia estatal na revelação dos delitos, de modo a impedir o indefinido prolongamento da investigação, da ação ou da execução penal. Dogmaticamente, refere-se acerca do princípio da prescritibilidade das infrações penais. Tal princípio encontra exceções dentro da própria ordem constitucional, que atribui a nota de imprescritibilidade aos delitos relacionados à prática do racismo (inc. XLII) e à ação de grupos armados, civis ou militares, contra a ordem constitucional e o Estado Democrático (inc. XLIV).

As normas que dispõem sobre prescrição penal não ostentam conteúdo materialmente constitucional; trata-se, a prescrição, de um instituto de configuração legal (de natureza penal). Isso não significa que o legislador esteja autorizado a, descriteriosamente, tornar imprescritíveis as infrações penais. Sobretudo porque a limitação temporal ao exercício do poder punitivo atende, ao mesmo tempo, ao reclamo de eficiência (pelo Estado) e de respeito à dignidade humana, ao vedar a eternização de procedimentos criminais. Essas são razões suficientes a indicarem um comportamento cauteloso por parte do legislador, deferente ao direito envolvido, bem como pelo juiz, na interpretação dessas disposições constitucionais. Nesse sentido, podemos lançar um olhar crítico à decisão do STJ, que estendeu, ao crime de injúria racial (art. 140, § 3º, do CP), a nota da imprescritibilidade (AResp 686.965, *DJe*, 31 ago 2015). Igual compreensão seria manifestada pelo STF, ao reconhecer que "por ser espécie do gênero racismo, o crime de injúria racial é imprescritível" (HC 154.248, Rel. Min. Edson Fachin, Pleno, p. 23 dez. 2022).

Na ordem internacional, também dispõe sobre imprescritibilidade o art. 29 do Estatuto de Roma (Tribunal Penal Internacional), ao definir que "os crimes da competência do Tribunal não prescrevem"[7].

10. Pena de reclusão

Em termos qualitativos, o Código Penal estabelece penas privativas de liberdade de reclusão e detenção. Afora o caráter

---

7. BRASIL. *Estatuto de Roma do Tribunal Penal Internacional*, promulgado pelo Decreto n. 4.388, de 25 de setembro de 2002.

supostamente mais gravoso da primeira, normalmente associada a crimes mais graves, de modo a admitir, ao contrário da detenção, o cumprimento inicial da pena em regime fechado (art. 33 do CP), são poucas as diferenças existentes entre uma e outra (merecem destaque, no particular, o art. 92, II, do CP, e o art. 2º, III, da Lei n. 9.296, de 24 de julho de 1996).

11. Constituições brasileiras anteriores

Constituição de 1967. Art. 150, § 1º. "(...) O preconceito de raça será punido pela lei". Emenda Constitucional n. 01/1969. Art. 153, § 1º. "(...) Será punido pela lei o preconceito de raça".

12. Constituições estrangeiras

As Constituições estrangeiras versam, de modo geral, sobre a proibição de discriminação em razão de sexo, raça, língua, crença e origem. Exemplificativamente: Alemanha (art. 3º-3), Espanha (art. 14); Itália (art. 3º), EUA (XV Emenda).

13. Direito internacional

No plano do direito internacional, o repúdio ao racismo encontra um de seus momentos mais importantes na reformulação do entendimento da Suprema Corte norte-americana, no conhecido caso *Brown*[8]. Nessa famosa sentença, a Suprema Corte declara a inconstitucionalidade do sistema de segregação racial nas escolas públicas, convertendo-se em um ícone da revolução dos direitos civis (Kluger: 2004). Na Espanha, o Tribunal Constitucional, resolvendo o famoso caso *Violeta Friedman*, rechaçou que sob o manto protetor da liberdade ideológica ou da liberdade de expressão se pudessem albergar manifestações, expressões ou campanhas de caráter racista ou xenófobo, porquanto contrárias à dignidade humana[9]. Na Europa, a rejeição ao racismo tem se reafirmado paulatinamente à luz do art. 14 da Convenção para a Proteção dos Direitos Humanos e das Liberdades Fundamentais (Roma, 4 de janeiro de 1950), e de seu Protocolo n. 12 (Conselho de Europa, 4/11/2000), tendo o Tribunal Europeu de Direitos Humanos assentado que a ação (proscrita) de discriminar consiste em "tratar de modo diferente, sem uma justificação objetiva e razoável, a pessoas situadas em condições substancialmente similares" (*Willis* v. *United Kingdom*, 11/09/2002). A onda antidiscriminatória revigorou-se na Europa quando a União Europeia, através de seu Conselho de Ministros, aprovou, em abril de 2007, proposta de decisão-marco relativa à luta contra o racismo e a xenofobia, por meio da qual se busca converter em delito condutas como a negação do Holocausto[10]. Sob a perspectiva dos direitos humanos, ainda merecem referência: a Convenção Americana de Direitos Humanos (Pacto de San José da Costa Rica), 22 de novembro de 1969 (art. 1º-1)[11], e a Convenção Internacional sobre a Eliminação de todas as Formas de Discriminação Racial – Assembleia Geral da ONU, 21 de dezembro de 1965 (art. 4º)[12].

14. Remissões constitucionais

Constituição de 1988 (Preâmbulo, art. 3º, IV, art. 4º, VIII, art. 7º, XXX).

15. Concretizações legais

A tarefa constitucionalmente determinada ao legislador viria a se concretizar, em primeira versão, por meio da Lei n. 7.716, de 5 de janeiro de 1989; essa lei atendeu, pelo menos em parte, ao mandado constitucional, tipificando penalmente condutas tidas por discriminatórias com base na raça ou na cor. Posteriormente, a Lei n. 9.459, de 13 de maio de 1997, ampliou o objeto de tutela, fazendo inserir, no âmbito de proteção da Lei n. 7.716/89, discriminações atentatórias à etnia, religião ou procedência nacional, com similares implicações sobre o art. 140, § 3º, do Código Penal. Outras leis pertinentes: Lei n. 2.889, de 1º de outubro de 1956 (art. 1º); Lei n. 5.250, de 9 de fevereiro de 1967 (art. 1º, § 1º); Lei n. 7.170, de 14 de dezembro de 1983 (art. 22, II); Lei n. 8.069, de 13 de julho de 1990 (art. 5º).

16. Jurisprudência

Um célebre caso envolvendo um escritor e editor acusado de escrever, editar, divulgar e comerciar livros "fazendo apologia de ideias preconceituosas e discriminatórias contra a comunidade judaica" foi objeto de deliberação pelo STF, constituindo-se, no panorama jurisprudencial brasileiro, como um verdadeiro *leading case*[13]. Como expõe Celso Lafer, neste caso o STF tratou de dois grandes temas: a) a abrangência do crime de prática do racismo para definir se o antissemitismo é racismo; b) o eventual conflito entre princípios constitucionais, ponderando, no caso concreto, a existência de uma eventual antinomia entre a liberdade de manifestação do pensamento e a condenação do autor pelo crime da prática de racismo (Lafer, 2005: 99). Após longa discussão, restou assentado que "a divisão dos seres humanos em raças resulta de um processo de conteúdo meramente político-social. Desse pressuposto origina-se o racismo que, por sua vez, gera a discriminação e o preconceito segregacionista". Nesse contexto, reconheceu-se a "inconciliabilidade (da segregação racial) com os padrões éticos e morais definidos na Carta Política do Brasil e do mundo contemporâneo, sob os quais se ergue e se harmoniza o Estado Democrático", bem como a "compatibilização dos conceitos etimológicos, etnológicos, sociológicos, antropológicos

---

8. ESTADOS UNIDOS. Supreme Court. Brown v. Board of Education, 347 U. S. 483 (1954).
9. ESPANHA. Tribunal Constitucional. Sentencia n. 214/1991. Fecha-aprobación 11/11/1991. Publicación 17/12/1991 ["BOE" núm. 301]: "El odio y el desprecio a todo un pueblo o a una etnia son incompatibles con el respeto a la dignidad humana, que sólo se cumple si se atribuye por igual a todo hombre, a toda etnia, a todos los pueblos". No caso, o *hate speech* se havia realizado contra o povo judeu. Sobre o tema: REY MARTÍNEZ (2003).
10. Disponível em: <http://eur-lex.europa.eu/LexUriServ/site/pt/com/2001/com2001_0664pt01.doc>. Acesso em 3 jan. 2008.
11. BRASIL. *Convenção Americana de Direitos Humanos (Pacto de San José da Costa Rica)*, promulgada pelo Decreto n. 678, de 6 de novembro de 1992.
12. BRASIL. *Convenção Internacional sobre a Eliminação de todas as Formas de Discriminação Racial*, promulgada pelo Decreto n. 65.810, de 8 de dezembro de 1969.
13. BRASIL. Supremo Tribunal Federal. *Habeas Corpus n. 82.424-RS. Relator: Min. Moreira Alves. Relator p/ acórdão: Min. Maurício Corrêa. Brasília, 17 de setembro de 2003. Diário de Justiça da União*, 19 set. 2004.

ou biológicos, de modo a construir a definição jurídico-constitucional do termo (raça)".

À guisa de dispositivo, ficou expresso que "a edição e publicação de obras escritas veiculando ideias antissemitas, que buscam resgatar e dar credibilidade à concepção racial definida pelo regime nazista, negadoras e subversoras de fatos históricos incontroversos como o holocausto, consubstanciadas na pretensa inferioridade e desqualificação do povo judeu, equivalem à incitação ao discrímen com acentuado conteúdo racista, reforçadas pelas consequências históricas dos atos em que se baseiam". O STF concluiu, ainda, que a garantia da liberdade de expressão não revela conteúdo absoluto, encontrando limites morais e jurídicos, tendo-se afirmado que no Estado de Direito democrático "devem ser intransigentemente respeitados os princípios que garantem a prevalência dos direitos humanos", de sorte que "jamais podem se apagar da memória dos povos que se pretendam justos os atos repulsivos do passado que permitiram e incentivaram o ódio entre iguais por motivos raciais de torpeza inominável". Outrossim, no que respeita à imprescritibilidade dos crimes de racismo, esta se considerou justificada pelo STF "como alerta grave para as gerações de hoje e de amanhã, para que se impeça a reinstauração de velhos e ultrapassados conceitos que a consciência jurídica e histórica não mais admitem". A ordem de *habeas corpus*, que visava ao trancamento da ação penal, foi, enfim, denegada.

Art. 5º, XLIII – a lei considerará crimes inafiançáveis e insuscetíveis de graça ou anistia a prática da tortura, o tráfico ilícito de entorpecentes e drogas afins, o terrorismo e os definidos como crimes hediondos, por eles respondendo os mandantes, os executores e os que, podendo evitá-los, se omitirem;

Luciano Feldens

---

1. História da norma

Vide comentários ao inciso XLII, itens 1 a 5.

2. Âmbito de proteção

O constituinte, ao tempo em que impôs, desde logo, a criminalização da prática da tortura, do tráfico ilícito de entorpecentes e do terrorismo, predefiniu-lhes um regime penal mais rigoroso, considerando-os delitos insuscetíveis de fiança, graça e anistia. Paralelamente, projetou essas mesmas vedações aos crimes que o legislador, também por obrigação constitucional, viesse a definir como "hediondos", expressão até então estranha ao discurso criminológico e à dogmática jurídico-penal (Batista, 2003: 344).

Ao impor a criminalização da tortura, buscou o constituinte, em essência, estabelecer a proteção jurídico-penal da vida e da dignidade humana, constitucionalmente tidas por invioláveis. Ao lado da vida, a dignidade humana ostenta uma posição de primazia constitucional, funcionando em sua dupla significação, física e moral, como um valor superior, configurando-se, ambas, como *el punto de arranque, el "prius" lógico y ontológico para la existencia y especificación de los demás derechos*[1]. Essas mesmas objetividades jurídicas são também colocadas sob risco, individual ou coletivo, na hipótese de terrorismo, em suas diversas manifestações de violência.

A diagramação legislativa dos crimes considerados hediondos seguiu essa mesma principiologia. Por meio da Lei n. 8.072, de 25 de julho de 1990, o legislador enquadrou nessa categoria crimes contra a vida (*v.g.*, homicídio qualificado), a dignidade (*v.g.*, estupro) e a liberdade (*v.g.*, extorsão mediante sequestro), expostos a dano ou perigo por condutas às vezes pluriofensivas, eventualmente catalogadas como atentatórias a bens jurídicos diversos na sistematização do Código Penal (*v.g.*, latrocínio).

3. Concretizações legais

O comando constitucional dirigido ao legislador foi cumprido mediante a edição das seguintes leis:

a) tortura: inicialmente, pela edição da Lei n. 8.069, de 13 de julho de 1990 (Estatuto da Criança e do Adolescente), cujo art. 233 previa como crime a submissão da criança e do adolescente à tortura[2]; de forma mais abrangente, a Lei n. 9.455, de 7 de abril de 1997, viria definir, também com maior especificidade, os crimes de tortura (o art. 4º dessa Lei revogou o art. 233 do ECA);

b) tráfico de entorpecentes: a Lei n. 6.368/76, então vigente quando da entrada em vigor da Constituição, sofreu sucessivas modificações, estando a matéria hoje atendida pela Lei n. 11.343, de 23 de agosto de 2006;

c) terrorismo: Apenas em 13 de março de 2016 seria editada a Lei n. 13.260, a qual daria cumprimento ao mandado de proteção jurídico penal constitucionalmente requerido. A lei em referência veio explicitamente a regulamentar o disposto no inciso XLIII do art. 5º da Constituição Federal, disciplinando o terrorismo, tratando de disposições investigatórias e processuais e reformulando o conceito de organização terrorista. A Lei 13.260/2016 foi explícita em conceituar o terrorismo como a prática por um ou mais indivíduos dos atos previstos neste artigo, por razões de xenofobia, discriminação ou preconceito de raça, cor, etnia e religião, quando cometidos com a finalidade de provocar terror social ou generalizado, expondo a perigo pessoa, patrimônio, a paz pública ou a incolumidade pública (art. 2º). Ao tipificar as condutas que estão sob a normatividade da Lei de Terrorismo, o legislador teve o cuidado de assentar que a penalização não se aplica à conduta individual ou coletiva de pessoas em manifestações políticas, movimentos sociais, sindicais, religiosos, de classe ou de categoria profissional, direcionados por propósitos sociais ou reivindicatórios, visando a contestar, criticar, protestar ou apoiar, com o objetivo de defender direitos, garantias e liberdades constitucionais, sem prejuízo da tipificação penal contida em lei (art. 2º, § 2º);

d) crimes considerados "hediondos": Lei n. 8.072, de 25 de julho de 1990, a qual sofreu modificações e incrementos subse-

---

1. ESPANHA. Tribunal Constitucional. Sentencia n. 53/1985. Fecha-aprobación 11/04/1985. Publicación 18/05/1985 ["BOE" núm. 119].
2. BRASIL. Supremo Tribunal Federal. *Habeas Corpus n. 70.389. Relator: Min. Sydney Sanches. Rel. p/ acórdão: Celso de Mello. Tribunal Pleno. Brasília, 23 de junho de 1994. Diário de Justiça da União*, 10 ago. 2001.

quentes. Conforme a atual redação do art. 1º da Lei n. 8.072/90, são considerados hediondos os seguintes crimes: homicídio (art. 121), quando praticado em atividade típica de grupo de extermínio, ainda que cometido por um só agente, e homicídio qualificado (art. 121, § 2º, considerada a recente inclusão do "feminicídio"); lesão corporal dolosa de natureza gravíssima (art. 129, § 2º) e lesão corporal seguida de morte (art. 129, § 3º), praticadas contra integrantes das Forças Armadas, policiais, integrantes do sistema prisional e da Força Nacional de Segurança Pública, no exercício da função ou em decorrência dela, ou contra os respectivos cônjuges, companheiros ou parentes consanguíneos até o terceiro grau, em razão dessa condição; latrocínio (art. 157, § 3º, in fine); extorsão qualificada pela morte (art. 158, § 2º); extorsão mediante sequestro e na forma qualificada (art. 159); estupro e atentado violento ao pudor (arts. 213 e 217-A); epidemia com resultado morte (art. 267); falsificação, corrupção, adulteração ou alteração de produto destinado a fins terapêuticos ou medicinais (art. 273); favorecimento da prostituição ou de outra forma de exploração sexual de criança ou adolescente ou de vulnerável (art. 218-B) e o crime de genocídio (Lei n. 2.889, de 1º de outubro de 1956).

4. Inafiançabilidade e insuscetibilidade de graça e anistia. A (relativa) possibilidade de extensão legal do regime agravado

O regime penal especial predeterminado constitucionalmente indica que, além da inafiançabilidade (vide comentários ao inciso XLII, item 8), essas infrações penais haveriam de se considerar insuscetíveis de graça e anistia. Inexiste vedação, em princípio, a que o legislador amplie o âmbito de restrições de natureza penal ou processual a tais delitos, ou mesmo que faça incluir, no rol de delitos considerados hediondos, uma nova espécie penal, desde que estas inovações não colidam, evidentemente, com outras disposições constitucionais, atendida uma perspectiva de proporcionalidade. Nesse tom, além da insuscetibilidade de graça e anistia, a Lei n. 8.072/90 impediu a concessão de indulto[3] e de fiança aos crimes hediondos, à prática da tortura, ao tráfico e ao terrorismo (art. 2º, I), bem como ampliou para 30 dias, prorrogáveis por igual período, o prazo da prisão temporária para esses delitos (art. 2º, § 3º). Todas essas disposições situam-se sob o olhar atento – e mutante – da jurisdição constitucional, que não se tem furtado de intervir.

Segundo previa a redação original da lei, a pena pela prática de crime hediondo, tortura, tráfico de entorpecentes e terrorismo haveria de ser cumprida "integralmente" em regime fechado (art. 2º, §1º). Depois de muitos anos, o STF considerou inconstitucional essa restrição (vide, abaixo, o tópico "Jurisprudência"). Em face dessa decisão, o legislador alterou a lei, determinando que as penas, para tais hipóteses delitivas, haveriam de ser cumpridas em regime "inicialmente" fechado; em paralelo, instituiu, para os crimes hediondos, patamares de cumprimento de pena diferenciados para a progressão de regime: cumprimento de 2/5 da pena, se o apenado for primário, e de 3/5, se reincidente (Lei n. 11.464, de 28 de março de 2007). Outrossim, essa mesma lei reformadora afastou o óbice da vedação automática da liberdade provisória, cuja constitucionalidade há muito vinha sendo questionada.

5. Tortura: espectro da imposição criminalizadora e atividade legislativa complementar

Ainda relacionada ao âmbito de proteção da norma constitucional, merece ser enfrentada, nos limites de que dispomos, uma importante crítica lançada contra a Lei n. 9.455/97, que definiu os crimes de tortura. Alberto Silva Franco e Tupinambá Pinto de Azevedo sustentaram que essa legislação se descolou, pelo menos em parte, do dispositivo constitucional. Essa ruptura teria se verificado no momento em que o legislador não qualificou as hipóteses de tortura como crimes próprios, circunscritos a um sujeito ativo especial, dotado de autoridade pública, como em regra preconizam as linhas conceituais sobre tortura traçadas nos diversos tratados internacionais de direitos humanos. Sob essa argumentação, teria o legislador incorrido em excesso que, nas circunstâncias, poderia ser diagnosticado como inconstitucional (Franco, 1997: 58-59). Ou, se não tanto, poderia-se considerar como tal a interpretação que trate como "hediondos" os crimes descritos na Lei n. 9.455/97, quando a agressão não tenha sido cometida por agente detentor de "poder" ou "autoridade", ou seja, por funcionário público (Azevedo, 1997: 247). Se bem a compreendemos, a crítica de Franco traz como pressuposto teórico a consideração de que o conceito de tortura já estaria constitucionalmente pré-definido pelos tratados internacionais pertinentes (os quais seriam dotados de status constitucional), revelando-se, assim, vinculantes ao legislador. Ainda que correto, ad argumentum, o raciocínio desenvolvido não poderia conduzir à conclusão sobre a inconstitucionalidade da lei. A vinculação do legislador decorrente do específico dispositivo constitucional diz com a obrigação de construir fundamentos mínimos (e não de observar limites máximos) de tutela penal. Reprise-se: nos mandados de criminalização, a Constituição não funciona como limite material (negativo), senão que como fundamento normativo (positivo) do Direito penal. Nada impediria, portanto, que o legislador, no âmbito de sua liberdade de configuração, incriminasse outras formas de submissão física e moral do homem ao homem, tenha este último a condição de autoridade ou não. Sob esse raciocínio, a crítica de Azevedo assume especial relevância: se o que a Constituição impôs foi a criminalização da tortura emanada de agentes públicos, não subsistiria à "tortura privada" a caracterização como crime hediondo e, por conseguinte, a vedação de fiança, graça e anistia em hipóteses tais.

Parece-nos que a questão pode ser enfrentada de outro modo. Mesmo que se admita essa redução hermenêutica do âmbito de abrangência da norma constitucional, nada impediria, em princípio, que o legislador estendesse à tortura oriunda de particulares idênticas vedações, tal como o fez. Aliás, tal como o fez em relação a todos os delitos que qualificou como hediondos. Trilhou o legislador, no particular, no âmbito de sua liberdade de configuração.

---

3. O STF considerou legítima essa restrição, tendo o indulto como espécie do gênero graça. BRASIL. Supremo Tribunal Federal. Habeas Corpus n. 90.364. Relator: Min. Ricardo Lewandowski, Brasília, 30 de outubro de 2007. Diário de Justiça da União, 30 nov. 2007.

Quanto ao mais, a crítica formulada, apesar de relevante e destacada, parece conter as digitais de determinada concepção de direitos fundamentais: aquela que enaltece seu caráter unidirecional, ou seja, que vislumbra os direitos fundamentais como direitos *contra* o Estado. Essa concepção marca uma etapa concreta da história constitucional: o Estado liberal de Direito, contexto jurídico-político no qual os direitos se projetam apenas contra os poderes públicos, supostamente seus únicos agressores e, em consequência, os únicos obrigados a respeitá-los. A forte carga ideológica que se encerra nessa construção traduz-se na consagração de um dos postulados básicos do liberalismo: *la tajante separación entre el Estado y la sociedad civil, virtualmente abandonada al libre juego de las fuerzas sociales* (Bilbao Ubillos, 1997: 234-235). Afigura-se-nos necessário superar essa dicotomia.

Definitivamente, não se pode compreender o mandado de criminalização, em si, como um limite material negativo à atividade legislativa, senão o contrário. Demais disso, quando em questão a vida e a dignidade humana, assim compreendidas à luz das relações sociais atuais, onde não mais se desconhece a força do "poder privado" (ou dos "poderes de fato"), caberia reconhecer que ao agredido pouco importa a natureza jurídica do agressor: se público ou privado.

6. Necessidade de complementação interpretativa do texto constitucional

Há de pesar uma crítica sobre a redação do presente dispositivo constitucional, quando estabelece que responderão pelos crimes hediondos "os mandantes, os executores e os que, podendo evitá-los, se omitirem". Nos dois primeiros casos (mandantes e executores) inexiste problema: as regras de imputação, pautadas na teoria geral do crime, já fazem alcançar, ao autor intelectual, a responsabilidade penal pela execução do delito por terceiro (executor). Todavia, ao referir que também respondem pelo delito aqueles que, "podendo evitá-los, se omitirem", a Constituição parece insinuar que respondem pelo crime hediondo aqueles que, deparando-se, desafortunadamente, com uma tal ou qual situação criminosa, simplesmente "se omitirem" em evitá-la, ainda que não tenham o dever (jurídico-legal) de fazê-lo. Essa hipótese interpretativa é francamente inadmissível, presente a constatação de que os crimes hediondos, pelo menos até então, ostentam natureza comissiva. Revela-se de rigor uma correção (complementação) de sentido ao texto, adequando-o às hipóteses da responsabilidade penal por omissão imprópria (em nosso regime, sufragadas de modo geral no art. 13, § 2º, do CP). Assim, teríamos que respondem pelos crimes "os mandantes, os executores e os que, podendo e *devendo* evitá-los, se omitirem". É bem verdade que o legislador poderia erigir à categoria de "hediondo" um crime omissivo puro; nessa hipótese, porém, o alerta constitucional seria inútil, porquanto a autoria do crime já se afirmaria pela própria estrutura normativa (omissiva) do tipo.

7. Constituições brasileiras anteriores

Sem idênticas referências. Sobre abolição da tortura: Constituição Imperial do Brasil de 1824 (art. 179, 19).

8. Constituições estrangeiras

Exemplificativamente: a) sobre a vedação da tortura: Itália (art. 13, como mandado de criminalização), Alemanha (arts. 1º e 104), Espanha (art. 15), Portugal (art. 25), EUA (VIII Emenda); b) sobre a reação ao terrorismo: Chile (art. 9º), Espanha (art. 55.2).

9. Direito internacional

No que respeita à vedação da tortura e à paralela adoção de medidas tendentes a puni-la, merecem referência, no plano do direito internacional dos direitos humanos, os seguintes documentos históricos: a) Declaração Universal dos Direitos do Homem – Assembleia Geral da ONU, Nova York, 10 de dezembro de 1948 (art. 5º); b) Convenção para a Proteção dos Direitos Humanos e das Liberdades Fundamentais (Convênio Europeu de Direitos Humanos), Roma, 4 de janeiro de 1950 (art. 3º); c) Pacto Internacional de Direitos Civis e Políticos – Assembleia Geral da ONU, Nova York, 16 de dezembro de 1966 (art. 7º) (promulgado pelo Decreto n. 592, de 6 de julho de 1992); d) Convenção contra a Tortura e outros Tratamentos ou Penas Cruéis, Desumanos ou Degradantes – Assembleia Geral da ONU, Nova York, 10 de dezembro de 1984[4] (promulgada pelo Decreto n. 40, de 15 de fevereiro de 1991); d) Convenção Interamericana para Prevenir e Punir a Tortura – Assembleia Geral da OEA, Cartagena das Índias (Colômbia), 9 de dezembro de 1985[5] (promulgada pelo Decreto n. 98.386, de 9 de novembro de 1989). Sobre terrorismo, ações desta natureza vêm recebendo internacionalmente um tratamento penal mais gravoso. Registre-se, pela notabilidade que assumiu, o *Patriot Act*, nos Estados Unidos, aprovado em regime de urgência após o 11 de setembro de 2001, instituindo pesadas medidas de restrição às liberdades civis a cargo do Poder Executivo. Na Espanha, a LO 7/2003 alterou o Código Penal (art. 76) elevando para até 40 anos a pena de quem tenha se envolvido com a prática do terrorismo.

10. Remissões constitucionais

a) vedação da tortura: Constituição (art. 5º, III); b) repúdio ao terrorismo: Constituição (art. 4º, VIII).

11. Jurisprudência

Passados mais de quinze anos da entrada em vigor da Lei n. 8.072/90, o STF reabriu a discussão acerca da constitucionalidade da imposição de cumprimento da pena em regime integralmente fechado (art. 2º, § 1º), considerando-a inconstitucional, por ofensiva à garantia constitucional da individualização da pena (art. 5º, XLVI), que entendeu aplicável à fase executória[6] (opor-

---

4. "Art. 4º. 1. Cada Estado-Parte assegurará que todos os atos de tortura sejam considerados crimes segundo a sua legislação penal. O mesmo aplicar-se-á à tentativa de tortura e a todo ato de qualquer pessoa que constitua cumplicidade ou participação na tortura. 2. Cada Estado-Parte punirá estes crimes com penas adequadas que levem em conta a sua gravidade."
5. "Art. 6º. (...) Os Estados-Partes assegurar-se-ão de que todos os atos de tortura e as tentativas de praticar atos dessa natureza sejam considerados delitos em seu direito penal, estabelecendo penas severas para sua punição, que levem em conta sua gravidade."
6. BRASIL. Supremo Tribunal Federal. *Habeas Corpus* n. 82.959. Rel. Min. Marco Aurélio. Brasília, 23 de fevereiro de 2006. *Diário de Justiça da União*, 1º set. 2006.

tunizando, em sequência, a edição da Súmula Vinculante 26). Como acima referido, essa decisão fez com que o legislador instituísse o regime progressivo, inicialmente fechado, sujeito ao cumprimento de patamares diferenciados de pena. No que respeita precisamente ao repúdio ao terrorismo, assentou o STF tratar-se de "um compromisso ético-jurídico assumido pelo Brasil"[7].

Posteriormente, em 2012, o STF procedeu ao controle incidental de constitucionalidade, em *habeas corpus*, da obrigatoriedade de se iniciar o cumprimento da pena em regime fechado. No caso, a ordem foi concedida, pois o dispositivo contraria a Constituição Federal, especificamente no ponto que trata do princípio da individualização da pena (artigo 5º, inciso XLVI). Desde então, a orientação tem se consolidado no STF (*Habeas Corpus* n. 111.840. Rel. Min. Dias Toffoli. Brasília, 27 de junho de 2012. *DJe*, 17 dez. 2013).

Da mesma forma, em controle incidental de constitucionalidade, em *habeas corpus* (*Habeas Corpus* n. 97256, Rel. Min. Ayres Britto, 1º de setembro de 2010. *DJe* 16 dez. 2010), o Supremo declarou a inconstitucionalidade da proibição de substituição da pena privativa de liberdade pela pena restritiva de direitos prevista nos arts. 33, § 4º, e 44, *caput*, da Lei n. 11.343/2006 (Lei de Drogas). Por fim, visto esse quadro, o Senado Federal, pela Resolução 05/2012, suspendeu a expressão "vedada a conversão em penas restritivas de direitos" constante no art. 33, § 4º, da Lei de Drogas.

Art. 5º, XLIV – constitui crime inafiançável e imprescritível a ação de grupos armados, civis ou militares, contra a ordem constitucional e o Estado Democrático;

Luciano Feldens

1. História da norma

A breve história já referida nos comentários ao inciso XLII, que aproveita a este, bem retrata os anseios de cada um dos flancos políticos no retorno à ordem jurídico-constitucional democrática, por meio dos quais se tenta fechar o cerco (a ações então consideradas "subversivas") tanto pela esquerda como pela direita. O dispositivo sob comento é produto da única emenda aditiva aprovada ao Capítulo I do Título II, a qual teve como autor o Dep. Carlos Alberto Oliveira (PDT-RJ). Para que conseguisse sua aprovação, que se deu por 281 votos favoráveis contra 121 contrários, o parlamentar teve de suprimir do texto a parte que impedia a anistia para esse crime (Jornal *O Globo*, Rio de Janeiro, 23 fev. 1988, p. 3).

2. Âmbito de proteção

A defesa penal da Constituição. Em obra de indubitável valor histórico, Carl Schmitt refere que para determinados delitos, como os de alta traição, a proteção da ordem constitucional apenas se lograria por meio do Direito penal, figurando a Constituição, ela própria, em seu conjunto, como o objeto da proteção jurídico-penal (Schmitt, 1998: 63). Este é, precisamente, o âmbito de tutela que se descortina do inciso em referência: a ordem constitucional democrática em seu conteúdo essencial.

3. Ação de grupos armados, civis ou militares

O mandado de criminalização abrange as ações de grupos armados, sejam civis, sejam militares, isso quando tais ações sejam praticadas em detrimento da ordem constitucional e do Estado Democrático, nos termos acima expostos; não se trata, enfim, de qualquer grupo armado, mas de grupo armado com objetivos políticos bem definidos (Cretela Jr., 1990: 494). Há de se ter cuidado, pois, no exame da norma, mormente se considerada sua historiografia, para dela não se retirar um sentido que aponte para a criminalização de grupos sociais, pelo simples fato de sê-los, em suas mais diversas reivindicações. Situam-se fora de sua abrangência comportamentos que por seus distintos objetivos possam, quando reconhecidamente ilícitos, enquadrar-se no âmbito dos crimes comuns do Código Penal. A propósito, a Constituição garante o direito de reunião, sem armas (art. 5º, XVI), bem como a liberdade de associação para fins lícitos, exceto a de caráter paramilitar (art. 5º, XVII).

4. Inafiançabilidade e imprescritibilidade

Vide comentários ao inciso XLII.

5. Constituições brasileiras anteriores

Constituição de 1937 (art 122, inc. 13).

6. Constituições estrangeiras

Sem idêntica referência. Exemplificativamente, a Constituição alemã dispõe sobre a privação dos direitos da liberdade de expressão (imprensa), de ensino, reunião e associação, do sigilo de correspondência, do direito de propriedade e asilo àqueles que deles se utilizarem, de forma abusiva, para conspirar contra o Estado de direito livre e democrático (art. 18).

7. Remissões constitucionais

Constituição de 1988 (Preâmbulo, art. 1º e art. 127).

8. Concretizações legais

Após trinta anos de tramitação, a Câmara dos Deputados aprovou o Projeto de Lei n. 2.462/1991, convertido na Lei n. 14.197, de 1º de setembro de 2021, que revogou a Lei de Segurança Nacional (Lei n. 7.170/1983) e acrescentou ao Código Penal o Título XII, contemplando dez novos tipos penais, sob a rubrica "Dos Crimes contra o Estado Democrático de Direito".

O objeto da tutela penal, aqui, é a ordem constitucional, no modelo de Estado que ela institui (art. 1º da CF). Mais definidamente, protege-se o conteúdo essencial da Constituição, historicamente vinculado a dois elementos materiais: a separação de poderes e a garantia dos direitos individuais (art. 16 da Declaração de Direitos do Homem e do Cidadão – França, 26 de agosto

---

[7]. BRASIL. Supremo Tribunal Federal. Extradição n. 855. Rel. Min. Celso de Mello, j. 26/08/04, *Diário de Justiça da União*, 1º jul. 2005.

de 1789), conquistas revolucionárias que evidenciariam uma lição: nem todo Estado *com* Direito é um Estado *de* Direito.

Nessa perspectiva de preservação dos alicerces que estruturam o modelo político-institucional vigente, a lei em referência atende, pelo menos em parte, o comando de criminalização estabelecido no inciso XLIV do art. 5º da Constituição de 1988. Agora, formalmente incorporado ao Código Penal, o dispositivo que melhor corresponde a essa obrigação constitucional de tutela penal é aquele descrito como Abolição violenta do Estado Democrático de Direito (art. 359-L), que criminaliza a conduta de "Tentar, com emprego de violência ou grave ameaça, abolir o Estado Democrático de Direito, impedindo ou restringindo o exercício dos poderes constitucionais".

Disposições legais não propriamente idênticas, mas projetadas para contextos semelhantemente ameaçadores, são encontradas na legislação de países democráticos que estão na base de nosso constitucionalismo, a exemplo de França (que pune a violência suscetível de colocar em perigo as instituições da República), Alemanha (que pune o emprego de violência ou ameaça tendente a derrocar a Federação, ou a modificação da ordem constitucional estabelecida), Portugal (que pune a alteração violenta do Estado de Direito), Itália (ao punir o atentado contra a Constituição ou insurreição armada contra os poderes) e Espanha (onde são puníveis a rebelião – correspondente ao *alzamiento violento y público* para derrogar a Constituição – e a sedição, delito recentemente atribuído, pelo Tribunal Supremo, aos líderes do movimento na Cataluña).

Dentre as importantes considerações dogmáticas que merecem a legislação em pauta, deve-se destacar que, a teor do art. 359-L do Código Penal, ficam objetivamente fora do âmbito de criminalização "a manifestação crítica aos poderes constitucionais, (...) [e] a atividade jornalística ou a reivindicação de direitos e garantias constitucionais por meio de passeatas, reuniões, greves, aglomerações ou qualquer outra forma de manifestação políticas com propósitos sociais" (ver Feldens 2021: 1-7).

Referências bibliográficas

ALEXY, Robert. *Teoría de los Derechos Fundamentales*, Madrid: Centro de Estudios Constitucionales, 1997. AZEVEDO, Tupinambá Pinto de. Breves observações sobre a tortura. *Revista da Ajuris*. Porto Alegre, v. 24, n. 71, pp. 224-257, nov. 2007. BASTOS, Celso Ribeiro. *Comentários à Constituição do Brasil*, v. 2, São Paulo: Saraiva, 1989. BATISTA, Nilo, Outro argumento sobre crimes hediondos. In: *Escritos em Homenagem a Alberto Silva Franco*. São Paulo: Revista dos Tribunais, 2003. BILBAO UBILLOS, Juan María. *La Eficacia de los Derechos Fundamentales Frente a los Particulares*. Madrid: Centro de Estudios Políticos y Constitucionales, 1997. BRICOLA, Franco. "Teoria Generale del Reato". In: *Novissimo Digesto Italiano, XIX*, Torinense, 1977. CANOTILHO, J. J. Gomes. *Direito Constitucional e Teoria da Constituição*, 4. ed., Coimbra: Almedina. CRETELLA JR., José. *Comentários à Constituição Brasileira de 1988*. v. I. Rio de Janeiro: Forense Universitária, 1990. DONINI, Massimo. "Un Derecho Penal Fundado en la Carta Constitucional: Razones y Límites. La Experiencia Italiana". *Revista Penal*, n. 8, 2001. DWORKIN, Ronald, *O Direito da Liberdade*: a leitura moral da Constituição norte-americana. São Paulo: Martins Fontes, 2006. FERRAZ JR., Tercio Sampaio. *Estudos de Filosofia do Direito*. São Paulo: Atlas, 2002. FRANCO, Alberto Silva. Tortura – Breves anotações sobre a Lei 9.455/97. *Revista Brasileira de Ciências Criminais*, ano 5, n. 19, jul./set. 1997. FELDENS, Luciano. *A Constituição Penal*: a dupla face da proporcionalidade no controle de normas penais, Porto Alegre: Livraria do Advogado, 2005. FELDENS, Luciano. A defesa penal da Constituição. *Jota*, de 11 maio 2021. Disponível em: https://www.jota.info/opiniao-e-analise/artigos/a-defesa-penal-da-constituicao-11052021. Acesso em: 12 jul. 2023. FERRAJOLI, Luigi. *Los Fundamentos de los Derechos Fundamentales*. Madrid: Trotta, 2001. GUASTINI, Ricardo. *Das Fontes às Normas*. São Paulo: Quartier Latin, 2005. GRIMM, Dieter. A Função Protetiva do Estado. In: SOUZA NETO, Cláudio Pereira; SARMENTO, Daniel. *A Constitucionalização do Direito*: fundamentos teóricos e aplicações específicas, Rio de Janeiro: Lumen Juris, 2007. KLUGER, Richard. *Simple justice – The history of Brown v. Board of Education and black´s America´s struggle for equality*, New York: Vintage Books, 2004. 865p. LAFER, Celso, *A Internacionalização dos Direitos Humanos*: Constituição, racismo e relações internacionais, São Paulo: Manole, 2005. LASCURAÍN SÁNCHEZ, Juan Antonio. "La Proporcionalidad de la Norma Penal", *Cuadernos de Derecho Público, 5 (El Principio de Proporcionalidad)*. Madrid: Instituto Nacional de Administración Pública – INAP, SEP-DIC, 1998. MENDES, G. F.; COELHO, I. M.; BRANCO, P. G. G. *Curso de Direito Constitucional*. São Paulo: Saraiva, 2007. PRIETO SANCHÍS, Luis. *Justicia Constitucional y Derechos Fundamentales*. Madrid: Trotta, 2003. PULITANÒ, Domenico. "Obblighi Costituzionale di Tutela Penale?". In: *Studi in Memoria di Giacomo Delitala*, II, Milano: Giuffrè, 1984. REALE, Miguel. *Filosofia do Direito*, 9. ed., São Paulo: Saraiva, 1982. REALE JÚNIOR, Miguel, Antissemitismo é racismo, *Revista Brasileira de Ciências Criminais*, ano 11, n. 43, abr./jun. 2003. REY MARTÍNEZ, Fernando. La prohibición de discriminación racial o étnica en la Unión Europea y en España. El caso de la minoría gitana. In: *Revista de Derecho Político de la UNED*, n. 57, Madrid, 2003, pp. 61-109. RUDOLPHI, Hans Joachim, "Los Diferentes Aspectos del Concepto de Bien Jurídico". In: Nuevo Pensamiento Penal, *Revista de Derecho y Ciencias Penales*. Buenos Aires: Ediciones Desalma, 1975. SARLET, Ingo Wolfgang, *A Eficácia dos Direitos Fundamentais*, 6. ed., Porto Alegre: Livraria do Advogado: 2006. SARMENTO, Daniel. *Livres e Iguais*: estudos de direito constitucional, Rio de Janeiro: Lumen Juris, 2006. SCHMITT, Carl. *La Defensa de la Constitución*, Madrid: Tecnos, 1998.

Art. 5º, XLV – nenhuma pena passará da pessoa do condenado, podendo a obrigação de reparar o dano e a decretação do perdimento de bens ser, nos termos da lei, estendidas aos sucessores e contra eles executadas, até o limite do valor do patrimônio transferido;

Salo de Carvalho

PRINCÍPIO DA RESPONSABILIDADE PENAL PESSOAL

1. Antecedentes históricos

O princípio da pessoalidade da pena foi consagrado no direito constitucional brasileiro na Constituição de 1824 e previa, em seu art. 179, inciso XX, que *"nenhuma pena passará da pessoa do delinquente. Por tanto não haverá em caso algum confiscação de bens, nem a infamia do Réo se transmittirá aos parentes em qualquer gráo, que seja"* (sic). O dispositivo relativo à limitação da responsabilidade penal ao autor do crime foi reproduzido, não exatamente nos mesmos termos, em todos os textos constitucionais subsequentes – *v.g.* art. 72, § 19, Constituição de 1891; art. 113, XXVIII, Constituição de 1934; art. 141, § 30, Constituição de 1946; e art. 150, § 13, Constituição de 1967 –, excetuando-se a Carta de 1937.

Conquista do direito penal da Ilustração, o princípio da responsabilidade pessoal surge na Constituição de 1824 como negativa aos fundamentos, à aplicação e à forma de execução da pena dispostos no Livro V das Ordenações Filipinas (1603).

As vedações previstas no inciso XX do art. 179 da Constituição de 1824 advêm do fato de que o sistema de penas cominadas nas Ordenações possibilitava não apenas a apropriação dos bens pessoais e da família pela Coroa, mas a proscrição da memória do condenado e a fixação do estigma de infâmia aos descendentes. A morte, prevista como sanção em grande parte dos delitos, estava graduada conforme a lesividade da conduta, podendo ser aplicada em forma de morte cruel, atroz, simples ou civil. As duas primeiras modalidades, além da previsão da irrogação de suplícios ao longo da execução, caracterizavam-se pela transcendência: transmissão da pena aos familiares (confisco dos bens e estigma da infâmia às gerações subsequentes) e imposição do esquecimento público da identidade do sujeito (eliminação da memória do condenado). Veja-se, p. ex., nos crimes de lesa-majestade: *"(...) o erro da traição condena o que commette, e empece e infama os que de sua linha descendem, postoque não tenhão culpa"* (Livro V, inciso VI, *caput*) (sic).

Interessante notar que mesmo com a promulgação da Constituição de 1824, o Livro V das Ordenações permaneceu em vigor até a elaboração do Código Criminal do Império (1830), o qual incorporou as diretrizes do liberalismo, mormente no que tange à limitação das sanções criminais ao autor do delito.

2. Princípio da pessoalidade e atribuição da responsabilidade penal

Em relação à atribuição da responsabilidade penal e à consequente aplicação de suas consequências jurídico-penais, o Brasil segue a tradição jurídica dos países Ocidentais de reafirmação da intranscendência – *v.g.* o art. 30, "3" da Constituição de Portugal e o art. 27 da Constituição da Itália.

O princípio da pessoalidade (ou princípio da responsabilidade penal pessoal) se alia às noções de legalidade na configuração de uma estrutura normativa de garantias dos direitos fundamentais. Com o fechamento do horizonte de incriminação à lei penal anterior, estrita e taxativa, a possibilidade de aplicação da pena é condicionada ao estabelecimento de um vínculo concreto entre o autor do fato e a conduta incriminada, pois a imputação recai apenas sobre aquela pessoa que deu causa ao resultado típico.

A condição ou a possibilidade de responsabilização penal no direito moderno não é apenas vinculada à provocação do resultado previsto em lei como ilícito (relação de causalidade), mas é fundamental que o autor da conduta tenha optado livre e conscientemente pela violação do preceito incriminador ou, no mínimo, que tenha produzido o resultado de forma negligente, com a violação dos deveres objetivos de cuidado inerentes às condutas sociais de risco (elemento subjetivo). O efeito da vinculação da responsabilidade penal aos pressupostos objetivos e subjetivos exclui qualquer possibilidade de imposição de sanções, principais ou acessórias, a terceiros alheios ao cometimento da conduta punível e a pessoas que tenham produzido resultados previstos como crime sem a existência de um vínculo psicológico. Assim, correlato à proibição constitucional da imposição de pena além do autor do fato punível figuram os parâmetros limitadores de responsabilidade (requisitos objetivos e subjetivos).

O requisito objetivo de responsabilização é estabelecido nas regras de imputação, cujo pressuposto mínimo é a relação de causalidade, prevista no art. 13, *caput*, do Código Penal: *"o resultado, de que depende a existência do crime, somente é imputável a quem lhe deu causa."* Desta forma, somente o sujeito da conduta pode ser responsabilizado criminalmente. Além de impedir qualquer espécie de legado sancionatório em matéria criminal, o princípio da pessoalidade, vinculado aos critérios de imputação objetiva, exclui toda espécie de responsabilidade por ato de terceiro ou responsabilidade penal solidária, *"que pode existir no direito privado, mas não no penal"* (TAVARES, 2000:207).

Se os critérios objetivos de delimitação de responsabilidade penal pessoal concretizam-se na relação de causalidade, os parâmetros subjetivos serão estabelecidos no art. 18 do Código Penal, ao definir os crimes doloso e culposo. O requisito da vinculação subjetiva entre autor e resultado igualmente adquire uma conotação negativa em termos de atribuição de responsabilidade, pois exclui do ordenamento jurídico brasileiro quaisquer hipóteses de responsabilidade penal objetiva (*nullum crimen sine culpa*).

Do quadro traçado, possível visualizar as três dimensões restritivas do princípio constitucional da responsabilidade penal pessoal: (1ª) vedação de imposição de pena (ou de efeitos acessórios da sanção criminal) a terceiros; (2ª) restrição da responsabilidade criminal ao autor da ação ou omissão típica; (3ª) negação de qualquer modalidade de responsabilidade penal objetiva (*sine culpa*) ou solidária.

3. A polêmica acerca da responsabilidade penal das pessoas jurídicas

A construção histórica do princípio da pessoalidade da pena, além de excluir a possibilidade dos efeitos jurídico-criminais decorrentes da conduta de outrem, centralizou a responsabilidade criminal nas pessoas físicas. No entanto, a Constituição de 1988, ao disciplinar duas matérias distintas (ordem econômica e financeira e meio ambiente), referiu possibilidades de responsabilidade da pessoa jurídica, abrindo a discussão acerca da incorporação, no direito penal brasileiro, desta modalidade *sui generis* de responsabilização criminal.

Em relação à ordem econômica e financeira, a Constituição estabeleceu que *"a lei, sem prejuízo da responsabilidade individual dos dirigentes da pessoa jurídica, estabelecerá a responsabilidade desta, sujeitando-a às punições compatíveis com sua natureza, nos atos praticados contra a ordem econômica e financeira e contra a economia popular"* (art. 173, § 5º). A regulamentação das normas constitucionais a respeito dos crimes contra a ordem tributária, econômica e contra as relações de consumo nas Leis 8.078, 8.137/90 e 8.176/91 seguiu a tradição do penalismo romano-germânico, fixando responsabilidade penal individual dos representantes das empresas. Com a posterior criação do Conselho Administrativo de Defesa Econômica (CADE) pela Lei 8.884/94, a questão parecia seguir o rumo da atribuição da responsabilidade penal à pessoa física e da administrativa e/ou civil à pessoa jurídica – sanções compatíveis com sua natureza, segundo o dispositivo constitucional.

No entanto, em relação ao meio ambiente, a dubiedade do texto constitucional não permitiu solução similar, que seria, inclusive, a mais adequada desde o ponto de vista da estrutura clássica do direito penal de garantias. Segundo o art. 225, § 3º, da Constituição, *"as condutas e atividades consideradas lesivas ao meio ambiente sujeitarão os infratores, pessoas físicas ou jurídicas, a sanções penais e administrativas, independentemente da obrigação de reparar os danos causados"*. Em princípio, inclusive pela sistemática e pela resolução adotadas na matéria econômica e financeira, a doutrina visualizou uma estrutura bipartida de responsabilização, sendo aplicáveis as sanções penais às pessoas físicas e as sanções de natureza indenizatória e reparatória (civil e administrativa) às pessoas jurídicas. Todavia, a regulamentação na Lei dos Crimes Ambientais (Lei 9.605/98) rompeu com esta lógica, pois o art. 3º prevê expressamente a possibilidade de responsabilização criminal da pessoa jurídica, criando, inclusive, rol de penas aplicáveis à espécie (art. 3º c/c arts. 21 a 24, Lei 9.605/98).

Em relação aos critérios objetivos de imputação do delito ambiental, doutrina e jurisprudência estabeleceram como condição de responsabilização a demonstração de um vínculo entre a pessoa jurídica e as pessoas físicas que efetivamente atuaram em seu nome, nos termos do art. 2º da Lei dos Crimes Ambientais. Assim, fundamental, para configuração do delito, uma conduta (ação ou omissão) concreta, de uma pessoa natural, de carne e osso, que dê causa ao resultado, nos termos do art. 13, *caput*, do Código Penal. Além disso, para imputação da pessoa jurídica, necessário o estabelecimento de um vínculo entre esta conduta humana e o interesse da pessoa jurídica no resultado lesivo, situação que pode ser representada nas modalidades do tipo subjetivo (dolo ou negligência).

Apesar da inovação legislativa e da consolidação jurisprudencial em relação à possibilidade de responsabilização criminal das pessoas jurídicas, o tema segue gerando inúmeras controvérsias, sobretudo na dogmática penal.

As teses contrapostas à possibilidade de atribuição de responsabilidade criminal às pessoas jurídicas invariavelmente são colocadas a partir da natureza dos entes coletivos, notadamente pela discussão entre as teorias da ficção (Savigny) e da realidade (Gierke). O debate, pois, acaba restrito à oposição entre conceber a pessoa jurídica como uma criação artificial, uma abstração legal que permitiria apenas o exercício de direitos patrimoniais (teoria da ficção) ou em ver o ente coletivo como dotado de existência real, cuja vontade poderia ser equiparada àquela dos entes naturais (teoria da realidade). Contudo, para além da assunção da teoria da ficção ou da teoria da realidade como fundamento da natureza jurídica das pessoas coletivas, os problemas em relação à atribuição de responsabilidade penal são derivados dos limites estabelecidos pelo princípio da personalidade da pena e, em decorrência, pelo princípio da culpabilidade.

Importante referir que não parecem sólidos os argumentos negativos à atribuição de responsabilidade penal às pessoas jurídicas exclusivamente em razão da sua impossibilidade de cumprir pena privativa de liberdade. O argumento é falho em razão de o texto constitucional, ao definir as espécies de pena, criar um rol meramente exemplificativo e aberto (art. 5º, XLVI). Conforme exposto, a Constituição é taxativa apenas em relação às penas proscritas, às sanções terminantemente vedadas (art. 5º, XLVII), não por outra razão a própria Lei 9.605/98 criou sanções razoavelmente adequadas aos entes abstratos. As questões fundamentais a serem enfrentadas quando se discute a constitucionalidade da Lei 9.605/98 no ponto relativo à responsabilidade penal da pessoa jurídica são, portanto, de outra ordem, e podem ser expostas da seguinte forma: (a) se a pessoa jurídica é capaz de ação ou omissão para efetivação do resultado penalmente relevante (pressuposto objetivo da imputação); (b) se esta ação ou omissão pode ser qualificada pelos elementos subjetivos da tipicidade (condutas dolosas ou culposas); e (c) se ao ente coletivo é possível atribuir o qualificativo culpabilidade, fundamento da punibilidade, entendido em sua dupla dimensão: (a) na teoria do delito, se a pessoa jurídica preenche os requisitos da capacidade para a culpabilidade (potencial consciência da ilicitude e exigibilidade de comportamento) e (b) na teoria da pena, se é possível realizar, na cominação da sanção penal ao ente coletivo, a graduação do nível de responsabilidade exigido pelo princípio da individualização.

Não obstante a análise da possibilidade de o ente coletivo cumprir os requisitos constitucionais de atribuição de responsabilidade moldados pelos princípios da pessoalidade e da culpabilidade instrumentalizados pela dogmática do direito penal, importante ainda indagar se a Lei 9.605/98 estabeleceu critérios para processar e julgar criminalmente a pessoa jurídica de forma a permitir a plena observância do devido processo legal (SCHECAIRA, 2003:145-172).

Desta forma, em face das exigências constitucionais em relação à atribuição da responsabilidade penal, somente a satisfação destes requisitos materiais e processuais criaria condições mínimas de possibilidade para punição do ente coletivo.

4. Reparação do dano e perda de bens e valores

À pessoalidade das penas, princípio histórico do direito brasileiro, é agregado tratamento inédito, até o momento objeto exclusivo de lei ordinária. A Constituição regrou, em dispositivo único, a garantia penal da responsabilidade personalíssima e a garantia civil de reparação do dano causado pelo crime.

Segundo disciplina o Código Penal, são efeitos da condenação (a) a obrigação de indenizar o dano causado pelo crime e (b) a perda, em favor da união, do produto ou qualquer bem ou valor que constitua proveito auferido pela prática do ilícito (art. 91, I e II). Percebe-se, pois, que as consequências do delito regradas anteriormente pelo Código Penal foram incorporadas pela Constituição, sendo explicitada a possibilidade de, exclusivamente em relação à reparação do dano e ao perdimento dos bens advindos do crime, haver sucessão.

Importante, portanto, que não se confundam as sanções penais de natureza pecuniária com os efeitos pecuniários decorrentes da sentença condenatória. É que a Constituição estabeleceu como penas criminais autônomas, além da privação ou restrição da liberdade (art. 5º, XLVI, "a"), prestação social alternativa (art. 5º, XLVI, "d") e suspensão ou interdição de direitos (art. 5º, XLVI, "e"), sanções eminentemente patrimoniais como a perda de bens (art. 5º, XLVI, "b") e a multa (art. 5º, XLVI, "c"). Em sua regulamentação, em face de não ser o rol de penas *numerus clausus*, a Lei 9.714/98 incluiu como possibilidade sancionatória a prestação pecuniária (art. 43, I, Código Penal).

Desta forma, harmonizando as leis ordinárias à Constituição, possível afirmar a existência de três espécies de sanções criminais exclusivamente patrimoniais: multa, perda de bens e valores e prestação pecuniária. Importante registrar que tais penas podem ser aplicadas de forma autônoma ou cumulada com as demais sanções previstas, conforme as regras de individualização estabelecidas pelo Código (arts. 59, 60 e 44).

Assim, conclui-se que a execução da pena criminal, mesmo que de natureza pecuniária, é personalíssima, intransmissível, intranscendente. Situação diversa em relação aos efeitos patrimoniais civis da condenação, os quais seguem as regras de sucessão, podendo ser transmissíveis. Com a morte do condenado é extinta a punibilidade (art. 107, I, Código Penal), devendo ser decretada em relação a qualquer espécie de pena aplicada na sentença (privação de liberdade, restrição de direitos, prestação pecuniária, multa, perda de bens etc.). Todavia, ao espólio cabe a obrigação de reparar o dano *ex delicto* no limite do valor do patrimônio transferido, conforme a determinação constitucional.

5. **Principais julgamentos proferidos pelo Supremo Tribunal Federal**

Em relação à pessoalidade das penas, três questões relevantes foram colocadas ao Supremo Tribunal Federal (STF): (a) a transferência do cumprimento da pena para terceiros; (b) a delimitação, em sede de acusação ou sentença, do nexo de causalidade entre conduta individual e resultado imputado; e (c) a responsabilidade penal da pessoa jurídica.

O primeiro tema, analisado em 1990, tratou da possibilidade de a pena restritiva de direito, na modalidade prestação de serviço à comunidade, ser cumprida por pessoa distinta da condenada. No caso, a pena de detenção aplicada pelo delito de lesões corporais leves fora substituída por prestação de serviço à comunidade, consistente na doação de sangue, pelo condenado ou outrem. O Tribunal de Justiça do Rio de Janeiro confirmou a decisão e o STF foi instigado, via *habeas corpus*, a manifestar-se sobre o tema, pois os impetrantes alegavam ser a sanção inconstitucional em razão de não ser prevista como hipótese de pena e de violar o princípio da humanidade que veda aplicação de penas cruéis (art. 5º, XLVII). Além de constar lesão ao princípio da humanidade das penas, o STF julgou inconstitucional a sanção aplicada por ofensa ao princípio da pessoalidade, afirmando que *"a intransmissibilidade da pena traduz postulado de ordem constitucional. A sanção penal não passará da pessoa do delinquente. Vulnera o princípio da incontagiabilidade da pena a decisão judicial que permite ao condenado fazer-se substituir, por terceiro absolutamente estranho ao ilícito penal, na prestação de serviços à comunidade"* (HC 68.309, Rel. Min. Celso de Mello, j. 27.11.90).

O julgamento apresentado analisa uma das dimensões do princípio da pessoalidade, referente à intranscendência da pena. Contudo, conforme exposto, a garantia constitucional da responsabilidade penal pessoal assegura, como condição objetiva de responsabilização, que seja verificável a relação de causalidade entre a conduta e o resultado lesivo. Esta dimensão da pessoalidade, instrumentalizadora do princípio da culpabilidade, exclui a responsabilidade criminal por ato de terceiro e a responsabilidade penal objetiva.

Neste quadro ressalta-se a importância do julgamento do HC 83.554 por dois motivos: (1º) ter sido a primeira manifestação do STF em processo com imputação de responsabilidade penal de pessoa jurídica e (2º) ter avaliado, de forma exaustiva, os critérios de vinculação entre a conduta e o resultado (nexo de causalidade), bem como a impossibilidade de responsabilidade penal objetiva no direito penal brasileiro.

O acórdão, apesar de deixar claro não ingressar no mérito da possibilidade ou não da responsabilidade penal da pessoa jurídica – sequer avalia a constitucionalidade dos dispositivos da Lei 9.605/98 relativos ao tema –, é paradigmático, pois apresenta análise dos requisitos do nexo de causalidade, diferenciando a conduta dos dirigentes e da empresa. E no que diz respeito à imputação às pessoas físicas, lembra que a responsabilidade penal *"obedece parâmetros legais de garantia que tem caracterizado o direito penal moderno (...). E aqui não há espaço para arbítrio. Entre outras inúmeras garantias do acusado, remanesce a perspectiva de que não há crime sem conduta, e também não há crime sem que exista vínculo entre a conduta e o resultado"*. Assim, *"se há um evento danoso e se há uma tentativa de responsabilização individual, um pressuposto básico para isto é a demonstração consistente de relação de causalidade entre o suposto agente criminoso e o fato"*. Outrossim, se persistir o entendimento acerca dos pressupostos da imputação, difícil conceber sua compatibilidade com a responsabilidade dos entes coletivos, visto *"evidenciar a impropriedade em tentar conferir ao indivíduo e à pessoa jurídica os mesmos riscos"* (HC 83.554, Rel. Min. Gilmar Mendes, j. 16.08.05).

Importante mencionar, ainda, que em relação aos critérios de imputação e às hipóteses de ofensa aos princípios da pessoalidade e da culpabilidade, o STF, analisando casos de crimes contra a ordem tributária (Lei 8.137/90) e crimes contra o sistema financeiro nacional (Lei 7.492), estabeleceu *"mudança de orientação jurisprudencial"*, não admitindo como aptas denúncias que não individualizem pormenorizadamente as condutas dos indiciados (HC 85.327, Rel. Gilmar Mendes, j. 15.08.06 – no mesmo sentido, de igual relatoria, HC 86.879, j. 21.02.06; HC 86.294, *DJ* 03.02.2006; HC 85.579, *DJ* 24.05.2005). A exposição circunstanciada das condutas (comissivas ou omissivas) que produziram o evento, bem como a narrativa clara do grau de participação dos acusados, traduz-se, pois, como exigência do princípio da pessoalidade, visto definir os limites da responsabilidade individual (subjetiva). Nota-se, ainda, na concretização da responsabilidade penal pessoal, sua estreita relação com a individualização das penas (art. 5º, XLV) e com os princípios de garantia do devido processo legal (art. 5º, LIV e LV) (HC 85.658, Rel. Cezar Peluso, j. 21.06.05).

Art. 5º, XLVI – a lei regulará a individualização da pena e adotará, entre outras, as seguintes:
a) privação ou restrição da liberdade;
b) perda de bens;
c) multa;
d) prestação social alternativa;
e) suspensão ou interdição de direitos;

Salo de Carvalho

PRINCÍPIO DA INDIVIDUALIZAÇÃO DA PENA

1. Antecedentes históricos

Diferentemente da responsabilidade penal pessoal, garantida na Constituição Imperial de 1824, o princípio da individualização da pena receberá tratamento constitucional apenas na Carta de 1946. O art. 141, § 29 definia que *"a lei penal regulará a individualização da pena e só retroagirá quando beneficiar o réu"*. A reforma constitucional de 1967 reproduzirá, no mesmo dispositivo, pessoalidade e individualização (art. 150, § 13), sendo a estrutura normativa do princípio da individualização alterada no texto constitucional de 1988 em face de elencar, de forma exemplificativa, as espécies de pena adotadas no Brasil.

Em termos legais, a aplicação individualizada de penas é prevista nos Códigos Penais de 1830 e de 1890.

Apesar de o Código do Império manter para alguns delitos penas fixas (modelo das Ordenações), o art. 63 definia que, nos casos de estabelecimento de graus máximo e mínimo, deveriam ser considerados *"tres gráos nos crimes, com attenção ás suas circumstancias aggravantes ou attenuantes, sendo o maximo o de maior gravidade, á que se imporá o maximo da pena; e o mínimo, o da menor gravidade, á que se imporá a pena mínima; o médio, o que fica entre o maximo e o mínimo, á que se imporá a pena no termo médio entre os dous extremos dados"* (sic). O estatuto reitera a ideia de individualização com a previsão de agravantes e atenuantes (arts. 15 a 19).

Com a antecipação pelo Código de 1890 da abolição das penas de morte, galés e banimento (art. 72, §§ 20 e 21, Constituição de 1891) e a definição da prevalência da pena de prisão em relação às demais, a estrutura das sanções com previsão de penas mínimas e máximas é reforçada. Desta forma, são agregadas ao novo modelo inúmeras variáveis referentes à individualização judicial e executiva das penas – limitação temporal em 30 anos (art. 44); regras próprias aos diferentes regimes de execução (arts. 47 a 49); possibilidade de modificação gradual de penas com a transferência para estabelecimentos menos severos (art. 50); previsão de livramento condicional (arts. 51 e 52); definição de agravantes e atenuantes (arts. 36 a 42) e de causa especial de diminuição nos crimes tentados (art. 63) e nos casos de cumplicidade (art. 64); definição de regras para os concursos material e formal e para o crime continuado (art. 66) etc.

Assim, o modelo estabelecido pelo Código de 1890 definiu as distintas formas de individualização incorporadas pelas Constituições de 1946 e de 1988.

2. As dimensões do princípio da individualização da pena

A doutrina aponta três dimensões do princípio da individualização da pena. A primeira, denominada individualização legislativa, seria identificada no processo de criação dos tipos penais incriminadores, com a delimitação da conduta ilícita e a definição da espécie de pena cabível e as suas quantidades mínima e máxima. Trata-se, portanto, nesta fase, de princípio orientador da atividade do legislador em matéria criminal que determina a necessidade de previsão de sanções adequadas e proporcionais às condutas incriminadas.

Embora a Constituição não tenha definido expressamente uma fórmula de determinação legal das sanções criminais, a tradição do direito penal brasileiro consagrou como critério o estabelecimento de tempo mínimo e máximo de pena de prisão. Assim, mesmo com a Constituição e as leis penais complementares prevendo penas alternativas ao encarceramento, sua efetiva aplicação resta subordinada ao procedimento de determinação judicial, segunda dimensão do princípio da individualização.

Definidos pelo legislador os limites e as causas de aumento e diminuição, a concretização do princípio da individualização é realizada na sentença. A sentença criminal condenatória exige, como etapa final do juízo de responsabilização, a determinação da pena, em uma operação altamente complexa decorrente da exigência legal de análise de inúmeras circunstâncias (CARVALHO, 2013). Para regrar a aplicação, o Código elencou quatro etapas de individualização judicial: (1ª) o estabelecimento da pena aplicável entre as cominadas (art. 59, I) – casos de previsão alternativa de penas; (2ª) a quantificação da pena nos limites previstos (art. 59, II c/c art. 68) a partir da avaliação das circunstâncias judiciais (art. 59, caput), das circunstâncias agravantes e atenuantes (arts. 61 a 66) e das causas especiais de aumento (majorantes) e de diminuição (minorantes) dispostas na parte geral e especial do Código e nas leis extravagantes; (3ª) a definição do regime inicial de cumprimento (art. 59, III c/c art. 33); e, se cabível, (4ª) a substituição da pena de prisão (art. 59, IV c/c arts. 44 e 60, § 2º).

Com a proscrição das penas fixas e a previsão de novas respostas penais decorrente da crise da pena privativa de liberdade, percebe-se o aumento gradual da discricionariedade judicial – *"o alargamento do poder discricionário do magistrado é aliás decorrência obrigatória da criação de um leque de opções graças às penas substitutivas (...)"* (REALE JR., 1985: 159). Como forma de limitação desses espaços de discricionariedade, a tarefa judicial de aplicação da pena é alcançada pelo princípio constitucional da fundamentação das decisões (art. 93, IX), pois *"não há aqui um poder arbitrário e o juiz não pode fixar a pena a seu capricho (...). A motivação é o diafragma que separa o poder discricionário do arbítrio"* (FRAGOSO, 1969: 17). O livre convencimento motivado, princípio geral de avaliação da prova no processo criminal, atinge a fase judicial da individualização da pena exigindo não apenas argumentação convincente dos motivos que levaram à definição da espécie e da quantidade de pena aplicadas, mas explícita demonstração probatória das circunstâncias apontadas como idôneas à exasperação punitiva.

O dever constitucional de adequação da pena produziu, inclusive, importantes desdobramentos do princípio. Se a peça acusatória cria o vínculo entre a individualização legislativa e judicial, sendo o mecanismo que limita o horizonte de discussão do caso penal no processo, tornou-se fundamental que desde a propositura da ação penal estejam apontadas com o máximo rigor todas as circunstâncias do delito e o grau de participação dos envolvidos. A narrativa circunstanciada do crime, segundo as regras do Código de Processo Penal (art. 41) e o princípio constitucional da ampla defesa (art. 5º, LV), são condições prévias da individualização judicial, motivo pelo qual é possível elencar como decorrência do princípio a obrigatoriedade da imputação individualizada (individualização acusatória).

A última dimensão do processo de individualização da pena é o da individualização executiva. A Reforma de 1984 estabeleceu o controle jurisdicional da execução penal para garantir a efetividade dos direitos que decorrem do cumprimento da pena (progressão de regime, livramento condicional, detração, remissão e conversões de pena), bem como para tutelar os condenados dos desvios e dos excessos praticados pela administração penitenciária, tendo em vista a constatação histórica de se observar, na última fase da persecução criminal, as maiores lesões aos direitos e garantias individuais (BITENCOURT, 1993).

A jurisdicionalização define, portanto, importantes tarefas ao Poder Judiciário na execução penal. No que tange ao estrito processo, exige a adequação da pena ao juízo de responsabilização, fixando diretrizes para o seu efetivo cumprimento. A tarefa diz respeito tanto à decisão dos incidentes de execução quanto à definição das condições materiais do cumprimento da pena conforme determinado na Constituição. Em relação aos incidentes processuais que possibilitam minimizar a quantidade e a qualidade da pena, a jurisdicionalização impõe ao magistrado a efetivação do devido processo com a garantia da ampla defesa, do contraditório, do duplo grau de jurisdição, da publicidade e da paridade de armas. No que tange à garantia das condições materiais, as normas constitucionais impõem um papel fiscalizador e interventor do juiz para assegurar o cumprimento da pena em estabelecimentos de acordo com a natureza do delito, idade e sexo do(a) apenado(a) (art. 5º, XLVIII), de forma a respeitar sua integridade física e moral (art. 5º, XLIX).

A previsão constitucional de inúmeros direitos ao cidadão condenado, notadamente aquele condenado à pena de prisão, associada à natureza jurisdicional da execução, torna inadequada a antiga concepção de existir, na esfera penitenciária, absoluta sujeição do condenado à administração carcerária. Trata-se, na atualidade, "(...) *de matéria regida pelo princípio da legalidade e de competência da autoridade judiciária*" (LUISI, 2003:55), motivo pelo qual os excessos e os desvios que caracterizam a realidade carcerária nacional não podem ser vistos com naturalidade pelos órgãos competentes e responsáveis, sejam administrativos ou jurisdicionais.

3. As espécies de penas adotadas pela Constituição

A Constituição, após estabelecer como direito fundamental a individualização da pena, elencou como espécies de sanções criminais a privação ou restrição da liberdade, a perda de bens, a multa, a prestação social alternativa e a suspensão ou interdição de direitos.

A previsão de penas em espécie alterou a tradição constitucional, pois, desde a Constituição do Império, todos os textos estavam limitados a vedar ou restringir determinadas sanções, procedimento reproduzido na Carta de 1988, no inciso XLVII do art. 5º. De forma inovadora, porém, o constituinte apresenta extenso rol punitivo possibilitando, inclusive, a criação de outras formas de sanção pela lei ordinária, visto a redação ser nitidamente exemplificativa e aberta, desde que respeitados os limites impostos (art. 5º, XLVII).

A principal conclusão acerca da técnica adotada é a do explícito reconhecimento da inadequação da pena de prisão para atingir os fins propostos (retribuição proporcional, prevenção geral ou prevenção especial). Assim, o texto constitucional acaba por reconhecer, mesmo que de forma implícita, os efeitos deletérios do cárcere. Não por outro motivo a Constituição prevê diversas sanções alternativas ao encarceramento.

O Código Penal de 1940, imerso na centralidade da prisão como sanção criminal por excelência, previa como penas principais a reclusão, a detenção e a multa (art. 28). A Reforma de 1984, alinhada aos preceitos humanizadores do direito penal garantista e ciente dos malefícios do encarceramento denunciados pela criminologia crítica nas décadas de 60 e 70, unificou reclusão e detenção sob o rótulo de pena privativa de liberdade e incorporou, junto com a multa, a pena restritiva de direitos como sanção autônoma (art. 32, II). Ao regrar as espécies de penas restritivas, previu a prestação de serviço à comunidade, a interdição temporária de direitos e a limitação de final de semana (art. 43, I, II e III).

As penas substitutivas à prisão, na modalidade de prestação de serviços à comunidade, foram criadas pelo Código Penal soviético de 1926 (art. 20, *d* e 30). Reproduzidas nos ordenamentos penais do leste europeu – Código Penal búlgaro (art. 24), Código Penal polonês (art. 33) –, posteriormente foram universalizadas – *v.g.* Bélgica (1963), França (1970), Alemanha (1975), Itália (1975), Portugal (1977) e Espanha (1980). O entendimento prevalecente de que "*a experiência com o sistema institucional resultou, sabidamente, negativa, restando a prisionalização como deletéria, até porque componente causal da reincidência*" (THOMPSON, 1991: 05), projetou a tentativa de "*humanizar o Direito Penal, recorrendo a novas medidas que não o encarceramento*" (REALE JR., 1983: 48).

A constitucionalização das alternativas ao cárcere fomentou não apenas a redação da Lei 9.714/98, que ampliou o rol exposto na Constituição, mas possibilitou a elaboração de mecanismos de substituição do próprio processo penal, como a composição civil, a transação penal e a suspensão condicional do processo, instituídos pela Lei 9.099/95.

A Lei 9.714/98, ao regulamentar o inciso XLVI do art. 5º, incluiu no art. 43 do Código Penal, a prestação pecuniária, a perda de bens e valores, a prestação de serviço à comunidade ou a entidades públicas, a interdição temporária de direitos e a limitação de fim de semana. Ademais, ampliou as hipóteses de substituição prevendo sua aplicação em quaisquer hipóteses de condenação por crime culposo ou, nos casos de fixação de pena privativa de liberdade não superior a quatro anos, para réus cujas circunstâncias fossem favoráveis (art. 44, I, II e III). Outrossim, relativizou o instituto da reincidência, admitindo a aplicação nos casos em que a medida descarcerizante fosse socialmente recomendável (art. 44, § 4º).

Na abertura proporcionada pela Constituição, a Lei 11.343/06, que instituiu a nova política criminal de drogas, previu, como sanção autônoma, independente (não substitutiva) da pena privativa de liberdade, às condutas relacionadas ao consumo pessoal de drogas, as penas de advertência sobre os efeitos das drogas (admoestação verbal), prestação de serviços à comunidade e medida educativa de comparecimento a programa ou curso educativo.

4. Principais julgamentos proferidos pelo Supremo Tribunal Federal

O principal debate doutrinário e jurisprudencial acerca do princípio da individualização da pena derivou da publicação, em 1990, da Lei dos Crimes Hediondos, na qual houve imposição de cumprimento de pena em regime integralmente fechado, vedando, pois, a possibilidade de o condenado progredir de regime durante a execução (art. 2º, § 1º, Lei 8.072/90).

A doutrina nacional, em sua grande maioria, apontou desde os primeiros momentos de vigência da lei que a impossibilidade de progressão ofendia os princípios da individualização e da humanidade (FRANCO, 2005). O dispositivo legal inegavelmente obstruía os avanços da própria Constituição no sentido de ampliar a política dos substitutivos penais e de abertura dos cárceres. Em sentido inverso, a Lei dos Crimes Hediondos obstaculizou o processo de desinstitucionalização progressiva, situação que produziu a maior taxa de encarceramento da história do país.

Algumas decisões isoladas, a partir da edição da Lei 9.455/97 (Lei dos Crimes de Tortura), passaram a entender como revogada a proibição, visto o § 7º, do art. 1º, mencionar que os condenados pela prática do crime de tortura iniciariam o cumprimento da pena em regime fechado. Assim, em face de ambos os estatutos terem igual hierarquia, pois derivados do mesmo dispositivo constitucional (art. 5º, XLIII), e em sendo a Lei de Tortura posterior e mais benéfica, o tratamento penal deveria ser isonômico. Contudo, após algumas variações na jurisprudência, o STF, no intuito de pacificar a matéria, emitiu a Súmula 698 (*"não se estende aos demais crimes hediondos a admissibilidade de progressão de regime de execução da pena aplicada ao crime de tortura"*).

No entanto, mesmo após a publicação da Súmula 698, a 1ª Turma do STF, em dois *Habeas Corpus* (HC 87.623 e HC 87.452), decidiu, à unanimidade, por afastar a proibição, viabilizando a progressão de regime para condenados pelos crimes de extorsão mediante sequestro e de tráfico ilícito de entorpecentes. Paralelamente, a constitucionalidade do dispositivo estava em discussão no Pleno do STF que decidiu, por maioria dos votos, que *"conflita com a garantia da individualização da pena (art. 5º, XLVI, da Constituição Federal) a imposição, mediante norma, do cumprimento da pena em regime integralmente fechado. Nova inteligência do princípio da individualização da pena, em evolução jurisprudencial, assentada a inconstitucionalidade do artigo 2º, § 1º, da Lei n. 8.072/90"* (HC 82.959, Rel. Min. Marco Aurélio, j. 23.02.06).

Na esteira da crítica aos excessos impostos pela Lei 8.072/90, o STF tem assegurado aos condenados por delitos qualificados como hediondos o direito de substituição de prisão por restritiva de direito, nas hipóteses de crime cometido sem violência ou grave ameaça à pessoa – *v.g.* HC 84.928, Rel. Min. Cezar Peluso, j. 27.09.05; HC 85.894, Rel. Min. Gilmar Mendes, j. 19.04.07; HC 88.879, Rel. Min. Ricardo Lewandowski, j. 06.02.07 e HC 90.991, Rel. Min. Carlos Britto, j. 21.06.07.

No âmbito da aplicação judicial, o STF tem reforçado a ideia de ser o princípio da individualização elemento não apenas de análise particularizada, mas de diferenciação de tratamento para *"minorar os excessos da equiparação global dos coautores"* (HC 70.022, Rel. Min. Celso de Mello, j. 20.04.93, *DJ* 14.05.93).

Neste aspecto, paradigmático o debate sobre a determinação das penas na Ação Penal 470 ("Caso Mensalão"), notadamente a partir dos julgamentos dos embargos infringentes, em razão das críticas direcionadas pelo Min. Barroso à falta de proporcionalidade e à ofensa ao princípio da individualização. O Min. Barroso, ao enfrentar a matéria impugnada (divergências na individualização das penas aplicadas aos crimes de corrupção e de formação de quadrilha), apontou graves distorções, notadamente na pena-base – *"considero, com todas as vênias de quem pense diferentemente, que houve uma exacerbação inconsistente das penas aplicadas pelo crime de quadrilha ou bando, com a adoção de critério inteiramente discrepante do princípio da razoabilidade-proporcionalidade. Tal critério, ademais, afastou-se dos dois outros precedentes do próprio Tribunal, nos quais houve condenações por formação de quadrilha, também em casos envolvendo corrupção política. De forma ainda mais concreta, a desproporção se verifica em relação ao próprio critério que foi aplicado, nessa mesma ação penal, para a fixação da pena-base nas demais condenações impostas aos mesmos réus. E considero, sempre com o respeito devido e merecido, que a causa da discrepância foi o impulso de superar a prescrição do crime de quadrilha, com a consequência de se elevar parte das condenações e até de se modificar o regime inicial de cumprimento das penas"* (AP 470, Embargos Infringentes, Rel. Min. Barroso, j. 26/02/14). Ao revisar o voto de mérito do Min. Barbosa, o Min. Barroso concentrou sua análise em dois pontos: (a) as penas-base fixadas para o crime do art. 288 do Código Penal teriam sido elevadas de forma desproporcional se considerados os mesmos critérios estipulados para o crime de corrupção ativa (art. 333 do Código Penal); e, consequentemente, (b) o aumento acima do razoável teria como finalidade evitar a prescrição e, em consequência, agravar o regime de cumprimento das penas. Ao harmonizar as penas aos princípios da razoabilidade e da individualização, o Min. Barroso reafirmou o dever judicial de aplicação da pena conforme a Constituição, desconstituindo um perigoso paradigma no qual estariam superados quaisquer limites à discricionariedade/arbitrariedade judicial (CARVALHO, 2014; STOCO, 2014; TEIXEIRA, 2014).

Por fim, é importante destacar o entendimento sobre o direito do condenado ao tratamento penal menos aflitivo, conforme se percebe nos casos de previsão legal alternativa de penas (HC 83.926, Rel. Min. Cezar Peluso, j. 07.08.07); e, em termos processuais, a necessidade de harmonização do princípio da individualização com a fundamentação das decisões (art. 93, IX) – "(...) [a Constituição] *não se satisfaz com a existência na sentença de frases ou palavras quaisquer, a pretexto de cumpri-la: a fundamentação há de explicitar a sua base empírica e essa, de sua vez, há de guardar relação de pertinência, legalmente adequada, com a exasperação da sanção penal, que visou a justificar"* (HC 69.419, Rel. Min. Sepúlveda Pertence, j. 23.06.92).

Art. 5º, XLVII – não haverá penas:

a) de morte, salvo em caso de guerra declarada, nos termos do art. 84, XIX;

b) de caráter perpétuo;

c) de trabalhos forçados;

d) de banimento;

e) cruéis;

Salo de Carvalho

PRINCÍPIO DA HUMANIDADE

1. Antecedentes históricos

A vedação de penas infamantes e cruéis apresenta-se na Constituição de 1824 como uma das principais conquistas da recepção do direito penal liberal – *"desde já ficam abolidos os açoites, a tortura, a marca de ferro quente, e todas as mais penas cruéis"* (art. 179, XIX). A negação de práticas punitivas inquisitórias é o valor cultivado ao longo da história do constitucionalismo brasileiro, presente em todas as Constituições, de forma mais ou menos intensa conforme a situação política vivenciada. Inclusive nos períodos constituintes mais tensos e delicados à democracia, a negativa constitucional aos procedimentos desumanos é reafirmada (ao menos na estrutura normativa).

Questão peculiar ocorre em relação à pena de morte. Mantida pela Constituição e pelo Código do Império e executada pela última vez no Brasil em 1855 (FRAGOSO, 2003:351), foi proscrita, mantendo-se, porém, aos casos previstos na legislação militar em caso de guerra pela Constituição de 1891 (art. 72, § 21).

A tradição constitucional brasileira desde então, excetuando os períodos ditatoriais – *"as ditaduras têm irrecusável pendor para a pena de morte"* (FRAGOSO, 2003:352) –, consolidou a abolição da pena capital, admitindo apenas nos casos de guerra declarada. No entanto, é possível perceber a tentativa de sua reintrodução na Constituição de 1937, com a previsão para os crimes políticos e para o homicídio qualificado pelo motivo fútil ou praticado com requintes de crueldade (art. 122, 13, *f*), bem como no último período de exceção. Apesar de a Constituição de 1967 (150, § 11) estabelecer a possibilidade de pena de morte nos casos de guerra externa declarada, nos termos da legislação militar, o Ato Institucional n. 5 reintroduziu para os casos de crimes políticos (casos de guerra externa psicológica adversa, ou revolucionária ou subversiva), alterando o dispositivo constitucional pelo Ato Institucional n. 14 e pelo Decreto-Lei n. 898, ambos de setembro de 1969. Em 1978, a Emenda constitucional n. 11 revoga os Atos Institucionais e consequentemente a pena de morte, mantendo apenas aos casos de guerra externa declarada previsão encontrada na Carta de 1988.

Reforçada a abolição da pena capital em face de ser cláusula pétrea (art. 60, § 4º, IV), a promulgação da Convenção Americana sobre Direitos Humanos pelo Decreto n. 678 define a impossibilidade de sua reintrodução ao criar uma cláusula de proibição do retrocesso: *"não se pode restabelecer a pena de morte nos Estados que a hajam abolido"* (art. 4º, 3).

Na Constituição de 1988, o princípio da humanidade apresenta-se, pois, com desdobramento da dignidade da pessoa humana, fundamento da República (art. 1º, III), e harmoniza-se com a vedação à tortura e a qualquer tipo de tratamento desumano ou degradante (art. 5º, III) e às determinações de respeito à integridade física e moral dos presos (art. 5º, XLIX).

2. Dimensões do princípio da humanidade e constitucionalismo comparado

A Reforma Penal de 1984 molda o projeto punitivo brasileiro a partir da perspectiva da ressocialização (prevenção especial positiva), teoria penológica que pautou as principais legislações penais nos países Ocidentais a partir de meados do século XX.

Importante notar, porém, como foi observado, que a Constituição de 1988 traz explicitamente princípios relativos à sanção penal, mas, diferentemente das opções e das finalidades punitivas encontradas em inúmeras Constituições Ocidentais, não projeta qualquer fundamentação à pena. Na Espanha, a Constituição pauta como função da pena a reeducação e a reinserção social, condicionando a limitação dos direitos fundamentais do condenado àquela finalidade (art. 25, § 2º). A Constituição da Itália, seguindo a mesma lógica, determina como função da punição a reeducação do condenado (art. 27).

No ordenamento constitucional brasileiro, os princípios relativos à punição preveem exclusivamente formas (espécies) de sanção e, sobretudo, limites punitivos. Percebe-se, portanto, que o constituinte abdicou da resposta ao *"por que punir?"*, direcionando esforços para delimitar o *"como punir"*. Neste ponto fundamental notar a relevante alteração no cenário punitivo: a perspectiva absenteísta sobre os discursos de justificação, a opção por sanções alternativas ao encarceramento, e as vedações de penas degradantes e cruéis, impõem critérios limitativos à interpretação, à aplicação e à execução das penas. A consequência deste entrelaçamento entre a ausência de discurso legitimador e determinação de critérios limitativos à imposição de penas é a projeção de verdadeira política punitiva de redução de danos, a partir da ciência dos malefícios provocados pelo encarceramento (CARVALHO, 2013).

3. A vedação das penas perpétuas e o Tribunal Penal Internacional

O Decreto 4.388/02, que institui o Estatuto de Roma, gerou inúmeras divergências em relação à sua constitucionalidade. Dentre questões como a previsão da entrega de nacionais (art. 58), o exercício da jurisdição independentemente das imunidades e prerrogativas de foro (art. 27), a violação do princípio da coisa julgada (art. 20) e a imprescritibilidade dos delitos (art. 29), a previsão de prisão perpétua (art. 77) obteve destaque em face da taxativa proibição constitucional.

A Comissão de Relações Exteriores e Defesa Nacional, no Parecer n. 448/02 (Relator *ad hoc* Senador Lúdio Coelho, DSF 28.05.02), concluiu *"(...) pela inexistência de óbices, quanto à constitucionalidade, que possam impedir a adesão do Brasil ao Estatuto de Roma"*. O principal fundamento foi o da previsão, no art. 7º do ADCT, que *"o Brasil propugnará pela formação de um Tribunal Internacional dos Direitos Humanos"*. No entanto, apesar da previsão de apoio à formação do Tribunal Internacional, a questão da perpetuidade da pena prevista no Estatuto de Roma restou em aberto.

Segundo a doutrina que apoiou a adesão ao Tribunal Penal Internacional (TPI), a questão merece ser avaliada a partir da possibilidade da comutação da pena aplicada. A Lei 6.815/80, que dispõe sobre a situação jurídica do estrangeiro, impõe como condição para deferimento do pedido de extradição que o Estado requerente assuma o compromisso de *"comutar em pena privativa de liberdade a pena corporal ou de morte, ressalvados, quanto à última, os casos em que a lei brasileira permitir sua aplicação"* (art. 91, III). Em face de o Estatuto (art. 110, 5) prever revisão e redução das penas (art. 110, 3), surgiria, como possibilidade de compatibilização, o estabelecimento do dever de o Estado requerente, em caso de pedido de extradição por condenação pelo TPI, comutar a pena de caráter perpétuo de acordo com os ditames constitucional (art. 5º, XLVII, b) e legal (art. 91, III, Lei 6.815/80 e art. 75, Código Penal).

A comutação da pena, regulada no Estatuto de Roma, constitui uma espécie de incidente de execução penal. Assim, no modelo jurisdicionalizado adotado pelo TPI, em estando presentes os requisitos objetivos e subjetivos (art. 110, 4, *a*, *b*, e *c*), seria necessário o deferimento da comutação. Nesta perspectiva, sustenta Reale Jr. que *"a solução está na ratificação vir acompanhada de declaração interpretativa, tal como se deu na Espanha, na qual se afirme que a ratificação ocorre com a condição de que a pena não exceda ao máximo legal da reclusão, realizando-se a revisão prevista no art. 110 do Estatuto. Além do mais, segundo o art. 80 do Estatuto, as suas regras sobre penas não afetam a mudança do sistema de penas do Estado-membro, nem se impõe que não existindo determinada pena no direito interno do Estado-membro venha esta a ser por ele aplicada"* (2002:121).

4. A vedação de penas perpétuas e a omissão constitucional em relação às medidas de segurança

Os princípios relativos às sanções criminais, em sua integralidade, aparecem na Constituição sob a qualificação de penas – dos princípios da legalidade (art. 5º, XXXIX) e da irretroatividade (art. 5º, XL) aos da pessoalidade (art. 5º, XLV), da individualização (art. 5º, XLVI) e da humanidade (art. 5º, XLVII). Ocorre que o sistema sancionatório não é limitado apenas à pena, aplicada ao condenado imputável, mas é integrado pelas medidas de segurança, resposta jurídica ao inimputável que incorreu em fato previsto como crime (art. 26, *caput* c/c arts. 96 a 99, Código Penal).

Verifica-se, pois, neste particular, importante omissão constitucional, mormente pelo fato de as medidas de segurança, segundo a metodologia do Código Penal, não estarem limitadas no tempo (art. 75), perdurando enquanto não for averiguada a cessação da periculosidade (art. 97, § 1º, Código Penal). A lacuna acarreta, na realidade manicomial brasileira, a imposição de sanção perpétua aos usuários do sistema de saúde mental que incorreram em condutas previstas como delito.

Na experiência constitucional comparada, aos condenados por crime e àqueles sujeitos às medidas de segurança, estão resguardados direitos e garantias isonômicos – *v.g.* art. 29 e 30, Constituição de Portugal; art. 25, Constituição da Espanha; art. 25, Constituição da Itália. No que tange especificamente à vedação da perpetuidade das penas e medidas de segurança, a Constituição portuguesa é explícita ao prever que *"não pode haver penas nem medidas de segurança privativas ou restritivas da liberdade com caráter perpétuo ou de duração ilimitada ou indefinida"* (art. 31,1).

Apesar da omissão, em face do inegável caráter aflitivo e punitivo das medidas de segurança, fundamental sejam os direitos e garantias dos réus e condenados ampliados aos inimputáveis, sobretudo pela necessidade de estarem amparados pelos valores e princípios constitucionais. Assim, esta modalidade de resposta estatal deve estar restringida nos mesmos termos quantitativos (art. 75, Código Penal) e qualitativos (hipóteses de substituição do internamento e alta progressiva) que orientam as sanções aplicadas aos imputáveis (CARVALHO, 2013; MATTOS, 2006; QUEIROZ, 2011).

5. Principais julgamentos do Supremo Tribunal Federal

A negativa constitucional à possibilidade de imposição das penas capital e perpétua tem orientado o julgamento dos processos de extradição, de competência originária da Corte (art. 102, I, g). A possibilidade de o país requerente aplicar a pena de morte ou o ergástulo impede, segundo a legislação nacional (Lei 6.815/80) e o entendimento do STF, a entrega do extraditando.

Como verificado nas hipóteses de compatibilização do Estatuto de Roma com a Constituição brasileira, a entrega de estrangeiro ao país requerente pressuporia assunção de compromisso formal prévio da comutação da pena de morte ou perpétua em privativa de liberdade. Contudo o atual posicionamento prescindiu a revisão da jurisprudência do STF em relação aos processos de extradição passiva, vistos precedentes antigos que admitiam a entrega do estrangeiro sem qualquer restrição. A adequação da jurisprudência do STF aos princípios norteadores do sistema punitivo constitucional não apenas vinculou a extradição à prévia comutação, como exige a limitação da pena privativa de liberdade ao máximo permitido pela legislação nacional (30 anos) (Extr 855, Rel. Min. Celso de Mello, j. 26.08.04).

Para além da assunção do compromisso constitucional de abolição da prisão perpétua em relação aos demais países, no âmbito interno foram alcançados importantes efeitos da vedação.

No que diz respeito à aplicação e à execução das medidas de segurança, a filtragem e a harmonização do Código Penal e da Lei de Execução Penal com a Constituição estabeleceram sua limitação temporal, restando balizada pelo máximo da pena de prisão admitido (HC 84.219, Rel. Min. Marco Aurélio, j. 16.08.05).

Outrossim, a interpretação constitucional de proscrição da perpetuidade afeta, igualmente, os efeitos genéricos e específicos da condenação criminal (art. 91 e 92, Código Penal), mormente aqueles relativos às inabilitações e às proibições de exercício de atividades – neste sentido, RE 154.134, Rel. Min. Sydney Sanches, j. 15.12.98. Neste quadro, perfeitamente lógica a limitação temporal de outros efeitos da sanção como no caso dos antecedentes criminais (CARVALHO, 2013:359-363).

6. Indicações e referências bibliográficas

BATISTA, N. *Introdução Crítica ao Direito Penal Brasileiro*. Rio de Janeiro: Revan, 1990; BITENCOURT, C. R. *Falência de Pena de Prisão*. São Paulo: Saraiva, 1993; BITENCOURT, C. R. *Novas Penas Alternativas*. São Paulo: Saraiva, 1999; CARVALHO, S. *Penas e Medidas de Segurança no Direito Penal Brasileiro*. São Paulo: Saraiva, 2013; CARVALHO, S. (org.). *Crítica à Execução Penal*. 2. ed. Rio de Janeiro: Lumen Juris, 2007; CARVALHO, S. Os Critérios de Aplicação da Pena-Base no Direito Penal Brasileiro: considerações a partir do julgamento dos Embargos Infringentes interpostos na Ação Penal 470 ("Caso Mensalão") in *Revista Brasileira de Ciências Criminais*, v. 110, 2014 (prelo); DOTTI, R. A. *Bases e Alternativas para o Sistema de Penas*. São Paulo: RT, 1998; DOTTI, R. A. et. al. *Penas Restritivas de Direito*. São Paulo: RT, 1999; FRAGOSO, H. C. *Lições de Direito Penal*. 16. ed. Rio de Janeiro: Forense, 2003; FRANCO, A. *Crimes Hediondos*. 5. ed. São Paulo: RT, 2005; LUISI, L. *Princípios Constitucionais Penais*. 2. ed. Porto Alegre: Fabris, 2005; MATTOS, V. *Uma Saída: preliminares para a desconstrução das medidas de segurança*. Rio de Janeiro: Revan, 2006; ROIG, R. D. E. *Aplicação da Pena: limites, princípios e novos paradigmas*. São Paulo: Saraiva, 2013; PIERANGELI, J. H. *Códigos Penais do Brasil*: evolução histórica. 2. ed. São Paulo: RT, 2001; QUEIROZ, P. *Direito Penal: parte geral*. 7. ed. Rio de Janeiro: Lumen Juris, 2011; REALE JR., M. et. al. *Penas e Medidas de Segurança no Novo Código*. Rio de Janeiro: Forense, 1985; REALE JR., M. *Instituições de Direito Penal*. Rio de Janeiro: Forense, 2002; REALE JR., M. *Novos Rumos do Sistema Criminal*. Rio de Janeiro: Forense, 1983; SANTOS, J. C. *Direito Penal*: parte geral. 2. ed. Rio de Janeiro: Lumen Juris, 2007; SCHECAIRA, S. S. Responsabilidade Ambiental da Pessoa Jurídica por Dano Ambiental. *Revista de Estudos Criminais*, Porto Alegre, n. 08, pp. 145-172, 2003; SCHECAIRA, S. S. *Responsabilidade Penal da Pessoa Jurídica*. São Paulo: RT, 1998; SCHECAIRA, S. S.; CORRÊA JR., A. *Teoria da Pena*. São Paulo: RT, 2002; STOCO, T. O. Análise da Dosimetria das Penas Aplicadas aos Membros do "Núcleo Político" no Julgamento da AP 470, do STF in *Revista Brasileira de Ciências Criminais*, v. 106, 2014; TAVARES, J. *Teoria do Injusto Penal*. Belo Horizonte: Del Rey, 2000; TEIXEIRA, A. Culpabilidade e Proibição de Dupla Valoração na Determinação Judicial da Pena na AP 470/MG do STF (Caso Mensalão) in *Revista Brasileira de Ciências Criminais*, v. 106, 2014; THOMPSON, A. *A Questão Penitenciária*. 3. ed. Rio de Janeiro: Forense, 1991; THOMPSON, A. *Escorço Histórico do Direito Criminal Luso-Brasileiro*. São Paulo: RT, 1976.

Art. 5º, XLVIII – a pena será cumprida em estabelecimentos distintos, de acordo com a natureza do delito, a idade e o sexo do apenado;

Fabrício Dreyer de Ávila Pozzebon
Rodrigo Ghiringhelli de Azevedo

A – REFERÊNCIAS

1. Origem do texto

Reprodução e redação original do constituinte de 1988.

2. Constituições brasileiras anteriores

Carta Régia do Brasil de 1769 determina a construção da Casa de Detenção. Constituição do Império de 1824, Art. 179 garante a integridade do preso e sua segregação segundo as circunstâncias pessoais e a natureza do delito. Constituição da República de 1891, nos §§ 20 e 21 do Art. 72 abole a pena de morte em tempo de paz, e as infamantes. A Constituição do Estado de 1934, mantém a abolição da pena de morte em tempo de paz e proíbe as de caráter perpétuo. A Constituição do Estado Novo de 1937 reintroduz no Art. 122, inciso XIII. A Constituição Democrática de 1946 nos §§ 29 e 31 do Art. 141 fixa a individualização da pena e proíbe as penas de morte, banimento, confisco e de caráter perpétuo, ressalvando, quanto à pena de morte, as disposições da legislação militar em tempo de guerra. A Constituição de 1967, fruto do golpe militar de 1964, manteve a proibição das penas de morte, prisão perpétua, banimento e confisco, ressalvando casos de "guerra externa psicológica adversa, ou revolucionária ou subversiva". Manteve, ainda, a previsão sobre a necessidade de individualização da pena. No § 14 do Art. 150, aparece a previsão sobre o necessário respeito à integridade física e moral do detento e do presidiário. O § 11 do Art. 150 foi alterado pela Emenda Constitucional n. 11, de 1978, sendo suprimida a previsão de pena de morte para os casos anteriormente autorizados, mantendo-se, apenas, a ressalva para o caso de guerra externa.

3. Constituições estaduais

3.1. Constituição do Amapá, § 1º do Art. 335 reproduz o inciso XLVIII do Art. 5º da CF/1988; § 2º do Art. 335 reproduz o inciso L do Art. 5º da CF/1988, estendendo a garantia da permanência com o infante até aos seis anos; o Art. 337 e o Art. 338 reproduzem o inciso XLIX do Art. 5º da CF/1988. 3.2. Constituição do Amazonas, § 11 reproduz o inciso XLIX do Art. 5º da CF/1988; e § 12 reproduz o inciso L do Art. 5º da CF/1988. 3.3. Constituição da Bahia, Art. 4º, inciso X reproduz o inciso XLVIII do Art. 5º da CF/1988; o inciso XI reproduz o inciso XLIX do Art. 5º da CF/1988; e o inciso XII reproduz o inciso L do Art. 5º da CF/1988. 3.4. Constituição de Minas Gerais, Art. 4º, § 7º, assegura os direitos contidos nos incisos da CF/1988 em comento, remetendo às Leis Estaduais n. 11.404, de 25/11/1994 e Lei n. 13.054, de 23/12/1998. 3.5. Constituição do Estado do Rio Grande do Sul, Art. 137 assegura a integração e o Art. 139 garante o direito de creche para os filhos das apenadas até os seis anos de idade.

4. Constituições comparadas

4.1. Américas: 4.1.1. Argentina (1853, ref. 1860, 1866, 1898, 1957 e 1994), Art. 18. 4.1.2. Bolívia (2004), Art. 9, I, II, III; Art. 10; Art. 11. Chile (1980, ref. 2003), Art. 19, 7, c, d, e. Colômbia (1991, ref. 2005), Art. 28; 32. Costa Rica (1949, ref. 2002), Art. 38; 39; 40. Cuba (1976, ref. 1992), Art. 58. Equador (2008), Art. 51; 66, 3, c, 29, C; 77; 201; 203. El Salvador (1983), Art. 12; 13; 27. Guatemala (1985, ref. 1993), Art. 6; 7; 8; 9; 10; 11; 19, a, b, c. Honduras (1982), Art. 71; 84; 85; 86; 87; 98. México (1917, ref. 2008) Art. 18; 19. Nicarágua (1986, ref. 1990, 1995, 2000, 2004, 2005 e 2008), Art. 33, 1, 2, 3, 4, 5; 36; 39; 41. Panamá (1994), Art. 21; 22; 28. Paraguai (1982), Art. 12, 1, 2, 3, 4, 5; 13; 19; 20; 21.

Peru (1993), Art. 2º, 24, c, f, g, h. República Dominicana (1994, ref. 2002), Art. 8. Estados Unidos da América – *Amendment* VIII (1791). Uruguai (1967, ref. 1989, 1994, 1996 e 2004), Art. 15; 16; 27. Venezuela (1999), Art. 44, 1, 2, 3, 4, 5; 45; 272. 4.2. Europa: 4.2.1. Portugal (1976, ref. 2005), Art. 25, 2; 27; 28; 29; 30. 4.2.1. Espanha (1978, ref. 1992), Art. 15; 25, 2; 4.2.2. França (1958, ref. 2008), Art. 34; Declaração (1789), Art. VII/IX. 4.2.3. Alemanha (1949, ref. 2002), Art. 1º; 2º; 13, II; 20; 28; 101; 102; 103; 104. 4.2.4. Itália (1948, ref. 2007), Art. 27; 111. 4.2.5. Suíça, Art. 7º; 31; 32; 123; 123a. 4.3. Asiáticas: 4.3.1. Japão (1946), Art. 31/40. 4.3.2. China (1982, ref. 1999), Art. 37.

5. Direito internacional

Declaração Universal dos Direitos Humanos: "Art. V – Ninguém será submetido à tortura, nem a tratamento ou castigo cruel, desumano, ou degradante". Pacto Internacional dos Direitos Civis e Políticos: "Art. 10.1. Toda pessoa privada de sua liberdade deverá ser tratada com humanidade e respeito à dignidade inerente à pessoa humana". Convenção Contra a Tortura e Outros Tratamentos ou Penas Cruéis, Desumanos ou Degradantes: "Artigo 16.1. Cada Estado-parte se comprometerá a proibir, em qualquer território sob sua jurisdição, outros atos que constituam tratamentos ou penas cruéis, desumanos ou degradantes que não constituam tortura tal como definida no artigo 1º, quando tais atos forem cometidos por funcionário público ou outra pessoa no exercício de funções públicas, ou por sua instigação, ou com seu consentimento ou aquiescência. Aplicar-se-ão, em particular, as obrigações mencionadas nos artigos 10, 11, 12 e 13, com a substituição das referências a outras formas de tratamentos ou penas cruéis, desumanos ou degradantes". Convenção Americana dos Direitos Humanos: "Art. 5º. Direito à integridade pessoal. 1. Toda pessoa tem direito a que se respeite sua integridade física, psíquica e moral. 2. Ninguém deve ser submetido a torturas, nem a penas ou tratos cruéis, desumanos ou degradantes. Toda pessoa privada da liberdade deve ser tratada com respeito devido à dignidade inerente ao ser humano".

6. Direito nacional

6.1. *Legislação*. 6.1.1. LEI N. 11.671, DE 08 DE MAIO DE 2008. 6.1.2. LEI N. 11.464, DE 28 DE MARÇO DE 2007. 6.1.3. LEI N. 7.210, DE JULHO DE 1984. 6.1.3.1. LEI N. 10.792, DE 1º DE DEZEMBRO de 2003. 6.1.3.2. LEI N. 8.653, DE 10 DE MAIO DE 1993. 6.1.4. DECRETO-LEI N. 2.848, DE 07 DE DEZEMBRO 1940. 6.1.5. DECRETO-LEI N. 3.689, DE 03 DE OUTUBRO DE 1941. 6.1.6. DECRETO-LEI N. 3.688, DE 3 DE OUTUBRO DE 1941. 6.1.7. DECRETO-LEI N. 3.914, DE 9 DE DEZEMBRO DE 1941. 6.1.8. RESOLUÇÃO CNJ N. 47 DE 18.12.2007 – *DJU* 21.12.2007. 6.2. *Jurisprudência*. 6.2.1. STJ – SUPERIOR TRIBUNAL DE JUSTIÇA – REsp-663449/RS – RECURSO ESPECIAL 2004/0049987-1 – Relator(a) Min. PAULO MEDINA – Data de Julgamento 14/06/2005 – *DJe* DATA: 19/05/2008. 6.2.2. STJ – SUPERIOR TRIBUNAL DE JUSTIÇA – HC-86400/SP – *HABEAS CORPUS* 2007/0156432-8 – Relator Min. NAPOLEÃO NUNES MAIA FILHO – Data de Julgamento 27/03/2008 – *DJe* DATA: 28/04/2008. 6.2.3. STJ – SUPERIOR TRIBUNAL DE JUSTIÇA – PEHC-46804/SC – PEDIDO DE EXTENSÃO NO *HABEAS CORPUS* 2005/0132378-5 – Relator Min. NILSON NAVES – Data de Julgamento 07/02/2006 – *DJe* DATA: 28/04/2008 – (VOTO VENCIDO) (MIN. HAMILTON CARVALHIDO). 6.2.4. STJ – SUPERIOR TRIBUNAL DE JUSTIÇA – HC-42972/MS – *HABEAS CORPUS* 2005/0054208-2 – Relator(a) Min. HÉLIO QUAGLIA BARBOSA – Relator(a) para Acórdão Min. NILSON NAVES – Data de Julgamento 02/08/2005 – Data de Publicação/Fonte *DJe* DATA: 28/04/2008 – (VOTO VENCIDO) (MIN. HÉLIO QUAGLIA BARBOSA). 6.2.5. STJ – SUPERIOR TRIBUNAL DE JUSTIÇA – HC-77835/PR – *HABEAS CORPUS* – 2007/0042744-6 – Relatora Min. JANE SILVA (DESEMBARGADORA CONVOCADA DO TJ/MG) – Data de Julgamento 20/09/2007 – *DJ* DATA:08/10/2007 PG:00335. 6.2.6. STJ – SUPERIOR TRIBUNAL DE JUSTIÇA – RESP-802435/PE – RECURSO ESPECIAL 2005/0202982-0 – Relator(a) Min. LUIZ FUX – Data de Julgamento 19/10/2006 – *DJ* DATA:30/10/2006 PG:00253. 6.2.7. STJ – SUPERIOR TRIBUNAL DE JUSTIÇA – HC-17718/GO – *HABEAS CORPUS* 2001/0091580-9 – Relator(a) Min. HAMILTON CARVALHIDO – Data de Julgamento 18/12/2001 – *DJ* DATA:06/05/2002 PG:00320. 6.2.8. STF – SUPREMO TRIBUNAL FEDERAL – HC 82959/SP – SÃO PAULO – *HABEAS CORPUS* – Relator(a): Min. MARCO AURÉLIO – Julgamento: 23/02/2006 – Publicação – *DJ* 01-09-2006 PP-00018. 6.2.9. STF – SUPREMO TRIBUNAL FEDERAL – HC 91874/RS – RIO GRANDE DO SUL – Relator: Min. CARLOS BRITTO – Julgamento: 31/08/2007 – Publicação – *DJ* 10/09/2007 PP-00047. 6.2.10. STF – SUPREMO TRIBUNAL FEDERAL – HC 81169 MC/SP – SÃO PAULO – MEDIDA CAUTELAR NO *HABEAS CORPUS* – Relator: Min. MARCO AURÉLIO – Julgamento: 17/07/2001 – Publicação – *DJ* 09-08-01 PG-00046. STF – HC 415508/RJ, Relator Ministro Rogerio Schietti Cruz, Sexta Turma, j. 12.12.2017, publicado 19.12.2017. RE 841526, Relator(a): Min. LUIZ FUX, Tribunal Pleno, julgado em 30/03/2016, ACÓRDÃO ELETRÔNICO REPERCUSSÃO GERAL – MÉRITO *DJe* 159 DIVULG 29-07-2016 PUBLIC 01-08-2016. RE 580252, Relator(a): Min. TEORI ZAVASCKI, Relator(a) p/ Acórdão: Min. GILMAR MENDES, Tribunal Pleno, julgado em 16/02/2017, ACÓRDÃO ELETRÔNICO *DJe*-204 DIVULG 08-09-2017 PUBLIC 11-09-2017. Rcl 22557 AgR, Relator(a): Min. EDSON FACHIN, Primeira Turma, julgado em 24/05/2016, PROCESSO ELETRÔNICO *DJe*-116 DIVULG 06-06-2016 PUBLIC 07-06-2016. STJ – HC 415.508 – RJ, Relator Ministro Rogério Schietti Cruz, Sexta Turma, julgado em 12.12.2017, publicado em 19.12.2017.

7. Preceitos constitucionais correlacionados

Art. 1º, inciso III; Art. 5º, incisos LXI, LXII, LXIII, LXIV, LXV, LXVI, LXVII.

8. Bibliografia selecionada

BACIGALUPO, Enrique. *Justicia penal y derechos fundamentales*. Madrid: Marcial Pons, 2002. BARCELLOS, Ana Paula de. *A eficácia jurídica dos princípios constitucionais*: o princípio da dignidade da pessoa humana. Rio de Janeiro: Renovar, 2002. BITENCOURT, Cezar Roberto. *Falência da pena de prisão*: causas e alternativas. 2. ed. São Paulo: Saraiva, 2001. BOSCHI, José Antônio Paganella. *Das penas e seus critérios de aplicação*. 2. ed. rev. atual. Porto Alegre: Livraria do Advogado, 2002. BRASIL. *Regras mínimas para o tratamento do preso no Brasil*. Brasília: PUC-MG, 1995. BRASIL. *Aqui ninguém dorme sossegado: violação dos direitos humanos contra detentos*. Porto Alegre: Seção Brasileira da Anistia Internacional, 1999. CANTERJI, Rafael Braude. *Política criminal e direitos humanos*. Porto Alegre : Livraria do Advogado, 2008. CARVALHO, Salo de. *Anuário ibero-americano de direitos humanos*: 2001/2002. Rio de Janeiro: Lumen Juris, 2002. CARVALHO, Salo de. *Leituras constitucionais do sistema penal contemporâneo*. Rio de Janeiro: Lumen Juris, 2004. CARVALHO, Salo de. *Crítica à execução penal*. 2. ed. rev. ampl. atual. Rio de Janeiro: Lumen Juris, 2007. CARVALHO, Salo de. *Pena e garantias*: a crise do direito e do processo penal, o garantismo jurídico, as teorias da pena, os sistemas de execução, a lei de execução penal, os conflitos carcerários, os direitos (de resistência) dos presos. 3. ed. rev. atual. Rio de Janeiro: Lumen Juris, 2008. CASTILHO, Ela Wiecko V. de. *Controle da legalidade na execução penal*: reflexões em torno da jurisdicionalização. Porto Alegre: S. A. Fabris, 1988. CHIES, Luiz Antônio Bogo. *A capitalização do tempo social na prisão*: a remição no contexto das lutas de temporalização na pena privativa de liberdade. São Paulo: IBCCrim, 2008. COSTA, Tailson Pires. *A dignidade da pessoa humana diante da sanção penal*. São Paulo: Fiuza, 2004. FERRAJOLI, Luigi. *A pena em uma sociedade democrática. Discursos sediciosos*: crime, direito e sociedade, Rio de Janeiro: Freitas Bastos, ano 7, n. 12, p. 31-39, 2º semestre 2002a. FIDALGO, Paulo Antônio. *Manual do mutirão na execução penal*: assistência jurídica ao preso. Brasília (DF): Conselho Nacional de Política Criminal e Penitenciária, 1993. FREIRE, Christiane Russomano. *A Violência do Sistema Penitenciário Brasileiro Contemporâneo*: o caso RDD. São Paulo: IBCCRIM, 2005. HASSEN, Maria de Nazareth Agra. *O trabalho e os dias*: ensaio antropológico sobre trabalho, crime e prisão. Porto Alegre: Tomo Editorial, 1999. ISRAEL, Jean-Jacques. *Direito das liberdades fundamentais*. Barueri: Manole, 2005. KUEHNE, Maurício. *Lei de execução penal anotada*. 5. ed. Curitiba: Juruá, 2005. LUISI, Luiz. *Os princípios constitucionais penais*. 2. ed. rev. e aum. Porto Alegre: Sergio Antonio Fabris, 2003. MUAKAD, Irene Batista. *Prisão albergue*: reintegração social, substitutivos penais, progressividade do regime e penas alternativas. 3. ed. São Paulo: Atlas, 1998. NUNES, Luiz Antonio Rizzatto. *O princípio constitucional da dignidade da pessoa humana*: doutrina e jurisprudência. São Paulo: Saraiva, 2002. SARLET, Ingo Wolfgang. *Dignidade da pessoa humana e direitos fundamentais na Constituição Federal de 1988*. 5. ed. rev. atual. Porto Alegre: Livr. do Advogado, 2007. OLIVEIRA, Eduardo. *Política criminal e alternativas à prisão*. Rio de Janeiro: Forense, 1997. POZZEBON, Fernanda Sporleder de Souza. Aspectos da prisionização e o ex-presidiário [documento impresso e eletrônico]. *Direito & Justiça*, v. 33, n.2, 2007. Porto Alegre. p. 267-278. SÁ, Geraldo Ribeiro de. *A prisão dos excluídos*. Juiz de Fora: UFJF, 1996. SALLA, Fernando. *Os impasses da democracia brasileira*: o balanço de uma década de políticas para as prisões no Brasil. Lusotopie 2003, p. 419-435. SALLA, Fernando. As rebeliões nas prisões: novos significados a partir da experiência brasileira. *Sociologias*. Porto Alegre, IFCH/UFRGS, ano 8, n. 16, jul./dez. 2006, p. 274-307. SALLA, Fernando. A pesquisa sobre as prisões: um balanço preliminar. In: Adrei Koerner (org.) *História da Justiça Penal no Brasil*. São Paulo, IBCCrim, 2006. SALLA, Fernando e BALLESTEROS, Paula Rodriguez. *Democracia, Direitos Humanos e Condições das Prisões na América do Sul*. Paper para o Research Project da Geneva Academy of International Humanitarian Law and Human Rights. Disponível em: http://www.nevusp.org/downloads/down226.pdf. SARLET, Ingo Wolfgang. *Dimensões da dignidade*: ensaios de filosofia do direito e direito constitucional. Porto Alegre: Livr. do Advogado, 2005. SHECAIRA, Sérgio Salomão. *Pena e Constituição*: aspectos relevantes para sua aplicação e execução. São Paulo: Rev. dos Tribunais, 1995. SOARES, Bárbara M. *Prisioneiras*: Vida e Violência atrás das Grades. Rio de Janeiro: Garamond/CESec, 2002. THOMPSON, Augusto. *A questão penitenciária*. 5. ed. rev. e atual. Rio de Janeiro: Forense, 2000. ZAFFARONI, Eugênio Raúl. *Em busca das penas perdidas*. 4. ed. Rio de Janeiro: Revan, 1999. ZAFFARONI, Eugênio Raúl. La globalización y las actuales orientaciones de la política criminal. In: PIERANGELI, José Henrique (Coord.). *Direito criminal*. Belo Horizonte: Del Rey, 2000. p. 9-40.

B – COMENTÁRIOS

1. Introdução

Os dispositivos constitucionais inscritos nos incisos XLVIII, XLIX e L do art. 5º da Constituição têm em comum o fato de tratarem de questões que envolvem a execução da pena de prisão, tendo em vista a garantia de direitos do(a) apenado(a).

O inciso XLVIII, ao estabelecer que a pena seja cumprida em estabelecimentos distintos, de acordo com a natureza do delito, a idade e o sexo do apenado, está relacionado com o inciso XLVI do mesmo artigo 5º, que trata da necessária individualização da pena. De acordo com este princípio constitucional, entende-se que a pena deve ser individualizada nos planos legislativo, judiciário e executório, devendo variar de acordo com requisitos subjetivos, como a personalidade do agente e o meio de execução do delito, dentre outros requisitos descritos no art. 59 do Código Penal.

Conforme BOSCHI[1], a individualização da pena concretiza-se em três fases distintas: a) na primeira, a de sua cominação em abstrato, função do legislador, com o etiquetamento da conduta e a definição da espécie de pena e dos limites extremos, supostamente atento às conveniências sociais e políticas; b) depois, num plano imediato, a fase de sua aplicação, quando, na sentença, o magistrado, apreciando o caso concreto e a culpabilidade do autor, determina a espécie de pena dentre as legalmente previstas e, dentro dos limites correspondentes, fixa a quantidade necessária e suficiente à repressão e prevenção; e c) por último, quando da execução, no contexto da nova relação, que se inaugura com trânsito em julgado da sentença, entre o Estado e o condenado e na qual intervêm, além do Juiz e do Ministério Público, outros órgão da administração pública.

O inciso XLIX busca assegurar ao preso o respeito a sua integridade física e moral. É princípio fundante do Estado Democrático de Direito o respeito à dignidade da pessoa humana, tratando o inciso XLIX do art. 5º especificamente do respeito ao

---

1. BOSCHI, José Antonio Paganella. *Das penas e seus critérios de aplicação*. 2ª Edição. Porto Alegre. Editora Livraria do Advogado, 2002, p. 65.

preso. Essa disposição constitucional constitui garantia fundamental de direitos do preso que se opõe ao Estado, de forma autoaplicável, sem prejuízo dos vários tratados que instrumentalizam a proteção de direitos humanos. Buscou o legislador constituinte, ao incluir o elemento da integridade moral, impedir que os detentos venham a sofrer qualquer outro tipo de punição além da privação de liberdade. Fica vedada qualquer exposição atentatória à honra e à integridade física e psíquica do apenado.

Reforçando esse entendimento constitucional, o art. 38 do Código Penal, cuja redação foi dada pela Lei n. 7.209/84, impõe a todas as autoridades a obrigação de respeito à integridade física e moral do preso, salientando que este conserva todos os direitos não atingidos pela perda da liberdade.

O inciso L refere-se especificamente às presas mulheres, dispondo que lhes serão asseguradas as condições para que possam permanecer com seus filhos durante o período de amamentação. A Lei n. 9.046/95, procurando dar concretude à previsão constitucional, incluiu no art. 83 da Lei de Execução Penal o § 2º, no qual se prevê que os estabelecimentos penais destinados a mulheres serão dotados de berçário, onde as apenadas possam amamentar seus filhos.

Como se verá a seguir, no tocante a estes incisos o grande desafio que se coloca é a garantia da sua eficácia, uma vez que as condições carcerárias no Brasil estão bastante distantes do que se prevê no plano normativo.

2. Anotações aos incisos XLVIII, XLIX e L da CF

O artigo 5º da Constituição Federal prevê direitos e garantias fundamentais, tanto individuais quanto coletivos, sendo os destinatários dessa proteção os cidadãos brasileiros e os estrangeiros residentes no país.

No que tange à aplicação da pena e à progressão de regime, o princípio da individualização da pena está inscrito no art. 5º, inciso XLVI, da Constituição Federal, que estabelece que a lei deverá regular esta previsão constitucional.

Perante a Constituição, portanto, o princípio da individualização da pena compreende: a) proporcionalidade entre o crime praticado e a sanção abstratamente cominada no preceito secundário da norma penal; b) individualização da pena aplicada em conformidade com o ato singular praticado por agente em concreto (dosimetria da pena); c) individualização da sua execução, segundo a dignidade humana (art. 1º, III), o comportamento do condenado no cumprimento da pena (no cárcere ou fora dele, no caso das demais penas que não a privativa de liberdade) e à vista do delito cometido e das características individuais do apenado (art. 5º, XLVIII).

Assim, a individualização é iniciada com a indispensável classificação dos apenados, a fim de serem destinados aos programas de execução mais adequados, conforme condições pessoais de cada um. Nesse sentido, estabelece o art. 5º da Lei de Execução Penal que os apenados serão classificados, segundo seus antecedentes e personalidade, para orientar a individualização da execução penal.

A separação dos presos é determinada pelo artigo 84 da LEP, ao afirmar que o preso provisório ficará separado do condenado por sentença transitada em julgado. No mesmo sentido, o preso primário cumprirá pena em seção distinta daquela reservada para os reincidentes. A classificação será feita mediante os exames de personalidade e de antecedentes, que são obrigatórios para todos os condenados à pena privativa de liberdade, e destinam-se à determinação do tratamento penal mais adequado. No mesmo sentido, dispõem as Regras Mínimas do Conselho Nacional de Política Criminal e Penitenciária[2], em seu art. 54:

"Art. 54. Tão logo o condenado ingresse no estabelecimento prisional, deverá ser realizado exame de sua personalidade, estabelecendo-se programa de tratamento específico, com o propósito de promover a individualização da pena".

Estabelece o artigo 86 da LEP que os exames gerais e o criminológico deverão ser realizados no Centro de Observação, e seus resultados serão encaminhados à Comissão Técnica de Classificação. O exame criminológico é uma espécie do gênero exame da personalidade, devendo ser realizado por peritos oficiais nos Centros de Observação, ou, na falta deles, pela própria Comissão Técnica de Classificação. Os Centros de Observação deveriam existir em cada unidade da Federação, embora na prática isto não aconteça.

Segundo as Regras Mínimas do CNPCP, art. 53, a classificação tem por finalidade:

I – separar os presos que, em razão de sua conduta e antecedentes penais e penitenciários, possam exercer influência nociva sobre os demais;

II – dividir os presos em grupos para orientar sua reinserção social.

As Regras Mínimas para Tratamento dos Presos no Brasil estabelecem ainda, em seu art. 7º, que os presos pertencentes a categorias diversas devem ser alojados em diferentes estabelecimentos prisionais ou em suas seções, observadas características pessoais tais como: sexo, idade, situação judicial e legal, quantidade de pena a que foi condenado, regime de execução, natureza da prisão e o tratamento específico que lhe corresponda, atendendo ao princípio da individualização da pena. Quando da utilização de dormitórios coletivos, estes deverão ser ocupados por presos cuidadosamente selecionados e reconhecidos como aptos a serem alojados nessas condições.

Entre as disposições constitucionais e legais e a realidade, no entanto, existe ainda grande distância. Já em 1976, relatório da Comissão Parlamentar de Inquérito do Sistema Penitenciário[3] destacou que

"(...) a ação educativa individualizada ou a individualização da pena sobre a personalidade, requisito inafastável para a eficiência do tratamento penal, é obstaculizada na quase totalidade do sistema penitenciário brasileiro pela superlotação carcerária, que impede a classificação dos prisioneiros em grupo e sua consequente distribuição por estabelecimentos distintos, onde se concretize o tratamento adequado".

O Relatório da CPI do Sistema Carcerário, publicado em julho de 2008[4], demonstra que pouco foi modificado desde o Re-

---

2. Resolução n. 14 do CNPCP, de 11 de novembro de 1994, disponível em: <http://www.mj.gov.br/cnpcp/data/Pages/MJE9614C8CITEMIDD4BA0295587E40C6A2C6F741CF662E79PTBRIE.htm>.
3. Câmara dos Deputados. Relatório da Comissão Parlamentar de Inquérito do Sistema Penitenciário. *Diário do Congresso Nacional*, suplemento ao n. 61, de 4 de junho de 1976, p. 2.
4. Câmara dos Deputados. Relatório Final da CPI do Sistema Carcerário – Julho de 2008. Disponível em: <http://www2.camara.gov.br/comissoes/temporarias53/cpi/cpis-encerradas/cpicarce/Relatorio%20Final%20-%20150908.pdf>, acesso em 22 dez. 2008.

latório de 1976. O sistema de classificação dos presos praticamente inexiste dentro das prisões brasileiras. Resume-se na indagação ao recluso se tem algum inimigo ou a qual facção pertence. Na maioria dos estados, o critério principal de separação dos presos é a organização criminosa a que pertencem. O Estado, com todo o aparato jurídico e administrativo de que dispõe, em regra não cumpre sua obrigação de separar os apenados em conformidade com a lei. A superlotação, a falta de estabelecimentos adequados e a carência de técnicos são apontados como as principais causas do descaso para com a classificação e a separação dos presos brasileiros. Presos de baixa periculosidade são misturados a criminosos de carreira e têm tão somente duas opções: a submissão à exploração ou a associação com os grupos organizados.

Como lembra ADORNO[5], durante o período da ditadura militar (1964-1985), o sistema penitenciário foi completamente envolvido pela política de segurança nacional. Adotando como diretrizes a contenção da oposição política e da criminalidade a qualquer custo e o encarceramento arbitrário de suspeitos e perseguidos políticos, esta política contribuiu para a massificação dos cárceres e presídios públicos. Apesar do retorno ao Estado de Direito e à democracia, até hoje persiste uma elevada impunidade às graves violações de direitos humanos, inclusive aquelas de responsabilidade direta do Estado, nas instituições prisionais. A falta de proteção aos direitos consagrados em convenções e tratados internacionais e à própria Constituição ainda caracteriza o ambiente carcerário, moldando o cenário institucional herdado pelos governos democráticos eleitos nas duas últimas décadas.

A persistência das denúncias de corrupção, tortura e maus tratos nas prisões brasileiras corresponde aos elevados níveis de impunidade dos agentes do Estado envolvidos com tais práticas, e as políticas voltadas para o setor não encararam esse problema como prioritário. Como afirma SALLA[6], as iniciativas da União de transferir recursos financeiros para os Estados e construir mais unidades prisionais não tiveram como contrapartida da parte das administrações locais qualquer compromisso com a redução das mortes de presos, a redução no número de denúncias de tortura e maus tratos, ou a demonstração de eficiência na gestão dos estabelecimentos penitenciários, segundo os fins propostos pela LEP, permanecendo um importante impasse para a afirmação da democracia e do Estado de Direito no Brasil.

Importante referir, no entanto, o papel que o Conselho Nacional de Justiça (CNJ) tem desempenhado, tanto para a maior precisão na coleta e tratamento de dados sobre a situação carcerária no país, quanto na indução de políticas judiciárias tendentes a colocar em questão o superencarceramento e as más condições carcerárias em diversas unidades prisionais no país. Chamam a atenção, neste sentido, as recomendações para as Varas de Execução Penal, no sentido de analisarem com atenção os pedidos de progressão de regime e livramento condicional, assim como para a tomada de providências em situações excepcionais, como foi o caso da Pandemia de Covid-19, quando a Recomendação n. 62, de março de 2020, orientou os Tribunais e magistrados para a adoção de medidas preventivas à propagação da infecção pelo novo coronavírus – Covid-19 no âmbito dos sistemas de justiça penal e socioeducativo, como a revisão de decisões que determinaram a prisão provisória, com prioridade para mulheres gestantes, lactantes, mães e pessoas presas em estabelecimentos com ocupação superior à capacidade, sem equipe de saúde lotada no estabelecimento, ou que tenham excedido o prazo de 90 dias ou relacionadas com crimes praticados sem violência ou grave ameaça à pessoa, entre outras medidas para a contenção do vírus no ambiente carcerário.

Art. 5º, XLIX – é assegurado aos presos o respeito à integridade física e moral;

Fabrício Dreyer de Ávila Pozzebon
Rodrigo Ghiringhelli de Azevedo

O sistema prisional brasileiro constitui-se num dos maiores atentados aos direitos humanos no país e no mundo, desde o seu surgimento até os dias atuais, conforme dão conta os diversos estudos realizados sobre a situação carcerária. Em que pese o fato de que vivemos em uma época de inflação punitiva e de altas taxas de encarceramento, a pena privativa de liberdade encontra-se hoje marcada pela sua total insustentabilidade como principal forma de resposta ao delito. Dentre os aspectos que nos revelam essa inequívoca constatação, podemos destacar o histórico descaso por parte do Estado com relação aos estabelecimentos prisionais, circunstância esta que, para além de todas as críticas ao encarceramento, impossibilita a satisfação de quaisquer fins a que a pena possa estar supostamente destinada, e inviabiliza a garantia da segurança na sociedade como um todo.

A condenação de um indivíduo à pena privativa de liberdade vai além da simples transferência deste da vida "extramuros" para a vida "intramuros". Inúmeras são as peculiaridades desse submundo prisional, entre as quais se destacam a superlotação carcerária, o ambiente completamente insalubre e a ociosidade. No ambiente carcerário, o indivíduo se depara com celas que apresentam dimensões muito inferiores às necessárias para abarcar o número de reclusos que se encontram em seu interior; com a total falta de privacidade para satisfação de necessidades fisiológicas básicas; com a violência institucional e a corrupção.

Diante de tal realidade, impossível crer que a privação de liberdade possa cumprir a função de reeducar ou mesmo prevenir o delito. Ao contrário disso, esse ambiente tem sido propício ao surgimento e desenvolvimento de organizações internas, que surgem das carências e da incapacidade do sistema para garantir os direitos fundamentais dos presos, e acabam resultando em grupos hierárquicos que dominam o ambiente carcerário.

O necessário respeito à integridade física e moral do preso, inscrito como norma constitucional no Brasil desde 1967, foi regulamentado pela Lei de Execução Penal em 1984. O art. 10 da LEP determina que "a assistência ao preso e ao internado é dever do Estado, objetivando prevenir o crime e orientar o retorno à convivência em sociedade". O seu parágrafo único estende a assistência aos egressos. No art. 11, consta que a assistência será material, jurídica, educacional, social, religiosa e à saúde, considerando que as condições de vida numa prisão são determinantes do senso de autoestima e da dignidade do preso. As condições de vida abrangem o "clima na prisão", condiciona-

---

5. ADORNO, Sérgio. *Crimen, punición y prisiones en Brasil: un retrato sin retoques*. Revista Quórum, v. 16, 2006, p. 41-49.
6. SALLA, Fernando. *Os impasses da democracia brasileira*: o balanço de uma década de políticas para as prisões no Brasil. Lusotopie, 2003.

do, entre outros fatores, pelo estilo de gerenciamento da unidade prisional e pela natureza das relações entre os servidores penitenciários e os presos.

A despeito das disposições constitucionais e da LEP acerca das modalidades de assistência a serem prestadas aos presos, uma das tantas CPIs do Sistema Carcerário, cujo relatório final foi publicado em julho de 2008, verificou que a maioria dos estabelecimentos penais não oferece aos presos condições mínimas para que vivam adequadamente. A CPI constatou, no ambiente carcerário de diferentes unidades da Federação, uma realidade cruel, desumana, ilegal e inconstitucional. A CPI observou, em muitos estabelecimentos penais, tensão, medo, repressão, torturas e violência – ambiente que, em certa medida, atinge e se estende aos familiares do preso, quando das visitas nas unidades prisionais.

A realidade encontrada pela CPI, em suas diligências nos mais variados estabelecimentos penais, é de confronto com a legislação nacional e internacional, de agressão aos direitos humanos e de completa barbárie. Ao longo de seus trabalhos, a CPI apurou que a maioria dos estabelecimentos penais diligenciados necessita de ampla reforma, a fim de permitir o adequado alojamento dos presos. Muitos estabelecimentos não contêm instalações apropriadas à alocação individual de presos e, quando estes são alojados coletivamente, não lhes são propiciadas condições mínimas de acomodação.

Em muitos estabelecimentos penais inspecionados pela CPI, os presos não têm acesso à água e, quando o têm, é de má qualidade para o consumo. Em muitos estabelecimentos, os presos bebem em canos improvisados, sujos, por onde a água escorre. Em outros, os presos armazenam água em garrafas de refrigerantes, em face da falta constante de água corrente. Em vários presídios, presos em celas superlotadas passam dias sem tomar banho por falta de água. Em outros, a água é controlada e disponibilizada duas ou três vezes ao dia.

Muitos estabelecimentos penais são desprovidos de sanitários e pias dentro das celas e dormitórios ou próximos a esses. Quando tais instalações existem, comprometem a privacidade do preso. Não raras vezes os sanitários estão localizados em outras áreas, e nem sempre os presos têm acesso ou permissão para utilizá-los. O mesmo ocorre com as instalações destinadas a banho.

O Estado também não garante aos presos artigos necessários à sua higiene pessoal, como sabonete, pasta dental, escova de dentes e toalhas. Os detentos são obrigados a adquiri-los no próprio estabelecimento penal, nos locais destinados à sua venda, ou no mercado paralelo explorado clandestinamente na unidade prisional.

A grande maioria das unidades prisionais é insalubre, com esgoto escorrendo pelos pátios, restos de comida amontoados, lixo por todos os lados, mau-cheiro, com a proliferação de roedores e insetos.

Em quase todas as unidades prisionais, a qualidade da comida é inadequada. Denúncias de cabelos, baratas e outros objetos misturados na comida são constantes. Comida azeda, estragada ou podre também faz parte da realidade prisional. Nas diligências realizadas, a CPI verificou que a comida servida resumia-se a um pouco de feijão, dois pedaços de mandioca (aipim), beterraba ou cenoura, um pedaço de bife ou um pouco de carne de soja, como no entorno do Distrito Federal. A CPI também constatou a existência de um mercado paralelo de alimentos dentro de alguns estabelecimentos penais, sendo explorado por servidores penitenciários, com a utilização de mão de obra carcerária. À CPI também foi denunciado por presos, e confirmado pelo Diretor da Penitenciária de Urso Branco, no Acre, o uso de uma substância na comida chamada salitre, com o objetivo de diminuir o consumo de alimentos e reduzir o apetite sexual dos internos.

A CPI constatou ainda que os estabelecimentos prisionais praticamente não fornecem medicamentos aos internos. Basicamente, os mesmos remédios são utilizados em todos os tratamentos, das mais variadas doenças. Em várias unidades prisionais é utilizada creolina no tratamento de doenças de pele. Em Minas Gerais, no Município de Ponte Nova, os presos usavam largamente esse medicamento receitado pelo médico. Da mesma forma, isso foi verificado no Distrito de Contagem e em outros Estados do Brasil.

No final do ano de 2017 foi publicado o novo Levantamento Nacional de Informações Penitenciárias (INFOPEN-DEPEN/MJ)[1], com dados que remontam ao ano de 2016. Não obstante o atraso de quase dois anos, as informações expuseram de forma dramática os efeitos de décadas de políticas de encarceramento em massa. A população carcerária no Brasil atingiu o patamar de 726.712 pessoas, o que corresponde a uma taxa de aprisionamento de 352,6 presos por 100 mil habitantes, enquanto o número de vagas existentes no sistema prisional é de 368.049, e o déficit de vagas é de 358.663. Se adotarmos como referência o início dos anos 1990, o percentual de aumento do encarceramento no país alcançou os 707%. A gravidade da situação se aprofunda à medida que analisamos as demais informações contidas no banco de dados, tais como os 40% de presos provisórios, os 38% que cumprem pena em regime fechado, bem como a natureza dos crimes que motivam as prisões, uma vez que 26% dos homens e 62% das mulheres cumprem pena por tráfico de drogas, 26% dos homens e 11% das mulheres por roubo, 12% dos homens e 9% das mulheres por furto e, 11% dos homens e 6% das mulheres por homicídio.

O crescimento da população carcerária feminina tem sido maior que o da masculina.

A atenção à saúde no Sistema Prisional feminino no Brasil apresenta situações de descaso e falência similares à situação vivenciada nas unidades prisionais masculinas. Contudo, apresenta também características peculiares às doenças físicas e emocionais que, no contexto do encarceramento, incidem com intensidade diferenciada, se agravando pela falta de acesso a práticas de prevenção, tratamento e devido acompanhamento médico. Importante salientar que existe um quadro de desatenção a patologias que são intrínsecas à fisiologia da mulher[2].

As brasileiras encarceradas, quando grávidas, sofrem mais com o descumprimento das normas constitucionais, ao não te-

---

1. Levantamento de Informações Penitenciárias. INFOPEN-DEPEN/MJ/2016. Disponível: depen.gov.br/.../infopen-levantamento-nacional-de-informacoes-penitenciarias-2016. Acesso: 18.03.2018.
2. Uma análise aprofundada da situação das mulheres presas no Brasil encontra-se em CEJIL *et al*. Relatório Sobre Mulheres Encarceradas no Brasil, 2007, disponível em: <http://www.cladem.org/portugues/nacionais/brasil/Relatorio%20sobre%20mujeres%20encarceladas%20-%20Brasil.pdf>, e também em Rosângela Peixoto Santa Rita. *Mães e Crianças Atrás das Grades*: em Questão o Princípio da Dignidade Humana. Brasília: DEPEN, 2007.

rem garantido o direito à assistência médica especializada durante o período gestacional: a maioria, durante a gravidez, não realiza um único exame laboratorial ou de imagem, expondo a saúde da mulher e do feto a vários riscos, inclusive de contaminação em casos de doenças sexualmente transmissíveis, AIDS, tuberculose.

As condições das edificações das unidades prisionais afetam diretamente a saúde física e mental das mulheres presas. As más condições de habitabilidade, a superpopulação e a insalubridade são fatores fomentadores de doenças infectocontagiosas, como tuberculose, micose, leptospirose, pediculose e sarna. O ambiente degradante contribui para o desenvolvimento de doenças de âmbito emocional como depressão e pânico.

A conclusão é que, apesar das previsões legais e constitucionais, o sistema carcerário nacional é, seguramente, um campo de torturas físicas e psicológicas. Do ponto de vista psicológico, basta referir as celas superlotadas; a falta de espaço físico; a inexistência de água, luz, material higiênico, banho de sol; a existência de lixo, esgotos, ratos, baratas e porcos misturados com os encarcerados; presos doentes, sem atendimento médico, amontoados em celas imundas, e outras situações descritas nas diligências, fotografadas e filmadas pela CPI.

Neste sentido, ainda que a redemocratização, consolidada a partir do texto constitucional de 1988, tenha buscado agregar direitos e garantias ao cidadão, as alterações trazidas não foram suficientes para transformar as mentalidades dos agentes estatais da segurança, tampouco para adequar instituições que ainda perpetuam práticas abusivas e seletivas do sistema de justiça penal. Em verdade, desde a redemocratização houve um incremento do encarceramento no Brasil. Não há como negar a evidência de que o país prende muito, tanto em termos absolutos quanto relativos (taxas), e prende mal, em presídios caracterizados pela superlotação carcerária, domínio de facções e falta de condições mínimas para a implementação das previsões da Lei de Execuções Penais sobre as condições de encarceramento.

A questão do encarceramento no Brasil tem como marca o déficit de vagas, com a consequente superlotação carcerária, estando ainda muito aquém do preconizado e estabelecido pela Lei de Execuções Penais (Lei n. 7.210/1984). Por um lado, a política criminal, estabelecida pelo Congresso Nacional, induz ao encarceramento em massa de pequenos vendedores de drogas ilícitas nas periferias urbanas; por outro, a situação de milhões de pessoas que se encontram abaixo da linha de pobreza e não encontram caminhos lícitos para a obtenção de emprego e renda de forma digna, agravada pela flexibilização do trabalho, pela falta de políticas efetivas de prevenção e pela presença de coletivos criminais ligados a mercados ilegais nas periferias urbanas, empurra milhares de jovens para a delinquência e os torna clientela preferencial do sistema penal e do encarceramento. O paradoxo ético é que o Estado pune aqueles que transgridem a lei, mas ele mesmo não cumpre a lei quando se trata da execução da pena de prisão.

Art. 5º, L – às presidiárias serão asseguradas condições para que possam permanecer com seus filhos durante o período de amamentação;

Fabrício Dreyer de Ávila Pozzebon
Rodrigo Ghiringhelli de Azevedo

Há, no Brasil, 508 estabelecimentos penais com mulheres, dos quais 58 exclusivamente femininos e 450 para ambos os sexos. Nos mistos, há pavilhões e celas adaptados, porém, nada que signifique diferença efetiva das instalações destinadas aos homens, o que revela que as políticas de execução penal, na prática, ignoram a questão de gênero. Apenas 27,45% dos estabelecimentos têm estrutura específica para gestantes, 19,61% contam com berçários e somente 16,13% mantêm creches, segundo dados coletados pela CPI do Sistema Carcerário e publicados no seu Relatório Final em 2008.

A população carcerária feminina cresceu 698% no Brasil em 16 anos, segundo dados do INFOPEN publicados em 2017. No ano 2000, havia 5.601 mulheres cumprindo medidas de privação de liberdade. Em 2016, o número saltou para 44.721. Apenas em dois anos, entre dezembro de 2014 e dezembro de 2016, houve aumento de 19,6%, subindo de 37.380 para 44.721. Os dados serviram como base para o ministro Ricardo Lewandowski, em decisão que deu seguimento a um pedido de *habeas corpus* que pretendia libertar todas as mulheres grávidas, puérperas (que deram à luz em até 45 dias) ou mães de crianças com até 12 anos de idade sob sua responsabilidade que estivessem presas provisoriamente, ou seja, encarceradas ainda sem condenação definitiva da Justiça. De todas as mulheres presas atualmente no país, 43% ainda não tiveram seus casos julgados em definitivo.

Do total de mulheres presas, 80% são mães e responsáveis principais, ou mesmo únicas, pelos cuidados de filhas e filhos, motivo pelo qual os efeitos do encarceramento feminino geram outras graves consequências sociais. Estudo da Fundação Oswaldo Cruz (Fiocruz) analisou a situação da população feminina encarcerada que vive com filhos em unidades prisionais femininas no país, tendo entrevistado ao menos 241 mães. A Fiocruz diagnosticou que 36% delas não tiveram acesso adequado à assistência pré-natal; 15% afirmaram ter sofrido algum tipo de violência; 32% das grávidas presas não fizeram teste de sífilis e 4,6% das crianças nasceram com a forma congênita da doença[1].

As mulheres presas referem as preocupações com os filhos como um dos mais importantes fatores de depressão e ansiedade, podendo levar à automutilação. Estudo elaborado a pedido da Comissão Europeia[2] confirma que todos os relatórios por país insistiram no fato de que as perdas e rupturas decorrentes da separação dos seus filhos constituíam uma das principais fontes de sofrimento para as mulheres reclusas. Os estudos provaram que a qualidade dos laços familiares é importante no momento da libertação, nomeadamente porque o fato de ter um ambiente familiar estável para o qual voltar contribui de forma considerável para prevenir a reincidência.

Vários estudos realçaram a dificuldade em estabelecer generalizações no que se refere ao impacto para as crianças da separação dos pais encarcerados. Essas incidências se dão em função de um grande número de variáveis: a idade em que ocorre a separa-

---

1. Estudo da Fundação Oswaldo Cruz, intitulado "Nascer nas prisões: gestão e parto atrás das grades no Brasil", disponível em https://portal.fiocruz.br/noticia/nascer-nas-prisoes-gestacao-e-parto-atras-das-grades-no-brasil.
2. *Women, Integration and Prison: an Analysis of the Processes of the Socio-Labour Integration of Women Prisoners in Europe*, projeto MIP (*mujeres, integración y prisión*) coordenado por SURT (*Associació de dones per la Reinserció Laboral*), janeiro de 2005. Disponível em: <http://mip.surt.org/en/final_results.html>.

ção, a duração da separação, a familiaridade entre a criança e o seu novo tutor e o grau de estigma que o meio em que se encontra a criança associa com a reclusão. De outro lado, manter um bebê com a sua mãe na prisão coloca questões complexas em termos de estruturas adequadas para o desenvolvimento físico, mental e emocional da criança, incluindo a sua interação com pessoas do exterior e com outras crianças.

As Regras Penitenciárias Europeias para Tratamento do Preso, no capítulo destinado às crianças, estabelecem (regra 36.2.) que, quando as crianças são autorizadas a ficar na prisão com a mãe, medidas especiais devem ser tomadas, como a disposição de uma creche dotada de pessoal qualificado, onde as crianças sejam colocadas enquanto a mãe pratica uma atividade. Uma infraestrutura especial deve ser reservada, a fim de proteger o bem-estar das crianças, quando se encontrem em estabelecimentos prisionais.

Uma alta porcentagem de mulheres presas no Brasil são mães e se encarregam de cuidar dos filhos, porém, de modo geral, não há políticas públicas adequadas para o tratamento das presas. O relatório da CPI do Sistema Carcerário constatou que 87% das detentas brasileiras têm filhos, sendo que 65% delas não mantêm relacionamento com os pais das crianças (são mães solteiras), do que se pode depreender que a maior responsabilidade pela criação dos filhos recai sobre as mulheres. No estado de São Paulo, onde está abrigada 41% da população carcerária feminina do país, no último censo de 2002, foi observado que, na Penitenciária Feminina da Capital, 83% das mulheres declararam ter filhos, dos quais 59% viviam com a família da reclusa; o marido (ou ex-marido) conservou a guarda em apenas 6% dos casos. A Fundação Nacional de Assistências aos Presos (FUNAP) informa que apenas 20% das crianças ficam sob a guarda dos pais quando a mãe é presa, enquanto quase 90% dos filhos de presos homens permanecem sob os cuidados da mãe. A taxa de abandono, internação em orfanatos e mesmo nas unidades de internação de crianças abandonadas corresponde a 1/5 dos filhos das presas[3].

A mulher no período gestacional e de amamentação encontra-se em uma situação singular, ocupa posição diferenciada e deve receber condições especiais de tratamento, como estabelecem normas internas e internacionais. A exigência de uma atenção diferenciada às mulheres nessas situações específicas decorre, portanto, das próprias condições inerentes à gestação e lactância, e deve ser observada em quaisquer espaços – público ou privado –, quanto mais ainda em estabelecimentos de total confinamento sob custódia direta do Estado, como são os cárceres.

É sabido que o aleitamento materno é fundamental para a nutrição da criança, além de o contato com a mãe ser de grande importância. Entretanto, de fato, as estruturas carcerárias são, majoritariamente, improvisadas. Na maioria das unidades prisionais, especialmente nas Cadeias Públicas, o berçário é uma cela improvisada, com as mesmas características de insalubridade comuns a esses locais. São extremamente raras as unidades prisionais que dispõem de creche e berçário para os recém-nascidos, nos termos do artigo 89 da LEP. Nas diligências da CPI do sistema carcerário, foi constatado que as crianças nascem dentro do cárcere e ali permanecem sem a assistência devida durante período não fixado na legislação, permanecendo à mercê dos diretores e dos regulamentos locais.

O período de amamentação no cárcere não tem previsão legal específica, e varia nos estados da Federação, embora consista em direito constitucionalmente assegurado à mãe e à prole. Segundo o Relatório Final da CPI realizada em 2008, em 12,90% dos estabelecimentos, as crianças permanecem sendo amamentadas até os 4 meses; em 58,09%, até 6 meses; em 6,45%, até os 2 anos. Segundo os dados colhidos pela Pastoral Carcerária nas unidades prisionais do Espírito Santo (Penitenciária Estadual Feminina), Distrito Federal (Penitenciária Feminina), Bahia, Amapá há informações de que as crianças podem permanecer até seis meses com suas mães. No Rio Grande do Sul (Penitenciária Feminina Madre Pelletier), as crianças podem permanecer até os 3 anos de idade, já no Rio de Janeiro (Instituto Materno Infantil), até 12 meses. No Estado do Amazonas, as mães podem ficar com os filhos apenas 15 dias após o seu nascimento e em Pernambuco, até 10 meses. A Sub-relatoria da CPI colheu sugestões de especialistas para a regulamentação da matéria, tendo prevalecido a opinião de que a lei estabeleça como parâmetro os 12 meses para a permanência da criança com a mãe presa.

Em uma decisão histórica, a Segunda Turma do Supremo Tribunal Federal (STF) concedeu *habeas corpus* coletivo para determinar a substituição da prisão preventiva por domiciliar para gestantes, lactantes e mães de crianças de até 12 anos ou de pessoas com deficiência, em todo o território nacional. O *Habeas Corpus* (HC) 143.641 foi julgado em 20 de fevereiro de 2018, e a ordem foi concedida por quatro votos a um, nos termos do voto do relator, ministro Ricardo Lewandowski. Segundo o relator, a situação degradante nas penitenciárias brasileiras já havia sido discutida pelo Supremo na Arguição de Descumprimento de Preceito Fundamental (ADPF) 347. Ao apontar uma gravíssima deficiência estrutural no sistema prisional do país, especialmente para a mulher presa, o Plenário reconheceu o estado de coisas inconstitucional nessa área. A partir desse entendimento, a Segunda Turma decidiu acolher o pedido da Defensoria Pública da União (DPU) e do Coletivo de Advogados em Direitos Humanos para conceder o HC a essas gestantes e mães. O entendimento foi o de que a situação em que se encontram encarceradas viola o artigo 227 da Constituição, que estabelece prioridade absoluta para a proteção às crianças.

Em seu voto, o Ministro Lewandowski reconhece que as mulheres estão efetivamente sujeitas a situações degradantes na prisão, em especial privadas de cuidados médicos pré-natal e pós--parto e de berçários e creches para as crianças. Essa falha estrutural no sistema prisional, a seu ver, agrava a "cultura do encarceramento" vigente no país, que se manifesta "pela imposição exagerada de prisões provisórias a mulheres pobres e vulneráveis". O voto apontou ainda as precariedades no acesso à Justiça das mulheres presas e questões sensíveis como a separação precoce de mães e filhos e a internação da criança com a mãe presa, mesmo quando há família extensa disponível para cuidar dela.

Art. 5º, LI – nenhum brasileiro será extraditado, salvo o naturalizado, em caso de crime comum, praticado antes da naturalização, ou de comprovado envolvimento em tráfico ilícito de entorpecentes e drogas afins, na forma da lei;

LII – não será concedida extradição de estrangeiro por crime político ou de opinião;

Walter Claudius Rothenburg

---

[3]. CEJIL et. al. Relatório Sobre Mulheres Encarceradas no Brasil. 2007, 61 p.

1. Aspectos conceituais

Extradição é a entrega oficial de uma pessoa, independentemente de seu consentimento, pelo Estado onde ela se encontra ao Estado que a requer, com o objetivo de submetê-la a processo penal ou à execução da pena. Observe-se que, para a extradição instrutória, não basta mera investigação criminal: é preciso que haja processo penal instaurado (RAMOS, 2018: 774).

Para a compreensão da extradição, um elemento conceitual imprescindível é o de "exterior": é preciso que um crime tenha sido cometido no exterior (e que seu autor esteja no Estado ao qual a extradição é requerida, mas que não é necessariamente o Estado onde o crime ocorreu), ou é preciso que o autor de crime (cometido no Estado que requer a extradição ou contra bens jurídicos especiais deste) esteja no exterior.

Percebe-se desde logo que a extradição constitui um instituto – talvez o principal – de cooperação internacional no combate à criminalidade. A Lei de Migração (Lei 13.445/2017) situa a extradição, justamente, no capítulo sobre medidas de cooperação.

Um crime deve ter sido cometido, mas esse requisito objetivo não é satisfeito com qualquer infração penal, apenas com as que, por lei ou tratado, justificam a extradição, e que supõem *gravidade*. A Lei 13.445/2017 exige que o fato constitua crime no Brasil (não basta contravenção), com pena de prisão de dois anos ou mais (art. 81, IV). Tratado internacional pode estabelecer marcos diferentes. Outro critério possível é o da lista dos crimes em que pode dar-se extradição. Os tratados do Brasil com Chile e Espanha, por exemplo, baseiam-se na pena mínima; os com os EUA, Suíça e Bélgica preveem uma relação de crimes.

A extradição deve referir-se a determinado crime cometido no exterior – é o princípio da *especialidade* ou efeito limitativo da extradição. Quando a extradição é requerida por outro Estado (extradição passiva), a condição de deferimento é que o Estado requerente comprometa-se a não julgar ou apenar o extraditando por fato anterior ao pedido (Lei 13.445/2017, art. 96, I), a não ser que o Estado requerente o solicite expressamente (extradição supletiva). Admite-se, portanto, pedido de extensão da extradição, ou melhor, das consequências jurídicas da extradição, quando o Estado requerente solicita autorização para processar o extraditado por outro crime praticado antes da extradição, ou que tenha vindo a conhecimento somente após esta. Tal pedido de extensão sujeita-se a procedimento semelhante ao do pedido originário.

Na mesma linha, ainda, exige-se o compromisso de o Estado requerente não entregar o extraditando a outro Estado que o reclame, sem o consentimento do Brasil (Lei 13.445/2017, art. 96, IV); o consentimento propiciará a figura da "reextradição" e exigirá apreciação do STF, além da concordância do Presidente da República. A extradição é deferida, em princípio, somente ao Estado requerente, que deve, ele mesmo, processar o extraditado ou executar a pena; o Estado requerente tem o compromisso de não reextraditar o sujeito sem autorização do Estado requerido. A legislação brasileira não prevê, portanto, a extradição para fins de extradição, ou seja, a entrega de pessoa a um Estado, para que este a entregue a outro (Extradição 1.083 – Uruguai, rel. Min. Joaquim Barbosa, 06/12/2007); esse outro Estado deve requerer diretamente a extradição.

Tem de ser satisfeito o princípio da *dupla incriminação* (dupla tipicidade ou identidade da infração ou identidade normativa), segundo o qual o ato deve constituir crime tanto para a legislação do Estado requerente, quanto para a do requerido. Interessa o conteúdo do tipo penal e não sua designação (nominal). Todavia, crimes há que, por sua importância – como o terrorismo e o tráfico de pessoas e de entorpecentes –, não deveriam ter a extradição dependente da tipificação também no Estado requerido: a cooperação internacional restaria satisfeita com a qualificação do crime no Estado requerente. Essa parece ser a tendência na União Europeia, que relativiza o tradicional princípio da dupla incriminação.

Apesar de o fato dever ser considerado crime também segundo a legislação brasileira, respeita-se o regime jurídico e a fixação judicial conferidos pelo Estado requerente, pois isso é questão de sua soberania. Portanto, não cabe indulto nem graça pelo Presidente da República (CR, art. 84, XII; HC 83.691, rel. Min. Carlos Velloso, 17/02/2004), o que seria mesmo uma intromissão indevida.

Não se confunda a dupla incriminação, necessária, com novo julgamento ou execução, no Brasil, pelo mesmo fato (*bis in idem*), o que é vedado. Todavia, quando houver competência jurisdicional nacional, não se admite extradição se já houver processo pelo mesmo fato, instaurado no Brasil, ou quando já tenha havido julgamento definitivo (Lei 13.445/2017, art. 82, V), ou quando já houve execução da pena.

A *atualidade* do crime também é uma exigência, isto é, o fato ainda deve ser considerado crime: a prescrição, seja do crime, seja da pena, e considerada "segundo a lei brasileira ou a do Estado requerente", inibe a extradição (Lei 13.445/2017, art. 82, VI); a prescrição é a principal causa de negativa de extradição pelo Brasil. Note-se, contudo, que convênios firmados no âmbito da União Europeia excluem a prescrição conforme o Direito do Estado requerido, importando apenas que o crime não esteja prescrito segundo a legislação do Estado requerente. Outras causas de extinção da punibilidade conforme o Estado requerente, como a anistia, a graça e o indulto, também excluiriam a extradição, sendo, porém, improvável um pedido extradicional nessas hipóteses.

A nacionalidade é um requisito subjetivo. Quando o Brasil é requerente (extradição ativa), o extraditando pode ser brasileiro ou estrangeiro, nacional do Estado requerido ou de outro Estado: o que importa é o cometimento do crime no Brasil ou a lesão a certos bens jurídicos brasileiros (CP, art. 7º). Quando o Brasil é requerido (extradição passiva), o extraditando é estrangeiro (nacional ou não do Estado requerente) e, apenas excepcionalmente, pode ser brasileiro naturalizado. A nacionalidade brasileira é, assim, limite à extradição passiva: há uma vedação absoluta em relação aos brasileiros natos, que não podem ser extraditados em caso algum (CR, art. 5º, LI; Lei 13.445/2017, art. 82, I).

A vedação é relativa quanto aos brasileiros naturalizados, que não podem ser extraditados senão em duas situações: a) se tiverem praticado crime comum antes da naturalização; b) se tiverem praticado crime de tráfico de entorpecentes e drogas afins (antes ou depois da naturalização). Na segunda hipótese, o dispositivo constitucional demanda integração legislativa, sendo de eficácia limitada.

A despeito da largueza do texto constitucional, não é qualquer crime comum cometido por brasileiro antes da naturalização que permite a extradição, valendo, no ponto, as restrições gerais à extradição: que se trate de crimes que, por lei ou tratado, autorizem-na (por exemplo, não foi aceita a extradição de brasileiro naturalizado para a Alemanha, porque não havia tratado específico e a Alemanha não poderia oferecer reciprocidade, haja vista que sua Constituição é muito restrita quanto à extradição: art. 16.2 – Extradição 1.010-QO, rel. Min. Joaquim Barbosa, 24/05/2006), e que não tenha ocorrido prescrição.

Quanto ao tráfico de entorpecentes e drogas afins, uma observação trivial sobre a provável redundância textual: só haverá crime se houver previsão legal prévia (CR, art. 5º, XXXIX), pelo que soam superfetatórias as referências a "tráfico *ilícito*" (se o tráfico constitui crime, é ilícito) e, neste aspecto, a "na forma da lei" (que deve referir-se ao procedimento de extradição e não à tipificação criminal).

O "comprovado envolvimento" no tráfico deve caracterizar crime e essa comprovação deve ser apreciada pelo Judiciário brasileiro, ou seja, o STF deverá analisar o mérito (qualidade) do processo judicial havido no Estado requerente (pois se presume decisão judicial estrangeira definitiva, sendo essa uma hipótese de extradição executória); a Constituição impõe aqui, em homenagem à naturalização, um abandono do entendimento clássico de que não se avalia o mérito do processo original (Extradição 541-3 – DF, rel. Min. Sepúlveda Pertence, 07/11/1992).

Os portugueses com residência permanente no Brasil podem ser equiparados aos brasileiros natos, desde que haja reciprocidade (CR, art. 12, § 1º), e então não podem ser extraditados, senão para Portugal (pois a Constituição permite concluir que não deixam de ser considerados portugueses; nesse sentido, Decreto 70.391/1972 – Convenção sobre Igualdade de Direitos e Deveres entre Brasileiros e Portugueses – art. 9º).

Também não podem ser extraditados os nacionais de Estado que não tenha pactuado tratado de que o Brasil seja parte, nem prometido validamente reciprocidade (STF, Extradição 541-3 – DF, rel. Min. Sepúlveda Pertence, 07/11/1991).

A nacionalidade brasileira, originária ou adquirida (fora das exceções previstas), impede, portanto, a extradição passiva. A simultaneidade de nacionalidades (dupla nacionalidade: brasileira e estrangeira) também veda a extradição, pois há nacionalidade brasileira para todos os efeitos. Enquanto se aguarda a homologação judicial da opção já manifestada pela nacionalidade brasileira, há suspensão do processo de extradição, que fica prejudicada com a aquisição da nacionalidade (Ação Cautelar 70-QO, rel. Min. Sepúlveda Pertence, 25/09/2003 – caso em que se deferiu, excepcionalmente, a prisão domiciliar, que atualmente é uma alternativa prevista no art. 86 da Lei 13.445/2017). Advirta-se, porém, que, se a nacionalidade brasileira bloqueia a extradição, não deve servir à impunidade, e o Brasil deveria comprometer-se a processar o "nacional que delinquiu alhures" (Extradição 916, rel. Min. Carlos Britto, 19/05/2005).

A regra de não extraditar nacionais não é unânime. Admitem a extradição de nacionais os EUA, o Reino Unido, a Colômbia (em relação a narcotraficantes, para os EUA), os Estados da União Europeia entre si e a Itália (desde que haja reciprocidade). A conscientização jurídica talvez conduza à ampla afirmação do princípio da isonomia e à negação da impunidade, traduzidas na universalidade da extradição, com abolição dessa odiosa discriminação em favor dos nacionais (o "preconceito do nacionalismo", segundo Clóvis Beviláqua, citado por SOUZA, 1998:121).

Pode-se augurar que a nacionalidade do criminoso e, mesmo, o local de cometimento do crime tenham diminuta importância em face da cooperação internacional no combate efetivo à criminalidade. Vale mencionar o "caso Pinochet" (1998), em que o ex-ditador chileno teve sua extradição solicitada pelo juiz espanhol Baltasar Garzón ao Reino Unido (onde Pinochet estava em tratamento médico), por conta de crimes contra a humanidade (tortura, sequestro, associação criminosa...) cometidos no Chile contra espanhóis. O pedido acabou sendo indeferido sob a alegação de debilidade da saúde do velho ex-ditador.

Nas situações de concorrência de jurisdição, quando o Brasil também for competente para julgar o crime cometido, segundo a legislação pátria, a extradição não será concedida, prevalece a competência brasileira (Lei 13.445/2017, art. 82, III).

Existem causas de adiamento e de antecipação da extradição. Quanto ao adiamento, se o extraditando houver praticado crime diverso punível no Brasil (provavelmente porque aqui praticado) e estiver sendo processado ou tiver sido aqui condenado, por crime punido com pena privativa de liberadade, o procedimento de extradição não sofre prejuízo, mas a execução desta ficará sobrestada até o término do processo ou do cumprimento da pena (Lei 13.445/2017, art. 95; Extradição 664, rel. Min. Maurício Corrêa, 01/07/1996). Também será adiada a extradição, se ela puser em risco a vida do extraditando, por causa de doença grave (Lei 13.445, art. 95, § 1º). Será, por outro lado, antecipada a extradição nas "hipóteses de liberação antecipada pelo Poder Judiciário e de determinação da transferência da pessoa condenada" (Lei 13.445, art. 95, *caput*), bem como se o extraditando "estiver sendo processado ou tiver sido condenado, no Brasil, por infração de menor potencial ofensivo" (Lei 13.445, art. 95, § 2º). É preciso que a extradição seja *requerida* por outro Estado: não existe extradição espontânea (embora possa o Estado em que se encontra a pessoa entrar em contato com o Estado onde ocorreu o crime, para informar-lhe e instá-lo a requerer a extradição). O pedido tem de ser formulado por Estado reconhecido pelo Brasil, por meio de seu Governo (não bastando requisição de autoridade judiciária), por via diplomática oficial "ou pelas autoridades centrais designadas para esse fim" (Lei 13.445/2017, art. 81, § 1º).

Havendo pedidos concorrentes, igualmente válidos, de diversos Estados, em relação à mesma pessoa e ao mesmo crime, está prevista uma ordem de preferência: em primeiro lugar, aquilo que dispuser algum tratado específico, o que vale também se os crimes forem diversos (Lei 13.445/2017, art. 85, § 3º); em segundo lugar, o Estado "em cujo território a infração foi cometida" (Lei 13.445/2017, art. 85, *caput*). Quando forem diferentes os crimes, terá precedência o Estado "em cujo território tenha sido cometido o crime mais grave, segundo a lei brasileira" (Lei 13.445, art. 85, § 1º, I); se a gravidade dos crimes for idêntica, então prevalecerá o primeiro requerimento (Lei 13.445, art. 85, § 1º, II); se os pedidos forem simultâneos, então será "o Estado de origem, ou, em sua falta, o domiciliar do extraditando" (Lei 13.445, art. 85, § 1º, III). Há ainda uma disposição residual, segundo a qual, nos casos não previstos, "o órgão competente do Poder Executivo decidirá sobre a preferência do pedido, priorizando o Estado requerente que mantiver tratado de extradição com o Brasil" (Lei 13.445, art. 85, § 2º). Crimes há em relação aos quais a extradição (passiva) é vedada, o que constitui um limite material, objetivo: os crimes políticos e os crimes de opinião. A provável razão para a proibição está em que, nessas hipóteses, a incriminação é considerada arbitrária (tendenciosa, acidental, subjetiva, injusta) ou muito peculiar – portanto exclusiva – do Estado que considera o crime. Verifica-se uma evolução do instituto da extradição, que, em sua origem, "se limitava, basicamente, a crimes de deserção, políticos ou religiosos", e hoje se refere à criminalidade comum (ABADE, 2013: 48).

A qualificação de um crime como político prende-se a diversos critérios, eventualmente concorrentes: quanto à motivação (aquele praticado por divergência política), quanto à finalidade (tem em vista desestabilizar ou derrubar a ordem política de um Estado), quanto ao bem jurídico diretamente atingido (a organização política). Atos tipificados como crimes comuns, que provoquem sérias lesões à sociedade e a particulares – especialmente atos terroristas –, não devem ser considerados crimes políticos ou de opinião (Lei 13.445/2017, art. 82, § 1º; Extradição 855, rel. Min. Celso de Mello, 26/08/2004): é o sistema da principalidade ou da preponderância (Extradição 615, rel. Min. Paulo Brossard, 19/10/1994). Vê-se, portanto, que o conceito de crime político é relativo, dependente do contexto e da intensidade. Todavia, não se admite a extradição quando o Estado requerente pretende comum um crime preponderantemente político, pois então há extradição política disfarçada (Extradição 794, rel. Min. Maurício Corrêa, 17/12/2001). Cabe "à autoridade judiciária competente a apreciação do caráter da infração" (Lei 13.445/2017, art. 82, § 2º), ou seja, não se pode subtrair do Estado requerido essa qualificação; no Brasil, cabe ao STF reconhecer o caráter preponderantemente político de um crime, visto que essa Corte "poderá deixar de considerar crime político o atentado contra chefe de Estado ou quaisquer autoridades, bem como crime contra a humanidade, crime de guerra, crime de genocídio e terrorismo" (Lei 13.445/2017, art. 82, § 4º). Para ilustrar, não foram considerados políticos crimes praticados em campos de extermínio nazistas (Caso Stangl: Extradição 272, rel. Min. Victor Nunes, 07/06/1967), mas foi considerado crime político puro a transmissão de segredo de Estado da República Federal da Alemanha, "utilizável em projeto de desenvolvimento de armamento nuclear", ao Iraque (Extradição 700, rel. Min. Octavio Gallotti, 04/03/1998).

O crime de opinião é a tipificação indevida do exercício regular do direito de expressão. Constitui instituto violador de direito fundamental. Se há abuso da liberdade de expressão e grave lesão a direitos alheios, é possível a incriminação (mas então não se tratará de autêntico – e abominável – crime de opinião).

Existe um *procedimento extradicional*, que reclama obediência às formalidades previstas, sobretudo em relação à extradição passiva, que é fortemente jurisdicionalizada, pois exige intervenção do STF, que fiscalizará a regularidade da extradição. A propósito, a Lei 13.445/2017 é expressa: "Nenhuma extradição será concedida sem prévio pronunciamento do Supremo Tribunal Federal sobre sua legalidade e procedência, não cabendo recurso da decisão" (art. 90).

O objeto de apreciação do STF é bem delimitado: não lhe cabe, em princípio, avaliar o mérito da acusação ou condenação estrangeira, mas sim a regularidade formal ("legalidade extrínseca") do procedimento extradicional – o que constitui o juízo de delibação – e, sempre, o respeito pelos direitos fundamentais do extraditando (visto que, com a extradição, a pessoa fica sob a jurisdição do STF). Nessa medida, deve ter sido respeitado o devido processo legal no Estado requerente (RAMOS, 2018: 776).

Todavia, certos aspectos de mérito devem ser apreciados. Os elementos do tipo penal precisam ser sumariamente avaliados, para verificar-se o enquadramento na legislação brasileira. Pressupostos como a imputabilidade também têm de ser verificados (nesse sentido, a nova orientação do STF: "Surgindo dúvida quanto à sanidade mental do extraditando, incumbe submetê-lo à perícia técnica" – Ag. Reg. na Extradição 932-0 – Itália, rel. p/ acórdão Min. Marco Aurélio, 15/02/2006). O respeito ao devido processo legal – assegurando-se a ampla defesa – deve ser constatado.

2. Classificação

A mais citada classificação da extradição é feita com base no Estado quanto à iniciativa: diz-se *ativa* a extradição com referência ao Estado que a pede (requerente, autor da ação de extradição ativa) a outro (requerido); e *passiva* a extradição com referência ao Estado ao qual ela é requerida por outro Estado. Na extradição ativa, o crime foi cometido em território brasileiro (ou é crime internacional) e seu autor está no exterior; na extradição passiva, o crime foi cometido no exterior e seu autor está em território brasileiro. A extradição ativa costuma ser mais simples do que a passiva e predomina o caráter "administrativo" (político); sua regulamentação era dada pelo Decreto 394/1938. Somente a extradição passiva requer apreciação pelo STF (CR, art. 102, I, "g"), por predominar o caráter jurisdicional.

Quanto à natureza do crime que a enseja, tem-se a extradição *política* (vedada pela Constituição: art. 5º, LII) e a *comum*. A "extradição política disfarçada" é aquela em que se pretexta a existência de crime comum, quando, na verdade, prepondera o caráter político.

Considerando-se o momento do processo penal do Estado requerente (a finalidade processual), há extradição *instrutória*, *processual* ou *cognitiva* (para que o extraditando participe do processo penal ainda em curso) – que, no Brasil, constitui o maior número – e extradição *executória* ou *executiva* (após condenação criminal, para cumprimento de pena).

Conforme o fato que enseja o pedido de extradição (passiva) e o momento em que foi cometido, a extradição *supletiva* refere-se a fatos outros, anteriores àquele a que se refere o pedido originário, e só é admitida se o Estado requerente formula pedido expresso que seja aceito (Lei 13.445/2017, art. 96, I). Por contraste, poderíamos designar extradição *principal* aquela que se refere ao pedido originário.

Quando regular, é dizer, de acordo com as normas jurídicas (o devido processo extradicional), diz-se que a extradição é *de direito*. A captura do sujeito e sua entrega ao Estado "requerente" de modo "informal" e expedito constitui a extradição *de fato*, que, conquanto comum em área de fronteira, viola o Direito. A extradição *de fato* conta com a (indevida) colaboração do Estado onde se encontra o sujeito e nisso distingue-se da abdução internacional, em que o sujeito é ilegal e clandestinamente capturado no Estado em que se encontra, e levado ao Estado interessado em processá-lo ou executar-lhe a pena, sem o consentimento daquele Estado.

3. Natureza jurídica

A extradição ativa é um complexo de atos de natureza político-administrativa. A extradição passiva é procedimento jurisdicional: uma "ação de índole especial, de caráter constitutivo, que objetiva a formação de título jurídico apto a legitimar o Poder Executivo da União a efetivar... a entrega do súdito reclamado", na definição do STF (Reclamação 667-3 – Itália, rel. Min. Celso de Mello, 25/09/1995). Ambas fundam-se na perspectiva de cooperação entre Estados.

A fase inicial do procedimento de extradição passiva, que envolve as autoridades encarregadas das relações internacionais (no Brasil, o Ministério das Relações Exteriores) e tem índole político-administrativa, não compromete a natureza marcantemente jurisdicional, pois não se dá extradição senão por decisão do STF em procedimento específico.

O Brasil adota o sistema misto ou de delibação (dito "sistema belga", por influência da legislação da Bélgica, de 1874): o procedimento de extradição passiva é de "contenciosidade limitada", somente admitindo-se o exame, se indispensável para a solução de controvérsias, das questões relativas: "(a) à ocorrência de prescrição penal; (b) à observância do princípio da dupla tipicidade; (c) à configuração eventualmente política, tanto do delito imputado ao extraditando quanto das razões que levaram uma soberania estrangeira a requerer a extradição" (voto do Min. Celso de Mello na Extradição 811-1). O contraponto é dado pelo sistema de ampla revisão ou anglo-saxônico, em que o Poder Judiciário do Estado requerido pode reapreciar qualquer aspecto – inclusive o mérito – do processo criminal do Estado requerente.

Não se deve esquecer a nota de solidariedade internacional da extradição, "que é meio efetivo de cooperação internacional na repressão à criminalidade comum" (STF, Extradição 524-3/120 – DF, rel. Min. Celso de Mello, 31/10/1990).

4. Institutos afins

a) expulsão

A expulsão é uma "medida administrativa de retirada compulsória de migrante ou visitante do território nacional, conjugada com o impedimento de reingresso por prazo determinado" (Lei 13.445/2017, art. 54). Dada a amplitude do direito fundamental de locomoção e estada (CR, art. 5º, XV), a expulsão não pode ser discricionária, visto que ela tem de lastrear-se no cometimento de determinados crimes apurados em decisão transitada em julgado: "crime de genocídio, crime contra a humanidade, crime de guerra ou crime de agressão" (conforme o Estatuto de Roma), ou "crime comum doloso passível de pena privativa de liberdade, consideradas a gravidade e as possibilidades de ressocialização em território nacional" (Lei 13.445/2017, art. 54, § 1º). Mas a expulsão é facultativa: ainda que presentes os motivos que a permitam, cabe à autoridade competente decidir (Lei 13.445/2017, art. 54, § 2º).

Embora possa a expulsão concorrer com a extradição, não se confundem, e não pode haver expulsão quando também não for possível a extradição (Lei 13.445/2017, art. 55, I) – por exemplo, por crime político ou de opinião. Deve-se cuidar para que não ocorra extradição travestida de expulsão.

Não havendo Estado que aceite o estrangeiro expulso, ele deve permanecer, senão haveria uma violação aos direitos da pessoa (que seria compelida à clandestinidade) e um atentado internacional à soberania de outro Estado, que acabaria recebendo às escondidas ou à força alguém que não quisesse. Em princípio, nenhum Estado pode recusar um seu nacional. A Declaração Universal dos Direitos Humanos (ONU, 1948) estabelece que "[t]oda pessoa tem direito a uma nacionalidade" (art. XV.1) e a regressar ao próprio país (art. XIII.2).

As principais distinções para com a extradição estão em que: a) nesta, o fato ocorreu no exterior e antes da entrada, enquanto na expulsão o fato deu-se no país e após a entrada; b) na extradição, o sujeito destina-se ao Estado requerente, enquanto na expulsão ele pode ser enviado a qualquer outro Estado; c) para a extradição, basta que tenha sido cometido qualquer crime apenado com dois ou mais anos de prisão, enquanto, para a expulsão, é preciso que tenham sido cometidos certos crimes e sob determinadas condições; d) a extradição exige requerimento de outro Estado, enquanto a expulsão ocorre de ofício (espontaneamente); e) o procedimento de expulsão é mais simples e totalmente político-administrativo (não há fase judicial, embora o acesso ao Judiciário não esteja excluído, por força do princípio da inafastabilidade da jurisdição: CR, art. 5º, XXXV), enquanto o procedimento da extradição é mais complexo e preponderantemente judicial; f) a expulsão conhece impedimentos que não existem em relação à extradição: não poderá ser expulso o estrangeiro que "tiver filho brasileiro que esteja sob sua guarda ou dependência econômica ou socioafetiva ou tiver pessoa brasileira sob sua tutela"; "tiver cônjuge ou companheiro residente no Brasil, sem discriminação alguma, reconhecido judicial ou legalmente"; "tiver ingressado no Brasil até os 12 (doze) anos de idade, residindo desde então no País"; "for pessoa com mais de 70 (setenta) anos que resida no País há mais de 10 (dez) anos, considerados a gravidade e o fundamento da expulsão"(Lei 13.445/2017, art. 55, II); g) a extradição, por sua vez, conhece limites que a expulsão não tem: se houver processo ou condenação da pessoa no Brasil, pode dar-se a expulsão, enquanto a extradição deverá, em princípio, aguardar a conclusão do processo ou o cumprimento da pena, nos crimes punidos com pena privativa de liberdade (Lei 13.445/2017, art. 95);h) o procedimento extradicional está sujeito a prazos expressos e fixos (60 dias, contados da data da cientificação da prisão do extraditando, para que o Estado estrangeiro formalize o pedido: Lei 13.445/2017, art. 84, § 4º; 60 dias para que o Estado requerente retire o extraditando do território nacional: art. 92), ao passo que não está expresso o prazo para a expulsão, embora esta não possa ser suscitada indefinidamente (veja-se que, para um efeito da expulsão – o impedimento de reingresso no território nacional – prevê-se vigência "proporcional ao prazo total da pena aplicada e nunca será superior ao dobro de seu tempo": art. 54, § 4º); i) o procedimento extradicional impede que o extraditando saia voluntariamente do país (embora ele possa "entregar-se voluntariamente ao Estado requerente": Lei 13.445/2017, art. 87), mas o procedimento de expulsão não impede que o expulsando o faça (art. 60).

b) deportação

A deportação "consiste na retirada compulsória de pessoa que se encontre em situação migratória irregular em território nacional" (Lei 13.445/2017, art. 50). Perceba-se que se trata de uma expulsão por motivo específico: entrada ou permanência irregular. São exemplos comuns a entrada clandestina e a permanência além do prazo concedido.

Tanto a deportação quanto a expulsão e a repatriação "serão feitas para o país de nacionalidade ou de procedência do migrante ou do visitante, ou para outro que o aceite" (Lei 13.445/2017, art. 47).

A deportação é uma medida mais simples e direta do que a expulsão e a extradição. Valem, no que couberem, as distinções entre extradição e expulsão. Porém, existe a possibilidade de as irregularidades serem saneadas, o que evita a deportação (Lei 13.445/2017, art. 50, § 1º). Também está assegurada a atuação da Defensoria Pública da União (art. 51, § 1º).

c) repatriação

A repatriação é uma "**medida administrativa de devolução de pessoa em situação de impedimento ao país de procedência ou de nacionalidade**" (Lei 13.445/2017, art. 49). As situações de impedimento estão previstas no art. 45 da Lei 13.445 e também caracterizam irregularidades, porém evidentes, tais como uma expulsão anterior ainda em vigor e um documento de viagem inválido, sendo que impedem imediatamente a entrada no território nacional. A repatriação ocorre na zona de fronteira e deve ser fundamentada.

O rol de razões para a repatriação é mais extenso em relação à extradição e o procedimento é simplificado. Além disso, também são diversas as causas em que a repatriação não se aplica: "**à pessoa em situação de refúgio ou de apatridia, de fato ou de direito, ao menor de 18 (dezoito) anos desacompanhado ou separado de sua família, exceto nos casos em que se demonstrar favorável para a garantia de seus direitos ou para a reintegração a sua família de origem, ou a quem necessite de acolhimento humanitário, nem, em qualquer caso, medida de devolução para país ou região que possa apresentar risco à vida, à integridade pessoal ou à liberdade da pessoa**" (Lei 13.445/2017, art. 49, § 4º).

É assegurada a atuação da Defensoria Pública da União em defesa dos interesses do repatriando (Lei 13.445/2017, art. 49, § 2º).

d) refúgio

O refúgio é a acolhida de estrangeiro em território nacional sem as exigências normais de ingresso, por conta de perseguição injusta que sofre no exterior. Os motivos podem ser políticos, religiosos, étnicos, de nacionalidade etc. (Lei 9.474/1997 – Estatuto dos Refugiados – art. 1º); atualmente discute-se a aceitação de motivos econômicos e ambientais, por exemplo. Trata-se de instituto internacionalmente reconhecido (Declaração Universal dos Direitos Humanos, art. XIV.1; Convenção sobre o Estatuto dos Refugiados, 1951). A Constituição consagrou a concessão de asilo *político* (e, ao qualificá-lo, talvez tenha dito menos do que pretendesse) como princípio das relações internacionais do Brasil (art. 4º, X). O reconhecimento da condição de refugiado é feito administrativamente, pelo Comitê Nacional para os Refugiados – CONARE, do Ministério da Justiça (Lei 9.474/1997, art. 11).

Enquanto a extradição não é admitida em caso de crime político ou de opinião, tais situações comumente (mas não necessariamente) constituem perseguição injusta a justificar o refúgio. Por isso, a solicitação de refúgio suspende – e o reconhecimento da condição de refugiado prejudica – eventual processo de extradição pelos mesmos fatos alegados para a concessão de refúgio (Lei 9.474/1997, arts. 33 e 34).

Por outro lado, a concessão de refúgio não inibe a análise e eventual concessão de extradição por outros crimes cometidos no exterior (STF, Extradição 524-3/120 – DF, rel. Min. Celso de Mello, 31/10/1990).

e) transferência de execução da pena

Como alternativa à extradição executória, um Estado pode solicitar ou aceitar a transferência de execução da pena, desde que o condenado em território estrangeiro seja nacional ou tenha residência habitual ou vínculo pessoal no Brasil" e "a duração da condenação a cumprir ou que restar para cumprir for de, pelo menos, 1 (um) ano, na data de apresentação do pedido ao Estado da condenação" (diferenças em relação à extradição, conforme a Lei 13.445/2017, art. 100, I e III).

O Brasil recebe seu nacional preso no exterior, por isso se diz que é uma transferência de presos (condenados) ativa (ABADE, 2013: 366): o Brasil faz o pedido. A execução da pena advém de decisão judicial estrangeira e requer homologação do Superior Tribunal de Justiça (CR, art. 105, I, "i"; Lei 13.445/2017, art. 101). Cabe à Justiça Federal a execução penal (Lei 13.445/2017, art. 102, parágrafo único).

f) transferência de pessoa condenada

A pessoa condenada definitivamente no Brasil pode solicitar transferência para o país de sua nacionalidade ou àquele "em que tiver residência habitual ou vínculo pessoal", se houver condenação com trânsito em julgado (Lei 13.445/2017, art. 103, § 1º), desde que o pedido se fundamente em tratado ou promessa de reciprocidade (art. 103) e "a duração da condenação a cumprir ou que restar para cumprir for de, pelo menos, 1 (um) ano, na data de apresentação do pedido ao Estado da condenação". (art. 104, III).

O Brasil envia o preso, por isso se diz que é uma transferência de presos (condenados) passiva (ABADE, 2013: 366): o Brasil atende o pedido.

A transferência, contudo, não poderá ocorrer "quando inadmitida a extradição" (art. 105, § 2º). A competência para a execução penal também competirá à Justiça Federal (art. 105, § 1º).

5. Competências

A competência, tanto legislativa, quanto executiva, em tema de extradição, é exclusivamente federal (CR, art. 22, XV, e 21, I). Já a Constituição de 1891 estabelecia a competência privativa do Congresso Nacional (art. 34, 32º). A Constituição de 1934 dispunha ser a extradição assunto da competência privativa do Poder Legislativo, com a sanção do Presidente da República (art. 39, 8, "b"). Como competência legislativa privativa da União: a Constituição de 1937, art. 16, III; a Constituição de 1946, art. 5º, XV, "n"; as Constituições de 1967 e 1969, art. 8º, XVII, "p".

Na extradição ativa, é sempre o "órgão do Poder Judiciário responsável pela decisão ou pelo processo penal que a fundamenta" (Lei 13.445/2017, art. 88) que encaminha o pedido, o que revela a forte judicialização do procedimento extradicional. Parece que, nessa hipótese de extradição, que se dá em cumprimento de decisão judicial (relativa a processo criminal em andamento ou a cumprimento de condenação penal), não há discricionariedade, cabendo ao "órgão competente do Poder Executivo" apenas "o papel de orientação, de informação e de avaliação dos elementos formais de admissibilidade dos processos preparatórios para encaminhamento ao Estado requerido" (Lei 13.445/2017, art. 88, § 1º). Diante dos termos expressos do art. 90 da Lei 13.445/2017 ("Nenhuma extradição será concedida sem prévio pronunciamento do Supremo Tribunal Federal sobre sua legalidade e procedência, não cabendo recurso da decisão."), resta superado o antigo entendimento segundo o qual "[n]ão compete, à Suprema Corte, apreciar, nem julgar da legalidade de extradições ativas, pois estas – que independem de prévio pronunciamento do STF – deverão ser requeridas, diretamente, pelo Estado brasileiro, aos Governos estrangeiros, em cujo território esteja a pessoa reclamada pelas autoridades nacionais" (STF, Petição 3.569/MS, rel. Min. Celso de Mello, 13/03/2006). O pedido judicial (que mais se assemelha a uma requisição) poderá ter sido antecedido de pedido de outras autoridades nacionais, como o Ministério Público, a Polícia, autoridades fiscais etc. A autoridade central para fins de extradição (art. 81, § 1º), à qual o pedido judicial é encaminhado, é o Departamento de Recuperação de Ativos e Cooperação Jurídica Internacional (DRCI), órgão da Secretaria Nacional de Justiça e Cidadania, do Ministério da Justiça.

Na extradição passiva, o pedido de Estado estrangeiro será recebido pelo órgão competente do Poder Executivo, que fará um "exame da presença dos pressupostos formais de admissibilidade exigidos" na Lei 13.445/2017 ou em tratado, e então o encaminhará à autoridade judiciária competente" (art. 89). Nessa medida, o Poder Executivo não precisa enviar ao STF um pedido que entenda inadmissível, por haver sido concedido refúgio ao extraditando (Extradição 1.008 – Colômbia, rel. p/ acórdão Min. Sepúlveda Pertence, 21/03/2007).

O STF pode negar o pedido – negativa essa definitiva (vinculante) - ou julgar procedente a extradição; neste caso, o órgão competente do Poder Executivo avalia discricionariamente se a concede ou não (o art. 92 da Lei 13.445/2017 fala em autorização da entrega). Contudo, após a deliberação do STF, inverte-se o ônus da fundamentação, e o órgão competente do Executivo tem de apresentar um forte motivo para negar-se a extraditar, sob pena, inclusive, de crime de responsabilidade.

O pedido do Estado estrangeiro deve ser encaminhado por via diplomática, mas não cabe ao STF, em princípio, verificar quem é autoridade competente do Estado requerente. Entende-se que não é caso de carta rogatória, pois não se trata de mero ato de colaboração judicial, ou seja, não é o Judiciário de outro país que se reporta diretamente ao Governo brasileiro. Talvez o desenvolvimento da cooperação internacional, com ou sem a previsão em tratados internacionais, venha a permitir a comunicação direta – mais técnica e rápida – entre altas autoridades dos Poderes Judiciários.

Quanto à competência jurisdicional interna, a primeira alusão (indireta) que se tem é em 1891, quando a Constituição atribuiu competência aos juízes ou Tribunais Federais para processar e julgar "as questões de direito criminal ou civil internacional" (art. 60, "h"). Em 1934, surgiu a fórmula clássica de atribuição à (assim designada) "Corte Suprema" para processar e julgar originariamente "a extradição de criminosos, requisitada por outras nações, e a homologação de sentenças estrangeiras" (art. 76, I, "g"). Essa fórmula, porém com a designação "Supremo Tribunal Federal", é seguida em 1937 (art. 101, I, "f"), 1946 (art. 101, I, "g"), 1967 (art. 114, I, "g"), 1969 (art. 119, I, "g") e 1988 (art. 102, I, "g" – note-se que a atual Constituição trocou a expressão impositiva "extradição requisitada" pelo equivalente mais polido "extradição solicitada" por Estado estrangeiro).

6. Procedimento (extradição passiva)

Conquanto seja preponderantemente judicial, o procedimento extradicional desenrola-se em três fases: uma primeira etapa relativa ao recebimento do pedido e à análise formal de admissibilidade, de competência do Executivo; uma segunda etapa jurisdicional, de competência do STF, que decide sobre o pedido; uma terceira fase, de competência do Executivo, relativa à comunicação ao Estado requerente e à entrega do extraditando.

Um Estado estrangeiro, por intermédio de seu Governo, faz pedido de extradição, por via diplomática (às mais das vezes, por "nota verbal") ou conforme dispuser algum tratado específico, à autoridade brasileira competente do Poder Executivo, que verifica a compatibilidade do pedido (podendo recusá-lo) e o encaminha "à autoridade judiciária competente" (Lei 13.445/2017, art. 89).

O STF deverá pronunciar-se, sendo designado um relator, que determinará a realização do interrogatório (Lei 13.445/2017, art. 91), ato que poderá ser delegado a órgão local da Justiça Federal. Em seguida, há prazo de 10 dias para apresentação de imprescindível defesa técnica, que "versará sobre a identidade da pessoa reclamada, defeito de forma de documento apresentado ou ilegalidade da extradição" (art. 91, § 1º). Se houver necessidade de complementação da instrução, o Ministério Público Federal poderá requerer a conversão do julgamento em diligência (art. 91, § 2º), com "prazo improrrogável de 60 (sessenta) dias, após o qual o pedido será julgado independentemente da diligência" (art. 91, § 3º)

O Governo brasileiro deve comunicar o Governo do Estado requerente, por via diplomática, acerca do indeferimento da extradição ou de seu deferimento, caso em que este Governo tem 60 dias para "retirar o extraditando do território nacional" (Lei 13.445/2017, art. 92); findo o prazo sem a retirada, se o extraditando estiver preso, será libertado, "sem prejuízo de outras medidas aplicáveis" (art. 93), como a expulsão. Mas o Poder Executivo não é obrigado a entregar o extraditando: trata-se de uma decisão política (discricionária), em função de mera autorização do STF (Extradição 1.085 – Itália, rel. Min. Cezar Peluso, 16/12/2009 – Caso Battisti).

A extradição não se restringe à pessoa do extraditando e também permite a entrega dos "objetos e instrumentos do crime encontrados em seu poder", de acordo com a legislação brasileira e "respeitado o direito de terceiro" (Lei 13.445/2017, art. 97), sendo que tais objetos e instrumentos "poderão ser entregues independentemente da entrega do extraditando" (art. 97, parágrafo único).

O Estado requerente poderá apresentar, por via diplomática ou por meio de autoridade central do Poder Executivo, pedido de prisão cautelar, que poderá ser prévio ou concomitante ao pedido extradicional, mas desde que haja urgência e necessidade de "assegurar a executoriedade da medida de extradição" (Lei 13.445/2017, art. 85). A decisão caberá "à autoridade judicial competente, ouvido previamente o Ministério Público Federal". Com a prisão, abre-se o prazo de 60 dias para que o Estado requerente formalize o pedido de extradição, salvo se houver disposição específica em tratado, senão "o extraditando deverá ser posto em liberdade, não se admitindo novo pedido de prisão cautelar pelo mesmo fato sem que a extradição tenha sido devidamente requerida". A prisão cautelar poderá ser "prorrogada até o julgamento final".

Todavia, a prisão do extraditando não é necessária e deverá, em qualquer caso, estar devidamente fundamentada. "O Supremo Tribunal Federal, ouvido o Ministério Público, poderá autorizar prisão albergue ou domiciliar ou determinar que o extraditando responda ao processo de extradição em liberdade, com retenção do documento de viagem ou outras medidas cautelares necessárias, até o julgamento da extradição ou a entrega do extraditando", dispõe o art. 86 da Lei 13.445/2017.

Uma consequência da extradição deferida e já executada está em que, se o extraditando "escapar à ação da Justiça e homiziar-se no Brasil, ou por ele transitar, será detido mediante pedido feito diretamente por via diplomática ou pela Interpol e novamente entregue, sem outras formalidades" (Lei 13.445/2017, art. 98).

A cooperação internacional recomenda que o órgão competente do Poder Executivo permita "o trânsito no território nacional de pessoa extraditada por Estado estrangeiro, bem como o da respectiva guarda, mediante apresentação de documento comprobatório de concessão da medida" (Lei 13.445/2017, art. 99).

7. Fontes

São fontes do regime jurídico da extradição as normas do Direito interno (Constituição à cabeceira; Lei 13.445/2017 – Lei de Migração; Regimento Interno do STF) e, cada vez mais, do Direito Internacional.

Assumem relevo os tratados, que, via de regra, oferecem normas específicas e prevalecem em caso de conflito com a legislação interna (critério da especialidade). O tratado de extradição aplica-se imediatamente (no curso do procedimento), ainda que superveniente ao pedido (Extradição 937, rel. Min. Carlos Britto, 03/03/2005).

Os compromissos de reciprocidade devem ter credibilidade, pois, havendo incerteza quanto ao cumprimento da promessa, a extradição não deve ser deferida (Extradição 1.047 – Líbano, rel. Min. Eros Grau, *DJU* 14/11/2007).

Outras fontes de Direito, como a jurisprudência e os usos e costumes internacionais, merecem referência como fontes supletivas.

8. Histórico

A mais antiga referência à extradição (no caso, de refugiados políticos) é uma cláusula que constava de um tratado entre o Egi-

to e os hititas (1291 a.C.). Um tratado entre a França de Carlos V e o Conde de Saboia (1376) previa a extradição de presos comuns. Outro acordo internacional entre França e Países Baixos (1736), sobre extradição de criminosos comuns e com uma relação dos crimes que a admitiriam, é tido como o primeiro tratado moderno de extradição. Uma configuração próxima da atual foi dada pelo Tratado de Paz de Amiens (1802), entre França, Inglaterra e Espanha.

Não há menção à extradição na Constituição Política do Império do Brasil (1824), mas à época foram celebrados, inicialmente, tratados de extradição com a França (o primeiro, em 1826), a Alemanha, Portugal e, talvez, a Inglaterra; acordos ou convenções de extradição com o Uruguai e a Argentina resultaram inclusive na extradição de escravos negros fugitivos. Nessa primeira fase, o procedimento extradicional era administrativo, não havia apreciação judicial. No plano infraconstitucional, foi editada a Circular do Ministério dos Negócios Estrangeiros, de 04/02/1847.

Em nossa primeira Constituição republicana, de 1891, constava apenas a referência à competência privativa do Congresso Nacional para "regular os casos de extradição entre os Estados" (art. 34, 32º); essa natural atribuição de competência legislativa à União segue-se até hoje. Em 1905, o STF aceitou apreciar a prisão de um extraditando (HC 2.280), inaugurando-se a perspectiva jurisdicional do instituto. No plano infraconstitucional, foi editada a Lei 2.416, de 28/06/1911.

A Constituição de 1934 consagrou a fórmula "Não será concedida a Estado estrangeiro extradição por crime político ou de opinião, nem, em caso algum, de brasileiro" (art. 113, 31); essa disposição foi reproduzida com ligeiras alterações nas Constituições de 1946 (art. 141, § 33), de 1967 (art. 150, § 19) e de 1969 (art. 153, § 19).

Destoou a Constituição de 1937, que se limitou a estabelecer que "nenhum brasileiro poderá ser extraditado por governo estrangeiro" (art. 122, 12), sem proibir a extradição de estrangeiro, inclusive em caso de crime político ou de opinião. No plano infraconstitucional, foi editado o Decreto-lei 394, de 28/04/1938; depois, o Decreto-lei 941, de 13/10/1969 (Estatuto do Estrangeiro), que viria a ser substituído pela Lei 6.815, de 19/08/1980, revogada pela atual Lei de Migração (Lei 13.445, de 24/05/2017).

A Constituição de 1988 inovou e detalhou. Primeiro, inovou na forma (disposição), ao tratar em incisos diversos – porém contíguos – da extradição de brasileiro (art. 5º, LI) e da de estrangeiro (art. 5º, LII). Segundo, inovou no conteúdo, ao distinguir, quanto aos brasileiros, os natos dos naturalizados, para permitir a extradição destes "em caso de crime comum, praticado antes da naturalização, ou de comprovado envolvimento em tráfico ilícito de entorpecentes e drogas afins, na forma da lei". Assim, abrandou-se o rigor anterior, de proibição absoluta de extradição de brasileiro (em relação ao naturalizado).

9. Direito estrangeiro

A Constituição de Portugal (1976) veda, em princípio, a extradição de cidadãos portugueses, salvo "em condições de reciprocidade estabelecidas em convenção internacional, nos casos de terrorismo e de criminalidade internacional organizada, e desde que a ordem jurídica do Estado requisitante consagre garantias de um processo justo e equitativo" (art. 33.3). A extradição não é permitida em relação a "crimes a que corresponda, segundo o direito do Estado requisitante, pena ou medida de segurança privativa ou restritiva da liberdade com caráter perpétuo ou de duração indefinida", salvo se o Estado requerente também for parte de convenção internacional e ofereça garantias de que tais sanções não sejam aplicadas ou executadas (art. 33.4). Mesmo essas restrições, todavia, curvam-se à "aplicação das normas de cooperação judiciária penal estabelecidas no âmbito da União Europeia" (art. 33.5). Proíbe-se a extradição "por motivos políticos ou por crimes a que corresponda, segundo o direito do Estado requisitante, pena de morte ou outra de que resulte lesão irreversível da integridade física" (art. 33.6). Só autoridade judicial pode determinar a extradição (art. 33.7). A extradição autoriza a privação de liberdade, nos termos da lei e sob controle judicial (art. 27.3, "c").

A Constituição da Espanha (1978) prevê a extradição no título relativo aos direitos e deveres fundamentais e, ao proibi-la quanto aos delitos políticos, exclui destes – com o que autoriza a extradição – os atos de terrorismo (art. 13.3).

A Constituição da Itália (1948) permite a extradição do cidadão, desde que a possibilidade esteja "expressamente prevista em convenções internacionais", mas nunca por crimes políticos (art. 26; em relação aos estrangeiros: art. 10), nem para aqueles sancionados com a pena de morte (Corte Constitucional, Sentença n. 54/1979). Porém, não há restrições à extradição por crimes de genocídio (Lei Constitucional de 21/06/1967).

A Constituição da Alemanha (1949) veda a extradição de alemães, salvo, nos termos da lei, para um Estado-membro da União Europeia ou para um Tribunal Internacional, "enquanto sejam assegurados os princípios do Estado de Direito" (art. 16.2).

Na Constituição dos Estados Unidos da América (1787), a extradição inclui-se na Seção 2 do art. IV: "A pessoa acusada em qualquer Estado por crime de traição ou outro delito, que se evadir à justiça e for encontrada em outro Estado, será, a pedido da autoridade executiva do Estado de onde tiver fugido, presa e entregue ao Estado que tenha jurisdição sobre o crime".

Embora a Constituição da França (1956) não tenha um dispositivo específico sobre a extradição, há referências à cooperação internacional: o reconhecimento da jurisdição do Tribunal Penal Internacional (art. 53-2), o mandado de prisão europeu (art. 88-2).

No âmbito da União Europeia, o malfadado Projeto de Tratado que estabelece uma Constituição para a Europa (2003) vedava a extradição para um Estado onde houvesse risco sério de submissão à pena de morte, à tortura ou a outras penas ou tratamentos desumanos ou degradantes (art. II-79.2). A Convenção relativa à extradição entre os Estados-membros (27/09/1996) dispõe que a extradição não pode ser recusada pelo fato de a pessoa sobre a qual recai o pedido ser nacional do Estado-membro requerido, e afasta o terrorismo como motivo de recusa de extradição (desconsidera, portanto, o caráter político desse crime).

10. Implicação com direitos fundamentais

É evidente que os direitos fundamentais constituem referencial jurídico indeclinável na análise da extradição: "O respeito aos direitos humanos deve constituir vetor interpretativo a orientar o Supremo Tribunal Federal nos processos de extradição passiva" (Extradição 811-1 – Peru, rel. Min. Celso de Mello, 04/09/2002). O extraditando é sujeito de direito, "condição indisponível... cuja intangibilidade há de ser preservada pelo Estado a quem foi dirigido o pedido de extradição" (STF, Extradição 633-9 – China, rel. Min. Celso de Mello, 28/08/1996). Tendo o STF competência jurisdicional para a extradição, cabe-lhe apreciar questões que envolvem direitos fundamentais (por exemplo, pedido de coleta de material genético de extraditanda, para exame de paternidade: Caso Glória Trevi, Reclamação 2.040-QO, rel. Min. Néri da Silveira, 21/02/2002). De modo amplo, constitui princípio da política migratória brasileira a "cooperação internacional com Estados de origem, de trânsito e de destino de movimentos migratórios, a fim de garantir efetiva proteção aos direitos humanos do migrante" (Lei 13.445/2017, art. 3º, XV).

Já não se sustenta o entendimento segundo o qual a "violação das normas do processo de extradição atinge diretamente o Estado ofendido... (mas) não gera direitos ao indivíduo que foi capturado" (STJ, RHC 4.993/GO, rel. Min. Assis Toledo). A posição de sujeito de direitos do extraditando ou extraditado é afirmada inclusive em face do Direito Internacional e pode levar à responsabilização internacional do Estado infrator.

A nacionalidade brasileira confere uma vantagem: o brasileiro é titular exclusivo do direito a não ser extraditado, embora tenha cometido crime no exterior. A própria Constituição consagra essa distinção explícita em relação aos estrangeiros, que, no mais, são titulares dos direitos e deveres fundamentais (CF, art. 5º, *caput*).

O envio de brasileiro a tribunal internacional estaria impedido por essa proibição? Acho que não, pois não se trata, propriamente, de extradição, se o Brasil reconhece essa jurisdição internacional. A extradição é o envio de alguém para ser julgado ou ter a pena executada por outro Estado, e significa, assim, a submissão a uma jurisdição estatal (estrangeira). Tribunal internacional significa uma jurisdição de que faz parte o próprio Estado, não podendo ser qualificada como estrangeira (de outro Estado), mas sim supranacional. Ademais, a Constituição brasileira tem dois dispositivos que admitem expressamente a jurisdição internacional: o art. 7º do ADCT, em que se afirma que o Brasil "propugnará pela formação de um tribunal internacional dos direitos humanos", e, mais especificamente, o art. 5º, § 4º, que "submete" o Brasil "à jurisdição de Tribunal Penal Internacional a cuja criação tenha manifestado adesão". Como o Brasil é signatário do Tratado de Roma (ONU, 1998; aprovação pelo Decreto Legislativo 112/2002; promulgação pelo Decreto 4.388/2002), que instituiu o Tribunal Penal Internacional, o envio de brasileiro para ser aí julgado não caracteriza extradição, e sim "ato de entrega" (*surrender*) – que, em caso de concorrência com pedido de extradição por parte de algum Estado, prefere-a (Estatuto do TPI, art. 90).

Vista sob outro ângulo, a extradição é uma garantia institucional dos direitos fundamentais das vítimas de crimes cometidos no exterior e, mais amplamente, da sociedade, que tanto precisa de segurança, quanto clama por justiça; a extradição oferece alguma perspectiva em relação ao julgamento ou à punição. Com o fenômeno da globalização, que potencializa a criminalidade internacional (no âmbito econômico; no ecológico; do tráfico de drogas, de pessoas, de armas etc.; do terrorismo...), praticada muitas vezes por sofisticadas organizações criminosas, destaca-se a extradição como instrumento de combate, no contexto da cooperação internacional. A Constituição brasileira estabelece expressamente, entre os princípios retores das relações internacionais, a defesa da paz, o repúdio ao terrorismo e ao racismo, a cooperação entre os povos para o progresso da humanidade (art. 4º, VI, VIII e IX).

O limite da extradição quanto aos crimes políticos e de opinião representa reforço das liberdades de opinião, crença e expressão (CR, art. 5º, IV, VIII e IX). O motivo político sequer pode ser utilizado para agravamento de pena no exterior (Lei 13.445/2017, art. 96, V).

Não se pode, por meio da extradição, sujeitar alguém a penas vedadas pela Constituição (art. 5º, XLVII), pois elas violariam insuportavelmente a dignidade (art. 1º, III).

Assim, não se admite extradição para Estado que sancione o crime com penas corporais ou prisão perpétua (Lei 13.445/2017, art. 96, III), pois esta é vedada pela Constituição (art. 5º, XLVII, "b"); além do mais, o art. 96, II, da Lei 13.445/2017 prevê a detração do tempo de prisão imposta por força da extradição, o que não teria efeito na hipótese de prisão perpétua, a revelar a incompatibilidade desta com o Direito brasileiro (SOUZA, 1998: 167-172). O Brasil deve exigir do Estado requerente que não aplique a prisão perpétua, mas que a limite no tempo, comutando-a em pena privativa de liberdade de, no máximo, 30 anos, conforme o parâmetro do art. 75 do Código Penal (Extradição 855, rel. Min. Celso de Mello, 26/08/2004; Extradição 985, rel. Min. Joaquim Barbosa, 06/04/2006; no mesmo sentido, a jurisprudência mais antiga: Extradição 272, rel. Min. Victor Nunes, 07/06/1967); modificou-se o entendimento anterior do STF, que deferia extradições sem essa condição (Extradição 426 – EUA, rel. Min. Rafael Mayer; Extradição 811-1 – Peru, 04/09/2002). Tratados firmados com Portugal e Espanha vedam expressamente a extradição relacionada à prisão perpétua, o que significa um reconhecimento da proibição por parte do Estado brasileiro.

Com maior razão quanto à pena de morte. A única exceção seria aquela prevista em nossa própria Constituição: "em caso de guerra declarada" (art. 5º, XLVII, "a"). Aceita-se o compromisso formal do Estado requerente em comutar a pena de morte em privativa de liberdade limitada a 30 anos (Lei 13.445/2017, art. 96, III; STF, Extradição 633-9 – China, rel. Min. Celso de Mello, 28/08/1996). A falta ou defeito de compromisso de não aplicação da pena de morte não impede o deferimento do pedido de extradição, apenas a entrega do extraditando ao Estado requerente (Extradição 837, rel. Min. Joaquim Barbosa, 19/11/2003), ou seja, o STF pode deferir a extradição, desde que o Estado requerente comprometa-se a não aplicar a pena capital, mas o órgão competente do Poder Executivo somente pode proceder à entrega do extraditando se colhido regularmente tal compromisso.

O processo penal a que sujeito o extraditando, embora não possa ser reavaliado inteiramente pelo STF, deve atender a condições mínimas, vinculadas a princípios (direitos fundamentais) como o do juiz natural – CR, art. 5º, LIII –, o da proibição de juízo ou tribunal de exceção – CR, art. 5º, XXXVII – e, mais amplamente, o do devido processo legal (devido processo extradicional) – CR, art. 5º, LIV (STF, Extradição 524-3/120 – DF, rel. Min. Celso de Mello, 31/10/1990; Extradição 986 – Bolívia, rel. Min. Eros Grau). Conforme a Constituição (art. 5º, XLIII e LVI), a Lei 13.445/2017 veda expressamente a extradição se o Estado requerente não assumir o compromisso de "não submeter o extraditando a tortura ou a outros tratamentos ou penas cruéis, desumanos ou degradantes" (art. 96, VI).

O próprio processo extradicional deve respeitar integralmente os direitos fundamentais do extraditando. O STF não aceitou interceptação telefônica que permitisse a prisão cautelar de extraditando, pois os dados que fossem obtidos não serviriam como prova dos delitos imputados (Ext. 1.021 – França, rel. Min. Celso de Mello, 06/03/2007).

A irrenunciabilidade relativa dos direitos fundamentais projeta-se na extradição, que não pode prescindir da avaliação pelo STF (Lei 13.445/2017, art. 90), ainda que o extraditando queira renunciar a esse controle jurisdicional (Extradição 643-6 – Áustria, rel. Min. Francisco Rezek, 19/12/1994). O que pode ocorrer é o extraditando "entregar-se voluntariamente ao Estado requerente, desde que o declare expressamente, esteja assistido por advogado e seja advertido de que tem direito ao processo judicial de extradição e à proteção que tal direito encerra, caso em que o pedido será decidido pelo Supremo Tribunal Federal" (Lei 13.445/2017, art. 87). Admitiu-se a dispensa do interrogatório, tendo em vista a concordância do extraditando, que abdicou de qualquer defesa (Extradição 1.018, rel. Min. Ellen Gracie, 19/12/2005), o que não significa prescindir-se da apreciação da validade da extradição; parece, no entanto, que não se pode abdicar da defesa, pois a defesa técnica é imprescindível e, mesmo no caso de complementação ou extensão de extradição já deferida, em que já houve a entrega, deve ser oferecida a oportunidade, ainda que por meio de defesa dativa (Extradição 444 – Itália, rel. Min. Francisco Rezek).

Eventual prisão do extraditando somente pode ser determinada por autorização judicial, em razão da exigência constitucional de "ordem escrita e fundamentada de autoridade judiciária competente", para a prisão (art. 5º, LXI). Por conta do constrangimento à liberdade de locomoção, admite-se o cabimento de *habeas corpus* (CF, art. 5º, LXVIII; HC 83.881, rel. Min. Sepúlveda Pertence, 17/03/2004); por exemplo, quando houver "prova documental inequívoca de inviabilidade da extradição".

Não havia prazo predeterminado para a prisão, que poderia perdur até o julgamento final (Lei 6.815/1980, art. 84, parágrafo único). Essa indeterminação havia sido admitida pelo STF (que julgou até mandado de injunção interposto por não haver lei com prazo máximo para o encerramento do processo extradicional e, por conseguinte, para a prisão: MI n. 676, rel. Min. Ellen Gracie, 03/09/2002), mas cerceava desmesuradamente o direito de liberdade. Então, num caso em que a prisão do extraditando já durava mais de um ano e, ante a insuficiência da documentação anexada ao pedido, diversas diligências com vistas à complementação não foram atendidas pelo Estado requerente; e considerando-se que o extraditando gozava de boa reputação e morava há quarenta anos no Brasil, o STF, tomando cautelas, determinou o relaxamento da prisão (Extradição 1.054 – EUA, rel. Min. Marco Aurélio, 29/08/2007). Atualmente, a prisão cautelar não é obrigatória, embora possa ser "prorrogada até o julgamento final da autoridade judiciária competente" (Lei 13.445/2017, art. 84, § 6º).

Os prazos que existem são para que, uma vez preso o extraditando, o Estado requerente formalize o pedido – 60 dias (Lei 13.445/2017, art. 84, § 4º); e, uma vez concedida a extradição, para que o Estado requerente retire o extraditando – 60 dias (art.

92, esses prazos podem ser diferentes em caso de tratado); transcorridos, deverá ser solto o extraditando (art. 93). De todo modo, ao menos o tempo de prisão extradicional deve ser detraído da condenação (art. 96, II).

Estão previstas alternativas à prisão cautelar, como a permissão a que o extraditando responda ao processo em liberdade ("com retenção do documento de viagem ou outras medidas cautelares necessárias..., considerando a situação administrativa migratória, os antecedentes do extraditando e as circunstâncias do caso"), bem como a prisão albergue ou domiciliar (Lei 13.445/2017, art. 86). Essas modalidades podem revelar-se adequadas e menos agressivas ao direito de liberdade, em atenção ao critério da proporcionalidade e ao princípio do devido processo legal (CF, art. 5º, LIV).

Admite-se o adiamento da entrega do extraditando "se a efetivação da medida puser em risco sua vida em virtude de enfermidade grave comprovada por laudo médico oficial" (Lei 13.445/2017, art. 95, § 1º). Nessa linha e ainda por razões humanitárias (precariedade do estado de saúde ou das instalações do estabelecimento prisional, inclusive com risco de fuga), o STF admitiu, excepcionalmente, a transferência de prisão e até a prisão domiciliar (Extradição 861 – Alemanha, rel. Min. Gilmar Mendes, 24/10/2002; Extradição 971, rel. Min. Celso de Mello, 18/10/2000).

Conquanto a extradição ativa, para que brasileiro que tenha cometido crime aqui seja entregue pelo Estado onde se encontre, somente possa ser requerida pelo Governo– nesse sentido, a jurisprudência do STF: "Os pedidos de extradição, qualquer que seja a sua modalidade (ativa ou passiva), por envolverem uma relação de caráter necessariamente intergovernamental, somente podem ser formulados por Estados soberanos, falecendo legitimação, para tanto, a meros particulares" (STF, Petição 3.569/MS, rel. Min. Celso de Mello, 13/03/2006) –, qualquer cidadão brasileiro poderá encaminhar pedido às autoridades competentes do Brasil, para que se requeira a extradição, o que é manifestação do direito de petição (CR, art. 5º, XXXIV, "a") e do direito à jurisdição (CR, art. 5º, XXXV).

11. Referências bibliográficas

ABADE, Denise Neves. *Direitos fundamentais na cooperação jurídica internacional*: extradição, assistência jurídica, execução de sentença estrangeira e transferência de presos. São Paulo: Saraiva, 2013.

DEL'OLMO, Florisbal de Souza. *A extradição no alvorecer do século XXI*. Rio de Janeiro: Renovar, 2007.

DIMOULIS, Dimitri. O art. 5º, § 4º, da CF: dois retrocessos políticos e um fracasso normativo. In: TAVARES, André R.; LENZA, Pedro; ALARCÓN, Pietro J. L. *Reforma do Judiciário – analisada e comentada*. São Paulo: Método, 2005, p. 107-119.

MARTINES, Temistocle. *Diritto costituzionale*. 11. ed. Milano: Giuffrè, 2005.

MINISTÉRIO PÚBLICO FEDERAL. *Cooperação jurídica internacional*. Disponível em: http://www.mpf.mp.br/atuacao-tematica/sci/dados-da-atuacao/publicacoes. Acesso em: 26.03.2018.

PULIDO QUECEDO, Manuel. *La Constitución española. Con la jurisprudencia del Tribunal Constitucional*. Pamplona: Aranzadi, 1993.

RAMOS, André de Carvalho. O Estatuto do Tribunal Penal Internacional e a Constituição brasileira. In: CHOUKR, Fauzi Hassan; AMBOS, Kai (Org.). *Tribunal Penal Internacional*. São Paulo: Revista dos Tribunais, 2000, p. 245-289.

RAMOS, André de Carvalho. *Curso de direitos humanos*. 5. ed. São Paulo: Saraiva, 2018.

RAMOS, André de Carvalho. O Caso Pinochet: passado, presente e futuro da persecução criminal internacional. *Revista dos Tribunais*, São Paulo, n. 25, p. 106-114, jan./mar. 1999.

ROTHENBURG, Walter Claudius. *Direitos fundamentais*. São Paulo: Método, 2014.

ROTHENBURG, Walter Claudius. A Convenção Americana de Direitos Humanos no contexto constitucional brasileiro. *Boletim Científico da Escola Superior do Ministério Público da União*, Brasília, n. 4, p. 73-80, jul./set. 2002.

SABADELL, Ana Lucia; DIMOULIS, Dimitri. Tribunal Penal Internacional e direitos fundamentais: problemas de constitucionalidade. *Cadernos de Direito. Cadernos do curso de mestrado em Direito da Universidade Metodista de Piracicaba – Direitos fundamentais: crises e contr(a)ações*, Piracicaba, v. 3, n. 5, p. 241-259, dez. 2003.

SOUZA, Artur de Brito Gueiros. *As novas tendências do direito extradicional*. Rio de Janeiro: Renovar, 1998.

Art. 5º, LIII – ninguém será processado nem sentenciado senão pela autoridade competente;

Jacinto Coutinho

JUIZ NATURAL

1. Origem da norma

Texto original da CR/88.

2. Constituições anteriores

Art. 179, XI e XVII, Constituição de 1824; Art. 72, §15, Constituição de 1891; art. 113, §§ 21, 25 e 26, Constituição de 1934; art. 122, § 11, Constituição de 1937; art. 141, §§ 26 e 27, Constituição de 1946; art. 150, §§ 12 e 15, Constituição de 1967; art. 153, § 15, EC 1/1969.

3. Dispositivos constitucionais relacionados na CR/88

Art. 5º (...)

XXXVII – não haverá juízo ou tribunal de exceção;

LIV – ninguém será privado da liberdade ou de seus bens sem o devido processo legal.

4. Constituições estrangeiras

Sexta Emenda à Constituição dos Estados Unidos da América (1797); Art. 32.7 da Constituição Portuguesa (1976); Art. 24.2 da Constituição Espanhola (1978); Art. 101.1 e 101.2, da Constituição Alemã (1949); Art. 25 e 102, da Constituição Italiana; Art. 8º e 94, da Constituição Belga (1831); Art. 18 da Constituição Argentina (1994); Art. 13 e 14, da Constituição Mexicana (1917); Art. 58.1 da Constituição Cubana (1976).

5. Textos internacionais

Art. IX, da Declaração dos Direitos do Homem e do Cidadão (França, 1793). Art. IX e X, da Declaração Universal dos Direitos Humanos (Assembleia Geral das Nações Unidas, 1948). Art. 7, item 6, da Convenção Americana sobre os Direitos Humanos (Pacto de São José da Costa Rica, 1969), ratificada pelo Brasil mediante depósito da carta de adesão e o Decreto Legislativo n. 27, em 25.09.1992, e promulgada pelo Decreto n. 678, em 06.11.1992.

6. Legislação

A matéria tem base eminentemente constitucional; no que tange à execução penal, v. o art. 65 da Lei n. 7.210/1984 (Lei de Execução Penal): "A execução penal competirá ao Juiz indicado na lei local de organização judiciária e, na sua ausência, ao da sentença".

7. Jurisprudência do STF

AI-ED 548203/AL (nulidade processual absoluta por injustificado direcionamento de causa a determinado juízo, sendo desnecessária a comprovação de prejuízo); AP-QO 470/MG (escolha de juízes federais para realizarem atos delegados da instrução processual é constitucional se for feita mediante sorteio); RHC 138938 AgR/GO (substituição de Relator por Juiz Convocado não fere o juiz natural); ARE 899162 Agr/PR (não viola o princípio do juiz natural a convocação de Desembargadores para atuar no Superior Tribunal de Justiça); HC 91253/MS (provimento que especializa vara federal não viola o princípio do juiz natural); EXT 986/BOLÍVIA, EXT 1039/ALEMANHA, e muitos outros (pleito de extradição somente pode ser deferido se o Estado requerente garantir que o extraditando não será submetido a qualquer jurisdição excepcional); HC 88558/SP (se verificada a conexão intersubjetiva ou probatória, é lícito o processamento da ação penal em foro diverso do local da infração); Inq-AgR 1376/MG (prerrogativa de foro é outorgada constitucionalmente e não constitui privilégio pessoal, não violando o princípio do juiz natural); RE 225.639/SC (não ofende o princípio do juiz natural a designação de juízes substitutos para a realização de esforço concentrado em diversas varas com o objetivo de auxiliar os juízes titulares); HC 135026/AP (a realização de interrogatório por Magistrado instrutor, convocado para atuar como *longa manus* do Relator, não ofende o juiz natural); RE 1080522 (a discussão sobre a violação do princípio do juiz natural reveste-se de índole infraconstitucional).

8. Seleção de literatura

ARAÚJO, Luiz Alberto David de. *Curso de Direito Constitucional*. 21. ed. São Paulo: Verbatim, 2017; BADARÓ, Gustavo Henrique. *Juiz Natural no Processo Penal*. São Paulo: Editora Revista dos Tribunais, 2014; BARROSO, Luís Roberto. *O direito constitucional e a efetividade de suas normas*: limites e possibilidades da Constituição brasileira. Rio de Janeiro: Renovar, 1993; BELLAVISTA, Girolamo, TRANCHINA, Giovani. *Lezioni di diritto processuale penale*. 9. ed. Milano: Giuffrè, 1984, p. 186-188; CANOTILHO, José Joaquim Gomes. *Direito Constitucional e Teoria da Constituição*. 7. ed. Coimbra: Almedina, 2003. CHIAVARIO, Mario. *La riforma del processo penale*: appunti sul nuovo codice. 2. ed. Torino: UTET, 1990, p. 63 e ss.; CORDERO, Franco. *Guida alla procedura penale*. Torino: UTET, 1986; _____. *Procedura Penale*. 5. ed. Milano: Giuffrè, 2000, p. 109 e ss; COUTINHO, Jacinto Nelson de Miranda. "Crime continuado e unidade processual". In: *Estudos criminais em homenagem a Evandro Lins e Silva*. São Paulo: Editora Método, 2001, p. 195-213; _____. "Dogmática crítica e os limites linguísticos da lei". In: *Diálogos Constitucionais: direito, neoliberalismo e desenvolvimento em países periféricos*. Org. Jacinto Nelson de Miranda Coutinho e Martonio Mont'Alverne Barreto Lima. Rio de Janeiro: Renovar, 2006, p. 225 e ss.; _____. "Introdução aos princípios gerais do processo penal brasileiro". In: *Revista da Faculdade de Direito da UFPR*, Curitiba, n. 30, p. 163-198, 1998; DIAS, Jorge de Figueiredo. *Direito Processual Penal*. V. I. Coimbra: Coimbra Editora, 1974; FERNANDES, Antônio Scarance. *Processo Penal Constitucional*. 7. ed. São Paulo: Revista dos Tribunais, 2012; FERRAJOLI, Luigi. *Diritto e Ragione*. Bari: Laterza, 2000; FRATE, Paolo Alvazzi del. *Le Principe du 'Juge Naturel' et la Charte de 1814*. Disponível em: <https://pt.scribd.com/document/208097/Juge-Naturel-1814> Acesso em 14 de março de 2018; GRINOVER, Ada Pellegrini. "O Princípio do Juiz Natural e sua Dupla Garantia". In: *Revista de Processo*, n. 29, p. 11-33, jan.mar.1983; HENKEL, Joachim. *England – Rechtsstaat ohne gesetzlichen Richter*. Frankfurt-Berlim: Metzner, 1971. KANT, Immanuel. *Crítica da Razão Pura*. Trad. de Manuela Pinto dos Santos e Alexandre Fradique Morujão. 2 ed. Lisboa: Fundação Calouste Gulbenkian, 1989; KARAM, Maria Lúcia. *Competência no Processo Penal*. São Paulo: Revista dos Tribunais, 1997; LEONE, Giovanni. *Lineamenti di diritto processuale penale*. 2. ed. Napoli: Jovene, 1952; LEVASSEUR, Georges; BOULOC, Bernard. *Procédure Pénale*. 14. ed. Paris: Dalloz, 1990, p. 498 e ss. LINS, Alberto Rego. "A Justiça de Exceção perante a História". In: *Jornal do Comércio*, Rio de Janeiro: Jornal do Comércio Rodrigues, v. XVIII, p. 89-95; LOPES JR, Aury. *Direito processual penal*. 13. ed. São Paulo: Saraiva, 2016; MARCON, Adelino. *O Princípio do Juiz Natural no Processo Penal*. Curitiba: Juruá Editora, 2004; MARQUES, José Frederico. *Elementos de Direito Processual Penal*. V. I a IV. Campinas: Bookseller, 1997; MENDES, Gilmar. *Jurisdição Constitucional*. 5. ed. São Paulo: Saraiva, 2005; MÉNDEZ, Francisco Ramos. *El proceso penal*: sexta lectura constitucional. Barcelona: Bosch, 2000, p. 41 e ss.; MERLE, Roger; VITU, André. *Traité de Droit Criminel*. Tomo II. 4. ed. Paris: Éditions Cujas, 1979, p. 652 e ss.; NAVARRETE, Antonio Mª. Lorca. *Derecho Procesal Penal*. 2. ed. Madrid: Tecnos, 1986, p. 38-9; NEVES, Antônio Castanheira. *Actual Problema Metodológico da Interpretação Jurídica*. V. I. Coimbra: Coimbra Editora, 2006; _____. *Sumários de Processo Criminal*. Coimbra: s/e, 1968; NICOLITT, André. *Manual de processo penal*. 6. ed. São Paulo: Revista dos Tribunais, 2016; PACELLI, Eugênio. *Curso de processo penal*. 21. Ed. São Paulo: Atlas, 2017; PENALVA, Ernesto Pedraz. *Derecho Procesal Penal*: Principios de Derecho Procesal Penal. Tomo I. Madrid: Editorial Colex, 2000, p. 190 e ss.; PISANI, M., MOLARI,

A., PERCHINUNNO, V., CORSO, P. *Manuale di Procedura Penale*. 5. ed. Bologna: Monduzzi, 1996, p. 25-27; PISAPIA, Gian Domenico. *Compendio di procedura penale*. 4. ed. Padova: Cedam, 1985; RANGEL, Paulo. *Direito processual penal*. 25. ed. São Paulo: Atlas, 2017; ROXIN, Claus. *Derecho procesal penal*. Tradução de Júlio Maier. Buenos Aires: Editores Del Puerto, 2000, p. 31; SCHLUCHTER, Ellen. *Derecho procesal penal*. (Rev. trad. Iñaki Esparza Leibar e Andrea Planchadell Gargallo) 2. ed. Valencia: Tirant lo Blanch/Thungersheim, Frankfurt (Main): EuWi-Verlag, 1999; SILVA, Germano Marques da. *Curso de Processo Penal*. V.I. Lisboa: Editorial Verbo, 1993, p. 50-52; STEFANI, Gaston; STRECK, Lenio L. *Jurisdição Constitucional e Hermenêutica:* uma nova crítica do direito. 1. ed. Porto Alegre: Livraria do Advogado, 2002; _____. *Hermenêutica Jurídica e(m) Crise:* uma exploração hermenêutica da construção do direito. 4. ed. Porto Alegre: Livraria do Advogado, 2003; TAORMINA, Carlo. *Giudice Naturale e il Processo Penale*. Roma: [s.n.], 1972;

9. Comentários

9.1. Introdução

O estudo dos princípios gerais do Direito Processual Penal fornece a base para uma compreensão sistemática da disciplina. A par de se poder pensar em *princípio* (do latim, *principium*) como sendo início, origem, causa, gênese, aqui é conveniente pensá-lo(s) como *motivo conceitual sobre o(s) qual(ais) funda-se a teoria geral do processo penal*, podendo estar positivado (na lei) ou não. Como ontológicos (ou unificadores), princípio é um *mito*, ou seja, a palavra que é dita no lugar daquilo que, se existir, não pode ser dito, dado não se ter linguagem para tanto. Assim, todas as teorias e ciências se fundam neles.

O estudo dos princípios inquisitivo e dispositivo remete, de plano, à noção de sistema processual. Destarte, a diferenciação dos sistemas processuais (acusatório e inquisitório) faz-se através de tais princípios unificadores (a *ideia única* de Kant quando define o que é sistema), determinados, aqui, pelo critério referente à *gestão da prova*. Ora, se o processo tem por finalidade, entre outras, a reconstituição de um fato pretérito, o crime, mormente através da instrução probatória, a gestão da prova, na forma pela qual é realizada, identifica o princípio unificador. Com efeito, pode-se dizer que o sistema inquisitório, regido pelo princípio inquisitivo, tem como principal característica a extrema concentração de poder nas mãos do órgão julgador, e para parte da doutrina (tradicional) o réu é tido como o detentor da verdade de um crime, da qual deverá dar contas ao inquisidor, o qual detém a *gestão da prova*. Aqui, o acusado é mero objeto de investigação, por mais absurdo que pareça, embora faça sentido na lógica do sistema.

O *sistema processual penal brasileiro* é, em face do *princípio unificador, inquisitório*, porque regido pelo *princípio inquisitivo*, já que a *gestão da prova* está, primordialmente, nas mãos do juiz, o que é imprescindível para a compreensão do Direito Processual Penal vigente no Brasil. No entanto, como é primário, não há mais *sistema processual puro* (como pensavam alguns), razão pela qual tem-se, todos, como *sistemas mistos*. Não obstante, não é preciso grande esforço para entender que não há – nem pode haver – um *princípio misto* (dado ser uma *ideia única* e, portanto, indivisível), o que, por evidente, desfigura o dito sistema. Assim, para entendê-lo, faz-se mister observar o fato de que ser misto significa ser, *por princípio*, inquisitório ou acusatório, recebendo a referida adjetivação por conta dos elementos (todos secundários), que de um sistema são emprestados ao outro. É o caso, por exemplo, de o processo comportar a existência de partes, o que para muitos, entre nós, faz o sistema – embora insustentável – tornar-se acusatório. No entanto, o argumento não é feliz, o que se percebe por uma breve avaliação histórica: quiçá o maior monumento inquisitório fora da Igreja tenha sido as *Ordonnance Criminelle* (1670), de Luis XIV, em França; mas mantinha um processo que comportava partes.

As regras de direito processual penal expressam valores – eis a marca do conteúdo ético do Direito – mas agitam um espaço diferenciado[1]: aquele dos atos processuais. Não se cogita, como no caso das regras de direito penal (onde o que se regula é a vida em relação e, portanto, vai-se trabalhar com licitude/ilicitude[2]), de premissa hermenêutica concreta alguma, entre outras coisas porque a paridade das partes é artificialmente construída pelo aparato legal. Trata-se, portanto, das *regras do jogo*; tão só. E basta!

Atos processuais; atos de partes. É como se se "despersonificassem", em face do instrumento processual, as pessoas e suas histórias. Isso não exclui – e não pode excluir – nem a carga valorativa da lei processual, nem a ideologia do intérprete, que segue *criando as normas que entende caber nas regras constantes da lei*. Por isso é que responde o binômio axiológico, nas regras processuais, pelo admissível/inadmissível ou pelo eficaz/ineficaz (não esquecer que expressam valores dos atos processuais), mas, desde sua postura ideológica, o intérprete aparentemente constrói/cria a norma que entende mais adequada dentre as tantas possíveis. Dá, assim, com a norma que cria, um *sentido* (dentre os múltiplos) às regras contidas no *fato gráfico* (Cordero) que é a lei. No fundo, não é o intérprete que diz pela norma, como se fosse um intermediário entre ela e a Verdade, justo porque ele nunca vai dizer tudo o que é necessário e, assim, escancara a inexistência dela, a Verdade. No fundo, "a própria verdade fala (em/através de mim)"[3]. Daí que se não tem unanimidade; que se pode ter resultados interpretativos opostos e até contraditórios (Aristóteles); que a postura ideológica é fundamental *em razão de o intérprete dizer aquilo que está na lei, que nada diz sem ele*; que a palavra é protagonista e carrega consigo a verdade possível; que é preciso uniformizar a jurisprudência para se tentar ter uma certa coerência no *juris dictio*; que uma investigação do Poder é essencial em qualquer análise da matéria relacionada à interpretação.

Não há – nem se acredita em – neutralidade interpretativa. Interpretar é dar *um sentido*, construindo uma *norma*, em geral que cabe na regra contida no texto da lei, mas, não raro, *contra disposição expressa da lei*; e pior, em desfavor dos mais fracos, dos excluídos, dos réus. Eis, então, uma das grandes pragas para o Direito, ou seja, sua incapacidade de debelar, pela lei, a *manipulação interpretativa*. O Direito – e o positivismo jurídico foi o grande exemplo – quer ser de leis, mas precisa conviver com uma

---
1. Cf. NEVES, *Sumários*, p. 196 e s.
2. Cf. DIAS, op. cit., p. 24 e s.
3. ŽIŽEK, Slavoj. *Em defesa das causas perdidas*, Trad. de Maria Beatriz de Medina. São Paulo: Boitempo, 2011, p. 21.

construção normativa que é essencialmente dos homens. Não é por outra razão que mudam as leis mas elas dizem pouco se não muda a mentalidade dos intérpretes.

É esse, de certo modo, o quadro que se vive a partir da Constituição da República de 1988. Em largos aspectos a *lei maior* não se efetiva porque os intérpretes, sobretudo o Poder Judiciário, não mudam a mentalidade.

9.2. O princípio do Juiz Natural

Cada caso penal deve ser julgado por um único órgão jurisdicional, ainda que muitos possam, eventualmente, intervir no processo, em momentos diferenciados. Faz-se, então, uma relação absoluta entre ato processual e órgão jurisdicional, de modo a que tão só um dentre tantos seja o *competente* para o ato. Trata-se, portanto, de identificar o órgão jurisdicional competente, matéria hoje com foro constitucional, conforme art. 5º, LIII, ou seja, "ninguém será processado nem sentenciado senão pela autoridade competente". Trata-se do princípio do Juiz Natural, o que vem complementado, de perto, pela regra do inciso XXXVIII, isto é, "não haverá juízo ou tribunal de exceção". Por evidente, as regras refletem, até pela sua topografia, *garantia fundamental do cidadão*.

Juiz competente, diante do quadro constitucional de 1988, é, sem sombra de dúvida, o Juiz Natural ou Juiz Legal, de modo a se poder dizer ser dele a competência exclusiva para os atos aos quais está preordenado, assim como excluir todos os demais, evitando-se, deste modo, manipulações indesejáveis, com vilipêndio das regras de garantia, como tem acontecido com frequência inaceitável, mormente em face da chamada *interpretação retrospectiva*, que encontra, no texto *novo*, um sentido igual ou muito próximo ao que se tinha no *antigo* quando, em verdade, trata-se de algo muito diverso e só se chega na aproximação por jogos retóricos e construções indevidas.

Natural (como querem os franceses, entre outros) ou Legal (como querem os alemães, entre outros) são adjetivos de um Juiz já possuidor de Jurisdição, ou seja, de Poder decorrente de fonte constitucional. Isso, por sinal, não foi suficiente antes de 1988, de tal modo que se manipulava como fosse conveniente, razão por que se não previu, na CR/88, nos moldes anteriores (ou nos moldes europeus), mas se foi além, demarcando-se – repita-se: constitucionalmente – a necessidade da presença de "autoridade competente" no processo e – seria desnecessário dizer, mas não se queria arriscar – na sentença.

Desta forma, pode-se definir o princípio do juiz natural como expressão do princípio da isonomia e também um pressuposto de imparcialidade. Nasce vinculado ao pensamento iluminista e, consequentemente, à Revolução Francesa, com a qual foram suprimidas as justiças senhoriais, e todos passaram a ser submetidos aos mesmos tribunais. A primeira de suas leis processuais, em 11.08.1789, foi exatamente para vetar qualquer manipulação nesse sentido (extinguindo a justiça senhorial), consolidando-se o princípio do juiz natural na Constituição de 1791 e na legislação subsequente.

Vem à lume, assim, com o escopo de extinguir os privilégios das justiças senhoriais (foro privilegiado), assim como afastar a criação de tribunais de exceção, ditos *ad hoc* ou *post factum*. Destarte, todos passam a ser julgados pelo "seu" juiz, o qual se encontra com sua competência previamente estabelecida pela lei, ou seja, em uma lei vigente antes da prática do crime.

O legislador constituinte brasileiro de 1988 não tratou expressamente do princípio, como haviam feito os europeus continentais após a Revolução Francesa, de um modo geral, exatamente para que se não alegasse não estar inserida nele a questão referente à competência. Ao contrário, por exemplo, do art. 25 da Constituição italiana atual, em vigor desde 01.01.48 ("Nessuno può essere distolto dal giudice naturale precostituito per legge"), preferiu o legislador constituinte, seguindo o alerta da melhor doutrina, em face dos acontecimentos ocorridos no país e profundamente conhecidos (veja-se a atuação do Ato Institucional n. 2, de 27.10.65, e a discussão no STF a respeito da matéria, com seus respectivos resultados práticos), tratá-la de modo a não deixar margem às dúvidas, como garantia constitucional do cidadão, no art. 5º, LIII: "ninguém será processado nem sentenciado senão pela autoridade competente".

Parte considerável da doutrina – e a reboque a jurisprudência –, no entanto, quiçá por não se dar conta da situação, mormente após a definição constitucional, continua insistindo que a matéria referente à competência não tem aplicação no princípio em discussão. Em verdade, o que se está a negar, aqui, é a própria CR, empeçando-se a sua efetivação.

A questão há de ser sim discutida a partir do que vem a ser *juízo competente*. A competência (material, territorial ou funcional, na clássica divisão de Chiovenda) é sempre matéria de lei, a começar pela Constituição da República e até os últimos atos da hierarquia legal. Neste sentido, o *juízo competente* vem delimitado – em consonância com a CR – pelo CPP, a partir do art. 69. Ora, é o princípio que impede a aplicação plena do art. 2º do CPP (quando a modificação diz respeito à competência as regras só têm incidência para o futuro e em outros casos), justo porque ela, a competência, já está fixada, *no local da consumação do crime ou, no caso de tentativa, no local do último ato de execução* (art. 70, do CPP). Esta é a razão elementar pela qual a *competência é exclusiva de quem a detém e excludente dos demais*, tudo de modo a se chegar, a partir dos critérios de sua distribuição, a um juízo único para o ato processual – ou atos –, ou seja, o juiz natural. Nada, porém, de difícil compreensão. É como se o crime "agarrasse" o juiz, *mutatis mutandis* como na sucessão e o conhecido *droit de saisine: le serf mort saisit le vif, son hoir de plus proche*, ou, como na fórmula mais conhecida: *le mort saisit le vif*.

Ao que parece, não há no mundo quem melhor trate desta matéria que o professor Jorge de Figueiredo Dias, sempre fundado nos pressupostos constitucionais de seu país, de todo aplicados ao entendimento brasileiro. Esclarece ele que "o princípio do juiz natural visa, entre outras finalidades estabelecer a organização fixa dos tribunais", mas ela "não é ainda condição bastante para dar à administração da justiça – hoc sensu, à jurisdição – a ordenação indispensável que permite determinar, relativamente a um caso concreto qual o tribunal a que, segundo a sua espécie, deve ser entregue e qual, dentre os tribunais da mesma espécie, deve concretamente ser chamado a decidi-lo"[4]. Assim, faz-se necessário regulamentar o âmbito de atuação de cada tribunal, antes da prática do crime, de modo a que cada caso concreto seja da competência de apenas um tribunal.

---

4. Op. cit., p. 328-329.

O autor estuda a matéria, de forma irreparável, dizendo, com razão, ter ela que ser observada em um tríplice significado: 1º, no plano da fonte (só a lei pode instituir o juiz e lhe fixar a competência); 2º, no plano temporal (a fixação do juiz e da sua competência devem ser estabelecidas por lei vigente já ao tempo em que foi praticado o crime do qual o caso penal será conteúdo do processo; 3º, no plano da competência (a lei, anterior ao crime, deve prever taxativamente a competência, de modo a impedir os chamados Tribunais *ad hoc* e, portanto, as ditas *jurisdições de exceção*[5].

Pensamento diverso, aliás, poderia abrir um precedente capaz de possibilitar a escolha de um juiz "mais interessante" para o julgamento de determinados casos penais, depois de os crimes terem acontecido, segundo critérios pessoais (mais liberal ou mais conservador, por exemplo), o que pode indicar na direção da suspeita da sua imparcialidade (em juízo *a priori*, naturalmente), algo sempre abominado.

É preciso ressaltar, ainda, que o princípio da identidade física do juiz não se confunde com o princípio do Juiz Natural. Como dito, por este, ninguém poderá ser processado ou sentenciado por juiz incompetente, ou seja, *o juiz natural é o juiz competente, aquele que tem sua competência legalmente preestabelecida para julgar determinado caso concreto*. Já por aquele (o princípio da identidade física) assegura-se aos jurisdicionados a vinculação da pessoa do juiz ao processo. Assim, por exemplo, pelo disposto no antigo Código de Processo Civil de 1973, o juiz competente responsável pela conclusão da audiência de instrução e julgamento deveria se vincular ao processo e, então, julgar a lide. Resta claro, destarte, que os princípios supracitados não se confundem e que o art. 132 do CPC/73 (suprimido pelo atual Código de Processo Civil) referia-se tão só ao princípio da identidade física do juiz. No processo penal brasileiro, todavia, jamais teve ele aplicação, pela própria natureza do sistema adotado, embora seja tema de grandes discussões. Nas hipóteses onde aparecia algo que se podia sustentar estar presente o princípio (por exemplo, no caso do art. 24, da Lei n. 4.898, de 09.12.65: Abuso de Autoridade), nunca se aplicou, resolvendo-se a questão em face da matéria referente às nulidades. Depois da reforma parcial de 2008 (Lei n. 11.719, de 20.06.08), introduziu-se a regra do art. 399, § 2º, no CPP: "O juiz que presidiu a instrução deverá proferir a sentença". A questão parecia resolvida, mas, como sói acontecer, segue-se com a *interpretação retrospectiva* e, na prática, continua-se com o problema. Importa, porém, que os princípios não se confundam.

Por ser regra constitucional, o princípio do juiz natural (art. 5º, LIII c/c XXXVI), não comportaria, depois de 1988, maiores discussões, se se quisesse respeitar o Estado Democrático de Direito. Não é bem assim, porém. A cada dia, usando-se o "direito sagrado" à disposição do vazio hermenêutico, arquitetam-se e executam-se novas diatribes contra o princípio, por infindáveis motivos, mormente a *comodidade* do Poder Judiciário. Paradigmática, aqui, é a decisão reafirmando a vigência da Súmula 584, pelo STF, no qual foi relator o Ministro Sydney Sanches[6].

O problema é que, para se fazer efetiva a regra constitucional, há que pagar um preço, o preço da democracia. Mas não é isso que se quer, ou faz, pelos menos em relação àquelas regras não muito interessantes ao intérprete. Não é estranho, assim, que se criem comarcas e elas já "nasçam" superlotadas; que se criem comarcas, por desmembramento, nas quais vão intervir juízes substitutos, em estágio probatório e quiçá com menos experiência; que se criem varas para "melhor combater certo tipo de crime" (como se coubesse aos juízes que para lá vão tal mister), excluindo a competência daqueles para os quais ela já havia sido determinada conforme a CR e o CPP; e assim por diante. Por certo, não é assim que se avança – e olhe-se que já vão quase 3 décadas da CR – na consolidação constitucional e efetivação democrática. Quando o assunto é deste porte, só não pode prevalecer a *aurea mediocritas*, dado se tratar de matéria fundamental à fixação do *grau de civilidade de um povo*.

Segue-se manipulando, pela via da interpretação, o conteúdo das regras constitucionais, tudo de modo a, depois do crime, alterar-se a competência dos órgãos jurisdicionais, com isso alcançando casos pretéritos. A garantia (sim, trata-se de uma garantia constitucional!), como água, escapa entre os vãos dos dedos. Pode-se burlar o juiz natural tanto para beneficiar réus como para prejudicar réus quando, pelo princípio, o que se não quer – e não se pode admitir – é a burla.

Em suma: fixadas as regras do jogo, não mais se modificam, como se sabe da fonte histórica do princípio, voltado a garantir a isonomia para todos os acusados. Todos devem saber, de antemão, quais os órgãos jurisdicionais que intervirão no processo. Isso não significa *engessar* o sistema, até porque a lei nova tratando da *competência*, por certo, terá lugar, mas tão só da sua vigência em diante, não retroagindo para alcançar casos penais com competência já fixada ao juiz natural, o que afasta o princípio da imediatidade expresso no art. 2º, do CPP. Trata-se, como se vê, de princípio intimamente relacionado com o Estado Democrático de Direito, o qual, não tendo ele concreta aplicação, não se efetiva e, assim, ajuda sobremaneira a se consolidarem as mais diversas injustiças.

Art. 5º, LIV – ninguém será privado da liberdade ou de seus bens sem o devido processo legal;

Gilmar Ferreira Mendes[1]

A – REFERÊNCIAS

1. Origem da norma

Art. 179, XI, da Constituição de 1824; art. 72, § 15, da Constituição de 1891; art. 102 (§ 8º), da Constituição de 1934; art. 141, § 27, da Constituição de 1946.

2. Legislação

Lei n. 9.784/99 (Lei de Processo Administrativo); Lei n. 13.105/2015 (Código de Processo Civil), Livro I, Título V;

---

5. Idem, p. 321 e s.
6. RE 194.612, j. em 24-3-1998, *DJ* de 8-5-1998.

1. Os comentários ao presente artigo contaram com a colaboração de André Rufino do Vale.

Decreto-Lei n. 3.689/41 (Código de Processo Penal); Lei n. 5.172/66 (Código Tributário Nacional), Livro II, Título I; Decreto-Lei n. 5.452/43 (Consolidação das Leis do Trabalho), Título VIII; Lei n. 9.296/96 (Interceptações Telefônicas e de Fluxos de Informação); Convenção de Viena sobre Relações Diplomáticas, promulgada pelo Decreto n. 56.435/65; Convenção de Viena, de 1963, promulgada pelo Decreto n. 61.078/67; Lei n. 9.099/95 (Juizados Especiais Estaduais); Lei n. 10.259/01 (Juizados Especiais Federais); Lei Complementar n. 35/79 (LOMAN); Lei Complementar n. 75/93 (LOMPF); Lei n. 8.625/93 (Lei Orgânica Nacional do Ministério Público dos Estados); Lei n. 7.960/89 (Prisão Temporária).

3. Jurisprudência

STF: Súmulas 70, 145, 323, 547, 697, 704; Súmulas Vinculantes 14 e 24; ADI 1.933, rel. Min. Eros Grau, Plenário, *DJ* 27-4-2010; HC 96.328, rel. Min. Cezar Peluso, 2ª Turma, *DJ* 9-4-2010; HC 99.646, rel. Min. Marco Aurélio, 1ª Turma, *DJ* 26-3-2010; HC 101.505, rel. Min. Eros Grau, 2ª Turma, *DJ* 12-2-2010; HC 90.423, rel. Min. Ayres Britto, 1ª Turma, *DJ* 12-2-2010; RHC 95.108, rel. Min. Ellen Gracie, 2ª Turma, *DJ* 18-12-2009; HC 99.376, rel. Min. Marco Aurélio, 1ª Turma, *DJ* 11-12-2009; HC 96.864, rel. p/ o ac. Min. Marco Aurélio, 1ª Turma, *DJ* 18-12-2009; RE 591.604-AgRg-ED-QO, rel. Min. Cezar Peluso, 2ª Turma, *DJ* 20-11-2009; RHC 90.532-ED, rel. Min. Joaquim Barbosa, Plenário, *DJ* 6-11-2009; HC 95.443, rel. Min. Ellen Gracie, 2ª Turma, *DJ* 19-2-2010; HC 96.905, rel. Min. Celso de Mello, 2ª Turma, *DJ* 11-9-2009; Inq. 2.424 QO-QO, rel. Min. Cezar Peluso, Pleno, *DJ* 24-8-2007; AC 2.403-MC-ED-REF, rel. Min. Celso de Mello, Plenário, *DJ* 18-9-2009; AC 2.395-MC, rel. Min. Joaquim Barbosa, decisão monocrática proferida pelo Min. Celso de Mello no exercício da Presidência, *DJ* 5-8-2009; AI 683.224-AgRg, rel. Min. Marco Aurélio, 1ª Turma, *DJ* 21-8-2009; RE 505.623-AgRg-ED, rel. Min. Ellen Gracie, 2ª Turma, *DJ* 28-8-2009; HC 99.289-MC, rel. Min. Celso de Mello, decisão monocrática, *DJ* 5-6-2009; RMS 26.027-AgRg, rel. Min. Cezar Peluso, 2ª Turma, *DJ* 7-8-2009; HC 96.540, rel. Min. Cármen Lúcia, 1ª Turma, *DJ* 12-6-2009; HC 97.033, rel. Min. Cármen Lúcia, 1ª Turma, *DJ* 12-6-2009; HC 89.686, rel. Min. Sepúlveda Pertence, 1ª Turma, *DJ* 17-8-2007; RHC 97.181 e RHC 97.182, rel. Min. Celso de Mello, 2ª Turma, *DJ* 19-6-2009; HC 95.142, rel. Min. Cezar Peluso, 2ª Turma, *DJ* 5-12-2008; HC 93.628, rel. Min. Ricardo Lewandowski, 1ª Turma, *DJ* 17-4-2009; AP 458-AgRg-Pet-avulsa, rel. Min. Joaquim Barbosa, Plenário, *DJ* 23-3-2009; RHC 83.810, rel. Min. Joaquim Barbosa, Plenário, *DJ* 23-10-2009; HC 90.279, rel. Min. Marco Aurélio, Plenário, *DJ* 21-8-2009; HC 95.660, rel. Min. Menezes Direito, 1ª Turma, *DJ* 27-3-2009; Inq 2.728, rel. Min. Menezes Direito, Plenário, *DJ* 27-3-2009; RE 602.527-RG-QO, rel. Min. Cezar Peluso, Plenário, *DJ* 18-12-2009; HC 96.774, rel. Min. Cármen Lúcia, 1ª Turma, *DJ* 17-4-2009; HC 86.414, rel. Min. Marco Aurélio, 1ª Turma, *DJ* 6-2-2009; AI 567.171-AgRg-ED-EDv-ED, rel. Min. Celso de Mello, Plenário, *DJ* 6-2-2009; AI 588.831-AgRg-ED, rel. Min. Marco Aurélio, 1ª Turma, *DJ* 7-8-2009; HC 94.641, rel. p/ o ac. Min. Joaquim Barbosa, voto do Min. Cezar Peluso, 2ª Turma, *DJ* 6-3-2009; HC 95.009, rel. Min. Eros Grau, Plenário, *DJ* 19-12-2008; HC 98.664, rel. Min. Marco Aurélio, 1ª Turma, *DJ* 26-3-2010; MS 25.962, rel. Min. Marco Aurélio, Plenário, *DJ* 20-3-2009; HC 95.682, rel. Min. Marco Aurélio, 1ª Turma, *DJ* 19-12-2008; RE 552.598, rel. Min. Menezes Direito, Plenário, *DJ* 21-11-2008; HC 96.782, rel. Min. Joaquim Barbosa, 2ª Turma, *DJ* 5-3-2010; ADI 173 e ADI 394, rel. Min. Joaquim Barbosa, Plenário, *DJ* 20-3-2009; RE 501.869-AgRg, rel. Min. Eros Grau, 2ª Turma, *DJ* 31-10-2008; HC 91.601, rel. Min. Ayres Britto, 1ª Turma, *DJ* 13-3-2009; Extr 1.126, rel. Min. Joaquim Barbosa, Plenário, *DJ* 11-12-09; AI 676.479-QO-ED-AgRg, rel. Min. Joaquim Barbosa, 2ª Turma, *DJ* 15-8-2008; RE 248.018, rel. Min. Joaquim Barbosa, 2ª Turma, *DJ* 20-6-2008; MS 24.130, rel. Min. Cezar Peluso, Plenário, *DJ* 20-6-2008; HC 84.469, rel. Min. Joaquim Barbosa, 2ª Turma, *DJ* 9-5-2008; MS 26.790, rel. Min. Cezar Peluso, Plenário, *DJ* 30-5-2008; HC 87.926, rel. Min. Cezar Peluso, Plenário, *DJ* 25-4-2008; AI 592.340-AgRg, rel. Min. Ricardo Lewandowski, 1ª Turma, *DJ* 14-12-2007; AI 431.264-AgRg, segundo, rel. Min. Cezar Peluso, 2ª Turma, *DJ* 23-11-2007; HC 85.717, rel. Min. Celso de Mello, 2ª Turma, *DJ* 19-10-2007; MS 26.393, rel. Min. Cármen Lúcia, Plenário, *DJ* 19-2-2010; AC 1.657-MC, voto do rel. Min. Cezar Peluso, Plenário, *DJ* 31-8-2007; HC 95.494, rel. Min. Joaquim Barbosa, Pleno, *DJ* 19-6-2009; HC 86.963, rel. Min. Joaquim Barbosa, 2ª Turma, *DJ* 17-8-2007; HC 90.900, rel. p/ o ac. Min. Menezes Direito, Plenário, *DJ* 23-10-2009; HC 88.914, rel. Min. Cezar Peluso, 2ª Turma, *DJ* 5-10-2007; HC 89.686, rel. Min. Sepúlveda Pertence, 1ª Turma, *DJ* 17-8-2007; HC 96.058, rel. Min. Eros Grau, 2ª Turma, *DJ* 14-8-2009; HC 91.207-MC, rel. p/ o ac. Min. Cármen Lúcia, Plenário, *DJ* 21-9-2007; MS 24.268-ED, rel. p/ o ac. Min. Gilmar Mendes, Plenário, *DJ* 9-6-2006; MS 24.728, rel. Min. Gilmar Mendes, Plenário, *DJ* 9-9-2005; ADI 3.112, rel. Min. Ricardo Lewandowski, Plenário, *DJ* 26-10-2007; MS 26.604, rel. Min. Cármen Lúcia, Plenário, *DJ* 3-10-2008; MS 26.603, rel. Min. Celso de Mello, Plenário, *DJ* 19-12-08; AI 529.733, voto do rel. Min. Gilmar Mendes, 2ª Turma, *DJ* 1º-12-2006; RE 467.658, rel. Min. Sepúlveda Pertence, 1ª Turma, *DJ* 25-8-2006; HC 86.879, rel. p/ o ac. Min. Gilmar Mendes, 2ª Turma, *DJ* 16-6-2006; AC 1.033-AgRg-QO, rel. Min. Celso de Mello, Plenário, *DJ* 16-6-2006; MS 25.917, rel. Min. Gilmar Mendes, Plenário, *DJ* 1º-9-2006; HC 85.138, voto do rel. Min. Marco Aurélio, 1ª Turma, *DJ* 16-9-2005; RE 413.327, rel. Min. Joaquim Barbosa, 2ª Turma, *DJ* 3-6-2005; MS 23.872, rel. Min. Sepúlveda Pertence, Plenário, *DJ* 18-2-2005; Extr 986, rel. Min. Eros Grau, Plenário, *DJ* 5-10-2007; RE 378.041, rel. Min. Ayres Britto, 1ª Turma, *DJ* 11-2-2005; RE 223.904, rel. Min. Ellen Gracie, 2ª Turma, *DJ* 6-8-2004; HC 82.354, rel. Min. Sepúlveda Pertence, 1ª Turma, *DJ* 24-9-2004; HC 83.255, rel. Min. Marco Aurélio, Plenário, *DJ* 12-3-2004; HC 81.611, rel. Min. Sepúlveda Pertence, Plenário, *DJ* 13-5-2005; MS 23.949, rel. Min. Celso de Mello, Plenário, *DJ* 27-3-2009; RE 287.453, rel. Min. Moreira Alves, 1ª Turma, *DJ* 26-10-2001; AI 663.578-AgRg, rel. Min. Ellen Gracie, 2ª Turma, *DJ* 28-8-2009; MS 23.032, rel. Min. Celso de Mello, Plenário, *DJ* 9-2-2007; RHC 79.785, rel. Min. Sepúlveda Pertence, Plenário, *DJ* 22-11-2002; ADI 958, rel. Min. Marco Aurélio, *DJ* 25-8-1995; ADI 1.922-MC, voto do rel. Min. Moreira Alves, Plenário, *DJ* 24-11-2000; RE 388.359, rel. Min. Marco Aurélio, Plenário, *DJ* 22-6-2007; AI 210.048-AgRg, rel. Min. Marco Aurélio, 2ª Turma, *DJ* 4-12-1998; ADI 1.511-MC, voto do rel. Min. Carlos Velloso, Plenário, *DJ* 6-6-2003; HC 73.338, rel. Min. Celso de Mello, 1ª Turma, *DJ* 19-12-1996; RE 158.215, rel. Min. Marco

Aurélio, 2ª Turma, *DJ* 7-6-1996; MS 22.164, rel. Min. Celso de Mello, Plenário, *DJ* 17-11-1995; MS 21.545, rel. Min. Moreira Alves, Plenário, *DJ* 2-4-1993; HC 68.929, rel. Min. Celso de Mello, 1ª Turma, *DJ* 28-8-1992; SS 1.320, rel. Min. Celso de Mello, *DJ* 14-4-1999.

4. Bibliografia

ALEXY, Robert. *Theorie der Grundrechte.* Frankfurt am Main: Suhrkamp, 1986; ASSIS, Araken de. Observância do devido processo legal na formação dos atos administrativos. In: *Constituição Federal*: avanços contribuições e modificações no processo democrático brasileiro. São Paulo: Revista dos Tribunais, Centro de Extensão Universitária, 2008. p. 299-303; ÁVILA, Humberto. O que é devido processo legal? *Revista de Processo*, v. 33, n. 163, p. 50-59, set. 2008; BRINDEIRO, Geraldo. O devido processo legal. *Consulex: Revista Jurídica*, v. 1, n. 9, p. 36-37, set. 1997; CANOTILHO, J. J. Gomes. *Direito constitucional e teoria da Constituição.* Coimbra: Almedina; 1999. CHEMERINSKY, Erwin. *Constitutional Law. Principles and Policies.* New York: Wolters Kluwer, 2011; DIAS e KLAUTAU FILHO (orgs.). *O devido processo legal.* São Paulo: Gen., 2010; ELY, John Hart. *Democracy and Distrust. A theory of judicial review.* Cambridge: Harvard University Press, 1980; FERNANDES, Antonio Scarance. *Processo penal constitucional.* 4. ed., São Paulo: Revista dos Tribunais, 2005; FERRAJOLI, Luigi. *Direito e razão. Teoria do garantismo penal.* São Paulo: Revista dos Tribunais, 2002; FERREIRA, Marco Aurélio Gonçalves. *O devido processo legal*: um estudo comparado. Rio de Janeiro: Lumen Juris, 2004. HALL, Kermitt L (ed.). *The Oxford Guide to United States Supreme Court Decisions.* New York: Oxford University Press, 1999; MAIA FILHO, Napoleão. *Direito público*: o devido processo legal e outros ensaios jurídicos. Fortaleza: Curumim, 2009; MACIEL, Adhemar Ferreira. O devido processo legal e a Constituição Brasileira de 1988: doutrina e jurisprudência. *Revista AMB*, v. 1, n. 2, p. 61-66, ago./out. 1997; MAUNZ e DÜRIG. *Grundgesetz Kommentar,* Band I, München: Verlag C. H. Beck, 1990; MENDES, Gilmar Ferreira. Direitos fundamentais: eficácia das garantias constitucionais nas relações privadas: análise da jurisprudência da corte constitucional alemã. In: *Direitos fundamentais e controle de constitucionalidade:* estudos de direito constitucional, 3. ed. rev. e ampl., São Paulo: Saraiva, 2004; NINO, Carlos Santiago. *Fundamentos de derecho constitucional.* Buenos Aires: Astrea, 2002. OLIVEIRA, Eugênio Pacelli de. *Curso de processo penal.* 11. ed. Rio de Janeiro: Lumen Juris, 2009; OLIVEIRA, Eugênio Pacelli de. *Processo e hermenêutica na tutela penal dos direitos fundamentais.* Belo Horizonte: Del Rey, 2004; PALMA, Maria Fernanda. *Direito constitucional penal.* Coimbra: Almedina, 2006; RECASÉNS SICHES, Luis. *Tratado general de filosofía del derecho.* México: Porrúa, 1995; RODRIGUES, Lêda Boechat. *História do Supremo Tribunal Federal.* T. I/1891-1898: defesa das liberdades civis. 2. ed., Rio de Janeiro: Civilização Brasileira, 1991; ROSAS, Roberto. Devido processo legal: garantias processuais civis. In: *Estudos em homenagem ao Ministro Adhemar Ferreira Maciel.* São Paulo: Saraiva, 2001. p. 631-648; SOUZA, Patrus Ananias de. Processo constitucional e devido processo legal. In: *Estudos continuados de teoria do processo,* Porto Alegre: Síntese, 2000. p. 25-42, v. 1; TOURINHO FILHO, Fernando da Costa. *Código de Processo Penal comentado.* 5. ed., São Paulo: Saraiva, 1999, v. 1; TRIBE, Laurence. *American Constitutional Law.* New York: Foudation Press; 2000. TUCCI, Rogério Lauria. *Devido processo legal e tutela jurisdicional.* São Paulo: Revista dos Tribunais, 1993; TUCCI, Rogério Lauria. *Direitos e garantias individuais no processo penal brasileiro.* 2. ed. São Paulo: Revista dos Tribunais, 2004.

B – COMENTÁRIOS

I. A Magna Carta, de 1215, dispunha, em seu art. 39, que "nenhum homem livre será detido ou sujeito a prisão, ou privado dos seus bens, ou colocado fora da lei ou exilado, ou de qualquer modo molestado, e nós não procederemos ou mandaremos proceder contra ele, se não mediante um julgamento regular pelos seus pares e de harmonia com a lei do país". Em sua origem histórica, a ideia de *devido processo* (*due process*) está associada à proteção da *liberdade* e, dessa forma, à noção de *legalidade* (vide comentários ao art. 5º, II). Qualquer restrição à liberdade – assim entendida como esfera pessoal de liberdade que compreende a propriedade – somente pode ser realizada mediante processo e julgamento previamente definidos em lei.

Essa noção original de devido processo foi desenvolvida nas diversas ordens constitucionais e acabou sendo incorporada ao conjunto de axiomas fundamentais do constitucionalismo contemporâneo. Muitas são as Constituições que não o trazem expresso em seus textos (por exemplo, a Lei Fundamental de Bonn, de 1949, não dispõe expressamente sobre o devido processo legal), tendo em vista ser um princípio consolidado na tradição constitucional e fundamento de toda a ordem jurídica de um Estado Democrático de Direito. O devido processo, assim, pode ser deduzido do conjunto de princípios de uma ordem constitucional fundada na legalidade e na proteção das liberdades.

Embora decorra do próprio sistema constitucional de proteção dos direitos e garantias fundamentais, o *devido processo legal* foi expressamente positivado no inciso LIV do art. 5º da Constituição do Brasil de 1988. A explicitação textual de algo que já estava implícito nas ordens constitucionais pretéritas, portanto, constitui uma inovação do constituinte de 1988 em relação às Constituições anteriores (art. 179, XI, da Constituição de 1824; art. 72, § 15, da Constituição de 1891; art. 102, § 8º, da Constituição de 1934; art. 141, § 27, da Constituição de 1946). A incorporação de um dispositivo exclusivamente destinado a positivar essa garantia fundamental pode estar associada à vontade constituinte de romper com a ordem política do período anterior (1964-1985), notoriamente caracterizada pelos abusos do Estado ditatorial contra a liberdade dos indivíduos, muitas vezes sem a observância do processo definido legalmente.

II. A ideia mais geral constante dessa cláusula constitucional é que, no Estado Democrático de Direito, entre o indivíduo e a coação estatal incidente sobre seus bens e sua liberdade deve sempre se interpor um processo, devidamente conduzido por um juiz. Como bem ressalta Carlos Nino, recorrendo às lições de Laurence Tribe, existem basicamente duas justificativas principais para a necessidade de um devido processo para a privação da liberdade individual. A primeira refere-se a um *valor intrínseco* ao fato de que o indivíduo passível de coação não seja simplesmente manipulado, que possa ser partícipe de um *diálogo* (por meio do processo) em que se trata de convencê-lo – assim como ele tratará de convencer do contrário – sobre a legitimidade do ato de coação. Trata-se de respeitar a dignidade da pessoa, considerando-a capaz de valorar e participar da busca conjunta da verdade (processual). O segundo enfoque do devido processo adjudica-lhe um *valor instrumental*, como um mecanismo adequado para assegurar que as leis sejam aplicadas de forma imparcial e equânime. Como assevera Carlos Nino[2], os dois enfoques complementam-se mutuamente e refletem diversos aspectos que tornam o devido processo uma garantia central na democracia: por um lado, o fato de que um ato que pode implicar, *prima facie*, a restrição de um direito deve realizar-se com os máximos cuidados para que se preencham as condições que o tornam justificável; por outro lado, a circunstância de que na justificação desse ato de coação deve participar o indivíduo que é ou pode ser dele destinatário, não apenas no debate democrático que conduz à aprovação e edição da lei que permite tal ato em termos gerais, mas também na discussão sobre a procedência do ato de privação do direito no caso particular.

Nessa perspectiva, não se pode deixar de considerar a intrínseca relação entre *devido processo* e *dignidade humana* existente no Estado Democrático de Direito. Como amplamente reconhecido, o princípio da dignidade da pessoa humana impede que o homem seja convertido em objeto dos processos estatais[3]. Assim, não se afigura admissível, por exemplo, o uso do processo como substitutivo de uma pena que se revela tecnicamente inaplicável ou a preservação de ações ou de investigações cuja inviabilidade já se divisa de plano. Tem-se, nesses casos, flagrante ofensa ao princípio da dignidade da pessoa humana. Quando se fazem imputações vagas ou denúncias infundadas, dando ensejo à persecução processual penal injusta, está-se a violar, também, o princípio da dignidade da pessoa humana, que, entre nós, tem base positiva no art. 1º, III, da Constituição. Na sua acepção originária, esse princípio proíbe a utilização ou transformação do homem em objeto dos processos e ações estatais. O Estado está vinculado ao dever de respeito e proteção do indivíduo contra exposição a ofensas ou humilhações. A propósito, em comentários ao art. 1º da Constituição alemã, afirma Günther Dürig que a submissão do homem a um processo judicial indefinido e sua degradação como objeto do processo estatal atentam contra o princípio da proteção judicial efetiva (*rechtliches Gehör*) e ferem o princípio da dignidade humana[4]. Assim, tal como a garantia do devido processo legal, o princípio da dignidade da pessoa humana cumpre função subsidiária em relação às garantias constitucionais específicas do processo. Em verdade, a aplicação escorreita ou não dessas garantias processuais é que permite avaliar a real observância dos elementos materiais do Estado de Direito.

A noção de devido processo legal significa, portanto, a exigência de um *processo justo*. O processo justo não é apenas aquele que está formalmente preestabelecido em lei, mas o processo previsto de forma adequada e razoável para a consecução de sua finalidade primordial no Estado Democrático de Direito, que é a garantia e proteção dos direitos fundamentais. Assim, em seu natural significado processual, o devido processo também compreende um aspecto material ou substancial vinculado às ideias de razoabilidade e de proporcionalidade, que condicionam a própria criação legislativa do processo. O devido processo não é apenas o processo legal, mas o processo legal, justo e adequado. Por isso, a cláusula constitucional do devido processo não exige apenas um processo previamente estabelecido em lei; ela vincula a própria atividade legislativa na feitura do processo justo, o qual pode ser entendido como um processo estabelecido de forma adequada e proporcional à garantia efetiva dos direitos e liberdades básicas dos indivíduos.

III. É provável que o devido processo legal configure uma das mais amplas e relevantes garantias do direito constitucional, se considerarmos a sua aplicação não apenas nas relações de caráter processual, mas também nas relações de caráter material. Tradicionalmente, é reconhecida na cláusula do devido processo tanto uma faceta processual, como uma vertente material ou substantiva. Esse caráter dúplice da garantia constitucional advém da rica experiência constitucional norte-americana, na qual a ideia de devido processo legal (*due process of law*) obteve maiores desenvolvimentos e ganhou contornos conceituais mais amplos. A exigência do devido processo para qualquer ato estatal restritivo da vida, da liberdade e da propriedade individuais encontra-se em duas cláusulas constitucionais, as Emendas V e XIV (*Fifth and Fourteenth Amendment*) da Constituição norte-americana, que acabaram se transformando nos principais veículos normativos para o reconhecimento e proteção de várias garantias constitucionais materiais ou substantivas não expressamente positivadas no texto constitucional. Como nos informa Laurence Tribe[5], a *due process clause* da Emenda XIV é interpretada, por exemplo, como garantidora das liberdades de expressão, imprensa, petição, exercício religioso etc. contra a ação estatal; já a *due process clause* da Emenda V recebeu uma construção para incluir um princípio implícito de igual proteção (*equal protection principle*). Na realidade norte-americana, portanto, o devido processo legal substantivo (*substantive due process*) constitui fundamento principal para o reconhecimento de vários direitos e liberdades "substantivas" (*substantive rights and liberties*) e assim é utilizado como parâmetro para o controle da constitucionalidade (material ou substantiva) dos atos estatais violadores desses direitos. Os famosos casos pertencentes à denominada "era *Lochner*" (liberdades econômicas e direito de liberdade contratual) e o conhecido caso *Roe v. Wade* (aborto), são exemplos de aplicação das cláusulas do devido processo legal como parâmetro de controle da *razoabilidade* dos atos estatais. Como explica Erwin Chemerinsky, "*substantive due process*, como esse termo conota, questiona quando o governo tem uma razão adequada para restringir a vida, a liberdade e a propriedade das pessoas. Em outras palavras, *substantive due process* procura saber quando há uma justificativa suficiente para a ação governamental"[6]. Ainda que amplamente submetida a consistentes críticas doutrinárias – uma das principais e mais conhecidas encontra-se na obra de John Hart Ely *Democracy and Distrust* –, as cláusulas do devido processo legal consolidaram-se na prática constitucional norte-americana como fundamento da *ju-*

---

2. *Fundamentos de derecho constitucional*, p. 446-447.
3. MAUNZ-DÜRIG. *Grundgesetz Kommentar*, 1I 18.
4. Idem, ibidem.
5. *American Constitutional Law*, p. 1335.
6. *Constitutional Law. Principles and Policies*, p. 558.

dicial review dos atos estatais (legislativos) em seu aspecto material ou substantivo, a denominada *substantive due process review of legislation*.

A experiência constitucional norte-americana influenciou decisivamente a jurisprudência do Supremo Tribunal Federal, que também passou a reconhecer no dispositivo constitucional do art. 5º, LIV, a cláusula do devido processo legal material ou substantivo, com a finalidade de realizar o controle de *razoabilidade* e de *proporcionalidade* das leis. O princípio do devido processo legal garantido pelo art. 5º, LIV, tornou-se, dessa forma, fundamento para os princípios da razoabilidade e da proporcionalidade. Relevantes considerações sobre o tema no Supremo Tribunal foram trazidas pelo Ministro Moreira Alves, que em certo julgamento assim se manifestou: "A meu ver, o problema capital que se propõe, em face dessa lei, é que ela fere, com relação a esses dispositivos que estão sendo impugnados, o princípio constitucional do devido processo legal. A Constituição no seu art. 5º, inciso LIV – e aqui trata-se de direitos não apenas individuais, mas também coletivos e aplica-se, inclusive, às pessoas jurídicas – estabelece que 'ninguém será privado da liberdade ou de seus bens sem o devido processo legal'. Processo legal, aqui, evidentemente, não é o processo da lei, senão a Constituição não precisaria dizer aquilo que é óbvio, tendo em vista inclusive o inciso II do art. 5º que diz: 'ninguém será obrigado a fazer ou deixar de fazer alguma coisa senão em virtude de lei'. Esse princípio constitucional, que tem a sua origem histórica nos Estados Unidos, lá é interpretado no sentido de abarcar os casos em que há falta de razoabilidade de uma norma. Por isso mesmo já houve quem dissesse que é um modo de a Suprema Corte americana ter a possibilidade de certa largueza de medidas para declarar a inconstitucionalidade de leis que atentem contra a razoabilidade"[7].

Assim, assentou-se na jurisprudência do Supremo Tribunal Federal o entendimento de que transgride o princípio do devido processo legal (CF, art. 5º, LIV) – na perspectiva material ou substantiva (*substantive due process of law*) – o ato estatal considerado irrazoável ou violador do princípio da proporcionalidade. A importância da aplicação desse princípio no âmbito do controle de constitucionalidade das leis foi percucientemente ressaltada pelo Ministro Celso de Mello, nos seguintes termos: "Essa, no fundo, simultaneamente com os temas da reserva constitucional de lei formal e da liberdade de iniciativa empresarial, traduz a questão básica, cuja discussão – vinculada ao princípio do substantive *due process of law* – acha-se em curso no processo mandamental de que se originou o acórdão ora questionado. (...) a jurisprudência constitucional do Supremo Tribunal Federal que já assentou o entendimento de que transgride o princípio do devido processo legal (CF, art. 5º, LIV) – analisado este na perspectiva de sua projeção material (*substantive due process of law*) – a regra estatal que veicula, em seu conteúdo, prescrição normativa qualificada pela nota da irrazoabilidade. (...) Coloca-se em evidência, neste ponto, o tema concernente ao princípio da proporcionalidade, que se qualifica – enquanto coeficiente de aferição da razoabilidade dos atos estatais (...) como postulado básico de contenção dos excessos do Poder Público. Essa é a razão pela qual a doutrina, após destacar a ampla incidência desse postulado sobre os múltiplos aspectos em que se desenvolve a atuação do Estado – inclusive sobre a atividade estatal de produção normativa – adverte que o princípio da proporcionalidade, essencial à racionalidade do Estado Democrático de Direito e imprescindível à tutela mesma das liberdades fundamentais, proíbe o excesso e veda o arbítrio do Poder, extraindo a sua justificação dogmática de diversas cláusulas constitucionais, notadamente daquela que veicula, em sua dimensão substantiva ou material, a garantia do *due process of law* (...). Como precedentemente enfatizado, o princípio da proporcionalidade visa a inibir e a neutralizar o abuso do Poder Público no exercício das funções que lhe são inerentes, notadamente no desempenho da atividade de caráter legislativo e regulamentar. Dentro dessa perspectiva, o postulado em questão, enquanto categoria fundamental de limitação dos excessos emanados do Estado, atua como verdadeiro parâmetro de aferição da própria constitucionalidade material dos atos estatais. (...) Cumpre enfatizar, neste ponto, que a cláusula do devido processo legal – objeto de expressa proclamação pelo art. 5º, LIV, da Constituição, e que traduz um dos fundamentos dogmáticos do princípio da proporcionalidade – deve ser entendida, na abrangência de sua noção conceitual, não só sob o aspecto meramente formal, que impõe restrições de caráter ritual à atuação do Poder Público (*procedural due process of law*), mas, sobretudo, em sua dimensão material (*substantive due process of law*), que atua como decisivo obstáculo à edição de atos normativos revestidos de conteúdo arbitrário ou irrazoável. A essência do *substantive due process of law* reside na necessidade de proteger os direitos e as liberdades das pessoas contra qualquer modalidade de legislação ou de regulamentação que se revele opressiva ou destituída do necessário coeficiente de razoabilidade. (...) A jurisprudência constitucional do Supremo Tribunal Federal, bem por isso, tem censurado a validade jurídica de atos estatais, que, desconsiderando as limitações que incidem sobre o poder normativo do Estado, veiculam prescrições que ofendem os padrões de razoabilidade e que se revelam destituídas de causa legítima, exteriorizando abusos inaceitáveis e institucionalizando agravos inúteis e nocivos aos direitos das pessoas"[8].

Dessa forma, o princípio da proporcionalidade como dimensão específica do princípio do devido processo legal ganhou autonomia na jurisprudência do Supremo Tribunal Federal. É certo, por outro lado, que essa vinculação normativa entre devido processo legal (substantivo) e princípio da proporcionalidade não é livre de críticas. Argumenta-se que os princípios da proporcionalidade e da razoabilidade decorrem do próprio sistema de princípios protegido constitucionalmente e não necessitam de nenhum dispositivo textual para fundar sua bases normativas. Pode-se afirmar, em outra perspectiva, que o dever de proporcionalidade está implícito no próprio princípio do Estado de Direito. E, em verdade, também na qualidade de metanormas ou sobreprincípios de interpretação de normas constitucionais e legais, proporcionalidade e razoabilidade não se identificam em dispositivos normativos específicos.

IV. Não obstante, é no âmbito das *garantias do processo* que o devido processo legal assume uma amplitude inigualável e um significado ímpar como postulado que traduz uma série de ga-

---

7. ADI 958, *DJ* 25-8-1995.

8. SS 1.320, *DJ* 14-4-1999.

rantias hoje devidamente especificadas e especializadas nas várias ordens jurídicas. Assim, cogita-se de devido processo legal quando se fala de (1) direito ao contraditório e à ampla defesa, (2) direito ao juiz natural, (3) direito a não ser processado e condenado com base em prova ilícita, (4) direito a não ser preso senão por determinação da autoridade competente e na forma estabelecida pela ordem jurídica, etc. Daí ter Rogério Lauria Tucci[9] afirmado que a incorporação da garantia do devido processo legal, de forma expressa no texto constitucional de 1988, juntamente com outras garantias específicas, acabou por criar uma situação de *superafetação*.

De fato, é muito comum fazer-se referência a uma garantia específica, como a do contraditório e da ampla defesa, ou do juiz natural. Ou, ainda, costuma-se fazer referência direta ao devido processo legal em lugar de referir-se a uma das garantias específicas.

O devido processo legal é também um tipo de garantia com caráter subsidiário e geral (*Auffanggrundrecht*) em relação às demais garantias. Assim, em muitos casos, tem-se limitado o Supremo Tribunal a referir-se diretamente ao devido processo legal em lugar de fazer referências às garantias específicas ou decorrentes. Há outras situações em que o devido processo legal assume características autônomas ou complementares.

Eventual dúvida sobre a liceidade da prestação jurisdicional pode afetar não só o juiz, o que comprometeria o princípio do juiz natural, mas também os demais sujeitos processuais, aí considerados os advogados ou os serventuários da justiça. No RE 464.963/GO[10], colocou-se perante o STF indagação sobre a legitimidade constitucional de decisão tomada por tribunal estadual em razão da atuação de advogado legalmente impedido, por estar no exercício do cargo de Diretor-Geral do Tribunal Regional Eleitoral de Goiás, assim como de sua filha, serventuária do cartório onde havia tramitado o feito. A 2ª Turma deu provimento ao recurso por entender violados os princípios da moralidade e do devido processo legal, tendo em vista as condições que levaram à produção de um julgamento contaminado por fortes irregularidades e eventual suspicácia.

Nesse sentido, o princípio do devido processo legal possui um âmbito de proteção alargado, que exige o *fair trial* não apenas entre aqueles que fazem parte da relação processual, ou que atuam diretamente no processo, mas de todo o aparato jurisdicional, o que abrange todos os sujeitos, instituições e órgãos, públicos e privados, que exercem, direta ou indiretamente, funções qualificadas, constitucionalmente, como essenciais à Justiça.

Contrárias à máxima do *fair trial* – como corolário do devido processo legal, e que encontra expressão positiva, por exemplo, nos arts. 77 e seguintes do Novo Código de Processo Civil – são todas as condutas suspicazes praticadas por pessoas às quais a lei proíbe a participação no processo em razão de suspeição, impedimento ou incompatibilidade; ou nos casos em que esses impedimentos e incompatibilidades são forjados pelas partes com o intuito de burlar as normas processuais.

É certo, por outro lado, que muitas dessas garantias, a despeito da referência expressa na ordem jurídico-constitucional, continuam a revelar desdobramentos do princípio central do devido processo legal. Assim, é difícil falar-se na proibição do uso da prova ilícita sem se referir ao devido processo legal, ou nas garantias quanto à prisão sem fazer-se referência a essa garantia. O devido processo legal, dessa forma, representa um *sobreprincípio* que articula e alimenta diversas garantias fundamentais processuais previstas na Constituição de 1988. Nessa perspectiva, ele atua como *vetor interpretativo* e *norma de integração* de outras garantias processuais constitucionais.

Por fim, é importante ressaltar que o Supremo Tribunal Federal tem reconhecido que o princípio do devido processo legal não vincula apenas os poderes públicos, estando voltado também à proteção dos particulares nas suas relações privadas. Assim, o Tribunal tem entendido que o processo de expulsão de sócios de uma associação privada deve respeitar as garantias do devido processo legal, assegurando-se ao sócio a ampla defesa e o contraditório[11]. O devido processo revela, dessa forma, uma eficácia perante terceiros (*Drittwirkung*) e passa a assumir especial importância não apenas no âmbito dos processos estatais, mas também nos diversos procedimentos instaurados internamente no seio de associações privadas (sociedades de direito privado, partidos políticos, cooperativas, entidades recreativas e desportivas, etc.) para a restrição de direitos de seus associados.

Os demais desdobramentos constitucionais do devido processo legal poderão ser objeto de análise aprofundada nos comentários específicos de cada um dos incisos do art. 5º que tratam das *garantias fundamentais do processo*.

Art. 5º, LV – aos litigantes, em processo judicial ou administrativo, e aos acusados em geral são assegurados o contraditório e ampla defesa, com os meios e recursos a ela inerentes;

Marco Félix Jobim

PRINCÍPIOS DO CONTRADITÓRIO E DA AMPLA DEFESA

1. Algumas partes mais relacionadas à história sobre determinados institutos jurídicos são difíceis, mas não impossíveis de serem modificadas. Diante de tal circunstância, a primeira nota faz parte do comentário realizado na 1ª edição da obra, quando o Professor Titular da Universidade Federal do Rio Grande do Sul Carlos Alberto Alvaro de Oliveira elaborou minuciosa[1] revisão

---

9. *Direitos e garantias individuais no processo penal brasileiro*, p. 84.
10. *DJ* 30-6-2006.
11. RE 158.215, rel. Min. Marco Aurélio; RE 201.819, rel. p/ acórdão Min. Gilmar Mendes.
1. Carlos Alberto Alvaro de Oliveira, *Comentários à Constituição do Brasil*, p. 432-433. 2. As Constituições brasileiras anteriores restringiam os princípios à órbita do processo penal, embora a doutrina os estendesse ao processo civil, nomeadamente por compreensão dilargada do princípio da igualdade. A Constituição de 1891, art. 72, § 16, estabelecia: "Aos acusados se assegurará na lei a mais ampla defesa, com todos os recursos e meios essenciais a ela". A Constituição de 1934, art. 113, inciso 24: "A lei assegurará aos acusados ampla defesa, com os meios e recursos essenciais a ela". A Constituição de 1937, art. 122, inciso 11, 2ª parte, dispunha que a instrução criminal seria contraditória, asseguradas, antes e depois da formação da culpa, as necessárias garantias de defesa. A Constituição de 1946, art. 141, § 25, assegurava aos acusados plena defesa, com todos os meios e recursos essenciais a ela, e que a instrução criminal seria contraditória. 3. Alemanha, arts. 103, 1, e 104; Espanha, art. 24, 1; Estados Unidos da América, Emendas Constitucionais V e VI; França, art. 61; Itália, art. 24, 2;

legislativa sobre o inciso LV do art. 5º da Constituição da República Federativa do Brasil. Duas as razões óbvias disso, sendo a primeira no fato de que o saudoso processualista tinha intensa pesquisa sobre o tema, tendo influenciado inúmeros outros autores, sendo o agora comentarista um deles; e a segunda pelo fato de que os aspectos históricos não foram modificados, o que impossibilita uma reinvenção do que já foi comentado, mas tão somente, quem sabe, algumas paráfrases sobre o texto. Poderia ser agregada uma terceira, consubstanciada no fato de manter no comentário algumas palavras do jurista, guarnecendo sua memória, sua historicidade, razão pela qual o próprio comentário segue a linha do processualista e, em algumas passagens, poucas delas, mantém o texto passado intacto.

2. Como se pode, desde o início, demonstrar a importância dos princípios do contraditório e da ampla defesa anunciados no art. 5º, LV, da CF? Desconheço forma mais didática, emblemática e ao mesmo tempo reflexiva de fazê-lo, senão por meio de um *case*. Clarence Earl Gideon, nos anos 60 do século passado, peticionou, mesmo estando preso, à Suprema Corte dos Estados Unidos da América para que sua sentença fosse revista, pois desrespeitado seu sagrado direito ao Devido Processo Legal, garantido pela *Fourteenth Amendment*, na qual provisiona que nenhum cidadão terá retirada sua vida, liberdade ou propriedade sem o devido processo legal. Para tanto, defendeu que, durante seu julgamento, lhe foi negada a defesa por um advogado (no Estado da Flórida) pelo juiz, sem custos, pois não tinha Gideon provisões para realizar o pagamento de um advogado particular para sua defesa[2]. O caso, famoso entre os estudiosos da cláusula do devido processo legal, alcança, de igual forma e quase que com a mesma intensidade, os princípios do contraditório e da ampla defesa, que, para alguns, é desdobramento da cláusula do devido processo. *Gideon v. Wainwright* foi o nome pelo qual restou conhecido o caso[3]. Ainda um registro inicial deve ser realizado, consubstanciado no fato de que apesar de alguns autores trabalharem os princípios do contraditório e da ampla defesa de forma sinônimas, cada qual encontra conceito próprio a sedimentar uma teoria própria para cada um dos princípios comentados. Inicia-se, pois, pelo princípio do contraditório.

3. Conceituar contraditório é, talvez, uma tarefa hercúlea. Há hoje tantas áreas de processo (civil, penal, trabalhista, administrativo, eleitoral, constitucional, coletivo, estrutural etc.), que ficaria extremamente cansativo o desenvolvimento conceitual em cada um dos ramos, razão pela qual, obviamente, num primeiro momento se debruçará o autor aos conceitos mais ligados a uma leitura constitucional do princípio para, após, até mesmo em razão do hoje art. 15[4] do Código de Processo Civil brasileiro, caminhar sobre o contraditório descrito na nova legislação processual. Para tanto, e aproveitando ainda um pouco mais do que foi comentado na 1ª edição, deve-se trabalhar com o seu conceito tradicional, o que estaria intimamente vinculado a uma concepção meramente formal do processo. Esse modo de ver o problema surge claramente da clássica definição de Joaquim Canuto Mendes de Almeida, 1937, para quem o contraditório é "a ciência bilateral dos atos e termos processuais e a possibilidade de contrariá-los"[5]. Note-se que o binômio informação/reação seria o manto sagrado que alicerçaria sua aplicação no processo, ou seja, cumprindo a forma, estariam as partes satisfeitas naquilo que definia o contraditório.

4. Analisado sob uma ótica de um direito positivado entre aqueles denominados pelo legislador constituinte como fundamentais, o contraditório ganha novas feições, novos contornos, situando-se para além da simples informação/reação, mas sim numa técnica que garante a participação efetiva das partes no desenvolvimento do processo, influenciando (ou pelo menos tendo a capacidade de influenciar) em todas as discussões, quer fáticas ou jurídicas para solução decisória final[6], sendo o contraditório um dos compromissos fundamentais a ser observado pelo juiz e partes do processo[7]. Com isso, tem-se na estrutura do processo um alargamento no campo dos poderes para que seja ele o mais paritário[8] possível, podendo-se até mesmo se nominar de processo comparticipativo[9], como já realizado por parte da doutrina, que também vê na cooperação uma base importante de transformações para o seio do processo. Cumpre esclarecer que todas as fases processuais estão abarcadas por esse modelo, desde a fase petitória, a saneadora, a instrutória, a decisória, a recursal ou até mesmo a fase de cumprimento de sentença, demonstrando que o contraditório é peça fundamental[10] apta a influenciar a tomada de decisões mais democráticas, quer seja no âmbito do Poder Judiciário ou, ainda, na seara administrativa, como determina o comando constitucional.

5. A Lei n. 13.105/15, já modificada pelas leis 13.256/16 e 13.363/16, que rege a nova normativa processual civil brasileira, desde 18 de março de 2016, observa as diretrizes apontadas como vetores de interpretação e aplicação de todo o CPC que ligado aos valores constitucionais, tem como uma de suas missões a mudança comportamental de todos aqueles que estão ligados, direta ou indiretamente, com o processo. O diálogo entre os sujeitos do processo é imperativo para busca de uma solução judicial, ligada à ideia de cooperação, não esvaindo a diretriz somente a eles, mas a todos os demais participantes do processo. Referida busca pela probidade do sistema, que já encontrou no revogado CPC/73, em seu art. 14[11], delineamentos mais detalhados, hoje, além de ser mais

---

Portugal, arts. 27, 29 e 32. 4. Declaração Universal dos Direitos do Homem (1948), art. XI, 1; Convenção Europeia dos Direitos do Homem (1950), art. 6º; Convenção Americana sobre Direitos Humanos (1968), art. 8º.
2. A história do caso ganhou versão cinematográfica nos anos 80, com a película Gideon's Trumpet, com Henry Fonda interpretando Gideon.
3. Para conhecer mais do caso e de sua história, recomenda-se: PRENTZAS, G. S. *Gideon v. Wainwright: the rigth to free legal counsel*. New York: Chelsea House, 2007 (Great Supreme Court Decisions). p. 7-9.
4. Art. 15. Na ausência de normas que regulem processos eleitorais, trabalhistas ou administrativos, as disposições deste Código lhes serão aplicadas supletiva e subsidiariamente.
5. Joaquim Canuto Mendes de Almeida, *A contrariedade na instrução criminal*, n. 80, p. 110.
6. Ronaldo Brêtas de Carvalho Dias, Carlos Henrique Soares, Suzana Oliveira Marques Brêtas, Renato José Barbosa Dias, Yvone Mól Brêtas, *Estudo sistemático no NCPC*, p. 45.
7. Daniel Mitidiero, *Colaboração no processo civil*: pressupostos sociais, lógicos e éticos. 3. ed. São Paulo: Revista dos Tribunais, 2015, p. 47.
8. Diretriz elencada no art. 7º do CPC/2015.
9. Humberto Theodoro Júnior, Dierle Nunes, Alexandre Melo Franco Bahia, Flávio Quinaud Pedro, *Novo CPC: fundamentos e sistematização*, p. 88.
10. Deve-se a Elio Fazzalari o mérito indiscutível de ter visto no contraditório o elemento conceitual essencial do processo, daí extraindo as consequências apontadas no texto. Essas ideias foram lançadas inicialmente no ensaio *Diffusione del processo e compiti della dottrina*, 1958, depois reiteradas em trabalhos posteriores, a exemplo das *Istituzioni di Diritto Processuale*, p. 82-85.
11. Art. 14. São deveres das partes e de todos aqueles que de qualquer forma participam do processo: I – expor os fatos em juízo conforme a verdade; II – proceder com lealdade e boa-fé; III – não formular pretensões, nem alegar

delimitado o tema da boa-fé e da lealdade processual no art. 77[12], CPC/2015, encontra texto aberto no art. 5º[13], no qual muito se terá que trabalhar para melhor compreender e aplicar as sanções que poderão sem imputadas àquele que não obrar com boa-fé objetiva durante a tramitação do processo. Ao lado do art. 5º, que trata da boa-fé objetiva, não se pode escapar de uma reflexão o art. 6º, que anuncia o princípio ou modelo da cooperação processual. Transborda ele para uma decisão justa em tempo razoável, sendo o contraditório e a ampla defesa princípios que devem ser levados com o devido equilíbrio, apostando no processo dialógico para que sejam considerados no momento decisório os argumentos e fundamentos debatidos e entregues ao conhecimento do juízo, devendo este limitar-se, é claro, àquelas questões de real interesse para a solução da controvérsia (art. 489, § 1º, IV, CPC/2015), e não aos que sejam manifestamente irrelevantes. Tudo isso demonstra, à saciedade, que não mais se pode confundir o princípio do contraditório no mero esgotamento da ciência bilateral dos atos processuais, mas, muito além, como um contraditório de influência, substancial, no qual auxilia na construção dos próprios provimentos jurisdicionais, quer sejam eles intermediários, quer finais. Preparar-se, ter tempo necessário para pensar sua reação de modo efetivo deve ser providenciado pela informação, que passa, como uma das consequências da cooperação, a encontrar novos contornos no processo. O processo não perde alguns contornos importantes de formalismo, como se pode ver no ato citatório, ainda detentor de muitos cuidados, muitos detalhes, como se pode notar com a leitura do art. 250 do CPC/2015, que define os requisitos mínimos constantes em seu bojo, com intenção clara de que a parte, devidamente informada, apresente sua reação da melhor forma que lhe cabe.

6. Ainda persiste como uma das bases do contraditório o direito a realizar prova e, para além disso, como já anteriormente defendido, não se trata aqui de notificar a parte para meramente cumprir com o contraditório formal, mas sim que tenham elas (as partes) oportunidade real de participação[14]. Importante exemplo do explanado é a previsão constante no art. 503, CPC/2015, que aborda o tema da coisa julgada em razão de questão prejudicial, decidida expressa ou incidentemente no processo, sendo que o inc. II alerta para o fato de que somente terá força de lei a decisão se "a seu respeito tiver havido contraditório prévio e efetivo, não se aplicando no caso de revelia". Isso demonstra o trato que o legislador de 2015 teve nas questões relacionadas ao efetivo contraditório.

7. Em igual medida, o CPC/2015 elenca uma série de dispositivos legais pertinentes a demonstrar essa nova visão do contraditório, além daqueles que já foram relacionados. Em caráter mais abstrato, podem ser citados os artigos pertinentes à normatividade fundamental do processo, que, como se sabe, são vetores hermenêuticos e compreensão, interpretação e aplicação da própria lei, estando entre eles o art. 7º que promove a paridade de armas como um dos cânones do processo, devendo o juiz zelar pelo efetivo contraditório que biparte sua conceituação para um contraditório formal, assim como para um contraditório de reequilíbrio processual. Ainda, dentro das normas fundamentais do processo, há espaço mais que suficiente para elencar o contraditório substancial no art. 9º, quando prescreve que "não se proferirá decisão contra uma das partes sem que ela seja previamente ouvida. Parágrafo único. O disposto no *caput* não se aplica: I – à tutela provisória de urgência; II – às hipóteses de tutela da evidência previstas no art. 311, incisos II e III; III – à decisão prevista no art. 701". Seguindo na leitura do Código, há também o contraditório como direito de as partes não serem surpreendidas durante o processo, com a previsão do art. 10, ao ditar que "o juiz não pode decidir, em grau algum de jurisdição, com base em fundamento a respeito do qual não se tenha dado às partes oportunidade de se manifestar, ainda que se trate de matéria sobre a qual deva decidir de ofício".

8. A recente codificação processual civil tem inúmeros dispositivos legais que podem ser apontados para que o contraditório seja efetivamente substancial e não mais formal. Uma das disposições mais marcantes está no direito probatório, no art. 372, que admite prova emprestada quando o contraditório for respeitado, ao expor que "o juiz poderá admitir a utilização de prova produzida em outro processo, atribuindo-lhe o valor que considerar adequado, observado o contraditório"[15]. Ainda, no contexto probatório, a redação do art. 437 está em consonância

---

defesa, cientes de que são destituídas de fundamento; IV – não produzir provas, nem praticar atos inúteis ou desnecessários à declaração ou defesa do direito. V – cumprir com exatidão os provimentos mandamentais e não criar embaraços à efetivação de provimentos judiciais, de natureza antecipatória ou final. Parágrafo único. Ressalvados os advogados que se sujeitam exclusivamente aos estatutos da OAB, a violação do disposto no inciso V deste artigo constitui ato atentatório ao exercício da jurisdição, podendo o juiz, sem prejuízo das sanções criminais, civis e processuais cabíveis, aplicar ao responsável multa em montante a ser fixado de acordo com a gravidade da conduta e não superior a vinte por cento do valor da causa; não sendo paga no prazo estabelecido, contado do trânsito em julgado da decisão final da causa, a multa será inscrita sempre como dívida ativa da União ou do Estado.
12. Art. 77. Além de outros previstos neste Código, são deveres das partes, de seus procuradores e de todos aqueles que de qualquer forma participem do processo: I – expor os fatos em juízo conforme a verdade; II – não formular pretensão ou de apresentar defesa quando cientes de que são destituídas de fundamento; III – não produzir provas e não praticar atos inúteis ou desnecessários à declaração ou à defesa do direito; IV – cumprir com exatidão as decisões jurisdicionais, de natureza provisória ou final, e não criar embaraços à sua efetivação; V – declinar, no primeiro momento que lhes couber falar nos autos, o endereço residencial ou profissional onde receberão intimações, atualizando essa informação sempre que ocorrer qualquer modificação temporária ou definitiva; VI – não praticar inovação ilegal no estado de fato de bem ou direito litigioso. § 1º Nas hipóteses dos incisos IV e VI, o juiz advertirá a qualquer das pessoas mencionadas no *caput* de que sua conduta poderá ser punida como ato atentatório à dignidade da justiça. § 2º A violação ao disposto nos incisos IV e VI constitui ato atentatório à dignidade da justiça, devendo o juiz, sem prejuízo das sanções criminais, civis e processuais cabíveis, aplicar ao responsável multa de até vinte por cento do valor da causa, de acordo com a gravidade da conduta. § 3º Não sendo paga no prazo a ser fixado pelo juiz, a multa prevista no § 2º será inscrita como dívida ativa da União ou do Estado após o trânsito em julgado da decisão que a fixou, e sua execução observará o procedimento da execução fiscal, revertendo-se aos fundos previstos no art. 97. § 4º A multa estabelecida no § 2º poderá ser fixada independentemente da incidência das previstas nos arts. 523, § 1º, e 536, § 1º. § 5º Quando o valor da causa for irrisório ou inestimável, a multa prevista no § 2º poderá ser fixada em até 10 (dez) vezes o valor do salário mínimo. § 6º Aos advogados públicos ou privados e aos membros da Defensoria Pública e do Ministério Público não se aplica o disposto nos §§ 2º a 5º, devendo eventual responsabilidade disciplinar ser apurada pelo respectivo órgão de classe ou corregedoria, ao qual o juiz oficiará. § 7º Reconhecida violação ao disposto no inciso VI, o juiz determinará o restabelecimento do estado anterior, podendo, ainda, proibir a parte de falar nos autos até a purgação do atentado, sem prejuízo da aplicação do § 2º. § 8º O representante judicial da parte não pode ser compelido a cumprir decisão em seu lugar.
13. Art. 5º Aquele que de qualquer forma participa do processo deve comportar-se de acordo com a boa-fé.

14. José Carlos Barbosa Moreira, *A garantia do contraditório na atividade de instrução*, Revista de Processo. São Paulo, n. 35, p. 231-238, jul./set. 1984.
15. Emblemático desse posicionamento o acórdão unânime da 3ª Turma do STJ (REsp 47.032-SP, rel. Ari Pargendler, j. em 29.5.2001, não conhecimento, *DJU* de 13.8.2001, p. 143): "a juntada de documento novo no processo, sem a oitiva da outra parte, só compromete a validade da sentença se teve influência no julgamento da lide".

com os novos caminhos trilhados pelo princípio, ao dispor que o réu manifestar-se-á na contestação sobre os documentos anexados à inicial, e o autor manifestar-se-á na réplica sobre os documentos anexados à contestação. § 1º Sempre que uma das partes requerer a juntada de documento aos autos, o juiz ouvirá, a seu respeito, a outra parte, que disporá do prazo de 15 (quinze) dias para adotar qualquer das posturas indicadas no art. 436. § 2º Poderá o juiz, a requerimento da parte, dilatar o prazo para manifestação sobre a prova documental produzida, levando em consideração a quantidade e a complexidade da documentação. Na prova pericial, não só o perito deve apresentar seu laudo em cartório pelo menos 20 (vinte) dias antes da audiência de instrução e julgamento, como também as partes dele terão vista e poderão pedir esclarecimentos do perito e do assistente técnico, os quais poderão ser respondidos em audiência (art. 477), sendo que ainda no que concerne ao exame pericial, o perito deve assegurar que os assistentes das partes tenham a possibilidade de acompanhamento das diligências concernentes a ela, a teor do exposto no art. 466, § 2º. O perito durante sua atividade tem poderes concedidos pelo § 3º do art. 473, até mesmo para a oitiva de testemunhas que, como se sabe, tem restrição para que sua oitiva seja tratada como simples informação e não de testemunho, para cuja validade se mostra praticamente indispensável a ouvida[16] em juízo, com as cautelas de estilo[17]. A inspeção judicial, determinada de ofício ou a requerimento do interessado, deve ser realizada na presença das partes, com direito de voz para a realização de observações que reputem de interesse para a causa (art. 483, parágrafo único).

8. Também na esfera recursal impõe-se obedecido o princípio, daí a possibilidade sempre oferecida ao recorrido de responder o recurso como previsto no art. 1003, § 5º. Os embargos declaratórios que busquem efeito infringente do julgado determinam a prévia ouvida da parte contrária se o julgador suspeitar que seu acolhimento implique na modificação da decisão embargada, a teor do art. 1.023, § 2º[18]. Ainda, contudo sem esgotar as questões relacionadas ao contraditório frente aos recursos, a questão do preparo é importante, uma vez que, pela ótica atual, a parte que não comprovar o pagamento no ato de interposição de recurso será intimada, por seu advogado, para realizar o pagamento em dobro, como determina o art. 1.007, § 4º. Importante fazer a ligação deste dispositivo – e de outros tantos –, com a redação do art. 4º, que privilegia o julgamento de mérito em detrimento da forma, criando aquilo que tem sido convencionado de chamar de princípio da primazia do julgamento de mérito.

9. Ainda em relação a questões que possam ser solucionadas de ofício pelo juiz (v.g., pressupostos processuais, condições da ação, nulidades absolutas), a decisão deve ser tomada só depois de ouvidas as partes a respeito, de forma a não lhes causar surpresa, como já trabalhado alhures com a previsão constante no art. 10, o que modifica, inclusive, a forma de se pensar o princípio do *iuri novit curia*, posto que a parte tem o direito de influenciar o juiz não só na matéria fática, mas jurídica de igual forma. Do mesmo modo a decisão surpresa que já havia encontrado norte jurisprudencial[19] toma assento na codificação brasileira.

10. O contraditório deve ser obedecido não só no processo judicial, mas também no administrativo, conforme estabelecido no próprio art. 5º, inciso LV. Essa diretiva é reproduzida no art. 2º da Lei n. 9.874, de 29.1.1999, que regula o processo administrativo no âmbito da administração federal: "A Administração Pública obedecerá, dentre outros, aos princípios da legalidade, finalidade, motivação, razoabilidade, proporcionalidade, moralidade, ampla defesa, *contraditório*, segurança jurídica, interesse público e eficiência". Além disso, o parágrafo único desse mesmo dispositivo estatui que nos processos administrativos devam ser observados, entre outros, os critérios de observância das formalidades essenciais à garantia dos direitos dos administrados (inciso VIII); a garantia dos direitos à comunicação, à apresentação de alegações finais, à produção de provas e à interposição de recursos, nos processos de que possam resultar sanções e nas situações de litígio (inciso X). Ainda consoante o art. 3º do mesmo diploma legal, o administrado tem os seguintes direitos perante a Administração, sem prejuízo de outros que lhe sejam assegurados, direitos esses que são aspectos do contraditório: ter ciência da tramitação dos processos administrativos em que tenha a condição de interessado (inciso I); ter vista dos autos, obter cópias de documentos neles contidos e conhecer as decisões proferidas (inciso II); formular alegações e apresentar documentos antes da decisão, os quais serão objeto de consideração pelo órgão competente (inciso III). Finalmente, o parágrafo único do art. 27 estatui que, no prosseguimento do processo, será garantido direito de ampla defesa ao interessado. Ainda, relatando legislações esparsas, a Lei de Arbitragem elenca o contraditório de forma expressa no art. 21, § 2º.

11. Só será lícito afastar o direito fundamental ao contraditório quando sua aplicação importar risco de lesão a outro direito fundamental, caso em que o juiz deverá arbitrar o conflito. Tal previsão faz parte hoje das normas fundamentais do processo, no artigo 8º, que dispõe sobre a aplicação do ordenamento jurídico pelo juiz, aludindo que pode ser ele realizado a partir da proporcionalidade e razoabilidade, sendo que, para isso, deverá o magistrado construir sua decisão com base nas regras da nova fundamentação das decisões judiciais (art. 489, § 1º), assim como de sua justificação (art. 489, § 2º). Atendidas essas coordenadas, o contraditório poderá ficar postergado (jamais eliminado) nas medidas *inaudita altera parte*, próprias dos processos de urgência (tutelas provisórias, arts. 294-310), que hoje anunciam as tutelas de urgência – antecipada e cautelar –, assim como a tutela de evidência (art. 311).

12. Sobre a ampla defesa, ainda há mais casos a referir para que, numa sintonia fina, seja diferenciada do princípio do contraditório. Dentre os casos que se poderia citar, talvez Miranda v.

---

16. O praticamente indispensável leva em conta a revolução que pode ser atribuída pela cláusula de negociação processual do art. 190, CPC/2015 e a possível desjudicialização da produção da prova. Para tanto, recomenda-se Julio Guilherme Müller, *Negócios processuais e a desjudicialização da produção da prova*, p. 395.
17. Certo, o acórdão unânime do Tribunal de Alçada do Paraná (Ap. Cív. 585/85, 1ª Câmara, j. em 17.9.1985, rel. Ivan Righi, *Revista de Processo*, 43(jul.-set./1986):289-290), ao reconhecer que "perito não é juiz e, pois, não pode assumir a produção da prova testemunhal – até porque, quando isso acontece, o princípio do contraditório, já aludido, deixa de ser observado. Cumpria à apelante, isto sim, arrolar como testemunhas, para inquirição em audiência, na presença das partes e seus advogados, as pessoas que prestaram informação ao perito".
18. Já havia jurisprudência pacífica sobre o assunto, agora sendo lei: v.g., STF, Pleno, RE 250.396-7-RJ, rel. Marco Aurélio, j. em 14.12.1999, v. u., *DJU* de 12.5.2000, p. 29; STJ, 3ª Seção, ED no REsp 172.082-EDcl-EDcl-EDcl, rel. Hamilton Carvalhido, j. em 28.5.2003, *DJU* de 4.8.2003, p. 220.
19. TJRS, 2º Grupo Cível, Ação Rescisória 595132226, j. em 10.5.1996, redator designado José Maria R. Tesheiner, com substancioso voto vista de Araken de Assis, *Revista Forense*, 338(abr.-mai.-jun./1997):301-309.

Arizona seja o mais elucidativo, uma vez que Gideon v. Wainwrigth já fez parte do início dos comentários. Os "avisos ou advertências de Miranda" ou "The Miranda Warning"[20] se conectam diretamente com o julgamento de Ernesto Arturo Miranda na Suprema Corte dos Estados Unidos que, sem aconselhamento adequado, acabou confessando crimes numa *Police Station* (parecida com nossa delegacia de polícia), assim como teve provas contra si recolhidas sem o respectivo mandado, tendo a Corte, em 13 de junho de 1966, votado a favor de Ernesto Miranda por 5 votos a 4, tendo sido então pela mínima margem possível, como escreve Larry A. Van Meter[21]. Nota-se, então, que a construção da ampla defesa tem muito a ver com os meios a ela inerentes, como consta no próprio inciso LV, do art. 5º, da CF. De tal modo, por meio dela seria assegurada aos interessados a possibilidade de efetuar ao largo de todo processo suas alegações e provas e contraditar as contrárias, com a certeza de sua valorização pelo pronunciamento judicial. Como se vê, esse último aspecto, a valorização das alegações das partes no pronunciamento judicial, é que distinguiria a ampla defesa do princípio do contraditório, o que encontra diferenciação, inclusive, em provimentos jurisdicionais[22]. Todavia, o acerto, como antes ressaltado, não é exato porque a consideração das alegações das partes também se encontra presente no contraditório. Na verdade, a garantia da ampla defesa aí não se esgota, devendo envolver todos os elementos necessários para atuação das partes ao longo do processo em sua inteireza (daí a menção no texto constitucional aos recursos a ela inerentes). Por sua elasticidade, o conceito haverá de ser moldado no exame do caso concreto. De qualquer modo, é possível adiantar que a ampla defesa envolve a possibilidade de apresentar razões, seja quanto ao direito seja em relação aos fatos; a realização adequada da prova; a concessão de prazos razoáveis para a defesa e o pronunciamento das partes; conhecimento pleno de todos os elementos necessários para a preparação de defesa; intimação válida para os atos relevantes do processo; a possibilidade de carrear ao processo os elementos para o esclarecimento dos fatos; o direito de omitir-se ou calar-se[23], o que é hoje previsto inclusive no CPC/2015 em seu art. 379[24]; o direito de acesso aos autos do processo etc.

Referências bibliográficas

ALVARO DE OLIVEIRA, Carlos Alberto. Garantia do Contraditório, in *Garantias Constitucionais do Processo Civil*, coord. José Rogério Cruz e Tucci, São Paulo, RT, 1999.

ALVARO DE OLIVEIRA, Carlos Alberto. O juiz e o princípio do contraditório, *Revista de Processo*, 71(jul.-set./1993): 30-38.

BARBOSA MOREIRA, José Carlos. A garantia do contraditório na atividade de instrução, *Revista de Processo*, 35(jul.-set./1984):231-238.

CAROCCA PÉREZ, Alex. *Garantía Constitucional de la Defensa Procesal*, Barcelona, Bosch, 1998.

COSTA, José Rubens, atualização à obra de José Olympio de Castro Filho, *Comentários ao Código de Processo Civil*, v. 10, 5ª ed., Rio de Janeiro, Forense, 2004.

FAZZALARI, Elio. Diffusione del processo e compiti della dottrina, *Rivista Trimestrale di Diritto e Procedura Civile*, 12(1958):861-880.

FAZZALARI, Elio. *Istituzioni di Diritto Processuale*, 8ª ed., Padova, Cedam, 1996, ristampa 2003.

LACERDA, Galeno (em colaboração com Carlos Alberto Alvaro de Oliveira). *Comentários ao Código de Processo Civil*, v. 8, t. 2, 8ª ed., Rio de Janeiro, Forense, 2007.

MEDAUAR, Odete. *A Processualidade no Direito Administrativo*, São Paulo, RT, 1993.

MEETER, Larry A. Van. *Miranda v. Arizona*: The Rights of the Accused. New York: Chelsea House, 2007.

MENDES DE ALMEIDA, Joaquim Canuto. *A contrariedade na instrução criminal*, tese para concurso de livre docência na Faculdade de Direito da Universidade de São Paulo, São Paulo, 1937.

MITIDIERO, Daniel. *Colaboração no processo civil*: pressupostos sociais, lógicos e éticos, 3ª ed., São Paulo, Revista dos Tribunais, 2015.

MÜLLER, Julio Guilherme. *Negócios processuais e desjudicialização da produção da prova*: análise econômica e jurídica. São Paulo: Revista dos Tribunais, 2017.

NERY JUNIOR, Nelson. *Princípios do processo civil na Constituição Federal*, 8ª ed., São Paulo, RT, 2004.

OLIVEIRA, Carlos Alberto Alvaro de. Princípio do contraditório e da ampla defesa. In: Comentários à Constituição do Brasil. J. J. Gomes Canotilho; Gilmar Ferreira Mendes; Ingo Wolfgang Sarlet; Lenio Luiz Steck (Coordenação científica). São Paulo: Saraiva/Almedina, 2013. p. 432-437.

THEODORO JÚNIOR, Humberto; NUNES, Dierle; BAHIA, Alexandre Melo Franco; PEDRON, Flávio Quinaud. *Novo CPC: Fundamentos e sistematização*, 3ª ed., Rio de Janeiro, Forense, 2016.

---

20. "You have the right to remain silent. Anything you say can and will be used against you in a court of law. You have the right to have an attorney. If you cannot afford one, one will be appointed to you by the court. With these rights in mind, are you still willing to talk with me about the charges against you?"

21. Larry A. Van Meter, Miranda v. Arizona: The Rights of the Accused, p. 76.

22. Com as considerações expostas no texto, a 14ª Câmara Cível do TJRS, Agravo de Instrumento 70000749341, rel. Alvaro de Oliveira, unânime, j. em 25.5.2000, *Revista Ajuris*, 85-II(mar./2002):488-492, embora entendendo que o DL 911/69 foi recepcionado pela nova ordem constitucional, decidiu que a liminar só pode ser deferida em caso de urgência, observando-se de resto o devido processo legal e as garantias constitucionais da ampla defesa e do contraditório. STF, RE 431.121-SP, 1ª Turma, rel. Sepúlveda Pertence, v.u., j. em 14.9.04, *DJU* de 28.10.04, p. 41, assim ementado: "I. Intimação: omissão, nas intimações para julgamento de ação rescisória, dos nomes dos patronos domiciliados na sede do Tribunal *a quo*, para os quais os poderes foram substabelecidos por advogados residentes em outro Estado: invalidade do julgamento. II. Contraditório e ampla defesa: art. 5º, LV, da Constituição: conteúdo mínimo. A garantia constitucional da ampla defesa (CF, art. 5º, LV) tem, por si só, um conteúdo mínimo, que a inteligência da lei não pode desconhecer: nele se inclui o da intimação válida para os atos relevantes do processo".

23. O STF, 1ª Turma, HC 68.929-9-SP, rel. Celso de Mello, 22.10.1991, *RTJ* 141-2/512, considerou que o direito de permanecer em silêncio insere-se no alcance concreto da cláusula constitucional do devido processo legal, e nesse direito ao silêncio incluiu até mesmo a prerrogativa processual de o acusado negar, ainda que falsamente, perante a autoridade policial ou judiciária, a prática da infração penal.

24. Art. 379. Preservado o direito de não produzir prova contra si própria, incumbe à parte: I – comparecer em juízo, respondendo ao que lhe for interrogado; II – colaborar com o juízo na realização de inspeção judicial que for considerada necessária; III – praticar o ato que lhe for determinado.

Art. 5º, LVI – são inadmissíveis, no processo, as provas obtidas por meios ilícitos;

Araken de Assis
Carlos Alberto Molinaro

A – REFERÊNCIAS

1. Origem do texto

Redação original do constituinte de 1988.

2. Constituições brasileiras anteriores

Sem correspondente.

3. Constituições comparadas

Constituição portuguesa de 1976, inciso 8 do art. 32. Em sentido restritivo da inviolabilidade, Constituição alemã de 1949, art. 13, sendo disciplinada a interceptação para fins de prova na *Telekommunikationsgesetz* de 25/7/1996, art. 85. Atente-se que, especificamente, o tema da prova ilícita, seja nos Estados Unidos, na Alemanha, na Itália, na Suíça ou na França é objeto de disciplina no espaço jurídico do direito criminal, especialmente, no processo penal.

4. Direito internacional

Em sentido amplo, coleciona-se o art. 12 da Declaração Universal dos Direitos Humanos de 1948; o art. 14 e 17,1, do Pacto Internacional dos Direitos Civis e Políticos de 1966; o art. 8º, 1,2, da Convenção Europeia de Direitos Humanos; o art. 7º da Convenção sobre a proteção de dados do Conselho da Europa; os arts. 9 e 11 do Pacto de San José da Costa Rica (Convenção americana sobre direitos humanos).

5. Preceitos constitucionais relacionados

Art. 5º, II (e art. 37, *caput*), X, XI, XII, XXXV, LIV, LV.

6. Legislação infraconstitucional

Lei n. 9.784, de 29 de janeiro de 1999, art. 30 e § 2º do art. 38. Código de Processo Penal: art. 157 e §§ 1º, 2º e 3º (redação dada pela Lei n. 11.690, de 2008); art. 233. Código de Processo Penal Militar: art. 295. Lei n. 9.296, de 24 de julho de 1996, que regulamenta o inciso XII do art. 5º da CF/1988.

7. Jurisprudência relevante do STF

Repercussão Geral Reconhecida Com Mérito Julgado – RE 583.937 QO-RG, Rel. Min. Cezar Peluso, j. 19-11-2009, P, *DJe* de 18-12-2009, tema 237. RE 1.166.949, Rel. p/ o ac. Min. Edson Fachin, j. 18-8-2020, P, *DJe* de 2-10-2020, Tema 1.041.

Repercussão Geral Reconhecida. ARE 1316369, Rel. Min. Edson Fachin, j. 8-12-2022, P, *DJe* de 20-4-2023, Tema 1.238.

RCL 26.745/PA, Rel. Min. Alexandre de Moraes, julgamento em 30-6-2017. RHC 133118/CE, Rel. Min. Dias Toffoli, julgamento em 26-9-2017 (Informativo 879, Segunda Turma). HC 137.924/PE, Rel. Min. Ricardo Lewandowski, julgamento em 14-6-2017, *DJe* de 19/6/2017. RHC 135.683, Rel. Min. Dias Toffoli, julgado em 25-10-2016. *DJe* de 3/4/2017. HC 93.050-6/RJ – Rel. Min. Celso de Melo, julgado em 10-6-2008, *DJe* de 20/6/2008. HC 82.862, Rel. Min. Cezar Peluso, julgamento em 19-2-2008. Informativo 495. HC 90.485, Rel. Min. Cezar Peluso, julgamento em 10-4-2007, *DJ* de 8/6/2007. RHC 90.376, Rel. Min. Celso de Mello, julgamento em 3-4-2007, *DJ* de 18/5/2007. HC 8.788, Rel. Min. Celso de Mello, julgamento em 12-4-2005, *DJ* de 2/6/2006. RE 402.035-AgR, Rel. Min. Ellen Gracie, julgamento em 9-12-2003, *DJ* de 6/2/04. RE 331.303-AgR, Rel. Min. Sepúlveda Pertence, julgamento em 10-2-2004, *DJ* de 12/3/2004. RE 251.445-GO, Rel. Min. Celso de Mello, informativo/STF n. 197, *DJ* 03/08/2000.

8. Bibliografia selecionada

ALEXANDRE, Isabel. *Provas ilícitas em processo civil*. Coimbra: Almedina, 1998. ASSIS, Araken de. *Eficácia civil da sentença penal*. 2. ed., rev., atual. e ampl. São Paulo: Revista dos Tribunais, 2000. AROCA, Juan Montero. *La prueba en el proceso civil*. Madrid: Civitas, 1996. ÁVILA, Thiago André Pierobom de. *Provas ilícitas e proporcionalidade*. Rio de Janeiro: Lúmen Júris, 2007. AVOLIO, Luiz Francisco Torquato. *Provas ilícitas*: interceptações telefônicas, ambientais e gravações clandestinas. 3. ed. rev. atual. São Paulo: Editora Revista dos Tribunais, 2003. AVOLIO, Luiz Francisco Torquato. *Provas ilícitas e arbitragem*. São Paulo: Marcial Pons, 2022. BENTHAM, Jeremy. *Tratado de las pruebas judiciales*. Buenos Aires: Ejea, 1971. CARNELUTTI, Francesco. Verità, Dubbio, Certeza. *Rivista di diritto processuale*, anno 1965, v. XX. CASTELLO BRANCO, Carlos (1920). *A prova ilícita*. Coimbra: Almedina, 2019. DEZEM, Guilherme Madeira. *Curso de processo penal*. 3. ed. São Paulo: RT, 2017. DIDIER JR., Fredie; BRAGA, Paula Sarno; OLIVEIRA, Rafael Alexandria de. *Curso de direito processual civil*: teoria da prova, direito probatório, ações probatórias, decisão, precedente, coisa julgada e antecipação dos efeitos da tutela. 10. ed. Salvador: Ed. JusPodivm, 2015. v. 2. FIDALGO GALLARDO, Carlos. *Las pruebas ilegales de la exclusionary rule estadounidense al artículo 11.1 LOPJ*. Madrid: Centro de Estudios Políticos y Constitucionales, 2003. FREITAS, Manuel Lebre de. *The Law of Evidence in the European Union/Das Beweisrecht in Der Europaischen Union/Le Droit de La Preuve Dans L'Union Europeenne* (Civil Procedure in Europe, Band 5). The Hague/NL: Kluwer Law International, 2004. GOMES FILHO, Antonio Magalhães. Provas. In: MOURA, Maria Thereza Rocha de Assis (coord.). *As reformas no processo penal:* as novas Leis de 2008 e os projetos de reforma. São Paulo: RT, 2008, p. 246-297. GIANNOULOPOULOS, Dimitrios. *Improperly Obtained Evidence in Anglo-American and Continental Law*. London: Hart Publishing, 2018. GRINOVER, Ada Pellegrini. *O processo em sua Unidade*, II, Provas Ilícitas. Rio de Janeiro: Forense, 1984. LOPES, João Batista. *A prova no direito processual civil*. 2. ed. São Paulo: Revista dos Tribunais, 2002. LOPES JUNIOR, Aury. *Direito processual penal*. 12. ed. São Paulo: Saraiva, 2015. MARCANTE, Marcelo. *Limites à atividade probatória*. Florianópolis/SC: Emais, 2020. MELLO, Rodrigo Pereira de. *Provas ilícitas e sua interpretação constitucional*. Porto Alegre: Sergio Antonio Fabris Editor, 2000. MENDONÇA, Raquel Pinheiro de Andrade.

Provas ilícitas: limites à licitude probatória. 2. ed. rev. ampl. São Paulo: Lumen Juris Editora, 2004. MINTO, Andressa Olmedo. *A prova digital no processo penal*. São Paulo: LiberArs, 2021. MOLINARO, Carlos Alberto; MILHORANZA, Mariângela Guerreiro. Da Prova Ilícita no Direito Processual. *Revista Forense*, v. 393, p. 3-18, 2007. MONAGHAN, Nicola. *Law of Evidence*. Cambridge: Cambridge University Press, 2015. NERY JR., Nelson. *Proibição da prova ilícita*. 4. ed. São Paulo: Editora Revista dos Tribunais, 1997. NEVES E CASTRO, F. A. *Teoria das provas e sua aplicação aos atos civis*. Rio de Janeiro: Jacinto Ribeiro dos Santos Editor, 1917. NUCCI, Guilherme de Souza. *Código de processo penal comentado*. 5. ed. São Paulo: Editora Revista dos Tribunais, 2005. NUVOLONE, Pietro. Le prove vietate nel processo penale nei paesi di diritto latino. *Rivista di Diritto Processuale*. Anno 1996, v. 21. OLIVEIRA, Carlos Alberto Alvaro de. Problemas atuais da livre apreciação da prova. *Revista da Faculdade de Direito da UFRGS*, n. 17. PONTES DE MIRANDA, Francisco Cavalcanti. *Comentários ao Código de Processo Civil*. Forense: Rio de Janeiro, 1974, t. IV. PORTO, Sérgio Gilberto. Prova: teoria e aspectos gerais no processo civil. *Revista Estudos Jurídicos* n. 39, São Leopoldo, 1984. PRADO, Leandro Cadenas. *Provas ilícitas no processo penal*: teoria e interpretação dos Tribunais Superiores. Niterói/RJ: Ed. Impetus, 2006. RIBEIRO, Pedro Melo Pouchain. *La regla de exclusión de la prueba ilícita*. São Paulo: Tirant Brasil, 2020. ROSA, Alexandre Morais da. *Guia do Processo Penal Estratégico: de acordo com a Teoria dos Jogos*. Santa Catarina: Emais, 2021. SARLET, Ingo W.; MARINONI, Luiz Guilherme; MITIDIERO, Daniel. *Curso de Direito Constitucional*. 7. ed. São Paulo: Saraiva, 2018. SILVA, Ovídio Araújo Baptista da. *Curso de Processo Civil*. 7. ed. Rio de Janeiro: Forense, 2006, v. 1. SILVA, Cesar Dario Mariano da. *Provas ilícitas:* princípio da proporcionalidade, interceptação e gravação telefônica, busca e apreensão, sigilo e segredo, confissão, Comissão Parlamentar de Inquérito (CPI) e sigilo. 6. ed. São Paulo: Atlas, 2010. SILVA, Viviani Ghizoni da et al. "Fishing expedition" e encontro fortuito na busca e na apreensão. Florianópolis/SC: Emais, 2022. SIMIONATO JR., Luis Carlos. *Inadmissibilidade das provas obtidas mediante ofensa à integridade física e moral da pessoa*. São Paulo: Dialética, 2021. TUCCI, Ricardo Raboneze. *Provas obtidas por meios ilícitos*. 2. ed. Porto Alegre: Síntese, 1999. TARUFFO, Michele. Modelli di prova e di procedimento probatório. *Rivista di Diritto Processuale*, anno XLV, abril/junho 1990. TESHEINER, José Maria Rosa. *Prova em geral – Fontes e meios de prova. Regras sobre o ônus da prova. Regra de experiência. Prova indiciária. Avaliação da prova pelo juiz*. Disponível em: http://www.tex.pro.br. Acesso em 24/09/2006.

B – COMENTÁRIOS

1. Considerações introdutórias

Este mandamento constitucional deve ser lido no seu contexto, ao que remetemos o leitor ao inciso LIII do artigo em comento combinado com os incisos XXXV, XXXVII, XXXVIII e LXI. Necessário, pois, ter sempre presente o *locus* onde se dá a produção da prova (que é uma característica do processo ou intervalo processual): a jurisdição legitimamente conformada, pois vedados, constitucionalmente, os tribunais de exceção, sendo que ao juízo se outorga competência bem definida: investidura de poder. Ademais, este é o contexto em que tem destaque o princípio do devido processo legal (LV), que é também decorrência do direito fundamental de acesso à justiça (XXXV). Logo, como decorrência da garantia constitucional e do direito fundamental conferido, visualiza-se, forte, o princípio do contraditório, núcleo duro do devido processo legal que afiança os mecanismos de defesa em sua plenitude. Tal constelação de garantias constitucionais é definidora de mais ampla garantia: a do processo judicial. Por isso mesmo, dois são os significados de processo no ambiente do comento, pois na perspectiva constitucional a garantia do devido processo legal, ou a tutela constitucional dos interesses das pessoas, isto é, de todas as pessoas, sejam nacionais ou não, se revela como indispensável para a formatação do significado dinâmico de processo de conteúdo concreto, ou o momento processual que articula o integral desenvolvimento da jurisdição.

2. Intervalos cronotópicos processuais

Em apertadíssima síntese, e para o que cabe neste comentário, podemos elencar como intervalos cronotópicos os seguintes: (α) o fundamento do processo, isto é, as questões que estão nele incorporadas, sejam de direito, de fato ou ambas (β) a unicidade processual, isto é, seu objeto que deve exigir a solução de uma única questão, embora diversos os pedidos, e em cujo interior desta questão possam existir outras, secundárias, sempre incidentais, o que serve para distinguir este mesmo processo de procedimento ou procedimentos, pois muitos podem ser esses incluídos em um mesmo processo; (γ) o marco inaugural, resultado da prefiguração do exercício do direito de ação (consagrado em todas as constituições democráticas); (δ) a resolução processual que firma a sentença na prestação da jurisdição; e, no entremeio desses últimos intervalos, (ε) o probatório que inclui o contraditório e a ampla defesa como vetor indispensável para a composição da *ratio decidendi* indutora da resolução processual.

3. Da translocação do probatório com o contraditório e a ampla defesa

Note-se que a norma em comento destina-se aos processos judiciais contenciosos, excluídos os de jurisdição não contenciosa e os administrativos em que inexista litígio, pela racionalidade de sua própria inaplicabilidade; contudo, quando existentes, de imediato dá-se a dilatação por translocação dessas garantias para atingi-los, realizando-se, assim, o preceito constitucional que qualifica o direito processual como condição para a concreção dos direitos fundamentais atribuídos no processo às partes. Neste sentido, e só neste sentido, se deve entender que a toda prova ilícita afronta o processo e *"contraria o processo, o inquérito policial, o processo administrativo e a sindicância"*[1].

4. A prova e a prova ilícita

A prova pode ser conceituada tanto como um meio de representação dos fatos que geraram a lide no processo como, também, um meio de afirmação ou confirmação (ou não) de uma hipótese ou de um juízo de valor-relativo a ser (re)produzido no curso da

---

1. STJ, RHC 6.008/SC, rel. Min. Luiz Vicente Cernicchiaro.

demanda; neste passo, a prova, portanto, revela-se como o intento de demonstração objetiva das alegações acerca dos fatos controvertidos no processo e que pode (e/ou deve) ser utilizada como estímulo para o convencimento do julgador. Em outras palavras, a prova não é meio de obtenção da verdade (quando muito da verossimilhança ou da veracidade), mas instrumento utilizado pelas partes e apropriado pelo julgador para auxiliar na formação da *ratio decidendi* que formata sua convicção ante o caso concreto. Prova, pois, é percurso. Revela-se no *iter* da demanda, e pela metodologia probatória podemos, quando muito, esperar alcançar (com boas ou más intenções) um juízo de verossimilhança ou um juízo de mera probabilidade[2] de certeza (vale dizer, a lógica do necessário) no âmbito do jurídico. Neste sentido, com o acerto que lhe é peculiar, Carlos Alberto Alvaro de Oliveira[3] acentua que, através do processo judicial, o juiz busca extrair a verdade provável e possível (um factível que preenche as condições necessárias para *ser*, para realizar-se, pois para a sua ocorrência foram vencidos os obstáculos, independentemente de que haja ou tenha havido sua realização efetiva). Por este motivo, entre outros menos relevantes, o direito repudia a prova obtida por meios ilícitos. Assim, a prova ilícita traz um vício de origem intransponível: impede a verossimilhança e a probabilidade do *ser*.

Impede a correspondência à verdade (seja qual for o conceito que dela possa ser extraído), pois esta correlação vai revestir-se de ilegalidade (isto é, despreza o abrigo da lei na conformação de sua obtenção ou produção), ou apresenta-se como moralmente inaceitável, neste último caso, confronta razões justificatórias de um imperativo de moralidade pública inserto na prestação jurisdicional, como conquista sociocultural.

A prova ilícita, de regra, reflete o exercício ilegítimo daquilo que é contrário à racionalidade do sistema. Pietro Nuvolone, com acuidade, distinguiu como espécies a prova ilícita e a prova ilegítima do gênero "prova vedada"; assim, procurou demonstrar que "[a] prova vedada significa prova que, em sentido absoluto, ou em sentido relativo, é contrária a uma específica norma de lei ou a um princípio do direito positivo", pois, para o autor, a "prova ilícita" é uma "prova vedada" em sentido absoluto[4], enquanto a "prova ilegítima" se revela como "prova vedada" numa perspectiva relativa; portanto, uma prova ilícita ofende norma de direito material, enquanto uma prova ilegítima viola regra de direito processual[5]. Logo, a distinção entre ambas se dá em virtude da especial natureza da norma infringida, contudo, necessária alguma ponderação como a seguir será demonstrado.

5. A proibição das provas ilícitas

O desprezo à prova ilícita constitui verdadeiro *functor*[6] processual determinado pela garantia constitucional e que tem como objeto imediato a preservação de direitos fundamentais, com a promoção de um processo justo, cujo intervalo persecutório esteja comprometido com a idoneidade da prova. Todavia, atente-se que direitos fundamentais ou garantias constitucionais não são absolutos, admitindo-se restrições e limites bem identificados e, neste sentido, aqui cabe uma distinção relativamente ao plano do direito a ser alcançado. Por exemplo, no direito penal, majoritária a posição da doutrina inclinada a admitir a utilização de prova ilícita sempre que o *telos* esteja endereçado exclusivamente em benefício do réu, com suporte no princípio do estado de inocência com a respectiva preservação da liberdade, concretizando direitos fundamentais inarredáveis incidentes no caso. A salvaguarda da liberdade e a formatação da dignidade emprestada à pessoa induzem restrições e mapeiam os limites da proibição da prova ilícita, seja nos processos, civil, administrativo, tributário ou outros em que se confrontam o Estado e os particulares, ou os particulares entre si; na colisão de direitos fundamentais, somente um juízo de proporcionalidade pode servir para eventualmente restringir ou limitar a garantia constitucional. Em tema de prova ilícita convém seguir a doutrina majoritária que entende que esta é espécie de prova proibida, isto é, prova vedada pelo direito, diferenciando-se da prova ilegítima. Tal distinção está imediatamente conectada ao intervalo da coleta da prova que afronta, em sentido alargado, as fontes de direito (direito material, usos e costumes, princípios gerais ou razões justificatórias que conformam a moralidade pública), ou no intervalo processual probatório, afrontando as regras processuais. Neste sentido, como provas ilícitas, remetemos o leitor para o comento ao art. 5º, *caput*, e incisos II, III, X, XI, XII entre outros, que bem-dispõem sobre a proteção dos direitos fundamentais constitucionalmente atribuídos e que não admitem violação.

6. Princípio da proporcionalidade e prova ilícita

Relativamente ao exame do princípio da proporcionalidade, remetemos o leitor, nesta obra, às *Notas introdutórias ao sistema constitucional de direitos e deveres fundamentais*, de lavra do Prof. Dr. *Ingo Wolfgang Sarlet*, especialmente a epígrafe 5.4 e subepígrafes 5.4.1. e 5.4.2., letras *a* e *b*, bem como as referências bibliográficas ali indicadas.

No que toca à utilização do princípio da proporcionalidade em sede de prova ilícita, apropriamos – daquele que talvez tenha sido o maior dos juristas brasileiros, do século XIX, em tema de "teoria da prova", Francisco Augusto das Neves e Castro (cuja obra, foi atualizada em 1917 por Francisco Cavalcanti Pontes de Miranda) – a afirmação de que: "*todas as ações têm por fundamento um ponto de direito e um ponto de fato. Inúteis seriam as leis se*

---

2. Nesse diapasão, bem argumentam Antunes Varela, J. Miguel Bezerra e Nora Sampaio que "a prova visa apenas, de acordo com os critérios de razoabilidade essenciais à aplicação prática do Direito, criar no espírito do julgador um estado de convicção, assente na certeza relativa do fato" (*Manual de Processo Civil*. Coimbra: Coimbra, 1985, p. 435-436).

3. OLIVEIRA, Carlos Alberto Álvaro de. Problemas atuais da livre apreciação da prova, *Revista da Faculdade de Direito da UFRGS*, n. 17, 1999, p. 49.

4. Tomando-se absoluto no seu sentido etimológico puro, isto é, perfeito, completo, acabado, o que implica a reflexão de que tudo o que é perfeito, acabado e completo tem limites bem estreitos e, por isso mesmo, pode sofrer restrições.

5. NUVOLONE, Pietro. Le prove vietate nel processo penale nei paesi di diritto latino, *Rivista di Diritto Processuale*. Anno 1996, p. 470, V. 21 ("prova vietata significa prova che, in senso assoluto, o in senso relativo, è contraria a una specifica norma di legge o a un principio del diritto positivo").

6. Utilizamos propositadamente o termo matemático "functor" (em Teoria das Categorias) como uma função de dada categoria em outra que leva objetos a objetos, assim como morfismos a morfismos, de modo que sejam preservados os objetos e morfismos. Assim, a prova ilícita (como categoria) tem por função preservar como objeto da prova o lícito, bem como preservar processo de transformação de um conjunto (o intervalo probatório) sobre outro (o intervalo do decisum) que não altera as operações definidas em ambos, mantendo-se íntegras as estruturas.

não tivessem relação com algum fato, e desnecessárias seriam também as ações, que constituem uma das teorias mais graves do direito e mais indispensáveis, para que ele se torne efetivo, se não houvesse os meios de investigar e determinar esses fatos que constituem o fim a que se dirigem as ações e o elemento objetivo do direito. Esses meios de investigar os fatos são o que chamamos de provas"[7].

Entendia Castro e Neves que os direitos são independentes das provas relativamente à sua existência, evidentemente, porque são prévios ao exercício da prova. Contudo, a prova de sua existência é condição mesma de seu exercício. Provas eram para o jurista *"o meio pelo qual a inteligência chega à descoberta da verdade"*, mas advertia que, no sentido jurídico, *"provas são a demonstração da verdade dos fatos alegados em juízo"*[8]. Portanto, os fatos alegados em juízo não conformam juridicidade quando o comportamento que os informa, ou os meios de que se utilizam são ilícitos ou ilegítimos.

Um direito fundamental à prova não comporta a ilicitude na sua produção.

Como direito fundamental, o direito à prova não comporta sequer o arbítrio do legislador, que não poderá editar normas que possam de alguma forma comprometer o núcleo essencial desse direito e, se não pode limitar o legislador, não pode o julgador ampliar esse mesmo núcleo essencial: o objetivo é a igualdade dos cidadãos, uma igualdade de "armas" na atribuição dos direitos materiais e no combate processual. Uma igualdade que a ambos favoreça, inclusive, o uso das provas regulares, amparadas no princípio da licitude e legalidade de sua produção. Proteção essa que é um *"dever"* dos tribunais na efetivação de um *devido processo*, em que não tenha vez qualquer comportamento mascavado, no qual o proibido não afronte o máximo do lídimo: o preceito constitucional da ampla defesa e do contraditório exime da inadequação probatória obtida por meios escusos. O que é digno de nota é apostar-se pela inviolabilidade do direito fundamental, na (re)produção probatória. Toda obtenção de prova ilícita – reprise-se à exaustão – por consequência, agride direitos fundamentais constitucionais expressamente reconhecidos. Somente poderemos adotar a utilização do *princípio da proporcionalidade* nos casos já apontados na epígrafe *supra*, sob pena de participarmos de um jogo perigoso: o jogo do *"vale-tudo"* ou, pior, o de soma zero. Se admitirmos essa prática, vamos dar razão a Rorty[9] afirmando que os direitos fundamentais são sonhos metafísicos, e que funcionam como um consolo ou lenitivo a que devemos renunciar; ou, pior, vamos perfilar a postura de MacIntyre[10] na afirmação de que tais direitos não existem, e que crer neles é como crer em bruxas ou unicórnios. Provar lidimamente a *"verdade"* é apostar na *veracidade possível*. Uma *"veracidade possível"* que comparte a *"justiça possível"*, isto é, postula pelo exprovado, pelo impermisto, que não admite a ilicitude e a ilegitimidade na produção da prova de um direito ou de um fato.

7. Investigação especulatória – *Fishing Expedition* – e proibição da prova ilícita

No contexto do direito processual, uma *fishing expedition* (expedição de pesca, em tradução livre, aqui uma pescaria "probatória", isto é uma "procura especulativa") refere-se a uma prática em que uma parte em um processo judicial solicita uma ampla gama de informações, documentos ou provas com o objetivo de encontrar algo que possa ser usado em seu favor, sem ter uma base concreta para a solicitação. Essa expressão é frequentemente usada quando uma parte faz pedidos excessivamente amplos ou genéricos de produção de provas, na esperança de que alguma informação relevante ou prejudicial possa ser descoberta durante o processo. É como lançar uma rede ampla e esperar capturar algo útil, mesmo sem ter indícios sólidos de que tal coisa existe. A correspondência entre a *fishing expedition* e o princípio da proibição da prova ilícita está relacionada à ideia de que a obtenção de provas no processo deve ser baseada em meios legítimos e admissíveis. Esse princípio é fundamental para garantir a justiça e a equidade no sistema de justiça, evitando a utilização de provas obtidas de maneira ilegal, antiética ou abusiva. A *fishing expedition* é considerada prejudicial ao princípio da proibição da prova ilícita, pois permite que uma parte tente obter provas sem justificativa adequada, violando a necessidade de uma causa provável ou de uma base razoável para a solicitação. Além disso, essa prática pode levar ao abuso do processo, desperdício de recursos e violação da privacidade e dos direitos das partes envolvidas. Em geral, os tribunais são cautelosos ao lidar com pedidos de produção de provas que se assemelham a uma *fishing expedition* e podem rejeitá-los ou limitá-los, a menos que a parte que solicita demonstre uma base sólida para a solicitação e a relevância direta das informações buscadas para a questão em litígio. Em regra, valiosa a decisão do Min. Celso de Mello em 05/05/2020 nos autos do Inq. 4.831/DF pronunciando a ilegalidade da expedição especulatória em busca de prova. O mesmo STF julgando o HC 144.159/PR e o HC 163.461/PR, ambos de relatoria do Min. Gilmar Mendes, perfilharam a ilicitude da busca e apreensão pela ocorrência de *fishing expedititon*, pois o mandado de busca era direcionado a pessoa jurídica e os bens apreendidos eram de propriedade da pessoa física dos sócios e sem relação aos fatos investigados, mais recentemente no RE 1.055.941/SP de relatoria do Min. Dias Toffoli do mesmo modo se advertiu a impossibilidade do caso de *fishing expedititon* pela consumação de RIF's (relatórios de inteligência financeira) contra pessoas não investigadas.

Art. 5º, LVII – ninguém será considerado culpado até o trânsito em julgado de sentença penal condenatória;

Nereu José Giacomolli

1. Antecedentes

1.1. Evolução

No direito romano, por influência do cristianismo, na verificação da situação de uma pessoa acusada, incidia a máxima do *in dubio pro reo*, como regra referente à valoração da prova. A Carta Magna de 1215 vedava a perda da liberdade e da propriedade em razão de uma prisão injusta, salvo nas hipóteses previstas em lei, e após um julgamento justo, por seus pares ("nenhum homem livre

---

7. NEVES E CASTRO, F. A., *Teoria das provas e sua aplicação aos atos civis.* Rio de Janeiro: Jacinto Ribeiro dos Santos Editor, 1917, p. 12 (atualizamos o português empregado pelo autor).

8. Id. Ib., p. 14.

9. RORTY, R. *Objetividad, relativismo y verdad. Escritos filosóficos I*. Barcelona: Paidós, 1996, p. 52.

10. MACINTYRE, A. *Tras la virtud*. Barcelona: Crítica, 1987, p. 95.

será detido ou preso, nem privado de seus direitos, banido ou exilado ou de algum modo prejudicado, nem agiremos ou mandaremos agir contra ele, senão mediante um juízo legal de seus pares ou segundo a lei da terra"). A esse postulado se vincula a garantia de jurisdicionalidade criminal (*nulla culpa sine iuditio*)[1]. Na *common law* não há nexo entre a presunção de inocência e a liberdade pessoal, mas sim com o encargo probatório, em razão do modelo adversarial de processo penal (DOMINIONI, 1991, p. 164)[2]. Com a inquisição, na Idade Média, numa estrutura de processo penal inquisitorial, não se partia da inocência do acusado, mas de sua culpabilidade. Nesse paradigma, a inocência era declarada quando o acusado a demonstrasse (*purgatio* da acusação), bastando um simples indício à formação de um juízo condenatório. Por isso, na transição dos modelos históricos de processo penal, do inquisitorial ao acusatório, a presunção de inocência assumiu relevante função em sua modificação estrutural, principalmente no que diz respeito à liberdade e à prova. No âmbito da Europa continental, a presunção de inocência passou a ganhar corpo a partir das críticas dos pensadores iluministas acerca dos sistemas penais e, principalmente, em razão da discussão da relação da potestade punitiva do Estado e da liberdade individual com o direito natural e inviolável da presunção de inocência dos cidadãos, culminando com sua inserção na Declaração dos Direitos do Homem e do Cidadão de 1789. Com o Código de Processo Penal francês de 1808, o qual instituiu o denominado sistema misto, confiado como modelo a toda a Europa continental, tido como um avanço em relação à legislação anterior, principalmente ao Código de Processo Penal francês de 1670, a presunção de inocência, na concretização garantística, restou comprometida, mormente no que tange à prova (imparcialidade do juiz e busca da verdade), em razão do novo paradigma processual (DOMINIONI, 1991, p. 174 e ss.)[3]. As estruturações e modificações processuais seguintes, de matriz acusatória ou inquisitorial, em dois pontos fundamentais – liberdade e prova –, revelam o grau de concretização da presunção da inocência.

A presunção de inocência surgiu em face das práticas do *ancien regime* contra a liberdade das pessoas, em razão das prisões arbitrárias e da consideração da pessoa como sendo culpada, mesmo antes de ser provada a sua culpabilidade.

1.2. Constituições brasileiras anteriores

As Constituições brasileiras anteriores à de 1988, embora destinassem um capítulo específico aos Direitos e Garantias Individuais, através de um rol meramente exemplificativo, não previam, expressamente, a presunção de inocência, limitando-se a mencionar que a especificação dos direitos e das garantias, contidos na Constituição, não excluiria outros direitos e garantias decorrentes do regime e dos princípios nela adotados. Nesse sentido, o artigo 78 da Constituição de 1891 expressamente referia: "a especificação das garantias e direitos expressos na Constituição não exclui outras garantias e direitos não enumerados, mas resultantes da forma de governo que ela estabelece e dos princípios que consigna". Na mesma linha, o artigo 114 da Constituição de 1934 preconizava: "a especificação dos direitos e garantias expressos nesta Constituição não exclui outros, resultantes do regime e dos princípios que ela adota". Já no artigo 123 da Constituição de 1937 constava que "a especificação das garantias e direitos acima enumerados não exclui outras garantias e direitos, resultantes da forma de governo e dos princípios consignados na Constituição. O uso desses direitos e garantias terá por limite o bem público, as necessidades da defesa, do bem-estar, da paz e da ordem coletiva, bem como as exigências da segurança da Nação e do Estado em nome dela constituído e organizado nesta Constituição". Do artigo 144 da Constituição de 1946 se infere que "a especificação dos direitos e garantias expressas nesta Constituição não exclui outros direitos e garantias decorrentes do regime e dos princípios que ela adota". Nessa mesma perspectiva, embora com maior especificidade, o artigo 150 da Constituição da República Federativa do Brasil de 1967 explicava que "a Constituição assegura aos brasileiros e aos estrangeiros residentes no País a inviolabilidade dos direitos concernentes à vida, à liberdade, à segurança e à propriedade, nos termos seguintes". Em seu § 35 constava: "a especificação dos direitos e garantias expressas nesta Constituição não exclui outros direitos e garantias decorrentes do regime e dos princípios que ela adota". A Emenda Constitucional n. 1 de 17 de outubro de 1969, em seu art. 153, § 36, consignava que "a Constituição assegura aos brasileiros e aos estrangeiros residentes no País a inviolabilidade dos direitos concernentes à vida, à liberdade, à segurança e à propriedade, nos termos seguintes". Em seu § 36 constava: "a especificação dos direitos e garantias expressos nesta Constituição não exclui outros direitos e garantias decorrentes do regime e dos princípios que ela adota".

Com a Declaração Universal dos Direitos do Homem de 1948 (DUDH) restou nítida e explícita a necessidade de proteção da liberdade, da igualdade e da dignidade da pessoa, como valores essenciais de convivência humanitária, refletindo na discussão acerca da presunção de inocência e na estruturação do processo penal. Iniciou-se um questionamento da validade das regras do Código de Processo Penal, especialmente da presunção de inocência, em razão da DUDH. O Supremo Tribunal Federal decidiu, em face do disposto no artigo 150, § 35 da Constituição de 1967, pela inconstitucionalidade do artigo 48 do Decreto-Lei n. 314, de 1967, o qual previa a suspensão do exercício da profissão, emprego em entidade privada, assim como cargo na administração pública, autarquia, empresa pública ou sociedade de economia mista em razão de prisão em flagrante delito ou pelo simples recebimento da denúncia.

A consagração expressa do princípio da presunção de inocência veio na Constituição de 1988, no artigo 5º, LVII: "ninguém será considerado culpado até o trânsito em julgado da sentença penal condenatória".

1.3. Constituições estrangeiras

Os diplomas internacionais acerca dos direitos humanos influenciaram o legislador constitucional de inúmeros países, de

---

[1]. "Art. 39: Nenhum homem livre será detido ou preso, nem privado de seus direitos (*disseisiatur*), banido (*utlagetur*) ou exilado ou, de algum modo, prejudicado (*destruatur*), nem agiremos ou mandaremos agir contra ele, senão mediante um juízo legal de seus pares ou segundo a lei da terra (*nisi per legale iudicium parium suorum vel per legem terre*)."

[2]. Em DOMINIONI, Oreste. *Commentario della Constituzione – Art. 27-28*. Bolonha: Zanichelli, 1991, p. 164, o autor enfatiza que isso se deve ao âmbito de proteção da liberdade pessoal através do *habeas corpus* na *commonlaw*. Também, GHIARA, Aldo. "Presunzione di innocenza, presunzione di 'non colpevolezza' e formula dubitativa, anche alla luce degli interventi della corte costituzionale", *Rivista Italiana di Diritto e Procedura Penale*, 1974, p. 74, traça considerações sobre a aplicabilidade do princípio da presunção de inocência no modelo inglês.

[3]. Em DOMINIONI, Oreste. *Commentario della Constituzione – Art. 27-28*. Bolonha: Zanichelli, 1991, p. 170 a 174.

modo que a presunção de inocência foi sendo inserida nas Constituições. Mencionamos a sua consagração, além de outros países, no continente europeu, no artigo 24.2 da Constituição Espanhola de 1978 ("todos têm direito a um Juiz ordinário predeterminado pela lei, à defesa e à assistência de advogado, a serem informados da acusação formulada contra eles, a um processo público sem dilações indevidas e com todas as garantias, a utilizar os meios de prova pertinente à sua defesa, a não prestar declarações contra si mesmo, a não se confessar culpado e à presunção de inocência"); na Constituição Francesa de 1958, que, em seu preâmbulo, o qual tem idêntica força dos dispositivos contidos no texto principal, declara adesão aos princípios da Declaração de 1789 ("o povo francês proclama solenemente sua adesão aos Direitos do Homem e aos princípios de soberania nacional tal como foram definidos na Declaração de 1789, confirmada e completada pelo preâmbulo da Constituição de 1946"); no artigo 32.2 da Constituição Portuguesa de 1976 ("todo imputado será considerado inocente até o trânsito em julgado da sentença condenatória definitiva. Deverá ser julgado num prazo mais breve compatível com as garantias da defesa"); e no artigo 27.2 da Constituição Italiana de 1947 ("o acusado não é considerado culpado até a condenação definitiva").

1.4. Direito Internacional

A Declaração de Direitos do Homem e do Cidadão, de 26 de agosto de 1789, em seu artigo 9º, rompendo com o *Ancien Regime*, expressamente enunciou a presunção de inocência ("como todo homem deve ser presumido inocente até que tenha sido declarado culpado, se se julgar indispensável detê-lo, todo o rigor desnecessário para que seja efetuada a sua detenção deve ser severamente reprimido pela lei")[4], em atendimento às críticas dos pensadores da ilustração à estrutura inquisitorial do processo penal, a qual partia da presunção de culpabilidade do imputado, produzindo seus principais efeitos na prova e na prisão (VEGAS TORRES, 1993, p. 19)[5]. O artigo 11 da Declaração Universal dos Direitos Humanos, proclamada em 10 de dezembro de 1948, pela Assembleia das Nações Unidas, em face das experiências da Segunda Guerra Mundial, das fortes violações aos direitos humanos, bem como da esperança de que as transgressões poderiam ser prevenidas por meio de um efetivo sistema de proteção internacional, acolheu a presunção de inocência como garantia ao justo processo ("toda pessoa acusada de um ato delituoso tem o direito de ser presumida inocente até que a sua culpabilidade tenha sido provada de acordo com a lei, em julgamento público no qual lhe tenham sido asseguradas todas as garantias necessárias à sua defesa")[6]. A Convenção Europeia para a Tutela dos Direitos do Homem e da Liberdade Fundamental, firmada em Roma, em 4 de novembro de 1950, reconhece, em seu artigo 6.2, na presunção de inocência, um princípio basilar de construção e de desenvolvimento das garantias processuais, além de dispor de um órgão para lhe dar efetividade, ou seja, da Corte Europeia dos Direitos do Homem ("toda pessoa acusada de um delito é presumivelmente inocente até quando sua culpabilidade não seja legalmente apurada")[7]. O Pacto Internacional sobre os Direitos Civis e Políticos, aprovado pela Assembleia Geral da ONU em 16 de dezembro de 1966, além de reiterar a presunção de inocência, no artigo 14.2 especifica, de modo mais detalhado, as garantias processuais penais do acusado ("toda pessoa acusada de um delito é presumivelmente inocente, até que sua culpabilidade não tenha sido legalmente estabelecida")[8].

A Declaração Americana de Direitos e Deveres do Homem, aprovada na 9ª Conferência Internacional Americana, em 1948, no artigo 26, consagra a presunção de inocência, a qual foi inserida no tópico "Direito a um Processo Regular" ("parte-se do princípio de que todo acusado é inocente, até provar-se-lhe a culpabilidade")[9]. A Convenção Americana sobre Direitos Humanos (Pacto de São José da Costa Rica), celebrada em São José da Costa Rica, em 22 de novembro de 1969, estabeleceu em seu artigo 8.2 as garantias judiciais e, dentre elas, a da presunção de inocência ("toda pessoa acusada de praticar um delito tem direito a que se presuma sua inocência enquanto não se comprove legalmente sua culpabilidade")[10]. A carta de adesão foi depositada pelo Brasil em 25 de setembro de 1992 e a promulgação ocorreu através do Decreto n. 678 em de 6 de novembro de 1992.

2. Jurisprudência do STF

2.1. Antecedentes criminais e regra de tratamento

Somente o trânsito em julgado da sentença penal condenatória descaracteriza a "presunção *juris tantum* de inocência do réu, que passa, então, a ostentar o *status* jurídico-penal de condenado, com todas as consequências legais daí decorrentes". Ademais, "a evolução histórica desse direito fundamental titularizado por qualquer pessoa, independentemente da natureza do crime pelo qual venha a ser condenada", se constitui em "direito fundamental do indivíduo e limitação ao poder do Estado", como afirmado na ADPF 144. No caso concreto, o Tribunal de Justiça local havia admitido que inquéritos policiais em curso, ações penais em andamento e absolvições legitimariam o reconhecimento de maus antecedentes, exasperando a pena-base, o que foi afastado pelo STF. Isso somente poderia ocorrer após o trânsito em julgado da

---

4. "Como todo homem deve ser presumido inocente até que tenha sido declarado culpado, se se julgar indispensável detê-lo, todo o rigor desnecessário para que seja efetuada a sua detenção deve ser severamente reprimido pela lei."

5. Cf. VEGAS TORRES, Jaime. *Presunción de inocencia y prueba en el proceso penal*. Madrid: La Ley, 1993, p. 19.

6. "Toda pessoa acusada de um ato delituoso tem o direito de ser presumida inocente até que a sua culpabilidade tenha sido provada de acordo com a lei, em julgamento público no qual lhe tenham sido asseguradas todas as garantias necessárias à sua defesa."

7. "Toda pessoa acusada de um delito é presumivelmente inocente até quando sua culpabilidade não seja legalmente apurada." Sobre a convenção, cf. BARTOLE, Sérgio; CONFORTI, Benedetto e RAIMONDI, Guido. *Commentario alla Convenzione Europea per la Tutela dei Diritti dell'Uomo e delle Libertà Fondamentali*. Milão: Cedam, 2001, p. 216 a 222; CHIAVARIO, Mário. "La presunzione d'innocenza nella giurisprudenza della Corte Europea dei diritti dell'uomo", *Studi in Ricordo di Giandomenico Pisapia*. Milão: Giuffrè, 2000, p. 80 e 81.

8. "Toda pessoa acusada de um delito é presumivelmente inocente, até que sua culpabilidade não tenha sido legalmente estabelecida."

9. "Parte-se do princípio de que todo acusado é inocente, até provar-se-lhe a culpabilidade."

10. "Toda pessoa acusada de praticar um delito tem direito a que se presuma sua inocência enquanto não se comprove legalmente sua culpabilidade." Sobre a Convenção, cf. STEINER, Sylvia Helena de Figueiredo. *A Convenção Americana sobre Direitos Humanos e sua Integração ao Processo Penal Brasileiro*. São Paulo: Revista dos Tribunais, 2000; GOMES, Luiz Flávio e PIOVESAN, Flávia. *O Sistema Interamericano de Proteção dos Direitos Humanos e o Direito Brasileiro*. São Paulo: Revista dos Tribunais, 2000; COMPARATO, Fábio Konder. *A Afirmação Histórica dos Direitos Humanos*. São Paulo: Saraiva, 2004.

sentença penal condenatória. Assegurou o STF ser o estado de inocência uma garantia constitucional do indivíduo, constituindo-se em "um valor fundamental e exigência básica de respeito à dignidade da pessoa humana", limitativo do poder. Por isso, o Poder Público possui um dever de tratamento, o qual não pode ser desrespeitado pelas autoridades e agentes públicos (HC 97.665, rel. Min. Celso de Mello, de 2011).

Nessa mesma perspectiva, entende o STF violar o estado de inocência a exclusão de candidato de concurso público pelo fato de estar respondendo a inquérito policial ou ação penal sem trânsito em julgado da sentença penal condenatória (RE 560.900, rel. Min. Joaquim Barbosa, de 2008 e AI 829.186, rel. Min. Dias Toffoli, de 2013).

A partir da Súmula Vinculante n. 11, "só é lícito o uso de algemas em casos de resistência e de fundado receio de fuga ou de perigo à integridade física própria ou alheia, por parte do preso ou de terceiros, justificada a excepcionalidade por escrito, sob pena de responsabilidade disciplinar, civil e penal do agente ou da autoridade e de nulidade da prisão ou do ato processual a que se refere, sem prejuízo da responsabilidade civil do Estado". Uma das fundamentações que serviram de base à edição da presente súmula foi o estado de inocência e o tratamento ao preso (HC 91.952, rel. Min. Marco Aurélio, de 2008).

O STF admitiu a repercussão geral e firmou, no Tema 1171, a tese de que "violam o princípio da presunção de inocência o indeferimento de matrícula em cursos de reciclagem de vigilante e a recusa de registro do respectivo certificado de conclusão, em razão da existência de inquérito ou ação penal sem o trânsito em julgado de sentença condenatória" (RE 1307053, rel. Min. Luiz Fux, julgado em 23/09/2021). Dessa forma, inadmissível a consideração, *prima facie*, do acusado, como se culpado fosse. A busca pessoal, pelo simples fato da cor da pele (perfilamento racial), ofende a presunção de inocência, invertendo a perspectiva de análise do estado de inocência.

2.2. Execução antecipada da pena

O STF perfilava-se contra a execução antecipada da pena. Merece destaque o HC 94.408, rel. Min. Eros Grau, de 2009, segundo o qual a Lei de Execução Penal condicionou a execução da pena privativa de liberdade ao trânsito em julgado da sentença penal condenatória, nos termos do art. 5º, LVII, da CF, sobrepondo-se temporal e materialmente ao disposto no art. 637 do CPP, sendo possível a segregação antes do trânsito em julgado somente a título de cautelar. Consta no voto que, em uma democracia, aqueles que cometeram delitos também são considerados sujeitos de direitos e não meros objetos processuais, sem perda da dignidade, nos termos do art. 1º, III, da CF.

Contudo, no HC 126.292, de 17.2.2016, por maioria, o STF alterou o seu entendimento e passou a admitir a execução da pena antes do trânsito em julgado da sentença penal condenatória, desvirtuando o conteúdo e a funcionalidade do art. 5º, LVII, CF. Com isso, autorizou o cumprimento de pena quando ainda haja possibilidade de modificação da condenação, tanto para absolver, anular o processo ou diminuir a sanção. Os efeitos se irradiam em todo conteúdo das decisões (perda de cargo, perdimento de bens, *v.g.*). Além de retrocesso jurídico, a decisão relativiza direitos e garantias historicamente conquistados, produz danos irreversíveis ao *status libertatis*, ao direito de propriedade, ao estudo e ao trabalho. Mais preocupante, o *decisum* do Tribunal que possui a missão de proteger a CF, nega vigência ao art. 5º, LIV, LV, LVII, CF (devido processo penal, ampla defesa e preservação do estado de inocência). A necessidade de recolhimento ao cárcere, antes do trânsito em julgado, sempre foi assegurada pela prisão preventiva (prisão de natureza processual). A culpa se torna indiscutível após o trânsito em julgado de uma sentença penal condenatória e não após a confirmação da condenação pelo segundo grau jurisdicional. Neste, poderá esgotar-se o exame da materialidade, da autoria e das provas acerca da responsabilidade criminal. Contudo, o ordenamento jurídico permite a utilização do Recurso Especial e do Recurso Extraordinário, com reais possibilidades de modificação do julgado (dados da FGV Direito Rio, de 2014, revelam que 8,27% dos *habeas corpus* e recursos em *habeas corpus* foram deferidos pelo STF, de 2008 a 2012. No STJ este número chega a 27,86%). A necessidade de execução provisória há de estar fundamentada no acórdão confirmatório da condenação, com exigência de duplo grau (duas possibilidades de exame da prova). A execução provisória desvirtua o sistema impugnativo, incrementa o número de *habeas corpus* nos Tribunais Superiores, mergulhando num inconsequente senso comum cartesiano, desprezando a complexidade do mundo contemporâneo e o caótico sistema penitenciário. Vários são os problemas emergentes: a) indenização por prisões e penas alteradas no STJ e STF; b) processos sem duplo grau de jurisdição em matéria fática, como o são os de competência originária (V. HC 140.213, de 02/03/2017, rel. Min. Luiz Fux); c) tempo de preparo e julgamento dos recursos nos Tribunais; d) prescrição etc.

O STF, ao julgar as Ações Diretas de Constitucionalidade n. 29 e 30, bem como a Ação Direta de Inconstitucionalidade n. 4578, em 16 de fevereiro de 2012, declarou a constitucionalidade da Lei Complementar n. 135/2010 (Lei da Ficha Limpa). O Tribunal Superior Eleitoral, no Agravo Regimental em Recurso Ordinário 47153, de 2 de dezembro de 2014, assentou que a Lei da Ficha Limpa não ofende o art. 23 da CADH. Contudo, pensamos que há violação do estado de inocência, pois restringem-se direitos (registro de candidatura, *v.g.*) antes do trânsito em julgado da sentença penal condenatória.

Após o advento do HC 126.292, de 17.2.2016, os Tribunais Estaduais, Regionais Federais e o STJ, alinharam-se, como regra, ao novel entendimento (V. STJ, Resp. 998.641, *DJe* de 5.5.2017, rel. Min. Ribeira Dantas). No âmbito do STF, algumas decisões monocráticas passaram a afastar a execução antecipada da pena.

A Lei n. 13.964/2019 deu nova redação ao art. 492, I, *e*, do Código de Processo Penal, permitindo "a execução provisória das penas" quando o réu, condenado pelos Jurados, receber pena igual ou superior a 15 anos de reclusão. Tal dispositivo afronta a presunção de inocência, cuja discussão está afeta ao Tema 1068, em face do RE 1235340, rel. Min. Roberto Barroso. A pena aplicada e seus consectários legais, como a prisão processual e sua execução, desvinculam-se da soberania dos veredictos (art. 5º, XXXVIII, *c*, da CF), por não ser de competência dos Jurados, mas do juiz togado. A soberania, mesmo relativa, restringe-se ao juízo de condenado ou inocente.

2.3. Prisão preventiva

A prisão processual, desde que atenda a todos os requisitos, não afeta o estado de inocência. Trata-se, segundo o STF, de "um princípio cardeal do processo penal em um Estado Democrático de Direito"; "uma conquista da humanidade". Contudo, veda "a imposição de restrições ao direito do acusado antes do final processo, exigindo apenas que essas sejam necessárias e que não sejam prodigalizadas", ademais de não se erigir em "véu inibidor da apreensão da realidade pelo juiz, ou mais especificamente do conhecimento dos fatos do processo e da valoração das provas, ainda que em cognição sumária e provisória". Na expressão da relatora, "o mundo não pode ser colocado entre parênteses". Consta no acórdão que "o entendimento de que o fato criminoso em si não pode ser valorado para decretação ou manutenção da prisão cautelar não é consentâneo com o próprio instituto da prisão preventiva, já que a imposição desta tem por pressuposto a presença de prova da materialidade do crime e de indícios de autoria. Se as circunstâncias concretas da prática dos crimes, duplo homicídio relacionado a disputas do tráfico de drogas, revelam a periculosidade do agente, justificada está a decretação ou a manutenção da prisão cautelar para resguardar a ordem pública, desde que igualmente presentes boas provas da materialidade e da autoria" (HC 105.122, rel. Min. Rosa Weber, de 2013).

No mesmo sentido, o STF, no RHC 111327, rel. Min. Cármen Lúcia, de 2013, entendeu que a "prisão decorrente de sentença condenatória meramente recorrível não transgride a presunção constitucional de inocência, desde que a privação da liberdade do sentenciado satisfaz os requisitos de cautelaridade que lhe são inerentes, e encontre fundamento em situação evidenciadora da real necessidade de sua adoção". A necessidade de haver fundamentação em cada situação concreta, com a devida justificação, também foi analisada no HC 114.092, rel. Min. Teori Zavaski, de 2013, quando foi discutida a vedação da liberdade provisória nos casos de tráfico de drogas (art. 44 da Lei n. 11.343/2006), já afastada em 2012, na apreciação do HC 104.339, rel. Min. Gilmar Mendes, onde constou que "a mera inafiançabilidade do delito (CF, art. 5º, XLIII) não impede a concessão da liberdade provisória"; que "sua vedação apriorística é incompatível com os princípios constitucionais da presunção de inocência e do devido processo legal", como o "mandamento constitucional que exige a fundamentação para todo e qualquer tipo de prisão." Argumentou que a decisão nada referiu sobre as particularidades do caso concreto, levando-se em consideração tão somente a gravidade abstrata do delito de tráfico de drogas e suas nefastas consequências à sociedade. Por fim, destacou que a chancela deste tipo de decisão equivaleria considerar necessária a prisão cautelar para qualquer caso de tráfico de drogas, o que não se coaduna com a disciplina constitucional.

3. Comentários

3.1. Funções e conteúdo

As fórmulas "presunção de inocência" (formulação positiva) e "presunção de não culpabilidade" (formulação negativa) são equivalentes, independentemente das possíveis distinções idiomáticas, semânticas e de purificação conceitual. Distinguir é reduzir o alcance da regra humanitária do *status libertatis*, afastando-se do conteúdo da previsão constante nos diplomas internacionais antes mencionados; em suma, diferenciá-las é afastar a presunção de inocência, embora se trate de presunção *iuris tantum*. Dizer que o sujeito no processo não é culpado, mas imputado, é colocar em dúvida a sua inocência, é desvirtuar o regramento probatório e a proteção da liberdade; é não admitir a presunção de inocência em sua formulação plena; é dizer que o acusado é "semi-inocente" (posição intermediária entre culpado e inocente). Quando não se é presumivelmente culpado, se é presumivelmente inocente, pois *qui negat de uno dicit de altero* (GHIARA, 1974, p. 85)[11].

A presunção de inocência é um princípio de elevado potencial político e jurídico, indicativo de um modelo basilar e ideológico de processo penal. Este, quando estruturado, interpretado e aplicado, há de seguir o signo da dignidade e dos direitos essenciais da pessoa humana (CHIAVARIO, 2000, p. 75)[12], afastando-se das bases inquisitoriais, as quais partiam do pressuposto contrário, ou seja, da presunção de culpabilidade da pessoa. A adoção ou não do princípio da presunção de inocência revela a opção constitucional de um modelo de processo penal (ILLUMINATI, 1984, p. 15)[13].

---

11. Afirmação de Bellavista em GHIARA, Aldo. "Presunzione di innocenza, presunzione di 'non colpevolezza' e formula dubitativa, anche alla luce degli interventi della corte costituzionale", *Rivista Italiana di Diritto e Procedura Penale*, 1974, p. 85. Em DOMINIONI, Oreste. *Commentario della Constituzione – Art. 27-28*. Bolonha: Zanichelli, 1991, p. 188 a 196, bem como no trabalho retrocitado, de Ghiara, p. 82 a 85, se pode verificar os debates da Assembleia Constituinte Italiana acerca da redação do princípio da presunção de inocência. Houve referências que a locução presunção de inocência era muito teórica e a Constituição é "algo de prático". A redação da subcomissão era: "o imputado é presumivelmente inocente, até que um ato da autoridade judiciária o declare culpado". Após algumas propostas alternativas, a redação ficou: "o acusado não é considerado culpado até a condenação definitiva". A justificativa é de que houve a necessidade de ser adotada uma "fórmula menos drástica". Falar em presunção de inocência seria "algo de natureza romântica", enquanto a redação aprovada constitui "uma expressão de alguma exigência concreta". Nos debates que culminaram com a modificação de redação, não emergiu qualquer preocupação com a abrangência de tal garantia, mas sim a de evitar que tal princípio fosse reapresentado com uma dicção novamente exposta às antigas acusações de falta de lógica técnico-jurídica. Houve uma escolha antecipada da fórmula que resultou mais clara para exprimir um conceito dito por todos aqueles que presumem o réu inocente até que não tenha sido definitivamente condenado. Conclui Dominioni pela equivalência das duas expressões, afirmando: "tanto que, mesmo depois da mudança da alteração da redação em todas as intervenções se continuo a falar de presunção de inocência e quem se declarava contrário ao princípio, não exitava em reconhecer a equivalência de significado das duas fórmulas. Além disso, o que mais conta é a individualização das consequências práticas do princípio". Segundo CHIAVARIO, Mário. "Presunzione d'innocenza e diritto di difesa nel pensiero di Francesco Carrara", em *Rivista Italiana de Diritto e Procedura Penale*, 1991, p. 358, a Constituição não teve coragem de consagrar a presunção de inocência em sua expressão mais genuína. O STF em vários julgados se refere à garantia do artigo 5º, LVII, da Constituição Federal, como da "não culpabilidade". Nesse sentido, HC 85.249/BA, Rel. Min. Celso de Mello, *DJ* 15-12-2006; HC 89.501/GO, Rel. Min. Celso de Mello, *DJ* 16-03-2007; HC 84.029/SP, Rel. Min. Gilmar Mendes, *DJ* 06-09-2007. Entretanto, no Inq. 2.033/DF, Rel. Min. Nelson Jobim, *DJ* 17-12-2004, utiliza a expressão "presunção de inocência". No STJ, a expressão consagrada é a "presunção de inocência", inclusive como enunciado na Súmula 9 ("a exigência da prisão provisória, para apelar, não ofende a garantia constitucional da presunção de inocência"). *Vide*, nesse sentido, os HC 79.225/SP, Rel. Min. Felix Fischer, *DJ* 10.12.2007; HC 90.847/SP, Rel. Min. Napoleão Nunes Maia Filho, *DJ* 17.12.2007; HC 93.550/RR, Rel. Min. Maria Thereza de Assis Moura, *DJ* 11.02.2008. No HC 65.273/PR, Rel. Min. Gilson Dipp, *DJ* 05.02.2007, o acórdão utiliza as duas expressões "presunção de inocência" e "presunção de não culpabilidade" como sendo idênticas. Já no AgRg na MC 12.493/SP, Rel. Min. Hamilton Carvalhido, *DJ* 25.06.2007, o acórdão utiliza a expressão "não culpabilidade".

12. Nesse sentido, CHIAVARIO, Mário. "La presunzione d'innocenza nella giurisprudenza della Corte Europea dei diritti dell'uomo", em *Studi in Ricordo di Giandomenico Pisapia*. Milão: Giuffrè, 2000, p. 75; GOMES FILHO, Antônio Magalhães. *Presunção de Inocência e Prisão Cautelar*. São Paulo: Saraiva, 1991, p. 37, acentuam os valores inerentes à dignidade da pessoa humana, advindos da presunção de inocência.

13. Segundo Carrara, em CHIAVARIO, Mário. "Presunzione d'innocenza e diritto di difesa nel pensiero di Francesco Carrara", em *Rivista Italiana de Diritto e Procedura Penale*, 1991, p. 357, a presunção de inocência ocupa o

Quando a perspectiva de análise partir da presunção de inocência, a regra é a manutenção da liberdade do cidadão (regra protetiva do *status libertatis* – tratamento interno), com o emprego dos remédios jurídicos garantidos pela Constituição Federal e pela legislação ordinária, mormente através do *habeas corpus*[14]. Por isso, a prisão somente se justifica após uma sentença condenatória com trânsito em julgado e a prisão processual não representa uma antecipação dos efeitos de uma condenação, a qual somente encontra suporte nas estreitas limitações constitucionais de caráter cautelar e vinculadas às necessidades processuais. Essa função de limitação do encarceramento cunha as prisões processuais ou antecipadas com a marca da excepcionalidade (exceções – como é o gênero "prisões" – das exceções) e da necessidade, confrontando-se a previsão legal[15] da prisão com outros princípios e garantias constitucionais a ela relacionados, inclusive a da duração razoável do processo[16]. Nesse prisma, não tem suporte constitucional a restrição da liberdade pela espécie de imputação, em nome da defesa social ou da ordem pública, bem como para instrumentalizar a fase pré-processual. O motivado acautelamento processual, nos limites da Constituição, ou seja, somente no caráter cautelar e vinculado à instrumentalidade processual é uma consequência da presunção de inocência.

O partir da inocência e não da culpabilidade induz a importantes regras probatórias. Primeiramente, diante da presunção de inocência, a imputação fática e jurídica é para o julgador uma mera hipótese, a qual se converterá em juízo categórico de culpabilidade quando os seus pressupostos forem demonstrados pela acusação. Na falta desses, é dever do magistrado confirmar, com uma solução absolutória, o originário *status* de inocência. O encargo probatório é exclusivo da acusação no processo penal[17], bastando à defesa tornar crível a sua alegação. Em face da distribuição das cargas no processo penal, a culpa, e não a inocência, deve ser demonstrada (FERRAJOLI, 1997, p. 549) Isso não veda que a defesa, tanto na dimensão pessoal quanto técnica, aproveite a oportunidade processual[18] de também produzir prova e contraprova, na dialética contraditória. Entretanto, não há como obrigar o suspeito ou o acusado, como se fazia com a tortura e outras metodologias invasivas, a produzir prova contra sua própria pessoa (*nemo tenetur se detegere*). Esse encargo, advindo da presunção de inocência afasta a iniciativa probatória acusatória da atividade do juiz, quem irá decidir acerca da suficiência probatória a ferir ou não a presunção de inocência. É o extraordinário que comporta prova e não a ordem natural da pessoa, ou seja, a sua inocência. Na racionalização valorativa entre a motivação fática e jurídica, na insuficiência probatória, na dúvida ou diante de contradição, o julgador, como corolário da presunção de inocência, manterá o *status* de inocente, mediante absolvição plena. Na linha da existência de um verdadeiro direito à presunção de inocência, o reconhecimento da prescrição somente é admissível com a concordância do imputado. Segundo Ferrajoli (1997, p. 551), a presunção de inocência é uma regra de tratamento do imputado, no sentido de excluir ou ao menos restringir ao máximo a limitação da liberdade pessoal e uma regra do juízo que impõe a carga acusatória da prova até a absolvição em caso de dúvida. Nessa perspectiva, o reconhecimento da prescrição, antes da emissão acerca de um juízo sobre o mérito, somente é admissível com a concordância do imputado[19].

O fato de estar sendo investigada ou processada não retira da pessoa a integralidade do status que lhe confere a presunção de inocência, motivo por que não se admite qualquer estigmatização em face da imputação (tratamento externo)[20], de uma sentença sem o trânsito em julgado, ou mesmo de uma sentença absolutória ou extintiva da punibilidade[21]. A Corte Europeia, na Sentença Minelli contra Suíça, de 1983, afirmou que a presunção de inocência é menosprezada quando, sem o prévio julgamento da cul-

---

centro do edifício que a ciência racional do processo penal é chamada a construir. ILLUMINATI, Giulio. *La presunzione d'innocenza dell'imputato*. Bolonha: Zanichelli, 1984, p. 15 e VEGAS TORRES, Jaime. *Presunción de inocencia y prueba en el proceso penal*. Madrid: La Ley, 1993, p. 35, também reconhecem que a presunção de inocência tem um significado, pelo menos, dúplice: regra de tratamento do imputado e regra de juízo.

14. Cf. art. 5º, LXVIII, da CF.

15. Cf. o art. 5º, LXI, da CF sobre a prisão em flagrante e por ordem escrita e fundamentada de autoridade judiciária competente. Em GIACOMOLLI, Nereu José. *Legalidade, Oportunidade e Consenso no Processo Penal, na Perspectiva das Garantias Constitucionais*. Porto Alegre: Livraria do Advogado, 2006, p. 47 a 58, se pode ver um amplo estudo sobre o conceito, os fundamentos e os efeitos do princípio da legalidade no âmbito do processo penal.

16. Cf. art. 5º, LXXVIII, da CF, sobre a duração razoável do processo.

17. Nesse sentido, DOMINIONI, Oreste. *Commentario della Constituzione – Art. 27-28*. Bolonha: Zanichelli, 1991, p. 212-213; GHIARA, Aldo. "Presunzione di innocenza, presunzione di 'non colpevolezza' e formula dubitativa, anche alla luce degli interventi della corte costituzionale", em *Rivista Italiana di Diritto e Procedura Penale*, 1974, p. 72; FERRAJOLI, Luigi. *Derecho y Razón*. Madrid: Trotta, 1997, p. 549, quando refere que, em face da distribuição das cargas no processo penal, a culpa e não a inocência deve ser demonstrada. A Corte Europeia nas sentenças da Barberá, Messegué e Jabardo contra Espanha, de 1988, e Minelli contra Suíça, de 1983, manifestaram-se acerca do encargo probatório e do *in dubio pro reo*, vinculados à presunção de inocência, bem como PÉREZ ROYO, Javier. *Curso de Derecho Constitucional*. Madri: Marcial Pons, 2000, p. 515, quando refere ser a carga da prova da acusação, sob pena de exigir-se da defesa uma "prova diabólica". Ademais, a atividade probatória há de ser suficiente e constitucionalmente legítima.

18. Cf. art. 5º, XXXVIII, *a*, e LV, da CF, sobre os princípios da ampla defesa e plenitude de defesa.

19. Na linha da existência de um verdadeiro direito à presunção de inocência, o reconhecimento da prescrição somente é admissível com a concordância do imputado. FERRAJOLI, Luigi. *Derecho y Razón*. Madrid: Trotta, 1997, p. 551, sustenta que a presunção de inocência é uma regra de tratamento do imputado, no sentido de excluir ou ao menos restringir ao máximo a limitação da liberdade pessoal e uma regra do juízo que impõe a carga acusatória da prova até a absolvição em caso de dúvida. Na linha do reconhecimento a um verdadeiro direito à presunção de inocência, o reconhecimento da prescrição somente é admissível com a concordância do imputado.

20. LOPES JR, Aury. *Direito Processual Penal e sua Conformidade Constitucional*. Rio de Janeiro: Lumen Juris, 2007, p. 518, reconhece o "dever de tratamento" numa dimensão interna e também externa ao processo. Naquela, a presunção de inocência implica um dever de tratamento por parte do magistrado e do acusador, mormente no que tange às medidas cautelares e à carga da prova. Na dimensão externa, a presunção de inocência impõe limites à publicidade abusiva e à estigmatização do acusado.

21. A Corte Europeia, na Sentença Minelli contra Suíça, de 1983, afirmou que a presunção de inocência é menosprezada quando, sem o prévio julgamento da culpabilidade e sem o exercício do direito da defesa, é proferida uma decisão que reflete uma convicção de culpabilidade. A ofensa à presunção de inocência pode ser extraída da parte interna da decisão, de uma motivação na qual o magistrado dê a entender ser culpado o imputado. No caso em tela, a decisão extinguiu a punibilidade do acusado pela prescrição, mas o condenou nas custas processuais, sob o argumento de que, se não tivesse ocorrido a prescrição, muito provavelmente o imputado seria condenado. Na sentença Lutz contra a República Federal Alemã, de 1987, reconheceu não ofender a presunção de inocência a expressão "razões plausíveis de suspeita", constante na motivação da sentença. Já no caso Leutscher contra Países Baixos, de 1996, entendeu não ofender a presunção de inocência quando, na absolvição, não há provimento de devolução das despesas processuais efetuadas pelo acusado.

pabilidade e sem o exercício do direito da defesa, é proferida uma decisão que reflete uma convicção de culpabilidade. A ofensa à presunção de inocência pode ser extraída da parte interna da decisão, de uma motivação na qual o magistrado dê a entender ser culpado o imputado. No caso em tela, a decisão extinguiu a punibilidade do acusado pela prescrição, mas o condenou nas custas processuais, sob o argumento de que, se não tivesse ocorrido a prescrição, muito provavelmente o imputado seria condenado. Na sentença Lutz contra a República Federal Alemã, de 1987, reconheceu não ofender a presunção de inocência a expressão "razões plausíveis de suspeita", constante na motivação da sentença. Já no caso Leutscher contra Países Baixos, de 1996, entendeu não ofender a presunção de inocência quando, na absolvição, não há provimento de devolução das despesas processuais efetuadas pelo acusado. A estigmatização afasta a inocência em toda a sua plenitude. As restrições somente se justificam após o trânsito em julgado de uma sentença penal condenatória.

3.2. Âmbito de proteção, destinatários e titulares da garantia

A tutela da presunção da inocência se aplica aos procedimentos em que haja possibilidade de restrição de direitos ou sanção à condição, conduta ou atividade da pessoa, não se restringindo somente ao processo penal. Todas as pessoas, independentemente de estarem sendo submetidas a algum procedimento, estão sob o signo da presunção da inocência. Destina-se, o princípio da presunção de inocência, a todos os cidadãos (pública proteção) em todas as suas relações, bem como a todos os agentes públicos, mormente aos titulares de atividades restritivas de direitos ou condutores destas (Polícia, Ministério Público, Magistrados), com ou sem atividade procedimental. São destinatários, também, os demais agentes, inclusive o legislador ordinário, que, em seu atuar, possa partir da presunção contrária à da inocência, identificando (nome, imagem) a pessoa como culpada, antes de uma sentença penal condenatória definitiva. Ao magistrado, especificamente, é vedado aderir antecipadamente à *opinio delicti*, não podendo proferir juízo condenatório antes do prévio exaurimento probatório da acusação, mediante o devido processo legal e constitucional, inclusive no seu aspecto formal, com uma necessária e acentuada nota ao pleno contraditório e à prova produzida pela acusação. Na sentença Barberá, Messegue e Jabardo contra Espanha, de 1988, a Corte Europeia assentou que, no desenvolvimento de suas funções, os membros do órgão judicante não podem partir da ideia preconcebida de que o sujeito cometeu o delito pelo qual está sendo perseguido e que o ônus da prova cabe à acusação e a dúvida favorece ao imputado[22].

3.3. Concretização

O princípio da presunção de inocência surgiu em face das práticas do *ancien regime* contra a liberdade das pessoas, em razão das prisões arbitrárias e da consideração da pessoa como sendo culpada, mesmo antes de ser provada a sua culpabilidade. Na concretização do direito, manteve-se, ao longo da história, a sua maior referência e discussão acerca da validade constitucional das prisões processuais (admitidas quando absolutamente necessárias, dentro da estrita legalidade e de atendimento aos princípios constitucionais)[23], de molde que o Superior Tribunal de Justiça emitiu a Súmula 9 ("a exigência da prisão provisória, para apelar, não ofende a garantia constitucional da presunção de inocência") a respeito do tema[24], seguida da problemática probatória no processo (encargo probatório da acusação, *nemo tenetur se detegere* e *in dubio pro reo*)[25]. Em face do princípio da presunção de inocência é inadmissível o que previa o Decreto-Lei n. 88, de 20 de dezembro de 1937, em seu artigo 20.5, ou seja, de ter o acusado o encargo de provar a sua inocência. Ademais, o disposto no atual art. 156 do Código de Processo Penal, acerca do encargo probatório e da iniciativa probatória, há de ser interpretado nos moldes do art. 5º, LVII, da Constituição Federal. Insofismavelmente, a manutenção do *status* de inocente, mesmo durante a investigação e o desenvolvimento do processo, antes do trânsito em julgado de uma sentença penal condenatória, irradia todos os efeitos de consideração dessa situação jurídica. No plano da concretização, a presunção de inocência refere-se ao fato da suspeita ou da acusação em determinado processo, independentemente de já ter sido condenado em outro. A quebra da inocência em um processo não irradia seus efeitos em outro nem diminui o âmbito de sua concretude, em face da condição de ser humano e de cidadão. Por isso, o processo e o julgamento não se fundam no que o acusado foi ou é (direito penal do autor), mas numa situação fática determinada (direito penal do fato). A regra de tratamento da pessoa como inocente (sujeito de direitos) e não como culpada, semiculpada ou presumivelmente culpada (objeto processual) porque foi detida em flagrante, porque foi indiciada num inquérito policial ou acusada (denúncia ou queixa-crime) irradia efeitos endoprocessuais, a serem seguidos pelos sujeitos processuais, mas também extraprocessuais, a serem observados pelos terceiros, pessoas físicas ou jurídicas, mormente na utilização do nome e da imagem do suspeito ou do acusado. Uma leitura das regras do processo penal, a partir do princípio da presunção de inocência, é uma exigência constitucional irrenunciável e demonstrativa do grau de evolução da valoração do ser humano e da cidadania, bem como da passagem do plano da retórica política[26]

---

22. Na sentença Barberá, Messegue e Jabardo contra Espanha, de 1988, a Corte Europeia assentou que, no desenvolvimento de suas funções, os membros do órgão judicante não podem partir da ideia pré-concebida de que o sujeito cometeu o delito pelo qual está sendo perseguido e que o ônus da prova cabe à acusação e a dúvida favorece ao imputado.

23. Acerca da aplicação do artigo 5º, LVII, da Constituição Federal às prisões processuais, vid. STF, nos HC 85.249/BA, Rel. Min. Celso de Mello, *DJ* 15-12-2006; HC 89.501/GO, Rel. Min. Celso de Mello, *DJ* 16-03-2007; HC 90471/PA, Rel. Min. Cezar Peluso, julgado em 07.08.2007; HC 84.029/SP, Rel. Min. Gilmar Mendes, *DJ* 06-09-2007; HC 91.232, Rel. Min. Eros Grau, *DJ* 07-12-2007. No mesmo sentido, vid. STJ, nos HC 65.273/PR, Rel. Min. Gilson Dipp, *DJ* 05.02.2007; HC 90.847/SP, Rel. Min. Napoleão Nunes Maia Filho, *DJ* 17.12.2007; HC 79.225/SP, Rel. Min. Felix Fischer, *DJ* 10.12.2007 e HC 93.550/RR, Rel. Min. Maria Thereza de Assis Moura, *DJ* 11.02.2008. Também, no AgReg. na MC 12.493/SP, Rel. Min. Hamilton Carvalhido, *DJ* 25.06.2007.

24. Súmula 9: "A exigência da prisão provisória, para apelar, não ofende a garantia constitucional da presunção de inocência".

25. Sobre a aplicação do art. 5º, LVII, da CF, à prova no âmbito criminal, cf. STF, no Inq. 2.033/DF, Rel. Min. Nelson Jobim, *DJ* 17-12-2004, e no HC 83.947/AM, Rel. Min. Celso de Mello, publicado em 01-02-2008 (mais precisamente sobre o *due process of law*, ao ônus da prova, ao princípio acusatório e à ampla defesa). No mesmo sentido, STJ no REsp 633.615/RS, Rel. Min. Gilson Dipp, *DJ* de 08.11.2004.

26. Com isso não se quer afastar esta função, mas dizer que não é suficiente no *law in action*. Sobre esta função, *vide* GOMES FILHO, Antônio Magalhães. *Presunção de Inocência e Prisão Cautelar*. São Paulo: Saraiva, 1991, p. 2, quando afirma que o princípio da presunção de inocência cumpre uma função político-retórica, incutindo no cidadão a ideia de que o processo penal tem a função de garantir os direitos do acusado, sempre o considerando inocente até que sobrevenha uma sentença penal condenatória irrecorrível.

à concretização constitucional. Segundo Gomes Filho (1991, p. 2), a presunção de inocência cumpre uma função político-retórica, incutindo no cidadão a ideia de que o processo penal também possui uma função de garantir os direitos do acusado, sempre o considerando inocente até que sobrevenha uma sentença penal condenatória irrecorrível.

4. Literatura selecionada

BARTOLE, Sérgio; CONFORTI, Benedetto; RAIMONDI, Guido. *Commentario alla Convenzione Europea per la Tutela dei Diritti dell'Uomo e delle Libertà Fondamentali*. Milão: Cedam, 2001.

CHIAVARIO, Mário. "Presunzione d'innocenza e diritto di difesa nel pensiero di Francesco Carrara", em *Rivista Italiana de Diritto e Procedura Penale*, 1991, p. 356 a 365.

CHIAVARIO, Mário. "Presunzione d'innocenza nella giurisprudenza della Corte Europea dei Diritti dell'Uomo", em *Studi in Ricordo di Giandomenico Pisapia*. Milão: Giuffrè, 2000, p. 75 a 104.

DOMINIONI, Oreste. *Commentario della Constituzione* – Art. 27-28. Bolonha: Zanichelli, 1991.

FERRAJOLI, Luigi. *Derecho y Razón*. Madrid: Trotta, 1997.

GHIARA, Aldo. "Presunzione di innocenza, presunzione di 'non colpevolezza' e formula dubitativa, anche alla luce degli interventi della corte costituzionale". *Rivista Italiana di Diritto e Procedura Penale*, 1974, p. 72 a 101.

GIACOMOLLI, Nereu José. *Legalidade, oportunidade e consenso no processo penal, na perspectiva das garantias constitucionais*. Porto Alegre: Livraria do Advogado, 2006.

GIACOMOLLI, Nereu José. *O Devido Processo Penal. Abordagem Conforme a Constituição Federal e o Pacto de São José da Costa Rica*. São Paulo: Atlas, 2016.

GOMES FILHO, Antônio Magalhães. *Presunção de Inocência e Prisão Cautelar*. São Paulo: Saraiva, 1991.

ILLUMINATI, Giulio. *La presunzione d'innocenza dell'imputato*. Bolonha: Zanichelli, 1984.

LOPES JR., Aury. *Direito Processual Penal e sua Conformidade Constitucional*. Rio de Janeiro: Lumen Juris, 2007.

MORAES, Maurício Zanoide. *Presunção de Inocência no Processo Penal Brasileiro*. Rio de Janeiro: Lumen Juris, 2010.

PÉREZ ROYO, Javier. *Curso de Derecho Constitucional*. Madri: Marcial Pons, 2000.

STEINER, Sylvia Helena de Figueiredo. *A Convenção Americana sobre Direitos Humanos e sua Integração ao Processo Penal Brasileiro*. São Paulo: Revista dos Tribunais, 2000.

VEGAS TORRES, Jaime. *Presunción de Inocencia y Prueba en el Proceso Penal*. Madrid: La Ley, 1993.

Art. 5º, LVIII – o civilmente identificado não será submetido a identificação criminal, salvo nas hipóteses previstas em lei;

André Copetti

1. Textos constitucionais anteriores

Não contemplam instituto semelhante.

2. Textos constitucionais comparados

Não contemplam instituto semelhante.

3. Textos constitucionais históricos

Não contemplam instituto semelhante.

4. Legislação infraconstitucional conexa

Decreto-Lei n. 3.689/41 (CPP), art. 6º, Inc. VIII;

Lei n. 6.015/73 (Lei de Registros Públicos);

Lei n. 12.037/09 (Lei da Identificação Criminal do Civilmente Identificado);

Lei n. 12.654/12 (Lei da Identificação Criminal por Perfil Genético).

5. Jurisprudência

Súmula 568 do STF: "A identificação criminal não constitui constrangimento ilegal, ainda que o indiciado já tenha sido identificado civilmente".

Decisões do STF:

a) negando provimento a recurso ordinário em *habeas corpus*, pela aplicação da súmula 568, mas concedendo de ofício o *writ* com base no inciso LVIII do art. 5º – RHC 66.881 (recurso ordinário em *habeas corpus* buscando livrar da identificação criminal acusada por crime de lesão corporal culposa); no mesmo sentido, RHCs 66.679, 67.065, 66.977, 66.442, 67.067, 67.007, 6.624 e 66.540;

b) reconhecendo a repercussão geral da alegação de inconstitucionalidade do art. 9 – A da Lei 7.210/84, introduzido pela Lei 12.654/12, que prevê a identificação e o armazenamento de perfis genéticos de condenados por crimes violentos ou hediondos, RE 973.837.

Decisões do STJ:

1) RHC 12.695-DF (identificação criminal e crimes praticados por organizações criminosas): "Em processo originado por denúncia por crime Contra o Sistema Financeiro Nacional (Lei 7.492/86). O art. 3º, *caput* e incisos, da Lei n. 10.054/2000, enumerou, de forma incisiva, os casos nos quais o civilmente identificado deve, necessariamente, sujeitar-se à identificação criminal, não constando, entre eles, a hipótese de que o acusado se envolva com a ação praticada por organizações criminosas. Com efeito, restou revogado o preceito contido no art. 5º da Lei n. 9.034/1995, o qual exige que a identificação criminal de pessoas envolvidas com o crime organizado seja realizada independentemente da existência de identificação civil".

2) RHCs 645, 323, 1622, 645, 67, 77 – considerando a identificação criminal como situação de constrangimento ilegal;

3) Identificação criminal e homicídio qualificado – HC 54.359 – Ordem denegada. Hipótese em que Tribunal *a quo* manteve a decisão que determinou a identificação criminal do paciente, denunciado por homicídio qualificado. Acusado que se enquadra na exceção prevista na Constituição e na legislação ordinária, não existindo qualquer ilegalidade a ser reparada na via eleita.

Decisão do TACrimSP pela aplicação da súmula: HC 174.032.

Quanto à autoaplicabilidade do dispositivo constitucional ora comentado, manifestou-se o STF no seguinte sentido: "É inadmissível a identificação criminal do indiciado já identificado civilmente". O disposto no art. 5º, LVIII, da CF, que estabelece regra geral, é autoaplicável, atendidas as exceções que a lei vier a determinar, modificando o disposto no art. 6º, VIII, do CPP (*RT* 638/374). "A identificação criminal não será feita se apresentada ante a autoridade policial a identidade civil do indiciado, na conformidade do art. 5º, LVIII, da CF" (*RT* 644/326).

6. Literatura publicada no brasil

BADARÓ, Gustavo Henrique Rigue Ivahy. A Nova Regulamentação da Identificação Criminal. *Boletim IBCCRIM*. São Paulo, v. 8, n. 100, p. 9-10, mar. 2001.

GOMES, Luiz Flávio. Lei da Identificação Criminal (n. 10.054, de 7.12.2000): primeiras notas interpretativas e inconstitucionalidade parcial. In: *Doutrina* 12/257.

WENDT, Emerson. Breves comentários à lei sobre identificação criminal – Lei 10.054/2000. In: *RT* 808/513.

COPETTI SANTOS, André Leonardo; WERMUTH, Maiquel Ângelo Dezordi. Direitos Humanos, Política Criminal Atuarial e a Predição Seletiva de Grupos de Risco: rumo à Elysium prometida. *Revista Culturas Jurídicas*, v. 4, p. 360-388, 2017.

7. Comentários

Se para uns poucos indivíduos a submissão a um inquérito policial, a um processo judicial com condenação ou a uma identificação criminal com procedimentos fotográficos e datiloscópicos não ultrapassa desconfortos caracterizadores de sua cotidianidade, sem qualquer reflexo em sua normalidade existencial, para a esmagadora maioria da população tais possibilidades, por si só, já configuram verdadeiras situações vexatórias, com potência suficiente para macular sua honra, sua dignidade e sua autoestima, de tal forma que redundam em uma autocompreensão e numa percepção social diminuída da cidadania do indivíduo submetido a tais ritos persecutórios.

A dispensa constitucional da identificação criminal, quando o indiciado já for identificado civilmente, foi positivada para restringir os efeitos da exigência de identificação prevista no art. 6º, inc. VIII, do Código de Processo Penal ("Art. 6º Logo que tiver conhecimento da prática de infração penal, a autoridade deverá: ... VIII – ordenar a identificação do indiciado pelo processo datiloscópico, se possível, e fazer juntar aos autos sua folha de antecedentes"). Constitui-se em um típico direito fundamental vinculado ao paradigma democrático de direito, diferindo, sensivelmente, de direitos fundamentais estritamente liberais ou sociais. Tal diversidade reside muito mais em sua finalidade política do que em qualquer outro aspecto. Com tal dispositivo positivado no texto constitucional, complementado no plano infraconstitucional, inicialmente, pela Lei n. 10.054/2000, e, posteriormente, pela Lei n. 12.037/09, buscou-se, além de enfatizar uma cultura de proteção em relação a possíveis abusos do Estado contra os cidadãos, também dar um relevo especial para uma cultura de cidadania.

A cultura constitucional à cidadania, instaurada com a Constituição de 1988, pode ser percebida imediatamente ao constatar-se um deslocamento espacial dentro dos textos constitucionais brasileiros das matérias pertinentes ao contrato social positivado. Enquanto em todos as outras Constituições passadas o tema inaugural era a organização nacional ou federal, havendo nelas uma predominância para aspectos da estruturação do Estado, no texto constitucional de 88 a abertura é feita com os princípios fundamentais republicanos, surgindo logo no primeiro artigo a cidadania e a dignidade da pessoa humana como pilares básicos do Estado Democrático de Direito brasileiro. Outro ponto relevante neste aspecto constitui-se no fato de que os direitos fundamentais passaram a ocupar logo os primeiros espaços da Carta de 88, enquanto nas anteriores a sua disposição espacial era sempre posterior à organização do Estado.

Sob outro viés, a cidadania no Estado Democrático de Direito não pode ser mais percebida isoladamente em perspectivas atomistas-individualistas ou sociais-coletivistas, mas ultrapassando-as, sem desprezá-las, deve ser compreendida como uma construção polifacetada, em que as barreiras e os estímulos constitucionais, de origem liberal ou social, em relação à atuação do Estado com referência aos indivíduos, aos grupos e à comunidade, devem coabitar com diretrizes de preservação multicultural, com elementos de tolerância democrática e com institutos que permitam um bem-estar moral/espiritual dos cidadãos. É a partir destas acepções que a não exigibilidade da identificação criminal é percebida como uma complementação de uma barreira de proteção individual contra abusos do Estado, por fatores de culto à cidadania e pelas possibilidades de preservação da autoestima e da dignidade, ao evitarem-se situações vexatórias e de exposição ao arbítrio.

Esse instituto deve ser compreendido como uma medida jurídica inserida dentro de um contexto constitucional mais amplo, em que lhe subjazem o princípio da dignidade da pessoa humana, o da proporcionalidade, bem como a consideração pelo projeto de sociedade e Estado constitucionalizado da existência de um espectro de bens jurídico-penais que contempla faixas segundo uma maior ou menor relevância axiológica.

Não há como negar a relação de decorrência existente entre o princípio da dignidade da pessoa humana e o instituto da não exigibilidade da identificação criminal quando o indiciado já possuir identificação civil. O princípio da dignidade da pessoa humana, assim como a ideia de cidadania, independentemente de ser considerado um princípio absoluto, um valor pré-constituinte, de hierarquia supraconstitucional ou um valor fundante da experiência ética, comporta diversos graus e espaços de concretização, sendo o texto constitucional, um destes âmbitos. Assim, a novidade consistente em inserir-se na Constituição de 88 o instituto da não exigibilidade da identificação criminal, manifesta um primeiro patamar, abstrato, normativo e constitucional de efetivação da ideia de cidadania e do princípio da dignidade da pessoa humana.

Também não se pode deixar de referir que essa medida tem uma estreita ligação com o princípio da proporcionalidade. Possui o Estado um interesse legítimo em manter um banco de dados onde constem informações básicas a respeito de todos os cidadãos que possuam a nacionalidade brasileira. Para isto instituiu-se o registro civil das pessoas naturais, atualmente regulado pela Lei n. 6.015/73. Além de todos os registros que são realizados por força do que dispõe o artigo 29 da citada lei (nascimento, casamento, óbito, emancipação, interdição, sentenças declaratórias de ausência, opções de nacionalidade e sentenças que deferirem a legitimidade adotiva), ainda, posteriormente, são necessárias a identificação civil por via das cédulas de identidade e a identificação econômica através dos CPFs. Além de todas estas exigências de identificação, estavam os cidadãos, anteriormente à Constituição de 1988, sujeitos à identificação criminal em todas as situações em que estivessem envolvidos com qualquer espécie de atuação policial em decorrência de práticas de condutas delituosas. Havia claramente nestas circunstâncias uma atuação estatal totalmente desproporcional, pois desnecessária se fazia a identificação criminal, especialmente quando possuísse o cidadão identificação civil sem qualquer espécie de problema. O excesso também pode ser aferido pelo fato de que, quando o cidadão busca sua identificação civil, mediante a formulação de cédula de identidade expedida pelas Secretarias de Segurança dos Estados-membros, é realizada uma coleta de impressões digitais, bem como é depositada uma cópia fotográfica nos bancos de dados estatais.

Se antes da CF/88 a regra era a identificação de todos os envolvidos em práticas de condutas delituosas, após sua promulgação a regra passou a ser que os cidadãos sujeitos à lei brasileira não estão mais sujeitos à exigência estatal da identificação criminal, tendo sido estabelecidas em legislação infraconstitucional posterior as exceções em que ainda é obrigatório tal procedimento. Se a legislação anterior que regulamentava o dispositivo constitucional ora comentado – Lei n. 10.054/00 –, estabelecia hipóteses em seu art. 1º, nas quais era possível concretizar o direito à não identificação criminal não havendo identificação criminal, a legislação em vigência – Lei n. 12.037/09 – inverte a lógica regulamentadora, pois estabelece como regra geral a não necessidade de identificação criminal para os civilmente identificados, e, como exceção, em seu art. 3º, as hipóteses em que, mesmo havendo identificação civil, deverá haver identificação criminal. Tais situações elencadas legalmente evidenciam uma preocupação do Estado em evitar ao máximo a exposição de qualquer investigado à situação vexatória da identificação criminal. A enunciação normativa da legislação em vigor ficou mais simples e mais objetiva com a adoção dessa regra geral.

As exceções à regra geral da não identificação criminal do civilmente identificado foram sensivelmente alteradas em reação à legislação revogada, especialmente no que tange a não mais contemplar hipóteses relativas à necessária identificação criminal para indivíduos indiciados pela prática de determinados crimes (homicídio doloso, crimes contra o patrimônio praticados mediante violência ou grave ameaça, crime de receptação qualificada, crimes contra a liberdade sexual ou crime de falsificação de documento público), como constava, anteriormente, no inciso I do art. 3º da Lei n. 10.054/00. Atualmente, as exceções cingem-se basicamente a problemas formais relativos aos documentos de identificação e à dubiedade de nomes do identificado.

Por fim, a grande novidade no sistema jurídico nacional, em termos de identificação criminal, veio com a edição da Lei n. 12.654/2012, a qual prevê a coleta de perfil genético como forma de identificação criminal. Esta lei, que modificou e acrescentou dispositivos à Lei n. 12.037/2009, prevê a possibilidade de, quando a identificação criminal for essencial às investigações policiais (art. 3º, IV, da Lei n. 12.037), incluir a coleta de material biológico para a obtenção do perfil genético (modificação do art. 5º da Lei n. 12.037/2009). Também houve o acréscimo de novos dispositivos à Lei n. 12.037/2009 para regulamentar as condições de armazenamento do material biológico coletado (art. 5º-A), as informações passíveis de serem obtidas a partir do material genético (art. 5º-A, § 1º), a sua sigilosidade (art. 5º-A, § 2º), as condições de certificação dos laudos (art. 5º-A, § 2º), bem como as condições de exclusão do material genético e suas informações dos bancos de dados (art. 7º-A).

A grande crítica que se faz a essa nova modalidade de identificação, decorrente do desenvolvimento tecnológico médico nos processos de mapeamento genético, é a grande potencialidade de controle total que pode ser estabelecido sobre a população, uma vez que o Estado passa a possuir bancos de dados com informações relativas ao próprio corpo dos investigados, as quais podem ser utilizadas de fato, ainda que a Lei n. 12.037 vede a utilização desses dados para outros fins que não criminais, para fundamentar políticas de segregação de determinados grupos sociais de risco.

Art. 5º, LIX – será admitida ação privada nos crimes de ação pública, se esta não for intentada no prazo legal;

Lenio Luiz Streck

1. Histórico da norma

Texto original da CF/88.

2. Constituições anteriores

A matéria não era regulada nas Constituições anteriores.

3. Dispositivos constitucionais relacionados

Art. 129, I, da CF/88.

4. Constituições estrangeiras

Não há previsão.

5. Textos internacionais

Código de Processo Penal Austríaco de 1873; Código de Processo Penal Norueguês de 1887; Código de Processo Penal Húngaro de 1896.

6. Legislação

Admissibilidade da ação privada subsidiária (art. 29 do CPP e 100 do CP); Titularidade (arts. 30 e 31 do CPP e art. 80 do CDC); Contagem do prazo para o oferecimento da queixa (art. 38 do CPP); Prazo para o MP promover a ação penal (art. 46 do CPP); Posição processual do Ministério Público (arts. 29, 286 e 564, III, *d*, do CPP); Lei de Imprensa (art. 40 da Lei 5.250/67); Lei de Improbidade Administrativa (art. 12 da Lei 8.429/92); renúncia (art. 100 do CP); Lei de Falências e Recuperação Judicial (art. 184, parágrafo único); perdão (art. 105 do CP); dever do Ministério Público de retomar a ação em caso de inércia do querelante (art. 29 do CPP).

7. Jurisprudência

STF – Inq. 3862 (Conselho indigenista não pode ajuizar queixa-crime subsidiária por delito supostamente praticado contra índios); STF – Inq.–AgR 2242; STJ – HC 64.564 (cabimento da ação penal privada subsidiária da pública somente quando há inércia do Ministério Público); STF – HC 84.659 (não cabe ação penal privada subsidiária se, oferecida a representação pelo ofendido, o MP não se mantém inerte, mas, entendendo insuficientes os elementos de informação, requisita a instauração de inquérito policial); STF – Inq. 1939 (descabimento da ação penal privada subsidiária quando, oferecida a representação pelo ofendido, o MP não se mantém inerte, mas requer diligências que reputa necessárias); STF – RE 274.115-AgR (pedido de arquivamento formulado pelo Ministério Público e deferido pelo Juiz realizado em tempo hábil não configura causa de ação penal subsidiária); STF – RHC 68.430 (inércia do Ministério Público, que não pede o arquivamento da representação nem oferece denúncia contra o ofensor, não permite que este, uma vez já intentada a ação subsidiária, promova o arquivamento da representação); STJ – EDcl no AgRg no Inq. 528 (o pedido de arquivamento feito pelo Ministério Público impossibilita a ação subsidiária de que trata a Constituição).

8. Seleção de literatura

ALMEIDA, Joaquim Canuto Mendes de. *Ação penal*. São Paulo: RT, 1975; BOSHI, José Antonio Paganella. *Ação penal*. Porto Alegre: AIDE, 1995; JARDIM, Afrânio Silva. *Ação penal pública*. 4 ed. Rio de Janeiro: Forense, 2001; LIMA, Marcellus Polastri. *Ministério Público e persecução criminal*. 4. ed. Rio de Janeiro: Lumen Juris, 2007; MARQUES, José Frederico. *Elementos de direito processual penal*. v. I. Campinas: Bookseller, 1997; MIRANDA, Pontes de. *Tratado das ações*. Tomo 5. Campinas: Bookseller, 2000; ROMEIRO, Jorge Alberto. *Da ação penal*. Rio de Janeiro: Forense, 1978; SCARANCE FERNANDES, Antonio. *Processo penal constitucional*. 4. ed. São Paulo: RT, 2005; TOURINHO FILHO, Fernando da Costa. *Processo penal*. 26. ed. São Paulo: Saraiva, 2004.

9. Comentários

I. Trata-se de dispositivo que tem raízes no Código de Processo Criminal do Império, que consagrava a possibilidade de ação supletiva nas hipóteses em que deixasse o Promotor de acusar. No Código Penal de 1890, a iniciativa privada da ação penal restringia-se aos crimes inafiançáveis. O Código Penal de 1940 e, logo após, o Código de Processo Penal trouxeram expressamente o que se tem hoje por ação penal de iniciativa privada, subsidiária da pública, a qual passou a ter previsão constitucional a partir de 1988.

II. A principal discussão que gira em torno do inciso LIX do art. 5º da Constituição Federal de 1988 diz respeito aos limites do cabimento da "ação penal de iniciativa privada, subsidiária da pública". Em síntese, trata-se de saber em quais condições o ofendido (art. 30 do Código de Processo Penal), seus sucessores (art. 31 do Código de Processo Penal) ou outros legitimados (art. 80 do Código de Defesa do Consumidor) podem oferecer a queixa substitutiva da denúncia. Em princípio, a resposta a essa questão estaria limitada ao texto constitucional do referido inciso, não obstante estejam subjacentes às diversas interpretações propostas questões muito mais profundas que dizem respeito ao modelo de Estado, ao papel do Ministério Público e à visão que se tenha sobre o direito material e processual penal.

III. Basicamente, são duas as correntes de opinião sobre a interpretação do inciso em foco. Uma, mais restritiva, sustenta que a ação penal privada subsidiária da pública só tem cabimento nas hipóteses em que houver desídia do Ministério Público, estando o seu cabimento a serviço da restauração de uma omissão culposa do órgão ministerial, posição que é seguida pela jurisprudência do Superior Tribunal de Justiça e do Supremo Tribunal Federal. A segunda corrente, não recepcionada pelos tribunais e rechaçada pela doutrina, preconiza a ampliação das possibilidades de cabimento, admitindo-o nas hipóteses em que o Ministério Público deixa, por algum motivo, de promover a ação penal, concebendo a "ação penal privada subsidiária da pública" no âmbito de uma atribuição concorrente e transformando-a em uma espécie de "instrumento de vingança". Essa posição era, por exemplo, adotada por Frederico Marques, tendo sido abandonada pelo autor antes mesmo da matéria ser regulada pela Constituição de 1988.

IV. De fato, não é possível sustentar a posição da segunda corrente, e as razões vão muito além de supostos limites semânticos do texto constitucional. Ou seja, o dispositivo constitucional em questão não corresponde a uma simples regulamentação procedimental que impõe competências e atribuições. Com efeito, em primeiro lugar, a possibilidade de a ação privada substituir a ação pública não traduz uma visão liberal de processo. Muito pelo contrário, por corresponder a uma exceção, apenas revela, pela diferença, o caráter não dispositivo do processo penal. Aqui a discussão se insere em um âmbito muito mais profundo do que a própria tese de superação de um processo pautado na visão liberal-individualista, transpondo-se para o seu pano de fundo, que é a visão de Estado que se tem e que se constitui. Quando se fala do rompimento com a concepção liberal-individualista de processo, o que está em jogo é a própria concepção de Estado e a passagem de um Estado Liberal para um Estado Social e Democrático de Direito; mais ainda, o que está em jogo é a superação de um modelo individualista para um modelo de feição coletiva, transindividual. O processo penal e, consequentemente, a ação penal, não podem ser pensados à revelia de um modelo de Estado que "constitui-a-ação". A discussão em torno da interpretação do inciso em questão é, no fundo, uma discussão que envolve a própria função que o direito penal e processual penal devem exercer no interior do modelo constitucional estabelecido a partir de 1988.

V. Além disso, trata-se, também, de uma peça inserida em um complexo *puzzle* de garantias individuais que, por um lado, identifica o Estado como detentor do monopólio do poder punitivo e, por outro, estabelece restrições a esse dever. Aqui, encontra-se o *plus* normativo que marca a terceira fase do constitucionalismo moderno, ou seja, o Estado não é apenas social, mas também democrático. Não é possível, portanto, dar ao enunciado, "se esta não for intentada no prazo legal", o sentido de "se esta não for *'por qualquer motivo'* intentada no prazo legal". Inserida no extenso rol do art. 5º da Constituição, a possibilidade de propositura da ação penal de forma subsidiária não é um direito fundamental ao exercício, pura e simples, da acusação privada, e, sim, constitui uma garantia contra eventual inércia do órgão que exerce o monopólio da acusação, até porque o Ministério Público não está obrigado a oferecer a denúncia.

VI. Uma leitura rasa do instituto levaria a uma indevida ampliação das possibilidades da ação penal para além do previsto constitucionalmente, com o consequente ferimento de uma garantia fundamental, que se constitui como cláusula pétrea, como um marco do Estado Social Democrático. Em outras palavras, ao se conferir o monopólio da ação penal pública ao Ministério Público, deu-se a este um rol de extensas garantias para evitar os diversos tipos de pressão social. Aliás, essa questão fica evidente com o monopólio da ação penal pública conferida ao Ministério Público e a ausência de previsão constitucional de ação penal privada, excetuando justamente o inciso em tela. Assim, está-se diante de uma perfeita simbiose entre o monopólio da ação penal pública e o controle contra a inércia previsto no referido inciso.

VII. Registre-se, ademais, que o dispositivo tem direta relação com a parcela de soberania estatal atribuída ao Ministério Público. Nesse sentido apontam os julgados que afastam qualquer possibilidade de ação penal subsidiária nas hipóteses em que o Ministério Público promove o arquivamento. Não se olvide, neste ponto, que é a parcela de soberania que dá ao Ministério Público a palavra final nas ações penais – e isso é assim em todos os países democráticos –, isto é, no âmbito da estrutura de divisão de poderes e atribuições própria do sistema jurídico brasileiro (lembremos o art. 28 do CPP, que atravessa as décadas sem contestação); não há como obrigar o Ministério Público a intentar a ação penal. Isso significa dizer que a não intentação da ação penal por parte do Ministério Público – que pode acontecer em face de requisição de diligências, em um primeiro momento, e a promoção de arquivamento, no momento seguinte – não gera um direito subjetivo a que a vítima busque a "correção" da ação do *dominus litis*. Na mesma linha, mostra-se equivocada a tese de que, em face do art. 16 do CPP, a "devolução" do inquérito policial para diligência "desnecessária" equivaleria à omissão no oferecimento de acusação, circunstância que abriria oportunidade à vítima para oferecimento de queixa. Sendo o Ministério Público – por determinação constitucional – o titular da ação penal pública, é a ele que cabe esse exame da necessidade de diligências investigatórias. O fato de a legislação processual penal estipular que só são admitidas novas diligências quando indispensáveis não transforma o Juiz em um fiscal desse procedimento. Ademais, a dispensabilidade ou não do material requisitado somente será examinada no ato do recebimento da denúncia ou da promoção de arquivamento. Não se olvide – e esse é o ponto fulcral – que o Ministério Público requisita diligências (portanto, é ato de império) que, contemporaneamente, nem mais prescindem de "autorização judicial", o que, aliás, seria um contrassenso. Cabe ainda referir a necessidade da releitura constitucional do art. 16 e dos demais dispositivos processuais-penais que tratam da matéria, mormente em face do princípio acusatório e da relevante circunstância de que o Ministério Público sequer necessita de prévio inquérito policial para promover a ação penal.

VIII. Assim pautada, a jurisprudência tem apontado para a preservação do papel de titular da ação penal por parte do Ministério Público: somente inércia ou desídia podem gerar o direito à ação subsidiária. Merece críticas, neste ponto, acórdão do Superior Tribunal de Justiça (HC 24079) que acolhe legitimação da Defensoria Pública para intentar – de forma institucional – a ação penal subsidiária. A existência da Defensoria Pública e de suas atribuições em matéria penal em nada altera o entendimento que se deve ter em relação ao dispositivo constitucional em voga. A Defensoria Pública não possui essa "atribuição concorrente", nem, tampouco, subsidiária, para impetrar a "ação penal", seja qual for a sua modalidade. O mesmo se pode dizer em relação à possibilidade de a Defensoria Pública ingressar como assistente de acusação, circunstância que redundaria em uma teratologia. A função da Defensoria Pública está adstrita à representação daqueles que, por alguma razão, não podem constituir advogados para defender em juízo seus interesses (incluída aí a ação penal privada subsidiária). Sendo assim, se por desídia do Ministério Público (e aqui não se incluem as hipóteses de não oferecimento da denúncia, seja por pedido explícito ou implícito de arquivamento) algum cidadão ofendido (ou um de seus representantes legitimados) necessitar da assistência judiciária, qualquer Defensor Público poderá, como qualquer advogado, em representação ao hipossuficiente, mover a ação em debate. Mas, grife-se, trata-se do direito da parte representada e não de uma atribuição institucional concorrente à do Ministério Público.

IX. Como qualquer direito, este não ocorre sem limitação temporal. Com efeito, aplica-se à ação penal privada subsidiária da pública o prazo decadencial de 6 (seis) meses para o seu oferecimento (arts. 103 do CP e 38 do CPP). Pela sua característica subsidiária, não se aplicam à ação prevista no inciso sob comento os institutos do perdão e da renúncia, uma vez que sempre é dever do Ministério Público retomá-la em caso de inércia do "querelante".

Art. 5º, LX – a lei só poderá restringir a publicidade dos atos processuais quando a defesa da intimidade ou o interesse social o exigirem;

André Copetti

1. Dispositivos da Constituição relacionados

Art. 5º, XXXIII – todos têm direito a receber dos órgãos públicos informações de seu interesse particular, ou de interesse coletivo ou geral, que serão prestadas no prazo da lei, sob pena de responsabilidade, ressalvadas aquelas cujo sigilo seja imprescindível à segurança da sociedade e do Estado;

X – são invioláveis a intimidade, a vida privada, a honra e a imagem das pessoas, assegurado o direito a indenização pelo dano material ou moral decorrente de sua violação;

XXXVIII – é reconhecida a instituição do júri, com a organização que lhe der a lei, assegurados:

b) o sigilo das votações;

Art. 37. A administração pública direta e indireta de qualquer dos poderes da União, dos Estados, do Distrito Federal e dos Municípios obedecerá aos princípios de legalidade, impessoalidade, moralidade, publicidade e eficiência e, também, ao seguinte:

Art. 93, IX – todos os julgamentos dos órgãos do Poder Judiciário serão públicos, e fundamentadas todas suas decisões, sob pena de nulidade, podendo a lei limitar a presença, em determinados atos, às próprias partes e seus advogados, ou somente a estes, em casos nos quais a preservação do direito à intimidade do interessado no sigilo não prejudique o interesse público à informação.

2. Textos das Constituições brasileiras anteriores

Não contemplavam disposição semelhante.

3. Textos constitucionais comparados

Constituição Portuguesa. Art. 20º, 2 – 2. Todos têm direito, nos termos da lei, à informação e consulta jurídicas, ao patrocínio judiciário e a fazer-se acompanhar por advogado perante qualquer autoridade.

Constituição Mexicana. Art. 20, VI – Será juzgado en audiencia pública por un juez o jurado de ciudadanos que sepan leer y escribir, vecinos del lugar y partido en que se cometiere el delito, siempre que éste pueda ser castigado con una pena mayor de un año de prisión. En todo caso serán juzgados por un jurado los delitos cometidos por medio de la prensa contra el orden público o la seguridad exterior o interior de la Nación.

4. Textos constitucionais históricos

Convenção Europeia para a Salvaguarda dos Direitos do Homem e das Liberdades Fundamentais (art. 6º).

Pacto Internacional dos Direitos Civis e Políticos (art. 14, I), segundo o qual a presença dos meios de comunicação e do público poderá ser vetada na totalidade ou em parte dos processos, por força de razões de moral, de ordem pública ou de segurança nacional, ou quando exija o interesse da vida privada das partes, ou por medida estritamente necessária na opinião do tribunal, quando por circunstâncias especiais do assunto, a publicidade puder prejudicar o interesse da justiça.

Declaração dos Direitos do Homem e do Cidadão de 1789. Artigo 15º – A sociedade tem o direito de pedir contas a todo o agente público pela sua administração.

5. Legislação infraconstitucional vinculada

Decreto-Lei n. 3.689/41 (Código de Processo Penal), artigos 20, 745 e 792; Lei n. 13.105/2015 (Código de Processo Civil), artigos 189, 368; Lei n. 8.069/90 (Estatuto da Criança e do Adolescente), artigos 143 e 144; Lei n. 5.478/68 (Lei de Alimentos), artigo 1º; Lei n. 8.906/94 (Estatuto da OAB), artigos 7º, XIII, XIV, XV e § 1º, e 34, XIII; Lei n. 9.800/99 (Sistemas de transmissão de dados para a prática de atos processuais); Lei n. 6.015/73 (Lei de Registros Públicos), artigos 16 a 21; Resolução n. 589, de 29.11.07, do CJF (Conselho da Justiça Federal), regulando, no âmbito da Justiça Federal, a tramitação dos procedimentos sob segredo de justiça e/ou com dados sigilosos.

6. Jurisprudência

STF, HC 71.551, Rel. Min. Celso de Mello, *DJ* de 6.12.1996, versando sobre publicidade e sustentação oral nos tribunais: "É nulo o julgamento de causa penal, em segunda instância, sem prévia intimação, ou publicação da pauta, salvo em *habeas corpus* (Súmula 431/STF)".

STF, Pleno, MS 23.452-1/RJ, de 16.9.1999, tratando do problema da divulgação de dados sigilosos por CPIs: "A QUESTÃO DA DIVULGAÇÃO DOS DADOS RESERVADOS E O DEVER DE PRESERVAÇÃO DOS REGISTROS SIGILOSOS. – A Comissão Parlamentar de Inquérito, embora disponha, *ex propria auctoritate*, de competência para ter acesso a dados reservados, não pode, agindo arbitrariamente, conferir indevida publicidade a registros sobre os quais incide a cláusula de reserva derivada do sigilo bancário, do sigilo fiscal e do sigilo telefônico. Com a transmissão das informações pertinentes aos dados reservados, transmite-se à Comissão Parlamentar de Inquérito – enquanto depositária desses elementos informativos – a nota de confidencialidade relativa aos registros sigilosos. Constitui conduta altamente censurável – com todas as consequências jurídicas (inclusive aquelas de ordem penal) que dela possam resultar – a transgressão, por qualquer membro de uma Comissão Parlamentar de Inquérito, do dever jurídico de respeitar e de preservar o sigilo concernente aos dados a ela transmitidos. Havendo justa causa – e achando-se configurada a necessidade de revelar os dados sigilosos, seja no relatório final dos trabalhos da Comissão Parlamentar de Inquérito (como razão justificadora da adoção de medidas a serem implementadas pelo Poder Público), seja para efeito das comunicações destinadas ao Ministério Público ou a outros órgãos do Poder Público, para os fins a que se refere o art. 58, § 3º, da Constituição, seja, ainda, por razões imperiosas ditadas pelo interesse social –, a divulgação do segredo, precisamente porque legitimada pelos fins que a motivaram, não configurará situação de ilicitude, muito embora traduza providência revestida de absoluto grau de excepcionalidade".

STF, 1ª T., HC 69.968-5, de 18.5.1993, reconhecendo a constitucionalidade do art. 434 do CPPM, que prevê sessão secreta para os julgamentos do Conselho de Justiça, desde que assegurada a presença das partes e de seus advogados.

STF, *Habeas Data* 75/DF, *Informativo do STF* n. 446.

RE 575144 RG/DF, de 11.4.2008, reconhecendo repercussão geral em questão relativa ao dever de publicidade inerente à lavratura de acórdão na justiça militar.

Inq. 4419 AgR/DF, Inq 4415 AgR/DF, de 26.06.2017, Pet 6631 AgR/DF, de 13.6.2017, Pet 6138 AgR/DF, de 5.9.2017, reconhecendo a possibilidade de levantamento integral do sigilo dos autos em inquérito instaurado com lastro em termos de depoimento prestados em acordo de colaboração premiada.

STJ, 3ª T., REsp 656070/SP: "É permitida a vista dos autos em Cartório por terceiro que tenha interesse jurídico na causa, desde que o processo não tramite em segredo de justiça".

7. Sugestão de literatura

PERROT, Roger. *Le principe de la publicité de la justice*. Paris: Libres Téchniques, 1969. GUILLÉN, Fiaren. Un proceso actual, concentrado y económico: el del Tribunal de las Aguas de Valencia. In: *Studi in onore di Enrico Tullio Liebman*. Milão: Giuffrè, 1979. NOSETE, Almagro. *Constitución y Proceso*. Barcelona: Bosch, 1984. BAUR, Fritz. Les garanties fondamentales des parties dans le procès civil en République Fedérale d'Allemagne. In: *Fundamental guarantees of the parties in civil litigation*. Milão-Nova Iorque: Giuffrè-Oceana, 1973. CAFFERATA NORES, José I. *Derechos individuales y proceso penal*. Córdoba: Ediar, 1984. CARNELUTTI, Francesco. *Principios del proceso penal*. Buenos Aires: Ejea, 1971. CHIAVARIO, Mario. Processo e garanzie della persona. 2. ed. Milão: Giuffrè, 1982. CONSO, Giovani. Costituzione e processo penale. Milão: Giuffrè, 1969. COUTURE, Eduardo J. Las garantias constitucionales del proceso civil. In: *Estudios de derecho procesal civil*. 2. ed. Buenos Aires: De Palma, 1978. COUTURE, Eduardo J. *Fundamentos del derecho procesal civil*. 3. ed. Buenos Aires: De Palma, 1966. CRUZ E TUCCI, José Rogério; TUCCI, Rogério Lauria. *Constituição de 1988 e processo* – regramentos e garantias constitucionais do processo. São Paulo: Saraiva, 1989. DAGOT, Michel. La publicité de la justice et l'application des règles de fond acessoires au litige: diffamation et secrets. In: *Le príncipe de la publicité de la justice*. Paris: Libres Téchniques, 1969. DEVIS ECHANDIA, Hernando. Derecho y deber de jurisdicción, y la igualdad de las personas ante aquélla y en el proceso. In: *Revista de derecho procesal iberoamericana*, 1972 (4). FERNÁNDEZ, Antonio Scarance. *Processo penal constitucional*. 4. ed. São Paulo: Revista dos Tribunais, 2005.

8. Comentários

Da mesma forma que o princípio da legalidade compõe-se de uma série de outros princípios (anterioridade, irretroatividade, determinação taxativa), o princípio do devido processo legal possui um conteúdo amplo, abrangendo uma série de princípios a ele conexos. Na Constituição de 1988, entre princípios implícitos e explícitos que convergem para formar o grande princípio do devido processo legal, encontra-se o da ampla publicidade dos atos processuais.

Os direitos e garantias relativas ao processo judicial integram o primeiro grande grupo de garantias liberais, aparecendo em praticamente todos os grandes documentos constitucionais históricos que marcaram o acontecimento secularizado do constitucionalismo, fazendo parte do grupo de princípios responsáveis pela concretização de uma tutela jurisdicional efetiva. Esta preocupação liberal, especialmente anglo-saxônica, de garantir parâmetros racionais humanistas para o desenvolvimento dos processos judiciais, surge historicamente como um contraponto aos procedimentos inquisitivos medievais, cujos ritos desprezavam completamente todos os princípios que hoje compõem os modelos constitucionais de proteção judicial efetiva. É o princípio da publicidade dos atos processuais, nas palavras de Ferrajoli, uma aquisição pacífica de toda a experiência processual contemporânea, uma garantia de segundo grau ou garantia das garantias. Entretanto, não se pode restringir o princípio da publicidade apenas ao aspecto processual. Tal princípio possui tal relevância nas ordens constitucionais contemporâneas, como forma de limitação e controle do poder, que sua extensão a toda atuação da administração pública é hoje elemento indispensável à aferição da lisura e idoneidade do comportamento dos agentes públicos enquanto tais. Seria um contrassenso constitucional irremediável se a Constituição de 1988, estabelecendo que todo poder constituído estatalmente *"emana do povo"* (art. 1º, parágrafo único), viesse a instituir o segredo como regra, justificando a ocultação daqueles em nome do qual esse mesmo poder é exercido de informações relativas a administração de todas as atribuições atinentes a cada um dos poderes. É por isso que se estabelece, como imposição jurídica para os agentes administrativos em geral, o dever de publicidade para todos os seus atos.

A publicidade dos atos processuais possui uma relação de fluxo e refluxo com a democracia, pois, ao mesmo tempo em que é uma decorrência do princípio democrático, constitui-se também em elemento fundamental à sua consolidação, ao afastar o sigilo, o segredo, a ausência de divulgação, permitindo, com isso, o exercício do controle da atuação dos poderes públicos por parte dos cidadãos. Neste sentido expressa-se Couture ao referir que, "consubstanciando-se na essência do sistema democrático de governo, a publicidade dos atos processuais constitui um elemento necessário para a aproximação da Justiça aos cidadãos. A publicidade é elemento essencial para a visibilidade do poder e a visibilidade do poder requisito indispensável à democracia. Sobre isto, a Suprema Corte brasileira, pelo Min. Celso Mello, manifestou-se no sentido de que *"a Constituição da República, ao proclamar os direitos e deveres individuais e coletivos, enunciou preceitos básicos, cuja compreensão é essencial à caracterização da ordem democrática como um regime do poder visível. O modelo político-jurídico, plasmado na nova ordem constitucional, rejeita o poder que oculta e não tolera o poder que se oculta. Com essa vedação, o constituinte pretendeu tornar efetivamente legítima, em face dos destinatários do poder, a prática das instituições do Estado"* (Habeas Data 75/DF, Informativo do STF n. 446).

Em relação à natureza dos interesses tutelados, o princípio da publicidade dos atos processuais atende não só ao interesse das partes, mas, paradoxal e complementarmente, também ao interesse público. É a necessidade de controle do processo pelas partes e pela opinião pública que determina a existência do princípio da publicidade processual. Assim, protege as partes de abusos, arbítrios e prepotências dos agentes do Estado; protege o juiz, ao permitir que a sociedade tenha uma exata noção de sua atuação; e, por fim, protege a coletividade, ao permitir o controle dos atos processuais e sua consonância com os objetivos constitucionais.

A publicidade dos atos processuais e a publicidade da atuação da administração pública devem ser consideradas mais como um princípio de ordem formal do que propriamente um princípio de ordem substancial, pois estão mais voltadas a estabelecer a exigência constitucional de que os poderes públicos socializem informações sobre suas atuações. Com um outro viés, mas sendo ainda um vetor decorrente do princípio da publicidade, tem-se o princípio da transparência, este sim de caráter mais substancial do que o seu ancestral, pois garante aos cidadãos o direito de exigir não só dos poderes públicos (*v.g.* Lei de Responsabilidade Fiscal – LC n. 101/2000 –, artigos 1º, § 1º, 48 e 49) elementos informativos sobre a qualidade de seus atos, mas também em relações de natureza privada, como, por exemplo, nas relações de consumo (Lei n. 8.078/90, artigos 4º e 6º, III).

Esse princípio constitui-se na regra geral sobre a socialização da atuação judicial, constituindo isto o que a doutrina denomina "publicidade plena". Entretanto, a própria Constituição prevê a possibilidade da excepcionalização da regra nas hipóteses de defesa da intimidade ou do interesse social, ou, noutras palavras, a "publicidade restrita". Essas hipóteses genéricas de exceções vêm perfeitamente de acordo com o dispositivo constitucional previsto no inciso X, do mesmo artigo 5º, o qual prevê a proteção à intimidade das pessoas. Por este aspecto, justifica-se a restrição da publicidade nos processos que correm em segredo de justiça elencados no art. 189 do CPC, tais como os que dizem respeito a casamento, filiação, separação dos cônjuges, conversão de separação em divórcio, alimentos e guarda de menores. Do outro aspecto que permite as exceções à publicidade – o da proteção do interesse social – decorrem alguns sigilos relativos especialmente a procedimentos investigativos e julgamentos, como, por exemplo, o sigilo permitido em inquéritos policiais (art. 20 do CPP), o sigilo de votações no Tribunal do Júri (art. 5º, XXXVIII), o de julgamentos na Justiça Militar (arts. 434 e 496 do CPPM).

No direito comparado, a restrição à publicidade plena aparece, por exemplo, no Código de Processo Penal Italiano, em seu art. 472, o qual prevê a publicidade interna, que restringe o conhecimento dos atos processuais ao sujeitos parciais e aos procuradores, visando, no interesse do Estado e da privacidade das partes e das testemunhas, evitar a divulgação dos fatos, assim como manifestações do público que, sobre a possibilidade de conturbar a realização do debate, acabam por influir na formação do convencimento do julgador. Também no âmbito da Common Law, há, em leis canadenses, *v.g.*, a possibilidade de restrição à publicidade processual com a finalidade de evitar influências externas para proteger interesses vinculados à decência, à moral, à ordem pública e à administração da justiça.

Questão controvertida ligada ao problema da publicidade processual é a que se refere à aplicação do princípio da publicidade dos atos processuais aos trabalhos investigativos de comissões parlamentares de inquérito. Cercadas como são de profundos interesses políticos, as investigações realizadas por estas comissões muitas vezes são utilizadas como palcos destinados à obtenção de dividendos políticos, o que em várias ocasiões tem levado à exposição da intimidade de investigados ou testemunhas, com manifesta violação, por membros dessas comissões, do dever jurídico de respeito e de preservação do sigilo concernente aos dados a ela transmitidos. Tais comportamentos, segundo o STF, constituem condutas altamente reprováveis. Entretanto, a Suprema Corte abordou a matéria nos julgamentos antes citados de forma a tolerar a divulgação de dados desde que revestida de justa causa, notadamente nos casos de divulgação de relatórios de trabalhos das CPIs, ou nas hipóteses de comunicação desses dados para outros poderes públicos ou para o Ministério Público.

Ainda no campo político institucional, severas críticas têm sido dirigidas às sessões secretas dos órgãos legislativos (Senado e Câmara dos Deputados), especialmente quando o objetivo destas é o julgamento dos próprios pares por condutas consistentes em quebra de decoro parlamentar. O segredo de tais sessões, e até mesmo o voto secreto dos representantes legislativos em determinadas matérias de relevante interesse público, constitui total violação aos princípios da publicidade e da transparência.

Art. 5º, LXI – ninguém será preso senão em flagrante delito ou por ordem escrita e fundamentada de autoridade judiciária competente, salvo nos casos de transgressão militar ou crime propriamente militar, definidos em lei;

Luis Gustavo Grandinetti Castanho de Carvalho

A – ANTECEDENTES HISTÓRICOS

A imposição de limites à ingerência do Estado na liberdade física dos homens vem do capítulo 29, da Magna Carta, de 1215, na Inglaterra, orientação que foi seguida por diversos documentos posteriores, como as Declarações de Direitos norte-americanas e a francesa.

No Brasil, a previsão de prisão somente nos casos de flagrante delito ou de ordem judicial constou desde a Constituição de 1824, artigo 179, n. 10, passando pela de 1891, artigo 72, § 13; de 1934, artigo 113, n. 21; de 1937, artigo 122; de 1946, artigo 141, § 20; de 1967, com a Emenda Constitucional n. 1, de 1969, artigo 153, § 12.

A regra de exceção constante no final do dispositivo examinado – transgressão militar ou crime militar – tradicionalmente constava do dispositivo que cuidava do *habeas corpus*, nas Constituições anteriores: de 1981, artigo 72, § 22; de 1934, artigo 113, n. 23; de 1937, artigo 122, n. 16; de 1946, artigo 141, § 23; de 1967, com a Emenda Constitucional n. 1, de 1969, artigo 153, § 20.

O dispositivo examinado, portanto, integra a tradição constitucional do direito brasileiro de exigir a reserva de jurisdição para a decretação de prisão, com exceção do flagrante delito e das infrações militares.

B – PRISÃO EM FLAGRANTE DELITO

O dispositivo distingue duas situações diferentes: a prisão decorrente de uma ordem judicial, que pode ser em virtude de uma pena criminal ou de uma medida cautelar, e a prisão em flagrante que dispensa a ordem judicial. Ao Judiciário se concede a reserva de jurisdição no tocante à aplicação da pena criminal e da medida cautelar. Nenhuma outra autoridade pode impor a pena de prisão, como sanção penal, nem a prisão cautelar, a não ser a autoridade judiciária e mediante o devido processo legal. Já quanto à prisão em flagrante, excepcionalmente, a Constituição, tradicionalmente, permite não só à Polícia, mas a qualquer do povo[1].

A prática do crime, em situação de flagrância, autoriza que se efetue a prisão independentemente de ordem judicial. O fundamento ético está na autodefesa da sociedade, na restauração imediata da ordem pública perturbada pelo delito, flagrado quando está ocorrendo. No dizer de Tourinho Filho, trata-se de *"uma natural e necessária defesa da coletividade, ante a visível e palpável perturbação da ordem jurídica"*[2], e que, citando Basileu Garcia, atende a *"um impulso natural e necessário de defesa da coletividade"*[3].

No mesmo sentido disserta Clariá Olmedo sobre a detenção no direito argentino, da qual a apreensão (flagrante) é uma das espécies: *"se muestra como actividad apremiamente urgida por el interés público de justicia"*[4]. E, especificamente, sobre a apreensão sem mandado judicial, *"en certa medida a modo de función de seguridad"*[5].

Portanto, o que está na base do fundamento da prisão em flagrante é a proteção da ordem pública, cabalmente violada pela prática de um crime em situação de flagrância, situação que, por si só, e excepcionalmente, autoriza a prisão para asseguramento, ou perpetuação, da situação de fato. É, por isso, uma medida cautelar que dispensa a ordem judicial e visa a perpetuar a situação para que sobre ela decida, posteriormente, a autoridade judiciária, em outro provimento cautelar. Além disso, contém um objetivo não tipicamente cautelar, qual seja proteger a ordem pública. Trata-se, assim, de uma medida cautelar preparatória de outra medida cautelar ou, para usar expressão cunhada por Calamandrei, embora para outra situação, é um *instrumento do instrumento*[6].

Por servir de cautela de uma cautela, impõe manifestação judicial posterior, obrigatória e fundamentada, acerca da conveniência da manutenção da prisão, devendo converter-se, se assim for necessário, em prisão preventiva e com os fundamentos desta. Caso não seja necessária, o sujeito passivo deve ser posto em liberdade.

---

1. Artigo 301 do Código de Processo Penal – Qualquer do povo poderá e as autoridades policiais e seus agentes deverão prender quem quer que seja encontrado em flagrante delito.
2. *Processo Penal*, p. 423, 3º volume, 18ª edição, 1997, Ed. Saraiva, SP.
3. *Ibidem*, p. 420.
4. *Derecho Procesal Penal*, volume II, p. 454, 1984, Marcos Lerner Editora, Córdoba.
5. *Ibidem*, p. 459.
6. *Op. cit.*

A Constituição remete à lei ordinária para estabelecer as hipóteses de flagrante delito[7]. Mas, como adverte Pontes de Miranda, *"a lei ordinária não poderia deformar o conceito a ponto de restringi-lo demasiadamente, ou de demasiadamente estendê-lo"*[8]. Há que existir coerência da lei ordinária com os princípios constitucionais referentes ao estatuto da liberdade, que, claramente, se orientam no sentido da excepcionalidade da prisão. Ademais, não só etimologicamente, mas juridicamente, o conceito de flagrância está associado à ideia de imediaticidade, ou seja, de algo que está acontecendo ou acabou de acontecer.

A Lei n. 13.964/2019 alterou o art. 310 do Código de Processo Penal e criou uma audiência de custódia, no prazo máximo de 24 horas, para que a autoridade judiciária examine a legalidade e a necessidade da prisão, ocasião em que poderá relaxá-la, convertê-la em preventiva ou conceder a liberdade provisória. Nesse aspecto, a legislação brasileira seguiu a previsão que já constava no Pacto Internacional sobre Direitos Civis e Políticos (Decreto n. 592/1992) e na Convenção Americana de Direitos Humanos (Decreto n. 678/1992)[9]. Na esteira desta Convenção, a Corte Interamericana de Direitos Humanos tem pacífica jurisprudência no sentido da obrigatoriedade da apresentação presencial do preso à autoridade judiciária[10].

Referida audiência também se destina ao exame da prisão preventiva, conforme jurisprudência do Supremo Tribunal Federal (HC 202579, Redator do acórdão, Ministro Gilmar Mendes, j. 26/10/2021, publicado em 18/02/2022).

A garantia destina-se a qualquer pessoa, seja nacional ou estrangeira.

C – PRISÃO POR ORDEM ESCRITA E FUNDAMENTADA DE AUTORIDADE JUDICIÁRIA COMPETENTE

A referência à ordem escrita e fundamentada de autoridade judiciária competente tanto pode dizer respeito à sentença condenatória penal transitada em julgado como à medida cautelar de prisão processual.

Como explicado acima, ambas integram a reserva de jurisdição, do que decorre que somente a autoridade judiciária pode determinar a prisão-pena e a prisão cautelar processual, exceto no caso de flagrante, como visto acima.

Há que se conectar o exame da prisão-pena com outro princípio constitucional, o da presunção de inocência, previsto no artigo 5º, LVII, da Constituição, de modo que, em regra, a prisão em virtude de sentença condenatória só pode ocorrer após o trânsito em julgado.

Quanto à prisão cautelar de natureza processual, remete-se, também, à legislação ordinária, pois não é tarefa da Constituição traçar as diretrizes dos provimentos cautelares[11], que melhor se localizam nos códigos de processo.

No sistema brasileiro são duas as modalidades de prisão cautelar de natureza processual que carecem de ordem escrita e fundamentada da autoridade judiciária: a prisão preventiva[12] e a prisão temporária[13].

O dever de fundamentação é inafastável a toda decisão judicial por força do artigo 93, IX, da Constituição. A decisão deve ser, obrigatoriamente, escrita, para que se possa observar a adequação de sua fundamentação. Nada impede, porém, que a ordem seja verbal, proferida na presença do sujeito passivo e cumprida imediatamente, desde que devidamente fundamentada e que a fundamentação seja reduzida à forma escrita incontinentemente. O que se veda é a prisão sem documento pelo qual se possa aferir a correção dos fundamentos, como ocorreria com a ordem passada pelo telefone, por exemplo. Trata-se de uma formalidade essencial, cuja ausência causa a nulidade do ato.

Só a autoridade judiciária com competência pode decretar a prisão, remetendo-se à lei ordinária a determinação dos critérios de competência.

A garantia também destina-se a qualquer pessoa, seja nacional ou estrangeira.

D – TRANSGRESSÃO MILITAR OU CRIME PROPRIAMENTE MILITAR

Também é da tradição do direito brasileiro excepcionar a regra que determina a ordem escrita e fundamentada da autoridade judiciária nos casos de transgressão militar ou crime militar.

A matéria é regida pela lei ordinária[14].

Como a atividade militar é baseada no dever de obediência, a transgressão militar pressupõe quatro requisitos: hierarquia, poder disciplinar, ato funcional e previsão de pena a ser aplicada administrativamente[15]. Preenchidos tais pressupostos, a prisão pode ser

---

7. Artigo 302 do Código de Processo Penal – Considera-se em flagrante delito quem: I – está cometendo a infração penal; II – acaba de cometê-la; III – é perseguido, logo após, pela autoridade, pelo ofendido ou por qualquer pessoa, em situação que faça presumir ser autor da infração; IV – é encontrado, logo após, com instrumentos, armas, objetos ou papéis que façam presumir ser ele autor da infração.

8. *Comentários à Constituição de 1967*, tomo V, p. 214, 1987, Ed. Forense, RJ.

9. Artigo 7º, 5: Toda pessoa presa, detida ou retida deve ser conduzida, sem demora, à presença de um juiz ou outra autoridade autorizada por lei a exercer funções judiciais.

10. Tibi vs Equador, 2004: (...) *En primer lugar, los términos de la garantía establecida en el artículo 7.5 de la Convención son claros en cuanto a que la persona detenida debe ser llevada sin demora ante un juez o autoridad judicial competente, conforme a los principios de control judicial e inmediación procesal. Esto es esencial para la protección del derecho a la libertad personal y para otorgar protección a otros derechos, como la vida y la integridad personal. El hecho de que un juez tenga conocimiento de la causa o le sea remitido el informe policial correspondiente, como lo alegó el Estado, no satisface esa garantía, ya que el detenido debe comparecer personalmente ante el juez o autoridad competente. En el caso en análisis, el señor Tibi manifestó que rindió declaración ante un "escribano público" el 21 de marzo de 1996, casi seis meses después de su detención (...)*

11. Para uma visão da estrutura dos provimentos cautelares, consulte-se CALAMANDREI, Piero. *Introdução ao Estudo Sistemático dos Procedimentos Cautelares*, 2000, tradução da edição italiana de 1936, Ed. Servanda, SP. Na obra, o autor apresenta as características principais dos provimentos cautelares: provisoriedade, urgência, *periculum in mora* e instrumentalidade, bem como explicita a necessidade da aparência do direito (*fumus boni iuris*).

12. Artigos 312 e 313 do Código de Processo Penal.

13. Lei n. 7.960/89.

14. Códigos Penal Militar (Decreto-Lei n. 1.001/69) e de Processo Penal Militar (Decreto-Lei n. 1.002/69), bem como a Lei n. 6.880/80, em cujo artigo 47, § 1º, prevê-se que a duração máxima da prisão não pode exceder 30 dias.15

15. PONTES DE MIRANDA, F. C. *Comentários à Constituição de 1967*, tomo V, p. 314, 1987, Ed. Forense, RJ.

decretada pela autoridade militar competente. Mas, uma vez faltante uma delas e mesmo assim tenha sido efetivada a prisão, a legalidade da medida pode ser submetida ao Judiciário, que pode declará-la ilegal e determinar a soltura do preso. Isso pode ocorrer, por exemplo, quando a prisão tenha sido decretada por ato não funcional, ou na ausência de previsão da pena administrativa, ou, ainda, por falta de poder disciplinar, compreendido como poder de punir, já que nem todo superior hierárquico o detém, mas só os designados pela lei. O que o Judiciário não pode fazer é analisar a justiça, ou o mérito, da decretação da prisão administrativa militar, sob pena de violar o princípio republicano da separação de poderes.

A Constituição alude à transgressão militar ou a crime propriamente militar. A transgressão militar pressupõe falta administrativa de natureza militar, enquanto o crime militar reclama a tipicidade de uma infração penal militar, nos termos do artigo 9º, incisos I, II e III, do Código Penal Militar (Decreto-lei n. 1.001, de 21/10/1969)[16].

O STJ sumulou entendimentos segundo os quais o militar da reserva está sujeito à pena disciplinar, mas o militar reformado, não (Súmulas 55 e 56, respectivamente). O STF decidiu que o militar da reserva que pratica crime contra policiais militares em serviço de preservação da ordem pública não pratica crime militar, mas comum[17].

E – DOCUMENTOS SUPRANACIONAIS E ESTRANGEIROS

A Declaração Universal dos Direitos Humanos, da ONU, de 1948, contém dispositivo bastante genérico, no artigo IX: *"Ninguém será arbitrariamente preso, detido ou exilado"*.

A Convenção Americana sobre Direitos Humanos, de 1969, aprovada em São José da Costa Rica e promulgada no Brasil pelo Decreto n. 678, de 6/11/1992, apesar de não conter dispositivo idêntico ao examinado, reforça a garantia constitucional prevista no direito interno, ao estabelecer, no artigo 2º, que *"ninguém pode ser privado de sua liberdade física, salvo pelas causas e nas condições previamente fixadas pelas constituições políticas dos Estados-Partes ou pelas leis de acordo com elas promulgadas"* e, no artigo 3º, que *"ninguém pode ser submetido a detenção ou encarceramento arbitrários"*.

O Conjunto de Princípios para a Proteção de Todas as Pessoas Sujeitas a Qualquer Forma de Detenção ou Prisão (Resolução n. 43/173, da ONU, de 9/12/88) contemplou a necessidade de ordem escrita de uma autoridade para a manutenção da prisão, no princípio 37: *"A pessoa detida pela prática de uma infração penal deve ser apresentada logo após a sua captura a uma autoridade judiciária ou outra autoridade prevista por lei. Essa autoridade decidirá sem demora acerca da legalidade e necessidade da detenção. Ninguém pode ser mantido em detenção aguardando a abertura da instrução ou julgamento salvo por ordem escrita da referida autoridade. A pessoa detida, quando apresentada a essa autoridade, tem o direito de fazer uma declaração sobre a forma como foi tratada durante sua detenção"*.

Note-se que esse documento internacional referiu-se, apenas, à autoridade sem designar qual, pois em alguns países a prisão pode ser decretada pelo Ministério Público, em alguns casos excepcionais.

A Constituição portuguesa contempla tratamento similar ao brasileiro. O artigo 27.2 cuida da prisão em virtude de sentença judicial condenatória, como regra, mas contempla, no item e artigo seguintes, as exceções da prisão preventiva em flagrante, da prisão disciplinar imposta a militares, da detenção por decisão judicial decorrente de desobediência à ordem judicial ou não comparecimento perante autoridade judicial competente e da prisão preventiva sem culpa formada. A diferença entre os sistemas brasileiro e português, no tema ora comentado, é que, em Portugal, o Ministério Público é considerado autoridade judiciária[18] e, portanto, pode decretar a detenção para assegurar o comparecimento do arguido a sua presença.

A Constituição italiana prevê a inviolabilidade da liberdade pessoal no artigo 13, admitindo sua restrição por determinação da autoridade judiciária e, em casos excepcionais de necessidade e urgência, da autoridade de segurança pública, que deve comunicar àquela autoridade em 48 horas, sob pena de revogação da medida. Dando seguimento à norma constitucional, o Código italiano prevê duas modalidades de privação da liberdade sem ordem judicial, mas que devem ser submetidas ao crivo jurisdicional em 48 horas: uma em estado de flagrância e outra sem esse estado, mas havendo perigo de fuga, e em hipóteses de crimes graves especificados pela lei[19].

A Constituição espanhola consagra a liberdade pessoal no artigo 17, prevendo que a prisão deve ser submetida à autoridade judicial no prazo de 72 horas. É o Código de Processo que traça as regras para a prisão sem ordem judicial e prisão com ordem judicial[20].

Art. 5º, LXII – a prisão de qualquer pessoa e o local onde se encontre serão comunicados imediatamente ao juiz competente e à família do preso ou à pessoa por ele indicada;

Luis Gustavo Grandinetti Castanho de Carvalho

A – ANTECEDENTES HISTÓRICOS

A vigente Constituição foi mais minuciosa e mesmo mais farta em direitos individuais que a anterior. No que toca ao dever de comunicação da prisão, a Constituição ampliou o tratamento anterior ao exigir a comunicação à família ou à pessoa indicada pelo preso.

A comunicação ao juiz já era exigida pelas Constituições de 1934, no artigo 113, n. 21; de 1946, no artigo 141, § 22; de 1967,

---

16. O Código Penal Militar define as infrações consideradas militares nos três incisos do seu artigo 9º, que se referem a três situações distintas: infrações tipificadas no Código Penal Militar; infrações tipificadas no Código Penal Militar ou no Código Penal comum, desde que praticadas por militar ou assemelhado e em determinadas circunstâncias taxativamente descritas; e, por fim, infrações praticadas por militar da reserva, ou reformado, ou civil, tanto definidos no Código Penal Militar como no Código Penal, desde que em certas circunstâncias taxativamente descritas pela lei.

17. HC n. 72.022/PR, Tribunal Pleno, *DJ* 28/04/1995, j. 9/2/1995, relator designado Min. Marco Aurélio.

18. Artigo 1º, *b*, do Código de Processo Penal português.

19. Artigo 384 do Código de Processo Penal italiano. As duas modalidades referidas de restrição da liberdade podem ser adotadas tanto pela Polícia Judiciária como pelo Ministério Público.

20. Os artigos 490 e 502 cuidam das hipóteses de detenção (em estado de flagrância e sem ordem judicial) e de *prisión provisional* (mediante ordem judicial). Não há expressa menção para que a ordem judicial seja escrita, mas isso pode ser inferido do artigo 520, que determina que o preso e o detido têm direito de conhecerem as razões de sua prisão.

no artigo 150, § 12, e de 1969, no artigo 153, § 12. Nesse interregno, somente a Constituição de 1937 não previu a comunicação da prisão à autoridade judiciária.

A Carta anterior, no artigo 153, § 12, mencionava *"prisão ou detenção"*. Como a *"detenção"* não existe para o sistema legal brasileiro, o constituinte houve por bem abolir a palavra *"detenção"* do texto atual, o que se justifica inteiramente.

B – DEVER DE COMUNICAÇÃO DA PRISÃO

Com relação às formalidades da prisão, determina, o dispositivo, que a prisão deverá ser comunicada ao juiz competente, à família do preso ou à pessoa por ele indicada.

A obrigação de comunicar a prisão de qualquer pessoa é uma formalidade essencial ao auto de prisão em flagrante. Isto quer dizer que, não havendo a comunicação, seja ao juiz, seja à família do preso, ou à pessoa por ele indicada, o auto é nulo, a prisão é ilegal e deve ser relaxada.

Não há qualquer prescrição quanto à forma com que deve ser feita a comunicação. Pode ser feita, portanto, por qualquer meio, desde que possa ser comprovada nos autos do flagrante. A comunicação ao juiz é feita pelo envio de cópia do auto do flagrante para ser possível o exame da legalidade da medida.

A comunicação deve ser feita imediatamente, mas, tradicionalmente, a praxe forense tem tolerado um prazo de até 24 horas, por inspiração do artigo 306 do Código de Processo Penal, que prevê idêntico prazo para a expedição da nota de culpa, cuja finalidade é cientificar o preso do motivo da prisão, do nome do condutor e das testemunhas. Pontes de Miranda já advogava que 24 horas é um tempo excessivo, já que a Constituição (refere-se à de 1967) alude a *imediatamente*. Dizia o autor: *"Imediatamente; portanto, menor prazo possível... Não passou a concessão do prazo de vinte e quatro horas, que se propusera, para que se comunicasse ao juiz a prisão..."*[1]. Atualmente, diante da maior rapidez dos meios de comunicação e a implantação de plantões judiciários em muitos Estado, a crítica tem sido mantida, com mais razão[2].

Faculta, ainda, a norma, a assistência de advogado, o que será examinado mais detidamente no comentário a outro inciso.

O ordenamento constitucional brasileiro não esgota toda a disciplina do dever de comunicação. Importante e salutar inovação consiste na norma do artigo 7º, n. 5, da Convenção Americana sobre Direitos Humanos[3], que determina a apresentação do preso, *sem demora*, à presença do juiz. A falta de previsão nesse mesmo sentido em norma de direito interno não é óbice para a plena aplicabilidade da medida.

Assim, quando da decretação de prisão temporária, por exemplo, por trinta ou sessenta dias, que são prazos extremamente longos, o juiz deve determinar a apresentação e a oitiva do preso sobre sua prisão, bem como a defesa pode requerê-las sem que possa o juiz indeferir, pelo menos, a apresentação, diante da expressa norma convencional. Contudo, a previsão convencional tem sido ignorada no dia a dia dos tribunais.

A indagação que se faz agora é se a omissão da autoridade policial em atender ao dever de comunicação gera a nulidade do flagrante. Ou, mais especificamente, a omissão de comunicação da prisão e omissão de assegurar o direito à assistência da família teriam o condão de anulá-lo. Nos termos em que está redigido o dispositivo, a resposta deve ser afirmativa. A falta dessas providências importa nulidade do flagrante e a prisão torna-se ilegal, por desrespeito às normas legais a que está vinculada. Lembre-se de que a prisão se submete ao princípio da estrita legalidade e só se justifica se obedecer a este princípio.

O Superior Tribunal de Justiça já decidiu que a assistência de advogado ou defensor supre a omissão de comunicação à família[4]. Também decidiu que a comunicação tardia à família não nulifica o flagrante[5]. O Supremo Tribunal Federal decidiu que a inobservância da advertência quanto aos direitos constitucionais do preso só o nulifica se houver prejuízo[6].

A nulidade do flagrante, contudo, não importa nulidade do processo, pois aquele serve, unicamente, de base para a denúncia ou a queixa.

No caso de nulidade do flagrante por algum desses vícios, indaga-se se só o flagrante estaria nulo, como medida constritiva, ou o próprio interrogatório do indiciado feito sem essas advertências. Evidentemente, a prisão se tornará ilegal, sem possibilidade de convalidação, por não guardar a legalidade necessária. Quanto ao interrogatório, na fase policial, serve apenas à formação da convicção do promotor e, portanto, sua credibilidade advirá das provas produzidas na instrução criminal. Se não existirem tais provas, não se poderá condenar o réu. Se a versão isolada do interrogatório policial legalmente colhido não é suficiente para a condenação, quanto mais o ato que não obedecer à formalidade legal.

Trata-se de um direito de toda pessoa, independente de ser nacional ou estrangeira.

C – DOCUMENTOS SUPRANACIONAIS E ESTRANGEIROS

O Conjunto de Princípios para a Proteção de Todas as Pessoas Sujeitas a Qualquer Forma de Detenção ou Prisão, da ONU, de 9/12/88, estabelece, no princípio 37, que a pessoa detida seja apresentada a uma autoridade judiciária, ou outra que equivalha, logo após a detenção; o princípio 12.1 ordena que o local da prisão também seja comunicado ao juiz ou autoridade equivalente; o princípio 16.1 prevê a comunicação à família e os princípios 17.1 e 2 asseguram a comunicação ao advogado ou a nomeação de um, caso o detido não o tenha.

A Constituição italiana, no artigo 13, prevê que a prisão deve ser comunicada ao juiz em 48 horas.

O artigo 254.1, *a*, do Código de Processo Penal português prescreve o prazo de 48 horas para a apresentação do detido, seguindo diretriz do artigo 28.1 da Constituição.

---

1. *Comentários à Constituição de 1967*, Tomo V, p. 223 e 225, 3ª edição, 1987, Ed. Forense, RJ.

2. "... *lapso por demais extenso diante dos meios de comunicação hoje existentes*" (CHOUKR, Fauzi Hassan – *Código de Processo Penal* – Comentários consolidados e crítica jurisprudencial, p. 469, 2005, Ed. Lumen Juris, RJ).

3. Artigo 7º, n. 5 – Toda pessoa detida deve ser conduzida, sem demora, à presença de um juiz ou outra autoridade autorizada pela lei a exercer funções judiciais.

4. STJ, RHC 2.526/93-MG, 5ª Turma, j. em 15/3/93, Ministro Flaquer Scartezzini.

5. STJ, RHC 10.220-SP, 5ª Turma, *DJU* 23/04/2001, Min. Gilson Dipp.

6. STF, RHC 79.973-MG, 2ª Turma, *DJU* 13/10/2000, Min. Nelson Jobim.

Art. 5º, LXIII – o preso será informado de seus direitos, entre os quais o de permanecer calado, sendo-lhe assegurada a assistência da família e de advogado;

Luís Gustavo Grandinetti Castanho de Carvalho

A – ANTECEDENTES HISTÓRICOS

O dispositivo ora comentado representa uma novidade no ordenamento constitucional brasileiro, que jamais previu o direito ao silêncio, a assistência da família e de advogado.

B – DIREITO DE INFORMAÇÃO

Para o exercício das opções políticas decorrentes da cidadania e para o exercício regular do direito de defesa, torna-se indispensável a mais ampla informação, o que está na base do princípio democrático inscrito no artigo 1º da Constituição.

O direito de informação de situações processuais de vantagem ou mesmo de restrições processuais perpassa todo o Direito Processual Penal e, por vezes, a omissão da autoridade encarregada de informar chega a causar nulidade. Citem-se, como exemplos de tal dever correspondente, a expedição de nota de culpa no flagrante, o direito de prestar fiança quando possível, a intimação de atos processuais como a publicação da sentença, etc. São todas garantias do direito de defesa.

Trata-se de um direito de toda a pessoa, independente de ser nacional ou estrangeira.

C – DIREITO AO SILÊNCIO

A consagração de um direito ao silêncio é decorrência da proibição de o acusado depor contra si mesmo, inculpida no artigo 8º, n. 2, letra g, da Convenção Americana sobre Direitos Humanos. Trata-se de regra integrante dos princípios maiores da presunção de inocência e da dignidade da pessoa humana.

A construção do princípio recebeu forte influência do direito norte-americano (*privilege against self-incrimination*), que tem por fundamento a 5ª Emenda[1] à Constituição, que proíbe que alguém seja compelido a se autoacusar. Depois de várias decisões da Suprema Corte, o privilégio foi consolidado no acórdão Miranda v. Arizona (1966). Outros acórdãos esclareceram que referido privilégio não impede confissões espontâneas, sem que a autoridade policial ou judiciária tenham tido tempo para alertar o indiciado ou réu de seus direitos. Do mesmo modo, o dever de advertir sobre o privilégio é apenas de agentes públicos e não de outras pessoas que sejam primariamente responsáveis pela investigação, como investigadores particulares e psiquiatras forenses[2].

O dispositivo comentado cuida, apenas, do direito ao silêncio do preso, mas tal direito deve ser estendido a todo acusado em processo criminal[3], por ser uma decorrência dos princípios da ampla defesa e o da presunção de inocência, que impõe que todo o ônus probatório seja do acusador. A esse respeito, a Lei n. 10.792/2003 estendeu a previsão também ao interrogatório judicial e declarou que o silêncio não poderá ser interpretado em prejuízo à defesa do acusado, alterando, significativamente, a redação do artigo 186 do Código de Processo Penal.

O que se proíbe é a coação para que o acusado forneça provas contra si, não a colaboração nem as intervenções corporais legítimas.

O Supremo Tribunal Federal teve oportunidade de julgar um caso interessante sobre a ilicitude de uma gravação ambiental entre o indiciado e policiais, sem que estes advertissem o indiciado de seu direito ao silêncio[4]. Contra a decisão do STF poder-se-ia invocar a orientação jurisprudencial alemã, trazida por Karl Heinz Gössel[5], no sentido de que a violação do dever de informação concernente ao direito ao silêncio na fase pré-processual é mera irregularidade, enquanto, na fase judicial, importa em proibição de valoração do interrogatório. Ocorre que, para nós, a previsão do direito ao silêncio vigora tanto para o indiciado como para o réu, por força do dispositivo em análise (inciso LXIII, do artigo 5º, da Constituição).

O Supremo Tribunal Federal também assentou que o direito ao silêncio tem a natureza jurídica de um direito público subjetivo[6]. Como direito, não pode ser interpretado de modo prejudicial ao réu, seja para efeito de agravamento da pena ou do regime de seu cumprimento[7]. Do mesmo modo, inclui-se no referido direito negar falsamente a acusação[8], negar-se a participar da reconstituição do crime[9], bem como negar-se a fornecer padrão grafotécnico[10] ou vocal[11]. A inobservância da advertência quanto ao direito ao silêncio inicialmente foi considerada, pelo Supremo Tribunal Federal, uma nulidade relativa, mas, depois, passou a ser considerada nulidade absoluta[12].

---

1. "No person shall be held to answer for a capital, or otherwise infamous crime, unless on a presentment or indictment of a Grand Jury, except in cases arising in the land or naval forces, or in the Militia, when in actual service in time of War or public danger; nor shall any person be subject for the same offense to be twice put in jeopardy of life or limb; nor shall be compelled in any criminal case to be a witness against himself, nor be deprived of life, liberty, or property, without due process of law; nor shall private property be taken for public use, without just compensation."

2. ISRAEL, Jerold H. e LAFAVE, Wayne R. – *Criminal Procedure* – Constitutional Limitations, p. 202/240, 6ª ed., 2001, West Group, Minnesota.

3. Nesse sentido, Tourinho Filho: "E ninguém pode impedir-lhe o exercício desse direito. Muito menos ameaçá-lo, sob a alegação de que seu silêncio poderá prejudicar-lhe a defesa. Do contrário a defesa não estaria sendo ampla, nem respeitado o seu direito ao silêncio" (TOURINHO FILHO, Fernando da Costa – *Processo Penal*, p. 269, 12ª ed., 1990, Ed. Saraiva, SP).

4. STF, HC 80.949-RJ, 1ª Turma, *DJ* 14/12/2001, Min. Sepúlveda Pertence: "... III. Gravação clandestina de 'conversa informal' do indiciado com policiais. 3. Ilicitude decorrente – quando não da evidência de estar o suspeito, na ocasião, ilegalmente preso ou da falta de prova idônea do seu assentimento à gravação ambiental – de constituir, dita 'conversa informal', modalidade de interrogatório sub-reptício, o qual – além de realizar-se sem as formalidades legais do interrogatório no inquérito policial (CPP, art. 6º, V) –, se faz sem que o indiciado seja advertido de seu direito ao silêncio...". Embora o acórdão comece por se referir à gravação clandestina, depois se refere à gravação ambiental, ficando claro que se cuida desta última.

5. As Proibições de Prova no Direito Processual Penal da República Federal da Alemanha, p. 409, *Revista Portuguesa de Ciência Criminal*, ano 2, fasc. 3, julho-setembro 1992, Aequitas Editorial Notícias.

6. STF, HC 68.742-3/DF, Pleno, 1991, Min. Octavio Gallotti, voto concorrente do Min. Celso de Mello.

7. STF, HC 68.742-3/DF, Pleno, 1991, bem como HC 72.815-4/MS, 1ª Turma, 1995, Min. Moreira Alves, HC 80.616-3/SP, 2ª Turma, 2001, Min. Marco Aurélio.

8. STF, HC 68.742-3/DF, Pleno, 1991, Min. Octavio Gallotti.

9. STF, HC 69.026-2/DF, 1ª Turma, 1991, Min. Celso de Mello.

10. STF, HC 77.135-8/SP, 1ª Turma, 1998, Min. Ilmar Galvão.

11. STF, HC 83.096-0/RJ, 2ª Turma, 2003, Min. Ellen Gracie.

12. STF, HC 80.949-9/RJ, 1ª Turma, 2001, Min. Sepúlveda Pertence.

Trata-se de um direito de toda pessoa, independente de ser nacional ou estrangeira.

D – ASSISTÊNCIA DE ADVOGADO

Além do dever de comunicação ao advogado, a Constituição assegura a assistência de advogado.

A questão a ser discutida é se essa assistência deva ser efetiva, ou seja, se a autoridade policial tem o dever de nomear e fazer presente um advogado ou Defensor Público para o interrogatório policial do preso. O Supremo Tribunal Federal tem jurisprudência no sentido de que a Constituição não impõe à autoridade policial o dever de nomear defensor, mas, tão somente, de assegurar a possibilidade de o próprio preso fazer-se assistir por um[13].

Em que pese a orientação do Supremo Tribunal Federal, o dispositivo comentado parece caminhar para um sentido mais amplo, assegurando, efetivamente, a participação de um defensor.

E – DOCUMENTOS SUPRANACIONAIS E ESTRANGEIROS

O Pacto Internacional de Direitos Civis e Políticos, da ONU, de 16/12/66, no artigo 14, III, foi o primeiro documento supranacional a tratar do direito ao silêncio, seguido da Convenção Americana sobre Direitos Humanos, da OEA, de 1969, no artigo 8º, n. 2, letra g.

Os documentos supranacionais que previnem contra a tortura de presos também se referem, de maneira variada e genérica, a um direito de o preso não ser obrigado a confessar (Convenção contra a Tortura e outros Tratamentos Cruéis, Desumanos ou Degradantes, da ONU, de 10/12/84, e Convenção Interamericana para Prevenir e Punir a Tortura, da OEA, de 9/12/85).

O Conjunto de Princípios para a Proteção de Todas as Pessoas Sujeitas a Qualquer Forma de Detenção ou Prisão, da ONU, de 1988, no Princípio 11, também prevê de o preso *"ser assistido por um advogado nos termos da lei"*, bem como, no Princípio 10, o direito de *"ser informada, no momento da captura, dos motivos desta e prontamente notificada das acusações contra si"*.

O sistema português cuida do direito ao silêncio no artigo 343 do Código de Processo Penal, mas não dispensa o arguido de dizer a verdade sobre a sua qualificação, identidade e residência.

O Código de Processo Penal italiano também adota o direito ao silêncio no artigo 64, que, contudo, não se sobrepõe ao dever de responder corretamente sobre a própria qualificação (artigo 66 do mesmo Código).

Art. 5º, LXIV – o preso tem direito a identificação dos responsáveis pela sua prisão ou por seu interrogatório policial;

Luis Gustavo Grandinetti Castanho de Carvalho

---

13. STF, RE 136.239-1/SP, 1ª Turma, 1992, Min. Celso de Mello. Colhe-se do acórdão o seguinte trecho: "... *as normas constitucionais em questão não impõem à autoridade policial o dever de nomear defensor técnico ao indiciado, especialmente quando da realização de seu interrogatório na fase inquisitiva do procedimento de investigação. O que nelas se objetivou foi, simplesmente, assegurar ao indiciado a possibilidade de fazer-se assistir, especialmente quando preso, por defensor técnico...*".

A – ANTECEDENTES HISTÓRICOS

Os antecedentes remotos do dispositivo em exame foram a Constituição de 1824, artigo 179, VIII, e a Constituição de 1891, artigo 72, § 16, ambas prevendo a comunicação ao preso da nota de culpa, com expressa menção do nome do acusador e das testemunhas.

Depois dessas duas Cartas, as posteriores silenciaram quanto à identificação do nome do acusador.

O dispositivo ora comentado é um pouco diferente de seus antecedentes remotos, pois assegura a identificação do responsável pela prisão ou pelo interrogatório, inovando, nesse aspecto, em relação àqueles. Trata-se, inegavelmente, de uma decorrência do período ditatorial que o País viveu, de 1964 a 1985, em que as liberdades foram seriamente atingidas, com registros históricos de vários casos de desaparecimento de presos.

B – DIREITO DE INFORMAÇÃO QUANTO AOS AGENTES RESPONSÁVEIS PELA PRISÃO OU PELO INTERROGATÓRIO POLICIAL

O direito de informação do preso, de maneira geral, já foi comentado no item anterior. O presente inciso concentra-se no dever de comunicação da identidade do agente estatal responsável pela prisão ou pelo interrogatório policial.

A primeira questão que se impõe é se o dever é duplo ou alternativo, ou seja: deve-se informar a identidade do responsável pela prisão e pelo interrogatório ou basta informar a identidade de um deles? Para bem interpretar o dispositivo é preciso conhecer o procedimento de investigação criminal brasileiro. A investigação criminal pode ser feita pelo inquérito-flagrante ou pelo inquérito policial. O primeiro terá início por um auto de prisão em flagrante que conterá a oitiva e a identificação do responsável pela prisão – o condutor –, das testemunhas e o interrogatório do preso. Normalmente, todos os agentes públicos envolvidos são identificados no auto de flagrante. É evidente que basta a identificação do condutor ou da autoridade que está conduzindo o auto, que é quem colhe o interrogatório, para que se atenda ao comando constitucional.

No inquérito policial, normalmente, não há a figura de um preso que possa ser beneficiário do dispositivo em análise, que não se refere, portanto, ao indiciado solto. A única possibilidade de haver um indiciado preso no curso de um inquérito policial ocorre se for decretada a sua prisão temporária. Nesse caso, a informação deve recair na identidade da autoridade que colher o interrogatório.

O objetivo da norma constitucional é garantir a legalidade do ato e amparar o direito de liberdade.

Trata-se de um direito de toda pessoa, independente de ser nacional ou estrangeiro.

C – DOCUMENTOS SUPRANACIONAIS E ESTRANGEIROS

O Conjunto de Princípios para a Proteção de Todas as Pessoas Sujeitas a Qualquer Forma de Detenção ou Prisão, da ONU, de 9/12/88, no artigo 12.1, assegura o direito de o preso conhecer a identidade dos funcionários encarregados de sua prisão.

Art. 5º, LXV – a prisão ilegal será imediatamente relaxada pela autoridade judiciária;

Luis Gustavo Grandinetti Castanho de Carvalho

A – ANTECEDENTES HISTÓRICOS

O instituto do relaxamento da prisão já é tradicional no sistema constitucional brasileiro. Dele cogitaram as Constituições de 1934, no artigo 113, n. 21; de 1946, no artigo 141, § 22; de 1967, no artigo 150, § 12; e de 1969, no artigo 153, § 12. Somente as Constituições de 1824, 1891 e 1934 não o previram.

B – RELAXAMENTO DE PRISÃO

Há uma diferença fundamental entre o relaxamento da prisão e a liberdade provisória, com ou sem fiança. Aquela ocorre quando a prisão é ilegal por não reunir as formalidades necessárias ou por não se inserir nas hipóteses autorizadoras. Na liberdade provisória, a prisão é legal, apenas a lei não considera necessária a sua manutenção, na forma da lei ordinária.

As causas que levam ao relaxamento da prisão podem ser a inobservância das disposições constitucionais que asseguram os direitos de informação dos presos referidos nos incisos anteriores, de assistência da família, de assistência de advogado, de comunicação ao juiz, de permanecer calado e de ser cientificado da identidade do agente encarregado da prisão ou do interrogatório (Constituição, artigo 5º, incisos LXII, LXIII e LXIV).

Outras causas podem decorrer da inobservância de formalidades do auto de prisão em flagrante, expressas nos artigos 303 a 307 do Código de Processo Penal, ou, ainda, quando a hipótese não constituir uma das situações definidas como estado de flagrância, descritas no artigo 302 do Código de Processo Penal[1].

Finalmente, pode ocorrer o relaxamento da prisão quando, ainda que a situação seja de flagrante conforme a define o artigo 302 do Código de Processo Penal, a própria lei substituir a prisão por um compromisso de comparecimento, como ocorre na hipótese do artigo 69, parágrafo único, da Lei n. 9.099/95[2], que instituiu os Juizados Especiais Criminais para julgar as infrações de menor potencial ofensivo (artigo 98, I, da Constituição).

Apenas a autoridade judiciária pode determinar o relaxamento da prisão. Trata-se de uma decorrência da regra geral da reserva de jurisdição – já comentada nesta obra – para os assuntos pertinentes ao estatuto da liberdade. Assim, se a autoridade policial tomar conhecimento que um auto de prisão em flagrante, lavrado em sua delegacia, seja nulo, mesmo assim, não poderá determinar a soltura do preso, pois cabe unicamente à autoridade judiciária apreciar da legalidade da medida extrema.

Trata-se de medida que pode ser tomada de ofício pelo juiz competente, não sendo necessário qualquer requerimento. Não se trata, porém, de habeas corpus de ofício, porque, com a comunicação, passa a ser o juiz o responsável pela prisão e, assim, haveria confusão entre a autoridade coatora e a autoridade concedente do remédio constitucional[3]. Lembremo-nos de que a autorização constitucional para que a autoridade policial ou qualquer do povo prenda alguém em flagrante é excepcional e que o auto de tal prisão, para ser convalidado, deve ser submetido imediatamente à autoridade judiciária, que, com a comunicação, assume a responsabilidade por ela.

Conforme já esclarecemos nos comentários ao inciso LXI, desse mesmo artigo, a Lei n. 13.964/2019 criou a audiência de custódia, momento processual adequado para o exame da legalidade da prisão e de sua necessidade.

As Constituições de 1934 e de 1946 impunham ao juiz que relaxasse a prisão, por ilegal, que promovesse a responsabilização do agente estatal que tivesse prendido ilegalmente. A atual Carta não repetiu a fórmula, e com razão, porque, no sistema processual penal acusatório[4] a que se filiou a Carta brasileira, não há lugar para que o juiz promova ação penal de ofício, nem se arvore da função de denunciar, que é atribuída ao Ministério Público. Quando muito, deve determinar a vista dos autos àquele órgão.

Trata-se de um direito de toda a pessoa, independentemente de ser nacional ou estrangeira.

C – DOCUMENTOS SUPRANACIONAIS E ESTRANGEIROS

Os documentos supranacionais e estrangeiros não cuidam especificamente do relaxamento de prisão, como esse *nomen juris*, mas prevêem, de modo genérico, o princípio da subsidiariedade da prisão, bem como de situações que indicam a conveniência de sua substituição por medida menos gravosa, como já referido anteriormente nesta obra.

Como exemplo, o artigo 7º, n. 6, da Convenção Americana sobre Direitos Humanos, consagra o direito de recorrer a um juiz ou tribunal a fim de que se decida, sem demora, sobre a legalidade da prisão ou detenção e para que se ordene a soltura se a prisão ou detenção forem ilegais.

Do mesmo modo, o Conjunto de Princípios para a Proteção de Todas as Pessoas Sujeitas a Qualquer Forma de Detenção ou Prisão, da ONU, de 9/12/88, no princípio 37, prescreve que a autoridade judiciária a que for comunicada a prisão *"decidirá sem demora acerca da legalidade e necessidade da detenção"*.

Art. 5º, LXVI – ninguém será levado à prisão ou nela mantido, quando a lei admitir a liberdade provisória, com ou sem fiança;

Luis Gustavo Grandinetti Castanho de Carvalho

---

1. Art. 302 do Código de Processo Penal – Considera-se em flagrante delito quem: I – está cometendo a infração penal; II – acaba de cometê-la; III – é perseguido, logo após, pela autoridade, pelo ofendido ou por qualquer pessoa, em situação que faça presumir ser autor da infração.

2. Art. 69, parágrafo único, da Lei n. 9.099/95 – Ao autor do fato que, após a lavratura do termo, for imediatamente encaminhado ao juizado ou assumir o compromisso de a ele comparecer, não se imporá prisão em flagrante, nem se exigirá fiança.

3. Embora sem justificar, Pontes de Miranda chega à mesma conclusão (PONTES DE MIRANDA, *Comentários à Constituição de 1967*, Tomo V, p. 227, 3ª edição, 1987, Ed. Forense, RJ).

4. *"...está assegurado constitucionalmente, pelo princípio da dignidade, um Direito Processual que confira ao acusado o direito de ser julgado de forma legal e justa, um direito a provar, contraprovar, alegar e defender-se de forma ampla, em processo público, com igualdade de tratamento em relação à outra parte da relação processual"* (CARVALHO, Luis Gustavo Grandinetti Castanho de – *Processo Penal e Constituição*, p. 26, 4ª edição, 2006, Ed. Lumen Juris, RJ). No mesmo sentido: PRADO, Geraldo – *Sistema Acusatório*, 3ª edição, 2005, Ed. Lumen Juris, RJ.

A – ANTECEDENTES HISTÓRICOS

A origem remota do dispositivo, como já referido nestes comentários, foi a cláusula 29 da Magna Carta, seguida pelas Declarações norte-americana e francesa.

Todas as Constituições brasileiras anteriores previram a fiança como sucedâneo da prisão, remetendo, sempre, à lei ordinária os casos afiançáveis e os inafiançáveis.

A possibilidade de o réu livrar-se solto, independentemente de fiança, era prevista somente na Constituição de 1824, para os crimes punidos com pena de desterro ou pena igual ou inferior a seis meses, e na atual Carta. As demais apenas se referiram à fiança.

B – PRINCÍPIO DA SUBSIDIARIEDADE

O dispositivo consagra o princípio da subsidiariedade da prisão, que se apoia numa premissa básica: a de que a liberdade é a regra e a prisão, uma medida excepcional.

O direito de liberdade física integra a mais remota concepção dos direitos fundamentais como direitos de defesa do indivíduo contra as ingerências do Estado (direitos fundamentais de primeira geração ou primeira dimensão). Impõe-se, assim, um dever de abstenção do Estado, ao qual corresponde o princípio da liberdade negativa, que exige uma razão suficiente para toda restrição da liberdade. Anota Robert Alexy que esta razão suficiente é exigível até mesmo para as restrições relativamente insignificantes[1].

O dispositivo examinado vai além de exigir uma razão suficiente para a restrição da liberdade física. Ele exige, também, a permanência dessa razão, ao ponto de determinar a substituição da medida constritiva de liberdade sempre que a lei permitir a concessão da liberdade provisória, com ou sem fiança.

Por sua excepcionalidade, a prisão, para vingar, para ser legítima, deve preencher os requisitos legais, dentre os quais a necessidade, a adequação e a proporcionalidade. Além disso, carece de adequada fundamentação. Caso contrário, será inócua para constranger a liberdade individual. A leitura da Constituição permite entrever uma política legislativa de absoluto respeito à liberdade e de nítida excepcionalidade da prisão. A interpretação de seus dispositivos e dos das leis ordinárias, portanto, não pode estar alheia a esse traço político, sem qualquer prejuízo às modalidades de prisão expressamente permitidas por ela própria.

O inciso anterior cogitou do relaxamento da prisão, que é algo diferente da liberdade provisória, com ou sem fiança. Aquela ocorre quando a prisão é ilegal por não reunir as formalidades necessárias ou por não se inserir nas hipóteses autorizadoras. Na liberdade provisória, a prisão é legal, apenas a lei não considera necessária a sua manutenção, na forma da lei ordinária.

A simples existência dessa norma faz perceber a preocupação do constituinte em só manter a prisão efetivamente necessária, obrigando o legislador ordinário a estabelecer os casos de liberdade provisória com ou sem fiança. Trata-se de verdadeira obrigação: não pode a lei ordinária deixar de enumerar os casos de liberdade provisória com ou sem fiança. Nesse sentido, Frederico Marques[2], mencionando, contudo, as opiniões contrárias ao seu ponto de vista, de Pontes de Miranda e de Temístocles Cavalcanti. Para Pontes de Miranda, *"não teria a pecha de inconstitucionalidade a lei que fizesse inafiançáveis todos os delitos"*[3].

Não parece ser essa última a melhor orientação na medida em que os princípios constitucionais apontam, claramente, para a subsidiariedade da prisão, que é a ideia reitora dos dispositivos constitucionais que tratam da prisão. Em razão dessa subsidiariedade, impõe-se, ao legislador ordinário, o dever de prever os casos de liberdade provisória, mediante as condições que entender adequadas, desde que tais condições respeitem o núcleo mínimo do direito.

As hipóteses de liberdade provisória com ou sem fiança estão traçadas no Código de Processo Penal (arts. 310 e 321 a 350)[4].

Trata-se de um direito de toda a pessoa, independente de ser nacional ou estrangeiro.

C – DOCUMENTOS SUPRANACIONAIS E ESTRANGEIROS

Os documentos internacionais não chegam a cogitar da liberdade provisória, com ou sem fiança.

A Declaração Universal dos Direitos Humanos, da ONU, de 1948, contém dispositivo bastante genérico, no artigo IX: *"Ninguém será arbitrariamente preso, detido ou exilado"*.

A Convenção Americana sobre Direitos Humanos, de 1969, aprovada em São José da Costa Rica e promulgada no Brasil pelo Decreto n. 678, de 6/11/1992, apesar de não conter dispositivo idêntico ao examinado, reforça a garantia constitucional prevista no direito interno, ao estabelecer, no artigo 2º, que *"ninguém pode ser privado de sua liberdade física, salvo pelas causas e nas condições previamente fixadas pelas constituições políticas dos Estados-Partes ou pelas leis de acordo com elas promulgadas"* e, no artigo 3º, que *"ninguém pode ser submetido a detenção ou encarceramento arbitrários"*.

As Constituições europeias, de um modo geral, não cuidam da liberdade provisória, deixando aos Códigos tal tarefa. Em todas, porém, percebe-se a preocupação de proteger a liberdade, como regra, prevendo a prisão como medida excepcional e subsidiária.

A Constituição portuguesa, como a brasileira, prevê expressamente que *"a prisão preventiva não se mantém sempre que possa ser substituída por caução ou por medida de liberdade provisória prevista na lei"* (artigo 28.2).

A Constituição espanhola não cogita de liberdade provisória, mas demonstra a preocupação com a duração da prisão (artigo 17.2).

O mesmo faz a Constituição italiana (artigo 13).

---

1. *Teoría de los derechos fundamentales*, p. 347, Centro de Estudios Políticos y Constitucionales, 1ª edição, 3ª reimpressão, 2002, Madri.

2. *Elementos de direito processual penal*, v. 4, p. 130, 1ª edição, 1961, Ed. Forense, RJ.

3. *Comentários à Constituição de 1967*, tomo V, p. 218, 1987, Ed. Forense, RJ.

4. Súmula 64 do STJ – Não se concede fiança quando, em concurso material, a soma das penas mínimas cominadas for superior a dois anos.

Art. 5º, LXVII – não haverá prisão civil por dívida, salvo a do responsável pelo inadimplemento voluntário e inescusável de obrigação alimentícia e a do depositário infiel;

Ingo Wolfgang Sarlet[1]

1. História da norma

A norma contida no inciso LXVII do art. 5º consagra a proibição da prisão civil por dívida, ressalvadas duas hipóteses: a) a do responsável pelo inadimplemento, voluntário e inescusável, de obrigação alimentícia; b) do depositário infiel. A despeito de ser em geral proibida, a possibilidade, em alguns casos, da prisão civil, corresponde, de certo modo, a uma tradição no ordenamento jurídico-constitucional brasileiro, que já há muito tempo admite a prisão civil, especialmente nas hipóteses de depositário infiel e suas variações. Embora as duas primeiras Constituições (1824, 1891), assim como a Constituição de 1937, não tenham disposto sobre o tema, a legislação vigente na época assegurava a possibilidade da prisão, acrescida, posteriormente, da prisão por dívida de natureza alimentar. Assim, por exemplo, o antigo Código Comercial de 1850 (art. 20: prisão de comerciante para apresentação de livros em juízo; art. 90: prisão de trapicheiros e administradores de armazéns de depósito; art. 284: prisão de depositário intimado que não entrega a coisa depositada), bem como o Código Civil de 1916 (art. 1.287: prisão civil do depositário).

2. Constituições brasileiras anteriores

A proibição de prisão civil por dívida foi consagrada nas Constituições brasileiras de **1934** (art. 113, § 30: Não haverá prisão por dívidas, multas ou custas), de **1946** (art. 141, § 32: Não haverá prisão civil por dívida, multa ou custas, salvo o caso do depositário infiel e o de inadimplemento de obrigação alimentar na forma da lei), dispositivo que foi reproduzido pela Constituição de **1967** (art. 150, § 17), assim como pela Emenda Constitucional n. 1, de **1969** (art. 153, § 17).

3. Constituições estrangeiras

Constituição mexicana (art. 17); Constituição da Colômbia (art. 28); Constituição do Paraguai (art. 13); Constituição do Peru (art. 2º, 24, *c*); Constituição do Uruguai (art. 52). No caso da Constituição da Argentina (art. 19), da Constituição chilena (art. 19, 7º, *b*) e da Constituição da Venezuela (art. 60, 2), a privação da liberdade está mais estreitamente vinculada ao Princípio da legalidade. No âmbito europeu, ao passo que a Constituição da Suíça aboliu expressamente a prisão por dívida (art. 59, 3), em outros países a possibilidade de restrição das liberdades, independentemente de ser, ou não, na esfera civil, é reconhecida somente nos casos e na forma prevista em lei. Este é o caso, por exemplo, das Constituições da Espanha (art. 17, 1), da Constituição portuguesa (art. 27, 2), da Constituição alemã (art 2.2) e da Constituição italiana (art. 13).

4. Direito internacional

O Pacto Internacional sobre Direitos Civis e Políticos (art. 11: Ninguém poderá ser preso apenas por não poder cumprir com uma obrigação contratual), a Convenção Americana sobre Direitos Humanos (Pacto de São José da Costa Rica, art. 7, n. 7: Ninguém deve ser detido por dívidas. Este princípio não limita os mandados de autoridade judiciária competente expedidos em virtude de inadimplemento de obrigação alimentar) e a Convenção Europeia dos Direitos Humanos (art. 1, do Protocolo n. 4: Ninguém pode ser privado da sua liberdade pela única razão de não poder cumprir uma obrigação contratual) ilustram, no plano internacional, os esforços empreendidos pela comunidade jurídica internacional para salvaguarda das liberdades fundamentais.

5. Remissões a outros dispositivos constitucionais e legais

a) **Constitucionais**: Art. 4º (princípios diretivos das relações internacionais); art. 5º, incisos II (reserva legal) e LXVIII (*Habeas Corpus*); art. 5º, §§ 2º e 3º (cláusula de abertura a outros direitos e incorporação de tratados internacionais em matéria de direitos humanos); art. 93, inciso IX (dever de fundamentação da decisão); e art. 5º, incisos XXXV (acesso à Justiça) e LXXVIII (razoável duração do processo).

b) **Legais**: Decreto Legislativo n. 226/1991 e Decreto Executivo n. 592/1992 (aprova e promulga o Pacto Internacional sobre Direitos Civis e Políticos, respectivamente); Decreto Legislativo n. 27/1992 e Decreto Executivo n. 678/1992 (aprova e promulga a Convenção Americana sobre Direitos Humanos ou Pacto de São José da Costa Rica, respectivamente); Lei n. 5.478, de 25 de julho de 1968, que dispõe sobre a Ação de Alimentos (art. 19); Novo Código de Processo Civil, Lei n. 13.105/2015, de 16 de março de 2015 (art. 528 a 533, cumprimento de sentença que reconheça a exigibilidade de prestar alimentos; execução de alimentos fundada em título executivo extrajudicial, arts. 911 a 913), com revogação do Código de Processo Civil anterior (Lei n. 5.869, de 11 de janeiro de 1973); Código Civil de 2002, Lei n. 10.406, de 10 de janeiro de 2002 (art. 652; art. 1.287 do Código Civil de 1916, revogado); Lei do Mercado de Capitais e Instituto da Alienação Fiduciária (art. 66 da Lei n. 4.728/1965, com a redação dada pelo Decreto-Lei n. 911, de 1969); Lei n. 8.866, de 11 de abril de 1994 (conversão da MP 449), que dispõe sobre o depositário infiel de valor pertencente à Fazenda Pública (por maioria, o Supremo Tribunal Federal deferiu, em parte, o pedido de medida liminar para suspender, até a decisão final da ação, os efeitos dos §§ 2º e 3º do art. 4º, dentre outros, na ADI 1.055/DF).

6. Jurisprudência (seleção)[2]

Supremo Tribunal Federal:

HC 72.131/RJ, Relator Ministro Marco Aurélio, Relator p/ Acórdão: Ministro Moreira Alves, Tribunal Pleno, *DJ* 01.08.2003; RE 206.482/SP, Relator Ministro Maurício Corrêa, Tribunal Pleno, *DJ* 05.09.2003, bem como RE 466.343/ SP, Relator Ministro

---

[1]. Na elaboração do comentário, contamos com a colaboração de Selma Rodrigues Petterle, doutora em Direito pela PUCRS, advogada e docente permanente do Mestrado em Direito da Universidade La Salle, em Canoas/Brasil.

[2]. O presente comentário considerou as fontes doutrinárias e jurisprudenciais até janeiro de 2009, constando a data da publicação no respectivo *Diário da Justiça* (*DJ*).

Cezar Peluso, julgado pelo Pleno do STF em 03.12.2008, um divisor de águas relativamente à orientação do Supremo com relação a proibição da prisão civil, e inclusive no que tange à hierarquia dos tratados internacionais, que passou a ser considerada como supralegal.

HC 149.674-AgR, Rel. Min. Roberto Barroso, Primeira Turma, *DJe* de 21.05.2018 (conforme assentou a Corte Superior, existe meio processual próprio para se discutir a justeza e a forma de cumprimento da obrigação que originou a execução impugnada, que não pode ser revista, *per saltum*, na via ora eleita).

Rcl 28434 AgR, Rel. Ricardo Lewandowski, Segunda Turma, julgado em 10.08.2018 (o enunciado da Súmula Vinculante 25 aplica-se à prisão civil do depositário infiel e não à modalidade versada no presente caso, qual seja, prisão pelo não adimplemento da pena pecuniária).

Superior Tribunal de Justiça:

No Superior Tribunal de Justiça, destaca-se, como verdadeiro *leading case*, a decisão proferida no REsp 149.518/GO, Relator Ministro Ruy Rosado de Aguiar, Corte Especial, *DJ* 28.02.2000, no sentido do descabimento da prisão por força dos tratados internacionais.

RHC n. 172.036/MG, Rel. Min. Paulo de Tarso Sanseverino, Terceira Turma, julgado em 14.03.2023 (admissibilidade da prisão civil do alimentante por dívida atual, correspondente às três últimas prestações anteriores ao ajuizamento da execução, acrescidas das que se vencerem no curso do processo – Enunciado sumular n. 309/STJ. 2. A pendência de ação de revisional não obsta o prosseguimento da execução de alimentos com base no art. 528 do CPC).

AgInt no RHC n. 163.917/SP, Rel. Min. Ricardo Villas Bôas Cueva, Terceira Turma, julgado em 12.12.2022 (o *habeas corpus* não é o instrumento processual adequado para averiguar a dificuldade financeira do alimentante em arcar com o débito alimentar objeto de execução, porquanto a sua análise se mostra incompatível com a via restrita do *writ*. 2. A medida prisional encontra-se lastreada em inadimplemento de obrigação alimentar, sendo insuficiente o pagamento parcial das prestações, nos termos da Súmula n. 309/STJ).

HC 740.531/SP, Rel. Min. Luis Felipe Salomão, julgado em 26.10.2022 (o Supremo Tribunal Federal firmou jurisprudência no sentido de que a existência de cela especial em unidade penitenciária, com instalações condignas e separada dos demais detentos, supre a exigência de sala de Estado Maior para o advogado. 3. Na mesma senda, a Segunda Seção desta Corte adotou o recente entendimento de que a prerrogativa da sala de Estado Maior não pode incidir na prisão civil do advogado devedor alimentar, desde que lhe seja garantido em estabelecimento penal um local apropriado, devidamente segregado dos presos comuns).

HC n. 752.576/GO, Rel. Min. Maria Isabel Gallotti, Quarta Turma, julgado em 06.12.2022, *Dje* de 13.12.2022 (legalidade da decretação da prisão na execução submetida ao rito do art. 733 do CPC/1973, regra reproduzida no art. 528, § 1º, do CPC/2015, ainda que o débito alcance valor elevado por abranger a totalidade de dívida, prolongada no tempo. 3. Hipótese em que não consta dos autos elemento algum apto a demonstrar a precariedade ou a gravidade excepcional no quadro de saúde do paciente, que exija cuidados médicos contínuos para preservar a sua integridade física, circunstância que infirma a pretensão de prisão domiciliar).

7. Bibliografia (seleção)

AGOSTINI, Margot Cristina. Prisão civil de devedor de alimentos indenizatórios e o princípio da proporcionalidade. *Revista Síntese: direito de família*, v. 18, n. 101, p. 9-44, abr./maio 2017. ALMEIDA, Felipe Cunha de. (Im)possibilidade da prisão civil pelo descumprimento da obrigação alimentar decorrente da prática de ato ilícito: um paralelo com os alimentos oriundos do direito de família. *Revista Jurídica*, Porto Alegre, v. 65, n. 477, p. 9-27, jul. 2017. ANDRADE, Joaquim Alves de. Prisão civil, depositário infiel, alienação fiduciária. In: ARAÚJO, Luiz Alberto David. A impossibilidade de prisão do depositário infiel, o Pacto de São José e a decisão do Supremo Tribunal Federal. *Revista de Direito Privado*, v. 1, n. 4, p. 121-126, out./dez. 2000. ARAÚJO, Fábio Roque da Silva. A prisão civil do depositário judicial: (in)constitucionalidade. *Revista Dialética de Direito Processual*, n. 70, p. 31-36, jan. 2009. ASSIS, Araken de. *Da execução de alimentos e prisão do devedor*. 9. ed. rev. atual. ampl. São Paulo: Revista dos Tribunais, 2006. AZEVEDO, Álvaro Villaça. *Prisão civil por dívida*. 2. ed. São Paulo: Revista dos Tribunais, 2000. AZEVEDO, Álvaro Villaça. Direitos e deveres dos avós: alimentos e visitação. *Revista do Advogado*, v. 28, n. 98, p. 39-58, jul. 2008. BARCELLOS, Ana Luiza. A execução de alimentos na atual sistemática do direito processual civil. *Revista Síntese: direito de família*, v. 15, n. 83, p. 79-95, abr./maio 2014. BASTOS, Cristiano de Melo. Execução de alimentos: nova sistemática procedimental com o Código de processo civil de 2015. *Revista Síntese: direito de família*, v. 18, n. 101, p. 295-317, abr./maio 2017. BEDANI, Rebeca Soraia Gaspar. O devedor de pensão alimentícia no novo Código de processo civil. *Revista Síntese: direito de família*, v. 18, n. 101, p. 407-408, abr./maio 2017. BERALDO, Leonardo de Faria. *Alimentos no Código civil*: aspectos atuais e controvertidos com enfoque na jurisprudência. 2. ed. rev. atual. e aum. Belo Horizonte: Fórum, 2017. BOLZAN, Juliano Cardoso. *Prisão civil do devedor de alimentos*: efeitos à luz da sociologia política. Curitiba: Juruá, 2015. BORGES, Ivan Cláudio Pereira. *Prisão por dívida alimentar*: a jurisprudência do STJ e as disposições do novo CPC. In: CUNHA, J. S. Fagundes. *O direito nos tribunais superiores*: com ênfase no novo direito processual civil. Curitiba: Bonijuris, 2015, p. 63-73. BRENNER, Ana Cristina. A incorporação dos tratados internacionais sobre direitos humanos no ordenamento jurídico brasileiro e a prisão civil no depósito judicial. *Revista da Procuradoria Geral do Estado do Rio Grande do Sul*, Porto Alegre: PGE, v. 28, n. 59, p. 9-52, jun. 2004. CARVALHO NETO, Inácio de. A prisão do depositário infiel, o Pacto de São José da Costa Rica e o novo Código Civil. *Consulex: Revista Jurídica*, v. 8, n. 179, p. 17, jun. 2004. CASSETTARI, Christiano. Da possibilidade de prisão do devedor de alimentos fixados em escritura pública de divórcio e de extinção da união estável. *Revista nacional de direito de família e sucessões*, v. 4, n. 20, p. 39-49, set./out. 2017. CERNICCHIARO, Luiz Vicente. Prisão civil e alienação fiduciária. *Revista Síntese de Direito Civil e Direito Processual Civil*, v. 1, n. 3, p. 62-64, jan./fev. 2000. CHAVES, Marianna. Algumas notas sobre a execução de alimentos no novo CPC. *Revista nacional de direito de família e sucessões*, v. 2, n. 10, p. 141-162, jan./fev. 2016. CLAUS, Ben-Hur Silveira; ALVARENGA, Rúbia Zanotelli de (Org.). *Execução trabalhista*: o desafio da efetividade. São Paulo: LTr, 2015. CINTRA JÚNIOR, Dyrceu Aguiar Dias. A prisão civil do depositário infiel em face da Constituição

Federal e dos tratados internacionais sobre direitos humanos. *Revista dos Tribunais*, São Paulo, v. 89, n. 779, p. 135-139, set. 2000. CIRILLO, Luís Fernando. A prisão civil do depositário judicial. *Repertório IOB de Jurisprudência: Civil, Processual, Penal e Comercial*, n. 7, p. 155-159, 1. quinz. abr. 2000. CORADI JUNIOR, José Roberto. Execução de alimentos no novo Código de processo. *Revista Síntese: direito de família*, v. 18, n. 101, p. 385-405, abr./maio 2017. CORDEIRO, Maurício. *Prisão civil por dívida e sua proscrição definitiva*: visão de uma nova parametricidade normativa. São Paulo: Factash, 2008. DELLORE, Luiz. Sobre a prisão civil do devedor de alimentos no novo CPC. *Revista IBDFAM: família e sucessões*, n. 10, p. 81-88, jul./ago. 2015. DIAS, Jean Carlos. As técnicas de dissuasão (sanções econômicas e prisão) por descumprimento de ordem judicial e a jurisprudência do Superior Tribunal de Justiça. *Revista Dialética de Direito Processual*, n. 66, p. 43-52, set. 2008. FARIAS, Cristiano Chaves de. *Direito das obrigações*. 3. ed., atual. de acordo com a Decisão do STF, proferida no RE 466343/SP, sobre a prisão civil na alienação fiduciária em garantia. Rio de Janeiro: Lumen Juris, 2008. FERNANDES JUNIOR, Enio Duarte. O regime da prisão civil no Código de processo civil de 2015. *Juris plenum*, v. 12, n. 70, p. 43-54, jul. 2016. FERRAZ, Anna Candida da Cunha. Conflitos e tensões na jurisdição constitucional decorrentes da internacionalização dos direitos humanos. *Direitos fundamentais e justiça*, v. 8, n. 28, p. 125-152, jul./set. 2014. FERREIRA FILHO, Manoel Gonçalves. Sobre a constitucionalidade da prisão do depositário infiel em ação de alienação fiduciária em garantia. *Revista de Processo*, v. 20, n. 79, p. 222-228, jul./dez. 1995. GERMANO, José Luiz. O cabimento da prisão do devedor de alimentos estipulados em escritura de divórcio. *Revista dos tribunais*, São Paulo, v. 103, n. 941, p. 37-52, mar. 2014. GOULART, Cristiano. Ação de alimentos no novo CPC. *Revista Síntese: direito de família*, v. 18, n. 101, p. 415-418, abr./maio 2017. GOMES, Luiz Flávio. A prisão civil por dívida alimentar (alguns aspectos controvertidos). *Revista dos Tribunais* 582/9. GUIMARÃES, Luís. Decreto prisional (prisão civil) ao devedor de alimentos no CPC. *Revista Síntese: direito de família*, v. 18, n. 101, p. 449-452, abr./maio 2017. GUERRA, Marcelo Lima. Prisão civil de depositário infiel e o princípio da proporcionalidade. *Revista de Processo*, v. 27, n. 105, p. 34-42, jan./mar. 2002. LIMA, Marcellus Polastri; DIAS, Luciano Souto. Prisão civil por débito alimentar no contexto da reforma processual civil. *Revista Magister de direito civil e processual civil*, v. 11, n. 64, p. 28-54, jan./fev. 2015. LUZ, Silvia Lopes da. A prisão do depositário infiel diante da competência da Justiça do Trabalho [recurso eletrônico]. *Revista Jurídica*, Brasília, v. 9, n. 89, p. 1-14, fev./mar. 2008. MACHADO, Hugo de Brito. Depositário infiel e dívida de tributo. *Repertório IOB de Jurisprudência: Civil, Processual, Penal e Comercial*, n. 14, p. 272-269, 2. quinz. jul. 1994. MADALENO, Rolf. Execução de alimentos pela coerção pessoal. *Revista Jurídica*, Porto Alegre, v. 56, n. 367, p. 37-56, maio 2008. MAGALHÃES, José Carlos de. A prisão do depositário infiel: um ilícito internacional. *Revista dos Tribunais*, São Paulo, v. 89, n. 771, p. 77-86, jan. 2000. MAGALHÃES, Ricardo. A prisão como medida coercitiva no processo civil brasileiro. *Revista forense*, v. 111, n. 422, p. 515-529, jul./dez. 2015. MAZZUOLI, Valério de Oliveira. *Prisão civil por dívida e o Pacto de San José da Costa Rica*: especial enfoque para os contratos de alienação fiduciária em garantia, de acordo com o novo Código Civil brasileiro, Lei n. 10.406/2002. Rio de Janeiro: Forense, 2002. MARTINS, Meire Jane. Reflexões acerca de aspectos processuais da obrigação alimentar avoenga. *Revista Síntese: direito de família*, v. 18, n. 101, p. 464-477, abr./maio 2017. MATOS, Ana Carla Harmatiuk; TEIXEIRA, Ana Carolina Brochado. Os alimentos entre dogmática e efetividade. *Revista brasileira de direito civil*, v. 12, p. 75-92, abr./jun. 2017. MENDES, Gilmar; COELHO, Inocêncio Mártires; BRANCO, Paulo Gustavo Gonet. *Curso de Direito Constitucional*. São Paulo: Saraiva, 2007, p. 640-671. MOLITOR, Joaquim. *Prisão civil do depositário*. São Paulo: Juarez de Oliveira, 2000. MOTA, Lise Nery. *Prisão civil como técnica de efetivação das decisões judiciais*. Rio de Janeiro: Lumen Juris, 2007. NOGUEIRA, Luiz Fernando Valladão. A execução de alimentos no novo Código de processo civil. *Revista Síntese: direito de família*, v. 17, n. 96, p. 9-25, jun./jul. 2016. OLIVEIRA, Marcelo Ribeiro de. *Prisão civil na alienação fiduciária em garantia*: uma visão constitucional. Curitiba: Juruá, 2000. OLIVEIRA, Leonardo Alves de. As formas coercitivas para compelir o devedor de alimentos a adimplir com sua obrigação: avanços perpetrados pela jurisprudência e abarcados pelo novo Código de processo civil (Lei n. 13.105/2015). *Revista Síntese: direito de família*, v. 17, n. 95, p. 74-88, abr./maio 2016. PINHEIRO, Kerinne Maria Freitas. Um estudo sobre a eficácia da prisão civil por débito alimentar. *Ciência jurídica*, v. 29, n. 186, p. 331-351, nov./dez. 2015. QUEIROZ, Odete Novais Carneiro. *Prisão civil e os direitos humanos*. São Paulo: Revista dos Tribunais, 2004. RESTIFFE, Paulo Sérgio; RESTIFFE NETO, Paulo. *Alienação fiduciária e o fim da prisão civil*. São Paulo: Revista dos Tribunais, 2007. ROCHA, Ana Claudia dos Santos; ALMEIRDA, Hygor Grecco de. As polêmicas atreladas a prisão civil decorrente da inadimplência de prestação alimentar no novo Código de processo civil. In: *Novo Código de processo civil*. Rio de Janeiro: GZ, 2016, p. 113-129. RIBEIRO, Mônica Alves Costa. *A prisão civil na alienação fiduciária*: uma visão do instituto em face da atipicidade do depósito e da nova ordem jurídica internacional, com anexo atualizado de acordo com o novo Código Civil. Rio de Janeiro: Forense, 2003. RODRIGUES NETTO, Nelson. A alienação fiduciária em garantia e a lei n. 10.931, de 2 de agosto de 2004. *Revista Dialética de Direito Processual*, n. 20, p. 95-116, nov. 2004. RUIZ, Ivan Aparecido. A prisão civil por dívida e os princípios constitucionais da dignidade da pessoa humana e da proporcionalidade. *Revista Brasileira de Direito Constitucional*, n. 5, p. 241-263, 2005. SANTOS, Walmer Costa. Direitos humanos e o bloqueio do FGTS para fins de alimentos. *Revista do Tribunal Regional do Trabalho da 3ª Região*, v. 59, n. 90, p. 79-94, jul./dez. 2014. SOUTO MAIOR, Jorge Luiz; TOLEDO FILHO, Manoel Carlos. Da prisão civil por dívida trabalhista de natureza alimentar. *Decisório Trabalhista: Jurisprudência Mensal Trabalhista*, n. 107, p. 19-25, jun. 2003. SOUZA, Bruno Preti de. A prisão civil pelo descumprimento de ordem judicial como medida assecuratória do estado democrático de direito sob a ótica do acesso à justiça e da prestação da tutela jurisdicional efetiva. *Revista Magister: Direito Civil e Processual Civil*, v. 4, n. 22, p. 47-74, jan./fev. 2008. SOUZA, Gelson Amaro de. Prisão do depositário judicial: uma prisão costumeira no terceiro milênio. *Revista Dialética de Direito Processual*, n. 19, p. 9-24, out. 2004. TALAMINI, Eduardo. Prisão civil e penal e "execução indireta" (a garantia do art. 5º, LXVII da Constituição Federal). In: DIDIER JR., Fredie (Org.); FREITAS CÂMARA, Alexandre [et al.]. *Leituras complementares de processo civil*. 6. ed., rev. e ampl. Salvador: JusPodivm, 2008. TARTUCE, Flávio. *O novo CPC e o direito ci-*

vil: impactos, diálogos e interações. 2. ed., rev., atual. e ampl. São Paulo: Método, 2016. TARTUCE, Fernanda. Prazo máximo da prisão civil do devedor de alimentos. *Revista nacional de direito de família e sucessões*, v. 3, n. 18, p. 156-165, maio/jun. 2017. TESHEINER, José Maria Rosa. Prisão civil e depósito judicial. *Revista da Faculdade de Direito de Porto Alegre*. Porto Alegre, v. 6, n. 1 (1972), p. 211-217. VELOSO, Thamara Almeida. Da prisão civil do devedor de alimentos: alterações e consequências de acordo com o novo Código de processo civil. *Revista Síntese: direito de família*, v. 18, n. 101, p. 453-458, abr./maio 2017. WAMBIER, Luiz Rodrigues. Inconstitucionalidade da prisão civil prevista no art. 885 do Código de Processo Civil. *Revista de Processo*, 59/284.

8. Anotações ao dispositivo

I – Considerações preliminares. Segundo a norma contida no inciso LXVII do art. 5º, não haverá prisão civil por dívida, salvo nos casos expressamente autorizados pela própria Constituição. A prisão civil não se confunde com a prisão de natureza penal, determinada pelo juízo penal competente, seja no transcurso do processo penal, seja ao final, quando prolatada sentença penal condenatória, com aplicação da respectiva pena. No Brasil, no que diz com as possibilidades previstas na Constituição, a prisão civil não é considerada uma pena propriamente dita, mas, sim, um excepcional meio processual de cunho coercitivo com duas finalidades: a) obrigar o devedor de alimentos a cumprir com a sua obrigação alimentar; b) compelir o depositário infiel a entregar o bem que lhe foi confiado ou, em caráter alternativo, efetuar a sua substituição por outro ou pelo seu equivalente em espécie.

II – Conteúdo ou âmbito de proteção. Na perspectiva da dupla dimensão defensiva e prestacional dos direitos fundamentais, a vedação da prisão civil, em primeira linha, consiste no direito de não ser privado da liberdade em virtude do descumprimento de obrigação, direito este que exige uma posição de respeito e de abstenção do Estado e dos particulares. Assim, como direito de defesa, a proibição de prisão civil opera como uma barreira, invalidando todos os atos atentatórios a esta garantia constitucional, independentemente da natureza pública ou privada destes atos, sejam eles normativos ou não. A dimensão defensiva (negativa), como é sabido, não dispensa uma postura ativa do Estado, justamente para proteger a liberdade da pessoa, impedindo que esta seja violada, inclusive pelo próprio Estado ou por iniciativa de particulares, com destaque para o dever de tutela jurisdicional, mas também por meio de prestações jurídicas (normativas) ou mesmo por meio de outras formas de tutela da liberdade pessoal e meios alternativos de proteção dos direitos os quais se pretendeu tutelar com a possibilidade da prisão. No que diz com o conteúdo literal e, portanto, neste sentido previamente determinado da incidência da proibição da prisão, cuida-se de norma tipicamente proibitiva e que, em princípio, admite apenas duas exceções: a do responsável pelo inadimplemento voluntário e inescusável de obrigação alimentar e a do depositário infiel. Ambas as hipóteses, inclusive por serem, por sua vez, instrumentos de tutela de outros bens e/ou direitos com assento constitucional direto ou indireto, têm sido objeto de acirrada discussão doutrinária e jurisprudencial, inclusive no que diz com a manutenção da possibilidade da prisão civil no sistema constitucional brasileiro, especialmente no caso da prisão do depositário infiel. Nos próximos itens, seguem comentários sobre os mais importantes aspectos envolvendo ambas as exceções previstas pela Constituição.

III – A prisão civil do responsável pelo inadimplemento voluntário e inescusável de obrigação alimentar no âmbito da legislação. As exceções à norma constitucional proibitiva da prisão civil enquadram-se, dentro de uma tipologia das restrições aos direitos fundamentais, no âmbito das restrições diretamente estabelecidas pela Constituição, conformação que deverá ser explicitada pormenorizadamente pelo legislador infraconstitucional. Cabe salientar que o Brasil é signatário de diversos tratados internacionais que proíbem a prisão civil por dívida, tratados que foram regularmente incorporados ao direito positivo interno (ver itens 4 e 5, *supra*). Segundo tais diplomas legislativos (sem que se esteja aqui a controverter sobre a hierarquia a ser atribuída a eles), ninguém poderá ser preso apenas por não poder cumprir com uma obrigação contratual (art. 11, DL 226/1991). Além disso, ninguém deve ser detido por dívida, norma que, por disposição expressa, não limita os mandados emitidos por autoridade judiciária competente em virtude de inadimplemento de obrigação alimentar (art. 7º, n. 7 do DL 27/1992 – Pacto de São José da Costa Rica). No plano legislativo interno, a lei que dispõe sobre a ação de alimentos prevê a possibilidade de que a autoridade judiciária decrete a prisão civil do devedor de alimentos provisórios (durante a instrução da causa) ou definitivos, pelo período de até 60 dias (art. 19, Lei n. 5.478/1968). Também o Novo Código de Processo Civil (Lei n. 13.105/2015) contém normas jurídicas específicas para a execução de sentença ou de decisão que fixa os alimentos provisionais, pelo rito da prisão civil do devedor de alimentos, pelo prazo de 1 a 3 meses (§ 3º do art. 528 do NCPC), juntamente a outros meios executivos menos restritivos de direitos fundamentais (art. 529: rito do desconto em folha, a ser adotado preferencialmente; art. 528, § 8º: rito da penhora).

IV – Prisão civil em outros casos de dívida de natureza alimentar. Cumpre ainda averiguar se a prisão civil poderia ser um meio coercitivo excepcional a ser utilizado, por exemplo, nas hipóteses de inadimplemento de dívidas trabalhistas, já que o salário tem natureza alimentar e é um bem jurídico que goza de especial proteção constitucional (art. 7º, inciso X), bem como em outras situações, como no caso de créditos indenizatórios decorrentes de acidente de trabalho, benefícios previdenciários, honorários profissionais, dentre outras. Em termos gerais, a resposta majoritária tem sido negativa, especialmente quando, mesmo evidente a natureza alimentar, não há previsão legal expressa admitindo a prisão, exigência que decorre da reserva legal contida no inciso II do art. 5º. É preciso destacar, neste contexto, que pelo não pagamento, por parte dos entes federativos, dos precatórios de natureza alimentar (art. 100, §§ 1º e 1º-A) não cabe decretação da prisão civil do governante, já que há de ser observada também a ordem de pagamento dos precatórios alimentares. Neste caso, as medidas excepcionais asseguradas pela Constituição são: a) o sequestro da quantia necessária à satisfação do débito, se preterida a ordem de pagamento (art. 100, § 2º); b) a intervenção (art. 34, VI, e art. 35, IV). Assim, ainda que se possa controverter sobre a natureza alimentar da obrigação, a prisão civil, como medida restritiva de liberdade excepcionalmente autorizada pela Constituição, não pode ter o seu âmbito alargado sem prévia norma infraconstitucional que venha a lhe dar exata conformação. Aliás, a própria edição de legislação ampliando as hipóteses de prisão civil teria de ser rigorosamente controlada à luz dos parâmetros que regem as limitações dos direitos fundamentais (v. tópico específico na parte introdutória aos direitos fundamentais desta obra), designadamente, os princípios da proporcionalidade e da razoabilidade, bem como a garantia da salvaguarda no núcleo essencial dos direitos fundamentais, visto que o legislador não está autorizado a transformar a norma constitucional proibitiva de prisão civil em letra morta. Evidentemente, tal argumentação não afasta por si só e de modo categórico a controvérsia, visto que sempre seria possível argumentar que, à míngua de alternativas plausíveis, eventual conflito entre a restrição da liberdade pessoal e a satisfação de obrigação de caráter inequivocamente alimentar, poderia justificar, à luz da proporcionalidade, uma superação excepcional da exigência prévia de lei, o que, pelo menos em função dos limites do presente comentário, aqui vai referido apenas em caráter meramente argumentativo.

V – A prisão civil do devedor de alimentos e a sua interpretação jurisprudencial. Dentre os problemas mais comuns, alguns já foram substancialmente pacificados na jurisprudência do Superior Tribunal de Justiça: a) o débito alimentar que autoriza a prisão civil do alimentante é apenas o que compreende as três prestações[3] anteriores ao ajuizamento da execução e as que se vencerem no curso do processo (Súmula n. 309/STJ, com a redação de 22.03.2006), o que significa que dívidas pretéritas não podem ser executadas pelo rito da prisão civil[4], já que perdem o seu caráter alimentar, passando a ter caráter indenizatório; b) o *Habeas Corpus* não constitui via adequada para exame aprofundado[5] da necessidade do alimentado e da possibilidade do alimentante, limitando-se, portanto, a apreciar a legalidade da decretação da prisão; c) a maioridade do credor dos alimentos não exonera o alimentante automaticamente da obrigação, sendo que a propositura de ação revisional de alimentos não impede a prisão civil do devedor de alimentos[6]; d) inadmissibilidade de inclusão de débito tributário no valor da execução pelo rito da prisão civil; e) possibilidade de reiteração da ordem de prisão civil, se configurado novo descumprimento da obrigação de pagar alimentos, salvo configuração de *bis in idem* (novo decreto de prisão civil na pendência de cumprimento de decreto anterior)[7]; f) em homenagem aos princípios da efetividade do processo, da economia e da celeridade processual, admite-se, em se tratando de prestações de natureza alimentar, contínuas e, portanto, de trato sucessivo, que as parcelas não pagas que se vencerem no curso da execução de alimentos, além daquelas objeto da execução, devem ser incluídas no saldo devedor[8]; g) mitigação da impenhorabilidade das contas vinculadas de FGTS e PIS frente à execução de alimentos, medida inclusive menos drástica à luz da proporcionalidade, evitando a prisão do devedor e satisfazendo, momentaneamente, a prestação dos alimentos[9]; h) **não cabimento da prisão civil do inventariante**[10] em razão do descumprimento do dever do espólio de prestar alimentos. Cabe referir a edição da Súmula 419 no STJ[11], em 2010: "Descabe a prisão civil do depositário judicial infiel (Corte Especial, julgado em 03/03/2010, *DJe* 11/03/2010). O STJ já reconheceu que advogado inadimplente de obrigação alimentícia[12] **não tem direito a ser recolhido em sala de Estado Maior ou, na sua ausência, em prisão domiciliar.**

O Supremo Tribunal Federal tem, em termos gerais, julgado no sentido da inadequação do *Habeas Corpus* para rediscutir o binômio necessidade-possibilidade e do cabimento da reiteração do mandado de prisão civil, quando configurado novo descumprimento da obrigação alimentícia[13]. Já com relação ao acúmulo de parcelas vencidas, o entendimento da Suprema Corte é de que cabe a ordem de prisão civil quando o acúmulo de parcelas não se deu por inércia do credor[14], sendo inadequada esta via quando o acúmulo de parcelas se deu por inércia do alimentado, por longo tempo[15].

VI – Prazo da prisão civil do devedor de alimentos. Superada a divergência posta na vigência do antigo CPC (1973), em torno de saber se o rito da prisão civil aplicar-se-ia, no ordenamento jurídico brasileiro, apenas aos alimentos provisionais (aqueles deferidos em sede da Ação Cautelar de Alimentos Provisionais, arts. 852 a 854 do antigo CPC) ou também aos alimentos provisórios e aos alimentos definitivos, em prol da admissibi-

---

3. RHC 24438/SP, Relator Ministro João Otávio de Noronha, Quarta Turma, *DJ* 24.11.2008. RHC 23792/RJ, Relator Ministro João Otávio de Noronha, Quarta Turma, *DJ* 29.09.2008. RHC 23714/SP, Relator Ministro Aldir Passarinho Junior, Quarta Turma, *DJ* 15.09.2008.

4. HC 52817/SP, Relator Ministro Cesar Asfor Rocha, Quarta Turma, *DJ* 21.08.2006.

5. HC 98340 / MG, Relator Ministro João Otávio de Noronha, Quarta Turma, *DJ* 01.09.2008. RHC 23552/RJ, Relator Ministro Massami Uyeda, Terceira Turma, *DJ* 05.08.2008.

6. HC 55.606/ SP, Relator Ministro Carlos Alberto Menezes Direito, Terceira Turma, *DJ* 13.11.2006. Na mesma linha, o HC 55065/SP, Relator Ministro Ari Pargendler, Terceira Turma, *DJ* 27.11.2006; RHC 19565/RS, Relator Ministro Cesar Asfor Rocha, Quarta Turma, *DJ* 23.10.2006; HC 59505/RJ, Relator Ministro Aldir Passarinho Junior, Quarta Turma, *DJ* 18.09.2006; RHC 19468/RS, Relator Ministro Castro Filho, Terceira Turma, *DJ* 18.09.2006; HC 54771/SP, Relator Ministro Carlos Alberto Menezes Direito, Terceira Turma, *DJ* 18.09.2006; RHC 19057/SP, Relator Ministro César Asfor Rocha, Quarta Turma, *DJ* 28.08.2006; HC 53063/SP, Relator Ministro Carlos Alberto Menezes Direito, Terceira Turma, *DJ* 28.08.2006; HC 48353/PR, Relator Ministro Aldir Passarinho Junior, Quarta Turma, *DJ* 21.08.2006; RHC 19389/PR, Relator Ministro Aldir Passarinho Junior, Quarta Turma, *DJ* 07.08.2006, HC 53068-MS, Relatora Ministra Nancy Andrighi, Segunda Seção, *DJ* 05.04.2006.

7. HC 39902/MG, Relatora Ministra Nancy Andrighi, Terceira Turma, *DJ* 29.05.2006.

8. RESP 706303/RJ, Relator Ministro Humberto Gomes de Barros, Terceira Turma, *DJ* 15.05.2006.

9. RMS 26540/SP, Relatora Ministra Eliana Calmon, Segunda Turma, *DJ* 05.09.2008.

10. REsp 1.130.742-DF, Quarta Turma, *DJe* 17/12/2012. HC 256.793-RN, Rel. Min. Luis Felipe Salomão, julgado em 1º/10/2013.

11. REsp 914.253/SP, Rel. Ministro LUIZ FUX, CORTE ESPECIAL, julgado em 02/12/2009, *DJe* 04/02/2010, Recurso repetitivo, tema 220; Tese Firmada: Descabe a prisão civil do depositário judicial infiel. PROCESSO CIVIL. TRIBUTÁRIO. RECURSO ESPECIAL REPRESENTATIVO DA CONTROVÉRSIA. ART. 543-C, DO CPC. DEPOSITÁRIO INFIEL. PACTO DE SÃO JOSÉ DA COSTA RICA. EMENDA CONSTITUCIONAL N. 45/2004. DIGNIDADE DA PESSOA HUMANA. NOVEL POSICIONAMENTO ADOTADO PELA SUPREMA CORTE.

12. HC 181.231-RO, Terceira Turma, *DJe* 14/4/2011. HC 305.805-GO, Rel. Min. Paulo de Tarso Sanseverino, julgado em 13/10/2014.

13. HC 78071/RJ, Relator Ministro Maurício Corrêa, Segunda Turma, *DJ* 14.05.1999.

14. HC 87134/SP, Relator Ministro Sepúlveda Pertence, Primeira Turma, *DJ* 29.09.2006; HC 86503/SP, Relator Ministro Carlos Velloso, Segunda Turma, *DJ* 03.02.2006; HC 83734/SP, Relator Ministro Sepúlveda Pertence, Primeira Turma, *DJ* 28.05.2004; HC 82780/PR, Relator Ministro Nelson Jobim, Segunda Turma, *DJ* 02.04.2004; HC 82839/RS, Relator Ministro. Carlos Velloso, Segunda Turma, *DJ* 22.08.2003; RHC 82984/SP, Relatora Ministra Ellen Gracie, Primeira Turma, *DJ* 20.06.2003; HC 82544/RS, Relator Ministro Sepúlveda Pertence, Primeira Turma, *DJ* 28.02.2003; HC 76377/DF, Relator Ministro Nelson Jobim, *DJ* 23.10.1998; HC 81391/SP, Relator Ministro Sydney Sanches, Primeira Turma, *DJ* 01.03.2002.

15. HC 74663/RJ, Relator Ministro Maurício Corrêa, Segunda Turma, *DJ* 06.06.1997; HC 75180/MG, Relator Ministro Moreira Alves, Primeira Turma, *DJ* 01.08.1997.

lidade para quaisquer dessas "espécies" do "gênero" alimentos (sejam eles deferidos provisória ou definitivamente)[16], aplica-se o prazo de 60 dias aos alimentos definitivos, conforme a lei especial (art. 19 da Lei n. 5.478/1968) e o prazo de 1 (um) a 3 (três) meses aos alimentos provisórios, conforme a lei processual civil (art. 733, § 1º, do antigo CPC; Novo CPC, art. 528, § 3º), tendo em vista a natureza da obrigação alimentar e sua vinculação direta com proteção dos direitos fundamentais. Importa destacar que o direito (e correspondente dever fundamental) de assistência familiar constitui um bem jurídico que goza de tutela penal (art. 244 do Código Penal), podendo a sua violação configurar delito de abandono material, o que apenas reforça a necessidade de se analisar todo o complexo de questões vinculadas ao tema à luz de um sistema de direitos fundamentais, que prioriza a promoção e proteção da dignidade da pessoa humana, ainda mais naquilo que diz respeito às crianças e aos idosos, em face de sua maior vulnerabilidade nestas fases da vida. Ocorre que o novo CPC (art. 1072) revogou os artigos 16 a 18 da Lei de Alimentos (Lei n. 5.478/68), aportando o cumprimento de sentença que reconheça a exigibilidade de obrigação de prestar alimentos (arts. 528 a 533), com novos meios coercitivos (como o protesto determinado pelo juízo, art.517, art. 528, § 1º; o desconto em folha de pagamento de até 50% dos ganhos líquidos, art. 529, § 3º; a execução de alimentos fundada em título extrajudicial, art. 911). No regime do novo CPC restam superadas as distinções promovidas pela antiga legislação processual (1973), como a ação cautelar de alimentos provisionais, já que a nova legislação processual civil acabou com o processo cautelar, unificando as denominadas tutelas provisórias. Cabe destacar ainda a posição do STJ relativamente à prisão civil por alimentos, no caso de obrigação alimentar avoenga[17] (dívida de natureza alimentar assumida espontaneamente pelos avós), que segundo o entendimento desta Corte superior é de natureza complementar e subsidiária, mais ainda face à existência de meios executivos e técnicas mais adequadas, o que demonstra a desnecessidade da medida coativa extrema.

VII – O regime prisional da prisão civil do devedor de alimentos. Muito embora as regras contidas na Lei de Execução Penal (LEP, Lei n. 7.209, de 11 de julho de 1984, que alterou o Código Penal) não se apliquem à prisão civil, já que esta, segundo entendimento prevalente, não constitui pena, admite-se a possibilidade de que, excepcionalmente, em virtude das circunstâncias do caso concreto, o regime da prisão civil possa ser o aberto (prisão albergue) e até mesmo a prisão domiciliar, ainda que a regra, pelo fundamento diverso, deva ser o regime comum, no caso, o regime fechado. Nesse sentido, o Superior Tribunal de Justiça[18] tem reconhecido que idosos de idade avançada e gravemente enfermos podem cumprir a prisão civil em regime domiciliar se cumpridos os requisitos legais contidos na Lei de Execução Penal, embora a prisão civil deva, em regra, ser executada em regime fechado[19]. O STJ já reconheceu que advogado inadimplente de obrigação alimentícia[20] **não tem direito a ser recolhido em sala de Estado Maior ou, na sua ausência, em prisão domiciliar.**

De outra banda, em sentido diametralmente oposto, a jurisprudência do Supremo Tribunal Federal[21-22], argumentando a partir do caráter constritivo da prisão civil, não admite o seu cumprimento em regime domiciliar nem mesmo o seu cumprimento em regime de prisão albergue, assegurando ao paciente o cumprimento da prisão civil em cela separada. Quanto às divergências apontadas, há que considerar, no exame de cada caso concreto, que outros direitos fundamentais estão em jogo, o que poderá justificar inclusive o cumprimento da prisão civil pelo regime da prisão domiciliar, ainda que a sua natureza não seja a de uma pena. Além disso, examinando a questão à luz do princípio da proporcionalidade, dentre outros argumentos que poderiam ser esgrimidos, verifica-se que o cumprimento da prisão civil em regime aberto, admitido sempre o trabalho externo (mesmo informal), desde que plausivelmente justificado, deveria ser a regra e não mera exceção, ainda mais que o impedimento de atividade laboral (até mesmo a procura por um trabalho) pode acarretar a impossibilidade do alimentante de prestar os alimentos[23]. Importa considerar, ainda, que o objetivo da prisão (justamente por não ser pena) é o de compelir o devedor à satisfação dos créditos alimentares e não impedi-lo de efetuar o pagamento. Assim, a não ser em caso de reincidência (mesmo assim, com o exame do caso concreto), quando se pode partir da premissa de que a prisão em regime aberto não logrou ser um meio apto a cumprir sua finalidade, é que a aplicação do meio constritivo da liberdade pessoal em regime fechado (mas sempre em instituição prisional adequada à prisão civil) poderia ser cogitada. O novo CPC contempla expressamente o regime fechado (art.

---

16. RE 88005/RS, Relator Ministro Xavier de Albuquerque, Primeira Turma, *DJ* 11.09.1978; RHC 56176/CE, Relator Ministro Xavier de Albuquerque, Primeira Turma, *DJ* 01.09.1978.

17. HC 416.886-SP, Rel. Min. Nancy Andrighi, por unanimidade, julgado em 12/12/2017, *DJe* 18/12/2017.

18. HC 57915/SP, Relator Ministro Humberto Gomes de Barros, Terceira Turma, *DJ* 14.08.2006; HC 44754/SP, Relator Ministro Humberto Gomes de Barros, Terceira Turma, *DJ* 10.10.2005; HC 44580/SP, Relator Ministro Humberto Gomes de Barros, Terceira Turma, *DJ* 12.09.2005; HC 45238/GO, Quarta Turma, Relator Ministro Fernando Gonçalves, *DJ* 17.10.2005; HC 35171/RS, Relator Ministro Humberto Gomes de Barros, Terceira Turma, *DJ* 23.08.2004; RHC 13165/SP, Relatora Ministra Laurita Vaz, Segunda Turma, *DJ* 14.04.2003; RESP 199802/RS, Relator Ministro Carlos Alberto Menezes Direito, Terceira Turma, *DJ* 26.06.2000; REsp 70400/PR, Relator Ministro Eduardo Ribeiro, Terceira Turma, *DJ* 22.03.1999.

19. HC 104454/RJ, Relatora Ministra Nancy Andrighi, Terceira Turma, *DJ* 23.06.2008; RHC 16824/SC, Relator Ministro Barros Monteiro, Quarta Turma, *DJ* 07.03.2005.

20. HC 181.231-RO, Terceira Turma, *DJe* 14/4/2011. HC 305.805-GO, Rel. Min. Paulo de Tarso Sanseverino, julgado em 13/10/2014.

21. HC 70101/PR, Relator Ministro Néri da Silveira, Segunda Turma, *DJ* 13.08.1993; RHC 66627/SP, Relator Ministro Octavio Gallotti, Primeira Turma, *DJ* 07.04.1989; RHC 59643/SP, Relator Ministro Firmino Paz, Segunda Turma, *DJ* 02.04.1982; HC 58788/PR, Relator Ministro Cordeiro Guerra, Segunda Turma, *DJ* 22.06.1981.

22. HC 83000/RS, Relatora Ministra Ellen Gracie, Segunda Turma, *DJ* 01.08.2003, com o entendimento de que não há nulidade em decreto prisional que não fixa o regime de cumprimento da prisão decorrente do inadimplemento de prestações alimentícias em atraso, já que a natureza e a finalidade da prisão civil não se confunde com a prisão decorrente de condenação criminal, indeferindo a ordem.

23. A jurisprudência do Tribunal de Justiça do Rio Grande do Sul tem assegurado o cumprimento da prisão civil preferencialmente em regime aberto, justamente para que o devedor possa trabalhar, acolhendo recomendações da Corregedoria Geral de Justiça (Ofício-Circular n. 21/93, republicado pelo Ofício-Circular n. 59/99; e Ofício Circular n. 211/06). HC 70022582639, Relator Desembargador Ricardo Raupp Ruschel, 7ª Câmara Cível, *DJ* 03.01.2008. HC 70022519698, Relator Desembargador Sérgio Fernando de Vasconcellos Chaves, 7ª Câmara Cível, *DJ* 15.01.2008. HC 70022273486, Relatora Desembargadora Maria Berenice Dias, 7ª Câmara Cível, *DJ* 10.01.2008. HC 70022438741, Relator Desembargador José Ataídes Siqueira Trindade, 8ª Câmara Cível, *DJ* 10.01.2008. HC 70022348080, Relator Desembargador Luiz Ari Azambuja Ramos, 8ª Câmara Cível, *DJ* 15.01.2008. HC 70022249502, Relator Desembargador Luiz Felipe Brasil Santos, Sétima Câmara Cível, *DJ* 14.12.2007.

528, § 4º): a prisão será cumprida em regime fechado, devendo o preso ficar separado dos presos comuns).

VIII - A prisão civil do depositário infiel à luz da jurisprudência. Como já referido (itens I e II), a prisão civil do depositário infiel é a segunda exceção à norma que proíbe a prisão civil por dívida, mediante conformação do legislador ordinário. Nesse sentido, a jurisprudência do Superior Tribunal de Justiça veio reconhecendo, até o ano de 2008: a) ressalvadas algumas posições contrárias já manifestadas no final de 2008 (conforme item X seguinte), a legitimidade da prisão civil no caso do depositário judicial infiel[24], entendendo, no entanto, ser descabida a prisão civil do depositário quando, decretada a falência da empresa, sobrevenha a arrecadação do bem pelo síndico (Súmula 305/STJ)[25]; b) concessão da ordem de ofício ante à flagrante ilegalidade da prisão, no caso de adjudicação em outra execução[26]; c) ocorrência de força maior afasta a infidelidade do depositário e, consequentemente, a possibilidade de prisão civil[27]; d) ilegitimidade da prisão civil no caso de penhora sobre faturamento a ser auferido no futuro, sem que tenha havido a regular constituição do depósito[28]; e) tratando-se de penhor mercantil de bens fungíveis e consumíveis, vinculado a outro contrato como garantia de dívida, a infidelidade do depositário não autoriza a prisão civil[29]; o inadimplemento em contratos de EGF (Empréstimo do Governo Federal) e AGF (Aquisição do Governo Federal), com depósito de bens fungíveis, não autorizam a prisão civil[30]; f) o descumprimento de obrigação inerente à condição de depositário judicial, pela não apresentação do objeto da penhora, quando ordenada, autoriza a decretação de prisão, sendo inaplicável o Pacto de São José da Costa Rica na hipótese de depositário judicial, porquanto a prisão que sofre restrições é a decorrente de dívida oriunda de contrato[31]; g) descabimento da nomeação de empregado da executada como depositário dos bens penhorados, já que sem poderes de gestão[32]; h) ilegalidade da prisão civil de quem não assumiu expressamente o encargo de depositário judicial (Súmulas 304 e 319 do STJ)[33].

A partir da análise de julgados do Superior Tribunal do Trabalho até o ano de 2008 (com a ressalva de decisão isolada em dezembro de 2008, conforme item X a seguir), pode-se sintetizar o seguinte: a) cabimento da prisão civil somente nos casos de efetivo depósito, com a guarda de um bem e a posterior recusa de devolução[34]; b) legalidade da segunda ordem de prisão civil de depositário judicial infiel no mesmo processo, por fato diverso (contribuições previdenciárias e custas)[35]; c) descabimento de prisão civil quando se tratar de penhora de safra a colher, por inexistência de depósito[36], assim como no caso de penhora sobre faturamento futuro[37], nos termos da Orientação Jurisprudencial n. 143 da II Subseção[38]; d) impossibilidade de decretação de prisão civil sem aceitação do encargo, nos termos da Orientação Jurisprudencial n. 89 da II Subseção[39] Especializada em Dissídios Individuais: a investidura no encargo de depositário depende da aceitação do nomeado que deve assinar termo de compromisso no auto de penhora, sem o que, é inadmissível a restrição de seu direito de liberdade; e) ausência de justa causa para decretação de prisão civil quando não há pedido de penhora sobre faturamento e diante da intimidação do paciente para assinatura do termo de depositário[40]; f) não caracterização de depositário infiel, por impossibilidade de nomeação compulsória do executado como depositário, no caso de recusa[41]; g) inviabilidade do decreto de prisão do depositário, se declarada a falência e arrecadados os bens pela massa falida, por impossibilidade de restituição dos bens penhorados[42]; h) diante do inadimplemento involuntário e escusável do depositário judicial verifica-se que não há permissão legal para a decretação da sua prisão civil[43]; i) é legal a ordem prisio-

---

24. RHC 19146/MG, Relatora Ministra Eliana Calmon, Segunda Turma, *DJ* 23.11.2006; RHC 19766/PR, Relator Ministro Luiz Fux, Primeira Turma, *DJ* 13.11.2006; HC 51777/SP, Relator Ministro João Otávio de Noronha, Segunda Turma, *DJ* 04.10.2006.

25. HC 48643/SP, Relator Ministro Aldir Passarinho Junior, Quarta Turma, *DJ* 16.10.2006.

26. HC 95327/SP, Relator Ministro Fernando Gonçalves, Quarta Turma, *DJ* 07.04.2008.

27. HC 59877/SP, Relatora Ministra Eliana Calmon, Segunda Turma, *DJ* 03.10.2006.

28. RHC 20075/SP, Relator Ministro Francisco Falcão, Primeira Turma, *DJ* 13.11.2006.

29. HC 54580/DF, Relator Ministro Cesar Asfor Rocha, Quarta Turma, *DJ* 30.10.2006; HC 54138/MG, Relator Ministro Cesar Asfor Rocha, Quarta Turma, *DJ* 23.10.2006.

30. HC 102234/RS, Relator Ministro João Otávio de Noronha, Quarta Turma, *DJ* 08.09.2008. HC 91429/RS, Relator Ministro Fernando Gonçalves, Quarta Turma, *DJ* 17.03.2008.

31. HC 53929/SP, Relator Ministro Castro Filho, Terceira Turma, *DJ* 11.09.2006.

32. REsp 784061/SE, Relatora Ministra Denise Arruda, Primeira Turma, *DJ* 17.09.2008.

33. HC 102094/MG, Relator Ministro João Otávio de Noronha, Quarta Turma, *DJ* 01.09.2008. HC 108336/RS, Relator Ministro Massami Uyeda, Terceira Turma, *DJ* 28.08.2008.

34. ROHC 57-2003-00-15-00, Relator Ministro José Simpliciano Fernandes, Subseção II, *DJ* 06.02.2004.

35. HC 190354/2008-000-00-00.8, Relator Ministro Renato de Lacerda Paiva, Subseção II Especializada em Dissídios Individuais, *DJ* 05.09.2008.

36. ROHC 1122-2002-000-05-00, Relator Ministro Gelson de Azevedo, Subseção II, *DJ* 12.12.2003.

37. ROHC 17-2002-000-15-00, Relator Ministro Renato de Lacerda Paiva, Subseção II, *DJ* 28.03.2003. ROHC 23810-2002-900-15-00, Relator Ministro José Simpliciano Fernandes, *DJ* 11.10.2002. ROHC 1738/2007-000-03-00.2, Relator Ministro Renato de Lacerda Paiva, Subseção II Especializada em Dissídios Individuais, *DJ* 26.09.2008. HC 89416/2003-000-00-00.0, Relator Ministro Emmanoel Pereira, Subseção II Especializada em Dissídios Individuais, *DJ* 23.05.2008.

38. ROHC 1355/2007-000-15-00.9, Relator Ministro Renato de Lacerda Paiva, Subseção II Especializada em Dissídios Individuais, *DJ* 04.04.2008.

39. ROHC 61495-2002-900-08-00, Relator Ministro Renato de Lacerda Paiva, Subseção II, *DJ* 22.11.2003. ROHC 2328-2001-000-15-00, Relator Ministro Renato de Lacerda Paiva, Subseção II, *DJ* 08.11.2002. HC 195203/2008-000-00-00.1, Relator Ministro Alberto Bresciani, Subseção II Especializada em Dissídios Individuais, *DJ* 05.09.2008. HC 117838/2003-000-00-00.8, Relator Ministro Emmanoel Pereira, Subseção II Especializada em Dissídios Individuais, *DJ* 05.09.2008; HC 192298/2008-000-00-00.3, Relator Ministro Renato de Lacerda Paiva, Subseção II Especializada em Dissídios Individuais, *DJ* 15.08.2008.

40. ROHC 56527-2002-900-02-00, Relator Ministro Antônio José de Barros Levenhagen, Subseção II, *DJ* 07.03.2003.

41. HC 25895-2002-000-00-00, Relator Ministro Ives Gandra Martins Filho, Subseção II, *DJ* 18.10.2002. ROHC 2174-2001-000-15-00, Relator Ministro José Simpliciano Fernandes, Subseção II, *DJ* 27.09.2002. HC 19747-2002-000-00-00, Relator Ministro Antônio José de Barros Levenhagen, Subseção II, *DJ* 21.06.2002.

42. ROHC 584736/1999, Relator Ministro Ronaldo José Lopes Leal, Subseção II, *DJ* 08.06.2001.

43. ROHC 680/2007-000-04-00.1, Relator Ministro Ives Gandra Martins Filho, Subseção II Especializada em Dissídios Individuais, *DJ* 20.06.2008. Re-

nal de depositário judicial (sócio da empresa) que frustrou a execução ao vender bem imóvel penhorado, por ser conduta incompatível com os deveres dos auxiliares da Justiça[44], sendo acolhido, excepcionalmente, o pedido de substituição da prisão civil pela prisão domiciliar, tendo em vista a necessidade de proteção da dignidade da pessoa humana[45]; j) não restando cabalmente comprovada a alegação de furto do bem confiado à guarda do depositário, não há como afastar a infidelidade, impondo-se a prisão civil[46]; k) a negligência na guarda dos bens penhorados evidencia o vício no exercício do *munus* público de depositário, infidelidade que autoriza a prisão civil[47]. Interessante anotar, à luz do novo CPC, a posição do TST com relação às penhoras sobre salário, com regimes diferenciados, consolidando tal entendimento da Orientação Jurisprudencial n. 153 da SBDI-2 (art. 529, § 3º, e 833, § 2º, do CPC 2015)[48].

Já no que tange aos contratos de alienação fiduciária em garantia, o Superior Tribunal de Justiça solidificou a posição, inclusive no seu órgão especial, de que não cabe prisão civil, já que a equiparação do devedor ao depositário é pura ficção legal levada a cabo pelo Decreto-Lei n. 911/1969, para o fim de converter a Ação de Busca e Apreensão em Ação de Depósito e obter o decreto de prisão como se de contrato de depósito se tratasse, ficção jurídica incompatível com as características do contrato de depósito[49]. No âmbito da jurisprudência do Supremo Tribunal Federal, onde nem todas as questões apreciadas pelo Superior Tribunal de Justiça foram avaliadas, vinha prevalecendo o entendimento de que cabível a decretação da prisão civil do depositário infiel, tanto nos casos de depósito judicial, quanto nos casos de depósito voluntário (ver item IX seguinte, sobre a mudança da jurisprudência da nossa Suprema Corte). O mesmo entendimento se verificou nos casos dos contratos de penhor agrícola e penhor mercantil, assim como nos contratos de alienação fiduciária em garantia. Em particular, arrolam-se os seguintes posicionamentos: a) invalidade do decreto de prisão civil por inobservância da forma indispensável à validade do ato[50]; b) o prazo de até um ano, por infidelidade do depositário, há de estar devidamente fundamentado e adequado ao caso concreto, já que não pode a medida constritiva transformar-se em punição[51]; c) a decretação da prisão de depositário judicial infiel não decorre de uma relação contratual, mas, sim, do *munus* público assumido pelo depositário[52], podendo ser decretada no âmbito do processo de execução, independentemente da propositura de ação de depósito (Súmula 619 do STF, revogada pelo plenário do STF em 03.12.2008, quando do julgamento do HC 92.566/SP (ver item X, a seguir); § 3º do art. 666 do antigo CPC)[53]; d) constrangimento ilegal tipificado, por não caracterização da infidelidade do depositário judicial, e desproporcionalidade do decreto de prisão pelo prazo de 1 (um) ano[54]; e) reconhecimento do motivo de força maior para não entregar o bem[55]; f) à semelhança do que ocorre com relação ao penhor rural, as coisas móveis penhoradas, ainda que objetivamente possam ser fungíveis por suas qualidades intrínsecas, são tratadas, por força da lei, como coisas infungíveis, sendo cabível a prisão civil do depositário infiel, em se tratando de penhora, como técnica processual de coerção[56]; g) o regime de progressão da pena previsto no artigo 33, § 1º, *a*, *b*, e *c*, do Código Penal é ínsito à condenação criminal e não se aplica à prisão civil[57]; h) admissibilidade da prisão civil do depositário infiel no penhor agrícola, que é um dos casos de penhor sem desapossamento do devedor[58], inclusive de penhor agrí-

---

gistre-se que no relatório versando sobre o julgamento do TRT4 consta que o STF ainda não julgou definitivamente a questão da inconstitucionalidade ou não da prisão civil em alienação fiduciária, argumentos que o TST não enfrentou, já que entende ser a dívida involuntária e escusável.

44. ROHC 409/2007-909-09-00.2, Relator Ministro Renato de Lacerda Paiva, Subseção II Especializada em Dissídios Individuais, *DJ* 09.05.2008.

45. ROHC 324/2007-000-05-00.5, Relator Ministro Renato de Lacerda Paiva, Subseção II Especializada em Dissídios Individuais, *DJ* 20.06.2008. "Além da natureza meramente dissuasiva e não apenatória da prisão civil e que o encarceramento comum poderá submeter o paciente a situação vexatória desnecessária e incompatível com as circunstâncias excepcionais do caso concreto, já que o paciente comprovou que necessita de cuidados médicos especiais, por ser portador de doença grave e incurável, admite-se como meio menos gravoso de cumprimento da obrigação a concessão do benefício da prisão domiciliar com a possibilidade de eventuais afastamentos para tratamento de saúde. Precedentes do Eg. STJ. Recurso provido no particular".

46. HC 87795/2007-000-00-00.4, Relator Ministro José Simpliciano Fontes de F. Fernandes, SDI II, *DJ* 04.04.2008.

47. ROHC 36/2007-000-24-00.7, Relator Ministro Ives Gandra Martins Filho, SDI II, *DJ* 08.02.2008.

48. RO – 1153-49.2016.5.05.0000, Data de julgamento: 20/03/2018, Relator Ministro: Alexandre de Souza Agra Belmonte, Subseção II Especializada em Dissídios Individuais, Data de Publicação: *DEJT* 23/03/2018. Processo: RO – 340-38.2016.5.08.0000 Data de Julgamento: 20/03/2018, Relator Ministro: Douglas Alencar Rodrigues, Subseção II Especializada em Dissídios Individuais, Data de Publicação: *DEJT* 23/03/2018. RO – 1514-66.2016.5.05.0000 Data de Julgamento: 06/02/2018, Relator Ministro: Douglas Alencar Rodrigues, Subseção II Especializada em Dissídios Individuais, Data de Publicação: *DEJT* 09/02/2018.

49. AgRg no Ag 703756/MT, Relator Ministro Carlos Fernando Mathias (Juiz Federal convocado do TRF 1ª Região), Quarta Turma, *DJ* 22.09.2008. HC 109405/SP, Relator Ministro Fernando Gonçalves, Quarta Turma, *DJ* 15.09.2008. RHC 22733/SP, Relator Ministro João Otávio de Noronha, Quarta Turma, *DJ* 25.02.2008. HC 105538/RJ, Relator Ministro Massami Uyeda, Terceira Turma, *DJ* 28.08.2008. HC 98641/DF, Relator Ministro Sidnei Beneti, Terceira Turma, *DJ* 23.06.2008. HC 62346/DF, Relator Ministro Massami Uyeda, Quarta Turma, *DJ* 04.12.2006; HC 66478/DF, Relator Ministro Hélio Quaglia Barbosa, Quarta Turma, *DJ* 04.12.2006. HC 62081/DF, Relator Ministro Hélio Quaglia Barbosa, Quarta Turma, *DJ* 30.10.2006. HC 54766/SP, Relator Ministro Cesar Asfor Rocha, Quarta Turma, *DJ* 30.10.2006. HC 59609/DF, Relator Ministro Aldir Passarinho Junior, Quarta Turma, *DJ* 18.09.2006. RHC 19932/DF, Relator Ministro Castro Filho, Terceira Turma, *DJ* 18.09.2006. EREsp 149.518/GO, Relator Ministro Ruy Rosado de Aguiar, Corte Especial, *DJ* de 28.02.2000. HC 11.918/CE, Relator Ministro Nilson Naves, Corte Especial, *DJ* 10.06.2002.

50. HC 86097/SP, Relator Ministro Eros Grau, Segunda Turma, *DJ* 04.08.2006.

51. HC 87638/MT, Relatora Ministra Ellen Gracie, Segunda Turma, *DJ* 02.06.2006.

52. HC 84484/SP, Relator Ministro Carlos Britto, Primeira Turma, *DJ* 07.10.2005; HC 82682/RS, Relator Ministro Carlos Velloso, Segunda Turma, *DJ* 30.05.2003.

53. RHC 80035/SC, Relator Ministro Celso de Mello, Segunda Turma, *DJ* 17.08.2001; HC 69922/SP, Relator Ministro Celso de Mello, Primeira Turma, *DJ* 06.11.2006.

54. HC 83416/SP, Relator Ministro Carlos Britto, Primeira Turma, *DJ* 12.08.2005.

55. HC 83056/SP, Relator Ministro Maurício Corrêa, Segunda Turma, *DJ* 27.06.2003.

56. HC 81813/GO, Relator Ministro Moreira Alves, Primeira Turma, *DJ* 11.10.2002.

57. HC 77527/MG, Relator Ministro Marco Aurélio, Relator para o Acórdão Ministro Moreira Alves, Tribunal Pleno, *DJ* 16.04.2004.

58. RE 250812/RS, Relator Ministro Moreira Alves, Primeira Turma, *DJ* 01.02.2002. HC 75904/SP, Relator Ministro Sepúlveda Pertence, Primeira Turma, *DJ* 25.06.1999.

cola de safra futura[59]; i) admissibilidade da prisão civil de depositário infiel, em caso de penhor mercantil[60].

IX – A prisão civil na alienação fiduciária em garantia: posições divergentes e a mudança da orientação do Supremo Tribunal Federal. O dissenso em torno da possibilidade de ser decretada a prisão civil do devedor no caso dos contratos de alienação fiduciária em garantia dividiu não somente a jurisprudência do STJ e STF, como também a doutrina. Os pontos da discussão estão centralizados na natureza jurídica dos contratos de depósito e sua descaracterização no caso da equiparação legal levada a efeito pela legislação que trata da alienação fiduciária, para alguns, uma verdadeira *aberratio legis*. De tal sorte, se não há depositário no sentido estrito do termo, não é possível admitir a prisão civil, proibida pela Constituição. Neste contexto, é preciso recordar que, de acordo com a jurisprudência consagrada pelo Supremo Tribunal Federal até há pouco tempo, em que pese alguns votos dissidentes, o Decreto-Lei n. 911/1969 teria sido recepcionado pela nova ordem constitucional e a equiparação do devedor fiduciário ao depositário infiel não afrontaria a Constituição, autorizando a expedição de decreto de prisão civil no caso da alienação fiduciária em garantia, tendo o Supremo Tribunal Federal inclusive cassado decisões proferidas pelo Superior Tribunal de Justiça que consideravam descabida a prisão[61]. Tal orientação já foi reavaliada pelo Plenário do STF no âmbito do julgamento dos Recursos Extraordinários 466.343/SP e 349.703/RS[62], no sentido de reconhecer a inconstitucionalidade da prisão civil no que diz respeito aos contratos de alienação fiduciária em garantia, inclusive alterando a orientação anteriormente vigente sobre a hierarquia dos tratados internacionais de direitos humanos, no sentido de passar a afirmar a prevalência dos tratados sobre qualquer diploma legal interno, cedendo apenas em face da Constituição, o que também foi discutido no julgamento dos *Habeas Corpus* 87.585/TO e 92.566/SP[63]. Em apertada síntese, eis os fundamentos para a nova orientação do STF: a) inconstitucionalidade da prisão civil do devedor fiduciante, por violação dos princípios da proporcionalidade e da reserva legal proporcional; b) supera-se a anacrônica tese da legalidade ordinária dos tratados internacionais, incompatível com a tendência do constitucionalismo contemporâneo, em prol da proteção e promoção da pessoa humana, para se adotar a tese da supralegalidade dos tratados internacionais que versem sobre direitos humanos; c) a autorização constitucional para prisão civil do depositário infiel não foi revogada pelos tratados internacionais nessa seara (ver itens 4 e 5 deste comentário), mas deixa de ter aplicabilidade, paralisando todos os efeitos da legislação infraconstitucional em sentido contrário; d) de tal sorte, não há base legal para que seja decretada a prisão civil do depositário; e) ademais, de acordo com o ventilado nos julgamentos, independentemente da existência dos tratados proibindo a prisão por dívida, nos casos de alienação fiduciária, inexiste a figura do depositário, o que, por si só, implica o descabimento da prisão; f) segundo a manifestação do Ministro Gilmar Mendes, a prisão civil representa também uma ofensa ao princípio da proporcionalidade, demonstrando, de tal sorte, que mesmo sem recurso aos tratados internacionais a vedação da prisão civil, ainda mais no caso da alienação fiduciária e situações similares, encontra fundamento eficiente na própria ordem constitucional.

X – A necessária polêmica em torno da questão da prisão civil do depositário judicial infiel. Se absolutamente correta a tese da inconstitucionalidade da prisão civil nos casos de alienação fiduciária em garantia ou similares, o mesmo já não pode ser afirmado, pelo menos não sem alguma reflexão adicional, em relação aos casos do depositário judicial infiel, mesmo considerando o julgamento, no Supremo Tribunal Federal, do HC 90.172/SP, no qual, embora não avaliada de modo conclusivo a questão, houve deferimento de liminar obstando o cumprimento da ordem de prisão em face da possível prevalência da tese da ilegitimidade da prisão civil também nesta hipótese[64-65-66]. Posteriormente, o Pleno do STF, apreciando questão de ordem no HC-QO 94.307/RS[67], impetrado contra decisão da 1ª Turma[68] do STF, que não re-

---

59. HC 73058/SP, Relator Ministro Maurício Corrêa, Segunda Turma, *DJ* 10.05.1996.

60. HC 80587/SP, Relator Ministro Sydney Sanches, Primeira Turma, *DJ* 04.05.2001.

61. RE 345345/SP, Relator Ministro Sepúlveda Pertence, Primeira Turma, *DJ* 11.04.2003; RE 344585/RS, Relator Ministro Moreira Alves, Primeira Turma, *DJ* 13.09.2002; RE-ED 205245/SP, Relator Ministro Néri da Silveira, Segunda Turma, *DJ* 12.04.2002; HC 71286/MG, Relator Ministro Francisco Rezek, Segunda Turma, *DJ* 04.08.1995; HC 81319/GO, Relator Ministro Celso de Mello, Pleno, *DJ* 19.08.2005; RE 280398/GO, Relator Ministro Marco Aurélio, Relator para o Acórdão Ministro Nelson Jobim, Segunda Turma, *DJ* 20.09.2002; HC 72131/RJ, Relator Ministro Marco Aurélio, Relator para o Acórdão Ministro Moreira Alves, Tribunal Pleno, *DJ* 01.08.2003; HC 76561/SP, Relator Ministro Carlos Velloso, Relator para o acórdão Ministro Nelson Jobim, Segunda Turma, *DJ* 02.02.2001; RE 206.482/SP, Relator Ministro Maurício Corrêa, Tribunal Pleno, *DJ* 05.09.2003.

62. Ver notas de rodapé de n. 69 e 70.

63. Ver notas de rodapé de n. 71 e 72.

64. HC 90172/SP, Relator Ministro Gilmar Mendes, Segunda Turma, *DJ* 17.08.2007. Embora não tenha sido tomada uma decisão conclusiva, a decisão aponta para a ilegitimidade também da hipótese de prisão civil do depositário judicial.

65. HC 95967/MS, Relatora Ministra Ellen Gracie, Segunda Turma, *DJ* 28.11.2008, concedendo a ordem de *habeas corpus* para depositário judicial em execução fiscal.

66. HC 88240/SP, Relatora Ministra Ellen Gracie, Segunda Turma, *DJ* 24.10.2008, concedendo a ordem de *habeas corpus* para depositário judicial (penhora de cheques de viagem, *traveller's checks*).

67. HC-QO 94307/RS, Relator Ministro Cezar Peluso, Tribunal Pleno, *DJ* 21.05.2008. Coator: Primeira Turma do STF. Ementa: Prisão civil. Depositário judicial infiel. Inadmissibilidade reconhecida pela maioria em julgamentos pendentes do RE 466.343 e outros, no Plenário. Razoabilidade jurídica da pretensão. Liberdade deferida de ofício, em *habeas corpus* contra acórdão de Turma, até a conclusão daqueles. Caso excepcional. Defere-se, de ofício, liminar em *habeas corpus* contra acórdão que, de Turma do Supremo, não reconheceu constrangimento ilegal em decreto de prisão da paciente, a título de infidelidade como depositária judicial. O Tribunal, por unanimidade e nos termos do voto do relator, deferiu a cautelar (Plenário, 14.04.2008).

68. HC 92257/SP, Relatora Ministra Cármen Lúcia, Primeira Turma, *DJ* 10.04.2008. Coator: Superior Tribunal de Justiça. Decisão: A Turma, por maioria, indeferiu o pedido de *Habeas Corpus*, cassando a liminar; vencido o Ministro Marco Aurélio. No mesmo sentido: HC-AgR 93838/SP, Relatora Ministra Cármen Lúcia, Primeira Turma, *DJ* 30.04.2008. Decisão: por maioria de votos a Primeira Turma negou provimento ao Agravo Regimental no *Habeas Corpus*, vencido o Ministro Marco Aurélio. No mesmo sentido: HC 92541/PR, Relator Ministro Menezes Direito, Primeira Turma, *DJ* 24.04.2008. Coator: Superior Tribunal de Justiça. Decisão: por maioria a Turma indeferiu o pedido, vencido o Ministro Marco Aurélio.

conheceu constrangimento ilegal na ordem de prisão civil no caso de depositário judicial infiel, deferiu de ofício a liberdade até a conclusão do julgamento do RE 466.343. Destaque-se, neste contexto, que o Ministro Carlos Alberto Menezes Direito, ainda antes do julgamento (atualmente finalizado) dos RE 466.343/SP[69], RE 349.703/RS[70], HC 87.585/TO[71] e HC 92.566/SP[72] (neste com voto vencido, por entender que a nova orientação do STF não deveria se aplicar ao depositário judicial infiel), já havia indeferido liminar no HC 95.547/SP[73], sob o fundamento de que não restou configurado o constrangimento ilegal de depositário judicial. De outra banda, é possível verificar que a nova orientação já repercutia em julgados isolados da Primeira[74] e da Quarta Turma[75-76-77-78] do Superior Tribunal de Justiça (antes mesmo de finalizado o julgamento pelo Pleno do STF), que começaram a reconhecer a inviabilidade também da prisão civil do depositário judicial infiel, embora existam numerosos julgados no sentido de que a proibição de prisão civil constante no Pacto de São José da Costa Rica não se aplica (aplicaria?) ao depositário judicial infiel. A Segunda Turma do STJ tem admitido o cabimento da prisão civil do depositário judicial infiel[79-80], seja chancelando a intimação por edital do depositário (quando exauridos os meios de intimação pessoal) para fins de decretação de prisão civil em execução fiscal[81] (afirmando ser inaplicável o Pacto de São José da Costa Rica mesmo após Emenda Constitucional n. 45/2004, já que ausente a aprovação pelo rito do art. 5º, § 3º, o que impediria que a este tratado internacional seja dado o mesmo *status* de emenda constitucional, em razão da existência de uma pacífica jurisprudência desta Corte), seja até mesmo para admitir, excepcionalmente e após esgotamento de outros meios, a penhora sobre o faturamento da empresa, em execução fiscal, afirmando a preponderância da norma constitucional sobre o tratado anteriormente referido[82]. No mesmo sentido os julgados da Terceira Turma[83-84], admitindo a prisão civil se configurada a infidelidade do depositário judicial de bens fungíveis em execução fiscal, bem como no caso de depósito de bem fungível, salvo EGF e

---

69. RE 466.343/SP, Relator Ministro Cezar Peluso, julgado pelo Pleno do STF em 03.12.2008, decisão unânime que negou provimento ao recurso extraordinário interposto pelo Banco Bradesco S.A., nos termos do voto do Relator (inteiro teor do acórdão não foi publicado até a data da elaboração deste comentário, 22.01.2009).

70. RE 349.703/RS, julgado pelo Pleno do STF em 03.12.2008, decisão por maioria que negou provimento ao recurso extraordinário interposto pelo Banco Itaú S.A., vencidos os Ministros Moreira Alves e Sydney Sanches (que não mais integram a corte, por motivo de aposentadoria), que dele conheciam e lhe davam provimento. O acórdão será redigido pelo Ministro Gilmar Mendes. Os Ministros Joaquim Barbosa, Carlos Britto e Cezar Peluso não participaram da votação, por sucederem os Ministros Moreira Alves, Ilmar Galvão e Sydney Sanches.

71. HC 87.585/TO, Relator Ministro Marco Aurélio, julgado pelo Pleno do STF em 03.12.2008, decisão unânime que concedeu a ordem de *habeas corpus* para depositário infiel, nos termos do voto do Relator, votando o Presidente, Ministro Gilmar Mendes. Segundo o Informativo 531 do STF, "a circunstância de o Brasil haver subscrito o Pacto de São José da Costa Rica, que restringe a prisão civil por dívida ao descumprimento inescusável de prestação alimentícia (art. 7º, 7), conduz à inexistência de balizas visando à eficácia do que previsto no art. 5º, LXVII, da CF". Ao final do julgamento, prevaleceu a tese do *status* de supralegalidade do referido Pacto, nos termos do Voto do Ministro Gilmar Mendes no julgamento do RE 466343/SP, vencidos, neste ponto, os Ministros Celso de Mello, Cezar Peluso, Ellen Gracie e Eros Grau (sustentando a tese da hierarquia constitucional do Pacto) e abstendo-se, quanto a esta questão, o Ministro Marco Aurélio.

72. HC 92 566/SP, Relator Ministro Marco Aurélio, 3.12.2008. No julgamento deste recurso, o Tribunal, por maioria, concedeu a ordem de *habeas corpus* a depositário judicial infiel, revogando a Súmula 619 ("*A prisão do depositário judicial pode ser decretada no próprio processo em que se constituiu o encargo, independentemente da propositura da ação de depósito*"), restando vencido o Ministro Carlos Alberto Menezes Direito, "que denegava a ordem por considerar que o depositário judicial teria outra natureza jurídica, apartada da prisão civil própria do regime dos contratos de depósitos, e que sua prisão não seria decretada com fundamento no descumprimento de uma obrigação civil, mas no desrespeito ao múnus público" (*Informativo do STF* 531).

73. HC 95 547/SP, Relator Ministro Carlos Alberto Menezes Direito. Decisão de indeferimento da liminar no dia 03.10.2008, *DJ* 15.10.2008. Trata-se de *Habeas Corpus* impetrado em favor de agricultor com securitização de dívida agrícola. Dentre os fundamentos da decisão: "No presente caso, a prisão civil decorre da não entrega de bens deixados com o paciente a título de depósito judicial, o que, à primeira vista, está em consonância com a jurisprudência desta Corte, pelo menos enquanto não decidido, definitivamente, de modo diverso, firmada no sentido de ser constitucional a prisão civil decorrente de depósito judicial, pois a hipótese enquadra-se na ressalva prevista no inciso LXVII do art. 5º em razão da sua natureza não contratual (Nesse sentido: HC n. 92.541/PR, Primeira Turma, de minha relatoria, *DJ* de 25/4/08; HC n. 84.484/SP, Primeira Turma, Relator o Ministro Carlos Britto, *DJ* de 7/10/05; e HC n. 90.759/MG, Primeira Turma, Relator o Ministro Ricardo Lewandowski, *DJ* de 22/6/07)".

74. HC 51936/SP, Relator Ministro José Delgado, Primeira Turma, *DJ* 25.06.2008, concedendo o *Habeas Corpus*, com base na manifestação do STF (HC 90.172/SP e RE 466.343/SP).

75. HC 93629/RS, Relator Ministro Aldir Passarinho Junior, Quarta Turma, *DJ* 29.09.2008. Ementa. *Habeas Corpus*. Processual civil. Execução. Penhora. Prisão. Depositário judicial. Impossibilidade. Art. 5º, LXVII, da Constituição. Exegese. RE n. 466.343/SP. I. Conquanto legítima a penhora sobre bem do devedor, a prisão civil do depositário judicial infiel não encontra guarida no ordenamento jurídico (art. 5º, LXVII, da Constituição Federal). II. Decisão que se harmoniza com a nova orientação que se vem consolidando no Pretório Excelso (RE n. 466.343/SP, Rel. Min. Cezar Peluso, HC n. 90.172-7/SP, Rel. Min. Gilmar Mendes, *DJU* de 17.08.2007). III. Ordem concedida. Sob outra relatoria, e ante a existência de dúvida quanto à assunção do encargo, foi concedida ordem de *Habeas Corpus* (HC 96164/RS, Relator Ministro João Otávio de Noronha, Quarta Turma, *DJ* 05.05.2008). Sob outra relatoria, em sentido contrário: RHC 22894/SP, Relator Ministro Massami Uyeda, Quarta Turma, *DJ* 16.06.2008, não admitindo dilação probatória quanto à morte dos cinco semoventes que garantiam o juízo (equinos da raça mangalarga) e sustentando a legalidade da prisão civil do depositário judicial e inaplicabilidade do Pacto de São José da Costa Rica à espécie.

76. AgRg no Ag 956653/RS, Relator Ministro Fernando Gonçalves, Quarta Turma, *DJ* 01.12.2008.

77. RHC 22156/SP, Relator Ministro João Otávio de Noronha, Quarta Turma, *DJ* 25.02.2008.

78. HC 113947/PR, Relator Ministro Fernando Gonçalves, Quarta Turma, julgado em 02.12.2008, *DJ* 15.12.2008.

79. HC 116934/MG, Relator Ministro Mauro Campbell Marques, Segunda Turma, *DJ* 16.12.2008, admitindo a legalidade da prisão civil de depositário judicial infiel (em execução fiscal), todavia assegurando, excepcionalmente, em virtude de ser o paciente doente e idoso (80 anos), o regime domiciliar.

80. HC 116480/SP, Relatora Ministra Eliana Calmon, Segunda Turma, *DJ* 23.10.2008, denegando a ordem a depositário judicial ("A vedação à prisão civil como estabelecido no Pacto Internacional de San José da Costa Rica não se aplica às hipóteses de descumprimento de ordem judicial").

81. HC 100065/MS, Relator Ministro Castro Meira, Segunda Turma, *DJ* 02.09.2008, acórdão que refere o RHC 19835/MG, do mesmo Relator (*DJ* 15.09.2006).

82. HC 88018/SP, Relator Ministro Carlos Fernando Mathias (Juiz Federal convocado do TRF 1ª Região), Segunda Turma, *DJ* 07.08.2008.

83. AgRg no RHC 23606/SC, Relator Ministro Sidnei Beneti, Terceira Turma, *DJ* 28.08.2008.

84. RHC 23327/SC, Relator Ministro Massami Uyeda, Terceira Turma, *DJ* 18.11.2008.

AGF[85], admitindo, nestes casos, que o depositário judicial infiel está sujeito à prisão civil[86]. Já no âmbito do Tribunal Superior do Trabalho, logramos obter apenas uma decisão isolada[87] acolhendo a mudança na orientação, com relação ao tema ora problematizado, concedendo a ordem de *habeas corpus* (preventivo substitutivo de recurso ordinário) a depositário judicial infiel, ante a nova orientação do STF de que não haveria mais base legal para a prisão civil do depositário infiel, com ressalva do Ministro Ives Gandra Martins Filho. Com efeito, resulta evidente que, no caso do depósito judicial, não se trata de uma prisão decorrente – pelo menos não diretamente, em parte das situações – de uma obrigação contratual, o que afasta, em princípio, quaisquer digressões quanto à violação do Decreto Legislativo n. 226/1991 (art. 11, Pacto Internacional sobre Direitos Civis e Políticos), argumentos que, todavia, não podem ser esgrimidos com relação ao Decreto Legislativo n. 27/1992 (art. 7º, n. 7, do Pacto de São José da Costa Rica). É preciso recordar, neste contexto, que a jurisprudência tanto do Superior Tribunal de Justiça, quanto do próprio Supremo Tribunal Federal[88], vinha sustentando que a obrigação do depositário judicial não decorre de uma relação contratual (depósito voluntário), e sim do exercício de um encargo público (depósito necessário), já que o depositário judicial, como auxiliar da autoridade judiciária que está prestando jurisdição, tem a obrigação de guardar, com zelo, o bem que lhe foi confiado em depósito. Em segundo lugar, verifica-se manifesto conflito entre a liberdade pessoal do depositário judicial infiel (sujeita à restrição pela prisão civil) e a garantia de efetividade do processo, assim como com o próprio Direito deduzido judicialmente, que encontra, na constrição e depósito de determinado bem, muitas vezes a única garantia de que, após longos anos de disputa judicial, seja satisfeita a obrigação reclamada. De outra parte, resulta pelo menos questionável o entendimento de que aqui se trate de típica prisão por dívida, visto que o que se busca coibir é uma forma de fraude à efetividade do processo, ainda mais ausentes outras formas de execução e, evidentemente, preservado o contraditório e a possibilidade de demonstração da ausência de responsabilidade pelo perecimento do bem depositado. Embora não seja possível avançar com a análise, cuida-se de discussão a ser aprofundada à luz das diversas variáveis a serem consideradas. Apenas para ilustrar, há que enfrentar o problema de, em sendo completamente banida a prisão civil, ser criado algum tipo de garantia para que as pessoas que ainda buscam solver na esfera judicial os seus conflitos tenham o direito efetivado, pois do contrário, o dever de proteção do estado poderá estar pendendo em favor apenas de um dos interesses em causa. Além disso, o argumento corrente que se trata da contraposição entre meros interesses patrimoniais (da parte credora) e da dignidade (do devedor/depositário) igualmente merece ser melhor debatido. Com efeito, a integral convergência entre o direito de liberdade e a dignidade da pessoa humana faria com que qualquer restrição da liberdade (mesmo de cunho penal) sempre representasse uma violação da dignidade da pessoa humana, quando, em verdade, apenas a prisão perpétua e a execução da restrição da liberdade em condições indignas (este sim, fenômeno comum entre nós) costumam ser consideradas ofensivas à dignidade ou mesmo ao núcleo essencial do direito de liberdade. Da mesma forma, não é apenas o interesse, nem sempre "meramente" patrimonial do credor que está em causa (basta apontar para o exemplo de dívidas de cunho alimentar ou existencial, não enquadradas nas hipóteses legais que admitem a prisão civil, mas que resultaram em penhora e depósito judicial!), mas, como já referido, a dimensão objetiva da garantia (fundamental) do direito a ter direitos efetivos, que, se não puder ser, em caráter excepcional, assegurada mediante a aplicação da prisão civil, deveria pelo menos encontrar outra forma de satisfação por parte do Estado, questão que desafia maior investimento e se situa na esfera do problema mais amplo do acesso efetivo à Justiça.

Art. 5º, LXVIII – conceder-se-á *habeas corpus* sempre que alguém sofrer ou se achar ameaçado de sofrer violência ou coação em sua liberdade de locomoção, por ilegalidade ou abuso de poder;

Lenio Luiz Streck[1]

1. Histórico da norma

Apontados também como antecedentes históricos o *interdictum de homine libero exhibendo* romano, o procedimento de *manifestación de personas* aragonês e a *carta de seguro* lusitana, a origem mais direta do *habeas corpus* decorre da prática judicial inglesa a partir do século XIII. Dentre as garantias outorgadas pelo Rei João Sem-Terra, em 1215, aos barões ingleses, por meio da *Magna Charta Libertatum*, destacou-se o instrumento do *writ of habeas corpus ad subjiciendum*, voltado à imediata apresentação do preso em juízo, com a finalidade de apreciação da regularidade do encarceramento. Aperfeiçoada a prática com o passar do tempo, surgiram os *Habeas Corpus Acts* de 1679 e de 1816. Da Inglaterra, o instrumento foi levado aos Estados Unidos, onde ganhou, em 1787, *status* constitucional. No Brasil, foi o Código

---

85. HC 96485/PR, Relator Ministro Sidnei Beneti, Terceira Turma, *DJ* 01.08.2008.

86. AgRg no HC 104560/RS, Relator Ministro Ari Pargendler, Terceira Turma, *DJ* 05.08.2008. Trecho do Voto do Relator: "O indeferimento da medida liminar resultou da convicção de que a prisão civil de depositário judicial infiel está autorizada pela Constituição Federal. De outro modo, a autoridade do Poder Judiciário seria nenhuma, à vista das dificuldades de reparar os prejuízos decorrentes da infidelidade em ação de depósito. Anos seriam consumidos em processo desgastante sem qualquer garantia de efetividade de eventual sentença de procedência. Há pouco tempo este Relator se deparou em outro processo com situação merecedora da maior repulsa: o depositário judicial se apropriou do produto de uma arrematação – mais de R$ 3.000.000,00 (três milhões de reais) – levada a efeito nos autos de execução; o credor ficou sem os haveres a que tinha direito, e o arrematante perdeu o respectivo montante. Se o Supremo Tribunal Federal tolerar esse tipo de situação a sociedade brasileira estará no pior dos mundos, o da desordem". HC 99346/MG, Relator Ministro Ari Pargendler, Terceira Turma, *DJ* 23.05.2008, no sentido de que o credor deve diligenciar no registro da penhora (CPC, art. 659, § 4º), e, se este se manteve inerte quanto à providência, não cabe prisão civil.

87. HC 199439/2008-000-00-00, Relator Ministro José Simpliciano Fontes de F. Fernandes, SBDI-2, julgamento em 02.12.2008, *DJ* 12.12.2008, referindo *Informativos do STF* 477 e 498, e, ainda, julgamento, à época ainda não concluídos, do HC 87585/TO, RE 349.703/RS e RE 466.343/SP.

88. HC 90759/MG, Relator Ministro Ricardo Lewandowski, Primeira Turma, *DJ* 22.06.2007. HC 84484/SP, Relator Ministro Carlos Britto, Primeira Turma, *DJ* 07.10.2005.

---

1. Colaborou na pesquisa Bruno Henning Junior, Promotor de Justiça-RS e doutor em Direito pela Unisinos-RS.

Criminal do Império, de 1832, o primeiro ato normativo a prever o *writ*, já que a Constituição de 1824, apesar de tutelar o direito à liberdade, deixou de contemplar a figura do *habeas corpus*. Em 1871, a Lei n. 2.033 estendeu a garantia aos estrangeiros e, posteriormente, a Constituição de 1891 inaugurou a história constitucional do instituto.

2. Constituições anteriores

Artigo 72, § 23, da Constituição de 1891; art. 113, n. 23, da Constituição de 1934; art. 122, n. 16, da Constituição de 1937; art. 141, § 23, da Constituição de 1946; art. 150, § 20, da Constituição de 1967; art. 153, § 20, da Emenda n. 1 de 1969.

3. Dispositivos constitucionais relacionados

Artigos 5º, XV, LI, LII, LIV, LXI, LXII, LXIII, LXIV, LXV, LXVI, LXVII e LXXVII, 42, § 1º, 102, I, *d* e *i*, e II, *a*, 105, I, *b* e *c*, e II, *a*, 108, I, *d*, 109, VII, 114, IV, 121, § 3º e § 4º, V, 136, § 3º, I, 139, I e II, e 142, § 2º, todos da Constituição Federal de 1988.

4. Constituições estrangeiras

Artigo 31 da Constituição de Portugal; art. 17(4) da Constituição da Espanha; art. I, Seção 9(2), da Constituição dos Estados Unidos da América; art. 17 da Constituição do Uruguai.

5. Textos internacionais

Artigo 8º da Declaração Universal dos Direitos do Homem, de 1948; art. 7º, n. 6, da Convenção Americana sobre Direitos Humanos, de 1969 (Pacto de San José da Costa Rica).

6. Legislação

Artigos 581, X, 574, I, e 647 a 667 do Decreto-Lei n. 3.689/41 (Código de Processo Penal); arts. 466 a 480, 563, *b*, 568, 569 e 706 do Decreto-Lei n. 1.002/69 (Código de Processo Penal Militar); arts. 23, 30, 31, 32 e 41-A, parágrafo único, da Lei n. 8.038/90; art. 32 da Lei n. 8.625/93 (Lei Orgânica do Ministério Público); art. 1º, § 1º, da Lei n. 8.906/94 (Estatuto da Advocacia); art. 1º do Decreto-Lei n. 552/69.

7. Jurisprudência do STF

Não é cabível *habeas corpus* em face de decisão monocrática de Ministro do STF (HC 105.959); não compete ao Supremo Tribunal Federal conhecer de *habeas corpus* impetrado contra decisão do relator que, em *habeas corpus* requerido a tribunal superior, indefere a liminar (Súmula 691); conhecimento de *habeas corpus* coletivo e substituição da prisão preventiva pela domiciliar de todas as mulheres presas, gestantes, puérperas ou mães de crianças e deficientes (HC 143.641); descabimento de recurso extraordinário do assistente da acusação em caso de concessão de *habeas corpus* (Súmula 208); julgamento em conjunto pelo Pleno dos recursos ordinário e extraordinário em processo de *habeas corpus* (Súmula 299); prazo de 5 dias para o recurso ordinário (Súmula 319); recurso de ofício de sentença concessiva de *habeas corpus* (Súmula 344); não conhecimento de *habeas corpus* para discussão sobre ônus de custas (Súmula 395); regularidade de julgamento de recurso em processo de *habeas corpus* em segunda instância sem intimação ou sem publicação de pauta previamente (Súmula 431); descabimento de *habeas corpus* para o Pleno de decisão de turma ou do plenário proferida em processo de *habeas corpus* (Súmula 606); competência do STF em caso de decisão de turma recursal do juizado especial criminal (Súmula 690); não conhecimento de *habeas corpus* por omissão de relator em extradição (Súmula 692); descabimento de *habeas corpus* em condenação à pena de multa (Súmula 693); descabimento de *habeas corpus* em casos de sanção militar (Súmula 694); descabimento de *habeas corpus* quando já extinta a pena privativa de liberdade (Súmula 695); o *habeas corpus* tutela a liberdade de ir, vir e permanecer (HC 4.781); o *habeas corpus* destina-se à tutela direta e indireta da liberdade de locomoção (HC 79.356 e HC 76.946); cabimento do *habeas corpus* para acesso a comissões e sessões do Poder Legislativo (HC 83.333); cabimento de *habeas corpus* para desclassificação de crime (HC 75.666); cabimento de *habeas corpus* para análise de desaforamento (HC 75.919); cabimento de *habeas corpus* para análise da suspensão condicional do processo (HC 77.858); cabimento de *habeas corpus* para o controle da legalidade da expulsão (HC 72.082); descabimento de *habeas corpus* contra instauração de investigação de ato de improbidade administrativa (HC 80.112); descabimento de *habeas corpus* contra mero indiciamento em inquérito policial (HC 76.672); descabimento de *habeas corpus* em caso de *impeachment* (AgRg 70.033); cabimento de *habeas corpus* para discussão da legalidade de punição disciplinar militar (RHC 88.543; HC 70.648); cabimento de *habeas corpus* para afastar a classificação do delito como hediondo na denúncia (HC 78.305); excesso de prazo justificado (HC 71.371); cabimento de *habeas corpus* para deferimento de fiança (RTJ 84/438); cabimento de *habeas corpus* para anular processo por admissão de prova ilícita (HC 74.113); necessidade de ameaça real e concreta para o deferimento de *habeas corpus* preventivo (RHC 62.024); cabimento de *habeas corpus* contra ato de particular (HC 72.391); cabimento de apelação não impede o *habeas corpus* (RTJ 74/369); cabimento do *habeas corpus* para reduzir pena por erro de cálculo (RTJ 80/20); o rol do art. 650 do CPP não é exaustivo (RE 141.209); descabimento da reiteração do pedido sem novo fundamento (HC 76.173 e HC 71.661); incompetência absoluta de juiz pode ser discutida em *habeas corpus* (RTJ 93/1081); o *habeas corpus* pode substituir a revisão criminal (RTJ 106/94); se já cumprida a pena, não cabe *habeas corpus* para anular o processo (RTJ 73/87); descabimento de *habeas corpus* contra a vontade do paciente (RTJ 161/475); descabimento de *habeas corpus* em favor de pessoa jurídica (RTJ 104/1060); cabimento da impetração de *habeas corpus* por pessoa jurídica (HC 79.535); o *habeas corpus* pode ser impetrado por telex ou telegrama (RT 577/473); o *habeas corpus* pode ser impetrado por fax (HC 74.221); para a impetração de *habeas corpus* é desnecessária procuração (RHC 60.287); para a impetração de *habeas corpus* é desnecessário advogado (HC 67.648); o *habeas corpus* pode ser impetrado por estrangeiro (HC 72.391); não conhecimento de *habeas corpus* impetrado via petição sem assinatura (HC 58.336); não conhecimento do *habeas corpus* impetrado em língua estrangeira (HC 72.391); é possível a desistência do *habeas corpus* impetrado (HC 74.504); necessidade de intervenção do querelante se impetrado *habeas corpus* em favor de querelado em ação penal privada (AgRg 423); dilação probatória vedada na via exígua do *habeas corpus* (HC 31.281-SP); descabimento do *habeas corpus* para discussão de questão controvertida (HC 73.912); descabimento de *habeas corpus* para rediscutir matéria fática já decidida em sentença (HC 75.778); possibilidade de concessão de *habeas corpus* de ofício (*RT* 650/331); obrigatoriedade de a autoridade coatora prestar informações (RHC 58.794); descabimento da intervenção de assistente da acusação (HC 74.203); competência do TRF para apreciar *habeas corpus* contra ato de membro do Ministério Público do Distrito Federal de 1ª instância (RE 315.010); competência do Tribunal de Justiça para julgar *habeas corpus* impetrado contra ato de membro do Ministério Público estadual (RE 141.209 e RE 218.123); competência do STJ e Emenda Constitucional n. 22/99 (HC 78.416 e HC 78.756); a competência é das Turmas Recursais se o ato é do Juizado Especial Criminal (HC 82.718); legitimidade de Procurador de Justiça para interpor recurso ordinário em *habeas corpus* (RHC 65.879); empate em julgamento de *habeas corpus* (HC 65.988, HC 74.116 e HC 72.445).

8. Seleção de literatura

ACKEL FILHO, Diomar. *Writs constitucionais*. São Paulo: Saraiva, 1988. GRINOVER, Ada Pellegrini, GOMES FILHO, Antônio Magalhães e FERNANDES, Antonio Scarance. *Recursos no Processo Penal*. 2ª ed. São Paulo: Revista dos Tribunais, 1997. MARQUES, José Frederico. *Elementos de Direito Processual Penal*, v. IV, 2ª ed. Campinas: Millennium, 2000. MIRANDA, Pontes de. *História e Prática do Habeas-Corpus*: Direito Constitucional e Processual Comparado, t. I e II, 8ª ed. São Paulo: Saraiva, 1979. SILVA FRANCO, Alberto e STOCO, Rui (Coord.). *Código de Processo Penal e sua Interpretação Jurisprudencial*. São Paulo: Revista dos Tribunais, 1999. v. 1. BARBOSA, Rui. *Obras Seletas de Rui Barbosa:* tribuna parlamentar-república. v. 4. Rio de Janeiro: Casa de Rui Barbosa, 1955. TOURINHO FILHO, Fernando da Costa. *Processo Penal*. 18ª ed. São Paulo: Saraiva, 1997. v. IV. TUCCI, Rogério Lauria. *Direitos e Garantias Individuais no Processo Penal Brasileiro*. 2ª ed. São Paulo: Revista dos Tribunais, 2004. VENDRAMEL, Aparecida. O *habeas corpus* como garantia individual. *Cadernos de Direito Constitucional e Ciência Política*, n. 14, p. 101 e s. São Paulo: Revista dos Tribunais, 1996.

9. Comentários

I. Considerado o *great writ of liberty*, o *habeas corpus* consiste na mais importante garantia constitucional ao *ius libertatis*. Não obstante a ação autônoma de tutela da liberdade remontar à experiência inglesa do século XIII, consolidada, após, em todo o mundo ocidental com a Revolução Francesa e a Independência dos Estados Unidos da América, foram as configurações socioestatais regressivas do nazi-fascismo da primeira metade do século XX que levaram as Constituições surgidas ao término da Segunda Grande Guerra – especialmente a alemã e a italiana – a inscreverem em seus textos uma série de garantias voltadas à proteção, dentre outros direitos, das liberdades individuais. O neoconstitucionalismo, como doutrina político-jurídica que se estruturou a partir de então, assentou as bases da eficácia normativa da Constituição, a qual passou a configurar limite até mesmo para o legislador democrático, uma vez incontroversa – tendo por perspectiva o ensinamento histórico/empírico – a premissa de que a tirania também poderia advir das maiorias de momento. Entre nós, o primado da liberdade consta expressamente do art. 5º, *caput*, da CF/88, sendo especificado, em seguida, em inúmeros incisos desse mesmo dispositivo. Figuram, pois, como corolários dessa liberdade em sentido lato, as liberdades – enumeradas aqui de forma exemplificativa – de locomoção, de pensamento, de crença religiosa, de consciência e de informação. Tais liberdades não foram, contudo, meramente enunciadas de forma abstrata no texto constitucional, que proporciona instrumentos dirigidos à eficácia dos direitos que constituem as chamadas garantias remédios, dentre os quais o *habeas corpus*. Ou seja, em correspondência ao declarado direito de liberdade de locomoção, foi estabelecida, também no art. 5º da Constituição Federal, a garantia do *habeas corpus*.

II. Trata-se o *habeas corpus* de instrumento destinado a proteger a liberdade de locomoção. A despeito de, na história constitucional brasileira, o *habeas corpus* já ter sido utilizado – em razão da redação aberta do art. 72, § 2º, da Constituição de 1891 – como instrumento de correção de qualquer espécie de lesão a direitos, atualmente a sua destinação restringe-se exclusivamente à tutela da liberdade de ir, vir e permanecer, podendo – diante da proteção almejada – assumir uma feição liberatória (via alvará de soltura) quando voltado à restituição da liberdade a alguém já detido, ou preventiva (via salvo-conduto) quando voltado à tutela antecipada, manejado de forma, nesta hipótese, a evitar que se concretize a ameaça de detenção.

III. O *writ* constitucional do *habeas corpus* é remédio destinado à proteção do direito à liberdade de locomoção, como, aliás, revela sua origem etimológica: do latim, *habeo/habere* significa exibir ou trazer e *corpus/corporis* significa corpo. Plenamente justificada, portanto, a expressão, visto que, historicamente, o efeito direto da ação consistia na apresentação do corpo (sujeito detido) ao julgador para o exame da regularidade da prisão. Tem natureza de ação autônoma, não se tratando – em que pese ter seu procedimento regulado no Título II do Código de Processo Penal – de recurso, podendo, em consequência, ser manejado mesmo em hipóteses de inexistência de ação judicial ou, ainda, para impugnar decisões já definitivas. Trata-se, pois, de ação, a qual deve, em regra, ser instruída com a prova necessária para a apreciação da legalidade da coação. Tal característica de cognição restrita à prova pré-constituída (que não é absoluta, podendo o órgão julgador requisitar, diante da plausibilidade da alegação, as informações necessárias ao exame da regularidade do constrangimento/ameaça à liberdade) relaciona-se com o caráter sumário do *habeas corpus*, que, entretanto, visa à apreciação completa e definitiva acerca da ilegalidade ou abusividade da questionada restrição à liberdade de locomoção. O *habeas corpus* consiste em remédio excepcional, apresentando a ação manifesta preponderância da eficácia mandamental. Dispensa, em decorrência, via executiva subsequente; vale dizer, o órgão judiciário, uma vez constatada a ilegalidade do constrangimento ou da ameaça à liberdade de locomoção, deve expedir ordem para a imediata cessação ou para a prevenção de sua efetiva ocorrência.

IV. Qualquer ato, judicial ou extrajudicial, seja qual for a sua natureza (não se restringido, assim, a procedimentos processuais penais), hábil a ensejar eventual constrição à liberdade, ainda que de maneira indireta, pode ser, a princípio, objeto de impugnação via *habeas corpus*. Aliás, tanto o disposto no art. 650, § 2º, do Código Processo Penal – que veda o manejo do *habeas corpus* no caso de prisão administrativa – quanto o previsto no art. 647 do mesmo diploma legal – que elenca como requisito do *writ* a "iminência" da violência ou coação – não foram, nesses aspectos, recepcionados pela CF/88. Afinal, a legislação processual infraconstitucional não pode restringir ou suspender garantia constitucional. Porque destinado, nos termos do art. 5º, LXVIII, da CF/88, à proteção da liberdade de locomoção, não se tem admitido o manejo do *writ* para se questionar a imposição de pena de multa, a qual, a partir da alteração promovida pela Lei n. 9.268/96, não mais pode ser convertida em pena privativa de liberdade.

V. A ação de *habeas corpus* é gratuita (art. 5º, LXXVII, da CF/88) e pode ser promovida por qualquer pessoa física, eleitora ou não, nacional ou estrangeira, mesmo que não possua plena capacidade civil, bem como por qualquer pessoa jurídica, independentemente de habilitação legal ou de representação por advogado. Também o Ministério Público, na condição de responsável pela defesa da ordem jurídica e dos interesses indisponíveis da comunidade (art. 127 da CF/88), apresenta legitimidade ativa ao manejo do *writ*, nos termos do art. 32, I, da Lei n. 8.625/93 e do art. 654, *caput*, do CPP. Por outro lado, diferentemente do que ocorre com o mandado de segurança, o *habeas corpus* – de acordo com a redação dada pelo constituinte de 1988 – é medida que não se restringe a atacar atos de autoridade pública, podendo ser manejado, também, em face de atos praticados por particular.

VI. No que diz respeito à competência para o julgamento da ação de *habeas corpus*, incumbe territorialmente a apreciação do *writ* ao juiz ou ao tribunal da circunscrição em que estiver ocorrendo a lesão ou ameaça à liberdade de locomoção. A competência dos tribunais superiores está estabelecida nos arts. 102, I, *d* e *i*, e II, *a*, 105, I, *a* e *c*, e II, *a*, 108, I, *d*, 109, VII, 114, IV, 121, §§ 3º e 4º, da Constituição Federal. Já no âmbito estadual, a competência dos Tribunais de Justiça, conforme prevê o art. 125, § 1º, da CF/88, é definida pela Constituição dos Estados. Em regra, compete aos Tribunais de Justiça o julgamento de *habeas corpus* impetrado contra atos emanados de juízes estaduais e de membros do Ministério Público Estadual, cumprindo, por outro lado, aos próprios juízes de 1º grau a apreciação de atos das demais autoridades não detentoras de privilégio de foro, como é o caso dos Delegados de Polícia, e de atos provenientes de particulares.

VII. O processamento do *habeas corpus*, tendo por perspectiva a natureza do interesse protegido, dá-se de forma célere e simplificada. Consoante estabelece a lei processual penal, uma vez recebida a petição – que deverá atender aos requisitos do art. 654, § 1º, do CPP –, o juiz determinará a imediata apresentação do paciente, em data por ele designada, se em poder do suposto coator (art. 656, *caput*, do CPP), ou irá, pessoalmente, ao local em que o paciente estiver na hipótese de apresentação impossibilitada por motivo de doença (art. 657, parágrafo único, do CPP); realizadas diligências e interrogado o paciente, o juiz deve decidir em 24 horas (art. 660 do CPP). Na prática, porém, tão logo recebida a petição, são requisitadas informações ao suposto coator (diligência esta prevista apenas para o caso de competência de tribunal, nos termos do art. 662 do CPP), sobrevindo, então, a decisão. É cabível recurso em sentido estrito contra a decisão do juiz que denegar ou que conceder o *habeas corpus* (art. 581, X, do CPP), bem como recurso de ofício, se concedido o *writ* (art. 574, I, do CPP). No caso de julgamento por tribunal, o *habeas corpus* tem de ser apreciado, a princípio, na primeira sessão seguinte à coleta de informações e realização de diligências eventuais (art. 664, *caput*, do CPP), decidindo-se por maioria de votos, cabendo ao presidente da sessão o desempate ou, no caso deste já ter participado da votação, prevalecendo a decisão mais favorável ao paciente (art. 664, parágrafo único, do CPP). Conforme previsto nos arts. 102, II, *a*, e 105, II, *a*, da CF/88, do julgamento denegatório de *habeas corpus*, decidido em única ou última instância, pelos tribunais superiores e pelos tribunais regionais, estaduais e distritais cabe recurso ordinário, respectivamente, ao STF e ao STJ. A concessão de medida liminar é possível, excepcionalmente, nos casos em que a ilegalidade ou a abusividade do constrangimento estiver evidenciada de plano pelos documentos que acompanham a petição inicial (art. 660, § 2º, do CPP). A intervenção do Ministério Público está prevista apenas para as hipóteses de competência dos tribunais (art. 1º, *caput*, do Decreto-Lei n. 552/69), sendo recomendável, contudo, que, também em 1º grau, seja oportunizada a manifestação do *Parquet*, até mesmo para a promoção de eventuais providências contra os responsáveis pela arbitrariedade; a atuação de assistente da acusação não é admitida. O processo de *habeas corpus*, já que caracterizado pela sumariedade, não contém uma fase de instrução probatória, nada impedindo, porém, que sejam apurados elementos de convicção para além dos documentos juntados com a petição inicial e das informações advindas do suposto coator; por outro lado, a cognição desse conjunto probatório é ampla, dentro dos limites de seu objeto, dependendo a concessão da ordem de clara demonstração do abuso ou da ilegalidade da coação. A sentença, uma vez esgotadas as vias de impugnação, impede a propositura de novo *habeas corpus*, exceto se diverso o fundamento ou se amparado por novo conjunto de provas; entretanto, denegada a ordem, ainda assim é possível a reanálise do pleito liberatório via revisão criminal ou recurso no processo originário. Concedida a ordem em relação a um réu, é possível sua extensão aos demais corréus que se encontrem em idêntica situação (art. 580 do CPP, aplicável por analogia). Não há impedimentos à concessão de *habeas corpus* de ofício por qualquer juiz ou tribunal no âmbito de sua competência (art. 654, § 2º, do CPP).

VIII. Qualquer tipo de restrição ou ameaça de restrição à liberdade de ir, vir ou permanecer é, a princípio, suscetível de correção por meio do *habeas corpus*. O art. 648 do CPP delineia rol exemplificativo de hipóteses de cabimento da ação: quando inexistir justa causa à investigação policial ou à persecução penal, como ocorre nos casos de atipicidade da conduta; quando ocorrer excesso de prazo da prisão cautelar; quando for incompetente a autoridade coatora; quando houver cessado o motivo da coação; quando não tiver sido admitida, em detrimento de autorização legal, a prestação de fiança; quando o processo apresentar vício que o torne nulo; quando estiver extinta a punibilidade. A falta de previsão expressa não obsta o cabimento de *habeas corpus* contra atos ilegais ou abusivos praticados por particulares, desde que, por óbvio, atinjam o *ius libertatis* do paciente, como, por exemplo, nos casos de internação psiquiátrica arbitrária ou nas hipóteses de negativa de alta hospitalar por falta de pagamento.

IX. Uma análise superficial das disposições dos artigos 142, § 2º, e 42, § 1º, ambos da CF/88, poderia ensejar a exclusão das hipóteses de punição disciplinar militar do âmbito de aplicação do *habeas corpus*. Não seria adequado tal entendimento, contudo. A vedação constitucional destina-se, a toda evidência, ao exame meritório da medida disciplinar adotada, sendo cabível o *writ* – por certo que de forma excepcional – nas hipóteses de ilegalidade das medidas aplicadas. Ou seja, é inadequado o exame de conveniência e de oportunidade da sanção disciplinar, sendo idôneo, porém, o remédio constitucional para a análise da legalidade do ato, como, aliás, vem sendo decidido pelo próprio STF (RHC 88.543, rel. Min. Ricardo Lewandowski; RE 338.840, rel. Min. Ellen Gracie; HC 70.648, rel. Min. Moreira Alves).

X. A prisão civil é admitida pela CF/88 apenas para os casos de inadimplemento voluntário e inescusável de obrigação alimentar e de depositário infiel (art. 5º, LXVII). Contudo, desde a ratificação, pelo Brasil, do Pacto Internacional dos Direitos Civis e Políticos (art. 11) e da Convenção Americana sobre Direitos Humanos – Pacto de San José da Costa Rica (art. 7º, n. 7), a questão da prisão civil do depositário infiel foi discutida, e foi fixado o entendimento de que não mais existe base sistêmica para a restrição da liberdade em tal hipótese, o que ensejaria o manejo do *habeas corpus* em caso de sua decretação. Tal questão, aliás, foi debatida pelo Pleno do STF, no julgamento do RE 466.343, rel. Min. Cesar Peluso, e do HC 87.585, rel. Min. Marco Aurélio. Parece-nos adequado o entendimento de que a prisão civil por dívida é incompatível com o Estado Democrático de Direito.

XI. Questiona-se, ainda, a subsistência do chamado recurso *ex officio*, cuja interposição, por determinação expressa do Código de Processo Penal (art. 574, I), é dever do juiz que concede ordem de *habeas corpus*. A controvérsia decorre da circunstância de ter a Constituição Federal acolhido, em 1988, um modelo acusatório de persecução penal, em que compete, privativamente, ao Ministério Público a promoção da ação penal pública (art. 129, I). Tal sistema pressupõe um processo de partes contrapostas, ambas produzindo provas e indicando argumentos em defesa de suas teses, figurando o julgador como terceiro imparcial, que, nessa condição, não poderia ter iniciativa acusatória, recursal ou probatória. Não obstante a robustez dos argumentos, a dificuldade na acolhida da tese reside no fato de que o modelo processual acusatório comporta gradações, não tendo sido acolhido, *prima facie*, em estado puro. Em sendo assim, cumpriria ao Poder Legislativo dar paulatina conformação ao processo penal, em direção ao ideal acusatório, sem prejuízo, porém, da imediata retirada do mundo jurídico das regras manifestamente contraditórias com a orientação constitucional, como ocorreu relativamente à iniciativa acusatória do juiz e da autoridade policial. O STF, aliás, já teve oportunidade de se manifestar sobre a questão, mesmo que relativamente a recurso *ex officio* de absolvição sumária (art. 574, II, do CPP), concluindo pela legitimidade constitucional da regra (HC 74.714, rel. Min. Maurício Corrêa).

XII. Outro ponto que precisa ser destacado quanto à análise de *habeas corpus* por parte do STF diz respeito à edição da Súmula 691 ("não compete ao Supremo Tribunal Federal conhecer de *habeas corpus* impetrado contra decisão do Relator que, em *habeas corpus* requerido a tribunal superior, indefere a liminar"), que vai além de fixar interpretação para criar uma vedação que afronta o caráter democrático do manejo desse remédio constitucional. A aplicação da referida súmula acaba por criar obstáculo ao conhecimento do *habeas corpus*, não obstante se tratar de garantia que pode ser concedida de ofício, o que provoca equívocos quanto à utilização do instituto.

XIII. Conforme pode se observar nos comentários ao artigo 102 constantes neste mesmo livro, o *habeas corpus* tem sido o *writ* mais manejado perante a Suprema Corte, por vezes assumindo a feição de verdadeiro recurso extremo. Longe do que ocorre com as formalidades exigidas pelos demais institutos – especialmente o recurso extraordinário que, hoje, pressupõe a existência de repercussão geral da questão constitucional nele debatida – o *habeas corpus*, por tratar do direito fundamental à liberdade, possui reduzidas formalidades. O STF tem jurisprudência pacífica no sentido de que o recurso ordinário em *habeas corpus* que não observar os requisitos formais de regularidade previstos no art. 310 do Regimento Interno pode, excepcionalmente, ser recebido como *habeas corpus* (RHC 94.821; RHC 91.691). Existe, assim, uma fungibilidade lógica entre o recurso ordinário em *habeas corpus* e o próprio *habeas corpus*, de forma que, muitas vezes, seja preferível a utilização do *habeas corpus* em si, despido de formalidades, à do recurso ordinário. O recurso ordinário em *habeas corpus* e o próprio *habeas corpus* permitem ao STF conhecer de relevantes temas constitucionais debatidos na instância inferior. É por meio do *habeas corpus* que o Supremo Tribunal Federal vem declarando inconstitucionais diversos dispositivos de leis penais, como ocorreu no caso da proibição de progressão de regime nos crimes hediondos e da concessão de liberdade nas hipóteses previstas na Lei de Tóxicos.

Art. 5º, LXIX – conceder-se-á mandado de segurança para proteger direito líquido e certo, não amparado por *habeas corpus* ou *habeas data*, quando o responsável pela ilegalidade ou abuso de poder for autoridade pública ou agente de pessoa jurídica no exercício de atribuições do Poder Público;

Sérgio Cruz Arenhart

A – HISTÓRICO CONSTITUCIONAL DO MANDADO DE SEGURANÇA

Muito do *status* hoje atribuído ao mandado de segurança deve ser tributado ao papel por ele desempenhado na história. Atualmente, talvez não faça sentido – diante de todo o arcabouço de remédios processuais disponíveis – emprestar tamanha importância a este instituto, sobretudo em razão da proteção constitucional de *todo* o direito de ação (art. 5º, inc. XXXV, da CR). Porém, voltando os olhos para o passado, nota-se o crucial papel desenvolvido por esse instituto e o reflexo de seu emprego para a busca contemporânea pela efetividade de toda prestação jurisdicional.

A doutrina nacional concebe o mandado de segurança como instituto tipicamente nacional, ainda que reconheça suas raízes em figuras do velho direito lusitano e na inspiração de outros sistemas processuais americanos[1]. É certo que na base dessas figuras todas estão os processos interditais, que eram familiares ao ordenamento nacional desde suas origens romanas. Porém, o processo comum nacional sempre foi carente de tutela processual capaz de dar resposta, pronta e impositiva, contra agressões do próprio Estado a direitos individuais. Tentou-se utilizar do *habeas corpus* e de interditos possessórios para suprir essa lacuna, mas esse emprego extensivo foi rechaçado pela jurisprudência. Por outro lado, a Lei n. 221, de 1894, previa medida para anular atos do poder público que fossem lesivos a direitos individuais; todavia, seu rito não possuía a rapidez necessária para combater os excessos da Administração Pública, nem havia o caráter mandamental que se esperava desta medida. Para atender a esse vácuo é que foi concebido o mandado de segurança nacional.

O instrumento foi cogitado, pela primeira vez[2], no Congresso Jurídico de 1922, em tese relatada pelo ministro Muniz Barreto. Sua inspiração declarada era o *amparo* mexicano e tinha por finalidade atender a direitos que pudessem ser provados de plano, não amparados pelo *habeas corpus*. Porém, somente em 1926 a proposta foi formalmente apresentada como projeto de lei (Projeto de Lei n. 148), absorvido, ulteriormente, pelo texto da Constituição da República de 1934[3].

Naquele diploma, a figura foi prevista no art. 113, § 33, sob a rubrica "dos direitos e das garantias individuais". Possuía o rito do *habeas corpus* e seria cabível sempre que a proteção de direito "certo e incontestável" fosse lesado ou ameaçado por ato manifestamente inconstitucional ou ilegal de autoridade[4].

A Constituição da República de 1937 silenciou a respeito do mandado de segurança[5], que somente voltou a ter *status* constitucional com a Carta Política de 1946 (art. 141, n. 24). O instrumento foi previsto também na Constituição de 1967 (art. 150, § 21) e na Emenda Constitucional n. 1, de 1969 (art. 153, § 21).

Em todos esses diplomas, a figura vem desenhada como instrumento para a proteção de direitos individuais "evidentes", não amparados pelo *habeas corpus*, que estejam sendo violados ou ameaçados por ato ilegal de autoridade. Somente com o texto constitucional atual é que a medida foi ampliada para prever também a proteção a direitos coletivos (art. 5º, inc. LXX), e para autorizar seu cabimento contra ato de particulares que desempenhem atividade pública, algo que a jurisprudência anterior já consagrara.

B – O DIREITO À TUTELA JURISDICIONAL ADEQUADA E O MANDADO DE SEGURANÇA

Antes do exame do preceito constitucional em comento, impõe-se a reflexão sobre qual a importância da previsão no texto constitucional do direito ao mandado de segurança.

Certamente, esse relevo não decorre apenas do fato de que esse *status* constitucional põe o instituto a salvo de qualquer tentativa de sua eliminação do ordenamento nacional. Embora isso também seja importante, é necessário perceber que, ao figurar o mandado de segurança como garantia fundamental, a par da sua dimensão negativa (como direito de defesa), dota-se o instrumento de toda carga hermenêutica positiva, de direito a proteção jurídica, a exigir que o intérprete sempre lhe confira o mais amplo e eficaz alcance.

Vale dizer que a concepção do mandado de segurança como um direito fundamental vincula o Estado (aí pensado não só o Poder Executivo, mas também, e especialmente, o Judiciário e o Legislativo) a conferir a essa figura a maior eficácia possível. Elimina-se, com isso, a possibilidade de outorgar qualquer interpretação ao procedimento do mandado de segurança – não extraída diretamente do texto constitucional – que possa limitar, inviabilizar ou neutralizar seu uso em caso específico. Mais do que isso, torna-se *inconstitucional* qualquer negligência do Estado em conferir a este instrumento a mais ampla, irrestrita, eficaz e adequada aplicação[6]. A garantia constitucional do mandado de segurança, então, exige do Estado proteção maximizada, impondo-lhe o dever de: a) criar leis que disciplinem seu procedimento de modo a torná-lo célere, amplamente acessível (subjetiva e objetivamente[7]), eficaz; e b) conferir, especialmente pelo Poder Judiciário, interpretação aos dispositivos que tratam do mandado de segurança, que seja sempre a mais favorável ao cabimento, à tramitação e à efetivação desse instrumento.

Por esse prisma, mostram-se insustentáveis todas as interpretações – ainda correntes no Judiciário – tendentes a amesquinhar o instituto em exame. Não se legitimam, assim, por exemplo, decisões que extinguem o mandado de segurança impetrado perante juízo incompetente (sem a remessa do feito ao órgão competente); que entendem inaplicável ao mandado de segurança a permissão de o magistrado invocar em sua decisão, para acolher o pedido, fundamento de direito distinto daquele apontado pelo autor da ação; ou

---

1. Alfredo Buzaid localiza antecedentes do mandado de segurança nas *seguranças reais* das Ordenações do Reino (Ordenações Afonsinas, liv. III, tít. 123; Ordenações Manuelinas, liv. V, tít. 50; Ordenações Filipinas, liv. V, tít. 128) e na tutela possessória de direitos pessoais (*Do mandado de segurança*. São Paulo: Saraiva, 1989, v. I, p. 26/28). É comum, na doutrina, ligar-se as origens do mandado de segurança ao *juicio de amparo* mexicano ou ainda aos *writs* anglo-americanos, em especial ao *writ of mandamus*.

2. O instituto havia sido proposto anteriormente, com o nome de mandado de garantia, no projeto de revisão constitucional elaborado por Alberto Torres, mas com perfil bem mais amplo (cf. BUZAID, Alfredo. Ob. cit., p. 22).

3. A propósito da evolução histórica do mandado de segurança, cf. NUNES, José de Castro. *Do mandado de segurança*. 4ª ed., Rio de Janeiro: Forense, 1954, p. 22 e s.

4. O dispositivo constitucional foi regulamentado pela Lei n. 191, de janeiro de 1936, caracterizada como a primeira lei do mandado de segurança brasileiro.

5. A medida, porém, não foi abolida, já que prevista pelo Decreto-lei n. 6, de 16 de novembro de 1937.

6. Cf. CANOTILHO, J. J. Gomes. "Constituição e défice procedimental", in *Estudos sobre direitos fundamentais*. Coimbra: Coimbra, 2004, p. 72 e s.

7. O *acesso subjetivo*, indicado no texto, aponta para a necessidade de conceber instrumentos que habilitem *todas as pessoas* a valerem-se do mandado de segurança. Obstáculos como os custos do processo, as despesas advocatícias, bem como os gastos com a instrução ou com os recursos processuais, não podem tolher a todas as pessoas o acesso ao mandado de segurança. Por outro lado, a *acessibilidade objetiva* exige que qualquer situação que se amolde à hipótese descrita no texto constitucional (afirmação de lesão ou ameaça de lesão a direito líquido e certo, não amparada por *habeas corpus* ou *habeas data*, por ato de autoridade) *deve* autorizar a impetração do mandado de segurança. Em razão disso, por exemplo, regras como o ônus da prova ou a suficiência do convencimento podem exigir interpretação distinta frente ao mandado de segurança, sob pena de se negar o acesso ao mandado de segurança para certos tipos de pretensões (cf., sobre o tema, MARINONI, Luiz Guilherme, ARENHART, Sérgio Cruz. *Comentários ao Código de Processo Civil*. 3. ed. São Paulo: RT, 2021, tomo VI, p. 217 e ss.; ARENHART, Sérgio Cruz. Ônus da prova e sua modificação no processo civil brasileiro. *Revista Jurídica*. Porto Alegre: Notadez, maio-2006, n. 343, p. 25 e s.).

que conclui pela impossibilidade da correção do polo passivo do mandado de segurança, impondo a sua extinção. As razões que sustentam essas conclusões são completamente inconciliáveis com a fundamentalidade do direito ao mandado de segurança.

Por outro vértice, é necessário que o Legislativo – ou em sua omissão, o próprio Poder Judiciário – outorgue instrumentos de efetivação da ordem de mandado de segurança que sejam realmente capazes de conferir imperatividade a este comando. A tutela criminal da ordem de mandado de segurança (art. 26, da Lei n. 12.016/09) tem-se mostrado flagrantemente inadequada para dar guarida a esta importante medida. Isso porque a caracterização da conduta do agente (omisso em cumprir com a determinação do mandado de segurança) como crime exige que este tenha agido com dolo, o que nem sempre é de fácil comprovação. Ademais, a pena prevista para o crime de desobediência (até seis meses, segundo o art. 330 do Código Penal) sujeita o infrator a vários benefícios que tornam praticamente inócuo o comando expedido por meio do mandado de segurança.

Diante disso, impõe-se a admissão de mecanismos indutivos e sub-rogatórios amplos, semelhantes aos previstos, no CPC, para a tutela de qualquer prestação de fazer, não fazer, entregar coisa ou pagar quantia (arts. 139, IV, 497 e 498 do CPC), de modo a imprimir força à decisão oriunda do mandado de segurança[8].

C – PERFIL CONSTITUCIONAL DO MANDADO DE SEGURANÇA

Segundo prescreve o dispositivo em análise, a concessão do mandado de segurança está condicionado à existência de, basicamente, dois elementos. Primeiramente, exige-se a existência de direito líquido e certo, não protegido por *habeas corpus* ou *habeas data*. Em segundo lugar, é necessário que aquele direito seja objeto de ilegalidade ou abuso de poder praticado por autoridade pública ou pessoa investiga em atribuições do Poder Público.

A noção de direito líquido e certo não tem, ao contrário do que a expressão possa sugerir, qualquer relação com espécie particular de direito. A rigor, todo direito que exista é líquido e certo, sendo evidente que a complexidade do raciocínio jurídico – que pode ser mais acessível para alguém e menos para outrem – não tem nenhuma relação com mencionada categoria. A liquidez e certeza do direito tem sim vinculação com a maior ou menor facilidade na *demonstração dos fatos* sobre os quais incide o Direito. Desse modo, a questão do direito líquido e certo se põe no campo da *prova* das afirmações de fato feitas pelo impetrante. Vale dizer que o mandado de segurança exige que o impetrante possa demonstrar sua alegação por *prova direta*, em específico, pela prova documental[9].

A expressão "direito líquido e certo", portanto, liga-se à forma de cognição desenvolvida no mandado de segurança, que exige prova pré-constituída das alegações postas pela parte impetrante. Não há, então, qualquer relação com espécie particular de direito subjetivo. Em conta disso, vem-se exigindo que as afirmações de fato trazidas pelo autor na petição inicial sejam demonstradas de pronto, por meio de prova documental.

Quanto ao segundo requisito, este abrange qualquer ato, omissão ou ameaça de violação praticado por pessoa investida de poderes estatais. Embora o texto constitucional não seja claro a este respeito, é evidente que a proteção do mandado de segurança não é outorgada apenas para violações já ocorridas. Também a ameaça de lesão está abrangida pelo espectro de proteção do mandado de segurança, até em razão do que dispõe o art. 5º, XXXV, da Lei Maior[10].

Pouco importa se o agente infrator é ou não investido de cargo público, como deixa clara a redação dada pela Constituição de 1988 ao instrumento em estudo. Bastará que esteja exercendo poderes e atribuições públicos, para que possa estar sujeito ao mandado de segurança. É o que reitera o art. 1º, § 1º, da Lei 12.1016/09, dando correta concretização àquela previsão constitucional.

Art. 5º, LXX – o mandado de segurança coletivo pode ser impetrado por:

a) partido político com representação no Congresso Nacional;

b) organização sindical, entidade de classe ou associação legalmente constituída e em funcionamento há pelo menos um ano, em defesa dos interesses de seus membros ou associados;

Sérgio Cruz Arenhart

A – A PROTEÇÃO CONSTITUCIONAL DOS INTERESSES COLETIVOS

A Constituição de 1988 preocupou-se, a par da proteção com os direitos individuais, também com a tutela dos direitos coletivos (aí englobados os interesses individuais de massa e os interesses metaindividuais). Para este último fim, concebeu três instrumentos processuais especificamente designados: o mandado de segurança coletivo (previsto no dispositivo em exame), a ação popular (art. 5º, inc. LXXIII) e a ação civil pública (a que alude o art. 129, inc. III).

Isso implica o reconhecimento constitucional dos interesses de grupo e, indiretamente, a necessidade de que – por serem interesses tuteláveis judicialmente – se lhes ofereça proteção adequada, com fulcro no art. 5º, inc. XXXV, da CR.

Em razão disso, impõe-se a conclusão de que o direito infraconstitucional deve oferecer mecanismos de proteção adequados e eficientes para a tutela de interesses coletivos. Essa conclusão é ainda mais reforçada pela circunstância de que, especialmente em

---

8. A jurisprudência do Superior Tribunal de Justiça tem reiteradamente admitido esse raciocínio, permitindo o emprego de medidas coercitivas próprias da legislação processual civil comum para garantir a eficácia da ordem proferida em mandado de segurança (*v.g.*, STJ, 2ª Turma. AgInt no REsp 1920414/GO. Rel. Min. Humberto Martins. *DJe* 19.04.23; STJ, 5ª Turma. AgRg no RMS 53460/PR. Rel. Min. João Otávio de Noronha. *DJe* 07.05.21).

9. Nessa mesma linha, cf. BARBI, Celso Agrícola. *Do mandado de segurança*. 9ª ed., atualiz. Eliana Barbi Botelho. Rio de Janeiro: Forense, 2000, p. 48 e s.; PONTES DE MIRANDA, Francisco Cavalcanti. *Comentários à Constituição de 1967 com a Emenda n. 1, de 1969*. 2. ed., São Paulo: RT, 1971, t. V, p. 361 e s.

10. O emprego eficaz do mandado de segurança preventivo, porém, exigirá do operador do Direito a percepção de que as exigências – sobretudo em matéria de provas – para a concessão da proteção *terão de ser mais tênues* do que aquelas que determinam a outorga da tutela repressiva. Não se pode, sob pena de inviabilizar a concessão do mandado de segurança preventivo, exigir daquele que reclama proteção preventiva a mesma completude de prova que se impõe àquele que solicita proteção *a posteriori*.

relação ao mandado de segurança coletivo, vem ele previsto – pouco importando o interesse que é por ele protegido – como garantia fundamental autônoma. Vale dizer que sua potencialidade deve ser maximizada, servindo para cá aquilo que se disse acima, ao analisar o mandado de segurança individual (item B, dos comentários ao inciso anterior).

B – O DESENHO CONSTITUCIONAL DO MANDADO DE SEGURANÇA COLETIVO

A previsão constitucional que trata do mandado de segurança coletivo limita-se a estabelecer os legitimados para esta ação. Em contraste com a legitimidade para outras ações coletivas (qualquer cidadão para a ação popular e vários entes para as ações civis públicas), é de se questionar se a legitimação aqui prevista é exclusiva, ou seja, se o rol trazido no dispositivo em questão é exaustivo.

Embora a legislação infraconstitucional que regulamentou o instrumento siga, aparentemente, essa mesma linha (art. 21 da Lei n. 12.016/09), nada há que autorize esta conclusão. A garantia fundamental, como cediço, não pode ser *restringida*, mas nada impede (aliás, será muito salutar) que seja *ampliada*. Daí ser possível questionar-se da possibilidade de autorizar os legitimados para as ações civis públicas a proporem mandado de segurança coletivo. Partindo do pressuposto de que o mandado de segurança coletivo é apenas uma *forma de procedimento*, mostra-se impossível fugir da conclusão de que *a tutela dos interesses coletivos já foi outorgada, pelo texto constitucional e por diplomas infraconstitucionais, a outras entidades além daquelas enumeradas no dispositivo em exame*. Ora, se essas outras entidades já estão habilitadas à proteção desses interesses, qual seria a racionalidade em negar-lhes autorização para utilizar de *uma via processual* de proteção? Absolutamente, nenhuma. Diante disso, e em que pese a previsão aparentemente restritiva do art. 21 da Lei do Mandado de Segurança, parece bastante razoável sustentar a ampliação – pelo direito infraconstitucional e também pelas normas constitucionais (*v.g.*, art. 129, III) – do rol de legitimados para a impetração deste remédio constitucional, de sorte que *todos* os autorizados para as ações coletivas também têm à sua disposição o mandado de segurança coletivo como técnica processual para a proteção dos interesses de massa[1].

Nesse particular, impõe salientar que a aparente restrição feita pela Lei do Mandado de Segurança (acima mencionada), caso aceita, seria totalmente inócua. Com efeito, o máximo que conseguiria fazer seria vedar o acesso ao *procedimento* especial do mandado de segurança coletivo. Isso, porém, não impediria que os outros legitimados (para a tutela coletiva) pudessem lançar mão de outros instrumentos – ação civil pública, por exemplo – para a obtenção do *mesmo resultado*. Logo, até por razões lógicas e finalísticas, não há base para concluir pela restrição à legitimação de outros sujeitos para o ajuizamento de mandado de segurança coletivo.

Quanto aos legitimados expressamente elencados no preceito em análise, entende a jurisprudência do Supremo Tribunal Federal que há ali substituição processual, de modo que não se exige

autorização dos substituídos para a propositura da medida[2]. Essa dispensa, ademais, foi reiterada pelo art. 21 da Lei n. 12.016/09 e sedimentada pela jurisprudência, de modo a não restar dúvida a respeito da questão[3].

Relativamente aos partidos políticos, é necessário que, quando do ajuizamento da medida, possuam eles representação no Congresso Nacional, ainda que essa representação venha a ser perdida no curso da ação. Embora o texto constitucional não ponha qualquer limite para os interesses que possam ser defendidos pelos partidos políticos, entende-se que eles estão legitimados para a tutela de qualquer interesse que esteja abrangido por sua finalidade institucional (art. 1º da Lei n. 9.096/95) ou, ao menos, que se refira a seus integrantes (art. 21 da Lei n. 12.016/09). É questionável, do ponto de vista constitucional, essa conclusão, na medida em que essa restrição não encontra amparo na previsão constitucional que trata do assunto. Do ponto de vista constitucional, portanto, os partidos políticos estão habilitados à proteção de qualquer interesse coletivo, difuso ou individual homogêneo, independentemente de autorização[4].

No que diz respeito às associações, organizações sindicais e entidades de classe, vigora o entendimento de que somente em relação às primeiras (as associações) é aplicável o requisito da pré-constituição há um ano[5]. Esse entendimento parece ter sido também acolhido pelo art. 21 da Lei do Mandado de Segurança, não havendo razão para se ampliar a exigência às organizações sindicais e às entidades de classe. Em relação aos sindicatos, entende a jurisprudência que não se exige deles que seus estatutos estejam arquivados e registrados no Ministério do Trabalho, bastando que existam, pelo registro no cartório próprio[6].

Outrossim, sabe-se que a Lei do Mandado de Segurança restringe o cabimento do mandado de segurança coletivo manejado por associação, organização sindical e entidade de classe apenas à defesa "da totalidade, ou de parte, dos seus membros ou associados, na forma de seus estatutos e desde que pertinentes às suas finalidades" (art. 21). À semelhança do que ocorre com os partidos políticos, a limitação presente no texto legal não pode ser aceita. Não se apoiando essa restrição em qualquer elemento do texto constitucional, nada há que a justifique, mormente em se tratando de interpretação de garantia fundamental. A exigência constitucional diz respeito à proteção dos interesses de todos ou

---

1. No mesmo sentido, cf. ALMEIDA, Gregório Assagra de. *Manual das ações constitucionais*. Belo Horizonte: Del Rey, 2007, p. 605. Em sentido contrário, entendendo que o rol dos legitimados aqui em estudo é exaustivo, cf. STF, MS 21.059/RJ, Rel. Min. Sepúlveda Pertence. DJU 19.10.90, p. 11486.

2. STF, Pleno. Rcl-AgR 1.097/PE. Rel. Min. Moreira Alves. *DJU* 12.11.99, p. 102; STF, 1ª Turma. RE 364.051/SP. Rel. Min. Marco Aurélio. *DJU* 08.10.04, p. 9; STF, 1ª Turma. RE-AgR 348.973/DF. Rel. Min. Cesar Peluso. *DJU* 28.05.04, p. 38.

3. *V.g.*, STF, 1ª Turma. AgR RE 501.953, Rel. Min. Dias Toffoli. *DJe* 25.04.12.

4. De modo semelhante, v. ZAVASCKI, Teori Albino. "Defesa de direitos coletivos e defesa coletiva de direitos". *Revista Ajufe*, out./dez. 1994, vol. 43, p. 13-14; GOMES JR. Luiz Manoel, FAVRETO, Rogério. "Mandado de segurança coletivo – legitimidade e objeto – considerações pontuais – Lei n. 12.016/2009". Disponível em http://www.tex.pro.br/home/artigos/262-artigos-abr-2014/6468-mandado-de-seguranca-coletivo-legitimidade-e-objeto-consideracoes-pontuais-lei-n-12-016-2009, acessado em 21.03.2018. Todavia, o Supremo Tribunal Federal já concluiu que partido político não tem legitimidade para discutir majoração tributária, devendo esse debate ocorrer na via individual (STF, 1ª Turma. RE 196.184, rel. Min. Ellen Gracie. *DJU* 18.02.05, p. 6).

5. STF, 1ª Turma. RE 198.919/DF. Rel. Min. Ilmar Galvão. *DJU* 24.09.99, p. 43.

6. STF, 1ª Turma. RE 370.834. Rel. Min. Marco Aurélio. *DJe* 23.09.11.

de parte de seus associados ou membros. Todo o restante deve ser desprezado, por não encontrar respaldo no texto constitucional, implicando restrição indevida à garantia fundamental[7].

O texto constitucional não se preocupou em oferecer desenho específico do mandado de segurança coletivo, seja em relação aos seus requisitos, seja quanto à extensão dos seus efeitos. O tema acabou sendo tratado por dois artigos da Lei do Mandado de Segurança (arts. 21 e 22, da Lei n. 12.1016/09), embora ambos os dispositivos mereçam críticas.

O art. 21 da mencionada lei trata da legitimação e do objeto do mandado de segurança coletivo. Quanto à legitimidade, já se observou acima que a regra impõe restrições injustificáveis do ponto de vista constitucional, que não mereceriam prevalecer. Em relação ao objeto, também é discutível, do ponto de vista constitucional, a restrição feita pelo parágrafo único do dispositivo, que só admite a impetração do mandado de segurança coletivo para a tutela de direitos coletivos e individuais homogêneos – e, quanto a estes, exige-se ainda que estejam ligados a "atividade ou situação específica da totalidade ou de parte dos associados ou membros do impetrante". Não é necessário muito esforço para notar que todas essas restrições restringem injustificadamente o campo de incidência da norma constitucional fundamental e, nesse passo, são inconstitucionais. De fato, alguém poderia questionar se há razão para semelhante limitação?

E a resposta é fácil: não.

Por que se restringiria o uso do mandado de segurança coletivo em relação a direitos difusos? Por acaso a indeterminabilidade do grupo atingido, ou o fato de serem os membros desse grupo ligados entre si por simples circunstâncias de fato (art. 81, parágrafo único, I, do Código de Defesa do Consumidor), torna os seus interesses menos dignos de proteção? Há repercussão desses singelos elementos na mecânica própria do mandado de segurança?

Evidente que não. Direitos como o meio ambiente e o patrimônio cultural, amplamente caracterizados como direitos difusos, sem dúvida podem defrontar-se com agressões (ou ameaças) que demandem o emprego do mandado de segurança, de sorte que não se justifica a exclusão desses direitos do âmbito de proteção do instrumento em debate. Por isso, a legislação infraconstitucional implica injustificada restrição, que exige ser desconsiderada.

No que se refere ao art. 22 – que trata, basicamente, do regime da coisa julgada – a lei também foi infeliz. O *caput* do dispositivo está em harmonia com a restrição do objeto do mandado de segurança coletivo a direitos coletivos e individuais homogêneos, o que explica a limitação posta no texto aos "membros do grupo ou categoria substituídos pelo impetrante". Todavia, como já observado, é desarrazoada a limitação operada quanto ao objeto, o que torna reflexamente insuficiente a previsão do art. 22, *caput*, da Lei do Mandado de Segurança.

Porém, mais grave é o disposto no art. 22, § 1º, da mencionada lei. Segundo ali se prevê, "O mandado de segurança coletivo não induz litispendência para as ações individuais, mas os efeitos da coisa julgada não beneficiarão o impetrante a título individual se não requerer a desistência de seu mandado de segurança no prazo de 30 (trinta) dias a contar da ciência comprovada da impetração da segurança coletiva". O que assombra, nessa regra, é a distinção de tratamento dada entre o regime do mandado de segurança coletivo – ação, como tantas vezes visto, de assento constitucional fundamental – e o modelo geral de ação coletiva. Na ação civil pública, como estabelece o art. 104 do Código de Defesa do Consumidor, a fim de que os indivíduos possam beneficiar-se de sentenças coletivas, exige-se que *requeiram a suspensão de suas demandas individuais*. Já na regra em apreço, impõe-se a *desistência do mandado de segurança individual* para que o indivíduo possa favorecer-se da decisão coletiva. Ora, é patente a falta de simetria no tratamento, *em prejuízo ao instrumento nobre do mandado de segurança*, que, como já dito, tem específico assento constitucional. Essa assintonia, por certo, não é autorizada pela Constituição. É intolerável que um remédio de assento constitucional confira menor proteção ao cidadão do que outro procedimento, cuja base constitucional é apenas indireta. Por isso, evidencia-se aí também a inconstitucionalidade dessa previsão.

Por fim, também no último comando estabelecido no artigo, parece nítido o excesso da previsão. Afirma o art. 22, § 2º, da lei: "No mandado de segurança coletivo, a liminar só poderá ser concedida após a audiência do representante judicial da pessoa jurídica de direito público, que deverá se pronunciar no prazo de 72 (setenta e duas) horas". A regra, à toda evidência, *dixi plus quam voluit*. Embora, *a priori*, não exista problema em se estabelecer o contraditório antes do deferimento de tutela provisória, haverá certamente casos em que essa oitiva prévia tornará inviável a proteção necessária à pretensão deduzida no mandado de segurança coletivo. Situações que envolvam urgência urgentíssima, ou aquelas em que a prévia ciência do réu pode frustrar a eficácia da medida, certamente determinarão a inaplicabilidade desse comando, sob pena de restar violada a garantia de acesso à Justiça (art. 5º, XXXV, da Constituição)[8].

Assim, também esse comando é excessivo e mereceria ser ponderado.

Dessa sorte, à vista da incapacidade da legislação infraconstitucional em apreender o verdadeiro sentido da garantia fundamental do mandado de segurança coletivo, impõe-se afastar

---

7. O Supremo Tribunal Federal, aliás, já concluí que o interesse protegido pelo mandado de segurança coletivo não precisa ser específico da categoria (Pleno. RE 181.438. Rel. Min. Carlos Velloso. *DJU* 04.10.96; Pleno. RE 703.498, Rel. Min. Luiz Fux. *DJe* 24.08.12).

8. Recorde-se que o Supremo Tribunal Federal, ainda que já tenha reconhecido a constitucionalidade no passado de restrições à concessão de liminares, sempre ressalvou que, em casos específicos, a situação concreta pode reclamar esse tipo de proteção, quando então prevalecerá o direito à tutela jurisdicional adequada. No particular, memorável é a lição do então Min. Sepúlveda Pertence, que afirmava – ainda que entendendo como constitucional, em tese, a restrição à concessão de medidas liminares – que "o que vejo, aqui, embora entendendo não ser de bom aviso, naquela medida de discricionariedade que há na grave decisão a tomar, a suspensão cautelar, em tese, é que a simbiose institucional a que me refiro, dos dois sistemas de controle da constitucionalidade da lei, permite não deixar ao desamparo ninguém que precise de medida liminar em caso onde – segundo as premissas que tentei desenvolver e melhor do que eu desenvolveram os Ministros Paulo Brossard e Celso de Mello – a vedação da liminar, por que desarrazoada, por que incompatível com o art. 5º, XXXV, por que ofensiva do âmbito de jurisdição do Poder Judiciário, se mostre inconstitucional. Assim, creio que a solução estará no manejo do sistema difuso, porque nele, em cada caso concreto, nenhuma medida provisória pode subtrair ao juiz da causa um exame da constitucionalidade, inclusive sob o prisma da razoabilidade, das restrições impostas ao seu poder cautelar, para se entender abusiva essa restrição, se a entender inconstitucional, conceder a liminar (...)" (Pleno. ADI-MC 223. Rel. p/ acórdão Min. Sepúlveda Pertence. *DJU* 29.06.90, p. 6.218).

aquelas regras em favor da diretriz posta na Constituição. No mais, aplicar-se-ão ao mandado de segurança coletivo as regras alusivas ao mandado de segurança individual, sobretudo no que se refere ao seu procedimento e às suas limitações.

Art. 5º, LXXI – conceder-se-á mandado de injunção sempre que a falta de norma regulamentadora torne inviável o exercício dos direitos e liberdades constitucionais e das prerrogativas inerentes à nacionalidade, à soberania e à cidadania;

Ingo Wolfgang Sarlet
Lenio Luiz Streck

1. História da norma

Todas as Constituições nascem, em menor ou maior grau, carentes de regulamentação, visto que, dentre outras funções, constituem sempre o fundamento de uma nova ordem jurídica, de tal sorte que, notadamente em relação ao ordenamento jurídico infraconstitucional vigente, se opera uma espécie de novação (Jorge Miranda), ainda que a absoluta maioria dos diplomas legais permaneça em vigor, quando compatíveis com a nova ordem constitucional. A necessidade de regulamentação posterior, por sua vez, será tanto maior quanto mais compromissório, analítico e programático seja o texto constitucional, caso específico da Constituição do Brasil, fruto do processo constituinte de 1986-1988. Desde o anteprojeto elaborado pela Comissão Afonso Arinos já se previa dispositivo com a função de garantia contra omissões por parte do poder público, designadamente no que diz respeito ao mister de regulamentar a Constituição. A elaboração constituinte do mandado de injunção seguiu sempre a preocupação de buscar meios para assegurar a plena eficácia das normas constitucionais. A ideia da criação do mandado de injunção surgiu quando, no dia 22 de abril de 1987, o constituinte Gastone Righi, na terceira reunião da Subcomissão dos Direitos Políticos, dos Direitos Coletivos e Garantias, que reivindicava a criação de um instituto pelo qual o cidadão pudesse exercitar um direito social previsto pela nova Constituição, a despeito da ausência de regulamentação. A seguir, o constituinte Lisâneas Maciel propôs dois mecanismos: um, na forma propugnada por Righi, no artigo 3º do seu anteprojeto, pelo qual o povo exerceria a soberania mediante um instituto chamado "mandado de garantia social por inexistência ou omissão de normas, atos jurisdicionais ou administrativos"; outro, no artigo 40, através do qual, na falta de regulamentação para tornar eficaz a norma constitucional, o Ministério Público ou qualquer interessado poderia requerer ao Poder Judiciário a aplicação do direito assegurado. Delineava-se, assim, naquele momento, nos moldes do Direito anglo-americano, o futuro mandado de injunção. Ao lado da Subcomissão dos Direitos Políticos, Direitos Coletivos e Garantias, a Subcomissão dos Direitos Individuais e Garantias do Homem e da Mulher trabalhava no mesmo sentido, destacando-se a atuação do relator, Darci Pozza, que propunha a inclusão de um dispositivo visando permitir que a letra constitucional, à falta de regulamentação, por lei complementar ou ordinária, se tornasse realmente autoaplicável. Esse dispositivo foi chamado por Pozza de mandado de injunção, cuja nomenclatura foi buscar da sugestão constituinte n. 367-1, de autoria do constituinte Ruy Bacelar, que dizia o seguinte: "Os direitos conferidos por esta Constituição e que dependem da lei ou de providências do Estado serão assegurados por mandado de injunção, no caso de omissão do Poder Público". Assim, consideradas algumas variações, foi esta a linha seguida pelas demais proposições, que acabaram por culminar com a atual redação, que assim permanece desde o texto original.

2. Constituições brasileiras anteriores

Não há dispositivo nas Constituições anteriores que sejam equivalentes ao mandado de injunção.

3. Constituições estrangeiras

Embora a expressão mandado de injunção (*order of injunction* ou *writ of injunction*) seja encontrada em outras ordens jurídicas, não há registro, pelo menos no âmbito dos sistemas jurídico-constitucionais mais conhecidos, de instrumento nos moldes do mandado de injunção previsto na Constituição Federal de 1988. É possível anotar, entretanto, que o mandado de injunção surgiu no direito brasileiro por razão similar da que provocou, na Inglaterra, o aparecimento do *writ of injunction*. O constituinte brasileiro optou por transplantar para o Direito Público um instituto que, na Inglaterra e nos Estados Unidos da América, é empregado principalmente na esfera do Direito Privado. Na Inglaterra o *writ of injunction* sempre esteve ligado a *Equity*. Além do Direito inglês, a fonte mais próxima do mandado de injunção brasileiro é o Direito norte-americano, no qual, através do *writ of injunction*, é possível buscar a proteção dos direitos da pessoa, para impedir, *v.g.*, violações de liberdades de associação e de palavra, de liberdade religiosa e contra a denegação de igual oportunidade de educação por razões puramente raciais. A base para a concessão da medida é a violação ou a ameaça de violação pelas autoridades estaduais ou locais dos direitos garantidos pela décima quarta emenda da Constituição. Portanto, a partir da décima quarta emenda da Constituição dos Estados Unidos da América é possível vislumbrar um perfil constitucional para a injunção também naquele país. A ausência de legislação escrita possibilita o recurso ao judiciário, desde que o direito esteja ao abrigo dessa emenda. Em todos os casos, a *injunction* é sempre supletiva, ou seja, só é concedida quando não existe em lei um remédio adequado para a proteção dos direitos do cidadão (*adequate remedy at law*). Sua atuação está restrita ao que se denomina "*restraining ordens generally*" [*v.g.*, US Sargent v. Helton, 115 US 348 (1888); Dietzch v. Huidekoper, 103 US 494], estando longe, portanto, do escopo do mandado de injunção previsto na Constituição do Brasil. Já na França, a ordem de injunção (*injonction*), em sentido genérico, é um mandado emanado de uma autoridade, mas os magistrados (*magistrature assise*) das jurisdições são proibidos de dirigir injunções contra os membros do Ministério Público (*magistrature debout*). Trata-se de uma prescrição judicial expedida pelos juízes contra as partes em uma demanda e até mesmo contra auxiliares da justiça, sempre sob sanções que a lei prevê e determina (artigos 332, 844 e 862 do novo Código de Processo Civil francês). De qualquer modo, ainda que pesquisa no direito comparado não tenha abrangido a integralidade das ordens jurídicas, e a despeito de existirem importantes formas de controle das omissões legislativas em outros países, o que se verifica é que o mandado de injunção, à vista das peculiaridades do perfil que lhe foi outorgado pela CF de 1988 e pela evolução jurisprudencial e doutrinária subsequente, segue sendo instituto típico brasileiro e sem equivalente exato.

4. Direito internacional

Não há previsão de instituto diretamente correspondente nos tratados de direitos humanos ratificados pelo Brasil.

5. Dispositivos constitucionais e legais relacionados

5.1. Constitucionais

Art. 102, inc. I, *q*; art. 105, inc. I, *h*; art. 121, § 4º.

5.2. Legais

Lei n. 13.300/2016; Lei n. 8.038/1990, art. 24, parágrafo único; Lei n. 8.069/1990, art. 201, inc. IX.

6. Jurisprudência

Acórdão n. 1990.046.00006 TJRJ – MI (admitiu o mandado de injunção em caso de omissão do legislativo estadual em regulamentar a Constituição Estadual e concedeu o direito à licença sindical no caso concreto). Acórdão n. 2005.046.00001 TJRJ – MI (é proibido ao Judiciário suprir a omissão do legislativo, devendo declarar a mora e notificar o órgão competente para adotar as providências necessárias). MI n. 57 – STF (arquivamento em face de que a parte não perseguia a declaração da inconstitucionalidade por omissão e, sim, preocupava-se tão somente em obter, de imediato, ato concreto de satisfação do direito reclamado). MI n. 81/DF – STF (é pressuposto essencial da admissão do mandado de injunção a ausência de norma e o nexo causal entre esta situação e a impossibilidade de exercício dos direitos constitucionais). MI n. 283/DF – STF (estabeleceu prazo para supressão da omissão e, caso subsista a lacuna, faculta ao titular do direito obstado obter sentença líquida de indenização contra a União). MI n. 284/DF – STF (dispensou nova notificação de mora ao Congresso Nacional em razão de julgado anterior já tê-la feito – MI 283 – e assegurou aos impetrantes desde logo a possibilidade de ajuizarem ação de reparação de natureza econômica). MI n. 107/DF QO – STF (julgou questão de ordem considerando a autoaplicabilidade do mandado de injunção e adotou, no que couber, o procedimento do mandado de segurança para tutela injuncional). MI n. 369/DF – STF (reconheceu a mora do Congresso Nacional em regulamentar o art. 7º, XXI, que dispõe sobre o aviso prévio proporcional ao tempo de serviço). MI n. 304/DF – STF (admite mandado de injunção caso a lei regulamente de forma insuficiente o dispositivo constitucional). MI n. 95/RR – STF (declara a mora do Congresso e o notifica acerca da ausência de lei regulamentadora ao aviso prévio proporcional ao tempo de serviço e considera parte ilegítima o empregador). MI n. 444-MG – STF (entendeu que não há direito constitucional a ser tutelado por mandado de injunção quando há mera faculdade de legislar, como no caso do parágrafo primeiro do art. 40 da Constituição). MI n. 20/DF – STF (admite a utilização de mandado de injunção coletivo pelos organismos sindicais e entidades de classe e, no caso, considera inviável o exercício de greve pelos servidores públicos até a edição de lei complementar, reconhecendo a mora do Congresso e o notificando). MI n. 721/DF – STF (o mandado de injunção é a ação de natureza mandamental e se trata de processo subjetivo, de tal sorte que a "decisão possui eficácia considerada a relação jurídica nele revelada". Em razão da falta de regulamentação do art. 40, parágrafo 4º, CF, que estabelece a aposentadoria em condições especiais para os servidores públicos, foi adotada a disciplina do artigo 57, parágrafo 1º, da Lei n. 8.213/91). MI n. 670/ES – STF (para suprir a omissão da não regulamentação do direito de greve dos servidores públicos, adotou-se a legislação que rege a greve na esfera da iniciativa privada). MI n. 712/PA – STF (na questão de ordem ficou assentado que é incabível pedido de desistência formulado após o início do julgamento em razão do princípio da disponibilidade inerente às ações constitucionais; no mérito, seguiu-se o mesmo entendimento do MI 670). MI n. 758/DF – STF (estendeu-se aos servidores públicos as regras previstas na Lei n. 8.213/91, que versam sobre a aposentadoria especial dos trabalhadores em geral). MI n. 7300/DF – STF (determinou ao Presidente da República que implementasse, no exercício fiscal seguinte, a fixação do valor disposto no art. 2º da Lei n. 10.835/2004 para a parcela da população em situação de vulnerabilidade econômica – renda básica). MI n. 4733/DF – STF (estendeu a tipificação da Lei n. 7.716/89 prevista para os crimes resultantes de discriminação ou preconceito de raça, cor, etnia, religião ou procedência nacional à discriminação por orientação sexual ou identidade de gênero).

7. Literatura selecionada

ACKEL FILHO, Diomar. *"Writs" constitucionais*. 2ª ed. São Paulo: Saraiva, 1991; ANASTÁCIO, Rachel Bruno. *Mandado de injunção*: em busca da efetividade da Constituição, Rio de Janeiro: Lumen Juris, 2003; BACELAR, Ruy. *O mandado de injunção*. Brasília: Senado Federal, Centro Gráfico, 1988; BARROSO, Luís Roberto. *O controle de constitucionalidade no direito brasileiro*. 2ª ed. São Paulo: Saraiva, 2006; CLÉVE, Clémerson Merlin. *A fiscalização abstrata da constitucionalidade no direito brasileiro*. 2ª ed. São Paulo: Revista dos Tribunais, 2000; CORREIA, Marcus Orione Gonçalves. *Direito processual constitucional*. 2ª ed. São Paulo: Saraiva, 2002; CUNHA JÚNIOR, Dirley da. *Controle judicial das omissões do poder público*. Em busca de uma dogmática constitucional transformadora à luz do direito fundamental de efetivação da Constituição. São Paulo: Saraiva, 2004; DANTAS, Ivo. *Mandado de injunção*: guia teórico e prático. 2ª ed. Rio de Janeiro: Aide, 1994; DIDIER JÚNIOR, Fredie (Org). *Ações Constitucionais*. 3ª ed. Salvador: Editora JusPodivm, 2008; HAGE, Jorge. *Omissão inconstitucional e direito subjetivo*. Brasília: Brasília-Jurídica, 1999; MACHADO, Carlos Augusto Alcântara. *Mandado de injunção*. São Paulo: Atlas, 2000; MACIEL, Adhemar Ferreira. *Mandado de injunção e inconstitucionalidade por omissão*. São Paulo: Saraiva, 1990; MEIRELLES, Hely Lopes. *Mandado de segurança, ação popular, ação civil pública, mandado de injunção, habeas data*. São Paulo: Revista dos Tribunais, 1988; OLIVEIRA, Marcelo Andrade Cattoni de. *Direito processual constitucional*. Belo Horizonte: Mandamentos, 2001; OLIVEIRA, Marcelo Andrade Cattoni de. *Tutela jurisdicional e Estado Democrático de Direito*: por uma compreensão constitucionalmente adequada do mandado de injunção. Belo Horizonte: Del Rey, 1997; PASSOS, J. J. Calmon de. *Mandado de segurança coletivo, mandado de injunção, habeas data* – Constituição e processo. Rio de Janeiro: Forense, 1991; PIOVESAN, Flávia. *Proteção judicial contra omissões legislativas*. 2ª ed. São Paulo: Revista dos Tribunais, 2003; PUCCINELLI JÚNIOR, André. *A omissão legislativa inconstitucional e a responsabilidade do estado legislador*. São Paulo: Saraiva, 2007; QUARESMA, Regina. *O mandado de injunção e a inconstitucionalidade por omissão*: teoria e prática. Rio de Janeiro, 1999; ROTHENBURG, Walter Claudius. *Inconstitucionalidade por omissão e troca de sujeito*. São Paulo: Revista dos Tribunais, 2005; SAMPAIO, José Adércio Leite. *A Constituição reinventada pela jurisdição constitucional*. Belo Horizonte: Del Rey, 2002; SANTOS, Marcelo de Oliveira Fausto Figueiredo. *O mandado de injunção e a inconstitucionalidade por omissão*. São Paulo: Revista dos Tribunais, 1991; SIDOU, J. M. Othon. *Habeas corpus, mandado de segurança, mandado de injunção, habeas data, ação popular*: as garantias ativas dos direitos coletivos. 5ª ed. Rio de Janeiro: Forense, 1998; SILVA, José Afonso da. *Mandado de injunção e habeas data*. São Paulo: Revista dos Tribunais, 1989; SILVA, Volney Zamenhof de Oliveira. *Lineamentos do mandado de injunção*. São Paulo: Revista dos Tribunais, 1993; STRECK, Lenio Luiz. *Jurisdição constitucional e hermenêutica*: uma nova crítica do direito. 2ª ed. Rio de Janeiro: Forense, 2004; TAVARES, André Ramos. *Aspectos atuais do controle de constitucionalidade*. Rio de Janeiro: Forense, 2003.

8. Comentários

8.1. Natureza e posição na arquitetura constitucional

Cuida-se de espécie de instrumento de tutela de direitos e garantias fundamentais, podendo ser, portanto, qualificado predominantemente como sendo uma garantia constitucional do tipo processual (instrumental). Tal circunstância não implica desconsiderar a existência de um direito fundamental do cidadão titular de direito e garantia fundamental a utilizar-se do mandado de injunção como meio processual de assegurar a fruição e proteção dos seus direitos, uma vez presentes os pressupostos. Trata-se, em suma, de direito-garantia e ação constitucional típica com a finalidade de, mediante provimento jurisdicional, assegurar a tutela de direitos e garantias constitucionais cuja efetiva fruição esteja sendo inviabilizada pela falta de atuação, no plano normativo, do poder público. No que diz com o enquadramento do instituto no sistema brasileiro de controle de constitucionalidade, trata-se, em primeira linha, de instrumento para o controle das omissões por parte do poder público, não apenas do legislador. Além disso, constitui meio de controle concreto, embora não propriamente difuso (pelo menos não no sentido de que qualquer Juiz ou Tribunal em qualquer processo possa conhecer e julgar mandados de injunção) nem tipicamente incidental.

8.2. Pressupostos

a) falta de norma regulamentadora de uma previsão constitucional, portanto, descumprimento, pela via da omissão do poder público, de dever constitucional de prestação jurídico-normativa, abrangida mesmo a inconstitucionalidade parcial por omissão; b) que tal omissão impeça o exercício de direitos e garantias constitucionais, de tal sorte que, de acordo com entendimento prevalente, o mandado de injunção pressupõe a existência de nexo de causalidade entre a omissão normativa do poder público e a inviabilidade do exercício do direito; c) por via de consequência, caberá mandado de injunção apenas em relação a normas constitucionais de eficácia limitada *stricto sensu*, que, portanto, mesmo não sendo destituídas por completo de eficácia e aplicabilidade, exijam, como condição de possibilidade formal, provimentos normativos do Poder Público que venham a assegurar os principais efeitos; d) deve tratar-se de direito e garantia constitucional que atendam aos requisitos do art. 5º, LXXI, CF, cuja interpretação, assim como outros aspectos relacionados aos demais pressupostos, notadamente em função da complexidade do tema e da controvérsia suscitada em sede doutrinária e jurisprudencial, será objeto de anotação específica logo mais adiante. Necessário registrar que não se deve confundir os pressupostos ora referidos com as condições da ação propostas pela teoria eclética da ação, uma vez que a ausência de um dos pressupostos levará à improcedência do mandado de injunção, mas não à extinção do processo sem análise do mérito, isto porque, neste último caso, não se estará verificando a existência do próprio direito à prestação normativa nem a possibilidade de ser suprido por provimento jurisdicional.

8.3. Legitimidade ativa

O mandado de injunção poderá ser ajuizado por qualquer pessoa, desde que seja titular de direito constitucional, cuja fruição e tutela estejam sendo obstaculizadas, de algum modo, pela falta de norma reguladora (art. 3º da Lei n. 13.300/2016). Note-se que mesmo na ausência de expressa previsão constitucional, tem sido admitida a propositura do mandado de injunção na modalidade coletiva, a exemplo do que ocorre com o mandado de segurança, assegurando-se às associações de classe devidamente constituídas tal possibilidade, consoante orientação imprimida pelo próprio STF. Trata-se de interpretação que encontrou previsão legal no art. 12 da Lei n. 13.300/2016, em conformidade com o paradigma do Estado Democrático de Direito, propiciando a extensão dos efeitos do *writ*.

8.4. Legitimidade passiva

O sujeito passivo será sempre o órgão estatal, pois somente ao poder público pode ser imputado o dever jurídico de editar provimentos normativos para dar aplicabilidade à norma constitucional (art. 3º da Lei n. 13.300/2016). É a falta de norma regulamentadora que ensejará o manejo do *writ* constitucional.

8.5. Competência

A Constituição do Brasil disciplina que compete ao Supremo Tribunal Federal processar e julgar originariamente o mandado de injunção nos casos previstos no art. 102, inc. I, *q*, ao passo que compete ao Superior Tribunal de Justiça processar e julgar originariamente o MI, nos casos previstos do art. 105, inc. I, *h*. No âmbito estadual, as Constituições estaduais é que vão determinar o órgão competente para processo e julgamento dos MI contra a omissão do Poder Público estadual em relação às normas constitucionais estaduais, cabendo tal julgamento aos Tribunais de Justiça, caso assim previsto nas Constituições dos Estados-membros.

8.6. Procedimento

Desde a criação do instituto houve controvérsia a respeito da necessidade, ou não, de regulamentação legal estabelecendo o procedimento do mandado de injunção como requisito para a sua utilização. Em outras palavras, houve quem sustentasse a ideia de que o instituto teria sido previsto em norma constitucional de eficácia limitada (para alguns seria o caso de uma disposição constitucional não autoaplicável), de tal sorte que inviável a utilização prática da nova ação constitucional. Neste sentido, embora a orientação mais tímida adotada quanto aos efeitos da decisão, o STF, por ocasião do julgamento do MI n. 107-DF, superou tal objeção, e, em decisão eminentemente pró-ativa, entendeu que um instrumento criado justamente para combater a omissão do legislador não poderia ter sua utilização inviabilizada pela falta de lei específica. Assim, de acordo com o STF, ao mandado de injunção deveriam ser aplicadas, por analogia, as regras relativas ao mandado de segurança, naquilo que pertinentes, com subsidiária aplicação do Código de Processo Civil. Ainda no que diz com o procedimento, firmou-se o entendimento de que o instituto do mandado de injunção terá prioridade em relação aos demais instrumentos jurisdicionais, salvo no que diz com o o *habeas corpus* e o *habeas data*. Apesar de ser utilizado o mesmo procedimento do mandado de segurança, acabou prevalecendo a tese de que em sede de mandado de injunção não é viável provimento liminar. Tal entendimento, no entanto, é passível de revisão se prevalecer a tendência da jurisprudência do STF de considerar como efeito preponderante do *mandamus injuntivo* o constitutivo e não mais o declaratório. Com efeito, em tendo a tutela feição constitutiva, não parece haver óbice no sentido da possibilidade de deferimento de medidas liminares em sede de mandado de injunção, isto sem falar na ineficácia do instrumento, visto que seu escopo é precisamente o de assegurar o exercício do direito. A ausência de regulamentação legal específica quanto ao procedimento do mandado de injunção foi suprida com a edição da Lei n. 13.300/2016, que disciplina o *mandamus*, além de estabelecer expressamente a aplicação subsidiária das normas do mandado de segurança e do Código de Processo Civil (art. 14 da Lei n. 13.300/2016)

8.7. Análise dos pressupostos

8.7.1. Direito constitucional, liberdade ou prerrogativa inerente à nacionalidade, soberania e cidadania

Partindo-se da expressão literal do dispositivo que assegura o direito fundamental em tela, o primeiro pressuposto para procedência do mandado de injunção guarda relação com a existência de um direito constitucional, ou uma liberdade, ou uma prerrogativa inerente à nacionalidade, ou à soberania ou à cidadania. A linguagem utilizada pelo constituinte naturalmente gerou significativa controvérsia a respeito de qual o conteúdo de cada uma das categorias referidas, assim como a respeito de qual a diferença substancial entre elas. Da mesma forma, discutiu-se desde logo se a utilização do mandado de injunção estaria limitada aos assim chamados direitos e garantias fundamentais ou se poderia servir de instrumento para combater omissões relativas a qualquer direito ou prerrogativa vinculados a qualquer norma constitucional. Outro ponto controverso, diz respeito à abrangência do catálogo constitucional de direitos, o que, por sua vez, diz respeito ao sentido e alcance do art. 5º, § 2º, da CF. Certo é que a distinção entre as figuras referidas é difícil de ser estabelecida e que melhor seria se houvesse sido feito referência genérica a direito assegurado pela Constituição ou a direitos e garantias constitucionais.

Considerando o contexto brasileiro e a tendência de interpretar de forma inclusiva (extensiva) as cláusulas de direitos e garantias fundamentais, assim como o seu respectivo regime jurídico, também aqui não tem prevalecido exegese restritiva. Ainda que se pudesse sustentar a existência de substancial diferença entre direitos, liberdades e prerrogativas, a distinção, em termos práticos, acaba não sendo de maior relevância, visto que o tratamento dado pelo dispositivo é o mesmo, ou seja, cabível o mandado de injunção. Também parece correto afirmar que todas as figuras referidas no dispositivo (direitos, prerrogativas, etc.) acabam sendo abrangidas pela categoria mais ampla dos direitos e garantias fundamentais, que, à luz da abertura material do catálogo consagrada pelo art. 5º, § 2º, da CF, abrange inclusive direitos previstos em outras partes do texto constitucional, além das consagradas no título II. As prerrogativas inerentes à soberania, à nacionalidade e à cidadania podem ser referidas ao conceito de direitos da cidadania ou direitos de participação na vida comunitária, em suma, aos direitos de nacionalidade e aos direitos políticos. Neste contexto, levando em conta que os tratados em matéria de direitos humanos, de acordo com o referido art. 5º, § 2º, da CF, integram o nosso "bloco de constitucionalidade", poder-se-ia cogitar do cabimento de mandado de injunção também para eventual hipótese de se assegurar a fruição de direito e garantia previsto em disposição de tratado regularmente incorporado ao direito interno, naquilo em que fosse necessária sua regulamentação, aspecto aqui ventilado em caráter meramente exploratório e que demanda maior reflexão.

A circunstância de que, em princípio, seja possível impetrar mandado de injunção em relação a todo e qualquer direito com amparo constitucional deve, por elementar, ser avaliada juntamente com os demais pressupostos. Com efeito, em se cuidando de norma de direta aplicabilidade (portanto, norma de eficácia plena), a orientação dominante é a de que não cabe mandado de injunção, mas, sim, mandado de segurança ou mesmo outra via processual de tutela. É o caso, *v.g.*, do direito à saúde, que não comporta o *writ* injuntivo e, sim, uma tutela mandamental. Assim, tendo em conta que, em princípio, a teor do art. 5º, § 1º, CF, todas as normas de direitos fundamentais são diretamente aplicáveis, a aplicação prática do mandado de injunção acabaria sendo restrita a eventuais exceções, mas, em termos gerais, não ocorreria prevalentemente em matéria de direitos fundamentais, o que não dispensa uma digressão mais ampla do que aqui é possível desenvolver.

A jurisprudência do Supremo Tribunal Federal se posicionou no sentido de que qualquer direito constitucional é passível de ser tutelado por mandado de injunção desde que se cuide de disposição normativa não autoaplicável. Na doutrina, podem ser encontradas tanto posições mais restritivas como até mesmo mais abrangentes. Assim, por exemplo, Manoel Gonçalves Ferreira Filho, que segue posição mais restritiva, sustenta que o mandado de injunção somente pode ser impetrado para tutelar os direitos fundamentais reconhecidos no Título II da Constituição, assim como para assegurar as prerrogativas inerentes à nacionalidade, à soberania e à cidadania, o que, por sua vez, a depender da exegese dessas categorias, poderá resultar em significativa ampliação das hipóteses de cabimento. Já para José Carlos Barbosa Moreira, o mandado de injunção pode tutelar, inclusive, lacunas na esfera das normas infraconstitucionais, posicionamento seguido também, entre outros, por Nelson Nery Junior. Independentemente de outras alternativas que poderiam ser mencionadas, em harmonia com a posição mais generosa do STF, ainda mais considerando o disposto no art. 5º, § 2º, da CF, o entendimento mais adequado é o de que toda e qualquer norma definidora de direito e garantia constitucional, mesmo não situada no Título II, da CF, poderá ensejar a propositura de mandado de injunção. Também aqui, viável uma "interpretação em conformidade com o Estado Democrático de Direito".

8.7.2. Falta de norma regulamentadora: mera omissão ou necessidade de omissão inconstitucional

A pretensão resistida para efeitos de propositura do mandado de injunção é a inviabilidade do exercício de um direito com assento constitucional em razão da omissão – falta de regulamentação – por parte do poder público. A simples existência de lei infraconstitucional, portanto, não obstaculiza a sua propositura, pois a omissão pode persistir mesmo com a edição de uma norma que discipline a mesma matéria, como apontado pelo STF no julgamento do MI n. 304-DF. Não é objetivo do instituto corrigir eventuais imperfeições legislativas, nem há a pretensão de atacar ilegalidades ou a ocorrência de inconstitucionalidade por ação. Entretanto, há casos de omissões parciais da legislação que podem inviabilizar o exercício de um direito constitucional. As omissões parciais podem ocorrer de dois modos: a) quando a lei expressamente exclui a sua incidência relativamente a determinadas situações fáticas, quando, por imposição do princípio isonômico, tais (ou tal) hipóteses deveriam ter sido contempladas; b) quando atua de modo insuficiente ou deficiente com relação ao comando constitucional, deixando, no todo ou em parte, de cumprir com a exigência constitucional propriamente dita, por exemplo, deixando de regular, no direito do trabalho, a proteção contra a despedida arbitrária, tal como previsto na CF. Em qualquer uma das situações, feitas as ressalvas, cabível a tutela via mandado de injunção. Importa destacar, nesta quadra, que a omissão que enseja a propositura do mandado de injunção não é exatamente igual àquela da ação direta de inconstitucionalidade por omissão, muito embora as hipóteses possam ser as mesmas. Com efeito, de acordo com a orientação do STF, para o controle abstrato e concentrado da omissão, insuficiente a mera existência de um dever de edição de normas e a respectiva ausência de regulamentação, visto que é preciso estar configurada a mora do poder público, em outras palavras, não basta a omissão em si, mas a omissão deve ser qualificada, em suma, deve tratar-se de uma omissão inconstitucional. A considerar a maioria dos casos apreciados pelo STF em sede de mandado de injunção, notadamente em virtude da tendência dominante (embora não absoluta), de outorgar ao mandado de injunção efeito similar à ação declaratória de inconstitucionalidade por omissão, verifica-se que, em termos gerais, também para o mandado de injunção tem sido exigida a configuração de uma omissão inconstitucional. Todavia, tendo em conta que o objetivo do instituto não é propriamente o de substituir o vácuo normativo editando norma substitutiva, mas, sim, o de viabilizar o direito no caso concreto, a configuração da mora não constitui uma exigência constitucional afinada com o propósito do mandado de injunção, não havendo qualquer referência expressa na Constituição que possa levar, de modo cogente, ao entendimento mais restritivo que tem prevalecido quanto a este ponto. Essa questão está presente no julgamento do MI n. 444-MG, em que o Supremo Tribunal exigiu a inconstitucionalidade por omissão. Trata-se de uma interpretação restritiva do instituto, que transforma o mandado de injunção em uma ação de inconstitucionalidade por omissão subsidiária, tese originariamente defendida por juristas como Calmon de Passos. Assim, tomando-se a sério tal tese, o *mandamus* seria cabível apenas depois de "comprovada" a "declaração da omissão inconstitucional". A tese de que o mandado de injunção não passa de uma "ação de inconstitucionalidade por omissão subsidiária" enfraquece sobremodo o *writ*, tendo sido originalmente esgrimida por Calmon de Passos, que sustentava que o mandado de injunção pressupõe a existência de uma questão de inconstitucionalidade por omissão e que a inconstitucionalidade por omissão envolve, apenas, o inadimplemento do órgão público competente para regulamentar o preceito constitucional, e somente por isso, não o inadimplemento do sujeito obrigado na relação jurídica substancial (seja ele sujeito público ou privado). Tese similar era defendida por Helly Lopes Meirelles e adotada no julgamento do MI n. 57 pelo Supremo Tribunal Federal, ainda no nascedouro da nova ordem constitucional, quando a Corte Maior rechaçou o *mandamus* pelo fato de que a parte não perseguia a declaração da inconstitucionalidade por omissão e, sim, preocupava-se tão somente em obter, de imediato, ato concreto de satisfação do direito reclamado, para o que era inidônea a via processual do mandado de injunção.

Tratando-se o mandado de injunção de uma ação voltada à concretização de direitos fundamentais em função da omissão dos órgãos estatais encarregados de propor e aprovar o respectivo ato normativo tido como condição de possibilidade (regulamentação do exercício do direito), a tese da exigência da prévia declaração de inconstitucionalidade por omissão corre o risco de fragilizar o instituto, que permaneceu quase duas décadas praticamente ineficaz. Não obstante existir semelhança entre mandado de injunção e a inconstitucionalidade por omissão, no sentido de que ambos visam a dar efetividade à norma constitucional, ressentida da ausência de legislação integradora, há uma série de diferenças entre os dois dispositivos constitucionais. Assim, enquanto o mandado de injunção tem por objeto tornar viável o exercício de um direito fundamental, a inconstitucionalidade por omissão visa à efetividade de norma constitucional. Qualquer pessoa física ou jurídica está legitimada a promover a ação injuntiva; já a inconstitucionalidade por omissão só pode ser requerida pelos órgãos arrolados nos incisos I a IX do artigo 103 da Carta. Por outro lado, o mandado de injunção será julgado, na esfera estadual, pelos Tribunais de Justiça dos estados, e, na esfera federal, pelos órgãos previstos na CF, designadamente pelo Supremo Tribunal Federal (art. 102, inciso I, letra *q*), Superior Tribunal de Justiça (art. 105, inciso I, letra *h*) e Superior Tribunal Eleitoral (art. 121, § 4º, inciso V, no caso de recursos de decisões dos Tribunais Regionais Eleitorais que denegarem mandados de injunção). Já a inconstitucionalidade por omissão é da competência exclusiva do Supremo Tribunal Federal, discutindo-se a respeito da possibilidade de introdução de ações diretas de inconstitucionalidade por omissão na esfera estadual, da competência dos Tribunais de Justiça. Outra diferença fundamental reside no tipo de decisão a ser proferida pelo Judiciário: no mandado de injunção, a sentença, embora até possa reconhecer uma inconstitucionalidade por omissão, tem por efeito principal (ou assim deveria ser) assegurar a fruição do direito subjetivo, cujo exercício vinha sendo obstaculizado pela ausência de regulamentação, ao passo que na ação de inconstitucionalidade por omissão a decisão tem caráter declaratório. De qualquer sorte, as diferenças aqui sumariamente elencadas, dentre outras, não serão objeto de aprofundamento neste comentário.

8.7.3. Necessário nexo entre a inviabilidade do exercício de direito e a omissão

A inviabilidade do exercício do direito por causa do silêncio do órgão competente para regulamentar determinado dispositivo guarda relação com um dos mais tormentosos temas da teoria constitucional, qual seja, o da aplicabilidade e eficácia das normas constitucionais. Especialmente no que diz com a orientação consagrada no âmbito do STF, cabe mandado de injunção quando se tratar de disposição constitucional de baixa densidade normativa, usualmente classificada como de eficácia limitada ou destituída de autoaplicabilidade. De outra parte, como ressaltou o Min. Celso de Mello, no MI n. 81-DF, é preciso que esteja configurada a existência de um nexo causal entre o *vacuum juris* e a impossibilidade do exercício do direito consagrado. De qualquer sorte, é preciso levar em conta que a aplicabilidade imediata das normas de direitos fundamentais, caso levada a sério neste contexto, levaria a praticamente desnecessária utilização do mandado de injunção, a prevalecer o entendimento de que este cabe apenas nos casos de eficácia limitada.

8.7.4. Natureza e efeitos da decisão

Por diversas razões, a definição da natureza da ação de mandado de injunção segue controversa, especialmente no que tange aos efeitos do provimento jurisdicional nela proferidos. A doutrina e a jurisprudência dividem-se em duas grandes correntes: de um lado, os que preconizam ser a ação de cunho eminentemente declaratório, equivalente, portanto, em termos substanciais, à ação declaratória de inconstitucionalidade por omissão, mas com objeto mais abrangente, entre outras peculiaridades; de outro, em sentido oposto, situam-se os que advogam a tese de que cabe ao Poder Judiciário declarar a omissão, mas, além disso, que lhe compete, para efeitos de tutela do direito, lhe dar regulamentação, tratando-se, portanto, de uma ação com natureza híbrida, declaratória, mas também mandamental e constitutiva.

Aliás, ilustrativa é a decisão proferida pelo TJRJ (Acórdão em MI n. 2005.046.00001), em que restou assentado que a ação é predominantemente de natureza constitutiva, pois mais do que a declaração ou mesmo mais do que a emissão de uma ordem, o que se pretende é obter a disciplina e regulamento do direito no caso concreto, assegurando-se o seu exercício. Tal controvérsia pode ser resumida ao debate entre os assim designados concretistas e não concretistas. Pela posição concretista, presentes os requisitos constitucionais, o Poder Judiciário, por meio de uma decisão constitutiva, declara a existência da omissão administrativa ou legislativa e assegura o exercício do direito até que sobrevenha a regulamentação do poder competente.

Esta posição, por sua vez, divide-se em outras duas: a concretista-geral e a concretista-individual. De acordo com a tese concretista-geral a decisão do Poder Judiciário (designadamente quando proferida pelo STF) terá efeito *erga omnes*, assegurando o exercício da norma constitucional por meio de um provimento de cunho normativo geral, até que a omissão seja suprida pelo poder competente. Tal entendimento acabou sendo pouco aceito mesmo em sede doutrinária, além de ter sido rechaçada categoricamente pelo STF. O Ministro Moreira Alves, já por ocasião dos primeiros julgamentos em sede de mandado de injunção no STF, destacou que, com isso, estar-se-ia a reconhecer que o Judiciário pudesse atuar como legislador positivo, em flagrante violação do princípio da separação dos poderes.

Já de acordo com a tese concretista-individual, a decisão do Judiciário produziria efeitos apenas em relação ao autor do mandado de injunção, que poderá exercer plenamente o direito previsto na norma constitucional. Essa última posição, de acordo com a evolução registrada no próprio STF, acabou por gerar uma nova subdivisão, a posição concretista-individual direta e a posição concretista-individual intermediária. De acordo com a primeira, o Poder Judiciário, ao julgar procedente a demanda, implementa a eficácia da norma constitucional em relação ao autor, assegurando-lhe, no caso concreto, o exercício do direito. Já de acordo com a posição concretista-individual intermediária, o Poder Judiciário, julgando procedente o mandado, fixa um prazo ao Congresso Nacional para que este elabore a norma regulamentadora, de tal sorte que, transcorrido o prazo e persistente a omissão, caberia ao Poder Judiciário fixar as condições necessárias ao exercício do direito por parte do autor. Independentemente do acerto de tal classificação, no âmbito da jurisprudência do STF, embora algumas decisões que possam ser referidas à tese concretista, acabou prevalecendo a posição designada como não concretista, visto que, na maioria dos casos, o mandado de injunção acabou sendo manejado como equivalente à ação declaratória de inconstitucionalidade por omissão, reconhecendo-se a mora do legislador, mas limitando-se o STF a declarar tal situação, cientificando o Congresso (ou ente público competente para a edição do ato normativo) e instando-o a suprir a lacuna. Todavia, em que pese seja este o quadro predominante, já de há muito podem ser encontradas algumas exceções, evidenciando que o STF, a depender do seu convencimento, pode emprestar outras cargas eficaciais ao instituto.

Nesse sentido, o STF já possibilitou, no MI n. 232-RJ, que os autores do *writ*, no caso de persistir a mora congressual e a despeito da procedência do mandado de injunção, buscassem nas instâncias ordinárias a indenização assegurada pelo art. 8º, § 3º, do ADCT da Constituição. Esse tipo de decisão, que constitui uma exceção no âmbito do quadro mais amplo correspondente à tradição do STF (prevalentemente não concretista), embora tenha reconhecido desde logo a possibilidade de exercício do direito mesmo sem regulamentação do dispositivo constitucional, acabou, todavia, por não dar o passo desejado e possível, no sentido de, desde logo, sem necessidade de propor outra demanda, assegurar a indenização, embora se deva reconhecer que o STF, por cautela, tenha buscado – pelo menos ao que parece – evitar sua transformação em um tribunal ordinário.

Passado algum tempo, é possível registrar avanços quanto ao entendimento do Supremo Tribunal Federal, valendo referir o julgamento dos mandados de injunção relativos ao direito de greve dos servidores públicos e à aposentadoria especial dos servidores públicos, na qual se adotou a disciplina da Lei de Benefícios do Regime Geral de Previdência. Destarte, é possível afirmar que a atual composição da Corte está a conferir eficácia constitutiva à decisão em sede de mandado de injunção, como se pode perceber do julgamento do MI n. 670-ES. Com efeito, nesta hipótese, a divergência ficou restrita aos termos da aplicação da lei de greve da iniciativa privada, visto que três dos componentes limitavam a decisão à categoria representada pelo sindicato, além de estabelecerem condições específicas para o exercício do direito.

Ponto digno de nota, é que mesmo diante desse(s) julgado(s), não é possível dizer que a jurisprudência do STF tenha sido alterada, uma vez que são três os julgados relativos a dois dispositivos constitucionais, mas, de todo o modo, a tendência aponta para esse sentido. Outra questão relevante diz respeito ao alcance da decisão, especialmente se os seus efeitos operam somente entre os participantes no processo ou se alcançam terceiros, no sentido de uma eficácia *ultra partes* ou *erga omnes*. A posição preponderante preconiza que os efeitos da decisão ficam restritos às partes. Há controvérsia nos casos de um mandado de injunção coletivo com substituição processual, em que se busca a tutela de um direito coletivo *lato sensu*. Nestas situações a decisão não ficará restrita às partes pela própria natureza do direito posto em juízo, que é essencialmente coletivo ou transindividual. Assim, poderá a decisão ser *ultra partes*, quando se tratar de direito coletivo *stricto sensu*; ou *erga omnes*, quando o direito ou a liberdade constitucional ou a prerrogativa o exigirem por ser um direito difuso.

A partir do advento da Lei n. 13.300/2016, surge um marco legal a respeito dos efeitos da decisão no mandado de injunção (art. 8º da Lei n. 13.300/2016), que determina que, uma vez reconhecida a omissão, se conceda prazo para a edição da norma regulamentadora por parte do impetrado, estabelecendo a decisão definitiva as condições para fruição do direito pleiteado em caso de permanência do estado de mora legislativa.

No tocante ao aspecto subjetivo dos efeitos da decisão definitiva no mandado de injunção, estabelece o marco legal que seus efeitos ficarão adstritos às partes do processo (art. 9º da Lei n. 13.300/2016), com possibilidade de ampliação destes efeitos "quando isso for inerente ou indispensável ao exercício do direito" (art. 9º, § 1º da Lei n. 13.300/2016).

Exemplo digno de nota desse desenvolvimento, é o MI n. 7.300, julgado pelo STF, impetrado em 2020, ano em que a Lei n. 10.835 completou 16 anos de vigência sem regulamentação, por intermédio da DPU, por um cidadão brasileiro em situação de rua e que à época alegava ter como única renda mensal a quantia de R$ 91,00 que recebia do Programa Bolsa Família. Após um debate pautado pela vedação da proteção insuficiente nas ações destinadas ao combate à pobreza e pela garantia do mínimo existencial em face da cláusula da assim chamada reserva do possível, a Corte concedeu parcialmente a ordem injuncional. No julgamento, o relator, Ministro Marco Aurélio de Mello, considerou procedente o pedido inicial e se manifestou no sentido de estabelecer a RBC, até a sobrevinda da ação do Executivo – para a qual se fixava o prazo de um ano –, no valor de um salário mínimo, por analogia ao BPC (artigo 20, *caput* e § 3º, da Lei n. 8.742/93) e considerando-se o artigo 7º, IV, da CF.

Entretanto, a maioria dos membros do STF, seguindo a posição divergente levantada no voto-vista do Ministro Gilmar Mendes, decidiu por: i) determinar ao Presidente da República que fixe, no exercício de 2022, o valor disposto no art. 2º da Lei n. 10.835/2004 para a população brasileira em situação de vulnerabilidade econômica, assim consideradas as pessoas que vivam em extrema pobreza e pobreza, com renda per capita inferior a R$ 89,00 e R$ 178,00, respectivamente, devendo adotar todas as medidas legais necessárias para tanto; e ii) apelar aos demais Poderes para que tomem as medidas necessárias para atualizar os valores dos benefícios do PBF, ademais de aprimorarem, ou mesmo unificarem, os programas de transferência de renda em vigor, notadamente o criado pela Lei n. 10.835/2004.

Aqui, o próprio STF, num exercício de autocontenção e deferência ao Poder Executivo e ao próprio Legislador, apesar de reconhecer a inconstitucionalidade por omissão, assinou prazo para que fosse regulamentada a matéria e atualizado o valor do benefício.

Por outro lado, o que se observa é que mesmo após a edição de norma que regulamenta o procedimento do mandado de injunção, houve o crescimento da tendência nascida em sede jurisprudencial, no sentido de que a decisão definitiva do mandamus seja capaz de assegurar ao cidadão o exercício do direito pleiteado assegurado constitucionalmente, sob pena de esvaziamento dos objetivos delineados para o instituto na Constituição.

Nessa perspectiva, um dos exemplos a ser citado é o do MI n. 4733/DF, relatado pelo Ministro Edson Fachin, julgado em 13.06.2019, no âmbito do qual o STF, à falta de previsão de tipo legal específico, enquanto não criminalizada a conduta pelo legislador, enquadrou a homofobia como crime de racismo, nos termos da Lei n. 7.716/89.

8.8. O mandado de injunção e os limites constitucionais

A importância do mandado de injunção vem acompanhada da responsabilidade na sua utilização, principalmente em relação aos limites do Estado Democrático de Direito.

À guisa de exemplo, é possível afirmar que um fenômeno que vem crescendo no cenário jurídico brasileiro é o uso de criminalizações para resolver problemas sociais e de relacionamentos sociais. Não se trata da inquestionável existência de mandados constitucionais de criminalização, mas sim da tentativa de hipertrofia do direito penal como resposta a esses problemas.

O **MI n. 4733/DF, já referido**, é um exemplo prático desse movimento. Sem que se pretenda retirar a legitimidade dos movimentos sociais que envolveram toda a questão *sub judice* que, bem ou mal, abriu horizontes de cumprimento dos mandados constitucionais de criminalização no cenário pátrio, é preciso chamar a atenção à questão simbólica tratada do ponto de vista constitucional. Para além da controvérsia semântica da equiparação entre "raça" e orientação sexual, o resultado desse julgamento escancara um problema infelizmente não raro no Brasil, que se verifica quando questões nobres e relevantes (como de fato é o combate à homofobia, que estava em causa nesse julgamento) tendem a legitimar, do ponto de vista de parte da comunidade jurídica, praticamente todo e qualquer meio para a sua realização, mesmo que, para tanto, sejam violados direitos e garantias fundamentais inscritos na Constituição e no direito internacional dos direitos humanos. O ponto é que tais questões, como as enfrentadas no julgamento do MI n. 4733/DF, muitas vezes, por carência de diálogos institucionais, resultam em provimentos que ultrapassam os limites do Estado Democrático de Direito. Toda e qualquer forma de discriminação atentatória aos direitos humanos e fundamentais – inclusive a homofobia – deve ser combatida de forma eficaz, mas sempre sem que se viole princípios sagrados à Democracia e ao constitucionalismo.

Assim, passadas já três décadas e meia desde o advento da CF, o Supremo Tribunal Federal reconhece a importância do mandado de injunção. Com efeito, o instituto deve ser compreendido no contexto de um Estado Democrático de Direito amigo de todos os direitos fundamentais, que, portanto, exige uma tutela ampla e isenta de lacunas dos direitos e garantias fundamentais. O mandado de injunção há de cumprir o seu papel constitucional e servir de instrumento para assegurar, juntamente com outros meios, a máxima eficácia e efetividade ao projeto constitucional. Além disso, é necessário que o Supremo Tribunal conceda efetivamente o status de ação autônoma ao mandado de injunção, afastando teses que fragilizam o instituto, como a prévia exigência de declaração da omissão inconstitucional, entre outras. As decisões mais recentes, aqui colacionadas, dão conta de que esta parece ser pelo menos a tendência ora trilhada.

Art. 5º, LXXII – conceder-se-á *habeas data*:

a) para assegurar o conhecimento de informações relativas à pessoa do impetrante, constantes de registros ou bancos de dados de entidades governamentais ou de caráter público;

b) para a retificação de dados, quando não se prefira fazê-lo por processo sigiloso, judicial ou administrativo;

Walber de Moura Agra

1. Habeas data

O *habeas data*, que surgiu pela primeira vez no Texto Constitucional de 1988, foi disciplinado em seu art. 5º, LXXII. Seu étimo advém da palavra latina *habeas*, cujo significado é tenhas em tua posse, e *data*, que denota o sentido de base de dados.

É considerado como um *writ*, uma garantia, um remédio constitucional à disposição dos cidadãos para que eles possam implementar direitos subjetivos que estão sendo obstaculados, assegurando o liame entre a normatividade e a normalidade[1]. Como uma das espécies de remédios constitucionais, ocupa um papel de relevo na teorética constitucional porque auspicia a garantia de direitos constitucionais, possibilitando sua concretização normativa[2].

Sua inspiração adveio da Constituição portuguesa de 1976 (art. 35) e da Constituição espanhola de 1978 (art. 18), que previram instituto semelhante para resguardar o direito à informação e à transmissão de dados[3]. A motivação fática foi possibilitar o acesso às informações obtidas pelo SNI (Serviço Nacional de Informações), que durante a ditadura militar (1964-1985) devassou a vida privada de inúmeros cidadãos, sem respeitar suas individualidades, colhendo material, muitas vezes, inverídico devido a motivações político-ideológicas. Atualmente, seu objetivo é preservar a privacidade e os dados sensíveis da coletividade, pois com o desenvolvimento de modernos aparelhos tecnológicos e a disseminação da internet abrem-se múltiplas possibilidades de ocorrência de abusos[4].

O bem jurídico tutelado é de natureza individual, que cada um dos cidadãos pode dispor, na medida em que não cause lesão a outros. Consiste em um direito à autonomia pessoal, que afeta predicativos reconhecidos legalmente, como intimidade, vida privada, honra, imagem, produzindo eficácia *erga omnes*[5]. Igualmente, faz parte do objeto tutelado a proteção da identidade informática, que decorre na prerrogativa de conhecer, retificar e assentar dados constantes em quaisquer fichários eletrônicos.

Para José Afonso da Silva, um dos pais do novo instituto jurídico, sua área de atuação abrange os seguintes tópicos: a) usos abusivos de registros de dados pessoais coletados por meios fraudulentos, desleais ou ilícitos; b) introdução nesses registros de dados sensíveis, consistindo naqueles de origem racial, opinião política, ou religiosa, filiação partidária, orientação sexual etc.; c) conservação de dados falsos ou com fins diversos dos autorizados em lei[6].

Com relação aos dados inerentes à privacidade, o armazenamento de informações somente se mostrará lícito quando for imprescindível para a realização da finalidade para a qual o órgão foi criado e desde que não possam ser criados estorvos em razão dos posicionamentos político-filosófico-religiosos dos cidadãos. Dados obtidos de forma ilícita ou que afrontem os direitos de privacidade devem ser suprimidos dos registros de caráter público.

Possuem legitimidade ativa para sua impetração, que se configura na pertinência subjetiva da ação, pessoas físicas, nacional e estrangeira, e pessoas jurídicas desde que preencham os requisitos exigidos como condição de ação e os pressupostos processuais. As pessoas jurídicas podem ter a necessidade de conhecer, retificar ou anotar informações que lhe digam respeito em bancos de dados públicos ou de caráter público, em razão da necessidade de preservar o *status* de seu nome, sob pena de poder comprometer sua própria atividade negocial[7].

Em regra, ele se configura como um remédio personalíssimo, com a vedação de qualquer tipo de substituição processual (art. 18 do CPC)[8]. Todavia, permitem a doutrina e jurisprudência que herdeiros e sucessores tenham legitimidade para interpô-lo quando informações forem denegadas a respeito do *de cujus*, realizando a correção ou anotação de dados errôneos que possam comprometer seu patrimônio moral[9].

Como condição de ação para a impetração do mencionado remédio heroico, existe a necessidade de se provar a negação da informação pretendida por via administrativa ou a recusa em fazer-se a sua retificação (art. 8º, parágrafo único, I a III, da Lei n. 9.507/97)[10]. Se esse requisito não for comprovado através de prova acostada na petição inicial, ela deve ser indeferida, no que evidencia a falta de interesse de agir na impetração (art. 10 da Lei n. 9.507/97). Isso porque, conforme o entendimento perfilhado pelo Supremo Tribunal Federal, "sem que se configure situação prévia de pretensão resistida, há carência da ação constitucional do *habeas data*"[11].

A exigência referida não pode ser enquadrada como uma restrição ao princípio da inafastabilidade de jurisdição porque não há dano ou ameaça de lesão, bem como não resta tipificada a necessidade de exaurimento de instâncias administrativas. O

---

1. HELLER, Hermann. *Teoria do Estado*. Trad. Lycurgo Gomes da Motta. São Paulo: Mestre Jou, 1968, p. 296.
2. BARACHO, José Alfredo de Oliveira. *Teoria geral da cidadania*. A plenitude da cidadania e as garantias constitucionais e processuais. São Paulo: Saraiva, 1995, p. 9.
3. PINTO FERREIRA, Luís. *Curso de direito constitucional*. 7. ed., São Paulo: Editora Saraiva, 1995, p. 171.
4. AGRA, Walber de Moura. *Curso de direito constitucional*. 10. ed., Rio de Janeiro: Forense, 2021, p. 203.
5. GARNER, Bryan A. *Black's law dictionary*. 70. ed., St. Paul: West Group, 2000, p. 1063.
6. SILVA, José Afonso da. *Curso de direito constitucional*. 16. ed., São Paulo: Malheiros, 1999, p. 455.
7. CARREIRA ALVIM, J. E. *Habeas data*. Rio de Janeiro: Forense, 2001, p. 8.
8. "O *habeas data* não se presta para solicitar informações relativas a terceiros, pois, nos termos do inciso LXXII do art. 5º da CF, sua impetração deve ter por objetivo assegurar o conhecimento de informações relativas à pessoa do impetrante" HD 87 AgR, Rel. Min. Cármen Lúcia, j. 25-11-2009.
9. STF – RE 589257/DF, Rel. Min. Marco Aurélio, j. 05-08-2014, Primeira Turma, *DJe* 26-08-2014.
10. Súmula 2 do Superior Tribunal de Justiça: "Não cabe *habeas data* se não houve recusa de informações por parte de autoridade administrativa".
11. RHD 22, Rel. Ac. Min. Celso de Mello, j. 19-09-1991.

que há é uma otimização da funcionalidade do Poder Judiciário, evitando que ele seja demandado quando o problema puder ser solucionado pelas instâncias administrativas de forma mais célere, econômica e sem custos.

Se as informações desejadas não ostentarem um caráter específico, sendo genéricas e impessoais, sem indicação nítida de quem sofreu algum tipo de sucumbência, não se consubstancia o interesse de agir.

Ao longo do tempo a jurisprudência do Supremo Tribunal Federal passou a estabelecer balizas no tocante às hipóteses em que não se admite a impetração do *habeas data*, como, por exemplo, para franquear tanto informação a respeito de procedimento administrativo quanto certidão com o fito de afirmar a legalidade de atividade praticada pelo interessado[12]; bem como para sustar a publicação de matéria em sítio eletrônico[13].

Figuram como sujeitos passíveis da impetração via *habeas data* as instituições públicas, da administração direta e indireta, e as instituições privadas que tenham caráter público, sendo este caracterizado quando elas disponibilizem suas informações a terceiros[14]. Sobre legitimidade passiva em sede de *habeas data*, o Agravo Regimental no RE 742.701/PE, julgado no Supremo Tribunal Federal, traz no voto do Ministro Relator, Celso de Mello, a noção de que "o *habeas data* deve ser impetrado contra as entidades governamentais, leia-se qualquer órgão do Estado, seja ele do Executivo (administração direta ou indireta), Legislativo ou mesmo do Judiciário, ou, ainda, contra as entidades privadas (pessoas jurídicas privadas) de caráter público, ou seja, aquelas que contenham informações privadas que sejam ou que podem ser transmitidas a terceiros e que não são de uso particular (privativo) da entidade depositária das informações"[15].

Outrossim, de acordo com o entendimento pacificado no âmbito do julgamento do Recurso Extraordinário 673707/MG, *leading case* que gerou a tese do Tema 582 de Repercussão Geral, o Supremo Tribunal Federal acentuou que, "o texto constitucional não deixa dúvida de que o *habeas data* protege a pessoa não só em relação aos bancos de dados das entidades governamentais, como também em relação aos bancos de caráter público geridos por pessoas privada"[16].

Considera-se registro de dados de caráter público todos aqueles órgãos que contenham informações que sejam ou possam ser transmitidas a terceiros, sem sua utilização para uso confidencial (art. 1º da Lei n. 9.507/1997). Registro de dados deve ser entendido em seu sentido mais amplo, abrangendo tudo que diga respeito ao interessado, seja de modo direto ou indireto, causando-lhe dano ao seu direito de privacidade[17].

Entidades privadas que tenham registros de dados, obtidos de forma lícita, sem ferir a privacidade dos cidadãos, para sua utilização exclusiva, não podem ser passíveis de *habeas data*.

Um mesmo *habeas data* pode ter as funções de conhecimento, retificação ou assentamento, não se fazendo necessária a impetração de mais de um, em atenção ao princípio da economia processual. Exordialmente, ele tem taxionomia de conhecimento, com o fator teleológico de fornecer as informações inerentes ao cidadão. Se as informações prestadas não forem verdadeiras ou forem adquiridas de forma ilícita, ele pode se tornar retificador. Apesar de ostentar essas finalidades, o *habeas data* não se presta a apagar informações armazenadas em bancos de dados. O que a Constituição e a lei permitem, nesse ponto, é apenas a retificação das informações que foram lançadas de forma equivocadas ou falsas, podendo ser retificadas[18].

Assim, na mesma ação, se for verificado que há informações que não correspondem à realidade ou versem sobre dados sensíveis, poderá ocorrer a sua retificação em processo sigiloso, na esfera judicial ou administrativa – a regra geral é da publicidade, apenas podendo a lei restringir a publicidade dos atos processuais quando a defesa da intimidade ou o interesse social o exigirem ou quando houver expressa determinação constitucional. A retificação atinge somente aqueles dados considerados inexatos, seja realizando correção, seja atualizando seu conteúdo, seja suprimindo o dado inverídico ou que verse sobre objeto sensível.

A terceira finalidade do *habeas data* consiste em determinar a anotação nos assentamentos do interessado com a explicação acerca de um dado verdadeiro. A motivação dessa finalidade foi possibilitar maiores informações sobre determinados dados para impedir constrangimentos que podem ser ocasionados pelo descobrimento dessas informações sem os motivos que as ensejaram.

Pela sua finalidade de garantir direitos da cidadania, o *habeas data* não requer o pagamento de custas judiciais.

O requerimento de informações, sua retificação ou assentamento do *habeas data*, pode ser dividido em duas etapas, uma extrajudicial, que não se precisa recorrer às vias judiciais, e outra judicial, por ainda persistir a afronta a direito protegido constitucionalmente.

O requerimento para o pedido de informações será apresentado ao órgão ou entidade depositária do registro ou banco de dados e será deferido ou indeferido no prazo de quarenta e oito horas (art. 2º, *caput*, da Lei n. 9.507/97). A decisão do pedido de informações deve ser comunicada ao requerente dentro de prazo de vinte e quatro horas e, em caso de deferimento, será marcado dia e hora para o requerente tomar conhecimento das informações.

Constatada a inexatidão da informação, o interessado pode apresentar explicação sobre o mesmo, justificando suas colocações. Mesmo se não se constatar inexatidão de dado, se o inte-

---

12. STF – RHD 1/DF 0003952-25.2005.1.00.0000, Rel. Min. Rosa Weber, j. 25-04-2017, Primeira Turma, *DJe* 17-05-2017.
13. STF – HD 100/DF, Rel. Min. Luiz Fux, j. 25-11-2014, Primeira Turma, *DJe* 16-12-2014.
14. PACHECO, José da Silva. *O mandado de segurança e outras ações constitucionais típicas*. 4. ed., São Paulo: Revista dos Tribunais, 2003, p. 364.
15. BRASIL. Supremo Tribunal Federal. Agravo Regimental no Recurso Extraordinário n. 742.701/PE – Pernambuco. Relator: Ministro Celso de Mello. Julgado em 24 setembro. 2013. Disponível em: https://jurisprudencia.stf.jus.br/pages/search/sjur247112/false. Acesso em: 05 maio 2023.
16. BRASIL. Supremo Tribunal Federal. Recurso Extraordinário n. 673707/MG – Minas Gerais. Relator: Ministro Luiz Fux. Julgado em 17 junho. 2015. Disponível em: https://jurisprudencia.stf.jus.br/pages/search/sjur322444/false. Acesso em: 05 maio 2023.
17. MEDINA, Paulo Roberto de Gouvêa. *Direito processual constitucional*. 3. ed., Rio de Janeiro: Forense, 2005, p. 185-186.
18. DA SILVA, Virgílio Afonso. *Direito Constitucional brasileiro*. São Paulo: Edusp, p. 326, 2021.

ressado apresentar explicação ou contestação sobre o mesmo, tal explicação será anotada em seu cadastro (art. 4º, § 2º, da Lei n. 9.507/97).

Sendo o pedido de retificação acolhido, ela será realizada em, no máximo, dez dias após a entrada do requerimento, devendo a entidade ou órgão depositário dar ciência ao interessado.

Acaso não puder ser a demanda resolvida na esfera extrajudicial, urge recorrer-se às vias judiciais para o cerceamento do gravame. A petição inicial deve atender todos os requisitos dos arts. 319 a 321 do Código de Processo Civil, apresentada em duas vias. Não há citação e sim sua notificação, uma vez que não há defesa e sim informações, haja vista a inexistência de lide no sentido de oposição de interesses e de sucumbência.

A petição inicial deve ser instruída ainda com os seguintes requisitos específicos: a) da recusa ao acesso às informações ou do decurso de mais de 10 (dez) dias sem decisão; b) da recusa em fazer-se a retificação ou do decurso de mais de 15 (quinze) dias, sem decisão; c) da recusa em fazer-se a anotação possibilitada pelo assentamento ou do decurso de mais de 15 (quinze) dias sem decisão.

Uma especificidade do instituto ora analisado é a exigência de direito líquido e certo como requisito para sua admissão, implicando que o direito pleiteado deve ser certo na sua existência e limitado em seu conteúdo, sem possibilidade de dilação probatória. Mesmo a Lei n. 9.507/97 não expressamente a prevendo, o motivo maior não é de razão positiva, mas de razão lógica, em decorrência de que o procedimento célere previsto nesse dispositivo não comporta produção de prova. Outrossim, quando o art. 5º, LXIX, da Constituição estabeleceu que cabe mandado de segurança para proteger direito líquido e certo todas as vezes que não seja caso de *habeas corpus* e *habeas data*.

As informações devem ser prestadas no prazo de dez dias e o parecer do Ministério Público no prazo de cinco dias. A jurisprudência do Superior Tribunal de Justiça está dividida se a não notificação do Ministério Público é causa ou não de nulidade. A posição mais consentânea é asseverar sua obrigatoriedade, mas se não cumprir no prazo, peremptório, não acarreta sua nulidade, visto que o Ministério Público na qualidade de *custos legis* não pode ser óbice a tramitação lépida e eficaz do *habeas data*.

Pode haver liminar, desde que atendidas as condições. Contudo, o *fumus bonis iuris* tem que ter presunção quase *juris et de juris*, sendo uma gradação de razoabilidade muito maior do que a mera probabilidade. Expressando o princípio da universalidade de jurisdição, ele pode ser repressivo, se a lesão já fora perpetrada, ou preventivo, se houver indícios relevantes que o bem tutelado pelo remédio heroico possa ser violado. Não pode haver revelia em razão da indisponibilidade das prerrogativas discutidas.

A única limitação ao *habeas data*, em razão do caráter sistêmico da Constituição, em que suas normas precisam ser interpretadas em correlação, é que o acesso a informações de órgãos públicos não abrange aquelas cujo sigilo seja imprescindível à segurança da sociedade e do Estado (art. 5º, XXXIII, da CF)[19]. Nessa hipótese, dada a aparente aporia, prevalece o interesse geral em detrimento do interesse individual. Ressalte-se que o Poder Judiciário deve analisar com cuidado esses casos de interesse à segurança da sociedade e do Estado para que entes governamentais não utilizem esses conceitos indeterminados de forma abusiva.

Esse mesmo raciocínio pode ser aplicado no tocante à tentativa de utilização do *habeas data* para fins de obtenção de acesso a processo ou procedimento que tramite em segredo de Justiça perante tribunal, por decisão fundamentada do relator de submeter determinado feito a essa excepcional condição para, por exemplo, assegurar o êxito das providências a serem adotadas[20].

A competência para o julgamento do *habeas data* é determinada em razão da autoridade apontada como impetrada, nos termos do art. 20 da Lei n. 9.507/97. O *habeas data* também tem prioridade sobre todos os atos judiciais para seu processamento, à exceção de trâmite de *habeas corpus* e mandado de segurança. Da decisão que o conceder ou denegá-lo cabe recurso de apelação. O recurso interposto da decisão concessiva tem efeito meramente devolutivo, ou seja, não apresenta efeito suspensivo. No entanto, da decisão denegatória, a doutrina é silente quanto aos seus efeitos, prevalecendo, portanto, o duplo efeito – devolutivo e suspensivo, elencados nos arts. 1.012 e 1.013 do CPC.

2. Bibliografia

AGRA, Walber de Moura. *Curso de direito constitucional*. 10. ed., Rio de Janeiro: Forense, 2021.

BARACHO, José Alfredo de Oliveira. *Teoria geral da cidadania*. A plenitude da cidadania e as garantias constitucionais e processuais. São Paulo: Saraiva, 1995.

CANARIS, Claus Wilhelm. *Pensamento sistemático e conceito de sistema na ciência do direito*. 2. ed., trad. A. Menezes Cordeiro. Lisboa: Calouste Gulbenkian, 1996.

CARREIRA ALVIM, J. E. *Habeas data*. Rio de Janeiro: Forense, 2001.

DA SILVA, José Afonso. *Curso de direito constitucional*. 16. ed., São Paulo: Malheiros, 1999.

DA SILVA, Virgílio Afonso. *Direito constitucional brasileiro*. São Paulo: Edusp, 2021.

GARNER, Bryan A. *Black's law dictionary*. 70. ed., St. Paul: West Group, 2000.

HELLER, Hermann. *Teoria do Estado*. Trad. Lycurgo Gomes da Motta. São Paulo: Mestre Jou, 1968.

MEDINA, Paulo Roberto de Gouvêa. *Direito processual constitucional*. 3. ed., Rio de Janeiro: Forense, 2005.

PACHECO, José da Silva. *O mandado de segurança e outras ações constitucionais típicas*. 4. ed., São Paulo: Revista dos Tribunais, 2003.

PINTO FERREIRA, Luís. *Curso de direito constitucional*. 7. ed., São Paulo: Editora Saraiva, 1995.

---

19. CANARIS, Claus Wilhelm. *Pensamento sistemático e conceito de sistema na ciência do direito*. 2. ed., trad. A. Menezes Cordeiro. Lisboa: Calouste Gulbenkian, 1996, p. 104.

20. STF – HD 134/DF 0059796-95.2021.1.00.0000, Rel. Min. Cármen Lúcia, j. 01-09-2021, *DJ* 03-09-2021.

Art. 5º, LXXIII – qualquer cidadão é parte legítima para propor ação popular que vise a anular ato lesivo ao patrimônio público ou de entidade de que o Estado participe, à moralidade administrativa, ao meio ambiente e ao patrimônio histórico e cultural, ficando o autor, salvo comprovada má-fé, isento de custas judiciais e do ônus da sucumbência;

Sérgio Gilberto Porto

1. Direito anterior

Constituição de 1824: omissa.

Constituição de 1891: omissa.

Constituição de 1934: art. 113, inc. 38. *Qualquer cidadão será parte legítima para pleitear a declaração de nulidade ou anulação dos atos lesivos do patrimônio da União e dos Municípios.*

Constituição de 1937: omissa.

Constituição de 1946: art. 141, § 38. *Qualquer cidadão será parte legítima para pleitear a anulação ou a declaração de nulidade de atos lesivos do patrimônio da União, dos Estados, dos Municípios, das entidades autárquicas e das sociedades de economia mista.*

Constituição de 1967: art. 150, § 31, e EC n. 1, de 1969, art. 153, § 31. *Qualquer cidadão será parte legítima para propor ação popular que vise a anular atos lesivos ao patrimônio de entidades públicas.*

2. Legislação infraconstitucional

Lei n. 4.717/1965 (Regula a Ação Popular).

3. Direito comparado

Espanha, art. 125, Peru, art. 295, Portugal, art. 52.

4. Observações iniciais

Como sabido, não apenas garantias de natureza constitucional-processual assegura a Constituição da República ao cidadão, tais quais a publicidade (93, IX), a isonomia (5º, *caput*), a motivação das decisões (93, IX), o contraditório (5º, LV), ampla defesa (5º, LV), a inafastabilidade da apreciação do Judiciário de lesão ou ameaça de direito (5º, XXX), o acesso à justiça (5º, XXXVI), proibição da obtenção de prova por meio ilícito (5º, LXI), a coisa julgada (5º, XXXVI), a presença do Juiz e do Promotor Natural (5º, LIII), duração razoável do processo (5º, LXXVIII), devido processo da ordem jurídica (5º, LIV), dentre tantas; existem também outras que se constituem em instrumentos de realização de direitos assegurados pela Constituição Federal, definidas como *direito-meio* e, mais modernamente, como *instrumentos de tutela jurisdicional de liberdades públicas*.

Embora instrumentos, desfrutam de sede constitucional exatamente por se constituírem em formas de realizar direitos tidos pelo legislador constituinte como essenciais ao Estado Democrático de Direito, pois visam, p. ex., a tutela de direito líquido e certo, garantir a liberdade, superar a inércia do Estado, assegurar a transparência dos governos, combater atos lesivos ao patrimônio público, ou seja, constituem um arsenal disponibilizado pela Constituição Federal com o fito de dar efetividade ao exercício pleno da cidadania.

São, efetivamente, autênticos instrumentos de exercício de cidadania e, por decorrência, da democracia participativa. Dentre estes se alinham o *Habeas Corpus* (5º, LXVIII, CF), o Mandado de Segurança (5º, LXIX, CF), o Mandado de Segurança Coletivo (5º LXX, CF), o Mandado de Injunção (5º, LXXI, CF), o *Habeas Data* (5º, LXXII, CF) e a Ação Popular (5º, LXXIII, CF).

Ao se registrar a existência de direitos de índole constitucional-processual deve ser dito que os instrumentos constitucionais enumerados são também, tais quais outros direitos de índole objetiva, verdadeiras garantias com sede constitucional. Apenas, entretanto, com a peculiaridade de que são formatados sob o prisma constitucional-instrumental, cujo objetivo, porém, assim como outros, é assegurar o pleno gozo da cidadania, essencial ao Estado Democrático de Direito.

As garantias instrumentais, nessa linha, vistas como formas de realização de propósitos constitucionais, devem ser compreendidas alinhadas aos escopos originários de cidadania já enunciados, ainda que rudimentarmente, na Magna Carta, de 1215, ou seja, configuram, desde então, meios de enfrentar o arbítrio do Estado (ou de Governos!), daí decorrendo a ideia de *direito-meio*.

Dentre esses se inclui a Ação Popular, cujo escopo encontra-se expressado no inciso LXXIII do artigo 5º da Constituição Federal e tem por fito assegurar a qualquer cidadão legitimidade para propor demanda cujo objetivo seja anular ato lesivo ao patrimônio público ou de entidade de que o Estado participe, invalidar ato atentatório à moralidade administrativa, ao meio ambiente e ao patrimônio histórico e cultural.

5. Legitimidade ativa

Como estampado no inciso sob comento, a legitimidade ativa para propositura de Ação Popular é deferida ao cidadão. Trata-se, portanto, de direito público subjetivo do qual se extraem pretensão e ação, desde que o cidadão esteja no pleno gozo de seus direitos políticos. Não é sem razão que assim se pronunciou a Constituição Federal, eis que ao desta forma proceder pretendeu claramente limitar a legitimidade para propositura da demanda popular somente àquelas pessoas físicas que se encontram no pleno exercício de suas prerrogativas cívicas.

Realmente, excluem-se do rol dos legitimados as pessoas jurídicas e todos aqueles que, por esta ou aquela razão, não se encontram no pleno gozo de seus direitos políticos.

Desta forma, no que concerne à possibilidade jurídica constitucional-processual para ser autor popular se encontra a condicionante, como visto, do pleno exercício dos direitos de cidadania, excluindo-se, portanto, deste contexto, aqueles cujos direitos foram suspensos ou suprimidos e/ou aqueles que ainda não implementaram condição necessária à fruição de tal situação jurídica, ou seja, a posse dos direitos políticos, vez que esta é fator determinante da legitimidade popular. De sua parte, a condição de cidadão deve ser demonstrada em juízo – objetivamente – através da exibição do Título Eleitoral ou documento equivalente apto a provar as obrigações cívicas adimplidas.

Assim, pois, pode se concluir afirmando que o cidadão-eleitor é aquele que através do pleno exercício de seus direitos políticos titula legitimidade constitucional-processual para a propositura de Ação Popular e, por decorrência, frui da feliz possibilidade de exercer efetivamente a democracia participativa, já que por esta via ascende à condição de controlador da higidez administrativa.

6. Objeto

O propósito da ação popular é a defesa (a) do patrimônio público, (b) do patrimônio de entidade de que o Estado participe, (c) da moralidade administrativa, (d) do meio ambiente e (e) do patrimônio histórico e cultural.

O sentido do comando constitucional que estabelece a defesa do patrimônio público é o de preservação do patrimônio estatal e social. Assim, a ideia de defesa patrimonial alberga todos os bens pertencentes ao Estado, tenham eles a natureza que tiverem.

Não sem razão e em face do propósito retroapontado é que a disciplina constitucional amplia a possibilidade de iniciativa jurisdicional popular para a proteção dos bens de entidade de que o Estado participe, pois, em *ultima ratio*, esta contempla a hipótese antes enunciada de defesa do patrimônio comum. Talvez a Constituição não necessitasse ter enunciado tal hipótese, vez que esta se encontra embutida naquela. Contudo, o fez aos efeitos de afastar eventual debate sobre o alcance da proteção constitucional, restando claro, na tópica, o propósito do espectro constitucional.

A defesa da moralidade administrativa, de seu lado, também pode ser veiculada pela via da demanda popular, pois é patrimônio ético que merece proteção, haja vista que essencial à preservação da sociedade constitucionalmente almejada. Há quem limite a possibilidade de atuação jurisdicional na defesa da moralidade administrativa apenas à hipótese onde se identificam consequências materiais, estabelecendo interpretação restritiva à aplicação do propósito constitucional. Entretanto, *maxima venia*, facilmente identificáveis hipóteses de violação de moralidade administrativa, sem repercussão econômica, circunstância que, longe de dúvida, viabiliza a demanda popular para preservação de bens puramente éticos, ou seja, do comportamento moralmente desejável, o que, quiçá, seja aquilo que mais espera o cidadão do gestor público e se houver ato atentatório à dignidade pública, correta a busca de proteção jurisdicional com o fito de invalidar o ato reprovável.

Igualmente as hipóteses retro, é interesse de todos – por razões óbvias – a preservação do meio ambiente, do patrimônio histórico e cultural. E se é interesse de todos, nada mais democrático do que legitimar ao cidadão – que é célula essencial à formação do todo social – para a defesa jurisdicional de tais bens.

Assim, além das instituições legitimadas à defesa do meio ambiente, por via constitucional expressa, também a Constituição da República legitimou ao cidadão individualmente a defesa de tais interesses, em face da superlativa importância destes no contexto hodierno.

Igualmente o patrimônio histórico e o patrimônio cultural – bens que podem ser corpóreos ou incorpóreos –, mereceram proteção jurisdicional por iniciativa popular.

Por derradeiro, deve ser registrado que o propósito da demanda popular é invalidar o ato que lese qualquer dos bens protegidos, portanto a decisão jurisdicional pretendida é preponderantemente de natureza constitutiva negativa, pois busca a desconstituição do ato e, por decorrência, a retirada de qualquer eficácia deste com sua exclusão do mundo jurídico.

7. Limites da jurisdição na demanda popular

No uso da iniciativa jurisdicional popular, importante que se registrem os limites possíveis de atuação do Poder Judiciário. Com efeito, embora claramente identificáveis os bens passíveis de defesa popular, os parâmetros desta possibilidade precisam ser bem compreendidos, aos efeitos de propiciar o uso correto de tal garantia constitucional-instrumental.

Nessa linha, não se pode esquecer a já sedimentada posição de que deve ser atacado ato lesivo a qualquer dos bens protegidos; porém atacado em sua legalidade, daí ser essencial demonstrar o caráter atentatório do ato ao bem protegido e seu caráter viciado e ao Poder Judiciário cabe, dentro do quadro exposto, apreciar sua legalidade, vez que somente sob este ângulo poderá rever o ato jurídico.

Merece melhor atenção, entretanto, a correta compreensão do conceito de legalidade sob o prisma da correta proposta constitucional.

Assim, cumpre indagar: a decisão jurisdicional que acolhe demanda popular deverá necessariamente demonstrar que o ato de gestão resta inválido por atentar contra lei?

Entendemos, *venia concedida*, não ser esta a melhor compreensão dos propósitos da demanda popular, pois esta é, em *ultima ratio*, instrumento de defesa da ordem jurídica posta à disposição do cidadão no Estado Democrático de Direito e não teria sentido permitir a defesa apenas da ordem parcial, ou seja, somente da lei expressa quando se sabe que a ordem jurídica é composta por regras, princípios e outras fontes, expressas ou implícitas, em face da textura aberta do texto constitucional.

Desta forma, se de um lado é certo que a órbita de atuação do Poder Judiciário não deve invadir a conveniência e oportunidade do ato, o chamado mérito administrativo, de outro, também, é certo que a juridicidade *lato sensu* deste é que está em causa, ou seja, se o ato é ou não atentatório à ordem jurídica vigente, pouco importando, assim, se a ordem jurídica violada é expressa ou implícita.

8. Isenções e má-fé

Aos efeitos de não inibir as iniciativas em favor do patrimônio público, cuidou a norma constitucional de propiciar a isenção de custas e dos ônus decorrentes de eventual sucumbência do autor popular, salvo nas hipóteses do uso indevido do instrumento constitucional-processual.

Com efeito, excluída a caracterização de má-fé, está o autor popular, desde antes, isento de responsabilidades pecuniárias decorrentes da demanda.

Nada mais justo que o autor popular, se adotar iniciativa sincera na defesa do patrimônio público e restar vencido, não deva ser penalizado por prática cívica inerente a uma democracia participativa.

Assim, é possível verdadeiramente afirmar que o Estado Democrático de Direito oferece ao cidadão que exerce a democracia jurisdicionalmente isenção de custas judiciais e de responsabilidade por sucumbência, aos efeitos de incentivar a livre participação social no controle da gestão do Estado.

Art. 5º, LXXIV – o Estado prestará assistência jurídica integral e gratuita aos que comprovarem insuficiência de recursos;

Luiz Guilherme Marinoni
Daniel Mitidiero

---

1. Introdução

Para que o Estado Constitucional logre o seu intento de tutelar de maneira adequada, efetiva e tempestiva os direitos de todos que necessitem de sua proteção jurídica (art. 5º, incisos XXXV e LXXVIII, CRFB)[1], independentemente de origem, raça, sexo, cor, idade e condição social (art. 3º, inciso IV, CRFB), é imprescindível que preste assistência jurídica integral e gratuita aos que comprovarem insuficiência de recursos econômicos para bem informarem-se a respeito de seus direitos e para patrocinarem suas posições em juízo (art. 5º, LXXIV, da CRFB). Vale dizer: a proteção jurídica estatal deve ser pensada em uma perspectiva social[2], permeada pela preocupação com a organização de um processo democrático a todos acessível[3]. Fora desse quadro há flagrante ofensa à igualdade no processo (arts. 5º, inciso I, CRFB, e 7º e 139, inciso I, CPC) – à paridade de armas (*Waffengleichheit*) –, ferindo-se daí igualmente o direito fundamental ao processo justo (*procedural due process of law*, art. 5º, inciso LIV, CRFB).

A preocupação com a assistência jurídica aos menos favorecidos economicamente apareceu pela primeira vez no direito constitucional brasileiro na Constituição de 1934 (art. 113, inciso XXXII). A Constituição Política do Império do Brasil, de 1824, era omissa a respeito, bem como a Constituição de 1891. A referência ao tema desaparece com a Constituição de 1937, ressurgindo posteriormente na Constituição de 1946 (art. 141, § 35) e na Constituição de 1967 (art. 153, § 31). A *Grundgesetz* alemã não prevê de maneira explícita direito fundamental à assistência jurídica gratuita, nada obstante a doutrina o aponte como um elemento indissociável do direito fundamental à tutela efetiva (art. 19, IV, GG), do princípio da igualdade (art. 20, GG) e do princípio do Estado Social (art. 3, I, GG), sendo os §§ 114 a 127a da *Zivilprozessordenung* uma densificação infraconstitucional desse direito[4]. Na Itália, o art. 24, 3ª parte, da *Costituzione della Repubblica Italiana* afirma expressamente que "*sono assicurati ai non abbienti, con appositi istituti, i mezzi per agire e difendersi davanti ad ogni giurisdizione*". Em Portugal, o art. 20, 1ª e 2ª partes, da Constituição refere que "a todos é assegurado o acesso ao direito e aos tribunais para defesa dos seus direitos e interesses legalmente protegidos, não podendo a justiça ser denegada por insuficiência de meios econômicos" e que "todos têm direito, nos termos da lei, à informação e consulta jurídicas, ao patrocínio judiciário e a fazer-se acompanhar por advogado perante qualquer autoridade". Na Espanha, a *Constitución Española* afirma que "*todas las personas tienen derecho a obtener la tutela judicial efectiva de los jueces y tribunales en el ejercicio de sus derechos e intereses legítimos, sin que, en ningún caso, pueda producirse indefensión*" (art. 24, n. 1), para logo em seguida complementar que "*la justicia será gratuita cuando así lo disponga la ley y, en todo caso, respecto de quienes acrediten insuficiencia de recursos para litigar*" (art. 119)[5]. No plano internacional, a Declaração Universal dos Direitos Humanos, de 1948, afirma em seu art. 8º que "todos são iguais perante a lei e têm direito, sem qualquer distinção, a igual proteção de lei", asseverando logo em seguida que "todo homem tem direito a receber dos tribunais nacionais competentes remédio efetivo para os atos que violem os direitos fundamentais que lhe sejam reconhecidos pela Constituição ou pela lei" (art. 9º) e que "todo homem tem direito, em plena igualdade, a uma justa e pública audiência por parte de um tribunal independente e imparcial, para decidir de seus direitos e deveres, ou do fundamento de qualquer acusação criminal contra ele" (art. 10). Explicitamente, a Convenção Europeia dos Direitos Humanos, de 1950, refere que "todo acusado tem os seguintes direitos, notadamente: (...) c) defender-se pessoalmente, ou ter a assistência de um defensor de sua escolha, e, se não tiver recursos para remunerar seu defensor, poder ser assistido gratuitamente por um advogado dativo, quando os interesses da justiça o exigirem" (art. 6, n. 3). No Pacto Internacional de Direitos Civis e Políticos, de 1966, a preocupação com a organização de um processo justo, capaz de outorgar tutela adequada, efetiva e tempestiva aos direitos de todos sem discriminação de qualquer ordem, inclusive de ordem econômica e social, reaparece em várias disposições (arts. 2, ns. 1 e 3, 14 e 26)[6].

2. Âmbito de proteção

O direito fundamental à assistência jurídica integral e gratuita é direito fundamental a uma prestação estatal. Compreende direito à informação jurídica e direito à tutela jurisdicional adequada e efetiva mediante processo justo. O direito à assistência jurídica integral outorga a todos os necessitados direito à orientação jurídica e ao benefício da gratuidade judiciária, que com-

---

1. Luiz Guilherme Marinoni, *Curso de Processo Civil* – Teoria Geral do Processo. São Paulo: Revista dos Tribunais, 2006, p. 132-133, v. I; Daniel Mitidiero, *Processo Civil e Estado Constitucional*. Porto Alegre: Livraria do Advogado, 2007, p. 92; Carlos Alberto Alvaro de Oliveira, "O Processo Civil na Perspectiva dos Direitos Fundamentais". In: Carlos Alberto Alvaro de Oliveira (org.), *Processo e Constituição*. Rio de Janeiro: Forense, 2004, p. 12.

2. Luiz Guilherme Marinoni, *Novas Linhas do Processo Civil*, 4. ed. São Paulo: Malheiros, 2000, p. 21; Daniel Mitidiero, *Elementos para uma Teoria Contemporânea do Processo Civil Brasileiro*. Porto Alegre: Livraria do Advogado, 2005, p. 48.

3. Luigi Paolo Comoglio, *La Garanzia Costituzionale dell´Azione ed il Processo Civile*. Padova: Cedam, 1970, p. 135.

4. Gerhard Walter, I Diritti Fondamentali nel Processo Civile Tedesco, *Rivista di Diritto Processuale*. Padova: Cedam, 2001, p. 740; Nicolò Trocker, *Processo Civile e Costituzione* – Problemi di Diritto Tedesco e Italiano. Milano: Giuffrè, 1974, p. 306.

5. Para um amplo estudo histórico e comparativo sobre o problema, consultem-se, Mauro Cappelletti, Il Processo come Fenomeno Sociale di Massa, La Giustizia è uguale per tutti?, Povertà e Giustizia, todos em *Giustizia e Società*. Milano: Edizioni di Comunità, 1977, p. 225-266, e Mauro Cappelletti e Bryan Garth, *Acesso à Justiça*, tradução de Ellen Gracie Northfleet. Porto Alegre: Sérgio Antônio Fabris Editor, 1988. Especialmente sobre o direito brasileiro, Angelo Maraninchi Giannakos, *Assistência Judiciária no Direito Brasileiro*. Porto Alegre: Livraria do Advogado, 2008.

6. Fábio Konder Comparato, *A Afirmação Histórica dos Direitos Fundamentais*, 5. ed. São Paulo: Saraiva, 2007, p. 236, 273, 288, 289, 309, 323.

preende isenções das taxas judiciárias, dos emolumentos e custas, das despesas com publicações indispensáveis no jornal encarregado da divulgação dos atos oficiais, das indenizações devidas às testemunhas, dos honorários de advogado e perito e das despesas com a realização do exame de código genético – DNA que for requisitado pela autoridade judiciária nas ações de investigação de paternidade ou maternidade (art. 3º, Lei n. 1.060, de 1950). Ainda, implica obviamente direito ao patrocínio judiciário, elemento inerente ao nosso processo justo[7]. Nossa Constituição confia à Defensoria Pública "a orientação jurídica e a defesa, em todos os graus, dos necessitados, na forma do art. 5º, LXXIV" (art. 134, CRFB). Nada obsta, contudo, que a parte menos favorecida economicamente litigue com o benefício da gratuidade judiciária com o patrocínio de um advogado privado de sua confiança.

3. Funções

O direito fundamental à assistência jurídica integral e gratuita é multifuncional[8]. Dentre outras funções, assume a de promover a igualdade, com o que se liga imediatamente ao intento constitucional de construir uma sociedade livre, justa e solidária (art. 3º, inciso I, CRFB) e de reduzir as desigualdades sociais (art. 3º, inciso III, *in fine*, CRFB). Possibilita, ainda, um efetivo acesso à justiça mediante a organização de um processo justo que leve em consideração as reais diferenças sociais entre as pessoas. Nessa linha, assume as funções de prestação estatal e de não discriminação[9].

4. Titulares

Todas as pessoas físicas e jurídicas têm direito à assistência jurídica integral e gratuita. Pouco importa se nacionais ou estrangeiras (arts. 5º, CRFB, e 2º, Lei n. 1.060, de 1950). Igualmente, mesmo os entes despersonalizados no plano do direito material, a que o processo reconhece personalidade judiciária, têm direito à assistência jurídica integral e gratuita.

5. Destinatários

O primeiro destinatário do direito fundamental à assistência jurídica integral e gratuita é o legislador infraconstitucional[10]. O legislador infraconstitucional tem o dever de editar leis que atendam à normatividade constitucional, outorgando assim proteção ao direito fundamental à assistência jurídica integral e gratuita. Esse imperativo foi atendido com a promulgação da Lei n. 1.060, de 1950, que trata do benefício da gratuidade judiciária, e da Lei Complementar n. 80, de 1994, que cuida da Defensoria Pública. Especialmente no que tange à Defensoria Pública, o direito fundamental à assistência jurídica integral e gratuita também grava o administrador público, na medida em que esse tem o dever de organizar materialmente a atividade do defensor público e remunerá-lo de maneira digna e compatível com a importância constitucional da função desempenhada. O direito fundamental à assistência jurídica e integral grava, por fim, a magistratura, que tem o dever de aferir concretamente quais as pessoas que têm direito à assistência jurídica integral e gratuita.

6. Conformação infraconstitucional

Tem direito ao benefício da gratuidade judiciária quem afirma ou afirma e prova a sua necessidade. Considera-se necessitado, para os fins legais, todo aquele cuja situação econômica não lhe permita pagar as custas do processo e os honorários de advogado, sem prejuízo do sustento próprio ou da família (art. 2º, parágrafo único, Lei n. 1.060, de 1950).

As pessoas físicas têm direito ao benefício da gratuidade judiciária mediante a simples afirmação de necessidade do benefício. Essa afirmação goza de presunção *juris tantum* de veracidade (art. 4º, § 1º, Lei n. 1.060, de 1950). A jurisprudência do Supremo Tribunal Federal é tranquila a respeito do ponto[11]. Entretanto, no que tange às pessoas jurídicas, não basta afirmar a necessidade do benefício, tendo a parte que provar a sua alegação. Não há discrepância na jurisprudência sobre o assunto[12].

O pedido de benefício da gratuidade judiciária poderá ser formulado na petição inicial ou na contestação (art. 4º, Lei n. 1.060, de 1950). Nada obsta que seja requerido posteriormente no curso do processo (art. 6º, Lei n. 1.060, de 1950). A parte contrária poderá, em qualquer fase do processo, requerer a revogação do benefício, desde que prove a inexistência ou o desaparecimento dos requisitos essenciais à sua concessão (art. 7º, Lei n. 1.060, de 1950). O juiz pode igualmente revogar de ofício o benefício nesses mesmos casos, atendido o direito fundamental ao contraditório (arts. 5º, inciso LV, CRFB, e 8º, Lei n. 1.060, de 1950).

7. Referências bibliográficas

ALVARO DE OLIVEIRA, Carlos Alberto. O Processo Civil na Perspectiva dos Direitos Fundamentais. In: ALVARO DE OLIVEIRA, Carlos Alberto (org.), *Processo e Constituição*. Rio de Janeiro: Forense, 2004.

COMPARATO, Fábio Konder. *A Afirmação Histórica dos Direitos Fundamentais*, 5. ed. São Paulo: Saraiva, 2007.

CANOTILHO, José Joaquim Gomes. *Direito Constitucional e Teoria da Constituição*, 3. ed. Coimbra: Almedina, 1999.

CAPPELLETTI, Mauro. Il Processo come Fenomeno Sociale di Massa. In: *Giustizia e Società*. Milano: Edizioni di Comunità, 1977.

---

7. STF, Pleno, MS n. 25.917/DF, rel. Min. Gilmar Mendes, j. em 01.06.2006, *DJ* 01.09.2006, p. 19.

8. Sobre a multifuncionalidade dos direitos fundamentais, Ingo Wolfgang Sarlet, *A Eficácia dos Direitos Fundamentais*, 4. ed. Porto Alegre: Livraria do Advogado, 2004, p. 165 e s.

9. Sobre as funções de prestação estatal e de não discriminação, José Joaquim Gomes Canotilho, *Direito Constitucional e Teoria da Constituição*, 3. ed. Coimbra: Almedina, 1999, p. 384-386.

10. Konrad Hesse, *Elementos de Direito Constitucional da República Federal da Alemanha*, tradução de Luís Afonso Heck. Porto Alegre: Sérgio Antônio Fabris Editor, 1998, p. 247.

11. STF, 2ª Turma, AgRg no RE n. 192.715/SP, rel. Min. Celso de Mello, j. em 21.11.2006, *DJ* 09.02.2007, p. 346.

12. STF, 2ª Turma, ED no AI n. 646.099/RJ, rel. Min. Gilmar Mendes, j. em 11.03.2008, *DJ* 17.04.2008, p. 2295.

_____. La Giustizia è uguale per tutti?. In: *Giustizia e Società*. Milano: Edizioni di Comunità, 1977.

_____. Povertà e Giustizia. In: *Giustizia e Società*. Milano: Edizioni di Comunità, 1977.

CAPPELLETTI, Mauro; GARTH, Bryan. *Acesso à Justiça*, tradução de Ellen Gracie Northfleet. Porto Alegre: Sérgio Antônio Fabris Editor, 1988.

COMOGLIO, Luigi Paolo. *La Garanzia Costituzionale dell´Azione ed il Processo Civile*. Padova: Cedam, 1970.

GIANNAKOS, Angelo Maraninchi. *Assistência Judiciária no Direito Brasileiro*. Porto Alegre: Livraria do Advogado, 2008.

HESSE, Konrad. *Elementos de Direito Constitucional da República Federal da Alemanha*, tradução de Luís Afonso Heck. Porto Alegre: Sérgio Antônio Fabris Editor, 1998.

MARINONI, Luiz Guilherme. *Novas Linhas do Processo Civil*, 4. ed. São Paulo: Malheiros, 2000.

_____. *Curso de Processo Civil* – Teoria Geral do Processo. São Paulo: Revista dos Tribunais, 2006, v. I.

MITIDIERO, Daniel. *Elementos para uma Teoria Contemporânea do Processo Civil Brasileiro*. Porto Alegre: Livraria do Advogado, 2005.

_____. *Processo Civil e Estado Constitucional*. Porto Alegre: Livraria do Advogado, 2007.

SARLET, Ingo Wolfgang. *A Eficácia dos Direitos Fundamentais*, 4. ed. Porto Alegre: Livraria do Advogado, 2004.

TROCKER, Nicolò. *Processo Civile e Costituzione – Problemi di Diritto Tedesco e Italiano*. Milano: Giuffrè, 1974.

WALTER, Gerhard. I Diritti Fondamentali nel Processo Civile Tedesco, *Rivista di Diritto Processuale*. Padova: Cedam, 2001.

Art. 5º, LXXV – o Estado indenizará o condenado por erro judiciário, assim como o que ficar preso além do tempo fixado na sentença;

Ruy Rosado de Aguiar Júnior[1]

A – TEXTOS ESTRANGEIROS

1. Constituição da República Portuguesa, de 2 de abril de 1976

Art. 29, n. 6. (Aplicação da lei criminal). Os cidadãos injustamente condenados têm direito, nas condições que a lei prescrever, à revisão da sentença e à indenização pelos danos sofridos[2].

2. Constituição do Reino da Espanha, de 27 de dezembro de 1978

Art. 121. (Indenização por erros judiciais). Os danos causados por erro judicial, assim como os que sejam consequência do funcionamento anormal da administração da justiça, darão direito a uma indenização a cargo do Estado, conforme a lei[3].

A Lei Orgânica do Poder Judicial (LOPJ), de 01.07.1985, versou a matéria nos arts. 292-297.

3. Constituição da República Italiana, de 1º de janeiro de 1948

Art. 24. A lei determina as condições e os modos para a reparação dos erros judiciários[4].

A Lei n. 117, de 13.04.1988, dispôs sobre o ressarcimento dos danos causados no exercício da função judiciária e responsabilidade civil do magistrado.

4. Constituição do Japão, de 3 de novembro de 1946

Art. 40. Qualquer pessoa, caso tenha sido absolvida após ter sido presa ou detida, poderá processar o Estado com pedido de reparação na forma da lei[5].

5. Constituição do Chile, de 21 de outubro de 1980

Art. 19, § 7º La Constitución asegura a todas las personas: [...]. 7º El derecho a la libertad personal y a la seguridad individual. En consecuencia: [...] i) Una vez dictado sobreseimiento definitivo o sentencia absolutoria, el que hubiere sido sometido a proceso o condenado en cualquier instancia por resolución que la Corte Suprema declare injustificadamente errónea o arbitraria, tendrá derecho a ser indemnizado por el Estado de los perjuicios patrimoniales y morales que haya sufrido. La indemnización será determinada judicialmente en procedimiento breve y sumario y en él la prueba se apreciará en conciencia[6].

6. Constituição Política do Peru, de 20 de dezembro de 1993

Art. 139. Son principios y derechos de la función jurisdiccional: n. 7. La indemnización, en la forma que determine la ley, por los errores judiciales en los procesos penales y por las detenciones arbitrarias, sin perjuicio de la responsabilidad a que hubiere lugar[7].

---

1. O comentário contou com a atualização do Professor Eugênio Facchini Neto.
2. PORTUGAL. Constituição (1976). *Constituição da República Portuguesa*. Disponível em: http://www.parlamento.pt/Legislacao/Paginas/ConstituicaoRepublicaPortuguesa.aspx. Acesso em: 14 maio 2023.
Em Portugal, o tema está normativamente tratado não apenas na Constituição, em suas linhas gerais, mas também encontra detalhado regramento legislativo na Lei n. 67/2007, de 31.12.2007, chamada Regime da Responsabilidade Civil Extracontratual do Estado e demais entidades públicas, que disciplinou o tema distinguindo as três esferas clássicas de atuação do Estado, quais sejam, a administrativa, jurisdicional e legislativa.
3. ESPANHA. Constitución (1978). *Constitución Española*. Disponível em: https://www.boe.es/legislacion/documentos/ConstitucionCASTELLANO.pdf. Acesso em: 14 maio 2023.
4. ITÁLIA. Costituzione (1948). *Costituzione della Repubblica Italiana*. Disponível em: https://www.senato.it/documenti/repository/istituzione/costituzione.pdf. Acesso em: 14 maio 2023.
5. JAPAN. Constitution (1947). *Constitution of Japan*. Disponível em: https://www.br.emb-japan.go.jp/cultura/constituicao.html. Acesso em: 27 jul. 2023.
6. CHILE. Constitución (1980). *Constitución Política de la República del Chile*. Disponível em: https://www.camara.cl/camara/doc/leyes_normas/constitucion_politica.pdf. Acesso em: 14 maio 2023.
7. PERU. Constitución (1993). *Constitución Política del Peru*. Disponível em: http://www4.congreso.gob.pe/ntley/Imagenes/Constitu/Cons1993.pdf. Acesso em: 14 maio 2023.

B – DOCUMENTOS INTERNACIONAIS

1. Declaração dos Direitos do Homem e do Cidadão

Art. 9º Todo homem presume-se inocente enquanto não houver sido declarado culpado; por isso, se se considerar indispensável detê-lo, todo o rigor que não seria necessário para a segurança de sua pessoa deve ser severamente reprimido pela lei.

2. Convenção sobre a Proteção dos Direitos Humanos e das Liberdades Fundamentais

Art. 5º, n. 5. Toda pessoa vítima de prisão ou detenção, em condições contrárias às estipulações do presente artigo, terá direito a uma reparação.

3. Pacto Internacional sobre Direitos Civis e Políticos

Adotado pela Assembleia das Nações Unidas para ratificação e adesão pela Resolução n. 2.200 (XXI), em 16.12.1966.

Em vigor, de acordo com a art. 49, a partir de 23.03.1976.

Aprovada pelo Decreto Legislativo n. 226, de 1991 (*DO* de 13.12.1991).

Promulgado pelo Decreto n. 592, de 1992.

Art. 9º, n. 5. Qualquer pessoa vítima de prisão ou encarceramento ilegais terá direito à reparação.

Art. 14, n. 6. Se uma sentença condenatória passada em julgado for posteriormente anulada ou se um indulto for concedido, pela ocorrência ou descoberta de fatos novos que provem cabalmente a existência de erro judicial, a pessoa que sofreu a pena decorrente dessa condenação deverá ser indenizada, de acordo com a lei, a menos que fique provado que se lhe pode imputar, total ou parcialmente, a não revelação dos fatos desconhecidos em tempo útil.

4. Convenção Americana sobre Direitos Humanos. Pacto de San José da Costa Rica

Aprovada pelo Decreto Legislativo n. 27, de 1992 (*DO* de 28.5.1992).

Promulgada pelo Decreto n. 678, de 1992.

Art. 10. Direito à indenização. Toda pessoa tem direito de ser indenizada conforme a lei, no caso de haver sido condenada em sentença passada em julgado, por erro judiciário.

C – ANTECEDENTES

1. No Brasil, o conceito de responsabilidade civil do Estado evoluiu da irresponsabilidade absoluta da Fazenda Pública (admitida apenas a pessoal do funcionário) para a responsabilidade direta e objetiva do Estado (com direito de regresso contra o funcionário culpado).

Mas a ideia da responsabilidade estatal por ato jurisdicional pouco avançou na lei e na aplicação dos tribunais, apesar do hoje majoritário apoio da doutrina, preponderantemente favorável à sua plena incidência, e do texto expresso do art. 5º, LXXV, de pouca utilização.

2. A Constituição de 1824 nada referiu sobre a responsabilidade do Estado por ato dos juízes. O importante Decreto n. 737, de 25.11.1850, dispondo sobre a ordem do juízo no processo, previa a responsabilidade pessoal do juiz[8].

Logo após a Proclamação da República (1889), o Decreto n. 847, de 11.10.1890, o novo Código Penal, ao tratar da reabilitação, atribuiu ao Estado a responsabilidade direta pelos danos decorrentes de erro judiciário reconhecido em sentença de reabilitação[9].

A Constituição Republicana de 1891 não seguiu nessa linha, limitando-se a repetir o princípio geral já expresso na Constituição Imperial, de irresponsabilidade do Estado.

A Consolidação das Leis Penais, de Vicente Piragibe, aprovada pelo Decreto n. 22.213, de 14.12.1932, dispunha, em seu art. 86: "86. A reabilitação consiste na reintegração do condenado em todos os direitos que houver perdido pela condenação, quando for declarado inocente pelo Supremo Tribunal Federal, em consequência da revisão extraordinária da sentença condenatória. § 1º A reabilitação resulta imediatamente da sentença de revisão passada em julgado. § 2º A sentença de reabilitação reconhecerá o direito do reabilitado a uma justa indenização, que será liquidado em execução, por todos os prejuízos sofridos com a condenação. A Nação ou o Estado são responsáveis pela indenização".

O Código de Processo Penal (CPP), em vigor desde 1942, tratou da indenização do erro judiciário, atribuindo essa responsabilidade diretamente ao Estado, condicionando-a não mais à reabilitação do réu, mas à revisão da sentença condenatória[10].

A vigente Constituição da República dispõe, ao enumerar os direitos fundamentais: "O Estado indenizará o condenado por erro judiciário, assim como o que ficar preso além do tempo fixado na sentença" (art. 5º, LXXV). Ao traçar os parâmetros constitucionais da Administração Pública, o constituinte acolheu o princípio da responsabilidade objetiva do Estado pelos danos derivados da prestação dos serviços públicos: art. 37, § 6º "As pessoas jurídicas de direito público e as de direito privado prestadoras de serviços públicos responderão pelos danos que seus agentes, nessa qualidade, causarem a terceiro, assegurado o direito de regresso contra o responsável nos casos de dolo ou culpa".

---

8. Decreto n. 737, de 25.11.1850: "Art. 677. As nulidades arguidas não sendo supridas, ou pronunciadas pelo Juiz, importarão: § 1º A anulação do processo na parte respectiva, se elas causaram prejuízo àquele que as arguiu. § 2º A responsabilidade do Juiz".

9. Art. 86, § 2º "A sentença de reabilitação reconhecerá o direito do reabilitado a uma justa indenização, que será liquidada em execução, por todos os prejuízos sofridos com a condenação. A Nação ou o Estado são responsáveis pela indenização".

10. Art. 630 do CPP: "O Tribunal, se o interessado o requerer, poderá reconhecer o direito a uma justa indenização pelos prejuízos sofridos. § 1º Por essa indenização, que será liquidada no juízo cível, responderá a União, se a condenação tiver sido proferida pela Justiça do Distrito Federal ou de Territórios, ou o Estado, se o tiver sido pela respectiva justiça. § 2º A indenização não será devida: a) se o erro ou a injustiça da condenação proceder de ato ou falta imputável ao próprio impetrante, como a confissão ou a ocultação de prova em seu poder; b) se a acusação houver sido meramente privada".

Essa orientação, porém, não abrange a responsabilidade do Estado pelos atos jurisdicionais sob comento[11].

3. A orientação jurisprudencial predominante até aqui tem afirmado a irresponsabilidade do Estado por atos dos juízes, salvo quando o dever de indenizar é expressamente previsto em lei[12], como ocorre nas hipóteses do art. 5º, inc. LXXV (erro judiciário criminal, excesso de prisão), do art. 143 do Código de Processo Civil (dolo ou fraude do juiz, retardamento indevido do processo), art. 630 do Código de Processo Penal (indenização depois da revisão da sentença).

A negativa encontra fundamento nas teses universalmente difundidas sobre o tema[13]. Três delas são apresentadas com maior ênfase: a soberania exercida pela autoridade judiciária, a força da coisa julgada e a necessidade de garantir a liberdade e a independência dos juízes.

O Estado não responderia pelo ato jurisdicional porque emanação da própria soberania, de cujo exercício não pode surgir pretensão ressarcitória. Decidiu o STF, em sessão plenária: "O Estado não é civilmente responsável pelos atos do Poder Judiciário, a não ser nos casos expressamente declarados em lei, porquanto a administração da justiça é um dos privilégios da soberania"[14]. E, mais recentemente: "O pensamento dominante é de que, em se tratando de exercício de atos de soberania, a igual da responsabilidade do legislador, não poderia resultar a responsabilidade de indenizar quem, súbito, sofresse prejuízos daí consequentes"[15-16].

O segundo obstáculo reside na existência da coisa julgada: "A irresponsabilidade do Poder Público neste caso é um corolário fatal da autoridade da *res judicata*"[17]. A coisa julgada, tida como expressão da verdade (*res judicata pro veritate habetur*, Ulpiano, D. 12.2.3.1), é instituto processual especialmente importante para a segurança das relações sociais, e a imutabilidade das decisões judiciais tem relevância social preponderante.

Por fim, o abalo à independência do julgador: "A irresponsabilidade do Estado pelos atos e omissões dos juízes advém da independência da magistratura, prerrogativa esta que tem como consequência lógica o tornar exclusivamente pessoal a responsabilidade"[18]. No STF, afirmava-se: "Domina, pois, nesse âmbito, o princípio da irresponsabilidade, não só em atenção à autoridade da coisa julgada como também à liberdade e independência dos magistrados, que se sentiriam tolhidos, a cada passo, na sua função de dizer o direito ou resolver as graves questões

---

11. (a) O Supremo Tribunal Federal tem reiterados julgados nesse sentido: 1) "O princípio da responsabilidade objetiva do Estado não se aplica aos atos do Poder Judiciário, salvo os casos expressamente declarados em lei. Orientação assentada na jurisprudência do STF". RE 219.117-4/PR, 1ª Turma, Rel. Min. Ilmar Galvão, AC. de 03.08.1999; 2) "A responsabilidade objetiva do Estado não se aplica aos atos dos juízes, a não ser nos casos expressamente declarados em lei. Precedentes do Supremo Tribunal Federal". Ag.Reg. no RE 429.518/SC, 2ª Turma, Rel. Min. Carlos Velloso, de 05.10.2004; 3) "Domina, pois, nesse âmbito, o princípio da irresponsabilidade, não só em atenção à autoridade da coisa julgada como também à liberdade e independência dos magistrados, que se sentiriam tolhidos, a cada passo, na sua função de dizer o direito ou resolver as graves questões administrativas que lhe são afetas, pelo temor de engendrar responsabilidade para si e para o Estado que representam". RE 35.500/SP, 2ª Turma, Rel. Min. Vilas Bôas, ac. de 09.12.1958.
(b) Essa orientação tem sido mantida até os dias de hoje, como se vê do RE. AGR 765.139 – RN, 1ª Turma, Min. Rosa Weber, ac. de 10.11.2017: "A jurisprudência deste Supremo Tribunal Federal consolidou-se no sentido de que, salvo nos casos previstos no art. 5º, LXXV, da Magna Carta – erro judiciário e prisão além do tempo fixado na sentença –, e daqueles expressamente previstos em lei, a responsabilidade objetiva do Estado não se aplica aos atos jurisdicionais. Precedentes". Mais recentemente, em idênticos termos, STF, 1ª Turma, Min. Rosa Weber, Segundo Ag.Reg. no RE com Agravo 1.069.350-PE, j. em 20.09.2019. No mesmo sentido: STF, 2ª Turma, Min. Gilmar Mendes, Ag. Reg. no RE 831.186-SC, j. em 23.08.2019: "A teoria da responsabilidade objetiva do Estado, em regra, não é cabível para atos jurisdicionais, salvo nos casos do art. 5º, LXXV, da CF e naqueles expressamente declarados em lei. Precedentes."
No mesmo sentido: AgRg RE 939.966/MG, 2ª Turma, rel. Min. Dias Toffoli, ac. de 15.3.2016, referindo-se expressamente à restrição da incidência da regra do art. 37, § 6º: "A jurisprudência do Supremo Tribunal Federal firmou-se no sentido de que, salvo nas hipóteses de erro judiciário, de prisão além do tempo fixado na sentença – previstas no art. 5º, inciso LXXV, da Constituição Federal –, bem como nos casos previstos em lei, a regra é a de que o art. 37, § 6º, da Constituição não se aplica aos atos jurisdicionais quando emanados de forma regular e para o fiel cumprimento do ordenamento jurídico".
(c) Quando a ação do Estado for indevida, como na prisão preventiva irregularmente decretada, o Estado responde: "O direito à indenização da vítima de erro judiciário e daquela presa além do tempo devido, previsto no art. 5º, LXXV, da Constituição, já era previsto no art. 630 do C. Pr. Penal, com a exceção do caso de ação penal privada e só uma hipótese de exoneração, quando para a condenação tivesse contribuído o próprio réu. 2. A regra constitucional não veio para aditar pressupostos subjetivos à regra geral da responsabilidade fundada no risco administrativo, conforme o art. 37, § 6º, da Lei Fundamental: a partir do entendimento consolidado de que a regra geral é a irresponsabilidade civil do Estado por atos de jurisdição, estabelece que, naqueles casos, a indenização é uma garantia individual e, manifestamente, não a submete à exigência de dolo ou culpa do magistrado. 3. O art. 5º, LXXV, da Constituição: é uma garantia, um mínimo, que nem impede a lei, nem impede eventuais construções doutrinárias que venham a reconhecer a responsabilidade do Estado em hipóteses que não a de erro judiciário stricto sensu, mas de evidente falta objetiva do serviço público da Justiça". (RE 505.393-8/PE, 1ª Turma, rel. Min. Sepúlveda Pertence, ac.de 5.10.2007). Também no AG. REG. no Agravo de Instrumento 842.715/AP, 1ª Turma, Min. Rosa Weber, ac. de 12.6.2014.
(d) A prisão cautelar regularmente decretada não gera indenização, ainda que ao final venha a ser absolvido o réu (ARE 770.931/SC, 1ª Turma, Min. Dias Toffoli, ac. de 19.08.2014), uma vez que prisão preventiva não se confunde com erro (RE 429.518-1 – SC, 2ª Turma, Rel. Min. Carlos Velloso, ac. de 28.10.2004).
12. Também tratam de casos de responsabilidade: Código Penal, arts. 312, 313-A, 316, 317 e 319; – Lei 4.898, de 9.12.1965 (Lei de abuso de autoridade), art. 4, a) e d); art. 6º; – Código Civil, arts. 43, 954, 1744, I e II; – Lei Complementar n. 35, de 14.3.1979 (Lei Orgânica da Magistratura), art. 49.
13. Philipe Ardant enumerou os fundamentos teóricos contrários ao princípio da responsabilidade do Estado por fato da justiça: a responsabilidade eliminaria a liberdade de espírito dos Juízes; as partes não colaboram para o funcionamento correto da justiça; há o risco de colusão entre as partes; a organização dos serviços da justiça e as regras do processo oferecem garantias suficientes para impedir a causação de algum dano; o recurso à justiça é um ato voluntário; o reconhecimento da responsabilidade acarretaria uma carga muito grande para as finanças públicas; a função jurisdicional, como manifestação da soberania, é irresponsável; a autoridade da coisa julgada impede a responsabilização por dano resultante da sentença (ARDANT, Philippe. *La responsabilité de l'État du fait de la fonction juridictionelle*. Paris: LGDJ, 1956, p. 171-186).
14. RE 70.121/MG, Acórdão do STF de 13.10.1971, na *Revista Trimestral de Jurisprudência*, Brasília, n. 64, p. 689.
15. RE 91680/PR, Acórdão do STF de 25.3.1980, na *Revista Trimestral de Jurisprudência*, Brasília, n. 94, p. 423.
16. É apenas a reiteração de precedentes consolidados desde o início do século: "Não é a União civilmente responsável pelas decisões contenciosas ou administrativas, proferidas pelo Poder Judiciário, porque este não é representante ou preposto dela, mas um dos órgãos da soberania nacional" (Acórdão do STF de 29.10.1926, na *Revista Forense*, Rio de Janeiro, n. 49, p. 46).
17. LESSA, Pedro. *Do poder judiciário*: direito constitucional brasileiro. Rio de Janeiro: F. Alves, 1915, p. 164.
18. MAXIMILIANO, Carlos. *Comentários à Constituição brasileira*. 5. ed. Rio de Janeiro: Freitas Bastos, 1954. v. 3, p. 262.

administrativas que lhe são afetas, pelo temor de engendrar responsabilidade, para si e para o Estado que representam"[19].

As manifestações judiciárias em sentido diverso são escassas[20].

4. A doutrina, até meados do século passado, bateu sempre na mesma tecla: o ato jurisdicional é emanação da soberania, reveste-se da força incontrastável da coisa julgada, não ofende direitos subjetivos e não gera a responsabilidade civil do Estado[21].

Essa orientação mudou.

As primeiras e mais destacadas manifestações a favor da responsabilização do Estado por ato dos juízes encontramos ainda na década de 1940, na monografia de Alcino de Paula Salazar, *Responsabilidade do poder público por atos judiciais*[22], e na obra clássica no Direito brasileiro, *Da responsabilidade civil*, de José de Aguiar Dias[23].

Desde então, e cada vez com maior uniformidade, inúmeros e valiosos trabalhos doutrinários, expostos em monografias e artigos, passaram a acolher o princípio da responsabilidade do Estado por atos danosos praticados no exercício da função judicial[24].

5. Na esteira dessa corrente, a Comissão Revisora do texto constitucional, em 1992, sendo relator o Deputado Nelson Jobim, propôs incluir um parágrafo no art. 95, no capítulo do Poder Judiciário: "O Poder Público responderá pelos danos que os membros do Poder Judiciário causarem no exercício de suas funções, assegurado o direito de regresso contra o responsável nos casos de dolo ou fraude"[25-26-27].

---

19. RE 35.500/SP, Acórdão do STF de 9.12.1958, na *Revista Forense*, Rio de Janeiro, n. 194, p. 159. Na Justiça dos Estados, a tese da irresponsabilidade encontrou igual aceitação: TJSP: *RDA*, 50/239; 53/183; *RT*, 259/127; TJRS: AJURIS, 19/114; *RJTJRGS*, 113/367.

20. Os julgados de procedência de ações indenizatórias constituem exceção, destacando-se o acórdão do antigo Tribunal Federal de Recursos, de 23.07.1957, que condenou o Estado a indenizar suplente de Deputado indevidamente afastado do exercício do mandato, por sentença judicial (*RDA*, 54/188). Nesse ponto, é indeclinável a referência ao histórico voto do Min. Aliomar Baleeiro, que não chegou a convencer a maioria do STF, proferido no RE n. 70.121, de 13.10.1971, batendo-se pela responsabilidade direta do Estado em razão da desídia do Juiz, que conservou displicentemente consigo, por mais de dois anos, os autos de um processo de réu preso (*RTJ*, 64/689).

21. Além de Carlos Maximiliano e Pedro Lessa, já citados, ver: SANTOS, João Manuel de Carvalho. *Código Civil brasileiro interpretado*. 9. ed. Rio de Janeiro: Freitas Bastos, 1960. v. 1, p. 356; NUNES, Castro. *Da fazenda pública em juízo*: tribunal federal de recursos, juízo dos feitos. Rio de Janeiro: Freitas Bastos, 1950. p. 420-444; MARTINS, Pedro Batista. *Comentários ao Código de Processo Civil*. Rio de Janeiro: Forense, [19--]. v. 1, p. 361: "Tornar o Juiz civilmente responsável pelos julgamentos que profere é absurdo que a doutrina jamais pôde tolerar. Nem o Juiz, nem o Estado que o houver investido na função respondem pelos danos [...]"; Hely Lopes Meirelles, um dos mais citados administrativistas brasileiros, em seu *Direito administrativo brasileiro*, p. 557, afirma: "O ato judicial típico, que é a sentença, não enseja responsabilidade civil da Fazenda Pública, salvo na hipótese única do art. 630 do CPP, uma vez obtida a revisão criminal. Nos demais casos, as decisões judiciais, como atos de soberania interna do Estado, não propiciam qualquer ressarcimento".

22. SALAZAR, Alcino de Paula. *Responsabilidade do poder público por atos judiciais*. Rio de Janeiro: Canton & Reile, 1941. p. 95-99.

23. DIAS, José de Aguiar. *Da responsabilidade civil*. 6. ed. Rio de Janeiro: Forense, 1979. v. 2, p. 320.

24. SILVA, Juary C. Responsabilidade civil do Estado por atos jurisdicionais. *Revista dos Tribunais*, São Paulo, v. 53, n. 351, p. 19, jan. 1965; CRETELLA JÚNIOR, José. Responsabilidade do Estado por atos judiciais. *Revista de Direito Administrativo*, Rio de Janeiro, n. 99, p. 13, jan./mar. 1970; SÉ, João Sento. *Responsabilidade civil do Estado por atos judiciais*. São Paulo: J. Bushatsky, 1976; PINTO, Nelson Luiz Guedes Ferreira. A responsabilidade civil do Estado por atos judiciais. *Cadernos [da] pós-graduação*: direito civil comparado II: estudos sobre a responsabilidade civil. Belo Horizonte: Faculdade de Direito da UFMG, 1977. p. 143; ARAÚJO, Edmir Netto de. *Responsabilidade do Estado por ato jurisdicional*. São Paulo: Revista dos Tribunais, 1981; ARAÚJO, Edmir Netto de. O Estado Juiz e sua responsabilidade. *BDA*: boletim de direito administrativo, São Paulo, v. 2, p. 20, jan. 1986; PORTO, Mário Moacyr. Responsabilidade do Estado pelos atos dos seus juízes. *Revista dos Tribunais*, São Paulo, v. 71, n. 539, p. 9, set. 1982; GRINOVER, Ada Pellegrini. A responsabilidade do juiz brasileiro. In: *Estudos de direito processual em homenagem a José Frederico Marques*. São Paulo: Saraiva, 1982. p. 3; CARLIN, Volnei Ivo. A responsabilidade civil do Estado resultante do exercício das funções jurisdicionais. *Revista dos Tribunais*, São Paulo, v. 71, n. 557, p. 15, mar. 1982; CAHALI, Yussef Said. *Responsabilidade civil do Estado*. 3. ed. São Paulo: Revista dos Tribunais, 2007; DELGADO, José Augusto. Responsabilidade civil do Estado pela demora na prestação jurisdicional. *Revista de Processo*, São Paulo, v. 10, n. 40, p. 147, out./dez. 1985; DELGADO, José Augusto. Poderes, deveres e responsabilidade do juiz. *Revista Forense*, Rio de Janeiro, v. 84, n. 301, p. 335, jan./mar. 1988; VELLOSO, Carlos Mário da Silva. Responsabilidade civil do Estado. *Revista de Informação Legislativa*, Brasília, v. 24, n. 96, p. 233, out./dez. 1988. VELLOSO, Carlos Mário da Silva. Problemas e soluções na prestação da justiça. *Revista dos Tribunais*, São Paulo, v. 80, n. 664, p. 215, fev. 1991; WAMBIER, Luiz Rodrigues. A responsabilidade civil do Estado decorrente dos atos jurisdicionais. *Revista dos Tribunais*, São Paulo, v. 77, n. 633, p. 34, jul. 1988; SUANNES, Adauto. A responsabilidade do juiz pelo erro judiciário. *Cadernos de Advocacia Criminal*, Porto Alegre, v. 1, n. 6, p. 124, dez. 1988; SUANNES, Adauto. Má prestação judicial e indenização correspondente. *Revista Brasileira de Ciências Criminais*, São Paulo p. 62, dez. 1992. Número especial; ALCÂNTARA, Maria Emília Mendes. *Responsabilidade do Estado por atos legislativos e jurisdicionais*. São Paulo: Revista dos Tribunais, 1988; SOUZA, José Guilherme de. A responsabilidade civil do Estado pelo exercício da atividade judiciária. *Revista dos Tribunais*, São Paulo, v. 79, n. 652, p. 29, maio 1978; SILVA FILHO, Artur Marques da. Juízes irresponsáveis?: uma indagação sempre presente. *Revista dos Tribunais*, São Paulo, v. 80, n. 674, p. 70, dez. 1991; COTRIM NETO, Alberto Bittencourt. Da responsabilidade do Estado por atos de juiz em face da Constituição de 1988. *Revista da AJURIS*, Porto Alegre, n. 55, p. 76, jul. 1992; ROCHA, Carmen Lúcia Antunes. Observações sobre a responsabilidade patrimonial do Estado. *Revista Forense*, Rio de Janeiro, v. 86, n. 311, p. 3, jul./set. 1990.

25. A emenda não foi aprovada. Yussef Said Cahali transcreveu a fundamentação da Comissão: "Constava do Relatório: 'Estamos propondo, com a inclusão de um novo parágrafo no art. 95 do texto constitucional, a instituição da responsabilidade civil do Estado pelos danos causados a terceiros por juízes, no exercício de suas funções, assegurando-se o direito de regresso contra o responsável nos caos de dolo ou fraude. Parece-nos que já seja tempo de afastar, entre nós, a tese da irresponsabilidade do Estado por atos dos juízes, predominante ainda hoje tanto na doutrina quanto na jurisprudência. Esta a lição do Mestre Ruy Rosado de Aguiar Júnior, em estudo sobre o tema, publicado na *Revista da Faculdade de Direito da Universidade Federal do Rio Grande do Sul*: 'Nos últimos anos está surgindo movimento vigoroso em favor da ampliação do conceito, por motivos de ordem política e razões de ordem jurídica. Do ponto de vista político, porque a marcha para a plena realização do Estado de Direito impõe a gradual extinção da ideia da irresponsabilidade, resquício de privilégios antes concedidos a classes e pessoas para a mantença de poderes e benefícios injustificáveis à luz do Estado moderno, democrático, igualitário e solidário. Juridicamente, porque o ato estatal praticado através do Juiz não se distingue ontologicamente das demais atividades do Estado, estas geradoras do dever de indenizar, uma vez presentes os requisitos. Isto é, o Estado-Juiz é uma fração do Poder Público que pode, através de seu agente, nessa qualidade, causar dano injusto, não havendo razão jurídica para impor ao lesado o sofrimento do prejuízo daí decorrente". CAHALI, Yussef Said. *Responsabilidade civil do Estado*. 3. ed. São Paulo: Revista dos Tribunais, 2007. p. 470.

26. Projeto de Lei do Senado n. 718, de 2011, dispõe sobre a responsabilidade civil do Estado, inclusive por atos do Poder Judiciário.

27. Também digna de registro a orientação doutrinária que sustenta a responsabilidade do Estado pelo dano causado pelo funcionamento anormal do serviço judiciário, especialmente pela excessiva demora processual. Seria caso de incidência do art. 36, § 7º.
Na Europa, a Convenção Europeia dos Direitos do Homem (1950) garante o direito a um termo razoável para a resolução de uma controvérsia cível ou penal, investindo a Corte europeia do poder de condenar o Estado pelos danos derivados do processo iníquo (TENORE, Vito (Coord.). *Il magistrato e*

D – COMENTÁRIOS

1. **O inc. LXXV não é limitativo.** A norma do art. 5º, inciso LXXV, não significa que a ação jurisdicional do Estado somente autoriza indenização nos casos de erro judiciário ou de excesso de prisão. A regra apenas realça duas situações especialmente graves para considerá-las como ofensivas aos direitos fundamentais[28]. Outros casos, que não se enquadrem nesses dois conceitos, podem caracterizar a responsabilização do Estado, segundo o regime geral do art. 37, § 6º[29].

2. **Erro na sentença criminal.** Erro judiciário está associado à ideia de erro de sentença criminal. Embora o texto constitucional não faça essa especificação, há de se entender que a ofensa grave, cujo direito à indenização mereça ser incluído entre os fundamentais do cidadão, deve resultar de sentença criminal, em ação penal pública ou privada[30]. Esse entendimento é o que se harmoniza com a história do preceito na evolução do nosso direito, que sempre teve o erro judiciário causador de dano indenizável como sendo aquele praticado pelo Estado na persecução criminal. A própria localização da regra, ao lado do excesso de prisão, induz essa associação. O erro criminal é o que mais agride a sensibilidade social, porque praticado na função repressiva do Estado, e ofende a liberdade e a honra do injustamente condenado.

3. **Responsabilidade por ato da jurisdição civil.** Não se exclui a possibilidade de indenização dos danos derivados do exercício da jurisdição civil, mas então com fundamento na regra geral do art. 37, § 6º A indenização por ato judicial civil é matéria envolta em séria controvérsia, que não deve ser trazida para o âmbito da aplicação do inc. LXXV do art. 5º, uma vez que aqui a própria Carta determina a obrigatoriedade da indenização.

O Prof. Philipe Ardant estende a responsabilização do Estado aos atos praticados na jurisdição civil, pois quaisquer que sejam as diferenças entre a justiça civil e a justiça criminal, a responsabilidade deve englobar o erro de ambas, uma vez que o risco do erro é inerente à função jurisdicional, seja cível ou criminal[31].

Já o Prof. José Joaquim Gomes Canotilho manifestou-se contrariamente: "A força da verdade legal atribuída à *res judicata* deverá ceder quando um outro interesse público mais valioso lhe sobreleve. Este outro interesse público é descortinável no erro judiciário penal, dado o valor dos bens sacrificados, mas já no erro judiciário não penal a realização de uma justiça material deverá suster-se ante a inelimável necessidade de paz jurídica visada pelo caso julgado"[32].

A solução parece estar em posição intermediária. Não se pode condenar o Estado pelo só fato de resultar dano pela reforma de uma sentença civil, o que seria socializar o prejuízo do vencido e transferir à Fazenda Pública o dano decorrente do exercício da função judicial requerida pelas partes. Porém, se o juiz agir com dolo, fraude ou culpa grave (hipóteses algumas das quais já previstas na legislação ordinária como casos de sua responsabilização pessoal[33]), parece inegável a obrigação do Estado

---

le sue quattro responsabilità: civile, disciplinare, penale, amministrativo-contabile: magistrati ordinari, amministrativi, contabili, militari: normativa, giurisprudenza e dottrina. Aggiornato alla Legge n. 18/2015. Milano: Giuffrè, 2016. p. 177).

"No Brasil, após a Emenda Constitucional 45/2005, estabeleceu-se como direito fundamental a prestação judiciária em tempo razoável, o que enseja também a possibilidade de indenizações em virtude da demora da prestação jurisdicional, ainda que não esteja regulamentada em âmbito infraconstitucional, tendo em vista a normatividade das disposições da Constituição de 1988" (FARIA, Edimur Ferreira de (Coord.). *Responsabilidade Civil do Estado no ordenamento jurídico e na jurisprudência atuais*. Belo Horizonte: Del Rey, 2014. p. 343.).

Já há mais tempo, em outra sede, sustentei a responsabilização do Estado pelo mau funcionamento ou funcionamento anormal dos serviços judiciários. "O monopólio da prestação da justiça trouxe para o Estado, consequentemente, o dever de cumprir o encargo a contento, de modo a não violar o direito que prometeu proteger. Os efeitos daninhos da má organização dos serviços judiciários, resultado da incompetência e da visão acanhada da administração pública, não podem recair sobre os ombros dos cidadãos. Sequer a vasta diferença entre o que existe e o que seria razoável esperar, nas condições do país, pode servir de escudo à incúria, à inoperância e à incapacidade de ordenar o sistema judiciário de modo a atender a demanda. O Estado deve ser capaz de resolver satisfatoriamente o problema da justiça, com os recursos de que dispõe, o que é plenamente possível, ainda quando escassos, desde que se comece por admitir que o nosso sistema processual é inviável, como evidenciam os milhões de processo em tramitação, angustiando Juízes, advogados e partes. É preciso criar mecanismos ágeis, céleres e baratos, adaptados aos recursos econômicos da comunidade que os sustentam. Para isso talvez seja imperioso contar com menos palácios e mais cartórios, menos carimbos e mais resultados, menos recursos e mais simplicidade."

28. "Quando se cuida de erro judiciário ou de restrição ao direito à liberdade de locomoção, a gravidade do comportamento estatal patenteia-se pela natureza do direito ofendido e põe-se, de modo inquestionável e salientado constitucionalmente, a garantia da responsabilidade estatal". ROCHA, Cármen Lúcia Antunes. Observações sobre a responsabilidade patrimonial do Estado. *Revista Forense*, Rio de Janeiro, v. 86, n. 311, p. 22, jul./set. 1990.

29. É importante para o estudo do tema, e abre perspectiva de ampliação da responsabilidade do Estado, o acórdão de lavra do Min. Sepúlveda Pertence, já citado: "Erro judiciário. Responsabilidade civil objetiva do Estado. Direito à indenização por danos morais decorrentes de condenação desconstituída em revisão criminal e de prisão preventiva. CF, art., 5º, LXXV, CPP, art. 630. 1. O direito à indenização da vítima de erro judiciário e daquela presa além do tempo devido, previsto no art. 5º LXXV, da Constituição, já era previsto no art. 630 do CPP, com a exceção do caso de ação penal privada e só uma hipótese de exoneração, quando para a condenação tivesse contribuído o próprio réu. 2. A regra constitucional não veio para aditar pressupostos subjetivos à regra geral da responsabilidade fundada no risco administrativo, conforme o art. 37, § 6º, da Lei Fundamental: a partir do entendimento consolidado de que a regra geral é a irresponsabilidade civil do Estado por atos de jurisdição, estabelece que, naqueles casos, a indenização é uma garantia individual e, manifestamente, não a submete à exigência de dolo ou culpa do magistrado. 3. O art. 5º, LXVV, da Constituição, é uma garantia, um mínimo, que nem impede a lei, nem impede eventuais construções doutrinárias que venham a reconhecer a responsabilidade do Estado em hipóteses que não a de erro judiciário *stricto sensu*, mas de evidente falta objetiva do serviço público da Justiça". (STF. RE 505.393-8 – PE, 1ª Turma, AC. de 26 de junho de 2007, por maioria. Rel. Min. Sepúlveda Pertence.)

---

30. Não é compatível com o texto constitucional a restrição contida no art. 630, § 2º, 'b': *a indenização não será devida se a acusação houver sido meramente privada*. O processo criminal é sempre o exercício da função pública, pouco importando que a iniciativa seja do agente público ou da vítima.

31. ARDANT, Philippe. *La responsabilité de l'État du fait de la fonction juridictionelle*. Paris: LGDJ, 1956. p. 226. No mesmo sentido, DIAS, Nélia Daniel. *A responsabilidade civil do juiz*. 2. ed. Lisboa: DisLivro, 2005. p. 607: "Esse erro judiciário pode ocorrer em qualquer tipo de processo judicial, seja ele de natureza criminal, civil, comercial, administrativo, tributário, de trabalho, entre outros. Mas é, sem dúvida, no âmbito do processo penal que assume uma maior relevância já que é nessa esfera que aquele ganha maiores repercussões para a vida dos cidadãos."
Assim também ocorre em Portugal, segundo FIGUEIREDO, Adriano Tito Cavalcanti, em: *A responsabilidade civil do Estado pela Administração da Justiça*: o erro judiciário. Dissertação de Mestrado. Universidade Autônoma de Lisboa "Luís de Camões". Lisboa, 2022. Disponível em https://repositorio.ual.pt/bitstream/11144/5789/1/Adriano%20Tito.pdf. Acesso em: 14 maio 2023.

32. CANOTILHO, José Joaquim Gomes. *O problema da responsabilidade do Estado por actos lícitos*. Coimbra: Almedina, [1972?]. p. 218-219.

33. Art. 143 do Código de Processo Civil: "O juiz responderá, civil e regressivamente, por perdas e danos quando: I – no exercício de suas funções, proce-

de reparar o dano provocado pelo mau funcionamento da Justiça Civil[34]. Assim como a ocupação ilegal de uma gleba pela ação do funcionário gera o dever de o Estado indenizar o dano, não há razão para entender diferentemente quando essa medida resultar de decisão judicial praticada com dolo, fraude ou culpa grave, ainda que tudo se passe no campo civil. Também no cível, apesar de ordinariamente cuidar-se de direitos patrimoniais disponíveis, muito seguidamente suas decisões envolvem direitos da mesma dignidade dos que são atingidos pela sentença criminal, como acontece na prisão, por dívida alimentar, do depositário judicial infiel, na interdição, na destituição da guarda, etc. Porém, para o reconhecimento dessa responsabilidade, outros são os pressupostos, que não os do art. 5º, LXXV, a serem examinados à luz do art. 37, § 6º[35].

A prisão civil, ainda que decretada em sentença, não tem a mesma natureza da sentença criminal condenatória. Nesta há a imposição de uma sanção penal, aplicada para a repressão de um delito e tem como efeito a reincidência, enquanto o decreto de prisão civil não formula um juízo de culpabilidade e não impõe a prisão como uma pena, mas é apenas ato aflitivo que tem a finalidade de constranger o obrigado à prática do ato devido. Se o decreto de prisão civil é ilegal, a responsabilização do Estado tem por fundamento a regra do art. 37, § 6º. Porém, se o tempo de prisão for superior ao determinado na sentença civil, incide o art. 5º, parágrafo LXXV, segunda parte, uma vez que nesse ponto a Constituição não distingue quanto ao ato originário da prisão.

4. A sentença criminal condenatória, a ação de revisão e o *habeas corpus*. A regra do inciso LXXV se aplica quando houver condenação criminal, isto é, decisão condenatória de mérito proferida pelo juiz criminal. Enquanto não existir o juízo condenatório, não está preenchido esse requisito, e o processo ainda não chegou ao seu final. Depois da condenação e do seu trânsito em julgado, também não cabe a indenização enquanto persistir o efeito dessa sentença.

Cabível a qualquer tempo a revisão criminal, incumbe ao condenado promover a sua rescisão mediante a ação revisional. Procedente a ação, no mesmo julgamento pode ser reconhecido o direito à indenização (art. 630 do CPP); se não, mediante ação autônoma, mas sempre depois da revisão aceita.

A coisa julgada, no nosso sistema processual, corresponde à ideia de que a eficácia natural da sentença se reforça quando precluem todos os recursos, sendo a coisa julgada uma eficácia especial da sentença: "Art. 502 do CPC. Denomina-se coisa julgada material a autoridade que torna imutável e indiscutível a decisão de mérito não mais sujeita a recurso"[36].

O fundamento dessa autoridade está na lei, tendo o legislador optado entre duas alternativas: ou permitir a continuada renovação das lides, na busca incessante de uma sentença melhor, com a consequente insegurança para as relações sociais, ou atribuir à sentença, com tal eficácia, a força de lei[37]. Na Constituição da República de 1988, incluiu-se, entre os direitos fundamentais, o respeito à coisa julgada: "Art. 5º., XXXVI. A lei não prejudicará o direito adquirido, o ato jurídico perfeito e a coisa julgada". A regra, cujo destinatário imediato é o legislador, com mais razão deve ser preservada pelo juiz, impedido de apreciar ação que reproduz outra já julgada[38]. Pontes de Miranda preocupou-se com o problema técnico da sentença *contra legem* e da sentença injus-

---

der com dolo ou fraude; II – recusar, omitir ou retardar, sem justo motivo, providência que deva ordenar de ofício, ou a requerimento da parte. Parágrafo único. As hipóteses previstas no inciso II somente serão verificadas depois que a parte requerer ao juiz que determine a providência e o requerimento não for apreciado no prazo de 10 (dez) dias".

Art. 43 do Código Civil: "As pessoas jurídicas de direito público interno são civilmente responsáveis por atos dos seus agentes que nessa qualidade causem danos a terceiros, ressalvado direito regressivo contra os causadores do dano, se houver, por parte destes, culpa ou dolo".

Art. 1.744 do Código Civil: "A responsabilidade do juiz será: I – direta e pessoal, quando não tiver nomeado o tutor, ou não o houver feito oportunamente; II – subsidiária, quando não tiver exigido garantia legal do tutor, nem o removido, tanto que se tornou suspeito".

Art. 49 da Lei Orgânica da Magistratura. "Responderá por perdas e danos o magistrado, quando: I – no exercício de suas funções, proceder com dolo ou fraude; II – recusar, omitir ou retardar, sem justo motivo, providência que deva ordenar o ofício, ou a requerimento das partes. Parágrafo único. Reputar-se-ão verificadas as hipóteses previstas no inciso II somente depois que a parte, por intermédio do Escrivão, requerer ao magistrado que determine a providência, e este não lhe atender o pedido dentro de dez dias."

Art. 56 da Lei Orgânica da Magistratura. "O Conselho Nacional da Magistratura poderá determinar a aposentadoria, com vencimentos proporcionais ao tempo de serviço, do magistrado: I – manifestadamente negligente no cumprimento dos deveres do cargo; II – de procedimento incompatível com a dignidade, a honra e o decoro de suas funções; III – de escassa ou insuficiente capacidade de trabalho, ou cujo proceder funcional seja incompatível com o bom desempenho das atividades do Poder Judiciário."

Apesar das disposições legais sobre a responsabilidade pessoal do juiz, prevalece o princípio constitucional do art. 37, § 6º, atribuindo ao Estado a responsabilidade direta e imediata pela reparação do dano, que fica com o direito de regresso contra o juiz nos casos de dolo ou fraude. De fato, por ocasião do julgamento do RE 1.027.633, pelo Tribunal Pleno do STF, em 2019, fixou-se a tese do Tema 940, no seguinte sentido: "A teor do disposto no art. 37, § 6º, da Constituição Federal, a ação por danos causados por agente público deve ser ajuizada contra o Estado ou a pessoa jurídica de direito privado prestadora de serviço público, sendo parte ilegítima para a ação o autor do ato, assegurado o direito de regresso contra o responsável nos casos de dolo ou culpa". Trata-se do acolhimento da chamada tese da dupla garantia.

34. Na Itália, a responsabilidade surge com o ato judicial praticado com dolo ou culpa grave. CIRILLO, Gianpiero Paolo; SORRENTINO, Federico. *La responsabilità del giudice*: legge 177/1988. Napoli: Jovene, 1988. p. 124.

35. A tal respeito, assim já conclui: "O princípio da responsabilidade objetiva, que se satisfaz com a causação do dano, não pode ser aceito no âmbito dos atos judiciais porque sempre, ou quase sempre, da atuação do Juiz na jurisdição contenciosa resultará alguma perda para uma das partes. Se esse dano fosse indenizável, transferir-se-ia para o Estado, na mais absoluta socialização dos prejuízos, todos os efeitos das contendas entre os particulares. É por isso que a regra ampla do art. 37, § 6º., da Constituição, deve ser trazida para os limites indicados no seu art. 5º., LXXV, que admite a indenização quando o ato é falho (erro na sentença) ou quando falha o serviço (excesso de prisão). É quando há defeito no serviço [...] O Estado responde quando o Juiz age com dolo, fraude (art. 133, I, do CPC; art. 49, I, da LOMAN), ou culpa grave, esta revelada pela negligência manifesta (art. 143, I, do CPC; arts. 49, II, e 56, I, da LOMAN) ou pela incapacitação para o trabalho (art. 56, III, da LOMAN)". AGUIAR JÚNIOR, Ruy Rosado de. A responsabilidade civil do Estado pelo exercício da função jurisdicional no Brasil. *Revista da AJURIS*, Porto Alegre, v. 20, n. 59, p. 36 e 44, nov. 1993.

36. CPC, art. 502. "Denomina-se coisa julgada material a autoridade que torna imutável e indiscutível a decisão de mérito não mais sujeita a recurso." Na Lei de Introdução às Normas do Direito Brasileiro (Decreto-Lei n. 4.657, de 04.09.1942), consta do art. 6º, § 3º: "Chama-se coisa julgada ou caso julgado a decisão judicial de que já não caiba recurso".

37. CPC, art. 468. "A sentença, que julgar total ou parcialmente a lide, tem força de lei nos limites da lide e das questões decididas."

38. CPC, art. 301, § 1º.: "Verifica-se a litispendência ou a coisa julgada, quando se reproduz ação anteriormente ajuizada".

Art. 471: "Nenhum Juiz decidirá novamente as questões já decididas, relativas a mesma lide [...]."

ta, concluindo que, do ponto de vista jurídico, "[...] a decisão *contra legem* é coberta pela coisa julgada formal e material. Mau e duro, mas assim tinha de ser para se cortar a antinomia 'incidência, aplicação injusta'[...]. O que fica é o dever moral"[39].

Portanto, no nosso ordenamento, é irrecusável ser a coisa julgada obstáculo ao surgimento de um direito de indenização contra o Estado, por condenação criminal, enquanto subsistir a sentença transitada em julgado. Do ponto de vista meramente processual, poder-se-ia dizer inexistente o impedimento, uma vez que a ação indenizatória não contém os mesmos elementos da ação em que foi proferida a sentença causadora do dano injusto, sendo diferentes as partes, o pedido e a causa de pedir. É preciso reconhecer, porém, que, no sistema jurídico, não podem conviver duas sentenças antagônicas e igualmente eficazes, como ocorreria, por exemplo, entre uma sentença criminal que condena o réu à prisão onde se encontra, e outra sentença, que ordena ao Estado pagar uma indenização a esse mesmo réu, pelo fato da sua condenação. Pela natureza da coisa, e por uma exigência lógica, tal antagonismo deve ser evitado[40].

O impedimento é temporário e afastável, porquanto desaparece com o desfazimento da coisa julgada. Se o interessado intentar, em qualquer tempo, a revisão da sentença criminal (art. 622 do CPP), poderá obter, na mesma sentença, ou em outra ação, a pretendida indenização.

Respeitável corrente doutrinária tem flexibilizado a exigência do requisito da prévia ação revisional, quando há deferimento de *habeas corpus* em favor do réu condenado, ou ilegalmente preso preventivamente[41]. É certo que o impedimento para o reconhecimento do direito à indenização, no caso de sentença condenatória, decorre da existência de manifestação estatal condenando o réu, o que inviabilizaria a convivência com outra, de propósito indenizatório. Se uma nova manifestação estatal desfizer aquela sentença no julgamento de *habeas corpus* favorável ao réu, pelos fundamentos que justificariam a procedência da ação revisional e dela decorresse juízo sobre a inocência do réu, é de se atribuir a esse julgado igual efeito ao da sentença revisional, quanto ao direito de indenização que dele exsurge em favor do paciente. Na prática, isso é muito difícil de ocorrer, porque o *habeas corpus* tem pressupostos de admissibilidade que ordinariamente impedem a formulação de juízo equivalente ao revisional.[42]

Por isso, a jurisprudência pacificada no Supremo Tribunal Federal não admite a responsabilização do Estado pela via do *habeas corpus*[43]. Assim é apenas quando existir uma sentença condenatória, porque, como acertadamente observa Sergio Cavalieri, "[...] a exigência de desconstituição do julgado como pré-condição, obviamente, só se refere à decisão de mérito. Casos poderão ocorrer em que o erro judicial fique desde logo evidenciado, tornando possível a imediata ação de indenização, como, por exemplo, o excesso de tempo de prisão por omissão, esquecimento ou equívoco; prisão da pessoa errada por homonímia; atos praticados com abuso de autoridade – prisão sem formalidades legais, não relaxamento de prisão ilegal, etc."[44].

5. Prisão preventiva. Antes da sentença, muitos outros atos jurisdicionais e judiciários podem ser praticados indevidamente, causando dano ao réu. Mas a esses casos não se aplica a regra do art. 5º, LXXV, que exige uma sentença condenatória.

No inquérito policial e no processo criminal, a liberdade da pessoa pode sofrer constrangimento com medidas restritivas de liberdade, na forma de prisão cautelar, nas espécies de prisão temporária, prisão em flagrante, prisão preventiva, prisão por efeito de pronúncia, prisão por efeito da sentença condenatória recorrível, além de outras medidas de natureza patrimonial ou administrativa. A situação mais comum é a da prisão preventiva[45], que suscita a questão da indenizabilidade do dano, se houver a posterior absolvição do que sofreu a prisão no curso do processo[46].

É preciso separar: de um lado, o exame da decisão judicial que decreta a prisão cautelar; de outro, o exame da decisão judi-

---

39. MIRANDA, Francisco Cavalcanti Pontes de. *Comentários ao Código de Processo Civil*. Rio de Janeiro: Forense, 1974. t. 5. p. 146-147.

40. PARELLADA, Carlos Alberto. *Daños en la actividad judicial e informática desde la responsabilidad profesional*. Buenos Aires: Astrea, 1990. p. 166. "A remoção da coisa julgada é necessária para poder propor ação de responsabilidade contra o magistrado interveniente no processo danoso e contra o Estado."

41. "Embora seja certo que 'não é o *habeas corpus* meio adequado para obter o reconhecimento do erro judiciário', pretendeu-se que 'somente a revisão propiciará o exame da questão com pleno conhecimento de causa'. Sempre afirmamos, porém, que a preterição do pedido incidente na revisão criminal, ou a própria inexistência de uma prévia revisão criminal não deve constituir óbice para o exercício da ação indenizatória por erro judiciário". CAHALI, Yussef Said. *Responsabilidade civil do Estado*. 3. ed. São Paulo: Revista dos Tribunais, 2007. p. 475.

42. O Superior Tribunal de Justiça indeferiu o pedido de indenização formulada por réu que cumpriu pena por força de sentença proferida por juiz incompetente: "O cumprimento de sentença condenatória proferida por juiz absolutamente incompetente, não dá direito a indenização pelo erro judiciário, se não comprovada a inocência do réu". (Resp. 149.990/CE, 5ª Turma, ac. de 24.03.1998, Rel. Min. Cid Flaquer Scartezzini.)

43. 1) "*Habeas corpus* não pode substituir a revisão", decidiu o STF na Petição de HC n. 32.431/SP, Relator Min. Nelson Hungria, em ac. de 13.05.1953; 2) "A alegação de erro judiciário que, a despeito de sua reconhecida relevância, não apresenta liquidez suficiente para exame em rito de *habeas corpus*", no HC n. 73.523-1/SP, 1ª Turma, Rel. Min. Octavio Gallotti, de 26.03.1996; 3) No mesmo sentido: HC n. 71.340/SP, 1ª Turma, Rel. Min. Ilmar Galvão, de 17.05.1994; HC n. 74.408/SP, 2ª Turma, Rel. Min. José Néri da Silveira, de 12.11.1996.

No Superior Tribunal de Justiça, tem sido igualmente julgada imprópria a via do *habeas corpus*: "O *habeas corpus* constitui meio impróprio para o exame de alegações que exijam o reexame do conjunto fático-probatório – como a sustentada existência de grave erro judiciário, máxime quando ataca a atuação de policiais na condução do inquérito policial, pois que implica inafastável dilação probatória, incabível na via estreita do *habeas corpus*." HC 26.865/SP, 6ª Turma, de 08.04.2003.

44. CAVALIERI FILHO, Sérgio. *Programa de responsabilidade civil*. 3. ed. São Paulo: Malheiros, 2002. p. 212.

45. Sobre as questões relacionadas à indenização por prisão preventiva, ver: GALLI BASUALDO, Martín. *Responsabilidad del Estado por su actividad judicial*. Buenos Aires: Hammurabi, 2006. p. 179-212.

46. A posterior absolvição do réu preso preventivamente não implica o direito à indenização: "O Tribunal de Justiça concluiu, com base nos fatos e nas provas dos autos, que não restaram demonstrados, na origem, os pressupostos necessários à configuração da responsabilidade extracontratual do Estado, haja vista que o processo criminal e as prisões temporária e preventiva a que foi submetido o ora agravante foram regulares e se justificaram pelas circunstâncias fáticas do caso concreto, não caracterizando erro judiciário a posterior absolvição do réu pelo júri popular. Incidência da Súmula n. 279/STF. 2. A jurisprudência da Corte firmou-se no sentido de que, salvo nas hipóteses de erro judiciário e de prisão além do tempo fixado na sentença – previstas no art. 5º, inciso LXXV, da Constituição Federal –, bem como nos casos previstos em lei, a regra é a de que o art. 37, § 6º, da Constituição não se aplica aos atos jurisdicionais quando emanados de forma regular e para o fiel cumprimento do ordenamento jurídico". (RE 770.931/SC, 1ª Turma, Rel. Min. Dias Toffoli, ac. de 13.10.2014).

cial que julga o processo e condena o réu. São atos distintos pelo tempo e pela natureza, e o fato de haver uma absolvição final não significa que o decreto de prisão preventiva tenha sido ilegal, com injustiça que deva ser sempre reparada pelo Estado. Veja-se o caso do denunciado que é preso preventivamente por prejudicar a instrução criminal, subornando testemunhas e peitando peritos e auxiliares do juízo. Ainda que improcedente aquela ação penal, o seu comportamento processual justificava a medida constritiva; a sua absolvição não significará que tenha havido ilegalidade ou abuso da prisão processual. De outra parte, a condenação final do réu não encobre nem justifica eventual ilegalidade do decreto de prisão preventiva. Por isso, a prisão cautelar ilegal e abusiva pode originar direito à indenização pelo Estado, e assim deve ser apreciada, como fato autônomo, independentemente do conteúdo da sentença[47].

O dano pelo indevido decreto de prisão processual não se inclui no conceito de condenação por erro judiciário, pela simples razão de que condenação não há. A falta desse pressuposto impede a incidência do art. 5º, LXXV, deslocando a matéria para o princípio geral do art. 37, § 6º, com o reconhecimento do direito à indenização, independentemente de sentença revisional[48].

6. A função jurisdicional e a função judiciária. A função jurisdicional compreende os atos praticados pelo juiz na sua atividade específica, consistente no julgamento[49] de questões controvertidas[50], sendo o mais expressivo a prolação da sentença judicial[51]. Mas não compreende apenas a sentença, como também as decisões proferidas pelo juiz no julgamento das questões que lhe são submetidas, tais como os decretos de prisão cautelar. A função judiciária compreende todos os demais atos, sem caráter decisório e de feição administrativa, praticados pelo juiz, pelo pessoal de cartório e auxiliares da justiça para permitir o desempenho da função jurisdicional.

A Constituição, ao se referir ao "erro judiciário", não o estendeu a todos os casos de atuação do juiz, no âmbito da função judiciária, mas limitou-o ao caso de condenação, isto é, ao erro cometido no exercício da função jurisdicional em sentido estrito, apenas quando expresso em sentença condenatória, porquanto a condenação exige uma sentença[52].

Já os serviços penitenciários, localizados na órbita da Administração Pública centralizada, integrante do Poder Executivo, praticam atos administrativos e atuam como *longa manus* do juízo.

O enunciado no inciso LXXV do art. 5º da Constituição enseja a classificação das funções estatais em quatro planos: a) a atividade jurisdicional exercida pelo juiz na sentença de mérito que transita em julgado; b) a função jurisdicional exercida antes e depois da sentença, como o decreto de prisão preventiva e de reabilitação; c) a atividade judiciária do juiz (despachos diversos) e dos serviços judiciários, praticada pelos servidores e cartorários; d) atividade de órgãos da Administração Pública incumbidos dos serviços penitenciários e dos que acompanham a execução de pena não privativa da liberdade.

A alínea *a* corresponde à primeira hipótese do art. 5º., LXXV – erro judiciário –, presente na sentença criminal com trânsito em julgado. O exercício das funções classificadas nas demais alíneas ensejará a incidência do inciso LXXV, segunda parte, quando a decisão ou a falta cartorária ou administrativa implicarem prisão com excesso do tempo fixado na sentença[53].

7. O erro. O juiz, na sentença, procura alcançar a verdade, contentando-se com uma verdade substancialmente provisória, mas processualmente definitiva[54]. Essa verdade processual significa a sua incontestabilidade. Isto é, enquanto não for afastada a sentença, prevalece o que nela ficou decidido como sendo a verdade. Mas a sentença pode expressar uma inverdade, ou por defeito de representação atribuível ao juiz, na equivocada apreciação dos fatos, ou do direito, com ou sem culpa, dolo ou fraude, ou por outra causa que não possa ser imputável a ele, mas provo-

---

47. "Não basta, por outro lado, a ilegalidade da medida para qualquer preso preventivo ter direito a indenização; é necessário que haja manifesta contrariedade à lei." PEREIRA, João Aveiro. *A responsabilidade civil por actos jurisdicionais*. Coimbra: Coimbra Ed., 2001. p. 213.

48. (i) O Supremo Tribunal Federal exclui o decreto de prisão preventiva do âmbito do art. 5º, LXXV, e afasta a possibilidade da indenização, quando suficientemente fundamentado e obediente aos pressupostos que o autorizam, como se recolhe do voto do Min. Carlos Velloso, em acórdão assim ementado: "[...] II. Decreto judicial de prisão preventiva não se confunde com erro judiciário – CF, art. 5º, LXXV – mesmo que o réu, ao final da ação penal, venha a ser absolvido". AgReg. no RE 429.518-1/SC, 2ª Turma, ac. de 05.10.2004.
(ii) Na doutrina, Cahali e Aguiar Dias incluem no conceito de "erro judiciário" o decreto de prisão preventiva injustificada: "Aliás, Aguiar Dias, [...] já observava que, ordinariamente, considera-se erro judiciário a sentença criminal de condenação injusta. Em sentido mais amplo, a definição alcança, também, a prisão preventiva injustificada. Com efeito, não há base para excluí-la do direito à reparação. Se há erro judiciário em virtude da sentença condenatória, haverá também em consequência da prisão preventiva ou detenção. Danos e tragédias decorrem, por igual, de uma e de outros. Onde existe a mesma razão, deve valer a mesma disposição." CAHALI, Yussef Said. *Responsabilidade civil do Estado*. 3. ed. São Paulo: Revista dos Tribunais, 2007. p. 475.
(iii) O Superior Tribunal de Justiça tem decidido assim: "Assemelha-se à hipótese de indenizabilidade por erro judiciário a restrição preventiva da liberdade de alguém que posteriormente vem a ser absolvido." Resp. 427.560/TO, 1ª Turma, ac. de 05.09.2002, Rel. Min. Luíz Fux.
(iv) O que se afirma no texto é que a indenizabilidade do dano decorrente da prisão preventiva abusiva tem por fundamento não o disposto no inciso LXXV, restrito à condenação, mas a cláusula do art. 37, § 6º A tendência da doutrina em ampliar o conceito de erro judiciário decorre da oposição dos Tribunais em aplicar a regra do art. 37, § 6º aos atos judiciais, resistência que seria superada com a inclusão destas hipóteses no conceito de erro judiciário. O esforço é justificável, mas desnecessário, porquanto o art. 37, § 6º certamente se aplica aos casos de prisão indevida, fora das duas hipóteses do art. 5º, inciso LXXV, Desnecessário e incompatível com o texto porque o erro da prisão preventiva, embora seja um erro judiciário, não decorre de sentença condenatória.

49. "Habermas apporte une précision en disant: *juger est un agir juridictionnel.*" (LAZERGES, Christine. Réflexions sur l'erreur judiciaire. *Revue de Science Criminelle et de Droit Pénal Comparé*, Paris, n. 3, p. 709-718, juill./sept. 2006. p. 709.).

50. LACERDA, Galeno. *Comentários ao Código de Processo Civil*. Rio de Janeiro: Forense, 1980. v. 8, t. 1. p. 22-23.

51. CRETELLA JÚNIOR, José. *Comentários à Constituição de 1988*. 3. ed. Rio de Janeiro: Forense Universitária, 1998. v. 2. p. 826.

52. Essa denominação tem sido criticada, pois, na verdade, o caso é de erro no exercício da função jurisdicional, sentido estrito, e não da função judiciária. M.C. Lacerda adjetiva o erro de "judicial": LACERDA, M. C. *Erro judicial*: dever constitucional do Estado de indenizar. Campo Grande: OAB-MS, 2001. p. 52.

53. Vale ressalvar que o exercício da função jurisdicional, judiciária ou administrativa, que não tipifique condenação criminal errônea ou excesso de prisão pode ensejar a responsabilização do Estado, mas então nos termos do art. 37, § 6º, da Constituição da República.

54. FRISON-ROCHE, Marie-Anne. L'erreur du juge. *Revue Trimestrielle de Droit Civil*, Paris, n. 4, p. 824, oct./déc. 2001.

cada por terceiro, pelo próprio réu, pela falha do serviço, pelo desconhecimento de elementos de prova depois descobertos, ou por insuficiência de conhecimentos científicos, posteriormente aperfeiçoados[55]. Essa diversidade de situações justifica a classificação que se faz: "erro do juiz", por equívoco pessoal na interpretação dos fatos e do direito que lhe são submetidos, e "erro do juízo", que não pode ser imputável ao juiz, mas resultado desses outros fatores externos. Por isso se diz que o erro do juízo, sob a denominação de erro judiciário, pode "[...] se produzir fora de qualquer falta do serviço público. É um risco inerente ao funcionamento do serviço da justiça. Apesar da diligência e da extrema atenção dos magistrados e de seus auxiliares, os erros judiciários podem surgir [...]"[56]. Erro do juiz ou erro do juízo, ambos constituem "erro judiciário", no sentido que lhe empresta a Constituição, e levam à mesma responsabilização, podendo estar presente em sentença criminal proferida em qualquer jurisdição ou instância. É um erro inescusável[57].

Erro de fato corresponde à má percepção da realidade, enquanto erro de direito é a equivocada subsunção das normas jurídicas, caso em que o juiz deixa de aplicar a que incidiu, ou aplica a que não incidiu. "Cabe pontualizar que não é qualquer interpretação que dará lugar à reparação; se ela recai sobre uma matéria juridicamente opinável, não é factível extrair irregularidade alguma, como também se o juiz elege uma interpretação dentro do marco de possibilidades que a norma oferece [...]. Em suma, cabe atribuir erro judicial à decisão emitida em um processo que, objetivamente considerada, aparece contrária aos fatos provados na causa ou ao direito diretamente aplicável"[58].

O erro de que se trata é o *error in judicando*, o erro no julgar, especificamente no julgamento final da causa, que se distingue do *error in procedendo*, erro no procedimento, praticado no desenvolvimento do processo.

8. Os pressupostos. A responsabilidade do Estado por erro da sentença ou excesso de prisão é de natureza patrimonial, extracontratual, e tem como requisitos: (I) ato lícito ou ilícito[59], comissivo ou omissivo[60], praticado pelo juiz, na sentença condenatória, ou por ele ou outros funcionários no excesso de prisão; (II) a falta do serviço, consistente no erro na sentença condenatória ou na execução da pena de prisão[61]; (III) o dano, isto é, a diminuição do patrimônio jurídico do condenado, material ou imaterial (moral), dano esse que deve ser injusto, no sentido de que a pessoa não estava obrigada a suportar a ofensa; (IV) a relação de causalidade entre a ação e o resultado; (V) e, como pré-requisito processual, a revisão de sentença condenatória transitada em julgado[62-63].

A responsabilidade está fundada nos princípios que organizam o Estado de Direito, limitadores da ação repressiva do Estado contra o crime, que deve ser exercida sem ofensa à liberdade do indivíduo, à dignidade da pessoa humana e à igualdade[64]. Não se perquire a existência de culpa ou dolo, bastando a comprovação da existência da sentença condenatória com trânsito em julgado e o nexo de causalidade entre esse fato e o resultado danoso. Mas não basta a ação estatal e o dano, é preciso que haja erro na sentença, ou abuso no tempo de prisão, o que significa dizer que é requisito para a responsabilização do Estado a existência de um serviço defeituoso.

A atribuição não depende de culpa: "El derecho a una indemnización por los daños causados por el error judicial o por el funcionamiento anormal de la administración de justicia queda desligado de la eventual culpa del causante"[65].

No caso de erro da sentença, o fato judicial (lícito ou ilícito), gerador da indenização, surge com a procedência da ação de revisão criminal, ou com o deferimento de *habeas corpus* com o mesmo efeito. O art. 621 do Código de Processo Penal enumera as hipóteses de procedência da ação de revisão[66]: "A revisão dos processos

---

55. Frison-Roche distingue o erro do juiz (a má representação que ele teria feito da realidade) do erro judiciário, que pode ser apurado a partir de provas novas, não conhecidas ao tempo da sentença, ou de dados científicos descobertos ulteriormente. FRISON-ROCHE, Marie-Anne. L'erreur du juge. *Revue Trimestrielle de Droit Civil*, Paris, n. 4, p. 826-827, oct./déc. 2001.

56. DUEZ, Paul. *La responsabilité de la puissance publique*: en dehors du contrat. Paris: Dalloz, 1927. p. 143, nota.

57. "Divergindo em parte, Rui Stoco leciona que apenas o erro substancial e inescusável, fundado no dolo, na fraude ou na culpa *stricto sensu* poderá ensejar a responsabilidade do Estado por erro judiciário, posição com a qual concordamos." (ALMEIDA, Vitor Luís de. *A responsabilidade civil do Estado por erro judiciário*. Belo Horizonte: D'Plácido, 2016. p. 229.).

58. GHERSI, Carlos Alberto. *Responsabilidad de los jueces y juzgamiento de funcionarios*. Buenos Aires: Astrea. 2003. p. 76-77.

59. O ato estatal pode ser lícito e dele resultar a responsabilidade do Estado. É a lição do Prof. Canotilho: "A reparação dos erros judiciários configura-se, a nosso ver, como uma responsabilidade por atos lícitos." CANOTILHO, José Joaquim Gomes. *O problema da responsabilidade do Estado por actos lícitos*. Coimbra: Almedina, [1972?]. p. 211. Tem razão o mestre e essa é a situação da maioria dos casos de revisão (p. ex. descobrimento de novas provas, sentença fundada em documentos falsos, sentença contra a evidência dos autos ou contra texto expresso de lei, etc.). Mas quando o juiz, no exercício da função jurisdicional, ou o funcionário, no desempenho da função judiciária, agirem com dolo ou fraude, o ato é ilícito, e a responsabilidade assume essa natureza. Do ponto de vista prático, a distinção não tem relevância, porque os efeitos são os mesmos, quanto à indenização.

Respeitável doutrina sustenta que para a configuração do erro judiciário é necessário que o ato jurisdicional seja um ato ilícito. (VIANNA, José Ricardo Alvarez. *Erro judiciário e sua responsabilização civil*. São Paulo: Malheiros, 2017. p. 316.).

60. A omissão é hipótese presente na prisão excessiva, quando a falta de providência é causadora do abuso no tempo da prisão.

61. "Este é o fator de atribuição objetivo". GALLI BASUALDO, Martín. *Responsabilidad del Estado por su actividad judicial*. Buenos Aires: Hammurabi, 2006. p. 75.

62. Na lição de Rui Stoco: "Portanto, também nos filiamos à corrente doutrinária que defende a necessidade de desconstituição e cessação dos efeitos do julgado de que não cabe mais recurso, por meio da revisão criminal, como condição fundamental para o reconhecimento do erro judiciário e a declaração do dever de indenizar". (STOCO, Rui. Responsabilidade por erro judiciário em ação penal condenatória. *Revista de Direito Privado*, São Paulo, v. 3, n. 12, p. 295-302, out./dez. 2002.).

No mesmo sentido: NANNI, Giovanni Ettore. *A responsabilidade civil do juiz*. São Paulo: Max Limonad, 1999. p. 132.

63. A indenização independe de que tenha havido a prisão. (ALMEIDA, Vitor Luís de. *A responsabilidade civil do Estado por erro judiciário*. Belo Horizonte: D'Plácido, 2016. p. 233.)

64. "Daí por que parece-me que a responsabilidade do Estado tem como fundamento jurídico o regime político eleito pelo sistema". ROCHA, Cármen Lúcia Antunes. Observações sobre a responsabilidade patrimonial do Estado. *Revista Forense*, Rio de Janeiro, v. 86, n. 311, p. 7, jul./set. 1990.

65. ACOSTA GALLO, Pablo. *La responsabilidad del Estado-Juez*: error judicial y funcionamiento anormal de la administración de justicia. Madrid: Montecorvo, 2005. p. 105.

66. "Mesmo que a absolvição seja por falta de provas (art. 386, VI, do CPP) subsiste o dano causado, devendo, pois, ser ressarcido ou compensado de tal evento". AgRg. no AI 415.834/RJ, 1ª Turma, ac. de 06.06.2002, Rel. Min. Garcia Vieira.

findos será admitida: I – quando a sentença condenatória for contrária ao texto expresso da lei penal ou à evidência dos autos; II – quando a sentença condenatória se fundar em depoimentos comprovadamente falsos; III – quando, após a sentença, se descobrirem novas provas de inocência do condenado ou de circunstância que determine ou autoriza a diminuição especial da pena".

O número I refere o "erro do juiz"; os números II e III descrevem "erros do juízo", isto é, falsa representação provocada no juiz pela prova falsa ou pelo desconhecimento de provas ou circunstâncias, só posteriormente reveladas. Todos se incluem no conceito de "erro judiciário" da alínea LXXV, do art. 5º da Constituição. Ainda que fatores absolutamente alheios ao juiz e invencíveis ao tempo tenham levado ao equívoco da sentença, pelo dano dela decorrente responde o Estado[67].

O Estado é o único legitimado passivo na ação de indenização proposta com fundamento no art. 5º, inciso LXXV. O juiz ou o funcionário não respondem diretamente ao lesado, que deve promover a ação contra o Estado. A responsabilidade destes que praticaram o ato é regressiva, se tiverem agido com dolo ou fraude (art. 143 do Código de Processo Civil)[68]. Trata-se da aplicação, aos juízes, do princípio da dupla garantia, fixada em sede de repercussão geral (tese 940), pelo Supremo Tribunal Federal, já referida anteriormente.

9. Excludentes. Não é aceitável a teoria do risco integral, podendo ser excluída a responsabilidade em certos casos.

O § 2º do art. 630 do Código de Processo Penal reza que não será devida a indenização: "a) se o erro ou a injustiça da condenação proceder de ato ou falta imputável ao próprio impetrante, como a confissão ou a ocultação de prova em seu poder; b) se a acusação houver sido meramente privada".

A regra da alínea *b* é unanimemente rejeitada, pois não há diferença, para a definição do erro judiciário e do dano ao indivíduo, que o processo penal tenha sido de iniciativa da vítima ou do Ministério Público.

A alínea *a* exclui a responsabilidade, porque a causa do erro não está na ação do Estado, mas na conduta do próprio condenado. As hipóteses de confissão ou ocultação de provas são meramente exemplificativas, uma vez que de muitos modos pode o réu provocar o erro da sentença, como a apresentação de documentos falsos, a indicação de testemunhas corrompidas etc. No Supremo Tribunal, foi julgado recurso que versava sobre o seguinte caso: "O Promotor denunciou um certo Sebastião Silva, que não era o ora paciente. Mas este não apelou, concorrendo, assim, para que se mantivesse o erro. Não tem, pois, direito à indenização"[69].

A doutrina questiona a referência à confissão, uma vez que, segundo as regras sobre a prova, ela, só por si, não pode sustentar a condenação. Na verdade, isso é assim, mas também não deixa de ser verdade que a confissão do réu, somada a outras provas diretas ou indiciárias, é forte elemento de convicção, além de a própria lei penal qualificar a confissão espontânea como uma atenuante, daí por que a confissão falsa justifica a exclusão da responsabilidade indenizatória.

10. O excesso do tempo de prisão fixado na sentença. O excesso de prisão pode resultar de ato comissivo, praticado pelo juiz, que expede ordem de prisão por tempo superior ao determinado na sentença, ou por qualquer funcionário dos serviços cartorários da Justiça ou dos serviços administrativos penitenciários, que alteram o tempo de prisão nos registros ou nos mandados. Pode também ser provocado pela omissão em expedir mandado de soltura ao término do prazo prisional.

É uma espécie de mau funcionamento ou funcionamento anormal do serviço judiciário e do serviço auxiliar penitenciário. Se houver excesso de prisão ordenado na sentença, é sinal de que o serviço não funcionou, funcionou mal ou funcionou tardiamente no acompanhamento da execução da sentença condenatória de pena privativa de liberdade. O mau funcionamento do serviço pode resultar da culpa de seu agente, determinado e individualizado, ou da culpa anônima, simples falta do serviço.

Manter alguém preso além do tempo, por falha no serviço judiciário ou administrativo, é o caso mais flagrante do mau funcionamento do serviço, pela gravidade do dano e pela facilidade de se evitar o excesso, diante dos recursos que a informática hoje disponibiliza.

O Estado somente responde pelo resultado danoso causado por omissão quando for o garante da integridade do bem lesado. É o que acontece com a integridade do preso, inclusive do seu direito à liberdade, ao termo da sua prisão. Por isso, a simples omissão satisfaz o requisito da responsabilidade, que se completa com a verificação material do excesso do prazo.

Não se exige aqui que a sentença em execução seja condenatória criminal. Nos casos em que se admite a prisão civil (art. 5º, inciso LXVII, CF, prisão do alimentante inadimplente e do depositário infiel), o excesso de tempo no cumprimento dessa prisão também gera a obrigação de indenização do dano.

Em um caso, é possível excluir a responsabilidade. Quando o erro da execução da pena decorre da conduta do próprio condenado, que se apresenta com mais de uma identidade ou usa nomes diversos, criando, com o seu comportamento, dificuldade invencível para a administração penal verificar o cumprimento das penas impostas à mesma pessoa, com diversas identidades falsas.

---

67. O tema foi recentemente submetido ao Supremo Tribunal Federal, que admitiu a responsabilidade da União depois da procedência da ação de revisão, com voto vencido do Min. Ricardo Lewandowski, que enumerou as três hipóteses do art. 621 do CPP e se fixou no enunciado pelo número III, para assim concluir: "Será que nessa hipótese nós poderemos generalizar? [...] Essa terceira hipótese, claramente, a meu juízo, ou pelo menos numa primeira reflexão, não acarretaria a responsabilidade objetiva do Estado". RE 505.393-8/PE, 1ª Turma, ac. de 26.06.2007, Rel. Min. Sepúlveda Pertence, por maioria, com voto majoritário da Min. Cármen Lucia Antunes Rocha.

68. O servidor somente responde perante a pessoa jurídica: "O § 6º do artigo 37 da Magna Carta autoriza a proposição de que somente as pessoas jurídicas de direito público, ou as pessoas jurídicas de direito privado que prestem serviços públicos, é que poderão responder, objetivamente, pela reparação de danos a terceiros. Isto por ato ou omissão dos respectivos agentes, agindo estes na qualidade de agentes públicos, e não como pessoas comuns. Esse mesmo dispositivo constitucional consagra, ainda, dupla garantia: uma, em favor do particular, possibilitando-lhe ação indenizatória contra a pessoa jurídica de direito público, ou de direito privado que preste serviço público, dado que bem maior, praticamente certa, a possibilidade de pagamento do dano objetivamente sofrido. Outra garantia, no entanto, em prol do servidor estatal, que somente responde administrativa e civilmente perante a pessoa jurídica a cujo quadro funcional se vincular (RE 327.904/SP, Rel. Min. Carlos Brito, ac. de 15.08.2006). Como referido anteriormente (nota 33), essa questão, que não era pacífica, foi definitivamente dirimida em 2019, por ocasião do julgamento do RE 1.027.633, em sede de repercussão geral pelo STF, fixando-se tese nesse sentido (Tema 940).

69. Recurso Extraordinário Criminal n. 35.603/SP, 2ª Turma, Rel. Min. Hahnemann Guimarães, de 27.08.1957, assim ementado: "Não tem direito à indenização quem concorreu para que se mantivesse o erro judiciário."

Se o excesso está na manutenção de um regime prisional mais gravoso, deve ser admitida aí a hipótese de incidência do inciso LXXV, caso tenha implicado maior tempo de privação da liberdade.

A sentença poderá ter condenado o réu a pena não privativa da liberdade, mas sua execução em excesso não pode ser objeto de aplicação do art. 5º, LXXV, da Constituição, que apenas se refere à prisão, isto é, à medida privativa da liberdade, e não à meramente restritiva.

O art. 41, inciso XVI, da Lei de Execução Penal (Lei 7.210, de 11.7.1984), com a redação dada pela Lei 10.713, de 13.8.2003, inclui entre os direitos do preso a expedição de "[...] atestado de pena a cumprir, sob pena de responsabilidade da autoridade judiciária competente". A falta da prática desse ato poderá determinar a responsabilização patrimonial do Estado, se dela decorrer excesso de tempo no cumprimento da pena. A responsabilidade prevista na lei especial é de natureza funcional.

Quando se tratar de excesso de cumprimento da pena (segunda hipótese do inciso LXXV), não se exige procedimento prévio, pois o ilícito pode ser demonstrado na própria ação de indenização.

11. **Indenização.** A indenização deve cobrir o dano em toda a sua extensão, na esteira do art. 944 do Código Civil: "A indenização mede-se pela extensão do dano". Compreende o dano patrimonial e o extrapatrimonial, que a Constituição denomina dano moral (art. 5º, V e X, da Constituição), o dano emergente, que o réu sofreu de modo direto e imediato, e o lucro cessante. O juiz deve ter em vista não a gravidade da ação causadora do dano, e valendo-se dela avaliar o quantitativo da indenização, mas ponderar as consequências danosas sofridas pelo cidadão e, com base nesses elementos, definir a reparação devida[70-71].

O dano moral independe de prova, pois decorre da condenação ou do excesso de prisão[72].

A ação pode ser proposta pelo lesado e pelos que sofreram o seu efeito por ricochete.

A legitimação passiva é da União ou do Estado, conforme a origem do ato[73].

12. **Ação regressiva.** O Estado tem o dever[74] de propor a ação regressiva contra o juiz causador do dano, desde que este tenha agido com dolo, fraude (art. 143, I, do CPC), ou culpa grave, por negligência manifesta (art. 143, II, do CPC, e art. 56, I, da LOMAN) ou inaptidão (art. 56, III, da LOMAN), e nos casos previstos nos arts. 43 e 1744 do Código Civil.

Réu na ação de indenização promovida pelo lesado, em tese (art. 125, II, do CPC) poderia o Estado denunciar a lide ao juiz que praticou o ato, a fim de obter, nesse mesmo processo, sentença sobre o seu direito de regresso. Todavia, a jurisprudência predominante tem recusado ao Estado o direito de denunciar a lide ao servidor culpado, sob o argumento de que se estaria embutindo, em ação na qual se discute a responsabilidade objetiva, o tema subjetivo da culpa, matéria estranha à relação jurídica sobre que versa a ação[75]. É a melhor corrente.

13. **Competência.** A competência para o processo e o julgamento da demanda contra o Estado, em sendo caso de erro judiciário, é do Tribunal competente para a ação de revisão. Se o condenado não requereu ou o Tribunal não se manifestou sobre a indenização, ou para a indenização por excesso de tempo de prisão, cabe deduzir o pedido em ação civil autônoma, então perante o juiz competente para julgar as ações contra a Fazenda Pública[76].

14. **A natureza da responsabilidade.** O princípio da responsabilidade objetiva, que se satisfaz com a autoria, relação causal e dano, não pode ser aceito no âmbito dos atos judiciais[77], porque sempre, ou quase sempre, da atuação do juiz na jurisdição contenciosa resultará alguma perda para uma das partes. Se esse dano fosse indenizável, transferir-se-ia para o Estado, na mais absoluta socialização dos prejuízos, todos os efeitos das contendas entre os particulares. É por isso que a regra ampla do art. 37, § 6º, da Constituição, deve ser trazida para os limites indicados no seu art. 5º, LXXV, que admite a indenização, quando o ato é

---

tado, embora o agente possa responder regressivamente pelo dano, e administrativamente pela responsabilidade disciplinar.

Na Itália, a Lei n. 177, de 1988, definiu a responsabilidade direta do Estado, e regressivamente do juiz. (*op. cit.* p. 38, p. 110)

70. O STJ tem julgado recursos em que as indenizações deferidas pelas instâncias ordinárias expressaram valores diversos, e bem reduzidos: R$ 20.000,00 (AgRgAresp 463.980/CE, 1ª Turma, ac. de 21.5.2015); R$ 15.000,00 (AgRgAresp 559399/CE, 2ª Turma, ac. de 1.3.2016); R$ 100.000,00 (Resp 1300547/MT, 2ª Turma, ac. de 17.3.2016); R$ 30.000,00 (Resp 1385946/MG, 2ª Turma, ac. de 25.3.2014).

71. A lei espanhola fornece um critério para o cálculo da indenização: "La cuantía de la indemnización se fijara en función del tiempo de privación de libertad y de las consecuencias personales y familiares que se hayan producido". GONZÁLEZ PÉREZ, Jesús. *Responsabilidad patrimonial de las administraciones públicas*. 8. ed. Cizur Menor: Civitas, 2016. p. 152.

72. STJ. Resp. 427.560/TO, 1ª Turma, ac. de 05.09.2002, rel. Min. Luiz Fux. Resp. 445.666/MG, 1ª Turma, ac. de 13.04.2004, Rel. Min. Teori Albino Zavascki.

73. O juiz não responde pelo dano diretamente ao lesado, conforme já há muito consta dos "Basic principles on the Independence of the Judiciary", documento fundamental aprovado pela Assembleia Geral das Nações Unidas pelas resoluções 40/32, de 29.11.l985, e n. 40/136, de 13.12.1985. (TENORE, Vito (Coord.). *Il magistrato e le sue quattro responsabilità*: civile, disciplinare, penale, amministrativo-contabile: magistrati ordinari, amministrativi, contabili, militari: normativa, giurisprudenza e dottrina. Aggiornato alla Legge n. 18/2015. Milano: Giuffrè, 2016. 2016, p. 24). A legitimidade passiva é do Es-

74. "A propositura da ação é obrigatória em caso de condenação da Fazenda Pública, devendo seu ajuizamento dar-se no prazo de 60 dias a contar da data em que transitar em julgado a sentença condenatória." (DI PIETRO, Maria Sylvia Zanella. Responsabilidade civil do Estado. In: RODRIGUES JUNIOR, Otavio Luiz; MAMEDE, Gladston; ROCHA, Maria Vital da (Coord.). *Responsabilidade civil contemporânea*: em homenagem a Sílvio de Salvo Venosa. São Paulo: Atlas, 2011. p. 430).

75. VELLOSO, Carlos Mário da Silva. Responsabilidade civil do Estado. *Revista de Informação Legislativa*, Brasília, v. 24, n. 93, p. 245, out./dez. 1988. "A denunciação não causaria ao que penso, prejuízo ao direito do autor da demanda [...]. O STF, entretanto, não tem entendido da mesma forma".

76. No CC 4.876-9/DF, o STJ atribuiu à Justiça Federal a competência para processar e julgar o pedido de indenização por erro judiciário cometido no âmbito da Justiça do Distrito Federal: "Sendo a Justiça do DF pertencente ao PJ da União, a competência para julgar ação proposta por seus funcionários contra a União é do Juiz Federal, inclusive quanto à responsabilidade do alegado erro judiciário". CC 4.876-9/DF, 1ª Seção, ac. de 15.06.1993, Rel. Min. Peçanha Martins.

77. Essa também é a orientação adotada no direito comparado, como exemplificativamente em Portugal, segundo ALMEIDA, Vitor Luís de. A responsabilidade civil do Estado por erro judiciário sob a ótica do sistema lusófono. Análise nos ordenamentos jurídicos português e brasileiro. *Revista de Informação Legislativa*. Brasília, ano 49, n. 196, out./dez. 2012, p. 278-279.

falho (erro na sentença) ou quando falha o serviço (excesso de prisão). A partir daí, a legislação ordinária e complementar, já citadas, valem para delinear com mais precisão os contornos dessa responsabilidade.

O inciso XLLV do art. 5º trata de duas situações: a responsabilidade pela condenação por erro judiciário e a responsabilidade pelo excesso de prisão. A primeira decorre de ato praticado no exercício da jurisdição em sentido estrito, definida como erro judiciário; a segunda pode decorrer de ação ou omissão do juiz, dos serviços judiciários ou dos serviços da administração pública, e nada tem a ver com o erro judiciário, apenas com o mau funcionamento da administração pública.

Para que se admita a responsabilidade pelo erro, não basta demonstrar a existência da sentença condenatória e o dano, sendo indispensável demonstrar que nela há erro de fato ou de direito, o que exclui a incidência da responsabilidade objetiva, porquanto nela há um requisito estranho à teoria da responsabilidade objetiva; mas também não se deve incluí-la no âmbito da responsabilidade subjetiva, pois o erro pode existir independente de culpa do juiz (como, por exemplo, na revisão fundada em prova nova).

Para a responsabilização pelo excesso de tempo de prisão, na segunda figura do inciso LXXV, não é suficiente a prova da demora. Impende demonstrar que o excesso decorreu do mau funcionamento do serviço judiciário ou administrativo. Também aí não é suficiente a teoria da responsabilidade objetiva, nem a figura passa à seara da responsabilidade por culpa, pois a falta pode independer desse elemento subjetivo.

A aplicação do art. 36, § 7º, para todos os demais casos de dano injusto provocado por ato do juiz, no exercício da função jurisdicional estrito senso, que não em sentença condenatória (prisão cautelar, medidas constritivas, condenação a prisão civil), depende (segundo jurisprudência uniforme do STF) de incidência de regra legal estabelecendo a responsabilidade do Estado (o que abrange os casos de previsão legal de responsabilidade pessoal do juiz), com demonstração de grave irregularidade. Isto é, o Estado-Juiz não responde sempre que do ato jurisdicional decorra um dano, mas apenas quando cometido com grave ofensa à lei. Assim, não se aplica a responsabilidade objetiva nos casos de responsabilização do Estado por ato jurisdicional por incidência da regra do art. 36, § 7º.

Para os atos jurisdicionais, a responsabilidade civil é funcional, e tem como pressupostos, além dos comuns de autoria, nexo causal e dano, o fator específico do mau funcionamento do serviço, com a grave violação da lei (manifestamente ilegal, literal violação de lei). Concordo com Alvarez Vianna: "[...] nos casos de atos jurisdicionais (atos judiciais em sentido estrito), a responsabilidade deve ser *sui generis*. Deve ficar submetida a regime jurídico específico, uma vez que as decisões judiciais – atos jurisdicionais genuínos – trazem em si características, pressupostos e fundamentos exclusivos, não se equiparando sequer aos atos judiciais em sentido lato"[78].

---

78. VIANNA, José Ricardo Alvarez. *Erro judiciário e sua responsabilização civil*. São Paulo: Malheiros, 2017. p. 123.

E – REFERÊNCIAS BIBLIOGRÁFICAS

ACOSTA GALLO, Pablo. *La responsabilidad del Estado-Juez*: error judicial y funcionamiento anormal de la administración de justicia. Madrid: Montecorvo, 2005.

AGUIAR JÚNIOR, Ruy Rosado de. A responsabilidade civil do Estado pelo exercício da função jurisdicional no Brasil. *Revista da AJURIS*, Porto Alegre, v. 20, n. 59, p. 5-48, nov. 1993.

ALCÂNTARA, Maria Emília Mendes. *Responsabilidade do Estado por atos legislativos e jurisdicionais*. São Paulo: Revista dos Tribunais, 1988.

ALMEIDA, Vitor Luís de. A responsabilidade civil do Estado por erro judiciário sob a ótica do sistema lusófono. Análise nos ordenamentos jurídicos português e brasileiro. *Revista de Informação Legislativa*. Brasília, ano 49, n. 196, out./dez. 2012.

ALMEIDA, Vitor Luís de. *A responsabilidade civil do Estado por erro judiciário*. Belo Horizonte: D'Plácido, 2016.

ARAÚJO, Edmir Netto de. O Estado Juiz e sua responsabilidade. *BDA*: boletim de direito administrativo, São Paulo, v. 2, p. 20-27, jan. 1986.

ARAÚJO, Edmir Netto de. *Responsabilidade do Estado por ato jurisdicional*. São Paulo: Revista dos Tribunais, 1981.

ARDANT, Philippe. *La responsabilité de l'État du fait de la fonction juridictionelle*. Paris: LGDJ, 1956.

CAHALI, Yussef Said. *Responsabilidade civil do Estado*. São Paulo: Revista dos Tribunais, 2007.

CANOTILHO, José Joaquim Gomes de. *O problema da responsabilidade do Estado por actos lícitos*. Coimbra: Almedina, [1972?].

CARLIN, Volnei Ivo. A responsabilidade civil do Estado resultante do exercício das funções jurisdicionais. *Revista dos Tribunais*, São Paulo, v. 71, n. 557, p. 15-26, mar. 1982.

CAVALIERI FILHO, Sérgio. *Programa de responsabilidade civil*. 3. ed. São Paulo: Malheiros, 2002.

CHILE. Constitución (1980). *Constitución Política de la República del Chile*. Disponível em: https://www.camara.cl/camara/media/docs/constitucion_politica.pdf. Acesso em: 21 fev. 2018.

CIRILLO, Gianpiero Paolo; SORRENTINO, Federico. *La responsabilità del giudice*: legge 177/1988. Napoli: Jovene, 1988.

COTRIM NETO, Alberto Bittencourt. Da responsabilidade do Estado por atos do juiz em face da Constituição de 1988. *Revista da AJURIS*, Porto Alegre, n. 55, p. 76-103, jul. 1992.

CRETELLA JÚNIOR, José. *Comentários à Constituição de 1988*. 3. ed. Rio de Janeiro: Forense Universitária, 1998. v. 2.

CRETELLA JÚNIOR, José. Responsabilidade do Estado por atos judiciais. *Revista de Direito Administrativo*, Rio de Janeiro, n. 99, p. 13-32, jan./mar. 1970.

DELGADO, José Augusto. Poderes, deveres e responsabilidade do juiz. *Revista Forense*, Rio de Janeiro, v. 84, n. 301, p. 335-346, jan./mar. 1988.

DELGADO, José Augusto. Responsabilidade civil do Estado pela demora na prestação jurisdicional. *Revista de Processo*, São Paulo, v. 10, n. 40, p. 147-156, out./dez. 1985.

DI PIETRO, Maria Sylvia Zanella. Responsabilidade civil do Estado. In: RODRIGUES JUNIOR, Otavio Luiz; MAMEDE,

Gladston; ROCHA, Maria Vital da (Coord.). *Responsabilidade civil contemporânea*: em homenagem a Sílvio de Salvo Venosa. São Paulo: Atlas, 2011.

DIAS, José de Aguiar. *Da responsabilidade civil*. 6. ed. Rio de Janeiro: Forense, 1979. v. 2.

DIAS, Nélia Daniel. *A responsabilidade civil do juiz*. 2. ed. Lisboa: DisLivro, 2005.

DUEZ, Paul. *La responsabilité de la puissance publique*: en dehors du contrat. Paris: Dalloz, 1927.

FARIA, Edimur Ferreira de (Coord.). *Responsabilidade Civil do Estado no ordenamento jurídico e na jurisprudência atuais*. Belo Horizonte: Del Rey, 2014.

FIGUEIREDO, Adriano Tito Cavalcanti. *A responsabilidade civil do Estado pela Administração da Justiça: o erro judiciário*. Dissertação de Mestrado. Universidade Autônoma de Lisboa "Luís de Camões". Lisboa, 2022. Disponível em: https://repositorio.ual.pt/bitstream/11144/5789/1/Adriano%20Tito.pdf. Acesso em: 14 maio 2023.

FRISON-ROCHE, Marie-Anne. L'erreur du juge. *Revue Trimestrielle de Droit Civil*, Paris, n. 4, p. 824, oct./déc. 2001.

GALLI BASUALDO, Martín. *Responsabilidad del Estado por su actividad judicial*. Buenos Aires: Hammurabi, 2006.

GHERSI, Carlos Alberto. *Responsabilidad de los jueces y juzgamiento de funcionarios*. Buenos Aires: Astrea. 2003.

GONZÁLEZ PÉREZ, Jesús. *Responsabilidad patrimonial de las administraciones públicas*. 8. ed. Cizur Menor: Civitas, 2016.

GRINOVER, Ada Pellegrini. A responsabilidade do juiz brasileiro. In: *Estudos de direito processual em homenagem a José Frederico Marques*. São Paulo: Saraiva, 1982.

LACERDA, Galeno. *Comentários ao Código de Processo Civil*. Rio de Janeiro: Forense, 1980. v. 8, t. 1.

LACERDA, M. C. *Erro judicial*: dever constitucional do Estado de indenizar. Campo Grande: OAB-MS, 2001.

LAZERGES, Christine. Réflexions sur l'erreur judiciaire. *Revue de Science Criminelle et de Droit Pénal Comparé*, Paris, n. 3, p. 709-718, jul./set. 2006.

LESSA, Pedro. *Do poder judiciário*: direito constitucional brasileiro. Rio de Janeiro: F. Alves, 1915.

MARTINS, Pedro Batista. *Comentários ao Código de Processo Civil*. Rio de Janeiro: Forense, [19--]. v. 1.

MAXIMILIANO, Carlos. *Comentários à Constituição brasileira*. 5. ed. Rio de Janeiro: Freitas Bastos, 1954. v. 3.

MEIRELLES, Hely Lopes. *Direito administrativo brasileiro*. 14. ed. São Paulo: Revista dos Tribunais, 1989.

MIRANDA, Francisco Cavalcanti Pontes de. *Comentários ao Código de Processo Civil*. Rio de Janeiro: Forense, 1974. t. 5.

NANNI, Giovanni Ettore. *A responsabilidade civil do juiz*. São Paulo: Max Limonad, 1999.

NUNES, José de Castro. *Da fazenda pública em juízo*: tribunal federal de recursos, juízo dos feitos. Rio de Janeiro: Freitas Bastos, 1950.

PARELLADA, Carlos Alberto. *Daños en la actividad judicial e informática desde la responsabilidad profesional*. Buenos Aires: Astrea, 1990.

PEREIRA, João Aveiro. *A responsabilidade civil por actos jurisdicionais*. Coimbra: Coimbra Ed., 2001.

PINTO, Nelson Luiz Guedes Ferreira. A responsabilidade civil do Estado por atos judiciais. In: *Cadernos [da] pós-graduação*: direito civil comparado II: estudos sobre a responsabilidade civil. Belo Horizonte: Faculdade de Direito da UFMG 1977.

PORTO, Mário Moacyr. Responsabilidade do Estado pelos atos dos seus juízes. *Revista dos Tribunais*, São Paulo, v. 71, n. 563, p. 9-14, set. 1982.

ROCHA, Carmen Lúcia Antunes. Observações sobre a responsabilidade patrimonial do Estado. *Revista Forense*, Rio de Janeiro, v. 86, n. 311, p. 3-25, jul./set. 1990.

SALAZAR, Alcino de Paula. *Responsabilidade do poder público por atos judiciais*. Rio de Janeiro: Canton & Reile, 1941.

SANTOS, João Manuel de Carvalho. *Código Civil brasileiro interpretado*. 9. ed. Rio de Janeiro: Freitas Bastos, 1960. v. 1.

SÉ, João Sento. *Responsabilidade civil do Estado por atos judiciais*. São Paulo: J. Bushatsky, 1976.

SILVA, Juary C. Responsabilidade civil do Estado por atos jurisdicionais. *Revista dos Tribunais*, São Paulo, v. 53, n. 351, p. 19-50, jan. 1965.

SILVA FILHO, Artur Marques da. Juízes irresponsáveis? una indagação sempre presente. *Revista dos Tribunais*, São Paulo, v. 80, n. 674, p. 70-80, dez. 1991.

SOUZA, José Guilherme de. A responsabilidade civil do Estado pelo exercício da atividade judiciária. *Revista dos Tribunais*, São Paulo, v. 79, n. 652, p. 29-49, maio 1978.

STOCO, Rui. Responsabilidade por erro judiciário em ação penal condenatória. *Revista de Direito Privado*, São Paulo, v. 3, n. 12, p. 295-302, out./dez. 2002

SUANNES, Adauto. A responsabilidade do juiz pelo erro judiciário. *Cadernos de Advocacia Criminal*, Porto Alegre, v. 1, n. 6, p. 124-130, dez. 1988.

SUANNES, Adauto. Má prestação judicial e indenização correspondente. *Revista Brasileira de Ciências Criminais*, São Paulo, p. 62-69, dez. 1992. Número especial.

TENORE, Vito (Coord.). *Il magistrato e le sue quattro responsabilità*: civile, disciplinare, penale, amministrativo-contabile: magistrati ordinari, amministrativi, contabili, militari: normativa, giurisprudenza e dottrina. Aggiornato alla Legge n. 18/2015. Milano: Giuffrè, 2016.

VELLOSO, Carlos Mário da Silva. Problemas e soluções na prestação da justiça. *Revista dos Tribunais*, São Paulo, v. 80, n. 664, p. 215-235, fev. 1991.

VELLOSO, Carlos Mário da Silva. Responsabilidade civil do Estado. *Revista de Informação Legislativa*, Brasília, v. 24, n. 96, p. 233-253, out./dez. 1988.

VIANNA, José Ricardo Alvarez. *Erro judiciário e sua responsabilização civil*. São Paulo: Malheiros, 2017.

WAMBIER, Luiz Rodrigues. A responsabilidade civil do Estado decorrente dos atos jurisdicionais. *Revista dos Tribunais*, São Paulo, v. 77, n. 633, p. 34-42, jul. 1988.

Art. 5º, LXXVI – são gratuitos para os reconhecidamente pobres, na forma da lei:

a) o registro civil de nascimento;

b) a certidão de óbito;

LXXVII – são gratuitas as ações de *habeas corpus* e *habeas data*, e, na forma da lei, os atos necessários ao exercício da cidadania;

Luiz Guilherme Marinoni
Daniel Mitidiero

1. Introdução

O direito constitucional brasileiro anterior não contava com previsões similares àquelas constantes dos incisos LXXVI e LXXVII do art. 5º, CRFB. Trata-se de inovação do direito constitucional vigente. No plano internacional, não existem igualmente normas jurídicas dessa mesma ordem, nada obstante o Pacto Internacional sobre Direitos Civis e Políticos, de 1966, já tenha previsto que os seus signatários têm o dever de assegurar a "homens e mulheres igualdade no gozo de todos os direitos civis e políticos" (art. 3º)[1], o que obviamente passa pelo registro civil de nascimento da pessoa e pelos atos necessários ao exercício da cidadania.

2. Âmbito de proteção

O art. 5º, incisos LXXVI e LXXVII, CRFB, declara que são gratuitas, para quem quer que seja, a impetração de *habeas corpus* (art. 5º, inciso LXVIII, CRFB) e de *habeas data* (art. 5º, inciso LXXII, CRFB), e, na forma da lei, os atos necessários ao exercício da cidadania. Aos reconhecidamente pobres, na forma da lei, são gratuitos o registro civil de nascimento e a certidão de óbito, bem como as certidões que atestam tais atos.

3. Funções

Os incisos LXXVI e LXXVII do art. 5º, CRFB, têm nítida função de prestação social – outorgam "direito do particular de obter algo através do Estado"[2].

4. Titulares

Toda e qualquer pessoa tem direito à gratuidade do *habeas corpus*, do *habeas data* e dos atos necessários ao exercício da cidadania. Toda e qualquer pessoa reconhecidamente pobre tem direito à gratuidade do registro civil de nascimento e da certidão de óbito.

5. Destinatários

O legislador infraconstitucional é o primeiro destinatário dos direitos fundamentais postos nos incisos LXXVI e LXXVII do art. 5º, CRFB. Daí a razão pela qual editou as Leis ns. 7.844, de 1989, 10.215, de 2001, que alteraram a Lei n. 6.015, de 1973, e 9.265, de 1996. Também o administrador público e a administração da justiça estão vinculados à força normativa dos direitos fundamentais precitados, na medida em que devem observar a gratuidade constitucional.

6. Conformação infraconstitucional

São reconhecidamente pobres, tendo direito à gratuidade do registro civil de nascimento, da certidão de óbito e das respectivas certidões (art. 30, Lei n. 6.015, de 1973), aqueles que assim se declararem. O estado de pobreza será comprovado por declaração do próprio interessado ou a rogo, em se tratando de analfabeto, neste caso acompanhada da assinatura de duas testemunhas (art. 30, § 1º, Lei n. 6.015, de 1973). O Supremo Tribunal Federal já decidiu que, nesses casos, os delegados do Poder Público não têm direito a emolumentos, haja vista a expressa manifestação constitucional[3].

A Lei n. 9.265, de 1996, em atenção ao art. 5º, inciso LXXVII, CRFB, disciplinou quais são os atos necessários ao exercício da cidadania. Assim, são considerados gratuitos os atos que capacitam o cidadão ao exercício da soberania popular, a que se reporta o art. 14, CRFB, aqueles referentes ao alistamento militar, os pedidos de informações ao poder público, em todos os seus âmbitos, objetivando a instrução de defesa ou a denúncia de irregularidades administrativas na órbita pública, as ações de impugnação de mandato eletivo por abuso do poder econômico, corrupção ou fraude e quaisquer requerimentos ou petições que visem as garantias individuais e a defesa do interesse público (art. 1º, Lei n. 9.265, de 1996).

7. Referências bibliográficas

CANOTILHO, José Joaquim Gomes. *Direito constitucional e teoria da Constituição*, 3. ed. Coimbra: Almedina, 1999.

COMPARATO, Fábio Konder. *A afirmação histórica dos direitos humanos*, 5. ed. São Paulo: Saraiva, 2007.

Art. 5º, LXXVIII – a todos, no âmbito judicial e administrativo, são assegurados a razoável duração do processo e os meios que garantam a celeridade de sua tramitação;

Samuel Miranda Arruda

O DIREITO FUNDAMENTAL À RAZOÁVEL DURAÇÃO DO PROCESSO

1. Introdução

Passados mais de 30 anos da promulgação da Constituição Federal, dezenas de emendas promoveram acréscimos, supressões

---

1. Fábio Konder Comparato, *A afirmação histórica dos direitos humanos*, 5. ed. São Paulo: Saraiva, 2007, p. 289.

2. José Joaquim Gomes Canotilho, *Direito constitucional e teoria da Constituição*, 3. ed. Coimbra: Almedina, 1999, p. 384.

3. STF, Pleno, MC na ADI n. 1.800/DF, rel. Min. Nelson Jobim, j. em 06.04.1998, *DJ* 03.10.2003, p. 10.

ou modificações no texto constitucional, sendo que apenas duas delas recaíram sobre o corpo deste art. 5º da Lei Magna, o qual enuncia, precipuamente, os direitos fundamentais individuais.

Tal fato parece-nos parcialmente justificável, já que era bastante amplo e completo o rol original dos direitos fundamentais explicitamente assegurados pelo constituinte. De toda forma, é inegável que os direitos fundamentais aí acrescentados – os únicos em mais de três décadas de amiudadas e extensas reformas constitucionais – devem ser reputados de especialíssima relevância.

Segundo compreendemos, há uma razão lógica bem evidente a determinar a inserção do direito à razoável duração do processo no rol do art. 5º, o que corresponde a uma evolução natural. É que, como documento consagrador da plena restauração democrática, a Constituição de 1988 ocupou-se especialmente de garantir o amplo acesso à justiça. E assim procedeu vedando fossem excluídas da apreciação do Poder Judiciário lesões ou ameaças a direito. Sob outra perspectiva, é possível concluir também que o constituinte quis ampliar o acesso à jurisdição ao promover o fortalecimento das ações coletivas, que facilitam a multiplicação dos efeitos das decisões judiciais.

Assim, naquele primeiro momento de consolidação do Estado democrático, era natural fosse priorizada uma perspectiva quantitativa da cláusula de acesso à justiça. Consequência material disso foi o exponencial crescimento da justiça federal e também da justiça do trabalho, que inclusive passou a contar com tribunais em praticamente todos os estados federados. É válido dizer, pois, que a redação originária do texto constitucional preocupou-se especialmente em ampliar – numericamente, poder-se-ia dizer – o acesso à jurisdição.

Embora seja possível afirmar que o postulado do devido processo legal já compreenda algumas das garantias materiais que podem ser relacionadas à perspectiva qualitativa da prestação jurisdicional, cremos que esse viés não havia sido suficientemente contemplado pelo constituinte originário. Evidentemente, essas duas perspectivas – quantitativa e qualitativa – do direito à tutela judicial por vezes se apresentam de maneira contraditória ou em uma relação de consecutividade, sendo compreensível que à ampliação do acesso corresponda uma perda de qualidade e mesmo que haja um momento anterior de universalização do acesso a que se segue naturalmente uma demanda por qualidade na prestação jurisdicional.

Parece-nos bem evidente, portanto, que a inclusão do inciso LXXVIII neste artigo 5º marca a consolidação de uma nova etapa: uma fase em que o constituinte, já havendo assegurado o acesso à justiça, preocupa-se em garantir a qualidade do cumprimento dessa missão estatal. Aqui será interessante fazer um paralelo com a evolução que representou a edição da Emenda Constitucional 19, que incluiu a eficiência como princípio constitucional da administração pública. Se esta primeira reforma introduziu a eficiência como valor perseguido pelo administrador público, o inciso LXXVIII incorporou o valor eficiência temporal como parâmetro de consecução da justiça.

2. A razoável duração do processo no constitucionalismo brasileiro

Dentre as várias Constituições anteriores, apenas a de 1934, de curta vigência, continha norma semelhante à presente. Seu artigo 113, 35, primeira parte, previa: "a lei assegurará o rápido andamento dos processos nas repartições públicas". É importante realçar que esta norma se achava inserida justamente no título dedicado à "Declaração de Direitos", e mais especificamente no capítulo dos direitos e garantias individuais. Assim, o constituinte de então criou um verdadeiro "direito ao rápido andamento dos processos", embora se tenha referido algo impropriamente aos feitos em tramitação "nas repartições públicas". Naturalmente, essa norma é apenas um embrião da moderna noção de razoável duração dos processos. De toda sorte, é um precedente interessante, especialmente porque considerou a celeridade dos processos como direito individual do cidadão.

Porém, uma análise histórica desse direito fundamental no constitucionalismo brasileiro destaca-se mais pelas lacunas do que pelos precedentes históricos. Enquanto outros ordenamentos constitucionais que nos têm influenciado – a exemplo do norte-americano – consagraram normas semelhantes há mais de 200 anos, as Constituições brasileiras mais recentes foram omissas quanto ao tema, podendo-se dizer que a Emenda n. 45 representou simultaneamente uma inovação na Constituição vigente e uma mudança de paradigma em relação à nossa tradição constitucional.

3. O direito à razoável duração do processo no direito internacional dos direitos humanos

Embora no plano internacional a grande referência constitucional do direito fundamental em análise seja a 6ª emenda à Constituição norte-americana – que assegurou o *right to a speedy trial* –, é inegável que o direito fundamental à razoável duração do processo floresceu e robusteceu-se a partir da jurisprudência dos tribunais internacionais de direitos humanos.

Assim, qualquer estudo que se faça do alcance e conteúdo desse direito fundamental não pode prescindir da análise da jurisprudência dessas cortes, especialmente dos casos apreciados pelo Tribunal Europeu dos Direitos do Homem. Obviamente, será oportuno e necessário verificar também o conteúdo das normas que tratam do tema e estão contidas nas diversas convenções internacionais de direitos humanos.

Talvez por haver sido o dispositivo mais invocado e discutido no âmbito supranacional, representando mesmo uma das normas mais questionadas de toda a Convenção Europeia dos Direitos do Homem, o art. 6.1[4] desse documento transformou-se em paradigma a influenciar e inspirar os legisladores, intérpretes e estudiosos que se debruçaram sobre o tema da razoabilidade temporal dos processos.

Embora em termos históricos outras convenções internacionais guardem inclusive uma primazia temporal em relação à Convenção Europeia, os dispositivos lá contidos representaram um notável avanço na incipiente doutrina desse direito fundamental. Em primeiro lugar, a norma convencional estendeu o âmbito de abrangência do direito ao plano cível. Registre-se que de acordo

---

4. A primeira parte do artigo 6.1, na versão portuguesa, dispõe: "Qualquer pessoa tem direito a que sua causa seja examinada, equitativa e publicamente, num prazo razoável por um tribunal independente e imparcial, estabelecido pela lei, o qual decidirá, quer sobre a determinação dos seus direitos e obrigações de caráter civil, quer sobre o fundamento de qualquer acusação em matéria penal dirigida contra ela".

com a tradição iniciada a partir da Constituição americana havia uma quase absoluta limitação do âmbito de aplicação do *right to a speedy trial* aos feitos criminais. Foi a norma europeia que dilatou a discussão assegurando os direitos dos litigantes em feitos não criminais. Para além desse enlarguecimento do conteúdo, o dispositivo convencional europeu propagou a ideia de *razoabilidade* temporal dos processos. É importante ressaltar que a norma constitucional americana referia-se a um julgamento "rápido", noção que tem contornos mais estreitos do que o conceito de razoabilidade. Foi na esteira do desenvolvimento desse conceito de "tempo razoável" e buscando concretizá-lo a partir de sua aplicação na Corte de Estrasburgo que se desenvolveram os critérios de aferição da razoabilidade temporal. Note-se que nos Estados Unidos, embora a positivação desse direito fundamental seja bem mais antiga e a norma correspondente venha sendo aplicada há dois séculos, não se desenvolveram critérios tão ricos e multifacetados quanto os que se consolidaram na jurisprudência europeia.

Um comentário à norma brasileira não pode passar ao largo das normas contidas na Convenção Americana dos Direitos do Homem. É que não tendo havido uma constitucionalização explícita desse direito fundamental na versão original da Constituição[5], foi com base nos dispositivos convencionais vigentes no Brasil que se iniciou a aplicação do direito à razoável duração do processo na jurisprudência brasileira. A norma constante do Pacto de San José da Costa Rica[6] guarda bastantes similitudes com o dispositivo europeu, podendo mesmo dizer-se que há um verdadeiro modelo supranacional de enunciação do direito à razoável duração do processo, modelo este que de certa forma reproduz-se no Pacto Internacional de Direitos Civis e Políticos e nas Convenções Europeia e Interamericana de Direitos do Homem. Embora a Corte Interamericana de Direitos do Homem tenha tido uma atuação bem menos profícua que a Europeia, há alguns precedentes jurisprudenciais importantes no espaço interamericano, sendo válido consignar que a Corte já condenou o Brasil por violação do direito à razoável duração do processo, destacando-se as decisões tomadas nos casos Ximenes Lopes *vs.* Brasil e Garibaldi *vs.* Brasil.

4. Titularidade do direito fundamental

O constituinte parece haver tido o propósito de espancar dúvidas quanto à definição dos titulares desse direito fundamental. A norma contém a expressão "todos", que é partícula de inclusão absoluta. Já dissemos alhures que em matéria de titularidade, os direitos fundamentais processuais são aqueles de maior amplitude. No caso em análise, pensamos que a titularidade do direito é de ser reconhecida a quem quer que possua capacidade de apresentar pretensão em juízo ou mesmo no âmbito administrativo. Assim, a parte – qualquer que seja ela – será em princípio titular de um direito fundamental à razoável duração do processo.

No que diz respeito à pessoa jurídica de direito privado, litigante em parcela considerável dos processos em tramitação no Brasil, cremos não haver qualquer óbice ao reconhecimento de sua qualidade de titular de direitos fundamentais, e especificamente do direito em estudo. Problema mais intrigante será o de avaliar se a norma tutela também as prerrogativas de pessoas jurídicas públicas e mesmo do Ministério Público. A questão é bastante polêmica e é objeto de intensos debates na doutrina estrangeira. Não sendo este o tópico adequado ao aprofundamento da matéria, referimos apenas que os direitos fundamentais processuais são sempre os mais utilizados como exemplos pela doutrina que entende possível a atribuição de direitos fundamentais às pessoas públicas. De toda sorte, cremos válida a invocação por uma autarquia ou mesmo pelo Ministério Público de seu direito a que o processo interposto tenha duração razoável. É necessário frisar que o Ministério Público, por exemplo, litiga em defesa de interesses difusos ou coletivos ou em substituição a menores e incapazes, não sendo de admitir-se que esses interesses tão relevantes – e que constituem os objetos dos litígios – venham a ser vulnerados pela excessiva delonga dos feitos propostos. Daí a saber se tal direito poderá ser rotulado "fundamental" nos parece de menor relevância, embora compreendamos que os direitos se consideram fundamentais por sua própria natureza, e não pela qualidade das pessoas que os detêm ou exercem.

5. Destinatários

5.1. O Poder Executivo e a administração da justiça como destinatários

O constituinte brasileiro não se limitou a assegurar a razoável duração do processo. Foi além, e buscou garantir também os meios que propiciam a celeridade da tramitação dos feitos. Tal preocupação do constituinte expressa o reconhecimento, ainda que implícito, de que a preservação desse direito fundamental depende em larga medida de investimentos do poder público e de uma melhoria na gestão da administração da justiça. Ou seja, em não sendo disponibilizados os meios materiais necessários não poderá haver processo célere. Assim, esse direito fundamental aproxima-se daqueles que estão condicionados a uma prestação estatal. Integra um raro grupo dos direitos fundamentais processuais prestacionais. Em um certo sentido assemelha-se aos direitos processuais sociais, gênero que engloba, por exemplo, o direito à assistência judiciária gratuita.

A asseguração do direito passa, portanto, por medidas de política e gestão judiciária. Como é de nossa tradição, a administração da justiça se acha enfeixada nos próprios tribunais, nas mãos dos julgadores. O juiz brasileiro é simultaneamente juiz e administrador da justiça. Desta forma, não há dúvida de que esta norma *jus* fundamental obriga o administrador do judiciário. E será ele – administrador do judiciário – o responsável maior pela observância do direito fundamental em larga escala. Só haverá justiça estruturalmente célere com boa governança judiciária[7]. A norma lança, pois, um comando ao administrador da justiça que

---

5. Muito embora tenhamos sempre defendido que o direito podia ser extraído de inúmeros dispositivos constitucionais que o abarcavam.

6. Art. 8º, 1: "Toda pessoa terá o direito de ser ouvida, com as devidas garantias e dentro de um prazo razoável, por um juiz ou Tribunal competente, independente e imparcial, estabelecido anteriormente por lei, na apuração de qualquer acusação penal formulada contra ela, ou na determinação de seus direitos e obrigações de caráter civil, trabalhista, fiscal ou de qualquer outra natureza".

7. O momento pode ser propício a discutir-se se não seria desejável ou mesmo imperativa a profissionalização da gestão da Justiça, reservando-se apenas funções de supervisão e definição de diretrizes à cúpula da Justiça.

deve exercer suas funções tendo como norte, também, o cumprimento do dever de assegurar a tramitação dos feitos em tempo razoável. Tais tarefas são de cunho eminentemente administrativo e aproximam-se das funções exercidas pelo Executivo. Ora, mas este poder tem pouca ingerência na gestão direta dos tribunais. Não lhe compete distribuir competências, repartir e criar comarcas, deslocar cargos, propor a racionalização dos serviços judiciais. Estas todas são prerrogativas do próprio Poder Judiciário a teor do disposto nos arts. 96 e 99 da Constituição. Ainda assim, vemos o Executivo como destinatário da norma. Em primeiro lugar porque lhe cabe a responsabilidade de traçar as diretrizes maiores da administração nacional ou estadual. Evidentemente, são os recursos arrecadados pelo Executivo que findarão por financiar os custos do cumprimento do dever de prestar justiça em tempo hábil. Daí que a administração da justiça não tem como deixar de subordinar-se, ao menos indiretamente, às políticas públicas estabelecidas e fixadas pelo Executivo.

Nesta oportunidade, contudo, cremos importante realçar um outro ponto. É que a maior contribuição que o Executivo pode dar ao cumprimento desse direito fundamental relaciona-se ao comportamento do poder público como parte processual. É o Estado-parte o responsável por grande parcela dos feitos que praticamente inviabilizam o andamento da justiça nacional. Não custa relembrar que há todo um ramo da justiça brasileira (a Justiça Federal) quase exclusivamente dedicado às causas que têm a União, suas empresas públicas e autarquias como litigantes ativos ou passivos. Ora, enquanto destinatário da norma compete ao Executivo tomar as medidas ao seu alcance para evitar a lesão ao direito fundamental. Aí se inclui, sem sombra de dúvida, o dever de evitar a proliferação de causas inúteis que congestionam a justiça e a obrigação de não utilizar o Poder Judiciário como instrumento de postergação do cumprimento dos deveres próprios do poder público. Temos, pois, que o Estado-parte deve ser considerado dos mais importantes destinatários dessa norma.

5.2. O Poder Legislativo como destinatário do direito fundamental

No que diz respeito à vinculação do Poder Legislativo a essa norma *jus* fundamental, visualizamos duas grandes espécies de intervenções legislativas assecuratórias do direito em estudo. Em primeiro lugar, competirá ao legislador estabelecer um sistema procedimental que viabilize a tramitação dos processos em tempo razoável. Assim, ao ocupar-se de temas como procedimento, rito, administração da justiça, sistema recursal, prazos processuais e assuntos correlatos, o legislador deve estar atento à orientação do constituinte, buscando atuar para dar efetividade ao direito fundamental sob análise. Incumbe-lhe, pois, curar para que suas intervenções na seara processual conduzam à redução do prazo médio de tramitação dos feitos ou, pelo menos, que não causem impacto negativo de monta que impossibilite na prática a observância desse direito fundamental. Aqui, vale registrar que um sistema processual complexo, com multiplicidade de recursos e atos inúteis, ocasionará lesão difusa e repetida ao direito à razoável duração do processo, mesmo que haja uma gestão eficiente do sistema judicial.

Por outro lado, é necessário também que o legislador atue de forma a dar uma proteção mais efetiva ao direito fundamental, estabelecendo meios e fórmulas processuais específicas de exercício do direito, fixando eventuais consequências processuais para os casos de lesão e critérios de definição da razoabilidade, entre outros desenvolvimentos úteis. Seria particularmente necessário que o legislador definisse e aclarasse a extensão da responsabilidade estatal nas hipóteses de lesão à norma, de forma a dar ao jurisdicionado um meio concreto de reparação do dano que a morosidade processual lhe causou.

No vigente Código de Processo Civil o legislador fez expressa referência ao direito fundamental no capítulo das normas fundamentais do processo civil, seja declarando que "as partes têm o direito de obter em prazo razoável a solução integral do mérito, incluída a atividade satisfativa" (art. 4º), seja estabelecendo que "todos os sujeitos do processo devem cooperar entre si para que se obtenha, em tempo razoável, decisão de mérito justa e efetiva" (art. 6º). Daí se verifica que o legislador procurou aclarar os contornos do direito no âmbito processual civil, assim como reconheceu expressamente a obrigação de cooperação das partes visando à prolação de decisão de mérito em tempo razoável.

5.3. A vinculação do Estado-juiz

Em uma certa medida é possível afirmar que o Estado-juiz é o destinatário principal dessa norma. Realmente, nos casos concretos é o Poder Judiciário que vai dar efetivo cumprimento ao comando constitucional ou desrespeitá-lo. Como vimos acima, a atuação dos órgãos judiciais dependerá em larga medida dos meios materiais que lhes sejam disponibilizados, da eficiência administrativa da justiça e do arcabouço normativo – do ambiente procedimental – em que se presta a tutela jurisdicional. Dito isto, é de se realçar, por outro lado, que o julgador será sempre o destinatário imediato do direito à razoável duração do processo. É à Justiça que caberá garantir não sejam as prerrogativas da parte vulneradas com atrasos imoderados que representem a negação do direito fundamental. Este fato embute um paradoxo: sendo o Poder Judiciário o órgão a que se deve recorrer nas hipóteses de lesão a direito fundamental, não é absurdo admitir que se pleiteie em juízo a reparação pela ineficiência do próprio sistema judicial. Assim, em ambiente de ineficiência estrutural do sistema judiciário, tem-se uma repetição das lesões ao direito fundamental e uma potencial proliferação de demandas cujo objeto será a morosidade dos feitos.

É lamentável que o Poder Judiciário – em certa medida estimulado pelo Legislativo – esteja limitando-se a mitigar os efeitos da morosidade crônica através da concessão de medidas liminares que se constituem em decisões rápidas, porém precárias e incertas, que não asseguram o cumprimento do direito fundamental, mas apenas diminuem algumas das consequências mais agudas da demora, perpetuando, contudo, a insegurança jurídica e vulnerando cláusulas como o devido processo legal, o contraditório e a ampla defesa.

Será necessário que a via judicial se mantenha aberta para receber demandas que tratem da violação desse direito fundamental. Parece-nos viável a utilização de instrumentos como o *habeas corpus* e o mandado de segurança para assegurar o cumprimento dessa regra constitucional. Como veremos na sequência, a primeira ação é já costumeiramente utilizada para combater alguns dos efeitos da demora processual, a exemplo da prisão processual por tempo excessivo.

6. Conteúdo do direito: definindo razoável duração do processo

A compreensão do conceito de "razoável duração do processo" passa inicialmente pela determinação do que ele não é. Tempo razoável não se confunde ou se identifica com prazo processual. Ou seja, não basta que haja o transcurso do(s) prazo(s) processual(ais) fixado(s) para a prática de um dado ato para que se considere violado o direito fundamental. Nesse caso, houve o mero descumprimento de um prazo processual, que tem consequências próprias, fixadas na legislação ordinária. Por outro lado, a duração razoável do processo não pode ser também matematicamente fixada *a priori,* em um determinado número de dias ou meses, como uma regra geral aplicável a casos distintos. Assim, toda identificação do direito fundamental com um intervalo temporal predeterminado parece-nos redutora de seu conteúdo, que precisa ser concretizado de forma individualizada, a partir das peculiaridades do processo específico cuja duração é questionada.

Tal concretização não se faz de forma aleatória, mas a partir de critérios já bem definidos no âmbito da jurisprudência dos tribunais de direitos humanos. Note-se que a adoção desses critérios vem sendo chancelada pelo STF e pelo STJ sempre que esses tribunais foram instados a pronunciar-se acerca do direito fundamental. Vejamos os principais critérios:

a) complexidade do caso – aqui se analisa o grau de complexidade do feito, a partir de parâmetros como a complexidade jurídica, a complexidade da matéria de fato e a complexidade probatória da causa. Assim, é comum que o julgamento de um processo demande a realização de perícia demorada, ou mesmo a oitiva de testemunhas no estrangeiro ou em diversos estados federados, o que justifica a morosidade na tramitação processual. O critério pode ser utilizado também de forma "negativa"; ou seja, há processos em que não estão presentes quaisquer fatores de complexidade, tornando qualquer demora pouco justificável, observados os demais critérios;

b) conduta das autoridades – tal critério relaciona-se à forma de atuação do poder público – especialmente do poder judiciário – na condução do processo. Avalia-se em que medida o eventual atraso na tramitação do feito pode ser imputado à inércia, omissão ou desídia de órgãos públicos. No âmbito do processo penal, verifica-se, por exemplo, se a demora processual decorreu da morosidade das investigações conduzidas no inquérito, se houve atraso na prolação dos despachos judiciais ou se as audiências deixaram de realizar-se por ausência injustificada do julgador ou do membro do Ministério Público. O que se infere, portanto, é em que medida o atraso processual pode ser considerado de responsabilidade do Estado. Na jurisprudência europeia se analisa especialmente a ocorrência dos chamados "tempos mortos", períodos de completa inércia do processo, que deixa de ser impulsionado pelo julgador ou que decorre da paralisia dos serviços de apoio;

c) conduta dos litigantes – neste caso o propósito será de verificar se os litigantes contribuíram para a demora do feito. É bastante comum que uma das partes tenha pouco interesse na resolução do litígio e faça uso do tempo como arma, que emprega para evitar o desfecho de um julgamento que presume desfavorável. Assim, há casos em que a própria parte, dolosamente, abusa de todas as prerrogativas e faculdades que a legislação lhe confere para impedir a conclusão do processo. Pode ocorrer, também, que não haja propriamente uma intenção deliberada de procrastinar o feito, mas por desídia ou inércia a parte dá causa a atrasos imoderados no trâmite processual. Questão que consideramos das mais tormentosas registra-se quando embora o atraso seja imputável exclusivamente aos litigantes, a demora decorra do exercício lícito do direito de defesa. Nestas hipóteses – em não havendo abuso e litigância de má-fé –, não se poderá cogitar de lesão ao direito fundamental.

7. Âmbito de abrangência

O constituinte deu ao direito fundamental uma louvável amplitude. Não o restringiu à esfera criminal e nem mesmo limitou-o aos processos judiciais. Quis garantir a razoável duração dos processos nos planos "judicial e administrativo". Evidentemente, há diferenças consideráveis entre essas duas esferas que mantêm suas próprias peculiaridades. Contudo, a plena proteção do interesse do cidadão só se faria se o direito fosse estendido também ao âmbito administrativo, pois muitas vezes a demora judicial nada mais é do que uma reiteração da morosidade de um anterior procedimento administrativo, o que castiga duplamente o administrado/jurisdicionado. A referência do constituinte foi sobremaneira relevante para garantir a aplicação do direito fundamental no curso do inquérito policial, procedimento que tem se caracterizado por uma morosidade excessiva e que, por sua natureza, vulnera as mais basilares prerrogativas do investigado.

8. Um direito subjetivo à razoável duração do processo?

No curso da discussão da Emenda Constitucional n. 45, que introduziu o inciso LXXVIII no art. 5º da CF, ficou evidenciada a preocupação do constituinte em evitar que esse dispositivo tivesse um caráter meramente programático. Chegou-se a defender que a norma explicitamente consignasse a garantia da "razoável duração do processo, como direito público subjetivo" do jurisdicionado. Era esta a redação proposta pelo então relator do projeto, Senador Bernardo Cabral. O texto final acabou por não contemplar a enunciação do caráter subjetivo do direito, o que nos parecia realmente exagerado.

A questão contudo, subsiste. Naturalmente, há sempre dimensões e perspectivas subjetivas e objetivas associadas aos diversos direitos fundamentais. No caso do direito em análise, contudo, o problema se torna mais agudo em face das dificuldades de assegurar uma proteção efetiva e concreta dos cidadãos que se vêem lesionados em seu direito à razoável duração do processo. A matéria acaba, portanto, por confundir-se com o tema da tutela do direito fundamental, que também não será desprovida de dificuldades. A possibilidade de invocação da norma constitucional perante o poder judiciário, para fazer cessar uma agressão certa e determinada ao direito fundamental, decorrente da desarrazoada morosidade de um feito processual é talvez o maior desafio com que se depara o intérprete e o aplicador do dispositivo.

Assim, não é surpreendente que essa discussão domine a formação da jurisprudência sobre a matéria no âmbito do Supremo Tribunal Federal.

9. O direito à razoável duração do processo na jurisprudência do STF e do STJ

O HC 91.041/PE, relatado pelo Ministro Carlos Britto, parece-nos o *leading case* a partir do qual foi sendo amoldada a jurisprudência da Corte[8]. O fato de os ministros se haverem dividido rigorosamente quanto ao tema em debate, levando ao deferimento da ordem por força do empate, mostra a dificuldade da questão.

O que se discute primordialmente no âmbito do STF é a possibilidade de a parte utilizar-se do *Habeas Corpus* – ou de outro instrumento processual, diga-se – com o propósito de fazer cessar uma violação a seu direito à razoável duração do processo. Na maioria dos casos trazidos à discussão, os impetrantes pretendiam que o STF concedesse uma ordem de *Habeas Corpus* para fazer determinar que o STJ efetuasse o pronto julgamento de recursos ou outras ações que se achavam em tramitação naquela corte e que estavam a ter andamento moroso, em violação à garantia da razoável duração do processo.

À Corte Suprema cabia decidir, pois, se a parte pode invocar direta e subjetivamente este direito fundamental e se lhe cabe – ou a qualquer tribunal – conceder uma ordem que obrigue um órgão jurisdicional de instância inferior a efetuar o julgamento de uma causa. A questão nos parece sinuosa pois em um ambiente de morosidade crônica, tendem a ser repetidos e insistentes os pedidos de concessão de uma "ordem de julgamento", o que tem se confirmado no âmbito do STF. Não nos parece possível, contudo, fechar totalmente a via subjetiva, que deve ser reservada aos casos extremos. Em alguns casos julgados no STF a Corte deferiu a ordem para determinar que o relator do processo no STJ o colocasse em pauta na primeira sessão de julgamento. Em outras oportunidades[9], a Corte Suprema limitou-se a "recomendar" fosse o feito priorizado. O entendimento mais restritivo, de impossibilidade de determinação de ordem de julgamento, acabou por ser posteriormente reiterado no HC 100.299, relatado pelo Ministro Lewandowski e decidido por maioria no âmbito da 1ª Turma do STF, e também no HC 101.693, que acabou por ser denegado, entendendo o STF que não lhe cabia determinar a realização de julgamento no âmbito do STJ, embora com dois votos favoráveis à expedição de ordem de julgamento (HC 101.693, Rel. originário Min. Ayres Brito, Rel. para acórdão Min. Dias Toffoli, julgado em 16.06.2010). Recentemente, o STF aplicou entendimento similar no âmbito do processo administrativo e confirmou decisão de primeiro grau que fixara prazo de 12 meses para a conclusão de procedimento de identificação das terras ocupadas pela comunidade remanescente do quilombo Água Branca. Nessa hipótese aplicou-se o direito à razoável duração do processo administrativo, com determinação de prazo para julgamento (Agravo Regimental no Rec. Extraordinário 1387572, 1ª Turma, Rel. Min. Dias Toffoli, j. 03.11.2022).

Um dos votos vencidos no HC 91.041, proferido pelo Min. Lewandowski, rechaça expressamente a possibilidade da expedição de uma "ordem de julgamento". Para o ministro a questão deveria resolver-se em perdas e danos, assim como ocorre no âmbito do direito civil quando se está diante do descumprimento de uma obrigação de fazer. Haveria aí, portanto, o descumprimento de um dever fundamental do Estado – o de proferir justiça em tempo razoável –, cuja inobservância geraria um direito à indenização. Entra-se aqui na também muito intrincada seara da responsabilidade do Estado por falha ou defeito do Poder Judiciário, que tradicionalmente tem tido seu reconhecimento obstado pela jurisprudência brasileira. É de ser ressaltado, também, que nem sempre as questões trazidas a juízo são facilmente transmudadas em pecúnia, o que torna a indenização um meio inadequado para corrigir com exclusividade o problema.

No âmbito do STJ, a discussão acerca desse direito fundamental era quase inteiramente concentrada na razoabilidade do tempo de duração dos processos com réu preso. A matéria é geralmente discutida em sede de *Habeas Corpus*, que são impetrados visando fazer cessar a constrição que se reputa ilegal. É importante consignar que a jurisprudência daquela Corte vem registrando uma consistente adoção dos critérios de aferição da razoabilidade, tais como a complexidade da causa, a atuação das partes e do Estado-juiz, em detrimento das antigas regras que se limitavam a verificar a fase em que se encontrava o procedimento e o eventual transcurso do prazo de 81 dias entre a denúncia e a conclusão da instrução.

Em decisões mais recentes, o STJ tem analisado os efeitos da violação do direito à duração razoável dos inquéritos policiais mesmo nas hipóteses em que não há restrição da liberdade do investigado. Tem-se entendido que a só condição de investigado já o onera de maneira a justificar a estrita obediência ao direito fundamental. Há julgados determinando o arquivamento do inquérito policial, sem requerimento do Ministério Público, ao argumento de que a violação do direito à razoável duração do processo seria flagrante e injustificada, sempre analisando-se os critérios da complexidade, comportamento da defesa, do Ministério Público e do Estado-Juiz. Cita-se a título de exemplo dessa espécie de decisão aquela adotada no HC 653.299, j. 16.08.2022, cujo acórdão foi lavrado pelo Min. Sebastião Reis Júnior.

10. A revogação da medida cautelar como forma de reparação da lesão ao direito fundamental

O desenvolvimento desse direito fundamental, mesmo no plano internacional, se acha indissociavelmente ligado à limitação temporal da prisão processual. Foi a demora do processo penal, viabilizadora do prolongamento quase indefinido de prisões cautelares, que primeiro atraiu a atenção dos juristas para a necessidade de assegurar a razoável duração dos processos como direito fundamental do jurisdicionado. Assim, não é de surpreender que o tema tenha surgido na jurisprudência brasileira a partir de requerimentos judiciais formulados por réus que se achavam encarcerados por tempo excessivo em face da morosidade do processo a que respondiam. No âmbito do direito processual penal surgiu, portanto, toda uma doutrina que buscava identificar quando se poderia considerar excessiva a duração de um processo, de forma a justificar o relaxamento da prisão imposta ao acusado. Como vimos acima, a consagrada regra dos 81 dias como prazo inflexível para conclusão da instrução foi sendo substituída por uma análise de razoabilidade do tempo de tramitação do feito, a partir dos critérios já enunciados.

---

8. STF, 1ª Turma, HC 91.041/PE, Rel. Min. Cármen Lúcia, Rel. p/acórdão Min. Carlos Britto, *DJ* 05.06.2007.

9. STF, 2ª Turma, HC 91.408/MG, Rel. Min. Eros Grau, *DJ* 14.08.2007 e STF, 2ª Turma, HC 91.881/SC, Rel. Min. Eros Grau, *DJ* 14.08.2007.

Nessas hipóteses, porém, a jurisprudência admite a reparação direta da lesão por meio do relaxamento da prisão. Parece-nos que sendo o Estado o titular do *jus puniendi* e lhe sendo imputável a responsabilidade pela demora, a cessação da validade da constrição é uma medida eficaz que atende de forma imediata o interesse do réu enquanto titular do direito fundamental à razoável duração do processo[10]. Esse instrumento acessório de tutela do direito – a invalidação da medida cautelar – nos parece criativo e eficiente podendo ser eventualmente utilizado quando a violação do direito puder ser imputada à parte beneficiária da medida.

11. Referências bibliográficas

ARRUDA, Samuel. *O direito fundamental à razoável duração do processo*. Brasília: Brasília Jurídica, 2006. 415 p.

HOFFMAN, Paulo. *Razoável duração do processo*. São Paulo: Quartier Latin, 2006. 240 p.

KOEHLER, Frederico. *A razoável duração do processo*. 2. ed. Salvador: JusPodivm, 2013. 332 p.

NICOLITT, André. *A duração razoável do processo*. 2. ed. São Paulo: Revista dos Tribunais, 2014. 184 p.

OTTO, Kai-A. *Der Anspruch auf ein Verfahren innerhalb angemessener Zeit*. Pfaffenweiller: Centaurus-Verlagsgesellschaft, 1995, 216 p.

PASTOR, Daniel. *El plazo razonable en el proceso del Estado de Derecho*. Buenos Aires: Ad-Hoc, 2002. 700 p.

RIBA TREPAT, Cristina. *La eficacia temporal del proceso. El juicio sin dilaciones indebidas*. Barcelona: J. M. Bosch Editor, 1997, 354 p.

Art. 5º, LXXIX – é assegurado, nos termos da lei, o direito à proteção dos dados pessoais, inclusive nos meios digitais.

Gabrielle Bezerra Sales Sarlet
Laura Schertel Mendes
Ingo Wolfgang Sarlet

1. Histórico

A necessidade de proteção dos dados pessoais alcançou uma dimensão exponencial no âmbito da assim chamada sociedade tecnológica, notadamente a partir da introdução do uso das tecnologias de Informação e de Comunicação (TIC) e da ampla digitalização que assumiu um caráter onipresente e impacta todas as esferas da vida social, econômica, política, cultural contemporânea no Mundo global, fenômeno comumente designado de *"Ubiquituous Computing"*[1]. A facilidade de acesso aos dados pessoais, somada à velocidade, da transmissão e do cruzamento de tais dados, potencializa as possibilidades de afetação e, sobretudo, de violação de direitos fundamentais das pessoas, a despeito, inclusive, do conhecimento e do controle de informações sobre a sua vida pessoal, privada e social[2].

Nesse sentido, a instituição, bem como a ampliação em termos quantitativos e qualitativos da proteção jurídica de dados pessoais começou, mediante uma regulação na esfera da legislação infraconstitucional específica da matéria, no início da Década de 1970, como foi o caso da Lei de Proteção de Dados do Estado de Hesse, Alemanha, em 1970, aliás, a primeira legislação específica sobre o tema no Mundo, embora naquela quadra não projetada para o mundo digital e não tendo caráter nacional[3]. Estima-se que, atualmente, mais de cento e quarenta países possuam, estruturando uma espécie de acordo semântico comum, normas de proteção de dados pessoais[4]. Interessa apontar, nessa quadra, que as bases dessas estruturas normativas advêm de um legado composto por uma tessitura de influências europeias e estadudinenses, em especial no que toca ao encadeamento originário do reconhecimento do *"right to privacy"* que, após esforços legislativos da União Europeia – com base numa já consolidada e avançada tradição construída, seja na esfera do Direito Europeu, seja no que diz respeito aos desenvolvimentos ocorridos nos diversos países que integram o bloco – culminou no Regulamento Geral de Proteção de Dados (GDPR).

A consagração de um direito humano e fundamental à proteção dos dados pessoais, contudo, teve de esperar ainda um tempo considerável para ser incorporado à gramática jurídico-constitucional, o que passou a se dar apenas de modo gradual. Nesse sentido, note-se que mesmo já no limiar da terceira década do Século XXI, ainda existem Estados constitucionais onde um direito fundamental à proteção de dados não é reconhecido, pelo menos na condição de direito expressamente positivado na Constituição, muito embora tal direito seja, em vários casos, tido como implicitamente positivado, sem prejuízo de uma mais ou menos ampla regulação legislativa e administrativa, ademais de significativo desenvolvimento na esfera jurisprudencial.

Convém sublinhar que a década de oitenta marcou a primeira iniciativa no parlamento brasileiro de disciplinamento dessa temática, sendo emblemático o teor do projeto de lei apresentado pela deputada Cristina Tavares que, de certa forma, já antecipava a questão do acesso e da retificação de dados e de informações[5] dos cidadãos brasileiros.

De qualquer sorte, o termo "proteção de dados pessoais" passou a integrar apenas recentemente de modo efetivo o glossá-

---

10. A esse respeito é importante fazer referência ao julgamento da questão de ordem no HC 90.617/PE, apreciado pela 2ª Turma do STF, Rel. Min. Gilmar Mendes, *DJ* 19.06.2007. Embora o pedido haja sido indeferido, tratava-se de pretensão cautelar de reintegração ao cargo de Desembargador do Tribunal de Justiça, sob a alegação de que o paciente havia sido afastado de suas funções há mais de 4 anos, por força do ajuizamento de uma ação penal que persistia pendente de julgamento. Alegava-se que o impetrante estava a ter seu direito fundamental lesado e que a demora seria injustificada. A questão girava em torno de saber se era válida a pretensão de fazer cessar a constrição do afastamento como forma de minorar a lesão à norma do art. 5º, LXXVIII, da CF.

1. Cf., por todos, KÜHLING, Jürgen. Datenschutz und die Rolle des Rechts. In: STIFTUNG FÜR DATENSCHUTZ (Ed). *Die Zukunft der informationellen Selbstbestimmung*. Berlin: Erich Schmidt Verlag, 2016. p. 49.

2. Cf. lembram: MIRANDA, Jorge; MEDEIROS, Rui. *Constituição Portuguesa Anotada*. 1. ed. Coimbra: Coimbra Editora, 2006. p. 379-380.

3. Note-se que a primeira legislação federal (âmbito nacional) alemã foi editada em 1977, ainda assim, muito precoce.

4. DONEDA, Danilo. Panorama histórico da proteção de dados pessoais. In: Tratado de proteção de dados pessoais. Laura Schertel Mendes; Danilo Doneda; Ingo Wolfgang Sarlet; Otavio Rodrigues Jr. (Coords). 2ª. Rio de Janeiro: Forense, 2023. Pgs. 03.

5. Disponível em: https://www.camara.leg.br/proposicoesWeb/prop_mostrar integra?codteor=1172300. Acesso em: 11.05.2023.

rio jurídico brasileiro, o que se deu principalmente na esteira do debate que antecedeu a promulgação da Lei Geral de Proteção de Dados. No entanto, questões que hoje associamos diretamente à proteção de dados não eram, de forma alguma, estranhas à práxis jurídica no País.

Esses fenômenos foram, por muito tempo, associados às questões referentes seja à privacidade, ao direito do consumidor, às outras liberdades individuais, entre outras vinculações – o fato é que é muito recente no Brasil o elemento indutor que, finalmente, organizou em torno da proteção de dados toda uma verdadeira "fenomenologia" jurídica comportada por situações jurídicas nas quais o elemento principal ou determinante diz respeito a um tratamento de dados pessoais.

Entre esses diversos institutos e matérias entre os quais, por muito tempo, a proteção de dados no Brasil foi associada, a mais relevante é o direito à privacidade – como também pela forte ressonância entre os dois institutos. A bem da verdade, até hoje se observa, coloquialmente ou mesmo em literatura especializada, uma certa ambivalência na utilização dos conceitos de privacidade e proteção de dados. Para o que nos interessa, essa ambivalência faz inclusive as vezes de elemento de continuidade entre uma tradição jurídica que reconheceu, regulou e atualizou o direito à privacidade até chegar às portas de um marco regulatório específico para a proteção de dados pessoais.

Dessa forma, uma parte dominante dos temas de proteção de dados no Brasil pode ser lida à luz dessa evolução do direito à privacidade e sua aplicação em situações específicas.

A assimilação da proteção à privacidade pelo direito brasileiro é, de modo geral, linear com a sua progressiva consolidação como um dos direitos da personalidade pela doutrina e jurisprudência, até a sua previsão constitucional em 1988, bem como sua menção específica no art. 21 do Código Civil de 2002. O efetivo desenvolvimento e aplicação desse direito, no entanto, não chegaram a formular um arcabouço capaz de fazer frente às novas situações e questões que surgiriam com a introdução de novas tecnologias.

Pode-se observar que, no Brasil, o direito à privacidade, mais do que proporcionar uma resposta efetiva aos problemas das novas tecnologias, de certa maneira restou entrincheirado em seu caráter individualista e subjetivo.

Apesar de o direito à privacidade ter introduzido no ordenamento uma série de valores que estão fortemente presentes também na proteção de dados, a dinâmica do desenvolvimento desta última acaba dialogando relativamente pouco com o direito à privacidade e, quase sempre, de forma retórica.

Há alguns aspectos que confirmam a hipótese dessa "estraneidade". Um deles é o fato de que a dinâmica que inspirou, nos Estados Unidos e em vários países europeus, os debates que levaram às primeiras formulações regulatórias e normativas sobre proteção de dados, também repercutiram no Brasil, sem que, de fato, tivessem influenciado doutrinária ou jurisprudencialmente a compreensão do conteúdo e dos limites do direito à privacidade. Outro aspecto a ter em conta, é que essas mesmas dinâmicas acabaram por encontrar ressonância em corpos normativos específicos, como o caso do direito do consumidor, o que, de certa forma, diminuiu – por muito tempo – a demanda pelo seu tratamento autônomo, ainda que na doutrina o pleito pelo reconhecimento de um direito fundamental autônomo à proteção de dados pessoais já se fizesse presente há bastante tempo, referindo-se aqui – pelo seu pioneirismo, representatividade e impacto – a obra do saudoso Professor Danilo Doneda.

Em vista disso, no caso do Brasil, foi apenas recentemente, diferentemente do que se deu no caso pioneiro de Portugal, cuja Constituição de 1976, já contemplava, em sua versão original, proteção em face do uso da informática e, em parte, também a questão dos dados pessoais, embora os grandes avanços no campo doutrinário e jurisprudencial, que um direito fundamental autônomo e implicitamente positivado foi reconhecido pelo STF, em paradigmática decisão proferida pelo Plenário, chancelando provimento monocrático, em sede de liminar, da Ministra Rosa Weber no bojo da ADI 6387 MC-Ref/DF, julgamento em 06 e 07.05.20.

De fato, o direito à proteção dos dados pessoais pode (e mesmo deve!) ser associado e reconduzido – exatamente como o fez o STF – a alguns princípios e direitos fundamentais de caráter geral e especial, como é o caso do princípio da dignidade da pessoa humana, do direito fundamental (também implicitamente positivado) ao livre desenvolvimento da personalidade, do direito geral de liberdade, bem como dos direitos especiais de personalidade mais relevantes no contexto, quais sejam – aqui nos termos da CF – os direitos à privacidade e à intimidade, e um direito à livre disposição sobre os dados pessoais, o assim designado direito à livre autodeterminação informativa.

Com a aprovação da PEC 17/2019 e posterior promulgação (fevereiro de 2022) da correspondente EC 115/22, foi finalmente acrescido um inciso LXXIX ao artigo 5º, CF, dispondo que "é assegurado, nos termos da lei, o direito à proteção dos dados pessoais, inclusive nos meios digitais.

2. Constituições estrangeiras – seleção

Constituição da República de Cabo Verde (1980) (Artigo 45º (Utilização de meios informáticos e protecção de dados pessoais) 1. Todos os cidadãos têm o direito de acesso aos dados informatizados que lhes digam respeito, podendo exigir a sua rectificação e actualização, bem como o direito de conhecer a finalidade a que se destinam, nos termos da lei. 2. É proibida a utilização dos meios informáticos para registo e tratamento de dados individualmente identificáveis relativos às convicções políticas, filosóficas ou ideológicas, à fé religiosa, à filiação partidária ou sindical ou à vida privada salvo: Mediante consentimento expresso do titular; a) Mediante autorização prevista por lei, com garantias de b) não discriminação; Quando se destinem a processamento de dados estatísticos c) não individualmente identificáveis. 3. A lei regula a protecção de dados pessoais constantes dos registos informáticos, as condições de acesso aos bancos de dados, de constituição e de utilização por autoridades públicas e entidades privadas de tais bancos ou de suportes informáticos dos mesmos. 4. Não é permitido o acesso a arquivos, ficheiros, registos informáticos ou bases de dados para conhecimento de dados pessoais relativos a terceiros, nem a transferência de dados pessoais de um para outro ficheiro informático pertencente a distintos serviços ou instituições, salvo nos casos estabelecidos na lei ou por decisão judicial. 5. Em nenhum caso pode ser atribuído um número nacional único aos cidadãos. 6. A todos é garantido acesso às redes informáticas de uso público, definindo a lei o regime aplicável aos fluxos de dados transfronteiras e as formas de protecção de dados pessoais e de outros cuja salvaguarda se justifique por razões de interesse nacional, bem como o regime de limitação do acesso, para defesa dos valores jurídicos tutelados pelo disposto no número 4 do artigo 48º. 7. Os dados pessoais constantes de ficheiros manuais gozam de protecção idêntica à prevista nos números anteriores, nos termos da lei.).

Constituição da República Portuguesa (1976) Artigo 35.º Utilização da informática 1. Todos os cidadãos têm o direito de acesso aos dados informatizados que lhes digam respeito, podendo exigir a sua retificação e atualização, e o direito de conhecer a finalidade a que se destinam, nos termos da lei. 2. A lei define o conceito de dados pessoais, bem como as condições aplicáveis ao seu tratamento automatizado, conexão, transmissão e utilização, e garante a sua proteção, designadamente através de entidade administrativa independente. 3. A informática não pode ser utilizada para tratamento de dados referentes a convicções filosóficas ou políticas, filiação partidária ou sindical, fé religiosa, vida privada e origem étnica, salvo mediante consentimento expresso do titular, autorização prevista por lei com garantias de não discriminação ou para processamento de dados estatísticos não individualmente identificáveis. 4. É proibido o acesso a dados pessoais de terceiros, salvo em casos excecionais previstos na lei. 5. É proibida a atribuição de um número nacional único aos cidadãos. 6. A todos é garantido livre acesso às redes informáticas de uso público, definindo a lei o regime aplicável aos fluxos de dados transfronteiras e as formas adequadas de proteção de dados pessoais e de outros cuja salvaguarda se justifique por razões de interesse nacional. 7. Os dados pessoais constantes de ficheiros manuais gozam de proteção idêntica à prevista nos números anteriores, nos termos da lei.

Constituição da Espanha (1978) (Artículo 18. 1. Se garantiza el derecho al honor, a la intimidad personal y familiar y a la propia imagen. 2. El domicilio es inviolable. Ninguna entrada o registro podrá hacerse en él sin consentimiento del titular o resolución judicial, salvo en caso de flagrante delito. 3. Se garantiza el secreto de las comunicaciones y, en especial, de las postales, telegráficas y telefónicas, salvo resolución judicial. 4. La ley limitará el uso de la informática para garantizar el honor y la intimidad personal y familiar de los ciudadanos y el pleno ejercicio de sus derechos.).

Constitución Política de Los Estados Unidos Mexicanos (1917) (Artículo 6º [...] El Estado garantizará el derecho de acceso a las tecnologías de la información y comunicación, así como a los servicios de radiodifusión y telecomunicaciones, incluido el de banda ancha e internet. Para tales efectos, el Estado establecerá condiciones de competencia efectiva en la prestación de dichos servicios. A.II. La información que se refiere a la vida privada y los datos personales será protegida en los términos y con las excepciones que fijen las leyes. Artículo 16. Nadie puede ser molestado en su persona, familia, domicilio, papeles o posesiones, sino en virtud de mandamiento escrito de la autoridad competente, que funde y motive la causa legal del procedimiento. En los juicios y procedimientos seguidos en forma de juicio en los que se establezca como regla la oralidad, bastará con que quede constancia de ellos en cualquier medio que dé certeza de su contenido y del cumplimiento de lo previsto en este párrafo. Toda persona tiene derecho a la protección de sus datos personales, al acceso, rectificación y cancelación de los mismos, así como a manifestar su oposición, en los términos que fije la ley, la cual establecerá los supuestos de excepción a los principios que rijan el tratamiento de datos, por razones de seguridad nacional, disposiciones de orden público, seguridad y salud públicas o para proteger los derechos de terceiro; Artículo 116. VIII. Las Constituciones de los Estados establecerán organismos autónomos, especializados, imparciales y colegiados, responsables de garantizar el derecho de acceso a la información y de protección de datos personales en posesión de los sujetos obligados, conforme a los principios y bases establecidos por el artículo 6º de esta Constitución y la ley general que emita el Congreso de la Unión para establecer las bases, principios generales y procedimientos del ejercicio de este derecho.).

Constituição Política da República do Chile (1980). Art. 19. 4º. - El respeto y protección a la vida privada y a la honra de la persona y su familia, y asimismo, la protección de sus datos personales. El tratamiento y protección de estos datos se efectuará en la forma y condiciones que determine la ley.

Constituição da Finlandia (1999-2000). Section 10 – The right to privacy: Everyone's private life, honour and the sanctity of the home are guaranteed. More detailed provisions on the protection of personal data are laid down by an Act (Em finlandês: Yksityiselämän suoja – Jokaisen yksityiselämä, kunnia ja kotirauha on turvattu. Henkilötietojen suojasta säädetään tarkemmin lailla. Kirjeen, puhelun ja muun luottamuksellisen viestin salaisuus on loukkaamaton.).

3. Direito internacional

Destaca-se, nesse contexto, a orientação adotada pela Comissão da ONU para Direitos Humanos, interpretando o alcance do artigo 17 do Pacto Internacional de Direitos Civis e Políticos, assim como a jurisprudência da Corte Europeia de Direitos Humanos (CEDH), forte no artigo 8º da Convenção Europeia[6].

Relevante apontar que foi somente na Convenção n. 108 para a Proteção de Indivíduos com Respeito ao Processamento Automatizado de Dados Pessoais (1981)[7], comumente intitulada de Convenção de Estrasburgo, bem como, quase vinte anos mais tarde, no artigo 8 da Carta de Direitos Fundamentais da União Europeia (doravante CDFUE), do ano 2000[8] – que o direito à proteção de dados finalmente alçou a condição de direito fundamental de natureza autônoma, mas vinculando, como tal, apenas os estados integrantes da União Europeia, o que se deu apenas com a entrada em vigor do Tratado de Lisboa, em 2009[9].

De acordo com o artigo 8º da Carta Dos Direitos Fundamentais da União Europeia (2000) "1. Todas as pessoas têm direito à

---

6. Cf., por todos, SCHIEDERMAIR, Stephanie. Einleitung. In: SIMITIS, Spiros; HORNUNG, Gerrit; SPIECKER GENANNT DÖHMANN, Indra (Coord.). *Datenschutzrecht*. Baden-Baden: Nomos, 2019. p. 201.

7. CONSELHO DA EUROPA. *Convenção para a Proteção de Indivíduos com Respeito ao Processamento Automatizado de Dados Pessoais*, de 28 de janeiro de 1981. Disponível em: https://www.cnpd.pt/bin/legis/internacional/Convencao108.htm. Acesso em: 15 nov. 2019.

8. PARLAMENTO EUROPEU. *Carta de Direitos Fundamentais da União Europeia*, de 7 de dezembro de 2000. Disponível em: https://eur-lex.europa.eu/legal-content/PT/TXT/PDF/?uri=CELEX:12016P/TXT&from=EN. Acesso em: 15 nov. 2019.

9. DONEDA, Danilo. A proteção dos dados pessoais como um direito fundamental. Joaçaba, *Espaço Jurídico Journal of Law*, v. 12, n. 2, p. 91-108, jul./dez. 2011. Disponível em: https://portalperiodicos.unoesc.edu.br/espacojuridico/article/view/1315. Acesso em: 15 nov. 2019.

proteção dos dados de caráter pessoal que lhes digam respeito. 2. Esses dados devem ser objeto de um tratamento leal, para fins específicos e com o consentimento da pessoa interessada ou com outro fundamento legítimo previsto por lei. Todas as pessoas têm o direito de aceder aos dados coligidos que lhes digam respeito e de obter a respetiva retificação. 3. O cumprimento destas regras fica sujeito a fiscalização por parte de uma autoridade independente".

Jurisprudência dos tribunais internacionais selecionada

Tribunal de Justiça da União Europeia (TJUE)

Caso C-487/21. 2023 (Cópia de dados pessoais. Contexto de processamento. Formato que possa verificar sua exatidão, bem como a regularidade e a licitude do tratamento, para que esteja em condições, se for caso disso, de exercer os direitos adicionais que lhe são conferidos pelo RGPD).

Caso C.300/21. 2023 («Reenvio prejudicial – Proteção das pessoas singulares no que diz respeito ao tratamento de dados pessoais – Regulamento (UE) 2016/679 – Artigo 82, n. 1 – Direito de indemnização do dano causado pelo tratamento de dados efetuado em violação deste regulamento – Condições do direito de indemnização – Insuficiência de uma simples violação do referido regulamento – Necessidade de um dano causado pela referida violação – Reparação de um dano imaterial resultante desse tratamento – Incompatibilidade de uma norma nacional que subordina a indemnização desse dano à superação de um limiar de gravidade – Regras para a fixação da indenização pelos juízes nacionais).

Caso C-268/21. 2023 (Reenvio prejudicial – Proteção de dados pessoais – Regulamento (UE) 2016/679 – Artigo 6º, ns. 3 e 4 – Licitude do tratamento – Apresentação de um documento que contém dados pessoais no âmbito de um processo cível – Artigo 23, n. 1, alíneas f) e j) – Defesa da independência judiciária e dos processos judiciais – Execução de ações cíveis – Requisitos a respeitar – Tomada em conta dos interesses dos titulares dos dados – Ponderação dos interesses opostos envolvidos – Artigo 5º – Minimização dos dados pessoais – Carta dos Direitos Fundamentais da União Europeia – Artigo 7º – Direito ao respeito pela vida privada – Artigo 8º – Direito à proteção de dados pessoais – Artigo 47 – Direito a uma tutela jurisdicional efetiva – Princípio da proporcionalidade).

Caso C-34/21. 2023 (Reenvio prejudicial – Proteção de dados pessoais – Regulamento (UE) 2016/679 – Artigo 88, ns. 1 e 2 – Tratamento de dados no contexto laboral – Sistema escolar regional – Ensino em direto através de videoconferência devido à pandemia de COVID19 – Implementação sem o consentimento expresso dos docentes).

Caso C-205/21. 2023 (Reenvio prejudicial – Proteção das pessoas singulares no que respeita ao tratamento de dados pessoais – Diretiva (UE) 2016/680 – Artigo 4º, n. 1, alíneas a) a c) – Princípios relativos ao tratamento de dados pessoais – Limitação das finalidades – Minimização dos dados – Artigo 6º, alínea a) – Distinção clara entre os dados pessoais de diferentes categorias de titulares de dados – Artigo 8º – Licitude do tratamento – Artigo 10º – Transposição – Tratamento de dados biométricos e de dados genéticos – Conceito de "tratamento autorizado pelo direito de um EstadoMembro" – Conceito de "estrita necessidade" – Poder de apreciação – Carta dos Direitos Fundamentais da União Europeia – Artigos 7º, 8º, 47, 48 e 52 – Direito a uma tutela jurisdicional efetiva – Presunção de inocência – Restrição – Infração dolosa objeto de ação penal ex officio – Arguidos – Recolha de dados fotográficos e dactiloscópicos para efeitos do seu registo e recolha de uma amostra biológica para a elaboração de um perfil ADN – Procedimento de execução coerciva da recolha – Caráter sistemático da recolha).

Caso C-154/21. 2023 (Reenvio prejudicial – Proteção das pessoas singulares no que diz respeito ao tratamento de dados pessoais – Regulamento (UE) 2016/679 – Artigo 15, n. 1, alínea c) – Direito de acesso do titular aos seus próprios dados – Informações sobre os destinatários ou categorias de destinatários a quem os dados pessoais foram ou serão divulgados – Restrições).

Caso C-534/20. 2022 (Reenvio prejudicial – Proteção das pessoas singulares no que diz respeito ao tratamento de dados pessoais – Regulamento (UE) 2016/679 – Artigo 38, n. 3, segundo período – Encarregado da proteção de dados – Proibição imposta a um responsável pelo tratamento ou a um subcontratante de destituir ou de penalizar um encarregado da proteção de dados pelo exercício das suas funções – Base jurídica – Artigo 16 TFUE – Exigência de independência funcional – Regulamentação nacional que proíbe o despedimento do encarregado da proteção de dados sem justa causa).

Caso C-460/20. 2022 (Reenvio prejudicial – Proteção das pessoas singulares no que diz respeito ao tratamento de dados pessoais – Diretiva 95/46/CE – Artigo 12, alínea b) – Artigo 14, primeiro parágrafo, alínea a) – Regulamento (UE) 2016/679 – Artigo 17, n. 3, alínea a) – Operador de um motor de busca na Internet – Pesquisa efetuada a partir do nome de uma pessoa – Exibição de uma hiperligação para artigos que contêm informações pretensamente inexatas na lista de resultados de pesquisa – Exibição, sob a forma de imagens de prévisualização (thumbnails), de fotografias que ilustram esses artigos na lista de resultados de uma pesquisa de imagens – Pedido de supressão de referências dirigido ao operador do motor de busca – Ponderação dos direitos fundamentais – Artigos 7º, 8º, 11 e 16 da Carta dos Direitos Fundamentais da União Europeia – Obrigações e responsabilidades que incumbem ao operador do motor de busca no tratamento de um pedido de supressão de referências – Ónus da prova que recai sobre o requerente da supressão de referências).

Caso C-319/20. 2022 (Reenvio prejudicial – Proteção das pessoas singulares no que diz respeito ao tratamento de dados pessoais – Regulamento (UE) 2016/679 – Artigo 80 – Representação dos titulares dos dados por uma associação sem fins lucrativos – Ação coletiva intentada por uma associação de defesa dos interesses dos consumidores sem mandato e independentemente da violação de direitos concretos do titular dos dados – Ação baseada na proibição de práticas comerciais desleais, na violação de uma lei em matéria de proteção dos consumidores ou na proibição da utilização de cláusulas contratuais gerais inválidas).

Caso C-245/20. 2022 (Reenvio prejudicial – Proteção das pessoas singulares no que diz respeito ao tratamento de dados pessoais – Regulamento (UE) 2016/679 – Competência da autoridade de controlo – Artigo 55, n. 3 – Operações de tratamento efetuadas por tribunais no exercício da sua função jurisdicional – Conceito – Disponibilização a um jornalista de documentos dos autos de um processo judicial que contêm dados pessoais).

Caso C-184/20. 2022 (Reenvio prejudicial – Proteção das pessoas singulares no que diz respeito ao tratamento de dados pessoais – Carta dos Direitos Fundamentais da União Europeia – Artigos 7º, 8º e 52, n. 1 – Diretiva 95/46/CE – Artigo 7º, alínea *c*) – Artigo 8º, n. 1 – Regulamento (UE) 2016/679 – Artigo 6º, n. 1, primeiro parágrafo, alínea *c*), e n. 3, segundo parágrafo – Artigo 9º, n. 1 – Tratamento necessário ao cumprimento de uma obrigação legal à qual o responsável pelo tratamento está sujeito – Objetivo de interesse público – Proporcionalidade – Tratamento que tem por objeto categorias especiais de dados pessoais – Regulamentação nacional que impõe a publicação na Internet de dados contidos nas declarações de interesses privados das pessoas singulares que trabalham no serviço público ou de dirigentes de associações ou de estabelecimentos que recebem fundos públicos – Prevenção dos conflitos de interesses e da corrupção no setor público).

Caso C-180/21. 2022 (Reenvio prejudicial – Proteção das pessoas singulares no que diz respeito ao tratamento de dados pessoais – Regulamento (UE) 2016/679 – Artigos 2º, 4º e 6º – Aplicabilidade do Regulamento 2016/679 – Conceito de "interesse legítimo" – Conceito de "funções de interesse público [ou] exercício da autoridade pública" – Diretiva (UE) 2016/680 – Artigos 1º, 3º, 4º, 6º e 9º – Licitude do tratamento de dados pessoais recolhidos no âmbito de um inquérito penal – Tratamento posterior de dados relativos à presumível vítima de uma infração penal para efeitos da sua acusação – Conceito de "finalidade diferente daquela para a qual os dados foram recolhidos" – Dados utilizados pelo Ministério Público de um EstadoMembro para efeitos da sua defesa no âmbito de uma ação de responsabilidade do Estado).

Caso C-175/20. 2022 (Reenvio prejudicial – Proteção das pessoas singulares no que diz respeito ao tratamento de dados pessoais – Regulamento (UE) 2016/679 – Artigo 2º – Âmbito de aplicação – Artigo 4º – Conceito de "tratamento" – Artigo 5º – Princípios relativos ao tratamento – Limitação das finalidades – Minimização dos dados – Artigo 6º – Licitude do tratamento – Tratamento necessário ao exercício de funções de interesse público de que está investido o responsável pelo tratamento – Tratamento necessário para o cumprimento de uma obrigação jurídica a que o responsável pelo tratamento está sujeito – Artigo 23 – Limitações – Tratamento de dados para efeitos fiscais – Pedido de comunicação de informações relativas a anúncios de venda de veículos publicados em linha – Proporcionalidade).

Caso C-817/19. 2022 (Reenvio prejudicial – Tratamento de dados pessoais – Dados dos registos de identificação dos passageiros (PNR) – Regulamento (UE) 2016/679 – Artigo 2º, n. 2, alínea *d*) – Âmbito de aplicação – Diretiva (UE) 2016/681 – Utilização dos dados PNR dos passageiros dos voos operados entre a União Europeia e países terceiros – Faculdade de incluir os dados dos passageiros dos voos operados na União – Tratamento automatizado desses dados – Prazo de conservação – Luta contra as infrações terroristas e a criminalidade grave – Validade – Carta dos Direitos Fundamentais da União Europeia – Artigos 7º, 8º, 21 e 52, n. 1 – Legislação nacional que estende a aplicação do sistema PNR a outros transportes efetuados na União – Liberdade de circulação na União – Carta dos Direitos Fundamentais – Artigo 45).

Caso C-129/21. 2022 (Reenvio prejudicial – Tratamento de dados pessoais e proteção da privacidade no setor das comunicações eletrónicas – Diretiva 2002/58/CE – Artigo 12 – Listas públicas e serviços de informação telefónica – Consentimento do assinante – Obrigações do fornecedor de listas e dos serviços de informação – Regulamento (UE) 2016/679 – Artigo 17 – Direito ao apagamento dos dados ("direito a ser esquecido") – Artigo 5º, n. 2 – Artigo 24 – Obrigações de informação e responsabilidade do responsável pelo tratamento).

Caso C-77/21. 2022 (Reenvio prejudicial – Proteção das pessoas singulares no que diz respeito ao tratamento de dados pessoais – Regulamento (UE) 2016/679 – Artigo 5º, n. 1, alíneas *b*) e *e*) – Princípio da "limitação das finalidades" – Princípio da "limitação da conservação" – Criação, a partir de uma base de dados existente, de uma base de dados para efetuar testes e corrigir erros – Tratamento posterior dos dados – Compatibilidade do tratamento posterior destes dados com as finalidades da recolha inicial – Prazo de conservação à luz dessas finalidades).

Caso C-645/19. 2021 (Reenvio prejudicial – Proteção das pessoas singulares no que diz respeito ao tratamento de dados pessoais – Carta dos Direitos Fundamentais da União Europeia – Artigos 7º, 8º e 47 – Regulamento (UE) 2016/679 – Tratamento transfronteiriço de dados pessoais – Mecanismo de "balcão único" – Cooperação leal e eficaz entre as autoridades de controlo – Competências e poderes – Poder para intentar uma ação ou de outro modo intervir em processos judiciais).

Caso C-439/19. 2021 (Reenvio prejudicial – Proteção das pessoas singulares no que diz respeito ao tratamento de dados pessoais – Regulamento (UE) 2016/679 – Artigos 5º, 6º e 10º – Legislação nacional que prevê o acesso do público aos dados pessoais relativos aos pontos de penalização por infrações rodoviárias – Licitude – Conceito de "dados pessoais relativos a condenações penais e infrações" – Divulgação com o objetivo de melhorar a segurança rodoviária – Direito de acesso do público aos documentos oficiais – Liberdade de informação – Conciliação com os direitos fundamentais ao respeito pela vida privada e à proteção dos dados pessoais – Reutilização dos dados – Artigo 267 TFUE – Efeitos no tempo de uma decisão prejudicial – Possibilidade de o tribunal constitucional de um EstadoMembro manter os efeitos jurídicos de uma legislação nacional incompatível com o direito da União – Princípios do primado do direito da União e da segurança jurídica).

Caso C-61/19. 2020 (Reenvio prejudicial – Diretiva 95/46/CE – Artigo 2º, alínea *h*), e artigo 7º, alínea *a*) – Regulamento (UE) 2016/679 – Artigo 4º, ponto 11, e artigo 6º, n. 1, alínea *a*) – Tratamento de dados pessoais e proteção da vida privada – Recolha e conservação das cópias de títulos de identidade por um prestador de serviços de telecomunicações móveis – Conceito de "consentimento" da pessoa em causa – Manifestação de vontade livre, específica e informada – Declaração de consentimento através de uma opção a validar – Assinatura do contrato pela pessoa em causa – Ónus da prova).

Caso C-708/18. 2019 (Reenvio prejudicial – Proteção das pessoas singulares no que diz respeito ao tratamento de dados pessoais – Carta dos Direitos Fundamentais da União Europeia – Artigos 7º e 8º – Diretiva 95/46/CE – Artigo 6º, n. 1, alínea *c*), e artigo 7º, alínea *f*) – Legitimidade para o tratamento de dados pessoais – Legislação nacional que permite a videovigilância para garantir a segurança e proteção das pessoas, bens e valores e para a prossecução de interesses legítimos, sem o consentimento da pessoa em causa – Instalação de um sistema de videovigilância nas partes comuns de um edifício para habitação).

Corte Europeia de Direitos Humanos (CEDH)

Applications (Processo) ns. 30562/04-30566/04. 2008 (tratamento de dados biométricos e genéticos. Retenção. Ausência de consentimento. Persecução penal).

Application (Processo) n. 35623/05. 2010 (VIGILÂNCIA GPS DE SUSPEITO DE CRIMES GRAVES JUSTIFICADA por unanimidade. Não violação do artigo 8º (direito ao respeito pela vida privada e familiar – Nenhuma violação do Artigo 6 § 1º (direito a um julgamento justo – da Convenção Europeia dos Direitos do Homem).

Application (Processo) ns. 58170/13, 62322/14, 24969/15. 2021 (Diz respeito a denúncias de jornalistas e organizações de direitos humanos em relação a três diferentes regimes de vigilância: (1) a interceptação em massa de comunicações; (2) o recebimento de material interceptado de governos estrangeiros e agências de inteligência; (3) a obtenção de dados de comunicação de provedores de serviços de comunicação).

Application (Processo) n. 52019/07. 2014 (Falta de precisão da legislação nacional que permite a coleta de dados médicos do requerente pela autoridade pública).

Application (Processo) n. 47143/06. 2015 (Sistema de interceptação secreta de comunicações telefônicas móveis na Rússia. O recorrente, editor-chefe de uma editora, queixou-se em particular de que os operadores de rede móvel na Rússia eram obrigados por lei a instalar equipamentos que permitissem às agências de aplicação da lei realizar atividades de busca operacional e que, sem salvaguardas suficientes sob a lei, isso permitia a interceptação geral de comunicações).

Application (Processo) n. 3153/16. 2022 (Coleta e retenção, pelo serviço francês de doação de sangue (EFS), de dados pessoais que refletem a presumível orientação sexual do requerente sem base fática comprovada: violação do artigo 8º da Convenção).

Application (Processo) n. 8647/12. 2022 (Falha das autoridades em proteger adequadamente a confidencialidade dos dados de saúde do requerente e em investigar sua divulgação por meio de um banco de dados vendido no mercado).

Applcation (Processo) n. 25968/16. 2022 (O uso de dados de quilometragem, GPS, registrados no veículo da empresa de um representante, como motivo para sua demissão não violou a Convenção).

4. Constituições brasileiras anteriores

Não há o reconhecimento prévio do direito à proteção de dados pessoais na linha evolutiva do Constitucionalismo brasileiro.

5. Remissões constitucionais (outros dispositivos que tratam direta e indiretamente da proteção de dados pessoais)

A proteção de dados pessoais, em razão do teor da Emenda Constitucional 115, foi objeto de referência direta nos seguintes dispositivos: art. 21, XXVI e art. 22, XXX, referentes às competências materiais e legislativas atribuídas à União. Há igualmente como indicar o art. 5º, inc. X, CF, de acordo com o qual são invioláveis a intimidade, a vida privada, a honra e a imagem das pessoas, assegurado o direito a indenização pelo dano material ou moral decorrente de sua violação. Ainda nesse contexto, não se poderia deixar de referir a ação constitucional do *Habeas Data*, prevista no art. 5º, LXXII, que consiste em um instrumento processual para assegurar o acesso, o conhecimento e a retificação sobre eventual registro e armazenamento de dados que dizem respeito ao titular das informações por bases de dados públicas.

5.1. Remissões à normativa infraconstitucional

Lei n. 5.172/1966 (Código Tributário Nacional – art. 199. Compartilhamento de dados e informações).

Lei n. 5.878/1973 (Dispõe sobre a Fundação Instituto Brasileiro de Geografia e Estatística – IBGE, e dá outras providências).

Lei n. 8.078/1990 (Dispõe sobre a proteção do consumidor e dá outras providências).

Lei n. 12.965/2014 – Marco Civil da Internet (Estabelece princípios, garantias, direitos e deveres para o uso da Internet no Brasil).

Lei n. 13.709/2018 (Lei Geral de Proteção de Dados Pessoais LGPD).

Lei n. 12.527/2011 (Lei de Acesso à Informação).

Decreto n. 10.046/2019 (Dispõe sobre a governança no compartilhamento de dados no âmbito da administração pública federal e institui o Cadastro Base do Cidadão e o Comitê Central de Governança de Dados).

Decreto n. 9.854/2019 (Institui o Plano Nacional de Internet das Coisas e dispõe sobre a Câmara de Gestão e Acompanhamento do Desenvolvimento de Sistemas de Comunicação Máquina a Máquina e Internet das Coisas).

Lei n. 14.063/2020 (Dispõe sobre o uso de assinaturas eletrônicas em interações com entes públicos, em atos de pessoas jurídicas e em questões de saúde e sobre as licenças de *softwares* desenvolvimentos por entes públicos; e altera a Lei n. 9.096, de 19 de setembro de 1995, a Lei n. 5.991, de 17 de dezembro de 1973, e a Medida Provisória n. 2.200-2, de 24 de agosto de 2001).

Decreto n. 10.332/2020 (Institui a Estratégia de Governo Digital para o período de 2020 a 2022, no âmbito dos órgãos e das entidades da administração pública federal, direta, autárquica e fundacional e dá outras providências).

Decreto n. 10.534/2020 (Institui a Política Nacional de Inovação e dispõe sobre a sua governança).

Lei n. 14.129/2021 (Dispõe sobre princípios, regras e instrumentos para o Governo Digital e para o aumento da eficiência pública e altera a Lei n. 7.116, de 29 de agosto de 1983, a Lei n. 12.527, de 18 de novembro de 2011 (Lei de Acesso à Informação), a Lei n. 12.682, de 9 de julho de 2012, e a Lei n. 13.460, de 26 de junho de 2017).

Decreto n. 10.900/2021 (Dispõe sobre o Serviço de Identificação do Cidadão e a governança da identificação das pessoas naturais no âmbito da administração pública federal direta, autárquica e fundacional, e altera o Decreto n. 8.936, de 19 de dezembro de 2016, o Decreto n. 10.543, de 13 de novembro de 2020, e o Decreto n. 9.278, de 5 de fevereiro de 2018).

Lei n. 14.460/2022 (Transforma a Autoridade Nacional de Proteção de Dados (ANPD) em autarquia de natureza especial e transforma cargos comissionados; altera as Leis ns. 13.709, de 14 de agosto de 2018 (Lei Geral de Proteção de Dados Pessoais), e 13.844, de 18 de junho de 2019; e revoga dispositivos da Lei n. 13.853, de 8 de julho de 2019).

Decreto n. 10.977/2022 (Regulamenta a Lei n. 7.116, de 29 de agosto de 1983, para estabelecer os procedimentos e os requisitos para a expedição da Carteira de Identidade por órgãos de identificação dos Estados e do Distrito Federal, e a Lei n. 9.454, de 7 de abril de 1997, para estabelecer o Serviço de Identificação do Cidadão como o Sistema Nacional de Registro de Identificação Civil).

Lei n. 14.382/2022 (Dispõe sobre o Sistema Eletrônico dos Registros Públicos (Serp); altera as Leis ns. 4.591, de 16 de dezembro de 1964, 6.015, de 31 de dezembro de 1973 (Lei de Registros Públicos), 6.766, de 19 de dezembro de 1979, 8.935, de 18 de novembro de 1994, 10.406, de 10 de janeiro de 2002 (Código Civil), 11.977, de 7 de julho de 2009, 13.097, de 19 de janeiro de 2015, e 13.465, de 11 de julho de 2017; e revoga a Lei n. 9.042, de 9 de maio de 1995, e dispositivos das Leis n.s 4.864, de 29 de novembro de 1965, 8.212, de 24 de julho de 1991, 12.441, de 11 de julho de 2011, 12.810, de 15 de maio de 2013, e 14.195, de 26 de agosto de 2021).

Lei n. 14.533/2023 (Institui a Política Nacional de Educação Digital e altera as Leis ns. 9.394, de 20 de dezembro de 1996 (Lei de Diretrizes e Bases da Educação Nacional), 9.448, de 14 de março de 1997, 10.260, de 12 de julho de 2001, e 10.753, de 30 de outubro de 2003).

Medida Provisória n. 1.158/2023 (Altera a Lei n. 9.069, de 29 de junho de 1995, a Lei n. 9.613, de 3 de março de 1998, e a Lei n. 13.974, de 7 de janeiro de 2020, para dispor sobre o Conselho Monetário Nacional e sobre a vinculação administrativa do Conselho de Controle de Atividades Financeiras ao Ministério da Fazenda. – art. 17-F e seguintes: O tratamento de dados pessoais pelo Coaf: [...]).

Projetos de Lei em tramitação no Parlamento brasileiro

Projeto de Lei (PL) n. 2.338/2023 (Dispõe sobre o uso da Inteligência Artificial – substitutivo – PL n. 5.051/2019 – PL n. 21/2020 – PL n. 21/2020).

Projeto de Lei (PL) n. 2.628/2022 (Dispõe sobre a proteção de crianças e adolescentes em ambientes digitais).

Projeto de Lei (PL) n. 2.630/2020 (Institui a Lei Brasileira de Liberdade, Responsabilidade e Transparência na Internet).

6. Jurisprudência selecionada do STF e do STJ

Supremo Tribunal Federal (STF)

ADI 5545 RJ. Rel. Min. Luiz Fux. 2023 (Dados genéticos. Decisão: O Tribunal, por unanimidade, conheceu da ação direta e julgou procedente o pedido formulado para declarar a inconstitucionalidade dos artigos 1º, parte final, e 2º, inciso III, da Lei 3.990, de 11 de outubro de 2002, do Estado do Rio de Janeiro, fixando a seguinte tese de julgamento: "É inconstitucional a lei estadual que preveja o arquivamento de materiais genéticos de nascituros e parturientes, em unidades de saúde, com o fim de realizar exames de DNA comparativo em caso de dúvida").

ADC 51 DF. Rel. Min. Gilmar Mendes. 2023 (O Tribunal, por maioria, conheceu da ação declaratória de constitucionalidade, vencidos os Ministros André Mendonça e Nunes Marques. No mérito, por unanimidade, julgou parcialmente procedente o pedido formulado na inicial para declarar a constitucionalidade dos dispositivos indicados e da possibilidade de solicitação direta de dados e comunicações eletrônicas das autoridades nacionais a empresas de tecnologia, nas específicas hipóteses do art. 11 do Marco Civil da Internet e do art. 18 da Convenção de Budapeste, ou seja, nos casos de atividades de coleta e tratamento de dados no país, de posse ou controle dos dados por empresa com representação no Brasil e de crimes cometidos por indivíduos localizados em território nacional, com comunicação desta decisão ao Poder Legislativo e ao Poder Executivo, para que adotem as providências necessárias ao aperfeiçoamento do quadro legislativo, com a discussão e a aprovação do projeto da Lei Geral de Proteção de Dados para Fins Penais).

ADI 6649 (ADPF 695) DF. Rel. Min. Gilmar Medes. 2022 (O Tribunal rejeitou as preliminares; conheceu, por unanimidade, da ADI 6.649; e, quanto à ADPF 695, dela conheceu, por maioria, vencidos os Ministros André Mendonça e Nunes Marques, que não conheciam da arguição. No mérito, por maioria, julgou parcialmente procedentes os pedidos, conferindo interpretação conforme ao Decreto 10.046/2019, traduzida nos seguintes termos: 1. O compartilhamento de dados pessoais entre órgãos e entidades da Administração Pública, pressupõe: a) eleição de propósitos legítimos, específicos e explícitos para o tratamento de dados (art. 6º, inciso I, da Lei 13.709/2018); b) compatibilidade do tratamento com as finalidades informadas (art. 6º, inciso II); c) limitação do compartilhamento ao mínimo necessário para o atendimento da finalidade informada (art. 6º, inciso III); bem como o cumprimento integral dos requisitos, garantias e procedimentos estabelecidos na Lei Geral de Proteção de Dados, no que for compatível com o setor público. 2. O compartilhamento de dados pessoais entre órgãos públicos pressupõe rigorosa observância do art. 23, inciso I, da Lei 13.709/2018, que determina seja dada a devida publicidade às hipóteses em que cada entidade governamental compartilha ou tem acesso a banco de dados pessoais, "fornecendo informações claras e atualizadas sobre a previsão legal, a finalidade, os procedimentos e as práticas utilizadas para a execução dessas atividades, em veículos de fácil acesso, preferencialmente em seus sítios eletrônicos". 3. O acesso de órgãos e entidades governamentais ao Cadastro Base do Cidadão fica condicionado ao atendimento integral das diretrizes acima arroladas, cabendo ao Comitê Central de Governança de Dados, no exercício das competências aludidas nos arts. 21, incisos VI, VII e VIII do Decreto 10.046/2019: 3.1. prever mecanismos rigorosos de controle de acesso ao Cadastro Base do Cidadão, o qual será limitado a órgãos e entidades que comprovarem real necessidade de acesso aos dados pessoais nele reunidos. Nesse sentido, a permissão de acesso somente poderá ser concedida para o alcance de propósitos legítimos, específicos e explícitos, sendo limitada a informações que sejam indispensáveis ao atendimento do interesse público, nos termos do art. 7º, inciso III, e art. 23, caput e inciso I, da Lei 13.709/2018; 3.2. justificar formal, prévia e minudentemente, à luz dos postulados da proporcionalidade, da razoabilidade e dos princípios gerais de proteção da LGPD, tanto a necessidade de inclusão de novos dados pessoais na base integradora (art. 21, inciso VII) como a escolha das bases temáticas que comporão o Cadastro Base do Cidadão (art. 21, inciso VIII); 3.3. instituir medidas de segurança compatíveis com os princípios de proteção da LGPD, em especial a criação de sistema eletrônico de registro de acesso, para efeito de responsabilização em caso de abuso. 4. O compartilhamento de informações pessoais em atividades de inteligência observará o disposto em legislação específica e os parâmetros fixados no julgamento da ADI 6.529, Rel. Min. Cármen Lúcia, quais sejam: (i) adoção de medidas proporcionais e estritamente necessárias ao atendimento do interesse público; (ii) instauração de procedimento administrativo formal, acompanhado de prévia e exaustiva motivação, para permitir o controle de legalidade pelo Poder Judiciário; (iii) utilização de sistemas eletrônicos de segurança e de registro de acesso, inclusive para efeito de responsabilização em caso de abuso; e (iv) observância dos princípios gerais de proteção e dos direitos do titular previstos na LGPD, no que for compatível com o exercício dessa função estatal. 5. O tratamento de dados pessoais promovido por órgãos públicos ao arrepio dos parâmetros legais e constitucionais importará a responsabilidade civil do Estado pelos danos suportados pelos particulares, na forma dos arts. 42 e seguintes da Lei 13.709/2018, associada ao exercício do direito de regresso contra os servidores e agentes políticos responsáveis pelo ato ilícito, em caso de culpa ou dolo. 6. A transgressão dolosa ao dever de publicidade estabelecido no art. 23, inciso I, da LGPD, fora das hipóteses constitucionais de sigilo, importará a responsabilização do agente estatal por ato de improbidade administrativa, nos termos do art. 11, inciso IV, da Lei 8.429/92, sem prejuízo da aplicação das sanções disciplinares previstas nos estatutos dos servidores públicos federais, municipais e estaduais. Por fim, o Tribunal declarou, com efeito *pro futuro*, a inconstitucionalidade do art. 22 do Decreto 10.046/19, preservando a atual estrutura do Comitê Central de Governança de Dados pelo prazo de 60 dias, a contar da data de publicação da ata de julgamento, a fim de garantir ao Chefe do Poder Executivo prazo hábil para (i) atribuir ao órgão um perfil independente e plural, aberto à participação efetiva de representantes de outras instituições democráticas; e (ii) conferir aos seus integrantes garantias mínimas contra influências indevidas).

ADPF 722 DF. Rel. Min. Cármen Lúcia. 2022 (Decisão: O Tribunal, por maioria, julgou procedente o pedido formulado na arguição de descumprimento de preceito fundamental para, confirmando a medida cautelar deferida, declarar inconstitucionais atos do Ministério da Justiça e Segurança Pública de produção ou compartilhamento de informações sobre a vida pessoal, as escolhas pessoais e políticas, as práticas cívicas de cidadãos, servidores públicos federais, estaduais e municipais identificados como integrantes de movimento político antifascista, professores universitários e quaisquer outros que, atuando nos limites da legalidade, exerçam seus direitos de livremente expressar-se, reunir-se e associar-se).

ADI 6529 DF. Rel. Min. Cármen Lúcia. 2021 (O Tribunal, por unanimidade, confirmando cautelar deferida pelo Plenário do Supremo Tribunal, conheceu parcialmente da ação direta e deu interpretação conforme ao parágrafo único do art. 4º da Lei n. 9.883/1999 para estabelecer que: a) os órgãos componentes do Sistema Brasileiro de Inteligência somente podem fornecer dados e conhecimentos específicos à ABIN quando comprovado o interesse público da medida, afastada qualquer possibilidade de o fornecimento desses dados atender a interesses pessoais ou privados; b) toda e qualquer decisão de fornecimento desses dados deverá ser devida e formalmente motivada para eventual controle de legalidade pelo Poder Judiciário; c) mesmo quando presente o interesse público, os dados referentes às comunicações telefônicas ou dados sujeitos à reserva de jurisdição não podem ser compartilhados na forma do dispositivo, em razão daquela limitação, decorrente do respeito aos direitos fundamentais; d) nas hipóteses cabíveis de fornecimento de informações e dados à ABIN, são imprescindíveis procedimento formalmente instaurado e a existência de sistemas eletrônicos de segurança e registro de acesso, inclusive para efeito de responsabilização em caso de eventual omissão, desvio ou abuso).

ADIs 6.389 DF (6.390, 6.393, 6.388 e 6.387). Rel. Min. Rosa Weber. 2020 (Proteção de dados; autodeterminação informativa; direito fundamental. Medida Provisória 954, de 2020).

Superior Tribunal de Justiça (STJ)

ARESP n. 213069 SP. Rel. Min. Francisco Falcão. 2023. (Vazamento de dados pessoais por uma empresa não tem força, por si só, para gerar dano moral indenizável ao consumidor. Assim, em casos do tipo, o dano moral não será presumido, cabendo ao titular dos dados comprovar o suposto dano causado pela exposição de informações).

RMS 66392 RS. Rel. Min. João Otávio de Noronha. 2022 (Penal e Processo Penal. Investigação. Quebra de sigilo telemático. Provedor de Aplicação. Recusa de fornecimento. Crime praticado no território nacional. Irrelevância de a provedora optar pelo armazenamento dos dados em nuvem).

REsp 1937989 SP. Rel. Min. João Otávio de Noronha. 2022 (Concorrência desleal. Uso de marca alheia em link patrocinado no Google. Anuncio de concorrente. Utilização da marca registrada como palavra-chave, como forma de obter resultados privilegiados nas buscas e redirecionar clientes para os seus serviços).

HC 772253 RJ. Rel. Min. Antonio Saldanha Palheiro. 2022 (Nulidade reconhecimento fotográfico em sede policial, por meio de aplicativo de mensagem. Apenas fotografia do réu enviada à vítima, para reconhecimento. "modelo *show up*").

AgInt EDcl no RMS 55.818 MG. Rel. Min. Gurgel de Faria. 2022 (Servidor público estadual. Decreto Estadual. Bens e evolução patrimonial. Disponibilização de informações. Obrigatoriedade. Poder regulamentar da Administração Pública).

RMS 68.119 RJ. Rel. Min. Jesuíno Rissato. 2022 (Quebra de sigilo de dados estáticos. Serviço de geolocalização. Marco Civil da Internet. Não violação. Extrapolação da decisão de quebra de sigilo em face de número indeterminado de pessoas. Princípio da proporcionalidade. Não observância).

HC 626.983 PR. Rel. Min. Olindo Menezes. 2022 (Marco Civil da Internet. Arts. 13, § 2º e 15, § 2º, da Lei n. 12.965/2014. Provedores e plataformas dos registros de conexão e registros de acesso a aplicações de internet. Ministério Público. Requerimento cautelar de guarda dos dados e conteúdos por período determinado além do prazo legal. Prévia autorização judicial. Desnecessidade. Efetivo acesso dependente de ordem judicial).

REsp 1.914.596 RJ. Rel. Min. Luis Felipe Salomão. 2021 (Provedores de conexão à internet. Divulgação de ofensas a pessoa falecida. Responsabilização dos usuários. Pedido de fornecimento dos dados cadastrais. Cabimento. Lei Geral de Proteção de Dados (Lei n. 13.790/2018). Quebra de sigilo. Possibilidade).

REsp 1.885.201 SP. Rel. Min. Nancy Andrighi. 2021 (*Internet*. Provedores de aplicações que oferecem serviços de e-mail. Mensagens recebidas ou enviadas que foram deletadas. Dever de armazenamento. Inexistência de previsão legal).

RESp 1745657 SP. Rel. Min. Nancy Andrighi. 2020 (Jurisdição. Soberania Digital. Marco Civil da Internet. Equívoco imaginar que qualquer aplicação hospedada fora do Brasil não possa ser alcançada pela jurisdição nacional ou que as leis brasileiras não sejam aplicáveis às suas atividades. Tem-se a aplicação da lei brasileira sempre que qualquer operação de coleta, armazenamento, guarda e tratamento de registros, de dados pessoais ou de comunicações [...] ocorra em território nacional, mesmo que apenas um dos dispositivos esteja no Brasil e mesmo que as atividades sejam feitas por empresa com sede no estrangeiro).

HC 587.732 RJ. Rel. Min. Nefi Cordeiro. 2020 (Busca e

apreensão. Quebra de sigilo telemático. Investigações Criminais. Delimitação temporal. Desnecessidade. Lei n. 12.965/2014 (Lei do Marco Civil da Internet).

REsp 1.829.821 SP. Rel. Min. Nancy Andrighi. 2020 (Os provedores de aplicações de internet não são obrigados a guardar e fornecer dados pessoais dos usuários, sendo suficiente a apresentação dos registros de número IP).

REsp 1.736.803 RJ. Rel. Min. Ricardo Villas Bôas Cueva. 2020 (Crime histórico. Pena cumprida. Veiculação futura de matérias jornalísticas sobre o delito. Possibilidade. Direito ao esquecimento. Censura prévia. Não cabimento. [...] Ademais, a exploração midiática de dados pessoais de egresso do sistema criminal configura violação do princípio constitucional da proibição de penas perpétuas, do direito à reabilitação e do direito de retorno ao convívio social, garantidos pela legislação infraconstitucional, nos arts. 41, VIII e 202, da Lei n. 7.210/1984 e 93 do Código Penal. Contudo, apesar de haver nítida violação dos mencionados direitos e princípios, apta a ensejar condenação pecuniária posterior à ofensa, inviável o acolhimento da tese do direito ao esquecimento).

REsp 1.633.254 MG. Rel. Min. Nancy Andrighi. 2020 (Testamento particular escrito por meio mecânico. Ausência de assinatura de próprio punho do testador. Aposição de sua impressão digital. Validade do testamento. Violação do art. 1.876, § 2º, do Código Civil. Inocorrência. Observância da real vontade do testador).

REsp 1777769 SP. Rel. Min. Nancy Andrighi. 2019 (Guarda de dados. endereço de IP. Marco Civil da Internet).

REsp 1.758.799 MG. Rel. Min. Nancy Andrighi. 2019 (Informações pessoais. Bancos de dados. Disponibilização/comercialização. Ausência de comunicação. Dano moral *in re ipsa*. Configuração).

REsp 1.348.532 SP. Rel. Min. Luis Felipe Salomão. 2017 (Ação civil pública. Cartão de crédito. Cláusulas abusivas. Compartilhamento de dados pessoais. Necessidade de opção por sua negativa. Desrespeito aos princípios da transparência e confiança).

REsp 1304736 RS (Tema repetitivo 915). Rel. Min. Luis Felipe Salomão. 2016 (Em relação ao sistema *"credit scoring"*, o interesse de agir para a propositura da ação cautelar de exibição de documentos exige, no mínimo, a prova de: i) requerimento para obtenção dos dados ou, ao menos, a tentativa de fazê-lo à instituição responsável pelo sistema de pontuação, com a fixação de prazo razoável para atendimento; e ii) que a recusa do crédito almejado ocorreu em razão da pontuação que lhe foi atribuída pelo sistema *"scoring"*).

REsp 1582981 RJ. Rel. Min. Marco Aurélio Bellize. 2016 (O provedor de busca cientificado pelo consumidor sobre vínculo virtual equivocado entre o argumento de pesquisa (nome de consumidor) e o resultado de busca (sítio eletrônico) é obrigado a desfazer a referida indexação, ainda que esta não tenha nenhum potencial ofensivo).

REsp 1457199 RS (Tema repetitivo 714). Rel. Min. Paulo de Tarso Sanseverino. 2014 (I – O sistema *"credit scoring"* é um método desenvolvido para avaliação do risco de concessão de crédito, a partir de modelos estatísticos, considerando diversas variáveis, com atribuição de uma pontuação ao consumidor avaliado (nota do risco de crédito). II – Essa prática comercial é lícita, estando autorizada pelo art. 5º, IV, e pelo art. 7º, I, da Lei n. 12.414/2011 (lei do cadastro positivo). III – Na avaliação do risco de crédito, devem ser respeitados os limites estabelecidos pelo sistema de proteção do consumidor no sentido da tutela da privacidade e da máxima transparência nas relações negociais, conforme previsão do CDC e da Lei n. 12.414/2011. IV – Apesar de desnecessário o consentimento do consumidor consultado, devem ser a ele fornecidos esclarecimentos, caso solicitados, acerca das fontes dos dados considerados (histórico de crédito), bem como as informações pessoais valoradas. V – O desrespeito aos limites legais na utilização do sistema *"credit scoring"*, configurando abuso no exercício desse direito (art. 187 do CC), pode ensejar a responsabilidade objetiva e solidária do fornecedor do serviço, do responsável pelo banco de dados, da fonte e do consulente (art. 16 da Lei n. 12.414/2011) pela ocorrência de danos morais nas hipóteses de utilização de informações excessivas ou sensíveis (art. 3º, § 3º, I e II, da Lei n. 12.414/2011), bem como nos casos de comprovada recusa indevida de crédito pelo uso de dados incorretos ou desatualizados).

7. Seleção de literatura em língua portuguesa

ABRUSIO, Juliana. Proteção de dados na Cultura do Algoritmo. Belo Horizonte: Editora D'Plácido, 2020.

ALBERS, Marion. A complexidade da proteção de dados. Direitos Fundamentais & Justiça, Belo Horizonte, n. 35, p. 19-45, jul./dez., 2016.

BACHUR. João Paulo. Proteção de dados pessoais na educação. In: Tratado de proteção de dados pessoais. Laura Schertel Mendes; Danilo Doneda; Ingo Wolfgang Sarlet; Otavio Rodrigues Jr. (Coords). 2ª ed. Rio de Janeiro: Forense, 2023. Pgs. 475-486.

BERNASIUK, Helen Lentz Ribeiro. Liberdade de pesquisa genética humana e a necessidade de proteção de dados genéticos. Rio de Janeiro: Lumen Juris, 2021.

BIONI, Bruno Ricardo. Proteção de dados pessoais: a função e os limites do consentimento. Rio de Janeiro: Forense, 2019.

FERREIRA, Allan Ramalho.; LACERDA, Antonio Corrêa de.; ROVAI, Armando.; DONEDA, Danilo.; FERNANDES, Edison.; CANO, Flávia.; CARVALHO, Gustavo Marinho de.; SARLET, Ingo Wolfgang.; BACHUR, João Paulo.; MENDES, Laura Schertel.; CHAIM, Leonardo.; FUJIMOTO, Mônica.; LANGENEGGER, Natalia. RODRIGUES JÚNIOR, Otavio Luiz.; VALIM, Rafael.; CAMPOS, Ricardo.; DIP, Ricardo.; LEMOS, Ricardo. Centrais de Cartório e Proteção de Dados. São Paulo: Contracorrente, 2023.

COSTA, R. S.; KREMER, B. Inteligência artificial e discriminação: desafios e perspectivas para a proteção de grupos vulneráveis frente às tecnologias de reconhecimento facial. Revista Brasileira de Direitos Fundamentais & Justiça, *[S. l.]*, v. 16, n. 1, 2022.

CUEVA, Ricardo Villas Bôas. Proteção de dados pessoais e direito ao esquecimento. In: Tratado de proteção de dados pessoais. Laura Schertel Mendes; Danilo Doneda; Ingo Wolfgang Sarlet; Otavio Rodrigues Jr. (Coords). 2ª ed. Rio de Janeiro: Forense, 2023. Pgs. 635-648.

DONEDA, Danilo. Da Privacidade à Proteção de Dados Pessoais. 3ª ed. São Paulo: Revista dos Tribunais, 2021.

DONEDA, Danilo. Panorama histórico da proteção de dados pessoais. In: Tratado de proteção de dados pessoais. Laura Schertel Mendes; Danilo Doneda; Ingo Wolfgang Sarlet; Otavio Rodrigues Jr. (Coords). 2ª ed. Rio de Janeiro: Forense, 2023. Pgs. 03-20.

DÖHMANN, Indra Spiecker gen. A Proteção de Dados Pessoais sob o Regulamento Geral de Proteção de Dados na União Europeia. RDP, Brasília, vol. 17, n. 93, p. 9-32, maio/jun. 2020.

FRAZÃO, Ana. CUEVA, Ricardo Villas Bôas. (Coordenadores) Compliance e políticas de proteção de dados. São Paulo: Revista dos Tribunais, 2021.

FRAZÃO, Ana. Big Data e aspectos concorrenciais do tratamento de dados pessoais. In: Tratado de proteção de dados pessoais. Laura Schertel Mendes; Danilo Doneda; Ingo Wolfgang Sarlet; Otavio Rodrigues Jr. (Coords). 2ª ed. Rio de Janeiro: Forense, 2023. Pgs. 541-558.

HOFFMANN-RIEM, Wolfgang. Big Data e Inteligência Artificial: desafios para o Direito. Revista Estudos Institucionais, v. 6, n. 2, p. 341-406, maio/ago. 2020.

LIMBERGER, Têmis. O Direito à Intimidade na era da Informática: A necessidade de Proteção dos Dados Pessoais. Porto Alegre: Livraria do Advogado, 2007.

MASSENO, Manuel David. Na borda: dados pessoais e não pessoais nos dois regulamentos da União Europeia. Disciplinarum Scientia, Santa Maria, v. 16, n. 1, p. 41-55, 2020.

MENDES, Gilmar Ferreira.; FERNANDES, Victor Oliveira. Constitucionalismo digital e jurisdição constitucional: uma agenda de pesquisa para o caso brasileiro. Revista Brasileira de Direito, Passo Fundo, vol. 16, n. 1, p. 1-33, jan./abr., 2020.

MENDES, Laura.; DONEDA, Danilo.; SARLET, Ingo Wolfgang.; Rodrigues Jr., Otavio Luiz.; BIONI, Bruno. Tratado de Proteção de Dados Pessoais. São Paulo: Forense, 2023.

MENDES, Laura Schertel; FONSECA, Gabriel Campos Soares da. Proteção de dados para além do consentimento: tendências de materialização. In: Tratado de proteção de dados pessoais. Laura Schertel Mendes; Danilo Doneda; Ingo Wolfgang Sarlet; Otavio Rodrigues Jr. (Coords). 2ª ed. Rio de Janeiro: Forense, 2023. Pgs. 73-94.

MENDES, Laura Schertel; MATTIUZZO, Marcela; FUJIMOTO, Monica Tiemy. Discriminação algorítmica à luz da Lei Geral de Proteção de Dados. In: Tratado de proteção de dados pessoais. Laura Schertel Mendes; Danilo Doneda; Ingo Wolfgang Sarlet; Otavio Rodrigues Jr. (Coords). 2ª ed. Rio de Janeiro: Forense, 2023. Pgs. 423-448.

MENDES, Laura Schertel; RODRIGUES JR., Otavio Luiz; FONSECA, Gabriel Campos Soares da. O Supremo Tribunal Federal, a proteção constitucional dos dados pessoais e a positivação superveniente de um direito fundamental autônomo. In: Tratado de proteção de dados pessoais. Laura Schertel Mendes; Danilo Doneda; Ingo Wolfgang Sarlet; Otavio Rodrigues Jr. (Coords). 2ª ed. Rio de Janeiro: Forense, 2023. Pgs. 61-72.

MENKE, Fabiano. A proteção de dados e novo direito fundamental à garantia da confidencialidade e da integridade dos sistemas técnico-informacionais no direito alemão. In: MENDES, G.F.; SARLET, I.W.; COELHO, A.Z. P. (Org.). Direito, Inovação e Tecnologia. São Paulo: Saraiva, 2014, v. 1, p. 205-230.

MOLINARO, Carlos Alberto; SARLET, Gabrielle Bezerra Sales. Questões tecnológicas, éticas e normativas da proteção de dados pessoais na área da saúde em um contexto de big data. Direitos Fundamentais & Justiça, ano 13, n. 41, p. 183-212, jul./dez. 2019.

LEMOS, Ronaldo; BRANCO, Sergio. Privacy by design: conceito, fundamentos e aplicabilidade na LGPD. In: Tratado de proteção de dados pessoais. Laura Schertel Mendes; Danilo Doneda; Ingo Wolfgang Sarlet; Otavio Rodrigues Jr. (Coords). 2ª ed. Rio de Janeiro: Forense, 2023. Pgs. 449-460.

RODRIGUEZ, Daniel Piñeiro. O direito fundamental à proteção de dados: vigilância, privacidade e regulação. Rio de Janeiro: Lumen Iuris, 2021.

RUARO, Regina Linden; SARLET, Gabrielle Bezerra Sales. O Direito fundamental à proteção de dados sensíveis no sistema normativo brasileiro: uma análise acerca das hipóteses de tratamento e da obrigatoriedade do consentimento livre, esclarecido e informado sob o enfoque da Lei geral de proteção de dados(LGPD) – Lei 13.709/2018. In: Tratado de proteção de dados pessoais. Laura Schertel Mendes; Danilo Doneda; Ingo Wolfgang Sarlet; Otavio Rodrigues Jr. (Coords). 2ª ed. Rio de Janeiro: Forense, 2023. Pgs. 175-200.

SANTOS, Rebeca Drummond de Andrade Müller. Compartilhamento de dados fiscais sigilosos. São Paulo: Almedina, 2022.

SARLET, Gabrielle Bezerra Sales.; CALIENDO, Paulo.; RUARO, Regina Linden.; REICHELT, Luís Alberto. SARLET, Ingo Wolfgang (Coordenadores). Inteligência Artificial e Direito. Porto Alegre: Editora Fundação Fênix, 2023.

SARLET, Ingo Wolfgang. Proteção De Dados Pessoais como Direito Fundamental na Constituição Federal Brasileira De 1988: Contributo Para A Construção De Uma Dogmática Constitucionalmente Adequada. Revista Brasileira De Direitos Fundamentais & Justiça, 14(42), 179–218, 2020.

SARLET, Gabrielle Bezerra Sales.; TRINDADE, Manoel Gustavo Neubarth.; MELGARÉ, Plinio (Coordenadores). Proteção de dados: temas controvertidos. São Paulo: Foco, 2021.

SARLET, Ingo Wolfgang; SARLET, Gabrielle Bezerra Sales. Separação Informacional de Poderes no Direito Constitucional Brasileiro. São Paulo: Associação Data Privacy Brasil de Pesquisa, 2022.

WIMMER, Miriam.; DONEDA, Danilo. "Falhas de IA" e a Intervenção Humana em Decisões Automatizadas: Parâmetros para Legitimação pela Humanização. RDP, Brasília, volume 18, n. 100, p. 374-406, out./dez. 2021.

WIMMER. Miriam. O Regime jurídico do tratamento de dados pessoais pelo poder público. In: Tratado de proteção de dados pessoais. Laura Schertel Mendes; Danilo Doneda; Ingo Wolfgang Sarlet; Otavio Rodrigues Jr. (Coords). 2ª ed. Rio de Janeiro: Forense, 2023. Pgs. 273-291.

8. Anotações

O conteúdo (no sentido do âmbito de proteção normativo) de um direito fundamental à proteção de dados pessoais, atualmente consagrado como direito autônomo na CF/88, embora fortemente articulado com o princípio da dignidade da pessoa humana e de outros direitos fundamentais, em especial o direito ao livre desenvolvimento da personalidade e alguns direitos especiais de personalidade, como é o caso, entre outros, do direito à privacidade e do assim chamado direito à autodeterminação informativa, não se confunde com o do objeto da proteção de tais direitos.

É por tal razão, aliás, que a própria opção terminológica pela proteção de dados pessoais assume uma importância que vai muito além da mera novidade representada pela terminologia em si, porquanto, radica numa viragem concepcional, visto que parte do pressuposto de que dados, para efeitos de sua proteção jurídico-constitucional, devem ser compreendidos em sentido amplo, no sentido da inexistência de dados pessoais irrelevantes em face do processamento eletrônico na sociedade de informação, notadamente pelo fato de que, sendo os dados projeções da personalidade, o seu tratamento, seja qual for, potencialmente pode violar direitos fundamentais[10].

De todo modo, a compreensão do âmbito de proteção de um direito fundamental à proteção de dados pessoais envolve sempre um contraste com o de outros direitos, destacando-se, nesse contexto, o direito à privacidade e o direito à autodeterminação informativa, os quais, por seu turno, embora também autônomos entre si, também apresentam zonas de contato importantes.

Outro aspecto a sublinhar, é que, a exemplo do que se dá com os direitos fundamentais em geral, também o direito à proteção de dados pessoais apresenta uma dupla dimensão subjetiva e objetiva, cumprindo uma multiplicidade de funções na ordem jurídico-constitucional.

No que diz respeito à dimensão subjetiva – portanto, à sua condição de direito subjetivo – o direito à proteção de dados pessoais, compreendido em seu sentido amplo, se decodifica em um conjunto de posições subjetivas específicas e bastante heterogêneas. Nesse contexto, para melhor e mais rápida compreensão, calha lançar mão do rol de posições jurídicas subjetivas diretamente inspirado na obra de J. J. Gomes Canotilho e Vital Moreira, o qual, a despeito de eventuais diferenças de uma ordem jurídica para outra, se mostra perfeitamente compatível com o direito constitucional e infraconstitucional positivo brasileiro, assegurando uma proteção que dê conta de todas as dimensões que envolvem a coleta, armazenamento, tratamento, utilização e transmissão de dados pessoais:

– o direito ao acesso e ao conhecimento dos dados pessoais existentes em registros (bancos de dados) públicos ou privados;

– o direito ao não conhecimento, tratamento e utilização e difusão de determinados dados pessoais pelo Estado ou por terceiros, aqui incluído um direito de sigilo quanto aos dados pessoais;

– o direito ao conhecimento da identidade dos responsáveis pela coleta, armazenamento, tratamento e utilização dos dados;

– o direito ao conhecimento da finalidade da coleta e da eventual utilização dos dados;

– o direito à retificação e, a depender do caso, à exclusão de dados pessoais armazenados em bancos de dados[11].

Note-se, ainda, que embora o direito à proteção de dados pessoais, como direito fundamental que é, tenha esteio na constituição, não há, no texto constitucional brasileiro (ao menos por ora) qualquer referência direta a posições jurídico-subjetivas específicas que possam estar albergadas por seu âmbito de proteção, o que, todavia, não quer dizer que não encontrem fundamento constitucional implícito.

De qualquer sorte, também no Brasil – e independentemente da incorporação de um direito à proteção de dados pessoais à CF – é na legislação infraconstitucional que foram especificados os direitos do titular da proteção, como dá conta o leque contido nos artigos 17 e 18 da LGPD, que, contudo, deve ser compreendido e aplicado em sintonia e conformidade com a CF, a normativa internacional e outros diplomas legais, como é o caso, por exemplo (e em especial) da Lei de Acesso à Informação e na Lei do Marco Civil da Internet.

Já mediante uma simples leitura do catálogo que segue, enunciado nos artigos 17 e 18 da LGPD, é possível perceber que em grande medida as posições jurídicas subjetivas (direitos) atribuídos ao titular dos dados pessoais objeto da proteção legal, que concretiza e delimita, em parte, o próprio âmbito de proteção do direito fundamental à proteção de dados, coincide com o rol de posições jurídico-constitucionais diretamente e habitualmente associadas à dupla função de tal direito como direito negativo (defesa) e positivo (a prestações).

Importa anotar, ainda, que a lista de posições jurídicas referidas não tem caráter taxativo, não excluindo, portanto, outras possibilidades, mesmo que não expressamente positivadas na constituição ou num diploma legal.

Já no respeitante à assim chamada dimensão objetiva do direito fundamental à proteção de dados pessoais, assumem relevo a existência de deveres de proteção, que vinculam, de modo isento de lacunas, todos os atores estatais, impondo-lhes, no âmbito de suas competências e atribuições, uma atuação positiva no sentido de implementar medidas eficazes para a proteção do direito. Ainda nessa quadra, é de se enfatizar que o Estado dispões de várias alternativas para dar conta dos seus deveres de proteção, que vão desde a criminalização de ações e omissões, responsabilidade civil, instituição de mecanismos processuais, como é o caso, no Brasil, da ação de *habeas data*, até a criação de órgãos (organismos) público e/ou privados encarregados de levar a efeito os deveres de proteção, designadamente, no que interessa aqui, a criação e estruturação da Autoridade Nacional de Proteção de Dados – ANPD (arts. 55-A – 55-L), a exemplo do que se deu em outros lugares.

Outro desdobramento da perspectiva objetiva diz respeito à função outorgada aos direitos fundamentais sob o aspecto de parâmetros para a criação e constituição de organizações (ou instituições) estatais e para o procedimento[12]. Nesse contexto, há que considerar a íntima vinculação entre direitos fundamentais, organização e procedimento, no sentido de que os direitos fundamentais são, ao mesmo tempo e de certa forma, dependentes da organização e do procedimento (no mínimo, sofrem uma influência da parte destes), mas simultaneamente também atuam sobre o direito procedimental e as estruturas organizacionais[13].

Assim, tendo em vista que os deveres de proteção do Estado podem, por vezes, concretizar-se por meio de normas dispondo sobre o procedimento administrativo ou judicial, bem como pela da criação de órgãos, constata-se, desde já, a conexão que pode existir entre estas duas facetas da perspectiva jurídico-objetiva

---

10. Cf., por todos, MENDES, Laura Schertel; DONEDA, Danilo. Comentário à Nova Lei de Proteção de Dados (Lei 13.709/2018): O Novo Paradigma da Proteção de Dados. *Revista de Direito do Consumidor*, v. 120, nov./dez. 2018. p. 22.

11. Cf. GOMES CANOTILHO, José Joaquim; MOREIRA, Vital. *Constituição da República Portuguesa anotada*, 4. ed. Coimbra: Coimbra Editora, 2007. p. 551 e ss.

12. Neste sentido, dentre tantos, JARASS, Hans; PIEROTH, Bodo. *Grundgezetz fur die Bundesrepublik Deutschland*: Kommentar. München: C. H. Beck. 13. Auf. 2014. p. 20.

13. Cf. HESSE, Konrad. *Grundzüge des Verfassungsrechts der Bundesrepublik Deutschland*, op. cit., p. 160-1.

dos direitos fundamentais[14]. Para além desta constatação, foi feita oportuna referência na doutrina para a necessidade de um procedimento ordenado e justo para a efetivação ou garantia eficaz dos direitos fundamentais[15].

Ainda no que diz com a perspectiva procedimental (de que a proteção dos direitos fundamentais depende de estruturas organizacionais e de procedimentos adequados), há que sublinhar a necessidade de utilização e otimização de técnicas processuais que assegurem, com o maior nível possível de eficácia, a proteção dos direitos fundamentais, o que, dada a natureza/função dos direitos e das circunstâncias que envolvem a sua incidência em casos concretos, pode implicar técnicas distintas para direitos distintos mas também técnicas diversas para a proteção do mesmo direito fundamental[16].

Outro ponto de grande importância, como a todos os direitos fundamentais, é o de que também o direito à proteção de dados pessoais está submetido a limites e admite (e mesmo exige) intervenções restritivas de diversa natura, sempre com o escopo – que opera como condição prévia de legitimação constitucional das restrições – de proteger outros direitos fundamentais ou bens jurídicos de estatura constitucional[17].

Quanto aos limites e restrições, toda e qualquer captação (levantamento), armazenamento, utilização e transmissão de dados pessoais, em princípio, constitui uma intervenção no âmbito de proteção do direito, que, portanto, como já adiantado, não prescinde de adequada justificação[18]. Outrossim, embora não se trate de direito absoluto, revela-se como um direito bastante sensível, tanto mais sensível quanto mais se tratar de dados pessoais sensíveis, associados a dimensões da dignidade da pessoa humana, implicando, de tal sorte, exigências mais rigorosas – e controle mais intenso – de eventuais intervenções restritivas[19].

Nesse contexto, calha recordar que embora seja o direito à proteção de dados submetido a limites e passível de restrições, acionam-se, também nesse caso, os assim chamados limites aos limites dos direitos fundamentais, dentre os quais desponta a necessária observância dos critérios da proporcionalidade e da salvaguarda do núcleo essencial, o que se aplica seja qual for a origem e natureza da intervenção estatal (judiciária, administrativa e legislativa) na esfera de proteção do direito à proteção de dados.

Ainda nessa quadra, para efeitos do controle da legitimidade constitucional das restrições ao direito à proteção dos dados pessoais, assume relevo – como já adiantado! – a distinção entre dados considerados sensíveis, que dizem mais de perto com aspectos da vida íntima (dados sobre a orientação sexual, religiosa, a opção política, vida familiar, entre outros) e dados mais "distantes" desse núcleo mais sensível, como é o caso de informações sobre nome, filiação, endereço, CPF etc.[20]

Cuidando-se de dados relativos ao sigilo profissional, ou mesmo dados fiscais e bancários, importa levar em conta as diretrizes existentes para tais situações, submetidas, como direitos fundamentais autônomos, a um regime próprio, em que pese um conjunto de aspectos comuns.

Por outro lado, os limites e restrições ao direito à proteção de dados carecem de uma compreensão sistemática e que leve em conta simultaneamente sua dimensão subjetiva e objetiva, já que por conta dos deveres de proteção estatal de outros direitos, podem ser necessárias restrições à proteção de dados na perspectiva subjetiva, ou seja, intervenções no plano das posições jurídicas atribuídas aos titulares do direito.

À guisa de fechamento, é possível afirmar que, justamente pela existência, além da nova LGPD e de outras leis que versam sobre o tema, é ter sempre presente que, impõe-se ao Estado (isso já independentemente da inserção do direito à proteção de dados pessoais no texto constitucional, mas com ainda mais razões com a sua positivação expressa!), por força de seus deveres de proteção, não apenas zelar pela consistência constitucional do marco normativo infraconstitucional (inclusive da LGPD) no tocante aos diplomas legais isoladamente considerados, mas também de promover sua integração e harmonização produtiva, de modo a superar eventuais contradições e assegurar ao direito fundamental à proteção de dados, sua máxima eficácia e efetividade.

Art. 5º, § 1º As normas definidoras dos direitos e garantias fundamentais têm aplicação imediata.

Ingo Wolfgang Sarlet

1. História da norma

Nas Constituições brasileiras anteriores não houve previsão de dispositivo similar, cuidando-se de inovação trazida pela CF de 1988. Todavia, já no anteprojeto elaborado pela Comissão Provisória de Estudos Constitucionais, a assim designada Comissão Afonso Arinos[1], a questão da força normativa dos direitos fundamentais foi contemplada, visto que o artigo 10 (do anteprojeto) dispunha que "os direitos e garantias constantes desta Constituição têm aplicação imediata", teor que praticamente corresponde ao adotado pela atual Constituição, com a ressalva de que essa se refere aos direitos e garantias fundamentais.

---

14. Cf, por todos, PIEROTH, Bodo; SCHLINK, Bernhard. *Grundrechte*. Staatsrecht II, op. cit., p. 27.

15. Na literatura brasileira, remetemos às formulações de SARLET, Ingo Wolfgang; MARINONI, Luiz Guilherme; MITIDIERO, Daniel. *Curso de Direito Constitucional*. 3. ed. São Paulo: Revista dos Tribunais, 2014.

16. Sobre o tema, v., no Brasil, em especial, MARINONI, Luiz Guilherme. *Técnica processual e tutela dos direitos*. 4. ed. São Paulo: Revista dos Tribunais, 2013.

17. Cf., por todos, SARLET, Ingo Wolfgang. *A Eficácia dos Direitos Fundamentais*: uma teoria geral dos direitos fundamentais na perspectiva constitucional, op. cit., 2018.

18. Cf., por todos, WOLFF, Heinrich Amadeus. Schutz personenbezogener Daten. In: PECHSTEIN, Matthias; NOWAK, Carsten; HÄDE, Ulrich (Coord.). *Frankfurter Kommentar EUV – GRC – AEUV*. Tübingen: Mohr Siebeck, 2017. v. 1. p. 1117 e ss.

19. Cf., por todos, STARCK, Christian. Art. 2 Abs. 1 – Schutz des Art. 2 Abs. 1 vor Eingriffen durch die öffentliche Gewalt. In: VON MANGOLDT; KLEIN; STARCK. *Grundgesetz Kommentar*, v. 1, 7. Auf. München: C.H.Beck, 2018. p. 217.

20. Cf, por todos, SAMPAIO, José Adércio Leite. A suprema inviolabilidade: a intimidade informática e o sigilo bancário, op. cit., p. 543.

1. Criada através do Decreto n. 91.450, de 18-07-1985, com o escopo de elaborar o anteprojeto da nova Constituição, tal Comissão ficou conhecida como "Comissão Afonso Arinos", em homenagem ao seu presidente. Muito embora o anteprojeto não tenha oficialmente servido de base para os trabalhos da Assembleia Constituinte, em diversos aspectos acabou exercendo efetiva influência, inclusive no que diz com a redação do dispositivo ora comentado.

2. Constituições brasileiras anteriores

Não houve previsão de dispositivo similar.

3. Constituições estrangeiras

Lei Fundamental da República da Alemanha de 1949: artigo 1º, 3; Constituição do Principado de Andorra de 1993: artigo 39, 1, 2 e 3; Constituição da Bósnia e Herzegovina de 1995: artigo II, 2 e 6; Constituição de Cabo Verde de 1999: artigo 18; Constituição da República Colombiana de 1991 (com as reformas de 2005): artigo 85; Constituição Política da República do Equador de 1998: artigo 18; Constituição da República Portuguesa de 1976: artigo 18, I; Constituição da Rússia: artigo 18; Constituição da Ucrânia de 1996: artigo 8º; Constituição da República do Uruguai de 1967, com a reforma de 2004: Artigo 332; Constituição da República Bolivariana da Venezuela de 1999: artigo 22; Constituição do Nepal de 1990: artigo 24, 1 e 2; Constituição da República do Panamá de 1972, com a reforma de 1994: artigos 17 e 18; Constituição da República do Paraguai de 1992: parte final do artigo 45.

4. Direito internacional

Pacto Internacional de Direitos Civis e Políticos de 1966: art. 2º, 1 e 2; art. 4º, 2; art. 5º, 2, e art. 50; Protocolo Adicional à Convenção Interamericana sobre Direitos Humanos em Matéria de Direitos Econômicos, Sociais e Culturais, "Protocolo de San Salvador" (Assinado em San Salvador, El Salvador, em 17 de novembro de 1998, no 18º período Ordinário de Sessões da Assembleia Geral): artigos 1º, 2º e 4º; Convenção Americana sobre Direitos Humanos de 1969 (Pacto de São José da Costa Rica, ratificado pelo Brasil em 1992): artigos 1º, § 1, 2º, 27, §§ 1 e 2; Convenção sobre Eliminação da Discriminação contra a Mulher (Adotada em Belém do Pará, Brasil, em 9 de junho de 1994, no Vigésimo Quarto Período Ordinário de Sessões da Assembleia Geral): artigos 7, 13 e 14; Declaração Universal dos Direitos do Homem: artigos 29, I, II e III, e 30.

5. Disposições constitucionais e legais relacionadas

a) Constitucionais

Art. 5º, LXXI (mandado de injunção); art. 5º, LXIX (mandado de segurança); art. 5º, XXXIV e XXXV (acesso à justiça); art. 102, I, *a* (ação direta de inconstitucionalidade – ADIN, e ação direta de constitucionalidade – ADC); art. 102, § 1º (arguição de descumprimento de preceito fundamental – ADPF).

b) Legais

Não serão referidas, pois o dispositivo comentado assegura precisamente a aplicabilidade imediata das normas de direitos fundamentais.

6. Jurisprudência selecionada do STF

AI 222046-SP, rel. Min. Marco Aurélio de Mello, j. em 24-08-1998 (assegura a aplicabilidade direta e imediata ao artigo 7º, XVIII, da CF/88, garantindo o direito de licença remunerada de 120 dias à gestante).

RE 271286-RS, rel. Min. Celso de Mello, j. em 12-09-2000 (assegura a aplicabilidade direta ao artigo 196 da CF/88, garantindo a eficácia plena e imediata do direito à saúde, declarando ser dever do Estado fornecer gratuitamente medicamentos às pessoas necessitadas).

RE 377040-RS, rel. Min. Moreira Alves, j. em 28-03-2003 (assegura aplicabilidade direta aos artigos 5º, I, e 226, § 5º, ambos da CF/88, garantindo a eficácia plena e imediata dos princípios que preveem a igualdade entre os sexos, declarando o direito de o marido ser incluído como dependente da mulher para fins previdenciários).

ADI 3768, rel. Min. Carmen Lúcia, j. em 26-10-2007 (assegura a aplicabilidade direta ao artigo 230, § 2º, da CF/88, garantindo a eficácia imediata do direito dos idosos em utilizar o transporte público gratuitamente).

RE 367089-RS, rel. Min. Moreira Alves, j. em 12-02-2003 (reforça a aplicabilidade imediata das normas definidoras dos direitos e garantias fundamentais entre os quais se situam os direitos sociais que englobam o direito à saúde e à previdência social).

RE-Agr 410-715-SP, rel. Min. Celso de Mello (assegura a aplicabilidade direta ao artigo 208, IV, da CF/88, no sentido de garantir o direito à creche para crianças entre 0 e 6 anos de idade, esclarecendo o conteúdo jurídico do direito à educação).

ADI-MC 3540-DF, rel. Min. Celso de Mello, j. em 01-09-2005 (assegura a eficácia plena ao artigo 225 da CF/88, declarando a constitucionalidade do art. 4º do Código Florestal, garantindo o direito de todos ao meio ambiente equilibrado).

MS 26854-DF, rel. Min. Ricardo Lewandowsky, j. em 28-08-2007 (assegura aplicabilidade direta e imediata ao art. 5º, LIV, da CF/88, garantindo o direito ao devido processo legal, determinando o restabelecimento do pagamento de aposentadoria tida como irregular em processo administrativo no qual a impetrante sequer teve conhecimento).

ARE 1.046.939 AgR, rel. Min. Gilmar Mendes, Segunda Turma, j. em 30.08.2019 (exemplo de exceção ao entendimento do STF de que a suspensão dos direitos políticos decorre automaticamente da sentença penal condenatória transitada em julgado, ainda que esteja em curso período de suspensão condicional da pena, por se tratar, o art. 15, III, da CF, também de uma norma de eficácia plena).

ADI 2.559, rel. Min. Dias Toffoli, j. em 14.02.2020 (o direito à gratuidade de certidões, consagrado no art. 5º, XXXIV, *b*, da CF, é veiculado por norma de eficácia plena e aplicabilidade imediata, não podendo ser condicionado à previa regulamentação/concretização legal, abarcando – como no caso julgado – isenção de custas pela expedição de certidões pela Justiça Federal).

ARE 1249156 AgR-ED, rel. Min. Edson Fachin, j. em 14.12.2021 ("a incidência do art. 5º, inciso XL, da Constituição Federal, como *norma constitucional* de *eficácia* plena e *aplicabilidade* imediata, não está condicionada à atuação do legislador ordinário").

ADIS 4.878-DF e 5.083-DF, rel. Min. Gilmar Mendes, j. em 08.06.2021 (Art. 227, CF – princípio da máxima eficácia e proteção integral a crianças e adolescentes. "A interpretação que assegura ao menor sob guarda o direito à proteção previdenciária deve prevalecer, não apenas porque assim dispõem a CF e o ECA, mas porque direitos fundamentais devem observar o princípio da máxima eficácia").

7. Literatura selecionada em língua portuguesa (monografias)

ANDRADE, José Carlos Vieira de. *Os Direitos Fundamentais na Constituição Portuguesa de 1976*. 3ª ed. Coimbra: Livraria Almedina, 2003.

BARROSO, Luís Roberto. *O Direito Constitucional e a Efetividade de suas Normas*. 5ª ed. Rio de Janeiro: Renovar, 2001.

BRITTO, Carlos Ayres; BASTOS, Celso Ribeiro. *Interpretação e Aplicação das Normas Constitucionais*. São Paulo: Saraiva, 1982.

BONAVIDES, Paulo. *Curso de Direito Constitucional*. 7ª ed. São Paulo: Malheiros, 1997.

CANOTILHO, Joaquim José Gomes. *Direito Constitucional e Teoria da Constituição*. 7ª ed. Coimbra: Almedina, 2006.

CUNHA, Paulo Ferreira da. *Teoria da Constituição II – Direitos Humanos, Direitos Fundamentais*. Lisboa: Verbo, 2000.

CUNHA JUNIOR, Dirley da. *Controle Judicial das Omissões do Poder Público:* em busca de uma dogmática constitucional transformadora à luz do direito fundamental à efetivação da Constituição. São Paulo: Saraiva, 2004.

DIMOULIS, Dimitri; MARTINS, Leonardo. *Teoria Geral dos Direitos Fundamentais*. 9ª ed. São Paulo: Revista dos Tribunais, 2022.

FACHIN, Luis Edson. *Estatuto Jurídico do Patrimônio Mínimo*. Rio de Janeiro: Renovar, 2008.

GALINDO, Bruno. *Direitos Fundamentais:* análise de sua concretização constitucional. Curitiba: Juruá, 2003.

GEBRAN NETO, João Pedro. *A Aplicação Imediata dos Direitos e Garantias Individuais:* a busca de uma exegese emancipatória. São Paulo: RT, 2002.

MELLO, Celso Antônio Bandeira de. *Eficácia das normas constitucionais e direitos sociais*. São Paulo: Malheiros, 2015.

MENDES, Gilmar Ferreira; BRANCO, Paulo Gustavo Gonet. *Curso de Direito Constitucional*. 18ª ed. São Paulo: Saraiva, 2023.

MIRANDA, Jorge. *Manual de Direito Constitucional*. v. IV. 3ª ed. Coimbra: Editora Coimbra, 2000.

PIOVESAN, Flávia. *Proteção de Judicial contra Omissões Legislativas*. São Paulo: RT, 1995.

QUEIROZ, Cristina M. M. *Direitos Fundamentais (Teoria Geral)*. Coimbra: Coimbra Editora, 2002.

SAMPAIO, José Adércio Leite (org.). *Jurisdição Constitucional e Direitos Fundamentais*. Belo Horizonte: Del Rey, 2003.

SARLET, Ingo Wolfgang. *A Eficácia dos Direitos Fundamentais*. 13ª ed. Porto Alegre: Livraria do Advogado, 2015.

SILVA, Anabelle Macedo. *Concretizando a Constituição*. Rio de Janeiro: Lumen Juris, 2005.

SILVA, José Afonso da. *Aplicabilidade das Normas Constitucionais*. 2ª ed. São Paulo: RT, 1991.

TAVARES, André Ramos. *Curso de Direito Constitucional*. 20ª ed. São Paulo: Saraiva, 2022.

THEODORO, Marcelo Antônio. *Direitos Fundamentais e sua Concretização*. Curitiba: Juruá, 2003.

STRECK, Lenio Luiz. *Hermenêutica Jurídica e(m) Crise – uma exploração hermenêutica da construção do direito*. Porto Alegre: Livraria do Advogado, 1999.

8. Anotações[2]

A despeito de alguma divergência, a doutrina e a jurisprudência reconhecem, em termos gerais, que o mandamento da imediata aplicabilidade alcança todas as normas de direitos fundamentais, independentemente de sua localização no texto constitucional, o que, além disso, guarda sintonia com o teor literal do art. 5º, § 1º, CF, visto que este expressamente faz referência às normas definidoras de direitos e garantias fundamentais e não apenas aos direitos individuais constantes do art. 5º A CF não estabeleceu, neste ponto, distinção expressa entre os direitos de liberdade e os direitos sociais, como o fez, por exemplo, o constituinte português, de tal sorte que todas as categorias de direitos fundamentais estão sujeitas, em princípio, ao mesmo regime jurídico. Isso não significa dizer, por outro lado, que todas as normas constitucionais tenham aplicabilidade direta em toda a sua extensão, no sentido de serem todas de eficácia plena, visto que, não raras vezes, há necessidade de interposição do legislador para alguns efeitos. Com efeito, a distinção entre norma definidora de direito e garantia fundamental e outras normas constitucionais, de cunho impositivo de deveres de legislar, por exemplo, não foi superada, pelo contrário, acabou sendo realçada pelo tratamento privilegiado assegurado pelo constituinte às normas (todas elas!) de direitos fundamentais. De outra parte, como é amplamente reconhecido, mesmo normas de cunho eminentemente programático, que impõe programas de ação aos poderes públicos, não deixam de ter por isso eficácia jurídica e, na medida de sua eficácia, aplicabilidade direta, por exemplo, implicando a revogação de normas anteriores em sentido contrário ou mesmo a inconstitucionalidade de normas posteriores que contrariem os parâmetros constitucionais. É preciso sempre levar em conta que a Constituição consiste em um sistema aberto de regras e princípios (Gomes Canotilho), de tal sorte que a possível eficácia e aplicabilidade das normas, que sempre envolve uma decisão do intérprete (Lenio Streck), também guarda relação com a estrutura normativa e com os vínculos impostos pelo texto constitucional. Em outras palavras, a função e forma de positivação (daí a distinção entre normas definidoras de direitos e garantias, normas programáticas e normas organizacionais proposta por Luís Roberto Barroso), que, por partir de outro critério, não é incompatível com as classificações relacionadas com a eficácia jurídica e aplicabilidade (com destaque para a clássica distinção de José Afonso da Silva), exige ser levada a sério e é determinante para a atribuição de eficácia e aplicabilidade às normas constitucionais.

O fato de todas as normas de direitos e garantias fundamentais terem reconhecida sua direta aplicabilidade não corresponde a afirmar que a eficácia jurídica (que não se confunde com a eficácia social ou efetividade) e mesmo a aplicabilidade de tais normas sejam idênticas. A multifuncionalidade dos direitos fundamentais e o fato de estes abrangerem um conjunto heterogêneo e complexo de normas e posições jurídicas já sustentam esta afirmativa. Além disso, há que levar em conta ser diverso o âmbito de proteção dos direitos fundamentais, assim como diversos os limites aos quais estão sujeitos, tudo a interferir na determinação dos efeitos jurídicos e da sua exata extensão. De outra parte, se é correto afirmar que a aplicabilidade direta afirmada pelo art. 5º, § 1º, CF, afasta, em

---

[2]. Para o aprofundamento do tema remetemos ao nosso *A Eficácia dos Direitos Fundamentais*. 13ª ed. Porto Alegre: Livraria do Advogado Editora, 2018.

geral, a necessidade de uma interposição legislativa, pelo menos naquilo que tal intervenção possa ser considerada um obstáculo à aplicação judicial das normas de direitos fundamentais, também é certo que mesmo se tratando de normas de eficácia plena e de aplicabilidade direta, as normas de direitos fundamentais estão sujeitas à regulamentação, assim como estão expostas a eventual restrição e limitação, o que já foi analisado no comentário introdutório ao sistema dos direitos fundamentais. Verifica-se, portanto, que a partir do disposto no art. 5º, § 1º, CF, é possível sustentar a existência de um dever, por parte dos órgãos estatais (mas com ênfase nos órgãos jurisdicionais, a quem incumbe inclusive a revisão dos atos dos demais entes estatais nos casos de violação da Constituição), de atribuição da máxima eficácia e efetividade possível às normas de direitos fundamentais. Nesta perspectiva, por terem direta aplicabilidade, as normas de direitos fundamentais terão a seu favor pelo menos uma presunção de serem sempre também de eficácia plena, portanto, não dependentes de uma prévia regulamentação legal, destacando-se, por oportuno, que a plena eficácia aqui não vai tomada no sentido da impossibilidade de serem estabelecidos limites aos direitos fundamentais. Em termos pragmáticos, um direito fundamental não poderá ter a sua proteção e fruição negada pura e simplesmente por conta do argumento de que se trata de direito positivado como norma programática e de eficácia meramente limitada, pelo menos não no sentido de que o reconhecimento de uma posição subjetiva se encontra na completa dependência de uma interposição legislativa.

Que tais premissas, como já apontado, haverão de ser consideradas sempre à luz das circunstâncias concretas e de cada norma de direito fundamental resulta evidente. Assim, no tocante aos direitos de liberdade, de conteúdo prevalentemente (mas não exclusivamente!) negativo ou defensivo, a direta aplicabilidade e plena eficácia dificilmente geram maior discussão, pelo menos não no que diz com a possibilidade em si de tais direitos serem reconhecidos mesmo sem prévia regulamentação legal, no campo dos direitos sociais, especialmente quando em causa a sua dimensão positiva, a controvérsia segue sendo bem maior. Com efeito, embora o entendimento dominante afirmando a eficácia plena de todas as normas de direitos fundamentais, existe quem recuse aos direitos sociais a prestações (assim como aos direitos a prestações em geral) a sua aplicabilidade direta, refutando, por via de consequência, a possibilidade do reconhecimento judicial de prestações que não tenham sido previamente estabelecidas e definidas pelo legislador, o que aqui não será desenvolvido, tanto pelo fato de haver comentário específico sobre os direitos sociais (art. 6º, CF), quanto em função da circunstância de que é no contexto de cada direito fundamental que tais questões acabam sendo avaliadas.

A eficácia jurídica das normas de direitos fundamentais está, por outro lado, diretamente conectada com a necessária vinculação (sempre direta!) de todos os órgãos estatais aos direitos fundamentais, na condição de destinatários (sujeitos passivos). Da mesma forma, assume relevância o problema da vinculação dos particulares (pessoas físicas e jurídicas) aos direitos fundamentais, onde segue havendo maior controvérsia, especialmente em função da ausência de qualquer menção expressa na CF. Outro tópico que guarda direta relação com a temática aqui versada diz respeito aos limites e restrições dos direitos fundamentais, que, assim como a vinculação do poder público e dos particulares, já foi objeto de comentário na parte introdutória aos direitos fundamentais, à qual se remete.

Art. 5º, § 2º Os direitos e garantias expressos nesta Constituição não excluem outros decorrentes do regime e dos princípios por ela adotados, ou dos tratados internacionais em que a República Federativa do Brasil seja parte.

Ingo Wolfgang Sarlet

1. História da norma

Segue a tradição constitucional brasileira, inspirada, na sua origem (Constituição de 1891), na 9ª Emenda da Constituição Norte-Americana de 1787, que influenciou um significativo número de Constituições latino-americanas e europeias. Na formatação recebida no âmbito da Assembleia Constituinte, o dispositivo atualmente em vigor foi acrescido da referência aos tratados internacionais, inovando significativamente em relação à tradição constitucional anterior.

2. Constituições brasileiras anteriores

Art. 78 da Constituição da República dos Estados Unidos do Brasil de 1891: A especificação das garantias e direitos expressos na Constituição não exclui outras garantias e direitos não enumerados, mas resultantes da forma de governo que ela estabelece e dos princípios que consigna; Art. 114 da Constituição da República dos Estados Unidos do Brasil de 1934: A especificação dos direitos e garantias expressos nesta Constituição não exclui outros, resultantes do regime e dos princípios que ela adota; Art. 123 da Constituição dos Estados Unidos do Brasil de 1937: A especificação das garantias e direitos acima enumerados não exclui outras garantias e direitos, resultantes da forma de governo e dos princípios consignados na Constituição. O uso desses direitos e garantias terá por limite o bem público, as necessidades da defesa, do bem-estar, da paz e da ordem coletiva, bem como as exigências da segurança da Nação e do Estado em nome dela constituído e organizado nesta Constituição; Art. 144 da Constituição dos Estados Unidos do Brasil de 1946: A especificação dos direitos e garantias expressos nesta Constituição não exclui outros direitos e garantias decorrentes do regime e dos princípios que ela adota; Art. 150, § 35, da Constituição da República Federativa do Brasil de 1967: A especificação dos direitos e garantias expressos nesta Constituição não exclui outros direitos e garantias decorrentes do regime e dos princípios que ela adota; Art. 153, § 36, da Emenda Constitucional n. 1, de 1969: A especificação dos direitos e garantias expressos nesta Constituição não exclui outros direitos e garantias decorrentes do regime e dos princípios que ela adota.

3. Constituições estrangeiras

Constituição do Principado de Andorra de 1993: art. 3º, 3; Constituição da Nação Argentina de 1853 (amplamente reformada em 1994): art. 33; Constituição da Bolívia de 1967 (com a reforma de 2005): art. 35; Constituição Política da República do Chile de 1980 (com a reforma de 2005): art. 5º; Constituição Política da Colômbia de 1991 (com a reforma de 2005): art. 94; Constituição Política da República da Guatemala de 1985 (com a reforma de 1993): art. 44; Constituição da República Italiana de 1948: art. 11; Constituição Política da República da Nicarágua de 1987 (com a reforma de 2007): art. 46; Constituição Política do

Paraguai de 1992: art. 45; Constituição Política do Peru de 1993 (com a reforma de 2005): art. 3º; Constituição da República Portuguesa de 1976: art. 16, n. I; Constituição da República do Uruguai de 1967 (com as reformas até 1996): art. 6º; Constituição da República Bolivariana da Venezuela de 1999: art. 22.

4. Direito internacional

Nos textos dos tratados internacionais em matéria de direitos humanos não se registra a presença de uma cláusula de abertura expressa a outros direitos humanos, visto que os tratados geram direitos e obrigações entre os Estados que os ratificam, o que, contudo, não tem impedido as Instâncias Internacionais (Tribunais, Comissões da ONU, entre outros) de interpretarem e desenvolverem o conteúdo e significado dos direitos constantes dos documentos internacionais, o que não constitui, todavia, objeto deste comentário. As questões relativas à abertura material assegurada pelo art. 5º, § 2º, CF no que diz com a repercussão dos tratados no sistema jurídico-constitucional brasileiro serão comentadas quando do exame do art. 5º, § 3º, CF.

5. Dispositivos constitucionais correlatos relevantes (relação ilustrativa)

Art. 1º, III (princípio da dignidade da pessoa humana); Art. 4º (princípios que regem o Brasil nas relações internacionais); Art. 5º, § 3º (tratados internacionais de direitos humanos); Art. 7º (direitos sociais dos trabalhadores além dos expressamente positivados na Constituição); Art. 37, I (direito igual a acesso aos cargos públicos); Art. 61, § 2º (legitimação ativa para a iniciativa popular – direito de participação política); Art. 93 (motivação das decisões judiciais); Art. 196 (direito à saúde); Art. 201 (direito à previdência social); Art. 203 (direito à assistência social); Arts. 205 a 208 (direito à educação); Art. 215 (direito à cultura); Art. 225 (proteção ao meio ambiente); Art. 226, § 5º (igualdade de direitos e obrigações entre os cônjuges); Art. 226, § 7º (planejamento familiar); Art. 227, § 6º (direito dos filhos a tratamento igualitário).

6. Jurisprudência (STF)

ADI 939-7/DF, *DJ* de 18-3-1994: constitui o *leading case* na matéria, pelo menos sob a égide da atual CF, reconhecendo que o princípio da anterioridade alicerçado no artigo 150, III, *b*, da CF constitui, por força do art. 5º, § 2º, da CF, autêntico direito e garantia fundamental do cidadão-contribuinte, consagrando, assim, o princípio da abertura material do catálogo dos direitos fundamentais na nossa Constituição, além de assegurar se tratar de limite material à reforma constitucional. **ADI-MC 3540/DF**, *DJ* de 01-09-2005: jurisprudência do STF que reconhece o direito ao ambiente sadio e a preservação da integridade ambiental como direito fundamental de terceira geração. **RE 248.869-1**, *DJ* de 07-08-2003: reconhece o direito ao nome e a indisponibilidade do estado de filiação como direitos fundamentais e de personalidade. **ADI 3324/DF**, *DJ* 05-08-2005: a autonomia universitária como direito e garantia fundamental. **RE-AgRg 218461/SP**, *DJ* de 05-03-1999: dispõe sobre a igualdade dos cônjuges em matéria de alimentos. **RE 163167/SC**, *DJ* de 31-10-1997: reconhece a condição de herdeiro ao filho adotado no caso de a abertura da sucessão ter ocorrido após a promulgação da CF de 1988. **RE 407688/SP**, *DJ* de 06-10-2006: jurisprudência do STF que, ao julgar questão de fiança, reconhece a fundamentalidade do direito à moradia, a despeito de inserido no art. 6º da CF, por meio de emenda constitucional. Também um direito à ressocialização por parte dos que cumprem pena privativa de liberdade foi reconhecido pelo STF no HC 82959/SP, julgado em 23/02/2006. No julgamento da APO 470, em 12.09.13 (caso do "Mensalão"), o STF também acabou reconhecer um direito fundamental ao duplo grau de jurisdição em matéria criminal no caso de ações originárias perante os tribunais e o próprio STF. Da jurisprudência do Superior Tribunal de Justiça, destacamos o **REsp 625161/RJ**, julgado em 27.11.2007, onde foi reconhecido um direito ao devido funeral, deduzido da dignidade da pessoa humana. Mais recentemente, o STF, no julgamento da ADI 6.387/DF, ocorrido em 06-07.05.2020, reconheceu um direito autônomo à proteção de dados pessoais implicitamente positivado, direito que posteriormente foi incorporado ao catálogo constitucional de direitos mediante a Emenda Constitucional 115/2022, que será objeto de comentário específico.

7. Literatura selecionada

ANDRADE, José Carlos Vieira de. *Os Direitos Fundamentais na Constituição Portuguesa de 1976.* Coimbra: Livraria Almedina, 2003. CANOTILHO, José Joaquim Gomes. *Direito Constitucional e Teoria da Constituição.* Coimbra: Almedina, 2006. CUNHA, Paulo Ferreira da. *Teoria da Constituição II – Direitos Humanos, Direitos Fundamentais.* Lisboa: Verbo, 2000. GOUVEIA, Jorge Bacelar. *Os Direitos Fundamentais Atípicos.* Lisboa: Editorial Notícias, 1995. MENDES, Gilmar Ferreira; BRANCO, Paulo Gustavo Gonet. *Curso de Direito Constitucional.* 18ª ed. São Paulo: Saraiva, 2023. MIRANDA, Jorge. *Manual de Direito Constitucional.* v. IV. 3ª ed. Coimbra: Editora Coimbra, 2000. QUEIROZ, C. M. M. *Direitos Fundamentais (Teoria Geral).* Coimbra: Coimbra Editora, 2002. PIOVESAN, Flávia. *Direitos Humanos e o Direito Constitucional Internacional.* 20ª ed. São Paulo: Saraiva, 2022. SARLET, Ingo Wolfgang. *A Eficácia dos Direitos Fundamentais.* 13ª ed. Porto Alegre: Livraria do Advogado, 2018. SARLET, Ingo Wolfgang. *Dignidade da Pessoa Humana e Direitos Fundamentais na Constituição Federal de 1988.* 10ª ed. Porto Alegre: Livraria do Advogado, 2015. SGARBOSSA, Luís Fernando. *Direitos e Garantias Fundamentais Extravagantes.* Porto Alegre: Sergio Antonio Fabris, 2008. SANTOS, Eduardo Rodrigues. Análise da Cláusula de Abertura – art. 5º, § 2º, da CF/88, Salvador: Editora JusPodvim, 2017.

8. Anotações

8.1 – A norma contida no § 2º do art. 5º da CF traduz o entendimento de que, além dos direitos expressamente positivados no capítulo constitucional próprio (dos direitos e garantias fundamentais), existem direitos que, por seu conteúdo e significado, integram o sistema da Constituição, compondo, em outras palavras, na acepção originária do direito constitucional francês, o assim chamado bloco de constitucionalidade, que não se restringe necessariamente a um determinado texto ou mesmo conjunto de textos constitucionais, ou seja, não se reduz a uma concepção puramente formal de constituição e de direitos fundamentais. Assim, a despeito do caráter analítico do Título II da CF, onde estão contidos os direitos e garantias como tal designados e reconhecidos pelo constituinte, cuida-se de uma enumeração não taxativa. O art. 5º, § 2º, da CF, representa, portanto, uma cláusula que consagra a abertura material do sistema constitucional de direitos fundamentais como sendo um sistema inclusivo e amigo dos direitos fundamentais.

8.2 – Corresponde ao entendimento dominante, doutrinário e jurisprudencial (para maiores desenvolvimentos v. SARLET, *A Eficácia dos Direitos Fundamentais*, 2018), que, apesar da necessidade de se evitar uma banalização da noção de direitos fundamentais, afastando-se um indesejável efeito inflacionário, a abertura material consagrada pelo art. 5º, § 2º, da CF, a despeito da sua posição no texto, ou seja, no capítulo dos assim designados direitos e deveres individuais e coletivos, diz respeito a todo e qualquer tipo de direito fundamental, abrangendo, inclusive, a possibilidade do reconhecimento (além dos expressamente previstos no Título II da CF) de direitos sociais e mesmo de direitos políticos. A própria previsão, no art. 7, *caput*, da CF, da existência de outros direitos dos trabalhadores, por si só já ampara (textualmente) esta interpretação ampliada da cláusula inclusiva do art. 5º, § 2º, da CF.

8.3 – A partir do disposto do art. 5º, § 2º, da CF, é possível identificar dois grandes grupos de direitos e garantias fundamentais: a) os expressamente positivados, portanto, com direto assento em texto normativo, que, por sua vez, abrangem os direitos e garantias fundamentais do Título II, os direitos dispersos pelo texto constitucional, portanto, situados em outras partes da Constituição, bem como os direitos expressamente reconhecidos e protegidos pelos tratados internacionais de direitos humanos ratificados pelo Brasil; b) direitos decorrentes do regime e dos princípios ou direitos implícitos, aqui compreendidos, em sentido amplo, como todos aqueles direitos e garantias não diretamente (explicitamente) positivados. Cada uma das categorias arroladas envolve, apesar da característica comum de comporem o universo dos direitos fundamentais consagrados pela ordem jurídico-constitucional brasileira, uma série de aspectos teóricos e práticos peculiares.

8.4 – No que concerne aos direitos que integram o Título II da CF – dos direitos e garantias fundamentais – segue existindo alguma controvérsia a respeito da plena fundamentalidade de todos os direitos ali assegurados, já que, do ponto de vista material ou substantivo, existem autores que afastam a fundamentalidade em várias das hipóteses ali previstas, ancorando sua argumentação em critérios de cunho eminentemente filosófico, ou mesmo adotando uma hierarquia de valores mais ou menos distinta da previsão formal do constituinte. Tais posições encerram o risco de, em aceitando este tipo de argumentação, se estar afirmando, em substituição (e no sentido completamente oposto) à vontade expressa do constituinte originário, que um determinado direito expressamente consagrado no título dos direitos e garantias fundamentais não é fundamental e, portanto, que não estaria sujeito ao regime jurídico pleno dos direitos fundamentais. De qualquer modo, não é esta, pelo menos em termos gerais, a posição sustentada pela maioria da doutrina brasileira, além de não corresponder à orientação adotada pela jurisprudência, bastando, neste particular, uma rápida menção ao número de exemplos já identificados (item 6, *supra*). Tanto para os direitos que integram o Título II da CF, quanto para os dispersos no texto constitucional (o mesmo em termos gerais tem sido admitido também para os assim chamados direitos decorrentes do regime e dos princípios ou direitos implícitos), é reconhecida, novam4ente com alguma resistência por parte de alguns setores da doutrina, a aplicação do pleno regime jurídico-constitucional dos direitos e garantias fundamentais, ou seja, a imediata aplicabilidade das normas de direitos fundamentais e a sua tutela contra a supressão ou abusiva limitação por parte dos poderes constituídos, especialmente pelo poder de reforma constitucional e legislador infraconstitucional em geral. Com isso, não se está a afirmar que não há questões específicas a desafiarem maior reflexão; da mesma forma, o fato de termos direitos fundamentais além dos expressamente positivados não significa que entre estes direitos não se verifiquem conflitos e concorrências, que deverão ser resolvidos aplicando as regras próprias da hermenêutica constitucional.

8.5 – Aspecto delicado, considerando uma relativamente elevada dose de subjetividade e liberdade atribuída ao intérprete, diz com o procedimento para a identificação de direitos fundamentais dispersos pelo texto constitucional, pois nestes casos não houve uma expressa e direta opção do constituinte neste sentido, diversamente do que ocorre com os direitos e garantias do Título II. Aqui se revela necessária a justificação convincente da fundamentalidade material, isto é, da "especial dignidade" dos bens e interesses tutelados para a vida e dignidade da pessoa humana. Convém destacar que não se trata pura e simplesmente de uma relação temática, pois, se assim fosse, boa parte dos dispositivos da ordem econômica e social deveria ser considerada como sendo de direitos fundamentais. Imprescindível, portanto, a sinergia com os princípios fundamentais do Título I e os direitos e garantias fundamentais do Título II (por sua vez, em muitos casos, com estrutura de princípios), de tal sorte que apenas posições direta e inequivocamente fundadas na dignidade da pessoa humana e outros princípios fundamentais, e que, neste sentido, constituem exigências para a própria tutela da dignidade ou outros bens e valores essenciais para a pessoa humana, devem ser guindados à posição de direitos fundamentais, como ocorre com o direito fundamental a um ambiente saudável. Igualmente devem ser reconhecidas como fundamentais manifestações mais específicas e diretamente vinculadas a direitos fundamentais em espécie consagrados no Título II, como é o caso, novamente apenas para ilustrar, da igualdade dos cônjuges e dos filhos (cláusulas isonômicas especiais) e do dever de motivação das decisões (art. 93, CF), que constitui pressuposto da própria possibilidade do contraditório e da ampla defesa. Outros direitos dispersos no texto constitucional, para além de um direito a um meio ambiente equilibrado, já citado, considerados direitos fundamentais, aqui listados em caráter não exaustivo, são: a liberdade de ensino e pesquisa, o direito subjetivo de acesso ao ensino fundamental obrigatório e gratuito, o direito de acesso a creche em estabelecimento público para crianças de até seis anos, o direito de greve dos servidores públicos e o direito ao livre planejamento familiar.

8.6 – Já no que diz com os assim designados direitos decorrentes do regime e princípios ou, como preferem alguns, dos direitos implícitos (aqui compreendidos em sentido abrangente), cuida-se, em muitos casos, da ampliação interpretativa do âmbito de proteção de direitos expressamente consagrados, como dão conta os exemplos do sigilo fiscal e bancário, reconduzido à garantia da privacidade e intimidade, assim como do direito ao nome, do direito à identidade pessoal, assim como do direito a um funeral digno, ambos vinculados à tutela da personalidade e dignidade da pessoa humana, como inclusive atesta expressiva jurisprudência, com destaque para o STF e STJ. Da mesma forma, admite-se, forte na dignidade da pessoa humana e no direito geral de liberdade, uma cláusula geral de tutela da personalidade, visto que no direito brasileiro não houve recepção expressa, tal como ocorreu na Alemanha e em Portugal, de um direito geral de personalidade. Além disso, assumem destaque os casos de um direito a um mínimo existencial para uma existência digna, o direito ao conhecimento da origem genética, o direito à identidade genética, o direito ao livre desenvolvimento da personalidade, o direito à proteção de dados pessoais (que logo depois da decisão do STF sobre a matéria, em maio de 2020, foi incorporado ao catálogo do artigo 5º, CF, pela EC 115/2022), o direito a um clima limpo e estável e o direito de acesso à internet, os dois últimos inclusive objetos de projetos de emenda constitucional tramitando no Congresso Nacional. Por outro lado, há controvérsia significativa sobre o reconhecimento, no caso de alguns direitos, de que se trata efetivamente de direitos fundamentais, como ocorre, apenas para mencionar um exemplo atual, com a garantia do duplo grau de jurisdição na esfera não criminal, onde o STF (a despeito de ter reconhecido tal direito na esfera penal), por ora, tem adotado postura refratária, isto sem falar nos direitos de resistência ou desobediência, igualmente já versados na doutrina brasileira. Tudo isso, no entanto, demonstra a atualidade do tema e revela o quanto o problema da maior ou menor abertura do catálogo constitucional dos direitos desafia permanente reflexão, inclusive sobre os limites e possibilidades da criação e desenvolvimento jurisprudencial do Direito, o que, todavia, não será objeto do comentário, mas que tanto tem ocupado a doutrina norte-americana.

Art. 5º, § 3º Os tratados e convenções internacionais sobre direitos humanos que forem aprovados, em cada Casa do Congresso Nacional, em dois turnos, por três quintos dos votos dos respectivos membros, serão equivalentes às emendas constitucionais.

Valerio de Oliveira Mazzuoli

1. Estrutura normativa

1.1. Alocação contextual

O § 3º do art. 5º da Constituição é um parágrafo complementar ao § 2º do mesmo dispositivo, e deve ser interpretado em consonância com este. Em primeiro lugar, é necessário atentar para o fato de que o § 3º do art. 5º em comento cuida de questão *formalmente constitucional*, enquanto o seu § 2º versa tema *materialmente constitucional*, sendo com base nessa premissa que se deve interpretar o § 3º do art. 5º da Constituição, produto da Emenda Constitucional n. 45, de 8 de dezembro de 2004[1].

É necessário atentar ainda que o § 2º do art. 5º da Constituição *já admite* o ingresso dos tratados de direitos humanos no *mesmo grau* hierárquico das normas constitucionais, não sendo necessário um outro parágrafo do artigo fazê-lo. Segundo o nosso entendimento, o fato de alguns direitos se encontrarem em tratados internacionais (e não no texto constitucional propriamente) não impede a sua caracterização como direitos de *status* constitucional[2]. Ainda em sede doutrinária, também não faltaram vozes que, dando um passo mais além do nosso, defenderam o *status* supraconstitucional dos tratados de proteção dos direitos humanos, levando-se em conta toda a principiologia internacional marcada pela força expansiva dos direitos humanos e pela sua caracterização como normas de *jus cogens* internacional[3]. Em sede jurisprudencial, entretanto, o entendimento acerca do alcance do § 2º do art. 5º da Constituição nunca foi pacífico em nosso país, tendo o Supremo Tribunal Federal tido a oportunidade de, em mais de uma ocasião, analisar o assunto, não tendo jamais chegado a uma solução uniforme ou satisfatória[4].

1.2. O produto da Emenda Constitucional n. 45/2004

Em virtude das controvérsias doutrinárias e jurisprudenciais existentes até então no Brasil, e com o fito de pôr termo às discussões relativas à hierarquia dos tratados internacionais de direitos humanos no ordenamento jurídico pátrio, acrescentou-se então um parágrafo subsequente ao § 2º do art. 5º da Constituição, por meio da Emenda Constitucional n. 45/2004, proveniente da PEC 29/2000 chamada de "Reforma do Judiciário".

A alteração do texto constitucional, sob o pretexto de acabar com as discussões referentes às contendas doutrinárias e jurisprudenciais relativas ao *status* hierárquico dos tratados internacionais de direitos humanos no ordenamento jurídico brasileiro, veio causar graves problemas interpretativos relativos à integração, eficácia e aplicabilidade desses tratados no nosso direito interno, sendo certo que o primeiro e mais problemático deles foi de ter feito tábula rasa da interpretação correta do § 2º do art. 5º da Constituição, que já vinha se fortalecendo na doutrina humanista mais abalizada e na jurisprudência de vários tribunais nacionais[5].

---

1. Para um estudo detalhado do art. 5º, § 3º, da Constituição, objeto desses comentários, v. MAZZUOLI, Valerio de Oliveira, *Curso de direito internacional público*, 11ª ed. rev., atual. e ampl., Rio de Janeiro: Forense, 2018, p. 765 e ss.

2. Cf., nesse exato sentido, ARNOLD, Rainer, "El derecho constitucional europeo a fines del siglo XX: desarrollo y perspectivas", in MANCHEGO, José F. Palomino & GARBONELL, José Carlos Remotti (coords.), *Derechos humanos y Constitución en Iberoamérica (Libro-Homenaje a Germán J. Bidart Campos)*, Lima: Instituto Iberoamericano de Derecho Constitucional, 2002, p. 22.

3. V. MELLO, Celso D. de Albuquerque, "O § 2º do art. 5º da Constituição Federal", in TORRES, Ricardo Lobo (org.), *Teoria dos direitos fundamentais*, 2ª ed. rev. e atual., Rio de Janeiro: Renovar, 2001, p. 25.

4. V., sobre a posição majoritária do STF até então – segundo a qual os tratados internacionais ratificados pelo Estado (inclusos os de direitos humanos) têm nível de *lei ordinária* –, o julgamento do HC 72.131-RJ, de 22.11.1995, que teve como relator o Min. Celso de Mello, tendo sido vencidos os Ministros Marco Aurélio, Carlos Velloso e Sepúlveda Pertence. Em relação à posição minoritária do STF, destacam-se os votos dos Ministros Carlos Velloso, em favor do *status* constitucional dos tratados de direitos humanos (cf. HC 82.424-2/RS, relativo ao famoso "caso Ellwanger", e ainda seu artigo "Os tratados na jurisprudência do Supremo Tribunal Federal", in *Revista de Informação Legislativa*, ano 41, n. 162, Brasília, abr./jun./2004, p. 39), e Sepúlveda Pertence, que, como já se falou quando dos comentários ao § 2º do art. 5º, apesar de não admitir a hierarquia constitucional desses tratados, passou a aceitar o *status* de norma supralegal desses instrumentos (cf. RHC 79.785-RJ, in *Informativo do STF*, n. 187, de 29.03.2000). Este entendimento foi também seguido pelo Min. Gilmar Mendes do STF, no voto-vista que proferiu no julgamento do RE 466.343-SP, em 22 de novembro de 2006, relativo à prisão civil de depositário infiel.

5. Esta questão foi por nós colocada, pioneiramente, no estudo "O novo § 3º do art. 5º da Constituição e sua eficácia", publicado na *Revista Forense*, v. 378, ano 101, Rio de Janeiro, mar./abr./2005, p. 89-109, e republicado na *Revista da AJURIS*, ano XXXII, n. 98, Porto Alegre, jun./2005, pp. 303-331, cuja tese serve de base a estes comentários.

2. Incongruências e questões procedimentais do dispositivo

2.1. Algumas incongruências do art. 5º, § 3º, da Constituição

O art. 5º, § 3º, da Constituição de 1988 estabelece que os tratados e convenções internacionais sobre direitos humanos serão equivalentes às emendas constitucionais, uma vez aprovados, em cada Casa do Congresso Nacional, em dois turnos, por três quintos dos votos dos seus respectivos membros (que é exatamente o *quorum* para a aprovação de uma emenda constitucional). A redação do dispositivo induz à inicial conclusão de que apenas as convenções assim aprovadas teriam valor hierárquico de norma constitucional, o que traz a possibilidade de alguns tratados, relativamente a esta matéria, serem aprovados sem este *quorum*, passando a ter (aparentemente) valor de norma infraconstitucional ordinária. Como o texto proposto, ambíguo que é, não define quais tratados deverão ser assim aprovados, poderá ocorrer que determinados instrumentos internacionais de proteção dos direitos humanos, aprovados por processo legislativo não qualificado, acabem por subordinar-se à legislação ordinária, quando de sua efetiva aplicação prática pelos juízes e tribunais nacionais (que poderão preterir o tratado a fim de aplicar a legislação "mais recente"), o que certamente acarretaria a responsabilidade internacional do Estado brasileiro[6]. O Congresso Nacional teria, assim, o poder de, a seu alvedrio e a seu talante, decidir qual a hierarquia normativa que devem ter determinados tratados de direitos humanos em detrimento de outros, violando a completude material do bloco de constitucionalidade.

O nosso poder reformador, ao conceber este § 3º em comento, parece não ter percebido que ele, além de subverter a ordem do processo constitucional de celebração de tratados, uma vez que não ressalva (como deveria fazer) a fase do *referendum* congressual do art. 49, inc. I, da Constituição (que diz competir exclusivamente ao Congresso Nacional "resolver definitivamente sobre tratados, acordos ou atos internacionais que acarretem encargos ou compromissos gravosos ao patrimônio nacional"), também rompe a harmonia do sistema de integração dos tratados de direitos humanos no Brasil, uma vez que cria "categorias" jurídicas entre os próprios instrumentos internacionais de direitos humanos ratificados pelo governo, dando tratamento diferente para normas internacionais que têm igual fundamento de validade, ou seja, hierarquizando diferentemente tratados que têm o mesmo conteúdo ético.

2.2. Em que momento do processo de celebração de tratados tem lugar esta disposição constitucional?

Antes de se verificar a verdadeira *ratio* do art. 5º, § 3º, da Constituição, uma questão que deve obrigatoriamente ser colocada (embora não tenhamos visto ninguém fazê-lo até então) diz respeito ao *momento* em que deve se manifestar o Congresso Nacional quando pretender aprovar um tratado de direitos humanos nos termos do citado dispositivo, bem como se essa manifestação congressual poderia suprimir a fase constante do art. 49, inc. I, da Constituição, que trata do poder do Parlamento em decidir definitivamente sobre os tratados internacionais (quaisquer que sejam) assinados pelo Presidente da República.

A Constituição de 1988 cuida do processo de celebração de tratados em tão somente dois de seus dispositivos (os arts. 84, inc. VIII, e 49, inc. I), que dispõem, respectivamente, sobre a competência do Presidente da República para celebrar tratados, convenções e atos internacionais, e do Congresso Nacional para referendar tais tratados assinados pelo Presidente[7].

Baseando-se nesses dois dispositivos, uma primeira interpretação que poderia ser feita relativamente ao *iter* procedimental de celebração de tratados seria no sentido de não ficar a competência para referendo que tem o Congresso suprimida pela regra do § 3º do art. 5º, posto que a participação do Parlamento no processo *de celebração* de tratados internacionais é uma só no Brasil: aquela que aprova ou não o seu conteúdo, e mais nenhuma outra. Não há que confundir o *referendo* dos tratados internacionais, de que cuida o art. 49, inc. I, da Constituição, materializado por meio de um Decreto Legislativo (aprovado por maioria simples) promulgado pelo Presidente do Senado Federal, com a segunda eventual manifestação do Congresso para fins de pretensamente decidir sobre qual *status* hierárquico deve ter certo tratado internacional de direitos humanos no ordenamento jurídico brasileiro, de que cuida o § 3º do art. 5º da Constituição.

A segunda interpretação que poderia ser feita é no sentido de que o § 3º do art. 5º da Carta de 1988 excepcionou a regra do art. 49, inc. I, da Constituição e, dessa forma, poderia, no caso da celebração de um tratado de direitos humanos, *fazer as vezes* desse último dispositivo constitucional. Caso, porém, seja esse o entendimento adotado, deve-se fazer a observação de que o referido § 3º foi mal colocado ao final do rol dos direitos e garantias fundamentais do art. 5º da Constituição, uma vez que seria mais preciso incluí-lo como uma segunda parte do próprio art. 49, inc. I. Tal interpretação corre o risco (apesar de sua possibilidade técnica) de desvirtuar a ordem do processo de celebração de tratados, uma vez que o § 3º do art. 5º não diz que cabe ao Congresso Nacional *decidir* sobre os tratados assinados pelo Chefe do Executivo, como faz o art. 49, inc. I, deixando entender que a *aprovação* ali constante serve tão somente para equiparar os tratados de direitos humanos às emendas constitucionais, o que poderia ser feito após o tratado já estar ratificado pelo Presidente da República e depois deste já se encontrar em vigor internacional. Por outro lado, esta segunda interpretação também é perigosa e pode ser mal interpretada quando se lê friamente o § 3º do art. 5º, que, à primeira vista, leva o intérprete a entender que a partir da aprovação congressual, pelo *quorum* que ali se estabelece, os tratados de direitos humanos já passam a equivaler às emendas constitucionais, o que não é verdade, pois para que um tratado surta efeitos é imprescindível a sua futura *ratificação* pelo Presidente da República e, ainda, que já tenha a potencialidade para obrigar o Estado na órbita internacional, não se concebendo que um tratado de direitos humanos passe a ter efeitos de emenda constitucional – e, consequentemente, passe a ter o poder de reformar a Constituição – antes de ratificado e, muito menos, antes de ter entrado em vigor internacionalmente.

Como se já não bastasse esse fato constatado, pode-se agregar ainda outro: um tratado, mesmo já ratificado, poderá jamais

---

[6]. Nesse sentido, assim já se referia BARRAL, Welber, "Reforma do judiciário e direito internacional", in *Informativo Jurídico do INCIJUR*, n. 4, nov./1999, pp. 3-4.

[7]. Os comentários a esses dispositivos citados também são de nossa lavra. O leitor deve previamente conhecê-los a fim de melhor compreender o presente texto.

entrar em vigor dependendo de determinadas circunstâncias, como por exemplo nos casos dos tratados condicionais ou a termo, em que se estabelece um número mínimo de ratificações para a sua entrada em vigor internacional.

Seja como for, certo é que, tecnicamente, *pode* o Congresso Nacional aprovar o tratado pela sistemática do art. 5º, § 3º, em supressão à fase do art. 49, inc. I, da Constituição, mas tal aprovação *não coloca* o tratado em vigor no plano interno com equivalência de emenda constitucional, o que somente irá ocorrer após ser o tratado ratificado e desde que este já esteja em vigor no plano internacional.

3. A verdadeira *ratio* do art. 5º, § 3º, da Constituição

3.1. Interpretação contextual do art. 5º, § 3º, da Constituição

Interpretando-se o § 3º em análise dentro do *contexto* onde se inserem os tratados de direitos humanos na Constituição, chega-se à conclusão que os tratados de direitos humanos ratificados pelo Brasil já têm *status* de norma constitucional, em virtude do disposto no § 2º do art. 5º da Constituição, segundo o qual os direitos e garantias expressos no texto constitucional "não excluem outros decorrentes do regime e dos princípios por ela adotados, *ou dos tratados internacionais* em que a República Federativa do Brasil seja parte", pois na medida em que a Constituição *não exclui* os direitos humanos provenientes de tratados, é porque ela própria *os inclui* no seu catálogo de direitos protegidos, ampliando o seu "bloco de constitucionalidade" e atribuindo-lhes hierarquia de norma constitucional. Portanto, já se exclui, desde logo, o entendimento de que os tratados de direitos humanos não aprovados pela maioria qualificada do § 3º do art. 5º equivaleriam hierarquicamente à lei ordinária federal ou teria *status* supralegal, por não terem sido os mesmos aprovados pelo *quorum* que lhes impõe a referida norma. O que se deve entender é que o *quorum* que tal parágrafo estabelece serve tão somente para atribuir eficácia *formal* a esses tratados no nosso ordenamento jurídico interno, e não para atribuir-lhes a índole e o nível *materialmente* constitucionais que eles já têm em virtude do § 2º do art. 5º da Constituição. O que aqui se defende é que o § 3º do art. 5º da Constituição em nada influi no "*status* de norma constitucional" que os tratados de direitos humanos ratificados pelo Estado brasileiro já detêm no nosso ordenamento jurídico, em virtude da regra do § 2º do mesmo art. 5º Defende-se, aqui, que os dois referidos parágrafos do art. 5º da Constituição cuidam de coisas similares, mas *diferentes*. Quais coisas diferentes? Para que serviria a regra insculpida no § 3º do art. 5º da Carta de 1988, senão para atribuir *status* de norma constitucional aos tratados de direitos humanos?

A diferença entre o § 2º, *in fine*, e o § 3º, ambos do art. 5º da Constituição, é bastante sutil: nos termos da parte final do § 2º do art. 5º, os "tratados internacionais [de direitos humanos] em que a República Federativa do Brasil seja parte" são, a *contrario sensu*, incluídos pela Constituição, passando a consequentemente deter o "*status* de norma constitucional" e a ampliar o rol dos direitos e garantias fundamentais ("bloco de constitucionalidade"); já nos termos do § 3º do mesmo art. 5º, a aprovação de tais tratados de direitos humanos pelo *quorum* qualificado ali estabelecido lhes atribui (tão logo sejam ratificados) a condição de normas "*equivalentes* às emendas constitucionais".

Mas há diferença em dizer que os tratados de direitos humanos têm "*status* de norma constitucional" e dizer que eles são "*equivalentes* às emendas constitucionais"? Perceba-se que o § 3º do art. 5º não diz que os tratados de direitos humanos, uma vez aprovados pela maioria qualificada que prevê, serão "equivalentes às *normas constitucionais*", tendo optado por dizer que serão "equivalentes às *emendas constitucionais*". Portanto, qual a diferença entre os dois parágrafos? No nosso entender a diferença existe e nela está fundada a única e exclusiva serventia do imperfeito § 3º do art. 5º da Constituição. Falar que um tratado tem "*status* de norma constitucional" é o mesmo que dizer que ele integra o bloco de constitucionalidade material (e não formal) da nossa Carta Magna, o que é menos amplo que dizer que ele é "*equivalente* a uma emenda constitucional", o que significa que esse mesmo tratado já integra formalmente (além de materialmente) o texto constitucional[8]. Perceba-se que, neste último caso, o tratado assim aprovado será, além de materialmente constitucional, também formalmente constitucional. Assim, o que o texto constitucional reformado pretendeu dizer é que esses tratados de direitos humanos ratificados pelo Brasil, que já têm *status* de norma constitucional, nos termos do § 2º do art. 5º, poderão ainda ser formalmente constitucionais (ou seja, ser *equivalentes às emendas constitucionais*), desde que, a qualquer momento, depois de sua entrada em vigor, sejam aprovados pelo *quorum* do § 3º do mesmo art. 5º da Constituição.

Quais são esses efeitos *mais amplos* em se atribuir a tais tratados *equivalência de emenda* para além do seu *status* de norma constitucional? São três os efeitos:

1) Eles passarão a *reformar* a Constituição, o que não é possível tendo apenas o *status* de norma constitucional. Para nós, seria muito mais salutar, inclusive para a maior completude do nosso sistema jurídico, se se admitisse o "*status* de norma constitucional" desses tratados, nos termos do § 2º do art. 5º – e, neste caso, não haveria que se falar em reforma da Constituição, sendo o problema resolvido aplicando-se o *princípio da primazia da norma mais favorável ao ser humano* –, em vez de atribuir-lhes uma equivalência de emenda constitucional, o que poderia fazer com que o intérprete aplicasse o tratado em detrimento da norma constitucional mais benéfica[9];

2) Eles não poderão ser *denunciados*, nem mesmo com Projeto de Denúncia elaborado pelo Congresso Nacional, podendo ser

---

8. Esta diferença entre *status* e *equivalência* já tinha sido por nós estudada em trabalho anterior, onde escrevemos: "E isto significa, na inteligência do art. 5º, § 2º, da Constituição Federal, que o *status* do produto normativo convencional, no que tange à proteção dos direitos humanos, não pode ser outro que não o de verdadeira norma materialmente constitucional. Diz-se 'materialmente constitucional', tendo em vista não integrarem os tratados, formalmente, a Carta Política, o que demandaria um procedimento de emenda à Constituição, previsto no art. 60, § 2º, o qual prevê tal proposta 'será discutida e votada em cada Casa do Congresso Nacional, em dois turnos, considerando-se aprovada se obtiver, em ambos, três quintos dos votos dos respectivos membros'" (*Direitos humanos, Constituição e os tratados internacionais...*, cit., p. 241).

9. Cf. MAZZUOLI, Valerio de Oliveira. *Prisão civil por dívida e o Pacto de San José da Costa Rica: especial enfoque para os contratos de alienação fiduciária em garantia*, cit., pp. 160-162. Sobra a primazia da norma mais favorável, *v.* CANÇADO TRINDADE, Antônio Augusto, *Tratado de direito internacional dos direitos humanos*, v. I. Porto Alegre: Sergio Antonio Fabris, 1997, pp. 401-402; PIOVESAN, Flávia, *Direitos humanos e o direito constitucional internacional*, 5ª ed., cit., pp. 115-120; e MAZZUOLI, Valerio de Oliveira, *Direitos humanos, Constituição e os tratados internacionais: estudo analítico da situação e aplicação do tratado na ordem jurídica brasileira*, cit., pp. 272-295.

o Presidente da República responsabilizado em caso de descumprimento desta regra (o que não é possível fazer tendo os tratados apenas *status* de norma constitucional). Assim sendo, mesmo que um tratado de direitos humanos preveja expressamente a sua denúncia, esta não poderá ser realizada pelo Presidente unilateralmente (como é a prática brasileira atual em matéria de denúncia de tratados internacionais)[10], nem sequer por meio de Projeto de Denúncia elaborado pelo Congresso, uma vez que tais tratados equivalem às emendas constitucionais, que são (em matéria de direitos humanos) *cláusulas pétreas* do texto constitucional[11]; e

3) Eles serão paradigma do controle *concentrado* de convencionalidade, podendo servir de fundamento para que os legitimados do art. 103 da Constituição (*v.g.*, o Presidente da República, o Procurador-Geral da República, o Conselho Federal da OAB etc.) proponham no STF as ações do controle abstrato (ADIn, ADECON, ADPF etc.) a fim de invalidar *erga omnes* as normas domésticas com eles incompatíveis.

Há que enfatizar que vários tratados de proteção dos direitos humanos preveem expressamente a possibilidade de sua denúncia. Contudo, trazem eles disposições no sentido de que eventual denúncia por parte dos Estados-membros não será capaz de desligá-los das obrigações contidas no respectivo tratado, no que diz respeito a qualquer ato que, podendo constituir violação dessas obrigações, houver sido cometido por eles anteriormente à data na qual a denúncia produziu seu efeito[12].

A impossibilidade de denúncia dos tratados de direitos humanos já tinha sido por nós anteriormente defendida, com base no *status* de norma constitucional dos tratados de direitos humanos, que passariam a ser também cláusulas pétreas constitucionais. Sob esse ponto de vista, a denúncia dos tratados de direitos humanos seria *tecnicamente possível* (sem a possibilidade de se responsabilizar o Presidente da República neste caso), mas totalmente *ineficaz* sob o ponto de vista prático, uma vez que os *efeitos* do tratado denunciado continuam a operar dentro do nosso ordenamento jurídico, pelo fato de eles serem cláusulas pétreas do texto constitucional.

No que tange aos tratados de direitos humanos aprovados pelo *quorum* do § 3º do art. 5º da Constituição, esse panorama muda, não se admitindo sequer a interpretação de que a denúncia desses tratados seria *possível*, mas *ineficaz*, pois agora ela será *impossível* do ponto de vista técnico, existindo a possibilidade de responsabilização do Presidente da República caso venha pretender operá-la. Quais os motivos da impossibilidade técnica de tal denúncia? De acordo com o § 3º do art. 5º, uma vez aprovados os tratados de direitos humanos, em cada Casa do Congresso Nacional, em dois turnos, por três quintos dos votos dos respectivos membros, serão eles "equivalentes às emendas constitucionais". Passando a ser *equivalentes* às emendas constitucionais, isto significa que não poderão esses tratados ser denunciados, mesmo com base em Projeto de Denúncia encaminhado pelo Presidente da República ao Congresso Nacional.

3.2. Tratados materialmente e formalmente constitucionais

Doravante será preciso distinguir se o tratado que se pretende denunciar equivale a uma emenda constitucional (ou seja, se é *material* e *formalmente constitucional*, nos termos do art. 5º, § 3º) ou se apenas detém *status* de norma constitucional (é dizer, se é apenas *materialmente constitucional*, em virtude do art. 5º, § 2º). Caso o tratado de direitos humanos se enquadre apenas nesta última hipótese, com o ato da denúncia o Estado brasileiro passa a não mais ter responsabilidade em responder pelo descumprimento do tratado tão somente no âmbito internacional *e não no âmbito interno*. Ou seja, nada impede que, tecnicamente, se denuncie um tratado de direitos humanos que tem apenas *status* de norma constitucional, pois internamente nada muda, uma vez que eles já se encontram petrificados no nosso sistema de direitos e garantias, importando tal denúncia apenas em livrar o Estado brasileiro de responder pelo cumprimento do tratado no âmbito internacional.

Caso o tratado de direitos humanos tenha sido aprovado nos termos do § 3º do art. 5º, o Brasil não pode mais desengajar-se, quer no plano internacional, quer no plano interno (o que não ocorre quando o tratado detém apenas *status* de norma constitucional). Caso assim ocorra, poderá o Presidente da República ser responsabilizado pela denúncia (caso em que deverá ser declarada *ineficaz*). Assim, repita-se, quer nos termos do § 2º, quer nos termos do § 3º do art. 5º, os tratados de direitos humanos são insuscetíveis de denúncia por serem cláusulas pétreas constitucionais. O que difere é que, uma vez aprovado o tratado pelo *quorum* do § 3º, sua denúncia acarreta a responsabilidade do denunciante, o que não ocorre na sistemática do § 2º do art. 5º.

Portanto, a afirmação antes utilizada, no sentido de que anteriormente à entrada em vigor da Emenda n. 45 existia um paradoxo, na medida em que os tratados de direitos humanos eram aprovados por maioria simples, o que autorizava o Presidente da República, a qualquer momento, denunciar o tratado, desobrigando o país ao cumprimento daquilo que assumiu no cenário internacional desde o momento da ratificação do acordo[13], não será mais

---

10. Para um estudo do procedimento e das teorias relativas à *denúncia* de tratados, v. MAZZUOLI, Valerio de Oliveira, *Tratados internacionais: com comentários à Convenção de Viena de 1969*, 2ª ed., cit., pp. 188-198.

11. Para Ingo Wolfgang Sarlet, esta nossa tese sobre a impossibilidade de denúncia dos tratados de direitos humanos aprovados pelo *quorum* qualificado do § 3º do art. 5º é uma "possível vantagem da incorporação pelo rito das emendas constitucionais", que enrobustece "não apenas a posição dos direitos humanos e agora também fundamentais no âmbito interno (desses direitos), mas também avança no concernente ao plano externo, das relações internacionais, enfatizando as vinculações assumidas pelo Brasil nesta seara" (*A eficácia dos direitos fundamentais*, 6ª ed. rev., atual. e ampl. Porto Alegre: Livraria do Advogado, 2006, p. 154).

12. Cf. nesse sentido, art. 21 da Convenção sobre a Eliminação de Todas as Formas de Discriminação Racial (1965); art. 12 do Protocolo Facultativo relativo ao Pacto Internacional dos Direitos civis e Políticos (1966); art. 78, n. 2, da Convenção Americana sobre Direitos Humanos (1969); art. 31, n. 2, da Convenção contra a Tortura e outros Tratamentos ou Penas Cruéis, Desumanos ou Degradantes (1984); e art. 52 da Convenção sobre os Direitos da Criança (1989).

13. Sobre este assunto, assim lecionava Oscar Vilhena Vieira antes da reforma constitucional de 2004: "O problema [do § 2º do art. 5º da Constituição, antes da existência do novo § 3º], no entanto, é que o *quorum* exigido para a incorporação destes tratados é o de maioria simples, criando assim uma situação paradoxal, onde a Constituição passaria a ser efetivamente emendada pelo *quorum* ordinário. Mais do que isto, o conteúdo dessas emendas se transformaria automaticamente em cláusula pétrea. O paradoxo é ainda mais grave, na medida em que o Presidente da República pode, a qualquer momento, denunciar o tratado, desengajando a União das obrigações previamente contraídas durante o processo de ratificação. Em última *ratio* o Presidente estaria autorizado a desobrigar o Estado do cumprimento de algo que foi transformado em cláusula pétrea". E continuava: "Com a nova redação, este problema ficou solucionado (parcial-

válida a partir do momento em que o tratado que se pretende denunciar passe a equivaler a uma emenda constitucional.

Por fim, registre-se ainda que, além de o § 3º do art. 5º da Constituição não prejudicar o *status* constitucional que os tratados internacionais de direitos humanos em vigor no Brasil já têm, de acordo com o § 2º desse mesmo artigo, ele também não prejudica a aplicação imediata dos tratados de direitos humanos já ratificados ou que vierem a ser ratificados pelo nosso país no futuro. Isto porque a regra que garante aplicação imediata às normas definidoras dos direitos e garantias fundamentais, constante do § 1º do art. 5º da Constituição (*in litteris*: "As normas definidoras dos direitos e garantias fundamentais têm aplicação imediata."), sequer remotamente induz a pensar que os tratados de direitos humanos só terão tal aplicabilidade imediata – uma vez também serem eles normas *definidoras dos direitos e garantias fundamentais* – depois de aprovados pelo Congresso Nacional pelo *quorum* estabelecido no § 3º. Pelo contrário: a Constituição é expressa em dizer que as *"normas definidoras* dos direitos e garantias fundamentais" têm aplicação imediata, mas não diz quais são ou quais deverão ser essas normas. A Constituição não especifica se elas devem provir do direito interno ou do direito internacional (por exemplo, dos tratados internacionais de direitos humanos), mas apenas diz que todas elas têm aplicação imediata, independentemente de serem ou não aprovadas por maioria simples ou qualificada.

4. Conclusão

A conclusão a que se chega da interpretação do art. 5º, § 3º, da Constituição é que os tratados internacionais de proteção dos direitos humanos ratificados pelo Brasil podem ser imediatamente aplicados pelo Poder Judiciário, independentemente de promulgação e publicação no *Diário Oficial da União* e independentemente de serem aprovados de acordo com a regra do § 3º do art. 5º da Carta de 1988.

Tais tratados, de forma idêntica à que se defendia antes da reforma, continuam dispensando a edição de decreto de execução presidencial para que irradiem seus efeitos, tanto no plano interno como no plano internacional, uma vez que têm aplicação imediata no ordenamento jurídico brasileiro[14].

Em geral, a hierarquia dos tratados de direitos humanos no direito brasileiro é de norma materialmente constitucional, caso não tenham sido aprovados por maioria qualificada no Congresso Nacional. Se forem aprovados por tal maioria qualificada, tais tratados guardarão o nível de "norma constitucional" no direito brasileiro, servindo de paradigma às ações do controle abstrato de normas perante o Supremo Tribunal Federal. Apenas os tratados equivalentes às emendas constitucionais poderão servir de paradigma às ações do controle concentrado de constitucionalidade/convencionalidade, não os aprovados por maioria simples no Congresso Nacional, que serão paradigma apenas do controle difuso de normas, perante qualquer juiz ou tribunal nacional.

5. Bibliografia

ARNOLD, Rainer. "El derecho constitucional europeo a fines del siglo XX: desarrollo y perspectivas". In: MANCHEGO, José F. Palomino & GARBONELL, José Carlos Remotti (coords.). *Derechos humanos y Constitución en Iberoamérica (Libro-Homenaje a Germán J. Bidart Campos)*. Lima: Instituto Iberoamericano de Derecho Constitucional, 2002.

BARRAL, Welber. "Reforma do judiciário e direito internacional". *Informativo Jurídico do INCIJUR*, n. 4, nov./1999.

BIDART CAMPOS, German J. *El derecho de la Constitución y su fuerza normativa*. Buenos Aires: Ediar Sociedad Anónima Editora, 1995.

BIDART CAMPOS, German J. *Tratado elemental de derecho constitucional argentino*, Tomo III (El derecho internacional de los derechos humanos y la reforma constitucional de 1994). Buenos Aires: Ediar Sociedad Anónima, 1995.

CACHAPUZ DE MEDEIROS, Antônio Paulo. *O poder de celebrar tratados*: competência dos poderes constituídos para a celebração de tratados, à luz do direito internacional, do direito comparado e do direito constitucional brasileiro. Porto Alegre: Sergio Antonio Fabris Editor, 1995.

CANÇADO TRINDADE, Antônio Augusto. "A interação entre o direito internacional e o direito interno na proteção dos direitos humanos". In: *A incorporação das normas internacionais de proteção dos direitos humanos no direito brasileiro*, 2ª ed., San José, Costa Rica/Brasília: IIDH (*et al.*), 1996.

CANÇADO TRINDADE, Antônio Augusto. *Tratado de direito internacional dos direitos humanos*, Porto Alegre: Sergio Antonio Fabris, 1997. v. 1.

CANOTILHO, J. J. Gomes. *Direito constitucional*, 6ª ed. Coimbra: Livraria Almedina, 1993.

CASSESE, Antonio. *I diritti umani nel mondo contemporaneo*, 4ª ed., Roma: Laterza, 1999.

JAYME, Erik. Identité culturelle et intégration: le droit international privé postmoderne. *Recueil des Cours*, v. 251 (1995).

MAGALHÃES, José Carlos de. *O Supremo Tribunal Federal e o direito internacional*: uma análise crítica. Porto Alegre: Livraria do Advogado Editora, 2000.

MAZZUOLI, Valerio de Oliveira. "A incorporação dos tratados internacionais de proteção dos direitos humanos no ordenamento brasileiro". *Revista de Informação Legislativa*, ano 37, n. 147, Brasília: Senado Federal, jul./set. 2000.

MAZZUOLI, Valerio de Oliveira. "Hierarquia constitucional e incorporação automática dos tratados internacionais de proteção dos direitos humanos no ordenamento brasileiro". *Revista de Informação Legislativa*, ano 37, n. 148, Brasília: Senado Federal, out./dez. 2000.

MAZZUOLI, Valerio de Oliveira. *Direitos humanos, Constituição e os tratados internacionais*: estudo analítico da situação e aplicação do tratado na ordem jurídica brasileira. São Paulo: Juarez de Oliveira, 2002.

---

mente), tanto do ponto de vista político quanto jurídico. Politicamente, não mais estaremos alterando nossa Constituição por maioria simples do Parlamento. Da perspectiva jurídica, estabeleceu-se claramente a posição hierárquica daqueles tratados de direitos humanos que houverem sido aprovados por maioria de três quintos das duas casas do Congresso" ("Que reforma?", in *Estudos Avançados*, v. 18, n. 51, São Paulo: USP, maio/ago./2004, pp. 204-205).

14. Cf. MAZZUOLI, Valerio de Oliveira. *Direitos humanos, Constituição e os tratados internacionais...*, cit., p. 253-259; e ainda MAZZUOLI, Valerio de Oliveira, *Tratados internacionais: com comentários à Convenção de Viena de 1969*, 2ª ed., cit., pp. 370-375.

MAZZUOLI, Valerio de Oliveira. *Prisão civil por dívida e o Pacto de San José da Costa Rica*: especial enfoque para os contratos de alienação fiduciária em garantia. Rio de Janeiro: Forense, 2002.

MAZZUOLI, Valerio de Oliveira. *Tratados internacionais*: com comentários à Convenção de Viena de 1969, 2ª ed., rev., ampl. e atual. São Paulo: Juarez de Oliveira, 2004.

MAZZUOLI, Valerio de Oliveira. *Tribunal Penal Internacional e o direito brasileiro*. São Paulo: Premier Máxima, 2005.

MAZZUOLI, Valerio de Oliveira. "O novo § 3º do art. 5º da Constituição e sua eficácia". *Revista Forense*, v. 378, ano 101, Rio de Janeiro, mar./abr./2005.

MAZZUOLI, Valerio de Oliveira. *Curso de direito internacional público*, 11ª ed. rev., atual. e ampl. Rio de Janeiro: Forense, 2018.

MELLO, Celso D. de Albuquerque. "O § 2º do art. 5º da Constituição Federal". In: TORRES, Ricardo Lobo (org.). *Teoria dos direitos fundamentais*, 2ª ed. rev. e atual. Rio de Janeiro: Renovar, 2001.

PIOVESAN, Flávia. *Direitos humanos e o direito constitucional internacional*, 5ª ed., rev., ampl. e atual. São Paulo: Max Limonad, 2002.

PIOVESAN, Flávia. *Temas de direitos humanos*, 2ª ed., rev., ampl. e atual. São Paulo: Max Limonad, 2003.

PONTES DE MIRANDA, Francisco Cavalcanti. *Comentários à Constituição de 1967 com a Emenda n. 1 de 1969*, Tomo III, 3ª ed. Rio de Janeiro: Forense, 1987.

SARLET, Ingo Wolfgang (org.). *Dimensões da dignidade*: ensaios de filosofia do direito e direito constitucional. Porto Alegre: Livraria do Advogado, 2005.

SARLET, Ingo Wolfgang. *A eficácia dos direitos fundamentais*, 6ª ed. rev., atual. e ampl. Porto Alegre: Livraria do Advogado, 2006.

VELLOSO, Carlos Mário da Silva. "Os tratados na jurisprudência do Supremo Tribunal Federal". *Revista de Informação Legislativa*, ano 41, n. 162, Brasília, abr./jun./2004.

VIEIRA, Oscar Vilhena. "Que reforma?". *Estudos Avançados*, v. 18, n. 51, São Paulo: USP, maio/ago./2004.

Art. 5º, § 4º O Brasil se submete à jurisdição de Tribunal Penal Internacional a cuja criação tenha manifestado adesão.

George Rodrigo Bandeira Galindo

1. História da norma

Já durante a realização da Conferência de Roma, em 1998, da qual resultou o Estatuto de Roma que criou o Tribunal Penal Internacional, debatia-se a constitucionalidade do tratado no direito brasileiro. Mesmo assim, o Governo Brasileiro decidiu ratificá-lo sem promover qualquer alteração constitucional. Nesse sentido, a inclusão do § 4º ao art. 5º, posterior à ratificação do Estatuto de Roma, foi promovida para reforçar sua constitucionalidade e evitar questionamentos futuros.

2. Constituições brasileiras anteriores

Nenhuma das Constituições brasileiras anteriores se referia, direta ou indiretamente, a tribunais penais internacionais.

3. Constituições estrangeiras (emendadas)

Constituição da França: art. 53-2; Constituição da Irlanda: art. 29 (9); Constituição de Portugal: art. 7 (7); Constituição do México: art. 21 (5); Constituição da Colômbia: art. 93 (2); Constituição de Luxemburgo: art. 118; Constituição da Alemanha: art. 16 (2); Constituição da Romênia: art. 19 (2); Constituição da Turquia: art. 38 (11). Os três últimos textos constitucionais foram emendados a fim de viabilizar a ratificação do Estatuto de Roma no que se refere ao tema "extradição" de nacionais.

4. Direito internacional

O § 4º do art. 5º possui uma relevância direta para o direito internacional, uma vez que permite que o Estado brasileiro faça parte de tribunais penais internacionais regulados por normas internacionais.

5. Dispositivos constitucionais relevantes (relação ilustrativa)

Art. 4º (princípios que regem as relações internacionais); art. 5º, §§ 2º e 3º (direitos enumerados em tratados internacionais); art. 7º do ADCT (tribunal internacional de direitos humanos).

6. Jurisprudência (STF)

Em decisão monocrática na PET 4.625, *DJ* de 24.06.2020, a min. Rosa Weber mencionou expressamente o § 4º do art. 5º da CF/1988 e implicitamente parece reconhecer a constitucionalidade do Estado de Roma no direito brasileiro. A decisão é importante por assentar questões como: (a) obrigatoriedade de atendimento de pedidos de cooperação do Tribunal Penal Internacional; (b) diferença entre extradição e entrega; (c) descaracterização de decisões do Tribunal Penal Internacional como sentenças estrangeiras; e (d) reconhecimento da competência da Justiça Federal de primeira instância – e consequente incompetência do Supremo Tribunal Federal ante lacuna legislativa sobre o assunto – para o processamento de pedidos de cooperação oriundos do Tribunal Penal Internacional. Em outros casos, a Primeira Turma da Corte se utilizou expressamente do art. 66 (3) do Estatuto de Roma para interpretar o princípio da presunção de inocência à luz do padrão de que a "responsabilidade criminal há de ser provada acima de qualquer dúvida razoável". Ver AP 521, rel. min. Rosa Weber, Primeira Turma, *DJe* de 05.02.2015 e, também, AP 580, rel. min. Rosa Weber, Primeira Turma, *DJe* de 2606.2017 e AP 676, rel. min Rosa Weber, Primeira Turma, *DJe* de 06.02.2018.

7. Literatura selecionada

ARAGÃO, Eugênio José Guilherme de. A incorporação ao direito interno de instrumentos jurídicos de direito internacional humanitário e direito internacional dos direitos humanos. *Revista CEJ*, Brasília, n. 11, p. 27-30, 2000; AILSLIEGER, Kristafer. Why the United States should be wary of the International Criminal Court: concerns over sovereignty and constitutional guarantees. *Washburn Law Journal*, Topeka, v. 39, n. 1, p. 80-105, 1999; ALEXY, Robert. *Teoría de los derechos fundamentales*. Trad. Jorge M. Seña. Barcelona: Gedisa, 1994; AUST, Anthony.

Modern treaty law and practice. Cambridge: Cambridge University Press, 2000; BENDA, Ernest. Dignidad humana y derechos de la personalidad. In: BENDA, Ernest *et al.* (Comps.). *Manual de derecho constitucional*. Trad. Antonio L. Pina. Madrid: IVAP; Marcial Pons, 1996, p. 117-144; DALBORA, José Luis Guzmán. Chile. In: AMBOS, Kai *et al.* (Org.). *Dificultades jurídicas y políticas para la ratificación o implementación del Estatuto de Roma de la Corte Penal Internacional*: contribuciones de América Latina y Alemania. Montevideo: Fundación Konrad Adenauer, 2006, p. 171-195; DEEN-RACSMÁNY, Zsuzsanna. A new passport to impunity? Non-extradition of naturalized citizens versus criminal justice. *Journal of International Criminal Justice*, Firenze, v. 2, n. 3, p. 761-784, 2004; CASSESE, Antonio. On the Current Trends toward Criminal Prosecution and Punishment of breaches of International Humanitarian Law. *European Journal of International Law*, Firenze, v. 9, n. 1, p. 2-17, 1998; DEEN-RACSMÁNY, Zsuzsanna. The nationality of the offender and the jurisdiction of the International Criminal Court. *American Journal of International Law*, Washington, v. 95, n. 3, p. 609-612, 2001; DIMOULIS, Dimitri. O art. 5º, § 4º, da CF: dois retrocessos políticos e um fracasso normativo. In: TAVARES, André Ramos *et al.* (Coord.). *Reforma do Judiciário*: analisada e comentada. São Paulo: Método, 2005, p. 107-119; DUFFY, Helen. National constitutional compatibility and the International Criminal Court. *Duke Journal of Comparative and International Law*, Durham, v. 11, n. 1, p. 5-38, 2001; IBCCRIM. Brasil. In: AMBOS, Kai *et al.* (Org.). *Dificultades jurídicas y políticas para la ratificación o implementación del Estatuto de Roma de la Corte Penal Internacional*: contribuciones de América Latina y Alemania. Montevideo: Fundación Konrad Adenauer, 2006, p. 139-169; FIFE, Rolf Einar. Article 77. In: TRIFFTERER, Otto (Ed.). *Commentary on the Rome Statute of the International Criminal Court*: observers' notes, article by article. Baden-Baden: Nomos, 1999, p. 986-993; GALINDO, George Rodrigo Bandeira. A reforma do judiciário como retrocesso para a proteção internacional dos direitos humanos: um estudo sobre o novo § 3º do art. 5º da Constituição Federal. *Cena Internacional*, Brasília, v. 7, n. 1, p. 3-22, 2005; KENNEDY, Duncan. The critique of rights in critical legal studies. In: BROWN, Wendy; HALLEY, Janet (Eds.). *Left Legalism/Left Critique*. Durham: Duke University Press, 2002, p. 178-227; HUNGRIA, Nélson; FRAGOSO, Heleno Cláudio. *Comentários ao Código Penal*, v. 1, t. 1 (arts. 1º a 10), 5. ed. Rio de Janeiro: Forense, 1977; JARDIM, Tarciso dal Maso. O Tribunal Penal Internacional e sua importância para os direitos humanos. In: *O que é o Tribunal Penal Internacional*. Brasília: Câmara dos Deputados, 2000, p. 15-33; MEDEIROS, Antônio Paulo Cachapuz de. O Tribunal Penal Internacional e a Constituição Brasileira. In: *O que é o Tribunal Penal Internacional*. Brasília: Câmara dos Deputados, 2000, p. 9-15; METZ, Johann Baptist. *Dios y tiempo*: nueva teología política. Madrid: Trotta, 2002; MÜLLER, Jan-Werner. A general theory of constitutional patriotism. *International Journal of Constitutional Law*, New York, v. 6, n. 1, p. 72-95, 2008; O'NEIL, Timothy. Dispute Settlement under the Rome Statute of the International Criminal Court: Article 119 and the Possible Role of the International Court of Justice. *Chinese Journal of International Law*, Beijing, v. 5, n. 1, p. 67-78, 2006; PIOVESAN, Flávia. *Direitos humanos e o direito constitucional internacional*. 8. ed. São Paulo: Saraiva, 2007; PIOVESAN, Flávia. Reforma do Judiciário e Direitos Humanos. In: TAVARES, André Ramos *et al.* (Coord.). *Reforma do Judiciário*: analisada e comentada. São Paulo: Método, 2005, p. 67-81; PLACHTA, Michael. (Non-)extradition of nationals: A neverending story? *Emory International Law Review*, Atlanta, v. 13, n. 1, p. 77-159, 1999; RAMOS, André de Carvalho. O Estatuto do Tribunal Penal Internacional e a Constituição Brasileira. In: CHOUKR, Fauzi Hassan; AMBOS, Kai (Orgs.). *Tribunal Penal Internacional*. São Paulo: Revista dos Tribunais, 2000, p. 245-289; RODRIGUES, Larissa Pereira. O Tribunal Penal Internacional e a Constituição Federal: divergências sobre a existência de conflito entre normas. *Revista Brasileira de Direito Internacional*, Curitiba, v. 1, n. 1, p. 149-154, 2005; RORTY, Richard. Direitos humanos, racionalidade e sentimentalidade. In: *Verdade e progresso*. São Paulo: Manole, 2005, p. 199-223; SCHABAS, William A. Sentencing by international tribunals: a human rights approach. *Duke Journal of International and Comparative Law*, Durham, v. 7, n. 2, p. 478-479, 1997; STEINER, Sylvia Helena Figueiredo. O Tribunal Penal Internacional, a Pena de Prisão Perpétua e a Constituição Brasileira. In: *O que é o Tribunal Penal Internacional*. Brasília: Câmara dos Deputados, 2000, p. 34-41; UNITED NATIONS. United Nations Conference of Plenipotentiaries on the establishment of an International Criminal Court. *Official Records*, v. II. A/CONF.183/13 (Vol. II), 1998; VAN ZYL SMIT, Dirk. *Taking life imprisonment seriously*: in national and international law. The Hague. Kluwer, 2002.

8. Anotações

Se é certo que a criação do Tribunal Penal Internacional representou uma substancial inovação no direito internacional, não é menos certo que, em virtude mesmo dessa inovação, a compatibilidade do instrumento que o criou – o Estatuto de Roma – foi contestada em face de diversas constituições. Afinal, é significativo o impacto nos direitos nacionais de um tribunal "com caráter permanente e independente, no âmbito do sistema das Nações Unidas, e com jurisdição sobre os crimes de maior gravidade que afetem a comunidade internacional no seu conjunto"[1]. O problema da constitucionalidade maximiza-se em virtude de o Estatuto de Roma proibir a formulação de qualquer reserva a seus dispositivos[2]. O Brasil é apenas um, dentre vários Estados, em que se travaram fortes discussões sobre a constitucionalidade do tratado.

É possível identificar três grandes posturas adotadas pelos diferentes sistemas jurídicos no que se refere à compatibilidade do Estatuto de Roma com as constituições.

A primeira foi a dos Estados que exigiram mudanças para compatibilizar o tratado com a constituição interna (DUFFY, 2001, p. 8). França, Irlanda, Portugal, México, Colômbia, Luxemburgo, Alemanha e Romênia, por exemplo, podem ser inseridas nesse grupo.

Uma segunda postura foi a dos Estados que concluíram que seus textos constitucionais poderiam ser interpretados de maneira compatível com o Estatuto de Roma (DUFFY, 2001, p. 8). Algumas vezes, esse processo interpretativo chegou até às cortes

---

[1]. Preâmbulo do Estatuto de Roma do Tribunal Penal Internacional, aprovado pelo Decreto Legislativo n. 112, de 06.06.2002, e promulgado pelo Decreto n. 4.388, de 25.09.2002, *DOU* de 26.09.2002.

[2]. "Art. 120. Não são admitidas reservas a este Estatuto."

constitucionais, que se pronunciaram favoravelmente ao tratado[3]. Exemplos: Costa Rica, Dinamarca, Equador, Noruega, Espanha, Guatemala e Venezuela (DUFFY, 2001, p. 13).

Finalmente, houve Estados que consideraram impossível a compatibilidade do Estatuto de Roma com seus respectivos textos constitucionais, o que lhes impediria sua ratificação, como o caso dos Estados Unidos – embora considerações constitucionais não sejam as únicas que impedem a ratificação, pois há também motivações políticas[4].

O Brasil se inseriria no primeiro grupo por optar fazer reformas na Constituição. O § 4º veio na tentativa de pôr fim a debates sobre a constitucionalidade do Estatuto de Roma que podiam ser identificados desde a negociação do texto do tratado na Conferência de Roma, em 1998[5].

Embora o dispositivo esteja direcionado ao Tribunal Penal Internacional, sua redação pode ser entendida como permitindo a aceitação, por parte do Estado brasileiro, de outros tribunais penais internacionais. Isso porque o dispositivo se refere à submissão, pelo Brasil, à jurisdição **de** Tribunal Penal Internacional e não **do** Tribunal Penal Internacional.

Além do Tribunal Penal Internacional, dois outros tribunais internacionais especializados em matéria penal existiam ao tempo da inserção do § 4º ao art. 5º da Constituição Federal: o Tribunal Penal Internacional para a Ex-Iugoslávia e o Tribunal Penal Internacional para Ruanda, criados, ambos, por resoluções do Conselho de Segurança das Nações Unidas[6]. A redação do § 4º do art. 5º respaldou a existência desses dois tribunais e porventura outros que forem criados por órgãos internacionais que estabelecem decisões obrigatórias para o Brasil, como é o caso do Conselho de Segurança.

Um olhar mais atento à redação do dispositivo leva imediatamente a uma indagação e uma correção. A parte final do § 4º refere-se à aceitação pelo Brasil da jurisdição de Tribunal Penal Internacional "a cuja criação tenha manifestado adesão". A indagação: o novo texto utilizou-se corretamente da expressão adesão?

Em direito internacional, o uso do termo adesão já pode ser considerado obsoleto. Modernamente, tem-se preferido a expressão acessão, prevista no art. 15 da Convenção de Viena sobre Direito dos Tratados, utilizada para designar a forma de um Estado se tornar parte em um tratado se, por qualquer razão, não o pôde assinar (AUST, 2000, p. 88, 91-92). Ora, o Brasil assinou o Estatuto de Roma em 07.02.2000, e, como consequência, a forma pela qual demonstrou o seu consentimento foi a ratificação, feita em 20.06.2002[7], e não a adesão.

De outro lado, no que se refere aos demais tribunais penais internacionais existentes, uma vez que não foram eles criados por tratados, mas por resoluções do Conselho de Segurança, não há que se falar em adesão (e nem mesmo acessão). Ainda que o Brasil, na qualidade de membro eleito do Conselho de Segurança, tenha votado a favor da criação de tribunais penais internacionais, o uso de termos como adesão e acessão são inadequados, porquanto a força da resolução decorre de uma votação tomada no órgão e não de uma aceitação ou rejeição do instrumento.

Visto isto, chega-se ao batismo de fogo do § 4º do art. 5º: seu advento teria posto fim às dúvidas acerca da constitucionalidade do Estatuto de Roma? Alguém certamente poderia sustentar que sim, pois o dispositivo constitucional é evidente ao afirmar que o Brasil aceita a jurisdição do tribunal. Pode-se mesmo dizer que, indiretamente, a min. Rosa Weber, em sua decisão na PET 4.625, reconheceu tal constitucionalidade. Todavia, dada a atual jurisprudência do próprio Supremo Tribunal Federal, que permite o controle de constitucionalidade de emendas quando estas ferirem cláusulas pétreas, e levando em conta que a mencionada decisão foi tomada monocraticamente, a resposta pode tornar-se negativa[8].

O controle de constitucionalidade de emendas constitucionais é um procedimento altamente contestável do ponto de vista da legitimidade democrática. Ele obstrui os canais de conflito na sociedade, impedindo a renegociação de direitos. Se a luta do direito moderno foi eliminar os privilégios estabelecidos pelo *ancien régime* derivados de um direito natural, as cláusulas pétreas restabelecem ao direito um caráter imutável que cala segmentos da sociedade que pretendem renegociar o conteúdo dos direitos, impedindo também as gerações futuras de determinarem tais conteúdos.

Ainda que tal procedimento seja passível de crítica, não resta dúvidas que ele é possível no direito brasileiro. Se assim o é, o tema da constitucionalidade do Estatuto de Roma é ainda relevante, mesmo ante o § 4º do art. 5º[9].

Antes mesmo da ratificação brasileira do tratado, foram identificados alguns temas relevantes que suscitam o questionamento de constitucionalidade. Quatro deles merecem destaque: (1) entrega de nacionais; (2) prisão perpétua; (3) imunidades e foro privilegiado para os ocupantes de cargos públicos; (4) proibição do *bis in idem*[10]. Os dois primeiros, pela sua complexidade,

---

3. Em alguns Estados, como o Chile, a Corte Constitucional concluiu pela inconstitucionalidade do tratado, tornando exigível, pois, uma reforma constitucional para viabilizar sua ratificação (DALBORA, 2006, p. 171-195). A reforma constitucional foi aprovada em 2009, mesmo ano em que procedeu o Chile à ratificação do Estatuto de Roma.

4. Dentre as várias análises da compatibilidade da Constituição dos Estados Unidos com o Estatuto de Roma, vale lembrar, especialmente por seu didatismo, a de Ailslieger (1999, p. 80-105).

5. Durante os debates na Conferência de Roma para a criação do Tribunal Penal Internacional, o representante brasileiro, Embaixador Gilberto Sabóia, já suscitara os possíveis problemas de constitucionalidade relativos à entrega de nacionais e à proibição da prisão perpétua (UNITED NATIONS, 1998, p. 123).

6. Resolução n. 808, de 22 de fevereiro de 1993, que criou o Tribunal Penal Internacional para a Ex-Iugoslávia. Disponível em: <http://www.icty.org>. Acesso em: 13.04.2023. Resolução n. 955, de 8 de novembro de 1994, que criou o Tribunal Penal Internacional para Ruanda. Disponível em: <http://unictr.unmict.org>. Acesso em: 13.04.2023. Lembre-se que, no ano de 2015 e 2017, respectivamente, o Tribunal Penal Internacional para Ruanda e o Tribunal Penal para a Ex-Iugoslávia tiveram encerradas formalmente as suas atividades, sendo substituídos pelo Mecanismo Internacional Residual para Tribunais Penais.

7. Disponível em: <https://asp.icc-cpi.int/en_menus/asp/states%20parties/pages/the%20states%20parties%20to%20the%20rome%20statute.aspx#B>. Acesso em: 13.04.2022. Importante lembrar que o Brasil ainda não ratificou a chamada Emenda de Campala, de 2010, que dispõe sobre o crime de agressão.

8. Um dos casos mais notórios em que o Supremo Tribunal Federal controlou a constitucionalidade de uma emenda foi a ADI 939, rel. Min. Sydney Sanches. Pleno. DJ de 18.03.1994.

9. Veja-se, por exemplo, contribuição sobre o § 4º do art. 5º, que ressalta que o problema da inconstitucionalidade do tratado ainda é evidente. Ver Dimoulis (2005, p. 107-119).

10. Não é coincidência o fato de tais temas terem sido suscitados quanto a sua constitucionalidade em vários sistemas jurídicos do mundo (DUFFY, 2001, p.

serão tratados mais detidamente que os dois últimos. Antes dessa análise, contudo, uma questão prévia merece ser mencionada: é o Estatuto de Roma um tratado de direitos humanos?

É fora de dúvidas que o Estatuto de Roma foi informado em sua elaboração por uma concepção muito vigorosa de respeito à dignidade humana – concepção essa que influenciou o discurso dos direitos humanos após 1945. O Estatuto de Roma tanto fortalece a proteção daqueles que estão sendo processados no tribunal, garantindo regras de devido processo legal, como reconhece um direito de reparação às vítimas de grandes atrocidades. Portanto, na busca por punir os diversos indivíduos acusados de graves violações contra os direitos humanos, o Estatuto de Roma também poderia ser considerado um tratado de direitos humanos, como já ressaltou Ramos (2000, p. 255-260). Por outro lado, poder-se-ia alegar que o Estatuto de Roma não tem como fim a proteção dos direitos humanos, porquanto o seu objetivo precípuo é punir indivíduos. Nesse caso, considerações de direitos humanos informariam, de fato, o Estatuto de Roma, mas da mesma maneira com que informariam um tratado sobre qualquer matéria – sobre cooperação em assuntos administrativos ou sobre comércio internacional.

A relevância prática de saber se o Estatuto de Roma é um tratado de direitos humanos reside na possibilidade de vir ele a adquirir estatura constitucional em virtude do § 3º do art. 5º da Constituição. Não parece que o § 4º do art. 5º tenha o condão, por si só, de constitucionalizar o Estatuto de Roma, uma vez que tem ele a ver, de maneira geral, com o acatamento de uma jurisdição internacional e não com dispositivos específicos estabelecendo a forma de funcionamento do Tribunal.

Saber se o Estatuto de Roma é um tratado de direitos humanos tem mais a ver com uma decisão política do que com uma ontologia de tratados de direitos humanos. Como bem ressaltou Martti Koskenniemi (2006, para. 21): "caracterizações (direito comercial, direito ambiental) não têm um valor normativo *per se*. Elas são apenas rótulos informais que descrevem os instrumentos da perspectiva de interesses distintos ou objetivos políticos diferentes. (...). As caracterizações têm menos a ver com a 'natureza' do instrumento do que com o interesse do qual ele pode ser descrito".

Nesse sentido, cabe ao Congresso Nacional, ao decidir se concede o *status* de emenda constitucional, a decisão política de considerar qualquer tratado – inclusive o Estatuto de Roma – como um tratado de direitos humanos. A percepção aferida pelo Parlamento dos interesses que movem o tratado é que deve ser a referência para a constitucionalização (ou não) de um tratado segundo o art. 5º, § 3º. Abstraindo as severas críticas que recaem sobre esse dispositivo (GALINDO, 2005, p. 3-22), um dos poucos méritos que pode nele ser identificado é a possibilidade de um órgão com legitimidade democrática – o Congresso Nacional – decidir se um tratado deve ou não ser constitucionalizado.

(1) A entrega de nacionais pode ser considerada um dos principais obstáculos para a compatibilização do Estatuto de Roma com a Constituição Brasileira – CF. O art. 5º, LI, da Constituição, dispõe: "LI – nenhum brasileiro será extraditado, salvo o naturalizado, em caso de crime comum, praticado antes da naturalização, ou de comprovado envolvimento em tráfico ilícito de entorpecentes e drogas afins, na forma da lei". Portanto, dado o caráter de cláusula pétrea do dispositivo (art. 60, § 4º, IV, da CF/1988) estaria vedada a possibilidade – inclusive por emenda – de se admitir a entrega de nacionais ao Tribunal Penal Internacional, prevista no art. 89 do tratado instituidor[11].

A existência de uma norma desse tipo é, em si mesma, criticável. A crítica se torna ainda mais vigorosa quando se tenta aplicá-la ao Tribunal Penal Internacional.

É inconsistente com o princípio do Estado Democrático de Direito o fato de um indivíduo, só por sua condição pessoal, não poder ser extraditado. Ainda que um brasileiro nato cometa o crime mais bárbaro que a imaginação pode conceber em um Estado estrangeiro e a lei penal brasileira não possa a ele ser aplicada, apenas a nacionalidade será o impeditivo para seu julgamento. A norma é um resquício do princípio das nacionalidades, que não pode prevalecer ante o compromisso em aplicar o direito a todos sem distinções.

Ademais, especialmente após a ampliação das possibilidades de aquisição da nacionalidade originária brasileira pela Emenda Constitucional – EC 54/2007, a proibição de extradição de nacionais pode privilegiar aquele que nunca foi, de fato, brasileiro: aquele que tem registro de brasileiro, mas nunca viveu, viveu pouco tempo no território nacional ou, principalmente, nunca se sentiu brasileiro[12].

A proibição aplicada ao Tribunal Penal Internacional gera distorções ainda maiores, pois extradição e entrega não se confundem. Aliás, na elaboração do Estatuto de Roma, levou-se em consideração a distinção e se deixou explícito um conceito de entrega, para justamente não o confundir com o de extradição[13].

Extradição e entrega cumprem funções distintas. Extradição tem a ver com as relações entre dois Estados, sendo, pois, reflexo do princípio da igualdade entre eles, dando origem a uma relação horizontal. Por sua vez, a entrega tem a ver com a relação entre um Estado e um órgão judicial internacional com autoridade obrigatória (e necessariamente imparcial), dando origem a uma relação vertical (CASSESE, 1998, p. 12; IBCCRIM, 2006, p. 150-153).

Esta relação vertical nada tem a ver com uma hierarquia de tribunais internacionais sobre tribunais internos. O Estatuto de Roma se baseia na cooperação e complementaridade com os judi-

---

6). Para um estudo amplo dos diversos argumentos que poderiam levar à incompatibilidade entre o tratado e a Constituição brasileira, ver IBCCRIM (2006, p. 139-169).

11. Prevê o art. 89 (1): "O Tribunal poderá dirigir um pedido de detenção e entrega de uma pessoa, instruído com os documentos comprovativos referidos no artigo 91, a qualquer Estado em cujo território essa pessoa se possa encontrar, e solicitar a cooperação desse Estado na detenção e entrega da pessoa em causa. Os Estados-Partes darão satisfação aos pedidos de detenção e de entrega em conformidade com o presente Capítulo e com os procedimentos previstos nos respectivos direitos internos".

12. A ampliação das possibilidades de alguém ser considerado brasileiro nato interferirá, inclusive, na aplicação do Estatuto de Roma. O que fazer, por exemplo, quando alguém for duplo nacional, tendo a nacionalidade efetiva de um outro Estado e não do Brasil? Seria legítimo que esse indivíduo se deslocasse repentinamente até o Brasil para evitar ser julgado pelo Tribunal Penal Internacional e impedisse que o Estado em que ele gozava dos direitos de nacionalidade procedesse à entrega ao tribunal? Se a reposta for verdadeira, a Constituição brasileira estaria promovendo uma fraude sensível ao Estatuto de Roma. Sobre tais questões, *v*. Deen-Racsmány (2001, p. 609-612).

13. Nos termos do art. 102 do Estatuto de Roma: "Art. 102 (a): Por 'entrega', entende-se a entrega de uma pessoa por um Estado ao Tribunal nos termos do presente Estatuto. Art. 102 (b) Por 'extradição', entende-se a entrega de uma pessoa por um Estado a outro Estado conforme previsto em um tratado, em uma convenção ou no direito interno".

ciários internos. O tribunal internacional será somente utilizado em caso de falibilidade dos sistemas domésticos em punir indivíduos que cometeram crimes sob o ângulo do Estatuto. O Tribunal Penal Internacional, assim como qualquer outro tribunal internacional, não é Corte de Cassação. A relação vertical acima referida se distingue da relação horizontal porque, em caso de entrega, não há relação entre Estados soberanos, mas entre uma instituição internacional e instituições internas. Aquela não é instituição estrangeira, mas internacional. Mesmo sob uma percepção voluntarista, poder-se-ia dizer que o Tribunal contou com a participação do Estado que a ele consentiu, não cabendo falar em jurisdição estrangeira, uma vez que a "vontade soberana" do Estado concorreu para a sua criação. Sem contar que os Estados-membros, como o Brasil, possuem representação na Assembleia-Geral do Tribunal.

Mas não é só isso, duas outras razões podem ser agregadas.

Algumas razões têm sido repetidas no tempo pelo discurso que legitima a não extradição de nacionais. São elas: (a) um indivíduo não pode ser retirado dos seus juízes naturais; (b) o Estado deve aos seus cidadãos a proteção de suas leis; (c) é impossível confiar inteiramente na justiça estrangeira; (d) é uma grave desvantagem alguém ser processado em uma língua estrangeira, separado de seus amigos e recursos, nos quais ele poderia confiar um testemunho sobre sua vida e seu caráter pregressos (PLACHTA, 1999, p. 86-87).

Em relação à causa (a), se algum dia serviu para justificar a não extradição de nacionais no Brasil, ela perdeu todo o sentido. O art. 5º do Código Penal estabelece, como regra, que a lei brasileira se aplica ao crime cometido no território nacional "sem prejuízo de convenções, tratados e regras de direito internacional". Embora a redação do dispositivo tenha sido dada na reforma da Parte Geral do Código Penal, em 1984, o "temperamento à impenetrabilidade do direito interno" na aplicação da lei penal, para usar um termo de Nélson Hungria (1977, p. 157), já se encontrava no art. 4º da redação originária da Parte Geral do Código Penal de 1940. Ora, o Estatuto de Roma é um tratado regido pelo direito internacional que realiza uma norma existente no Código Penal brasileiro há mais de 80 anos. Isso não é interpretar a Constituição de acordo com uma lei, mas reconhecer que há uma tradição no direito brasileiro que nunca viu como ofensiva à não extradição de nacionais a possibilidade de a aplicação da lei penal ser definida por tratados.

O Estado deve, de fato, proteção de suas leis aos seus cidadãos, como estabelece a causa (b). Porém, as próprias leis do Estado podem identificar certos casos que exigem um julgamento por parte de um tribunal internacional reconhecido por esse mesmo Estado. Ademais, seria difícil conciliar tal fundamento com o fato de que um Estado como o Brasil também deve a proteção de suas leis aos estrangeiros residentes no território nacional, como dispõe o *caput* do art. 5º da CF/1988, mas nem por isso estão eles eximidos da possibilidade de extradição. Alegar que a não extradição de nacionais teria esse fundamento significaria subverter o âmbito de proteção do *caput* do art. 5º.

A causa (c), que estabelece a impossibilidade de se confiar na justiça do Estado estrangeiro, se levada até às últimas consequências, impediria qualquer tipo de cooperação interestatal em matéria penal, como a extradição tradicional, por exemplo. Em virtude mesmo do argumento lançado no parágrafo anterior, não há qualquer dúvida sobre a necessidade de o Estado brasileiro proteger direitos fundamentais ao menos de estrangeiros aqui residentes. Frequentemente, contudo, o Brasil concede extradições em que as garantias de preservação de direitos humanos dos extraditandos são mínimas. É defensável alegar que o estrangeiro – que regularmente é submetido a processos de extradição no Brasil – deve arcar com a insegurança de possíveis violações serem cometidas por direitos estrangeiros enquanto o nacional não deve com isso arcar? Seria muito mais coerente se a Constituição proibisse a extradição para Estados que desrespeitam direitos humanos, por exemplo, do que simplesmente proibi-la pelo simples dado da nacionalidade (PLACHTA, 1999, p. 115). A prática brasileira em matéria de extradições mostra-se generosa na confiança que deposita em jurisdições estrangeiras. Por que em relação ao Estatuto de Roma haveria de ser diferente? Pelo contrário, a jurisdição do Tribunal Penal Internacional não pode ser igualada à jurisdição estrangeira. O Brasil, assim como os demais Estados-partes, além de ter incorporado a seu direito interno o tratado que cria o tribunal, é membro de uma Assembleia de Estados-partes em relação à qual o Tribunal Penal Internacional está vinculado em muitos aspectos. O § 4º do art. 5º da Constituição prescreve que o Brasil "se submete à jurisdição de Tribunal Penal Internacional (...)". Talvez seja exagerado afirmar que o tribunal torna-se um órgão interno em virtude de tal disposição; no entanto, tal redação elimina vigorosamente o elemento estrangeiro na relação entre o Brasil e o Tribunal. Considerando a criação de uma nova jurisdição, o § 4º do art. 5º, parece, não pode ser contestado do ponto de vista de sua constitucionalidade, uma vez que não há cláusula pétrea que proíba a criação de uma nova jurisdição pelo poder constituinte derivado.

Finalmente, em relação à causa (d), ela não se sustenta no contexto do Tribunal Penal Internacional. O art. 67 do Estatuto de Roma prevê uma série de direitos ao acusado, dentre eles o de ter traduzidos atos que não compreenda, o de obter o comparecimento de testemunhas e o de oferecer prova. Trata-se de um conjunto de direitos que buscam garantir o devido processo legal no âmbito do tribunal internacional.

Segundo. A proibição da extradição de nacionais pode ser certamente vista apenas como uma regra, comportando somente o cumprimento ou o descumprimento. A grande peculiaridade dos direitos fundamentais (e o inciso LI do art. 5º insere-se no âmbito dos direitos fundamentais), contudo, é que eles devem ser interpretados como princípios, permitindo uma grande amplitude na maneira de concretizá-los. Ora, se assim o é, por que não considerar que esse direito fundamental pode sofrer restrições diante de um quadro como o do Tribunal Penal Internacional? A "extradição" de nacionais para o Tribunal Penal Internacional acontecerá para o julgamento de crimes de extrema gravidade para a comunidade internacional. Isso parece ser minimamente um fator relevante a exigir um exercício de ponderação na aplicação do art. 5º, LI.

Não há nenhuma razão, pois, para associar a extradição com a entrega. Ainda que se interprete literalmente o art. 5º, LI – o que parece incoerente, como já afirmado –, continua vedada a extradição de nacionais, mas não a entrega de nacionais (MEDEIROS, 2000, p. 14; JARDIM, 2000, p. 31-32; RAMOS, 2000, p. 267-274).

Contudo, ainda que se entenda que a norma constitucional é um obstáculo intransponível, soluções podem ser buscadas. O art. 98 do Estatuto de Roma proporciona algumas saídas para a proibição total da extradição de nacionais. Embora o dispositivo tenha interpretações díspares, é possível defender que os Estados-partes podem acordar com o Tribunal Penal Internacional um procedimento específico de entrega de nacionais (DEEN-RACSMÁNY, 2004, p. 779-783). Considerando a possibilidade de tal acordo, soluções podem ser oferecidas que se encontram no nosso próprio direito vigente.

Uma delas é aplicar uma permissão contida, por exemplo, no acordo de extradição entre Brasil e Austrália, que dispõe [art. 13 (3)] que um indivíduo passível de extradição pode ser entregue temporariamente às autoridades do Estado que formulou o pedido de extradição e, depois, retornar ao outro Estado para cumprir pena[14].

Outra solução é aplicar um regime já previsto em tratado do qual o Brasil faz parte: a Convenção contra o tráfico ilícito de entorpecentes e substâncias psicotrópicas[15]. O art. 6 (10) do tratado permite que a pena seja cumprida no Estado em que um indivíduo é nacional, quando sua extradição não for possível.

A constitucionalidade da previsão de entrega de nacionais, a partir de sua diferenciação com relação à extradição, foi reconhecida, ainda que monocraticamente, pela min. Rosa Weber, na sua já citada decisão na PET 4.625. Isso representa ao menos um indício do que o Plenário do Supremo Tribunal Federal pode vir a entender no futuro, caso seja chamado a se pronunciar sobre o assunto.

(2) Outra razão para se alegar a inconstitucionalidade do Estatuto de Roma tem sido a previsão, em seu art. 77 (1) (b), da possibilidade de aplicação da pena de prisão perpétua. Como se sabe, a Constituição de 1988, no art. 5º, XLVII, *b*, veda esse tipo de prisão: "XLVII – não haverá penas (...) b) de caráter perpétuo".

Se se parte da concepção de que a proibição da pena de prisão perpétua no Brasil decorreu de um processo evolutivo no sentido de uma maior humanização das penas, a defesa da possibilidade de tal prisão, ainda que prevista em um tratado, torna-se difícil (RODRIGUES, 2005, p. 149-154). A dificuldade se adensa ainda mais quando se tem notícia que, antes de sua consagração no Estatuto de Roma, era defensável dizer que o direito internacional lentamente se encaminhava no sentido de proscrever, em seu âmbito, esse tipo de pena (VAN ZYL SMIT, 2002, p. 171-177). De fato, a previsão da possibilidade de aplicação da pena de prisão perpétua foi uma posição de consenso (FIFE, 1999, p. 986-993), tomada na Conferência de Roma, entre aqueles que pretendiam a pena mais grave (pena de morte) e os que desejavam um limite de anos – posição essa defendida pelo Brasil e pela maioria das delegações ibero-americanas (STEINER, 2000, p. 35-36).

Alguns argumentos têm sido trazidos com o intuito de compatibilizar a Constituição com o tratado nesse ponto. Destaco três deles.

O primeiro argumento tem a ver com a jurisprudência do Supremo Tribunal Federal. Costumava-se sustentar que a Corte normalmente deferia pedidos de extradição independentemente de o extraditando poder ser submetido à pena de prisão perpétua. Tal entendimento poderia, então, ser transposto para o Tribunal Penal Internacional.

Duas razões refutam tal argumento. Primeiramente, porque para defender tal ponto de vista seria necessário associar a extradição e a entrega, coisas bastante distintas, como já se viu. Assim, a jurisprudência do Supremo Tribunal Federal poderia ser aplicável à extradição, mas não o seria necessariamente à entrega. Em segundo lugar, embora por algum tempo a Suprema Corte tenha concedido pedidos de extradição em caso de possível aplicação da perpétua[16], a jurisprudência sofreu uma mudança drástica. Agora, exige-se que o Estado requerente assuma o compromisso em comutar a possível pena de prisão perpétua em pena com a duração máxima de 30 anos – o limite previsto da legislação penal brasileira[17].

Outro argumento diria respeito ao fato de a Constituição prever (art. 5º, XLVII, *a*, da CF/1988), em certos casos (guerra declarada), pena mais grave: a pena de morte (STEINER, 2000, p. 40).

Não é absolutamente certo se a previsão da pena de prisão perpétua, nas circunstâncias de que trata a Constituição brasileira, é menos grave que a pena de morte. Não é certo, primeiramente, porque a situação de guerra declarada pode não deixar qualquer alternativa que não a aplicação da pena de morte. Ela realmente se justificaria em virtude da preservação do Estado (combater a traição ou a violência contra a população civil, por exemplo). A Constituição não permite a pena de prisão perpétua na situação de guerra declarada, porque isso seria um sem-sentido. Se a paz é a regra e a guerra é a exceção no Brasil – ressalte-se que a defesa da paz é princípio constitucional (art. 4º, VI, da CF/1988) –, permitir a prisão perpétua em caso de guerra seria normalizar a exceção, pois ainda que a paz fosse alcançada, a prisão de alguém duraria até o fim de sua vida. Em segundo lugar, há ordenamentos jurídicos que veem a pena de prisão perpétua como mais grave que a pena de morte, por sua crueldade. Ela possibilitaria que alguém, ainda que vivo, permanecesse por toda a sua existência privado da liberdade (SCHABAS, 1997, p. 478-479). A reabilitação do preso estaria inviabilizada.

O terceiro argumento concerne à natureza do Estatuto de Roma como tratado de direitos humanos. Alega, por exemplo, Flávia Piovesan (2005, p. 76-77), que o tratado estabeleceria "um mecanismo internacional de proteção a direitos humanos não totalmente diverso daquele previsto para a Corte Interamericana de Direitos Humanos" e isso o tornaria compatível com o direito nacional. Acontece que o critério difundido para resolver o conflito entre normas internacionais de direitos humanos e normas de direito interno – e defendido, inclusive, por Piovesan (2007, p. 101) – é a aplicação da norma mais favorável ao indivíduo. Assim, defender o Estatuto de Roma como tratado de direitos humanos levaria a uma séria consequência prática: sob a ótica do acusado, a norma nacional – que proíbe a prisão perpétua – seria mais benéfica que a norma internacional – que a permite.

Tais argumentos e outros ainda suscitam a questão: a previsão da prisão perpétua no Estatuto de Roma é constitucional? A resposta é negativa por algumas razões.

---

14. Art. 13 (3) dispõe: "Na medida em que a lei da Parte requerida o permitir, quando uma pessoa for julgada extraditável, ela poderá ser entregue temporariamente à Parte requerente para ser processada de acordo com as condições a serem determinadas pelas Partes Contratantes. A pessoa que for retornada à Parte requerente após a entrega temporária poderá ser finalmente entregue para cumprir qualquer pena a que for condenada, ao abrigo do previsto neste Tratado". Tratado sobre extradição entre a República Federativa do Brasil e a Austrália. Incorporado ao direito brasileiro pelo Decreto n. 2.010, de 23 de setembro de 1996.

15. Incorporado ao direito brasileiro pelo Decreto n. 154, de 26 de junho de 1991. Dispõe: "Art. 6 (10) Se a extradição solicitada com o propósito de fazer cumprir uma condenação, for denegada, porque o indivíduo objeto da solicitação é nacional da Parte requerida, esta, se sua legislação assim o permitir, e de acordo com as determinações da legislação em questão, e a pedido da Parte requerente, considerará a possibilidade de fazer cumprir a pena imposta, ou o que resta da pena ainda a cumprir, de acordo com a legislação da Parte requerente".

16. Ver, *v.g.*, EXT 811, rel. min. Celso de Mello. Pleno. *DJ* de 28.02.2003.

17. Ver, *v.g.*, EXT 1060, rel. min. Gilmar Mendes. Pleno. *DJ* de 31.10.2007.

O primeiro argumento a ser refutado diz respeito à aplicação do princípio da norma mais favorável, pois ainda que se defenda ser o Estatuto de Roma um tratado de direitos humanos, não é correto admitir que o princípio a ele se aplicaria. As regras dispostas no tratado não permitem ser superadas por outras; podem, quando muito, ser complementadas por regras de direito nacional. E é lógico que assim seja. Caso indivíduos gozem de garantias em alguns Estados – como a impossibilidade de prisão perpétua – e em outros não, a função do Tribunal Penal Internacional seria esgotada por tratar desigualmente pessoas sob sua jurisdição. Ademais, a jurisdição do tribunal depende de um juízo que ele próprio fizer sobre a ausência de vontade ou impossibilidade de um Estado de agir em um caso, conforme dispõe o art. 17, que dispõe sobre o princípio da complementaridade. Permitir a aplicação de uma outra norma, ainda que mais favorável, seria subtrair ao tribunal o poder de interpretar e aplicar suas próprias normas. O art. 17, mas também o art. 19 do Estatuto de Roma – que trata da impugnação da jurisdição do tribunal ou da admissibilidade do caso – demonstram que o tribunal internacional possui a *compétence de la compétence* (O'NEIL, 2006, p. 70).

Assim, mesmo levando em conta a natureza de tratado de direitos humanos do Estatuto de Roma, não se pode dizer que o princípio da norma mais favorável a ele seja aplicado. Não há nenhuma previsão em seu texto que permita a aplicação de tal princípio. Ao contrário, seus dispositivos indicam que não podem ser preteridos pelo respeito a outra norma, ainda que mais favorável – lembre-se, também, que o tratado não admite reservas. E mais. Se o princípio da norma mais favorável é uma norma costumeira aplicável a tratados de direitos humanos, o Estatuto de Roma, por ser uma *lex specialis*, prevalece sobre o costume internacional, que é uma *lex generalis*.

Se o princípio da norma mais favorável não tem como ser aplicado para resolver o caso, que princípio deve ser utilizado? A despeito das críticas que podem ser feitas à proporcionalidade (KENNEDY, 2002, p. 178-227), ela fornece um critério – aceito em nível mundial – para resolver uma possível antinomia entre a norma internacional e a Constituição[18]. Contrapostos estariam dois bens jurídicos a serem protegidos: o primeiro se relacionaria à liberdade do violador de não ser preso perpetuamente; o segundo teria a ver com o bem comum da comunidade internacional, dela fazendo parte tanto Estados como (e principalmente) indivíduos – em outras palavras, a envolvente pretensão punitiva desta mesma comunidade internacional quanto aos grandes violadores de direitos humanos.

Contudo, surge a questão: a proibição da prisão perpétua poderia ser submetida ao juízo de proporcionalidade? Não seria a proibição uma simples regra, comportando o cumprimento ou o descumprimento?

Como já afirmado acerca da entrega de nacionais, direitos fundamentais se afirmam pela possibilidade de serem princípios e não puras regras. Um conteúdo mínimo ou essencial precisa ser respeitado, mas a restrição pode acontecer pelo simples fato de esse direito fundamental conviver com outros bens caros em uma sociedade. *A priori*, não se pode alegar que a pena de prisão perpétua ofenderia o núcleo essencial de um direito fundamental ou mesmo, para usar um termo de Ernest Benda (1996, p. 128), um conteúdo concreto de dignidade humana, pois "a pena pressupõe culpabilidade; a amplitude da pena tem a ver com a carga de responsabilidade".

Assim, alguns fatores devem ser considerados a fim de realizar o exame de proporcionalidade quanto à previsão da pena de prisão perpétua no Estatuto de Roma.

(a) A Constituição brasileira, de fato, impossibilita a aplicação da pena de prisão perpétua. No entanto, não há qualquer proibição para que tal pena seja aplicada em Estados estrangeiros ou em tribunais internacionais (MEDEIROS, 2000, p. 15). Isso porque a Constituição brasileira, para esse efeito, não pode ter uma eficácia extraterritorial.

Ao ratificar o Estatuto de Roma, a Espanha – que proíbe a prisão perpétua – baseou-se nesse entendimento e apresentou uma declaração interpretativa: "Declaração sobre o artigo 103, parágrafo 1 (b): A Espanha declara sua disposição em aceitar, no tempo apropriado, pessoas condenadas pelo Tribunal Penal Internacional, desde que a duração da sentença não exceda o máximo estipulado para qualquer crime no direito espanhol" [Tradução do autor][19].

Seria recomendável que o Brasil, ao ratificar o tratado, tivesse apresentado uma declaração como essa. Isso, no entanto, não foi feito. O art. 103 (1) (b)[20] permite a leitura de que o Tribunal Penal Internacional não pode obrigar qualquer Estado a aplicar uma sentença em seu território. De outra parte, o fato de a prisão perpétua ser prevista no Estatuto de Roma não obriga o Estado a prever o mesmo tipo de pena em seu direito interno, conforme deixa claro o art. 80 do tratado[21]. Uma declaração desse tipo fortaleceria bastante o argumento da compatibilização entre o tratado e a Constituição.

(b) A Constituição de 1988 – até mesmo por ter sido elaborada num contexto bipolar que inviabilizava a criação de um tribunal penal internacional – não previu nem poderia prever a ascensão de um regime institucionalizado de responsabilização internacional do indivíduo (MEDEIROS, 2000, p. 15). É fora de dúvida que a proibição da pena de prisão perpétua não levou em conta a necessidade de uma responsabilização agravada no caso de crimes que atentam fortemente contra a ideia de dignidade da pessoa humana.

Esse aspecto não pode ser, de forma alguma, subestimado. Não se pode interpretar a Constituição de 1988 de maneira estática. As alterações no ambiente internacional exigem uma maneira dinâmica de compreender e aplicar os dispositivos constitucio-

---

18. Proporcionalidade e norma mais favorável não são assim tão distantes. Robert Alexy (1994, p. 37) considera a existência de modelos que maximizam o princípio da dignidade da pessoa humana com o fim de preservação dos direitos fundamentais. Um desses modelos é a prevalência da norma mais favorável. Ele é mais rústico e mesmo unilateral, não exigindo o preenchimento de requisitos como adequação, necessidade e proporcionalidade em sentido estrito (razoabilidade).

19. Disponível em: <https://ihl-databases.icrc.org/applic/ihl/ihl.nsf/NORM/47087E3DC4714E0B412566BB003B64EE?OpenDocument>. Acesso em: 13.04.2023.

20. Art. 103 (1) (b): "Ao declarar a sua disponibilidade para receber pessoas condenadas, um Estado poderá formular condições acordadas com o Tribunal e em conformidade com o presente Capítulo".

21. Art. 80: "Nada no presente Capítulo prejudicará a aplicação, pelos Estados, das penas previstas nos respectivos direitos internos, ou a aplicação da legislação de Estados que não preveja as penas referidas neste capítulo".

nais. E a maior parte das Constituições hoje em vigor no mundo foram elaboradas antes do advento da Conferência de Roma (DUFFY, 2001, p. 13). Ainda que se queira desconsiderar que o § 4º do art. 5º da CF/1988 veio com o objetivo de afinar o texto constitucional à realidade internacional contemporânea, é preciso considerar que outros fatores exigem uma interpretação constitucional mais consentânea com o presente.

(c) A aplicação da pena de prisão perpétua pelo Tribunal Penal Internacional é excepcional: a última instância, em casos de extrema gravidade.

A criação de um direito penal internacional não segue necessariamente a mesma lógica que o direito penal interno. Como se verifica pela criação dos tribunais penais internacionais na história, o direito internacional não está tão preocupado com a prevenção de ilícitos futuros ou ressocialização do criminoso, mas com um "discurso histórico" em que graves violações de direitos humanos não são deixadas impunes (ARAGÃO, 2000, p. 27-30).

Ora, é preciso desenvolver um "discurso histórico" que preste contas sobre os crimes mais graves dentre os crimes mais graves sob a jurisdição do Tribunal Penal Internacional. Evidentemente que essa prestação de contas deve ser informada por limites, como aquele que dispõe que a prisão perpétua será aplicada restritivamente.

Ademais, não se pode deixar de levar em consideração que o principal foco de resistência à consagração da pena de prisão perpétua, inclusive no Brasil, é o fato de ela poder atentar contra a função de reabilitação – dada a perspectiva de alguém ficar encarcerado indefinidamente sem possibilidade de voltar à sociedade, não há como não considerar que, nesse caso, a prisão perpétua seria uma pena cruel ou degradante (VAN ZYL SMIT, 2002, p. 197-217). Foi levando isso em consideração que o Estatuto de Roma previu, em seu art. 110 (3), um procedimento automático de revisão de condenação à pena de prisão perpétua[22]. A função de reabilitação da pena não fica absolutamente frustrada.

(d) Tem surgido com vigor entre os constitucionalistas a ideia de que uma comunidade política não se instaura ou se mantém pela ideia de etnia, religião ou nação, por exemplo, mas pelo compromisso que informa essa comunidade e que toma a forma de uma Constituição. Isso configuraria o que se tem chamado de "patriotismo constitucional" como a parte de "uma resposta ao desafio de conceber, justificar e manter um governo político democrático" (MÜLLER, 2008, p. 77).

Entretanto, o patriotismo constitucional não pode e nem deve se desvincular da influência que a comunidade internacional exerce nas diversas comunidades políticas nacionais. Por isso ele é e deve ser compatível com a "construção transnacional de normas", ou seja, com a emergência de "laços políticos e morais cada vez mais complexos através das fronteiras nacionais" bem como com "práticas de aprendizado e compromisso deliberativo mútuos" (MÜLLER, 2008, p. 89-90). Normas internacionais não são sempre justas e, diversas vezes, mais oprimem que libertam. Contudo, eliminar ou diminuir a importância do espaço de integração normativa internacional é reconhecer que a alteridade está limitada a um conceito abstrato e historicamente construído de nação. Se a justiça deve chegar não apenas para mim, mas também para o outro, eu devo reconhecer que esse outro pode estar em qualquer lugar da terra. Viabilizar a alteridade é certamente uma das principais funções do direito internacional hodierno.

Ora, é possível perceber que a necessidade de se estabelecer uma justiça penal internacional está diretamente conectada com a ideia de patriotismo constitucional. Em virtude de o Brasil não poder apresentar reservas ao tratado, a opção que se coloca é participar ou não participar do Tribunal Penal Internacional. Decidir pela segunda opção seria fazer *tabula rasa* do sentimento que pode ser percebido em diversos cantos do planeta de que a necessidade em se reprimir internacionalmente certos ilícitos é premente. A possibilidade de se criar uma linguagem que transcende fronteiras reside, como diria Richard Rorty (2005, p. 217), em uma "habilidade crescente de enxergar as similaridades entre nós mesmos e as pessoas diferentes de nós como mais importantes que as diferenças". Ou, como afirmou Johann Baptist Metz: "a batalha da justiça só pode alcançar um horizonte universal por sua 'mediação negativa', pela oposição ao sofrimento injusto" (METZ, 2002, p. 230). E só é possível chegar a tal percepção quando categorias como nação, raça, etnia, soberania, assuntos internos, valem menos que a necessidade em se fazer afirmar os direitos humanos de vítimas de crimes graves no âmbito internacional.

(e) Não obstante as razões apresentadas, é de se levar em conta que as chamadas cláusulas pétreas não podem ser interpretadas de modo a proibir e renegociação dos direitos – como já explicitado no tópico sobre a entrega de nacionais –, sendo a responsabilização internacional dos indivíduos um exemplo dessa renegociação.

Enfim, o estabelecimento da prisão perpétua – frise-se, em casos excepcionais –, embora possa representar um retrocesso em termos de humanização das penas, no contexto do Tribunal Penal Internacional, contribui mais vigorosamente para a dignidade humana que a sua não aceitação.

(4) A proibição constitucional do *bis in idem* (art. 5º, XXXVI) também tem sido vista como obstáculo para a compatibilização do tratado com a Constituição. Embora o art. 20 do Estatuto estabeleça a proibição do *bis in idem*, permite que o Tribunal Penal Internacional julgue novamente alguém em caso de "simulacros de processos" (IBCCRIM, 2006, p. 156)[23].

---

22. Estabelece o dispositivo: "Art. 110 (3) "Quando a pessoa já tiver cumprido dois terços da pena, ou 25 anos de prisão em caso de pena de prisão perpétua, o Tribunal reexaminará a pena para determinar se haverá lugar a sua redução. Tal reexame só será efetuado transcorrido o período acima referido".

23. O art. 20 (3) do Estatuto de Roma prescreve: "O Tribunal não poderá julgar uma pessoa que já tenha sido julgada por outro tribunal, por atos também punidos pelos artigos 6º, 7º ou 8º, a menos que o processo nesse outro tribunal: (a) Tenha tido por objetivo subtrair o acusado à sua responsabilidade criminal por crimes da competência do Tribunal; ou (b) Não tenha sido conduzido de forma independente ou imparcial, em conformidade com as garantias de um processo equitativo reconhecidas pelo direito internacional, ou tenha sido conduzido de uma maneira que, no caso concreto, se revele incompatível com a intenção de submeter a pessoa à ação da justiça".

Pode-se dizer que essa possibilidade prevista no tratado, ao contrário de ser inconstitucional, realiza o primado da Constituição e a garantia da efetivação da justiça. Há, sem dúvida alguma, uma presunção forte de imutabilidade da coisa julgada, mas não há como mantê-la se seus pressupostos violam postulados básicos de justiça. Assim como qualquer ato jurídico, uma decisão transitada em julgado precisa ser válida. Quando se constata um "simulacro de processo", não se pode defender sua validade (IBCCRIM, 2006, p. 158; RAMOS, 2000, p. 276).

A perspectiva da relativização da coisa julgada não é nova no Brasil, especialmente em se levando em conta a existência de coisa julgada inconstitucional. Por essa razão, a frase de Cândido Dinamarco é de ser refletida: "a ordem constitucional não tolera que se eternizem injustiças a pretexto de não eternizar litígios" (DINAMARCO, 2001, p. 43).

(5) Outra contradição entre o Estatuto de Roma e a Constituição se referiria à impossibilidade de invocar imunidade e privilégio de foro de autoridades.

Quanto a tais questões, parece que, se havia contradição, o § 4º do art. 5º a superou. Tanto as imunidades existentes no Brasil – aplicadas aos parlamentares por força do art. 53 da CF/1988 – como o privilégio de foro de várias autoridades como o Presidente e Vice-Presidente (art. 86 da CF/1988), Parlamentares (art. 53 da CF/1988) e Ministros de Estado (art. 102 da CF/1988), por exemplo, não são cláusulas pétreas. Não se pode entender que constituam direitos ou garantias fundamentais. São prerrogativas atribuídas em razão do exercício do cargo público, sem caráter pessoal. A submissão ao Tribunal Penal Internacional operada pelo § 4º do art. 5º restringe tais prerrogativas sem ofender qualquer cláusula pétrea.

Ademais, as imunidades[24] servem para proteger o parlamentar para o livre exercício do cargo. Na situação de incitação de genocídio, que não comporta, de acordo com o Estatuto de Roma, a invocação da imunidade (art. 25 (3) e)[25], certamente a imunidade, se invocada, estaria descolada da ideia de exercício livre do cargo (IBCCRIM, 2006, p. 250).

Em síntese, embora o Estatuto de Roma do Tribunal Penal Internacional – até mesmo após o advento do § 4º do art. 5º da CF/1988 – suscite várias (e sérias) dúvidas quanto a sua constitucionalidade no Brasil, é possível utilizar-se de instrumentos interpretativos a fim de compatibilizar ambos os textos.

---

24. Dispõe o tratado, no art. 27: "1. O presente Estatuto será aplicável de forma igual a todas as pessoas sem distinção alguma baseada na qualidade oficial. Em particular, a qualidade oficial de Chefe de Estado ou de Governo, de membro de Governo ou do Parlamento, de representante eleito ou de funcionário público, em caso algum eximirá a pessoa em causa de responsabilidade criminal nos termos do presente Estatuto, nem constituirá *per se* motivo de redução da pena. 2. As imunidades ou normas de procedimento especiais decorrentes da qualidade oficial de uma pessoa; nos termos do direito interno ou do direito internacional, não deverão obstar a que o Tribunal exerça a sua jurisdição sobre essa pessoa".

25. Estabelece o dispositivo: "3. Nos termos do presente Estatuto, será considerado criminalmente responsável e poderá ser punido pela prática de um crime da competência do Tribunal quem: (...) e) No caso de crime de genocídio, incitar, direta e publicamente, à sua prática".

CAPÍTULO II
DOS DIREITOS SOCIAIS

Art. 6º São direitos sociais a educação, a saúde, a alimentação, o trabalho, a moradia, o transporte, o lazer, a segurança, a previdência social, a proteção à maternidade e à infância, a assistência aos desamparados, na forma desta Constituição.

Ingo Wolfgang Sarlet[1]

1. História da norma

A Constituição Federal de 5 de outubro de 1988 (doravante designada CF) foi a primeira, na história constitucional brasileira, a prever um título específico para os chamados direitos e garantias fundamentais (Título II), em que, juntamente com os direitos e deveres individuais e coletivos, os direitos políticos e as regras sobre a nacionalidade, foram também consagrados direitos sociais básicos e de caráter geral, bem como um extenso elenco de direitos dos trabalhadores, igualmente previstos no capítulo dos direitos sociais. Embora na evolução constitucional precedente já houvesse previsão de algumas normas versando sobre justiça social e mesmo de alguns direitos sociais, foi apenas em 1988 que os direitos sociais foram efetivamente positivados como autênticos direitos fundamentais, pelo menos de acordo com expressa previsão do texto constitucional, já que na doutrina há divergência. O art. 6º da CF insere-se num contexto normativo-constitucional mais amplo: o Preâmbulo já evidencia o forte compromisso da Constituição e do Estado com a justiça social, comprometimento este reforçado pelos princípios fundamentais positivados no Título I da CF, dentre os quais se destaca a dignidade da pessoa humana (art. 1º, III), positivada como fundamento do próprio Estado Democrático de Direito. Tal princípio, para além de outros aspectos dignos de nota[2], atua como verdadeiro fio condutor relativamente aos diversos direitos fundamentais, reforçando a existência de uma recíproca complementaridade entre direitos individuais (direitos de liberdade) e direitos sociais (direitos de igualdade), na medida em todos eles densificam parcelas do conteúdo e dimensões do princípio da dignidade humana, ainda que a ela não se reduzam. Além disso, a busca da justiça social – e, pois, o compromisso com a realização dos direitos sociais – perpassa também os objetivos fundamentais da República, elencados pelo art. 3º da CF, que estabelece como norte, dentre outros, a construção de uma sociedade livre, justa e solidária, as-

---

1. Agradecemos à colaboração de MARIANA FILCHTINER FIGUEIREDO, Doutoranda e Mestre em Direito pela Pontifícia Universidade Católica do Rio Grande do Sul e Advogada da União, cuja dissertação de mestrado sobre direito à saúde (já publicada e integrante da bibliografia aqui consultada e indicada) e tese de doutorado tivemos o privilégio de orientar, seja pelo auxílio na coleta de dados doutrinários, legislativos e jurisprudenciais, seja pelo auxílio na formatação e preparação do texto para a primeira edição deste comentário, seja na sua adequação aos parâmetros editoriais.

2. Nesse sentido, remetemos o leitor para os comentários feitos ao princípio da dignidade da pessoa humana, nesta obra. Para maiores desenvolvimentos, *vide* o nosso *Dignidade da Pessoa Humana e Direitos Fundamentais na Constituição Federal de 1988*. 10. ed. Porto Alegre: Livraria do Advogado, 2015.

sim como a erradicação da pobreza e da marginalização, ademais da redução das desigualdades sociais. O mesmo ideário consta do art. 170, que explicita a valorização do trabalho humano e a livre iniciativa como fundamentos da ordem econômica, vinculando esta última à garantia de uma existência digna para todos, conformada aos ditames da justiça social. Quando de sua promulgação, a CF consagrou um conjunto de direitos fundamentais sociais básicos (educação, saúde, alimentação, trabalho, moradia, lazer, segurança, previdência social, proteção à maternidade e à infância e assistência aos desamparados). É de registrar que tal catálogo foi ampliado mediante a incorporação dos direitos à moradia (por meio da Emenda Constitucional n. 26, de 14-12-2000), à alimentação (Emenda Constitucional n. 64, de 04-02-2010) e ao transporte (Emenda Constitucional n. 90, de 15-09-2015).

Para tanto, a CF reconheceu e assegurou um conjunto de direitos fundamentais sociais básicos (educação, saúde, alimentação, trabalho, moradia, transporte, lazer, segurança, previdência social, proteção à maternidade e à infância e assistência aos desamparados), sendo de registrar que os direito à moradia, alimentação e transporte foram incorporados ao texto original apenas posteriormente, por meio das ECs n. 26, de 2000, 64, de 2010, e 90, de 2015. Além disso, por meio da EC 114, de 2021, foi inserido um parágrafo único ao artigo 6º, CF, reconhecendo o direito à renda básica familiar a todos os brasileiros em situação de vulnerabilidade social. Convém destacar que tais direitos (à exceção do direito à uma renda básica familiar) foram objeto de densificação, em maior ou menor medida, por meio de dispositivos conexos ao longo do texto constitucional, especialmente nos títulos que tratam da ordem econômica (aspectos ligados à função social da propriedade urbana e rural) e da ordem social (normas sobre o sistema de seguridade social, bens culturais, família, idoso, meio ambiente, educação etc.). Além disso, o Constituinte de 1988 consagrou diversos direitos fundamentais dos trabalhadores, previstos nos arts. 7º a 11, CF, que constituem um conjunto de direitos e garantias autônomos, que concretizam o direito geral ao trabalho, especialmente no sentido de imposição dos deveres de promoção e proteção do trabalho e dos trabalhadores. Por fim, importa enfatizar que os direitos sociais somente podem ser compreendidos de modo adequado a partir de uma análise conjunta e sistemática de todas as normas constitucionais que direta e indiretamente a eles se vinculem, bem como à luz, sempre, de toda a legislação infraconstitucional e da jurisprudência que os concretiza.

2. Constituições brasileiras anteriores

O art. 6º da CF representa uma inovação no constitucionalismo pátrio, não existindo dispositivo constitucional anterior similar. Em linhas gerais, observa-se que as Constituições brasileiras anteriores estabeleciam a garantia de alguns direitos sociais (assistência jurídica, proteção à maternidade e à infância, direito à educação e, em 1934, até mesmo um "direito à subsistência") por meio de normas esparsas, geralmente elencadas no catálogo dos direitos individuais, ou por disposições inseridas entre as normas sobre a ordem econômica e social. Com essa ressalva, interessa mencionar os seguintes dispositivos: Constituição Política do Império do Brazil de 1824, art. 179, XXXI (garantia dos socorros públicos) e XXXII (direito à instrução primária gratuita). Constituição da República dos Estados Unidos do Brasil de 1934, art. 113, *caput* (inviolabilidade do direito à subsistência) e alíneas 32 (direitos à assistência judiciária e à gratuidade de justiça) e 34 (direitos ao trabalho e à assistência dos indigentes); art. 115 (existência digna como objetivo da ordem econômica); art. 138 (normas sobre assistência social e saúde pública); art. 141 (proteção à maternidade e à infância); e art. 149 (direito à educação). Constituição dos Estados Unidos do Brasil de 1937, art. 125 (dever de educação dos filhos), art. 127 (proteção à infância e juventude), art. 129 (direito à educação das pessoas carentes) e art. 136 (direito ao trabalho). Constituição dos Estados Unidos do Brasil de 1946, art. 141, *caput* (direito à vida) e § 35 (direito dos necessitados à assistência judiciária); art. 145, *caput* (justiça social como objetivo da ordem econômica) e parágrafo único (direito ao trabalho); art. 164 (proteção à maternidade e à infância) e art. 166 (direito à educação). Constituição da República Federativa do Brasil de 1967, art. 150, *caput* (direito à vida) e § 32 (direito dos necessitados à assistência judiciária); art. 157, *caput* (justiça social como objetivo da ordem econômica) e II (valorização do trabalho como condição da dignidade humana), e art. 168 (direito à educação). Emenda Constitucional n. 1, de 1969, art. 153, *caput* (direito à vida) e § 32 (direito dos necessitados à assistência jurídica); art. 160, *caput* (justiça social como objetivo da ordem econômica) e II (valorização do trabalho como condição da dignidade humana); art. 175, § 4º (proteção à maternidade e à infância); e art. 176 (direito à educação).

3. Constituições estrangeiras

A análise comparativa entre o sistema de direitos fundamentais brasileiro e outros ordenamentos constitucionais, especialmente no que concerne aos direitos sociais, acentua uma certa posição de vanguarda da Constituição de 1988, que, ao consagrar os direitos sociais como direitos fundamentais, dotou-os de uma supremacia e uma força normativa axiologicamente superiores, decorrentes exatamente desta positivação no texto constitucional, o que resultou na tendência de se reconhecer aos direitos sociais, pelo menos em termos gerais, o mesmo regime jurídico-constitucional estabelecido para os demais direitos fundamentais, observadas as peculiaridades de cada direito. Esse regime jurídico reforçado distingue a proteção constitucional dos direitos sociais no sistema brasileiro do quadro normativo vigente em outros países, onde, ainda que previstos no texto constitucional, são vistos com uma eficácia bastante mais restrita e, em casos mais extremos, chega-se mesmo a lhes negar o caráter de autênticos direitos fundamentais. Essa limitação de eficácia decorre, principalmente, de uma densidade normativa alegadamente mais baixa dos preceitos que dispõem sobre direitos sociais, tornando habitual o argumento acerca da necessária e prévia *interpositio legislatoris* como requisito para a definição do âmbito de proteção dos direitos sociais. Em países como Alemanha, França, Portugal, Espanha e Itália, por exemplo, isso tem impedido, de modo geral e ressalvadas exceções, a admissão de uma eficácia plena às normas constitucionais de direitos sociais, o que os torna exigíveis, na condição de direitos subjetivos, apenas na forma e de acordo com os limites da legislação ordinária conformadora. Em termos de eficácia imediata e originária, as principais funções atribuídas aos direitos sociais no direito comparado direcionam-se em dois sentidos, quais sejam: a) operarem como limites aos demais direitos, fundamentais ou não, implicando restrições ao âmbito de proteção de outros direitos, demarcando-lhes concretamente a eficácia, e atuando, por conseguinte, num sentido eminentemente negativo; e b) incidirem, já numa acepção objetiva, como parâmetro de avaliação da (in)constitucionalidade de atos normativos, por fixarem um *standard* mínimo a ser observado, no sentido de uma eficácia "dirigente", que vincula e limita, em maior ou menor medida, a discricionariedade do legislador e da própria administração pública. É com essas características básicas, por exemplo, que a **Constituição da República Portuguesa de 1976** não outorgou aos direitos econômicos, sociais e culturais o mesmo regime jurídico de proteção reforçada traçado para a tutela dos direitos, liberdades e garantias (art. 18º). De modo semelhante, a **Constituição do Reino de Espanha de 1978** não estendeu o regime jurídico de proteção reforçada do art. 53.1 aos direitos sociais (exceção feita ao direito à educação, explicitado no art. 27), resguardados na condição de "principios rectores de la política social y económica" (arts. 39 e ss.), cuja garantia dependerá sempre da legislação conformadora, inclusive quanto à respectiva exigibilidade judicial (art. 53.3). No âmbito do direito francês, e apesar de uma tradição já antiga[3], os direitos sociais não se encontram no corpo principal do texto constitucional; diversamente, a **Constituição da República Francesa de 1958** remete a matéria ao **Preâmbulo da Constituição de 1946** e aos princípios econômicos e sociais ali consagrados[4]. Por meio da identificação dos denominados "objetivos de valor constitucional", o Conselho Constitucional francês admite a existência de direitos sociais, porém os restringe a uma função objetiva, no sentido de atuarem como limites aos demais direitos, sem a capacidade de geração de direitos subjetivos – exceção feita à garantia de condições materiais mínimas de sobrevivência, expressamente outorgada[5]. Na Itália, os direitos sociais também se apresentam precipuamente sob a forma objetiva, inferidos do art. 3º, 2, da **Constituição da República Italiana de 1947**, que impõe à República o dever de afastar os obstáculos de ordem econômica e social que, por limitarem, de fato, a liberdade e a igualdade entre os cidadãos, impedem o pleno desenvolvimento das pessoas, inclusive no que respeita à participação. Em linhas gerais, os direitos sociais não dão origem a posições subjetivas exigíveis judicialmente, sendo tutelados na esfera do contencioso administrativo, na condição de "interesses legítimos"[6]. Já a **Lei Fundamental da República Federal da Alemanha de 1949**, com exceção do disposto no art. 6, 4 (direito à proteção da maternidade), não previu expressamente direitos fundamentais sociais, motivo por que a jurisprudência tem exercido um papel essencial nesse país e, a partir da interpretação da cláusula do Estado Social (art. 20, 1), do princípio da dignidade da pessoa humana (art. 1, 1) e do direito ao livre desenvolvimento da personalidade (art. 2, 1), já deduziu verdadeiros direitos sociais, tais como o direito ao trabalho, a uma habitação adequada, ao acesso dos socialmente débeis a possibilidades de desenvolvimento social e cultural, ao acesso à seguridade social (abrangido aqui um direito à assistência) e a um ambiente digno[7].

4. Direito internacional

Declaração Universal de Direitos Humanos da Organização das Nações Unidas (DUDH/ONU), de 1948 (embora carente quanto à previsão de medidas punitivas para o caso de descumprimento dos preceitos que estabelece, tem sido reconhecida como dotada da eficácia de direito costumeiro e, portanto, da vinculatividade de *jus cogens*). **Pacto Internacional de Direitos Civis e Políticos (PIDCP), de 1966**, internalizado pelo Decreto Legislativo n. 226, de 12 de dezembro 1991, e promulgado pelo Decreto n. 592, de 6 de julho de 1992. **Pacto Internacional de Direitos Econômicos, Sociais e Culturais (PIDESC), de 1966**, internalizado pelo Decreto Legislativo n. 226, de 12 de dezembro de 1991, e promulgado pelo Decreto n. 591, de 6 de julho de 1992 (destaque para o art. 2º, I, que impõe um dever de progressividade na efetivação dos direitos econômicos, sociais e culturais, indicando não só um dever de implementação crescente, mas também o dever de realização de todas as medidas possíveis à concretização progressiva desses direitos, no sentido de um alargamento das condições de fruição e exercício já alcançadas, o que justifica, entre outras razões, a tese da vigência de uma vedação de retrocesso social; e para o art. 5º, segundo o qual a interpretação dos direitos sociais *lato sensu* deve ser a mais ampliativa possível, voltada à máxima eficácia dos preceitos que os contemplam). **Convenção Americana de Direitos Humanos (Pacto de São José da Costa Rica)**, internalizada pelo Decreto-legislativo n. 27, de 26 de maio de 1992, e promulgada pelo Decreto n. 678, de 6 de novembro de 1992. **Protocolo Adicional à Convenção Americana sobre Direitos Humanos em Matéria de Direitos Econômicos, Sociais e Culturais (Protocolo de São Salvador)**, internalizado pelo Decreto-legislativo n. 56, de 19 de abril de 1995, e promulgado pelo Decreto n. 3.371, de 31 de dezembro de 1999 (consagração, entre outros, dos direitos à previdência social [art. 9], à saúde [art. 10], ao meio ambiente sadio [art. 11], à alimentação [art. 12], à educação [art. 13] e aos benefícios da cultura [art. 14]).

5. Outros dispositivos constitucionais relevantes (relação ilustrativa)

Art. 1º, III (princípio da dignidade da pessoa humana) e IV (valor social do trabalho). Art. 3º, I (construção de uma sociedade livre, justa e solidária como objetivo fundamental da República) e III (assim como a erradicação da pobreza e da marginalização, e a redução das desigualdades sociais e regionais). Art. 5º, *caput* (inviolabilidade dos direitos à vida e à igualdade), XIII (direito ao trabalho), XXIII (função social da propriedade), XXXII (proteção do consumidor), L (direito das presidiárias à amamentação dos filhos), LXX (mandado de segurança coletivo), LXXI

---

3. Faz-se aqui referência ao art. 21 da Constituição de 24 de junho de 1793, que estabelecia que "[l]es secours publics sont une dette sacrée. La societé doit la subsistance aux citoyens malhereux, soit en leur procurant du travail, soit en assurant les moyens d'exister à ceux qui sont hors d'état de travailler".

4. Eis o texto do dispositivo: "[l]a Nation assure à l'individu et à la famille les conditions nécessaires à leur développement. Elle garantit à tous, notamment à l'enfant, à la mère et aux vieux travailleurs, la protection de la santé, la sécurité matérielle, le repos et les loisirs. Tout être humain qui, en raison de son âge, de son état physique ou mental, de la situation économique, se trouve dans l'incapacité de travailler a le droit d'obtenir de la collectivité des moyens convenables d'existence".

5. Cf., entre outros, GAUDU, F. Les Droits Sociaux. In: *Libertés & Droits fondamentaux*. 6. ed., Paris: Dalloz, 2000, p. 593-608; e CASAUX-LABRUNÉE, L. Le "Droit à la Santé". In: ibidem, p. 609-650.

6. Cf. CORSO, G. I diritti sociali nella Costituzione italiana. *Rivista Trimestrale di Diritto Pubblico*, n. 3, p. 755-784, 1981.

7. Cf. SCHMIDT, W. I diritti fondamentali sociali nella Republica Federale Tedesca. *Rivista Trimestrale di Diritto Pubblico*, n. 3, p. 786-787, 1981.

(mandado de injunção), LXXIV (direito dos necessitados à assistência jurídica), LXXVI (gratuidade do registro civil de nascimento e da certidão de óbito para os pobres); § 1º (aplicabilidade imediata das normas de direitos fundamentais, assim abrangidos os direitos sociais) e § 2º (cláusula de abertura do catálogo de direitos fundamentais a outros direitos, implícitos ou decorrentes). Arts. 7º e ss. (direitos dos trabalhadores). Art. 21, IX (competência da União para elaborar e executar planos nacionais e regionais de desenvolvimento econômico e social) e XX (bem como instituir diretrizes do desenvolvimento urbano, inclusive de habitação e saneamento básico). Art. 22, XXIII (competência privativa da União para legislar sobre seguridade social), XXIV (sobre diretrizes e bases da educação nacional) e parágrafo único (resguardada a competência complementar dos Estados). Art. 23, II (competência comum dos entes federativos para cuidar da saúde e assistência pública, da proteção e garantia das pessoas portadoras de necessidades especiais), V (proporcionar os meios de acesso à cultura, à educação e à ciência), VI (proteger o meio ambiente e combater a poluição), IX (promover programas de construção de moradias e a melhoria das condições habitacionais e de saneamento básico) e X (combater as causas da pobreza e os fatores de marginalização, promovendo a integração dos desfavorecidos). Art. 24, IX (competência concorrente da União, dos Estados, do Distrito Federal e dos Municípios para legislar sobre educação e cultura), XII (previdência social, proteção e defesa da saúde), XIII (assistência jurídica), XIV (proteção e integração das pessoas portadoras de necessidades especiais) e XV (proteção à infância e à juventude). Art. 30, I (competência dos Municípios para legislarem sobre assuntos de interesse local), II (competência legislativa suplementar dos Municípios), VI (competência para manterem programas de educação infantil e de ensino fundamental, em cooperação técnica e financeira com a União e o Estado) e VII (competência para prestarem serviços de atendimento à saúde da população, com a cooperação técnica e financeira da União e do Estado). Art. 127 (Ministério Público como instituição essencial à função jurisdicional do Estado, cumprindo-lhe a defesa dos interesses sociais e individuais indisponíveis). Art. 129, II (zelar e executar as medidas de garantia do efetivo respeito dos serviços de relevância pública como função institucional do Ministério Público) e III (do mesmo modo, a promoção do inquérito civil e o ajuizamento de ação civil pública para a proteção dos interesses difusos e coletivos). Art. 134, *caput* (instituição da Defensoria Pública, com competência para a orientação e defesa, em todos os graus, dos necessitados). Art. 170, *caput* (explicitação de que a ordem econômica funda-se na valorização do trabalho humano e na livre iniciativa, tendo por objetivo assegurar a existência digna, segundo os ditames da justiça social) e II (ademais de observar, entre outros, o princípio da função social da propriedade), V (a defesa do consumidor), VI (a defesa do meio ambiente), VII (a redução das desigualdades regionais e sociais) e VIII (a busca do pleno emprego). Art. 194 (seguridade social). Art. 196 (direito à saúde). Art. 201 (previdência social). Art. 203 (assistência social). Art. 205 (direito à educação). Art. 215 (direito à cultura). Art. 217 (direito ao desporto). Art. 225 (direito ao meio ambiente). Art. 227 (proteção à infância e à adolescência). Art. 230 (proteção do idoso). Ato das Disposições Constitucionais Transitórias: Art. 60 (destinação de recursos para a educação). Art. 62 (criação do Serviço Nacional de Aprendizagem Rural). Art. 79 (instituição do Fundo de Combate e Erradicação da Pobreza).

6. Jurisprudência selecionada do STF

RE-AgRg 271.286/RS (*DJ* de 24-11-2000): *leading case* sobre a matéria, reconhece que o direito à saúde constitui direito fundamental e subjetivo, assegurado à generalidade das pessoas pela CF, representando consequência constitucional indissociável do direito à vida. RE-RG 566.471/RN (*DJ* de 07-12-2007): há repercussão geral a viabilizar a interposição de recurso extraordinário na controvérsia acerca da obrigatoriedade de o Poder Público fornecer medicamento de alto custo. ADPF 45/DF (*DJ* de 04-05-2004): embora extinta a ação por superveniente perda de objeto, estabeleceu-se que a efetivação do direito à saúde liga-se à garantia de proteção ao mínimo existencial, devendo-se interpretar "com reservas" a alegação, por parte do Estado, de violação à reserva do possível. RE-RG 578.801/RS (*DJe* n. 206, de 31-10-2008): há repercussão geral na controvérsia atinente à aplicação retroativa de leis sobre planos de saúdes firmados anteriormente. RE-AgRg 554.088/SC (*DJe* n. 112, de 20-06-2008): assevera a legitimidade ativa do Ministério Público para a "defesa de direitos sociais e individuais indisponíveis", não havendo falar em usurpação de competência da Defensoria Pública nem da advocacia privada. ADI 51-RJ (*DJ* de 17-09-1993): afirmação, pelo voto do então Min. Sepúlveda Pertence, de que a autonomia universitária constitui garantia institucional (*RTJ* n. 148 [1995], p. 14), cujo núcleo essencial não pode ser destruído pelo legislador ordinário, ainda que esteja habilitado a regulamentar o dispositivo constitucional; de outra parte, que autonomia universitária não corresponde a um direito subjetivo absoluto de autorregulamentação das Universidades[8]. RE 436.996/SP (*DJ* de 26-10-1995): reconhece a existência de um dever constitucional do poder público (notadamente do Município) em assegurar o atendimento gratuito de crianças até seis anos de idade em nível de pré-escola, a partir de uma compreensão ampla do direito à educação. Em sentido idêntico: RE 472.707/SP, *DJ* de 04-04-2006; RE 467.255/SP, *DJ* de 14-03-2006; e RE 410.715/SP, *DJ* de 08-11-2005. AI 564.035/SP (*DJ* de 15-05-2007): assegura o direito da criança em obter vaga em creche municipal, acentuando que "a educação compõe o mínimo existencial, de atendimento estritamente obrigatório pelo Poder Público, dele não podendo se eximir qualquer das entidades que exercem as funções estatais. O mínimo existencial afirma o conjunto de direitos fundamentais sem os quais a dignidade da pessoa humana é confiscada. E não se há de admitir ser esse princípio mito jurídico ou ilusão da civilização, mas dado constitucional de cumprimento incontornável, que encarece o valor de humanidade que todo ser humano ostenta desde o nascimento e que se impõe ao respeito de todos" (Min. Cármen Lúcia Antunes Rocha, Relatora). AI 583.136/SC (*DJe* n. 223 de 24-11-2008): reitera a vinculação entre a proteção da criança e do adolescente e o mínimo existencial, afirmando "o dever do Estado de implementar as medidas necessárias

---

8. Sobre o assunto, tramita no Congresso Nacional o Projeto de Lei n. 215/2003, que impõe às universidades públicas a reserva obrigatória de 30% do total das vagas de cada curso para ingresso de alunos comprovadamente carentes, assim considerado o candidato cuja renda familiar seja inferior a cinco vezes o valor do salário mínimo, e que sejam aprovados no processo seletivo adotado para todos os candidatos. A despeito da ausência de legislação específica, algumas universidades públicas já vêm implementando, por meio de atos normativos próprios, ações afirmativas de reserva de vagas a grupos específicos de pessoas (egressos de escolas públicas, negros, índios etc.), o que também vem gerando o questionamento desses atos na via judicial.

para que as crianças e os adolescentes fiquem protegidos de situações que os coloquem em risco, seja sob a forma de negligência, de discriminação, de exploração, de violência, de crueldade ou a de opressão, situações que confiscam o mínimo existencial sem os quais a dignidade da pessoa humana é mera utopia" (Min. Cármen Lúcia Antunes Rocha, Relatora). ADI 1.950/RJ (*DJ* de 2-6-2006): confirmada a constitucionalidade de legislação estadual que determinava a redução do preço do ingresso ("meia entrada") para acesso a casas de diversão por parte dos estudantes regularmente matriculados em estabelecimentos de ensino, sob fundamento, entre outros, de que os direitos à cultura, ao esporte e ao lazer constituem meios de complementar a formação dos estudantes. RE 407.688/SP (*DJ* de 06-10-2006): *leading case* sobre a matéria, considera legítima a exceção legal permissiva da penhora do imóvel do fiador (Lei n. 8.009/90, art. 3º), voluntariamente dada em garantia, sob o argumento de que ao legislador é assegurada ampla liberdade no tocante à eleição do modo de efetivar o direito à moradia e que a falta de segurança dos contratos de locação, acarretada pela impossibilidade da penhora, desestimula os investimentos na construção civil, reduzindo a oferta de imóveis e dificultando o acesso à moradia para grandes segmentos da população[9]. Aplicando o precedente: AI-AgRg n. 585.772/RJ, *DJ* de 13-10-2006; RE-AgRg 415.626, *DJ* de 29-9-2006; RE-AgRg 464.586/SP, *DJ* de 24-11-2006; ADI 3.768/DF, *DJ* de 26-10-2007: reafirmada a constitucionalidade do art. 39 da Lei n. 10.741/2003 (Estatuto do Idoso), que assegura gratuidade nos transportes públicos urbanos e semiurbanos a pessoas com 65 anos ou mais, como parte integrante da garantia do mínimo existencial e forma de assegurar o princípio da dignidade humana, na qualidade de "condição mínima de mobilidade, a favorecer a participação dos idosos na comunidade". MI 670 (*DJ* de 06-11-2007), MI 708 (*DJ* de 06-11-2007) e MI 712 (*DJ* de 23-11-2007): reconhecida omissão legislativa no tocante à regulamentação do exercício do direito de greve dos servidores públicos civis, assegurado pelo art. 37, VII, da CF, o que justifica a aplicação supletiva da Lei n. 7.783/89, que regula o exercício do direito de greve pelos trabalhadores da iniciativa privada, como forma de assegurar a liberdade social. HC 142279/CE, Rel. Min. Gilmar Mendes, julgamento em 20-06-17 (proteção da maternidade e infância – prisão domiciliar para mulheres mães de crianças com menos de 12 anos de idade). **ARE 990934 AgR/PB**, Rel. Min. Ricardo Lewandowski, julgamento em 24-03-2017 (dever do poder público de assegurar no âmbito do ensino fundamental e médio condições efetivas de acessibilidade dos respectivos usuários às instalações de ensino (escolas), mediante garantia de adequado transporte público). **RE 597854/GO**, Rel. Min. Edson Fachin, julgado em 26-04-2017 (possibilidade de cobrança de taxas (mensalidades) para frequência de cursos de especialização oferecidos por Instituições Públicas de Ensino Superior). **RE 909943 AgR/SE**, Rel. Min. Edson Fachin, julgamento em 02-06-2017 (determinação judicial da adoção de medidas pelo poder público em virtude do risco de desabamentos em encostas e com isso preservar a segurança e a moradia das pessoas ali assentadas). RE 566471 RG/RN e RE 657.718 RG/MG, ambas relatadas pelo Min. Marco Aurélio (reconhecida a Repercussão Geral da controvérsia sobre a possibilidade de o Poder Judiciário impor ao Poder Público o fornecimento de medicamentos de alto custo não inseridos na lista própria do Ministério da Saúde ou ainda não aprovados pela ANVISA). RE 587970/SP, Rel. Min. Marco Aurélio, julgado em 20-04-2017 (estrangeiros são titulares do direito à Assistência Social). SL 1.327/RJ, Rel. Min. Dias Toffoli, j. em 11-08-2020 (reserva do possível operando como critério favorável para suspender gastos que impactam direitos fundamentais sociais). ADPF 699, Rel. Min. Gilmar Mendes, j. em 24-06-2020 (aplicação do princípio da proibição de retrocesso). ACOs 3.473/DF, 3.474/SP e outras, Rel. Min. Rosa Weber, j. em 07-04-2021 (aplicação do princípio da proibição de retrocesso).

7. Literatura selecionada

AMARAL, G. *Direito, escassez & escolha*. Rio de Janeiro: Renovar, 2001.

APPIO, E. *Controle judicial das políticas públicas no Brasil*. Curitiba: Juruá, 2004.

BARBOSA, Jeferson F. *Direito à saúde e solidariedade na Constituição brasileira*. Porto Alegre: Livraria do Advogado.

BONTEMPO, A. G. *Direitos sociais*: eficácia e acionabilidade à luz da Constituição de 1988. Curitiba: Juruá, 2005.

BOTELHO, Catarina dos Santos. *Direitos sociais em tempos de crise*: revisitando as normas constitucionais programáticas. Coimbra: Almedina, 2015.

CANOTILHO, J. J. G. *Direito constitucional e teoria da Constituição*. 7. ed. (reimp.) Coimbra: Almedina, 2003.

CANOTILHO, J. J. G. *Estudos sobre direitos fundamentais*. Coimbra: Coimbra Editora, 2004.

DERBLI, F. *O princípio da proibição de retrocesso social na Constituição de 1988*. Rio de Janeiro: Renovar, 2007.

ESTEVES, J. L. M. *Direitos fundamentais sociais no Supremo Tribunal Federal*. São Paulo: Método, 2007.

FARIA, J. E. (org.). *Direitos humanos, direitos sociais e justiça*. São Paulo: Malheiros, 2004.

FIGUEIREDO, I. *Políticas públicas e a realização dos direitos sociais*. Porto Alegre: Sergio Antonio Fabris, 2006.

FIGUEIREDO, M. F. *Direito fundamental à saúde*: parâmetros para sua eficácia e efetividade. Porto Alegre: Livraria do Advogado, 2007.

FREIRE JÚNIOR, A. B. *O controle judicial de políticas públicas*. São Paulo: Revista dos Tribunais, 2005.

GALDINO, F. *Introdução à teoria dos custos dos direitos*: direitos não nascem em árvores. Rio de Janeiro: Lumen Juris, 2005.

KRELL, A. *Direitos sociais e controle judicial no Brasil e na Alemanha*: os (des)caminhos de um direito constitucional "comparado". Porto Alegre: Sergio Antonio Fabris, 2002.

---

[9]. Sem que se possa aqui adentrar o debate com profundidade, entendemos que a prevalência da dignidade da pessoa humana e do mínimo existencial sempre é, em primeiro plano, de ser aferida na situação concreta, da pessoa diretamente atingida, não podendo ser dissolvida no contexto coletivo, ainda mais quando referida a uma possível (e sequer demonstrada) falta de acesso à moradia digna por parte de outras pessoas. Com isso, por certo, não se está a dizer que o direito à moradia é absoluto, até mesmo pelo fato de que o núcleo essencial do direito à moradia não se confunde necessariamente com o direito de propriedade, além do que a moradia jusfundamentalmente protegida (como moradia, mas não necessariamente como propriedade) é aquela que serve de garantia de um mínimo existencial. Sobre o tema, v. o nosso: Supremo Tribunal Federal, o direito à moradia e a discussão em torno da penhora do imóvel do fiador. *Revista da AJURIS*, n. 107, set./2007, p. 123-144.

JORGE NETO, N. de M. *O controle jurisdicional das políticas públicas*: concretizando a democracia e os direitos sociais fundamentais. Salvador: JusPodivm, 2008.

LEAL, R.G. *Condições e possibilidades eficaciais dos direitos fundamentais sociais. Os desafios do Poder Judiciário no Brasil*. Porto Alegre: Livraria do Advogado, 2009.

LEDUR, J.F. *Direitos fundamentais sociais: efetivação no âmbito da democracia participativa*. Porto Alegre: Livraria do Advogado, 2009.

LEIVAS, P. G. C. *Teoria dos direitos fundamentais sociais*. Porto Alegre: Livraria do Advogado, 2006.

LIMA, M. C. de B. *A educação como direito fundamental*. Rio de Janeiro: Lumen Juris, 2003.

LOPES, J. R. de L. *Direitos sociais*: teoria e prática. São Paulo: Método, 2006.

LUNARDI, Soraya. *Direitos fundamentais sociais*. Belo Horizonte: Fórum, 2012.

MALISKA, M. A. *O direito à educação e a Constituição*. Porto Alegre: Sergio Antonio Fabris, 2001.

MASTRODI, J. *Direitos sociais fundamentais*. Rio de Janeiro: Lumen Juris, 2008.

MATEUS, C. G. *Direitos fundamentais sociais e relações privadas*: o caso do direito à saúde na Constituição brasileira de 1988. Porto Alegre: Livraria do Advogado, 2008.

MEIRELES, A. C. C. *A eficácia dos direitos sociais*. Salvador: JusPodivm, 2008.

MELLO, C. A. (coord.). *Os desafios dos direitos sociais*. Porto Alegre: Livraria do Advogado, 2006.

MOLINARO, C. A. *Direito ambiental*: proibição de retrocesso. Porto Alegre: Livraria do Advogado, 2007.

MORAIS, J. L. B. de. *Do direito social aos interesses transindividuais*: o Estado e o direito na ordem contemporânea. Porto Alegre: Livraria do Advogado, 1996.

NOVAIS, Jorge Reis. *Direitos sociais. Teoria jurídica enquanto direitos fundamentais*. Coimbra: Wolters Kluwer, 2010.

OLSEN, A. C. L. *Direitos fundamentais sociais*: efetividade frente à reserva do possível. Curitiba: Juruá, 2008.

QUEIROZ, C. *O princípio da não reversibilidade dos direitos fundamentais sociais*: princípios dogmáticos e prática jurisprudencial. Coimbra: Coimbra Editora, 2006.

QUEIROZ, C. *Direitos fundamentais sociais*: funções, âmbito, conteúdo, questões interpretativas e problemas de justiciabilidade. Coimbra: Coimbra Editora, 2006.

RIBEIRO, Joaquim de Souza. *Direitos sociais e vinculação do legislador*. Coimbra: Almedina, 2021.

ROTHENBURG, W.C. *Os direitos sociais são direitos fundamentais: simples assim*. Salvador. JusPodivm, 2021.

SARLET, I. W. *Dignidade da pessoa humana e direitos fundamentais na Constituição Federal de 1988*. 10. ed. Porto Alegre: Livraria do Advogado, 2015.

SARLET, I. W. *A eficácia dos direitos fundamentais*. 13. ed. Porto Alegre: Livraria do Advogado, 2018.

SARLET, I. W. (Org.) *Direitos fundamentais sociais*: estudos de direitos constitucional, internacional e comparado. Rio de Janeiro: Renovar, 2003.

SARLET, I. W. Direitos fundamentais sociais, mínimo existencial e direito privado. *Revista de Direito do Consumidor*, v. 61, p. 90-125, 2007.

SOUZA NETO, C. P. de; SARMENTO, D. (coords.) *Direitos sociais*: fundamentos, judicialização e direitos sociais em espécie. Rio de Janeiro: Lumen Juris, 2008.

SAMPAIO, Manoel. *Conteúdo essencial dos direitos fundamentais sociais*. São Paulo: Saraiva, 2013.

8. Anotações

8.1. Direitos sociais como direitos fundamentais e seu respectivo regime jurídico-constitucional

Muito embora haja autores, no Brasil, que negam aos direitos sociais (no todo ou em parte) a condição de autênticos direitos fundamentais, tais concepções, pelo menos de acordo com o pensamento majoritário, estão divorciadas do direito constitucional positivo, pois basicamente fundadas em critérios de materialidade fundamental, muitas vezes atrelados a determinadas concepções filosóficas e políticas, ou mesmo vinculados a teorias da justiça de cunho liberal, sem a necessária sintonia com o sistema constitucional vigente, especialmente sem levar em conta a expressa inclusão dos direitos sociais (incluindo os direitos dos trabalhadores) no texto constitucional como uma das espécies dos direitos e garantias fundamentais do Título II, isto sem falar no já referido compromisso do constituinte com a justiça social[10]. Sem que se possa aqui aprofundar este tópico, há de prevalecer, portanto, o entendimento de que, acima de tudo em virtude da expressa previsão do Poder Constituinte, todos os direitos sediados no Título II da CF são direitos fundamentais, ainda que se possa discutir a respeito de quais as exatas consequências, em cada caso, de tal fundamentalidade, visto que se trata de questão relacionada com o regime jurídico-constitucional dos direitos sociais como direitos fundamentais.

Neste sentido, à semelhança dos demais direitos fundamentais, os direitos sociais não se resumem ao elenco do art. 6º da CF, abrangendo também, nos termos do art. 5º, § 2º, da CF[11], direitos e garantias implícitos, direitos positivados em outras partes do texto constitucional (fora do Título II) e ainda direitos previstos em tratados internacionais. Registre-se que a jurisprudência do Supremo Tribunal Federal, alterando o entendimento até há pouco vigente, atualmente tende no sentido de consagrar a hierarquia supralegal, mas ainda infraconstitucional, dos tratados em matéria de direitos humanos, isto é, a prevalência do tratado sobre o direito infraconstitucional interno (RE n. 466.343/SP),

---

10. Questionando a condição de direitos fundamentais dos direitos sociais vide, por exemplo, TORRES, R. L. (*Teoria dos direitos fundamentais*. Rio de Janeiro: Renovar, p. 243 e s. Também, do mesmo autor, A metamorfose dos direitos sociais em mínimo existencial. In: SARLET, I. W. (org.). *Direitos fundamentais sociais*: estudos de direito constitucional, internacional e comparado. Rio de Janeiro: Renovar, 2003, p. 1-46), que, todavia, reconhece a existência de uma garantia do mínimo existencial, de tal sorte que as prestações materiais estatais que são imprescindíveis à satisfação desse mínimo e que asseguram as condições fáticas para a liberdade, constituem direitos subjetivos do cidadão, mas que os direitos sociais em geral não são fundamentais.

11. Para maior aprofundamento, consultar comentário ao art. 5º, § 2º, *supra*.

mantida, todavia, a atribuição de hierarquia meramente legal aos tratados sobre outras matérias. Diversamente, verifica-se uma posição menos conservadora quanto ao reconhecimento de direitos implícitos e dispersos pelo texto constitucional, como são exemplos, entre outros, o direito à moradia (hoje inserido no texto originário da CF), a garantia de um mínimo existencial, direitos específicos no âmbito da seguridade social (situados no Título VII, da Ordem Social), o direito a um meio ambiente equilibrado, a tutela do patrimônio histórico, artístico e cultural, e a proteção do idoso, da família, dos índios.

Outrossim, também aos direitos sociais se aplica o disposto no art. 5º, § 1º, da CF, de tal sorte que, a exemplo das demais normas de direitos fundamentais, as normas consagradoras de direitos sociais possuem aplicabilidade direta e eficácia imediata, ainda que o alcance desta eficácia deva ser avaliado sempre no contexto de cada direito social e à luz de outros direitos e princípios[12]. Assim, ainda que no caso de alguns direitos sociais se deva reconhecer uma relativamente baixa densidade normativa, pelo menos no que diz com os contornos do direito tal qual positivado no texto constitucional[13], essa peculiaridade não afasta o dever de se atribuir também às normas de direitos sociais uma máxima eficácia e efetividade, obrigação cometida a todos os órgãos estatais, no âmbito de suas respectivas competências. A carência ou insuficiência de conformação da norma jusfundamental que alberga direitos sociais não poderá consistir, portanto, em obstáculo à sua aplicação imediata e exigibilidade judicial. Já no que diz com a proteção dos direitos sociais em face de ingerências ou mesmo diante da omissão do Estado e da sociedade, remetemos ao item próprio deste comentário e ao comentário sobre os limites materiais à reforma constitucional (art. 60, § 4º, CF).

8.2. Perspectivas (subjetiva e objetiva) e dimensões (negativa e positiva) dos direitos sociais

A perspectiva subjetiva corresponde à noção dos direitos sociais como direitos exigíveis em juízo, sob a forma de direitos subjetivos. A despeito das dificuldades que aí se impõem (v. g., menor densidade das normas definidoras de direitos sociais, limites ao controle judicial das políticas públicas, dependência da disponibilidade de recursos, em outras palavras, do impacto da assim chamada reserva do possível), constata-se uma forte tendência doutrinária e jurisprudencial no sentido do reconhecimento de um direito subjetivo ao mínimo existencial, concebido como garantia (fundamental) das condições materiais mínimas à vida com dignidade, isto é, uma vida saudável e, portanto, com certa qualidade. Para além desse parâmetro, a afirmação de posições subjetivas passíveis de exigibilidade judicial diretamente decorrente da norma constitucional dependerá sempre das circunstâncias do caso concreto – o que não exclui, contudo, uma presunção em favor da maximização das normas de direitos sociais e, pois, da admissão de direitos fundamentais subjetivos[14]. Já a perspectiva objetiva das normas de direitos sociais reflete o estreito liame desses direitos com o sistema de fins e valores constitucionais a serem respeitados e concretizados por toda a sociedade (princípio da dignidade da pessoa humana, superação das desigualdades sociais e regionais, construção de uma sociedade livre, justa e solidária). Há também uma eficácia dirigente ou irradiante, decorrente da perspectiva objetiva, que impõe ao Estado o dever de permanente realização dos direitos sociais, além de permitir às normas de direitos sociais operarem como parâmetro, tanto para a aplicação e interpretação do direito infraconstitucional, quanto para a criação e o desenvolvimento de instituições, organizações e procedimentos voltados à proteção dos direitos sociais, o que inclui a garantia de um procedimento justo e eficaz que os assegure e a vedação de medidas de cunho retrocessivo. Daí ainda resultam, entre outros aspectos, a eficácia dos direitos fundamentais entre particulares (e a interpretação do ordenamento jurídico de acordo com o marco dos direitos fundamentais, incluindo os direitos sociais), assim como decorrem deveres de proteção que vinculam os órgãos estatais, isto sem falar na existência de deveres fundamentais cujos vinculados são os particulares. Finalmente, a perspectiva objetiva permite a tutela das garantias institucionais, ou seja, a proteção de determinadas instituições de direito público e institutos de direito privado (sem desconsiderar aqui que o público e o privado se conectam e não constituem esferas isoladas) que, por sua relevância, necessitam ser resguardados contra a ação erosiva do legislador[15], como dão conta, entre outros, os exemplos do Sistema Único de Saúde (SUS) e da autonomia universitária.

A análise das dimensões negativa e positiva dos direitos sociais retoma a classificação multifuncional dos direitos fundamentais, buscando identificar as diferentes posições jurídico-subjetivas que podem estar vinculadas a um mesmo direito fundamental[16] (social) compreendido em sentido amplo. No caso dos direitos sociais, essa classificação permite que se superem os problemas das diferentes designações adotadas pelo texto constitucional (direitos e garantias individuais, direitos coletivos, direitos sociais), assim como compatibiliza os direitos sociais com a noção de "liberdades sociais" (liberdades ligadas à esfera de autonomia do indivíduo-trabalhador), demonstrando, em última análise, que os direitos sociais não se limitam à função de direitos a prestações materiais, de tal sorte que também para os direitos sociais vale a premissa de que todos os direitos fundamentais apresentam uma perspectiva (ou dimensão) positiva e negativa. Assim, nada obstante sua evidente importância em termos de eficácia e efetividade, a função dos direitos sociais como direitos a prestações materiais é somente uma das espécies no âmbito das possíveis posições subjetivas decorrentes das normas de direitos sociais, visto que também assumem uma nítida função defensiva (negativa), atuando como proibições de intervenção, mas também implicam prestações do tipo normativo (positiva), inclusive

---

12. Cf. comentários ao art. 5º, § 1º, da CF. De modo mais desenvolvido, ver o nosso *A eficácia dos direitos fundamentais*, p. 277 e s.
13. Cf. o nosso *A eficácia dos direitos fundamentais*, p. 308 e s.
14. Cf. CANOTILHO, J. J. G. *Direito constitucional*, p. 547.
Para maior aprofundamento do tema dos limites e restrições aos direitos fundamentais, ver, ainda, o comentário introdutório ao Título II da CF, assim como, na perspectiva dos direitos sociais, o item 8.5, *infra*. Quanto à garantia

(e direito fundamental) ao mínimo existencial, ver item 8.6.1, *infra*, também destes comentários.
15. Para maior aprofundamento, cf. o nosso *A eficácia dos direitos fundamentais*, p. 165 e p. 200 e s.
16. Quanto à classificação multifuncional dos direitos fundamentais, consultar o comentário introdutório ao art. 5º da CF, assim como o nosso *A eficácia dos direitos fundamentais*, p. 179 e s.

de feição orgânica e procedimental, como já sinalado. No caso do direito à saúde, apenas para exemplificar, há uma clara dimensão defensiva, decorrente de um dever de não interferência, ou seja, uma vedação a atos (estatais e privados) que possam causar dano ou ameaçar a saúde da pessoa: função de defesa do direito social. Além disso, o direito à saúde impõe ao Estado a criação de todo um aparato de proteção (v. g., as normas penais que vedam lesões corporais, morte, charlatanismo etc.), assim como a criação de uma série de instituições, organizações e procedimentos dirigidos à prevenção e promoção da saúde (campanhas de vacinação pública, atuação da vigilância sanitária, controle de fronteiras, participação nos Conselhos e Conferências de Saúde, entre outros), situação na qual se está em face de um direito social na sua condição de direito prestacional em sentido amplo, tanto como direito de proteção, quanto na condição de direito à organização e ao procedimento. De outra parte, a efetivação do direito à saúde implica o fornecimento de prestações materiais por parte do Estado (medicamentos, procedimentos cirúrgicos, tratamentos, exames etc.), neste sentido tratando-se de um direito social a prestações materiais.

8.3. Titulares e destinatários

Em princípio, toda pessoa pode ser titular de direitos sociais, o que não significa a inexistência de restrições, como aquelas impostas em função de específicas condições do titular do direito (caso dos direitos dos trabalhadores, dirigidos a determinado grupo de pessoas) ou em decorrência de condicionamentos fáticos e jurídicos contrapostos à eficácia dos próprios direitos sociais (caso da limitação da gratuidade de prestações apenas às pessoas comprovadamente carentes). De modo geral, porém, vige o princípio da universalidade, pelo qual se fundamenta a extensão dos direitos fundamentais a todas as pessoas, na condição de seres humanos que são – questões melhor exploradas no comentário introdutório ao título dos direitos e garantias fundamentais. Importa frisar, neste contexto, que os direitos sociais não são sempre direitos coletivos, pelo menos, não podem ser identificados apenas com a figura de direitos coletivos. A partir justamente da dimensão sempre em primeira linha individual da dignidade da pessoa humana e do próprio mínimo existencial, os direitos sociais têm por titular a pessoa individual, o que não afasta uma dimensão transindividual. Eventual preferência por uma tutela processual coletiva não pode servir de argumento, pena de se estar a confundir aspectos de crucial importância, para refutar a titularidade individual do direito à saúde, considerado aqui como titular o sujeito ativo, de acordo com as anotações efetuadas na parte introdutória ao título dos direitos e garantias fundamentais, ao qual remetemos.

Quanto aos destinatários, os direitos sociais obrigam precipuamente os poderes públicos e, conquanto se admita que incidam nas relações entre particulares, doutrina e jurisprudência ainda debatem se realmente há uma vinculação e, em caso afirmativo, como esta opera, notadamente quando se cuida da dimensão prestacional dos direitos sociais. Ressalve-se que tal controvérsia não atinge – pelo menos não da mesma forma – os direitos sociais que, por sua natureza, têm por destinatário única e exclusivamente os órgãos estatais (direitos à assistência social e à previdência social, por exemplo), assim como os direitos sociais que se dirigem essencialmente, ainda que não de modo exclusivo, aos particulares (direitos dos trabalhadores, e.g.). Além disso, admite-se a existência de um dever geral de respeito entre os particulares, no sentido de um dever de não ingerência, que corresponde a um direito de exigir sejam coibidos os comportamentos de uma pessoa que atentem contra a fruição de direitos sociais por outra, no caso, o titular do direito. Em se tratando de direito de defesa, pode-se admitir uma presunção em favor do reconhecimento da eficácia direta *prima facie* dos direitos sociais[17], o que já será mais difícil sustentar, pelo menos de forma generalizada e sem os devidos ajustes, no campo dos direitos sociais como direitos a prestações, mormente se acarretarem a imposição de um dever de fornecimento de prestações materiais, visto que incidente, entre outros, o princípio da legalidade (CF, art. 5º, II)[18]. De qualquer modo, cuida-se de tema árido e altamente controverso, que não poderá ser desenvolvido aqui, remetendo-se ao item sobre os destinatários dos direitos fundamentais (comentário introdutório ao Título II) e à literatura especializada[19].

8.4. A proteção dos direitos sociais

Em termos de proteção dos direitos sociais, ou seja, no que diz com as garantias dos direitos sociais contra ingerências por parte de atores públicos e privados, importa salientar que tanto a doutrina[20] quanto, ainda que muito paulatinamente, também a jurisprudência[21] vêm reconhecendo a vigência, como garantia constitucional implícita, do princípio da vedação de retrocesso social, a coibir medidas de cunho retrocessivo por parte do legislador, que, pela revogação ou alteração da legislação infraconstitucional (apenas para citar uma forma de intervenção nos direitos sociais), venha a desconstituir ou afetar gravemente o grau de concretização já atribuído a determinado direito fundamental (e social), o que equivaleria a uma violação à própria CF. Mesmo que não se esteja a falar aqui de uma alteração explícita do texto constitucional (objeto de proteção específica por intermédio dos limites formais e materiais ao poder de reforma constitucional), trata-se de um instrumento de proteção contra atos que, sob uma aparente legalidade, colidem com o âmbito de proteção já efetivado dos direitos fundamentais, e dos direitos sociais em especial, motivo por que poderão ser sempre impugnados judicialmente, por inconstitucionalidade. A partir de um outro viés, a proibição

---

17. Cf. o nosso *A eficácia dos direitos fundamentais*, p. 395-404; também de nossa autoria: Direitos fundamentais e direito privado: algumas considerações em torno da vinculação dos particulares aos direitos fundamentais. In: SARLET, I. W. (org.) *A Constituição concretizada*: construindo pontes entre o público e o privado. Porto Alegre: Livraria do Advogado, 2000, p. 107-163. Com argumentos contrários a uma eficácia direta dos direitos fundamentais nas relações entre particulares, cf. CANARIS, C. W. *Direitos fundamentais e direito privado*, especialmente p. 54 e s. NOVAIS, J. R. *Direitos fundamentais*: trunfos contra a maioria, p. 69-116.

18. Para maior aprofundamento, cf. o nosso: Direitos fundamentais sociais, mínimo existencial e direito privado. *Revista de Direito do Consumidor*, v. 61, p. 90-125, 2007.

19. Além dos artigos de doutrina e monografias citados, cf. STEINMETZ, W. A. *Vinculação dos particulares a direitos fundamentais*. São Paulo: Malheiros, 2004 (negando uma eficácia direta dos direitos sociais a prestações), e SARMENTO, D. *Direitos fundamentais e relações privadas*. Rio de Janeiro: Lumen Juris, 2003 (reconhecendo a possibilidade de uma eficácia direta).

20. Sobre a proteção contra um retrocesso cf. item 7, *supra*, "literatura selecionada".

21. Cf. decisão monocrática do Min. José Delgado no Ag n. 925.857/RS (citado no item 6, *supra*).

de retrocesso social vincula-se à obrigação de implementação progressiva dos direitos sociais, tal como previsto no art. 2º do PIDESC, incutindo um dever de permanente desenvolvimento e eficiente concretização dos direitos fundamentais sociais. A proibição de retrocesso social guarda relação com o princípio da segurança jurídica (consagrado, entre outros, no Preâmbulo da CF e no *caput* dos arts. 5º e 6º) e, assim, com os princípios do Estado democrático e social de Direito e da proteção da confiança, na medida em que tutela a proteção da confiança do indivíduo e da sociedade na ordem jurídica, e de modo especial na ordem constitucional, enquanto resguardo de certa estabilidade e continuidade do Direito, notadamente quanto à preservação do núcleo essencial dos direitos sociais. Ao mesmo tempo, a proibição de medidas retrocessivas reconduz-se ao princípio da máxima eficácia e efetividade das normas definidoras de direitos e garantias fundamentais (art. 5º, § 1º, da CF), assim como densifica o princípio da dignidade da pessoa humana, coibindo a afetação dos níveis de proteção já concretizados das normas de direitos sociais, sobretudo no que concerne às garantias mínimas de existência digna. Destaque-se, aliás, que o conjunto de prestações básicas, que densificam o princípio da dignidade da pessoa humana e correspondem ao mínimo existencial, não poderá ser suprimido nem reduzido, mesmo se ressalvados os direitos adquiridos, já que a violação de medidas de concretização do núcleo essencial da dignidade humana é injustificável sob o ponto de vista da ordem jurídica e social. A necessidade de adaptação dos sistemas de prestações sociais às constantes transformações da realidade não justifica o descompasso entre os níveis de proteção já alcançados às prestações que compõem o mínimo existencial e a legislação reguladora superveniente que os comprometa, então considerada inconstitucional.

De qualquer sorte, independentemente do reconhecimento, ou não, de uma proibição de retrocesso social (já que há quem critique a utilização de tal expressão), o fato é que, na condição de direitos fundamentais, os direitos sociais não se encontram à disposição plena dos poderes constituídos e, não sendo também direitos absolutos, visto que passíveis de restrição, encontram-se, todavia, submetidos ao regime dos limites aos direitos fundamentais, guardadas as peculiaridades, especialmente no que concerne aos limites da liberdade de conformação legislativa. Além do mais, os direitos sociais, como direitos fundamentais que são, integram os limites materiais ao poder de reforma constitucional, aspecto que aqui não será desenvolvido, vez que objeto de comentário específico (art. 60, § 4º).

Admitida a possibilidade de limitações em matéria de direitos sociais, é, por outro lado, corrente a compreensão de que eventuais restrições haverão de observar a garantia de proteção do núcleo essencial, que, por sua vez, guarda ligação estreita com as limitações do poder de reforma constitucional (considerando que apenas a abolição efetiva e tendencial dos direitos fundamentais encontra-se vedada). Assim, o núcleo essencial compreende o conjunto de elementos essenciais à configuração de um direito como tal, insuscetíveis de supressão ou alteração sem que, com isso, ocorra a descaracterização do conteúdo e/ou estrutura do direito[22]. Além disso, no contexto do sistema pátrio, não há como sustentar uma absoluta identidade entre o núcleo essencial e o conteúdo em dignidade humana das normas jusfundamentais, de sorte que, se todos os direitos sociais têm um núcleo essencial, tal conteúdo não pode ser reconduzido, pelo menos não exclusivamente, ao princípio da dignidade da pessoa humana. Outrossim, se o desenho definitivo do que seja o núcleo essencial somente ocorre no caso concreto, diante de um juízo de ponderação envolvendo a avaliação da natureza das restrições (especialmente, se não incorrem numa vedação do excesso) ou da insuficiência das medidas de efetivação em relação ao âmbito de proteção resguardado pela norma jusfundamental, também é verdade que a garantia do núcleo essencial não se reduz a uma análise da proporcionalidade[23]. Cabe destacar, por fim, que a garantia de condições materiais mínimas à vida com dignidade e certa qualidade pode ser indicada como um primeiro parâmetro material (mas não único) a ser utilizado na definição do núcleo essencial de cada direito fundamental social, pois evidentemente congruente ao sistema de princípios, valores e fins explicitados pela CF. Da mesma forma, ainda no campo dos limites aos limites, indispensável a observância das exigências da proporcionalidade (tanto no que proíbe excessos quando naquilo que veda a proteção insuficiente) e da razoabilidade, assim como elementar, no que couber, o respeito às reservas legais e ao conteúdo do princípio da segurança jurídica.

8.5. Os direitos sociais como direitos exigíveis

A exigibilidade dos direitos sociais, compreendida no sentido de sua justiciabilidade, especialmente na condição de direitos originários a prestações, diretamente deduzidos das normas constitucionais[24], segue sendo objeto de acirrado debate, e envolve, para além de outras questões, a problemática das teorias dos limites dos direitos fundamentais[25]. Uma primeira objeção, apontada na doutrina e na jurisprudência, diz respeito ao que seria a natureza programática das normas definidoras de direitos sociais, que dependeriam da intervenção conformadora do legislador ordinário para que se tornassem aplicáveis. Ora, se todo e qualquer preceito constitucional, programático ou não, é dotado de certo grau de eficácia jurídica e aplicabilidade, deve-se admitir, ademais, que as normas jusfundamentais se explicitam por uma gama variada de técnicas de positivação, muitas das quais passíveis de recondução à ideia de "normas de cunho programático", o que nem por isso lhes retira a possibilidade de gerarem efeitos imediatos, sendo de sempre lembrar que não se confundem as normas de direitos sociais e o texto que as positivou (vale aqui a distinção entre texto e norma). Assim, a ausência ou insuficiência das medidas legislativas infraconstitucionais não deverá consistir em limite intransponível à atuação judicial integradora, até mesmo porque ao Judiciário não é dado responder com o

---

22. Cf. o nosso *A eficácia dos direitos fundamentais*, p. 431 e s. também: MENDES, G. F. Plebiscito – EC 2/92 (Parecer). *Revista Trimestral de Direito Público*, n. 7, p. 120, 1994; e: NOVELLI, F. B. Norma constitucional inconstitucional? A propósito do art. 2º, § 2º, da EC n. 3/93. *Revista Forense*, n. 330, p. 80 s., 1995.

23. Sobre o ponto, cf. CANOTILHO, J. J. G. *Direito constitucional e teoria da Constituição*, p. 458 e s.

24. Sobre direitos originários e derivados, cf. o nosso *A eficácia dos direitos fundamentais*, p. 318 e s.

25. Para outros esclarecimentos, conferir comentário introdutório ao art. 5º da CF.

non liquet – o que também não significa que a efetivação de direitos sociais eventualmente previstos em dispositivos caracterizados por uma baixa densidade normativa ocorra de maneira idêntica à de outros direitos fundamentais. Além disso, ainda que observada uma série de aspectos, não se deve perder de vista que aos direitos sociais se aplica o disposto no art. 5º, § 1º, da CF, o que, a despeito de uma possível – concorrente – dimensão programática (impositiva de tarefas e deveres) dos direitos sociais, impõe seja lembrado que a consagração de um direito social como fundamental importa que também este tenha, na sua condição de direito subjetivo, asseguradas a máxima eficácia e efetividade possíveis.

Quase como uma consequência da menor densidade normativa e do caráter muitas vezes aberto das normas de direitos sociais, alega-se uma impossibilidade de controle judicial das políticas públicas de implementação desses direitos, que constituiriam matéria afeta à discricionariedade administrativa e, portanto, sujeitas apenas a critérios de conveniência e oportunidade, sobre os quais não caberia intervenção judicial. Conquanto não se vá aqui adentrar ao exame da problemática da legitimidade da atuação do Judiciário, importa assinalar, contudo, que a consagração da garantia fundamental de inafastabilidade da jurisdição (CF, art. 5º, XXXV) já é bastante para fragilizar o argumento da inviabilidade de controle judicial das políticas públicas, mais ainda quanto à perspectiva objetiva dos direitos sociais. Se o Judiciário não deve substituir-se ao legislador, deve atentar-se para o permanente conflito entre direitos sociais e princípio democrático, que não se resolve (e a decisão cabe ao próprio Judiciário) senão diante do caso concreto e mediante aplicação de critérios como a proporcionalidade. Como bem lembra Jorge Reis Novais, os direitos fundamentais (e sociais) configuram "trunfos contra a maioria"[26], pois, num Estado fundado na dignidade da pessoa humana – como é o caso de Portugal, e também do Brasil –, cada pessoa tem a si assegurada uma esfera de autonomia e liberdade individual que não pode ser comprimida nem restringida pelo só fato de um ato normativo ou política pública ser decorrente de uma decisão majoritária[27].

Além das questões examinadas, talvez o tema mais polêmico em termos de exigibilidade dos direitos sociais seja a denominada "reserva do possível", que põe luz sobre a dimensão economicamente relevante dos direitos sociais (ainda que não exclusivamente destes) na condição de direitos a prestações estatais, naquilo que guardam relação com a destinação, (re)distribuição e criação de bens materiais. Como direitos a prestações, os direitos sociais pressupõem um *facere* por parte do destinatário da norma jusfundamental, o que gera reflexos econômicos, financeiros e orçamentários. Conquanto se reconheça que todos os direitos sempre acarretam "custos" de implementação e proteção, sejam direitos de defesa, sejam direitos a prestações[28], o fato é que, em termos de exigibilidade judicial, o apontado "fator custo" nunca constituiu elemento impeditivo de efetivação da dimensão negativa (função de defesa) dos direitos sociais, pelo menos não no sentido de se advogar a impossibilidade de provimento judicial. Diversamente, o "custo" das prestações materiais assume uma importância crescente na análise da eficácia dos direitos sociais, sustentando parte da doutrina que, se alocação de recursos públicos é sempre necessária para assegurar o fornecimento das prestações materiais, a efetividade dos direitos sociais se mostraria então dependente da conjuntura econômica, o que deslocaria o debate para a (im)possibilidade de o Judiciário impor ao poder público a satisfação das prestações reclamadas. De outra parte, a questão da alocação de verbas públicas traz o problema do poder de disposição, perquirindo se o destinatário da norma de direitos sociais possui meios para decidir sobre a prestação reclamada e, assim, atender ao comando constitucional[29]. Trata-se da dimensão jurídica da reserva do possível, a exigir que o destinatário das normas de direitos sociais tenha a capacidade jurídica e o poder de disposição (isto é, a competência), sem os quais de nada adiantam recursos existentes[30]. Argumenta a doutrina que, estando em causa a opção quanto à afetação de recursos públicos no contexto da conjuntura socioeconômica geral, e diante da ausência ou insuficiência de critérios preestabelecidos pela Constituição, o exercício dessa competência caberia aos órgãos políticos, sobretudo ao legislador[31], motivo pelo qual a realização dos direitos sociais na condição de direitos subjetivos a prestações materiais implicaria sempre um problema de competências constitucionais, como expõe Gomes Canotilho[32].

Em vista tanto da dimensão fática, quando da faceta jurídica referida, passou-se a sustentar que os direitos sociais a prestações materiais estariam sob uma "reserva do possível"[33], caracterizada por uma tríplice dimensão, a saber: a) a real disponibilidade fática dos recursos para a efetivação dos direitos sociais; b) a disponibilidade jurídica dos recursos materiais e humanos, que guarda co-

---

26. Cf. NOVAIS, J. R. *Direitos fundamentais*: trunfos contra maiorias, p. 17-67.
27. Idem, ibidem, p. 30-31.
28. Nesse sentido, cf. a paradigmática obra de HOLMES, S.; SUNSTEIN, C. *The cost of rights*: why liberty depends on taxes. New York: W. W. Norton & Company, 1999, 255 p.; no Brasil, ver AMARAL, G. *Direito, escassez & escolha*, p. 69 e s.; e GALDINO, *Introdução à teoria do custo dos direitos*, p. 147 e s.

29. Assim, entre nós, LOPES, J. R. L. *Direitos humanos, direitos sociais e justiça*, p. 131; MENDES, G. F. A doutrina constitucional e o controle de constitucionalidade como garantia da cidadania – necessidade de desenvolvimento de novas técnicas de decisão: possibilidade da declaração de inconstitucionalidade sem a pronúncia de nulidade no direito brasileiro. *Cadernos de Direito Tributário e Finanças Públicas*, n. 3, p. 28, 1993; também: KRELL, A. Controle judicial dos serviços públicos básicos na base dos direitos fundamentais sociais. In: SARLET, I. W. (org.). *A Constituição concretizada*: construindo pontes para o público e o privado. Porto Alegre: Livraria do Advogado, 2000, p. 40 e s.
30. A este respeito, cf. BRUNNER, G. Die Problematik der Sozialen Grundrechte. *Recht und Staat*, n. 404-405. Tübingen: J. C. B. Mohr (Paul Siebeck), 1971, p. 16.
31. Nesse sentido, posiciona-se ANDRADE, J. C. V. de. *Os direitos fundamentais na Constituição portuguesa de 1976*. 2. ed. Coimbra: Almedina, 2001, p. 200 e s.
32. Cf. CANOTILHO, J. J. G. *Constituição dirigente e vinculação do legislador*. Coimbra: Coimbra Editora, 1982, p. 369.
33. Entre nós, ver MENDES, G. F. A doutrina constitucional e o controle de constitucionalidade como garantia da cidadania – necessidade de desenvolvimento de novas técnicas de decisão: possibilidade da declaração de inconstitucionalidade sem a pronúncia de nulidade no direito brasileiro. *Cadernos de Direito Tributário e Finanças Públicas*, n. 3, p. 28, 1993; TORRES, R. L. A cidadania multidimensional na era dos direitos. In: TORRES, R. L. (org.). *Teoria dos direitos fundamentais*, p. 292 e s. BRANCO, P. G. G. Aspectos de teoria geral dos direitos fundamentais. In: MENDES, G. F.; COELHO, Inocêncio Mártires; BRANCO, P. G. G. *Hermenêutica constitucional e direitos fundamentais*. Brasília: Brasília Jurídica, 2000, p. 145 e s. Na doutrina lusitana, cf. ANDRADE, J. C. V. de. *Os direitos fundamentais na Constituição portuguesa de 1976*. 2. ed. Coimbra: Almedina, 2001, p. 201.

nexão com a distribuição das receitas e competências tributárias, orçamentárias, legislativas e administrativas e, em países como o Brasil, ainda reclama equacionamento em termos de sistema federativo; c) e o problema da proporcionalidade da prestação, em especial quanto à sua exigibilidade e razoabilidade, no que concerne à perspectiva própria e peculiar do titular do direito. Todos esses aspectos vinculam-se entre si e com outros princípios constitucionais, exigindo, assim, uma solução sistemática e constitucionalmente adequada, para que, na perspectiva do princípio da máxima eficácia e efetividade de todos os direitos fundamentais, não sirvam como barreira instransponível, mas como ferramental que se soma às demais garantias de proteção dos direitos fundamentais (e sociais) – como na hipótese de conflito de direitos em que se tiver a invocação, e desde que observados os critérios da proporcionalidade e da garantia do mínimo existencial, da indisponibilidade de recursos com o intuito de salvaguardar o núcleo essencial de outro direito fundamental.

Por tudo isso, é possível sustentar a existência de uma obrigação, por parte dos órgãos estatais e dos agentes políticos, de maximizarem os recursos e minimizarem o impacto da reserva do possível, naquilo que serve de obstáculo à efetividade dos direitos sociais. Se a reserva do possível há de ser encarada com reservas[34], também é certo que as limitações vinculadas à reserva do possível não são em si mesmas uma falácia; o que de fato é falaciosa é a forma pela qual o argumento tem sido por vezes utilizado entre nós, como óbice à intervenção judicial e desculpa genérica para uma eventual omissão estatal no campo da efetivação dos direitos fundamentais, especialmente daqueles de cunho social.

Para além de outros aspectos a serem levados em conta (especialmente no que diz com a aplicação dos princípios da proporcionalidade, razoabilidade, subsidiariedade e isonomia), constata-se uma tendência por parte da doutrina e da jurisprudência, inclusive no âmbito dos Tribunais Superiores (e as decisões selecionadas bem o demonstram), de reconhecer a exigibilidade dos direitos sociais a prestações, tanto como direitos derivados a prestações (como tais compreendidos os direitos sociais cujo objeto foi regulamentado por lei e que já se insere num determinado sistema de prestações sociais disponibilizado pelo Estado) quanto como direitos originários a prestações, priorizando, todavia, especialmente neste último caso, prestações indispensáveis à sobrevivência da pessoa e vinculadas à garantia do mínimo existencial. Neste sentido, a prática jurisprudencial brasileira, ainda que se possa controverter a respeito do acerto das decisões em cada caso, de certo modo busca implantar a noção difundida por Robert Alexy (e recepcionada por farta doutrina) de que também em matéria de direitos sociais a prestações há que distinguir um direito *prima facie* de um direito definitivo, que implica um dever juridicamente vinculante de fornecimento da prestação estatal reclamada.

8.6. Breves referências aos direitos sociais em espécie

Cumpre-nos advertir que a análise dos diferentes direitos sociais consagrados pelo art. 6º da CF não será aqui levada a efeito, visto que tais direitos, à exceção do direito à moradia, do direito ao lazer e da garantia (e direito fundamental) de um mínimo existencial, bem como de um direito ao transporte, são objeto de explicitação e densificação por outras normas constitucionais. Em vista disso, remetemos o leitor aos comentários aos arts. 194-195 (seguridade social), arts. 196-200 (direito à saúde), arts. 201-202 (previdência social), arts. 203-204 (assistência social), arts. 205-214 (direito à educação), art. 215 (direito à cultura), art. 217 (direito ao desporto), bem como aos arts. 226-228 (família e proteção da criança e do adolescente).

8.6.1. O direito ao mínimo existencial

A vinculação dos direitos (fundamentais) sociais com a garantia do mínimo existencial é evidente, embora tal elaboração doutrinária ainda possa ser considerada recente no Brasil[35]. A noção de um direito fundamental (e, portanto, de uma garantia fundamental) às condições materiais a uma vida com dignidade teve sua primeira importante elaboração dogmática na Alemanha, com Otto Bachof[36], para quem a noção do princípio da dignidade da pessoa humana não reclamaria somente a garantia da liberdade, mas também um mínimo de segurança social, já que, sem os recursos materiais para uma existência digna, a própria dignidade ficaria sacrificada. A tese foi acolhida pelo Tribunal Federal Administrativo e, mais tarde, pelo Tribunal Constitucional Federal, consagrando-se, então, um direito fundamental à garantia das condições mínimas para uma existência digna[37]. Atualmente a doutrina alemã compreende que a garantia integra o conteúdo essencial do princípio do Estado Social de Direito, constituindo uma de suas principais tarefas e obrigações[38]. De outra parte, o conteúdo do mínimo existencial é limitado por condições de espaço e tempo, bem como carece de diálogo com o padrão socioeconômico vigente[39]. De qualquer modo, a garantia efetiva de uma existência digna abrange mais do que a garantia da mera sobrevivência física, situando-se, portanto, além do limite da pobreza absoluta e não se reduzindo à mera existência[40].

Tal linha de argumentação tem sido privilegiada no direito pátrio, excetuada alguma controvérsia em termos de fundamentação liberal ou social do mínimo de existência e em relação a problemas quanto à determinação do seu conteúdo[41]. Nessa di-

---

34. Cf. a oportuna advertência de FREITAS, J. *A interpretação sistemática do direito*. 3. ed. São Paulo: Malheiros, 2002, p. 211.

35. O primeiro artigo sobre o tema foi escrito por Ricardo Lobo Torres (O mínimo existencial e os direitos fundamentais. *Revista de Direito Administrativo*, n. 177, p. 20-49, 1989), que posteriormente revisitou a temática em outras oportunidades. Cf. TORRES, R. L. A metamorfose dos direitos sociais em mínimo existencial. In: SARLET, I. W. (org.). *Direitos fundamentais sociais*: estudos de direito constitucional, internacional e comparado. Rio de Janeiro: Renovar, 2003, p. 1-46.

36. Cf. BACHOF, O. Begriff und Wesen des sozialen Rechtsstaates. *VVDStRL* n. 12, p. 42-3, 1954.

37. Cf. *BVerfGE* 40, 121 (133).

38. Cf. novamente e por todos, NEUMANN, V. Menschenwürde und Existenzminimum. *NVwZ*, p. 428-429, 1995.

39. Cf. STARCK, C. Staatliche Organisation und Staatliche Finanzierung als Hilfen zur Grundrechtsverwirklichungen?. In: STARCK, C. (org.). *Bundesverfassungsgericht und Grundgesetz, Festgabe aus Anla des 25 jëhrigen Bestehens des Bundesverfassungsrerichts*. v. II (BVerfG und GG II), Tübingen: J. C. Mohr (Paul Siebeck), 1976, p. 522.

40. Esta a lição de NEUMANN, V., op. cit., p. 428 e s.

41. Para além da paradigmática formulação de Ricardo Lobo Torres e da literatura já referida, vale conferir, ainda, o ensaio de SCAFF, F. F. Reserva do possível, mínimo existencial e direitos humanos. *Revista Interesse Público*, v. 32, p. 213 e s. 2005 (aderindo ao conceito e fundamento proposto por Ricardo Lobo Torres). Em sentido semelhante àquele desenvolvido no texto, cf. FIGUEIREDO, M. F. *Direito fundamental à saúde: parâmetros para sua eficácia e efetividade*, especialmente p. 188 e s.

reção, cumpre-nos insistir em que o conteúdo do mínimo existencial ultrapassa a noção de um mínimo meramente vital ou de sobrevivência, para resguardar não só a vida humana em si, mas uma vida saudável[42] e com certa qualidade[43]. Não se pode negligenciar que o princípio da dignidade da pessoa humana também implica uma dimensão sociocultural que não pode ser desconsiderada, mas que lhe constitui elemento nuclear a ser respeitado e promovido[44], razão pela qual determinadas prestações em termos de direitos culturais (notadamente, embora não de modo exclusivo, no caso da educação fundamental) deverão integrar o conteúdo do mínimo existencial[45]. Dessarte, o conteúdo do mínimo existencial deve compreender o conjunto de garantias materiais para uma vida condigna, no sentido de algo que o Estado não pode subtrair ao indivíduo (dimensão negativa) e, ao mesmo tempo, algo que cumpre ao Estado assegurar, mediante prestações de natureza material (dimensão positiva). Em termos de fundamentação constitucional, a ausência de explicitação da garantia (e do direito) ao mínimo existencial pela CF é superada pela inserção da garantia de existência digna dentre os princípios e objetivos da ordem constitucional econômica (art. 170, *caput*, CF), assim como pela proteção à vida e à dignidade da pessoa humana. De outra parte, verifica-se que os direitos sociais em espécie (como a assistência social, a saúde, a moradia, a previdência social, o salário mínimo dos trabalhadores) acabam por abarcar certas dimensões do mínimo existencial, ainda que não se reduzam a meras concretizações do mínimo existencial, como parece sustentar parcela da doutrina[46]. Entendemos que os direitos fundamentais sociais não se reduzem ao mínimo existencial (ou à dignidade humana), conquanto as dimensões que densificam o mínimo existencial certamente guardem relação com o núcleo essencial dos direitos sociais, ainda mais se consideradas as peculiaridades e a extensão com que foram positivados pela Constituição de 1988.

No que concerne à forma de realização do mínimo existencial, sobremodo quanto ao conteúdo das prestações materiais, doutrina e jurisprudência estrangeiras afirmam que se trataria de incumbência precípua do legislador o estabelecimento da forma da prestação, seu montante, as condições para sua fruição etc., restando aos tribunais decidir sobre o padrão existencial mínimo nos casos de omissão ou desvio de finalidade por parte dos órgãos legiferantes[47], muitas vezes sob o argumento de um direito de/à igual proteção. Ao mesmo tempo, consentem que a garantia de condições materiais mínimas à vida digna atua como limite à atividade legislativa conformadora, vedando, inclusive, medidas normativas aquém desta fronteira[48]. Entre nós, basta, por ora, lembrar o crescente número de publicações e de decisões jurisdicionais nessa seara, inclusive proferidas por Tribunais Superiores[49]. Ainda sobre o conteúdo da garantia, assinale-se a impossibilidade de se determinar, de forma apriorística e menos ainda de modo taxativo, um elenco dos elementos nucleares, no sentido de um rol fechado de posições subjetivas, negativas e positivas, correspondentes ao mínimo existencial. O que compõe o mínimo existencial reclama, portanto, uma análise (ou pelo menos a viabilidade de uma averiguação) à luz das necessidades de cada pessoa e de seu núcleo familiar, quando for o caso, o que não afasta a possibilidade de se inventariar todo um conjunto de conquistas já sedimentadas e que, em princípio e sem excluírem outras possibilidades, servem como uma espécie de roteiro a guiar o intérprete e de modo geral os órgãos vinculados à concretização da garantia do mínimo existencial[50].

8.6.2. Direito à moradia

Nada obstante anteriores referências ao longo do texto constitucional na sua redação original, o direito à moradia só veio ser positivado expressamente com a Emenda Constitucional n. 26, de 14 de fevereiro de 2000, transcorridos, pois, doze anos da promulgação da CF, o que em parte é atribuído às resistências do Brasil em relação a diversos aspectos regulados pelos instrumentos internacionais concernentes à moradia. Isso não impediu, contudo, que já se viesse defendendo o reconhecimento de um direito fundamental implícito à moradia, como consequência da proteção à vida e à dignidade humana, já que vinculado à garantia das condições materiais básicas para uma vida com dignidade e com certo padrão de qualidade, consoante, aliás, ocorreu por par-

---

42. Cf. o nosso *Dignidade da pessoa humana e direitos fundamentais na Constituição Federal de 1988*, p. 59-60.

43. A interpretação do conteúdo do mínimo existencial como o conjunto de condições materiais para uma vida digna tem prevalecido na jurisprudência comparada, e não somente alemã, como dá conta, por exemplo, a decisão do Tribunal Constitucional de Portugal no Acórdão n. 509, de 2002 (versando sobre o rendimento social de inserção). Cf., também, os comentários tecidos por ANDRADE, J. C. V., op. cit., p. 403 e s. e, mais recentemente, por MEDEIROS, R. Anotações ao art. 63 da Constituição da República portuguesa. In: MIRANDA, J.; MEDEIROS, R. *Constituição portuguesa anotada*. Coimbra: Coimbra Editora, 2005, t. I, p. 639-640.

44. Ver, por todos, HÄBERLE, P. A dignidade humana como fundamento da comunidade estatal. In: SARLET, I. W. (org.). *Dimensões da dignidade*: ensaios de filosofia do direito e direito constitucional, especialmente p. 116 e s.

45. Mesmo autores que preferem uma fundamentação mais liberal acerca do conteúdo do mínimo existencial posicionam-se nesse sentido. Ademais Ricardo Lobo Torres, conferir BARCELLOS, A. P. O mínimo existencial e algumas fundamentações: John Rawls, Michael Walzer e Robert Alexy. In: TORRES, R. L. (org.). *Legitimação dos direitos humanos*. Rio de Janeiro: Renovar, 2002, p. 11 e s., e, mais recentemente, da mesma autora: *A eficácia dos princípios constitucionais*: dignidade da pessoa humana. Rio de Janeiro: Renovar, 2003. Explorando já uma fundamentação vinculada às necessidades humanas, ver a contribuição de LEIVAS, P. G. C. *Teoria dos direitos fundamentais sociais*. Porto Alegre: Livraria do Advogado, 2006, especialmente p. 123 e s.

46. Cf., por exemplo, seguindo esta linha argumentativa, MARTINS, P. do C. V. A. A proibição do retrocesso social como fenômeno jurídico. In: GARCIA, E. (coord.). *A efetividade dos direitos sociais*. Rio de Janeiro: Lumen Juris, 2004, p. 412 e s. (referindo-se, todavia, à noção de necessidades básicas como núcleo essencial dos direitos sociais [noção esta similar a de um mínimo existencial], núcleo este blindado contra medidas de cunho retrocessivo).

47. Esta a posição de BREUER, R. Grundrechte als Anspruchsnormen. In: *Verwaltungsrecht zwischen Freiheit, Teilhabe und Bindung, Festgabeaus Anlass des 25 jährigen Bestehens des Bundesverwaltungsgerichts*. München: C. H. Beck, 1978, p. 97. Também o Tribunal Federal Constitucional atribui ao legislador a competência precípua de dispor sobre o conteúdo da prestação. Neste sentido, *BVerfGE* 40, 121 (133) e 87, 153 (170-1).

48. Cf. o já referido *leading case* do Tribunal Constitucional Federal (*BVerfGE* 40, 121 [133]).

49. Cf. decisões judiciais referidas no item 6, *supra*, "jurisprudência selecionada".

50. É precisamente neste sentido que compreendemos a proposta de BARCELLOS, A. P., op. cit., p. 247 e s., ao incluir no mínimo existencial a garantia da educação fundamental, da saúde básica, da assistência aos desamparados e do acesso à justiça, pena de fecharmos de modo constitucionalmente ilegítimo (ou, pelo menos, problemático) o acesso à satisfação de necessidades essenciais, mas que não estejam propriamente vinculadas (pelo menos, não de forma direta) às demandas colacionadas pela ilustre autora.

te do Conselho Constitucional francês[51]. Hoje, contudo, não há mais dúvidas de que o direito à moradia é um direito fundamental autônomo, de forte conteúdo existencial, considerado até mesmo um direito de personalidade (pelo menos naquilo em que vinculado à dignidade da pessoa humana e às condições para o pleno desenvolvimento da personalidade[52]), não se confundindo com o direito à (e de) propriedade, já que se trata de direitos distintos. Se o texto constitucional não traz parâmetros explícitos quanto à definição do conteúdo do direito à moradia, cumpre registrar o esforço legislativo e jurisprudencial no sentido recepcionar e, em alguns casos, adequar ao contexto interno os critérios materiais desenvolvidos no âmbito do sistema internacional, como são exemplo a segurança jurídica da posse, a disponibilidade de infraestrutura básica capaz de assegurar condições saudáveis de habitabilidade, o acesso a serviços essenciais e o respeito às peculiaridades locais, inclusive em termos de identidade e diversidade cultural da população, como propõem os órgãos da Organização das Nações Unidas (ONU)[53]. De qualquer sorte, a definição do conteúdo concreto do direito à moradia não poderá prescindir da relação estreita com o princípio da dignidade humana e com a garantia de padrões qualitativos mínimos a uma vida saudável.

Como os demais direitos fundamentais, o direito social à moradia abrange um complexo de posições jurídicas objetivas e subjetivas, de natureza negativa (direito de defesa) e positiva (direito a prestações). Na condição de direito de defesa (negativo), o direito à moradia impede que a pessoa seja privada arbitrariamente e sem alternativas de uma moradia digna, por ato do Estado ou de outros particulares. Nesse contexto, destaca-se a legislação que proíbe a penhora do chamado bem de família, como tal considerado o imóvel que serve de moradia ao devedor e sua família (Lei n. 8.009/90, art. 3º), sobre a qual já há inúmeras decisões judiciais, inclusive no âmbito do Superior Tribunal de Justiça, das quais boa parte favorável à proteção do direito à moradia[54].

Nessa seara, um caso bastante polêmico é o que envolve a constitucionalidade das exceções legais à regra geral da impenhorabilidade do único imóvel residencial (com destaque para o imóvel de propriedade do fiador em contrato de locação), pois apesar da tendência no sentido da inconstitucionalidade da previsão legal que permite a penhora do imóvel do fiador em contratos de locação, o Supremo Tribunal Federal, em decisão de fevereiro de 2006, reconheceu a compatibilidade da penhora com a salvaguarda do direito à moradia, afirmando a necessidade de assegurar-se o acesso à moradia por meio da oferta de imóveis para serem alugados, mesmo que se venha a penhorar o único imóvel do fiador, ainda mais quando este tenha dado livremente o bem em garantia[55]. É preciso lembrar que a própria CF (art. 5º, XXVI) assegura a impenhorabilidade da pequena propriedade rural, desde que trabalhada pela família, além de impor ao Poder Legislativo a criação de meios de financiamento da propriedade rural produtiva. Por sua vez, em termos de efetivação da dimensão prestacional do direito à moradia, importa mencionar o Estatuto da Cidade (Lei n. 10.257, de 10-07-2001), cuja principal meta é dar efetividade às diretrizes constitucionais sobre política urbana, estando a contribuir para a difusão de um verdadeiro direito à cidade. Dentre os instrumentos previstos no Estatuto da Cidade, destacam-se os seguintes: (a) as operações urbanas consorciadas, em que poder público e particulares atuam de forma conjunta, "com o objetivo de alcançar em uma área transformações urbanísticas estruturais, melhorias sociais e valorização ambiental"; (b) o Estudo de Impacto de Vizinhança (EIV), cujo conteúdo mínimo é previsto pelo art. 37 da lei, tem por meta verificar os aspectos positivos e negativos do empreendimento ou atividade que se pretenda implementar sobre a qualidade de vida da população residente na área e nas proximidades, ficando à disposição para consulta de qualquer interessado junto ao órgão municipal competente; (c) a usucapião coletiva das áreas urbanas ocupadas por população de baixa renda e nas quais não seja possível a individualização dos terrenos, sendo declarada judicialmente e constituindo, a partir de então, condomínio indivisível, com estabelecimento da propriedade de uma fração para cada indivíduo.

8.6.3. Direito ao lazer

O direito ao lazer, à semelhança do que acontece com outros direitos sociais, não tem seu conteúdo definido pelo texto constitucional. Apesar disso, a relação com diversas normas constitucionais de cunho protetivo (proteção da criança e do adolescente, proteção do idoso, e mesmo a garantia de salário mínimo) permite que se infira uma função essencialmente protetiva do direito ao lazer, no sentido de resguardar o aspecto mais lúdico da vida humana, impondo ao poder público o dever de assegurar as condições (por prestações materiais e normativas) que viabilizem o acesso e o exercício de atividades de lazer pela população. Nesse sentido, vem a jurisprudência entendendo[56] que o direito ao lazer estaria vinculado aos direitos à cultura e ao desporto, seja na efetivação do direito à educação, ao permitir uma formação mais ampla das crianças e adolescentes, seja na concretização de políti-

---

51. Cf. Decisão n. 94.359, de 19-01-1995. Desde 1982, a legislação francesa já fazia referência a um *droit à l'habitat*, depois compreendido como *le droit au logement*, no sentido de um local para habitação, em condições adequadas ao respeito da dignidade humana (loi Besson, de 31-03-1990). Cf. CROCQ, P. Le Droit au Logement. In: CABRILLAC, R; FRISON-ROCHE, M-A; REVET, T. *Libertés et droits fondamentaux*. 6. ed. Paris: Dalloz, 2000, p. 651-662.

52. Nesse sentido, cf. SARLET, I. W. Supremo Tribunal Federal, o direito à moradia e a discussão em torno da penhora do imóvel do fiador. *Revista da Ajuris*, n. 107, p. 123-144, set. 2007. V., ainda, enfatizando o caráter existencial, LOPES, J. R. de L. Cidadania e propriedade: perspectiva histórica do direito à moradia. *Revista de Direito Alternativo*, p. 121 e s. 1993; CUNHA, S. S. da. Direito à moradia. *Revista de Informação Legislativa*, n. 127, p. 49 e s. 1995; VIANA, R. G. C. O direito à moradia. *Revista de Direito Privado*, p. 9 e s., abr./jun. 2000, destaca a vinculação do direito à moradia com o direito à vida e uma existência digna.

53. A título exemplificativo, refira-se a situação das comunidades quilombolas e da discussão a respeito dos direitos à moradia e à propriedade das terras por si ocupadas. Sobre o tema, cf. BALDI, C. Territorialidade étnica e proteção jurídica: as comunidades quilombolas e a desapropriação. In: FERNANDES, E.; ALFONSIN, B. *Revisitando o instituto da desapropriação em áreas urbanas*. Belo Horizonte: Fórum, 2008 (ainda no prelo; texto gentilmente cedido pelo autor). De modo mais amplo, consultar, para maior aprofundamento, a "literatura selecionada" (item 7 deste comentário).

54. Ademais da "jurisprudência selecionada" (item 6, *supra*), conferir, no âmbito do Tribunal Regional Federal da 1ª Região, as decisões proferidas na AC n. 2001.01.00.026452-3/MA, Rel. Desembargador Federal Fagundes de Deus (*DJ* de 26-10-2006); e na AC n. 95.01.23028-7/BA, Rel. Juiz Leão Aparecido Alves (*DJ* de 23-01-2002). No Tribunal de Justiça do Rio Grande do Sul, ver a decisão exarada na AC n. 7000757571813, Relator Des. Roque Volkweiss (*DJ* de 27-09-2006).

55. Trata-se da posição majoritária sustentada pelo Min. Cezar Peluso no julgamento do Recurso Extraordinário (RE) n. 407.688/SP, em 14-02-2006 (*DJ* de 06-10-2006).

56. Cf. item 6, *supra*, "jurisprudência selecionada".

cas públicas de garantia de qualidade de vida ao idoso. O direito ao lazer retoma, assim, o conceito de saúde como "estado de completo bem-estar físico, mental e social" (OMS), perpassando garantias específicas sobre a saúde dos trabalhadores (v. g., repouso semanal, limitação de jornada de trabalho, proibição do trabalho infantil) e justificando, por isso, que possa integrar o conteúdo do mínimo existencial e da própria vida com dignidade, já que inerente à vida com (alguma) qualidade.

8.6.4. Direito à alimentação

O direito à alimentação foi recentemente incorporado ao *caput* do art. 6º da CF, por meio da EC 64, de 04-02-2010. Tal inovação constitucional sedimentou o reconhecimento do direito à alimentação como direito fundamental social integrante do nosso sistema constitucional. Do ponto de vista material, mesmo antes da positivação formal do direito à alimentação no art. 6º da CF, já seria adequado o seu reconhecimento como integrante do nosso catálogo de direitos fundamentais, por força da indivisibilidade dos direitos fundamentais, da abertura material do catálogo de direitos prevista no art. 5º, § 2º, da CF, na condição de direito humano consagrado em tratado internacional ratificado pelo Brasil (é o caso do Pacto Internacional de Direitos Econômicos, Sociais e Culturais, de 1966). Ainda no que diz com a justificação constitucional do direito à alimentação, o mesmo já constava do conteúdo do salário mínimo (art. 7º, IV, da CF), ou seja, das "necessidades vitais básicas", ao lado da moradia, educação, saúde, lazer, vestuário, higiene, transporte e previdência social. Portanto, a inserção do direito à alimentação no art. 6º da CF resultou na incorporação apenas formal de tal direito ao nosso texto constitucional, uma vez que materialmente ele já tinha sede constitucional, como direito fundamental decorrente do regime e dos princípios da Constituição Federal, designadamente do direito à vida, direito à saúde, dignidade da pessoa humana e da noção de uma garantia do mínimo existencial. Ainda no tocante à perspectiva da indivisibilidade e interdependência dos direitos fundamentais, não restam dúvidas a respeito da impossibilidade de o indivíduo desfrutar dos seus direitos fundamentais (civis, políticos, sociais e culturais) sem o acesso à alimentação adequada na sua jornada de vida cotidiana. Talvez o exemplo mais elucidativo do que se está a afirmar esteja na merenda escolar servida às crianças e adolescentes nos estabelecimentos de ensino público. Sem uma refeição nutritiva, o aprendizado delas resultará sobremaneira limitado, senão mesmo inviabilizado, e, por consequência, toda a cadeia de direitos fundamentais restará comprometida e violada. O mesmo ocorreria em questões envolvendo situações de subnutrição – e mesmo casos de fome crônica –, implicando violação do direito à saúde e do direito à integridade física. Em casos mais extremos, a ausência ou precariedade da alimentação coloca em risco o próprio direito à vida. Por tal razão, o acesso à alimentação adequada – como direito do indivíduo e da coletividade e dever do Estado – conforma, de forma bastante expressiva, a ideia em torno da interdependência e indivisibilidade dos direitos fundamentais – e humanos –, sendo pré-requisito para o desfrute de uma vida digna e saudável.

No âmbito do direito internacional dos direitos humanos, o direito à alimentação[57] tomou assento definitivo desde a Declaração Universal dos Direitos Humanos (1948), resultando consignado no seu art. XXV, n. 1, ao dispor que "toda pessoa tem direito a um padrão de vida capaz de assegurar a si e a sua família saúde e bem-estar, inclusive *alimentação*, vestuário, habitação, cuidados médicos e os serviços sociais indispensáveis, o direito à segurança, em caso de desemprego, doença, invalidez, viuvez, velhice ou outros casos de perda dos meios de subsistência fora de seu controle". Também o art. 11, n. 1, do Pacto Internacional dos Direitos Econômicos, Sociais e Culturais (1966), reproduzindo em parte o dispositivo da Declaração da ONU, já citado, consagrou o direito à alimentação ao delinear o direito a um nível de vida adequado. Ainda na perspectiva do Sistema Global de Proteção dos Direitos Humanos, registra-se a Convenção sobre os Direitos das Crianças (1989), notadamente sobre a responsabilidade dos Estados de tomar medidas para combater a desnutrição infantil e assegurar o direito à saúde das crianças. No Sistema Interamericano de Proteção dos Direitos Humanos, o principal diploma normativo a tratar da questão é o Protocolo Adicional à Convenção Americana sobre Direitos Humanos em Matéria de Direitos Econômicos, Sociais e Culturais (1989) – Protocolo de San Salvador –, ao consagrar, em dispositivo específico sobre o direito à alimentação (art. 12). Assim, verifica-se a existência de um regime normativo internacional, tanto sob o plano global quanto regional (interamericano), consolidado gradativamente após a Segunda Guerra Mundial, o que serviu sobremaneira como fonte para que os sistemas constitucionais acompanhassem tal evolução normativa e incorporassem o direito à alimentação nas suas legislações nacionais, como o fez recentemente a Constituição Federal.

No plano infraconstitucional, merece registro a Lei 11.346, de 15-09-2006, que cria o Sistema Nacional de Segurança Alimentar e Nutricional, com vistas a assegurar o direito humano à alimentação adequada. É importante ressaltar que tal diploma legislativo antecipou a própria modificação constitucional ocorrida somente em 2010, reconhecendo, no seu texto, o direito à alimentação adequada como direito fundamental. De acordo com o art. 2º da referida lei, "a alimentação adequada é *direito fundamental* do ser humano, inerente à *dignidade da pessoa humana* e *indispensável à realização dos direitos consagrados na Constituição Federal*, devendo o Poder Público adotar as políticas e ações que se façam necessárias para promover e garantir a segurança alimentar e nutricional da população". De modo a complementar tal conceito, merece registro o disposto no art. 3º, ao pontuar que "a segurança alimentar e nutricional consiste na realização do direito de todos ao acesso regular e permanente a alimentos de *qualidade*, em *quantidade suficiente*, sem comprometer o acesso a outras *necessidades essenciais*, tendo como base práticas alimenta-

---

57. Sobre o direito à alimentação na perspectiva do direito internacional dos direitos humanos, v. PIOVESAN, Flávia. Proteção dos direitos econômicos, sociais e culturais e do direito à alimentação adequada: mecanismos nacionais e internacionais. In: _____; CONTI, Irio Luiz (coord.). *Direito humano à alimentação adequada*, p. 17-48. Cuidando do tema no plano da responsabilidade do Estado, v. BEURLEN, Alexandra. O Estado brasileiro e seu dever de realizar o direito social à alimentação. In: SCAFF, Fernando Facury (org.). *Constitucionalismo, tributação e direitos humanos*, p. 189-222. Desenvolvendo o tema no âmbito da perspectiva jurídico-constitucional, v. MIRANDA NETTO, Fernando Gama de. Aspectos materiais e processuais do direito fundamental à alimentação. In: SOUZA NETO, Cláudio Pereira de; SARMENTO, Daniel (coord.). *Direitos sociais*: fundamentos, judicialização e direitos sociais em espécie, p. 1083-1121. Priorizando a interface com o direito à saúde e à segurança, v. NUNES, Mérces da Silva. *O direito fundamental à alimentação e o princípio da segurança*.

res promotoras de saúde que respeitem a diversidade cultural e que sejam ambiental, cultural, econômica e socialmente sustentáveis". O último dispositivo analisado aponta para a questão da *qualidade* e da *quantidade* dos alimentos, de modo a atender satisfatoriamente às necessidades básicas do indivíduo e, em última instância, proporcionar condições para o seu pleno desenvolvimento em um quadrante normativo de dignidade e salubridade. Outro aspecto importante contido no texto normativo analisado diz respeito à abordagem da matéria sob a perspectiva da indivisibilidade dos direitos fundamentais (liberais, sociais e ecológicos), inclusive como já destacado anteriormente, o que pode ser facilmente identificado no art. 2º, § 1º, do mesmo diploma, ao dispor que "a adoção dessas políticas e ações deverá levar em conta as *dimensões ambientais, culturais, econômicas, regionais e sociais*". Importa destacar, ainda no que diz com o estatuto legislativo aqui sumariamente apresentado, a previsão de *deveres de proteção* do Estado em matéria alimentar. Com efeito, de acordo com o art. 2º, § 2º, "é dever do Poder Público respeitar, proteger, promover, prover, informar, monitorar, fiscalizar e avaliar a realização do direito humano à alimentação adequada, bem como garantir os mecanismos para sua exigibilidade". Tal dispositivo, em sintonia com o regime jurídico-constitucional dispensado aos direitos fundamentais em geral, mais especialmente na perspectiva dos direitos sociais, aponta para o imperativo estatal de promover *políticas públicas* suficientes em matéria alimentar, de modo a assegurar o desfrute do direito em questão, erradicando a fome e garantindo o acesso de todos a alimentos adequados ao seu desenvolvimento saudável e bem-estar.

No tocante à eficácia do direito à alimentação, cumpre salientar que a sua intensidade normativa verifica-se de modo contundente nas situações de extrema pobreza e vulnerabilidade social, o que ocorre, por exemplo, em situações de subnutrição infantil, ainda hoje verificada em várias regiões do País. Como referido anteriormente, é a dignidade e a vida de tais indivíduos que se encontram em situação de violação, dado ser a alimentação adequada elementar a tais direitos. Por tal razão, cabível o controle judicial de políticas públicas voltadas a assegurar aos indivíduos e grupos sociais vulneráveis o acesso à alimentação adequada, bem como, no limite, até mesmo a possibilidade de reconhecer posições subjetivas originárias. Com efeito, não se questiona seriamente que o direito à alimentação integra o conteúdo do *direito-garantia ao mínimo existencial*, integrando, por assim dizer, o núcleo intangível da dignidade da pessoa humana[58].

Como se percebe, a partir da teia normativa internacional, constitucional e legal apresentada em caráter sumário, o direito à alimentação, como direito humano e fundamental, integra o catálogo constitucional, compartilhando, com particular intensidade, à vista da relevância de uma alimentação saudável para a própria vida humana, do pleno regime jurídico dos direitos fundamentais, inclusive a sua condição de direitos exigíveis, no âmbito da dimensão subjetiva dos direitos fundamentais sociais.

---

58. Para uma abordagem do direito à alimentação como integrante do conteúdo do direito-garantia ao mínimo existencial, v. Leivas, Paulo Cogo. O direito fundamental à alimentação: da teoria das necessidades ao direito ao mínimo existencial. In: Conti, Irio Luiz; Piovesan, Flávia (coord.). *Direito humano à alimentação adequada*, p. 79-92.

8.6.5. O direito ao transporte

Com a promulgação da Emenda Constitucional n. 90 (resultante da PEC 90/2011, de autoria da Deputada Luiza Erundina, SP), foi inserido mais um direito fundamental social no já significativo elenco de direitos consagrado no art. 6º da Constituição Federal de 1988 (CF), totalizando agora doze direitos sociais, designadamente educação, saúde, trabalho, lazer, segurança, previdência social, proteção à maternidade, proteção à infância e assistência aos desamparados, que já constavam do catálogo original de 1988, bem como os direitos à moradia, alimentação e ao transporte, respectivamente incorporados em 2000, 2010 e 2015.

Que a inserção de um direito ao transporte guarda sintonia com o objetivo de assegurar a todos uma efetiva fruição de direitos (fundamentais ou não), mediante a garantia do acesso ao local de trabalho, bem como aos estabelecimentos de ensino (ainda mais no contexto da proteção das crianças e adolescentes e formação dos jovens), serviços de saúde e outros serviços essenciais, assim como ao lazer e mesmo ao exercício dos direitos políticos, sem falar na especial consideração das pessoas com deficiência (objeto de previsão específica no art. 227, § 2º, da CF) e dos idosos, resulta evidente e insere o transporte no rol dos direitos e deveres associados ao mínimo existencial, no sentido das condições materiais indispensáveis à fruição de uma vida com dignidade. Quanto à sua fundamentalidade substancial, portanto, poucos teriam razões para questionar, nessa perspectiva, o reconhecimento desse "novo" direito social. Aliás, em se tratando de dimensão do mínimo essencial, a própria positivação textual poderia ser dispensada, justificando-se o reconhecimento do direito ao transporte na condição de direito fundamental implícito, o que aqui não será mais desenvolvido, mas terá reflexos em outro nível, como logo se verá.

Mas se quanto a tal ponto a questão ao menos aparentemente soa mais singela, a situação se revela mais complexa quando se trata de aplicar ao direito ao transporte o regime jurídico-constitucional dos direitos fundamentais, sem o qual a própria condição de direito fundamental restaria esvaziada.

Da mesma forma, resta em aberto qual afinal o âmbito de proteção (e respectivos limites) do direito ao transporte e como o mesmo se poderá tornar operativo na dupla perspectiva objetiva e subjetiva, assim como quanto à sua titularidade, aspectos que guardam conexão entre si e que igualmente dizem respeito ao regime jurídico dos direitos fundamentais.

Ora, se a premissa, há muito assumida por nós (ademais de correspondente ao entendimento majoritário no Brasil atualmente), é a de que os direitos fundamentais encontram-se submetidos a um regime jurídico-constitucional unificado, que lhes imprime uma força jurídica diferenciada e qualificada na arquitetura constitucional, não havendo, quanto a tal aspecto e ressalvada alguma matização, diferenças substanciais quanto aos direitos sociais e os demais direitos fundamentais, aparentemente não haveria quanto a tal ponto maior problema que aqui pudesse ser levantado.

Mas o fato é que a existência de um eixo comum não explica por si só as consequências propriamente ditas do referido regime jurídico nem dispensa considerações adicionais.

Com efeito, tendo em conta que os elementos centrais da assim chamada fundamentalidade em sentido formal, que se soma ao viés material, residem na aplicabilidade imediata das normas de direitos fundamentais e na proteção privilegiada contra intervenções por parte do poder público, mas também se consubstancia no fato de que os direitos fundamentais assumem a condição de limites materiais ao poder de reforma constitucional, resta avaliar como isso poderá se aplicar ao direito ao transporte, evitando, portanto, que o mesmo se transforme em mais uma promessa constitucional carente em grande medida de efetividade.

Quanto ao primeiro aspecto, o da aplicabilidade imediata, está em causa a vinculação direta dos atores estatais (e, em certa medida, sempre também dos atores privados) ao direito ao transporte, que devem em todos os seus níveis de atuação, e respeitadas as limitações quanto à competência, assegurar-lhe a máxima eficácia e efetividade.

De particular relevo nesse contexto é a discussão em torno da viabilidade de se assegurar, de modo individual e/ou transindividual, ao cidadão um direito subjetivo originário ao transporte gratuito, mesmo sem regulamentação legal ou política pública promovida pelo Poder Executivo, ou apenas limitar tal direito, na condição de posição subjetiva e exigível pela via jurisdicional, a um direito derivado a prestações, no sentido de um direito de igual acesso ao sistema de transporte já disponibilizado ou mesmo um direito a promoção pelo poder público de políticas de inclusão em matéria de transporte público, seja mediante subsídios alcançados a empresas particulares concessionárias, seja por meio de empresas públicas de transporte coletivo, em ambos os casos com tarifas diferenciadas e mesmo em caráter gratuito para determinados segmentos, a exemplo do que já se passa em sede do assim chamado "passe-livre" para idosos e pessoas com deficiência etc.[59]

Aliás, a discussão em torno da universalização do transporte público gratuito remete a outros dilemas, porquanto mais do que conhecido o caso do Sistema Único de Saúde, projetado como de acesso universal e gratuito (gratuidade estabelecida por lei a despeito de não exigida constitucionalmente de tal modo), com níveis de atendimento muito diferenciados e cada vez mais comprometidos no seu conjunto, ademais de um número impressionante de usuários dos planos de saúde privados, que já não mais suportam a qualidade do atendimento integral dispensado pelo SUS e buscam, mediante paga e encargos por vezes desproporcionais, considerando a renda familiar, assegurar as mínimas condições para prevenção e tratamento em termos de saúde.

Se atentarmos ao fato de que saúde e educação ao menos foram dotados, já do ponto de vista constitucional, de um percentual mínimo de investimento público, o restante da receita (ainda que as fontes e montantes sejam variáveis caso a caso) há de ser distribuída entre todos os demais direitos sociais, o que inevitavelmente poderá tensionar ainda mais os conflitos que se estabelecem nessa seara, mormente se o direito ao transporte for divulgado como sendo direito de todos o transporte público gratuito em todos os meios de transporte, arcando o Estado integralmente com os encargos que à evidência não tem logrado atender.

Por outro lado, impor aos particulares tal ônus sem contrapartida que assegure a manutenção da empresa, a aquisição e manutenção dos meios de transporte, pagamento de pessoal, demais despesas incidentes, igualmente não se revela solução compatível com o ordenamento constitucional e de qualquer sorte resultaria no abandono completo dessa via negocial, com graves consequências para a acessibilidade diuturna dos cidadãos.

Com isso já se percebe que a situação é mais complexa e demanda uma abordagem sistêmica e que não dispensa um conjunto de ações coordenadas de caráter legislativo e administrativo, bem como uma articulação em nível federativo, ademais de equacionamento no plano tributário, orçamentário e financeiro.

Um direito subjetivo originário, portanto, há de ter caráter excepcional e vinculado ao mínimo existencial, eventualmente ante a falta ou insuficiência da ação estatal. Por outro turno, a concessão (judicial) de transporte gratuito diretamente imposta a empresas privadas para além da regulação existente, ademais de harmônica com custos previamente calculados e pactuados, deverá levar em conta – como já se sugeriu no caso de compra de vagas pelo poder público junto ao ensino privado – eventual compensação por parte do Estado, visto que, do contrário, nem mais combustível poderá ser adquirido para acionar os motores que asseguram o acesso rápido aos bens e serviços.

Em suma, aos que bradam contra a assim chamada (no nosso sentir, de modo um tanto inadequado) judicialização da política e contra o ativismo judicial (outro termo que soa desconfortável), a inclusão de mais um direito social certamente fornecerá muito material e poderá levar a mais uma enxurrada de ações no Poder Judiciário.

Por outro lado, na esfera da assim chamada dimensão negativa dos direitos fundamentais, o novo direito ao transporte também não deixa de atrair questões interessantes e nem sempre de fácil equacionamento, designadamente quando em causa a supressão de políticas inclusivas ou de subsídios aplicadas ao sistema de transporte público e coletivo, entre outras, que podem ser impugnadas pela via judicial.

Além do problema do estabelecimento dos limites de tal direito, que evidentemente não é simples e convoca as categorias da reserva legal, do núcleo essencial e da proporcionalidade, ao menos para citar as mais relevantes, exsurge a indagação se o novo direito ao transporte ocupa a condição de limite material à reforma constitucional.

Também aqui as opiniões são fortemente diferenciadas. Como se trata de direito fundamental introduzido mediante emenda constitucional, as posições vão desde os que negam categoricamente tal condição, até os que a afirmam com toda a sua plenitude, sobressaindo aqui o entendimento de que em se tratando de direito que já poderia ser considerado implicitamente positivado, de modo que a previsão textual apenas a chancela, afastando toda ou qualquer recusa por parte dos poderes públicos de dar cumprimento ao comando constitucional, o que nos faz remeter ao capítulo dedicado ao poder de reforma constitucional.

De qualquer sorte, em sua formatação mais modesta, a inserção de um direito fundamental ao transporte, considerando a sua condição de direito fundamental, deveria pelo menos servir de fundamento para ações judiciais impugnando toda e qualquer medida não justificada e desproporcional que tenha por escopo reduzir os níveis de acesso ao transporte.

---

59. V. a respeito a já referida jurisprudência do STF no que concerne a garantia de direito subjetivo de transporte escolar para crianças e adolescentes pelo menos quando matriculados no ensino fundamental e médio (referência feita no item da proteção da maternidade e da infância).

Assim, à luz do exposto, percebe-se que são inúmeros os desafios e grande a chance de também essa nova promessa desaguar no já antigo problema da falta de efetividade das promessas constitucionais. Em suma, pergunta-se se o direito ao transporte será apenas mais um caso de frustração constitucional ou quem sabe ocupará um papel relevante para assegurar a todos uma vida com mais dignidade, pelo menos aos que necessitam de tal transporte.

DIREITO À RENDA BÁSICA FAMILIAR

Art. 6º, parágrafo único. Todo brasileiro em situação de vulnerabilidade social terá direito a uma renda básica familiar, garantida pelo poder público em programa permanente de transferência de renda, cujas normas e requisitos de acesso serão determinados em lei, observada a legislação fiscal e orçamentária.

Ingo Wolfgang Sarlet
Thiago Santos Rocha

1. Histórico da norma

A pandemia de COVID-19 expôs de modo escancarado a inefetividade da estrutura brasileira de proteção social para cumprir a tarefa de erradicar – e não só amenizar – a pobreza e a marginalização social e reduzir as desigualdades sociais e regionais, definida pelo artigo 3º, III, da Constituição Federal de 1988 (CF/88) como um dos objetivos fundamentais da República. Ante a necessária contenção da propagação do vírus, foram adotadas medidas de distanciamento social que inviabilizaram – ou, ao menos, alteraram substancialmente – as práticas laborais de um contingente significativo da população brasileira, ademais de aprofundar os níveis de desigualdade e aumentar os da pobreza em geral e da pobreza extrema.

Neste sentido, o Auxílio Emergencial ao Trabalhador (AET), criado pela Lei n. 13.982, em 2 de abril de 2020 (o AET foi prorrogado pela Medida Provisória n. 1.000/2020 e pela Medida Provisória n. 1.039/2021), foi a resposta infraconstitucional, imediata e temporária, encontrada pelo Estado brasileiro para amortecer os impactos da pandemia de COVID-19 sobre a renda das pessoas que dependiam da venda permanente de sua mão de obra para o acesso às condições materiais de vida e com o objetivo de garantir uma renda mínima à população com menores rendimentos durante a pandemia da COVID-19.

Foi neste contexto histórico que a Emenda Constitucional n. 114, de 16 de dezembro de 2021, introduziu o parágrafo único no artigo 6º da Constituição do Brasil de 1988, incluindo no rol dos direitos sociais fundamentais expressos a previsão do direito a uma "renda básica familiar" (RBF). Em linha com a dimensão objetiva da norma jusfundamental que se extrai deste enunciado, a referida Emenda também inseriu entre os objetivos expressos da assistência social "a redução da vulnerabilidade socioeconômica de famílias em situação de pobreza ou de extrema pobreza" (artigo 203, VI).

2. Constituições brasileiras anteriores

O direito à RBF, como um direito subjetivo atribuído a todos os cidadãos brasileiros que se encontram em situação de vulnerabilidade social, e que tem por objeto específico uma prestação monetária, apresenta um aspecto que pode se considerar inovador no constitucionalismo brasileiro.

A novidade se dá, não por atribuir às pessoas brasileiras a titularidade de um direito fundamental a medidas de assistência social, a ser exercido quando se cumpram os requisitos que configurem a situação de vulnerabilidade social. De certa forma, como direito à "assistência aos desamparados" (artigo 6º, *caput*), por meio de uma estrutura objetiva destinada a atender "a quem dela necessitar" (artigo 203, *caput*), isto já estava presente na própria CF/88, desde sua versão originalmente promulgada.

Tampouco é algo novo a previsão constitucional de uma prestação monetária assistencial como objeto de um direito fundamental, haja vista a já existência, também na própria CF/88, da garantia do benefício de prestação continuada (BPC), devido a toda pessoa portadora de deficiência ou idosa que não tenha recursos pessoais ou familiares para a sua manutenção (artigo 203, V). Ademais, para além de deixar clara a natureza pecuniária da prestação do BPC, referido enunciado determina a sua periodicidade mensal e a sua quantia equivalente a um salário-mínimo, elementos que contribuem para uma prestação com contornos constitucionais melhor delineados do que os do direito à RBF.

Ao comparar-se com os seus antecessores, o que o direito fundamental criado pela EC n. 114/2021 traz de inovador, é a combinação da especificação da prestação pecuniária, definida como elemento necessário do objeto do direito, com um requisito para o seu exercício que, embora delimite o universo das pessoas titulares àquelas que se encontram aptas a aceder à prestação em determinado momento histórico, não o faz de forma a delimitar um único grupo dentre todos aqueles socialmente vulneráveis, como seria um direito cujo exercício fosse exclusivamente atribuído a, por exemplo, pessoas menores, idosas, desempregadas, com deficiência ou historicamente discriminadas.

3. Constituições estrangeiras

Como fruto das diferentes fases e manifestações do constitucionalismo social, uma parte significativa das Constituições estrangeiras hoje vigentes trazem medidas de assistência social como ferramentas de implementação do mandato do Estado social e, portanto, orientadas à promoção das condições para que a liberdade e a igualdade dos indivíduos sejam reais e efetivas.

Todavia, ainda que recorrentes as previsões genéricas sobre a assistência social, seja desde sua perspectiva objetiva, como uma garantia institucional ou um princípio informador da estrutura prestacional do Estado, seja como um direito a medidas assistenciais genericamente consideradas, sempre tendo-se em vista os obstáculos à plena eficácia de tais normas já apontados nos comentários ao *caput* do artigo 6º CF/88, não é usual a previsão de um direito a uma prestação pecuniária específica destinada a uma situação genérica – desvinculada de uma causa determinada – de vulnerabilidade social.

Todavia, ao deixar ampla margem para os poderes constituídos na conformação da estrutura de implementação da assistência social, ou mesmo do regime jurídico de exercício de um direito fundamental à assistência – nas hipóteses em que se pode extrair uma dimensão subjetiva da norma constitucional –, não são raros os casos em que o Poder Legislativo de determinado país tenha escolhido, entre as tantas ferramentas possíveis, uma política pública de garantia de renda mínima com características semelhantes – respeitadas as devidas especificidades de cada contexto – ao conteúdo do direito do parágrafo único artigo 6º da CF/88. De certa forma, atualmente, esta é uma característica comum, por exemplo, a todos os sistemas de proteção social dos países da União Europeia (ÁLVAREZ ALONSO, 2022), sendo o mais recente o Ingresso Mínimo Vital implementado em Espanha, por meio do Real Decreto-Lei 20/2020, de 29 de maio, posteriormente convertido na Lei 19/2021, de 20 de dezembro.

Entre as raras normas constitucionais estrangeiras que se aproximam do caso brasileiro, merece referência o artigo 12 da Constituição Federal da Confederação Suíça de 1999[1].

4. Direito Internacional

– Declaração Universal de Direitos Humanos da Organização das Nações Unidas (DUDH/ONU), de 1948.

– Carta dos Estados Americanos, de 30 de abril 1948, promulgada pelo Decreto n. 30.544 de 14 de fevereiro de 1952, com reformas posteriores.

– Pacto Internacional de Direitos Civis e Políticos (PIDCP), de 1966, internalizado pelo Decreto Legislativo n. 226, de 12 de dezembro de 1991, e promulgado pelo Decreto n. 592, de 6 de julho de 1992.

– Pacto Internacional de Direitos Econômicos, Sociais e Culturais (PIDESC), de 1966, internalizado pelo Decreto Legislativo n. 226, de 12 de dezembro de 1991, e promulgado pelo Decreto n. 591, de 6 de julho de 1992.

Embora não sejam previsões específicas de um direito a uma renda mínima, há, no âmbito do Direito Internacional, alguns documentos que merecem referência neste comentário, na medida em que tratam, ainda de modo genérico, da importância da erradicação da pobreza e da garantia de um nível adequado de vida para a garantia do sistema de direitos humanos.

De acordo com o artigo 25.1 da DUDH/ONU, todas as pessoas, e não apenas as que possuam um trabalho ou adotem determinada conduta de vida, têm direito a um padrão de vida adequado, ou seja, um padrão que garanta a saúde e o bem-estar para si e para sua família. Além disso, todas as pessoas devem ter assegurado o acesso aos meios de subsistência caso os percam por motivos alheios à sua vontade.

Ressalte-se que, como já apontado pelo STF, o direito a uma vida digna, previsto no artigo 25.1 da DUDH/ONU, alinha-se ao princípio da dignidade da pessoa humana (artigo 1º, III, CF/88) e ao objetivo de erradicação da pobreza e da marginalização social (artigo 3º, III, CF/88) na fundamentação de um direito ao mínimo existencial, que é intangível mesmo ante a suposta escassez de recursos públicos cuja gestão e destinação é de responsabilidade dos poderes constituídos[2].

O Pacto Internacional sobre Direitos Econômicos, Sociais e Culturais (PIDESC), por sua vez, nos termos do artigo 11.1, além de prever o reconhecimento do direito a um nível de vida adequado para toda pessoa e sua família, inclui no objeto desse direito a melhoria contínua das condições de existência, de modo que a configuração de estruturas públicas e sociais que permitam ou mesmo promovam o retrocesso das condições de vida dos indivíduos e grupos mais vulneráveis não seria coerente com essa disposição.

Por sua vez, o Comitê de Direitos Humanos das Nações Unidas (CDH) já declarou que o conteúdo dos direitos civis do PIDCP, como o direito à vida[3], e dos direitos políticos, como o direito ao voto[4], obriga o Estado a tomar medidas positivas para evitar que situações como a pobreza e a falta de moradia impeçam as pessoas de exercer esses direitos.

A Carta da Organização dos Estados Americanos inclui entre seus objetivos essenciais (artigo 3) a erradicação da pobreza crítica, identificando-a, em uma perspectiva semelhante à da Convenção da Filadélfia de 1944, como um obstáculo ao livre desenvolvimento democrático dos povos do hemisfério.

Remissões constitucionais e legais

– CF/88. Art. 1º, III (princípio da dignidade da pessoa humana) e IV (valor social do trabalho). Art. 3º, I (construção de uma sociedade livre, justa e solidária como objetivo fundamental da República) e III (assim como a erradicação da pobreza e da marginalização, e a redução das desigualdades sociais e regionais). Art. 170, *caput* (explicitação de que a ordem econômica se funda na valorização do trabalho humano e na livre iniciativa, tendo por objetivo assegurar a existência digna, segundo os ditames da justiça social) e II (ademais de observar, entre outros, o princípio da função social da propriedade), VII (a redução das desigualdades regionais e sociais). Art. 203 (assistência social).

– Medida Provisória n. 1.164, de 2 de março de 2023. Institui o Programa Bolsa Família.

– Lei n. 14.284, de 29 de dezembro de 2021. Institui o Programa Auxílio Brasil.

– Lei n. 13.982, em 2 de abril de 2020. Dispõe sobre critérios de elegibilidade do Benefício de Prestação Continuada.

– Lei n. 10.835, de 8 de janeiro de 2004. Institui a Renda Básica de Cidadania.

– Lei n. 8.742, de 7 de dezembro de 1993. Lei Orgânica da Assistência Social – LOAS.

---

1. "Art. 12. Direito à assistência quando em situação de necessidade. As pessoas necessitadas e incapazes de prover seu próprio sustento têm direito a assistência e cuidados, bem como aos meios financeiros necessários para um padrão de vida decente." NT: tradução livre a partir da versão em inglês disponibilizada pela Plataforma de Publicação para Direito Federal – Fedlex, disponível em https://www.fedlex.admin.ch/eli/cc/1999/404/en, consulta em 25/04/2023.

2. STF, ARE 639337 AgR, rel. min. Celso de Mello, 2ª T, j. 23/08/2011, *DJe* 15/09/2011.
3. *Vide* HUMAN RIGHTS COMMITTEE, 1982, parag. 5, 1999, parag. 12, 2018, parag. 26.
4. *Vide* HUMAN RIGHTS COMMITTEE, 1996, parag. 12.

5. Jurisprudência Selecionada do STF

O STF ainda não se pronunciou sobre do parágrafo único do artigo 6º da CF/1988. Entretanto, o julgamento do Mandado de Injunção 7300, prévio à EC n. 114/2021, contribuiu para o debate sobre o tema (MI 7300, *DJe*-167, 23/08/2021 – Omissão do Poder Executivo Federal em fixar o valor do benefício).

6. Referências Bibliográficas

6.1. Literatura selecionada

ALEXY, R. Teoria dos Direitos Fundamentais. Tradução: Virgilio Afonso Da Silva. 2. ed. São Paulo: Malheiros, 2017.

ALSTON, P. Universal Basic Income as a Social Rights-based Antidote to Growing Economic Insecurity. Public Law & Legal Theory Research Paper Series, v. Working Paper n. 17-51, nov. 2017.

ÁLVAREZ ALONSO, D. Ingreso Mínimo Vital y Rentas Mínimas en Europa: una panorámica comparada. Em: GARCÍA MURCIA, J. (Ed.). El ingreso mínimo vital en el sistema español de protección social. Oviedo: Krk Ediciones, 2022. p. 669–724.

ARCARONS, J.; TORRENS, L.; RAVENTÓS, D. Renta básica incondicional: una propuesta de financiación racional y justa. Barcelona: Ediciones del Serbal, 2017.

ARROYO JIMÉNEZ, L.; BARRAGUÉ CALVO, B.; FERNÁNDEZ-ALLER, C. La justificación normativa de la Renta Básica universal desde la filosofía política y el Derecho. Revista Diecisiete: Investigación Interdisciplinar para los Objetivos de Desarrollo Sostenible, n. 1, p. 81–94, 2019.

BARBOSA, J. F.; SARLET, I. W. Desafios da COVID-19 à seguridade social brasileira. Revista Direitos Fundamentais & Democracia, v. 27, n. 2, p. 128–157, ago. 2022.

CARMONA CUENCA, E. El derecho a un mínimo vital y el derecho a la renta básica. Anuario de Derechos Humanos, n. 13, p. 199–209, 2017.

CASASSAS, D. Libertad incondicional: La renta básica en la revolución democrática. Barcelona: Ediciones Paidós, 2018.

DE SORDI, D. Reformas nos Programas Sociais brasileiros: Solidariedade, Pobreza e Controle social (1990 – 2014). Uberlândia: Universidade Federal de Uberlândia, 28 fev. 2019.

GARGARELLA, R. El ingreso ciudadano como política igualitaria. Em: LO VUOLO, R. M.; BARBEITO, A. (Eds.). Contra la exclusión: la propuesta del ingreso ciudadano. Colección Políticas públicas. Buenos Aires: Ciepp : Miño y Dávila, 1995. p. 291–308.

MERRILL, R. *et al*. Rendimento Básico Incondicional. Lisboa: Edições 70, 2019.

PRESNO LINERA, M. Á. Estado de alarma por coronavirus y protección jurídica de los grupos vulnerables. El Cronista del Estado Social y Democrático de Derecho, n. 86–87, p. 54–65, 2020.

SARLET, I. W. Direitos fundamentais a prestações sociais e crise: algumas aproximações. Espaço Jurídico Journal of Law [EJJL], v. 16, n. 2, p. 459–488, 28 ago. 2015.

SUÁREZ LLANOS, L. Caracterización de las personas y grupos vulnerables. Em: PRESNO LINERA, M. Á. (Ed.). Protección jurídica de las personas y grupos vulnerables. Oviedo: Universidad de Oviedo; Procuradora General del Principado de Asturias, 2013. p. 35–92.

SUPLICY, E. M. Renda de Cidadania: a saída é pela porta. 7. ed. São Paulo: Cortez, 2013.

VAN PARIJS, P.; VANDERBORGHT, Y. Basic Income: A Radical Proposal for a Free Society and a Sane Economy. London: Harvard University Press, 2017.

6.2. Fontes documentais

BIEN. BIEN Constitution. Disponível em: <https://basicincome.org/basic-income/>. Acesso em: 12 mar. 2022.

COMMITTEE ON ECONOMIC, SOCIAL AND CULTURAL RIGHTS. Annex III – Statement to the World Conference on Human Rights on behalf of the Committee on Economic, Social and Cultural Rights. Em: Report on the 7th session, 23 November-11 December 1992. E/1993/22. New York: United Nations, 1993. p. 82–86.

HUMAN RIGHTS COMMITTEE. General comment No. 6 on article 6 (right to life). [s.l.] United Nations, 30 abr. 1982. Disponível em: <https://tbinternet.ohchr.org/_layouts/15/treatybodyexternal/TBSearch.aspx?Lang=en&TreatyID=8&DocTypeID=11>. Acesso em: 3 out. 2021.

HUMAN RIGHTS COMMITTEE. General comment No. 25 on article 25 (The right to participate in public affairs, voting rights and the right of equal access to public service). United Nations, 12 jun. 1996. Disponível em: <https://tbinternet.ohchr.org/_layouts/15/treatybodyexternal/TBSearch.aspx?Lang=en&TreatyID=8&DocTypeID=11>. Acesso em: 3 out. 2021.

HUMAN RIGHTS COMMITTEE. Concluding observations of the Human Rights Committee. Canada. United Nations, 1999. v. I.

HUMAN RIGHTS COMMITTEE. General comment No. 36 on article 6 (right to life). [s.l.] United Nations, 2 nov. 2018. Disponível em: <https://tbinternet.ohchr.org/_layouts/15/treatybodyexternal/TBSearch.aspx?Lang=en&TreatyID=8&DocTypeID=11>. Acesso em: 3 out. 2021.

IBGE. Rendimento de todas as fontes 2020. Rio de Janeiro: IBGE, 2021.

IBGE. Síntese de indicadores sociais: uma análise das condições de vida da população brasileira. Rio de Janeiro: IBGE, 2022. Disponível em: <https://biblioteca.ibge.gov.br/visualizacao/livros/liv101979.pdf>. Acesso em: 2 maio 2022.

REDE PENSSAN. II Inquérito Nacional sobre Insegurança Alimentar no Contexto da Pandemia da COVID-19 no Brasil. São Paulo: Fundação Friedrich Ebert, Rede PENSSAN, 2022.

YAMAMORI, T. BIEN: The report from the General Assembly. Disponível em: <https://basicincome.org/news/2016/10/bien-report-general-assembly/>. Acesso em: 6 set. 2019.

7. Comentários

7.1. Conteúdo do direito

O direito sob comento tem por objeto uma "renda básica familiar", ou seja, uma prestação material em moeda, que não se confunde com a entrega de bens ou a prestação de serviços, que deve ser regular e periódica, na medida em que assegurada por uma estrutura permanente de transferência de renda, e deve ser suficiente para, aliada a outras medidas levadas a cabo pelos poderes públicos, afastar a situação de vulnerabilidade social. Ao ser uma quantia básica que ataca diretamente as causas de vulnerabilidade ocasionadas ou agravadas pela insuficiência de ingressos, não se pode afirmar que tal direito se destina a assegurar, integral e isoladamente, um mínimo existencial a toda a população socialmente vulnerável. Como muito, a depender da configuração legal a ser dada à situação de vulnerabilidade social, será uma ferramenta apta a suprir necessidades fisiológicas, o mínimo vital, a parte mais elementar do mínimo existencial. Em outros termos, a RBF insere-se no arcabouço das medidas constitucionalmente previstas para dar concreção ao paradigma do Estado social e, em conjunto e de forma coordenada com outras ferramentas, assegurar o direito ao mínimo existencial. O enunciado constitucional deixa ainda claro que faz parte do conteúdo do direito uma prestação normativa, definidora de normas e requisitos de acesso.

Note-se, ainda, que o direito a um mínimo existencial, de acordo com a concepção de matriz germânica recepcionada no Brasil, não se limita ao chamado mínimo vital (mínimo existencial fisiológico), mas abarca o mínimo sociocultural, que visa assegurar as condições materiais básicas para o livre desenvolvimento da personalidade, mediante acesso à educação, saúde (que vai além da mera preservação da vida), moradia digna, cultura e possibilidade de participação crítica na formação da vontade política, citando-se aqui os mais importantes.

Relembrando-se a conhecida categorização proposta por Robert Alexy (ALEXY, 2017, p. 499), o direito à RBF se caracteriza como um direito a uma prestação fática (direito à prestação em sentido estrito), pois, embora sua consecução exija a estruturação de uma cadeia de ações, inclusive algumas normativas, implica um resultado material (entrega de um valor específico a cada titular) que independe da forma jurídica para sua consecução.

Enquanto a dimensão positiva do direito faz-se notar na obrigação de entrega da quantia pecuniária ao indivíduo titular, e em todas as obrigações acessórias a ela referentes, a dimensão negativa, relacionada aos deveres de respeito e proteção, faz-se perceptível em aspectos como a isenção dessa quantia pecuniária perante a ação tributária do Estado, bem como a sua impenhorabilidade perante qualquer tipo de atividade executória, seja ela voltada à satisfação das demandas do poder público ou da iniciativa privada. Embora não expressamente previstos no enunciado, negar a existência destes aspectos da dimensão negativa do direito seria ignorar a sua inerente relação com a garantia do mínimo existencial.

No que se refere aos seus destinatários, o enunciado normativo determina que caberá ao "poder público" a garantia das prestações relacionadas ao direito. Como o objeto do direito claramente se encaixa nas delimitações constitucionais da assistência social (artigo 203, VI, CF/88), a sua estrutura de proteção se insere na macroestrutura da seguridade social, tratando-se de competência legislativa privativa da União (art. 22, XXIII, CF/88). A depender dos elementos utilizados pela legislação federal para a configuração da situação de vulnerabilidade social, deverá observar-se a competência concorrente da União, dos Estados e do Distrito Federal, nos termos do art. 24 do CF/88, para legislar sobre alguns aspectos específicos que possam se relacionar com a proteção e a integração social das pessoas com deficiência (art. 24, XIV) e a proteção à infância e à juventude (art. 24, XV). Além disso, todos os entes federativos podem ser envolvidos na implementação da RBF, na medida em que faz parte da competência material comum de todos eles combater as causas da pobreza e os fatores de marginalização, promovendo a integração social dos setores desfavorecidos (artigo 23, X). Ademais, não se pode afastar a eficácia horizontal do direito à RBF, notadamente em situações como, por exemplo, a já mencionada impenhorabilidade ante a execução por dívidas de natureza privada.

Analisando-se a titularidade do direito à RBF, ela é indistintamente atribuída a "todo brasileiro", mesmo que o seu exercício esteja restrito à situação de vulnerabilidade social. Assim, a EC n. 114/2021 introduziu uma especificação que, até então, não constava no âmbito dos direitos fundamentais sociais expressamente previstos na Constituição, qual seja, a de que tal direito será de titularidade das pessoas de naturalidade brasileira. Se, por um lado, tal opção não inclui – ao menos expressamente – as pessoas estrangeiras residentes no Brasil, por outro alcança aquelas de nacionalidade brasileira independente de sua residência. Além disso, deixa igualmente de abranger as estrangeiras não residentes.

É claro que nada impede à legislação estender tal direito às pessoas estrangeiras residentes no Brasil e mesmo às não residentes, visto que tanto a doutrina prevalente quanto a jurisprudência do STF reconhecem que estrangeiros não residentes são, em determinados casos, titulares de direitos fundamentais, inclusive de alguns direitos sociais, sobretudo envolvam exigências da dignidade da pessoa humana.

Ademais, esta possível extensão estaria em linha com a universalidade específica que decorre do art. 203 CF/88, no sentido que a assistência social "será prestada a quem dela necessitar". Nessa mesma linha, veja-se, por exemplo, a decisão proferida pelo STF no caso paradigmático RE 587.970[5], reconhecendo que a titularidade do Benefício de Prestação Continuada (art. 203, V, CR/88) alcança não só os brasileiros natos e naturalizados, mas também os estrangeiros residentes no país, atendidos os requisitos constitucionais e legais.

Mais questionável seria eventual tentativa dos poderes constituídos, entre eles o Legislativo, de limitar a titularidade de tal direito de modo a excluir as pessoas brasileiras pelo fato único de não residirem no Brasil. Isso porque, além do respeito à isonomia (art. 5º, *caput*), a discricionariedade do Legislativo ao estabelecer as "normas e requisitos de acesso" para operacionalizar o programa de transferência de renda, tal qual lhe incumbiu o parágrafo único do artigo 6º, não alcança o poder de limitar o que a própria Constituição considera como "brasileiros" (art. 12).

É certo que, entre as "normas e requisitos de acesso" se encontra o detalhamento dos requisitos de exercício do direito fundamental à RBF. Todavia, tais requisitos não podem ser tais que desvirtuem a titularidade do direito. No que se refere ao sujeito deste direito, cabe ao Poder Legislativo definir o que se entende por "situação de vulnerabilidade social", sendo constitucionalmente legítimas tão somente as limitações relacionadas a este requisito, como a fixação de critérios objetivos para sua caracterização, a exigência de participação em um cadastro público, entre outras.

---

5. STF, RE 587.970, rel. min. Marco Aurélio, j. 20/4/2017, P, *DJE* de 22/9/2017, Tema 173.

Tal como positivado pela EC n. 114/2021, o direito à RBF consiste em um direito que tem por foco as pessoas brasileiras em situação de vulnerabilidade social, mas incondicionado, ou seja, compete ao Legislativo definir qual parte da cidadania brasileira será considerada socialmente vulnerável, mas não impor qualquer outra condição para que a pessoa que comprove tal situação exerça o seu direito fundamental. Desse modo, vincular o exercício de tal direito a, por exemplo, critérios relativos à participação no mercado laboral, no sistema de educação ou no sistema sanitário, não parecem ser elementos razoáveis para a caracterização da vulnerabilidade social, de tal sorte que a liberdade de conformação do legislador não inclui a prerrogativa de ampliar os requisitos para a fruição daquele direito fundamental. Diferente seria, por exemplo, se o poder constituinte reformador tivesse optado pela redação sugerida pela Emenda n. 18 à PEC 23/2021, que admitia na configuração do direito à RBF a "previsão de condicionalidades relacionadas à saúde e à frequência escolar". Esta característica afasta a possibilidade de que programas de transferência condicionada de renda, como o Programa Auxílio Brasil (Lei n. 14.284, de 29 de dezembro de 2021, a partir da conversão da Medida Provisória n. 1.061, de 9 de agosto de 2021) e o seu substituto, o Novo Programa Bolsa Família (Medida Provisória 1.164, de 2 de março de 2023[6]), embora este expressamente se apresente como tal, sejam considerados como efetiva e adequada regulamentação do direito constitucional à RBF. Não é demasiado lembrar que, ao fim e ao cabo, o objetivo da norma constitucional sob comento é assegurar a parte mais comezinha do mínimo existencial, elemento da dignidade da pessoa humana, cuja garantia possui fundamento constitucional em si mesma, e não deve ser instrumentalizada para se obter do indivíduo determinados comportamentos sociais, por mais virtuosos que possam parecer desde determinada perspectiva.

7.2. A questão terminológica

O objeto do direito fundamental em questão, como já aludido, é uma "renda básica familiar". Esta terminologia, por si só, não é capaz de dar a exata compreensão daquilo que o direito assegura a quem dele seja titular. Pelo contrário, ela é bastante infeliz quando se compara o que a íntegra do enunciado constitui com aquilo que a doutrina especializada, nacional e internacional, entende por "renda básica".

A doutrina especializada define a renda básica como um pagamento periódico, realizado pela comunidade política, em moeda corrente, em valor igual para todas as pessoas, a título individual, sem exigência de comprovação de insuficiência de recursos ou cumprimento de quaisquer condições[7]. Esta conceituação expõe cinco características importantes: a) regularidade, e não um pagamento único em determinado momento da vida; b) em moeda corrente, e não por entrega de bens ou prestação de serviços; c) individual, e não em base de estruturas coletivas, como a família, o lar ou a unidade econômica; d) universal, a todos os indivíduos de determinada comunidade política independente de sua condição socioeconômica; e e) incondicional, não se exige de quem a recebe que trabalhe, comprove a busca de trabalho ou tenha qualquer conduta específica em relação à sua vida individual.

Mesmo respeitando-se as cinco características acima descritas, em termos gerais, existe uma diversidade de formas pelas quais uma renda básica pode se relacionar com os demais elementos de proteção social de um Estado. Frente a isto, a Basic Income Earth Network (BIEN), atualmente a principal entidade em escala global na matéria, acertadamente decidiu, em sua Assembleia Geral de 2016, posicionar-se pela defesa de um modelo cuja implementação signifique uma prestação em quantia suficiente para que, em combinação com outros serviços sociais, seja parte de uma estratégia para eliminar, e não somente aliviar, a pobreza material e permitir a participação social e cultural de todos os indivíduos (YAMAMORI, 2016).

Referida diretriz possui relevância por dois aspectos, que refletem nas considerações jurídico-constitucionais sobre o tema, quais sejam, o de que a renda básica não se trata de uma substituição – ao menos não integral – das demais ferramentas do Estado social, e o de que a renda básica, embora não se destine a, isolada e completamente, assegurar um mínimo existencial, deve desempenhar relevante função – uma verdadeira base – em uma estrutura que seja capaz de alcançar tal finalidade.

Isso permite afirmar que, ao se implementar a renda básica em determinada comunidade política, é razoável que a quantia seja fixada de maneira a, pelo menos, garantir permanentemente um mínimo vital a todas as pessoas, independente da posição que ocupem na estrutura social de distribuição de rendas e patrimônio, deixando aos demais serviços e prestações dos poderes públicos o papel de complementar de modo suficiente a garantia de um "mínimo existencial sociocultural". Tal complementação assume destacado papel no que se refere ao atendimento de causas de especial vulnerabilidade, que coexistem com a pobreza e, em respeito ao princípio da igualdade material, não podem ser satisfatoriamente atendidas por meio de uma prestação em igual quantia para todas as pessoas.

É prescindível maior aprofundamento em cada uma das características da renda básica para se constatar que não é exatamente este o objeto do direito que se encontra positivado no parágrafo único do artigo 6º. A própria nomenclatura adotada, "renda básica familiar", indica que a prestação será concedida a uma pessoa titular, mas em benefício de todo o seu grupo familiar, o que implicaria a consideração das características de todos os membros de tal grupo para a aferição da situação de vulnerabilidade social.

Assim, a escolha constitucional não está em linha com a conceituação amplamente difundida de renda básica, que considera inerente ao conteúdo de tal direito o seu caráter individual, não sendo pertinente qualquer matiz relacionado ao grupo familiar. Ademais, o direito fundamental em tela, como já mencionado, afasta-se da universalidade da renda básica ao impor como requisito de seu exercício a situação pessoal de vulnerabilidade social, ou seja, trata-se de uma prestação de assistência social focalizada.

---

6. Para fins desta análise, considera-se o texto da norma vigente em 6 de maio de 2023.

7. Conforme definição prevista no art. 3º do estatuto vigente da Basic Income Earth Network. "(...) Basic Income, that is, a periodic cash payment delivered to all on an individual basis, without means test or work requirement" (BIEN, 2020). No mesmo sentido, a literatura especializada: "(...) a basic income as a right, paid in cash (or equivalent) to all individuals regardless of age, gender, marital status, work status and work history" (STANDING, 2017). "(...) what is now commonly called a basic income: a regular income paid in cash to every individual member of a society, irrespective of income from other sources and with no strings attached" (VAN PARIJS; VANDERBORGHT, 2017).

Sobra dizer que, em um sistema constitucional autorreferencial, o direito à renda básica é aquilo que a sua Lei Magna estabelece. Todavia, é possível anotar, maior rigor técnico teria o poder constituinte se optasse pela nomenclatura "renda mínima". Ao contrário da renda básica, a renda mínima, em linhas gerais, consiste na garantia de uma quantia mínima de recursos às pessoas ou famílias que, pelos próprios meios, não a logram obter. Enquanto esta é um ponto de chegada, aquela é um ponto de partida, a base a partir da qual o indivíduo pode agregar rendas de outras fontes (STANDING, 2017).

Assim, o direito introduzido pela EC n. 114/2021 se acomodaria no conceito doutrinário de renda básica se, como tal, além de ser concedida exclusivamente a título individual, estivesse orientada pelo objetivo de constituir uma base de renda, igual ou superior à linha que caracteriza a vulnerabilidade social, abaixo da qual nenhuma pessoa precisaria viver um só dia de sua existência.

Ao contrário, o que se nota na conformação dada pelo enunciado constitucional é o direito a uma renda mínima que, embora desprovido de outras condicionalidades, admite – ou, melhor dito, exige – que as pessoas vivam em situação de vulnerabilidade social para que, só então, considerem-se atendidos os requisitos de exercício do direito de complementação de sua renda pelo menos até a linha que a legislação estabeleça como referência.

Enquanto a renda básica se configura para atuar como uma vacina, ou seja, assume a condição de uma medida preventiva (ex ante) em relação às situações pessoais de vulnerabilidade social, a RBF, como prevista no parágrafo único do artigo 6º da CF/88, é uma tentativa de remediar (ex post) a situação de vulnerabilidade, utilizando-se uma medida semelhante a outros fármacos (políticas de renda mínima) que já demonstraram sua limitada eficácia para combater a mazela. Sem ignorar os efeitos positivos que podem ser alcançados por tais remédios (veja-se, por exemplo, os diversos estudos sobre os efeitos da primeira versão do PBF, uma típica política de renda mínima), fato é que, ao não se adotar uma vacina, admite-se a ampla ocorrência da enfermidade e, por consequência, a existência das mais diversas sequelas que ela pode causar na vida das pessoas afetadas.

7.3. A Renda Básica de Cidadania – A Lei n. 10.835/2004 e o Mandado de Injunção 7300

Ao contrário da RBF, a Renda Básica de Cidadania (RBC), tal como configurada pela Lei n. 10.835, de 8 de janeiro de 2004, não só atende a todos os requisitos considerados pela literatura especializada para a caracterização de uma renda básica, como colocou o Brasil na posição de primeiro país a prever juridicamente a implementação de tal direito em âmbito nacional.

A Lei n. 10.835/2004 estabelece que a RBC, a partir de 2005, seria instituída como direito de todas as pessoas brasileiras residentes no país e estrangeiras residentes há pelo menos cinco anos, independentemente de sua condição socioeconômica, receberem anualmente um benefício monetário (art. 1º). Os parágrafos do art. 1º definem que o pagamento da RBC poderá ser feito em parcelas iguais e mensais (§ 3º), mas deverá ser de igual valor para todas as pessoas, e suficiente para atender às despesas mínimas de cada uma com alimentação, educação e saúde, respeitados o grau de desenvolvimento e as possibilidades orçamentárias do país (§ 2º). Nota-se que se trata de uma medida destinada a proteger o mínimo vital (fisiológico), não sendo suficiente para – de maneira isolada – assegurar todo o conteúdo do mínimo existencial (sociocultural), razão pela qual seria essencial a sua coordenação com outras ferramentas de proteção social.

A mesma lei prevê que a universalidade da fruição do direito será alcançada por etapas, priorizando-se as camadas mais necessitadas da população, de acordo com critérios a serem definidos pelo Poder Executivo (§1º). Nesse contexto, importa notar que a discricionariedade que a Lei atribui ao Executivo não alcança o início da implementação do Programa, que deveria ter ocorrido em 2005, tampouco outros aspectos do direito, além do estabelecimento de requisitos de sua fruição direta e razoavelmente relacionados à definição daquilo que se consideram como "camadas mais necessitadas da população". Tendo-se em tela os cinco elementos que caracterizam uma renda básica, a discricionariedade deixada ao Executivo está no escalonamento das fases em direção à universalidade, não na incondicionalidade. Ou seja, uma vez que um indivíduo esteja entre o universo de titulares do direito que, segundo critérios de necessidade estabelecidos para cada etapa de implementação da RBC, estejam aptos a receber o pagamento, não cabe a imposição de qualquer outra condição em relação à sua conduta para que se faça jus à prestação.

Ocorre que no dia seguinte à publicação da Lei n. 10.835, veio à luz a Lei n. 10.836, que criou o PBF, cuja implementação e desenvolvimento ao longo dos anos acabou deixando de lado – como se isso fosse constitucionalmente admissível – os deveres que a Lei n. 10.835 impôs ao Poder Executivo para que, já em 2005, fossem dados os primeiros passos no caminho rumo à plena implementação da estrutura de garantia do direito à RBC.

Em 2020, ano em que a Lei n. 10.835 completou 16 anos de vigência sem regulamentação, tal omissão foi questionada perante o STF, por meio do Mandado de Injunção n. 7300, impetrado, sob o intermédio da DPU, por um cidadão brasileiro em situação de rua que à época alegava ter como única renda mensal a quantia de R$ 91,00 que recebia do PBF. Após um debate pautado pela vedação da proteção insuficiente nas ações destinadas ao combate à pobreza e pela garantia do mínimo existencial em face da cláusula da assim chamada reserva do possível, o Tribunal concedeu parcialmente a ordem injuncional. No julgamento, o relator, Ministro Marco Aurélio de Mello, considerou procedente o pedido inicial e se manifestou no sentido de estabelecer a RBC, até a sobrevinda da ação do Executivo (para a qual se fixava o prazo de um ano), no valor de um salário-mínimo, por analogia ao BPC (artigo 20, *caput* e § 3º da Lei n. 8.742/1993) e considerando-se o artigo 7º, IV, da CF.

Entretanto, a maioria dos membros do STF, seguindo a posição divergente levantada no voto-vista do Ministro Gilmar Mendes, decidiu por: i) determinar ao Presidente da República que fixe, no exercício de 2022, o valor disposto no art. 2º da Lei n. 10.835/2004 para a população brasileira em situação de vulnerabilidade econômica, assim consideradas as pessoas que vivam em extrema pobreza e pobreza, com renda per capita inferior a R$ 89,00 e R$ 178,00, respectivamente, devendo adotar todas as medidas legais necessárias para tanto; e ii) apelar aos demais Poderes para que tomem as medidas necessárias para atualizar os valores dos benefícios do PBF, ademais de aprimorarem, ou mesmo unificarem os programas de transferência de renda em vigor, notadamente o criado pela Lei n. 10.835/2004.

Ou seja, a decisão do STF determinou a implementação da primeira fase do programa de RBC previsto na Lei n. 10.835/2004, direcionada às camadas mais necessitadas da população, tal como estabelece o § 1º de seu artigo 1º, e não do programa completo, que alcançaria universalmente todas as pessoas titulares previstas no *caput* do mesmo artigo, independentemente de sua condição socioeconômica. Isto não significa, todavia, que seja inconstitucional a atribuição legal de uma RBC às pessoas que não se encontrem em situação de vulnerabilidade econômica, mas sim, que a definição das etapas de universalização da fruição de tal direito está sob a margem de disponibilidade dos poderes constituídos.

Uma vez definido o objeto do direito criado pela Lei n. 10.835, bem como sumariamente referido o teor da decisão do STF no MI 7300, não seria de estranhar que eventuais leitores deste comentário possam sentir-se tentados a afirmar que a RBF equivale à elevação ao status jusfundamental do direito à RBC, ao menos no que se refere à fase inicial desta. No entanto, calha frisar que não se trata disso. Isto porque resta a divergência em dois dos seus elementos: 1) o direito previsto no parágrafo único do art. 6º da CF/88 é atribuído em base familiar, enquanto o previsto na Lei n. 10.835/2004 é individual e, inclusive em suas primeiras etapas, deve ser pago em valor igual para todas as pessoas que atendam – individualmente e desvinculado de qualquer critério familiar – os requisitos para ser consideradas como parte das "camadas mais necessitadas da população"; 2) ao contrário do texto da Lei n. 10.835/2004, o enunciado constitucional não inclui expressamente as pessoas estrangeiras residentes no país. Embora o segundo ponto seja perfeitamente contornável, pela extensão legal do direito constitucional às pessoas estrangeiras residentes no país, o primeiro exigiria um pouco mais de trabalho hermenêutico, pois se refere a um elemento caracterizador essencial e, portanto, diferenciador do objeto de cada um dos dois direitos em tela.

7.4. Considerações finais

O direito fundamental à renda básica familiar, recentemente incorporado ao catálogo dos direitos fundamentais, encontrou abrigo num parágrafo único acrescido ao artigo 6º, CF, o que se revela como acertado, considerando que, diferentemente do que se deu com os direitos sociais básicos contemplados no agora *caput* do citado dispositivo, onde a fórmula textual adotada (seja na versão original do Constituinte, seja quanto aos direitos agregados por emendas constitucionais – moradia, alimentação e transporte) foi genérica, sem qualquer especificação sobre o conteúdo dos direitos, não apenas já delimitou mais o objeto do direito, como os seus titulares e mesmo a circunstância da necessidade de uma regulamentação pelo legislador infraconstitucional e correspondente previsão orçamentária. Aliás, a remissão ao legislador, tal como formulada, aponta (ao menos tudo indica) que o exercício de um direito subjetivo exigível pela via judiciária, está condicionado à previa regulamentação, à exemplo do que se deu com o benefício assistencial de prestação continuada previsto no já referido artigo 203, da CF.

Todavia, considerando, dentre outros fatores passíveis de serem colacionados nesta quadra, que ainda não houve (e dado o curto espaço de tempo desde a promulgação da EC 114, sequer seria razoável exigir isso do Poder Legislativo) a adequada regulamentação legal do benefício, tampouco o tema tenha sido submetido ao crivo do STF, ainda é cedo para extrair qualquer conclusão, assim como algum prognóstico seguro, relativamente a que nível de proteção e exigibilidade será de fato assegurada ao direito à renda básica num futuro próximo. O que se pode arriscar, num exercício de futurologia, é que o STF deverá estender a titularidade do direito aos estrangeiros residentes no Brasil, e possivelmente, caso transcorrido muito tempo sem atuação do legislador, dar provimento a eventual Mandado de Injunção que venha a ser interposto perante a nossa Suprema Corte.

Art. 7º São direitos dos trabalhadores urbanos e rurais, além de outros que visem à melhoria de sua condição social:

Leonardo Vieira Wandelli

1. Histórico da norma

Constituição de 1934, art. 121: "A lei promoverá o amparo da produção e estabelecerá as condições do trabalho, na cidade e nos campos, tendo em vista a proteção social do trabalhador e os interesses econômicos do País. § 1º – A legislação do trabalho observará os seguintes preceitos, além de outros que colimem melhorar as condições do trabalhador: (...)". Constituição de 1937, art. 137 (suspenso pelo Decreto 10.358/1942: "A legislação do trabalho observará, além de outros, os seguintes preceitos: (...)"; Constituição de 1946, art. 157: "A legislação do trabalho e a da previdência social obedecerão nos seguintes preceitos, além de outros que visem a melhoria da condição dos trabalhadores: (...)"; Constituição de 1967, art. 158 (art. 165 da EC 1/69): "A Constituição assegura aos trabalhadores os seguintes direitos, além de outros que, nos termos da lei, visem à melhoria, de sua condição social: (...)".

Durante a Assembleia Nacional Constituinte, houve progressiva redução da abrangência dos titulares do direito: Subcomissão dos Direitos dos Trabalhadores e Servidores Públicos: "São assegurados aos trabalhadores urbanos, rurais e domésticos e aos servidores públicos civis, federais, estaduais e municipais e a todos os demais, independentemente de lei, os seguintes direitos, além de outros que visem à melhoria de sua condição social: (...)"; Comissão da Ordem Social: "São assegurados aos trabalhadores urbanos, rurais e aos servidores públicos, federais, estaduais e municipais os seguintes direitos, além de outros que visem à melhoria de sua condição social: (...)".

2. Dispositivos constitucionais relacionados

Arts. 1º; IV, 5º, *caput*, XIII e §§ 1º, 2º e 3º; 6º; 8º, 9º, 10º, 11; 22, I e XVI; 170, *caput*, III, VI, VII e VIII, da Constituição de 1988.

3. Constituições estrangeiras

Art. 123 da Constituição mexicana; art. 14 *bis* da Constituição argentina; arts. 28, 35(1), 40(2), 41, 43, 129 da Constituição espanhola; art. 58.1 da Constituição portuguesa; art. 35 da Constituição italiana; arts. 7º e 53 da Constituição uruguaia; art. 34 da Constituição equatoriana; arts. 7º e 156 da Constituição boliviana; art. 19.16 e 17, da Constituição chilena; art. 25 da Constituição colombiana; art. 56 da Constituição costariquenha; arts. 57, 80 e 82 da Constituição nicaraguense; arts. 60 e 75 da Constituição panamenha; art. 86, da Constituição paraguaia; arts. 2.15 e 22 da Constituição peruana; art. 8.11, da Constituição da República Dominicana; arts. 87 e 89 da Constituição venezuelana.

4. Textos internacionais

ONU. Declaração Universal dos Direitos do Homem, aprovada pela Assembleia Geral da ONU (10-12-1948), art. XXIII; Pacto Internacional sobre Direitos Econômicos, Sociais e Culturais (1966), Dec. Promulg. n. 591/1992, arts. 2, 6, 11. Observações Gerais n. 3 (1990) e 18 (2005) do Comitê de Direitos Econômicos Sociais e Culturais. Resolução A/HRC/31/L.32 do Conselho de Direitos Humanos da ONU. Informe do Alto Comissariado das Nações Unidas para os Direitos Humanos sobre a efetividade do Direito ao Trabalho A/HRC/31/32 (2015). **OIT.** Constituição da OIT (1946). Declaração de Filadélfia (1944). Declaração Sobre os Princípios e Direitos Fundamentais no Trabalho (1998). Declaração da OIT sobre a Justiça social para uma Globalização Equitativa (2008). ILO 08-28 Right to work note (2015), apresentada ao Alto Comissariado em Direitos Humanos da ONU. **OEA.** Convenção Americana sobre Direitos Humanos, 1969 (art. 26). Dec. Promulg. n. 678/1992; Protocolo Adicional à Convenção Americana sobre Direitos Humanos em Matéria de Direitos Econômicos, Sociais e Culturais "Protocolo de São Salvador" (1988). Dec. Promulg. n. 3.321/1999. Sentença Corte IDH Caso Lagos del Campo vs. Peru, de 31-8-2017.

5. Legislação

Decreto-Lei n. 5.452, de 1-5-1943 (Consolidação das Leis do Trabalho); Lei n. 5.889, de 8-6-1973 (Trabalho rural); Decreto n. 73.626, de 12-2-1974 (Regulamento da Lei n. 5.889, de 8-6-1973); Lei n. 10.256, de 9-7-2001 (altera a Lei n. 8.212, de 24-7-1991, no art. 25-A cria modelo de contratação rural denominado Consórcio de Empregadores Rurais); Lei Complementar n. 150, de 1-6-2015 (Dispõe sobre o contrato de trabalho doméstico); Lei n. 6.019, de 3-1-1974 (Trabalho temporário e prestação de serviços das empresas urbanas); Lei n. 9.608, de 18-2-1998 (Serviço voluntário); Lei n. 12.690, de 19-7-2012 (Dispõe sobre as cooperativas de trabalho); Lei n. 12.023, de 27-8-2012 (Dispõe sobre as atividades de movimentação de mercadorias em geral e sobre o trabalho avulso.) Lei n. 12.815, de 5-6-2013 (Dispõe sobre a exploração dos portos e sobre a operação e o trabalho portuário); Lei n. 10.803, de 11-12-2003 (altera o Código Penal, tipifica o crime de redução a condição análoga a de escravo); Lei n. 11.442, de 5-1-2007 (Dispõe sobre o transporte rodoviário de carga por conta de terceiros); Lei n. 11.788, de 25-9-2008 (Estágios de estudantes).

6. Jurisprudência do STF

Súmula vinculante 4 (salário mínimo não pode servir de indexador de outras vantagens nem ser substituído pelo judiciário). Súmulas 225 (valor probatório relativo da CTPS), 612 (Não extensão analógica de direitos aos trabalhadores rurais. Superada pela Constituição de 1988 ARE 713338 AgR, Relator Min. Ricardo Lewandowski, Segunda Turma, julgamento em 26-2-2013, *DJ* de 11-3-2013); AI-AgRg 135.961/DF, rel. Min. Marco Aurélio, j. em 30-4-1991, *DJ* 24-5-1991 (As normas trabalhistas fixam patamares mínimos de proteção do empregado, não inibindo níveis melhores fixados pelo legislador ou contratualmente. O inciso XIII do art. 165 da Constituição anterior não obsta o ajuste de garantia do emprego, em que pese a opção pelo regime do FGTS); ADI 639, rel. Min. Joaquim Barbosa, j. em 2-6-2005, *DJ* 21-10-2005 (Constitucionalidade do art. 118 da Lei n. 8.213/91, que prevê estabilidade provisória ao acidentado); ARE 639337 AgR/SP Rel. Min. Celso de Mello, j. 23-8-2011, *DJe* 15-9-2011 (Vedação de retrocesso em direitos sociais); RE 238.737-SP; AgRg-RE 218.129/RS, ADI 1.946-5, ADI 1.770-4/DF, CJ 6.959-DF, ADI 1.721-3-DF, ADI 492 e ADI 3.395-DF (Equivalência entre relação de emprego e relação de trabalho).

7. Comentários

7.1. Os direitos dos trabalhadores na tradição dos direitos humanos

O direito ao trabalho foi construído historicamente em torno das lutas sociais dos trabalhadores no seio da sociedade capitalista. Resenhar essas lutas não caberia neste espaço, mencionando-se apenas os momentos paradigmáticos do processo de positivação como direito. Reivindicação já presente nas primeiras manifestações pelos direitos humanos, tratava-se, ao longo do século XIX, de superar o enfoque liberal do direito ao trabalho reduzido a mera liberdade negativa de trabalhar, como acabou por ser positivado na constituição francesa de 1848. Aproximava-se, então, das reivindicações pelo direito às condições de produzir e sustentar a própria vida, inclusive mediante diversas formas autogestionárias de produção coletiva, num contexto em que o assalariamento significava níveis insustentáveis de pobreza, desemprego e deploráveis condições de trabalho e vida. Ao mesmo tempo, urgia pôr limites à exploração humana, em especial quanto à duração da jornada e às condições de saúde e segurança no trabalho, cujas primeiras leis estão no nascedouro do direito do trabalho que conhecemos. Já durante o século XX, a forma assalariada de trabalho por conta alheia assumiu um domínio quase exclusivo, em detrimento das formas alternativas ao assalariamento. Nessa quadra histórica, o enfrentamento das forças anticapitalistas, ao tempo que os países socialistas exibiam níveis elevados de ocupação, ainda que também em péssimas condições, exigia incorporar-se o reconhecimento do trabalho como um direito e reduzir-se o desemprego. Simultaneamente, em diversos países, o capital agarrava-se às experiências totalitárias e autoritárias de reação ao desastre liberal, que desembocaram na segunda grande guerra (POLANYI, 2012). O desenlace das crises econômica e política no pós-guerra favoreceu a via alternativa de um Estado Social, em muitos países capitalistas, modelo que disseminou o reconhecimento da necessidade de intervir no mercado de trabalho, mediante regras obrigatórias e políticas públicas, a fim de assegurar patamares minimamente aceitáveis de emprego e de condições justas e favoráveis de trabalho, o que possibilitou a hegemonia do assalariamento e a juridificação dos conflitos capital-trabalho. Ganharam força o constitucionalismo social, a concertação político-econômica envolvendo sindicatos, capital e governos, a atuação internacional da OIT, o reconhecimento normativo do direito ao trabalho e outros direitos fundamentais e legais aos trabalhadores.

A influência desse momento progressivo alcançou – não sem contradições – a Constituição brasileira de 1988, cujo garantismo em relação aos direitos dos trabalhadores já apontava para a necessidade de assegurá-los frente às crises. De fato, com o fim da guerra fria e a ascensão do capitalismo neoliberal – que parece aglutinar num só modelo os desastres do liberalismo econômico e do totalitarismo – o delicado arranjo social construído nas décadas anteriores ganha o centro das lutas sociais deste século em torno da desconstrução ou preservação dos direitos sociais. A medida da piora, para os trabalhadores, das condições econômicas, é a medida da importância, para toda a sociedade, de garantir direitos sociais, sem os quais não há justiça nem paz.

As mutações históricas repercutiram no plano da positivação dos direitos. O direito ao trabalho experimentou, ao longo do século XX, um processo substancial de generalização de seu reconhecimento no plano dos documentos normativos e declarações internacionais, mesmo que com baixa efetividade normativa, mantendo-se como questão societária central no século XXI. Com a criação da OIT, em 1919, ela própria um passo maior em direção a essa generalização, ficou consagrado o princípio fundamental de que "o trabalho não é uma mercadoria", como consta do Tratado de Versailles, o que veio a ser reafirmado nos sintomáticos momentos históricos da Declaração de Filadélfia, de 1944, incorporada à Constituição da OIT e da Declaração sobre a Justiça Social para uma Globalização Justa, de 2008[1]. Conforma-se a compreensão civilizatória de que o trabalho é o próprio modo humano de transformar o mundo e a si mesmo, de produzir individual e coletivamente e de aceder aos bens socialmente produzidos, de organizar formas básicas de convivência, de aprendizado e de solidariedade, de contribuir para o bem-estar comum, de autorrealizar-se e construir uma identidade pessoal e coletiva em torno do trabalho. Isto também se aplica às formas ordinárias de trabalho, assalariado, autônomo ou cooperado. O trabalho humano, por não se descolar da pessoa que o presta, somente pode ser tratado falsamente como mercadoria, pois o seu comprador não pode usar inteiramente a coisa comprada sem haver-se com os limites biológicos, psíquicos, éticos, sociais e políticos advindos da relação humana que surge dessa transação. Daí que a regulação das relações de trabalho afeta a conformação de toda a sociedade e da cidadania. Portanto, não pode o trabalho ser tratado como uma mercadoria qualquer sujeita a compra e venda ao sabor das leis de mercado, sob pena de tratarem-se as próprias pessoas como objetos ou meros recursos econômicos, degradando-se a dignidade humana. Se o mercado, em sua tendência expansiva, tende a reduzir tudo sob o princípio de mercantilização, caberia aos estados e às iniciativas sociais a tarefa de sísifo de controlá-lo e limitá-lo.

"A realização do direito ao trabalho está no coração do mandato da OIT"[2], que se dedica à produção e acompanhamento de inúmeros documentos e normas internacionais voltados à busca de pleno emprego com condições mais adequadas de trabalho, sendo destaque atual a macropolítica da Agenda do Trabalho Decente, cujas metas foram incorporadas aos Objetivos de Desenvolvimento do Milênio[3] e à Agenda do Desenvolvimento Sustentável[4] 2030, da ONU. Essa expansão no plano normativo internacional, levou à incorporação reiterada do direito ao trabalho nos tratados internacionais[5] e regionais[6] de direitos humanos, com seus órgãos e sistemas de controle e, há poucos anos, também do Conselho de Direitos Humanos da ONU[7]. No plano nacional não foi diferente, com um substancial reconhecimento do direito ao trabalho e a condições justas e favoráveis de trabalho nas Constituições de muitos Estados, o que se continua a observar em constituições recentes[8].

O vínculo incontornável entre trabalho e vida digna, para além da obtenção de recursos econômicos e de subsistência, desagua no reconhecimento progressivo de que não basta a liberdade negativa de trabalhar, mas que é necessário reconhecer-se um direito ao trabalho mais complexo em termos de conteúdo qualitativo assegurado por prerrogativas e deveres, de modo tal que faça jus ao papel central do trabalho no quadro dos direitos humanos. Por mais que a subsistência continue sendo uma questão crucial e não resolvida, a consagração de que o direito ao trabalho implica "condições justas e favoráveis de trabalho" no art. 23 da Declaração Universal dos Direitos Humanos, assim como no art. 7º do PIDESC e ainda de que o pleno emprego produtivo deve ser promovido "sob condições que assegurem as liberdades políticas e econômicas fundamentais do indivíduo" (art. 6º do PIDESC), nas quais "indivíduos possam desenvolver e atualizar as capacidades e habilidades necessárias que os capacitem a uma ocupação produtiva para sua realização pessoal e o bem estar comum"[9], pressupõe que o trabalho é mais que um "mal necessário", instrumental aos fins econômicos das pessoas e do sistema econômico. O trabalho, como direito humano, é "parte inseparável e inerente à dignidade humana" além de ser "essencial para realizar outros direitos humanos"[10]. Assim visto, não se esgota com uma garantia de fonte de renda. A par da importância de ganhar a vida pelo trabalho, trata-se também, ele próprio, de um bem que realiza necessidades e valores essenciais para uma vida digna, para o autodesenvolvimento e respeito, para a saúde física e mental, para a constituição de vínculos de solidariedade, para a formação da identidade individual e coletiva, para o exercício das liberdades e responsabilidades do indivíduo em comunidade e que, para tanto, precisa ser dotado de condições justas e favoráveis relativas aos modos como se promove, organiza, retribui e vive o trabalho (WANDELLI, 2012)[11].

O grande desafio da atualidade está na crescente tensão entre esse patamar normativo de reconhecimento do vínculo entre

---

1. Adotada por unanimidade pelos representantes de governos, empregadores e trabalhadores de 182 Estados membros da OIT.
2. OIT. 08-28 Right to work note (2015), apresentada ao Alto Comissariado em Direitos Humanos da ONU.
3. ONU. Resolução 60/1, da Assembleia Geral, 2005, § 47.
4. ONU, Resolução 70/1, da Assembleia Geral, 2015, §§ 3, 9, 27 e objetivo 8.
5. Merece destaque o meticuloso art. 27 da Convenção sobre Direitos das Pessoas com Deficiência (2006).
6. Destaque para a recente decisão da Corte IDH, Caso Lagos del Campo X Peru (2017), em que, modificando a jurisprudência anterior, aceitou-se conhecer diretamente de violação do direito ao trabalho, com base no art. 26 da Convenção Americana dos Direitos Humanos combinado com os arts. 45.b, c, 46 e 34.g da Carta da OEA.
7. Vide a Resolução 28/15 do CDH/ONU e o Informe A/HRC/31/32, com as resoluções e informes que vêm se seguindo, anualmente, desde então.
8. Para um balanço do direito ao trabalho nas Constituições, ver, OIT. General Survey concerning employment instruments in light of the 2008 Declaration on Social Justice for a Fair Globalization, Report III (Part 1B), ILC, 99th Session, Geneva, 2010, para. 14-18, 29.
9. OIT. Declaração sobre a Justiça Social para uma Globalização Justa, de 2008.
10. ONU. CDESC. Observação Geral n. 18 (2005) sobre o direito ao trabalho.
11. Ver, ainda o informe do Alto Comissariado em Direitos Humanos da ONU sobre a realização do direito ao trabalho A/HRC/31/32 (2015), em especial §§ 49 e 50.

dignidade, direitos sociais e trabalho e um ambiente político-econômico cada vez mais dominado pela concentração do poder e riqueza em grandes grupos privados globais (VITALI, S.; GLATTFELDER, J. B.; BATTISTON, S., 2011), com enorme influência de interesses não submetidos aos sistemas de participação pública e deliberação democrática, potencializando a tendência socialmente regressiva e desigualitária do capitalismo neoliberal. A degradação das condições de trabalho e vida, dos direitos sociais e da própria democracia é o quadro que marca o contexto dos direitos humanos neste século XXI, arriscando os limitados avanços civilizatórios alcançados pelo mundo do trabalho.

7.2. Constituição e as funções da regulação pública do trabalho

O intento de compatibilizar a afirmação histórica do vínculo entre dignidade e trabalho, expressada na máxima de que "o trabalho não é uma mercadoria", com a tendência inversa, de mercantilização das relações sociais numa sociedade de mercado, expressa-se no reconhecimento constitucional de direitos sociais vinculados ao trabalho. Daí a importância crucial da regulação pública do trabalho, mesmo que os logros sejam sempre relativizados. Direitos sociais que protegem certas condições mínimas de compra e venda da força de trabalho podem acabar reproduzindo e reafirmando a dinâmica mercantil e têm de se defrontar com determinantes estruturais e relações de poder que tendem à exploração e à instrumentalização das pessoas que trabalham. Nesse sentido, o direito do trabalho, como o conhecemos, é essencial ao capitalismo. Toca-lhe, em princípio, ordenar o mercado de compra e venda da força de trabalho, dando-lhe estabilidade e previsibilidade, bem como juridificando e legitimando essas transações. Além disso, regula-se aí o acesso à renda, cuja estabilidade também é indispensável a se sustentar as expectativas de consumo. Contudo, do vínculo indissociável entre trabalho e vida digna de quem trabalha decorre que o direito do trabalho precisa regular não só a compra e venda e o uso da força de trabalho, mas uma série de aspectos vivenciais que vão da subsistência a condições saúde, participação coletiva, identidade, justiça, incumbindo-lhe proteger, para além dos trabalhadores, o próprio mercado de sua tendência autodestrutiva. É que ao desmesurar-se na exploração da força de trabalho, buscando maximizar a rentabilidade, o mercado degrada a substância humana do trabalho, sem a qual não há esse tipo de mercado e fica prejudicado o consumo. Além disso, a previsibilidade e igualdade das condições de concorrência é afetada por práticas que se situem abaixo dos patamares, o que produz distúrbios de desregulação, que podem chegar a práticas do chamado *dumping* social[12]. Por isso a legislação deve ser, de regra, imperativa. De parte dos trabalhadores, importa que a indignidade da sua condição não é superada socialmente apenas pela utilidade do seu fazer. Não há, por exemplo, como negar a utilidade social do trabalho escravizado, inclusive sob as formas precárias contemporâneas, embora se consagre, aí, a degradação à condição de coisa daqueles de quem a sociedade depende. A aceitação de um valor social positivo daqueles se se qualificam pelo trabalho somente chega por meio de um reconhecimento jurídico que retire o trabalho da indignidade social (CASTEL, 1999). Para isto, a legislação do trabalho teve uma participação central, como um mediador que ao mesmo tempo foi produto das lutas dos trabalhadores por reconhecimento e da acomodação dos interesses do capital. Quando os trabalhadores lutam pelo direito do trabalho, buscando conquistar – com as perdas e o sangue que a história mostra – espaços de cidadania, identidade e direitos nessa relação, canaliza-se, para o campo jurídico, a luta social. Nisso consiste a reconhecida função ambivalente do direito do trabalho (JEAMMAUD, 2005), para cuja eficácia se exige manter, como minimamente factíveis, as expectativas dos trabalhadores de que podem alcançar certas conquistas e reconhecimento, por essa via.

Assim vistas as coisas, fica claro o risco de se pretender substituir a regulação pública e imperativa das relações de trabalho pelo avanço da mera regulação privada calcada em mecanismos de mercado, desfuncionalizando o contrato e o direito do trabalho, sobretudo no contexto econômico atual. Nessa perspectiva se insere o intento de submeter o modelo central de trabalho juridicamente protegido ao apelo enganoso às virtudes do empreendedorismo autorresponsável, que descarrega as vicissitudes dos azares econômicos sobre quem vive do trabalho. Com isso, encaminha-se a sociedade para o desmonte desse delicado e de certa forma precário arranjo jurídico-político e social, com consequências imprevisíveis para o plano social e constitucional.

7.3. Os direitos dos trabalhadores na Constituição brasileira

A Constituição brasileira de 1988 é enfática em assegurar a mais proeminente hierarquia normativa ao direito ao trabalho e aos direitos dos trabalhadores, como expressão da íntima relação que estabelece entre a dignidade humana, o valor do trabalho e os direitos e instituições que afetam as relações de trabalho. Tais dispositivos são contextualizados em um plexo constitucional de intensa valorização e proteção do trabalho, atribuindo-se-lhe a força jurídica de um valor social de máxima hierarquia e que, com a livre iniciativa, é fundamento da República (art. 1º, IV), ao lado e intimamente ligado à dignidade da pessoa humana (art. 1º, III). A mesma tríade de valores fundamentais é encontrada no *caput* do art. 170, que estabelece os princípios da ordem econômica: "(...) fundada na valorização do trabalho humano e na livre iniciativa, tem por fim assegurar a todos existência digna, conforme os ditames da justiça social (...)". A busca do pleno emprego, quantitativo e qualitativo é também um dos princípios da ordem econômica. Sendo, pois, o trabalho uma das principais expressões da dignidade humana, a ordem econômica somente se legitima à medida que estiver a seu serviço e não o contrário. Ainda, o art. 193 estabelece que a ordem social "(...) tem como base o primado do trabalho, e como objetivo o bem-estar e a justiça sociais". Por fim, o art. 205 estabelece que os fins da promoção da educação associam o "(...) pleno desenvolvimento da pessoa, seu preparo para o exercício da cidadania e sua qualificação para o trabalho", ressaltando o vínculo entre desenvolvimento da personalidade, educação para a cidadania e qualificação para o trabalho. Na Constituição de 1988, mais que fundamento de um ramo especializado do direito, o trabalho é

---

12. Essa preocupação já consta do preâmbulo da Constituição da OIT: "Considerando que a não adoção por qualquer nação de um regime de trabalho realmente humano cria obstáculos aos esforços das outras nações desejosas de melhorar a sorte dos trabalhadores nos seus próprios territórios".

um valor essencial à própria compreensão antropológica da pessoa e do ser social de que se imbui o discurso constitucional. A par disso, a Constituição designa o trabalho como direito social fundamental (art. 6º) ao qual acresce um amplo rol de direitos e garantias dos trabalhadores. Note-se que o trabalho é o único, dentre os direitos sociais do art. 6º, cujas especificações estão inseridas no próprio Título II da Constituição, dos Direitos e Garantias Fundamentais, sendo cada qual instituído como um direito fundamental sujeito à disciplina reforçada que lhes é própria. Além do extenso rol de direitos do (art. 7º), que expressamente ressalva sua não exaustividade e a cláusula de melhoria social, prevê, no mesmo título, disposições relativas à liberdade sindical (art. 8º), direito de greve (art. 9º) e participação dos trabalhadores nos colegiados públicos de seu interesse (art. 10) e na gestão das empresas (art. 11), além de vários dispositivos esparsos que, em diferentes medidas, contemplam aspectos do direito ao trabalho e da proteção do trabalho como um todo, especificando-o ou fortalecendo o seu âmbito geral.

Sublinha-se, não obstante, que a par desses aspectos segmentados do direito ao trabalho, não se pode perder de vista a sua perspectiva de conjunto. Resgatar-lhe o sentido de integridade permite iluminar setores ainda não desenvolvidos normativamente, inclusive mediante incidência direta, assim como melhor compreender os aspectos parcelares e as relações de integração com os demais direitos fundamentais (WANDELLI, 2012).

Esse plexo constitucional de valorização e proteção do trabalho implica significativa funcionalização do espaço de contratualização do trabalho e das políticas públicas, no duplo sentido da melhoria contínua das condições sociais dos trabalhadores e do dever do Estado não só de não violar tais valores e direitos, mas também de implementá-los e adotar as medidas necessárias para impedir que terceiros os violem, de onde decorre o caráter cogente e, em grande parte, indisponível, das normas de proteção do trabalho, condicionando a livre iniciativa. Somente assim se pode assegurar o exercício da cidadania, sustentada pelo direito, justamente ali onde a população passa a maior parte dos seus dias.

7.4. Âmbito de proteção

7.4.1. Os sentidos e centralidade do trabalho na Constituição

Nas diversas tradições históricas, o trabalho sempre esteve associado a uma valoração dual, ora como pena, sacrifício, ora como liberdade e autorrealização. Não foi só a ética protestante quem valorizou o trabalho e, mesmo fora da tradição ocidental, há diversas culturas de valorização do trabalho, a passo com inúmeros momentos de menosprezo de determinadas formas de trabalhar[13]. Não releva, aqui, buscar um sentido atemporal do trabalho. O que importa, do ponto de vista constitucional, é a opção constituinte de uma certa antropologia da pessoa pressuposta em sua normatividade e que guarda lugar central para o trabalho. Para além de fundamento de um ramo específico do direito, o trabalho integra os conceitos constitucionais de pessoa e vida digna.

A Constituição brasileira de 1988, não positiva um dever de trabalhar, à diferença daquelas de 1937 e 1946. Embora o assalariamento seja a forma socialmente hegemônica e juridicamente paradigmática, a Constituição destina proteção sobre todas as formas de trabalho humano. Este conceito compreende as diversas possibilidades da atividade intencional de transformação do real, intercâmbio orgânico com a natureza, pela qual o humano, produzindo valores de uso e interagindo com o mundo material e de forma intersubjetiva, também transforma-se e se revela-se a si mesmo e à totalidade social. Assim, o trabalho é o primeiro elemento que conforma a capacidade do ser humano para autorrealizar-se individual e comunitariamente e de participar da produção material e simbólica da sociedade[14]. O trabalho produtivo e reprodutivo se destaca entre outras atividades humanas porque é no trabalhar que ação humana sobre o mundo inclui a reprodução do próprio sujeito da ação, enquanto sujeito de necessidades (HINKELAMERT; MORA, p. 56 e ss). Mas não só em termos de vida biológica, mas em todos aspectos de uma vida digna. Trabalhar, mais que produzir, é também conviver, estabelecer relações éticas, participar da produção da cultura, assim como trabalhar sobre si mesmo, transformando-se. Do ponto de vista do desenvolvimento da personalidade e da constituição da saúde física e psíquica, o trabalhar jamais é neutro. Pode, sim, produzir o pior, em termos de alienação, exploração, adoecimento, mas pode ser recurso primordial para o melhor, a construção da identidade a saúde o aprendizado ético e político (DEJOURS, 2012). Evidente que "a vida humana, em nenhuma medida, pode se resumir ao trabalho" (ANTUNES, in MENDES, 2018, p. 1180) sendo igualmente essencial o direito ao tempo livre para outras atividades, o que integra o próprio conceito de direito ao trabalho. Mas sem o trabalho como dimensão vital essencial a vida é impensável.

No capitalismo, o trabalho é central não só do ponto de vista subjetivo, mas como fonte de produção de valor, como forma de participação na divisão social do trabalho e no ser social, como via de legitimação da obtenção propriedade e plataforma de acesso aos bens sociais e ao consumo, entrando em contradição, a mercantilização e a dimensão vital do trabalho. Ainda que muitos sustentem a perda atual dessa centralidade, inclusive como categoria teórica da sociologia, esse distanciamento da teoria não se faz presente no cotidiano vivido pelas pessoas, em que a centralidade do trabalho se mostra tanto quando ele existe, quanto quando ele falta (HONNETH, 2008, p. 47).

7.4.2. Trabalho concreto e abstrato no direito

A crítica social a partir do século XIX possibilitou a compreensão de que o trabalho não só é a fonte do valor socialmente produzido, o que já era afirmado pelos economistas clássicos, mas se insere em uma relação social de apropriação de valor. Trabalho abstrato é aquele que produz valor, mediante relações sociais de apropriação, no sistema de trocas de mercadorias.

Os direitos trabalhistas são em grande parte tributários dessa compreensão, em sua ambivalência. Não basta regular o trabalho concreto, os processos visíveis de produção de valores de uso, no intercâmbio intersubjetivo com a natureza. São necessários direitos concebidos para regular as condições de compra e venda da força de trabalho, limitando a exploração humana, ainda que

---

13. Não caberia aqui, retomar todo esse debate. Vejam-se algumas indicações em Wandelli (2012, p. 57-62), Sennett (2009) e Castel (1999).

14. SÁNCHEZ RUBIO. David. *Filosofía, derecho y liberación en América Latina*, p. 282. HINKELAMMERT e MORA, *Hacia una economía para la vida*, p. 56 e ss.

não suprimam a lógica mercantil e a apropriação. Estas, ao revés, são legitimadas. Regulam-se, no mesmo passo, os mecanismos de acesso à renda, que permite comprar as mercadorias. No entanto, constata-se hodiernamente, que esse direito produziu-se com um déficit, vez que relega a importância do trabalho concreto – a atividade de trabalho, as formas de organização dos processos de trabalho, as relações intersubjetivas, aquilo que de fato se passa ao longo do dia de trabalho – como objeto de proteção jurídica pelo Direito do Trabalho[15], sem prejuízo das normas de proteção relativas às condições econômicas de contratação e de prestação do trabalho. São aquelas condições relativas ao conteúdo do trabalho concreto que se revelam imediatamente mais afetas ao desenvolvimento da personalidade, à saúde, à construção da identidade, à participação e deliberação no interior das organizações de trabalho e que, no nosso entender, constituem o núcleo de sentido do âmbito de proteção do direito fundamental ao trabalho.

Essa é a linha de progressão de um direito que vem sofrendo diversos regressos. Em recente informe prestado pelo Alto Comissariado em Direitos Humanos da ONU, reconheceu-se a doutrina de que o direito ao trabalho envolve condições justas e favoráveis da atividade e da organização do trabalho:

O direito ao Trabalho inclui exigências básicas de conteúdo qualitativo da atividade, que não pode ser desprovida de sentido, excessivamente repetitiva ou exaustiva. Condições do ambiente de Trabalho que favoreçam a autorrealização incluem respeito às liberdades políticas e econômicas dos indivíduos; a possibilidade de cooperação e diálogo entre trabalhadores e com a hierarquia da organização; reconhecimento da contribuição dos trabalhadores; perspectivas de carreira e desenvolvimento profissional; a promoção da saúde física e mental do trabalhador; respeito à individualidade e moralidade; a ausência de discriminação e de assédio moral e sexual; e o respeito. É dever do Estado implementar e proteger este direito e impor aos empregadores o dever de respeitá-lo[16].

A partir daí, pode-se afirmar que o risco de regressividade das condições de trabalho não envolve apenas a precariedade contratual ou salarial, relativa ao sustento e acesso aos bens socialmente produzidos, mas também a precariedade das condições existenciais pelo trabalho concreto, que afetam o trabalho como mediador da autorrealização.

7.4.3. Direitos dos trabalhadores "além de outros que visem à melhoria de sua condição social"

A locução do *caput* do art. 7º já constara, de forma semelhante, nas constituições de 1934, 1946 e de 1967/1969. Engloba três diferentes comandos normativos, que são expressões do princípio de proteção: a) o princípio de prevalência da norma mais favorável aos trabalhadores; b) a cláusula de abertura do catálogo, vinculada ao anterior; c) o princípio de melhoria progressiva da condição social dos trabalhadores e sua contrapartida de vedação de retrocesso.

---

15. Mesmo os acordos e convenções coletivas de trabalho, normalmente se atêm às condições de compra e venda do trabalho, salário, benefícios, duração da jornada, mas não adentram no próprio trabalho em sentido concreto, a atividade e a organização do trabalho.
16. ORGANIZAÇÃO DAS NAÇÕES UNIDAS. *A/HRC/31/32*. 2016a. Disponível em: <https://documents-dds-ny.un.org/doc/UNDOC/GEN/G15/288/28/PDF/G1528828.pdf?OpenElement>. Tradução livre.

7.4.3.1. Princípio da prevalência da norma mais favorável

Trata-se de princípio que consagra a peculiar relação de hierarquia entre as normas relativas ao trabalho e o seu principal critério de solução de conflitos normativos. No dizer de Américo Plá Rodrigues (1993, p. 54): "O característico no Direito do Trabalho é que cada uma de suas normas fixa níveis mínimos de proteção. Ou seja, nada impede que acima desses níveis – que determinam o piso, porém não o teto, das condições de trabalho (...) – possam ir sendo aprovadas outras normas que melhorem aqueles níveis de proteção." Délio Maranhão esclarece que não se trata propriamente de uma inversão da hierarquia formal das normas, mas de que cada uma delas traduz sempre um patamar mínimo que não pode ser derrogado *in pejus* – prevalecendo, aqui, a hierarquia – mas que pode ser ultrapassado em sentido favorável aos trabalhadores (SÜSSEKIND et alii, 1996, p. 169). Desta forma, diz Süssekind, independentemente da posição hierárquica da norma "aplica-se, em cada caso, a que for mais favorável ao trabalhador" (Ibidem, p. 134), aí incluídas as disposições normativas legais, convênios coletivos, regulamento da empresa e contrato individual (NASCIMENTO, 2003, p. 272; PLÁ RODRIGUES, 1993, p. 54-55). O art. 114, § 2º, da Constituição igualmente impõe que, no julgamento de dissídios coletivos, devem ser respeitados os mínimos legais de proteção ao trabalho. No que respeita aos tratados internacionais de direitos humanos, é também inerente a tais normas que estabeleçam patamares mínimos e jamais devem ser interpretadas no sentido de derrogarem níveis mais protetivos previstos no direito interno, independentemente do patamar hierárquico que se lhes atribua, como expressão do princípio *pro homine*. No caso das convenções e recomendações da OIT, essa é a disciplina explícita[17].

Compreendida esta peculiaridade essencial ao direito do trabalho, tal princípio pode ceder em determinadas situações. Primeiro, quando a própria norma constitucional ou legal hierarquicamente superior fixar um padrão impositivo inderrogável (máximo e mínimo) por razões de ordem pública. São as chamadas normas proibitivas. Segundo, os casos expressos em que a Constituição estabelece a possibilidade de transigência por meio de negociação coletiva (art. 7º, VI e XIV)[18]. Terceiro, não poderá a aplicação do princípio, como ressalta Delgado (2018, p. 234), comprometer o caráter sistemático da ordem jurídica e a razoabilidade dos critérios de interpretação[19].

---

17. Nesse sentido, o art. 19 (8) da Constituição da OIT, ratificada pelo Brasil: "8. Em caso algum, a adoção, pela Conferência, de uma convenção ou recomendação, ou a ratificação, por um Estado-Membro, de uma convenção, deverão ser consideradas como afetando qualquer lei, sentença, costumes ou acordos que assegurem aos trabalhadores interessados condições mais favoráveis que as previstas pela convenção ou recomendação." No mesmo sentido, com alguma variação, o art. 5º (2) do PIDESC e o art. 29 (b) da Convenção Americana de Direitos Humanos. *Vide*, a respeito, Mazzuoli (2013), p. 246-247.
18. Nesse sentido, quanto à validade de negociação coletiva estabelecer jornada em turnos ininterruptos de revezamento de até 8h, a Súmula 423 do TST. Note-se, ademais, que o inciso XIII possibilita negociação coletiva voltada à compensação ou redução da jornada, mas não o aumento da jornada globalmente considerada.
19. No julgamento do RE 709.212, Rel. Gilmar Mendes, que entendeu inconstitucional o prazo prescricional trintenário do FGTS, no art. 23, § 5º da Lei 8.036/90, os votos vencedores reconhecem que o legislador poderia eventualmente ampliar o prazo prescricional do art. 7º, XXIX, mas afastam a incidência do princípio da norma mais favorável ao caso, sob o fundamento de ser o prazo legal trintenário irrazoável e exagerado em relação aos demais prazos prescricionais do ordenamento.

Este terceiro aspecto é essencial para o critério de comparação entre duas normas a fim de identificar-se a mais favorável. Há rejeição generalizada, na doutrina atual, do critério de acumulação, pelo qual para cada disposição se deve pinçar, nas normas em comparação, aquela mais favorável, o que gera uma clara fragmentação e assistematicidade dos institutos. Prevalece o critério de conglobamento, pelo qual as disposições normativas devem ser cotejadas em seu conjunto. Contudo, não faz sentido comparar diplomas normativos inteiros, independentemente do objeto da disciplina, vez que somente se pode comparar coisas comparáveis. Pode que um e outro diploma contenham regulação de aspectos inteiramente diversos, sem conexão entre si. O que seria mais benéfico, um plano de saúde ou participação em resultados? Assim, ganha superioridade científica a doutrina do denominado conglobamento setorizado, que compara os dois conjuntos normativos em relação à mesma matéria tratada, critério este incorporado à Lei 7.064/82, relativa à aplicação da norma mais favorável ao trabalhador brasileiro contratado ou transferido para serviços no exterior (DELGADO, 2018, p. 213-216).

Importa, ainda, a ponderação de Plá Rodrigues (1993, p. 57), com apoio em Durand, para quem, na comparação, são irrelevantes as ilações probabilísticas sobre eventuais consequências econômicas ou mediatas das normas, por exemplo em termos de nível de emprego ou desemprego[20].

7.4.3.2. Cláusula de abertura

Uma outra faceta normativa do *caput* do art. 7º está na expressa possibilidade de ampliação do leque de direitos fundamentais dos trabalhadores, em reforço à cláusula de abertura do catálogo de direitos fundamentais do art. 5º, § 2º. Não se trata apenas de que os trabalhadores são titulares de outros direitos fundamentais assegurados a todas as pessoas, mas, como aduzido no voto do Min. Joaquim Barbosa na ADI 639, que "o rol de garantias do art. 7º da Constituição não exaure a proteção dos direitos sociais". Assim, outras fontes normativas heterônomas e autônomas podem ampliar o rol de direitos sociais dos trabalhadores, tanto de caráter materialmente fundamental ou não.

7.4.3.3. Dever de progressividade e vedação de retrocesso

O dever de progressividade e a vedação de retrocesso encontram sede constitucional no dever de máxima efetividade dos direitos fundamentais (art. 5º, § 1º), no princípio de melhoria da condição social dos trabalhadores (art. 7º, *caput*), nos limites ao poder de reforma (art. 60, § 4º), no art. 114, § 2º (que determina a observância, em dissídios coletivos, das condições anteriormente pactuadas), e nos dispositivos constitucionais que estabelecem a realização de fins sociais (arts. 3º e 170) e no próprio sentido de um Estado Social Democrático de Direito. Bem assim, realizam parcela substancial do princípio de segurança jurídica e proteção da confiança (SARLET, 2014, p. 186-187). Especialmente quanto aos direitos sociais, vige internacionalmente o dever de progressividade e vedação de regressividade consagrado nos arts. 2º e 11 do PIDESC, art. 26 da Convenção Americana de Direitos Humanos e art. 1º do Protocolo de San Salvador, e numa já larga tradição normativa, doutrinária e jurisprudencial[21]. Também quanto aos direitos fundamentais, no plano nacional, há intensa produção doutrinária, esgrimindo a sua extensão e critérios assim como na jurisprudência.

Pode-se enunciar como dever do Estado de atuar constantemente no sentido de melhorar as condições de vida e proteção aos direitos dos trabalhadores e de não adotar políticas, medidas ou normas que venham a piorar a situação de sua realização já alcançada na medida em que o Estado, em cumprimento a sua obrigação de progressividade, vai logrando concretizar as esferas de proteção por medidas políticas e legislativas, o que implica um direito subjetivo negativo à invalidação de medidas que retrocedam nos níveis de concretização e proteção alcançados. O fato de se exigir um cumprimento progressivo não autoriza a protelação indefinida das medidas de implementação, mas, ao revés, implica uma obrigação de buscar o máximo de realização do direito ao trabalho no menor tempo possível.

Como ressalta Courtis (2006), pode-se falar de vedação de retrocesso quanto a dois diferentes parâmetros: a) quanto aos resultados fáticos das políticas públicas (regressividade de resultados), em que se coteja a piora/melhora quanto a indicadores empíricos; e b) quanto às próprias previsões normativas, em que se cotejam os níveis de proteção assegurados nas normas (regressividade normativa). Daí se extrai que mesmo que, uma vez concretizado determinado grau de proteção do direito no plano da legislação, ainda que não efetivado no plano empírico, está o Poder Público, em princípio, proibido de suprimir a medida normativa, sem substituição equivalente.

Sem prejuízo da prerrogativa do legislador em conformar e mesmo limitar os direitos sociais, inclusive para proteger e realizar outros direitos fundamentais constitucionalmente assegurados, está o legislador limitado em seu poder de limitação dos direitos, de modo que, em qualquer hipótese, deverá preservar o núcleo essencial dos direitos, assim como o mínimo existencial e a própria dignidade humana, assegurando-lhes proteção suficiente. A par disso, quaisquer medidas restritivas em relação aos níveis normativos e empíricos de proteção já alcançados, embora não sejam vedadas em caráter absoluto, sendo possíveis ajustes justificáveis, padecem de uma suspeição de inconstitucionalidade (SARLET, 2017,

---

20. A este respeito, um amplo estudo da OIT, com gigantesca base de dados aponta que a redução dos níveis de proteção aos trabalhadores no contrato individual é incapaz de elevar os níveis de ocupação e emprego. OIT (2015), *World Employment and Social Outlook*, p. 118-129.

21. Ver Comentário Geral 3 (1990) do Comitê de Direitos Econômicos Sociais e Culturais e, por todos COURTIS, Christian (ed). *Ni un paso atrás. La prohibición de regresividad en materia de derechos sociales*, Editores del Puerto-CEDAL-CELS, Buenos Aires, 2006. ABRAMOVICH, Victor e COURTIS, Christian. Los derechos sociales como derechos exigibiles. 2ª ed., Madrid, Trotta, 2004. Essa obrigação, decorrente do PIDESC, é reiterada nos Princípios de Liburgo e Diretivas de Maastricht, como também o item 29.4 da Declaração de Quito, que dispõe: "29.4. La obligación de progresividad y su correlativa prohibición de regresividad: el Estado tiene el deber de encaminarse hacia la plena efectividad de los derechos, por lo que viola la idea de progresividad su inacción, su irrazonable demora y/o la adopción de medidas que impliquen el retroceso de tales derechos. Es prohibido al Estado la implementación de políticas regresivas, entendiendo por tales aquellas que tengan por objeto o como efecto la disminución del estado de goce de los derechos económicos, sociales y culturales." No STF, foi o princípio definido no ARE 639337 AgR / SP – SÃO PAULO Rel.: Min. CELSO DE MELLO Julgamento: 23-8-2011, *DJe* 15-9-2011. *Vide*, ainda, o voto do Min. Joaquim Barbosa na ADI 1625, quanto à vedação de retrocesso na implementação do direito ao trabalho.

p. 134), acarretando o ônus argumentativo quanto a sua legitimidade para a medida restritiva, a demandar um criterioso controle não só à luz da proporcionalidade e razoabilidade, mas sob os demais parâmetros do sistema normativo. Especificamente quanto às medidas regressivas dos direitos dos trabalhadores, sob a suposta justificativa de facilitar a criação de empregos, o Alto Comissariado em Direitos Humanos da ONU deixou assentado, no informe sobre a efetividade do direito ao trabalho que: "As normas de direitos humanos proscrevem a adoção de medidas regressivas quanto às proteções trabalhistas à guisa de criar empregos, as quais têm sua efetividade rotundamente desacreditada em recentes estudos da OIT" (ONU. A/HRC/31/32, § 18)[22].

O dever de progressividade e vedação de retrocesso se articula com o aspecto intertemporal do princípio da norma mais favorável. Somente se incorporam ao direito interno as normas internacionais ratificadas que propiciarem maior proteção aos trabalhadores que o direito nacional, ao passo que em nada obstam a adoção interna de medidas mais protetivas (REIS, 2010).

7.5. Titulares

Todas as pessoas são titulares do direito ao trabalho, ao passo que os direitos do art. 7º são assegurados aos trabalhadores urbanos e rurais, inclusive os avulsos. Recentemente, resgatou-se a enorme dívida contraída pelo constituinte com os trabalhadores domésticos, a quem somente com a EC 72/2013 e Lei Complementar 150/2015 foi estendida a maior parte dos direitos do art. 7º.

A relação de emprego é uma espécie do gênero relação de trabalho. A sociedade salarial foi de tal forma excludente de outras formas de trabalhar que até mesmo as expressões do trabalho vizinhas ou assimiladas ao assalariamento – autônomo, cooperativado, parceria, experiências empresariais autogestionárias, microempreendimentos, economia solidária, trabalho rural em regime de economia familiar, trabalho remunerado não subordinado no terceiro setor etc., e que compõem uma faixa substancial das pessoas que trabalham – foram excluídas da proteção jurídica inerente ao reconhecimento do trabalho como direito fundamental e relegada à contratualidade comum. Uma vez que o paradigma da proteção jurídica do trabalho é o emprego, cria-se uma forte pressão pela evasão, fraudulenta ou com amparo legislativo, desse âmbito de proteção. Há dois movimentos diferentes, no mesmo rumo. Por uma via, esvaziamento do conceito de emprego, pela renitência em atualizá-lo frente às novas estratégias produtivas, de poder e controle do trabalho, ante as quais a definição jurídica tradicional do emprego e especialmente o conceito de subordinação tornam-se cada vez menos capazes de significar o que de fato ocorre no mundo do trabalho, arrastando para a desproteção muitos trabalhadores. Urge, por isso, a recomposição do conceito jurídico de emprego, pena de deterioração da maior parte do sistema constitucional de valorização e proteção do trabalho[23].

Por outra via, contudo, há a participação nada desprezível de formas efetivamente não assalariadas de trabalhar e que igualmente requerem a proteção jurídica que muitas vezes lhes é negligenciada. Esses postos de trabalho diversos do emprego, formal ou informal, antes mencionados, porém, estão tendencialmente excluídos da consideração jurídica como "valor social do trabalho" a ser protegido. Essa exclusão decorre do reducionismo que vê apenas no trabalho subordinado a contraditória condição para que o "trabalho" tenha valor social e seja juridicamente protegido em igualdade de condições. Quanto aos "não subordinados" do ponto de vista jurídico, o direito – sob tal prejuízo – somente se restringiria a proteger uma mitológica autonomia da vontade, na qual se descarregariam todas as vicissitudes jurídicas dos conflitos de poder nas relações de trabalho.

É a partir do reconhecimento do direito ao trabalho de assalariados e não assalariados, como *prius*, por si só merecedor de tutela jurídica que, depois, se abre, diante da concretude da desigualdade estrutural em dada relação de trabalho, a necessidade da intervenção jurídica de tutela adequada à singularidade de cada situação, para buscar transferir poder e reequilibrar a relação. Não se proclama atribuir uma proteção uniforme a todas as formas de trabalho. Contudo, o reconhecimento de uma certa unidade valorativa do trabalho humano sob as suas diversas formas, a partir do direito fundamental ao trabalho, acompanhada de instrumentos jurídicos de proteção, ainda que com diferentes esquemas, possibilitaria ao direito do trabalho atualizar seu âmbito de aplicação. Bem assim, permitira o reconhecimento de direitos fundamentais a trabalhadores não empregados, cuja recusa é totalmente injustificada (DELGADO, 2006, p. 227-230). O leque de direitos fundamentais previstos no art. 7º da CRFB é assegurado aos "trabalhadores" e não aos empregados. É bem verdade que há, dentre os seus incisos, alguns que são inerentes à relação de emprego, a exemplo dos adicionais de insalubridade e periculosidade. Contudo, há inúmeros direitos que não há por que se restringirem aos empregados. Além disso, há obrigação do legislador de promover essas formas de proteção[24].

Não obstante, essa delicada operação de ampliação objetiva e subjetiva depende de dois requisitos: (a) Não aceitar o esvaziamento do paradigma do emprego juridicamente protegido ao qual foram conduzidas grandes parcelas das populações, seja pela deterioração e não atualização do próprio conceito de emprego diante das transformações da organização do trabalho, seja mediante a fragmentação do *standard* jurídico do emprego com a introdução de hipóteses de trabalho subordinado com direitos reduzidos. Cuida-se, ao revés, complementá-lo. (b) Assegurar que toda forma de trabalho seja capaz de propiciar, em termos de reconhecimento jurídico e solidário, patamares de acesso a bens, respeito e estima sociais equivalentes ao do emprego, permitindo

---

22. Cabe ressaltar, ainda, a Observação Geral 18 do CDESC, em seu § 34: "En cuanto a los demás derechos del Pacto, existe la intuición generalizada de que las medidas regresivas adoptadas en relación con el derecho al trabajo no son permisibles. Estas medidas regresivas son, entre otras, la denegación del acceso al trabajo a ciertos individuos o grupos, se base tal discriminación en la legislación o en la práctica, la suspensión de la legislación necesaria para el ejercicio del derecho al trabajo, o la aprobación de leyes o de políticas manifiestamente incompatibles con obligaciones jurídicas internacionales relacionadas con el derecho al trabajo. Un ejemplo de ello sería la instauración del trabajo forzado o **la revocación de una legislación que proteja al asalariado contra el despido improcedente. Dichas medidas constituirían una violación de la obligación de los Estados Partes de respetar el derecho al trabajo**" (grifo nosso).

23. DELGADO e DELGADO (2012) p. 114-116. Ver, ainda, o excelente debate em MELHADO, Reginaldo. *Poder e sujeição*. São Paulo: LTr, 2003.

24. Para um estudo sobre a identificação dos incisos do art. 7º extensíveis aos trabalhadores não empregados, ver o nosso WANDELLI (2012), p. 332-346.

diversificadas formas de vida digna daqueles que vivem do trabalho. Este segundo programa não pode ser considerado um substituto do primeiro²⁵.

7.6. Destinatários

O art. 7º vincula diretamente, em primeiro plano, o próprio Estado, em todas as suas instâncias, legislativo, administração e judiciário, obrigados a medidas de implementação, respeito e proteção dos direitos dos trabalhadores. Vincula, ainda, potencialmente, os entes privados, em primeira linha os empregadores e tomadores de serviços, mas também trabalhadores e sindicatos, a depender da estrutura específica de cada direito previsto nos seus incisos que serão objeto de estudo individualizado a seguir.

8. Seleção de literatura

ABRAMOVICH, Victor e COURTIS, Christian. *Los derechos sociales como derechos exigibiles*. 2. ed. Madrid: Trotta, 2004. ANTUNES, Ricardo. Trabalho e seus sentidos. In: MENDES, Rene (org.) *Dicionário de saúde e segurança do trabalhador*. Novo Hamburgo, Proteção, 2018. ARRUDA, Kátia Magalhães. *Direito constitucional do trabalho*: sua eficácia e o impacto do modelo neoliberal. São Paulo: LTr, 1998; ANAMATRA – Associação Nacional dos Magistrados da Justiça do Trabalho. *Direitos sociais na Constituição de 1988*: uma análise crítica vinte anos depois. São Paulo: LTr, 2008; CALDAS, Roberto de Figueiredo. Há progressividade e não retrocesso nos direitos humanos sociais no Brasil?. *Revista do Tribunal Superior do Trabalho*, São Paulo, SP, v. 83, n. 3, p. 212-238, jul./set. 2017. COURTIS, Christian (ed.). *Ni un paso atrás*. La prohibición de regresividad en materia de derechos sociales. Buenos Aires: Editores del Puerto-CEDAL-CELS, 2006. COUTINHO, Aldacy Rachid. Retrocesso social em tempos de crise ou haverá esperança para o direito do trabalho? uma análise da jurisprudência do Supremo Tribunal Federal. *Revista do Tribunal Superior do Trabalho*, São Paulo, SP, v. 83, n. 3, p. 17-58, jul./set. 2017. DELGADO, Gabriela Neves. *Direito fundamental ao trabalho digno*. São Paulo: LTr, 2006; DELGADO, Maurício Godinho. *Curso de direito do trabalho*. 17. ed., São Paulo: LTr, 2018. DELGADO, Maurício Godinho; DELGADO, Gabriela Neves. *Constituição da República e direitos fundamentais*. São Paulo: LTr, 2012. GARCIA, Gustavo Filipe Barbosa. *Direitos fundamentais e relação de emprego*: trabalho, constituição e processo. São Paulo: Método, 2008; GOSDAL, Thereza Cristina. *Dignidade do trabalho*: um conceito construído sob o paradigma do trabalho decente e da honra. São Paulo: LTr, 2007; HONNETH, Axel. Trabalho e reconhecimento: tentativa de uma redefinição. *Civitas: Revista de Ciências Sociais*, v. 8, n. 1, jan./abr. 2008, p. 46-67; JEAMMAUD, Antoine. Le droit du travail dans le capitalism, question de fonctions et de fonctionnement. In: JEAMMAUD, A. *Le droit du travail confronté à l'économie*. Paris, Dalloz, 2005, p. 15-38. JUCÁ, Francisco Pedro. *A constitucionalização dos direitos dos trabalhadores e a hermenêutica das normas infraconstitucionais*. São Paulo: LTr, 1997; LOBATO, Marthius Savio Cavalcante. *Valor constitucional para a efetividade dos direitos sociais nas relações de trabalho*. São Paulo: LTr, 2006; MAZZUOLI, Valério de Oliveira. Integração das convenções e recomendações internacionais da OIT no Brasil e sua aplicação sob a perspectiva do princípio *pro homine*. *Revista do Tribunal Superior do Trabalho*, v. 79, n. 3 (jul./set. 2013), p. 233-254. MELHADO, Reginaldo. *Poder e sujeição*: os fundamentos da relação de poder entre capital e trabalho e o conceito de subordinação. São Paulo: LTr, 2003; MELO, R. S.; ROCHA, C. J. *Constitucionalismo, trabalho, seguridade social e as reformas trabalhista e previdenciária*. São Paulo: LTr, 2017; PEREIRA, Cícero Rufino. *Efetividade dos direitos humanos trabalhistas*. São Paulo: LTr, 2007; PLÁ RODRIGUEZ, Américo. *Princípios de direito do trabalho*. São Paulo: LTr/EdUSP, 1993. POLANYI, Karl. *A grande transformação*: as origens de nossa época. 2. ed. Rio de Janeiro: Elsevier/Campus, 2012; REIS, Daniela Muradas. *O princípio da vedação do retrocesso no Direito do Trabalho*. São Paulo: LTr, 2010. SANTOS, Enoque Ribeiro dos. *A função social do contrato, a solidariedade e o pilar da modernidade nas relações de trabalho de acordo com o novo Código Civil brasileiro*. São Paulo: LTr, 2003; SARLET, Ingo Wolfgang. Os direitos dos trabalhadores como direitos fundamentais e sua proteção na Constituição Federal Brasileira de 1988. In: MELO, R. S. e ROCHA, C. J. *Constitucionalismo, trabalho, seguridade social e as reformas trabalhista e previdenciária*. São Paulo: LTr, 2017, p. 128-135. SARLET, Os direitos fundamentais sociais e a assim chamada proibição de retrocesso: contributo para uma discussão. In: DELGADO, G. N.; BRITTO PEREIRA, R. J. M. (coords.). *Trabalho, constituição e cidadania*: a dimensão coletiva dos direitos sociais trabalhistas. São Paulo: LTr, 2014. SILVA, Alessandro da *et al*. (coords.). *Direitos humanos*: essência do Direito do Trabalho. São Paulo: LTr, 2007. SILVA NETO, Manoel Jorge e. *Direitos fundamentais e o contrato de trabalho*. São Paulo: LTr, 2005; SOUTO MAIOR, Jorge Luiz. A desconstitucionalização do direito do trabalho. *Revista Nacional de Direito do Trabalho*, v. 9, n. 96, p. 36-38, abr. 2006; SOUTO MAIOR, Jorge Luiz. A seita secreta para a efetivação dos direitos sociais. *Revista LTr*: legislação do trabalho, v. 69, n. 10, p. 1170-1177, out. 2005; SÜSSEKIND, Arnaldo et alii. *Instituições de direito do trabalho*. 16. ed., São Paulo: LTr, 1996. SOUZA, Rodrigo Trindade de. *Função social do contrato de emprego*. São Paulo: LTr, 2008. VITALI, S.; GLATTFELDER, J. B.; BATTISTON, S. *The network, of global corporate control* – chair of systems design. ETH Zurich, 2011. PLoS ONE 6(10): e25995. <https://doi.org/10.1371/journal.pone.0025995>; WANDELLI, Leonardo V. *O direito humano e fundamental ao trabalho*: fundamentação e exigibilidade. São Paulo: LTr, 2012.

Art. 7º, I – relação de emprego protegida contra despedida arbitrária ou sem justa causa, nos termos de lei complementar, que preverá indenização compensatória, dentre outros direitos;

Leonardo Vieira Wandelli

1. Histórico da norma no direito brasileiro

Nas Ordenações Filipinas, assim como nas Leis de 13 de setembro de 1830 e 108, de 11-10-1837 e no Decreto 2.827, de

---

25. O já referido Informe do Alto Comissariado Em Direitos Humanos da ONU sobre o direito ao trabalho, A/HRC/31/32, § 53 afirma esses mesmos dois requisitos: "The appreciation of other forms of work depends on two conditions: (a) that it does not undermine the definition or the protection of waged work; and (b) that regardless of the different protection schemes applicable to unwaged workers, they should enjoy just and favourable conditions of work equivalent to wage-paid workers."

1879, a regulação do término da prestação de serviços se concentrava em impedir que o trabalhador rural (locador, empreiteiro ou parceiro), rompesse o contrato ou abandonasse o trabalho antes do seu término, sem a licença do tomador dos serviços. A tônica da disciplina legal, até o final do século XIX, era assegurar o cumprimento do contrato pelo trabalhador e o pagamento das dívidas contraídas para sua manutenção durante o período trabalhado e mesmo das despesas de viagem dos imigrantes e suas famílias, vindos para a lavoura brasileira. A evasão era coibida com prisão e trabalhos forçados em prol do contratante, ou mesmo com a retenção dos salários na locação subsequente, até o pagamento da dívida com o antigo locatário. A segurança de manutenção da relação de trabalho, até então, foi uma reivindicação das classes empregadoras (LAMOUNIER; AZEVEDO). Já na disciplina dos arts. 81 e 82 do Código Comercial, de 1850, quanto aos agentes auxiliares do comércio e art. 1.221 do Código Civil de 1916, quanto à locação urbana de serviços, poderia o preponente ou locatário resilir o contrato por prazo indeterminado, sem justa causa, bastando a dação de aviso prévio[1]. A partir do início do século XX, com o avolumar-se do trabalho urbano, emerge o debate sobre a necessidade de limitação da ruptura pelo empregador, ainda que com prévio aviso, sem um motivo razoável, podendo ser suscetível de abuso do direito, ou mesmo a dar azo à obrigação de indenizar (MARTINS, p. 54-57). A vedação de despedida do trabalhador surge nas relações urbanas de trabalho privado[2] associada à vinculação às Caixas de Aposentadorias e Pensões de categorias específicas, sendo pioneira a chamada Lei Eloy Chaves, de 1923, que limitava a despedida dos empregados ferroviários com mais de 10 anos aos casos de falta grave constatada em inquérito administrativo[3].

A Constituição de 1934, art. 121, § 1º, g, previu a obrigação do empregador de indenizar o trabalhador dispensado sem justa causa e assegurou estabilidade aos empregados de empresas jornalísticas (art. 131) e professores (art. 150). A regulamentação pela Lei 62/1935, além de fixar a indenização por tempo de serviço aos empregados não estáveis, generalizou, no art. 10, aos comerciários e industriários ainda não beneficiados pelas leis de estabilidade vinculada às caixas de previdência, a estabilidade com dez anos de serviço, ressalvadas falta grave ou força maior. O art. 137, f, da Constituição de 1937 previa uma indenização proporcional aos anos de serviço em favor dos empregados despedidos sem haver dado motivo e que não tivessem estabilidade assegurada em lei. A CLT (Decreto-lei 5.452/43), instituiu indenização de despedida de um salário por ano de serviço e a estabilidade decenal, somente podendo ser despedido o estável mediante inquérito judicial para apuração de falta grave[4] ou força maior[5]. A Constituição de 1946 estendeu a estabilidade à atividade rural assegurando, no art. 157, que a legislação do trabalho deveria observar, dentre outros preceitos: "XII – estabilidade, na emprêsa ou na exploração rural, e indenização ao trabalhador despedido, nos casos e nas condições que a lei estatuir".

O Ato Institucional 1, de 9-4-1964, suspendeu, por 6 meses, as garantias constitucionais e legais de estabilidade e vitaliciedade. No Plano de Ação Econômica do Governo Castelo Branco – PAEG, 1964-1966, já constava o objetivo de substituição permanente da estabilidade dos empregados. A partir da Lei 5.107/66 a linha construtiva ascendente da estabilidade converte-se numa descendente de combate e desconstrução. Instituiu-se o regime opcional do FGTS, substituindo a estabilidade e a indenização da CLT por depósitos de 8% sobre o valor do salário e indenização de 10% do total dos depósitos em caso de despedida sem justa causa. A opção pelo regime do FGTS tornou-se, na prática, condição generalizada para admissão e para a continuidade do vínculo dos não estáveis. A lei permitiu, ainda, a rescisão dos contratos estáveis por livre acordo, mediante indenização, e o Decreto 59.820/66, que a regulamentou, acrescentou a possibilidade de transação da estabilidade sem ruptura do contrato. A Constituição de 1967 assegurou aos trabalhadores, no art. 158 (art. 165, após e EC 1/1969): "XIII – estabilidade, com indenização ao trabalhador despedido, ou fundo de garantia equivalente". Entendendo a jurisprudência do STF e do TST que essa equivalência era meramente jurídica, não econômica, estabeleceu-se o caráter alternativo e equivalente entre a estabilidade da CLT e o regime do FGTS, que se generalizou. A Lei 6.514/1977 introduziu no art. 165 da CLT, o conceito de despedida arbitrária, protegendo os integrantes das CIPAS contra despedida que não se fundar em motivo disciplinar, técnico, econômico ou financeiro, comprovado pelo empregador, sob pena de reintegração.

Na Assembleia Nacional Constituinte foram notórios os esforços para a reabilitação da estabilidade. A redação do dispositivo oscilou, até resultar na redação final, reconhecidamente truncada: Subcomissão dos Direitos dos Trabalhadores: "estabilidade desde a admissão no emprego, salvo o cometimento de falta grave comprovada judicialmente, facultado o contrato de experiência de noventa dias"; Comissão da Ordem Social: "garantia de direito ao trabalho mediante relação de emprego estável, ressalvados: a) ocorrência de falta grave comprovada judicialmente; b) contrato a termo, não superior a dois anos, nos casos de transitoriedade dos serviços ou da atividade da empresa; c) prazos definidos em contratos de experiência, não superiores a noventa dias, atendidas as peculiaridades do trabalho a ser executado"; Comissão de Sistematização: "garantia de emprego, protegido contra despedi-

---

1. Nas locações de serviços rurais, o art. 1.230 do Código Civil de 1916 mantinha a sistemática de obrigação de retenção dos salários pelo locatário subsequente para o pagamento da dívida com o locatário anterior, em qualquer hipótese de rescisão.

2. Na administração pública, a Lei 2.924/2015 previa a estabilidade dos servidores com dez anos de serviço.

3. Decreto Legislativo 4.682, de 24-1-23. Esse regime foi estendido pela Lei 5.109/26 (empregados em portos e navegação), Decretos 20.465/30, 22.096/32, 22.872/33, 24.273/34, 24.615/34, (urbanitários, mineração, comerciários, marítimos e bancários). No caso dos bancários, adquire-se estabilidade em 2 anos.

4. Com o Decreto-lei 9.777/46, que integrou a Justiça do Trabalho à estrutura do Poder Judiciário.

5. Art. 492. O empregado que contar mais de dez anos de serviço na mesma empresa não poderá ser despedido senão por motivo de falta grave ou circunstância de força maior, devidamente comprovados. (Estavam excluídos dessa regra os rurículas, aos quais a estabilidade decenal foi estendida pela Lei 4.214/63 seguida pela Lei 5.889/73, os empregados públicos, abrangidos a partir da Lei 1.890/56, os empregados domésticos – art. 7º da CLT –, os empregados em consultórios ou escritórios profissionais – art. 507 da CLT –, os técnicos estrangeiros – Decreto Lei 691/69 – e os empregados de confiança sem posto efetivo – art. 499 da CLT.)

da imotivada, assim entendida a que não se fundar em: a) contrato a termo, assim considerado em lei; b) falta grave, assim conceituada em lei; c) justa causa, baseada em fato econômico intransponível, fato tecnológico ou infortúnio da empresa, de acordo com os critérios estabelecidos na legislação do trabalho".

O art. 7º, III, da Constituição generalizou o regime do FGTS, acabando com a opção pelo regime de estabilidade da CLT[6]. O art. 10, I, do ADCT fixou regra de transição até que adviesse a lei complementar a que se refere o art. 7º, I, aumentando a indenização por despedida sem justo motivo, então prevista em 10%, para 40% dos depósitos do FGTS[7].

Eliminada a estabilidade decenal da CLT, não houve, passados 30 anos, a positivação de lei complementar que concretize o sentido da disposição do art. 7º, I e o conteúdo jurídico do direito de proteção da relação de emprego contra a despedida arbitrária ou sem justa causa, em que pese a incorporação e subsequente denúncia da Convenção 158 da OIT.

2. Dispositivos constitucionais relacionados

Arts. 1º, IV; 3º, IV; 6º; 7º, III; 8º, VIII; 41; 170, *caput* e VIII, 239, § 4º, da Constituição. Art. 10, I e II, *a* e *b*, do ADCT.

3. Constituições estrangeiras

Art. 53 da Constituição portuguesa; art. 123, XXII, da Constituição mexicana; art. 27 da Constituição peruana; art. 94 da Constituição paraguaia; art. 49 da Constituição boliviana; art. 14 *bis* da Constituição argentina; art. 53 da Constituição colombiana; art. 63 da Constituição costa-riquenha; art. 82.6 da Constituição nicaraguense; art. 70 da Constituição panamenha; art. 93 da Constituição venezuelana.

4. Textos internacionais

1) ONU. Declaração Universal dos Direitos do Homem, (1948), art. XXIII; Pacto Internacional sobre Direitos Econômicos, Sociais e Culturais (1966), Dec. Promulg. n. 591/1992, art. 6. Observação Geral n. 18 do Comitê de Direitos Econômicos Sociais e Culturais sobre o Direito ao Trabalho (2005), §§ 4, 6 e 35. Resolução A/HRC/31/L.32 do Conselho de Direitos Humanos da ONU, par. 8. Informe do Alto Comissariado das Nações Unidas para os Direitos Humanos sobre a efetividade do Direito ao Trabalho A/HRC/31/32 (2015), §§ 51 e 52. **2) OIT.** Convenção n. 158 (1982). Dec. Promulg n. 1.855/1996. Denúncia tornada pública pelo Dec. n. 2.100/1996 (*vide* ADI 1625). Recomendação n. 166 (1982). (Tratam da terminação da relação de trabalho.) Convenção n. 98 (1949). Dec. Promulg. n. 33.196/1953, art. 1º, § 2º, *b*. (Trata da proteção contra dispensa de trabalhador por sua filiação ou participação em sindicato). Convenção n. 111 (1958). Dec. Promulg. 62.158/1968 (Trata da discriminação nas relações de trabalho). Recomendação 200, de 2010 sobre HIV e trabalho, art. 11. **3) OEA.** Protocolo Adicional à Convenção Americana sobre Direitos Humanos em Matéria de Direitos Econômicos, Sociais e Culturais "Protocolo de São Salvador" (1988). Dec. Promulg. n. 3.321/1999, art. 7, d. Sentença Corte IDH Caso Lagos del Campo vs. Peru, de 31-8-2017. **4) CE.** Diretiva 98/59.

5. Legislação

Arts. 165, 373-A, II, 477-A (Lei 13.467/2017), 492 a 500, 510-D, 522, 543 e 625-B, § 1º, da Consolidação das Leis do Trabalho; arts. 93 e 118 da Lei n. 8.213/1991 (Critério de despedida do empregado com deficiência ou reabilitado e Estabilidade do acidentário); art. 25, par. único da Lei Complementar 150/2015 (Estabilidade da empregada doméstica gestante); art. 55 da Lei n. 5.764/1971 (Estabilidade dos diretores de cooperativas); art. 3º, § 7º da Lei n. 8.212/1991 (Estabilidade dos titulares e suplentes da representação dos trabalhadores no Conselho Nacional da Previdência Social); art. 3º, § 9º, da Lei n. 8.036, de 11-5-1990 (Estabilidade dos titulares e suplentes da representação dos trabalhadores no Conselho Curador do FGTS); Lei n. 11.340/2006, art. 9º, § 2º (Manutenção do emprego por até 6 meses da empregada afastada em virtude de violência doméstica); Lei n. 9.029/1995 (Coíbe práticas discriminatórias, para efeitos admissionais ou de permanência da relação de trabalho); Lei n. 13.189/2015, art. 6º (Veda a dispensa arbitrária ou sem justa causa dos empregados das empresas que aderirem ao Programa Seguro-Emprego); Lei n. 14.020/2020 (Institui o Programa Emergencial de Manutenção do Emprego e da Renda no período da pandemia de Covid-19).

6. Jurisprudência do STF

Súmula 197. (O empregado com representação sindical só pode ser despedido mediante inquérito em que se apure falta grave.) AI-AgRg 135.961/DF, rel. Min. Marco Aurélio, j. em 30-4-1991, *DJ* 24-5-1991 (As normas trabalhistas fixam patamares mínimos de proteção do empregado, não inibindo níveis melhores fixados pelo legislador ou contratualmente. O inciso XIII do art. 165 da Constituição anterior não obsta o ajuste de garantia do emprego, em que pese a opção pelo regime do FGTS); MI 114-6/SP, rel. Octavio Galotti, j. em 4-4-1991, *DJ* 19-2-1993 (Não conhecido o MI, proposto em maio de 1989, ante a regra de transição já estabelecida pelo art. 10 do ADCT); ADI 1.480/DF, rel. Min. Celso de Mello, j. em 4-9-1997, *DJ* 15-5-2001 (Arguição de ilegitimidade constitucional do Decreto Legislativo 68/92 e Decreto de Promulgação 1.855/96, que incorporaram a Convenção n. 158 da OIT ao direito positivo interno do Brasil); RE 466.343 rel. Min. Cezar Peluso, j. em 3-12-2008, *DJ* 5-6-2009 (Superou o entendimento adotado na ADI 1480 quanto à hierarquia normativa dos tratados internacionais de direitos humanos); ADI 1.625, rel. Min. Maurício Corrêa (Inconstitucionalidade do Decreto n. 2.100/96, que denunciou a Convenção n. 158 da OIT relativo ao término da relação de trabalho por iniciativa do empregador); ADI 639, rel. Min. Joaquim Barbosa, j. em 2-6-2005, *DJ* 21-10-2005 (Constitucionalidade do art. 118 da Lei n. 8.213/91, que prevê estabilidade provisória ao acidentado); RE-

---

6. A Constituição previu, ainda, três hipóteses de estabilidade provisória: dirigente sindical (art. 8º, VIII), gestante e representante eleito pelos trabalhadores à CIPA (art. 10, II, do ADCT), havendo outros casos de estabilidade provisória na legislação ordinária. A lei 8.036/90 disciplina, atualmente, o Fundo de Garantia por Tempo de Serviço – FGTS.

7. ADCT, "art. 10. Até que seja promulgada a lei complementar a que se refere o art. 7º, I, da Constituição: I – fica limitada a proteção nele referida ao aumento, para quatro vezes, da porcentagem prevista no art. 6º, *caput* e § 1º, da Lei n. 5.107, de 13 de setembro de 1966."

01302062/210, Rel. Min. Ilmar Galvão, j. em 17-9-1991 (À luz da Constituição de 1967, entendeu-se que o direito do empregador de despedir sem justa causa não o autoriza abusar desse direito, o que se verificou na hipótese de despedida de empregados públicos por motivos políticos); RE 187.229/PA, rel. Min. Marco Aurélio, j. em 15-12-1998, *DJ* 14-5-1999 (Servidores concursados da administração direta, ainda submetidos ao regime de emprego antes da Lei 8.112/90, têm jus à estabilidade do art. 41, ainda optantes pelo FGTS); RE 179.193, rel. p/ o ac. Min. Moreira Alves, j. em 8-12-1996, *DJ* 19-10-2001 (Não ofende o art. 7º, I e XXX, a adoção, como critério para despedida, de contar o trabalhador com direito à aposentadoria por idade aos 65 anos. A maioria do plenário entendeu que o art. 7º, XXX vedaria não só a discriminação por idade na admissão, mas também na despedida, malgrado não considerar discriminatório o critério adotado na hipótese); ADI 1.721, rel. Min. Ayres Britto, j. 11-10-2006, *DJ* 29-06-2007 e ADI 1.770-DF, rel. Min. Joaquim Barbosa, j. 11-10-2006, *DJ* 01-12-2006 (Inconstitucionalidade dos §§ 2º e 1º do art. 453 da CLT introduzidos pela Lei 9.528/97, que consideravam extinto o vínculo de emprego pela aposentadoria espontânea, por ofensa ao valor social do trabalho e violação dos arts. 7º I, da Constituição e 10 do ADCT, que asseguram a garantia contra a despedida arbitrária ou sem justa causa); RE 264.434, rel. Min. Carmen Lucia, j. 17-11-2010, *DJ* 12-5-2011 (Não viola a reserva de lei complementar do art. 7º, I, indenização adicional provisória pela despedida criada pela Lei 8.880/1994 e devida no período de implantação do Plano Real); RE 589.998, rel. Min. Ricardo Lewandowski, j. 30-3-2013, *DJ* 12-9-2013 (Empregados de empresas públicas e de economia mista não fazem jus à estabilidade do art. 41, mas é exigida motivação da despedida); RE 589.998-ED, rel. Min. Roberto Barroso, j. 10-10-2018 (Estabelece a tese de julgamento, restringindo-a aos empregados da ECT); RE 999.435, rel. Min. Roberto Barroso, *DJ* 15-09-2022, Tema 638 de Repercussão Geral (Confere interpretação conforme o art. 477-A da CLT, ao fixar a tese, por maioria: "A intervenção sindical prévia é exigência procedimental imprescindível para a dispensa em massa de trabalhadores, que não se confunde com autorização prévia por parte da entidade sindical, ou celebração de convenção ou acordo coletivo).

7. Jurisprudência do TST

Súmulas: 98 (I – A equivalência entre os regimes do Fundo de Garantia do Tempo de Serviço e da estabilidade prevista na CLT é meramente jurídica e não econômica, sendo indevidos valores a título de reposição de diferenças. II – A estabilidade contratual ou a derivada de regulamento de empresa são compatíveis com o regime do FGTS. Diversamente ocorre com a estabilidade legal (decenal, art. 492 da CLT), que é renunciada com a opção pelo FGTS); **244** (I – O desconhecimento do estado gravídico pelo empregador não afasta o direito ao pagamento da indenização decorrente da estabilidade (art. 10, II, *b* do ADCT). II – A garantia de emprego à gestante só autoriza a reintegração se esta se der durante o período de estabilidade. Do contrário, a garantia restringe-se aos salários e demais direitos correspondentes ao período de estabilidade. III – Não há direito da empregada gestante à estabilidade provisória na hipótese de admissão mediante contrato de experiência, visto que a extinção da relação de emprego, em face do término do prazo, não constitui dispensa arbitrária ou sem justa causa); **339** (I – O suplente da CIPA goza da garantia de emprego prevista no art. 10, II, *a*, do ADCT a partir da promulgação da Constituição Federal de 1988. II – A estabilidade provisória do cipeiro não constitui vantagem pessoal, mas garantia para as atividades dos membros da CIPA, que somente tem razão de ser quando em atividade a empresa. Extinto o estabelecimento, não se verifica a despedida arbitrária, sendo impossível a reintegração e indevida a indenização do período estabilitário); **378** (É constitucional o art. 118 da Lei n. 8.213/91 que assegura o direito à estabilidade provisória por período de 12 meses após a cessação do auxílio-doença ao empregado acidentado); **396** (I – Exaurido o período de estabilidade, são devidos ao empregado apenas os salários do período compreendido entre a data da despedida e o final do período de estabilidade, não lhe sendo assegurada a reintegração no emprego); **443** (Presume-se discriminatória a despedida de empregado portador do vírus HIV ou de outra doença grave que suscite estigma ou preconceito. Inválido o ato, o empregado tem direito à reintegração no emprego). Acórdão: TST-RO-DC n. 309/2009-000-15-00.4, rel. Min. Godinho Delgado, *DJ* 4-9-2009 (reconhece, para casos futuros, a obrigação de negociação coletiva prévia às dispensas coletivas).

8. Seleção de literatura

AROUCA, José Carlos. A garantia do emprego vinte e dois anos depois. *Revista LTr: legislação do trabalho*, São Paulo, v. 74, n. 8, p. 919-927, ago. 2010. AZEVEDO, Célia Maria Marinho. *Onda negra, medo branco: o negro no imaginário das elites no século XIX*. Rio de Janeiro: Paz e Terra, 1987. BARROS, Alice Monteiro de. Ordem pública e tutela do emprego: as dispensas individuais no ordenamento brasileiro – dispensa coletiva e por motivos censuráveis no ordenamento jurídico europeu. *Revista do Tribunal Superior do Trabalho*, v. 68, n. 3, p. 56-76, jul./dez. 2002; BAYLOS, Antonio; PÉREZ REY, Joaquín. *El despido o la violência del poder privado*. Madrid: Trotta, 2009. BEAUDONNET, Xavier (ed.). *Direito internacional do trabalho e direito interno*: manual de formação para juízes e docentes em direito. Turim, CIF-OIT, 2011. CARVALHO, Augusto Cesar Leite. Garantia de indenidade no Brasil. São Paulo: LTr, 2013. CATHARINO, José Martins. *Em defesa da estabilidade*: despedida versus estabilidade. São Paulo: LTr, 1965. CHIARELLI, Carlos Alberto Gomes. *Trabalho na Constituição*. São Paulo: LTr, 1989. COUTINHO, Aldacy Rachid. *Poder punitivo trabalhista*. São Paulo: LTr, 1999. ELKIN, Natan. Las normas internacionales del trabajo relativas al despido injustificado. In: WANDELLI, L. V.; BORBA, C. S. R. Trabalho e regulação no Estado Constitucional, vol. III, Bauru, Canal 6, 2016, p. 197-240. LAMOUNIER, Maria Lúcia. *Da escravidão ao trabalho livre*: a lei de locação de serviços de 1879. São Paulo: Papirus, 1988. LIMA, Firmino Alves. *Mecanismos antidiscriminatórios nas relações de trabalho*. São Paulo: LTr, 2006; MACIEL, José Alberto Couto. *Garantia no emprego já em vigor*. São Paulo: LTr, 1994. MANNRICH, Nelson. *Dispensa coletiva*: da liberdade contratual à responsabilidade social. São Paulo: LTr, 2000. MARTINS, Pedro Baptista. *O abuso do direito e o ato ilícito*. 3. ed. (histórica, com "Considerações preliminares à guisa de atualização" de José da Silva Pacheco) Rio de Janeiro: Forense, 1997. MORAES FILHO, Evaristo. A estabilidade dos trabalhadores: sua evolução no Brasil. São Paulo, *Revista Civilização Brasileira*, vol. 7 (maio de 1966). OLMOS, Cristina Paranhos. *Discriminação na relação de emprego e proteção contra a dispensa discriminatória*. São Paulo: LTr, 2008. PALMEIRA SOBRINHO, Zéu. *Estabilidade*. São Paulo: LTr, 2002. RENAULT, Luiz O. L.; VIANA, Márcio Túlio; CANTELLI, Paula O. (coords.). *Discriminação*. 2. ed., São Paulo: LTr, 2010. SARLET, I. W.; MARINONI, L. G.; MITIDIERO, D. *Curso de direito constitucional*. São Paulo: RT, 2012. SEVERO, Valdete Souto. *O dever de motivação da despedida na ordem jurídico-constitucional brasileira*. Porto Alegre: Livraria do Advogado, 2011. SILVA, Antonio Álvares da. *Proteção contra a dispensa na nova Constituição*. 2. ed. São Paulo: LTr, 1992. SILVA, José Afonso. *Curso de direito constitucional positivo*. 20. ed. São Paulo: Malheiros, 2002. SOUTO MAIOR, Jorge Luiz. *Curso de direito do trabalho, vol. II*. São Paulo: LTr, 2008. TEIXEIRA, Sérgio Torres. *Proteção à relação de emprego*. São Paulo: LTr, 1998. VIANA, Márcio Tulio. Trabalhando sem medo: novas possibilidades para a proteção ao emprego. In: SENA, Adriana G.; DELGADO, Gabriela N.; NUNES, Raquel P. (coord.) *Dignidade humana e inclusão social:* caminhos para a efetividade do direito do trabalho no Brasil. São Paulo: LTr, 2010, p. 481-497. VIANA, Márcio Túlio. Proteção ao emprego e estabilidade sindical: onde termina o discurso e começa a realidade. *Gênesis: Revista de Direito do Trabalho*, v. 19, n. 109, p. 75-80, jan. 2002; VIANA, Márcio Túlio. Convenção 158: denunciando a denúncia. In: *O que há de novo em direito do trabalho*. São Paulo: LTr, 1997. WANDELLI, Leonardo V. *Despedida abusiva*: o direito (do trabalho) em busca de uma nova racionalidade. São Paulo: LTr, 2004. WANDELLI, Leonardo V. *O direito humano e fundamental ao trabalho*: fundamentação e exigibilidade. São Paulo: LTr, 2012.

9. Comentários

9.1. Âmbito de proteção

9.1.1. Proteção contra a despedida arbitrária ou sem justa causa

A proteção em face da despedida integra o núcleo essencial do direito fundamental ao trabalho, como uma de suas principais dimensões normativas e, portanto, deve ser interpretada em consonância com o mesmo. Para referir apenas elementos recentes de uma larga história no direito internacional, em resolução de março de 2016, o Conselho de Direitos Humanos da ONU ressaltou que "o direito ao trabalho compreende, entre outras coisas, o direito a não ser privado de trabalho de maneira arbitrária e injusta e que os Estados, de conformidade com as obrigações pertinentes relativas ao direito ao trabalho, estão obrigados a por em prática medidas que garantam a proteção dos trabalhadores contra a despedida injustificada"[8]. No mesmo sentido, a sentença proferida pela Corte Interamericana de Direitos Humanos no caso Lagos del Campo vs. Peru (2017), deduzindo o direito à justificação da despedida diretamente do direito ao trabalho como previsto na Carta da OEA, na Declaração Americana dos Direitos Humanos, em vínculo com o art. 26 da Convenção Americana. Na Constituição brasileira é o item que encabeça o rol de direitos fundamentais do art. 7º, que especificam diversas das dimensões do direito ao trabalho, enaltecendo a relevância do princípio da continuidade das relações de emprego. A garantia contra a despedida injustificada é a primeira manifestação positiva justiciável de exigibilidade do direito ao trabalho e de proteção dos direitos conexos que correspondem à centralidade do trabalho no discurso constitucional e legal.

A regulação da despedida é o eixo sobre o qual giram fatores concretos determinantes para o efetivo exercício dos demais direitos fundamentais e legais decorrentes da relação de emprego em regime de mercado. Frente à desproteção em face da despedida, todo o conjunto de direitos e valores jurídicos de proteção do trabalho acaba materialmente esvaziado pela possibilidade da perda do emprego mediante um simples ato imotivado de exercício de poder privado pelo empregador, assujeitando-se a condição do trabalhador sob o talante do empregador. Sendo historicamente raras as situações de pleno emprego, a possibilidade de resistir a condições de trabalho discriminatórias, prejudiciais à saúde, assédio, transferências ilícitas, alterações nas condições de trabalho, ou mesmo frente ao não recebimento de parte dos salários ou horas extras, por exemplo, acaba essencialmente tolhida na vigência de relação de emprego à mercê da ruptura arbitrária pelo empregador. Bem assim, a despedida injusta performa verdadeira denegação de reconhecimento do valor da contribuição do trabalho. Por isso, a ruptura do contrato de trabalho não é um simples ato de vontade negocial como outro qualquer, estando repleta de consequências juridicamente relevantes para o plexo de bens juridicamente protegidos associados ao trabalho digno, razão pela qual está adstrita aos fins sociais da ordem econômica de valorização social do trabalho e busca do pleno emprego (art. 170, *caput* e VIII) e ao direito fundamental de proteção contra despedidas arbitrárias ou sem justa causa. Tal proteção é condição para reconhecimento da cidadania no seio das relações de trabalho, cuja centralidade é reiteradamente afirmada no texto constitucional.

Há, no direito internacional e comparado, bem como no direito brasileiro, uma diversidade de modelos e medidas possíveis de proteção em face da despedida, que vão desde a estabilidade propriamente dita, em que é vedada a dispensa, a permissão de despedida mediante a exigência de uma motivação justificada na conduta do trabalhador ou em razões objetivas da empresa, garantias procedimentais, como direito de defesa, aviso prévio, negociação coletiva e ainda as indenizações financeiras, além da proteção securitária do desemprego. Diferentes conjuntos de medidas podem ser aplicadas em função do tipo de fundamento da ruptura do contrato de trabalho. Qualquer que seja esse conjunto específico, deve atender ao dever do Estado, positivado no art. 7º, I, de assegurar uma proteção suficiente aos trabalhadores contra a despedida[9].

Cabe notar que o direito fundamental consagrado com o art. 7º, I, da Constituição Brasileira é de proteção da relação de em-

---

8. Resolução da Assembleia Geral do CDH de 22-3-2016, A/HRC/31/L.32, sobre a efetividade do direito ao trabalho.

9. A jurisprudência do STF, na esteira de julgados do Tribunal Constitucional Federal da Alemanha que cunhou a expressão (*Untermassverbot*) e acompanhando a doutrina contemporânea, em repetidas oportunidades vem reconhecendo a inconstitucionalidade de disposições normativas que violam a proporcionalidade na sua dimensão de proteção insuficiente. ADI 4650/DF, Rel. Min. Luiz Fux. RE 418.376-5/MS, Rel. Min. Gilmar Mendes. ADI 3.510, Rel. Min. Gilmar Mendes. ADI 4.424, Rel. Min. Luiz Fux. ADC 19, Rel. Min. Luiz Fux. RE 103.539-RS, Rel. Min. Rosa Weber. AG. REG. NO RE 763.667-CE, Rel. Min. Celso de Mello.

prego **contra** a despedida arbitrária ou sem justa causa, donde resulta claro que se trata de obstar que tal ato produza seus efeitos deletérios sobre o trabalhador e o entorno social. Isto coloca em questão a legitimidade de um modelo restrito a mecanismos exclusivamente financeiros de compensação, tendo em vista que uma indenização tarifada tem seu valor facilmente transferido para a precificação dos salários, a fim de provisionar a indenização. Desta forma, em vez de proteção contra o ato patronal injustificado, o que se tem é pressão pela redução dos salários e o aumento da rotatividade (PASTORE; NORONHA et alii)[10] resultando em proteção deficiente.

Não obstante, a dicção do dispositivo é de que a lei complementar *"preverá indenização compensatória, dentre outros direitos"*, opção constitucional que deve ser interpretada em consonância com o dever de proteção da relação de emprego contra a despedida, associada à valorização social do trabalho e o princípio de continuidade (STF, ADI 1721, rel. Carlos Britto) e com o direito ao trabalho, dos quais deriva. Nas palavras de José Afonso da Silva (2002, p. 289): "Se a Constituição garante a relação de emprego, o princípio é o da sua conservação e não o da sua substituição". Assim, o conjunto normativo de medidas de proteção contra a despedida preconizado pela constituição ao legislador, deve prever indenização compensatória, dentre outros direitos, não podendo, porém, basear-se exclusivamente em mecanismos de compensação pecuniária tarifada, sob pena de denegar-se proteção minimamente suficiente. Daí resulta a urgência de se superar a regra de transição fixada pelo art. 10 do ADCT, que limitou a proteção à indenização única de 40% sobre o FGTS, a fim de dar efetividade à regra permanente da Constituição, de proteção contra a despedida arbitrária ou sem justa causa, que aquela regra precária realiza insuficientemente.

O cumprimento do mandado constitucional para definição legal dessa proteção tem sido objeto de acerbos debates doutrinários, parlamentares e jurisprudenciais nestas já três décadas de omissão, em que houve avanços legislativos e jurisprudenciais em aspectos apenas parciais. Dois tópicos da questão cabem ser essencialmente compreendidos: os diferentes fundamentos de ruptura do contrato de trabalho pelo empregador (9.1.2) e as diferentes consequências jurídicas que de cada um deles pode advir (9.1.3).

9.1.2. Despedidas arbitrária, sem justa causa, abusiva e coletiva

O dispositivo faz referência a proteção contra despedida arbitrária ou sem justa causa, levantando-se a questão de tratar-se de sinonímia ou de diferentes conceitos. Prevalece a afirmação da diferença, vez que a Constituição, que não conteria palavras inúteis, recepciona conceitos legais e doutrinários já existentes e que explicitam a distinção. Despedida arbitrária no direito brasileiro corresponde àquela já definida no art. 165 da CLT, introduzido pela Lei 6.514/77 "entendendo-se como tal a que não se fundar em motivo disciplinar, técnico, econômico ou financeiro"[11], ao passo que despedida sem justa causa é aquela que não se funda especificamente em "justa causa" disciplinar, relativa à conduta do empregado, como previsto no art. 482 da CLT, além de outros dispositivos esparsos, como os referidos nos arts. 158, 240, 432, 508, da CLT, 7º e 14 da Lei 7.783/89. Motivo técnico envolve as transformações e adaptações de ordem tecnológica ou organizacional no processo de trabalho da empresa. Motivo econômico refere-se aos fatores ambientais de mercado que afetem o processo produtivo. Motivo Financeiro refere-se à situação de disponibilidade de capital pela empresa.

Trata-se, portanto, de conceitos concêntricos. Despedida arbitrária é sempre também sem justa causa (disciplinar), não se fundando, tampouco, em justo motivo objetivo (técnico, econômico ou financeiro). Daí decorre que toda despedida por justa causa (disciplinar) é não arbitrária, ao passo que uma despedida sem justa causa (disciplinar) pode ser arbitrária ou não-arbitrária, desde que, embora não haja o justo motivo subjetivo (disciplinar), haja justo motivo objetivo (técnico, econômico ou financeiro). O sentido da diferenciação constitucional implica no dever e direito de proteção frente a ambas as formas de despedida e não somente às arbitrárias, mais gravosas.

O problema está em que, na ausência da lei complementar, vimos atribuindo uma mesma consequência jurídica para despedidas com fundamento inteiramente diverso. Havendo a previsão, na regra de transição do art. 10 do ADCT, de indenização tarifada de 40% do montante do FGTS, para todos os casos de despedida sem justa causa[12], arbitrárias ou não, resta carente a proteção específica nas despedidas que, para além de serem sem justa causa, são também arbitrárias, ou seja, sem nenhum dos outros justos motivos objetivos, o que, além de desproporcional, é constitucionalmente inadequado.

No âmbito do Direito Internacional do Trabalho, a exigência de motivação justificada no rendimento ou na conduta do trabalhador ou nas necessidades de funcionamento da empresa, estabelecimento ou serviço, para que se possa por fim ao contrato de trabalho pelo empregador, ou seja, a exigência de não arbitrariedade, consiste na "pedra angular" das normas de proteção em face da despedida, segundo atesta a Comissão de Expertos na Aplicação de Convenções e Recomendações da OIT. Tratar as despedidas arbitrárias da mesma forma que as despedidas "sem justa causa" (rectius, sem justo motivo disciplinar), mas não arbitrárias, leva ao esvaziamento daquela exigência de motivação.

Cumpre agora esclarecer uma terceira categoria jurídica de despedida. Coisa inteiramente diversa da arbitrariedade consiste na abusividade do direito de despedir pelo empregador. Como é da tradição doutrinária e legislativa da figura jurídica do abuso do direito, como critério de antijuridicidade diverso do ilícito comum, "só se abusa de um direito que se tem" (WANDELLI, 2004). Assim, a abusividade entra em questão, não por contrariedade às restrições abstratas à despedida, como na dispensa de um empregado estável (ilícito comum), mas sim quando o empregador, no exercício e nos limites de uma prerrogativa de resilição que, abstrata-

---

10. Nesse sentido, MACIEL, José Alberto Couto. *Garantia no emprego já em vigor*. São Paulo: LTr, 1994, p. 115, afirma que "admitir-se que a compensação indenizatória seria substituta da garantia no emprego com a consequente reintegração, seria aceitar que o que o novo texto constitucional protege é a despedida e não o emprego".

11. Idêntico conceito se repete no art. 510-D, § 3º, da CLT, na redação introduzida pela Lei 13.467/2017.

12. *Vide* art. 18, § 1º, da Lei 8.036/90.

mente, lhe é permitida pelas regras aplicáveis, atenta concretamente contra outros comandos normativos sistemáticos que não significam exceções à regra geral de permissão. É o caso das despedidas discriminatórias em geral[13], em violação do princípio da boa-fé[14], em violação retaliativa do direito de ação[15], da liberdade de opinião política[16] etc. Portanto, a despedida abusiva exige um "algo a mais" em termos de antijuridicidade, em relação às dispensas sem justa causa e às arbitrárias. Pode mesmo ocorrer de uma despedida justificada em motivo objetivo, concretamente situada, ser abusiva. Inverte-se, aqui, o ônus argumentativo: em vez de exigir-se a prévia motivação justificada, a alegação de abusividade é que deve ser demonstrada. Seria o caso, v. g., da despedida de empregado que intencionara demitir-se para obter outra colocação, face à condição econômica ou financeira precária da empresa, mas que fora convencido pelo empregador a ficar, criando um comprometimento que no momento seguinte se rompe mediante a invocação da já conhecida condição financeira (*venire contra factum proprium*). Ou a despedida por motivos técnicos ou econômicos em que a seleção dos despedidos se dá por critérios discriminatórios[17].

Mais recentemente e diante da omissão do legislador complementar, veio a jurisprudência atentar para a necessidade de resposta jurídica diferenciada entre as despedidas meramente individuais e as despedidas coletivas. Trata-se de situações materialmente diferençadas, em função da elevada repercussão jurídica e social das despedidas massivas, a exigir tratamento especial, seguindo-se uma tradição normativa que vem do direito comparado, em especial da Convenção 158 da OIT e Diretiva 98/59 da Comunidade Europeia. A Seção de Dissídios Coletivos do Tribunal Superior do Trabalho, a partir do julgamento do processo TST-RO-DC n. 309/2009- 000-15-00.4, Rel. Min. Mauricio Godinho Delgado, publicado no *DEJT* em 4-9-2009, firmou o entendimento de exigir, como condição de validade das despedidas coletivas, a prévia negociação coletiva com a participação sindical, a fim de se tentar evitar ou minimizar os efeitos das despedidas, bem como regular a correção dos critérios de seleção dos despedidos. Nessa perspectiva, o exercício do direito potestativo de despedimento, ainda que reconhecido ao empregador, concretamente situado pode ser reputado abusivo pela despedida coletiva, mesmo fundada em motivo objetivamente justificado, caso não sejam observados os requisitos procedimentais de prévia negociação coletiva. O entendimento é de que há violação do direito fundamental ao trabalho e da sua valorização social, associado à função social da empresa e do contrato de trabalho (arts. 1º, IV, 5º, XXIII, 6º e 170, *caput* e III, da Constituição e arts. 187 e 421 do Código Civil), assim como do poder/direito dos sindicatos de participarem obrigatoriamente da defesa dos interesses coletivos da categoria (art. 8º, III e VI, da Constituição, Convenção n. 154 da OIT) do princípio constitucional de solidariedade (art. 3º, I) e da vinculação da empresa à boa-fé objetiva (arts. 187 e 422 do Código Civil), sendo estes os fundamentos de aferição de juridicidade da dispensa coletiva, a serem apreciados em consonância com os valores sociais da livre-iniciativa, sempre de modo que esta última não esvazie os primeiros (arts. 170 e 193 da Constituição)[18-19]. Apreciando o recurso patronal em face da decisão do TST, o STF, no RE 999.435, rel. Min. Roberto Barroso, *DJ* 15-09-2022, Tema 638 de Repercussão Geral, rejeitou o recurso e fixou tese que confere interpretação conforme o art. 477-A da CLT, introduzido pela Lei n. 13.467/2017, que pretendia igualar despedidas individuais e coletivas: "A intervenção sindical prévia é exigência procedimental imprescindível para a dispensa em massa de trabalhadores, que não se confunde com autorização prévia por parte da entidade sindical, ou celebração de convenção ou acordo coletivo. Por fim, desconsiderando que já estava há muito assentada a jurisprudência do TST nesse sentido, no julgamento dos embargos de declaração, em 12-04-2023, o STF concedeu a modulação dos efeitos da decisão, para que a exigência somente vinculasse as despedidas ocorridas após a publicação da decisão de mérito. Outrossim, conforme vem entendendo o TST, essa intervenção sindical exigida, embora não se exija a celebração de acordo ou autorização sindical, se dá na forma de negociação coletiva em que incidem os padrões normativos da boa-fé (RR-10342-90.2018.5.03.0144, 3ª T., Rel. Min. Godinho Delgado, *DEJT* 18-11-2022).

9.1.3. Consequências jurídicas da despedida

Como consta do histórico (1, *supra*), foi da tradição do direito brasileiro, desde as primeiras décadas do século XX, a combinação de indenização tarifada por tempo de serviço, em caso de despedida injustificada, com estabilidade, de regra decenal, ressalvados ainda os casos especiais de estabilidade. O regime do FGTS foi introduzido com caráter opcional à estabilidade decenal da CLT. O texto constitucional de 1967/1969 constitucionalizou o caráter alternativo entre "estabilidade, com indenização ao trabalhador despedido, ou fundo de garantia equivalente". Assim, a partir de 1967, para os (raros) não optantes, vigia a indenização por tempo de serviços e, aos 10 anos, estabilidade, com reintegração, podendo ser convertida judicialmente em indenização dobrada. Para os optantes despedidos sem justa causa, o saque do FGTS e uma indenização de 10% dos depósitos. Note-se que, mesmo sob a ordem constitucional anterior, havia a sobreposição do regime do FGTS com a estabilidade do dirigente sindical optante. A Constituição de 1988 generalizou o regime do FGTS (art. 7º, III) e acabou com o caráter alternativo entre os dois sistemas, excepcionalmente vigente na ordem anterior. A partir disso, fixou-se o entendimento de que foi definitivamente substituída a estabilidade da CLT pelo FGTS.

Contudo, a própria constituição não excepciona do regime do FGTS as três hipóteses de estabilidade temporária que prevê (arts. 8º, VIII e ADCT art. 10, II, *a* e *b*), assim como seguem sendo acumuladas com o regime do FGTS as diversas outras hi-

---

13. *Vide* Lei 9.029/95 e Súmula 443 do TST.
14. TST. RR – 9951500-29.2005.5.09.0016, Rel. Min. Augusto César Leite de Carvalho, 6ª Turma, *DEJT* 1º-12-2017.
15. TST. AIRR – 17028-96.2010.5.04.0000, Rel. Min. Maria Helena Mallmann, 2ª Turma, *DEJT* 19-5-2017. RR – 247-25.2011.5.03.0086 Rel. Min. Guilherme Caputo Bastos, 5ª Turma, *DEJT* 2-10-2015.
16. STF, RE- 01302062/210, Rel. Min. Ilmar Galvão.
17. Sobre os demais aspectos da despedida abusiva, remete-se ao nosso WANDELLI, Leonardo V. Despedida Abusiva: o direito (do trabalho) em busca de uma nova racionalidade. São Paulo: LTr, 2004.
18. *Vide* STF, RE-999.435, Rel. Min. Marco Aurélio, com repercussão geral, tema 638, sendo indeferida a suspensão dos processos em curso, pelo relator, em 3-10-2016.
19. *Vide* art. 477-A, da CLT, introduzido pela Lei 13.467/2017, aparentemente inconstitucional do ponto de vista formal, por violar a reserva de lei complementar e material, por violar as vedações de proteção deficiente e retrocesso.

póteses legais, contratuais ou convencionais[20] de estabilidades, corroborando a compreensão de que não há incompatibilidade entre estabilidades e outras formas de proteção contra a despedida e o regime do FGTS que, na nova ordem constitucional deixou de ser uma alternativa à estabilidade. O STF reconheceu-o expressamente no caso dos servidores públicos da união que, embora ainda celetistas e optantes do FGTS antes da implantação da Lei 8.112/90, estavam abrigados pela estabilidade do art. 41[21].

É indispensável compreender a diferença entre estabilidade e exigência de motivação justificada na conduta do trabalhador ou em razões objetivas da empresa (não arbitrariedade). A primeira diz respeito à ausência, já em abstrato, do direito potestativo de resilição, somente se viabilizando a ruptura do vínculo por justo motivo disciplinar ("justa causa") mediante procedimento próprio para desconstituição do vínculo. A despedida é inválida, mesmo que haja motivo de ordem técnica, econômica ou financeira. É essa modalidade de proteção que, quando geral e permanente, como a estabilidade da CLT, se considera incompatível com a Constituição. Contudo, ela subsiste diretamente na constituição nos casos dos arts. 8º, VIII e ADCT/10, II, *a* e *b*. Note-se que este último veda tanto a despedida arbitrária quanto aquela meramente sem justa causa da gestante e do cipeiro, aspecto que tem passado despercebido por grande parte da doutrina. O caráter temporário ou permanente da estabilidade não altera a sua natureza de exclusão abstrata do direito de resilição sem justa causa[22].

Algo inteiramente distinto é a simples exigência de uma motivação justificada em fatores objetivos da empresa ou organização, ainda que não haja justa causa disciplinar. Nestes casos, pode o empregador despedir fundado em razões objetivas, sujeitas ao controle judicial. Trata-se, não de retirar do empregador o direito potestativo de despedir, mas apenas de condicioná-lo a razões objetivas próprias da atividade patronal, como forma de garantia frente ao puro arbítrio. Como explicita o deputado constituinte e juslaboralista Carlos Chiarelli (1989, p. 16-17 e 37), que sustenta ser este o modelo adotado na Constituição "distingue-se da estabilidade tradicional pela sua flexibilidade. (...) O rompimento contratual por iniciativa unilateral do empregador pode ocorrer, desde que, mesmo sendo o trabalhador um empregado zeloso e prestativo (...) haja uma motivação que sobrepaire a sua vontade e que atue como concausa para embasar a decisão patronal." Cuida-se, portanto, de buscar o equilíbrio entre as necessidades de adaptação das empresas e a proteção dos bens jurídicos e direitos fundamentais associados ao trabalho, vale dizer entre os valores sociais do trabalho e da livre iniciativa (arts. 1º, IV e 170).

O regime da CLT não tratava de coibir a despedida arbitrária. Até o décimo ano, era livre a despedida sem justa causa, mediante a indenização por tempo de serviço, salvo o caráter obstativo da estabilidade e, desde então, a estabilidade própria. Foi a partir da experiência internacional que levou primeiro à recomendação 119 da OIT, de 1963 e depois à Convenção 158 e Recomendação 166, de 1982, que se disseminou o princípio que ao mesmo tempo protege o trabalhador da despedida injustificada e assegura ao empregador fazê-lo justificadamente e que se refletiu já na proteção do cipeiro contra despedida arbitrária introduzida pela Lei 6.514/1977.

A Constituição não menciona expressamente exigência de motivação, mas preconiza a relação de emprego protegida contra despedida arbitrária ou sem justa causa, de modo que a diferenciação entre essas duas figuras na legislação vigente, induz a tal exigência, pelo fenômeno da recepção da lei ordinária. O requisito veio a ser positivado com a internalização da Convenção 158 da OIT, cujo art. 4 fixa que: "Não se dará término à relação de trabalho de um trabalhador a menos que exista para isso uma causa justificada relacionada com sua capacidade ou seu comportamento ou baseada nas necessidades de funcionamento da empresa, estabelecimento ou serviço". Contudo, o STF, no julgamento da cautelar da ADI 1480, entendeu que a Convenção 158, por entrar no sistema normativo nacional com estatura de lei ordinária (entendimento superado desde 2008 pelo mesmo STF), não poderia regular a matéria reservada à lei complementar, ficando seus dispositivos dependentes de intermediação legislativa. A ADI 1480 foi extinta, em virtude da denúncia da Convenção 158 pelo Presidente da República. Contudo, pende ainda de julgamento a ADI 1625, em que se discute a validade da denúncia, uma vez que exercida por ato unilateral da presidência, ao passo que retrocede na concretização deste aspecto central do Direito ao Trabalho comandado pelo art. 7º, I. Admitida a estatura supralegal da Convenção e a sua vigência, estaria ela apta a concretizar a proteção constitucional[23].

No sistema da Convenção 158 há quatro espécies de despedida com diferentes consequências jurídicas, o que pode ao menos iluminar a compreensão dos diferentes mecanismos de proteção: a) a despedida justificada por razões objetivas, relacionadas à conduta do empregado (que não configure falta grave, assegurado direito de defesa, art. 7) ou às necessidades de funcionamento da empresa, para a qual se prevê o direito a uma indenização ordinária, devida a "todo trabalhador" cujo contrato haja sido rompido e/ou seguro desemprego (art. 12); b) a despedida injustificada (arbitrária), para a qual se prevê reintegração ou uma outra indenização ou reparação, de acordo com a legislação (art. 10), não se confundindo com a indenização ordinária do item anterior; c) despedida por falta grave, com perda do direito à indenização (art. 12.2), assegurado direito de defesa (art. 7); d) despedidas coletivas, por motivos econômicos, tecnológicos, estruturais ou análogos, em que se exigem prévias informação e consultas com os representantes dos trabalhadores e notificação à autoridade competente.

A Constituição brasileira prevê um mecanismo de proteção que envolva "indenização compensatória, dentre outros direitos", trazendo a questão das consequências jurídicas pelas diferentes formas de despedida. É certo que grande parte da doutrina e jurisprudência vem entendendo que, enquanto não advier a lei comple-

---

20. AI-AgRg 135.961/DF, rel. Min. Marco Aurélio, j. em 30-4-1991, *DJ* 24-5-1991.
21. RE 187.229/PA, rel. Min. Marco Aurélio, j. em 15-12-1998, *DJ* 14-5-1999.
22. A rigor a duração da garantia não se confunde com sua intensidade. Pode-se ter estabilidade própria temporária e permanente como também outras formas mais abrandadas de restrição à despedida, como aquela do art. 165 da CLT, igualmente temporárias ou permanentes.

23. No entender da própria OIT, a Convenção 158 e respectiva recomendação 166 buscam alcançar um equilíbrio entre os interesses do empregador e trabalhador, "reconhecendo ao empregador o direito de despedir um trabalhador por causa justificada têm como objetivo garantir o direito do trabalhador de não ser privado de seu trabalho sem justificação". OIT, TMEE/C.158R.166/2011/2, § 127. O entendimento é ratificado pelo Alto Comissariado em Direitos Humanos da ONU, no documento A/HRC/31/32, sobre a efetividade do direito ao trabalho, de 2015, § 51.

mentar, a única consequência jurídica, uniforme para despedidas sem justa causa, arbitrárias ou não, é aquela da regra de transição do art. 10, I, do ADCT. O que a experiência destes 30 anos de omissão na implementação do dispositivo mostra é que a indenização tarifada de 40% do FGTS acaba precificada no salário, não inibindo o arbítrio e, ao revés, favorece a rotatividade, perniciosa para a vida dos trabalhadores e a produtividade das empresas. Além disso, a coerência com o texto constitucional indica que deve haver uma proteção mais intensa dos casos de despedida arbitrária que nos de despedidas não arbitrárias sem justa causa e não a igualação.

Assim, o legislador complementar, no seu espaço de liberdade de conformação da Constituição, poderá, entre outras coisas, manter a indenização tarifada sobre o FGTS para o caso das despedidas sem justa causa, mas não arbitrárias (fundadas em motivos objetivos técnicos, econômicos ou financeiros), explicitar os critérios de motivação não arbitrária e estabelecer as hipóteses em que, a despeito da invalidade da despedida arbitrária, poder-se-á converter a reintegração em uma indenização não assimilada àquela primeira e quais os parâmetros dessa indenização, bem como ressalvar situações especiais. Poderá, por exemplo, regular de forma diversa contratos por prazo determinado ou excluir, com justificativa válida, determinadas categorias de trabalhadores. Poderá, ainda, estabelecer garantias procedimentais quanto à despedida, especialmente nas coletivas e inclusive direito de defesa do trabalhador para as despedidas baseadas na sua conduta. Mas não estará em conformidade com a Constituição, caracterizando proteção deficiente, a generalização da validade da despedida arbitrária, assegurando que essa produza sempre seus efeitos mais deletérios, em detrimento de toda a essencialidade do trabalho e de sua proteção constitucional, apenas sujeitando-se o empregador ao pagamento de uma indenização tarifada em todos os casos, o que reafirma a prevalência inabalável do interesse econômico imediato sobre a dignidade humana pelo trabalho. De toda forma, reitera-se, a exigência de motivação justificada (objetiva ou subjetiva), como critério de validade, é forma de proteção contra a despedida arbitrária derivada do direito ao trabalho que não se confunde com a generalização de estabilidade no emprego.

No julgamento do MI 114-6/SP, rel. Octavio Galotti, em 4-4-1991, o STF negou conhecimento a mandado de injunção distribuído em maio de 1989, em que o autor pretendia a manutenção no emprego até que fosse editada a lei complementar. Entendeu, àquela altura, que não havia mora legislativa, vez que a Constituição já estabelecera, no art. 10 do ADCT, a regra de transição até o advento da lei complementar referida no art. 7º, I. Passados agora 30 anos da Constituição, sem a solução preconizada pelo texto permanente, impõe-se superar o impasse da solução dilatória de 1988, dando o devido tratamento protetivo frente às despedidas arbitrárias. Em que pese o ambiente atual de intolerância e pouco apreço com os objetivos de construção de uma sociedade justa e solidária e de valorização social do trabalho, de escasso cuidado com o princípio fundamental de que "o trabalho não é uma mercadoria", cumprir a própria Constituição, dando efetividade a um mecanismo de equilíbrio que é adotado em grande número de países, que favorece a racionalidade e a cidadania nas relações de trabalho, sem os defeitos apontados na antiga estabilidade celetista, não deve ser algo tão ruim.

Na indefinida ausência da legislação complementar, duas vias quedam abertas: a) a aplicação da Convenção 158 da OIT, caso se entenda, em controle direto ou incidental, que foi inválida a sua denúncia, ou mesmo, caso negativo, pela incidência supletiva de normas internacionais do trabalho não internalizadas[24]; b) a incidência direta do direito fundamental ao trabalho, ante a compreensão internacional de que seu núcleo essencial implica a exigência de justificação da despedida em motivos ligados à capacidade ou à conduta injustificada do empregado ou ligados às necessidades legítimas de funcionamento da empresa. Pesa o exemplo de diversos países, como Espanha, Itália, e Peru, em que a exigência de uma causa justa e séria ligada à conduta do empregado ou a motivos empresariais objetivos, como condição de validade para a despedida, foi derivada, pela jurisprudência, diretamente do conteúdo do direito ao trabalho assegurado nas respectivas constituições, ainda antes da explicitação dessa restrição na legislação infraconstitucional (WANDELLI, 2012, p. 312-313). Bem assim, o precedente paradigmático da Corte IDH, no julgamento do caso Lagos del Campo vs. Peru, que derivou, diretamente do direito ao trabalho, o dever estatal e o Direito subjetivo de garantia do emprego contra a despedida injustificada, o qual "*no consiste en una permanencia irrestricta en el puesto de trabajo, sino de respetar este derecho, entre otras medidas, otorgando debidas garantías de protección al trabajador, a fin de que, en caso de despido se realice éste bajo causas justificadas, lo cual implica que el empleador acredite las razones suficientes para imponer dicha sanción con las debidas garantías, y frente a ello el trabajador pueda recurrir tal decisión ante las autoridades internas, quienes verifiquen que las causales imputadas no sean arbitrarias o contrarias a derecho*".

Em ambos os casos, fica em aberto qual a consequência da invalidade da despedida arbitrária: o desfazimento do ato ou o arbitramento de uma indenização não confundida com aquela dos casos ordinários de despedida não-arbitrária e sem justa causa. Mas a ausência de uma disciplina específica de sanções tipificadas nunca impediu a jurisprudência de propiciar tutela ao titular do direito frente à sua violação, mormente diante do direito fundamental à inafastabilidade da jurisdição (art. 5º, XXXV), que implica o direito à tutela jurisdicional adequada e efetiva.

9.2. Funções

Trata-se de direito fundamental e, como tal, implica um complexo de posições jurídicas subjetivas, tanto de caráter negativo, quanto positivo, como também comandos de ordem objetiva (SARLET; MARINONI; MITIDIERO, p. 295-302).

Na dimensão objetiva, engloba: a) eficácia irradiante na interpretação de todo o direito, no sentido da máxima efetividade da proteção dos trabalhadores contra a despedida; b) O dever ao Estado, não só de respeitar (não violar diretamente o direito), mas de protegê-lo ativamente contra os poderes públicos e privados. O primeiro desses deveres é o de legislar para prover a proteção contra a despedida, expressamente comandado no dispositivo, mas também de promover políticas públicas de pleno emprego qualitativo que favoreçam essa proteção e a continuidade dos vínculos e de propiciar a tutela judicial adequada. c) Prover

---

24. O art. 8º da CLT prevê expressamente o recurso ao direito comparado como fonte subsidiária. Sobre a prática de aplicação supletiva das normas internacionais do trabalho não ratificadas, ver: BEAUDONNET (2011), p. 31, 182 e passim.

normas e condições de caráter organizacional e procedimental necessárias à efetivação do direito, a exemplo dos requisitos procedimentais para a validade da comunicação e quitação rescisória[25], para demissão pelo empregado estável[26], direitos procedimentais de defesa para despedida baseada na conduta do empregado[27], deveres de informação e negociação nas despedidas coletivas[28], assim como os mecanismos de tutela administrativa e judicial voltados à efetividade do direito[29]. d) O dever de progressividade (ou vedação de retrocesso) na implementação da proteção face à despedida[30].

Na dimensão subjetiva, embora não haja simetria exata com a dimensão objetiva, envolve a potencial vindicação dos deveres objetivos referidos, em termos de prestações e abstenções, envolvendo, entre outros aspectos: a) O direito de não ser despedido injustificadamente e, quando justificadamente, aceder a um conjunto de medidas de proteção, acesso ao FGTS, indenização de despedida, aviso prévio proporcional, acesso à proteção securitária do seguro desemprego. b) O direito a que não promova o Estado medidas e políticas que favoreçam as despedidas arbitrárias ou sem justa causa ou crie formas gravosas de despedida[31]. c) O direito de acesso a garantias procedimentais e organizacionais da despedida. d) O direito à tutela judicial adequada que assegure os direitos referidos e a proteção contra a despedida injustificada ou prestação substitutiva adequada.

Tratando-se de direito de aplicabilidade imediata (art. 5º, § 1º) que se dirige primordialmente a medidas de proteção, desafia o controle via princípio da proporcionalidade, não só em termos de proibição do excesso interventivo, mas também de proibição de proteção insuficiente[32].

9.3. Titulares

A proteção da relação de emprego contra a despedida arbitrária ou sem justa causa é garantia própria dos trabalhadores empregados, aplicando-se, de modo geral, aos contratos de trabalho por tempo indeterminado. Já nos contratos por prazo determinado, a terminação quando do prazo ou evento previsto não caracteriza despedida arbitrária ou sem justa causa, embora possa haver outros mecanismos de proteção. Porém não há incompatibilidade entre as estabilidades provisórias e os contratos de trabalho de duração determinada, o que, mais recentemente, a jurisprudência vem reconhecendo[33].

Vale lembrar que a ruptura da relação de emprego tem um potencial importante de afetação social e da organização do trabalho como bem coletivo[34], transcendendo os indivíduos diretamente efetados, o que fica mais evidente nas despedidas coletivas.

Quanto aos trabalhadores não empregados (autônomos, representantes comerciais, cooperados, estagiários, eventuais etc.), embora não se aplique especificamente o art. 7º, I, são titulares do direito ao trabalho (art. 6º), nada impedindo que haja mecanismos de proteção frente à ruptura de outras formas de relação continuada de trabalho, de acordo com o ordenamento vigente, especialmente em violação da boa-fé ou em caráter discriminatório, bem como a formas de acesso aos benefícios de seguridade social.

No que diz respeito aos trabalhadores avulsos, embora tenham assegurada igualdade de direitos com os trabalhadores permanentes (art. 7º XXXIV), na forma da lei não estão sujeitos a despedida arbitrária ou sem justa causa[35]. Não se pode confundir o caráter eventual de cada "pegada" de trabalho avulso junto a um operador ou tomador de serviços, com o caráter permanente do vínculo de trabalhador avulso cadastrado, o qual também merece formas de proteção[36].

Já no que respeita aos domésticos, a EC 72/2013, que alterou o parágrafo único do art. 7º da Constituição, sanou a sua exclusão do disposto no art. 7º, I, condicionando-o à lei. A Lei Complementar 150/2015 apenas criou um depósito compulsório, pelo empregador, de 3,2% da remuneração, destinada ao pagamento de indenização compensatória da perda do emprego sem justa causa ou por culpa patronal, nada dispondo sobre despedidas arbitrárias.

Quanto aos estrangeiros, cumpre observar, primeiro, que a o art. 7º, caput, enuncia como titulares todos os trabalhadores, sem remeter-se a nacionais e estrangeiros residentes, como o faz (sob a crítica doutrinária) o art. 5º. Não obstante, o só fato de estar trabalhando no Brasil já implicaria a condição de residente (SARLET; MARINONI; MITIDIERO, 2012, p. 306). Não obstante, decorre dos tratados internacionais relativos ao direito ao trabalho de que o Brasil faz parte que a condição de irregularidade da permanência do trabalhador no país não é fundamento para qualquer discriminação ou restrição em relação aos direitos assegurados aos demais trabalhadores, inclusive na proteção contra a despedida[37].

---

25. Vide art. 477, §§ 1º e 3º, da CLT, a exigir a homologação da entidade sindical para a demissão ou quitação rescisória firmados por empregado com mais de um ano de serviço. Dispositivos revogados pela Lei 13.467/2017, o que se pode considerar retrocesso na garantia procedimental.

26. Vide art. 500 da CLT.

27. Nesse sentido, o art. 7 da Convenção 158 da OIT. Há, aqui, intolerável omissão legislativa sobre o devido processo legal na aplicação de sanções pelo empregador, que tampouco o judiciário vem suprindo.

28. Vide 9.1, supra.

29. Nesse sentido, ver a sentença da Corte IDH, Caso Lagos del Campo vs. Peru, de 2017.

30. Nesse sentido, o voto do Min. Joaquim Barbosa na ADI 1625. Vide também o Comentário Geral 18, de 2005 do CDESC-ONU, § 34: En cuanto a los demás derechos del Pacto, existe la intuición generalizada de que las medidas regresivas adoptadas en relación con el derecho al trabajo no son permisibles. (...) Un ejemplo de ello sería la instauración del trabajo forzado o la revocación de una legislación que proteja al asalariado contra el despido improcedente. Dichas medidas constituirían una violación de la obligación de los Estados Partes de respetar el derecho al trabajo.

31. STF, ADI 1721, rel. Carlos Britto.

32. Vide nota 9, supra.

33. Súmula 378, III, do TST, relativa ao acidentado. STF, RE n. 579.989-AgR, Primeira Turma, Rel. Min. Ricardo Lewandowski, DJ 29-3-2011, reconhecendo a estabilidade da gestante contratada a título precário, resultando na alteração da Súmula 244, III, do TST.

34. Vide, sobre o vínculo entre a proteção da pessoa do trabalhador e a organização do trabalho, o RE 459510/MT, rel. Min. Dias Toffoli, DJ 12-4-2016.

35. Vide art. 33, I, da Lei 12.815/2013 e a revogada Lei 8.630/1993, art. 27.

36. TST, RR 125040-69.2005.5.02.0443, Rel. Min. Godinho Delgado, 6ª Turma, DEJT 11-2-2011, entendeu que, diante do entendimento do STF na ADI 1.721, o cancelamento do cadastro do avulso, em razão de aposentadoria, previsto no então vigente art. 27, § 3º, da Lei 8.630/1993, implicaria em violação do seu direito ao trabalho.

37. Nesse sentido ver a Opinião Consultiva 18/2003 da Corte IDH.

9.4. Destinatários

Conforme esclarecido no item 9.1, o direito fundamental implica deveres que afetam os poderes públicos e entes privados.

Trata-se de norma de eficácia plena, sob reserva legal, que implica um mandamento de concretização pelo legislador complementar. Considera-se que já não há mais como sustentar a exoneração de mora do legislador frente à regra de transição do art. 10 do ADCT, após três décadas. Abrem-se, pois, as formas de suprir-se a omissão inconstitucional frente ao dever de proteção decorrente do direito fundamental, inclusive a incidência direta. Isto implica, também o Poder Judiciário, que está vinculado à sua aplicação.

Vincula, ainda, todos os empregadores, que se obrigam a respeitar o dever de não despedir de forma arbitrária e a arcar com as obrigações decorrentes das despedidas que praticarem. Especificamente em relação ao empregador público da administração indireta, vem o STF fixando o entendimento de que a despedida, ainda que sem justa causa, pelo menos nos entes da administração indireta prestadores de serviços públicos, deva ser motivada de acordo com os princípios da administração pública[38]. Embora no julgamento dos embargos declaratórios do RE 589.998, em 2018, o STF tenha fixado tese restrita ao âmbito da ECT, isso ocorre porque a tese jurídica deve estar vinculada ao suposto de fato objeto do julgamento, mas não invalida a jurisprudência já fixada no julgamento do mérito em 2013, que vai no sentido da exigência dessa motivação nos demais entes da administração indireta. Nesse sentido, a atual jurisprudência do TST[39].

10. Reserva de lei complementar

Já esclarecidas as questões relativas à omissão na edição da lei complementar, cumpre apreciar a eventual violação dessa reserva na edição de lei ordinária disciplinando formas de estabilidade e outros mecanismos de proteção contra a despedida.

No julgamento da ADI 639, rel. Min. Joaquim Barbosa, o STF entendeu ser constitucional a estabilidade de 12 meses após a alta do empregado acidentado do trabalho, estabelecida no art. 118 da Lei 8.213/1991, por se tratar de concretização da proteção frente aos acidentes de trabalho, não correspondendo ao espaço reservado à lei complementar pelo art. 7º, I, dirigida às formas gerais e permanentes de garantia no emprego contra despedida arbitrária ou sem justa causa.

Também se entendeu RE 264.434, rel. Min. Carmen Lucia, que não viola a reserva de lei complementar indenização adicional provisória pela despedida (50% do salário) criada pela Lei 8.880/1994 e devida no período de implantação do Plano Real e devida no período de implantação do Plano Real, dado o seu caráter transitório e emergencial.

Já no julgamento da cautelar da ADI 1480, ao fixar-se o entendimento, hoje superado, de que os tratados internacionais eram internalizados com a estatura normativa de lei ordinária, entendeu-se que a Convenção 158 da OIT não poderia ocupar o lugar de disciplina geral da proteção frente à despedida, reservado à lei complementar.

Conclui-se que os entendimentos adotados pelo STF indicam que a reserva de lei complementar somente se aplicaria a normas que disciplinam de modo geral a proteção contra a despedida, não atingindo dispositivos que estabeleçam estabilidades particulares ou, embora gerais, de caráter transitório[40].

Art. 7º, II – seguro-desemprego, em caso de desemprego involuntário;

Leonardo Vieira Wandelli

1. Histórico constitucional

O dispositivo aparece, na história constitucional brasileira, por primeiro no art. 124, § 4º, da Constituição de 1934: *"Será garantida ao trabalhador a necessária assistência em caso de enfermidade, bem como á gestação operária, podendo a lei instituir o seguro obrigatório contra a velhice, a doença, o desemprego, os riscos e acidentes do trabalho e em favor da maternidade"*. Na Constituição de 1937, o artigo análogo, 137, *m*, omite a referência ao desemprego. A Constituição de 1946, art. 157, XV, estabelece que a lei deverá prover a assistência aos desempregados, sem vincular a sistema de seguro, além de priorizar os desempregados nos planos de colonização e aproveitamento de terras públicas (art. 156). No texto de 1967 é previsto o seguro desemprego integrado à previdência social, dentre os direitos dos trabalhadores, no art. 158, *"XVI – previdência social, mediante contribuição da União, do empregador e do empregado, para seguro-desemprêgo, proteção da maternidade e nos casos de doença, velhice, invalidez e morte;"* (art. 165, XVI, da EC 1/1969, que aglutinou o seguro por acidentes de trabalho ao dispositivo). Na prática veio a ser implantado, com diminuta abrangência, em 1986, pelo DL 2.284.

Na Assembleia Nacional Constituinte o texto pouco variou: Subcomissão dos Direitos dos Trabalhadores: *"seguro-desemprego, proporcional ao salário da atividade, nunca inferior a um salário mínimo para o trabalhador que, por motivo alheio à sua vontade, ficar desempregado, por prazo compatível com a duração média do desemprego"*; Comissão da Ordem Social: *"seguro-desemprego, em caso de desemprego involuntário"*; Comissão de Sistematização: *"seguro-desemprego, em caso de desemprego involuntário"*. A definição de sua fonte de custeio, pelo art. 239 deu a conformação constitucional atual do instituto.

2. Dispositivos constitucionais relacionados

Arts. 1º, IV, 6º, 7º I, 195, 201, III, e 239, § 4º; ADCT, arts. 139, §§ 1º, 2º, 3º e 4º, e 203, III.

3. Constituições estrangeiras

Art. 67 da Constituição do Uruguai; art. 369 da Constituição do Equador; art. 45, III, da Constituição da Bolívia; art. 59, 1,

---

38. STF, RE 589.998/PI, rel. Min. Ricardo Lewandowski, *DJ* 12-9-2013.

39. Ag-AIRR-13189-63.2010.5.04.0000, 7ª Turma, Relator Ministro Evandro Pereira Valadão Lopes, *DEJT* 17-9-2021. RR-985-24.2010.5.04.0020, 4ª Turma, Relator Ministro Guilherme Augusto Caputo Bastos, *DEJT* 14-5-2021.

40. Plausível, neste sentido, a inconstitucionalidade formal, a par da material, do art. 477-A da CLT introduzido pela Lei 13.467/2017.

c, da Constituição de Portugal; Tít. 6, 123-A, XXIX, da Constituição do México; art. 41 da Constituição da Espanha; art. 38 da Constituição da Itália; arts. 41 e 114 da Constituição da Suíça.

4. Textos internacionais

1) ONU. Declaração Universal dos Direitos do Homem, (1948), art. XXV, 1. Pacto Internacional sobre Direitos Econômicos, Sociais e Culturais (1966), Dec. Promulg. n. 591/1992, art. 9. Observação Geral n. 19 do Comitê de Direitos Econômicos Sociais e Culturais sobre o Direito à Seguridade Social (2007), §§ 12 e 16. Informe do Alto Comissariado das Nações Unidas para os Direitos Humanos sobre a efetividade do Direito ao Trabalho A/HRC/31/32 (2015), par. 40-43. 2) OIT. Convenção n. 102 (1952). (Normas mínimas de seguridade social), parte IV. Decreto Legislativo n. 269, de 18-9-2008; Convenção n. 122 (1964). (Política de emprego a garantir trabalho para todas as pessoas disponíveis.) Ratificada pelo Brasil em 24-3-1969. Decreto Legislativo n. 61, de 30-11-1966. Decreto de Promulgação n. 66.499, de 27-4-1970; Convenção n. 158 (1982). Dec. Promulg n. 1.855/1996. Denúncia tornada pública pelo Dec. n. 2.100/1996 (*vide* ADI 1625). Recomendação n. 166 (1982). (Terminação da relação de trabalho.) Convenção n. 168 (1988). (Promoção do emprego e a proteção contra o desemprego.) Ratificada pelo Brasil em 24-3-1993. Decreto Legislativo n. 89, de 10-12-1992. Decreto de Promulgação n. 2.682, de 21-7-1998. Recomendação n. 202 (2012) (Pisos de proteção social, incluindo a seguridade por desemprego).

5. Legislação

CLT, arts. 12, 476-A, 477, § 10, 484-A, § 2º, 611-B, II (Lei 13.467/2017) Lei n. 7.998, de 11-1-1990 (Programa do seguro-desemprego, abono salarial e institui o Fundo de Amparo ao Trabalhador – FAT) e alterações; Lei n. 8.019, de 11-4-1990 (Fundo de Amparo ao Trabalhador – FAT); Lei n. 8.352, de 28-12-1991 (Disponibilidades financeiras do Fundo de Amparo do Trabalhador – FAT); Lei n. 9.715, de 25-11-1998 (Contribuições para o PIS-PASEP); Lei n. 10.208, de 23-3-2001 (Assegura a percepção do seguro-desemprego na hipótese em que o empregador doméstico optar pelo regime do Fundo de Garantia do Tempo de Serviço); Lei n. 10.779, de 25-11-2003 (Benefício de seguro-desemprego ao pescador profissional que exerce a atividade pesqueira de forma artesanal em período de defeso); Lei Complementar n. 7, de 7-9-1970 (Institui o PIS); Lei Complementar n. 7, de 7-9-1970 (Institui o PASEP); Lei Complementar 26/1975 (Integrou PIS e PASEP); Resolução n. 306, de 6-11-2003 (Regulamenta o seguro-desemprego aos resgatados na condição análoga a de escravo); Lei Complementar 150/2015, art. 26 (Assegura o direito dos empregados domésticos despedidos sem justa causa ao seguro-desemprego); Resolução CODEFAT 754 de 26-8-2015 (Regulamenta seguro-desemprego dos trabalhadores domésticos).

6. Jurisprudência do STF

ADI 3464/DF, rel. Menezes Direito *DJ* 6-3-2009 (inconstitucionalidade do art. 2º, IV, da Lei 10.779/2003, ao condicionar o seguro desemprego de defeso à filiação à colônia de pescadores local, por violar a liberdade de associação), ACOr 471/PR, rel. Min. Sydney Sanches, j. em 11-4-2002, *DJ* 25-4-2003 (reconhece a recepção do PASEP pela Constituição, dando-lhe caráter obrigatório e nacional, assegurando a exigência da contribuição, pela União, aos Estados); RE 169.091/RJ, rel. Min. Sepúlveda Pertence, j. em 7-6-1995, *DJ* 4-8-1995 (reconhece a recepção, pela Constituição, da contribuição para o PIS, na forma estabelecida pela Lei Complementar n. 7/70, e a não interrupção de sua exigibilidade); ARE 695.278, rel. Gilmar Mendes, *DJ* 11-9-2012 (nega repercussão geral à alegação de inconstitucionalidade da exigência de contribuição previdenciária para o recebimento do seguro desemprego de defeso de camarão e sardinha, na forma das leis 10.779/2003 e 8.213/1999, por se tratar de questão infraconstitucional).

7. Jurisprudência do TST

Súmula 389. I – Inscreve-se na competência material da Justiça do Trabalho a lide entre empregado e empregador tendo por objeto indenização pelo não fornecimento das guias do seguro-desemprego; II – O não fornecimento pelo empregador da guia necessária para o recebimento do seguro-desemprego dá origem ao direito à indenização.

8. Seleção de literatura

CHAHAD, José Paulo Zeetano. As transformações no mundo do trabalho e o futuro do seguro-desemprego no Brasil. *Economia Aplicada*, v. 4, n. 1, p. 121-155, jan./mar. 2000; CHAHAD, J. P. Z., PICCHETTI, P. (orgs.) Mercado de trabalho no Brasil: padrões de comportamento e transformações institucionais. São Paulo: LTr, 2003. CRUZ, Cláudia Ferreira. Alterações na legislação trabalhista e combate ao desemprego no Brasil. *Revista Trabalho & Doutrina*: processo jurisprudência, n. 23, p. 14-23, dez. 1999; FAGNANI, Eduardo, HENRIQUE, Wilnês e LÚCIO, Clemente G. (orgs.). *Previdência social*: como incluir os excluídos? Uma agenda voltada para o desenvolvimento econômico com distribuição de renda. São Paulo: LTr/CESIT, 2008. GENTIL, Denise Lobato. *A política fiscal e a falsa crise da seguridade social brasileira*. Análise financeira do período 1990-2005 (tese de doutoramento apresentada ao Instituto de Economia). Rio de Janeiro: UFRJ, 2006. MARSHALL, T. H. *Cidadania, classe social e status*. Rio de Janeiro: Zahar, 1967. MARTINEZ, Wladimir Novaes. *Seguro-desemprego*. 3. ed. São Paulo: LTr, 2002; MENDES, G.; COELHO, I. M., BRANCO, P. G. G. *Curso de direito constitucional*. 2. ed., São Paulo: Saraiva, 2008; SARLET, I. W.; MARINONI, L. G.; MITIDIERO, D. *Curso de direito constitucional*. São Paulo: RT, 2012. SILVA, Luiz de Pinho Pedreira da. Um novo modelo social: a flexissegurança. *Revista LTr*: legislação do trabalho, v. 69, n. 6, p. 645-647, jun. 2005.

9. Comentários

9.1. *Seguro-desemprego e direito ao trabalho*

O seguro desemprego se insere na zona de intersecção entre os âmbitos de proteção do direito ao trabalho e à seguridade social, frisando o caráter interdependente dos direitos humanos e fundamentais. Do direito ao trabalho decorrem deveres estatais de promover políticas proativas tendentes ao pleno emprego qualitativo[1]. Contudo, múltiplas causas inerentes ao modelo econômico bem como as deficiências nas opções político-econômicas quanto ao pleno emprego acarretam a existência de níveis, maiores ou menores, de desocupação e desemprego, tanto friccional quanto estrutural. A realização deficiente do direito ao trabalho acarreta a contrapartida de obrigações estatais relativas à seguridade social, que deve cobrir, entre outros, os eventos de desemprego. A necessária proteção securitária do desemprego vem sendo reafirmada pelos órgãos internacionais de direitos humanos[2] e pelas normas internacionais[3]. Também os serviços públicos e gratuitos de recolocação no emprego são uma obrigação decorrente do direito ao trabalho[4]. Outras formas de assistência social ainda são necessárias. Porém, essas contrapartidas securitárias de cobertura de riscos sociais não desoneram ou substituem os deveres estatais frente ao pleno emprego e o direito ao trabalho como bem juridicamente protegido que transcende em muito a subsistência.

Além disso, um sistema de seguridade frente ao desemprego contribui para atenuar a vulnerabilidade dos trabalhadores ante a condições precarizantes de trabalho, propiciando um relativo apoio diante da oferta de condições inadequadas no mercado de trabalho, favorecendo alguma possibilidade de escolha. Trata-se, portanto, de medida de regulação do mercado de trabalho e paliativo dos efeitos perniciosos da pressão produzida pelo exército de reserva.

A interconexão entre seguro desemprego e liberdade de trabalhar é ainda expressada no âmbito do Conselho de Direitos Humanos da ONU: "a correlação entre emprego adequado e liberdade de escolher trabalho implica que os direitos a prestações de desemprego e serviços de emprego não podem estar condicionados à aceitação de qualquer tipo de trabalho. Do mesmo modo, a exigência de trabalho obrigatório como condição para receber as prestações de desemprego não corresponde ao critério de um emprego adequado"[5]. Portanto, a adequação do emprego à condição profissional do trabalhador e inclusive de padrão de renda é requisito de validade da exigência de não recusa, ao passo que nenhuma exigência de trabalho obrigatório como contrapartida das prestações de desemprego é válida.

9.2. Seguro-desemprego e seguridade social

A seguridade social é definida na Constituição Federal, no art. 194, *caput*, como um *"conjunto integrado de ações de iniciativa dos poderes públicos e da sociedade, destinadas a assegurar os direitos relativos à saúde, à previdência e à assistência social"*. O seguro-desemprego é um benefício integrante da Seguridade Social, na modalidade de seguro social. Na formulação de Marshall (1967), o seguro social, apesar de copiar a técnica atuarial, tem a sua contratualidade fundada em princípios de justiça distributiva e em decisões políticas. O caráter integrado dos três segmentos da seguridade atenua a relevância da controvérsia quanto a ser um benefício de natureza previdenciária ou assistencial. O art. 201, III, insere-o dentre os benefícios previdenciários e destina-se a cobrir o risco social de desemprego, tendo caráter contributivo na forma do art. 239, o que conforma seu caráter previdenciário, embora não integrante do Regime Geral de Previdência Social. Em sua concretização legal atual, tem por finalidade prover assistência financeira temporária ao trabalhador desempregado involuntariamente, com o contrato suspenso para participação em programa de qualificação profissional (bolsa qualificação), ao pescador profissional em período de defeso ou em caso de trabalhador resgatado de condições análogas à de escravo, englobando ainda ações integradas de orientação, qualificação e recolocação profissional. Sua administração não é feita pelo INSS, mas pelo Ministério do Trabalho e é custeado com recursos do Fundo de Amparo do Trabalhador – FAT (art. 239 e Lei 7.998/1990). O Programa de Seguro-Desemprego abrange ainda as políticas públicas de fomento ao emprego, mediante a atuação do Sistema Nacional de Emprego (SINE) e os diversos programas de emprego, qualificação e renda.

9.3. Desemprego involuntário

O conceito legal de desemprego involuntário para fins de seguro desemprego é delimitado pela dispensa sem justa causa, incluída a rescisão indireta, ou seja, a ruptura do contrato para a qual o trabalhador não concorreu, seja pela conduta faltosa, seja com sua manifestação de vontade[6]. As outras três hipóteses legais não se referem a desemprego involuntário. Necessário, ainda, não haver outra fonte de renda ou atividade remunerada. Note-se que o conceito legal de desemprego exige o prévio ingresso no mercado de trabalho, alcançando apenas aqueles que já lograram obter emprego formal que atinja o tempo exigido como carência. Excluem-se de antemão, assim, os ainda não incluídos. Também não é considerado desempregado aqueles que trabalham, ainda que ocasionalmente, em condições de precariedade. Aqueles que tenham sido despedidos de um vínculo de emprego sem a regular formalização, deverão, primeiro, comprovar a situação de trabalho sob regime de emprego, vez que o registro em CTPS não é constitutivo, mas apenas meio de prova. Embora, em princípio, seja dever da administração viabilizar essa prova, inclusive pela ação da fiscalização do trabalho, dificilmente obter-se-á, fora das hipóteses de resgate da condição análoga à de escravo, o benefício sem o reconhecimento judicial do vínculo[7], resolvendo-se em indenização, na forma da Súmula 389 do TST. O conceito legal tampouco abrange outras situações de desocupação, como o desalento de quem não trabalha nem consegue mais procurar emprego.

Há, porém, situações nas quais o conceito de desemprego involuntário da Lei 7.998/1990 é claramente infracludente em relação à hipótese constitucional, deixando indevidamente de in-

---

1. Constituição, art. 170. *Vide* Convenções 122 e 168, art. 7, da OIT.

2. *Vide* Observação Geral n. 19 do Comitê de Direitos Econômicos Sociais e Culturais sobre o Direito à Seguridade Social (2007), §§ 12 e 16. No mesmo sentido o Informe do Alto Comissariado das Nações Unidas para os Direitos Humanos sobre a efetividade do Direito ao Trabalho A/HRC/31/32 (2015), §§ 40-43.

3. Convenções 102 e 168 e recomendação 202 da OIT.

4. Convenções 88 da OIT, sobre serviços públicos de emprego e convenção 181 sobre agências privadas de emprego (não ratificada pelo Brasil).

5. A/HRC/31/32 (2015), § 42.

6. Veja-se o art. 484-A, § 2º, da CLT, introduzido pela Lei 13.467/2017, que exclui do acesso ao seguro desemprego o trabalhador com contrato extinto por acordo entre empregado e empregador.

7. *Vide* art. 477 da CLT, com a redação da Lei 13.467/2017, que institui como documentos hábeis ao requerimento do seguro desemprego a anotação de rescisão na CTPS e a comunicação à autoridade competente, dispensando as guias rescisórias.

cluir as hipóteses de rescisão baseada em *factum principis*, morte do empregador individual, força maior, falência com encerramento da atividade e término de contrato de duração determinada. Nesses casos, há omissão parcial inconstitucional[8].

9.4. Titulares

O dispositivo constitucional assegura direito que, em princípio, é de titularidade de todos os trabalhadores. Também o art. 201, III, outorga "proteção ao trabalhador em situação de desemprego involuntário". Mas a conformação legislativa reduz o alcance do direito aos empregados e pescadores profissionais.

A EC/72 e a Lei Complementar 150/2015 vieram a corrigir a injustificada exclusão dos empregados domésticos, vez que o inciso II não se encontrava dentre aqueles direitos que lhes eram assegurados pelo parágrafo único do art. 7º em sua redação original.

Embora o legislador tenha margem de conformação dos direitos constitucionalmente assegurados, incumbindo-lhe, inclusive instituir as condições de exercício e custeio do benefício, não detém ele legitimidade para promover exclusões injustificadas de categorias de trabalhadores.

Nesse sentido, importante manifestação do Comitê de Direitos Econômicos Sociais e Culturais, da ONU, em sua interpretação do direito à cobertura de seguridade social em casos de desemprego, derivada do art. 9º do PIDESC, vigente no plano interno brasileiro:

16. Além de promover um emprego pleno, produtivo e livremente eleito, os Estados Partes devem tratar de oferecer prestações para cobrir a perda ou falta de rendimentos devida à incapacidade de obter ou manter um emprego adequado. Em caso de perda de emprego, as prestações devem ser pagas durante um período suficiente e ao concluir este período, o sistema de seguridade social deve oferecer uma proteção adequada ao trabalhador desempregado, por exemplo, mediante a assistência social. O sistema de seguridade social também deve amparar a outros trabalhadores, incluídos os trabalhadores a tempo parcial, os trabalhadores ocasionais, os trabalhadores por temporada e os empregados por conta própria, assim como os que trabalham em formas atípicas de trabalho na economia não estruturada. Devem proporcionar-se prestações para os períodos de perda de rendimentos das pessoas às quais se designe que não compareçam ao trabalho durante uma emergência de saúde pública ou outro tipo de emergência[9].

9.5. Destinatários

O destinatário imediato é o Estado, a quem incumbe prover o benefício prestacional e organizar a sua concessão. Os empregadores estão vinculados a contribuir para o custeio, na forma do art. 239 e da lei, como também os Estados da Federação[10].

Ademais, na forma da lei, estão os empregadores obrigados aos procedimentos de formalização e comunicação da rescisão à autoridade pública, os quais facilitam o acesso ao seguro desemprego[11], inclusive sob pena de indenizar o seu valor em caso de obstrução de sua percepção pela omissão patronal (Súmula 389 do TST).

9.6. Eficácia e funcionalidade

Trata-se de direito fundamental social que envolve primordialmente deveres de prestação e organização ao Estado. Cabe ao legislador a sua conformação, a qual deve estar adstrita à hipótese normativa de "desemprego involuntário", de modo que a cobertura poderá ser mais ampla que essa (art. 7º, *caput*), mas não poderá o legislador oferecer cobertura inferior, sob pena de omissão inconstitucional.

O benefício deve ter condições de valor e tempo de duração suficientes[12]. Também não poderá excluir injustificadamente situações e categorias de trabalhadores ou criar condicionantes e requisitos excessivamente restritivos, discriminatórios ou que constranjam outros bens protegidos[13]. Os condicionantes e as exclusões inconstitucionais expressas (inconstitucionalidade por ação), estão sujeitas à invalidação, abrindo espaço para a concessão do benefício, nos termos da lei, sem a exigência ou exclusão expressa. Mais complexa é a situação de insuficiência da hipótese legal de abrangência. Não se trata apenas de agraciar categorias de trabalhadores sem igual tratamento a outros em situação igual (inconstitucionalidade por exclusão de benefício incompatível com a igualdade), o que pode se dar quando o legislador ultrapassa a hipótese constitucional de desemprego involuntário para abrigar situações excedentes ao conceito legal, excluindo outras com iguais características. Cuida-se também da concretização deficiente do direito fundamental de aplicabilidade imediata, por definir hipótese infracludente em relação ao âmbito de proteção do direito fundamental. Em ambos os casos, há acerba controvérsia doutrinária sobre as formas de suprir a omissão inconstitucional parcial e uma evolução jurisprudencial com idas e vindas (SARLET, MARINONI, MITIDIERO, 2012, p. 792-801. MENDES, COELHO, BRANCO, 2008, p. 1025-1027). Considera-se, desde logo, que pelo menos no segundo caso (infraclusão da hipótese legal em relação ao conceito constitucional de desemprego involuntário), cabível o reconhecimento judicial do direito ao benefício a quem de direito, uma vez que todos os demais elementos e requisitos necessários para o provimento da prestação, acesso, formas e custeio já estão definidos na lei.

9.7. Custeio e rotatividade no emprego

Os recursos para o seguro-desemprego advêm da Seguridade Social, na forma do art. 195. A garantia de recursos introduzida pelo art. 239, pelo repasse das receitas provenientes das contribuições para o Programa de Integração Social – PIS (Lei Complementar n. 7, de 7-9-1970) e Programa de Formação do Patrimônio do Servidor Público – PASEP (Lei Complementar n. 8, de 3-12-1970), aportadas ao Fundo de Amparo ao Trabalhador –

---

8. O mesmo se pode dizer do intento de excluir os contratos de trabalho intermitente do art. 452-E da CLT (Lei 13.467/2017) pelo § 2º introduzido pela MP 808/2017.
9. ONU. Observação Geral n. 19 do Comitê de Direitos Econômicos Sociais e Culturais sobre o Direito à Seguridade Social (2007), § 16.
10. ACO 471/PR, rel. Min. Sydney Sanches, *DJ* 25-4-2003.
11. *Vide* art. 477 da CLT.
12. *Vide* Convenções 102 e 168 e Recomendação 202, da OIT.
13. *Vide* ADI 3464/DF, rel. Menezes Direito *DJ* 6-3-2009, que reconheceu a inconstitucionalidade do art. 2º, IV, da Lei 10.779/2003, ao condicionar o seguro desemprego de defeso à filiação à colônia de pescadores local, por violar a liberdade de associação.

FAT, foi um marco na concretização desse direito e para as políticas de fomento ao emprego.

Aspecto relevante está no disposto no art. 239, § 4º, que prevê uma contribuição adicional para o financiamento do seguro desemprego da empresa cujo índice de rotatividade da força de trabalho superar o índice médio da rotatividade do setor, na forma estabelecida por lei. Trata-se de mecanismo voltado não apenas ao financiamento do seguro desemprego, mas de caráter inibitório das práticas empresariais de rotatividade, em clara conexão com o dever de proteção contra a despedida arbitrária ou sem justa causa (art. 7º, I). Contudo, nos primeiros 30 anos de vigência da constituição ainda não houve a regulamentação do dispositivo pelo parlamento.

Art. 7º, III – Fundo de Garantia do Tempo de Serviço;
Leonardo Vieira Wandelli

1. Histórico da norma

O Fundo de Garantia do Tempo de Serviço foi concebido pelo Ministério do Planejamento do Governo Castelo Branco, destinando-se a quebrar e a ocupar o espaço da garantia de estabilidade no emprego, medida que já constava do Plano de Ação Econômica do Governo (PAEG), 1964-1966, sendo instituído originariamente pela Lei 5.107/66. Introduzido como um regime opcional ao regime de indenização por tempo de serviço e estabilidade decenal da CLT, baseia-se em depósitos de 8% sobre o valor do salário. Em caso de perda involuntária do emprego, o trabalhador saca esses depósitos e faria jus indenização de 10% sobre o total dos depósitos em caso de despedida sem justa causa (majorada para 40% pelo art. 10, I, do ADCT/1988). A lei e o Decreto 59.820/66, que a regulamentou, permitiam também a rescisão dos contratos estáveis por livre acordo, mediante indenização e transação da estabilidade sem ruptura do contrato. A Constituição de 1967 constitucionalizou o FGTS, com caráter alternativo e equivalente à estabilidade no emprego, no art. 158 (art. 165, após e EC 1/1969): "XIII – estabilidade, com indenização ao trabalhador despedido, ou fundo de garantia equivalente". A jurisprudência do STF e do TST interpretou que essa equivalência era meramente jurídica, não econômica, convalidando a disciplina legal, mesmo nos casos em que a conversão da estabilidade em indenização dobrada resultava em valor muito inferior à expectativa dos salários suprimida. Os mecanismos de compulsão do trabalhador à "opção", imposta como condição à admissão ou manutenção no emprego, levaram à generalização, na prática, do regime do FGTS.

Durante a Assembleia Nacional Constituinte, o texto oscilou, porém sempre com caráter universal: Subcomissão dos Direitos dos Trabalhadores: *"fundo de garantia por tempo de serviço, que poderá ser levantado pelo trabalhador em qualquer caso de rescisão do contrato de trabalho"*; Comissão da Ordem Social: *"fundo de garantia do patrimônio individual"*; Comissão de Sistematização: *"fundo de garantia do tempo de serviço"*.

Quando a Constituição de 1988 generalizou, de direito, o FGTS, acabando com o caráter alternativo e incompatível com a estabilidade da CLT[1], ele já estava na prática, generalizado.

---
1. *Vide* comentário ao art. 7º, I.

2. Dispositivos constitucionais relacionados

Art. 7º I; ADCT, art. 10, I.

3. Textos internacionais

OIT. Convenção n. 158 (1982), art. 12. Dec. Promulg n. 1.855/1996. Denúncia tornada pública pelo Dec. n. 2.100/1996 (*vide* ADI 1625). Recomendação n. 166 (1982), art. 18. (Tratam da terminação da relação de trabalho).

4. Legislação

Lei n. 8.036, de 11-5-1990 (Fundo de Garantia do Tempo de Serviço – substitui as Leis 5.107/1966, 6.107/1966 e 7.839/1990); Decreto n. 99.684, de 8-11-1990 (Regulamento); Lei n. 6.858, de 24-11-1980 (Pagamento aos dependentes ou sucessores de valores não recebidos em vida pelos respectivos titulares); Lei n. 8.406, de 9-1-1992 (Publicação de informações relativas ao Fundo de Garantia do Tempo de Serviço); Lei 6.919, de 2-6-1981 (Faculta a extensão do regime do FGTS aos diretores não empregados); Lei n. 8.884 de 20-1-1994 (Dispõe sobre a fiscalização, apuração e cobrança judicial as contribuições e multas devidas ao FGTS); Lei n. 9.012, de 30-3-1995 (Proíbe as instituições oficiais de crédito de conceder empréstimos, financiamentos e outros benefícios a pessoas jurídicas em débito com o FGTS, bem como proíbe estas de celebrar contratos de prestação de serviço ou compra e venda com a administração pública). Lei 10.097, de 19-12-2000 (Reduziu a 2% a alíquota dos depósitos em favor do menor aprendiz). Lei Complementar n. 110, de 29-6-2001 (Contribuições sociais e autorização de créditos de complementos de atualização monetária em contas vinculadas do Fundo de Garantia do Tempo de Serviço); Decreto n. 3.913, de 11-9-2001 (Regulamenta LC n. 110/2001); Lei n. 10.208, de 23-3-2001 (Altera Lei n. 5.859, de 11-12-1972, para facultar a opção, pelo empregador doméstico, do regime do Fundo de Garantia do Tempo de Serviço). Lei Complementar n. 150/2015, arts. 21 e 22 (Inclui os empregados domésticos no FGTS, de forma obrigatória, com efeitos a partir do regulamento). Resolução do Conselho Curador do FGTS 780, de 24.9.2015 (Regulamenta inclusão dos domésticos no FGTS); Lei 13.446/2017 (Altera rentabilidade das contas e amplia a possibilidade de saque nos contratos extintos até 31-12-2015).

5. Jurisprudência do STF

RE 226.855/RS, rel. Min. Moreira Alves, j. em 31-8-2000, *DJ* 13-10-2000 (Atualização dos saldos do FGTS relativos aos Planos Verão e Collor I: matéria exclusivamente afeta ao terreno legal infraconstitucional. Planos Bresser, Collor I e Collor II: aplicação do princípio de que não há direito adquirido ao regime jurídico do FGTS, por ter natureza estatutária legal e não contratual); RE 187.229/PA, rel. Min. Marco Aurélio, j. em 15-12-1998, *DJ* 14-5-1999 (Servidores concursados e submetidos ao regime de emprego têm jus à estabilidade, mesmo optantes pelo FGTS); RE 100.249/SP, rel. Min. Oscar Corrêa, j. em 1º-12-1987, Tribunal Pleno, *DJ* 1º-7-1988, *RTJ* 136/681 (As contribuições ao FGTS têm natureza de direito trabalhista e não são equiparáveis a tributo, não se sujeitando ao prazo prescricional do CTN e sim o prazo trintenário resultante do art. 144 da LOPS por força do art. 20 da Lei 5.107/1966); ARE 709.212/DF, rel. Min. Gilmar Mendes, j. 13-11-2014, *DJ* (Alterando a jurisprudência anterior, o STF entendeu ser inconstitucional, com efeitos "ex nunc" a prescrição trintenária do art. 23, § 5º, da Lei 8.036/1990, reconhecendo a incidência dos prazos prescricionais do art. 7º, XXIX, da Constituição e estabelecendo regra de transição). AI-AgRg 135.961/DF, rel. Min. Marco Aurélio, j. em 30-4-1991, *DJ* 24-5-1991 (As normas trabalhistas fixam patamares mínimos de proteção do empregado, não inibindo níveis melhores fixados pelo legislador ou contratualmente. O inciso XIII do art. 165 da Constituição anterior não obsta o ajuste de garantia do emprego, em que pese a opção pelo regime do FGTS); ADI 842-DF, rel. Min. Celso de Mello (A norma que veda o saque do FGTS não institui modalidade de empréstimo compulsório, pois não importa em transferência coativa do saldo do titular). RE 596.478/RR, rel. Dias Toffoli, j. 13-6-2012, *DJ* 1-3-2013 (Constitucional o art. 19-A da Lei 8.036/1990 que assegura o FGTS nos contratos de trabalho com a administração declarados nulos); ADI 2556/DF, rel. Joaquim Barbosa, j. em 13.6.2012, *DJ* 20-9-2012 (Constitucionalidade da contribuição adicional de 10% sobre o FGTS criada pelo art. 1º da LC 110/2001).

6. Jurisprudência do TST

Súmulas: 63 (Incidência do FGTS sobre remuneração, horas extras e adicionais eventuais); 98 (I A equivalência entre os regimes do FGTS e da estabilidade da CLT é meramente jurídica e não econômica, sendo indevidas diferenças na indenização. II – A estabilidade contratual ou regulamentar é compatível com o FGTS, diversamente da estabilidade decenal da CLT, que é renunciada com a opção pelo FGTS); 125 (Aplicabilidade da indenização do art. 479 da CLT ao contrato do optante pelo FGTS por prazo determinado); 206 (a prescrição das parcelas remuneratórias atinge a contribuição para o FGTS); 305 (Incidência sobre aviso prévio indenizado); 362 (I – Prescrição quinquenal, até dois anos após o término do contrato, para os casos em que a ciência da lesão ocorreu a partir de 13-11-2014; II – Para os casos em que já em curso a prescrição em 13-11-2014, aplica-se o prazo prescricional que se consumar primeiro: 30 anos do termo inicial ou 5 anos a partir de 13-11-2014; *vide* STF-ARE 709.212/DF); 363 (Devido o FGTS na contratação nula, sem concurso, de servidor público); 461: (É do empregador o ônus da prova em relação à regularidade dos depósitos do FGTS); **Orientações Jurisprudenciais da SDI-1**. 42 (I – Devida a multa de 40% sobre os saques ao longo do contrato; II – A projeção do aviso prévio não integra o cálculo da multa de 40%); 195 (Férias indenizadas. Não incidência); 232 (Incidência sobre a remuneração do empregado pela prestação de serviços no exterior); 302 (Créditos do FGTS em condenação judicial são corrigidos pelos índices dos créditos trabalhistas); 341 (Multa de 40%. Diferenças decorrentes dos expurgos inflacionários são de responsabilidade do empregador); 344 (Multa de 40%. Diferenças decorrentes dos expurgos inflacionários. Prescrição. Termo inicial com LC 110/2001); 361 (A aposentadoria espontânea não extingue o contrato, sendo devida, em caso de despedida, a multa de 40% sobre os depósitos de todo o período); 362 (Contrato nulo anterior à MP 2164-41. FGTS devido); 370 (Multa de 40%. Diferenças decorrentes dos expurgos inflacionários. Prescrição. Interrupção decorrente de protestos judiciais); **Orientações Jurisprudenciais Transitórias da SDI-1:** 1 (Indevida complementação da multa do FGTS nas rescisões anteriores à CF/88); 39 (Opção retroativa. Concordância do empregador. Necessidade).

7. Seleção de literatura

BARRETO, Amaro. *Teoria e prática do FGTS*. Rio de Janeiro: Edições Trabalhistas, 1974. CESARINO JR., A. F. *Estabilidade e Fundo de Garantia*. Rio de Janeiro: Forense, 1968. DELGADO, Maurício Godinho. *Curso de direito do trabalho*. 16. ed., São Paulo: LTr, 2017. FERRANTE, Vera Lúcia Botta. *FGTS:* ideologia e repressão. São Paulo: Ática, 1978. PEREIRA, Ricardo José Macedo de Britto. Ação civil pública trabalhista e FGTS. *Revista do Ministério Público do Trabalho*, v. 16, n. 31, p. 110-118, mar. 2006; SAAD, Eduardo Gabriel. *Comentários ao FGTS*. 3. ed. São Paulo: LTr, 1995. SILVA, Homero Batista M. A atualidade de Amaro Barreto e os dilemas do fundo de garantia. In: SIQUEIRA, Germano et alii (orgs.). *Direito do trabalho*: releituras, resistência. São Paulo: LTr, 2017, p. 201-216.

8. Comentários

8.1. Conceito e natureza jurídica

Na lição, ainda atual, de Amaro Barreto (1974, p. 48), o FGTS é, do lado do empregado, "um crédito-compensação" pelo tempo de serviço prestado ao empregador, uma vez que se mantém, como patrimônio do trabalhador, mesmo quando não o tenha imediatamente disponível em face da motivação da ruptura do contrato de trabalho por demissão voluntária ou por justa causa. Os depósitos do empregador formam um pecúlio obrigatório e individual, acumulando-se ao longo da vigência do contrato, a ser sacado em situações emergenciais, em certas hipótese de terminação ou outras legalmente previstas. Seu caráter, pois, não está restrito à compensação pela perda do emprego, pois se trata de um direito que inicia com o contrato e ingressa de imediato no patrimônio do trabalhador e nele continua, vinculado ao tempo de serviço, a despeito dos elementos da ruptura ou do desemprego e da possibilidade de saque. Também não se confunde com garantia de subsistência do desempregado, vez que tanto a propriedade, quanto até mesmo o saque não dependem do desemprego subsequente à ruptura do vínculo, podendo inclusive ocorrer durante sua vigência, nas várias hipóteses legais, *à diferença do seguro desemprego*[2].

A tese da natureza tributária das contribuições do empregador, que focava no caráter obrigatório da contribuição, passível de exação fiscal, sustentada por alguns, foi recusada pelo STF (RE 100.249-2/SP), diante da constatação, correta, de que as contribuições consistem em direito trabalhista que em nenhum momento vem a integrar o patrimônio do erário. Ademais, ainda que forme um fundo com destinação social sob a administração pública, a atividade fiscalizatória e de cobrança dos depósitos é feita, pelos entes públicos, em favor do trabalhador, como medida de proteção em caráter substitutivo do titular.

---

2. *Vide* comentários ao art. 7º, II.

Há também a tese da natureza de salário diferido. Embora seja claro o caráter de obrigação acessória à remuneração, sobre a qual incide, sendo protraído no tempo o seu recebimento pelo trabalhador, predomina a compreensão de que os depósitos do FGTS não têm caráter salarial. Pode-se dizer que, embora do ponto de vista econômico, os depósitos do FGTS já estejam pressupostos na fixação do salário – assim como a futura indenização tarifada de despedida –, sendo portanto, dele deduzidos, deixam de ter a mesma natureza jurídica.

Por fim, veio o STF[3] a reconhecer a sua natureza de crédito trabalhista, estando sujeito à prescrição do art. 7º, XXIX, da Constituição, alterando a jurisprudência anterior e reconhecendo a inconstitucionalidade, forte no caráter excessivo do prazo trintenário, do art. 23, § 5º, da Lei 8.036/1990, com efeitos *ex nunc*. De sua parte, o TST afirma a "natureza híbrida do Fundo de Garantia do Tempo de Serviço, que constitui não apenas crédito legal do trabalhador, mas também contribuição social com destinação vinculada à habitação, infraestrutura e saneamento básico, além de resguardar o empregado nas hipóteses legalmente previstas"[4], acatando o entendimento do STF quanto à prescrição (súmula 362). Este caráter híbrido determina a bipartição da competência, sendo da Justiça do Trabalho aquela das ações entre empregado e empregador e da Justiça Federal as ações entre o órgão gestor e os empregadores, assim como as ações entre os trabalhadores e o órgão gestor.

Está-se a considerar os depósitos do empregador ao Fundo em conta vinculada do trabalhador, como crédito-compensação do tempo de serviço na forma de pecúlio individual. Já o Fundo propriamente dito, que engloba a outra parte do FGTS, formada pelas demais receitas, (art. 2º da Lei 8.036/1990) tem natureza diversa daquela dos depósitos na conta vinculada, tratando-se de fundo social. Bem assim, as contribuições adicionais instituídas pela Lei Complementar 110/2001, devidas diretamente à União, têm *nítido* caráter de contribuição social.

Não se há tampouco de confundir os depósitos do FGTS com a indenização de despedida, que sobre seu valor é calculada (art. 10, I, do ADCT). Esta, tem natureza de compensação pela despedida sem justa causa (ainda que não arbitrária)[5].

8.2. FGTS e estabilidade

A afirmada incompatibilidade entre o FGTS e a estabilidade somente fez algum sentido sob a disciplina constitucional de 1967/1969, em relação à estabilidade decenal da CLT. Na Constituição de 1988, ensina José Afonso da Silva (202, p. 290), o FGTS é previsto não como alternativa à estabilidade, mas como direito autônomo. Assim, a relação do FGTS com a proteção da relação de emprego contra a despedida arbitrária ou sem justa causa dá-se, no dizer de J. L. Teixeira Filho (1996, p. 643), "sob a ótica de regime superposto e não alternativo, contrariamente ao que era antes".

O FGTS não protege contra a despedida arbitrária ou sem justa e, mesmo considerada a indenização de despedida, jamais reduziu a rotatividade, como se anunciou em sua criação[6]. Em vez disso, a eliminação da estabilidade consagrou o caráter despótico das relações de emprego, ante o poder do empregador de despedir sem causa justificada. Considere-se o quanto já exposto nos comentários ao art. 7º, I.

Embora nitidamente inferior ao regime de estabilidade decenal que substituiu, o FGTS tem natureza diversa e maior abrangência que aquele, contemplando empregados com menos de um ano, contratos por prazo determinado, aposentadoria espontânea, contratos anulados, os dependentes em caso de extinção por óbito e, mesmo sem o saque imediato, os empregados demissionários ou despedidos por justa causa, situações nas quais não haveria compensação do tempo de serviço no regime da CLT.

É ainda sintomático que o instituto brasileiro, tão original no cenário internacional[7], não tenha sido adotado por outros países, que não vislumbraram as vantagens identificadas por seus criadores, prevalecendo outros modelos de restrição à despedida, de compensação e de fundos de garantia de créditos.

8.3. Garantia de solvabilidade

Cabe reconhecer a engenhosidade do instituto, ao prever os depósitos mensais, a serem fiscalizados e exigidos não só pelo trabalhador, mas pelo sindicato e pelo órgão gestor[8], que criam uma garantia de solvabilidade da compensação pelo tempo de serviço, ao mesmo tempo que compõe um fundo social gerido pelo poder público para o fomento econômico com impacto social.

8.4. Multifuncionalidade

No julgamento do RE 522.897, o ministro relator, Gilmar Mendes, assentou que:

Trata-se, como se vê, de direito de natureza complexa e multifacetada, haja vista demandar a edição de normas de organização e procedimento que têm o escopo de viabilizar a sua fruição, por intermédio, inclusive, da definição de órgãos e entidades competentes para a sua gestão e da imposição de deveres, obrigações e prerrogativas não apenas aos particulares, mas também ao Poder Público. Cuida-se de verdadeira garantia de caráter institucional, dotada de âmbito de proteção marcadamente normativo (PIEROTH/SCHLINK, *Grundrechte*: Staatsrecht II. Heidelberg: C.F. Müller, 1995, p. 53).

Essas múltiplas dimensões relativas ao FGTS como direito fundamental do trabalhador, coabitam com as competências, deveres e obrigações voltadas à gestão e emprego dos recursos do fundo social de destinação variada (DELGADO, 2017, p. 1448-1449).

---

3. ARE 709.212/DF, rel. Min. Gilmar Mendes, j. 13-11-2014, *DJ* 19-2-2015.

4. TST – RR – 627-77.2014.5.15.0096, Rel. Min. Delaíde Miranda Arantes, j. 15-3-2017, 2ª T., *DEJT* 24-3-2017.

5. *Vide* comentários ao art. 7º, I.

6. *Vide* a exposição de motivos do anteprojeto de lei do FGTS, que resultou na Lei 5.107, de 1966.

7. Só há notícia de instituto análogo no Chile, mas com abrangência muito menor.

8. Destoando disso, o art. 1º, parágrafo único, da Lei 7.347/1985 inibe o uso de ação civil pública para veicular pretensões relativas ao FGTS individualizável, havendo o STF reconhecido repercussão geral no RE 643.978/DF, em que se discute a inconstitucionalidade do dispositivo e a legitimidade do Ministério Público para a ação civil pública, na hipótese.

8.5. Titulares

O dispositivo constitucional universaliza o FGTS como direito de todos os trabalhadores, embora, em sua conformação atual sejam titulares do direito ao Fundo de Garantia do Tempo de Serviço todos os empregados, inclusive rurais, temporários ou com contrato a termo, os trabalhadores avulsos (art. 7º, XXXIV) e os servidores públicos celetistas. Nos termos do art. 19-A da Lei 8.036/1990, também os servidores cujo contrato tenha sido declarado nulo, por ausência de concurso público e, extensivamente, os servidores contratados irregularmente nos termos do art. 37, IX[9].

Em sua redação original, o parágrafo único do art. 7º excluía os trabalhadores domésticos do direito ao FGTS. A Lei 10.208/2001 previu a adesão facultativa do empregador doméstico ao regime do FGTS, o que também dava acesso do trabalhador ao seguro desemprego. É claro que a opção do empregador doméstico pelo FGTS, à diferença da "opção" do trabalhador no período anterior à Constituição de 1988, não ganhou o mundo dos fatos. A EC/72 e a Lei Complementar 150/2015 vieram a corrigir a injustificada exclusão dos empregados domésticos, criando, além da contribuição de 8%, um depósito mensal adicional de 3,2%, destinada à indenização compensatória da perda do emprego, sendo devolvidos ao empregador, nos casos de rescisão por demissão, justa causa, término de contrato, aposentadoria, falecimento, sendo metade liberada ao empregado e metade ao empregador em caso de culpa recíproca (art. 22 da LC 150/2015).

A Lei 10.097/2000, reduziu a 2% a alíquota dos depósitos em favor do menor aprendiz.

É facultativa a extensão do regime do FGTS aos diretores não empregados, na forma da Lei 6.919/1981 e arts. 15, § 4º, e 16 da Lei 8.036/1990.

8.6. Destinatários

Seguindo a lição de Maurício Godinho Delgado (2017, p. 1449), podem ser identificados três níveis de relações jurídicas decorrentes do FGTS. Há a relação de trabalho sujeita ao regime do FGTS, na qual são titulares do direito os trabalhadores e são destinatários das obrigações de recolher e de comunicar a despedida para fins de liberação[10] os empregadores. Há a relação entre o empregador e o Estado, em que se reforça, mediante a fiscalização e cobrança pelo Poder Público, a vinculação do empregador e a titularidade do trabalhador, como também o interesse público relativo ao fundo social[11]. Há, por fim, a relação entre o Estado gestor e aplicador dos recursos do fundo e a comunidade em geral, destinatária das ações e políticas financiadas pelo fundo, nas áreas de habitação popular, saneamento básico e infraestrutura urbana.

A essas, pode-se ainda acrescentar a relação entre os titulares das contas e o Estado, em seu dever de preservar os valores dos depósitos da corrosão inflacionária.

---

9. RE 596.478/RR, rel. Dias Toffoli, j. 13-6-2012, *DJ* 1-3-2013.
10. *Vide* art. 477 da CLT.
11. *Vide* item 8.1, *supra* sobre a natureza jurídica do FGTS.

Art. 7º, IV – salário mínimo, fixado em lei, nacionalmente unificado, capaz de atender às suas necessidades vitais básicas e às de sua família com moradia, alimentação, educação, saúde, lazer, vestuário, higiene, transporte e previdência social, com reajustes periódicos que lhe preservem o poder aquisitivo, sendo vedada sua vinculação para qualquer fim;

Estêvão Mallet
Marcos Fava

1. História da norma

Salário é a contraprestação, em pecúnia ou *in natura*, devida pelo empregador ao empregado, pela disponibilidade da força de trabalho deste ao comando daquele (arts. 2º e 3º da CLT). Não se confunde com a remuneração, conceito mais amplo, que compreende o conjunto das vantagens habitualmente auferidas pelo empregado, englobando, pois, títulos diversos, de natureza retributiva, inclusive pagamentos provenientes de terceiros, como, por exemplo, as gorjetas (art. 457 da CLT) ou as gueltas. A doutrina mais antiga refere-se a cinco espécies de salários legais: a) salário mínimo, b) salário adicional para a indústria, c) salário-compensação, d) salário profissional e e) salário-família[1]. A Lei n. 185, de 1936, estabelecia, em seu art. 1º, o direito ao pagamento do serviço prestado por salário mínimo, "capaz de satisfazer, em determinada região do país" e em determinada época, as necessidades básicas do trabalhador. Regra semelhante foi incorporada ao texto original da Consolidação das Leis do Trabalho pelo art. 76.

2. Constituições brasileiras

Constituição de 1934, art. 121, § 1º, letras *a* e *b*; de 1937, art. 137, letra *h*; de 1946, art. 157, I; de 1967, art. 158, I, Emenda Constitucional 1/1969, art. 165, I. O salário mínimo vem referido pela Constituição da República vigente no art. 39, § 3º, que o assegura aos servidores públicos; no art. 201, § 2º, que garante o valor dos benefícios previdenciários no mesmo importe do salário mínimo; no art. 201, § 12º, que cria benefício assistencial aos não filiados ao regime geral da Previdência Social, também no valor mínimo estabelecido pelo inciso em comento; no art. 203, V, que assegura o salário mínimo aos idosos e deficientes que não possuírem condições de mantença; e no art. 239, § 3º, que fixa o seguro-desemprego, com parcelas mensais não inferiores ao salário mínimo.

3. Constituições estrangeiras

A Constituição de Portugal trata do salário mínimo no art. 59º, n. 2, *verbis*: "2. Incumbe ao Estado assegurar as condições de trabalho, retribuição e repouso a que os trabalhadores têm direito, nomeadamente: a) O estabelecimento e a actualização do salário mínimo nacional, tendo em conta, entre outros factores, as necessidades dos trabalhadores, o aumento do custo de vida, o nível de desenvolvimento das forças produtivas, as exigências da estabilidade económica e financeira e a acumulação para o desenvolvimento". A Constituição da Itália registra, no art. 36, n. 1: "*Il lavoratore ha diritto ad una retribuzione proporzionata alla quantità e qualità del suo lavoro e in ogni caso sufficiente ad assicurare a sé e alla famiglia un'esistenza libera e dignitosa*". Na Constituição do México o texto pertinente tem a seguinte redação: "*Artículo 123. (...) El congreso de la Unión, sin contravenir a las bases siguientes, debera expedir leyes sobre el trabajo, las cuales regiran: VI – los salarios mínimos que deberan disfrutar los trabajadores seran generales o profesionales. Los primeros regiran en las areas geográficas que se determinen; los segundos se aplicaran en ramas determinadas de la actividad económica o en profesiones, oficios o trabajos especiales*". Já a Constituição do Peru estatui, no art. 24º, n. 3: "*Las remuneraciones mínimas se regulan por el Estado con participación de las organizaciones representativas de los trabajadores y de los empleadores*". A Constituição da Colômbia prevê: "**ARTICULO 53**. El Congreso expedirá el estatuto del trabajo. La ley correspondiente tendrá en cuenta por lo menos los siguientes principios mínimos fundamentales: ...remuneración mínima vital y móvil, proporcional a la cantidad y calidad de trabajo". Em Honduras, é o art. 128, n. 5), a estatuir: "Todo trabajador tiene derecho a devengar un salario mínimo, fijado periódicamente con intervención del Estado, los patronos y los trabajadores suficiente para cubrir las necesidades normales de su hogar, en el orden material y cultural, atendiendo a las modalidades de cada trabajo, a las particulares condiciones de cada región y de cada labor, al costo de la vida, a la aptitud relativa de los trabajadores y a los sistemas de remuneración de las empresas". Na Constituição de El Salvador, há a regra do art. 37, n. 2º: "Todo trabajador tiene derecho a devengar un salario mínimo, que se fijará periódicamente. Para fijar este salario se atenderá sobre todo al costo de la vida, a la índole de la labor, a los diferentes sistemas de remuneración, a las distintas zonas de producción y a otros criterios similares. Este salario deberá ser suficiente para satisfacer las necesidades normales del hogar del trabajador en el orden material, moral y cultural". Na Constituição de Cabo Verde o art. 62º, n. 3, preconiza o seguinte: "O Estado cria as condições para o estabelecimento de um salário mínimo nacional".

4. Direito internacional

A Organização Internacional do Trabalho (OIT) apresenta três convenções acerca do tema: a 26, de 1928, a 99, particularmente para o trabalhador da agricultura, e, 1951, e a 131, de 1970, que revisou as anteriores, com avanços. O art. 3º da Convenção 131 indica, como parâmetros para a fixação de salários mínimos, as necessidades dos trabalhadores e suas famílias, tomando-se em conta o nível geral de salários do país, o custo de vida e os benefícios da previdência social, e os fatores econômicos, como a necessidade de desenvolvimento, os níveis de produtividade e a conveniência de se alcançar e manter um alto nível de emprego. A Declaração Universal dos Direitos Humanos, de 1948, estabelece o direito ao salário mínimo no art. XXIII-3 e o Pacto Internacional dos Direitos Econômicos, Sociais e Culturais (Decreto Legislativo n. 226/1991, Decreto n. 591/92) também ao instituto refere-se, no art. 7º, *a*, II. O fundamento comum dos dispositivos internacionais procura indicar a fixação de um *quantum* suficiente a responder pelas necessidades básicas do trabalhador.

5. Remissões normativas

Antes da Constituição de 1988, havia a previsão normativa da Consolidação das Leis do Trabalho, com um capítulo inteiro dedicado à matéria (art. 76 e ss.), como também vigoraram a Lei n. 6.708/79 e o Decreto-lei n. 2.351/87, que alterou a denominação de "salário mínimo" para "piso nacional de salários". A regulamentação do inciso, a partir de 1988, foi feita pela Lei n. 7.789/89, revogada pela Lei n. 9.542/92, sucedidas, por sua vez, pela vigente Lei n. 8.880/94. A política de valorização do salário mínimo, estabelecida para o período compreendido entre 2016 e 2019, encontra-se na Lei n. 13.152/2015, em que é prevista a correção anual do valor da parcela, com aumento real vinculado à taxa de crescimento do produto interno bruto (art. 1º, §§ 1º e 4º). A mesma lei prevê o critério para apuração, a partir do valor mensal, diário e horário do salário mínimo, com adoção, respectivamente, dos divisores 30 e 220 (art. 2º, parágrafo único).

6. Comentários

6.1. Objetivos e destinatários

A fixação legal de um valor mínimo, a ser necessariamente respeitado na contratação do trabalho humano subordinado, revela o principal objetivo da construção do Direito do Trabalho, ao colocar o trabalhador ao abrigo da desigualdade contratual. Deixadas as condições do contrato apenas apegadas às regras do mercado, a superior disponibilidade de trabalhadores implicaria redução dos níveis de remuneração a patamares indignos e estabeleceria condição precária na relação contratual. A imposição responde, ainda, ao objetivo da ordem econômica, proposto pelo art. 170, inciso VII, de reduzir as desigualdades regionais. Mais ainda, ao fim e ao cabo, haveria redução do poder de compra dos trabalhadores, com comprometimento do mercado. Por isso, nem mesmo a negociação coletiva pode suprimir a garantia ou reduzir o valor do salário mínimo (CLT, art. 611-B, com a redação dada pela Lei n. 13.467/2017). A nulidade do contrato, por inobservância de formalidade essencial, como é, em regra, a celebração de concurso para a investidura em emprego público (CF, art. 37, II), não afasta a obrigação de pagamento do salário mínimo (Súmula 363 do TST).

São destinatários da norma constitucional todos os empregados da iniciativa privada, como os integrantes da Administração Pública (art. 39, § 3º). O art. 83 da CLT menciona o direito do trabalhador em domicílio ao recebimento do salário mínimo. A norma é, em rigor, redundante, já que, diante da existência de contrato de trabalho, o direito ao pagamento constitui mera decorrência.

Nos contratos em que a duração do trabalho seja pactuada em montante inferior ao normalmente aplicável (jornada contratual de 6 horas, em atividade passível de contratação para realização de 8 horas de trabalho por dia) ou mesmo no caso de trabalho em regime de tempo parcial (CLT, art. 58-A), garante-se o recebimento do mínimo por hora ou por dia, sem que se tenha de atingir, necessariamente, o mínimo mensal. Se, todavia, a redução decorrer de lei – como, por exemplo, no caso do cabineiro de elevador, com jornada máxima de 6 horas, estabelecida pela Lei n. 3.270/1947 – aplica-se o salário mínimo ao empregado que prestava serviço nessa jornada máxima. **No caso de trabalho intermitente, consoante a disciplina posta pela Lei n. 13.467, "o valor da hora de trabalho(...) não pode ser inferior ao valor horário do salário mínimo" (art. 452-A da CLT).**

6.2. Unificação nacional do salário mínimo

A inovação trazida pela Constituição de 1988 revela-se na unificação nacional do valor do salário mínimo. O art. 165, I, da Emenda Constitucional 1/1969, na linha do já disposto na CLT, determinava que o salário mínimo deveria atender às necessidades normais dos trabalhadores, "conforme as condições de cada região". De uma perspectiva, a unificação trouxe avanço, na medida em que evita disparidades regionais, que podem favorecer o deslocamento de trabalhadores e dificultar o desenvolvimento econômico de certas localidades. De outra parte, as discrepâncias socioeconômicas no extenso território nacional traduzem-se em dificuldades de respeito ao pagamento do referido valor, segundo as condições específicas de cada região. A complexidade surge, portanto, em se apurar um *quantum* que atenda ao comando constitucional e seja válido em todo o espaço geográfico do país, com suas evidentes diferenças na pujança da economia e no custo de vida.

6.3. Composição do salário mínimo

Altera-se, na Constituição de 1988, a redação que o tema recebia nos textos anteriores, de "necessidades normais" para "vitais básicas". A última expressão é menos ampla, pois nem todas as necessidades normais são necessidades vitais básicas. Acrescente-se, ainda, em relação ao texto anterior, a família do trabalhador, em atendimento à constitucionalização da proteção à família (art. 203, I). O valor do salário mínimo, segundo a promessa constitucional, deve atender às necessidades vitais básicas "com moradia, alimentação, educação, saúde, lazer, vestuário, higiene, transporte e previdência social". Este compromisso constitucional não pode perder de vista o objetivo da República, de ordenação de uma sociedade mais justa e solidária, com vistas à erradicação da pobreza e à redução das desigualdades sociais (art. 3º, I e III, Constituição da República). Não merece crítica a garantia do inciso sob comentário, com o fundamento da imprecisão, como as sugestões de fixação de um salário para quem não tenha família, outro para que a tenha, ou, ainda, outro mais elevado, para quem tenha mais membros sob seu encargo econômico, na unidade familiar. Parâmetros de criação de estamentos diversos desviariam a intenção da norma protetiva e perderiam a unidade da construção social proposta pela Constituição, que dá relevo à existência e à preservação da família.

Parcelas variáveis recebidas pelo empregado, como comissões, são consideradas para apuração do cumprimento da obrigação de pagamento do salário mínimo. Se o montante total recebido em decorrência das comissões superar o valor do salário mínimo, não está o empregador obrigado a fazer pagamento adicional (OJ SbDI-1 n. 272 do TST). Não se incluem no cálculo, todavia, pagamentos feitos por terceiros, os quais não integram o salário, fazendo parte apenas da remuneração. O empregado que receba elevadas gorjetas todos os meses terá direito, ainda assim, ao pagamento do salário mínimo feito diretamente pelo empregador.

Não se exige pagamento integral do salário mínimo em dinheiro. Parte do valor pode ser quitada por meio de utilidades, na forma do art. 81 da CLT.

6.4. Reajustes periódicos

A faceta teleológica do instituto, atender às necessidades vitais básicas do trabalhador e sua família, exigiu, especialmente diante da elevada inflação dominante na altura da promulgação da Constituição, o estabelecimento de norma de atualização do valor real do salário mínimo, mediante revisão periódica, com vistas a manter seu poder aquisitivo. Com isto, reforça-se o intuito da garantia social de promover a eliminação da pobreza e assegurar o fundamento do Estado, pela dignidade da pessoa humana (art. 1º, III). Desde 1995, a revisão do valor do salário mínimo procede-se anualmente, por Medida Provisória ou Lei, expedida com base no art. 62 da Constituição. O comando constitucional em questão indicou a participação necessária do Congresso Nacional na fixação do importe do salário mínimo, bem como de suas atualizações, com vistas à preservação do valor real, o que se dá por iniciativa legislativa das Casas do Parlamento ou do Presidente da República, para posterior análise do Congresso (art. 62, § 3º, da Constituição). Atualmente a matéria é disciplinada pela Lei n. 13.152/2015, com previsão de reajustamento anual e aumento real, conforme a variação do produto interno bruto.

6.5. Vedação de uso do salário mínimo como indexador econômico

Dadas a ampla finalidade do salário mínimo, que deve atender às necessidades vitais básicas do trabalhador e de sua família, e a regra de revisão anual do valor, com vistas à preservação do poder de compra, a Constituição vedou a sua utilização como indexador econômico. Evita-se, com tal providência, o desvio de finalidade do instituto, a fim de que se mantenha a busca da preservação do poder aquisitivo do salário mínimo, sem que isto repercuta em outras construções contratuais. O limite mencionado redundou na edição, pelo Supremo Tribunal Federal, da Súmula Vinculante n. 4, no que diz respeito à base de cálculo do adicional de insalubridade, que tinha por referência este valor (art. 192, CLT). A proibição compreende, em primeiro lugar, o próprio Estado, impedido o Poder Legislativo de promulgar leis que indiquem o valor do salário mínimo como regra de revisão de quaisquer outros índices econômicos. Abrange também, de igual forma, os particulares, a quem não se permite a fixação de cláusula de reajustes contratuais com base na variação do salário mínimo. Eliminado o aproveitamento do salário como indexador, preservam-se os interesses dos trabalhadores que recebem mais do que o mínimo, porque seus contratos privados não serão tão onerados com o reajuste estabelecido por lei. De igual modo, assegura-se ao legislador a possibilidade de conceder aumentos reais ao valor do mínimo, para dar efetivo cumprimento aos objetivos constitucionais do instituto. A falta de edição de lei de reajuste do valor do salário mínimo pode configurar comportamento inconstitucionalmente omissivo.

7. Jurisprudência

O Supremo Tribunal Federal editou duas súmulas vinculantes sobre o salário mínimo. A primeira, de n. 4, preceitua: "Salvo nos casos previstos na Constituição, o salário mínimo não pode ser usado como indexador de base de cálculo de vantagem de servidor público ou de empregado, nem ser substituído por decisão judicial". E a de n. 6 estabelece: "Não viola a Constituição o estabelecimento de remuneração inferior ao salário mínimo para as praças prestadoras de serviço militar inicial". No julgamento da Medida Cautelar na ADPF n. 151, em fevereiro de 2011, decidiu-

-se, relativamente ao piso salarial previsto para os engenheiros em múltiplos de salários mínimos, que "o art. 16 da Lei n. 7.394/1985 deve ser declarado ilegítimo, por não recepção, mas os critérios estabelecidos pela referida lei devem continuar sendo aplicados, até que sobrevenha norma que fixe nova base de cálculo, seja lei federal, editada pelo Congresso Nacional, sejam convenções ou acordos coletivos de trabalho, ou, ainda, lei estadual, editada conforme delegação prevista na Lei Complementar n. 103/2000".

No âmbito do Tribunal Superior do Trabalho pode-se mencionar a Súmula 228: "Adicional de insalubridade – Base de cálculo. A partir de 9 de maio de 2008, data da publicação da Súmula Vinculante n. 4 do Supremo Tribunal Federal, o adicional de insalubridade será calculado sobre o salário básico, salvo critério mais vantajoso fixado em instrumento coletivo". Sua vigência encontra-se suspensa, todavia, por força de liminar em reclamação para preservação da autoridade da decisão do Supremo Tribunal Federal. Também há a Orientação Jurisprudencial n. 358, da Subseção I de Dissídios Individuais, a admitir pagamento de valor mensal inferior ao mínimo, em caso de jornada reduzida, respeitado o valor diário ou horário mínimo, *verbis*: "Havendo contratação para cumprimento de jornada reduzida, inferior à previsão constitucional de oito horas diárias ou quarenta e quatro semanais, é lícito o pagamento do piso salarial ou do salário mínimo proporcional ao tempo trabalhado". Para o contrato de trabalho do professor, o Tribunal editou a Orientação Jurisprudencial n. 393, da Subseção I de Dissídios Individuais: "A contraprestação mensal devida ao professor, que trabalha no limite máximo da jornada prevista no art. 318 da CLT, é de um salário mínimo integral, não se cogitando do pagamento proporcional em relação a jornada prevista no art. 7º, XIII, da Constituição Federal".

Negando-se a inclusão de gorjeta no cálculo do valor para composição do salário mínimo, há o seguinte precedente: "RECURSO DE REVISTA. GORJETAS. AUSÊNCIA DE PAGAMENTO DE SALÁRIO. O artigo 457 da CLT define salário como a parte da remuneração que é contraprestacional e é paga diretamente pelo empregador. No conjunto da remuneração, o que excede o seu elemento mais restrito, o salário, é a gorjeta paga por terceiros. O legislador teve a clara intenção de não permitir que a gorjeta, ou seja, a parte da remuneração paga por terceiro, compusesse o salário mínimo. Retirou-lhe, assim, a natureza salarial. Portanto, não pode o empregador deixar de pagar o salário, ainda que as gorjetas recebidas pelo empregado superem o valor do salário mínimo ou do salário normativo da categoria. Recurso de revista conhecido e provido" (TST – 6ª T., RR n. 668-35.2011.5.15.0133, Rel. Min. Augusto César Leite de Carvalho, j. 20.09.2017. *DEJT* de 22.09.2017). Com o reconhecimento da possibilidade de consideração de parcelas salariais, cf. a seguinte decisão: "Se o complexo multiforme de parcelas que compõem o salário do empregado pago diretamente pelo empregador atinge valor superior ao salário mínimo, ainda que o salário-base seja inferior, está atendida a exigência legal. A observância do direito ao salário mínimo não se apura do confronto isolado com o salário-base, mas do cotejo com a totalidade dos ganhos do empregado auferidos diretamente do empregador, independentemente de nomenclatura. Incidência da Orientação Jurisprudencial n. 272 da SbDI-1 do TST. 2. Agravo de instrumento não provido" (TST – 4ª T., AIRR n. 180500-39.2008.5.02.0054 Rel. Min. João Oreste Dalazen, j. 25.09.2013. *DEJT* de 04.10.2013).

8. Referências bibliográficas

PLA RODRIGUEZ, Americo, *El salario en el Uruguay*. Montevideo, 1956, segunda parte, p. 97 e s.; CATHARINO, José Martins, *Tratado jurídico do salário*. São Paulo: LTr, 1994, p. 183 e s.; SUSSEKIND, Arnaldo, *Direito constitucional do trabalho*. Rio de Janeiro: Renovar, 1999, p. 143 e s.; MAGANO, Octavio Bueno; MALLET, Estêvão, *O direito do trabalho na Constituição*. Rio de Janeiro: Forense, 1993, p. 85 e s.

Art. 7º, V – piso salarial proporcional à extensão e à complexidade do trabalho;

Estêvão Mallet
Marcos Fava

1. História da norma

A previsão de piso salarial, conforme a extensão e a complexidade do trabalho, procura permitir a fixação de valores mínimos para o salário dos que exercem determinadas atividades ou profissões. O piso salarial é, portanto, o salário mínimo próprio de determinadas profissões, como já ocorre, atualmente, com médicos (Lei n. 3.999/61), engenheiros (Lei n. 4.950-A/66) e técnicos em radiologia (Lei n. 7.394/85, art. 16). Não se confunde com o salário normativo, estabelecido por meio de convenção coletiva de trabalho. Enquanto este último vigora por prazo certo – o mesmo de vigência da convenção coletiva – e somente se aplica no âmbito de representação dos sindicatos envolvidos, o piso salarial é fixado por lei e válido em todo o território nacional. Ao legislador cabe, observadas as exigências de proporcionalidade e razoabilidade, essenciais ao regular exercício do poder de legislar, definir tanto o valor do piso como o trabalho a que será ele aplicável.

2. Constituições brasileiras

Não há precedentes da norma nas Constituições anteriores à de 1988.

3. Constituições estrangeiras

Não são frequentes as referências, em outras Constituições, a piso salarial. A Constituição do México é uma das poucas que se refere a piso salarial ao prever, no art. 123, n. VI, "*salarios mínimos(...) profesionales*", aplicáveis "*en ramas determinadas de la actividad económica o en profesiones, oficios o trabajos especiales*". Pode-se ver ainda alguma relação da regra do art. 36, n. 1, da Constituição da Itália, com a figura do piso salarial proporcional à extensão e à complexidade do trabalho: "*Il lavoratore ha diritto ad una retribuzione proporzionata alla quantità e qualità del suo lavoro e in ogni caso sufficiente ad assicurare a sé e alla famiglia un'esistenza libera e dignitosa*". A Constituição de Honduras prevê salário mínimo profissional no art. 128, 5), n. 2, nos seguintes termos: "*...se señalará un salario mínimo profesional en aquellas actividades en que el mismo no estuviese regulado por un contrato o convención colectiva*".

4. Direito internacional

Embora contemple normas sobre a negociação coletiva, como as convenções 87 e 98, a OIT não publicou documento específico sobre a fixação legal de pisos salariais de acordo com a complexidade das atividades ou profissões. Nos comentários ao inciso IV, registraram-se as normas internacionais que regulamentam a fixação do salário mínimo.

5. Remissões normativas

A norma constitucional em comento foi regulamentada pela Lei Complementar n. 103/2000. Há, no direito brasileiro, mais de 50 profissões regulamentadas por lei específica, algumas delas com fixação de piso, nos termos do inciso em comento, como, por exemplo, as leis dos médicos (Lei n. 3.999/61), a dos engenheiros (Lei n. 4.950-A/66) e a dos técnicos em radiologia (Lei n. 7.394/85, art. 16).

6. Jurisprudência

O piso da categoria, ainda que fixado por mês de trabalho, há de ser calculado em proporção às horas efetivamente contratadas, como se dá com o salário mínimo nacionalmente unificado, que tem sua expressão em horas, dias e mês (cf. comentário ao inciso IV do art. 7º). Neste sentido, a Orientação Jurisprudencial 358 da SDI-1 do Tribunal Superior do Trabalho: "Salário mínimo e piso salarial proporcional à jornada reduzida. Possibilidade. Havendo contratação para cumprimento de jornada reduzida, inferior à previsão constitucional de oito horas diárias ou quarenta e quatro semanais, é lícito o pagamento do piso salarial ou do salário mínimo proporcional ao tempo trabalhado". A fixação de salário profissional com base no salário mínimo não ofende a vedação imposta pelo inciso IV desse artigo, como assentou a jurisprudência da Seção de Dissídios Individuais II, do Tribunal Superior do Trabalho, pela Orientação Jurisprudencial 71: "Ação Rescisória. Salário Profissional. Fixação. Múltiplo de Salário Mínimo. Art. 7º, IV, da CF/88. A estipulação do salário profissional em múltiplos do salário mínimo não afronta o art. 7º, inciso IV, da Constituição Federal de 1988, só incorrendo em vulneração do referido preceito constitucional a fixação de correção automática do salário pelo reajuste do salário mínimo". No julgamento da Medida Cautelar na ADPF n. 151, em fevereiro de 2011, o Supremo Tribunal Federal decidiu, relativamente ao piso salarial previsto para os engenheiros em múltiplos de salários mínimos, que "o art. 16 da Lei 7.394/1985 deve ser declarado ilegítimo, por não recepção, mas os critérios estabelecidos pela referida lei devem continuar sendo aplicados, até que sobrevenha norma que fixe nova base de cálculo, seja lei federal, editada pelo Congresso Nacional, sejam convenções ou acordos coletivos de trabalho, ou, ainda, lei estadual, editada conforme delegação prevista na Lei Complementar 103/2000". "ISONOMIA SALARIAL. DESVIO DE FUNÇÃO. PRIMAZIA DA REALIDADE. Com base no princípio da primazia da realidade, é de se reconhecer a dissonância entre as atividades efetivamente realizadas pelo trabalhador e o que consta na CTPS, para fins de enquadramento no piso salarial da categoria" (TRT – 12ª Reg., 3ª T., RO n. 0003707-89.2014.5.12.0045, Rel. Teresa Regina Cotosky. *DJ* de 15.12.2016).

7. Comentários

7.1. Isonomia

O salário mínimo assegurado pelo inciso IV protege o empregado em geral, enquanto o piso salarial, garantido no inciso V, tutela apenas os que exercem certas profissões ou atividades. O princípio, respeitado pelo dispositivo em exame, é o da isonomia, que tem, ao lado de sua faceta mais reconhecida, de tratamento igual aos iguais, imposição idêntica para que sejam tratados desigualmente os desiguais. Destarte, as tarefas laborais que ensejem mais complexidade ou extensão, se tratadas como as demais, desaguariam em desequilíbrio isonômico, em contrariedade ao *caput* do art. 5º da Constituição. Cuida-se, pois, de evolução, que incrementa a intervenção estatal sobre as relações privadas, ao exigir o mesmo atendimento que se dá ao salário mínimo geral, ao salário da categoria.

A fixação de piso depende de norma legal. Não pode decorrer de decisão judicial, ainda que constatada, no processo correspondente, a extensão e a complexidade do trabalho.

7.2. Instituição de pisos por categoria de trabalhadores

Algumas categorias de trabalhadores contam com regulamento específico e imposto por medida legislativa, em razão das peculiaridades contempladas em suas atividades ordinárias. Assim, do universo de mais de cinquenta categorias encontradas nesta situação, no ordenamento brasileiro, realçam-se as que instituem pisos próprios: os médicos (Lei n. 3.999/61), com valor mínimo igual a duas ou três vezes o salário mínimo nacional; os engenheiros, com valor de 5 ou 6 vezes o do salário mínimo nacional, os técnicos em radiologia (Lei n. 7.394/85), com remuneração mínima de duas vezes o salário mínimo e mais 40% de adicional, e os petroleiros (Lei n. 5.811/72), com benefícios remuneratórios excepcionais em razão do elastecimento da jornada.

7.3. Pisos salariais estaduais

Diante das discrepâncias socioeconômicas regionais, que revelam diferenças entre os graus de industrialização, informatização e tecnologia, a Lei Complementar n. 103/00, regulamentando o inciso V do art. 7º da Constituição da República, por seu art. 1º, autorizou os Estados e o Distrito Federal "a instituir, mediante lei de iniciativa do Poder Executivo, o piso salarial de que trata o inciso V do art. 7º da Constituição Federal para os empregados que não tenham piso salarial definido em lei federal, convenção ou acordo coletivo de trabalho". Trata-se de piso salarial estadual, que deve, como lido, fixar-se a partir do critério do inciso V, em comento. A complexidade e a extensão das atividades laborais enaltecem-se como fundamentos para a fixação dos diversos pisos regionais. Inclui-se, na disposição da lei complementar, o trabalho doméstico (art. 1º, § 2º). A partir da promulgação da lei complementar, vários Estados da Federação regularam, por leis locais, pisos para diferentes atividades. No estado de São Paulo, há a Lei n. 12.640, de 12-7-2007, que fixa piso salarial para, entre outras atividades, serventes, auxiliares de serviços gerais de escritório, ascensoristas, classificadores de correspondência e carteiros, tintureiros, barbeiros, cabeleireiros, manicures e pedicures, dedetizadores, vendedores, secretários, datilógrafos, digitadores, telefonistas, supervisores de compras e de vendas, agentes técnicos em vendas e representantes comerciais.

7.4. Dos diversos salários constitucionais

As normas da Constituição da República de 1988 estabelecem: para todo o empregado, o salário mínimo nacionalmente unificado; para os que exercem certas atividades ou profissões, o piso ou salário mínimo profissional, em razão da extensão ou complexidade do trabalho, instituído por lei; o salário normativo, fixado por convenção coletiva de trabalho, para os membros das categorias profissionais envolvidas na negociação.

7.5. Critérios

Para fixação dos pisos de que trata o inciso em tela, dois critérios são formulados pelo Texto Constitucional: a complexidade e a extensão. Exemplo de aplicação do último dos dois critérios encontra-se na regulação atribuída pela Lei n. 5.811/72 aos empregados na área de exploração do petróleo, que institui regime ordinário de oito horas, excepcional para locais de difícil acesso e, também extraordinário, para o sobreaviso. Já os médicos, pela Lei n. 3.999/61, são contemplados com piso em razão da complexidade de suas atividades.

A falta de habilitação, imposta por lei para o exercício da atividade, não afasta o direito ao piso salarial pertinente. O que importa é a efetiva prestação de serviço no âmbito da atividade sujeita a certo piso. A invalidade não causa prejuízo ao empregado, por conta do princípio da primazia da realidade. A jurisprudência acolhe a conclusão, como se infere da Súmula 301 do Tribunal Superior do Trabalho: "O fato de o empregado não possuir diploma de profissionalização de auxiliar de laboratório não afasta a observância das normas da Lei n. 3.999, de 15.12.1961, uma vez comprovada a prestação de serviços na atividade".

O direito ao recebimento do valor fixado como piso salarial depende, por conta do princípio da primazia da realidade, da atividade concretamente exercida pelo empregado, não da função para a qual foi formalmente admitido ou da que consta nos registros profissionais.

7.6. Fixação dos pisos com base no salário mínimo

Frente ao inciso IV do art. 7º da vigente Constituição, pondera-se eventual impedimento de utilização do salário mínimo como referência para a formação do piso indicado no inciso V. Em se cuidando de uma forma de salário mínimo, embora restrito a determinadas atividades ou profissões, possível é a utilização deste valor como base, sem malferimento da norma precedente. O Supremo Tribunal Federal decidiu de forma diversa, no entanto, quando do julgamento da Medida Cautelar na ADPF n. 151, considerando ilegítimo "o art. 16 da Lei 7.394/1985(...) por não recepção". Já no que toca à extinção da antiga referência, o piso nacional de salários e do salário mínimo de referência, abolidos pela Lei n. 7.789/89, é bem de ver que, mesmo inexistente o instituto da repristinação no sistema brasileiro, analogia de finalidades entre o atual salário mínimo nacional e as figuras extintas pode autorizar a interpretação de que o primeiro substitui os últimos.

8. Referências bibliográficas

CATHARINO, José Martins, *Tratado jurídico do salário*. São Paulo: LTr, 1994, p. 183 e s.; SUSSEKIND, Arnaldo, *Direito constitucional do trabalho*. Rio de Janeiro: Renovar, 1999, p. 148- 149; MAGANO, Octavio Bueno; MALLET, Estêvão, *O direito do trabalho na Constituição*. Rio de Janeiro: Forense, 1993, p. 94 e s.; BASTOS, Celso Ribeiro, *Comentários à Constituição do Brasil*. São Paulo: Saraiva, 1989, v. 2, p. 426 e s.

Art. 7º, VI – irredutibilidade do salário, salvo o disposto em convenção ou acordo coletivo;

Estêvão Mallet
Marcos Fava

1. História da norma

As Constituições anteriores, desde a de 1934 (art. 64, letra *c*), contemplavam apenas os membros da magistratura com a regra da irredutibilidade salarial, garantia de independência em relação aos demais Poderes da República, que mantém o fito de preservar seus membros de pressões indevidas e, pois, caráter social, não individual. A Consolidação das Leis do Trabalho, por meio do art. 468, inseriu no sistema de proteção normativo do trabalho subordinado o comando genérico de proibição das alterações *in pejus* do contrato de trabalho ("Nos contratos individuais de trabalho só é lícita a alteração das respectivas condições por mútuo consentimento, e, ainda assim, desde que não resultem, direta ou indiretamente, prejuízos ao empregado, sob pena de nulidade da cláusula infringente desta garantia"). A proibição de alteração *in pejus* das condições contratuais abrange, como soa evidente, a proibição de redução do valor do salário.

2. Constituições brasileiras

Não há previsão constitucional da irredutibilidade salarial anterior à Carta de 1988.

3. Constituições estrangeiras

A Constituição de Portugal, conquanto não afirme a irredutibilidade dos salários, estabelece, no art. 59º, n. 3, que devem eles gozar "de garantias especiais, nos termos da lei".

4. Direito internacional

A Convenção 95, de 1949, da OIT, ratificada pelo Brasil em 1957, institui regramentos de proteção à integralidade, à intangibilidade e à irredutibilidade salariais. Referido texto normativo autoriza os países membros a excluir determinadas categorias desta proteção, tanto quanto delega à negociação coletiva autoridade para sua regulamentação.

5. Remissões normativas

O inciso XXVI do art. 7º da Carta Política determina a obediência às convenções coletivas, que resultam do exercício da liberdade de negociação coletiva e prestigiam a autonomia privada coletiva da vontade. O art. 239, § 3º, da Constituição *não* atribui aos servidores públicos estatutários a proteção contra a irredutibilidade salarial, com o que dá maior valor à higidez do orçamento público do que à garantia individual de manutenção irredutível do salário.

6. Jurisprudência

A garantia de irredutibilidade não atinge alterações contratuais que importem reversão do cargo em comissão ou de confiança, como se encontra assentado pela jurisprudência: "Agravo de instrumento em recurso de revista. Servidor público municipal. Cargo em comissão. Retorno à função anterior. Princípio da irredutibilidade de salário – Não viola a literalidade dos arts. 468 da CLT e 7º, VI, da Constituição Federal, a destituição do cargo em comissão, assim como a supressão da respectiva gratificação funcional, mormente havendo expressa previsão em Lei municipal e não ultrapassados dez anos. Agravo a que se nega provimento" (TST – AIRR 886/2001-034-15-00.6 – 5ª T. – Rel. Juiz Conv. José Pedro de Camargo – *DJU* 4-11-2005). Com a Lei n. 13.467/2017, explicitou-se a solução, na nova redação dada ao § 2º do art. 468 da CLT: "A alteração de que trata o § 1º deste artigo, com ou sem justo motivo, não assegura ao empregado o direito à manutenção do pagamento da gratificação correspondente, que não será incorporada, independentemente do tempo de exercício da respectiva função". Do mesmo modo, se o empregado deixa o exercício de trabalho à noite, perde o direito ao recebimento do adicional noturno, sem que se possa falar em ofensa à garantia de irredutibilidade salarial, consoante assentado na Súmula 265, do Tribunal Superior do Trabalho: "A transferência para o período diurno de trabalho implica a perda do direito ao adicional noturno". Para o trabalho extraordinário prestado habitualmente, prevê-se, em caso de sua supressão, mero pagamento de indenização, sem direito à manutenção do mesmo nível de rendimento, conforme Súmula 291, do Tribunal Superior do Trabalho: "A supressão, pelo empregador, do serviço suplementar prestado com habitualidade, durante pelo menos 1 (um) ano, assegura ao empregado o direito à indenização correspondente ao valor de 1 (um) mês das horas suprimidas para cada ano ou fração igual ou superior a seis meses de prestação de serviço acima da jornada normal. O cálculo observará a média das horas suplementares efetivamente trabalhadas nos últimos 12 (doze) meses, multiplicada pelo valor da hora extra do dia da supressão". Situação diferente é apreendida pela jurisprudência do Tribunal Superior do Trabalho no que toca às gratificações de natureza salarial, em interpretação extensiva, porque a norma refere "salário" e a gratificação importaria "componente da remuneração", assegurando-se, então, a irredutibilidade desta: "Gratificação de caixa. Natureza salarial. Supressão. Inviabilidade – 1. À luz do artigo 468 da CLT, juridicamente inviável a supressão de gratificação de caixa, ainda que o empregado seja destituído do cargo, por qualquer motivo. A jurisprudência iterativa e notória do Tribunal Superior do Trabalho reputa salarial a natureza da aludida gratificação. 2. O caixa não exerce cargo de confiança (Súmula 102 do TST), de modo que não se concebe a possibilidade de reversão a cargo efetivo anteriormente exercido. Inaplicável, assim, o parágrafo único do artigo 468 da CLT. 3. A eliminação da gratificação em tela traduz alteração unilateral do contrato de trabalho, em manifesto prejuízo do empregado, e, em última análise, afronta ao princípio da irredutibilidade salarial inscrito no artigo 7º, VI, da CF. 4. Recurso de revista de que se conhece e a que se dá provimento. (...)" (TST – RR 326037 – 1ª T. – Rel. Min. João Oreste Dalazen – *DJU* 03.12.2004). Os chamados "salários condição", como se indicam as parcelas da remuneração que se encontrem vinculadas a determinada condição do trabalho, como o trabalho noturno, o perigoso, o insalubre etc., não estão contemplados pela regra em comento, como assentou a Súmula 248 do Tribunal Superior do Trabalho: "A reclassificação ou a descaracterização da insalubridade, por ato da autoridade competente, repercute na satisfação do respectivo adicional, sem ofensa a direito adquirido ou ao princípio da irredutibilidade salarial". *Cessante causa cessat effectus*. "O adicional de 15% (quinze por cento) pago sobre o salário aos empregados da ECT, previsto em norma coletiva, é devido àqueles que laboram nos fins de semana, por se tratar de uma parcela espécie de salário-condição e não gratificação de função. Portanto, cessada tal circunstância – o labor no fim de semana –, ainda que após uma década, indevida a sua integração ao salário" (TST – 8ª T., RR-6900-35.2011.5.16.0004, Rel. João Pedro Silvestrin, julg. em 8-4-2015).

7. Comentários

7.1. Identificação do instituto

A proteção jurídica do salário abrange a tríade intangibilidade, integralidade e irredutibilidade. O inciso em comento constitucionaliza a regra, antes existente no plano da legislação ordinária (CLT, art. 468), elevando o grau de proteção à última das facetas da tutela da remuneração. O instituto assegura a manutenção do valor histórico – isto é, nominal – dos salários, vedando repactuação que deságue em sua diminuição.

7.2. Autorização para exceção

O texto do inciso VI ressalva a instituição de exceções, por meio de convenção ou acordo coletivo de trabalho. As normas coletivas hão de ser interpretadas sistemicamente, não se admitindo cláusula que importe pura e simples renúncia de garantia constitucional. Imperativo que se vislumbre, para eficácia da norma coletiva que determine redução salarial, a correspondência decorrente da reciprocidade. Reduzem-se os salários, mas, em contrapartida, insere-se cláusula benéfica ao trabalhador, como, por exemplo, a que corre na prática de negociações desta espécie, a garantia provisória no emprego.

Natural que as negociações coletivas, de que resulte a mitigação do valor salarial, devam contar, por força do art. 8º, VI, da Constituição da República, com a participação do sindicato profissional. O Tribunal Superior do Trabalho já admitiu, todavia, redução salarial pactuada sem participação do sindicato profissional, mas com assistência do Ministério Público do Trabalho e acompanhamento pela Superintendência Regional do Trabalho (TST – 7ª T., AIRR – 22440-40.2005.5.08.0010, Rel. Min. Caputo Bastos, j. 18.11.2009. *DJ* de 27.11.2009).

Como consequência da natureza normativa dos acordos e das convenções coletivas (CLT, art. 611), a redução pactuada aplica-se a todos os empregados integrantes da categoria, inclusive aos que se omitiram ou aos que opuseram a ela, os quais ficam vinculados à deliberação majoritária. Não estende os seus efeitos, todavia, aos empregados de categoria diversa, como os integrantes de categoria profissional diferenciada, ainda que contratados pela mesma empresa abrangida pela norma coletiva. (Cf., a propósito, TRT – 1ª Reg., 6ª T., RO n. 0001345-85.2010.5.01.0005, Rel. Leonardo Pacheco, j. 04.11.2015. *DJ* de 19.11.2015).

7.3. Limites da irredutibilidade

A existência de acordo ou convenção coletiva, que indiquem contrapartida benéfica ao trabalhador pela redução salarial, não é o único limite que deve ser observado para a validade de cláusula redutora do salário, em face das garantias constitucionais dos incisos IV e V. Havendo piso salarial, deverá seu valor ser observado como limite para a redução, tal como será observado para os limites intransigíveis do salário mínimo nacionalmente unificado e, existindo, o salário mínimo regional – ou piso, na forma da Lei Complementar n. 103/00.

É discutível se a redução não pode ser superior a 25% do valor nominal do salário, por força do contido no art. 503 da Consolidação das Leis do Trabalho, que trata da redução salarial em decorrência de força maior: "É lícita, em caso de força maior ou prejuízos devidamente comprovados, a redução geral dos salários dos empregados da empresa, proporcionalmente aos salários de cada um, não podendo, entretanto, ser superior a 25%, respeitado, em qualquer caso, o salário mínimo". De todo modo, esta autorização, que giza a comprovação de "força maior" ou "prejuízos devidamente comprovados", não exclui a necessidade de norma coletiva. Vale dizer, existindo fato de força maior ou incorrendo o empreendimento em prejuízos "devidamente comprovados", autorizada estará apenas a *negociação coletiva* com vistas à diminuição salarial, que não poderá, nunca, emergir de ato unilateral do contratante.

Finalmente, uma vez submetida a exceção da redução salarial à efetividade de norma coletiva, é bem de ver que a providência não vigorará por prazo indeterminado, eis que a própria fonte normativa, acordos ou convenções coletivas, tem existência precária, limitada a dois anos (art. 614, § 3º, da CLT). Cessada a vigência da norma, impõe-se o restabelecimento do valor original do salário.

7.4. Irredutibilidade nominal, não irredutibilidade real

A norma constitucional não assegura a irredutibilidade real – ou econômica – do valor do salário. É o que se infere, inclusive, da interpretação conjunta do inciso VI e do inciso IV, ambos do art. 7º da Constituição. Para o salário mínimo sim estabeleceu-se a necessidade de reajustes periódicos, destinada a assegurar a preservação do seu valor real. Para os demais salários, não.

8. Referências bibliográficas

PLA RODRIGUEZ, Americo, *El salario en el Uruguay*. Montevideo, 1956, segunda parte, p. 552 e s.; CATHARINO, José Martins, *Tratado jurídico do salário*. São Paulo: LTr, 1994, p. 587 e s.; SUSSEKIND, Arnaldo, *Direito constitucional do trabalho*. Rio de Janeiro: Renovar, 1999, p. 149 e s.; MAGANO, Octavio Bueno; MALLET, Estêvão, *O direito do trabalho na Constituição*. Rio de Janeiro: Forense, 1993, p. 103 e s.

Art. 7º, VII – garantia de salário, nunca inferior ao mínimo, para os que percebem remuneração variável;

Estêvão Mallet
Marcos Fava

1. História da norma

Embora não existente, na dicção explícita que o constituinte atribuiu à regra, é certo concluir que a proteção do trabalhador no que concerne ao recebimento de salário mínimo, antes vigente (*vide* comentários ao inciso IV), abrange, de igual forma, os empregados que tenham sua paga fixada em razão da produção, resultando em remuneração variável. Antes da norma constitucional, havia, no plano da legislação ordinária, a regra do art. 78, da CLT, a garantir o recebimento do salário mínimo para empregados sujeitos a maior oscilação nos ganhos, diante de remuneração ajustada por tarefa, peça ou mediante comissão: "Quando o salário for ajustado por empreitada, ou convencionado por tarefa ou peça, será garantida ao trabalhador uma remuneração diária nunca inferior à do salário mínimo por dia normal da região, zona ou subzona. Parágrafo único. Quando o salário mínimo mensal do empregado a comissão ou que tenha direito a percentagem for integrado por parte fixa e parte variável, ser-lhe-á sempre garantido o salário mínimo, vedado qualquer desconto em mês subsequente a título de compensação". Com a Lei n. 13.467/2017 e a instituição do trabalho intermitente (art. 452-A da CLT), há previsão de que "o valor da hora de trabalho (...) não pode ser inferior ao valor horário do salário mínimo".

2. Constituições brasileiras

A Constituição de 1988 foi a primeira a instituir a garantia de salário mínimo aos trabalhadores com remuneração variável.

3. Constituições estrangeiras

Não consta a existência de norma específica em outras Constituições. Há, no entanto, previsão semelhante no plano da legislação ordinária. O Código do Trabalho de Portugal, por exemplo, estabelece, no art. 273º, n. 1: "É garantida aos trabalhadores uma retribuição mínima mensal, seja qual for a modalidade praticada, cujo valor é determinado anualmente por legislação específica, ouvida a Comissão Permanente de Concertação Social".

4. Direito internacional

As normativas da OIT, Convenções e Recomendações, não contemplam medidas específicas relativas à garantia versada no inciso VII. Pode-se mencionar, no entanto, a previsão genérica do art. 1º, n. 1, da Convenção 131, segundo o qual cada Estado deve estabelecer "*a system of minimum wages which covers all groups of wage earners whose terms of employment are such that coverage would be appropriate*".

5. Remissões normativas

Aos servidores públicos, o art. 39, § 3º, da Carta Política assegura, por remissão ao inciso comentado, a mesma garantia. No plano da legislação infraconstitucional, a Lei n. 8.716/93, em seu art. 1º, estabelece: "Aos trabalhadores que perceberem remuneração variável, fixada por comissão, peça, tarefa ou outras modalidades, será garantido um salário mensal nunca inferior ao salário mínimo", o que, explicita referida lei, atinge os que recebem remuneração "mista" (art. 2º). A mesma lei ainda impede sejam feitas compensações, com descontos dos valores "antecipados", para assegurar a garantia mínima num mês, nos meses subsequentes (art. 3º). O art. 452-A da CLT, introduzido pela Lei n.

13.467/2017, assegura a aplicação do salário mínimo horário para a fixação do valor do salário-hora do empregado sujeito a trabalho intermitente.

6. Jurisprudência

"AGRAVO DE INSTRUMENTO EM RECURSO DE REVISTA – DIFERENÇAS SALARIAIS – COMISSÃO – OBSERVÂNCIA DO SALÁRIO MÍNIMO. O acórdão recorrido observou estritamente o disposto no art. 7º, inciso VII, da Constituição, que prevê a garantia de salário nunca inferior ao mínimo para os que percebem remuneração variável. Agravo de instrumento desprovido" (AIRR-3258800-27.2009.5.09.0088, 4ª T., Rel. Min. Luiz Philippe Vieira de Mello Filho, *DEJT* 09.11.2012).

"COMISSIONISTA PURO. SALÁRIO FIXO COMO GARANTIA MÍNIMA. O empregado vendedor remunerado exclusivamente à base de comissões – ou "comissionista puro", como se diz na doutrina e jurisprudência – que tem garantia de um salário fixo não tem direito de receber o salário fixo mais as comissões. O salário fixo funciona como um piso, uma garantia de remuneração mínima, a fim de assegurar que, no caso de não realizar nenhuma venda, ou de realizar poucas vendas, receberá aquele valor fixo ajustado, para poder garantir sua subsistência e de sua família. Todavia, sendo as comissões superiores ao salário fixo, o empregado receberá apenas as comissões" (TRT – 12ª Reg., 3ª T., RO n. 0002760-48.2011.5.12.0010, Rel. José Ernesto Manzi, *DJ* de 14.03.2013).

"GARANTIA DE SALÁRIO MÍNIMO. COMISSIONISTA PURO. ART. 7º, INCISO VII, DA CRFB/88. Tratando-se de garantia de salário mínimo ao comissionista, muito embora a CLT preveja que o pagamento do salário mínimo seja apenas ao comissionista misto, imperioso ressaltar que a Constituição Federal se sobrepõe à referida legislação, de modo que a garantia do salário mínimo – legal ou convencional, se mais benéfico este (princípio da norma mais favorável) – é aplicável também ao comissionista puro, como é o caso da recorrente. Incidência do art. 7º, inciso VII da CRFB/88: 'garantia de salário, nunca inferior ao mínimo, para os que percebem remuneração variável'. Recurso da autora a que se dá provimento" (TRT – 9ª Reg., 1ª T., RORSum n. 0001310-61.2019.5.09.0014, Rel. Edmilson Antonio de Lima, j. 26.04.2022, *DJ* de 04.05.2022).

7. Comentários

O inciso VII do art. 7º da Constituição constitui desdobramento dos incisos anteriores, prestigiando a existência de um *salário mínimo*, que resultará do nacionalmente unificado, dos pisos regionais ou do salário profissional. A especificidade encontra-se na extensão explícita da tutela aos trabalhadores com remuneração variável.

7.1. Espécies de retribuição

O ordenamento trabalhista permite que a contraprestação ao trabalho – *retius*, à disponibilização do trabalhador subordinado às ordens do empregador – seja fixada de três diferentes modos. É possível que a remuneração fique vinculada ao tempo de disponibilidade, sendo calculada em unidade de tempo, ou seja, horas, dias, semanas, quinzenas ou meses. De outro lado, o pagamento poderá decorrer do resultado da efetiva prestação dos serviços, como se opera com os tarefeiros, que recebem por produção. Esta segunda espécie é corrente em muitos ramos da atividade econômica, como, por exemplo, os vendedores, que percebem, em regra, comissões sobre os negócios realizados. Finalmente, a remuneração poderá compor-se de parte fixa, acrescida de variável. O que o inciso garante, nas duas últimas espécies de composição do salário, é justamente a observância, em qualquer situação, do valor do salário mínimo ao trabalhador. Surge para o empregador, em consequência, o ônus de complementar o ganho do empregado, quando não atingido o valor mínimo estabelecido em lei, sem possibilidade de compensação em meses futuros, como explicitado no parágrafo único do art. 78 da CLT.

7.2. Extensão da norma

A norma sob exame abona, em primeiro lugar, a existência de remuneração integralmente variável. Fica claro, pois, não ser constitucionalmente ilegítima a contratação de empregado para recebimento de salário exclusivamente variável, sem nenhuma parcela fixa, com pagamento apenas de comissões, por exemplo. Haverá, ainda assim, garantia, imposta pela Constituição, de recebimento mensal, pelo menos, do valor do salário mínimo. Ademais, nada obsta seja estendida a garantia constitucional, por meio de normas coletivas (acordos ou convenção coletiva), de regulamento de empresa (com a regulação, por exemplo, de quadro de cargos e salários) ou de lei ordinária (não existente, hoje), para assegurar ao empregado com remuneração variável certo ganho mínimo superior do valor do salário mínimo.

8. Referências bibliográficas

PLA RODRIGUEZ, Americo, *El salario en el Uruguay*. Montevideo, 1956, segunda parte, p. 100 e s.; CATHARINO, José Martins, *Tratado jurídico do salário*. São Paulo: LTr, 1994, p. 150 e s.; MAGANO, Octavio Bueno; MALLET, Estêvão, *O direito do trabalho na Constituição*. Rio de Janeiro: Forense, 1993, p. 111 e s.

Art. 7º, VIII – décimo terceiro salário com base na remuneração integral ou no valor da aposentadoria;

Estêvão Mallet
Marcos Fava

1. História da norma

Foi o costume, instituído pelos empregadores, nos anos trinta e seguintes, de pagamento aos trabalhadores de uma gratificação extraordinária, por ocasião das festas de Natal, que fez surgir a gratificação constitucionalizada pelo inciso VIII do art. 7º. A medida apresenta positiva repercussão econômica, porque aquece o movimento do comércio na época das festas, na medida em que, preponderantes as relações de trabalho subordinado no mercado do país, enorme é o volume adicional de dinheiro que entra em circulação. A prática foi absorvida pela legislação, em 1962, com posterior regulamentação complementar, em 1965, até sua inserção constitucional em 1988.

2. Constituições brasileiras

A norma regulamentadora do pagamento da gratificação natalina, já presente na legislação ordinária desde 1962, não integrou outras Constituições antes da vigente.

3. Constituições estrangeiras

Não é comum a referência ao décimo terceiro salário em Constituições estrangeiras. Há, todavia, um exemplo na Constituição de El Salvador, cujo art. 38, n. 5º, estabelece: "Los patronos darán a sus trabajadores una prima por cada año de trabajo. La ley establecerá la forma en que se determinará su cuantía en relación con los salarios;". Muito mais comum é a previsão do pagamento no plano da legislação ordinária. É o caso, para citar apenas um exemplo, do Código do Trabalho de Portugal, no qual se encontra, no art. 263º, a obrigação de pagamento de subsídio de Natal: "O trabalhador tem direito a subsídio de Natal de valor igual a um mês de retribuição, que deve ser pago até 15 de dezembro de cada ano".

4. Direito internacional

Não consta referência no direito internacional.

5. Remissões normativas

O art. 239, § 3º, da Constituição assegura a gratificação de Natal aos servidores públicos. Regulam o tema as Leis n. 4.090/62 e n. 4.749/1965, bem como o Decreto n. 57.155/65, todos recepcionados pela Constituição vigente. A Lei n. 8.036/90, art. 15, impõe o recolhimento do Fundo de Garantia do Tempo de Serviço sobre a parcela "gratificação de Natal". Já a Lei n. 8.213/91, art. 40, parágrafo único, assegura, em atendimento ao comando constitucional do art. 239, § 3º, o pagamento da verba sobre os benefícios previdenciários continuados.

6. Jurisprudência

O décimo terceiro salário tem natureza remuneratória, como explicitado na Súmula 207, do Supremo Tribunal Federal: "As gratificações habituais, inclusive a de Natal, consideram-se tacitamente convencionadas, integrando o salário". Deve, por conseguinte, sofrer tributação: "Tributário. Décimo terceiro salário. Natureza remuneratória. Imposto de renda. Incidência. Súmula n. 207/STF. A gratificação natalina (décimo terceiro salário) é considerada provento, resultando em acréscimo patrimonial decorrente da relação de trabalho (art. 7º, VIII, da CF). Destarte, é passível de incidência do Imposto de Renda. A exação encontra respaldo tanto no art. 43 do CTN, como no art. 25 da Lei n. 7.713/88 e no art. 16, incisos II e III, da Lei n. 8.134/90. Entendimento sumulado pelo eg. Supremo Tribunal Federal (Súmula n. 207/STF)" (TRF 2ª R., AC 2000.50.01.003782-9, 4ª T. Esp., rel. Des. Fed. Alberto Nogueira, DJe 17-9-2008, p. 86). Cuidam ainda do décimo terceiro salário as seguintes Súmulas do Tribunal Superior do Trabalho: 14 (culpa recíproca e pagamento da gratificação), 45 (integração da média das horas extraordinárias sobre a gratificação), 46 (proibição de desconto dos afastamentos em razão de acidente de trabalho, para cálculo da verba), 50 (dever das concessionárias de serviços públicos pagarem aos servidores cedidos, durante a cessão, o que fazia sentido antes da Constituição da República de 1988, que estendeu o benefício aos estatutários), 148 e 242 (expressam a forma de cálculo da indenização por rescisão do contrato do estável decenal, com a inclusão da gratificação natalina) e 253 (identifica a repercussão da gratificação de Natal no cálculo da gratificação semestral).

7. Comentários

7.1. Conceito e natureza

A norma constitucional estabelece o direito de percepção, pelo trabalhador subordinado (empregado), da iniciativa privada ou do Estado (servidor público), de uma vez a remuneração devida em dezembro de cada ano, além dos salários ordinariamente creditados. Tem natureza salarial, não indenizatória, incluindo-se, por isto, nos cálculos trabalhistas, como refere a Súmula 148 do Tribunal Superior do Trabalho, que desenha a indenização por estabilidade decenal.

7.2. Destinatários

Trabalhadores subordinados (empregados), ainda que avulsos (art. 7º, XXXIV), ou domésticos (art. 7º, parágrafo único), ou rurais (art. 7º, caput), ou aposentados e titulares de benefícios previdenciários continuados (Lei n. 8.213/91, art. 40, parágrafo único) ou empregados vinculados a contrato com prazo. A Lei n. 6.019/74, que regula os direitos dos empregados temporários, não alude ao pagamento da gratificação natalina, talvez em razão da curta duração dessa modalidade excepcional de contrato a prazo. O caput do art. 7º, que não distingue trabalhadores "permanentes" de "temporários" e a extensão dos direitos dos trabalhadores urbanos comuns até aos avulsos (art. 7º, XXXIV), autoriza o reconhecimento de que a distinção é discriminatória e não encontra fundamento na aproximação ontológica dos contratos. É devida ao temporário, pois, a gratificação natalina, observada a proporcionalidade com o tempo de duração do vínculo. O mesmo vale para o empregado sujeito a contrato de trabalho intermitente, como explicita o art. 452-A, § 6º, inciso III, da CLT, introduzido pela Lei n. 13.467/2017.

7.3. Regramento legal

A parcela é devida anualmente e equivale à remuneração (salários, verbas variáveis, adicionais de insalubridade e periculosidade, horas extraordinárias e adicional noturno pagos ao longo do período aquisitivo). Fica sujeita a pagamento em duas oportunidades, a primeira até o final do mês de novembro e a segunda até 20 de dezembro de cada ano. Deve-se a gratificação proporcional aos contratos extintos antes do término do ano, assim como aos trabalhadores que são admitidos no curso deste período, à razão de 1/12 por mês de trabalho ou fração igual ou superior a 15 dias (art. 1º, § 2º, Lei n. 4.090/62). A extinção do contrato por justa causa retira do trabalhador o direito (art. 3º da Lei n. 4.090/62). Na hipótese de culpa recíproca (art. 484, Consolidação das Leis do Trabalho) para o desfazimento do contrato de trabalho, a jurisprudência sumulada pelo Tribunal Superior do Trabalho considera devido o pagamento de 50% da gratificação (Súmula 14 do TST). No caso de extinção do contrato por acordo (art. 484-A da CLT, introduzido pela Lei n. 13.467/2017) o pagamento é devido em sua integralidade. A negociação coletiva não pode suprimir o pagamento ou alterar o seu valor (art. 611-B da CLT, introduzido pela Lei n. 13.467/2017). A tributação, tanto para cálculo de imposto de renda, quanto de incidência da contribuição social, é feita sobre base exclusiva, vale dizer, não há soma da parcela com os outros títulos tributáveis, para apuração das exações.

8. Referências bibliográficas

SUSSEKIND, Arnaldo, *Direito constitucional do trabalho*. Rio de Janeiro: Renovar, 1999, p. 152 e s.; BARROS, Alice Monteiro de, *Curso de direito do trabalho*. São Paulo: LTr, 2008, p. 764 e s.; DELGADO, Mauricio Godinho, *Curso de direito do trabalho*. São Paulo: LTr, 2004, p. 740; VIANNA, Cláudia Salles Vilela, *Manual prático das relações trabalhistas*. São Paulo: LTr, 2002, p. 487 e s.

Art. 7º, IX – remuneração do trabalho noturno superior à do diurno;

Estêvão Mallet
Marcos Fava

---

1. História da norma

Do início do processo de desenvolvimento da indústria, que remonta ao final do século XVIII, é a intenção de mantença da produção ininterrupta. A máquina não se cansa e, por isso, pode produzir ilimitadamente, dia e noite, sem interrupções, a bem do resultado econômico da atividade empresarial. Organizou-se, desde então, o trabalho em turnos, reservando-se o período da noite para um deles. Quase tão antiga quanto esta prática, no entanto, é a conclusão de que o trabalho noturno é mais desgastante, por violar o ciclo natural do organismo, ou, pelo menos, socialmente desagregador. As normas protetivas do trabalhador, desde as primeiras, encarregaram-se de criar reduções para o trabalho à noite, como, também, acréscimo da remuneração, para compensação do maior esforço do trabalhador. Regra dessa natureza incluiu-se na Consolidação das Leis do Trabalho, na década de quarenta, quando vigia a Constituição da República de 1937, que tutelava esse direito.

2. Constituições brasileiras

A pioneira sobre o tema foi a Carta de 1937, contemporânea da promulgação da Consolidação das Leis do Trabalho, que previa o trabalho noturno remunerado em valores maiores do que o diurno, segundo a variação dos turnos de horários, no art. 137, *j*; as Cartas de 1946, art. 157, II, e de 1967 (como, também, a EC 1/69), no art. 165, IV, também asseguraram o mesmo direito. Repete-se a norma, agora sem nenhuma restrição sobre a sucessão de turnos, no inciso IX do art. 7º, em comento.

3. Constituições estrangeiras

Não é comum, em outros sistemas jurídicos, a referência, nas Constituições, a pagamento adicional para o trabalho noturno. Uma exceção é a Constituição de El Salvador, que prevê, no art. 38, n. 6º, n. 3, não pagamento adicional para o trabalho noturno, mas a redução da sua duração, *verbis*: "La jornada nocturna y la que se cumpla en tareas peligrosas o insalubres, será inferior a la diurna y estará reglamentada por la ley. La limitación de la jornada no se aplicará en casos de fuerza mayor".

4. Direito internacional

A OIT, desde sua fundação, ocupou-se do tema, tendo publicado as Convenções 4 (1919), 41 e 90, sobre o trabalho noturno das mulheres (a última é atual e vigente, tendo substituído as anteriores), 6, sobre o trabalho na indústria, 20, já superada, sobre o trabalho nas padarias, 79 e 90 (vigente), sobre o trabalho noturno dos menores, e a 171, sobre trabalho noturno em geral. Destas, o Brasil ratificou as de números 6, 89 e 171 (Decreto 5.005/04). O cerne da tutela pretendida pela Organização Internacional identifica-se com o maior desgaste provocado pelo trabalho em períodos naturalmente destinados ao descanso.

5. Remissões normativas

O art. 39, § 3º, da Constituição da República assegura idêntico direito aos trabalhadores públicos. No plano da legislação ordinária, o trabalho noturno é objeto do art. 73 da CLT.

6. Jurisprudência

Ocupam-se do tema, no âmbito do Supremo Tribunal Federal, as Súmulas 213 (que assegura o direito ao adicional noturno, mesmo quando há turnos de revezamento, providência que se fazia necessária ao esclarecimento dos limites do direito, à época da Constituição de 1937, ante à redação do disposto no art. 137, *j*), 214 (que esclarece não haver elisão do direito à remuneração adicional, pela simples aplicação do redutor da hora noturna), 313 (que abrange qualquer tipo de trabalho, desde que realizado à noite, para incidência do adicional noturno) e 402 (que enfatiza o direito à percepção do adicional noturno pelo vigia noturno, mesmo teor da Súmula 140 do TST). Já o Tribunal Superior do Trabalho atribui ao assunto as Súmulas 60 (que cuida da integração do adicional noturno, por sua natureza salarial, aos demais títulos do contrato e da hora noturna prorrogada), 112 (que exclui da incidência do dispositivo em comento os trabalhadores cujos contratos sejam regulados pela Lei n. 5.811/72), 140 (direito do adicional noturno ao vigia noturno), 265 (que esclarece a natureza de salário, permitindo sua supressão, quando da transferência do trabalhador ao período diurno), e, as Orientações Jurisprudenciais da Seção de Dissídios Individuais I de números 97 (que prevê a integração do adicional noturno à base de cálculo da hora extra noturna), 127 (que proclama a recepção, pela Constituição da República de 1988, da hora reduzida noturna), 360, 388 e 395 (que asseguram a aplicação da hora noturna reduzida e do adicional noturno ao trabalho realizado em turno ininterrupto de revezamento ou na jornada 12X36).

7. Comentários

O inciso atribui ao trabalhador o direito de receber mais pelo trabalho noturno do que o valor pago, pelas mesmas atividades, quando executadas no período diurno. Não há referência, na norma constitucional, à redução da duração do trabalho noturno, cuja previsão encontra-se apenas na legislação infraconstitucional (CLT, art. 73, § 1º). Permanece em vigor essa última vantagem, consoante assentado pela OJ-SDI-1 n. 127 do TST. Outras vantagens podem ainda ser previstas em normas coletivas, regulamento de empresa ou mesmo no próprio contrato de trabalho.

7.1. Destinatários

A norma garante o direito aos trabalhadores urbanos e rurais, segundo o *caput* do art. 7º, aos temporários e avulsos, por interpretação extensiva do inciso XXXIV desse artigo, e aos servidores públicos, por expressa previsão no art. 39, § 3º, da Carta. A medida não é aplicável aos jubilados e beneficiários de prestações previdenciárias continuadas. Os empregados domésticos, que não eram favorecidos pela vantagem, passaram a ter direito a ela com o advento da Lei Complementar n. 150/2015 (art. 14). Os contratados sob o modelo intermitente também são destinatários da parcela, nos termos do art. 452-A, § 6º, V.

7.2. Regramento legal

A regulamentação do inciso resulta do acolhimento, por recepção, das normas ordinárias vigentes anteriormente à publicação da Carta de 1988.

Para os trabalhadores urbanos, incluídos os domésticos, aplicam-se o adicional noturno de 20% e a hora reduzida noturna – de 52,5 minutos – por força do *caput* do art. 7º, em combinação com o art. 73 da Consolidação das Leis do Trabalho. Consideram-se noturnas, para o trabalhador urbano, as horas compreendidas entre 22 e 5. O período entre o pôr do sol e seu reaparecimento, que deveria corresponder à "hora noturna" não pauta o tema, que se submete ao critério objetivo do legislador. Adotou-se o necessário processo técnico-jurídico de quantificação de qualidades, a fim de evitar as incertezas dos conceitos mais abertos. É certo, porém, que em muitos pontos do país anoitece antes de 22 horas e, não raro, amanhece bem depois das 5.

Já para os trabalhadores do campo, a lei específica, de n. 5.889/73, estabelece, no art. 7º, que se considera "trabalho noturno o executado entre as vinte e uma horas de um dia e as cinco horas do dia seguinte, na lavoura, e entre as vinte horas de um dia e as quatro horas do dia seguinte, na atividade pecuária". No valor do adicional noturno, os dois diplomas legais também estabelecem regramentos com diferenças, assinalando, a Consolidação das Leis do Trabalho, o de 20%, e a lei do rurícola, o de 25%. Independentemente de seu valor, o adicional noturno reveste-se de natureza salarial, de modo que integra a base de cálculo de outros direitos, inclusive o Fundo de Garantia do Tempo de Serviço.

A negociação coletiva não pode suprimir a remuneração superior do trabalho noturno, nem pode diminuir o percentual do acréscimo (art. 611-B, inciso VI, conforme redação dada pela Lei n. 13.467). A jurisprudência admite, todavia, negociação coletiva tendente a afastar a duração reduzida ficta da hora noturno, que não está prevista na Constituição, quando compensada pela elevação do adicional pago (cf. TST – 3ª T., Ag-AI-RR n. 220-93.2010.5.02.0445, Rel. Min. Alexandre de Souza Agra Belmonte, *DEJT* de 31.03.2017 e TST – 2ª T., RR n. 851-28.2014.5.17.0009, Rel. Min. Maria Helena Mallmann, j. 28.02.2018, *DEJT* de 09.03.2018).

7.3. Objeto da tutela

O dispositivo em análise tem por cerne de proteção a higidez do trabalhador contra os desgastes provocados pelo labor noturno. De primeiro, os que o afetam a sua saúde, já que o ciclo natural do ser humano corresponde à atividade no período de luz e ao repouso, durante a noite. Depois, a ativação em período noturno rouba do trabalhador o convívio com seus familiares e amigos, que militam, ordinariamente, no turno oposto. Enquanto ele descansa, ativam-se os demais e vice-versa, perturbando-se o desenvolvimento social do cidadão trabalhador a quem se imponha o horário noturno.

8. Referências bibliográficas

MAGANO, Octavio Bueno, *Direito tutelar do trabalho*. São Paulo: LTr, 1992, p. 44 e s.; RUSSOMANO, Mozart Victor, *Comentários à CLT*. Rio de Janeiro: Forense, 1992, v. I, p. 122 e s.

Art. 7º, X – proteção do salário na forma da lei, constituindo crime sua retenção dolosa;

Estêvão Mallet
Marcos Fava

1. História da norma

A proteção do salário constitui desdobramento das normas gerais de caráter tutelar do trabalho. A importância do crédito salarial fez com que dedicasse o constituinte norma expressa ao assunto.

2. Constituições brasileiras

Não há precedentes, nos Textos Constitucionais anteriores, com a configuração que surge em 1988.

3. Constituições estrangeiras

A Constituição da Venezuela, de 2009, estabelece, no art. 91, que "*el salario es inembargable y se pagará periódica y oportunamente en moneda de curso legal, salvo la excepción de la obligación alimentaria, de conformidad con la ley*". A Constituição de Honduras prevê, no art. 128, 4): "*Los créditos a favor de los trabajadores por salarios, indemnizaciones y demás prestaciones sociales, serán singularmente privilegiados, de conformidad con la ley*". Na Constituição de El Salvador há a regra do art. 38, 3º: "*El salario y las prestaciones sociales, en la cuantía que determine la ley, son inembargables ynose pueden compensar ni retener, salvo por obligaciones alimenticias…*". A Constituição do Panamá prescreve a impenhorabilidade do valor correspondente ao salário mínimo, nos seguintes termos: "*El mínimo de todo salario o sueldo es inembargable, salvo las obligaciones alimenticias en la forma que establezca la Ley…*" (art. 66, n. 3, principio).

4. Direito internacional

No plano internacional, a Convenção 95 (incorporada ao ordenamento nacional pelo Decreto n. 41.721/57) da OIT normatiza a proteção ao salário de forma geral, enquanto a de n. 173 estabelece regras para tutela do salário no procedimento falimentar do empregador. A primeira das duas estabelece (a) ampla proteção à remuneração, como o conjunto de valores retributivos pagos ao trabalhador, (b) proíbe o pagamento salarial por outra forma, senão em moeda corrente, de curso legal no país da prestação dos serviços e pela cotação oficial, (c) permite o pagamento *in natura*, desde que sejam respeitados o interesse do trabalhador e um valor razoável para o custo das utilidades, (d) determina que o pagamento deva ser feito ao próprio trabalhador e impede qualquer ingerência de terceiros sobre a livre disposição do salário, (e) exige o pagamento do salário com periodicidade razoável e regular, (f) eleva os salários à categoria de créditos mais privilegiados na falência do empregador, (g) fixa a impenhorabilidade ampla dos salários e (h) garante ao trabalhador toda informação sobre a forma de cálculo e as condições de pagamento dos salários.

5. Remissões normativas

A Constituição da República dá, no art. 100, § 1º-A, natureza alimentícia à prestação salarial. O art. 168 do Código Penal tipifica a apropriação indébita, que, não obstante a referência específica da Constituição, também se presta a enquadrar a retenção dolosa de salários. A Lei n. 9.983/2000 introduziu o art. 168-A no Código Penal, para qualificar o crime de apropriação indébita de contribuições sociais. A inércia do legislador, para regulamentar o crime de retenção dolosa de salários, não se impôs no que toca às contribuições previdenciárias. O Decreto-Lei 368/68, embora apresente critério larguíssimo de "mora salarial", ao computá-la apenas a partir do atraso de 90 dias, estatui normas restritivas à empresa que incorrer na conduta. A preferência de ordem, instituída pelo Código Tributário Nacional, nos arts. 186 e 188 a 192, constitui instrumento de proteção ao salário. A Lei n. 10.820/2003 autoriza desconto de empréstimos bancários em folha de pagamento, mitigando a proteção legal. O art. 833, IV, do Código de Processo Civil impede a penhora de valores salariais, até o limite de 50 salários-mínimos mensais. Antes, no Código anterior, a proteção era ilimitada, em claro excesso normativo. O art. 611-B, inciso VII, da CLT proíbe que convenção ou acordo coletivo excluam a proteção legal do salário ou reduzam a sua abrangência.

6. Jurisprudência

A Súmula 331 do Tribunal Superior do Trabalho estabelece ampliação do rol de responsáveis pelo pagamento dos haveres trabalhistas, entre os quais se inclui o salário, pela criação da figura pretoriana da responsabilidade subsidiária do tomador dos serviços. A Súmula 91 do Tribunal Superior do Trabalho protege o salário, ao impedir cláusula contratual "complessiva", entendida como a que contrapõe um só valor genérico, para quitação de vários títulos da avença. Já a Súmula 342, também do Tribunal Superior do Trabalho, reconhece válidos os descontos salariais que decorram de autorização expressa do trabalhador e, ainda, que lhe tragam a proveito. A Súmula 227 do Supremo Tribunal Federal assegura a exequibilidade dos salários, mesmo no curso da concordata. Considerou o Supremo Tribunal Federal, ao julgar a ADI 3.934, constitucional a limitação, estabelecida pelo art. 83 da Lei n. 11.101, à preferência do crédito salarial em caso de falência, questionada em face da proteção constitucional do salário.

7. Comentários

O salário constitui fonte de subsistência do trabalhador e de sua família, com natureza jurídica próxima da prestação alimentícia. Não há, todavia, identificação completa. O crédito de alimentos não admite compensação (Código Civil, art. 373, II), cabível para o crédito trabalhista (CLT, arts. 477, § 5º, e 767), e é absolutamente impenhorável (Código Civil, art. 1.707), ao contrário do crédito trabalhista, penhorável a partir de certo limite (art. 833, IV, Código de Processo Civil). O mais certo é dizer que prestação alimentícia é espécie de gênero mais amplo, composto pelo crédito de natureza alimentar.

7.1. Formas de proteção

A irredutibilidade, estabelecida em inciso anterior da Constituição, constitui uma das formas de proteção aos salários. Ao lado dela, a integralidade, isto é, o dever de quitar o valor auferido pelo trabalhador de forma integral, sem descontos indevidos, senão os previstos em lei, em normas coletivas e anuídos pelo trabalhador, como prevê o art. 462 da CLT, indica outra forma de proteção salarial. Alia-se às duas a intangibilidade, segundo a qual os salários não estão disponíveis nem ao empregador (art. 462, § 4º, CLT) ou seus credores, nem aos credores do próprio trabalhador (art. 833, IV, Código de Processo Civil). A providência legal que estabelece o pagamento regular e limitado à frequência trintenária – art. 459 da CLT – constrói outra ferramenta disponível à proteção do salário. De mesma natureza mostra-se a regra de pagamento direto dos salários ao trabalhador – tutelando-o do interesse de terceiros. Outro mecanismo de proteção legal decorre da proibição do *truck system*, ou a instituição de meios coativos para que o trabalhador adquira víveres em estabelecimento mantido pelo empregador (art. 462, § 3º, da CLT). Cláusula genérica de proibição da modificação *in pejus* do contrato de trabalho – art. 468 da CLT – estabelece outra via de proteção à paga salarial. Nesta linha, o dever de pagar com 50% de acréscimo as verbas incontroversas e pendentes da rescisão do contrato de trabalho. Também a proibição de compensação superior a um mês de remuneração, em caso de rescisão contratual, prevista no art. 477, § 5º, da CLT, destina-se a proteger o crédito salarial. Por fim, a ampliação do rol de responsáveis pelo dever de honrar os salários, como fazem, no plano da solidariedade, o art. 455 da Consolidação das Leis do Trabalho e, no plano da subsidiariedade, a Súmula 331 do Tribunal Superior do Trabalho, são meios de tutela do salário.

7.2. Criminalização da retenção dolosa

A promessa constitucional do inciso em comento prevê a tipificação criminal da retenção dolosa de salários. A regulamentação infraconstitucional, passados trinta anos da promulgação do Texto Máximo, ainda não veio. O princípio da tipicidade penal (Constituição, art. 5º, XXXIX) impede o preenchimento da omissão por outro meio que não seja norma com força de lei. Sanções outras, porém, podem ser criadas por meio de normas negociais. A convenção coletiva de trabalho pode prever multa em caso de mora salarial, com valor acrescido caso decorra de retenção dolosa por parte do empregador. Não é, todavia, algo corrente na prática.

8. Referências bibliográficas

PLA RODRIGUEZ, Americo, *El salario en el Uruguay*. Faculdad de Derecho. Montevideo, 1956, I, n. 869 e s., p. 531 e s.; SUSSEKIND, Arnaldo, *Direito constitucional do trabalho*. Rio de Janeiro: Renovar, 1999, p. 160 e s.; CATHARINO, José Martins, *Tratado jurídico do salário*. São Paulo: LTr, 1994, n. 424 e s., p. 587 e s.; MAGANO, Octavio Beuno, *Manual de direito do trabalho: direito individual do trabalho*. São Paulo: LTr, 1992, v. II, n. 176 e s., p. 279 e s.

Art. 7º, XI – participação nos lucros, ou resultados, desvinculada da remuneração, e, excepcionalmente, participação na gestão da empresa, conforme definido em lei;

Estêvão Mallet
Marcos Fava

1. História da norma

O abrandamento da distância entre o empreendedor e o empregado, que ao negócio serve, inspirou a medida legislativa, que já se mostrou presente nas constituições do país em várias outras oportunidades. A garantia tem o nítido propósito de despertar no trabalhador ânimo que o pagamento simples dos salários não acomete, incentivando-o a produção maior e melhor, com vistas ao recebimento de parcela dos resultados positivos do negócio.

2. Constituições brasileiras

Previsão de participação nos lucros encontra-se no art. 157, IV, da Carta de 1946, no art. 158, V, da de 1967, repetido no art. 165, V, da Emenda Constitucional n. 1, de 1969.

3. Constituições estrangeiras

A da Argentina, no art. 14 *bis*, prevê o benefício, como fazem as Constituições de Cuba, arts. 14 a 16, Espanha, 129 (2), Itália, 46, México, 123, IX, Peru, 29º, Portugal, 81 (b) e Venezuela, 87. Na Constituição da Colômbia o art. 57 estabelece: "*La ley podrá establecer los estímulos y los medios para que los trabajadores participen en la gestión de las empresas*". A Constituição de Honduras prevê, no art. 136, a seguinte faculdade: "*El trabajador puede participar de las utilidades o beneficios de su patrono, pero nunca asumir sus riesgos o perdidas*". Há regra semelhante no art. 65 da Constituição do Panamá.

4. Direito internacional

Não há, no plano das Convenções ou Recomendações da OIT, norma que preveja a participação dos empregados nos resultados da empresa.

5. Remissões normativas

O direito à participação nos lucros foi regulamentada por sucessivas medidas provisórias, convertidas na Lei 10.101/2000. A Lei 8.212/91, no art. 28, § 9º, alínea *j*, em cumprimento à disposição constitucional, exclui o valor pago a título de participação nos lucros da base de cálculo da contribuição previdenciária. A Lei n. 14.020/2020 trouxe várias alterações ao texto da Lei n. 10.101/2000.

6. Jurisprudência

A Súmula 251 do Tribunal Superior do Trabalho, revogada em 1994, atribuía natureza salarial aos pagamentos habitualmente realizados sob a denominação "participação nos lucros". Ficou, no entanto, superada pela regulamentação do dispositivo em comento, por sucessivas medidas provisórias, o que levou, em 2003, ao seu cancelamento. O Tribunal Superior do Trabalho decidiu que a exclusão de trabalhadores da PLR, apenas porque dispensados antes do termo previsto pela norma coletiva para a sua apuração ou pagamento, ainda que prevista em cláusula do acordo ou da convenção, não é válida, impondo-se o pagamento proporcional, nos termos da Súmula 451: "Fere o princípio da isonomia instituir vantagem mediante acordo coletivo ou norma regulamentar que condiciona a percepção da parcela participação nos lucros e resultados ao fato de estar o contrato de trabalho em vigor na data prevista para a distribuição dos lucros. Assim, inclusive na rescisão contratual antecipada, é devido o pagamento da parcela de forma proporcional aos meses trabalhados, pois o ex-empregado concorreu para os resultados positivos da empresa".

7. Comentários

A Constituição da República mantém o trabalho como fundamento do Estado de Direito – art. 1º, IV – ao lado da livre-iniciativa – dispositivo que se repete na abertura do capítulo sobre a ordem econômica – arts. 170 e seguintes.

7.1. Objeto e destinatários

O instituto tutelado pelo inciso em comento procura aproximar os interesses, nuclearmente afastados, de empregado e empregador, tornando o primeiro interessado nos resultados do empreendimento, para além da regularidade de seus pagamentos, com vistas a maximizar a dignidade do homem e a dar matiz social à propriedade privada (a empresa).

A regulamentação legal, decorrente da Lei n. 10.101/2001, estabelece as linhas gerais do instituto. O legislador exclui do benefício os empregados de empregadores pessoas físicas e de certas entidades sem fins lucrativos (art. 2º, § 3º). Ambas as excludentes são ilegítimas, diante da previsão constitucional ampla, que compreende os empregadores em geral e a distribuição não somente de lucros como, também, de resultados, auferidos por empregadores que não exploram atividade econômica. Somente o empregado doméstico pode legitimamente ser privado da garantia, diante da redação do parágrafo único do art. 7º da Constituição. Nem mesmo os empregados de empresas públicas podem ficar privados de receber participação nos lucros, já que a Constituição sujeitou tais empresas igualmente "ao regime jurídico próprio das empresas privadas, inclusive quanto às obrigações trabalhistas" (art. 173, § 1º, II).

A Lei n. 14.020/2020 atenuou a exclusão de entidades sem fins lucrativos, para admitir que também concedam a parcela, desde que adotados, para tanto, "índices de produtividade ou qualidade ou programas de metas, resultados e prazos" (art. 2º, § 3º-A).

7.2. Critérios

Segundo a Lei n. 10.101/2001 a participação nos lucros deve ser fixada por meio de negociação coletiva – o que supõe participação do sindicato profissional (Constituição, art. 8º, VI) – ou por meio de negociação com comissão, escolhida diretamente pelos empregados interessados, com participação de representante do sindicato (art. 2º, I e II). A adoção de outro meio, como, por exemplo, negociação direta e individual com o empregado, é irregular e envolve infração à lei.

Devem ser fixadas regras claras e objetivas para a distribuição de lucros ou resultados, levando em conta índices de produtividade, qualidade, lucratividade da empresa ou programas de metas, resultados e prazos (art. 2º, § 1º, I e II). Podem ser adotados outros indicadores, como, para citar apenas alguns, redução de desperdício, diminuição de custos da produção, aumento da satisfação de clientes, diminuição de tempo para conclusão do serviço etc. São proscritos, todavia, "metas referentes à saúde e segurança no trabalho" (art. 2º, § 4º, II). A excludente, que a primeira vista não se compreende – a redução de acidentes e a melhora no cumprimento das normas de segurança no trabalho são valores que merecem ser perseguidos –, decorre da preocupação de evitar subnotificações de incidentes, para não comprometer o pagamento da parcela.

A Lei n. 13.467/2017, com a previsão do art. 611-A da CLT, estabeleceu a primazia da negociação coletiva sobre a lei quando relacionada com participação nos lucros ou resultados (inciso XV). Mas essa primazia, como é evidente, não vai ao ponto de permitir negociação em torno de tributos ou créditos de terceiros incidentes sobre os valores pagos (art. 611-B da CLT, inciso XXIX, conforme a redação dada pela Lei n. 13.467/2017).

7.3. Natureza jurídica

Os pagamentos realizados a título de participação nos lucros não se revestem de natureza salarial. Por conseguinte, não geram reflexos em títulos decorrentes do contrato de trabalho, tais como férias, décimo terceiro salário, aviso prévio ou Fundo de Garantia do Tempo de Serviço.

7.4. Periodicidade

Para evitar viesse a participação nos lucros a substituir a remuneração do empregado – dado o seu menor custo, por conta da não incidência de acréscimos –, teve o legislador o cuidado de limitar a frequência de pagamento da parcela, a qual não poderá ser distribuída mais de duas vezes no mesmo ano e tampouco em lapso de tempo inferior a um trimestre, nem mesmo sob a forma de adiantamento (Lei n. 10.101/2001, art. 3º, § 2º).

Se o limite for desrespeitado, passa o pagamento a ter natureza salarial, com as consequências correspondentes. Curiosamente, o Tribunal Superior do Trabalho admitiu pagamento mensal de específica participação nos lucros, por conta de previsão acordo coletivo de trabalho (cf. OJ-Transitória 73 da SbDI-1).

Não existe lapso de tempo máximo para o pagamento, que pode ser feito anualmente, a cada dois anos ou, em tese, em períodos mais longos. No entanto, quanto mais largo o prazo, menor o efeito positivo do pagamento para o acréscimo da produção.

7.5. Limite

Não existe valor máximo para a participação a ser distribuída. Cabe à negociação estabelecer os montantes que serão adotados. De qualquer modo, a figura constitucional destina aos trabalhadores apenas a participação nos lucros ou resultados, não nos prejuízos do empreendimento negocial. Decorrência da própria definição legal de empregador como sendo, conforme o art. 2º da CLT, aquele que assume os riscos dos negócios, os quais não podem ser imputados direta e integralmente aos empregados.

7.6. Excepcional participação na gestão da empresa

A parte final do dispositivo pende de regulamentação legal ordinária. A Constituição realça, desde logo, a excepcionalidade da medida, como reforço da adoção do regime capitalista pela ordem constitucional de 1988. Quem gere o negócio é o empreendedor, com participação apenas excepcional – e, vale destacar, limitada – dos trabalhadores subordinados, neste aspecto.

Três pontos podem configurar aproximação entre o trabalhador e a empresa: a propriedade, a participação nos lucros e a gestão. A primeira revela-se pelo pagamento de bônus e outros títulos por meio de ações da companhia – reconhecido como sistema de *stock option plan*, largamente utilizado nas sociedades anônimas e empresas de grande porte como meio de remuneração. A participação nos lucros encontra-se regulamentada pela Lei n. 10.101/2000. Já a gestão, que pende de regulamentação, tem nas "comissões de fábrica" um interessante veículo de concretização, ao lado das Comissões Internas de Prevenção de Acidentes, as CIPAs.

A Lei n. 13.467/2017 instituiu, para empresas com mais de duzentos empregados, comissão de representação, mas limitou, aparentemente, sua finalidade à promoção do "entendimento direto" entre empregados e empregador, sem cogitar de gestão da unidade produtiva.

8. Referências bibliográficas

PONTES DE MIRANDA, *Comentários à Constituição de 1967 com a Emenda n. 1, de 1969*. Rio de Janeiro: Forense, 1987, t. VI, p. 122 e s.; MALLET, Estêvão, Participação nos lucros. *Temas de direito do trabalho*. São Paulo: LTr, 1998, p. 63 a 74; ROMITA, Arion Sayão, A participação nos lucros à luz das medidas provisórias. *Revista do Trabalho & Processo*, set. 1995, n. 06; SIQUEIRA NETO, José Francisco, Participação nos lucros ou resultados no Brasil. *Revista do Trabalho & Processo*, set. 1995, n. 06.

Art. 7º, XII – salário-família pago em razão do dependente do trabalhador de baixa renda nos termos da lei;

Estêvão Mallet
Marcos Fava

1. História da norma

Embora as Constituições anteriores façam referência à necessidade de proteção da família – arts. 19, VI, § 1º, 163 a 165 da Carta de 1946, por exemplo – silenciaram sobre a figura do salário-família. Veio, no entanto, tratado em 1963, pela Lei n. 4.266, que depois teve sua largueza ampliada pela Lei n. 5.559/68. Na redação original da Constituição de 1988, o benefício se estendia aos dependentes do trabalhador em geral. A Emenda Constitucional n. 20/1998, restringiu o seu pagamento ao "dependente do trabalhador de baixa renda".

2. Constituições brasileiras

A medida já vinha prevista pelas Constituições de 1967, no art. 165, II, e de 1969, Emenda Constitucional 1/69, no art. 158, II.

3. Constituições estrangeiras

A Constituição da Argentina estabelece, no art. 14 bis, n. 3, que *"el Estado otorgará los beneficios de la seguridad social, que tendrá carácter de integral e irrenunciable. En especial, la ley establecerá (...) la protección integral de la familia"*. Não são incomuns, de outra parte, as legislações que instituem benefício do gênero no plano infraconstitucional. Na França, por exemplo, o *Code de la Sécurité Sociale* contempla várias prestações familiares, entre as quais, nos arts. L 521-1 e seguintes, as alocações familiares, devidas a partir da segunda criança cuidada pela família.

4. Direito internacional

Ausente qualquer regulamentação internacional sobre o tema específico, quer no plano das Recomendações, quer no das Convenções da OIT.

5. Remissões normativas

O art. 239, § 3º, da Constituição estende o salário-família aos servidores públicos. O art. 201, IV, prevê o direito ao salário-família, no rol de benefícios previdenciários ligados à assistência social. A Lei n. 8.213 regulamenta o benefício, em sucessão aos diplomas ns. 4.266/63 e 5.559/68. Com a Lei Complementar n. 150/2015, passou a ter direito ao benefício também o empregado doméstico (cf. art. 37).

6. Jurisprudência

A Súmula 344 do Tribunal Superior do Trabalho identifica a Lei n. 8.213/1991 como marco inicial do direito dos trabalhadores rurais à percepção do benefício, em interpretação restritiva do dispositivo constitucional, que se subordina ao *caput* do art. 7º, em que se contempla a isonomia entre trabalhadores urbanos e rurais. A Súmula 254, também do Tribunal Superior do Trabalho, fixa o termo inicial de exigibilidade do crédito, em caso de litígio, indicando a prova da filiação para delimitar que será a data do ajuizamento da demanda, se não houver prova de anterior oferta da certidão de filiação ao empregador, que ao ato resistira.

7. Comentários

A disposição constitucional acerca do salário mínimo reconhece a existência da família do trabalhador, ao prever os critérios de fixação do valor do pagamento. Isto não torna redundante, como aparentemente poderia soar, a medida preconizada pelo inciso XII, a qual envolve reforço de proteção à família, entidade tutelada de modo particular pela Carta de 1988. Quem recebe mais do que o salário mínimo, enquadrando-se nas demais hipóteses restritivas da lei regulamentadora, faz jus, portanto, ao recebimento do salário-família.

Como a Constituição, no inciso XXX do art. 7º, impõe respeito isonômico, pelo critério, entre outros, do estado civil, é de se concluir que a parcela não tem natureza salarial, mas previdenciária. A mesma ideia exsurge do previsto no art. 2º da Lei n. 5.559/68, que amplia o benefício aos aposentados por invalidez ou "velhice" pelo sistema previdenciário. Jubilados não percebem salários, como é cediço. Logo, a paga não pode auferir natureza de remuneração. Por esta razão, o benefício não se integra aos salários para cálculo e cômputo de quaisquer outros títulos do contrato. O valor é pago pelo empregador, mas abatido das contribuições devidas por ele ao sistema previdenciário, como se lê no art. 68 da Lei n. 8.213/91.

Antes da Emenda Constitucional n. 20, de 1998, não havia restrição do benefício aos empregados com baixa renda. Todos tinham direito ao pagamento, inclusive quem recebia elevada remuneração. A modificação feita, a partir da qual somente empregados com baixa renda recebem a parcela, é positiva. Apenas quem realmente necessita da prestação previdenciária faz jus a ela, para permitir melhor distribuição de renda.

A atual regulamentação do benefício prevê (a) a inexistência de carência (art. 26, I, da Lei n. 8.213/91), (b) cumulação com o benefício da aposentadoria por tempo de contribuição, por idade ou invalidez (arts. 18, § 2º, e 65), (c) inclusão do empregado doméstico (art. 65), (d) a idade máxima dos filhos em 14 anos, para cômputo do benefício, exceto para os inválidos (art. 66), (e) cumulação de requisitos, com a idade ou a invalidez, como a frequência em estabelecimento escolar e a regularidade das vacinas obrigatórias (art. 67), (f) sua extensão aos trabalhadores avulsos (art. 69) e (g) a proibição de incorporação dos valores para cálculo de qualquer outro benefício previdenciário (art. 70).

8. Referências bibliográficas

OLIVEIRA, Moacyr Velloso Cardoso, *O salario-familia do trabalhador*: comentário à Lei n. 4.266, de 3 de outubro de 1963, e seu regulamento. Rio de Janeiro: Ed. Trabalhistas, 1964; MÉLEGA, Luiz, Salário-família, *Revista LTr*, v. 27, p. 461; MAGANO, Octavio Bueno, *Manual de direito do trabalho*: direito individual do trabalho. São Paulo: LTr, 1992, n. 151, p. 249-250.

Art. 7º, XIII – duração do trabalho normal não superior a oito horas diárias e quarenta e quatro semanais, facultada a compensação de horários e a redução da jornada, mediante acordo ou convenção coletiva de trabalho;

Estêvão Mallet
Marcos Fava

1. História da norma

A limitação da duração do trabalho, com controle do número máximo de horas trabalhadas, constitui um dos primeiros assuntos tratados pelo legislador trabalhista, ao tempo da primeira revolução industrial. Célebre a campanha dos ingleses por "8 horas de trabalho, 8 de descanso e 8 de lazer". Apenas ao longo do século XX é que a jornada de oito horas ganhou sedimentação nos diplomas legislativos. As primeiras medidas adotadas pela OIT, após sua instituição em 1919, voltaram-se à tutela deste regulador, que tem evidente caráter higiênico, porque protege o organismo do trabalhador das mazelas físicas que o esforço constante induz, bem assim apresenta faceta social, porque garante ao trabalhador, nos períodos de lazer, contato com familiares, parentes e amigos.

2. Constituições brasileiras

No ordenamento brasileiro, as normas constitucionais de 1934, art. 121, § 1º, *c*, de 1937, art.137, *i*, de 1946, art. 157, V, de 1967, art. 158, VI, e a Emenda Constitucional 1/69, no art. 165, VI, já tratavam do tema.

3. Constituições estrangeiras

As Constituições de Suíça, art. 34, 1, Portugal, art. 60, 1 *d*, Espanha, art. 40 (2), Peru, art. 25º, Panamá, art. 70, Honduras, art. 128, 1), e El Salvador, art. 38, 6º, contemplam medidas análogas. A última remete à lei a fixação do limite máximo de horas extras *"para cada clase de trabajo"*. A Constituição da Venezuela apresenta regra praticamente idêntica, com a seguinte previsão, no seu art. 90: *"La jornada de trabajo diurna no excederá de ocho horas diarias ni de cuarenta y cuatro horas semanales"*.

No plano europeu, a Diretiva n. 2003/88/CE, editada pelo Parlamento Europeu em 4 de novembro de 2003, em seu art. 6º, estabelece que "os Estados-membros tomarão as medidas necessárias para que, em função dos imperativos de proteção da segurança e da saúde dos trabalhadores: a) a duração semanal do trabalho seja limitado através de disposições legislativas, regulamentares ou administrativas ou de convenções colectivas ou acordos celebrados entre parceiros sociais; b) a duração média do trabalho em cada período de sete dias não exceda 48 horas, incluindo as horas extraordinárias, em cada período de sete dias".

4. Direito internacional

A OIT já promulgou várias Convenções sobre duração do trabalho: a de n. 1, sobre as horas de trabalho na indústria, em 1919, a 30, de 1930, sobre as horas de trabalho no comércio, a 47, de 1935, sobre a jornada semanal de quarenta horas, e a 153, de 1979, sobre horas e descanso dos trabalhadores rodoviários.

5. Remissões normativas

A Constituição assegura aos servidores públicos a mesma garantia expressa pelo inciso XIII, por força do art. 39, § 3º. A lei regula o tema duração do trabalho nos arts. 57 a 65, no Capítulo II do Título II da Consolidação das Leis do Trabalho. Além desta parcela legislativa, há outras disposições da própria Consolidação, na regulação de profissões específicas, que também preveem limites para a duração do trabalho, como, por exemplos, as regras aplicáveis aos bancários, aos jornalistas, aos professores e aos ferroviários. Em lei extravagante, também se encontram regras acerca do tema, na regulamentação de profissões, como a lei dos médicos (Lei n. 3.999/61), dos petroleiros (Lei n. 5.211/72) ou engenheiros (Lei n. 4.950/66).

6. Jurisprudência

Muitas súmulas do Tribunal Superior do Trabalho tratam da duração do trabalho, como as de ns. 60: integração do adicional noturno à base de cálculo das horas extraordinárias; 85: compensação de horas; 90 e 320: horas *in itinere*; 96: não é jornada extraordinária presumida a permanência do trabalhador marítimo na embarcação, nos períodos de descanso; 102, 287 e 343: especificidades da jornada do bancário; 118: consideração como horas de trabalho as que são acrescidas aos intervalos concedidos espontaneamente pelos empregadores, além dos limites mínimos legais; 119: exclusão dos trabalhadores das distribuidoras e corretoras de valores da jornada típica dos bancários; 199: pré-contratação de horas extraordinárias para bancários; 230: proibição de pagar as horas não reduzidas do aviso prévio trabalhado como extras; 291: indenização pela supressão de horas extraordinárias habituais; 338: inversão do ônus da prova, em litígio sobre duração do trabalho, nos casos de sonegação ou imprestabilidade dos controles de frequência exigíveis por lei; 366: contagem dos minutos residuais; 370: interpretação das leis de regulamentação das profissões de engenheiro e médico; 376: o limite legal de duas horas extraordinárias por dia não impede o pagamento das que forem laboradas além deste importe; 444: jornada 12X36.

7. Comentários

O controle do tempo gasto no trabalho tem finalidades (a) higiênicas, garantindo, com a concessão de descansos regulares, a preservação da saúde do trabalhador, (b) econômicas, eis que sem intervalos razoáveis entre os turnos de trabalho, os trabalhadores não teriam como aplicar seus salários e movimentar a economia, e (c) sociais, porque o convívio com parentes, amigos e familiares constitui fator importante de desenvolvimento do homem e não poderia ser usufruído se não existissem limites para as horas de trabalho.

Constitui tempo de trabalho, nos termos do art. 4º, *caput*, da Consolidação das Leis do Trabalho, não somente o período em que o empregado exerce suas funções como, igualmente, aquele em que se encontra à disposição do empregador, ainda que aguardando ordens ou instruções. Os períodos de repouso, inclusive intervalos, normalmente não constituem tempo de trabalho (CLT, art. 71, § 2º), salvo previsão legal diversa, como ocorre em certos casos (CLT, art. 72). Intervalos não previstos em lei, concedidos voluntariamente pelo empregador, constituem tempo de trabalho (Súmula 118 do TST) e serão levados em conta, portanto, para a delimitação do período máximo de trabalho.

O tempo de deslocamento para o local de execução do serviço, que já foi tempo de trabalho (CLT, art. 58, § 2º, com a redação dada pela Lei n. 10.243/2001), deixou o ser, diante dos termos adotados pelo art. 58, § 2º, a partir da redação da Lei n. 13.467/2017.

7.1. Limites diário, semanal e mensal

Do comando constitucional emergem os seguintes limites para as horas de trabalho ordinárias: 8 diárias, 44 semanais e 220 mensais. O dia de trabalho, para o módulo semanal de seis dias úteis, por um de descanso, quando idêntica a jornada, passou a ter, com a Constituição da República de 1988, sete horas e vinte minutos de duração, pela conjugação dos três limites mencionados. É possível, porém, trabalho de oito horas durante cinco dias, com mais quatro horas de trabalho em um sexto dia. Não há, no caso, excesso de jornada. De todo modo, os limites são cumulativos. Ultrapassado o limite diário de oito horas, ainda que sem excesso do limite semanal, de quarenta e quatro horas, há jornada extraordinária, com as consequências correspondentes. O mesmo se dá quando não ultrapassado o limite diário de oito horas, mas, apenas, o semanal de quarenta e quatro horas.

7.2. Compensação de jornada

As horas extraordinárias devem ser pagas (inciso XVI do art. 7º, *infra*), mas o empregador pode dispensar-se da remuneração caso conceda diminuição das horas de um dia, pela extrapolação da jornada ordinária noutro, mediante *compensação*. A Constituição da República estabeleceu que tal compensação decorrerá, somente, de acordo coletivo de trabalho ou convenção coletiva de trabalho. A utilização do adjetivo "coletiva" no feminino concebe-se como opção de estilo, já que a variação desta espécie de palavra, quando se refira a dois substantivos de gêneros diferentes, obedecerá à regência do masculino ou daquele do qual ficar mais próxima, como é o caso. A jurisprudência que se consolidou no âmbito do Tribunal Superior do Trabalho, no entanto, consagrou a possibilidade de ajuste mediante acordo individual, como se lê no verbete 85, I, ressalvando-se a proibição desta via, se houver norma coletiva em sentido contrário (inciso II da mesma súmula). Não se cogitava, no entanto, de acordo tácito, o que parece ser sempre prejudicial para o trabalhador, que não tem nenhuma base para saber se está laborando em horas extraordinárias, em horas de compensação ou horas ordinárias, sem conseguir planejar o uso das horas de compensação. A novel redação do art. 58, da CLT, atribuída pela Lei 13.467/2017, cujos §§ 5º e 6º tornou possível a instituição de banco de horas mediante acordo individual e o ajuste para compensação de horas dentro do mês de trabalho por meio de acordo tácito.

7.3. Destinatários e exceções ao comando constitucional

A Constituição apenas excetuava expressamente da garantia do inciso XIII os domésticos, pelo parágrafo único do art. 7º. A partir da Emenda Constitucional n. 72 desapareceu a exceção, aplicando-se-lhes também a norma em causa, nos termos da disciplina posta pela Lei Complementar n. 150.

Houve, em particular na jurisprudência, proposta de interpretação no sentido de não terem sido recepcionadas as normas legais que criam exceções ao limite de duração do trabalho. Expressamente, o art. 62 da Consolidação das Leis do Trabalho contempla agora três hipóteses de exclusão do trabalhador do regime de horas controladas e, portanto, do direito à percepção ou à compensação das horas extraordinárias: os que exerçam atividade externa incompatível com o controle de jornada, os que atuem em cargo de especial fidúcia, recebendo gratificação significativa, e, assim, ostentando maior autonomia na fixação de sua própria rotina, e os que se encontrem vinculados ao regime de teletrabalho. Não é, no entanto, a resposta prevalecente na jurisprudência dominante, que admite a constitucionalidade das exceções: "RECURSO DE REVISTA. HORA EXTRA. JORNADA EXTERNA. CONTROLE DE HORÁRIO. O art. 62, I, da CLT tem aplicação no caso de jornada externa sem controle de horário, o que não é o caso dos autos(...)" (TST, RR 652/2005-014-03-00.3, 5ª T., rel. Min. Kátia Magalhães Arruda, *DJe* 8-8-2008) e Súmula 287 do Tribunal Superior do Trabalho: "JORNADA DE TRABALHO. GERENTE BANCÁRIO. NOVA REDAÇÃO. A jornada de trabalho do empregado de banco gerente de agência é regida pelo art. 224, § 2º, da CLT. Quanto ao gerente-geral de agência bancária, presume-se o exercício de encargo de gestão, aplicando-se-lhe o art. 62 da CLT".

Algumas leis já previam jornadas de trabalho mais extensas do que oito horas, sem que tivessem suscitado debate sobre sua constitucionalidade. A Lei n. 11.901/2009, por exemplo, estabelece a possibilidade de adoção, para o bombeiro civil, de jornada de trabalho de doze horas, com trinta e seis horas de descanso. A Súmula 444 do Tribunal Superior do Trabalho aceita essa jornada 12x36, ainda que de maneira excepcional, desde que pactuada por norma coletiva. Com a Lei n. 13.467/2017, passou-se a admiti-la justamente quando se mostra menos recomendável, no caso de atividades insalubres (CLT, art. 60, parágrafo único).

8. Referências bibliográficas

SUSSEKIND, Arnaldo, *Direito constitucional do trabalho*. Rio de Janeiro: Renovar, 1999, p. 195 e s., MAGANO, Octavio Bueno; MALLET, Estêvão, *O direito do trabalho na Constituição*. Rio de Janeiro: Forense, 1993, p. 214 e s.; MAGANO, Octavio Bueno, *Manual de direito do trabalho:* direito tutelar do trabalho. São Paulo: LTr, 1992, p. 26 e s.; BARROS, Alice Monteiro de, *Curso de direito do trabalho*. São Paulo: LTr, 2008, p. 654 e s.; DELGADO, Maurício Godinho, *Curso de direito do trabalho*. São Paulo: LTr, 2004, p. 830 e s.

Art. 7º, XIV – jornada de seis horas para o trabalho realizado em turnos ininterruptos de revezamento, salvo negociação coletiva;

Estêvão Mallet
Marcos Fava

1. História da norma

O antecedente da regra constitucional do art. 7º, XIV, é a Lei n. 5.811, de 1972, a qual, ao tratar do trabalho em atividades de exploração, perfuração, produção e refino de petróleo, estabeleceu a possibilidade de prestação de serviço, em certos casos, de forma ininterrupta, sem concessão de intervalo, em "regime de revezamento", sempre que imprescindível à continuidade operacional (art. 2º).

2. Constituições brasileiras

Não se encontra registro, nas Constituições anteriores à de 1988, de regra sobre jornada reduzida para trabalho ininterrupto em regime de revezamento.

3. Constituições estrangeiras

Não consta.

4. Direito internacional

A Convenção da OIT n. 46, de 1935, que só foi ratificada por Cuba, México e Espanha, o que levou à sua revogação em 2000, regulava o labor em minas subterrâneas de carvão e estabelecia limite máximo de trabalho de 7:45 por dia, considerando-se jornada efetiva desde que o trabalhador adentrasse ao elevador que o conduziria ao subsolo, até sua efetiva saída da mina. Especificamente sobre os turnos de revezamento, não existem normas internacionais.

5. Remissões normativas

O dispositivo é autoaplicável e não existe norma que o regulamente.

6. Jurisprudência

O Supremo Tribunal Federal editou a Súmula 675, para reconhecer que a concessão de intervalos intrajornada e entre turnos não descaracteriza a figura tutelada pela Constituição no inciso XIV. Já o Tribunal Superior do Trabalho consolidou sua jurisprudência nas Súmulas 360, no mesmo sentido da Súmula 675 do Supremo Tribunal Federal; 391, para excluir da proteção os trabalhadores petroleiros, que têm normatização específica (Lei n. 5.811/72) e a Súmula 423, que autoriza a expansão da jornada de seis horas, em turnos ininterruptos de revezamento, por meio de negociação coletiva. A Orientação Jurisprudencial 274 da Seção de Dissídios Individuais 1, do Tribunal Superior do Trabalho, para os ferroviários, interpretou aplicação da novidade constitucional, em que pese, assim como o que ocorre com os petroleiros, viger, à época da promulgação da Carta Política, norma específica. Já a Orientação Jurisprudencial 275 afirma o direito ao pagamento de hora extra a partir da sexta trabalhada, em caso de trabalho em turno de revezamento, salvo previsão diversa em norma coletiva. A Orientação Jurisprudencial 396 fixa o divisor 180 para cálculo do valor-hora do empregado sujeito ao trabalho em turno de revezamento.

7. Comentários

Embora tenha custado algum tempo – quase dez anos – entre a publicação da Constituição da República de 1988 e o assentamento da jurisprudência (por exemplo, Recurso Extraordinário 205.815-7, Supremo Tribunal Federal), sedimentou-se a interpretação de que o adjetivo "ininterruptos" refere-se aos turnos, não ao trabalho. Assim, tipifica a situação regulada pelo inciso XIV o trabalho em turnos que se alternam ininterruptamente, ora laborando o operário pela manhã, ora à tarde, ora à noite. O bem tutelado pela Constituição encontra-se identificado com a higidez física e social do trabalhador, que, submetido a constantes variações do turno de trabalho, tem seu relógio biológico afetado, assim como se prejudica nas atividades sociais, não lhe sendo possível frequentar cursos regulares de formação, em turnos fixos. Desta perspectiva, avançando em relação às primeiras decisões tomadas logo após a vigência do novo texto constitucional, a jurisprudência que se sedimentou no âmbito do Tribunal Superior do Trabalho – Orientação Jurisprudencial 360 da Seção de Dissídios Individuais 1 – entendeu que a variação, desde que ininterrupta, entre dois turnos – dia e noite –, independentemente da inclusão de um terceiro turno, figura hipótese da redução constitucional da jornada: "TURNO ININTERRUPTO DE REVEZAMENTO. DOIS TURNOS. HORÁRIO DIURNO E NOTURNO. CARACTERIZAÇÃO. Faz jus à jornada especial prevista no art. 7º, XIV, da CF/1988 o trabalhador que exerce suas atividades em sistema de alternância de turnos, ainda que em dois turnos de trabalho, que compreendam, no todo ou em parte, o horário diurno e o noturno, pois submetido à alternância de horário prejudicial à saúde, sendo irrelevante que a atividade da empresa se desenvolva de forma ininterrupta".

7.1. Alternância de turnos

É preciso, porém, que haja variação constante do horário de trabalho do empregado. Se as alterações ocorrem em períodos bem mais espaçados de tempo, têm os tribunais considerado não incidir a regra do art. 7º, XIV, como se vê, por exemplo, nas seguintes decisões: "TURNOS ININTERRUPTOS DE REVEZAMENTO. Não se caracteriza o sistema objetivado pelo inciso XVI do art. 7º da Constituição Federal, que enseja jornada reduzida de seis horas, o trabalho em dois horários diferentes, ambos diurnos, alternados de três em três meses" (TRT, 4ª R., 3ª T., RO 01127.203/97-5, rel. Juíza Nires Maciel de Oliveira, j. em 2-12-1999, DJ de 10-1-2000) e "Para que se configure o turno ininterrupto de revezamento mister que o trabalhador labore dentro do mesmo mês de manhã de tarde e de noite em três jornadas diferentes, não se aplicando o sistema de revezamento habitual quando o contexto documental evidencia a inversão de turno apenas a cada três meses" (TRT, 21ª R., RO 4684-2002-921-21-00-9, rel. Juiz João Fernandes Medeiros, Ac. n. 49.169, j. em 10-2-2004, DJe/RN n. 10.678, de 20-2-2004). No âmbito do TST, entretanto, o revezamento quadrimestral é considerado suficiente para incidência da jornada reduzida: RECURSO DE REVISTA. RECURSO INTERPOSTO SOB A ÉGIDE DA LEI N. 13.467/2017. HORAS EXTRAS – TURNOS ININTERRUPTOS DE REVEZAMENTO – ALTERNÂNCIA DE TURNOS A CADA QUADRIMESTRE – CONFIGURAÇÃO – TRANSCENDÊNCIA POLÍTICA RECONHECIDA. Tratando-se de recurso de revista interposto em face de decisão regional que se mostra contrária à jurisprudência consolidada desta Corte, revela-se presente a transcendência política da causa a justificar o prosseguimento do exame do apelo. Na questão de fundo, cinge-se à controvérsia dos autos em saber se a alternância na jornada de trabalho a cada quadrimestre configura turno ininterrupto de revezamento. Consoante se extrai do acórdão recorrido, a Corte Regional entendeu pela não caracterização do trabalho em turnos ininterruptos de revezamento, tendo em vista que a periodicidade da alteração da jornada ocorria, em média, a cada quatro meses. O turno ininterrupto de revezamento, previsto no art. 7º, XIV, da Constituição Federal caracteriza-se quando o empregado for submetido a horário de trabalho alternado em turnos diurnos e noturnos de forma contínua. No entanto, esta Corte Superior sedimentou sua jurisprudência no sentido de que o dispositivo constitucional acima citado garante a jornada reduzida de seis horas ao empregado submetido à jornada de trabalho com alternância de turnos, sem fazer qualquer menção à periodicidade dessa mudança. O fato de a alternância de turno ocorrer, em média, de forma quadrimestral, não se mostra suficiente para descaracterizar o trabalho em turno ininterrupto de revezamento, conforme entendimento firmado pelo TST. Verificada a alternância de turnos, o que, inevitavelmente, impõe um maior desgaste para a saúde e para a vida familiar e social do trabalhador, resta caracterizado o referido regime. Precedentes. Com ressalva de entendimento pessoal. Recurso de revista conhecido e provido (7ª T., Min. Renato Lacerda Paiva, processo 1000737-90.2017.5.02.0007, publicação 02.09.2021).

7.2. Negociação coletiva

A própria norma constitucional autoriza seja posta de lado a limitação da jornada por meio de "negociação coletiva". É possível, em consequência, estender para oito horas o trabalho realizado em turnos ininterruptos de revezamento, desde que autorizada a prática por meio de convenção ou acordo coletivo de trabalho. Em nenhuma hipótese tal resultado pode ter lugar mediante acordo individual, celebrado diretamente entre empregado e empregador.

Em um primeiro momento, a jurisprudência considerou que a negociação deveria envolver necessariamente concessões recíprocas, de modo a compensar, de alguma forma, o afastamento da garantia constitucional. Do contrário, seria inválido o ajuste normativo, como decidido em acórdão com a seguinte ementa: "EMBARGOS. HORAS EXTRAS. TURNOS ININTERRUPTOS DE REVEZAMENTO. INEFICÁCIA DA CLÁUSULA DE ACORDO COLETIVO QUE AMPLIA A JORNADA SEM QUALQUER CONTRAPRESTAÇÃO. A Constituição da República, no art. 7º, inciso XIV, garantiu jornada de seis horas para o trabalho realizado em turnos ininterruptos de revezamento. Na alínea final do preceito ressalvou a possibilidade de estabelecer outras condições mediante negociação coletiva. Nesse sentido, firmou-se a jurisprudência da SBDI-1 n. 169, dispondo que, "quando há na empresa o sistema de turno ininterrupto de revezamento, é válida a fixação de jornada superior a seis horas mediante a negociação coletiva". Ocorre que, na hipótese, o acordo coletivo (fl. 136), conforme registra o acórdão recorrido (fls. 220/223), prevê jornada de 8 (oito) horas para os empregados, sem qualquer contraprestação, negando, como se fosse possível, existência de turnos ininterruptos de revezamento. É ineficaz, portanto, a cláusula, pois permite a prorrogação do trabalho em turno ininterrupto, de 6 (seis) para 8 (oito) horas, sem contraprestação concreta, apenas comprometendo a saúde e o ganho do trabalhador. Embargos conhecidos e providos" (TST – SBDI I, E-RR 348.136/97, rel. Min. Maria Cristina Irigoyen Peduzzi, j. em 18-8-2003, *DJU* de 12-9-2003).

Sobreveio, porém, a Súmula 423 do Tribunal Superior do Trabalho, em que admitida a ampliação da jornada mediante negociação coletiva, sem referência expressa à necessidade de alguma contrapartida: "TURNO ININTERRUPTO DE REVEZAMENTO. FIXAÇÃO DE JORNADA DE TRABALHO MEDIANTE NEGOCIAÇÃO COLETIVA. VALIDADE. Estabelecida jornada superior a seis horas e limitada a oito horas por meio de regular negociação coletiva, os empregados submetidos a turnos ininterruptos de revezamento não tem direito ao pagamento da 7ª e 8ª horas como extras". As decisões posteriores passaram a afastar a necessidade de contrapartida: "HORAS EXTRAS. TURNOS ININTERRUPTOS DE REVEZAMENTO. JORNADA DE OITO HORAS. ACORDO COLETIVO. VALIDADE. O Tribunal Pleno desta Corte superior, julgando o Incidente de Uniformização de Jurisprudência suscitado no Processo n. TST-E-RR-576.619/1999, no que se refere à flexibilização da jornada de trabalho em turnos ininterruptos de revezamento, converteu a Orientação Jurisprudencial n. 169 da SBDI-I na atual Súmula n. 423, cujo teor é o seguinte: 'estabelecida jornada superior a seis horas e limitada a oito horas por meio de regular negociação coletiva, os empregados submetidos a turnos ininterruptos de revezamento não têm direito ao pagamento das 7ª e 8ª horas como extras'. Na presente hipótese, tem-se por indevido o pagamento, como labor extraordinário, das 7ª e 8ª horas trabalhadas, haja vista a ausência, no acórdão prolatado pelo Tribunal Regional, de elementos que autorizem concluir pela invalidade formal ou substancial da norma coletiva por meio da qual se estabeleceu a jornada de oito horas diárias em sistema de turnos ininterruptos de revezamento, ainda que ausente a previsão de contraprestação das horas excedentes da sexta como extraordinárias. Recurso de embargos conhecido e provido" (TST-E-RR-477/1996-053-15-00.0, Rel. Min. Lelio Bentes Corrêa, *DEJT* – 21-8-2009) e "RECURSO DE EMBARGOS INTERPOSTO ANTERIORMENTE À VIGÊNCIA DA LEI N. 11.496/2007. TURNOS ININTERRUPTOS DE REVEZAMENTO. ELASTECIMENTO DA JORNADA DE TRABALHO POR MEIO DE ACORDO COLETIVO. EFICÁCIA DO ACORDO COLETIVO MESMO SEM A PACTUAÇÃO DE QUALQUER CONTRAPRESTAÇÃO. INDEVIDO O PAGAMENTO DAS 7ª E 8ª HORAS COMO EXTRAORDINÁRIAS. SÚMULA N. 423 DO TST. 1. O art. 7º, XIV, da Constituição Federal de 1988 estabelece jornada de seis horas para o trabalho realizado em turnos ininterruptos de revezamento, mas permite que a empresa fixe jornada superior a seis horas mediante negociação coletiva. 2. Ressalte-se que o acordo coletivo celebrado entre as partes tem força de lei, devendo por isso ser respeitado, conforme o disposto no art. 7º, XXVI, da Carta Magna. 3. Dessarte, existindo acordo coletivo no sentido de estabelecer a jornada de 8 (oito) horas para trabalho realizado em turno ininterrupto de revezamento, não há de se falar em pagamento das 7ª e 8ª horas como extraordinárias, pois, se assim não fosse, não haveria razão de ser da ressalva feita no inciso XIV do art. 7º da Carta Magna. 4. Registre-se, por fim, que, de acordo com o entendimento da SBDI-1 desta Corte, é válido o acordo coletivo que elastece a jornada de trabalho dos empregados sujeitos ao regime de turnos ininterruptos de revezamento, mesmo sem a pactuação de qualquer contraprestação em favor dos trabalhadores. Recurso de Embargos conhecido em parte e provido" (TST-E-ED-RR-1.470/2001-105-15-00.8, Rel. Min. Maria de Assis Calsing, *DEJT* de 19-12-2008). A última orientação interpretativa ganha força com as disposições da Lei n. 13.467/2017, especialmente diante do disposto nos arts. 8º, § 3º, e 611-A, inciso I, da CLT.

8. Referências bibliográficas

SUSSEKIND, Arnaldo, *Direito constitucional do trabalho*. Rio de Janeiro: Renovar, 1999, p. 209 e s.; MAGANO, Octavio Bueno; MALLET, Estêvão, *O direito do trabalho na constituição*. Rio de Janeiro: Forense, 1993, p. 219 e s.; BARROS, Alice Monteiro de, *Curso de direito do trabalho*. São Paulo: LTr, 2008, p. 667 e s.; DELGADO, Maurício Godinho, *Curso de direito do trabalho*. São Paulo: LTr, 2004, p. 881 e s.

Art. 7º, XV – repouso semanal remunerado, preferencialmente aos domingos;

Estêvão Mallet
Marcos Fava

1. História da norma

Norma mais antiga do que o próprio Direito do Trabalho, a prática da reserva de um dia na semana, sem trabalho, remonta às mais remotas tradições das conhecidas civilizações do homem. O pentateuco hebraico já proibia qualquer atividade laborativa no dia reservado ao culto. Na mitologia judaico-cristã, o próprio Criador teria repousado no sétimo dia, depois de ter laborado seis, na construção do universo. Constantino, imperador de Roma, no ano 312 da presente Era, inibia o trabalho, excetuando a lavoura, aos domingos.

2. Constituições brasileiras

Esta norma já estava contemplada nas Constituições de 1934, art. 121, § 1º, *e*, de 1937, art. 137, *d*, de 1946, art. 157, VI, de 1967, art. 158, VII, e na Emenda Constitucional 1/69, art. 165, VII.

3. Constituições estrangeiras

A Constituição de Portugal assegura aos trabalhadores, no art. 59º, n. 1, alínea *d*, direito "ao descanso semanal". Previsão semelhante encontra-se nas Constituições da Argentina (art. 14 bis), da Venezuela (art. 90), do Peru (art. 25º), de Honduras (art. 128, 10), de El Salvador (art. 38, 7º) e do Panamá (art. 70, n. 3).

4. Direito internacional

As Convenções 14 e 106 da OIT tratam do tema, a primeira, de 1919, sobre o descanso na indústria, e a última, de 1957, no comércio e em escritórios. Ditas disposições preceituam que o descanso deve (a) contar vinte e quatro horas por semana de trabalho, (b) coincidir com os dias em que tradicionalmente há folgas e (c) na medida do possível, deve ser dia sem atividade na empresa.

5. Remissões normativas

Garantia assegurada aos servidores públicos, por força do art. 39, § 3º, da Carta. A Lei n. 605/49 regulamenta o tema e ela própria foi normatizada pelo Decreto n. 27.048/49. A Lei n. 662/49 institui os feriados nacionais, em que o dia de repouso deve ser, também, remunerado.

6. Jurisprudência

O Supremo Tribunal Federal editou quatro súmulas acerca do tema: a de n. 201, sobre o pagamento devido aos vendedores pracistas, superada pela iterativa jurisprudência do Tribunal Superior do Trabalho, que garante a estes, como a todos os trabalhadores, qualquer que seja a forma contratada de remuneração, o D.S.R.; a de n. 461, que indica ser devido em dobro, não pelo triplo, o salário do dia de descanso semanal remunerado em que se trabalhe; as de ns. 462 e 464, que autorizam a inclusão do D.S.R., quando devido, nos cálculos indenizatórios de acidente de trabalho e despedida arbitrária. No âmbito do Tribunal Superior do Trabalho, a matéria recebe menção em várias súmulas: 15, que confirma a necessidade de obediência ao § 2º do art. 6º da Lei n. 605/49, na consideração da qualidade dos atestados médicos que justifiquem faltas do trabalhador para fins de abono do D.S.R.; 27, que, negando o entendimento da Súmula 201 do Supremo Tribunal Federal, reconhece aos comissionistas em geral, e aos pracistas, expressamente, o direito à percepção do D.S.R.; 110, que indica a sobreposição da contagem de dois descansos: o semanal remunerado, de vinte e quatro horas, e o entre turnos, de onze horas (art. 66 da CLT); 113, que estatui ser o sábado do bancário dia útil não trabalhado, e não D.S.R.; 146, que estabelece o parâmetro para o pagamento do trabalho no dia reservado do D.S.R., que deve ser em dobro, sem prejuízo da remuneração já devida pelo descanso; 172, que indica serem devidos os reflexos das horas extraordinárias laboradas durante a semana no cálculo e no pagamento do D.S.R.; 225, que restringe a incidência de gratificações pagas a partir de base mensal sobre o D.S.R., eis que nelas já estaria contemplada a parcela de remuneração do dia de repouso; 351, que revela o cálculo do D.S.R. para o professor que recebe salário mensal, indicando a proporção de 1/5 da remuneração para pagamento do D.S.R.; e 354, que exclui da base de cálculo do D.S.R. as gorjetas recebidas do empregador ou de clientes.

7. Comentários

Ao lado da proteção à saúde do trabalhador, que se revela pela concessão de um dia inteiro de repouso, após seis de trabalho, a medida tem repercussão social, já que favorece o seu convívio com os entes próximos, e, ainda, econômico, porque a folga permite circulação econômica, já que estimula o consumo e o lazer.

7.1. Remuneração

O normativo constitucional não reserva apenas um dia para repouso, mas impõe que este dia seja remunerado, à mesma razão do valor do dia trabalhado. A exigibilidade da remuneração supõe o preenchimento, pelo empregado, de duas condições: a) assiduidade na semana e b) pontualidade (art. 6º da Lei n. 605/49). Faltas ou atrasos prejudicam o pagamento, mas permanece o direito ao descanso.

7.2. Dia de repouso

A coincidência preferencial com o domingo, opção mantida pelo constituinte de 1988, reflete a ideia antiga de que a parada do trabalho deve corresponder ao lazer social, isto é, ao dia em que normalmente não se trabalha, evidenciando-se o caráter transindividual da medida. A laicidade do Estado haveria de possibilitar a coincidência do dia de repouso no interesse dos contratantes, de acordo com seus hábitos e práticas religiosas, que nem sempre indicam o domingo como dia de culto e descanso. Inegável, no entanto, que a tradição indique o primeiro dia da semana como aquele em que a maior parte das pessoas reserva para o descanso.

Sempre que admissível, porém, deve-se procurar acomodar o regime geral posto pelo legislador com a crença individual do trabalhador, como fez o Tribunal Constitucional de Portugal, na decisão interpretativa tomada no Acórdão n. 545/2014, em julgamento de 15 de julho de 2014, em que concedeu a magistrada do Ministério Público, integrante da Igreja Adventista do Sétimo Dia, a possibilidade de, observada a organização do serviço a que se achava ela vinculada, usufruir o seu repouso semanal no sábado, e não no domingo. Assim se equilibram o interesse público, de funcionamento regular do serviço, e o individual, de gozo de repouso em dia condizente com a crença pessoal, harmonizando-se os direitos fundamentais em conflitos, de modo a comprimir o mínimo possível cada um deles. Essa solução fica de algum modo facilitada, no caso dos feriados, pela previsão, do art. 611-A, inciso XI, da CLT, conforme a redação dada pela Lei n. 13.467/2017, de supremacia da negociação coletiva sobre a lei em matéria de "troca do dia de feriado", podendo ser estendida, especialmente para favorecer o interesse do empregado, ao repouso semanal.

7.3. Trabalho em dia de repouso

Em várias atividades é impossível a não realização do trabalho em domingos, por diferentes motivos, como impossibilidade técnica (atividades quem têm de se desenvolver de modo ininterrupto, tal qual se dá na indústria siderúrgica ou de produção de vidro) e interesse público (comércio de pães, jornais, transporte público etc.). Também se concebe haja trabalho no dia reservado ao repouso por outros motivos, como força maior (CLT, art. 501) ou necessidade de conclusão de serviços inadiáveis.

Havendo a prestação de serviço no dia de repouso, impõe-se a concessão de folga compensatória (art. 9º da Lei n. 605/49). De ver, ainda, que a Lei n. 10.101/2000, normatizando tema que não lhe era afeto, com o que contraria o previsto na Lei Complementar n. 95, por seu art. 6º autorizou o trabalho em domingos no comércio, indicando que (a) o D.S.R. deva, por escala, coincidir uma vez a cada quatro dias com o domingo, (b) a legislação municipal, por força do art. 30, I, da Constituição da República, indicará as regras aplicáveis ao tema e (c) para o trabalho em feriados, mister que exista permissivo decorrente de norma coletiva.

Não concedida a folga compensatória, o empregado deve receber pagamento dobrado pelo trabalho, além da remuneração normal do repouso (Súmula 146 do TST). A Orientação Jurisprudencial n. 410 do Tribunal Superior do Trabalho estabelece que "Viola o art. 7º, XV, da CF a concessão de repouso semanal remunerado após o sétimo dia consecutivo de trabalho, importando no seu pagamento em dobro."

8. Referências bibliográficas

MAGANO, Octavio Bueno, *Manual de direito do trabalho*: direito tutelar do trabalho. São Paulo: LTr, 1992, p. 56 e s.; BARROS, Alice Monteiro de, *Curso de direito do trabalho*. São Paulo: LTr, 2008, p. 714 e s.; DELGADO, Maurício Godinho, *Curso de direito do trabalho*. São Paulo: LTr, 2004, p. 935 e s.; PINTO, José Augusto Rodrigues, *Tratado de direito material do trabalho*. São Paulo: LTr, 2007, n. 161 e s., p. 438 e s.

Art. 7º, XVI – remuneração do serviço extraordinário superior, no mínimo, em cinquenta por cento à do normal;

Estêvão Mallet
Marcos Fava

1. História da norma

A Consolidação das Leis do Trabalho previa, antes da promulgação do Texto de 1988, adicionais de 20% ou 25% de acréscimo sobre a hora normal, para as realizadas além do expediente ordinário, salvo no caso de força maior, em que não havia acréscimo (CLT, art. 61, § 2º). Proibia o trabalho em horas extraordinárias pelas mulheres, como se lia na redação revogada do art. 376. A elas o trabalho extraordinário só poderia ser imposto por eventos de força maior, enquanto aos homens – art. 59 – poderiam destinar-se horas extraordinárias por acordo escrito entre empregado e empregador.

2. Constituições brasileiras

A Constituição da República de 1988 é a primeira a regulamentar o percentual de acréscimo mínimo devido ao trabalhador de quem forem exigidas horas extraordinárias.

3. Constituições estrangeiras

Não é comum regra semelhante em outras Constituições. O assunto é tratado muito mais pela legislação infraconstitucional, como se dá em Portugal, com a fixação, pelo Código do Trabalho (art. 230º, n. 2), de adicional de 100% para as horas extraordinárias não compensadas. Há, todavia, na Constituição de El Salvador previsão de que as horas extraordinárias sejam remuneradas "con recargo" (art. 38, 6º, n. 5).

4. Direito internacional

Não há normas internacionais que indiquem o valor mínimo a ser acrescido às horas de trabalho laboradas além dos limites ordinários.

5. Remissões normativas

Garantia assegurada aos servidores públicos, por força do art. 39, § 3º. A regulação infraconstitucional anterior à Carta de 1988, por exemplo, o art. 59, § 1º, da Consolidação das Leis do Trabalho, referia-se ao adicional mínimo de 20%, no que não foi recepcionada pela Constituição; a Lei 13.467/2017, atestando essa negativa, deu nova redação ao dispositivo, fixando o adicional mínimo de 50%, em consonância com o texto constitucional.

O art. 58 da Consolidação das Leis do Trabalho dispensa do pagamento do adicional referido pelo inciso comentado, para os minutos residuais, antes ou depois da jornada, desde que não excedentes a cinco. O art. 60 do mesmo ordenamento proíbe a fixação de horas extraordinárias por acordo individual, sem a autorização prévia do Ministério do Trabalho, excetuando, a partir da vigência da Lei 13.467/2017, o regime de compensação de 12 x 36. O art. 71, § 4º, da Consolidação estabelece o dever de pagamento, com adicional de 50%, do horário destinado ao intervalo regular intrajornada suprimido. Sob a égide da regra anterior à reforma trabalhista, o TST firmara a Súmula 437, que dava natureza de horas extras às dos intervalos sonegados, o que foi superado pela Lei 13.467/2017.

Para algumas categorias, existe fixação legal de adicional superior, como ocorre para os advogados, com direito a adicional de 100% (Lei n. 8.906/94, art. 20, § 2º).

6. Jurisprudência

A Súmula 85 do Tribunal Superior do Trabalho estipula condições para compensação de horas, com o que se evita o pagamento do adicional referido pela norma em comento. A mesma súmula, em seu inciso IV, prevê que a exigência constante de horas extraordinárias, além das avençadas para compensação, descaracteriza o ajuste, de modo a impor o pagamento do adicional previsto na Constituição, mas a redação atual do art. 59-B, parágrafo único, da CLT, atribuída pela Lei 13.467/2017, afasta essa conclusão, peremptoriamente. O verbete 90 dá igual natureza de horas extraordinárias àquelas gastas pelo trabalhador, além do expediente ordinário, para deslocamento do e para o trabalho, nas condições que normatiza, desenhando as chamadas horas *"in itinere"*, modalidade de tempo à disposição do empregador que foi extinta pela Lei 13.467/2017, a partir da redação que atribuiu ao art. 58, § 2º, da CLT. A Súmula 132 determina que o adicional de periculosidade, pago habitualmente, insira-se à base de cálculo do pagamento da hora extraordinária, a que se imporá adicional do inciso XVI. Já a Súmula 291 do mesmo Tribunal cria indenização aos trabalhadores que, depois de exercer jornadas extraordinárias habituais, tenham-nas suprimidas pelo empregador. A prova documental de jornada, cartões de ponto, imposta pelo art. 74 da Consolidação das Leis do Trabalho, deve vir a juízo espontaneamente e deve refletir a realidade dos fatos, sob pena de se inverter o ônus da prova sobre o tema, como preceitua o verbete 338 da mesma Corte. A Súmula 366, por sua vez, confirma o previsto no art. 58 da Consolidação das Leis do Trabalho, dispensando do pagamento dos minutos residuais, quando não excedentes a cinco antes ou cinco depois da jornada ordinária. A Súmula 376 estabelece que as integrações das horas extraordinárias em haveres trabalhistas não estão subordinadas ao limite de duas diárias, previsto pelo art. 59 da Consolidação das Leis do Trabalho, devendo operar-se pelas horas efetivamente laboradas além da jornada comum. A Orientação Jurisprudencial 233 da Seção de Dissídios Individuais 1 do Tribunal Superior do Trabalho interpreta a análise da prova documental ou testemunhal judiciárias, para apontar possível a extensão da condenação em horas extraordinárias a períodos não compreendidos pelos depoimentos ou documentos. O pagamento por resultado da produção não inibe o acréscimo de 50% estabelecido pelo inciso, como abona a Orientação Jurisprudencial 235 da mesma Seção. A Orientação Jurisprudencial 355 da Seção de Dissídios Individuais 1 do Tribunal Superior do Trabalho, por analogia ao previsto no art. 71, § 4º, da Consolidação das Leis do Trabalho, prevê natureza de horas extraordinárias, com incidência do adicional em comento, para as suprimidas do intervalo entre turnos, de 11 horas, previsto pelo art. 66 da Consolidação.

7. Comentários

Excesso de pormenorização para constar da Constituição, a medida instituída pelo inciso XVI do art. 7º estabelece o valor mínimo a ser acrescentado às horas extraordinariamente trabalhadas, fixando-o em 50%. Ficaram derrogados, em consequência, percentuais inferiores, antes previstos na legislação ordinária. De igual modo, o acréscimo aplica-se mesmo às horas extras prestadas por motivo de força maior, superada a previsão em contrário do art. 61, § 2º, da CLT.

Tal importe, mínimo, poderá ser aumentado por acordo coletivo de trabalho, convenção coletiva de trabalho, contrato coletivo de trabalho, norma empresarial ou dissídio coletivo, em que pesem as restrições do Supremo Tribunal Federal para a regulação, por sentença normativa, de institutos já previstos e regulamentados pela lei. Até mesmo o contrato individual de trabalho pode, sem nenhuma restrição, estabelecer acréscimo superior.

A tutela perseguida pelo preceito identifica-se com a oneração da prática das horas extraordinárias, as quais trazem prejuízos físicos e sociais aos trabalhadores, como já abordado nos comentários aos incisos XIII, XIV e XV, *supra*. Ao instituir percentual mais elevado, a Carta Política endereçou aos empregadores a mensagem de que o trabalho excedente deve ser, como o título assegura, *extraordinário*, ao invés de integrar-se aos planos ordinários de produção do empreendimento. O limite de jornada, a par dos benefícios que proporciona ao trabalhador envolvido com seu cumprimento, também estimula a ampliação dos postos de emprego, apontando para cumprimento de uma das finalidades da ordem econômica, art. 170, VIII, da Constituição, a saber: a busca do pleno emprego. A contrapartida negativa é que a prefixação pode funcionar como estímulo, já que, inibidas as negociações coletivas sobre tema já previsto pela Constituição, dificilmente será exigido do empregador importe maior do que o acréscimo mencionado pelo inciso XVI. Não seria desarrazoado pensar, de todo modo, em oneração progressiva do tempo excedente, por meio de alteração legislativa. Poder-se-ia imaginar, por exemplo, que, mantido o limite de duas horas extras por dia (CLT, art. 59, *caput*), houvesse a previsão de pagamento de adicional de 100% para as horas prestadas além de 8 durante a semana e de adicional de 200% para as prestadas além de 20 no mês. É, em alguma medida, a solução que se encontra no Direito Comparado. Em França, as primeiras oito horas extras na semana dão direito a um acréscimo de 25%, que passa a ser de 50% para as subsequentes (art. L 3121-36 do Código do Trabalho, com a redação dada pela Lei n. 2016-1088).

8. Referências bibliográficas

MAGANO, Octavio Bueno; MALLET, Estêvão, *O direito do trabalho na Constituição*. Rio de Janeiro: Forense, 1993, p. 226 e s.; SUSSEKIND, Arnaldo, *Direito constitucional do trabalho*. Rio de Janeiro: Renovar, 1999, p. 208/209; BARROS, Alice

Monteiro de, *Curso de direito do trabalho*. São Paulo: LTr, 2008, p. 665 e s.; DELGADO, Maurício Godinho, *Curso de direito do trabalho*. São Paulo: LTr, 2004, p. 905 e s.

Art. 7º, XVII – gozo de férias anuais remuneradas com, pelo menos, um terço a mais do que o salário normal;

Estêvão Mallet
Marcos Fava

1. História da norma

No plano das garantias individuais relacionadas ao trabalho, o direito ao controle do tempo despendido nas atividades laborais ocupa espaço muito relevante, eis que diretamente ligado à higidez do trabalhador. Ao lado do limite de jornada e do descanso semanal, o instituto das férias insere-se nesta gama de normativos focados na proteção da garantia em relevo. O legislador, ao constitucionalizá-lo, outorga ao direito em análise importância elevada.

2. Constituições brasileiras

A previsão de férias remuneradas encontra-se nas Constituições anteriores à de 1988, pelos arts.: 121, § 1º, *f*, em 1934; 156, *h*, em 1937; 157, VII, em 1946; e 158, VIII, em 1967. Inova o Texto de 1988, com a determinação para pagamento de acréscimo mínimo de 1/3 da remuneração normal.

3. Constituições estrangeiras

Preveem o direito a férias anuais, entre outras constituições, as da Argentina (art. 14 *bis*), da Venezuela (art. 90), do Peru (art. 25º), Honduras (art. 128, 8), de El Salvador (art. 38, n. 9º), de Portugal (art. 59º, 1, *d*), de Moçambique (art. 85, 1) e de Angola (art. 76, n. 2).

4. Direito internacional

A OIT normatiza as férias anuais remuneradas nas Convenções 101, para o pessoal da agricultura, 132, sobre as férias em geral, e 146, para o trabalhador embarcado. Todas estas normas foram internalizadas pelo Brasil, integrando-se ao sistema de proteção do instituto do descanso anual remunerado. Não há, no entanto, registro de normas internacionais que prevejam o pagamento de valor adicional à remuneração ordinária, no período de repouso.

5. Remissões normativas

A Consolidação das Leis do Trabalho regulamenta o instituto no Capítulo IV do Título II, a partir do art. 129. Os domésticos, cujos contratos eram regulados pela Lei n. 5.569/72 e agora estão sujeitos à Lei Complementar n. 150/2015, têm direito às férias com o abono constitucional, por força do parágrafo único do art. 7º da Constituição da República. Já o art. 39, § 3º, da Carta, assegura o mesmo aos servidores públicos.

6. Jurisprudência

Três súmulas dedica o Supremo Tribunal Federal ao tema "férias", sem tocar no problema da remuneração abonada: a 198, que assegura não haver desconto dos períodos de afastamento em razão de acidente de trabalho, para cômputo do período de aquisição das férias; a 199, que determina a observância do salário mínimo, para o trabalhador que receber por produção, no cálculo e pagamento férias; e a 200, a reconhecer a constitucionalidade de norma que inclua o valor das férias na indenização por despedida arbitrária.

O Tribunal Superior do Trabalho apresenta atuais 11 súmulas acerca das férias: a 7, que identifica o valor a ser pago, quando reclamadas em juízo, assegurando o importe salarial devido à época da reclamação, não da extinção do vínculo; a 10, que reconhece o direito do professor aos salários das férias escolares; a 14, que indica serem devidas férias proporcionais, pela metade, nos casos de rescisão por culpa recíproca; a 46, que tem o mesmo teor da Súmula 199 do STF; a 81, que interpreta o art. 137, assinalando serem devidos em dobro os dias gozados fora do período legal de concessão; a 89, que registra não serem abatidos, para cálculo das férias, os dias de faltas legalmente justificadas; a 149, que estabelece a forma de cálculo das férias do tarefeiro, apuradas pela média da produção e pagas pelo valor da tarefa da época da concessão; a 171, garantidora das férias proporcionais, mesmo que não completado um ano de serviço, nos casos de resilição do contrato por iniciativa do empregador; a 261, que concede mesmo direito na hipótese de resilição por iniciativa do empregado, ainda que se trate de contrato com menos de um ano de vigência; a 328, que, interpretando o inciso XVII, atribui o terço aqui previsto sobre as férias integrais, proporcionais, gozadas ou indenizadas, a partir da vigência da Constituição da República; e a 450, que garante o pagamento dobrado para as férias que, embora usufruídas na altura própria, tenham sido remuneradas fora do prazo legal. O julgamento proferido pelo STF na ADPF n. 501 considerou essa súmula incompatível com o princípio da legalidade e, portanto, inconstitucional.

A Orientação Jurisprudencial da Seção de Dissídios Individuais 1 do Tribunal Superior do Trabalho n. 181 determina a correção monetária das comissões pagas, para apuração da média que servirá de base para pagamento das férias; e a Orientação n. 50, transitória, da mesma SDI-1, prevê que abono de um terço previsto por norma coletiva, para a remuneração das férias, tem idêntica natureza do instituto constitucional em comento, sendo inviável sua cumulação e, por isso, legítima a compensação em favor do empregador.

A adoção da Convenção n. 132 da OIT, pelo Brasil, por força do Decreto n. 3.197/99, já provocou manifestações jurisprudenciais no sentido da aplicação da norma mais benéfica, princípio fundamental do Direito do Trabalho: "FÉRIAS. FRACIONAMENTO. A Convenção n. 132 da OIT, vigente e ratificada pelo Brasil através do Decreto n. 3.197/99, tem *status* de lei ordinária e deve ser aplicada naquilo em que for mais favorável ao trabalhador. As Convenções promulgadas pela OIT determinam direitos mínimos, nada impedindo que os Estados-membros, no momento em que as ratificam como direito interno, editem leis mais benéficas e que ampliem as garantias sociais dos seus trabalhadores. Sendo assim, no que diz respeito às férias, aplica-se a legislação que traga mais benefícios ao empregado, CLT ou Convenção n.

132. Recurso do Reclamante parcialmente provido" (TRT, 4ª R., RO 00435-2006-382-04-00-1, rel. Juiz Luiz Alberto de Vargas, j. em 4-6-2008) e "PEDIDO DE DEMISSÃO E AS FÉRIAS. O fato de o reclamante ser demissionário não elide o seu direito às férias proporcionais. A Convenção n. 132 da OIT, a qual trata das férias, entrou em vigência no Brasil pelo Decreto n. 3.197, de 5 de outubro de 1999. A vigência é a partir da sua publicação, a qual deu-se em 6 de outubro de 1999. A Convenção n. 132 desvincula o direito da percepção às férias da forma pela qual se deu a extinção do contrato de trabalho (art. 11). Por essa alteração legislativa, o TST reformulou o teor do Enunciado n. 261, em outubro de 2003, pela Resolução n. 121. Por tais assertivas, o autor tem direito às férias proporcionais, à base de 5/12 mais 1/3. (...)" (TRT, 2ª R., RO 02092 (20040667710), 10ª T., rel. p/o ac. Juiz Francisco Ferreira Jorge Neto, *DOESP* 7-12-2004).

7. Comentários

O instituto das férias desdobra-se em dois períodos fundamentais. O primeiro compreende o lapso de tempo para aquisição do direito, dito período aquisitivo. O outro, para a fruição do descanso, dito período aquisitivo. Segundo o texto do art. 130 da CLT, a aquisição das férias se dá após 12 meses de vigência do contrato de trabalho. As ausências não justificadas durante o período aquisitivo determinam a duração das férias, conforme proporção indicada no art. 130 da CLT.

Adquiridas as férias, segue-se o período de um ano para a concessão do repouso. Em regra cabe ao empregador definir a data de fruição das férias (CLT, art. 136, *caput*), salvo exceções previstas em lei (art. 136, §§ 1º e 2º). Admite-se a concessão de férias de forma coletiva, desde que favorecidos todos os empregados da empresa ou, pelo menos, de determinado estabelecimento ou setor (art. 139). Com a Lei n. 13.467, passou a ser possível, com a concordância do empregado, o fracionamento das férias em três períodos, desde que um deles não seja inferior a quatorze dias corridos e nenhum tenha menos de cinco dias corridos (CLT, art. 134, § 1º).

7.1. Remuneração das férias

As férias devem ser remuneradas, fazendo-se o pagamento pelo menos dois dias antes do início do repouso (CLT, art. 145). A remuneração das férias corresponde à que é devida ao empregado, na época de sua concessão (art. 142, *caput*). Em caso de rendimento variável, apura-se o valor médio do ganho, para determinação do pagamento (art. 142, §§ 1º, 2º e 3º), compreendidos adicionais e horas extraordinárias (*idem*, § 5º). Para o empregado com contrato de trabalho intermitente, o pagamento acontece ao final de cada período de prestação de serviço (CLT, art. 452-A, § 6º, inciso II, introduzido pela Lei n. 13.467/2017).

7.2. Abono de férias

Ao empregado é facultado converter até 1/3 dos dias de férias em remuneração (CLT, art. 143), caso em que o período de descanso se reduz, com aumento, porém, do pagamento devido. Pode o empregado, se preferir, converter fração menor, como 1/4 ou 1/5 dos seus dias de férias. Não lhe é dado, contudo, converter fração superior.

Ao estabelecer a garantia do "gozo de férias anuais", a Constituição da República identifica prioridade ao usufruto do descanso efetivo. Poder-se-ia pensar, em consequência, na superação da faculdade prevista no art. 143 da CLT. Assim não se posicionam os Tribunais do Trabalho, no entanto, como exemplifica a seguinte ementa, que cuida de fixar a base de cálculo da remuneração do terço constitucional, na hipótese do art. 143 da CLT: "ABONO PECUNIÁRIO. BASE DE CÁLCULO DO TERÇO CONSTITUCIONAL. De acordo com a previsão do artigo 143 da CLT é facultado ao trabalhador converter 1/3 das férias em pecúnia. Optando o empregado pelo recebimento do abono pecuniário, o cálculo do adicional de um terço constitucional deve considerar o total da remuneração do empregado referente ao período de 30 (trinta) dias e não somente sobre os 20 (vinte) dias de férias gozadas" (TRT 14ª R., RO 00360.2008.003.14.00-0, rel. Juíza Elana Cardoso Lopes Leiva de Faria, de 29-8-2008).

7.3. Terço constitucional de férias

A inovação do texto constitucional, no inciso comentado, resume-se à garantia de pagamento adicional de remuneração no período de descanso anual. Fixou-o, a Carta, em pelo menos um terço, o que autoriza, por outras fontes normativas, como acordo coletivo de trabalho, convenção coletiva de trabalho, regulamento de empresa ou sentença normativa, em que pesem as restrições do Supremo Tribunal Federal para a inserção de normas já regulamentadas por lei nessa espécie de julgamento dos Tribunais Trabalhistas, a fixação de importe superior.

7.4. Convenção n. 132 da OIT

A adoção, pelo Brasil, da Convenção n. 132 da OIT pelo Decreto n. 3.197/99 instituiu avanços no capítulo das férias, como regulamentadas pela Consolidação das Leis do Trabalho. Uma das mais importantes corresponde ao direito à percepção de férias proporcionais, a partir do sexto mês de vigência do contrato, qualquer que seja a causa da extinção do vínculo laboral subordinado, inclusive na hipótese de justa causa, como já reconhecido pela jurisprudência: "DESPEDIDA POR JUSTA CAUSA. FÉRIAS PROPORCIONAIS. CONVENÇÃO 132 DA OIT. RATIFICAÇÃO E DEPÓSITO PELO BRASIL. EFEITOS. A ratificação, pelo Brasil, da Convenção 132 da OIT, deu a tal normativo internacional eficácia de lei ordinária no mundo jurídico interno, atribuindo-lhe força revogadora de lei preexistente com ele incompatível. Nos termos do inciso XVII do art. 7º da CF e do art. 11 da Convenção 132 da OIT, está revogado o parágrafo único do art. 146 da CLT, sendo devida a remuneração das férias proporcionais ao empregado despedido, qualquer que seja a causa rescisória"(TRT, 4ª R., 1ª T., RO n. 00233-2008-701-04-00-0/RS, rel. Juiz Milton Varela Dutra, j. em 29-1-2009), embora tal posição não tenha encontrado abrigo na jurisprudência do TST: Em sentido oposto, o TST afastou a incidência de regra mais favorável ao empregado, na hipótese de dispensa por justa causa, como se lê: "RECURSO DE REVISTA. DESPEDIDA POR JUSTA CAUSA. FÉRIAS PROPORCIONAIS. Consoante o disposto na Súmula n. 171 do TST, a extinção do contrato de trabalho sujeita o empregador ao pagamento da remuneração das férias proporcionais, ainda que incompleto o período aquisitivo de doze meses (art. 147 da CLT), salvo na hipótese de dispensa do empregado por justa causa. A Convenção n. 132 da OIT não altera o entendimento sedimentado no referido verbete sumular, pois não pormenoriza a hipótese de pagamento das férias proporcionais no caso de dispensa por justa causa, razão pela qual se entende que a norma contida no art. 146, parágrafo único, da CLT, dado o seu caráter especial, continua plenamente vigente. Assim, mantida pelo Regional a justa causa à dispensa da Reclamante, as férias proporcionais acrescidas do terço constitucional devem ser excluídas da condenação. Recurso de Revista conhecido e provido" (RR – 11487-84.2015.5.15.0070, Rel. Min. Maria de Assis Calsing, 4ª T., *DEJT* de 1º.12.2017).

8. Referências bibliográficas

SUSSEKIND, Arnaldo, *Direito constitucional do trabalho*. Rio de Janeiro: Renovar, 1999, p. 219 e s.; MAGANO, Octavio Beuno, *Manual de direito do trabalho:* direito tutelar do trabalho. São Paulo: LTr, 1992, v. II, n. 49 e s., p. 77 e s.; PINTO, José Augusto Rodrigues, *Tratado de direito material do trabalho*. São Paulo: LTr, 2007, n. 166 e s., p. 451 e s.; BARROS, Alice Monteiro de, *Curso de direito do trabalho*. São Paulo: LTr, 2008, p. 726 e s.; DELGADO, Maurício Godinho, *Curso de direito do trabalho*, São Paulo: LTr, 2004, p. 949 e s.

Art. 7º, XVIII – licença à gestante, sem prejuízo do emprego e do salário, com a duração de cento e vinte dias;

Estêvão Mallet
Marcos Fava

1. História da norma

A licença à gestante insere-se no ordenamento pátrio há décadas, representando importante meio de proteção não só da mãe trabalhadora, mas, e talvez principalmente, do nascituro, na medida em que o tempo de convívio, por ocasião do recente nascimento, representa vantagens sensíveis ao seu desenvolvimento.

2. Constituições brasileiras

Já trataram do tema, com variações de período e base de cálculo da remuneração devida durante a licença, as Constituições de 1934, art. 121, § 1º, *h*, de 1937, art. 137, *l*, de 1946, art. 157, X, de 1967, art. 158, XI, e a Emenda Constitucional 1/69, no art. 165, XI. O período original era de quatro semanas antes do parto e oito depois, totalizando-se aproximadamente três meses, e a remuneração apurava-se pela média dos últimos seis meses, até a Carta de 1967, que inaugurou a forma hoje vigente "sem prejuízo do salário".

3. Constituições estrangeiras

A Constituição de Portugal atribui ao Estado, no seu art. 59º, n. 2, *c*), a obrigação de dispensar especial proteção ao "trabalho das mulheres durante a gravidez e após o parto", fórmula praticamente repetida na Constituição de Cabo Verde (art. 63º, n. 4). Também há previsão de licença para a gestante nas Constituições de Honduras (art. 128, n. 11) e de El Salvador (art. 42).

4. Direito internacional

A OIT promulgou, já em 1919, ano de sua instituição, a Convenção n. 3, que foi revisada pela 103 e, atualmente, é tema da Convenção n. 183. Referidas regras oferecem proteção à gestante, tanto no que diz respeito à diminuição ou cessação das atividades laborais quanto à permanência junto ao recém-nascido, no mesmo sentido do inciso em comento.

5. Remissões normativas

A Constituição de 1988 protege a maternidade, como fundamento do sistema de assistência social, no art. 203. O art. 39, § 3º, estende o benefício às trabalhadoras do serviço público. O inciso XX do art. 7º institui princípio de proteção ao mercado de trabalho da mulher. A Consolidação das Leis do Trabalho, nos arts. 391 a 397, trata da proteção à maternidade. Os arts. 71 e 72 da Lei n. 8.213/91 regulamentam o benefício do salário do período, identificado como "salário-maternidade". Com a Lei n. 13.509/2017, a licença-maternidade foi estendida à empregada que "adotar ou obtiver guarda judicial para fins de adoção de criança ou adolescente" (art. 392-A da CLT).

6. Jurisprudência

A Súmula 244 do Tribunal Superior do Trabalho disciplina a estabilidade para a gestante, garantia que não depende do conhecimento, pelo empregador, da gravidez.

7. Comentários

Tem caráter central, na construção da Previdência e Assistência Social, no ordenamento brasileiro, a proteção à maternidade. No inciso em análise, tal proteção insere-se nas garantias da mulher trabalhadora.

7.1. Destinatárias da norma

Todas as trabalhadoras, independentemente do regime de contratação, inclusive a doméstica (art. 7º, parágrafo único, combinado com art. 25 da Lei Complementar n. 150/2015) e a avulsa (inciso XXXIV do art. 7º).

7.2. Elementos da garantia constitucional

A medida instituída pelo inciso XVIII do art. 7º assegura (a) a licença, isto é, o afastamento das atividades laborais, pelo período de 120 dias, (b) a garantia de inexistência de prejuízos quanto ao emprego, vale dizer, mantém-se o posto de serviço reservado para a gestante que se afasta em licença – o que é corroborado pela garantia do Ato das Disposições Constitucionais Transitórias, art. 10, II, *b* – e (c) a manutenção de sua remuneração, sem o que não haveria falar em proteção efetiva, já que licença sem vencimentos é, para quem do emprego retira sua subsistência, impossível.

O afastamento da empregada, durante a licença, não prejudica seus direitos, contando-se o período para efeito de aquisição de férias, antiguidade, depósito de Fundo de Garantia do Tempo de Serviço etc.

7.3. Período da licença

O lapso constitucional, como, a partir do *caput* do art. 7º, ocorre com todas as demais garantias dos trabalhadores, é referência de piso, fixada em, no mínimo, cento e vinte dias. A Lei n. 11.770/2008, regulamentando a "empresa cidadã", aumentou o período para cento e oitenta dias, mediante concessão de isenção tributária, com a correspondente compensação no imposto de renda pessoa jurídica, dos valores pagos para a licenciada, a partir de cento e vinte dias.

7.4. Extensão

O art. 392-A da Consolidação das Leis do Trabalho garante o mesmo direito à mãe que adota. A proporcionalidade da duração da licença consoante a idade da criança adotada, que existia na Lei n. 10.421/2002, desapareceu no regime da Lei n. 13.509/2017. A jurisprudência mais sensível já havia estendido o direito à licença à mãe que adota, mesmo antes da previsão legal expressa: "RECURSO DE REVISTA. MÃE ADOTANTE. LICENÇA-MATERNIDADE. LEI N. 10.421/2002. ART. 392-A DA CLT. CONCESSÃO. O silêncio de norma específica concessiva de licença-maternidade à mãe adotante no âmbito da relação de emprego, anteriormente à Lei n. 10.421/2002, que acrescentou o art. 392-A à CLT, não pode justificar tratamento distinto daquele dispensado à mãe biológica. *O silêncio do legislador apenas evidencia menor desenvolvimento da ciência jurídica. Não inibe, de nenhuma maneira, a afirmação da existência de direitos* (Estêvão Mallet). O art. 227, *caput*, da Constituição da República foi a fonte inspiradora de todos os projetos de lei tendentes a reconhecer à mãe adotante o direito à licença-maternidade. Inserindo-se o citado artigo no Título da Ordem Social, não pode a Constituição da República promover a exclusão social, quando tem por fim maior exatamente o inverso: a inclusão social. Recurso de Revista de que se conhece e a que se dá provimento" (TST, 5ª T., RR 691.952/2000.6, rel. Min. João Batista Brito Pereira, j. em 1º-6-2005, *DJ* de 24-6-2005).

8. Referências bibliográficas

SUSSEKIND, Arnaldo, *Direito constitucional do trabalho*. Rio de Janeiro: Renovar, 1999, p. 250 e s.; MAGANO, Octavio Bueno; MALLET, Estêvão, *O direito do trabalho na Constituição*. Rio de Janeiro: Forense, 1993, p. 231 e s.; BARROS, Alice Monteiro de, *Curso de direito do trabalho*. São Paulo: LTr, 2008, p. 1073 e s.; CARRION, Valentin, *Comentários à Consolidação das Leis do Trabalho*. São Paulo: Saraiva, 2000, p. 247 e s.

Art. 7º, XIX – licença-paternidade, nos termos fixados em lei;

Estêvão Mallet
Marcos Fava

1. História da norma

Antes da Constituição de 1988, a única referência à licença-paternidade estava na previsão do art. 473, III, da CLT, introduzida pelo Decreto-lei n. 229/1967, de licença remunerada de um dia, na primeira semana após o nascimento de filho.

2. Constituições brasileiras

A Constituição da República de 1988 é inovadora, não existindo garantia análoga nas Constituições anteriores.

3. Constituições estrangeiras

Embora existam previsões normativas infraconstitucionais de licença-paternidade em diversos países, como, por exemplo, na Itália (Lei n. 903, de 9-12-1977) e na França (*Code de la Sécurité Sociale*, art. L. 331-8), não há registro de Constituição estrangeira que contemple a garantia em análise.

4. Direito internacional

A Convenção n. 156, da OIT, não ratificada pelo Brasil, embora não cuide expressamente de licença-paternidade, trata da garantia de igual oportunidade para homens e mulheres com responsabilidades familiares. De sua Recomendação n. 165, adotada em 1981, consta: "O pai e a mãe devem ter a possibilidade, num período imediatamente seguinte à licença-maternidade, de obterem licença de afastamento sem perda do emprego e dos direitos dele decorrentes".

5. Remissões normativas

O art. 39, § 3º, atribui o direito aos servidores públicos e o art. 10, § 1º, do Ato das Disposições Constitucionais Transitórias indica o prazo mínimo de cinco dias, até regulamentação legal. O prazo da licença-paternidade, de 5 dias, pode ser ampliado para 15 dias, no caso de adesão do empregador ao Programa Empresa Cidadã (Lei n. 11.770/2008, conforme redação dada pelo art. 38 da Lei n. 13.257/2016). A Lei n. 13.467/2017, na redação que atribuiu ao art. 611-B, reputou ilícita a negociação coletiva que vise a suprimir direito relacionado à licença paternidade, em seu inciso XIV. A Lei n. 14.457/2022, estendeu a licença do art. 473, III, da CLT, para cinco dias, "em caso de nascimento de filho, de adoção ou de guarda compartilhada".

6. Jurisprudência

É corrente nos tribunais a ideia de que cabe ao empregado o ônus de provar que demonstrou a paternidade perante seu empregador, para que tenha direito à licença (TRT, 24ª R., RO 01349-1999-777-24-00-1, rel. Juiz Nicanor de Araújo Lima, j. 17-11-1999. *DOMS* n. 5.220, de 13-3-2000, p. 46). Já se decidiu que, se o empregado não exerce o direito no tempo oportuno, "por meio de comunicação ao empregador da necessidade de auxílio aos rebentos, não pode ter sua inércia premiada posteriormente, com o recebimento, de forma indenizatória, dos dias em que poderia ter deixado de trabalhar(...)" (TRT 9ª Reg., 7ª T., Proc. n. 14502.2008.10.9.0.1. Rel. Ubirajara Carlos Mendes. *DJ* de 20-1-2012; no mesmo sentido, ainda, TRT – 2ª Reg., 9ª T., Proc. n. 02452.2006.203.02.00.4, Rel. Jane Granzoto Torres da Silva, j. 4-6-2009. *DJ* de 17-7-2009). É assente a afirmação da natureza remuneratória da parcela, para efeito de incidência de recolhimentos previdenciários e fiscais (cf. STJ – 1ª Sec., REsp n. 1.230.957/RS, Rel. Min. Mauro Campbell Marques, j. 26-2-2014. *DJe* de 18-3-2014).

7. Comentários

A proteção visada pela norma diz respeito à tutela da família, consagrada em outras passagens constitucionais, dada a inegável importância do nascimento da criança para esta unidade social. Permite-se, com a medida, o convívio, ainda que por curto lapso de tempo, do pai com o recém-nascido. Hipótese de interrupção contratual, a licença não afetará os salários devidos pelos dias de afastamento, integralmente suportados pelo empregador. O dispositivo é autoaplicável, no tocante à duração da licença, em razão do prazo mínimo garantido pelo art. 10, § 1º, do ADCT. Conta-se a licença em cinco dias, ou quinze dias, no caso de aplicação da Lei n. 13.257/2016, com início na data do parto, se o trabalhador não tiver, neste dia, prestado serviços, ou no dia imediatamente posterior, sem distinção de dia útil ou não útil. Considera-se o período, pois, em dias corridos. Se o termo inicial coincide com outra hipótese de interrupção do contrato, como, por exemplo, em caso de nascimento na véspera do início das férias, protrai-se o início da contagem do prazo do descanso anual, a fim de evitar a cumulação de direitos, que implicaria o comprimento de um deles (assim, no caso de férias, TRT – 10ª Reg., 2ª T., Proc. n. 01987.2012.002.10.00.0, Rel. Alexandre Nery de Oliveira, julg. em 3-9-2014 *in DJ* de 12-9-2014).

8. Referências bibliográficas

SUSSEKIND, Arnaldo, *Direito constitucional do trabalho*. Rio de Janeiro: Renovar, 1999, p. 254-255; MAGANO, Octavio Bueno; MALLET, Estêvão, *O direito do trabalho na Constituição*. Rio de Janeiro: Forense, 1993, p. 234 e s.

Art. 7º, XX – proteção do mercado de trabalho da mulher, mediante incentivos específicos, nos termos da lei;

Maria Cecilia Máximo Teodoro

1. Histórico da norma

Subcomissão dos Direitos dos Trabalhadores: nada consta; Comissão da Ordem Social: nada consta; Comissão de Sistematização: nada consta.

2. Constituições brasileiras anteriores

Não há previsão constitucional anterior para esta norma.

3. Constituições estrangeiras

Constituição portuguesa, Título III, Capítulo 1, art. 58, 2, *b*, e art. 59, 2, *c*.

Constituição mexicana, Título VI, art. 123, A, V e B, XI.

Constituição peruana, Título I, Capítulo II, art. 26, 1.

Constituição cubana, Capítulo II, arts. 42, 43 e 44.

4. Direito Internacional

Declaração Universal dos Direitos Humanos, art. 2.

Pacto Internacional de Direitos Econômicos, Sociais e Culturais, art. 6 e art. 2, § 2º, e art. 3.

Convenção Sobre a Eliminação de Todas as Formas de Discriminação Contra a Mulher, art. 11.

Convenção Internacional sobre a Proteção dos Direitos de Todos os Trabalhadores Migratórios e seus Familiares, art. 1.

Convenção sobre os Direitos das Pessoas com Deficiência, arts. 3, 5, 6 e 27.

Carta Social Europeia e Carta revisada de 1996.

Carta dos Direitos Fundamentais da União Europeia, art. 20, 21, 23 e 33.

Declaração Americana dos Direitos e Deveres do Homem, art. 2.

Protocolo Adicional à Convenção Americana sobre Direito Humanos em Matéria de Direitos Econômicos, Sociais e Culturais (Protocolo de São Salvador), arts. 3 e 6.

Carta Africana de Direitos Humanos e dos Povos, art. 2.

Carta Árabe de Direitos Humanos, art. 3.

Declaração de Filadélfia.

Declaração da OIT relativa aos Princípios e Direitos Fundamentais no Trabalho.

Convenção n. 100 da OIT (1951) sobre Igualdade de Remuneração de Homens e Mulheres Trabalhadores por Trabalho de Igual Valor, ratificada pelo Brasil em 1957.

Convenção n. 111 da OIT (1958) sobre a Discriminação em Matéria de Emprego e Ocupação, ratificada pelo Brasil em 1968.

Convenção n. 189 da OIT (2011) sobre Trabalho Decente para Trabalhadoras e Trabalhadores Domésticos, ratificada pelo Brasil em 2017.

Convenção n. 122 da OIT (1964) sobre a Política de Emprego, ratificada pelo Brasil em 1969.

Convenção n. 103 da OIT (1952) sobre o Amparo à Maternidade (Revista), com exceção dos trabalhos a que se refere o art. 7, § 1, *b* e *c*, ratificada pelo Brasil em 1965.

Convenção n. 168 da OIT (1988) sobre a Promoção do Emprego e Proteção contra o Desemprego.

Convenção n. 171 da OIT (1990) sobre o Trabalho Noturno, ratificada pelo Brasil em 2002.

Convenção n. 89 da OIT (1951) sobre o Trabalho Noturno das Mulheres na Indústria (revista), ratificada pelo Brasil em 1957.

NACIONES UNIDAS, A/HRC/34/L.22. El Derecho al Trabajo(...): Informe anual del Alto Comisionado de las Naciones Unidas para los Derechos Humanos e Informes de la Oficina del Alto Comisionado y del Secretariado General. Asamblea General, Consejo de Derechos Humanos, 34º período de sesiones, Distr. General de 20 de Marzo de 2017.

NACIONES UNIDAS, A/HRC/34/L.29. Mandato del Grupo de Trabajo Intergubernamental sobre la Aplicación Efectiva de la Declaración y el Programa de Acción de Durban: Informe anual del Alto Comisionado de las Naciones Unidas para los Derechos Humanos e Informes de la Oficina del Alto Comisionado y del Secretariado General. Asamblea General, Consejo de Derechos Humanos, 34º período de sesiones, Distr. General de 20 de Marzo de 2017.

5. Remissões constitucionais e legais

Constituição da República, Preâmbulo, art. 1º, III, art. 3º, I e IV, art. 5º, *caput* e I e III, art. 6º, art. 7º, XX e XXX, art. 143, § 2º, art. 201, § 7º, I e II, e art. 203, I e III; Consolidação das Leis do Trabalho, arts. 372, 373, 373-A, 377, 389, 390-B, 390-C, 390-E, 391, 397, 399 e 400; Lei n. 9.029, de 13-4-1995 (Proíbe a exigência de atestado de gravidez e esterilização e outras práticas discriminatórias, para efeitos admissionais ou de permanência da relação de trabalho); Lei n. 11.340 de 7-8-2006 (Mecanismos para coibir a violência doméstica familiar contra a mulher, nos termos do § 8º do art. 226 da CF/88, da Convenção Sobre a Eliminação de Todas as Formas de Discriminação Contra as Mulheres); Lei n. 10.886, de 17-6-2004 (Acrescenta parágrafos ao art. 129 do Código Penal, criando o tipo especial denominado "violência doméstica"); Lei n. 9.799, de 26-5-1999 (Insere na Consolidação das Leis do Trabalho regras sobre o acesso da mulher ao mercado de trabalho). ADCT, art. 10, II, *b*. Lei n. 14.457; 21-9-2022 (Institui o Programa Emprega + Mulheres, altera a Consolidação das Leis do Trabalho e as Leis n. 13.636, de 20 de março de 2018, 10.735, de 11 de setembro de 2003, e 9.790, de 23 de março de 1999).

6. Comentários

6.1. Âmbito de Proteção

Visa a norma a proteger o mercado de trabalho da mulher, assim compreendido como a totalidade dos fenômenos jurídicos, sociais, econômicos, políticos e culturais que envolvam a inserção e a atuação da mulher no processo de produção e reprodução da riqueza social. Trata-se do direito fundamental da mulher a obter um trabalho decente, a ser tratada em igualdade de condições com os homens quanto à liberdade da escolha ocupacional, a ter igualdade de direito à saúde, segurança, remuneração e oportunidades, em razão da dignidade e do valor da pessoa humana, sendo vedada qualquer discriminação em razão do gênero, pautada em diferenciações biológicas que resultem na perpetuação de uma divisão sexual do trabalho (KERGOAT, 1996), de modo que todas as mulheres tenham o direito de participar de forma igualitária do mercado de trabalho produtivo.

Embora as situações de desigualdade sejam determinadas culturalmente, elas se apresentam, frequentemente, como naturalmente constituídas (COUTINHO, 2015). Assim, as diferenciações biológicas (CALIL, 2007) devem ser consideradas como motivação para diferenciações no trato jurídico e social da condição feminina somente quando visem a proteger a mulher no mercado de trabalho, por exemplo, criando condições para que possam desenvolver suas atividades em condições de segurança para si e para seus filhos, antes e após o período gestacional.

Contudo, ao mesmo tempo, não admite a norma que, contraditoriamente, sejam criados embaraços em razão de sua constituição física ou de sua função reprodutiva, lactante ou qualquer outra inerente à maternidade. Isso porque os direitos protetivos da maternidade não deveriam ser percebidos como necessariamente também protetivos da mulher, ou, de outra maneira, serem sobrepostos aos direitos da paternidade, uma vez que há muito a sociedade contemporânea tem evoluído no sentido de uma divisão igualitária do dever de cuidado entre homens e mulheres.

Ademais, as novas configurações familiares exigem do ordenamento jurídico uma urgente evolução quanto à redistribuição jurídica dos direitos e deveres decorrentes das necessidades do cuidado humano, a fim de que a mulher não seja reduzida à maternidade (TEODORO, 2017). O trabalho de cuidado desproporcionalmente atribuído à mulher e desvalorizada jurídica e socialmente leva à invisibilização da mulher, na medida em que não sendo profissionalizado, não tem apreciação econômica ou quando profissionalizado, apresenta-se precário e com baixas remunerações (TEODORO, 2023).

Assim, direitos previstos no ordenamento jurídico brasileiro como licença-maternidade, alguns horários especiais, assistência em creches, entre outros, não deveriam ser garantidos de modo desigual entre homens e mulheres, já que essa desigualdade acaba por onerar o custo da mão de obra feminina, tornando mais caro o preço da contratação do trabalho da mulher, o que, invariavelmente, dificulta seu acesso e sua ascensão no mercado de trabalho. Tais diferenciações legislativas, adotadas pela perspectiva binária das relações sociais de sexo, reforçam a divisão sexual do trabalho, mantendo as mulheres na esfera da reprodução – espaço doméstico – e reservando aos homens a esfera da produção – espaço público (CURVO, 2015) segundo os princípios da separação e da hierarquização do trabalho (KERGOAT, 1996). Evidente que uma norma constitucional que vise à proteção do mercado de trabalho da mulher não deve ser interpretada de modo a fazer perpetuarem as condições discriminatórias em razão do gênero, mas, ao contrário, deve ser regulada de tal forma que as regulações estabeleçam as condições materiais para que essa discriminação seja positiva e efetivamente superada no mundo do trabalho.

Desta forma, a mulher-mãe, inserida numa relação de emprego formal, se vê diante de uma cultura que imputa a ela todos os "direitos" relacionados com o cuidado dos filhos, que acabam desaguando em responsabilidades não compartilhadas pelos homens-pais. Tais responsabilidades se disfarçam de direitos exclusivos das mulheres-mães trabalhadoras, deixando os homens livres do trabalho de cuidado (TEODORO, 2023).

A discriminação pode ser conceituada como "a diferenciação em vista de fator injustamente desqualificante" (DELGADO, 2018). Nesse sentido, os destinatários da norma são proibidos de estabelecer quaisquer barreiras que impeçam ou dificultem o acesso da mulher ao mercado de trabalho, ou o pleno desenvolvimento de sua carreira, com fundamento nas diferenciações oriundas do gênero, como o que se tem denominado "teto de vidro" (STEIL, 1997), caracterizado pela imposição de limites invisíveis, ou de difícil percepção, que inviabilizam o alcance das mulheres a posições hierárquicas superiores dentro das estruturas organizacionais em que atuam, mantendo-as em cargos considerados inferiores aos ocupados pelos homens (TEODORO, 2017).

As dificuldades de acesso comumente resultam do próprio modelo de organização social que impõe às mulheres um grande peso quando às obrigações familiares, o que as empurra para trabalhos em tempo parcial ou intermitentes, ou não formalizados, frequentemente mal remunerados. Apesar disso, de modo equivocado, tanto a ordem jurídica interna quanto a externa tendem a reafirmar o senso comum, estabelecendo ou incentivando o estabelecimento de condições que conduzem as mulheres a ocupações flexíveis, novamente sob a perspectiva de que a mulher deve continuar desdobrando-se em duplas ou múltiplas jornadas, a fim de dar conta das tarefas domésticas e do seu desenvolvimento profissional.

Diante desse contexto, surge a ideia do labirinto da liderança para, ao invés de sugerir um obstáculo absoluto no penúltimo estágio de uma carreira de destaque (teto de vidro), simbolizar a complexidade e a variedade dos desafios que a mulher pode enfrentar durante o percurso (TEODORO, 2020). Foram inicialmente identificadas 5 barreiras para expressar o percurso a ser percorrido pela mulher no mercado de trabalho, formando um labirinto: a) Vestígios de Preconceito; b) Resistência à Liderança da Mulher; c) Problemas com Estilo de Liderança; d) Demandas da Vida Familiar; e e) Pouco Investimento em Capital Social. Posteriormente, outras três barreiras foram apontadas: i) Maternidade; ii) Aparência Pessoal; e iii) Divisão de Tarefas na Infância (HRYNIEWICZ; VIANNA, 2018, p 331-334).

Todavia, o direito a um trabalho decente implica principalmente o direito de acesso da mulher ao mercado de trabalho produtivo. Neste sentido, a Lei n. 9029 de 13 de abril de 1995 proíbe a adoção de qualquer prática discriminatória e limitativa para efeito de acesso à relação de trabalho, ou de sua manutenção, por motivo, entre outros, de sexo, proibindo a exigência de teste, atestado, ou qualquer outro procedimento relativo à esterilização ou ao atestado de gravidez. Não se justifica, portanto, que a proteção ao acesso ao mercado seja orientada a ocupações precárias, socialmente menos relevantes, consolidando estereótipos quanto aos papéis da mulher e do homem nos âmbitos da família, da economia, da política e da sociedade como um todo.

Visto que os atos discriminatórios constituem afronta direta à dignidade da pessoa humana (DELGADO, 2018), o art. 373-A da CLT, em conformidade como os arts. 5º, *caput* e I, e 7º, XX e XXX, da CF, constrói uma importante barreira legal que visa a impedir que o sexo, ou gênero, seja utilizado como instrumento de discriminação, visando a garantir a proteção do mercado de trabalho da mulher.

A norma constitucional visa a garantir ainda que, sempre que as mulheres consigam transpor as barreiras de acesso, sejam equitativos também o trato e as condições de trabalho, sem qualquer discriminação, inclusive impedindo que as políticas de remuneração criem distinções remuneratórias em razão do gênero, o que se verifica, por exemplo, quando, ainda que sejam mais qualificadas profissionalmente do que seus colegas homens, as mulheres recebam salários menores, ou quando ocorre uma queda no nível salarial de determinada ocupação se passa a ser desenvolvida predominantemente por mulheres.

A obrigatória igualdade de remuneração por trabalho de igual valor, abrangida pela norma, está posta conforme o art. 7º, XXX, da CF/88, assim como o art. 7º do Pacto Internacional de Direitos Econômicos, Sociais e Culturais e as disposições da Convenção n. 100 da OIT, Sobre Igualdade de Remuneração de Homens e Mulheres Trabalhadores por Trabalho de Igual Valor. A não observância da norma implica, portanto, no descumprimento tanto do texto constitucional, quanto de vários tratados e convenções internacionais dos quais o Brasil é signatário, além do contido em normas infraconstitucionais que regulamentam a matéria, devendo os destinatários da norma respeitar a Constituição brasileira, sob pena de responderem perante os órgãos judiciários, internos ou internacionais, sempre que tais descumprimentos venham a ser devidamente denunciados, processados e julgados.

6.2. Funções

Pela **perspectiva multifuncional**, o direito fundamental social previsto no art. 7º, XX, da CF/88, cumpre **função de defesa** pois, segundo se depura de sua interpretação, garante que as mulheres usufruam positivamente desse mercado de trabalho protegido (liberdade positiva), e exige que os poderes públicos, e os particulares, omitam-se de agir de modo a lesar a proteção constitucionalmente garantida (liberdade negativa).

Cumpre também a **função de prestação social**, uma vez que a proteção visa a garantir a fruição material do direito fundamental, através, por exemplo, do acesso das mulheres à segurança social, advinda de um mercado de trabalho onde possam atuar em liberdade e plenitude. Cumpre também a **função de proteção perante terceiros**, por impor ao Estado o dever de proteção do mercado de trabalho da mulher contra aqueles que porventura criem embaraços ao efetivo exercício desse direito por suas titulares, devendo o Estado, ao regular as relações de trabalho, não admitir que o direito fundamental da mulher a um mercado de trabalho protegido seja violado no âmbito das relações civis privadas. Finalmente, por sua **função antidiscriminatória**, da norma pode-se deduzir que o Estado deve promover ações afirmativas para que as oportunidades de emprego, de formação e de condições laborais sejam distribuídas igualitariamente entre homens e mulheres, sem nenhuma discriminação, atentando-se ainda para evitar o "disparate impact", que pode acontecer quando a norma visando a proteção, desacompanhada do cuidado de não torná-la mão de obra mais cara que a do homem, acaba desprotegendo o mercado de trabalho da mulher como impacto adverso.

6.3. Titulares

São titulares do direito previsto na norma todas as mulheres trabalhadoras, urbanas ou rurais, brasileiras ou estrangeiras, que não estejam em situação de restrição civil, penal ou política ao livre exercício de qualquer trabalho, ofício ou profissão no território brasileiro e que desejem, por livre vontade, ingressar no mercado de trabalho produtivo.

Ressalte-se que o princípio da dignidade da pessoa humana, art. 1º, III, da CF, o princípio da vedação da discriminação, art. 3º, IV, da CF, e o princípio da igualdade material segundo o art. 5º, *caput*, CF, fundamentam uma interpretação extensiva para incluir as mulheres transgênero como titulares de todos os direitos inerentes à mulher.

6.4. Destinatários

O poder público. Este deve agir para implementar políticas de inclusão das mulheres no mercado de trabalho produtivo, buscando eliminar todas as formas de discriminação contra a mulher, além de, ao elaborar e fazer cumprir as normas legais, promover a igualdade de gênero, a fim de concretizar os princípios fundamentais da República Federativa do Brasil, omitindo-se de qualquer ação em sentido contrário à finalidade da norma constitucional.

Particulares. Admitindo-se a eficácia privada dos direitos fundamentais (CANOTILHO, 2002) são destinatárias da norma todas as pessoas, físicas ou jurídicas, de direito público ou privado, que, sob qualquer modalidade, contratem e/ou dirijam a prestação de trabalho humano, sendo indistintamente responsáveis pela observância da norma constitucional, devendo, portanto, absterem-se de praticar qualquer ação ou omissão que incorra em fato discriminatório em razão do gênero contra as mulheres, no exercício de seu direito ao trabalho.

6.5. Conformação/limitação legal

O inciso XX do art. 7º da CF/88 determina que a proteção do mercado de trabalho da mulher será feita mediante incentivos específicos, nos termos da lei. A conformação legal, portanto, neste caso, será realizada por normas legais simples, objetivando a regulação do conteúdo da norma constitucional, a fim de delimitar o âmbito de proteção normativo, o que se tem feito por normas esparsas, de forma autônoma, ou pelo acréscimo de modificações ao texto da Consolidação das Leis do Trabalho.

A Lei n. 9.029/95 estabelece regra antidiscriminatória, estipulando parâmetros para os casos de dispensa baseada, entre outros, na discriminação por "sexo", reportando também à condição da mulher, elencando como motivos discriminatórios a gestação, natalidade, maternidade e congêneres.

No mesmo sentido protetivo, merece referência a Lei n. 11.340 de 7-8-2006, denominada Lei Maria da Penha, que no seu art. 9º, § 2º, II, determina que o juiz assegurará à mulher em situação de violência doméstica e familiar, para preservar sua integridade física e psicológica a manutenção do vínculo trabalhista, quando necessário o afastamento do local de trabalho, por até seis meses. Trata-se, portanto, de efetiva medida de ampliação da proteção da mulher no mercado de trabalho.

Por outro lado, a Lei n. 13.467, de 13-7-2017, denominada Reforma Trabalhista, introduziu mudanças claramente restritivas ao âmbito protetivo desse direito fundamental da mulher, quando, por exemplo, revogou o art. 384 da CLT, suprimindo o direito da mulher a 15 minutos, no mínimo, de descanso obrigatório entre o fim do horário normal e a prorrogação da jornada. Este intervalo especial, assim como o teor do art. 390 da CLT, que foi mantido, embora tivesse fundamento nas diferenças de compleição física entre homens e mulheres, claramente coadunava com a noção de proteção ao mercado de trabalho da mulher, não se tratando de uma norma discriminatória, não havendo fundamentação jurídica suficiente que justifique a supressão legal.

A redução desse direito remete ao efeito *backlash*, fenômeno do direito norte-americano que vem sendo incorporado pela doutrina brasileira, segundo o qual das decisões judiciais sobre questões polêmicas decorre um efeito colateral, um movimento brusco do poder político contra a pretensão controladora do poder judiciário. Isso porque tanto o STF quanto o TST já haviam decidido que o art. 384 da CLT havia sido recepcionado pela CF/88. Pode-se argumentar, aqui, em virtude da proibição do retrocesso (CANOTILHO, 2002), no sentido da inconstitucionalidade dessa revogação empreendida pela lei da Reforma Trabalhista.

Observa-se, portanto, que a conformação legal do inciso XX, do art. 7º, da CF/88 vem experimentando movimentos de expansão e retração, sendo necessária uma constante vigilância jurídica, social e política, a fim de que se preservem não apenas seu núcleo essencial, como também a abrangência de seu âmbito de proteção.

A Lei n. 14.457/22 instituiu o Programa Emprega + Mulheres e alterou alguns dispositivos da CLT. O intuito da Lei foi promover a inserção e a manutenção das mulheres no mercado de trabalho por meio de uma tentativa de estimular uma divisão mais igualitária das responsabilidades parentais. Foi a primeira vez que o ordenamento jurídico adotou o conceito de parentalidade, em vez de se diferenciar as funções destinadas à maternidade e à paternidade, como a previsão do auxílio-creche tanto para a mãe quanto para o pai. Apesar de representar um avanço ainda acanhado, parece ser um exemplo de política de gênero que visa atenuar a discriminação das mulheres, apontando como o Direito pode caminhar na direção de uma realidade mais justa e igualitária.

7. Concretização judicial: jurisprudência

INTERVALO DO ART. 384 DA CLT – TRATAMENTO ESPECIAL PARA MULHERES – INCIDENTE DE UNIFORMIZAÇÃO DE JURISPRUDÊNCIA – RECEPÇÃO PELA CONSTITUIÇÃO FEDERAL DE 1988. 1. O Tribunal Pleno desta Corte, ao julgar o IIN-RR-1.540/2005-046-12-00.5, decidiu rejeitar o Incidente de Inconstitucionalidade do art. 384 da CLT, ao fundamento de que o princípio da isonomia, segundo o qual os desiguais devem ser tratados desigualmente, na medida de suas desigualdades, possibilita tratamento privilegiado às mulheres no tocante aos intervalos para descanso. Encerrou, assim, a conclusão de que o art. 384 da CLT foi recepcionado pela Constituição Federal de 1988, não havendo de se cogitar de sua revogação. 2. Estando a decisão recorrida em consonância com o entendimento manifestado pelo TST, não só no IIN, como também em precedentes reiterados, o recurso de revista não alcança conhecimento, por óbice da Súmula 333 desta Corte. Recurso de revista não conhecido. (TST – RR: 14040007200951200029 140400-07.2009.5.12.0029, Relator: Ives Gandra Martins Filho, Data de Julgamento: 30-8-2011, 7ª Turma, Data de Publicação: *DEJT* 2-9-2011.

- DIREITO CONSTITUCIONAL, PREVIDENCIÁRIO E PROCESSUAL CIVIL. LICENÇA-GESTANTE. SALÁRIO. LIMITAÇÃO. AÇÃO DIRETA DE INCONSTITUCIONALIDADE DO ART. 14 DA EMENDA CONSTITUCIONAL N. 20, DE 15.12.1998. ALEGAÇÃO DE VIOLAÇÃO AO DISPOSTO NOS ARTIGOS 3º, IV, 5º, I, 7º, XVIII, E 60, § 4º, IV, DA CONSTITUIÇÃO FEDERAL. 1. O legislador brasileiro, a partir de 1932 e mais claramente desde 1974, vem tratando o problema da proteção à gestante, cada vez menos como um encargo trabalhista (do empregador) e cada vez mais como de natureza previdenciária. Essa orientação foi mantida mesmo após a Constituição de 05/10/1988, cujo art. 6º determina: a proteção à maternidade deve ser realizada "na forma desta Constituição", ou seja, nos termos previstos em seu art. 7º, XVIII: "licença à gestante, sem prejuízo do empregado e do salário, com a duração de cento e vinte dias". 2. Diante desse quadro histórico, não é de se presumir que o legislador constituinte derivado, na Emenda 20/98, mais precisamente em seu art. 14, haja pretendido a revogação, ainda que implícita, do art. 7º, XVIII, da

Constituição Federal originária. Se esse tivesse sido o objetivo da norma constitucional derivada, por certo a E.C. n. 20/98 conteria referência expressa a respeito. E, à falta de norma constitucional derivada, revogadora do art. 7º, XVIII, a pura e simples aplicação do art. 14 da E.C. 20/98, de modo a torná-la insubsistente, implicará um retrocesso histórico, em matéria social-previdenciária, que não se pode presumir desejado. 3. Na verdade, se se entender que a Previdência Social, doravante, responderá apenas por R$ 1.200,00 (hum mil e duzentos reais) por mês, durante a licença da gestante, e que o empregador responderá, sozinho, pelo restante, ficará sobremaneira, facilitada e estimulada a opção deste pelo trabalhador masculino, ao invés da mulher trabalhadora. Estará, então, propiciada a discriminação que a Constituição buscou combater, quando proibiu diferença de salários, de exercício de funções e de critérios de admissão, por motivo de sexo (art. 7º, inc. XXX, da CF/88), proibição, que, em substância, é um desdobramento do princípio da igualdade de direitos, entre homens e mulheres, previsto no inciso I do art. 5º da Constituição Federal. Estará, ainda, conclamado o empregador a oferecer à mulher trabalhadora, quaisquer que sejam suas aptidões, salário nunca superior a R$ 1.200,00, para não ter de responder pela diferença. Não é crível que o constituinte derivado, de 1998, tenha chegado a esse ponto, na chamada Reforma da Previdência Social, desatento a tais consequências. Ao menos não é de se presumir que o tenha feito, sem o dizer expressamente, assumindo a grave responsabilidade. 4. A convicção firmada, por ocasião do deferimento da Medida Cautelar, com adesão de todos os demais Ministros, ficou agora, ao ensejo deste julgamento de mérito, reforçada substancialmente no parecer da Procuradoria Geral da República. 5. Reiteradas as considerações feitas nos votos, então proferidos, e nessa manifestação do Ministério Público federal, a Ação Direta de Inconstitucionalidade é julgada procedente, em parte, para se dar, ao art. 14 da Emenda Constitucional n. 20, de 15.12.1998, interpretação conforme à Constituição, excluindo-se sua aplicação ao salário da licença gestante, a que se refere o art. 7º, inciso XVIII, da Constituição Federal. 6. Plenário. Decisão unânime.

(STF – ADI: 1946 DF, Relator: SYDNEY SANCHES, Data de Julgamento: 3-4-2003, Tribunal Pleno, Data de Publicação: *DJ* 16-5-2003 PP-00090 EMENT VOL-02110-01 PP-00123)

8. Referências bibliográficas

BIROLI, Flávia; MIGUEL, Luís Felipe. *Feminismo e política*: uma introdução. São Paulo: Boitempo, 2014.

BOURDIEU, Pierre. *A dominação masculina*. Trad. Maria Helena Kühner. 13. ed. Rio de Janeiro: Bertrand Brasil, 2015.

BOBBIO, Norberto. *A era dos direitos*. 5ª reimp. Editora afiliada. Rio de Janeiro: Campus, 1992.

CALIL, Léa Elisa Silingowschi. *Direito do trabalho da mulher:* a questão da igualdade jurídica ante a desigualdade fática. São Paulo: LTr, 2007.

CANOTILHO, J. J. Gomes. *Direito constitucional e teoria da Constituição*. 5. ed. Coimbra: Almedina, 2002.

COUTINHO, Aldacy Rachid. *Comentários à Constituição do Brasil*. CANOTILHO, J. J. Gomes; LEONEY, Léo Ferreira; MENDES, Gilmar Ferreira Mendes; SARLET, Ingo Wolfgang; STRECK, Lenio Luiz (coord.). São Paulo: Saraiva, 2013.

CURVO, Isabelle Carvalho. O trabalho da mulher entre a produção e a reprodução. In: TEODORO, Maria Cecília Máximo (coord.). *Direito material e processual do trabalho*. São Paulo: LTr, 2015.

DELGADO, Maurício Godinho. *Curso de direito do trabalho*. 17. ed. rev. atual. e ampl. São Paulo: LTr, 2018.

HRYNIEWICZ, Lygia Gonçalves Costa; VIANNA, Maria Amorim. *Mulheres em posição de liderança*: obstáculos e expectativas de gênero em cargos gerenciais. Cad. EBAPE.BR, v. 16, n. 3, Rio de Janeiro, jul./set., 2018, p. 331-334.

KERGOAT, Danièle. Divisão sexual do trabalho e relações sociais de sexo. In: LOPES, Marta Julia Marques; MEYER, Dagmar Estermann; WALDOW, Vera Regina (org.). *Gênero e saúde*. Porto Alegre: Artes Médicas, 1996.

KERGOAT, Danièle. *O cuidado e a imbricação das relações sociais*. In: ABREU, Alice Rangel de Paiva; HIRATA, Helena; LOMBARDI, Maria Rosa (org.); trad. Carol de Paula. São Paulo: Boitempo, 2016.

LOREY, Isabell. *Disputas sobre el sujeto*: consecuencias teóricas y políticas de un modelo de poder jurídico: Judith Butler. Traducción: Maelna Nijensohn. Adrogué: La Cebra, 2017.

NACIONES UNIDAS. *La Efectividad del Derecho ao Trabajo:* Informe anual del Alto Comisionado de las Naciones Unidas para los Derechos Humanos e Informes de la Oficina del Alto Comisionado y del Secretariado General. Asamblea General, Consejo de Derechos Humanos, 34º período de sesiones, Distr. General de 30 de dezembro de 2016.

PENA, Maria Valéria Junho. *Mulheres e trabalhadoras*. Rio de Janeiro: Paz e Terra, 1981.

SARLET, Ingo Wolfgang. *A eficácia dos direitos fundamentais*: uma teoria geral dos direitos fundamentais na perspectiva constitucional. 12. ed. Porto Alegre: Livraria do Advogado, 2015.

SARLET, Ingo Wolfgang. Os direitos fundamentais sociais na Constituição de 1988. *Revista Diálogo Jurídico*. Salvador, ano I, v. I. n. 1. abr. 2001.

STEIL, Andréa Valéria. Organizações, gênero e posição hierárquica – compreendendo o fenômeno do teto de vidro. *Revista de Administração*, São Paulo, v. 32, n. 3, p. 62-69, jul./set. 1997.

SUPIOT, Alain. *O espírito de Filadélfia*: a justiça social diante do mercado total. Tradução: Tânia do Valle Tschiedel. Porto Alegre: Sulina, 2014.

TEODORO, Maria Cecília Máximo; SOUZA E SILVA, Lidia Marina. *Gravidez no emprego:* reflexões sobre a tendência global de proteção ao emprego e ao mercado de trabalho da mulher. In: NASCIMENTO, Grasiele Augusta Ferreira; MAISAILIDIS, Mirta Gladys Lorena Manzo de; SILVA, Lucas Gonçalves da (coords.). Florianópolis: Funjar, 2013, p. 279-299.

TEODORO, Maria Cecília Máximo. O direito do trabalho da mulher enquanto "teto de vidro" no mercado de trabalho brasileiro. In: TEODORO, Maria Cecília Máximo; VIANA, Márcio Túlio; ALMEIDA, Cleber Lúcio; NOGUEIRA, Sabrina Colares (coords.). *Direito material e processual do trabalho*. São Paulo: LTr, 2017, p. 65-72.

TEODORO, Maria Cecília Máximo. *A distopia da proteção do mercado de trabalho da mulher e a reprodução do desequilíbrio entre os gêneros*. In: *Feminismo, trabalho e literatura: reflexões so-*

bre o papel da mulher na sociedade contemporânea. Porto Alegre: Editora Fi, v. 1, 2020, p. 103-143.

TEODORO, Maria Cecília Máximo. *Quem é a mulher para o Direito do Trabalho? Responsabilidades de cuidados disfarçadas de direitos.* São Paulo: Revista Ltr, ano 86, n. 9, 2022, p. 1098-1106.

Art. 7º, XXI – aviso prévio proporcional ao tempo de serviço, sendo no mínimo de trinta dias, nos termos da lei;

Fábio Rodrigues Gomes

1. Histórico da norma

No mundo do trabalho, a prática do pré-aviso está associada à relação jurídica com duração continuada e cujo término é indefinido. Este costume remonta às corporações de ofício, existentes na idade média, e era obrigatoriamente levado a cabo quando o aprendiz pretendesse informar ao seu mestre sobre a sua saída. A recíproca, contudo, não era verdadeira. Desta forma, o mestre poderia dispensar os serviços do aprendiz, sem a obrigatoriedade correspondente de conceder-lhe o tempo prévio de preparação.

No Brasil, o ordenamento jurídico positivou o instituto, inicialmente, no art. 81 das Lei n. 556, de 1850 (Código Comercial), e, posteriormente, no art. 1.221 do Código Civil de 1916, no art. 22 do Decreto n. 16.107, de 1923 (Lei de Locação de Serviços Domésticos), no art. 6º da Lei n. 62, de 1935 (Lei da Despedida), nos arts. 487 a 491 do Decreto Lei n. 5.452, de 1943 (Consolidação das Leis do Trabalho), no art. 34 da Lei n. 4.886, de 1965 (Lei de Representação Comercial), no art. 15 da Lei n. 5.889, de 1973 (Estatuto do Trabalhador Rural), no art. 7º, XXI, da Constituição Federal de 1988 e, mais recentemente, no art. 599 do Código Civil de 2002 e na Lei n. 12.506, de 13 de outubro de 2011.

2. Constituições anteriores

Não houve prescrição do aviso prévio nas Constituições brasileiras anteriores.

3. Direito internacional

No direito comparado, o aviso prévio não encontra assento constitucional. Todavia, diversas legislações o tipificaram pelo mundo afora, podendo-se mencionar, como exemplo, o art. 122-6 do Código do Trabalho francês (Lei n. 73-4, de 1973), os arts. 398, 401 e 447 do Código do Trabalho português (Lei n. 99, de 2003), os arts. 49 e 50 do Estatuto dos Trabalhadores da Espanha (Lei n. 8, de 1980) e os arts. 92 *bis*, 231 e 232 da Lei do Contrato de Trabalho da Argentina (Lei n. 20.744, de 1974).

Em artigo intitulado "Direito Comparado no Trabalho" (*Revista do Ministério Público do Trabalho*, Brasília, ano 9, n. 17, março 1999, p. 72-80) o Ministro do TST, Ives Gandra Martins Filho, elencou uma série de países nos quais também havia previsão legal de aviso prévio, tais como: Iraque, Lituânia, Panamá, Bulgária, Senegal, Nigéria, Namíbia, Irã, Macedônia, Bélgica, Malásia, Hungria, Suíça, Paraguai, Reino Unido, Polônia, Benin, Suécia e Luxemburgo.

4. Reforma trabalhista

O direito do trabalho brasileiro sofreu uma reforma bastante pujante, através da Lei n. 13.467/2017. Com a sua vigência em 11 de novembro de 2017, duas inovações atingiram o instituto do aviso prévio.

Em primeiro lugar, houve revogação das alíneas *a* e *b* do § 6º do art. 477 da CLT, de modo que, agora, as verbas rescisórias devem ser pagas em dez dias contados do término do contrato, independentemente de o aviso prévio ter sido indenizado ou trabalhado. Em segundo plano, foi positivada a possibilidade de distrato, isto é, encerramento contratual por mútua vontade das partes. Quando ocorrer essa hipótese, o aviso prévio, se indenizado, deverá ser pago pela metade, de acordo com o art. 484-A, I, *a*, da CLT.

5. Jurisprudência

Julgados do Supremo Tribunal Federal

MI 278/MG, rel. Min. Carlos Velloso, rel. p/ acórdão Min. Ellen Gracie, Tribunal Pleno, *DJ* **4-12-2001** (Mandado de Injunção. Regulamentação do disposto no art. 7º, I e XXI, da Constituição Federal. Relação de emprego protegida contra despedida arbitrária ou sem justa causa. Aviso prévio proporcional ao tempo de serviço. Pedido não conhecido em relação ao art. 7º, I, da CF, diante do que decidiu esta Corte no MI 114/SP. Pedido deferido em parte no que toca à regulamentação do art. 7º, XXI, da CF, para declarar a mora do Congresso Nacional, que deverá ser comunicado para supri-la).

MI 369/DF, rel. Min. Néri da Silveira, rel. p/ acórdão: Min. Francisco Rezek, *DJ* **26-2-1993** (Aviso prévio proporcional ao tempo de serviço, como previsto no art. 7º, XXI, da CF. Reconhecimento da mora do Congresso Nacional).

RE 197911/PE, rel. Min. Octavio Gallotti, j. em 24-9-1996, *DJ* **7-11-1997** (Cláusula prevista em Dissídio Coletivo que estabelece proporcionalidade ao aviso prévio é invasiva da reserva legal específica instituída no art. 7º, XXI, da Constituição Federal).

MI 943/DF, MI 1010/DF, MI 1074/DF e MI 1090/DF, rel. Min. Gilmar Mendes, *DJ* **2-5-2013** (Mandado de injunção. 2. Aviso prévio proporcional ao tempo de serviço. Art. 7º, XXI, da Constituição Federal. 3. Ausência de regulamentação. 4. Ação julgada procedente. 5. Indicação de adiamento com vistas a consolidar proposta conciliatória de concretização do direito ao aviso prévio proporcional. 6. Retomado o julgamento. 7. Advento da Lei n. 12.506/2011, que regulamentou o direito ao aviso prévio proporcional. 8. Aplicação judicial de parâmetros idênticos aos da referida legislação. 9. Autorização para que os ministros apliquem monocraticamente esse entendimento aos mandados de injunção pendentes de julgamento, desde que impetrados antes do advento da lei regulamentadora. 10. Mandado de injunção julgado procedente).

Súmulas do Tribunal Superior do Trabalho

14 – Culpa recíproca (RA 28/1969, DO-GB 21-8-1969. Nova redação – Res. 121/2003, *DJ* 19-11-2003)

Reconhecida a culpa recíproca na rescisão do contrato de trabalho (art. 484 da CLT), o empregado tem direito a 50% (cinquenta por cento) do valor do aviso prévio, do décimo terceiro salário e das férias proporcionais.

44 – Aviso prévio (RA 41/1973, *DJ* 14-6-1973. Nova redação – Res. 121/2003, *DJ* 19-11-2003)

A cessação da atividade da empresa, com o pagamento da indenização, simples ou em dobro, não exclui, por si só, o direito do empregado ao aviso prévio.

73 – Despedida. Justa causa (RA 69/1978, *DJ* 26-9-1978. Nova redação – Res. 121/2003, *DJ* 19-11-2003)

A ocorrência de justa causa, salvo a de abandono de emprego, no decurso do prazo do aviso prévio dado pelo empregador, retira do empregado qualquer direito às verbas rescisórias de natureza indenizatória.

163 – Aviso prévio. Contrato de experiência (RA 102/1982, *DJ* 11-10-1982 e *DJ* 15-10-1982. Nova redação – Res. 121/2003, *DJ* 19-11-2003)

Cabe aviso prévio nas rescisões antecipadas dos contratos de experiência, na forma do art. 481 da CLT (ex-prejulgado n. 42).

182 – Aviso prévio. Indenização compensatória. Lei n. 6.708, de 30-10-1979 (Res. 3/1983, *DJ* 19-10-1983. Redação dada pela Res. 5/1983, *DJ* 9-11-1983. Nova redação – Res. 121/2003, *DJ* 19-11-2003)

O tempo do aviso prévio, mesmo indenizado, conta-se para efeito da indenização adicional prevista no art. 9º da Lei n. 6.708, de 30-10-1979.

230 – Aviso prévio. Substituição pelo pagamento das horas reduzidas da jornada de trabalho (Res. 14/1985, *DJ* 19-9-1985. Nova redação – Res. 121/2003, *DJ* 19-11-2003)

É ilegal substituir o período que se reduz da jornada de trabalho, no aviso prévio, pelo pagamento das horas correspondentes.

253 – Gratificação semestral. Repercussões (Res. 1/1986, *DJ* 23-5-1986. Res. 121/2003, *DJ* 19-11-2003)

A gratificação semestral não repercute no cálculo das horas extras, das férias e do aviso prévio, ainda que indenizados. Repercute, contudo, pelo seu duodécimo na indenização por antiguidade e na gratificação natalina.

276 – Aviso prévio. Renúncia pelo empregado (Res. 9/1988, *DJ* 1-3-1988. Nova redação – Res. 121/2003, *DJ* 19-11-2003. Res. 121/2003, *DJ* 19-11-2003)

O direito ao aviso prévio é irrenunciável pelo empregado. O pedido de dispensa de cumprimento não exime o empregador de pagar o respectivo valor, salvo comprovação de haver o prestador dos serviços obtido novo emprego.

305 – Fundo de Garantia do Tempo de Serviço. Incidência sobre o aviso prévio (Res. 3/1992, *DJ* 5-11-1992. Res. 121/2003, *DJ* 19-11-2003)

O pagamento relativo ao período de aviso prévio, trabalhado ou não, está sujeito a contribuição para o FGTS.

348 – Aviso prévio. Concessão na fluência da garantia de emprego. Invalidade (Res. 58/1996, *DJ* 28-6-1996. Res. 121/2003, *DJ* 19-11-2003)

É inválida a concessão do aviso prévio na fluência da garantia de emprego, ante a incompatibilidade dos dois institutos.

369 – Dirigente sindical. Estabilidade provisória. (Conversão das Orientações Jurisprudenciais n. 34, 35, 86, 145 e 266 da SDI-1 – Res. 129/2005, *DJ* 20-4-2005. Res. 185/2012, *DJ* 27-9-2012)

V – **O registro da candidatura do empregado a cargo de dirigente sindical durante o período de aviso prévio, ainda que indenizado, não lhe assegura a estabilidade**, visto que inaplicável a regra do § 3º do art. 543 da Consolidação das Leis do Trabalho.

371 – Aviso prévio indenizado. Efeitos. Superveniência de auxílio-doença no curso deste. (Conversão das Orientações Jurisprudenciais n. 40 e 135 da SDI-1 – Res. 129/2005, *DJ* 20-4-2005)

A projeção do contrato de trabalho para o futuro, pela concessão do aviso prévio indenizado, tem efeitos limitados às vantagens econômicas obtidas no período de pré-aviso, ou seja, salários, reflexos e verbas rescisórias. No caso de concessão de auxílio-doença no curso do aviso prévio, todavia, só se concretizam os efeitos da dispensa depois de expirado o benefício previdenciário. (ex-OJs n. 40 e 135 – Inseridas respectivamente em 28-11-1995 e 27-11-1998).

380 – Aviso prévio. Início da contagem. Art. 132 do Código Civil DE 2002. (Conversão da Orientação Jurisprudencial n. 122 da SDI-1 – Res. 129/2005, *DJ* 20-4-2005)

Aplica-se a regra prevista no *caput* do art. 132 do Código Civil de 2002 à contagem do prazo do aviso prévio, excluindo-se o dia do começo e incluindo o do vencimento. (ex-OJ n. 122 – Inserida em 20-4-1998).

441 – Aviso prévio. Proporcionalidade. (Res. 185/2012, *DJ* 27-9-2012)

O direito ao aviso prévio proporcional ao tempo de serviço somente é assegurado nas rescisões de contrato de trabalho ocorridas a partir da publicação da Lei n. 12.506, em 13 de outubro de 2011.

Orientações Jurisprudenciais da Subseção I Especializada em Dissídios Individuais – SBDI I do Tribunal Superior do Trabalho

14 – Aviso prévio cumprido em casa. Verbas rescisórias. Prazo para pagamento. (Art. 477, § 6º, *b*, da CLT) (Inserida em 25-11-1996. Nova redação – Res. 129/2005, *DJ* 20-4-2005)

Em caso de aviso prévio cumprido em casa, o prazo para pagamento das verbas rescisórias é até o décimo dia da notificação de despedida.

82 – Aviso prévio. Baixa na CTPS. (Inserida em 28-4-1997)

A data de saída a ser anotada na CTPS deve corresponder à do término do prazo do aviso prévio, ainda que indenizado.

83 – Aviso prévio. Indenizado. Prescrição. (Inserida em 28.04.1997)

A prescrição começa a fluir no final da data do término do aviso prévio. Art. 487, § 1º, CLT.

268 – Indenização adicional. Leis n. 6.708/1979 e 7.238/1984. Aviso prévio. Projeção. Estabilidade provisória. (Inserida em 27-9-2002)

Somente após o término do período estabilitário é que se inicia a contagem do prazo do aviso prévio para efeito das indenizações previstas nos arts. 9º da Lei n. 6708/1979 e 9º da Lei n. 7238/1984.

367. Aviso prévio de 60 dias. Elastecimento por norma coletiva. Projeção. Reflexos nas parcelas trabalhistas. (*DEJT* 3-12-2008)

O prazo de aviso prévio de 60 dias, concedido por meio de norma coletiva que silencia sobre alcance de seus efeitos jurídicos, computa-se integralmente como tempo de serviço, nos termos do § 1º do art. 487 da CLT, repercutindo nas verbas rescisórias.

Orientações Jurisprudenciais da Subseção I Especializada em Dissídios Individuais Transitória – SBDI I Transitória do Tribunal Superior do Trabalho

13 – CSN. Licença remunerada. Aviso prévio. Concomitância. Possibilidade. (inserida em 19-10-2000)

Devido às circunstâncias especialíssimas ocorridas na CSN (Próspera), considera-se válida a concessão de aviso prévio durante o período de licença remunerada.

Seção de Dissídios Coletivos do Tribunal Superior do Trabalho – Precedentes Normativos

24 – Dispensa do aviso prévio

O empregado despedido fica dispensado do cumprimento do aviso prévio quando comprovar a obtenção de novo emprego, desonerando a empresa do pagamento dos dias não trabalhados.

6. Referências bibliográficas

BOUCINHAS FILHO, Jorge Cavalcanti. Reflexões sobre o aviso prévio proporcional ao tempo de serviço. *Justiça do Trabalho*, Porto Alegre, v. 28, n. 334, p. 77-99, out. 2011.

CARRION, Valentin. *Comentários à Consolidação das Leis do Trabalho*. 36. ed. São Paulo: Saraiva, 2011.

CASSAR, Vólia Bomfim. *Direito do trabalho*. 13. ed. Rio de Janeiro: Forense; São Paulo: Método, 2017.

DELGADO, Maurício Godinho. *Curso de direito do trabalho*. 10. ed. São Paulo: LTr, 2011.

FONSECA, José Geraldo. *O novo aviso prévio*. Disponível em: <http://www.diritto.it/dirittostraniero>.

GARCIA, Gustavo Filipe Barbosa. Considerações sobre a Lei 12.506/2011: aviso prévio proporcional. *Justiça do Trabalho*, Porto Alegre, v. 28, n. 334, p. 7-18, dez. 2011.

GOMES, Fábio Rodrigues. *Direitos fundamentais dos trabalhadores*: critérios de identificação e aplicação prática. São Paulo: LTr, 2013.

MARTINS FILHO, Ives Gandra. Direito comparado no trabalho. *Revista do Ministério Público do Trabalho*, Brasília, ano 9, n. 17, mar. 1999, p. 72-80.

NASCIMENTO, Amauri Mascaro. *Iniciação ao direito do trabalho*. 36. ed. São Paulo: LTr, 2011.

PRETTI, Gleibe. *O novo aviso prévio*: de acordo com a Lei n. 12.506/2011. Rio de Janeiro: Elsevier, 2012.

7. Comentários

Ao refletirmos sobre o instituto do aviso prévio, a primeira ideia a aflorar é a seguinte: saber, de antemão, quando a fonte irá secar é algo precioso. Com esta informação, seremos capazes de nos reposicionar mais facilmente no mercado de trabalho e, quiçá, minorar os potenciais efeitos danosos às nossas vidas, decorrentes da decisão do empregador. Se a surpresa não é bem-vinda na maior parte das vezes em que contratamos ou descartamos algo, imaginem quando este "algo" for substituído por um "alguém"!

Além disso, para o empregador não custa quase nada – literalmente falando – disponibilizar ao empregado este tipo de informação. A rigor, trata-se de uma conduta que demonstra respeito e consideração por aquele que serviu aos seus interesses de modo regular e que, portanto, não deu "justa causa" à resolução do contrato. O princípio da boa-fé objetiva aplaudirá de pé esta deferência humanista.

Neste passo, merece destaque a Lei n. 12.506, de 11-10-2011, que, finalmente, veio a regulamentar o art. 7º, XXI, da CF/88. De acordo com o seu art. 1º, *caput*, o aviso prévio continuará na proporção de trinta dias para os empregados com até um ano de tempo de serviço. Contudo – e aí vem a novidade – o seu parágrafo único dispõe que, para cada ano excedente ao primeiro, deverão ser acrescentados três dias ao aviso, até o máximo de sessenta dias, perfazendo o total de noventa dias.

É interessante notar que a letargia legislativa foi rompida a partir do julgamento conjunto de quatro Mandados de Injunção, em 22-6-2011, pelo STF, todos sob a relatoria do Ministro Gilmar Mendes.

Naquela oportunidade, os Ministros convergiram para a procedência do pedido de concretização normativa do art. 7º, XXI, da CF/88. Todavia, não chegaram a um denominador comum quanto ao modo de regulamentação. Só para que se tenha uma ideia do tamanho da divergência, o Ministro Marco Aurélio sugeriu a majoração de dez dias para cada ano excedente de serviço. Já o Ministro Luiz Fux sugeriu o pagamento de três salários adicionais para cada dez anos de trabalho, enquanto o Ministro Cezar Peluso propôs o pagamento de um salário adicional para cada cinco anos. Por conta deste panorama confuso, o julgamento foi suspenso "para a explicitação do seu dispositivo final". E foi exatamente durante este interregno que o Congresso atuou rapidamente: conseguiu sanar em menos de quatro meses a sua inércia de mais de vinte e três anos.

Porém, é de bom alvitre salientar que esta movimentação legislativa está longe de pacificar o nosso sistema de direitos fundamentais específicos, voltados aos trabalhadores subordinados. Isso porque, depois de sua publicação, várias dúvidas foram surgindo ao longo do tempo, como, por exemplo, aquelas em torno de sua potencial retroatividade, de sua extensão aos empregados domésticos e mesmo aos empregadores, na hipótese de pedido de demissão.

Teóricos mais ousados, como o Desembargador Federal do Trabalho José Geraldo da Fonseca, já se anteciparam à jurisprudência. Neste sentido, e através de uma interpretação em abstrato, José Geraldo posicionou-se contra a retroatividade da lei (por força do art. 5º, XXXVI, da CF/88 c/c o art. 1º, § 2º, da LICC), a favor da inclusão dos domésticos no rol de destinatários da norma (em razão do art. 7º, XXI, e seu parágrafo único, além do próprio art. 1º, *caput*, da Lei n. 12.506/2011, que não faz distinção), bem como em favor da extensão legal em benefício do empregador, no caso de pedido de demissão.

Esta última hipótese é, a meu ver, uma das mais problemáticas, seja porque o texto legal valeu-se da expressão "empregados" (um limite semântico que não deve ser subestimado), seja porque o sinalagma trabalhista é imperfeito por natureza (isto é, nem tudo o que vale para um deve, necessariamente, ser aplicado ao outro), seja porque foi o art. 7º, XXI, da CF/88 o dispositivo regulamentado, e, como é cediço, ele apresenta um direito subjetivo do trabalhador subordinado. Ocorre que, de outra parte, existem argumentos contrários interessantes, como, *v.g.*, o da importância do aviso prévio também para o empregador, na medida em que dele se utiliza para contratar novo empregado (e quanto mais qualificado ou experiente na função for o anterior, mais difícil será substituí-lo a contento).

De toda sorte, o que importa neste instante é realçar a jusfundamentalidade do aviso prévio e a sua bem-vinda regulamentação pelo legislador. Certamente, em um futuro próximo, os tribunais acabarão por aparar as suas arestas hermenêuticas, preservando o seu – agora reforçado – núcleo essencial.

Um adendo final: a chamada "Reforma Trabalhista", levada a cabo pela Lei n. 13.467/2017, não afetou estes contornos essenciais ou mesmo a natureza jusfundamental do aviso prévio. Conforme realçado acima, houve uma sutil modulação do seu valor, quando for derivado de um distrato (art. 484-A, I, *a*, da CLT). E retirou-se o aviso prévio da fórmula de previsão de tempo do pagamento das verbas rescisórias, de modo que, sendo ele trabalhado ou indenizado, esta quitação deverá ocorrer no prazo único de dez dias (art. 477, § 6º, da CLT).

Art. 7º, XXII – redução dos riscos inerentes ao trabalho, por meio de normas de saúde, higiene e segurança;

Ney Maranhão

1. Histórico da norma

"Subcomissão dos Direitos dos Trabalhadores: *"proibição de trabalho em atividades insalubres ou perigosas, salvo se autorizado em convenção ou acordo coletivo, com remuneração majorada em 50% (cinquenta por cento)"*; Comissão da Ordem Social: *"proibição de trabalho em atividades insalubres ou perigosas, salvo lei ou convenção coletiva que, além dos controles tecnológicos visando à eliminação do risco, promova a redução da jornada e um adicional de remuneração incidente sobre o salário contratual"*; Comissão de Sistematização: *"redução dos riscos inerentes ao trabalho, por meio de normas de saúde, higiene e segurança""* (COUTINHO, Aldacy Rachid. *Comentários à Constituição do Brasil*. São Paulo: Saraiva, 2013, p. 592.)

2. Constituições anteriores

Art. 165, IX, da EC 1/69.

3. Dispositivos constitucionais relacionados

Art. 5º, LXXIII, art. 7º, XIII, XIV, XV, XVI, XVII, XXIII, XXVIII, XXXIII e parágrafo único, art. 20, I e XXIII, art. 23, VI, art. 24, XII, art. 39, §§ 2º e 3º, art. 129, III, art. 170, VI, art. 186, I, II, III e IV, art. 200, VIII, art. 225, *caput*, § 1º, IV, V e VI, e § 3º, ADCT, art. 10, II, *a*.

4. Constituições estrangeiras

"Art. 59, 1, *c*, da Constituição portuguesa; art. 123, A, XV, da Constituição mexicana; art. 38 da Constituição italiana; art. 67 da Constituição uruguaia; art. 332 da Constituição equatoriana; art. 49 da Constituição cubana; art. 82.4 da Constituição nicaraguense; art. 87 da Constituição venezuelana" (COUTINHO, Aldacy Rachid. *Comentários à Constituição do Brasil*. São Paulo: Saraiva, 2013, p. 592).

5. Textos internacionais

ONU. Declaração Universal dos Direitos do Homem, aprovada pela Assembleia Geral da ONU (10-12-1948), arts. XXIII.1 e XXIV; "OIT. Convenção n. 115 (1960). Trata da proteção contra radiações. Ratificada pelo Brasil em 5-9-1966. Decreto Legislativo n. 2, de 1964. Decreto de Promulgação n. 62.151, de 19-1-1968; Convenção n. 119 (1963). Trata da proteção da maquinaria. Ratificada pelo Brasil em 16-4-1992. Decreto Legislativo n. 232, de 16-12-1991. Decreto de Promulgação n. 1.255, de 29-9-1994; Convenção n. 120 (1964). Trata da higiene no comércio e escritórios. Ratificada pelo Brasil em 24-3-1969. Decreto Legislativo n. 30, de 20-8-1968. Decreto de Promulgação n. 66.498, de 27-4-1970; Convenção n. 127 (1967). Trata do peso máximo de carga para o transporte humano. Ratificada pelo Brasil em 21-8-1970. Decreto-Lei n. 662, de 30-6-1969. Decreto n. 67.339, de 5-10-1970; Convenção n. 134 (1970). Trata da prevenção de acidentes do trabalho dos tripulantes marítimos. Ratificada pelo Brasil em 25-7-1996. Decreto Legislativo n. 43, de 10-4-1995; Convenção n. 136 (1971). Trata da proteção contra os riscos de intoxicação devido ao benzeno. Ratificada pelo Brasil em 24-3-1993. Decreto Legislativo n. 76, de 19-11-1992. Decreto de Promulgação n. 1.253, de 27-9-1994; Convenção n. 139 (1974). Trata da prevenção e controle dos riscos profissionais causados por substâncias ou agentes cancerígenos. Ratificada pelo Brasil em 27-6-1990. Decreto Legislativo n. 3, de 7-5-1990. Decreto de Promulgação n. 157, de 2-7-1991; Convenção n. 148 (1974). Trata da proteção dos trabalhadores contra os riscos profissionais devidos à contaminação do ar, o ruído e as vibrações no local de trabalho. Ratificada pelo Brasil em 13-1-1982. Decreto Legislativo n. 56, de 9-10-1981. Decreto de Promulgação n. 93.413, de 15-10-1981; Convenção n. 152 (1979). Trata das normas de segurança e higiene nos trabalhos portuários. Ratificada pelo Brasil em 18-5-1990. Decreto Legislativo n. 84, de 11-12-1989. Decreto de Promulgação n. 99.534, de 19-9-1990; Convenção n. 155 (1981). Trata da segurança, saúde dos trabalhadores e meio ambiente do trabalho. Ratificada pelo Brasil em 18-5-1990. Decreto Legislativo n. 2, de 17-3-1992. Decreto de Promulgação n. 1.254, de 20-9-1994; Convenção n. 161 (1985). Trata dos serviços de saúde no trabalho. Ratificada pelo Brasil em 18-5-1990. Decreto Legislativo n. 86, de 14-12-1989. Decreto de Promulgação n. 127, de 22-5-1991; Convenção n. 162 (1986). Trata da utilização do amianto em condições de segurança. Ratificada pelo Brasil em 18-5-1990. Decreto Legislativo n. 51, de 25-8-1989. Decreto de Promulgação n. 126, de 22-5-1991; Convenção n. 164 (1987). Trata da proteção da saúde e assistência médica do marítimo. Ratificada pelo Brasil em 4-3-1997. Decreto Legislativo n. 74, de 16-8-1996. Decreto de Promulgação n. 2.671, de 15-7-1998; Convenção n. 167 (1988). Trata da segurança e saúde na construção. Ratificada pelo

Brasil em 19-5-2006. Recomendação n. 175 (1988). Decreto Legislativo n. 61, de 18-4-2006. Decreto de Promulgação n. 6.271, de 22-11-2007; Convenção n. 170 (1990). Trata da utilização de produtos químicos. Ratificada pelo Brasil em 23-12-1996. Decreto Legislativo n. 67, de 4-5-1995. Decreto de Promulgação n. 2.657, de 3-7-1998; Convenção n. 174 (1993). Trata da prevenção de acidentes industriais de grande risco. Ratificada pelo Brasil em 2-8-2001. Decreto Legislativo n. 246, de 28-6-2001. Decreto de Promulgação n. 4.085, de 15-1-2002; Convenção n. 176 (1995). Trata da segurança e saúde nas minas. Ratificada pelo Brasil em 18-5-2006. Recomendação n. 183. Decreto Legislativo n. 62, de 18-4-2006. Decreto de Promulgação n. 6.270, de 22-11-2007; Convenção n. 178 (1996). Trata da inspeção no trabalho. Ratificada pelo Brasil em 21-12-2007. Decreto Legislativo n. 267, de 4-10-2007" (COUTINHO, Aldacy Rachid. *Comentários à Constituição do Brasil*. São Paulo: Saraiva, 2013, p. 592).

6. Legislação

Consolidação das Leis do Trabalho, arts. 58, 58-A, 59, 59-A, 59-B, 60, 61, 62, 71, 75-E, 154 a 201, 223-A a 223-G, 372, 394-A, 510-B, II, III, IV e V, 611-A, I, II, III, VIII, XII e XIII, 611-B, IX, X, XII, XVII, XVIII, XX, XXIII, XXIV e parágrafo único; Portaria MTE n. 3.214/1978 (Normas Regulamentadoras); Lei n. 6.938/1981, arts. 3º, I, II, III, IV, 4º, I, III, IV, V, VI, VII, 10, 14, § 1º; Lei n. 8.080, de 19-9-1990, art. 6º, I, *c*, e V; Decreto n. 7.602/2011 (Política Nacional de Segurança e Saúde no Trabalho); MP 808/2017.

7. Jurisprudência do STF

Súmula 736 (Compete à justiça do trabalho julgar as ações que tenham como causa de pedir o descumprimento de normas trabalhistas relativas à segurança, higiene e saúde dos trabalhadores); "CComp 7.204-1/MG, j. em 29-6-2005, *DJ* 9-12-2005, rel. Min. Carlos Britto (Compete à Justiça do Trabalho após a entrada em vigor da Emenda Constitucional n. 45/94 processar e julgar as causas de acidente do trabalho movidas pelo empregado em face do empregador decorrentes da relação de emprego); Rcl 20744 AgR, Relator Ministro Roberto Barroso, Primeira Turma, julgamento em 2-2-2016, *DJe* de 24-2-2016 (Ao julgar a ADI 3.395-MC, este Tribunal deferiu medida cautelar para suspender toda e qualquer interpretação dada ao inciso I do art. 114 da CF, na redação dada pela EC 45/2004, que inclua, na competência da Justiça do Trabalho, a apreciação de causas que sejam instauradas entre o Poder Público e seus servidores, a ele vinculados por típica relação de ordem estatutária ou de caráter jurídico-administrativo. 3. As circunstâncias do caso concreto, no entanto, não permitem a aplicação dessa orientação. Isto porque o debate instaurado na origem diz respeito ao cumprimento de normas relativas à higiene, saúde e segurança dos trabalhadores de hospital público (estatutários e celetistas), matéria que não parece ser alcançada pelo paradigma invocado. Assim, entendo não haver identidade estrita entre a hipótese dos autos e o julgado na ADI 3.395-MC)" (COUTINHO, Aldacy Rachid. *Comentários à Constituição do Brasil*. São Paulo: Saraiva, 2013, p. 593.); ADI 3.937 MC, rel. min. Marco Aurélio, voto do min. Ayres Britto, j. 4-6-2008, *DJe* de 10-10-2008 (Acontece que esse caso me parece peculiar, e muito peculiar – se o superlativo for admitido eu diria peculiaríssimo –, porque a lei federal faz remissão à Convenção da OIT 162, art. 3º, que, por versar tema que no Brasil é tido como de direito fundamental (saúde), tem o *status* de norma supralegal. Estaria, portanto, acima da própria lei federal que dispõe sobre a comercialização, produção, transporte etc., do amianto. (...) De maneira que, retomando o discurso do min. Joaquim Barbosa, a norma estadual, no caso, cumpre muito mais a CF nesse plano da proteção à saúde ou de evitar riscos à saúde humana, à saúde da população em geral, dos trabalhadores em particular e do meio ambiente. A legislação estadual está muito mais próxima dos desígnios constitucionais, e, portanto, realiza melhor esse sumo princípio da eficácia máxima da Constituição em matéria de direitos fundamentais, e muito mais próxima da OIT, também, do que a legislação federal. Então, parece-me um caso muito interessante de contraposição de norma suplementar com a norma geral, levando-nos a reconhecer a superioridade da norma suplementar sobre a norma geral. E, como estamos em sede de cautelar, há dois princípios que desaconselham o *referendum* à cautelar: o princípio da precaução, que busca evitar riscos ou danos à saúde e ao meio ambiente para gerações presentes; e o princípio da prevenção, que tem a mesma finalidade para gerações futuras. Nesse caso, portanto, o *periculum in mora* é invertido e a plausibilidade do direito também contraindica o *referendum* a cautelar. Sr. Presidente, portanto, pedindo todas as vênias, acompanho a dissidência e também não referendo a cautelar); ADI 3406 (caso Amianto), Rel. Min. Rosa Weber, j. 29-11-2017, *DJe* de 4-12-2017 (O Tribunal, por maioria e nos termos do voto da Relatora, julgou improcedente a ação, e, incidentalmente, declarou a inconstitucionalidade do art. 2º da Lei 9.055/95, com efeito vinculante e *erga omnes*. Vencidos o Ministro Marco Aurélio, que votou pela procedência do pedido, e, em parte, o Ministro Alexandre de Moraes, que divergia parcialmente para julgar parcialmente procedente o pedido e dar interpretação conforme aos arts. 2º e 3º da Lei 3.579 do Estado do Rio de Janeiro, nos termos de seu voto. Ao final, o Tribunal indeferiu pedido de análise de modulação de efeitos suscitado da tribuna. Impedidos os Ministros Roberto Barroso e Dias Toffoli. Ausente, justificadamente, o Ministro Ricardo Lewandowski. Presidiu o julgamento a Ministra Cármen Lúcia. Plenário, 29-11-2017. Acórdão ainda não publicado. Em 19-12-2017, a Min. Rosa Weber acolheu pedido liminar de tutela de urgência para suspender, em parte, os efeitos da decisão, apenas no ponto em que se atribuiu eficácia *erga omnes* à declaração de inconstitucionalidade do art. 2º da Lei n. 9.055/1995, até a publicação do acórdão respetivo e fluência do prazo para oposição dos aventados embargos de declaração).

8. Jurisprudência do TST

"Súmulas 39 (Os empregados que operam em bomba de gasolina têm direito ao adicional de periculosidade – Lei n. 2.573, de 15-8-1955); 47 (O trabalho executado em condições insalubres, em caráter intermitente, não afasta, só por essa circunstância, o direito à percepção do respectivo adicional); 70 (O adicional de periculosidade não incide sobre os triênios pagos pela Petrobras); 80 (A eliminação da insalubridade mediante fornecimento de aparelhos protetores aprovados pelo órgão competente do Poder Executivo exclui a percepção do respectivo adicional); 132 (I – O adicional de periculosidade, pago em caráter permanente, integra o cálculo de indenização e de horas extras. II – Durante as horas de sobreaviso, o empregado não se encontra em condições de risco, razão pela qual é incabível a integração do adicional de periculosidade sobre as mencionadas horas); 139 (Enquanto percebido, o adicional de insalubridade integra a remuneração para todos os efeitos legais); 191 (O adicional de periculosidade incide apenas sobre o salário básico e não sobre este acrescido de outros adicionais)" (COUTINHO, Aldacy Rachid. *Comentários à Constituição do Brasil*. São Paulo: Saraiva, 2013, p. 593). O adicional de periculosidade do empregado eletricitário, contratado sob a égide da Lei n. 7.369/1985, deve ser calculado sobre a totalidade das parcelas de natureza salarial. Não é válida norma coletiva mediante a qual se determina a incidência do referido adicional sobre o salário básico. A alteração da base de cálculo do adicional de periculosidade do eletricitário promovida pela Lei n. 12.740/2012 atinge somente contrato de trabalho firmado a partir de sua vigência, de modo que, nesse caso, o cálculo será realizado exclusivamente sobre o salário básico, conforme determina o § 1º do art. 193 da CLT; "228 (A partir de 9 de maio de 2008, data da publicação da Súmula Vinculante n. 4 do Supremo Tribunal Federal, o adicional de insalubridade será calculado sobre o salário básico, salvo critério mais vantajoso fixado em instrumento coletivo); 248 (A reclassificação ou a descaracterização da insalubridade, por ato da autoridade competente, repercute na satisfação do respectivo adicional, sem ofensa a direito adquirido ou ao princípio da irredutibilidade salarial); 289 (O simples fornecimento do aparelho de proteção pelo empregador não o exime do pagamento do adicional de insalubridade. Cabe-lhe tomar as medidas que conduzam à diminuição ou eliminação da nocividade, entre as quais as relativas ao uso efetivo do equipamento pelo empregado); 293 (A verificação mediante perícia de prestação de serviços em condições nocivas, considerado agente insalubre diverso do apontado na inicial, não prejudica o pedido de adicional de insalubridade); 360 (A interrupção do trabalho destinada a repouso e alimentação, dentro de cada turno, ou o intervalo para repouso semanal, não descaracteriza o turno de revezamento); 361 (O trabalho exercido em condições perigosas, embora de forma intermitente, dá direito ao empregado a receber o adicional de periculosidade de forma integral, porque a Lei n. 7.369, de 20-9-1985, não estabeleceu nenhuma proporcionalidade em relação ao seu pagamento); 364" (COUTINHO, Aldacy Rachid. *Comentários à Constituição do Brasil*. São Paulo: Saraiva, 2013, p. 593.) (Tem direito ao adicional de periculosidade o empregado exposto permanentemente ou que, de forma intermitente, sujeita-se a condições de risco. Indevido, apenas, quando o contato dá-se de forma eventual, assim considerado o fortuito, ou o que, sendo habitual, dá-se por tempo extremamente reduzido. Não é válida a cláusula de acordo ou convenção coletiva de trabalho fixando o adicional de periculosidade em percentual inferior ao estabelecido em lei e proporcional ao tempo de exposição ao risco, pois tal parcela constitui medida de higiene, saúde e segurança do trabalho, garantida por norma de ordem pública (arts. 7º, XXII e XXIII, da CF e 193, § 1º, da CLT); 367 (II – O cigarro não se considera salário-utilidade em face de sua nocividade à saúde); 392 (Nos termos do art. 114, inc. VI, da Constituição da República, a Justiça do Trabalho é competente para processar e julgar ações de indenização por dano moral e material, decorrentes da relação de trabalho, inclusive as oriundas de acidente de trabalho e doenças a ele equiparadas, ainda que propostas pelos dependentes ou sucessores do trabalhador falecido); 423 (Estabelecida jornada superior a seis horas e limitada a oito horas por meio de regular negociação coletiva, os empregados submetidos a turnos ininterruptos de revezamento não têm direito ao pagamento da 7ª e 8ª horas como extras); 437 (Após a edição da Lei n. 8.923/94, a não concessão ou a concessão parcial do intervalo intrajornada mínimo, para repouso e alimentação, a empregados urbanos e rurais, implica o pagamento total do período correspondente, e não apenas daquele suprimido, com acréscimo de, no mínimo, 50% sobre o valor da remuneração da hora normal de trabalho (art. 71 da CLT), sem prejuízo do cômputo da efetiva jornada de labor para efeito de remuneração. É inválida cláusula de acordo ou convenção coletiva de trabalho contemplando a supressão ou redução do intervalo intrajornada porque este constitui medida de higiene, saúde e segurança do trabalho, garantido por norma de ordem pública (art. 71 da CLT e art. 7º, XXII, da CF/1988), infenso à negociação coletiva. Possui natureza salarial a parcela prevista no art. 71, § 4º, da CLT, com redação introduzida pela Lei n. 8.923, de 27 de julho de 1994, quando não concedido ou reduzido pelo empregador o intervalo mínimo intrajornada para repouso e alimentação, repercutindo, assim, no cálculo de outras parcelas salariais. Ultrapassada habitualmente a jornada de seis horas de trabalho, é devido o gozo do intervalo intrajornada mínimo de uma hora, obrigando o empregador a remunerar o período para descanso e alimentação não usufruído como extra, acrescido do respectivo adicional, na forma prevista no art. 71, *caput* e § 4º da CLT); 438 (O empregado submetido a trabalho contínuo em ambiente artificialmente frio, nos termos do parágrafo único do art. 253 da CLT, ainda que não labore em câmara frigorífica, tem direito ao intervalo intrajornada previsto no *caput* do art. 253 da CLT); 443 (Presume-se discriminatória a despedida de empregado portador do vírus HIV ou de outra doença grave que suscite estigma ou preconceito. Inválido o ato, o empregado tem direito à reintegração no emprego); 444 (É válida, em caráter excepcional, a jornada de doze horas de trabalho por trinta e seis de descanso, prevista em lei ou ajustada exclusivamente mediante acordo coletivo de trabalho ou convenção coletiva de trabalho, assegurada a remuneração em dobro dos feriados trabalhados. O empregado não tem direito ao pagamento de adicional referente ao labor prestado na décima primeira e décima segunda horas); 446 (A garantia ao intervalo intrajornada, prevista no art. 71 da CLT, por constituir-se em medida de higiene, saúde e segurança do empregado, é aplicável também ao ferroviário maquinista integrante da categoria "c" (equipagem de trem em geral), não havendo incompatibilidade entre as regras inscritas nos arts. 71, § 4º, e 238, § 5º, da CLT); 447 (Os tripulantes e demais empregados em serviços auxiliares de transporte aéreo que, no momento do abastecimento da aeronave, permanecem a bordo não têm direito ao adicional de periculosidade a que aludem o art. 193 da CLT e o Anexo 2, item 1, "c", da NR 16 do MTE); 448 (Não basta a constatação da insalubridade por meio de laudo pericial para que o empregado tenha direito ao respectivo adicional, sendo necessária a classificação da atividade insalubre na relação oficial elaborada pelo Ministério do Trabalho. A higienização de instalações sanitárias de uso público ou coletivo de grande circulação, e a respectiva coleta de lixo, por não se equiparar à limpeza em residências e escritórios, enseja o pagamento de adicional de insalubridade em grau máximo, incidindo o disposto no Anexo 14 da NR-15 da Portaria do MTE n. 3.214/78 quanto à coleta e industrialização de lixo urbano); 453 (O pagamento de adicional de periculosidade efetuado por mera liberalidade da empresa, ainda que de forma proporcional ao tempo de exposição ao risco ou em percentual inferior ao máximo legalmente previsto, dispensa a realização da prova técnica exigida pelo art. 195 da CLT, pois torna incontroversa a existência do trabalho em condições perigosas); SDI-1. Orientação Jurisprudencial 47 (A base de cálculo da hora extra é o resultado da soma do salário contratual mais o adicional de insalubridade); 103 (O adicional de insalubridade já remunera os dias de repouso semanal e feriados); 121 (O sindicato tem legitimidade para atuar na qualidade de substituto processual para pleitear diferença de adicional de insalubridade); 165 (O art. 195 da CLT não faz qualquer distinção entre o médico e o engenheiro para efeito de caracterização e classificação da insalubridade e periculosidade, bastando para a elaboração do laudo seja o profissional devidamente qualificado); 171 (Para efeito de concessão de adicional de insalubridade não há distinção entre fabricação e manuseio de óleos minerais – Portaria n. 3.214 do Ministério do Trabalho, NR 15, Anexo XIII); 172 (Condenada ao pagamento do adicional de insalubridade ou periculosidade, a empresa deverá inserir, mês a mês e enquanto o trabalho for executado sob essas condições, o valor correspondente em folha de pagamento); 173 (Ausente previsão legal, indevido o adicional de insalubridade ao trabalhador em atividade a céu aberto, por sujeição à radiação solar (art. 195 da CLT e Anexo 7 da NR 15 da Portaria n. 3214/78 do MTE). Tem direito ao adicional de insalubridade o trabalhador que exerce atividade exposto ao calor acima dos limites de tolerância, inclusive em ambiente externo com carga solar, nas condições previstas no Anexo 3 da NR 15 da Portaria n. 3214/78 do MTE); 259 (O adicional de periculosidade deve compor a base de cálculo do adicional noturno, já que também neste horário o trabalhador permanece sob as condições de risco); 324 (É assegurado o adicional de periculosidade apenas aos empregados que trabalham em sistema elétrico de potência em condições de risco, ou que o façam com equipamentos e instalações elétricas similares, que ofereçam risco equivalente, ainda que em unidade consumidora de energia elétrica); 345 (A exposição do empregado à radiação ionizante ou à substância radioativa enseja a percepção do adicional de periculosidade, pois a regulamentação ministerial (Portarias do Ministério do Trabalho n. 3.393, de 17-12-1987, e n. 518, de 7-4-2003), ao reputar perigosa a atividade, reveste-se de plena eficácia, porquanto expedida por força de delegação legislativa contida no art. 200, *caput* e inciso VI, da CLT. No período de 12-12-2002 a 6-4-2003, enquanto vigeu a Portaria n. 496 do Ministério do Trabalho, o empregado faz jus ao adicional de insalubridade); 347 (É devido o adicional de periculosidade aos empregados cabistas, instaladores e reparadores de linhas e aparelhos de empresas de telefonia, desde que, no exercício de suas funções, fiquem expostos a condições de risco equivalente ao do trabalho exercido em contato com sistema elétrico de potência); 355 (O desrespeito ao intervalo mínimo interjornadas previsto no art. 66 da CLT acarreta, por analogia, os mesmos efeitos previstos no § 4º do art. 71 da CLT e na Súmula n. 110 do TST, devendo-se pagar a integralidade das horas que foram subtraídas do intervalo, acrescidas do respectivo adicional); 360 (Faz jus à jornada especial prevista no art. 7º, XIV, da CF/1988 o trabalhador que exerce suas atividades em sistema de alternância de turnos, ainda que em dois turnos de trabalho, que compreendam, no todo ou em parte, o horário diurno e o noturno, pois submetido à alternância de horário prejudicial à saúde, sendo irrelevante que a atividade da empresa se desenvolva de forma ininterrupta); 385 (É devido o pagamento do adicional de periculosidade ao empregado que desenvolve suas atividades em edifício (construção vertical), seja em pavimento igual ou distinto daquele onde estão instalados tanques para armazenamento de líquido inflamável, em quantidade acima do limite legal, considerando-se como área de risco toda a área interna da construção vertical); 388 (O empregado submetido à jornada de 12 horas de trabalho por 36 de descanso, que compreenda a totalidade do período noturno, tem direito ao adicional noturno, relativo às horas trabalhadas após as 5 horas da manhã); 395 (O trabalho em regime de turnos ininterruptos de revezamento não retira o direito à hora noturna reduzida, não havendo incompatibilidade entre as disposições contidas nos arts. 73, § 1º, da CLT e 7º, XIV, da Constituição Federal); 386 (Para o cálculo do salário hora do empregado horista, submetido a turnos ininterruptos de revezamento, considerando a alteração da jornada de 8 para 6 horas diárias, aplica-se o divisor 180, em observância ao disposto no art. 7º, VI, da Constituição Federal, que assegura a irredutibilidade salarial); 410 (Viola o art. 7º, XV, da CF a concessão de repouso semanal remunerado após o sétimo dia consecutivo de trabalho, importando no seu pagamento em dobro); 420 (É inválido o instrumento normativo que, regularizando situações pretéritas, estabelece jornada de oito horas para o trabalho em turnos ininterruptos de revezamento);

9. Seleção de literatura

BELFORT, Fernando José Cunha. *Meio ambiente do trabalho:* competência da Justiça do Trabalho. São Paulo: LTr, 2003; BRITO FILHO, José Cláudio Monteiro de. *Trabalho decente:* análise jurídica da exploração do trabalho – trabalho forçado e outras formas de trabalho indigno. São Paulo: LTr, 2004; CECILIA, Silvana Louzada Lamattina. *Responsabilidade do empregador por danos à saúde do trabalhador.* São Paulo: LTr, 2008; DINIZ, Ana Paola Santos Machado. *Saúde no trabalho:* prevenção, dano e reparação. São Paulo: LTr, 2003; FERNANDES, Fábio. *Meio ambiente geral e meio ambiente do trabalho:* uma visão sistêmica. São Paulo: LTr, 2009; FIGUEIREDO, Guilherme José Purvin. *Direito ambiental e a saúde dos trabalhadores:* controle da poluição, proteção do meio ambiente, da vida e da saúde dos trabalhadores no direito internacional, na União Europeia e no Mercosul. 2. ed. São Paulo: LTr, 2007; HERMIDA, Denis Domingues. *As normas de proteção mínima da integriade física do trabalhador.* São Paulo: LTr, 2007; MACHADO, Sidnei. *O direito à proteção ao meio ambiente de trabalho no Brasil.* São Paulo: LTr, 2001; MARQUES, Christiani. *A proteção ao trabalho penoso.* São Paulo: LTr, 2007; MELO, Raimundo Simão de. *Ação civil pública na Justiça do Trabalho.* São Paulo: LTr, 2002; MELO, Raimundo Simão de. *Direito ambiental do trabalho e a saúde do trabalhador:* responsabilidades legais, dano material, dano moral, dano estético, indenização pela perda de uma chance e prescrição. 3. ed. São Paulo: LTr, 2008; NOGUEIRA, Sandro D'Amato. *Meio ambiente do trabalho:* o princípio da prevenção na vigilância e na saúde ambiental. São Paulo: LTr, 2008; OLIVEIRA, Sebastião Geraldo de. *Indenizações por acidente do trabalho ou doença ocupacional.* 4. ed. São Paulo: LTr, 2008; OLIVEIRA, Sebastião Geraldo de. *Proteção jurídica à saúde do trabalhador.* 5. ed. São Paulo: LTr, 2010, p. 118; PADILHA, Norma Sueli. *Do meio ambiente do trabalho equilibrado.* São Paulo: LTr, 2002; PADILHA, Norma Sueli. *Fundamentos constitucionais do direito ambiental brasileiro.* Rio de Janeiro: Elsevier, 2010; ROCHA, Julio Cesar de Sá da. *Direito ambiental do trabalho.* São Paulo: LTr, 2002; ROSSIT, Liliana Allodi. *O meio ambiente do trabalho no direito ambiental brasileiro. São Paulo: LTr, 2001; SADY, João José. Direito do meio ambiente de trabalho. São Paulo: LTr, 2000; SILVA NETO, Manoel Jorge. Proteção constitucional dos interesses trabalhistas: difusos, coletivos e individuais homogêneos. São Paulo: LTr, 2001; SIMM, Zeno. Acosso psíquico no ambiente de trabalho. São Paulo: LTr, 2008; TORRES, Anita Maria Meinberg Perecin. A saúde da mulher e o meio ambiente do trabalho. São Paulo: LTr, 2007 (COUTINHO, Aldacy Rachid. Comentários à Constituição do Brasil. São Paulo: Saraiva, 2013, p. 594); MELO, Sandro Nahmias. Meio ambiente do trabalho: direito fundamental. São Paulo: LTr, 2001; RAMAZZINI, Bernardino. As doenças dos trabalhadores. Tradução de Raimundo Estrêla. 3. ed. São Paulo: FUNDACENTRO, 2000; SANTOS, Adelson Silva dos. Fundamentos do direito ambiental do trabalho. São Paulo: LTr, 2010; SARLET, Ingo Wolfgang; FENSTERSEIFER, Tiago. Direito constitucional ambiental: estudos sobre a Constituição, os direitos fundamentais e a proteção do ambiente. São Paulo: Revista dos Tribunais, 2011; AMORIM JUNIOR, Cléber Nilson. Segurança e saúde no trabalho: princípios norteadores. São Paulo: LTr, 2013; ARAÚJO JUNIOR, Francisco Milton. Doença ocupacional e acidente de trabalho: análise multidisciplinar. 2. ed. São Paulo: LTr, 2013; AZEVEDO NETO, Platon Teixeira de. O trabalho decente como um direito humano. São Paulo: LTr, 2015; MINARDI, Fábio Freitas. Meio ambiente do trabalho: proteção jurídica à saúde mental. Curitiba: Juruá, 2010; BRANDÃO, Cláudio. Acidente do trabalho e responsabilidade civil do empregador. 4. ed. São Paulo: LTr, 2015; CAMARGO, Thaísa Rodrigues Lustosa de; MELO, Sandro Nahmias. Princípios de direito ambiental do trabalho. São Paulo: LTr, 2013; CATALDI, Maria José Giannella. Stress no meio ambiente do trabalho. 2. ed. São Paulo: LTr, 2011; COSTA, Cristiane Ramos. O direito ambiental do trabalho e a insalubridade: aspectos da proteção jurídica à saúde do trabalhador sob o enfoque dos direitos fundamentais. São Paulo: LTr, 2013; DALLEGRAVE NETO, José Affonso. Responsabilidade civil no direito do trabalho. 5. ed. São Paulo: LTr, 2015; DEJOURS, Christophe. A loucura do trabalho: estudo de psicopatologia do trabalho. Tradução de Ana Isabel Paraguay e Lúcia Leal Ferreira. São Paulo: Oboré Editorial, 1987; MENDES, René (Org.). Patologia do trabalho. 3. ed. São Paulo: Editora Atheneu, 2013, volumes 1 e 2; FRANCO FILHO, Georgenor de Sousa. Curso de direito do trabalho. São Paulo: LTr, 2015; NASCIMENTO, Sônia Mascaro. Assédio moral. São Paulo: Saraiva, 2009; SELIGMANN-SILVA, Edith. Trabalho e desgaste mental: o direito de ser dono de si mesmo. São Paulo: Cortez, 2011; SILVA, Homero Batista Mateus da. Curso de direito do trabalho aplicado. Volume 3 – Saúde e segurança no trabalho. 2. ed. São Paulo: Revista dos Tribunais, 2015; SILVA, José Antônio Ribeiro de Oliveira. A saúde do trabalhador como um direito humano: conteúdo essencial da dignidade humana. São Paulo: LTr, 2008; SOARES, Leandro Queiroz. Interações socioprofissionais e assédio moral no trabalho. São Paulo: Casa do Psicólogo, 2008; WANDELLI, Leonardo Vieira. O direito humano e fundamental ao trabalho: fundamentação e exigibilidade. São Paulo: LTr, 2012; FERREIRA, Januário Justino (Coord. Geral). Saúde mental no trabalho: coletânea do Fórum de Saúde e Segurança no Trabalho do Estado de Goiás. Goiânia: Cir Gráfica, 2013; CABRAL, Angelo Antonio. Direito ambiental do trabalho na sociedade de risco. Curitiba: Juruá, 2016; RIBEIRO, Claudirene Andrade. Meio ambiente do trabalho: responsabilidade civil por dano moral coletivo na atividade frigorífica. Curitiba: Juruá, 2017; CARVALHO, Augusto César Leite de. Direito do trabalho: curso e discurso. 2. ed. São Paulo: LTr, 2018; FELICIANO, Guilherme Guimarães; URIAS, João; (Coord.). Direito ambiental do trabalho: apontamentos para uma teoria geral. São Paulo: LTr, 2013. v. 1; FELICIANO, Guilherme Guimarães; URIAS, João; MARANHÃO, Ney; SEVERO, Valdete Souto (Coord.). Direito ambiental do trabalho: apontamentos para uma teoria geral. São Paulo: LTr, 2015. v. 2; FELICIANO, Guilherme Guimarães; URIAS, João; MARANHÃO, Ney; (Coord.). Direito ambiental do trabalho: apontamentos para uma teoria geral. São Paulo: LTr, 2017. v. 3; MENDES, René (Coord.). Dicionário de saúde e segurança do trabalhador: conceitos – definições – história – cultura. Novo Hamburgo: Proteção Publicações, 2018; MARANHÃO, Ney. Poluição labor-ambiental: abordagem conceitual da degradação das condições de trabalho, da organização do trabalho e das relações interpessoais travadas no contexto laborativo. Rio de Janeiro: Lumen Juris, 2017; SOUZA JÚNIOR, Antonio Umberto de; SOUZA, Fabiano Coelho de; MARANHÃO, Ney; AZEVEDO NETO, Platon Teixeira de. Reforma trabalhista: análise comparativa e crítica da Lei n. 13.467/2017 e da MP n. 808/2017. 2. ed. São Paulo: Editora Rideel, 2018.

10. Comentários

Nosso arcabouço jurídico-constitucional enfatiza a promoção da dignidade humana (art. 1º, III) e o bem de todos (art. 3º, IV), com resguardo da vida, saúde e segurança (arts. 5º, caput, e 6º) e necessário equilíbrio em qualquer contexto ambiental (arts. 23, VI, e 225, caput). Afigura-se inteiramente coerente, portanto, que significativa parte da população que diuturnamente exerce o papel social de trabalhador também faça jus a tais direitos fundamentais quando imersa no específico microcosmo labor-ambiental, máxime quando a própria Carta Maior também reconhece, inequivocamente, que o meio ambiente do trabalho integra o meio ambiente em geral (art. 200, VIII). Deveras, a pactuação de uma relação de trabalho, seja ela de que natureza jurídica for, por certo não implica renúncia a qualquer daqueles direitos, porquanto inerentes à dignidade humana, impondo-se, assim, incontornável **eficácia horizontal dos direitos fundamentais**, de maneira a também atingir relações jurídicas firmadas entre particulares (CF, art. 5º, § 1º).

Enfatize-se, já por isso, desde logo, que, ao conferir aos trabalhadores o direito fundamental à contínua redução dos riscos inerentes ao trabalho, por meio de normas de saúde, higiene e segurança, nossa Carta Constitucional está assegurando, em essência, a cada trabalhador, um direito de matiz **jusambiental**, qual seja, a garantia de um meio ambiente do trabalho sadio, em íntima conexão axiológica com o art. 225 da mesma Carta Maior. O principal efeito jurídico desse reconhecimento está, basicamente, na possibilidade de canalização de todo o portentoso estuário jurídico-protetivo do Direito Ambiental também em benefício do equilíbrio do meio ambiente laboral, especialmente sua extensa e alvissareira malha principiológica (desenvolvimento sustentável, prevenção, precaução, correção na fonte, poluidor-pagador, usuário-pagador, educação, participação, cooperação, proibição de retrocesso socioambiental etc.), dando azo ao exsurgir de um assim denominado **Direito Ambiental do Trabalho** e, com isso, contribuindo para a **melhoria da condição socioambiental da classe trabalhadora** (CF, arts. 7º, caput, 200, VIII, e 225, caput).

Frise-se, ademais, que a nova ordem constitucional instaurada em 1988 inovou ao se valer da palavra *saúde* quando do arrolamento de direitos da classe trabalhadora. De fato, a referência à saúde no inciso XXII do art. 7º da Carta Constitucional, em comento, empregada em contexto de anunciação de direitos dos trabalhadores, aliada à previsão do meio ambiente do trabalho especificamente quando da referência a atribuições do Sistema Único de Saúde (art. 200, VIII), deixam a nu a circunstância de que a integração do meio ambiente do trabalho ao bem jurídico ambiental também decorre do reconhecimento constitucional acerca da fortíssima ligação havida entre trabalho, meio ambiente e saúde pública, a reforçar o incontornável foco publicista que deve nortear esse tipo de assunto, tendo-o, acertadamente, como matéria de genuíno **interesse público primário**.

Com isso, nosso legislador constituinte originário pontuou, de forma categórica, a importância da qualidade labor-ambiental não só para a proteção mais eficaz e direta de uma específica parcela da população que diariamente se sujeita a exposições deletérias à sua saúde e segurança (classe trabalhadora), mas também para a própria sociedade como um todo, em especial quando essa qualidade é percebida enquanto fator inibidor de focos de poluição ambiental. De fato, todas as vezes que um documento ambiental, preocupado em combater a poluição, reportar, por exemplo, à produção, ao manuseio, à conservação, ao transporte ou ao descarte de produtos químicos, bem como à simples reparação e limpeza de equipamentos e recipientes utilizados para a manutenção de produtos químicos, estar-se-á referindo, invariavelmente, ao meio ambiente do trabalho, já que todas essas atividades envolvem labor humano consubstanciado em obrigação de fazer, sujeito ou não ao controle hierárquico de alguém, constituindo-se como incontornáveis focos de vulnerabilidade ambiental. Nesse prisma, o tema da qualidade e higidez do meio ambiente do trabalho, decididamente, itere-se, fortalece-se como autêntica **matéria de ordem pública**.

É certo, portanto, que a proteção e promoção da saúde humana constituem pontos nevrálgicos em sede labor-ambiental. Não sem razão, o citado art. 200, VIII, da Carta Constitucional está inserido em seu Título VIII ("Da Ordem Social"), mais precisamente na Seção II de seu Capítulo II ("Da Seguridade Social"), que contém a epígrafe "Da Saúde", um direito de todos e dever do Estado (art. 196, *caput*), resguardado em um panorama em que o *bem-estar* (equivalente jurídico de "sadia qualidade de vida") figura entre os alicerces da ordem social (art. 193) e a *existência digna* (outro sinônimo de "sadia qualidade de vida") ressoa como um dos fundamentos da ordem econômica (art. 170, *caput*), que, de sua parte, também tem como um de seus princípios a "defesa do meio ambiente" (art. 170, VI) e a "função social da propriedade" (art. 170, III).

Nossa Constituição Federal também aduz que essa função social, no âmbito da propriedade rural, só é cumprida se houver aproveitamento "racional e adequado" (art. 186, I), "utilização adequada dos recursos naturais disponíveis e preservação do meio ambiente" (art. 186, II), "observância das disposições que regulam as relações de trabalho" (art. 186, III) e "exploração que favoreça o bem-estar dos proprietários e dos trabalhadores" (art. 186, IV). Perceba-se, desse modo, aqui, na enunciação prática do vetor axiológico da **função socioambiental da propriedade**, o elevado destaque conferido pela Suprema Carta à dimensão labor-ambiental das relações trabalhistas praticadas no âmbito rural, exemplo de construção jusambiental que decerto serve de excelente referência de sustentabilidade para todas as demais relações laborais.

Importa também registrar que o meio ambiente laboral, de acordo com o pensamento científico contemporâneo, é realidade resultante de uma complexa interação de fatores naturais, técnicos e psicológicos que condiciona, direta ou indiretamente, a qualidade de vida daquele que presta qualquer modalidade de trabalho, valendo lembrar, ademais, que a ideia de *saúde*, no âmbito do mundo do trabalho, também abarca a *dimensão mental* (Convenção n. 155 da OIT, art. 3º, alínea *e*, e Decreto n. 1.254/1994). Assim, revela-se sobremodo insuficiente a clássica construção conceitual que vê o meio ambiente do trabalho como simples "local da prestação de serviço". De fato, não importa o contexto, o local da execução do trabalho sempre representará apenas e tão somente uma parcela da realidade labor-ambiental – quiçá a sua expressão mais visível e tangível, mas que, certamente, a ela não se resume.

Nesse diapasão, o meio ambiente do trabalho deixa de ser compreendido somente como uma realidade estático-espacial ligada a fatores exclusivamente físico-naturalísticos, condizentes com os tradicionais riscos físicos, químicos e biológicos, e passa a ser encarado como produto de um sistema dinâmico e genuinamente social, abarcador não apenas das condições físico-estruturais havidas no ambiente de trabalho (condições de trabalho – interação homem/ambiente), mas também do arranjo técnico-organizacional estabelecido para a execução do trabalho (organização do trabalho – interação homem/técnica) e da própria qualidade das interações socioprofissionais travadas no cotidiano do trabalho (relações interpessoais – interação homem/homem), passando a admitir, assim, outras modalidades de risco, como os ergonômicos e psicossociais. Nessa luz, o meio ambiente do trabalho revela-se como realidade resultante da interação sistêmica de fatores naturais, técnicos e psicológicos ligados às condições de trabalho, à organização do trabalho e às relações interpessoais que condiciona a segurança e a saúde física e mental do ser humano exposto a qualquer contexto jurídico-laborativo.

Trata-se, como se vê, de construção conceitual erigida à luz não do trabalho, com descrição detalhada do específico espaço onde ocorre a prestação do serviço, mas, sim, do trabalhador, já que sensível à miríade de fatores materiais e imateriais que influenciam a qualidade de vida daquele que labora, com a adoção de uma visão holística do ser humano (saúde física e mental). Com isso, deixamos, enfim, de pôr ênfase na descrição física do específico local onde se presta serviço, para passar a realçar a complexa interação de fatores que, ao fim e ao cabo, beneficia ou prejudica a qualidade de vida do ser humano investido no papel de trabalhador, imprimindo autêntico giro humanístico na conceituação jurídica do próprio meio ambiente do trabalho.

É dizer: a linha conceitual clássica de meio ambiente do trabalho sempre se confundiu com a ideia do local da prestação de serviço, com ênfase no aspecto físico da questão. Entretanto, a vereda que melhor se coaduna com nossa densa plataforma jurídico-constitucional aponta para direção diversa: toma como referência a pessoa do prestador de serviço, com ênfase no aspecto humano da questão. Um conceito de meio ambiente laboral, portanto, mais verdadeiramente alinhado com o primoroso referencial ético-jurídico da dignidade humana (CF, art. 1º, III). E, na medida em que atado à importante ideia de dignidade humana e uma vez expressando foco publicista, o conceito acima formulado – e seus naturais desdobramentos – há de ser aplicado a qualquer realidade laboral (pública ou privada, autônoma ou subordinada, onerosa ou voluntária etc.).

Por corolário, meio ambiente laboral equilibrado (ou sadio) pode ser tido como a realidade labor-ambiental que acomoda condições de trabalho, organização do trabalho e relações interpessoais continuamente seguras, saudáveis e respeitosas, com a adoção de uma visão protetiva integral do ser humano (saúde física e mental). De sua parte, poluição labor-ambiental se apresenta como o desequilíbrio sistêmico no arranjo das condições de trabalho, da organização do trabalho ou das relações interpessoais havidas no âmbito do meio ambiente laboral que, propiciado pela ingerência humana, gera riscos intoleráveis à segurança e à saúde (física e mental) do ser humano exposto a qualquer contexto laborativo.

Importa ainda asseverar que nossa Constituição Federal admite, expressamente, que todo trabalho envolve algum grau de risco, motivo pelo qual fala em riscos inerentes ao trabalho. Em razão disso, o texto constitucional é explícito ao referir não à eliminação, mas à simples ideia de redução dos riscos labor-ambientais, proposta bem mais aderente à realidade dos fatos. Essa redução dos riscos, entretanto, caso tecnicamente possível, haverá de sempre tender à anulação plena ou mesmo à sua eliminação total. Isso se dá porque o propósito último da disposição constitucional é que todo trabalhador trabalhe em ambientes laborais cada vez mais seguros e sadios, à luz da ideia de atual estado da técnica (OIT, Convenção n. 115, item 3.1, e Convenção n. 148, item 8.3), pouco importando se esse nível de exposição está, ou não, dentro dos parâmetros técnicos oficiais. A propósito, por envolver discussão imantada de ordem pública, certamente a aplicação dessas Convenções deve ser geral, não se prendendo à esfera das radiações ionizantes ou da contaminação do ar, ruído e vibrações. Exegese que se articula exatamente com o art. 7º, XXII, da Carta da República, em comento, que revela o já descortinado direito fundamental à contínua redução dos riscos inerentes ao trabalho.

Por essa linha de raciocínio, percebe-se de maneira mais nítida a ausência de antinomia entre o dispositivo constitucional em foco e aquele que aduz ser também direito dos trabalhadores urbanos e rurais "adicional de remuneração para as atividades penosas, insalubres ou perigosas, na forma da lei" (inciso XXIII). O que pretende o legislador constituinte é, antes de tudo, a mantença de um meio ambiente do trabalho seguro e sadio, de preferência sem pagamento de adicionais. Entretanto, enquanto essa perene redução dos riscos labor-ambientais não atingir padrões oficiais de tolerância, cumpre transigir com a realidade, impondo-se o pagamento das referidas verbas pela sujeição a um habitat laboral hostil. Noutras palavras: em linha de princípio, teoricamente, longe de fomentar uma odiosa lógica de monetização da saúde e da vida, nossa Carta Constitucional em verdade a repele com veemência – opção política que, vale dizer, bem se percebe na própria topologia dos regramentos, já que a disposição constitucional que visa a resguardar a redução dos riscos inerentes ao trabalho precede aquela que legitima o pagamento de adicionais legais. Infelizmente, porém, na prática, o pagamento de adicionais acabou servindo como fator de desestímulo patronal à constante redução dos riscos ambientais trabalhistas, invertendo-se a lógica das coisas.

De todo modo, o fato é que dispõe o art. 4º da Convenção n. 155 da Organização Internacional do Trabalho (diploma internacional sobre direitos humanos incorporado ao ordenamento jurídico pátrio pelo Decreto n. 1.254/1994) que o Brasil deverá "formular, por em prática e reexaminar periodicamente uma política nacional coerente em matéria de segurança e saúde dos trabalhadores e o meio ambiente de trabalho" (art. 4º, item 1), cuidando para que essa política tenha por objetivo "prevenir os acidentes e os danos à saúde que forem consequência do trabalho, tenham relação com a atividade de trabalho, ou se apresentarem durante o trabalho, reduzindo ao mínimo, na medida que for razoável e possível, as causas dos riscos inerentes ao meio ambiente de trabalho" (art. 4º, item 2 – grifamos).

Igualmente, preceitua a Convenção n. 155 da Organização Internacional do Trabalho que "deverá ser exigido dos empregadores que, na medida que for razoável e possível, garantam que os locais de trabalho, o maquinário, os equipamentos e as operações e processos que estiverem sob seu controle são seguros e não envolvem risco algum para a segurança e a saúde dos trabalhadores" (art. 16, item 1 – grifamos). Da mesma forma, cabe às empresas garantir que os trabalhadores "recebam treinamento apropriado no âmbito da segurança e da higiene do trabalho", bem como assegurar que trabalhadores ou seus representantes "estejam habilitados, de conformidade com a legislação e a prática nacionais, para examinarem todos os aspectos da segurança e da saúde relacionados com seu trabalho, e sejam consultados nesse sentido pelo empregador" (art. 19, alíneas *d* e *e* – grifamos), sendo certo, ainda, que "as medidas de segurança e higiene do trabalho não deverão implicar nenhum ônus financeiro para os trabalhadores" (art. 21 – grifamos), impondo-se análise contínua de riscos, porquanto "a situação em matéria de segurança e saúde dos trabalhadores e meio ambiente de trabalho deverá ser examinada, em intervalos adequados, globalmente ou com relação a setores determinados, com a finalidade de se identificar os principais problemas, elaborar meios eficazes para resolvê-los, definir a ordem de prioridade das medidas que for necessário adotar, e avaliar os resultados" (art. 21 – grifamos).

Anote-se, também, que nossa específica Política Nacional de Segurança e Saúde no Trabalho, implantada através do Decreto n. 7.602/2011, é taxativa ao firmar que se deve fomentar a estruturação da "atenção integral à saúde dos trabalhadores, envolvendo a promoção de ambientes e processos de trabalho saudáveis", incluindo a dimensão "física e psicossocial" (item VII, *a* – grifamos), havendo de se registrar, por oportuno, que o termo "saúde", com relação ao trabalho, "abrange não só a ausência de afecções ou de doenças, mas também os elementos físicos e mentais que afetam a saúde e estão diretamente relacionados com a segurança e a higiene no trabalho" (OIT/Convenção n., 155, art. 3, item *e* – grifamos).

De mais a mais, tratando-se de temática ambiental (equilíbrio do meio ambiente do trabalho), a discussão deverá ser sempre interdisciplinar, a envolver abalizados argumentos técnico-científicos relacionados à saúde humana, especialmente os oriundos da Medicina e Psicologia. Não por outro motivo, o texto constitucional reporta não só ao propósito de redução dos riscos labor-ambientais, mas também à exigência de que tal redução deva ser instrumentalizada "por meio de normas de saúde, higiene e segurança", ou seja, através de debate cientificamente sério e reconhecido. A questão ganha maior complexidade técnica quando, novamente, recordamos que a palavra "saúde", em acepção jurídica, no Brasil, deve abarcar tanto a saúde física quanto a saúde mental, ou seja, os riscos ambientais trabalhistas a serem firmemente enfrentados – dominados e reduzidos – abarcam não apenas os clássicos riscos físicos, químicos e biológicos, mas também os igualmente perigosos riscos ergonômicos e psicossociais (OIT/Convenção n., 155, art. 3, item *e*).

Na esteira de todos esses fundamentos e em especial diante do sumo vetor axiológico da prevenção, ideia-força do Direito Ambiental, bem assim sem a pretensão de consignar posição exauriente a respeito do assunto – que, vale dizer, comporta múltiplas e polêmicas discussões, cuja apreciação foge aos limites deste brevíssimo escrito –, parece-nos ser possível trabalhar com "subprincípios" labor-ambientais, extraídos da principiologia geral jusambiental e que bem poderiam ser sumariados, em rol não exaustivo, como a seguir: i) princípio da indisponibilidade da saúde do trabalhador (*v.g.*, em combate à implementação de lógicas tendentes à monetização da saúde); ii) princípio da contínua melhoria ambiental ou do risco mínimo regressivo (insistência na busca de se reduzir a zero os riscos labor-ambientais); iii) princípio da adaptação do trabalho ao trabalhador (implantação de condições labor-ambientais favoráveis às caraterísticas psicofisiológicas e/ou antropométricas dos trabalhadores, gerando bem-estar, conforto e eficiência); iv) princípio do não improviso (fomentando verdadeira mudança de cultura, de modo a se substituir técnicas de improviso por técnicas de planejamento responsável); v) princípio do *in dubio pro* ambiente/trabalhador (consubstanciando hermenêutica maximamente protetiva do vulnerável – prevenção/precaução); vi) princípio da primazia da análise contextual de causalidades (fomento à adoção de análise multidimensional na apuração de causas da acidentalidade laboral). Perceba-se que o desiderato maior de toda essa construção não está apenas em resguardar uma ambiência laboral não agressiva (dimensão *negativa*), mas, sobretudo, também assegurar um "bioma" trabalhista continuamente propiciador do pleno desenvolvimento da personalidade de seus partícipes (dimensão *positiva*). Ou seja, mais que um meio ambiente do trabalho *seguro*, almeja-se um meio ambiente do trabalho *sadio*.

Cumpre registrar, ainda que sinteticamente, por fim, determinadas características da responsabilidade civil ambiental (*in casu*, suscitada por desarranjo sistêmico antrópico e intolerável de fatores labor-ambientais de risco – CF, art. 225, § 3º, e Lei n. 6.938/1981, art. 14, § 1º [poluição]), revelando alguma diferenciação em contraponto à regência jurídica da responsabilidade civil objetiva pelo risco da atividade (suscitada por causalidade sistêmica tolerável ligada a risco acentuado inerente – CC, art. 927, parágrafo único [risco implicado]) e, claro, da clássica responsabilidade civil subjetiva (suscitada por causalidade [tópica ou sistêmica] intolerável decorrente de fator culposo – CF, art. 7º, XXVIII [culpa]). Deveras, confira-se, quanto à chamada responsabilidade civil ambiental, por exemplo: i) seu forte viés jurídico da causalidade (não causalidade físico-newtoniana, mas causalidade jurídico-normativa, admitindo, inclusive, fixações presuntivas e probabilísticas [*vide*, *v.g.*, o Nexo Técnico Epidemiológico Previdenciário – NTEP]); ii) sua forte tendência de relativização das excludentes de responsabilidade (para alguns, inclusive com acentuada inclinação à teoria do risco integral); iii) seu forte viés pedagógico-punitivo (a influir no *quantum* indenizatório); iv) seu forte enlaçamento da cadeia de envolvidos (profundo vínculo de solidariedade, a incluir poluidores indiretos).

Aliás, por conta dessa última característica e da especialidade do regramento jusambiental, a rigor, danos ligados a uma poluição labor-ambiental atraem responsabilidade direta de todos os envolvidos, em caráter objetivo e solidário (CF, art. 225, § 3º, e Lei n. 6.938/1981, art. 14, § 1º), o que envolveria, por exemplo, até mesmo o dono da obra e a empresa tomadora de serviços terceirizados. Por corolário, nessa específica hipótese de danos aflorados por força de degradação labor-ambiental, tornar-se-iam inaplicáveis ao caso concreto as clássicas e restritivas diretrizes jurisprudenciais fixadas na Orientação Jurisprudencial n. 191 e na Súmula 331, ambas do Tribunal Superior do Trabalho, que, para aquelas figuras, à luz do Direito Civil, atribuem responsabilidade meramente subjetiva e subsidiária.

Para boa compreensão desta breve reflexão, tenha-se, ainda, por oportuno, que: a) a responsabilidade civil objetiva pelo risco da atividade também decorre de causalidade sistêmica, porém tolerável, porque ligada a um nível de risco socialmente aceitável (perceba-se que o "tolerável", aqui, diz com a causalidade e não com a danosidade dela decorrente); b) a responsabilidade civil subjetiva nem sempre decorre de falha humana episódica, mas também pode advir de falha empresarial de conotação sistêmico-ambiental (*v.g.*, decisão de não fornecer equipamentos de proteção individual ou coletiva ou aplicação de metas claramente abusivas); c) tais fatores de indução do dever de reparar (culpa, risco implicado e poluição) não se excluem; antes, complementam-se. Nada obsta, portanto, a depender das circunstâncias do caso concreto, que mereçam gradativa incidência cumulativa, propiciando, assim, rede jurídica protetiva bem mais densa e firme em favor da vítima.

Art. 7º, XXIII – adicional de remuneração para as atividades penosas, insalubres ou perigosas, na forma da lei;

Estêvão Mallet
Marcos Fava

---

1. História da norma

Uma das primeiras leis de que se tem notícia na história contemporânea, promulgada em 1802, na Grã Bretanha, por iniciativa de Peel, regulamentava a higiene no local de trabalho e nos dormitórios dos estabelecimentos que empregavam menores aprendizes. O registro dá a grandeza da importância da regulamentação do tema para o Direito do Trabalho. Medidas protetivas da saúde do trabalhador são comuns no ordenamento nacional desde a década de 1950, com a promulgação da Lei n. 2.573/55, mas não integravam, até 1988, o Texto Constitucional. Referida norma legal foi revogada pela Lei n. 6.514/77, que deu o atual capítulo acerca do tema ao corpo da Consolidação das Leis do Trabalho.

2. Constituições brasileiras

Não há registros precedentes, em Constituições brasileiras, de norma voltada especificamente ao tema. A Constituição de

1946, porém, previa, no art. 157, VIII, o estabelecimento de preceitos sobre "higiene e segurança do trabalho", previsão repetida na Constituição de 1967, no art. 165, IX.

3. Constituições estrangeiras

Proteção do ambiente de trabalho vem prevista nas Constituições de Peru, art. 44, Portugal, art. 60 (2, c) e Suíça, art. 34. A Constituição da Venezuela prevê, no art. 87, segundo parágrafo, caber ao empregador garantir *"a sus trabajadores y trabajadoras condiciones de seguridad, higiene y ambiente de trabajo adecuados. El Estado adoptará medidas y creará instituciones que permitan el control y la promoción de estas condiciones"*. A Constituição de Angola assegura a *"todo o trabalhador... direito à... protecção, higiene e segurança do trabalho, nos termos da lei"* (art. 76º, n. 2). A de Cabo Verde designa como direito dos trabalhadores "condições de dignidade, higiene, saúde e segurança no trabalho" (art. 63º, n. 1, *a*).

4. Direito internacional

A OIT já promulgou 33 recomendações e 30 Convenções acerca da proteção à saúde do trabalhador, destacando-se: 115, contra radiações, 119, da maquinaria, 127, peso máximo de carga para transporte do homem, 139, prevenção e controle dos riscos profissionais e agentes cancerígenos, 148, contra contaminação do ar, ruídos e vibrações, 161, sobre serviços de saúde no trabalho, 162, segurança no uso do asbesto, 167, saúde do trabalhador de construção, 170, segurança no trabalho com produtos químicos, 176, segurança e saúde no trabalho nas minas. A Convenção n. 155 da OIT, adotada pelo Brasil, regulamenta as medidas de proteção que devem ser adotadas para garantia dos trabalhadores contra riscos à saúde (insalubridade/penosidade) e à vida (periculosidade). Referida norma estabelece que, havendo mais de um agente agressivo no ambiente, devem ser tomados individualmente, para fins de proteção, o que sugere, uma vez vigente no Brasil, a revogação do art. 193, § 2º, da Consolidação das Leis do Trabalho.

5. Remissões normativas

Art. 1º, III, da Constituição, que, genericamente, ordena respeito à dignidade do homem, é o fundamento remoto da previsão em comento, na medida em que as condições de execução do trabalho subordinado ligam-se diretamente ao respeito ao trabalhador. O art. 39, § 3º, abrange, sob o teto da medida em análise, os servidores públicos. O inciso XXII do art. 7º também se relaciona com o assunto, ao prever a redução dos riscos inerentes ao trabalho. No plano da legislação infraconstitucional, os arts. 189 a 197 da Consolidação das Leis do Trabalho regulamentam o tema. A Convenção n. 155 da OIT foi adotada pelo Brasil e traz normativos sobre a matéria. A Lei n. 8.112/90, Estatuto do Servidor Público da União, refere-se aos adicionais de insalubridade, periculosidade e por atividades penosas nos arts. 86 a 72. A Lei n. 13.467, no art. 611-A introduzido no texto da CLT, refere-se à possibilidade de norma coletiva definir o "enquadramento do grau de insalubridade" inciso XII.

6. Jurisprudência

A Súmula Vinculante n. 4 do Supremo Tribunal Federal proibiu (a) a utilização do salário mínimo como base de indexação de quaisquer obrigações, o que inclui o adicional de insalubridade e (b) a fixação judicial de outra base de cálculo para o referido adicional. No âmbito do Tribunal Superior do Trabalho, a Súmula 228, reformulada a partir da súmula vinculante retrocitada, indica ser devido o adicional sobre o salário do trabalhador exposto às condições insalubres, mas sua eficácia foi suspensa, por liminar em reclamação constitucional, concedida com base na Súmula Vinculante n. 4. Das outras súmulas do Tribunal Superior do Trabalho sobre o tema, destacam-se: a 39, que garante o pagamento do adicional de periculosidade a quem trabalha em bomba de gasolina; a 47, que assegura a percepção do adicional de insalubridade, mesmo quando a exposição ao agente agressivo é intermitente; a 80, que exclui o direito à percepção do adicional, quando houver neutralização do agente; a 139, que determina a integração do adicional, enquanto pago, a todos os demais títulos contratuais trabalhistas; a 191, que identifica a base de cálculo do adicional de periculosidade; a 289, que aponta para a inutilidade da simples entrega dos equipamentos de proteção individual, para neutralizar os agentes agressivos, sem treinamento e supervisão do uso dos tais; a 293, que, aproveitando-se da simplicidade que rege o processo do trabalho, reconhece ser irrelevante, para a formação da *causa petendi*, a indicação de agente agressivo diverso daquele identificado pela perícia; a 361 garante o pagamento do adicional de periculosidade, mesmo se intermitente a exposição a risco; a 364, inciso I, exclui o benefício, em caso de exposição fortuita ou de exposição habitual, mas "por tempo extremamente reduzido". Em 28-4-2016, o Tribunal Superior do Trabalho decidiu, no julgamento do processo E-ARR-1081-60.2012.5.03.0064 (*DJ* de 17-6-2016), que não há cumulação de adicionais de insalubridade e periculosidade, quando a causa de pedir é a mesma. Há, ainda, as Súmulas: 447, que afasta o adicional de periculosidade para o tripulante que permanece na aeronave durante o seu abastecimento; 453, sobre a desnecessidade de realização de perícia, para caracterização do perigo, quando verificado pagamento espontâneo do adicional.

7. Comentários

O inciso tem por centro de aplicação da garantia constitucional a integridade física do trabalhador, ordenando sejam pagos adicionais de remuneração, por conta da exposição a agentes insalubres, perigosos ou na execução de trabalhos penosos.

7.1. Natureza jurídica

Ao se referir a *adicional de remuneração*, a Constituição atribuiu caráter salarial à parcela, que visa a compensar o trabalhador pelo exercício das funções em ambiente insalubre ou perigoso. Desta natureza emergem (a) a obrigação de repercussão do valor pago sobre outros títulos contratuais e legais, como horas extras, Fundo de Garantia do Tempo de Serviço, férias, décimo terceiro salário, aviso prévio indenizado etc. e (b) insere a parcela sob a mesma proteção destinada aos salários, como a irredutibilidade e a integralidade. Não se trata, pois, de indenização pelo trabalho em locais inadequados, mas de adicional de remuneração, para maior retribuição do labor assim realizado.

7.2. Conceituações

São insalubres os locais em que atuem agentes perniciosos à integridade da saúde do trabalhador. Tais agentes, por força do art. 190 da Consolidação das Leis do Trabalho, acham-se identificados por norma administrativa promulgada pelo Ministério do Trabalho e Emprego. Hoje, as Normas Regulamentadoras do tema encontram origem na Portaria n. 3.214/78, com suas posteriores alterações e inserções. A exposição a condições insalubres gera o direito à percepção do adicional de remuneração mencionado pelo inciso em comento, que se contará em 10, 20 ou 40%, segundo a classificação dos agentes em graus mínimo, médio ou máximo.

Perigosos são os locais em que se situam fontes de ameaça à vida do trabalhador, consoante definição legal, pela exposição a risco acentuado mediante contato com explosivos e inflamáveis, nos termos do art. 193 da Consolidação das Leis do Trabalho. Lei especial, dos eletricitários, n. 7.369/85, instituiu o direito à percepção do adicional por exposição à rede elétrica de potência. Normas posteriores estenderam o benefício a bombeiros (Lei n. 11.901/2009, art. 6º, inciso III), profissionais de segurança pessoal ou patrimonial expostos a risco de roubos ou outras espécies de violência física (Lei n. 12.740/2012) e trabalhador que se utiliza de motocicleta na execução da sua atividade (Lei n. 12.997/2014). Ao Ministério do Trabalho cabe normatizar as fontes e identificar os métodos e ambientes que se tornam perigosos, para fins de aplicação do adicional (art. 193 da CLT). A exposição a este risco, diferentemente do que se dá com a insalubridade, não se torna mais ou menos perniciosa, segundo maior ou menor tempo de contato com o agente. Por isso, não se contam em graus os riscos do trabalho perigoso, pagando-se, em qualquer hipótese, o adicional de 30%, calculado sobre o salário básico. Não importa se a fonte imediata do risco provém ou não da própria atividade desenvolvida pelo empregado. Basta que exista o risco. Por isso, quem é obrigado a aproximar-se da rede elétrica de potência, para exercer sua atividade, ainda que não trabalhe com eletricidade, tem direito ao pagamento (OJ-SDI 1 n. 347, para o cabista instalador de televisão a cabo que presta serviço próximo de postes elétricos).

A Constituição de 1988 inovou o panorama da proteção à saúde do trabalhador, ao remeter à lei ordinária a regulamentação acerca do trabalho penoso. Assegura, o inciso em comento, adicional de remuneração para as atividades penosas. Dos sentidos do vocábulo extrai-se que o adicional deve relacionar-se com algo que aflige, é doloroso, molesta, que custa a fazer, é espinhoso e árduo. As atividades que, mesmo não se desenvolvendo em ambiente insalubre, e, tampouco, expondo o trabalhador aos riscos legalmente previstos, poderão ser objeto de adicional de remuneração, desde que se mostrem árduas, de difícil realização, custosas.

A Lei n. 8.112/90, para os servidores públicos da União, concede o adicional por trabalho penoso aos que prestam serviço "em zonas de fronteira ou em localidades cujas condições de vida o justifiquem, nos termos, condições e limites fixados em regulamento" (art. 71). Para os empregados sujeitos ao regime da Consolidação das Leis do Trabalho não existe regulamentação específica. Há indicação, no art. 390 da Consolidação das Leis do Trabalho, que trata da proteção à mulher, de situações penosas: o labor em construções, subterrâneos, minerações e pedreiras, o trabalho com tração de pesos elevados. Também é possível conceber como penoso o trabalho repetitivo, como o de digitação contínua, ao qual a lei ordinária já reserva regimes de pausas obrigatórias, como reconhecimento de sua inadequação. A lei, no entanto, regulará o tema, sem prejuízo de que o faça a negociação coletiva ou, eventualmente, o contrato individual de trabalho.

7.3. Base de cálculo do adicional de insalubridade

O Supremo Tribunal Federal, ao editar a Súmula Vinculante 4, em 2008, instaurou ambiente de insegurança jurídica, quanto à fixação da base de cálculo do adicional de insalubridade. Segundo referido verbete, (a) o salário mínimo, pela proibição contida no art. 7º, IV, da Carta, não pode ser utilizado como referência e (b) vedada é a instituição de outra base de cálculo, por decisão judicial. Inequívoco, apenas, que norma coletiva – acordo coletivo de trabalho ou convenção coletiva de trabalho – poderá estabelecer o valor da base de cálculo. Quanto ao mais, a súmula vinculante não indica saída a ser palmilhada. Com base nela, o Tribunal Superior do Trabalho reformulou sua Súmula 228, dando-lhe, inclusive, modulação temporal, para coincidir com a publicação da Súmula Vinculante 4. Sem sucesso, porém, porque liminar concedida pelo STF retirou eficácia, provisoriamente, ao texto da recém-alterada súmula do TST (Reclamação n. 6.266). O princípio fundamental da tutela de direitos humanos, que se enuncia pela *proibição de retrocesso social*, não permite interpretação pela extinção do adicional de remuneração por trabalho insalubre, a partir do texto da Súmula Vinculante. É preciso encontrar opção interpretativa que mantenha a garantia constitucional, adaptando-a à restrição reconhecida pela Suprema Corte.

7.4. Salário-condição

Todos os adicionais existentes com base no inciso XXIII têm natureza condicionada. Vale dizer, seu pagamento vincula-se à manutenção das condições insalubres, perigosas ou penosas, sem direito à integração definitiva de remuneração. Cessada a fonte do risco, da insalubridade ou do trabalho penoso, cessa a obrigação de pagamento do adicional: *cessante causa, tollitur effectus*.

Uma vez instituído o pagamento por decisão judicial, apenas ação revisional pode autorizar a cessação do pagamento, sem que a coisa julgada formada obste a mudança. Incide o disposto no art. 505, inciso I, do CPC, por se tratar de relação de trato continuado. O Tribunal Superior do Trabalho já decidiu, acertadamente: "Relação jurídica continuativa é aquela que não se esgota com a prolação da sentença, mas prossegue, podendo variar quanto aos seus pressupostos de qualidade e quantidade. Exemplos clássicos são as ações de alimentos e aquelas em que se estabelece obrigação indenizatória de trato sucessivo. No processo do trabalho, as sentenças condenatórias ao pagamento dos adicionais de insalubridade e periculosidade: a condenação somente se justifica enquanto perdurar determinada condição. Havendo modificação de circunstância de fato, também resta alterado o direito anteriormente garantido" (TST – SbDI-II, RxOF e ROAR n. 274100-49.2008.5.14.000, Rel. Min. Alberto Luiz Bresciani de Fontan Pereira, j. 01.03.2011. *DJ* de 18.03.2011). Cf., sobre o tema, em termos gerais: Remo Caponi, *L'efficacia del giudicato civile nel tempo*, 1991, e Isabel Alexandre, Modificação do caso julgado material civil por alteração das circunstâncias, 2018.

Fiscalização do Ministério do Trabalho, por suas Superintendências Regionais do Trabalho, poderá autorizar o empregador a deixar de cumprir a obrigação, desde que não haja sido ela imposta por decisão judicial.

7.5. Obrigação residual

O pagamento do adicional, seja ele qual for, não desobriga o empregador de adotar todas as medidas tendentes a eliminar a insalubridade ou a condição perigosa. Em caso de omissão, verificada lesão à integridade física do empregado, pode nascer obrigação de indenizar o dano, inclusive aquele de caráter moral. Em tese, é concebível até mesmo responsabilidade de natureza penal, presentes os pressupostos específicos dos diferentes tipos relacionados com a tutela da vida e da integridade física.

Presentes condições de risco, passíveis de eliminação, segundo o conhecimento técnico e científico disponível, admite-se interdição de estabelecimento, máquina ou equipamento, conforme o art. 161 da CLT.

8. Bibliografia

SÜSSEKIND, Arnaldo, *Direito constitucional do trabalho*. Rio de Janeiro: Renovar, 1999, p. 227 e s.; MAGANO, Octavio Bueno; MALLET, Estêvão, *O direito do trabalho na Constituição*. Rio de Janeiro: Forense, 1993, p. 242-243; MAGANO, Octavio Bueno, *Manual de direito do trabalho*: direito tutelar do trabalho, São Paulo: LTr, 1992, p. 155 e s.; OLIVEIRA, Sebastião Geraldo de, *Proteção jurídica à saúde do trabalhador*. São Paulo: LTr, 2002; CRETELLA JÚNIOR, José, *Comentários à Constituição brasileira de 1988*. Rio de Janeiro: Forense Unviersitária, 1991, v. II, n. 140 e s., p. 974 e s.

Art. 7º, XXIV – aposentadoria;
José Claudio Monteiro de Brito Filho

1. Constituições anteriores

Art. 121, § 1º, *h* (previdência como direito do trabalhador), CF/34; art. 137, *m* (seguros de velhice e outros), CF/37; art. 157 (previdência como direito do trabalhador), XVI, CF/46; art. 158, XVI (previdência como direito do trabalhador) e § 2º, CF/67; art. 165, XVI (previdência como direito do trabalhador e XIX (aposentadoria da mulher), EC 1/69.

2. Dispositivos constitucionais relacionados

Art. 6º, art. 7º, II, III, XII, XVIII, XXVIII, art. 24, XII, arts. 194 a 204.

3. Constituições estrangeiras

Art. 14, *bis* (seguridade social), da Constituição da Nação Argentina; art. 38 (previdência do trabalhador e assistência) da Constituição da República Italiana; art. 63 (segurança social e solidariedade) da Constituição da República Portuguesa; art. 67 (aposentadorias gerais e seguro social) da Constituição da República Oriental do Uruguai.

4. Textos internacionais

Organização das Nações Unidas (ONU), Declaração Universal dos Direitos Humanos, aprovada pela Assembleia Geral da ONU (1948), art. XXV.1. Pacto Internacional sobre os Direitos Econômicos, Sociais e Culturais – PIDESC (1966), aprovado na XXI Sessão da Assembleia Geral das Nações Unidas, em Nova Iorque, em 19 de dezembro de 1966, e, depois de ratificado pelo Brasil, com o Decreto de Execução do Presidente da República tomando o número 591, de 6 de julho de 1992, art. 9º. Organização dos Estados Americanos (OEA), Protocolo Adicional à Convenção Americana sobre Direitos Humanos em matéria de Direitos Econômicos, Sociais e Culturais, "Protocolo de San Salvador" (1988), ratificado pelo Brasil, com o Decreto de Execução do Presidente da República tomando o número 3.321, de 30 de dezembro de 1999, art. 9, 1.

5. Legislação

Consolidação das Leis do Trabalho (Decreto-Lei n. 5.452, de 1º de maio de 1943), arts. 453 e 475; Lei n. 8.213, de 24-7-1991 (Dispõe sobre os Planos de Benefícios da Previdência Social), especialmente os arts. 42 a 58.

6. Jurisprudência do STF

ARE 906569 RG/PE Pernambuco. Repercussão Geral no Recurso Extraordinário com Agravo. Relator: Ministro Edson Fachin. Julgamento: 17-9-2015. Órgão Julgador: Tribunal Pleno – meio eletrônico. **RECURSO EXTRAORDINÁRIO COM REPERCUSSÃO GERAL. DIREITO PREVIDENCIÁRIO. APOSENTADORIA ESPECIAL. CONVERSÃO DO TEMPO DE SERVIÇO. CARACTERIZAÇÃO DA ESPECIALIDADE DO LABOR. ARTIGOS 57 E 58 DA LEI 8.213/91. 1.** A avaliação judicial de critérios para a caracterização da especialidade do labor, para fins de reconhecimento de aposentadoria especial ou de conversão de tempo de serviço, conforme previsão dos artigos 57 e 58 da Lei 8.213/91, é controvérsia que não apresenta repercussão geral, o que inviabiliza o processamento do recurso extraordinário, nos termos do art. 543-A, § 5º, do Código de Processo Civil. 2. O juízo acerca da especialidade do labor depende necessariamente da análise fático-probatória, em concreto, de diversos fatores, tais como o reconhecimento de atividades e agentes nocivos à saúde ou à integridade física do segurado; a comprovação de efetiva exposição aos referidos agentes e atividades; apreciação jurisdicional de laudos periciais e demais elementos probatórios; e a permanência, não ocasional nem intermitente, do exercício de trabalho em condições especiais. Logo, eventual divergência ao entendimento adotado pelo Tribunal de origem, em relação à caracterização da especialidade do trabalho, demandaria o reexame de fatos e provas e o da legislação infraconstitucional aplicável à espécie. **INEXISTÊNCIA DE REPERCUSSÃO GERAL.**

RE 788092 RG/SC Santa Catarina. Repercussão Geral no Recurso Extraordinário. Relator Ministro Dias Toffoli. Julgamento: 27-3-2014. Órgão Julgador: Tribunal Pleno – meio eletrônico. **EMENTA DIREITO PREVIDENCIÁRIO E CONSTITUCIONAL. CONSTITUCIONALIDADE DO ART. 57, § 8º, DA LEI N. 8.213/91. DISCUSSÃO ACERCA DA POS-**

SIBILIDADE DE PERCEPÇÃO DO BENEFÍCIO DA APOSENTADORIA ESPECIAL INDEPENDENTEMENTE DO AFASTAMENTO DO BENEFICIÁRIO DAS ATIVIDADES LABORAIS NOCIVAS À SAÚDE. MATÉRIA PASSÍVEL DE REPETIÇÃO EM INÚMEROS PROCESSOS, COM REPERCUSSÃO NA ESFERA DE INTERESSE DE BENEFICIÁRIOS DA PREVIDÊNCIA SOCIAL. PRESENÇA DE REPERCUSSÃO GERAL.

7. Seleção de literatura

BRITO FILHO, José Claudio Monteiro de. *Trabalho decente*. 6. ed. São Paulo: LTr, 2023. DELGADO, Maurício Godinho. *Curso de direito do trabalho*. 17. ed. São Paulo: LTr, 2018. MARTINEZ, Wladimir Novaes. *Comentários à lei básica da previdência social* – tomo II. São Paulo: LTr, 1992. MENDES, Gilmar Ferreira; BRANCO, Paulo Gustavo Gonet. *Curso de direito constitucional*. 12. ed. São Paulo: Saraiva, 2017. SARLET, Ingo Wolfgang e outros. *Curso de direito constitucional*. 6. ed. São Paulo: Saraiva, 2017.

8. Comentários

Um dos direitos dos trabalhadores consagrados no art. 7º é a aposentadoria, que é uma das formas de proteção contra os riscos sociais. A esse respeito, riscos sociais devem ser entendidos como os eventos que impedem ou dificultam a sobrevivência dos indivíduos e dos que lhes são dependentes, como a velhice, o acidente, a doença, o desemprego, a maternidade e a morte. Não são, necessariamente, infortúnios, pois a maternidade, por exemplo, está muito longe disso, mas sim acontecimentos que podem tornar mais difícil ou impossível a subsistência das pessoas. Compõe, junto com diversos outros direitos, o "trabalho decente", que é o conjunto de direitos humanos e fundamentais do ser humano trabalhador, conforme definido pela Organização Internacional do Trabalho (OIT), embora a partir de um conjunto normativo que considera não somente as convenções da própria OIT, mas, também, a Declaração Universal dos Direitos Humanos (DUDH) e o Pacto Internacional sobre os Direitos Econômicos, Sociais e Culturais (PIDESC), ambos da Organização das Nações unidas (BRITO FILHO, 2023).

8.1. A aposentadoria e o Sistema de Seguridade Social

No caso da aposentadoria, ela é um benefício continuado da Previdência Social, e concedida, no Regime Geral de Previdência Social (RGPS), que é regido pela Lei n. 8.213/1991 em relação aos benefícios, de diversas formas: por invalidez, por idade, por tempo de serviço e especial. Além do RGPS há os regimes próprios de previdência, a que estão sujeitos os servidores públicos sujeitos ao regime administrativo, e que estão a cargo dos entes que compõem a Federação. No caso do inciso em comento o que nos interessa é o RGPS, todavia, pois é o regime a que estão vinculados, obrigatoriamente, os trabalhadores sujeitos ao regime contratual, também chamado de celetista.

Já a Previdência Social, que é um direito social fundamental no Brasil, conforme art. 6º, da Constituição de 1988, desde esta faz parte de um sistema mais amplo, denominado de Seguridade Social, e que é composta, além da Previdência, pela Saúde e pela Assistência Social. A Seguridade Social, nos termos do art. 204, da Constituição, compreende "um conjunto integrado de ações de iniciativa dos Poderes Públicos e da sociedade, destinadas a assegurar os direitos relativos à saúde, à previdência e à assistência social".

8.2. Aposentadoria

A aposentadoria, assim como outras formas de proteção contra os riscos sociais previstos no art. 7º: seguro-desemprego, Fundo de Garantia do Tempo de Serviço, salário-família, licença à gestante e seguro contra acidentes do trabalho, é, como dito, um benefício previdenciário de prestação continuada expressamente garantido aos trabalhadores, nas suas diversas modalidades – já indicadas acima –, sempre que implementadas as condições para a sua concessão, e representa o direito garantido àquele que vive de seu trabalho, no caso dos trabalhadores, quando em idade avançada, ou por ter contribuído no período mínimo definido, ou em virtude de invalidez, perceber do RGPS um valor que lhe permita ter a sua subsistência e dos que dele dependem garantida.

8.3. Destinatários

Os destinatários diretos são os trabalhadores, pois a disposição constitucional assim expressamente declara, prescrevendo ser esta um direito a eles garantido. Isso, todavia, não elimina o fato de que os empregadores também são destinatários, embora da obrigação, pois a relação jurídica de custeio, que é a que regula o financiamento do sistema de Previdência Social, e que se estabelece entre o RGPS e o contribuinte não inclui somente o trabalhador, obrigado ao pagamento da contribuição que lhe é devida, mas, também, o empregador, que também financia a Previdência Social, além do Estado e dos demais segurados.

O que os trabalhadores têm, exclusivamente e no caso da disposição em comento, é a titularidade do direito à aposentação – as pessoas físicas empregadoras ou pertencentes, como sócias, das sociedades empregadores também têm direito à aposentadoria, mas, por outra disposição que não o art. 7º, XXI, o que também ocorre com os demais segurados.

Já o Poder Público, além de participar do custeio, é destinatário também da obrigação de organizar o sistema da Seguridade Social e, dentro dela, da Previdência Social, cabendo-lhe, por meio do já mencionado RGPS, garantir o benefício, nos termos definidos pela Constituição e leis pertinentes, sendo a principal delas a Lei n. 8.213/91.

Art. 7º, XXV – assistência gratuita aos filhos e dependentes desde o nascimento até cinco anos de idade em creches e pré-escolas;

Ney Maranhão

1. Histórico da norma

Subcomissão dos Direitos dos Trabalhadores: "*garantia de assistência, pelo empregador, aos filhos e dependentes dos empregados, pelo menos até seis anos de idade, em creches e escolas maternais, nas empresas ou órgãos públicos em que trabalhem mais de trinta mulheres";* Comissão da Ordem Social: *"garantia de assistência, pelo empregador, aos filhos e dependentes dos empregados, pelo menos até seis anos de idade, em creches e pré-escolas, nas empresas privadas e órgãos públicos";* Comissão de Sistematização: *"assistência gratuita aos filhos e dependentes, em creches e pré-escolas, de zero a seis anos de idade".* Redação atual dada pela Emenda Constitucional n. 53, de 19-12-2006, *DOU* 20-12-2006; Redação anterior: *art. 7º (...) XXV – assistência gratuita aos filhos e dependentes desde o nascimento até seis anos de idade em creches e pré-escolas* (COUTINHO, Aldacy Rachid. *Comentários à Constituição do Brasil.* São Paulo: Saraiva, 2013, p. 601-602).

2. Constituições anteriores

Sem previsão em Constituições anteriores.

3. Dispositivos constitucionais relacionados

Arts. 6º, 7º, XX, 203, I e II, 208, IV, 211, § 2º, e 227, *caput*, da CF/88.

4. Constituições estrangeiras

Arts. 8º, (b), *in fine*, e 50 da Constituição cubana; art. 333 da Constituição equatoriana (COUTINHO, Aldacy Rachid. *Comentários à Constituição do Brasil.* São Paulo: Saraiva, 2013, p. 602).

5. Textos internacionais

"ONU. Declaração Universal dos Direitos do Homem, aprovada pela Assembleia Geral da ONU (10-12-1948), artigo XXV.2" (COUTINHO, Aldacy Rachid. *Comentários à Constituição do Brasil.* São Paulo: Saraiva, 2013, p. 602); ONU. Pacto Internacional sobre Direitos Econômicos, Sociais e Culturais, aprovado pela Assembleia Geral da ONU (19-12-1966), art. X.3.

6. Legislação

Consolidação das Leis do Trabalho, arts. 389, §§ 1º e 2º, 392-A (inserido pela Lei n. 13.509/2017), 396 (inserido pela Lei n. 13.509/2017), 399, 400 e 611-B, XXIV (inserido pela Lei n. 13.467/2017); "Decreto n. 93.408, de 10-10-1986 (Instituição de creches e demais serviços de assistência pré-escolar, para os filhos de servidores dos órgãos e entidades da Administração Federal); Lei n. 8.069/1990, arts. 54, IV, 208, III (redação dada pela Lei n. 13.306/2016); Lei n. 8.978, de 9-1-1995 (Construção de creches e pré-escolas nos conjuntos residenciais financiados pelo Sistema Financeiro da Habitação); Lei n. 9.394, de 20-12-1996, arts. 9º, IV, 11, 18, I e II, 21, 29, 30 e 31 (Leis de Diretrizes e Bases da Educação); Lei n. 11.274, de 6-6-2006 (Dispõe sobre a duração de 9 anos para o ensino fundamental, com matrícula obrigatória a partir dos 6 anos)".

7. Jurisprudência do STF

"RE 109.397/SC, rel. Min. Ilmar Galvão, j. em 28-11-1995, *DJ* 1º-3-1996 (A imposição ao empregador, por via de convenção coletiva de trabalho, de reembolso do valor das despesas efetivadas pelas empregadas com creche para seus filhos não ferem preceito constitucional); RE 461.262/ES, rel. Min. Gilmar Mendes, j. em 3-8-2006, *DJ* 8-9-2006 (Não incide contribuição previdência sobre o auxílio-creche ou pré-escola, pago pelo empregador, vez que referida verba tem caráter indenizatório e, por sua natureza, não integra o salário em sentido técnico); AI 684.829/SP, rel. Min. Cármen Lúcia, j. em 30-9-2008, *DJ* 15-10-2008 (A educação compõe o mínimo existencial, de atendimento estritamente obrigatório pelo Poder Público, dele não podendo se eximir qualquer das entidades que exercem as funções estatais. O mínimo existencial afirma o conjunto de direitos fundamentais sem os quais a dignidade da pessoa humana é confiscada. E não se há de admitir ser esse princípio mito jurídico ou ilusão da civilização, mas dado constitucional de cumprimento incontornável, que encarece o valor de humanidade que todo ser humano ostenta desde o nascimento e que se impõe ao respeito de todos); RE 410.715/SP, rel. Min. Celso de Mello, j. em 27-10-2005, *DJ* 8-11-2005; RE-AgRg 410.715/SP, rel. Min. Celso de Mello, j. em 22-11-2005, *DJ* 3-2-2006 (A educação infantil representa prerrogativa constitucional indisponível que assegura às crianças de até 6 anos de idade, para efeito de seu desenvolvimento integral e como primeira etapa do processo de educação básica, o atendimento em creche e o acesso à pré-escola (art. 208, IV), impondo ao Estado a obrigação constitucional de criar condições objetivas que possibilitem, por meio de prestações positivas sob pena de configurar-se inaceitável omissão governamental descumpridora, executar os encargos político-jurídicos estabelecidos em caráter mandatório. O direito à educação representa prerrogativa constitucional deferida a todos (art. 205), notadamente às crianças (arts. 208, IV, e 227, *caput*), qualificando-se como um dos direitos sociais mais expressivos, subsumindo-se à noção dos direitos de segunda geração (*RTJ* 164/158-161). Direito fundamental que não comporta avaliações meramente discricionárias pela Administração Pública, nem se subordina a razões de puro pragmatismo governamental, devendo os Municípios atuar prioritariamente (arts. 211, § 2º, e 208, IV), não podendo demitir-se do mandato constitucional juridicamente vinculante e que representa fator de limitação da discricionariedade político-administrativa, de sorte a não comprometer a eficácia e a integridade de direito social e cultural. Possibilidade do Poder Judiciário determinar, excepcionalmente, especialmente nas hipóteses de políticas públicas definidas constitucionalmente, a implementação, embora resida, primariamente, nos Poderes Legislativo e Executivo, a prerrogativa de formular e executá-las)" (COUTINHO, Aldacy Rachid. *Comentários à Constituição do Brasil.* São Paulo: Saraiva, 2013, p. 602.); RE 43.173, rel. Min. Marco Aurélio. Decisão monocrática, *DJ* 22-10-2004 (É dever do Estado a educação (União, Estados propriamente ditos, ou seja, unidades federadas, e Municípios), garantindo-se o atendimento em creche e pré-escola às crianças de zero a seis anos de idade, mediante o aparelhamento para a observância irrestrita dos ditames constitucionais, não cabendo tergiversar mediante escusas relacionadas com a deficiência de caixa); ARE 639.337 AgR, rel. Min. Celso de Mello, j. 23-8-2011, 2ª T., *DJe* de 15-9-2011 (AI 761.908 RG, rel. Min. Luiz Fux, j. 24-5-2012, P, *DJe* de 8-8-2012, com repercussão geral [Tema 548 – julgamento de mérito pendente]) (Autoaplicabilidade do art. 208, IV, da Constituição

Federal. Dever do Estado de assegurar o atendimento em creche e pré-escola às crianças de zero a seis anos de idade); SL 770 AgR, rel. Min. Ricardo Lewandowski, j. 5-3-2015, P, *DJe* de 23-3-2015 (Decisão em ação civil pública que determinou ao Município a disponibilização de vagas a crianças de zero a cinco anos em creche da rede pública ou particular próxima à residência ou ao local de trabalho dos responsáveis legais. Determinação alternativa para fornecimento de transporte público caso não seja possível matricular o menor em creche próxima ao local de trabalho ou à residência dos responsáveis legais. Não constatado o risco de lesão à ordem e à economia públicas, deve ser mantido o indeferimento da suspensão da liminar); RE 956.475, rel. Min. Celso de Mello, j. 12-5-2016, 2ª T. (A educação infantil representa prerrogativa indisponível, que, deferida às crianças, a estas assegura, para efeito de seu desenvolvimento integral, e como primeira etapa do processo de educação básica, o atendimento em creche e, também, o acesso à pré-escola. Essa prerrogativa jurídica, em consequência, impõe, ao Estado, por efeito da alta significação social de que se reveste a educação infantil, a obrigação constitucional de criar condições objetivas que possibilitem, de maneira concreta, em favor das crianças até cinco anos de idade, o efetivo acesso e atendimento em creches e unidades de pré-escola, sob pena de configurar-se inaceitável omissão governamental, apta a frustrar, injustamente, por inércia, o integral adimplemento, pelo Poder Público, de prestação estatal que lhe impôs o próprio texto da Constituição Federal).

8. Jurisprudência do TST

SDC. Precedente Normativo 6 (Garantia às mulheres, no período de amamentação, quanto ao recebimento do salário, sem prestação de serviços, quando o empregador não cumprir as determinações dos §§ 1º e 2º do art. 389 da CLT); "Precedente Normativo 22 (Determina-se a instalação de local destinado à guarda de crianças em idade de amamentação, quando existentes na empresa mais de 30 (trinta) mulheres maiores de 16 (dezesseis) anos, facultado o convênio com creches); Precedente Normativo 95 (Abono de falta para levar filho ao médico)" (COUTINHO, Aldacy Rachid. *Comentários à Constituição do Brasil*. São Paulo: Saraiva, 2013, p. 603).

9. Seleção de literatura

BANCO MUNDIAL. *Globalização, crescimento e pobreza*. Relatório de pesquisa política do Banco Mundial. São Paulo: Futura, 2003; GARCIA, Emerson. O direito a educação e suas perspectivas de efetividade. In: *A efetividade dos direitos sociais*, 2004; KUENZER, Acácia Zeneida. *O ensino médio e profissional*: as políticas do Estado neoliberal. São Paulo: Cortez, 1997; LIBERATI, Wilson Donizeti. Conteúdo material do direito à educação escolar. In: *Direito à educação*: uma questão de justiça. Rio de Janeiro: Malheiros, 2004; NOGUEIRA, Nivaldo Antonio David. Entrevista com Acácia Zeneida Kuenzer. *Pensar e prática*, v. 3, p. 1-18, jun./jul. 2000; POSTHUMA, Anne Caroline. Transformando o sistema brasileiro de formação profissional: o primeiro quadriênio do Planfor. In: POSTHUMA, Anne Caroline (org.). *Brasil: abertura e ajuste do mercado de trabalho no Brasil* – políticas para conciliar os desafios do emprego e competitividade. Brasília: Ministério do Trabalho e Emprego e Organização Internacional do Trabalho, São Paulo: Ed. 34, 1999; STEIN, Edson Francisco. Transformações no mundo do trabalho e o papel dos sindicatos na qualificação dos trabalhadores. *Cadernos da Escola de Negócios da UniBrasil*. Curitiba, p. 69-89, jul./dez. 2003 (COUTINHO, Aldacy Rachid. Comentários à Constituição do Brasil. São Paulo: Saraiva, 2013, p. 603); LIMA, Maria Cristina de Brito. *A educação como direito fundamental*. Rio de Janeiro: Lumen Juris, 2003.

10. Comentários

Nossa Constituição Federal estabelece ousado projeto: a construção de uma sociedade livre, justa e solidária (art. 3º, I), com ênfase na proteção e promoção da dignidade humana (art. 1º, III). Trata-se, como bem se vê, de diretriz solidarística legitimadora de uma densa rede de proteção do ser humano nos mais variados contextos existenciais e sociais. Sensível a essa respeitável premissa axiológica, reconhece-se aos trabalhadores brasileiros o direito à assistência gratuita aos seus filhos e dependentes desde o nascimento até cinco anos de idade em creches e pré-escolas. Harmonizam-se, aqui, pois, importantes direitos: o pleno exercício do direito ao trabalho (art. 6º) e a máxima proteção da saúde, educação, lazer, dignidade e respeito, no que diz com filhos ou dependentes de trabalhadores (art. 227, *caput*).

Cuida-se, em essência, do direito à prestação estatal positiva garantidora de vagas em creches e pré-escolas públicas gratuitas. Excepcionalmente, inexistindo disponibilidade, há de se garantir vagas mesmo em creches e pré-escolas particulares, à conta estatal, pondo em relevo o vetor da máxima eficácia das normas constitucionais. Registre-se que a educação infantil, primeira etapa da educação básica, tem como finalidade o desenvolvimento integral da criança de até 5 (cinco) anos, em seus aspectos físico, psicológico, intelectual e social, complementando a ação da família e da comunidade (Lei n. 9.394/1996, art. 29). Será oferecida em creches, ou entidades equivalentes, para crianças de até três anos de idade, e pré-escolas, para as crianças de 4 (quatro) a 5 (cinco) anos de idade (Lei n. 9.394/1996, art. 30, I e II).

O dever estatal não se limita à construção de creches e escolas públicas. Cumpre que o faça com número de vagas suficiente para o atendimento dos titulares do direito. Não se trata, ademais, de dever constitucional que recai apenas sobre a União. Perceba-se que, afinando-se com essa assertiva e buscando potencializar o cumprimento dos propósitos constitucionais, o ordenamento jurídico também atribui aos próprios Municípios a incumbência de fornecer educação infantil em creches e pré-escolas (CF, art. 211, § 2º; Lei n. 9.394/1996, art. 11, V).

O exercício normativo da autonomia privada coletiva, dinâmica também amparada a nível constitucional (art. 7º, XXVI), não raro também dialoga com o dispositivo em análise através da produção de normas coletivas – convenções e acordos coletivos de trabalho – garantidoras de benefícios a determinada categoria de trabalhadores, resguardando, por exemplo, que a própria empresa ou mesmo toda uma categoria econômica se comprometa a dar cumprimento, gratuitamente, ao preceito constitucional em foco, diretamente ou mediante convênio. A propósito, a Portaria n. 3.296, de 3 de setembro de 1986, do Ministério do Trabalho, autoriza que empresas adotem o sistema de reembolso-creche em substituição ao local para amamentação, desde que estipulado em acordo ou convenção coletiva. Pontue-se, de todo modo, que será tida por ilícita qualquer cláusula de instrumento coletivo que promova a supressão ou redução de medidas de proteção legal de crianças e adolescentes (CLT, art. 611-B, XXIV – Lei n. 13.467/2017).

Malgrado expressado como direito dos trabalhadores, a verdade é que a assistência social, nesse particular, objetiva propósitos bem mais amplos, consistentes também na proteção da família e da maternidade. Mais: esse mandamento constitucional de gratuidade, aliado à sadia perspectiva de universalização dos benefícios, atinge a todos os que, mesmo não contribuindo para a seguridade social, inscrevem-se como necessitados, atingindo, igualmente, portanto, escopos relacionados à proteção da infância e à própria integração ao mercado de trabalho (art. 203, I e III). Os empregados domésticos, que no texto originário da Constituição Federal ficaram alijados desse direito social, depois também passaram a ser dele beneficiários, atendidas as condições estabelecidas em lei e observada a simplificação do cumprimento das obrigações tributárias, principais e acessórias, decorrentes da relação de trabalho e suas peculiaridades (art. 7º, parágrafo único, com redação dada pela Emenda Constitucional n. 72/2013). Anote-se, por fim, que, decerto, também a criança adotada há de gozar desse relevante direito social de magnitude constitucional. Incidência sistemática dos arts. 391-A, parágrafo único, 392-A, *caput*, e 396, *caput*, todos da CLT, com redações conferidas pela Lei n. 13.509/2017.

Art. 7º, XXVI – reconhecimento das convenções e acordos coletivos de trabalho;

José Claudio Monteiro de Brito Filho

1. Constituições anteriores

Art. 121, § 1º, *j* (reconhecimento das convenções coletivas de trabalho), CF/34; art. 137, *a* e *b* (aplicação e estipulações obrigatórias nos contratos coletivos de trabalho), CF/37; art. 157, XIII (reconhecimento das convenções coletivas de trabalho), CF/46; art. 165, XIV (reconhecimento das convenções coletivas de trabalho), CF/67; art. 165, XIV (reconhecimento das convenções coletivas de trabalho), EC 1/69.

2. Disposições constitucionais relacionadas

Arts. 7º, VI, XIII e XIV, 8º, VI, e 114, §§ 1º e 2º, CF/88.

3. Constituições estrangeiras

Constituição da República Italiana, art. 39. Constituição da República Portuguesa, art. 56º, 3 e 4.

4. Textos internacionais

Organização das Nações Unidas (ONU), Pacto Internacional dos Direitos Econômicos, Sociais e Culturais – PIDESC (1966), aprovado na XXI Sessão da Assembleia Geral das Nações Unidas, em Nova Iorque, em 19 de dezembro de 1966, e, depois de ratificado pelo Brasil, com o Decreto de Execução do Presidente da República tomando o número 591, de 6 de julho de 1992. Organização Internacional do Trabalho (OIT). Convenção n. 154 (1981), que trata da promoção da negociação coletiva, e foi ratificada pelo Brasil, com o Decreto de Execução do Presidente da República tomando o n. 1.256, de 29 de setembro de 1994. Convenção n. 135 (1971), que trata da representação dos trabalhadores na empresa, e foi ratificada pelo Brasil, com o Decreto de Execução do Presidente da República tomando o n. 131, de 22 de maio de 1991. Convenção n. 98 (1949), que trata da aplicação dos princípios do direito de organização e de negociação coletiva, e foi ratificada pelo Brasil, com o Decreto de Execução do Presidente da República tomando o n. 33.196, de 29 de junho de 1953.

5. Legislação

Consolidação das Leis do Trabalho (Decreto-Lei n. 5.452, de 1º de maio de 1943), arts. 611 a 625.

6. Jurisprudência do STF

ARE 10118450]9 RG/PR Paraná. Repercussão Geral no RExt com Agravo. Relator: Ministro Gilmar Mendes. Julgamento: 23-2-2017. Órgão Julgador: Tribunal Pleno – meio eletrônico. Ementa: Recurso Extraordinário. Repercussão Geral. 2. Acordos e convenções coletivas de trabalho. Imposição de contribuições assistenciais compulsórias descontadas de empregados não filiados ao sindicato respectivo. Impossibilidade. Natureza não tributária da contribuição. Violação ao princípio da legalidade tributária. Precedentes. 3. Recurso extraordinário não provido. Reafirmação de jurisprudência da Corte.

AI 825675 RG/SP São Paulo. Repercussão Geral no Agravo de Instrumento. Relator: Ministro Gilmar Mendes. Julgamento: 16-12-2010. Órgão julgador: Tribunal Pleno – meio eletrônico. Ementa: Redução do intervalo intrajornada. Majoração da jornada em turnos ininterruptos de revezamento. Convenção e acordo coletivo. Matéria restrita ao âmbito infraconstitucional. Inexistência de repercussão geral.

RE 895759 AgR-segundo/PE Pernambuco. Segundo Agravo no Recurso Extraordinário. Relator: Ministro Teori Zavascki. Julgamento: 9-12-2016. Órgão Julgador: Segunda turma. Ementa: TRABALHISTA. AGRAVOS REGIMENTAIS NO RECURSO EXTRAORDINÁRIO. ACORDO COLETIVO DE TRABALHO. TRANSAÇÃO DO CÔMPUTO DAS HORAS *IN ITINERE* NA JORNADA DIÁRIA DE TRABALHO. CONCESSÃO DE VANTAGENS DE NATUREZA PECUNIÁRIA E DE OUTRAS UTILIDADES. VALIDADE. 1. Conforme assentado pelo Plenário do Supremo Tribunal Federal no julgamento do RE 590.415 (Rel. Min. ROBERTO BARROSO, *DJe* de 29-5-2015, Tema 152), a Constituição Federal "reconheceu as convenções e os acordos coletivos como instrumentos legítimos de prevenção e de autocomposição de conflitos trabalhistas", tornando explícita inclusive "a possibilidade desses instrumentos para a redução de direitos trabalhistas". Ainda segundo esse precedente, as normas coletivas de trabalho podem prevalecer sobre "o padrão geral heterônomo, mesmo que sejam restritivas dos direitos dos trabalhadores, desde que não transacionem setorialmente parcelas justrabalhistas de indisponibilidade absoluta". 2. É válida norma coletiva por meio da qual categoria de trabalhadores transaciona o direito ao cômputo das horas in itinere na jornada diária de trabalho em troca da concessão de vantagens de natureza pecuniária e de outras utilidades. 3. Agravos regimentais desprovidos. Inaplicável o art. 85, § 11, do CPC/2015, pois não houve prévia fixação de honorários advocatícios na causa.

7. Seleção de literatura

BRITO FILHO, José Claudio Monteiro de. *Direito sindical*. 9. ed. São Paulo: LTr, 2021. BRITO FILHO, José Claudio Monteiro de; FERREIRA, Vanessa rocha. A reforma trabalhista e a contratação coletiva: prevalência do negociado sobre o legislado. In: MIESSA, Élisson; CORREIA, Henrique. *A reforma trabalhista e seus impactos*. Salvador: JusPodvim, p. 701-712, 2017. DELGADO, Maurício Godinho. *Curso de direito do trabalho*. 17. ed. São Paulo: LTr, 2018. NASCIMENTO, Amauri Mascaro. *Compêndio de direito sindical*. 3. ed. São Paulo: LTr, 2003.

8. Comentários

8.1. Contratos coletivos de trabalho como fontes formais do Direito do Trabalho e do Direito Sindical

O Direito do Trabalho e o Direito Sindical, subsistemas jurídicos autônomos (BRITO FILHO, 2021, p. 25-30), adotam a teoria do pluralismo jurídico, aceitando a produção de fontes formais do Direito de natureza não estatal. É nesse contexto que se inserem os contratos coletivos de trabalho, que têm como centros de poder entidades sindicais e empresas, e que, no Brasil, são materializados em 2 espécies: a convenção coletiva de trabalho e o acordo coletivo de trabalho.

Nesse sentido, reconhece-se validade a essas espécies de contratos coletivos de trabalho, que são aptos a regular a relação que se estabelece entre empregado e empregador, a relação jurídica de emprego, além de fixar regras para os contratantes por meio das cláusulas obrigacionais.

8.2. Liberdade de exercício das funções e autonomia privada coletiva

Considerada pela Organização Internacional do Trabalho como um dos direitos fundamentais dos trabalhadores, a liberdade sindical, de que são titulares os trabalhadores e, no Brasil – o que não é tão comum no Direito Estrangeiro –, os empregadores, é vista em duas dimensões: individual e coletiva.

No plano coletivo, uma das mais importantes é a liberdade de exercício das funções, que garante às organizações sindicais, original e primordialmente aos sindicatos, o direito de atuar diretamente e com liberdade, praticando as ações necessárias para a adequada representação dos interesses de seus representados, os integrantes das categorias profissionais e econômicas.

Uma das funções mais relevantes, embora no Brasil, por força de um modelo ultrapassado de organização sindical, com a importância, do ponto de vista substancial, diminuída, é a função negocial, quando entidades sindicais e empresas exercitam a negociação coletiva, por força da autonomia privada coletiva de que dispõem.

8.3. Âmbito de proteção

As normas pactuadas por meio da negociação coletiva, e materializadas nas convenções e nos acordos coletivos de trabalho, têm validade limitada aos trabalhadores e empregadores representados pelas entidades sindicais convenentes, no âmbito territorial comum às entidades profissionais e econômicas envolvidas, no caso das convenções, e, às empresas envolvidas e seus trabalhadores que forem representados pela entidade sindical contratante, no caso dos acordos coletivos de trabalho.

8.4. Função

A função precípua do dispositivo é garantir aos trabalhadores a possibilidade de terem seus contratos individuais de trabalho regulados, também, por normas autônomas, ou seja, estabelecidas pelos sujeitos coletivos que, nos termos da legislação brasileiro (art. 611, da CLT), são as entidades sindicais e as empresas – estas no caso dos acordos coletivos de trabalho.

Isso decorre, como dito acima, da função negocial atribuída às entidades sindicais, que tem como principal objetivo a criação de normas aplicáveis aos contratos individuais de trabalho de trabalhadores e empregados por aquelas representados.

8.5. Destinatários

Os destinatários diretos são os trabalhadores, pois a disposição constitucional, no *caput* do art. 7º, assim expressamente declara. Isso, todavia, não elimina o fato de que os empregadores também se beneficiam da disposição, pois os contratos coletivos de trabalho (convenções e acordos) são forma de materializar a pacificação de conflito de classes, que ocorre por meio de uma negociação coletiva exitosa.

Não são os trabalhadores, todavia, os titulares do direito de contratação coletiva, pois, como dito mais acima, os sujeitos coletivos são as entidades sindicais, originariamente os sindicatos e, na inexistência destes, federações e confederações, além das empresas, que podem contratar coletivamente de forma direta, repetimos, nos acordos coletivos de trabalho.

O Poder Público, por sua vez, deve, além de respeitar a pactuação autônoma, abster-se de praticar atos que a impeça, tanto do ponto de vista de suas ações, como, também, em relação às normas que institui, que não podem negar ou restringir esse direito fundamental dos trabalhadores.

8.6. Limites

A contratação coletiva, originariamente, foi pensada como a possibilidade de ampliar o previsto na norma estatal a respeito de proteção do trabalho, criando condições de trabalho que refletissem a situação específica de cada categoria profissional. A partir da Constituição de 1988, entretanto, foi consagrado no ordenamento jurídico brasileiro o instituto da flexibilização do Direito do Trabalho, que garante a superação da norma legal pela norma convencional coletiva, com a possibilidade de isso ocorrer em matéria de salário e de jornada de trabalho, por exemplo. Depois, isso foi sendo paulatinamente ampliado por normas esparsas e, hoje em dia, é regulado de forma ampla pelos arts. 611-A e 611-B, da CLT, acrescidos por força da Lei 13.467, de 2017, também conhecida como "reforma trabalhista".

Art. 7º, XXVII – proteção em face da automação, na forma da Lei;

Denise Pires Fincato

1. Constituições brasileiras anteriores e histórico da norma

As Constituições brasileiras anteriores a 1988 não previam o impacto da automação nas relações de trabalho, quiçá pelo fato de que o Brasil experimentou a Industrialização tardiamente.

Foi durante os trabalhos da constituinte de 1988 que o tema veio à lume, através da preocupação apresentada pela Subcomissão de Ciência e Tecnologia com os "efeitos nocivos" das inovações tecnológicas sobre os postos de trabalho (MARTINEZ; MALTEZ, 2017, p. 21-59). À época, já se imaginavam como grandes desafios advindos da automação o desemprego estrutural e os danos à saúde do trabalhador e, em razão disto, a primeira proposta de redação do dispositivo constitucional focou na empregabilidade, pretendendo, ademais, estimular a participação obreira nos processos que visassem introduzir "novas tecnologias" no meio produtivo, tudo sob o auspício de evitar as "consequências negativas" das inovações tecnológicas no mercado de trabalho (BRASIL, 1988).

Emendas posteriores retiraram a possibilidade de atuação dos trabalhadores na elaboração de políticas relacionadas ao avanço tecnológico: o argumento era de que o texto constitucional deveria ser mais genérico, estabelecendo apenas as normas gerais e deixando à legislação complementar a tarefa de complemento da proteção do trabalhador, que se operaria de acordo com a realidade da época ou da região em que as mudanças tecnológicas acontecessem (BRASIL, 1988).

Bernardo Cabral, relator da Comissão de Sistematização à época, esclareceu o sentido que se pretendeu emprestar ao dispositivo no tocante à participação dos trabalhadores "nas vantagens" advindas da modernização do empreendimento, apontando que estas não deveriam se restringir à repartição dos lucros, mas alargar-se à melhoria na vida do trabalhador com, por exemplo, a redução de sua jornada de trabalho ou sua destinação a tarefas mais leves e dignas. Estava evidente a *mens legislatoris*: as vantagens da modernização deveriam ser qualitativas e não apenas quantitativas. No entanto, os debates se seguiram e o texto final fixou-se a partir da ideia de que a proteção dos trabalhadores, urbanos e rurais, deveria observar tanto os impactos da tecnologia no mercado de trabalho em si, como no ambiente laboral (saúde, higiene e segurança), pelo que, então, surge a redação ora em vigor:

Art. 7º São direitos dos trabalhadores urbanos e rurais, além de outros que visem à melhoria de sua condição social: (...) XXVII – proteção em face da automação, na forma da lei.

Verifica-se que a Assembleia Nacional Constituinte inicia seus debates com a ideia de conceder ampla participação aos trabalhadores no processo de modernização tecnológica do meio produtivo, garantindo-lhes poder decisório e usufruição das "vantagens" daí advindas. O resultado final, no entanto, além de fixar-se apenas na face negativa da inserção tecnológica, reduz a norma a um projeto abstrato, a ser desenvolvido futuramente, por lei ordinária.

No quadro, se pode conferir a evolução do tema durante a Assembleia Nacional Constituinte (LIMA; PASSOS; NICOLA, 2013):

Substitutivo 1 (26-8-1987)	Comissão de Sistematização	[Art. 7º] XXIII – participação nas vantagens advindas da modernização tecnológica e da automação, as quais não prejudicarão seus direitos adquiridos;
Substitutivo 2 (18-9-1987)	Comissão de Sistematização	[Art. 6º] XXIII – participação nas vantagens advindas da modernização tecnológica e da automação;
Projeto A (24-11-1987)	Plenário (início do 1º Turno)	[Art. 7º] XXIV – participação nas vantagens advindas da modernização tecnológica e da automação;
Projeto B (5-7-1988)	Plenário (início do 2º Turno)	[Art. 7º] XXVII – proteção em face da automação, na forma da lei;
Projeto C (15-9-1988)	Plenário (final do 2º Turno)	[Art. 6º] XXVII – proteção em face da automação, na forma da lei;
Projeto D (21-9-1988)	Comissão de Redação Final	[Art. 7º] XXVII – proteção em face da automação, na forma da lei;
Texto Promulgado (5-10-1988)	Diário Oficial da União	[Art. 7º] XXVII – proteção em face da automação, na forma da lei;

2. Constituições estrangeiras

Em apuração nos principais textos constitucionais modernos[1] não se verifica previsão sequer próxima à contida no inciso XXVII do art. 7º da Constituição brasileira de 1988. Há previsões constitucionais conexas, quando observados os objetos mediatamente protegidos, tais como o dever estatal de prover o cidadão em situação de desemprego involuntário ou o direito de todo o trabalhador ao labor em condições dignas de saúde, higiene e segurança. Dada a especificidade deste estudo, tais remissões não são de pertinente aprofundamento.

3. Direito Internacional

Não se cuida, neste item, de apontar tópicos de Direito Comparado aplicáveis à matéria, mas sim de Direito Internacional.

Partindo desta premissa, registra-se que a Revolução Francesa permitiu o surgimento de diversos documentos internacionais acerca da questão humana nas relações e contratos, merecendo destaque a Encíclica *Rerum Novarum*, de 1891, em que o Papa Leão XIII faz recomendações sobre as condições de trabalho dos operários, mulheres e crianças, notadamente enfocando na dignidade advinda do trabalho e na proteção em razão da exaustão. A *Declaração Universal dos Direitos Humanos* de 1948 (SARLET, 2015) também oferece bases para a construção protetiva em face da automação (empregabilidade e saúde no trabalho), uma vez que em seu art. XXIII, refere que "toda pessoa tem direito ao trabalho, à livre escolha de emprego, a condições justas e favoráveis de trabalho e à proteção contra o desemprego" (PIOVESAN, 2017, p. 87). Tal documento serviu à elaboração de pactos específicos, entre os quais o *Pacto Internacional dos Direitos Econômicos, Sociais e Culturais*, destacando-se seus arts. 6º e 7º (BRASIL, 1966). Também é relevante apontar o *Pacto de San José*

---

1. Análise comparativa possível a partir do aplicativo *ConstituteProjetct*. Disponível em: <https://constituteproject.org/search?lang=en&q=automation&status=in_force>. Acesso em: 27 mar. 2018.

da Costa Rica (BRASIL, 1992), que, entre outros temas, proíbe a escravidão e a servidão humanas.

É importante a referência da Agenda 2030 da Organização das Nações Unidas (ONU, 2023) que, comprometida com o Desenvolvimento Sustentável, estabelece 17 Objetivos de Desenvolvimento Sustentável (ODS), com metas e ações a serem cumpridas até o ano de 2030. Esta agenda tem por eixo o conceito ESG (*Environmental, Social and Governance*) e, por princípio, o foco nas pessoas, no planeta, na prosperidade, na paz e nas parcerias. Em especial, interessa a esse artigo o ODS n. 8 "Trabalho Decente e Crescimento Econômico", eis que dialoga com a questão do acesso ao trabalho digno, mesmo diante das transformações do meio produtivo.

Mas, sem dúvidas, é da Organização Internacional do Trabalho (OIT), a maior profusão de normas internacionais aplicáveis ao tema. Tais normas, para vigor no Brasil, dependem de processo ratificatório (BRASIL, 1988) ou de interpretação humanitária (normas supralegais) (DUARTE; OLIVEIRA, 2012). A Convenção n. 155 (OIT, 1981), por exemplo, trata da Segurança e Saúde dos Trabalhadores e a Convenção n. 168 (OIT, 1988) trata da promoção do emprego e da proteção contra o desemprego. Ainda não ratificada pelo Brasil, a Convenção n. 177 (OIT, 1996) trata sobre trabalho em domicílio (onde se enquadraria o Teletrabalho).

Em razão do fenômeno dos blocos econômicos, também o Direito Comunitário passa a dispor sobre a proteção do emprego e da condição humana do trabalhador. Assim, a União Europeia, no Tratado de Funcionamento da União Europeia (2012) – notoriamente nos arts. 151 e seguintes[2] – conta com documentação de proteção ao emprego.

4. Remissões Constitucionais e Legais

São de relevante análise conjunta ao art. 7º, inc. XXVII, os seguintes dispositivos constitucionais:

- Art. 1º, III e IV – que abordam os fundamentos republicanos da dignidade da pessoa humana, do valor social do trabalho e da livre iniciativa.
- Art. 6º – que traz o direito ao trabalho como um direito fundamental social.
- Art. 7º *caput, fine* – que veda o retrocesso social[3], embora seus incisos destinem-se a decorrências empregatícias (não trabalhistas *lato senso*) e previdenciárias.
- Art. 7º, I – que preconiza a continuidade da relação de emprego (BRASIL, 1966)[4].
- Art. 193, *caput* – estatui o primado do trabalho como uma das bases da ordem social.
- Art. 170, *caput* e VIII – traz a justiça social como condutora da ordem econômica, destacando o princípio da busca do pleno emprego, entre outros.
- Art. 196 – desenvolve o direito fundamental social à saúde (BRASIL, 1988)[5].
- Art. 200, II, *fine* – coloca a saúde e o meio ambiente laborais como questões próprias para políticas públicas.
- Art. 203, III – prevê a assistência social, a ser prestada pelo Estado a quem necessitar, inclusive para o fim de promoção da integração ao mercado de trabalho.
- Art. 218 – consagra o direito ao desenvolvimento tecnológico e científico, fruto da pesquisa, da capacitação científico-tecnológica e da inovação.

São exemplos de Leis Ordinárias relacionadas ao tema automação e tecnologia – proteção ao trabalho e sua boa ambiência:

- Lei n. 5.452/43 – Consolidação das Leis do Trabalho:
  - art. 6º – que estabelece a isonomia entre o trabalho presencial e remoto, apontando ainda que as formas telemáticas de comando, controle e supervisão servem à caracterização da subordinação e exercício do poder diretivo.
  - art. 75-A e seguintes – inseridos pela Lei n. 13.467/2017 (reforma trabalhista), regulamentam o contrato de Teletrabalho no Brasil.
  - art. 184 – prevê proteção do trabalhador em face do maquinário, determinando a existência de mecanismos que suspendam o equipamento em caso de acidentes.
- Lei n. 7.232/1984 – chamada Lei de Informática, em seu art. 2º, X, determina o "estabelecimento de mecanismos e instrumentos para assegurar o equilíbrio entre os ganhos de produtividade e os níveis de desemprego na automação dos processos produtivos".
- Lei n. 9.956/2000 – proíbe o funcionamento de bombas de autosserviço nos postos de abastecimento de combustíveis.
- Lei Estadual n. 14.970/2005 (revogada pela Lei n. 15.140/2006) – proibia a utilização de catracas e de bilhetagem eletrônica nos veículos de transporte coletivo.
- Lei n. 14.457/2022 – institui o Programa Emprega + Mulheres, com objetivos diversos, entre eles o de qualificação das mulheres em áreas estratégicas para a ascensão profissional.
- Lei n. 14.533/2023 – institui a Política Nacional de Educação Digital, com previsão de treinamento de competências

---

2. "*La Unión y los Estados miembros, teniendo presentes derechos sociales fundamentales como los que se indican en la Carta Social Europea, firmada en Turín el 18 de octubre de 1961, y en la Carta comunitaria de los derechos sociales fundamentales de los trabajadores, de 1989, tendrán como objetivo el fomento del empleo, la mejora de las condiciones de vida y de trabajo, a fin de conseguir su equiparación por la vía del progreso, una protección social adecuada, el diálogo social, el desarrollo de los recursos humanos para conseguir un nivel de empleo elevado y duradero y la lucha contra las exclusiones*". Disponível em: <http://eur-lex.europa.eu/legal-content/ES/TXT/HTML/?uri=CELEX:12012E/TXT&from=PT>. Acesso em: 27 mar. 2018.

3. Quando se aduz acerca do *Princípio do Não Retrocesso* em direitos fundamentais sociais, deve-se sempre ponderá-lo com o *Princípio da Reserva do Possível*, o qual vincula a efetivação dos direitos sociais às possibilidades financeiras do Estado. Sua origem está vinculada a Julgamento promovido pelo Tribunal Constitucional Alemão, nos anos de 1970, em sentença que ficou conhecida como *Numerus Clausus* (BverfGE. N. 33, S.333). Disponível em: <http://revistas.unibrasil.com.br/cadernosdireito/index.php/direito/article/view/694/650>. Acesso em: 27 mar. 2018.

4. Norma de caráter provisório, com disposição constitucional transitória prevista para permitir-lhe aplicação: Art. 10, I do ADCT CF/88 (Art. 10. Até que seja promulgada a lei complementar a que se refere o art. 7º, I, da Constituição: I – fica limitada a proteção nele referida ao aumento, para quatro vezes, da porcentagem prevista no art. 6º, "*caput*" e § 1º, da Lei n. 5.107, de 13 de setembro de 1966).

5. Que pode ser realizado no ambiente laboral a partir da concretização dos direitos previstos no art. 7º XXII, XXIII, XXVII, XXVIII, XXXIII.

digitais em *lato sensu*, com foco especial aos cidadãos "vulneráveis".

Localizam-se também diversos Projetos de Lei Ordinária com o objetivo de regulamentar o art. 7º, inciso XXVII, da CF/88 em nível federal, por exemplo: 2.151/1989, 2.867/1989, 4.195/1989, 6.101/1990, 4.691/1990, 790/1991, 2.313/1991, 325/1991, 354/1991, 2.902/1992, 3.053/1997, 34/1999, 1.366/1999, 2.611/2000, 201/2003, 2.197/2007, 4.035/2008, 406/2014, e 1.091/2019.

5. Jurisprudência

O Direito Fundamental à proteção em face da automação ainda não foi suficientemente enfrentado no Supremo Tribunal Federal, pela via do Recurso Extraordinário[6]. Em razão do caráter programático da norma e do decurso de tempo já transcorrido para a sua regulamentação, entretanto, o tema já foi apreciado em Mandado de Injunção[7].

O Tribunal Superior do Trabalho já aprecia o tema há algum tempo, e em diversos julgados – maioria quiçá – vê-se a despropositada indicação do dispositivo, pelos recorrentes, em suas razões recursais[8]. Nas oportunidades em que verdadeira e acertadamente se debate a suposta violação do direito fundamental à proteção em face da automação, verifica-se bipartição analítica: (i) pode-se estar diante de extinção ou alteração contratual decorrente do implemento tecnológico[9]; (ii) ou de acidentes e enfermidades decorrentes da utilização da tecnologia no trabalho[10], seguindo a mesma lógica os diversos acórdãos localizados nos Tribunais Regionais do Trabalho brasileiros.

6. Comentários

Feitas as anotações de localização normativa, passa-se ao comentário doutrinário.

6.1. Questões conceituais: automação

A automação é fenômeno ligado à tecnologia, com múltiplos objetivos, impactos e feições. Afeta as relações laborais, não havendo mais dúvidas de que se trata de algo irrefreável no meio produtivo. É termo que vem do latim *automatus*, referindo-se àquilo que "se move por si" (JOSÉ FILHO, 2012, p. 77-89) e, no meio trabalhista, pode ser concretizado pela mecanização do sistema produtivo através do uso de máquinas e robôs para o desempenho de certas atividades, notoriamente em substituição (parcial ou total) ao trabalho humano. Martinez (2017 p. 21-59) aponta que automação se difere de automatização, pois, em seu entender, o primeiro serviria para identificar situações de substituição do trabalho humano repetitivo e mecânico por máquinas, enquanto que o segundo serviria para definir o uso de máquinas dotadas de inteligência artificial para o cumprimento de tarefas de maior complexidade em sistemas robóticos e mecatrônicos, por vezes até dotados de ampla autonomia. É de se destacar que o termo automação foi cunhado no texto constitucional brasileiro na década de oitenta do século passado, época em que sequer se utilizavam processos automatizados na indústria brasileira, e por isto entende-se que tanto automação como automatização (por ser a segunda mera evolução da primeira) estariam no escopo protetivo do inciso XXVII.

A situação é diversa quando se analisam as expressões "inovações tecnológicas", "modernização tecnológica" e "automação", pois, na hipótese, houve intenso debate do legislador constituinte que, conhecedor do sentido de todas as expressões, optou por fechar o espectro de proteção constitucional exclusivamente à automação.

Em que pese as discussões terminológicas supra aventadas, calcadas na etimologia, semântica ou até no escorço do histórico da norma, este estudo utilizará o termo automação, em respeito à literalidade do conteúdo normativo.

6.2. Tecnologia e Trabalho: vidas que se cruzam

Pode-se dizer que o trabalho foi naturalmente desenvolvido pelo ser humano, que com ele buscava atender suas necessidades essenciais-subsistenciais. Notoriamente quando seu produto passa a ser destinado a terceiro, o trabalho passa a ter interpretações sociais, econômicas, religiosas e políticas, evoluindo de castigo a credencial social.

Foi notável o contributo da Primeira Revolução Industrial para a introdução de máquinas nos processos produtivos e, em razão da mecanização do sistema de produção, um grande número de trabalhadores foi atingido pelo desemprego, ao mesmo tempo que outros tantos conheceram novas atividades e ofícios. Foi durante este período, também, que o Direito do Trabalho surgiu com contornos protetivos, uma vez que, dado o ritmo imposto pela máquina e pela tecnologia então surgida, o trabalho humano se tornaria mais intenso, extenso e tenso. Nesse período, o trabalho rural, de características manufatureiras e individuais, "migrou" para o trabalho urbano, mecanizado e sem rosto, mas com força coletiva, dando ensejo a diversas manifestações de trabalhadores, como o movimento Ludista[11]. A classe econômica, a partir de então, passaria a tomar ciência das vantagens da auto-

---

6. Exemplo de trato dado à matéria: STF – ARE: 1010599 SP – São Paulo, Relator: Min. Edson Fachin, Data de julgamento 13-2-2017, Data de publicação *DJe* – 031 16-2-2017.

7. Mandado de Injunção n. 618 – Minas Gerais, relatora: Min. Cármen Lúcia Impte.(s): Adriano Reis Souza Pinto. Adv.(a/s): Carlos Alberto Faustino. Impdo.(a/s): Congresso Nacional. **Decisão**: Mandado de Injunção. Constitucional e trabalhista. Alegada ausência de norma regulamentadora do art. 7º, incs. XXI e XXVII, da Constituição da República. Proteção contra a automação: não demonstração da inviabilidade do exercício do direito constitucional. Aviso prévio proporcional ao tempo de serviço: aplicação da Lei n. 12.506/2011. Precedentes. Mandado de injunção parcialmente conhecido, na parte conhecida, parcialmente concedido. Disponível em: <www.stf.jus.br/portal/processo/verProcessoPeca.asp?id=264180789&tipoApp>. Acesso em: 24 mar. 2018.

8. Exemplos: TST-ARR-601-57.2011.5.02.0251; TST-RR-87200-36.2007.5.15.0138; TST-RR-386-45.2012.5.09.0095; TST-RR-52000-36.2009.5.17.0010; TST-AIRR-11478-66.2015.5.01.0053; TST-RR-264040-95.2003.5.02.0462.

9. Exemplos: TST-1ª T- RR-281300-38.2004.5.07.0002; TRT-21-RTOrd-OOOO3533420175210002; TRT-21-RTOrd-00003749220175210007; TRT-21-RTOrd-00003775320175210005.

10. Exemplos: TST-AIRR-13395020155070033;TRT-21000009182220175020321.

11. No qual as máquinas do ambiente fabril foram destruídas pelos trabalhadores, considerando-as a causa de todos os problemas enfrentados pela classe operária de então. Ver: MARTINS, S.P. *A continuidade do contrato de trabalho*. São Paulo: Atlas, 2000.

mação (maior produtividade e lucratividade, menores custos, redução do absenteísmo etc.) e a inclusão das máquinas seria facilmente apontada como responsável pelo aumento do desemprego, bem como do número de acidentes e adoecimentos ocupacionais. A intensificação da mecanização da produção seguiria com o advento da Segunda[12] e da Terceira Revolução Industrial[13] e, num crescente sem perspectiva de limites, recentemente descortinou-se a chamada Quarta Revolução Industrial[14].

Sem dúvidas, é via tecnologia que os grandes saltos e rupturas do desenvolvimento se processam. Basta que se mencionem as grandes invenções (escrita, eletricidade, *internet*) e se observe o que lhes sobreveio no campo do trabalho. Também já atestado historicamente, no âmbito do trabalho, a evolução tecnológica traz consigo a necessidade e o implemento de novos processos produtivos e a decorrente identificação de carências de especialização e/ou capacitação de parte dos trabalhadores.

A ausência do Estado nas relações de trabalho foi-se desfazendo a partir da internalização de princípios jurídicos universais, oportunidade em que a intervenção estatal nas relações empregatícias passou a ocorrer com intenção de proteger ao hipossuficiente. Este foco humanizado decorre do fato de que, após o alargamento das fronteiras econômicas e culturais, tornou-se necessário o repensar sobre as conquistas humanas, o que repercutiu no aprofundamento da importância do indivíduo nos textos legislativos e na proteção de direitos que cercam e garantem sua dignidade.

No tocante à automação, percebe-se a preocupação do legislador constituinte brasileiro com seus reflexos negativos, especialmente quanto à possível supressão de postos de emprego e impactos no ambiente e no modo de trabalhar (geradores de acidentes e enfermidades).

6.3. Automação: impacto no emprego e no ambiente laboral

Da forma como o texto constitucional se consolidou, tem-se a ideia de que a automação seria, aos brasileiros, um fenômeno nefasto, um mal a ser combatido. Entretanto, atualmente é possível reconhecer que a existência humana passa por intensa transformação[15]. A automação invade residências e mobiliários urbanos e, já se pode dizer que os direitos inerentes ao amplo acesso à tecnologia seriam tão fundamentais quanto outros, igualmente positivados e constitucionais[16]. Ao mesmo tempo que oferece riscos, dignifica o trabalho humano, vinculando-se tal resultado ao paradigma filosófico a partir do qual Estados e particulares conduzem o desenvolvimento tecnológico em determinado tempo e local[17].

No cruzamento de fundamentalidades, impõe gizar que também o desenvolvimento é essencial à humanidade, não sendo lógico, em princípio, freá-lo. Por vezes, pode afigurar-se complexa a coexistência, em mesmo titular, dos direitos ao desenvolvimento, ao trabalho e à saúde, pois nem sempre tal concomitância será harmônica, justificando isto, talvez, o reforço sistemático contido no inciso XXVII[18], impondo a muitos destinatários o dever de conformar a realidade ao desiderato normativo.

O desenvolvimento (tecnológico) benéfico ao coletivo, por vezes, pode não ser favorável a um indivíduo (a automação de certa função pode reduzir acidentes laborais a si inerentes, mas extinguir um posto de trabalho), desafiando o sistema jurídico e seus intérpretes. À toda evidência, a previsão constitucional de proteção em face da automação desafia destinatários públicos e privados, pois seu conteúdo de direitos humanos impõe sua imediata aplicação (apesar de programática), o que implica em guiar a operação interpretativa pela própria norma, completando-a com outras fontes, visando a imposição de condutas estatais prestacionais (políticas públicas de empregabilidade em setores e atividades afetados pela tecnologia) e condutas contratuais de ação ou omissão (imposição de deveres de proteção à saúde no trabalho tecnológico).

Esta reflexão, entretanto, prescinde do estudo sistemático-constitucional da norma, cujas linhas gerais são a seguir anotadas.

6.4. Análise do Direito Fundamental em questão

Busca-se analisar o inciso à luz da teoria constitucional contemporânea, enquadrando-o dogmaticamente.

6.4.1. Âmbito de proteção – relações de emprego

Em razão da geografia constitucional e da opção política manifestada pelo legislador constituinte[19], a proteção em face da automação está vinculada à feição subordinada das relações de trabalho. Assim, eventuais efeitos nocivos da automação, na prática, serão apreciados essencialmente no bojo das relações de emprego, o que limita o espectro protetivo teoricamente possível.

6.4.2. Dimensões e funções da norma – objetiva, subjetiva, multifuncional

A proteção trazida no inciso XXVII do art. 7º da CF, em verdade, é voltada a bens jurídicos já tutelados no próprio texto

---

12. Ocorreu no período de 1860 a 1900, com o uso do aço, da energia elétrica e dos combustíveis derivados do petróleo, a invenção do motor a explosão, da locomotiva a vapor e o desenvolvimento de produtos químicos, permitindo a manufatura em massa.

13. Associa-se aos avanços tecnológicos do século XX e XXI: computador, fax, robótica, cibernética a engenharia genética.

14. A quarta revolução industrial traz a automatização total das fábricas que acontece através de sistemas ciberfísicos, possíveis graças à internet das coisas e à computação na nuvem. Os sistemas ciberfísicos, combinam máquinas com processos digitais, são capazes de tomar decisões descentralizadas e de cooperar – entre eles ou até com humanos – mediante a chamada internet das coisas. Ver: BELTRAMETTI, L.; *et al*. *La fabbrica connessa*. La manifattura italiana (attra)verso Industria 4.0. Milano: Guerini, 2017.

15. As dimensões existenciais já não encontram clara fronteira entre o físico e o virtual, afetando a formação da identidade dos seres humanos (inclusive laboral) e a gestão de seus tempos e afazeres. Neste sentido, ver: MARQUES, S.R. de C.A. *Tecnologias e a (nova) existência humana*: reflexões sobre os direitos fundamentais ao lazer e ao trabalho e suas repercussões nos danos existenciais. 2017. Dissertação (Mestrado em Direito) – Escola de Direito, Pontifícia Universidade Católica do Rio Grande do Sul – PUCRS, Porto Alegre. Orientador: Profª Drª Denise Pires Fincato.

16. No mesmo texto constitucional, junto da proteção em face da automação, encontram-se a proteção da livre iniciativa (1º IV) e o incentivo ao desenvolvimento tecnológico (218, *caput*).

17. Oportuno referir que o paradigma filosófico condutor da questão desenvolvimentista no Brasil, por lógica sistêmica, é o princípio da solidariedade, que impõe o dever de colocar a tecnologia a serviço do homem.

18. Pois os bens tutelados em face da automação serão, basicamente, empregos e saúde – direitos já garantidos em outros dispositivos da Constituição.

19. Alocação no art. 7º da CF, cujos incisos têm conteúdo empregatício-previdenciário.

constitucional e em normas trabalhistas de outras hierarquias: tratam-se do pleno emprego e da saúde do trabalhador. Afora isto, incumbe analisar se o inciso XXVII revelaria um direito fundamental subjetivo e/ou objetivo.

Em síntese, diz-se subjetivo um direito fundamental quando possível ao seu titular impor judicialmente seus interesses ao destinatário da norma. De outro lado, será objetivo um direito fundamental quando (i) conduzir a interpretação e aplicação do direito infraconstitucional, (ii) organizar ou procedimentalizar a efetivação e proteção dos direitos fundamentais em si e (iii) quando dele for possível deduzir dever prestacional estatal genérico. De tal modo, "os deveres de proteção implicam deveres de atuação (prestação) do Estado e, no plano da dimensão subjetiva (...), inserem-se no conceito de direitos a prestações (direitos à proteção) estatais" (SARLET, 2012). A dimensão objetiva dos direitos fundamentais confere a universalidade na fruição das garantias, criando para o Estado o dever permanente de concretizar e realizar o conteúdo de tais direitos.

Admitir uma dupla dimensão aos direitos fundamentais é considerá-los essenciais à proteção da pessoa humana, além de expressão de valores objetivos de atuação e compreensão de todo o ordenamento jurídico. E o inciso XXVII do art. 7º assume esta dupla dimensão – ou perspectiva –, tendo feição subjetiva e objetiva[20]. Pela dimensão objetiva, o direito fundamental à proteção em face da automação obriga o Estado a impor limites ao uso de tecnologias para resguardar interesses coletivos legítimos. Assim, a dimensão subjetiva do direito fundamental pode ser resguardada não só por políticas estatais universalizantes, mas também por meio de ações judiciais (individuais, transindividuais ou metaindividuais).

Por fim, as funções normativas resultarão da dimensionalidade atribuída ao direito fundamental, e pode-se afirmar que o inciso XXVII do art. 7º é de tipo multifuncional, pois, concomitantemente, cumpre diversas funções na ordem jurídica (defesa, garantia, prestação, orientação procedimental e interpretativa).

6.4.3. Titulares e destinatários da norma – empregados, empregadores, Estado

Os direitos fundamentais permitem aos seus titulares a exigência de condutas – negativas ou positivas – em face dos destinatários da norma e são essencialmente direitos subjetivos públicos, de aplicação forçada, reivindicáveis pela via judicial, de forma individual ou coletiva.

Na proteção em face da automação, o titular do direito fundamental, na perspectiva subjetiva, é o trabalhador (empregado) considerado individual ou coletivamente que, em face da automação abusiva (geradora de desemprego estrutural e enfermidades ocupacionais), busca amparo, de forma preventiva ou reparatória. O resguardo individualista só é alcançado se a própria legislação atribuir garantias mínimas ao empregado, como, por exemplo, estabilidade no emprego ou realocação em face da automação. De forma coletiva, a proteção se concretiza prioritariamente por meio de programas e políticas estatais fomentadores de emprego – limitadores da substituição do trabalho humano por atividade robótica – e conscientizadores da fundamentalidade da saúde e segurança no trabalho.

Ultrapassando leituras dogmático-universalistas (pelas quais todos os cidadãos seriam titulares ou destinatários de direitos/deveres fundamentais), pragmaticamente, o inciso XXVII do art. 7º, em suma e na literalidade da norma constitucional, tem por titulares os trabalhadores empregados. Em contrapartida, serão destinatários do dever de proteção os respectivos empregadores e o Estado (sociedade). Diz-se que, até este ponto, no cenário das relações de trabalho, se estaria transitando no campo dos princípios da liberdade e da igualdade.

Uma leitura mais ampla, no entanto, permitiria avançar rumo à realização do princípio jurídico da fraternidade (ou solidariedade, embora guardem distinções entre si), pelo qual direitos e deveres não se limitariam a empregados, empregadores e Estado, mas se ramificariam entre todos os *stakeholders* do cenário produtivo-laboral para o fim de garantir o direito ao trabalho e à trabalhabilidade (FINCATO, 2022).

6.4.4. Eficácia legal – "na forma da lei"

A norma contida no art. 7º, inciso XXVII da Constituição Federal, é classificada como norma de eficácia limitada – ou programática –, pois depende da atuação do legislador ordinário para integrar-lhe a eficácia. A previsão contida nos §§ 1º e 2º do art. 5º da Constituição Federal (aplicação imediata dos direitos fundamentais) conduz à compreensão de que estas normas contêm, em verdade, eficácia jurídica indireta, independendo da regulamentação programada, mas atrelando-se aos limites e potenciais interpretativos do sistema jurídico (SARLET; MARINONI; MITIDIERO, 2012)[21]. Destarte, tem-se por indiretamente eficaz o inciso XXVII do art. 7º, tomando-o em sua função integradora e interpretativa, especialmente para tutelar o titular individual do direito de proteção em face da automação em suas relações horizontais (privadas-empregatícias) ou verticais (público-prestacionais). A complementação, no caso concreto, se fará via operação interpretativa vinculada, tomando por base as normas infraconstitucionais que amparam os direitos imediatamente afrontados pela automação: o emprego e a saúde laboral.

6.4.5. Concretização judicial: comentário de casos

A questão histórico-conceitual até aqui exposta é de extrema utilidade à compreensão e aplicação do direito fundamental de proteção em face da automação na prática das relações de trabalho. Em Mandado de Injunção julgado no ano de 2001[22], o corpo Ministerial negou provimento ao pedido injuncional, ao argu-

---

20. Que operam em complemento recíproco e dinâmico, de maneira que um direito fundamental somente alcançará a universalidade se satisfizer individualmente aos seus destinatários.

21. Neste sentido, Sarlet leciona: "(...) o que importa destacar, neste contexto, é o fato de que um direito fundamental não poderá ter a sua proteção e fruição negada pura e simplesmente por conta do argumento de que se trata de direito positivado como norma programática e de eficácia meramente limitada, pelo menos, não no sentido de que o reconhecimento de uma posição subjetiva se encontra na completa dependência de uma interposição legislativa." SARLET, I. W.; MARINONI, L. G.; MITIDIERO, D. *Curso de direito constitucional*. São Paulo: RT, 2012.

22. MANDADO DE INJUNÇÃO N. 618 – MINAS GERAIS, RELATORA: MIN. CÁRMEN LÚCIA. Disponível em: <www.stf.jus.br/portal/processo/verProcessoPeca.asp?id=264180789&tipoApp>. Acesso em: 24 mar. 2018.

mento de que a norma não protegia o trabalhador em face das inovações tecnológicas, mas apenas da automação[23].

Nas demandas individuais, de outra banda, verificam-se situações em que a automação é geradora da perda do emprego ou de alteração nas condições de trabalho. Neste sentido, por exemplo, há condenações ao pagamento a 7ª e 8ª horas diárias[24], as quais o trabalhador teria passado a laborar em virtude da realocação funcional decorrente da automação.

E, por fim, há decisões diversas que analisam a conduta do empregador na proteção de seus trabalhadores diante dos novos métodos, fluxos e instrumentos de trabalho, frutos do "incremento tecnológico" (não apenas da automação, diferentemente da compreensão do Mandado de Injunção retro relatado): assim são corriqueiras as condenações de empresas em razão de doenças ocupacionais desenvolvidas por exposição à operação de maquinário sem proteção (individual ou coletiva) ou treinamento adequados[25].

7. Obras Consultadas

ARRUDA, W. R. Tratados internacionais: processo de incorporação ao ordenamento jurídico interno. In: *Conteudo Jurídico*, Brasilia-DF: 19 dez. 2014. Disponível em: <http://www.conteudojuridico.com.br/?artigos&ver=2.51529&seo=1>. Acesso em: 29 mar. 2018.

BARROS, A. M. de. *Curso de direito do trabalho*. 9. ed. São Paulo: LTr, 2013.

BELTRAMETTI, L. et al. *La fabbrica conessa*. La manifattura italiana (attra)verso Industria 4.0. Milano: Guerini, 2017.

BONAVIDES, P. *Curso de direito constitucional*. 13. ed. São Paulo: Malheiros, 2003.

CANOTILHO, J. J. G.; MENDES, G. F.; SARLET, I. W.; STRECK, L. L. (Coords.). *Comentários à Constituição do Brasil*. São Paulo: Saraiva/Almedina, 2013.

CASTELLS, M. *La era de la información*: la sociedad red. 2. ed. v. 1. Madrid: Alianza Editorial, 2001.

CLÉVE, C.M. (Coord.). *Direito constitucional brasileiro. Teoria da Constituição e direitos fundamentais*. São Paulo: RT, 2014. v. 1.

COLNAGO, L. de M. R.; CHAVES JR., J. E. de R.; ESTRADA, M.M.P. *Teletrabalho*. São Paulo: LTr, 2017 (Edição Kindle).

COSTA, O. T. da. *Direito coletivo do trabalho e crise econômica*. São Paulo: LTr, 1991.

DEJOURS, Christophe. *A banalização da injustiça social*. 2. ed. Rio de Janeiro: FGV, 1999.

DUARTE, H. G.; OLIVEIRA, E. T. S. da. O Supremo Tribunal Federal e a norma supralegal: apontamentos frente à estrutura hierárquico-normativa brasileira. In: *Revista Âmbito Jurídico*. Disponível em: <http://www.ambito-juridico.com.br/site/?n_link=revista_artigos_leitura&artigo_id=12081>. Acesso em: 28 mar. 2018.

FERREIRA FILHO, M.G. *Curso de direito constitucional*. São Paulo: Saraiva, 1995.

FERREIRA, J. C. *Aspectos econômicos e sociais do teletrabalho*. São Paulo, 2006. Disponível em: <http://www.sobratt.org.br/cbt2006/pdf/jose_carlos_ferreira.pdf>. Acesso em: 25 jun. 2017.

FINCATO, D. P. Saúde, higiene e segurança no teletrabalho: reflexões e dilemas no contexto da dignidade da pessoa humana trabalhadora. *Direitos Fundamentais & Justiça*, Porto Alegre, n. 9, p. 101-123, out./dez. 2009.

FINCATO, D.; PORTELA, V. Dispensa coletiva e o direito fundamental à greve: um case espanhol como paradigma ao direito comparado. *Justiça do Trabalho*, Porto Alegre. v. 394, p. 31-55, 2016.

FINCATO, D. P. A regulamentação do teletrabalho no Brasil: indicações para uma contratação minimamente segura. *Revista Jurídica Luso-brasileira*, Lisboa v. 1, p. 365-396, 2016.

FINCATO, D. P. Trabalho e Tecnologia: reflexões. In: FINCATO, D.P; GUIMARES, C.; MATTE, M. In: *Direito e Tecnologia*: reflexões sociojurídicas. Porto Alegre: do Advogado, 2014.

FINCATO, D.P.; ALVES, A.M. A produtividade no trabalho em plataformas digitais e a trabalhabilidade como fenômeno social. VEIGA, F. (Org). *LegalTech, Artificial Intelligence and the Future of Legal Practice*. Porto: Iberojur; Kraków University, 2022, p. 75-84. Disponível em: https://eprints.ucm.es/id/eprint/73947/1/Ebook%20I%20JURISTECH%20-%20press.pdf#page=75. Acesso em: 10 maio 2023.

FRIEDMAN, T. L. O *mundo é plano*. 3. ed. Rio de Janeiro: Objetiva, 2009.

JARDIM, C. C. da S. *O teletrabalho e suas atuais modalidades*. São Paulo: LTr, 2003.

JOSÉ FILHO, W.L. A eficácia do direito fundamental da proteção em face da automação previsto no inciso XXVII, do art. 7º, da Constituição Federal de 1988. In: *Revista do Tribunal Regional do Trabalho da 18ª Região*. Goiânia, v. 15, p. 77-89, dez. 2012.

MACHADO, J. C. *Ampliação do poder de vigilância sobre o trabalhador no regime de teletrabalho*. 85 f. Monografia (Especialização em Direito do Trabalho). Universidade Federal de Mato Grosso do Sul, Campo Grande, 2000. Disponível em: <http://www.pgt.mpt.gov.br/publicacoes/seguranca/vigilancia_sobre_regime_teletrab.pdf>. Acesso em: 3 jul. 2017.

MANICA, F.B. Teoria da Reserva do Possível: direitos fundamentais a prestações e o Poder Judiciário na implementação de políticas públicas. In: *Cadernos da Escola de Direito e Relações Internacionais da Unibrasil*. Curitiba, jan./jul., 2008. Disponível em: <http://revistas.unibrasil.com.br/cadernosdireito/index.php/direito/article/view/694/650>. Acesso em: 27 mar. 2018.

---

23. "O objetivo do mandado de injunção é garantir a efetividade da Constituição da República em caso de direito que não pode ser exercido pela ausência de norma regulamentadora. O art. 7º, inc. XXVII, da Constituição não estipula como direito do trabalhador proteção contra 'inovações tecnológicas', mas sim 'em face da automação', conceitos diferentes. Na automação substitui-se o trabalho humano pelo de máquinas. A inovação tecnológica está relacionada a mudanças na tecnologia, não havendo necessariamente a substituição do homem por máquina. Portanto, o Impetrante não apresenta a condição jurídica de pessoa cujo direito esteja inviabilizado pela ausência de norma regulamentadora de direito constitucionalmente assegurado. (...). Por não se cuidar de direito previsto na Constituição da República, cujo exercício estaria sendo inviabilizado por falta de regulamentação, ausente o requisito permissivo do trâmite do presente mandado de injunção, quanto ao art. 7º, inc. XXVII, da Constituição".

24. TST – RR – 281300-38.2004.5.07.0002

25. TST- AIRR-133950201 55070033.

MARQUES, S.R. de C.A. *Tecnologias e a (nova) existência humana: reflexões sobre os diritos fundamentais ao lazer e ao trabalho e suas repercussões nos danos existenciais*. 130 f. Dissertação (Dissertação de Mestrado em Direito). Escola de Direito, Pontifícia Universidade Católica do Rio Grande do Sul (PUCRS), Porto Alegre, 2017. Orientador: Profª Drª Denise Pires Fincato

MARTINEZ, L.; MALTEZ, Mariana. O Direito Fundamental à Proteção em face da automação. In: *Revista de Direito do Trabalho*. São Paulo, vol. 182/2017. Thompson Reuters, p. 21-59, out. 2017.

MARTINS, S. P. *A continuidade do contrato de trabalho*. São Paulo: Atlas, 2000.

MASI, D. de. *Lavorare gratis, lavorare tutti*. Perché il futuro è dei disocupati. Milano: Rizzoli, 2017.

MASI, D. de. *O futuro do trabalho*: fadiga e ócio na sociedade pós-industrial. Rio de Janeiro: José Olympio, 1999.

MELO, G. M. *O teletrabalho na nova CLT*. Brasília, 2017. Disponível em: <https://www.anamatra.org.br/artigos/25552--o-teletrabalho-na-nova-clt>. Acesso em: 22 jan. 2018.

MENDES, G. F.; BRANCO, P. G. G. *Curso de direito constitucional*. 10. ed. São Paulo: Saraiva, 2015.

OLIVEIRA, S. G. *Indenizações por acidente do trabalho ou doença ocupacional*. 9. ed. São Paulo: LTr, 2016.

PALOMINO, Teodosio. La automación y el desempleo. *Revista Jurídica do Trabalho*, Porto Alegre, v. 2, n. 6, p. 111-120, jul./set. 1989.

PIOVESAN, F.; SOARES, I. V. P. (Coord.). *Direito ao desenvolvimento*. Belo Horizonte: Fórum, 2010. (Coleção Fórum Direitos Humanos; 2.)

RODRIGUES, I. A. *Teletrabalho em domicílio*: acidente de trabalho e responsabilidade do empregador. 2014. 80 f. Monografia (Graduação em Direito). Faculdade de Ciências Jurídicas e Sociais, Centro Universitário de Brasília, Brasília, 2014.

RÜDIGER, D. S. Relações de trabalho e política empresarial: uma questão global. In: LEAL, M. C. H.; CECATO, M. A. B.; RÜDIGER, D. S. (Org). *Trabalho, Constituição e cidadania*: reflexões acerca do papel do constitucionalismo na ordem democrática. Porto Alegre: Verbo Jurídico, 2009.

SARLET, I. W. *A eficácia dos direitos fundamentais*: uma teoria geral dos direitos fundamentais na perspectiva constitucional. 11. ed. Porto Alegre: Livraria do Advogado, 2011.

SARLET, I. W. O conceito de direitos fundamentais na Constituição Federal de 1988. In: *Consultor Jurídico (CONJUR)* 27 fev. 2015, Disponível em: <https://www.conjur.com.br/2015--fev-27/direitos-fundamentais-conceito-direitos-fundamentais--constituicao-federal-1988>. Acesso em: 28 mar. 2018.

SARLET, I. W.; MARINONI, L. G.; MITIDIERO, D. *Curso de direito constitucional*. São Paulo: RT, 2012.

SEMPERE NAVARRO, A.; KAHALE CARRILLO, D. T. *Teletrabajo*: claves prácticas. Madrid: Lefebvre, 2013. (Francis Lefebvre.)

SILVA, J. A. R. de O. A saúde do trabalhador como um direito humano. *Revista do Tribunal Regional do Trabalho da 15ª Região*, Campinas, n. 31, p. 119-126, jul./dez. 2007.

SILVA, K. M. da. Como controlar quem não é visto? Breves reflexões sobre o exercício do poder de vigilância sobre o teletrabalhador e suas implicações jurídicas. *Revista Trabalhista Direito e Processo*, Rio de Janeiro, v. 10, n. 37, p. 211-221, jan./mar. 2011.

SUPIOT, Alain. Travail, droit et technique. *Droit social*. Paris, n. 1, p. 13-15, jan. 2002.

VELZ, P. *La société hyper-industrielle*. Le nouveau capitalisme productif. Paris: Seuil, 2017.

WINTER, Vera Regina Loureiro. *Teletrabalho*: uma forma alternativa de emprego. São Paulo: LTr, 2005.

Jurisprudência do Tribunal Superior do Trabalho. Disponível em: https://jurisprudencia.tst.jus.br/#3d4f78e424c8a17b1d8bc5321320d134. Acesso em: 14 maio 2023.

PROJETOS DE LEI E OUTRAS PROPOSIÇÕES. Disponível em: https://www.camara.leg.br/buscaProposicoesWeb/resultadoPesquisa?numero=&ano=&autor=&inteiroTeor=art.+7º,+inciso+XXVII+automação+trabalhador&emtramitacao=Todas&tipoproposicao=%5BPL+-+Projeto+de+Lei%5D&data=14/05/2023&page=false. Acesso em: 14 maio 2023.

Art. 7º, XXVIII – seguro contra acidentes de trabalho, a cargo do empregador, sem excluir a indenização a que este está obrigado quando incorrer em dolo ou culpa;

Eugênio Hainzenreder Júnior
Amanda Rosales Gonçalves Hein Hainzenreder

1. Histórico da norma

Subcomissão dos Direitos dos Trabalhadores: *nada consta*; Comissão da Ordem Social: *"seguro contra acidentes de trabalho"*; Comissão de Sistematização: *"seguro contra acidentes de trabalho, a cargo do empregador, sem excluir a indenização a que este está obrigado, quando incorrer em dolo ou culpa"*. Comissão Especial de Legislação Social: Decreto n. 3.724, de 15 de janeiro de 1919 (regula as obrigações resultantes dos *acidentes* no trabalho), modificado pelo Decreto n. 13.493, de 5-3-1919 (retifica o art. 10 do Decreto n. 3724/1919, que sancionou a resolução legislativa regulando os acidentes no trabalho) e, por fim, regulamentado pelo Decreto n. 13.498, de 12-3-1919 (aprova o regulamento para execução da Lei n. 3724, de 15-1-1919, sobre as obrigações resultantes dos acidentes no trabalho), todos revogados atualmente.

2. Constituições anteriores

Art. 121, § 1º, *h*, CF/34; art. 137, *m*, CF/ 37; art. 157, XVII, CF/46; art. 159, XVII, CF/67; art. 165, XVI, EC n. 1/69.

3. Dispositivos constitucionais relacionados

Art. 7º, incisos XXII e XXXIII e parágrafo único, e arts. 40, § 1º, I; 109, I; 201, § 10, todos da CF/88; ADCT, art. 10, II, *a*.

4. Constituições estrangeiras

Art. 59, 1, *f*, da Constituição portuguesa; Tít. 6, 123, A, XIV e B, XI, *a*, da Constituição mexicana; arts. 37, 1, e 38 da Constituição italiana.

5. Direito internacional

OIT. Convenção n. 12 (1921). Trata da indenização por acidentes de trabalho na agricultura. Ratificada pelo Brasil em 25-4-1957. Decreto Legislativo n. 24, de 29-5-1956. Decreto de Promulgação n. 41.721, de 25-6-1957; **Convenção n. 19** (1925). Dispõe sobre a Igualdade de Tratamento (Acidentes de Trabalho) e adota diversas proposições relativas à igualdade de tratamento dos trabalhadores estrangeiros e nacionais vítimas de acidentes de trabalho. Ratificada pelo Brasil em 25-4-1957. Decreto n. 41.721, de 25 de junho de 1957. **Convenção n. 42** (1934). Trata da indenização por enfermidades profissionais (revisão). Ratificada pelo Brasil em 8-6-1936. Decreto Legislativo n. 9, de 22-12-1935. Decreto de Promulgação n. 1.361, de 12-1-1937; **Convenção n. 118** (1962). Trata da igualdade de tratamento dos nacionais e não nacionais em matéria de previdência social. Ratificada pelo Brasil em 24-3-1969. Decreto de Promulgação n. 66.497, de 27-4-1970; **Convenção n. 134** (1970). Trata da prevenção de acidente de trabalho dos marítimos. Ratificada pelo Brasil em 25-7-1996. Decreto de Promulgação n. 3.251, de 18-11-1999; **Convenção n. 174** (1993). Tem por objeto a prevenção de acidentes industriais maiores que envolvam substâncias perigosas e a limitação das consequências desses acidentes. Ratificada pelo Brasil em 2-8-2001. Decreto n. 4.085, de 15 de janeiro de 2002 (Promulga a Convenção n. 174 da OIT e a Recomendação n. 181 sobre a Prevenção de Acidentes Industriais Maiores).

Tratados Multilaterais: Mercosul. Acordo Multilateral de Seguridade Social do Mercado Comum do Sul e seu regulamento administrativo (1997). Decreto Legislativo n. 451, de 14-11-2001. Decreto de Promulgação n. 5.722, de 13-3-2006; Convênio Ibero-Americano de Seguridade Social e Convênio Ibero-Americano de Cooperação em Seguridade Social (1978). Decreto Legislativo n. 130, de 2-12-1980. Decreto de Promulgação n. 86.035, de 27-5-1981; **Tratados bilaterais:** Acordo sobre Seguros Sociais Brasil-Luxemburgo (1965). Decreto Legislativo n. 52, de 28-11-1966. Decreto de Promulgação n. 60.968, de 7-7-1967. Acordo de Previdência Social Brasil – Portugal (1969). Decreto Legislativo n. 40, de 8-7-1970. Decreto de Promulgação n. 67.695, de 3-12-1970; Acordo de Previdência Social Brasil-Espanha (1969). Decreto Legislativo n. 68, de 2-10-1970. Decreto de Promulgação n. 68.503, de 14-4-1971. Protocolo adicional (1980). Decreto Legislativo n. 63, de 26-10-1981. Decreto de Promulgação n. 86.828, de 8-1-1982; Tratado Brasil-Paraguai sobre Itaipu (1972). Decreto de Promulgação n. 75.242, de 17-1-1972. Protocolos adicionais (1973). Decreto de Promulgação n. 72.707, de 28-2-1973; Acordo Brasil Cabo Verde sobre Previdência Social (1975). Acordo por troca de Notas. DOU 41, de 1º-3-1979, p. 2901. Registrado no Secretariado na ONU em 28-12-1979, sob n. 18.216, pelo Brasil; Acordo de Previdência Social Brasil – Uruguai (1978). Decreto de Promulgação n. 85.248, de 13-10-1980. Acordo de Previdência Social Brasil-Chile (1980). Decreto Legislativo n. 27, de 30-4-1982. Decreto de Promulgação n. 1.875, de 25-4-1996; Acordo Previdência Social Brasil-Argentina (1980). Decreto Legislativo n. 95, de 5-10-1982. Decreto de Promulgação n. 87.918, de 7-12-1982; Tratado Brasil-República Helênica de Seguridade Social (1984). Decreto Legislativo n. 31, de 23-10-1987. Decreto de Promulgação n. 99.088, de 9-3-1990. Acordo de Seguridade Social Brasil-Itália (1995). Decreto Legislativo n. 32, de 4-7-1997. Acordo de Previdência Social Brasil-Bélgica (2009). Decreto n. 8.405, de 11 de fevereiro de 2015. Acordo de Previdência Social Brasil-Canadá (2011). Decreto n. 8.288, de 24 de julho de 2014. Acordo previdência social Brasil-Coreia (2012). Decreto legislativo n. 152, de 17-7-2015. Acordo previdência social Brasil-França (2011). Decreto n. 8.300, de 29 de agosto de 2014. Acordo Previdência Social Brasil-Japão (2010). Decreto n. 7.702, de 15 de março de 2012. Acordo Previdência Social Brasil-Quebec (2011). Decreto Legislativo n. 97 de 12-5-2015.

Assim, consoante dados oficiais da Previdência Social de 2018, o Brasil possui até a presente data 14 acordos bilaterais e dois multilaterais, sendo eles: acordos bilaterais em vigência com a Alemanha, Bélgica, Cabo Verde, Canadá, Chile, Coreia do Sul, Espanha, França, Grécia, Itália, Japão, Luxemburgo, Portugal e Quebec, e, quanto aos multilaterais, são os estabelecidos com países do Mercosul (Argentina, Paraguai e Uruguai) e países da península ibero-americana (Argentina, Bolívia, Brasil, Chile, El Salvador, Equador, Espanha, Paraguai, Peru, Portugal e Uruguai)[1]. Em processo de ratificação, estão os acordos bilaterais firmados com a Bulgária, Estados Unidos, Moçambique e Suíça e o acordo multilateral relativo à Convenção Multilateral de Segurança Social da Comunidade de Países de Língua Portuguesa.

6. Remissões constitucionais e legais

Consolidação das Leis do Trabalho: arts. 4, § 1º, 12, 30, 40, inciso III, 41, parágrafo único, 75-E (incluído pela Lei n. 13.647/2017), 131, inciso III, 133, inciso IV, 154 a 201, 611-B, inciso XX (incluído pela Lei n. 13.647/2017), 643, § 2º; **Lei n. 6.338, de 7-6-1976** (Ações de indenização por acidentes do trabalho entre as que têm curso nas férias forenses); **Lei n. 6.367, de 19-10-1976** (Dispõe sobre o seguro de acidentes do trabalho a cargo do INPS e dá outras providências). **Lei n. 8.213, de 24-7-1991** (Planos de Benefícios da Previdência Social), arts. 19 a 23; **Lei n. 9.719, de 27-11-1998** (Normas e condições gerais de proteção ao trabalho portuário e institui multas pela inobservância de seus preceitos); **Lei n. 11.101, de 9-2-2005**, art. 83 (Recuperação de empresas e falência); **Lei n. 11.121, de 25-5-2005** (Dia nacional em memória das vítimas de acidentes e doenças do trabalho). **Emenda Constitucional n. 72, de 2 de abril de 2013. Lei Complementar n. 150, de 1º de junho de 2015** (Dispõe sobre o contrato de trabalho doméstico; altera as Leis n. 8.212, de 24 de julho de 1991, n. 8.213, de 24 de julho de 1991, e n. 11.196, de 21 de novembro de 2005; revoga o inciso I do art. 3º da Lei n. 8.009, de 29 de março de 1990, o art. 36 da Lei n. 8.213, de 24 de julho de 1991, a Lei n. 5.859, de 11 de dezembro de 1972, e o inciso VII do art. 12 da Lei n. 9.250, de 26 de dezembro 1995; e dá outras providências), arts. 34, inciso III, art. 37.

7. Jurisprudência do STF

Súmulas: 35, 198, 229, 230, 232, 234, 236, 238, 240, 311, 314, 337, 464, 465, 529; **Súmula vinculante n. 22 do STF:** A Justiça do Trabalho é competente para processar e julgar as ações de in-

---

1. <http://www.previdencia.gov.br/tag/acordos-internacionais/>.

denização por danos morais e patrimoniais decorrentes de acidente de trabalho propostas por empregado contra empregador, inclusive aquelas que ainda não possuíam sentença de mérito em primeiro grau quando da promulgação da Emenda Constitucional n. 45/04. Precedente representativo: CComp 7.204/MG, rel. Min. Carlos A. Brito, j. em 29-6-2005, *DJ* 9-12-2005 (Compete à Justiça do Trabalho após a entrada em vigor da Emenda Constitucional n. 45/2004 processar e julgar as causas de acidente do trabalho movidas pelo empregado em face do empregador decorrentes da relação de emprego); RE 343.446, rel. Min. Carlos Velloso, j. em 20-3-2003, *DJ* de 4-4-2003 (Constitucional a contribuição social destinada ao custeio do Seguro de Acidente de Trabalho – SAT, tendo como base de cálculo o total das remunerações pagas aos empregados (art. 3º, II, Lei n. 7.787/89; art. 22, II, Lei n. 8.212/91). Inexigível lei complementar para a instituição da nova contribuição, pois a exação está expressamente prevista no art. 201, § 4º, da Constituição Federal, em redação anterior à Emenda Constitucional n. 20/98). **Repercussão geral no âmbito do STF: Tema 920** – Possibilidade de responsabilização objetiva do empregador por danos decorrentes de doenças ocupacionais. O RE 828.075 é o processo paradigma do tema 920 da tabela de repercussão geral do STF. O Tribunal, por maioria, reconheceu a inexistência de repercussão geral da questão, por não se tratar de matéria constitucional, vencidos os Ministros Luiz Fux, Marco Aurélio e Rosa Weber. Transitado em julgado em 7-3-2017. **Tema 932 – Recurso Extraordinário no qual se discutia, à luz dos arts. 7º, inc. XXVIII, 37, § 6º, 59 e 97 da Constituição da República, a aplicação da teoria do risco, prevista no art. 927, parágrafo único, do Código Civil, aos danos decorrentes de acidentes de trabalho.** O RE 828.040 é o processo paradigma do tema 932 da tabela de repercussão geral do STJ. O Tribunal, por maioria, fixou a seguinte tese de repercussão geral: "O artigo 927, parágrafo único, do Código Civil é compatível com o artigo 7º, XXVIII, da Constituição Federal, sendo constitucional a responsabilização objetiva do empregador por danos decorrentes de acidentes de trabalho, nos casos especificados em lei, ou quando a atividade normalmente desenvolvida, por sua natureza, apresentar exposição habitual a risco especial, com potencialidade lesiva e implicar ao trabalhador ônus maior do que aos demais membros da coletividade", nos termos do voto do Ministro Alexandre de Moraes (Relator), vencido o Ministro Marco Aurélio. Ausente, por motivo de licença médica, o Ministro Celso de Mello. Presidência do Ministro Dias Toffoli. Plenário, 12.03.2020. Transitado em julgado em 5-8-2020.

8. Jurisprudência do STJ

Súmulas n. 15, 159, 226, 351, 507; CComp 84.766/SP, rel. Min. Carlos Fernando Mathias, j. em 14-5-2008, *DJ* 23-6-2008 (Compete à Justiça Comum processar e julgar as causas de acidente de trabalho propostas por dependentes do empregado vitimado que buscam e atuam em nome próprio perseguindo direito próprio, não decorrente da antiga relação de emprego e sim o acidente de trabalho). Competência determinada pela natureza jurídica da lei, relacionada com a responsabilidade civil CC n. 101.977-SP, na sessão de 16-9-2009, a Corte Especial deliberou pelo CANCELAMENTO da Súmula n. 366 (Ementa: Conflito Negativo de Competência. Acidente do Trabalho. Empregado Público Municipal. Vínculo Celetista. Alteração introduzida pela Emenda Constitucional n. 45/2004. Ação de Indenização proposta por viúva do empregado acidentado. Reiterada Jurisprudência das Turmas e do Plenário do STF afirmando a competência da Justiça do Trabalho. Entendimento diferente da Súmula n. 366/STJ. Conflito conhecido para, cancelando a Súmula, declarar a competência do Juízo Suscitante).

9. Jurisprudência do TST

Súmulas: 46 (acidente do trabalho. faltas. duração de férias. cálculo da gratificação natalina); 371 (aviso prévio indenizado. efeitos. superveniência de auxílio-doença no curso deste); 378 (I – estabilidade provisória. constitucionalidade. Lei n. 8.213/91, art. 118. II – estabilidade provisória. direito. pressupostos para concessão. afastamento e auxílio-doença); 392 (dano moral e material. relação de trabalho. competência da justiça do trabalho); 440 (auxílio-doença acidentário. aposentadoria por invalidez. suspensão do contrato de trabalho. reconhecimento do direito à manutenção de plano de saúde ou de assistência médica); 454 (competência da justiça do trabalho. execução de ofício. contribuição social referente ao seguro de acidente de trabalho (SAT). arts. 114, VIII, e 195, I, *a*, da Constituição da República);

SDC. Orientação Jurisprudencial: 31. ESTABILIDADE DO ACIDENTADO. ACORDO HOMOLOGADO. PREVALÊNCIA. IMPOSSIBILIDADE. VIOLAÇÃO DO ART. 118 DA LEI N. 8.213/91. **(inserida em 19-8-1998)**. Não é possível a prevalência de acordo sobre legislação vigente, quando ele é menos benéfico do que a própria lei, porquanto o caráter imperativo dessa última restringe o campo de atuação da vontade das partes.

SDI-1 Orientação Jurisprudencial: 41. Estabilidade. Instrumento normativo. Vigência. Eficácia. Preenchidos todos os pressupostos para a aquisição de estabilidade decorrente de acidente ou doença profissional, ainda durante a vigência do instrumento normativo, goza o empregado de estabilidade mesmo após o término da vigência deste (inserida em 25-11-1996). 375. AUXÍLIO-DOENÇA. APOSENTADORIA POR INVALIDEZ. SUSPENSÃO DO CONTRATO DE TRABALHO. PRESCRIÇÃO. CONTAGEM (*DEJT* divulgado em 19, 20 e 22-4-2010). A suspensão do contrato de trabalho, em virtude da percepção do auxílio-doença ou da aposentadoria por invalidez, não impede a fluência da prescrição quinquenal, ressalvada a hipótese de absoluta impossibilidade de acesso ao Judiciário; 421. Honorários advocatícios. Ação de indenização por danos morais e materiais decorrentes de acidente de trabalho ou de doença profissional. Ajuizamento perante a Justiça Comum antes da promulgação da Emenda Constitucional n. 45/2004. Posterior remessa dos autos à Justiça do Trabalho. Art. 85 do CPC de 2015. Art. 20 do CPC de 1973. Incidência (atualizada em decorrência do CPC de 2015) – Res. 208/2016, *DEJT* divulgado em 22, 25 e 26-4-2016.

10. Referências bibliográficas

BRANDÃO, Cláudio. *Acidente de trabalho e responsabilidade civil do empregador*. 2. ed. São Paulo: LTr, 2006; *Curso modular de direito previdenciário*. Florianópolis: Conceito, 2007; CABRAL JÚNIOR, Ézio Martins. *Acidente do trabalho e contrato a termo*. São Paulo: LTr, 2003; CAIRO JÚNIOR, José. *O acidente do trabalho e a responsabilidade civil do empregador*. 4. ed. São Paulo: LTr, 2008; CALLERI, Carla. *Auxílio-doença acidentário*: reflexos no contrato de trabalho. São Paulo: LTr, 2007; DALLEGRAVE NETO, José Affonso. *Responsabilidade civil no direito do trabalho*. São Paulo: LTr, 2007; GÓES, Maurício de Carvalho; ENGELMANN, Wilson. *Direito das nanotecnologias e o meio ambiente do trabalho*. Porto Alegre: Livraria do Advogado, 2015; HAINZENREDER JÚNIOR, Eugênio; TRINDADE, Tiziana Morel. *Meio ambiente do trabalho*: normas de proteção, responsabilidade do empregador e atuação dos órgãos de fiscalização. Justiça do Trabalho, v. 28, p. 88-99, 2011; MICHEL, Oswaldo. *Acidentes do trabalho e doenças ocupacionais*. 3. ed. São Paulo: LTr, 2008; OLIVEIRA, Sebastião Geraldo. *Indenizações por acidente do trabalho ou doença ocupacional*. 4. ed. São Paulo: LTr, 2008; PEDUZZI, Maria Cristina Irigoye. *Ampliação da competência material da justiça do trabalho pela Emenda Constitucional n. 45, ação de indenização por dano moral ou patrimonial decorrente da relação de trabalho inclusive de acidente do trabalho*. Doutrina: edição comemorativa 20 anos, p. 91, 2017; SALEM NETO, José. *Acidentes do trabalho na teoria e na prática*. São Paulo: LTr, 2001; SANTOS, Marco Fridolin Sommer. *Acidente do trabalho entre a seguridade social e a responsabilidade civil*: elementos para uma teoria do bem-estar e da justiça social. São Paulo: LTr, 2005; SANTOS, Marco Fridolin Sommer. *Acidente do trabalho entre a seguridade social e a responsabilidade civil*. São Paulo: LTr, 2008; SARLET, Ingo Wolfgang; GOLDSCHMID, Rodrigo. A assim chamada abertura material do catálogo de direitos fundamentais: uma proposta de aplicação às relações de trabalho no brasil. *Revista Direitos Fundamentais & Democracia*, v. 17, n. 17, p. 25, 2015; SILVA, José Antônio Ribeiro de Oliveira. *Acidente do trabalho*: responsabilidade objetiva do empregador. São Paulo: LTr, 2008; ZOCCHIO, Álvaro. *Vítimas, causas e cúmplices de acidentes do trabalho*. São Paulo: LTr, 2004; STÜRMER, Gilberto. Direitos humanos e meio ambiente do trabalho. *Veredas do Direito*: Direito Ambiental e Desenvolvimento Sustentável, v. 13, n. 25, p. 155-172, 2016; TEIXEIRA, Mariana Furlan; HAINZENREDER JÚNIOR, Eugênio. Um estudo sobre o meio ambiente do trabalho: sua conceituação e institutos jurídicos para a sua proteção – greve ambiental e ação civil pública. *Justiça do Trabalho*, Porto Alegre, ano 26, n. 303, mar. 2009, p. 9.

11. Comentários

11.1. Contextualização dos direitos sociais na CF/88

Após a promulgação da CF/88 o Brasil passou a ter um Direito Constitucional do Trabalho dotado de significativa especificidade, tendo o constituinte positivado um vasto rol de direitos fundamentais no art. 7º do diploma constitucional, dentre os quais se insere o direito ao seguro contra acidentes do trabalho, objeto deste inciso. Analisando-se o referido dispositivo, o qual possui trinta e quatro incisos, que esmiúçam uma plêiade de direitos fundamentais, verifica-se a herança histórica advinda da Revolução Industrial que acabou por imprimir uma indubitável preocupação com as relações tidas como assimétricas no que diz respeito às partes nela envolvidas, ou seja, uma verdadeira preocupação com o trabalhador subordinado.

Topograficamente, ainda, em comparação com a Constituição anterior, ocorreu o deslocamento do direito do trabalho do capítulo "Da Ordem Econômica e Social", passando a integrar o capítulo "Dos Direitos Sociais", inserido no título "Dos Direitos e Garantias Fundamentais"[2]. Ingo Wolfgang Sarlet[3] salienta essa nova situação topográfica dos direitos fundamentais, explicando que "a acolhida dos direitos fundamentais, em capítulo próprio no catálogo dos direitos fundamentais ressalta, por sua vez, de forma incontestável sua condição de autênticos direitos fundamentais", expungindo-se assim o seu caráter meramente programático.

Somada à característica de autenticidade desses direitos, foram ainda os direitos sociais qualificados como cláusulas especiais de abertura, em virtude de o art. 7º, em seu *caput*, prever a expressão "são direitos dos trabalhadores urbanos e rurais, além de outros que visem à melhoria de sua condição social (...)"[4] (grifo nosso). Ainda, a cláusula especial de abertura também é acionada pelo art. 5º, § 2º, da CF/88, o qual expressamente determina que os direitos e garantias expressos nesta Constituição não excluem outros decorrentes do regime e dos princípios por ela adotados, ou dos tratados internacionais em que a República Federativa do Brasil seja parte.

O presente inciso, portanto, integra o rol de direitos fundamentais previsto neste artigo, sendo considerado em sua dupla fundamentalidade, tanto formal (por estar previsto expressamente no catálogo constitucional), quanto material (assim considerado em virtude da importância do seu conteúdo).

11.2. Do conceito de acidente do trabalho

Consoante reza a própria legislação previdenciária (art. 19 da Lei n. 8.213, de 24 de julho de 1991), o *"Acidente do trabalho é o que ocorre pelo exercício do trabalho a serviço de empresa ou de empregador doméstico ou pelo exercício do trabalho dos segurados referidos no inciso VII do art. 11 desta Lei, provocando lesão corporal ou perturbação funcional que cause a morte ou a perda ou redução, permanente ou temporária, da capacidade para o trabalho"*. Verifica-se, assim, que o acidente se dá pelo exercício do trabalho, ou seja, no ínterim de execução das atividades laborais pelo empregado, culminando em dano a ele, seja fatal, como a morte, seja em lesão que reduza de forma permanente ou transitória a sua capacidade laborativa.

É importante salientar que o exercício do trabalho abrange as situações em que se considera que o empregado se encontra à disposição do seu empregador, podendo efetivamente estar em plena execução de ordens, sob o poder diretivo do empregador, ou, por exemplo, estar em trânsito para o trabalho ou retornado do local de suas atividades (*in itinere*). Ainda, estão englobadas as situações de sobreaviso e, inclusive, de descanso (intervalos legais). O art. 21 da Lei n. 8.213/91 faz menção expressa a tais equiparações, arrolando as seguintes situações:

---

2. GOMES, Fábio Rodrigues. *Direitos fundamentais dos trabalhadores*: critérios de identificação e aplicação prática. São Paulo: LTr, 2013, p. 24.

3. SARLET, Ingo Wolfgang. *A eficácia dos direitos fundamentais*. 4. ed. rev. e atual. Porto Alegre: Livraria do Advogado, 2004, p. 73.

4. *Ibid.*, p. 91. O autor ainda previne que: "(...) na doutrina nacional já foi virtualmente pacificado o entendimento de que o rol dos direitos sociais (art. 6º) e os direitos sociais dos trabalhadores (art. 7º) são – a exemplo do art. 5º, § 2º, da CF – meramente exemplificativos, de tal sorte que ambos podem ser perfeitamente qualificados de cláusulas especiais de abertura".

I – o acidente ligado ao trabalho que, embora não tenha sido a causa única, haja contribuído diretamente para a morte do segurado, para redução ou perda da sua capacidade para o trabalho, ou produzido lesão que exija atenção médica para a sua recuperação;

II – o acidente sofrido pelo segurado no local e no horário do trabalho, em consequência de:

a) ato de agressão, sabotagem ou terrorismo praticado por terceiro ou companheiro de trabalho;

b) ofensa física intencional, inclusive de terceiro, por motivo de disputa relacionada ao trabalho;

c) ato de imprudência, de negligência ou de imperícia de terceiro ou de companheiro de trabalho;

d) ato de pessoa privada do uso da razão;

e) desabamento, inundação, incêndio e outros casos fortuitos ou decorrentes de força maior;

III – a doença proveniente de contaminação acidental do empregado no exercício de sua atividade;

IV – o acidente sofrido pelo segurado ainda que fora do local e horário de trabalho:

a) na execução de ordem ou na realização de serviço sob a autoridade da empresa;

b) na prestação espontânea de qualquer serviço à empresa para lhe evitar prejuízo ou proporcionar proveito;

c) em viagem a serviço da empresa, inclusive para estudo quando financiada por esta dentro de seus planos para melhor capacitação da mão de obra, independentemente do meio de locomoção utilizado, inclusive veículo de propriedade do segurado;

d) no percurso da residência para o local de trabalho ou deste para aquela, qualquer que seja o meio de locomoção, inclusive veículo de propriedade do segurado.

§ 1º Nos períodos destinados a refeição ou descanso, ou por ocasião da satisfação de outras necessidades fisiológicas, no local do trabalho ou durante este, o empregado é considerado no exercício do trabalho.

Os fatores acidentários podem ser multicausais, razão pela qual existe uma preocupação crescente do legislador ordinário e do constituinte quanto ao tema atinente ao meio ambiente do trabalho equilibrado e sadio, existindo uma miríade de instrumentos jurídicos voltados à sua fiscalização, proteção e qualificação.

As doenças ocupacionais equiparam-se ao acidente do trabalho, ao passo que não estão incluídas em dita equiparação as doenças de natureza degenerativas (preexistentes ou não) e aquelas que comprovadamente não guardem relação com o labor executado pelo empregado.

O Anuário Estatístico da Previdência Social classifica os acidentes, para fins de levantamento de dados, em típicos, de trajeto e doenças. O último balanço estatístico indicou a prevalência dos denominados acidentes típicos, seguidos dos acidentes de trajeto e, por fim, doenças. A própria Previdência Social depura os conceitos classificatórios referidos, distinguindo-os da seguinte forma: (i) **Acidentes Típicos**: são os acidentes decorrentes da característica da atividade profissional desempenhada pelo acidentado; (ii) **Acidentes de Trajeto**: são os acidentes ocorridos no trajeto entre a residência e o local de trabalho do segurado e vice-versa; e, (iii) **Acidentes Devidos à Doença do Trabalho**: são os acidentes ocasionados por qualquer tipo de doença profissional peculiar a determinado ramo de atividade constante na tabela da Previdência Social[5].

As causas típicas, por sua vez, podem decorrer de culpa do empregador (como, por exemplo, não disponibilização e ausência de treinamento quanto ao uso de equipamentos de proteção individual); inobservância pelo empregado de diretrizes e normas relativas à segurança; dentre outras diversas causas.

11.3. Doenças ocupacionais

Conforme referido acima, as doenças ocupacionais são equiparadas ao acidente de trabalho. Consoante explicação do Programa Trabalho Seguro, de iniciativa do Tribunal Superior do Trabalho, os incisos do art. 20 da Lei n. 8.213/91 conceitua e classifica as doenças ocupacionais da seguinte forma: (i) **doença profissional**, assim entendida a produzida ou desencadeada pelo exercício do trabalho peculiar a determinada atividade e constante da respectiva relação elaborada pelo Ministério do Trabalho e da Previdência Social; e, (ii) **doença do trabalho**, assim entendida a adquirida ou desencadeada em função de condições especiais em que o trabalho é realizado e com ele se relacione diretamente, constante da relação mencionada no inciso I.

O § 2º do mencionado artigo da Lei n. 8.213/91, por sua vez, estabelece que, *"em caso excepcional, constatando-se que a doença não incluída na relação prevista nos incisos I e II deste artigo resultou das condições especiais em que o trabalho é executado e com ele se relaciona diretamente, a Previdência Social deve considerá-la acidente do trabalho".*

Conclui-se, assim, que as doenças ocupacionais subdividem-se em profissional e do trabalho, sendo a primeira adstrita a uma profissão em particular e, a segunda, possui um espectro mais elasticado, relacionando-se mais em virtude das condições que determinada atividade é executada, sem contudo, ser prerrogativa de determinado ofício/ocupação. Não obstante, em ambas as situações, a doença deve guardar relação com o labor, o que evidenciará a existência do imperioso nexo de causalidade a caracterizar a responsabilização do empregador. As causas podem ser únicas ou múltiplas, sendo que, nesta última hipótese de multifatorialidade, constituirá o trabalho uma concausa ao adoecimento do empregado, a qual deterá igual valoração às demais causas detectadas, com fulcro na chamada Teoria da Equivalência das Condições, quando contribuir diretamente para o surgimento da doença.

11.4. Meio ambiente saudável

A preservação e a proteção do meio ambiente, com a finalidade de manter o seu equilíbrio, alçaram patamares relevantes, tornando-se objeto de tutela na Constituição Federal de 1988. Seus fundamentos estão no art. 225 da carta magna.

Verifica-se que o constituinte, ao utilizar a expressão "sadia qualidade de vida" no dito dispositivo, pretende não somente a

---

5. <http://www.previdencia.gov.br/dados-abertos/aeps-2013-anuario-estatistico-da-previdencia-social-2013/aeps-2013-secao-iv-acidentes-do-trabalho/ e http://www.previdencia.gov.br/wp-content/uploads/2017/05/aeat15.pdf>.

preservação e a proteção do meio ambiente natural, mas, também, a do artificial, a do cultural e a do trabalho, elastecendo a sua concepção. Percebe-se que a tutela ambiental constitucional possui, como objeto imediato, a qualidade do meio ambiente e, como objeto mediato, a dignidade humana e a qualidade de vida, que se manifestam no bem-estar, na saúde física e psíquica do homem.

Em virtude dos próprios valores que consagra, o meio ambiente (e, pela via reflexa, o meio ambiente do trabalho) ecologicamente equilibrado é um dos direitos fundamentais de terceira geração, revestindo-se de um caráter eminentemente de direito metaindividual. No que concerne especificamente em relação ao meio ambiente laboral, o legislador constitucional de 1988 estabeleceu para a sua tutela um sistema de princípios e regras no qual relaciona ambiente, saúde e segurança do trabalhador, tutelando o meio ambiente do trabalho de forma mediata no Capítulo VI do Título VIII, art. 225, dedicado ao Meio Ambiente, na medida em que prevê a defesa do meio ambiente em geral, e de forma imediata no art. 7º, incisos XXII e XXIII, e, em especial, no art. 200, inciso VIII. Neste último, o texto constitucional faz menção expressa ao meio ambiente do trabalho, vinculando-o com a saúde pública e prevendo que ao Sistema Único de Saúde cabe a atribuição de cooperar com a proteção, tanto do meio ambiente em geral como daquele atinente ao do trabalho.

Essa abrangência do meio ambiente do trabalho, por sua vez, se dá em razão da ampliação do conceito de saúde adotado pela Constituição Federal e da sua inclusão no art. 7º, inciso XXII, pelo legislador constitucional como um direito social. Houve, na realidade, uma conexão entre os conceitos de saúde, de segurança e de meio ambiente do trabalho.

O acidente de trabalho é um claro exemplo dessa vinculação, pois relaciona diretamente a saúde dos trabalhadores com o meio em que laboram, tendo em vista que a saúde não é somente a ausência de doenças, mas também as condições físicas e psíquicas dos indivíduos, não podendo ser afetadas negativamente pelas condições do ambiente laboral. A Constituição Federal, ao garantir aos trabalhadores, em seu art. 7º, inciso XXII, a redução dos riscos inerentes ao trabalho, está igualmente determinando que estes tenham a sua saúde física e mental protegidas, assegurando, portanto, de forma indireta, a salubridade e a segurança do meio ambiente laboral.

Conclui-se que o direito ao meio ambiente do trabalho ecologicamente equilibrado, sob a perspectiva constitucional, é um direito que atua como umas das condições de preservação e de promoção da qualidade de vida dos trabalhadores, constituindo-se como um direito fundamental imbricado com o princípio da dignidade da pessoa humana, englobando as dimensões da seguridade social, a saúde, a assistência social e a previdência social.

A pandemia da covid-19, ainda, acentuou a preocupação acerca do alcance de um meio ambiente do trabalho saudável e equilibrado em face do teletrabalho, o qual, embora evidentemente preexistente ao contexto pandêmico, nele se potencializou e passou a ser a realidade de muitos trabalhadores brasileiros. Importante, assim, ponderar que, embora o art. 6º da CLT confira *status* igualitário ao trabalho realizado a distância e àquele executado nas instalações físicas do empregador, sabe-se que a fiscalização acerca do cumprimento de medidas de segurança e medicina do trabalho parece ser menos efetiva e mais difícil de ser adotada nesse tipo de ambiência laboral, o que acaba por constituir um verdadeiro desafio e uma missão deveras importante de ser debatida e enfrentada para que nesse contexto reste assegurado um meio ambiente do trabalho igualmente equilibrado e que salvaguarde tanto a higidez física quanto a psíquica do trabalhador.

11.5. Empregados

O *caput* do art. 2º da CLT define empregador como sendo a "*empresa, individual ou coletiva, que assumindo os riscos da atividade econômica admite, assalaria e dirige a prestação pessoal de serviços*". Nesse sentido, torna-se inteligível a compreensão relativa a quem cabe o pagamento do seguro contra acidente do trabalho previsto no presente inciso. Por outro lado, o *caput* do art. 7º faz alusão genérica a trabalhadores, podendo suscitar uma celeuma quanto à extensão da previsão securitária prevista em seu inciso XXVIII.

Neste norte, é importante pontuar que, muito embora a denominação utilizada seja trabalhadores, o seguro contra acidente do trabalho se aplica única e tão somente aos empregados, como titulares por força de uma relação de emprego (entendida como a relação celetista propriamente dita), ampliando-se aos trabalhadores avulsos face a igualdade de direitos prevista no inciso XXIV, subsequente ao presente.

Cumpre referir, ainda, que com a Emenda Constitucional n. 72, de 2 de abril de 2013 e, posteriormente, com a promulgação da Lei Complementar n. 150/2015 (Dispõe sobre o contrato de trabalho doméstico), foi estendido aos empregados domésticos o seguro contra acidente do trabalho, mediante a alteração da redação do art. 19 da Lei n. 8.213, de 24 de julho de 1991. Desta feita, os empregados domésticos passam a figurar no rol de empregados titulares de tal direito constitucionalmente previsto no inciso XXVIII do art. 7º, estando tal titularidade prevista no parágrafo único do próprio art. 7º da carta magna ("Parágrafo único. São assegurados à categoria dos trabalhadores domésticos os direitos previstos nos incisos IV, VI, VII, VIII, X, XIII, XV, XVI, XVII, XVIII, XIX, XXI, XXII, XXIV, XXVI, XXX, XXXI e XXXIII e, atendidas as condições estabelecidas em lei e observada a simplificação do cumprimento das obrigações tributárias, principais e acessórias, decorrentes da relação de trabalho e suas peculiaridades, os previstos nos incisos I, II, III, IX, XII, XXV e XXVIII, bem como a sua integração à previdência social").

11.6. Trabalhadores excluídos

O seguro contra acidentes de trabalho, consoante acima já ressaltado, não é constitucionalmente garantido aqueles que não se enquadrarem no conceito de empregado acima delimitado. Neste rol de exclusão incluem-se os trabalhadores temporários, os estagiários, os cooperados, os trabalhadores voluntários, bem como aqueles que são autônomos, empreiteiros ou representantes comerciais. O estagiário, por exemplo, não obstante não ter tal direito assegurado constitucionalmente, tem em sua legislação regulatória previsão de contratação obrigatória de seguro contra acidentes pessoais, consoante art. 5º, inciso IV, e art. 9º, inciso IV, da Lei n. 11.788/2008.

Por fim, cabe ressaltar que com a Emenda Constitucional n. 72, de 2 de abril de 2013 e, posteriormente, com a promulgação da Lei Complementar n. 150/2015, migraram os empregados domésticos do rol de trabalhadores excluídos da proteção do inciso XXVIII do art. 7º para o rol dos beneficiários, o que, dentre as inúmeras alterações promovidas por esta alteração legislativa, alcançou uma prerrogativa de inestimável valor a esta categoria.

11.7. Seguro acidentário, indenização e o tipo de responsabilidade civil do empregador

Da leitura do inciso, é possível depreender a existência de dois institutos diversos colimados à reparação dos danos a que vier a sofrer o empregado vítima de acidente do trabalho: aquele advindo do direito ao seguro contra acidente do trabalho e, por outro lado, a percepção de indenização por danos físicos, estéticos, materiais e morais.

Tais institutos possuem natureza jurídica diversa, razão pela qual, inclusive, o constituinte prevê a possibilidade de sua cumulatividade, sem que tal fato incorra em *bis in idem*.

Enquanto o seguro de acidente de trabalho se constitui como um benefício previdenciário, de caráter alimentar, a indenização a que faz alusão a parte *in fine* do inciso em comento possui natureza de reparação civil, bem pontuando Aldacy Rachid Coutinho, na edição anterior deste livro ao comentar este inciso, que *"Por tal motivo, não se confunde o seguro acidentário com a indenização pelos prejuízos causados pela ação ou omissão, com dolo ou culpa; têm escopos distintos, sendo o primeiro a garantia da sobrevivência do acidentado independentemente da situação econômica e financeira do empregador no espaço da solidariedade e o segundo a restituição integral à situação anterior ao dano, mediante o ressarcimento dos prejuízos, pela ilicitude da conduta. (...) A primeira hipótese se resume na concessão de um benefício acidentário pago em razão dos riscos normais do trabalho, como retribuição das contribuições previdenciárias, de natureza alimentar e compensatória; o fator gerador é o exercício do trabalho. A segunda, consubstanciada em uma indenização, por conta de um dano causado em que o empregador tenha participado, agindo com dolo ou culpa, aplicando-se a teoria da responsabilidade extracontratual subjetiva, tem como fato gerador o comportamento ilícito"*. Assim, é possível afirmar que o direito ao auxílio-doença acidentário/auxílio-acidente decorre da filiação compulsória do empregado ao Seguro Social, reportando-se à Lei n. 8.213/1991, ao passo que o pagamento da indenização por danos é consequência da conduta ilícita do empregador e do dever de reparação, a teor dos arts. 186 e 927 do Código Civil.

Sobre a indenização, a apuração da responsabilidade civil do empregador demanda o exame e apuração de sua culpa ou dolo, como referido linhas acima e conforme prevê o próprio inciso em comento, aplicando-se as disposições dos arts. 186 e 927 do Código Civil.

Ademais, findando com uma celeuma jurisprudencial relevante, em 2020, no âmbito do STF, em sede de repercussão geral, no Recurso Extraordinário no qual se discutia, à luz dos arts. 7º, inc. XXVIII, 37, § 6º, 59 e 97 da Constituição da República, a aplicação da teoria do risco, prevista no art. 927, parágrafo único, do Código Civil, aos danos decorrentes de acidentes de trabalho, restou fixada a seguinte tese: "O artigo 927, parágrafo único, do Código Civil é compatível com o artigo 7º, XXVIII, da Constituição Federal, sendo constitucional a responsabilização objetiva do empregador por danos decorrentes de acidentes de trabalho, nos casos especificados em lei, ou quando a atividade normalmente desenvolvida, por sua natureza, apresentar exposição habitual a risco especial, com potencialidade lesiva e implicar ao trabalhador ônus maior do que aos demais membros da coletividade".

Consoante o acórdão que inicialmente decidiu pela existência de repercussão geral quanto ao tema, pontuou-se que: "*O Tribunal Superior do Trabalho entendeu que a demonstração do elemento subjetivo da conduta do empregador dolo ou culpa – seria prescindível para, também nesse caso, estabelecer a obrigação do empregador de reparar os danos, já que incidiria, também aqui, a regra geral da responsabilidade civil prevista no art. 927, parágrafo único, do Código Civil, a saber: Art. 927. Aquele que, por ato ilícito (arts. 186 e 187), causar dano a outrem, fica obrigado a repará-lo. Parágrafo único. Haverá obrigação de reparar o dano, independentemente de culpa, nos casos especificados em lei, ou quando a atividade normalmente desenvolvida pelo autor do dano implicar, por sua natureza, risco para os direitos de outrem. O que se põe em questão, em suma, é se, em face do que dispõe o art. 7º, XXVIII, da Constituição, é legítima a aplicação, em caso de acidente do trabalho, da norma do Código Civil, que nas situações nela indicadas, impõe a obrigação de reparar o dano independentemente de culpa*".

Já no acórdão publicado em 2020, com trânsito em julgado ocorrido em 5-8-2020, o relator, Ministro Alexandre de Moraes, afirmou em seu voto "ser absolutamente compatível o inc. XXVIII do art. 7º da Constituição com o parágrafo único do art. 927 do Código Civil, em matéria de responsabilização civil do empregador por acidentes do trabalho", contudo, pontuou que, "[l]ogicamente, não se pode permitir abusos, e esse é o risco de se aplicar a exceção como regra. O parágrafo único é exceção e traz os requisitos para sua exata aplicação. O *caput* do 927 é a regra, seja no Direito Civil, seja no Direito Trabalhista na questão da indenização por acidentes no trabalho. Não é qualquer resultado danoso que pode ser considerado consequência de um risco habitual ocorrido na atividade. Nós temos de ver se a atividade pressupõe o risco como inerente ao seu próprio exercício habitual. Portanto, é importante que o Plenário, além de fixar a compatibilidade do art. 927, parágrafo único, do Código Civil com o inc. XXVIII do art. 7º, da Constituição Federal, também deixe claro que a excepcionalidade prevista no parágrafo único do art. 927 prevê os casos especificados em lei, expressamente; e que há a necessidade, na segunda hipótese, para se afastar a regra subjetiva, de a atividade da qual diretamente decorra o dano expor habitualmente aqueles trabalhadores a um risco diferenciado, a um risco especial, a um risco maior do que as pessoas comuns. O risco do trabalhador deve ser maior e inerente à própria atividade. Apenas, neste caso, se justifica a substituição do elemento subjetivo culpa ou dolo pela responsabilidade objetiva do risco. Aqui, aplica-se a teoria do risco criado, jamais a teoria do risco integral".

Da mesma forma, restou salientado pela Ministra Rosa Weber que "(...) a perspectiva diacrônica do instituto da responsabilidade civil, bem como a evolução normativa da proteção do trabalhador contra o acidente de trabalho, autorizam a aplicação da responsabilidade objetiva do empregador nas atividades de risco. O *caput* do art. 7º da Constituição Federal incentiva a abertura hermenêutica a direitos que visem à melhoria da condição social dos trabalhadores. Nesse sentido, em unidade interpretativa com a legislação de proteção ao meio ambiente, notadamente em face do art. 200, VII, da Constituição Cidadã, também ao meio ambiente de trabalho se aplica a teoria do risco prevista no art. 927, parágrafo único, do Código Civil/2002, a imprimir máxima eficácia social ao direito fundamental do trabalhador à redução dos riscos inerentes ao trabalho (art. 7º, XXII, CF), no que estimula a adoção de medidas preventivas pelo empregador". No mesmo sentido, o Ministro Edson Fachin, ao proferir seu voto: "A legislação civil comum, mais especificamente o artigo 927 do Código Civil, bem como os artigos 200, VIII (proteção ao meio ambiente do trabalho), e 7º, XXII (redução dos riscos inerentes ao trabalho), da Constituição da República, impõem interpretação sistemática do direito fundamental à proteção do trabalhador contra os riscos do seu meio ambiente laboral, de forma que a responsabilidade do empregador, nas situações em que ocorrem acidentes de trabalho no exercício de atividade de risco, deve ser objetiva. O princípio da máxima efetividade e da não taxatividade dos direitos fundamentais sociais tem como principal consequência o reconhecimento de outros direitos decorrentes do próprio regime da Constituição em busca de eficaz proteção da dignidade e saúde do trabalhador, o que, certamente, conduz ao reconhecimento da responsabilidade objetiva diante dos riscos inerentes à própria atividade laboral".

O Ministro Gilmar Mendes, por sua vez, havia votado no sentido de entender que "a regra geral, prevista no inciso XXVIII do art. 7º, é a responsabilidade subjetiva pura; nos casos de desenvolvimento de atividade de risco, a responsabilidade do empregador pode ser considerada subjetiva com presunção de culpa; apenas nos casos em que haja lei (em sentido formal e material) considerando determinada atividade como de risco, é que se aplica a disposição normativa do parágrafo único do art. 927 do CC, admitindo-se a responsabilidade objetiva do empregador (atualmente previsto no art. 193 da CLT)".

Contudo, a questão acerca da taxatividade das atividades de risco e da necessidade imperativa de existência de lei em sentido formal e material, aventada por alguns ministros, restou vencida, de forma que a tese fixada contempla tanto os casos fixados em lei como aquelas atividades que, quando normalmente desenvolvidas, por sua natureza, apresentem exposição habitual a risco especial, com potencialidade lesiva, e impliquem ao trabalhador ônus maior do que aos demais membros da coletividade.

Art. 7º, XXIX – ação, quanto a créditos resultantes das relações de trabalho, com prazo prescricional de cinco anos para os trabalhadores urbanos e rurais, até o limite de cinco anos após a extinção do contrato;

Eugênio Hainzenreder Júnior
Amanda Rosales Gonçalves Hein Hainzenreder

1. Histórico da norma

A redação original da norma fazia distinção do prazo prescricional em relação ao trabalhador urbano e rural, conforme abaixo:

"*XXIX – ação quantos aos créditos resultantes das relações de trabalho, com prazo prescricional de:*

a) cinco anos para o trabalhador urbano, até o limite de dois anos após a extinção do contrato; b) até dois anos após a extinção do contrato, para o trabalhador rural."

Contudo, com a redação dada pela Emenda Constitucional n. 28, de 25-5-2000, a regra foi alterada, unificando-se o prazo prescricional entre trabalhador urbano e rural, com a revogação das alíneas *a* e *b* do inciso XXIX do art. 7º da CF.

2. Constituições anteriores

A Constituição Federal de 1988 foi a primeira Carta Magna brasileira a disciplinar norma relativa à prescrição.

3. Remissões legais infraconstitucionais

Consolidação das Leis do Trabalho: art. 11 (nova redação pela Lei n. 13.467, de 2017), art. 119, art. 149, art. 440, art. 611-B, XXI (incluído pela Lei n. 13.467, de 2017), art. 625-G, art. 855-E e parágrafo único (incluído pela Lei n. 13.467, de 2017), art. 884, § 1º, e art. 916 da CLT.

Código Civil de 2002: arts. 189 a 211;

Lei n. 8.213, de 1991 (Dispõe sobre os Planos de Benefícios da Previdência Social): art. 104.

Lei n. 8.036, de 1990 (FGTS): art. 19, II, art. 20, XVIII (incluído pela Lei n. 13.146, de 2015) e art. 23, § 5º.

Decreto n. 99.684, de 1990 (FGTS): art. 55.

LC n. 150, de 2015 (dispõe sobre o contrato de trabalho doméstico): art. 43.

4. Jurisprudência

4.1. Jurisprudência do STF

SÚMULA 230 (prescrição da ação de acidente do trabalho), SÚMULA 327 (prescrição intercorrente) e SÚMULA 349 (decisão normativa da Justiça do Trabalho e convenção coletiva de trabalho).

Em relação ao prazo prescricional aplicável à cobrança de valores não depositados no FGTS, o Tribunal, decidindo o tema 608 da Repercussão Geral, por maioria, declarou a inconstitucionalidade do art. 23, § 5º, da Lei n. 8.036/1990, e do art. 55 do Decreto n. 99.684/1990, na parte em que ressalvam o "privilégio do FGTS à prescrição trintenária", haja vista violarem o disposto no art. 7º, XXIX, da CF, vencidos os Ministros Teori Zavascki e Rosa Weber, que mantinham a jurisprudência da Corte. Quanto à modulação, o Tribunal, por maioria, atribuiu à decisão efeitos *ex nunc*, vencido o Ministro Marco Aurélio, que não modulava os efeitos. Tudo nos termos do voto do Relator. Plenário, 13-11-2014 (STF-ARE-709212/DF). Em razão desta decisão, restou alterada a Súmula 362 do TST.

Súmula 403 do Supremo Tribunal Federal: "É de decadência o prazo de trinta dias para instauração do inquérito judicial, a contar da suspensão, por falta grave, de empregado estável".

4.2. Jurisprudência do STJ

Súmula 278: "*O termo inicial do prazo prescricional, na ação de indenização, é a data em que o segurado teve ciência inequívoca da incapacidade laboral*".

4.3. Jurisprudência do TST

SÚMULAS DO TST: súmula 6, IX (equiparação salarial e prescrição parcial) súmula 114 (prescrição intercorrente), súmula 153 (arguição em instância ordinária), súmula 156 (prescrição e prazo), súmula 199 (bancário. pré-contratação de horas extras), súmula 206 (FGTS. incidência sobre parcelas prescritas), súmula 268 (prescrição. interrupção. ação trabalhista arquivada), súmula 275 (prescrição. desvio de função e reenquadramento), súmula 294 (prescrição. alteração contratual. trabalhador urbano), súmula 308 (prescrição quinquenal), súmula 326 (complementação de aposentadoria. prescrição total), súmula 327 (complementação de aposentadoria. diferenças. prescrição parcial), súmula 350 (prescrição. termo inicial. ação de cumprimento. sentença normativa), súmula 362 (FGTS. prescrição), súmula 373 (gratificação semestral. congelamento. prescrição parcial), súmula 382 (mudança de regime celetista para estatutário. extinção do contrato. prescrição bienal) e súmula 452 (diferenças salariais. plano de cargos e salários. descumprimento. critérios de promoção não observados. prescrição parcial).

Orientações Jurisprudenciais da SDI-1 do TST: OJ 38 (empregado que exerce atividade rural. empresa de reflorestamento. prescrição própria do rurícola), OJ 76 (substituição dos avanços trienais por quinquênios. alteração do contrato de trabalho. prescrição total. CEEE), OJ 83 (aviso prévio. indenizado. prescrição), OJ 129 (prescrição. complementação da pensão e auxílio funeral), OJ 130 (prescrição. ministério público. arguição. *custos legis*. ilegitimidade), OJ 175 (comissões. alteração ou supressão. prescrição total), OJ 242 (prescrição total. horas extras. adicional. incorporação), OJ 243 (prescrição total. planos econômicos), OJ 271 (rurícola. prescrição. contrato de emprego extinto. emenda constitucional n. 28/2000. inaplicabilidade), OJ 344 (FGTS. multa de 40%. diferenças decorrentes dos expurgos inflacionários. prescrição. termo inicial), OJ 359 (substituição processual. sindicato. legitimidade. prescrição. interrupção), OJ 370 (FGTS. multa de 40%. diferenças dos expurgos inflacionários. prescrição. interrupção decorrente de protestos judiciais), OJ 375 (auxílio-doença. aposentadoria por invalidez. suspensão do contrato de trabalho. prescrição. contagem), OJ 392 (prescrição. interrupção. ajuizamento de protesto judicial. marco inicial), OJ 401 (prescrição. marco inicial. ação condenatória. trânsito em julgado da ação declaratória com mesma causa de pedir remota ajuizada antes da extinção do contrato de trabalho) e OJ 417 (prescrição. rurícola. emenda constitucional n. 28, de 26-5-2000. contrato de trabalho em curso).

5. Seleção de literatura

ALMEIDA, Isis de. *Manual da prescrição trabalhista*: incluindo comentários ao texto da Constituição de 1988, relativos a matéria. São Paulo: LTr, 1990.

ALVES, Vilson Rodrigues. *Da prescrição e da decadência do novo Código Civil*. 2. ed. Campinas: Bookseller, 2003.

AMORIM FILHO, Agnelo. Critério científico para distinguir a prescrição da decadência e para identificar as ações imprescritíveis. *Revista Forense*. Rio de Janeiro: Forense, n. 193, jan./fev./mar. 1961.

ARAUJO, Francisco Rossal de; COIMBRA, Rodrigo. *A prescrição e o Direito do Trabalho*. São Paulo: LTr, 2018.

CÂMARA LEAL, Antônio Luís da. *Da prescrição e da decadência*. 2. ed. Rio de Janeiro: Forense, 1959.

CHAPPER, Alexei Almeida. *Prescrição da ação na "ação" trabalhista*. São Paulo: LTr, 2013.

COIMBRA, Rodrigo. A prescrição e a decadência na tutela de direitos transindividuais. In: TESHEINER, José Maria Rosa (Org.). *Processos coletivos*. Porto Alegre: HS Editora, 2012.

COIMBRA, Rodrigo; ARAÚJO, Francisco Rossal de. *Direito do Trabalho – I*. São Paulo: LTr, 2014.

DELGADO, Maurício Godinho. *Curso de direito do trabalho*. 16. ed. São Paulo: LTr, 2017.

DELGADO, Maurício Godinho. A prescrição na Justiça do Trabalho: novos desafios. *Revista Trabalhista*: Direito e Processo, n. 25, Brasília: Anamatra, 2008.

FIGUEIREDO, Antonio Borges de. *Prescrição trabalhista*. Porto Alegre, RS: Síntese, 2002.

GARCIA, Gustavo Filipe Barbosa. *Curso de direito do trabalho*. 11. ed. São Paulo: Forense, 2017.

JOBIM, Marco Félix. *O direito à duração razoável do processo*: responsabilidade civil do Estado em decorrência da intempestividade processual. Porto Alegre: Livraria do Advogado, 2012.

MARTINS, Sergio Pinto. *Direito do trabalho*. 33. ed. São Paulo: Saraiva, 2017.

MARTINEZ, Luciano. *Curso de direito do trabalho*. 8. ed. São Paulo: Saraiva, 2017.

NASCIMENTO, Amauri Mascaro. Prescrição: iniciativa e momento da declaração. *Synthesis*: direito do trabalho material e processual, n. 45, p. 24-27, 2007.

PAMPLONA FILHO, Rodolfo. *Prescrição trabalhista*: questões controvertidas. São Paulo: LTr, 1996.

PONTES DE MIRANDA, Franscisco Cavalcanti. *Tratado de direito privado*. Rio de Janeiro: Borsoi, 1964, v. 47.

PRUNES, José Luiz Ferreira. *Tratado sobre prescrição e a decadência no Direito do Trabalho*. São Paulo: LTr, 1998.

SILVA, Homero Batista Mateus da. Dez variações sobre o tema da prescrição trabalhista a partir do Código Civil de 2002. *Synthesis*: direito do trabalho material e processual, n. 37, p. 85-92, 2003.

SILVA, Homero Batista Mateus da. *Estudo crítico da prescrição trabalhista*. São Paulo: LTr, 2004.

STURMER, Gilberto. *Direito constitucional do trabalho no Brasil*. São Paulo: Atlas, 2014.

VILHENA, Paulo Emílio Ribeiro de. O trabalhador rural e a nova prescrição. *Revista do Tribunal Superior do Trabalho*, v. 66, n. 3, p. 144-158, jul./set. 2000.

6. Comentários

6.1. Prescrição e decadência no Direito do Trabalho

A Constituição Federal deve ser considerada como sendo um sistema interno unitário de normas e princípios, o qual não pode ser analisado de forma isolada. Dessa maneira, a prescrição trabalhista está inserida no sistema jurídico ao lado do direito de ação, da inafastabilidade da jurisdição (art. 5º, XXXV, da CF), do devido processo legal (art. 5º, inciso LIV) e da razoável duração do processo (art. 5º, LXXVIII). Isso porque a prescrição juntamente com a decadência buscam a pacificação de conflitos, a estabilidade jurídica e a manutenção da ordem social. Embora o transcurso do tempo seja o fator preponderante tanto na prescrição quanto na decadência, estes institutos não se confundem, possuindo alguns aspectos distintivos. A decadência extingue um direito subjetivo potestativo, ou seja, o direito de imposição de um estado de sujeição à outrem, independentemente de qualquer conduta deste. Como exemplo típico de prazo decadencial na esfera trabalhista, cita-se a situação do art. 853 da CLT e da Súmula 403 do STF, que estabelece o prazo de 30 dias ao empregador para o ajuizamento do inquérito para apuração de falta grave do empregado estável. Por outro lado, a prescrição atinge a pretensão, manifestada no poder jurídico de coercibilidade que deve ser exercido dentro de certo prazo, sob pena de restrição da exigibilidade judicial de um direito subjetivo prestacional (diz-se que a prescrição fere a pretensão e não a ação, pois esta se trata de direito público, autônomo e abstrato). Portanto, a prescrição compreende a perda da pretensão de buscar a exigibilidade jurídica de determinada reparação ou compensação de suposta lesão perante judiciário, ao passo que a decadência faz cessar o próprio direito potestativo. Além disso, os efeitos da prescrição envolvem as ações condenatórias, enquanto a decadência produz efeitos nas ações constitutivas. No que se refere à fonte de criação, o prazo prescricional somente será fixado em lei, não podendo ser alterado por acordo entre as partes, enquanto o prazo decadencial pode ser estabelecido por lei ou pela vontade da(s) parte(s). Outro aspecto que distingue prescrição de decadência refere-se à admissibilidade de causas suspensivas, impeditivas e interruptivas de seu prazo, visto que à decadência, nos termos do art. 207 do CC (salvo disposição legal em sentido contrário), não se aplicam as normas que impedem, suspendem ou interrompem a prescrição. Estabelecidas algumas das mais relevantes distinções entre os institutos, passa-se à análise específica da prescrição trabalhista, objeto do inciso XXIX do art. 7º da CF.

No âmbito do direito do trabalho, os créditos resultantes das relações de trabalho prescrevem em cinco anos, quando vigente o contrato, e em 02 anos após o encerramento contratual. Esta mesma disciplina encontra-se prevista no art. 11 da CLT. Vê-se, assim, que o estudo da prescrição trabalhista possui prazos específicos em relação às regras civis disciplinadas nos arts. 205 e 206 do Código Civil.

A expressão "*créditos resultantes das relações de trabalho*" significa dizer que a prescrição se opera apenas diante de pretensões sujeitas a sentenças condenatórias (que decorrem de direitos subjetivos obrigacionais ou de crédito, patrimoniais e disponíveis) excluindo aquelas decorrentes de sentenças constitutivas e declaratórias, na medida em que direitos da personalidade, exemplificativamente, são imprescritíveis, assim como as ações que tenham por objeto anotações para fins de prova junto à Previdência Social (*vide* art. 11, § 1º, da CLT).

Em relação à prescrição a ser aplicada nas ações acidentárias submetidas à competência da Justiça do Trabalho após a Emenda Constitucional n. 45/2004 muito se discutiu acerca da matéria. De um lado se sustentava que a prescrição incidente não seria aquela prevista no art. 7º, XXIX, da CF, mas sim a disciplinada no Código Civil, sob fundamento de que a alteração da competência para apreciar o feito (art. 114 da CF) não modificaria o prazo prescricional, que este se trata de regra de direito material. Segundo tal entendimento, como a pretensão estaria fundamentada na responsabilidade civil do empregador, em razão da ocorrência de dano à saúde de seu empregado, se trataria de crédito da natureza civil, decorrente de ato ilícito que atinge direitos elencados no art. 5º, X, da CF. Desse modo, o prazo prescricional aplicável seria aquele previsto no Código Civil, observando-se as regras de transição, conforme o caso concreto, nos termos do art. 2.028 do Código Civil de 2002. Contudo, no âmbito do TST, prevalece a tese de que, na hipótese de indenização por danos morais decorrente da relação de emprego, a prescrição a ser aplicável é a prevista na Constituição da República, e não a do art. 205, do atual Código Civil. Segundo este entendimento dominante, excepciona-se apenas as ações ajuizadas perante a Justiça Estadual ao tempo em que se afirmava a sua competência material e que, posteriormente foram remetidas à Justiça do Trabalho (E-RR – 2917/2005-342-01-00, acórdão publicado no *DJU* de 16-5-2008). Nesta hipótese, decidiu-se que, afirmada a incidência da prescrição civil, a Justiça do Trabalho aplicará o Código Civil, considerando-se as regras de transição. O julgado abaixo corrobora tal entendimento:

RECURSO DE EMBARGOS REGIDO PELA LEI N. 11.496/2007. PRESCRIÇÃO. DANO MORAL E MATERIAL DECORRENTE DE ACIDENTE DE TRABALHO. LESÃO OCORRIDA NA VIGÊNCIA DO CÓDIGO CIVIL DE 1916. DEMANDA AJUIZADA NA JUSTIÇA COMUM ANTES DA EMENDA CONSTITUCIONAL N. 45/2004. A SBDI-1 desta Corte pacificou entendimento no sentido de que as lesões ocorridas posteriormente à vigência da Emenda Constitucional n. 45/2004, por meio da qual se definiu a competência da Justiça do Trabalho para processar e julgar as ações de indenização de dano moral decorrentes da relação de trabalho, a prescrição incidente é a prevista no artigo 7º, XXIX, da Carta Magna, porquanto indiscutível a natureza trabalhista reconhecida ao caso. Contrário sensu, verificada a lesão anteriormente à entrada em vigor da referida emenda constitucional, prevalece a prescrição civil, em face da controvérsia quanto à natureza do pleito. No caso, aplica-se o prazo vintenário relativo à prescrição da pretensão à indenização pleiteada nestes autos. Precedentes desta SBDI1. Recurso de embargos conhecido e desprovido. [E-ED-RR – 31700-38.2005.5.20.0001, Rel. Min. Renato de Lacerda Paiva, Subseção I Especializada em Dissídios Individuais, DEJT 29/7/2011].

Por fim, registre-se que esta matéria foi submetida para análise da repercussão geral ao STF, sob o tema de n. 637 – "*Prazo prescricional relativo às ações de indenização por danos morais e materiais decorrentes de acidente de trabalho antes do advento da Emenda Constitucional 45/2004*", decorrente do ARE 650932, de relatoria do Min. Ricardo Lewandowski. Contudo, o Tribunal, por maioria, reconheceu a inexistência de repercussão geral da questão por não se tratar de matéria constitucional.

6.2. Prescrição aplicável ao empregado rural e ao empregado doméstico

Em relação ao rurícola, o art. 10 da Lei n. 5.889/73, que disciplina o trabalho rural, enunciava que "*A prescrição dos direitos assegurados por esta Lei aos trabalhadores rurais só ocorrerá após dois anos de cessação do contrato de trabalho*". Adotando esta mesma regra, a redação original do art. 7º, XXIX, alínea *b*, da CF garantia ao trabalhador rural que a prescrição somente se aplicava dois anos após cessada a relação de emprego, inexistindo a fluência de prazo prescricional no curso do contrato de trabalho. Nesse sentido, embora tivesse o rural o prazo de prescrição de dois anos após o término do contrato de trabalho, poderia pleitear integralmente o período trabalhado, e não apenas dos últimos cinco anos, como era limitado ao empregado urbano. Tal distinção de tratamento entre empregados urbanos e rurais estava centrada no fundamento de que este último, no curso do contrato, encontrava-se mais vulnerável em relação à figura do empregador, sobretudo porque, via de regra, o rural morava na propriedade patronal. Contudo, com a Emenda Constitucional n. 28 de 25-5-2000, foi alterada a redação do art. 7º, XXIX, da Carta Magna, sendo igualados os prazos prescricionais dos trabalhadores urbanos e rurais. Referida Emenda Constitucional revogou também o art. 233 da CF, que estabelecia que o empregador rural deveria comprovar o pagamento dos créditos trabalhistas a cada cinco anos. Em relação aos contratos extintos antes da EC n. 28/2000, a jurisprudência do TST se posicionou no sentido da irretroatividade da norma constitucional às situações jurídicas já consumadas, conforme OJ 271 da SDI-1 do TST: "*O prazo prescricional da pretensão do rurícola, cujo contrato de emprego já se extinguira ao sobrevir a Emenda Constitucional n. 28, de 26/05/2000, tenha sido ou não ajuizada a ação trabalhista, prossegue regido pela lei vigente ao tempo da extinção do contrato de emprego*". Dessa maneira, com a EC n. 28/2000, trabalhadores rurais e urbanos, passaram a ter idêntico tratamento quanto aos prazos prescricionais, ressalvada a aplicação da lei vigente ao tempo da extinção do contrato de emprego.

Em relação aos empregados domésticos, havia acirrada polêmica na doutrina sobre o prazo prescricional a ser aplicado, visto que inexistia regra específica na legislação infraconstitucional que disciplinava o trabalho doméstico (Lei n. 5.859/72). Da mesma forma, não era aplicável a regra do art. 11 da CLT, uma vez que aos domésticos não se aplicam os dispositivos celetistas diante do art. 7º, *a*, da CLT. Paralelamente a isso, o parágrafo único do art. 7º da CF/88, que estabelece os direitos constitucionais assegurados aos domésticos, dentre os incisos mencionados não elencava o inciso XXIX, que trata da prescrição. Dessa maneira, a problemática em torno do prazo prescricional aplicável ao doméstico envolvia desde a defesa da aplicação da mesma regra geral da prescrição trabalhista dos urbanos e rurais até o entendimento da prescrição estabelecida no Código Civil, invocando-se a aplicação subsidiária do direito comum ao Direito do Trabalho (art. 8º, parágrafo único, da CLT). Contudo, ao longo dos anos, a partir da limitação de direitos do empregado doméstico, disciplinada no art. 7º, parágrafo único, da CF/88, estes trabalhadores foram, paulatinamente, conquistando direitos, seja pela Lei n. 10.208/2001, seja pela Lei n. 11.354/2006. Posteriormente, em 2 de abril de 2013, foi aprovada a Emenda Constitucional n. 72, estendendo uma série de direitos contidos nos incisos do art. 7º da CF que até então não haviam sido alcançados ao doméstico. Todavia, na alteração dada pela EC n. 72/2013 não foi incluído o inciso XXIX (prescrição) no rol de incisos aplicável ao doméstico que trata o parágrafo único do art. 7º da CF. Logo, manteve-se a lacuna normativa, embora diversos julgados da Justiça do Trabalho já reconhecessem, em razão do princípio da isonomia, a aplicação do mesmo prazo prescricional dos trabalhadores urbanos e rurais. Por fim, foi com o advento da Lei Complementar n. 150, de 2015, que dispõe sobre o contrato de trabalho doméstico, que a questão restou pacificada, uma vez que seu art. 43 disciplinou que *o direito de ação quanto a créditos resultantes das relações de trabalho prescreve em 5 (cinco) anos até o limite de 2 (dois) anos após a extinção do contrato de trabalho*". Assim, os empregados domésticos passaram a receber o mesmo tratamento quanto ao prazo prescricional aplicável aos empregados urbano e rural.

6.3. Prescrição do FGTS

Inicialmente, deve ser destacado que o Fundo de Garantia do Tempo de Serviço está previsto no art. 7º, III, da CF, sendo regulado pela Lei n. 8.036/90, bem como pelo Decreto n. 99.684/1990 (Regulamento do FGTS).

A prescrição aplicável ao direito de reclamar os depósitos de FGTS exige atenção especial, uma vez que a matéria sofreu significativa alteração de entendimento a partir de 13 de novembro de 2014, em razão do Recurso Extraordinário com Agravo (ARE) n. 709.212/DF, com repercussão geral reconhecida pelo STF. Anteriormente a tal data, consagrava-se que a pretensão para o empregado reclamar os depósitos de FGTS não pagos estava sujeita à "prescrição trintenária", conforme previsto no art. 23, § 5º, da Lei n. 8.036/1990, assim como no art. 55 do Decreto n. 99.684/1990. Portanto, segundo corroborado pela Súmula n. 362 do TST, era "*trintenária a prescrição do direito de reclamar contra o não recolhimento da contribuição para o FGTS, observado o prazo de 2 (dois) anos após o término do contrato de trabalho*". Por se tratar de norma mais favorável ao empregado (aplicação do princípio da proteção, alicerce do direito do trabalho), entendia-se, assim, que o referido art. 23, § 5º, da Lei n. 8.036/1990, ao prever prazo prescricional de 30 anos, portanto superior àquele fixado na Constituição Federal, não era inconstitucional.

No entanto, a partir do ARE n. 709.212/DF, relatado pelo Min. Gilmar Mendes, o STF mudou entendimento, declarando, mediante controle difuso, a inconstitucionalidade da lei no que tange à "Prescrição trintenária", sob fundamento de que os dispositivos da Lei n. 8.036/90 e Dec. n. 99.684/90 violam o art. 7º, XXIX, da CF. Conforme voto do Relator, o SFT considerou que "*a legislação que disciplina o FGTS criou instrumentos para que o trabalhador, na vigência do contrato de trabalho, tenha ciência da realização dos depósitos pelo empregador e possa, direta ou indiretamente, exigi-los*". Dessa maneira, é aplicável ao FGTS o prazo de prescrição de cinco anos, previsto no art. 7º, inciso XXIX, da CF, ou seja, uma vez observado o prazo prescricional de dois anos para ajuizamento da reclamação trabalhista pelo empregado (contados do encerramento da relação empregatícia), serão exigíveis os valores dos depósitos do FGTS não efetuados em relação aos últimos cinco anos que antecedem o ajuizamento da ação, e não mais pelos 30 anos como tratado na legislação específica. Buscando resguardar o princípio da segurança jurídica para os casos em que o prazo prescricional já estava em curso em 13-11-2014, o STF modulou os efeitos da sua decisão, no sentido de pronunciar efeitos *ex nunc*, o que acarretou alteração na Súmula 362 do TST, conforme se demonstra: "*FGTS. PRESCRIÇÃO (redação alterada) – Res. 198/2015, republicada em razão de erro material – DEJT divulgado em 12, 15 e 16.06.2015*

I – Para os casos em que a ciência da lesão ocorreu a partir de 13.11.2014, é quinquenal a prescrição do direito de reclamar contra o não-recolhimento de contribuição para o FGTS, observado o prazo de dois anos após o término do contrato;

II – Para os casos em que o prazo prescricional já estava em curso em 13.11.2014, aplica-se o prazo prescricional que se consumar primeiro: trinta anos, contados do termo inicial, ou cinco anos, a partir de 13.11.2014 (STF-ARE-709212/DF)".

6.4. Reforma trabalhista – Lei n. 13.467, de 2017: prescrição intercorrente e outras alterações legais

A prescrição intercorrente é aquela que flui no curso do processo. Esta matéria foi objeto de acirrada divergência jurisprudencial, pois enquanto o TST sustentava, por meio da Súmula 114, ser *"inaplicável na Justiça do Trabalho a prescrição intercorrente"*, o STF, em sentido oposto, nos termos da Súmula 327, disciplinava que o *"direito trabalhista admite a prescrição intercorrente"*. Tal entendimento do STF também poderia ser extraído do art. 884, § 1º, da CLT, que disciplina que a matéria de defesa em sede de embargos à execução estaria restrita às alegações de cumprimento da decisão ou do acordo, quitação ou prescrição da dívida, ou seja, o diploma celetista, ao tratar de prescrição da dívida, somente poderia estar se referindo à prescrição intercorrente.

Contudo, a Lei n. 13.467, de 2017 (reforma trabalhista), alterou o art. 11 da CLT, passando a admitir expressamente a prescrição intercorrente na Justiça do Trabalho, conforme nova disciplina do art. 11-A da CLT, que estabelece *"ocorre a prescrição intercorrente no processo do trabalho no prazo de dois anos"*. Da mesma forma, sobre o início do prescricional intercorrente, o art. 11-A, § 1º, estabeleceu que começa a fluir *"quando o exequente deixa de cumprir determinação judicial no curso da execução"*. Por fim, o art. 11-A, § 2º, da CLT, dispôs que a declaração da prescrição intercorrente pode ser requerida ou declarada de ofício em qualquer grau de jurisdição.

Além disso, a Lei n. 13.467/2017 trouxe a previsão da prescrição total, conforme trata o art. 11, § 2º, da CLT, segundo o qual *"tratando-se de pretensão que envolva pedido de prestações sucessivas decorrente de alteração ou descumprimento do pactuado, a prescrição é total, exceto quando o direito à parcela esteja também assegurado por preceito de lei"*. Ademais, a referida lei estabeleceu, no art. 11, § 3º, que a interrupção da prescrição somente ocorrerá pelo ajuizamento de reclamação trabalhista, mesmo que em juízo incompetente, ainda que venha a ser extinta sem resolução do mérito, produzindo efeitos apenas em relação aos pedidos idênticos.

Importante referir, ainda, que a Lei n. 13.467/2017, conforme redação dada ao art. 611-B, XXI, da CLT, disciplinou que constituem objeto ilícito de convenção coletiva ou de acordo coletivo de trabalho a supressão ou a redução do prazo prescricional previsto no inciso XXIX do art. 7º da CF.

Por fim, registre-se que a Lei n. 13.467/2017 passou a disciplinar o processo de jurisdição voluntária para homologação de acordo extrajudicial na Justiça do Trabalho, conforme arts. 855-B e seguintes da CLT, dispondo que, nos termos do art. 855-E da CLT, *"a petição de homologação de acordo extrajudicial suspende o prazo prescricional da ação quanto aos direitos nela especificados"*, assim como estabelecendo no parágrafo único do mesmo artigo que *"o prazo prescricional voltará a fluir no dia útil seguinte ao do trânsito em julgado da decisão que negar a homologação do acordo"*.

6.5. Marco inicial da contagem do prazo prescricional

O marco inicial (*actio nata*) da contagem da prescrição inicia quando o direito exigível resultar inadimplido ou violado, conforme art. 189 do CC: *"violado o direito, nasce para o titular a pretensão, a qual se extingue pela prescrição"*. No que tange especificamente às regras da prescrição bienal e quinquenal trabalhista, tem-se o seguinte: a) em relação à prescrição bienal, o prazo de dois anos para ajuizamento da reclamação trabalhista deve ser contado a partir da cessação do contrato de trabalho (registre-se que o aviso prévio concedido ao empregado, conforme art. 487, § 1º, da CLT, integrará o tempo de serviço. Por essa razão, nos termos da OJ 83 da SDI-1 do TST, a prescrição começará fluir apenas depois do transcurso dos dias correspondentes ao aviso prévio); b) no que se refere à prescrição quinquenal, o prazo de cinco anos retroage à data do ajuizamento da reclamação trabalhista, isto é, o empregado terá direito de reclamar os últimos cinco anos que antecedem a data do exercício do seu direito de ação (data de distribuição da petição inicial na Justiça do Trabalho), e não do encerramento da relação de emprego.

No que se refere à contagem do prazo prescricional no Direito do Trabalho, muito embora sejam aplicáveis os critérios gerais do Direito Civil, há diversas situações fáticas específicas, tratadas pela jurisprudência, que merecem destaque. Por essa razão, reportamos o leitor à Súmula 230 do STF (prescrição e acidente do trabalho), bem como às seguintes Súmulas do TST: súmula 156 (prescrição e contagem do prazo), Súmula 350 (prescrição. termo inicial. ação de cumprimento. sentença normativa), Súmula 382 (mudança de regime celetista para estatutário. extinção do contrato. prescrição bienal). Ademais, importante registrar as seguintes Orientações Jurisprudenciais da SDI-1 do TST: OJ 344 (FGTS multa de 40%. diferenças decorrentes dos expurgos inflacionários. prescrição. termo inicial), OJ 370 (FGTS multa de 40%. diferenças dos expurgos inflacionários. prescrição. interrupção decorrente de protestos judiciais) e OJ 401 (prescrição. marco inicial. ação condenatória. trânsito em julgado da ação declaratória com mesma causa de pedir remota ajuizada antes da extinção do contrato de trabalho).

Por fim, em relação à prescrição do direito de reclamar a concessão das férias ou o pagamento da respectiva remuneração, o art. 149 da CLT estabelece que é contada do término do período concessivo (art. 134 da CLT) ou, se for o caso, da cessação do contrato de trabalho.

6.6. Causas impeditivas, suspensivas e interruptivas da prescrição

As causas impeditivas ou suspensivas da prescrição são aquelas situações especiais previstas em lei que obstam a produção de efeitos no prazo prescricional, conforme disciplinado nos arts. 197 a 201 do Código Civil. Embora exista previsão do Direito Civil, há situações fáticas específicas no direito do trabalho, ora tratadas pela CLT, ora pela jurisprudência trabalhista. Exemplificativamente, cita-se a OJ 375 da SDI-1 do TST, que sustenta que suspensão do contrato de trabalho, em virtude da percepção do auxílio-doença ou da aposentadoria por invalidez, não impede a fluência da prescrição quinquenal, ressalvada a hipótese de absoluta impossibilidade de acesso ao Judiciário. Menciona-se, ainda, o art. 625-G da CLT, o qual assevera que *"o prazo prescricional será suspenso a partir da provocação da Comissão de Conciliação*

Prévia, recomeçando a fluir, pelo que lhe resta, a partir da tentativa frustrada de conciliação ou do esgotamento do prazo previsto no art. 625-F da CLT".

No que se refere às causas interruptivas da prescrição, de modo distinto da suspensão (em que a prescrição continua o seu curso após o desaparecimento do impedimento ensejador), na interrupção, o prazo anteriormente decorrido é restabelecido na sua integralidade, como se não tivesse transcorrido, devendo ser reiniciada do zero a contagem do lapso prescricional. O código civil trata da interrupção da prescrição nos arts. 202 a 204, adotando como regra a unicidade da interrupção do lapso prescricional, ou seja, a prescrição só poderá ocorrer uma vez.

No âmbito do direito do trabalho, a situação mais costumeira em relação à interrupção da prescrição ocorre diante do arquivamento da ação trabalhista que trata o art. 844 da CLT. Esta hipótese, até o advento da Lei n. 13.467/2017, era abordada apenas pela jurisprudência, conforme disciplina da Súmula 268 do TST, que assim asseverava *"A ação trabalhista, ainda que arquivada, interrompe a prescrição somente em relação aos pedidos idênticos".* Contudo, pela nova redação dada ao art. 11, § 3º, da CLT, pela referida lei, passou-se a disciplinar expressamente na lei trabalhista que *"A interrupção da prescrição somente ocorrerá pelo ajuizamento de reclamação trabalhista, mesmo que em juízo incompetente, ainda que venha a ser extinta sem resolução do mérito, produzindo efeitos apenas em relação aos pedidos idênticos".*

Outro exemplo de interrupção trazido pela jurisprudência trabalhista se trata da ação movida por sindicato, na qualidade de substituto processual, que, conforme OJ 359 da SDI-1 do TST, interrompe a prescrição, ainda que tenha sido considerado parte ilegítima *ad causam.*

Art. 7º, XXX – proibição de diferença de salários, de exercício de funções e de critério de admissão por motivo de sexo, idade, cor ou estado civil;

Estêvão Mallet
Marcos Fava

1. História da norma

A igualdade entre as pessoas constitui ocupação central de todo ordenamento jurídico, expressando-se com destaque a partir da Revolução Francesa, cujos fundamentos ideológicos indicavam-se na tríade igualdade, fraternidade e liberdade.

2. Constituições brasileiras

Todos são iguais perante a lei é máxima consagrada desde a Constituição Imperial de 1824, art. 179, 13, e se manteve nos diplomas constitucionais brasileiros desde então. Trataram da isonomia de remuneração pelo trabalho, especificamente, as Constituições brasileiras de 1934, art. 121, § 1º, *a*, de 1946, art. 147, II, de 1967, art. 158, III, e a Emenda Constitucional 1/69, art. 165, III.

3. Constituições estrangeiras

A isonomia no trabalho está prevista, com diferentes abrangências, em muitas Constituições. Na do México, de 1917, o art. 123, VII, prevê que "para trabalho igual deve corresponder salário igual, sem ter em conta o sexo ou a nacionalidade". A Constituição de Portugal, ao listar, no art. 59º, n. 1, direitos garantidos aos trabalhadores, estende-os a todos "sem distinção de idade, sexo, raça, cidadania, território de origem, religião, convicções políticas ou ideológicas". A Constituição da Argentina, no art. 14 bis, assegura *"igual remuneración por igual tarea"*. A Constituição do Peru prevê, no art. 26º, 1, *"igualdad de oportunidades sin discriminación"*. Na Constituição da Venezuela, o art. 88 dispõe: *"El Estado garantizará la igualdad y equidad de hombres y mujeres en el ejercicio del derecho al trabajo"*. A Constituição de Angola impõe ao Estado a obrigação de promover *"a igualdade de oportunidades na escolha da profissão ou género de trabalho e condições para que não seja vedado ou limitado por qualquer tipo de discriminação"* (art. 76º, n. 3, a). A regra da Constituição de Moçambique é algo particular na forma do seu enunciado: *"O Estado defende que a trabalho igual deve corresponder salário igual"* (art. 112, n. 3). A Constituição de Cabo Verde estabelece disposição limitada à igualdade salarial entre homem e mulher (art. 62º, n. 2). Podem ainda ser citadas, entre outras, as Constituições de El Salvador (art. 38, n. 1º), da Colômbia (art. 53) e do Panamá (art. 67).

4. Direito internacional

A Declaração Universal dos Direitos do Homem e do Cidadão, de 1789, influenciou as demais fontes normativas internacionais, no respeito à igualdade entre homens e mulheres, do que emerge o art. 23 da Declaração dos Direitos do Homem, de 1948 (ONU), que estabelece, nos itens 1 e 2, "direito ao trabalho" e a "igual remuneração por igual trabalho". O Pacto Internacional de Direitos econômicos, Sociais e Culturais (1966, ONU) assegura "um salário equitativo e uma remuneração igual por um trabalho de igual valor, sem qualquer distinção", bem assim a "igual oportunidade para todos de serem promovidos, em seu trabalho, à categoria superior que lhes corresponda, sem outras considerações que as de tempo, de trabalho e de capacidade", no art. 7º.

Em 1979, a ONU aprovou a Convenção sobre a eliminação de todas as formas de discriminação contra a mulher. O texto entrou em vigor, no plano internacional, após a sua vigésima ratificação, em 3 de setembro de 1981. No Brasil, foi promulgada a Convenção inicialmente pelo Decreto Legislativo n. 93, de 1983, e, posteriormente, pelo Decreto n. 4.377, de 2002.

No âmbito da OIT, a primeira norma a tratar do tema foi a Resolução 12, tomada na Conferência Interamericana dos Estados-membros da OIT, México, 1943, que proibia a discriminação salarial sob qualquer pretexto, seja por raça, cor, credo, sexo ou nacionalidade. A Convenção 111 normatiza a luta contra a discriminação no emprego, estabelecendo, nos artigos iniciais, que "toda distinção, exclusão ou preferência fundada na raça, cor, sexo, religião, opinião pública, ascendência nacional ou origem social, que tenha por efeito destruir ou alterar a igualdade de oportunidade ou de tratamento em matéria de emprego ou profissão" constitui violação ao dever de obediência à isonomia. Contém, pois, disposições que vão além do normativo constitucional do inciso XXX e, à luz do § 2º do art. 5º da Constituição da República, uma vez ratificada, como foi, Decreto n. 62.150/68, pelo Brasil, esta norma complementa os direitos e garantias da

Lex Legum. A Convenção 100 tem foco específico na luta contra a discriminação da mulher no mercado de trabalho, assegurando a trabalhadores e trabalhadoras salário igual. Outras Convenções referem-se incidentalmente à promoção da igualdade entre homens e mulheres, como a de n. 117, sobre política social, que deve ter por objetivo "*to abolish all discrimination among workers on grounds of race, colour, sex, belief, tribal association or trade union affiliation*" (art. 14, *caput*), e a de n. 122, sobre política de emprego, que deve propiciar, a cada trabalhador, "*freedom of choice of employment and the fullest possible opportunity for each worker to qualify for, and to use his skills and endowments in, a job for which he is well suited, irrespective of race, colour, sex, religion, political opinion, national extraction or social origin*" (art. 2º, c).

5. Remissões normativas

O art. 5º, *caput*, da Constituição da República traz o modelo central normativo que se esparge, no inciso em comento, para o mundo do trabalho. Também tem pertinência o art. 3º, inciso IV, que inclui, entre os objetivos fundamentais da República, "promover o bem de todos, sem preconceitos de origem, raça, sexo, cor, idade e quaisquer outras formas de discriminação". Os incisos XXXI e XXXII do art. 7º consagram normas correlatas proibitivas de discriminação no emprego; o primeiro, em razão de deficiência do trabalhador, o último, por diferenciação entre trabalho manual, técnico ou intelectual. O art. 39, § 3º, atribui a mesma garantia aos servidores públicos.

O art. 5º da CLT contém regra isonômica que assegura igualdade salarial, para ambos os sexos. Os arts. 460 e 461 da CLT regulam o direito dos trabalhadores a receber, pelo mesmo trabalho, igual remuneração. O art. 358, da mesma norma, determina igualdade de remuneração entre brasileiros e estrangeiros que exerçam atividades análogas.

Medidas específicas de proteção da mulher no mercado e no local de trabalho vêm asseguradas pelo art. 373-A da CLT, inserido pela Lei n. 9.799/99.

Tratam de tutela do cidadão em face de discriminação, também no universo do trabalho, as Leis n. 5.473/68, n. 7.437/85 e n. 9.029/95. A Lei n. 13.467/2017 adicionou o § 6º ao art. 461 da CLT, com previsão de multa, em favor do empregado, "no valor de 50% (cinquenta por cento) do limite máximo dos benefícios do Regime Geral de Previdência Social", em caso de "comprovada discriminação por motivo de sexo ou etnia".

6. Jurisprudência

O Supremo Tribunal Federal editou a Súmula 683, que restringe a possibilidade de fixação de idade para a inscrição em concurso público só quando possa ser justificada pela natureza das atribuições do cargo a ser preenchido; e a 684 que proíbe o veto não motivado à participação de candidato a concurso público. O primeiro verbete está em harmonia com decisão da Corte Constitucional italiana, que considerou, na sentença 262/2022, inconstitucional a exigência de idade mínima de 30 anos para participação em concurso público voltado ao provimento de cargo de técnico psicólogo da polícia pública. E a Corte de Cassação francesa repeliu a aplicação de disposição do Código da Aviação Civil que previa a cessação obrigatória da função de piloto civil atingida a idade de 60 anos (Corte de Cassação, Câmara Social, recurso n. 11-13.795).

No Tribunal Superior do Trabalho, a Súmula 6 estabelece vários parâmetros para a efetivação da garantia de isonomia salarial, que tendem a modificar-se, à vista das novas regras inseridas pela Lei n. 13.467/2017 no texto do art. 461, da CLT. Já decidiu o Tribunal Superior do Trabalho pela ilegalidade de norma coletiva que estabelecia critério de avanço na estrutura salarial da empresa apenas aos empregados ativos, excluindo os jubilados que percebiam complementação de aposentadoria, como aplicação da regra contida no inciso XXX do art. 7º da Constituição: "RECURSO DE REVISTA. COMPLEMENTAÇÃO DE APOSENTADORIA. AVANÇO DE NÍVEL. CONCESSÃO DE PARCELA POR ACORDO COLETIVO APENAS PARA OS EMPREGADOS DA ATIVA. EXTENSÃO PARA OS INATIVOS. Cinge-se a controvérsia em analisar se o reajuste decorrente de progressão de nível concedida ao pessoal da ativa, por força de acordo coletivo, é extensível aos aposentados. Segundo a premissa fática trazida no acórdão regional, o Acordo Coletivo de Trabalho de 2004/2005, por meio da Cláusula 4ª, acresceu 1 (um) nível salarial no final da faixa de cada cargo do atual Plano de Cargos e Salários da empresa, extensivo, tão somente, aos empregados em atividade, não obstante o mencionado acordo tenha assegurado, também, um mesmo reajuste salarial a todos, empregados e aposentados. A ocorrência de promoções no âmbito empresarial, notadamente quando se trata de empresa de grande porte, como é o caso dos autos, dá-se pela observância dos critérios de merecimento ou antiguidade, disciplina esta desprezada completamente pela empresa ou pela norma coletiva – para proceder ao avanço de nível salarial de seus empregados. Tal atitude acabou por revestir a norma coletiva em exame de caráter genérico, desprovida, pois, de qualquer critério, não obstante os deva ter disciplinado por regulamento empresarial próprio. Assim sendo, não há falar em reajuste salarial por promoção, pois elevação ou acesso a cargo ou categoria superior pressupõe a existência de critérios a serem observados, exatamente para distingui-la do reajuste salarial geral, em que, inevitavelmente, o benefício deve contemplar a todos, dada a generalidade do ato. Evidencia-se, assim, que os aposentados foram tratados de forma discriminatória, o que implica ofensa direta aos princípios insculpidos no art. 7º, VI e XXX, da Carta Magna, além de atentar contra o ato jurídico perfeito e direito adquirido, ao deixar de cumprir o regulamento empresarial que garante a paridade entre os empregados ativos e inativos. Recurso de revista conhecido, por divergência jurisprudencial, e provido" (TST, RR 880/2006-654-09-00, 8ª T., rel. Dora Maria da Costa, j. em 6-8-2008). No julgamento, TST – Plenário, IIN-RR 1.540/2005-046-12-00.5, relator para o acórdão Min. Ives Gandra da Silva Martins Filho, decisão de 17-11-2008 porém, o Tribunal Superior do Trabalho decidiu que o art. 384 da CLT, revogado pela Lei n. 13.467/2017, ao estabelecer intervalo a ser concedido apenas à mulher, antes do início da prorrogação do horário de trabalho, não é inconstitucional. Tutelando o trabalhador contra despedida fundada em idade, o Tribunal Regional do Trabalho de São Paulo já determinou a reintegração, com o pagamento de indenização à vítima: "CONTRATO DE TRABALHO. Rescisão decorrente de ato discriminatório em virtude de idade do empregado. Readmissão e pagamento do período de afastamento, ou pagamento dobrado do interregno, a critério do ofendido, além de configuração de dano moral a ser indenizado. Arts. 5º, I, e 7º, XXX, da CF. Lei n. 9.029/95. Arts. 186 e 927 CC, 23 CJF e 421 CC" (TRT, 2ª R., RO 02023200520202000 (20070606441), 7ª T., rel. Juíza Cátia Lungov, *DJSP* 10-8-2007).

A Súmula 4 do Tribunal Regional do Trabalho da 2ª Região (São Paulo) estabelece identidade entre servidores públicos e empregados públicos, na interpretação do art. 129 da Constituição Estadual: "O art. 129 da Constituição do Estado de São Paulo, ao fazer referência a Servidor Público Estadual, não distingue o regime jurídico para efeito de aquisição de direito".

7. Comentários

Por meio do inciso XXX do art. 7º, transpõe-se, para as relações de trabalho, a norma constitucional de isonomia, contida no art. 5º, *caput*, segundo a qual todos são iguais perante a lei. Referido inciso soma-se aos seguintes, XXXI e XXXII, para configurar o núcleo proibitivo de discriminação no trabalho, garantido pela Carta Política de 1988.

7.1. Comandos da norma

Há, no inciso, tríplice ordenança, vedando-se a diferenciação injustificada, portanto discriminatória, no que tange (a) aos salários, (b) ao exercício das funções e (c) aos critérios de admissão no emprego. A tutela inicia-se antes da contratação, na fixação de parâmetros objetivos, não subjetivos ou injustificados, para estabelecimento das normas de admissão, e prossegue no desenvolvimento da avença, tanto no que diz respeito à forma de execução dos serviços quanto à remuneração. Adotar critério de promoção ou de rescisão contratual discriminatório, ainda que seja hipótese não considerada no inciso XXX, é inconstitucional.

7.2. Elementos da distinção

A norma identifica, como elementos proibidos de distinção: (a) o sexo, (b) a idade, (c) a cor e (d) o estado civil. O rol proibitivo é exemplificativo e não taxativo. O texto constitucional tem de ser lido de maneira ampla, de modo a que se proscrevam outras formas de discriminação, mesmo as não consideradas expressamente pelo legislador, com, por exemplo, as fundadas em opção política, costumes, origem social ou regional, características genéticas ou morfológicas, antecedentes familiares, crença religiosa. Como decidiu a Corte Suprema dos Estados Unidos: *"An employer may not make an applicant's religious practice, confirmed or otherwise, a factor in employment decisions"* (EEOC v. Abercrombie & Fitch Stores, Inc – 731 F. 3d 1106).

(A) Por sexo, entendido como o confronto dos gêneros masculino e feminino, deve haver leitura mais larga, na busca da melhor exegese do Texto Constitucional, como sói ocorrer na interpretação das regras positivas sobre direitos humanos, para que se compreenda na vedação a orientação sexual, consoante previsto em outros ordenamentos, como, por exemplo, o Código do Trabalho de Portugal (24º, n. 1). Diferenciação imotivada não pode haver entre homem e mulher, mas, de igual forma, proibida encontra-se entre heterossexuais e homossexuais, como decidiram os tribunais norte-americanos (*Hively v. Ivy Tech Community College*, 853 F.3d 339 – 7th Cir. 2017).

(B) A idade, mínima ou máxima, não pode ser critério discriminatório, em que pese a possibilidade excepcional, justificável objetivamente, de estabelecimento de regra etária, segundo as peculiaridades e as necessidades do trabalho a ser executado. A própria Constituição exige idade mínima para (i) presidente, governador, deputados federais ou estaduais e vereadores, no art. 14, VI, (ii) Ministros do TCU (artigo 73, § 1º, I), (iii) Ministros do Supremo Tribunal Federal, no art. 101, fixando-lhes idade máxima de 65 anos para nomeação, no mesmo dispositivo. O trabalho não pode ser exercido antes da idade de 16 anos, exceto no contrato de aprendizagem, a partir dos 14, restrito qualquer trabalho noturno, insalubre ou perigoso para quem não contar a idade de 18 anos, como se lê no art. 7º, XXXIII. Eis exemplos de que o ordenamento admite a diferenciação etária objetiva, o que não se confunde com a discriminação por idade, que resulta da fixação aleatória de números de anos, para admissão ou manutenção no emprego. Qualquer limitação fica sujeita a escrutínio a partir dos parâmetros da razoabilidade e proporcionalidade. No julgamento do RE 217.225-1/RS, por exemplo, o Supremo Tribunal Federal reconheceu a inconstitucionalidade de dispositivo legal que indicava idade para exercício do cargo de fiscal de tributos estaduais, por entender inexistir correlação entre a idade e a função a ser exercida.

(C) Por cor, compreendam-se (1) o elemento étnico: negros, brancos, amarelos, pardos, expressões utilizadas na distinção dos homens e (2) a nacionalidade ou a ascendência: italianos, judeus, alemães etc. Tais elementos não podem revelar-se critério objetivo de contratação, fixação salarial ou manutenção no emprego, para não haver malferimento do inciso em comento.

(D) Ser o trabalhador casado, separado, divorciado, viúvo ou solteiro não pode implicar elemento objetivo de sua desqualificação para o trabalho, redução de seu salário ou diferença no exercício das funções. Uma das ocupações da tutela em análise diz respeito à garantia de emprego em razão de gravidez, fato que, não exclusiva, mas preponderantemente, pode ocorrer com a mulher casada. Vedando-se a aplicação do estado civil como qualificativo – ou depreciativo – das condições profissionais do trabalhador, a Constituição afasta a restrição de acesso e manutenção do emprego às mulheres que constituem ou pretendam constituir família. A família encontra proteção constitucional (art. 226) e a permissão para que o empregador fixe o estado civil como um requisito de admissão ou manutenção do emprego violaria, também, esse princípio.

7.3. Destinatários da norma

Submetem-se à determinação constitucional do inciso comentado o próprio Estado, quando admite trabalhadores, e os empregadores privados.

8. Referências bibliográficas

Estêvão Mallet, *Igualdade e discriminação em Direito do Trabalho*, São Paulo, LTr, 2013; Guilherme Machado Dray, *O princípio da igualdade no direito do trabalho*, Coimbra, Almedina, 1999; Pontes de Miranda, *Comentários à Constituição de 1967*, Rio de Janeiro, Forense, 1987, t. VI, p. 113 e s.; Celso Antônio Bandeira de Mello, *Conteúdo jurídico do princípio da igualdade*, São Paulo, Malheiros, 2006; Gilles Auzero, *L'application du principe d'égalité de traitement dans l'entreprise*, Droit Social, Paris, Éditions Techniques et Économique, 2006, sept./oct. n. 9/10; Ruth Colker, *Anti-subordination above all:* sex, race, and equal protection, New York University Law Review, dec. 1986, vol. 61, n. 6; Isabelle Goulet, *Vers un principe de non-discrimination en Droit du Travail?*, Paris, Université Panthéon-Assas (Paris II) (tese), 2001; Pierre-Hubert Goutierre, *Le principe d'égalité devant la loi dans les rapports salaries-employeurs*, Paris, Université de Droit, d'Economie et de sciences sociales de Paris (Paris II) (tese), 1977; Etienne Grisel, *Egalité – Les garanties de la Constitution fédérale du 18 avril 1999*, Staempfli, 2000; Kenneth Karst, Why equality matters, *Georgia Law Review*, 1983, vol. 17, n. 2; Vincent Martenet, *Géométrie de l'égalité*, Bruxelles, Bruylant, 2003; Laurance Peru-Pirotte, *La lutte contre les discriminations en Droit du Travail* – Approche critique, Lille, Université de Lille 2 (tese), 2000; Roger Raupp Rios, *Direito da antidiscriminação*, Porto Alegre, Livraria do Advogado, 2008; E. W. Vierdag, *The concept of discrimination in international law*, The Hague, Martinus Nijhoff, 1973.

Art. 7º, XXXI – proibição de qualquer discriminação no tocante a salário e critérios de admissão do trabalhador portador de deficiência;

Rodrigo Garcia Schwarz

1. Histórico da norma

A proibição de qualquer discriminação, no âmbito do trabalho, no tocante a salário e critérios de admissão, à pessoa com deficiência, contemplada em diversos textos internacionais, como a Declaração dos Direitos das Pessoas Deficientes, o Protocolo Adicional à Convenção Americana sobre Direitos Humanos em Matéria de Direitos Econômicos, Sociais e Culturais – Protocolo de São Salvador, a Recomendação n. 99 da OIT, a Recomendação n. 168 da OIT, a Convenção n. 111 da OIT e a Convenção n. 159 da OIT, foi incorporado ao texto original da Constituição de 1988. Atualmente, complementa o texto original o conteúdo da Convenção Internacional sobre os Direitos das Pessoas com Deficiência, ratificada pelo Brasil (Decreto Legislativo n. 186, de 9-7-2008, e Decreto n. 6.949, de 25-8-2009), com hierarquia equivalente à de emenda constitucional, nos termos do art. 5º, § 3º, da Constituição (Emenda Constitucional n. 45, de 2004).

2. Constituições brasileiras anteriores

Sem previsão expressa em Constituições anteriores.

3. Constituições estrangeiras

Art. 54 da Constituição colombiana; arts. 47 e 330 da Constituição equatoriana; art. 49 da Constituição espanhola; art. 38 da Constituição italiana; art. 1º da Constituição mexicana; art. 88 da Constituição paraguaia; art. 58.2.*b*, da Constituição portuguesa; arts. 8.4 e 115 da Constituição suíça; arts. 81 e 103 da Constituição venezuelana.

4. Direito internacional

Declaração Universal dos Direitos do Homem (1948), arts. II, VII e XXIII; Declaração dos Direitos das Pessoas Deficientes (1975); Convenção Internacional sobre os Direitos das Pessoas com Deficiência (2007), ratificada pelo Brasil (Decreto Legislativo n. 186, de 9-7-2008, e Decreto n. 6.949, de 25-8-2009); Pacto Internacional sobre Direitos Econômicos, Sociais e Culturais (1966), ratificado pelo Brasil (Decreto Legislativo n. 226, de 12-12-1991, e Decreto n. 591, de 6-7-1992), arts. 6º e 7º; Protocolo Adicional à Convenção Americana sobre Direitos Humanos em Matéria de Direitos Econômicos, Sociais e Culturais – Protocolo de São Salvador (1988), ratificado pelo Brasil (Decreto Legislativo n. 56, de 19-4-1995, e Decreto n. 3.321, de 31-12-1999), arts. 6º e 7º; Convenção n. 111 da OIT (1958), sobre a discriminação (emprego e profissão), ratificada pelo Brasil (Decreto Legislativo n. 104, de 1969, e Decreto n. 62.150, de 19-1-1969); Convenção n. 159 da OIT (1983), sobre reabilitação e emprego (pessoas deficientes), ratificada pelo Brasil (Decreto Legislativo n. 51, de 25-8-1989, e Decreto n. 129, de 22-5-1991); Recomendação n. 99 da OIT (1955); Recomendação n. 168 da OIT (1983).

5. Remissões constitucionais e legais

Arts. 5º, *caput*, 23, II, 24, XIV, 37, VIII, 40, § 4º, I, 100, § 2º, 201, § 1º, 203, IV e V, 208, III, 214, IV, e 227, §§ 1º, II, e 2º, da Constituição; Consolidação das Leis do Trabalho, arts. 428, § 3º, 461 e 611-B, XXII; Lei n. 7.853, de 24-10-1989; Lei n. 8.112, de 11-12-1990, art. 5º, § 2º; Lei n. 8.213, de 24-7-1991, art. 93, § 1º; Lei n. 9.029, de 13-4-1995; Decreto n. 62.150, de 19-1-1969 (promulga a Convenção n. 111 da OIT); Decreto n. 129, de 22-5-1991 (promulga a Convenção n. 159 da OIT); Decreto n. 591, de 6-7-1992 (promulga o Pacto Internacional sobre Direitos Econômicos, Sociais e Culturais); Decreto n. 3.298, de 20-12-1999; Decreto n. 3.321, de 31-12-1999 (promulga o Protocolo Adicional à Convenção Americana sobre Direitos Humanos em Matéria de Direitos Econômicos, Sociais e Culturais – Protocolo de São Salvador); Decreto n. 6.215, de 26-9-2007; Decreto n. 6.949, de 25-8-2009 (promulga a Convenção Internacional sobre os Direitos das Pessoas com Deficiência).

6. Jurisprudência

STF, 2ª Turma, RMS 32.732/DF, AgR, Rel. Min. Celso de Mello, j. 3-6-2014, public. no *DJe* de 1-8-2014. "CONCURSO PÚBLICO – PESSOA PORTADORA DE DEFICIÊNCIA – RESERVA PERCENTUAL DE CARGOS E EMPREGOS PÚBLICOS (CF, ART. 37, VIII) – OCORRÊNCIA, NA ESPÉCIE, DOS REQUISITOS NECESSÁRIOS AO RECONHECIMENTO DO DIREITO VINDICADO PELA PESSOA PORTADORA DE DEFICIÊNCIA – ATENDIMENTO, NO CASO, DA EXIGÊNCIA DE COMPATIBILIDADE ENTRE O ESTADO DE DEFICIÊNCIA E O CONTEÚDO OCUPACIONAL OU FUNCIONAL DO CARGO PÚBLICO DISPUTADO, INDEPENDENTEMENTE DE A DEFICIÊNCIA PRODUZIR DIFICULDADE PARA O EXERCÍCIO DA ATIVIDADE FUNCIONAL – INADMISSIBILIDADE DA EXIGÊNCIA ADICIONAL DE A SITUAÇÃO DE DEFICIÊNCIA TAMBÉM PRODUZIR 'DIFICULDA-

DES PARA O DESEMPENHO DAS FUNÇÕES DO CARGO' – PARECER FAVORÁVEL DA PROCURADORIA-GERAL DA REPÚBLICA – RECURSO DE AGRAVO IMPROVIDO. PROTEÇÃO JURÍDICO-CONSTITUCIONAL E INTERNACIONAL ÀS PESSOAS VULNERÁVEIS. LEGITIMIDADE DOS MECANISMOS COMPENSATÓRIOS QUE, INSPIRADOS PELO PRINCÍPIO FUNDAMENTAL DA DIGNIDADE PESSOAL (CF, ART. 1º, III), RECOMPÕEM, PELO RESPEITO À ALTERIDADE, À DIVERSIDADE HUMANA E À IGUALDADE DE OPORTUNIDADES, O PRÓPRIO SENTIDO DE ISONOMIA INERENTE ÀS INSTITUIÇÕES REPUBLICANAS. – O tratamento diferenciado em favor de pessoas portadoras de deficiência, tratando-se, especificamente, de acesso ao serviço público, tem suporte legitimador no próprio texto constitucional (CF, art. 37, VIII), cuja razão de ser, nesse tema, objetiva compensar, mediante ações de conteúdo afirmativo, os desníveis e as dificuldades que afetam os indivíduos que compõem esse grupo vulnerável. Doutrina. – A vigente Constituição da República, ao proclamar e assegurar a reserva de vagas em concursos públicos para os portadores de deficiência, consagrou cláusula de proteção viabilizadora de ações afirmativas em favor de tais pessoas, o que veio a ser concretizado com a edição de atos legislativos, como as Leis n. 7.853/89 e n. 8.112/90 (art. 5º, § 2º), e com a celebração da Convenção Internacional das Nações Unidas sobre os Direitos das Pessoas com Deficiência (2007), já formalmente incorporada, com força, hierarquia e eficácia constitucionais (CF, art. 5º, § 3º), ao plano do ordenamento positivo interno do Estado brasileiro. – Essa Convenção das Nações Unidas, que atribui maior densidade normativa à cláusula fundada no inciso VIII do art. 37 da Constituição da República, legitima a instituição e a implementação, pelo Poder Público, de mecanismos compensatórios destinados a corrigir as profundas desvantagens sociais que afetam as pessoas vulneráveis, em ordem a propiciar-lhes maior grau de inclusão e a viabilizar a sua efetiva participação, em condições equânimes e mais justas, na vida econômica, social e cultural do País. HERMENÊUTICA E DIREITOS HUMANOS: O PRINCÍPIO DA NORMA MAIS FAVORÁVEL COMO CRITÉRIO QUE DEVE REGER A INTERPRETAÇÃO DO PODER JUDICIÁRIO. – O Poder Judiciário, no exercício de sua atividade interpretativa, deve prestigiar, nesse processo hermenêutico, o critério da norma mais favorável (que tanto pode ser aquela prevista no tratado internacional de direitos humanos como a que se acha positivada no próprio direito interno do Estado), extraindo, em função desse postulado básico, a máxima eficácia das declarações internacionais e das proclamações constitucionais de direitos, como forma de viabilizar o acesso dos indivíduos e dos grupos sociais, notadamente os mais vulneráveis, a sistemas institucionalizados de proteção aos direitos fundamentais da pessoa humana. Precedentes: HC 93.280/SC, Rel. Min. CELSO DE MELLO, *v.g.*".

7. Referências bibliográficas

ALVES, Rubens Valtecides. *Deficiente físico*: novas dimensões da proteção ao trabalhador. São Paulo: LTr, 1992; BRITO FILHO, José Claudio Monteiro de. *Discriminação no trabalho*. São Paulo: LTr, 2002; CEZAR, Katia Regina. *Pessoas com deficiência intelectual*: inclusão trabalhista. São Paulo: LTr, 2012; CISZEWSKI, Ana Claudia Vieira de Oliveira. *O trabalho da pessoa portadora de deficiência*. São Paulo: LTr, 2005; COSTA, Sandra Morais de Brito. *Dignidade humana e pessoa com deficiência*. São Paulo: LTr, 2008; FAVERO, Eugenia Augusta Gonzaga. *Direitos das pessoas com deficiência*: garantia de igualdade na diversidade. Rio de Janeiro: WVA, 2004. GORDILLO, Vanessa Cordero. Discriminación por discapacidad. In: BAYLOS GRAU, Antonio; GARCIA SCHWARZ, Rodrigo; FLORENCIO THOMÉ, Candy (Org.). *Diccionario internacional de derecho del trabajo y de la seguridad social*. Valencia: Tirant lo Blanch, 2014; LOPES, Gláucia Gomes Vergara. *A inserção do portador de deficiência no mercado de trabalho*: a efetividade das leis brasileiras. São Paulo: LTr, 2005; LORENTZ, Luciana Nacur. *A norma da igualdade e o trabalho das pessoas portadoras de deficiência*. 2. ed. São Paulo: LTr, 2016; MARANHÃO, Rosanne de Oliveira. *O portador de deficiência e o direito do trabalho*. São Paulo: LTr, 2005; MELO, Sandro Nahmias. *O direito ao trabalho da pessoa portadora de deficiência*: ação afirmativa – o princípio constitucional da igualdade. São Paulo: LTr, 2004; OLIVER, Michael. *Understanding disability*: from theory to practice. Londres: McMillan Press, 1996. ONU. *De la exclusión a la igualdad*: hacia el pleno ejercicio de los derechos de las personas con discapacidad. Manual para parlamentarios sobre la Convención sobre los derechos de las personas con discapacidad y su Protocolo Facultativo. Genebra: Naciones Unidas, 2007.

8. Comentários

Segundo a Convenção Internacional sobre os Direitos das Pessoas com Deficiência, ratificada pelo Brasil (Decreto Legislativo n. 186, de 9-7-2008, e Decreto n. 6.949, de 25-8-2009), com hierarquia equivalente à de emenda constitucional, nos termos do art. 5º, § 3º, da Constituição (Emenda Constitucional n. 45, de 2004), entende-se por discriminação por motivo de deficiência "qualquer diferenciação, exclusão ou restrição baseada em deficiência, com o propósito ou efeito de impedir ou impossibilitar o reconhecimento, o desfrute ou o exercício, em igualdade de oportunidades com as demais pessoas, de todos os direitos humanos e liberdades fundamentais nos âmbitos político, econômico, social, cultural, civil ou qualquer outro". A vedação à discriminação por motivo de deficiência abrange todas as formas de discriminação, diretas ou indiretas, inclusive aquelas que se configuram pela "recusa de adaptação razoável", ou seja, pela ausência de ações concernentes às modificações e aos ajustes necessários e adequados, que não acarretem ônus desproporcional ou indevido, quando requeridos em cada caso, a fim de assegurar que as pessoas com deficiência possam gozar ou exercer, em igualdade de oportunidades com as demais pessoas, todos os direitos humanos e liberdades fundamentais.

Pessoa com deficiência, segundo a Convenção Internacional sobre os Direitos das Pessoas com Deficiência, é aquela que tem impedimentos de natureza física, intelectual ou sensorial, os quais, em interação com diversas barreiras, podem obstruir sua participação plena e efetiva na sociedade com as demais pessoas.

Em consonância com o primado da dignidade da pessoa, fundamento da República Federativa do Brasil (art. 1º, III, da Constituição), o art. 7º, XXXI, da Constituição estabelece, no âmbito dos direitos sociais por ela eloquentemente proclamados, um mandado claro, direto e objetivo, de eficácia imediata, de "proibição de qualquer discriminação no tocante a salário e critérios de admissão do trabalhador portador de deficiência". Trata-se de um imperativo constitucional suscetível, nos termos da Convenção Internacional sobre os Direitos das Pessoas com Deficiência, de englobar diferentes tipos de discriminação, com o escopo, congruente com os objetivos fundamentais da República Federativa do Brasil (art. 3º da Constituição), de "construir uma sociedade livre, justa e solidária" e de "promover o bem de todos, sem preconceitos de origem, raça, sexo, cor, idade e quaisquer outras formas de discriminação", de proteger a pessoa com qualquer deficiência, de natureza física, intelectual ou sensorial, de qualquer discriminação, direta ou indireta, no âmbito do trabalho, no tocante a salário e critérios de admissão, na perspectiva da sua plena integração social e da sua participação, com todas as demais pessoas, em igualdade de oportunidades, do mercado de trabalho.

O preceito constitucional tem, portanto, especial relevância, no tocante à proteção contra a discriminação em todas as suas formas e na promoção da plena integração social e da igualdade de oportunidades, para a tutela da própria autonomia da pessoa e da igual liberdade e da igual diversidade de todas as pessoas, ponderada a relevância da integração laboral da pessoa em condições decentes e equitativas como fator que tende a lhe permitir o desfrute ou o exercício, em igualdade de oportunidades com as demais pessoas, de sua autonomia e dos seus direitos humanos e liberdades fundamentais em todos os âmbitos.

A Constituição estabelece, no seu art. 193, ao tratar da ordem social, que esta tem por base "o primado do trabalho, e como objetivo o bem-estar e a justiça sociais". E, no seu art. 170, ao tratar da ordem econômica, que esta se funda na valorização do trabalho humano e na livre iniciativa, e tem por fim assegurar a todos existência digna, conforme os ditames da justiça social, observado, entre outros, o princípio da "busca do pleno emprego". Daí a extrema relevância, para o cumprimento dos objetivos fundamentais da República Federativa do Brasil (art. 3º da Constituição), de "construir uma sociedade livre, justa e solidária" e de "promover o bem de todos, sem preconceitos de origem, raça, sexo, cor, idade e quaisquer outras formas de discriminação", da eliminação de todas as formas de discriminação, e em particular daquelas que possam atingir a pessoa com qualquer deficiência, no âmbito do acesso ao emprego e da manutenção em condições decentes e equitativas do correspondente contrato de trabalho, objetivo também proclamado em diversos instrumentos internacionais integrantes do catálogo dos direitos humanos, como a Declaração Universal dos Direitos do Homem, a Declaração dos Direitos das Pessoas Deficientes, a Convenção Internacional sobre os Direitos das Pessoas com Deficiência, o Pacto Internacional sobre Direitos Econômicos, Sociais e Culturais, o Protocolo Adicional à Convenção Americana sobre Direitos Humanos em Matéria de Direitos Econômicos, Sociais e Culturais – Protocolo de São Salvador e as Convenções n. 111 e 159 da OIT. A Declaração de 1998, da OIT, sobre Princípios e Direitos Fundamentais no Trabalho, enuncia a não discriminação e a igualdade de oportunidades como eixos fundamentais da justiça social e parte permanente do compromisso que todos os Estados-membros da OIT devem assumir pelo simples fato de pertencerem à Organização.

O preceito constitucional ainda é reproduzido, no plano infraconstitucional, no texto do art. 461 da Consolidação das Leis do Trabalho, que veda a discriminação no tocante ao salário, e da Lei n. 9.029, de 13-4-1995, que veda a adoção de qualquer prática discriminatória e limitativa para efeito de acesso à relação de trabalho ou de sua manutenção. Nesse mesmo sentido, a Lei n. 13.467, de 13-7-2017, tratou, ao alterar a Consolidação das Leis do Trabalho, de ressalvar, nela incluindo o art. 611-B, que constitui objeto ilícito de convenção ou acordo coletivo de trabalho a supressão ou redução de qualquer direito relacionado à proibição de qualquer discriminação no tocante a salário e critérios de admissão do trabalhador com deficiência.

A vedação constitucional, suplementada pelos instrumentos internacionais ratificados pela República Federativa do Brasil e pela legislação infraconstitucional, contempla qualquer forma de discriminação, direta ou indireta, à pessoa com qualquer deficiência, e concerne à equidade salarial, de forma que a deficiência da pessoa, de per si, não pode constituir fator de desequiparação salarial, sendo idênticas as funções em trabalho prestado ao mesmo empregador, no mesmo estabelecimento empresarial, entre pessoas com e sem certa deficiência, e ao acesso ao emprego e à manutenção do correspondente contrato de trabalho em condições decentes e equitativas, assegurando-se à pessoa com deficiência as mesmas condições de trabalho e as mesmas oportunidades da pessoa sem deficiência, de forma que a deficiência da pessoa, de per si, não pode constituir óbice à sua contratação, tampouco à manutenção do seu contrato de trabalho, nem a qualquer distinção ou exclusão, no âmbito da execução do contrato de trabalho, que afronte a igualdade de oportunidades. O âmbito da proteção constitucional, portanto, não se esgota no salário e nos critérios de admissão, mas abrange toda e qualquer forma de discriminação praticada pelo empregador, contra a pessoa com deficiência, na execução do correspondente contrato de trabalho. Estende-se, assim, a vedação constitucional à discriminação também às condições gerais da execução do contrato de trabalho, inclusive com a imposição, ao empregador, da "adaptação razoável" do ambiente de trabalho, que não acarretem ao empregador ônus desproporcional ou indevido, ao acesso pleno da pessoa com deficiência, com as modificações e os ajustes necessários e adequados, nos termos da Convenção Internacional sobre os Direitos das Pessoas com Deficiência.

O preceito constitucional, portanto, vedando qualquer forma de discriminação, também não é compatível com a discriminação indireta, ou seja, com aquelas práticas que, sendo, embora, aparentemente neutras, possam dar azo a uma desvantagem particular, em cada caso concreto, a uma pessoa com determinada deficiência. Também a negativa do empregador a efetuar as modificações e os ajustes necessários e adequados à adaptação razoável do ambiente de trabalho à pessoa com deficiência, quando requeridos em cada caso, sempre que não acarretem ônus desproporcional ou indevido, caracteriza a discriminação.

O preceito constitucional, ao vedar a discriminação, apenas não impede as distinções, as exclusões ou as preferências fundadas exclusivamente em qualificações específica e objetivamente exigidas para o exercício de determinado emprego, que não são consideradas como discriminação, nos termos da Convenção n. 111 da OIT. O que a Constituição objetiva assegurar é a igualdade de oportunidades entre as pessoas com e sem deficiência, de forma que aquelas possam gozar ou exercer, em igualdade de oportunidades com estas, todos os direitos humanos e liberdades fundamentais. Distinções, exclusões ou preferências que se justifiquem objetivamente não constituem discriminação, quando específicas quanto a determinados predicados que se imponham para todas as pessoas – e não apenas para a pessoa com deficiência. Assim, apenas não se configura a discriminação, direta ou indireta, naquelas hipóteses em que, objetivamente, tais distinções, exclusões ou preferências estejam relacionadas a predicados especificamente necessários, e imprescindíveis, à própria execução do cargo ou da função. Poder-se-á, portanto, restringir a admissão, para determinados cargos, em razão da necessidade de prévia habilitação profissional de cunho acadêmico, ou da necessidade de execução de tarefas incompatíveis com determinada deficiência física ou mental, por exemplo. Mas será, sempre, ônus daquele que arguir a incompatibilidade, utilizando-a como óbice da pessoa com deficiência ao acesso ao emprego em sentido *lato* (o que também compreende, por exemplo, o acesso à promoção funcional no âmbito do contrato de trabalho), justificar objetivamente a absoluta incompatibilidade em termos concretos. O que se veda, em síntese, é a diferenciação, exclusão ou restrição baseada na deficiência, de per si, com o propósito ou efeito de impedir ou impossibilitar o reconhecimento, o desfrute ou o exercício, em igualdade de oportunidades, para a pessoa com deficiência, dos mesmos direitos reconhecidos às demais pessoas, violando-se aqueles princípios enunciados na Constituição, de igualdade em sentido amplo (art. 5º da Constituição) e, em particular, da Convenção Internacional sobre os Direitos das Pessoas com Deficiência, como o respeito pela dignidade inerente e à autonomia da pessoa, a plena e efetiva participação e inclusão na sociedade da pessoa com deficiência, o respeito pela diferença e pela aceitação das pessoas com deficiência como parte da diversidade humana e da humanidade, a igualdade de oportunidades, a acessibilidade e a igualdade entre o homem e a mulher.

Por fim, o preceito constitucional não veda a adoção de ações afirmativas, de discriminação positiva. O que se veda é a discriminação negativa, ou seja, aquela discriminação que tende a impedir ou impossibilitar o reconhecimento, o desfrute ou o exercício, em igualdade de oportunidades com as demais pessoas, pela via da sua integração ao mercado de trabalho, de todos os direitos humanos e liberdades fundamentais da pessoa com deficiência. As medidas positivas, impostas por lei e por políticas públicas, que têm por escopo propiciar e fomentar a plena integração de pessoas com deficiência ao mercado de trabalho em condições decentes e equitativas, superando óbices fáticos históricos, econômicos, sociais e culturais à integração plena da pessoa com deficiência, não afrontam a Constituição, mas, ao contrário, tratam de efetivá-la, atentando-se, sempre, para a razoabilidade da medida positiva, especialmente para a sua necessidade, de forma que a medida se sustente como necessária para a promoção da igualdade de oportunidades, e não como uma fonte de afronta à equidade, e para a ausência de ônus desproporcional ou indevido ao empregador ou a outros atores sociais encarregados de efetivá-la. Tais medidas contemplam não apenas a imposição de contratação de trabalhadores com deficiência, no regime de quotas, mas também obrigações concernentes à correspondente adaptação, quando necessária, do ambiente de trabalho à pessoa com deficiência, com as modificações e os ajustes necessários e adequados. São compatíveis com a Constituição, assim, por exemplo, as disposições do art. 93 da Lei n. 8.213, de 24-7-1991, no sentido de que as empresas com 100 (cem) ou mais empregados estão obrigadas a preencher parte dos seus cargos por meio da contratação de trabalhadores reabilitados ou com deficiência, devidamente habilitados, e que a dispensa de trabalhadores reabilitados ou com deficiência, assim admitidos, só poderá ocorrer após a contratação de substituto de condição semelhante.

Art. 7º, XXXII – proibição de distinção entre trabalho manual, técnico e intelectual ou entre os profissionais respectivos;

Leonardo Vieira Wandelli

1. Histórico constitucional

O dispositivo foi positivado, com redação semelhante, desde a Constituição de 1934, art. 121, § 2º: "Para o efeito deste artigo, não há distinção entre o trabalho manual e o trabalho intelectual ou técnico, nem entre os profissionais respectivos." Embora a Constituição de 1937 falasse, mais restritamente, em proteção do trabalho intelectual, técnico e manual (art. 136), o dispositivo foi incorporado ao art. 3º, parágrafo único, da CLT, de 1943. Na Constituição de 1946 foi retomada a norma no art. 157, § 1º: "Não se admitirá distinção entre o trabalho manual ou técnico e o trabalho intelectual, nem entre os profissionais respectivos, no que concerne a direitos, garantias e benefícios." Fixou-se a redação atual já nos textos constitucionais de 1967 (art. 158, XVIII) e EC 1/1969 (art. 165, XVII): "proibição de distinção entre trabalho manual, técnico ou intelectual ou entre os profissionais respectivos."

Na tramitação durante a Assembleia Nacional Constituinte houve pequena variação: Subcomissão dos Direitos dos Trabalhadores: *"proibição de distinção de direitos por trabalho manual, técnico ou intelectual, quanto à condição de trabalhador ou entre profissionais respectivos";* Comissão da Ordem Social: nada consta; Comissão de Sistematização: *"proibição de distinção entre trabalho manual, técnico e intelectual ou entre profissionais respectivos"*.

2. Dispositivos constitucionais relacionados

Arts. 3º, IV, 5º, *caput*, I e XIII, 7º, VI, XXX, XXXI e XXXIV.

3. Constituições estrangeiras

Art. 19, 16º, da Constituição chilena; art. 87 da Constituição venezuelana; art. 8.11 da Constituição da República Dominicana.

4. Textos internacionais

1) **ONU.** Declaração Universal dos Direitos do Homem, (1948), art. XXIII, 1. Pacto Internacional sobre Direitos Econômicos, Sociais e Culturais (1966), Dec. Promulg. n. 591/1992, art. 7. 2) **OIT.** Convenção n. 111 (1958). Trata da discriminação em matéria de emprego e profissão. Ratificada pelo Brasil em 26-11-1965. Decreto Legislativo n. 104, de 1969. Decreto de Promulgação n. 62.150, de 19-1-1969.

5. Legislação

CLT, arts. 3º, parágrafo único, 5º, 6º, 460 e 461. Lei 6.019/74 (disciplina as hipóteses de terceirização por trabalho temporário e prestação de serviços).

6. Jurisprudência do STF

Rcl 24405/SP, Rel. Min. Edson Fachin, j. em 04-12-2017. (Decisão do TRT que aplicou a empregado de Fundação Municipal de Ensino que presta serviços a Faculdade Estadual a mesma política de reajustes salariais desta última, com base nos arts. 5º *caput* e 7º, XXXII, da Constituição, mas interpretando a legislação estadual pertinente não viola as súmulas vinculantes 37 e 42.) RE 635.546, Rel. Min. Marco Aurélio, plenário virtual 08-04-2011, *DJ* 04-05-2011(Reconhecimento de repercussão geral quanto a caso de aplicação da OJ 383 da SDI do TST, em face do art. 7º, XXXII, ainda não julgado no mérito). AI 229.143/DF, rel. Min. Sepúlveda Pertence, j. em 14-10-2004, *DJU* 26-11-2004 (A fixação de jornadas diversas, quando desenvolvidas em período diurno ou noturno, não se configura violação dos arts. 7º, XIV e XXXII e 5º *caput*, da Constituição. O princípio da isonomia entre o trabalho manual, técnico e intelectual não foi maculado porquanto os direitos e vantagens dos cargos foram respeitados, apenas adotando-se o critério de jornadas distintas, para turnos diferentes, o que se insere no poder de comando do empregador).

7. Jurisprudência do TST

Súmula 6, VII (Desde que atendidos os requisitos do art. 461 da CLT, é possível a equiparação salarial de trabalho intelectual, que pode ser avaliado por sua perfeição técnica, cuja aferição terá critérios objetivos); OJ 383 da SDI-1 (A contratação irregular de trabalhador, mediante empresa interposta, não gera vínculo de emprego com ente da Administração Pública, não afastando, contudo, pelo princípio da isonomia, o direito dos empregados terceirizados às mesmas verbas trabalhistas legais e normativas asseguradas àqueles contratados pelo tomador dos serviços, desde que presente a igualdade de funções. Aplicação analógica do art. 12, "a", da Lei n. 6019, de 03-01-1974); RR – 227900-19.2008.5.09.0195, julg. 23-08-2017, Rel. Walmir Oliveira da Costa, 1ª Turma, *DEJT* 25-08-2017 (Não é cabível a isonomia na forma da OJ 383 da SBDI-1 entre empregado regido pela CLT e servidor sob regime estatutário); AIRR–1460-86.2015.5.17.0005, julg. 08-11-2017, Rel. Maria de Assis Calsing, 4ª Turma, *DEJT* 10-11-2017 (Não viola o art. 7º XXXII, decisão que não reconhece o direito a isonomia quanto a diferenças salariais decorrentes de acordo coletivo não extensível aos autores, contratados após a sua celebração); E-ED-RR – 781931-52.2001.5.07.5555, Rel. Walmir Oliveira da Costa, julg. 11-04-2007, 5ª Turma, *DJ* 27-04-2007 (Se o exercício da advocacia em determinada área jurídica fosse considerado critério objetivo suficiente para legitimar a diferença de nível salarial entre advogados que prestam serviços ao mesmo empregador e na mesma localidade, haveria discriminação vedada pelo art. 7º, XXXII, da CF, que proíbe a distinção entre trabalho manual, técnico e intelectual ou entre os profissionais respectivos).

8. Seleção de literatura

BARROS, Alice M. *Curso de direito do trabalho*. 4. ed. São Paulo, LTr, 2008. BASTOS, Celso Ribeiro. *Comentários à Constituição do Brasil*. São Paulo, Saraiva, 1989, v. 2. BOUCINHAS FILHO. *Discriminação por sobrequalificação*. São Paulo, LTr, 2009. CAVALCANTE, Jouberto Q. P.; JORGE NETO, Francisco F. Aspectos do art. 129, da Lei n. 11.196. Da terceirização e do Direito do Trabalho. In: *Revista do TRT da 15ª Região*. Campinas, n. 27, 2005, p. 179-204. DEJOURS, Christophe. *O fator humano*. 5. ed. Rio de Janeiro, FGV, 2009. DELGADO, Maurício Godinho. *Proteções contra a discriminação na relação de emprego*. In: RENAULT, L. O. L.; VIANA, M. T.; CANTELLI, P. O. Discriminação. 2. ed. São Paulo, LTr, 2010. DELGADO, M. G. *Curso de Direito do Trabalho*. 17. ed. São Paulo, LTr, 2018. ROMITA, Arion Sayão. *Direitos fundamentais nas relações de trabalho*. 5. ed. São Paulo, LTr, 2014. SOUTO MAIOR, J. L. *Curso de Direito do Trabalho*. Vol. II. São Paulo, LTr, 2008. SOUZA JUNIOR, A. U.; SOUZA, F. C.; MARANHÃO, N.; AZEVEDO NETO, P. T. Reforma *Trabalhista*: análise comparativa e crítica da Lei n. 13.467/2017. São Paulo: Rideel, 2017.

9. Comentários

9.1. Trabalho manual, técnico ou intelectual

A norma parte do reconhecimento de uma unidade inerente a todo trabalhar como atividade: não há trabalho somente manual, técnico ou intelectual. Como têm mostrado os estudos em psicodinâmica do trabalho e em ergonomia, trabalhar implica sempre mobilizar os recursos subjetivos como um todo, a inteligência corporal, para suprir a irredutível distância entre as prescrições e aquilo que a variabilidade imprevisível da situação real de trabalho exige para que a tarefa almejada se faça efetiva (DEJOURS, 2009). Não há, nessa perspectiva, trabalho de pura execução ou concepção, assim como, por mais intelectualizado que seja, é sempre o corpo que está implicado no trabalhar. Deslegitima-se, assim, a distinção, tão acentuada no taylorismo, entre trabalho manual (pois todo trabalho envolve criação e mobilização de capacidades e habilidades de agir sobre o mundo, no plano intersubjetivo e sobre si mesmo), técnico (pois todo trabalho se apoia em uma tradição técnica prévia) e intelectual (pois toda inteligência é sempre corporal)[1]. Considere-se o trabalho de músico, em torno mecânico, de recepcionista ou de atendente de enfermagem, ainda que haja a preponderância de uma ou outra forma, ela é maior na aparência que na realidade.

9.2. Igualdade, discriminação e tipo do trabalho

O dispositivo do art. 7º, XXXII, insere-se no consistente sistema de proteções jurídicas destinado a assegurar igualdade de tratamento e coibir quaisquer formas de discriminação em matéria de trabalho instituído pela Constituição de 1988, em consonância com os arts. 3º, IV, 5º, *caput*, I, 7º, XX, XXX, XXXI e XXXIV (DELGADO, 2010).

---

1. Para uma ampla crítica da moderna separação entre mãos e cabeça, a partir de outras matrizes teóricas, ver ainda SENNETT, Richard. *O artífice*. Rio de Janeiro, Record, 2009.

A vedação de distinção entre tipos de trabalho manual, técnico ou intelectual tem sua origem na já antiga opção brasileira pela uniformização de um único padrão normativo para todos os empregados, sem admitirem-se padrões contratuais diferenciados como, por exemplo, na distinção entre *ouvrier* e *employé*, atribuindo privilégios a este último, praticada em diversos países europeus e ainda vigente no direito belga[2]. No Brasil, o Decreto 19.770/1931, que regulava a sindicalização, já estatuía, no art. 11, a ausência de distinção entre empregados e operários ou entre operários manuais e intelectuais para fins e sindicalização (ROMITA, 2014, p. 373-375). Configurou-se, aí, um duplo movimento, que reflete tanto a necessidade de juridificar os trabalhos manuais em uma sociedade ainda tributária da escravidão, quanto a já deflagrada "proletarização dos intelectuais" (BARROS, 2008, p. 277; SOUTO MAIOR, 2007, p. 197), signo do capitalismo cognitivo, em que o assujeitamento do "trabalho intelectual" não difere na essência dos trabalhos manuais ou técnicos.

Em sua conformação atual, a Constituição veda, em primeiro plano, a adoção do caráter manual, técnico ou intelectual do trabalho como critério para a atribuição de tratamento diferenciado quanto à espécie de emprego, à condição de empregado, a direitos, deveres, benefícios ou garantias dos trabalhadores. Assim, como ressalta Barros (2008, p. 295), o "fato de o trabalho executado ser intelectual não descaracteriza o liame empregatício", pois consistirá sempre na exteriorização e no desenvolvimento da atividade de uma pessoa em favor de outrem, sob dependência desta, ainda que o poder de direção concretamente exercido seja mais rarefeito. É verdade, também, que o desenvolvimento da inteligência artificial e dos dispositivos eletrônicos de controle de quaisquer tipos de trabalho, inclusive intelectual, absorve crescentemente as necessidades de comando exercido pessoalmente, sendo um fator a mais de indiferenciação do assalariamento[3].

Nesse sentido, a doutrina tem apontado a inconstitucionalidade do art. 129 da Lei 11.196/2005 em face do art. 7º, XXXII ou, pelo menos, a necessidade de sua interpretação conforme, a fim de obstar-se que se possa considerar excluída do regime de empregatício qualquer prestação de serviços intelectuais ou científicos que corresponda empiricamente ao padrão geral do conceito de emprego, coibindo-se fraudes pela chamada "pejotização" do trabalho intelectual, que afetam não só direitos indisponíveis dos trabalhadores mas os deveres de contribuição à seguridade social[4].

Os critérios constitucionais de discrímen seguem a disciplina dos "fatores proibidos" para discriminação, que ficam sob presunção relativa de inconstitucionalidade. Não se admite, assim, a instituição de um padrão normativo diferenciado baseado no tipo de trabalho, se manual, técnico ou intelectual[5]. Além disso, veda-se a distinção "entre os profissionais respectivos" defluindo daí, regra geral de tratamento isonômico entre integrantes dos mesmos grupos de trabalhadores. Assim, *v.g.*, entendeu-se colidir com o dispositivo a diferenciação salarial entre advogados das áreas contenciosas cível e trabalhista de uma mesma empresa[6].

Demonstrando-se, porém, que o tratamento diferenciado justifica-se pelo atingimento de determinados fins constitucionais e pela especial e diversa natureza das situações, a diferenciação pode legitimar-se, notadamente em matéria de valor salarial e redução de jornada. Assim, por exemplo, o próprio art. 7º, VI estabelece a fixação de "piso salarial proporcional à extensão e à complexidade do trabalho". Na mesma linha, não há atrito com a Constituição em atribuir o legislador jornadas mais benéficas a certas profissões ou maior valor salarial a profissões que demandem maior qualificação[7] ou o mesmo fazê-lo o empregador (BASTOS, 1989, p. 500).

A partir da interpretação dos incisos VI e XXXII do art. 7º e art. 5º, *caput*, em consonância com as fontes de direito internacional vigentes que asseguram remuneração equitativa e salário igual para trabalho de igual valor (especialmente o PIDESC, art. 7(a)(1)) e aplicando analogicamente o art. 12, *a*, da Lei n. 6.019/1974, a jurisprudência do TST vêm desenvolvendo a noção de direito a salário equitativo e à isonomia salarial com os trabalhadores da empresa tomadora de serviço em igualdade de funções, não só para os casos de trabalho temporário, mas nos casos de terceirização ilícita sem que se possa reconhecer o vínculo direto com o tomador (OJ 383 da SDI do TST)[8].

Note-se, ainda, que o dispositivo em nada obsta a existência de profissões regulamentadas por lei, na forma do art. 5º, XIII.

---

2. Arts. 2 e 3 da Loi du Contrat de Travail de 3 julliet, 1978, considerando-se *ouvrier* quem realiza um trabalho principalmente manual e *employé* quem realiza um trabalho predominantemente intelectual.

3. A questão dos meios tecnológicos de controle é um dos temas-chave do Direito do Trabalho contemporâneo. A respeito, ver GAUTHIER, G. (Coord.). Disrupción, economia compartida y derecho. Montevideo, FCU, 2016. LEME, Ana C. R. P; RODRIGUES, B. A.; CHAVES JÚNIOR, J. E. R. Tecnologias disruptivas e a exploração do trabalho humano. São Paulo, LTr, 2017.

4. Ver, *e.g.*: SANTOS, Ronaldo L. Fraudes nas relações de trabalho: morfologia e transcendência. In: *Revista do TRT da 2ª Região*, São Paulo, n. 3/2009, p. 71-111. WANDELLI, L. V. O direito humano e fundamental ao trabalho: fundamentação e exigibilidade. São Paulo, LTr, 2012, p. 298-302. LIMA, Francisco Meton Marques de. *A contratação de trabalho intelectual sem vínculo de emprego – lei n. 11.196/05 – no contexto da política pública de combate à informalidade*. Disponível em: <http://www.ambito-juridico.com.br/site/index.php?n_link=revista_artigos_leitura&artigo_id=1749>. SOUTO MAIOR, J. L. *Curso de Direito do Trabalho*. Vol. II. São Paulo, LTr, 2008, p. 198-199. CA-

VALCANTE, Jouberto Q. P.; JORGE NETO, Francisco F. Aspectos do art. 129, da Lei n. 11.196. Da terceirização e do Direito do Trabalho. In: *Revista do TRT da 15ª Região*. Campinas, n. 27, 2005, p. 179-204.

5. Nesse sentido, a doutrina vem apontando a inconstitucionalidade da figura do empregado "hipersuficiente" criada pelo parágrafo único do art. 444 da CLT, introduzido pela Lei 13.467/2017, por criar uma categoria jurídica segregada de trabalhador, que estaria sujeita a ampla derrogação das normas legais e convencionais de proteção mediante mera disposição individual, fundada apenas no fato de ter diploma de nível superior e salário igual ou maior ao dobro do limite de benefícios do RGPS, em clara incompatibilidade com os deveres constitucionais de proteção do trabalho, da isonomia e em especial o art. 7º, XXXII (DELGADO, 2018, p. 435-437. SOUZA JUNIOR, A. U.; SOUZA, F. C.; MARANHÃO, N.; AZEVEDO NETO, P. T., 2017, p. 170-172. MELHADO, R. Trabalhador pseudossuficiente. In: FELICIANO, G. G.; TREVISO, M. A. M.; FONTES, S. T. C. Reforma trabalhista, visão, compreensão e crítica. São Paulo, LTr, 2017, p. 95-106).

6. E-ED-RR – 781931-52.2001.5.07.5555, Rel. Walmir Oliveira da Costa, julg. 11-04-2007, 5ª Turma, *DJ* 27-04-2007.

7. Nesse sentido, a jurisprudência vem reconhecendo a constitucionalidade das leis que fixam salário profissional, a exemplo da Lei n. 4.950-A/1966 dos engenheiros, *v.g.*, TST-Ag-AIRR-10004-07.2016.5.03.0106, 8ª T., Rel. Dora Maria da Costa, julg. 14-03-2018), aplicando-se a mesma *ratio* a outras profissões especialmente regulamentadas quanto ao salário e a jornada.

8. No RE 635.546, Rel. Min. Marco Aurélio, houve o reconhecimento de repercussão geral quanto a caso de aplicação da OJ 383 da SDI do TST, ainda não julgado no mérito.

9.3. Titulares

O dispositivo constitucional assegura direito que, em princípio, é de titularidade de todos os trabalhadores, não só empregados. Assim, se, em primeiro plano, fica vedada a criação de diferentes estatutos entre os tipos de trabalho pessoal, oneroso, não eventual e subordinado baseados no caráter manual, técnico ou intelectual, também seria inadmissível, por exemplo, de acordo com a norma, distinção de regimes de tratamento entre categorias de trabalhadores avulsos manuais e intelectuais.

9.4. Destinatários

Ao Estado incumbe respeitar o direito fundamental, não promovendo diferenciações infundadas com base nesses fatores em todas as suas esferas, legislativa, administrativa e judiciária, assim como proteger os titulares de condutas violadoras de terceiros e a implementar condições de igualdade entre trabalhadores manuais técnicos e intelectuais.

Ademais estão os empregadores obrigados a não promover, nas práticas contratuais regulamentos de empresa e acordos coletivos medidas discriminatórias baseadas nesses fatores, assim como se sujeitam ao direito dos trabalhadores a tratamento isonômico.

Também ficam igualmente vinculados os sindicatos, em não estabelecer distinções injustificadas de direitos, garantias, benefícios e condições entre trabalho manual, técnico ou intelectual ou entre os profissionais respectivos nos instrumentos normativos que firmarem.

Tais normas são imperativas, envolventes do interesse público e indisponíveis ao próprio titular.

Art. 7º, XXXIII – proibição de trabalho noturno, perigoso ou insalubre a menores de 18 (dezoito) e de qualquer trabalho a menores de 16 (dezesseis) anos, salvo na condição de aprendiz, a partir de 14 (quatorze) anos;

Ney Maranhão

1. Histórico da norma

Subcomissão dos Direitos dos Trabalhadores: *"proibição de qualquer trabalho a menor de quatorze anos e de trabalho noturno ou insalubre aos menores de dezoito anos"*; Comissão da Ordem Social: *"proibição de qualquer trabalho a menor de quatorze anos e de trabalho noturno ou insalubre aos menores de dezoito anos"*; Comissão de Sistematização: *"é proibido o trabalho noturno ou insalubre aos menores de dezoito e qualquer trabalho aos menores de quatorze anos, salvo na condição de aprendiz"*; Redação atual dada pela Emenda Constitucional n. 20, de 15-12-1998, *DOU* 16-12-1998; Redação original: *"art. 7º (...) XXXIII – proibição de trabalho noturno, perigoso ou insalubre aos menores de dezoito e de qualquer trabalho a menores de quatorze anos, salvo na condição de aprendiz"*. (COUTINHO, Aldacy Rachid. *Comentários à Constituição do Brasil*. São Paulo: Saraiva, 2013, p. 624).

2. Constituições anteriores

Art. 121, *d*, CF/34; art. 137, *k*, CF/37; art. 157, IX, CF/46; art. 158, X, CF/67; art. 165, X, EC 1/69.

3. Disposições constitucionais relacionadas

Arts. 7º, IV, 193, 203, I, II e III, e 227, § 3º, I e § 6º, CF/88.

4. Constituições estrangeiras

Art. 59, 2, *c*, da Constituição portuguesa; Tít. 6, 123, A, II, e 123, III, da Constituição mexicana; art. 37 da Constituição italiana (COUTINHO, Aldacy Rachid. *Comentários à Constituição do Brasil*. São Paulo: Saraiva, 2013, p. 624).

5. Textos internacionais

ONU. Declaração Universal dos Direitos do Homem, aprovada pela Assembleia Geral da ONU (10-12-1948), art. XXV.2; ONU. Declaração Universal dos Direitos das Crianças (1959); OIT. Convenção n. 89 (1948). Trata do trabalho noturno de mulheres na indústria (revisão). Ratificada pelo Brasil em 25-4-1957. Decreto Legislativo n. 24, de 29-5-1956. Decreto de Promulgação n. 41.721, de 25-5-1957; Convenção n. 127 (1967). Trata do peso máximo das cargas que podem ser transportadas por um só trabalhador. Ratificada pelo Brasil em 21-8-1970. Decreto-Lei n. 662, de 30-6-1969. Decreto de Promulgação n. 67.339, de 5-10-1970; Convenção n. 138 (1973). Trata da idade mínima para admissão no emprego. Ratificada pelo Brasil em 28-6-2001. Decreto Legislativo n. 179, de 14-12-1999. Decreto de Promulgação n. 4.134, de 15-2-2002; Convenção n. 171 (1990). Trata do trabalho noturno. Ratificado pelo Brasil em 18-12-2002. Decreto Legislativo n. 270, de 13-11-2002. Decreto de Promulgação n. 5.005, de 8-3-2004; Convenção n. 182 (1999). Trata da proibição das piores formas de trabalho infantil e ação imediata para sua eliminação. Ratificada pelo Brasil em 2-2-2000. Decreto Legislativo n. 178, de 14-12-1999. Decreto de Promulgação n. 3.597, de 12-9-2000. Regulamentação pelo Decreto n. 6.481, de 12-6-2008 (COUTINHO, Aldacy Rachid. *Comentários à Constituição do Brasil*. São Paulo: Saraiva, 2013, p. 624).

6. Legislação

CLT, arts. 189 a 199, 295, 388, 390, 405, 413, 424 a 433, 439, 440, 442 e 792; Lei n. 5.889, de 8-6-1973, arts. 7º e 8º; Lei n. 7.369, de 20-9-1985 (Salário adicional para os empregados do setor de energia elétrica em condições de periculosidade); Lei n. 5.280, de 1967 (Proíbe a entrada no país de máquinas e maquinismos sem os dispositivos de proteção e segurança do trabalho); Lei n. 6.938, de 1981 (Política Nacional do Meio Ambiente); Decreto n. 99.710/1990 (Promulga a Convenção sobre os Direitos da Criança); Lei n. 8.069/1990 (Estatuto da Criança e do Adolescente); Lei n. 9.976, de 2000 (Produção de cloro no Brasil); Lei n. 10.406/2002 (Código Civil), arts. 3º, 5º, parágrafo único, V, 182, 198, I; Lei n. 11.692, de 10-6-2008 (Programa Nacional de Inclusão de Jovens – Projovem); Lei n. 11.788, de 25-9-2008 (Estágio); Decreto n. 6.481/2008 (Lista das Piores Formas de Trabalho Infantil – Lista TIP).

7. Jurisprudência do STF

AgRg-AI 476950/RS, 2ª T., Rel. Min. Gilmar Mendes, j. 30-11-2004 (Agravo regimental em agravo de instrumento. 2. Trabalhador rural ou rurícola menor de quatorze anos. Contagem de tempo de serviço. Art. 11, VII, da Lei n. 8.213. Possibilidade. Precedentes. 3. Alegação de violação aos arts. 5º, XXXVI; e 97, da CF/1988. Improcedente. Impossibilidade de declaração de efeitos retroativos para o caso de declaração de nulidade de contratos trabalhistas. Tratamento similar na doutrina do direito comparado: México, Alemanha, França e Itália. Norma de garantia do trabalhador que não se interpreta em seu detrimento. Acórdão do STJ em conformidade com a jurisprudência desta Corte. 4. Precedentes citados: AgRAI 105.794, 2ª T., Rel. Aldir Passarinho, *DJ* 02.05.1986; e RE 104.654, 2ª T., Rel. Francisco Rezek, *DJ* 25.04.1986. 5. Agravo regimental a que se nega provimento); "AI 529.694/RS, rel. Min. Gilmar Mendes, j. em 15-2-2005, *DJ* 11-3-2005 (Possibilidade de contagem de tempo de serviço de trabalhador rural ou rurícola menor de quatorze anos (art. 11, VII, Lei n. 8.213/91). Impossibilidade de declaração de efeitos retroativos para o caso de declaração de nulidade de contratos trabalhistas. Norma de garantia do trabalhador que não se interpreta em seu detrimento)" (COUTINHO, Aldacy Rachid. *Comentários à Constituição do Brasil*. São Paulo: Saraiva, 2013, p. 625); RE 600.616 AgR, Rel. Min. Roberto Barroso, j. 26-8-2014, 1ª T., *DJe* de 10-9-2014 (Trabalhadora rural. Menor de dezesseis anos de idade. Concessão de salário-maternidade. (...) Nos termos da jurisprudência do STF, o art. 7º, XXXIII, da Constituição "não pode ser interpretado em prejuízo da criança ou adolescente que exerce atividade laboral, haja vista que a regra constitucional foi criada para a proteção e defesa dos trabalhadores, não podendo ser utilizada para privá-los dos seus direitos" [RE 537.040, Rel. Min. Dias Toffoli]); ADI 5236/DF, Rel. Min. Marco Aurélio Mello, j. em 15-08-2015 (Admitiu-se a ação direta de inconstitucionalidade, com voto no sentido de implementar a medida acauteladora, para suspender, até o exame definitivo deste processo, a eficácia da expressão "inclusive artístico", constante do inciso II da Recomendação Conjunta n. 1/14 e do art. 1º, inciso II, da Recomendação Conjunta n. 1/14, bem como para afastar a atribuição, definida no Ato GP n. 19/2013 e no Provimento GP/CR n. 07/2014, quanto à apreciação de pedidos de alvará visando a participação de crianças e adolescentes em representações artísticas e a criação do Juizado Especial na Justiça do Trabalho, ficando suspensos, por consequência, esses últimos preceitos. Alfim, em um primeiro exame, assentou-se, em sede liminar, ser da Justiça Comum a competência para analisar tais pedidos).

8. Jurisprudência do TST

"Súmulas 60 (I – O adicional noturno, pago com habitualidade, integra o salário do empregado para todos os efeitos. II – Cumprida integralmente a jornada no período noturno e prorrogada esta, devido é também o adicional quanto às horas prorrogadas. Exegese do art. 73, § 5º, da CLT); 140 (É assegurado ao vigia sujeito ao trabalho noturno o direito ao respectivo adicional); 265 (A transferência para o período diurno de trabalho implica a perda do direito ao adicional noturno); SDI-1. Orientações Jurisprudenciais 97 (O adicional noturno integra a base de cálculo das horas extras prestadas no período noturno); 259 (O adicional de periculosidade deve compor a base de cálculo do adicional noturno, já que também neste horário o trabalhador permanece sob as condições de risco); SDC. Orientação Jurisprudencial 26 (Os empregados menores não podem ser discriminados em cláusula que fixa salário mínimo profissional para a categoria); Precedente Normativo 95 (Abono de falta para levar filho ao médico)" (COUTINHO, Aldacy Rachid. *Comentários à Constituição do Brasil*. São Paulo: Saraiva, 2013, p. 625).

9. Seleção de literatura

CORRÊA, Lelio Bentes; VIDOTTI, Tárcio José. *Trabalho infantil e direitos humanos*: homenagem a Oris de Oliveira. São Paulo: LTr, 2005; FONSECA, Vicente José Malheiros da. O trabalho do menor no direito brasileiro. *Revista do Tribunal Regional do Trabalho da 15ª Região*, Campinas, n. 16, 2001; DUTRA, Maria Zuila Lima. *Meninas domésticas, infâncias destruídas*: legislação e realidade social. São Paulo: LTr, 2007; MARQUES, Christiani. *A proteção do trabalho penoso*. São Paulo: LTr, 2007; MARTINS, Adalberto. *A proteção constitucional ao trabalho de crianças e adolescentes*. São Paulo: LTr, 2002; MINHARRO, Erotilde Ribeiro dos Santos. *A criança e o adolescente no direito do trabalho*. São Paulo: LTr, 2003; OLIVA, José Roberto Dantas. *O princípio da proteção integral e o trabalho da criança e do adolescente no Brasil*. São Paulo: LTr, 2006; POSTHUMA, Anne Caroline. *Transformando o sistema brasileiro de formação profissional*: o primeiro quadriênio do Planfor. In: POSTHUMA, Anne Caroline (org.). *Brasil: abertura e ajuste do mercado de trabalho no Brasil* – políticas para conciliar os desafios do emprego e competitividade. Brasília: Ministério do Trabalho e Emprego e Organização Internacional do Trabalho, São Paulo: Ed. 34, 1999; PRUNES, José Luiz Ferreira. *Trabalhos insalubres, perigosos ou penosos*. São Paulo: LTr, 2006 (COUTINHO, Aldacy Rachid. *Comentários à Constituição do Brasil*. São Paulo: Saraiva, 2013, p. 625); CARVALHO, Inaiá Maria Moreira de. O trabalho infantil no Brasil contemporâneo. *Caderno CRH*. vol. 21 n. 54, Salvador, Sept./Dec. 2008; VIDOTTI, Tárcio José. Exploração de crianças e adolescentes em condições análogas à de escravo. In: VELLOSO, Gabriel; FAVA, Marcos (Coord.). *Trabalho escravo contemporâneo*: o desafio de superar a negação. São Paulo: LTr, 2006; MARANHÃO, Ney; ARAÚJO JUNIOR, Francisco Milton. Análise da proteção internacional, infraconstitucional e constitucional do trabalho do menor na perspectiva da saúde, higiene e segurança no meio ambiente laboral. Revista do Tribunal Regional do Trabalho da 8ª Região, v. 43, p. 121-148, 2010; NOGUEIRA, Eliana dos Santos Alves. Autorizações para trabalho infanto-juvenil: da competência da Justiça do Trabalho. In: BARBOSA, Amanda; BUGALHO, Andréia Chiquini; SANTOS, Luíza de Oliveira Garcia Miessa dos (org.). *Atualidades e tendências do direito e processo do trabalho*. São Paulo: LTr, 2017.

10. Comentários

Um Estado Democrático de Direito, cujo epicentro axiológico é a dignidade da pessoa humana (CF, arts. 1º, *caput* e III), não se presta a admitir qualquer forma de livre iniciativa ou trabalho, senão apenas quando, tocando valores fundantes de nossa sociedade, cumprem uma esperada **função social**. Não sem razão, constituem fundamentos da República Federativa do Brasil não a livre iniciativa ou o trabalho, *tout court*, como valores sociojurídico em si e por si. Antes, ganham tal precioso *status* apenas quando enredados em uma dinâmica concreta que atenda a legítimas expectativas sociais, gerando proveitos não apenas para seus envolvidos, mas também para toda a sociedade.

Por isso, sabiamente, o legislador constituinte estabeleceu como fundamentos de nossa República precisamente o trabalho e a livre iniciativa como **valores sociais** (CF, arts. 1º, IV). É dizer: ainda que extremamente rentável para o tomador dos serviços – atendendo a premente propósito lucrativo – ou mesmo que extremamente necessário para o prestador de serviço – atendendo a urgente propósito alimentar –, uma relação de trabalho só terá validade jurídica se atentar para marcos civilizatórios mínimos de contratualidade. Não se há de admitir, portanto, relações jurídico-trabalhistas engendradas à base do vilipêndio à dignidade humana, como se dá, *v.g.*, com as chagas sociais do *trabalho análogo à condição de escravo* e do *trabalho infantil*.

É dentro dessa **abordagem humanístico-civilizatória** que deve ser lido e compreendido o dispositivo constitucional sob análise, ao firmar "proibição de trabalho noturno, perigoso ou insalubre a menores de dezoito e de qualquer trabalho a menores de dezesseis anos, salvo na condição de aprendiz, a partir de quatorze anos". No particular, o preceito se centra na temática do *trabalho do menor*, consubstanciando legítima interferência estatal em relações privadas com vistas a resguardar condições contratuais minimamente respeitantes à elevada importância que o tema angaria a nível social.

Realmente, confira-se, nessa mesma trilha existencial de ampla proteção do menor, o que a Carta Constitucional estabelece: "É dever da família, da sociedade e do Estado assegurar à criança e ao adolescente, **com absoluta prioridade**, o direito à vida, à saúde, à alimentação, à educação, ao lazer, à profissionalização, à cultura, à dignidade, ao respeito, à liberdade e à convivência familiar e comunitária, além de colocá-los a salvo de toda forma de negligência, discriminação, exploração, violência, crueldade e opressão" (art. 227, *caput* – grifei), impondo "idade mínima de quatorze anos para admissão ao trabalho, observado o disposto no art. 7º, XXXIII" (art. 227, § 3º, I). Igualmente, dispõe o Estatuto da Criança e do Adolescente que "é dever da família, da comunidade, da sociedade em geral e do poder público assegurar, **com absoluta prioridade**, a efetivação dos direitos referentes à vida, à saúde, à alimentação, à educação, ao esporte, ao lazer, à profissionalização, à cultura, à dignidade, ao respeito, à liberdade e à convivência familiar e comunitária" (Lei n. 8.069/1990, art. 4º, *caput*). Também pontua esse diploma que "a criança e o adolescente gozam de todos os direitos fundamentais inerentes à pessoa humana, sem prejuízo da proteção integral de que trata esta Lei, assegurando-se-lhes, por lei ou por outros meios, todas as oportunidades e facilidades, a fim de lhes facultar o desenvolvimento físico, mental, moral, espiritual e social, em condições de liberdade e de dignidade". O que norteia todos esses preceitos normativos é o **princípio da proteção integral** à **criança e ao adolescente**, sadio vetor axiológico que deve dirigir o coração e a mente do intérprete na leitura e compreensão desse famoso microssistema jurídico-protetivo.

Note-se, a propósito, que em duas oportunidades nossa Magna Carta deteve a preocupação, em seu texto, de firmar limites mínimos para a pactuação da força de trabalho de menores, circunstância que só confirma a imensa importância sociojurídica do assunto. Em verdade, a temática guarda relação com a origem histórica e os motivos fundantes de legitimidade do próprio Direito do Trabalho, que nasceu já vocacionado à tutela prioritária da *pessoa* em vez do *patrimônio*. Com efeito, segundo sinaliza a doutrina em quase que sua inteireza, a primeira lei trabalhista foi o chamado *Peel's Act* (Inglaterra, 1802), cujas disposições se voltavam exatamente para a tutela do equilíbrio do meio ambiente laboral e a limitação da jornada de trabalhadores menores, fixando-lhes uma dinâmica laborativa mais humana e condizente com suas especiais condições biopsicossociais.

A Constituição Federal é clara, em primeiro lugar, ao afirmar que a inserção na realidade laboral só pode se dar a partir dos 16 (dezesseis) anos, salvo na condição de aprendiz, a partir dos 14 (quatorze) anos. Assim, nem crianças nem adolescentes até quatorze anos de idade podem validamente firmar qualquer tipo de elo de emprego. Essa proibição guarda relação com o respeito ao sensível estágio psicofísico vivenciado pela criança e pelo adolescente, considerados expressamente pela lei como "pessoas em desenvolvimento" (Lei n. 8.069/1990, arts. 6º, *in fine*, e 15), passível de comprometimento diante da natural intensidade da rotina subordinativa, e destinatários que são, também, de outros relevantes direitos, a exigir complexa harmonização prática, tais como esporte, lazer e convivência familiar e comunitária (Lei n. 8.069/1990, art. 4º, *caput*). A Convenção n. 138 da OIT, em seu item 8.1, contudo, tem imprimido certo grau de flexibilização a esses ditames ao estabelecer que autoridade competente poderá conceder permissão individual para o trabalho de menores em representações artísticas. Para tal fim, decerto cada caso concreto imporá análise minuciosa, sempre à luz do princípio da proteção integral à criança e ao adolescente.

De todo modo, o certo é que tais limitações também têm relação direta com o **direito à educação**, que, quanto à criança e ao adolescente, visa ao pleno desenvolvimento de sua pessoa, preparo para o exercício da cidadania e, inclusive, qualificação para o trabalho (Lei n. 8.069/1990, art. 53, *caput*). A propósito, é justamente a confluência desse direito social fundamental à educação que permitiu ao legislador constituinte abrir a exceção do labor na condição de aprendiz, a partir dos 14 (quatorze) anos. É que o contrato de aprendizagem, malgrado espécie empregatícia, possui desiderato específico diretamente relacionado ao direito à educação, que prepondera frente ao estrito desejo de auferir salário.

Deveras, frisa a CLT que contrato de aprendizagem "é o contrato de trabalho especial, ajustado por escrito e por prazo determinado, em que o empregador se compromete a assegurar ao maior de 14 (quatorze) e menor de 24 (vinte e quatro) anos inscrito em programa de aprendizagem formação técnico-profissional metódica, compatível com o seu desenvolvimento físico, moral e psicológico, e o aprendiz, a executar com zelo e diligência as tarefas necessárias a essa formação" (art. 428, *caput*), sendo que "a formação técnico-profissional a que se refere o *caput* deste artigo caracteriza-se por atividades teóricas e práticas, metodicamente organizadas em tarefas de complexidade progressiva desenvolvidas no ambiente de trabalho" (art. 428, § 4º).

Noutro quadrante, pelos mesmos fundamentos existenciais sobreditos, a Constituição Federal também proíbe "trabalho noturno, perigoso ou insalubre a menores de dezoito", ou seja, proscreve o labor de menores de 18 (dezoito) anos em condições nocivas e hostis, assim consideradas as sujeitas a condições noturnas, periculosas ou insalutíferas (cujos detalhamentos conceituais por certo repousam nos respectivos comentários aos incisos IX e XXIII deste mesmo art. 7º). Esta disposição dá plena recepção constitucional ao contido no art. 405 da CLT, ao estatuir proibição do trabalho de menor nos locais e serviços perigosos ou insalubres (inciso I), bem como em locais ou serviços prejudiciais à sua moralidade (inciso II), considerando-se prejudicial à moralidade do menor o trabalho: prestado de qualquer modo, em teatros de revista, cinemas, boates, cassinos, cabarés, dancings e estabelecimentos análogos; em empresas circenses, em funções de acróbata, saltimbanco, ginasta e outras semelhantes; de produção, composição, entrega ou venda de escritos, impressos, cartazes, desenhos, gravuras, pinturas, emblemas, imagens e quaisquer outros objetos que possam, a juízo da autoridade competente, prejudicar sua formação moral; consistente na venda, a varejo, de bebidas alcoólicas (art. 405, § 3º).

Também o Estatuto da Criança e do Adolescente previu que ao adolescente empregado, aprendiz, em regime familiar de trabalho, aluno de escola técnica, assistido em entidade governamental ou não governamental, é vedado trabalho: noturno, realizado entre as vinte e duas horas de um dia e as cinco horas do dia seguinte; perigoso, insalubre ou penoso; realizado em locais prejudiciais à sua formação e ao seu desenvolvimento físico, psíquico, moral e social; realizado em horários e locais que não permitam a frequência à escola (Lei n. 8.069/1990, art. 67). Nada mais coerente, já que o mesmo diploma legal também estabelece que "a criança e o adolescente têm direito a proteção à vida e à saúde, mediante a efetivação de políticas sociais públicas que permitam o nascimento e o desenvolvimento sadio e harmonioso, em condições dignas de existência" (Lei n. 8.069/1990, art. 7º).

Não se perca de vista o detalhe: essa lei *aprimorou* a proteção do menor em ambiência laboral, porquanto também proibiu a prática desse mister em ambientes *penosos*, fator de hostilidade labor-ambiental que, embora constitucionalmente reconhecido (art. 7º, XXIII), não figurou entre os elementos proibitivos para o trabalho do menor, na dicção do inciso XXXIII, ora em comento. Trata-se, como se vê, de previsão legal nitidamente mais benéfica aos obreiros e que, justamente por isso, à luz de uma exegese sistemática, ressoa perfeitamente constitucional, na medida em que estabelece considerável melhoria da condição socioambiental da classe trabalhadora juvenil, atendendo, assim, aos fortes reclamos igualmente constitucionais de máxima elevação do patamar civilizatório vivenciado nas relações de trabalho (arts. 7ª, *caput*, *in fine*, 200, VIII, 225, *caput*). De todo modo, ainda que tal previsão legal mais protetiva inexistisse, ainda assim tamanha vedação ao trabalho penoso a infantes se imporia, vez que todos os trabalhadores brasileiros têm o **direito fundamental à adaptação do trabalho às suas capacidades físicas e mentais** (OIT/Convenção n. 155, art. 5, item *b*).

Atento ao princípio da proteção integral à criança e ao adolescente, foi aprovado o Decreto n. 6.481/2008, que contém a **Lista das Piores Formas de Trabalho Infantil** (Lista TIP), de acordo com o disposto nos arts. 3º, *d*, e 4º da Convenção n. 182 da OIT, aprovada pelo Decreto Legislativo n. 178/1999 e promulgada pelo Decreto n. 3.597/2000. Essa lista será periodicamente examinada e, se necessário, revista em consulta com as organizações de empregadores e trabalhadores interessados (Decreto n. 6.481/2008, art. 5º). Estabeleceu-se naquele documento a proibição do trabalho do menor de 18 (dezoito) anos nas atividades ali elencadas, salvo nas seguintes hipóteses: I – ser o emprego ou trabalho, a partir da idade de dezesseis anos, autorizado pelo Ministério do Trabalho e Emprego, após consulta às organizações de empregadores e de trabalhadores interessadas, desde que fiquem plenamente garantidas a saúde, a segurança e a moral dos adolescentes; e II – aceitação de parecer técnico circunstanciado, assinado por profissional legalmente habilitado em segurança e saúde no trabalho, que ateste a não exposição a riscos que possam comprometer a saúde, a segurança e a moral dos adolescentes, depositado na unidade descentralizada do Ministério do Trabalho e Emprego da circunscrição onde ocorrerem as referidas atividades (Decreto n. 6.481/2008, art. 2º, § 1º).

É de bom tom consignar que, à vista do princípio da proteção integral à criança e ao adolescente e do disposto no art. 227 da Carta Magna, os preceitos tuitivos que dimanam desse microscomo normativo são indiscutivelmente imantados de um precioso caráter de indisponibilidade absoluta, revelando-se, assim, patente **matéria de ordem pública**, porquanto materializadora de genuíno **interesse público primário**. Por corolário, o advento do fenômeno civil da *emancipação*, hipótese de cessação da incapacidade, a ganhar corpo inclusive diante da inserção em relação de emprego que garanta "economia própria" ao trabalhador juvenil portador de no mínimo 16 (dezesseis) anos (CC, art. 5º, parágrafo único, V), não há de impedir, por si, a incidência de todo esse estuário protetivo que aqui se debate. A respeito, confira-se o teor do Enunciado n. 530 da VI Jornada de Direito Civil, assim vazado: "A emancipação, por si só, não elide a incidência do Estatuto da Criança e do Adolescente".

Em caso de violação do dispositivo constitucional, com a prática de trabalho por menor de 14 (quatorze) anos ou atuação em ambiente insalubre por menor de 18 (dezoito) anos, não se há de manusear irrefletidamente a clássica teoria das nulidades, a ponto de negar por completo qualquer efeito jurídico ao negócio tido por írrito. É que na relação trabalhista é impossível o retorno ao *status quo ante*, não havendo como se "devolver" a força de trabalho despendida, peculiaridade a exigir sadios temperamentos em declarações de nulidade, que devem, em regra, suscitar efeitos apenas *ex nunc*, ou seja, a partir da declaração. Tal sensibilidade jurídica tem dado azo a uma apropriada distinção entre **trabalho proibido** e **trabalho ilícito**, amplamente abraçada em sede doutrinária e jurisprudencial, onde apenas o segundo tem o condão de atrair severo corte de efeitos jurídicos, por envolver objeto reconhecidamente ilegal (tráfico de drogas, contrabando etc.). Já no caso de simples *trabalho proibido*, cumpre resguardar efeitos jurídicos plenos, sobretudo para contraprestacionar adequadamente o trabalho efetivamente prestado, sob pena de, invertendo-se a lógica das coisas, apenar-se exatamente aquele que a regra intenta proteger: o trabalhador. É precisamente o caso em testilha.

Em arremate, pontue-se que são titulares dessa relevantíssima proteção constitucional todos os empregados urbanos e rurais (art. 7º, *caput*), bem assim os trabalhadores avulsos (art. 7º, XXXIV). A partir da Emenda Constitucional n. 72/2013, a regra também passou a favorecer a classe dos empregados domésticos, quando este inciso XXXIII passou a constar do parágrafo único do art. 7º da Constituição Federal. Tratando-se de matéria de ordem pública e em face do princípio da proteção integral à criança e ao adolescente, também se apresentam como titulares desse direito todos os demais trabalhadores, qualquer que seja o vínculo jurídico, entre eles os autônomos, eventuais, temporários, estagiários e cooperados.

Art. 7º, XXXIV – igualdade de direitos entre trabalhador com vínculo empregatício permanente e o trabalhador avulso.

Vanessa Rocha Ferreira

1. Constituições brasileiras anteriores

Sem previsão em Constituições anteriores.

2. Constituições estrangeiras

Sem previsão.

3. Direito Internacional

Convenção n. 137, da OIT (1973). Trata das repercussões sociais dos novos métodos de processamento de carga nos portos. Ratificada pelo Brasil em 12-8-1994. Decreto Legislativo n. 29, de 22-12-1993. Decreto de Promulgação n. 1.574, de 31-6-95.

Convenção n. 152, da OIT (1979). Trata das normas de segurança e higiene dos trabalhos portuários. Ratificada pelo Brasil em 18-5-1990. Decreto Legislativo n. 84, de 11-12-1989. Decreto de Promulgação n. 99.534, de 19-9-1990.

4. Legislação

Lei n. 5.085, de 27-8-1966 (Reconhece o direito a férias aos trabalhadores avulsos); Portaria n. 3107, de 7-4-71 (Definiu o de trabalhador avulso); Decreto n. 80.271, de 1-9-1977 (Regulamentação); Decreto n. 63.912, de 26-12-1968 (Previu a gratificação de natal ao trabalhador avulso); Lei n. 5.890, de 8-6-1973 (Integrou o trabalhador avulso no sistema previdenciário na condição de autônomo). Lei n. 7.494, de 17-6-1986 (Estabeleceu a competência da Justiça do Trabalho para conciliar e julgar dissídios oriundos das relações de trabalho entre trabalhadores avulsos e seus tomadores de serviço); Decreto n. 1.035, de 30-12-93 (Dispõe sobre o recolhimento do Adicional de Indenização do Trabalhador Portuário Avulso); Decreto n. 1.596, de 15-8-95 (Autorizou a realização de levantamento dos trabalhadores portuários em atividade). Lei n. 9.719, de 27-11-1998 (Estabeleceu normas e condições gerais de proteção ao trabalho portuário). Lei n. 12.023, de 27-8-2009 (Regulamentou as atividades de movimentação de mercadorias em geral e sobre o trabalho avulso). Lei n. 12.815, de 5-6-2013 (Regulamentou a exploração direta e indireta pela União de portos e instalações portuárias e as atividades desempenhadas pelos operadores portuários).

5. Jurisprudência

5.1. Jurisprudência do STF

AI 742.458 AgR, rel. Min. Eros Grau, j. em 14-4-2009, 2ª T, *DJe* de 15-5-2009; e RE 459.099 AgR, rel. min. Dias Toffoli, j. em 13-8-2013, 1ª T., *DJe* de 18-10-2013 (É legítima a cobrança de contribuições ao Seguro de Acidente de Trabalho (SAT) incidentes sobre o total das remunerações pagas aos empregados e aos trabalhadores avulsos).

RE n. 597.124-PR. Repercussão Geral no Recurso Extraordinário. Rel. Min. Edson Fachin (Isonomia entre trabalhador avulso portuário e trabalhador portuário com vínculo empregatício permanente. Possibilidade de extensão do adicional de risco portuário ao trabalhador portuário avulso) (Informativo n. 568 do STF).

5.2. Jurisprudência do TST

Súmula n. 309, TST (Tratando-se de terminais privativos destinados à navegação de cabotagem ou de longo curso, não é obrigatória a requisição de vigia portuário indicado por sindicato);

Orientação Jurisprudencial n. 60 da SDI-1, TST (I- A hora noturna no regime de trabalho no porto, compreendida entre dezenove horas e sete horas do dia seguinte, é de sessenta minutos. II – Para o cálculo das horas extras prestadas pelos trabalhadores portuários, observar-se-á somente o salário básico percebido, excluídos os adicionais de risco e produtividade);

Orientação Jurisprudencial n. 316 da SDI-1, TST (O adicional de risco dos portuários, previsto no art. 14 da Lei n. 4.860/65, deve ser proporcional ao tempo efetivo no serviço considerado sob risco e apenas concedido àqueles que prestam serviços na área portuária);

Orientação Jurisprudencial n. 391 da SDI-1, TST (A submissão prévia de demanda a comissão paritária, constituída nos termos do art. 23 da Lei n. 8.630, de 25-2-1993 (Lei dos Portos), não é pressuposto de constituição e desenvolvimento válido e regular do processo, ante a ausência de previsão em lei);

Orientação Jurisprudencial n. 402 da SDI-1, TST (O adicional de risco previsto no art. 14 da Lei n. 4.860, de 26-11-1965, aplica-se somente aos portuários que trabalham em portos organizados, não podendo ser conferido aos que operam terminal privativo).

6. Referências bibliográficas

ANDRÉ, Marlene Monteiro. *A organização do trabalho portuário*: o cotidiano de vida e trabalho dos portuários avulsos. Espírito Santo: Edufes, 1998; BASÍLIO, Paulo Sérgio. O trabalho portuário. *Revista LTr*: legislação do trabalho, v. 72, n. 9, p. 1103-1108, set. 2008; _____. O Trabalhador Avulso Urbano e Rural – Primeiras Linhas sobre a Lei n. 12.023/2009. *Revista IOB*: trabalhista e previdenciária, n. 245, p. 18-41, nov. 2009; BARJA FILHO, Antonio. Portuário avulso: prescrição. *Revista LTr*: legislação do trabalho, São Paulo, v. 69, n. 11, p. 1369-1374, nov. 2005. BARROS, Alice Monteiro de. Trabalhador portuário avulso e empregado. In: _____. *Contratos e regulamentações especiais de trabalho*: peculiaridades, aspectos controvertidos e tendências. 5. ed rev. ampl. São Paulo: LTr, 2012; CARNEIRO, Adriana Gomes. OGMO e o trabalhador portuário avulso: a responsabilidade decorrente da segurança do trabalho. *Consulex*, Brasília, v. 17, n. 389, p. 18-19, abr. 2013; CARVALHO, Francisco Edivar. *Trabalho portuário avulso*. Antes e depois da Lei de Modernização dos Portos. 1ª ed. São Paulo: Ltr, 2005; _____; COSTA, Silvia Pires Bastos; CARVALHO, Francisco Edivar. *Abordagem prática do trabalho portuário e avulso*. 1ª ed. São Paulo: Ltr, 2015; CASSAR, Vólia Bomfim. Trabalhador avulso portuário e não-portuário. *Revista do TRT/Ematra*: 1ª região, Rio de Janeiro, v. 18, n. 43, p. 108-116, jan./jun. 2007;

CRISPIM, Carlos Alberto. A responsabilidade civil por acidente do trabalho do trabalhador portuário avulso. *Revista LTr*: legislação do trabalho, v. 71, n. 2, p. 191-197, fev. 2007; CUÓCO, Ubiracy Torres. Trabalhadores avulsos. *Revista LTr*: legislação do trabalho, v. 70, n. 4, p. 475-483, abr. 2006; FRANZESE, Eraldo Aurélio Rodrigues. Trabalho portuário avulso. *Revista do Tribunal Regional do Trabalho da 2ª Região*, São Paulo, n. 1, p. 139-147, 2009; FLEURY, Ronaldo Curado; PAIXÃO, Cristiano, *Trabalho Portuário*: A modernização dos portos e as relações de trabalho no Brasil. 2 ed. São Paulo: Método, 2008; GYLDENFELT, Mathias G.H. Von Gyldenfelt. O direito do trabalho e os empregados portuários. *Revista LTr*, v. 7, p. 820-826, jul. 2007. LIMA, Arnóbio Teixeira de. Da competência do juízo para apreciar, conciliar e/ou julgar ação proposta por trabalhadores portuários avulsos, contra o órgão de gestão de mão-de-obra do trabalho portuário. *Revista do Tribunal Regional do Trabalho da 13 Região*, João Pessoa, v. 6, n. 1, p. 47-51, 1998; LISBOA, Marcelo. Trabalhadores portuários avulsos x OGMO: a competência da justiça do trabalho na solução dos conflitos de interesses. *Revista da Procuradoria Regional do Trabalho da 5ª Região*, Salvador, n. 1, p. 151-162, 1998; MORAES, Paulo Douglas Almeida de. Trabalhador avulso não-portuário: interpretação constitucional da Lei n. 12.023/2009. *Decisório trabalhista*, São Paulo, n. 201, p. 5-24, abr. 2011. MTE. *Manual do trabalho portuário e ementário*. Brasília: MTE/SIT, 2001; _____. *Trabalho portuário*: estudo sobre a modernização portuária e seus reflexos na saúde e segurança dos trabalhadores avulsos. Brasília: MTE/ SIT, 2002; NASCIMENTO, Amauri Mascaro. O avulso não portuário e a intermediação do sindicato. *Revista LTr*: legislação do trabalho, v. 68, n. 2, p. 135-145, fev. 2004; PIMENTEL, Marcelo. Constitucionalização do direito do trabalho e a greve dos avulsos portuários. *Revista da Academia Nacional de Direito do Trabalho*, v. 1, n. 1, p. 109-116, 1993; RAMONIGA, Miriam. *Direito portuário*: OGMO: órgão gestor de mão de obra do trabalho portuário avulso. Curitiba: Juruá, 2011; REZENDE, Roberto Vieira de Almeida. A igualdade de direitos entre trabalhador portuário avulso e trabalhador com vínculo permanente, *Revista do Tribunal Regional do Trabalho da 2ª Região*, São Paulo, v. 1, p. 123-131, 2009; SANTOS NETO, Arnaldo Bastos et al. *O trabalho portuário e a modernização dos portos*. Curitiba: Juruá, 2003; SIMÕES, Silene Carvalho. Trabalhadores portuários avulsos e princípio da isonomia: artigo 7º, XXXIV, da Constituição Federal. *Revista Síntese*: trabalhista e previdenciária, São Paulo, v. 24, n. 283, p. 9-22, jan. 2013; _____. O adicional de risco e o trabalho portuário avulso. *Revista de direito aduaneiro, marítimo e portuário*. São Paulo, v. 4, n. 19, p. 58-76, mar./abr. 2014. TRINDADE, Washington Luiz da. A relação de emprego dos avulsos portuários. *Revista do Tribunal Regional do Trabalho da 9ª Região*, v. 21, n. 1, p. 85-96, jan./jul. 1996; VACCARO, Julio César Gatti; GATTI, Breno dos Anjos; MENEGHINI, Maxweel Sulívan Durigon. O trabalho portuário avulso na visão do TST e a reserva de plenário. *Revista direito aduaneiro, marítimo e portuário*, São Paulo, v. 4, n. 24, p. 128-143, jan./fev. 2015; VIANA, Márcio Túlio. O avulso na Constituição. *Revista do Tribunal Regional do Trabalho da 3ª Região*, v. 22, n. 51, p. 37-42, 1991-1992; ZOUAIN, Carla Gusman. Da igualdade de direitos entre o trabalhador portuário avulso e o trabalhador com vínculo permanente. *Revista Síntese*: trabalhista e previdenciária, São Paulo, v. 24, n. 283, p. 23- 30, jan. 2012.

7. Comentários

7.1. Trabalhador avulso

O trabalhador avulso é aquele que presta serviços, de natureza urbana ou rural, a diversas empresas, em sistema de rodízio, sem vínculo empregatício, com a intermediação obrigatória ou de um OGMO (órgão gestor de mão de obra, quando se tratar de portuário) ou do sindicato da categoria (avulso não portuário).

7.2. Classificações e distinções

O trabalhador avulso pode ser portuário ou não portuário, nos termos do art. 263 da Instrução Normativa n. 971/09 da Receita Federal Brasileira. 1. O avulso portuário é aquele que presta serviços, de movimentação de mercadoria (capatazia e estiva), conferência e conserto de cargas, atividade de limpeza e conservação de embarcações mercantes, bem como atividade de vigilância de embarcações na área dos portos organizados, com intermediação obrigatória do OGMO, a diversos tomadores de serviço. 2. O trabalhador avulso não portuário é aquele que presta serviços de carga e descarga de mercadorias, inclusive carvão e minério, o trabalhador em alvarenga (embarcação para carga e descarga de navios), o amarrador de embarcação, o carregador de bagagem em porto, o prático de barra em porto etc. Esse avulso, é necessariamente intermediado pelo sindicato da categoria, podendo executar seus serviços também em área não portuária.

É importante destacar que o trabalhador avulso portuário distingue-se do trabalhador portuário empregado, pois este trabalha com vínculo de emprego com o operador portuário, enquanto aquele não é empregado, como já mencionado.

Ademais, essa modalidade de trabalhador, o avulso, também não se confunde com outras espécies, como por exemplo, o trabalhador autônomo (aquele que trabalha por conta própria, sem subordinação e, em regra, é contratado pelo resultado), o trabalhador eventual (contratado ocasionalmente para eventos passageiros, acidental, de curta duração) e o trabalhador temporário (regulamentado pela Lei n. 6.019/74 – contratado em decorrência da necessidade transitória do empregador). Essas modalidades de relação de trabalho não foram reguladas pela Constituição Federal, possuindo previsão em leis infraconstitucionais.

7.3. Inclusão e igualdade

A Constituição da República Federativa do Brasil (CRFB/88) estabeleceu a igualdade de direitos entre os trabalhadores avulsos e àqueles com vínculo permanente, resguardando o direito à igualdade de tratamento e a inclusão dos trabalhadores avulsos na rede de proteção constitucional, já que essa modalidade de relação de trabalho é, de certo modo, precária, em decorrência de sua natureza descontínua e da adversidade do trabalho nos portos.

7.4. Compatibilidade de direitos

Embora o legislador infraconstitucional já tenha assegurado aos trabalhadores avulsos alguns direitos, a norma constitucional passou a prever um tratamento igualitário no que diz respeito aos direitos dos trabalhadores avulsos, não sendo permitidas distinções inexistentes em previsões legais. Porém, nem todos os direitos previstos nos incisos do art. 7º da CRFB/88 são compatíveis com essa modalidade laboral. Desta forma, faz necessário enumerar quais direitos são resguardados aos trabalhadores avulsos. Vejamos, primeiramente convém mencionar que é possível que normas referentes ao trabalho avulso sejam pactuadas mediante negociação coletiva (inciso XXVI), e que o prazo prescricional para pleitear qualquer direito decorrente da relação de trabalho é de cinco anos, até o limite de dois anos após a extinção do contrato de trabalho (inciso XXIX). Esses trabalhadores também têm direito ao Fundo de Garantia do Tempo de Serviço (inciso III). Além disso, são compatíveis com essa modalidade de trabalho os direitos referentes à remuneração. Assim, é assegurado ao avulso o respeito ao salário mínimo e à garantia de salário, nunca inferior ao mínimo, para os que percebem remuneração variável (inciso IV e VII); ao piso salarial proporcional à extensão e à complexidade do trabalho (inciso V); a irredutibilidade do salário, salvo negociação coletiva (inciso VI); o décimo terceiro salário (inciso VIII); o adicional de trabalho noturno (inciso IX); as demais normas de proteção do salário, constituindo crime sua retenção dolosa (inciso X) e o adicional de serviço extraordinário (inciso XVI). Também são compatíveis com o trabalho avulso os direitos ligados à Seguridade Social, tais como: o direito ao salário-família (inciso XII) e à aposentadoria (inciso XXIV). Do mesmo modo, se resguarda os direitos referentes à jornada de trabalho como a limitação de oito horas diárias e quarenta e quatro horas semanais (inciso XIII); a possibilidade da realização de jornada de seis horas para o trabalho realizado em turnos ininterruptos de revezamento, salvo negociação coletiva (inciso XIV); o respeito ao repouso semanal remunerado, preferencialmente aos domingos (inciso XV); o direito a férias anuais remuneradas com o adicional salarial de, pelo menos, um terço (inciso XVII). Também há compatibilidade com as normas de proteção ao meio ambiente do trabalho, nas quais se assegura o direto a redução dos riscos inerentes ao trabalho, por meio de normas de saúde, higiene e segurança (inciso XXII); adicional de penosidade, periculosidade e insalubridade, na forma da lei (inciso XXIII) e o direito ao seguro contra acidentes de trabalho (inciso XXVIII). Também devem ser observadas as regras de proteção do menor, da mulher e da família, como o direito à licença-maternidade (inciso XVIII) e à licença-paternidade (inciso XIX); a proteção do mercado de trabalho da mulher (inciso XX); a assistência gratuita aos filhos e dependentes desde o nascimento até cinco anos de idade em creches e pré-escolas (inciso XXV); a proibição ao trabalho noturno, perigoso ou insalubre aos menores de dezoito anos e de qualquer trabalho a menores de dezesseis anos, salvo na condição de aprendiz, a partir de quatorze anos (inciso XXXIII). Por fim, também existe compatibilidade com essa modalidade laboral as normas de proteção contra discriminação sendo vedada a diferença de salários, de exercício de funções e de critério de admissão por motivo de sexo, idade, cor ou estado civil (inciso XXX); a proibição de qualquer discriminação do trabalhador portador de deficiência (inciso XXXI) e a proibição de distinção entre trabalho manual, técnico e intelectual ou entre os profissionais respectivos (inciso XXXII), bem como a proteção em face da automação (inciso XXVII).

Art. 7º, parágrafo único. São assegurados à categoria dos trabalhadores domésticos os direitos previstos nos incisos IV, VI, VII, VIII, X, XIII, XV, XVI, XVII, XVIII, XIX, XXI, XXII, XXIV, XXVI, XXX, XXXI e XXXIII e, atendidas as condições estabelecidas em lei e observada a simplificação do cumprimento das obrigações tributárias, principais e acessórias, decorrentes da relação de trabalho e suas peculiaridades, os previstos nos incisos I, II, III, IX, XII, XXV e XXVIII, bem como a sua integração à previdência social.

Rodrigo Garcia Schwarz

1. Histórico da norma

A tutela dos trabalhadores domésticos, como categoria específica, com a proclamação dos seus direitos sociais, foi incorporada ao texto original da Constituição de 1988. Historicamente, diferencia-se a tutela dos trabalhadores domésticos, mitigada, da tutela de maior amplitude tradicionalmente destinada aos demais trabalhadores com vínculo empregatício, urbanos ou rurais. A própria Consolidação das Leis do Trabalho, na sua redação original, assim, tratava de excluir, como regra geral, do âmbito de incidência de seus preceitos, os empregados domésticos, "assim considerados, de um modo geral, os que prestam serviços de natureza não-econômica à pessoa ou à família, no âmbito residencial destas" (art. 7º, *a*). Contudo, no plano internacional, em 2011, na 100ª Conferência Internacional do Trabalho, foi discutido, na OIT, o tema do trabalho decente para os trabalhadores domésticos, com a adoção de instrumentos internacionais de proteção ao trabalho doméstico na forma de uma convenção, denominada Convenção sobre o Trabalho Decente para as Trabalhadoras e os Trabalhadores Domésticos (n. 189), e de uma recomendação (n. 201). Seguindo tal tendência internacional, embora a Convenção n. 189 da OIT ainda não tenha sido ratificada pela República Federativa do Brasil, o texto original da Constituição teve o seu conteúdo alterado pela Emenda Constitucional n. 72, de 2013, que, avançando em uma perspectiva mais equitativa, ampliou o rol de direitos sociais constitucionalmente reconhecidos aos trabalhadores domésticos, ainda que sem equipará-los plenamente aos demais trabalhadores com vínculo empregatício, urbanos ou rurais.

2. Constituições brasileiras anteriores

Sem previsão expressa em Constituições anteriores.

3. Constituições estrangeiras

Preâmbulo do art. 123 da Constituição mexicana 1917; art. 338 da Constituição boliviana; art. 333 da Constituição equatoriana; art. 131 da Constituição hondurenha; art. 88 da Constituição venezuelana.

4. Direito internacional

Convenção n. 189 da OIT (2011), sobre o trabalho decente para as trabalhadoras e os trabalhadores domésticos (não ratificada pela República Federativa do Brasil); Recomendação n. 201 da

OIT (2011). Aplicam-se ao trabalho doméstico, ainda, os preceitos das convenções internacionais reconhecidas como *fundamentais* pela Declaração de 1998, da OIT, sobre Princípios e Direitos Fundamentais no Trabalho, como a Convenção n. 29 da OIT (1930), sobre trabalho forçado ou obrigatório, ratificada pelo Brasil (Decreto Legislativo n. 24, de 29-5-1956, e Decreto n. 41.721, de 25-6-1957), a Convenção n. 105 da OIT (1957), sobre a abolição do trabalho forçado, ratificada pelo Brasil (Decreto Legislativo n. 20, de 30-4-1965, e Decreto n. 58.822, de 14-7-1966), a Convenção n. 111 da OIT (1958), sobre a discriminação (emprego e profissão), ratificada pelo Brasil (Decreto Legislativo n. 104, de 1969, e Decreto n. 62.150, de 19-1-1969), e a Convenção n. 182 da OIT (1999), sobre a proibição das piores formas de trabalho infantil e a ação imediata para sua eliminação, ratificada pelo Brasil (Decreto Legislativo n. 178, de 14-12-1999, e Decreto n. 3.597, de 12-9-2000).

5. Remissões constitucionais e legais

Arts. 7º, I, II, III, IV, VI, VII, VIII, IX, X, XII, XIII, XV, XVI, XVII, XVIII, XIX, XXI, XXII, XXIV, XXV, XXVI, XXVIII, XXX, XXXI e XXXIII, e 201, § 12, da Constituição; Lei Complementar n. 150, de 1-6- 2015; Consolidação das Leis do Trabalho, arts. 7º, *a*, e 899, § 9º; Lei n. 8.213, de 24-7-1991, arts. 11, II, e 14, II; Decreto n. 6.481, de 12-6-2008; Decreto n. 3.597, de 12-9-2000 (promulga a Convenção n. 182 da OIT).

6. Jurisprudência

TST, 3ª Turma, AIRR 11905-48.2015.5.18.0002, Rel. Min. Mauricio Godinho Delgado, j. 11-4-2018, public. no *DEJT* de 13-4-2018. "AGRAVO DE INSTRUMENTO. RECURSO DE REVISTA. PROCESSO SOB A ÉGIDE DA LEI 13.015/2014 E ANTERIOR À LEI 13.467/2017. 1. EMPREGADO DOMÉSTICO. DIREITOS ASSEGURADOS PELA EMENDA CONSTITUCIONAL N. 72/2013. JORNADA DE TRABALHO. HORAS EXTRAS. EFEITO IMEDIATO E IMPERATIVO. DESNECESSIDADE DE REGULAMENTAÇÃO LEGAL. 2. MULTA POR EMBARGOS DE DECLARAÇÃO PROTELATÓRIOS. ART. 1.026, § 2º, DO CPC/2015. A Emenda Constitucional n. 72, publicada em 03.04.2013, levou à maturidade a fase de inclusão jurídica da categoria doméstica, estendendo-lhe 16 novos direitos, alguns deles com impressionante caráter multidimensional (por exemplo: duração de trabalho; tutela à saúde e segurança no trabalho; seguro contra acidentes de trabalho, a cargo do empregador, sem excluir a indenização; negociação coletiva trabalhista). Alguns desses direitos ostentam efeito jurídico imediato, desde 03.04.2013, ao passo que outros ficaram na dependência de regulação legal (nova redação do parágrafo único do art. 7º da CF/88). Entre o rol de parcelas inovadoramente estendidas aos empregados domésticos, com efeito imediato e imperativo, constam as seguintes: garantia de salário, nunca inferior ao mínimo, para os que percebem remuneração variável; proteção do salário na forma da lei, constituindo crime sua retenção dolosa; duração do trabalho normal não superior a oito horas diárias e 44 horas semanais, facultada a compensação de horários e a redução da jornada, mediante acordo ou convenção coletiva; remuneração do serviço extraordinário superior, no mínimo, em 50% à do normal; redução dos riscos inerentes ao trabalho, por meio de normas de saúde, higiene e segurança; reconhecimento das convenções e acordos coletivos de trabalho; proibição de diferença de salários, de exercício de funções e de critério de admissão por motivo de sexo, idade, cor ou estado civil; proibição de qualquer discriminação no tocante a salário e critérios de admissão do trabalhador portador de deficiência. Conforme se percebe, são oito novos direitos, consideradas as referências às regras antidiscriminatórias dos incisos XXX, XXXI e XXXII do art. 7º da Constituição. Entre esses oito novos direitos, destacam-se a normatividade concernente à duração do trabalho (art. 7º, XIII e XVI) e o reconhecimento de CCT's e ACT's, que envolvem, como se sabe, diversas facetas, regras e parcelas. No caso dos autos, o Tribunal Regional manteve a sentença que julgou procedentes as horas extras a partir de outubro/2014, por entender que os direitos previstos nos incisos XIII e XVI do parágrafo único do art. 7º da CF/88 possuem eficácia plena e imediata. Verifica-se, assim, o acerto do acórdão regional ao considerar que os referidos direitos ostentam efeito imediato e imperativo, ou seja, desde a publicação da EC 72/2013, ocorrida em 03.04.2013. Agravo de instrumento desprovido".

7. Referências bibliográficas

BRASIL. *Cartilha sobre trabalhador(a) doméstico(a)*: conceitos, direitos, deveres e informações sobre a relação de trabalho. Brasília: Organização Internacional do Trabalho; Prefeitura de Vitória; Secretaria de Cidadania e Direitos Humanos, 2012. DELGADO, Mauricio Godinho; DELGADO, Gabriela Neves. *O novo manual do trabalho doméstico*. 2. ed. São Paulo: LTr, 2016. FLORENCIO THOMÉ, Candy. Empleo doméstico. In: BAYLOS GRAU, Antonio; GARCIA SCHWARZ, Rodrigo; FLORENCIO THOMÉ, Candy (Org.). *Diccionario internacional de derecho del trabajo y de la seguridad social*. Valencia: Tirant lo Blanch, 2014; ORGANIZAÇÃO INTERNACIONAL DO TRABALHO. *Travail domestique des enfants*: estimations mondiales – 2012. Genebra: OIT, 2013. SOUZA-LOBO, Elisabeth. *A classe operária tem dois sexos*. Trabalho, dominação e resistência. 2. ed. São Paulo: Brasiliense/Secretaria Municipal de Cultura, 2011. VIECELI, Cristina Pereira *et al*. *Emprego doméstico no Brasil*: raízes históricas, trajetórias e regulamentação. São Paulo: LTr, 2017.

8. Comentários

Historicamente, diferencia-se a tutela dos trabalhadores domésticos, mitigada, da tutela de maior amplitude tradicionalmente destinada aos demais trabalhadores com vínculo empregatício, urbanos ou rurais. A própria Consolidação das Leis do Trabalho, na sua redação original, assim, tratava de excluir, como regra geral, do âmbito de incidência de seus preceitos, os empregados domésticos, "assim considerados, de um modo geral, os que prestam serviços de natureza não-econômica à pessoa ou à família, no âmbito residencial destas" (art. 7º, *a*). Embora a expressão "trabalho doméstico" tenha muitas acepções, de acordo com o respectivo contexto econômico, social e cultural em que se insere o trabalho, podendo ser distinta em sua significação em função, por exemplo, da idade, do gênero, da etnia e da situação dos trabalhadores envolvidos, o trabalho doméstico, tradicionalmente identificado e naturalizado como preponderantemente feminino, é subestimado e pouco regulado, sendo historicamente mal remunerado e provido de pouca proteção legal. As normas que regulamentam o trabalho doméstico, na maior parte dos países, costumam estabelecer um âmbito de tutela mais restrito para os trabalhadores domésticos do que aquele garantido aos demais trabalhadores. Segundo a OIT, apenas 10% das legislações nacionais do mundo dão a mesma proteção aos trabalhadores domésticos e aos trabalhadores nos demais setores e mais de 25% das legislações nacionais excluem expressamente os trabalhadores domésticos da legislação do trabalho. Essa situação reflete a falta de reconhecimento social do papel essencial dessa ocupação, bem como de todo trabalho reprodutivo em geral, na economia. O trabalho doméstico é uma importante fonte de emprego, principalmente para as mulheres, e aporta uma contribuição considerável para as economias locais, nacionais e mundial.

No Brasil, a Lei n. 5.859, de 11-12-1972, dispondo sobre a profissão de empregado doméstico, estabeleceu que o empregado doméstico é aquele "que presta serviços de natureza contínua e de finalidade não lucrativa à pessoa ou à família no âmbito residencial destas" (art. 1º). A Lei Complementar n. 150, de 1-6-2015, revogando a Lei n. 5.859, estabeleceu que o empregado doméstico é aquele "que presta serviços de forma contínua, subordinada, onerosa e pessoal e de finalidade não lucrativa à pessoa ou à família, no âmbito residencial destas, por mais de 2 (dois) dias por semana" (art. 1º). No âmbito internacional, os primeiros instrumentos de proteção ao trabalho doméstico foram editados em 2011, a partir da inclusão, na 100ª Conferência Internacional do Trabalho (OIT), do tema do trabalho decente para os trabalhadores domésticos. A Convenção n. 189 da OIT (ainda não ratificada pela República Federativa do Brasil), denominada Convenção sobre o Trabalho Decente para as Trabalhadoras e os Trabalhadores Domésticos, e a Recomendação n. 201 da OIT, consubstanciam, assim, atualmente, os marcos gerais internacionais da tutela do trabalho doméstico. Para a OIT, "trabalho doméstico" é todo trabalho realizado em um lar ou lares ou para tais lares e "trabalhador doméstico" é toda pessoa, de gênero feminino ou masculino, que realize um trabalho doméstico dentro de uma relação de trabalho. No Brasil, segundo a Lei Complementar n. 150, de 1-6-2015, o trabalho doméstico por meio de vínculo de emprego é caracterizado pelo trabalho contínuo, subordinado, oneroso e pessoal, de finalidade não lucrativa, à pessoa ou à família, no âmbito residencial destas, demandando a continuidade, como requisito essencial à caracterização do vínculo empregatício doméstico, a prestação de serviços por mais de 2 (dois) dias por semana.

Por suas especificidades, sobretudo pelas características de precariedade laboral que lhe são pertinentes, o trabalho doméstico é identificado como uma das piores formas de trabalho infantil segundo a Convenção n. 182 da OIT, ratificada pelo Brasil (Decreto Legislativo n. 178, de 14-12-1999, e Decreto n. 3.597, de 12-9-2000). No Brasil, o trabalho doméstico, estando incluído na lista TIP (Lista das Piores Formas de Trabalho Infantil), é proibido ao menor de 18 anos, nos termos do Decreto n. 6.481, de 12-6-2008.

A tutela dos trabalhadores domésticos, como categoria específica, com a proclamação dos seus direitos sociais, foi incorporada ao texto original da Constituição de 1988. Na redação original do parágrafo único do art. 7º da Constituição, estavam contemplados, contudo, apenas os mesmos direitos, assegurados aos demais trabalhadores, urbanos ou rurais, previstos nos incisos IV, VI, VIII, XV, XVII, XVIII, XIX, XXI e XXIV, bem como a sua integração à previdência social. Com a Emenda Constitucional n. 72, de 2013, avançou-se em uma perspectiva mais equitativa, ampliando-se significativamente o rol de direitos sociais constitucionalmente reconhecidos aos trabalhadores domésticos, ainda que sem equipará-los plenamente aos demais trabalhadores com vínculo empregatício, urbanos ou rurais. Esse avanço foi contemplado, no plano infraconstitucional, pela Lei Complementar n. 150, de 1-6-2015, que inclusive tratou de regulamentar, estabelecendo as condições legais preceituadas pelo novo texto constitucional, a garantia constitucional aos trabalhadores domésticos de direitos como o acesso ao benefício do seguro-desemprego, o Fundo de Garantia do Tempo de Serviço e a garantia temporária de manutenção do contrato de trabalho da empregada doméstica gestante.

Alguns dos direitos estendidos aos trabalhadores domésticos ostentavam efeito jurídico imediato, desde 3-4-2013, em razão da vigência da Emenda Constitucional n. 72. Outros, cujos efeitos ficaram na dependência de regulação legal, nos termos do próprio texto constitucional, tiveram estabelecidas as condições legais para o seu exercício a partir da edição da Lei Complementar n. 150, de 1-6-2015.

Ao trabalhador doméstico, portanto, na atual redação do parágrafo único do art. 7º da Constituição, dada pela Emenda Constitucional n. 72, de 2013, complementada, no plano infraconstitucional, pelas disposições da Lei Complementar n. 150, de 1-6-2015, são, observadas, em cada caso, as peculiaridades da respectiva profissão, constitucionalmente garantidos os direitos a: I – relação de emprego protegida contra despedida arbitrária ou sem justa causa; II – seguro-desemprego, em caso de desemprego involuntário; III – fundo de garantia do tempo de serviço; IV – salário mínimo, fixado em lei, nacionalmente unificado; VI – irredutibilidade do salário, salvo o disposto em convenção ou acordo coletivo; VII – garantia de salário, nunca inferior ao mínimo, para os que percebem remuneração variável; VIII – décimo terceiro salário com base na remuneração integral ou no valor da aposentadoria; IX – remuneração do trabalho noturno superior à do diurno; X – proteção do salário na forma da lei, constituindo crime sua retenção dolosa; XII – salário-família pago em razão do dependente do trabalhador de baixa renda nos termos da lei; XIII – duração do trabalho normal não superior a oito horas diárias e quarenta e quatro semanais, facultada a compensação de horários e a redução da jornada, mediante acordo ou convenção coletiva de trabalho; XV – repouso semanal remunerado, preferencialmente aos domingos; XVI – remuneração do serviço extraordinário superior, no mínimo, em cinquenta por cento à do normal; XVII – gozo de férias anuais remuneradas com, pelo menos, um terço a mais do que o salário normal; XVIII – licença à gestante, sem prejuízo do emprego e do salário, com a duração de cento e vinte dias; XIX – licença-paternidade, nos termos fixados em lei; XXI – aviso-prévio proporcional ao tempo de serviço, sendo no mínimo de trinta dias, nos termos da lei; XXII – redução dos riscos inerentes ao trabalho, por meio de normas de saúde, higiene e segurança; XXV – assistência gratuita aos filhos e dependentes desde o nascimento até 5 (cinco) anos de idade em creches e pré-escolas; XXVI – reconhecimento das convenções e acordos coletivos de trabalho; XXVIII – seguro contra acidentes de trabalho, a cargo do empregador, sem excluir a indenização a que este está obrigado, quando incorrer em dolo ou culpa; XXX – proibição de diferença de salários, de exercício de funções e de critério de admissão por motivo de sexo, idade, cor ou estado civil; XXXI – proibição de qualquer discriminação no tocante a salário e critérios de admissão do trabalhador portador de deficiência; e XXXIII – proibição de trabalho noturno, perigoso ou insalubre aos menores de dezoito e de qualquer trabalho a menores de quatorze anos, salvo na condição de aprendiz.

Art. 8º É livre a associação profissional ou sindical, observado o seguinte:

I – a lei não poderá exigir autorização do Estado para a fundação de sindicato, ressalvado o registro no órgão competente, vedadas ao Poder Público a interferência e a intervenção na organização sindical;

II – é vedada a criação de mais de uma organização sindical, em qualquer grau, representativa de categoria profissional ou econômica, na mesma base territorial, que será definida pelos trabalhadores ou empregadores interessados, não podendo ser inferior à área de um Município;

III – ao sindicato cabe a defesa dos direitos e interesses coletivos ou individuais da categoria, inclusive em questões judiciais ou administrativas;

IV – a assembleia geral fixará a contribuição que, em se tratando de categoria profissional, será descontada em folha, para custeio do sistema confederativo da representação sindical respectiva, independentemente da contribuição prevista em lei;

V – ninguém será obrigado a filiar-se ou manter-se filiado a sindicato;

VI – é obrigatória a participação dos sindicatos nas negociações coletivas de trabalho;

VII – o aposentado filiado tem direito a votar e ser votado nas organizações sindicais;

VIII – é vedada a dispensa do empregado sindicalizado a partir do registro da candidatura a cargo de direção ou representação sindical e, se eleito, ainda que suplente, até um ano após o final do mandato, salvo se cometer falta grave nos termos da lei.

Parágrafo único. As disposições deste artigo aplicam-se à organização de sindicatos rurais e de colônias de pescadores, atendidas as condições que a lei estabelecer.

Gilberto Stürmer

1. Introdução

O artigo 8º da Constituição da República Federativa do Brasil, promulgada em 5 de outubro de 1988, está inserido no Título II, que trata dos direitos e garantias fundamentais, e no seu Capítulo II, que trata dos direitos sociais.

Estruturado com o *caput*, oito incisos e um parágrafo (único), o artigo 8º da Constituição dispõe sobre o sistema sindical.

2. História da norma (constituições brasileiras anteriores)

O *caput* do artigo 8º da Constituição da República de 1988 dispõe que "é livre a associação profissional ou sindical, observado o seguinte:". A ideia central do legislador constituinte de 1988 foi de estreitar o direito interno com o direito internacional e com a tendência mundial em termos de Direito Sindical. A ideia de liberdade contida no dispositivo busca, ainda, adequação ao princípio constitucional insculpido no artigo 5º, *caput*[1], esteio dos direitos e garantias fundamentais e base dos direitos e deveres individuais e coletivos.

Neste contexto, importante destacar que o *caput* do artigo 5º irradia um comando principiológico que deve nortear as regras constitucionais – caso do artigo 8º – e infraconstitucionais[2].

A amplitude teórica do conceito de liberdade como princípio a nortear as regras do direito sindical foi tratada por este autor na obra *A liberdade sindical na Constituição da República Federativa do Brasil de 1988 e sua relação com a Convenção 87 da Organização Internacional do Trabalho*[3].

No referido trabalho foram examinados acerca do tema liberdade, Montesquieu[4], Bobbio[5], Locke[6], Kant[7], Hegel[8] e Hobbes[9].

A Revolução Francesa de 1789, com seu ideal liberal no sentido de que não deveria haver intermediários entre o indivíduo e o Estado, proibiu as corporações de ofício[10]. Esta proibição chegou ao Brasil trinta e cinco anos depois, quando Dom Pedro I outorgou a Constituição imperial de 25 de março de 1824, que dispunha no seu artigo 179, inciso XXV[11]:

"Art. 179. A inviolabilidade dos Direitos Civis e Políticos dos Cidadãos Brazileiros, que tem por base a liberdade, a segurança individual, e a propriedade, é garantida pela Constituição do Império, pela maneira seguinte:

(...)

XXV. Ficam abolidas as Corporações de Officios, seus Juízes, Escrivães, e Mestres".

---

1. Todos são iguais perante a lei, sem distinção de qualquer natureza, garantindo-se aos brasileiros e aos estrangeiros residentes no País a inviolabilidade do direito à vida, à liberdade, à igualdade, à segurança e à propriedade, nos termos seguintes:

2. Sobre o tema ver Alexy, Bonavides, Dworkin, Bobbio, Canotilho e Ávila, entre outros.

3. Ver *A liberdade sindical na Constituição da República Federativa do Brasil de 1988 e sua relação com a Convenção 87 da Organização Internacional do Trabalho*. Porto Alegre: Livraria do Advogado, 2007.

4. *O espírito das leis* (trad. Cristina Murachco). São Paulo: Martins Fontes, 1996.

5. *Igualdade e liberdade* (trad. Carlos Nelson Coutinho). Rio de Janeiro: Ediouro, 1996 e *As ideologias do poder em crise* (trad. João Ferreira). Brasília: UNB, 1999.

6. *Dois tratados sobre governo* (trad. Julio Fischer). São Paulo: Martins Fontes, 1998.

7. *A metafísica dos costumes* (contendo a doutrina do direito e a doutrina da virtude) (trad. Edson Bini). São Paulo: EDIPRO, 2003.

8. *Princípios da filosofia do direito* (trad. Orlando Vitorino). São Paulo: Martins Fontes, 2003.

9. *Leviatã – ou matéria, forma e poder de um Estado eclesiástico e civil* (trad. Alex Martins). São Paulo: Martin Claret, 2002.

10. Ver NASCIMENTO, Amauri Mascaro, em *Compêndio de direito sindical*. 2. ed., São Paulo: LTr, 2000, p. 74.

11. STÜRMER, 2007, p. 67. Ver CAMPANHOLE, Hilton Lobo; CAMPANHOLE, Adriano, em *Constituições do Brasil*. São Paulo: Atlas, 1999, p. 832-833.

Proclamada no Brasil, a República em 1889, veio a necessidade de uma Constituição republicana. Assim, em 24 de fevereiro de 1891, foi promulgada a nova Constituição da República dos Estados Unidos do Brasil[12]. Dispunha a referida Constituição, no seu artigo 72, §§ 8º e 24º[13]:

"Art. 72. A Constituição assegura a brazileiros e a estrangeiros residentes no paíz a inviolabilidade dos direitos concernentes á liberdade, á segurança individual, e á propriedade nos termos seguintes:

(...)

§ 8º A todos é lícito associarem-se e reunirem-se livremente e sem armas; não podendo intervir a polícia, sinão para manter a ordem pública.

(...)

§ 24º É garantido o livre exercício de qualquer profissão moral, intellectual e industrial".

Importante referir que a primeira Constituição republicana do Brasil abriu as portas para a associação sindical, ao referir sobre a licitude de associação.

Mais tarde, em 7 de setembro de 1926, uma Emenda Constitucional alteraria a Constituição de 1891, não havendo mudança nos dispositivos acima citados.

Com o início do constitucionalismo social e sob a influência das constituições do México (1917) e Weimar (1919)[14], além das reformas trabalhistas levadas a cabo especialmente a partir da Revolução de 1930, em 16 de julho de 1934, foi promulgada a terceira Constituição brasileira, sendo a segunda republicana e primeira social[15].

Importante registrar que a Constituição de 1934, que durou pouco mais de três anos, foi a primeira e única Constituição brasileira a assegurar a pluralidade sindical[16].

O artigo 120 da Constituição de 1934 assim dispôs[17]:

"Art. 120. Os syndicatos e as associações profissionaes serão reconhecidos de conformidade com a lei.

Paragrapho único. A lei assegurará a pluralidade syndical e a completa autonomia dos syndicatos".

Com um golpe de estado, em 10 de novembro de 1937, Getúlio Vargas outorgou uma nova Constituição no Brasil. No que diz respeito ao sindicalismo, houve duro retrocesso[18]. O artigo 138 assim dispôs[19]:

"Art. 138. A associação profissional ou sindical é livre. Sòmente, porém, o sindicato regularmente reconhecido pelo Estado tem o direito de representação legal dos que participarem da categoria de produção para que foi constituído, e defender-lhes os direitos perante o Estado e as outras associações profissionais, estipular contratos coletivos de trabalho obrigatórios para todos os seus associados, impor-lhes contribuições e exercer em relação a eles funções delegadas do poder público".

Formalmente democrática, a Constituição de 18 de setembro de 1946 tratou do sindicalismo no seu artigo 159[20], não alterando o *status quo*:

"Art. 159. É livre a associação profissional ou sindical, sendo reguladas por lei a forma e sua constituição, a sua representação legal nas convenções coletivas de trabalho e o exercício das funções delegadas do poder público".

Veio a ruptura da ordem legal a partir de 1964. Em 24 de janeiro de 1967, sob a égide do governo militar, o Congresso Nacional promulgou nova Constituição[21]. A matéria sindical foi tratada pelo artigo 159[22]:

"Art. 159. É livre a associação profissional ou sindical; a sua constituição, a representação legal nas convenções coletivas de trabalho e o exercício de funções delegadas de poder público serão regulados em lei.

§ 1º Entre as funções delegadas a que se refere este artigo, compreende-se a de arrecadar, na forma da lei, contribuições para o custeio da atividade dos órgãos sindicais e profissionais e para a execução de programas de interesse das categorias por êles representadas.

§ 2º É obrigatório o voto nas eleições sindicais".

A Emenda Constitucional número 1, de 17 de outubro de 1969, foi, de fato, uma nova Constituição, já que alterou toda a estrutura da anterior. Os direitos sindicais, embora sem alteração na redação dos dispositivos, foram para o artigo 166[23].

A partir de 1979, o Brasil voltou a, lentamente, respirar ares democráticos. Eleita a nova Assembleia Nacional Constituinte em 1986, em 5 de outubro de 1988, foi promulgada a atual Constituição.

3. Estrutura normativa e suas remissões constitucionais, legais e jurisprudenciais

A retomada da democracia no Brasil "contaminou" todos os setores da sociedade no afã pela liberdade. Não foi diferente com a elaboração da Constituição, o que, de certo modo, até levou o seu texto final além do que seria materialmente constitucional.

Como já referido no item I *supra*, o artigo 8º da Constituição da República Federativa do Brasil de 5 de outubro de 1988 está inserido no Capítulo II, que trata dos Direitos Sociais, do Título II, que trata dos Direitos e Garantias Fundamentais. Este Capítulo II do Título II abrange os artigos 6º a 11.

O artigo 8º aborda especificamente o sistema sindical. Composto de *caput*, oito incisos e um parágrafo, o dispositivo

---

12. STÜRMER, 2007, p. 70.
13. CAMPANHOLE, 1999, p. 769.
14. Segundo SÜSSEKIND, em *Direito constitucional do trabalho*, Rio de Janeiro: Renovar, 2002, p. 11-12, a Constituição do México de 1917 dispôs sobre sindicalismo no seu artigo 123 e a Constituição alemã de Weimar de 1919 assegurou a liberdade sindical.
15. STÜRMER, 2007, p. 73.
16. A pluralidade sindical, ao contrário da unicidade sindical, admite a possibilidade de constituição em uma mesma base territorial (normalmente municípios), de número ilimitado de sindicatos da mesma categoria. No caso da Constituição brasileira de 1934, o número era limitado a três, mas, além disso, o seu pouco tempo de vigência não permitiu tal implantação.
17. CAMPANHOLE, 1999, p. 719.
18. STÜRMER, 2007, p. 73-74.
19. CAMPANHOLE, 1999, p. 624.
20. CAMPANHOLE, 1999, p. 516.
21. STÜRMER, 2007, p. 76.
22. CAMPANHOLE, 1999, p. 436.
23. STÜRMER, 2007, p. 77; CAMPANHOLE, 1999, p. 322.

alterou substancialmente o sistema sindical brasileiro a partir de 1988, ainda que não tenha inserido no Brasil a tão almejada liberdade sindical[24].

Dispõe o *caput* do artigo 8º:

"Art. 8º É livre a associação profissional ou sindical, observado o seguinte".

Veja-se que a intenção primeira do legislador constituinte de 1988 foi de inserir a liberdade de associação[25] e a liberdade sindical no Brasil.

Foi limitado, contudo, este direito à liberdade sindical, especialmente por dois incisos do mesmo artigo 8º, que serão referidos a seguir, pela ordem crescente.

O inciso I do artigo 8º, preceitua:

"I – a lei não poderá exigir autorização do Estado para a fundação de sindicato, ressalvado o registro no órgão competente, vedadas ao Poder Público a interferência e a intervenção na organização sindical".

Merece aqui uma referência, o artigo 520 da Consolidação das Leis do Trabalho, que dispunha sobre o reconhecimento do Estado através de uma "carta de reconhecimento", e que exatamente em função da disposição ora comentada não foi recepcionado pela vigente Constituição.

Assim é que, em princípio, observadas a limitações de base territorial[26] e de enquadramento categorial[27], passou a não mais haver limitação para a fundação de sindicatos.

---

24. O tema "liberdade sindical" será abordado mais especificamente no Capítulo IV, que aborda o direito internacional.
25. Sobre a liberdade de associação, o artigo 5º dispõe nos incisos XVII a XXI:
"Art. 5º Todos são iguais perante a lei, sem distinção de qualquer natureza, garantindo-se aos brasileiros e aos estrangeiros residentes no País a inviolabilidade do direito à vida, à liberdade, à igualdade, à segurança e à propriedade, nos termos seguintes:
(...)
XVII – é plena a liberdade de associação para fins lícitos, vedada a de caráter paramilitar;
XVIII – a criação de associações e, na forma da lei, a de cooperativas independe de autorização, sendo vedada a interferência estatal em seu funcionamento;
XIX – as associações só poderão ser compulsoriamente dissolvidas ou ter suas atividades suspensas por decisão judicial, exigindo-se, no primeiro caso, o trânsito em julgado;
XX – ninguém poderá ser compelido a associar-se ou a permanecer associado;
XXI – as entidades associativas, quando expressamente autorizadas, têm legitimidade para representar seus filiados judicial ou extrajudicialmente".
26. Inciso II do artigo 8º da Constituição da República Federativa do Brasil de 1988.
27. Os conceitos de categoria econômica e categoria profissional foram recepcionados pela Constituição da República Federativa do Brasil de 1988, de forma expressa nos incisos II, III e IV do artigo 8º. Referidos conceitos estão dispostos respectivamente nos parágrafos primeiro e segundo do artigo 511 da Consolidação das Leis do Trabalho:
"Art. 511. É lícita a associação para fins de estudo, defesa e coordenação dos seus interesses econômicos ou profissionais de todos os que, como empregadores, empregados, agentes ou trabalhadores autônomos, ou profissionais liberais, exerçam, respectivamente, a mesma atividade ou profissão ou atividades ou profissões similares ou conexas.
§ 1º A solidariedade de interesses econômicos dos que empreendem atividades idênticas, similares ou conexas constitui o vínculo social básico que se denomina categoria econômica.
§ 2º A similitude de condições de vida oriunda da profissão ou trabalho em comum, em situação de emprego na mesma atividade econômica ou em atividades econômicas similares ou conexas, compõe a expressão social elementar compreendida como categoria profissional".

Existem regras formais a serem observadas na fundação do sindicato, que atualmente estão dispostas na Portaria n. 186, de 10 de abril de 2008, sucessora da Portaria n. 343, de 4 de maio de 2000, com nova redação dada pela Portaria n. 376, de 23 de maio de 2000 e, ainda, pela Portaria n. 326, de 1 de março de 2013, todas do Ministério do Trabalho e do Emprego.

O registro no órgão competente, que, de início, suscitou algumas dúvidas, logo foi pacificado pela doutrina[28] e pela jurisprudência[29], no sentido de que, para a aquisição da personalidade jurídica sindical, é necessário o registro no Ministério do Trabalho e do Emprego[30].

Antes disso, porém, é importante lembrar que o sindicato tem natureza jurídica de associação de direito privado[31]. Assim, uma vez reunidos os integrantes de determinada (nova) categoria a partir da convocação pelos interessados na criação da nova entidade, em edital publicado em jornal diário de grande circulação, são extraídos a ata de fundação e os estatutos da nova entidade. Com a necessidade de aquisição de personalidade civil – associação de direito privado que é –, o registro inicial dá-se no Cartório de Pessoas Jurídicas do município. Assim, a entidade poderá usufruir dos direitos civis de manter uma sede, contas bancárias, aquisição de bens, admissão de empregados, além da inscrição no Cadastro Nacional de Pessoas Jurídicas (CNPJ)[32]. Posteriormente é que, à luz das regras formais da Portaria n. 343, de 4 de maio de 2000 e, mais recentemente, das Portarias n. 186, de 10 de abril de 2008, e 326, de 1 de março de 2013, todas do Ministério do Trabalho e do Emprego, é que será requerida a personalidade sindical.

Ao contrário do que ocorria antes da promulgação da Constituição ora comentada, o Poder Público não mais pôde interferir ou intervir nas organizações sindicais. Sem dúvida, a parte final do inciso I do artigo 8º abriu uma brecha para a definitiva, ainda que tardia e até agora inexistente, implantação da liberdade sindical no Brasil. Os sindicatos, para exercerem com tranquilidade as suas funções[33] de representar determinada categoria e negociar por ela, não podem ter interferência ou intervenção estatal.

O inciso II dispõe sobre a unicidade sindical, com a seguinte redação:

---

28. Ver, entre outros, NASCIMENTO, Amauri Mascaro, em *Compêndio de direito sindical*, 2ª ed., São Paulo: LTr, 2000, RUSSOMANO, Mozart Victor, em *Princípios gerais de direito sindical*, 2ª ed., Rio de Janeiro: Forense, 1998 e STÜRMER, Gilberto, em *A liberdade sindical na Constituição da República Federativa do Brasil de 1988 e sua relação com a Convenção 87 da Organização Internacional do Trabalho*, Porto Alegre: Livraria do Advogado Editora, 2007.
29. Ver, entre outras, a ADI-MC 1121/RS, julgamento em 6-9-1995, pelo Tribunal Pleno, Rel. Min Celso de Mello, publicada no *DJ* 6-10-1995, p. 33127.
30. Ver arts. 1º e 2º da Portaria n. 343, de 4-5-2000, do Ministério do Trabalho e do Emprego.
31. STÜRMER, 2007, p. 81.
32. STÜRMER, 2007, p. 81.
33. No entendimento da majoritário da doutrina, as principais funções dos sindicatos são a negocial e a de representação. Este autor, concordando com a posição de Amauri Mascaro Nascimento (*Compêndio de direito sindical*), entende que, além das duas principais, o sindicato também exerce as funções assistencial, arrecadação, política (colaboração com o Estado) e ética (princípio da boa-fé negocial).

"II – é vedada a criação de mais de uma organização sindical, em qualquer grau, representativa de categoria profissional ou econômica, na mesma base territorial, que será definida pelos trabalhadores ou empregadores interessados, não podendo ser inferior à área de um município".

No mesmo sentido, o artigo 516 da Consolidação das Leis do Trabalho.

Os graus de organização sindical referidos no dispositivo constituem o chamado sistema piramidal: sindicato na base (município)[34] e as entidades de grau superior[35], sendo a federação[36] em âmbito mínimo estadual e a confederação[37] em âmbito nacional.

A Lei n. 11.648/2008, dispõe sobre o reconhecimento formal das centrais sindicais. Tramita no Supremo Tribunal federal, desde 9 de abril 2008, a Ação Direta de Inconstitucionalidade n. 4.067 em relação à referida lei. Até o encerramento deste texto, em fevereiro de 2018, o processo estava concluso com o Ministro Gilmar Mendes. A Adi questiona diversos aspectos e, dentre eles, as questões de unicidade sindical e divisão da contribuição sindical.

A manutenção da unicidade sindical no Brasil fere frontalmente a Convenção 87 da Organização Internacional do Trabalho, de 9 de julho de 1948, e, também por esta razão, até hoje não ratificada pelo Brasil, em que pese ser o mais importante Tratado da Organização Internacional do Trabalho.

O inciso III trata da função de representação ao dispor que:

"III – ao sindicato cabe a defesa dos direitos e interesses coletivos ou individuais da categoria, inclusive em questões judiciais ou administrativas".

A antiga Súmula n. 310 do Tribunal Superior do Trabalho, que limitava a substituição processual, foi cancelada pela Resolução n. 119/2003. A Corte Trabalhista curvou-se ao entendimento do Supremo Tribunal Federal, no sentido de que a substituição processual da categoria pelo sindicato que a representa é ampla[38], não se limitando apenas à arguição da insalubridade e/ou periculosidade em Juízo[39], à Ação de Cumprimento[40], da postulação do Fundo de Garantia do Tempo de Serviço em Juízo[41] e do mandado de segurança coletivo[42].

A Constituição de 1988 criou uma então nova modalidade de custeio das entidades sindicais. Dispõe o inciso IV:

"IV – a assembleia geral fixará a contribuição que, em se tratando de categoria profissional, será descontada em folha, para custeio do sistema confederativo da representação sindical respectiva, independentemente da contribuição prevista em lei".

A então novel contribuição depende de assembleia geral da categoria para ser aprovada e custeada apenas pelos sócios do respectivo sindicato[43]. Tem, contudo, o condão de financiar o sistema confederativo, ou seja, contribuir para o sustento, além dos sindicatos, das federações e das confederações.

Importante notar que a parte final do dispositivo, ao referir que a contribuição para custeio do sistema confederativo foi instituída independentemente da contribuição prevista em lei, fez com que a Constituição de 1988 tivesse recepcionado a contribuição sindical prevista nos artigos 578 a 610 da Consolidação das Leis do Trabalho.

No Capítulo III, do Título V, da CLT, que trata da Contribuição Sindical, a Lei n. 13.467/2017, que, após a *vacatio legis*, passou a viger em 11 de novembro de 2017, alterou os artigos 578, 579, 582, 583, 587 e 602, e revogou os artigos 601 e 604.

Assim, a contribuição sindical, que não foi extinta, só poderá ser cobrada dos representados, tanto de categoria econômica quanto de categoria profissional, desde que prévia e expressamente autorizada dos que participarem das referidas categorias ou de profissão liberal.

Na esteira da genérica regra do artigo 5º, inciso XX, da Constituição da República, de forma específica o inciso V do artigo 8º dispõe:

"V – ninguém será obrigado a filiar-se ou a manter-se filiado a sindicato".

O enquadramento sindical que regula os conceitos de categoria econômica e categoria profissional trata apenas da representatividade categorial, esta sim obrigatória. O empresário ou o empregado de determinada atividade em determinada base territorial é, obrigatoriamente, representado pelo sindicato daquela categoria naquela base territorial, não sendo obrigado, se não quiser, a ser filiado a este mesmo sindicato.

Como já referido, o inciso III trata da função de representação do sindicato. Atrelado a este dispositivo e, ainda, em função de que o interesse coletivo prepondera sobre o interesse individual, é que o inciso VI refere que:

"VI – é obrigatória a participação dos sindicatos nas negociações coletivas de trabalho".

Embora não disponha de forma expressa, é certo que tal obrigatoriedade se dá apenas aos sindicatos da categoria profissional e não aos da categoria econômica. Tal situação se dá em face da proteção aos trabalhadores[44] e por interpretação sistemá-

---

34. Ver artigo 511 da Consolidação das Leis do Trabalho.
35. Ver artigo 533 da Consolidação das Leis do Trabalho.
36. Ver artigo 534 da Consolidação das Leis do Trabalho.
37. Ver artigo 535 da Consolidação das Leis do Trabalho.
38. Ver, entre outros, o RE 210029/RS, julgamento em 12/06/2006, pelo Tribunal Pleno, Rel. Min Carlos Velloso, publicada no *DJ* 17/08/2007, pp. 00025.
39. Artigo 195, § 2º, da Consolidação das Leis do Trabalho.
40. Artigo 872, parágrafo único, da Consolidação das Leis do Trabalho e artigo 1º da Lei n. 8.984/95.
41. Artigo 25 da Lei n. 8.036/90.
42. Artigo 5º, inciso LXX, alínea b, da Constituição da República Federativa do Brasil de 1988.
43. Nesse sentido, a Súmula 666 do Supremo Tribunal Federal: "A contribuição confederativa de que trata o art. 8º, IV, da Constituição, só é exigível dos filiados ao sindicato respectivo". E o Precedente Normativo n. 119 da Seção de Dissídios Coletivos do Tribunal Superior do Trabalho: "Contribuições sindicais – inobservância de preceitos constitucionais – A Constituição da República, em seus arts. 5º, XX, e 8º, V, assegura o direito de livre associação e sindicalização. É ofensiva a essa modalidade de liberdade cláusula constante de acordo, convenção coletiva ou sentença normativa estabelecendo contribuição em favor de entidade sindical a título de taxa para custeio do sistema confederativo, assistencial, revigoramento ou fortalecimento sindical e outras da mesma espécie, obrigando trabalhadores não sindicalizados. Sendo nulas as estipulações que inobservem tal restrição, tornam-se passíveis de devolução os valores irregularmente descontados".
44. Sobre a matéria, RODRIGUEZ, Américo Plá, em *Princípios de direito do trabalho* (trad. Wagner D. Giglio), 1ª ed., 4ª tiragem, São Paulo: LTr, 1996, p. 28 e seguintes.

tica⁴⁵, já que o inciso XXVI, do artigo 7º, também da Constituição de 1988, reconhece as convenções e os acordos coletivos de trabalho. E, na medida em que convenção coletiva de trabalho é o resultado da negociação coletiva entre o sindicato da categoria profissional e o sindicato da categoria econômica⁴⁶ e acordo coletivo de trabalho é o resultado da negociação coletiva entre o sindicato da categoria profissional e a(s) empresa(s)⁴⁷, verifica-se, a toda evidência, que a única interpretação possível ao inciso VI do artigo 8º é a da obrigatoriedade de presença tão somente do sindicato da categoria profissional nas negociações coletivas de trabalho⁴⁸.

A aposentadoria é direito constitucional dos trabalhadores⁴⁹ e, nos termos do inciso VII:

"VII – o aposentado filiado tem direito a votar e ser votado nas organizações sindicais".

Isto para que o trabalhador aposentado se sinta prestigiado e participando da vida do sindicato, ao qual ele tanto se doou quando na ativa.

O inciso VIII, último do artigo, trata da estabilidade do dirigente sindical no emprego⁵⁰:

"VIII – é vedada a dispensa do empregado sindicalizado a partir do registro da candidatura a cargo de direção ou representação sindical e, se eleito, ainda que suplente, até um ano após o final do mandato, salvo se cometer falta grave nos termos da lei".

Referida estabilidade já era regulada nos mesmos termos, pelo artigo 543, § 3º, da Consolidação das Leis do Trabalho. É que o dirigente é o próprio sindicato e, na obrigatória e incessante busca dos interesses da categoria, é natural que em determinados momentos, a relação com o empregador fique estremecida. Entendeu o legislador que um ano após o final do mandato é tempo suficiente para que eventuais rusgas ocorridas sejam amainadas.

Finalmente, o parágrafo único estende as disposições contidas no artigo às organizações sindicais rurais e às colônias de pescadores, na forma estabelecida por lei. Assim está redigido:

"Parágrafo único. As disposições deste artigo aplicam-se à organização de sindicatos rurais e de colônias de pescadores, atendidas as condições que a lei estabelecer".

O objetivo foi o de fixar claramente que o tratamento constitucional no que diz respeito aos aspectos sindicais deve obedecer ao princípio fundamental da isonomia.

4. O direito internacional

O ponto fundamental no direito internacional sobre a matéria em comento é a relação que dever ser feita com a Organização Internacional do Trabalho⁵¹.

Em 9 de julho de 1948 foi criada a Convenção n. 87 da Organização Internacional do Trabalho, entrando em vigor em 4 de julho de 1950. O texto cuida da liberdade sindical e da proteção à sindicalização.

Refere que trabalhadores e empregadores, sem nenhuma distinção e sem autorização prévia, têm o direito de constituir as organizações que estimem convenientes, bem como o de filiar-se a essas organizações, com a única condição de observar os estatutos das mesmas (art. 2). Dispõe, ainda, que as organizações de trabalhadores e de empregadores têm o direito de redigir seus estatutos e regulamentos administrativos, o de eleger livremente seus representantes, o de organizar sua administração e suas atividades, e o de formular seu programa de ação (art. 3.1); e que as autoridades públicas deverão abster-se de toda intervenção que tenda a limitar este direito, ou a enfraquecer seu exercício legal (art. 3.2).

A liberdade sindical, especialmente no seu viés coletivo, se enquadra no feixe dos direitos humanos⁵².

Com efeito, porque a Constituição brasileira se choca com o texto da Convenção n. 87 da Organização Internacional do Trabalho em pelo menos três dispositivos (art. 8º, incisos II, III e IV), os quais cuidam da unicidade sindical, do enquadramento sindical e da contribuição sindical, o Brasil até hoje não a ratificou.

A grande maioria dos países ratificou a Convenção n. 87 da Organização Internacional do Trabalho. É o caso da Argentina (1960), Austrália (1973), Áustria (1950), Bélgica (1951), Bolívia (1965), Canadá (1972), Chile (1999), Colômbia (1976), Costa Rica (1960), Cuba (1952), Dinamarca (1951), Equador (1967), Espanha (1977), França (1951), Grécia (1962), Guatemala (1952), Hungria (1957), Israel (1957), Itália (1958), Japão (1965), México (1950), Paraguai (1962), Peru (1960), Polônia (1957), Portugal (1977), Reino Unido (1949), República Dominicana (1956), Suécia (1949), Suíça (1975), Uruguai (1954), Venezuela (1982), entre outros.

O tratamento dado pelas modernas constituições ao sindicalismo, no sentido de haver mais ou menos liberdade sindical, ou não haver liberdade sindical, passa pela ratificação da Convenção 87 da Organização Internacional do Trabalho.

O Brasil mudou em termos sindicais há trinta anos, quando foi promulgada a atual Constituição. Esta mudança, contudo, apenas abriu uma fresta à liberdade sindical. É imperioso que, diante das cada vez mais complexas relações sociais e trabalhistas, o Brasil ocupe o espaço que lhe cabe, a partir da abertura que a "plena" liberdade sindical certamente lhe dará.

5. Referências bibliográficas

ALEXY, Robert. *Teoría de los derechos fundamentales*. 2ª ed. Madrid: Centro de Estúdios Políticos y Constitucionales, 2001.

ÁVILA, Humberto. *Teoria dos princípios* – da definição à aplicação dos princípios jurídicos. 3ª ed. São Paulo: Malheiros, 2004.

BOBBIO, Norberto. *As ideologias do poder em crise* (trad. João Ferreira). 4ª ed. Brasília: UNB, 1999.

_____. *Igualdade e liberdade* (trad. Carlos Nelson Coutinho). Rio de Janeiro: Ediouro, 1996.

---

45. Neste sentido, ver FREITAS, Juarez, em *A interpretação sistemática do direito*, São Paulo: Malheiros, 1998, p. 46.
46. Ver artigo 611, *caput*, da Consolidação das Leis do Trabalho.
47. Ver artigo 611, § 1º, da Consolidação das Leis do Trabalho.
48. STÜRMER, 2007, p. 88.
49. Art. 7º, inciso XXIV, da Constituição da República Federativa do Brasil de 1988.
50. Sobre a estabilidade provisória dos dirigentes sindicais, ver as Súmulas n. 369 e n. 379 do Tribunal Superior do Trabalho.
51. Criada em 1919, ao término da Primeira Guerra Mundial, quando se reuniu a Conferência da Paz, primeiro em Paris e depois em Versailles.

52. Nesse sentido, ver SARLET, Ingo Wolfgang, em *A eficácia dos direitos fundamentais*, Porto Alegre: Livraria do Advogado Editora, 1998, p. 31.

_____. *Teoria do ordenamento jurídico*. 7ª ed. Brasília: UnB, 1996.

BONAVIDES, Paulo. *Curso de direito constitucional*. 6ª ed. São Paulo: Malheiros, 1996.

CAMPANHOLE, Hilton Lobo; CAMPANHOLE, Adriano. *Constituições do Brasil*. 13ª ed. São Paulo: Atlas, 1999.

CANOTILHO, Joaquim José Gomes. *Direito constitucional*. 7ª ed. Coimbra: Almedina, 1997.

DWORKIN, Ronald. *Los derechos em serio* (trad. De Marta Guastavino). 4ª ed. Barcelona: Ariel, 1999.

FREITAS, Juarez. *A interpretação sistemática do direito*. São Paulo: Malheiros, 1995.

HEGEL, Georg Wilhelm Friedrich. *Princípios da filosofia do direito* (trad. Orlando Vitorino). São Paulo: Martins Fontes, 2003.

HOBBES, Thomas. *Leviatã – ou matéria, forma e poder de um Estado eclesiástico e civil* (trad. Alex Martins). São Paulo: Editora Martin Claret, 2002.

KANT, Immanuel. *A metafísica dos costumes* (contendo a doutrina do Direito e a doutrina da Virtude) (trad. Edson Bini). São Paulo: EDIPRO, 2003.

LOCKE, John. *Dois tratados sobre o governo* (trad. Julio Fischer). São Paulo: Martins Fontes, 1998.

MONTESQUIEU, Charles de Secondat. *O espírito das leis* (trad. Cristina Murachco). São Paulo: Martins Fontes, 1996.

NASCIMENTO, Amauri Mascaro. *Compêndio de direito sindical*. 2ª ed. São Paulo: LTr, 2000.

RODRIGUEZ, Américo Plá. *Princípios de direito do trabalho* (trad. Wagner D. Giglio), 1ª ed. 4ª tiragem. São Paulo: LTr, 1996.

RUSSOMANO, Mozart Victor. *Princípios gerais de direito sindical*. 2ª ed. Rio de Janeiro: Forense, 1998.

SARLET, Ingo Wolfgang. *A eficácia dos direitos fundamentais*. Porto Alegre: Livraria do Advogado Editora, 1998.

_____. *Dignidade da pessoa humana e direitos fundamentais na Constituição Federal de 1988*. Porto Alegre: Livraria do Advogado Editora, 2001.

STÜRMER, Gilberto. *A liberdade sindical na Constituição da República Federativa do Brasil de 1988 e sua relação com a Convenção 87 da Organização Internacional do Trabalho*. Porto Alegre: Livraria do Advogado Editora, 2007.

_____. *Direito constitucional do trabalho no Brasil*. São Paulo: Atlas, 2014.

SÜSSEKIND, Arnaldo Lopes. *Direito constitucional do trabalho*. Rio de Janeiro: Renovar, 1999.

Art. 9º É assegurado o direito de greve, competindo aos trabalhadores decidir sobre a oportunidade de exercê-lo e sobre os interesses que devam por meio dele defender.

§ 1º A lei definirá os serviços e atividades essenciais e disporá sobre o atendimento das necessidades inadiáveis da comunidade.

§ 2º Os abusos cometidos sujeitam os responsáveis às penas da lei.

Eugênio Hainzenreder Júnior
Amanda Rosales Gonçalves Hein Hainzenreder

1. História da norma

No Brasil, a primeira Constituição a normatizar o direito de greve foi a Carta de 10 de novembro de 1937, a qual expressamente consignou que *"A greve e o lock out são declarados recursos antissociais, nocivos ao capital e ao trabalho e incompatíveis com os superiores interesses da produção nacional"*. Foi tão somente na Constituição de 1946 que a greve alcançou o *status* de direito dos trabalhadores, sendo, posteriormente, regulada pela Lei n. 4.330/64. Historicamente, depreende-se que as previsões constitucionais posteriores foram dando novos contornos ao direito de greve e seus limites. Na Constituição Federal de 1967, por exemplo, delinearam-se as primeiras limitações a tal direito, restando expresso que a greve será um direito, exceto no que tange nos serviços públicos e atividades essenciais, definidas em lei.

A Emenda Constitucional de 1969 manteve as disposições acerca do direito de greve e sua vedação de ocorrência no âmbito dos serviços públicos e atividades essenciais. Já com a promulgação da Carta Magna de 1988, inseriu-se a greve no capítulo dos direitos sociais, alçando-a como um direito fundamental dos trabalhadores, a quem caberá decidir sobre a oportunidade de exercê-lo e sobre os interesses que devam por meio dele devam defender (art. 9º). Além disso, disciplinou que as atividades essenciais serão determinadas por lei, assim como disporá sobre o atendimento das necessidades tidas como inadiáveis da comunidade.

Igualmente, restou disciplinado na Carta de 1988, no parágrafo segundo do art. 9º, que os abusos cometidos sujeitam os responsáveis às penas da lei.

Cumpre referir, ainda, que os servidores públicos também foram abrangidos pelo direito de greve, segundo os limites definidos em lei específica, tendo o Supremo Tribunal Federal reconhecido tal legitimidade no julgamento dos Mandados de Injunção 670, 708 e 712 e determinado, ainda, a aplicação das normas relativas ao direito de greve no âmbito do serviço privado (Leis n. 7.701/88 e 7.783/89), enquanto não editada a referida "legislação específica".

Já, no entanto, em relação aos militares, o diploma constitucional vedou expressamente a sindicalização e a greve, consoante reza o art. 142, § 3º, inciso IV, da CF/88.

Sobre a regulamentação do direito de greve, inicialmente deu-se pela Medida Provisória n. 50, de 27 de abril de 1989, sobretudo em razão das frequentes paralisações em atividades essenciais. Como esta Medida Provisória não se converteu em lei, poucos meses depois foi publicada nova Medida Provisória, qual seja, a MP n. 59, de 26 de maio de 1989, a qual, posteriormente, foi convertida na Lei n. 7.783/1989, atual Lei de Greve.

Conclui-se, assim, que o direito greve no Brasil, dos primórdios até a contemporaneidade, traçou uma linha evolutiva que perpassa a sua vedação, admissão e reconhecimento, efetivamente, como um direito fundamental dos trabalhadores.

2. Constituições brasileiras anteriores

As Constituições de 1824, 1891 e 1934 foram omissas quanto ao tema, não dispondo sobre o direito de greve. Na Constituição de 1824 não há qualquer previsão ao direito de greve, pois até mesmo as corporações de ofício eram vetadas.

Na Carta de 10 de novembro de 1937 (do Estado Novo), assim foi disciplinado o tema: "art. 139, 2º parágrafo: A greve e o *lock out* são declarados recursos antissociais, nocivos ao capital e ao trabalho e incompatíveis com os superiores interesses da produção nacional".

A Constituição de 18 de setembro de 1946, dispôs no art. 158: "É reconhecido o direito de greve, cujo exercício a lei regulará".

Constituição de 24 de janeiro de 1967, art. 158, inciso XXI: *"A Constituição assegura aos trabalhadores os seguintes direitos: (...) greve, salvo o disposto no art. 157, § 7º (não será permitida greve nos serviços públicos e atividades essenciais, definidas em lei)".*

Emenda Constitucional n. 1, de 17 de outubro de 1969, art. 165, inciso XXI: *"A Constituição assegura aos trabalhadores os seguintes direitos: (...) greve, salvo o disposto no artigo 162 (não será permitida greve nos serviços públicos e atividades essenciais, definidas em lei)".*

3. Constituições estrangeiras

Argélia, de 1976, art. 61, § 2º: O direito à greve é reconhecido no setor privado. O seu exercício é regulado pela lei.

Argentina, de 1853, art. 14 *bis* (introduzido pela reforma de 1957): Fica assegurado aos sindicatos (grêmios): (...) o direito de greve.

Há de se citar, ainda, quanto ao direito argentino, o Decreto n. 2.184/1990, o qual estabelece as atividades essenciais nas quais existem restrições ao direito de greve previsto constitucionalmente.

Chile, de 1980, art. 19, § 16: não consagra a greve como direito e proíbe que entrem em greve os funcionários do Estado e das municipalidades.

Espanha, de 1978, art. 28, § 2º: É reconhecido o direito dos trabalhadores à greve para a defesa dos seus interesses. A lei que regular o exercício deste direito estabelecerá garantias destinadas a assegurar a manutenção dos serviços essenciais à comunidade.

Importa referir que nos termos da legislação espanhola, o direito de greve alcança os funcionários públicos, sendo, entretanto, vedada aos integrantes das forças armadas e dos corpos de segurança, consoante reza a Lei n. 02/1986.

França, de 1958, preâmbulo da Constituição de 1946: O direito de greve se exerce nos termos das leis que o regulamentam.

Itália, de 1948, art. 40: O direito de greve é exercido no âmbito das leis que o regulamentam.

Cita-se a Lei n. 146/1990, a qual disciplina a greve no setor público.

Japão, de 1946, art. 28: O direito dos trabalhadores de organizar-se, de celebrar acordos e agir coletivamente é reconhecido.

México, de 1917, art.123, a, inciso XVII: As leis reconhecerão como direito dos operários e patrões as greves e o encerramento de empresas; inciso XVIII: As greves serão lícitas quando tiverem por fim conseguir o equilíbrio entre os diversos fatores da produção, harmonizando os direitos do trabalho com os do capital. Nos serviços públicos será obrigatório para os trabalhadores avisar, com dez dias de antecedência, a Junta de Conciliação e Arbitragem da data marcada para a suspensão do trabalho. As greves serão consideradas como ilícitas unicamente quando a maioria dos grevistas praticar atos violentos contra as pessoas ou propriedades, ou, em caso de guerra, quando aqueles pertencerem a estabelecimentos ou serviços dependentes do governo.

Paraguai, de 1992: A lei regulará o exercício do direito de greve, de tal maneira que não afete serviços públicos imprescindíveis para a comunidade.

Peru, de 1993, art. 28: O Estado reconhece os direitos de sindicalização, negociação coletiva e greve. § 3º: Regula o direito de greve para que seja exercido em harmonia com o interesse social. Fixa suas exceções e limitações.

Portugal, de 1976, art. 57: 1. É garantido o direito à greve. 2. Compete aos trabalhadores definir o âmbito de interesses a defender através da greve, não podendo a lei limitar esse âmbito. 3. A lei define as condições de prestação, durante a greve, de serviços necessários à segurança e manutenção de equipamentos e instalações, bem como de serviços mínimos indispensáveis para ocorrer à satisfação de necessidades sociais impreteríveis. 4. É proibido o *lock-out*.

Uruguai, de 1967, art. 57, § 3º: Declara-se que a greve é um direito coletivo (gremial). Sobre esta base serão regulamentados seu exercício e efetividade.

4. Direito Internacional – OIT, pactos e declarações internacionais

Declaração Universal dos Direitos do Homem, art. 23, § 4º: Toda pessoa tem o direito de fundar com outras pessoas sindicatos e de se filiar a sindicatos para a defesa dos seus interesses. Entende-se que a "defesa dos seus interesses" compreende implicitamente o exercício do direito de greve. A Declaração Universal não é suscetível de ratificação pelos Estados que integram a ONU.

Pacto Internacional sobre os Direitos Econômicos, Sociais e Culturais, art. 8º, alínea *d*: Os Estados-Partes no presente Pacto comprometem-se a assegurar: (...) d) O direito de greve, sempre que exercido em conformidade com as leis de cada país. Este Pacto Internacional, que especifica os direitos sociais, econômicos e culturais proclamados pela Declaração Universal (arts. 22 a 28), foi ratificado pelo Brasil (promulgado pelo Decreto n. 591, de 6 de julho de 1992) e, portanto, integra o ordenamento jurídico interno.

Carta Social Europeia (Turim, 1961), art. 6º, § 4º: As partes contratantes se obrigam (...) e reconhecem: (...) o direito dos trabalhadores e dos empregadores a ações coletivas em caso de conflito de interesse, inclusive o direito de greve, com reserva das obrigações que possam resultar das convenções coletivas em vigor.

Carta dos Direitos Fundamentais da União Europeia (Nice, 2000), art. 28: Os trabalhadores e os empregadores, ou suas respectivas organizações, têm em conformidade com o direito comunitário e as legislações e práticas nacionais, o direito de negociar e celebrar convenções coletivas em níveis apropriados e de recorrer, em caso de conflitos de interesses, a ações coletivas para a defesa de seus interesses, inclusive a greve.

Protocolo Adicional à Convenção Americana sobre Direitos Humanos em matéria de Direitos Econômicos, Sociais e Culturais (Protocolo de São Salvador), de 1988, art. 8º, § 1º, alínea *b*: Os Estados partes garantem: (...) o direito de greve.

Declaração Sócio-laboral do Mercosul (Rio de Janeiro, 1998), art. 11: Todos os trabalhadores e as organizações sindicais têm garantido o exercício do direito de greve, conforme as disposições nacionais vigentes. Os mecanismos de prevenção ou solução de conflitos ou a regulação deste direito não poderão impedir seu exercício ou desvirtuar sua finalidade.

Em relação à Organização Internacional do Trabalho, não há uma convenção ou recomendação específica sobre o direito de greve, existindo, unicamente, referências indiretas a este instituto e ao *lockout*. Desta feita, a doutrina faz menção às Convenções n. 87 e 105, as quais, respectivamente, preveem, ainda que indiretamente, e com base na liberdade sindical e proteção do direito sindical, (i) a possibilidade de formulação do "programa de ação" dos sindicatos de trabalhadores, no qual estaria implicitamente contido o direito de greve, e (ii) declara, no art. 1º, alínea *d*, que os membros da OIT se obrigam a não recorrer de modo algum ao trabalho forçado como medida de punição por participação em greve.

Insta salientar, contudo, que somente a Convenção n. 105 foi ratificada pelo Brasil.

Da mesma maneira, faz-se menção à Recomendação n. 92 da OIT, a qual versa sobre a conciliação e arbitragem voluntários e dispõe em seu art. 6º que "se uma disputa tiver sido submetida à arbitragem, com o consentimento de todas as partes interessadas, para sua solução final, as partes devem ser incentivadas a não recorrer a greves e lock-outs enquanto dure o procedimento de arbitragem e a aceitar a sentença arbitral."

5. Remissões constitucionais e legais

Art. 37, inciso VII: O direito de greve será exercido nos termos e nos limites definidos em lei específica (refere-se aos servidores da administração pública direta e indireta de qualquer dos poderes da União, dos Estados, do Distrito Federal e dos Municípios). Alteração operada pela Emenda Constitucional n. 19, de 4 de junho de 1998 (a redação anterior falava em lei complementar).

Art. 42, § 1º: § 1º Aplicam-se aos militares dos Estados, do Distrito Federal e dos Territórios, além do que vier a ser fixado em lei, as disposições do art. 14, § 8º; do art. 40, § 9º; e do art. 142, §§ 2º e 3º, cabendo a lei estadual específica dispor sobre as matérias do art. 142, § 3º, inciso X, sendo as patentes dos oficiais conferidas pelos respectivos governadores (Redação dada pela Emenda Constitucional n. 20, de 15-12-98).

Art. 142, § 3º, inciso IV: Ao militar são proibidas a sindicalização e a greve (acrescentado pela Emenda Constitucional n. 18, de 1998).

Art. 114, inciso II: Compete à Justiça do Trabalho processar e julgar: (...) as ações que envolvam exercício do direito de greve (introduzido pela Emenda Constitucional n. 45, de 2004).

Art. 114, § 3º: Em caso de greve em atividade essencial, com possibilidade de lesão do interesse público, o Ministério Público do Trabalho poderá ajuizar dissídio coletivo, competindo à Justiça do Trabalho decidir o conflito (introduzido pela Emenda Constitucional n. 45, de 2004).

No plano da legislação infraconstitucional, o exercício do direito de greve é regulado pela Lei n. 7.783, de 28 de junho de 1969. A lei específica destinada a regular a greve do servidor público não foi promulgada.

Na CLT, há previsão expressa sobre o direito de greve nos arts. 722 e 611-B, incisos XXVII e XXVIII (incluído pela Lei n. 13.467/2017):

Art. 722 – Os empregadores que, individual ou coletivamente, suspenderem os trabalhos dos seus estabelecimentos, sem prévia autorização do Tribunal competente, ou que violarem, ou se recusarem a cumprir decisão proferida em dissídio coletivo, incorrerão nas seguintes penalidades:

a) multa de cinco mil cruzeiros a cinquenta mil cruzeiros; (*Vide* Leis n. 6.986, de 1982 e 6.205, de 1975)

b) perda do cargo de representação profissional em cujo desempenho estiverem;

c) suspensão, pelo prazo de 2 (dois) a 5 (cinco) anos, do direito de serem eleitos para cargos de representação profissional.

§ 1º Se o empregador for pessoa jurídica, as penas previstas nas alíneas *b* e *c* incidirão sobre os administradores responsáveis.

§ 2º Se o empregador for concessionário de serviço público, as penas serão aplicadas em dobro. Nesse caso, se o concessionário for pessoa jurídica o Presidente do Tribunal que houver proferido a decisão poderá, sem prejuízo do cumprimento desta e da aplicação das penalidades cabíveis, ordenar o afastamento dos administradores responsáveis, sob pena de ser cassada a concessão.

§ 3º Sem prejuízo das sanções cominadas neste artigo, os empregadores ficarão obrigados a pagar os salários devidos aos seus empregados, durante o tempo de suspensão do trabalho.

Art. 611-B. Constituem objeto ilícito de convenção coletiva ou de acordo coletivo de trabalho, exclusivamente, a supressão ou a redução dos seguintes direitos:

XXVII – direito de greve, competindo aos trabalhadores decidir sobre a oportunidade de exercê-lo e sobre os interesses que devam por meio dele defender; (Incluído pela Lei n. 13.467, de 2017)

XXVIII – definição legal sobre os serviços ou atividades essenciais e disposições legais sobre o atendimento das necessidades inadiáveis da comunidade em caso de greve; (Incluído pela Lei n. 13.467, de 2017)

6. Jurisprudência

Súmula STF:

316 – "A simples adesão à greve não constitui falta grave".

Tese STF em Regime de Repercussão Geral:

531 – "A administração pública deve proceder ao desconto dos dias de paralisação decorrentes do exercício do direito de greve pelos servidores públicos, em virtude da suspensão do vínculo funcional que dela decorre, permitida a compensação em caso de acordo. O desconto será, contudo, incabível se ficar demonstrado que a greve foi provocada por conduta ilícita do Poder Público." (*Leading Case*: RE 693456)

Súmula Vinculante STF:

23 – "GREVE. COMPETÊNCIA DA JUSTIÇA DO TRABALHO. ABUSIVIDADE (nova redação) – Res. 121/2003, *DJ* 19, 20 e 21-11-2003

A Justiça do Trabalho é competente para declarar a abusividade, ou não, da greve".

Súmula TST:

189 – "GREVE. COMPETÊNCIA DA JUSTIÇA DO TRABALHO. ABUSIVIDADE (nova redação) – Res. 121/2003, DJ 19, 20 e 21-11-2003. A Justiça do Trabalho é competente para declarar a abusividade, ou não, da greve".

7. Orientações Jurisprudenciais da Seção de Dissídios Coletivos

10. Greve abusiva não gera efeitos (inserida em 27-3-1998). É incompatível com a declaração de abusividade de movimento grevista o estabelecimento de quaisquer vantagens ou garantias a seus partícipes, que assumiram os riscos inerentes à utilização do instrumento de pressão máximo.

11. Greve. Imprescindibilidade de tentativa direta e pacífica da solução do conflito. Etapa negocial prévia (inserida em 27-3-1998). É abusiva a greve levada a efeito sem que as partes hajam tentado, direta e pacificamente, solucionar o conflito que lhe constitui o objeto.

38. Greve. Serviços essenciais. Garantia das necessidades inadiáveis da população usuária. Fator determinante da qualificação jurídica do movimento. É abusiva a greve que se realiza em setores que a lei define como sendo essenciais à comunidade, se não é assegurado o atendimento básico das necessidades inadiáveis dos usuários do serviço, na forma prevista na Lei n. 7.783/89.

8. Referências bibliográficas

BABOIN, Jose Carlos de Carvalho. A greve como limite do direito e o direito como limite da greve: a historicidade da positivação. 2020. 252 f. Tese (Doutorado) – Programa de Pós-Graduação em Direito da Faculdade de Direito da Universidade de São Paulo, São Paulo, 2020. Disponível em: https://www.teses.usp.br/teses/.

BATALHA, Wilson de Souza Campos; BATALHA, Silvia Marina Labate. *Sindicatos, sindicalismo*. 2. ed. rev. e ampl. São Paulo: LTr, 1994.

BELTRAN, Ari Pessidonio. *A autotutela nas relações de trabalho*. São Paulo: LTr, 1996.

BOUCINHAS FILHO, Jorge Cavalcanti. *Direito de greve e democracia*. São Paulo: LTr, 2013, 251 p.

COIMBRA, Rodrigo. Exercício do direito social de greve dos servidores públicos estatutários e políticas públicas = Exercise of the social right to strike of public servants and public policy. *Universitas*: Jus, Brasília, v. 23, n. 1, p. 95-111, jan./jun. 2012.

COSTA, Orlando Teixeira da. Direito de greve. In: ROMITA, Arion Sayão (coord.). *Curso de direito constitucional do trabalho*: estudos em homenagem ao Professor Amauri Mascaro Nascimento. São Paulo: LTr, 1991, v. 2, p. 111-125.

COSTA, Orlando Teixeira da. Do abuso de direito na greve. *Revista LTr*, São Paulo, 54-4/392 (abr. 1990).

DELGADO, Maurício Godinho. *Curso de direito do trabalho*. 21. ed., São Paulo: LTr, 2022.

DELGADO, Mauricio Godinho; PIMENTA, José Roberto Freire; MIZIARA, Raphael. Sindicalismo e greve no estado democrático de direito: o debate sobre o exercício, pelas entidades sindicais, de atividades com dimensões políticas. *Revista de Direito do Trabalho*, São Paulo, v. 209, p. 245-286, 2020.

DUARTE NETO, Bento Herculano. *Direito de greve*: aspectos genéricos e legislação brasileira. São Paulo: LTr, 1993, 175 p.

FREDIANI, Yone. *Greve nos serviços essenciais à luz da Constituição Federal de 1988*. São Paulo: LTr, 2001.

GARCIA, Gustavo Filipe Barbosa. *Curso de direito do trabalho*. 11. ed., São Paulo: Forense, 2017.

GOMES, Ana Cláudia Nascimento. *Breves notas sobre a juridicidade da greve político-laboral*: compreensões da OIT e do Brasil. Coleção Direito Internacional do Trabalho: a comunicabilidade do direito internacional do trabalho e o direito do trabalho brasileiro, São Paulo, v. 2, p. 345-368, 2020.

MALLET, Estêvão. *Dogmática elementar do direito de greve*. São Paulo: LTr, 2014. 134 p.

MARTINEZ, Luciano. *Curso de direito do trabalho*. 8. ed. São Paulo: Saraiva, 2017.

MARTINS, Sergio Pinto. *Direito do trabalho*. 33. ed. São Paulo: Saraiva, 2017.

MELO, Raimundo Simão de. *A greve no direito brasileiro*. São Paulo: LTr, 2006.

MELO, Sandro Nahmias. Meio ambiente do trabalho e greve ambiental. *Revista ANAMATRA*, Brasília, n. 54, p. 47-53, 1º semestre de 2008.

MENEZES, Cláudio Armando Couce de. Antinomias entre a Lei de greve (n. 7.783/1989) e o art. 9º da Constituição Federal. *Revista LTr*: legislação do trabalho, São Paulo, v. 79, n. 4, p. 435-438, abr. 2015.

MENEZES, Cláudio Armando Couce de. Direito de greve do servidor público: lacuna e irritações com a sua natureza de direito fundamental. *Revista Magister de direito do trabalho*, Porto Alegre, v. 10, n. 58, p. 57-64, jan./fev. 2014.

MENEZES, Cláudio Armando Couce de. *Direito fundamental de greve sob uma nova perspectiva*. São Paulo: LTr, 2013, 104 p.

NASCIMENTO, Amauri Mascaro. *Comentários à Lei de Greve*. São Paulo: LTr, 1989.

NASCIMENTO, Amauri Mascaro. *Curso de direito do trabalho*. 29. ed. São Paulo: Saraiva, 2014.

NASCIMENTO, Amauri Mascaro. Evolução do direito coletivo do trabalho em 70 anos de justiça do trabalho. *Revista do Tribunal Regional do Trabalho da 15ª Região*, São Paulo, n. 39, p. 127-151, 2011.

ROBOREDO, Maria Lúcia Freire. *Greve, "lock-out" e uma nova política laboral*. Rio de Janeiro: Renovar, 1996.

RODRIGUES, Douglas Alencar. A greve política no direito brasileiro: uma breve aproximação. Disponível em: https://www.conjur.com.br/2022-mai-19/douglas-alencar-rodrigues-greve-politica-direito-brasileiro. Acesso em: 28 abr. 2023.

RODRIGUES, Maria Clara Borges; SANTOS, Michel Carlos dos. Greve política: ensaio sobre sua aplicação no contexto do ordenamento jurídico brasileiro. *Rev. TST*, Porto Alegre, v. 88, n. 4, p. 163-180, out./dez. 2022.

ROMITA, Arion Sayão. A greve dos servidores estatutários e em serviços essenciais no Brasil. In: *A greve no setor público e nos serviços essenciais*. Curitiba: Gênesis, 1997, p. 111-126.

ROMITA, Arion Sayão. Greve no setor privado. *Revista Magister de direito trabalhista e previdenciário*, Porto Alegre, v. 4, n. 22, p. 5-30, jan./fev. 2008.

SANTOS, Enoque Ribeiro dos; FARINA, Bernardo Cunha. A inevitabilidade da negociação coletiva no setor público. *Revista do Tribunal Superior do Trabalho*, São Paulo, v. 79, n. 3, p. 63-103, jul./set. 2013.

SARLET, Ingo Wolfgang; GOLDSCHMID, Rodrigo. A assim chamada abertura material do catálogo de direitos fundamentais: uma proposta de aplicação às relações de trabalho no brasil. *Revista Direitos Fundamentais & Democracia*, v. 17, n. 17, p. 25, 2015.

SARLET, Ingo Wolfgang. *Dignidade da pessoa humana e direitos fundamentais na Constituição Federal de 1988*. 4 ed. rev. e atual. Porto Alegre: Livraria do Advogado, 2006.

SARLET, Ingo Wolfgang. O direito de greve do servidor público como direito fundamental na perspectiva da Constituição Federal de 1988. *Revista do Tribunal Superior do Trabalho*, São Paulo, v. 78, n. 2, p. 72-83, abr./jun. 2012.

STÜRMER, Gilberto. *Direito constitucional do trabalho no Brasil*. São Paulo: Atlas, 2014.

STÜRMER, Gilberto. *A liberdade sindical na Constituição da República Federativa do Brasil de 1988 e sua relação com a Convenção 87 da Organização Internacional do Trabalho*. Porto Alegre: Livraria do Advogado, 2007.

SÜSSEKIND, Arnaldo. A responsabilidade do sindicato na greve. *Revista da Academia Brasileira de Letras Jurídicas*, Rio de Janeiro, v. 24, n. 32/33, p. 89-99, jan./dez. 2008.

SÜSSEKIND, Arnaldo. Critérios judiciais para a declaração da abusividade da greve. *Revista LTr*, São Paulo, v. 55, n. 8, p. 904-906, ago. 1991.

SÜSSEKIND, Arnaldo. Responsabilidade pelo abuso do direito de greve. *Revista da Academia do Direito do Trabalho*, n. 1, São Paulo: 1993, p. 37-44.

VIDAL NETO, Pedro. O direito de greve: evolução histórica. In: PRADO, Ney (coord.). *Direito sindical brasileiro*. São Paulo: LTr, 1998, p. 302-310.

9. Direito de greve como direito fundamental no Estado Democrático de Direito: Caracterização, conceituação e aspectos relevantes

Na Constituição de 1988, a greve foi inserida no título "Dos direitos e garantias fundamentais", sendo definida pelo legislador ordinário como *"a suspensão coletiva, temporária e pacífica, total ou parcial, de prestação pessoal de serviços a empregador"*, conforme disciplina o art. 2º da Lei n. 7.783/1989. Como se pode denotar, a greve, muito embora se trate de uma manifestação eminentemente coletiva, contempla a possibilidade de não abrigar a totalidade dos empregados envolvidos. Isso porque, a suspensão da prestação de serviços pode ser total ou parcial. Como se vê, a titularidade do direito de greve é dos trabalhadores, sendo que a legitimidade para instauração da greve é da entidade sindical representativa destes trabalhadores. Em se tratando, assim, de um direito coletivo, na linha do que preconiza o art. 8º, incisos III e VI, da CF, caberá aos sindicatos a defesa dos direitos coletivos e individuais da categoria, assim como a participação obrigatória das negociações coletivas.

Segundo o art. 4º da Lei n. 7.783/1989, a greve pressupõe atos organizados quanto à paralisação coletiva do trabalho, sendo necessário à entidade sindical correspondente convocar assembleia geral a quem compete definir as reivindicações da respectiva categoria. Disciplina, ainda, a Lei de Greve que a paralisação coletiva deverá ser precedida de um aviso prévio à entidade patronal ou aos empregadores cuja antecedência mínima deverá ser de 48 (quarenta e oito) horas, consoante reza o art. 3º da lei citada. No caso da paralisação em serviços ou atividades tidas como essenciais, o respectivo sindicato profissional ou os próprios trabalhadores deverão comunicar a referida paralisação aos empregadores e aos usuários com antecedência mínima de 72 (setenta e duas) horas, na forma do art. 13 da mesma lei.

Quanto aos direitos garantidos aos empregados grevistas, o art. 6º, I e II, da Lei n. 7.783/1989 prevê que serão assegurados o emprego de meios pacíficos tendentes a persuadir ou aliciar os trabalhadores a aderirem à greve, assim como a arrecadação de fundos e a livre divulgação do movimento. Da mesma maneira, veda-se às empresas adotar meios para constranger os empregados ao comparecimento ao trabalho, bem como capazes de frustrar a divulgação do movimento (art. 6º, § 2º). Em relação aos trabalhadores que não aderiram ao movimento grevista, disciplina-se que *"As manifestações e atos de persuasão utilizados pelos grevistas não poderão impedir o acesso ao trabalho nem causar ameaça ou dano à propriedade ou pessoa"* (art. 6º, § 3º). De qualquer sorte, deve ser destacado que a Lei de greve impôs limites cristalinos à paralisação, pois dispôs expressamente que, em nenhuma hipótese, os meios adotados por empregados e empregadores poderão violar ou constranger os direitos e garantias fundamentais de outrem. (art. 6º, § 1º).

Quanto aos efeitos oriundos do exercício de greve, é imperioso registrar que o art. 7º da Lei n. 7.783/1989 disciplinou a greve como efetiva causa de suspensão dos contratos de trabalho, ou seja, diante da sustação temporária da prestação de serviços, não há pagamento de salários. A exceção existente é a hipótese de negociação coletiva, na qual seja convencionada a contraprestação relativa aos dias de paralisação. Da mesma forma, é vedada a resilição contratual por iniciativa do empregador (dispensa sem justa causa) durante o período do exercício de greve, na forma do parágrafo púnico do artigo supracitado.

10. A greve no setor público

Ao passo que na Constituição Federal de 1967 e posterior Emenda Constitucional de 1969 era vedada a greve no setor público, o art. 37, inciso VII, da Constituição Federal de 1988 disciplina o direito de greve do servidor público. Tal direito, conforme redação original da lei maior, seria exercido "nos termos e nos limites definidos em lei complementar". Entretanto, a emenda constitucional n. 19/1998 alterou a redação deste artigo para dispor que o direito de greve deve ser exercido "nos termos e nos limites definidos em lei específica". Como se pode denotar, a Carta Magna não mais remete o direito de greve do servidor público à regulamentação por lei complementar.

Sobre o tema, o Supremo Tribunal Federal entende, por força do julgamento dos Mandados de Injunção n. 670/ES, 708/DF e 712/PA, que deve ser aplicável aos servidores públicos civis a Lei n. 7.783/1989 naquilo em que não afronte a natureza estatutária daqueles, enquanto não surja uma lei específica que passe a disciplinar o direito de greve nos serviços públicos.

Sobre a questão relativa ao desconto referente aos dias de paralisação do trabalho em decorrência de greve dos servidores públicos, o STF, em Regime de Repercussão Geral, fixou a seguinte tese:

531 – "A administração pública deve proceder ao desconto dos dias de paralisação decorrentes do exercício do direito de greve pelos servidores públicos, em virtude da suspensão do vínculo funcional que dela decorre, permitida a compensação em caso de acordo. O desconto será, contudo, incabível se ficar demonstrado que a greve foi provocada por conduta ilícita do Poder Público." (*Leading Case*: RE 693456)

Por último, a lei maior, reitere-se, expressamente dispõe que em seu art. 142, § 3º, inciso IV, que "ao militar são proibidas a sindicalização e a greve" (acrescentado pela Emenda Constitucional n. 18, de 1998).

11. Abuso do direito de greve

Reza o art. 9º, § 2º, da Carta Magna de 1988 que "os abusos cometidos sujeitam os responsáveis às penas da lei". Igualmente, no plano infraconstitucional, o art. 6º, § 1º, da Lei n. 7.783/1989, previu que "em nenhuma hipótese, os meios adotados por empregados e empregadores poderão violar ou constranger os direitos e garantias fundamentais de outrem".

Muito embora o exercício do direito de greve tenha sido alçado a direito fundamental dos trabalhadores pela Constituição Federal de 1988, o mesmo deve atentar para algumas limitações, sob pena de caracterização de abuso de direito. Nesse sentido, considerar-se-á abuso de direito quando este for praticado em excesso, tal como em forma de piquetes violentos, depredação da propriedade do empregador ou, ainda, quando os seus titulares extrapolarem os limites impostos pela Lei n. 7.783/1989. Conforme disciplina o art. 14 da referida lei, constitui abuso de direito de greve "*a inobservância das normas contidas na presente Lei, bem como a manutenção da paralisação após a celebração de acordo, convenção ou decisão da Justiça do Trabalho*". Em seu parágrafo único, por sua vez, disciplina o que não se caracteriza como abuso do direito de greve, elencando como hipóteses a paralisação que tenha por objetivo exigir o cumprimento de cláusula ou condição ou a que seja motivada pela superveniência de fatos novos ou acontecimento imprevisto que modifique substancialmente a relação de trabalho.

É importante, ainda, referir que o art. 15 da Lei n. 7.873/1989 prevê que "*a responsabilidade pelos atos praticados, ilícitos ou crimes cometidos, no curso da greve, será apurada, conforme o caso, segundo a legislação trabalhista, civil ou penal*".

Por fim, destaca-se que a Súmula Vinculante 23 do STF determina que "*A Justiça do Trabalho é competente para declarar a abusividade, ou não, da greve*".

12. O exercício do direito de greve em atividades essenciais

Diferentemente da Constituição Federal de 1967 e posterior Emenda Constitucional de 1969, as quais proibiam o exercício do direito de greve em atividades essenciais, a Carta Magna vigente de 1988, em seu art. 9º, parágrafo primeiro, não opõe tal vedação, ressaltando, contudo, que "*a lei definirá os serviços ou atividades essenciais e disporá sobre o atendimento das necessidades inadiáveis da comunidade*". Ainda no plano constitucional, o art. 114, § 3º, determina que "*em caso de greve em atividade essencial, com possibilidade de lesão do interesse público, o Ministério Público do Trabalho poderá ajuizar dissídio coletivo, competindo à Justiça do Trabalho decidir o conflito*" (introduzido pela Emenda Constitucional n. 45, de 2004).

A Lei n. 7.873/1989, portanto, nesse diapasão, arrola em seu art. 10 os serviços e atividades tidos como essenciais, os quais se constituem basicamente em onze serviços: *I – tratamento e abastecimento de água; produção e distribuição de energia elétrica, gás e combustíveis; II – assistência médica e hospitalar; III – distribuição e comercialização de medicamentos e alimentos; IV – funerários; V – transporte coletivo; VI – captação e tratamento de esgoto e lixo; VII – telecomunicações; VIII – guarda, uso e controle de substâncias radioativas, equipamentos e materiais nucleares; IX – processamento de dados ligados a serviços essenciais; X – controle de tráfego aéreo; XI compensação bancária.*

No seu artigo subsequente, ainda, refere que "*nos serviços ou atividades essenciais, os sindicatos, os empregadores e os trabalhadores ficam obrigados, de comum acordo, a garantir, durante a greve, a prestação dos serviços indispensáveis ao atendimento das necessidades inadiáveis da comunidade*", sendo que tais "necessidades inadiáveis" estão conceituadas em seu parágrafo único e podem ser descritas como "*aquelas que, não atendidas, coloquem em perigo iminente a sobrevivência, a saúde ou a segurança da população*".

Finalmente, o art. 12 garante que a inobservância desta disposição fará com que o Poder Público assegure a prestação dos serviços considerados como indispensáveis e o art. 13 disciplina que neste tipo de greve "ficam as entidades sindicais ou os trabalhadores, conforme o caso, obrigados a comunicar a decisão aos empregadores e aos usuários com antecedência mínima de 72 (setenta e duas) horas da paralisação", o que já fora referido acima.

13. *Lockout*

Muito embora a Constituição Federal de 1988 não aborde a figura do *lockout*, diferente da Constituição de 1937 que a ela fazia menção no sentido proibitivo, o art. 17 da Lei n. 7.783/1989 define o *lockout* como sendo "a paralisação das atividades, por iniciativa do empregador, com o objetivo de frustrar negociação ou dificultar o atendimento de reivindicações dos respectivos empregados (*lockout*)".

Nesse sentido, por configurar afronta aos direitos e garantias fundamentais do trabalhador, o *lockout* permanece sendo um instituto que não encontra guarida pelo direito brasileiro.

14. A greve política

O tema da "greve política" é extremamente tormentoso no âmbito doutrinário e jurisprudencial, não havendo uniformidade sobre sua conceituação e constitucionalidade.

A greve política pode ser entendida como aquela que envolve interesses puramente políticos, ou seja, que não estão relacionados ao contrato de trabalho, mas sim que se dirigem contra determinada medida governamental, a fim de compelir o poder público a fazer ou deixar de fazer algo. Em outras palavras, a greve política envolveria reivindicações que não estão associadas à relação de emprego em concreto, mas sim a interesses de ordem política, dirigidos ao Poder Público e que, como tal, não podem ser atendidos pelo empregador. E este é justamente o ponto que, conforme apontado pelo Ministro do TST Douglas Alencar, "tem levado o TST a decidir reiteradamente pela abusividade desses movimentos, com isso desonerando o empregador do pagamento dos salários e demais vantagens aos trabalhadores grevistas. O fundamento central dessas decisões – que não são tomadas à unanimidade, frise-se – reside na circunstância de que as greves são dirigidas contra o Poder Público e com objetivos direcionados à proteção de interesses que não podem ser atendidos pelo empregador. Em outras palavras, o exercício do direito de greve, nessas circunstâncias, estaria sendo exercido à margem de sua finalidade própria".

Art. 10. É assegurada a participação dos trabalhadores e empregadores nos colegiados dos órgãos públicos em que seus interesses profissionais ou previdenciários sejam objeto de discussão e deliberação.

Estêvão Mallet
Marcos Fava

1. História da norma

Forma precursora de representação paritária, no Direito do Trabalho, revelava-se na configuração das Juntas de Conciliação e Julgamento, desde a fase administrativa (Constituição de 1934, art. 29), quando a Justiça do Trabalho ainda não integrava o Poder Judiciário, compostas por Governo – um representante do Ministério do Trabalho –, empregados e empregadores. Assim preceituava, também, o Decreto-Lei n. 1.237/39, ao silêncio da Constituição de 1937.

Inova o Texto de 1988, ao ampliar a participação dos trabalhadores e empregadores em colegiados de órgãos públicos em que discutidas questões profissionais e previdenciárias que lhe digam respeito. Durante a gestão de Arnaldo Süssekind à frente do Ministério do Trabalho, por sua iniciativa, em que pese o vazio legislativo, as autarquias de previdência – caixas e institutos de aposentadorias e pensões –, que depois vieram a se fundir, contavam com a participação paritária de empregados e empregadores.

2. Constituições brasileiras

A representação classista na Justiça do Trabalho ocupou espaço nas Constituições de 1934, art. 29, 1946, art. 122, § 5º, de 1967, art. 141, e de 1988, até a Emenda Constitucional n. 24, de 1999, que a extinguiu.

3. Constituições estrangeiras

A Espanha estabelece, em sua Constituição, art. 129 (1), semelhante paridade na conformação de colegiados de gestão de órgãos profissionais ou previdenciários. A Constituição de Portugal confere às comissões de trabalhadores, prevista em seu art. 54º, o direito de "participar na elaboração da legislação do trabalho e dos planos económico-sociais que contemplem o respectivo setor", conforme n. 5, letra *d*, direito conferido, também, pelo art. 56º, n. 2, letra *a*. Na Constituição de Cabo Verde, a participação dos trabalhadores nos "organismos de concertação social" e na "definição da política de instituições de segurança social e de outras instituições que visem a protecção e a defesa de interesses" dá-se por meio dos sindicatos, conforme art. 66º, alíneas *a*) e *b*).

4. Direito internacional

O *tripartismo* é consagrado pelas práticas da Organização Internacional do Trabalho, que exige, em vários de seus textos e normas, a participação, em seus órgãos, de representantes de empregados, empregadores e governos. O fomento do diálogo social e do tripartismo tornou-se mesmo um dos quatro objetivos estratégicos estabelecidos no Programa de Trabalho Decente, sendo reafirmado na Declaração sobre a justiça social para uma globalização equitativa de 2008 (Secção I A iii). Exsurge, tal adoção, da característica marcadamente social das questões ligadas ao trabalho, que necessitam, para sua solução efetiva e melhor encaminhamento, da justaposição das intenções, opiniões e contribuições das três partes envolvidas. Não poucas Convenções, ao fixarem os procedimentos a serem adotados pelos Governos que integram a OIT, determinam consulta prévia aos organismos de representação de empregados e empregadores.

5. Remissões normativas

Desdobramentos da regra do art. 10 da Constituição podem ser encontrados na previsão de participação de empregados e empregadores no Conselho Curador do FGTS (art. 3º da Lei n. 8.036/90), no Conselho Nacional da Seguridade Social (art. 6º da Lei n. 8.212) e no Conselho Deliberativo do Fundo de Assistência do Trabalhador (Lei n. 7.988/90, art. 18, § 3º).

6. Comentários

Todo poder emana do povo, apregoam as constituições democráticas, dispositivo que, na Carta Política brasileira, complementa-se: "que o exerce por meio de representantes eleitos, ou diretamente, nos termos desta Constituição" (parágrafo único do art. 1º). Eis o cerne constitucional do mandamento que o art. 10, em comento, atende ao atribuir participação dos trabalhadores e empresários. Trata-se de uma forma alternativa de representação democrática, em que se substituem a "todo o povo", os trabalhadores e empregadores, não eleitos, mas indicados por seus organismos de representação, na composição de órgãos de gestão governamentais.

6.1. Limites

A regra determina (I) a participação de trabalhadores e empregadores, respeitando o *tripartismo* adotado pela OIT: (II) o que se deve dar apenas nos órgãos públicos, não existindo previsão para mesma garantia em organismos privados ou entidades particulares ou entidades da Administração indireta; (III) esses órgãos devem ser *colegiados*, não se cogitando do preenchimento de vagas em organismos monocráticos, por representantes de capital e trabalho, apenas em razão desta condição; (IV) garante-se direito à participação, o que não implica, ao menos não necessariamente, direito de votar nas deliberações. A norma não é violada quando os representantes de empregados e de empregadores tomam parte do órgão público colegiado, sem direito a voto, porém; (V) os órgãos de que devem fazer parte trabalhadores e empregadores são aqueles em que se deliberam assuntos de interesses profissionais e previdenciários. A última previsão é mais ampla do que a existente em outros países, como, por exemplo, Portugal, em que a participação é garantida apenas quando esteja em causa a "elaboração da legislação do trabalho e dos planos econômico-sociais". No Brasil, mesmo que se trate de deliberação com menor amplitude, a participação é garantida tanto que envolvidos "interesses profissionais ou previdenciários" de empregados e empregadores. Quando exigível a participação, se ela não ocorre, compromete-se a validade do ato.

6.2. Garantia no emprego

O direito de participação, conferido aos empregados, não envolve necessariamente garantia de emprego aos respectivos representantes, escolhidos para integrar os órgãos colegiados. Depende de previsão legal semelhante garantia, previsão que não é incomum. Os representantes dos trabalhadores com assento nos colegiados de gestão da Previdência, Assistência ao Trabalhador e do Fundo de Garantia têm assegurado o emprego, durante o mandato e até um ano após seu encerramento, com o que se busca assegurar sua autonomia e sua independência no trato dos assuntos em que conflitem interesses de capital e trabalho. Só podem ser dispensados mediante decisão tomada em processo judicial (cf. TRT – 1ª Reg., 7ª T., Proc. RO n. 110074.2009.5.01.0081, Rel. Evandro Pereira Valadão Lopes, julg. em 13-03-2013 in *DJ* de 20-03-2013).

7. Referências bibliográficas

Arnaldo Süssekind, *Direito constitucional do trabalho*, Rio de Janeiro: Renovar, 1999, p. 471-473; Celso Ribeiro Bastos, *Comentários à Constituição do Brasil*, São Paulo, Saraiva, 1989, v. 2, p. 540 e s.; José Cretella Júnior, *Comentários à Constituição de 1988*, Rio de Janeiro: Forense Universitária, 1991, v. II, p. 1066-1067.

Art. 11. Nas empresas de mais de duzentos empregados, é assegurada a eleição de um representante destes com a finalidade exclusiva de promover-lhes o entendimento direto com os empregadores.

Estêvão Mallet
Marcos Fava

1. História da norma

O período que medeia as duas Grandes Guerras Mundiais é profícuo no amadurecimento, pela classe trabalhadora, da necessidade de articulação coletiva em prol de seus interesses, quando se desenvolveram dois sistemas de representação. O primeiro revela-se pelo funcionamento dos sindicatos e o segundo resultante da escolha dos trabalhadores no local dos serviços. Representantes sindicais e representantes de pessoal. Ambos podem coexistir no ordenamento juslaboral, em complementação, sem prejuízo de parte a parte. São instrumentos de participação, deliberação e apresentação de demandas dos trabalhadores que não se excluem, senão se complementam. A tradição normativa brasileira não contemplava outro sistema, senão o sindical, até a Carta de 1988.

2. Constituições brasileiras

Não há dispositivo idêntico nas Constituições anteriores, embora o art. 165, VI, da Constituição de 1967, segundo a Emenda Constitucional 1/69, estabelecesse o objetivo da "integração do trabalhador na vida e no desenvolvimento da empresa", que pode ser alcançado pela instituição do representante de pessoal.

3. Constituições estrangeiras

A Constituição de Portugal, no art. 54 (1), institui espécie semelhante de representação. No âmbito da Comunidade Europeia, a Diretiva 94/45, de 22 de setembro, concernente à instituição de um comitê de empresa europeia (CEE) ou do procedimento nas empresas de dimensão comunitária e nos grupos comunitários de empresas, reconhece validade para o sistema de representação no local de trabalho, dando-lhe importância equivalente ao trabalho dos sindicatos.

4. Direito internacional

A OIT promulgou a Convenção n. 135, em 1971, ratificada pelo Brasil em 1991, pelo Decreto n. 122/91, que incentiva a criação de mecanismos de representação de pessoal, sugerindo, no art. 5º, que devem coexistir, em proveito das relações trabalhistas, tanto as atividades sindicais quanto os organismos de pessoal na empresa. Em outros sistemas jurídicos, não é incomum a previsão de comitês voltados a permitir o diálogo entre empregados e empregador. Em França, o Código do Trabalho prevê a existência de um comitê social e econômico nas empresas com ao menos onze empregados (art. L 2311-2). Sua missão envolve, em linhas gerais, "assegurar uma expressão coletiva dos empregados, permitindo que sejam permanentemente tomados em conta os respectivos interesses nas decisões relativas à gestão e à evolução econômica e financeira da empresa, à organização do trabalho, à formação profissional e às técnicas de produção" (art. L 2312-8).

5. Remissões normativas

A norma constitucional encontrou escasso desdobramento no plano legal. A Lei n. 10.101, ao tratar da participação nos lucros, alude à fixação das regras aplicáveis seja por meio de norma coletiva (convenção ou acordo coletivo de trabalho), seja por meio de negociação direta entre empresa e empregados, representados os últimos por comissão (art. 2º, I), da qual pode fazer parte o representante de pessoal, escolhido conforme a regra do art. 11 da Constituição.

Com a Lei n. 13.467, a representação dos empregados na empresa ganhou impulso. Passou a ser regulada extensivamente. Há previsão da forma de composição da comissão de representantes (art. 510-A da CLT), de suas atribuições (art. 510-B), do procedimento para escolha dos seus membros (art. 510-C) e das garantias conferidas aos seus integrantes (art. 510-D), compreendida, em particular, a proibição de "despedida arbitrária, entendendo-se como tal a que não se fundar em motivo disciplinar, técnico, econômico ou financeiro" (§ 3º). O art. 611-A, VII, confere prevalência à negociação coletiva para dispor sobre "representante dos trabalhadores no local de trabalho".

6. Jurisprudência

Não consta a existência de precedentes jurisprudenciais específicos sobre o art. 11 da Constituição.

7. Comentários

A finalidade da norma em comento reside na promoção do entendimento direto entre empregados e empregadores, no ambiente de trabalho. No ordenamento pátrio há paralelos, nas garantias aos representantes dos trabalhadores nos órgãos públicos colegiados (art. 10 da Constituição), membros das Comissões Internas de Prevenção Acidentes (CIPA), membros da Comissão de Conciliação Prévia (art. 625-A e seguintes da CLT), líderes sindicais eleitos (art. 543 da CLT). Mas não se confunde o representante escolhido pelos empregados com os delegados sindicais, indicados pelas entidades representativas de trabalhadores, cujas direções são eleitas apenas pelos sindicalizados. O representante de pessoal é escolhido por todos os que trabalham na empresa. Podem candidatar-se também todos os empregados da empresa, "exceto aqueles com contrato de trabalho por prazo determinado, com contrato suspenso ou que estejam em período de aviso prévio, ainda que indenizado" (CLT, art. 510-C, § 2º). Não há colidência entre as representações exercidas pela comissão e a que compete às entidades sindicais. Como ressalva o art. 3º, *b*, da Convenção n. 135 da OIT, não cabe às comissões o exercício de "atividades que sejam reconhecidas no país como prerrogativas exclusivas dos sindicatos". O Tribunal Superior do Trabalho já decidiu: "... a comissão de empregados prevista pela Reforma Trabalhista não constitui estrutura paralela de representação profissional, concorrente com o ente sindical, porquanto não se previu, dentre as atribuições da referida comissão, a celebração de normas coletivas. Recurso ordinário desprovido" (TST – SDC, RO n. 7360-80.2019.5.15.0000, Rel. Min. Ives Gandra Martins Filho, j. 21.09.2020. DJ de 01.10.2020).

A concórdia e a prevenção de conflitos encontram-se na mira do art. 11 da Constituição, segundo explicitado, aliás, pelo art. 510-B da CLT: "A comissão de representantes dos empregados terá as seguintes atribuições: III – promover o diálogo e o entendimento no ambiente de trabalho com o fim de prevenir conflitos". Incumbe à comissão, ainda: "aprimorar o relacionamento entre a empresa e seus empregados com base nos princípios da boa-fé e do respeito mútuo; assegurar tratamento justo e imparcial aos empregados, impedindo qualquer forma de discriminação por motivo de sexo, idade, religião, opinião política ou atuação sindical; encaminhar reivindicações específicas dos empregados de seu âmbito de representação e acompanhar o cumprimento das leis trabalhistas, previdenciárias e das convenções coletivas e acordos coletivos de trabalho" (art. 510-B, incisos II, IV, V, VI e VII).

Para as empresas com menos de duzentos empregados, é certo, não há imposição do representante de pessoal. Mas nada impede que seja escolhido, aplicando-se, por analogia, o regramento dos arts. 510-A e seguintes da CLT. Para as que têm mais do que duzentos, o número de membros da comissão observa a proporção prevista no § 1º do art. 510-A da CLT, a saber, três membros nas empresas com até três mil empregados, cinco membros nas empresas com mais de três mil e até cinco mil empregados e sete membros, nas empresas com mais de cinco mil empregados. Ratificada pelo Brasil, a Convenção n. 135 da OIT já estabelece a previsão de que "os representantes dos trabalhadores na empresa deverão gozar de proteção eficaz contra todo ato que possa prejudicá-los, incluindo a despedida em razão de sua condição de representantes dos trabalhadores, de suas atividades como tais, de sua filiação ao sindicato ou de sua participação na atividade sindical, sempre que esses representantes atuem conforme as leis, os contratos coletivos ou outros acordos comuns em vigor". Consoante a previsão do art. 510-D da CLT, o mandato dos membros da comissão é de um ano (*caput*), vedada nova candidatura nos dois períodos subsequentes (§ 1º).

A lei não garante estabilidade no emprego ao representante de pessoal, conferindo-lhe apenas garantia de emprego contra dispensa arbitrária, "entendendo-se como tal a que não se fundar em motivo disciplinar, técnico, econômico ou financeiro" (§ 3º).

A Recomendação 143, de 1971, da OIT, que complementa a Convenção n. 135, preconiza que os representantes devem dispor, sem prejuízo dos salários, do tempo livre necessário para o exercício da dita representação. O art. 510-D, § 2º, estabelece o contrário: "O mandato de membro de comissão de representantes dos empregados não implica suspensão ou interrupção do contrato de trabalho, devendo o empregado permanecer no exercício de suas funções". A previsão compromete, em grande medida, a atuação do representante. Caso a empresa não promova a realização da eleição ou crie embaraços para que ela ocorra, há infração à disposição legal imperativa, a permitir autuação administrativa (art. 628 da CLT). Não se afasta, outrossim, ajuizamento de ação para obrigar o empregador a cumprir a exigência legal ou, simplesmente, para que não crie obstáculos à escolha, pelos empregados, do representante de pessoal.

8. Referências bibliográficas

Arnaldo Süssekind, *Direito constitucional do trabalho*, Rio de Janeiro: Renovar, 1999, p. 475-478; Celso Ribeiro Bastos, *Comentários à Constituição do Brasil*, São Paulo, Saraiva, 1989, v. 2, p. 543-544; Homero Batista Mateus da Silva, *Comentários à reforma trabalhista*, São Paulo, RT, 2017, p. 102-106; Mauricio Godinho Delgado e Gabriela Neves Delgado, *A reforma trabalhista no Brasil*, São Paulo, LTr, 2017, p. 225-238.

CAPÍTULO III

DA NACIONALIDADE

Art. 12. São brasileiros:

I – natos:

a) os nascidos na República Federativa do Brasil, ainda que de pais estrangeiros, desde que estes não estejam a serviço de seu país;

b) os nascidos no estrangeiro, de pai brasileiro ou mãe brasileira, desde que qualquer deles esteja a serviço da República Federativa do Brasil;

c) os nascidos no estrangeiro de pai brasileiro ou de mãe brasileira, desde que sejam registrados em repartição brasileira competente ou venham a residir na República Federativa do Brasil e optem, em qualquer tempo, depois de atingida a maioridade, pela nacionalidade brasileira;

II – naturalizados:

a) os que, na forma da lei, adquiram a nacionalidade brasileira, exigidas aos originários de países de língua portuguesa apenas residência por um ano ininterrupto e idoneidade moral;

b) os estrangeiros de qualquer nacionalidade, residentes na República Federativa do Brasil há mais de quinze anos ininterruptos e sem condenação penal, desde que requeiram a nacionalidade brasileira.

§ 1º Aos portugueses com residência permanente no País, se houver reciprocidade em favor de brasileiros, serão atribuídos os direitos inerentes ao brasileiro, salvo os casos previstos nesta Constituição.

§ 2º A lei não poderá estabelecer distinção entre brasileiros natos e naturalizados, salvo nos casos previstos nesta Constituição.

§ 3º São privativos de brasileiro nato os cargos:

I – de Presidente e Vice-Presidente da República;

II – de Presidente da Câmara dos Deputados;

III – de Presidente do Senado Federal;

IV – de Ministro do Supremo Tribunal Federal;

V – da carreira diplomática;

VI – de oficial das Forças Armadas;

VII – de Ministro de Estado da Defesa.

§ 4º – Será declarada a perda da nacionalidade do brasileiro que:

I – tiver cancelada sua naturalização, por sentença judicial, em virtude de atividade nociva ao interesse nacional;

II – adquirir outra nacionalidade, salvo nos casos:

a) de reconhecimento de nacionalidade originária pela lei estrangeira;

b) de imposição de naturalização, pela norma estrangeira, ao brasileiro residente em Estado estrangeiro, como condição para permanência em seu território ou para o exercício de direitos civis.

Arnaldo Sampaio de Moraes Godoy

1. Histórico da norma

A nacionalidade é um liame de natureza política e jurídica que vincula uma pessoa a um Estado soberano. Por parte da pessoa, esse vínculo qualifica-se pela fidelidade devida para com o Estado. Por parte do Estado, caracteriza-se pela liberdade na fixação de critérios definidores da nacionalidade. A nacionalidade identifica o elemento humano que compõe o Estado, representando, assim, seu elemento subjetivo. O conceito de nacionalidade, ainda que não enunciado de modo conclusivo, era ingrediente de intensa xenofobia na Antiguidade Clássica. Na cidade antiga o conceito de nacionalidade era intuído de conceito oposto, de *bárbaro*, e era denunciado também por um critério linguístico. O bárbaro era aquele que balbuciava a língua local. Era, por extensão, o estrangeiro. Na Europa Ocidental, ao longo do período medieval, enfatizou-se o critério de nascimento como traço identificador de liame entre indivíduo e ordem política, então representada pelo senhor feudal detentor do poder local. Foi com a Revolução Francesa, a partir de 1789, que um novo conceito de Estado, que transcendia a uma ordem social exclusiva, exigiu, como critério de alcance de sua autoridade, um conceito objetivo de nacionalidade. A Constituição de 1791, expressão jurídica do substrato ideológico da revolução conduzida pela burguesia, especificou, com pormenor, os requisitos identificadores da nacionalidade, ainda que nominados no contexto da fruição de uma cidadania francesa, estendida, de modo então inovador, a um maior número de indivíduos. A França foi o primeiro país a tratar sistematicamente da nacionalidade. Na Constituição Francesa de 1791 tem-se o registro inovador de uma divisão entre nacionalidade originária e derivada, bem como indícios de critérios de parentesco e de território, que serão centrais nos modelos posteriores, e que permanecem como os critérios atuais mais preponderantes. Na Constituição Francesa de 1769 (art. 2º) eram detentores de nacionalidade originária os nascidos de pais franceses; os nascidos de pai estrangeiro, que fixaram residência na França; os nascidos no estrangeiro, de pai francês, e que se estabeleceram na França, devendo prestar um juramento; também eram franceses os nascidos no estrangeiro, descendentes de francês ou de francesa, expatriados por causa religiosa, e que se estabeleceram na França, com o devido juramento cívico prestado. A nacionalidade derivada (art. 3º) era outorgada aos nascidos no estrangeiro, de pais estrangeiros, e que residissem na França por mais de cinco anos ininterruptos, com posse de imóvel ou com matrimônio com uma francesa, ou ainda com estabelecimento agrícola ou comercial. Em todos os casos havia necessidade do juramento cívico, o que comprova o liame de fidelidade que caracteriza a construção histórica do conceito de nacionalidade. No caso Nottebohm, que a Corte Internacional de Justiça julgou em 1955 esse liame sentimental foi o ponto central da decisão, situação também reconhecida pelo Supremo Tribunal Federal.

2. Constituições brasileiras anteriores

Na Constituição de 1824 seguiu-se as linhas gerais do modelo francês, com a fixação das regras de nacionalidade no título alusivo aos cidadãos brasileiros. Eram brasileiros os nascidos no Brasil, ingênuos (categoria proveniente do direito romano, que compreendia aqueles que nasceram livres) ou libertos (escravos que obtiveram a alforria) (art. 6º, I). Nesse caso, admitia-se que o pai fosse estrangeiro, desde que no Brasil não estive a serviço de sua respectiva nação. Também eram brasileiros os nascidos no estrangeiro, filhos de pai brasileiro e os filhos ilegítimos de mãe brasileira, que estabelecessem domicílio no Império (art. 6º, II). De igual modo, eram brasileiros os filhos de brasileiros nascidos no estrangeiro, a serviço do Império (art. 6º, III), os nascidos em Portugal ou em possessões portuguesas, residentes no Brasil à época da independência (art. 6º, IV), a par dos estrangeiros naturalizados, independentemente da religião que professassem (art. 6º, V). A condição de brasileiro era perdida por aqueles que se naturalizassem em país estrangeiro; por aqueles que, sem licença do Imperador, aceitassem emprego, pensão ou condecoração de qualquer governo estrangeiro, e por aqueles que fossem banidos por sentença (art. 7º). A proclamação da República foi acompanhada pelo Decreto 13-A, de 26 de novembro de 1889, conhecido como o *Decreto da Naturalização*. Autorizou-se ao Ministro dos Negócios do Interior e aos governadores dos diversos estados a concederam naturalização a todos estrangeiros que requeressem a nacionalidade brasileira, com isenção de qualquer imposto, e mediante portaria. O Decreto foi ampliado por disposição da Constituição de 1891, que concedia a nacionalidade brasileira aos estrangeiros que, achando-se no Brasil em 15 de novembro de 1889, não declarassem, dentro de seis meses, contados do início da vigência da Constituição, o intuito de conservarem a nacionalidade de origem (art. 69, 4º). Consagrou-se um modelo de naturalização tácita. Também eram reconhecidos como detentores da condição de brasileiros os estrangeiros que possuíssem bens imóveis no Brasil, casados com brasileiras, ou que tivessem filhos brasileiros, conquanto que residissem no Brasil, salvo se manifestassem a intenção de não mudar de nacionalidade (art. 69, 5º). Brasileiros também seriam os nascidos no Brasil, ainda que de pai estrangeiro, desde que este não residisse no Brasil a serviço de sua nação (art. 69, 1º); os filhos de pai brasileiro e os ilegítimos de mãe brasileira, nascidos no estrangeiro, se estabelecessem domicílio na República (art. 69, 2º); os filhos de pai brasileiro, que estivessem em outro país, a serviço da República, embora no Brasil não viessem a domiciliar-se (art. 69, 3º). Por fim, eram também brasileiros os estrangeiros por outro modo naturalizados (art. 69, 6º). A naturalização em país estrangeiro e a aceitação de emprego ou pensão de governo estrangeiro, sem licença do poder executivo federal, implicavam na perda da nacionalidade (art. 71, § 2º). Na Constituição de 1934 a matéria foi deslocada para o título da Declaração de Direitos, no capítulo referentes aos direitos políticos. Não se fez referência a direito de cidadania, elencando-se, simplesmente, o rol de atribuição da condição de brasileiros (ar. 106), seguindo-se o modelo da Constituição de 1891. Perdiam a condição de brasileiro aqueles que se naturalizassem voluntariamente, os que aceitassem pensão, emprego ou comissão remunerados de governo estrangeiro, sem autorização do presidente da República, e os que tivessem a naturalização cancelada por atividade social ou política nociva ao interesse nacional, provado o fato por via judicial, com todas as garantias de defesa (art. 107). Na Constituição do Estado Novo (1937) a matéria foi fixada em sessão própria, referente à nacionalidade e à cidadania, mantendo-se as linhas gerais da Constituição anterior (arts. 115 e 116). Na Constituição de 1946, pela primeira vez, reconheceu-se uma condição especial para o naturalizado português, de quem se exigiu apenas a residência por um ano ininterrupto, idoneidade moral e sanidade física (art. 129, IV). Na Constituição de 1967 elencou-se conjunto de cargos privativos de brasileiros natos, nomeadamente, Presidente e Vice--Presidente da República, Ministro de Estado, Ministro do Supremo Tribunal Federal e do Tribunal Federal de Recursos, Senador, Deputado Federal, Governador e Vice-Governador de Estado e de Território e seus substitutos (art. 140, § 1º). Na Emenda Constitucional de n. 1, de 1969, mantinham-se essas linhas gerais, com exceção do rol de vedações, que era tratado individualmente, em sessões próprias, a exemplo de condição para exercício do cargo de Ministro do Supremo Tribunal Federal (art. 99).

3. Constituições estrangeiras

Nos **Estados Unidos da América** nacionalidade é assunto de responsabilidade do Congresso, ao qual compete estabelecer regras gerais e uniformes. Em **Portugal** a matéria, por força da Constituição, é remetida à lei e às convenções internacionais. Na **França**, compete ao Parlamento votar leis relativas à nacionalidade. De igual modo, na **Bélgica**, remete-se à lei a definição de nacional e a aquisição de nacionalidade, bem como de sua perda. Na **Espanha**, há a particularidade da convergência da nacionalidade espanhola com a autonomia das nacionalidades e das regiões que as integram. A **Itália** trata da nacionalidade por intermédio de lei ordinária. Na **Alemanha**, não se permite a perda de nacionalidade (*Staatsangehörigkeit*). O tema da nacionalidade está disciplinado nas disposições transitórias e finais que complementam a Lei Fundamental. Por alemão entende-se quem detiver a nacionalidade alemã ou quem tenha sido acolhido no território do Império Alemão, com as fronteiras vigentes em 31 de dezembro de 1937, como refugiado ou exilado de ascendência alemã ou como cônjuge ou descendente deste. Determinou-se também que detém nacionalidade cidadãos alemães que, entre 30 de janeiro de 1933 e 8 de maio de 1945, tenham sido privados de sua nacionalidade por motivos políticos, étnicos ou religiosos, bem como seus descendentes. Na **Argentina**, nacionalidade é matéria regulada pelo Congresso, respeitando--se uma nacionalidade dita natural e uma nacionalidade optativa, em benefício do país. No **Uruguai** a Constituição remete à nacionalidade natural ou legal, e a matéria é tratada no texto constitucional. Naturais são os homens e mulheres nascidos em qualquer ponto do território da República. Também são naturais os filhos de pai ou mãe uruguaios, independentemente do local de nascimento, pelo fato de se estabelecer no país e se inscreverem em um registro cívico. De modo derivado, o direito de nacionalidade alcança estrangeiros de boa conduta, com família constituída no Uruguai, que possuam capitais ou propriedades no país, exercendo alguma atividade científica, artística ou industrial, com três anos de residência no país. Na hipótese de que não tenham família constituída o prazo exigido de residência é de cinco anos. Há também possibilidade de outorga da prerrogativa a estrangeiros que obtenham graça especial, por parte da Assembleia Geral, em virtude de terem prestado serviços notáveis ou que tenham méritos relevantes. No **Chile**, a matéria é disciplinada pela Constituição, seguindo-se as regras gerais de solo e de família. No caso daqueles que nasceram em território estrangeiro exige-se que algum dos ascendentes em linha reta, de primeiro ou de segundo grau, tenha nascido no território chileno. Há hipótese de perda de nacionalidade por prestação de serviços, em guerra externa, a inimigos do Chile. No caso de perda de nacionalidade pode o interessado recorrer da decisão à Suprema Corte. Na **Colômbia**, além das regras gerais, para filhos de colombianos nascidos no estrangeiro, confere-se nacionalidade colombiana originária, desde que se faço imediato registro em repartição consular. Há também previsão para outorga de nacionalidade derivada para latino-americanos e caribenhos, mediante autorização governamental e com observância ao princípio da reciprocidade. No **Peru**, são nacionais os que nascem no território do país. Confere-se a nacionalidade peruana para os nascidos no exterior, de pai ou mãe peruanos, desde que inscritos no registro correspondente, enquanto menores de idade. No **Paraguai**, entre as várias formas de identificação de nacionalidade originária, indicam-se também como paraguaias as crianças abandonadas, de pais desconhecidos, recolhidas no território do país. O Paraguai conhece também uma nacionalidade honorária, decorrente de lei, e destinada a estrangeiros que prestaram serviços significativos ao país. No **Irã**, a nacionalidade é direito indiscutível de todo iraniano, não se pode suprimi-lo, a menos que o interesse requeira e obtenha nacionalidade de outro país. Os estrangeiros podem adquirir nacionalidade iraniana nos termos da lei. Em **Israel** há norma que determina que o nacional israelense que detenha nacionalidade originária de outro Estado deve fazer todos os esforços para deixar essa segunda nacionalidade. Na **China** há também algumas peculiaridades, em virtude do reconhecimento interno de nacionalidades originárias de vários pontos da República. O Estado garante o gozo de direitos e de interesses legítimos de minorias nacionais. Na **Índia** a nacionalidade é fixada em disposição constitucional. São indianos os que nasceram no território da Índia, os filhos de nascidos no território indiano, além dos que tenham residido na Índia nos cinco anos que antecederam a confecção da constituição que se comenta. Conta-se com disposição constitucional específica que alcança indianos que emigraram para o Paquistão. Indianos que residem no estrangeiro mantêm a nacionalidade indiana, conquanto que registrados em repartição diplomática ou consular competente. Excluem-se aqueles que voluntariamente adquiriram nacionalidade de outro Estado, que por essa razão perdem a nacionalidade. Na **Mongólia** a aquisição da nacionalidade é definida por lei; a perda de cidadania, o exílio e a extradição são proibidos. No **Japão**, a matéria também é definida por lei. De igual modo, na **Austrália** e em **Angola**.

4. Direito Internacional

Na ordem internacional vige, em linhas gerais, o acordado na Convenção da Haia, em 1930. Os termos do tratado foram devidamente internalizados por força do Decreto n. 21.798, de 6 de julho de 1932. Enfatizou-se que a cada Estado cabe determinar, por legislação, quais são os seus nacionais. Mencionada definição interna será acatada pelos demais Estados, desde que acordes com as convenções e costumes internacionais e os princípios de direito reconhecidos em matéria de nacionalidade. Por força da convencionado a naturalização se constitui em ato discricionário da autoridade nacional. Trata-se de disciplina jurídica de direito interno. Também se acordou que um Estado não pode exercer sua proteção diplomática em projeto de nacional seu, contra outro Estado, de que o mesmo seja também nacional. A convenção também trata da nacionalidade da mulher casada, na hipótese de perda de nacionalidade de originária, em consequência de casamento com estrangeiro, dispondo ainda que a naturalização do marido na constância do casamento não acarretará a mudança de nacionalidade da mulher senão por consentimento desta. Há também importante disposição dando conta que a mulher que, segundo a lei de seu país, houver perdido a nacionalidade em consequência de seu casamento, não a recuperará após a dissolução deste, senão quando ela o pedir e de acordo com a lei do país; neste caso ela perderá a nacionalidade que adquirira em consequência do casamento. A convenção também trata de outros temas conexos com nacionalidade, a exemplo de licença de expatriação, da nacionalidade dos filhos e dos efeitos da adoção. Quanto à nacionalidade originária o direito internacional reconhece três critérios básicos. De acordo com o *jus sanguinis* a nacionalidade é determinada pela filiação, isto é, os filhos acompanham a nacionalidade dos pais. É o modelo recorrentemente utilizado pelos países de emigração, a exemplo dos países europeus. O segundo modelo é o de *jus soli*, no qual o local de nascimento é o indicador da nacionalidade. Tal fórmula é utilizada preponderantemente por países que tradicionalmente receberam imigrantes, a exemplo do Brasil, do Canadá e da Austrália. Há por último um sistema misto, que combina os dois critérios, de modo a alcançar os nascidos em território próprio (com algumas restrições) e os filhos de nacionais nascidos no estrangeiro. Como regra, a nacionalidade originária é involuntária e a nacionalidade adquirida é voluntária, nesse último caso, tem-se uma ruptura com o vínculo anterior. A transumância que se tem hoje, como resultado de vários conflitos religiosos e étnico-raciais, provoca a necessidade de soluções rápidas para problemas decorrentes de conflitos de nacionalidade, positivos e negativos. A globalização econômica e o volume de transações internacionais sugerem que a nacionalidade alcance bens, coisas e pessoas jurídicas, a exemplo de navios, aeronaves e empresas. No entanto, apenas o ser humano é titular da nacionalidade. Bens, coisas e pessoas jurídicas o seriam apenas no sentido metafórico ou, do ponto de vista mais prático, como um liame para fixação de competências. É o caso da Convenção de Montego Bay, que regula os direitos do mar, internalizada pelo Decreto n. 99.165, de 12 de março de 1990. Dispõe a convenção também sobre a nacionalidade dos navios, no sentido de que todo estado deve estabelecer os requisitos necessários para a atribuição da sua nacionalidade a navios, para o registro de navios no seu território e para o direito de arvorar a sua bandeira. Os navios possuem a nacionalidade do Estado cuja bandeira estejam autorizados a hastear. Deve existir um vínculo substancial entre o Estado e o navio. E ainda, prossegue a norma convencionada, todo estado deve fornecer aos navios a que tenha concedido o direito de arvorar a sua bandeira os documentos pertinentes. Essa concessão é meramente instrumental, possibilitando-se, inclusive, a responsabilização dos proprietários da embarcação. No caso das aeronaves, e também instrumentalmente, a Convenção de Chicago, internalizada pelo Decreto n. 21.713, de 27 de agosto de 1946, fixou que as aeronaves terão a nacionalidade do Estado em que estejam registradas. Na prática internacional é recorrente a lembrança do Caso Nottebohm, julgado pelo Corte Internacional de Justiça, em 1955. Nesse famoso caso confrontaram-se os Estados de Liechtenstein e Guatemala. Friedrich Nottebohm nasceu na Alemanha, em 1881 e era, portanto, de nacionalidade alemã originária, de acordo com o direito internacional e de acordo com o direito alemão. Emigrou para a Guatemala em 1905, onde vivia como próspero comerciante. Em 1939, em visita à Alemanha, foi surpreendido com o início da guerra. Deslocou-se para Liechtenstein, onde requereu nacionalidade, pedido que foi deferido. Passando pela Suíça, retornou à Guatemala. Apresentou documentos para as autoridades guatemaltecas dando conta de que então possuía nacionalidade de Liechtenstein. Em 1943 a Guatemala acompanhou os Estados Unidos na guerra contra a Alemanha. Nottebohm foi preso e deportado para os Estados Unidos, na qualidade de cidadão alemão. Com o fim da guerra foi libertado e retornou para a Guatemala. Seus bens foram confiscados. Liechtenstein promoveu reclamação contra a Guatemala, na Corte da Haia. Decidiu-se que a Guatemala tinha razão, porquanto, no contexto daquela decisão, não se pode obrigar um país a reconhecer nacionalidade derivada concedida por outro país. A nacionalidade, enfatizou a Corte, requer a demonstração de vínculos interesses e de sentimentos, devendo refletir fato social inequívoco. Além do que, Nottebohm ficara muito pouco tempo em Liechtenstein, o que evidenciava que a obtenção dessa nacionalidade tinha como fundamento o afastamento da nacionalidade originária alemã.

5. Remissões constitucionais e legais

Constituição de 1988 (art. 12 e art. 226, § 7º). Declaração Universal dos Direitos Humanos, da Organização das Nações Unidas (1948). Lei n. 13.445, de 24 de maio de 2017 (Lei de Migração). Lei n. 8.617, de 4 de janeiro de 1993 (Mar Territorial). Decreto n. 21.798, de 6 de julho de 1932 (Convenção da Haia). Decreto n. 99.165, de 12 de março de 1990 (Convenção de Montego Bay). Decreto n. 21.713, de 27 de agosto de 1946 (Convenção de Chicago). Decreto n. 3.927, de 19 de setembro de 2001 (Tratado de Amizade, Cooperação e Consulta, com Portugal). Decreto n. 154, de 26 de junho de 1991(Convenção contra o tráfico ilícito de entorpecentes).

6. Jurisprudência

O Supremo Tribunal Federal sufraga o entendimento de que hipóteses de outorga de nacionalidade decorrem de disposições do texto constitucional *"pois a questão da nacionalidade traduz matéria que se sujeita, unicamente, quanto à sua definição, ao poder soberano do Estado brasileiro"* (HC 83.113 QO, rel. min. Celso de Mello, j. 26-6-2003, 2ª T, *DJ* de 29-8-2003). De igual modo, com apoio na jurisprudência internacional fixada no caso *Nottebohm* entendeu-se que a nacionalidade demanda *"laços fáticos fortes entre a pessoa e o Estado"* (HC 83.450, rel. p/ o ac. min. Nelson Jobim, j. 26-8-2004, P, *DJ* de 4-3-2005). O STF nega a extradição de brasileiro nato, *"quaisquer que sejam as circunstâncias e a natureza do delito (...) a pedido de Governo estrangeiro, pois a Constituição da República, em cláusula que não comporta exceção, impede, em caráter absoluto, a efetivação da entrega extradicional daquele que é titular, seja pelo critério do jus soli, seja pelo critério do jus sanguinis, de nacionalidade brasileira primária ou originária"*. (HC 83.113 QO, rel. min. Celso de Mello, j. 26-6-2003, P, *DJ* de 29-8-2003). Há, no entanto, decisão do STF, proferida pela 1ª Turma (MS 33.864, relatada pelo min. Roberto Barroso, em julgamento de 19 de abril de 2016), no qual se deferiu extradição a brasileira naturalizada americana, acusada de homicídio no exterior, que fugiu para o Brasil. Reconheceu-se a perda de nacionalidade originária em procedimento administrativo regular. Quanto à opção pela nacionalidade brasileira, por parte dos nascidos no estrangeiro, de pai brasileiro ou de mãe brasileira, entendeu-se que a opção tem caráter personalíssimo, e que *"atingida a maioridade, enquanto não manifestada a opção, esta passa a constituir-se em condição suspensiva da nacionalidade brasileira"* (RE 418.096, rel. min. Carlos Velloso, j. 22-3-2005, 2ª T, *DJ* de 22-4-2005). No entender do STF, a perda de nacionalidade é circunstância regida taxativamente pela orientação constitucional, *"não se revelando lícito, ao Estado brasileiro, seja mediante simples regramento legislativo, seja mediante tratados ou convenções internacionais, inovar nesse tema, quer para ampliar, quer para restringir, quer, ainda, para modificar os casos autorizadores da privação – sempre excepcional – da condição político-jurídica de nacional do Brasil"* (HC 83.113 QO, rel. min. Celso de Mello, j. 26-3-2003, P, *DJ* de 29-8-2003). O STF enfatiza as formalidades que predicam a opção pela nacionalidade que, *"embora potestativa, não é de forma livre: há de fazer-se em juízo, em processo de jurisdição voluntária, que finda com a sentença que homologa a opção e lhe determina a transcrição, uma vez acertados os requisitos objetivos e subjetivos dela"* (AC 70 QO, rel. min. Sepúlveda Pertence, j. 25-9-2003, P, *DJ* de 12-3-2004). A jurisprudência do STF não reconhece a aquisição de nacionalidade brasileira *jure matrimonii*, *"como efeito direto e imediato resultante do casamento civil"* (Ext 1.121, rel. min. Celso de Mello, j. 18-12-2009, P, *DJe* de 25-6-2010. O STF também decidiu que *"a portaria de formal reconhecimento da naturalização, expedida pelo ministro de Estado da Justiça, é de caráter meramente declaratório (...) pelo que seus efeitos hão de retroagir à data do requerimento do interessado"* (RE 264.848, rel. min. Ayres Britto, j. 29-6-2005, 1ª T, *DJ* de 14-10-2005, RE 655.658 AgR, rel. min. Cármen Lúcia, j. 25-9-2012, 2ª T, *DJe* de 11-10-2012). Quanto à extensão de nacionalidade para nacional português, o STF entendeu que a regra constitucional não se opera de modo imediato, *"seja quanto ao seu conteúdo eficacial, seja no que se refere a todas as consequências jurídicas que dela derivam, pois, para incidir, além de supor o pronunciamento aquiescente do Estado brasileiro, fundado em sua própria soberania, depende, ainda, de requerimento do súdito português interessado, a quem se impõe, para tal efeito, a obrigação de preencher os requisitos estipulados pela Convenção sobre Igualdade de Direitos e Deveres entre brasileiros e portugueses"* (Ext 890, rel. min. Celso de Mello, j. 5-8-2004,1ª T, *DJ* de 28-10-2004, HC 100.793, rel. min. Marco Aurélio, j. 2-12-2010, P, *DJe* de 1º-2-2011).

7. Referências bibliográficas

Carla Fernando de Marco, *Direito fundamental à nacionalidade – apatridia e a competência atributiva da ONU*, Jundiai: Paco Editorial, 2015. Francisco Xavier da Silva Guimarães, *Nacionalidade – aquisição, perda e reaquisição*, Rio de Janeiro: Forense, 2002. Florisbal de Souza del Olmo, *O Mercosul e a nacionalidade*, Rio de Janeiro: Forense, 2002. Barbosa Lima Sobrinho, *A Nacionalidade da pessoa jurídica*, Belo Horizonte: Editora da Universidade de Minas Gerais, 1963. A. Dardeau de Carvalho, *Nacionalidade e soberania*, Rio de Janeiro: Freitas Bastos, 1956. Wilba Lúcia Maria Bernardes, *Da nacionalidade, brasileiros natos e naturalizados*, Belo Horizonte: Del Rey, 1996. Arno dal Ri Junior, *Cidadania e nacionalidade*, Ijui: Unijui, 2002. Oliveira Lima. *Formação histórica da nacionalidade brasileira*, São Paulo: Topbooks, 2000. Miguel Jeronymo Ferrante, *Brasileiros natos e naturalizados*, São Pauo: Saraiva, 1984.

8. Comentários

Art. 12, *caput*

O gentílico *brasileiro* reporta-se à quantidade de árvores de pau-brasil existentes em nosso litoral, de onde se extraía uma tinta de cor vermelha, utilizada para colorir tecidos, e que lembrava uma brasa. O substantivo Brasil designará a região toda, em substituição a outras denominações anteriormente utilizadas, a exemplo de Terra dos Papagaios, Terra de Vera Cruz e Pindorama.

Art. 12, I

Brasileiro nato é conceito que se refere à nacionalidade primária ou originária. É uma atribuição política e jurídica que confere direitos e deveres na ordem interna. Em parecer de 1907

Clóvis Beviláqua afirmou que a nacionalidade originária não seria mero direito; a nacionalidade originária consistiria em um estado jurídico marcado por direitos e deveres[1]. Há hipóteses de conflito positivo de nacionalidade quando o indivíduo detém mais de uma nacionalidade: trata-se do polipátrida. Há também hipóteses de conflito negativo, quando o indivíduo não detém nacionalidade: trata-se do heimatlos ou do apátrida. Com o objetivo de evitar o conflito negativo, e consequentemente garantir a fruição de um direito humano fundamental, enunciou-se na Declaração Universal dos Direitos Humanos, da Organização das Nações Unidas, em 1948, que todo homem tem direito a uma nacionalidade e que ninguém será arbitrariamente privado de sua nacionalidade, nem do direito de mudar de nacionalidade (art. XV).

Art. 12, I, a

É a regra geral do jus soli, que acompanha a tradição constitucional brasileira. A atribuição da nacionalidade se dá em virtude do nascimento em território nacional. Esse critério tem sido adotado por nações que se formaram com base na recepção de imigrantes. O território inclui, inicialmente, todos os pontos do país, isto é, todas suas porções terrestres, divididas nas várias unidades federadas, distrito federal, estados e municípios. É definido por um limite espacial no qual o Estado suas atribuições políticas e jurídicas, com exclusividade, sobre pessoas e bens que nesse limite se encontrem. Trata-se de um espaço terrestre, marítimo, lacustre e aéreo, no qual a soberania estatal é exercida. Há também vários outros espaços territoriais que, sujeitos à soberania brasileira, também se incluem no conjunto indicativo de território nacional. Para esse efeito inclui-se o mar territorial brasileiro. Por definição legal (Lei 8.617, de 4 de janeiro de 1993), o mar territorial brasileiro compreende uma faixa de doze milhas marítima de largura, medidas a partir da linha de baixa-mar do litoral continental e insular, tal como indicada nas cartas náuticas de grande escala, reconhecidas oficialmente no Brasil. Também nos termos da lei, a soberania do Brasil estende-se ao mar territorial, ao espaço aéreo sobrejacente, bem como ao seu leito e subsolo. Para efeitos de indicação de território, com vistas à atribuição de nacionalidade originária, o mar territorial enquadra-se no conceito de território nacional. Navios privados em mar brasileiro e aeronaves particulares em nosso espaço aéreo também se enquadram no conceito de território nacional, bem como navios e aeronaves do Estado brasileiro, independentemente de onde estejam. É o comandante da embarcação ou da aeronave a quem cabe lavrar o registro. Pode-se acrescentar a Antártida Brasileira, base situada na ilha Rei George, a 130 quilômetros da Península Antártica. Trata-se da Estação Comandante Ferraz, que vem sendo montada desde 1984. Excluídos dessa atribuição originária estão os nascidos no território nacional, que sejam filhos de agentes estrangeiros, como diplomatas, cônsules e militares. Os pais estrangeiros devem estar a efetivo serviço de seus respectivos países para que os filhos nascidos no Brasil não possam alcançar a nacionalidade originária brasileira.

---

1. Beviláqua, Clóvis, Parecer, *Renúncia da Nacionalidade Brasileira feita pela pai em nome de seus filhos menores*, 6 de agosto de 2007, in Medeiros, Antonio Paulo Cachapuz (org.), *Pareceres dos Consultores Jurídicos do Itamaraty*, vol. I, Brasília: Senado Federal, 2000, p. 56-57.

Art. 12, I, b

É a regra geral do *jus sanguini*. A exigência de estar a serviço da República Federativa do Brasil alcança servidores da União, do Distrito Federal, dos Estados, dos Municípios e respectivas autarquias, que estejam a serviço no estrangeiro. A regra constitucional não alcança os filhos de trabalhadores terceirizados, que não tenham vínculo estatutário com o serviço público, a exemplo de funcionários contratados em embaixadas e consulados brasileiros. A regra também alcança filhos de servidores brasileiros que estejam em atividade na Secretaria-Geral da Organização das Nações Unidas, em organismos internacionais do sistema ONU ou nos vários tribunais internacionais que há, como a Corte Internacional de Justiça, na Haia, ou a Corte Americana de Direitos Humanos, em São José de Costa Rica. Nesses casos, há necessidade de registro do nascimento na repartição consular brasileira. Independe da aplicação da regra o fato do pai (ou dos pais) serem natos ou naturalizados. A filiação deve ser compreendida de modo lato, de acordo com o § 6º do art. 227 da Constituição, que dispõe que os filhos, havidos ou não da relação do casamento, ou por adoção, terão os mesmos direitos e qualificações, proibidas quaisquer designações discriminatórias relativas à filiação. Deve-se, no entanto, para esses fins, confirma-se a validade do processo de adoção. Nesse sentido, a regra alcança também a criança adotada no exterior por brasileiro, cumprida a condição de estar a serviço do país.

Art. 12, I, c

O texto atual conta com redação dada pela Emenda Constitucional n. 54, de 2007. Na redação original exigia-se que o interessado deveria vir a residir no Brasil antes de alcançada a maioridade e, alcançada esta, a opção pela nacionalidade brasileira poderia ser feita a qualquer tempo. Havia um problema prático de difícil resolução: o interessado deveria morar no Brasil antes de alcançada a maioridade, o que dependeria, evidentemente, da disponibilidade dos pais em fazê-lo. Com a Emenda de Revisão n. 3, de 1994, excluiu-se a necessidade do interessado alcançar a maioridade; simplesmente, deveria vir a residir no Brasil e optar a qualquer tempo pela nacionalidade brasileira. A solução presente consiste em vir a residir no Brasil, com opção a qualquer tempo, depois de atingida a maioridade, obviamente com registro anterior em repartição brasileira competente. Combinam-se duas fórmulas: o *jus sanguini* e a opção. Neste último caso implementa-se uma nacionalidade originária de caráter potestativo, dado que o Estado não tem poder discricionário para negá-la, atingidas as condições, e revelada inequivocamente a escolha. Em função do grande número de filhos de brasileiros vivendo fora do país, buscou-se solução quanto ao registro consular fixando-se (por meio da Emenda Constitucional n. 54, de 2007), o art. 95 do Ato das Disposições Constitucionais Transitórias, dispondo que poderiam ser registrados em repartições diplomáticas ou consulares brasileiras ou em oficiais de registro, os filhos de brasileiros nascidos no estrangeiro de 7 de junho de 1994 à data da promulgação da emenda.

Art. 12, II

Trata-se de nacionalidade derivada ou secundária. É o interessado quem a propõe. É do interessado que parte a proposta para a criação de um vínculo jurídico com determinado Estado, cuja nacionalidade não detém originariamente. A naturalização é circunstância comum da movimentação humana, presente nos grandes processos migratórios do século XX, especialmente quando europeus vieram para a América. É também recorrente ao longo da segunda guerra mundial, exemplificada com a fuga de perseguidos pelo nazi-fascismo, inclusive para o Brasil. Presentemente também é muito comum, e no caso brasileiro pode-se registrar a vinda de haitianos, peruanos, bolivianos e coreanos. A naturalização consiste em ato jurídico por intermédio do qual o estrangeiro passa a adotar a condição de brasileiro, incluindo-se, dessa forma, entre os nacionais. A naturalização produz seus efeitos somente após a publicação no Diário Oficial do ato de naturalização, quando, a partir de então, se implementam as condições do ato de concessão.

Art. 12, II, a

Na redação original do dispositivo exigia-se residência por mais de trinta anos ininterruptos, e sem condenação penal, a par de confecção e encaminhamento de requerimento específico. Na redação dada pela Emenda Constitucional de Revisão n. 3, de 1994, o prazo de residência ininterrupta diminuiu para dez anos. A matéria era regulada pela Lei n. 6.815 de 19 de agosto de 1980, que definia a situação jurídica do estrangeiro e criava o Conselho Nacional de Imigração. O então Estatuto do Estrangeiro foi revogado pela Lei n. 13.445, de 24 de 24 de maio de 2017, que institui a Lei de Migração, que é a legislação de regência que atende ao disposto no art. 12, II, a, da Constituição Federal. Entre outros assunto afetos à migração, a nova lei tem regras para proteção do apátrida e para a redução da apatridia, remetendo a questão para regulamento e para a consolidação em processo simplificado de naturalização (art. 26). Mencionado processo depende de ato administrativo que reconheça a mencionada situação de apatridia (art. 26, § 1º). Complementando as disposições constitucionais a nova lei dispôs que "o filho de pai ou de mãe brasileiro nascido no exterior e que não tenha sido registrado em repartição consular poderá, a qualquer tempo, promover ação de opção de nacionalidade" (art. 63). A nova lei define três quatro formas de naturalização: ordinária, extraordinária, especial e provisória (art. 64). A naturalização ordinária (art. 65) exige capacidade civil (segundo a lei brasileira), residência em território nacional (pelo prazo de mínimo de quatro anos), o domínio da língua portuguesa (consideradas as condições do naturalizando) e inexistência de condenação penal ou, caso contrário, comprovação de reabilitação. O prazo de quatro anos pode ser reduzido para um ano se o naturalizando tiver filho brasileiro ou cônjuge ou companheiro brasileiro e não estar dele separado legalmente ou de fato no momento de concessão da naturalização; haver prestado ou poder prestar serviço relevante ao Brasil; ou recomendar-se por sua capacidade profissional, científica ou artística (art. 66). A naturalização extraordinária será concedida a pessoa de qualquer nacionalidade fixada no Brasil há mais de quinze anos ininterruptos e sem condenação penal, desde que requeira a nacionalidade brasileira (art. 67). A naturalização especial (art. 68) dá-se quando o estrangeiro seja cônjuge ou companheiro, há mais de cinco anos, de integrante do Serviço Exterior Brasileiro em atividade ou de pessoa a serviço do Estado brasileiro no exterior; ou ainda que comprove que seja ou tenha sido empregado em missão diplomática ou em repartição consular do Brasil por mais de dez anos ininterruptos. Por fim, a naturalização provisória (art. 70) dá-se quando o migrante criança ou adolescente que tenha fixado residência em território nacional antes de completar dez anos de idade, com requerimento lavrado por seu representante legal.

Art. 12, II, a, § 1º

A redação atual foi dada pela Emenda Constitucional de Revisão n. 3, de 1994. Na redação original registrou-se "em favor de brasileiros natos", ainda invés de "brasileiros", como se lê hoje. Mencionada reciprocidade é regulada no Brasil pelo Decreto n. 3.927, de 19 de setembro de 2001, que promulga o Tratado de Amizade, Cooperação e Consulta, que celebramos com Portugal, simbolicamente, em Porto Seguro, em 22 de abril de 2000, isto é, no local no qual comemorou-se os 500 anos do descobrimento. Convencionou-se que a titularidade do estatuto de igualdade por brasileiros em Portugal e por portugueses no Brasil não implicará em perda das respectivas nacionalidades (art. 13). Fixou-se também que o estatuto de igualdade será atribuído mediante decisão do Ministério da Justiça, no Brasil, e do Ministério da Administração Interna, em Portugal, aos brasileiros e portugueses que o requeiram, desde que civilmente capazes e com residência habitual no país em que ele é requerido (art. 15). Importante ressaltar que o gozo de direitos políticos no Estado de residência importa na suspensão do exercício dos mesmos direitos no Estado da nacionalidade (art. 17, III).

Art. 12, § 2º

Segue-se um princípio geral de isonomia, nos sentido de ser permitir diferenciações somente em relação ao exercício de cargos de importância superlativa para o Estado. Os casos passíveis de distinção entre natos e naturalizados, previstos na Constituição, a par dos descritos no § 3º, são os referentes à extradição, à perda de nacionalidade, à participação no Conselho da República e à propriedade de empresa jornalística e de radiodifusão. É disposição constitucional (art. 5º, LI), "*que nenhum brasileiro será extraditado, salvo o naturalizado, em caso de crime comum, praticado antes da naturalização, ou de comprovado envolvimento em tráfico ilícito de entorpecentes e drogas afins, na forma da lei*". A extradição é processada pelo Supremo Tribunal Federal e as razões justificativas da regra prendem-se, entre outros, ao combate internacional ao tráfico ilícito de entorpecentes e drogas afins. Por intermédio do Decreto n. 154, de 26 de junho de 1991, internalizou-se a Convenção contra o referido tráfico. Inclusive, as partes da convenção negociarão acordos bilaterais e multilaterais para cumprir a extradição e aumentar sua eficácia.

Art. 12, § 3º, I a VII

O Presidente da República (e o Vice, nos casos de substituição) detém um volume expressivo de competências, disciplinadas no art. 84 da Constituição. Entre suas competências privativas consta a prerrogativa de nomear e exonerar Ministros de Estado, bem como decretar o estado de defesa e o estado de sítio, a par de decretar a intervenção federal e exercer o comando supremo das Forças Armadas. De igual modo, os Presidentes da Câmara dos Deputados, do Senado Federal e do Supremo Tribunal Federal. De tal modo todos os cargos que importam, ainda que transitoriamente, no exercício da chefia do Estado, são de atribuição exclusiva de brasileiros natos. Assim, razões de segurança nacional justificam a prerrogativa. No mesmo sentido, a exclusão de brasileiros não natos da carreira diplomática, e oficial das Forças Armadas e do Ministro de Defesa do Estado. Interesses relevantes de Estado abonam a discriminação. Nesse último caso, Ministro de Defesa do Estado, incluído pelo Emenda Constitucional n. 23, de 1999. Justifica-se a opção pelo fato de que o Ministro de Defesa exerce o efetivo comando do Exército, da Marinha e da Aeronáutica. O número de cargos privativos de brasileiros natos é sensivelmente inferior ao número de cargos privativos de brasileiros natos, previstos na Constituição de 1969. Nos termos do parágrafo único do art. 145 do texto constitucional anterior, além dos cargos presentemente contemplados incluíam-se também os cargos de, Ministro de Estado, de Ministro do Superior Tribunal Militar, do Tribunal Superior Eleitoral, do Tribunal Superior do Trabalho, do extinto Tribunal Federal de Recursos, do Tribunal de Contas da União, do Procurador-Geral da República, de Senador, de Deputado Federal, de Governador do Distrito Federal, de Governador e Vice-Governador de Estado e de Território e seus substitutos.

Art. 12, § 4º, I e II

Trata-se de conjunto indicativo de hipóteses de perda de nacionalidade. A primeira das hipóteses se refere ao cancelamento da naturalização, sempre por sentença judicial, com trânsito em julgado, em virtude de atividade nociva no território nacional. É pressuposto o desdobramento de processo judicial no qual se garanta ao interessado todos os meios de defesa. A naturalização será cancelada, e os efeitos da decisão judicial não se projetam ao momento da concessão da naturalização porquanto não se tem hipótese de anulação. Mantém-se uma tradição em nosso modelo de fixação de nacionalidade voluntária, que tem como ponto de referência o interesse nacional, ao qual a Constituição antepôs a percepção de atividade nociva, que não é apenas política. Nesse caso, refere-se, tão somente, ao brasileiro naturalizado. Com a Emenda Constitucional de Revisão n. 3, de 1994, alterou-se redação originária, que dispunha também sobre perda de nacionalidade em virtude de vínculo com outra nacionalidade, por naturalização voluntária, o que alcançava o brasileiro nato. A redação original suscitava situações aflitivas, a exemplo de nacionalidades derivadas de relações de casamento, ou de filiação ou decorrentes de imposições de contratos de trabalho. Nesse sentido, a emenda de revisão optou por abandonar a redação relativa à "naturalização voluntária". Reportou-se de modo mais simples à "outra nacionalidade". Admitiu-se o reconhecimento de nacionalidade originária por lei estrangeira, bem como a imposição de naturalização, pela norma estrangeira ao brasileiro residente em estado estrangeiro, como condição para permanência em seu território ou para o exercício de direitos civis. Reconheceu-se que a aquisição de outra nacionalidade, por parte de brasileiro, pode ser involuntária. Assim, inadequada a penalização, com perda da nacionalidade brasileira, justamente porque as hipóteses enunciadas de obtenção de uma segunda nacionalidade são decorrentes de situações que independem necessariamente da vontade do interessado, a exemplo de nacionalidade originária reconhecida por outro País. Nesse último caso tem-se o reconhecimento automático, por outro Estado, de nacionalidade originária. A perda de nacionalidade era assunto regulado pela Lei n. 818, de 3 de setembro de 1949, revogada explicitamente pelo art. 124, I, da Lei de Migração (Lei n. 12445, de 24 de maio de 2017). Deve-se levar em consideração antes da efetivação da perda de nacionalidade o risco de geração de situação de apatridia (art. 75, parágrafo único, da Lei de Migração). Há possibilidade de reaquisição de nacionalidade, uma vez cessada a causa justificativa da perda. Nesse caso, pode-se, inclusive, obter a revogação do ato de perda (art. 76 da Lei de Migração).

Art. 13. A língua portuguesa é o idioma oficial da República Federativa do Brasil.

§ 1º São símbolos da República Federativa do Brasil a bandeira, o hino, as armas e o selo nacionais.

§ 2º Os Estados, o Distrito Federal e os Municípios poderão ter símbolos próprios.

Arnaldo Sampaio de Moraes Godoy

1. História da norma

Disposição constitucional fixando a língua portuguesa como o idioma oficial da República Federativa do Brasil é afetação inovadora do texto constitucional de 1988. Embora com algumas variações de pormenor essa disposição consolidou-se ao longo do processo constituinte. No Substitutivo I, de 26 de agosto de 1987, pretendeu-se dispor que "*a língua nacional do Brasil é a portuguesa*", pretensão mantida no Substitutivo II, de 18 de setembro de 1987, bem como no Projeto A, de 24 de novembro de 1987, levada a Plenário, em primeiro turno. No Projeto B, de 5 de julho de 1988, alterou-se para "*O português é a língua oficial da República Federativa do Brasil*", redação mantida no Projeto C, de 15 de setembro de 1988, levado a Plenário, no final do segundo turno. A Comissão de Redação Final (autora do Projeto D, de 21 de setembro de 1988) fixou a redação definitiva "*a língua portuguesa é o idioma oficial da República Federativa do Brasil*", redação mantida no texto promulgado em 5 de outubro de 1988 e publicado no *Diário Oficial da União*. Até o Projeto A dispunha-se em um mesmo artigo a referência à língua e aos símbolos (bandeira, hino, escudo, armas da República). A partir do Projeto B, fixou-se a referência à língua no *caput*, remetendo-se os símbolos para o § 1º, consolidando-se o federalismo com o permissivo de que Estados, Distrito Federal e Municípios pudessem ter símbolos próprios. Essa concessão já estava consignada no Substitutivo I, de 26 de agosto de 1987, que também permitia que Territórios tivessem símbolos próprios, o que persistiu até o Projeto D, de 21 de setembro de 1988.

2. Constituições brasileiras anteriores

Na Constituição de 1934 acordou-se que a bandeira, o hino, o escudo e as armas nacionais deveriam ser usados em todo o território do país, nos termos determinados por lei (art. 174). Na Constituição de 1937 impôs disposição semelhante, em favor de bandeira, hino, escudo e armas nacionais, proibindo-se quaisquer outras. Simbolicamente, já decretado o Estado Novo, realizou-se uma imponente cerimônia no Rio de Janeiro, em 19 de novembro de 1938, na qual foram queimadas as bandeiras estaduais. Nesse dia, vinte e uma bandeiras nacionais substituíram as vinte e uma bandeiras estaduais então existentes. O maestro Villa Lobos, naquela cerimônia, regeu bandas e corais, que entoaram o hino nacional. Em seu diário, Getúlio Vargas registrou o evento, sem fazer referência à queima das bandeiras estaduais. Essa situação foi revertida com a Constituição de 1946, que fixou que Estados e Municípios poderiam ter símbolos próprios (parágrafo único do art. 195), dispondo-se ainda que os símbolos nacionais seriam a bandeira, o hino, o selo e as armas vigorantes, à data da promulgação da Constituição. Na Constituição de 1967 exclui-se o selo e as armas como símbolos nacionais, mantendo-se apenas bandeira e hino. Aos Estados, ao Distrito Federal e aos Municípios autorizou-se o uso de símbolos próprios.

3. Constituições estrangeiras

Nos **Estados Unidos da América** não há disposição constitucional específica que trate da língua ou dos símbolos nacionais. O assunto, de algum modo, é ligado ao tema da liberdade de expressão, a exemplo do ocorrido no caso Texas v. Johnson. Em 1984 Johnson queimou uma bandeira norte-americana, em sinal de protesto, em frente à um edifício público em Dallas, no estado do Texas. Foi condenado por violar uma lei estadual que tipificava como crime a profanação intencional de bandeira estadual ou nacional. O caso foi à Suprema Corte. Por 5 a 4 votos decidiu-se que a Constituição protege profanação à bandeira, como forma simbólica de expressão. Porém, entendeu-se que o governo não está autorizado a proibir ou restringir a expressão de uma ideia porque a sociedade acha essa ideia ofensiva ou desagradável. Protegeu-se a queima da bandeira como forma de liberdade de expressão, como garantida na Emenda 1 (*Bill of Rights*) da Constituição norte-americana. Em **Portugal** definiu-se que a bandeira nacional, símbolo da soberania da República, da independência, unidade e integridade de Portugal, fosse adotada pela República instaurada pela Revolução de 5 de outubro de 1910 (art. 11). De igual modo, fixou-se a canção "A Portuguesa" como hino nacional, bem como o português como língua oficial (art. 11, 1 e 2). Na **Espanha** definiu-se o castelhano como a língua espanhola oficial do Estado, a qual deve ser conhecida por todos os espanhóis, que tem o direito de usá-la (art. 3º, 1). Reconheceu-se a oficialidade das demais línguas espanholas, em suas respectivas comunidades autônomas, de acordo com a as legislações locais (art. 3º, 2º). Consignou-se que a riqueza das distintas modalidades linguísticas da Espanha representa patrimônio cultural que objeto de especial respeito e proteção (art. 3, 3). E ainda, dispôs-se que a bandeira da Espanha é formada por três listas horizontais, em vermelho e amarelo (art. 4º, 1º). Há possibilidade de reconhecimento de bandeiras próprias das comunidades autônomas, que serão utilizadas junto com a bandeira da Espanha nos edifícios públicos e nos atos oficiais (art. 4º, 2º). A Constituição da **Itália** dispôs que a bandeira da república é tricolor: verde, branca e vermelha. Na **França**, a língua da república é o francês, o emblema nacional é a bandeira tricolor: azul, branco, vermelho, o hino nacional, a "Marselhesa", o lema da República: "Liberdade, Igualdade, Fraternidade", o seu princípio: governo do povo, pelo povo e para o povo (art. 2º). No **Chile**, os emblemas nacionais são a bandeira, o escudo de armas da república e o hino nacional (art. 2º). No **Peru**, há reconhecimento constitucional de um pluralismo linguístico. São idiomas oficiais o castelhano e, em regiões onde predominem, o quéchua, o aimará e as demais línguas aborígenes, de acordo com a lei (art. 48). Os símbolos da pátria são a bandeira, o escudo e o hino nacional, de acordo com a lei (art. 49). No **Equador**, os símbolos da pátria também são a bandeira, o escudo e o hino nacional, também de acordo com a lei (art. 2º). O idioma oficial é o castelhano que, ao lado do quéchua e do shuar são os idiomas oficiais de relação intercultural; os demais idiomas ancestrais são de uso oficial para os povos indígenas nas regiões nas quais habitam (art. 2º, parte final). Na **China**, tem-se que todas as nacionalidades possuem a liberdade para uso e desenvolvimento de suas línguas, faladas e escritas (art. 4). No **Japão**, o símbolo do Estado é o Imperador (art. 1). Na **Índia**, as discussões no Parlamento devem ser feitas em hindi ou em inglês (art. 120). A língua oficial é o hindi, na escrita devanagari, os numerais são os indianos, de uso internacional; o inglês persiste como língua oficial, pelo prazo de quinze anos contados da adoção da Constituição (art. 343).

4. Remissões constitucionais e legais

O art. 220, § 2º, da Constituição, dispõe sobre o uso da língua portuguesa no ensino fundamental, assegurando-se às comunidades indígenas o uso de suas línguas maternas e processos próprios de aprendizagem. No art. 231 tem-se o reconhecimento das línguas indígenas. A Lei n. 11.310, de 12 de junho de 2006, fixa o dia nacional da língua portuguesa, no dia 5 de novembro, que é a data de nascimento de Rui Barbosa. A Lei n. 5.700, de 1º de setembro de 1971, dispõe sobre a forma e a apresentação dos símbolos nacionais. O Decreto n. 4, de 19 de novembro de 1889, fixou, originalmente, os distintivos da bandeira, das armas nacionais, do selos e dos sinetes da república, então proclamada. O Decreto n. 6.583, de 29 de setembro de 2008, promulga o acordo ortográfico da língua portuguesa, assinado em Lisboa, em 16 de dezembro de 1990.

5. Jurisprudência

No Supremo Tribunal Federal há um habeas corpus, no qual se reconheceu a necessidade da redação de peças processuais em língua portuguesa, sob pena de não conhecimento do *writ* constitucional (HC 72.391 QO, rel. min. Celso de Mello, j. 8-3-1995, P, *DJ* de 17-3-1995). O Tribunal Regional Eleitoral no Paraná (RE 18260 PR, decisão publicada em 1º de outubro de 2012) entendeu que a "*utilização de bandeirolas com as cores nacionais e com a inscrição "Sou Brasileiro" não configura propaganda irregular porque não significa desrespeito aos símbolos nacionais, muito menos instigação à desobediência coletiva*". O Tribunal Regional Federal da 5ª Região (Apelação Cível, AC 448066-CE 0043574-19.2008.4.05.0000, decisão publicada em 15 de dezembro de 2009), entendeu que a gravação do hino nacional, executado em forma de forró, não configura desrespeito aos símbolos nacionais, especialmente porque o forró é uma manifestação da cultura nacional, inclusive comemorado no dia 13 de dezembro, como dia nacional do forró, por força da Lei n. 11.176, de 2005. O Tribunal de Justiça do Distrito Federal

(Apelação Cível, APC 20100111112955, decisão de 3 de fevereiro de 2016) tratou do uso de símbolos e armas nacionais por tribunal arbitral, uso que teria levado as pessoas a erro, por confundir o ambiente de arbitragem com órgão estatal. No Rio Grande do Sul, o Tribunal Regional Eleitoral (Recurso Representação RREP 183 RS, decisão publicada em 16 de setembro de 2008), entendeu que não há vedação para o uso, na propaganda eleitoral, dos símbolos nacionais, estaduais e municipais, proibido, contudo, o uso de símbolos governamentais. O Tribunal Regional Federal da 3ª Região (Reexame Necessário Cível, REO 19407 SP 1999.03.99.019407-8, decisão publicada em 7 de outubro de 2010) decidiu que cidadão tem legitimidade para propor ação popular para exigir o cumprimento da Lei 5.700, de 1971, no sentido das escolas públicas e particulares, de 1º e 2º graus, ministrarem ensinamentos a respeito do desenho e do significado da Bandeira Nacional, exigirem o canto do Hino Nacional e o cumprimento das demais normas referentes aos Símbolos Nacionais, na forma do art. 39 da citada lei.

6. Direito internacional

No direito internacional contemporâneo, direitos relativos ao uso de uma linguagem são qualificados como direitos humanos. Valoriza-se a utilização de línguas maternas, no contexto de valoração e de transmissão de direitos culturais. A Declaração Universal de Direitos Humanos, da Organização das Nações Unidas, dispõe sobre a titularidade de direitos, sem discriminação baseada em função da língua do indivíduo (art. 2). O direito universal a um julgamento justo implica o direito a um intérprete, na hipótese do acusado não compreender a língua utilizada nos procedimentos criminais (art. 10). O direito à liberdade de expressão estende-se ao direito de escolha de qualquer linguagem como um meio de expressão (art. 19). Todos tem direito à educação, com especial atenção à linguagem como meio de expressão (art. 26). Registra-se também uma Declaração Universal dos Direitos de Linguagem, conhecida como a Declaração de Barcelona. Essa declaração foi discutida e assina em 1996, sob a condução da PEN, uma associação internacional de escritores. Não há relação direta com a ação da UNESCO, que não aprovou formalmente a declaração. A PEN existe desde 1921. Uma primeira versão da declaração aprovada em Barcelona fora discutida e aprovada em Copenhagen, ao longo de um congresso, em 1948. No âmbito da União Europeia há uma Carta Europeia das Línguas Regionais ou Minoritárias, aprovada em Estrasburgo, em 5 de novembro de 1992. Quanto aos objetivos e princípios então acordados, reconheceram-se as línguas regionais ou minoritárias como expressão de riqueza cultural (art. 7). De igual modo, acordou-se a facilitação e o encorajamento do uso oral e escrito de línguas regionais ou minoritárias na vida pública e privada (art. 7).

7. Referências bibliográficas

Peter Häberle, *Constituição e cultura – o direito ao feriado como elemento de identidade cultural do Estado Constitucional*, Rio de Janeiro: Lumen Juris, 2008. Tradução de Marcos Augusto Malika e de Elisete Antoniuk. Francisco Campos, *O Estado Nacional*, Brasília: Editora do Senado, 2001. Dolf Sternberger, *Patriotismo constitucional*, Bogotá: Universidad Externado de Colombia, 2001. Tradução de Luis Villar Borda. Paul Teyssier, *História da Língua Portuguesa*, São Paulo: Martins Fontes, s.d. Tradução de Celso Cunha. Rodolfo Ilari e Renato Basso, *O Português da gente, a língua que estudamos e falamos*, São Paulo: Contexto, 2011.

8. Comentários

A construção dos Estados Nacionais fundamentou-se originariamente na fixação de uma identidade nacional a partir do uso de uma língua de uso geral entre os membros de uma comunidade política. O ponto de partida para uma identificação na ordem política consistia na identificação linguística, a par da aproximação de outros elementos definidores de uma cultura, a exemplo da religião e dos referencias simbólicos da nacionalidade. A formação das línguas nacionais representou um ponto de inflexão entre um determinado padrão linguístico, um referencial histórico de valor inquestionável e uma apropriação política daqueles que forjavam a nacionalidade. Uma língua de uso comum, menos do que a expressão legítima de uma evolução natural, consolidava uma trajetória de organização política. Nesse sentido, a importância de Dante Alighieri, de Luís de Camões, de Miguel de Cervantes, de William Shakespeare e de Goethe na construção das respectivas identidades linguísticas, culturais e políticas, ainda que em épocas distintas. A doutrina constitucional alemã contemporânea (Peter Häberle) sustenta a existência de uma tríade de elementos culturais do Estado Constitucional, consistente em hinos, bandeiras e feriados nacionais. Esses últimos – os feriados – também qualificam identidades, ainda que submetidos a variações de ordem historiográfica. Exemplifica-se, no Brasil, com a tensão entre o 13 de maio (Lei Áurea) e o 20 de novembro (Dia Nacional da Consciência Negra). Ainda que circulares a um mesmo problema, essas duas datas predicam abordagens distintas. O 13 de maio exaltava uma formalidade, apresentando a abolição da escravidão como uma concessão das classes dominantes, em 1888. O 20 de novembro enfatiza a abolição como o desdobramento de uma luta, com referência à morte de Zumbi dos Palmares, em 1695. A consagração à bandeira, de igual modo, atende a pressões políticas de matiz fortemente ideológico. Exemplifica-se com a construção de uma narrativa apoteótica, em torno da bandeira, como se lê em Francisco Campos, para quem a bandeira representava também realidades e valores, não necessariamente inscritos em seu quadrilátero, mas no espírito, vontade e coração dos homens. Essa simbologia avança de um modo mais radical para um patriotismo constitucional, por sua vez centrado menos nos símbolos, e mais nos referenciais constitucionais, como também apontado pela literatura constitucional alemã (Dolf Sternberger). A língua portuguesa conte hoje com cerca de 230 milhões de falantes, revelando-se como o oitavo idioma mais falado do mundo. É também língua oficial da União Europeia, desde 1986. Além do Brasil, o português é também falado em Portugal, Angola, Cabo Verde, Guiné-Bissau, Moçambique, Timor-Leste, São Tomé, Príncipe, e por minorias em Macau e em Goa. Mostra-se, assim, como uma herança cultural do Império Colonial Português. Nossa língua radica no latim vulgar falado pelos soldados romanos que estacionaram e viveram na Península Ibérica. O português é uma língua neolatina, aparentando-se com o espanhol, o francês, o italiano, o sardo, o provençal, o romeno e o dálmata. Evoluiu do latim vulgar para uma fala galego-portuguesa, que antecedeu ao português arcaico, que vicejou entre os séculos XIII e XVI, inclusive com literatura reconhecida. O português é língua oficial em Portugal desde 1290, quando D. Diniz I baixou ordem nesse sentido. Em 1536 há notícias de gramáticas de língua portuguesa, atribuídas a Fernão de Oliveira e a João de Barros. O Brasil compartilha de um português moderno, com variáveis, a exemplo dos falares nordestino, amazônico, baiano, fluminense, mineiro e sulista. As variações ocorridas no Brasil não identificam dialetos propriamente ditos. Há diferenças quanto ao português falado por grupos mais escolarizados em relação a grupos menos escolarizados da população brasileira, o que que se verifica, entre outros, com a perda da desinência "s" dos verbos conjugados na primeira pessoa do plural. O português deriva do latim quanto a aspectos fonéticos, morfológicos, léxicos e sintáticos. Em virtude da presença muçulmana em Portugal há também uma forte influência árabe. O português falado no Brasil incorporou também amplo vocabulário indígena e africano. Por conta da influência cultural francesa, inglesa e norte-americana, ainda que em diferentes momentos, o português falado no Brasil contemporâneo registra de igual modo grande quantidade de galicismos e de anglicismos. Assinamos um acordo ortográfico em 1990, em forma de tratado internacional. Seguimos o modelo adotado pelos falantes de espanhol, que optaram pela unificação da língua escrita, distanciando-nos dos falantes de inglês, que preservam suas idiossincrasias, quanto ao inglês escrito. Quanto aos símbolos nacionais, isto é, bandeira, hino, armas e selo, há pormenorizado tratamento em forma de lei (Lei n. 5.700, de 1º de setembro de 1971). A bandeira que presentemente conhecemos fora definida também em termos normativos, por intermédio do Decreto n. 4, de 19 de novembro de 1889. Manteve-se a tradição das cores nacionais (verde e amarela). A legenda "*Ordem e Progresso*" reflete a importância do pensamento positivista ao longo do movimento republicano. Trata-se de uma simplificação de um dos lemas de Augusto Comte, contido na frase "*O amor como base, a ordem como princípio e o progresso como fim*". Desponta ainda a constelação do cruzeiro, com representação, contida nas estrelas, com reminiscência aos Estados e ao Distrito Federal. Inicialmente, com a independência, conhecemos um hino com letra atribuída ao jornalista Evaristo da Veiga, com música do maestro Marcos Antônio de Azevedo Portugal. Essa melodia foi alterada por D. Pedro I e resultou no hino da independência. Esse hino cedeu ao um hino nacional brasileiro, inicialmente em forma de *marcha triunfal*, de composição atribuída ao maestro Francisco Manoel da Silva. Com variações nas letras essa *marcha triunfal* foi executada durante o segundo reinado, como um hino nacional brasileiro. Com a proclamação da república manteve-se a melodia do império, com letra de Osório Duque Estrada, que venceu um concurso em 1909. Em 1930, durante o governo Vargas, regulamentou-se o hino nacional, que resultou da música de Francisco Manoel da Silva e da letra de Osório Duque Estrada. O selo nacional, também criado no mencionado Decreto n. 4, de 1889, é utilizado como emblema de autenticação de atos do governo, bem como de diplomas e demais atos oficiais. São duas circunferências concêntricas, com uma faixa na qual se lê Ordem e Progresso ao centro, e República Federativa do Brasil na circunferência externa.

CAPÍTULO IV
DOS DIREITOS POLÍTICOS

Néviton Guedes

1. História das normas

Depois das modificações que a Emenda Constitucional de Revisão n. 4/1994 impôs ao seu § 9º, e a Emenda Constitucional n. 16/1997 estabeleceu para o seu § 5º, mais recentemente, foi imposta nova modificação ao art. 14 da Constituição, tendo a Emenda Constitucional n. 111, de 2021, inserido nele dois novos dispositivos (parágrafos): (*a*) o § 12, que prescreve que "serão realizadas concomitantemente às eleições municipais as consultas populares sobre questões locais aprovadas pelas Câmaras Municipais e encaminhadas à Justiça Eleitoral até 90 (noventa) dias antes da data das eleições, observados os limites operacionais relativos ao número de quesitos"; e (*b*) o § 13, segundo o qual, "as manifestações favoráveis e contrárias às questões submetidas às consultas populares nos termos do § 12 ocorrerão durante as campanhas eleitorais, sem a utilização de propaganda gratuita no rádio e na televisão". Antes disso, como já referido, a Emenda Constitucional n. 16, de 1997, alterou a redação do § 5º, para introduzir a possibilidade de o Presidente da República, os Governadores de Estado e do Distrito Federal, os Prefeitos e quem os houver sucedido, ou substituído no curso dos mandatos, candidatarem-se para mais um mandato no período subsequente. A redação anterior do § 5º, proibindo a possibilidade de reeleição para o período subsequente era a seguinte: *São inelegíveis para os mesmos cargos, no período subsequente, o Presidente da República, os Governadores de Estado e do Distrito Federal, os Prefeitos e quem os houver sucedido, ou substituído nos seis meses anteriores ao pleito*. Por seu turno, o § 9º tinha a seguinte redação: *Lei complementar estabelecerá outros casos de inelegibilidade e os prazos de sua cessação, a fim de proteger a normalidade e legitimidade das eleições contra a influência do poder econômico ou o abuso do exercício de função, cargo ou emprego na administração direta ou indireta*. Por sua vez, com a Emenda Constitucional de Revisão n. 4, de 1994, o § 9º passou veicular a seguinte redação: *Lei complementar estabelecerá outros casos de inelegibilidade e os prazos de sua cessação, a fim de proteger **a probidade administrativa, a moralidade para exercício de mandato considerada vida pregressa do candidato**, e a normalidade e legitimidade das eleições contra a influência do poder econômico ou o abuso do exercício de função, cargo ou emprego na administração direta ou indireta* (destacamos a redação acrescida pela Emenda Constitucional de Revisão n. 4, de 1994). Já o art. 15 guarda o texto primitivo da Constituição de 1988. Por fim, a redação atual do art. 16 foi conferida pela Emenda Constitucional n. 4, de 14 de setembro de 1993. No texto primitivo constava a seguinte redação: *A lei que alterar o processo eleitoral só entrará em vigor um ano após sua promulgação*.

2. Constituições brasileiras anteriores

Os direitos políticos por certo já haviam encontrado disciplina nos textos constitucionais anteriores. Assim, a Constituição do Império, de 1824, fazia-lhes menção nos arts. 7º, 8º, 178 e 179. A Constituição de 1891, a primeira da República, disciplinava os direitos políticos no art. 70 e no art. 71. Na Constituição de 1934, a disciplina dos direitos políticos era veiculada nos arts. 108 a 112. Na Constituição de 1937, dispositivos sobre a matéria apareciam nos arts. 117 a 121. A Constituição de 1946 fazia-lhes referência nos arts. 131 a 140. Já a Constituição de 1967 cuidou dos direitos políticos nos arts. 142 a 148 e 151. Por fim, a Emenda Constitucional n. 1/69 disciplinou-os nos arts. 147 a 151 e 154. A perda e a suspensão dos direitos políticos, hoje reguladas pelo art. 15, também já haviam encontrado disciplina nos textos constitucionais anteriores. Assim, a Constituição do Império, de 1824, disciplinava a matéria nos arts. 7º e 8º. A Constituição de 1891 estabelecia a suspensão e a perda dos direitos políticos no art. 71. Na Constituição de 1934, a disciplina da suspensão e a perda dos direitos políticos era veiculada nos arts. 110 e 111. Na Constituição de 1937, o tema era tratado nos arts. 118 e 119. A Constituição de 1946 referia tais dispositivos nos arts. 135 e 136. Já a Constituição de 1967 cuidou da matéria no art. 144. Por fim, a Emenda Constitucional n. 1/69 disciplinou a perda e a suspensão dos direitos políticos no art. 149.

3. Direito internacional

Declaração Universal dos Direitos Humanos (DUDH)[1]: art. XXI; Pacto Internacional dos Direitos Civis e Políticos[2]: arts. 1º, 3º e 25º; Carta de Direitos Fundamentais da União Europeia (CDFUE): 12º-2 e 39º-2 e 40º.

4. Constituições estrangeiras

Constituição Nacional da República da Argentina (de 1853, amplamente reformada em 1994): arts. 37 a 40; Constituição Política da República do Chile (de 1980): arts. 13 a 18, 26, 47 a 50, 57 e 58; Constituição Política da República da Colômbia (de 1991): arts. 3, 99, 107 a 111, 127, 132 a 134, 171 e 172, 176 e 177, 179, 190 e 191, 197, 202 e 204, 258 a 263; Constituição Política da República do Paraguai (de 1992): arts. 2 e 3, 117 a 123, 182, 187, 189, 203, 221, 223, 228, 230, 235 a 237; Constituição da República Oriental do Uruguai (de 1867): arts. 77 a 82, 88 a 92, 94 a 101, 151 e 152; Constituição do Grão-Ducado do Luxemburgo: arts. 51, 52 e 53; Constituição do Reino dos Países Baixos: arts. 50, 53, 54, 56 e 59; Constituição da República Portuguesa: art. 10º, 39º, alínea g, 40º e 48º a 50º, 108º e 109º, 121º a 124º, 147º a 152º; Lei Constitucional Federal Austríaca: arts. 23 e, 26 e 60; Lei Fundamental da Alemanha: art. 38; Constituição do Reino de Espanha: arts. 13 (2) e 68; Constituição do Reino Dinamarquês: arts. 29 a 31; Lei Fundamental sobre a Forma de Governo Finlandês: arts. 2, 11, 22 a, 23, 23 a, 23 b, 23 c e 23 d; Constituição da República da França: arts. 3, 6, 7, 24 e 27; Constituição da República Italiana: 48, 49, 50, 56, 57 e 83;

---

1. Adotada e proclamada pela Resolução n. 217-A (III) da Assembleia Geral das Nações Unidas, em 10 de dezembro de 1948. Assinada pelo Brasil na mesma data.

2. Adotado pela Resolução n. 2.200-A da Assembleia Geral das Nações Unidas, em 16 de dezembro de 1966. Aprovado pelo Decreto Legislativo n. 226, de 12-12-1991. Ratificado pelo Brasil em 24 de janeiro de 1992. Em vigor no Brasil em 24-4-1992. Promulgado pelo Decreto n. 592, de 6-7-1992.

Constituição dos Estados Unidos da América: art. 1, seção 2, 3, 4 e 5, art. 2, seção 1, Emendas XIV, XIX, XXII e XXIV.

5. Dispositivos constitucionais relacionados (rol apenas ilustrativo)

Art. 1º, caput (estabelece a ideia da essencialidade democrática do Estado brasileiro) e incisos I (princípio da soberania), II (princípio da cidadania), III (princípio da dignidade da pessoa humana), V (princípio do pluralismo político) e parágrafo único (princípio da soberania popular); art. 3º (objetivos da República Federativa do Brasil); art. 4º (princípios que regem o Brasil nas relações internacionais); art. 5º, caput (princípios da liberdade, igualdade e segurança) e incisos I (princípio da igualdade), II (liberdade geral de agir), IV (liberdade de manifestação do pensamento), V (direito de resposta), VI (liberdade de consciência e credo), VIII (proteção à crença religiosa ou de convicção filosófica ou política), X (proteção à intimidade, vida privada, honra e imagem das pessoas); XIV (acesso à informação), XVI (liberdade de reunião) e também os incisos XVII a XXI (referidos à liberdade de associação); art. 12 (direitos de nacionalidade); art. 17 (regime dos partidos políticos); art. 18 (organização político-administrativa do Brasil); art. 18, §§ 3º e 4º (previsão de plebiscito para a criação, a incorporação, a fusão e o desmembramento de Estados e Municípios); art. 22, I (competência da União para legislar em matéria de Direito Eleitoral); art. 44 (identidade e composição do Poder Legislativo); art. 45 (sistema de eleição e composição da Câmara dos Deputados); art. 46 (sistema de eleição e composição do Senado Federal); art. 55, IV (perda do mandato eletivo pelos parlamentares em razão da perda dos direitos políticos); art. 55, VI (perda do mandato pelos parlamentares que sofrerem condenação criminal em sentença transitada em julgado); art. 60, §§ 1º, 2º, 3º e 4º (das limitações ao poder de emendar a Constituição), mais especificamente, o art. 60, § 4º, incisos II (intangibilidade do voto direto, secreto, universal e periódico) e IV (intangibilidade dos direitos fundamentais); art. 61, caput (iniciativa de projetos de lei pelos cidadãos); art. 62, § 1º, I, a (veda edição de medida provisória relativa à nacionalidade, cidadania, direitos políticos, partidos políticos e direito eleitoral); art. 68, § 1º, II (veda a possibilidade de lei delegada em matéria de nacionalidade, cidadania, direitos individuais, políticos e eleitorais); art. 77 (sobre o sistema de eleição do Presidente da República), art. 79 (da sucessão do Presidente da República pelo Vice); art. 81 (sobre os diferentes sistemas de eleição em caso de vacância simultânea do cargo de Presidente da República e do seu Vice); art. 82 (duração do mandato presidencial); art. 85, III (previsão de crime de responsabilidade do Presidente da República em caso de atos que atentem contra o exercício dos direitos políticos, individuais e sociais); art. 93 (Estatuto da Magistratura), art. 95 (garantias da Magistratura); art. 102 (competência do Supremo Tribunal Federal); art. 103 (legitimidade ativa para propositura de ADC e ADI); art. 118 (organização da Justiça Eleitoral); art. 119 (composição do TSE); art. 120 (composição dos Tribunais Regionais Eleitorais); art. 121 (previsão de lei complementar para competência e organização dos tribunais, dos juízes e das juntas eleitorais); art. 127 (previsão, princípios e regime do Ministério Público); art. 128 (composição e organização do Ministério Público); art. 128, § 5º (garantias e prerrogativas dos membros do Ministério Público) e art. 129 (funções do Ministério Público), art. 133 (a indispensabilidade do advogado na administração da Justiça); art. 136 (previsão do estado de defesa e o rol de dos direitos fundamentais passíveis de restrição em caso dessa específica medida excepcional); arts. 137 a 139 (previsão do estado de sítio e, no art. 139, o rol dos direitos fundamentais passíveis de restrição no caso dessa específica medida de necessidade constitucional por causas internas). Por fim, além de tudo isso, a Constituição de 1988 prescreve um sistema político que se conforma através de eleições proporcionais para a composição da Câmara dos Deputados (art. 45), das Assembleias Estaduais (art. 27, § 1º) e das Câmaras de Vereadores (art. 29), enquanto impõe a eleição majoritária para a escolha do Chefe do Executivo federal (art. 77), estadual (art. 28) e municipal (art. 29, I e II), assim como dos Senadores da República (art. 46)[3].

6. Legislação infraconstitucional relacionada aos direitos políticos

Lei n. 4.737, de 15 de julho de 1965 (Código Eleitoral), em grande parte revogada pela legislação eleitoral posterior; Lei Complementar n. 64, de 18 de maio de 1990 (Lei das Inelegibilidades), em grande parte alterada pela Lei Complementar n. 135; Lei n. 9.504, de 30 de setembro de 1997 (*estabelece normas gerais sobre eleições*); Lei Complementar n. 135, de 4 de junho de 2010 (*altera a Lei Complementar n. 64, de 18 de maio de 1990, que estabelece, de acordo com o § 9º do art. 14 da Constituição Federal, casos de inelegibilidade, prazos de cessação e determina outras providências, para incluir hipóteses de inelegibilidade que visam a proteger a probidade administrativa e a moralidade no exercício do mandato*); Lei n. 13.488, de 06 de outubro de 2017.

7. Referências bibliográficas

ALEXY, Robert. *Elemente einer juristischen Begrundungslehre*. Baden-Baden: Nomos, 2003, p. 115/116; ALEXY, Robert. *Theorie der Grundrechte*. Frankfurt: Suhrkamp, 1996, p. 103/4; ARAÚJO, Luiz Alberto David e NUNES JÚNIOR, Vidal Serrano. *Curso de direito constitucional*. 13. ed., São Paulo: Saraiva, p. 245; BARROSO, Luis Roberto. *Curso de direito constitucional contemporâneo: os conceitos fundamentais e a construção do novo modelo*. São Paulo: Saraiva, 2009; BASTOS, Celso Ribeiro e MARTINS, I. G. *Comentários à Constituição do Brasil*: arts. 5º a 17. 3. ed. São Paulo: Saraiva, 2004, 2 volumes; BIN, Roberto et PITRUZZELLA, Giovanni. *Diritto costituzionale*. 6. ed., Turim: G. Giappichelli Editore, 2005, p. 531; BULOS, Uadi Lammêgo. *Constituição Federal anotada*. 12. ed., São Paulo: Saraiva, 2017; CANOTILHO, José Joaquim Gomes. *Direito constitucional e Teoria da Constituição*. 7. ed., Coimbra: Almedina, 2003; CANOTILHO, José Joaquim Gomes; MOREIRA, Vital. *Constituição da República Portuguesa Anotada – artigos 1º a 107º*. Coimbra: Coimbra Editora, 2007; CARVALHO, José Murilo de. *Cidadania no Brasil*: o longo caminho. 9. ed. Rio de Janeiro: Civilização Brasileira, 2007, 236 p.; CASTRO, Edson de Resende. *Curso de direito eleitoral*. 6. ed., Belo Horizonte: Del Rey, 2012; CHEMERINSKY, Erwin. *Constitutional law*. 2. ed., New York: Aspen Publishers. 2005; DEGENHART, Christoph. *Staatsrecht I: Staatsorganisationsrecht*, 17. ed., Heidelberg: Muller, 2001, p. 5; DIMOULIS, Dimitri et MARTINS, Leonardo. *Teoria geral dos direitos fundamentais*. São Paulo: RT, 2007; DWORKIN, Ronald. *Taking rights seriously*, London: Duckworth, 1977; ESPÍNDOLA, Ruy Samuel. *Conceito de princípios constitucionais*. SP: RT, 1998; ESPÍNDOLA, Ruy Samuel. *Direito eleitoral*. Ed. Habitus, 2018; FERREIRA FILHO, Manoel Gonçalves. *Comentários à Constituição Brasileira de 1988. Volume 1 – arts. 1º a 43*. São Paulo: Saraiva, 1990, p. 134; FERREIRA FILHO, Manoel Gonçalves. *Curso de direito constitucional*. 34. ed., São Paulo: Saraiva, 2008, p. 118; GOMES, José Jairo. *Direito eleitoral*. Belo Horizonte: Del Rey, 2009; HESSE, Konrad, in BENDA, Ernst. *Handbuch des Verfassungsrechts der Bundesrepublik Deutschland – Band I*. 2. ed. Berlim, N. York: de Gruyter, 1995; HESSE, Konrad. *Grundzuge des Verfassungsrechts der Bundesrepublik Deutschland*. 20. ed., Heidelberg: Muller, 1995; JARASS, Hans et PIEROTH, Bodo. *Grundgesetz für die Bundesrepublik Deutschland: Kommentar*. 5. ed., München: Beck, 2000, p. 655 e seguintes; KRIELE, Martin. *Einführung in die Staats-lehre*. 5. ed., Opladen: WestdeutscherVerlag, 1994; LEAL, Victor Nunes. *Coronelismo, enxada e voto*: o município e o regime representativo no Brasil. 3. ed., Rio de Janeiro: Nova Fronteira, 1997; LENZA, Pedro. *Direito constitucional esquematizado*. 13. ed., São Paulo: Saraiva, 2009; MAUNZ in MAUNZ-DURIG. *Grundgesetz-Kommentar*. München, Verlag C. H. Beck, 1996, art. 38, v. III, §§ 31 e 32; MCCOMBS, Maxwell. *Setting the Agenda: The Mass Media and Public Opinion*, 2004, p. 2; MENDES, Gilmar Ferreira *et al. Curso de Direito Constitucional*. 2. ed., São Paulo: Saraiva, 2008; MENDES, Gilmar Ferreira *et al. Curso de Direito Constitucional*. 4. ed., São Paulo: Saraiva, 2009; MENDES, Gilmar Ferreira *et al. Curso de direito constitucional*. 10. ed., São Paulo: Saraiva, 2015; MENDES, Gilmar Ferreira. *Direitos fundamentais e controle de constitucionalidade – estudos de direito constitucional*, p. 13; MORAES, Alexandre de. *Constituição do Brasil interpretada*. 8. ed., São Paulo: Atlas, 2011; MUNCH, Ingo von e KUNIG, Philip von (orgs.). *Grundgesetz: Kommentar*. München: Beck, 5. ed., 2001, v. 2.; NOWAK, John E. et ROTUNDA, Ronald D. *Constitutionallaw*, 2004; PIEROTH, Bodo e SCHLINK, Bernhard. *Grundrechte – Staatsrecht II*. Heidelberg Muller, 2000; PIMENTA BUENO, José Antônio. Direito público brasileiro e análise da Constituição do Império, texto integral *in Marquês de São Vicente, José Antônio Pimenta Bueno*. Coleção Formadores do Brasil – organização e introdução de Eduardo Kugelmas, São Paulo: Ed. 34, 2002, p. 264-265; RAABE, Marius. *Grundrechte und Erkenntnis: Der Einschätzungsspielreum des Gesetzgebers*. Baden-Baden: Nomos, 1997; SACHS, Michael. *Verfassungsrecht II: Grundrechte*. Berlin: Springer, 2. ed., 2003, p. 510; SARLET, Ingo Wolfgang. *A eficácia dos direitos fundamentais: uma teoria dos direitos fundamentais na perspectiva constitucional*. 10. ed. Porto Alegre: Livraria do Advogado, Ampliada, 2009; SARLET, Ingo Wolfgang. *Dignidade da pessoa humana e direitos fundamentais na Constituição de 1988*. 8. ed. Porto Alegre: Livraria do Advogado, 2010; SARLET, Ingo Wolfgang *et al. Curso de direito constitucional*. 6. ed., São Paulo: Saraiva, 2017; SARMENTO, Daniel. *A ponderação de interesses na Constituição Federal*. Rio de Janeiro: Lumen Juris, 1. ed., segunda tiragem, 2002; SILVA, Luis Gustavo Motta Severo da. A redução do período de registro de candidatura e seu reflexo sobre a substituição de candidatos. In NORONHA,

---

[3]. No Distrito Federal, o processo político segue a mesma lógica e estrutura, conforme art. 32 e seu § 2º da Constituição Federal.

João Otávio de (coord.). *Sistema político e direito eleitoral brasileiros:* estudos em homenagem ao Ministro Dias Toffoli. São Paulo: Atlas, 2016, p. 477-494; SIEKMANN, H. e DUTTE, G. *Staatsrecht I: Grundrechte*. Frankfurt: Thungersheim, 2000, p. 335 e s.; SILVA, José Afonso da. *Comentário contextual à Constituição*. São Paulo: Malheiros, 2005; STERN, Klaus. *Das Staatsrecht der Bundesrepublik Deutschland (Band I): Grundbegriffe und Grundlagen des Staatsrechts, Strukturprinzipien der Verfassung*. München: Beck, 1984, p. 290; STERN, Klaus. Idee und Elementeeines Systems der Grundrechte, in ISENSEE, Josef e KIRCHHOF, Paul. *Handbuch des Staatsrechts der Bundesrepublik Deutschland*. Heidelberg: Muller, Bd. 5, 2. ed., 2000, p. 61/2; STRECK, Lenio Luiz. *Jurisdição Constitucional e Hermenêutica*: uma nova crítica do Direito. Rio de Janeiro: Forense, 2004, p. 869.

8. Jurisprudência

Decisões do Tribunal Superior Eleitoral: Ac. de 15-9.2004 no REsp 22.785, rel. Min. Peçanha Martins; Ac. de 1º-10-2004 no REsp 24.564, rel. Min. Gilmar Mendes; Ac. de 3-9-2002 no REsp 20.059, rel. Min. Fernando Neves; Ac. de 6-10-2004 no AgRg/REsp 23.344, rel. Min. Luiz Carlos Madeira; Ac. 16.397, de 29-8-2000, rel. Min. Garcia Vieira, red. designado Min. Sálvio de Figueiredo; Ac. 4.769, de 2-10-2004, rel. Min. Humberto Gomes de Barros; Res. 15.072, de 28-2-1989, rel. Min. Sydney Sanches; Res. 15.099, de 9-3-1989, rel. Min. Villas Boas; Res. 20.165, de 7-4-1998, rel. Min. Nilson Naves; Res. 15.850, de 3-11-1989, rel. Min. Roberto Rosas; Res. 20.527, de 9-12-1999, rel. Min. Edson Vidigal; Res. 21.791, de 1º-6-2004, rel. Min. Humberto Gomes de Barros; Res. 22.610, de 25-10-2007, rel. Min. Cezar Peluso; Ac. 23.721, de 4-11-2004, rel. Min. Humberto Gomes de Barros; RO 896/SP – DJ 2-6-2006, p. 99; Recurso Especial TSE n. 17.199, de 26-9-2000, rel. Min. Nelson Jobim. **Decisões do Supremo Tribunal Federal:** ADI 3.345 e 3.365, rel. Min. Celso de Mello, julgamento em 25-8-2005, *Informativo STF* 398; ADI 3.685, rel. Min. Ellen Gracie, julgamento em 22-3-2006, Plenário, *DJ* de 10-8-2006; ADI 3.741, rel. Min. Ricardo Lewandowski, julgamento em 6-9-2006, *DJ* de 23-2-2007; ADPF 144, rel. Min. Celso de Mello, julgamento em 6-8-2008, Plenário, *Informativo 514*; Rcl 66.534-AgRg, Min. Celso de Mello, julgamento em 25-9-2008, Plenário, *DJe* de 17-10-2008; RE 579.799-AgRg, rel. Min. Eros Grau, julgamento em 2-12-2008, 2ª Turma, *DJe* de 19-12-2008; ADC 29, ADC 30 e ADI 4.578, rel. Min. Luiz Fux, j. 16-2-2012, P, *DJe* de 29-6-2012; ADPF 144, rel. Min. Celso de Mello, j. em 6-8-2008; Plenário, *DJe* de 26-2-2010; RE 637.485, rel. Min. Gilmar Mendes, julgado em 1-8-2012; RE 236.948, rel. Min. Octavio Gallotti, *DJ* de 31-8-2001; RE 279469, rel. Min. MAURÍCIO CORRÊA, relator(a) p/ Acórdão: Min. CEZAR PELUSO, Tribunal Pleno, julgado em 16-3-2011, *DJe*-117 DIVULG 17-06-2011 PUBLIC 20-06-2011 EMENT VOL-02547-01 PP-00045 RTJ VOL-00218-01 PP-00443; RE 633703, rel. Min. GILMAR MENDES, Tribunal Pleno, julgado em 23-3-2011, REPERCUSSÃO GERAL – MÉRITO *DJe*-219 DIVULG 17-11-2011 PUBLIC 18-11-2011 RTJ VOL-00221-01 PP-00462 EMENT VOL-02628-01 PP-00065); RE 929670/DF, rel. orig. Min. Ricardo Lewandowski, red. p. o ac. Min. Luiz Fux, julgamento em 4-10-2017 (conforme Informativo STF 880).

Art. 14. A soberania popular será exercida pelo sufrágio universal e pelo voto direto e secreto, com valor igual para todos, e, nos termos da lei, mediante:

I – plebiscito;
II – referendo;
III – iniciativa popular.

Néviton Guedes

1. O significado jurídico da Democracia e sua relação com os direitos políticos

Já foi dito por muitos que os direitos fundamentais mantêm com as sociedades livres e os regimes democráticos uma relação essencial de mútua e ao mesmo tempo paradoxal **implicação** e **tensão**[1]. Com efeito, da mesma forma que não se pode falar em democracia, ou sociedade livre, onde não se garantam e sejam respeitados os direitos fundamentais (**relação de implicação**), também não se pode negar que os direitos fundamentais representam sempre, onde de fato são garantidos, um conjunto de limites e restrições à vontade e à margem de decisão tanto do legislador como das maiorias eleitorais (**relação de tensão**). Se tudo isso é assim, com mais razão, pode-se dizer que é **no âmbito dos direitos políticos** que, obviamente, essa relação de *reciprocidade* e *interdependência* entre direitos fundamentais e democracia tão bem apontada por Ingo Wolfgang Sarlet[2] se revelará tanto mais intensa quanto profunda. Por um lado, é, principalmente, por intermédio dos direitos políticos que a Constituição cumpre a função de resguardar e concretizar o regime democrático em nosso país. Por outro, nos regimes democráticos, os direitos políticos, já por sua natureza de direitos fundamentais, estão sempre a representar um conjunto de limites à própria maioria (parlamentares ou mesmo plebiscitárias), já que, na sábia advertência de R. Dworkin, *a maioria não pode viajar tão rápido ou tão longe quanto gostaria se tem que reconhecer os direitos de os indivíduos fazerem o que, aos olhos da maioria, é algo errado de se fazer*[3]. Assim, juridicamente, há uma recíproca dependência conceitual entre os **direitos políticos** e a **ideia de Democracia** concretamente conformada na Constituição. Do ponto de vista constitucional, a questão democrática não é um problema que se possa resolver com apelos e compreensões de ordem *exclusiva ou principalmente* política, histórica, cultural, ou econômica, por mais importantes que se revelem. Tampouco se pode compreender o seu sentido jurídico a partir de uma herme-

---

1. Sobre as complexas relações entre os direitos fundamentais e o regime democrático, veja o excelente livro de Raabe, Marius. *Grundrechte und Erkenntnis: Der Einschätzungsspielraum des Gesetzgebers*. Baden-Baden: Nomos, 1997, p. 15 e seguintes. Ali o autor discute o espaço de decisão, ou margem de avaliação (*Einschätzungsspielraum*), que remanesce ao legislador democrático em decisões, já que confrontado com limites impostos pelos direitos fundamentais impostos pela Constituição.

2. Sarlet, Ingo Wolfgang. *A eficácia dos direitos fundamentais*. 2009, *op. cit.*, p. 61; ver também Hesse, Konrad, *in* Benda, Ernst. *Handbuch des Verfassungsrechts*, 1995, p. 134.

3. Em sua luta para que os direitos sejam *tomados a sério*, advertia R. Dworkin, em passagem célebre, *que a maioria não pode viajar tão rápido ou tão longe quanto gostaria se tem que reconhecer os direitos de os indivíduos fazerem o que, aos olhos da maioria, é algo errado de se fazer*. Cf. Dworkin, Ronald. *Taking Rights Seriously*, London: Duckworth, 1977, p. 204.

nêutica fundada numa concepção puramente abstrata ou idealista. O significado jurídico de Democracia deve revelar-se, sobretudo, *constitucionalmente adequado*, isto é, o sentido jurídico da ideia de Democracia deve ser, em primeiro lugar, extraído da concreta conformação normativa que lhe confere a Constituição vigente[4]. Não é que se possa desconsiderar, mesmo do ponto de vista normativo, que a *experiência democrática* acabará sempre por revelar-se uma forma condicionada pelos **fatores reais** que conformam a sociedade onde se encontra inserida (como são os fatores políticos, econômicos e antropológicos, para ficar apenas em alguns exemplos). No dizer de Lenio Streck, nem mesmo a Constituição *pode ser entendida como um ente disperso "no mundo"*, pois qualquer fenômeno, inclusive o normativo, sempre *está e se realiza* em um mundo que o circunda e condiciona[5]. A existência da norma constitucional, assim como o seu (re)conhecimento, por certo, serão sempre dependentes dos fatores reais da experiência histórica, que acabam, aliás, por conformar a própria pré-compreensão de quem se põe a praticar e a conhecer o fenômeno jurídico[6]. O Direito, contudo, quando consistentemente se reproduz na sociedade como (sub)sistema diferenciado, não é uma mera representação dos outros (sub)sistemas (econômico ou político, por exemplo), nem a eles se submete integralmente[7]. Por isso, segundo o ponto de vista hermenêutico aqui adotado, o apelo a (pré)compreensões políticas, históricas, econômicas ou culturais, não obstante a sua relevância, tem a função apenas de servir de *meio ambiente* (*Umwelt*)[8] no qual o Direito se reconhece e se reproduz autonomamente como (sub)sistema diferenciado mediante o seu próprio código de filtragem (lícito/ilícito) dos acontecimentos sociais. Em outros termos, não obstante a importância dos demais sistemas sociais, é consoante a sua própria lógica que o Direito se estrutura como sistema de (re)conhecimento e de produção normativa. No Brasil, obviamente, a *solução democrática* engendrada normativamente pela Constituição de 1988 tampouco pôde escapar aos fatos mais relevantes – próximos ou distantes – de nossa própria experiência histórica. Juridicamente, contudo, a resposta hermenêutica é de ser fixada tendo como ponto de partida e de chegada o que expressamente restou estabelecido no texto constitucional.

2. A ideia de Democracia constitucionalmente adequada

Em qualquer quadrante (jurídico, político ou histórico) em que se busque um conceito adequado, Democracia será, em primeiro lugar, um regime de organização do poder político em que prevalece o **domínio do povo**. Nela é ele o soberano, o titular do poder do Estado, ainda que, frequentemente, sobretudo nos Estados contemporâneos, não o exerça de forma direta, mas por meio de seus representantes[9]. De um jeito ou de outro, os textos constitucionais tornam-se indissolúveis os vínculos de dependência recíproca entre o princípio da soberania popular e princípio democrático. Isso significa concretamente que o exercício de todo poder estatal exige a legitimação pelo povo, devendo, por isso mesmo, permanentemente, ser reconduzível pela manifestação soberana do povo à sua fonte de legitimação democrática inquebrantável[10]. Bem observados os exatos termos em que se encontra formulada a ideia de Democracia na Constituição de 1988, o seu significado jurídico, além de recusar, *formalmente*, por expressa disposição constitucional (art. 1º, *parágrafo único*, da Constituição da República), qualquer ordem de domínio que não se origine na vontade soberana do povo, ou a ela se mantenha alheia, o que seria uma mera manifestação de arbítrio (seja de pessoa, grupo, partido ou classe social), deve também, entretanto, além disso, *materialmente*, se sustentar em princípios que são hoje pedras angulares do nosso ordenamento constitucional[11]. A soberania popular, portanto, para corresponder a uma compreensão *constitucionalmente adequada*, tem que prestar homenagem, *materialmente*, a diversos princípios fundamentais, inscritos no texto constitucional, sem o que não poderá, à luz da nossa Constituição, pretender legitimar um regime *substancialmente* democrático[12]. Portanto, constitucionalmente, Democracia já não se basta com a vontade soberana do povo, pois, hoje, quem diria(?), também a soberania popular tem que se legitimar. Em primeiro lugar, a soberania popular apenas se manifesta legitimamente, no Estado Democrático brasileiro, quando observa e se submete à onipresença dos **princípios constitucionais fundamentais** (CF, art. 1º): soberania, cidadania, dignidade da pessoa humana, os valores sociais do trabalho e da livre-iniciativa e o pluralismo político. Assim, uma proposta de lei, ou mesmo de Emenda à Constituição, se aprovada em detrimento desses princípios constitucionais, ainda que obtenha, antes (por plebiscito) ou depois (por referendo), a aprovação popular, ainda que à unanimidade de votos, não será menos ilegítima. Uma proposta de lei que se revele atentatória ao princípio da dignidade da pessoa humana, por exemplo, será sempre uma proposta inconstitucional e, *ipso facto*, ilegítima[13], não importando para tanto que tenha alcançado a aprovação de todos cidadãos habilitados a votar. Impossível, outrossim, falar-se em Democracia sem o pleno respeito aos direi-

---

4. Canotilho, José Joaquim Gomes. *Direito Constitucional e Teoria da Constituição*. Coimbra: Almedina, 7ª ed., 2003, p. 287. Ver também Hesse, Konrad. *Grundzüge des Verfassungsrechts der Bundesrepublik Deutschland*. Heidelberg: Muller, 20. ed., 1995, p. 58.

5. Streck, Lenio Luiz. *Jurisdição Constitucional e Hermenêutica: uma nova crítica do Direito*. RJ: Forense, 2004, p. 869.

6. Cf. Robert Alexy. *Elemente einer juristischen Begrundungslehre*. Baden-Baden: Nomos, 2003, p. 115-116.

7. Presente aqui, como se nota, a contribuição de Gadamer (Hans Hans-Georg Gadamer. *Wahrheit und Methode*. Tübingen: Mohr, 1990, p. 271). Ver leitura também do confronto entre a teoria hermenêutica e a teoria da argumentação, em Robert Alexy. *Elemente einer juristischen Begrundungslehre*. Baden-Baden: Nomos, 2003, p. 115.

8. Streck, Lenio Luiz. *Jurisdição Constitucional e Hermenêutica: uma nova crítica do Direito*. RJ: Forense, 2004, p. 869.

9. Soberania popular significa que o poder de governar o Estado só pode legitimar-se ao revelar conformidade com a vontade soberana do povo que habita o território do Estado, cf. Degenhart, Christoph. *Staatsrecht I: Staatsorganisationsrecht*. 17. ed. Heidelberg: C. F. Muller, 2001, p. 4/5.

10. Degenhart, Christoph. *Staatsrecht I: Staatsorganisationsrecht, op. cit.*, p. 5.

11. Coelho, Inocêncio Mártires, *in* Mendes, Gilmar F. *et al. Curso de Direito Constitucional*. 4ª ed., São Paulo: Saraiva, 2009, p. 170 e s.

12. Para uma adequada análise sistemática dos princípios constitucionais, veja-se Espíndola, Ruy Samuel. *Conceito de Princípios Constitucionais*. São Paulo: RT, 1998.

13. Por todos, veja-se Sarlet, Ingo Wolfgang. *Dignidade da Pessoa Humana e Direitos Fundamentais na Constituição de 1988*. Porto Alegre: Livraria do Advogado, 8ª ed., 2010, p. 126 e s., onde o autor demonstra – com a proficiência que lhe é costumeira – que a dignidade da pessoa humana haverá de representar sempre um limite positivo e negativo a todos os órgãos do Estado, *em todas as funções e atividades*, como também representa um destacado limite à atuação dos particulares.

tos fundamentais[14], nomeadamente, o direito à vida, à liberdade, à igualdade, à segurança e à propriedade (art. 5º, *caput*, da Constituição), mas também aos direitos fundamentais sociais (art. 6º da Constituição) e aos direitos fundamentais econômicos (art. 170). Além do mais, a ideia de Democracia albergada pelo texto constitucional de 1988 não se basta, em uma compreensão mais formal, com o princípio da soberania popular apenas porque aceita e respeita a regra da maioria. Para se concretizar os verdadeiros desígnios democráticos, estabelecidos na Constituição de 1988, não obstante expressada pela vontade da maioria, a soberania popular tem, além do mais, que prestar atenção – com honestidade de propósitos – aos **interesses das minorias**, respeitando-lhes os espaços e as formas de expressão. A nossa Democracia também não será corretamente compreendida, em termos constitucionais, caso, com o mero recurso formal à soberania popular, não se confira correta atenção e obediência permanentes ao princípio federativo; ao voto direto, secreto, universal e periódico; à separação dos Poderes e aos direitos e garantias individuais, porquanto esses princípios jurídicos conformam o bloco jurídico essencial à configuração da própria identidade da nossa Lei Fundamental (art. 60, § 4º, da Constituição da República). Também Konrad Hesse chama a atenção sobre vários princípios, sem os quais não se pode honestamente falar em Estado Democrático de Direito[15]. Todos os princípios elencados pelo célebre jurista alemão aparecem garantidos em nossa Constituição. Assim, atualmente, também em nosso País não se pode desconsiderar, na gramática da Democracia, os seguintes princípios: o princípio da separação de Poderes (art. 2º e art. 60, § 4º, III), o princípio geral de responsabilização política e jurídica dos governantes (art. 37, § 6º, art. 52, I e II, art. 54 e art. 55, art. 85 e art. 86, art. 102, I, *b* e *c*, art. 103-B, § 4º, III, art. 105, I, *a*, art. 130-A, § 2º, III), os princípios da estrita legalidade, nele considerados a impessoalidade, a publicidade e a moralidade das ações do Estado (art. 37), o princípio da independência do Judiciário (arts. 95 e 96) e do Ministério Público (arts. 127, §§ 1º e 2º, e 128, § 5º), o direito de oposição das minorias (art. 58, § 3º) e, por último, mas não o menos importante, a liberdade e a igualdade, seja entre eleitores, seja entre os partidos e os candidatos que almejem disputar o Governo do Estado (art. 14).

3. Natureza jurídica dos direitos políticos

Em uma primeira aproximação, pode-se dizer que *políticos* são *os direitos reconhecidos aos cidadãos de participar da vida política e na formação das decisões públicas*[16]. Essa concepção genérica dos direitos fundamentais condensa-se no direito ao sufrágio, qualificado nas modernas democracias constitucionais como *universal, livre, igual, direto* e *periódico*. É, ainda, de se dizer que se inserem de forma essencial no conteúdo do direito fundamental ao sufrágio a liberdade e a igualdade de chances entre os partidos e os candidatos que se põem em disputa[17]. É evidente, pois, a natureza jusfundamental dos direitos políticos. Não apenas porque topograficamente eles estejam localizados na nossa Constituição no Título dedicado aos direitos fundamentais (e como capítulo específico), mas também, e sobretudo, porque a ninguém ocorreria negar a dignidade constitucional das condutas que os direitos políticos asseguram. Contudo, não obstante os vínculos essenciais havidos entre o Direito Constitucional e o Direito Eleitoral, âmbito do direito ordinário onde encontram concretização os direitos políticos, também aqui como na Alemanha, cabe o lamento de Klaus Stern, ao anotar que a matéria do Direito Eleitoral tem sido negligenciada pelos constitucionalistas, os quais, quando não a relegam simplesmente em nível de direito ordinário, consideram-na demasiadamente *técnica*, e, de regra, deixam o seu comentário especializado aos estudiosos do Direito Eleitoral[18]. Temos assistido também no Brasil ao nascimento de fenômeno jurisprudencial (mais também acadêmico) de singular conformação: de um lado, um Direito Constitucional alheio ao Direito Eleitoral; de outro, um Direito Eleitoral com muito pouco Direito Constitucional. Por isso, principalmente numa realidade como a brasileira, de cuja história os cientistas políticos afirmam resultar uma quase estrutural desconsideração à ativa e consciente participação política dos cidadãos nos destinos da comunidade nacional[19], a primeira e a principal tarefa que se impõe ao interpretar o capítulo da Constituição dedicado aos direitos políticos talvez seja mesmo a de, prestando homenagem ao óbvio, afirmar que os direitos políticos são antes de tudo direitos fundamentais. Não obstante o truísmo que encerra essa conclusão, dela resultam **consequências fundamentais** para exata compreensão dos direitos políticos assegurados na Constituição. Com efeito, ao se (re)afirmar a natureza de direitos fundamentais dos direitos políticos, disso resultará uma série de consequências quanto à sua qualidade e significado jurídicos: consequências quanto à sua dimensão na ordem jurídica (não mais apenas subjetiva, mas também objetiva); consequências também quanto à intensidade (proporcionalidade) e à forma das restrições que se lhe possam impor; consequências quanto aos seus titulares e destinatários (eficácia horizontal); e consequências quanto ao Direito Eleitoral e aos demais ramos do Direito Ordinário (graças à constitucionalização do Direito Ordinário). Vejamos cada uma dessas consequências separadamente.

4. Qualidade, significado e importância dos direitos fundamentais políticos

Da afirmação de que os direitos políticos são antes de tudo direitos fundamentais resultam, obviamente, sérias consequências jurídicas. Em primeiro lugar, ao se afirmar a sua natureza de direitos fundamentais, aos direitos políticos também se incorporam todas as qualidades, em sua mais ampla extensão e profundi-

---

14. Canotilho, José Joaquim Gomes. *Direito Constitucional e Teoria da Constituição*. 2003, p. 290.

15. Cf. Hesse, Konrad. *Grundzuge des Verfassungsrechts der Bundesrepublik Deutschland*. 1995, p. 59.

16. Bin, Roberto et Pitruzzella, Giovanni. *Diritto Costituzionale*. Turim: G. Giappichelli Editore, 6. ed., 2005, p. 531.

17. Mendes, Gilmar F. *et al*. *Curso de Direito Constitucional*. 4ª ed., São Paulo: Saraiva, 2009, p. 779.

18. Cf. Stern, Klaus. *Das Staatsrecht der Bundesrepublik Deutschland (Band I)*, 1984, p. 290.

19. Leal, Victor Nunes. *Coronelismo, enxada e voto: o município e o regime representativo no Brasil*. 3. ed., Rio de Janeiro: Nova Fronteira, 1997. Sobre as dificuldades e vicissitudes da participação política em nosso país, ver Carvalho, José Murilo de. *Cidadania no Brasil: o longo caminho*. 9. ed., RJ: Civilização Brasileira, 2007.

dade, que tão facilmente associamos aos demais direitos fundamentais. Por outro lado, é na condição de direitos fundamentais que os direitos políticos revelam, como uma de suas tarefas principais, a de *criar e manter as condições elementares* para *uma vida em liberdade* e com *dignidade humana*[20]. Nunca será demasiado acentuar, pois, a excelência dos direitos políticos como pressupostos insubstituíveis para a conformação livre da esfera pública, e isso por pelo menos duas razões essenciais:

(a) em primeiro lugar, os direitos políticos formam estruturalmente a *base do regime democrático*[21];

(b) em segundo lugar, mas talvez o mais importante, apesar de nem sempre adequadamente considerado, o direito de votar e ser votado é antes de tudo um *direito político fundamental* porque nele se assenta a garantia de preservação de todos os demais direitos fundamentais.

Com razão já se disse que os demais direitos inseridos numa Constituição, ainda que mais básicos, *seriam ilusórios* se o direito de participar das decisões políticas fundamentais da comunidade nacional não for assegurado[22]. Nos Estados Unidos, por exemplo, já em 1886, a Suprema Corte daquele país pôde afirmar a qualidade de direitos fundamentais aos direitos políticos, precisamente, porque neles reconheceu, em última e mais elevada instância, a salvaguarda e defesa de todos os demais direitos[23]. Portanto, não parece haver dificuldade em se aceitar que tanto o direito de votar como o de ser votado são daqueles direitos essenciais à preservação dos demais direitos fundamentais (como preferem os norte-americanos, *preservative of all rights*)[24]. Aceitos como direitos fundamentais, há também no âmbito dos direitos políticos, segundo a exata formulação de Konrad Hesse, aquela *implicação mútua e essencial* que nasce e se desenvolve entre os direitos fundamentais e uma sociedade livre[25]. O professor Gomes Canotilho afirma mesmo que *os direitos fundamentais têm uma função democrática*[26]. De fato, se, de um lado, as liberdades e os direitos fundamentais do indivíduo apenas podem ser consistentemente garantidos numa sociedade livre, de outro, os direitos e liberdades fundamentais pressupõem indivíduos e cidadãos *capazes* e voltados não apenas a cuidar de seus interesses privados, mas também com *vontade e responsabilidade* suficiente para, no âmbito da esfera pública, envolver-se com os assuntos que digam respeito à comunidade[27]. No Brasil, aliás, a ideia de que os direitos políticos consistem em pressupostos essenciais ao surgimento e, sobretudo, ao desenvolvimento das demais liberdades fundamentais já se encontrava presente na formação mais remota de nosso pensamento político e constitucional mais elevado. Já em 1857, Pimenta Bueno, em sua obra mais importante, *Direito Público brasileiro e análise da Constituição de 1824*, acentuava o caráter essencial dos direitos políticos para a estruturação e garantia da liberdade nas sociedades que, com honestidade de propósitos, almejam resguardar as liberdades fundamentais de seus cidadãos, ao afirmar expressamente que *o direito eleitoral, ou voto ativo, é um direito político de suma importância, é a principal garantia das nações livres para manter a sua liberdade, é a participação do cidadão no poder político, na alta administração do Estado, na confecção das leis, no imposto, no recrutamento. É o meio que ele tem de fiscalizar a observância da Constituição, de emitir suas ideias, fazer valer suas opiniões, desejos e interesses, e, enfim, de influir sobre sua sociedade política*[28]. Por tudo o que se viu, não se podendo recusar que o exercício dos direitos políticos é a maneira mais consentânea, livre e desembaraçada de preservar os demais direitos fundamentais nas sociedades democráticas, além de se assegurar o seu mais amplo desenvolvimento (tarefa de todos os poderes do Estado), deve-se acentuar que toda e qualquer forma de possível restrição ao sufrágio[29], em qualquer de suas manifestações (direito ativo ou passivo), deve sofrer a mais severa e meticulosa sindicância por parte dos órgãos e agentes encarregados da fiscalização e aplicação do direito, especialmente do Ministério Público[30] e do Poder Judiciário[31].

5. Dimensão subjetiva e objetiva dos direitos políticos

Já não se põe em dúvida que os direitos fundamentais revelam tanto uma **dimensão subjetiva** como **objetiva**. De fato, na exata interpretação do professor Ingo Wolfgang Sarlet (a) *constatação de que os direitos fundamentais revelam dupla perspectiva, na medida em que podem, em princípio, ser considerados tanto como direitos subjetivos individuais, quanto elementos objetivos fundamentais da comunidade, constitui, sem sombra de dúvida, uma das mais relevantes formulações do direito constitucional contemporâneo*[32]. Como direitos fundamentais, nunca se pôs em dúvida que

---

20. Hesse, Konrad, *in* Benda, Ernst. *Handbuch des Verfassungsrechts der Bundesrepublik Deutschland – Band I*. 2. ed., Berlim, N. York: de Gruyter, 1995, p. 134.
21. Mendes, Gilmar F. *et al*. *Curso de Direito Constitucional*. 2ª ed., São Paulo: Saraiva, 2008, p. 729.
22. Orientação que, nos Estados Unidos, já em 1886, já se podia observar em Yick Wo v. Hopkins, 118 U.S. 356, 370 (1886), cfe. Chemerinsky, Erwin. *Constitutional Law*. New York: Aspen Publishers. 2ª ed., 2005, p. 943. Ver também Wesberry v. Sanders, 376 U.S. 1, 17 (1964). Nowak, John E. et Rotunda, Ronald D. *Constitutional Law*. 7ª ed., St. Paul: Thomson West, 2004, p. 989. Ver também Stone, Geoffrey R. *et al*. *Constitutional Law*. 5 ed., NY: Aspen Publishers, 2005, p. 773 e s.
23. Cf. Chemerinsky, Erwin. *Constitutional Law*. New York: Aspen Publishers. 2ª ed., 2005, p. 943, referindo precisamente Yick Wo v. Hopkins, 118 U.S. 356, 370 (1886).
24. Nowak, John E. et Rotunda, Ronald D. *Constitutional Law*. 2004, p. 989.
25. Hesse, Konrad, *in* Benda, Ernst. *Handbuch des Verfassungsrechts*, 1995, p. 134.
26. Canotilho, José Joaquim Gomes. *Direito Constitucional e Teoria da Constituição*. 2003, p. 290.

27. *Nenhum direito é mais precioso em uma sociedade livre do que o de ter voz na eleição daqueles que farão as leis sob as quais como bons cidadãos nós devemos viver*, cf. Chemerinsky, Erwin. *Constitutional Law*, p. 943.
28. Pimenta Bueno, José Antônio. *Direito Público Brasileiro e Análise da Constituição do Império*, texto integral *in* Marquês de São Vicente, *José Antônio Pimenta Bueno*. Coleção Formadores do Brasil – Organização e Introdução de Eduardo Kugelmas, São Paulo: Ed. 34, 2002, p. 264-265.
29. Nos Estados Unidos, por exemplo, diante do sistema de votação distrital, a Suprema Corte tem promovido especial escrutínio em leis que restringem ou diluem o peso do voto do cidadão na contabilização geral dos votos colhidos em uma eleição, cfe. Chemerinsky, Erwin. *Constitutional Law*, p. 943.
30. Não é sem mais, aliás, que a Constituição incumbiu como uma função precípua do Ministério Público, precisamente, a defesa do regime democrático (art. 127 da Constituição da República).
31. Nowak, John E. et Rotunda, Ronald D. *Constitutional Law*. 2004, p. 989.
32. Sarlet, Ingo Wolfgang. *A eficácia dos direitos fundamentais: uma teoria dos direitos fundamentais na perspectiva constitucional*. Porto Alegre: Livraria do Advogado, 10ª ed. Ampliada, 2009, p. 141 e s.

os direitos políticos são, em primeiro lugar, direitos subjetivos[33], consistentes no conjunto de faculdades, ou de poderes, que se reconhece *aos cidadãos de participar da vida política e na formação das decisões públicas*[34]. Nesse sentido, revelam-se tão importantes para a conformação de nosso regime democrático, que o constituinte resolveu por bem, a partir dos dezoito anos e até os setenta anos, tornar obrigatórias algumas de suas manifestações, isto é, o alistamento eleitoral e o voto (art. 14, § 1º, II), convertendo o sufrágio, nesse particular, ao mesmo tempo, em direito e dever. Não obstante isso, os direitos políticos são sempre mais do que direitos subjetivos. Também eles manifestam permanentemente, à similitude do que ocorre com os demais direitos fundamentais, uma **dúplice dimensão** (objetiva e subjetiva)[35]. Assim, além de **direitos subjetivos** dos cidadãos individualmente considerados, também os direitos políticos revelam uma **dimensão objetiva**, ao se apresentarem como princípios fundamentais da estruturação objetiva da ordem democrática e das ações do Estado. Portanto, em sua **dimensão objetiva**, mesmo na ausência de interesses subjetivos concretos, os direitos políticos *conformam, iluminam e restringem o significado de toda a ordem jurídica nacional* e, como tal, vinculam não apenas os poderes públicos do Estado, como também os poderes privados[36]. Em relação a eles, portanto, também se pode afirmar que, da compreensão que *vinculam objetivamente* os Poderes do Estado (Executivo, Legislativo e Judiciário), impõem a todas as suas esferas não apenas um dever negativo de abster-se de intervenções *inadequadas, desnecessárias ou desproporcionais* no âmbito de proteção das normas que asseguram direitos políticos, mas também se lhes impõe um dever positivo de tudo fazer e promover no sentido de conferir a máxima concretização e efetividade desses direitos, inclusive, repita-se, *quando não se esteja diante de uma pretensão subjetiva do cidadão*[37]. Em resumo, graças à sua condição essencial de direitos fundamentais, os direitos políticos condicionam e limitam *positiva e negativamente* as possibilidades de intervenção estatal, em quaisquer dos seus níveis e funções (administração, legislação e jurisdição), no que respeita ao âmbito de proteção das condutas por eles asseguradas.

6. O Direito Constitucional Eleitoral e o direito ordinário

Diante do significado decisivo que o Direito Eleitoral guarda para a formação e composição dos órgãos do Estado, mantendo, por isso mesmo, uma influência decisiva nos acontecimentos políticos, não é sem razão, acentua Klaus Stern, pois, que os princípios essenciais do Direito Eleitoral sejam diretamente regulados pela própria Constituição[38]. No Brasil, como se vê da leitura direta do *caput* do art. 14, a Constituição prescreve os princípios fundamentais das eleições em nosso país: sufrágio geral, livre, direto, secreto e igual para todos. De fato, se o Direito Constitucional consiste nos direitos fundamentais, na organização superior do Estado e nos objetivos e valores básicos da comunidade nacional, é no Direito Eleitoral, que se regulam questões fundamentais quanto à *escolha, composição e formação* dos órgãos soberanos do Estado. Assim, o Direito Eleitoral compõe-se de disposições cuja matéria é genuinamente constitucional, concorrendo decisivamente para a *conformação do sistema político* de cada Estado, mantendo também uma *relação recíproca de influência com o sistema partidário*[39]. No caso brasileiro, além de estabelecer o conteúdo e os pressupostos essenciais dos direitos políticos dos cidadãos brasileiros (art. 14), de prescrever diretamente as mais intensas restrições ao seu exercício (art. 15) e de prever os princípios fundamentais da organização partidária em nosso país (art. 17), a Constituição de 1988 prescreve ainda um sistema político que se conforma através de eleições proporcionais para a composição da Câmara dos Deputados (art. 45), das Assembleias Estaduais (art. 27, § 1º) e das Câmaras de Vereadores (art. 29), enquanto impõe a eleição majoritária para a escolha do Chefe do Executivo federal (art. 77), estadual (art. 28) e municipal (art. 29, I e II), assim como dos Senadores da República (art. 46)[40]. Aliás, ainda segundo a correta advertência de Klaus Stern, muito embora nem todos os órgãos superiores do Estado reclamem eleições para a sua composição, é certo, do mesmo modo, que os órgãos e autoridades cuja legitimidade dependem diretamente de eleições periódicas acabam emprestando sua legitimidade democrática aos demais órgãos constitucionais[41]. De fato, confirmando a tese do célebre constitucionalista alemão, no caso brasileiro, é de se lembrar que os órgãos da organização superior do Estado cujos membros são obrigados a submeter-se à disputa democrática acabam de alguma forma concorrendo com a sua vontade para a formação dos demais órgãos de soberania. A Constituição Federal dispõe, por exemplo, em seu art. 52, III, que compete privativamente ao Senado Federal *aprovar previamente, por voto secreto, após arguição pública, a escolha de: a) Magistrados, nos casos estabelecidos nesta Constituição; b) Ministros do Tribunal de Contas da União indicados pelo Presidente da República; c) Governador de Território; d) Presidente e diretores do banco central; e) Procurador-Geral da República; f) titulares de outros cargos que a lei determinar; IV – aprovar previamente, por voto secreto, após arguição em sessão secreta, a escolha dos chefes de missão diplomática de caráter permanente.*

7. Os direitos políticos e a constitucionalização do direito ordinário

Fala-se hoje, com razão, em constitucionalização do direito ordinário, e não apenas para referir normas do direito ordinário

---

33. Ver também a correta abordagem de Dimoulis, Dimitri et Martins, Leonardo. *Teoria Geral dos Direitos Fundamentais*. São Paulo: RT, 2007, p. 117 e s.

34. Bin, Roberto et Pitruzzella, Giovanni. *Diritto Costituzionale*. Turim: G. Giappichelli Editore, 6. ed., 2005, p. 531.

35. Jarass, Hans et Pieroth, Bodo. *Grundgesetz für die Bundesrepublik Deutschland: Kommentar*. München: Beck, 5. ed., 2000, p. 655 e seguintes.

36. Cf. Hesse, Konrad *in* Benda, Ernst. *Handbuch des Verfassungsrechts*, p. 134-136.

37. Cf. Hesse, Konrad *in* Benda, Ernst. *Handbuch des Verfassungsrechts*, p. 138-139.

38. Stern, Klaus. *Das Staatsrecht der Bundesrepublik Deutschland (Band I): Grundbegriffe und Grundlagen des Staatsrechts, Strukturprinzipien der Verfassung*. München: Beck, 1984, p. 290.

39. Stern, Klaus. *Das Staatsrecht der Bundesrepublik Deutschland (Band I)*, 1984, p. 289.

40. No Distrito Federal, o processo político segue a mesma lógica e estrutura, conforme art. 32 e seu § 2º, da Constituição Federal.

41. Stern, Klaus. *Das Staatsrecht der Bundesrepublik Deutschland (Band I)*, 1984, p. 289.

que ganharam assento direto no texto constitucional. Como se viu, os direitos fundamentais, todos eles, já por sua dimensão objetiva, inclusive os direitos políticos, tocam e influenciam a ordem jurídica como um todo, nomeadamente o direito ordinário (substantivo ou processual). De fato, como normas com assento diretamente no texto constitucional, obviamente, não podem retroceder diante de normas de estatura inferior. Da mesma forma, como se disse, por sua origem e natureza, por serem formal e materialmente normas de direito fundamental, também as normas constitucionais que asseguram direitos fundamentais políticos devem servir de parâmetro para a interpretação e desenvolvimento de todo o direito ordinário que, de alguma forma, acabe por relacionar-se com o Direito Constitucional Eleitoral. Isso considerado, é da inteligência de Luís Roberto Barroso que extraímos a conclusão de que a constitucionalização do direito repercute em todos os níveis de atuação do Estado. *Ao legislador e ao administrador, impõem deveres negativos e positivos de atuação, para que observem os limites e promovam os fins ditados pela Constituição*[42]. Mas, como acentua o próprio autor, é na jurisdição e, sobretudo, na jurisdição constitucional, que a ideia de **constitucionalização do direito** pode e deve assumir maior relevância. Seja lembrado com o professor Barroso que a jurisdição constitucional, de forma difusa, pode (e deve) ser exercida por qualquer juiz ou tribunal, na aplicação da Constituição aos casos concretos levados à sua apreciação. Além disso, poderá também ser exercida de forma concentrada, pelo Supremo Tribunal Federal, no controle abstrato que lhe incumbe precipuamente desenvolver (art. 102, I, *a*, da Constituição da República). Isso considerado, mais uma vez com o auxílio de Luís Roberto Barroso, de forma sintética, anotamos algumas técnicas e possibilidades interpretativas de que se poderá valer o Judiciário para, diante do direito ordinário, fazer valer a supremacia formal e material da Constituição (cito)[43]:

(a) o reconhecimento da revogação das normas infraconstitucionais anteriores à Constituição (ou à emenda constitucional), quando com ela incompatíveis[44];

(b) a declaração de inconstitucionalidade das normas infraconstitucionais posteriores à Constituição, quando com ela incompatíveis;

(c) a declaração de inconstitucionalidade por omissão, com a consequente convocação à atuação do legislador;

(d) a interpretação conforme à Constituição, que pode significar: (i) a leitura da norma infraconstitucional da forma que melhor realize o sentido e o alcance dos valores e fins constitucionais a ela subjacentes; (ii) a declaração de inconstitucionalidade parcial sem redução do texto, que consiste na exclusão de determinada interpretação possível da norma – geralmente a mais óbvia – e afirmação de uma interpretação alternativa, compatível com a Constituição.

Todas essas técnicas, logicamente, têm ampla utilização quando se cuide de impor a supremacia das normas constitucionais respeitantes às normas de direitos políticos.

8. A vinculação do Poder Público e dos particulares aos direitos políticos

Como se sabe, os direitos fundamentais são normas aplicáveis diretamente e vinculam tanto as entidades públicas quanto privadas. Essa conclusão, aliás, pode-se também deduzir, na sempre lúcida interpretação do professor Ingo Wolfgang Sarlet, do disposto no **art. 5º, § 1º**, da Constituição da República[45]. Assim, em primeiro lugar, os direitos fundamentais vinculam todos os poderes públicos, aí incluindo-se tanto **o legislador**, no momento em que edita um novo ato normativo, como **o Poder Executivo**, ao expedir atos administrativos, ou mesmo (e sobretudo) **os órgãos jurisdicionais**, na sua função de dizer o direito ao caso concreto controvertido[46]. Com efeito, quem aplica e realiza o direito, não importa em que nível, ou esfera, tem a obrigação, em primeiro lugar, de aplicá-lo à luz da Constituição, de ordem a conferir a máxima eficácia às normas constitucionais. Entretanto, ultrapassando a esfera das relações jurídicas *verticalizadas* entre Estado e cidadãos, também os direitos fundamentais políticos, pela força e significado que lhes empresta o texto constitucional, por serem essenciais à realização dos demais direitos fundamentais e por assegurarem a própria existência da vida em liberdade, manifestam óbvia eficácia jurídica nas relações havidas entre particulares, vinculando, pois, também as entidades, pessoas e os poderes privados aos seus conteúdos e propósitos (*Drittwirkung*). Para ficar em exemplo expressivo, não obstante a Justiça e a própria Lei Eleitoral confiram maior liberdade à imprensa escrita (empresas privadas) em relação às empresas de rádio e televisão, no que tange à propaganda eleitoral, não se afigura possível que, à luz da Constituição, atendidas as limitações legais (art. 43 da Lei n. 9.504/97), em obediência ao princípio da igualdade de chances, a vincular também as pessoas e entidades privadas, um Jornal impresso pudesse, quando consente com propaganda eleitoral em suas páginas, negar a veiculação de propaganda paga por determinado candidato, partido ou coligação, sob a alegação de não concordar com suas propostas e perfil ideológico.

9. Âmbito de proteção e âmbito de regulação dos direitos políticos

Os direitos fundamentais, adverte Konrad Hesse, são antes de tudo *bens ou condutas juridicamente protegidas* e dessa forma hão de ser sempre materialmente determinados, isto é, *serão sempre juridicamente limitados*[47]. Assim, todo direito fundamental encontra seus limites, em primeiro lugar, *onde termina o alcance material de sua norma*, ou seja, *a parte da realidade que é objeto da proteção do direito fundamental*[48]. Em termos concretos, por

---

42. Barroso, Luis Roberto. *Curso de Direito Constitucional Contemporâneo: os conceitos fundamentais e a construção do novo modelo*. São Paulo: Saraiva. 2009, p. 364.

43. Barroso, Luis Roberto. *Curso de Direito Constitucional Contemporâneo*, cit., p. 364.

44. A jurisprudência eleitoral, por exemplo, tem considerado que o art. 337 do Código Eleitoral não teria sido recepcionado pela Constituição de 1988.

45. Sarlet, Ingo Wolfgang. *A eficácia dos direitos fundamentais*, cit., p. 75 e 365 e s.

46. Sarlet, Ingo Wolfgang. *A eficácia dos direitos fundamentais*, cit., p. 367 e s.

47. Hesse, Konrad. *Grundzuge der Verfassungsrechts der Bundesrepublik Deutschland*, p. 138.

48. Hesse, Konrad. *Grundzuge der Verfassungsrechts der Bundesrepublik Deutschland*, p. 139.

exemplo, na Constituição brasileira, pode-se citar *a crença* como parcela da realidade que, uma vez delimitada, irá *prima facie* oferecer fronteiras à incidência da garantia constitucional da liberdade de crença (art. 5º, VI); ou *a arte* como a parcela da realidade que delimita o espaço de incidência da liberdade artística (art. 5º, IX); ou *a profissão, o ofício* ou *o trabalho*, no caso da liberdade de profissão (art. 5º, XIII); ou, por fim, *a propriedade*, no caso do direito de propriedade (art. 5º, XXII). Buscando maior apuro técnico, não obstante alguns autores refiram os termos como sinônimos, pode-se distinguir entre **âmbito de regulação** e **âmbito de proteção**. Assim, fala-se em **âmbito de regulação** de um direito fundamental, para referir-se propriamente à *parcela da realidade da vida (Lebenswirklichkeit) que a norma de direito fundamental destaca como objeto de proteção*[49]. Quanto se fala de **âmbito de regulação**, portanto, segundo B. Pieroth e B. Schlink, não é do âmbito de proteção da norma que se cuida, mas apenas da parcela da vida ou da realidade a qual a norma do direito fundamental diz respeito e na qual o direito fundamental estabelece em primeiro lugar o seu âmbito de proteção. Já quando se quer distinguir o **âmbito de proteção**, o que aí se busca é determinar *quais bens jurídicos (ou condutas) são protegidos* pelas normas garantidoras de direitos fundamentais e *qual a extensão dessa proteção*[50]. No caso dos direitos políticos, é fácil de ver, o seu **âmbito de regulação** abrange **todo o processo eleitoral**, isto é, tudo o que diga respeito à disputa eleitoral (as eleições), do início ao fim, desde o alistamento dos eleitores, passando pela qualificação e registro dos candidatos, a votação propriamente dita, a contabilização dos votos, bem como a determinação do resultado com a distribuição dos cargos alcançados pelos candidatos e pelos partidos políticos[51]. Já no seu **âmbito de proteção**, nisso principalmente não pode remanescer dúvida, estão inseridas como objeto a ser protegido pela norma de direito político fundamental tanto as **condutas e posições jurídicas do eleitor** como as **condutas e posições jurídicas dos candidatos**, dos partidos ou coligações que eventualmente disputem as eleições. Vejamos essas ideias de forma mais analítica.

10. Distinção entre o direito ao voto e ao sufrágio e os seus respectivos âmbitos de proteção

Não obstante, vulgarmente, as palavras *voto* e *sufrágio* sejam empregadas, no Brasil, como se designassem a mesma realidade[52], juridicamente, contudo, a nossa Constituição, conforme adverte José Afonso da Silva, especialmente no art. 14, confere-lhe sentidos diversos, sendo **o sufrágio** a essência do direito político subjetivo e, como tal, pode ser **ativo ou passivo**, sendo, segundo o texto constitucional, universal. É também, em qualquer de suas manifestações (sufrágio ativo, ou passivo) igual, livre e direto. Já **o voto**, conquanto seja uma das condutas abarcadas pelo âmbito de proteção do direito fundamental ao sufrágio, certamente uma das mais importantes, de forma alguma é a única expressão ou conduta protegida pela norma de direito fundamental que protege o sufrágio. Diz-se isso porque a redação do art. 14 pode conduzir a engano, pois, ao afirmar expressamente, de um lado, que o sufrágio é (apenas?) universal e, de outro, que o voto seria *direto e secreto, com valor igual para todos*, poderia sugerir erroneamente que a única garantia que se dedica ao sufrágio (que é ativo e passivo) é a da universalidade, sendo assegurado ao voto proteção mais ampla: a *imediaticidade* (ser direto), o segredo e a igualdade. Obviamente, não é isso. Fosse essa a conclusão correta, ter-se-ia que admitir que o direito ao sufrágio, naquilo que não fosse voto, poderia não ser direto, poderia não ser livre e poderia não ser igual para todos. Aqui o absurdo da conclusão demonstra o erro da premissa. Na verdade, em boa técnica de redação legislativa, a melhor dicção para o dispositivo (art. 14, *caput*, da Constituição) teria sido assegurar o sufrágio universal, livre, igual e direto, através do voto secreto. A redação da Constituição portuguesa foi mais feliz, ao afirmar, no seu art. 10º, que *o povo exerce o poder político através do sufrágio universal, igual, directo e periódico, do referendo e das demais formas previstas na Constituição*. No preciso conceito de Gomes Canotilho e Vital Moreira, em teoria, *o direito ao sufrágio compreende duas vertentes: (a) o direito de sufrágio activo, que consiste no direito de votar, de participar em eleições; (b) o direito de sufrágio passivo, que garante o direito de ser eleito para qualquer cargo público, incluindo o direito de se candidatar ou se apresentar como candidato nas eleições*[53]. Também, no Brasil, a doutrina concebe as duas vertentes do direito ao sufrágio. O sufrágio, afirma José Afonso da Silva, *é (...) um direito público subjetivo, de natureza política, que tem o cidadão de eleger, ser eleito e de participar da organização e da atividade do poder estatal*[54]. Tudo considerado, pois, o direito ao sufrágio, em nossa Constituição, versado no art. 14, guarda a sua clássica conformação, revelando duplo significado, isto é, refere-se tanto ao seu aspecto ativo como ao aspecto passivo. Se é assim, e tudo demonstra que seja, as garantias que foram conferidas expressamente, em redação questionável, apenas ao voto (de ser direto e com valor igual para todos) devem, em primeiro lugar, numa correta apreensão hermenêutica (no caso, interpretação extensiva), ser estendidas ao direito de sufrágio, que é mais largo (aí incluído o voto); em segundo lugar, o direito de sufrágio é de ser compreendido em sua **dupla significação**: sufrágio ativo e sufrágio passivo. O art. 14 da Constituição da República consagra, pois, os direitos políticos fundamentais do cidadão em seu sentido amplo. Aliás, a própria garantia de que o voto seja secreto é uma forma de assegurar de forma mais extensa, como já demonstrado pela melhor doutrina, a liberdade do próprio sufrágio[55], liberdade, aliás, que sequer vem expressamente referida no dispositivo[56]. Segundo a nossa Constituição, portanto, no seu âmbito de prote-

---

49. B. Pieroth e B. Schlink. *Grundrechte-Staatsrecht II*, p. 50; Gilmar Ferreira Mendes. *Direitos Fundamentais e Controle de Constitucionalidade – Estudos de Direito Constitucional*, p. 13; K. Hesse. *Grundzuge der Verfassungsrechts der Bundesrepublik Deutschland*, p. 18.
50. Cf. Pieroth, B. e Schlink, B. *Grundrechte-Staatsrecht II*, p. 50.
51. Munch, Ingo von; Kunig, Philip von (orgs.). *Grundgesetz: Kommentar*, v. 2, p. 629 e s.
52. Bastos, Celso Ribeiro/Martins, Ives Gandra *Comentários à Constituição do Brasil*. 2 volumes: arts. 5º a 17. 3. ed., São Paulo: Saraiva, 2004, p. 636.
53. Canotilho, J. J. Gomes; Moreira, Vital. *Constituição da República Portuguesa Anotada – artigos 1º a 107º*. Coimbra Editora, 2007, p. 669.
54. Silva, José Afonso da. *Comentário Contextual à Constituição*. 2005, p. 215.
55. Cf. Mendes, Gilmar Ferreira *et al. Curso de Direito Constitucional*. 2. ed., São Paulo: Saraiva, 2008, p. 732.
56. Cf. Mendes, Gilmar Ferreira *et al. Curso de Direito Constitucional*. 2. ed., São Paulo: Saraiva, 2008, p. 732.

ção, o direito ao sufrágio assegura não apenas o direito eleitoral ativo (capacidade de votar), como também o direito eleitoral passivo (a elegibilidade, ou capacidade de ser votado). Mais do que isso, como se viu, no seu âmbito de regulação, encontra-se *garantido todo o processo eleitoral*, do alistamento dos eleitores, passando pela escolha e registro dos candidatos, atravessando a propaganda eleitoral, até alcançar as eleições propriamente ditas e o momento em que se deve proceder à divisão dos cargos alcançados pelos candidatos e partidos acaso vitoriosos[57].

11. A multifuncionalidade dos direitos políticos

Além do que acabamos de anotar, deve-se ainda afirmar que, contemporaneamente, a melhor doutrina reconhece que **os** direitos fundamentais não desenvolvem apenas funções isoladas e específicas, sendo mais comum que se prestem à realização de mais de uma tarefa constitucional[58]. De fato, já vão longe os tempos em que se podia, sem pejo e com facilidade, classificar e distinguir os direitos fundamentais em gerações, ou em categorias funcionais distintas, de tal ordem que os direitos fundamentais, segundo a classificação por gerações, ou eram de primeira, ou de segunda, ou de terceira geração; por sua vez, consoante a classificação por categorias funcionais, os direitos fundamentais apareciam diferenciados em *direitos de defesa, direitos de proteção, direitos de participação,* ou *direitos às prestações*. Como anotamos em outro lugar, mais recentemente, novas investigações em torno dos direitos fundamentais, afastando-se das teorias tradicionais, que os distinguiam em gerações e categorias diversas e estanques para reduzi-los erroneamente a uma específica e exclusiva função normativa, têm conduzido à conclusão de que os direitos fundamentais, bem analisados, revelam diversamente, ou pelo menos podem revelar, por seu **conteúdo essencial**, uma **multiplicidade de funções**, devendo a identidade e especificidade normativa de cada direito fundamental ser encontrada mais no **acento** que se confere a uma ou outra função do que, como antes se imaginava, pela manifestação exclusiva de uma única funcionalidade[59]. Em termos mais simples, as análises mais atualizadas da teoria constitucional vêm comprovar que cada direito fundamental pode revelar mais de uma função essencial. Essa conclusão tem especial significado para os **direitos fundamentais políticos**, aos quais apenas se reconhecia a **função de participação política** e hoje não se lhes poderia negar a presença e eficácia jurídica de outras funcionalidades (de regra, apenas eram reconhecidas às demais liberdades e garantias fundamentais). Não é por outra razão, lembra Ingo Wolfgang Sarlet, que Klaus Stern advertia que os direitos políticos correspondem, em verdade, graças à sua vinculação essencial às demais liberdades fundamentais, a um *status* global de liberdade de *(Gesamtfreiheitstatus)*[60]. Portanto, do âmbito de proteção dos direitos políticos, além da **função clássica** de assegurar ao cidadão **(a)** *o direito à participação no processo de formação da vontade política superior do Estado*, decorrem outras funções que podem ser permanentemente exigidas por seus titulares e que, do mesmo modo, se mostram essenciais à estruturação do regime democrático, como, por exemplo, **(b)** *direito de defesa do cidadão contra o Estado,* **(c)** *de proteção por parte do Estado* e **(d)** *de garantia de tratamento isonômico por parte do Estado*[61]. Assim, ninguém tem dúvida, **a função de defesa**, especialmente expressada na liberdade do sufrágio, confere aos seus titulares o direito de se defenderem da ação do Estado e de quem lhe faça as vezes. É com base na função de defesa que se pode exigir, por exemplo, sejam declarados nulos os atos normativos abstratos ou concretos que se revelem em oposição à norma de direito fundamental[62]. Também com base nessa função, pode o titular do direito fundamental ao sufrágio (**ativo ou passivo**) defender-se juridicamente contra a conduta ilícita de particulares que atentem contra posições jurídicas abarcadas pela norma de direito fundamental político (**eficácia horizontal**). Já a **função de proteção** confere aos seus titulares (eleitores e candidatos) o direito de cobrar do Estado, no quadro de suas possibilidades, todas as medidas adequadas e necessárias à proteção e à garantia do mais extenso e mais profundo exercício dos seus direitos políticos, tanto frente aos poderes públicos do próprio Estado como frente às entidades particulares (**eficácia horizontal**) nas condutas precisamente asseguradas pelo âmbito de proteção de seus direitos fundamentais políticos. De fato, a legislação eleitoral brasileira, em diversos dispositivos, claramente, concretiza o direito de o cidadão poder exigir do Estado a proteção do sufrágio, ao considerar criminosas condutas que impliquem obstáculos ao livre exercício desse direito, não importando de regra que ação ilícita parta do Estado ou de particulares. Com efeito, segundo o Código Eleitoral são consideradas criminosas as seguintes condutas: *reter título eleitoral contra a vontade do eleitor* (art. 295); *promover desordem que prejudique os trabalhos eleitorais* (art. 296); *impedir ou embaraçar o exercício do sufrágio* (art. 297); *ocultar, sonegar açambarcar ou recusar no dia da eleição o fornecimento, normalmente a todos, de utilidades, alimentação e meios de transporte, ou conceder exclusividade dos mesmos a determinado partido ou candidato* (art. 304); *impedir o exercício de propaganda* (art. 332). Por fim, **na função isonômica** assenta-se o direito de **eleitores e candidatos** obterem do Estado e da sociedade como um todo, na medida do possível, a máxima igualdade em tudo o que diga respeito ao processo eleitoral. Vejamos agora, individualmente, as principais garantias e funções expressas pelos direitos políticos.

---

57. Pieroth, Bodo e Schlink, Bernhard. *Grundrechte – Staatsrecht II*. Heidelberg Muller, 2000, p. 265.

58. Ver a excepcional análise do tema em Sarlet, Ingo Wolfgang. *A eficácia dos direitos fundamentais, op. cit.,* 2009, p. 151 e s.

59. Stern, Klaus. Idee und Elemente eines Systems der Grundrechte *in* Isensee, Josef/Kirchhof, Paul. *Handbuch des Staatsrecht der Bundesrepublik Deutschland*. Heidelberg: Muller, Bd. 5, 2. ed., 2000, p. 61-62.

60. Sarlet, Ingo Wolfgang. *A eficácia dos direitos fundamentais, op. cit.,* 2009, p. 177.

61. Jarass, Hans et Pieroth, Bodo. Grundgesetz für die Bundesrepublik Deutschland, p. 20. Nos Estados Unidos, o princípio da igualdade (equal protection) junto com o da liberdade de expressão (Freedom of speech) têm sido considerados a origem principal dos limites que o Judiciário tem imposto ao poder de o Estado impor restrições aos direitos políticos, cf. Sullivan, Kathleen M. et Gunther, Gerald. Constitutional Law. NY: Fondation Press, 2004, p. 838. Ver também Nowak, John E. et Rotunda, Ronald D. Constitutional Law. 2004, p. 990.

62. Jarass, Hans et Pieroth, Bodo. *Grundgesetz für die Bundesrepublik Deutschland,* p. 20.

12. Liberdade de sufrágio e o voto secreto

Ao referir-se especificamente aos direitos políticos, no seu art. 14, a Constituição estabelece que a *soberania popular será exercida pelo sufrágio universal e pelo voto direto e secreto, com valor igual para todos*. Como se vê, o texto constitucional não dispõe de forma expressa que o sufrágio, em suas duas manifestações (ativo e passivo), é uma manifestação livre. Contudo, embora não referida expressamente, é fora de dúvida que a **liberdade de sufrágio** percorre todo o processo eleitoral, concretizando-se tanto na liberdade de convencimento e informação por parte do eleitor (**sufrágio ativo**), quanto na liberdade de apresentação de candidatura (**sufrágio passivo**), aí incluída a liberdade de propaganda eleitoral e de apresentação de projetos e propostas[63]. Em primeiro lugar, a proteção do voto secreto mais não é do que uma garantia de que o eleitor, na formação de sua vontade política[64], não estará sujeito a qualquer influência que não seja a de um convencimento livre, consciente e informado. Eleições livres *excluem* todos os tipos de *constrangimentos* e *pressões* que possam, de fora, impor-se ilegitimamente tanto aos eleitores como também aos candidatos[65]. É certo que, em primeiro lugar, o direito ao **voto secreto** quer garantir que a manifestação do eleitor, se for de sua vontade, não seja por mais ninguém conhecida[66]. Entretanto, é indiscutivelmente correta a conclusão de *que o voto secreto é inseparável da ideia de voto livre*[67]. Além disso, é imperioso lembrar que os princípios que regem e protegem o processo eleitoral estão vocacionados a proteger não apenas a manifestação e as condutas do eleitor (**direito político ativo**), mas também visam proteger as manifestações e condutas do cidadão que se propõe a competir no processo eleitoral (**direito político passivo**). De toda sorte, e isso é indisputável, a liberdade de convencimento e manifestação eventualmente conferida aos eleitores de nada valeria se os seus candidatos não pudessem, da mesma forma, transmitir (aos próprios eleitores) ideias e projetos eleitorais livres de constrangimentos, injunções ou compromissos ilegítimos. Por isso, o exercício do direito ao sufrágio, ativo ou passivo, tem de realizar-se no âmbito de um processo livre, aberto e igual, de formação de opinião e de vontade política[68]. Aliás, no Direito Comparado não é incomum dividirem-se os direitos fundamentais eleitorais apenas em dois grandes princípios, que são, precisamente, **o princípio da liberdade e o princípio da isonomia**[69]. Segundo essa forma de ver, a universalidade no voto e da igualdade eleitoral propriamente seriam apenas uma forma de concretização do princípio geral da igualdade. Por sua vez, o princípio da liberdade geral se subdividiria nos princípios da *imediaticidade*, na liberdade e no segredo do sufrágio[70]. A proibição de que alguém possa, desbordando dos limites constitucionais e legais, interferir indevidamente na manifestação de vontade dos eleitores ou dos candidatos, constrangendo ou impedindo-os ilicitamente no momento em que devem formar autônoma e conscientemente a sua vontade política, é princípio que logicamente deflui do conjunto de normas que conformam tanto a estrutura geral do tipo de Estado e de Democracia que o texto constitucional estabeleceu, como também está expressamente indicado em dispositivos que visam salvaguardar, em nossa realidade constitucional, um processo de formação de vontade livre de constrangimentos e pressões incompatíveis com uma sociedade livre, democrática e republicana[71]. De outro lado, facilmente se compreende que uma completa proteção do voto livre não se pode limitar ao momento de manifestação do voto, devendo-se, diversamente, estender-se tanto aos momentos que antecedem a manifestação do voto pelo eleitor, como também protegê-lo até mesmo depois de o seu voto já haver sido depositado[72]. Além disso, segundo Pieroth e Schlink, essa proteção compreende a liberdade de o eleitor decidir não apenas em quem votar, mas também a livre decisão de se e como votar[73]. Observe-se, por oportuno, que mesmo no sistema brasileiro em que o voto é pela própria Constituição afirmado obrigatório, na verdade, a obrigatoriedade do voto é mitigada, uma vez que apenas se impõe ao eleitor o comparecimento ao local de votação, o que, de fato, não o obriga a manifestação vinculativa de seu voto a algum dos candidatos apresentados, estando livre, entre outras possibilidades, inclusive, para votar em branco como para anular o seu voto. Por fim, como se antecipou, o princípio da liberdade de sufrágio também protege os candidatos e a sua liberdade de expressão eleitoral, isto é, concentra-se nesse princípio também a faculdade do candidato de apresentar as suas propostas e projetos (*Wahlvorschlagsrecht*) e de fazer propaganda eleitoral, em princípio, livre de constrangimentos[74]. Logicamente há de haver uma ponderação entre, de um lado, a liberdade de manifestação do candidato, que, de seu lado, permitiria, segundo uma teoria ampla do *Tatbestand* da norma de direito fundamental, por exemplo, a realização de propaganda eleitoral sem qualquer limite, e, de outro lado, os demais princípios constitucionais, como é o da igualdade de chances, que também considerado ao extremo, estaria a impor, em oposição à liberdade eleitoral, os mesmos limites de gastos e de propaganda a todas as campanhas e candidatos. O princípio da liberdade de sufrágio também deve ser ponderado com outros interesses e bens constitucionais, como são os casos do meio ambiente, do patrimônio histórico, da honra e da privacidade das demais pessoas. Havendo colisão entre eles e a liberdade de sufrágio, é de se lembrar, contudo, que nenhum desses bens, por mais importante que seja, tem em abstrato primazia sobre a liberdade (de manifestação ou expressão) eleitoral. Em caso de colisão, pela técnica da ponderação de bens, a solução há de ser encontrada com o emprego do princípio da proporcionalidade, em consideração às circunstâncias jurídicas e fáticas do caso concreto. Por

---

63. Munch, Ingo von; Kunig, Philip von (orgs.). *Grundgesetz: Kommentar.* Vol. 2, p. 640 e s.
64. Ver Mendes, Gilmar Ferreira et al. *Curso de Direito Constitucional.* 2. ed., São Paulo: Saraiva, 2008, p. 732.
65. Degenhart, Christoph. *Staatsrecht I: Staatsorganisationsrecht*, p. 10.
66. Degenhart, Christoph. *Staatsrecht I: Staatsorganisationsrecht*, p. 10.
67. Mendes, Gilmar Ferreira et al. *Curso de Direito Constitucional*, p. 732.
68. Siekmann, H. e Dutte, G. *Staatsrecht I: Grundrechte*, p. 337, onde se anota que, de fato, o ato de votar precisa permanecer livre de injunções e pressões.
69. Siekmann, H. e Dutte, G. *Staatsrecht I: Grundrechte*, p. 336.
70. Siekmann, H. e Dutte, G. *Staatsrecht I: Grundrechte*. Frankfurt: Thungersheim, 2000, p. 335.
71. Pieroth, Bodo e Schlink, Bernhard. *Grundrechte – Staatsrecht II*, p. 265.
72. Munch, Ingo von; Kunig, Philip von (orgs.). *Grundgesetz: Kommentar,* v. 2, p. 639 e s.
73. Pieroth, Bodo e Schlink, Bernhard. *Grundrechte – Staatsrecht II*, p. 265-266.
74. Sachs, Michael. *Verfassungsrecht II: Grundrechte.* Berlin: Springer, 2ª ed., 2003, p. 510.

fim, no sistema constitucional brasileiro, em obediência à autonomia e a fidelidade partidária, consagradas constitucionalmente no art. 17, não há qualquer violação à liberdade eleitoral que se confere ao candidato com a eventual imposição de fidelidade que dele se espera às ideias e aos compromissos que eventualmente o Partido assuma, desde que se revelem em absoluta adequação com o conteúdo do programa partidário. É, entretanto, de se acentuar que não obstante a Constituição assegure ao partido político autonomia para sua auto-organização, no art. 17 e seu § 1º, o próprio texto constitucional expressamente prescreve que essa autonomia formal ou material não vai a ponto de desconsiderar a soberania nacional, o regime democrático, o pluripartidarismo, os direitos fundamentais da pessoa humana e observados os seguintes preceitos: *I – caráter nacional; II – proibição de recebimento de recursos financeiros de entidade ou governo estrangeiros ou de subordinação a estes; III – prestação de contas à Justiça Eleitoral; IV – funcionamento parlamentar de acordo com a lei.* Portanto, o próprio partido não poderá esperar fidelidade dos seus integrantes naquilo que ele mesmo, eventualmente, esteja a infringir os termos do seu programa, ou, pior ainda, os termos da Constituição. Com efeito, a própria Resolução 22.610 do TSE, que regulou a fidelidade partidária em nosso país, consagrou a ideia de que o partido não pode esperar fidelidade dos seus integrantes quando ele próprio esteja em descompasso com o programa partidário. De fato, no seu art. 1º, estabelece a Resolução que o partido político interessado pode pedir, perante a Justiça Eleitoral, a decretação da perda de cargo eletivo, desde que a desfiliação partidária do integrante do qual se pede o mandato se verifique sem justa causa. No § 1º do mesmo dispositivo, no seu inciso (III), esclarece que se considera justa causa a mudança substancial ou desvio reiterado do programa partidário. Segundo ainda o dispositivo consistem também em justa causa para a desfiliação: (I) incorporação ou fusão do partido; (II) criação de novo partido e (IV) grave discriminação pessoal.

13. A igualdade de sufrágio

Nos direitos políticos revela e acentua-se uma especial manifestação do princípio geral da igualdade, isto é, o cidadão pode exigir do Estado que, em circunstâncias semelhantes, guarde a mesma conduta, ou omissão, revelada em outros casos. Entretanto, a **igualdade de sufrágio** (passivo e ativo) não se pode reconduzir pura e simplesmente ao direito geral de igualdade. Com sua especificidade, a igualdade no âmbito dos direitos políticos fundamentais tem um caráter *formal* e *substancial* mais *estreito* e *reforçado*, com o que o princípio da igualdade de sufrágio *acaba por conferir ao legislador uma margem muito menor de atuação* do que aquela que se verifica quando esse princípio específico é confrontado com o princípio geral da igualdade[75]. Não é de todo incomum, é verdade, que em alguns sistemas jurídicos o direito fundamental à igualdade de sufrágio, tanto na sua forma ativa quanto passiva, seja tratado apenas como caso especial do princípio da igualdade de proteção por parte do Estado. Nos Estados Unidos, por exemplo, o direito de votar (*the right to vote*) é de regra tratado como uma especial revelação do princípio da igual-

dade (*equal protection*)[76]. Na Alemanha, entretanto, em disciplina constitucional mais assemelhada ao nosso sistema, o direito ao sufrágio destaca-se no texto constitucional para ganhar tratamento específico e diferenciado ante as condutas protegidas pela garantia geral do princípio da isonomia (*Gleichheit*). Lá, segundo a jurisprudência[77] e doutrina[78], no direito ao sufrágio, assegura-se antes de tudo e com especificidade a igualdade nas eleições. O princípio da igualdade, em sua específica manifestação nos direitos políticos, afirma, em primeiro lugar, *que todos os homens podem, da forma mais igual possível, exercer o seu direito ao sufrágio*[79], tanto **ativo** como **passivo**. Do ponto de vista da **capacidade política ativa**, o princípio da igualdade de sufrágio significa que os votos de todos os eleitores têm *prima facie* o mesmo peso e assim devem ser considerados tanto na sua contabilização antes do resultado (*igual valor numérico*), como na repartição e sua conversão em lugares e cargos eletivos a serem preenchidos com a eleição (*igual valor no resultado*). No que tange à **capacidade política passiva**, o princípio da igualdade significa a exigência de *igualdade de chances* entre todos os competidores. Da mesma forma, todos os candidatos têm, com isso, o direito a que todos os votos que lhe foram conferidos sejam contabilizados com o mesmo peso dos votos dados a outros candidatos. O mesmo pode ser dito quanto à *igualdade de chances* que se deve conferir aos partidos políticos. Além disso, o princípio da igualdade, no âmbito dos direitos políticos, implica também a *igualdade de chances* para *a apresentação de propostas e para a participação na propaganda política*[80]. Por tudo o que se viu, é fácil de compreender que a presença e a especificidade do princípio da igualdade no âmbito dos direitos políticos cumpre a função de exigir dos poderes públicos uma especial motivação, de ordem a justificar qualquer intervenção restritiva no âmbito dos direitos políticos. Esse especial dever de motivação, obviamente, só será adequadamente observado quando a restrição imposta revelar fundamento na própria Constituição, estando a tanto vinculadas todas as funções do Estado (legislação, administração e jurisdição).

14. Universalidade de sufrágio

Já vão longe os tempos em que mesmo os mais iluminados brasileiros entendiam possíveis as limitações ao exercício do sufrágio pelo que acreditavam ser *incapacidades resultantes do sexo, da menoridade, da demência, da falta de luzes e da ausência das habilitações, que convertessem o voto em um perigo social*[81]. Sufrágio geral, ou princípio da universalidade, ou da generalidade, em matéria eleitoral quer significar como regra que o simples fato de o indivíduo *pertencer ao povo de um Estado* já lhe confere o direi-

---

75. Jarass, Hans et Pieroth, Bodo. *Grundgesetz für die Bundesrepublik Deutschland*, p. 658.

76. Nowak, John E. et Rotunda, Ronald D. *Constitutional Law*. 2004, p. 988 e s.

77. Confiram-se, por exemplo, as seguintes decisões do Tribunal Constitucional Federal alemão: BVerfGE 79, 161/166; BVerfGE 82, 322/337.

78. Jarass, Hans et Pieroth, Bodo. *Grundgesetz für die Bundesrepublik Deutschland*, p. 658.

79. Jarass, Hans et Pieroth, Bodo. *Grundgesetz für die Bundesrepublik Deutschland*, p. 659.

80. Jarass, Hans et Pieroth, Bodo. *Grundgesetz für die Bundesrepublik Deutschland*, p. 658.

81. Pimenta Bueno, José Antônio. *Direito Público Brasileiro e Análise da Constituição do Império*, texto integral in Marquês de São Vicente, José Antônio Pimenta Bueno, cit., p. 265.

to de votar e ser votado, de eleger e ser eleito. Não se pode esquecer que a capacidade, ou o direito fundamental, de um cidadão ser candidato para cargos políticos, *mescla-se*, certamente, com o direito de todos os eleitores de escolher determinadas pessoas para ocupar determinado cargo público[82]. Com eleições gerais, ou universais, quer-se dizer, pois, que o direito de votar compete a todos os cidadãos, excluindo-se, de regra[83], *aqueles que não detenham a cidadania do país em que as eleições se verificam*[84]. Isso considerado, não é difícil compreender por que Pieroth e Schlink acabem por afirmar que o princípio de que as eleições devem ser gerais é, assim, um *caso especial* do princípio da igualdade das eleições, já que aqui se estabelece e se impõe a ideia de que todos os cidadãos do Estado têm igual capacidade *para eleger e ser eleito*[85]. Contudo, como adverte Klaus Stern, a generalidade, ou universalidade, não implica necessariamente a impossibilidade de serem impostas restrições ao direito ao sufrágio. Tampouco implica a impossibilidade de toda espécie de diferenciação. Limitações ou diferenciações, não obstante devam ser evitadas, podem ser admissíveis, desde que exista uma causa constitucionalmente justificadora de sua existência[86]. Por exemplo, a nacionalidade tem sido, como se viu, uma exigência quase universalmente admitida como requisito à titularização e ao exercício do sufrágio. No Brasil, a própria Constituição, no art. 14, § 2º, excluiu do universo dos eleitores tanto os estrangeiros como, durante o serviço militar obrigatório, os conscritos. Além disso, no art. 14, § 1º, a Constituição já havia excluído do conjunto de titulares dos direitos políticos os brasileiros que ainda não tenham completado os dezesseis anos. Por sua vez, os analfabetos, conquanto possam votar, são excluídos da capacidade política passiva (art. 14, § 4º, da Constituição). No Direito Comparado, depois de prever o sufrágio, no corpo original da Constituição, os norte-americanos através de emendas impuseram, ainda, uma série de limites aos Estados no que tange ao seu poder de impor restrição ao princípio da universalidade do sufrágio. Assim, a Décima Quinta Emenda à Constituição norte-americana proibiu os Estados-membros de impor restrições com "base na raça, cor, ou prévia condição de servidão"; a Décima Nona Emenda proíbe cerceamentos ao voto em razão do sexo; a Vigésima Quarta impede a imposição de tributos como condição para que se possa votar (*any poll tax or other tax*), e a Vigésima Sexta Emenda garante o direito dos cidadãos ao sufrágio quando alcancem a idade de 18 (dezoito) anos[87]. Entretanto, não obstante a ausência de expressa restrição ou autorização constitucional, a Suprema Corte norte-americana tem entendido razoáveis restrições impostas pelos Estados-membros com base em exigência de residência mínima na circunscrição eleitoral. Com base, nesse entendimento, por exemplo, aquela Corte já teve ocasião de decidir que apenas os cidadãos residentes numa determinada municipalidade têm necessidade de votar, considerando legítima a denegação da garantia do voto a cidadãos que residam em áreas *ad*jacentes à cidade, mas nelas ainda não incorporadas, ainda que o Município estendesse aos moradores das faixas limítrofes os seus poderes de polícia sanitária e de licença para negócios[88]. Em resumo, o que o *princípio da universalidade* do voto impede é a existência de *exclusões ilegítimas* do cidadão do processo eleitoral. Nesse sentido, mais uma vez a universalidade do sufrágio, ao apresentar-se como *caso especial* do princípio da igualdade no âmbito das eleições[89], proíbe o legislador, para além das próprias restrições constitucionais, de excluir das eleições grupos determinados de cidadãos por *motivação política, religiosa, econômica, profissional ou social*, assim como exige que todos possam o *mais possível* exercer os seus direitos políticos em igualdade de condições. A ideia de que, à luz do princípio da universalidade do voto, o legislador ordinário não pode impor exclusões ilegítimas poderia parecer despicienda no Brasil, ao argumento de que aqui as únicas exclusões são aquelas já fixadas constitucionalmente. Ocorre, porém, que a própria Constituição abre a porta para que, direta ou indiretamente, o legislador possa impor exclusões ao universo dos que possam votar e ser votados, quando, por exemplo, estabelece os casos de perda e suspensão de direitos políticos, arrolando situações que, na sua maioria, dependem da disciplina do legislador ordinário[90]. O art. 71 do Código Eleitoral, por exemplo, arrola várias situações em que o cidadão perderá a condição de eleitor com o cancelamento de seu alistamento eleitoral, entre as quais estão a infração às regras relativas ao domicílio eleitoral, suspensão ou perda dos direitos políticos, a pluralidade de inscrição (alistamento eleitoral) ou deixar o eleitor de votar em três eleições consecutivas[91]. Logicamente, à exceção dos casos de perda ou suspensão dos direitos políticos (porque casos de restrições impostas pelo próprio texto constitucional, no seu art. 15), todos esses motivos de exclusão da condição de eleitor, como autênticas restrições ao princípio da universalidade do sufrágio, só se justificam, se forem considerados compatíveis, constitucionalmente, entre outros princípios, com o princípio da proporcionalidade e com a proteção do conteúdo essencial dos direitos fundamentais. De fato, atenta à restrição ao voto imposta pela exclusão de alistamento eleitoral a quem, por exemplo, deixe de votar em três eleições consecutivas, a jurisprudência do TSE tem considerado superada a infração do eleitor que tenha justificado o seu voto (art. 7º do Código Eleitoral). Além disso, conforme lembra José Jairo Gomes, o TSE fixou em Resolução não estar sujeito à san-

---

[82]. Nowak, John E. et Rotunda, Ronald D. *Constitutional Law*. 2004, p. 1019.

[83]. Atentar, no Brasil, à especial condição dos portugueses, conforme o art. 12, § 1º.

[84]. Degenhart, Christoph. *Staatsrecht I: Staatsorganisationsrecht*, p.10.

[85]. Pieroth, Bodo von; Schlink, Bernhard. *Grundrechte: Staatsrecht II*. 16. ed., Heidelberg: Muller, 2000, p. 110.

[86]. Stern, Klaus. *Das Staatsrecht der Bundesrepublik Deutschland (Band I)*, 1984, p. 303-304.

[87]. Tudo cf. Nowak, John E. et Rotunda, Ronald D. *Constitutional Law*. 2004, p. 988-989.

[88]. Ver Holt Civic Club v. Tuscaloosa, 439 U.S. 60, cf. Nowak, John E. et Rotunda, Ronald D. *Constitutional Law*. 2004, p. 1007.

[89]. Jarass, Hans et Pieroth, Bodo. *Grundgesetz für die Bundesrepublik Deutschland: Kommentar*. München: Beck, 2000, p. 657.

[90]. Art. 15. É vedada a cassação de direitos políticos, cuja perda ou suspensão só se dará nos casos de: I – cancelamento da naturalização por sentença transitada em julgado; II – incapacidade civil absoluta; III – condenação criminal transitada em julgado, enquanto durarem seus efeitos; IV – recusa de cumprir obrigação a todos imposta ou prestação alternativa, nos termos do art. 5º, VIII; V – improbidade administrativa, nos termos do art. 37, § 4º.

[91]. Art. 71. São causas de cancelamento: I – a infração dos artigos. 5º e 42; II – a suspensão ou perda dos direitos políticos; III – a pluralidade de inscrição; IV – o falecimento do eleitor; V – deixar de votar em 3 (três) eleições consecutivas. (Redação dada pela Lei n. 7.663, de 27.5.1988) § 1º A ocorrência de qualquer das causas enumeradas neste artigo acarretará a exclusão do eleitor, que poderá ser promovida *ex officio*, a requerimento de delegado de partido ou de qualquer eleitor.

ção do cancelamento da inscrição como eleitor o portador de doença ou deficiência que torne impossível ou extremamente oneroso o cumprimento das obrigações eleitorais[92]. Também não seria proporcional, em caso de pluralidade de inscrição, cancelarem-se todos os alistamentos do eleitor, impedindo-o de exercer seu direito político. Por isso mesmo, o legislador limitou o cancelamento à seguinte ordem de preferência (Código Eleitoral, art. 75): (I) na inscrição que não corresponda ao domicílio eleitoral; (II) naquela cujo título não haja sido entregue ao eleitor; (III) naquela cujo título não haja sido utilizado para o exercício do voto na última eleição; por fim, (IV) na mais antiga.

15. A imediaticidade do sufrágio

O princípio da *imediaticidade* (*Unmittelbarkeit der Wahl*) ou da **imediação** do sufrágio, ou do voto direto, estabelece que os membros da representação do povo sejam eleitos diretamente pelo eleitor sem a intermediação de qualquer espécie de eleitores qualificados (*Wahlmänner*)[93]. No preciso dizer de B. Pieroth e B. Schlink, ele veda todo e qualquer processo eleitoral no qual, realizada a eleição, entre eleitor e eleito se interponha alguma instância que, consoante critérios seus, escolha de fato o representante popular, com o que se subtrai do eleitor a possibilidade de por si mesmo determinar com seu voto a sua representação no poder[94]. A garantia do *voto direto* consagra, pois, a ideia de que todo voto manifestado pelo eleitor seja diretamente conferido ao candidato, ou ao partido por ele escolhido, isto é, sem a intermediação de uma outra instância decisória que possa, por si mesma, alterar a vontade política manifestada pelo eleitor[95]. Ela proíbe que *a decisão sobre o mandato seja tomada por qualquer outra pessoa que não seja o eleitor, ou o próprio eleito*[96]. Por tudo isso, salvo exceções de importância histórica cada vez mais diminuta (como o sistema de escolha do Presidente da República nos Estados Unidos), o chamado sistema de eleição por delegados, ou a chamada *eleição indireta* (*Wählmännersystem*), perdeu completamente o seu significado prático. Entretanto, num sistema como o brasileiro, em que a verificação dos eleitos é promovida por um corpo estranho ao eleitor e aos órgãos para onde se destinam os eleitos, no caso, o Poder Judiciário, considerando-se o princípio da *imediaticidade* do sufrágio, é com acentuada cautela que se pode admitir que, por decisão judicial, se venha alterar o resultado das eleições, o que só se justificaria para a preservação de bens e interesses também constitucionais (CF, art. 14, §§ 9º, 10 e 11), e mesmo assim quando, diante de circunstâncias concretas do caso, revelassem com proporcionalidade primazia sobre a vontade manifestada pelo eleitor. Em uma palavra, num momento em que em todo o mundo, e no Brasil em especial, verifica-se uma completa deslegitimação do homem político (não vem ao caso se *com*, ou *sem* razão), os tribunais e os juízes eleitorais têm que fugir à tentação de

se converter em uma instância intermediária de filtragem (*Eine Filterung des Wählerwillens*[97]) do processo eleitoral, para, *sem mais*, crivar a vontade do eleitorado, substituindo-o na escolha política que, por soberanos critérios, julgou mais qualificada. De outro lado, *o princípio da imediaticidade* das eleições vem ganhando significado jurídico renovado diante da cada vez mais presente mediação entre a vontade do eleitor e o resultado da eleição consistente na presença dos partidos políticos. Isso ocorre, sobretudo, em sistemas eleitorais proporcionais, nos quais o eleitor, ao invés de escolher diretamente seus candidatos, vota em listas formuladas pelos partidos políticos, os quais, de fato, ao estabelecerem a ordem de preferência a ser ocupada pelos candidatos na respectiva lista, acabam por interferir decisivamente no resultado final das eleições (o voto dado pelo eleitor, ainda que não fosse essa a sua intenção, acaba migrando para o candidato melhor situado, o qual, ao final, por isso mesmo, é que acaba sendo eleito). No sistema de listas fechadas, o eleitor sequer tem a possibilidade de escolher um candidato específico. Não obstante isso, como regra, é de compreensão generalizada que a existência de listas eleitorais não viola o princípio do voto direto. Assim, têm-se admitido listas abertas (*freien Listen*), nas quais o eleitor pode tanto escolher o seu candidato em mais de uma lista possível, como pode depositar mais de um voto em mais de um candidato[98]. Em todas as situações, contudo, *se exige que o eleitor tenha a última palavra*. Com isso, em consonância com o princípio da imediação do voto, é de se esperar que a lista dos candidatos seja previamente determinada pelo partido político para que seja também previamente conhecida pelo eleitor. Assim, tomando em consideração o momento em que o eleitor manifesta sua vontade, tanto o preenchimento posterior (*nachträgliche Auffulung*) como a mudança posterior (*nachträgliche Abänderung*) pelo partido político da ordem dos candidatos podem ser consideradas violações ao princípio do voto direto[99]. Obviamente, há de se considerar que o princípio do voto direto pode, com base em outros bens ou princípios constitucionais, sofrer restrição. Assim, por exemplo, não parece conformar qualquer violação a esse princípio eventuais previsões legais que abram espaço para intermediação por outras pessoas, no momento do voto, de ajuda a deficientes físicos (cegos, por exemplo), ou eventual previsão, como se verifica em muitos países, de voto por intermédio de carta[100]. Em consonância com tudo isso, no Brasil, obviamente, por expressa imposição constitucional, não retira o caráter de eleição direta a adoção do modelo proporcional para a eleição à Câmara dos Deputados (CF, art. 45, *caput*), em lista aberta, que faz a eleição de um parlamentar depender dos votos atribuídos a outros integrantes do partido ou à própria legenda[101]. De outro lado, o mandato re-

---

92. Res. n. 22.986, de 2008, art. 1º, § 2º, cf. Gomes, José Jairo. *Direito Eleitoral*. Belo Horizonte: Del Rey, 2009, p. 125.
93. Munch, Ingo von; Kunig, Philip von (orgs.). *Grundgesetz: Kommentar*, v. 2, p. 637.
94. Pieroth, Bodo e Schlink, Bernhard. *Grundrechte – Staatsrecht II*, p. 265.
95. Mendes, Gilmar Ferreira et al. *Curso de Direito Constitucional*, p. 732.
96. Munch, Ingo von; Kunig, Philip von (orgs.). *Grundgesetz: Kommentar*, v. 2. München: Beck, 5 ed., 2001, p. 636.
97. Sachs, Michael. *Verfassungsrecht II: Grundrechte*. Berlin: Springer, 2ª ed., 2003, p. 510.
98. Munch, Ingo von; Kunig, Philip von (orgs.). *Grundgesetz: Kommentar*, v. 2, p. 636.
99. Munch, Ingo von; Kunig, Philip von (orgs.). *Grundgesetz: Kommentar*, v. 2, p. 637.
100. Munch, Ingo von; Kunig, Philip von (orgs.). *Grundgesetz: Kommentar*, v. 2, p. 639.
101. Mendes, Gilmar Ferreira et al. *Curso de Direito Constitucional*, p. 732/3. Como explica Gilmar Ferreira Mendes, o princípio da imediaticidade do voto não fica comprometido, porque, nesse caso, *decisivo para a atribuição do mandato é o voto concedido ao candidato ou ao partido e não qualquer decisão a ser tomada por órgão delegado ou intermediário*.

presentativo, como elemento clássico das Democracias representativas, tem como corolário a ideia de que, como representantes de todo o povo, os eleitos não têm quaisquer vínculos ou encargos que não sejam com sua consciência. Daí carecerem manter-se livres tanto de vínculos com os poderes estatais como de outros poderes sociais[102]. Por isso, numa nova conformação hermenêutica do princípio da imediaticidade, abarcando-o em sua dupla esfera de manifestação (sufrágio ativo e passivo) e conjugando-o com a igualdade entre os competidores e a liberdade de conformação da vontade política do eleitor, há de se consagrar a ideia de severa limitação e controle no que respeita à possibilidade de atuação dos **grandes financiadores** privados de campanhas eleitorais. Eles, bem observados, sem controle, podem configurar uma nova modalidade de supereleitores. Em outros termos, os grandes financiadores de campanha seriam os grandes eleitores dos novos tempos. Aliás, a conclusão de que grandes contribuições privadas corrompem o processo eleitoral está, por exemplo, na base da jurisprudência da Suprema Corte norte-americana, ao entender como constitucionais as restrições impostas pela legislação daquele país aos valores que eventualmente poderiam ser doados na forma de contribuição direta (*contribution*) à campanha dos candidatos[103]. Ali a Suprema Corte distinguiu, de um lado, o conceito de **despesa** sem *coordenação* (vinculação) com o candidato (*expenditure*) e, de outro, o conceito de **contribuição** feita diretamente ao ou em coordenação com o candidato (*contribution*), concluindo que as doações vultosas diretamente às campanhas eleitorais corrompem a vontade do candidato, considerando com isso absolutamente constitucionais as limitações do *Federal Election Campaign Act* de 1971, alterado em 1974. Entendeu, entretanto, a Suprema Corte que o cidadão pode, em homenagem à liberdade de expressão, desde que informe à Comissão Federal das Eleições (*Federal Election Commission*), despender o valor que queira para defender as ideias e candidatos que mais representem o seu perfil ideológico ou interesses, desde que o gasto (*expenditure*) não seja feito na forma de contribuição direta (*contribution*) ao candidato nem realizado em coordenação com a sua campanha[104]. No Brasil, a propósito, o STF, no julgamento da ADI 4.650, de relatoria do Min. Fux, considerou inconstitucional a possibilidade de doação financeira a campanhas eleitorais por parte de **pessoas jurídicas**. O Tribunal entendeu que os limites impostos "pela legislação de regência para a doação de pessoas jurídicas para as campanhas eleitorais" se revelariam insuficientes para "coibir, ou, ao menos, amainar, a captura do político pelo poder econômico, de maneira a criar indesejada 'plutocratização' do processo político". Segundo ainda o STF, a possibilidade de doação por pessoas jurídicas à campanhas eleitorais, "antes de refletir eventuais preferências políticas, denota um agir estratégico destes grandes doadores, no afã de estreitar suas relações com o poder público, em pactos, muitas vezes, desprovidos de espírito republicano." A Corte, em resumo, entendeu que a proibição atenderia ao propósito de "bloquear a formação de relações e alianças promíscuas e não republicanas entre aludidas instituições e o Poder Público" (ADI 4650, Relator(a): Min. LUIZ FUX, Tribunal Pleno, julgado em 17/09/2015, PROCESSO ELETRÔNICO DJe-034 DIVULG 23-02-2016 PUBLIC 24-02-2016).

16. Titulares dos direitos políticos

Podem titularizar o direito político ativo todos os brasileiros acima de 16 anos, na forma, contudo, do art. 14, § 1º, da Constituição da República, que estabelece, por sua vez, que o alistamento eleitoral e o voto são (a) **obrigatórios** para os maiores de dezoito anos e (b) **facultativos** para os analfabetos, os maiores de setenta anos e os maiores de dezesseis e menores de dezoito anos. Além disso, segundo o § 2º, do mesmo dispositivo, não podem alistar-se como eleitores os **estrangeiros** e, durante o período do serviço militar obrigatório, **os conscritos**. Quanto ao direito político passivo, atendidas as demais condições de elegibilidade (nacionalidade brasileira, o pleno exercício dos direitos políticos, o alistamento eleitoral, o domicílio eleitoral na circunscrição, a filiação partidária), estabelece a Constituição, no seu art. 14, § 3º, VI, que pode candidatar-se para **vereador** quem tenha alcançado a idade de dezoito anos, exigindo vinte e um anos para os candidatos a **Deputado Federal, Deputado Estadual ou Distrital, Prefeito, Vice-Prefeito e juiz de paz**, sendo de trinta anos a idade mínima de quem pretenda concorrer ao cargo de **Governador e Vice-Governador de Estado e do Distrito Federal** e, por fim, só podem concorrer a **Presidente e Vice-Presidente** da República e **Senador** quem tenha alcançado a idade mínima de trinta e cinco anos. É ainda de se anotar que, segundo o disposto no art. 12, § 1º, da Constituição, aos **portugueses** com residência permanente no País, se houver **reciprocidade em favor de brasileiros**, serão atribuídos os direitos inerentes ao brasileiro, salvo os casos previstos na Constituição. Assim, desde que verificada a reciprocidade em favor dos brasileiros, os portugueses gozam tanto da capacidade política ativa, como passiva, ressalvada, no caso de cargos eletivos, a elegibilidade para o cargo de Presidente e Vice-Presidente da República, reservados a brasileiros natos, conforme o art. 12, § 3º, I, da Constituição.

17. Restrições aos direitos políticos

A compreensão de que os direitos políticos são direitos fundamentais leva a uma outra grave consequência quanto ao seu tratamento normativo: quaisquer restrições a essa categoria de direitos fundamentais também devem se submeter, à similitude do que ocorre com os demais direitos fundamentais, a um severo escrutínio por parte dos órgãos jurisdicionais encarregados[105] de velar pelo respeito aos princípios superiores da ordem constitucional e, mais especialmente ainda, quando se cuide de verificar restrições de caráter normativo que se mostrem incompatíveis com os princípios constitucionais destinados a assegurar o direi-

---

102. Munch, Ingo von; Kunig, Philip von (orgs.). *Grundgesetz: Kommentar*, v. 2, p. 639.

103. Cf. *Buckley v. Valeo*, 424 U.S. 1 (1976).

104. Confira-se também Chemerinski, Erwin. *Constitutional Law*. 2005, p. 1325 e s.; ver também Nowak, John E. et Rotunda, Ronald D. *Constitutional Law*. 2004, p. 1362 e s.

105. O professor Ingo Wolfgang Sarlet conforma um excelente inventário crítico sobre o estágio dos estudos da teoria das restrições em nosso país, cfe. Sarlet, Ingo Wolfgang. *A eficácia dos direitos fundamentais*, cit., p. 384 e s., especialmente p. 391 e s.

to de votar e ser votado[106]. Só se revelarão, obviamente, constitucionais aquelas restrições que comprovem servir a propósitos constitucionais e, assim mesmo, quando revelem obediência ao princípio da proporcionalidade e que garantam o conteúdo (núcleo) essencial do direito eventualmente atingido. Com efeito, não faria sentido restringir direitos que têm hierarquia e fundamento na própria Constituição, se não fosse para proteção, com proporcionalidade, de outros bens e valores com assento na mesma Constituição. No **Direito Comparado**, os norte-americanos através de Emendas ao texto originário da sua Constituição impuseram, por exemplo, uma série de limites aos Estados-membros, no que tange ao seu poder de impor restrições ao direito de votar. Assim, a Décima Quinta Emenda proibiu os Estados-membros de impor restrições com "base na raça, cor, ou prévia condição de servidão". A Décima Nona Emenda proíbe a imposição de restrição em razão do sexo. A Vigésima Quarta impede a criação de tributos (*any poll tax or other tax*) como condição para que se possa votar. A Vigésima Sexta Emenda garante o direito dos cidadãos quando alcancem a idade de 18 (dezoito) anos ou mais velhos. Entretanto, diante do silêncio do constituinte, a Suprema Corte norte-americana tem entendido razoáveis restrições impostas pelos Estados-membros com base em exigência de residência mínima na circunscrição eleitoral. Com base, nesse entendimento, aliás, aquela Corte tem, por diversas vezes, entendido que apenas os cidadãos residentes numa determinada municipalidade têm necessidade de votar, considerando legítima a denegação da garantia do voto a cidadãos que residam em áreas adjacentes à cidade, mas nelas ainda não incorporadas oficialmente, ainda que o Município estendesse aos moradores das faixas limítrofes os seus poderes de polícia sanitária e de licença para negócios[107]. De um jeito ou de outro, como autênticos direitos fundamentais que são, também os direitos políticos fazem por exigir especial motivação – de ordem constitucional – para justificar eventuais intervenções. Essas intervenções devem, outrossim, para atender a esse propósito, revelar-se constitucionalmente aptas e necessárias[108]. Como toda intervenção ou restrição a direitos fundamentais, também intervenções restritivas a direitos políticos podem revelar-se por três formas distintas: (a) através de normas constitucionais (**restrições expressamente constitucionais**); (b) mediante legislação infraconstitucional, mas desde que autorizadas pelo poder constituinte (**reserva legal**); ou, por fim, (c) por intermédio de restrições que, embora não expressas na Constituição, mostrem-se inevitáveis para a resolução da colisão de direitos fundamentais (**restrições sem reserva legal**)[109]. Todavia, cuidando-se de interpretação ou atos normativos que imponham embaraços a direitos fundamentais que, por imposição constitucional, governam soberanamente tanto o direito político ativo como o direito político passivo, não importa de onde provenham nem a forma que assumam, cuide-se de restrições impostas pelo legislador ordinário com base em autorização da própria Constituição (reserva legal), cuide-se de atos concretos de jurisdição ou administração, ainda que a título de mera aplicação de restrições já impostas expressamente pela própria Constituição, ou nas leis eleitorais, de um jeito ou de outro, devem merecer sempre e sempre profunda e extensa vigilância dos órgãos encarregados da jurisdição constitucional (difusa ou concentrada) e, se for o caso, a mais severa censura por eventual inconstitucionalidade. Mesmo restrições impostas diretamente pela Constituição, obviamente, carecem de interpretação antes de sua aplicação aos casos concretos. Esse processo de concretização terá que respeitar, como abaixo demonstraremos, aquilo que os alemães designam **restrições a restrições**, ou **limites dos limites**, a direitos fundamentais (*Schranken-Schranken*), como são os casos expressivos do princípio da proporcionalidade e da proteção do conteúdo essencial do direito[110]. Acentue-se que a restrição a direito fundamental pode se manifestar de forma variada. Às vezes surge na forma de restrição material, às vezes como restrição de ordem formal. Como **restrição de ordem material**, a restrição implicará a diminuição ou a subtração de condutas eventualmente asseguradas pela norma de direito fundamental. Em outros termos, essa espécie de restrição consiste na diminuição substancial da norma de direito fundamental, pois lhe diminui a própria matéria objeto da proteção. Assim, a inelegibilidade absoluta imposta ao analfabeto e ao conscrito, neste caso, enquanto durar o serviço militar obrigatório, é claramente um exemplo de restrição material a direito político. Diversamente, estar-se-ia diante de uma **limitação ou restrição de ordem formal**, quando a limitação se impõe não como subtração de possibilidades de condutas, ou de posição jurídica, mas como forma de expressão ou realização da conduta garantida. Em outros termos, aqui não se impede a realização da conduta, mas se estabelecem formas, ritos e procedimentos para o seu desenvolvimento válido. O alistamento eleitoral, por exemplo, é restrição formal aos direitos políticos. Às vezes a restrição vem na forma de pressuposto positivo, às vezes, na forma de pressuposto negativo. No primeiro caso, de pressuposto positivo, a norma ou a condição por ela imposta deve ser preenchida para o exercício do direito. É o caso de todas as condições de elegibilidade. Já no caso do pressuposto negativo, se o *Tatbestand* da norma se concretizar, impede-se, ou pelo menos, constrange-se negativamente o exercício do direito. É o caso das inelegibilidades. Se o indivíduo realiza um dos fatos hipoteticamente previstos na norma como causa de inelegibilidade, torna-se impedido de concorrer às eleições. O impedimento pode ser **absoluto** (para todos os cargos), ou **relativo** (para alguns cargos apenas).

18. Restrições a restrições impostas aos direitos políticos

Como se viu, da análise da estrutura normativa dos direitos fundamentais, aí incluídos os direitos políticos, conclui-se que também eles *são passíveis de limitações ou restrições*[111]. Contudo, tais restrições estão, por sua vez, sempre submetidas a limita-

---

106. Nowak, John E. et Rotunda, Ronald D. *Constitutional Law*. 2004, p. 989.
107. Tudo cf. Nowak, John E. et Rotunda, Ronald D. *Constitutional Law*. 2004, p. 988/9. (Ver Holt Civic Club v. Tuscaloosa, 439 U.S. 60), cf. Nowak, John E. et Rotunda, Ronald D. *Constitutional Law*. 2004, p. 1007.
108. Jarass, Hans et Pieroth, Bodo. *Grundgesetz für die Bundesrepublik Deutschland*. München: Beck. 5ª ed. 2000, p. 663.
109. Jarass, Hans et Pieroth, Bodo. *Grundgesetz für die Bundesrepublik Deutschland*, p. 32 e s.
110. Mendes, Gilmar Ferreira *et al. Curso de Direito Constitucional*. São Paulo: Saraiva, p. 314 e s.
111. Mendes, Gilmar Ferreira *et al. Curso de Direito Constitucional*. São Paulo: Saraiva, 2009, p. 348 e s.

ções[112]. Não é por outra razão que a doutrina e a jurisprudência alemãs, ao cuidarem de restrições a direitos fundamentais, emprestam especial relevo às chamadas **restrições a restrições**, ou **limites dos limites** (*Schranken-Schranken*), que estão sempre a restringir a ação dos poderes públicos quando impõem limites aos direitos fundamentais. Entre outras restrições que se impõem aos poderes públicos, destaca-se, de um lado, a necessidade de proteger o **núcleo ou conteúdo essencial do direito** (*Wesengehalt*) e, de outro, a obrigação de observar o *princípio da proporcionalidade*. Cuidando-se de direitos fundamentais[113], medidas restritivas, venham de onde vierem (do legislador, do administrador, ou do juiz), seja na forma da lei que deve regular as condições de elegibilidades (CF, art. 14, § 3º), seja na forma da lei complementar autorizada a fixar novos casos de inelegibilidades (CF, art. 14, § 9º), seja na forma da lei que deve regular o processo eleitoral (CF, art. 16), seja ainda e, sobretudo, na forma de resoluções, de atos administrativos, de portarias, ou de sentenças judiciais, mesmo que sob a justificativa de estar apenas conformando ou dando efetividade ao texto constitucional, caso daí resultem condições, impedimentos, requisitos, ou exigências, que de fato, desbordando dos limites do próprio texto constitucional, na prática, obstaculizem, dificultem, ou inviabilizem o exercício dos direitos políticos, atingindo-o no seu próprio conteúdo essencial, ou de forma desproporcional, são e serão sempre, tais restrições, só por isso, por violação ao princípio da proteção do conteúdo essencial dos direitos fundamentais, ou da proporcionalidade, inconstitucionais de pleno direito. Das restrições ao poder de restringir direitos fundamentais sem sombra de dúvida a mais sensível é aquela que se refere ao princípio da proporcionalidade. Como se sabe, mesmo o legislador, quando autorizado a impor limites a direitos fundamentais, não está livre para, *sem mais*, impor qualquer limite, ou em qualquer extensão. A doutrina e a jurisprudência constitucional têm sublinhado o especial relevo que se deve conferir ao exame de restrições a direitos fundamentais, devendo-se perquirir, segundo Gilmar Ferreira Mendes, não apenas sobre a *admissibilidade constitucional da restrição* eventualmente fixada (existência de reserva legal), *mas também sobre a compatibilidade das restrições estabelecidas com o princípio da proporcionalidade*[114]. Essa orientação, ainda consoante o magistério de Gilmar Ferreira Mendes, converteu *o princípio da reserva legal em reserva legal proporcional*[115]. Significa dizer que qualquer medida concreta que afete os direitos fundamentais há de mostrar-se compatível com o princípio da proporcionalidade. Em outras palavras, ninguém, nem mesmo o legislador, ou o juiz, quando autorizados constitucionalmente, podem impor restrições a direitos fundamentais que se mostrem desproporcionais[116]. Uma medida só será considerada proporcional se preencher a um só tempo as três máximas parciais da proporcionalidade (cito): da adequação, da necessidade e da proporcionalidade em estrito sentido[117]. Segundo o subprincípio da adequação, uma medida restritiva de um direito só será adequada (e, nisso, proporcional) se dela resultar a promoção, preservação ou garantia de um outro direito fundamental (ou outro bem também constitucional)[118]. Por sua vez, segundo o subprincípio da necessidade, uma medida restritiva só será proporcional se não houver outra menos restritiva que atinja o mesmo desiderato[119]. Já proporcionalidade em estrito sentido é, de regra, convocada para solucionar colisões de bens ou princípios constitucionais, que, em boa parte, envolvem a presença de direitos fundamentais. São colisões que apontam para decisões de *casos difíceis*, em que nem o subprincípio da adequação nem o da necessidade puderam conferir certeza de que a decisão, ou medida adotada, obedece ou não à regra da proporcionalidade. De uma tal perspectiva, uma medida pode perfeitamente se mostrar útil (adequada) e necessária (não existia outra medida menos grave) para alcançar um determinado fim constitucional sem que consiga, contudo, demonstrar-se proporcional em sentido estrito, uma vez que a intensidade com que atinge o direito fundamental eventualmente afetado é de tal ordem que, no confronto com os direitos fundamentais ou constitucionais que teriam primazia com decisão tomada, essa medida não consiga se justificar. Assim, uma medida pode ser útil e necessária à realização de um fim constitucional, mas, por gravar de forma acentuada um outro princípio ou direito fundamental, portanto, constitucionalmente também protegido, não consiga, à luz do caso concreto, consideradas as suas circunstâncias fáticas e jurídicas, se justificar. Quando uma tal situação se verifica[120], é mediante a técnica da ponderação de bens (*Guterabwägung*) que se alcançará demonstrar, sopesando-se os bens e valores constitucionais envolvidos, consideradas as condições e possibilidades do caso concreto, qual bem constitucional merece primazia. Por isso é que se diz que, em sede de ponderação de bens, a primazia é sempre condicionada ao caso concreto, porquanto uma mesma colisão de direitos fundamentais, sob a configuração de outras circunstâncias de fato e de direito, poderá receber uma solução diversa.

19. A Democracia representativa e a separação essencial entre povo e a sua representação

O art. 14 da Constituição da República, com seus incisos, alíneas e parágrafos, representa a concretização do princípio da soberania popular já preconizado no art. 1º, *parágrafo único*, do mesmo texto constitucional, segundo o qual, no Brasil, o poder soberano do Estado pertence em última instância ao povo, que o pode exercer tanto diretamente (através de plebiscito, referendo

---

112. Na doutrina nacional, ver também excelente estudo do professor Ingo Wolfgang Sarlet, no seu *A eficácia dos direitos fundamentais*, cit., p. 384 e s., mais especificamente p. 394 e s.

113. Pieroth, Bodo/Jarass, Hans D. *Grundgesetz für die Bundesrepublik Deutschland: Kommentar*, p. 659.

114. Mendes, Gilmar Ferreira *et al. Curso de Direito Constitucional*. São Paulo: Saraiva, 2008, p. 321.

115. Mendes, Gilmar Ferreira *et al. Curso de Direito Constitucional*, cit., p. 321.

116. Mendes, Gilmar Ferreira *et al. Curso de Direito Constitucional*. São Paulo: Saraiva, 2008, p. 326.

117. Alexy, Robert. *Theorie der Grundrechte*. 1996, p. 100 e s.

118. Alexy, Robert. *Theorie der Grundrechte*. 1996, p. 103-4.

119. Alexy, Robert. *Theorie der Grundrechte*. 1996, p. 102.

120. Para a análise de interessante caso concreto em que o autor vislumbra a possibilidade de ponderação de bens em sede de Direito Constitucional Eleitoral, ver SILVA, Luis Gustavo Motta Severo da. "A redução do período de registro de candidatura e seu reflexo sobre a substituição de candidatos" in NORONHA, João Otávio de (coord.). *Sistema político e direito eleitoral brasileiros: estudos em homenagem ao Ministro Dias Toffoli*. São Paulo: Atlas, 2016, p. 477-494".

ou iniciativa popular), como por intermédio dos seus representantes, cuja escolha desenvolve-se pelo voto direto e secreto, com valor igual para todos, conforme disciplina legal. É o princípio democrático, pois, que governa, tanto formal como materialmente, em nosso país, todo o processo político, no qual simultaneamente se expressa o poder do Estado e sob cujo influxo, direta ou indiretamente, ganha ele legitimidade para desenvolver-se. Ao afirmar-se o princípio da Democracia representativa, nega-se aqui também, uma **identidade essencial** entre os eleitores (o povo) e os que, em seu nome, exercem o poder. Diversa era a situação dos antigos Estados absolutistas, em que expressamente se pregava uma unidade entre o povo, o Estado e o governante (*l'Etat c'est moi*). No dizer de Martin Kriele, **a ideia de Democracia, como concebida contemporaneamente, não se compadece com o princípio da identidade, mas apenas como o de representação**. *Os órgãos do Estado não pretendem ser o povo, mas (apenas) representá-lo*[121]. Somente governos totalitários (muito mais que os autocráticos) podem pretender, mais do que representar a vontade popular, ser a sua própria encarnação. A compreensão de Democracia nos Estados atuais leva-nos, pois, a negar uma identidade absoluta ou essencial entre governantes e governados, o que só se poderia alcançar de qualquer forma mediante uma conversão totalizante e absolutamente indevida da vontade do verdadeiro titular do poder soberano, o povo, em simples vontade de quem governa. Rejeita-se, portanto, qualquer espécie de *identidade total* entre governantes e governados, mesmo que se cuide de uma implausível Democracia direta que, de toda sorte, apenas se faria possível mediante a identificação forçada da vontade da maioria dos que participam das eleições e das decisões estatais com a vontade de toda a comunidade nacional. De fato, uma tal identificação (*Sinne identitärer Demokratie*), adverte Konrad Hesse, além do mais, resultaria numa espécie de inadmissível domínio total (*totale Herrschaft*), por exigir a desconsideração tanto da vontade dos não votantes como da vontade daqueles que perderam a votação (minoria), ou mesmo daqueles que não estavam legitimados ao voto (*Nicht-Stimmberechtigten*)[122]. Outro grave problema que se coloca na base de uma total identidade entre governantes e governados é que essa ordem de ideias implicaria negar a possibilidade e mesmo a existência de conflitos no seio da comunidade nacional. Assim, por mais que os governantes se legitimem e se esforcem por representar a vontade da mais ampla maioria, e mesmo que alcançassem em determinado momento a totalidade dos votos dos cidadãos do Estado legitimados a votar, a imposição constitucional de voto periódico, universal, livre e com valor igual para todos, ao trazer sempre à memória da sociedade e dos governantes a necessidade de alternância no poder, impõe a certeza de que, na Democracia que se ergueu em nosso país, os representantes do povo são e serão sempre algo diverso daquele que é o verdadeiro titular do poder soberano: o povo. Por isso, todo poder há de ser, em nossa realidade constitucional, periódico, circunstancial, passível de mudança. Aliás, essa ideia é tão cara à nossa Constituição, que o Poder Constituinte a elevou à condição de cláusula irreversível, ao estabelecer no art. 60, § 4º, II, da Constituição da República, que não será *objeto de deliberação a proposta de emenda tendente a abolir o voto direto, secreto, universal e periódico*. Ao fixar os direitos políticos dos cidadãos, como regra, a Constituição, além de garantir e estabelecer a necessidade de eleições como processo regular para a escolha daqueles que, na condição de representantes do povo, deverão ocupar os espaços de decisão política, cumpre institucionalmente as funções de (1) *estabelecer os princípios que deverão reger os processos eleitorais*, (2) *garantir o direito subjetivo de cada cidadão de ver considerada a sua opinião política manifestada através do voto*, bem como (3) *assegurar aos cidadãos o direito subjetivo de participar como candidatos de eleições*, que por isso mesmo deverão ser o mais livres e iguais possível[123]. Dada a importância, pois, da manifestação do voto, por meio do *direito político ativo*, assim como do direito fundamental de pleitear uma candidatura, ou de tomar parte de sua indicação por meio do *direito político passivo*, é que a doutrina e a jurisprudência reconhecem nos direitos políticos as qualidades de um direito irrenunciável, intransmissível e inalienável, não admitindo, pois, seu exercício por representação (procuração) de terceiro, porquanto, em resumo, um direito personalíssimo[124].

20. Natureza jurídica do plebiscito, do referendo e da iniciativa popular

Como facilmente se percebe, os pressupostos e a estrutura para o exercício pelo povo de uma democracia exclusivamente direta, na sábia advertência do professor Gomes Canotilho, desapareceram quase que completamente no quadro histórico da sociedade e dos Estados contemporâneos[125]. Com efeito, a *estrutura territorial e social*, a acentuada complexidade nas expectativas e valores sociais, a multiplicidade e especificidades dos problemas a resolver, os riscos aí envolvidos, assim como a exigência de crescentes e específicos conhecimentos técnicos para a sua solução, tudo isso acabou conformando a base das atuais sociedades (complexas, de risco e de massa), inviabilizando por completo a possibilidade de que os negócios do Estado fossem geridos permanentemente por deliberações de todo o povo reunido em assembleia. Além disso, lembra o professor Canotilho, o medo de que a vontade popular pudesse ser manipulada, seja por líderes carismáticos, na forma de alguma espécie de *Cesarismo* ou *Bonapartismo* (veja-se o exemplo de Hitler e do Partido Nacional-Socialista – *NSDAP*[126]), seja pela possibilidade de os meios de comunicação atuarem, nas sociedades de massa, como *agenda-setter*, isto é, *agendarem* os temas que acabam ganhando a atenção e a preferência popular (*agenda-setting theory*), tudo isso acabou por justificar, lembra o mestre de Coimbra, uma recorrente hostilidade contra

---

121. Kriele, Martin. *Einführung in die Staatslehre*. 5. ed., Opladen: Westdeutscher Verlag, 1994, p. 294.
122. Hesse, Konrad. *Grundzüge des Verfassungsrechts der Bundesrepublik Deutschland*. Heidelberg: Muller, 20. ed., 1995, p. 60.
123. Maunz *in* Maunz-Durig. *Grundgesetz-Kommentar*. München, Verlag C. H. Beck, 1996, art. 38, v. III, § 31.
124. Maunz *in* Maunz-Durig. *Grundgesetz-Kommentar*. München, Verlag C. H. Beck, 1996, art. 38, v. III, § 32.
125. Canotilho, José Joaquim Gomes. *Direito Constitucional e Teoria da Constituição*. 7. ed., 2003, p. 294.
126. É também do prof. Canotilho a lembrança da trágica herança plebiscitária da República de Weimar assim como as consultas plebiscitárias gaullistas.

os procedimentos de democracia semidireta[127]. Não obstante isso, em nosso país, o poder constituinte acabou consagrando instrumentos de Democracia direta (o plebiscito, o referendo e a iniciativa popular), que, inseridos no texto constitucional, ao mesclarem-se com a Democracia representativa, explicitamente privilegiada pela Constituição, irão conformar em nosso País uma forma de Democracia semidireta. A doutrina distingue os institutos do plebiscito e do referendo, basicamente, tendo em consideração **o momento em que o povo é chamado a manifestar** diretamente a sua vontade política. Se o povo é chamado a manifestar a sua vontade, aprovando ou rejeitando o ato normativo, *antes* de sua deliberação pelo legislador, de tal ordem que a sua vontade componha o próprio processo de decisão, é caso de *plebiscito*[128]; se, diversamente, o povo é convocado quando o ato normativo já foi editado, na forma de ratificação ou rejeição, o caso é de *referendo*. No Brasil, desde a edição da Lei 9.709/98, os institutos do plebiscito e do referendo ganharam precisa conformação legal, respectivamente, em seu art. 2º, §§ 1º e 2º. No que respeita à forma de sua convocação, ainda segundo a Lei 9.709/98, no seu art. 3º, nas questões de relevância nacional, de competência do Poder Legislativo ou do Poder Executivo, bem como no caso do § 3º do art. 18 da Constituição Federal, *o plebiscito e o referendo são convocados mediante decreto legislativo, por proposta de um terço, no mínimo, dos membros que compõem qualquer das Casas do Congresso Nacional, de conformidade com esta Lei.* A Constituição Federal, especificamente, impõe a consulta popular como pressuposto formal para a deliberação sobre alguns fatos jurídico-políticos. Assim, nos casos de *incorporação, subdivisão e desmembramento* de Estados-membros, ou de criação, incorporação, fusão ou desmembramento de Municípios, em que, expressamente, a Constituição exige a consulta prévia, mediante plebiscito, da população ou das populações diretamente interessadas (art. 18, §§ 3º e 4º, da Constituição da República). Por fim, por intermédio da chamada iniciativa popular (art. 14, III, da CF), a Constituição estimulou a participação direta do povo na formação da vontade política do Estado, conferindo-lhe a titularidade de iniciativa de lei, autorizando-lhe, sem a necessidade de intermediação de um representante político, diretamente, propor projetos de lei. Assim, segundo o art. 61, § 2º, da Constituição, a iniciativa popular será exercida *pela apresentação à Câmara dos Deputados de projeto de lei subscrito por, no mínimo, um por cento do eleitorado nacional, distribuído pelo menos por cinco Estados, com não menos de três décimos por cento dos eleitores de cada um deles.*

Art. 14, § 1º O alistamento eleitoral e o voto são:

I – obrigatórios para os maiores de dezoito anos;

II – facultativos para:

a) **os analfabetos;**

b) **os maiores de setenta anos;**

c) **os maiores de dezesseis e menores de dezoito anos.**

Néviton Guedes

O texto constitucional estabelece, no art. 14, § 1º, que o alistamento eleitoral e o voto são (I) obrigatórios para os maiores de dezoito anos e (II) facultativos para (a) os analfabetos, (b) os maiores de setenta anos e (c) os maiores de dezesseis e menores de dezoito anos. Entretanto, no § 2º, do mesmo dispositivo, afastou a possibilidade de alistarem-se como eleitores os estrangeiros e, durante o período do serviço militar obrigatório, os conscritos. Assim, de saída, nem os estrangeiros, nem os nacionais menores de dezesseis anos, nem os conscritos, durante o serviço militar obrigatório, poderão ser alistados como eleitores e, como decorrência disso, ser candidatos. Aos maiores de dezoito anos, o alistamento é obrigatório para os brasileiros de ambos os sexos, sejam natos ou naturalizados[1]; nessa faixa etária, entretanto, a Constituição estabelece exceção à obrigatoriedade aos analfabetos e aos maiores de setenta anos, para quem o alistamento é facultativo. Não obstante alguns confundam a exigência de alistamento eleitoral com o próprio direito político (cidadania ativa), ou afirmem que é do alistamento que nasce a própria cidadania, como passaremos a demonstrar, a inscrição como eleitor (alistamento eleitoral) nada mais é, a toda vista, do que uma condição formal, mais precisamente, uma *restrição formal* expressamente disposta pelo próprio texto constitucional, como pressuposto positivo ao exercício do direito político. Bem observado, pois, no máximo, conceitualmente, o alistamento se aproxima, **apenas se aproxima**, de uma espécie de *condição suspensiva* de exercício da cidadania, porquanto, por expressa disposição constitucional, é ele elemento indispensável ao exercício pleno dos direitos políticos. Como se sabe, segundo expressa dicção legal, *considera-se condição a cláusula que, derivando exclusivamente da vontade das partes, subordina o efeito do negócio jurídico a evento futuro e incerto* (CC, art. 121), sendo que, segundo o art. 125 do Código Civil, *subordinando-se a eficácia do negócio jurídico à condição suspensiva, enquanto esta se não verificar, não se terá adquirido o direito, a que ele visa.* De fato, além de evento futuro em relação ao momento em que o indivíduo perfaz os pressupostos essenciais ao exercício de sua cidadania (idade mínima e nacionalidade brasileira), é incerto também o momento em que o indivíduo promoverá o seu alistamento. Naturalmente, o alistamento não se insere em negócio jurídico, nem é cláusula que dependa exclusivamente da vontade do interessado. Por isso falou-se apenas de **aproximação conceitual**. Assim, o alistamento eleitoral é uma restrição na forma de requisito formal, ou, ainda, é um pressuposto procedimental (não obstante, positivo), que deverá ser preenchido pelo indivíduo que pretenda exercer os seus direitos políticos, seja na forma ativa seja na forma passiva. Aqui se demonstra, entretanto, que o alistamento, não obstante condição formal necessária para o exercício dos direitos políticos, não é a causa única, ou causa suficiente, para o seu regular exercício e, menos ainda, como querem alguns, para a sua aquisição. Assim, é inexato afirmar que é o alistamento que faz nascer a cidadania ativa. De fato, é mesmo possível indicar exemplo subtraído da própria jurisprudência em que realizado o alistamento, não se pode ainda exercer os direitos inerentes à cidadania. O Tribunal Superior Eleitoral, ao nosso sentir, corretamente, já situou as exigências procedimentais do alistamento eleitoral à condição de

---

127. Canotilho, José Joaquim Gomes. *Direito Constitucional e Teoria da Constituição*. 7ª ed., 2003, p. 297. Ver também McCombs, Maxwell. *Setting the Agenda: The Mass Media and Public Opinion*, 2004, p. 2.

128. Canotilho, José Joaquim Gomes. *Direito Constitucional e Teoria da Constituição*. 7ª ed., 2003, p. 296.

1. Castro, Edson de Resende. *Curso de Direito Eleitoral*. Belo Horizonte: Del Rey, 2012, p. 75-76.

mera "**exigência cartorária**", consagrando a ideia aqui pressuposta de que não é o alistamento que faz nascer a cidadania ativa. Decidiu aquele Tribunal que, diante da exigência legal – e até de ordem prática – de que o alistamento eleitoral e a transferência do domicílio eleitoral se devam efetivar antes da eleição, a imposição constitucional de idade mínima, contudo, é de ser verificada à data das eleições, e não no momento do alistamento eleitoral. Assim, desde que o menor complete os dezesseis anos até a data do pleito, o que, portanto, pode ocorrer depois de encerrado o prazo legal para o seu alistamento, estará, de toda forma, habilitado ao exercício do sufrágio. Portanto, em tais casos o alistamento há de verificar-se em momento no qual o indivíduo ainda não preencheu um dos elementos essenciais (idade mínima) que lhe conferem o exercício do direito político[2]. De outra banda, precisamente porque sufrágio e alistamento não comportam a mesma realidade, é de se lembrar que o indivíduo que presta serviço militar obrigatório (na condição de conscrito), realiza-o normalmente após os dezoito anos, estando, nesse período, impedido de alistar-se eleitor e votar, mas é absolutamente possível que ele, entretanto, anteriormente, aos dezesseis anos, já se houvesse alistado (e até mesmo votado). Portanto, nessa condição, o impedimento constitucional de alistamento do conscrito[3] perderá o sentido, permanecendo ele, pois, apenas impedido de votar. Como se vê, não é o fato de estar alistado que, só por si, confere ao indivíduo o exercício de sua cidadania[4]. Em outros termos, não há vinculação imanente entre **alistamento** (que é condição e pressuposto formal) e **voto** (que é, simultaneamente, direito e dever[5]).

Art. 14, § 2º Não podem alistar-se como eleitores os estrangeiros e, durante o período do serviço militar obrigatório, os conscritos.

Néviton Guedes

1. Os inalistáveis/estrangeiros

Os estrangeiros, como se viu, não podem ser eleitores como não podem receber voto. A Constituição, contudo, no art. 12, § 1º, prevê exceção aos portugueses, ao estabelecer que, tendo residência permanente no País, e desde que haja reciprocidade em favor de brasileiros, lhes serão atribuídos os direitos inerentes aos brasileiros, salvo os casos previstos na Constituição, que são os casos, obviamente, de cargos reservados a brasileiros natos (art. 12, § 3º, I).

2. Os inalistáveis/conscritos

Também os conscritos, isto é, aqueles que prestam o serviço militar obrigatório, não podem ser candidatos. Assim, não importa a sua natureza ou patente, o que impede o militar de se candidatar é o fato de estar prestando serviço militar obrigatório, pois é essa situação jurídica que lhe confere a condição de conscrito. Já os engajados ao serviço militar permanente – pouco importando também a sua patente – não estão impedidos de ser candidatos, tendo, inclusive, a obrigação de alistar-se como eleitores[1]. De outro lado, segundo a jurisprudência do Tribunal Superior Eleitoral, enquanto os policiais militares de qualquer nível de sua carreira são alistáveis[2], *os alunos de órgão de formação da Reserva, assim como médicos, dentistas, farmacêuticos e veterinários que prestam serviço militar obrigatório*, em conformidade com a Lei 5.292/67, *também são considerados inelegíveis*.

Art. 14, § 3º São condições de elegibilidade, na forma da lei:

I – a nacionalidade brasileira;

II – o pleno exercício dos direitos políticos;

III – o alistamento eleitoral;

IV – o domicílio eleitoral na circunscrição;

V – a filiação partidária;

VI – a idade mínima de:

a) trinta e cinco anos para Presidente e Vice-Presidente da República e Senador;

b) trinta anos para Governador e Vice-Governador de Estado e do Distrito Federal;

c) vinte e um anos para Deputado Federal, Deputado Estadual ou Distrital, Prefeito, Vice-Prefeito e juiz de paz;

d) dezoito anos para Vereador.

Néviton Guedes

1. A natureza jurídico-constitucional das condições de elegibilidade

A Constituição impõe condições de elegibilidade (CF, art. 14, § 3º) e estabelece as causas de inelegibilidades (CF, art. 14, §§ 4º, 5º, *in fine*, 6º, 7º e 9º). Pergunta-se: são elas realidades jurídicas distintas? Sendo diferentes, em que consiste o elemento diferenciador essencial? E a diferença é de ordem formal ou material? Essas questões não deveriam surpreender, já que, da distinção entre *condições de elegibilidade* e *causas de inelegibilidade*, resultam consequências jurídicas absolutamente diversas. Por exemplo, enquanto as condições de elegibilidade, além da previsão constitucional, podem encontrar regulação na forma da lei ordinária (art. 14, § 3º, da Constituição), causas de inelegibilidade além do que disposto no texto constitucional, só podem ser criadas ou reguladas mediante lei complementar (art. 14, § 9º, da Constituição). Em outros termos, dizer que uma determinada realidade jurídica é uma *condição de elegibilidade* é afirmar que ela pode ser veiculada por meio de lei ordinária. Diversamente, afirmar que se cuida de uma *causa de inelegibilidade*, é consentir com que só se possa regulá-la por intermédio de lei complementar. Portanto, é da máxima importância saber distinguir uma realidade

---

2. Res. n. 14.371, de 26.5.94, rel. Min. Marco Aurélio.

3. Constituição, art. 14, § 2º *Não podem alistar-se como eleitores os estrangeiros e, durante o período do serviço militar obrigatório, os conscritos.*

4. Confiram-se as seguintes decisões: Res. n. 15.072, de 28.2.89, rel. Min. Sydney Sanches; Res. n. 15.099, de 9.3.89, rel. Min. Villas Boas; Res. n. 20.165, de 7.4.98, rel. Min. Nilson Naves; Res. n. 15.850, de 3.11.89, rel. Min. Roberto Rosas.

5. O Código Eleitoral estabelece graves sanções ao não comparecimento para votar, no seu art. 7º.

1. Silva, José Afonso da. *Comentário Contextual à Constituição*, 2005, p. 224.

2. Res. n. 15.099, de 9.3.89, rel. Min. Villas Boas.

da outra, embora essa nem sempre se mostre uma tarefa fácil. Não parece haver controvérsia substancial sobre a natureza jurídica das inelegibilidades. Corretamente, José Jairo Gomes afirma que inelegibilidade designa *o impedimento ao exercício da cidadania, de maneira que o cidadão fica impossibilitado de ser escolhido para ocupar cargo político-eletivo*[1]. De fato, é isso: inelegibilidade é impedimento, ou seja, é restrição à capacidade política passiva. Depois de garantir aos cidadãos o sufrágio ativo e passivo, o constituinte estabeleceu alguns fatos que, presentes, impedem, isto é, limitam o direito de o cidadão elegível poder disputar mandatos eletivos. Do ponto de vista da função política que cumprem, inelegibilidades são medidas destinadas *a defender a democracia contra possíveis abusos*, segundo o correto magistério de Manoel Gonçalves Ferreira Filho, sendo que, historicamente, no direito brasileiro, as inelegibilidades teriam surgido na Constituição de 1934, vocacionadas a impedir, sobretudo, que ocupantes de cargos no Executivo, eletivos ou não, pudessem valer-se do poder para nele se perpetuar, seja direta e pessoalmente, seja através de outras pessoas, ou até mesmo de parentes[2]. Causas de inelegibilidade, por sua vez, são os fatos ou pressupostos de fato que, existindo, geram as inelegibilidades. Mas o que seriam as **condições de elegibilidade**? Obviamente, **elegibilidade não se confunde com as suas condições**. Com efeito, as *condições* de elegibilidade não se confundem com a própria aptidão ou direito de ser candidato (elegibilidade). Elegibilidade consiste no direito fundamental de *postular a designação pelos eleitores a um mandato político no Legislativo ou no Executivo*[3], ou seja, é a aptidão constitucional para candidatar-se às eleições. Por seu turno, do ponto de vista lógico-jurídico, condição jurídica *é o requisito necessário para que algo exista validamente, em conformidade com o ordenamento jurídico*[4]. No caso, condição de elegibilidade é o requisito, ou o pressuposto positivo, que deve ser preenchido para que o cidadão possa válida e positivamente exercer sua capacidade política passiva e, pois, lançar-se candidato. Bem observadas, pois, do ponto de vista da teoria dos direitos fundamentais, os fatos jurídicos convertidos em hipóteses normativas (*Tatbestand*) a serem preenchidas como condições de elegibilidade são também restrições, condicionamentos, em uma palavra, limitações ao direito político passivo. Nisso, mas só nisso, não se diferenciariam das inelegibilidades. Se isso é assim, então, qual a diferença entre as **condições de elegibilidade** e as **causas de inelegibilidades**?

2. Distinção entre condições de elegibilidade e causas de inelegibilidades

Enquanto as **condições de elegibilidade** são *pressupostos ou requisitos positivos* que, portanto, devem ser preenchidos de ordem a autorizar o exercício da capacidade política passiva, **as causas de inelegibilidades**, por seu turno, são *condições ou pressupostos negativos*, de ordem que, se presentes, impedem o seu exercício. O *Tatbestand* da condição de elegibilidade deve ser atendido, ou seja, estar preenchido, para que o cidadão possa se candidatar, já o *Tatbestand* da inelegibilidade, pelo contrário, se presente, isto é, se preenchido, impede a candidatura. Em outros termos, no caso das condições de elegibilidade, se o cidadão pretende concorrer às eleições deve preencher aqueles pressupostos (positivos) estabelecidos pela Constituição para credenciar-se como candidato. No caso das inelegibilidades, tudo se passa de forma contrária, isto é, se o indivíduo incorrer em alguns dos fatos previamente estabelecidos pela Constituição, ou pelo legislador complementar (conforme reserva legal estabelecida pela própria Constituição, no art. 14, § 9º), como causa de inelegibilidade, ele ficará impedido de apresentar-se como candidato. Como se vê, num caso, o cidadão deve preencher os pressupostos para concorrer; no outro, ao contrário, o indivíduo deverá escapar aos fatos previstos no *Tatbestand* da norma impeditiva, sob pena de tornar-se inelegível.

3. Inelegibilidades constitucionais e legais

As causas de inelegibilidades podem ter assento na própria Constituição e, por isso, são chamadas de constitucionais (art. 14, §§ 4º, 5º, 6º e 7º, da Constituição), ou em norma infraconstitucional e, por isso, designadas de infraconstitucionais (art. 14, § 9º, da Constituição da República). Com efeito, em determinados casos, o constituinte valeu-se da técnica de fixar direta e expressamente os casos de inelegibilidade; em outros casos, o constituinte preferiu reservar ao legislador ordinário o poder de, através de lei complementar, impor algumas outras inelegibilidades. Quando previstas pela própria Constituição, as inelegibilidades podem ser apontadas a qualquer momento. Quando infraconstitucionais, segundo construção jurisprudencial, deverão ser apontadas até o momento do registro da candidatura, sob pena de preclusão. Esse entendimento está em consonância com a Lei 9.504/97, que, no seu art. 11, § 10, estabelece que *as condições de elegibilidade e as causas de inelegibilidade devem ser aferidas no momento da formalização do pedido de registro da candidatura, ressalvadas as alterações, fáticas ou jurídicas, supervenientes ao registro que afastem a inelegibilidade.*

4. As condições de elegibilidades em concreto

Para poder candidatar-se, como se viu, o cidadão deve preencher pressupostos positivos que a própria Constituição lhe impõe como condições de elegibilidade. Em primeiro lugar, surge como requisito constitucional a **nacionalidade brasileira**. Fora distinções dispostas pelo próprio texto constitucional, não se admite qualquer tratamento diferenciado ao brasileiro nato ou naturalizado (art. 12, § 2º, da Constituição da República). Assim, no que tange a cargos eletivos, apenas o de Presidente e de Vice-Presidente da República é que estão reservados a brasileiro nato (art. 12, § 3º, I, da Constituição)[5]. Todos os demais cargos eletivos são passíveis de serem preenchidos tanto por brasileiro nato, como naturalizado. Com efeito, não obstante a Constituição estabeleça que o cargo de Presidente da Câmara dos Deputados (art. 12, § 3º, II) e de Presidente do Senado Federal (art. 12, § 3º,

---

1. Gomes, José Jairo. *Direito eleitoral*. Belo Horizonte: Del Rey, 2009, p. 141.
2. Ferreira Filho, Manoel Gonçalves. *Curso de Direito Constitucional*. São Paulo: Saraiva, 34. ed., 2008, p. 118.
3. Silva, José Afonso da. *Comentário contextual à Constituição*. São Paulo: Malheiros, 2005, p. 224.
4. Gomes, José Jairo. *Direito Eleitoral*. Belo Horizonte: Del Rey, 2009, p. 130.
5. Silva, José Afonso da. *Comentário Contextual à Constituição*. 2005, p. 225.

III) sejam privativos de brasileiro nato, cumpre notar que esses cargos não são propriamente eletivos, porquanto não são submetidos diretamente ao eleitor. No caso, eletivos são os cargos de Deputado Federal e Senador da República, que, uma vez preenchidos, credenciam o seu titular, se brasileiro nato, a disputar entre os seus pares a Presidência da respectiva Casa Legislativa. Obviamente, para concorrer a qualquer cargo público, deve o cidadão estar no exercício pleno de seus direitos políticos, com o que aqueles que tiverem com os seus direitos políticos suspensos ou perdidos não podem se candidatar a qualquer cargo eletivo pela razão simples de que não podem, em conformidade com o art. 15 da Constituição, votar ou ser votados[6]. Outra condição para o exercício da capacidade política passiva é que o cidadão se aliste como eleitor (**alistamento eleitoral**). Assim, no Brasil, segundo a Constituição, só pode ser votado aquele que pode também votar. A Constituição também exige, como condição de elegibilidade, **o domicílio eleitoral** na circunscrição em que o candidato pretenda disputar as eleições. As exigências do domicílio eleitoral, contudo, não se confundem com os requisitos impostos pelo Direito comum para a caracterização do domicílio civil[7]. Segundo a Lei 6.996/82, no parágrafo único do seu art. 4º, *domicílio eleitoral é o lugar de residência ou moradia do requerente, e, verificado ter o alistando mais de uma, considerar-se-á domicílio qualquer delas*. De fato, cuidando de condição para o exercício de um direito fundamental, também a jurisprudência, de forma correta, tem se fixado numa caracterização bastante flexível do que se deva considerar domicílio eleitoral. Assim, segundo a jurisprudência predominante do TSE, domicílio eleitoral é, de forma genérica, o lugar em que a pessoa mantém vínculos políticos, sociais e econômicos. Mais flexível e elástico, pois, o domicílio eleitoral *identifica-se com a residência e o lugar onde o interessado tem vínculos políticos e sociais*. Fala-se mesmo, em termos eleitorais, de prevalência do **domicílio eleitoral afetivo** sobre o domicílio civil, para se afirmar que *os vínculos políticos, sociais e afetivos do candidato, existentes nas eleições imediatamente anteriores*, com a circunscrição eleitoral em que pretender concorrer, desde que comprovados e mesmo na ausência de domicílio nos termos do Direito Civil, já se mostram suficientes para a configuração de domicílio para fins eleitorais[8]. Desde que caracterizados esses vínculos, é de entendimento da jurisprudência que se deva, portanto, mitigar os próprios rigores do art. 55, III, do Código Eleitoral, que exige, como condição para a transferência do domicílio eleitoral, residência mínima de 3 (três) meses no novo domicílio, atestada pela autoridade policial ou provada por outros meios convincentes[9]. A Constituição também exige como condição de elegibilidade a **filiação partidária**. Com isso, pode-se dizer que, diversamente do que ocorre em diversas Democracias contemporâneas, o partido político no Brasil, nas disputas eleitorais, detém o monopólio das candidaturas (CF, art. 14, § 3º, V, c/c art. 17). Não há, pois, em nosso País, a possibilidade de candidaturas avulsas ou independentes da filiação partidária. É essa realidade normativa, de fundo constitucional, que permitiu ao TSE, em decisão confirmada pelo Supremo Tribunal Federal, concluir que os mandatos eventualmente alcançados pelos candidatos são, na verdade, patrimônio político do partido ao qual estejam filiados à época da eleição, de tal sorte que o candidato eleito que, sem justa causa, desfiliar-se do seu partido, manifestando com isso infidelidade partidária, pode sofrer a sanção da perda do mandato político[10]. Por fim, a Constituição, no art. 14, § 3º, VI, exige também que o candidato, para concorrer, tenha **a idade mínima** de (a) trinta e cinco anos para Presidente e Vice-Presidente da República e Senador; (b) trinta anos para Governador e Vice-Governador de Estado e do Distrito Federal; (c) vinte e um anos para Deputado Federal, Deputado Estadual ou Distrital, Prefeito, Vice-Prefeito e juiz de paz; e (d) dezoito anos para Vereador. Aqui, cumpre consignar que a Lei n. 9.504/97, no art. 11 § 2º, com a redação da Lei n. 13.165/15, estabelece que a idade mínima constitucionalmente estabelecida como condição de elegibilidade é verificada tendo por referência a data da posse, salvo quando fixada em dezoito anos, hipótese em que será aferida na data-limite para o pedido de registro[11]. Não se admite que a exigência constitucional da idade mínima possa ser afastada com base no instituto da emancipação previsto pelo Direito Civil, pois não se pode submeter exigência constitucional a uma flexibilização que decorre de norma de direito ordinário. Com base nisso, já se decidiu, por exemplo, que candidato a deputado estadual, ainda que emancipado em termos civis, mas com idade inferior ao exigido pelo art. 14, § 3º, VI, c, da Constituição Federal, não preencheria a condição de elegibilidade[12].

Art. 14, § 4º São inelegíveis os inalistáveis e os analfabetos.

Néviton Guedes

1. Inelegibilidades constitucionais absolutas

Não obstante a disputa acadêmica existente em torno do conceito de inelegibilidades, se os direitos políticos são direitos fundamentais, do ponto de vista constitucional, como se viu, as inelegibilidades são restrições que a Constituição impõe ao exercício dessa espécie de direitos fundamentais. Com efeito, na precisa lição de Konrad Hesse, as liberdades asseguradas pelas normas de direitos fundamentais *são liberdades jurídicas e como tal (são) sempre determinadas (delimitadas) no seu conteúdo*, isto é, não podem ser exercidas sem quaisquer limites. As limitações ou restrições a direitos fundamentais nada mais *são do que a determinação desses limites*[1]. De outro lado, uma vez que os direitos fundamentais são garantidos por norma com acento no próprio texto constitucional, considerada a hierarquia máxima de que gozam as normas constitucionais, é absolutamente lógico que também os limites desses direitos só possam encontrar os seus fundamen-

---

6. Mendes, Gilmar Ferreira *et al. Curso de Direito Constitucional.* 2009, p. 803, 810 e 811.
7. Código Civil, arts. 70, 71, 72 e 76.
8. Ac. n. 16.397, de 29.8.2000, rel. Min. Garcia Vieira, red. designado Min. Sálvio de Figueiredo.
9. Ac. n. 4.769, de 2.10.2004, rel. Min. Humberto Gomes de Barros; no mesmo sentido o Ac. n. 23.721, de 4.11.2004, rel. Min. Humberto Gomes de Barros.

10. Resolução TSE n. 22.610, de 25.10.2007, rel. Min. Cezar Peluso.
11. Res. n. 20.527, de 9.12.99, rel. Min. Edson Vidigal.
12. Ac. de 3.9.2002 no REsp n. 20.059, rel. Min. Fernando Neves.
1. Hesse, Konrad. *Grundzuge des Verfassungsrechts der Bundesrepublik Deutschland.* 1995, p. 139.

tos na Constituição, diretamente, ou por ela autorizados. A Constituição valeu-se da técnica de distinguir inelegibilidades absolutas das inelegibilidades relativas. As inelegibilidades absolutas consistem em restrições que impedem o cidadão de concorrer a qualquer cargo político. No dizer de José Afonso da Silva, *implicam impedimento eleitoral para qualquer cargo*[2]. Já as inelegibilidades relativas restringem a capacidade política passiva apenas de forma parcial, impedindo o cidadão de candidatar-se apenas para determinados cargos políticos[3]. Segundo a Constituição, absolutamente inelegíveis são apenas os inalistáveis e os analfabetos. São absolutamente inelegíveis porque não podem se candidatar a qualquer cargo eletivo. O próprio texto constitucional, como se viu, estabelece os **casos de inalistabilidade**. No art. 14, § 2º, prescreve que não podem alistar-se como eleitores **os estrangeiros** e, durante o período do serviço militar obrigatório, **os conscritos**. Também são inalistáveis **os menores de 16 (dezesseis) anos**, o que decorre do art. 14, § 1º, em sentido contrário. Por fim, são inalistáveis os que se encontrarem, temporária ou definitivamente, **privados de seus direitos políticos** (art. 15 da Constituição)[4] e **os absolutamente incapazes**. Ao afirmar que o inalistável não pode candidatar-se, o constituinte consagrou a ideia de quem não pode ser eleitor também não pode ser eleito, pelo que não pode titularizar mandato político, o que o impede de concorrer a qualquer cargo político. Não obstante **os estrangeiros** não possam ser eleitores ou se candidatar, a Constituição, contudo, prevê exceção aos portugueses, no art. 12, § 1º, desde que tenham residência permanente no País, se houver reciprocidade em favor de brasileiros, pois, nesse caso, ser-lhes-ão atribuídos os direitos inerentes ao brasileiro, salvo os casos previstos na própria Constituição, que são os casos, obviamente, de cargos eletivos reservados a brasileiros natos (art. 12, § 3º, I), ou seja, Presidente e Vice-presidente da República. Também **os conscritos**, que são aqueles que prestam o serviço militar obrigatório, não podem ser candidatos. Assim, não importa a sua natureza ou patente, o que impede o militar de se candidatar é o fato de ele estar prestando serviço militar obrigatório. Já os engajados ao serviço militar de forma permanente não estão impedidos de ser candidatos, tendo, inclusive, a obrigação de alistar-se como eleitores[5]. Assim, enquanto os integrantes das polícias militares são alistáveis e podem concorrer, *os alunos de órgão de formação da Reserva, assim como médicos, dentistas, farmacêuticos e veterinários que prestam serviço militar obrigatório*, porquanto conscritos, em conformidade com a Lei 5.292/67, também são considerados inelegíveis[6]. Por fim, cumpre acentuar que, não obstante os militares que não estejam na condição de conscritos possam alistar-se eleitores e concorrer a cargos eletivos, a Constituição, no art. 14, § 8º, impõe-lhe as seguintes condições: (I) se contar menos de dez anos de serviço, deverá afastar-se da atividade e (II) se contar mais de dez anos de serviço, será agregado pela autoridade superior e, se eleito, passará automaticamente, no ato da diplomação, para a inatividade. Também são inalistáveis os menores de 16 (dezesseis) anos, o que decorre do art. 14, § 1º, em contrário sentido. Por fim, são inalistáveis os que se encontrarem, temporária ou definitivamente, privados de seus direitos políticos (art. 15 da Constituição)[7].

2. A restrição ao sufrágio passivo dos analfabetos

No caso dos analfabetos, questão controvertida na jurisprudência tem sido a determinação do grau de desconhecimento da língua que possa justificar o indeferimento do registro de candidatura com base nessa situação de inelegibilidade. Visando solucionar o problema, têm os tribunais admitido a apresentação de comprovantes de escolaridade, sem consideração ao tempo de escolaridade, como forma de comprovação da situação de alfabetizado. Além disso, a falta do comprovante de escolaridade pode ser suprida por declaração do próprio punho do interessado[8]. Com efeito, cuidando-se de restrição a direito fundamental, ainda que expressamente estabelecida pelo próprio texto constitucional, há de receber interpretação estrita, de ordem a extrair o sentido que mais favoreça a concretização do direito assegurado. Corretos, pois, Luiz Alberto David Araújo e Vidal Serrano Nunes Júnior, quando afirmam que, inexistente um critério preciso mediante o qual se possa avaliar se um indivíduo é ou não alfabetizado, *cuidando-se de restrição a um direito fundamental, tanto do indivíduo de apresentar-se como candidato quanto dos eleitores de eventualmente elegê-lo, qualquer avaliação deve ser pautada no caráter excepcional da inelegibilidade, devendo, portanto, ficar limitada a casos extremos (...)*[9].

Art. 14, § 5º O Presidente da República, os Governadores de Estado e do Distrito Federal, os Prefeitos e quem os houver sucedido ou substituído no curso dos mandatos poderão ser reeleitos para um único período subsequente.

Néviton Guedes

1. A (ir)reelegibilidade no Brasil

A Emenda Constitucional n. 16, de 1997, alterou a redação do § 5º, para introduzir a possibilidade – inédita em nossa história republicana – de o Presidente da República, os Governadores de Estado e do Distrito Federal, os Prefeitos e quem os houver sucedido, ou substituído no curso do mandato, candidatarem-se para mais um mandato no período subsequente. Com efeito, a redação anterior do § 5º, seguindo nossa tradição republicana, proibia a possibilidade de reeleição para o período subsequente, nos seguintes termos: *São inelegíveis para os mesmos cargos, no período subsequente, o Presidente da República, os Governadores*

---

2. Silva, José Afonso da. *Comentário contextual à Constituição*. São Paulo: Malheiros, 2005, p. 228.

3. Silva, José Afonso da. *Comentário contextual à Constituição*, cit., p. 229.

4. Cf. Gomes, José Jairo. *Direito Eleitoral*. Belo Horizonte: Del Rey, 2009, p. 146. Silva, José Afonso da. *Comentário contextual à Constituição*. São Paulo: Malheiros, 2005, *ibidem*.

5. Silva, José Afonso da. *Comentário Contextual à Constituição*. 2005, p. 224.

6. Mendes, Gilmar Ferreira et al. *Curso de Direito Constitucional*. 2009, p. 803. Essa interpretação, lembra o autor, foi sufragada pela jurisprudência do TSE (Resolução TSE 15.850, de 3.11.1989, Rel. Min. Roberto Rosas).

7. Cf. Gomes, José Jairo. *Direito Eleitoral*. Belo Horizonte: Del Rey, 2009, p. 146. Silva, José Afonso da. *Comentário contextual à Constituição*. São Paulo: Malheiros, 2005, *ibidem*.

8. Gomes, José Jairo. *Direito Eleitoral*. Belo Horizonte: Del Rey, 2009, p. 148.

9. Cf. Araújo, Luiz Alberto David e Nunes Júnior, Vidal Serrano. *Curso de Direito Constitucional*. São Paulo: Saraiva, 13ª ed., p. 245.

de Estado e do Distrito Federal, os Prefeitos e quem os houver sucedido, ou substituído nos seis meses anteriores ao pleito. Em primeiro lugar, ao estabelecer a possibilidade de reeleição limitada a um único período subsequente, simultaneamente, em contrário sentido, o dispositivo consagra uma *inelegibilidade* ou, mais propriamente, uma *irreelegibilidade* para essas mesmas autoridades no que tange a um terceiro mandato, *se em períodos sucessivos*. Nada há, pois, que impeça quem já haja ocupado o cargo por duas vezes consecutivas de ocupá-lo mais uma vez, desde que agora em período não subsequente. Essa é uma importante distinção, por exemplo, do nosso modelo de reeleição com aquele previsto no sistema constitucional dos **Estados Unidos da América do Norte**, onde a Vigésima Segunda Emenda à Constituição, de 1951, ao estabelecer a possibilidade de reeleição, permite-a, contudo, por apenas uma vez, pouco importa se alternada ou sucessivamente, pois expressamente dispõe sem exceção que *ninguém poderá ser eleito mais de duas vezes para o cargo de Presidente*[1]. No texto brasileiro, além disso, há que se distinguir entre sucessão e substituição, pois daí decorrem importantes consequências. Sucessão é a investidura no cargo de maneira definitiva. No Brasil, no curso do mandato, só quem pode suceder é, pois, o Vice-Presidente (CF, art. 79). Substituição, diversamente, é a investidura de forma transitória, isto é, sem a marca da *definitividade*. No Brasil, podem ser chamados a substituir o Presidente da República, depois do Vice-Presidente, sucessivamente, o Presidente da Câmara, o Presidente do Senado e o Presidente do Supremo Tribunal Federal (CF, art. 80). O Vice-Presidente, Vice-Governador ou Vice-Prefeito, quando *sucede* o titular, portanto, *em caráter definitivo*, não importando em que momento, só poderá concorrer, em período subsequente, apenas uma vez ao cargo de titular (Presidente, Governador ou Prefeito), pois, caso contrário, estaria exercendo o cargo por três vezes em caráter definitivo. Assim, no caso de sucessão do titular pelo Vice, apesar de não se poder falar exatamente de *reeleição* – pois, antes o agente havia sido eleito apenas para o cargo de Vice –, entende-se que, formando ambos os cargos (titular e Vice) a mesma chapa, tendo sempre o mesmo destino eleitoral (CF, art. 77, § 1º), e considerando que o dispositivo é expresso em estabelecer que não apenas o titular, mas também quem o haja sucedido, só poderá concorrer para *um único período subsequente*, o Vice, tendo *sucedido o titular, em qualquer momento do seu mandato*, não poderá concorrer mais do que uma única vez, em período sucessivo, ao cargo que passou a ocupar em caráter definitivo[2]. De outro lado, no caso de substituição, desde que em nenhum momento o Vice haja *substituído* o titular *nos seis meses que antecedem a eleição*[3], poderá concorrer, em períodos sucessivos, ao cargo de titular por duas vezes[4]. Diversamente, se o Vice substituiu em qualquer ocasião o titular nos seis meses que antecedem as eleições, só poderá concorrer ao cargo de titular que substituiu por uma única vez, não lhe sendo franqueada a possibilidade de concorrer à reeleição[5]. O titular, por sua vez, *depois de reeleito*, além de não poder concorrer ao mesmo cargo por uma terceira vez consecutiva, não poderá concorrer também ao cargo de Vice, porquanto, nessa condição, tem como principal função a de ser chamado a exercer, se necessário, em caráter definitivo, por sucessão, precisamente o cargo de titular que já havia exercido por duas vezes consecutivas, o que importaria em um terceiro mandato em período subsequente[6]. O titular também não poderá, se reeleito, concorrer ao mesmo cargo em um terceiro mandato em períodos consecutivos, ainda que haja, em qualquer dos mandatos anteriores, renunciado, pois seria uma forma oblíqua de fraudar a Constituição para um terceiro mandato em períodos consecutivos[7]. Por fim, se o Vice substituir o titular nos seis meses antes da eleição, ou sucedê-lo, poderá concorrer uma única vez ao cargo de titular, vedada, de qualquer forma, uma nova candidatura (tentativa de reeleição) tanto para o cargo de titular, como para o cargo de Vice, porquanto, nessa condição teria aberta a possibilidade para assumir uma terceira vez, por sucessão, o cargo de titular. A renúncia ou a cassação, pois, daquele que exerceu o mandato, na condição de titular, ou Vice que o sucedeu, ou substituiu nos seis meses que antecedem as eleições, não tem influência nos limites jurídicos da reeleição, estando o agente, nessas condições, impedido de tentar exercer o cargo por uma terceira vez consecutiva[8]. Depois de admitir, por muito tempo, a possibilidade de o cidadão, tendo exercido por dois períodos consecutivos o cargo de Prefeito de um determinado Município, transferir seu domicílio eleitoral e candidatar-se para o cargo de Prefeito de outro Município, o STF, no RE n. 637.485, de relatoria do Min. Gilmar Mendes, entendeu que o presente dispositivo configuraria condição de elegibilidade, fundada no postulado da **continuidade administrativa** e, ao permitir a reeleição por apenas uma única vez, o texto constitucional buscaria impedir a perpetuação no poder de uma mesma pessoa ou grupo, não consentindo, por isso, com a chamada **candidatura itinerante**, isto é, vedando a candidatura para um terceiro mandato para o mesmo cargo de chefe do Poder Executivo em qualquer condição, não importando, então, se no mesmo território, ou em outro Município (o que também se aplicaria, por dedução lógica, a Governador de Estado da Federação). Assim, entendeu o STF, confirmando jurisprudência firmada no TSE, que a vedação do art. 14, § 5º, impõe-se tanto no mesmo território em que o candidato tinha exercido consecutivamente os dois mandatos de chefe do Executivo, como também se impunha, em caso de um eventual terceiro mandato em sequência, mesmo diante da mudança de domicílio eleitoral[9]. Entretanto, para muitos críticos da virada jurisprudencial do STF, como o dispositivo tem o escopo evidente de impedir a perpetuação no poder de grupo ou pessoa, vedando para tanto a terceira eleição consecutiva do mesmo indivíduo no território onde ele possa valer-se do poder e do prestígio do cargo até então exercido, parece difícil aceitar a conclusão de que o candidato a chefe do Executivo de um dado Município possa, nessa outra eleição, valer-se da influência, eventualmente, alcançada pelo exercício do cargo de Prefeito em outra esfera eleitoral. Mais do que isso, tem-se afir-

---

1. Texto da Constituição norte-americana, em sua vigésima segunda emenda, seção 1.
2. Gomes, José Jairo. *Direito Eleitoral*, 2009, p. 151.
3. Res. n. 22.177, de 30.3.2006, rel. Min. Marco Aurélio.
4. Res. n. 21.791, de 1º.6.2004, rel. Min. Humberto Gomes de Barros.
5. Ac. de 6.10.2004 no AgRgREsp n. 23.344, rel. Min. Luiz Carlos Madeira.
6. Res. n. 22.005, de 8.3.2005, rel. Min. Humberto Gomes de Barros.
7. Res. n. 21.403, de 3.6.2003, rel. Min. Fernando Neves.
8. Res. n. 21.438, de 7.8.2003, rel. Min. Carlos Velloso.
9. Mendes, Gilmar F. e Branco, Paulo Gustavo G. *Curso de Direito Constitucional*. SP: Saraiva, 10. ed., p. 747.

mado que a proibição decorrente da decisão do STF acabou por impedir que o cidadão honesto, verdadeiramente comprometido com o interesse público, depois de eventual reeleição para Prefeito de uma específica municipalidade, possa levar e submeter sua experiência e vocação ao julgamento de outro eleitorado.

Art. 14, § 6º Para concorrerem a outros cargos, o Presidente da República, os Governadores de Estado e do Distrito Federal e os Prefeitos devem renunciar aos respectivos mandatos até seis meses antes do pleito.

Néviton Guedes

1. Incompatibilidades e desincompatibilização

Cuida o dispositivo do que a doutrina designa como *incompatibilidade*, que é o impedimento para candidatar-se *que decorre do exercício de cargo, emprego, ou função públicos*[1]. No caso, é a incompatibilidade daquele que esteja exercendo cargo de Presidente da República, Governador de Estado e do Distrito Federal, ou Prefeito, para concorrer a outros mandatos sem que antes se desincompatibilize, ou seja, sem que antes renuncie ao respectivo cargo, em pelo menos seis meses antes das eleições. A ausência de desincompatibilização tempestiva gera a inelegibilidade. Veja que a desincompatibilização dos Chefes do Executivo, em nosso País, só é obrigatória como pressuposto positivo de uma candidatura sua para *outros cargos*, já que a possibilidade de candidatura ao mesmo cargo (reeleição) é regida pelo dispositivo anterior e, quando viável, não exige a desincompatibilização. Obviamente, o dispositivo veiculado no art. 14, § 6º, da Constituição, tem como escopo impedir que o Chefe do Executivo (federal, estadual, distrital ou municipal) possa valer-se dos poderes do cargo que ocupa para desequilibrar o pleito em seu favor. Por isso mesmo, tem sido motivo de acerbas críticas de doutrina e jurisprudência o fato de o constituinte derivado ter aberto a possibilidade de reeleição, no § 5º do art. 14, sem, contudo, impor que o mandatário tivesse de se desincompatibilizar para concorrer uma segunda vez *ao mesmo cargo*. Essa situação, indiscutivelmente, acabou por concretizar tratamento desigual em relação aos outros candidatos. De fato, apenas para ficar no exemplo mais expressivo, enquanto, de um lado, o Presidente da República, em obediência ao art. 14, § 5º, da Constituição, candidatando-se à reeleição (portanto, ao mesmo cargo), não precisará desincompatibilizar-se para concorrer a um segundo mandato consecutivo, de outro, o Prefeito do menor Município do País, se quiser disputar o cargo de Presidente da República com aquele que o esteja exercendo e concorra à reeleição, já agora em obediência ao art. 14, § 6º, ao concorrer a *outro cargo*, terá que se desincompatibilizar das humildes funções de Prefeito do pequeno Município, *pelo menos seis meses antes do pleito*. Contudo, o raciocínio crítico não é válido sem reservas, uma vez que o exercício do cargo, obviamente, nem sempre traz apenas o bônus do poder, carregando muitas vezes o peso e o desgaste para quem o exerce. Com efeito, não são incomuns os casos de titulares do Poder Executivo que não alcançam o segundo mandato, sendo reprovados pelo eleitorado.

1. GOMES, José Jairo. *Direito Eleitoral*. 2009, p. 143.

Art. 14, § 7º São inelegíveis, no território de jurisdição do titular, o cônjuge e os parentes consanguíneos ou afins, até o segundo grau ou por adoção, do Presidente da República, de Governador de Estado ou Território, do Distrito Federal, de Prefeito ou de quem os haja substituído dentro dos seis meses anteriores ao pleito, salvo se já titular de mandato eletivo e candidato à reeleição.

Néviton Guedes

1. As inelegibilidades diretas e indiretas (reflexas)

A doutrina distingue as inelegibilidades em diretas e, de outro lado, indiretas, ou reflexas. **As inelegibilidades diretas** são aquelas que decorrem de causas ou fatos relacionados ao próprio indivíduo sobre o qual a restrição acaba por incidir. Já **a inelegibilidade reflexa** ou indireta diz com causas ou pressupostos de fatos que se relacionam a outros indivíduos e que apenas *indiretamente*, ou por *via reflexa*, acabam por incidir sobre aquele ao qual a inelegibilidade se dirige. Claramente o art. 14, em seu § 7º, cuida de clássica inelegibilidade indireta ou reflexa, porquanto a incidência da norma recai sobre indivíduos (*o cônjuge e os parentes consanguíneos ou afins, até o segundo grau ou por adoção*) por fato relacionado a outros indivíduos (aqueles que titularizam os cargos de *Presidente da República, de Governador de Estado ou Território, do Distrito Federal, de Prefeito*). Não fosse, pois, o vínculo de parentesco, ou o casamento, com essas autoridades, não se faria incidir a norma da inelegibilidade agora em discussão sobre o cônjuge ou o parente. A norma expressamente restringe a sua incidência ao território de jurisdição do titular, o que significa dizer que, no caso do Prefeito, a inelegibilidade, se incidente, tem eficácia limitada à circunscrição do Município; no caso do Governador, a circunscrição eleitoral atingida pela norma de inelegibilidade será a do território do seu Estado ou do Distrito Federal; e, por fim, no caso do Presidente da República, a norma atinge todo o território da União, de ordem que os seus parentes ou o cônjuge eventualmente sob a incidência da norma não poderão concorrer a nenhum cargo em todo o território nacional. Além disso, o dispositivo abre a exceção de que o parente que eventualmente seria atingido pela norma impeditiva escape da inelegibilidade *quando já titular de mandato eletivo e candidato à reeleição*. Assim, por exemplo, a esposa do Prefeito, se já ocupava o cargo de vereadora no Município, poderá candidatar-se *ao mesmo cargo* sem qualquer impedimento. Como se sabe, o constituinte derivado, ao alterar o art. 14, em seu § 5º, abriu a possibilidade de o titular concorrer à reeleição, sem, contudo, modificar o texto primitivo do art. 14, § 7º, agora sob comentário. Não obstante a omissão, a doutrina[1] e a jurisprudência têm entendido que, em homenagem ao **princípio da isonomia**, abre-se também uma possibilidade de os parentes e o cônjuge aqui referidos concorrerem ao cargo do titular, se ele, obviamente, desistir de um segundo mandato consecutivo (reeleição). Portanto, encerrado o primeiro mandato, o chefe do Executivo poderá ser sucedido por seu cônjuge, no caso, se, obviamente, desincompatibilizar-se seis meses antes. Nesta hipótese, de toda forma, o cônjuge não pode-

1. Veja, por todos, a excepcional obra *Direito eleitoral* de José Jairo Gomes, aqui múltiplas vezes referida.

ria concorrer à reeleição. De outro lado, como o art. 14, § 6º, abre a possibilidade de o titular, *desincompatibilizando-se seis meses antes das eleições*, concorrer a outro cargo, doutrina e jurisprudência, atentas ao princípio da isonomia, entendem que também o cônjuge e os parentes até então impedidos, *desde que o titular se afaste do cargo seis meses antes do pleito*, possam concorrer a outros cargos colocados em disputa². Com efeito, tanto o TSE como o STF atualizaram sua jurisprudência para admitir que "a alteração constitucional introduzida pela regra que permitiu a reeleição repercutiu sobre a interpretação da cláusula impeditiva da candidatura de parentes (CF, art. 14, § 7º), afirmando-se (...) que, afastado o impedimento do titular para a reeleição, não mais faria sentido impedir que o seu cônjuge ou parente disputasse o mesmo cargo"³. É de se dizer que, se o casamento ou a sociedade conjugal se extingue (divórcio, separação judicial, separação de fato ou por morte do mandatário) no curso do mandato, incide ainda a inelegibilidade. Diversa é a situação em caso de titular reeleito: se a extinção do vínculo se verifica no segundo mandato, incide a inelegibilidade; diversamente, se a extinção do vínculo se deu no curso do primeiro mandato do titular reeleito, iniciado o segundo mandato, a inelegibilidade não mais se mantém⁴. Não obstante a norma se refira expressamente ao termo *cônjuge*, a jurisprudência, com base no art. 226, § 3º, da Constituição, já se firmou no sentido de que também incide a inelegibilidade do art. 14, § 7º, da Constituição, sobre aqueles que, como companheiros, vivam em união estável com as pessoas que ocupam os cargos referidos no dispositivo⁵. Pela mesma razão, os parentes do companheiro, ou companheira, para efeito da norma, são considerados parentes afins do titular do mandato, de tal ordem que, por exemplo, o irmão da companheira do Prefeito é inelegível, com base no § 7º do art. 14, agora comentado. Por fim, o TSE afirmou que a inelegibilidade em questão incide também sobre relações homoafetivas, desde que configurada também a união estável. Em outros termos, se a união estável consistir em relação formada por pessoas do mesmo sexo, também sobre ela incidirá a inelegibilidade do art. 14, § 7º⁶.

Art. 14, § 8º O militar alistável é elegível, atendidas as seguintes condições:

I – se contar menos de dez anos de serviço, deverá afastar-se da atividade;

II – se contar mais de dez anos de serviço, será agregado pela autoridade superior e, se eleito, passará automaticamente, no ato da diplomação, para a inatividade.

Néviton Guedes

---

2. Res. n. 21.463, de 19.8.2003, rel. Min. Luiz Carlos Madeira; Res. n. 21.596, de 16.12.2003, rel. Min. Luiz Carlos Madeira.
3. Mendes, Gilmar F. e Branco, Paulo Gustavo G. *Curso de Direito Constitucional*. SP: Saraiva, 10ª ed., p. 741; ver Recurso Especial TSE n. 17.199, de 26-9-2000, Rel. Min. Nelson Jobim; RE 236.948, Rel. Min. Octavio Gallotti, *DJ* de 31-8-2001.
4. Ac. de 15.9.2004 no REsp n. 22.785, rel. Min. Peçanha Martins.
5. Art. 226, § 3º Para efeito da proteção do Estado, é reconhecida a união estável entre o homem e a mulher como entidade familiar, devendo a lei facilitar sua conversão em casamento.
6. Ac. de 1º.10.2004 no REsp n. 24.564, rel. Min. Gilmar Mendes.

1. Restrições aos militares alistáveis e elegíveis

O dispositivo disciplina as condições especiais para que o militar possa disputar as eleições. Em primeiro lugar, consoante o que expressamente consagra o dispositivo, é elegível apenas o militar alistável. Alistável, como se viu, é o militar que não esteja na condição de conscrito, pois, segundo o art. 14, § 2º, não podem alistar-se como eleitores os estrangeiros e, durante o período do serviço militar obrigatório, os conscritos. Por sua vez, o § 4º, do mesmo art. 14, já impunha a condição de inelegível aos conscritos, ao dispor que são inelegíveis os inalistáveis e os analfabetos. Por fim, cumpre acentuar que, não obstante os militares que não estejam na condição de conscritos possam alistar-se eleitores e concorrer a cargos eletivos, a Constituição, no art. 14, § 8º, impõe-lhes os seguintes condicionamentos: (I) se contarem menos de dez anos de serviço, deverão afastar-se da atividade e (II) se contarem mais de dez anos de serviço, serão agregados pela autoridade superior e, se eleitos, passarão automaticamente, no ato da diplomação, para a inatividade. O STF já decidiu que, no caso dos militares que contam com menos de dez anos, o afastamento para disputar as eleições é definitivo, sob pena de não haver distinção entre a sua situação jurídica e a daqueles que contam com mais de dez anos. Portanto, para candidatarem-se, os militares com menos de 10 anos de serviço devem se afastar de forma definitiva, de modo que, realizadas as eleições, eleitos ou não, não têm o direito de retornar ao posto que ocupavam (RE 279469, Relator(a): Min. MAURÍCIO CORRÊA, Relator(a) p/ Acórdão: Min. CEZAR PELUSO, Tribunal Pleno, julgado em 16-03-2011, *DJe*-117 DIVULG 17-06-2011 PUBLIC 20-06-2011 EMENT VOL-02547-01 PP-00045 RTJ VOL-00218-01 PP-00443).

Art. 14, § 9º Lei complementar estabelecerá outros casos de inelegibilidade e os prazos de sua cessação, a fim de proteger a probidade administrativa, a moralidade para o exercício do mandato, considerada a vida pregressa do candidato, e a normalidade e legitimidade das eleições contra a influência do poder econômico ou o abuso do exercício de função, cargo ou emprego na administração direta ou indireta.

Néviton Guedes

1. As inelegibilidades legais

A Constituição, como se vê, além dos casos de inelegibilidades nela expressamente veiculados (**inelegibilidades constitucionais**), prevê, em claro exemplo de reserva de lei qualificada, a possibilidade de lei complementar estabelecer outros casos de inelegibilidade (**inelegibilidades infraconstitucionais**) com o fim de atingir as seguintes finalidades constitucionais: *proteger a probidade administrativa, a moralidade para exercício de mandato considerada vida pregressa do candidato, e a normalidade e legitimidade das eleições contra a influência do poder econômico ou o abuso do exercício de função, cargo ou emprego na administração direta ou indireta*. Isso considerado, são inelegibilidades constitucionais aquelas do art. 14, §§ 4º, 5º, *in fine*, 6º e 7º, da Constituição. São infraconstitucionais as inelegibilidades *autorizadas pelo* art. 14, § 9º, da Constituição da República. Quando constitucionais, as inelegibilidades podem ser apontadas a qualquer momento. Quando infraconstitucionais, segundo construção jurisprudencial, deverão, em regra, ser apontadas até o momento do registro da candidatura, sob pena de preclusão. Esse entendimento está em consonância com a Lei 9.504/97, que, no seu art. 11, § 10, estabelece que *as condições de elegibilidade e as causas de inelegibilidade devem ser aferidas no momento da formalização do pedido de registro da candidatura, ressalvadas as alterações, fáticas ou jurídicas, supervenientes ao registro que afastem a inelegibilidade*. O STF, emprestando máxima efetividade ao direito fundamental ao sufrágio passivo (direito à candidatura), já teve ocasião de decidir, no julgamento da ADPF 144, proposta pela Associação dos Magistrados Brasileiros – AMB, que o enunciado veiculado no § 9º, do art. 14, da Constituição, conforma norma de eficácia restrita, não dispondo, portanto, de autoaplicabilidade. Por essa razão, não poderia a Suprema Corte, na correta interpretação do Min. Celso de Mello, "substituindo-se, inconstitucionalmente, ao legislador, estabelecer, com apoio em critérios próprios, meios destinados a viabilizar a imediata incidência da regra constitucional mencionada (CF, art. 14, § 9º)", ainda mais se se considera que resultariam – da concretização do dispositivo diretamente pelo Judiciário – restrições que comprometeriam, sem causa legítima, a esfera jurídica do cidadão. Por isso, segundo o STF, dever-se-ia "advertir que o princípio constitucional da reserva de lei formal traduz limitação ao exercício da atividade jurisdicional do Estado. A definição de outras hipóteses de inelegibilidades e o estabelecimento do lapso temporal em que tais restrições jurídicas subsistirão encontram, no Congresso Nacional – e neste, apenas –, o sujeito concretizante da cláusula fundada no § 9º do art. 14 da Constituição, a significar que, na regência dessa matéria, já de prevalecer o postulado constitucional da reserva de lei em sentido formal"[1]. Por outro lado e de toda forma, com base na exigência constitucional de trânsito em julgado da decisão condenatória e na garantia fundamental da presunção de inocência, o Supremo Tribunal Federal ainda afirmaria nesse julgado (ADPF 144) que apenas as decisões transitadas em julgado justificariam a restrição ao direito político fundamental do cidadão de lançar-se candidato[2]. Todavia, nesse ponto, essa orientação jurisprudencial sofreria modificação. De fato, é de se anotar que a lei complementar a que se refere a Constituição encontrou conformação inicialmente na **Lei Complementar 64**, publicada e vigente desde 18 de maio de 1990, sendo que esse estatuto legal, por sua vez, como é do conhecimento de todos, foi substancialmente alterado pela **Lei Complementar 135**, de 4 de junho de 2010, cuja constitucionalidade foi colocada em dúvida por considerável parte da doutrina e da jurisprudência[3]. Isso considerado, é digno de nota o fato de que a **Lei Complementar 135/10**, ao conferir nova redação à **Lei Complementar 64/90**, previu casos de inelegibilidades decorrentes de **decisões judiciais não transitadas em julgado**[4]. Mais do que isso, a nova Lei prevê casos de inelegibilidades decorrentes até mesmo de meras **decisões administrativas**[5]. Precisamente por isso, como se viu, foram muitas as vozes que questionaram a constitucionalidade de imposição de restrições tão graves à **capacidade política passiva,** especialmente, quando não impostas por decisões judiciais com trânsito em julgado. Contudo, ao analisar a constitucionalidade da Lei Complementar n. 135/10, na ADC 29, de relatoria do Min. LUIZ FUX, o STF firmou jurisprudência no sentido de que "a elegibilidade é a adequação do indivíduo ao regime jurídico – constitucional e legal complementar – do processo eleitoral, razão pela qual a aplicação da Lei Complementar n. 135/10 com a consideração de fatos anteriores não pode ser capitulada na retroatividade vedada pelo art. 5º, XXXVI, da Constituição, mercê de incabível a invocação de direito adquirido ou de autoridade da coisa julgada (que opera sob o pálio da cláusula *rebus sic stantibus*) anteriormente ao pleito em oposição ao diploma legal retromencionado". Da mesma forma, conformando uma significativa inflexão em sua jurisprudência, a Suprema Corte consagrou o entendimento de que a incidência das hipóteses de inelegibilidades previstas no referido diploma legal, como mera exigência de adequação objetiva ao sistema normativo, não se mostra incompatível com a presunção de inocência consagrada no art. 5º, LVII, devendo, então, prevalecer sobre a eventual expectativa do cidadão de concorrer a cargo público, mesmo e especialmente, em casos de "condenação prolatada em segunda instância ou por um colegiado no exercício da competência de foro por prerrogativa de função, da rejeição de contas públicas, da perda de cargo público ou do impedimento do exercício de profissão por violação de dever ético-profissional". No mesmo julgado, a Suprema Corte, a partir da premissa de que o direito político passivo (*ius honorum*) pode ser restringido por lei, chegou à conclusão de que não haveria violação ao princípio da proporcionalidade pela Lei Complementar n. 135/10, considerando justificado o "sacrifício à liberdade individual de candidatar-se a cargo público eletivo", desde que presente o fim de fazer prevalecer "os benefícios socialmente desejados em termos de moralidade e probidade para o exercício de referido munus publico". Por fim, segundo o STF, a Lei Complementar n. 135/10 também não violaria "o núcleo essencial dos direitos políticos, na medida em que estabelece restrições temporárias aos direitos políticos passivos, sem prejuízo das situações políticas ativas" (ADC 29, Relator:

---

1. Passagem do voto do Relator Min. Celso de Mello; ver também a excelente anotação de Bulos, Uadi Lammêgo. *Constituição Federal Anotada*. SP: Saraiva, 2017, 12. ed., p. 536-7, onde a mesma passa-gem foi primeiramente referida.
2. ADPF 144, Rel. Min. Celso de Mello, julgamento em 6-8-08, Plenário, *Informativo 514*. No mesmo sentido: Rcl 66.534-AgRg. Min. Celso de Mello, julgamento em 25-9-08, Plenário, *DJe* de 17-10-08.
3. O STF, no RE 631102/PA, Rel. Min. Joaquim Barbosa, ao analisar, basicamente, o art. 2º da Lei Complementar 135/2010, na parte em que alterava a alínea *k*, do art. 1º, I, da Lei Complementar 64/90, acabou consagrando um empate no que toca a questão da constitucionalidade ou não do dispositivo impugnado. Decisão: Verificado o empate, após os votos dos Senhores Ministros Joaquim Barbosa (Relator), Cármen Lúcia, Ricardo Lewandowski, Ayres Britto e Ellen Gracie, negando provimento ao recurso, e os votos dos Senhores Ministros Dias Toffoli, Gilmar Mendes, Marco Aurélio, Celso de Mello e Cezar Peluso (Presidente), dando-lhe provimento, o Tribunal rejeitou questão de ordem suscitada da tribuna pelo patrono do recorrente no sentido de suspender o julgamento, contra os votos dos Senhores Ministros Dias Toffoli, Gilmar Mendes e Marco Aurélio. Em seguida, o Tribunal decidiu aplicar, por analogia, o inciso II do parágrafo único do artigo 205 do Regimento Interno, e manter a decisão recorrida, vencidos os Senhores Ministro Dias Toffoli, Gilmar Mendes e Marco Aurélio, que determinavam a aplicação do voto de qualidade do Presidente previsto no inciso IX, do artigo 13 do RISTF. Votou o Presidente (Plenário, 27.10.2010).
4. Confira-se a Lei Complementar 64/90, com a redação conferida pela LC 135/10, no seu art. 1º, I, *d, e, h, i* (fala em processo de liquidação judicial ou extrajudicial), *j, l, n* e *o* (fala em processo judicial ou administrativo).
5. Confira-se a Lei Complementar 64/90, com a redação conferida pela LC 135/10, no seu art. 1º, I, *i* (fala em processo de liquidação judicial ou extrajudicial), *m, o* (fala em processo judicial ou administrativo) e *q*. Sem contar a alínea *k*, que dispensa a existência de qualquer espécie de processo (administrativo ou judicial) para a caracterização da inelegibilidade.

Min. LUIZ FUX, Tribunal Pleno, julgado em 16-02-2012, PROCESSO ELETRÔNICO DJe-127 DIVULG 28-06-2012 PUBLIC 29-06-2012 RTJ VOL-00221-01 PP-00011). Confirmando essa nova a orientação que então se firmara, em julgado mais recente, RE 929670/DF (cfe. Informativo STF 880), em causa a alínea "d" do inciso I do art. 1º Lei Complementar 64/90, a Suprema Corte confirmou o entendimento de que a eventual aplicação da Lei Complementar no 135/10 a fatos anteriores à sua publicação não implicaria violação ao princípio da irretroatividade das leis. Portanto, segundo o STF, a alínea "d" do inciso I do art. 1º Lei Complementar 64/90, com a redação dada pela Lei Complementar 135/10, tem aplicação sobre os fatos anteriores à sua publicação (da LC 135/10). Assim, segundo o Supremo, em caso de representação eleitoral julgada procedente antes da alteração normativa promovida em 2010, aplicar-se-ia o aumento de 3 para 8 anos de inelegibilidade. Consoante notícia veiculada no Informativo 880 do STF, "por maioria, considerou que, verificado o exaurimento do prazo de 3 anos, previsto na redação originária, por decisão transitada em julgado, é possível que o legislador infraconstitucional proceda ao aumento dos prazos, o que impõe que o agente da conduta abusiva fique inelegível por mais 5 anos, totalizando os 8 anos, sem que isso implique ofensa à coisa julgada, que se mantém incólume". Com efeito, segundo a compreensão então concretizada pela Suprema Corte, aquela hipótese de inelegibilidade não ostentaria caráter sancionatório, conformando antes "natureza jurídica de requisito negativo de adequação do indivíduo ao regime jurídico do processo eleitoral". Logo, segundo o STF, distanciando-se de boa parte do que preconizava a doutrina e até mesmo sua jurisprudência pretérita, não existiria caráter sancionatório ou punitivo naquela hipótese de inelegibilidade, veiculada na LC 64/1990, com a redação conferida pela LC 135/10. Segundo o STF, o caso seria antes "exemplo de retroatividade inautêntica ou retrospectividade" (RE 929670/DF, rel. orig. Min. Ricardo Lewandowski, red. p. o ac. Min. Luiz Fux, julgamento em 4-10-2017, cfe. Informativo STF 880).

Art. 14, § 10. O mandato eletivo poderá ser impugnado ante a Justiça Eleitoral no prazo de quinze dias contados da diplomação, instruída a ação com provas de abuso do poder econômico, corrupção ou fraude.

Néviton Guedes

1. A ação de impugnação de mandato eletivo

O poder constituinte instituiu, neste dispositivo, ação constitucional de natureza civil, com propósito de garantir a higidez e a legitimidade do processo eleitoral, visando garantir, especialmente, **a igualdade e a liberdade do sufrágio**. Designada, no parágrafo seguinte (§ 11), de *ação de impugnação de mandato*, passou a ser conhecida na doutrina e jurisprudência como *ação de impugnação de mandato eletivo*. A ação de impugnação de mandato eletivo, também conhecida por sua abreviação (AIME), tem como objeto precípuo a persecução de condutas que possam, pois, corromper o resultado das eleições com *abuso do poder econômico, corrupção ou fraude*. O abuso do poder econômico significa a utilização de recursos materiais e financeiros em detrimento da legislação eleitoral, com o propósito de desequilibrar o resultado das eleições, ou subverter o livre convencimento do eleitor. De fato, a legislação eleitoral, especialmente a Lei 9.504/97, estabelece uma série de limitações quanto ao legítimo desenvolvimento das campanhas eleitorais, buscando, sobretudo, proteger o princípio da **igualdade** entre os competidores, assim como a **liberdade** de formação da vontade política dos eleitores. Assim, se em desacordo com a legislação, o candidato utiliza-se de meios materiais, ou financeiros, não importa se seus, ou de financiadores de campanha, ou mesmo recursos públicos, em detrimento da legislação eleitoral, com propósito de subverter o resultado das eleições, ou iludir o livre convencimento do eleitor, pratica o abuso de poder econômico declarado ilícito pela própria Constituição. Já a corrupção é ação de quem promete, ou oferece, solicita, ou recebe vantagem indevida. No caso em análise, exige-se que a vantagem ilícita tenha propósito eleitoral. A fraude, ensina José Jairo Gomes, consiste em o agente valer-se de artimanha, artifício ou ardil para manter alguém em erro. No direito eleitoral, é valer-se o agente de meio que possa iludir o resultado da eleição. É o ardil ou artifício que induz o eleitor em erro no momento da eleição, com potencialidade e propósito de influenciar o seu voto, em favor de um candidato, ou em prejuízo de outro[1]. Tem-se entendido que a fraude que justifica a propositura da ação constitucional de impugnação é aquela que tenha relação direta com o processo de votação, de tal ordem que fraudes que ocorram em momento ou circunstâncias diversos, como é o caso muito frequente de transferência irregular de eleitor, não justificariam a propositura da referida ação[2]. No âmbito do Direito Constitucional Eleitoral, em razão do **princípio da proporcionalidade**, obviamente, há de se exigir, para a caracterização desses ilícitos, que a conduta revele, além do claro propósito eleitoral indevido, **especial gravidade**, de ordem a justificar a intensidade da sanção daí resultante. Portanto, sob pena de violação ao **princípio da proporcionalidade**, apenas condutas que revelem séria e grave transgressão aos princípios constitucionais eleitorais, especialmente, à **igualdade** ou à **liberdade** do sufrágio, é que estariam a justificar a severa consequência da perda do mandato. O dispositivo constitucional fixa o prazo de quinze dias contados da diplomação, que se entende prazo decadencial, com o que transcorrido *in albis* falece o próprio direito de propor a ação. Por fim, ante as graves consequências que resultam da procedência da ação, a jurisprudência e a doutrina têm exigido prova cabal de que a conduta de fato tenha sido praticada. Em consequência da exigência de prova contundente, a jurisprudência tem se mostrado reticente em aplicar a perda do mandato com base em prova meramente testemunhal. Por fim, no âmbito da jurisprudência, o STF já teve ocasião de decidir que "as sanções de cassação do registro ou do diploma previstas pelo art. 41-A da Lei n. 9.504/1997 não constituem novas hipóteses de inelegibilidade. A captação ilícita de sufrágio é apurada por meio de representação processada de acordo com o art. 22, I a XIII, da LC 64/1990, que não se confunde com a ação de investigação judicial eleitoral, nem com a ação de impugnação de mandato eletivo, pois não implica a declaração de inelegibilidade, mas apenas a cassação do registro ou do diploma. A representação para apurar a conduta prevista no art. 41-A da Lei n. 9.504/1997 tem o objetivo de resguardar um bem jurídico específico: a vontade do eleitor" (ADI 3.592, rel. min. Gilmar Mendes, j. 26-10-2006, P, *DJ* de 2-2-2007).

---

1. Gomes, José Jairo. *Direito eleitoral*, 2009, p. 546.
2. TSE, RO 896/SP, *DJ* 02.06.2006, p. 99.

Art. 14, § 11. A ação de impugnação de mandato tramitará em segredo de justiça, respondendo o autor, na forma da lei, se temerária ou de manifesta má-fé.

Néviton Guedes

1. O trâmite da ação de impugnação de mandato eletivo

Visando proteger a imagem e os direitos dos réus nas ações de impugnação de mandato eletivo, acusados de práticas extremamente graves como são as de abuso de poder econômico, corrupção, ou fraude eleitoral, assim como buscando também impedir a profusão de ações temerárias, ou mesmo promovidas por evidente má-fé, o que é sempre passível de existir em disputas eleitorais, o constituinte optou, em dispositivo muito questionado na doutrina e jurisprudência, excepcionar o princípio da publicidade, impondo o segredo de justiça ao seu processamento, além de impor aos autores temerários, ou movidos por manifesta má-fé, a ameaça de responsabilização na forma da lei[1].

Art. 14, § 12. Serão realizadas concomitantemente às eleições municipais as consultas populares sobre questões locais aprovadas pelas Câmaras Municipais e encaminhadas à Justiça Eleitoral até 90 (noventa) dias antes da data das eleições, observados os limites operacionais relativos ao número de quesitos.

Néviton Guedes

O § 12 foi acrescentado ao art. 14 da Constituição pela **Emenda Constitucional n. 111**, de 2021. Em primeiro lugar, em consideração ao conteúdo específico do dispositivo, que disciplina a realização de consultas populares no âmbito local (municipal), cumpre esclarecer que a Constituição prevê duas formas de consulta popular: o **plebiscito** e o **referendo**. Como anotado acima, nos comentários relativos ao *caput* do art. 14, a doutrina distingue os institutos do plebiscito e do referendo, basicamente, tendo em consideração o momento em que o povo é chamado a manifestar diretamente a sua vontade política. Se o eleitorado é consultado para manifestar a sua vontade, aprovando ou rejeitando o ato normativo, **antes** de sua deliberação pelo legislador, de tal ordem que a sua vontade componha o próprio processo de decisão, é caso de **plebiscito**; se, diversamente, o povo é convocado **depois**, quando o ato normativo já foi editado, na forma de ratificação ou rejeição, o caso é de **referendo**. No Brasil, desde a edição da Lei 9.709/98, os institutos do plebiscito e do referendo ganharam precisa conformação legal, respectivamente, em seu art. 2º, §§ 1º e 2º. É importante notar que a Constituição Federal, especificamente, impõe a consulta popular nos casos de criação, incorporação, fusão e desmembramento de Municípios, em que, expressamente, exige a consulta prévia, mediante plebiscito, às populações dos Municípios envolvidos (art. 18, § 4º, da Constituição da República). A **iniciativa popular**, muito embora forma de participação direta do eleitorado, por não consistir propriamente em consulta popular, mas sim em apresentação de projeto de lei subscrito pelo eleitorado (art. 13 da Lei 9.709/98 e art. 61, § 2º, da Constituição Federal), afigura-se não albergada pelo dispositivo. De fato, a própria conformação constitucional e legal do instituto da iniciativa popular parece excluir sua utilização como consulta a ser processada no sistema eleitoral. Com a iniciativa popular, consoante as anotações apresentadas ao *caput* do art. 14, a Constituição conferiu ao eleitorado a titularidade de iniciativa de lei, autorizando-lhe, sem a necessidade de intermediação de um representante político, diretamente, propor projetos de lei. Assim, segundo o art. 61, § 2º, da Constituição, a iniciativa popular será exercida *pela apresentação à Câmara dos Deputados de projeto de lei subscrito por, no mínimo, um por cento do eleitorado nacional, distribuído pelo menos por cinco Estados, com não menos de três décimos por cento dos eleitores de cada um deles*. Portanto, a iniciativa popular, como se vê, está inserida e se desenvolve, propriamente, no âmbito do processo legislativo; não, no âmbito do processo eleitoral. O § 12, como se pode inferir diretamente de sua dicção, estabelece, na forma de imposição, que as consultas populares sobre questões locais deverão ser realizadas **concomitantemente** às eleições municipais. Com isso, o constituinte derivado impediu, em primeiro lugar, que as consultas populares locais (municipais) pudessem ser promovidas durante as eleições gerais. O propósito, pois, parece óbvio: visa a impedir que as eleições gerais, já demasiadamente complexas, possam ser embaraçadas e, eventualmente, prejudicadas por consultas populares de interesse restritamente local. As eleições gerais, pelo número de candidatos e temas envolvidos, implicam, por sua própria natureza, dificuldades excepcionais de organização e administração. A distinção promovida pelo legislador constituinte derivado, no presente dispositivo, também evita que o eleitorado seja confundido, no período das eleições gerais (adequado para demandas de interesse nacional ou estadual), com temas de abrangência e significado exclusivamente local. Por outro lado, a imposição de consultas concomitantes, isto é, temporalmente vinculadas às eleições municipais também evita gastos públicos com a organização e a promoção exclusivas de consultas populares de caráter local. Aproveita-se, pois, no caso, o momento e a organização das eleições locais para a realização das consultas populares, prestigiando a economia do dinheiro público. Prescrevendo, além do mais, regra de caráter procedimental, o § 12 estabelece que as questões a serem submetidas ao eleitorado local deverão ser aprovadas pelas Câmaras Municipais e, obrigatoriamente, encaminhadas à Justiça Eleitoral até 90 (noventa) dias antes da data das eleições. A fixação de prazo mínimo de 90 (noventa) dias de entrega das questões ao Poder Judiciário, que se revela exíguo, pretende proporcionar condições técnicas e operacionais para que a Justiça Eleitoral possa organizar a consulta do eleitorado. O prazo mínimo de 90 (noventa) dias permitirá também que a Justiça Eleitoral possa fiscalizar a legitimidade, especialmente, a constitucionalidade das matérias a serem submetidas ao eleitor. Obviamente, a Justiça Eleitoral poderá sindicar as questões a serem submetidas ao eleitorado local, com o escopo de evitar consultas que revelem finalidades, fórmulas ou conteúdos incompatíveis com a Constituição Federal e a ordem jurídica. Para ficar em exemplo expressivo, não se pode admitir, a princípio, que as consultas de âmbito municipal discutam maté-

---

[1] Aliás, a Lei Complementar 64/90, no seu art. 25, visando objetivo semelhante em casos de ação de investigação judicial eleitoral, em redação cuja abertura e indeterminação é de questionável constitucionalidade, acabou por estabelecer que constitui crime eleitoral a arguição de inelegibilidade, ou a impugnação de registro de candidato feito por interferência do poder econômico, desvio ou abuso do poder de autoridade, deduzida de forma temerária ou de manifesta má-fé.

rias de **competência privativa** dos Estados-membros ou da União, sendo, por outro lado, conclusivamente inaceitáveis consultas locais que veiculem questões sobre matérias de **competência exclusiva** dos demais entes da Federação. Também não se pode permitir, por exemplo, consultas locais que contrariam os princípios e os direitos fundamentais previstos na Constituição Federal. A Justiça Eleitoral também poderá recusar consultas que, por seu número excessivo de questões, não observem os limites operacionais do sistema eleitoral vigente.

Art. 14, § 13. As manifestações favoráveis e contrárias às questões submetidas às consultas populares nos termos do § 12 ocorrerão durante as campanhas eleitorais, sem a utilização de propaganda gratuita no rádio e na televisão.

Néviton Guedes

Por sua vez, o § 13 foi acrescentado ao art. 14 com o propósito de disciplinar a propaganda eleitoral relativa às consultas eleitorais previstas no parágrafo anterior. Basicamente, o dispositivo contém dois comandos normativos: (a) o primeiro prescreve que as manifestações favoráveis ou contrárias às questões submetidas às consultas populares, como previstas no § 12, devem se desenvolver, estritamente, no período das campanhas eleitorais, permitindo-se, pois, a princípio, qualificar como propaganda ilícita as manifestações que desrespeitarem esse limite temporal; (2) o segundo comando normativo veiculado no dispositivo, na sua parte final, proíbe a utilização de propaganda gratuita de rádio e televisão para a campanha relativa às questões submetidas às consultas populares locais. A parte final do dispositivo parece ter o propósito de impedir, por um lado, que os temas das consultas populares possam subtrair o tempo já escasso dos candidatos para a campanha eleitoral propriamente dita, no rádio e na televisão; por outro lado, ao que parece, o constituinte derivado também pretendeu, com o dispositivo, evitar que os gastos públicos com a propaganda gratuita de rádio e televisão fossem acrescidos por conta das consultas populares.

Art. 15. É vedada a cassação de direitos políticos, cuja perda ou suspensão só se dará nos casos de:

Néviton Guedes

1. Alcance da norma – distinção entre perda, suspensão e cassação dos direitos políticos

Como se vê, o *caput* do dispositivo principia por distinguir três realidades jurídicas: *cassação, perda e suspensão*. Com efeito, são institutos jurídicos inconfundíveis. No preciso dizer de José Afonso da Silva, **perda** de direitos políticos verifica-se em razão de *supressão dos pressupostos de sua aquisição*, enquanto a **cassação** dos direitos políticos consiste no próprio conteúdo jurídico da decisão proferida em ato de autoridade, o que é vedado de forma expressa pela Constituição[1]. Já a distinção existente entre **perda** e **suspensão** dos direitos políticos assentar-se-ia no fato de que a perda sugere *definitividade* da decisão jurídica da qual resultou a restrição,

---
1. Silva, José Afonso da. *Comentário Contextual à Constituição*. 2005, p. 231.

enquanto a suspensão se qualifica pela *temporariedade* da intervenção nos direitos políticos[2], ou, em linhas mais exatas, *(a) privação definitiva denomina-se perda dos direitos políticos; a temporária é sua suspensão*[3]. Afirmar que a **proibição de cassação** de direitos políticos consiste, essencialmente, em proibir-se que qualquer autoridade tenha o poder de expedir decisão cujo conteúdo jurídico corresponda diretamente à própria perda dos direitos políticos poderia sugerir dúvida, uma vez que os casos de perda referidos no dispositivo parecem todos depender de ato, ou decisão de uma autoridade competente. Contudo, a dúvida é facilmente desfeita, se, tomando com rigor lógico os conceitos acima referidos, percebemos que em todos os casos de perda admitidos pelo texto constitucional, diversamente do que sucederia caso se admitisse a própria cassação, a decisão (conteúdo jurídico de um ato de autoridade) não visa diretamente – sobretudo *como sanção* – à perda dos direitos políticos, ou seja, bem observados os casos de perda arrolados no art. 15, o poder constituinte em verdade admitiu às autoridades judiciárias apenas o poder de tomar decisões que podem atingir os pressupostos de seu exercício, implicando indiretamente a sua perda. Assim, para exemplificar, no caso de **cancelamento da naturalização por sentença transitada em julgado**, não se atribui à autoridade competente o poder de cassar diretamente os direitos políticos dos cidadãos, subtraindo-lhes como sanção, mas apenas o poder de cancelar a sua naturalização, o que, em consequência, ante a subtração de um pressuposto de seu exercício, gera a sua perda. O que, portanto, a Constituição autoriza *tout court* é a decisão de cancelar *a naturalização de um indivíduo*, sendo que a consequente perda dos direitos políticos, nessas hipóteses, é apenas um efeito indireto da decisão. A perda de direitos políticos daí eventualmente decorrente é uma consequência da falta de pressuposto jurídico para o seu exercício, não sendo *a própria decisão*. Tanto é verdade, que os processos que levam à perda dos direitos políticos, referidos no art. 15, da Constituição, exceção aos casos de condenação por *crime eleitoral*, sequer têm curso na Justiça Eleitoral. De outro lado, merece reparo a afirmação peremptória de que a distinção entre perda e suspensão dos direitos políticos se concentraria na *temporariedade* desta, e na *definitividade* daquela, isso porque, na verdade, bem analisados, os casos de perda não são propriamente irreversíveis, já que prevista a possibilidade de reaquisição dos direitos políticos eventualmente *perdidos*. Assim, mesmo José Afonso da Silva, que usa o critério da *temporariedade* ou da *definitividade* para distinguir os casos de perda e suspensão, respectivamente, lembra que a própria Lei 818/49, aplicável no que não colide com o novo texto constitucional, ao regular a aquisição e a perda de nacionalidade e direitos políticos, prevê também a hipótese de reaquisição da nacionalidade[4], com o que torna possível que os direitos políticos perdidos em caso de perda de nacionalidade sejam, em consequência de sua reaquisição, também readquiridos. A Lei 8.239/91, que *regulamenta o art. 143, §§ 1º e 2º, da Constituição Federal*, que dispõe, por sua vez, sobre a prestação de Serviço Alternativo ao Serviço Militar Obrigatório, depois de estabelecer, no seu art. 3º, § 1º, a possibilidade de se *atribuir Serviço Alternativo aos que, em tempo de paz, após alistados, alegarem imperativo de consciência decorrente de crença religiosa ou de convicção*

---
2. Mendes, Gilmar Ferreira et al. *Curso de Direito Constitucional*. 2009, p. 810.
3. Silva, José Afonso da. *Comentário Contextual à Constituição*. 2005, p. 231.
4. Silva, José Afonso da. *Comentário Contextual à Constituição*, 2005, p. 233.

filosófica ou política, para se eximirem de atividades de caráter essencialmente militar, também prescreve, no seu art. 4º, § 2º, a possibilidade de reaquisição dos direitos políticos perdidos (o dispositivo erroneamente vale-se do termo *suspensão*) por quem tenha se recusado a prestar o serviço militar alternativo, estabelecendo que o inadimplente poderá, a qualquer tempo, regularizar sua situação mediante cumprimento das obrigações devidas. Aliás, mesmo o caso extremo do cancelamento de naturalização não é de todo irreversível, já que há de se consentir não só com a possibilidade de ação rescisória como também, ao extremo, até mesmo com a possibilidade de declaração de nulidade absoluta da sentença que haja cancelado a naturalização, caso em que, rescindido ou declarado nulo o julgado que impôs o cancelamento da naturalização, o naturalizado, ao recuperar a nacionalidade brasileira, obviamente recupera seus direitos políticos. Do ponto de vista estritamente lógico, pois, a diferença entre perda e suspensão dos direitos políticos estaria mais nos fundamentos ou motivos que podem ensejar o seu pleno exercício. Nos casos de suspensão, o próprio decurso do tempo já conduziria ao restabelecimento de seu exercício em plenitude, ou seja, tem prazo determinado. Nos casos de perda, não basta o fluir natural do tempo. Não há prazo predeterminado. Assim, enquanto não se verificar uma nova decisão que, por exemplo, rescindindo a sentença que cancelou a naturalização, ou, ainda, que reconheça regularizada a situação do inadimplente ao cumprir a prestação alternativa ao serviço militar obrigatório, no caso do art. 4º, § 2º, da Lei 8.239/91, permanecerá a situação jurídica de perda dos direitos políticos. Num e noutro caso, será uma decisão posterior, não o mero transcurso do tempo, que restaurará o pleno exercício dos direitos políticos. Atualmente, ante a gravidade das decisões que, mesmo eventual ou indiretamente, possam resultar em perda ou suspensão dos direitos políticos, não há dúvida de que tanto os casos de perda como de suspensão só podem resultar de decisão da autoridade judicial competente, seja para decretar a perda da nacionalidade, seja para decretar a incapacidade civil absoluta, seja para condenar criminalmente ou por improbidade administrativa, seja ainda para declarar a perda dos direitos políticos por não cumprimento de obrigação alternativa.

Art. 15, I – cancelamento da naturalização por sentença transitada em julgado;

Néviton Guedes

1. Perda dos direitos políticos por cancelamento de naturalização

Estamos aqui diante de claro caso de perda de direitos políticos, uma vez que o mero decurso do tempo não elimina a sua existência. Portanto, salvo eventual decisão jurídica em contrário, expedida por autoridade judiciária competente, a restrição aqui configurada há de persistir em definitivo. A Constituição proíbe a distinção entre brasileiro natos e naturalizados, salvo os casos nela própria previstos (art. 12, § 2º). A própria Constituição, entretanto, no art. 12, § 4º, I, prevê como único motivo para o cancelamento de naturalização, que se concretiza por sentença judicial, atividade considerada nociva ao interesse nacional. O art. 15, I, agora sob consideração, por seu turno exige expressamente que a decisão transite em julgado, o que se justifica, obviamente, pela grave consequência que dele resulta[1]. Como se vê, seja mais uma vez explicitado, a perda dos direitos políticos não será diretamente o próprio conteúdo da decisão que cancela a naturalização, mas apenas um efeito dela decorrente. Aliás, independe, inclusive, de estar declarada na parte dispositiva da decisão judicial. Na medida em que vê cancelada a sua naturalização, perdendo a nacionalidade brasileira e retornando com isso à condição de estrangeiro, perde, como consequência da ausência desse pressuposto subjetivo necessário, tanto a condição de eleitor (não sendo mais alistável, cf. o art. 14, § 2º, do texto constitucional) como a condição de elegibilidade (cf. art. 14, § 3º, I, da mesma Constituição)[2]. Não obstante o dispositivo não cuide expressamente da perda da nacionalidade brasileira **em virtude da aquisição de outra nacionalidade**, sendo a nacionalidade brasileira condição necessária e essencial ao exercício dos direitos políticos (consoante o que expressamente disposto no art. 14, §§ 2º e 3º, I, da Constituição), não há dúvida de que a perda da nacionalidade brasileira, com fundamento no art. 12, § 4º, II, isto é, por aquisição de outra nacionalidade, conduz necessariamente à perda dos direitos políticos. Como expresso no próprio art. 12, § 4º, II, *a* e *b*, em caso de aquisição de outra nacionalidade, o brasileiro (nato ou naturalizado) não perderá a nacionalidade brasileira e, em consequência, os direitos políticos, nas seguintes hipóteses: (a) de reconhecimento de nacionalidade originária pela lei estrangeira (incluído pela Emenda Constitucional de Revisão n. 3, de 1994), ou (b) de imposição de naturalização, pela norma estrangeira, ao brasileiro residente em estado estrangeiro, como condição para permanência em seu território ou para o exercício de direitos civis (também incluído pela Emenda Constitucional de Revisão n. 3, de 1994).

Art. 15, II – incapacidade civil absoluta;

Néviton Guedes

1. Suspensão dos direitos políticos por incapacidade civil absoluta

Aquele que, por incapacidade absoluta, não consegue gerir os próprios negócios jurídicos privados, não pode, segundo a Constituição, pretender conduzir os negócios de natureza pública. Assim, aquele que for interditado para a vida civil, reconhecida a sua **incapacidade absoluta**, também terá suspensos os seus direitos políticos. Cuida-se claramente de suspensão, e não de perda dos direitos políticos, uma vez que essa restrição ao exercício dos direitos políticos não se impõe em definitivo, podendo retornar a qualquer momento, desde que reconhecido o restabelecimento da capacidade civil do indivíduo[1]. De qualquer sorte, a Lei 13.146/15, que instituiu o estatuto da pessoa com deficiência, promoveu significativa alteração nas hipóteses de caracterização jurídica da incapacidade civil absoluta, modificando especialmente o art. 3º do Código Civil, que, em sua redação anterior, previa como absolutamente incapazes de exercer os atos da vida civil (cito): I – os menores de dezesseis anos; II – os que, por enfermidade ou deficiên-

---

1. Mendes, Gilmar Ferreira *et al*. *Curso de Direito Constitucional*, 2009, p. 810.
2. Lenza, Pedro. *Direito Constitucional Esquematizado*. São Paulo: Saraiva, 13. ed., 2009, p. 793.

1. Mendes, Gilmar Ferreira *et al*. *Curso de Direito Constitucional*, 2009, p. 810.

cia mental, não tiverem o necessário discernimento para a prática desses atos; III – os que, mesmo por causa transitória, não puderem exprimir sua vontade; contudo, agora, com sua nova redação, apenas considera absolutamente incapazes os menores de 16 anos. O sentido da modificação legislativa foi, obviamente, impor a presunção de que as pessoas são, em regra, capazes, e não o contrário. Por outro lado, atento à modificação imposta pela lei, não se pode esquecer também que a regra é a de que os incapazes apenas relativamente para os atos da vida civil não têm os seus direitos políticos suspensos. Não são absolutamente incapazes e, portanto, não perdem com a interdição os seus direitos políticos os ébrios habituais, os viciados em tóxicos, os que, por deficiência mental, tenham o discernimento reduzido, os excepcionais, sem desenvolvimento mental completo, ou, por fim, os pródigos.

Art. 15, III – condenação criminal transitada em julgado, enquanto durarem seus efeitos;

Néviton Guedes

1. Suspensão dos direitos políticos por condenação criminal transitada em julgado

Segundo o dispositivo, é causa de suspensão de direitos políticos a condenação criminal transitada em julgado, acrescentando que a restrição só perdurará enquanto durarem seus efeitos. Portanto, segundo expressa disposição constitucional, a restrição em comento depende do trânsito em julgado da sentença condenatória e terá a duração restrita aos seus efeitos, sendo, pois, por isso mesmo, mero caso de suspensão. Não se pode, obviamente, confundir a presente causa de suspensão dos direitos políticos, que pressupõe o trânsito em julgado da sentença penal condenatória, com a eventual condenação penal não transitada em julgado, que agora, por força da LC 135/10, pode ensejar a inelegibilidade do cidadão. Segundo o STF, "a inelegibilidade tem as suas causas previstas nos §§ 4º a 9º do art. 14 da Carta Magna de 1988, que se traduzem em condições objetivas cuja verificação impede o indivíduo de concorrer a cargos eletivos ou, acaso eleito, de os exercer, e não se confunde com a suspensão ou perda dos direitos políticos, cujas hipóteses são previstas no art. 15 da Constituição da República, e que importa restrição não apenas ao direito de concorrer a cargos eletivos (*ius honorum*), mas também ao direito de voto (*ius sufragii*). Por essa razão, não há inconstitucionalidade na cumulação entre a inelegibilidade e a suspensão de direitos políticos" (ADC 30, Relator(a): Min. LUIZ FUX, Tribunal Pleno, julgado em 16-02-2012, PROCESSO ELETRÔNICO *DJe*-127 DIVULG 28-06-2012 PUBLIC 29-06-2012). Na mesma direção, o STF, na Ação de Descumprimento de Preceito Fundamental – ADPF n. 144/DF, confirmou os termos literais do art. 15, III, da Constituição, ao decidir que apenas o trânsito em julgado de sentença condenatória é que pode suspender os direitos políticos do cidadão. Ainda segundo o STF, "a norma inscrita no art. 15, III, da Constituição reveste-se de auto-aplicabilidade, independendo, para efeito de sua imediata incidência, de qualquer ato de intermediação legislativa. Essa circunstância legitima as decisões da Justiça Eleitoral que declaram aplicável, nos casos de condenação penal irrecorrível – e enquanto durarem os seus efeitos, como ocorre na vigência do período de prova do *sursis* –, a sanção constitucional concernente à privação de direitos políticos do sentenciado" (RMS 22470 AgR, Rel. Min. CELSO DE MELLO, Primeira Turma, julgado em 11-06-1996, *DJ* 27-09-1996 PP-36158 EMENT VOL-01843-01 PP-00164). Por outro lado, o STF, em jurisprudência que ainda não se pode considerar pacificada, decidiu que, no caso de parlamentares, por força do que disposto no art. 55, § 2º, da Constituição, não existe uma consequência necessária, ou compulsória, entre suspensão dos direitos políticos e perda do cargo público (cito): "No caso específico dos parlamentares, essa relação natural entre suspensão dos direitos políticos e perda do cargo público (...) não se estabelece como consequência natural. E a Constituição, no art. 55, § 2º, diz claramente que, nesses casos, a perda do mandato será decidida pela Câmara dos Deputados ou pelo Senado Federal por (...) maioria absoluta, mediante provocação da respectiva Mesa ou de partido político representado no Congresso Nacional, assegurada ampla defesa" (AP 565, rel. Min. Cármen Lúcia, voto do min. Teori Zavascki, j. 8-8-2013, P, *DJe* de 23-5-2014). Entretanto, revelando ausência de consolidação de sua jurisprudência quanto à matéria, a Suprema Corte, em situação ligeiramente diferente, entendeu que essa regra pode ser excepcionada "quando a condenação impõe o cumprimento de pena em regime fechado, e não viável o trabalho externo diante da impossibilidade de cumprimento da fração mínima de 1/6 da pena para a obtenção do benefício durante o mandato e antes de consumada a ausência do Congressista a 1/3 das sessões ordinárias da Casa Legislativa da qual faça parte". Nessa hipótese, segundo o STF, dar-se-ia a perda automática do mandato, cumprindo à Mesa da Câmara dos Deputados tão somente "declará-la, em conformidade com o artigo 55, III, § 3º, da CF" (AP 694, Rel. Min. ROSA WEBER, Primeira Turma, julgado em 02-05-2017, ACÓRDÃO ELETRÔNICO *DJe*-195 DIVULG 30-08-2017 PUBLIC 31-08-2017). Por fim, também segundo a jurisprudência do STF, a eventual substituição da pena privativa de liberdade não impede a suspensão dos direitos políticos, que decorre não do recolhimento do condenado ao cárcere, mas do "juízo de reprovabilidade expresso na condenação" (RE 577012 AgR, Rel. Min. RICARDO LEWANDOWSKI, Primeira Turma, julgado em 09-11-2010, *DJe*-056 DIVULG 24-03-2011 PUBLIC 25-03-2011 EMENT VOL-02489-02 PP-00415 REVJMG v. 61, n. 195, 2010, p. 356-358).

Art. 15, IV – recusa de cumprir obrigação a todos imposta ou prestação alternativa, nos termos do art. 5º, VIII;

Néviton Guedes

1. Perda dos direitos políticos por recusa de cumprir obrigação imposta a todos

O texto constitucional prevê a perda dos direitos políticos como sanção àquele que se recusa cumprir obrigação a todos imposta, ou prestação alternativa, nos termos do art. 5º, VIII. De fato, o referido art. 5º, em seu inciso VIII, estabelece *que ninguém será privado de direitos por motivo de crença religiosa ou de convicção filosófica ou política, salvo se as invocar para eximir-se de obrigação legal a todos imposta e recusar-se a cumprir prestação alternativa, fixada em lei*. Portanto, não obstante a Constituição garanta a todos o livre exercício de suas crenças de natureza filosófica, religiosa, ou política, ela não permite que alguém se exima de cumprir obrigação legal a todos imposta, em situação na qual a própria lei prevê prestação alternativa que lhe permitiria demonstrar obediência à lei sem prejuízo aos seus credos. Para ficar no exemplo mais expressivo de prestação alternativa, a Constituição, no seu art. 143, depois de estabelecer que o serviço militar é obrigatório nos termos da lei, dispõe, em seu § 1º, que *às Forças Armadas compete, na forma da lei, atribuir serviço alternativo aos que, em tempo de paz, após alistados, alegarem imperativo de consciência, entendendo-se como tal o decorrente de crença religiosa e de convicção filosófica ou política, para se eximirem de atividades de caráter essencialmente militar.* Dando fiel conformação ao texto constitucional, a Lei 8.239/91, ao regulamentar *o art. 143, §§ 1º e 2º da Constituição Federal*, estabelece, no seu art. 3º, § 1º, a possibilidade de se *atribuir Serviço Alternativo aos que, em tempo de paz, após alistados, alegarem imperativo de consciência decorrente de crença religiosa ou de convicção filosófica ou política, para se eximirem de atividades de caráter essencialmente militar*, e prevê, no seu art. 4º, a suspensão dos direitos políticos a quem se recuse prestar o serviço militar alternativo. O mesmo estatuto legal estabelece, entretanto, no § 2º, do mesmo art. 4º, a possibilidade de reaquisição dos direitos políticos perdidos (o dispositivo indevidamente vale-se do termo suspensão), ao dispor que o inadimplente poderá, a qualquer tempo, regularizar sua situação mediante cumprimento das obrigações devidas.

Art. 15, V – improbidade administrativa, nos termos do art. 37, § 4º.

Néviton Guedes

1. Suspensão dos direitos políticos por improbidade administrativa

O art. 15, V, impõe a suspensão dos direitos políticos a quem haja praticado ato de improbidade administrativa, nos termos do art. 37, § 4º. Por sua vez, o próprio art. 37, § 4º, da Constituição, já impõe, além da perda da função pública, da indisponibilidade dos bens e do ressarcimento ao erário, a suspensão dos direitos políticos, na forma e gradação previstas em lei e sem prejuízo da ação penal cabível. A lei a que faz referência o art. 37, § 4º, da Constituição, é a Lei 8.429/1992. Nela se tipificam os atos de improbidade administrativa, bem como as sanções deles resultantes. No seu art. 20, essa Lei estabelece expressamente que a suspensão dos direitos políticos dependerá do *trânsito em julgado da sentença condenatória*. Confirmando os termos expressos da Lei, aliás, a jurisprudência do TSE tem se firmado no sentido que suspensão dos direitos políticos decorrente de ato de improbidade administrativa, por não ter natureza penal, deve resultar de ação civil e **depende de decisão expressa** e motivada por parte do juízo competente para que possa ser aplicada pela Justiça Eleitoral. Assim, cuidando-se dos atos de improbidade referidos na Lei 8.429/92, a que faz menção o art. 15, V, combinado com o art. 37, § 4º, da Constituição, não basta que o juízo competente tenha condenado o indivíduo por ato de improbidade para que contra ele se possa impor a suspensão dos direitos políticos. Além da condenação por ato de improbidade, **o órgão jurisdicional terá que fazer expressa e específica remissão à sanção de suspensão dos direitos políticos** para que, após o trânsito em julgado da decisão condenatória, o cidadão de fato tenha os seus direitos políticos suspensos. Por fim, é de se anotar que o Supremo Tribunal Federal, mais recentemente, consolidou a orientação jurisprudência de que, à exceção do Presidente da República, salvaguardado por expressa disposição constitucional, os agentes políticos estão sujeitos a duplo regime de responsabilização político-administrativa, eventualmente, incidindo sobre suas condutas tanto a Lei 8.429/92, que cuida dos atos de improbidade administrativa, como também a Lei n. 1.079/50, que trata dos crimes de responsabilidade (AC 3585 AgR, Rel. Min. CELSO DE MELLO, Segunda Turma, julgado em 02-09-2014, PROCESSO ELETRÔNICO *DJe*-211 DIVULG 24-10-2014 PUBLIC 28-10-2014).

Art. 16. A lei que alterar o processo eleitoral entrará em vigor na data de sua publicação, não se aplicando à eleição que ocorra até um ano da data de sua vigência.

Néviton Guedes

1. Alcance do princípio (ou regra) da anterioridade da legislação eleitoral

Com a norma prescrita no **art. 16**, mediante verdadeira regra de especialização, a Constituição converte o *princípio* geral da **segurança jurídica** em uma *regra* de **segurança jurídica eleitoral**, isto é, regra **de não surpresa no processo eleitoral**. Com essa regra[1], a Constituição busca, em síntese, proteger o processo eleitoral de mudanças casuísticas, ou seja, alterações que possam atender aos interesses de quem, na condição de legislador e simultaneamente destinatário da norma, sabe que terá que enfrentar a disputa eleitoral proximamente e poderá, por isso mesmo, cultivar a tentação de introduzir alterações legislativas com o propósito inconfessável de obter vantagens em futuras eleições. Por isso é que Manoel Gonçalves Ferreira Filho designou a norma veiculada no art. 16, consoante a redação anterior, de *norma moralizadora*[2]. Obviamente, **não se compatibiliza** com a ideia de Democracia **materialmente** inserida na Constituição a possibilidade de que **mudanças casuísticas** sejam promovidas, ainda que suportadas em maiorias eleitorais eventualmente conformadas. Como se viu, já não basta ao princípio democrático **materialmente** estabelecido em nossa Constituição que projetos de leis, quaisquer que sejam, encontrem apoio **formal** em maiorias de ocasião. Mais do que isso, exige-se de um conceito **material** de Democracia o respeito a princípios constitucionais essenciais à própria identidade constitucional, como seria o caso, precisamente, do princípio da segurança jurídica, da legalidade, da dignidade da pessoa humana e da impessoalidade do agir estatal, principalmente, impessoalidade nas ações do Poder Legislativo. Com o mesmo intuito de **preservar o processo eleitoral de alterações casuísticas** em matéria eleitoral, aliás, o constituinte também subtraiu do Presidente da República o poder de editar medida provisória (art. 62, § 1º, I, *a*) e lei delegada (art. 68, § 1º, II)

---

1. Como se sabe, a norma em questão, consiste em um **comando definitivo**, ou seja, uma posição jurídica não mais predisposta a ponderações, razão pela qual seria considerada pela teoria de Robert Alexy uma **regra**, e **não um princípio**, espécie de norma que veicula, diversamente, apenas normas *prima facie*. Cf. Alexy, Robert. *Theorie der Grundrechte*, cit., p. 100 e s. Contudo, em homenagem à tradição do Direito brasileiro, continuaremos a designar o dispositivo em questão de *princípio*.

2. Ferreira Filho, Manoel Gonçalves. *Comentários à Constituição Brasileira de 1988. Volume 1 – arts. 1º a 43*. São Paulo: Saraiva, 1990, p. 134.

quando versarem *sobre nacionalidade, cidadania, direitos individuais, políticos e eleitorais*. O Supremo Tribunal Federal acabou por entender que a norma do art. 16 da Constituição consagra verdadeiro **direito fundamental à não surpresa** em favor do cidadão, protegendo-o tanto em sua capacidade política ativa como na sua capacidade política passiva. Uma das principais consequências de o Supremo entender o referido dispositivo como direito fundamental foi a de integrá-lo, consoante o art. **60, § 4º, IV**, da Constituição, no **núcleo permanente do texto constitucional**, compreendendo-o como impassível de alteração ou de desconsideração mesmo no caso de Emendas à Constituição[3]. **Entretanto, nem toda lei eleitoral revela em seu conteúdo norma ou conjunto de normas que estejam sob a proteção do princípio da anterioridade da lei eleitoral**. Com efeito, para se compreender o exato alcance da regra inserida no art. 16, há que distinguir, na **legislação eleitoral**, leis ou normas eleitorais em *sentido amplo* e leis ou normas eleitorais em *sentido restrito*. Legislação, lei ou norma eleitoral em **sentido amplo** são todas as normas ou conjunto de normas editadas pelo legislador que, de qualquer forma, façam referência ao processo eleitoral. Lei ou legislação eleitoral em **sentido restrito** serão apenas as normas editadas pelo legislador que representem efetivas modificações no **processo eleitoral** de ordem a afetar o seu resultado, desequilibrando ou corrompendo as condições da competição, isto é, legislação eleitoral, segundo a interpretação conferida pelo STF, para fins do art. 16, serão apenas aquelas normas que, por sua própria existência, *sejam capazes de produzir desigualdade de participação dos partidos e respectivos candidatos que nele atuam*. Segundo a jurisprudência do Supremo Tribunal Federal, portanto, apenas essas últimas normas, ao manifestarem a potencialidade de alterar substancialmente o processo eleitoral, de forma a produzir *desigualdade* entre os partidos e respectivos candidatos, é que estão sob a incidência do princípio da anterioridade da lei eleitoral. Assim, não ofendem o princípio da anterioridade da lei eleitoral normas que não possam comprometer a finalidade visada pelo legislador constituinte[4]. Nessa linha de entendimento, já se negou ofensa ao princípio da anterioridade da lei eleitoral (CF, art. 16) em caso de normas que representavam *mero aperfeiçoamento dos procedimentos eleitorais*, consistentes em *proibição de divulgação de pesquisas eleitorais quinze dias antes do pleito*. Em conclusão, o STF tem entendido que a principal finalidade do dispositivo *é proteger a igualdade de oportunidade entre as agremiações partidárias e os próprios candidatos*, de tal forma que, confirmando-se que eventual alteração legislativa não provocou alteração de ordem a romper o equilíbrio entre os concorrentes não se pode falar em ofensa ao princípio da anterioridade da legislação eleitoral, como inscrito no art. 16 sob comento[5]. Por fim, é fácil de compreender que, em homenagem à finalidade da norma prescrita pelo art. 16, também não se enquadram no conceito de legislação eleitoral, no *sentido estrito* da garantia da anterioridade da lei eleitoral, leis ou normas que cuidem apenas do processo judicial eleitoral, já que, obviamente, normas dessa espécie não implicam qualquer desigualdade na disputa eleitoral. Por fim, no âmbito de sua jurisprudência, o Supremo Tribunal Federal já decidiu que "o art. 16 da Constituição, ao submeter a alteração legal do processo eleitoral à regra da anualidade, constitui uma garantia fundamental para o pleno exercício de direitos políticos. (...) A fase pré-eleitoral de que trata a jurisprudência desta Corte não coincide com as datas de realização das convenções partidárias. Ela começa muito antes, com a própria filiação partidária e a fixação de domicílio eleitoral dos candidatos, assim como o registro dos partidos no Tribunal Superior Eleitoral. A competição eleitoral se inicia exatamente um ano antes da data das eleições e, nesse interregno, o art. 16 da Constituição exige que qualquer modificação nas regras do jogo não terá eficácia imediata para o pleito em curso. (...) Toda limitação legal ao direito de sufrágio passivo, isto é, qualquer restrição legal à elegibilidade do cidadão constitui uma limitação da igualdade de oportunidades na competição eleitoral. Não há como conceber causa de inelegibilidade que não restrinja a liberdade de acesso aos cargos públicos, por parte dos candidatos, assim como a liberdade para escolher e apresentar candidaturas por parte dos partidos políticos. E um dos fundamentos teleológicos do art. 16 da Constituição é impedir alterações no sistema eleitoral que venham a atingir a igualdade de participação no prélio eleitoral. (...) O princípio da anterioridade eleitoral constitui uma garantia fundamental também destinada a assegurar o próprio exercício do direito de minoria parlamentar em situações nas quais, por razões de conveniência da maioria, o Poder Legislativo pretenda modificar, a qualquer tempo, as regras e critérios que regerão o processo eleitoral. A aplicação do princípio da anterioridade não depende de considerações sobre a moralidade da legislação. O art. 16 é uma barreira objetiva contra abusos e desvios da maioria, e dessa forma deve ser aplicado por esta Corte. A proteção das minorias parlamentares exige reflexão acerca do papel da Jurisdição Constitucional nessa tarefa. A Jurisdição Constitucional cumpre a sua função quando aplica rigorosamente, sem subterfúgios calcados em considerações subjetivas de moralidade, o princípio da anterioridade eleitoral previsto no art. 16 da Constituição, pois essa norma constitui uma garantia da minoria, portanto, uma barreira contra a atuação sempre ameaçadora da maioria. (...)"(RE 633703, Relator(a): Min. GILMAR MENDES, Tribunal Pleno, julgado em 23-03-2011, REPERCUSSÃO GERAL – MÉRITO *DJe*-219 DIVULG 17-11-2011 PUBLIC 18-11-2011 RTJ VOL-00221-01 PP-00462 EMENT VOL-02628-01 PP-00065). Por fim, cumpre destacar que a Emenda Constitucional n. 107, de 2020, em razão da pandemia de Covid-19, adiou as eleições municipais daquele ano, as quais deveriam ocorrer no mês de outubro. Tendo sido promulgada no dia 2 de julho daquele mesmo ano de 2020, a EC 107/2020, no seu art. 1º, estabeleceu que "as eleições municipais previstas para outubro de 2020 realizar-se-ão no dia 15 de novembro, em primeiro turno, e no dia 29 de novembro de 2020, em segundo turno, onde houver, observado o disposto no § 4º deste artigo." No referido § 4º, do seu art. 1º, a EC n. 107/2020 previu nova possibilidade de adiamento, desde que respeitado o procedimento próprio ali imposto, caso as condições sanitárias de um Estado ou Município não permitissem a realização das eleições nas datas previstas no *caput* do referido artigo 1º, observada como data-limite o dia 27 de dezembro de 2020. Por sua vez, diante do adiamento imposto, no art. 2º, excepcionalmente, excluiu-se a aplicação do art. 16 da Constituição Federal ao dis-

---

3. ADI 3.685, Rel. Min. Ellen Gracie, julgamento em 22-3-06, Plenário, *DJ* de 10-8-06.

4. ADI 3.345 e 3.365, Rel. Min. Celso de Mello, julgamento em 25-8-05, *Informativo STF* 398.

5. ADI 3.741, Rel. Min. Ricardo Lewandowski, julgamento em 6-9-06, *DJ* de 23-2-07.

posto naquela Emenda Constitucional n. 107/2020. No caso, o sentido da norma, atendendo às dificuldades inerentes à organização das eleições, dificuldades consideravelmente acrescidas com a imprevista pandemia, visava a oferecer condições à Justiça Eleitoral para promover as eleições daquele ano com o máximo de segurança à saúde dos eleitores. Portanto, não concretizando arbitrariedade, ou casuísmo voluntarista, mostrou-se compatível com a finalidade da regra fixada no art. 16 da Constituição da República. A propósito, parece adequado referir, no caso, lição do próprio STF, na pena ilustre do Ministro Celso de Mello "(...) PRINCÍPIO CONSTITUCIONAL DA ANTERIORIDADE ELEITORAL: SIGNIFICADO DA LOCUÇÃO 'PROCESSO ELEITORAL' (CF, ART. 16) – *A norma consubstanciada no art. 16 da Constituição da República, que consagra o postulado da anterioridade eleitoral (cujo precípuo destinatário é o Poder Legislativo), vincula-se, em seu sentido teleológico, à finalidade ético-jurídica de obstar a deformação do processo eleitoral mediante modificações que, casuisticamente introduzidas pelo Parlamento, culminem por romper a necessária igualdade de participação dos que nele atuam como protagonistas relevantes (partidos políticos e candidatos), vulnerando-lhes, com inovações abruptamente estabelecidas, a garantia básica de igual competitividade que deve sempre prevalecer nas disputas eleitorais. Precedentes (...)*" (ADI 3345, Relator Celso de Mello, Tribunal Pleno, j. em 25-08-2005, *DJe* 20-08-2010 EMENT VOL-02411-01 PP-00110 RTJ VOL-00217-01 PP-00162).

CAPÍTULO V

DOS PARTIDOS POLÍTICOS

Art. 17. É livre a criação, fusão, incorporação e extinção de partidos políticos, resguardados a soberania nacional, o regime democrático, o pluripartidarismo, os direitos fundamentais da pessoa humana e observados os seguintes preceitos:

I – caráter nacional;

II – proibição de recebimento de recursos financeiros de entidade ou governo estrangeiros ou de subordinação a estes;

III – prestação de contas à Justiça Eleitoral;

IV – funcionamento parlamentar de acordo com a lei.

§ 1º É assegurada aos partidos políticos autonomia para definir sua estrutura interna e estabelecer regras sobre escolha, formação e duração de seus órgãos permanentes e provisórios e sobre sua organização e funcionamento e para adotar os critérios de escolha e o regime de suas coligações nas eleições majoritárias, vedada a sua celebração nas eleições proporcionais, sem obrigatoriedade de vinculação entre as candidaturas em âmbito nacional, estadual, distrital ou municipal, devendo seus estatutos estabelecer normas de disciplina e fidelidade partidária.

§ 2º Os partidos políticos, após adquirirem personalidade jurídica, na forma da lei civil, registrarão seus estatutos no **Tribunal Superior Eleitoral**.

§ 3º Somente terão direito a recursos do fundo partidário e acesso gratuito ao rádio e à televisão, na forma da lei, os partidos políticos que alternativamente:

I – obtiverem, nas eleições para a Câmara dos Deputados, no mínimo, 3% (três por cento) dos votos válidos, distribuídos em pelo menos um terço das unidades da Federação, com um mínimo de 2% (dois por cento) dos votos válidos em cada uma delas; ou

II – tiverem elegido pelo menos quinze Deputados Federais distribuídos em pelo menos um terço das unidades da Federação.

§ 4º É vedada a utilização pelos partidos políticos de organização paramilitar.

§ 5º Ao eleito por partido que não preencher os requisitos previstos no § 3º deste artigo é assegurado o mandato e facultada a filiação, sem perda do mandato, a outro partido que os tenha atingido, não sendo essa filiação considerada para fins de distribuição dos recursos do fundo partidário e de acesso gratuito ao tempo de rádio e de televisão.

§ 6º Os Deputados Federais, os Deputados Estaduais, os Deputados Distritais e os Vereadores que se desligarem do partido pelo qual tenham sido eleitos perderão o mandato, salvo nos casos de anuência do partido ou de outras hipóteses de justa causa estabelecidas em lei, não computada, em qualquer caso, a migração de partido para fins de distribuição de recursos do fundo partidário ou de outros fundos públicos e de acesso gratuito ao rádio e à televisão.

§ 7º Os partidos políticos devem aplicar no mínimo 5% (cinco por cento) dos recursos do fundo partidário na criação e na manutenção de programas de promoção e difusão da participação política das mulheres, de acordo com os interesses intrapartidários.

§ 8º O montante do Fundo Especial de Financiamento de Campanha e da parcela do fundo partidário destinada a campanhas eleitorais, bem como o tempo de propaganda gratuita no rádio e na televisão a ser distribuído pelos partidos às respectivas candidatas, deverão ser de no mínimo 30% (trinta por cento), proporcional ao número de candidatas, e a distribuição deverá ser realizada conforme critérios definidos pelos respectivos órgãos de direção e pelas normas estatutárias, considerados a autonomia e o interesse partidário.

Orides Mezzaroba

1. História da norma

O art. 17 foi aprovado na sua íntegra com a promulgação da CF em 5 de outubro de 1988.

O § 1º do art. 17 foi votado por 417 (quatrocentos e dezessete) constituintes, 134 (cento e trinta e quatro) votaram *sim*, 272 (duzentos e sete e dois) votaram *não* e 11 (onze) se abstiveram do voto. Na votação foi rejeitada a emenda que incluía no texto original do parágrafo primeiro a prévia partidária para a escolha de candidatos.

A EC n. 52/2006 incluiu no parágrafo primeiro do art. 17 a seguinte redação "[...funcionamento] e para adotar os critérios de escolha e o regime de suas coligações eleitorais, sem obrigatoriedade de vinculação entre as candidaturas em âmbito nacional, estadual, distrital ou municipal, [devendo...]".

O *caput* do art. 17, os incisos I, II, III, IV e os §§ 2º, 3º e 4º foram aprovados por 360 (trezentos e sessenta) votos favoráveis, 59 (cinquenta e nove) votos contra e 4 (quatro) abstenções.

A EC n. 91, de 18 de fevereiro de 2016, estabeleceu em seu art. 1º que "É facultado ao detentor de mandato eletivo desligar-se do partido pelo qual foi eleito nos trinta dias seguintes à promulgação desta Emenda Constitucional, sem prejuízo do mandato, não sendo essa desfiliação considerada para fins de distribuição dos recursos do Fundo Partidário e de acesso gratuito ao tempo de rádio e televisão". A aprovação da EC n. 91 recebeu 61 votos favoráveis dentre os 81 Senadores.

Com a EC n. 97, de 4 de outubro de 2017, foi incluída a seguinte redação no § 1º do art. 17 a seguinte redação "(...) e estabelecer regras sobre escolha, formação e duração de seus órgãos permanentes e provisórios e sobre sua organização (eleitorais) majoritárias, vedada a sua celebração nas eleições proporcionais (...)".

No § 3º do art. 17 foi incluída a seguinte redação:

"Somente terão direito a (...) os partidos políticos que alternativamente:

I – obtiverem, nas eleições para a Câmara dos Deputados, no mínimo 3% (três por cento) dos votos válidos, distribuídos em pelo menos um terço das unidades da Federação, com um mínimo de 2% (dois por cento) dos votos válidos em cada uma delas; ou

II – tiverem elegido pelo menos quinze Deputados Federais distribuídos em pelo menos um terço das unidades da Federação".

Ainda no § 3º do art. 17 foi incluído integralmente o 5º com a seguinte redação: "Ao eleito por partido que não preencher os requisitos previstos no § 3º deste artigo é assegurado o mandato e facultado a filiação, sem perda do mandato, a outro partido que os tenha atingido, não sendo essa filiação considerada para fins de distribuição dos recursos do fundo partidário e de acesso ao tempo de rádio e de televisão".

O art. 2º da EC n. 97, de 4 de outubro de 2017, determinou que "A vedação à celebração de coligações nas eleições proporcionais, prevista no § 1º do art. 17 da Constituição Federal, aplicar-se-á a partir das eleições de 2020".

Por sua vez o art. 3º da EC n. 97, de 4 de outubro de 2017, estabeleceu as seguintes regras para as eleições futuras: "O disposto no § 3º do art. 17 da Constituição Federal quanto ao acesso dos partidos políticos aos recursos do fundo partidário e à propaganda gratuita no rádio e na televisão aplicar-se-á a partir das eleições de 2030.

Parágrafo único. Terão acesso aos recursos do fundo partidário e à propaganda gratuita no rádio e na televisão os partidos políticos que:

I – na legislatura seguinte às eleições de 2018:

a) obtiverem, nas eleições para a Câmara dos Deputados, no mínimo, 1,5% dos votos válidos, distribuídos em pelo menos um terço das unidades da Federação, com um mínimo de 1% dos votos válidos em cada uma delas; ou

b) tiverem elegido pelo menos nove Deputados Federais distribuídos em pelo menos um terço das unidades da Federação;

II – na legislatura seguinte às eleições de 2022:

a) obtiverem, nas eleições para a Câmara dos Deputados, no mínimo, 2% dos votos válidos, distribuídos em pelo menos um terço das unidades da Federação, com um mínimo de 1% dos votos válidos em cada uma delas; ou

b) tiverem elegido pelo menos onze Deputados Federais distribuídos em pelo menos um terço das unidades da Federação;

III – na legislatura seguinte às eleições de 2026:

a) obtiverem, nas eleições para a Câmara dos Deputados, no mínimo, 2,5% dos votos válidos, distribuídos em pelo menos um terço das unidades da Federação, com um mínimo de 1,5% dos votos válidos em cada uma delas; ou

b) tiverem elegido pelo menos treze Deputados Federais distribuídos em pelo menos um terço das unidades da Federação".

A EC n. 97 foi aprovada por unanimidade pelo Senado Federal.

A EC n. 111, de 28 de setembro de 2021, inclui no art.17 da Constituição Federal dispositivo para disciplinar a realização de consultas populares concomitantes às eleições municipais, dispor sobre o instituto da fidelidade partidária, alterar a data de posse de Governadores e do Presidente da República e estabelecer regras transitórias para a distribuição entre os partidos políticos dos recursos do fundo partidário e do Fundo Especial de Financiamento de Campanha (FFFC) e para o funcionamento dos partidos políticos. Segundo o § 6º da EC n. 111/2021 os Deputados Federais, os Deputados Estaduais, os Deputados Distritais e os Vereadores que se desligarem do partido pelo qual tenham sido eleitos perderão o mandato, salvo nos casos de anuência do partido ou de outras hipóteses de justa causa estabelecidas em lei, não computada, em qualquer caso, a migração de partido para fins de distribuição de recursos do fundo partidário ou de outros fundos públicos e de acesso gratuito ao rádio e à televisão.

A EC n. 117, de 5 de abril de 2022, inclui ao art. 17 da Constituição Federal diretrizes para os partidos políticos aplicarem os recursos do fundo partidário na promoção e difusão da participação política das mulheres, bem como a aplicação de recursos desse fundo e do Fundo Especial de Financiamento de Campanha e a divisão do tempo de propaganda gratuita no rádio e na televisão no percentual mínimo de 30% (trinta por cento) para candidaturas femininas.

A partir da EC n. 117/2022 o art. 17 da Constituição Federal passou a vigorar acrescido com mais dois parágrafos:

§ 7º Os partidos políticos devem aplicar no mínimo 5% (cinco por cento) dos recursos do fundo partidário na criação e na manutenção de programas de promoção e difusão da participação política das mulheres, de acordo com os interesses intrapartidários.

§ 8º O montante do Fundo Especial de Financiamento de Campanha e da parcela do fundo partidário destinada a campanhas eleitorais, bem como o tempo de propaganda gratuita no rádio e na televisão a ser distribuído pelos partidos às respectivas candidatas, deverão ser de no mínimo 30% (trinta por cento), proporcional ao número de candidatas, e a distribuição deverá ser realizada conforme critérios definidos pelos respectivos órgãos de direção e pelas normas estatutárias, considerados a autonomia e o interesse partidário.

A EC ainda inclui dois artigos que na prática acabam protegendo os partidos de qualquer penalidade caso não cumpram as metas de gastos com determinação legal de inclusão de cotas, conforme segue:

Art. 2º Aos partidos políticos que não tenham utilizado os recursos destinados aos programas de promoção e difusão da participação política das mulheres ou cujos valores destinados a essa finalidade não tenham sido reconhecidos pela Justiça Eleitoral é assegurada a utilização desses valores nas eleições subsequentes, vedada a condenação pela Justiça Eleitoral nos processos de prestação de contas de exercícios financeiros anteriores que ainda não tenham transitado em julgado até a data de promulgação desta Emenda Constitucional.

Art. 3º Não serão aplicadas sanções de qualquer natureza, inclusive de devolução de valores, multa ou suspensão do fundo partidário, aos partidos que não preencheram a cota mínima de recursos ou que não destinaram os valores mínimos em razão de sexo e raça em eleições ocorridas antes da promulgação desta Emenda Constitucional.

2. Constituições brasileiras anteriores

CF de 1967, art. 149; EC de 1969, art. 152; EC n. 25/1985, art. 152. Até o advento da CF de 1967, nenhuma outra Constituição (1824, 1891, 1934, 1937 ou a de 1946) tratou de reconhecer formalmente os partidos políticos como atores ativos no sistema político brasileiro.

3. Constituições estrangeiras

Constituição da República Portuguesa, art. 10, item 2, e art. 51, itens 1, 2, 3, 4, 5 e 6; Constituição da República Italiana, art. 49; Constituição da República da Alemanha, art. 21, n. 1 e 2; Constituição da República Francesa, art. 4º; Constituição da Espanha, art. 6º.

4. Direito internacional

Declaração Universal dos Direitos do Homem, art. 21; Pacto Universal dos Direitos Civis e Políticos, art. 25.

5. Remissões constitucionais e legais

Art. 1º, V (Pluralismo político); art. 5º, LXX, a (Mandado de segurança coletivo); art. 14, § 3º, V (Direitos políticos); art. 58, § 1º (Comissões legislativas), art. 95, parágrafo único, III (Magistratura, vedação); art. 103, VIII (Ação direta de inconstitucionalidade e ação declaratória de constitucionalidade); art. 128, § 5º, II, e (Ministério público, vedação); art. 142, § 3º, V (Forças Armadas, vedação), e art. 150, VI, c e § 4º (Limitações do poder de tributar) da Constituição Federal de 1988. Arts. 1º, 3º, 5º, 6º, 7º, § 1º, 12, 13, 14, 31, § 1º, 34, 38, 41 e 45 da Lei n. 9.096/1995 (Lei dos Partidos Políticos). Art. 241 da Lei n. 4.737/1965 (Código Eleitoral). Lei n. 10.825, de 22 de dezembro de 2003. Art. 2.031 da Lei n. 10.406, de 10 de janeiro de 2002 – Código Civil. Art. 41-A da Lei n. 11.459/2007. EC n. 91, de 18 de fevereiro de 2016. EC n. 97, de 04 de outubro de 2017. Lei n. 92.259, de 09 de janeiro de 1996. Lei n. 9.504, de 30 de setembro de 1997. Lei n. 9.693, de 27 de julho de 1998. Lei n. 12.034, de 29 de setembro de 2009. Lei n. 12.875, de 30 de outubro de 2013. Lei n. 12.891, de 11 de dezembro de 2013. Lei n. 13.107, de 24 de março de 2015. Lei n. 13.165, de 29 de setembro de 2015. Lei n. 13.487, de 06 de outubro de 2017. Lei n. 13.488, de 06 de outubro de 2017.

6. Jurisprudências

STF ADIn 1.817/1998 (Limita o direito de participar em eleições); STJ EDMS 197/1990 (Mandado segurança coletivo); STF ADIn 1.817/1998 (Arguição de inconstitucionalidade do art. 4º da Lei n. 9.504/1997); STF MS 26.602, 26.603 e 26.604/2007 (Infidelidade partidária); STF ADIn 1363 MC-BA/1995, STF MS 23.914-AgR/2001, STF ADIn 1.351/2006, STF ADIn 1.354/2006 (Funcionamento parlamentar); STF ADIn 1354 MC-DF/1996 (Arguição de inconstitucionalidade, art. 13 da Lei n. 9.096/1995); STF ADI 3.685/2006 (Coligações partidárias); STF ADIn 1.407/MC-DF/1996 (Coligações partidárias); TSE RE 164.458-AgR/1995 (Registro de partidos políticos junto ao TSE); STF ADIn 839-MC/1993 (Coligações de frentes parlamentares); STF ADIn 2.677/2002 (Propaganda partidária); STF ADIn 2.306/2002 (Fundo partidário); STF ADIn 1.354/2001 (Disputa eleitoral); STF ADIn 408/1996 (Propaganda eleitoral); STF ADIn 1822/1998, STF ADIn 956/2004 (Horário eleitoral); Consulta TSE n. 1.398/2007 (Cancelamento de filiação partidária/transferência de partido); Adins 1351-3, 1354-8.

7. Referências bibliográficas

ACQUAVIVA, Marcus Cláudio. *Nova lei dos partidos políticos anotada*: Lei n. 9.096/1995 e legislação correlata. Brasília: Editora Jurídica; BISPO SOBRINHO, José. *Comentários à lei orgânica dos partidos políticos*. Brasília: Editora Jurídica; BONAVIDES, Paulo. A decadência dos partidos políticos e o caminho para a democracia direta. *Revista da OAB*, Rio de Janeiro: Conselho Federal da OAB, n. 62, p. 57-67, jan./jun. 1996; CANOTILHO, J. J. Gomes. *Direito constitucional e Teoria da Constituição*. 7. ed. Coimbra: Almedina; CUNHA, Sérgio Sérvulo da. A lei dos partidos políticos. In: ROCHA, Cármen Lúcia Antunes; VELOSO, Carlos Mário da. *Direito eleitoral*. Belo Horizonte: Del Rey, p. 139-156, 1996; JARDIM, Torquato. *Direito eleitoral positivo*. Brasília: Editora Jurídica; MEZZAROBA, Orides. *Teoria geral do Direito partidário e eleitoral*. Florianópolis: Qualis, 2018; MEZZAROBA, Orides. *Partidos políticos*: princípios e garantias constitucionais Lei n. 9.096/1995 – anotações jurisprudenciais. Curitiba: Juruá; RIBEIRO, Fávila. *Direito eleitoral*. Rio de Janeiro: Forense; SILVA, José Afonso da. *Curso de direito constitucional positivo*. São Paulo: Malheiros.

8. Os partidos políticos

8.1. Os partidos políticos e os fundamentos constitucionais

A Constituição Federal de 1988 consigna o instituto da representação política como recurso no processo de formação da vontade política do povo. Desse ponto de vista, pelo menos dois dos requisitos necessários à fundamentação do Estado Democrático de Direito brasileiro guardam relação direta com a noção político-representativa constitucional: a soberania e o pluralismo político. A ideia de um Estado Democrático de Direito fundamentado na soberania remete diretamente à concepção de soberania nacional, princípio constitucional basilar da experiência democrática contemporânea. Comporta, além disso, duas dimensões: uma interna ao Estado, em relação ao próprio fundamento do exercício do poder soberano; e uma externa, pertinente à independência do Estado ante os demais Estados da comunidade internacional. Assim, ao mesmo tempo em que a representação política é um modo de exercício da soberania, tem também com ela um compromisso fundamental de respeito e de defesa. Já a ideia de pluralismo político encerra uma clara dimensão interna, se relaciona à forma democrática de auto-organização política adotada pelo Estado. Em seu art. 1º, a Constituição Federal assegura para o Brasil um Estado de Direito de caráter marcadamente democrático, constituindo-se em um Estado representativo de caráter pluralista. O princípio democrático subjacente ao requisito político do pluralismo permite afirmar que, a partir da Constituição de 1988, uma democracia representativa partidária foi formalmente instaurada no país.

Com a adoção do sistema proporcional (art. 45 da CF), garante-se constitucionalmente, sobretudo no Legislativo, a fidelidade da representação àquela pluralidade de ideias existentes no interior da sociedade brasileira. Além disso, equacionam-se numericamente os votos dos eleitores com a representação parlamentar, já que uma das características do sistema proporcional é procurar assegurar o maior grau de correspondência possível entre os votos recebidos por um partido e o número de cadeiras que este ocupará em uma legislatura. Nessa mesma direção, o *caput* do art. 14 determina o exercício da soberania popular pelo sufrágio universal, com o voto direto e secreto e de igual valor para todos os cidadãos. Assim sendo, pelo voto igualitário, os cidadãos serão representados junto ao Legislativo e ao Executivo. A Constituição brasileira de 1988 estabelece a obrigatoriedade da filiação partidária para a candidatura aos pleitos eleitorais (art. 14, § 3º, V). A partir dessa exigência, coube aos partidos políticos o papel de destaque na engenharia política do Brasil.

A partir da promulgação da Constituição da República Federativa do Brasil, em 5 de outubro de 1988, o capítulo que passou a tratar dos partidos políticos foi subsumido em apenas um artigo ainda que abrangente. Dispõe sobre a criação dos partidos, ao mesmo tempo em que lhe impõe a observância de determinados princípios constitucionais e alguns procedimentos obrigatórios, além de duas vedações expressas. O *caput* do art. 17 da Constituição de 1988 assegura o direito da livre criação, fusão, incorporação e extinção de Partidos políticos. A liberdade de criação e de autodeterminação do partido – no tocante a eventuais fusões, incorporações e à sua própria extinção – somada às garantias constitucionais de organização e funcionamento partidários (art. 17, § 1º) consagraram um dos textos mais liberalizantes de toda a história da política partidária brasileira. A liberdade de criação de partidos, porém, não é absoluta, ficou limitada ao resguardo de quatro princípios constitucionais: a) soberania nacional; b) regime democrático; c) pluripartidarismo; e d) Direitos Fundamentais da Pessoa Humana (*caput* do art. 17).

Além dessas limitações, os Partidos políticos, por exigência constitucional, devem também observar o caráter nacional (art. 17, I); prestar contas junto à Justiça Eleitoral (art. 17, III); e ter o funcionamento parlamentar adequado à legislação infraconstitucional pertinente (art. 17, IV). A Constituição impõe ainda duas vedações: proíbe utilizar organização paramilitar (art. 17, § 4º) e receber recursos e subordinação a organismos estrangeiros (art. 17, II). Por outro lado, os partidos passam a usufruir das seguintes garantias constitucionais: a) autonomia para definir a sua estrutura interna, organização e funcionamento, devendo seus estatutos estabelecer normas de fidelidade e disciplina partidária (art. 17, § 1º); b) personalidade jurídica de acordo com a lei civil (art. 17, § 2º); e c) direito ao recebimento dos recursos do fundo partidário e acesso gratuito ao rádio e à televisão, na forma da lei (art. 17, § 3º).

8.2. *Princípios constitucionais balizadores para a criação de partidos políticos*

Na primeira parte do *caput* do art. 17, a Constituição estabelece liberdades partidárias tais como: liberdade de criação, fusão, incorporação e extinção de Partidos políticos. Assim, a vida do partido não poderá sofrer qualquer interferência externa do Estado que vise o seu controle ou, até mesmo, a sua extinção. Com o objetivo de preservar o regime democrático, a Constituição impõe, no entanto, aos partidos as seguintes limitações ideológicas:

a) **soberania nacional:** este preceito aparece na Constituição de 1988 como um dos princípios fundamentais da República Federativa do Brasil e do Estado Democrático de Direito (art. 1º, I, da CF). No *caput* do art. 17, entretanto, o respeito à soberania nacional assume as proporções de um preceito balizador no processo de criação das organizações partidárias. Entende-se, assim, que, em seus programas, os Partidos políticos não podem defender ideias que coloquem em risco a plenitude da soberania nacional. Os estatutos partidários ficam impedidos de adotar princípios programáticos que proponham a submissão do Estado brasileiro a qualquer outro Estado ou organismo internacional. Os Partidos políticos brasileiros devem resguardar, em seus atos constitutivos, como também na execução de suas atividades políticas e parlamentares, o compromisso com a defesa da soberania nacional como um dos princípios fundamentais da República Federativa do Brasil;

b) **regime democrático:** conforme o que determina o *caput* do art. 1º da Constituição de 1988, o regime político brasileiro se fundamenta no princípio democrático, o que o constitui em um Estado Democrático de Direito. Isto equivale a afirmar que o Estado e os partidos brasileiros devem respeitar a dignidade da pessoa humana (art. 1º, III), garantir a inviolabilidade da cidadania (art. 1º, II), da vida, da liberdade, da igualdade e da segurança dos cidadãos (*caput do* art. 5º) e, fundamentalmente, se empenhar na construção de uma sociedade livre, justa, solidária e sem qualquer tipo de preconceito (art. 3º, II e IV). Aos Partidos políticos cabe, além do comprometimento com a preservação da democracia do sistema político brasileiro, a responsabilidade de fazer com que na sua estrutura e no seu funcionamento os princípios democráticos sejam devidamente respeitados. O compromisso que se impõe aos Partidos políticos brasileiros constituídos é o respeito ao regime democrático em toda a sua dimensão, tanto em suas ações internas como externas. Enfim, ao adotar o regime de governo democrático (art. 1º), fundamentado no princípio da soberania popular (art. 14), o Estado Democrático de Direito brasileiro passa a ser concebido como aquele regime em que todo poder emana do povo, e este o exerce de forma direta, através de plebiscitos, referendos ou iniciativas populares (art. 14, I, II e III), ou de forma indireta, através de representantes eleitos pela intermediação de Partidos políticos (art. 14, § 3º, V);

c) pluripartidarismo: previsto no *caput* do art. 17, este princípio guarda relação direta com outro dispositivo principiológico, constitucionalmente consagrado, qual seja o pluralismo político (art. 1º, V), que se impõe como um dos fundamentos da República Federativa do Brasil. O princípio do pluralismo político se caracteriza pela oposição a qualquer artefato monopolista, seja social, político, cultural, educacional, econômico ou de comunicação. O princípio do pluripartidarismo, por sua vez, se fundamenta pelo compromisso de o Estado brasileiro institucionalizar um sistema político que tenha por base a existência de vários partidos representativos socialmente, e todos com certa igualdade para alcançarem o poder pelo processo eleitoral livre e democrático. Ao estabelecer o princípio do pluripartidarismo, a vontade do Estado deixa, portanto, de coincidir com a vontade de um único grupo, e passa a garantir que os diferentes grupos políticos possam se expressar e concorrer entre si, sem qualquer tipo de limitação política. Assim, a partir do momento que a Constituição reconhece o princípio do pluralismo partidário, ela obrigatoriamente deve reconhecê-lo sem qualquer artifício redutor, sem impor, por exemplo, as cláusulas de barreira ou de exclusão. Tais exigências, sem dúvida alguma, possibilitam razoável limitação ao direito de representação de minorias no Legislativo, ferindo consequentemente o princípio pluripartidarista constitucional e, por consequência, o próprio pluralismo político;

d) direitos fundamentais da pessoa humana: este princípio está diretamente relacionado com os compromissos que os Partidos políticos devem assumir em defesa e preservação da dignidade, igualdade e liberdade da pessoa humana (art. 1º, III e *caput*, do art. 5º). Seguindo o processo de consolidação histórica dos Direitos fundamentais da pessoa humana, os Partidos políticos, no caso do Brasil, assumem também o compromisso de resguardar e respeitar os princípios estabelecidos nos: a) direitos e garantias individuais (art. 5º); b) direitos sociais (arts. 6º e 193 e ss.); c) direitos à nacionalidade (art. 12); e d) direitos políticos (arts. 14 e 17). Além de outros que porventura o poder constituinte vier a instituir. O resguardo aos Direitos fundamentais da pessoa humana, previsto no *caput* do art. 17 da Constituição, obriga os Partidos políticos a adotarem duas posições complementares: em primeiro lugar, excluir de seus princípios programáticos orientações que não os acolham, o que caracterizaria um afronto ao princípio do Estado Democrático de Direito. Por outro lado, em razão do próprio aperfeiçoamento do regime democrático, é lícito que os partidos tenham interpretações distintas de determinados direitos fundamentais e que tenham a liberdade de defender interpretações mais amplas e democráticas de tais princípios. E, em segundo lugar, os Partidos políticos assumem o compromisso de resguardar os princípios dos Direitos fundamentais, o que os obriga a vinculá-los e efetivá-los em suas próprias estruturas.

8.3. Requisitos constitucionais para a criação de partidos políticos

Além de assumirem o compromisso de resguardar os princípios estabelecidos no item acima, os Partidos políticos devem respeitar os seguintes preceitos: a) caráter nacional (art. 17, I); b) prestação de contas à Justiça Eleitoral (art. 17, III); e c) funcionamento parlamentar de acordo com a lei (art. 17, IV).

a) caráter nacional: o legislador constituinte não remeteu a regulamentação desse dispositivo para a legislação ordinária, assim não fica esclarecida a forma pela qual seria aplicado esse preceito na prática. Na verdade, com a imposição do princípio do caráter nacional, se buscou, fundamentalmente, impedir a formação de partidos com programas regionais ou locais, como eram, por exemplo, as organizações políticas da Primeira República brasileira (1889-1930). Com efeito, aqueles partidos republicanos regionais identificavam-se muito mais com facções do que propriamente com o espírito contemporâneo de Partidos políticos. O sentido de se incluir no texto constitucional a expressão caráter nacional é o de garantir o princípio federativo da unidade nacional. De garantir que os partidos, em seus programas, estabeleçam propostas de alcance nacional e não apenas voltadas para especificidades regionais. O importante neste preceito está na definição do termo caráter, que não deve ser confundido com a expressão âmbito. Enquanto o termo caráter tem o significado de traços particulares, especificidades e qualidades ideológicas, o termo âmbito significa zona de atividades, campo de ação. O sentido do caráter nacional do partido vincula-se à exigência de um programa político-partidário que contenha propostas voltadas mais para o conjunto do território brasileiro do que para a obrigatoriedade de se construir uma estrutura partidária que contenha ramificações organizacionais em algumas unidades da Federação. O espírito do caráter nacional impõe que os partidos tenham compromissos voltados, acima de tudo, para a construção de projetos políticos que envolvam o conjunto do país, e não os interesses de pequenos grupos ou facções locais. No entanto, por mais que a Constituição de 1988 tenha se omitido em estabelecer os parâmetros que caracterizariam o sentido da expressão caráter nacional dos partidos, o certo é que a legislação ordinária não pode restringir princípios constitucionais.

Entretanto, esse não foi o entendimento do legislador ordinário por ocasião da aprovação da Lei n. 9.096, de 19 de setembro de 1995 (Lei dos Partidos políticos) e, posteriormente, modificada pela Lei n. 92.259, de 09 de janeiro de 1996, Lei n. 9.504, de 30 de setembro de 1997, Lei n. 9.693, de 27 de julho de 1998, Lei n. 12.034, de 29 de setembro de 2009, Lei n. 12.875, de 30 de outubro de 2013, Lei n. 12.891, de 11 de dezembro de 2013, Lei n. 13.107, de 24 de março de 2015, Lei n. 13.165, de 29 de setembro de 2015, Lei n. 13.487, de 06 de outubro de 2017, e Lei n. 13.488, de 06 de outubro de 2017. Pelo art. 17, I, da Constituição de 1988, ficou estabelecido que, ao ser criado um partido, deve-se levar em consideração o seu caráter nacional. Todavia, como anteriormente visto, a Constituição silencia sobre o significado ou a abrangência de tal expressão. Diante dessa incompletude, o legislador ordinário acabou avocando para si e, naturalmente, para suas próprias conveniências políticas o direito de estabelecer seu entendimento sobre o sentido de caráter nacional do partido. Assim, substituindo o significado do termo caráter pelo do termo âmbito, a configuração do caráter nacional foi restritivamente definida pela comprovação do "apoiamento" de determinado número de eleitores, distribuídos por determinado número de Estados, quando da criação de Partidos políticos.

Conforme estabelece o art. 7º da Lei n. 9.096/1995, modificada pela Lei n. 13.165/2015, após adquirir a personalidade jurídica na forma da lei civil, o Partido político deverá registrar o seu estatuto no TSE. Porém, de acordo com o § 1º do mesmo artigo, o registro do estatuto no TSE só será admitido daquele "partido político que tenha caráter nacional (sic), considerando-se como tal aquele que comprove, no período de dois anos, o apoiamento de eleitores não filiados a partido político, correspondente a, pelo menos, cinco décimos por cento dos votos na última eleição geral para a Câmara dos Deputados, não computados os votos brancos e os nulos, distribuídos por um terço, ou mais, dos Estados, com um mínimo de um décimo por cento do eleitorado que haja votado em cada um deles". Ou seja, na prática, se um determinado movimento social pretender se constituir em partido, a fim de atuar na esfera da representação política do Estado, primeiro deverá demonstrar seu "caráter nacional" (sic), quando deveria ser "âmbito nacional", para só depois adquirir o privilégio da ação política. Naturalmente, neste caso específico, o legislador ordinário acabou impondo um mecanismo restritivo para criação de partidos, neste caso no ato do registro do estatuto partidário.

Entretanto, a maior dúvida que persiste é se o TSE possui ou não competência para negar o registro do estatuto de partido que não cumpra quantitativamente aquele número de apoiadores, uma vez que o § 2º do art. 17 da Constituição de 1988 é incisivo ao afirmar: "os partidos políticos, após adquirem personalidade jurídica, na forma da lei civil, registrarão seus estatutos no TSE". Como visto, a Constituição não estabelece em nenhum momento que o registro do estatuto do partido deverá cumprir qualquer tipo de procedimento ou requisito, remetendo para o jargão usual: *de acordo com a lei*. Assim, a competência do TSE estaria restrita ao registro estatutário, não cabendo a ele qualquer controle sobre o número de pessoas que subscrevam a fundação de partidos, muito menos o controle ideológico ou organizacional destes.

Assim, não bastasse a interpretação equivocada do termo "caráter nacional" pelo legislador ordinário, aliás, princípio este que, como visto, não necessitava de qualquer tipo de regulamentação, por se tratar de compromisso programático dos partidos, a conclusão a que se chega é de que a redação do § 1º do art. 7º da Lei n. 9.096/1995 fere profundamente o princípio constitucional previsto no *caput* do art. 17 da Constituição de 1988, o qual garante a plena liberdade de criação de partidos;

b) prestação de contas à Justiça Eleitoral: este preceito busca, acima de tudo, estabelecer mecanismos que possam evitar o abuso do poder econômico nos processos eleitorais. Por essa exigência constitucional, os Partidos políticos ficam obrigados a prestar contas de doações financeiras recebidas e de todos os gastos realizados nos processos eleitorais. Na prática, porém, esse requisito acaba ficando prejudicado em decorrência de dois problemas básicos: a) a falta de estrutura logística da Justiça Eleitoral, que apesar de todo esforço desprendido não dispõe ainda de mecanismos adequados para fiscalizar o emaranhado contábil apresentado pelos Partidos políticos; e b) a diversidade de contribuições, muitas das quais nem sequer acabam aparecendo na contabilidade apresentada pelos partidos.

Em todo processo eleitoral, a legislação deve garantir prioritariamente o direito de igualdade de concorrência entre os Partidos políticos. Assim, quando o partido recebe contribuições diretas ou indiretas de pessoas físicas ou jurídicas, conforme reza a lei, ainda que esse procedimento seja lícito, será que tal situação não se constitui privilégio, considerando que os demais partidos não tiveram a mesma oportunidade? E sob que parâmetros a Justiça Eleitoral poderá avaliar se houve ou não abuso do poder econômico? Será que as doações cumpriram todas as formalidades legais? No entanto, na prática, o que se verifica é que o controle sobre o abuso do poder econômico em processos eleitorais acaba sendo realizado pelos partidos opositores e que só a partir de denúncias muito bem fundamentadas e documentadas é que a Justiça Eleitoral entra em ação.

Além de a Justiça Eleitoral não estar devidamente aparelhada para fiscalizar toda a complexidade e intrincada prestação de contas, como forma de garantir a igualdade de disputa entre os Partidos políticos, ela acabou também perdendo definitivamente sua função de tutelar e controlar interna e externamente os Partidos políticos. Com a nova Carta constitucional de 1988, as competências da Justiça Eleitoral, como órgão do Poder Judiciário, ficam restritas ao controle dos processos eleitorais (arts. 118 a 121). Restando, por fim, à Justiça Eleitoral um longo caminho até desvencilhar-se definitivamente da herança intervencionista das legislações de épocas passadas;

c) funcionamento parlamentar: conforme o disposto no art. 17, IV, da Constituição de 1988, os Partidos políticos devem ter funcionamento parlamentar de acordo com a lei. Entretanto, novamente aqui a definição constitucional não é clara sobre o alcance dessa expressão. O entendimento corrente é de que, para funcionar, os partidos devam possuir representação no Legislativo, a fim de usufruir do direito à estrutura de lideranças e participar na divisão proporcional da composição das mesas e comissões de acordo com o Regimento Interno de cada Casa Legislativa. Pela ação ou funcionamento parlamentar, os Partidos políticos marcam presença no Legislativo, constituindo bancadas e lideranças por meio de seus representantes eleitos (art. 12 da Lei n. 9.096/1995). Participando com representações em Comissões, analisando e discutindo matérias de relevância social, apresentando e votando projetos de leis, o legislador estará desenvolvendo a ação parlamentar do partido (art. 25 da Lei n. 9.096/1995).

Pelo art. 12 da Lei n. 9.096/1995, fica definido que "o partido político funciona, nas Casas Legislativas, por intermédio de uma bancada, que deve constituir suas lideranças de acordo com o estatuto do partido, com as disposições regimentais das respectivas Casas" e de acordo com as determinações contidas na própria Lei dos partidos. Porém, em seguida, na mesma Lei, o art. 13 ressalva que só "tem direito a funcionamento parlamentar, em todas as Casas Legislativas para as quais tenha elegido representantes, o partido que, em cada eleição para a Câmara dos Deputados, obtenha o apoio de, no mínimo, cinco por cento dos votos apurados, não computados os em branco e os nulos, distribuídos em, pelo menos, um terço dos Estados, com um mínimo de dois por cento do total de cada um deles".

Sobre a regulamentação do dispositivo constitucional que trata do preceito de funcionamento parlamentar dos Partidos políticos, resta a seguinte indagação: o legislador ordinário poderia ou não estabelecer limitações para o funcionamento parlamentar dos Partidos políticos através de cláusulas de barreiras sem violar o princípio contido no *caput* do art. 17 da Constituição, que assegura ser "livre a criação" de Partidos políticos no Brasil? A exigência de cumprimento de cláusula de barreiras por si só já não representaria a violação desse preceito constitucional? Pois, como foi visto, quando se fala em funcionamento parlamentar, está subentendido que o Partido político deve, além de possuir vida e representatividade social, estar presente e atuar através de seus representantes no interior do Poder Legislativo.

O art. 45 da Constituição de 1988 estabelece que a Câmara dos Deputados compõe-se de representantes do povo, proporcionalmente eleitos nos Estados, Territórios e Distrito Federal. A própria Constituição fixou assim a eleição proporcional para a escolha dos representantes nas diferentes unidades da Federação, levando em consideração a quantidade de votos obtidos (nominais ou de legendas) pelos Partidos políticos (art. 45, §§ 1º e 2º). A regulamentação pelo legislador ordinário não poderia, portanto, estabelecer nova fórmula, desigualando os mandatos conquistados pelas legendas partidárias. Pelo sistema proporcional, o critério que garante a efetiva representação de cada partido seria a proporcionalidade de votos obtidos pelas legendas, convertidos em mandatos (cadeiras legislativas). Portanto, a limitação constitucional imposta pelo legislador ordinário deveria ficar restrita à fixação desse critério de proporcionalidade, e não em torno de cláusulas de barreiras quantificadas pelo número de votos a serem obtidos em eleições proporcionais. Na medida em que se restringe a representação política, automaticamente está se reduzindo o espaço democrático da decisão e ferindo o princípio fundamental da República, disposto no art. 1º, V (pluralismo político), como também o princípio contido no *caput* do art. 17 (pluripartidarismo). Por fim, cabe destacar que o único mecanismo democrático que pode determinar a existência ou não de Partidos políticos é o voto, e somente ele é que pode expressar o espírito mais sagrado da democracia representativa e de seu titular absoluto, que é o povo, ninguém mais. Este, no entanto, não foi o caso do art. 13 da Lei n. 9.096/1995, que, utilizando-se de mecanismo temerário no jogo democrático, como a cláusula de barreira, acabou vinculando o funcionamento parlamentar dos Partidos políticos à conquista de um apoio mínimo de votos a serem obtidos em eleições para a Câmara dos Deputados.

Nesta mesma direção seguiu a decisão do STF quando, por unanimidade, através da ADIn n. 1.351 e 1.354/2007, declarou inconstitucional a íntegra do art. 13 da Lei n. 9.096/1995, por entender que este feria, dentre outros, os princípios constitucionais do pluralismo político (art. 1º) e da ampla liberdade de criação de Partidos políticos (*caput* do art. 17). Na mesma deliberação, o STF declarou inconstitucionais aqueles dispositivos da Lei n. 9.096/1995 que guardavam relação direta com o previsto no texto do art. 13, são eles: a) a expressão "obedecendo aos seguintes critérios" do *caput* do art. 41, bem como os textos integrais dos incisos I e II, que faziam parte de seu artigo; b) o texto integral do art. 48; c) o *caput* do art. 49 a parte "que atenda ao disposto no art. 13"; d) as limitações temporais contidas no *caput* do art. 56 e no *caput* do art. 57 e a expressão "no art. 13" do inciso II deste último artigo.

8.4. Vedações constitucionais aplicadas aos partidos políticos

O inciso II e o § 4º do art. 17 da Constituição de 1988 estabelecem duas **vedações expressas para os Partidos políticos**: a) proibição de recebimento de recursos financeiros de entidade ou governo estrangeiros ou de subordinação a estes; b) a vedação da utilização de organização paramilitar.

a) **proibição de recebimento de recursos financeiros e de subordinação a organismos estrangeiros:** o *caput* do art. 17 estabelece que, nos estatutos e procedimentos de criação de Partidos políticos, o princípio da soberania nacional deve ser devidamente respeitado. Desta forma, a proibição de recebimento de recursos de entidades estrangeiras, a fim de evitar qualquer tipo de subordinação a elas, seria consequência natural. Ressalta-se, no entanto, que aproximações por afinidades ideológicas de partidos nacionais com instituições ou partidos estrangeiros não caracterizam necessariamente qualquer tipo de subordinação, mas sim a internacionalização de determinados princípios políticos, os quais, por seu alcance ou grandeza, acabam muitas vezes ultrapassando fronteiras geográficas ou culturais. Portanto, a possibilidade de os Partidos políticos brasileiros estabelecerem contatos ou parcerias com instituições estrangeiras é plenamente legal e legítima. Isto é o que assegura o art. 5º, XVII, da Constituição de 1988, quando garante que a "liberdade de associação é plena, desde que para fins lícitos, só sendo vedada a de caráter paramilitar". Tal compreensão é reforçada pelo o art. 5º, VI, do mesmo texto constitucional, quando assegura a plena "liberdade de consciência". Enfim, conclui-se que os Partidos políticos brasileiros gozam de plena liberdade para se filiarem às correntes ideológicas internacionais que correspondam com os seus princípios programáticos e com as suas linhas de pensamento, desde que respeitados os preceitos estabelecidos pela própria Constituição;

b) **proibição de utilização de organização paramilitar:** a partir da imposição deste preceito, os Partidos políticos ficam proibidos de constituírem em sua estrutura e em suas atividades políticas qualquer forma de corporação fardada ou armada. Essa proibição, pelo caráter associativo dos Partidos políticos, somente reforça a vedação contida no dispositivo do art. 5º, XVII, da Constituição de 1988, que prevê a "plena a liberdade de associação para fins lícitos, vedada a de caráter paramilitar". A partir de interpretação mais rigorosa desse dispositivo, se conclui que as organizações partidárias em hipótese alguma podem caracterizar-se como órgãos de caráter militar. Desta forma, no âmbito interno, os partidos devem zelar por não estabelecer qualquer estrutura hierárquica rígida que configure relação de comando e obediência, dentro da perspectiva da "lei de ferro", desenhada por Robert Michels. Por outro lado, externamente, os Partidos políticos ficam proibidos de utilizar fardamentos ou nomenclaturas que caracterizem qualquer tipo de patente ou insígnia de comando. Considerando, no entanto, que cabe aos partidos o resguardo dos princípios da soberania nacional, do regime democrático, do pluripartidarismo e dos Direitos Fundamentais da Pessoa Humana (*caput* do art. 17), tanto no seu âmbito interno como na atuação externa, conclui-se que a inclusão deste preceito no texto Constitucional representa apenas uma figura retórica, sem qualquer sentido no ponto em que é inserido, se for levado em consideração o espírito democrático da Constituição de 1988. A não ser que ali esteja, talvez, somente para reforçar tal proibição.

8.5. Natureza jurídica dos partidos políticos

A inovação introduzida pela Constituição de 1988 está no dispositivo que estabelece a **natureza jurídica dos partidos**. De acordo com o § 2º do art. 17, o partido só adquire personalidade jurídica após o registro na forma da lei civil. Ou seja, a partir da Carta de 1988, os partidos passaram a ser considerados pessoas jurídicas de Direito privado. Devendo, assim, primeiramente ser registrados em Cartório de Registro de Títulos e Documentos para só depois o registro do estatuto ocorrer no Tribunal Superior Eleitoral. Esse procedimento alterou significativamente o que estabelecia a legislação anterior. Pela legislação revogada, as instituições partidárias eram tratadas como pessoas jurídicas de Direito público interno. Conforme o art. 4º da Lei n. 5.682/1971 (Lei Orgânica dos Partidos Políticos), em vigor na ocasião, somente ocorria o registro do Partido político junto ao Tribunal Superior Eleitoral, não havendo necessidade de inscrição prévia na forma da lei civil. Assim, ao estabelecer que os Partidos políticos adquiram personalidade jurídica na forma da lei civil, a Constituição de 1988 incorporou o princípio de que estes se constituem em pessoas jurídicas de Direito privado. Com isso, o Brasil passou a tratar os Partidos políticos não mais como órgãos do Estado, mas como associações privadas com funções constitucionais. Associações que passam a assumir o compromisso de expressar a vontade política de seus militantes, simpatizantes e eleitores. Seguindo o princípio estabelecido pela Constituição de 1988, a Lei n. 9.096/1995 reafirma, logo em seu art. 1º, que o Partido político é pessoa jurídica de Direito privado, que se destina "a assegurar, no interesse do regime democrático, a autenticidade do sistema representativo e a defender os direitos fundamentais definidos na Constituição Federal". Por sua vez, o parágrafo único da Lei n. 13.488/2017 determinou que "O partido político não se equipara às entidades paraestatais".

Com a nova previsão legal, após adquirir a personalidade jurídica na forma da lei civil, o Partido político está em condições de encaminhar ou registrar o seu estatuto junto ao TSE. Antes, porém, conforme reza o art. 8º da Lei n. 9.096/1995, o requerimento de registro do Partido político, dirigido ao cartório competente do Registro Civil das Pessoas Jurídicas, da Capital Federal, deve estar subscrito pelos seus fundadores, em número nunca inferior a 101, com domicílio eleitoral distribuídos em, no mínimo, um terço dos Estados. A comprovação de apoio para o registro do partido deverá ser feita, conforme o art. 9º, § 1º, da Lei n. 9.096/1995, "por meio de assinaturas, com a menção ao número do respectivo título eleitoral, em listas organizadas para cada Zona, sendo a veracidade das respectivas assinaturas e o número dos títulos atestados pelo Escrivão Eleitoral". Cumprida essa primeira etapa, o Partido político estará habilitado a requerer o seu registro junto ao TSE. Não havendo, por fim, a necessidade de se realizar nenhuma diligência, o TSE terá o prazo de trinta dias para efetuar o registro do estatuto do Partido político (§ 4º do art. 9º da Lei n. 9.096/1995).

Ao determinar que a natureza jurídica dos Partidos políticos ocorre na forma da lei civil, a Constituição de 1988, regulamentada pela Lei n. 9.096/1995, buscou garantir a liberdade política e, fundamentalmente, impedir a interferência da Justiça Eleitoral no processo de criação, organização e funcionamento dos Partidos políticos. No processo de registro dos partidos, a função da Justiça Eleitoral é de somente recepcionar o registro e verificar se as formalidades necessárias foram ou não cumpridas. Qualquer discussão que envolva questões programáticas do partido deve ser tratada em outro fórum judicial, que não o Eleitoral.

A análise comparativa mais atenta entre o que dispõe o texto da Constituição e a Lei dos Partidos Políticos (Lei n. 9.096/1995) evidencia uma contradição. Enquanto, por um lado, o § 2º do art. 17 estabelece que o Partido político adquire personalidade jurídica na forma da lei civil, por outro, o art. 8º da Lei n. 9.096/1995 determina que, para ser requerido o registro do Partido político no Cartório competente, deve haver a subscrição de um número de fundadores nunca inferior a 101, com domicílio eleitoral em, no mínimo, um terço dos Estados. Nesse caso, o legislador ordinário acabou criando mecanismos restritivos para se criar Partidos políticos, o que confronta o princípio contido no caput do art. 17 da CF, que estabelece ser livre a criação de partidos. Em primeiro lugar, o legislador ordinário não poderia ter determinado número mínimo obrigatório de membros fundadores para a criação de um partido e, em segundo lugar, não poderia haver a exigência de que os membros fundadores do partido tenham domicílio eleitoral em, no mínimo, um terço dos Estados da Federação. Com a exigência do cumprimento desses requisitos, o legislador ordinário acabou por reproduzir o equívoco interpretativo entre o preceito "caráter" e "âmbito" nacional. Pela exigência, está se falando em "âmbito" de abrangência geográfica do partido e não de "caráter" ou qualidade programática do partido. Como visto, os dois termos são distintos, no caso não poderia o legislador ordinário ter utilizado a palavra "caráter" para impor qualquer tipo de artifício restritivo para a criação de Partidos políticos.

8.6. Garantias constitucionais dos partidos políticos

Além de reconhecer o Partido político como pessoa jurídica de direito privado, a Constituição de 1988 também inovou ao garantir a autonomia para que possa definir sua estrutura interna, forma de organização e de funcionamento, cabendo aos seus estatutos estabelecer as regras de fidelidade e disciplina partidária (art. 17, § 1º). A outra garantia constitucional importante concedida ao Partido político foi o direito aos recursos do fundo partidário e o acesso gratuito ao rádio e à televisão, ficando a sua regulamentação sobre forma de distribuição dos recursos a cargo da legislação ordinária (art. 17, § 3º). As garantias constitucionais são as seguintes:

a) **autonomia partidária:** por um lado, se o texto constitucional não deixou muito claro o alcance de alguns preceitos, como o caráter nacional e o funcionamento parlamentar, por outro, no § 1º do art. 17, ficou expressamente determinado o direito da autorregulamentação dos Partidos políticos. Com isso, pela primeira vez na história política brasileira, uma Constituição delega ao próprio partido a responsabilidade para que possa regulamentar questões interna corporis, como: a forma de estrutura, de organização e de funcionamento. No âmbito de cada estatuto, cabe ainda ao partido estabelecer suas próprias diretrizes de fidelidade e disciplina partidária, sempre em observância aos princípios contidos nos direitos e garantias constitucionais.

A previsão da autonomia partidária pela Constituição de 1988 possibilitou completa redefinição no relacionamento jurídico-político que até então existia entre partidos e Justiça Eleitoral. A partir do novo texto constitucional, o controle da Justiça Eleitoral sobre os partidos ficou restrito à verificação do cumprimento ou não dos requisitos e exigências formais em processos eleitorais. Em matérias que tratam de questões interna corporis, a competência para apreciar e julgar será da Justiça Comum, não mais da Justiça Eleitoral. Prevalecendo sempre o princípio de que "a lei não excluirá da apreciação do Poder Judiciário lesão ou ameaça de direito" (art. 5º, XXXV, da Constituição de 1988). O Acórdão n. 13.750 (Recurso Especial Eleitoral), de 12 de novembro de 1996, do TSE, sintetizou de forma irretocável a relação que passou a ser estabelecida, a partir da Constituição de 1988, entre Justiça Eleitoral e Partidos políticos. Conforme o Acórdão, "a autonomia que se refere o preceito constitucional diz respeito ao estabelecimento de normas que tenham por escopo delinear a estruturação de seus quadros, o estabelecimento de órgãos partidários e seu funcionamento. (...) contudo, uma vez estabelecidas tais normas, delas decorrerão direitos subjetivos que uma vez violados poderão ser amparados pelo Poder Judiciário, a teor do art. 5º, XXXV, da Constituição Federal. E nisso não haverá qualquer vilipêndio ao princípio da autonomia partidária, ao contrário, cuidar-se-á de revelar o exato sentido das normas definidas pelo próprio partido [pois, não seria possível], caracterizar o partido político como um verdadeiro enclave, em que o único remédio deixado à disposição dos filiados desrespeitados em seus direitos seria o de abandonar a agremiação". Por fim, o voto conclui que "por ser célula fundamental no sistema democrático, o partido não pode se transformar em organização cuja vida seja regida" à margem da lei. Na organização partidária também deve "prevalecer o império da lei, que uma vez violado há de ser restabelecido pela ação da Justiça".

Ao reconhecer o Partido político como instituição de Direito privado, dotado de autonomia *interna corporis*, a Constituição de 1988, mesmo que lhe tenha delegado a incumbência da representação política, passou a garantir a insubsistência de qualquer ato que se caracterize como intervenção à organização partidária. Posto isso, pode-se concluir que a Justiça Eleitoral carece de competência para analisar e julgar questões que envolvam a organização e o funcionamento dos Partidos políticos, por não se tratarem de matérias de natureza eleitoral, mas, fundamentalmente, pelo fato de serem questões *interna corporis*, que dizem respeito a cada partido. Tal autonomia, no entanto, não garante ao partido imunidade jurídica no caso de ofensa a qualquer princípio constitucional. Havendo violação aos princípios constitucionais, a competência para apreciar e julgar a matéria não será da Justiça Eleitoral, mas sim da Justiça Comum. Diante desse novo contexto, a Justiça Eleitoral detém a competência de somente se manifestar em matérias que envolvam única e exclusivamente processos eleitorais, terminado esse período as demandas internas dos partidos, quando houver, devem ser tratadas pela Justiça comum. Por outro lado, em hipótese alguma a garantia constitucional da autonomia partidária exclui o partido de exercer seus direitos e respeitar seus deveres no mundo jurídico.

O inciso I do art. 3º da EC n. 111/2021 prevê, de forma transitória, até que seja regulamentado por lei que, em caso de incorporação entre partidos políticos, eventuais sanções aplicadas aos órgãos partidários regionais ou municipais do partido incorporado, inclusive àquelas decorrentes de prestação de contas ou de responsabilização de seus antigos dirigentes, não serão aplicadas ao partido incorporador nem aos seus novos dirigentes, com exceção àqueles membros que já integravam o partido incorporado. Com essa previsão normativa se buscou evitar que eventuais incorporações entre partidos políticos viessem a ser utilizadas como subterfúgio para anistias de crimes eleitorais.

Por sua vez, no caso de alterações estatutárias decorrentes de incorporações entre partidos políticos ou de iniciativa do próprio partido, o inciso II da EC n. 111/2021 estabelece que caberá ao Tribunal Superior Eleitoral apenas a análise daqueles dispositivos que foram objeto de alteração. Naturalmente, nessa análise caberá à Justiça Eleitoral apenas verificar possíveis inconsistências ou adequações das normas estatutárias em respeito ao princípio da autonomia partidária. No caso de haver eventuais dispositivos que ofendam qualquer princípio constitucional ou normativo a competência para apreciar esse tipo de matéria é da Justiça Comum e/ou do STF.

b) democracia interna: a Constituição de 1988 não se manifesta em relação à democracia interna ou intrapartidária. Quando determina a autonomia dos partidos em definir seu modo próprio de organização interna e funcionamento, o texto constitucional apenas exige que, em seus estatutos, o Partido político regule a fidelidade e a disciplina partidárias. Também a Lei n. 9.096/1995 silencia sobre tal assunto. Além disso, atualmente o entendimento dos tribunais é pela não ingerência externa nos chamados assuntos *interna corporis*. A democracia intrapartidária se destaca como pressuposto mínimo para que se mantenha a racionalidade da formação da vontade do Estado, traduzindo um tipo de representação política radicalmente democrática. Aquela democracia que se coaduna com a organização racional dos mecanismos de aferição da vontade coletiva, entendendo-se aqui a racionalidade como princípio democrático da formação da vontade do Estado. As estruturas intrapartidárias de perfil não comprometido com os ditames democráticos excluem a possibilidade de plena realização das potencialidades políticas do partido. Tal modelo de partido lembra a famosa "Lei de ferro da oligarquia", de Robert Michels, em que a íngreme verticalidade interna dos partidos sufoca qualquer possibilidade de livre expressão de seus membros não dirigentes;

c) fidelidade partidária: este instituto pode ser definido como o compromisso que o representante político assume em respeitar as deliberações democraticamente aprovadas pelo seu partido e de se manter fiel ao partido enquanto estiver no exercício de mandato, tanto na esfera do Poder Executivo quanto na do Poder Legislativo. O instituto da fidelidade partidária foi introduzido no ordenamento jurídico brasileiro pelo art. 152 da Emenda Constitucional n. 1/1969 e regulamentado posteriormente pela Lei n. 5.682/1971. Mas perdeu sua eficácia com a Emenda Constitucional n. 25/1985. Recepcionado pela Constituição de 1988, sua regulamentação foi remetida para a esfera estatutária dos Partidos políticos.

A inclusão do instituto da fidelidade partidária na Constituição de 1988 possibilitou o revigoramento da discussão em torno da teoria do mandato partidário, em oposição ao mandato imperativo ou ao mandato representativo, já que o parlamentar deixaria de representar indistintamente o conjunto dos eleitores para só representar a vontade estabelecida pelo seu partido. Conforme o espírito da fidelidade partidária, o representante deve prestar contas de suas ações, única e exclusivamente, ao partido, sob pena de ser substituído no exercício da representação política. Este seria um dos pressupostos básicos que fundamenta o que se chama de Estado de partidos em oposição ao modelo de representação política liberal, que trabalha com a ideia da desvinculação do controle do mandato pelo Partido político. Na concepção liberal, o mandato se apresenta como algo que diz respeito unicamente ao representante e a impessoalidade daquele grupo que o tenha elegido. Neste caso, o Partido político não teria controle sobre o mandato, e a prestação de contas pelos atos do representante seria com seus eleitores. Embora a Constituição de 1988 tenha remetido não à lei, mas aos estatutos de cada organização a faculdade de estabelecer as sanções para os atos que configurem a infidelidade partidária, a ação mais drástica que o partido pode praticar é a de excluir o infiel de sua legenda. Porém, quando se tratar de membro do Legislativo, tal exclusão terá como reflexo unicamente a perda de eventuais cargos ocupados em mesas diretoras na casa em que está vinculado, pelo fato de essas indicações serem partidárias. Seguindo esse raciocínio, não há falar em proteção de mandato para os representantes infiéis, os quais muitas vezes incorporam os mandatos políticos como se fossem propriedades pessoais, desconsiderando, muitas vezes, a importância que os votos de legenda representaram na totalidade dos sufrágios conquistados pelo Partido político.

A perda de mandato por ato de infidelidade partidária não está prevista na Constituição de 1988. O art. 55 da Constituição de 1988 enumera uma série de possibilidades que poderiam levar o representante legislativo a perder o seu mandato; porém, em nenhuma hipótese arrolada, está prevista a perda por infidelidade ao partido. Segundo o mencionado artigo, perderá o *mandato* aquele que: a) infringir qualquer disposição prevista no art. 54 (casos de incompatibilidades); b) por falta de decoro parlamentar; c) deixar de comparecer a determinado número de sessões legislativas; d) perder ou tiver suspensos os direitos políticos; e) decretar a Justiça Eleitoral, nos casos previstos no art. 15; ou, que sofrer condenação criminal em sentença transitada em julgado. Apesar de a Constituição de 1988 não prever a perda de mandato do parlamentar pelo ato de infidelidade partidária, isso não significa que o representante não possa vir a ser punido pelo partido. A caracterização da infidelidade partidária pela Lei n. 9.096/1995 remete à confluência de três requisitos básicos, quais sejam: a) que o partido tenha estabelecido suas diretrizes partidárias; b) que esse estabelecimento das diretrizes tenha sido realizado de forma legítima; e c) que a decisão tenha sido tomada pelos órgãos competentes de cada partido. Em decorrência da omissão constitucional, o mandato permanece vinculado ao representante, e, portanto, o controle sobre o mandato só pode ser exercido pelos partidos de forma limitada, já que o representante só poderá ser punido com, no máximo, a expulsão da agremiação, sem, no entanto, acarretar qualquer prejuízo à titularidade do mandato.

No que tange à jurisprudência brasileira, verifica-se que os Tribunais tendem a acatar a tese da inaplicabilidade do princípio da fidelidade partidária, sob o fundamento de que a Constituição de 1988 não vinculou a perda do mandato legislativo ou executivo à infidelidade partidária. Sobre a matéria, o Tribunal Pleno do Supremo Tribunal Federal (STF) entendeu por maioria, quando da análise do Mandado de Segurança n. 20.927-5, que não se aplica "o princípio da fidelidade partidária aos parlamentares empossados (...)". Na justificativa de voto, o Relator do processo argumentou que, pelo sistema constitucional em vigor, "apesar de a Carta Magna dar acentuado valor à representação partidária (art. 5º, LXX, *a*; art. 58, § 4º; art. 103, VIII), não quis preservá-la com a adoção da sanção jurídica da perda do mandato", requisito básico que impediria a diminuição da representação inicial dos partidos no Parlamento. Caso a Constituição assim "o quisesse, bastaria ter colocado essa hipótese entre as causas de perda de mandato, a que alude o seu art. 55". O entendimento do TSE caminhou na direção adotada pelo STF, quando, através do Acórdão n. 11.075, considerou que a Constituição de 1988 não estabeleceu qualquer "sanção de perda de mandato para a infidelidade partidária, estando revogadas ou sem eficácia quaisquer normas infraconstitucionais que disponham em sentido contrário. (...) perda de mandato é matéria de Direito Público Eleitoral, objeto de legislação privativa da União Federal, sendo inoperantes as normas de estatutos partidários que a prevejam".

Mais recentemente, pela Resolução n. 22.526/2007, em resposta ao pedido de Consulta (CTA) n. 398/2007, formulada por Partido político, que questionava se "*Os partidos e coligações têm o direito de preservar a vaga obtida pelo sistema eleitoral proporcional, quando houver pedido de cancelamento de filiação ou de transferência do candidato eleito pelo partido para outra legenda*", o TSE, por maioria de seus membros, deliberou que "sim". Ou seja, que o Partido político pode requerer a vaga. O TSE fundamentou sua resposta a partir do entendimento de que em eleições proporcionais a conquista de mandatos praticamente é determinada pelo quociente eleitoral, composto pelos votos nominais, de legenda e sobras (votos de candidatos não eleitos). No caso brasileiro, majoritariamente, o preenchimento de vagas acaba sendo determinado pelos votos de legenda e pelas sobras. Assim, o mandato deixa de ser uma conquista pessoal do eleito para ser uma vitória partidária. Com isso, o cancelamento de filiação ou troca de legenda do detentor de mandato dá ao Partido político o direito de pleitear o respectivo mandato, a fim de que seja designado novo representante, de acordo com a lista de suplentes. O TSE tomou esta decisão em 27 de março de 2007.

Em 16 de outubro de 2007, em resposta a outro pedido de Consulta (CTA), n. 1407/2007, o qual questionava se "*Os partidos políticos e coligações têm o direito de preservar a vaga obtida pelo sistema eleitoral majoritário, quando houver pedido de cancelamento de filiação ou de transferência do candidato eleito por um partido para outra legenda*", o TSE, por unanimidade de seus membros, decidiu estender a imposição da fidelidade partidária também para os detentores de mandatos eleitos pelo sistema majoritário (senadores, prefeitos, governadores e presidente da República). Segundo o entendimento deliberado pelo TSE, o mandato de todos os cargos ocupados através do sistema majoritário pertence ao Partido político que concedeu sua legenda para a disputa eleitoral.

Seguindo a mesma linha de entendimento, com o voto da maioria de seus ministros, o STF, por ocasião do julgamento dos Mandados de Segurança n. 26.602, 26.603 e 26.604/2007, considerou constitucional a interpretação do TSE sobre a aplicação da regra da fidelidade partidária. Pela decisão, os Partidos políticos que se sentirem prejudicados pela troca de partido de seus representantes poderão requerer junto à Justiça Eleitoral o controle do mandato e a consequente designação do suplente ao preenchimento da vaga. O marco temporal estabelecido pelo STF foi a data de 27 de março de 2007, data em que o TSE aprovou a resposta referente à Consulta n. 1.398. Ou seja, todos os detentores de mandatos eleitos pelo sistema proporcional que trocaram de legenda a partir daquela data estão sujeitos a perder o direito de representação. A retomada do mandato deve ser solicitada pela parte prejudicada junto à Justiça Eleitoral, a qual deverá julgar o pedido, garantindo o direito da ampla defesa. Sobre a aplicação da regra da fidelidade partidária aos eleitos pelo sistema majoritário, o STF não se manifestou.

Vale ressaltar que o instituto da fidelidade partidária está intimamente vinculado com uma concepção política em que a organização política estatal não está apenas assentada em uma forma de *Estado com partidos*, mas, fundamentalmente, em uma forma de *Estado de partidos*. Na perspectiva do Estado de Partidos, a vontade geral estatal passaria a ser construída no interior dos Partidos políticos, ficando o órgão de representação, no caso o Legislativo, relegado ao um plano de harmonizador de vontades partidárias. Dentro desse raciocínio, naturalmente, não se pode exigir fidelidade partidária a um sistema político que se sustenta em torno de lideranças individuais ou de facções políticas em detrimento de vontades institucionais. Nesse contexto, a fidelidade não seria ao partido, mas aos dirigentes ou às oligarquias ou facções partidárias. Essa compreensão é de fundamental importância quando se discute a aplicação da fidelidade partidária no Brasil. Não basta reconhecer a sua aplicação, acima de tudo deve-se garantir que sua existência produza os efeitos desejados, o fortalecimento da Instituição Partido político e não da cúpula que detém o controle sobre a organização. Será que em sua resposta à Consulta sobre a titularidade do mandato os órgãos do Judiciário levaram essas questões em consideração? A tese defendida está correta; entretanto, na prática, a dúvida que permanece é: quem será beneficiado com tal decisão? O povo, conforme ressaltaram alguns ministros, ou os "caciques", que na prática controlam os partidos com *a lei de ferro*? Quais os parâmetros que a Justiça Eleitoral adotará para julgar se o desligamento de determinado detentor de mandato ocorreu por vontade unilateral ou por questões de política interna?

A EC n. 91, de 18 de fevereiro de 2016, não alterou nenhum dispositivo constitucional, o seu objetivo foi garantir a possibilidade excepcional por período determinado, de desfiliação partidária, sem qualquer prejuízo de perda do mandato. Na prática o que se criou foi uma "janela" constitucional que possibilitasse a troca de legendas pelos representantes sem a perda de mandato por infidelidade partidária. A referida EC está composta por apenas um artigo o qual estabelece que "É facultado ao detentor de mandato eletivo desligar-se do partido pelo qual foi eleito nos trinta dias seguintes à promulgação desta Emenda Constitucional, sem prejuízo do mandato, não sendo essa desfiliação considerada para fins de distribuição dos recursos do Fundo Partidário e de acesso gratuito ao tempo de rádio e televisão". A EC n. 91 estabeleceu o prazo máximo para o detentor de mandato eletivo deixar o partido pelo qual foi eleito e não determinou a obrigatoriedade de uma nova filiação. De acordo com a EC o detentor de mandato eletivo poderia sair do partido sem perder o mandato por infidelidade partidária se ocorresse no período de 19 de fevereiro de 2016 até 19 de março de 2016. A regra prevista pela EC 91 gerou duas situações conflitantes com os princípios básicos da democracia representativa partidária: primeiro, por possibilitar a saída do representante do partido pelo qual foi eleito sem qualquer prejuízo de perda do mandato e, segundo, por possibilitar a existência de eleitos em órgãos representativos sem qualquer vinculação partidária. Pela sua validade de apenas 30 dias, na prática, a EC n. 91/2016 buscou acomodar interesses políticos de curto prazo e com destinatários previamente determinados. Tal comportamento casuístico e inoportuno só corrobora o argumento de que os compromissos da maioria dos representantes políticos eleitos estão mais voltados para o atendimento de seus interesses pessoais e imediatos do que propriamente dos interesses sociais, institucionais e de longo prazo.

A EC n. 111/2021, por meio do seu § 6º, trouxe grande contribuição sobre a questão da titularidade do mandato, o novo entendimento que se tem a partir de agora é de que "os Deputados Federais, os Deputados Estaduais, os Deputados Distritais e os Vereadores que se desligarem do partido pelo qual tenham sido eleitos perderão o mandato, salvo nos casos de anuência do partido ou de outras hipóteses de justa causa estabelecidas em lei [...]". A partir dessa nova perspectiva constitucional pode-se afirmar que a realidade político-brasileira incorpora o princípio básico da teoria do Estado de Partidos que consagra o mandato vinculado ao partido e não ao eleito. A questão que fica em aberto está em como a lei que regulamentará esse dispositivo tratará as hipóteses de justa causa. A outra questão mais complexa se reporta ao órgão que será competente para apreciar e julgar politicamente os fundamentos de uma justa causa, tanto para o partido como para o detentor do mandato. Enfim, a EC n. 111/2021 acerta de um lado, porém, na medida em que se regulamentará as hipóteses de justa causa, poderá haver qualquer entendimento sempre baseado no contexto político da composição do órgão julgador. O que se espera é que tal atribuição de julgar não recaia sobre a Justiça Eleitoral. Vale reforçar a tese de que cabe ao partido político definir os seus candidatos e a ele, democraticamente, estabelecer com os seus representantes as definições legislativas. Caso haja infidelidade do representante, respeitando o princípio do contraditório, cabe ao partido aplicar a penalidade que entender necessária, inclusive com a perda do mandato. O partido político se fortalece junto à sociedade na medida em que a confiança política é colocada em primeiro plano.

d) disciplina partidária: por este instituto se impõe aos filiados dos Partidos políticos o respeito aos princípios, ao programa e às finalidades políticas da organização. Na medida em que o indivíduo se filia a um Partido político, ele assume o compromisso de respeitar, defender o programa e os objetivos definidos democraticamente pela organização política à qual se vinculou. Além de respeitar as determinações previstas nos estatutos partidários, o filiado deve exercer com dignidade seus deveres e, quando convocado, exercer com integridade funções ou mandatos partidários. No seu âmbito interno, em caso de indisciplina aos preceitos estatutários, poderá o partido aplicar penalidades de advertência, suspensão, destituição de funções internas ou até mesmo a expulsão do filiado da organização. Em se tratando de matéria *interna corporis*, naturalmente que, em todas as situações que envolvam atos punitivos, cabe à organização partidária observar obrigatoriamente os princípios dos direitos e garantias individuais, contidos no art. 5º da Constituição de 1988. Principalmente o princípio do contraditório e da ampla defesa (inciso LV do art. 5º). Mesmo assim, a decisão final do partido não exclui o direito da parte envolvida em buscar amparo na Justiça comum, conforme garante o princípio constitucional de que a lei não excluirá da apreciação do Poder Judiciário lesão ou ameaça a direito (inciso XXXV do art. 5º). Sobre o fórum judicial competente para apreciar matéria eleitoral ou *interna corporis* do partido, ver o item sobre autonomia partidária;

e) fundo partidário e acesso aos meios de comunicação: a previsão legal do fundo partidário foi introduzida pela primeira vez através da Lei n. 4.740/1965, sendo mantida pela Lei n. 5.682/1971. A Constituição de 1988 inovou ao prever, em seu próprio texto, o direito ao fundo partidário e o direito de acesso aos meios de comunicação para os Partidos políticos (§ 3º do art. 17). Diante dessa garantia constitucional, as organizações partidárias passaram a usufruir de recursos desse fundo para o funcionamento e divulgação de seus programas. Além de fornecer transparência aos recursos recebidos pelos partidos, a constitucionalização do direito ao fundo partidário possibilita que cada organização partidária financie suas próprias atividades, sem precisar depender de doações de pessoas jurídicas privadas ou de pessoas físicas, cuja pressão política acaba frequentemente ocorrendo.

Assim, tanto o direito ao fundo partidário como o direito ao acesso gratuito ao rádio e à televisão impõem as condições necessárias para que os partidos possam divulgar e promover livremente o debate democrático de ideias. Ao mesmo tempo essas garantias constitucionais possibilitam que os partidos possam atuar no sentido de buscar formar a vontade de seus militantes e simpatizantes para a estrutura do Estado e não o inverso. Por força do art. 7º, § 2º, da Lei 9.096/1995, têm direito ao fundo partidário e ao acesso gratuito ao rádio e à televisão todos os Partidos políticos que registrarem seus estatutos no TSE.

Com a declaração de inconstitucionalidade do art. 41 e de seus incisos I e II da Lei 9.096/1995, pelo STF, através da ADIn n. 1.351-3/2006, coube ao legislador ordinário regulamentar o dispositivo constitucional previsto no § 3º do art. 17 a partir de novos parâmetros. Com a aprovação do art. 41-A, através da Lei n. 11.459/2007, o qual foi integrado ao corpo da Lei n. 9.096/1995 (Lei dos Partidos Políticos), a distribuição dos recursos do fundo partidário passou a ser realizada a partir de dois mecanismos: a) 5% (cinco por cento) do total do fundo partidário passam a ser distribuídos em partes iguais para todos os partidos que tenham estatutos registrados junto ao TSE; e b) o percentual restante, 95% (noventa e cinco por cento), passa a ser distribuído entre todos os partidos, respeitando a proporcionalidade de votos obtidos na última eleição geral para a Câmara dos Deputados.

Da mesma forma, com declaração de inconstitucionalidade da íntegra do art. 48 e de parte do *caput* do art. 49 "(...) que atenda ao disposto no art. 13"(...) da Lei n. 9.096/1995, pelo STF, por meio da ADIn n. 1.351-3/2006, a nova regulamentação, § 3º do art. 17, assegurou aos Partidos políticos indistintamente o direito à realização de um programa em cadeia nacional e de um programa em cadeia estadual em cada semestre, com duração de vinte minutos cada (art. 49, I, da Lei n. 9.096/1995) e, ainda, a utilização do tempo total de quarenta minutos, por semestre, para inserções de trinta segundos ou um minuto, nas redes nacionais, e de igual tempo nas emissoras estaduais (art. 49, II, da Lei n. 9.096/1995). De acordo com o que dispõe o parágrafo único do art. 52 da Lei n. 9.096/1995, "as emissoras de rádio e televisão terão direito à compensação fiscal pela cedência do horário gratuito previsto em lei".

Conforme reza o art. 17, § 3º, da Constituição de 1988, os Partidos políticos "têm direito a recursos do fundo partidário e acesso gratuito ao rádio e à televisão, na forma da lei". Coube, portanto, ao STF, através da ADIn n. 1.351-3/2006, garantir entre todos os partidos a possibilidade de participação no recebimento dos recursos do fundo partidário e o acesso ao rádio e à televisão, sem qualquer tipo de condicionante limitada pelo cumprimento de cláusulas de barreiras. Os critérios de acesso ao fundo partidário não podem ser excludentes, pois o texto constitucional é muito claro ao afirmar que os partidos políticos *têm direito*. Assim, qualquer partido que tenha os seus estatutos registrados no TSE passa a ter o direito aos recursos do fundo partidário e ao acesso gratuito ao rádio e à televisão. Desta forma, para evitar as desigualdades entre partidos, o STF acabou restabelecendo o princípio da livre concorrência entre os Partidos políticos, com base no princípio republicano do pluralismo político (V do art. 1º) e da democracia pluripartidarista (*caput* do art. 17). Estas garantias não estavam materializadas nas redações anteriores dos arts. 41, 48 e 49 da Lei n. 9.096/1995; com isso os maiores beneficiados eram as grandes legendas, o que prejudicava sobremaneira o crescimento e consolidação das pequenas legendas.

Porém, desconsiderando o princípio da igualdade de concorrência eleitoral entre os partidos políticos a EC n. 97/2017 modificando profundamente o texto original da Constituição de 1988 ao estabelecer duas condições alternativas para que os partidos políticos passassem a ter direito aos recursos do fundo partidário e acesso gratuito ao rádio e à televisão. Pela primeira condição (I, § 3º, do art. 17), o partido político deve obter, nas eleições para a Câmara dos Deputados, no mínimo 3% dos votos válidos, distribuídos em pelo menos um terço das unidades da Federação, com um mínimo de 2% dos votos válidos em cada uma delas; ou, segunda condição (II, § 3º, do art. 17), o partido político deve ter elegido pelo menos quinze Deputados Federais distribuídos em pelo menos um terço das unidades da Federação". Conforme o art. 3º da EC 97/2017, as condições acima só serão aplicadas a partir das eleições de 2030.

Para as próximas eleições até a eleição de 2030, a EC 97/2017 impõe condicionantes para que os partidos políticos possam ter acesso aos recursos do fundo partidário e à propaganda gratuita do rádio e na televisão:

Na legislatura seguinte às eleições de 2018 somente terão acesso aos recursos do fundo partidário e à propaganda gratuita do rádio e na televisão os partidos políticos que obtiverem, nas eleições para a Câmara dos Deputados, no mínimo, 1,5% dos votos válidos, distribuídos em pelo menos um terço das unidades da Federação, com um mínimo de 1% dos votos válidos em cada uma delas; ou que tiverem elegido pelo menos nove Deputados Federais distribuídos em pelo menos um terço das unidades da Federação; para a legislatura seguinte às eleições de 2022 àqueles que obtiverem, nas eleições para a Câmara dos Deputados, no mínimo, 2% dos votos válidos, distribuídos em pelo menos um terço das unidades da Federação, com um mínimo de 1% dos votos válidos em cada uma delas; ou, tiverem elegido pelo menos onze Deputados Federais distribuídos em pelo menos um terço das unidades da Federação; e, para a legislatura seguinte às eleições de 2026, somente àqueles que obtiverem, nas eleições para a Câmara dos Deputados, no mínimo, 2,5% dos votos válidos, distribuídos em pelo menos um terço das unidades da Federação, com um mínimo de 1,5% dos votos válidos em cada uma delas; ou àqueles que tiverem elegido pelo menos treze Deputados Federais distribuídos em pelo menos um terço das unidades da Federação.

Em essência a EC 97/2017 visou estabelecer limites interpretativos constitucionais e legais até então aplicados pelo STF e pelo TSE sobre a distribuição do fundo partidário e do acesso gratuito ao rádio e à televisão, como visto acima. Pela EC n. 97/2017, o § 1º reforça o entendimento da autonomia partidária para estabelecer regras sobre formação e duração de seus órgãos permanentes e provisórios e sobre sua organização e funcionamento, vedando as coligações em eleições proporcionais a partir das eleições de 2020. Porém, ao mesmo tempo em que reforça a ideia da autonomia partidária, a própria emenda em seu § 5º demonstra total desconsideração com o fortalecimento das organizações partidárias ao estabelecer que o "eleito por partido que não preencher os requisitos do § 3º" da própria EC 97/2017 "é assegurado o mandato é facultada a filiação, sem perda do mandato, a outro partido que os tenha atingido, não sendo essa filiação considerada para fins de distribuição dos recursos do fundo partidário e de acesso gratuito ao tempo de rádio e de televisão". A conclusão a que se chega é de que com a EC 97/2017 o que se buscou estabelecer foi uma concentração ainda maior dos recursos do fundo partidário e o acesso gratuito nos meios de comunicação para alguns poucos partidos políticos. Ao possibilitar a migração partidária de eleitos para outras legendas que não àquela para a qual foi eleito, o legislador ordinário, no exercício de suas prerrogativas constitucionais, modificou completamente a vontade originária do legislador constituinte, que buscou garantir entre todos os partidos os princípios republicanos da liberdade, da igualdade, da pluralidade política e do pluripartidarismo.

A decisão do STF no ano de 2006 corrigiu uma realidade antidemocrática que inviabilizava a igualdade de oportunidade entre as agremiações partidárias. Naturalmente que a legislação deve, obrigatoriamente, estabelecer critérios proporcionais para a distribuição dos recursos do fundo partidário, como também para o acesso dos partidos ao horário gratuito nos meios de comunicação. Neste caso, no entanto, o que deve ser levado em consideração é: a estrutura e a projeção política de cada agremiação partidária, que se traduz pela sua representatividade política. O que não pode ocorrer é a legislação instituir mecanismos que na prática acabam por discriminar e inviabilizar legendas que estejam em processo de consolidação, como previam os dispositivos julgados inconstitucionais na Lei n. 9.096/1995. Enfim, a EC 97/2017, ao impor determinadas condições para que os partidos políticos possam ter direito a recursos do fundo partidário e acesso gratuito ao rádio e à televisão e possibilitar que o eleito por partido político que não tenha preenchido tais requisitos possa manter o mandato ou se filiar a outra agremiação partidária, materializa o pressuposto de que os partidos políticos são meras estruturas administradas por alguns poucos com o propósito único e exclusivo de garantir privilégios e poder de seus próprios controladores.

Talvez o legislador ordinário tenha esquecido que a democracia é um projeto em permanente construção. Como consequência, os pequenos partidos de hoje poderão transformar-se nos grandes partidos de amanhã ou vice-versa. Como também os novos movimentos sociais que hoje se articulam terão como compromisso amanhã, quem sabe como novos partidos, dar continuidade à realização de seus projetos. Em síntese, o partido político não pode ser visto como fim em si mesmo: ele faz parte de um projeto maior que deve estar inserido na prática social, comprometido com as demandas coletivas, jamais com interesses pessoais. Essa é a condição básica para que um Estado de partidos deixe de ser um Estado de **alguns** partidos.

Se por um lado, a EC n. 111/2021, em seu § 6º, prevê a perda de mandato para aquele que se desliga da legenda ou para aquele que se desliga, mesmo com consentimento do partido de origem, ou em questões de justa causa a serem previstas em lei, por outro lado, o mesmo dispositivo determina que em quaisquer das situações mencionadas não será computada a migração para outro partido para fins de distribuição de recursos dos fundo partidário ou de outros fundos públicos e de acesso gratuito ao rádio e à televisão. A medida inibe possíveis migrações entre legendas. Porém, pode-se concluir que a questão principal não está voltada para o fortalecimento da representação política dos partidos sobre a titularidade do mandato. A questão fundamental está em garantir que a festa com a distribuição dos recursos públicos (fundo partidário, fundo eleitoral e acesso gratuito ao rádio e à televisão) permaneça sob o controle do partido de origem. O legislador procurou acertar sobre a problemática do controle do mandato, porém, pode-se concluir que o interesse maior do referido dispositivo constitucional foi o de preservar o valor dos recursos públicos e o horário gratuito conquistados no início da legislatura. A preocupação maior está voltada para a preservação dos privilégios e não para o fortalecimento da representação das instituições partidárias.

Visando estimular a participação efetiva de candidatas mulheres e de candidatos negros nas eleições de 2022 a 2030 para a Câmara Federal, a EC n. 111/2021 incluiu em seu art. 2º a previsão de que, para efeitos de distribuição dos recursos do fundo partidário e do Fundo Especial de Financiamento de Campanha (FEFC) entre os partidos políticos, os votos atribuídos a esses dois segmentos sejam contados em dobro. Sendo que a contagem em dobro de votos somente se aplica uma única vez. Isto é, no caso de mulher negra só se aplica uma contagem em dobro. Esse estímulo financeiro possibilita que os partidos políticos possam repensar as suas estratégias eleitorais bem como as suas políticas de democracia interna. O ganho qualitativo para a democracia representativa brasileira com essa previsão constitucional de inclusão poderá ser significativo nas próximas eleições.

Visando garantir e ampliar a participação de mulheres na representação política em todas as esferas da Federação a EC n. 117, de 5 de abril de 2022, por meio do § 7º estabelece que "os partidos políticos devem aplicar no mínimo 5% (cinco por cento) dos recursos do fundo partidário na criação e na manutenção de programas de promoção e difusão da participação política das mulheres, de acordo com os interesses intrapartidários".

Nesta mesma direção segue o § 8º da EC n. 117/2022 ao prever que "o montante do Fundo Especial de Financiamento de Campanha e da parcela do fundo partidário destinada a campanhas eleitorais, bem como o tempo de propaganda gratuita no rádio e na televisão a ser distribuído pelos partidos às respectivas candidatas, deverão ser de no mínimo 30% (trinta por cento), proporcional ao número de candidatas, e a distribuição deverá ser realizada conforme critérios definidos pelos respectivos órgãos de direção e pelas normas estatutárias, considerados a autonomia e o interesse partidário".

Em síntese, os dois mecanismos que visam garantir a inserção de mulheres na representação política brasileira são válidos, justos e fundamentais. A aplicação dessas medidas requer um novo pensar sobre o significado e a função dos partidos políticos em uma democracia que se diz representativa. (Re)fundar as instituições partidárias parece ser algo urgente e vital. Caso contrário o Brasil sempre estará à mercê de aventureiros políticos de plantão que só aguardam o momento exato para entrar em cena. Quanto maior a fragilidade representativa das instituições políticas, maior a probabilidade de aventureiros atingirem os seus objetivos. Os recursos públicos destinados aos partidos políticos possuem uma única finalidade: proporcionar condições para que a sociedade se organize em torno de ideologias (partidos políticos) a fim de que possa na esfera do espaço público democrático construir políticas públicas de interesse geral.

Se por um lado o legislador garantiu estímulos para a participação de mulheres em pleitos eleitorais, conforme os § 7º e § 8º da EC n. 117/2022, o que se verifica é que também houve a preocupação casuística do legislador em evitar que partidos políticos viessem a ser penalizados em situações que não utilizaram os recursos previstos pelos programas de promoção e difusão da participação de mulheres em disputas eleitorais, bem como de valores destinados a essa finalidade que não tenham sido reconhecidos pela Justiça Eleitoral. Conforme o art. 2º, da EC n. 117/2022, no caso da não utilização desses recursos ficou assegurado aos partidos políticos o direito de aplicarem os valores nas eleições subsequentes, sendo vedada a condenação pela Justiça Eleitoral nos processos de prestação de contas de exercícios financeiros anteriores, ainda não transitados em julgado, até 5 de abril de 2022, data da promulgação da EC n. 117/2022.

O art. 3º, da EC n. 117/2022, ampliou ainda mais os benefícios para os partidos políticos ao garantir o direito de que não haveria a aplicação de qualquer sanção, inclusive de devolução de valores, multa ou suspensão do fundo partidário, aos partidos que não preencheram a cota mínima ou que não destinaram os valores mínimos em razão de sexo e raça em eleições anteriores a 5 de abril de 2022, data da promulgação da EC n. 117/2022.

Em síntese, o que se espera é que para as próximas eleições não haja qualquer tipo de emenda constitucional que vise proteger ou resguardar a responsabilidade dos partidos políticos por eventuais descumprimento de regras quanto à aplicação de recursos públicos destinados para a inclusão política e o fortalecimento da democracia representativa brasileira.

TÍTULO III
DA ORGANIZAÇÃO DO ESTADO

CAPÍTULO I
DA ORGANIZAÇÃO POLÍTICO-ADMINISTRATIVA

Art. 18. A organização político-administrativa da República Federativa do Brasil compreende a União, os Estados, o Distrito Federal e os Municípios, todos autônomos, nos termos desta Constituição.

Fernanda Dias Menezes de Almeida[1]

---

[1] Os comentários da autora neste artigo foram revistos e atualizados pela Professora Telma de Freitas Fontes, Mestre em Direito Constitucional pela Faculdade de Direito da Universidade de São Paulo, Procuradora do Estado de São Paulo Assessora-Chefe da Assessoria Técnico-Legislativa, integrante do Grupo de Pesquisa "Estrutura e Dinâmica do Estado Federal", vinculado à Faculdade de Direito da Universidade de São Paulo.

1. Referências bibliográficas

BASTOS, Celso Ribeiro. *Curso de direito constitucional*. São Paulo: Celso Bastos Editor, 2002.

FERREIRA FILHO, Manoel Gonçalves. *Comentários à Constituição Brasileira de 1988*. 3. ed. São Paulo: Saraiva, 2000. v. I.

_____. *Curso de direito constitucional*. 40. ed. São Paulo: Saraiva, 2015.

HORTA, Raul Machado. *Estudos de direito constitucional*. Belo Horizonte: Del Rey Editora, 1995.

MEIRELLES, Hely Lopes. *Direito municipal brasileiro*. 4. ed. São Paulo: Revista dos Tribunais, 1981.

MENDES, Gilmar Ferreira; BRANCO, Paulo Gustavo Gonet. *Curso de direito constitucional*. 13. ed. São Paulo: Saraiva, 2018.

MORAES, Alexandre de. *Constituição do Brasil interpretada*. São Paulo: Atlas, 2002.

PINTO FERREIRA, Luís. *Comentários à Constituição Brasileira*. São Paulo: Saraiva, 1989. v. I.

SILVA, José Afonso da. *Curso de direito constitucional positivo*. 41. ed. São Paulo: Malheiros, 2018.

TAVARES, André Ramos. *Curso de direito constitucional*. 16. ed. São Paulo: Saraiva, 2018.

2. Integrantes da organização político-administrativa brasileira

Principia o art. 18 por especificar os entes que integram a organização político-administrativa da República Federativa do Brasil, a saber, a União, os Estados, o Distrito Federal e os Municípios.

2.1. União e Estados

Em qualquer Estado Federal, desde que foi moldado o seu arcabouço pela matriz norte-americana, não faz dúvida que se identificam como protagonistas no arranjo federativo a União e os Estados. De fato, o *modus vivendi* na Federação pressupõe a harmonização da diversidade de interesses estaduais com a necessidade da tomada de decisões comuns que transcendam a tais interesses e a todos se apliquem. Na consideração, pois, dessa peculiaridade é que se concebeu, ao lado dos Estados, a União, como poder central apto a dispor sobre os aspectos unitários da Federação (v. acima comentários ao art. 1º).

O Brasil republicano não fugiu à regra. Assim, já na Constituição de 1891 (art. 1º) foi previsto constituir-se a Federação pela União dos Estados em que se converteram as Províncias do Império, sendo que as Constituições de 1934 (art. 1º), de 1937 (art. 3º), de 1946 (art. 1º, § 1º) e de 1967/69 (art. 1º) alçaram à condição de integrantes da Federação também o Distrito Federal e os Territórios.

A Constituição de 1988 alinhou-se às anteriores, no que diz com a presença da União, dos Estados e do Distrito Federal entre os componentes da ordem federativa, mas eliminou, em relação aos Territórios, a mesma condição.

2.2. Distrito Federal

Quanto ao Distrito Federal, sempre foi considerado pelas Constituições Federais precedentes como Capital da União ou sede do Governo da República (ver comentário ao art. 18, § 1º), importando-se da Federação norte-americana a regra de se lhe reservar uma área geográfica própria, não coincidente territorialmente com o espaço físico de nenhum dos Estados. Devido a essa circunstância especial é que terá comparecido como mais um ente federado.

Não obstante a Constituição vigente, no art. 18, § 1º, ter inovado ao mencionar Brasília, e não o Distrito Federal, como sendo a Capital Federal, o fato é que o Distrito Federal continuou a merecer um *status* diferenciado, hoje com nível de autonomia equiparável ao da autonomia conferida aos Estados, o que pode explicar a manutenção de sua condição de integrante da organização federativa brasileira.

2.3. Territórios

No que diz respeito aos Territórios, andou bem o constituinte em excluí-los da relação de membros da Federação. De fato, são os territórios meras circunscrições administrativas da União (v. comentário ao art. 18, § 2º), sem atributos de autonomia que justifiquem sua participação nas relações federativas no mesmo patamar dos Estados.

Demais disso, muito embora na Constituição sejam dedicadas aos Territórios as disposições do art. 18, § 2º, e do art. 33 e seus parágrafos – como se ainda restasse algum deles atualmente no Brasil ou não passasse de mera especulação teórica a possibilidade politicamente impensável de criação de novos Territórios –, o fato absoluto é que a própria Constituição, nos arts. 14 e 15 do ADCT, eliminou os três últimos que ainda existiam. Não fazia sentido, portanto, manter os Territórios como componentes da organização político-administrativa brasileira.

2.4. Municípios

A inovação mais significativa introduzida pelo art. 18 da Constituição foi a de ter tratado os Municípios como entes federados, reafirmando o disposto no art. 1º.

Rendeu-se o constituinte à tese municipalista, advogada por muitos eminentes doutrinadores, com destaque, entre outros, para Hely Lopes Meirelles (*Direito municipal brasileiro*. 4. ed. São Paulo: Revista dos Tribunais, 1981, p. 15 e s.), enfática na sustentação do Município como detentor das mesmas características do Estado-membro na organização federativa brasileira. Igualmente reconhecem o Município como membro da Federação brasileira constitucionalistas como Manoel Gonçalves Ferreira Filho (*Curso de Direito Constitucional*. 40. ed. São Paulo: Saraiva, 2015, p. 80), André Ramos Tavares (*Curso de Direito Constitucional*. 16. ed. São Paulo: Saraiva, 2018, p. 883) e Celso Ribeiro Bastos (*Curso de Direito Constitucional*. São Paulo: Celso Bastos Editor, 2002, p. 511-512).

É certo, porém, que publicista como José Afonso da Silva (*Curso de Direito Constitucional Positivo*. 41. ed. São Paulo: Malheiros, 2018, p. 649) rejeita esta tese, negando ao Município a condição de entidade federativa e rechaçando a ideia de uma Federação de Municípios. Por igual Gilmar Ferreira Mendes e Paulo Gustavo Gonet Branco (*Curso de Direito Constitucional*. 13. ed. São Paulo: Saraiva, 2018, p. 871), não chegando a uma rejeição explícita, reconhecem, ainda assim, a existência de fortes razões para se questionar a admissão do Município como membro da Federação.

Mas o fato é que no Brasil, salvo restrições episódicas, a autonomia político-administrativa dos Municípios obteve reconhecimento constitucional desde 1891, como se pode extrair, por via interpretativa, do art. 68 da Constituição daquele ano. E disto resulta que na Federação brasileira, desde o berço, não se identifica a tradicional divisão entre ordem central e ordens estaduais, mas sim uma estrutura que compreende a ordem central, a ordem estadual e a ordem municipal. Assim, o federalismo brasileiro corresponde ao que Charles Durand (*El estado federal en el derecho positivo*. In: Berger *et al*. *El federalismo*. Madrid: Tecnos, 1965, p. 193) denomina federalismo de duplo grau, caracterizado pelo fato de não só os Estados, mas também os entes políticos locais, possuírem competência e autonomia irredutíveis, salvo por emenda constitucional. Se assim sempre foi, o constituinte de 1988, ao incluir expressamente os Municípios no art. 1º, e também no art. 18, mais não fez do que ceder diante de uma realidade histórica.

3. Autonomia dos integrantes da organização político-administrativa

Importante é o registro feito expressamente no art. 18, no sentido de todos os integrantes da organização político-administrativa brasileira serem autônomos, nos termos da Constituição. A questão foi posta com propriedade, de modo a afastar o que grande parte da doutrina considera um equívoco relativamente comum no trato da matéria, qual seja, a afirmação de que no Estado Federal a União é soberana e os Estados são autônomos.

A grande originalidade do modelo federal de Estado, a que já se aludiu em comentário ao art. 1º, está em ter feito surgir um Estado soberano, composto de Estados autônomos, valendo acrescentar que isto é certo tanto nas Federações formadas por agregação de Estados independentes, a exemplo do que ocorreu nos Estados Unidos, como naquelas formadas pela segregação de Estados unitários, como no caso do Brasil.

Ora, se a soberania é apanágio do Estado Federal, não é correto atribuí-la à União, pois esta não equivale àquele. Corresponde antes ao poder central nele existente, que, tanto quanto os poderes estaduais, integra a organização federativa, ostentando todos a condição de entes autônomos. É o que está dito com todas as letras no *caput* do art. 18 da Constituição.

Se assim não fosse, se a União fosse soberana, os Estados a ela se subordinariam hierarquicamente, o que é inadmissível na estrutura federativa. O que se pode dizer é que, no plano externo, a autoridade federal, representando o Estado soberano, pratica, em nome deste, atividades próprias da soberania estatal. Mas isto não infirma o fato de o detentor da soberania ser o Estado Federal, por quem fala o seu representante constitucional.

Dito de outro modo, a soberania, ou seja, a qualidade de autodeterminação plena do poder, exercida sem condicionamentos de ordem interna ou externa, é exclusiva do Estado Federal. A seus integrantes – União e Estados, no mais das vezes, ou União, Estados, Distrito Federal e Municípios, como no caso brasileiro – é atribuída autonomia, que é também poder de autodeterminação, demarcado, porém, por um círculo de competências traçado pelo poder soberano, que garante aos entes autônomos – pensando-se em autonomia no seu mais alto grau – capacidade de auto-organização, autogoverno, autolegislação e autoadministração, exercida sem subordinação hierárquica dos poderes periféricos ao poder central.

O entendimento aqui sustentado conta com o aval de constitucionalistas do porte de Manoel Gonçalves Ferreira Filho (*Comentários à Constituição brasileira de 1988*. 3. ed. São Paulo: Saraiva, 2000, v. I, p. 138), Gilmar Ferreira Mendes e Paulo Gustavo Gonet Branco (*Curso de Direito Constitucional*. 13. ed. São Paulo: Saraiva, 2018, p. 850), André Ramos Tavares (*Curso de Direito Constitucional*. 16. ed. São Paulo: Saraiva, 2018, p. 859) e Celso Ribeiro Bastos (*Curso de Direito Constitucional*. São Paulo: Celso Bastos Editor, 2002, p. 503), entre outros, extraindo-se de suas lições a distinção entre o titular da soberania e os titulares da autonomia no Estado Federal, nos termos aqui sustentados.

Registre-se, contudo, que a doutrina não é unânime a respeito, valendo lembrar, por exemplo, Pinto Ferreira (*Comentários à Constituição brasileira*. São Paulo: Saraiva, 1989, v. I, p. 374), para quem a União é soberana e não autônoma, gozando os Estados de autonomia político-constitucional, mas ficando na dependência do poder central, único e soberano. Tem-se aí manifestação da tendência de utilizar-se indiferentemente, como por vezes se faz na linguagem comum, Estado Federal e União como expressões sinônimas, quando, entretanto, como adverte Celso Bastos, a técnica constitucional impõe distingui-las.

4. Jurisprudência pertinente

Sobre autonomia dos Estados, sob o aspecto de sua eventual abdicação, cf. STF, ADI 1.109, Rel. Min. Carmen Lúcia, j. 16-5-2007, *DJ* de 17-8-2007.

Sobre autonomia dos Estados, sob o aspecto de não se submeterem as decisões políticas de um deles a interesses de outros, cf. STF, ADI 2.452–MC, Rel. Min. Nelson Jobim, j. 24-9-2003, *DJ* de 30-4-2004.

Sobre autonomia dos Estados em face da União, cf. STF, ADI 2.303–MC, Rel. Min. Maurício Corrêa, j. 23-11-2000, *DJ* de 5-12-2003 e ADI 2.377–MC, Rel. Min. Sepúlveda Pertence, j. 22-2-2001, *DJ* de 7-11-2003.

Sobre autonomia dos Municípios em face dos Estados quanto ao estabelecimento do número de Vereadores, cf. STF, ADI 692, Rel. Min. Joaquim Barbosa, j. 2-8-2004, *DJ* de 1-10-2004.

Sobre autonomia dos Municípios quanto ao estabelecimento do plano diretor, cf. STF, ADI 826, Rel. Min. Sydney Sanches, j. 17-9-1998, *DJ* de 12-3-1999.

Sobre autonomia dos Municípios, quanto à vinculação orçamentária municipal, cf. STF, ADI 1.689, Rel. Min. Sydney Sanches, j. 12-3-2003, *DJ* de 2-5-2003.

Sobre a autonomia dos entes federativos e a impossibilidade de lei estadual atribuir caráter compulsório à participação de representante de entidade federal em órgão estadual, cf. STF, ADI 4.579, Rel. Min. Luiz Fux, j. 13-2-2020, *DJ* de 22-6-2020.

Art. 18, § 1º Brasília é a Capital Federal.

Fernanda Dias Menezes de Almeida

A Constituição de 1988 inovou ao prever que a Capital Federal é Brasília.

De fato, nas Constituições republicanas anteriores o Distrito Federal é que figurava ora como Capital da União (Constituições de 1891, art. 2º; de 1934, art. 4º do ADCT; de 1946, art. 1º, § 2º; de 1967/69, art. 2º), ora como sede do Governo da República (Constituição de 1937, art. 7º).

De início o antigo Município neutro, que fora a sede do Governo imperial, rebatizado de Distrito Federal, continuou a ser a Capital. Estabeleceu, entretanto, já a Constituição de 1891, no art. 3º e respectivo parágrafo único, que ficava pertencendo à União área de 14.400 quilômetros quadrados, a ser oportunamente demarcada no planalto central da República, para nela se localizar a futura Capital Federal, devendo o Distrito Federal, então coincidente com a cidade do Rio de Janeiro, ser convertido em Estado depois de realizada a mudança da Capital.

Como é sabido, tal mudança veio a ocorrer somente em 21-4-1960, com a inauguração de Brasília na nova localização geográfica do Distrito Federal. Mas não se alterou a letra da Constituição de 1946, sob a qual se efetivou a transferência da Capital: continuou a constar do seu art. 1º, § 2º, que o Distrito Federal era a Capital da União. E assim continuou a ser na constância do regime constitucional de 67/69 (art. 2º).

Preferiu agora a Constituição de 1988 referir-se a Brasília como Capital Federal, curvando-se à identificação popular da Capital com a cidade que constitui sua sede.

Como bem anota Manoel Gonçalves Ferreira Filho (*Comentários,* cit., v. 1, p. 140), a novidade importa uma restrição à área da Capital, considerando-se que, geograficamente, a área de Brasília não coincide com a do Distrito Federal, ocupando apenas parte dela.

Juridicamente, Brasília não constitui um Município, até mesmo porque o art. 32 da Constituição veda a divisão do Distrito Federal em Municípios. Não tem, portanto, a autonomia de que desfrutam os Municípios, ficando seus habitantes, como explica André Ramos Tavares (*Curso*, cit., p. 903), atrelados ao Distrito Federal, entidade federativa que propicia o resgate da cidadania daqueles habitantes. Em suma, ainda segundo o mesmo autor, Brasília destina-se exclusivamente a sediar o governo central, tendo sido para tanto concebida.

Art. 18, § 2º Os Territórios Federais integram a União, e sua criação, transformação em Estado ou reintegração ao Estado de origem serão reguladas em lei complementar.

Fernanda Dias Menezes de Almeida

1. Os Territórios como integrantes da União

A disposição constitucional em comento reforça e complementa o propósito manifestado pelo constituinte de alterar a posição jurídica dos Territórios no panorama federativo.

De fato, tornando expressa a condição que realmente sempre tiveram, afirma a Constituição que os Territórios integram a União. São, portanto, descentralizações administrativas do poder central, ou, conforme preferem alguns, autarquias territoriais, administradas pela União. Ora, isto evidencia que, embora desfrutem de alguma autonomia administrativa, não detêm autonomia política que os nivele aos demais componentes da Federação. E, por isso mesmo, é justificável a *capitis diminutio* por eles sofrida em 1988, com sua exclusão do rol de membros integrantes do Estado Federal brasileiro, no qual constaram desde a Constituição de 1934 até a de 1967 (art. 1º da CF de 1934; art. 3º da CF de 1937; art. 1º, § 1º, da CF de 1946; art. 1º da CF de 1967, mantido pela EC n. 1/69).

Em verdade, os Territórios não apenas deixaram de figurar entre os entes federativos, mas deixaram de existir no Brasil, por força do disposto nos arts. 14 e 15 do ADCT, tendo o primeiro dispositivo transformado os do Amapá e de Roraima em Estados e o segundo extinguido o de Fernando de Noronha, reincorporando sua área ao Estado de Pernambuco.

Ainda assim, por cautela excessiva, imaginando a hipótese remotíssima de instituição de novos Territórios no panorama federativo brasileiro, houve por bem o constituinte determinar que sua criação, transformação em Estado ou reintegração ao Estado de origem serão reguladas por lei complementar.

2. Criação de novos Territórios

Quanto a novos Territórios, afora a muito pouco provável anexação de área geográfica de Estado estrangeiro ao território nacional (a exemplo do que ocorreu com a criação do Território do Acre, área da Bolívia adquirida pelo Brasil, nos termos do Tratado de Petrópolis, de 19-11-1903), sua criação poderia advir de subdivisão ou desmembramento de algum Estado-membro, como previsto no art. 18, § 3º. Trata-se, porém, é bem de ver, de hipótese igualmente teórica, sobretudo do ponto de vista político, por importar o reconhecimento de atraso no desenvolvimento da região e da comunidade, atraso que, como pondera com acerto Manoel Gonçalves Ferreira Filho (*Comentários*, cit., v. 1, p. 140), justifica a existência de Territórios.

3. Transformação de Territórios em Estados

Quanto à transformação em Estado, é este o destino natural dos Territórios que conseguem atingir patamar de desenvolvimento que lhes garanta a maioridade, vale dizer, no caso, um nível de autossuficiência que lhes permita desvincular-se da União e ter vida autônoma como os Estados. Caberá à lei complementar dispor a respeito, valendo como sugestão que se acompanhe a disciplina prevista no art. 9º do ADCT da Constituição de 1946 para a elevação do Território do Acre a Estado, ou seja, a previsão de sua mudança de categoria logo que suas rendas se tornassem iguais às do Estado então com menor arrecadação.

4. Jurisprudência pertinente

Sobre o aperfeiçoamento da conversão de Território em Estado, cf. STF, AO 97-MC, Rel. Min. Sepúlveda Pertence, j. 26-9-1991, *DJ* de 2-4-1993.

5. Reintegração de Territórios aos Estados de origem

Finalmente, em relação à reintegração de Território ao Estado de origem, justifica-se se não atingido o estágio de autonomia mínima. Terá sido esta a opção do constituinte de 1988 ao extinguir o Território de Fernando de Noronha, reincorporando sua área ao Estado de Pernambuco.

Art. 18, § 3º Os Estados podem incorporar-se entre si, subdividir-se ou desmembrar-se para se anexarem a outros, ou formarem novos Estados ou Territórios Federais, mediante aprovação da população diretamente interessada, através de plebiscito, e do Congresso Nacional, por lei complementar.

Fernanda Dias Menezes de Almeida

Cuida-se neste dispositivo constitucional de hipóteses de alteração da divisão interna do território nacional, mediante o redesenho territorial dos Estados. Para tanto, foi prevista a possibilidade de incorporação, subdivisão ou desmembramento dos Estados já existentes, produzindo-se ora a extinção de um ou alguns deles, ora a criação de novos Estados ou de Territórios Federais, com mudança, portanto, na configuração territorial da Federação.

1. Incorporação de Estados

No que se refere à incorporação de Estados, é preciso lembrar que se trata de instituto jurídico cuja conceituação doutrinária não é pacífica.

De fato para a doutrina majoritária, incorporação, na hipótese, é sinônimo de fusão, configurando mecanismo pelo qual dois ou mais Estados se unem, deixando de existir e fazendo surgir um só e novo Estado. É esta a posição de Alexandre de Moraes (*Constituição do Brasil interpretada*. São Paulo: Atlas, 2002, p. 627), André Ramos Tavares (*Curso*, cit., p. 881), José Afonso da Silva (*Curso*, cit., p. 477) e Pinto Ferreira (*Comentários*, cit., p. 439), entre outros.

Já Hely Lopes Meirelles (*Direito municipal*, cit., p. 42) considera errônea a indistinção entre incorporação e fusão, por serem institutos jurídicos absolutamente diversos. O estudo de Lopes Meirelles é voltado para os Municípios, mas cabe remissão a ele na esfera estadual, pois, conceitualmente, cuida-se dos mesmos institutos. Assim, aplicando-se aos Estados o posicionamento do mencionado autor, na hipótese de incorporação opera-se a reunião de dois Estados, desaparecendo o Estado incorporado, que é absorvido pelo Estado incorporador, e continuando este último a existir com sua área ampliada. Ao contrário, na fusão, dá-se, então sim, a união de dois ou mais Estados que perdem, todos, a primitiva personalidade, resultando do processo um só novo Estado.

2. Subdivisão e desmembramento de Estados

Já nos casos de subdivisão e de desmembramento, não se registram maiores divergências doutrinárias. A subdivisão importa retalhar-se territorialmente um Estado em duas ou mais partes, formando cada uma um novo Estado e desaparecendo o Estado que foi repartido. Pelo desmembramento também se destacam uma ou mais porções do território de um Estado, que continua, entretanto, a existir, embora com área menor. As partes dele desmembradas poderão converter-se em novos Estados ou ser simplesmente anexadas a Estados já existentes, sem dar origem a outros, ou ainda ser destinadas à formação de Territórios Federais.

3. Transformação de Territórios Federais em Estados

Por fim, não se deve esquecer outra possibilidade, ao menos teórica, de criação de Estados, não mencionada no art. 18, § 3º, a saber, a elevação de Territórios Federais a essa categoria, conforme previsto no § 2º acima comentado.

4. Alterações de territórios estaduais feitas pela Constituição

Alguns exemplos de alterações territoriais, levadas a efeito pela própria Constituição, mediante a utilização de mecanismos nela previstos, encontram-se no Ato das Disposições Constitucionais Transitórias. Assim é que o seu art. 13 criou o Estado de Tocantins, pelo desdobramento de área do Estado de Goiás; o art. 14 transformou em Estados os antigos Territórios Federais de Roraima e do Amapá e o art. 15 extinguiu o Território de Fernando de Noronha, sendo sua área reincorporada ao Estado de Pernambuco. Além disso, o art. 12, sempre do ADCT, determinou a criação de uma Comissão de Estudos Territoriais com a finalidade de apresentar estudos sobre o território nacional e anteprojetos relativos a novas unidades territoriais, notadamente na Amazônia Legal e em áreas pendentes de solução.

Cabe registrar que a preocupação com a temática das alterações territoriais no âmbito dos Estados é antiga, estando presente em todas as Constituições brasileiras republicanas. De fato, os textos constitucionais de 1891 (art. 4º); de 1934 (art. 14); de 1937 (art. 5º e seu parágrafo único); de 1946 (art. 2º) e de 1967 (art. 3º, mantido pela EC n. 1/69) trouxeram disposições pertinentes, é certo que com alguma variação quanto aos meios e principalmente quanto ao modo de proceder-se às alterações. Pela discrepância das linhas gerais, vale o destaque para a Constituição de 1967, que centralizou no Poder Legislativo federal o processo de criação de Estados, determinando laconicamente que ela se faria por lei complementar, à revelia de qualquer manifestação dos Estados ou das populações envolvidas.

5. Requisitos para as alterações no âmbito territorial dos Estados

A Constituição de 1988 reatou com a tradição de respeito à autonomia estadual, ao estabelecer, no art. 18, § 3º, que a incorporação, subdivisão ou desmembramento de Estados dependerá da aprovação da população diretamente interessada, através de plebiscito, e do Congresso Nacional, por lei complementar. E mais adiante, ao tratar das atribuições do Congresso Nacional, acrescentou, no art. 48, VI, que, ao dispor sobre a matéria em questão, deverá o Congresso ouvir as respectivas Assembleias Legislativas.

6. Requisitos procedimentais: plebiscito e oitiva das Assembleias Legislativas

A propósito dos requisitos procedimentais arrolados, é pertinente observar que a aprovação plebiscitária é condição indispensável para desencadear-se a atividade legiferante do Congresso Nacional. Se a população diretamente interessada manifestar-se contrariamente à incorporação, subdivisão ou desmembramento, não poderá o Legislativo editar lei complementar que efetive a medida. Por outro lado, se o resultado da consulta popular for favorável, não fica o Congresso obrigado a dar o passo seguinte, procedendo à mudança territorial. Para que esta aconteça é necessária a conjugação da vontade popular com a do Congresso Nacional, que é livre para avaliar a conveniência e a oportunidade da alteração federativa.

Quanto à oitiva das Assembleias Legislativas dos Estados envolvidos, é ela indispensável, mas terá caráter meramente opinativo a sua manifestação.

7. Requisitos procedimentais: população a ser consultada

Ainda a respeito do plebiscito a que alude o art. 18, § 3º, a referência à "população diretamente interessada" enseja duas interpretações possíveis. A primeira, considerando como população diretamente interessada toda a população do Estado ou dos Estados envolvidos. A segunda, compreendendo como diretamente interessada apenas a população da área estadual a ter nova destinação.

Pelos reflexos necessariamente abrangentes que uma decisão, no caso, sempre terá, parece mais razoável a primeira interpretação, permitindo-se a todos os interessados, e não apenas a uma parcela mais reduzida deles, manifestar-se sobre o destino de um dos elementos essenciais do Estado, qual seja, o seu território.

É de ver, contudo, que na versão original do art. 18, § 4º, a Constituição referiu-se a "populações diretamente interessadas", no plural, quando se ocupou do plebiscito para a criação de Municípios. E este fato poderia ser invocado para argumentar-se que, em relação aos Estados, diversamente – mas, de certo modo, incoerentemente –, o que se quis foi a audiência apenas da população da área a ser destacada do Estado. Como se percebe, a matéria é polêmica, valendo lembrar que mesmo em relação aos Municípios, antes da EC n. 15/96, que alterou a redação do § 4º do art. 18, a jurisprudência do Supremo Tribunal Federal e do Tribunal Superior Eleitoral pendia para a interpretação mais restrita do que fossem "populações diretamente interessadas", somente se alterando esse entendimento quando a Constituição emendada substituiu essas expressões por "populações dos Municípios envolvidos" (ver comentário ao art. 18, § 4º).

O certo, porém, é que, do ponto de vista legislativo, a questão foi resolvida no sentido que aqui se advoga como o mais racional. De fato, ao disciplinar a matéria, a Lei Federal n. 9.709, de 18-11-1998, determina no art. 4º que a incorporação, subdivisão ou desdobramento de Estados "dependem da aprovação da população diretamente interessada, por meio de plebiscito realizado na mesma data e horário em cada um dos Estados". De sua vez, o art. 7º da mesma lei, de maneira mais nítida ainda, dispõe que nas consultas plebiscitárias relativas às alterações territoriais, seja de Estados, seja de Municípios, por população diretamente interessada entende-se, no caso de desdobramento, "tanto a do território que se pretende desmembrar quanto a do que sofrerá desmembramento" e, no caso de fusão ou anexação, "tanto a população da área que se quer anexar quanto a da que receberá o acréscimo".

Art. 18, § 4º A criação, a incorporação, a fusão e o desmembramento de Municípios far-se-ão por lei estadual, dentro do período determinado por Lei Complementar Federal, e dependerão de consulta prévia, mediante plebiscito, às populações dos Municípios envolvidos, após divulgação dos Estudos de Viabilidade Municipal, apresentados e publicados na forma da lei.

Fernanda Dias Menezes de Almeida

Em um registro de ordem histórico-evolutiva, cabe lembrar que nem todas as Constituições republicanas cuidaram especificamente da criação de Municípios e de suas transformações. A preocupação de início demonstrada foi apenas com sua organização, a ser feita de forma a assegurar-lhes autonomia em tudo que respeitasse ao seu peculiar interesse. É o que constou no art. 68 da Constituição de 1891; no art. 13 da de 1934; no art. 26 da de 1937 e no art. 28 da de 1946. Foi na Constituição de 1967 que pela primeira vez houve referência à criação de Municípios, bem como à sua divisão, que, nos termos do art. 15, dependeriam de lei estadual. A matéria foi também objeto de previsão pela EC n. 1/69, estabelecendo o art. 14 da Constituição emendada que lei complementar estabeleceria os requisitos mínimos de população e renda pública, bem como a forma de consulta prévia às populações, para a criação de Municípios.

A matéria é hoje objeto do art. 18, § 4º, cuja atual redação foi dada pela EC n. 15/96, que alterou parcialmente o texto original. Mantiveram-se as formas pelas quais poderá ocorrer a alteração territorial no âmbito dos Municípios. Mas as exigências para que se consumem a criação, a incorporação, a fusão ou o desmembramento de Municípios é que foram em parte modificadas (sobre a conceituação de incorporação, fusão e desmembramento ver comentário ao § 2º do art. 18).

1. Criação por lei estadual em período fixado em lei complementar federal

Embora a criação de Municípios continue a operar-se por lei estadual, o período em que pode ocorrer será fixado por lei complementar federal.

Terá o constituinte de reforma considerado necessário conter a proliferação excessiva de Municípios que, sem previsão de tempo certo para sua criação, vinham se multiplicando seguidamente e sem maior critério por todo o país, muitas vezes sem condições reais de subsistência, com alto custo para a Federação. Daí a padronização do momento em que os Estados poderão proceder à criação de Municípios.

Importa registrar que, passados mais de vinte anos da promulgação da EC n. 15/96, ainda não foi elaborada a lei complementar federal que deverá estabelecer o período para a criação de Municípios, o que tem ensejado sérios problemas com o surgimento de Municípios apesar da omissão legislativa. A matéria tem sido objeto de várias ações judiciais, como as que a seguir são mencionadas.

2. Jurisprudência pertinente

Sobre a ausência de lei complementar fixando o período para modificações territoriais no âmbito municipal, cf. STF, ADI 3.682, Rel. Min. Gilmar Mendes, j. 9-5-07, *DJ* de 6-9-07. No mesmo sentido, julgadas pelo STF, e todas de relatoria do Min. Eros Grau, ADI 3.316, j. 9-5-07, *DJ* de 29-6-07; ADI 2.240, j. 9-5-07, *DJ* de 3-8-07; ADI 3.489, j. 9-5-07, *DJ* de 3-8-07 e ADI 3.689, j. 10-5-07, *DJ* de 29-6-07.

Sobre a constitucionalidade da EC n. 15/96, no ponto em que defere à lei complementar federal a fixação do período para a criação de Municípios, cf. STF, ADI 2.395, Rel. Min. Gilmar Mendes, j. 9-5-07, *DJ* de 23-5-08.

Sobre a impossibilidade de criação, fusão, incorporação ou desmembramento de novos municípios antes do advento da lei complementar federal referida no art. 18, § 4º, cf. ADI 4.992, Rel. Min. Gilmar Mendes, j. 11-9-14, *DJ* de 13-11-14.

3. Estudos de viabilidade municipal

O mesmo propósito de contenção de excessos terá levado a EC n. 15/96 a instituir como requisito para a criação de Municípios a divulgação prévia de estudos de viabilidade municipal, a serem disciplinados por lei.

Defende-se aqui que se trata, no caso, de lei estadual, configurando-se na espécie um típico exemplo de exercício da competência remanescente do Estado, não tendo sido constitucionalmente atribuída à União, nem, por óbvio, aos próprios Municípios, a competência para disciplinar a sua criação, que importa alteração da divisão territorial do Estado em que se situam. Aliás, a capacidade de auto-organização conferida aos Municípios pelo art. 29 da Constituição já é condicionada à observância de princípios estabelecidos não só em seu texto, mas também no texto da Constituição Estadual, a demonstrar que, não obstante tenham tido ampliada a sua autonomia política, os Municípios não deixaram de continuar a ser assunto de interesse intraestadual. Também Manoel Gonçalves Ferreira Filho (*Comentários*, cit., p. 142) supõe competir à lei estadual a disciplina dos estudos de viabilidade municipal exigidos para a criação de Municípios.

Deve-se registrar, contudo, que a doutrina não é unânime a respeito, entendendo, por exemplo, Alexandre de Moraes (*Constituição do Brasil interpretada*, cit., p. 629) que lei federal ordinária é que deverá cuidar da questão dos estudos de viabilidade municipal.

4. Jurisprudência pertinente

Sobre a inconstitucionalidade de lei estadual que permita a criação, incorporação, fusão e desmembramento de Municípios sem a edição prévia das leis federais previstas no art. 18, § 4º, da Constituição Federal, cf. STF, ADI 4.711, Rel. Min. Roberto Barroso, j. 8-9-2021, *DJ* de 16-9-2021.

5. Consulta plebiscitária

É de remarcar também que, de forma mais clara do que a adotada em relação aos Estados no art. 18, § 3º, a dicção atual do § 4º deste artigo prevê ainda como requisito para a criação de Municípios consulta plebiscitária às populações dos Municípios envolvidos, não deixando dúvida em relação a quem deve pronunciar-se no plebiscito. Antes da EC n. 15/96, não obstante a referência a "populações diretamente interessadas", a jurisprudência do Supremo Tribunal Federal e do Superior Tribunal Eleitoral pendia para o entendimento de que deveria ser consultada apenas a população da parcela territorial a ter nova destinação. Após a EC n. 15/96 e à luz do que veio a dispor também a Lei n. 9.709, de 18-11-1998, não faz mais dúvida que prevalece, na espécie, a interpretação mais abrangente do que sejam populações interessadas (ver comentário ao art. 18, § 3º).

6. Jurisprudência pertinente

Sobre a abrangência da consulta plebiscitária antes da EC n. 15/96, cf. STF, ADI 733, Rel. Min. Sepúlveda Pertence, j. 17-6-92, *DJ* de 30-6-95, e STE, MS 1511/DF, Rel. Min. José Cândido, j. 23-4-92, *DJ* de 5-6-92.

Sobre a abrangência da consulta plebiscitária após a EC n. 15/96, cf. STE, MS 2.664, classe 14ª, Rio de Janeiro, Rel. Min. Nilson Naves, j. 2-12-97, *DJ* de 24-4-98.

Sobre a necessidade de novo plebiscito em caso de fusão de Município cuja criação, aprovada por plebiscito anterior, já se consumara, cf. STF, ADI 1.881, Rel. Min. Ricardo Lewandowski, j. 10-5-07, Informativo 466. No mesmo sentido, STF, ADI 1.262, Rel. Min. Sydney Sanches, j. 11-9-97, *DJ* de 12-12-97.

Sobre redefinição de limites territoriais de Município sem consulta plebiscitária prévia, cf. STF, ADI 3.013, Rel. Min. Ellen Gracie, j. 12-5-04, *DJ* de 4-6-04. Precedentes: ADI 2.812, Rel. Min. Carlos Velloso, j. 9-10-03, *DJ* de 28-11-03; ADI 2.702, Rel. Min. Maurício Corrêa, j. 5-11-03, *DJ* de 6-2-04; ADI 967, Rel. Min. Sepúlveda Pertence, j. 12-2-04, *DJ* de 19-3-04, e ADI 1.034, Rel. Min. Marco Aurélio, j. 24-3-97, *DJ* de 25-2-00.

Sobre a necessidade de se verificar, antes do plebiscito, a existência dos requisitos que viabilizam a criação de Município, cf. STF, ADI 222, Rel. Min. Francisco Rezek, j. 30-11-95, *DJ* de 31-5-95.

Art. 19. É vedado à União, aos Estados, ao Distrito Federal e aos Municípios:

I – estabelecer cultos religiosos ou igrejas, subvencioná-los, embaraçar-lhes o funcionamento ou manter com eles ou seus representantes relações de dependência ou aliança, ressalvada, na forma da lei, a colaboração de interesse público;

Jayme Weingartner Neto

A – REFERÊNCIAS

1. História da norma

Redação original, conforme legislador constituinte.

2. Constituições brasileiras anteriores

Const. de 1824, art. 5º; Const. de 1891, art. 11, § 2º, art. 72, §§ 4º a 7º; Const. de 1934, art. 17, II, art. 113, § 7º, art. 146, art. 153; Const. de 1937, art. 32, *b*, art. 133, art. 137, *d*; Const. de 1946, art. 31, II, cart. 141, § 10, art. 157, VI, art. 163, § 2º, art. 168, V; Const. de 1967, art. 9º, II.

3. Constituições estrangeiras

Lei Fundamental Alemã art. 7º, 3; Constituição da Argentina, art. 2º; Constituição dos EUA, 1ª emenda; Constituição do Canadá; Constituição da Espanha, art. 16, 3; Constituição de Portugal, art. 41, 4; Constituição da França, art. 1º; Constituição da Itália, art. 7º; Constituição do Japão, art. 20, 89; Constituição da China, art. 36; Constituição de Cuba, art. 8º; Constituição da Rússia, arts. 13, 2, 14, 1 e 2; Constituição da Bélgica, art. 21; Constituição da Grécia, arts. 3, 1, 16, 2; Constituição da Irlanda, arts. 40 – 6, 2, 42 – 1, 4, e 44; Constituição da Dinamarca, Part. I § 4º; Part. II § 6º; Part. VII § 69; Constituição da Polônia, art. 25.

4. Direito internacional, remissões constitucionais e legais, jurisprudência e referências bibliográficas

Vide comentário ao art. 5º, VI, VII e VIII.

Jurisprudência do STF

ADI n. 4.439/DF (2018) – por maioria, julgou improcedente a ação, declarando-se a constitucionalidade dos artigos 33, *caput* e §§ 1º e 2º, da Lei n. 9.394/1996, e do art. 11, § 1º, do Acordo entre o Governo da República Federativa do Brasil e a Santa Sé, relativo ao Estatuto Jurídico da Igreja Católica no Brasil, e afirmando-se a constitucionalidade do ensino religioso confessional como disciplina facultativa dos horários normais das escolas públicas de ensino fundamental.

ADI n. 5.257/RO (2018) – norma estadual que oficializa a *Bíblia* como livro-base de fonte doutrinária. Violação dos princípios da laicidade do estado e da liberdade de crença. A oficialização da *Bíblia* como livro-base de fonte doutrinária para fundamentar princípios, usos e costumes de comunidades, igrejas e grupos no Estado de Rondônia implica inconstitucional discrímen entre crenças, além de caracterizar violação da neutralidade exigida do Estado pela Constituição Federal; também implica indevida interferência do Estado no funcionamento de estabelecimentos religiosos, uma vez que torna o que seria uma obrigação moral do fiel diante de seu grupo religioso uma obrigação legal a ele dirigida.

RG-RE 611.874 (2020) – por maioria, apreciando o tema 386 da repercussão geral, negou provimento ao recurso extraordinário e fixou a seguinte tese: "Nos termos do artigo 5º, VIII, da Constituição Federal é possível a realização de etapas de concurso público em datas e horários distintos dos previstos em edital, por candidato que invoca escusa de consciência por motivo de crença religiosa, desde que presentes a razoabilidade da alteração, a preservação da igualdade entre todos os candidatos e que não acarrete ônus desproporcional à Administração Pública, que deverá decidir de maneira fundamentada".

RG-ARE 1.099.099-SP (2020) – por maioria, apreciando o tema 1.021 da repercussão geral, deu provimento ao recurso extraordinário e fixou a seguinte tese: "Nos termos do artigo 5º, VIII, da Constituição Federal é possível à Administração Pública, inclusive durante o estágio probatório, estabelecer critérios alternativos para o regular exercício dos deveres funcionais inerentes aos cargos públicos, em face de servidores que invocam escusa de consciência por motivos de crença religiosa, desde que presentes a razoabilidade da alteração, não se caracterize o desvirtuamento do exercício de suas funções e não acarrete ônus desproporcional à Administração Pública, que deverá decidir de maneira fundamentada".

ADI n. 5.258/AM (2021) – é inconstitucional, por ofensa aos princípios da isonomia, da liberdade religiosa e da laicidade do Estado, norma que obrigue a manutenção de exemplar de determinado livro de cunho religioso em unidades escolares e bibliotecas públicas estaduais. A obrigatoriedade de manutenção de exemplar da *Bíblia* em escolas e bibliotecas públicas estaduais viola os arts. 5º, *caput*, e 19, I, da Constituição Federal.

ADI n. 5.256/MS (2021) – além de reafirmar o precedente anterior, a Corte consignou que "a laicidade estatal, longe de impedir a relação do Estado com as religiões, impõe a observância, pelo Estado, do postulado da imparcialidade (ou neutralidade) frente à pluralidade de crenças e orientações religiosas e não religiosas da população brasileira"; no caso, lei do estado do Mato Grosso do Sul determinava a manutenção obrigatória de exemplares da *Bíblia Sagrada* nas unidades escolares da rede estadual de ensino e nos acervos das bibliotecas públicas daquela unidade da federação.

Processos pendentes

STF, RG-ARE 1.249.095 (2020) – a questão central é a permanência de símbolos religiosos em órgãos públicos federais e a laicidade do Estado, a alcançar todos os órgãos e entidades da Administração Pública da União, Estados e Municípios. O TRF3 consignara que a "presença de símbolos religiosos em prédios públicos não colide com a laicidade do Estado brasileiro", sendo "reafirmação da liberdade religiosa e do respeito a aspectos culturais da sociedade brasileira" (o MPF pretendia a retirada de todos os símbolos religiosos – crucifixos, imagens etc. – ostentados em locais proeminentes, de ampla visibilidade e de atendimento público nos prédios públicos da União Federal, no Estado de São Paulo). A alegação é de ofensa aos arts. 3º, IV, 5º, *caput* e VI, 19, I, e 37, todos da Constituição Federal.

5. Pareceres

Decisão Administrativa do Conselho Nacional de Justiça (2007) – o uso de símbolos religiosos em órgãos da justiça não fere o princípio da laicidade do Estado (ao julgar quatro pedidos de providências que questionavam a presença de crucifixos em dependência de órgãos do Judiciário). A diretriz foi reafirmada no Pedido de Providências n. 0000620-85.2013.2.00.0000 (a englobar os Tribunais de Justiça do PR e do RS), em 2016.

B – ANOTAÇÕES

1. Princípio da separação e liberdade religiosa: noção geral

Sendo a liberdade religiosa um direito complexo, já foi apresentada sua faceta de direito subjetivo nos comentários ao art. 5º, VI, VII e VIII. Nesta sede, o dispositivo sustenta outro desdobramento do direito fundamental em tela, decorrente de sua dimensão objetiva. Trata-se de um problema estrutural, atinente à organização do Estado, ínsita à formatação político-administrativa do Estado democrático de direito a noção de que as *confissões religiosas devem andar apartadas de seu edifício* – ideia da separação das confissões religiosas do Estado, princípio da separação Igreja/Estado, consagrado no inciso I do art. 19 da Constituição. A doutrina brasileira costuma tratar do tema sob o manto da liberdade de organização religiosa, identificando o princípio da separação (também chamado, amiúde, da neutralidade e/ou da não confessionalidade), referindo-se, esparsamente, à cooperação. Neste plano objetivo, entretanto, explorando a multifuncionalidade dos direitos fundamentais, apresenta-se a matéria articulada numa tríade: princípios (1), deveres de proteção (2) e garantias institucionais (3).

2. Antecedentes históricos

O princípio da separação das confissões religiosas do Estado é um produto do constitucionalismo liberal e representa, justamente, a superação dos modelos de união político-religiosa, remetendo-se ao trajeto histórico percorrido no comentário ao art. 5º, VI, VII e VIII, que parte da mundivisão teológico-confessional (manifesta seja em estruturas teocráticas ou hierocráticas, cesaropapistas ou regalistas) e aporta ao discurso jurídico-constitucional.

Historicamente, neste ponto, dois modelos plasmaram-se, duas experiências diversas para tratar das relações Igreja/Estado: o muro norte-americano, em que a separação é mais rígida, de modo a proteger a liberdade religiosa individual das restrições do Estado intervencionista (convocada a *establishment clause* para garantir a distância e a imparcialidade estatal diante do fenômeno religioso); e o arranjo concordatário-europeu, fruto da tradição, em maior ou menor medida, de unidade teológico-política – que reserva maior papel de atuação para os Estados coordenarem-se com suas igrejas (em países protestantes e ortodoxos há igrejas nacionais e oficiais e pelo menos quinze dos membros da União Europeia celebraram concordatas com a Santa Sé, o que confere à Igreja Católica um *status* especial). No Brasil, inegável a profunda influência católica (com reflexos, por exemplo, nos feriados nacionais e municipais); inexiste, até agora, regime concordatário que beneficie, institucionalmente, a Igreja Católica (*vide, infra*, item 5). No que tange aos feriados, por exemplo, sendo razoável que o Estado valorize e pondere a tradição cultural, inclusive majoritária (fato do catolicismo), alguma redução de complexidade já foi operada pelo legislador infraconstitucional (Leis n. 9.093/95 e 10.607/2002). A Lei n. 6.802/80 estabeleceu que "é declarado feriado nacional o dia 12 de outubro, *para culto público e oficial a Nossa Senhora Aparecida, Padroeira do Brasil*". No que tange ao "culto público e oficial", por afronta ao princípio da não confessionalidade, considera-se quase óbvio que a norma não foi recepcionada pela Constituição.

3. Sistematização das posições jurídicas decorrentes da dimensão objetiva do direito fundamental à liberdade religiosa

Quanto ao âmbito normativo que decorre do dispositivo, em complemento ao Catálogo de Posições Jusfundamentais concretizador da liberdade religiosa (já elencado parcialmente nos comentários ao art. 5º, VI, VII e VIII), uma abordagem sistemática apresenta: (1.1) *princípio da separação*, que afirma que as igrejas e confissões religiosas estão separadas da estrutura e da organização político-administrativa do Estado, e são, portanto, livres na sua organização e no exercício das suas funções de culto;

(1.2) *princípio da não confessionalidade*, a saber: (1.2.1) o Estado não adota qualquer religião (é vedado que estabeleça cultos religiosos ou igrejas) nem se pronuncia sobre questões religiosas, o que exclui subvencionar, embaraçar o funcionamento ou manter com as confissões religiosas relações de dependência ou aliança; (1.2.2) nos atos oficiais e no protocolo do Estado serão observados o princípio da não confessionalidade; (1.2.3) o Estado não pode programar a educação e a cultura segundo quaisquer diretrizes religiosas; (1.2.4) o ensino público não pode ser confessional; (1.3) *princípio da cooperação*, que traduz colaboração de interesse público, vale dizer, o Estado cooperará com as igrejas e confissões religiosas, principalmente para a promoção dos princípios de direitos e garantias fundamentais, designadamente: (1.3.1) assegurando a prestação de assistência religiosa nas entidades civis e militares; (1.3.2) isentando os eclesiásticos do serviço militar obrigatório em tempos de paz; (1.3.3) limitando seu poder de tributar ao vedar a instituição de impostos sobre templos de qualquer culto; (1.3.4) assegurando o ensino religioso, de matrícula facultativa, nas escolas públicas de ensino fundamental; (1.3.5) celebrando acordos específicos para a consecução de atividades comuns e afins, sempre com chancela constitucional; (1.3.6) auxiliar os pais no exercício do poder familiar para que possam educar os filhos de acordo com suas crenças religiosas; (1.3.7) assegurar as manifestações públicas de exercício dos cultos religiosos; (1.3.8) criar condições organizacionais e procedimentais, no âmbito laboral e educacional, para o mais amplo exercício do direito de dispensa ao trabalho e de aulas/provas por motivo religioso; (1.3.9) reconhecer a validade civil, sob condições reguladas, do casamento celebrado por forma religiosa; (1.4) *princípio da solidariedade*, ao fomentar as atividades educativas e assistenciais das confissões religiosas, por meio da limitação do poder estatal de tributar, especificamente vedando impostos sobre patrimônio, renda ou serviços, desde que sem fins lucrativos e relacionados com as atividades essenciais das respectivas confissões; (1.5) *princípio da tolerância*, que acarreta um *dever* de tolerância: (1.5.1) por parte do *Estado;* (1.5.2) e dos *particulares*, pessoas naturais ou jurídicas, de não perseguir e não discriminar os titulares dos direitos subjetivos correspondentes ao *cluster* da liberdade religiosa, quando do respectivo exercício.

Tangente aos *deveres de proteção* (2), é viável equacionar as relações entre o Estado e as confissões religiosas, de maneira genérica, em três vertentes de funções estatais: (2.1) a proteção dos *indivíduos* (defesa da liberdade religiosa individual); (2.2) a proteção da *sociedade civil* contra os abusos (inclusive coordenando as diversas liberdades religiosas coletivas); (2.3) e a *criação de condições* para que as confissões religiosas desempenhem suas missões (dever de aperfeiçoamento). Como *garantia institucional* (3), protege-se: (3.1) a liberdade religiosa *individual* (autodeterminação da personalidade); (3.2) e a liberdade religiosa *coletiva* (autodeterminação confessional), as *igrejas* como instituição; (3.3) o princípio da *igualdade*; (3.4) a *diversidade* e o *pluralismo* religioso (que se refletem na abertura e no pluralismo do espaço público).

Note-se que o princípio da separação tem conteúdo negativo, mas não exime o Estado de garantir, inclusive por meio da legislação penal, o livre exercício dos direitos subjetivos de liberdade religiosa (dever de proteção). Por outro lado, o princípio da não confessionalidade tem alcance predominantemente negativo, mas não exclui dimensões positivas, ao passo que, nos princípios da cooperação e da solidariedade, avulta o caráter promocional e até, em alguns casos, prestacional. Assim também os deveres de proteção. Por outro lado, as garantias institucionais permeiam todos os princípios e orientam os deveres de proteção.

Ainda, os princípios da cooperação e da solidariedade, que se ancoram na parte final do dispositivo do art. 19, I, submetem-se ao regime da reserva legal qualificada (pela finalidade), diante da previsão de "colaboração de interesse público, na forma da lei".

4. Separação, não confessionalidade e não discriminação

Superados, pois, os modelos anteriores de identificação entre Estado e religião (pese a persistência de estados teocráticos no espaço islâmico), o regime constitucional brasileiro é de não identificação (Estado laico) com separação, o que não significa, vale frisar, oposição, que está presente numa concepção laicista (ao estilo francês), de relativa hostilidade à religião. Nem indiferente, e ainda menos hostil, a Constituição revela-se atenta, separada, mas cooperativa, não confessional, mas solidária e tolerante em relação ao fenômeno religioso.

O princípio da separação, sendo estrutural, *aparta as igrejas e confissões religiosas da organização político-administrativa do Estado*, no escopo de garantir a livre organização e o livre exercício de culto, tendo como radical subjetivo, como já consignado, o correlato exercício dos direitos subjetivos individuais – conexão com a liberdade de consciência. Ampara-se, ainda, o princípio da separação, na ideia forte da *divisão dos poderes*. Já o *princípio da não confessionalidade*, noutra linha, *aparta o Estado das questões (matérias) e dos sujeitos religiosos*, com os desdobramentos apontados, e comanda uma atuação estatal *imparcial* (termo preferível à neutralidade, já que o Estado democrático de direito também adota algumas premissas – valores aglutinantes – inegociáveis). A *não discriminação*, a seu turno, decorre: do *princípio da tolerância* (dever estatal de tolerância, não podendo discriminar os titulares de direitos religiosos quando do exercício); dos *deveres de proteção* (proteção dos indivíduos e da sociedade civil contra os abusos); e das *garantias institucionais* (garantias institucionais do princípio da igualdade, da autodeterminação confessional e da diversidade e pluralismo). Entre os direitos sociais dos trabalhadores urbanos e rurais também consta previsão especial de igualdade, proibida a diferença de salários, de exercício de funções e de critério de admissão por motivo de sexo, idade, cor ou estado civil (art. 7º, XXX, da Constituição Federal), *ausentes*, da enumeração, os *motivos de religião*, cidadania, território de origem, convicções políticas ou ideológicas (explícitos no art. 59 da Constituição Portuguesa). Embora razoável interpretar que leitura compreensiva do texto englobaria na mesma norma a *não discriminação em função da religião*, parece mais adequado fundar tal vedação no *princípio geral de vinculação dos direitos fundamentais nas relações entre particulares*, forte no § 1º do art. 5º da Constituição Federal, aplicável, no que couber, a todas as concretizações dos direitos laborais elencadas nas mais de três dezenas do citado art. 7º.

5. Ensino religioso nas escolas públicas

Na citada ADI n. 4.439, questionava-se dispositivo da LDB (art. 33 da Lei n. 9.394/2006, com a redação dada pela Lei n. 9.475, de 23-7-1997: *O ensino religioso, de matrícula facultativa, é parte integrante da formação básica do cidadão e constitui disciplina dos horários normais das escolas públicas de ensino fundamental, assegurado o respeito à diversidade cultural religiosa do Brasil, vedadas quaisquer formas de proselitismo. § 1º Os sistemas de ensino regulamentarão os procedimentos para a definição dos conteúdos do ensino religioso e estabelecerão as normas para a habilitação e admissão dos professores. § 2º Os sistemas de ensino ouvirão entidade civil, constituída pelas diferentes denominações religiosas, para a definição dos conteúdos do ensino religioso)*, bem como artigo do Acordo com a Santa Sé (art. 11: *A República Federativa do Brasil, em observância ao direito de liberdade religiosa, da diversidade cultural e da pluralidade confessional do País, respeita a importância do ensino religioso em vista da formação integral da pessoa. § 1º O ensino religioso, católico e de outras confissões religiosas, de matrícula facultativa, constitui disciplina dos horários normais das escolas públicas de ensino fundamental, assegurado o respeito à diversidade cultural religiosa do Brasil, em conformidade com a Constituição e as outras leis vigentes, sem qualquer forma de discriminação*).

Consta, da ementa do acórdão: *1. A relação entre o Estado e as religiões, histórica, jurídica e culturalmente, é um dos mais importantes temas estruturais do Estado. A interpretação da Carta Magna brasileira, que, mantendo a nossa tradição republicana de ampla liberdade religiosa, consagrou a inviolabilidade de crença e cultos religiosos, deve ser realizada em sua dupla acepção: (a) proteger o indivíduo e as diversas confissões religiosas de quaisquer intervenções ou mandamentos estatais; (b) assegurar a laicidade do Estado, prevendo total liberdade de atuação estatal em relação aos dogmas e princípios religiosos. 2. A interdependência e complementariedade das noções de Estado Laico e Liberdade de Crença e de Culto são premissas básicas para a interpretação do ensino religioso de matrícula facultativa previsto na Constituição Federal, pois a matéria alcança a própria liberdade de expressão de pensamento sob a luz da tolerância e diversidade de opiniões. 3. A liberdade de expressão constitui um dos fundamentos essenciais de uma sociedade democrática e compreende não somente as informações consideradas como inofensivas, indiferentes ou favoráveis, mas também as que possam causar transtornos, resistência, inquietar pessoas, pois a Democracia somente existe baseada na consagração do pluralismo de ideias e pensamentos políticos, filosóficos, religiosos e da tolerância de opiniões e do espírito aberto ao diálogo. 4. A singularidade da previsão constitucional de ensino religioso, de matrícula facultativa, observado o binômio Laicidade do Estado (CF, art. 19, I)/Consagração da liberdade religiosa (CF, art. 5º, VI), implica regulamentação integral do cumprimento do preceito constitucional previsto no artigo 210, § 1º, autorizando à rede pública o oferecimento, em igualdade de condições (CF, art. 5º, caput), de ensino confessional das diversas crenças. 5. A Constituição Federal garante aos alunos, que expressa e voluntariamente, se matriculem, para o pleno exercício de seu direito subjetivo ao ensino religioso como disciplina dos horários normais das escolas públicas de ensino fundamental, ministrada de acordo com os princípios de sua confissão religiosa e baseada nos dogmas da fé, inconfundível com outros ramos do conhecimento científico, como história, filosofia ou ciência das religiões. 6. O binômio Laicidade do Estado/Consagração da liberdade religiosa está presente na medida em que o texto constitucional: (a) expressamente garante a voluntariedade da matrícula para o ensino religioso, consagrando, inclusive o dever do Estado de absoluto respeito aos agnósticos e ateus; (b) implicitamente impede que o Poder Público crie de modo artificial seu próprio ensino religioso, com um determinado conteúdo estatal para a disciplina; (c) bem como proíbe o favorecimento ou hierarquização de interpretações bíblicas e religiosas de um ou mais grupos em detrimento dos demais.*

Art. 19, II – recusar fé aos documentos públicos;

Jayme Weingartner Neto

A – REFERÊNCIAS

1. História da norma

Redação original, conforme legislador constituinte.

2. Constituições brasileiras anteriores

Const. de 1824, *omissis*; Const. de 1891, art. 66, § 1º; Const. de 1934, 17, V; Const. de 1937, art. 33; Const. de 1946, art. 31, IV; Const. de 1967/Emenda n. 1/69, art. 9º, III.

3. Constituições estrangeiras

Constituição dos EUA, art. 7º.

4. Remissões constitucionais e legais

Constitucionais: art. 5º, XXXIII (direito a receber dos órgãos públicos informações, ressalvado o sigilo), LXXII (*habeas data*), LXXVI (gratuidade do registro civil de nascimento e da certidão de óbito para os reconhecidamente pobres), LXXVII (gratuidade de ações de *habeas data* e *habeas corpus* e de atos necessários ao exercício da cidadania); art. 37, § 3º, II (acesso dos usuários a registros administrativos e a informações sobre atos de governo).

Legais: Medida Provisória n. 2.200-2, de 24-8-2001 (cujo art. 10 considera documentos públicos, para todos os fins legais, os documentos eletrônicos); Lei n. 11.419, de 19-12-2006 (dispõe sobre a informatização do processo judicial); Lei n. 11.111, de 5-5-2005 (regulamenta a parte final do disposto no inciso XXIII do *caput* do art. 5º da CF).

Decreto n. 10.278/2020: Regulamenta o disposto no inciso X do *caput* do art. 3º da Lei n. 13.874, de 20 de setembro de 2019, e no art. 2º-A da Lei n. 12.682, de 9 de julho de 2012, para estabelecer a técnica e os requisitos para a digitalização de documentos públicos ou privados, a fim de que os documentos digitalizados produzam os mesmos efeitos legais dos documentos originais.

5. Referências bibliográficas

BASTOS, Celso Ribeiro; MARTINS, Ives Gandra. *Comentário à Constituição do Brasil*: promulgada em 5 de outubro de 1988. São Paulo: Saraiva, 1989, v. 3, t. 1, p. 38-41; MIRANDA, Pontes de. *Comentários à Constituição de 1946*. 2. ed. rev. e aument. São Paulo: Max Limonad, 1953, p. 147-148; MORAES, Alexandre de. *Constituição do Brasil interpretada e legislação constitucional*. 6. ed. São Paulo: Atlas, 2006; SILVA, José Afonso da. *Curso de direito constitucional positivo*. 32. ed. rev. e atual. São Paulo: Malheiros, 2009, p. 476.

B – ANOTAÇÕES

O dispositivo não inova, se bem que a Constituição de 1891 só o endereçasse aos Estados-membros, na esteira da Constituição norte-americana, inserindo-se no contexto da tradição do Brasil como República Federativa, o que explica sua localização sistemática na organização político-administrativa do Estado (outra opção, também legítima, seria colocá-lo como direito e garantia individual, a ressaltar a dimensão subjetiva da norma em tela).

Seja como for, dispor que os documentos públicos não podem ser recusados por falta de fé tanto garante maior segurança aos particulares detentores ou destinatários de tais atos quanto previsibilidade, confiança, facilidade e agilidade ao tráfego jurídico-econômico entre os entes federativos – aliás, a reciprocidade estabelecida entre as repartições federais, estaduais e municipais reforça a inafastabilidade do vínculo constitucional, vera concretização da forma federativa do Estado, adiante erigida a cláusula pétrea.

Não se pode, pois, na dicção constitucional, recusar fé, isto é, duvidar da idoneidade dos instrumentos oficiais emanados das entidades públicas (não só à prova formal que fazem tais documentos, naquilo que concernem, mas também respeitando à prova material) – o que não exclui, naturalmente, a verificação sumária de requisitos essenciais, espécie de juízo delibatório apto a afastar fraudes ou outros vícios graves, vale dizer que é razoável a conferência dos elementos extrínsecos e intrínsecos de existência e validade do ato questionado (inclusive a competência de quem o emite), certo que sendo ônus de quem duvida do documento fundamentar e comprovar a eventual recusa.

O "telos" da norma, retenha-se, é garantir que os documentos expedidos por pessoa jurídica de direito público interno tenham validade e eficácia para os órgãos públicos que venham a examiná-los. Documentos públicos, em sentido técnico, numa definição sintética de De Plácido e Silva, são todos os atos escritos e passados por serventuários públicos nos livros de seu ofício ou cartório, ou em repartição pública, segundo as prescrições e formalidades legais, exigidas para sua autenticidade e legalidade. Mais genericamente, são os documentos produzidos por entidades públicas para formalizar, substanciar e comprovar, perante terceiros, os atos praticados no exercício das respectivas competências (tais documentos, ditos oficiais, podem revestir-se de natureza administrativa, legislativa ou judiciária) – com o selo adicional de uma fé que não pode ser recusada reciprocamente entre os entes federais.

Art. 19, III – criar distinções entre brasileiros ou preferências entre si.

Jayme Weingartner Neto

A – REFERÊNCIAS

1. História da norma

Redação original, conforme legislador constituinte.

2. Constituições brasileiras anteriores

Const. de 1824, *omissis*; Const. de 1891, art. 8º; Const. de 1934, 17, I; Const. de 1937, art. 32, *a*; Const. de 1946, art. 31, I; Const. de 1967/Emenda n. 1/69, art. 9º, I.

3. Constituições estrangeiras

Constituição dos EUA, art. 4º, Seção 2; Constituição da Espanha, art. 14; Constituição da Itália, art. 3º.

4. Remissões constitucionais e legais

Constitucionais: art. 3º, inciso IV; art. 5º, *caput* e I; art. 12, § 2º; art. 37, I, II, XI e XXI; art. 146, I; art. 150, II e V; art. 151, I, II, III; art. 152.

5. Jurisprudência do STF

ADI n. 815-3-DF (1996) – a Corte não conheceu da ação.

ADI n. 3.070-RN (2007) – julgada procedente para declarar inconstitucional norma da Constituição do Estado do Rio Grande do Norte que fixava como critério de seleção em processo licitatório os valores relativos aos impostos pagos à Fazenda Pública Estadual.

ADI n. 3.583-PR (2008) – julgada procedente para declarar inconstitucional Lei Estadual que estabelecia, como condição de acesso à licitação pública, que a empresa licitante tivesse fábrica ou sede no Estado-membro.

Súmula Vinculante n. 13 (2008) – veda a nomeação de parentes de autoridades ou de servidores para o exercício de cargo em comissão ou de confiança ou de função gratificada no âmbito da administração pública direta e indireta, em qualquer dos Poderes da União, dos Estados, do Distrito Federal e dos Municípios.

Recurso Extraordinário n. 628.075-RS (2011) – reconhecida a repercussão geral em relação ao estorno de créditos por iniciativa unilateral de ente federado, pautado na concessão de benefício fiscal inválido concedido por outro ente federado.

Recurso Extraordinário n. 851.421-DF (2015) – reconhecida a repercussão geral em relação à constitucionalidade da prática do perdão de dívidas tributárias decorrentes do gozo de benefícios fiscais declarados inconstitucionais pelo Supremo Tribunal Federal, pois implementados no âmbito da chamada "Guerra Fiscal".

Ag. Reg. Recurso Extraordinário n. 668.810-SP (2017) – mantida a decisão que reconheceu a inconstitucionalidade material de Lei Municipal de São Paulo, inadmissível a exigência de que os veículos utilizados para atender contratos estabelecidos com a Administração Municipal tivessem seu Certificado de Registro expedido pelo Município de São Paulo.

ADI n. 4.382-SC (2018) – julgada procedente para declarar inconstitucional a Lei Estadual de Santa Catarina que conferia tratamento mais favorável (isenção do pagamento da taxa de pedágio) a veículos emplacados em municípios catarinenses em que instaladas praças de pedágio das rodovias federais BR-101 e BR-116.

ADI n. 3.659-AM (2019) – julgada procedente para declarar inconstitucionais normas de Lei Estadual do Amazonas que limitavam o acesso aos cargos de Administrador Estadual do Estado do Amazonas, ao condicionar a investidura à aprovação em curso de graduação ministrado por instituições específicas, aquelas credenciadas junto ao Estado do Amazonas, e, ainda, potencializavam a avaliação dos candidatos habilitados de acordo com o rendimento deles nesses cursos.

ADI n. 5.358-PA (2020) – julgada procedente para declarar a inconstitucional norma de Lei Estadual do Pará que definia, como critério de desempate em concurso público, a preferência ao servidor do Estado e, persistindo o empate, àquele que contar com maior tempo de serviço ao Estado. Fixada a tese nos seguintes termos: "É inconstitucional a fixação de critério de desempate em concursos públicos que favoreça candidatos que pertencem ao serviço público de um determinado ente federativo".

Ag. Reg. RE n. 1.349.285-RJ (2022) – mantida a decisão que reconheceu a inconstitucionalidade de Lei Estadual do Rio de Janeiro que conferia situação mais vantajosa para os proprietários de veículos residentes ou que trabalhassem em município que abrigam praças de pedágio no Estado.

6. Referências bibliográficas

BASTOS, Celso Ribeiro; MARTINS, Ives Gandra. *Comentário à Constituição do Brasil*: promulgada em 5 de outubro de 1988. São Paulo: Saraiva, 1989, v. 3, t. 1, p. 42-45; MIRANDA, Pontes de. *Comentários à Constituição de 1946*. 2. ed. rev. e aum. São Paulo: Max Limonad, 1953, v. 2, p. 143-146; MORAES, Alexandre de. *Constituição do Brasil interpretada e legislação constitucional*. 6. ed. São Paulo: Atlas, 2006; SILVA, José Afonso da. *Curso de direito constitucional positivo*. 32. ed. rev. e atual. São Paulo: Malheiros, 2009, p. 476.

B – ANOTAÇÕES

A vedação de que se criem distinções ou preferências entre brasileiros, a par de direito e garantia individual de cada brasileiro (nato ou naturalizado, salvo distinções no próprio texto da Constituição Federal), reafirma o princípio geral da isonomia. Certo que, como no inciso anterior, a localização sistemática – no seio da organização político-administrativa do Estado – confere viés peculiar ao dispositivo, a embasar verdadeiro princípio especial de igualdade com eficácia no âmbito da República Federativa, constituindo vetor de conduta a orientar as relações entre os entes federativos. Trata-se, pois, de princípio de isonomia federativa, enfatizando a igualdade dos brasileiros, indiferente de Estado ou Município de nascimento, domicílio ou residência.

Noutro plano, em iguais condições de capacidade ou habilitação, não pode o Estado distinguir, positiva ou negativamente, cidadãos brasileiros no que tange ao exercício de função, ofício ou profissão. Certo, então, que é vedado ao Poder Público, em concursos públicos, estabelecer critérios de admissão desarrazoados sob pretexto de sexo, idade, cor ou estado civil.

A tônica, portanto, não reside na igualdade entre as pessoas de direito público interno (União, Distrito Federal, Estados e Municípios) – cujas competências já vão bem delineadas no texto constitucional –, mas sim, ao proibir preferências/preterições entre os citados entes federados, impedir o favorecimento/prejuízo de brasileiros pelo simples fato de serem naturais de determinado Estado ou Município, v.g., o que poderia ocorrer se o Poder Público orientasse compras ou licitações em geral ou o acesso aos respectivos cargos públicos pela origem ou domicílio das pessoas envolvidas, ou preferisse bens ou serviços produzidos ou prestados por empresas municipais/estaduais. Também vedadas, neste contexto, práticas tendentes a obstacularizar o acesso aos limites e divisas territoriais da República Federativa, em discriminação pela origem, condição social ou modo de vida.

Mesmo que eventualmente redundante, o viés político-administrativo da especial igualdade em apreço aponta para a decisão constitucional de superar práticas culturalmente distorcidas de clientelismo político e nepotismo na Administração Pública, permanecendo zona grísea no que tange aos critérios de preenchimento dos cargos em comissão.

Em relação à proibição de criação de preferências entre os entes federativos – lembrando que faz parte do núcleo federativo a imunidade recíproca de impostos entre ditos entes –, é de notar que o dispositivo em comento é elemento jurídico a frenar o ímpeto das "guerras fiscais" que assolam, nos últimos anos, a República Federativa, pelas quais a União, Estados e Municípios, tantas vezes, desoneram, no limite da proporcionalidade, empreendimentos privados, em prejuízo da arrecadação geral de tributos.

Quanto ao princípio da não discriminação entre participantes de concorrência pública (a ressaltar a igualdade entre os cidadãos e pessoas jurídicas de todos os Estados e Municípios), já se defendeu que a licitação é garantia institucional a serviço da isonomia republicana.

Finalmente, o Supremo Tribunal Federal, tratando-se de normas constitucionais originárias (art. 45, §§ 1º e 2º, CF), não conheceu de ação direta de inconstitucionalidade (ADI n. 815-3-DF) que alegava, nuclearmente, a distorção da representação política parlamentar na Federação, mais precisamente na Câmara dos Deputados, favorecidos os eleitores de alguns Estados (cujo voto proporcionalmente valeria mais) em detrimento de eleitores de outros Estados.

CAPÍTULO II

DA UNIÃO

Art. 20. São bens da União:

I – os que atualmente lhe pertencem e os que lhe vierem a ser atribuídos;

II – as terras devolutas indispensáveis à defesa das fronteiras, das fortificações e construções militares, das vias federais de comunicação e à preservação ambiental, definidas em lei;

III – os lagos, rios e quaisquer correntes de água em terrenos de seu domínio, ou que banhem mais de um Estado, sirvam de limites com outros países, ou se estendam a território estrangeiro ou dele provenham, bem como os terrenos marginais e as praias fluviais;

IV – as ilhas fluviais e lacustres nas zonas limítrofes com outros países; as praias marítimas; as ilhas oceânicas e as costeiras, excluídas, destas, as que contenham a sede de Municípios, exceto aquelas áreas afetadas ao serviço público e a unidade ambiental federal, e as referidas no art. 26, II;

V – os recursos naturais da plataforma continental e da zona econômica exclusiva;

VI – o mar territorial;

VII – os terrenos de marinha e seus acrescidos;

VIII – os potenciais de energia hidráulica;

IX – os recursos minerais, inclusive os do subsolo;

X – as cavidades naturais subterrâneas e os sítios arqueológicos e pré-históricos;

XI – as terras tradicionalmente ocupadas pelos índios.

§ 1º É assegurada, nos termos da lei, à União, aos Estados, ao Distrito Federal e aos Municípios a participação no resultado da exploração de petróleo ou gás natural, de recursos hídricos para fins de geração de energia elétrica e de outros recursos minerais no respectivo território, plataforma continental, mar territorial ou zona econômica exclusiva, ou compensação financeira por essa exploração. (Redação dada pela Emenda Constitucional n. 102, de 2019.)

§ 2º A faixa de até cento e cinquenta quilômetros de largura, ao longo das fronteiras terrestres, designada como faixa de fronteira, é considerada fundamental para defesa do território nacional, e sua ocupação e utilização serão reguladas em lei.

Almiro do Couto e Silva[1]

A – OS BENS NACIONAIS E OS BENS DA UNIÃO NAS CONSTITUIÇÕES BRASILEIRAS

A Constituição do Império, no art. 15, XV, conferia à Assembleia Geral atribuição para "regular a administração dos bens nacionais, e decretar sua alienação". Não havia, porém, um rol dos bens nacionais. No art. 115 alguns desses bens eram referidos: "Os palácios e terrenos nacionais, possuídos atualmente pelo Senhor D. Pedro I, ficarão sempre pertencendo a seus sucessores e a Nação cuidará nas aquisições e construções que julgar convenientes para a decência, e recreio, do Imperador, e sua Família".

Dos demais bens nacionais tratavam os atos normativos infraconstitucionais. Assim, entre outros, a Lei n. 601, de 18 de setembro de 1850 (Lei de Terras), e seu regulamento, o Decreto n. 1.318, de 30 de janeiro de 1854, e o Decreto n. 4.105, de 22 de fevereiro de 1868, que dispôs sobre terrenos de marinha, ribeirinhos e acrescidos.

De acordo com essa legislação, as terras devolutas eram bens nacionais. O art. 3º da Lei n. 601 dava-lhes a definição:

"Art. 3º São terras devolutas:

§ 1º As que não se acharem aplicadas a algum uso público nacional, provincial ou municipal.

§ 2º As que não se acharem no domínio particular por qualquer título legítimo, nem forem havidas por sesmarias ou outras concessões do Governo Geral ou provincial, não incursas em comisso por falta do cumprimento das condições de medição, confirmação e cultura.

§ 3º As que não se acharem dadas por sesmarias ou outras concessões do Governo, que, apesar de incursas em comisso, forem revalidadas por esta Lei.

§ 4º As que não se acharem ocupadas por posses, que, apesar de não se fundarem em título legal, forem legitimadas por esta Lei".

As terras devolutas eram identificadas, como se viu, por exclusão, como, aliás, sucede até hoje. Com a descoberta do Brasil, todas as terras da colônia passaram ao domínio de Portugal. A propriedade privada constituiu-se, no novo território, mediante sesmarias e outras concessões do Estado, subordinadas, porém, à observância de três condições legais: medição, confirmação e cultura. Tratava-se, pois, de propriedade resolúvel. O não atendimento de qualquer uma dessas exigências sujeitava o sesmeiro ou concessionário à pena de comisso; ou seja, por resilição do negócio jurídico, devida ao incumprimento de obrigação, extinguia-se a propriedade sobre as terras recebidas. As duas primeiras condições, a medição e a confirmação eram de difícil preenchimento. Quanto à primeira, havia poucas pessoas habilitadas a fazerem as medições. Quanto à segunda, tinha os inconvenientes da centralização excessiva, pois o ato de confirmação deveria ser expedido pelo governo da metrópole[2]. A Lei de Terras, de 1850, das três condições manteve apenas a última, a que dizia respeito ao cultivo, associado à morada habitual, tanto para o fim do reconhecimento da propriedade como para o da legitimação da posse dos concessionários. Com isso fixou critério seguro para estremar as terras públicas das terras privadas, pois devolutas, em síntese, ficaram apenas aquelas cujas propriedades sobre elas não foram "revalidadas" (art. 4º), ou cujas posses não foram "legitimadas" (art. 5º), a par das demais terras públicas, não aplicadas ao uso comum ou ao uso especial do Estado.

Com isso, olhando para o passado, visava-se a resolver a situação tumultuada que se criara sob a legislação anterior pertinente a sesmarias e concessões de terras públicas, bem como sobre as posses estabelecidas sobre essas terras. Ao mesmo tempo contemplava-se o futuro e, pela venda das terras devolutas medidas, divididas, demarcadas e descritas, pretendia-se, à semelhança do que acontecera nos Estados Unidos, instituir regime que contribuísse para o progresso econômico e social do país[3].

As terras devolutas não compreendiam, porém, os terrenos de marinha, os ribeirinhos e os acrescidos, caracterizados nos parágrafos do art. 1º do Decreto n. 4.105, de 31 de dezembro de 1868.

O Brasil, no Império, era um Estado unitário, mas as Províncias, ainda que não constituíssem entidades políticas, porquanto originariamente meras subdivisões administrativas da Nação, desde o Ato Adicional, de 12 de agosto de 1834, passaram a gozar de capacidade jurídica limitada[4]. Tinham, assim, patrimônio próprio.

Embora as terras devolutas integrassem o domínio nacional, já, naquele período, manifestou-se a tendência de transferi-las ao patrimônio das Províncias, fosse para fins de colonização, fosse sem qualquer destinação específica. São exemplos disso a Lei n. 5.114, de 28 de outubro de 1848, que concedeu a cada uma das Províncias seis léguas em quadra de terras devolutas "exclusivamente destinadas à colonização e não podendo ser roteadas por braços escravos" e,

---

1. O comentário contou com a colaboração e atualização de Rafael Maffini.

2. LIMA, RUY CIRNE, *Pequena História Territorial do Brasil, Sesmarias e Terras Devolutas*, 4. ed., Brasília, Escola de Administração Fazendária, 1988, p. 63 e s.

3. LIMA, RUY CIRNE, op. cit., p. 67 e s.

4. BARBALHO, JOÃO, *Constituição Federal Brasileira*: comentários, Rio, Companhia Litho-Typographia, 1902, p. 270.

por outro lado, a Lei n. 3.397, de 24 de novembro de 1888, que outorgou às Províncias 360.000 hectares daquelas terras.

A Constituição de 1891, a primeira das constituições republicanas brasileiras, ao dar à Nação a forma federativa, criou a distinção entre a União e os Estados-membros, dotados, aquela e estes, de personalidade jurídica de direito público, designadamente de Direito Constitucional.

O art. 64, ocupando-se, apenas, de alguns bens públicos, partilhou-os entre a União e os Estados-membros da seguinte maneira:

"Pertencem aos Estados as minas e terras devolutas situadas nos seus respectivos territórios, cabendo à União somente a porção de território que for indispensável para a defesa das fronteiras, fortificações, construções militares e estradas de ferro federais.

Parágrafo único. Os próprios nacionais, que não forem necessários para serviços da União, passarão ao domínio dos Estados, em cujo território estiverem situados".

A transferência de bens da União aos Estados, notadamente das minas e terras devolutas, ordenada pelo preceito, foi causa de acesas controvérsias. Uns, saudosos do Estado unitário e centralizador que existira no Império, afirmavam que a União tinha sido despojada de suas terras, o que a impediria de realizar em plenitude as tarefas que lhe incumbiam. Outros sustentavam que a passagem desses bens aos Estados era uma consequência necessária do modelo federativo que a República adotara e que, ao contrário do que à primeira vista se poderia pensar, não resultava no empobrecimento da União, mas revelava-se, antes, como providência para esta altamente vantajosa, pelos pesados ônus que lhe retirava para atribuí-los aos Estados[5].

A Constituição de 1934 assim dispunha, no seu art. 20: "São do domínio da União: I – os bens que a esta pertencerem, nos termos das leis atualmente em vigor; II – os lagos e quaisquer correntes em terrenos do seu domínio, ou que banhem mais de um Estado, sirvam de limite com outros países ou se estendam a território estrangeiro; III – as ilhas fluviais e lacustres nas zonas fronteiriças". Não se fazia qualquer alusão explícita a terras devolutas. Elas estavam compreendidas, entretanto, na formulação genérica do inciso I. O disposto nos demais incisos, concernentes a lagos, correntes e ilhas fluviais e lacustres, serviu de modelo às Constituições posteriores. Todas elas reproduziram aquelas normas, em geral com modificações apenas formais, de linguagem, mas com duas ampliações substanciais, consistentes na inserção das ilhas oceânicas entre os bens da União, a partir da Constituição de 1967, e das ilhas costeiras, na Constituição de 1988.

A Constituição de 1937, no art. 37, repetiu o art. 20 da Constituição anterior, com pequenas alterações na redação que em nada modificaram o significado do preceito.

A Constituição de 1946, no art. 34, declarava: "Incluem-se entre os bens da União: I – os lagos e quaisquer correntes de água em terrenos do seu domínio ou que banhem mais de um Estado, sirvam de limite com outros países ou se estendam a território estrangeiro, e bem assim as ilhas fluviais e lacustres nas zonas limítrofes com outros países; II – a porção de terras devolutas indispensável à defesa das fronteiras, às fortificações, construções militares e estradas de ferro". É de notar que se abandonou, nesse texto, a expressão "São do domínio da União", utilizada nas duas Constituições anteriores, preferindo o legislador constituinte de 1946 substituí-la pela locução "Incluem-se entre os bens da União", com o que se tornou evidente que a relação de bens constante do preceito não era taxativa, mas meramente enunciativa. A mesma formulação foi adotada por todas as Constituições posteriores.

A Constituição de 1967 tratou dos bens da União no art. 4º, nos seguintes termos: "Incluem-se entre os bens da União: I – a porção de terras devolutas indispensáveis à defesa nacional ou essencial ao seu desenvolvimento econômico; II – os lagos e quaisquer correntes de água em terrenos de seu domínio, ou que banhem mais de um Estado, que sirvam de limite com outros países ou se estendam a território estrangeiro, as ilhas oceânicas, assim como as ilhas fluviais e lacustres nas zonas limítrofes com outros países; III – a plataforma submarina; IV – as terras ocupadas pelos silvícolas; V – os que atualmente lhe pertencem".

Há, aí, pela primeira vez, referência às ilhas oceânicas, à plataforma submarina e às terras de silvícolas. No inciso I revela-se, explicitamente, a preocupação com o desenvolvimento nacional, incluindo no patrimônio da União as terras devolutas que a ele fossem essenciais.

Por fim, a Emenda Constitucional n. 1, de 1969, dava ao seu art. 4º este enunciado: "Incluem-se entre os bens da União: I – a porção de terras devolutas indispensável à segurança e ao desenvolvimento nacionais; II – os lagos e quaisquer correntes de água em terreno de seu domínio, ou que banhem mais de um Estado, constituam limite com outros países ou se estendam a território estrangeiro; as ilhas oceânicas, assim como as ilhas fluviais e lacustres nas zonas limítrofes com outros países; III – a plataforma continental; IV – as terras ocupadas pelos silvícolas; V – os que atualmente lhe pertencem; e VI – o mar territorial". À relação de bens da União, constante do texto original da Constituição de 1967, acrescentou-se o mar territorial.

B – A CONSTITUIÇÃO E A CLASSIFICAÇÃO DOS BENS PÚBLICOS

Desse breve retrospecto das normas constitucionais brasileiras a respeito do tema, verifica-se que a classificação dos bens públicos, no direito brasileiro, é obra da legislação infraconstitucional e da doutrina, pois dela as nossas Constituições não se ocuparam.

No Estado unitário que era o Brasil antes da República, "bens nacionais" eram os bens do Império, que sobre eles legislava, muito embora, como se viu, pudessem as Províncias ter seus próprios bens. O Código Civil de 1916, no art. 65, definia os bens públicos como sendo os bens do *domínio nacional* pertencentes à União, aos Estados, ou aos Municípios e, semelhantemente, o Código Civil de 2002, no art. 98, qualifica como públicos "os bens do domínio nacional pertencentes às pessoas jurídicas de direito público interno". A expressão domínio nacional compreende hoje, portanto, os bens pertencentes à União, aos Estados, ao Distrito Federal, aos Municípios e suas respectivas autarquias, fundações públicas e associações públicas[6]. Não se

---

5. Veja-se, sobre essas discussões, BARBALHO, J., op. cit., p. 269 e s.

6. As associações públicas foram criadas pela Lei n. 11.107, de 16-4-2003, a qual também alterou a redação do inciso IV do art. 41 do Código Civil de 2002.

confunde, porém, com o território nacional, conceito ligado à estrutura política e ao Estado Federal, considerado este não como pessoa de direito público interno, como ocorre com a União, mas como pessoa de direito internacional.

O Código Civil de 1916 dividia os bens públicos, no art. 66, em bens de uso comum do povo (inciso I); bens de uso especial (inciso II) e bens dominicais (inciso III). Essa classificação é idêntica à que se lê no Código Civil de 2002, no art. 99 e seus incisos. Bens de uso comum do povo são os rios, mares, estradas, ruas e praças. Bens de uso especial são os edifícios ou terrenos destinados a serviço ou estabelecimento de qualquer das pessoas de direito público interno. Bens dominicais são os que constituem o patrimônio dessas mesmas entidades, como objeto de direito real ou pessoal de cada uma delas. Percebe-se, assim, que a titularidade que tem a União sobre os bens públicos só é de direito privado no que concerne aos bens dominicais. No tocante aos bens do uso comum do povo e aos bens do patrimônio especial, a dominialidade é pública, é de direito público, área onde tem papel proeminente o conceito de relação de administração, que não se confunde, como se verá mais adiante, com o direito de propriedade, conformado este por princípios e regras de direito privado.

Na doutrina, os bens de uso especial por vezes são chamados de bens do patrimônio administrativo ou bens patrimoniais indisponíveis e os bens dominicais, de bens do patrimônio fiscal ou bens patrimoniais disponíveis. Há, nessas designações, marcada influência do direito estrangeiro, especialmente alemão e italiano.

Quanto ao regime jurídico, entretanto, pelo menos num ponto – a impossibilidade de aquisição por usucapião de bens imóveis públicos – a Constituição dele tratou em dois artigos, o art. 183, § 3º, e o art. 191, parágrafo único. Tal impossibilidade protege qualquer espécie de imóvel público.

A relação de bens da União, consignada no art. 20 da Constituição de 1988, mistura bens de uso comum do povo, bens de uso especial e bens dominicais.

No concernente aos primeiros, costuma-se distinguir entre bens que sua própria natureza os destina ao uso comum do povo, como sucede com o mar, os rios, as praias e outros que, elaborados pela mão do homem ou construídos artificialmente, são vinculados, por um ato administrativo, à afetação, ao uso público. É o que ocorre com as ruas, as estradas, as praças. A ligação desses bens ao uso comum do povo levou a que se pensasse, sob influência do direito romano, que o titular de direito sobre eles sejam todas as pessoas, o povo em geral[7]. Titular de direito sobre os bens de uso comum do povo incluídos na lista constante do art. 20 da Constituição de 1988 é a União – a regra do art. 20 é explícita quanto a isto – e não o povo. O direito que cabe a cada um do povo é o de **usar** esses bens, sem excluir, entretanto, os demais utentes. Assim, caminhos privados abertos há muitos anos ao público, até imemorialmente, mas sem qualquer participação do Poder Público, não se convertem em caminhos públicos. O povo não tem aptidão jurídica para adquiri-los por usucapião. A transformação desses caminhos privados em caminhos públicos só poderá dar-se, portanto, se o Estado os desapropriou, ou instituiu servidão pública ou deles se apossou e os afetou ao uso comum do povo. Tal posse pode caracterizar-se pela atividade da Administração Pública dirigida à conservação dos caminhos e à realização das obras necessárias para mantê-los trafegáveis. O ato de afetação instaura sobre os caminhos relação de administração, de Direito Público, que é paralisante da relação de propriedade, segundo o direito privado[8]. As duas relações, situadas em planos distintos, não se eliminam; elas podem coexistir, até que se consume a desapropriação indireta, com o pagamento da indenização, ou que os requisitos para a configuração da usucapião em favor do Estado se verifiquem, extinguindo-se, em qualquer dessas hipóteses, o direito de propriedade do anterior titular. Por outro lado, desfeita a relação de administração (por exemplo, pela desafetação do bem ao uso público), o direito de propriedade, que por ela se encontrava paralisado, reassume seu pleno vigor, com todos os seus efeitos[9].

C – ESPECIFICAÇÃO DOS BENS DA UNIÃO

1. Os bens atuais e os futuros

O inciso I tem antecedente no inciso I do art. 20 da Constituição de 1934. Aquela norma tinha sua razão de ser, quando menos, para explicitar que continuavam no patrimônio da União, como determinara o art. 64 da Constituição de 1891, as terras devolutas indispensáveis à "defesa das fronteiras, fortificações, construções militares e estradas de ferro federais", uma vez que os demais incisos do art. 20 não fizeram referência a terras devolutas. Parece, entretanto, evidente, que os bens que eram da União, à data da promulgação da Constituição de 1988, continuaram a pertencer-lhe posteriormente, excetuados, obviamente, os que foram por ela alienados. É igualmente induvidoso que os bens que lhe foram atribuídos, após aquela data, ou os que lhe vierem ainda a ser atribuídos passaram ou passarão a pertencer à União. Talvez o único interesse prático do preceito seja, atualmente, o de esclarecer que a lista dos bens da União, constante dos incisos subsequentes do art. 20, não é exaustiva, como, aliás, o *caput* do artigo já deixa perceber. Contudo, sob a égide da Constituição de 1946, cujo art. 34 não continha norma similar ao do inciso I do art. 20 da Constituição de 1988, nunca se entendeu que os bens da União fossem apenas aqueles discriminados no referido preceito. Tudo faz supor, portanto, que igual entendimento prevalecesse, caso a hipótese prevista no inciso I não figurasse no art. 20 da Constituição de 1988.

2. Terras devolutas

O inciso II remeteu a definição das terras devolutas da União à legislação ordinária. Terras devolutas da União são, pois, numa primeira caracterização, as assim definidas por lei, que sejam indispensáveis à defesa das fronteiras, das fortificações e

---

7. Nesse sentido, BEVILÁQUA, Clóvis, *Código Civil dos Estados Unidos do Brasil comentado*, Rio de Janeiro, Ed. Rio, 1976, edição histórica, cópia da edição de 1940, v. I, p. 301.

8. LIMA, Ruy Cirne e Pasqualini, Paulo A., *Princípios de Direito Administrativo*, 7. edição, São Paulo, Malheiros, 2007, p. 187-188.

9. LIMA, Ruy Cirne, *Sistema de Direito Administrativo Brasileiro*, Porto Alegre, Editora Santa Maria, 1953, p. 17 e s.

construções militares, das vias federais de comunicação e à preservação ambiental. A determinação conceitual das terras devolutas remonta à Lei n. 601, de 1850. Eram, como já realçado, tidas como devolutas as terras públicas que não estavam aplicadas ao uso comum do povo ou ao uso especial do Estado, ou que, embora transferidas ao domínio privado, haviam retornado ao domínio público, por não haverem sido as propriedades privadas "revalidadas" ou as posses dos particulares sobre elas "legitimadas", nos termos daquela mesma Lei de Terras.

O Decreto-lei n. 9.760, de 5 de setembro de 1946, no art. 5º, manteve o mesmo critério de caracterizar as terras devolutas por exclusão. De acordo com essa norma são terras devolutas da União, na faixa da fronteira, nos Territórios Federais e no Distrito Federal as terras que, não sendo próprias nem aplicadas a algum uso público federal, estadual, territorial ou municipal, não se incorporaram ao domínio privado, por diferentes causas ali enumeradas. A expressão "não sendo próprias" há de interpretar-se como excludente do rol das terras devolutas as terras já definidas como bens dominicais da União[10].

Numa fórmula ao mesmo tempo genérica e sintética pode-se dizer, como disse o Supremo Tribunal Federal, que são terras devolutas as terras públicas que, "não estando aplicadas a qualquer uso público federal, estadual ou municipal, não se incorporaram ao domínio privado"[11]. Embora as terras devolutas sejam consideradas como bens dominicais do Estado e, pois, em princípio, destinadas a serem alienadas, a Constituição vinculou as terras devolutas da União a fins específicos, quais sejam a defesa das fronteiras, das fortificações e construções militares, das vias federais de comunicação e à preservação ambiental.

Tais terras devolutas não se confundem com a chamada "faixa de fronteira" que o § 2º do art. 20 fixou em "até cento e cinquenta quilômetros de largura, ao longo das fronteiras terrestres". Por certo, as terras devolutas situadas nessa faixa de fronteira são bens da União, pois, na dicção do aludido § 2º, tal faixa é "fundamental para a defesa do território nacional". Os demais imóveis nela situados, contudo, não integram o patrimônio da União.

Em princípio, é a lei federal que declara a "indispensabilidade" das terras devolutas para os fins previstos no inciso II do art. 20[12]. No caso da defesa das fronteiras, porém, a própria Constituição se incumbiu de fazê-lo, com a norma do § 2º do seu art. 20.

Com isso pôs fim a antiga controvérsia. É que a Lei n. 601, de 1850, havia estabelecido, no seu art. 1º, a regra geral proibitiva da aquisição de terras devolutas por outro título que não fosse o de compra, instituindo, todavia, no mesmo artigo a exceção, concernente às terras devolutas situadas nos limites com países estrangeiros, em uma zona de dez léguas (correspondentes, aproximadamente, a 66 quilômetros), as quais poderiam ser concedidas gratuitamente. O Decreto n. 1.318, de 1864, por sua vez, no art. 82, determinou que, "dentro da zona de dez léguas nos limites do Império com países estrangeiros e em terras devolutas que o governo pretender povoar, estabelecer-se-ão colônias militares". Com o advento da nossa primeira Constituição republicana entendeu-se, com a chancela do Supremo Tribunal Federal, que o art. 64 daquela Carta ressalvara que as terras devolutas existentes na zona de fronteira, de dez léguas, eram do domínio da União, reconhecendo, assim, a permanência, no nosso direito positivo, das normas da Lei n. 601 e do Decreto n. 1.318, o que implicava também reconhecer que aquelas terras devolutas não haviam passado à propriedade dos Estados[13].

A Constituição de 1934, no art. 166, e a Constituição de 1937, no art. 165, aludiam respectivamente, a uma faixa de cem ou de cento e cinquenta quilômetros, ao longo das fronteiras, dentro da qual a propriedade privada sofreria limitações, ficando sob o controle do Conselho de Segurança Nacional. Nessa faixa situavam-se as terras devolutas da União – as existentes na zona de dez léguas estabelecida na Lei n. 601, de 1850 –, as terras devolutas dos Estados, como determinara o art. 64 da Constituição de 1891, e terras do domínio privado, dos indivíduos em geral ou de entidades públicas, por estas adquiridas pelas formas de direito privado ou mediante desapropriação. As Constituições de 1946 e de 1967, bem como a Emenda Constitucional n. 1, de 1969, nada dispuseram sobre essa matéria. A legislação ordinária, como, por exemplo, a Lei n. 2.597, de 12 de setembro de 1955, e a Lei n. 4.947, de 6 de abril de 1966, não alterou essa situação e nem poderia fazê-lo, pois implicaria retirar bens dos Estados-membros para atribuí-los à União, sem amparo constitucional[14].

Essa tese, entretanto, não é mais sustentável, em face do que estatui o § 2º do art. 20 da Constituição de 1988. Todas as terras devolutas existentes na faixa de até cento e cinquenta quilômetros ao longo das fronteiras terrestres são bens da União[15].

Por igual, nos termos do inciso II do art. 20, integram também o patrimônio da União as terras devolutas que a legislação federal considerar indispensáveis à defesa das fortificações e construções militares, ou das vias federais de comunicação, bem como à preservação ambiental. Em razão da sede constitucional dos preceitos não se poderá arguir lesão a direito subjetivo. Assim, como ressalta a Súmula 477 do STF, "as concessões de terras devolutas situadas na faixa de fronteira, feitas pelos Estados, autorizam apenas o uso, permanecendo o domínio com a União, ainda que se mantenha inerte ou tolerante, em relação aos possuidores".

Resta destacar que a competência para legislar sobre o processo de discriminação de terras devolutas é da União, pois só ela tem a competência para legislar sobre processo em geral, civil ou penal (CF, art. 22, I). Atualmente o processo de discriminação de terras devolutas está disciplinado pela Lei n. 6.383, de 7 de dezembro de 1976. Tal processo, como afirmado pelo STF, destina-se a verificar o que resta de terra pública em área previamente delimitada, a fim de estremá-la das terras objeto de dominialidade alheia. Por meio da ação discriminatória o Estado, ignorando a verdadei-

---

10. PONTES DE MIRANDA, F. C. *Comentários à Constituição de 1967*, São Paulo, RT, 1967, t. I, p. 521.
11. STF, ACO n. 317-2 – São Paulo, rel. Min. Ilmar Galvão, *DJ* de 20/11/1992.
12. STF, ACO n. 477-2 – Tocantins, rel. Min. Marco Aurélio, *DJ* de 23/02/2001.
13. Apelação Cível n. 5.549, *Arquivo Judiciário*, v. 28, p. 153.
14. Veja-se sobre essas questões CRETELLA JÚNIOR, José, *Tratado do Domínio Público*, Rio de Janeiro: Forense, 1984, p. 350 e s.
15. Enquanto escrevemos estes comentários, tramita no Congresso Nacional Projeto de Emenda Constitucional, já aprovado pela Comissão de Constituição, Justiça e Cidadania do Senado Federal, que altera o limite da faixa de fronteira, reduzindo-o de 150 para 50 quilômetros, do Estado do Rio Grande do Sul até o Estado de Mato Grosso.

ra extensão das terras que possui na área em questão, chama todos os interessados para que venham exibir seus títulos. Deduzidas as terras tituladas em nome de terceiros, inclusive de entidades de direito público, as que sobrarem são terras devolutas[16].

Percebe-se, pois, que terras devolutas não são terras sem dono, adéspotas ou *res nullius*; são sempre terras públicas, ainda que a entidade titular do direito sobre elas possa desconhecer sua extensão. Para desfazer essa incerteza o instrumento jurídico próprio é a ação discriminatória. A sentença proferida nessa ação tem, pois, natureza declaratória. As terras devolutas, possuindo natureza pública, mesmo antes de discriminadas são insuscetíveis de aquisição por usucapião.

3. Lagos, rios e quaisquer correntes de água em terrenos de seu domínio, ou que banhem mais de um Estado, sirvam de limites com outros países, ou se estendam a território estrangeiro ou deles provenham, bem como os terrenos marginais e as praias fluviais

A norma é de grande clareza. As águas em terrenos de domínio da União a esta pertencem. Os terrenos de domínio da União são os de que cuida o art. 20 da Constituição Federal e os que a União adquiriu segundo as regras de direito privado ou por desapropriação. Além desses bens, são ainda da União, como está no texto, os lagos, rios e correntes de água que banhem mais de um Estado, sirvam de limite com outros países, ou se estendam a território estrangeiro ou deles provenham. Fora dessas hipóteses, as águas ou pertencem aos Estados, ao Distrito Federal e aos Municípios – por se situarem em terrenos de domínio dessas unidades políticas da Federação – ou são privadas.

Os lagos e correntes da União classificam-se segundo os critérios estabelecidos no Código Civil, a propósito dos bens públicos. São eles, pois, ou de uso comum do povo, ou do patrimônio especial ou, ainda, bens dominicais (CC, art. 99). Contudo, o Código de Águas, o Decreto n. 24.643, de 1934, no art. 1º, declara que "as águas públicas podem ser de uso comum ou dominicais". Não fez referência a águas como bens do patrimônio especial. Águas existentes em terrenos que sejam do patrimônio especial hão de seguir, porém, essa mesma condição. Assim, por exemplo, lagos e correntes existentes em terras da União destinadas à realização de exercícios e manobras militares.

São igualmente da União os terrenos marginais dos rios, lagos e correntes que lhe pertencem, bem como as praias fluviais. O Decreto-lei n. 9.760, de 1946, no art. 4º, conceitua os terrenos marginais como sendo "os que, banhados pelas correntes navegáveis, fora do alcance das marés, vão até à distância de quinze me-

---

16. ACO n. 317-2/SP (ver, *supra*, nota 10). O STF, na ACO 481-1/TO, rel. Min. Marco Aurélio, *DJ* de 23/02/2001, p. 81, entendeu, porém, que: "Não são passíveis de enquadramento como terras devolutas, para o efeito previsto no *caput* do art. 2º do Decreto-lei n. 2.375/87, as glebas que tiveram situação jurídica devidamente constituída ou em processo de formação. Tal é o caso de imóvel matriculado no registro de imóveis em nome da União, ao tempo em que ocorre a tramitação de processo objetivando a titulação por possuidores via o Instituto Nacional de Colonização e Reforma Agrária (Incra)". Por outro lado, decidiu o STJ, no CC n. 175/RS, rel. Min. Athos Carneiro: "A só circunstância de área rural não registrada estar localizada na faixa de fronteira não a torna devoluta nem autoriza inclusão entre os bens da União (CF, art. 20, II) e, portanto, não usucapíveis. Improvado o domínio da União, compete à Justiça Estadual processar e julgar a ação de usucapião".

tros medidos horizontalmente para a parte da terra, contados desde a linha média das enchentes ordinárias". Essa definição é cópia fiel da definição de "terrenos reservados", que se lê no art. 14 do Código de Águas, Decreto n. 24.643, de 1934.

Muito se discutiu se sobre os terrenos marginais, reservados ou ribeirinhos existiria dominialidade pública, ou se apenas servidão administrativa. A discussão encerrou-se com a Súmula 479 do STF, a qual reconhece, nessa situação, propriedade pública. Tal propriedade será da União se os terrenos se situarem à margem de rios federais, e, se isso não ocorrer, será do Estado, pois sempre seguem a condição dos rios. Caso ainda alguma dúvida existisse quanto a este ponto, ela foi totalmente eliminada pela Constituição de 1988, em face dos termos dos arts. 20, III, e 26, I.

No mesmo rumo, as praias fluviais de rios federais são do domínio da União, e as de rio estadual são do domínio do Estado. Qualquer outra interpretação, baseada apenas na literalidade do inciso III do art. 20, seria incoerente. Não seria lógico e nem razoável que as praias formadas à margem de rio estadual pertencessem à União.

4. As ilhas fluviais e lacustres nas zonas limítrofes com outros países; as praias marítimas, as ilhas oceânicas e as costeiras, excluídas, destas, as que contenham a sede de Municípios, exceto aquelas áreas afetadas ao serviço público e a unidade ambiental federal, e as referidas no art. 26, II

A atual redação do inciso IV do art. 20 foi dada pela Emenda Constitucional n. 46, de 2005. Do mesmo modo como os rios que sirvam de limite com outros países são bens da União, assim também pertencem à União as ilhas fluviais e lacustres, nas zonas limítrofes com outros países. As praias marítimas são, igualmente, bens da União, destinados ao uso comum do povo. "Entende-se por praia", nas palavras do art. 10, § 3º, da Lei n. 7.661, de 1998, que instituiu o Plano Nacional de Gerenciamento Costeiro, "a área coberta e descoberta periodicamente pelas águas, acrescida da faixa subsequente de material detrítico, tal como areias, cascalhos, seixos e pedregulhos, até o limite onde se inicie a vegetação natural, ou em sua ausência, onde comece um outro ecossistema".

O *caput* do mesmo art. 10 assegura, "sempre, livre acesso às praias e ao mar, em qualquer direção e sentido, ressalvados os trechos considerados de interesse de segurança nacional ou incluídos em áreas protegidas por legislação específica".

Frequentemente, porém, há uma faixa de terra de propriedade privada entre as praias e as estradas a partir das quais seria possível o acesso às praias e ao mar. Nem sempre existem caminhos públicos entre essas estradas e a orla marítima. Como assegurar, portanto, o acesso da população em geral, de forma permanente, livre e franca às praias e ao mar, sem desrespeitar o direito de propriedade sobre as terras por onde tal acesso teria de efetivar-se? O § 2º do art. 10 preceitua que a regulamentação da Lei é que determinará as características e as modalidades de acesso que garantam o uso público das praias e do mar. Na ausência dessa regulamentação não será lícito ao Poder Judiciário fixar tais acessos, pelo meio de terras privadas; e, caso isso fosse admissível, as decisões judiciárias teriam sempre de reconhecer, em favor dos particulares, titulares de direito de domínio sobre essas terras, o direito a serem indenizados. A via adequada seria a de desapropriar a área abrangida pelos caminhos de acesso ou instituir, pelos meios próprios, servidão de passagem, mas também na segunda hipótese, é claro, mediante o pagamento de indenização.

Destaque-se que o art. 14 da Lei n. 13.240, de 30 de dezembro de 2015, autoriza a União, mediante assinatura de um termo de adesão, a transferir aos Municípios a gestão das orlas e praias marítimas, estuarinas, lacustres e fluviais federais, inclusive as áreas de bens de uso comum com exploração econômica, tais como calçadões, praças e parques públicos. Não pode ser transferida a gestão das praias urbanas nos casos dos corpos d'água; as áreas consideradas essenciais para a estratégia de defesa nacional; as áreas reservadas à utilização de órgãos e entidades federais; as áreas destinadas à exploração de serviço público de competência da União; e as áreas situadas em unidades de conservação federais. O referido termo de adesão deverá conter, entre outras cláusulas, a sujeição do Município às orientações normativas e à fiscalização pela Secretaria do Patrimônio da União; o direito dos Municípios sobre a totalidade das receitas auferidas com as utilizações autorizadas; a possibilidade de a União retomar a gestão, a qualquer tempo, devido a descumprimento de normas da Secretaria do Patrimônio da União ou por razões de interesse público superveniente; a reversão automática da área à Secretaria do Patrimônio da União no caso de cancelamento do termo de adesão; e a responsabilidade integral do Município, no período de gestão municipal, pelas ações ocorridas, pelas omissões praticadas e pelas multas e indenizações decorrentes.

No que diz respeito às ilhas oceânicas e costeiras, integram elas o patrimônio da União, com as ressalvas que a Constituição estabelece. Não existe mais a necessidade de esclarecer, como houve no passado, quais os elementos que servem para distinguir as ilhas costeiras das oceânicas, pois havia uma linha de entendimento que sustentava serem as ilhas costeiras de propriedade dos Estados e que o domínio da União seria apenas sobre as ilhas oceânicas. Ambas as espécies são hoje, induvidosamente, em princípio, bens da União. Entretanto, no que concerne às ilhas costeiras, as que contenham sede de Municípios a estes pertencem[17], como é o caso, por exemplo, da ilha de Florianópolis. Todavia, as áreas afetadas ao serviço público federal e a unidade ambiental federal que existam em ilhas costeiras que sejam sede de Municípios incluem-se, tais áreas, no domínio da União.

Por outro lado, o disposto no art. 20, IV, tem de ser harmonizado com o que se contém no art. 26, II, da Constituição. Esta última regra prescreve que são bens dos Estados, nas ilhas oceânicas e costeiras, as áreas que estiverem no seu domínio, excluídas aquelas sob o domínio da União, Municípios ou terceiros.

O que se extrai da análise conjunta de ambos os dispositivos constitucionais é que pertencem aos Estados, nas ilhas marítimas em geral, as áreas que, no passado, lhes foram transferidas pela União ou que lhes venham a ser transferidas, no futuro, pelos meios regulares de direito[18]. Terras públicas dominicais podem ter sido também transferidas a Municípios e a particulares, ou lhes vierem a ser transferidas, tanto pela União como pelos próprios Estados. Desse modo, são áreas dos Estados, nas ilhas costeiras e oceânicas, como declara o art. 26, "as que estiverem no seu domínio, excluídas aquelas sob domínio da União, Municípios ou terceiros".

5. Os recursos naturais da plataforma continental e da zona econômica exclusiva

Cabe advertir, desde logo, que bens da União são tão somente os "recursos naturais" da plataforma continental e da zona econômica exclusiva e não a plataforma continental ou a zona econômica exclusiva. Diferentemente era o tratamento dispensado pela Emenda Constitucional n. 1, de 1969, que não cogitava da zona econômica exclusiva e cujo art. 4º, no inciso III, incluía a plataforma continental entre os bens da União. Assim, em face do inciso V do art. 20 da Constituição de 1988, é irrecusável a competência tributária dos Estados e Municípios sobre as partes da plataforma continental, do mar territorial e da zona econômica exclusiva que sejam projeção dos seus respectivos territórios, como reconheceu o STF[19].

A conceituação da plataforma continental e da zona econômica exclusiva é dada pela Lei n. 8.617, de 1993, em consonância com a Convenção da ONU sobre o Direito do Mar, de 1982, celebrada em Montego Bay. A mesma Lei também especifica quais os recursos naturais que podem ser objeto de exploração e aproveitamento pelo Brasil, no exercício de seus direitos de soberania.

"A plataforma continental do Brasil" – diz a Lei n. 8.617/93, no seu art. 11 – "compreende o leito e o subsolo das áreas submarinas que se estendem além do seu mar territorial, em toda a extensão do prolongamento do seu território terrestre, até o bordo exterior da margem continental, ou até uma distância de duzentas milhas marítimas das linhas de base, a partir das quais se mede a largura do mar territorial, nos casos em que o bordo exterior da margem continental não atinja essa distância"[20].

De outra parte, "a zona econômica exclusiva brasileira compreende uma faixa que se estende das doze às duzentas milhas marítimas, contadas a partir das linhas de base que servem para medir a largura do mar territorial"[21].

Na plataforma submarina os recursos naturais consistem "em recursos minerais e outros recursos não vivos do leito do mar e subsolo, bem como os organismos vivos pertencentes a espécies sedentárias, isto é, aqueles que no período da captura estão imóveis no leito do mar ou no seu subsolo, ou que só podem mover-se em constante contato físico com esse leito ou subsolo"[22]. Exemplo de organismo vivo com as características por último apontadas é a lagosta, crustáceo muito apreciado pelos *gourmets* e que evoca incidente ocorrido entre o Brasil e a França, ao tempo do General De Gaulle, conhecido como a "guerra da lagosta".

---

17. É o que se infere, também, do inciso II do art. 26.
18. STF, ACO 317-2/SP, rel. Min. Ilmar Galvão. Trata-se de *leading case* sobre as questões referentes à dominialidade das ilhas marítimas, costeiras e oceânicas, no direito brasileiro. O acórdão retrata o histórico da discussão, com remissões à literatura e aos quadros normativos pertinentes, em diferentes épocas, concluindo nos termos reproduzidos em nossos comentários, os quais, neste particular, seguiram os passos daquela decisão.
19. ADI 2.080-MC, rel. Min. Sydney Sanches, *DJ* de 22/03/02.
20. O parágrafo único do art. 11 da referida Lei esclarece, ainda, que "o limite exterior da plataforma continental será fixado em conformidade com os critérios estabelecidos no art. 76 da Convenção das Nações Unidas sobre o Direito do Mar, celebrada em Montego Bay, em 10 de dezembro de 1982".
21. Art. 6º.
22. Art. 12, parágrafo único.

Na zona econômica exclusiva, os recursos naturais são identificados de forma mais genérica. São eles "os recursos naturais, vivos ou não vivos, das águas sobrejacentes ao leito do mar, do leito do mar e seu subsolo e no que se refere a outras atividades com vistas ao aproveitamento da zona para fins econômicos"[23].

Reservou-se o Brasil, nessa zona, "o direito exclusivo de regulamentar a investigação científica marinha, a proteção e preservação do meio marinho, bem como a construção, operação e uso de todos os tipos de ilhas artificiais, instalações e estruturas". Não é difícil perceber, pelo menos na parte final dessa norma, sua conexão com as atividades de prospecção e extração do petróleo, da maior relevância para a economia nacional.

O art. 4º da Lei n. 13.139, de 26 de junho de 2015, dispõe que a SPU poderá autorizar a utilização onerosa ou gratuita do espaço subaquático da plataforma continental para passagem de dutos de petróleo e gás natural ou cabos, bem como o uso das áreas da União necessárias e suficientes ao seguimento do duto ou cabo até o destino final, sem prejuízo, quando subterrâneos, da destinação da superfície, desde que os usos concomitantes sejam compatíveis. Destaque-se que somente dependerá de autorização a instalação de dutos ou cabos que penetrem o território nacional ou o mar territorial brasileiro.

As demais disposições da legislação ordinária concernentes à plataforma continental e à zona econômica exclusiva exprimem o poder de polícia do Brasil sobre essas áreas e interessam às relações internacionais (investigação científica marinha ou exercícios e manobras militares realizadas por outros Estados[24]), mas não estão diretamente ligadas ao Direito Constitucional e, especialmente, aos bens da União.

6. O mar territorial

Por longo tempo vigorou e foi observada por muitas nações, inclusive pelo Brasil, a regra costumeira do Direito Internacional que fixava em três milhas marítimas (aproximadamente a distância de um tiro de canhão) a largura do mar territorial. A Convenção de Genebra, de 1958, já estabelecia, porém, que essa largura deveria ser de doze milhas marítimas. O Brasil, na década de 60 do século passado, visando harmonizar sua posição com a da Argentina, reduziu para seis milhas marítimas a largura do seu mar territorial[25]. Contudo, o Decreto-Lei n. 1.098, de 1970, estendeu a faixa do mar territorial brasileiro para duzentas milhas marítimas. A Lei n. 8.617, de 1993 revogou essa disposição e fez com que o Brasil se ajustasse ao padrão internacional das doze milhas, previsto para a largura do mar territorial pela Convenção de Genebra, de 1958 e pela Convenção de Montego Bay, de 1982. Segundo essa Lei, a largura da faixa do mar territorial é medida "a partir da linha de baixa-mar do litoral continental e insular brasileiro, tal como indicado nas cartas náuticas de grande escala, reconhecidas oficialmente pelo Brasil"[26]. Contudo, nos locais em que a costa apresente recortes profundos e reentrâncias ou em que exista uma franja de ilhas ao longo da costa, tal método de medição será substituído pelo das linhas de base retas, ligando pontos apropriados, para o traçado da linha de base, a partir da qual será medida a extensão do mar territorial[27]. A mesma Lei declara, ainda, que a soberania do Brasil estende-se ao mar territorial, ao espaço aéreo sobrejacente, bem como ao seu leito e subsolo.

Em outros sistemas jurídicos, como é o caso, por exemplo, da França, apenas o solo e o subsolo do mar territorial incluem-se no domínio público marítimo[28]. No tocante, porém, às águas do mar territorial, elas não são consideradas como sujeitas à dominialidade pública, ainda que o Estado francês exerça sobre tais águas seu poder de polícia. As águas do mar são tidas como "*res communis omnium*", que podem ser utilizadas por todos. É esta a razão pela qual as retiradas de água do mar não estão sujeitas a autorização e nem implicam qualquer pagamento, a qualquer título, salvo quando realizadas mediante instalações, canalizações ou aparelhos de bombeamentos assentados em bem do domínio público[29].

No Brasil, entretanto, o mar territorial, como um todo, compreendendo, portanto, as águas, leito ou solo e o subsolo, é qualificado como bem da União. As águas e o leito do mar territorial são bens de uso comum do povo (CC, art. 98, I). O mesmo não se pode dizer, entretanto, do subsolo do mar, que é, inequivocamente, bem dominical da União, como também sucede com o subsolo terrestre (CF, art. 176).

Segundo o art. 4º da Lei n. 13.139, de 26 de junho de 2015, a SPU poderá autorizar a utilização onerosa ou gratuita do espaço subaquático do mar territorial para passagem de dutos de petróleo e gás natural ou cabos, bem como o uso das áreas da União necessárias e suficientes ao seguimento do duto ou cabo até o destino final, sem prejuízo, quando subterrâneos, da destinação da superfície, desde que os usos concomitantes sejam compatíveis.

7. Os terrenos de marinha e acrescidos

São terrenos de marinha os situados no continente, na costa marítima e nas margens dos rios e lagoas, até onde se faça sentir a influência das marés, bem como os que contornam as ilhas situadas em zona onde também se faça sentir a influência das marés, em uma profundidade de trinta e três metros medidos horizontalmente, para a parte da terra, da posição da linha do preamar médio de 1831. A influência das marés é caracterizada pela oscilação periódica de cinco centímetros, pelo menos, do nível das águas, que ocorra em qualquer época do ano[30].

Por sua vez, são terrenos acrescidos de marinha os que se tiverem formado, natural ou artificialmente, para o lado do mar ou dos rios e lagoas em seguimento aos terrenos de marinha.

Os numerosos textos legislativos referentes aos terrenos de marinha, desde o período colonial, passando pelo Império e pela República, até cristalizar-se a definição que lhes deu o Decreto-Lei n. 9.760, de 5 de setembro de 1946, bem evidenciam a impor-

---

23. Art. 7º.
24. Lei n. 8.617/93, arts. 3º, 8º, 9º e 10 e seus parágrafos.
25. Decreto-Lei n. 44, de 18 de novembro de 1966, art. 1º.
26. Art. 1º.
27. Parágrafo único do art. 1º.
28. Lei de 28 de novembro de 1963.
29. MORAND-DEVILLER, J., *Cours de Droit Administratif des Biens*, 3. ed., Paris, Montchrestien, 2003, p. 45.
30. Decreto-Lei n. 9.760, de 5 de setembro de 1946, art. 2º e parágrafo único.

tância, a um só tempo econômica e política, que têm e sempre tiveram esses bens no Estado brasileiro[31].

Tendo em vista que a ocupação do solo do Brasil começou pela costa, desde logo se percebe que, atualmente, é vultosa a receita que a União aufere pelo recebimento de foros e laudêmios relacionados com os terrenos de marinha. A par disso, é evidente, também, a significação que tais terrenos possuem para a segurança nacional, em virtude de sua proximidade com o oceano.

Questão importante de ordem prática diz respeito à demarcação dos terrenos de marinha. O órgão federal incumbido da determinação das linhas do preamar médio de 1831 é o Serviço do Patrimônio da União (SPU). A Lei n. 14.474, de 6 de dezembro de 2022, incluiu o parágrafo único ao art. 9º do Decreto n. 9.760/46, pelo qual "a partir da linha demarcatória posicionada na forma do *caput* deste artigo, o procedimento de demarcação física de limites entre os terrenos de domínio da União e os imóveis de terceiros poderá ser realizado pela União, por outros entes públicos ou por particulares, nos termos definidos em ato do Secretário de Coordenação e Governança do Patrimônio da União, observados os procedimentos licitatórios quando for o caso". Como fase preparatória aos trabalhos demarcatórios, a Secretaria de Coordenação e Governança do Patrimônio da União realizará, no âmbito do processo demarcatório, audiência pública de demarcação das áreas da União, presencial ou eletrônica, nos Municípios abrangidos pelo trecho a ser demarcado. Em tal audiência pública, além de colher documentos históricos, cartográficos e institucionais relativos ao trecho a ser demarcado, a Secretaria de Coordenação e Governança do Patrimônio da União apresentará à população interessada informações e esclarecimentos sobre o processo demarcatório, recebendo os referidos documentos em até 30 (trinta) dias após a sua realização. O convite para a audiência pública ocorrerá por meio de publicação em sítio eletrônico institucional e no *Diário Oficial da União* com até 30 (trinta) dias de sua realização, não descartados outros meios de publicidade. Além disso, a SPU notificará o Município sobre a abertura do processo demarcatório e a apresentação de documentos históricos, cartográficos e institucionais, informando a respeito da realização da audiência e da cooperação na execução de procedimentos técnicos, inclusive quanto à publicidade perante a população local. As audiências públicas a serem realizadas nos Municípios abrangidos pelo mesmo trecho a ser demarcado poderão ser simultâneas ou agrupadas. Após a realização dos trabalhos técnicos que se fizerem necessários, o Superintendente do Patrimônio da União no Estado determinará a posição da linha demarcatória por despacho. Serão, então, notificados pessoalmente os interessados certos alcançados pelo traçado da linha demarcatória para, no prazo de 60 (sessenta) dias, oferecerem quaisquer impugnações. Na área urbana, serão considerados interessados os responsáveis pelos imóveis alcançados pelo traçado da linha demarcatória até a linha limite de terreno marginal ou de terreno de marinha que esteja cadastrado na Secretaria do Patrimônio da União ou inscrito no cadastro do Imposto Predial e Territorial Urbano (IPTU) ou outro cadastro que vier a substituí-lo. Já na área rural, considera-se interessado certo o responsável pelo imóvel alcançado pelo traçado da linha demarcatória até a linha limite de terreno marginal que esteja cadastrado na Secretaria do Patrimônio da União e, subsidiariamente, esteja inscrito no Cadastro Nacional de Imóveis Rurais (CNIR) ou outro que vier a substituí-lo. Além disso, a SPU fará notificação por edital, por meio de publicação em jornal de grande circulação no local do trecho demarcado e no *Diário Oficial da União*, dos interessados incertos alcançados pelo traçado da linha demarcatória para, no prazo de 60 (sessenta) dias, apresentarem quaisquer impugnações, que poderão ser dotadas de efeito suspensivo nos termos do parágrafo único do art. 61 da Lei n. 9.784, de 29 de janeiro de 1999. Com as impugnações eventualmente apresentadas, o Superintendente do Patrimônio da União no Estado reexaminará o assunto e, se confirmar sua decisão, notificará os recorrentes, que, no prazo improrrogável de 20 (vinte) dias contado da data de sua ciência, poderão interpor recurso, que poderá ser dotado de efeito suspensivo, dirigido ao Secretário do Patrimônio da União do Ministério do Planejamento, Orçamento e Gestão. De tal decisão, será dado conhecimento aos recorrentes, para que, no prazo de 20 (vinte) dias contado da data de sua ciência, possam interpor recurso, não dotado de efeito suspensivo, dirigido ao Ministro de Estado do Planejamento, Orçamento e Gestão[32].

A decisão final administrativa, é óbvio, poderá ainda ser submetida ao crivo do Poder Judiciário.

8. Os potenciais de energia hidráulica

A Constituição de 1988 é a primeira das Constituições brasileiras a incluir os potenciais de energia hidráulica entre os bens da União. As Constituições de 1934, 1937 e 1946 apenas atribuíam à União competência para legislar sobre águas e energia elétrica. Nas de 1934 e 1937 tinham os Estados competência para legislar supletiva ou complementarmente sobre essa matéria[33]. Na Constituição de 1946 tal competência era exclusiva[34], e as Constituições posteriores repetiram esse modelo.

A Constituição de 1946 já determinava que "as quedas d´água" constituíam propriedade distinta da do solo para o efeito de exploração e aproveitamento industrial e que o aproveitamento dos recursos de energia hidráulica, assim como o dos recursos minerais, dependia de autorização ou concessão federal[35]. Não arrolava, entretanto, os serviços de energia elétrica entre aqueles de titularidade da União Federal. A autorização ou concessão era, pois, de uso ou aproveitamento de bem público, mais precisamente de bem da União, pois os serviços de distribuição de energia elétrica eram, muitas vezes, da órbita dos Municípios ou dos Estados. Essa situação, como é fácil de perceber, gerou inúmeros problemas jurídicos.

A Constituição de 1967[36] e a Emenda Constitucional n. 1, de 1969[37], outorgaram à União a competência para explorar direta-

---

31. Veja-se, sobre isso e sobre a história dos terrenos de marinha no direito brasileiro, CRETELLA JÚNIOR, J., op. cit., p. 353 e s.

32. Procedimento previsto nos arts. 9º a 14 do Decreto-Lei n. 9.760, de 5 de setembro de 1946, com a redação dada pela Lei n. 13.139, de 26 de julho de 2015.

33. Art. 5º, § 3º, e art. 18, *a*, respectivamente.

34. Art. 5º, XV, *l*.

35. Art. 153. O § 2º dessa norma dispensava de autorização ou concessão o aproveitamento de energia hidráulica de potência reduzida.

36. Art. 8º, XV, *b*.

37. Art. 8º, XV, *b*.

mente, ou mediante autorização ou concessão, os serviços e instalações de energia elétrica.

A Constituição de 1988, além de incluir os potenciais de energia elétrica entre os bens da União, a esta ainda conferiu a competência para explorar diretamente, ou mediante autorização, concessão ou permissão, os serviços e instalações de energia elétrica e o aproveitamento energético dos cursos de água em articulação com os Estados onde se situam os potenciais hidroenergéticos[38].

Com isso ficaram aglutinadas, no plano constitucional, a dominialidade da União sobre os potenciais hidroelétricos e a titularidade da União relativamente aos serviços e instalações de energia elétrica e ao aproveitamento energético dos cursos de água. A fórmula centralizadora, plasmada na Constituição de 1988, serviu também para acentuar a marca da escola francesa do serviço público no regime jurídico do setor energético brasileiro[39].

A Constituição de 1988, no art. 176, manteve a distinção feita pelas Constituições anteriores, desde a de 1946, entre a propriedade do solo e a dos potenciais de energia hidráulica, sublinhando que estes "pertencem à União", ênfase, aliás, desnecessária diante da inclusão daqueles potenciais entre os bens da União, como declarado no art. 20, VIII. O aproveitamento dos potenciais de energia hidráulica somente poderá ser efetuados mediante autorização ou concessão da União, "no interesse nacional, por brasileiros ou empresa constituída sob as leis brasileiras e que tenha sua sede e administração no País, na forma da lei, que estabelecerá as condições específicas quando essas atividades se desenvolverem em faixa de fronteira ou terras indígenas"[40]. Em se tratando de terras indígenas, a autorização deverá ser dada pelo Congresso Nacional, ouvidas as comunidades afetadas[41]. O aproveitamento do potencial de energia renovável de capacidade reduzida não depende de autorização[42].

9. Os recursos minerais, inclusive os do subsolo

O tratamento que a Constituição de 1988 dispensa aos recursos minerais, inclusive os do subsolo, assemelha-se ao atribuído aos potenciais de energia elétrica, que acabamos de examinar. Já foi aqui destacado que a Constituição de 1891 atribuíra as minas, juntamente com as terras devolutas, ao domínio dos Estados (art. 64). As Constituições subsequentes limitaram-se a declarar que a competência para legislar sobre "riquezas do subsolo e mineração" bem como sobre águas e energia hidroelétrica era da União. O art. 176 é compreensivo de ambas essas espécies de bens da União. Assim, as jazidas, em lavra[43] ou não, pertencem à União. Quase um século depois, inverte-se a situação determinada pela Constituição de 1891, que passara as minas ao domínio dos Estados. O art. 176 garante ao concessionário, que pode ser outra pessoa que não o proprietário do solo, a propriedade do produto da lavra. Assegura-se, contudo, ao proprietário do solo direito de participação no resultado da lavra, na forma e no valor que dispuser a lei. No tocante à autorização ou concessão para a pesquisa e lavra de recursos minerais, elas estão sujeitas às mesmas exigências vigorantes para a autorização ou concessão de aproveitamento de potenciais de energia hidráulica, que foram anteriormente referidas, inclusive quando aquelas atividades forem realizadas em terras indígenas[44].

10. As cavidades naturais subterrâneas e os sítios arqueológicos e pré-históricos

As cavernas, antros, furnas, grutas ou, genericamente, quaisquer cavidades naturais subterrâneas que existam no território natural são bens da União. De igual modo, os sítios arqueológicos e pré-históricos. O art. 216 da Constituição, inciso V, inclui entre os bens que integram o patrimônio cultural brasileiro, além de outros, os sítios de valor paisagístico, arqueológico, paleontológico, ecológico e científico. A Lei n. 3.924, de 26 de julho de 1961, dispõe sobre monumentos arqueológicos e pré-históricos, considerando como tais (a) as jazidas (sambaquis, poços sepulcrais, jazigos etc.) que representem testemunhos de cultura dos paleoameríndios do Brasil; (b) os sítios nos quais se encontram vestígios de ocupação pelos paleomaríndios; (c) sítios identificados como cemitérios, sepulturas ou locais de pouso prolongado ou de aldeamento nos quais se encontram vestígios humanos de interesse arqueológico ou paleoetnográfico; (d) inscrições rupestres ou locais com vestígios de atividade de paleoameríndios[45].

11. As terras tradicionalmente ocupadas pelos índios

O art. 231, § 1º, da Constituição Federal define as terras tradicionalmente ocupadas pelos índios como sendo "as por eles habitadas em caráter permanente, as utilizadas para suas atividades produtivas, as imprescindíveis à preservação dos recursos ambientais necessários a seu bem-estar e as necessárias a sua reprodução física e cultural". Têm os índios a posse permanente dessas terras e o usufruto exclusivo das riquezas do solo, dos rios e dos lagos nelas existentes, sendo o domínio da União limitado à nua propriedade[46]. Tais terras são inalienáveis e indisponíveis, sendo imprescritíveis os direitos sobre elas[47].

---

38. Art. 21, XII, b.

39. O direito da energia elétrica no Brasil formou-se e desenvolveu-se por caminhos por vezes muito sinuosos, ao influxo de ideias contrapostas e conflitantes: por um lado as de caráter privatista, com raízes nas concepções anglo-americanas do *common law* e das *public utilities*; por outro, as de índole publicista, modeladas pela noção francesa de *service public*. Sobre a história das ambiguidades do direito da energia elétrica no Brasil e os numerosos problemas a que deram causa, alguns dos quais ainda hoje subsistem, veja-se, por todos, LOUREIRO, Luiz G. K., *A Indústria Elétrica e o Código de Águas*: o regime jurídico das empresas de energia entre a *concession de service public* e a *regulation of public utilities*, Porto Alegre, Sérgio Antonio Fabris, 2007.

40. Art. 176, § 1º.

41. Art. 231, § 3º.

42. Art. 176, § 4º.

43. "Jazida em lavra" é sinônimo de mina, na definição do art. 4º do Código de Minas (Decreto-lei n. 228, de 22 de fevereiro de 1967), que, nessa parte, não foi modificado pela Lei n. 9.314/96. O mesmo art. 4º também define o que seja "jazida": "Considera-se jazida toda massa individualizada de substância mineral ou fóssil, aflorando à superfície ou existente no interior da terra, e que tenha valor econômico; e mina é a jazida em lavra, ainda que suspensa".

44. CF, art. 176, § 1º.

45. Art. 2º.

46. STJ, MS 1.835, 1ª Seção, rel. Min. Milton Pereira, *RDA* 193/292.

47. CF, art. 231, §§ 2º e 4º.

Contudo, a expressão "terras tradicionalmente ocupadas pelos índios", que está no inciso XI do art. 20 da Constituição Federal, não abrange "terras de aldeamentos extintos, ainda que ocupadas por indígenas em passado remoto" (Súmula 650 do STF).

D – PARTICIPAÇÃO OU COMPENSAÇÃO FINANCEIRA E FAIXA DE FRONTEIRA

1. Participação ou compensação financeira

O § 1º do art. 20 assegura, nos termos da lei, à União, aos Estados, ao Distrito Federal e aos Municípios a participação no resultado da exploração de petróleo ou gás natural, de recursos hídricos para fins de geração de energia elétrica e de outros recursos minerais no respectivo território, plataforma continental, mar territorial ou zona econômica exclusiva, ou compensação financeira por essa exploração. A diferença essencial entre a participação e a compensação consiste na natureza indenizatória desta última, sempre relacionada à existência de algum dano, enquanto a participação prescinde da ocorrência de prejuízo: é simplesmente uma fração de uma vantagem econômica que se justifica ou pela dominialidade pública do bem explorado, que, no caso, é da União (recebida por órgãos de sua administração direta), ou, no que toca aos Estados, Distrito Federal e Municípios, pelo fato de a exploração dar-se em seus respectivos territórios ou na plataforma continental, mar territorial e zona econômica exclusiva que lhes sejam confrontantes.

Substancialmente, a participação garantida pelo § 1º do art. 20 não difere da participação que tem o proprietário do solo no produto da lavra, como preceitua o § 2º do art. 176 da Constituição Federal.

Cabe registrar, por fim, que a receita advinda da participação é de natureza patrimonial e não tributária[48], sendo, além disso, receita direta dos entes federativos, razão pela qual é inaplicável o art. 71, VI, da Constituição Federal[49]. Estranhável, porém, é a vinculação dessa receita a determinados órgãos da administração direta da União, a serem indicados pela legislação infraconstitucional.

2. Faixa de fronteira

Já aludimos ao § 2º do art. 20 ao tratar das terras devolutas. A faixa de até cento e cinquenta quilômetros de largura ao longo das fronteiras terrestres compreende as terras devolutas que dentro delas se encontrem e que são bens da União. No tocante às terras privadas ou terras públicas de outras unidades da Federação situadas na área da faixa de fronteira, acham-se elas submetidas a regime jurídico especial. A Lei n. 6.634/79 vedou, salvo com assentimento prévio do Conselho de Segurança Nacional, a prática de vários atos, tais como a alienação de terras públicas; a abertura de vias de transporte e instalação de meios de comunicação destinados à exploração de serviços de radiodifusão de sons ou radiodifusão de sons e imagens; a construção de pontes, estradas internacionais e campos de pouso; o estabelecimento ou exploração de indústrias que interessem à Segurança Nacional, relacionadas em decreto do Poder Executivo; e ainda a instalação de empresas que se dedicarem às atividades de pesquisa, lavra, exploração e aproveitamento de recursos minerais, salvo os de imediata aplicação na construção civil, classificados no Código de Mineração; colonização e loteamento rurais; transações com imóvel rural que impliquem a obtenção, por estrangeiros, do domínio, de posse ou de qualquer direito real sobre o imóvel; participação, a qualquer título, de estrangeiro, pessoa natural ou jurídica, em pessoa jurídica que seja titular de direito real sobre imóvel rural[50].

Essa mesma Lei estabeleceu restrições à participação do capital estrangeiro em empresas, ali especificadas, dentro da faixa de fronteira, determinando que essa participação está limitada a 49% do capital social e que a gerência e a administração só poderia caber a brasileiros, além de prescrever que pelo menos 2/3 dos trabalhadores deveriam ser brasileiros[51].

E – LEGISLAÇÃO

1) Bens imóveis: Decreto-Lei n. 9.760, de 5 de setembro de 1946 (bens imóveis da União); Lei n. 13.178, de 22 de outubro de 2015 (a ratificação dos registros imobiliários decorrentes de alienações e concessões de terras públicas situadas nas faixas de fronteira); Lei n. 9.636, de 15 de maio de 1998 (dispõe sobre a regularização, administração, aforamento e alienação de bens imóveis de domínio da União, altera dispositivos dos Decretos-Leis n. 9.760/46 e 2.398/87, regulamenta o § 2º do art. 49, ADCT, e dá outras providências); Lei n. 11.481, de 31 de maio de 2007 (dá nova redação a dispositivos das Leis n. 9.636/88, 8.666/93, 11.124/2005, 10.406/2002 – Código Civil –, 9.514/97 e 6.015/73, e dos Decretos-Leis n. 9.760/46, 271/67, 1.876/81 e 2.398/87; prevê medidas voltadas à regularização fundiária de interesse social em imóveis da União e dá outras providências); Lei n. 13.139, de 26 de junho de 2015 (altera os Decretos-Leis n. 9.760, de 5 de setembro de 1946, n. 2.398, de 21 de dezembro de 1987, a Lei n. 9.636, de 15 de maio de 1998, e o Decreto-Lei n. 1.876, de 15 de julho de 1981; dispõe sobre o parcelamento e a remissão de dívidas patrimoniais com a União; e dá outras providências); Lei n. 13.240, de 30 de dezembro de 2015 (dispõe sobre a administração, a alienação, a transferência de gestão de imóveis da União e seu uso para a constituição de fundos; altera a Lei n. 9.636, de 15 de maio de 1998, e os Decretos-Lei n. 3.438, de 17 de julho de 1941, 9.760, de 5 de setembro de 1946, 271, de 28 de fevereiro de 1967, e 2.398, de 21 de dezembro de 1987; e revoga dispositivo da Lei n. 13.139, de 26 de junho de 2015); Lei n. 13.465, de 11 de julho de 2017 (dispõe sobre a regularização fundiária rural e urbana, sobre a liquidação de créditos concedidos aos assentados da reforma agrária e sobre a regularização fundiária no âmbito da Amazônia Legal; institui mecanismos para aprimorar a eficiência dos procedimentos de alienação de imóveis da União; altera as Leis n. 8.629, de 25 de fevereiro de 1993, 13.001, de 20 de junho de 2014, 11.952, de 25 de junho de 2009, 13.340, de 28 de setembro de 2016, 8.666, de 21 de junho de 1993, 6.015, de 31 de dezembro de 1973, 12.512, de 14 de outubro de

---

48. Nesse sentido, STF, RE 228.800, rel. Sepúlveda Pertence, DJ de 16/11/01. Mais recentemente, o STF reiterou a natureza patrimonial originária de tais rendas, em sede de controle concentrado de constitucionalidade (ADI 4.606, rel. min. Alexandre de Moraes, DJE de 6/5/2019).

49. STF, MS 24312, rel. Min. Ellen Gracie, DJ de 19/12/03.

50. Art. 2º.

51. Art. 3º.

2011, 10.406, de 10 de janeiro de 2002 (Código Civil), 13.105, de 16 de março de 2015 (Código de Processo Civil), 11.977, de 7 de julho de 2009, 9.514, de 20 de novembro de 1997, 11.124, de 16 de junho de 2005, 6.766, de 19 de dezembro de 1979, 10.257, de 10 de julho de 2001, 12.651, de 25 de maio de 2012, 13.240, de 30 de dezembro de 2015, 9.636, de 15 de maio de 1998, 8.036, de 11 de maio de 1990, 13.139, de 26 de junho de 2015, 11.483, de 31 de maio de 2007, e 12.712, de 30 de agosto de 2012, a Medida Provisória n. 2.220, de 4 de setembro de 2001, e os Decretos-Leis n. 2.398, de 21 de dezembro de 1987, 1.876, de 15 de julho de 1981, 9.760, de 5 de setembro de 1946, e 3.365, de 21 de junho de 1941; revoga dispositivos da Lei Complementar n. 76, de 6 de julho de 1993, e da Lei n. 13.347, de 10 de outubro de 2016; e dá outras providências); Lei n. 6.938, de 31 de agosto de 1981 (política nacional do meio ambiente); Decreto-Lei n. 2.375, de 24 de novembro de 1987 (revoga o Decreto-Lei n. 1.164, de 1º de abril de 1971, dispõe sobre terras públicas, e dá outras providências); Lei n. 14.011, de 10 de junho de 2020 (aprimora os procedimentos de gestão e alienação dos imóveis da União). **2) Águas e praias:** Decreto n. 24.643, de 10 de julho de 1937 (Código de Águas); Lei n. 9.984, de 17 de julho de 2000 (dispõe sobre a Agência Nacional de Águas – ANA); Lei n. 7.661, de 16 de maio de 1998 (Plano Nacional de Gerenciamento Costeiro). **3) Mar territorial, zona contígua, zona econômica exclusiva e plataforma continental:** Lei n. 8.617, de 4 de janeiro de 1993 (dispõe sobre o mar territorial, a zona contígua, a zona econômica exclusiva e a plataforma continental brasileira); Decreto n. 1.265, de 11 de outubro de 1994 (Política Marítima Nacional). **4) Potenciais de energia hidráulica, recursos minerais e cavidades do subsolo:** Lei n. 9.427, de 26 de dezembro de 1996 (institui a Agencia Nacional de Energia Elétrica – ANEEL, e disciplina o regime de concessões de serviços públicos de energia elétrica); Decreto-Lei n. 227, de 28 de fevereiro de 1967 (dá nova redação ao Decreto-Lei n. 1.985/40 – Código de Minas); Lei n. 9.478, de 6 de agosto de 1997 (dispõe sobre a Política Energética Nacional, as atividades relativas ao monopólio do petróleo, institui o Conselho Nacional de Política Energética e a Agência Nacional do Petróleo – ANP); Lei n. 3.924, de 26 de julho de 1961 (monumentos arqueológicos e pré-históricos). **5) Terras indígenas:** Decreto n. 1.775, de 8 de janeiro de 1996 (demarcação de terras indígenas). **6) Compensação ou participação financeira:** Lei n. 7.990, de 28 de dezembro de 1989 (exploração de recursos energéticos e compensação financeira); Lei n. 8.001, de 13 de março de 1990 (percentuais de distribuição da compensação da Lei n. 7.990/1989). **7) Faixa de fronteira:** Lei n. 6.634, de 2 de maio de 1979 (faixa de fronteira); Decreto-Lei n. 1.135, de 3 de dezembro 1970 (organização, competência e funcionamento de Conselho de Segurança Nacional).

F – JURISPRUDÊNCIA

1. Súmulas do STF

Súmula **477**: "as concessões de **terras devolutas** situadas na **faixa de fronteira**, feitas pelos Estados, autorizam apenas o uso, permanecendo o domínio com a União, ainda que se mantenha inerte ou tolerante, em relação aos possuidores"; Súmula **479**: "As margens dos rios navegáveis são de domínio público, insuscetíveis de expropriação e, por isso mesmo, excluídas de indenização"; Súmula **650**: "Os incisos I e XI do art. 20 da CF não alcançam terras de aldeamentos extintos, ainda que ocupadas por indígenas em passado remoto".

2. Acórdãos do STF

RE 636.199, rel. Min. Rosa Weber, *DJe* de 03.08.2017, julgado sob o regime de repercussão geral, fixando a Tese 676, pela qual "A Emenda Constitucional n. 46/2005 não interferiu na propriedade da União, nos moldes do art. 20, VII, da Constituição da República, sobre os terrenos de marinha e seus acrescidos situados em ilhas costeiras sede de Municípios"; ADI 3.273 e ADI 3.666, rel. Min. Eros Grau, *DJ* de 02.03.07, decisão versando sobre a distinção entre bens da União e monopólio, correlacionado os arts. 20, 176 e 177 da CF; ACO 481-1/TO, rel. Min. Marco Aurélio, *DJ* de 23/02/2001, p. 81: "Não são passíveis de enquadramento como **terras devolutas**, para o efeito previsto no *caput* do art. 2º do Decreto-lei n. 2.375/87, as glebas que tiveram situação jurídica devidamente constituída ou em processo de formação. Tal é o caso de imóvel matriculado no registro de imóveis em nome da União, ao tempo em que ocorre a tramitação de processo objetivando a titulação por posseiros via o Instituto Nacional de Colonização e Reforma Agrária (Incra)". No mesmo sentido, ACO n. 477-2/TO, rel. Min. Moreira Alves, julgada em 27/06/02; ACO n. 317-2, SP, rel. Min. Ilmar Galvão, julgada em 17/09/92: trata-se de *leading case* sobre as questões e discussões referentes à dominialidade das **ilhas marítimas, costeiras e oceânicas**, no direito brasileiro, se da União ou dos Estados. O acórdão, com remissões à literatura e aos quadros normativos pertinentes, em diferentes épocas, retraça o histórico da controvérsia, só superada com o texto da Constituição de 1988; ADI 2080 – MC, rel. Min. Sydney Sanches, *DJ* de 22/03/02: o acórdão afirmou a competência tributária dos Estados e Municípios sobre as partes da plataforma continental, do mar territorial e da zona econômica exclusiva que sejam projeção dos seus respectivos territórios; RE 228.800, rel. Sepúlveda Pertence, *DJ* de 16/11/01: "A obrigação instituída na Lei 7.990/89, sob o título de compensação financeira pela exploração de recursos minerais (CFEM) não corresponde ao modelo constitucional respectivo, que não comportaria, como tal, a sua incidência sobre o faturamento da empresa; não obstante, é constitucional, por amoldar-se à alternativa de participação no produto da exploração dos aludidos recursos minerais, igualmente prevista no art. 20, § 1º, da Constituição". Confira-se sobre o mesmo tema: STF, AI 453.025-AgR, rel. Min. Gilmar Mendes, *DJ* de 09/06/06; RE 253.906, rel. Min. Ellen Gracie, *DJ* de 18/09/04 e MS 24312, rel. Min. Ellen Gracie, *DJ* de 19/12/03: "Embora os recursos naturais da plataforma continental e os recursos minerais sejam bens da União (CF, art. 20, V e IX), a participação ou compensação aos Estados, Distrito Federal e Municípios no resultado da exploração de petróleo, xisto betuminoso e gás natural são receitas originárias destes últimos entes federativos (CF, art. 20, § 1º). É inaplicável, ao caso, o disposto no art. 71, VI, da Carta Magna, que se refere, especificamente, ao repasse efetuado pela União – mediante convênio, acordo ou ajuste – de recursos originariamente federais"; ADI 4.970, rel. Min. Cármen Lúcia, *DJe* de 22/9/2021: "Interpretação conforme à Constituição da República do § 7º do art. 18 da Lei 9.636/1998, acrescentado pela Lei 12.058/2009, para admitir a cessão do espaço aéreo sobre bens públicos, do espaço físico em águas públicas, das áreas de álveo de lagos, dos rios e quaisquer correntes d'água, das vazantes e de outros bens do domínio da União, contíguos a imóveis da União afetados ao regime de aforamento ou ocupação, desde que realizada a Estados, ao Distrito Federal, aos Municípios ou a entidades sem fins lucrativos nas áreas de educação, cultura, assistência social ou saúde, ou a pessoas físicas ou jurídicas, nesse caso demonstrado o interesse público ou social ou de aproveitamento econômico de interesse nacional"; ADI 2.080, rel. Min. Gilmar Mendes, *DJe* 6/11/2019: "conforme já decidido pelo Plenário desta Suprema Corte quando do indeferimento da medida cautelar (...), entendo não violar a Constituição Federal a previsão, em Constituição e Legislação Estaduais, para fins tributários, de que as porções do mar territorial, da plataforma continental e da zona econômica exclusiva integram o território do Estado do Rio de Janeiro e Municípios do litoral"; ADI 4.846, rel. Min. Edson Fachin, *DJe* 18/2/2020: "Os royalties são receitas originárias da União, tendo em vista a propriedade federal dos recursos minerais, e obrigatoriamente transferidas aos Estados e Municípios. (...) É constitucional a imposição legal de repasse de parcela das receitas transferidas aos Estados para os municípios integrantes da territorialidade do ente maior"; ADI 4.606, rel. Min. Alexandre de Moraes, *DJe* de 6/5/2019: "as rendas obtidas nos termos do art. 20, § 1º, da CF constituem receita patrimonial originária, cuja titularidade – que não se confunde com a dos recursos naturais objetos de exploração – pertence a cada um dos entes federados afetados pela atividade econômica. Embora sejam receitas originárias de Estados e Municípios, as suas condições de recolhimento e repartição são definidas por regramento da União, que tem dupla autoridade normativa na matéria, já que cabe a ela definir as condições (legislativas) gerais de exploração de potenciais de recursos hídricos e minerais (art. 22, IV e XII, da CF), bem como as condições (contratuais) específicas da outorga dessa atividade a particulares (art. 176, parágrafo único, da CF). Atualmente, a legislação de regência determina seja o pagamento 'efetuado, mensalmente, diretamente aos Estados, ao Distrito Federal, aos Municípios e aos órgãos da Administração Direta da União' (art. 8º da Lei 7.990/1989)".

3. Acórdãos do STJ

CComp 175/RS, rel. Min. Athos Carneiro: "A só circunstância de área rural não registrada estar localizada na faixa de fronteira não a torna devoluta nem autoriza inclusão entre os bens da União (CF, art. 20, II) e, portanto, não usucapíveis. Incomprovado o domínio da União, compete à Justiça Estadual processar e julgar a ação de usucapião"; MS n. 1835, Primeira Seção, rel. Min. Milton Pereira, *RDA* 193/292: "Na 'área indígena', estabelecida a dominialidade (arts. 20 e 231, CF), a União é nua proprietária e os índios situam-se como usufrutuários, ficando excepcionado o direito adquirido do particular (art. 231, §§ 6º e 7º, CF), porém, com a inafastável necessidade de ser verificada a habitação ou ocupação tradicional dos índios, seguindo-se a demarcatória no prazo de cinco anos (art. 66, ADCT)".

G – BIBLIOGRAFIA

LIMA, Ruy Cirne, *Pequena História Territorial do Brasil, Sesmarias e Terras Devolutas*, 4. ed., Brasília, Escola de Administração Fazendária, 1988; *Sistema de Direito Administrativo Brasileiro*, Porto Alegre, Editora Santa Maria, 1953; LIMA, Ruy Cirne e PASQUALINI, Paulo A., *Princípios de Direito Administrativo*, 7. ed., São Paulo, Malheiros; BARBALHO, João, *Constituição Federal Brasileira*: comentários, Rio de Janeiro, Companhia Litho-Typographia; CRETELLA JÚNIOR, José, *Tratado do Domínio Público*, Rio de Janeiro: Forense, 1984; MELLO, Humberto Haydt de Souza, Terras devolutas, *Revista de Informação Legislativa*, Brasília, Senado Federal, ano 3, n. 11, jul./set. 1966; LOUREIRO, Luiz G. K., *A Indústria Elétrica e o Código de Águas*: o regime jurídico das empresas de energia entre a *concession de service public* e a *regulation of public utilities*, Porto Alegre, Sérgio Antonio Fabris, 2007; ATALIBA, Geraldo, Patrimônio Administrativo: empresas estatais delegadas de serviço público; regime de seus bens; execução de suas dívidas, *RTDP* 7/21; MACEDO, Dimas. Recursos hídricos e Constituição, *RTDP* 8/191; FERRAZ, Sérgio, A alienação de bens públicos na lei federal de licitações, *RDA* 198/53.

Art. 21. Compete à União:
Fernanda Dias Menezes de Almeida[1]

Referências bibliográficas[1]

ALMEIDA, Fernanda Dias Menezes de. *Competências na Constituição de 1988*. 6. ed. São Paulo: Atlas, 2013.

FERRAZ, Anna Candida da Cunha. *União, Estados e Municípios na nova Constituição*: enfoque jurídico-formal. A nova Constituição paulista. São Paulo: Fundação Faria Lima/Fundação de Desenvolvimento Administrativo, 1989.

FERRAZ JÚNIOR, Tércio Sampaio. Normas gerais e competência concorrente: uma exegese do art. 24 da Constituição Federal. *Revista da Faculdade de Direito da Universidade de São Paulo*, São Paulo, v. 90, 1995.

FERREIRA FILHO, Manoel Gonçalves. *Comentários à Constituição Brasileira de 1988*. 3. ed. São Paulo: Saraiva, 2000. v. 1.

HORTA, Raul Machado. *Estudos de Direito Constitucional*. Belo Horizonte: Del Rey Editora, 1995.

MOREIRA NETO, Diogo de Figueiredo. Competência concorrente limitada. O problema da conceituação das normas gerais. *Revista de Informação Legislativa*, Brasília, ano 25, n. 100, out./dez. 1988.

SILVA, Enio Moraes. *O Estado federado na defesa dos interesses transindividuais*. São Paulo: Centro de Estudos da Procuradoria Geral do Estado, 2005.

Repartição de competências

A repartição de competências, já foi dito (ver comentários ao art. 1º), é característica inarredável do Estado Federal. A definição constitucional das atribuições dos diferentes integrantes da Federação é exigência que se impõe para permitir a coexistência harmoniosa entre o conjunto e as partes, bem assim para dar substância à autonomia recíproca. É natural, portanto, que as Constituições Federais estabeleçam a partilha de competências entre a União e os Estados, ou entre a União, os Estados e os Municípios, no caso de Federações de duplo grau, como a brasileira, obedecendo, para tanto, a técnicas que variaram acompanhando a evolução do federalismo (sobre a evolução do federalismo, ver comentários ao art. 1º) e que na atualidade supõem, basicamente, a combinação de poderes privativos e concorrentes, enumerados e remanescentes.

---

1. Os comentários da autora neste artigo foram revistos e atualizados pela Professora Telma de Freitas Fontes, Mestre em Direito Constitucional pela Faculdade de Direito da Universidade de São Paulo, Procuradora do Estado de São Paulo Assessora-Chefe da Assessoria Técnico-Legislativa, integrante do Grupo de Pesquisa "Estrutura e Dinâmica do Estado Federal", vinculado à Faculdade de Direito da Universidade de São Paulo.

As diferentes técnicas de repartição de competências. A técnica do federalismo dual

Ao tempo do federalismo dual, firmou-se a técnica norte-americana de se enumerarem as competências próprias da União, ficando para os Estados as competências remanescentes não enumeradas. Nos Estados Unidos, para ser fiel ao esquema de sua Constituição, a par da explicitação das competências materiais e legislativas privativas da União (artigo I, seção 8, n. 1 a 17), foi prevista ainda a chamada cláusula das competências implícitas, mediante a qual o Congresso pode "elaborar todas as leis necessárias ao exercício dos poderes especificados e dos demais que a Constituição confere ao Governo dos Estados Unidos ou a seus Departamentos ou funcionários" (artigo I, seção 8, n. 18).

Quanto às competências estaduais, inicialmente não mencionadas na Constituição, extraía-se do sistema, implicitamente, que seriam, por exclusão, as não atribuídas à União. Esse entendimento veio a consolidar-se com a ratificação da Décima Emenda, segundo a qual "os poderes não delegados aos Estados Unidos pela Constituição, nem por ela negados aos Estados, são reservados aos Estados ou ao povo".

No sistema descrito, a doutrina costuma identificar uma repartição horizontal de competências, com matérias distribuídas em regime de exclusividade a cada entidade federada, não se aceitando a participação ou interferência da União no exercício dos poderes dos Estados e vice-versa.

A técnica do federalismo cooperativo

Já com o advento do federalismo cooperativo, veio acrescer-se ao esquema clássico a utilização de competências concorrentes, admitindo-se que, a par das competências privativas de cada esfera de poder, certas competências possam ser exercidas por mais de um integrante da Federação, nos termos estabelecidos na Constituição.

No plano das competências legislativas, comumente o funcionamento dessa técnica de partilha pressupõe a atribuição de uma mesma matéria, concorrentemente, a titulares diversos, porém, em níveis diferentes: a um confere-se o estabelecimento de normas gerais, a outro o de normas particulares ou específicas. Visualiza-se aí uma repartição vertical de competências.

No plano das competências materiais, certas atividades e serviços são atribuídos, também concorrentemente, a mais de um titular, indicando o bom senso que deverá haver uma disciplina legal sobre o modo de exercê-los conjuntamente, para que a atuação concertada dos parceiros possa surtir os efeitos a que se preordena, ou seja, maior eficiência na execução de tarefas e objetivos de grande relevância social, que são de responsabilidade do Poder Público de todos os níveis da Federação.

A técnica do federalismo de equilíbrio

Em tempos de federalismo de equilíbrio, continuam a conviver as duas técnicas de repartição de competências, sendo que as competências concorrentes, nessa fase da evolução do Estado Federal, têm sua importância ampliada, como mecanismo que, se bem utilizado, presta-se a corrigir os excessos da tendência centralizadora registrada em grande parte das Federações contemporâneas, descaracterizadas pelo espaço ampliado do poder central, em detrimento da autonomia dos poderes estaduais.

A repartição de competências na Federação brasileira

As Constituições brasileiras acompanharam, cronologicamente, as mudanças registradas no tratamento da repartição de competências ao longo da evolução do federalismo.

Fiel à técnica do federalismo clássico, a Constituição de 1891 é reflexo da norte-americana: enumerou as competências privativas da União (art. 34), prevendo inclusive sua competência implícita (art. 34, n. 33), e conferiu aos Estados as competências residuais (art. 65, § 2º). Mas não deixou de incluir, sem maior desenvolvimento, é certo, poucas competências não exclusivas do Congresso (art. 35) e uma pequena área de legislação concorrente (art. 13). Não se encontra na primeira Constituição republicana referência expressa às competências municipais, delimitadas implicitamente, pelo vetor do peculiar interesse dos Municípios, que deveria presidir a sua autonomia (art. 68).

Já a Constituição de 1934, sob a influência de outras Constituições mais próximas dela no tempo, como a de Weimar, de 1919, e da Áustria, de 1920, inaugurou entre nós o federalismo cooperativo, incluindo, além da competência privativa da União (art. 5º) e da competência remanescente dos Estados (art. 7º, IV), competências legislativas concorrentes (art. 5º, § 3º, e art. 7º, III), bem como competências materiais concorrentes (art. 10), de que participariam a União e os Estados. As competências dos Municípios extraíam-se da disposição referente à sua autonomia (art. 13).

Em 1937, relacionaram-se nos arts. 15 e 16, respectivamente, as competências não legislativas e legislativas da União, inovando o art. 17 ao prever a possibilidade de se delegar aos Estados, por lei federal e em certas condições, a faculdade de legislarem sobre algumas matérias de competência legislativa privativa da União. Sem a clareza da Constituição de 1934, possibilitava-se, ainda, no art. 18, a participação concorrente dos Estados e da União na disciplina legal de alguns temas específicos. Com os Estados, como sempre, ficou a competência remanescente (art. 21, II). E as competências dos Municípios decorriam da sua autonomia prevista, com maior restrição, no art. 26.

A Constituição de 1946 manteve a técnica do federalismo cooperativo: enumerou os poderes legislativos e materiais da União no art. 5º; os poderes remanescentes do Estado, no art. 18, § 1º; os poderes legislativos concorrentes, no art. 6º, sem prever, no entanto, competências materiais concorrentes. Continuaram os Municípios a gozar de autonomia, de que decorriam suas competências (art. 28).

O esquema de repartição de competências não se alterou na versão original da Constituição de 1967, nem na que lhe deu a EC n. 1/69. As competências de execução e de legislação da União foram explicitadas no art. 8º. Para os Estados ficaram as competências remanescentes (art. 13, § 1º) e a legislação supletiva sobre determinadas matérias incluídas na competência legislativa da União (art. 8º, § 2º, do texto primitivo; art. 8º, parágrafo único, do texto emendado em 69). E para os Municípios reservaram-se as competências decorrentes de sua autonomia, com restrições atenuadas ao longo do tempo (art. 16 do texto de 1967; art. 15 do texto emendado em 69).

A Constituição brasileira de 1988, por fim, é ilustrativa da tendência contemporânea que preside a repartição constitucional de competências, podendo-se nela identificar um pouco de tudo o que já se experimentou na prática federativa. Nesse sentido, cuidou-se da atribuição de competências próprias, exclusivas, a cada esfera de poder, conjugadas com competências concorrentes que todos podem exercer, havendo ainda hipóteses de participação das ordens parciais na esfera de competências próprias da ordem central mediante delegação. Como se verá mais detalhadamente, estão concentradas, em sua maior parte, no art. 21 as competências materiais privativas da União e no art. 22 as suas competências legislativas privativas. Quanto aos Estados, a competência remanescente privativa não enumerada figura no art. 25, § 1º, havendo previsão de algumas poucas competências estaduais enumeradas no art. 18, § 4º, e no art. 25, §§ 2º e 3º. Certas competências municipais privativas, legislativas e materiais, estão arroladas no art. 30, cuidando a Constituição de conferir ao Distrito Federal as competências legislativas reservadas aos Estados e aos Municípios (art. 32, § 1º). Passando às competências concorrentes, estão discriminadas no art. 23 as materiais, que incumbem à União, aos Estados, aos Municípios e ao Distrito Federal, e no art. 24 as legislativas, atribuídas à União, aos Estados e ao Distrito Federal, participando os Municípios no exercício das mesmas competências, nos termos do art. 30, II, que lhes confere o poder de suplementar a legislação federal e estadual no que couber. Cabe referir, por fim, que esparsos, ao longo do texto constitucional, numerosos outros artigos contemplam competências dos entes federados.

Art. 21, I – manter relações com Estados estrangeiros e participar de organizações internacionais;

Fernanda Dias Menezes de Almeida

Em qualquer Federação, há um núcleo irredutível de competências materiais da União, referentes aos aspectos unitários da organização federativa, tanto no plano interno como no internacional.

Neste último plano, é tradicional conferir à União, como representante do Estado Federal soberano, a competência de manter relações com Estados estrangeiros da mesma estatura. A atual Constituição, além de atribuir essa competência à União, habilitou-a expressamente a participar de organizações internacionais, sempre em nome da República Federativa do Brasil, confirmando sua exclusividade de ação no campo das relações internacionais.

De fato, nos termos do art. 84, VII e VIII, é o Presidente da República a autoridade competente para manter relações com os outros Estados e para acreditar seus representantes diplomáticos, bem assim para celebrar tratados, convenções e atos internacionais, sujeitos a referendo do Congresso Nacional, chamado este último a resolver definitivamente sobre a matéria, quando a celebração acarretar encargos ou compromissos gravosos ao patrimônio nacional (art. 49, I).

Não é demais lembrar que, neste campo, a atuação da União deve pautar-se pelos princípios arrolados no art. 4º da Constituição.

Art. 21, II – declarar a guerra e celebrar a paz;

Fernanda Dias Menezes de Almeida

Decorrência do monopólio da União no trato das relações internacionais é a competência que lhe cabe de declarar a guerra e celebrar a paz, processo que envolve a participação dos Poderes Executivo e Legislativo, como resulta da conjugação do art. 84, XIX e XX, com o art. 91, § 1º, I, e o art. 49, II, da Constituição.

Com efeito, nos termos dos citados dispositivos, é atribuição do Presidente da República a declaração da guerra e a celebração da paz, ouvido para tanto o Conselho de Defesa Nacional, e desde que autorizado pelo Congresso Nacional, ou por este referendado se os atos em questão ocorrerem no intervalo das sessões legislativas.

Como preconiza ainda o art. 4º, nos incisos VI e VII, a República Federativa do Brasil deve orientar-se no plano do relacionamento externo, pela solução pacífica dos conflitos e pela defesa da paz, o que aponta a tendência de alinhamento da Constituição brasileira com a terceira geração de direitos do homem, que prestigia, como um dos direitos de solidariedade entre os povos, o direito à paz. Assim, sendo a guerra a solução exatamente oposta, haverá de ser tida como último recurso na solução de conflitos pela Federação brasileira.

Art. 21, III – assegurar a defesa nacional;

Fernanda Dias Menezes de Almeida

Trata-se de competência também típica da União, uma vez que o tema é daqueles que se inscrevem na alçada de quem deve prover o interesse geral, no caso, a proteção da integridade do território nacional e de seus habitantes. Nesse sentido incumbe à União adotar as medidas preventivas e repressivas cabíveis para fazer frente a agressões ao país, que comprometam os valores a proteger.

Destaca-se, na defesa contra o inimigo externo, o papel das Forças Armadas, que o art. 142 qualifica como instituições nacionais permanentes e regulares, sob a autoridade suprema do Presidente da República, destinadas à defesa da pátria, à garantia dos poderes constitucionais e, por iniciativa de qualquer deles, da lei e da ordem.

Com o mesmo objetivo de assegurar a defesa nacional, são previstos, sempre na esfera de atribuições da União, para situações de emergência (v. abaixo comentário ao inciso V), mecanismos como o estado de sítio, cabível, para o que ora interessa, nos casos de declaração de estado de guerra ou resposta a agressão armada estrangeira (art. 137, II) e a intervenção federal nos Estados com vistas a manter a integridade nacional ou a repelir invasão estrangeira ou de uma unidade da Federação em outra (art. 34, I e II).

Art. 21, IV – permitir, nos casos previstos em lei complementar, que forças estrangeiras transitem pelo território nacional ou nele permaneçam temporariamente;

Fernanda Dias Menezes de Almeida

Tem-se, no caso, um desdobramento da competência examinada no inciso anterior, uma vez que a permissão para o trânsito ou a permanência de forças estrangeiras no país certamente diz respeito à defesa nacional.

Embora seja de competência do Presidente da República permitir a presença de forças estrangeiras no país (art. 84, XXII), não se lhe atribui discricionariedade plena para decidir em que hipóteses é cabível a permissão. Nesse processo tem participação também o Poder Legislativo, a quem compete editar lei complementar prevendo as situações em que aquelas forças podem transitar ou permanecer no território nacional, bem como autorizar, nos casos concretos, o Presidente a permitir o ingresso das forças estrangeiras (art. 49, II).

Como a Constituição não distinguiu entre forças armadas ou forças de paz, nem entre forças de Estado estrangeiro ou de organizações internacionais, quaisquer delas dependem da permissão presidencial para circular ou ficar no país.

Por outro lado, é de convir que a presença de forças estrangeiras no território nacional é compreensível apenas em circunstâncias excepcionais, daí a previsão de temporariedade, seja de sua passagem, seja de sua permanência, devendo o termo de permissão demarcar desde logo o período de tempo em que podem estar no país.

Art. 21, V – decretar o estado de sítio, o estado de defesa e a intervenção federal;

Fernanda Dias Menezes de Almeida

A previsibilidade de situações de crise, com quebra da normalidade constitucional, justifica o que se convencionou chamar de sistemas de emergência, isto é, mecanismos excepcionais para restaurar a ordem rompida, importando restrições ao exercício de direitos fundamentais e concessão de poderes anormais aos governantes.

No Estado de Direito, os sistemas de emergência devem submeter-se a disciplina jurídica constante, em geral, na própria Constituição. O Brasil não fugiu à regra e todas as suas Constituições dedicaram disposições às medidas excepcionais, centrando-se no estado de sítio e em algumas de suas variantes. Desde o advento da Federação, igualmente foi prevista a figura da intervenção federal, concebida para preservar a unidade nacional, quando ameaçada por fatores de desagregação.

Em todas as hipóteses referidas, não faz dúvida que a adoção das providências excepcionais deve ficar a cargo do poder central, por estar em jogo o que é de interesse do todo. Assim é que a Constituição de 1988 prevê como competência privativa da União a decretação do estado de sítio, do estado de defesa e da intervenção federal, aos quais são dedicadas numerosas disposições, que serão examinadas a seu tempo (ver, *infra*, comentários aos arts. 34 a 36 sobre intervenção federal; art. 136 sobre estado de defesa; arts. 137 a 139 sobre estado de sítio e arts. 140 e 141 sobre estado de defesa e estado de sítio). De momento vale registrar que a decretação de todas essas medidas é de competência do Presidente da República (art. 84, IX e X), ouvidos o Conselho da República (art. 90, I) e o Conselho de Defesa Nacional (art. 91, § 1º, II), sendo que a decretação depende de autorização prévia do Congresso Nacional, no caso de estado de sítio, e de sua aprovação posterior, no caso de intervenção federal e de estado de defesa (art. 49, IV).

Art. 21, VI – autorizar e fiscalizar a produção e o comércio de material bélico;

Fernanda Dias Menezes de Almeida

Entendeu o constituinte, com acerto, que deve ser competência da União autorizar e fiscalizar a produção e o comércio de material bélico no território nacional.

O qualificativo "bélico" sugere tratar-se, primordialmente, de material destinado a armamentos de guerra, o que não se questiona. Mas há de entender cabível, na espécie, uma interpretação ampliativa que compreenda na expressão "material bélico" todo armamento produzido e comercializado para quaisquer outros fins.

De qualquer modo, deferir à União a competência em causa foi a melhor opção. Como senhora da declaração de guerra, não faz dúvida que lhe caberia mesmo controlar a produção e o comércio das armas a serem utilizadas pelas Forças Armadas. E o mesmo se pode dizer da presença de uma administração única em relação às demais armas, de qualquer espécie, considerando-se importante problemática social e econômica do seu uso, a demandar uma disciplina padronizada em todo o território nacional, com vistas à segurança interna e à tranquilidade pública.

Jurisprudência pertinente

Sobre a competência de a União cuidar da destinação de armas apreendidas, cf. STF, ADI 3.258, Rel. Min. Joaquim Barbosa, j. 6-4-05, *DJ* de 9-9-05.

Sobre a competência para proibir a comercialização de armas de fogo, cf. STF, ADI 2.035-MC, Rel. Min. Octavio Gallotti, j. 9-9-99, *DJ* de 4-8-00.

Art. 21, VII – emitir moeda;

Fernanda Dias Menezes de Almeida

Eis outra competência clássica da União nas Federações em geral. A circulação de moeda única é uma imposição para o bom funcionamento da economia, que seria grandemente dificultado se cada unidade federada decidisse cunhar e emitir sua própria moeda, com validade no respectivo território. Moeda figura no texto da Constituição com o sentido amplo de dinheiro, incluindo a moeda metálica e o papel-moeda e mesmo outros valores monetários colocados no meio circulante pelo Governo, como, por exemplo, apólices ou títulos da dívida pública.

Nos termos do art. 164 da Constituição, a emissão da moeda cabe exclusivamente ao Banco Central.

Art. 21, VIII – administrar as reservas cambiais do País e fiscalizar as operações de natureza financeira, especialmente as de crédito, câmbio e capitalização, bem como as de seguros e de previdência privada;

Fernanda Dias Menezes de Almeida

Novamente se destaca o papel da União no domínio econômico-financeiro, por ela conduzido e controlado. Mais minuciosa do que a anterior, a Constituição vigente mantém a previsão daquela, que dava competência à União para fiscalizar as operações de crédito, capitalização e seguros, a que se acrescentam agora as operações de câmbio e de previdência privada, sendo todas elas citadas exemplificativamente, uma vez que, em verdade, a competência do poder central é a de fiscalizar as operações de natureza financeira em geral. Além disso, explicitando competência que esse poder já exercia e que se entendia ser implícita, a atual Constituição atribui à União também a administração das reservas cambiais do país.

Se é certo que o extensíssimo rol de competências privativas da União – que em 1988 só fez crescer – continua a desequilibrar a repartição de competências em detrimento dos poderes estaduais, o fato é que a recomposição do equilíbrio federativo é problema muito complicado, pois a expressiva maioria das atribuições que eram ou passaram a ser do poder central deveriam mesmo lhe pertencer, correspondendo a encargos que só ele pode desempenhar a contento. As competências ora examinadas vêm confirmar esse entendimento.

Art. 21, IX – elaborar e executar planos nacionais e regionais de ordenação do território e de desenvolvimento econômico e social;

Fernanda Dias Menezes de Almeida

A valorização do planejamento já era bastante evidente na Constituição anterior, como continua a ser na atual, que o prevê em todos os níveis da Federação, determinando que seja instrumentalizado por planos aprovados em lei, para nortear a atividade administrativa, definindo diretrizes, políticas e objetivos a seguir. Tudo a demonstrar o reconhecimento da superioridade de uma atuação planejada no setor público.

No caso específico da União, avulta a importância do planejamento, relacionado à tomada de decisões com o objetivo de racionalizar, de modo contínuo e permanente, a ação política global.

No dispositivo em análise mantém-se competência que já era da União no regime constitucional anterior, qual seja, a de elaborar planos nacionais e regionais de desenvolvimento econômico, a que ora se acresce a de elaborar planos de desenvolvimento social (na realidade são coisas que costumam caminhar juntas), e mais, confere-se à União a competência de elaborar e executar planos nacionais e regionais de ordenação do território.

Esta última competência revela, em parte, uma preocupação mais recente com o tema de planejamento urbanístico, em que se quer envolver a União, como se percebe também pelo disposto no inciso XX deste mesmo art. 21, que adiante se comentará.

Sem desdenhar das vantagens que podem resultar de um planejamento integrado – e isto é o que se supõe seja necessário para a elaboração e execução principalmente dos planos regionais a que se refere a Constituição –, o que se lamenta, numa linha de democracia participativa, é que se tenha perdido a oportunidade de tornar impositiva a audiência dos Estados e dos organismos regionais e municipais interessados, quando da elaboração dos diversos planos.

Nesse sentido constava, por exemplo, no anteprojeto da Comissão Afonso Arinos, que precedeu os trabalhos constituintes, a competência da União para planejar e promover o desenvolvimento nacional, ouvidos os Estados e os órgãos interessados (art. 72, XII). De fato, tanto para evitar previsíveis conflitos de competência entre as diversas instâncias de Poder como para evitar que se elaborem planos divorciados da realidade, ambiciosos ou sofisticados demais, e por isso mesmo fadados ao insucesso, é de todo recomendável que os destinatários de tais planos possam se manifestar sobre as diretrizes e princípios que lhes condicionarão o comportamento.

Art. 21, X – manter o serviço postal e o correio aéreo nacional;

Fernanda Dias Menezes de Almeida

Cuida-se de mais uma competência tradicionalmente deferida à União nos Estados Federais, por envolver a comunicação em todo o território nacional, servindo aos interesses de toda a comunidade.

Os serviços de recebimento, transporte e entrega de correspondência constituem, de há muito, exclusividade da Administração Federal, ainda que, em tempos atuais, dada a participação frequente de empresas privadas oferecendo novos serviços similares ao que se possa entender ser o objeto do serviço postal, muito se venha discutindo sobre o conteúdo deste, enquanto serviço público e, consequentemente, sobre sua exclusividade. De todo modo, o serviço postal que se entenda serviço público foi atribuído à União, cabendo-lhe executá-lo diretamente por órgãos da sua estrutura, ou delegar sua execução a entidades da Administração indireta e mesmo a empresas particulares. Em relação a estas últimas, registra-se, aliás, como inovação em tema de serviços públicos, a exploração de certos aspectos do serviço postal mediante franquias.

Por correspondência deve-se entender não apenas cartas, telegramas e impressos em geral, mas também objetos enviados como encomendas e mesmo valores, como dinheiro e ordens de pagamento.

Serviço postal e correio são expressões que andam juntas, uma vez que o correio constitui exatamente a repartição a cargo do Estado para a recepção e expedição da correspondência oficial e particular, ou, dito de outra forma, para executar o serviço postal.

Está este disciplinado pela Lei n. 6.538/78.

1. Jurisprudência pertinente

Sobre a competência municipal para dispor sobre horário de entrega e distribuição de correspondências, cf. STF, ADPF 222, Rel. Min. Cármen Lúcia, 13-9-2019, *DJ* de 2-10-19.

Art. 21, XI – explorar, diretamente ou mediante autorização, concessão ou permissão, os serviços de telecomunicações, nos termos da lei, que disporá sobre a organização dos serviços, a criação de um órgão regulador e outros aspectos institucionais;

Fernanda Dias Menezes de Almeida

Dentro da lógica de se atribuir à União a exploração de serviços de alcance nacional, a Constituição conferiu-lhe privativamente, em termos que especifica, os serviços de telecomunicação.

A redação atual do inciso XI do art. 21 foi dada pela EC n. 8/95, que alterou o tratamento conferido à matéria pelo texto constitucional original.

De fato, anteriormente, o inciso analisado referia-se apenas à concessão como instrumento de transferência da execução dos serviços nele mencionados – e apenas para empresas sob o controle acionário estatal.

Essa previsão, inserindo-se no contexto de concepção política que indicava a exploração estatal – direta ou indireta – dos serviços em questão, levava à compreensão da opção do constituinte pelo instituto da concessão, por considerar as atividades de telecomunicação como configurando objeto de serviços públicos.

Sendo assim, coerentemente, aplicava-se a figura da concessão, posto que, no art. 175, a Constituição determina que os serviços públicos, se não prestados diretamente pelo Poder Público, sejam objeto de concessão ou permissão.

Com a opção política da abertura dos serviços de telecomunicações à exploração privada, a referida EC n. 8/95, ao mesmo tempo em que alterou a redação do inciso no que diz respeito à descrição dos serviços e previu a criação de um órgão regulador para o setor, incluiu a referência à autorização e à permissão, além de manter a referência à concessão.

Como visto, concessão e permissão são institutos que a Constituição associa à noção de serviços públicos. Autorização, porém, remete à atividade do poder de polícia da Administração, ou seja, atividade estatal de limitação e condicionamento dos direitos e liberdades dos indivíduos.

Por outras palavras, autorização, nesse sentido, não se refere a serviços públicos, mas a atividades econômicas em sentido estrito, típicas da esfera privada, nos termos do art. 173 da Constituição.

Daí concluir-se que a opção do constituinte de reforma, por meio da EC n. 8/95, foi considerar parte das atividades de telecomunicações como não sendo mais serviços públicos e sim atividades econômicas em sentido estrito. Esse entendimento encontra consonância, aliás, na Lei Geral de Telecomunicações – Lei n. 9.472/97 – ao se referir, de um lado, a "serviços prestados sob o regime público", relacionando-os a concessão ou permissão (arts. 79 e s.); e, de outro, a "serviços prestados em regime privado", sujeitos a autorização (arts. 126 e s.).

Vale, de todo modo, a consulta a autores de Direito Administrativo para identificarem-se nuances dessa compreensão sobre o sentido de concessão, permissão e autorização – e, mesmo, para conferir, em alguns casos, pontos de vista divergentes.

A legislação de regência inclui hoje a Lei n. 8.987/95 (concessões e permissões de serviços públicos); a Lei n. 9.295/96 (serviços de telecomunicações e seu órgão regulador) e a já referida Lei n. 9.472/97 (organização dos serviços de telecomunicação).

Jurisprudência pertinente

Sobre incidência de ICMS sobre serviços de telecomunicação, cf. STF, ADI 1.467, Rel. Min. Sydney Sanches, j. 12-2-03, *DJ* de 11-4-03.

Sobre forma e condições de cobrança pelas empresas de telecomunicações, cf. STF, ADI 2.615-MC, Rel. Min. Nelson Jobim, j. 22-5-02, *DJ* de 6-12-02.

Sobre tarifa de assinatura básica de serviço de telefonia fixa, cf. STJ, REsp 978629/MG, Rel. Min. Eliana Calmon, j. 6-12-07, *DJ* de 18-12-07.

Sobre a inconstitucionalidade de leis estaduais que estabelecem obrigações para prestadoras de serviço de telefonia móvel e de serviços de internet móvel e de banda larga, cf. ADI 5.253, Rel. Min. Dias Toffoli, j. 3-8-16, *DJ* de 1-8-17; ADI 5.569, Rel. Min. Rosa Weber, j. 18-5-16, *DJ* de 1-6-17; ADI 5.830, Rel. Min. Luiz Fux, j. 30-8-19, *DJ* de 28-11-19; ADI 4.401, Rel. Min. Gilmar Mendes, j. 30-8-19, *DJ* de 13-12-19; ADI 5.574, Rel. Min. Edson Fachin, j. 27-9-19, *DJ* de 15-10-19; ADI 4.924, Rel. Min. Gilmar Mendes, j. 4-11-21, *DJ* de 29-3-22; ADI 5.399, Rel. Min. Roberto Barroso, j. 9-6-22, *DJ* de 7-12-22; ADI 7.211, Rel. Min Alexandre de Moraes, j. 3-10-22, *DJ* de 10-10-22.

Art. 21, XII – explorar, diretamente ou mediante autorização, concessão ou permissão:

Fernanda Dias Menezes de Almeida

Os institutos mediante os quais pode dar-se a exploração, pela União, dos serviços relacionados neste dispositivo e também de outros serviços, como os constantes no inciso XI acima, são típicos do Direito Administrativo, devendo ser entendidos conforme a conceituação que lhes dá o mencionado ramo do Direito. Sobre o tema, conferir os comentários ao inciso anterior.

Art. 21, XII, *a*) os serviços de radiodifusão sonora e de sons e imagens;

Fernanda Dias Menezes de Almeida

A redação desta alínea foi dada pela EC n. 8/95, que alterou também a dicção original do inciso XI acima.

Em que pese a compreensão desta matéria dever se dar a partir do mesmo contexto político em que se origina a referida emenda (ver comentários ao inciso XI), a disciplina infraconstitucional da matéria ainda está afeta à Lei n. 4.117/62 (Código Brasileiro de Telecomunicações), no que não foi revogada pela Lei n. 9.472/97.

Art. 21, XII, *b*) os serviços e instalações de energia elétrica e o aproveitamento energético dos cursos de água, em articulação com os Estados onde se situam os potenciais hidroenergéticos;

Fernanda Dias Menezes de Almeida

Já se preocupara a Constituição anterior em atribuir à União competência para explorar os serviços e instalações de energia elétrica de qualquer origem ou natureza (art. 8º, XV, *b*). Manteve a Constituição de 1988 a mesma competência, ampliando-a para explicitar o aproveitamento energético dos cursos de água, com o adendo, louvável, de prever a articulação da atuação da União com os Estados onde se localizem as matrizes energéticas.

De fato, é de todo conveniente uma atuação concertada que considere os interesses dos Estados cujo potencial energético servirá aos propósitos da utilização da energia em proveito geral.

A Lei n. 9.427/96 é que dispõe sobre o regime de concessões de serviços públicos de energia elétrica e institui a Agência Nacional de Energia Elétrica – ANEEL.

Jurisprudência pertinente

Sobre a interferência dos Estados em relações contratuais entre o Poder concedente federal e empresas concessionárias de serviços de energia elétrica, cf. STF, ADI 3.729, Rel. Min. Gilmar Mendes, j.17-9-07, *DJ* de 8-11-07; ADI 2.299, Rel. Min. Roberto Barroso, j. 23-8-19, *DJ* 13-12-19.

Sobre suspensão temporária, pelos Estados, de pagamento de tarifas pela prestação de serviços de energia elétrica sob concessão federal, cf. STF, ADI 2.337-MC, Rel. Min. Celso de Mello, j. 20-2-02, *DJ* de 21-6-02.

Sobre a constitucionalidade de lei estadual que proíba, atendidos os parâmetros de razoabilidade, empresas concessionárias de serviços públicos suspenderem, por falta de pagamento, fornecimento residencial de água e energia elétrica, STF, ADI 5.961, Min. Redator do ac. Marco Aurélio, j. 19-12-18, *DJ* de 26-6-19.

Sobre constitucionalidade de lei estadual que proíba que concessionárias de energia elétrica suspendam a prestação de serviços enquanto durarem as medidas de isolamento social decorrentes da pandemia causada pela Covid-19, STF, ADI/MC 6.406, j. 21-12-2020, *DJ* de 10-3-21.

Art. 21, XII, c) a navegação aérea, aeroespacial e a infraestrutura aeroportuária;

Fernanda Dias Menezes de Almeida

Mais detalhista neste particular, por certo em razão dos avanços tecnológicos dos últimos tempos, a Constituição em vigor foi além das anteriores, que previam tão somente a competência da União em tema de exploração da navegação aérea, e introduziu como de sua alçada também a exploração da navegação aeroespacial, antevendo, talvez, o futuro desenvolvimento brasileiro nesse setor.

De outra parte, o aumento da utilização do transporte aéreo, previsível já ao tempo da elaboração da Constituição, terá figurado na órbita de preocupações do constituinte, que houve por bem chamar a atenção para a infraestrutura aeroportuária do país, a merecer exploração adequada pelo poder central a que incumbe cuidar da navegação aérea.

De referir ainda, ligada ao tema, a previsão do art. 178 da Constituição, segundo o qual a lei disporá sobre a ordenação dos transportes aéreo, aquático e terrestre, devendo, quanto à ordenação do transporte internacional, observar os acordos firmados pela União, atendido o princípio da reciprocidade.

No que diz com o setor aéreo, a legislação de regência é o Código Brasileiro de Aeronáutica (Lei n. 7.565/86).

Art. 21, XII, d) os serviços de transporte ferroviário e aquaviário entre portos brasileiros e fronteiras nacionais, ou que transponham os limites de Estado ou Território;

Fernanda Dias Menezes de Almeida

Como sempre, quando se cuida de serviços que importam deslocamento em todo o território nacional, ficou com a União a exploração do transporte ferroviário e aquaviário especificado nessa alínea.

Operou-se, no caso, uma mudança de enfoque em relação à Constituição anterior, que sobre o mesmo assunto mencionava a competência da União para a exploração das vias de transporte entre portos marítimos e fronteiras nacionais ou que transpusessem os limites de Estado ou Território.

Trata-se, no contexto atual, da exploração dos serviços de transporte e não das vias de transporte como anteriormente. Especifica-se que se cuida de serviços ferroviários e aquaviários, parecendo, à primeira vista, que se restringiu a área de atuação da União, por não se mencionarem os serviços rodoviários. O fato, porém, é que a exploração dos serviços de transporte rodoviário interestadual e internacional continua a ser de competência da União, nos termos da alínea *e* deste inciso.

Cabe referir, como já se fez no comentário à alínea anterior, que o art. 178 da Constituição dispõe sobre a ordenação, por lei, dos transportes aéreo, aquático e terrestre, valendo destacar, quanto ao transporte aquático, a determinação do parágrafo único do mencionado artigo, no sentido de que sua ordenação legal estabelecerá as condições em que o transporte de mercadorias na cabotagem e a navegação interior poderão ser feitos por embarcações estrangeiras.

A ordenação do transporte aquaviário consta da Lei n. 9.432/97.

Art. 21, XII, e) os serviços de transporte rodoviário interestadual e internacional de passageiros;

Fernanda Dias Menezes de Almeida

Valem aqui as observações feitas sobre a alínea anterior, às quais nos reportamos.

Jurisprudência pertinente

Sobre impossibilidade de se dispensar a autorização, concessão ou permissão da União para o transporte rodoviário interestadual realizado por empresa particular, cf. STF, RE 214.382, Rel. Min. Octavio Gallotti, j. 21-9-99, *DJ* de 19-11-99.

Sobre impossibilidade de o Poder Judiciário substituir a Administração Federal na outorga de autorização, concessão ou permissão para exploração dos serviços de transporte rodoviário interestadual, cf. STJ, REsp 408825/CE, Rel. Min. João Otávio de Noronha, j. 27-6-06, *DJ* de 2-8-06.

Art. 21, XII, f) os portos marítimos, fluviais e lacustres;

Fernanda Dias Menezes de Almeida

Esta disposição vem completar a forte presença da União no comando do setor de transportes no território nacional. Quanto à navegação aérea, entendeu o constituinte ser de bom alvitre conferir à União, de quem é a competência para a exploração de seus serviços, também a exploração da infraestrutura aeroportuária. O mesmo fez agora em relação ao transporte aquaviário, estendendo à União a exploração dos portos marítimos, fluviais e lacustres, com vistas a proporcionar ao país uma infraestrutura portuária adequada, o que é da maior importância para o desenvolvimento econômico.

Jurisprudência pertinente

Sobre a natureza pública do serviço de docas, cf. STF, RE 172.816, Rel. Min. Paulo Brossard, j. 9-2-94, *DJ* de 13-5-94.

Sobre não incidência de IPTU em imóveis situados no porto, sob custódia da União, cf. STF, AI 458.856-AgR, Rel. Min. Eros Grau, j. 5-10-04, *DJ* de 20-4-07.

Art. 21, XIII – organizar e manter o Poder Judiciário, o Ministério Público do Distrito Federal e dos Territórios e a Defensoria Pública dos Territórios;

Fernanda Dias Menezes de Almeida

Neste inciso e no seguinte a Constituição encarregou a União de organizar e manter determinadas instituições no âmbito do Distrito Federal e dos Territórios (inciso XIII) ou somente no âmbito do Distrito Federal (inciso XIV).

No primeiro caso, que ora cabe examinar, conferiu-se à União o encargo de organizar e manter o Poder Judiciário, o Ministério Público do Distrito Federal e dos Territórios e a Defensoria Pública dos Territórios.

Em relação a estes últimos, que, como já visto (*vide* comentário ao art. 18, *caput* e § 2º), são meras descentralizações administrativas da União, é natural que seja dela a competência de estruturar e prover a manutenção das referidas instituições.

Já quanto ao Distrito Federal, não deixa de ser questionável atribuir-se à União a mesma incumbência, considerando-se o fato de se tratar de membro integrante da Federação, dotado de autonomia equiparável à dos Estados (v. comentário ao art. 18, *caput*). Terá sido feita uma cortesia ao Distrito Federal, talvez em razão de nele se localizar Brasília, a Capital Federal, o que pode gerar um acréscimo de trabalho para os serviços públicos distritais.

Art. 21, XIV – organizar e manter a polícia civil, a polícia penal, a polícia militar e o corpo de bombeiros militar do Distrito Federal, bem como prestar assistência financeira ao Distrito Federal para a execução de serviços públicos, por meio de fundo próprio;

Fernanda Dias Menezes de Almeida

A EC n. 19/98 suprimiu da redação original a referência à polícia federal, à polícia rodoviária e à polícia ferroviária federais e incluiu no texto a previsão de assistência financeira a ser prestada pela União ao Distrito Federal.

Fica mais nítido neste inciso que se quis compensar o Distrito Federal pela sobrecarga para os serviços públicos distritais, acarretada pela demanda dos órgãos do Governo Federal, sediados em Brasília.

Quanto à exclusão da polícia federal e das polícias rodoviária e ferroviária federais, é algo que faz sentido, por não integrarem a Administração do Distrito Federal e sim a estrutura da Administração Federal (art. 144, §§ 1º, 2º e 3º), que obviamente as organiza e mantém, não havendo razão para figurarem no inciso em pauta.

Já a polícia civil, a polícia militar e o corpo de bombeiros militar subordinam-se aos Governadores dos Estados, do Distrito Federal ou dos Territórios (art. 144, § 6º), justificando-se assim, no caso do Distrito Federal, que se beneficiem da assistência financeira que a União lhe deverá prestar como compensação pelo acréscimo de trabalho antes referido.

A EC n. 104/19 inseriu as polícias penais federal, estadual e distrital dentre os órgãos incumbidos de prestar a segurança pública (VI do art. 144), o que justificou a alteração deste dispositivo para nele prever a competência da União para organizar e manter a polícia penal do Distrito Federal.

Jurisprudência pertinente

Sobre a competência privativa da União para legislar sobre vencimentos dos membros das polícias civil e militar do Distrito Federal, cf. Súmula 647 e Súmula Vinculante 39, do STF: "Compete privativamente à União legislar sobre vencimentos dos membros das polícias civil e militar e do corpo de bombeiros militar do Distrito Federal".

Sobre a inconstitucionalidade de o Distrito Federal dispor a respeito de promoções de ex-integrantes da polícia militar e do corpo de bombeiros distrital, cf. STF, ADI 1.136, Rel. Min. Eros Grau, j. 16-8-06, *DJ* de 13-10-06.

Sobre a competência privativa da União concernente à estrutura administrativa e o regime jurídico dos serviços de segurança pública do Distrito Federal, cf. STF, ADI 2.102-MC, Rel. Min. Sepúlveda Pertence, j. 16-2-00, *DJ* de 7-4-00. Precedentes: ADI 1.359, Rel. Min. Carlos Velloso, j. 21-8-02, *DJ* de 11-10-02; ADI 2.988, Rel. Min. Cezar Peluso, j. 4-3-04, *DJ* de 26-3-04; RE 207.440, Rel. Min. Sydney Sanches, j. 26-8-97, *DJ* de 17-10-97.

Art. 21, XV – organizar e manter os serviços oficiais de estatística, geografia, geologia e cartografia de âmbito nacional;

Fernanda Dias Menezes de Almeida

Preocupou-se a Constituição com os serviços de mapeamento oficial do território nacional e de levantamento de seus recursos geológicos, bem como com o sistema estatístico informativo de dados de toda ordem sobre a realidade brasileira.

Ora, pela lógica, tanto em razão de seus reflexos no plano interno como no plano internacional, tais serviços somente poderiam estar inseridos, como estão, na competência privativa da União. Isto não significa, entretanto, que os Estados e Municípios não possam manter serviços análogos no âmbito dos respectivos espaços territoriais, para coleta de dados de seu interesse.

Art. 21, XVI – exercer a classificação, para efeito indicativo, de diversões públicas e de programas de rádio e televisão;

Fernanda Dias Menezes de Almeida

Ao tempo da Constituição de 1967, que admitia a censura de diversões e espetáculos públicos (art. 153, § 8º), muito se discutiu sobre se a censura deveria ser centralizada ou descentralizada.

A situação hoje é outra, por ser vedada qualquer censura de natureza política, ideológica e artística sobre a atividade intelectual, artística, científica e de comunicação (art. 5º, IX, c/c art. 220, § 2º). Entretanto, as teses sobre a conveniência da centralização ou descentralização da censura podem ser igualmente analisadas com foco na classificação dos espetáculos e diversões prevista na atual Constituição, apenas com efeitos indicativos do horário em que é adequada a apresentação.

A corrente pró-descentralização argumentava que a censura deveria atender à moral do meio social em que fosse exercida, respeitando-se os costumes locais, que fazem com que o mesmo espetáculo seja recebido de forma diversa em regiões distintas do mesmo país. A posição favorável à centralização afirmava, por sua vez, que, por princípio ético, o Estado deve prover a unidade nacional, para o que se sugeria que a censura adotasse a média das concepções morais regionais dominantes no país, tentando uniformizar e não fragmentar os usos e costumes.

Insistindo em que o mesmo questionamento se pode fazer em relação à classificação de espetáculos, opta-se aqui pela tese da centralização, que o constituinte preferiu. Isto porque o que está em jogo é a liberdade de expressão do pensamento, direito fundamental da maior relevância na pauta axiológica da Constituição, e que estará melhor preservado, na sua vertente da criação artística, se não ficar exposto à avaliação de autoridades díspares, segundo critérios variáveis. A prática anterior vem em abono desse entendimento, sendo certo que, na vigência da Constituição de 1967, vários filmes liberados pela censura federal, para maiores de dezoito anos, tiveram sua exibição proibida em alguns Estados da Federação (para maiores detalhes, cf. ALMEIDA, F. D. M., *Competências*, cit., p. 76-77).

Nada impede, contudo, que a preconizada orientação uniforme se estabeleça na consideração das já aludidas concepções morais médias da sociedade brasileira, que poderão ser melhor aferidas se, na composição do órgão federal competente, se fizerem representar setores diversificados dessa sociedade. É uma questão a ser equacionada na lei que se editar nos termos e para os fins do art. 220, § 3º, da Constituição.

Sobre essa matéria, ainda, vale destacar que o Estatuto da Criança e do Adolescente (Lei n. 8.069/90) continha disposição estabelecendo ser infração administrativa, sujeita à pena de multa, transmitir, através de rádio e televisão, espetáculo "em horário diverso do autorizado", aspecto este que foi declarado inconstitucional pelo STF, em sede de ação direta de inconstitucionalidade.

Jurisprudência pertinente

Sobre a não inclusão do tema classificação de diversões e espetáculos no âmbito das competências legislativas concorrentes, cf. STF, RE 169.247, Rel. Min. Néri da Silveira, j. 8-4-02, *DJ* de 1-8-03.

Sobre os limites ao exercício de competência da União para estabelecer a classificação indicativa de diversões públicas e programas de rádio e televisão, declarando inconstitucional a expressão "em horário diverso do autorizado" contida no art. 254 da Lei n. 8.069/90: ADI 2.404, Rel. Min. Dias Toffoli, j. 31-8-16, *DJ* de 1-8-17.

Art. 21, XVII – conceder anistia;

Fernanda Dias Menezes de Almeida

A regra é que a concessão de anistia seja de competência de quem pode disciplinar a aplicação da pena. No Direito brasileiro, tal disciplina é atribuição da União, competente, nos termos do art. 22, I, para legislar sobre Direito Penal e Direito Processual Penal. É natural, portanto, que seja também a União a habilitada a conceder anistia.

Esta consiste no ato da autoridade competente que elimina todos os efeitos do delito, bloqueando totalmente a pretensão punitiva do Estado e fazendo desaparecer eventual condenação.

Em geral a anistia se aplica aos crimes políticos, no intuito de apaziguar animosidades, recompondo a normalidade na vida social após lutas armadas ou embates civis.

Jurisprudência pertinente

Sobre anistia de infrações disciplinares de servidores estaduais, cf. STF, ADI 104, Rel. Min. Sepúlveda Pertence, j. 4-6-07, *DJ* de 24-8-07.

Art. 21, XVIII – planejar e promover a defesa permanente contra as calamidades públicas, especialmente as secas e as inundações;

Fernanda Dias Menezes de Almeida

A temática das calamidades públicas, em especial a das crônicas secas do nordeste do Brasil, pode ser apontada como um dos fatores responsáveis pelo início do processo de interferência da União em assuntos que antes diziam respeito à economia interna dos Estados. Foi como que um divisor de águas entre o federalismo dual e o federalismo cooperativo.

De fato, a Constituição de 1891, sem incluir entre as competências privativas da União a de organizar a defesa permanente contra as calamidades públicas, apenas autorizava o poder central a prestar socorro aos Estados que o solicitassem, no caso de algum evento do gênero (art. 5º). Tantos foram os pedidos que, a partir da Constituição de 1934, a fórmula hoje constitucionalmente adotada passou a integrar as competências privativas da União (art. 5º, XV), mantendo-se, com alguma variação de redação, nas Constituições de 1946 (art. 5º, XIII) e de 1967 (art. 8º, XII, do texto original; art. 8º, XIII, depois da EC n. 1/69).

A atuação da União no enfrentamento das catástrofes naturais é sem dúvida muito importante. Mas não exime as demais autoridades públicas de participarem e contribuírem na debelação de problemas que também lhes dizem respeito. Trata-se, pois, de matéria especialmente talhada para figurar entre as competências materiais concorrentes, que demandam ação conjugada e permanente dos integrantes da Federação. Teria sido, portanto, mais adequado incluí-la no art. 23, onde se alojam as competências comuns da União, Estados, Municípios e Distrito Federal.

Jurisprudência pertinente

Sobre a competência dos Estados, Distrito Federal e Municípios para adotarem medidas para enfrentamento da pandemia causada pela Covid-19, cf. STF, ADPF 756 – TPI – 8ª ref, j. 11-10-21, *DJ* de 10-1-22; ADPF 672 – MC, j. 13-10-20, *DJ* de 29-10-20.

Art. 21, XIX – instituir sistema nacional de gerenciamento de recursos hídricos e definir critérios de outorga de direitos de seu uso;

Fernanda Dias Menezes de Almeida

O que se preceitua tem ligação com o já examinado inciso XII, *b*, deste artigo, uma vez que a instituição do sistema nacional de gerenciamento de recursos hídricos e a definição de critérios de outorga de direito de seu uso constituem pressuposto para a exploração, principalmente indireta, dos potenciais hidroenergéticos dos cursos de água.

É razoável que a articulação com os Estados, prevista naquele inciso, seja observada também na montagem do sistema nacional de gerenciamento de recursos hídricos e na definição dos critérios de outorga de direitos de seu uso. Até porque, embora seja de competência privativa da União legislar sobre águas (art. 22, IV), a atuação do Poder Público federal no setor não é isolada, na medida em que, entre as competências comuns a todos os integrantes da Federação, inscreve-se a de registrar, acompanhar e fiscalizar as concessões de direitos de pesquisa e exploração de recursos hídricos e minerais em seus territórios (art. 23, XI). Nada mais coerente, assim, do que ouvir os parceiros.

O inciso XIX é regulamentado pela Lei n. 9.433/97, que cria o sistema nacional de gerenciamento de recursos hídricos e dá outras previdências.

Art. 21, XX – instituir diretrizes para o desenvolvimento urbano, inclusive habitação, saneamento básico e transportes urbanos;

Fernanda Dias Menezes de Almeida

Já se apontou, na análise do inciso IX deste artigo, a tendência da Constituição a envolver a União no terreno do planejamento urbanístico, ao prever sua competência para elaborar e executar planos nacionais e regionais de ordenação do território.

Reforçando a tendência, alude-se agora à instituição, pela União, de diretrizes para o desenvolvimento urbano, tocando-se em temas que a mesma Constituição apresenta como sendo de competência material comum, assim a promoção de programas de construção de moradias e a melhoria das condições habitacionais e de saneamento básico (art. 23, IX) ou de tema tradicionalmente afeto à competência material privativa do Município, hoje previsto no art. 30, V, onde se lê que compete ao Município organizar e prestar, diretamente ou sob o regime de concessão ou permissão, os serviços públicos de interesse local, incluído o de transporte coletivo.

É certo que caberá à União, conforme o inciso ora analisado, apenas instituir diretrizes para o desenvolvimento urbano, mas toda cautela será pouca ao fazê-lo, para se evitarem previsíveis conflitos de competência.

No caso das diretrizes sobre habitação e saneamento básico, como o parágrafo único do art. 23 prevê que leis complementares fixarão normas para a cooperação entre os entes habilitados a exercer as competências comuns, e as leis complementares, pela lógica, deverão ser federais, talvez seja menos difícil compatibilizar as diretrizes sobre habitação e saneamento com o exercício das competências na espécie.

Já em tema de transporte urbano o problema é maior, pois, além da competência material privativa do Município prevista no art. 30, V, tem ele também competência privativa para legislar sobre assuntos de interesse local, sendo a disciplina do transporte coletivo urbano tradicionalmente considerada como de interesse local (cf., a propósito, o comentário sobre o art. 22, XI).

Art. 21, XXI – estabelecer princípios e diretrizes para o sistema nacional de viação;

Fernanda Dias Menezes de Almeida

Ocupa-se a Constituição neste ponto com o sistema nacional de viação, é dizer, com o conjunto das estradas e vias terrestres por onde se faz a movimentação de veículos no território nacional.

Referindo-se a sistema nacional, não a sistema federal de viação, dá a entender o texto que o que se pretende não é apenas o estabelecimento, pela União, de princípios e diretrizes voltados à integração das rodovias federais, mas sim à integração de toda a malha rodoviária do país, incluindo-se as estradas estaduais e municipais, a partir de padrões gerais postos pelo poder central. É de reconhecer, porém, a dificuldade da empreitada num país de dimensões continentais e onde são enormes as disparidades de toda ordem entre os entes federados.

Art. 21, XXII – executar os serviços de polícia marítima, aeroportuária e de fronteiras;

Fernanda Dias Menezes de Almeida

Com a redação original alterada pela EC n. 19/98, que apenas substituiu a anterior expressão polícia "aérea" por polícia "aeroportuária", prevê o inciso ora examinado a competência da União de efetuar o policiamento das fronteiras terrestres, dos aeroportos e das águas territoriais brasileiras.

Trata-se de mais um desdobramento da competência da União de assegurar a defesa nacional (art. 21, III), uma vez que, obviamente, a finalidade desse policiamento é garantir a segurança do território nacional, mediante ações preventivas e repressivas que impeçam a violação de suas fronteiras.

Nos termos do art. 144, § 1º, III, o órgão da Administração federal a que cabe, no caso, a função de patrulhamento é a polícia federal.

Jurisprudência pertinente

Sobre a competência da ANVISA de fiscalizar infrações administrativas cometidas por empresas de navegação, cf. STJ, REsp 921.978/RS, Rel. Min. José Delgado, j. 6-11-07, *DJ* de 29-11-07.

Art. 21, XXIII – explorar os serviços e instalações nucleares de qualquer natureza e exercer monopólio estatal sobre a pesquisa, a lavra, o enriquecimento e reprocessamento, a industrialização e o comércio de minérios nucleares e seus derivados, atendidos os seguintes princípios e condições:

Fernanda Dias Menezes de Almeida

Inovando em relação ao sistema constitucional brasileiro, a Constituição de 1988 pela primeira vez preocupa-se com o tema da energia nuclear, atribuindo à União a competência para explorar os serviços e instalações nucleares de qualquer natureza. E mais, concede à União o monopólio sobre todos os aspectos da atividade nuclear, detalhadamente mencionados no inciso XXIII ora comentado.

A importância e os riscos dessa atividade falam por si, para justificar sua concentração nos domínios do poder central, que haverá de pautar-se no exercício de sua competência pelos princípios e condições estabelecidos nas alíneas que seguem.

Art. 21, XXIII, *a*) toda atividade nuclear em território nacional somente será admitida para fins pacíficos e mediante aprovação do Congresso Nacional;

Fernanda Dias Menezes de Almeida

Alinhada com a corrente do bem, a Constituição, como era de esperar, de pronto se adianta para admitir que a atividade nuclear seja desenvolvida exclusivamente para fins pacíficos. E, dada a relevância da matéria, não deixa apenas ao alvedrio do Governo tomar iniciativas referentes ao programa nuclear, exigindo que as elas sejam aprovadas pelo Congresso Nacional, cuja competência para tanto está prevista no art. 49, XIV.

Art. 21, XXIII, *b*) sob regime de permissão, são autorizadas a comercialização e a utilização de radioisótopos para a pesquisa e uso agrícolas e industriais;

Fernanda Dias Menezes de Almeida

A EC n. 49/06 excluiu do texto original a possibilidade da adoção, na espécie, também do regime de concessão e admitiu, sob regime de permissão, não só a utilização, mas também a comercialização de radioisótopos para os fins indicados.

Nova alteração deste dispositivo foi promovida pela EC n. 118/22, que suprimiu a possibilidade de permissão para comercialização e utilização de radioisótopos para uso médico, introduzida no texto pela EC n. 49/06. Todavia, tais atividades permanecem admitidas pela Constituição Federal por força da nova redação dada pela EC n. 118/22 à alínea *c* do inciso XXIII do art. 21.

Percebe-se que a alínea *b* ameniza o monopólio estatal previsto no inciso XXIII, ao permitir a participação de particulares, sob regime de permissão, no campo de radioisótopos utilizados para fins pacíficos, como são os que informam a pesquisa e os usos agrícolas e industriais. A mesma previsão consta no art. 177, V, que igualmente teve sua dicção alterada pela EC n. 49/06.

Art. 21, XXIII, *c*) sob regime de permissão, são autorizadas a produção, comercialização e utilização de radioisótopos para pesquisa e uso médicos;

Fernanda Dias Menezes de Almeida

Esta alínea, introduzida no texto constitucional pela EC n. 49/06, desdobrava o tratamento dado aos radioisótopos na alínea anterior, cuidando em especial dos de meia vida igual ou inferior a duas horas. Sob o mesmo regime de permissão, autorizava não apenas a sua comercialização e utilização, mas ainda a sua produção, residindo neste ponto a diferença de tratamento, em relação aos radioisótopos previstos na alínea acima.

A EC n. 118/22 conferiu nova redação ao dispositivo para o fim de permitir a produção de quaisquer radioisótopos – e não apenas dos de meia vida igual ou inferior a duas horas – para pesquisa e uso médicos.

Art. 21, XXIII, *d*) a responsabilidade civil por danos nucleares independe da existência de culpa;

Fernanda Dias Menezes de Almeida

A presente alínea passou a ser *d*, após a EC n. 49/06 ter introduzido a atual alínea *c* no texto constitucional. O que nela se prevê é a responsabilidade objetiva dos causadores de danos nucleares, ou seja, independentemente da existência de culpa, o causador do dano por ele responderá civilmente, bastando que se comprove o nexo de causalidade entre sua ação e a produção do dano.

Art. 21, XXIV – organizar, manter e executar a inspeção do trabalho;

Fernanda Dias Menezes de Almeida

Trata-se de competência que não constou das Constituições precedentes e que agora entendeu o constituinte dever conferir privativamente à União.

Não se questiona o fato de que sempre foi do poder central a competência de legislar sobre Direito do Trabalho. E esta terá sido talvez a justificativa para que a própria União ficasse encarregada de organizar, manter e executar a inspeção do trabalho.

No entanto, a circunstância de ser da União a competência legislativa não implica necessariamente que a competência material correspondente tenha que ser também do poder central. Há no âmbito das competências comuns do art. 23 mais de uma hipótese em que a legislação que disciplina o seu exercício é da União, cabendo a todos os entes federados desempenhar as atividades pertinentes nos termos da lei federal.

No caso que ora interessa, a fiscalização das condições em que se desenvolve o trabalho, como as relativas à higiene e segurança, ao trabalho do menor, à duração da jornada de trabalho, é tarefa importante que recomenda o entrosamento das Administrações de todos os níveis da Federação. E, por isso mesmo, melhor ficaria se incluída entre as competências materiais comuns do art. 23.

Jurisprudência pertinente

Sobre a inconstitucionalidade de se estabelecerem medidas de polícia administrativa pelos Estados para coibir discriminações à mulher nas relações de trabalho, cf. STF, ADI 2.487-MC, Rel. Min. Moreira Alves, j. 13-3-02, *DJ* de 1-8-03.

Sobre inconstitucionalidade de medidas estaduais destinadas a garantir a segurança e a higiene do trabalho, cf. STF, ADI 1.893, Rel. Min. Carlos Velloso, j. 12-5-04, *DJ* de 4-6-04.

Art. 21, XXV – estabelecer as áreas e as condições para o exercício da atividade de garimpagem, em forma associativa.

Fernanda Dias Menezes de Almeida

A disposição revela preocupação do constituinte com a exploração dos recursos minerais do país, objeto da garimpagem, seja pela importância econômica da atividade, seja por sua repercussão sobre o meio ambiente. É o que se deduz de outro dispositivo constitucional, o art. 174, § 3º, em que se prevê que o Estado favorecerá a atividade garimpeira em cooperativas, levando em conta a proteção do meio ambiente e a promoção econômico-social dos garimpeiros.

A referência à garimpagem em forma associativa indica a preferência pela organização de cooperativas para o exercício da profissão, como confirma o art. 174, § 4º, ao conferir às cooperativas de garimpeiros prioridade na autorização ou concessão para pesquisa e lavra dos recursos e jazidas minerais garimpáveis. Mas não há vedação constitucional à garimpagem individual, que, no entanto, deverá sujeitar-se, tanto quanto a que se faça pela forma associativa, às condições de exercício postas pela União, inclusive restringindo-se às áreas por ela delimitadas, nos termos do inciso que ora se comenta.

Art. 21, XXVI – organizar e fiscalizar a proteção e o tratamento de dados pessoais, nos termos da lei.
Fernanda Dias Menezes de Almeida

Trata-se de dispositivo inserido pela EC n. 115/22, que também incluiu no rol dos direitos e garantias fundamentais "o direito à proteção dos dados pessoais, inclusive nos meios digitais" (LXXIX do art. 5º).

Além de atribuir à União a tarefa de "fiscalizar" a proteção e o tratamento de dados pessoais, este inciso explicita a competência federal para "organizar" o exercício dessas atividades.

Ao demandar a edição de lei para disciplinar a competência federal, a norma deve ser conjugada com o inciso XXX do art. 22, também incluído pela EC n. 115/22, que atribuiu à União a competência legislativa para dispor sobre "proteção e tratamento de dados pessoais".

Anote-se que anteriormente à edição da EC n.115/22 já havia sido editada a Lei n. 13.709, de 14 de agosto de 2018. Ao dispor sobre a proteção e o tratamento de dados pessoais, inclusive nos meios digitais, esse diploma federal consignou, expressamente, que suas normas devem ser observadas pelos demais entes federativos (parágrafo único do art. 1º), tendo atribuído à Autoridade Nacional de Proteção de Dados, dentre outras competências, a fiscalização pelo descumprimento da legislação relativa à matéria (art. 55-J, IV).

Art. 22. Compete privativamente à União legislar sobre:
Fernanda Dias Menezes de Almeida[1]

O exercício das competências materiais pressupõe, no Estado de Direito, a existência de disciplina legal, considerando-se o primado do princípio da legalidade, que, para a Administração Pública, significa poder fazer apenas o que a lei permite. É natural, portanto, que haja uma estreita correlação entre o art. 22, que engloba a maior parte das competências legislativas privativas da União, e o art. 21, onde se encontram relacionadas as correspondentes competências materiais. Isto poderá ser constatado ao se compararem com os incisos do art. 21, os do art. 22, examinados na sequência.

Art. 22, I – direito civil, comercial, penal, processual, eleitoral, agrário, marítimo, aeronáutico, espacial e do trabalho;
Fernanda Dias Menezes de Almeida

---

1. Os comentários da autora neste artigo foram revistos e atualizados pela Professora Telma de Freitas Fontes, Mestre em Direito Constitucional pela Faculdade de Direito da Universidade de São Paulo, Procuradora do Estado de São Paulo Assessora-Chefe da Assessoria Técnico-Legislativa, integrante do Grupo de Pesquisa "Estrutura e Dinâmica do Estado Federal", vinculado à Faculdade de Direito da Universidade de São Paulo.

Como se afere da extensa relação de ramos do Direito enumerados neste inciso, muito pouco da produção jurídica escapa da competência da União, que cobre tanto o direito substantivo de maior expressão como o direito adjetivo.

Quanto ao direito substantivo, a par de ramos de sedimentação antiga como Direito Civil, Comercial, Penal ou do Trabalho, e de outros mais recentes cuja autonomia hoje não mais se discute, como o Direito Agrário e o Direito Eleitoral, o constituinte reservou ao legislador federal outros campos que a ciência jurídica ainda não aceita sem questionamentos como ramos autônomos, assim o Direito Marítimo, o Direito Aeronáutico ou o Direito Espacial, considerados mais como reunião de extratos da normação de outros ramos, sem dimensão e peculiaridades próprias que justifiquem falar-se em autonomia científica.

Seja como for, a previsão constitucional destes últimos não é inédita. De fato, o Direito Aeronáutico já foi mencionado na Constituição de 1946 (art. 5º, XV, a) e na versão dada à Constituição de 1967 pela EC n. 1/69 (art. 8º, XVII, b). Anote-se que nas Constituições de 1934 (art. 5º, XIX, a), de 1937 (art. 16, XVI) e de 1967 na versão original (art. 8º, XVII, b) preferiu-se a expressão Direito Aéreo. De sua vez, o Direito Marítimo apareceu na de 1967 (art. 8º, XVII, b), em que figurou também o Direito Espacial, a partir da EC n. 1/69.

Parece adequado que todo o direito substantivo mencionado provenha de fonte única, a União, pois a disparidade de ordenamentos seria problemática, gerando incertezas e insegurança nas relações jurídicas que se estabelecessem entre partes domiciliadas em Estados diversos.

Já quanto ao direito adjetivo (Processual Civil e Processual Penal), de natureza instrumental, servindo ao cumprimento do direito substantivo nos processos judiciais, soam ponderadas as considerações de Manoel Gonçalves Ferreira Filho (*Comentários*, cit., v. 1, p. 167), para quem mais sábio seria atribuir aos Estados a competência de produzi-lo, adaptando-o, para melhor atendimento de sua finalidade, às condições tão diferentes de cada região. Quando muito, para evitar disparidades excessivas, a competência legislativa no caso poderia ser concorrente, ficando com a União a edição das normas gerais de Direito Processual.

Como legislação pertinente aos ramos do Direito em epígrafe citem-se: Lei n. 10.406/02 (Código Civil); Lei n. 556/1850 (Código Comercial); Decreto-lei n. 2.848/40 e Lei n. 7.209/84 (Código Penal); Decreto-lei n. 3.689/41 (Código de Processo Penal); Lei n. 13.105/15 (Código de Processo Civil); Lei n. 4.737/65 (Código Eleitoral); Lei n. 4.505/64 (Estatuto da Terra); Lei n. 4.947/66 (normas de Direito Agrário); Decreto n. 1.265/94 (política marítima nacional); Lei n. 7.565/86 (Código Brasileiro de Aeronáutica); Decreto-lei n. 5.452/43 e alterações posteriores, sobretudo Lei n. 13.467/17 (Consolidação das Leis do Trabalho).

Jurisprudência pertinente

Sobre competência em matéria de Direito civil (estacionamento de veículos em áreas particulares), cf. STF, ADI 1.918, Rel. Min. Maurício Corrêa, j. 23-8-01, *DJ* de 1-8-03. No mesmo sentido: ADI 2.448, Rel. Min. Sydney Sanches, j. 23-4-03, *DJ* de 13-6-03.

Sobre competência em matéria de Direito Civil e Direito Comercial (Serviços de assistência médico-hospitalar de natureza privada), cf. ADI 1.646, Rel. Min. Gilmar Mendes, j. 2-8-06, *DJ* de 7-12-06. No mesmo sentido: ADI 1.595, Rel. Min. Eros Grau, j. 3-3-05, *DJ* de 7-12-06.

Sobre competência em matéria de Direito Penal e Processual (crimes de responsabilidade), cf. Súmula 722 e Súmula Vinculante 46, do STF: "A definição dos crimes de responsabilidade e o estabelecimento das respectivas normas de processo e julgamento são da competência legislativa privativa da União".

Sobre competência em matéria de Direito Processual (valor da causa), cf. STF, ADI 2.655, Rel. Min. Ellen Gracie, j. 9-3-04, *DJ* de 26-3-04. Direito Processual (natureza jurídica da reclamação), cf. STF, ADI 2.212, Rel. Min. Ellen Gracie, j. 2-10-03, *DJ* de 14-11-03.

Sobre competência em matéria de Direito Eleitoral (vedação do uso de simuladores de urna eletrônica como meio de propaganda eleitoral), cf. STF, ADI 2.278, Rel. p/ o AC. Min. Joaquim Barbosa, j. 15-2-06, *DJ* de 10-11-06. No mesmo sentido: ADI 2.283, Rel. Min. Gilmar Mendes, j. 15-2-06, *DJ* de 2-6-06.

Sobre competência em matéria de Direito do Trabalho (fornecimento de alimentação a trabalhadores), cf. STF, ADI 3.251, Rel. Min. Carlos Britto, j. 18-6-07, *DJ* de 19-10-07. Direito do Trabalho (competência para decretação de feriados civis), cf. STF, ADI 3.069, Rel. Min. Ellen Gracie, j. 24-11-05, *DJ* de 16-12-05. Direito do Trabalho (direito a vale-transporte), cf. STF, ADI 601, Rel. Min. Ilmar Galvão, j. 1-8-02, *DJ* de 20-9-02.

Art. 22, II – desapropriação;

Fernanda Dias Menezes de Almeida

Mediante o procedimento administrativo da desapropriação, opera-se a perda compulsória de propriedade particular, por iniciativa do poder público, nos casos de necessidade ou utilidade pública, ou de interesse social, compensando-se o desfalque do patrimônio com indenização que, salvo exceções, deve ser justa, prévia e em dinheiro.

Interferindo em direito fundamental, como é o direito de propriedade, a desapropriação teve seu perfil estrutural assentado na própria Constituição (art. 5º, XXIV), que remete à lei o estabelecimento das normas procedimentais pertinentes. Não só por envolver direito fundamental, mas também pela imbricação do tema com ramos do Direito que são de competência legislativa da União, assim o Direito Civil e o Direito Processual, a lei a que alude o art. 5º, XXIV, só poderia mesmo ser lei federal.

A legislação de regência inclui o Decreto-Lei n. 3.365/41, com alterações da Lei n. 6.602/78 (desapropriação por utilidade pública); Lei n. 4.132/62 (desapropriação por interesse social); Lei Complementar n. 76/93 (desapropriação de imóvel rural para fins de reforma agrária).

Jurisprudência pertinente

Sobre a inconstitucionalidade da exigência de aprovação prévia da Câmara Legislativa do Distrito Federal para desapropriações nele efetuadas, cf. STF, ADI 969, Rel. Min. Joaquim Barbosa, j. 27-9-06, *DJ* de 20-10-06.

Art. 22, III – requisições civis e militares, em caso de iminente perigo e em tempo de guerra;

Fernanda Dias Menezes de Almeida

Em mais um dispositivo a Constituição cuida de tema com implicações no direito de propriedade, e, pelas mesmas razões lembradas no comentário ao inciso anterior, confere à União a competência legislativa para disciplina-lo.

A requisição, tal qual a desapropriação, tem previsão constitucional, determinando o art. 5º, XXV, que, no caso de iminente perigo público, a autoridade competente poderá usar de propriedade particular, assegurada ao proprietário indenização ulterior, se houver dano. Como ocorre na desapropriação, também na requisição a transferência da propriedade para o poder público é compulsória. Mas, diferentemente da desapropriação, a propriedade particular requisitada o é, em princípio, para uso temporário, nas situações constitucionalmente previstas, devendo retornar ao proprietário, uma vez ultrapassada a crise ou anormalidade, a menos que a devolução seja impossível, como no caso de bens que tenham sido consumidos. Em qualquer circunstância, finda a requisição, caberá indenizar o proprietário pelos danos causados, cuidando-se, pois, de indenização posterior, o que é outro diferencial, tanto em relação à desapropriação, em que a indenização é prévia, quanto em relação ao confisco, em que não há indenização pela perda da propriedade.

A requisição poderá ser civil ou militar, em casos de perigo iminente, que podem ocorrer em tempo de paz ou de guerra. A disciplina de todos os aspectos envolvidos no processo de requisição será feita pela União, no exercício de competência legislativa privativa.

Art. 22, IV – águas, energia, informática, telecomunicações e radiodifusão;

Fernanda Dias Menezes de Almeida

Sobre o papel da União como titular da competência de explorar os serviços de telecomunicações e radiodifusão, e ainda os serviços de instalações de energia elétrica e aproveitamento energético dos cursos de água, já foram feitos os comentários cabíveis, quando da análise do art. 21, XI, XII, *a* e *b*, e XIX. Atribuída essa competência ao poder central, era natural que se lhe concedesse também a competência para a edição das leis que devem dar suporte à sua atuação nesses setores.

No que se refere às águas, coube à Lei n. 9.433/97 instituir a Política Nacional de Recursos Hídricos e criar o Sistema Nacional de Gerenciamento de Recursos Hídricos.

Em relação ao setor de telecomunicações, a legislação já produzida inclui a Lei n. 4.117/62 (Código Brasileiro de Telecomunicações); Lei n. 9.295/96 (serviços de telecomunicação e órgão regulador); Lei n. 9.472/97 (também sobre organização dos serviços de telecomunicação e criação do respectivo órgão regulador) e alguns decretos regulamentares do setor.

Quanto à competência legislativa sobre informática, está sendo mencionada em texto constitucional brasileiro pela primeira vez, compreensivelmente, considerando-se que só em tempos mais recentes desenvolveu-se o interesse pelo tema no país.

Como era de esperar, considerando-se ser o setor da informática estratégico para o desenvolvimento nacional e havendo, portanto, conveniência de submetê-lo a uma legislação uniforme, fomentadora e protetora, só poderia mesmo caber à União a competência legislativa na espécie.

Jurisprudência pertinente

Sobre obrigação, estabelecida em lei distrital, de se discriminarem informações na fatura de cobrança de telefonia fixa, cf. STF, ADI 3.322-MC, Rel. Min. Cezar Peluso, j. 2-8-06, *DJ* de 19-12-06.

Sobre pesagem de botijões de gás liquefeito à vista do consumidor, exigida por lei estadual, cf. STF, ADI 855-MC, Rel. Min. Sepúlveda Pertence, j. 1-7-93, *DJ* de 1-10-93.

Sobre a inconstitucionalidade de lei estadual que coíbe a atividade de serviço de entrega de gasolina e etanol, cf. STF, ADI 6.580, Rel. Min. Cármen Lúcia, j. 12-5-21, *DJ* de 4-3-21.

Sobre a inconstitucionalidade de lei estadual que proíbe a instalação de medidores externos de energia elétrica pelas empresas concessionárias de serviço, cf. STF, ADI 7.225, Rel. Min. Roberto Barroso, j. 22-2-23, *DJ* de 17-3-23.

Sobre a inconstitucionalidade de leis estaduais que estabelecem proibições a concessionárias de serviços de telecomunicações, cf. STF, ADI 6.326, Rel. Min. Cármen Lúcia, j. 23-11-20, *DJ* de 3-12-20; ADI 6.199, Rel. Min. Nunes Marques, j. 16-8-22, *DJ* de 26-8-22.

Art. 22, V – serviço postal;
Fernanda Dias Menezes de Almeida

Valem aqui as considerações já feitas ao se comentar o art. 21, X, que justificam a atribuição, à União, da competência legislativa pertinente ao serviço postal.

A lei que dispõe a respeito é a Lei n. 6.538/78.

Art. 22, VI – sistema monetário e de medidas, títulos e garantias dos metais;
Fernanda Dias Menezes de Almeida

Sempre seguindo a lógica de atribuir-se à União a primazia na condução do que diz respeito aos aspectos unitários da Federação, era impositivo que ao legislador federal se atribuísse a competência de padronizar, para todo o país, a disciplina do sistema monetário e de medidas, títulos e garantias dos metais. Sendo peça-chave para o adequado funcionamento da economia a circulação de uma moeda única no país, já foi conferida à União, como visto antes, a competência de emitir moeda (art. 21, VII), completada agora com a previsão de sua competência de legislar sobre o sistema monetário. Igualmente, não poderia competir senão à União a padronização legal, tanto do sistema de medidas, fator de incremento das relações comerciais no plano interno e no plano do comércio exterior, como dos títulos e garantias dos metais, importantes em particular para o desenvolvimento industrial.

Jurisprudência pertinente

Sobre aplicação compulsória de critérios de conversão, em URV, à remuneração de servidores públicos estaduais e municipais, cf. STF, RE 505.795-AgR, Rel. Min. Celso de Mello, j. 13-3-07, *DJ* de 22-6-07. No mesmo sentido, cf. RE 358.810-AgR, Rel. Min. Celso de Mello, j. 11-2-03, *DJ* de 28-3-03.

Art. 22, VII – política de crédito, câmbio, seguros e transferência de valores;
Fernanda Dias Menezes de Almeida

Esta competência legislativa da União é reflexo da competência que lhe assiste de administrar as reservas cambiais do país e fiscalizar as operações de natureza financeira, entre outras, exatamente, as de crédito, câmbio e seguros (art. 21, VIII). Embora não mencionada explicitamente como sua a competência material de administrar a transferência de valores, deve-se extraí-la, implicitamente da competência acima referida, dada a pertinência do tema com o das operações cambiais e igualmente com o do comércio exterior, referido este último no inciso VIII abaixo. Também nesta seara, portanto, haveria de caber à União a disciplina legal.

Jurisprudência pertinente

Sobre a inconstitucionalidade de leis estaduais que dispõem sobre planos privados de assistência à saúde, cf. STF, ADI 4.704, Rel. Min. Luiz Fux, j. 21-3-19, *DJ* de 4-4-19; ADI 5.173, Rel. Min. Gilmar Mendes, j. 6-12-19, *DJ* de 17-12-19; ADI 7.023, Rel. Min. Roberto Barroso, j. 22-2-23, *DJ* de 2-3-23.

Sobre a inconstitucionalidade de lei estadual que interfere na relação obrigacional estabelecida entre as instituições de crédito e tomadores de empréstimo, cf. STF, ADI 6.495, Rel. Min. Ricardo Lewandowski, j. 23-11-20, *DJ* de 3-12-20; ADI 6.475, Rel. Min. Ricardo Lewandowski, j. 14-5-21, *DJ* de 27-5-21.

Sobre a inconstitucionalidade de lei estadual que dispõe sobre o reajuste das prestações pactuadas nos contratos de financiamento firmados no âmbito do Sistema Financeiro de Habitação, cf. STF, ADI 3.532, Rel. Min. Edson Fachin, j. 29-11-19, *DJ* de 18-12-19.

Art. 22, VIII – comércio exterior e interestadual;
Fernanda Dias Menezes de Almeida

Não faz dúvida que se está diante de temas que transcendem os interesses dos Estados individualmente considerados, devendo aninhar-se no reduto das competências legislativas da União. Por isso é que cabe ao poder central regrar, no plano interno, a política comercial, de modo a evitar que, de acordo com os respectivos interesses, possam os Estados desrespeitar a proibição estabelecida no art. 19, III, da Constituição, criando preferências entre si. Quanto ao comércio exterior, mais justificado até é o estabelecimento, pela União, de normas uniformes a disciplina-lo, já que, no campo das relações internacionais, os interesses do país como um todo hão de ser por ela gerenciados.

Jurisprudência pertinente

Sobre a inconstitucionalidade de lei estadual dispondo sobre forma de escoamento do sal marinho produzido no Rio Grande do Norte, cf. STF, ADI 2.866-MC, Rel. Min. Gilmar Mendes, j. 25-9-03, *DJ* de 17-10-03.

Art. 22, IX – diretrizes da política nacional de transportes;
Fernanda Dias Menezes de Almeida

Ao deferir à União a competência legislativa na espécie, o constituinte pretendeu guardar coerência com a atribuição que lhe fez da competência material em assuntos correlatos, como a instituição de diretrizes para o desenvolvimento urbano, inclusive na área de transportes (art. 21, XX), e para o sistema nacional de viação (art. 21, XXI).

Mas há, em termos técnicos, uma impropriedade a registrar quanto ao fato de se haver incluído entre as competências legislativas privativas da União a de estabelecer diretrizes da política nacional de transportes. É que, quando se trata de competência legislativa privativa, cabe a seu titular a disciplina integral da matéria, ou seja, a normatização de todos os seus aspectos, gerais e específicos. Já o estabelecimento apenas de normas gerais (assim consideradas, entre outras, as que assentam princípios, bases, diretrizes), a cargo de um dos entes federados, cabendo aos demais suplementá-las com a edição de normas específicas, é típico da competência legislativa concorrente. E como quer a posição doutrinária que aqui se aceita, quando a Constituição confere a um ente o estabelecimento de normas gerais sobre uma matéria, automaticamente está admitindo que a hipótese é de competência concorrente.

Assim sendo, se o constituinte destinou à União a fixação de diretrizes da política nacional de transportes, pode-se interpretar que o fez porque quis automaticamente que os demais integrantes da Federação estabelecessem as regras específicas pertinentes, para atender às respectivas peculiaridades.

Se foi esta a intenção, melhor teria sido, tecnicamente, incluir a matéria no art. 24, que congrega os temas de competência legislativa concorrente. Já se a ideia foi a de deixar que o poder central normatizasse integralmente o assunto, então mais adequado teria sido dizer, *tout court*, que compete privativamente à União legislar sobre a política nacional de transportes.

Art. 22, X – regime dos portos, navegação lacustre, fluvial, marítima, aérea e aeroespacial;
Fernanda Dias Menezes de Almeida

As mesmas razões determinantes da competência da União para explorar os serviços de portos marítimos, fluviais e lacustres (art. 21, XII, *f*), conjugadas com as que levaram à competência da União para executar os serviços de polícia marítima, aeroportuária e de fronteiras (art. 21, XXII), explicam e justificam a competência legislativa ora em pauta. Remete-se, portanto, o leitor às observações expendidas no comentário aos dispositivos anteriores acima citados.

Quanto à disciplina infraconstitucional do tema, deve ser lembrada a Lei n. 12.815/13, que dispõe sobre a exploração direta e indireta pela União dos portos e instalações portuárias e sobre atividades desempenhadas pelos operadores portuários.

Art. 22, XI – trânsito e transporte;
Fernanda Dias Menezes de Almeida

No art. 21, XII, *d* e *e*, e XX, a Constituição faz referência a temas específicos ligados ao transporte, para incluí-los na competência material da União. Mas ao cuidar, no art. 22, XI, da competência legislativa correspondente, não a limita a aspectos pontuais, conferindo de modo genérico à União a legislação sobre transporte e também sobre trânsito. Assim, é de entender que, além da disciplina do transporte e do trânsito interestaduais, também podem ser objeto da lei federal o transporte e o trânsito locais. De fato, nos termos do Código de Trânsito Brasileiro (Lei n. 9.503/97), é por ele regido o trânsito de qualquer natureza nas vias terrestres do território nacional, abertas à circulação. Igualmente a Lei n. 10.233/01, que dispõe sobre a reestruturação dos transportes aquaviários e terrestres, ocupa-se da criação de órgãos destinados a regular ou supervisionar as atividades de prestação de serviços e de exploração da infraestrutura de transportes em todo o Sistema Nacional de Viação.

No que se refere ao transporte, como já observado no comentário ao art. 21, XX, a doutrina tem tradicionalmente entendido inscrever-se o transporte coletivo urbano no núcleo de matérias consideradas de interesse local, sobre as quais cabe ao Município legislar. E não deixando dúvidas sobre a matéria, o certo é que a própria Constituição atribui a condição de serviço público de interesse local ao transporte coletivo, definindo-o mesmo como de caráter essencial (art. 30, V), e afirma ser do Município a competência de legislar sobre assuntos de interesse local (art. 30, I). Assim sendo, para equacionar-se o conflito gerado pela atribuição de competência legislativa plena e privativa à União em tema de transporte (art. 22, XI), há que se entender, na espécie, a competência legislativa do Município como exceção aberta pela própria Constituição ao disposto em relação à União.

Jurisprudência pertinente

Sobre competência em matéria de trânsito (inspeção técnica veicular para controle de poluição determinada por lei estadual), cf. STF, ADI 3.049, Rel. Min. Cezar Peluso, j. 4-6-07, *DJ* de 24-8-07. Sobre a constitucionalidade de lei estadual condicionando a imposição de multa de trânsito à notificação via Correios, cf. STF, ADI 2.374, Rel. Min. Gilmar Mendes, j. 6-10-04, *DJ* de 16-2-07. Sobre inconstitucionalidade de lei estadual determinando apreensão e leilão de veículos conduzidos por pessoas alcoolizadas, cf. STF, ADI 2.796, Rel. Min. Gilmar Mendes, j. 16-11-05, *DJ* de 16-12-05. Sobre inconstitucionalidade de lei estadual dispondo sobre parcelamento de multas de trânsito, sem correção, cf. STF, ADI 2.432, Rel. Min. Nelson Jobim, j. 7-6-01, *DJ* de 21-9-01.

Sobre competência em matéria de transporte (lei estadual que determina apreensão e desemplacamento de veículos de transporte coletivo de passageiros encontrados em situação irregular), cf. STF, ADI 2.751, Rel. Min. Carlos Velloso, j. 31-8-05, *DJ* de 24-2-06.

Sobre lei estadual dispondo sobre fretamento de ônibus para transporte de turistas no Estado, cf. STF, RE 201.865, Rel. Min. Carlos Velloso, j. 28-10-04, *DJ* de 4-2-05.

Art. 22, XII – jazidas, minas, outros recursos minerais e metalurgia;

Fernanda Dias Menezes de Almeida

Mais uma vez é estabelecida uma competência legislativa para regrar temas atinentes ao acervo das competências materiais da União. De fato, a preocupação com a exploração dos recursos minerais do país já se manifestou no art. 21, XXV, em que consta a competência federal de estabelecer as áreas e as condições para o exercício da atividade de garimpagem. Haveria, pois, de ser da União também a legislação pertinente ao patrimônio mineral, como já acontecia no sistema constitucional de 67/69 (art. 8º, XVII, *h*) e nas Constituições de 1946 (art. 5º, XV, *l*); de 1937 (art. 16, XIV); de 1934 (art. 5º, XIX, *j*) e de 1891 (art. 34, n. 30).

Art. 22, XIII – nacionalidade, cidadania e naturalização;

Fernanda Dias Menezes de Almeida

Assuntos correlatos, a nacionalidade, a cidadania e a naturalização foram reunidas no mesmo tópico, quando o constituinte, como não poderia deixar de ser, atribuiu à União a competência legislativa correspondente. E não poderia deixar de ser, por tratar-se de característica marcante das Federações exatamente a unidade de nacionalidade.

Esta, ensina a melhor doutrina – e aqui se deixa falar por todos Pontes de Miranda –, é o vínculo de natureza jurídico-política que faz do indivíduo um dos elementos componentes da dimensão pessoal do Estado (cf. *Comentários à Constituição de 1967*. São Paulo: Revista dos Tribunais, 1967, v. IV, p. 352). É justamente o *status* de nacional atribuído pelo Direito à pessoa que a faz, portanto, integrante do povo de determinado Estado, por contraposição ao estrangeiro.

Poderá este adquirir, querendo, a nacionalidade brasileira mediante o procedimento da naturalização, nos termos postos pela Constituição (cf. art. 12, II) e pela legislação federal de regência. Da situação jurídica do estrangeiro, inclusive das regras referentes à naturalização, cuida a Lei n. 13.445/17 (Lei de Migração, que substituiu o antigo Estatuto do Estrangeiro), regulamentada pelo Decreto n. 9.199/17.

Quanto à cidadania, vocábulo com frequência empregado como sinônimo de nacionalidade, tecnicamente dela se distingue por não ser condição de todo nacional, mas sim do nacional que esteja no gozo dos direitos políticos. Assim, como bem sintetiza Manoel Gonçalves Ferreira Filho (*Curso*, cit., p. 144), a nacionalidade é condição necessária, mas não suficiente da cidadania.

Art. 22, XIV – populações indígenas;

Fernanda Dias Menezes de Almeida

A Constituição de 1988, sensível à causa indígena defendida por forte *lobby* durante os trabalhos constituintes, dedicou todo um conjunto de disposições, no Capítulo VIII (Dos índios), do Título VIII (Da ordem social), à proteção e ao reconhecimento dos direitos das populações nativas (arts. 231 e 232).

Espalhando-se as terras ocupadas pelos índios por todo o território nacional, optou-se pela padronização do tratamento legal a ser dispensado às populações indígenas, para evitar eventuais discriminações regionais ou locais. Daí a competência da União na espécie.

É de registrar que, embora não houvesse igual previsão no direito constitucional positivo anterior, já foi uma lei federal, a Lei n. 6.001/73, que estabeleceu o Estatuto do Índio.

Nos termos do Estatuto, por índio ou silvícola, entende-se "todo indivíduo de origem e ascendência pré-colombiana que se identifica e é identificado como pertencente a um grupo étnico cujas características culturais o distinguem da sociedade nacional" (art. 3º, I).

E por comunidade indígena ou grupo tribal compreende-se o "conjunto de famílias ou comunidades índias, quer vivendo em estado de completo isolamento em relação aos outros setores da comunhão nacional, quer em contatos intermitentes ou permanentes, sem, contudo estarem neles integrados" (art. 3º, II).

Art. 22, XV – emigração e imigração, entrada, extradição e expulsão de estrangeiros;

Fernanda Dias Menezes de Almeida

O foco deste inciso está posto em diversas possibilidades de ingresso e saída de estrangeiros no território nacional.

Nos termos do art. 5º, XV, da Constituição é garantida a liberdade de locomoção no país em tempo de paz, abrindo-se a qualquer pessoa o direito de nele entrar, permanecer e sair, nos termos da lei.

No caso de estrangeiros, como é regra generalizada em todos os Estados, a lei pertinente haverá, pois, de estabelecer os requisitos e condições para o exercício desse direito, na consideração dos interesses nacionais, não fazendo dúvida, na hipótese de Federações, que ao legislador federal cabe disciplinar a matéria. No Brasil a lei de regência é hoje a de n. 13.445/17, que instituiu a Lei de Migração, em substituição ao anterior Estatuto do Estrangeiro.

Duas são as hipóteses de ingresso no país, que figuram no dispositivo constitucional em exame: imigração e entrada. O que se pretendeu, no caso, foi tratar tanto do ingresso com ânimo de fixação permanente do estrangeiro (imigração), como do seu ingresso para curta estadia, a negócios ou a passeio, por exemplo, vale dizer, para entrada temporária.

Quanto à saída do território nacional, foram previstas as hipóteses de emigração, extradição e expulsão. A primeira importa o abandono voluntário do país, para fixação em outras plagas. As demais correspondem à saída compulsória. No caso da extradição, entrega-se o extraditando a Estado estrangeiro, a pedido deste, onde o indivíduo será julgado e punido por delito lá praticado. De acordo com o art. 5º, LII, não será concedida a extradição de estrangeiro por crime político ou de opinião. No caso de expulsão, por iniciativa do Estado brasileiro, quando, por motivos vários, não mais convenha a permanência do estrangeiro no território nacional, é ele compelido a deixá-lo.

Art. 22, XVI – organização do sistema nacional de emprego e condições para o exercício de profissões;

Fernanda Dias Menezes de Almeida

Em numerosos artigos a Constituição cuida da questão do trabalho e do emprego, valendo lembrar, para ficar no plano das disposições principiológicas, que já o art. 1º inclui entre os fundamentos da República Federativa do Brasil os valores sociais do trabalho (inciso IV), voltando ao tema o art. 170, que funda na valorização do trabalho humano e na livre-iniciativa a ordem econômica, e inclui, entre os princípios que esta há de observar, o da busca do pleno emprego (inciso VIII).

Não obstante ser antiga a preocupação com esses temas, não se localiza, contudo, nas Constituições anteriores previsão da organização de um sistema nacional de emprego, cuja disciplina legislativa ora se atribuiu à União, por se tratar, como afirmado, de um sistema nacional.

Já a competência legislativa da União em tema de condições para o exercício profissional constou, com alcance menos genérico, é verdade, na Constituição de 1967 (art. 8º, XVII, r, do texto original, e art. 8º, XV, r, depois da EC n. 1/69); na de 1946 (art. 5º, XV, p) e na de 1934 (art. 5º, XIX, k). Tratava-se de competência legislativa restrita à disciplina das condições de capacitação para o exercício de profissões técnico-científicas e liberais.

Prevê agora a Constituição de 1988 entre os direitos fundamentais, de modo mais amplo, a liberdade de exercício de qualquer trabalho, ofício ou profissão, atendidas as qualificações profissionais que a lei estabelecer (art. 5º, XIII), o mesmo repetindo quanto ao exercício de qualquer atividade econômica, independentemente de autorização de órgãos públicos, salvo nos casos previstos em lei (art. 170, parágrafo único). Será federal, no caso, a lei disciplinadora, na perspectiva de unificação das condições de exercício profissional no país.

Porém, mais acertada era a orientação de restringir-se a interferência do legislador ao âmbito de profissões cujo desempenho dependa de qualificação técnico-científica, pelas consequências sociais e econômicas danosas que pode acarretar o seu exercício por profissionais não habilitados.

Art. 22, XVII – organização judiciária, do Ministério Público do Distrito Federal e dos Territórios e da Defensoria Pública dos Territórios, bem como organização administrativa destes;
Fernanda Dias Menezes de Almeida

A concentração da competência legislativa na União é, no caso, consequência da equivalente competência material, prevista no art. 21, XIII, a cujo comentário se remete o leitor.

Art. 22, XVIII – sistema estatístico, sistema cartográfico e de geologia nacionais;
Fernanda Dias Menezes de Almeida

De novo o que pretendeu o constituinte foi deixar a cargo da União o suporte legislativo para o exercício de atividades que integram suas competências materiais – no caso as previstas no art. 21, XV. Seria até desnecessário fazê-lo, por se tratar, mais uma vez, de sistemas de alcance nacional, que só poderiam mesmo ser regrados pela União.

Art. 22, XIX – sistemas de poupança, captação e garantia da poupança popular;
Fernanda Dias Menezes de Almeida

Se já cabe na competência legislativa privativa da União a disciplina da política de crédito (art. 22, VII), afigura-se perfeitamente ociosa a menção expressa a temas que constituem desdobramentos daquela política, como são os relativos à poupança, ora mencionados.

Art. 22, XX – sistemas de consórcios e sorteios;
Fernanda Dias Menezes de Almeida

Concentrar na União a competência legislativa sobre sistemas de consórcios e sorteios terá sido uma opção do constituinte com vistas ao controle de atividades que podem lesar a economia popular. Embora também o mau uso dos consórcios possa lesá-la, isto é mais visível no que diz com os sorteios, expressão que compreende os jogos de azar lícitos, loterias e similares.

Jurisprudência pertinente

Sobre a exclusividade da legislação federal em matéria de consórcios e sorteios, cf. Súmula Vinculante 2, do STF: "É inconstitucional a lei ou ato normativo estadual ou distrital que disponha sobre sistemas de consórcios e sorteios, inclusive bingos e loterias".

Sobre a possibilidade de exploração de loterias por Estados-membros, cf. STF, ADPF 492, ADPF 493 e ADI 4.986, Rel. Min. Gilmar Mendes, j. 30-9-20, *DJ* de 15-12-20.

Art. 22, XXI – normas gerais de organização, efetivos, material bélico, garantias, convocação, mobilização, inatividade e pensões das polícias militares e dos corpos de bombeiros militares;
Fernanda Dias Menezes de Almeida

As polícias militares e os corpos de bombeiros militares são incumbidos, as primeiras, da polícia ostensiva e da preservação da ordem pública, e os segundos, além de outras atividades definidas em lei, da execução de atividades de defesa civil (art. 144, § 5º).

Subordinam-se, nos termos do art. 144, § 6º, aos Governadores dos Estados, do Distrito Federal e dos Territórios, o que poderia avalizar o entendimento de que devessem ser disciplinados pelas unidades federadas respectivas, como acontece com as polícias civis.

Ocorre que a possibilidade de utilização das forças policiais militares pelo Governo Federal nos casos de mobilização ou de guerra, conforme previsão das Constituições anteriores de 1934 (art. 5º, XIX, l), de 1937 (art. 16, XXVI), de 1946 (art. 5º, XV, f) e de 1967 (art. 8º, XVII, v), tem justificado a competência legislativa da União na espécie.

Na atual Constituição, as polícias militares e os corpos de bombeiros militares, são instituições consideradas, pelo mesmo art. 144, § 6º, como forças auxiliares e reserva do Exército, o que explica ter o constituinte seguido a tradição.

A redação atual deste inciso foi dada pela EC n. 103/19, que inclui no âmbito da competência legislativa da União a edição de normas gerais sobre "inatividade e pensões".

O dispositivo deve ser examinado conjuntamente com os §§ 1º e 2º do art. 42, que preveem a edição de: (i) lei estadual específica para dispor sobre as matérias do art. 142, § 3º, X; e (ii) lei específica do respectivo ente estatal para tratar dos pensionistas dos militares dos Estados, do Distrito Federal e dos Territórios.

Mais correto, entretanto, teria sido prever no art. 24, dedicado às competências legislativas concorrentes, a competência ora atribuída à União – já que limitada à edição de normas gerais sobre o tema –, em vez de mantê-la no artigo dedicado às competências privativas, cujo titular pode legislar em plenitude, tanto sobre aspectos gerais, como específicos. A propósito remete-se o leitor a comentário do mesmo jaez feito ao art. 22, IX.

Jurisprudência pertinente

Sobre a competência da União para estabelecer parâmetros de organização de serviços voluntários nas Polícias Militares e nos Corpos de Bombeiros Militares, cf. STF, ADI 4.173, Rel. Min. Alexandre de Moraes, j. 19-12-18, *DJ* de 25-2-19.

Sobre a competência da União para edição de normas para autorizar porte de arma de fogo, cf. STF, ADI 5.359, Rel. Min. Edson Fachin, j. 1º-3-21, *DJ* de 6-5-21.

Sobre a inconstitucionalidade de lei estadual para dispor sobre condições para aposentadoria dos policiais militares, cf. STF, ADI 6.917, Rel. Min. Alexandre de Moraes, j. 21-3-22, *DJ* de 29-3-22.

Art. 22, XXII – competência da polícia federal e das polícias rodoviária e ferroviária federais;

Fernanda Dias Menezes de Almeida

Inequivocamente a competência no caso teria de ser da União, uma vez que voltada à legislação infraconstitucional para regrar a atuação de instituições federais, cujas atribuições foram definidas previamente no art. 144, §§ 1º, 2º e 3º da própria Constituição.

Art. 22, XXIII – seguridade social;

Fernanda Dias Menezes de Almeida

Nos termos do art. 194 da Constituição, a seguridade social compreende um conjunto integrado de ações, de iniciativa dos Poderes Públicos e da sociedade, destinadas a assegurar os direitos relativos à saúde, à previdência e à assistência social.

Pela relevância e alcance social dos direitos enumerados, costumam eles ter destaque nos programas de governo, em todos os níveis da Federação. O que não tornaria desarrazoado incluir a competência legislativa correspondente entre as competências concorrentes. E o fato é que, parcialmente, houve esta inclusão, uma vez que no art. 24, XII, consta como competência de que participam também os Estados e o Distrito Federal a de legislar sobre previdência social, proteção e defesa da saúde.

Diante disto, cria-se uma dificuldade de articulação entre o disposto naquele artigo e o determinado no art. 22, XXIII. Sim, porque este atribui competência legislativa privativa à União para legislar sobre seguridade social, o que significa que é dela a competência de legislar em plenitude, editando normas gerais e específicas, sobre toda a matéria, aí incluídas a saúde, a previdência e a assistência social.

No entanto, colocando-se a previdência social e a saúde no espaço das competências concorrentes do art. 24, teria a União, em relação a ambos os temas, competência para editar apenas normas gerais, cabendo a Estados e Distrito Federal a legislação suplementar, nos termos dos §§ 1º e 2º do art. 24.

Numa tentativa de conciliar as disposições, o que se pode sugerir é o reconhecimento da competência da União de legislar integralmente sobre tudo o que se inclui na seguridade social, aplicando-se no âmbito da Administração Federal tanto as normas gerais quanto as normas específicas que forem elaboradas. Já nos planos estadual e distrital, prevaleceriam as normas gerais produzidas pela União, cabendo aos demais entes federados a complementação legislativa, para atender às suas particularidades – o que se resume, ao que parece, no caso da previdência social, aos respectivos servidores públicos. Seja como for, não primou pela clareza a Constituição neste particular.

Vale registrar que, no exercício da competência legislativa privativa, prevista no art. 22, XXIII, a União editou a Lei n. 8.212/91 (Lei Orgânica da Seguridade Social), dispondo sobre a organização e custeio da seguridade social, em todos os seus segmentos.

Art. 22, XXIV – diretrizes e bases da educação nacional;

Fernanda Dias Menezes de Almeida

Sem questionar que seja da União a competência legislativa para estabelecer as linhas gerais da educação nacional, de modo que as mesmas diretrizes e bases informem o ensino ministrado no país, o que mais uma vez se critica é a impropriedade de se incluir em dispositivo dedicado à competência privativa do poder central, tema que, pelo tratamento recebido, passa a ser de competência legislativa concorrente.

Se o que se atribui como sendo privativo da União é a fixação de normas gerais sobre a educação, automaticamente pertence aos Estados a produção das normas específicas a respeito. E se há dois dispositivos, um dedicado à competência legislativa privativa da União (art. 22) e outro à competência concorrente de União, Estados e Distrito Federal (art. 24), não tem cabimento tratar de assunto de competência concorrente no dispositivo reservado à competência privativa. Tanto mais quando o art. 24, IX, confirma ser concorrente a legislação sobre educação.

A linha aqui defendida, no sentido de se estar diante de uma competência legislativa concorrente, já foi sustentada pelo Supremo Tribunal Federal, como se indica a seguir.

A lei de diretrizes e bases da educação nacional é a Lei n. 9.394/96.

Jurisprudência pertinente

Sobre a característica de competência legislativa concorrente que apresenta o art. 22, inciso XXIV, cf. STF, ADI 3.669, Rel. Min. Cármen Lúcia, j. 18-6-07, *DJ* de 29-6-07.

Sobre a constitucionalidade de lei distrital que oferece o ensino de língua espanhola aos alunos da rede pública de ensino do Distrito Federal, cf. STF, ADI 3.669, Rel. Min. Cármen Lúcia, j. 18-6-07, *DJ* de 29-6-07.

Sobre a inconstitucionalidade de lei distrital sobre emissão de certificado de conclusão do curso e fornecimento de histórico escolar, cf. STF, ADI 2.667-MC, Rel. Min. Celso de Mello, j. 19-6-02, *DJ* de 12-3-04.

Sobre a inconstitucionalidade de leis estaduais dispondo sobre revalidação de diplomas e de títulos acadêmicos de mestrado e doutorado obtidos em instituições de ensino superior, cf. STF, ADI 5.341, Rel. Min. Edson Fachin, j. 5-11-19, *DJ* de 7-6-19; ADI 4.720, Rel. Min. Cármen Lúcia, j. 30-6-17, *DJ* de 23-8-17.

Sobre a competência da União para dispor sobre confecção, emissão e registro de diplomas emitidos por instituições de ensino superior, cf. STF, ADI 3.173, Rel. Min. Marco Aurélio, j. 15-5-19, *DJ* de 7-6-19.

Art. 22, XXV – registros públicos;
Fernanda Dias Menezes de Almeida

Trata-se de competência tradicional da União no Direito Constitucional positivo brasileiro, fazendo sentido uniformizar-se a legislação pertinente, para a segurança das relações jurídicas na Federação. A matéria está disciplinada na Lei n. 6.015/73 e na Lei n. 8.935/94.

Jurisprudência pertinente

Sobre lei estadual que cria requisitos de validade dos atos de criação, preservação e extinção de direitos e obrigações, cf. STF, ADI 3.151, Rel. Min. Carlos Britto, j. 8-6-05, *DJ* de 28-4-06.

Sobre lei estadual que obriga os ofícios do registro civil a enviar cópias de certidões de óbito a determinados órgãos, cf. STF, ADI 2.254, Rel. Min. Sepúlveda Pertence, j.8-2-01, *DJ* de 26-9-03.

Art. 22, XXVI – atividades nucleares de qualquer natureza;
Fernanda Dias Menezes de Almeida

Já foi visto ser exclusiva da União a competência material referente a tudo o que se insira no domínio da atividade nuclear (art. 21, XXIII). Fecha-se o círculo, conferindo-se ao poder central a correlata competência legislativa privativa.

Jurisprudência pertinente

Sobre norma constitucional estadual que estabelece condicionamentos à construção de instalações para produção nuclear no território do Estado, cf. STF, ADI 329, Rel. Min. Ellen Gracie, j. 1-4-04, *DJ* de 28-5-04.

Art. 22, XXVII – normas gerais de licitação e contratação, em todas as modalidades, para as administrações públicas diretas, autárquicas e fundacionais da União, Estados, Distrito Federal e Municípios, obedecido o disposto no art. 37, XXI, e para as empresas públicas e sociedades de economia mista, nos termos do art. 173, § 1º, III;
Fernanda Dias Menezes de Almeida

A redação deste inciso foi dada pela EC n. 19/98, mediante a qual se operou o que, à época, foi anunciado como reforma administrativa.

Em relação ao texto original, vestiu-se com nova roupagem o que já estava preceituado, sem alterações na sua substância. Em verdade, por entender insuficiente a anterior referência à Administração indireta, o que se fez foi explicitar as instituições que a integram e às quais se aplicam as normas de licitação, tendo tido, assim, o constituinte de reforma oportunidade de demonstrar os seus conhecimentos de Direito Administrativo.

De outra parte, também não satisfeito com a referência à aplicação das normas às instituições mantidas pelo Poder Público "nas diversas esferas de governo", houve por bem o reformador especificar que se aplicam às instituições existentes na União, Estados, Distrito Federal e Municípios.

O que de novo se acrescentou foi a referência ao art. 37, XXI, e ao art. 173, § 1º, III, por se entender importante lembrar que aqueles comandos constitucionais devem ser observados. Ao menos isto serviu para dar uma visão sistemática das normas constitucionais que cuidam da licitação.

Mas o que poderia ter sido corrigido não foi, isto é, a impropriedade em que é reincidente o constituinte originário, de incluir entre temas de competência legislativa privativa da União, alguns em que a ela cabe editar privativamente apenas normas gerais. Confiram-se, a respeito, as considerações feitas sobre os incisos IX, XXI e XXIV do art. 22.

Atualmente o Estatuto Jurídico das Licitações e Contratações é a Lei n. 8.666/93, com alterações da Lei n. 8.883/94.

Jurisprudência pertinente

Sobre lei distrital que cria restrições a empresas que discriminem na contratação de mão de obra, cf. STF, ADI 3.670, Rel. Min. Sepúlveda Pertence, j. 2-4-07, *DJ* de 18-5-07.

Sobre interpretação conforme de dispositivos da Lei n. 8.666/93, cf. STF, ADI 927-MC, Rel. Min. Carlos Velloso, j. 3-11-93, *DJ* de 11-11-94.

Sobre competência legislativa concorrente de União, Estados e Municípios para estabelecer diferenças entre licitantes, cf. ADI 3.735, Rel. Min. Teori Zavascki, j. 8-9-06, *DJ* de 1-8-17.

Sobre a inconstitucionalidade de lei estadual que obriga o poder público a adquirir o mínimo de 65% (sessenta e cinco por cento) dos bens e serviços definidos em sistema de registro de preços, cf. STF, ADI 4.748, j. 11-9-19, *DJ* de 27-9-19.

Art. 22, XXVIII – defesa territorial, defesa aeroespacial, defesa marítima, defesa civil e mobilização nacional;
Fernanda Dias Menezes de Almeida

Ainda que não tivesse sido explicitada, como de resto não o era no Direito anterior, essa competência sempre estaria afeta à União, encarregada de promover a defesa nacional (art. 21, III). Disciplina a matéria a Lei n. 12.608/12, que institui a Política Nacional de Proteção e Defesa Civil e dispõe sobre o Sistema e o Conselho Nacionais de Proteção e Defesa Civil.

Art. 22, XXIX – propaganda comercial;
Fernanda Dias Menezes de Almeida

A preocupação com a proteção do público contra engodos de que pode ser vítima, em virtude de propaganda prejudicial, como a de produtos nocivos à saúde ou ao meio ambiente, terá sido a causa dessa previsão constitucional inédita. É o que se deduz de dispositivos como o § 3º, II, e o § 4º, do art. 220, voltados à prevenção desse tipo de dano.

Cuida-se de mais um caso em que é questionável a atribuição de exclusividade legislativa à União. Já consta da relação de matérias de competência legislativa concorrente, por exemplo, a responsabilidade por danos ao consumidor, que pode advir também de propaganda comercial enganosa. Assim, mais adequado seria dar-se abertura à participação das outras esferas de poder na disciplina da matéria, facultando-lhes o desdobramento das normas gerais postas pela União.

O Código de Defesa do Consumidor, Lei n. 8.078/90, disciplina a matéria, ao cuidar da publicidade nas práticas comerciais.

Art. 22, XXX – proteção e tratamento de dados pessoais.
Fernanda Dias Menezes de Almeida

Este dispositivo foi inserido dentre as competências legislativas privativas da União pela EC n. 115/22, que também tratou de incluir o direito "à proteção dos dados pessoais, inclusive nos meios digitais", no rol dos direitos e garantias fundamentais (LXXXIX do art. 5º), bem como de atribuir à União "organizar e fiscalizar a proteção e o tratamento de dados pessoais, nos termos da lei" (XXVI do art. 21).

Anote-se que, anteriormente à edição da EC n. 115/22, já havia sido editada a Lei n. 13.709, de 14 de agosto de 2018, que dispõe sobre a proteção e o tratamento de dados pessoais, inclusive nos meios digitais, tendo o legislador federal consignado que "as normas gerais contidas nesta Lei são de interesse nacional e devem ser observadas pela União, Estados, Distrito Federal e Municípios" (parágrafo único do art. 1º).

A introdução deste inciso pela EC n. 115/22 deixa claro, todavia, que a competência da União para legislar em matéria de proteção e tratamento de dados pessoais é ampla, não se limitando à edição de normas gerais.

Art. 22, parágrafo único. Lei complementar poderá autorizar os Estados a legislar sobre questões específicas das matérias relacionadas neste artigo.
Fernanda Dias Menezes de Almeida

A possibilidade de delegação de competências legislativas da União para os Estados não é inédita no Direito brasileiro e encontra símile também no exterior. Assim é que previsão do gênero consta do art. 71 da Constituição alemã de 1949 e também aparecia no art. 17 da Constituição brasileira de 1937, ambas prevendo que, por lei federal, se operasse a delegação. Igualmente a Constituição brasileira de 1967, em seu art. 8º, parágrafo único, abria aos Estados a possibilidade de legislarem sobre matérias de competência exclusiva da União, mas a própria Constituição é que indicava quais dessas matérias poderiam ser objeto da legislação estadual.

Nos moldes atuais, volta a ser do legislador federal a decisão de delegar parte de sua competência legislativa às instâncias estaduais, desde que o faça mediante lei complementar e se restrinja a transferir a competência para legislarem sobre questões específicas das matérias relacionadas no art. 22.

Os condicionamentos a que se submete o exercício da faculdade aberta à União e a inapetência pela descentralização, que é marca antiga do federalismo brasileiro, talvez expliquem o fato de, decorridos vinte e nove anos da promulgação da Constituição, nunca ter havido a delegação de competência de que se cogita.

De todo modo, vale sublinhar problema que se põe à luz do dispositivo em questão e que diz respeito à possibilidade de se proceder ou não a uma delegação desigual de competências legislativas da União para os Estados.

Neste ponto a doutrina não é unânime. Manoel Gonçalves Ferreira Filho (*Comentários*, cit., p. 180) afirma ser possível a delegação a Estado ou Estados determinados. Já Alexandre de Moraes (*Constituição do Brasil interpretada*, cit., p. 681), na consideração da vedação constitucional à criação de preferências dos entes federativos entre si, entende que a União somente poderá delegar pontos específicos de sua competência a todos os Estados, o mesmo sustentando Anna Candida da Cunha Ferraz (*União, Estados e Municípios na nova Constituição: enfoque jurídico formal. A nova Constituição paulista*. São Paulo: Fundação Faria Lima/Fundação de Desenvolvimento Administrativo, 1989, p. 71).

Defende-se aqui esta última posição, já firmada no livro *Competências na Constituição de 1988* (cit., p. 94), com base no tratamento paritário entre os Estados, imposto pelo art. 19, III, da Constituição, e que somente poderia ser quebrado por permissivo constitucional expresso.

Isto, entretanto, não impede a crítica à manutenção de um federalismo simétrico na espécie, em que mais acertado seria adotar-se um tratamento desigual, mais indicado para a correção do desnivelamento dos Estados no federalismo brasileiro.

Jurisprudência pertinente

Sobre a constitucionalidade de lei federal ordinária (Código de Trânsito Brasileiro) permitir aos Estados-membros e Municípios que editem normas técnicas, de higiene, de conforto e de segurança para a exploração da atividade de transporte individual ou coletivo de passageiros por veículos de aluguel, cf. STF, ADI 4.212, Rel. Min. Rosa Weber, j. 29-6-20, *DJ* de 13-8-20.

Art. 23. É competência comum da União, dos Estados, do Distrito Federal e dos Municípios:
Fernanda Dias Menezes de Almeida[1]

Segundo a lógica do federalismo de equilíbrio que inspirou o discurso constituinte em 87/88, era previsível a abertura de um es-

---

1. Os comentários da autora neste artigo foram revistos e atualizados pela Professora Telma de Freitas Fontes, Mestre em Direito Constitucional pela Faculdade de Direito da Universidade de São Paulo, Procuradora do Estado de São Paulo Assessora-Chefe da Assessoria Técnico-Legislativa, integrante do Grupo de Pesquisa "Estrutura e Dinâmica do Estado Federal", vinculado à Faculdade de Direito da Universidade de São Paulo.

paço maior para competências comuns ou concorrentes, tanto materiais como legislativas, no campo da repartição de competências.

No art. 23 demarcou-se a área das atribuições materiais ou de execução exercitáveis, em parceria, por todos os integrantes da Federação, convocados para uma ação conjunta e permanente, com vistas ao atendimento de objetivos de interesse público, de elevado alcance social, a demandar uma soma de esforços. É o que se percebe pela análise do conteúdo das competências comuns que seguem.

Art. 23, I – zelar pela guarda da Constituição, das leis e das instituições democráticas e conservar o patrimônio público;
Fernanda Dias Menezes de Almeida

Nesse primeiro inciso, a título mais de lembrete – a rigor desnecessário –, houve por bem o constituinte recordar que os Poderes Públicos, em todos os níveis da Federação, devem resguardar a Constituição e as leis e conservar o patrimônio público. Se se optou por evidenciar o que é de primeira intuição, ao menos foi mais feliz a atual Constituição do que a de 67/69, que atribuía à União o dever de legislar sobre o cumprimento da Constituição, como se a observância desta não incumbisse a todos os entes federados, dependendo inclusive de providências legislativas da respectiva alçada.

Art. 23, II – cuidar da saúde e assistência pública, da proteção e garantia das pessoas portadoras de deficiência;
Fernanda Dias Menezes de Almeida

A partir do inciso II, passa-se a relacionar principalmente temas de natureza social e cultural que costumam frequentar os programas de governo de todas as instâncias federativas.

É bem o caso da preocupação manifestada com a assistência pública e com a proteção da saúde e dos deficientes, objeto, aliás, de numerosas outras disposições constitucionais, insertas seja no capítulo referente aos Direitos Sociais (art. 7º, XXXI), seja no capítulo dedicado à Administração Pública (art. 37, VIII), seja, em especial, ao longo do Título VIII – Da Ordem Social (arts. 193 a 232).

Jurisprudência pertinente

Sobre a responsabilidade solidária dos entes da federação para figurar no polo passivo de demanda visando assegurar tratamento médico adequado aos necessitados, cf. RE 855.178 – RG, Rel. Min. Luiz Fux, j. 6-3-15, *DJ* de 16-3-15 (tema 793 de repercussão geral).

Sobre o papel de coordenação da União para o enfrentamento de pandemia internacional e o exercício de competência administrativa, em matéria de proteção à saúde, pelos demais entes federativos, independentemente de autorização federal, cf. STF, ADI 6.343-MC-REF, Min. Redator do acórdão Alexandre de Moraes, j. 6-8-20, *DJ* de 17-11-20.

Sobre a competência da União para dispor sobre a essencialidade de serviços públicos e atividades permitidas durante pandemia internacional e a competência dos demais entes federativos na matéria, cf. STF, ADI 6.341-MC-REF, Min. Redator do acórdão Edson Fachin, j. 15-4-20, *DJ* de 13-11-20.

Sobre a possibilidade de Estados, Distrito Federal e Municípios disponibilizarem imunizantes diversos daqueles ofertados pela União, caso estes se mostrem insuficientes ou sejam ofertados a destempo, cf. STF, ACO 3.451-MC-REF, Rel. Min. Ricardo Lewandowski, j. 24-2-21, *DJ* de 10-3-21.

Art. 23, III – proteger os documentos, as obras e outros bens de valor histórico, artístico e cultural, os monumentos, as paisagens naturais notáveis e os sítios arqueológicos;
Fernanda Dias Menezes de Almeida

Evidencia-se, no caso, saudável preocupação com a defesa de valores de importância infelizmente bastante negligenciada no país. Assim sendo, é plenamente justificável que se inclua entre as competências concorrentes a de proteger bens de valor histórico, artístico e cultural, alguns dos quais o próprio constituinte teve o cuidado de destacar. Como é regra na Constituição vigente, não se esgota no inciso comentado o tratamento do tema em pauta, encontrando-se nos arts. 215 e 216, dedicados à cultura, outras tantas disposições correlatas.

Jurisprudência pertinente

Sobre Constituição Estadual que integra ao patrimônio científico-cultural do Estado sítios arqueológicos situados em alguns de seus Municípios, cf. STF, ADI 3.525, Rel. Min. Gilmar Mendes, j. 30-8-07, *DJ* de 26-10-07. Precedente: ADI 2.544, Rel. Min. Sepúlveda Pertence, j. 28-6-06, *DJ* de 17-11-06.

Art. 23, IV – impedir a evasão, a destruição e a descaracterização de obras de arte e de outros bens de valor histórico, artístico ou cultural;
Fernanda Dias Menezes de Almeida

A redundância que se registra neste inciso, se cotejado com o anterior, é perdoável, por significar a projeção de um despertar, já tardio, para a importância da preservação do patrimônio histórico, artístico e cultural. De fato, seria perfeitamente dispensável prever como competência concorrente a de impedir a evasão, destruição e descaracterização desse patrimônio, uma vez que isto já está implícito na obrigação de protegê-lo, nos termos do inciso III. Mas não se revela desarrazoado enfatizar, no caso, o dever de proteção, diante do descaso crônico das autoridades públicas e da sociedade civil pela preservação dos bens em causa.

Art. 23, V – proporcionar os meios de acesso à cultura, à educação, à ciência, à tecnologia, à pesquisa e à inovação;
Fernanda Dias Menezes de Almeida

Trata-se de tema de consideração necessária pelo Poder Público de todas as esferas da Federação e, por isso mesmo, bem acomodado entre as competências materiais comuns.

A conscientização de que o desenvolvimento sociocultural e econômico do país depende fundamentalmente da elevação do nível educacional e cultural e do progresso científico explica o empenho que se demanda de todos os integrantes da Federação, no proporcionar meios de acesso às ferramentas básicas do processo desenvolvimentista.

Cabe registrar que a parte relativa expressamente à tecnologia, à pesquisa e à inovação foi introduzida pela EC n. 85/15. Do assunto, juntamente com a ciência, já tratava o capítulo IV do título VIII da Constituição, detalhadamente, nos arts. 218 e 219, que tiveram o escopo ampliado e aos quais foram acrescidos os arts. 219-A e 219-B.

Do mesmo modo, não se exaurem na previsão examinada as disposições constitucionais pertinentes às demais matérias: em outros Capítulos da Constituição, há também regras referentes à educação (arts. 205 a 214) e à cultura (arts 215 a 216-A).

Art. 23, VI – proteger o meio ambiente e combater a poluição em qualquer de suas formas;
Fernanda Dias Menezes de Almeida

A proteção ambiental não configura, na atualidade, um mero modismo ecológico, constituindo antes uma preocupação mundial, pelas repercussões da degradação do meio ambiente na qualidade da vida humana no planeta.

Atento à gravidade do problema, o constituinte dedicou numerosas disposições à tutela ambiental, de modo inovador, já que a Constituição precedente não trazia norma expressa a respeito, decorrendo a proteção do meio ambiente, indiretamente, de normas referentes a águas, florestas, jazidas etc.

No texto constitucional vigente, além do inciso VI do art. 23, pelo menos mais dois incisos do mesmo artigo tocam em temas correlatos, como a preservação de florestas, fauna e flora (inciso VII) e a fiscalização da pesquisa e exploração de recursos hídricos e minerais (inciso XI). Além disso, o art. 225 da Constituição é também dedicado ao meio ambiente, determinando providências de ordem administrativa e legislativa para sua proteção, nem todas, porém, configurando competências concorrentes.

Jurisprudência pertinente

Sobre lei distrital que institui programa de inspeção veicular, com vistas ao controle de gases poluentes prejudiciais ao meio ambiente, cf. STF, ADI 3.338, Rel. Min. Eros Grau, j. 31-8-05, *DJ* de 6-9-07.

Sobre a competência comum para a proteção do meio ambiente e a possibilidade de criação de tributo na modalidade de taxa para remunerar a atividade de fiscalização exercida pelos Estados, cf. STF, ADI 4.615, Rel. Min. Roberto Barroso, j. 20-9-19, *DJ* de 28-10-19.

Art. 23, VII – preservar as florestas, a fauna e a flora;
Fernanda Dias Menezes de Almeida

Trata-se de assunto interligado com a proteção ambiental analisada no inciso VI deste artigo, ao qual se remete o leitor.

Art. 23, VIII – fomentar a produção agropecuária e organizar o abastecimento alimentar;
Fernanda Dias Menezes de Almeida

Não se registra nas Constituições anteriores disposição equivalente. Na Constituição em vigor é possível ligar a questão do fomento da produção agropecuária e da organização do abastecimento alimentar com o tema da produção e do consumo, que também entrou na ordem de preocupação do constituinte, quando a ele se referiu como objeto de legislação concorrente (art. 24, V).

Art. 23, IX – promover programas de construção de moradias e a melhoria das condições habitacionais e de saneamento básico;
Fernanda Dias Menezes de Almeida

O direito à moradia foi incluído, pela EC n. 26/00, entre os direitos sociais previstos no *caput* do art. 7º da Constituição.

Mas a questão habitacional já merecera atenção do constituinte originário, que estipulou, no art. 23, IX, como competência comum, a promoção de programas de construção de moradias e a melhoria das condições habitacionais e de saneamento básico, sendo este último, por óbvio, elemento-chave para impulsionar a mencionada melhoria. De outra parte, também já fora conferida à União competência para estabelecer diretrizes para o desenvolvimento urbano, inclusive habitação, saneamento básico e transportes urbanos (art. 21, XX).

Registre-se ainda que, não obstante a importância da matéria em pauta, mormente se visualizada à luz do princípio da dignidade da pessoa humana, não se encontram dispositivos similares nos anteriores textos constitucionais brasileiros.

Jurisprudência pertinente

Sobre saneamento básico ser considerado função pública de interesse comum para fins de instituição de regiões metropolitanas, aglomerações urbanas e microrregiões, cf. ADI 1.842, Rel. para o acórdão Min. Gilmar Mendes, j. 6-3-13, *DJ* de 16-9-2013.

Art. 23, X – combater as causas da pobreza e os fatores de marginalização, promovendo a integração social dos setores desfavorecidos;
Fernanda Dias Menezes de Almeida

A erradicação da pobreza e da marginalização e a redução das desigualdades sociais e regionais figuram entre os objetivos fundamentais da República Federativa do Brasil (art. 3º, III).

Não é, pois, de estranhar que se tenha atribuído aos integrantes da Federação, como competência material comum, o combate às causas da pobreza e aos fatores de marginalização, com vistas à diminuição das desigualdades e à consequente integração social dos setores menos favorecidos. É pela atuação concertada da União, dos Estados, do Distrito Federal e dos Municípios que se espera atingir com maior rapidez e eficiência o objetivo colimado.

Art. 23, XI – registrar, acompanhar e fiscalizar as concessões de direitos de pesquisa e exploração de recursos hídricos e minerais em seus territórios;
Fernanda Dias Menezes de Almeida

A competência em questão segue na esteira da proteção ambiental – objeto também do art. 23, VI e VII –, desta feita orientada para a pesquisa e exploração de recursos hídricos e minerais, apresentando também pertinência com o aproveitamento econômico de tais bens.

É de notar, porém, que no art. 21, XII, *b*, a Constituição previu como competência material privativa da União a exploração direta ou indireta dos serviços e instalações de energia elétrica e o aproveitamento energético dos cursos de água, em articulação com os Estados onde se situam os potenciais hidroenergéticos, cabendo também ao poder central a instituição do sistema nacional de gerenciamento de recursos hídricos (art. 21, XIX). E mais, no art. 21, XXV, foi incluído como competência privativa da União o estabelecimento das áreas e das condições para o exercício da atividade de garimpagem, que, por óbvio, importa a exploração de recursos minerais.

Assim, apesar de já no art. 21, XII, *b*, ter sido previsto que a atividade da União haveria de se desenvolver em articulação com os Estados, é de pressupor que, na fiscalização da exploração de recursos hídricos e minerais, será preponderante, sem dúvida, o papel da União, com diminuta participação de Estados, Municípios e Distrito Federal.

Art. 23, XII – estabelecer e implantar política de educação para a segurança do trânsito.

Fernanda Dias Menezes de Almeida

O inciso em causa faz referência ao estabelecimento e à implantação de política de educação para a segurança do trânsito.

Ora, prever como competência material comum o estabelecimento dessa política, quando se conferiu à União exclusividade para legislar sobre o trânsito (art. 22, XI), afigura-se uma incoerência, vez como há de ser pela via legislativa que se vão fixar as normas correspondentes.

Não são de aceitar, destarte, com a devida vênia, ponderações como as de Pinto Ferreira (*Comentários*, cit., v. II, p. 96), no sentido de que, em face do preceituado no art. 23, XII, cada esfera de governo deve ordenar e coordenar a sua legislação para o disciplinamento correto do trânsito e correção de suas transgressões.

Já a implantação de política educacional visando à segurança do trânsito, por depender de providências de ordem administrativa que cada nível de poder haverá de adotar, de acordo com suas conveniências e possibilidades, é válido catalogá-la como competência material comum, colaborando todos para o objetivo a alcançar.

Art. 23, parágrafo único. Leis complementares fixarão normas para a cooperação entre a União e os Estados, o Distrito Federal e os Municípios, tendo em vista o equilíbrio do desenvolvimento e do bem-estar em âmbito nacional.

Fernanda Dias Menezes de Almeida

A redação atual do parágrafo único do art. 23 foi dada pela EC n. 53/06, que mudou a expressão "lei complementar fixará", constante na redação original, por "leis complementares fixarão". Terá o constituinte de reforma entendido ser mais adequado que mais de uma lei possa disciplinar a matéria, levando-se em conta serem várias as competências comuns do art. 23, a demandar, conforme o caso, comandos diferenciados para o respectivo atendimento.

Caberá a tais leis fixar as bases políticas e as normas operacionais disciplinadoras da forma de execução dos serviços e atividades cometidos concorrentemente a todas as entidades federadas, para assegurar que não haja dispersão de esforços. Assim dirão, por exemplo, o que cabe a cada esfera política na prestação dos mesmos serviços, levando-se em conta as reais possibilidades administrativas e orçamentárias dos diversos parceiros, ou, ainda, especificarão quais os instrumentos de ação administrativa a utilizar, para permitir o exercício mais vantajoso das competências comuns.

Diga-se mais que, pela lógica, as referidas leis complementares serão postas pela União, para unificar no âmbito nacional, como diz o parágrafo sob análise, o norte da ação conjugada dos titulares das competências em causa.

Mas o certo é que as leis complementares terão de observar as regras constitucionais de repartição de competências, em especial, as regras de repartição da competência legislativa, pelas quais se há de pautar o exercício das competências materiais comuns.

E a esse propósito impõe-se registrar que continuará a haver preponderância da União. Sim, porque a execução da maior parte das tarefas comuns pressupõe, leis fruto de competência legislativa concorrente prevista no art. 24, em que cabe à União editar as normas gerais e às demais esferas a legislação suplementar (v. comentários ao art. 24). Isto quando a competência material não tiver de se exercer baseada em lei federal emanada pela União no uso de sua competência legislativa privativa, em que o poder central estabelece normas gerais e específicas. O que permite concluir que a coordenação entre os entes federados, para o exercício das competências materiais comuns, fica sob o comando da legislação federal.

Art. 24. Compete à União, aos Estados e ao Distrito Federal legislar concorrentemente sobre:

Fernanda Dias Menezes de Almeida[1]

O aspecto mais inovador da Constituição de 1988, no que toca ao sistema de repartição de competências, está na exploração acentuada da competência legislativa concorrente, visualizada estrategicamente como mecanismo adequado para equilibrar o relacionamento federativo mediante maior descentralização da faculdade de legislar.

De fato, como se verá na análise dos incisos do art. 24, que congrega a maior parte das competências legislativas concorrentes, foi bastante ampliado o rol de matérias atribuídas, nos termos do *caput* do citado artigo, à União, aos Estados e ao Distrito Federal, sendo válido entender que aos Municípios também se conferiu participação na produção normativa concorrente, em virtude do disposto no art. 30, II, que lhes dá competência para suplementar a legislação federal e a estadual no que couber.

Das modalidades de competência legislativa concorrente, que a doutrina costuma dividir em cumulativa e não cumulativa, o constituinte preferiu, no art. 24, adotar a competência não

---

[1]. Os comentários da autora neste artigo foram revistos e atualizados pela Professora Telma de Freitas Fontes, Mestre em Direito Constitucional pela Faculdade de Direito da Universidade de São Paulo, Procuradora do Estado de São Paulo Assessora-Chefe da Assessoria Técnico-Legislativa, integrante do Grupo de Pesquisa "Estrutura e Dinâmica do Estado Federal", vinculado à Faculdade de Direito da Universidade de São Paulo.

cumulativa, que se caracteriza pela atribuição do poder de legislar sobre a mesma matéria a mais de um titular, reservando-se à União a edição de normas gerais e aos poderes periféricos a suplementação de tais normas, seja detalhando-as pelo acréscimo de pormenores (competência complementar), seja suprindo claros (competência supletiva).

Já a competência concorrente cumulativa, em que não há limites preestabelecidos ao exercício da legislação sobre a mesma matéria, podendo cada titular disciplina-la integralmente, foi menos prestigiada na atual Constituição, podendo ocorrer em poucas hipóteses, como, a título de exemplo, na situação em que cada centro de poder decida disciplinar legislativamente, por inteiro, a forma de dar cumprimento à previsão do art. 23, I, vale dizer, a forma de zelar pela Constituição e pelas leis e conservar o patrimônio público.

Art. 24, I – direito tributário, financeiro, penitenciário, econômico e urbanístico;

Fernanda Dias Menezes de Almeida

Dos ramos do Direito mencionados neste inciso, já integravam a competência legislativa concorrente no passado o Direito Financeiro e o Direito Penitenciário (este último referido como regime penitenciário), tendo figurado ambos na Constituição de 1967 (art. 8º, XVII, c) e na de 1946 (art. 5º, XV, b) e o regime penitenciário também na Constituição de 1934 (art. 5º, XIX, c). Entram agora na órbita da legislação concorrente o Direito Tributário, o Direito Econômico e, pela primeira vez mencionado como ramo autônomo da ciência jurídica, o Direito Urbanístico.

Para indicar legislação de regência nesses campos do Direito, citem-se a Lei n. 5.172/66 (Código Tributário Nacional); a Lei n. 4.320/64 (estatui normas gerais de Direito Financeiro para elaboração e controle de orçamentos e balanços); a Lei n. 7.210/84 (Lei de Execuções Penais); a Lei n. 12.259/11 (dispõe sobre prevenção e repressão às infrações contra a ordem econômica e dá outras providências) e a Lei n. 10.257/01 (Estatuto da Cidade).

Jurisprudência pertinente

Sobre competência em matéria de Direito Financeiro, cf. STF, ADI 2.124-MC, Rel. Min. Néri da Silveira, j. 30-6-00, *DJ* de 31-10-03.

Sobre competência em matéria de Direito Tributário (lei estadual que introduz incentivo fiscal para empresas que contratarem apenados e egressos), cf. STF, ADI 3.809, Rel. Min. Eros Grau, j. 14-6-07, *DJ* de 14-9-07.

Sobre competência em matéria de Direito Econômico (lei estadual que garante meia-entrada em locais públicos de cultura, esporte e lazer a doadores de sangue), cf. STF, ADI 3.512, Rel. Min. Eros Grau, j. 15-2-06, *DJ* de 23-6-06.

Art. 24, II – orçamento;

Fernanda Dias Menezes de Almeida

A disciplina legal do orçamento é própria do Direito Financeiro. Mencionado este no inciso anterior, não havia necessidade de se destacar o tema do contexto normativo em que se insere.

Art. 24, III – juntas comerciais;

Fernanda Dias Menezes de Almeida

Trata-se de matéria antes prevista como de competência legislativa privativa da União nas Constituições de 1967 (art. 8º, XVII, e) e de 1946 (art. 5º, XV, e) e que ora passa para o âmbito da competência legislativa concorrente. Na verdade, as mencionadas Constituições conferiam à União exclusividade para legislar sobre registros públicos e juntas comerciais, sendo que a atual Constituição manteve a competência legislativa privativa da União apenas quanto a registros públicos (art. 22, XXV).

Pois bem, no exercício desta competência foi editada, já na vigência da atual Constituição, a Lei Federal n. 8.934/94, que dispõe sobre o Registro Público de Empresas Mercantis e Atividades Afins, encontrando-se nessa lei numerosas e minudentes disposições relativas às juntas comerciais, consideradas órgãos locais do Sistema Nacional de Registro de Empresas Mercantis, com funções executora e administradora dos serviços de registro.

Ora, o fato de o art. 24, III, ter incluído as juntas comerciais no espaço das competências legislativas concorrentes autoriza o questionamento sobre a constitucionalidade da lei em pauta, que extrapolou em muito a edição de normas gerais sobre o assunto.

Não se nega que há uma íntima relação entre os temas registros públicos e juntas comerciais, o que autoriza o legislador federal a disciplinar integralmente os aspectos da competência registral que a elas incumbe.

Já quanto a aspectos de organização administrativa, considerando-se a opção do constituinte pela inclusão das juntas na competência legislativa concorrente, haveria a União de conter-se nos limites das normas gerais, deixando para os Estados o seu desdobramento, até porque a própria lei federal as subordina administrativamente ao governo da unidade federativa de sua jurisdição. A justificar esse entendimento, soam oportunas as ponderações de Manoel Gonçalves Ferreira Filho (*Comentários*, cit., v. 1, p. 187), para quem as juntas comerciais cumprem funções estabelecidas na legislação federal, mas institucionalmente são órgãos da Administração estadual, daí a competência concorrente para legislar sobre elas.

Jurisprudência pertinente

Sobre a competência concorrente para legislar sobre juntas comerciais, cf. STF, ADI 804-MC, Rel. Min. Sepúlveda Pertence, j. 27-11-92, *DJ* de 5-2-93.

Art. 24, IV – custas dos serviços forenses;

Fernanda Dias Menezes de Almeida

Manteve a atual Constituição a competência legislativa concorrente em tema de custas dos serviços forenses, introduzida no art. 8º, XVII, c, da Constituição anterior pela EC n. 7/77.

Assim sendo, sobre as taxas de custeio das atividades judiciais, continua a União a editar normas gerais, ficando a cargo dos Estados e do Distrito Federal sua suplementação, para atender às respectivas peculiaridades.

Jurisprudência pertinente

Sobre competência legislativa concorrente em tema de custas e emolumentos, cf. STF, ADI 1.624, Rel. Min. Carlos Velloso, j. 8-5-03, *DJ* de 13-6-03. Precedente: ADI 3.260, Rel. Min. Eros Grau, j. 29-3-07, *DJ* de 29-6-07.

Art. 24, V – produção e consumo;

Fernanda Dias Menezes de Almeida

Ao longo do tempo a competência legislativa sobre produção e consumo foi ora concorrente, ora privativa da União. Na Constituição de 1934 (art. 5º, XIX, *i*) tratava-se de competência concorrente, na medida em que se previa competir à União a edição de normas gerais a respeito, aduzindo-se mais que a competência federal, no caso, não inibia a dos Estados para complementar ou suprir a disciplina legal (art. 5º, § 3º). Já a Constituição de 1946 (art. 5º, XV, *c*), no que foi seguida pela de 1967 (art. 8º, XVII, *d*), determinava ser de competência privativa da União a legislação sobre produção e consumo. Mas ambas admitiam a legislação estadual complementar ou supletiva (art. 6º da Constituição de 1946; art. 8º, § 2º, da de 1967, na versão original e parágrafo único do art. 8º, depois da EC n. 1/69).

A Constituição de 1988, por fim, apresenta como competência legislativa concorrente a de legislar sobre o tema (art. 24, V).

O que vale notar é a preocupação antiga com a matéria, a evidenciar a sua importância, sendo certo que estão em foco fatores de repercussão relevante sobre o desenvolvimento econômico do país. Deixar, por isso mesmo, as linhas mestras da legislação pertinente com a União, sem afastar a colaboração das demais entidades federadas no desdobramento das diretrizes gerais, parece a melhor opção.

Jurisprudência pertinente

Sobre lei estadual exigindo informação quanto à presença de organismos geneticamente modificados em alimentos, cf. STF, ADI 3.645, Rel. Min. Ellen Gracie, j. 31-5-06, *DJ* de 1-9-06. Precedente: ADI 3.035, Rel. Min. Gilmar Mendes, *DJ* de 14-10-05.

Sobre lei estadual exigindo lacres eletrônicos nos tanques de postos de combustíveis, cf. STF, ADI 2.334, Rel. Min. Gilmar Mendes, j. 24-4-03, *DJ* de 30-5-03.

Sobre lei estadual estabelecendo a obrigatoriedade de informações nas embalagens de produtos alimentícios em conflito com lei federal, cf. ADI 750, Rel. Min. Gilmar Mendes, j. 3-8-17, *DJ* de 9-3-18.

Sobre a constitucionalidade de normas estaduais que disponham sobre proibição de suspensão do fornecimento do serviço de energia elétrica, o modo de cobrança e o pagamento dos débitos, bem como a exigibilidade de encargos moratórios, limitadas ao tempo da vigência do plano de contingência, em decorrência da pandemia de Covid-19, por versarem, essencialmente, sobre defesa e proteção dos direitos do consumidor e da saúde pública, cf. STF, ADI 6.432, Rel. Min. Cármen Lúcia, j. 8-4-21, *DJ* de 14-5-21.

Sobre a constitucionalidade de lei estadual proibindo instituições financeiras de realizarem telemarketing, oferta comercial, proposta, publicidade ou qualquer tipo de atividade tendente a convencer aposentados e pensionistas a celebrarem contratos de empréstimos, cf. STF, ADI 6.727, Rel. Min. Cármen Lúcia, j. 12-5-21, *DJ* de 20-5-21.

Sobre a constitucionalidade de lei estadual proibindo a cobrança, pelos estabelecimentos de ensino, por provas de segunda-chamada, provas finais ou equivalentes, cf. STF, ADI 3.074, Rel. Min. Roberto Barroso, j. 23-8-19, *DJ* de 9-9-19.

Art. 24, VI – florestas, caça, pesca, fauna, conservação da natureza, defesa do solo e dos recursos naturais, proteção do meio ambiente e controle da poluição;

Fernanda Dias Menezes de Almeida

Ao se comentarem as competências materiais comuns do art. 23, foi dito que grande parte delas dependia, para o seu exercício, da existência prévia de normas legais produzidas em regime de competência concorrente. O inciso ora analisado é um dos que avalizam a afirmação. De fato, sendo competência material comum a proteção do meio ambiente e o combate à poluição em qualquer de suas formas, bem assim a preservação de florestas, fauna e flora (art. 23, VI e VII), cuidou-se, no art. 24, VI, de estabelecer a equivalente competência legislativa concorrente, abrangendo os aspectos mais salientes a demandar a atuação protetora dos poderes públicos.

A disciplina normativa da espécie encontra-se na Lei n. 12.651/12 (Novo Código Florestal); Lei n. 5.197/67 (dispõe sobre proteção à fauna); Lei n. 11.959/09 (Política Nacional de Desenvolvimento Sustentável de Aquicultura e Pesca); Lei n. 9.605/98 (proteção ao meio ambiente).

Jurisprudência pertinente

Sobre lei estadual que amplia definição constante em lei federal, a propósito de pesca artesanal, cf. STF, ADI 1.245, Rel. Min. Eros Grau, j. 6-4-05, *DJ* de 26-8-05.

Sobre lei estadual que abre exceção à exigência de prévio estudo de impacto ambiental para atividades em áreas florestais ou de reflorestamento, cf. STF, ADI 1.086, voto do Min. Ilmar Galvão, j. 7-6-01, *DJ* de 10-8-01.

Sobre o exercício de competência legislativa pelo Município em matéria de proteção ao meio ambiente, cf. RE 586.224 – RG, Rel. Min. Luiz Fux, j. 5-3-15, *DJ* de 8-5-15 (tema 145 de repercussão geral).

Art. 24, VII – proteção ao patrimônio histórico, cultural, artístico, turístico e paisagístico;

Fernanda Dias Menezes de Almeida

De novo aqui se vislumbra o estabelecimento de competência legislativa concorrente que se há de exercer para possibilitar a todas as instâncias da Federação o desempenho de competências materiais comuns, no caso as previstas no art. 23, III e IV.

Embora a proteção do patrimônio cultural, em suas variadas vertentes, tenha sido objeto de atenção das Constituições brasileiras desde a de 1934, em geral limitaram-se elas a proclamar que tal proteção é dever do Estado, referindo-se ao assunto nos capítulos dedicados à educação e à cultura (art. 148 da Constituição de 1934; art. 134 da de 1937; art. 175 da de 1946; art. 172, parágrafo único, da de 1967, na versão inicial, e art. 180, parágrafo único, após a EC n. 1/69).

A Constituição de 1988, além de conter preceito do gênero (art. 216, § 1º), foi a primeira a enunciar regras de competência que devem presidir a atuação dos poderes públicos no setor, para se alcançarem os objetivos colimados.

Art. 24, VIII – responsabilidade por dano ao meio ambiente, ao consumidor, a bens e direitos de valor artístico, estético, histórico, turístico e paisagístico;
Fernanda Dias Menezes de Almeida

Imbuído sempre do espírito de proteção ambiental e de preservação do patrimônio cultural, a que acrescenta, a reboque, a defesa do consumidor, o constituinte pretende, neste inciso, responsabilizar quem provocar dano aos bens e valores que indica.

É de concluir, entretanto, que não terá o impacto imaginado a legislação concorrente que se produzir com essa finalidade. Isto porque, como lembra, com precisão, Manoel Gonçalves Ferreira Filho (*Comentários*, cit., v. I, p. 189) não poderá ela cuidar de responsabilidade criminal ou civil pelo dano causado, já que a primeira se insere no âmbito do Direito Penal e a segunda no do Direito Civil, ambos de competência privativa da União (art. 22, I). Assim, a responsabilidade, no caso, será mais de ordem administrativa, passível de regramento via legislação concorrente.

A temática em pauta já foi objeto de legislação anterior à Constituição de 1988, assim a Lei n. 7.347/85 (que disciplina a ação civil pública de responsabilidade por danos exatamente aos valores que vieram a constar no art. 24, VIII) e a Lei n. 4.717/65 (lei da ação popular). Após a Constituição, citem-se ainda, como leis voltadas ao assunto, a Lei n. 8.078/90 (Código do Consumidor) e a Lei n. 9.605/98 (lei de crimes ambientais).

Jurisprudência pertinente

Sobre defesa do consumidor (lei estadual dispõe sobre atendimento em tempo razoável nas agências bancárias), cf. STJ, RMS 20.277/MT, Rel. Min. Denise Arruda, j. 18-9-07, *DJ* de 18-10-07.

Art. 24, IX – educação, cultura, ensino, desporto, ciência, tecnologia, pesquisa, desenvolvimento e inovação;
Fernanda Dias Menezes de Almeida

Constitui dever comum dos Poderes Públicos promover meios de acesso à educação e à cultura (art. 23, V). Trata-se agora de criar o suporte normativo para tanto, tendo optado o constituinte pela legislação concorrente.

Aliás, nos comentários ao art. 22, inciso XXIV, apontou-se como impropriedade técnica o fato de se incluir como competência privativa da União o estabelecimento de diretrizes e bases da educação. Sim, porque estabelecer diretrizes e bases equivale a fixar normas gerais, o que é próprio da técnica de competências legislativas concorrentes e não da de competências legislativas privativas.

Em verdade, seja com base no art. 22, XXIV, seja com apoio no art. 24, IX, em tema de educação e cultura (que obviamente absorvem ensino e desporto), caberá sempre à União apenas a produção de normas gerais a serem suplementadas por Estados, Distrito Federal e Municípios, para atender as suas particularidades.

Assim como ocorreu com o art. 23, V, a EC n. 85/15 acrescentou ao texto a matéria relativa à ciência, tecnologia, pesquisa, desenvolvimento e inovação, como já observado no comentário ao referido dispositivo.

A par da Lei n. 9.394/96 (lei de diretrizes e bases da educação), serve também de supedâneo normativo na espécie a Lei n. 8.672/93, que institui normas gerais sobre desportos e dá outras providências.

Art. 24, X – criação, funcionamento e processo do juizado de pequenas causas;
Fernanda Dias Menezes de Almeida

Em comentário ao art. 22, I, sustentou-se, quanto ao Direito Processual, de competência legislativa privativa da União, que seria interessante passá-lo para a esfera de competência legislativa concorrente, se não mesmo para a da competência legislativa estadual, de molde a adaptá-lo às circunstâncias tão díspares dos locais em que se aplica.

Vê-se, pois, como um avanço o fato de se ter transferido para o espaço das competências concorrentes a legislação sobre criação, funcionamento e processo dos juizados de pequenas causas.

Embora se refira a juizados de pequenas causas, empregando terminologia da Lei n. 7.244/84, que os disciplinava, a Constituição, no art. 98, I, cuida é do que chamou de juizados especiais para o julgamento de causas cíveis de menor complexidade e juizados especiais para julgamento e execução de infrações penais de menor potencial ofensivo, devendo-se entender que tais juizados, em verdade, são os que se inscrevem na competência legislativa concorrente de que aqui se trata.

Imaginados como mecanismos aptos a ensejar maior celeridade processual, terão os juizados melhores condições de atingir essa meta se, observadas as normas gerais postas pela União, tiverem ajustados o seu funcionamento e o seu processo às condições onde se exerce a jurisdição.

Dispõe sobre os juizados especiais cíveis e criminais a Lei n. 9.099/95, que revogou a Lei n. 7.244/84.

Art. 24, XI – procedimentos em matéria processual;
Fernanda Dias Menezes de Almeida

Na mesma linha argumentativa desenvolvida no comentário ao inciso anterior, entende-se positiva a maior flexibilidade ensejada pela inclusão de procedimentos em matéria processual entre as matérias de competência legislativa concorrente. De fato, a possibilidade aberta para a adaptação dos ritos processuais – que disso se cuida – às necessidades e às peculiaridades do meio em que se demanda a prestação jurisdicional será benéfica para destravar a morosidade da tramitação processual, que é hoje um dos maiores problemas na administração da justiça.

Jurisprudência pertinente

Sobre a inconstitucionalidade de criação de recursos por lei estadual, cf. STF, AI 253.518-AgR, Rel. Min. Marco Aurélio, j. 9-5-00, *DJ* de 18-8-00.

Sobre a competência dos Estados para legislarem sobre inquérito policial, cf. STF, ADI 4.337, Rel. Min. Cármen Lúcia, j. 13-9-19, *DJ* de 27-9-19.

Art. 24, XII – previdência social, proteção e defesa da saúde;
Fernanda Dias Menezes de Almeida

Ao se comentar o art. 22, XXIII, que confere à União competência legislativa privativa, portanto plena, em tema de seguridade social, enfatizou-se a dificuldade de conciliação daquela norma com o disposto no art. 24, XII, que limita a competência da União à edição apenas de normas gerais sobre previdência social e saúde, ambas compreendidas na seguridade social. Para não repetir as mesmas considerações, remete-se o leitor ao comentário então expendido.

Jurisprudência pertinente

Sobre a inconstitucionalidade de lei federal que determina a todos os entes federados mantenedores de regimes próprios da previdência social a realização de reajustes na mesma data e índice em que se der o reacerto dos benefícios do regime geral, cf. STF, ADI 4.582, Rel. Min. André Mendonça, j. 3-11-22, *DJ* de 22-11-22.

Sobre a constitucionalidade de leis estaduais em matéria de proteção e defesa da saúde, considerando as normas gerais editadas pela União, cf. STF, ADI 2.341, Rel. Min. Rosa Weber, j. 5-10-20, *DJ* de 19-10-20; ADI 3.937, Rel. Min. Dias Toffoli, j. 24-8-17, *DJ* de 1-2-19.

Art. 24, XIII – assistência jurídica e defensoria pública;
Fernanda Dias Menezes de Almeida

A norma em questão não encontra símile no Direito Constitucional positivo anterior. Com relação à assistência jurídica, é verdade, pode-se apontar como um precedente, sem a atual extensão, a assistência judiciária aos necessitados, prevista como direito individual nas Constituições de 1934 (art. 113, n. 32); de 1946 (art. 141, § 35) e de 1967 (art. 150, § 32, da versão original e art. 153, § 32, com a redação da EC n. 1/69).

A assistência judiciária, como o nome indica, consistia no oferecimento de prestação jurisdicional gratuita, com acompanhamento de advogado fornecido pelo Poder Público, a quem não pudesse pagar um. Na Constituição vigente figura no art. 5º, LXXIV, o dever do Estado de prestar assistência jurídica integral e gratuita aos que comprovarem insuficiência de recursos. Assim, para estes, o benefício não se limita à defesa de seus interesses perante as vias judiciais, sendo mais amplo para alcançar orientação jurídica gratuita e integral, a cargo do Estado, independentemente do ingresso em juízo.

De outra parte, as Constituições anteriores não dispunham a respeito dos órgãos encarregados de prestar a assistência judiciária, decidindo a respeito cada esfera de Poder. Já a Constituição de 1988, de maneira inédita, dedicou todo um capítulo a instituições cujas atividades foram consideradas "Funções Essenciais à Justiça", incluindo entre elas a Defensoria Pública, a que incumbe exatamente a orientação jurídica e a defesa, em todos os graus, dos necessitados, na forma do art. 5º, LXXIV (art. 134, §§ 1º e 2º).

Nos termos do art. 24, XIII, a disciplina legal da assistência jurídica e da Defensoria Pública foi situada no âmbito da competência legislativa concorrente. Atualmente a lei que organiza a Defensoria Pública da União e dá diretrizes para a sua organização nos Estados é a Lei Complementar n. 80/94.

Art. 24, XIV – proteção e integração social das pessoas portadoras de deficiência;
Fernanda Dias Menezes de Almeida

Eis aqui mais um caso de competência concorrente prevista para dar suporte legislativo a uma competência material comum, qual seja, a de cuidar da proteção e garantia dos deficientes, objeto do art. 23, II. Como remarcado na análise daquele dispositivo, a Constituição de 1988 dedicou vários comandos à questão dos portadores de deficiência. E, para melhor organizar a atuação conjunta dos entes federados no cumprimento das tarefas de sua alçada no setor, as normas gerais norteadoras serão postas pela União e suplementadas pelos demais.

No plano da legislação infraconstitucional, dizem respeito ao tema a Lei n. 7.853/89 (dispõe sobre apoio e integração social de deficientes); o Decreto n. 3.298/99 (dispõe sobre a Política Nacional para Integração da Pessoa Portadora de Deficiência) e a Lei n. 8.989/95 (dispõe sobre isenção de IPI na aquisição de veículos para uso de deficientes físicos).

Jurisprudência pertinente

Sobre legislação criando isenção fiscal para beneficiar o restrito universo dos portadores de deficiência, cf. STF, ADI 429-MC, Rel. Min. Célio Borja, j. 4-4-91, *DJ* de 19-2-93.

Sobre a constitucionalidade de lei estadual suprindo a ausência de normas gerais federais em tema de proteção dos deficientes, cf. STF, ADI 903-MC, Rel. Min. Celso de Mello, j. 14-10-93, *DJ* de 24-10-97.

Art. 24, XV – proteção à infância e à juventude;
Fernanda Dias Menezes de Almeida

Sem que se registre nas Constituições precedentes norma disciplinando a competência legislativa sobre o tema, a de 1988 inova ao prever que a proteção à infância e à adolescência será objeto de competência legislativa concorrente.

Andou bem o constituinte ao optar por esta solução, vez como a participação integrada de todas as entidades federativas no processo legislativo pertinente, desdobrando-se as normas gerais de acordo com as particularidades de cada uma, deve promover melhor atendimento às carências localizadas do grande contingente de menores desprotegidos que merecem atenção especial do Poder Público.

A disciplina normativa, no caso, está na Lei n. 8.069/90, que dispõe sobre o Estatuto da Criança e do Adolescente.

Art. 24, XVI – organização, garantias, direitos e deveres das polícias civis.
Fernanda Dias Menezes de Almeida

A Constituição dedica à segurança pública o Capítulo III do Título V, voltado este último à defesa do Estado e das instituições democráticas. E dentre os órgãos incumbidos da preservação da ordem pública e da incolumidade das pessoas e do patrimônio, foram incluídas as polícias civis (art. 144, IV), subordinadas aos Governadores dos Estados, do Distrito Federal e dos Territórios (art. 144, § 6º) e encarregadas de exercer as funções de polícia judiciária e de apuração de infrações penais, exceto as militares (art. 144, § 4º).

Atuando no âmbito dos Poderes periféricos, tradicionalmente eram por eles disciplinadas. Preferiu-se agora, entretanto, padronizar o arcabouço básico das polícias civis, mediante normas gerais da União, na contramão da tendência descentralizadora a que, ao menos no discurso, se apegaram os constituintes para fortalecer a Federação.

Art. 24, § 1º No âmbito da legislação concorrente, a competência da União limitar-se-á a estabelecer normas gerais.
Fernanda Dias Menezes de Almeida

Como é típico da repartição de competências legislativas concorrentes não cumulativas, à União é dado estabelecer apenas normas gerais em relação às matérias subsumidas nesta modalidade de competências. Assim, afora, é óbvio, a edição de normas específicas dirigidas a sua própria órbita de atuação administrativa, não pode a União ditar normas com esse perfil para os demais centros de poder na Federação, sob pena de incidir em inconstitucionalidade.

O problema maior que se coloca, no entanto, é o da formulação de um conceito de normas gerais que permita, na prática, reconhecê-las desde logo e distingui-las das normas específicas com razoável segurança. E a dificuldade resulta de haver sempre uma certa dose de subjetivismo na identificação do que seja geral e do que seja particularização do geral.

Bem por isso é que, na doutrina, encontram-se conceituações para todos os gostos, algumas tentando caracterizar normas gerais pela enunciação de seus elementos constitutivos, outras procurando caracterizá-las negativamente, isto é, dizendo o que não são ou não podem conter (cf. dentre os autores que se ocuparam da matéria, a título ilustrativo, Francisco Pontes de Miranda, *Comentários à Constituição de 1967*. São Paulo: Revista dos Tribunais, 1967, v. 2, p. 166; Manoel Gonçalves Ferreira Filho, *Comentários*, cit., v. 1, p. 195-196; Diogo de Figueiredo Moreira Neto, Competência concorrente limitada. O problema da conceituação das normas gerais. *Revista de Informação Legislativa*, Brasília, ano 25, n. 100, out./dez. 1988; Gilmar Ferreira Mendes e Paulo Gustavo Gonet Branco, *Curso de Direito Constitucional*, cit., p. 877; Fernanda Dias Menezes de Almeida, *Competências*, cit., p. 130 a 135).

Tentando sintetizar o essencial, pode-se afirmar que normas gerais são as que ficam no estabelecimento de princípios, diretrizes, bases, a serem pormenorizados, detalhados, esmiuçados, pelos titulares da competência legislativa suplementar, nos termos postos pela Constituição.

Art. 24, § 2º A competência da União para legislar sobre normas gerais não exclui a competência suplementar dos Estados.
Fernanda Dias Menezes de Almeida

A Constituição introduziu uma inovação terminológica ao referir-se à competência "suplementar", em tema de competência legislativa concorrente.

No direito constitucional anterior, usava-se distinguir, a propósito, a competência "complementar" e a competência "supletiva", a cargo dos Estados, que, no exercício da primeira, poderiam acrescentar pormenores às normas gerais federais, complementando-as, e, no segundo caso, poderiam preencher lacunas ou até a inexistência das mesmas, suprindo-as, para atender às suas peculiaridades.

Preferiu-se agora a expressão "competência suplementar" dos Estados, o que a rigor, nada modifica, uma vez que "suplementar", como afirmam os léxicos, significa tanto "complementar" como "suprir".

De fato, o que se evidencia, no caso do parágrafo ora comentado, é um exemplo do que antes se chamava de "competência complementar", na medida que se afirma o poder do legislador estadual de desdobrar normas gerais, adaptando-as às necessidades locais, mediante a adição de complementos. Já no § 3º, adiante, a hipótese é de competência supletiva, como se verá.

Esclareça-se, por fim, que, embora os parágrafos do art. 24 refiram-se apenas aos Estados, deve-se entender que também o Distrito Federal, citado no seu *caput*, detém competência legislativa suplementar, o mesmo valendo para os Municípios, nos termos do art. 30, II.

Jurisprudência pertinente

Sobre as modalidades de competência legislativa concorrente previstas no art. 24, cf. STF, ADI 3.098, Rel. Min. Carlos Velloso, j. 24-11-05, *DJ* de 10-3-06.

Art. 24, § 3º Inexistindo lei federal sobre normas gerais, os Estados exercerão a competência legislativa plena, para atender a suas peculiaridades.
Fernanda Dias Menezes de Almeida

Na ausência de normas gerais federais, a Constituição libera os Estados para legislarem em plenitude, a fim de poderem desempenhar suas atribuições, obstadas pela omissão da União. Legislar em plenitude significa, no caso, editar as normas gerais faltantes e, a partir delas, as normas específicas, de modo a construir-se o substrato legislativo hábil ao exercício de competências materiais pelos Estados.

Tem-se, na hipótese da edição de normas gerais pelos Estados, um exemplo do que, no direito constitucional anterior, se conhecia como competência supletiva, suprindo-se a inexistência daquelas normas.

É de notar, contudo, que não se dá ao legislador estadual o poder de substituir o legislador federal, dispondo para todo o território nacional. O que se transfere aos Estados é a competência plena para editar normas gerais válidas tão somente nos respectivos territórios, não podendo nenhum deles legislar para os demais.

Jurisprudência pertinente

Sobre a competência dos Estados de suprir a ausência de normas gerais da União, em tema de imposto sobre propriedade de veículos automotores, cf. STF, AI 167.777-AgR, Rel. Min. Marco Aurélio, j. 4-3-97, *DJ* de 9-5-97.

Art. 24, § 4º A superveniência de lei federal sobre normas gerais suspende a eficácia da lei estadual, no que lhe for contrário.

Fernanda Dias Menezes de Almeida

Ao admitir, no parágrafo anterior, a competência supletiva estadual na ausência de normas gerais federais, a Constituição não destituiu a União de sua competência primária de editar aquelas normas. Apenas provê para que os Estados não fiquem impedidos de desempenhar atribuições por falta de normação a cargo da União. Mas, se esta decidir exercer a competência que originalmente lhe pertence, prevalecerão as normas gerais que vier a produzir, suspendendo-se a eficácia da legislação estadual que com elas conflitar.

Tendo optado, na espécie, pela suspensão da eficácia, deixou claro a Constituição que não se trata de hipótese de revogação da lei estadual pela lei federal. Isto significa que, se eventualmente se der a revogação da lei federal de normas gerais, a lei estadual que teve sua eficácia suspensa por incompatibilidade com aquelas recobra a eficácia e volta a aplicar-se.

CAPÍTULO III

DOS ESTADOS FEDERADOS

Art. 25. Os Estados organizam-se e regem-se pelas Constituições e leis que adotarem, observados os princípios desta Constituição.

Fernanda Dias Menezes de Almeida[1]

Autonomia dos Estados

Já foi sublinhada nos comentários ao art. 18 a autonomia que é característica de todos os integrantes da Federação (União, Estados, Distrito Federal e Municípios).

---

[1]. Os comentários da autora neste artigo foram revistos e atualizados pela Professora Telma de Freitas Fontes, Mestre em Direito Constitucional pela Faculdade de Direito da Universidade de São Paulo, Procuradora do Estado de São Paulo Assessora-Chefe da Assessoria Técnico-Legislativa, integrante do Grupo de Pesquisa "Estrutura e Dinâmica do Estado Federal", vinculado à Faculdade de Direito da Universidade de São Paulo.

Tratando agora especificamente dos Estados, a Constituição salienta, no *caput* do art. 25, dois dos aspectos de sua autonomia, a saber, a auto-organização e a autolegislação. Segue, ao fazê-lo, a tradição constitucional federativa brasileira, que, de resto, acompanha a das Federações de modo geral, todas inspiradas pela matriz norte-americana. De fato, desde a Constituição de 1891 (art. 63), passando pelas de 1934 (art. 7º), de 1937 (art. 21), de 1946 (art. 18) e de 1967 (art. 13, antes e depois da EC n. 1/69), sempre se proclamou que os Estados têm nas Constituições e leis que editarem as fontes de sua organização e regência.

Limites à autonomia estadual: princípios de observância obrigatória

É da natureza de entes autônomos, como são os Estados, exercerem sua capacidade de autodeterminação dentro de limites postos pelo poder soberano, no caso, o Estado Federal, que na respectiva Constituição estabelece condicionamentos e restrições a que se submetem a auto-organização e a autolegislação do poder estadual.

Isto é o que espelha a parte final do *caput* do art. 25, ao determinar a observância, pelos Estados, dos "princípios desta Constituição", ao se darem as respectivas Constituições e leis.

Mais lacônica do que a Constituição anterior, que enumerava um extenso rol de princípios a ser imperativamente observados na espécie (art. 13 c/c art. 200), a atual retoma uma fórmula que foi da Constituição de 1891, referindo-se a princípios que não são desde logo explicitados.

Naquela altura o laconismo constitucional, vocacionado a gerar maior amplitude de horizontes para a auto-organização dos Estados, mostrou-se, no entanto, passível de produzir efeito inverso, em razão do subjetivismo na identificação de quais os princípios a observar.

O problema veio a ser solucionado com a reforma daquela Constituição, realizada em 1926, estabelecendo-se, no art. 6º, os princípios cuja inobservância ensejaria intervenção federal nos Estados. Desde então assim procederam as demais Constituições (tendo a de 1967 exacerbado no tratamento da matéria, ao aumentar significativamente os princípios cogentes), passando-se a entender que tais princípios – doutrinariamente conhecidos como princípios sensíveis – seriam os balizadores da auto-organização dos Estados.

Assim sendo, são hoje os princípios enunciados no art. 34, VII, os que representam limites à autonomia estadual, nas vertentes de auto-organização e autolegislação, sendo razoável a eles acrescer o princípio da separação dos poderes, que se pode extrair do inciso IV do mesmo art. 34 em que se autoriza a medida interventiva para "garantir o livre exercício de qualquer dos Poderes nas Unidades da Federação".

Jurisprudência pertinente

Sobre princípios balizadores da autonomia estadual, conferir Supremo Tribunal Federal, Ação Direta de Inconstitucionalidade n. 216-MC, Rel. Min. Celso de Mello, j. 23-5-90, *DJ* de 7-5-93.

Sobre o respeito aos princípios da Constituição Federal pela Constituição Estadual no exercício da auto-organização do Estado (estabelecimento dos critérios para a escolha do Procurador Geral do Estado), cf. STF, ADI 2.581, Rel. para o acórdão Min. Marco Aurélio, j. 16-8-07, *DJ* de 15-8-08.

Limites à autonomia estadual: vedações e condicionamentos

A autonomia dos Estados é também delimitada por certas vedações impostas a todos os integrantes da Federação e por alguns condicionamentos ao seu exercício.

Quanto às vedações, destinam-se ora a assegurar a convivência harmoniosa dos homens em sociedade, ora a convivência harmoniosa dos próprios entes federados entre si.

No primeiro caso, evidencia-se o objetivo de se prestigiarem certos direitos fundamentais, como se fez com as proibições insertas no art. 19, I; II e III, primeira parte, ou ainda assegurar o cumprimento dos princípios da igualdade e da legalidade, como ocorre com vedações de ordem tributária, assim as contidas no art. 150, I; II; III, *a* e *b*; IV; V; VI, *a* a *d*; art. 151, I, primeira parte, e art. 152.

Já com vistas ao relacionamento harmônico entre os entes federativos, foram previstas vedações como as do art. 19, III, parte final; art. 150,VI, *a*; art. 151, I, segunda parte, II e III.

Finalmente, também é regra, no mesmo sentido, a não intervenção da União nos Estados ou nos Municípios situados em Territórios Federais, nem a dos Estados em seus Municípios, a não ser nos casos taxativos dos arts. 34 e 35 da Constituição.

Quanto aos condicionamentos à autonomia estadual, além dos que decorrem dos princípios constitucionais sensíveis, acima analisados, podem outros advir de normas que Manoel Gonçalves Ferreira filho (*Comentários*, cit., v. I, p. 198-199) classifica como de pré-ordenação institucional; de extensão normativa e de subordinação normativa. Exemplos das primeiras, que pré-definem a estrutura das instituições estaduais, encontram-se nos arts. 27, 28, 125 e 126 da Constituição, disciplinando vários aspectos dos Poderes Legislativo, Executivo e Judiciário dos Estados. Para ilustrar as segundas, que estendem aos Estados normas que presidem instituições federais, pode-se lembrar o art. 75, no que respeita aos Tribunais de Contas. E quanto às terceiras, que predefinem o conteúdo da legislação estadual, cabe exemplificá-las com os arts. 37 e 39, que dispõem sobre o que pode, ou não pode, conter a disciplina legal da Administração Pública de todos os níveis da Federação, ou os arts. 132, 134 e 144, §§ 4º a 7º, condicionando a legislação sobre várias outras instituições estaduais.

Jurisprudência pertinente

Sobre condicionamentos normativos à auto-organização dos Estados, cf. STF, ADI 507, Rel. Min. Celso de Mello, j. 14-2-96, *DJ* de 8-8-03.

Sobre condicionamentos ao poder constituinte estadual, no estabelecimento do processo de reforma da Constituição do Estado, cf. STF, ADI 486, Rel. Min. Celso de Mello, j. 3-4-97, *DJ* de 10-11-06.

Art. 25, § 1º São reservadas aos Estados as competências que não lhes sejam vedadas por esta Constituição.

Fernanda Dias Menezes de Almeida

Competências remanescentes não enumeradas

A técnica de reservar aos Estados as competências remanescentes ou residuais não enumeradas, ou seja, as que sobejam depois de atribuídas as competências da União, vem da Federação norte-americana, que a explicitou na décima emenda à Constituição dos Estados Unidos, segundo a qual "os poderes não delegados aos Estados Unidos pela Constituição, nem por ela negados aos Estados, são reservados aos Estados ou ao povo".

Numerosas Federações adotaram, com poucas variações, as linhas mestras desta técnica de repartição de competências. Sirvam de exemplo as Constituições da Argentina, de 1853 (arts. 67 e 104 da versão original e arts. 75 e 121 da Constituição emendada em 1994); do México, de 1917 (arts. 73 e 124); da Suíça, de 1874 (art. 3º, quanto aos poderes remanescentes dos Estados; os poderes da União estão previstos em numerosos artigos das Disposições Gerais, que compreendem os arts. 1º a 70); da antiga União Soviética, de 1977 (arts. 73 e 76).

No Brasil, com pequenas alterações de redação, todas as Constituições republicanas também conferiram aos Estados as competências remanescentes (cf. art. 65, § 2º, da Constituição de 1891; art. 7º, IV, da de 1934; art. 21, II, da de 1937; art. 18, § 1º, da de 1946; art. 13, § 1º, da de 1967/1969).

A atual Constituição manteve a tradição, especificando a competência residual dos Estados no art. 25, § 1º. Assim sendo, para identificar o que restou como competências privativas não enumeradas, materiais e legislativas dos Estados, é necessário antes verificar o que foi atribuído privativamente à União e aos Municípios – pois obviamente é vedado aos Estados exercer competências alheias – e mais, verificar também o que foi proibido a todos os entes federados pela Constituição.

Pois bem, feito esse levantamento, é de concluir que, diante das extensas e importantes competências do poder central e das competências do poder municipal, acrescidos os condicionamentos e proibições constitucionais, muito pouco sobrou para os Estados, cujas competências materiais resumem-se quase que somente a atribuições de ordem administrativa e financeira.

Competências materiais de ordem administrativa e financeira

A título de exemplo, cabe aos Estados estruturar as respectivas Administrações, de acordo com suas conveniências e necessidades, fazendo funcionar a máquina administrativa e estabelecendo a divisão do território estadual em regiões administrativas, sempre, porém, tendo de observar os numerosos condicionamentos constantes da Constituição Federal (v. comentário ao art. 25, *caput*). E, no campo financeiro, lhes é dado gerir e aplicar seus recursos, de acordo com o plano plurianual, as diretrizes orçamentárias e os orçamentos anuais, para atendimento às metas e prioridades de sua Administração, também sempre atentos ao balizamento da Constituição Federal.

Competências legislativas

No que concerne às competências legislativas não enumeradas, vale igualmente o que se acaba de afirmar: é bastante restrita a área de atuação do legislador estadual, limitando-se, de modo geral, a disciplinar os assuntos de sua competência material administrativa e financeira.

Percebe-se, destarte, que, malgrado a tendência pró-descentralização, proclamada durante os trabalhos constituintes em 87/88, acabou não ocorrendo, na medida desejável, a ampliação do espaço e da influência dos Estados no panorama da Federação brasileira.

Art. 25, § 2º Cabe aos Estados explorar diretamente, ou mediante concessão, os serviços locais de gás canalizado, na forma da lei, vedada a edição de medida provisória para a sua regulamentação.

Fernanda Dias Menezes de Almeida

Inovando em relação às demais Constituições brasileiras, a de 1988 introduziu em seu texto, a par da clássica previsão de competências remanescentes não enunciadas dos Estados, duas competências expressamente enumeradas nos §§ 2º e 3º do art. 25.

No § 2º, lê-se que cabe aos Estados, explorar diretamente, ou mediante concessão, os serviços locais de gás canalizado. Esta redação foi dada ao dispositivo pela EC n. 5/95, sendo que a versão original estabelecia ser de competência estadual a exploração direta, ou mediante concessão a empresa estatal com exclusividade de distribuição, os serviços locais de gás canalizado.

Percebe-se que, com a emenda, se quis abrir o setor para a iniciativa privada, uma vez que se suprimiu a menção inicial à concessão dos serviços restrita a empresas estatais.

O que não ficou claro, desde o início, foi a razão de se ter optado por enunciar expressamente essa competência estadual, fugindo à regra de atribuir-se aos Estados as competências residuais não enumeradas. Talvez, por se tratar de serviços locais, que de modo geral interessam aos Municípios, poder-se-ia caracterizar, no caso, uma daquelas situações em que seria difícil definir qual o interesse preponderante para fins de se definir a competência. Explicando melhor, se não se explicitasse o titular da competência, pela regra geral, ela se incluiria na esfera estadual. Mas, como compete aos Municípios organizar e prestar os serviços públicos de interesse local (art. 30, V), poderiam estes reivindicar como sua a competência relativa à exploração dos serviços locais de gás canalizado. Assim sendo, terá resolvido o constituinte encarregar-se ele próprio de sopesar os interesses em jogo, e, uma vez decidido que melhor seria deixar o encargo com os Estados, para evitar dúvidas disse-o expressamente.

Vedação de medida provisória

Nos termos da atual redação do art. 25, § 2º, é proibida a regulamentação da exploração dos serviços locais de gás canalizado por medida provisória. A proibição é confirmada pelo art. 246, com a redação da EC n. 32/01, que veda a adoção de medida provisória na regulamentação de artigo da Constituição que tenha sido alterado por meio de emenda promulgada entre 1-11-1995 e 11-9-2001.

Jurisprudência pertinente

Sobre a previsão do art. 25, § 2º, como fundamento para reconhecer-se a possibilidade de os Estados editarem medidas provisórias (não, porém, na espécie), cf. STF, ADI 2.391, Rel Min. Ellen Gracie, j. 16-8-06, *DJ* de 16-3-07. No mesmo sentido: ADI 425, Rel. Min. Maurício Corrêa, j. 4-9-02, *DJ* de 19-12-03.

Art. 25, § 3º Os Estados poderão, mediante lei complementar, instituir regiões metropolitanas, aglomerações urbanas e microrregiões, constituídas por agrupamentos de Municípios limítrofes, para integrar a organização, o planejamento e a execução de funções públicas de interesse comum.

Fernanda Dias Menezes de Almeida

Tem-se, neste parágrafo, a explicitação de uma competência legislativa privativa dos Estados, o que configura mais uma exceção à regra, já que o direito constitucional positivo brasileiro sempre trabalhou apenas com competências estaduais remanescentes não enumeradas.

A atribuição, aos Estados, de competência para instituírem, por lei complementar, regiões metropolitanas representa para eles um ganho, em relação à União, uma vez que a Constituição de 1967, no art. 164, conferia ao poder central tal competência. No caso, ensejou-se aos Estados maior margem de ordenação do seu território, mediante a criação de regiões metropolitanas.

Na conceituação técnica que tomamos de empréstimo da Constituição do Estado de São Paulo, região metropolitana é "o agrupamento de Municípios limítrofes que assume destacada expressão nacional, em razão de elevada densidade demográfica, significativa conurbação e de funções urbanas e regionais com alto grau de diversidade, especialização e integração socioeconômica, exigindo planejamento integrado e ação conjunta permanente dos entes públicos nela atuantes".

Quanto aos outros entes referidos no parágrafo em análise, não foram antes mencionados em nenhum texto de Constituição Federal brasileira. Deles se ocupa, no entanto, a Constituição do Estado de São Paulo, que mais uma vez invocamos, para dela importar sua conceituação.

Assim, por aglomeração urbana entende-se "o agrupamento de Municípios limítrofes que apresente relação de integração funcional de natureza econômico-social e urbanização contínua entre dois ou mais Municípios ou manifesta tendência nesse sentido, que exija planejamento integrado e recomende ação coordenada dos entes públicos nela atuantes".

Já microrregião se considera "o agrupamento de Municípios limítrofes que apresentem, entre si, relações de interação funcional de natureza físico-territorial, econômico-social e administrativa, exigindo planejamento integrado com vistas a criar condições adequadas para o desenvolvimento e integração regional".

Percebe-se que a distinção entre esses três tipos de entidades, todas compostas por Municípios limítrofes, deriva do grau de intensidade de suas relações de variada ordem e do nível maior ou menor de conurbação, a exigir ou a recomendar, conforme o caso, atuação coordenada dos órgãos públicos envolvidos, sempre, porém, com base em planejamento integrado, com vistas à execução de funções públicas de interesse comum.

Frise-se, por outro lado, que nenhuma dessas pode ser considerada entidade integrante da Federação.

Considerando que a autonomia municipal é um dos valores a serem respeitados pelos Estados ao se auto-organizarem, sob pena de intervenção federal, imagina-se que nem sempre será fácil a tarefa de instituírem essas unidades regionais e de planejarem o seu funcionamento.

Jurisprudência pertinente

Sobre depender apenas de lei complementar estadual a criação dos agrupamentos de Municípios limítrofes em causa, cf. STF, ADI 1.841, Rel. Min. Carlos Velloso, j. 1-8-02, *DJ* de 20-9-02.

Sobre a impossibilidade de se concentrar o poder decisório nas mãos de um único ente da Federação, quando da instituição de regiões metropolitanas, devendo ser assegurada a participação de todos, ainda que não paritária, cf. ADI 1.842, Rel. para o acórdão Min. Gilmar Mendes, j. 6-3-13, *DJ* de 16-9-2013.

Art. 26. Incluem-se entre os bens dos Estados:

I – as águas superficiais ou subterrâneas, fluentes, emergentes e em depósito, ressalvadas, neste caso, na forma da lei, as decorrentes de obras da União;

II – as áreas, nas ilhas oceânicas e costeiras, que estiverem no seu domínio, excluídas aquelas sob domínio da União, Municípios ou terceiros;

III – as ilhas fluviais e lacustres não pertencentes à União;

IV – as terras devolutas não compreendidas entre as da União.

Almiro do Couto e Silva[1]

1. Especificação dos bens dos Estados

1.1. Águas

As águas existentes nos territórios dos Estados pertencem, em princípio, aos Estados onde se situem, sejam elas superficiais ou subterrâneas, fluentes, emergentes ou em depósito. Excetuam-se dessa regra as que, na forma do art. 20, IV, pertençam à União ou que, em decorrência de obras da União (p. ex., de açudes por esta construídos), nelas se depositem.

1.2. Áreas nas ilhas oceânicas e costeiras

Sobre isso, vejam-se nossos comentários ao inciso IV do art. 20.

1.3. Ilhas fluviais e lacustres

As ilhas situadas em rios e lagos situados em territórios dos Estados-membros, em princípio, a estes pertencem; excluem-se dessa regra as ilhas fluviais e lacustres nas zonas limítrofes com outros países, que são bens da União (CF, art. 20, IV).

1.4. Terras devolutas

Também aqui o princípio que vigora – aliás, neste caso, estabelecido desde a Constituição de 1891, art. 64 – é o de que as terras devolutas são dos Estados Federados. À União pertencem apenas as terras devolutas a que faz menção o inciso II do art. 20, entre as quais estão as que se situam na faixa de fronteira (§ 2º do art. 20).

2. Legislação

Lei n. 13.178, de 22 de outubro de 2015 (a ratificação dos registros imobiliários decorrentes de alienações e concessões de terras públicas situadas nas faixas de fronteira); Decreto n. 24.643, de 10 de julho de 1937 (Código de Águas); Lei n. 9.984, de 17 de julho de 2000 (dispõe sobre a Agência Nacional de Águas – ANA); Lei n. 7.661, de 16 de maio de 1988 (institui o Plano Nacional de Gerenciamento Costeiro).

3. Jurisprudência e referências bibliográficas

Vejam-se as referidas no art. 20.

Art. 27. O número de Deputados à Assembleia Legislativa corresponderá ao triplo da representação do Estado na Câmara dos Deputados e, atingido o número de trinta e seis, será acrescido de tantos quantos forem os Deputados Federais acima de doze.

§ 1º Será de quatro anos o mandato dos Deputados Estaduais, aplicando-se-lhes as regras desta Constituição sobre sistema eleitoral, inviolabilidade, imunidades, remuneração, perda de mandato, licença, impedimentos e incorporação às Forças Armadas.

§ 2º O subsídio dos Deputados Estaduais será fixado por lei de iniciativa da Assembleia Legislativa, na razão de, no máximo, setenta e cinco por cento daquele estabelecido, em espécie, para os Deputados Federais, observado o que dispõem os arts. 39, § 4º, 57, § 7º, 150, II, 153, III, e 153, § 2º, I.

§ 3º Compete às Assembleias Legislativas dispor sobre seu regimento interno, polícia e serviços administrativos de sua secretaria, e prover os respectivos cargos.

§ 4º A lei disporá sobre a iniciativa popular no processo legislativo estadual.

Léo Ferreira Leoncy

1. História da norma[1]

No decorrer do processo constituinte, temas relacionados ao Poder Legislativo estadual foram objeto de diversas propostas redacionais, que, a final, culminaram na versão que veio a prevalecer quando da conclusão dos trabalhos de elaboração da nova Carta. No presente histórico, serão registradas apenas aquelas proposições que deram origem à redação definitiva das normas constantes do art. 27 e seus parágrafos, descartando-se, em razão

---

[1]. O comentário contou com a colaboração e atualização de Rafael Maffini.

[1]. A redação deste tópico beneficiou-se de competente pesquisa realizada e fornecida pelo Centro de Documentação e Informação da Câmara dos Deputados – CEDI.

da sua excessiva quantidade, aquelas que não contribuíram de forma decisiva para o texto promulgado.

A redação final do *caput* do art. 27 já figurava no Anteprojeto do Relator na Subcomissão dos Estados (Etapa 2, Fase A), consistindo na proposta que mais perdurou durante os afazeres constituintes relacionados à temática objeto desse dispositivo[2].

Uma versão aproximada do § 1º do art. 27 constava do Substitutivo 1 do Relator na Comissão de Sistematização (Etapa 4, Fase N). Em seguida, tal versão recebeu aperfeiçoamentos resultantes de emenda apresentada a esse Substitutivo, na mesma Comissão (Etapa 4, Fase O), bem como do Substitutivo 2 do mesmo Relator, também na Comissão de Sistematização (Etapa 4, Fase P). Por fim, a proposta daí oriunda teve sua formatação mantida em todas as fases subsequentes até receber a redação definitiva no Projeto B de Constituição aprovado no Plenário em primeiro turno (Etapa 5, Fase T)[3].

A redação originária do § 2º do art. 27 recebeu a sua versão mais bem acabada no Projeto B de Constituição, aprovado no Plenário em primeiro turno (Etapa 5, Fase T), antes de surgir com a forma definitiva no Projeto C, também aprovado em Plenário, mas em segundo turno (Etapa 5, Fase V)[4].

A primeira tentativa de abordar a temática constante do § 3º do art. 27 constou de proposta rejeitada durante a apresentação de emendas ao Substitutivo 1 do Relator na Comissão de Sistematização (Etapa 4, Fase O). Não obstante, a matéria foi inserida no Substitutivo 2 do Relator, na mesma Comissão (Etapa 4, Fase P), mantendo-se inalterada até receber, no Projeto B de Constituição, aprovado no Plenário em primeiro turno (Etapa 5, Fase T), a redação que a final viria a ser consagrada.

Por fim, a redação do § 4º do art. 27 foi inserida por força de proposta aprovada em primeiro turno, na fase de emendas em Plenário ao Projeto A de Constituição (Etapa 5, Fase S), prevalecendo, assim, durante todas as etapas e fases subsequentes do processo constituinte[5].

2. Constituições brasileiras anteriores

A vinculação do **número de Deputados Estaduais** em cada Assembleia Legislativa ao quantitativo de Deputados Federais eleitos na circunscrição do respectivo Estado-membro, tal como prevista no *caput* do art. 27 da Constituição de 1988, figurou pela primeira vez no constitucionalismo brasileiro no texto da Emenda Constitucional n. 1, de 17-10-1969[6]. Por força desta reforma, o art. 13 da Carta de 1967 passou a estabelecer que "[o] número de deputados à Assembleia Legislativa [corresponderia] ao triplo da representação do Estado na Câmara Federal e, atingido o número de trinta e seis, [seria] acrescido de tantos quantos [fossem] os deputados federais acima de doze" (art. 13, § 6º)[7]. O propósito da emenda em questão teria sido "impedir que os Estados tivessem Assembleias numerosas e, consequentemente, dispendiosas"[8], finalidade que igualmente parece estar por trás da manutenção desse critério no texto da Carta em vigor[9].

Em relação à **duração do mandato de Deputado Estadual**, a que alude a primeira parte do § 1º do art. 27 da Constituição vigente, o tema começou a ser objeto de disciplina específica a partir da Emenda Constitucional de 3 de setembro de 1926, que modificou o art. 6º da Constituição de 1891 para prescrever que "[o] Governo Federal não [poderia] intervir em negócios peculiares aos Estados, salvo: [...] II – para assegurar o respeito aos seguintes princípios constitucionais: [...] *e*) a temporariedade das funções eletivas". Mesmo na sua versão reformada, a primeira Carta Republicana não trazia regra específica quanto à exata duração do mandato de Deputado Estadual, o que deixava os Estados-membros diante de uma situação de incerteza. De um lado, poderiam adotar para os parlamentares estaduais o mesmo período de três anos estabelecido para o mandato dos Deputados Federais (art. 17, § 2º), por se entender que essa seria uma consequência da necessária observância dos chamados "princípios constitucionais da União" a que os Estados eram submetidos (art. 63, segunda parte)[10]. Por outro lado, ante a falta de disposição constitucional expressa sobre o assunto, poderiam ainda estabelecer qualquer prazo de duração para os mandatos legislativos estaduais, com a única exigência de que fossem temporários, tudo com fundamento no poder de auto-organização estadual (art. 63, primeira parte)[11].

---

2. Essa proposta redacional também constava do art. 88 do Anteprojeto Constitucional elaborado pela Comissão Provisória de Assuntos Constitucionais, instituída pelo Decreto n. 91.450, de 18-7-1985, a chamada "Comissão Afonso Arinos", assim conhecida em razão do eminente jurista que a presidiu.

3. O Anteprojeto Constitucional elaborado pela "Comissão Afonso Arinos" já previa mandato de quatro anos (art. 89) e um estatuto funcional mínimo (art. 91) para os Deputados Estaduais.

4. O § 2º do art. 27 foi objeto de duas reformas constitucionais. A Emenda Constitucional n. 1, de 1992, estabeleceu que a remuneração dos Deputados Estaduais fosse fixada na razão de, no máximo, setenta e cinco por cento daquela estipulada em espécie para os Deputados Federais. Já a Emenda Constitucional n. 19, de 1998, determinou, entre outras coisas, que os Deputados Estaduais percebam sob a forma de subsídio fixado por lei de iniciativa da respectiva Assembleia Legislativa.

5. O Anteprojeto da "Comissão Afonso Arinos" atribuía à Constituição Estadual competência para dispor sobre os casos e as formas não apenas da iniciativa legislativa popular, mas também do referendo, tanto nos Estados como nos Municípios (art. 90).

6. Recorde-se, porém, que, já no Ato Complementar n. 33, de 18-1-1967, editado pelo então Presidente ditador, previra-se que "[o] número de deputados às Assembleias Legislativas Estaduais, existente em 15 do novembro de 1966, não [poderia] ser aumentado durante a legislatura a iniciar-se em 1967" (art. 5º).

7. Eventuais ajustes que se fizessem necessários no sentido da redução do número de Deputados Estaduais, com vistas à adaptação ao novo parâmetro, somente prevaleceriam a partir da legislatura seguinte à edição da citada Emenda (art. 188 das Disposições Gerais e Transitórias).

8. Manoel Gonçalves Ferreira Filho, *Comentários à Constituição Brasileira*, 5. ed., São Paulo: Saraiva, 1984, p. 128.

9. Antes da Emenda Constitucional n. 1/69, a Constituição de 1934 já havia procurado estabelecer um critério para a composição do número de Deputados Estaduais a partir do quantitativo de membros da Assembleia Legislativa existente sob a ordem constitucional imediatamente anterior (art. 3º, § 1º, das Disposições Transitórias), enquanto a Constituição de 1946 chegou mesmo a estabelecer o número de Deputados Estaduais a serem inicialmente eleitos a cada uma das Assembleias Legislativas (art. 11, § 1º, Ato das Disposições Constitucionais Transitórias).

10. Essa era a solução defendida por João Barbalho, *Constituição Federal Brasileira*: comentários, ed. fac-similar, Brasília: Senado Federal, Secretaria de Documentação e Informação, 1992, p. 267; Ruy Barbosa, *Comentário à Constituição Federal Brasileira*, coligido e ordenado por Homero Pires, Saraiva, São Paulo, 1934, v. V, p. 10-16; e Castro Nunes, *As Constituições Estaduais do Brasil*: comentadas e comparadas entre si e com a Constituição Federal, Rio de Janeiro: Leite Ribeiro, 1922, t. I, p. 27.

11. Castro Nunes registra que Constituições Estaduais da época estabeleceram diferentes prazos de duração do mandato de Deputado Estadual (*As Constituições Estaduais do Brasil...*, cit., p. 62).

Na Constituição de 1934, o princípio da temporariedade das funções eletivas no âmbito dos Estados-membros recebeu uma nova componente que viria a dirimir a incerteza quanto ao efetivo prazo de duração dos mandatos locais. No art. 7º daquela Carta, ficou estabelecido "[competir] privativamente aos Estados: I – decretar a Constituição e as leis por que se [deveriam] reger, respeitados os seguintes princípios: [...] c) temporariedade das funções eletivas, *limitada aos mesmos prazos dos cargos federais correspondentes*" (destacamos). A não observância deste princípio ensejaria a intervenção da União no respectivo Estado transgressor (art. 12, V).

A Constituição de 1937 suprimiu tanto a cláusula de temporariedade dos mandatos estaduais como a de sujeição destes à mesma duração dos mandatos federais correspondentes, mas manteve, sob pena de intervenção, a necessária observância à "forma republicana" (art. 9º, *e*, 1), o que, ao menos conceitualmente, pressupunha o estabelecimento de prazo para o exercício do poder político, sob a forma de mandato[12].

Na Constituição de 1946, retomou-se redação contendo menção expressa à temporariedade dos mandados estaduais, mas, no lugar da cláusula segundo a qual estes estariam limitados "aos *mesmos prazos* dos cargos federais correspondentes" (art. 7º, I, *c*, da Constituição de 1934), passou-se então a dizer em relação às funções eletivas estaduais que ficaria "*limitada a duração* destas à das funções federais correspondentes" (art. 7º, VII, *c*, da Constituição de 1946). Novamente, a não observância desse princípio pelo Estado-membro configurava hipótese constitucional de intervenção da União. A nova redação favorecia a leitura segundo a qual os mandatos estaduais poderiam ter quaisquer prazos, desde que não ultrapassassem os dos cargos federais equivalentes, que serviriam, assim, não como um modelo necessário a ser transposto para o âmbito estadual, mas como um limite máximo que não poderia ser excedido. De modo oportuno, a Emenda Constitucional n. 13, de 8-4-1965, dirimiu qualquer dúvida a respeito ao estabelecer que o mandato de Deputado Estadual seria de quatro anos (art. 1º, parágrafo único).

Com singela variação redacional, a garantia da *temporariedade dos mandatos eletivos, cuja duração não excederia à dos mandatos federais correspondentes*, foi mantida tanto na Constituição de 1967 quanto na Emenda Constitucional n. 1, de 1969, como uma das hipóteses de intervenção da União nos Estados-membros transgressores (em ambas, no respectivo art. 10, VII, *b*).

A definição de um **estatuto funcional dos Deputados Estaduais** parece ser o tema central da segunda parte do § 1º do art. 27 da Constituição de 1988. Redação com tamanha abrangência não pode ser encontrada em qualquer das Cartas brasileiras anteriores, que se limitaram, quando muito, a disciplinar traços pontuais daquele estatuto.

Ao atribuir ao Congresso Nacional a competência para "[r]egular as condições e o processo da eleição para os cargos federais em todo o país" (art. 34, 22), a Constituição de 1891 parece ter deixado a cargo das Assembleias Legislativas definir o sistema eleitoral aplicável aos cargos eletivos estaduais, entre eles o de Deputado Estadual[13]. Do mesmo modo, embora não houvesse clareza em relação a quais seriam os "princípios constitucionais da União" a que os Estados se encontravam subordinados (art. 63), poder-se-ia cogitar que nesse rol estivessem contidos todos os preceitos relativos ao estatuto dos congressistas (arts. 19 a 25)[14].

A Emenda Constitucional de 3 de setembro de 1926 acrescentou ao art. 6º da Constituição de 1891 nova hipótese de intervenção federal nos Estados, para "garantir o livre exercício de qualquer dos poderes públicos estaduais, por solicitação de seus legítimos representantes" (art. 6º, III), livre exercício que pressupunha, por óbvio, a garantia de um estatuto mínimo aos parlamentares estaduais[15].

Sob a Constituição de 1934, legislar sobre a matéria eleitoral dos Estados, o que incluía a definição do processo das eleições, passou à competência privativa da União, sem prejuízo da legislação estadual supletiva ou complementar (art. 5º, *f*, § 3º)[16]. Repetiu-se a hipótese de intervenção da União "para garantir o livre exercício de qualquer dos poderes públicos estaduais" (art. 12, IV). Acerca da possibilidade de o Estado-membro, mediante sua própria Constituição, estabelecer um estatuto funcional específico para Deputados Estaduais, inclusive com a previsão de perda do mandato, o disposto no art. 83, *i*, da Carta Federal, parecia pressupor essa competência[17]. Em relação ao sistema eleitoral, assegurou-se que "[a]s eleições para a composição das Assembleias Legislativas Estaduais [obedeceriam] ao sistema da representação proporcional" (art. 181 c/c art. 3º, § 1º, das Disposições Transitórias). Afora isso, garantiu-se que, na vigência de estado de sítio, as medidas restritivas da liberdade de locomoção não atingiriam os membros das Assembleias Legislativas, ao menos nos limites territoriais do respectivo Estado-membro (art. 175, § 4º).

---

12. Com a Carta de 1937, que, como se sabe, teve nítido viés autoritário e centralista, ocorreu a dissolução das Assembleias Legislativas (art. 178 das Disposições Transitórias e Finais), cujos poderes, inclusive o de elaborar a Constituição do respectivo Estado, foram atribuídos aos Governos Estaduais (alguns dos quais ocupados por Interventores), que exerceriam as funções legislativas nas matérias de competência estadual enquanto aquelas Casas não fossem novamente reunidas (arts. 176, parágrafo único, e 181 das Disposições Transitórias e Finais). Relembre-se ainda que essa mesma Carta determinava que, após a sua entrada em vigor, seria ela "submetida ao plebiscito nacional na forma regulada em decreto do Presidente da República" (art. 187 das Disposições Transitórias e Finais), procedimento que, no entanto, jamais foi convocado.

13. Em reforço a tal conclusão, mencione-se a disciplina constante do art. 65, 2º, dessa Carta Republicana: "É facultado aos Estados: [...] em geral todo e qualquer poder, ou direito que lhes não for negado por cláusula expressa ou implicitamente contida nas cláusulas expressas da Constituição".

14. A propósito, esse era o magistério de Castro Nunes, *As Constituições Estaduais do Brasil...*, cit., p. 27-28. Conferir também Barbosa Lima Sobrinho, *As imunidades dos deputados estaduais*, Belo Horizonte: Revista Brasileira de Estudos Políticos, 1966, p. 42-43.

15. Lêda Boechat Rodrigues registra que em 1901 – e, portanto, antes mesmo da Reforma Constitucional de 1926 – o Supremo Tribunal Federal já havia reconhecido a imunidade dos parlamentares estaduais, que deveria ser respeitada por toda a União (*História do Supremo Tribunal Federal*: defesa do federalismo – 1899/1910, 2. ed., Rio de Janeiro: Civilização Brasileira, 1991, v. II, p. 103).

16. Reconheceu-se, por outro lado, a possibilidade de as Constituições Estaduais fixarem a data das eleições (art. 83, *d*).

17. "Art. 83. À Justiça Eleitoral, que terá competência privativa para o processo das eleições federais, estaduais e municipais, [...], caberá: [...] *i*) decretar perda do mandato legislativo, nos casos estabelecidos nesta Constituição e *nas dos Estados*" (destacamos).

A Constituição de 1937 muito pouco dispôs acerca do Poder Legislativo estadual. Manteve sob a esfera privativa da União a tarefa de legislar sobre matéria eleitoral dos Estados (art. 16, XXIII), dificultando-lhes enormemente o exercício delegado ou suplementar dessa competência (art. 17). Dispôs que a União poderia intervir nos Estados "quando, por qualquer motivo, um dos seus Poderes [estivesse] impedido de funcionar" (art. 9º, c). Em raro preceito dedicado aos membros da Assembleia Legislativa, limitou-se a afirmar que estes não poderiam integrar o colégio eleitoral para escolha de Presidente da República (art. 82, parágrafo único).

A Carta de 1946 seguiu os passos da anterior ao reservar à União a competência legislativa sobre direito eleitoral (art. 5º, XV, a), mas excluiu qualquer possibilidade de legislação estadual na matéria (art. 6º)[18]. Nesta Carta, a necessidade de garantir o livre exercício de qualquer dos poderes estaduais continuou a ser uma razão para intervenção federal nos Estados (art. 7º, IV). Com a aprovação da Emenda Constitucional n. 4, de 2-9-1961, que instituiu o sistema parlamentar de Governo, os Estados foram instados a reformar suas Constituições para adaptá-las a esse novo modelo (art. 24), que, entretanto, foi extinto, tendo em vista o restabelecimento do sistema presidencial pela Emenda Constitucional n. 6, de 23-1-1963. Tal como ocorreu no texto constitucional de 1937 em relação ao estado de emergência (art. 169), as prerrogativas dos Deputados Estaduais deixaram de ser ressalvadas na hipótese de decretação de estado de sítio (art. 213), garantia que também não mais seria repetida de modo algum tanto pela Carta de 1967 (art. 154, parágrafo único) como pela Emenda Constitucional n. 1, de 1969 (art. 156, § 7º).

A Constituição de 1967 manteve a competência exclusiva da União para legislar sobre direito eleitoral (art. 8º, XVII, b, § 2º), bem como a hipótese de intervenção federal no Estado-membro para "garantir o livre exercício de qualquer dos Poderes estaduais" (art. 10, IV). A Carta impôs ainda aos Estados a observância da "forma de investidura nos cargos eletivos" (art. 13, II) e estabeleceu o afastamento do exercício do cargo ao funcionário público titular de mandato eletivo estadual, enquanto este vigorasse (arts. 102 e 106). Por fim, como parte do seu papel no "processo institucionalizador do Movimento de 1964"[19], essa Constituição considerou "aprovados e excluídos de apreciação judicial os atos praticados pelo Comando Supremo da Revolução [leia-se, golpe civil-militar[20]] de 31 de março de 1964, assim como: [...] II – as resoluções das Assembleias Legislativas [...] que [haviam] cassado mandatos eletivos ou declarado o impedimento de Deputados, fundados [em determinados] Atos institucionais" (art. 173, II, das Disposições Gerais e Transitórias)[21].

Por fim, cabem algumas observações acerca da Emenda Constitucional n. 1, de 1969. Além de manter a competência exclusiva da União para legislar sobre direito eleitoral (art. 8º, XVII, b, parágrafo único), preservar a possibilidade de intervenção federal para "assegurar o livre exercício de qualquer dos Poderes estaduais" (art. 10, IV), repetir a obrigatoriedade da "forma de investidura nos cargos eletivos" (art. 13, II), reiterar o necessário afastamento do ocupante de cargo, emprego ou função para exercer mandato eletivo estadual (arts. 104 e 108)[22] e, ainda, nada prover em relação à preservação das imunidades de Deputados Estaduais quando da vigência de estado de sítio (art. 157, parágrafo único)[23], a Emenda Constitucional n. 1, de 1969, inseriu também nova hipótese de intervenção da União, desta feita nos Estados onde não fosse observada a "proibição ao deputado estadual da prática de ato ou do exercício de cargo, função ou emprego mencionados nos itens I e II do art. 34, salvo a função de secretário de Estado" (art. 10, VII, g)[24]. Em adição a isso, determinou a necessária "aplicação aos deputados estaduais do disposto no art. 35 e seus parágrafos, no que [coubesse]" (art. 13, VIII)[25]. Estes dois últimos preceitos (arts. 10, VII, g, e 13, VIII) formam, juntos, a principal fonte histórica da segunda parte do § 1º do art. 27 da Carta ora em vigor. Também não se pode deixar de mencionar a possibilidade de perda do mandato por parte do membro de Assembleia Legislativa que, "por atitudes ou pelo voto, se [opusesse] às diretrizes legitimamente estabelecidas pelos órgãos de direção partidária ou [deixasse] o partido sob cuja legenda [fora] eleito" (art. 152, parágrafo único)[26].

A disciplina da **remuneração dos Deputados Estaduais**, objeto do § 2º do art. 27 da Constituição de 1988 desde a sua versão originária[27], é assunto que somente veio a fazer parte do temário constitucional com a Carta de 1967, que impunha aos Estados a "proibição de pagar a Deputados Estaduais mais de dois terços dos subsídios atribuídos aos Deputados Federais" (art. 13, VI)[28]. Com a Emenda Constitucional n. 1, de 1969, este preceito recebeu nova e mais restritiva redação, passando a constar do texto constitucional "a proibição de pagar, a qualquer título, a deputados estaduais mais de dois terços dos subsídios e da ajuda de custo atribuídos em lei aos deputados federais, bem como de remunerar mais de oito sessões extraordinárias mensais" (art. 13, VI)[29]. A Emenda Constitucional n. 21, de 1981, modificou mais

---

18. Essa mesma solução viria a ser adotada tanto pela Constituição de 1967 (art. 8º, XVII, b, § 2º) como pela Emenda Constitucional n. 1, de 1969 (art. 8º, XVII, b, parágrafo único). Já a Constituição de 1988 passou a admitir que lei complementar federal autorize os Estados a legislar sobre questões específicas de direito eleitoral (art. 22, I, parágrafo único).

19. Paulo Bonavides e Paes de Andrade, *História constitucional do Brasil*, 4. ed., Brasília: OAB, 2002, p. 435.

20. Marcos Napolitano, 1964: *História do regime militar brasileiro*. São Paulo: Contexto, 2018, p. 43 e ss.

21. Essa cláusula foi mantida pela Emenda Constitucional n. 1, de 1969 (art. 181, II).

22. O mencionado art. 104 foi posteriormente objeto de aperfeiçoamento pela Emenda Constitucional n. 6, de 14-6-1976.

23. Esse preceito foi renumerado pela Emenda Constitucional n. 11, de 13-10-1978, passando a constituir o art. 156, § 7º.

24. Os incisos I e II do art. 34 estabeleciam hipóteses de vedações impostas aos parlamentares federais.

25. O art. 35 e seus parágrafos definiam os casos de perda do mandato pelos parlamentares federais.

26. Após ter sido objeto de reforma pela Emenda Constitucional n. 11, de 13-10-1978, o instituto da perda do mandato por infidelidade partidária foi revogado pela Emenda Constitucional n. 25, de 15-5-1985.

27. Conforme já se afirmou no tópico sobre a história da norma, tal preceito já foi objeto de duas Reformas Constitucionais (EC n. 1, de 1992, e EC n. 19, de 1998).

28. Regras sobre a remuneração dos integrantes da Câmara dos Deputados já constavam das Constituições de 1824 (art. 39), 1891 (art. 22), 1934 (art. 30) e 1946 (art. 47).

29. O art. 214 – incluído pela Emenda Constitucional n. 1, de 1969, entre as Disposições Gerais e Transitórias da Carta de 1967, e renumerado pela Emenda Constitucional n. 22, de 1982 – estabeleceu que "[a]s Assembleias Legislativas [poderiam] fixar a remuneração de seus membros para vigorar na [...]

uma vez o preceito em questão, desta feita para exigir tão somente "a proibição de pagar a deputados estaduais mais de oito sessões extraordinárias" (art. 13, VI).

A previsão de um rol de **competências exclusivas das Assembleias Legislativas**, tema do § 3º do art. 27 da Constituição de 1988, não chegou a ser objeto de disciplina por qualquer das Constituições Federais anteriores[30]. De certa maneira, é possível fazer a mesma afirmação em relação à **iniciativa popular no processo legislativo estadual**, assunto que apenas veio a ser disciplinado pelo § 4º do mesmo art. 27 da Carta da República[31].

3. Constituições estrangeiras[32]

Analisando-se as Constituições de alguns países que adotam a forma federativa de Estado, verificou-se a presença de dois modelos regulatórios básicos em relação ao Poder Legislativo estadual. Num desses modelos, o discurso constitucional não promove a preordenação dos parlamentos estaduais, fazendo, quando muito, algumas menções esparsas sobre questões secundárias à sua organização. Num outro modelo, o discurso constitucional "apropria-se" desses parlamentos, preordenando algumas das relevantes questões inerentes à sua estruturação.

Parte das Constituições estrangeiras consultadas não contempla disciplina específica acerca das Casas legislativas das unidades políticas regionais, limitando-se a estabelecer um conjunto de princípios constitucionais básicos a serem respeitados pelos respectivos entes federativos. Esse é o caso das Constituições dos Estados Unidos (art. IV, Seção 4)[33], da Argentina (arts. 5º, 122 e 123), da Suíça (arts. 3, 47 e 51), da Austrália (arts. 106 e s.) e da Lei Fundamental da República Federal Alemã (arts. 28 e 30)[34].

Aproximando-se do modelo brasileiro, e, portanto, dedicando um conjunto de normas especialmente voltadas ao Poder Legislativo estadual, podem ser citadas a Constituição da Áustria (arts. 95 a 100), a Constituição da Índia (arts. 168 a 212), a Constituição Política dos Estados Unidos Mexicanos (art. 116, I, II e IV), a Constituição da República da Venezuela (art. 162) e a Constituição do Canadá (art. 69 e s.).

4. Direito internacional

As questões disciplinadas pelo art. 27 e seus parágrafos não integram do temário clássico do direito internacional, nem são objeto de atos internacionais em que a República Federativa do Brasil é parte.

5. Remissões constitucionais e legais

A definição do número de Deputados Estaduais (art. 27, *caput*) não se faz sem o conhecimento do quantitativo de Deputados Federais eleitos na circunscrição do respectivo Estado-membro. Esse quantitativo, dos parlamentares federais, é fixado com base no art. 45, § 1º, da CF, que, por sua vez, foi regulamentado pelo artigo 1º, *caput*, da Lei Complementar n. 78, de 30-12-1993.

O tempo de renovação dos mandatos dos Deputados Estaduais fixado em quatro anos (art. 27, § 1º, primeira parte) equivale ao de outros cargos eletivos, tais como Governador e Vice-Governador (art. 28, *caput*), Prefeito, Vice-Prefeito e Vereadores (art. 29, I), Deputados Federais (art. 44, parágrafo único), Presidente e Vice-Presidente da República (art. 82) e juiz de paz (art. 98, II)[35].

A densificação do estatuto funcional dos Deputados Estaduais (art. 27, § 1º, segunda parte) somente pode ser realizada com a extensão a esses parlamentares dos regimes constitucionais previstos para os congressistas em relação a sistema eleitoral (art. 45, *caput*), inviolabilidade (art. 53, *caput*), imunidades (art. 53, §§ 2º a 5º), remuneração (art. 57, § 7º, parte final), perda de mandato (art. 55), licença (art. 56), impedimentos (art. 54) e incorporação às Forças Armadas (art. 53, § 7º).

O regime de fixação dos subsídios dos Deputados Estaduais (art. 27, § 2º) pressupõe a observância dos arts. 39, § 4º (subsídio como forma de remuneração dos detentores de mandato eletivo), 57, § 7º (vedação de pagamento de parcela indenizatória em razão de convocação para sessão legislativa extraordinária), 150, II

Legislatura [então em andamento], observado o limite de dois terços do que [percebiam], a mesmo título, os deputados federais, excetuadas as sessões extraordinárias e as sessões conjuntas do Congresso Nacional". Registre-se, por fim, que, antes mesmo da Emenda Constitucional n. 1, o Ato Institucional n. 7, de 26-2-1969, já havia disciplinado diversos aspectos da remuneração dos Deputados Estaduais.

30. A disciplina das competências exclusivas das Assembleias Estaduais ocorreu de maneira pontual. Nesse sentido, as Constituições de 1934 (art. 3º, § 5º, das Disposições Transitórias) e de 1946 (art. 11, § 8º, do Ato das Disposições Constitucionais Transitórias) dispuseram sobre a eleição da Mesa nas Assembleias Estaduais. Já a Carta de 1967 estabeleceu que o modo de admissão de servidores públicos pelas Assembleias Legislativas deveria ocorrer mediante concurso público de provas ou de provas e títulos, após a criação dos respectivos cargos por ato aprovado em dois turnos pela maioria absoluta dos membros da Casa Legislativa competente (art. 106, §§ 1º e 2º), previsão que foi mantida pela Emenda Constitucional n. 1, de 1969 (art. 108, §§ 2º e 3º).

31. A Constituição de 1967 impunha o processo legislativo federal como um modelo de observância obrigatória para os Estados (art. 13, III), mas proibia a edição de decretos-leis pelos Governadores, admitindo, por outro lado, a figura das leis delegadas no âmbito estadual (art. 188, parágrafo único). Com a edição da Emenda Constitucional n. 1, de 1969, todas essas cláusulas foram mantidas (arts. 13, III, e 200, parágrafo único).

32. Para a elaboração deste tópico, foram consultadas as obras organizadas por Jorge Miranda, *Constituições de diversos países*, 3. ed., volumes I e II, Lisboa: Casa da Moeda, 1986, por Mª Isabel Álvarez Vélez e Mª Fuencisla Alcón Yustas, *Las constituciones de los quince estados de la Unión Europea*: textos y comentarios, Madrid: Dykinson, 1996, pela Subsecretaria de Edições Técnicas do Senado Federal, *Constituição do Brasil e Constituições estrangeiras*, volumes I e II, Brasília: Senado Federal, 1987, e, novamente, pela Subsecretaria de Edições Técnicas do Senado Federal, *Constituições estrangeiras*, volumes 1 a 6, Brasília: Senado Federal, 1987. Após as consultas, os dispositivos constitucionais referenciados foram confrontados com as versões disponíveis nos sítios governamentais dos respectivos países.

33. Revelando a forte componente federativa na formação e sustentação do Estado norte-americano, registre-se a disciplina no texto constitucional federal do dever de os membros das assembleias legislativas dos Estados prestarem "juramento ou compromisso de honra de sustentar e defender a Constituição" (art. VI, Seção III).

34. Embora esta última Carta tenha ido um pouco adiante, ao disciplinar aspecto da função de controle exercida pelo parlamento estadual (art. 13, 6).

35. Como se sabe, embora a representação de cada Estado e do Distrito Federal no Senado seja parcialmente renovada de quatro em quatro anos (art. 46, § 2º), que é o tempo de uma legislatura (art. 44, parágrafo único), o mandato dos Senadores dura oito anos (art. 46, § 1º).

(proibição de tratamento desigual entre contribuintes, mesmo em razão de ocupação profissional ou função exercida), 153, III (sujeição ao pagamento do imposto de renda e proventos de qualquer natureza), e 153, § 2º, I (generalidade, universalidade e progressividade do imposto de renda), todos da Constituição Federal. Por sua vez, o subsídio de Deputado Federal (art. 49, VII), de cujo valor o subsídio de Deputado Estadual só poderá corresponder até o limite de setenta e cinco por cento, foi fixado pelo Decreto Legislativo n. 172, de 21-12-2022.

A competência das Assembleias Legislativas para dispor sobre seu regimento interno, polícia, serviços administrativos e provimento dos respectivos cargos (art. 27, § 3º) encontra paralelo em atribuições conferidas expressamente pela Constituição de 1988 às Câmaras Municipais (art. 29, XI), à Câmara dos Deputados (art. 51, III e IV) e ao Senado Federal (art. 52, XII e XIII).

Por fim, a propósito da iniciativa popular no processo legislativo estadual (art. 27, § 4º), tal instituto também foi objeto dos arts. 14, III (iniciativa popular como instrumento da soberania popular), 29, XIII (iniciativa popular no processo legislativo municipal), e 61, § 2º (iniciativa popular no processo legislativo federal), todos da Carta da República.

6. Jurisprudência constitucional

Muitos são os pronunciamentos do Supremo Tribunal Federal acerca do Poder Legislativo do Estado-membro. A seguir, serão inventariados os principais temas já debatidos pela Corte, bem como sumulados os entendimentos que prevaleceram nos respectivos precedentes.

Duração do mandato de Deputado Estadual: Constituição Estadual ou Regimento Interno da Assembleia Legislativa não podem reduzir nem ampliar o prazo de duração dos mandatos dos Deputados Estaduais (ADI-MC 1.162 e ADI 3.825). **Eleição para a Mesa da Assembleia Legislativa:** ao contrário do que a Constituição Federal estabelece para o Poder Legislativo da União (art. 57, § 4º), é permitida a reeleição de membro da Mesa da Assembleia Legislativa para o mesmo cargo na eleição imediatamente subsequente (ADIs 792 e 793; ADI-MCs 1.528, 2.262, 2.292; e, anterior à Constituição de 1988, Rp 1.245), *desde que limitada a uma única candidatura*, independentemente se na mesma ou em diferente legislatura, não se aplicando essa limitação se a permanência do membro da mesa no órgão de direção for para cargo distinto do anteriormente ocupado (ADIs 6.524, 6.707 e 6.688). **Imunidade do Deputado Estadual:** são extensíveis aos Deputados Estaduais as regras de inviolabilidade e imunidade conferidas aos parlamentares federais (ADI-MC 5.823, ADI 5.824, ADI 5.825 e ADI 5.526). **Extensão da imunidade do Deputado Estadual:** com a edição da Carta de 1988 (art. 27, § 1º), ficou superado o Enunciado n. 3 da Súmula de Jurisprudência do STF ("A imunidade concedida a deputados estaduais é restrita à Justiça do Estado") (RE 456.679). Ainda sobre a extensão da imunidade parlamentar, o Enunciado n. 245, também da Súmula de Jurisprudência do STF, estabelece que "a imunidade parlamentar não se estende ao corréu sem essa prerrogativa". **Suspensão de ação penal contra Deputado Estadual:** nos termos do § 3º do art. 53 da CF, aplicável aos Estados-membros, a Assembleia Legislativa somente poderá sustar ações penais contra Deputado Estadual que tiverem como objeto de apuração crimes cometidos após a diplomação do mandato em curso, o mesmo não sendo possível em relação àquelas ações referentes a crimes ocorridos no curso de mandatos findos em legislaturas pretéritas (AI 769.798-AgRg, RE 457.514-AgRg, AC 700-AgRg, AI 580.439, Inq 1.637, HC-ED 117.338). **Votação nos processos de perda de mandato de Deputado Estadual:** o STF entendia que, nos processos relativos à perda de mandato de Deputado Estadual, a votação pelo plenário da respectiva Assembleia Legislativa deveria ocorrer de forma sigilosa (ADIs 2.461 e 3.208). No entanto, com a edição da Emenda Constitucional n. 76, de 28-11-2013, que deu nova redação ao § 2º do art. 55 da Constituição Federal, extensível aos Estados por força do art. 27, § 1º, da mesma Carta, tal votação passou a ser aberta. **Crimes cuja condenação sujeita à perda de mandato:** perderá o mandato o Deputado Estadual "que sofrer condenação criminal em sentença transitada em julgado" (art. 55, VI, CF), não sendo cabível à Constituição Estadual restringir essa perda apenas quando a condenação se der nos "crimes apenados com reclusão, atentatórios ao decoro parlamentar" (ADI 3.200). **Outorga de prerrogativas parlamentares a ex-Deputados Estaduais:** atenta contra o princípio republicano a outorga, por Constituição Estadual, de prerrogativas parlamentares a ex-Deputados Estaduais (ADI-MC 1.828). **Fixação de subsídios e reserva de lei formal:** a fixação dos subsídios dos Deputados Estaduais está submetida à reserva de lei formal, de iniciativa da Assembleia Legislativa e sujeita à sanção ou veto do Chefe do Poder Executivo (ADI-MC 6.437 e ADI 5.856). **Regime de subsídio e convocação para sessão legislativa extraordinária:** em virtude de convocação para participar de sessões legislativas extraordinárias, é vedado o pagamento de parcela indenizatória a Deputado Estadual, a quem assiste o direito de perceber tão somente subsídio fixado em parcela única, excluída qualquer outra espécie remuneratória (ADI-MC 4.587 e ADI-MC 4.509). **Secretário de Estado e vinculação à remuneração de Deputado Estadual:** é vedada a vinculação da remuneração de Secretário de Estado àquela percebida por Deputado Estadual (art. 37, XIII, da CF) (RE 171.241). **Subsídio de Deputado Estadual fixado em percentual da remuneração de Deputado Federal:** a fixação do subsídio de Deputado Estadual em percentual da remuneração de Deputado Federal, de modo que cada aumento nesta repercuta direta e automaticamente na elevação daquele, viola tanto o princípio da autonomia estadual (art. 25, *caput*, da CF) como a proibição de vinculação remuneratória (art. 37, XIII, da CF) (ADI-MC 3.461; ADI-MC 891). **Funcionamento dos partidos políticos nas Assembleias Legislativas:** ao estabelecer o modo de funcionamento dos partidos políticos nas diversas Casas Legislativas, o art. 12 da Lei federal n. 9.096, de 1995 (Lei Orgânica dos Partidos Políticos), não viola a competência da Assembleia Legislativa para dispor sobre o seu regimento interno (ADI 1.363). **Comissão parlamentar de inquérito estadual e direito de minoria:** o regime constitucional de criação de CPI, segundo o qual o respectivo inquérito deve ser instaurado mediante requerimento de um terço dos membros da Casa Legislativa, independentemente de deliberação plenária ou de qualquer outro órgão parlamentar (art. 58, § 3º, da CF), constitui modelo de observância obrigatória para os Estados-membros (ADI 3.619). **Quebra de sigilo bancário por CPI estadual:** CPI estadual pode determinar a quebra de sigilo bancário e fiscal, devendo as entidades competentes atender as respectivas requisições de informações (ACO 730 e ACO 796). **Poder de fiscalização das Assembleias Legis-

lativas: o poder de fiscalização das Assembleias Legislativas deve ser exercido pela própria Casa Parlamentar ou por uma de suas comissões, nunca pelo parlamentar isoladamente, salvo quando atuando na representação da respectiva Casa ou comissão (ADI 3.046 e MS 22.471).

7. Referências bibliográficas

ALMEIDA, Fernanda Dias Menezes de. *Imunidades parlamentares*. Brasília: Câmara dos Deputados, Coordenação de Publicações, 1982.

BARACHO, José Alfredo de Oliveira. Imunidades parlamentares. *Revista de Informação Legislativa*, v. 17, n. 68, p. 33-64, out./dez. 1980.

BONAVIDES; Paulo; ANDRADE, Paes de. *História constitucional do Brasil*. 4. ed. Brasília: OAB, 2002.

BROSSARD, Paulo. Imunidade parlamentar: licença para processar deputado estadual; prerrogativas; inviolabilidade pessoal; crime comum. *Revista Forense*, v. 54, n. 169, p. 79-85, jan./fev. 1957.

CAMPANHOLE, Adriano; CAMPANHOLE, Hilton Lobo. *Constituições do Brasil*. 13. ed. São Paulo: Atlas, 1999.

CASSEB, Paulo Adib. Mandato político. In: DIMOULIS, Dimitri. *Dicionário brasileiro de direito constitucional*. 2. ed. São Paulo: Saraiva, 2012, p. 245-247.

CHACON, Vamireh; RODARTE, Claus. *História do legislativo brasileiro*: assembleias legislativas. Brasília: Senado Federal, 2008. v. V.

FERRAZ, Anna Cândida da Cunha. *Poder constituinte do Estado-membro*. São Paulo: Revista dos Tribunais, 1979.

HORTA, Raul Machado. *Imunidades parlamentares do deputado estadual*. Belo Horizonte: Imprensa Oficial, 1967.

LEONCY, Léo Ferreira. *Controle de constitucionalidade estadual*: as normas de observância obrigatória e a defesa abstrata da Constituição do Estado-membro. São Paulo: Saraiva, 2007.

_____. Legislatura. In: DIMOULIS, Dimitri. *Dicionário brasileiro de direito constitucional*. 2. ed. São Paulo: Saraiva, 2012, p. 232-233.

MARTINS JUNIOR, Wallace Paiva. *Remuneração dos agentes públicos*. São Paulo: Saraiva, 2009.

MELLO FILHO, José Celso de. A imunidade dos deputados estaduais. *Justitia*, v. 43, n. 114, p. 165-169, jul./set. 1981.

MIRAGEM, Bruno; ZIMMER JÚNIOR, Aloísio. *Comentários à Constituição do Estado do Rio Grande do Sul*. Rio de Janeiro: Forense, 2010.

POLETTI, Ronaldo. Dois aspectos da imunidade formal dos parlamentares: Extensão aos Deputados Estaduais; o inquérito policial. *Revista de Informação Legislativa*, v. 19, n. 74, p. 95-102, abr./jun. 1982.

RODRIGUES, Lêda Boechat. *História do Supremo Tribunal Federal*: defesa do federalismo (1899 – 1910). 2. ed. Rio de Janeiro: Civilização Brasileira, 1991. v. II.

SOBRINHO, Barbosa Lima. *As imunidades dos deputados estaduais*. Belo Horizonte: Edições da Revista Brasileira de Estudos Políticos, 1966.

SOUZA JUNIOR, Cezar Saldanha. *Constituições do Brasil*. Porto Alegre: Sagra Luzzatto, 2002.

TRIGUEIRO, Oswaldo. *Direito constitucional estadual*. Rio de Janeiro: Forense, 1980.

8. Comentários

8.1. Número de Deputados Estaduais

O *caput* do art. 27 da CF estabelece dois critérios definidores do quantitativo de Deputados Estaduais que devem integrar cada uma das Assembleias Legislativas, ambos condensados na seguinte fórmula: "O número de Deputados à Assembleia Legislativa corresponderá ao triplo da representação do Estado na Câmara dos Deputados e, atingido o número de trinta e seis, será acrescido de tantos quantos forem os Deputados Federais acima de doze".

O primeiro critério, resultante da parte inicial do preceito transcrito, aplica-se às Assembleias Legislativas dos Estados-membros cuja representação popular contar com *até doze* Deputados perante a Câmara Federal. Nesses Estados, o número de Deputados Estaduais refletirá simplesmente o triplo do número de Deputados Federais, sem qualquer acréscimo. Esse critério pode ser traduzido na seguinte expressão: $DEn = 3 \times DFn$, em que DEn corresponde ao número de Deputados Estaduais e DFn, ao de Federais.

O segundo critério para a definição do número de Deputados junto às Assembleias Legislativas, constante da parte final daquele preceito, aplica-se aos Estados cuja representação popular na Câmara Federal for *superior a doze* parlamentares. Nesses Estados, o número de Deputados Estaduais deverá corresponder ao triplo do quantitativo de Deputados Federais, mas até alcançar o limite de trinta e seis parlamentares estaduais, quando então esse número deverá ser *acrescido* de tantos quantos forem os parlamentares federais acima de doze. Esse segundo critério pode ser condensado na seguinte equação: $DEn = 36 + DFn - 12$.

Assim, valendo-se de um Estado como Sergipe, cuja representação popular está entre as que detêm o menor número de integrantes junto à Câmara dos Deputados, com oito parlamentares, o quantitativo de Deputados Estaduais junto à Assembleia Legislativa ($DEn = 3 \times DFn$) será de vinte e quatro membros ($3 \times 8 = 24$). Por outro lado, tomando-se como exemplo o Estado de São Paulo, que reúne o maior coeficiente de Deputados junto à Câmara Federal, com setenta parlamentares, o número de Deputados Estaduais perante a Assembleia Legislativa ($DEn = 36 + DFn - 12$) corresponderá a noventa e quatro integrantes ($36 + 70 - 12 = 94$).

Os critérios apontados não garantem por si mesmos que o intérprete alcance desde logo o número exato de parlamentares à Assembleia Legislativa, pois, conforme é possível inferir das correspondentes fórmulas, a definição desse quantitativo depende do conhecimento prévio de outro número: o de Deputados Federais (DFn) elegíveis na circunscrição do respectivo Estado. Por sua vez, a identificação deste último número depende ainda de providência legislativa adotada com base nos seguintes regramentos previstos no § 1º do art. 45 da Constituição da República: "O número total de Deputados, bem como a representação por Estado e pelo Distrito Federal, será estabelecido por lei complementar, proporcionalmente à população, procedendo-se aos ajustes necessários, no ano anterior às eleições, para que nenhuma daquelas unidades da Federação tenha menos de oito ou mais de setenta Deputados"[36].

Claro está, portanto, que cabe a essa lei complementar federal não apenas (a) fixar o número total de Deputados Federais, como também (b) definir a representação correspondente a cada Estado-membro e ao Distrito Federal, (c) obedecida a proporcionalidade da representação no tocante à população e (d) respeitados os limites mínimo e máximo de oito e setenta Deputados, respectivamente, (e) ainda que para o atingimento daquela proporcionalidade e para o respeito a tais limites seja necessário proceder-se aos ajustes necessários no ano anterior às eleições.

Com vistas a regulamentar o assunto, foi editada a Lei Complementar n. 78, de 30-12-1993. Apreciando-se os seus termos, constata-se, no entanto, que os comandos constitucionais decorrentes do citado art. 45, § 1º, da Carta da República, não foram de todo observados, conforme se depreende do art. 1º, *caput* e parágrafo único, do diploma legislativo em questão: "Art. 1º Proporcional à população dos Estados e do Distrito Federal, o número de deputados federais não ultrapassará quinhentos e treze representantes, fornecida, pela Fundação Instituto Brasileiro de Geografia e Estatística, no ano anterior às eleições, a atualização estatística demográfica das unidades da Federação. Parágrafo único. Feitos os cálculos da representação dos Estados e do Distrito Federal, o Tribunal Superior Eleitoral fornecerá aos Tribunais Regionais Eleitorais e aos partidos políticos o número de vagas a serem disputadas".

Conforme se percebe, se por um lado a lei complementar em apreço fixou o número total de Deputados Federais (item "a", acima referido) e reiterou os números mínimo e máximo desses parlamentares por unidade da Federação (item "d"), por outro, entretanto, deixou de definir a representação correspondente a cada Estado-membro e ao Distrito Federal (item "b"), bem como se eximiu de estabelecer critérios de proporcionalidade da representação no tocante à respectiva população (item "c"), ignorando, inclusive, a necessidade de periódicos ajustes (item "e"). Não bastassem tais omissões, o Congresso Nacional, por meio da lei complementar em apreço e mesmo sem autorização constitucional para tanto, delegou as correspondentes tarefas ao Tribunal Superior Eleitoral, que, por sua vez, editou a Resolução n. 23.389, de 09-04-2013, dispondo, entre outras coisas, sobre o número de membros da Câmara dos Deputados e das Assembleias e Câmara Legislativas para a legislatura que seria iniciada em 2015.

Apreciando a legitimidade dessa sistemática, o Supremo Tribunal Federal entendeu por bem declarar a "[i]nconstitucionalidade do parágrafo único do art. 1º da Lei Complementar n. 78/1993 por omissão do legislador complementar quanto aos comandos do art. 45, § 1º, da Carta Política de definição do número total de parlamentares e da representação por ente federado, e da Resolução n. 23.389/2013 do TSE, por violação do postulado da reserva de lei complementar ao introduzir inovação de caráter primário na ordem jurídica, em usurpação da competência legislativa complementar"[37].

Diante dos regramentos atualmente em vigor, é perceptível que a definição do número de Deputados à Assembleia Legislativa é tarefa deixada inteiramente à disposição de instâncias federais, não restando qualquer espaço para a intervenção dos Estados-membros, que não podem, assim, ainda que por meio de suas leis fundamentais, dispor de maneira divergente sobre o assunto.

Por outro lado, as instâncias federais envolvidas encontram como limite de suas competências o fato de que não poderão ultrapassar os parâmetros de no mínimo oito e no máximo setenta Deputados Federais e, consequentemente, também não poderão definir menos que vinte e quatro e mais que noventa e quatro Deputados Estaduais para compor a Assembleia Legislativa de um Estado.

Embora aparentemente arbitrário, o critério utilizado pelo constituinte federal para se chegar ao número de Deputados Estaduais tem a sua razão de ser. Conforme visto na parte dedicada às Constituições brasileiras anteriores (item 2, *supra*), o estabelecimento de uma regra limitadora do número de Deputados à Assembleia Legislativa tem entre os seus escopos evitar o crescimento desmesurado do quantitativo de parlamentares estaduais e, com isso, controlar em alguma medida o aumento dos gastos públicos na esfera do Poder Legislativo estadual[38].

O propósito subjacente ao regramento da matéria não conseguiu evitar, entretanto, a fragilidade de sua eficácia. Com a regra de atrelamento, pode-se até definir um número limitado de parlamentares estaduais, mas não necessariamente será possível fazer frente ao problema do aumento dos gastos públicos correspondentes[39]. Isso porque a definição daquele número não tem a capacidade de por si só limitar os gastos produzidos mesmo por um número muito reduzido de parlamentares. É que estes podem encontrar variadas formas e subterfúgios para potencializar os respectivos ganhos ou elevar os gastos sob sua responsabilidade, como é o caso das chamadas "verbas de gabinete"[40].

Por fim, convém registrar que o número de Deputados Estaduais tem relevância para uma série de outros temas no âmbito das Assembleias Legislativas. Nesse sentido, podem ser citados: (a) a definição do número de votos necessários à propositura e à aprovação de propostas de emendas à Constituição Estadual, (b) a definição do quórum de deliberação e de aprovação das diversas matérias, (c) a definição do número necessário de assinaturas para a instauração do inquérito parlamentar, por meio de comissão parlamentar de inquérito, (d) a proporcionalidade das representações partidárias, entre outros temas.

---

36. A propósito, *vide* comentário ao § 1º do art. 45, nesta obra.

37. ADI 5020, Tribunal Pleno, rel. p/ Acórdão Min. Rosa Weber, j. em 01-07-2014, *DJe*-213, publicado em 30-10-2014. No mesmo sentido, as ADIs 4947, 4963, 4965, 5028 e 5130. Diante da permanência da mora inconstitucional no tocante à questão, foi ajuizada em 2017 pelo então Governador do Estado do Pará a ADO 38, de relatoria do Min. Luiz Fux, ainda pendente de apreciação.

38. Cf. Manoel Gonçalves Ferreira Filho, *Comentários à Constituição brasileira de 1988*, São Paulo: Saraiva, 1990, v. 1, p. 207; José Cretella Júnior, *Comentários à Constituição brasileira de 1988*, 2. ed., Rio de Janeiro: Forense Universitária, 1992, v. IV, p. 1857. No mesmo sentido, Ives Gandra Martins, para quem "[o] princípio que levou o constituinte a regular a matéria [...] foi o de não permitir a excessiva elasticidade na representação, à custa da sociedade que a sustenta" (*Comentários à Constituição do Brasil*, 2. ed., São Paulo: Saraiva, 2002, v. 3, t. II, p. 125).

39. Tal aspecto foi observado por Ives Gandra Martins, para quem "[o] controle poderia ter sido maior [...] se houvesse vinculação da receita orçamentária à remuneração dos deputados" (op. et loc. cit.).

40. Nesse contexto, maior efetividade no controle de gastos pode ser alcançada com outras medidas, como a limitação das despesas com pessoal constante dos arts. 18 a 20 da Lei Complementar n. 101, de 4-5-2000 ("Estabelece normas de finanças públicas voltadas para a responsabilidade na gestão fiscal e dá outras providências").

8.2. Duração do mandato

A questão da duração dos mandatos estaduais sempre foi objeto de preocupação nas diversas Constituições Federais brasileiras[41]. Na maioria delas, e como decorrência da "forma republicana" reiteradamente adotada, exigiu-se das autonomias estaduais a observância da "temporariedade das funções eletivas", cuja violação ensejaria a intervenção da União no Estado-membro transgressor. Na técnica constitucional empregada, a duração dos mandatos estaduais foi de alguma forma atrelada aos "mesmos prazos" dos cargos federais correspondentes[42].

Apenas com a Emenda Constitucional n. 13, de 1965, à Constituição de 1946, é que se definiu pela primeira vez, de maneira expressa e específica, que a duração do mandato de Deputado Estadual seria de "quatro anos" (art. 1º, parágrafo único), técnica que foi retomada com a Carta de 1988 ao também fixar a duração dos mandatos parlamentares estaduais em idêntico período (art. 27, § 1º, primeira parte).

Nas Assembleias Legislativas, a duração do mandato de Deputado Estadual coincide com o período de *uma* legislatura, que também é de quatro anos. Não obstante essa identidade temporal, os conceitos de mandato legislativo e legislatura não se confundem. Enquanto *mandato legislativo* é o "poder de representação para o exercício de atividades governamentais e legislativas, por tempo determinado, que os agentes políticos recebem por meio de eleições populares"[43], *legislatura* consiste no "período de funcionamento do Poder Legislativo ou de uma de suas câmaras, durante o qual uma assembleia eleita está autorizada a exercer-lhe as atribuições"[44].

Em relação ao tempo de duração de um mandato legislativo estadual, o Supremo Tribunal Federal já decidiu que o seu correspondente período de quatro anos *não pode ser modificado*, para mais ou para menos, ainda que com a intenção de fazer coincidir o início desse período com o próprio começo do mandato do Chefe do Poder Executivo estadual[45].

A despeito dessa orientação geral da Corte, o fato é que as legislaturas parlamentares estaduais iniciadas em 1990, resultantes das eleições gerais de 1989, tiveram em muitos casos datas de início ou fim divergentes entre si, por força das diversas previsões constantes das Cartas estaduais. Tal fato ensejou a assincronia no exercício dos mandatos parlamentares estaduais que lhes foram subsequentes, circunstância que perdurou por algum tempo, até que muitos desses Estados promovessem os devidos ajustes[46].

Atualmente, com exceção dos Estados de Roraima e do Rio Grande do Sul (nos quais a posse e o início do mandato dos Deputados Estaduais ocorrem, respectivamente, em 1º de janeiro e 31 de janeiro), em todos os demais Estados os Deputados eleitos às Assembleias Legislativas tomam posse, dando início ao seu mandato, em 1º de fevereiro do primeiro ano de cada legislatura, após, portanto, a data de posse constitucionalmente definida para os Governadores Estaduais (art. 28, *caput*, da CF).

8.3. Estatuto dos Deputados Estaduais

Após sucessivos períodos de incerteza, decorrentes do silêncio das diversas Constituições Federais brasileiras no tocante à matéria, a Constituição de 1988 foi fecunda na definição de um abrangente estatuto funcional direcionado aos Deputados Estaduais[47]. Nessa temática, não foram estabelecidas regras constitucionais específicas, autônomas e diferenciadas aos membros das Assembleias Legislativas, mas tão somente lhes foi estendido, pela técnica da remissão normativa, o mesmo estatuto dedicado aos membros do Congresso Nacional. Por tal equiparação, aplicam-se indistintamente aos parlamentares estaduais, como aos congressistas, as regras da Carta Federal sobre "sistema eleitoral, inviolabilidade, imunidades, remuneração, perda de mandato, licença, impedimentos e incorporação às Forças Armadas" (art. 27, § 1º, segunda parte)[48].

Acerca do sistema eleitoral, relembre-se que, como afirmado acima, o texto constitucional manda aplicar aos Deputados Estaduais "as regras desta Constituição sobre sistema eleitoral", sem especificar, no entanto, a quais preceitos estaria remetendo. Nesse contexto, embora a Constituição preveja diferentes modelos para Senadores e Deputados Federais, eleitos, respectivamente, pelos sistemas majoritário (art. 46, *caput*) e proporcional (art. 45, *caput*), é intuitivo supor que aos parlamentares estaduais, como legítimos representantes da população estadual, seja aplicado o regramento estabelecido àqueles últimos[49].

O texto constitucional menciona ainda, destacadamente, os institutos da "inviolabilidade" e das "imunidades", com o louvável propósito de diferenciar a *imunidade material* (ou, simplesmente, inviolabilidade) da chamada *imunidade formal*, e, assim, deixar claro o asseguramento de ambas as garantias aos parlamentares estaduais. Como detentores de imunidade material, os Deputados

---

41. A propósito, *vide* item 2 deste comentário.

42. Sob a Constituição de 1988, a limitação temporal dos mandatos estaduais continuou a ser considerada uma decorrência do princípio republicano (ver voto do Min. Sepúlveda Pertence na ADI-MC 3.825, Tribunal Pleno, rel. Min. Cármen Lúcia, j. em 13-12-2006, Ementário n. 2266-2, p. 468).

43. Paulo Adib Casseb, Mandato político, In: Dimitri Dimoulis (coord.), *Dicionário brasileiro de direito constitucional*, 2. ed., São Paulo: Saraiva, 2012, p. 245.

44. Léo Ferreira Leoncy, Legislatura, In: Dimitri Dimoulis (coord.), *Dicionário brasileiro de direito constitucional*, cit., p. 232.

45. Ao apreciar ação direta de inconstitucionalidade versando questão relativa à duração dos mandatos de Deputados Estaduais, reconheceu o Supremo Tribunal Federal estar diante de "matéria sobre a qual as Constituições Estaduais não têm competência para legislar, porque a regra foi fixada pela Constituição da República" (ADI 3.825, Tribunal Pleno, rel. Min. Cármen Lúcia, j. em 8-10-2008, Ementário n. 2.343-1, p. 187). Em outras palavras, normas constitucionais estaduais "não podem (...) ampliar nem reduzir o prazo de duração dos mandatos de Deputados Estaduais" (ADI 1.162, Tribunal Pleno, rel. Min. Sydney Sanches, j. em 1º-12-1994, Ementário n. 1800-02, p. 200).

46. Se algumas inconstitucionalidades foram cometidas nesses processos de adaptação, tem-se que atualmente elas se encontrariam preclusas.

47. Relembre-se que apenas a Emenda Constitucional n. 1, de 1969, preocupou-se, ainda que parcialmente, com o estatuto dos Deputados Estaduais, mas apenas num sentido punitivo (arts. 10, VII, g, 13, VIII, e 152, parágrafo único). A propósito, *vide* item 2 deste comentário.

48. A despeito da menção expressa à aplicabilidade aos Deputados Estaduais das regras sobre remuneração previstas constitucionalmente para os congressistas (art. 27, § 1º), a Constituição Federal, depois de duas reformas constitucionais (EC n. 1/92 e EC n. 19/98), passou a estabelecer no dispositivo seguinte (art. 27, § 2º) algumas regras específicas voltadas à remuneração dos parlamentares estaduais. Por isso, essa questão específica será abordada em tópico à parte.

49. Em reforço a essa constatação, o próprio Código Eleitoral prevê que "a eleição para a Câmara dos Deputados, Assembleias Legislativas e Câmaras Municipais, obedecerá ao princípio da representação proporcional na forma desta Lei" (art. 84).

Estaduais "são invioláveis, civil e penalmente, por quaisquer de suas opiniões, palavras e votos" (art. 53, *caput*), quando manifestados dentro do recinto parlamentar[50] ou, fora dele, desde que no estrito exercício do mandato[51]. Já na condição de titulares de imunidade formal, os membros da Assembleia Legislativa, desde a expedição do diploma, apenas poderão ser ou permanecer presos quando se tratar de prisão em flagrante pela prática de crime inafiançável (art. 53, § 2º), bem como poderão ter sustado pela respectiva Casa parlamentar eventual processo penal contra si instaurado por crime ocorrido após a diplomação (art. 53, § 3º)[52].

De igual modo, no tocante à perda de mandato, os Deputados Estaduais submetem-se ao mesmo modelo aplicável aos parlamentares federais (art. 55), cabendo idêntica subordinação ao modelo congressual no que diz respeito aos regimes de licença (art. 56) e impedimentos (art. 54), à prerrogativa de foro (art. 53, § 1º) e à incorporação às Forças Armadas (art. 53, § 7º)[53].

Uma importante consequência do tratamento constitucional uniforme entre parlamentares estaduais e congressistas reside no fato de que, "se há mudança no regime de imunidades no plano federal, o novo quadro se aplica, imediatamente, aos deputados estaduais, independentemente de não ter havido ainda a adaptação formal da Constituição estadual"[54].

Conforme se vê, a Constituição adota aqui uma "linha uniformizadora", "o que se justifica pela similitude, se não pela igualdade de funções"[55]. Trata-se de outra matéria suprimida do poder de disposição das autonomias locais em favor de uma disciplina constitucional federal homogênea.

8.4. Subsídios dos Deputados Estaduais

A versão original do § 2º do art. 27 da Carta Federal previa que a remuneração dos Deputados Estaduais seria fixada em cada legislatura, para a subsequente, pela Assembleia Legislativa, vedado qualquer tratamento tributário privilegiado. Com isso, o constituinte não só evitava a legislação em causa própria como também se afastava do modelo constitucional anterior, que expressamente admitia um tratamento tributário diferenciado aos rendimentos percebidos pelos parlamentares[56]. Perdeu-se a chance, todavia, nessa oportunidade, de estabelecer maior controle e corresponsabilidade na fixação dessa remuneração. Isso porque, por se tratar de competência exclusiva da Assembleia Legislativa, a ser exercida mediante a edição de resolução, encontrava-se impossibilitado o chefe do Poder Executivo de participar da formação deste ato, mediante aposição de veto ou sanção, os quais somente são admitidos em caso de lei formal.

A Emenda Constitucional n. 1, de 1992, além de repetir o regime remuneratório já existente, acresceu-lhe um elemento novo ao limitar a remuneração dos Deputados Estaduais à razão de, no máximo, setenta e cinco por cento daquela estabelecida, em espécie, para os Deputados Federais. Tratava-se de mais uma medida restritiva à autonomia dos Estados-membros no tocante à matéria, com evidente viés moralizante e de responsabilidade financeira.

A Emenda Constitucional n. 19, de 1998, mudou significativamente o regime da retribuição financeira paga aos detentores de mandato eletivo, que passaram a partir de então a fazer jus tão somente a "subsídio". Se a principal característica do modelo anterior era a "remuneração" englobar o conjunto das parcelas percebidas a qualquer título pelo seu titular, o novo regime remuneratório de subsídio estabelece que este seja "fixado em parcela única, vedado o acréscimo de qualquer gratificação, adicional, abono, prêmio, verba de representação ou outra espécie remuneratória" (art. 39, § 4º, da CF), ainda que a título de "indenização" em virtude de convocação para participar de sessão legislativa extraordinária (art. 57, § 7º, da CF).

Por essa mesma Emenda, a retribuição devida aos parlamentares estaduais continuou limitada a setenta e cinco por cento daquela paga aos congressistas, permanecendo vedada a instituição de qualquer privilégio tributário odioso. Não obstante, a fixação do subsídio passou a depender de projeto de lei de iniciativa da Assembleia Legislativa, cuja aprovação ou rejeição encontra-se necessariamente subordinada à deliberação do chefe do Poder Executivo. Nessa nova sistemática, não mais existe qualquer impedimento para que, uma vez aprovado o reajuste, passe ele a valer no curso da própria legislatura em que concluído o respectivo processo legislativo.

Somada à limitação do número de Deputados à Assembleia Legislativa, a cláusula do § 2º do art. 27, ao estabelecer um teto remuneratório especial àqueles parlamentares, complementa a disciplina constitucional de contenção financeira dos legislativos estaduais.

8.5. Competências da Assembleia Legislativa

A Constituição da República confere às Assembleias Legislativas a competência para "dispor sobre seu regimento interno, polícia e serviços administrativos de sua secretaria, e prover os respectivos cargos" (art. 27, § 3º). Tais atribuições são parte do poder de auto-organização dos Estados-membros em relação aos respectivos parlamentos e constituem aspecto da independência destes perante os demais Poderes estaduais[57].

De antemão, cumpre esclarecer que tal dispositivo não esgota todas as competências atribuídas aos legislativos estaduais, tratando-se de um rol meramente exemplificativo.

Nesse sentido, outras competências das Assembleias Legislativas podem ser inferidas do próprio texto da Constituição Fede-

---

50. AI 792.756-AgRg, 2ª Turma, rel. Min. Ayres Britto, j. em 31-8-2010, *Ementário n. 2.422-02*, p. 373.

51. RE 606.451-AgRg-segundo, 1ª Turma, rel. Min. Luiz Fux, j. em 23-3-2011, *Ementário n. 2.504-01*, p. 173; RE 577785-AgRg, 1ª Turma, rel. Min. Ricardo Lewandowski, j. em 1º-2-2011, *Ementário n. 2.467-02*, p. 376.

52. Relembre-se que é extensível aos parlamentares estaduais a sistemática prevista nos §§ 2º e 3º do art. 53 da Constituição Federal, conforme estabelece o § 1º do art. 27 da mesma Carta e a própria jurisprudência do Supremo Tribunal Federal (*vide* item 6 deste comentário).

53. Para evitar repetições, remete-se o leitor para os comentários aos arts. 53 a 56 da Constituição Federal, constantes desta obra, em tudo aplicáveis aos parlamentares estaduais, com as devidas adaptações.

54. Paulo Gustavo Gonet Branco, *Curso de direito constitucional*, 6. ed., São Paulo: Saraiva, 2011, p. 933.

55. Manoel Gonçalves Ferreira Filho, *Comentários à Constituição brasileira de 1988*, São Paulo: Saraiva, 1990, v. 1, p. 208.

56. Esse tratamento diferenciado estava previsto no art. 21, IV, da Carta de 1967, regulamentado pela Lei federal n. 5.279, de 27-4-1967.

57. Cf. Manoel Gonçalves Ferreira Filho, que também vislumbra nesse preceito a consagração da "autonomia administrativa" das Assembleias Estaduais (*Comentários à Constituição brasileira de 1988*, cit., p. 171, 172 e 209).

ral, tais como a sustação do andamento de ação penal intentada contra os respectivos membros (arts. 27, § 1º, e 53, § 3º) e a própria decretação da procedência da acusação contra o Governador pela prática de crime de responsabilidade (arts. 25, 85, 86 e 22, I).

Ademais, ainda que a Constituição da República não veiculasse a norma de competência em comento, as respectivas atribuições inerentes àquelas Casas legislativas decorreriam do próprio poder remanescente atribuído aos Estados (art. 25, § 1º, CF).

De todo modo, tanto as competências expressas como as competências implícitas, atribuídas ou reconhecidas às Assembleias Legislativas, encontram-se constitucionalmente garantidas, ensejando o desencadeamento de intervenção federal quaisquer ações que possam embaraçar o seu livre exercício (art. 34, IV).

8.6. Processo legislativo estadual: o caso da iniciativa popular

Ao contrário da disciplina estabelecida na Carta de 1967 e mantida na Emenda Constitucional n. 1, de 1969, a Constituição de 1988 não impôs expressamente aos Estados-membros qualquer obediência às normas básicas do processo legislativo federal[58]. O texto constitucional ora em vigor limitou-se a estabelecer, como de resto o fizeram as anteriores Constituições Federais brasileiras de 1891 a 1946, que os Estados organizam-se e regem-se pelas Constituições e leis que adotarem, *respeitados os princípios estabelecidos* na própria Constituição (art. 25 da CF e art. 11 do ADCT), sem chegar a afirmar com clareza que, entre tais "princípios", estariam aqueles subjacentes ao modelo federal de processo legislativo.

Tal silêncio, que à primeira vista poderia significar maior liberdade aos constituintes estaduais para dispor sobre a matéria, provocou uma série de questionamentos acerca da oponibilidade ou não aos Estados-membros de algumas das regras básicas do processo legislativo disciplinado na Carta Federal, na medida em que tais regras, na sua literalidade, referem-se tão somente aos Poderes da União (arts. 59 a 69).

Na tentativa de equacionar o problema, o Supremo Tribunal Federal estabeleceu uma diretriz que passaria a nortear a resolução de diversas questões relacionadas ao processo legislativo estadual. No entender da Corte, "[a]s regras básicas do processo legislativo federal são de absorção compulsória pelos Estados-membros em tudo aquilo que diga respeito – como ocorre às que enumeram casos de iniciativa legislativa reservada – ao princípio fundamental de independência e harmonia dos poderes, como delineado na Constituição da República"[59].

Diante disso, ainda que determinada regra básica do processo legislativo disciplinado pela Constituição Federal esteja expressamente dirigida aos Poderes da União, tal regra também será de observância obrigatória para os Estados-membros sempre que os seus termos estiverem de algum modo baseados no princípio constitucional da separação de poderes[60].

Com base nesse raciocínio, o Supremo Tribunal Federal vem firmando jurisprudência específica acerca do processo legislativo estadual, entendendo como de observância obrigatória aos Estados-membros as regras do processo legislativo federal sobre (a) a iniciativa legislativa reservada a determinados Poderes e órgãos, (b) o poder de sanção e veto conferido ao chefe do Executivo, (c) o quórum de rejeição ao veto governamental, (d) o quórum de deliberação legislativa, (e) o regime constitucional das espécies normativas, entre outras questões.

Diferentemente desses institutos, a iniciativa popular de projetos de lei nas matérias de competência das Assembleias Legislativas mereceu disciplina expressa na Carta da República, pela qual se determinou que "a lei disporá sobre a iniciativa popular no processo legislativo estadual" (art. 27, § 4º).

Conforme se percebe, não é necessário maior esforço para reconhecer a necessidade de o processo legislativo estadual abrigar esse importante instrumento de participação popular na formação da vontade política local. E ainda que não fosse por força do referido preceito, outros dispositivos constitucionais levariam à mesma conclusão. De fato, a Constituição da República reconhece que uma das formas de exercício do poder político se dá mediante a participação popular direta (art. 1º, parágrafo único), inclusive sob a forma de iniciativa popular de projetos de lei (art. 14, III).

Nem por isso, todavia, a aplicabilidade do instituto em âmbito estadual encontra-se isenta de dificuldades.

Primeiramente, o § 4º do art. 27 não estabelece claramente de quem é a competência para editar a lei que disciplinará o instituto em relação ao processo legislativo perante as Assembleias Legislativas. A despeito disso, tudo indica que a competência cabe, primeiramente, ao próprio constituinte estadual, com a subsequente possibilidade de regulamentação da matéria em seus pormenores por parte do respectivo legislador ordinário. Tal conclusão pode ser inferida da própria Carta da República, que confere igual competência aos Municípios, a ser exercida por meio de suas respectivas leis orgânicas (art. 29, XIII).

A propósito, a lei federal que regulamentou a matéria no âmbito do Congresso Nacional silenciou em relação à iniciativa popular no processo legislativo perante as Assembleias Legislativas, o que constitui um indício de que o legislador federal partiu da mesma premissa acima apontada[61].

Outra dificuldade reside no fato de não se saber se os Estados-membros, ao disciplinarem o instituto, devem seguir o modelo constitucional imposto aos Municípios[62] ou aquele definido para a União[63] ou se, numa terceira via, poderão estabelecer originalmen-

---

58. Relembre-se que os dois documentos constitucionais anteriores dispuseram que os Estados seriam organizados e regidos pelas Constituições e leis que adotassem, respeitado, entre outros "princípios" então estabelecidos, "o processo legislativo" (art. 13, III, em ambos os documentos). Embora o processo legislativo fosse um *conjunto de normas sobre as modalidades normativas primárias e seus respectivos procedimentos de formação*, aquelas Cartas qualificavam-no – impropriamente, diga-se – como um "princípio" a ser observado pelos órgãos estaduais de produção normativa.

59. ADI 276, rel. Min. Sepúlveda Pertence, Tribunal Pleno, j. em 13-11-1997, *Ementário n. 1.896-01*, p. 20.

60. Embora o Supremo Tribunal Federal não o tenha dito claramente no precedente mencionado, tal raciocínio vale também para aquelas regras do processo legislativo federal que abriguem de forma subjacente a proteção de outros princípios constitucionais também obrigatórios aos Estados-membros.

61. Trata-se da Lei federal n. 9.709, de 18-11-1998, que "[r]egulamenta a execução do disposto nos incisos I, II e III do art. 14 da Constituição Federal".

62. Nos quais se exige "manifestação de, pelo menos, cinco por cento do eleitorado" para o exercício da iniciativa popular (art. 29, XIII, da CF).

63. Em relação à qual o projeto deverá ser "subscrito por, no mínimo, um por cento do eleitorado nacional, distribuído pelo menos por cinco Estados, com não menos de três décimos por cento dos eleitores de cada um deles" (art. 61, § 2º, da CF).

te o seu próprio modelo. Se, por um lado, é verdade que a diferença de critérios numéricos utilizados pelo constituinte federal em relação àqueles entes pode estar baseada nas dessemelhanças geográficas e populacionais entre eles, por outro lado, pode significar também que não há qualquer padrão constitucional preestabelecido a ser observado pelos Estados-membros, que, assim, estariam livres para fixar o próprio critério quantitativo necessário ao exercício da iniciativa popular no processo legislativo estadual.

Parte das inquietações descritas acima passaram a encontrar elementos de resposta no posicionamento do Supremo Tribunal Federal, que, ao apreciar definitivamente a ADI 825, firmou entendimento de que "[é] facultado aos Estados, no exercício de seu poder de auto-organização, a previsão de iniciativa popular para o processo de reforma das respectivas Constituições estaduais, em prestígio ao princípio da soberania popular (art. 1º, parágrafo único, art. 14, I e III, e art. 49, XV, da CF)"[64]. À luz desse precedente, se compete aos Estados instituir iniciativa popular para propostas de emendas à própria Constituição, não haveria razão para negar-lhes atribuição semelhante para disciplinar, mediante previsão constitucional e legislação complementar a esta, a iniciativa popular no processo legislativo estadual.

> **Art. 28.** A eleição do Governador e do Vice-Governador de Estado, para mandato de 4 (quatro) anos, realizar-se-á no primeiro domingo de outubro, em primeiro turno, e no último domingo de outubro, em segundo turno, se houver, do ano anterior ao do término do mandato de seus antecessores, e a posse ocorrerá em 6 de janeiro do ano subsequente, observado, quanto ao mais, o disposto no art. 77 desta Constituição. (*Redação dada pela Emenda Constitucional n. 111, de 2021.*)

§ 1º Perderá o mandato o Governador que assumir outro cargo ou função na administração pública direta ou indireta, ressalvada a posse em virtude de concurso público e observado o disposto no art. 38, I, IV e V.

§ 2º Os subsídios do Governador, do Vice-Governador e dos Secretários de Estado serão fixados por lei de iniciativa da Assembleia Legislativa, observado o que dispõem os arts. 37, XI, 39, § 4º, 150, II, 153, III, e 153, § 2º, I.

Léo Ferreira Leoncy

1. História da norma[1]

No decorrer do processo constituinte, temas relacionados ao Poder Executivo estadual foram objeto de diversas propostas redacionais, que, a final, culminaram na versão que veio a prevalecer quando da conclusão dos trabalhos. No presente histórico, serão registradas apenas aquelas proposições que deram origem à redação definitiva das normas constantes do art. 28 e seus parágrafos, descartando-se, em razão da sua excessiva quantidade, aquelas que não foram aproveitadas no texto aprovado.

Na etapa preliminar dos trabalhos, dedicada à apresentação de sugestões por parte da sociedade e dos próprios constituintes, foram oferecidas pelo menos seis propostas de origem parlamentar, dispondo especialmente sobre as eleições para Governador do Estado e respectivo Vice (Etapa 1), sem que nenhuma delas, entretanto, viesse a ser aproveitada no Anteprojeto do Relator na Subcomissão dos Estados (Etapa 2, Fase A) ou no Anteprojeto final da própria Subcomissão (Etapa 2, Fase C). Este último Anteprojeto foi apreciado pela Comissão da Organização do Estado e pela Comissão da Organização Eleitoral, Partidária e Garantia das Instituições (Etapa 3), sendo que, na primeira, a temática foi retirada do texto substitutivo apresentado pelo Relator na Comissão e, na segunda, recebeu novo tratamento, também no substitutivo do respectivo Relator, com a inclusão de uma primeira versão do originário art. 28 e respectivo parágrafo único (Etapa 3, Fase F), mantendo-se esta redação no Anteprojeto aprovado nesta última Comissão (Etapa 3, Fase H), no Anteprojeto de Constituição (Etapa 4, Fase I) e no Projeto de Constituição (Etapa 4, Fase L), estes últimos elaborados pela Comissão de Sistematização.

Na fase de emendas ao Projeto de Constituição, chegou-se a aprovar proposta admitindo que o Governador e o Vice-Governador de Estado ocupassem outro cargo ou função na administração pública sem que isso redundasse na perda do respectivo cargo (Etapa 4, Fase M), possibilidade que, entretanto, foi suprimida no Substitutivo 1 do Relator na Comissão de Sistematização (Etapa 4, Fase N). Na fase de emendas a esse Substitutivo, aprovou-se proposta que estabelecia a remissão às regras das eleições para Presidente e Vice-Presidente da República (Etapa 4, Fase O), técnica que permaneceria no texto a final promulgado[2].

Após submeter-se a diversas emendas e destaques, a matéria viria a receber a redação a final promulgada apenas no Projeto "C" de Constituição, aprovado em Plenário ao fim do segundo turno (Etapa 5, Fase V)[3].

2. Constituições brasileiras anteriores

Os temas da **eleição, mandato e posse de Governador e Vice-Governador de Estado**, objeto do *caput* do art. 28 da Constituição de 1988, não chegaram a ser diretamente disciplinados pela Constituição de 1891. Pelo contrário, ao atribuir ao Congresso Nacional a competência para "[r]egular as condições e o processo da eleição para os cargos *federais* em todo o país" (art. 34, 22 – destacamos), a primeira Carta Republicana parece mesmo ter deixado a cargo das Assembleias Legislativas semelhante

---

64. ADI 825, rel. Min. Alexandre de Moraes, Tribunal Pleno, j. em 25-10-2018, *DJe* de 27-06-2019.

1. A redação deste tópico beneficiou-se de competente pesquisa realizada e fornecida pelo Centro de Documentação e Informação da Câmara dos Deputados – CEDI.

2. Uma proposta de disciplina para a eleição de Governador e Vice-Governador do Estado, inclusive com remissão às regras aplicáveis a um eventual segundo turno da eleição de Presidente e Vice-Presidente da República, já constava do art. 92, parágrafo único, do Anteprojeto Constitucional elaborado pela Comissão Provisória de Assuntos Constitucionais, instituída pelo Decreto n. 91.450, de 18-7-1985, a chamada "Comissão Afonso Arinos", assim conhecida em razão do eminente jurista que a presidiu.

3. Após a promulgação da Carta de 1988, o art. 28 foi objeto de duas reformas constitucionais, promovidas pelas Emendas Constitucionais n. 16, de 1997 (eleição do Governador e do Vice-Governador de Estado), e n. 19, de 1998 (subsídios do Governador, do Vice-Governador e dos Secretários de Estado), esta última redundando na renumeração do parágrafo único para § 1º e na inclusão do § 2º.

competência no tocante aos cargos eletivos estaduais, entre eles os de Governador e Vice-Governador de Estado[4].

Embora o texto constitucional dispusesse à época que "[c]ada Estado [deveria reger-se] pela Constituição e pelas leis que [adotasse], *respeitados os princípios constitucionais da União*" (art. 63 — destacamos), apenas com a Emenda Constitucional de 3 de setembro de 1926 é que alguns dos princípios constitucionais federais obrigatórios, tais como a "forma republicana"[5], o "regime representativo", o "governo presidencial", a "temporariedade das funções eletivas" e a "não reeleição de Presidentes e Governadores", passaram a ser consignados com maior clareza, figurando como novas hipóteses de intervenção da União nos Estados, em caso de sua violação por parte destes (art. 6º, II, *a*, *b*, *c*, *e* e *k*).

A Constituição de 1934 estabeleceu como princípios de observância obrigatória, sob pena de intervenção federal no respectivo Estado transgressor, a "forma republicana representativa" e a "temporariedade das funções eletivas, limitada aos mesmos prazos dos cargos federais correspondentes, e proibida a reeleição de Governadores" (art. 7º, I, *a* e *c*), reduzindo, assim, a variedade de fórmulas de intervenção utilizadas pelo constituinte reformador de 1926. Também suprimiu do poder remanescente dos Estados a competência para legislar, mesmo em relação ao Governador e seu Vice, sobre "matéria eleitoral (...), inclusive alistamento, processo das eleições, apuração, recursos, proclamação dos eleitos e expedição de diplomas" (art. 5º, XIX, *f*, § 3º)[6].

A Constituição de 1937 elencou entre os princípios constitucionais de intervenção, de observância obrigatória aos Estados, a "forma republicana e representativa de governo" e o "governo presidencial" (art. 9º, *d*, 1º e 2º), deixando-se de prever desta feita, de maneira expressa, a temporariedade das funções eletivas (implícita, todavia, na forma republicana), a equivalência temporal entre os mandatos eletivos federais e estaduais e a proibição de reeleição dos Governadores[7]. O poder de legislar sobre matéria eleitoral permaneceu na esfera de competência da União (art. 16, XXIII), dificultando-se enormemente o exercício delegado ou suplementar dessa competência por parte dos Estados (art. 17).

A Constituição de 1946 estabeleceu como causa de intervenção federal nos Estados a violação aos princípios constitucionais da "forma republicana representativa", da "temporariedade das funções eletivas, limitada a duração destas à das funções federais correspondentes", e da "proibição da reeleição de Governadores [...], para o período imediato" (arts. 7º, VII, *a*, *c* e *d*, e 139, II, *a*). Essa Carta seguiu os passos da anterior ao reservar à União a competência legislativa sobre direito eleitoral (art. 5º, XV, *a*), mas excluiu qualquer possibilidade de legislação estadual na matéria (art. 6º)[8].

Com singela variação redacional, tanto a Constituição de 1967 quanto a Emenda Constitucional n. 1, de 1969, mantiveram como princípios constitucionais de intervenção a "forma republicana representativa" e a "temporariedade dos mandatos eletivos, limitada a duração destes à dos mandatos federais correspondentes" (em ambas, no respectivo art. 10, VII, *a* e *b*). Por outro lado, a "proibição de reeleição de Governadores (...) para o período imediato", presente no texto originário daquela Carta (art. 10, VII, *c*), foi suprimida das hipóteses de intervenção para figurar, na referida Emenda, entre as causas de inelegibilidade (art. 151, § 1º, *a*). A competência da União para legislar sobre direito eleitoral foi mantida tanto pela Constituição de 1967 (art. 8º, XVII, *b*, § 2º) como pela Emenda Constitucional n. 1, de 1969 (art. 8º, XVII, *b*, parágrafo único)[9]. Novidade presente em ambos os textos constitucionais foi a previsão expressa de que "[a] eleição do Governador e do Vice-Governador de Estado [far-se-ia] por sufrágio universal e voto direto e secreto" (em ambas, no respectivo art. 13, § 2º)[10].

No tocante às hipóteses de **perda do mandato de Governador**, tema do original parágrafo único do art. 28 da Carta em vigor, a matéria não chegou a ser objeto de disciplina de nenhuma das Constituições Federais anteriores, afirmação que também se aplica ao tema da **fixação dos subsídios de Governador e Vice-Governador do Estado**, objeto de disciplina do atual § 2º do mesmo artigo[11].

3. Constituições estrangeiras[12]

Analisando-se as Constituições de alguns países que adotam a forma federativa de Estado, verificou-se a presença de dois mo-

---

4. Em reforço a essa conclusão, mencione-se a disciplina constante do art. 65, 2º, daquela Carta: "É facultado aos Estados: (...) em geral todo e qualquer poder, ou direito que lhes não for negado por cláusula expressa ou implicitamente contida nas cláusulas expressas da Constituição".

5. Fórmula proveniente da expressão "forma republicana federativa", constante do texto original da Carta de 1891 (art. 6º, 2º).

6. Muito embora tenha possibilitado que a data das eleições fosse fixada na Constituição Estadual (art. 83, *d*).

7. Como decorrência da "forma republicana e representativa de governo" e do "governo presidencial" (art. 9º, *d*, 1º e 2º), pode-se deduzir, ao menos teoricamente, que o Governador de Estado poderia exercer um único mandato de seis anos, nos moldes do que vigorava para o Presidente da República (art. 79, na redação da Lei Constitucional n. 9, de 1945). Na realidade, porém, disseminou-se no período a figura dos Governadores Interventores nomeados pelo Presidente da República, prática que a própria Carta outorgada de 1937, de viés autoritário e centralista, autorizou (art. 176, parágrafo único, Disposições Transitórias e Finais).

8. No Ato das Disposições Constitucionais Transitórias da Carta de 1946, previu-se que "[n]o primeiro domingo após cento e vinte dias contados da promulgação deste Ato, [proceder-se-ia], em cada Estado, às eleições de Governador e de Deputados às Assembleias Legislativas, as quais [teriam] inicialmente função constituinte" (art. 11), bem como estipulou-se que "[o]s mandatos dos Governadores e dos Deputados às Assembleias Legislativas e dos Vereadores do Distrito Federal, eleitos na forma do art. 11 deste Ato, [terminariam] na data em que [findasse] o do Presidente da República" (art. 2º, § 3º).

9. Apenas com a Constituição de 1988 é que se voltou a admitir que lei complementar federal autorizasse os Estados a legislar sobre questões específicas de direito eleitoral (art. 22, I, parágrafo único).

10. A Emenda Constitucional n. 8, de 1977, além de fixar o mandato do Governador e do Vice-Governador de Estado em quatro anos e determinar que a eleição deste último seria uma consequência da vitória do primeiro com ele registrado, adotou um regime de eleições indiretas para esses cargos, mediante a sua escolha por um colégio eleitoral. Essa sistemática viria a ser modificada posteriormente pela Emenda Constitucional n. 15, de 1980, que restabeleceu o modelo anterior de eleições diretas.

11. A Emenda Constitucional n. 19, de 1998, renumerou o parágrafo único do art. 28 para § 1º, bem como acrescentou o § 2º ao mesmo dispositivo.

12. Para a elaboração deste tópico, foram consultadas as obras organizadas por Jorge Miranda, *Constituições de diversos países*, 3. ed., volumes I e II, Lisboa: Casa da Moeda, 1986, por Mª Isabel Álvarez Vélez e Mª Fuencisla Alcón Yustas, *Las constituciones de los quince estados de la Unión Europea*: textos y comentarios, Madrid: Dykinson, 1996, pela Subsecretaria de Edições Técnicas do Senado Federal, *Constituição do Brasil e Constituições estrangeiras*, volumes I e II, Brasília: Senado Federal, 1987, e, novamente, pela Subsecretaria de Edições Técnicas do Senado Federal, *Constituições estrangeiras*, volumes 1 a 6, Brasília: Senado Federal, 1987. Após as consultas, os dispositivos constitucionais referenciados foram confrontados com as versões disponíveis nos sítios governamentais dos respectivos países.

delos regulatórios básicos em relação ao Poder Executivo estadual. Num desses modelos, o discurso constitucional não promove da preordenação normativa de autoridades estaduais como o Governador e o Vice-Governador de Estado, fazendo, quando muito, algumas menções esparsas sobre questões secundárias à sua configuração. Num outro modelo, o discurso constitucional "apropria-se" dessas autoridades, preordenando algumas das relevantes questões inerentes ao exercício das respectivas funções.

Parte das Constituições estrangeiras consultadas não contempla disciplina específica acerca do Poder Executivo das unidades políticas regionais, limitando-se a estabelecer um conjunto de princípios constitucionais básicos a serem respeitados pelos respectivos entes federativos. Esse é o caso das Constituições dos Estados Unidos (art. IV, Seção 4), da Argentina (arts. 5º, 122, 123 e 128), da Suíça (art. 51), da Austrália (arts. 106 e s.) e da Lei Fundamental da República Federal Alemã (arts. 28 e 30)[13].

Aproximando-se do modelo brasileiro, e, portanto, dedicando um conjunto de normas especialmente voltadas ao Poder Executivo estadual, podem ser citadas a Constituição da Áustria (arts. 101 a 106), a Constituição da Índia (arts. 153 a 167 e 213), a Constituição Política dos Estados Unidos Mexicanos (art. 116, I e IV, a), a Constituição da República da Venezuela (arts. 160, 161 e 166) e a Constituição do Canadá (arts. 58 e s.).

4. Direito internacional

As questões disciplinadas pelo art. 28 e seus parágrafos não integram do temário clássico do direito internacional, nem são objeto de atos internacionais em que a República Federativa do Brasil é parte.

5. Remissões constitucionais

Depois de definir o tempo de mandato, o período das eleições e a data de posse do Governador e do Vice-Governador de Estado, o *caput* do art. 28, e isso desde a sua versão originária, determina, em sua parte final, que seja "observado, quanto ao mais, o disposto no art. 77" da Constituição.

Quanto à elegibilidade do titular do mandato unipessoal junto ao Poder Executivo estadual, a Carta de 1988 admite que "os Governadores de Estado (...) e quem os houver sucedido, ou substituído no curso dos mandatos poderão ser reeleitos para um único período subsequente" (art. 14, § 5º, na redação da EC n. 16, de 1997).

Embora a Constituição em vigor não tenha adotado a técnica, muito comum no regime constitucional anterior, das chamadas "normas constitucionais federais extensíveis"[14], o Supremo Tribunal Federal tem considerado que diversos dispositivos constitucionais federais literalmente voltados apenas à disciplina organizacional da União igualmente se consideram aplicáveis aos entes estaduais. O efeito prático dessa jurisprudência é o estabelecimento de uma série de remissões constitucionais implícitas, todas elas restritivas da autonomia estadual.

Nesse contexto, embora venha revisitando algumas dessas orientações, a Corte já chegou a considerar aplicável aos Governadores e Vice-Governadores de Estado a disciplina constitucional constante dos arts. 51, I (necessidade de licença prévia da Assembleia Legislativa para instauração de processo contra o Governador), 79 (substituição e sucessão em caso de impedimento e vaga, respectivamente), 80 (substituição em caso de duplo impedimento ou vaga em ambos os cargos), 81, § 1º (eleições indiretas no caso de dupla vacância no segundo biênio do período do mandato), 49, III, c/c 83 (ausência do Estado ou do País e necessidade de prévia licença, sob pena de perda do cargo), 84 (competências do chefe do Poder Executivo), entre outros[15].

No tocante à fixação dos subsídios do Governador e do Vice-Governador, o § 2º do art. 28 manda aplicar os arts. 37, XI (sujeição ao teto remuneratório), 39, § 4º (estipulação em parcela única), 150, II, 153, III, e 153, § 2º, I (vedação de privilégio odioso, princípio da igualdade tributária e dever de generalidade da imposição tributária), todos da Constituição Federal.

Ao disciplinar o regime de impedimentos e de perda do mandato do Governador de Estado, o art. 28, § 1º, remete para o art. 38, I, IV e V, também da Carta Federal (regras aplicáveis ao servidor público no exercício de mandato eletivo).

6. Jurisprudência constitucional

Muitos são os pronunciamentos do Supremo Tribunal Federal acerca do Poder Executivo do Estado-membro. A seguir, serão inventariados os principais temas já debatidos pela Corte, bem como sumulados os entendimentos que prevaleceram nos respectivos precedentes.

Impedimento do Governador e substituição pelo respectivo Vice: a ausência do Governador de Estado do território da respectiva unidade federativa constitui causa de impedimento e, portanto, razão para a sua substituição pelo Vice-Governador (ADI 3.647). **Ausência do Governador ou do Vice-Governador e perda de mandato**: a ausência do Governador ou de seu Vice do território estadual ou nacional por período superior a quinze dias sem a prévia autorização da Assembleia Legislativa constitui causa de perda do respectivo mandato (ADI 3.647), não se exigindo o aval legislativo se o afastamento se der por tempo menor (ADI 5373). **Dupla vacância no segundo biênio dos mandatos**: decorrendo a dupla vacância de causas eleitorais (indeferimento do registro, cassação do diploma ou perda do mandato), devem os Estados observar o procedimento previsto no art. 224 do Código Eleitoral, dada a competência da União

---

13. Embora esta última Carta tenha ido um pouco adiante, ao disciplinar a possibilidade de atuação subsidiária dos governos estaduais durante o estado de defesa (art. 115i).

14. Consistem as "normas constitucionais federais extensíveis" no conjunto de preceitos constitucionais federais relativos à organização da União cuja aplicação a Constituição Federal estende expressamente aos Estados-membros. A propósito, conferir Léo Ferreira Leoncy, *Controle de constitucionalidade estadual*: as normas de observância obrigatória e a defesa abstrata da Constituição do Estado-membro, São Paulo: Saraiva, 2007, p. 23-24.

15. O Supremo Tribunal Federal entendia que a competência do art. 105, I, a, da Constituição Federal (Art. 105. Compete ao Superior Tribunal de Justiça: I – processar e julgar, originariamente: a) nos crimes comuns, os Governadores dos Estados...) deveria ser condicionada pelo mesmo procedimento disposto no art. 51, I, da mesma Carta (Art. 51. Compete privativamente à Câmara dos Deputados: I – autorizar, por dois terços de seus membros, a instauração de processo contra o Presidente e o Vice-Presidente da República), em homenagem ao princípio da autonomia estadual (art. 25 da CF). Tal entendimento foi modificado, conforme será visto no tópico a seguir, relativo à jurisprudência constitucional.

para legislar sobre direito eleitoral (art. 22, I, CF) (ADI 5.525); por outro lado, advindo de causas não eleitorais, aqueles entes seguirão o que dispuser o direito local (ADI-ED 4.298), assegurando-se, de todo modo, a "[o]brigatoriedade de realização de novas eleições, de forma direta ou indireta, em observância aos princípios democrático e republicano" (ADI 7.139). **Processo por crime comum cometido por Governador e necessidade de prévia autorização da Assembleia Legislativa:** O Supremo vinha considerando válida norma de Constituição Estadual que exigisse prévia autorização da Assembleia Legislativa para que o Superior Tribunal de Justiça pudesse decidir sobre o recebimento ou não de denúncia ou queixa contra o Governador pela suposta prática de crime comum (RE 153.968, RE 159.230, HC 86.015). Depois, avançou no sentido de considerar que a falta dessa autorização não impediria a prisão preventiva do Governador na fase de inquérito, por conveniência da instrução criminal (HC 102.732). Em seguida, fixou o entendimento, hoje prevalecente, de que "[n]ão há necessidade de prévia autorização da Assembleia Legislativa para o recebimento de denúncia ou queixa e instauração de ação penal contra Governador de Estado, por crime comum, cabendo ao STJ, no ato de recebimento ou no curso do processo, dispor, fundamentadamente, sobre a aplicação de medidas cautelares penais, inclusive afastamento do cargo" (ADI 5540). **Crimes de responsabilidade do Governador e competência legislativa:** compete à União definir os crimes de responsabilidade do Governador, bem como estabelecer as respectivas normas de processo e julgamento (Súmula Vinculante 46 e Súmula 722 do STF). Porém, a mera repetição, em norma local, da legislação federal sobre o tema "denota uma coerente harmonização das normas sobre o funcionamento interno da Casa Legislativa na apuração dos crimes de responsabilidade do Governador e dos Secretários de Estado, o que não se confunde com a alegada invasão de competência legislativa da União" (ADI 5.895). **Fixação dos subsídios do Governador e do Vice-Governador e lei formal:** na medida em que os subsídios do Governador e do Vice-Governador são fixados por lei de iniciativa da Assembleia Legislativa, assegurada a participação do Chefe do Poder Executivo na fase de sanção ou veto do projeto eventualmente aprovado, revela-se inconstitucional que essa fixação seja efetivada mediante decreto legislativo, que dispensa a participação do Governador para a sua aprovação (ADI 2.585). **Subsídios de Governador e Vice-Governador e verba de representação:** na medida em que o Governador e seu Vice serão remunerados exclusivamente por subsídio fixado em parcela única, vedada qualquer outra espécie remuneratória, é inconstitucional a norma estadual que confere àquelas autoridades a percepção de verba de representação fixada em percentual calculado sobre o valor do subsídio (ADI-MC 3.771 e RE 650.898). **Compatibilidade dos subsídios com décimo terceiro salário e terço de férias:** o regime de subsídios não é incompatível com o pagamento de décimo terceiro salário e do terço constitucional de férias, pagos anualmente a todos os trabalhadores e servidores (RE 650.898). **Vinculação da remuneração do Governador e do Vice-Governador aos reajustes concedidos ao funcionalismo:** por se tratar de remuneração paga a membros de Poder, cuja fixação ou alteração depende de lei específica, os subsídios do Governador e seu Vice não podem estar sujeitos a reajustes automáticos nos mesmos índices e nas mesmas datas dos reajustamentos concedidos ao funcionalismo público em geral (ADI 3.491). **Pagamento de subsídio mensal vitalício a ex-Governador:** o Supremo Tribunal Federal considerou inconstitucional a instituição de tal benefício, por entender que afronta "o equilíbrio federativo e os princípios da igualdade, da impessoalidade, da moralidade pública e da responsabilidade dos gastos públicos" (ADI 3.853). **Prestação de serviços de segurança e motorista a ex-Governador em caráter vitalício:** segundo a Suprema Corte, tal prestação é possível; porém, "a vitaliciedade do benefício ultrapassa os limites mínimos da razoabilidade, transformando os serviços prestados em privilégio injustificado, afastada a comparação com o tratamento conferido pela Lei Federal 7.474/1986 a ex-Presidentes da República" (ADI 5.346). **Estabelecimento de proibições e impedimento ao Vice-Governador:** a Corte entendeu que não viola a Constituição Federal norma de Constituição Estadual que manda aplicar ao Vice-Governador as mesmas proibições e impedimentos impostos aos Deputados Estaduais (ADI 253).

7. Referências bibliográficas

ALMEIDA, Fernanda Dias Menezes de. Substituição do Governador em seus impedimentos. *Revista da Procuradoria Geral do Estado de São Paulo*, São Paulo, v. 33, 1990.

BONAVIDES; Paulo; ANDRADE, Paes de. *História constitucional do Brasil*. 4. ed. Brasília: OAB, 2002.

BROSSARD, Paulo. O impeachment e os Estados. In: _____. *O impeachment*. 2. ed. São Paulo: Saraiva, 1992, Cap. XI, p. 88-112.

CAMPANHOLE, Adriano; CAMPANHOLE, Hilton Lobo. *Constituições do Brasil*. 13. ed. São Paulo: Atlas, 1999.

FERRAZ, Anna Cândida da Cunha. *Poder constituinte do Estado-membro*. São Paulo: Revista dos Tribunais, 1979.

LEONCY, Léo Ferreira. *Controle de constitucionalidade estadual*: as normas de observância obrigatória e a defesa abstrata da Constituição do Estado-membro. São Paulo: Saraiva, 2007.

_____. *STF cria hipótese de intervenção não prevista na CF:* sobre a decisão do Supremo que envolve processar Governadores. Jota, 2017. Disponível em: <https://www.jota.info/opiniao-e-analise/artigos/stf-cria-hipotese-de-intervencao-nao-prevista-na-cf-04052017>. Acesso em: 01 de junho de 2023.

MARTINS JUNIOR, Wallace Paiva. *Remuneração dos agentes públicos*. São Paulo: Saraiva, 2009.

MIRAGEM, Bruno; ZIMMER JÚNIOR, Aloísio. *Comentários à Constituição do Estado do Rio Grande do Sul*. Rio de Janeiro: Forense, 2010.

SOUZA JUNIOR, Cezar Saldanha. *Constituições do Brasil*. Porto Alegre: Sagra Luzzatto, 2002.

TRIGUEIRO, Oswaldo. *Direito constitucional estadual*. Rio de Janeiro: Forense, 1980.

8. Comentários

8.1. Poder Executivo estadual e separação de poderes na Federação

Ao estruturar o Estado federal brasileiro, a Constituição de 1988 não apenas promoveu a *distribuição territorial* de competências entre as diversas entidades políticas da Federação, mas também garantiu no âmbito de cada uma destas unidades a *separação funcional* das atribuições estatais constitucionalmente repassadas, na medida em que contemplou, em relação a cada um daqueles entes, os órgãos de Poder que atuarão as respectivas competências autônomas. Nesse contexto, a Carta da República não se limita a transferir para os Estados um conjunto de competências legislativas, administrativas e jurisdicionais, mas também estabelece a distribuição interna dessas atividades entre autoridades e organismos estaduais diversos e especializados, que deverão atuar de maneira independente e harmônica entre si.

Indícios da preocupação constituinte com a separação funcional de poderes também no plano estadual são visíveis, por exemplo, quando a Carta da República admite a intervenção da União nos Estados para "garantir o livre exercício de qualquer dos Poderes nas unidades da Federação" (art. 34, IV) ou quando afirma, no que interessa ao presente comentário, que haverá um Governador do Estado, como chefe do Poder Executivo estadual (art. 28), funcionando ao lado de um Poder Legislativo (art. 27) e de um Poder Judiciário estaduais (art. 125).

A previsão de um Poder Executivo estadual não deixa de ser, assim, uma projeção no plano local da separação de poderes consagrada no âmbito da Federação (arts. 2º e 60, § 4º, III, CF).

8.2. Eleição, mandato e posse do Governador e do Vice--Governador

O Governador de Estado é eleito, junto com seu Vice, por sufrágio universal e voto direito e secreto, em eleição realizada no primeiro domingo de outubro, em primeiro turno, e no último domingo de outubro, em segundo turno, se houver, do ano anterior ao do término do mandato de seus antecessores, para mandato de quatro anos, permitida a reeleição para um único período subsequente (art. 28, *caput*)[16].

Quanto aos critérios de apuração da candidatura vencedora, a Constituição estabeleceu regramento uniforme para os cargos eletivos unipessoais, estendendo a fórmula de escrutínio das eleições para Presidente e Vice-Presidente da República (art. 77) também às eleições para Governador e Vice-Governador de Estado e do Distrito Federal (arts. 28, *caput*, e 32, § 2º) e para Prefeito e Vice-Prefeito de Município com mais de duzentos mil eleitores (art. 29, II)[17]. Essa homogeneidade de tratamento não deve ser encarada como um mero impedimento à livre escolha de critérios diferenciados na apuração dos eleitos para governar as diversas unidades da Federação, mas como uma opção do constituinte em relação ao modo como deve ser apurada a vontade do cidadão--eleitor e alcançada a indicação dos eleitos. Nesse sentido, o estabelecimento de um critério geral deve-se mais a uma preocupação com o princípio democrático do que propriamente a um descaso com a autonomia dos entes federativos.

Procedendo-se às devidas adaptações dos critérios de apuração estabelecidos, cumpre assinalar que a eleição do Governador do Estado importará a do Vice-Governador com ele registrado (art. 77, § 1º), sendo considerado eleito Governador o candidato que, registrado por partido político (art. 14, § 3º, V), obtiver a maioria absoluta de votos, não computados os em branco e os nulos (art. 77, § 2º)[18]. Não obstante, se nenhum candidato alcançar maioria absoluta na primeira votação, far-se-á nova eleição em até vinte dias após a proclamação do resultado, concorrendo os dois candidatos mais votados e considerando-se eleito aquele que obtiver a maioria dos votos válidos (art. 77, § 3º). Ocorrendo morte, desistência ou impedimento legal de candidato antes de realizado o segundo turno, convocar-se-á, dentre os remanescentes, o de maior votação (art. 77, § 4º). Se, nas hipóteses anteriores em que houver segundo turno, remanescer, em segundo lugar, mais de um candidato com a mesma votação, qualificar-se-á o mais idoso (art. 77, § 5º)[19].

A Constituição Federal passou a estipular que a posse do Governador e do Vice com ele eleito ocorrerá em 6 de janeiro do ano subsequente ao da eleição (art. 28, *caput*, segunda parte)[20]. Nessa matéria, cabe à Constituição Estadual determinar a realização do ato de posse em sessão da Assembleia Legislativa, órgão perante o qual os eleitos prestarão compromisso[21]. O ato compromissório poderá consistir em declaração solene, feita de viva voz perante os representantes da população estadual, no sentido de manter, defender e cumprir as Constituições Federal e Estadual, observar as leis, promover o bem geral do povo do respectivo Estado-membro, sustentar a integridade e a autonomia da respectiva unidade federada (art. 78, por analogia)[22].

---

16. Quanto à possibilidade de reeleição, *vide* comentário ao art. 14, § 5º, nesta obra.

17. Nesse aspecto, os arts. 28, *caput*, 29, II, e 32, § 2º, da Carta Federal valem-se da técnica das "normas constitucionais federais extensíveis". A propósito, cf. Léo Ferreira Leoncy, *Controle de constitucionalidade estadual...*, cit., p. 23-24.

18. Além da filiação partidária, os candidatos a Governador e Vice-Governador devem cumprir os demais requisitos de elegibilidade (art. 14, § 3º, da CF), não se exigindo dos postulantes a nacionalidade brasileira nata (art. 12, § 3º, da CF).

19. Para outros desdobramentos, *vide* comentário ao art. 77 e seus parágrafos, nesta obra.

20. Antes, a posse dos Governadores de Estado e do Distrito Federal ocorria em primeiro de janeiro; porém, a data foi modificada pela Emenda Constitucional n. 111, de 2021 ("Art. 5º As alterações efetuadas nos arts. 28 e 82 da Constituição Federal constantes do art. 1º desta Emenda Constitucional, relativas às datas de posse de Governadores, de Vice-Governadores, do Presidente e do Vice-Presidente da República, serão aplicadas somente a partir das eleições de 2026"). Pinto Ferreira lecionava que a posse em primeiro de janeiro servia "para evitar que o antigo governador, que está terminando o seu mandato, possa comprometer a [...] gestão financeira [do novo mandatário]" (*Comentários à Constituição Brasileira*, São Paulo: Saraiva, 1990, v. 2, p. 188). Atualmente, outras normas tratam de assegurar essa finalidade, como é o caso dos incisos II, III, e IV do art. 21 e do art. 42 da Lei de Responsabilidade Fiscal (Lei Complementar n. 101, de 2000), bem como do art. 73 da Lei Eleitoral (Lei n. 9.504, de 1997).

21. Sob o regime constitucional anterior, o Supremo Tribunal Federal chegou a declarar inconstitucional norma da Constituição do antigo Estado da Guanabara que determinava que o Governador e seu Vice tomassem posse perante o Tribunal Regional Eleitoral naquele Estado, caso a respectiva Assembleia Legislativa não estivesse reunida. Na oportunidade, prevaleceu o entendimento de que norma constitucional estadual não poderia fixar competências de um órgão da Justiça Federal, como era o caso dos Tribunais Regionais Eleitorais (Rp 864, Tribunal Pleno, rel. para o acórdão Min. Thompson Flores, j. em 11-4-1973, *Ementário n. 915-01*, p. 46).

22. Para citar um exemplo, veja-se a fórmula de compromisso estabelecida pela Constituição do Estado de Minas Gerais: "O Governador e o Vice-Governador do Estado tomarão posse em reunião da Assembleia Legislativa, prestando o seguinte compromisso: 'Prometo manter, defender e cumprir a Constituição da República e a do Estado, observar as leis, promover o bem geral do povo mineiro e sustentar a integridade e a autonomia de Minas Gerais'" (art. 86 da CE-MG).

O compromisso prestado pelo Governador e seu Vice não constitui mero ato de formalidade. No contexto democrático, serve de reafirmação da responsabilidade política dos governantes perante seus representados, e reforça o compromisso dos mandatários no cumprimento de suas cartilhas programáticas, criando, inclusive, as premissas subjetivas para a futura avaliação dos eleitores perante as urnas ou para, no caso-limite, a cassação dos mandatos pela prática de crimes de responsabilidade perante o órgão julgador competente.

8.3. Substituição do Governador em caso de impedimento e sucessão pelo Vice em caso de vaga. Dupla vacância e nova eleição para Governador e Vice

Em caso de *impedimento do Governador*, sempre de caráter temporário, o Supremo Tribunal Federal entende que o modelo constitucional federal de substituição do Presidente da República deve ser observado obrigatoriamente pelos Estados-membros[23]. Com base nisso, a ordem de substituição da chefia do Poder Executivo estadual é constituída pelo Vice-Governador (art. 79, primeira parte, da CF), pelo Presidente da Assembleia Legislativa e pelo Presidente do Tribunal de Justiça do Estado, estes últimos apenas em caso de impedimento do próprio Vice (art. 80 da CF).

Caso o Presidente da Assembleia Legislativa também esteja impedido, a substituição na chefia do Poder Executivo não traspassará ao seu respectivo substituto (no caso, o Vice-Presidente da Casa Legislativa estadual), mas seguirá automaticamente ao próximo ocupante na linha de substituição do cargo de Governador, ou seja, o Presidente do Tribunal de Justiça[24]. Isso porque a titularidade da função de substituição do Governador de Estado é pessoal, e não é repassável aos substitutos daquelas autoridades no âmbito dos respectivos Poderes[25].

No tocante às situações que podem ser consideradas como de impedimento, o Supremo Tribunal Federal acompanha a doutrina constitucional majoritária, que interpreta de maneira ampla as hipóteses de sua ocorrência. Nesse sentido, decidiu a Corte que, na linha dessa interpretação mais dilargada, "considera-se impedimento do Governador qualquer fato que o impeça, temporariamente, de exercer suas funções, não podendo a Constituição Estadual limitá-lo às hipóteses de gozo de férias e de doença, para, só nesses casos, admitir sua substituição pelo Vice-Governador"[26]. Em outra oportunidade, o Tribunal chegou mesmo a identificar, ante uma específica concepção limitativa das hipóteses de impedimento, a existência de uma "restrição ao pleno desempenho das atividades peculiares ao ofício de Vice-Governador", em tudo "incompatível com a destinação constitucional do cargo de substituto eventual do Chefe do Executivo"[27].

Entre as possíveis hipóteses de impedimento, a Constituição Federal previu pelo menos uma delas de maneira expressa e inequívoca. Trata-se do impedimento do Presidente da República ou de seu Vice em razão de eventuais afastamentos do respectivo território nacional (art. 83), regramento que o Supremo Tribunal igualmente considera como de observância obrigatória na esfera dos Estados-membros. Num dos principais precedentes acerca do assunto, a Corte definiu que "a ausência do Presidente da República do país ou a ausência do Governador do Estado do território estadual ou do país é uma causa temporária que impossibilita o cumprimento, pelo Chefe do Poder Executivo, dos deveres e responsabilidades inerentes ao cargo", de modo que, "para que não haja acefalia no âmbito do Poder Executivo, o presidente da República ou o Governador do Estado deve ser devidamente substituído pelo vice-presidente ou vice-governador, respectivamente"[28]. Nesse sentido, o Tribunal entende que, nas suas ausências do Estado ou do País, o Governador deve passar o cargo ao Vice-Governador (e este, nas mesmas hipóteses, ao demais substitutos eventuais) e, em se tratando de um período superior a quinze dias, tais afastamentos deverão ser previamente autorizados pela Assembleia Legislativa, mediante expressa licença, sob pena de perda do cargo (por adaptação dos arts. 49, III, e 83 da CF). Trata-se, conforme se vê, de uma componente do sistema de freios e contrapesos inerente ao princípio da separação de poderes, revestido, na presente hipótese, sob a forma de controle parlamentar exercido sobre atos e condutas dos governantes[29].

Outra hipótese inequívoca de impedimento constitucionalmente prevista consiste na suspensão do Governador de Estado de suas funções em consequência do recebimento de denúncia ou queixa-crime pelo Superior Tribunal de Justiça nas infrações penais comuns ou após a Assembleia Legislativa decretar a procedência da acusação nos crimes de responsabilidade[30].

---

23. 25. ADI 3.647, Tribunal Pleno, rel. Min. Joaquim Barbosa, j. em 17-9-2007, *Ementário n. 2.319-02*, p. 406. Quando esse entendimento ainda não estava firmado, a Corte chegou a decidir que, "se se trata de tema constitucional, e ainda não se promulgou a Constituição do Estado, a fonte natural da sua regência provisória não é da lei ordinária local e, menos ainda, de um decreto executivo, que se arrogue o poder de fazer-lhe as vezes, mas, sim, o padrão federal similar, o do Vice-Presidente; no que diz com o impedimento por ausência temporária do titular, ainda que por breves períodos, uma prática constitucional invariável, que vem do Império, tem atravessado os sucessivos regimes da República, a impor a transferência do exercício do Governo ao Vice-Presidente, e, na falta ou impedimento deste, ao substituto desimpedido; nos Estados, portanto, esse vetusto costume constitucional parece ser a fonte provisória de solução do problema" (ADI-MC 644, Tribunal Pleno, rel. Min. Sepúlveda Pertence, j. em 4-12-1991, *Ementário n. 1.650-01*, p. 31).

24. Tal conclusão é baseada em entendimento firmado pelo Supremo Tribunal Federal no MS 24.041, Tribunal Pleno, rel. Min. Nelson Jobim, j. em 29-8-2001, *Ementário 2.106-2*, p. 376, em relação a problema correlato ocorrido no âmbito do Congresso Nacional.

25. O mesmo raciocínio, portanto, pode ser aplicado em caso de impedimento do Presidente do Tribunal de Justiça. A propósito, em tal circunstância, nem mesmo a Constituição Federal estipulou uma regra de balizamento para a hipótese de impedimento de todos os substitutos conjuntamente. Na excepcional hipótese de este fato ocorrer, uma regra específica haverá de ser construída.

26. ADI 887, Tribunal Pleno, rel. Min. Sydney Sanches, j. em 6-2-2003, *Ementário n. 2.104-01*, p. 77.

27. ADI-MC 819, Tribunal Pleno, rel. Min. Celso de Mello, j. em 11-3-2003, *Ementário n. 1.698-04*, p. 668.

28. ADI 3.647, Tribunal Pleno, rel. Min. Joaquim Barbosa, j. em 17-9-2007, *Ementário n. 2.319-02*, p. 406.

29. Aspecto que, aliás, já havia sido notado pelo próprio Supremo Tribunal Federal no julgamento da ADI 678, Tribunal Pleno, rel. Min. Marco Aurélio, j. em 26-2-1992, *Ementário n. 1.701-1*, p. 156.

30. A competência do Superior Tribunal de Justiça para julgamento do Governador de Estado nos crimes comuns está prevista no art. 105, I, *a*, da Carta Federal. Já a competência da Assembleia Legislativa para decretar a procedência da acusação por crime de responsabilidade, com a consequente suspensão do Governador do exercício de suas funções, está prevista no art. 77 da Lei federal n. 1.079, de 10-4-1950 ("Define os crimes de responsabilidade e regula o respectivo processo de julgamento"), considerado pelo Supremo Tribunal Federal como devidamente recebido pela ordem constitucional em vigor (ADI-MC 1.890, Tribunal Pleno, rel. Min. Carlos Velloso, j. em 10-12-1998, *Ementário n. 2.124-3*, p. 476).

Já em relação aos casos de *vacância do cargo de Governador*, sempre em caráter permanente, o Vice-Governador é quem o sucede, assumindo definitivamente a titularidade do posto até o final do período de mandato para o qual foram eleitos (art. 79, segunda parte, da CF). Tal sucessão é computada para os efeitos do art. 14, § 5º, da CF, que permite apenas uma reeleição, ou seja, um único exercício subsequente do mesmo cargo unipessoal eletivo. Desse modo, se o Vice-Governador, por qualquer motivo, vier a suceder o Governador em caso de vaga, esta sucessão contará como primeiro mandato na condição de titular do cargo principal, independentemente do tempo pelo qual perdurou, podendo, assim, na sequência, candidatar-se para ocupar o cargo de Governador mais uma única vez, mas agora com vistas ao período de quatro anos por completo[31].

Entre as situações que podem ensejar a vacância do cargo de Governador, o § 1º do art. 28 da Carta Federal refere-se apenas à perda do mandato em razão de o respectivo titular assumir outro cargo ou função na administração pública direta ou indireta, ressalva feita à possibilidade de tomar posse em virtude de concurso público[32]. Não obstante, a vacância poderá ocorrer ainda em virtude de outras situações, tais como (a) a cassação do mandato pela Assembleia Legislativa em razão de crime de responsabilidade, (b) a extinção do mandato por morte, renúncia, suspensão ou perda dos direitos políticos ou da nacionalidade brasileira, (c) o não comparecimento, salvo motivo de força maior, para tomar posse dentro do período constitucionalmente fixado, (d) além do próprio afastamento do território estadual ou nacional por mais de quinze dias sem a devida autorização prévia da Assembleia Legislativa.

Na hipótese de dupla vacância, são igualmente chamados à substituição, nesta ordem, o Presidente da Assembleia Legislativa e o Presidente do Tribunal de Justiça do Estado (art. 80 da CF), fazendo-se eleição direta noventa dias após aberta a última vaga (art. 81, *caput*, da CF), salvo se a dupla vacância ocorrer no segundo biênio do mandato. Nesta última hipótese, o Supremo Tribunal Federal vinha decidindo que a eleição para ambos os cargos seria feita de forma indireta, pela Assembleia Legislativa, trinta dias depois da última vaga (art. 81, § 1º, da CF), para que os eleitos, em qualquer dos casos, completassem o período dos antecessores (art. 81, § 2º, da CF)[33]. Não obstante, após progressiva mudança de entendimento (ADI-MC 4.298), a Corte definiu que, se a dupla vacância no segundo biênio do mandato advier de causas eleitorais (indeferimento do registro, cassação do diploma ou perda do mandato), então os Estados devem observar o procedimento previsto no art. 224 do Código Eleitoral, por se tratar aqui de situação afeta à competência da União para legislar sobre direito eleitoral (art. 22, I, CF)[34]. E, apenas quando a dupla vacância nos dois anos finais do período governamental decorrer de causas não eleitorais, é que os entes estaduais seguirão o que definido no âmbito local[35], assegurando-se, de todo modo, a "[o]brigatoriedade de realização de novas eleições, de forma direta ou indireta, em observância aos princípios democrático e republicano"[36].

8.4. Atribuições do Governador e do Vice-Governador

A Constituição Estadual é a fonte normativa por excelência para a definição das atribuições do Governador do Estado[37]. Sob a orientação do princípio da separação de poderes, o texto constitucional estadual deve estabelecer o rol das atribuições autônomas do chefe do Poder Executivo (tal como a nomeação e exoneração de secretários de estado), como também definir o conjunto daquelas atividades desempenhadas em colaboração ou complementação com os demais Poderes estaduais (como é o caso da sanção e do veto a projetos de lei). Um bom roteiro para identificação dessas atribuições pode ser encontrado no art. 84 da Carta Federal, que, em muitos aspectos, já serviu de base para que o próprio Supremo Tribunal Federal demarcasse algumas das competências de Governadores dos Estados[38].

Nesse sentido, e para dar uma sucinta amostra de situações já apreciadas, a Corte concluiu pela "legitimidade da delegação a secretários estaduais da competência do Governador do Estado (...) para (...) aplicar penalidade de demissão aos servidores do Executivo" (art. 84, XXV, parágrafo único, da CF)[39], bem como pela possibilidade de "a questão referente à organização e funcionamento da Administração Estadual, quando não importar aumento de despesa, ser regulamentada por meio de Decreto do

---

31. Eis o entendimento do Supremo Tribunal Federal acerca desse assunto: "Vice-governador eleito duas vezes para o cargo de vice-governador. No segundo mandato de vice, sucedeu o titular. Certo que, no seu primeiro mandato de vice, teria substituído o governador. Possibilidade de reeleger-se ao cargo de governador, porque o exercício da titularidade do cargo dá-se mediante eleição ou por sucessão. Somente quando sucedeu o titular é que passou a exercer o seu primeiro mandato como titular do cargo" (RE 366.488, 2ª Turma, rel. Min. Carlos Velloso, j. em 4-10-2005, *Ementário n. 2.211-03*, p. 440).
32. Neste último caso, deverá ser observado o art. 38, I, IV e V, da CF.
33. Nesse sentido, a ADI 2.709, Tribunal Pleno, rel. Min. Gilmar Mendes, j. em 1º-8-2006, *Ementário n. 2.319-02*, p. 260.
34. ADI 5.525, Tribunal Pleno, rel. Min. Roberto Barroso, j. em 8-03-2018, *DJE* de 29-11-2019. Eis, na parte que importa, o citado artigo do Código Eleitoral: "Art. 224. Se a nulidade atingir a mais de metade dos votos do país nas eleições presidenciais, do Estado nas eleições federais e estaduais ou do município nas eleições municipais, julgar-se-ão prejudicadas as demais votações e o Tribunal marcará dia para nova eleição dentro do prazo de 20 (vinte) a 40 (quarenta) dias. [...] § 3º A decisão da Justiça Eleitoral que importe o indeferimento do registro, a cassação do diploma ou a perda do mandato de candidato eleito em pleito majoritário acarreta [...] a realização de novas eleições, independentemente do número de votos anulados. § 4º A eleição a que se refere o § 3º correrá a expensas da Justiça Eleitoral e será: I – indireta, se a vacância do cargo ocorrer a menos de seis meses do final do mandato; II – direta, nos demais casos".
35. ADI-ED 4.298, Tribunal Pleno, rel. Min. Gilmar Mendes, j. em 4-10-2021, *DJE* de 8-10-2021.
36. ADI 7.139, Tribunal Pleno, rel. Min. André Mendonça, j. em 3-11-2022, *DJE* de 22-11-2022.
37. Em matéria de separação de poderes e repartição de competências, vigora a cláusula de *reserva de Constituição*, no sentido de que determinados assuntos, para que estejam suficientemente protegidos, devem ser regulados pela própria Constituição, com exclusão do legislador ordinário, e isso inclusive no âmbito do próprio direito constitucional estadual. Acerca do princípio da reserva de Constituição, cf. José Joaquim Gomes Canotilho, *Direito constitucional e teoria da Constituição*, 3. ed., Coimbra: Almedina, 1999, p. 243.
38. O dispositivo em questão estabelece as competências privativas do Presidente da República. Por óbvio, excluem-se do rol de competências assimiláveis aos Governadores de Estado aquelas atribuições desempenhadas pelo Presidente a título de exercer a função de chefe de estado. Já aquelas atribuições presidenciais titularizadas na condição de chefe de governo tendem a ser assimiláveis aos Governadores, no que couber.
39. RE 633.009-AgRg, 2ª Turma, rel. Min. Ricardo Lewandowski, j. em 13-9-2011, *Ementário n. 2.595-02*, p. 246.

Chefe do Poder Executivo" (art. 84, VI, *a*, da CF)[40]. Por outro lado, o Tribunal também deliberou pela impossibilidade de delegação do poder regulamentar, pois "compete apenas ao Chefe do Poder Executivo estadual a expedição de decretos e regulamentos que garantam a fiel execução das leis" (art. 84, IV, da CF)[41].

Em relação ao Vice-Governador, nada impede que suas atribuições também sejam definidas na Constituição Estadual. Entre as suas missões básicas, pode estar a de auxiliar o Governador, sempre que por este convocado para missões especiais. Não obstante, e tendo em vista o dinamismo das funções que o Vice-Governador pode desempenhar na estrutura administrativa estadual, é possível que suas atribuições sejam objeto mais adequado de disciplina por uma lei complementar estadual, a teor do que ocorre, aliás, com o Vice-Presidente da República em âmbito federal (art. 79, parágrafo único, da CF). Tratando-se de definir as incumbências do principal substituto do Governador, a lei complementar em causa, voltada neste caso a estabelecer desdobramentos de assunto materialmente (mas não formalmente) constitucional, parece ser o instrumento jurídico mais apropriado para tanto. Há que se ter em conta também que o papel do Vice-Governador não se restringe à mera oportunidade de substituição do Governador, mas deve ser visto de modo a englobar competências atuais e efetivas, de atuação coadjuvante no exercício da administração pública e na execução do programa de governo da candidatura eleita.

8.5. Remuneração do Governador, Vice-Governador e Secretário de Estado

A Emenda Constitucional n. 19, de 1998, mudou significativamente o regime da retribuição financeira paga a determinados agentes públicos, entre os quais Governadores, Vice-Governadores e Secretários de Estado, que passaram a partir de então a fazer jus tão somente a "subsídio". Se a principal característica do modelo anterior era a "remuneração" englobar o conjunto das parcelas percebidas a qualquer título pelo seu titular, o novo regime remuneratório de subsídio estabelece que este seja "fixado em parcela única, vedado o acréscimo de qualquer gratificação, adicional, abono, prêmio, verba de representação ou outra espécie remuneratória" (art. 39, § 4º, da CF).

Além dessas diretrizes, o regime jurídico do subsídio devido a essas autoridades há de respeitar ainda as seguintes normas básicas: (a) a fixação do subsídio há de se fazer por lei específica de iniciativa reservada à Assembleia Legislativa (art. 28, § 2º, da CF), submetendo-se o respectivo projeto aprovado a sanção ou veto do Governador (ADI 2.585); (b) uma vez fixado, o subsídio fica sujeito a revisão geral anual (art. 37, X, da CF), desde que promovida por lei específica (ADI 3.491); (c) já o seu montante não poderá exceder o subsídio mensal, em espécie, de Ministro do Supremo Tribunal Federal (art. 37, XI, da CF); (d) por fim, sobre o seu pagamento não poderá incidir qualquer privilégio odioso (art. 150, II, c/c art. 153, III, § 2º, I, da CF).

Na sistemática adotada, não existe qualquer impedimento para que, uma vez aprovado o reajuste, passe ele a valer no curso da própria legislatura em que concluído o respectivo processo legislativo. Na opinião de alguns, também não estaria vedada a redutibilidade dos subsídios de agentes políticos temporários[42].

Apesar dos estritos termos do texto constitucional, o Supremo Tribunal Federal entendeu que "[o] regime de subsídio é incompatível com outras parcelas remuneratórias de natureza mensal, *o que não é o caso do décimo terceiro salário e do terço constitucional de férias, pagos a todos os trabalhadores e servidores com periodicidade anual*" (destacamos) (RE 650.898).

De certo modo atrelado à questão da remuneração do Governador de Estado, está o problema do pagamento de subsídio mensal vitalício a ex-Governador (ou de pensão a seu cônjuge supérstite ou a seus dependentes). A esse respeito, o Supremo Tribunal Federal considerou inconstitucional a instituição de tais benefícios, por entender que isso afronta "o equilíbrio federativo e os princípios da igualdade, da impessoalidade, da moralidade pública e da responsabilidade dos gastos públicos"[43].

CAPÍTULO IV
DOS MUNICÍPIOS

Art. 29. O Município reger-se-á por lei orgânica, votada em dois turnos, com o interstício mínimo de dez dias, e aprovada por dois terços dos membros da Câmara Municipal, que a promulgará, atendidos os princípios estabelecidos nesta Constituição, na Constituição do respectivo Estado e os seguintes preceitos:

I – eleição do Prefeito, do Vice-Prefeito e dos Vereadores, para mandato de quatro anos, mediante pleito direto e simultâneo realizado em todo o País;

II – eleição do Prefeito e do Vice-Prefeito realizada no primeiro domingo de outubro do ano anterior ao término do mandato dos que devam suceder, aplicadas as regras do art. 77, no caso de Municípios com mais de duzentos mil eleitores;

III – posse do Prefeito e do Vice-Prefeito no dia 1º de janeiro do ano subsequente ao da eleição;

IV – para a composição das Câmaras Municipais, será observado o limite máximo de:

a) 9 (nove) Vereadores, nos Municípios de até 15.000 (quinze mil) habitantes;

---

40. ADI 2.857, Tribunal Pleno, rel. Min. Joaquim Barbosa, j. em 30-8-2007, *Ementário n. 2.301-01*, p. 113.

41. ADI 910, Tribunal Pleno, rel. Min. Maurício Corrêa, j. em 20-8-2003, *Ementário n. 2.133-01*, p. 177.

42. A esse propósito, cf. Wallace Paiva Martins Junior, *Remuneração dos agentes públicos*, São Paulo: Saraiva, 2009, p. 218 e s.

43. ADI 3.853, Tribunal Pleno, rel. Min. Cármen Lúcia, j. em 12-9-2007, *Ementário n. 2295-04*, p. 632. Curiosamente, o Supremo Tribunal Federal considerou legítima "a iniciativa dos legisladores federais – legítimos representantes que são da vontade popular – em premiar materialmente a incalculável visibilidade internacional positiva proporcionada por um grupo específico e restrito de atletas, bem como em evitar, mediante a instituição de pensão especial, que a extrema penúria material enfrentada por alguns deles ou por suas famílias ponha em xeque o profundo sentimento nacional em relação às seleções brasileiras que disputaram as Copas do Mundo de 1958, 1962 e 1970, as quais representam, ainda hoje, uma das expressões mais relevantes, conspícuas e populares da identidade nacional" (ADI 4.976, Tribunal Pleno, rel. Min. Ricardo Lewandowski, j. em 07-05-2014, *DJe-213*, de 30-10-2014).

b) 11 (onze) Vereadores, nos Municípios de mais de 15.000 (quinze mil) habitantes e de até 30.000 (trinta mil) habitantes;

c) 13 (treze) Vereadores, nos Municípios com mais de 30.000 (trinta mil) habitantes e de até 50.000 (cinquenta mil) habitantes;

d) 15 (quinze) Vereadores, nos Municípios de mais de 50.000 (cinquenta mil) habitantes e de até 80.000 (oitenta mil) habitantes;

e) 17 (dezessete) Vereadores, nos Municípios de mais de 80.000 (oitenta mil) habitantes e de até 120.000 (cento e vinte mil) habitantes;

f) 19 (dezenove) Vereadores, nos Municípios de mais de 120.000 (cento e vinte mil) habitantes e de até 160.000 (cento sessenta mil) habitantes;

g) 21 (vinte e um) Vereadores, nos Municípios de mais de 160.000 (cento e sessenta mil) habitantes e de até 300.000 (trezentos mil) habitantes;

h) 23 (vinte e três) Vereadores, nos Municípios de mais de 300.000 (trezentos mil) habitantes e de até 450.000 (quatrocentos e cinquenta mil) habitantes;

i) 25 (vinte e cinco) Vereadores, nos Municípios de mais de 450.000 (quatrocentos e cinquenta mil) habitantes e de até 600.000 (seiscentos mil) habitantes;

j) 27 (vinte e sete) Vereadores, nos Municípios de mais de 600.000 (seiscentos mil) habitantes e de até 750.000 (setecentos cinquenta mil) habitantes;

k) 29 (vinte e nove) Vereadores, nos Municípios de mais de 750.000 (setecentos e cinquenta mil) habitantes e de até 900.000 (novecentos mil) habitantes;

l) 31 (trinta e um) Vereadores, nos Municípios de mais de 900.000 (novecentos mil) habitantes e de até 1.050.000 (um milhão e cinquenta mil) habitantes;

m) 33 (trinta e três) Vereadores, nos Municípios de mais de 1.050.000 (um milhão e cinquenta mil) habitantes e de até 1.200.000 (um milhão e duzentos mil) habitantes;

n) 35 (trinta e cinco) Vereadores, nos Municípios de mais de 1.200.000 (um milhão e duzentos mil) habitantes e de até 1.350.000 (um milhão e trezentos e cinquenta mil) habitantes;

o) 37 (trinta e sete) Vereadores, nos Municípios de 1.350.000 (um milhão e trezentos e cinquenta mil) habitantes e de até 1.500.000 (um milhão e quinhentos mil) habitantes;

p) 39 (trinta e nove) Vereadores, nos Municípios de mais de 1.500.000 (um milhão e quinhentos mil) habitantes e de até 1.800.000 (um milhão e oitocentos mil) habitantes;

q) 41 (quarenta e um) Vereadores, nos Municípios de mais de 1.800.000 (um milhão e oitocentos mil) habitantes e de até 2.400.000 (dois milhões e quatrocentos mil) habitantes;

r) 43 (quarenta e três) Vereadores, nos Municípios de mais de 2.400.000 (dois milhões e quatrocentos mil) habitantes e de até 3.000.000 (três milhões) de habitantes;

s) 45 (quarenta e cinco) Vereadores, nos Municípios de mais de 3.000.000 (três milhões) de habitantes e de até 4.000.000 (quatro milhões) de habitantes;

t) 47 (quarenta e sete) Vereadores, nos Municípios de mais de 4.000.000 (quatro milhões) de habitantes e de até 5.000.000 (cinco milhões) de habitantes;

u) 49 (quarenta e nove) Vereadores, nos Municípios de mais de 5.000.000 (cinco milhões) de habitantes e de até 6.000.000 (seis milhões) de habitantes;

v) 51 (cinquenta e um) Vereadores, nos Municípios de mais de 6.000.000 (seis milhões) de habitantes e de até 7.000.000 (sete milhões) de habitantes;

w) 53 (cinquenta e três) Vereadores, nos Municípios de mais de 7.000.000 (sete milhões) de habitantes e de até 8.000.000 (oito milhões) de habitantes; e

x) 55 (cinquenta e cinco) Vereadores, nos Municípios de mais de 8.000.000 (oito milhões) de habitantes;

V – subsídios do Prefeito, do Vice-Prefeito e dos Secretários Municipais fixados por lei de iniciativa da Câmara Municipal, observado o que dispõem os arts. 37, XI, 39, § 4º, 150, II, 153, III, e 153, § 2º, I;

VI – o subsídio dos Vereadores será fixado pelas respectivas Câmaras Municipais em cada legislatura para a subsequente, observado o que dispõe esta Constituição, observados os critérios estabelecidos na respectiva Lei Orgânica e os seguintes limites máximos:

a) em Municípios de até dez mil habitantes, o subsídio máximo dos Vereadores corresponderá a vinte por cento do subsídio dos Deputados Estaduais;

b) em Municípios de dez mil e um a cinquenta mil habitantes, o subsídio máximo dos Vereadores corresponderá a trinta por cento do subsídio dos Deputados Estaduais;

c) em Municípios de cinquenta mil e um a cem mil habitantes, o subsídio máximo dos Vereadores corresponderá a quarenta por cento do subsídio dos Deputados Estaduais;

d) em Municípios de cem mil e um a trezentos mil habitantes, o subsídio máximo dos Vereadores corresponderá a cinquenta por cento do subsídio dos Deputados Estaduais;

e) em Municípios de trezentos mil e um a quinhentos mil habitantes, o subsídio máximo dos Vereadores corresponderá a sessenta por cento do subsídio dos Deputados Estaduais;

f) em Municípios de mais de quinhentos mil habitantes, o subsídio máximo dos Vereadores corresponderá a setenta e cinco por cento do subsídio dos Deputados Estaduais;

VII – o total da despesa com a remuneração dos Vereadores não poderá ultrapassar o montante de cinco por cento da receita do Município;

VIII – inviolabilidade dos Vereadores por suas opiniões, palavras e votos no exercício do mandato e na circunscrição do Município;

IX – proibições e incompatibilidades, no exercício da vereança, similares, no que couber, ao disposto nesta Constituição para os membros do Congresso Nacional e na Constituição do respectivo Estado para os membros da Assembleia Legislativa;

X – julgamento do Prefeito perante o Tribunal de Justiça;

XI – organização das funções legislativas e fiscalizadoras da Câmara Municipal;

XII – cooperação das associações representativas no planejamento municipal;

XIII – iniciativa popular de projetos de lei de interesse específico do Município, da cidade ou de bairros, através de manifestação de, pelo menos, cinco por cento do eleitorado;

XIV – perda do mandato do Prefeito, nos termos do art. 28, parágrafo único.

Vanêsca Buzelato Prestes

1. Histórico da norma

O modelo federativo e a descentralização foi uma das tônicas dos debates políticos e jurídicos do país no processo de redemocratização que culminou com a Constituição de 1988. Raul Horta Machado defendia e redefinição da posição constitucional dos Municípios, removendo de sua imagem as marcas deformadoras introduzidas pela centralização normativa anterior. Ele vislumbrava no exercício da autonomia local no campo institucional da auto-organização, o reflorescimento das instituições municipais, tão necessário à consolidação e ao desenvolvimento do governo municipal, cujas raízes históricas se confundem com as origens da Nação brasileira. José Alfredo de Oliveira Baracho advogava a elaboração de uma reforma constitucional que solucionasse o problema da repartição de competência constitucional, reforçando a descentralização e, desse modo, tornando possível desenvolver uma política municipalista, segundo ele, tão necessária à solidificação do processo de democratização[1]. A presença dos municípios no Brasil foi historicamente muito forte. Primeiro formaram-se as Vilas (o que corresponderia aos municípios), autonomamente fortes, para depois se organizarem o que hoje temos como Estados (São Vicente em 1532; Olinda em 1537; Santos em 1545; Salvador em 1549). As Câmaras municipais, por sua vez, eram conhecidas como Repúblicas, e os Vereadores repúblicos ou senadores das Câmaras Municipais do Brasil (CASTRO, 1991). A Constituição Imperial de 1824 previu as cidades e vilas, constituídas pelo poder político e administrativo (arts. 167 a 169). O Ministro do STF Victor Nunes Leal, na sua obra clássica *Coronelismo, enxada e voto*, enfatiza a íntima relação do coronelismo, da manutenção do poder, com o municipalismo, a partir das descrições dos pleitos eleitorais e do nosso sistema. Raimundo Faoro, por sua vez, em seu clássico *Os donos do poder*, descreve, desde o Brasil-Colônia até a Revolução de 1930, a íntima relação entre os patrimônios público e privados, os obstáculos para a formação de um Estado moderno no qual a separação entre direito, política e religião é elemento estruturante. O autor constrói uma narrativa que permite compreender a história do país e a função que exerceram os municípios na perpetuação das estruturas de poder.

O fato é que toda discussão que reforçou a presença dos municípios na federação brasileira e culminou com a autonomia na forma presente na Constituição de 1988 vem impregnada de forte caracterização histórica de presença histórica dos municípios na história brasileira. Nos debates que antecederam à Constituição a tese da federação com três níveis prevaleceu, sendo o município elevado a ente integrante da federação, com competências próprias.

Com esta configuração as Leis Orgânicas Municipais passam a ser as Constituições Municipais, votadas em dois turnos e com interstício de 10 dias, aprovada por dois terços dos membros da Câmara Municipal. A Lei Orgânica não está sujeita aos freios e contrapesos, ou seja, não tem a sanção ou veto do Poder Executivo, deve respeitar o princípio da simetria, isto é, estar de acordo com os princípios e disposições das Constituições Federal e Estadual e tem um conteúdo constitucional próprio. É uma lei em sentido formal e material, estando sujeita ao respectivo controle de constitucionalidade, e tem limites constitucionais explícitos. Por isso, a autonomia municipal se dá nos limites da Constituição. Assim, são inconstitucionais dispositivos de Leis Orgânicas que versem sobre matérias cujo conteúdo seja característico de lei ordinária, tais como aumento de despesa pública, criação de órgãos ou entidades municipais, extensão de vantagens a servidores públicos.

Além do *caput*, os incisos do art. 29 preveem o que segue: eleição direta do Prefeito e Vice-Prefeito em todos os Municípios, sendo uma expressão da autonomia política (incisos I, II e III); número de Vereadores (inciso V e suas alíneas); fixação do subsídio remuneratório mensal que vencerão Prefeito, Vice-Prefeito, Secretários Municipais e Vereadores (incisos V, VI e VII); proibições e prerrogativas para o exercício da vereança (incisos VIII e IX); e foro judicial do Chefe do Executivo municipal (inciso X); função fiscalizadora da Câmara Municipal e cooperação para planejamento municipal (incisos XI e XII); iniciativa popular (inciso XIII) e julgamento do Prefeito (inciso XIV).

Cabe destacar o número mínimo e máximo de vereadores. Conforme Mont'Alverne Barreto Lima (2013), a distância entre os números mínimo e máximo de habitantes provocou intenso debate a desembocar no Tribunal Superior Eleitoral – TSE – no ano de 2004. O TSE, exercendo sua competência normativa, expediu a Resolução n. 21.702, de 2 de abril de 2004, reduzindo grande parte do número de Vereadores dos Municípios brasileiros, aplicando-se os critérios ali definidos às eleições municipais de 2004. Esta Resolução n. 21.702/2004 foi alvo das ações diretas de inconstitucionalidade n. 3345 e 3365 no Supremo Tribunal Federal, ambas relatadas pelo Min. Celso de Mello. O Supremo Tribunal Federal concluiu que o ato resolutivo do TSE não extrapolou eventuais princípios de reserva legal, havendo o próprio STF ratificado o entendimento sobre a interpretação da cláusula de proporcionalidade do art. 29 da Constituição Federal, já quando do julgamento do Recurso Extraordinário n. 19.917/SP, relatado pelo Min. Maurício Corrêa. A proporção definida pela decisão do STF prevaleceu até as eleições municipais de 2008.

As Emendas Constitucionais n. 19/98 e 25/00 unificaram os vencimentos dos governantes nos níveis da federação e, deste modo, disciplinaram a questão no âmbito municipal em relação a Prefeitos, Vice-Prefeitos e Vereadores. Há um teto remuneratório; lei de iniciativa da Câmara Municipal fixará o subsídio dos vereadores de uma legislatura para outra, visando evitar os autoaumentos.

O Vereador possui a inviolabilidade por suas opiniões, palavras e votos no exercício de seu mandato, diferentemente dos parlamentares federais de estaduais. Para Mont'Alverne Barreto Lima (2013), "constata-se aqui uma inexplicável distinção negativa em desfavor dos parlamentares municipais, que, em virtude de sua proximidade com pessoas e problemas locais, deveriam também dispor da prerrogativa da imunidade constitucional. A presença dos Vereadores em toda sorte de movimentos reivindicatórios municipais aproxima-os dos conflitos de tal maneira que a

---
1. Apud *Leis Orgânicas Municipais*, Senado Federal-Subsecretaria de edições técnicas, Brasília, 1987, v. 1

garantia de imunidade representaria um fator a mais a fortalecer o exercício de seu mandato". Segue o autor dizendo que, "do ponto de vista objetivo, não se conhece elementos de pesquisa a autorizarem que da extensão da imunidade parlamentar para Vereadores derivaria o desprestígio destas imunidades. Na verdade, o que se tem é bem mais um cultural preconceito contra as imunidades em geral, como se não representassem elas a garantia do exercício parlamentar desde os mais remotos tempos em que o Poder Legislativo ascendeu à condição de ator político significativamente representativo, por albergar a presença de representantes de pobres e de outros setores tradicionalmente dele excluídos. A ausência da garantia da imunidade parlamentar para Vereadores foi debatida nos trabalhos da Assembleia Nacional Constituinte de 1987/88, quando se optou pela forma hoje vigente. Sustentava a posição que vigora atualmente o desgaste que se teria com uma eventual e descontrolada proliferação de favoritismo, a proteger condutas desabonadoras praticadas por parlamentares municipais. Como se tem o argumento meramente contrafactual, não há como se provar que os parlamentares municipais agiriam de forma mais generosa em relação a seus pares do que aqueles federais ou estaduais. Objetivamente, prevaleceu a ideia de que Vereadores não gozam de imunidade processual parlamentar da mesma maneira que parlamentares federais e estaduais, conforme tem decidido reiteradas vezes o Supremo Tribunal Federal e de há muito tempo (RHC 31647, Rel. Min. Orozimbo Nonato, *DJ* de 20.06.1953)". Esse entendimento foi debatido recentemente pelo STF e as decisões em ADI e Repercussão Geral, firmaram as seguintes posições: "Os entes federados não dispõem de competência para ampliar as imunidades constitucionalmente previstas aos vereadores no inc. VIII do art. 29 da Constituição da República. É inconstitucional norma da Constituição do Rio de Janeiro que concede imunidades formais a autoridades municipais". (ADI 558, Rel. Min. Cármen Lúcia, j. 19-4-2021, Plenário, *DJE* de 22-9-2021).

Repercussão geral reconhecida com mérito julgado (...) nos limites da circunscrição do Município e havendo pertinência com o exercício do mandato, os vereadores são imunes judicialmente por suas palavras, opiniões e votos. (RE 600.063, red. do ac. Min. Roberto Barroso, j. 25-2-2015, P, *DJE* de 15-5-2015, Tema 469.)

Nas Constituições anteriores não havia previsão de participação popular no processo legislativo, portanto, inexistia possibilidade de iniciativa popular para elaboração de projetos de lei ou de cooperação no processo de planejamento municipal. A Constituição democrática, com a colocação do cidadão no centro das decisões administrativas, a previsão das formas de democracia participativa e não somente representativa, são as bases constitucionais para a participação popular na administração pública, por meio de diversas formas, dentre as quais no processo legislativo.

2. Constituições brasileiras anteriores

No sistema constitucional anterior, os Estados-membros da federação brasileira organizavam e editavam as leis orgânicas municipais para todos os municípios que integravam os respectivos Estados. Assim, as regras incidentes eram as mesmas para todos os Municípios da circunscrição territorial do Estado-membro. As competências e atribuições municipais eram definidas pelo Estado-membro, favorecendo a centralização política e administrativa.

As Leis Orgânicas então existentes equiparavam-se a regulamentos municipais e não podiam criar direitos ou obrigações novas, diferentes daquelas estabelecidas na lei do Estado-Membro.

Exceção a este sistema foi o regime da Carta própria. Por influência do Direito norte-americano, o Brasil adotou o sistema da Carta própria, por meio do qual o Estado-membro da federação abdicava de seu direito de elaborar a Lei Orgânica dos Municípios e transferia tal competência aos próprios Municípios, os quais, sem contrariar os preceitos estadual e federal, podiam editar suas Leis Orgânicas, por delegação constitucional expressa (CRETELLA JR., 1975). O Rio Grande do Sul, na Constituição promulgada em 8 de julho de 1947, previu como atribuição das Câmaras Municipais votar e reformar as leis orgânicas, nos termos da Constituição (art. 154, II), mantendo tal previsão nas Constituições estaduais sucessivas. Porém, foi o único Estado-membro a legislar neste sentido, autorizando os Municípios integrantes da sua circunscrição a elaborar suas respectivas leis orgânicas municipais.

Na maior parte das Constituições do Brasil que antecederam a de 1988, os Prefeitos de capitais e das instâncias hidrominerais eram nomeados pelo Governador dos respectivos Estados-membros (CF 1934, art. 13, § 1º; CF 1937, art. 27; CF 1967, art. 16, § 1º, "b"). A Constituição de 1946, além da Constituição de 1988, foi a única a prever eleição direta de Prefeitos e Vereadores (art. 28, I).

Já, com relação ao subsídio dos vereadores, até a Emenda Constitucional n. 4, de 1975, que deu nova redação ao § 2º do art. 15 da CF de 1969, era considerado um *munus publico* e não tinha remuneração. A CF 1988, nos termos da Emenda Constitucional n. 19/98 estabeleceu que as Câmaras Municipais, por lei de sua iniciativa, deveriam fixar o subsídio dos seus vereadores (art. 29, VI), na razão de, no máximo, 75% do estabelecido aos deputados estaduais, observados os limites constitucionais. Esta redação foi modificada pela EC n. 25/00, que estabeleceu a proporcionalidade entre a população do Município e o percentual máximo dos subsídios dos vereadores, em relação ao dos deputados estaduais, observado os limites estabelecidos na CF.

3. Constituições estrangeiras

Argentina: Art. 5º da Constituição dispõe sobre a autonomia das Províncias para organizar os seus municípios. Há ampla autonomia das Províncias e restrita autonomia municipal, só exercida pelos Municípios quando a Província expressamente delega (Sistema de Carta Própria)

França: A França é um Estado unitário, portanto, sem descentralização política. As atribuições administrativas são descentralizadas em três níveis territoriais: Estado, Departamentos e Comunas. São repartições do governo central, essencialmente encarregados da planificação econômica, com poucas atribuições próprias. Esta planificação é relacionada ao estudo, financiamento e execução de equipamentos de interesse regional ou das coletividades locais.

Inglaterra: O Burgo é a base político-administrativa do regime municipal inglês. O sistema foi uniformizado em 1882 pelo Municipal *Corporation act*, aperfeiçoando-se em 1933 pelo *Local Government Act*, os quais ainda regem a atividade administrativa dos Condados e Burgos que gozam do *self-government*. A administração municipal britânica é exercida pelo Burges Council (Conselho Local), sendo que seus membros são eleitos diretamente pelo povo do burgo. O Parlamento delimita a extensão das franquias de cada Burgo e concede a prerrogativa do *self-government*. A partir da concessão desta prerrogativa regem-se pelo sistema da Carta Própria (por delegação).

4. Dispositivos constitucionais correlatos

a) Referências à autonomia política dos municípios: arts. 18 (autonomia, organização político-administrativa); art. 30 e incisos (competência exclusiva, serviços públicos); Disposições Transitórias, art. 12, §§ 3º e 4º (demarcação, linhas divisórias litigiosas); art. 31, § 2º (prestação de contas do Prefeito); art. 14 (inelegibilidades e idade mínima do Prefeito).

b) Autonomia administrativa: art. 30 (organização dos próprios serviços); art. 144, § 8º (criação de guardas municipais); art. 213 (ensino, aplicação de recursos).

c) Autonomia financeira: arts. 145 e 156 (competência tributária para arrecadação de tributos próprios); art. 169 (limite despesa com pessoal e contribuições previdenciárias); art. 160 (partilha constitucional das receitas tributárias).

d) Art. 182: Participação popular no processo de planejamento municipal.

5. Jurisprudência

STF

1. Repercussão Geral n. 223 – Competência do Poder Legislativo municipal para estabelecer vantagens, benefícios e adicionais em favor de servidores municipais.

Relator: Min. Marco Aurélio

Leading Case: RE 590829

Julgada em 07/04/2015, reconheceu, por unanimidade, a inconstitucionalidade de dispositivos da Lei Orgânica do Município, que estabeleceu vantagens, benefícios e adicionais aos servidores, por se tratar de matéria de lei ordinária. cuja origem do projeto de lei deve ser do Chefe do Executivo

2. ARE 810812 AgR-ED / RJ – Rio de Janeiro

Emb. Decl. no AgRg no Recurso Extraordinário com Agravo

Relator(a): Min. Rosa Weber

Julgamento: 08/09/2015 Órgão Julgador: Primeira Turma
REPRESENTAÇÃO DE INCONSTITUCIONALIDADE. LEI ORGÂNICA QUE DISPÕE SOBRE CRIME DE RESPONSABILIDADE DO CHEFE DO EXECUTIVO LOCAL E RESPECTIVO PROCEDIMENTO. SÚMULA 722/STF. FUNDAMENTO QUE NÃO GUARDA CORRESPONDÊNCIA NA CONSTITUIÇÃO DA REPÚBLICA. SÚMULA 280/STF. PRECEDENTES. OMISSÃO INOCORRENTE. CARÁTER INFRINGENTE.

3. RE655647 AgR / AM – Amazonas

ArRg no Recurso Extraordinário

Relator(a): Min. Dias Toffoli

EMENTA: Agravo regimental no recurso extraordinário. Representação por inconstitucionalidade. Artigo 75 da Lei Orgânica do Município de Manaus-AM, que dispõe sobre os substitutos eventuais do prefeito e vice-prefeito no caso de dupla vacância. Matéria que não se submete ao princípio da simetria. Autonomia municipal. Entendimento não superado no julgamento do RE n. 317.574. Precedentes. 1. A jurisprudência da Corte fixou-se no sentido de que a disciplina acerca da sucessão e da substituição da chefia do Poder Executivo municipal põe-se no âmbito da autonomia política do município, por tratar tão somente de assunto de interesse local, não havendo dever de observância do modelo federal (ADI n. 3.549/GO, Relatora a Ministra Cármen Lúcia, Tribunal Pleno, *DJe* de 31/10/07; ADI n. 678, Relator o Ministro Carlos Velloso, Tribunal Pleno, *DJ* 19/12/02). 2. O precedente firmado no julgamento do RE n. 317.574 não teve o condão de superar o entendimento jurisprudencial que lastreou a decisão agravada. Dentre os preceitos reputados de reprodução obrigatória no mencionado precedente, não consta o art. 80 da Constituição Federal, que estabelece as autoridades que entrarão no exercício da Presidência da República na hipótese de impedimento ou vacância dos cargos de presidente e vice-presidente da República. Tal questão não foi sequer debatida no citado julgado. Tampouco é cabível se atribuir interpretação extensiva ao citado precedente. 3. Agravo regimental não provido. Decisão. A Turma negou provimento ao agravo regimental, nos termos do voto do relator. Unânime. Presidência do Senhor Ministro Marco Aurélio. Primeira Turma, 11.11.2014.

6. Literatura selecionada

CASTRO, José Nilo. *Direito Municipal Positivo*. Belo Horizonte: Editora Del Rey, 1992.

COSTA, Nelson Nery. *Direito Municipal Brasileiro*. Rio de Janeiro: Forense, 2015.

CRETELLA JR., J. *Direito Municipal*. São Paulo: Leud, 1975.

FAORO, Raymundo. *Os Donos do Poder:* formação do patronato político brasileiro. 3. ed. rev. São Paulo: Globo, 2001.

HERNÁNDEZ, Antonio Maria. *Derecho Municipal.* Buenos Aires: Ediciones Depalma, 1997.

KRELL, Andreas Joachim. *O Município no Brasil e na Alemanha:* direito e administração pública comparados. São Paulo: Oficina Municipal, 2003.

LEAL, Victor Nunes. *Coronelismo, Enxada e Voto*. São Paulo: Ed. Alfa-Omega, 1975.

LEIS ORGÂNICAS DOS MUNICÍPIOS: com índice temático comparativo/coordenação: Carlos Alberto de Sousa Lopes. 2. ed. atual. e ampl. Brasília: Senado Federal, Subsecretaria de Edições Técnicas, 1987.

MEIRELLES, Hely Lopes. *Direito Municipal Brasileiro*. 15. ed., atualizada por Marcio Schneider Reis e Edgar Neves da Silva. São Paulo: Malheiros Editores, 2006.

MONT'ALVERNE BARRETO LIMA, Martonio. Comentário ao artigo 30. In: CANOTILHO, J. J. Gomes; MENDES, Gilmar F.; SARLET, Ingo W.; (Coords.). *Comentários à Constituição do Brasil*. São Paulo: Saraiva/Almedina, 2013.

SANTANA, Jair Eduardo. *Competências Legislativas Municipais*. 2. ed. rev., atual. e ampl. Belo Horizonte: Livraria Del Rey, 1998.

SILVA, Sandra, Krieger Gonçalves. *O Município na Constituição Federal de 1988:* autonomia, competência legislativa e interesse local. São Paulo: Juarez de Oliveira, 2003.

Art. 29-A. O total da despesa do Poder Legislativo Municipal, incluídos os subsídios dos Vereadores e excluídos os gastos com inativos, não poderá ultrapassar os seguintes percentuais, relativos ao somatório da receita tributária e das transferências previstas no § 5º do art. 153 e nos arts. 158 e 159, efetivamente realizado no exercício anterior:

I – 7% (sete por cento) para Municípios com população de até 100.000 (cem mil) habitantes;

II – 6% (seis por cento) para Municípios com população entre 100.000 (cem mil) e 300.000 (trezentos mil) habitantes;

III – 5% (cinco por cento) para Municípios com população entre 300.001 (trezentos mil e um) e 500.000 (quinhentos mil) habitantes;

IV – 4,5% (quatro inteiros e cinco décimos por cento) para Municípios com população entre 500.001 (quinhentos mil e um) e 3.000.000 (três milhões) de habitantes;

V – 4% (quatro por cento) para Municípios com população entre 3.000.001 (três milhões e um) e 8.000.000 (oito milhões) de habitantes;

VI – 3,5% (três inteiros e cinco décimos por cento) para Municípios com população acima de 8.000.001 (oito milhões e um) habitantes.

§ 1º A Câmara Municipal não gastará mais de 70% (setenta por cento) de sua receita com folha de pagamento, incluído o gasto com o subsídio de seus Vereadores.

§ 2º Constitui crime de responsabilidade do Prefeito Municipal:

I – efetuar repasse que supere os limites definidos neste artigo;

II – não enviar o repasse até o dia 20 (vinte) de cada mês; ou

III – enviá-lo a menor em relação à proporção fixada na Lei Orçamentária.

§ 3º Constitui crime de responsabilidade do Presidente da Câmara Municipal o desrespeito ao § 1º deste artigo.

José Maurício Conti
Diogo Luiz Cordeiro Rodrigues

1. História da norma

1.1. O art. 29-A não constava da redação original da Constituição, tendo sido incluído pela Emenda Constitucional n. 25, de 14 de fevereiro de 2000. Posteriormente, viria a sofrer alterações pela Emenda Constitucional n. 58, de 23 de setembro de 2009.

1.2. O advento do enunciado normativo em comento tem relação direta com a trajetória do art. 29 da Constituição, que também estabelece limites diretos e indiretos à despesa das Câmaras Municipais.

1.3. Originalmente, o art. 29 dispunha que as leis orgânicas municipais deveriam incorporar o preceito contido em seu inciso IV, que impunha a proporcionalidade entre o número de Vereadores e a população do Município, observados limites mínimos e máximos assim definidos: a) mínimo de nove e máximo de vinte e um nos Municípios de até um milhão de habitantes; b) mínimo de trinta e três e máximo de quarenta e um nos Municípios de mais de um milhão e menos de cinco milhões de habitantes; c) mínimo de quarenta e dois e máximo de cinquenta e cinco nos Municípios de mais de cinco milhões de habitantes.

1.4. Como se pode notar, o Constituinte originário conferiu a cada lei orgânica a prerrogativa de fixar efetivamente o número de Vereadores em seu Município, atendidos os limites constitucionais mínimos e máximos, mas sem impor uma fórmula de proporcionalidade preestabelecida. Desse modo, instaurou-se controvérsia sobre o sentido exato do critério de proporcionalidade previsto no art. 29, IV, especialmente no tocante à legitimidade da prática, até então recorrente entre os Municípios brasileiros, de fixação do número de Vereadores nos limites máximos correspondentes às faixas populacionais respectivas. Dizia-se que esse expediente, além de violar o critério da proporcionalidade, poderia dar ensejo a gastos desenfreados em âmbito municipal.

1.5. A Emenda Constitucional n. 1, de 31 de março de 1992, adicionou o inciso VI ao art. 29 para estipular um teto remuneratório aos Vereadores, correspondente a setenta e cinco por cento da remuneração estabelecida, em espécie, para os Deputados Estaduais. Ademais, incluiu-se o inciso VII no art. 29, limitando-se o total da despesa com a remuneração dos Vereadores ao máximo de cinco por cento da receita do Município. Em 1998, a Emenda Constitucional n. 19 alterou o art. 29, VI, da Constituição em aspectos secundários.

1.6. Quanto ao inciso IV do art. 29, o Tribunal Superior Eleitoral chegou a se posicionar pela corrente mais favorável à autonomia municipal em 1993, respeitadas as balizas mínimas e máximas previstas na Constituição (RMS 1.945, rel. Min. Sepúlveda Pertence, *DJ* 11/06/93, e RMS 1.949, rel. Min. Marco Aurélio, *DJ* 17/08/93, entre outros). Em 1994, o Supremo Tribunal Federal proferiu julgamento que poderia ser lido em favor da tese autonomista, ainda que não a tenha defendido explicitamente (ADI 1038 MC, rel. Min. Carlos Velloso, Tribunal Pleno, *DJ* 06/05/94). Ademais, diversos Tribunais de Justiça já haviam acolhido a corrente que reservava, aos Municípios, discricionariedade para fixarem o quantitativo de Vereadores, respeitados os mínimos e máximos constitucionais (para um levantamento de jurisprudência, ver GUERZONI FILHO, Gilberto. Da Constituinte à Emenda Constitucional n. 58, de 2009 – O Poder Judiciário, o Congresso Nacional e a composição das Câmaras de Vereadores. *Revista de Informação Legislativa*, Brasília, ano 47, n. 187, jul./set., 2010). Esses julgados, contudo, foram incapazes de conter a insegurança jurídica em torno do alcance do art. 29, IV, da Lei Maior.

1.7. Em fevereiro de 2000, quando ainda estava por ser julgado em definitivo o RE 197.917-8/SP, no bojo do qual a Suprema Corte viria a formular um critério aritmético de proporcionalidade de observância compulsória pelos Municípios, o Congresso Nacional editou a Emenda Constitucional n. 25, resultante da PEC n. 15-A (Substitutivo n. 627/98, na Câmara dos Deputados), com duas finalidades: **(i)** aperfeiçoar o inciso VI do art. 29, minudenciando os subsídios máximos dos Vereadores por faixas populacionais e com base em percentuais calculados sobre os subsídios dos Deputados Estaduais e **(ii)** introduzir o art. 29-A, de modo a impor limites às despesas total e de folha de pagamento das Câmaras de Vereadores, estabelecendo ainda hipóteses de crime de responsabilidade. Essas disposições somavam-se ao já citado teto remuneratório do art. 29, VII, incluído pela Emenda n. 1/1992.

1.8. Entretanto, como já mencionado, o Supremo Tribunal Federal não se comoveu com o teor da Emenda n. 25/2000. Embora alertado pelo Min. Sepúlveda Pertence em voto divergente, o Plenário da Suprema Corte decidiu enfatizar o alcance do critério de proporcionalidade previsto no art. 29, IV, da Constituição de 1988, ignorando os efeitos fiscais positivos advindos da nova norma constitucional.

1.9. Em reação ao precedente firmado pela Suprema Corte, o Congresso Nacional novamente alterou a Constituição, desta vez por meio da Emenda Constitucional n. 58/2009, que aboliu o critério da proporcionalidade, fixou limites mais específicos ao número de Vereadores por faixas populacionais e implementou ajustes pontuais nos limites impostos pelo art. 29-A. É com esses reparos que o artigo em comento se mantém até os dias de hoje.

1.10. Em 2013, o Supremo foi instado a se manifestar sobre a Emenda Constitucional n. 58/2009, mas se limitou a censurar seus efeitos retroativos, tendo em vista o art. 16 da Constituição (ADI 4.307, rel. Min. Cármen Lúcia, Tribunal Pleno, *DJ* 01/10/2013).

1.11. Impacto da Emenda Constitucional n. 109/2021. Em 16 de março 2021, foi publicada a Emenda Constitucional n. 109/2021, resultante da chamada "PEC Emergencial", de modo a prever medidas fiscais para o enfrentamento da pandemia da Covid-19, além de regras voltadas ao controle da despesa e da dívida públicas. A Emenda em questão altera o *caput* do art. 29-A para incluir, no total da despesa do Poder Legislativo Municipal, os gastos com pessoal inativo e pensionistas, até então excluídos do cálculo. Essa alteração "entra em vigor a partir do início da primeira legislatura municipal após a data de publicação desta Emenda Constitucional", nos termos do art. 7º da Emenda Constitucional n. 109/2021. Desse modo, é esperado que o novo cálculo passe a vigorar a partir do início de 2025. Por relevante, destacamos os dispositivos pertinentes da Emenda Constitucional n. 109/2021:

"Art. 1º A Constituição Federal passa a vigorar com as seguintes alterações:

Art. 29-A. O total da despesa do Poder Legislativo Municipal, incluídos os subsídios dos Vereadores e os demais gastos com pessoal inativo e pensionistas, não poderá ultrapassar os seguintes percentuais, relativos ao somatório da receita tributária e das transferências previstas no § 5º do art. 153 e nos arts. 158 e 159 desta Constituição, efetivamente realizado no exercício anterior:

....

Art. 7º Esta Emenda Constitucional entra em vigor na data de sua publicação, exceto quanto à alteração do art. 29-A da Constituição Federal, a qual entra em vigor a partir do início da primeira legislatura municipal após a data de publicação desta Emenda Constitucional".

2. Constituições brasileiras anteriores

2.1. Constituição Federal de 1967

Art 16. A autonomia municipal será assegurada:

(...)

§ 2º Somente serão remunerados os Vereadores das Capitais e dos Municípios de população superior a trezentos mil (300.000) habitantes, dentro dos limites e critérios fixados em lei complementar. (Redação dada pelo Ato Institucional n. 7, de 1969)

(...)

§ 5º O número de Vereadores será, no máximo, de vinte e um, guardando-se proporcionalidade com o eleitorado do Município.

2.2. Constituição Federal de 1967 (de acordo com a Emenda Constitucional n. 1/1969)

Art. 15. A autonomia municipal será assegurada:

(...)

§ 2º Somente farão jus a remuneração os vereadores das capitais e dos municípios de população superior a duzentos mil habitantes, dentro dos limites e critérios fixados em lei complementar.

(...)

§ 4º O número de vereadores será, no máximo, de vinte e um, guardando-se proporcionalidade com o eleitorado do município.

2.3. Constituição Federal de 1967 (de acordo com a Emenda Constitucional n. 4/1975)

Art. 15. A autonomia municipal será assegurada:

(...)

§ 2º A remuneração dos vereadores será fixada pelas respectivas Câmaras Municipais para a legislatura seguinte nos limites e segundo critérios estabelecidos em lei complementar.

2.4. Constituição Federal de 1967 (de acordo com a Emenda Constitucional n. 22/1982)

Art. 15. A autonomia municipal será assegurada:

(...)

§ 5º Nos município com mais de um milhão de habitantes, o número de vereadores será de trinta e três.

3. Constituições estrangeiras

O controle da despesa pública do Poder Legislativo não costuma ser objeto de disposições constitucionais detalhadas, especialmente no que diz respeito aos órgãos locais. A título de exemplo, o ordenamento jurídico-financeiro das chamadas "autarquias locais" portuguesas, expressão que inclui seus municípios e freguesias, encontra-se previsto no Regime Financeiro das Autarquias Locais e das Entidades Intermunicipais (RFALEM), aprovado pela Lei n. 73/2013, restando ao plano constitucional disposições breves, como a do art. 238º, 1, que atribui autonomia financeira e patrimonial às autarquias locais. Contudo, não há referências na Constituição sobre as finanças das assembleias municipais em si.

4. Direito internacional

A matéria tratada pelo art. 29-A da Constituição insere-se no contexto das regras fiscais, notadamente no que diz respeito ao controle da despesa pública. Nessa linha, mencione-se que o *soft law* internacional prescreve que as regras fiscais para controle de gastos devem abranger todos os níveis de governo, agregados orçamentários e órgãos do Estado, inclusive o Poder Legislativo (Fundo Monetário Internacional, *Código de Transparência Fiscal*, 2014. Disponível em: <https://www.imf.org/external/np/fad/trans/por/ft-codep.pdf>. Acesso em: 30 abr. 2023).

5. Dispositivos constitucionais correlatos relevantes

Art. 18 (assegura a autonomia constitucional dos Municípios); art. 29 (estabelece a organização dos Municípios e define limites diretos e indiretos à despesa do Poder Legislativo municipal); art. 145 (prevê, como espécies tributárias, os impostos, as taxas e as contribuições de melhoria); art. 149-A (prevê a Contribuição para Custeio do Serviço de Iluminação Pública – COSIT); art. 156 (prevê os impostos de competência municipal); Art. 158 (prevê transferências intergovernamentais em favor dos Municípios); art. 159 (estabelece critérios de partilha de recursos, inclusive mediante fundos de participação); art. 167-A (mecanismo de ajuste fiscal caso a relação entre despesas correntes e receitas correntes supere 95% no âmbito dos Estados, do Distrito Federal e dos Municípios); art. 168 (estabelece o regime de duodécimos para os repasses destinados aos órgãos dos Poderes Legislativo e Judiciário, do Ministério Público e da Defensoria Pública,); art. 169 (estipula limites para a despesa com pessoal).

6. Jurisprudência (STF)

6.1. ADI 4.307/DF. Ação Direta de Inconstitucionalidade ajuizada contra o art. 3º, I, da Emenda Constitucional n. 58/2009, segundo o qual as alterações implementadas no art. 29, IV, da Constituição produziriam efeitos "a partir do processo eleitoral de 2008". Ação julgada procedente.

6.2. RE 573675/SC. Recurso extraordinário interposto em face de acórdão que julgou improcedente ação direta de inconstitucionalidade estadual contra lei municipal instituidora de COSIP. Recurso desprovido.

6.3. MS 34.483 MC/RJ. Mandado de Segurança impetrado pelo Tribunal de Justiça do Estado do Rio de Janeiro contra ato omissivo do Governador do Estado consubstanciado no atraso do repasse dos recursos correspondentes às dotações orçamentárias do Poder Judiciário. Tutela de urgência parcialmente deferida para assegurar ao Poder Judiciário fluminense o direito de receber, até o dia 20 de cada mês, em duodécimos, os recursos correspondentes às dotações orçamentárias, sendo facultado ao Poder Executivo do referido Estado-membro proceder a desconto uniforme em sua própria receita e na dos demais Poderes e órgãos autônomos, ficando ressalvada a possibilidade de compensação futura caso não se demonstre o decesso na arrecadação.

6.4. MS 27.224 AgR/DF. Agravo regimental em face de decisão que negou seguimento a mandado de segurança impetrado por Município contra acórdão do TCU que definira a distribuição de recursos do Fundo de Participação dos Municípios com base em dados fornecidos pelo IBGE. Desprovimento do agravo.

6.5. RE 1.285.471 AgR. As verbas municipais repassadas ao Fundeb integram a base de cálculo do duodécimo devido ao Legislativo municipal, consoante dispõe o art. 29-A da Constituição. Agravo regimental desprovido.

7. Literatura selecionada

CONTI, José Mauricio. *Federalismo fiscal e fundos de participação*. São Paulo: Juarez de Oliveira, 2001; FERRARI FILHO, Sérgio Antônio. O Conceito de Receita na Emenda Constitucional n. 25. *Revista Direito*. Rio de Janeiro, v. 5, n. 10, jul./dez. 2001; GUERZONI FILHO, Gilberto. Da Constituinte à Emenda Constitucional n. 58, de 2009 – O Poder Judiciário, o Congresso Nacional e a composição das Câmaras de Vereadores. *Revista de Informação Legislativa*, Brasília, ano 47, n. 187, jul./set. 2010; MEIRELLES, Hely Lopes. *Direito Municipal Brasileiro*. 15. ed. São Paulo: Malheiros, 2007; ROCHA, Carlos Alexandre Amorim; BRANDT, Cristina Thedim; MENDES, Marcos José. O Impacto da Emenda à Constituição n. 25 sobre as Despesas das Câmaras Municipais. *Revista de Informação Legislativa*, ano 40, n. 157, jan./mar. 2003; RUBINSTEIN, Flávio. Arts. 9º a 11. In: CONTI, José Mauricio (org.). *Orçamentos Públicos – A Lei 4.320/1964 Comentada*. 3. ed. São Paulo: Revista dos Tribunais, 2014; TCE/SP. *O Tribunal e a Gestão Financeira das Câmaras de Vereadores*. São Paulo, fev. 2012; TOLEDO JUNIOR, Flávio Cruz de. Os Limites Financeiros das Câmaras Municipais e a Emenda Constitucional n. 58, de 2009. *Revista Brasileira de Direito Municipal*, Belo Horizonte, ano 11, n. 37, jul./set. 2010; CONTI, José Mauricio. A PEC Emergencial acende uma esperança pela sustentabilidade fiscal. Jota (online). Disponível em: https://www.jota.info/opiniao-e-analise/colunas/coluna-fiscal/a-pec-emergencial-acende-uma-esperanca-pela-sustentabilidade-fiscal-25032021. Acesso em: 25/03/2021.

8. Anotações

8.1. O art. 29-A da Constituição estipula dois limites (ou tetos) globais à despesa do Poder Legislativo Municipal: **(i)** um limite à despesa total e **(ii)** um limite para a "folha de pagamento", conceito que não deve ser assimilado ao de despesa com pessoal.

8.2. O limite à despesa total inclui expressamente os subsídios dos vereadores, mas exclui os gastos com inativos e pensionistas, os quais passam a ser incluídos após a entrada em vigor da já citada Emenda Constitucional n. 109/2021, prevista para o ano de 2025, quando tem início a primeira legislatura municipal após a publicação da Emenda, ocorrida em 16/03/2021. Com a entrada em vigor da referida Emenda, o *caput* do art. 29-A da Constituição passa a ter a seguinte redação: "Art. 29-A. O total da despesa do Poder Legislativo Municipal, incluídos os subsídios dos Vereadores e os demais gastos com pessoal inativo e pensionistas, não poderá ultrapassar os seguintes percentuais, relativos ao somatório da receita tributária e das transferências previstas no § 5º do art. 153 e nos arts. 158 e 159 desta Constituição, efetivamente realizado no exercício anterior: (...)"

8.3. Segundo Rocha, Brandt e Mendes, a exclusão dos inativos foi introduzida na Câmara dos Deputados por Substitutivo apresentado pelo Deputado Ronaldo Cezar Coelho ao Projeto original de autoria do Senador Esperidião Amin (Substitutivo 627/1998 à PEC 15-A/1998). A exclusão foi motivada pela natureza rígida dos gastos com inativos, sem possibilidade de redução ou contingenciamento (ROCHA; BRANDT; MENDES, 2003).

8.4. Entendemos, ademais, que o limite aplicável ao Poder Legislativo por força do art. 29-A, *caput*, da Constituição aplica-

-se igualmente às despesas de capital, uma vez que a única exceção expressa ao teto é a despesa com inativos (na mesma linha, TOLEDO JUNIOR, 2010). Vale registrar que as exceções não devem ser ampliadas pela via hermenêutica, especialmente se dessa opção interpretativa possa advir expansão fiscal que o Constituinte quis justamente evitar. Com a entrada em vigor da Emenda Constitucional n. 109/2021 no que diz respeito ao art. 29-A, nem mesmo as despesas com inativos e pensionistas serão excluídas da despesa total do Poder Legislativo.

8.5. Obtém-se o teto à despesa total aplicando-se determinados percentuais sobre a base de cálculo prevista no *caput* do art. 29-A, composta do "somatório da receita tributária e das transferências previstas no § 5º do art. 153 e nos arts. 158 e 159, efetivamente realizado no exercício anterior".

8.6. A receita tributária própria dos Municípios origina-se da cobrança dos impostos municipais previstos na Constituição e instituídos por lei (Imposto sobre Serviços de Qualquer Natureza – ISSQN; Imposto sobre a Propriedade Predial e Territorial Urbana – IPTU; Imposto sobre Transmissão Onerosa de Bens Imóveis *inter vivos* – ITBI; da Contribuição para o Custeio do Serviço de Iluminação Pública – COSIP, das contribuições de melhoria e, por fim, de eventuais taxas cobradas em virtude do exercício do poder de polícia ou pela utilização, efetiva ou potencial, de serviços públicos específicos e divisíveis, prestados ao contribuinte ou postos a sua disposição. Quanto à COSIP, ressaltemos que o STF há muito decidiu pela sua natureza tributária (RE 573675, rel. Min. Ricardo Lewandowski, Tribunal Pleno, *DJ* 22/05/2009).

8.7. Deve-se notar que o total da receita tributária, aqui, é empregado tão somente para a definição da base de cálculo do teto de gastos, não importando que alguns dos tributos sejam de arrecadação vinculada a propósitos específicos (caso da COSIP). Portanto, ainda que as receitas oriundas da COSIP integrem a base de cálculo a que alude o art. 29-A da Constituição, disso não decorre, obviamente, que esse ingressos serão empregados com despesas das Câmaras de Vereadores. A COSIP e outros tributos de arrecadação vinculada integram o conjunto de receitas tributárias apenas para efeito de aferição do total de gastos permitido ao Poder Legislativo Municipal. Em sentido contrário, o TCE/ES já decidiu que a COSIP – uma contribuição – não integra o conceito de receita tributária à luz do art. 11 da Lei n. 4.320/164, devendo ser excluída da base de cálculo a que se refere o art. 29-A, *caput*, da Constituição (cf. TCE/ES, Parecer/Consulta TC-018/2017 – Plenário, pub. 13/11/2017).

8.8. Vale ressaltar que o art. 11, § 4º, da Lei n. 4.320/1964 inclui as contribuições parafiscais em categoria diversa daquela referente às receitas tributárias. Como destacado por Flávio Rubinstein, "sob a égide das normas tributárias veiculadas pela Constituição Federal de 1988, as contribuições integram o gênero dos tributos, sendo, portanto receitas tributárias" (RUBINSTEIN, 2014, p. 72).

8.9. A julgar pela dicção do art. 29-A, *caput*, da Constituição, ficam excluídas da base de cálculo eventuais receitas próprias não tributárias do Município, como receitas patrimoniais, agropecuárias, industriais e de serviços (exemplos concretos: *royalties* de petróleo, aluguéis de imóveis e tarifas provenientes da exploração de transporte coletivo, feiras, cemitérios etc.). Também ficam excluídas as receitas de capital obtidas por meio de transferências de capital e operações de crédito.

8.10. Além das receitas tributárias, a base de cálculo do limite da despesa total engloba também as "transferências previstas no § 5º do art. 153 e nos arts. 158 e 159", isto é, receitas auferidas pelos Municípios por obra do federalismo fiscal cooperativo previsto na Constituição de 1988, que garante aos entes federados certa parcela da receita tributária arrecadada por outros entes da federação, seja por meio de participação direta, como beneficiários de transferências intergovernamentais compulsórias, seja pela via da participação indireta, mediante fundos de participação ou destinação (sobre o tema, ver CONTI, 2001).

8.11. Quanto à parcela da base de cálculo composta por transferências, o art. 153, § 5º, da Constituição assegura aos Municípios o repasse de 70% (setenta por cento) da arrecadação do IOF incidente sobre a aquisição de ouro, utilizado como ativo financeiro ou instrumento cambial.

8.12. O art. 158 da Constituição atribui aos Municípios as seguintes receitas transferidas de outros entes: 100% do produto da arrecadação do imposto da União sobre renda e proventos de qualquer natureza, incidente na fonte, sobre rendimentos pagos, a qualquer título, pelos Municípios, suas autarquias e pelas fundações que instituírem e mantiverem (art. 158, inciso I); 50% do produto da arrecadação do imposto da União sobre a propriedade territorial rural (ITR), relativamente aos imóveis neles situados, cabendo a totalidade na hipótese da opção a que se refere o art. 153, § 4º, III, isto é, quando se tratar de ITR fiscalizado e cobrado pelos Municípios que assim optarem, na forma da lei (art. 158, inciso II); 50% do produto da arrecadação do imposto do Estado sobre a propriedade de veículos automotores licenciados em seus territórios (art. 158, inciso III); 25% do produto da arrecadação do imposto do Estado sobre operações relativas à circulação de mercadorias e sobre prestações de serviços de transporte interestadual e intermunicipal e de comunicação (art. 158, inciso IV).

8.13. O art. 159, por seu turno, garante aos Municípios as seguintes receitas: 25,5% do produto da arrecadação dos impostos federais sobre renda e proventos de qualquer natureza e sobre produtos industrializados ao Fundo de Participação dos Municípios (art. 159, inciso I, alíneas *b*, *d*, *e*, *f*); 25% do montante que cabe a cada Estado sobre a arrecadação da CIDE-combustíveis por força do art. 159, III (v. art. 1º-B da Lei n. 10.336/2001); 25% da parcela de 10% da arrecadação do imposto sobre produtos industrializados a que os Estados exportadores têm direito, observados os critérios de rateio do art. 158, parágrafo único, incisos I e II (art. 159, II e § 3º).

8.14. O STF decidiu ainda que as verbas municipais repassadas ao Fundeb integram a base de cálculo do duodécimo devido ao Legislativo municipal, consoante dispõe o art. 29-A da Constituição (RE 985.499, rel. min. Luiz Fux, Primeira Turma, *DJE* 01-09-2020; RE 1.285.471 AgR, rel. min. Ricardo Lewandowski, j. 8-3-2021, Segunda Turma, *DJE* de 11-03-2021).

8.15. Por evidente, o cálculo da receita tributária e das receitas transferidas deve levar em conta o que foi efetivamente arrecadado no exercício anterior, consoante o art. 29-A, *caput*, da Constituição, independentemente da previsão orçamentária e dos percentuais previstos nas normas constitucionais. Vale recordar que mesmo as transferências obrigatórias previstas nos arts. 158 e 159 podem vir a ser objeto de retenção na forma do art. 160 da Constituição, o que pode reduzir a base de cálculo.

8.16. Determinada a base de cálculo do limite da despesa total, aplicam-se os percentuais previstos nos incisos I a VI do art. 29-A, que variam em proporção inversa ao quantitativo de habitantes, como demonstrado a seguir:

Percentual da receita tributária própria e transferida	Número de habitantes do Município
7% (sete por cento)	Até 100.000 (cem mil)
6% (seis por cento)	Entre 100.000 (cem mil) e 300.000 (trezentos mil)
5% (cinco por cento)	Entre 300.001 (trezentos mil e um) e 500.000 (quinhentos mil)
4,5% (quatro inteiros e cinco décimos por cento)	Entre 500.001 (quinhentos mil e um) e 3.000.000 (três milhões)
4% (quatro por cento)	Entre 3.000.001 (três milhões e um) e 8.000.000 (oito milhões)
3,5% (três inteiros e cinco décimos por cento)	Acima de 8.000.001 (oito milhões e um)

8.17. Os percentuais acima traduzem valores máximos, de modo que a Lei Orçamentária pode prever repasse em montante inferior ao estabelecido nos incisos do art. 29-A da Constituição. Quanto à estimativa populacional, os Municípios devem utilizar os dados atualizados pelo IBGE no último ano (TCE/SC, Acórdão n. 225, rel. Cons. Gerson dos Santos Sicca, 18/05/2020). Havendo diminuição ou aumento da população, recomenda-se que o novo percentual de repasse tenha efeito apenas no exercício seguinte, possibilitando à Câmara Municipal que se ajuste a sua nova realidade financeira (nessa linha, TCE/MG, Consulta n. 944.788, rel. Cons. José Alves Viana, 13/05/2015).

8.18. O segundo limite, este previsto no § 1º do art. 29-A, tem por objeto a folha de pagamento da Câmara Municipal, de modo que esse item da despesa, incluído o gasto com o subsídio dos Vereadores, não comprometa mais de 70% (setenta por cento) da receita do Poder Legislativo.

8.19. A primeira controvérsia hermenêutica diz respeito ao significado da expressão "folha de pagamento". Estaríamos diante de um sinônimo para "despesa com pessoal"? A resposta é negativa. É que o conceito de despesa com pessoal, notadamente à luz da Lei de Responsabilidade Fiscal (LRF), engloba outros gastos que não aqueles com a folha de pagamento propriamente dita, a exemplo dos encargos sociais e dos gastos relacionados a contratos de terceirizações substitutivas de mão de obra, conforme o disposto no art. 18, § 1º, da LRF. De outro lado, as verbas indenizatórias deverão ser incluídas no conceito de folha de pagamentos, caso por meio desta se paguem, independentemente de se ajustarem ou não ao conceito de despesa com pessoal (sobre o tema, TOLEDO JUNIOR, 2010, 2003, p. 42-45; TCE-SP; 2012).

8.20. Vale registrar, contudo, que o Tribunal de Contas do Estado do Paraná decidiu em 2022 que "a folha de pagamento não inclui outras despesas senão aquelas exclusivamente relacionadas ao pagamento da remuneração dos servidores e dos subsídios dos vereadores, excluindo-se as despesas com o pagamento de contribuições previdenciárias patronais". A Corte de Contas estadual averbou ainda que "as verbas de natureza indenizatória não devem ser computadas na folha de pagamento do Poder Legislativo Municipal para apuração do limite constitucional, mas apenas as verbas de cunho remuneratório, devendo-se excluir as despesas com inativos, pensionistas e os encargos patronais." (TCE/PR. Acórdão n. 692/2022 – Tribunal Pleno). Segundo o TCE/PR, após a entrada em vigor da Emenda Constitucional n. 109/2021, as despesas com inativos e pensionistas devem-se somar às demais despesas com folha de pagamento para o fim do art. 29-A, § 1º, da Constituição.

8.21. Ademais, o que se compreenderia na "receita" do Poder Legislativo para fins de aplicação do percentual de 70% indicado na norma? Considerando a dicção do § 2º do art. 29-A, que imputa crime de responsabilidade a Prefeito que deixe de enviar o repasse até o dia 20 (vinte) de cada mês, parece claro que se trata dos recursos oriundos dos duodécimos assegurados ao Poder Legislativo pelo art. 168 da Constituição ("Art. 168. Os recursos correspondentes às dotações orçamentárias, compreendidos os créditos suplementares e especiais, destinados aos órgãos dos Poderes Legislativo e Judiciário, do Ministério Público e da Defensoria Pública, ser-lhes-ão entregues até o dia 20 de cada mês, em duodécimos, na forma da lei complementar a que se refere o art. 165, § 9º").

8.22. Aqui, nada mais coerente que o percentual previsto no § 1º do art. 29-A leve em consideração apenas o repasse financeiro efetivamente realizado em favor da Câmara, e não o previsto na lei orçamentária, o qual, aliás, pode ter sido objeto de estimativa que não se concretiza. Além de atender ao espírito de controle fiscal que inspira a norma, essa interpretação homenageia o disposto no caput do art. 29-A, que se atém ao somatório da receita tributária e transferida "efetivamente realizado no exercício anterior" (no mesmo sentido, TCE/SP, 2012, p. 14-15; em sentido contrário, FERRARI FILHO, 2001). Obviamente, como será visto logo a seguir, o Prefeito que efetuar repasse a menor em face da proporção fixada na lei orçamentária poderá eventualmente suportar as severas consequências do crime de responsabilidade.

8.23. Os §§ 2º e 3º do art. 29-A tipificam crime de responsabilidade do Prefeito Municipal e do Presidente da Câmara Municipal, respectivamente. O Chefe do Executivo será punido nas seguintes hipóteses: se efetuar repasse que supere os limites definidos no artigo (inciso I); se não enviar o repasse até o dia 20 de cada mês (inciso II) e, como já dito, se enviar o repasse a menor em relação à proporção fixada na Lei Orçamentária (inciso III). O Presidente da Câmara, por sua vez, cometerá crime de responsabilidade se desrespeitar o limite de 70% sobre a receita do Poder Legislativo em gastos com folha de pagamento (mas não se violar o limite previsto no art. 29, VII, da Constituição, porquanto inadmissível o emprego da analogia para criação de penalidade não mencionada na lei).

8.24. Quanto à hipótese de repasse a menor, vale recordar que, segundo leitura do STF acerca do art. 168 da Constituição, o Chefe do Executivo deve repassar o montante integral dos recursos financeiros previstos inicialmente no orçamento (e.g. ADPF 339, rel. min. Luiz Fux, Tribunal Pleno, DJ 01/08/2016). Quando seja provável a frustração das receitas, a LRF prevê a limitação de empenho e de movimentação financeira, cabendo ao Poder Legislativo promovê-lo por ato próprio, em homenagem ao princípio da separação de poderes, conforme o precedente firmado na ADI 2.238, rel. min. Alexandre de Moraes, *DJE* 15/09/2020. Segundo o art. 9º, § 1º, da LRF, a recomposição das dotações limitadas far-se-á conforme o restabelecimento da receita prevista. Cumpre registrar que, em decisão envolvendo o Poder Judiciário do Estado do Rio de Janeiro, o Supremo Tribunal Federal autorizou o Poder Executivo a fazer a limitação de empenho, de modo a contingenciar recurso financeiro referente a duodécimos, resguardando-se a possibilidade de compensação futura no caso de a frustração orçamentária alegada não se concretizar (MS 34.483 MC – RJ, rel. min. Dias Toffoli, Segunda Turma, *DJ* 22/11/2016).

8.25. Por fim, perceba-se que os limites previstos no art. 29-A da Lei Maior não se confundem com aqueles dispostos na LRF, seja quanto à base de cálculo adotada, seja quanto ao objeto do controle ou mesmo quanto aos percentuais indicados. A LRF emprega como base de cálculo a receita corrente líquida (RCL) do ente político, apurada com a soma das receitas arrecadadas no mês em referência e nos onze anteriores, excluídas as duplicidades (art. 2º, § 3º). O objeto de controle, ademais, é a despesa com pessoal, assim definida no art. 18 da LRF, de alcance mais amplo que o conceito de folha de pagamento e mais restrito que o de despesa total. Também se alteram os percentuais: ao Poder Legislativo municipal é possibilitado gastar até 6% da RCL (art. 20, III, *a*). Em suma: embora haja certa redundância de controles, os critérios adotados por cada norma são diversos.

Art. 30. Compete aos Municípios:

I – legislar sobre assuntos de interesse local;

II – suplementar a legislação federal e a estadual no que couber;

III – instituir e arrecadar os tributos de sua competência, bem como aplicar suas rendas, sem prejuízo da obrigatoriedade de prestar contas e publicar balancetes nos prazos fixados em lei;

IV – criar, organizar e suprimir distritos, observada a legislação estadual;

V – organizar e prestar, diretamente ou sob regime de concessão ou permissão, os serviços públicos de interesse local, incluído o de transporte coletivo, que tem caráter essencial;

VI – manter, com a cooperação técnica e financeira da União e do Estado, programas de educação infantil e de ensino fundamental;

VII – prestar, com a cooperação técnica e financeira da União e do Estado, serviços de atendimento à saúde da população;

VIII – promover, no que couber, adequado ordenamento territorial, mediante planejamento e controle do uso, do parcelamento e da ocupação do solo urbano;

IX – promover a proteção do patrimônio histórico-cultural local, observada a legislação e a ação fiscalizadora federal e estadual.

Vanêsca Buzelato Prestes

1. Histórico da norma

O Município está integrado na Federação, como entidade de 3º grau, nos termos dos arts. 1º e 18 da Constituição. É, portanto, ente federativo com parcela de poder-dever na federação, representado por meio das competências constitucionais próprias. O art. 30 trata das competências exclusivas municipais, delimitando o núcleo de atuação municipal. Os incisos I e II estabelecem o conteúdo de atribuição municipal. Os incisos VI a IX tratam de políticas públicas de atuação comum na federação, nos termos do art. 23 da Constituição. Estes incisos são dos mais complexos, expressam o denominado "nó federativo", na definição da responsabilidade dos entes na federação. Além destas, a Constituição prevê competências constitucionais municipais expressas para: (a) criação de guardas municipais para a proteção de seus bens, serviços e instalações (art. 144), (b) ordenamento do solo urbano e definição das funções sociais da cidade (art. 182).

I – *Legislar sobre assuntos de interesse local* substituiu a locução peculiar *interesse local*, presente nas Constituições anteriores. Interesse local não implica exclusivo interesse municipal, tampouco se expressa em todos os municípios do mesmo modo, pois os municípios são diferentes. No Brasil temos municípios com territórios maiores que Estados da Federação – Altamira (PA), por exemplo, é maior que Sergipe –, ao mesmo tempo que há municípios com orçamento maior que Estados – São Paulo capital, maior que muitos Estados. Temos municípios com forte característica industrial, outros, com recursos ambientais relevantes, que vivem do turismo etc. Estas características é que identificam o seu interesse local. O que identifica o interesse local é a circunstância do direito a ser protegido no universo do município. A característica cultural, demográfica, geográfica, topográfica, climática, geológica, econômica, política – entre outros – é que indicará o interesse local a ser protegido. Entendemos, como Taborda (2015), que o interesse local é a cláusula geral de competência municipal. As cláusulas gerais constituem o meio legislativamente hábil para permitir o ingresso, no ordenamento jurídico, de princípios valorativos (expressos ou não expressos), *standards*, máximas de conduta, arquétipos exemplares de comportamento, normativas constitucionais e assim por diante. O intérprete, além de averiguar a possibilidade de subsunção de uma série de casos-limite na *fattispecie* (suporte fático), verifica a exata individuação das mutáveis regras sociais às quais o envia a metanorma jurídica. Deverá determinar quais são os efeitos incidentes no caso concreto, ou, se estes já vieram indicados, qual a graduação que lhes será conferida no caso concreto, à vista das possíveis soluções existentes no sistema. As cláusulas gerais têm por função permitir a abertura e a mobilidade do sistema jurídico, tanto que abrem o sistema para elementos extrajurídicos, viabilizando a adequação, ao mesmo tempo que asseguram a mobilidade interna. É o caso do interesse local.

STF: Tema 145 O município é competente para legislar sobre o meio ambiente com a União e o Estado, no limite do seu interesse local e desde que tal regramento seja harmônico com a disciplina estabelecida pelos demais en-tes federados (art. 24, VI, c/c 30, I e II, da Constituição Federal).

ADPF 567. Ementa: DIREITO CONSTITUCIONAL. FEDERALISMO E RESPEITO ÀS REGRAS DE DISTRIBUIÇÃO DE COMPETÊNCIA. LEI 16.897/2018 DO MUNICÍPIO DE SÃO PAULO. PREDOMINÂNCIA DO INTERESSE LOCAL (ART. 30, I, DA CF). COMPETÊNCIA LEGISLATIVA MUNICIPAL. PROIBIÇÃO RAZOÁVEL

DE MANUSEIO, UTILIZAÇÃO, QUEIMA E SOLTURA DE FOGOS DE ESTAMPIDOS, ARTIFÍCIOS E ARTEFATOS PIROTÉCNICOS SOMENTE QUANDO PRODUZIREM EFEITOS SONOROS RUIDOSOS. PROTEÇÃO À SAÚDE E AO MEIO AMBIENTE. IMPACTOS GRAVES E NEGATIVOS ÀS PESSOAS COM TRANSTORNO DO ESPECTRO AUTISTA. DANOS IRREVERÍSVEIS ÀS DIVERSAS ESPÉCIES ANIMAIS. IMPROCEDÊNCIA. 1. O princípio geral que norteia a repartição de competência entre as entidades competentes do Estado Federal é o da predominância do interesse, competindo à União atuar em matérias e questões de interesse geral; aos Estados, em matérias e questões de interesse regional; aos Municípios, assuntos de interesse local e, ao Distrito Federal, tanto temas de interesse regional quanto local. 2. As competências municipais, dentro dessa ideia de predominância de interesse, foram enumeradas no art. 30 da Constituição Federal, o qual expressamente atribuiu aos Municípios a competência para legislar sobre assuntos de interesse local (art. 30, I) e para suplementar a legislação federal e a estadual no que couber (art. 30, II). A jurisprudência do SUPREMO TRIBUNAL FEDERAL já assentou que a disciplina do meio ambiente está abrangida no conceito de interesse local e que a proteção do meio ambiente e da saúde integram a competência legislativa suplementar dos Municípios. Precedentes. 3. A jurisprudência desta CORTE admite, em matéria de proteção da saúde e do meio ambiente, que os Estados e Municípios editem normas mais protetivas, com fundamento em suas peculiaridades regionais e na preponderância de seu interesse. A Lei Municipal n. 16.897/2018, ao proibir o uso de fogos de artifício de efeito sonoro ruidoso no Município de São Paulo, promoveu um padrão mais elevado de proteção à saúde e ao meio ambiente, tendo sido editada dentro de limites razoáveis do regular exercício de competência legislativa pelo ente municipal. 4. Comprovação técnico-científica dos impactos graves e negativos que fogos de estampido e de artifício com efeito sonoro ruidoso causam às pessoas com transtorno do espectro autista, em razão de hipersensibilidade auditiva. Objetivo de tutelar o bem-estar e a saúde da população de autistas residentes no Município de São Paulo. 5. Estudos demonstram a ocorrência de danos irreversíveis às diversas espécies animais. Existência de sólida base técnico-científica para a restrição ao uso desses produtos como medida de proteção ao meio ambiente. Princípio da prevenção. 6. Arguição de Preceito Fundamental julgada improcedente.

II – A suplementação de legislação estadual ou federal, no que couber, exige que o conteúdo legislado seja de atribuição municipal, não podendo o município, por exemplo, legislar sobre direito civil, cuja competência é da União. A suplementação ocorre por meio de complementação ou legislar na ausência da norma. A jurisprudência vem entendendo que, para legislar na ausência de normas, o Município precisa ter competência constitucional sobre a matéria. Já a complementação não pode implicar regrar em sentido oposto à norma geral existente.

III – Instituir e arrecadar os tributos de sua competência, bem como aplicar suas rendas, sem prejuízo da obrigatoriedade de prestar contas e publicar balancetes nos prazos fixados em lei – trata-se da expressão da autonomia financeira dos municípios. No sistema constitucional anterior era comum a concessão de incentivos fiscais pelos Estados e empresas que se instalavam nos municípios, porém sem ouvir esses municípios, o que resta hoje afastado. Esta norma também expressa um dever constitucional que, aliado à responsabilidade fiscal, fez com que os municípios passassem a instituir os tributos de sua atribuição constitucional.

Ainda, de destacar que no STF tramita Repercussão Geral ao **RE 940769/RS (2017)**, no qual se discute a competência tributária de município para estabelecer impeditivos à submissão de sociedades profissionais de advogados ao regime de tributação fixa ou *per capita* em bases anuais previsto no art. 9º, §§ 1º e 3º, do Decreto-Lei n. 406/1968, por sua vez recepcionado pela ordem constitucional vigente com *status* de lei complementar nacional.

IV – Criar, organizar e suprimir distritos, observada a legislação estadual. Conforme Mont'Alverne Barreto Lima (2013), o inciso IV do art. 30 prevê a criação e supressão de distritos como competência dos Municípios, porém na forma de lei estadual. Este entendimento coaduna-se com decisões do STF de que Municípios somente podem ser criados em acordo com os ditames da lei estadual, devendo ser ressaltado que lei federal regulará, de forma geral, o período quando Municípios serão criados, incorporados, fundidos e desmembrados (STF, ADI n. 2381, Rel. Min. Sepúlveda Pertence, *DJ* de 14.12.2001 e ADI n. 2702, Rel. Min. Maurício Corrêa, *DJ* de 06.02.2004), obedecidas as exigências constantes do art. 18, § 4º, da Constituição da República, a imporem a realização de "Estudos de Viabilidade Municipal" e plebiscito para as populações diretamente interessadas.

V – Organizar e prestar, diretamente ou sob regime de concessão ou permissão, os serviços públicos de interesse local, incluído o de transporte coletivo, que tem caráter essencial. Deste inciso extraem-se dois comandos: a disciplina do transporte coletivo é interesse local, e este é de natureza essencial, ou seja, é serviço público de natureza contínua. Cabe ao Município regrar a prestação do serviço, bem como definir a forma de prestação deste. Os transportes seletivos são modalidades de transporte coletivo – a exemplo de lotações, transporte escolar – e também estão submetidos à regulamentação e fiscalização municipal. Com base neste dispositivo alguns Municípios regraram o "mototáxi". Todavia, este serviço não está entre aqueles de competência municipal, pois a competência para legislar sobre transporte e trânsito é da União. Precedente ADI 3135/PA, Rel. Min. Gilmar Mendes, 01/08/2006.

VI – Manter, com a cooperação técnica e financeira da União e do Estado, programas de educação infantil e de ensino fundamental.

Este inciso delimita o conteúdo de responsabilidade material do Município, em matéria de educação. Competem ao Município, prioritariamente, a educação infantil e o ensino fundamental. A educação infantil compreende crianças de 0 a 6 anos. A definição da obrigatoriedade de escolaridade de 0 a 6 anos foi importante, pois, no sistema anterior, iniciava aos 6 anos. Os Municípios precisaram se organizar para ampliar o serviço e o número de vagas, sendo este, ainda hoje, um dos motivos de grande litígio judicial. O precedente do STF que afirmou a competência municipal e a obrigatoriedade na concessão de vagas nas creches (atuação em escolas infantis) é de 22/11/2005, RE 410715/SP, rel. Min. CELSO DE MELLO. Julgamento: 22/11/2005, 2ª Turma, nos seguintes termos: Criança de até seis anos de idade – Atendimento em creche em pré-escola – Educação infantil – Direito assegurado pelo próprio Texto Constitucional (CF, art. 208, IV) – Compreensão global do direito constitucional à educação – Dever jurídico cuja execução se impõe ao Poder Público, notadamente ao Município (CF, art. 211, § 2º).

VII – Prestar, com a cooperação técnica e financeira da União e do Estado, serviços de atendimento à saúde da população.

Trata-se de competência administrativa na execução de um serviço de interesse comum da União, Estados e Municípios, a saúde. Em matéria de competência para prestação do serviço por meio do tratamento médico adequado, a tese pacificada por meio da Repercussão geral no RE 855178 RG / SE – Sergipe, Relator Min. Luiz Fux, datada de 08/03/2015, é a seguinte: O tratamento médico adequado aos necessitados se insere no rol dos deveres do Estado, sendo responsabilidade solidária dos entes federados, podendo figurar no polo passivo qualquer um deles em conjunto ou isoladamente[1]. Deste modo, o STF afirmou a solidariedade entre os entes federativos para prestação do serviço, independente da natureza deste e dos pactos que organizam o SUS (sistema único de saúde). A nosso ver, este precedente deixou de examinar os outros elementos ínsitos ao federalismo e ao "nó crítico" de uma federação com três graus que precisa se organizar para a prestação dos serviços de interesse comum. Contudo, foi desse modo pacificado na jurisprudência pátria.

Este inciso constitucional foi ressignificado com as decisões do STF quanto à proteção da saúde, na pandemia. Vale consultá-las, pois acenderam o debate da competência constitucional comum entre os entes federativos.

ADI 6.341: SAÚDE – CRISE – CORONAVÍRUS – MEDIDA PROVISÓRIA – PROVIDÊNCIAS – LEGITIMAÇÃO CONCORRENTE. Surgem atendidos os requisitos de urgência e necessidade, no que medida provisória dispõe sobre providências no campo da saúde pública nacional, sem prejuízo da legitimação concorrente dos Estados, do Distrito Federal e dos Municípios.

VIII – Promover, no que couber, adequado ordenamento territorial, mediante planejamento e controle do uso, do parcelamento e da ocupação do solo urbano

Esta competência se complementa com a previsão do art. 182 – capítulo da política urbana – de elaboração de planos diretores, votados pela Câmara Municipal. O Plano Diretor é lei em sentido formal, pois deve ser aprovado pela Câmara de Vereadores. Disso decorre a impropriedade de planos, leis de uso do solo ou de zoneamento feitas por decreto, muitos comuns no Brasil, até bem pouco tempo. Ou aquelas formas de delegação ao Poder Executivo, autorizando a estabelecer zoneamento, regime urbanístico ou definição de usos por Decreto. A substituição do urbanismo normativista por regras de flexibilização ocorre no Brasil todo e, em tese, dialoga com o princípio da sustentabilidade urbano-ambiental, pois têm incidência tópica, a partir de especificidades decorrentes da área a ser trabalhada. Todavia, há que ter cautela. Muitas destas delegações podem estar eivadas de inconstitucionalidade, na medida em que excede-

rem ao poder regulamentar, que, no Brasil, não é autônomo[2]. São hierarquicamente inferiores à lei, não podendo criar ou restringir direitos[3]. A função do poder regulamentar[4] é de extrema relevância à explicitação técnica do conteúdo da lei, para (a) emitir regras orgânicas e procedimentais para boa execução da lei (ex.: imposto de renda), (b) precisar conceitos, (c) caracterizar fatos e comportamentos que necessitem de avaliação técnica (ex.: regulamento de medicamentos, condições de segurança de veículos, normas de prevenção contra incêndios). Os conceitos urbanísticos estão inseridos nesta última categoria, existindo um amplo espectro de aplicação do poder regulamentar no âmbito urbano-ambiental, desde que observados os limites constitucionais. Em se tratando de lei municipal, está submetida às peculiaridades decorrentes da forma de controle de constitucionalidade de lei municipal, especialmente o controle concentrado que é feito pelo Tribunal de Justiça do Estado se a inconstitucionalidade alegada for em face da Constituição Estadual. A decisão do STJ cujo Relator foi o Ministro Luiz Fux, julgando Recurso Especial em Ação Popular, anda nesse sentido. O STJ julgou procedente o pedido de não aplicação de lei municipal que alterou zoneamento, por ser lei de efeitos concretos e contrária ao interesse público[5]. Acolheu argumento de que a transformação de loteamento residencial para de uso misto foi unicamente para atender interesses de algumas pessoas, inclusive de vereador do Município, que ali pretendiam construir motéis. Entendeu que a Lei Municipal n. 1.310/97 padeceu de vícios, uma vez que foi promulgada para atender determinadas pessoas, deixando de estabelecer regras gerais, abstratas e impessoais. Do STF temos a Ação Direta de Inconstitucionalidade sem redução de texto, envolvendo a interpretação do art. 56 do Plano Diretor de Desenvolvimento Urbano Ambiental de Porto Alegre. A decisão não retira da lei o comando legal, porém atribui interpretação constitucional a artigo do Plano Diretor, sendo que a atuação administrativa fica vinculada à respectiva interpretação. No caso, a discussão era sobre instrumento que existe no Plano Diretor de Porto Alegre denominado EVU (Estudo de Viabilidade Urbanística). A interpretação constitucional pleiteada e deferida em juízo, por meio da Ação Direta de Inconstitucionalidade sem redução de texto, determina que o EVU não pode substituir o EIA (Estudo de Impacto Ambiental) e está assim ementada[6]:

---

2. Art. 84 Constituição Federal. Compete privativamente ao Presidente da República:

...

IV – sancionar, promulgar e fazer publicar as leis, bem como expedir decretos e regulamentos para sua fiel execução.

Sobre poder regulamentar, ver também o inc. VI do art. 84, que se refere a matérias objeto de Decreto, mas que não afetam o conteúdo aqui desenvolvido.

3. Art. 5º, inc. II, da Constituição Federal. "Ninguém será obrigado a fazer ou a deixar de fazer alguma coisa senão em virtude de lei".

4. Sobre o tema, consultar: CLÉVE, Clémerson. *A atividade legislativa do Poder Executivo no Estado Contemporâneo e na Constituição de 1988*. São Paulo: RT, 1993; e MELLO, Celso Antonio Bandeira. *Curso de Direito Administrativo*, 6. ed. revista, ampliada e atualizada. São Paulo: Malheiros, 1995.

5. Recurso Especial n. 474.475 – SP (2002/0108946-1).

6. RE – AGR 396541/RS, rel. Min. Carlos Velloso, em 14/06/2005. CONSTITUCIONAL. MEIO AMBIENTE. ESTUDO DE IMPACTO AMBIENTAL – EIA. C.F., art. 225, § 1º, IV. I. – Cabe ao Poder Público exigir, na forma da lei, para instalação de obra ou atividade potencialmente causadora de signi-

---

1. Redação da tese aprovada nos termos do item 2 da Ata da 12ª Sessão Administrativa do STF, realizada em 9-12-2015.

A superação dos Planos Diretores físico-territoriais implica compreender que hoje são planos de gestão, responsáveis pela articulação de uma série de instrumentos a serem utilizadas de forma compatibilizada, observados os princípios do Estado Socioambiental e, de outra parte, que os Planos Diretores são responsáveis pelo conteúdo da propriedade, ou seja, por dizer, na forma ativa, qual a função socioambiental a ser desempenhada. A competência constitucional de que trata este inciso também reflete essa amplitude. Decisão do Ministro Teori Zavascki no RE 607940/DF[7], em 29/12/2015, com repercussão geral, é importante precedente para afirmação da competência para ordenamento do solo, bem como sobre a natureza jurídica dos planos diretores. A decisão tratou de Lei do Distrito Federal, acerca da regularização dos condomínios.

IX – Promover a proteção do patrimônio histórico-cultural local, observada a legislação e a ação fiscalizadora federal e estadual.

Esta competência constitucional se complementa com o disposto no art. 216 da Constituição. Cabe aos municípios, por meio de leis e ações locais, identificar este universo e o modo de protegê-lo, podendo, para tanto, criar leis nesse sentido. Leis municipais dispondo sobre inventários de bens do patrimônio cultural, prevendo o tombamento de bens imateriais, conforme dispõe o art. 216, bem como sobre outras formas de acautelamento, são a expressão do exercício da competência constitucional aqui estabelecida.

2. Constituições brasileiras anteriores

1824 – A Constituição da Independência brasileira de 1824 manteve a organização municipal que tinha se formado durante o

---

ficativa degradação do meio ambiente, estudo prévio de impacto ambiental, a que se dará publicidade. C.F., art. 225, § 1º, IV. II. – RE provido. Agravo improvido.
7. CONSTITUCIONAL. ORDEM URBANÍSTICA. COMPETÊNCIAS LEGISLATIVAS. PODER NORMATIVO MUNICIPAL. ART. 30, VIII, E ART. 182, *CAPUT*, DA CONSTITUIÇÃO FEDERAL. PLANO DIRETOR. DIRETRIZES BÁSICAS DE ORDENAMENTO TERRITORIAL. COMPREENSÃO. 1. A Constituição Federal atribuiu aos Municípios com mais de vinte mil habitantes a obrigação de aprovar Plano Diretor, como "instrumento básico da política de desenvolvimento e de expansão urbana" (art. 182, § 1º). Além disso, atribuiu a todos os Municípios competência para editar normas destinadas a "promover, no que couber, adequado ordenamento territorial, mediante planejamento e controle do uso do solo, do parcelamento e da ocupação do solo urbano" (art. 30, VIII) e a fixar diretrizes gerais com o objetivo de "ordenar o pleno desenvolvimento das funções sociais da cidade e garantir o bem-estar dos habitantes" (art. 182, *caput*). Portanto, nem toda a competência normativa municipal (ou distrital) sobre ocupação dos espaços urbanos se esgota na aprovação de Plano Diretor. 2. É legítima, sob o aspecto formal e material, a Lei Complementar Distrital 710/2005, que dispôs sobre uma forma diferenciada de ocupação e parcelamento do solo urbano em loteamentos fechados, tratando da disciplina interna desses espaços e dos requisitos urbanísticos mínimos a serem neles observados. A edição de leis dessa espécie, que visa, entre outras finalidades, inibir a consolidação de situações irregulares de ocupação do solo, está inserida na competência normativa conferida pela Constituição Federal aos Municípios e ao Distrito Federal, e nada impede que a matéria seja disciplinada em ato normativo separado do que disciplina o Plano Diretor. 3. Aprovada, por deliberação majoritária do Plenário, tese com repercussão geral no sentido de que "Os municípios com mais de vinte mil habitantes e o Distrito Federal podem legislar sobre programas e projetos específicos de ordenamento do espaço urbano por meio de leis que sejam compatíveis com as diretrizes fixadas no plano diretor". 4. Recurso extraordinário a que se nega provimento.

---

período que o país era colônia do Portugal. Cabia aos órgãos políticos e administrativos locais, às Câmaras, o governo econômico das cidades e vilas (art. 167). Todavia, já em 1828 as Câmaras eram subordinadas aos governos das províncias e declaradas como meras *corporações administrativas*. Nessa ocasião, foi prescrito, para todos os municípios do País, pela primeira vez na história, uma forma de organização idêntica sem levar em conta as suas diferenças

1891 – Art. 68 – Os Municípios eram elemento da autonomia estadual, portanto não tinham competências constitucionais próprias, cabendo aos Estados definir o contorno do peculiar interesse municipal: "Os Estados organizar-se-ão de forma que fique assegurada a autonomia dos municípios, em tudo quanto respeite seu peculiar interesse" (STF n. 1.118, de 13/01/1909).

1946 – Definição das rendas municipais. Existência de competências municipais expressas. Art 28 – A autonomia dos Municípios será assegurada: I – pela eleição do Prefeito e dos Vereadores; II – pela administração própria, no que concerne ao seu peculiar interesse e, especialmente: a) à decretação e arrecadação dos tributos de sua competência e à aplicação das suas rendas; b) à organização dos serviços públicos locais.

1967 – Esta Constituição repete a mesma dicção da Constituição anterior. Emenda Constitucional de 1969. Supressão da autonomia política (prefeitos de capitais, estâncias hidrominerais, áreas de segurança nacional eram indicados pelos governadores, que, por sua vez, eram indicados pelo Presidente).

3. Constituições estrangeiras

Krell (2003), em importante estudo comparativo dos municípios no Brasil e na Alemanha, aponta que a estrutura federativa com município como entidade de 3º grau possivelmente não tem outro precedente além do Brasil. Salienta que, na Alemanha do início do século XIX, a autonomia municipal teve por objetivo incentivar a formação de uma sociedade liberal e autorresponsável, dentro do sistema de governança da monarquia. Havia a intenção de contrapeso ao Estado autoritário e representou o despertar de ideais de autodeterminação. No entanto, predomina até hoje o caráter administrativo da instituição municipal alemã. Aduz que, na Alemanha, a doutrina jurídica considera as comunas e cidades como subdivisões administrativas dos respectivos Estados, as quais, porém, são dotadas do direito de autonomia pela própria Constituição Federal e também possuem importantes funções políticas. As representações populares dos municípios alemães – os Conselhos (*Räte*) – não são chamadas de *legislativo* ou parlamentos locais, como acontece no Brasil com as câmaras de vereadores; não editam leis em sentido formal e material, mas *estatutos* (*Satzungen*), para autorregulamentar os assuntos da entidade local. A produção de leis sempre é reservada aos órgãos do poder estatal, do qual o município, segundo o entendimento alemão, não faz parte, ao contrário da situação brasileira.

4. Dispositivos constitucionais correlatos e relevantes

Destacam-se os dispositivos constitucionais que se referem às competências constitucionais municipais, para além das definidas no art. 30.

a) organizar a Administração Pública local e dispor sobre o regime funcional de seus servidores (art. 39, *caput*);

b) constituir guardas municipais para a proteção de seus bens, serviços e instalações (art. 144, § 8º);

c) aprovar, mediante lei municipal, seu plano plurianual, suas diretrizes orçamentárias e seu orçamento anual (art. 165);

d) executar a política de desenvolvimento urbano, com o fito de ordenar o pleno desenvolvimento das funções da cidade e garantir o bem-estar de seus habitantes. Art. 182 da CF: A Constituição reservou um Capítulo destinado à Política Urbana do nosso país. Trata-se do Capítulo II do título correspondente à Ordem Econômica e Financeira. Assim, juntamente com os Princípios Gerais da Atividade Econômica (I), da Política Agrícola, Fundiária e da Reforma Agrária (III) e do Sistema Financeiro Nacional (IV), está prevista a Política Urbana (II), cuja competência constitucional é atribuída aos municípios.

5. Literatura selecionada

ALMEIDA, Fernanda Dias Menezes de. *Competências na Constituição de 1988*. São Paulo: Atlas.

BASTOS, Celso. O Município: sua evolução histórica e suas atuais competências. *Cadernos de Direito Constitucional e Ciência Política*, n. 1.

BRAZ, Petrônio. *Direito Municipal na Constituição*. Campinas: Leme J. H. Mizuno, 2006.

CABRAL, Lucíola Maria de Aquino. *Autonomia Municipal e desenvolvimento econômico local*. São Paulo: Ed. Fiuza, 2013.

CASTRO, José Nilo. *Direito Municipal Positivo*. Belo Horizonte: Del Rey, 1992.

_____. *Julgamento das contas municipais*. Belo Horizonte: Del Rey, 1995.

DALLARI, Dalmo de Abreu. Auto-organização do Município. *RDP* 37/38, jan./jun. 1976.

DELLA GIUSTINA, Vasco. *Leis Municipais e seu controle constitucional pelo Tribunal de Justiça*. Porto Alegre: Livraria do Advogado, 2001.

FARIAS, Rodrigo Nobrega; MASCARENHAS, Igor de Lucena. *COVID-19 Saúde, Judiciliazação e Pandemia*. Curitiba: Juruá, 2020.

FERRARI, Regina Maria Macedo. *Controle da constitucionalidade das Leis Municipais*. São Paulo: RT.

_____. *Direito Municipal*. 2. ed. revista e ampliada. São Paulo: RT, 2005.

HOFMEISTER, Wilhelm; CARNEIRO, José Mario Brasiliense (orgs.). *Federalismo na Alemanha e no Brasil*. São Paulo: Fundação Konrad Adenauer, Série Debates, n. 22, v. I, abril 2001.

MEIRELLES, Hely Lopes Meirelles. *Direito Municipal brasileiro*. São Paulo: Malheiros, 2002.

MENDES, Gilmar; CARNEIRO, Rafael Araripe (orgs.). *Gestão pública e Direito Municipal:* tendências e desafios. São Paulo: Saraiva, 2015.

MONT'ALVERNE BARRETO LIMA, Martonio. Comentário ao artigo 30. In: CANOTILHO, J. J. Gomes; MENDES, Gilmar F.; SARLET, Ingo W. (Coords.). *Comentários à Constituição do Brasil*. São Paulo: Saraiva/Almedina, 2013.

NOGUEIRA, Ataliba. Teoria do Município. *RDP*, n. 6, out./dez. 1968.

KRELL, Andreas Joachim. *O Município no Brasil e na Alemanha*. São Paulo: Oficina Municipal, 2003.

PRESTES, Vanêsca Buzelato. Considerações sobre o problema da hierarquia entre as normas infraconstitucionais. *Revista da Procuradoria Geral do Município*, n. 15, dez. 2001.

ROCHA, Cármen Lúcia Antunes. *República e Federação no Brasil*. Belo Horizonte: Del Rey.

SANTANA, Jair Eduardo. *Competências legislativas municipais*. Belo Horizonte: Del Rey.

SILVA, Sandra Krieger Gonçalves. *O Município na Constituição Federal de 1988*: autonomia, competência legislativa e interesse local. São Paulo: Editora Juarez de Oliveira, 2003.

SILVA, José Afonso. *Município na Constituição de 1988*. São Paulo: RT.

TABORDA, Maren Guimarães. *Direito Municipal*. Anotações de aula. Porto Alegre: FMP – Fundação Escola Superior do Ministério Público do Rio Grande do Sul, 2015.

Art. 31. A fiscalização do Município será exercida pelo Poder Legislativo Municipal, mediante controle externo, e pelos sistemas de controle interno do Poder Executivo Municipal, na forma da lei.

§ 1º O controle externo da Câmara Municipal será exercido com o auxílio dos Tribunais de Contas dos Estados ou do Município ou dos Conselhos ou Tribunais de Contas dos Municípios, onde houver.

§ 2º O parecer prévio, emitido pelo órgão competente sobre as contas que o Prefeito deve anualmente prestar, só deixará de prevalecer por decisão de dois terços dos membros da Câmara Municipal.

§ 3º As contas dos Municípios ficarão, durante sessenta dias, anualmente, à disposição de qualquer contribuinte, para exame e apreciação, o qual poderá questionar-lhes a legitimidade, nos termos da lei.

§ 4º É vedada a criação de Tribunais, Conselhos ou órgãos de Contas Municipais.

Celso de Barros Correia Neto

1. História da norma

A Constituição Federal de 1988 foi a que maior espaço e importância deu ao controle da Administração Pública na história das nossas Cartas e também a que mais autonomia reconheceu ao Município. O art. 31 constava da redação originária da Constituição de 1988 e, até o momento, não foi objeto de emenda constitucional.

2. Constituições brasileiras anteriores

Nenhuma outra Constituição brasileira deu ao Município e ao controle da atividade financeira do Poder Público a estatura e importância conferidas pela Constituição de 1988.

Ao tempo da Carta de 1824, como era de se esperar, não havia regra específica sobre a fiscalização municipal, nem se realizava, de fato, a fiscalização da atividade financeira estatal (MILESKI, 2003, p. 190). O Tribunal de Contas da União só veio a ser concebido em 1890, por meio do Decreto n. 966-A, assinado por Rui Barbosa, então Ministro da Fazenda do governo provisório de Deodoro da Fonseca, passando a funcionar efetivamente apenas a partir de janeiro de 1893. A Constituição de 1824 refere-se à receita e despesa da Fazenda Nacional no art. 170, dispondo que ficariam a cargo de um "Tribunal debaixo de nome de 'Thesouro Nacional'".

A Constituição da República dos Estados Unidos do Brasil de 1891 já previa, ao menos no nível formal, a autonomia dos Municípios. O art. 68 determinava que "Os Estados organizar-se-ão de forma que fique assegurada a autonomia dos Municípios em tudo quanto respeite ao seu peculiar interesse". Na mesma linha, o art. 6º dispunha que o Governo federal poderia intervir nos Estados para assegurar "a autonomia dos municípios" (art. 6º, II, "f"). O art. 89 da mesma Carta "instituiu" o Tribunal de Contas, "para liquidar as contas da receita e despesa e verificar a sua legalidade, antes de serem prestadas ao Congresso". A previsão, no entanto, não dispunha sobre a fiscalização e o controle das contas públicas municipais.

A Constituição de 1934, no art. 13, também trazia a previsão de autonomia dos municípios. O *caput* do art. 13 determinava que "Os Municípios serão organizados de forma que lhes fique assegurada a autonomia em tudo quanto respeite ao seu peculiar interesse [...]". O § 1º do mesmo artigo, no entanto, admitia que o Prefeito fosse nomeado pelo Governo do Estado no Município da Capital e nas estâncias hidrominerais. O § 3º da mesma disposição facultava aos Estados-membros a criação de órgão técnico para o fim de assistir o Município na fiscalização das suas finanças ("§ 3º É facultado ao Estado a criação de um órgão de assistência técnica à Administração municipal e fiscalização das suas finanças"). O texto de 1934 refere-se ao Tribunal de Contas nos arts. 99 e 100, regulando as atribuições e forma de composição.

O Tribunal de contas da União foi mantido na Constituição de 1937. Assim como a regra de reconhecimento da autonomia, prevista no art. 26: os Municípios serão organizados de forma a ser-lhes assegurada autonomia em tudo quanto respeite ao seu peculiar interesse, e, especialmente: à escolha dos Vereadores pelo sufrágio direto dos munícipes alistados eleitores na forma da lei; a decretação dos impostos e taxas atribuídos à sua competência por esta Constituição e pelas Constituições e leis dos Estados; à organização dos serviços públicos de caráter local. Os Prefeitos, no entanto, eram livremente escolhidos pelo Governador do Estado (art. 27).

A Constituição de 1946 traz, no art. 24, regra semelhante à do § 3º do art. 13 da Constituição de 1934: "É permitida ao Estado a criação de órgão de assistência técnica aos Municípios". Não há, contudo, como no texto anterior, menção à "fiscalização das suas finanças", isto é, finanças dos municípios. Na mesma linha das anteriores, o texto de 1946 também prevê autonomia aos municípios, especialmente nos arts. 7º e 28. Os Estados, no entanto, poderiam intervir nos municípios para "regularizar as finanças, quando: I – se verificar impontualidade no serviço de empréstimo garantido pelo Estado; II – deixarem de pagar, por dois anos consecutivos, a sua dívida fundada" (art. 23).

Pela primeira vez, um texto constitucional referiu-se diretamente ao controle externo municipal, remetendo o tema à regulamentação pelas constituições estaduais. O art. 22 da Constituição estabeleceu: "A administração financeira, especialmente a execução do orçamento, será fiscalizada na União pelo Congresso Nacional, com o auxílio do Tribunal de Contas, e nos Estados e Municípios pela forma que for estabelecida nas Constituições estaduais".

Na Constituição de 1967 também se reconheceu, ao menos formalmente, a autonomia dos Municípios em diversos dispositivos. O art. 16 assegurava-lhes a realização de eleição direta de Prefeito, Vice-Prefeito e Vereadores, bem como administração própria, no que concerne ao seu peculiar interesse, especialmente quanto " à decretação e arrecadação dos tributos de sua competência e à aplicação de suas rendas" e "à organização dos serviços públicos locais". O mesmo artigo estabelece o dever de "prestar contas e publicar balancetes nos prazos fixados em lei *estadual*". Nota-se, desde então, o entrelaçamento que se estabelece entre o controle externo municipal e a legislação e os órgãos de controle estaduais, como se verifica também no art. 31 da Constituição de 1988. Na Carta de 1967, cuidam da fiscalização financeira e orçamentária da União os art. 71 (controle externo), 72 (controle interno) e 73 (Tribunal de Contas da União).

No texto constitucional alterado pela Emenda Constitucional n. 1, de 1969, está a base para a redação do art. 31 da Constituição em vigor. Com a redação da EC n. 1/1969, o art. 16 da Constituição dispunha que a fiscalização financeira e orçamentária dos municípios seria exercida mediante controle externo da Câmara Municipal e controle interno do Executivo Municipal, instituídos por lei. Prestaria auxílio à Câmara Municipal, no exercício do mister de controle externo, o Tribunal de Contas do Estado ou órgão estadual a que for atribuída essa incumbência (art. 16, § 1º). Tal como da redação atual do § 2º do art. 32, o § 2º do texto constitucional de 1969 exigia manifestação de dois terços dos membros da Câmara Municipal para que deixasse de "prevalecer o parecer prévio, emitido pelo Tribunal de Contas ou órgão estadual mencionado no § 1º, sobre as contas que o Prefeito deve prestar anualmente". O § 3º do art. 16 trazia ainda regra sobre criação de Tribunais de Contas Municipais, restringindo sua instituição aos "municípios com população superior a dois milhões de habitantes e renda tributária acima de quinhentos milhões de cruzeiros novos".

O art. 191 do texto constitucional de 1969 determinou a extinção de todos os tribunais de contas municipais, ressalvando apenas o Tribunal de Contas do Município de São Paulo, que poderia continuar em funcionamento, "salvo deliberação em contrário da respectiva Câmara". Na Carta de 1988, a regra do § 4º do art. 31 veda a criação de Tribunais, Conselhos ou órgãos de Contas Municipais.

3. Direito internacional

A matéria regulada pelo art. 31 e seus parágrafos não compõe temário clássico do direito internacional nem é objeto de atos internacionais de que a República Federativa do Brasil seja parte. Não obstante, vale registrar que o direito de exigir a prestação de contas de todos aqueles que administram recursos públicos está expressamente previsto na Declaração dos Direitos do Homem e do Cidadão de 1789, no art. 15, que dispõe: "A sociedade tem o direito de pedir contas a todo agente público pela sua administração".

De fato, o dever de prestar contas é corolário do princípio republicano e está também intimamente relacionado com a ideia de democracia. Afinal, administrador que é de bens e recursos alheios, o gestor público deve prestar contas ao seu real titular: o povo, de quem emana o poder político, na forma do art. 1º da Constituição.

4. Remissões constitucionais e legais

Tratam dos municípios especificamente os arts. 29 a 31 do texto constitucional. O art. 29 cuida da competência para elaboração da lei orgânica e dos preceitos que devem ser observados em sua elaboração. O art. 29-A, incluído pela Emenda Constitucional n. 25/2000, fixa limites à despesa do Poder Legislativo Municipal, incluídos os subsídios dos Vereadores e excluídos os gastos com inativos, com base na população do município. O § 1º do art. 29-A proíbe que a Câmara Municipal gaste mais de setenta por cento de sua receita com folha de pagamento, incluído o gasto com o subsídio de seus Vereadores. O desrespeito à disposição constitui crime de responsabilidade do Presidente da Câmara Municipal (art. 29-A, § 2º). O art. 31 refere-se às competências, legislativas e administrativas, dos Municípios, entre as quais a de "instituir e arrecadar os tributos de sua competência, bem como aplicar suas rendas, sem prejuízo da obrigatoriedade de prestar contas e publicar balancetes nos prazos fixados em lei".

A falta de prestação de contas é uma das hipóteses em que a Constituição autoriza os Estados-membros a intervir em seus Municípios. O art. 35, II, permite a intervenção se "não forem prestadas contas devidas, na forma da lei". Também são causas de intervenção: o não pagamento "sem motivo de força maior, por dois anos consecutivos, a dívida fundada" (art. 35, I), não aplicação do "mínimo exigido da receita municipal na manutenção e desenvolvimento do ensino" (art. 35, II), bem como a não aplicação do "mínimo exigido da receita municipal na manutenção e desenvolvimento do ensino e nas ações e serviços públicos de saúde" (art. 35, III). O Estado também poderia intervir no Município se "Tribunal de Justiça der provimento a representação para assegurar a observância de princípios indicados na Constituição Estadual, ou para prover a execução de lei, de ordem ou de decisão judicial" (art. 35, IV).

A fiscalização contábil, financeira e orçamentária da União está disciplinada nos arts. 70 a 75 do texto constitucional em vigor. O *caput* do art. 70 estabelece que a "fiscalização contábil, financeira, orçamentária, operacional e patrimonial da União e das entidades da administração direta e indireta, quanto à legalidade, legitimidade, economicidade, aplicação das subvenções e renúncia de receitas, será exercida pelo Congresso Nacional, mediante controle externo, e pelo sistema de controle interno de cada Poder".

Deve prestar contas "qualquer pessoa física ou jurídica, pública ou privada, que utilize, arrecade, guarde, gerencie ou administre dinheiros, bens e valores públicos ou pelos quais a União responda, ou que, em nome desta, assuma obrigações de natureza pecuniária". Para o agente público, o descumprimento do dever de prestar contas pode trazer diferentes implicações jurídicas: (1) justifica instauração de tomada de contas especial; (2) constitui prática de crime de responsabilidade tipificado no art. 9º, 2, da Lei n. 1.079/1950 e também no art. 1º, VI e VII, do Decreto-Lei n. 201/1967; (3) inelegibilidade, nos termos do art. 1º, I, "g", da Lei Complementar n. 64/1990 e (4) configura ato de improbidade administrativa, no art. 11, VI, da Lei n. 8.429/1992.

No que se refere às sanções previstas na Lei de Improbidade Administrativa, vale chamar atenção para a alteração promovida pela Lei n. 14.230, de 2021, na previsão do art. 11, *caput* e inciso VI, da Lei n. 8.429/1992. A redação atual evidencia a exigência de dolo, inclusive no caso dos atos de improbidade administrativa que atentam contra os princípios da administração pública. Configura improbidade administrativa a ação ou omissão dolosa que viole os deveres de honestidade, de imparcialidade e de legalidade, caracterizada por "deixar de prestar contas quando esteja obrigado a fazê-lo, desde que disponha das condições para isso, com vistas a ocultar irregularidades".

Como se percebe, quanto ao descumprimento do dever de prestar contas, há ao menos duas modificações importantes. Primeiro, a exigência de dolo expressamente prevista no *caput* do art. 11 da Lei n. 8.429/1992, definido no § 2º do art. 1º da mesma Lei como "vontade livre e consciente de alcançar o resultado ilícito tipificado nos arts. 9º, 10 e 11 desta Lei, não bastando a voluntariedade do agente". Segundo, a tipificação do descumprimento do dever de prestar contas passou a incluir dois elementos não previstos na redação original do dispositivo legal, ao exigir, para que se configure a omissão improba, que o agente deixar de prestar contas, "desde que disponha das condições para isso", além do objetivo específico de "ocultar irregularidades". Em outras palavras, deixar de prestar contas só configura improbidade administrativa se o agente estava obrigado, tinha condições de fazê-lo e se omitiu com o propósito de ocultar irregularidades.

Já para o ente público, a falta de prestação de contas tem como consequência a aplicação das sanções institucionais previstas na Lei de Responsabilidade Fiscal, que veda a realização de transferências voluntárias para os entes faltosos (art. 25, § 1º, IV, "a", e art. 51, § 2º).

No âmbito federal, entre as pessoas físicas abrangidas pelo dever estão: (1) gestores públicos; (2) beneficiários de incentivos fiscais; e (3) agentes beneficiados com bolsas, subvenções etc. Também se sujeitam ao dever: (1) entidades da Administração Indireta, (1.1) sejam estatais dependentes ou independentes, (1.2) sejam prestadoras de serviço público ou exploradoras de atividade econômica; (2) Organizações não governamentais, (2.1) Organizações Sociais, previstas na Lei n. 9.637/1998, (2.2) Organizações da Sociedade Civil de Interesse Público, previstas na Lei n. 9.790/1999; (3) Conselhos profissionais, federais ou regionais; (4) Serviços Sociais Autônomos, como SEBRAE, SESC, SENAI, SESI, entre outros. Ver, a propósito, o art. 5º da Lei n. 8.443/1992 (Lei Orgânica do TCU).

O art. 71 dispõe sobre a competência do Tribunal de Contas da União, ao qual compete auxiliar o Congresso Nacional na realização do controle externo no nível da União. O art. 72 disciplina a competência da comissão mista de orçamento para, diante de indícios de despesas não autorizadas, solicitar esclarecimentos à autoridade governamental responsável. Poderá a Comissão, ouvido o Tribunal de Contas da União, propor ao Congresso Nacional a sustação do ato, se julgar que o gasto possa causar dano irreparável ou grave lesão à economia pública.

O art. 73 disciplina a composição do Tribunal de Contas da União e os requisito para investidura no cargo de Ministro da Corte. O art. 74 trata do controle interno a cargo de cada um dos três poderes. Legislativo, Executivo e Judiciário devem manter, de forma integrada, sistema de controle interno, a fim de: avaliar o cumprimento das metas previstas no plano plurianual, a execução dos programas de governo e dos orçamentos da União; comprovar a legalidade e avaliar os resultados, quanto à eficácia e eficiência, da gestão orçamentária, financeira e patrimonial nos órgãos e entidades da administração federal, bem como da aplicação de recursos públicos por entidades de direito privado; e exercer o controle das operações de crédito, avais e garantias, bem como dos direitos e haveres da União; e apoiar o controle externo no exercício de sua missão institucional.

A disciplina dos arts. 70 a 74 refere-se ao nível federal, mas o *caput* do art. 75 é claro ao determinar que as normas estabelecidas "aplicam-se, no que couber, à organização, composição e fiscalização dos Tribunais de Contas dos Estados e do Distrito Federal, bem como dos Tribunais e Conselhos de Contas dos Municípios".

No plano infraconstitucional, a Lei de Responsabilidade Fiscal determina, no art. 56, que "As contas prestadas pelos Chefes do Poder Executivo incluirão, além das suas próprias, as dos Presidentes dos órgãos dos Poderes Legislativo e Judiciário e do Chefe do Ministério Público, referidos no art. 20, as quais receberão parecer prévio, separadamente, do respectivo Tribunal de Contas". O art. 57 da LRF fixa o prazo de sessenta dias para que os tribunais de contas emitam parecer prévio conclusivo sobre as contas, salvo se outro não estiver estabelecido nas constituições estaduais ou nas leis orgânicas municipais. Para os Municípios que não sejam capitais e que tenham menos de duzentos mil habitantes o prazo será de cento e oitenta dias (art. 57, § 1º).

Como medida de transparência e incentivo à participação popular, art. 49, estabelece que "As contas apresentadas pelo Chefe do Poder Executivo – inclusive Prefeitos – ficarão disponíveis, durante todo o exercício, no respectivo Poder Legislativo e no órgão técnico responsável pela sua elaboração, para consulta e apreciação pelos cidadãos e instituições da sociedade".

5. Jurisprudência

A análise do julgados os Supremo Tribunal Federal indica, ao menos, cinco diretrizes claras no tocante ao controle externo municipal: (1) a competência do Legislativo municipal para o julgamento das Contas do Prefeito, tendo a Corte de Contas papel auxiliar nesse mister; (2) a obrigatoriedade de emissão de parecer prévio do Tribunal de Contas; (3) a natureza jurídica não vinculante do parecer; (4) a competência do Poder Legislativo para julgamento das Contas do Prefeito, tanto as de governo quanto as de gestão; (5) o alcance restrito ao Município da vedação do § 4º do art. 31; e (6) a viabilidade de extinção de tribunal de contas dos municípios, por emenda à Constituição estadual do ente federativo pertinente.

Em seus julgados, o STF deixa claro que a competência para julgamento das contas públicas dos chefes do Executivo é do Poder Legislativo, com a intervenção auxiliar do tribunal de contas. As Cortes de Contas têm papel auxiliar, não substituem as Câmaras de Vereadores. "A apreciação das contas prestadas pelo chefe do Poder Executivo – que é a expressão visível da unidade institucional desse órgão da soberania do Estado – constitui prerrogativa intransferível do Legislativo, que não pode ser substituído pelo tribunal de contas, no desempenho dessa magna competência, que possui extração nitidamente constitucional" (Rcl 14.155 MC-AgR, rel. Min. Celso de Mello, dec. monocrática, julgamento em 20.8.2012).

Cabe aos Tribunais de Contas apenas emissão do parecer prévio, que, na forma do art. 31, § 2º, só deixará de prevalecer por decisão de dois terços dos membros da Câmara Municipal. "Ao Poder Legislativo compete o julgamento das contas do Chefe do Executivo, considerados os três níveis – federal, estadual e municipal. O Tribunal de Contas exsurge como simples órgão auxiliar, atuando na esfera opinativa [...]" (RE 132747, rel. Min. Marco Aurélio, Tribunal Pleno, *DJ* 07.12.1995). Da mesma forma, destacou o Ministro Gilmar Mendes, no RE 729.744: "o parecer técnico elaborado pelo tribunal de contas tem natureza meramente opinativa, competindo exclusivamente à câmara de vereadores o julgamento das contas anuais do chefe do Poder Executivo local, sendo incabível o julgamento ficto das contas por decurso de prazo" (RE 729.744, rel. min. Gilmar Mendes, *DJe* de 23.8.2017, Tema 157).

Embora seu conteúdo não seja vinculante em si, a emissão de parecer é obrigatória. O STF não admite a validade de regras locais que autorizem a dispensa do parecer, tampouco o julgamento ficto das contas do Prefeito por decurso de prazo. No julgamento da ADI 261, de relatoria do Ministro Gilmar Mendes, em 14.11.2002, o Tribunal declarou a inconstitucionalidade do § 3º do art. 113 da Constituição do Estado de Santa Catarina, que permitia que as contas do município fossem julgadas sem parecer prévio do Tribunal de Contas caso este não emita parecer até o último dia do exercício financeiro. Entendeu o Plenário do STF que a norma teria afrontado o art. 31 da Constituição.

É, em suma, inconstitucional norma de Constituição estadual que dispensa apresentação de parecer prévio sobre as contas de chefe do Poder Executivo municipal a ser emitido pelo respectivo tribunal de contas estadual (ADI 3.077, rel. Min. Cármen Lúcia, j. 16.11.2016, *DJe* de 1º.8.2017)

A mesma orientação foi reafirmada pelo Tribunal no julgamento do RE 729.744, de relatoria do Ministro Gilmar Mendes, em 10.8.2016, processo-paradigma da repercussão geral, Tema 157. No caso, o Plenário fixou a seguinte tese: "O parecer técnico elaborado pelo Tribunal de Contas tem natureza meramente opinativa, competindo exclusivamente à Câmara de Vereadores o julgamento das contas anuais do Chefe do Poder Executivo local, sendo incabível o julgamento ficto das contas por decurso de prazo". A aprovação das Contas do Prefeito, no entanto, tem o condão apenas de afastar a inelegibilidade, sem prejuízo da responsabilização na via civil, criminal ou administrativa. Na mesma linha, vale ver também o RE 132.747, rel. Min. Marco Aurélio, Tribunal Pleno, *DJ* 7.12.1995.

Em qualquer caso, o julgamento das contas do Prefeito é de competência da Câmara Municipal, observado o quórum de votação previsto no § 2º do art. 31 da Constituição. A competência do Legislativo local abarca tanto as contas de gestão quanto as contas de governo. A distinção considera a natureza das contas prestadas, uma de dimensão mais política (de governo), outra de dimensão mais técnica (de gestão). O exame das contas de governo – também chamadas contas "de desempenho" ou "de resultados" – consiste em análise ampla, que diz respeito ao cumprimento da lei orçamentária, dos planos e programas de governo. Referem-se ao Chefe de governo como agente político e seu fundamento estaria no art. 71, I, da Constituição. O julgamento das contas de gestão, por outro lado, é de natureza técnica, levando em conta atividade do Chefe do Executivo como ordenamento de despesa. Seu fundamento estaria no art. 71, II, da Constituição.

A separação mostra-se relevante por conta da divisão de competência para apreciação das contas: as de governo (art. 71, I), a cargo do Legislativo e as de gestão, a cargo do tribunal de contas (art. 71, II). No caso dos pequenos municípios, ao contrário do que ocorre com a União e com os Estados em geral, o prefeito também é o ordenador de despesas. Por isso, enquanto as contas de governo caberiam ao julgamento do Legislativo, as de gestão ficariam com o Tribunal de Contas. Esse entendimento, no entanto, não foi o que prevaleceu no Supremo Tribunal Federal.

A matéria foi decidida, em repercussão geral, no julgamento do Recurso Extraordinário n. 848.826, de relatoria do Ministro Roberto Barroso, processo-paradigma da repercussão geral, Tema 835, no qual o Plenário, por maioria de votos, assentou que o "Constituinte de 1988 optou por atribuir, indistintamente, o julgamento de todas as contas de responsabilidade dos prefeitos municipais aos vereadores, em respeito à relação de equilíbrio que deve existir entre os Poderes da República. A tese fixada na sistemática da repercussão geral foi a seguinte: "Para os fins do art. 1º, inciso I, alínea 'g', da Lei Complementar 64, de 18 de maio de 1990, alterado pela Lei Complementar 135, de 4 de junho de 2010, a apreciação das contas de prefeitos, tanto as de governo quanto as de gestão, será exercida pelas Câmaras Municipais, com o auxílio dos Tribunais de Contas competentes, cujo parecer prévio somente deixará de prevalecer por decisão de 2/3 dos vereadores".

Outra questão importante também julgada pelo STF diz respeito ao alcance da regra do § 4º do art. 31, que veda a criação de Tribunais, Conselhos ou órgãos de Contas Municipais. O tema foi enfrentando no julgamento da ADI 154, de relatoria do Ministro Octavio Gallotti, julgada em 18.4.1990, assim ementado: "A vedação contida no par-4. do art. 31 da Constituição Federal só impede a criação de órgão, Tribunal ou Conselho de Contas, pelos Municípios, inserido na estrutura destes. Não proíbe a instituição de órgão, Tribunal ou Conselho, pelos Estados, com jurisdição sobre as contas municipais. Constitucionalidade dos parágrafos do art. 358 da Carta fluminense de 1989".

O mesmo entendimento foi reafirmado pelo Tribunal em outros julgados nos anos seguintes. "A Constituição da República impede que os Municípios criem os seus próprios Tribunais, Conselhos ou órgãos de contas municipais (CF, art. 31, § 4º), mas permite que os Estados-membros, mediante autônoma deliberação, instituam órgão estadual denominado Conselho ou Tribunal de Contas dos Municípios (RTJ 135/457, Rel. Min. OCTAVIO GALLOTTI – ADI 445/DF, Rel. Min. NÉRI DA SILVEIRA), incumbido de auxiliar as Câmaras Municipais no exercício de seu poder de controle externo (CF, art. 31, § 1º). – Esses Conselhos ou Tribunais de Contas dos Municípios – embora qualificados como órgãos estaduais (CF, art. 31, § 1º) – atuam, onde tenham sido instituídos, como órgãos auxiliares e de cooperação técnica das Câmaras de Vereadores. – A prestação de contas desses Tribunais de Contas dos Municípios, que são órgãos estaduais (CF, art. 31, § 1º), há de se fazer, por isso mesmo, perante o Tribunal de Contas do próprio Estado, e não perante a Assembleia Legislativa do Estado-membro. Prevalência, na espécie, da competência genérica do Tribunal de Contas do Estado (CF, art. 71, II, c/c o art. 75) [...]" (STF, ADI 687, rel. Ministro Celso de Mello, Tribunal Pleno, DJ 10.6.2006). Ou seja, o Estado pode, com fundamento no art. 31, § 1º, criar tribunal de contas destinado à fiscalização contábil, financeira e orçamentária dos municípios, que o integram (ADI 445, rel. Min. Néri da Silveira, Tribunal Pleno, DJ 25.3.1994).

A jurisprudência do Supremo Tribunal Constitucional já assentou, por outro lado, a constitucionalidade de emenda à constituição estadual que determina extinção de tribunais de contas dos municípios, inclusive por iniciativa parlamentar. Foi essa a orientação adotada pelo Tribunal na ADI 5.763, de relatoria do Min. Marco Aurélio, julgada em 26.10.2017. Lê-se na ementa do julgado: "[...] A interpretação sistemática dos parágrafos 1º e 4º do artigo 31 da Constituição Federal revela ser possível a extinção de Tribunal de Contas responsável pela fiscalização dos Municípios mediante a promulgação de Emenda à Constituição estadual, surgindo impróprio afirmar que o Constituinte proibiu a supressão desses órgãos" (ADI 5.763, Rel. Min. Marco Aurélio, Tribunal Pleno, j. 26.10.2017). Nessa hipótese, extinto o tribunal de contas dos municípios, passa o controle externo a ser exercido pelo tribunal de contas do respectivo estado, como prevê o art. 31, § 1º, do texto constitucional.

O STF já fixou, em sede de repercussão geral, no julgamento do tema 642, tese no sentido de que "o Município prejudicado é o legitimado para a execução de crédito decorrente de multa aplicada por Tribunal de Contas estadual a agente público municipal, em razão de danos causados ao erário municipal" (RE 1003433, Rel. Min. Marco Aurélio, Relator p/ Acórdão Alexandre de Moraes, Tribunal Pleno, j. 15.9.2021).

6. Referências bibliográficas

DECOMAIN, Pedro Roberto. *Tribunais de Contas no Brasil*. São Paulo: Dialética, 2006.

GOMES, Emerson C. da Silva. *Responsabilidade financeira*: uma teoria sobre a responsabilidade no âmbito dos tribunais de contas. Porto Alegre: Nuria Fabris, 2012.

GOMES, Emerson C. da Silva. *O direito dos gastos públicos no Brasil*. São Paulo: Almedina, 2015.

LEAL, Victor Nunes. *Coronelismo, enxada e voto*: o município e o regime representativo no Brasil. 7. ed. São Paulo: Companhia das Letras, 2012.

MEDAUAR, Odete. *Controle da Administração Pública*. 2. ed. São Paulo: Revista dos Tribunais, 2012.

MILESKI, Helio Saul. *O Controle da gestão pública*. São Paulo: RT, 2003.

SIMÕES, Edson. Tribunal de Contas. In: MARTINS, Ives Gandra da Silva; MENDES, Gilmar Ferreira; NASCIMENTO, Carlos Valder do (Org.). *Tratado de Direito Financeiro*. São Paulo: Saraiva, 2013. v. 2.

7. Comentários

O art. 31 da Constituição disciplina o exercício dos controles externo e interno no nível do Município. O controle externo fica a cargo do Poder Legislativo Municipal, ao qual cabe a fiscalização contábil, financeira, orçamentária, operacional e patrimonial do Município, sem prejuízo dos sistemas de controle interno do Poder Executivo Municipal, na forma da lei. As diretrizes firmadas no texto constitucional para a União aplicam-se, no que couber, também aos municípios, como determina o art. 75 da Constituição.

A regra do § 1º do art. 31 estabelece que a Câmara Municipal contará com o "auxílio dos Tribunais de Contas dos Estados ou do Município ou dos Conselhos ou Tribunais de Contas dos Municípios, onde houver. Neste ponto, a estrutura de controle externo municipal é diferente da estrutura estadual. Nem todo Município brasileiro conta com um tribunal de contas municipal próprio, ao contrário dos Estados-membros, que têm em sua estrutura administrativa o respectivo Tribunal de Contas, encarregado de auxiliar as respectivas Assembleias Legislativas no exercício do controle externo estadual.

De acordo com o § 1º do art. 31, são três os órgãos que podem prestar auxílio às Câmaras Municipais, no exercício do controle externo: o Tribunal de Contas do Estado, o Tribunal de Contas dos Municípios ou Tribunais de contas do Município respectivo.

Há atualmente apenas dois tribunais de contas *de* município: o Tribunal de Contas do Município de São Paulo (TCM-SP) e o Tribunal de Contas do Município do Rio de Janeiro (TCM-RJ). A Constituição Federal veda a criação de outros (art. 31, § 4º). Existem também tribunais de contas *dos* Municípios em três Estados: Bahia, Goiás e Pará. Nesse caso, trata-se de órgãos integrantes da estrutura administrativa estadual encarregados de auxiliar o controle externo dos municípios que dele fazem parte.

O Tribunal de Contas dos Municípios do Ceará foi extinto pela Emenda n. 92/2017 à Constituição Estadual do Ceará. A emenda teve sua constitucionalidade confirmada pelo Supremo Tribunal Federal no julgamento da ADI 5.763, de relatoria do Ministro Marco Aurélio. No passado, já haviam adotado idêntica providência os Estados do Amazonas, por meio da Emenda Constitucional Estadual n. 15, de 16.03.1995, do Maranhão, por meio da Emenda Constitucional n. 9, de 25.03.1993, e também o Rio de Janeiro, por meio da Emenda Constitucional n. 4, de 20.08.1991, que também extinguiram os respectivos Tribunais ou Conselhos de contas dos Municípios. À falta desses órgãos, prestará auxílio à Câmara Municipal o Tribunal de Contas do respectivo Estado-membro.

A Constituição Federal de 1988 proibiu a criação de novos Tribunais de Contas pelos Municípios no § 4º do art. 31. O destinatário dessa regra é apenas o Município; a vedação não impede que os Estados-membros criem Conselhos ou Tribunais de Contas dos Municípios, como efetivamente já fizeram Bahia, Ceará, Goiás e Pará. Esses Conselhos ou Tribunais serão órgãos estaduais incumbidos de prestar auxílio e atuar em cooperação técnica com o Legislativo municipal, no exercício do controle externo. Essa orientação foi acolhida pelo STF em diversos julgados (STF, ADI 154, Tribunal Pleno, *DJ* 11.10.1991; ADI 445, rel. Ministro Moreira Alves; ADI 687, rel. Min. Celso de Mello, *DJ* 10.2.2006).

Ademais, a norma não afeta os Tribunais de Contas do Município ou dos Conselhos ou Tribunais de Contas dos Municípios já existentes, apenas impede a criação de novos tribunais. Só poderão contar com o auxílio de Tribunais de Contas próprios os Municípios onde tais órgãos já existiam ao tempo da edição da Constituição de 1988. Não é lícito ao Município criar Tribunais de contas.

Por outro lado, é importante destacar que a Constituição Federal também não impede o contrário, isto é, que o Estado discricionariamente decida extinguir tais órgãos, como procedeu, por exemplo, o Estado do Ceará em 2017, por meio da Emenda n. 92 à Constituição do Estado do Ceará. A ADI 5.763, ajuizada pela ATRICON, contra a referida emenda foi julgada improcedente pelo Supremo Tribunal Federal, para reconhecer a constitucionalidade da Emenda de Tribunal de Contas dos Municípios do Estado do Ceará (ADI 5.763, rel. Min. Marco Aurélio, julgamento em 26.10.2017, Informativo 883). Nesse caso, a atribuição de auxiliar a Câmara Municipal passou ao Tribunal de Contas do Estado, na forma do art. 31, § 1º, da Constituição.

O procedimento de julgamento das contas de Prefeito, previsto no art. 31, § 2º, é substancialmente diferente do estabelecido na Constituição Federal para os Chefes dos Executivos Federal, Estadual e Distrital. Quanto a esses, a norma constitucional exige apenas maioria absoluta dos membros da Casa Legislativa, haja ou não divergência em relação ao conteúdo do parecer prévio. Para as contas dos Prefeitos, a Constituição Federal estabelece o quórum qualificado de dois terços dos membros da Câmara Municipal para infirmar a conclusão do parecer prévio. Não atingido esse número, prevalece o parece do órgão competente, seja pela rejeição, seja pela aprovação das contas. Não basta a presença de dois terços dos membros da Câmara Municipal. São necessários dois terços dos votos contra o parecer para que ele não prevaleça.

O parecer prévio da Corte de contas – Tribunal de contas do Estado, Tribunal de contas dos Municípios ou Tribunal de Contas do Município – não tem, portanto, natureza propriamente vinculante. Sua emissão é obrigatória, não pode ser dispensada pela legislação local, sob pena de inconstitucionalidade. Mas seu conteúdo, isto é, a conclusão a que chegar a Corte de contas quanto às contas do Prefeito, não é vinculante para o Poder Legislativo Municipal. Pode deixar de prevalecer por decisão de dois terços dos membros da Câmara Municipal.

Diante das peculiaridades do controle de contas municipal, Helio Saul Mileski assevera que o parecer a que se refere o § 2º do art. 31 seria "quase vinculativo", uma vez que "assume a condição de julgamento, nascendo com força de decisão", e "é de difícil afastamento a sua prevalência em virtude da exigência de votação especialíssima – 2/3 dos membros da Câmara Municipal, e não dois 2/3 dos presentes à sessão de julgamento" (MILESKI, 2003, p. 273).

O fato é que, embora obrigatória a emissão de parecer, a competência para julgar as contas do Prefeito é da Câmara Municipal. Por isso, não se pode admitir o julgamento ficto, por decurso de prazo. Viola o § 2º do art. 31 do texto constitucional norma do Município que atribua efeitos definitivos ao parecer prévio da Corte de contas, caso não submetido à deliberação legislativa em determinado prazo.

Na orientação atual do Supremo Tribunal Federal, não há que se distinguir a atuação do Prefeito como agente político e como gestor, para efeito de atribuir, no primeiro caso, a competência para o julgamento à Câmara Municipal, e, no segundo, diretamente à Corte de Contas. Não há, no texto constitucional, tal distinção.

CAPÍTULO V

DO DISTRITO FEDERAL E DOS TERRITÓRIOS

SEÇÃO I
DO DISTRITO FEDERAL

Art. 32. O Distrito Federal, vedada sua divisão em Municípios, reger-se-á por lei orgânica, votada em dois turnos com interstício mínimo de dez dias, e aprovada por dois terços da Câmara Legislativa, que a promulgará, atendidos os princípios estabelecidos nesta Constituição.

§ 1º Ao Distrito Federal são atribuídas as competências legislativas reservadas aos Estados e Municípios.

§ 2º A eleição do Governador e do Vice-Governador, observadas as regras do art. 77, e dos Deputados Distritais coincidirá com a dos Governadores e Deputados Estaduais, para mandato de igual duração.

§ 3º Aos Deputados Distritais e à Câmara Legislativa aplica-se o disposto no art. 27.

§ 4º Lei federal disporá sobre a utilização, pelo Governo do Distrito Federal, da polícia civil, da polícia penal, da polícia militar e do corpo de bombeiros militar.

Léo Ferreira Leoncy

1. História da norma[1]

Objeto de diversas propostas formuladas pelos próprios constituintes na fase preliminar dos trabalhos (Etapa 1), a autonomia do Distrito Federal fora delineada já no Anteprojeto do Relator na Subcomissão da União, Distrito Federal e Territórios (Etapa 2, Fase A), embora muito pouco da redação deste documento tenha sido aproveitado no texto final[2]. O reconhecimento dessa autonomia não impediu, todavia, algumas tentativas de limitar o poder de auto-organização distrital, a exemplo das propostas apresentadas na Comissão da Organização do Estado, sobre o Anteprojeto aprovado naquela Subcomissão, para transferir ao Congresso Nacional a competência para aprovação da Lei Orgânica do Distrito Federal ou para submeter à revisão congressual todas as proposições legislativas aprovadas pelo parlamento local (Etapa 3, Fase E)[3].

---

1. A redação deste tópico beneficiou-se de competente pesquisa realizada e fornecida pelo Centro de Documentação e Informação da Câmara dos Deputados – CEDI.

2. Nesta fase, nada menos que oito dispositivos foram dedicados a regular variados aspectos da organização político-administrativa do Distrito Federal.

3. No Anteprojeto Constitucional elaborado pela Comissão Provisória de Assuntos Constitucionais, instituída pelo Decreto n. 91.450, de 18-7-1985 – a chamada "Comissão Afonso Arinos", assim conhecida em razão do eminente jurista que a presidiu –, a figura do Distrito Federal recebeu tratamento essencialmente próximo ao da Constituição a final aprovada, muito embora nenhuma redação constante daquela proposta tenha sido aproveitada no texto promulgado.

Em comparação com os arts. 27 (Poder Legislativo estadual) e 28 (Poder Executivo estadual) da Carta de 1988, o art. 32 foi resultante de um número bem maior e bastante variado de propostas, até se chegar às versões mais aproximadas do texto a final aprovado.

Uma primeira versão do *caput* do art. 32 foi apresentada no Substitutivo 1 do Relator na Comissão de Sistematização (Etapa 4, Fase N), mantida, por sua vez, no Projeto B de Constituição, aprovado em primeiro turno em Plenário (Etapa 5, Fase T), até finalmente receber sua redação definitiva no Projeto C de Constituição, ao fim do segundo turno, em Plenário (Etapa 5, Fase V).

A redação do § 1º do art. 32 já havia sido apresentada no Substitutivo 1 do Relator na Comissão de Sistematização (Etapa 4, Fase N), permanecendo sem modificação até o final dos trabalhos.

Embora no percurso das diversas fases tenha havido o intento de atrelar a eleição do Governador e do Vice-Governador do Distrito Federal à eleição de Presidente e Vice-Presidente da República, essa vinculação apenas ocorreu de maneira tanto clara como abrangente na redação apresentada no Projeto C de Constituição, aprovado em Plenário, ao fim do segundo turno (Etapa 5, Fase V), em tudo coincidente com a versão promulgada, constante do § 2º do art. 32 da Carta em vigor.

De modo análogo, as diversas tentativas de submeter os membros do Poder Legislativo distrital ao regime conferido às legislaturas dos Estados-membros pela Constituição Federal e pela legislação eleitoral foram resumidas na fórmula sintética constante do § 3º do atual art. 32, cuja redação começou a surgir no Substitutivo 2 do Relator, na Comissão de Sistematização (Etapa 4, Fase P), assim permanecendo até ser apresentada a versão definitiva no Projeto B de Constituição, aprovado em primeiro turno, perante o Plenário (Etapa 5, Fase T).

Por fim, após surgir em primeira versão no Substitutivo 1 do Relator na Comissão de Sistematização (Etapa 4, Fase N), a redação originária do § 4º do art. 32 veio a figurar no Substitutivo 2 do Relator, na mesma Comissão (Etapa 4, Fase P), assim permanecendo até o final dos trabalhos constituintes.

2. Constituições brasileiras anteriores

Na Constituição de 1824, as referências à "Capital do Império" foram meramente secundárias (arts. 72 e 163), na medida em que não regulavam diretamente qualquer aspecto organizacional dessa entidade territorial.

A Constituição de 1891, a primeira sob o regime republicano e federativo, após dispor que "[c]ada uma das antigas Províncias [formaria] um Estado", estabeleceu que "o antigo Município Neutro [constituiria] o Distrito Federal, continuando a ser a Capital da União" enquanto não se desse a instalação da futura Capital Federal (art. 2º). A tal propósito, dispôs a Carta que "[ficaria] pertencendo à União, no planalto central da República, uma zona de 14.400 quilômetros quadrados, que [seria] oportunamente demarcada para nela estabelecer-se a futura Capital Federal" (art. 3º), de tal modo que, "[e]fetuada a mudança da Capital, o [então] Distrito Federal [passaria] a constituir um Estado" (art. 3º, parágrafo único). Na oportunidade, o Distrito Federal contava com três representantes perante o Senado, mesmo número de senadores eleitos em cada Estado (art. 30). A ausência de autonomia política do ente distrital afigurava-se evidente em face da competência privativa do Congresso Nacional para "legislar sobre a organização municipal do Distrito Federal bem como sobre a polícia, o ensino superior e os demais serviços que na capital [fossem] reservados para o Governo da União" (art. 34, 30º). Outro indicativo dessa falta de autonomia estava no fato de que, "[s]alvas as restrições especificadas na Constituição e nas leis federais, o Distrito Federal [seria] administrado pelas autoridades municipais", além de "[a]s despesas de caráter local, na Capital da República, [incumbirem] exclusivamente à autoridade municipal" (art. 67 e seu parágrafo único). O Distrito Federal, como "Capital da República", exercia função de sede dos Poderes centrais (arts. 17 e 55).

Sob a Constituição de 1934, o Distrito Federal aparece pela primeira vez, ao lado dos Estados e Territórios, como parte da "união perpétua e indissolúvel" formadora dos "Estados Unidos do Brasil" (art. 1º). Foi mantida a competência privativa da União para "organizar a administração dos Territórios e do Distrito Federal, e os serviços neles reservados à União" (art. 5º, XVI), além da legislação sobre "divisão judiciária da União, do Distrito Federal e dos Territórios e organização dos Juízos e Tribunais respectivos" (arts. 5º, XIX, *b*, e 105). Essa Carta inovou em relação à anterior ao estabelecer que "[o] Distrito Federal [seria] administrado por um Prefeito, de nomeação do Presidente da República, com aprovação do Senado Federal, e demissível *ad nutum*, cabendo as funções deliberativas a uma Câmara Municipal eletiva. As fontes de receita do Distrito Federal [seriam] as mesmas que [competiam] aos Estados e Municípios, cabendo-lhe todas as despesas de caráter local" (art. 15)[4]. Diminuiu-se para dois o número de representantes no Senado, mas ainda assim foi mantida a equivalência com os Estados (art. 89). Por fim, previu-se que "[seria] transferida a Capital da União para um ponto central do Brasil. O Presidente da República, logo que [a] Constituição [entrasse] em vigor, [nomearia] uma Comissão, que, sob instruções do Governo, [procederia] a estudos de várias localidades adequadas à instalação da Capital. Concluídos tais estudos, [seriam] presentes à Câmara dos Deputados, que [escolheria] o local e [tomaria] sem perda de tempo as providências necessárias à mudança. Efetuada esta, o [então] Distrito Federal [passaria] a constituir um Estado" (art. 4º, *caput*, das Disposições Transitórias).

A Carta de 1937 manteve o Distrito Federal como um dos entes integrantes da "união indissolúvel" constituidora do Estado federal brasileiro (art. 3º). Não obstante, seguindo tendência contrária à de uma progressiva autonomização, estabeleceu que "[o] [então] Distrito Federal, enquanto sede do Governo da República, [seria] administrado pela União", redação que logo foi modificada, passando-se a prever que "[a] Administração do [então] Distrito Federal, enquanto sede do Governo da República, [seria] *organizada* pela União" (art. 7º, na redação da Lei Constitucional n. 9, de 1945, destacou-se). Por força da mesma tendência, o texto constitucional originário negou ao Distrito Federal participação no Parlamento Nacional, situação posteriormente revertida, de modo que o ente distrital passou a contar com eleições para escolha do mesmo número de representantes que os Estados (art. 50, na redação da Lei Constitucional n. 9, de 1945). Manteve-se a competência privativa da União para legislar sobre "divisão judiciária do Distrito Federal" (art. 16, XXII). Por força da Lei Constitucional n. 9, de 1945, determinou-se que "[o] Distrito Federal [seria] administrado por um Prefeito de nomeação do Presidente da República, demissível *ad nutum*, e pelo órgão deliberativo criado pela respectiva lei orgânica"[5], bem como que "[a]s fontes de receita do Distrito Federal [seriam] as mesmas dos Estados e Municípios, cabendo-lhe todas as despesas de caráter local" (art. 30, na redação da Lei Constitucional n. 9, de 1945).

A Carta de 1946 valeu-se de redação imprecisa para dizer que "[a] União [compreenderia], além dos Estados, o Distrito Federal e os Territórios", mas também que "[o] Distrito Federal [seria] a Capital da União" (art. 1º, §§ 1º e 2º)[6]. Manteve-se a cláusula segundo a qual "[a] organização administrativa e a judiciária do Distrito Federal e dos Territórios [regular-se-iam] por lei federal, observado o disposto no art. 124" (art. 25)[7]. Também foi mantida a previsão de que "[o] Distrito Federal [seria] administrado por Prefeito de nomeação do Presidente da República [após assentimento do Senado], e [teria] Câmara eleita pelo povo, com funções legislativas", prevendo-se, igualmente, a possibilidade de sua demissão *ad nutum* (arts. 26, §§ 1º e 2º, 63, I, e 87, IV). A Emenda Constitucional n. 2, de 1956, modificou radicalmente o processo de escolha do Prefeito Distrital, desta feita estipulando que este passaria a ser eleito por sufrágio direto, mesmo modo, aliás, pelo qual seria eleita agora uma Câmara de Vereadores (art. 1º, *caput*, da EC n. 2, de 1956)[8]. Como que estabelecendo um contraponto ao avanço no processo de autonomização do Distrito Federal, essa mesma Emenda acabou por submeter o ente distrital às mesmas normas de intervenção da União nos Estados (art. 3º, parágrafo único, da EC n. 2, de 1956). O Distrito Federal continuou representado no Senado Federal com o mesmo número de Senadores dos Estados, desta feita elevados para três (art. 60, § 1º). Quanto às suas receitas, ficou estabelecido que "[a]o Distrito Federal [caberiam] os mesmos impostos atribuídos [pela] Constituição aos Estados e aos Municípios" (art. 26, § 4º)[9]. Por fim, ressalte-se que foi retomado o projeto de uma nova capital para a República (art. 4º

---

4. Em complementação a esse dispositivo, as Disposições Transitórias da Carta de 1934 dispunham que "[o] [então] Distrito Federal [seria] administrado por um Prefeito, cabendo as funções legislativas a uma Câmara Municipal, ambos eleitos por sufrágio direto sem prejuízo da representação profissional, na forma que [fosse] estabelecida pelo Poder Legislativo federal na Lei Orgânica. [Seriam estendidas ao Distrito Federal], no que lhe [fossem] aplicáveis, as disposições do art. 12 [regras de intervenção federal nos Estados]. A primeira eleição para Prefeito [seria] feita pela Câmara Municipal em escrutínio secreto" (art. 4º, parágrafo único, das Disposições Transitórias).

5. Antes da referida reforma constitucional, a nomeação do Prefeito estava sujeita à aprovação do Conselho Federal (denominação atribuída pela Constituição de 1937 à Câmara Alta ou Senado), que também detinha "as funções deliberativas" do Distrito Federal (art. 30, na redação anterior à Lei Constitucional n. 9, de 1945), ou seja, competia ao Conselho legislar para o ente distrital, no que se referisse aos interesses peculiares deste (art. 53, na redação anterior à Lei Constitucional n. 9, de 1945).

6. Perceba-se que, no primeiro caso, União parece ter o sentido de "Estado Federal" e, no segundo, "ente central".

7. O art. 124 estabelecia normas de organização da Justiça dos Estados.

8. A Emenda Constitucional n. 3, de 1961, retomou o sistema de nomeação do Prefeito do Distrito Federal pelo Presidente da República, mediante aprovação do Senado Federal (art. 2º).

9. A Emenda Constitucional n. 18, de 1965, reafirmou essa dupla competência tributária do Distrito Federal (art. 6º, I).

do ADCT)[10], fazendo-se a "transferência da Capital da União, para o Planalto Central do País" em 21 de abril de 1960[11].

Na Constituição de 1967, o Distrito Federal manteve-se como integrante da República federativa (art. 1º), além de capital da União (art. 2º), aspectos que não foram modificados pela Emenda Constitucional n. 1, de 1969[12]. Em ambos os documentos, reconheceu-se ao Distrito Federal, como também aos Estados, a faculdade para adotar símbolos próprios (art. 1º, § 3º). Entre as competências que conferiram à União, foi mantida a de legislar sobre "organização administrativa e judiciária do Distrito Federal e dos Territórios" (arts. 8º, XVII, t, e 17, caput). Houve certo regresso no movimento de autonomização do Distrito Federal: primeiro, porque se transferiu ao Senado a competência, antes deferida a uma Câmara distrital eleita, para "discutir e votar projetos de lei sobre matéria tributária e orçamentária, serviços públicos e pessoal da Administração do Distrito Federal", bem como "legislar sobre [e para] o Distrito Federal"[13]; segundo, porque o respectivo Prefeito passou a ser "[nomeado] pelo Presidente da República, depois de aprovada a escolha pelo Senado", e não mais eleito por sufrágio direto, como na Emenda Constitucional n. 2, de 1956 (arts. 17, §§ 1º e 2º, 45, I e III, 60, IV, e 83, IV)[14]. Permaneceu com o Distrito Federal, entretanto, a competência arrecadatória de tributos, incluídos os "impostos atribuídos aos Estados e Municípios" (art. 19, I a III, e seu § 5º)[15]. No texto original, o Distrito Federal perdeu sua representação no Senado (art. 43), o que foi logo restabelecido pela Emenda Constitucional n. 1, e na mesma proporção que os Estados (art. 41, § 1º). Por fim, como uma espécie de último ato no histórico movimento de transferência da Capital, a esta altura concluído, a Carta de 1967 estabeleceu que "[d]entro de cento e oitenta dias, a partir da vigência desta Constituição, o Poder Executivo [enviaria] ao Congresso Nacional projeto de lei regulando a complementação da mudança, para a Capital da União, dos órgãos federais que ainda [permaneciam] no Estado da Guanabara" (art. 183).

3. Constituições estrangeiras[16]

Analisando-se as Constituições de alguns países que adotam a forma federativa de Estado, verificou-se a presença de dois modelos regulatórios básicos em relação à figura do Distrito Federal. Num desses modelos, o discurso constitucional não trata dos aspectos organizatórios do ente distrital, fazendo, quando muito, algumas menções esparsas sobre questões secundárias à sua estruturação. Num outro modelo, o discurso constitucional "apropria-se" desse ente, preordenando algumas das relevantes questões inerentes à sua organização.

Entre as Cartas estrangeiras que adotam um modelo regulatório mínimo, muitas vezes remetendo a disciplina da organização do Distrito Federal a uma lei posterior do ente político central, estão as Constituições dos Estados Unidos da América (art. I, Seção VIII, e Emenda XXIII, Seções 1 e 2), da Venezuela (arts. 16 e 18), da Argentina (arts. 3º e 129), da Austrália (art. 125), e a Lei Fundamental da República Federal da Alemanha (art. 22, § 1º).

Entre as Cartas que adotam um modelo regulatório analítico, a Constituição Política dos Estados Unidos Mexicanos é a que dedica o maior número de normas ao respectivo Distrito Federal, por via das quais praticamente toda a matéria ínsita à organização deste ente é objeto de minuciosa disciplina (arts. 44 e 122, este último com dezenas de subitens). Embora sem a mesma expansividade da Carta mexicana, também merecem destaque por seu caráter analítico em relação à matéria as Constituições da Áustria (arts. 5º, 108, 109, 111 e 112) e da Índia (arts. 239AA e 239AB).

4. Direito internacional

As questões disciplinadas pelo art. 32 e seus parágrafos não integram o temário clássico do direito internacional, nem são objeto de atos internacionais em que a República Federativa do Brasil é parte.

5. Remissões constitucionais

A Constituição de 1988 dá conta de que o Distrito Federal, além de abrigar Brasília, na condição de Capital Federal (art. 18, § 1º), também integra, ao lado da União, dos Estados e dos Municípios, a organização político-administrativa da República Federativa do Brasil (arts. 1º e 18, caput), podendo, em razão da sua autonomia política, ter símbolos próprios (art. 13, § 2º).

---

10. Vale a pena a transcrição do preceito pertinente, constante do Ato das Disposições Constitucionais Transitórias: "Art. 4º A Capital da União será transferida para o planalto central do País. § 1º Promulgado este Ato, o Presidente da República, dentro em sessenta dias, nomeará uma Comissão de técnicos de reconhecido valor para proceder ao estudo da localização da nova Capital. § 2º O estudo previsto no parágrafo antecedente será encaminhado ao Congresso Nacional, que deliberará a respeito, em lei especial, e estabelecerá o prazo para o início da delimitação da área a ser incorporada ao domínio da União. § 3º Findos os trabalhos demarcatórios, o Congresso Nacional resolverá sobre a data da mudança da Capital. § 4º Efetuada a transferência, o atual Distrito Federal passará a constituir o Estado da Guanabara".

11. Na vigência da Constituição de 1946, tal transferência foi reconhecida formalmente com a aprovação da Emenda Constitucional n. 3, de 1961 (art. 6º).

12. Quando os correspondentes dispositivos da Emenda Constitucional n. 1, de 1969, não forem mencionados, é porque esta manteve a numeração originária da Carta de 1967.

13. Na vigência da Constituição de 1967 (art. 45, III) e da Emenda Constitucional n. 1, de 1969 (art. 42, V), o Distrito Federal ficou destituído de um órgão legislativo próprio.

14. Em vez de Prefeito, a Emenda Constitucional n. 1 passou a falar em Governador do Distrito Federal (art. 17, § 2º), além de ter renumerado alguns dispositivos acima citados (arts. 42, III e V, 57, IV, e 81, VI). Tal Emenda também inovou ao dizer que "lei federal, de iniciativa exclusiva do Presidente da República, [definiria]: I – o regime jurídico dos servidores públicos da União, do Distrito Federal e dos Territórios" (art. 109).

15. A Emenda Constitucional n. 1 devolveu ao Distrito Federal a competência para instituir taxas e contribuição de melhoria, mantida a sua competência meramente arrecadatória para impostos estaduais e municipais (art. 18, I e II, e seu § 4º).

16. Para a elaboração deste tópico, foram consultadas as obras organizadas por Jorge Miranda, Constituições de diversos países, 3. ed., volumes I e II, Lisboa: Casa da Moeda, 1986, por Mª Isabel Álvarez Vélez e Mª Fuencisla Alcón Yustas, Las constituciones de los quince estados de la Unión Europea: textos y comentarios, Madrid: Dykinson, 1996, pela Subsecretaria de Edições Técnicas do Senado Federal, Constituição do Brasil e Constituições estrangeiras, volumes I e II, Brasília: Senado Federal, 1987, e, novamente, pela Subsecretaria de Edições Técnicas do Senado Federal, Constituições estrangeiras, volumes 1 a 6, Brasília: Senado Federal, 1987. Após as consultas, os dispositivos constitucionais referenciados foram confrontados com as versões disponíveis nos sítios governamentais dos respectivos países.

A competência para elaborar uma lei fundamental própria, que é um aspecto da sua autonomia constitucional (art. 32, *caput*), deve ser interpretada à luz dos mesmos limites impostos ao exercício do poder constituinte estadual (arts. 25, *caput*, da CF e 11 do ADCT).

Quanto à compreensão das competências legislativas, outro aspecto da autonomia distrital (art. 32, § 1º), necessário ter em conta as competências equivalentes deferidas aos Estados e Municípios (arts. 25, §§ 1º a 3º, e 30, especialmente), mesmo em se tratando de matéria tributária (arts. 147 e 155).

No tocante às eleições para Governador e Vice-Governador do Distrito Federal e para Deputado Distrital, incluindo os respectivos poderes e estatutos funcionais (art. 32, §§ 2º e 3º), são temas que podem ser mais bem compreendidos à luz de todos os preceitos relacionados ao próprio regime constitucional do Governador e do Vice-Governador de Estado, dos Deputados Estaduais e da respectiva Assembleia Legislativa (arts. 27 e 28)[17].

Por fim, no tocante à utilização, pelo Governo do Distrito Federal, das polícias civil, penal e militar e do corpo de bombeiros militar (art. 32, § 4º), relembre-se a competência da União para "organizar e manter" essas corporações (art. 21, XIV).

6. Jurisprudência constitucional

Muitos são os pronunciamentos do Supremo Tribunal Federal acerca do Distrito Federal e seus respectivos Poderes e autoridades. A seguir, serão inventariados os principais temas já debatidos pela Corte, bem como sumulados os entendimentos que prevaleceram nos respectivos precedentes.

Equiparação da Lei Orgânica do Distrito Federal às Constituições estaduais: segundo o Supremo Tribunal Federal, "a Lei Orgânica equivale, em força, autoridade e eficácia jurídicas, a um verdadeiro estatuto constitucional, essencialmente equiparável às Constituições promulgadas pelos Estados-membros" (ADI-MC 980). **Quórum de aprovação e reforma da Lei Orgânica do Distrito Federal**: na visão da Corte, "[o] art. 32 da Constituição Federal faz menção ao quórum de dois terços tão somente para a aprovação da LODF, mas nada dispõe acerca de seu processo de reforma, o qual – na esteira do entendimento pacífico do STF – deve guardar subserviência ao que fora previsto para o modelo federal (CF, art. 60, §§ 1º ao 5º)" (ADI 7.205). **Escolha de Administrador Regional e participação popular**: norma da Lei Orgânica do Distrito Federal que autoriza lei local a dispor sobre a participação popular no processo de escolha de Administradores Regionais não viola, por si só, a vedação de dividir o Distrito Federal em Municípios, bem como não restringe, necessariamente, a liberdade de escolha de tais Administradores por parte do chefe do Poder Executivo (ADI 2.558). **Distrito Federal e vedação de sua subdivisão em Municípios**: é inconstitucional a lei distrital que autoriza a criação de unidades relativamente autônomas no âmbito do Distrito Federal (ADI 1.706). **Distrito Federal e sua equiparação a Estados ou Municípios**: não é inconstitucional lei federal que, para efeitos de determinar o regime de responsabilidade fiscal do Distrito Federal, considere-o antes equivalente a Estados do que a Municípios (ADI 3.756). **Deputado Distrital e imunidade parlamentar material (inviolabilidade)**: independentemente do local em que proferidas e desde que motivadas pelo exercício do mandato parlamentar ou externadas em razão deste, Deputado Distrital não pode ser responsabilizado civilmente por danos eventualmente resultantes de suas manifestações, orais ou escritas, a exemplo de declarações divulgadas no boletim diário da sessão plenária da Câmara Legislativa ou em entrevistas jornalísticas publicadas pela imprensa local (AI 401.600 AgRg). **CPI distrital e poderes de investigação**: "ainda que seja omissa a Lei Complementar n. 105/2001 [que dispõe sobre o sigilo das operações de instituições financeiras e dá outras providências], podem essas comissões estaduais requerer quebra de sigilo de dados bancários [e fiscais], com base no art. 58, § 3º, da Constituição", entendimento que também se estende às comissões parlamentares de inquérito instauradas no âmbito da Câmara Legislativa do Distrito Federal (ACO 730 e ACO 796). **Crimes de responsabilidade do Governador do Distrito Federal e competência para o seu julgamento**: é à Câmara Legislativa do Distrito Federal (respeitados os termos da Lei federal n. 1.079, de 1950), e não ao Senado Federal (conforme dispunha a Lei federal n. 7.106, de 1983, já revogada no ponto), que compete julgar o Governador do Distrito Federal nos crimes de responsabilidade (MS 24.297). **Competência para legislar sobre polícias civil e militar e corpo de bombeiros militar do Distrito Federal**: compete privativamente à União legislar sobre o regime jurídico dos membros das polícias civil e militar e do corpo de bombeiros militar do Distrito Federal (ADIs 3.791, 2.102, 3.601, 2.881, entre outros precedentes, e Súmula 647 do STF), bem como sobre seus vencimentos (Súmula Vinculante 39), estando superado o entendimento (expresso, por exemplo, na ADI 677) de que essas carreiras podem ter um regime remuneratório híbrido (ADI 7.391).

7. Referências bibliográficas

BONAVIDES; Paulo; ANDRADE, Paes de. *História constitucional do Brasil*. 4. ed. Brasília: OAB, 2002.

CAMPANHOLE, Adriano; CAMPANHOLE, Hilton Lobo. *Constituições do Brasil*. 13. ed. São Paulo: Atlas, 1999.

FERRAZ, Anna Cândida da Cunha. *Poder constituinte do Estado-membro*. São Paulo: Revista dos Tribunais, 1979.

GONÇALVES, Vítor Fernandes. *O controle da constitucionalidade das leis do Distrito Federal*. Brasília: Brasília Jurídica, 1999.

HORTA, Raul Machado. *A autonomia do Estado-membro no direito constitucional brasileiro*. Belo Horizonte: UFMG, 1964 (Tese).

LAUBÉ, Vitor Rolf. Distrito Federal: organização e natureza jurídica decorrentes da Constituição de 1988. *Revista de Informação Legislativa*, Brasília, ano 27, n. 105, p. 47-64, jan./mar. 1990.

LEONCY, Léo Ferreira. Constituição Estadual. In: DIMOULIS Dimitri (coord.). *Dicionário Brasileiro de Direito Constitucional*. 2. ed. São Paulo: Saraiva, 2012, p. 100-101.

_____. *Controle de constitucionalidade estadual*: as normas de observância obrigatória e a defesa abstrata da Constituição do Estado-membro. São Paulo: Saraiva, 2007.

---

17. Aplicam-se ao Distrito Federal todas as remissões constitucionais que foram anotadas nos comentários aos arts. 27 e 28 da Constituição da República, constantes desta mesma obra e para os quais agora se remete o leitor.

LEWANDOWSKI, Enrique Ricardo. El distrito federal brasileño en el contexto del régimen federal. In: *Estatutos jurídicos de las capitales e áreas metropolitanas*. Bogotá: Externado, 1991, p. 49-72.

MIRAGEM, Bruno; ZIMMER JÚNIOR, Aloísio. *Comentários à Constituição do Estado do Rio Grande do Sul*. Rio de Janeiro: Forense, 2010.

PERTENCE, José Paulo Sepúlveda. Contribuição à teoria do Distrito Federal no direito constitucional brasileiro. In: *As relações entre o Distrito Federal e a União*. Brasília: Codeplan, 1992, p. 8-50.

SILVA, José Afonso da. A cidade-capital: funções do Estado moderno, integração nacional e relações internacionais. *Revista Trimestral de Jurisprudência dos Estados*, v. 11, n. 43, p. 3-21, mar./abr. 1987.

SOUZA, Carlos Fernando Mathias de. O Senado e o Distrito Federal. *Revista de Informação Legislativa*, Brasília, ano 47, n. 187, p. 45-57, jul./set. 2010.

SOUZA JUNIOR, Cezar Saldanha. *Constituições do Brasil*. Porto Alegre: Sagra Luzzatto, 2002.

TRIGUEIRO, Oswaldo. *Direito constitucional estadual*. Rio de Janeiro: Forense, 1980.

8. Comentários

8.1. Distrito Federal como ente federativo autônomo

O Distrito Federal constitui um dos entes políticos integrantes do Estado Federal brasileiro, ao lado da União, Estados e Municípios. Com estes, forma a República Federativa do Brasil, e, tal como estes, é dotado de autonomia constitucional, nos termos da Constituição (arts. 1º e 18). No caso do ente distrital, essa autonomia envolve não apenas a capacidade para editar uma *lei fundamental* própria, como também a autoridade para instituir e manter *órgãos governamentais próprios*, além da *competência para legislar* sobre assuntos do seu interesse *e para administrar* seus serviços autônomos.

Apesar desse seu perfil constitucionalmente autônomo, o Distrito Federal experimenta um *déficit* de autonomia em comparação aos demais entes federativos. Isso porque alguns dos seus órgãos e serviços, que num ente federativo comum ficariam sob a respectiva órbita de responsabilidade, foram deixados a cargo da União. Assim aconteceu com o Poder Judiciário e com o Ministério Público, bem como com as polícias civil, penal e militar e com o corpo de bombeiros militar do Distrito Federal, cuja manutenção e organização encontram-se entre as competências daquele ente federal (arts. 21, XIII e XIV, 22, XVII, e 48, IX da CF)[18].

Tal configuração explica-se não apenas pela importância estratégica desses órgãos e respectivas funções, como também pela debilidade arrecadatória do ente distrital para manter muitos dos seus serviços, fator que inspirou inclusive a criação de um "fundo próprio" para "prestar assistência financeira ao Distrito Federal para a execução de serviços públicos" (art. 21, XIV, parte final, da CF)[19].

Quanto à organização político-administrativa do Distrito Federal, a Carta da República vedou a sua divisão em Municípios (art. 32, *caput*), fazendo do ente distrital um ente regional juridicamente centralizado, visto que sem subdivisões políticas internas. Com isso, a sua unidade político-administrativa mantém-se num grau máximo, evitando-se, assim, o seu esfacelamento territorial[20].

Outro aspecto relevante da sua autonomia política está no fato de o Distrito Federal encontrar-se constitucionalmente sujeito ao processo de intervenção a cargo da União (art. 34 da CF), fator que demonstra a importância estratégica a ele atribuída na configuração político-institucional do Estado brasileiro.

Por fim, registre-se que o caráter singular da figura do Distrito Federal no contexto da Federação brasileira impõe uma série de desafios àqueles que se propõem a explicar o seu estatuto constitucional. Nesse sentido, o laconismo da Constituição de 1988 em relação a esse estatuto e o emprego de uma regulação constitucional indireta por meio de remissão a instituições governamentais estaduais e municipais muitas vezes levam os intérpretes a analisar o ente distrital a partir da perspectiva dessas outras entidades federativas. Não obstante, as propostas doutrinárias de comparar o Distrito Federal a tais entes costumam não ser muito frutíferas, pois, em geral, tendem a ignorar o fato de o ente distrital possuir um perfil constitucional próprio, que merece ser tanto explorado como construído de maneira criativa e independente[21].

De todo modo, tem-se no Distrito Federal um ente federativo dotado de autonomia política própria, e toda tentativa de enquadrá-lo constitucionalmente deve assumir a relevância desta premissa.

---

18. No desenho institucional traçado pela Carta de 1988, a Defensoria Pública do Distrito Federal havia ficado sob a responsabilidade da União, que, entretanto, jamais chegou a implantar aquele órgão essencial à assistência jurídica integral e gratuita aos necessitados (arts. 5º, LXXXIV, e 134, *caput*). Depois de mais de vinte anos da mora do ente federal, a Emenda Constitucional n. 69, de 29-3-2012, modificou o *status* constitucional da Defensoria Distrital, repassando a responsabilidade pela sua organização e manutenção integralmente ao Distrito Federal.

19. O Fundo Constitucional do Distrito Federal – FCDF foi instituído pela Lei federal n. 10.633, de 27-12-2002. O fato de o Distrito Federal abrigar a sede do governo federal pode ser considerada outra razão para a autonomia desse ente federativo ser parcialmente tutelada e subsidiada pela União (art. 18, § 1º, da CF).

20. A propósito, o Supremo Tribunal Federal declarou a inconstitucionalidade de lei distrital que autorizara a subdivisão do Distrito Federal em unidades relativamente autônomas (ADI 1.706, Tribunal Pleno, rel. Min. Eros Grau, j. em 9-4-2008, *Ementário n. 2332-01*, p. 7).

21. Não se desconhece que tais comparações já se mostraram algumas vezes úteis e necessárias para resolver determinadas questões difíceis postas à jurisprudência constitucional. Foi o que ocorreu, por exemplo, quando o Supremo Tribunal Federal teve que decidir se as leis distritais editadas no exercício de competência equivalente à municipal submetiam-se a controle por ação direta de inconstitucionalidade, cujo objeto encontra-se constitucionalmente circunscrito apenas ao direito federal e estadual, excluídas as normas municipais (ADI 611, Tribunal Pleno, rel. Min. Sepúlveda Pertence, j. em 6-11-1992, *Ementário n. 1.688-01*, p. 57). O mesmo ocorreu quando a Corte teve que decidir se para efeitos de aplicação da Lei de Responsabilidade Fiscal o Distrito Federal deveria ser tratado como um Estado ou como um Município, tendo em vista a diferença de regimes de responsabilidade aplicáveis a um caso e outro (ADI 3.756, Tribunal Pleno, rel. Min. Carlos Britto, j. em 21-6-2007, *Ementário n. 2.294-01*, p. 146).

8.2. A Lei Orgânica do Distrito Federal como lei fundamental

O Supremo Tribunal Federal equiparou a Lei Orgânica do Distrito Federal a uma Constituição Estadual[22], o que significa dizer que, ao editá-la ou reformá-la, a Câmara Legislativa distrital faz as vezes de constituinte decorrente, atuando, portanto, com "poderes constituintes próprios"[23]. Trata-se de um poder formalmente condicionado e materialmente subordinado à Carta Federal, mas também funcionalmente encarregado pelo desenvolvimento desta no âmbito local, como atividade subsequente que é em relação ao poder constituinte nacional[24].

Tal equiparação significa também que a Lei Orgânica é fonte jurídica por excelência da organização distrital, por meio da qual são instituídos alguns dos Poderes locais e distribuídas as suas respectivas competências, além de servir, igualmente, de parâmetro de validade formal e material das normas jurídicas locais.

Nessa condição, a Lei Orgânica do Distrito Federal é dotada tanto de supremacia como de rigidez. A rigidez vem consagrada no *procedimento especial*, constitucionalmente previsto, segundo o qual, para a sua aprovação originária, a Lei Orgânica será "votada em dois turnos com interstício mínimo de dez dias, e aprovada por dois terços da Câmara Legislativa" (art. 32, *caput*, da CF). Conforme orientação jurisprudencial, a rigidez também é assegurada pela submissão das propostas de emenda à Lei Orgânica aos mesmos limites previstos ao poder de reforma da Constituição da República (CF, art. 60, §§ 1º ao 5º)[25].

Já a supremacia decorre da previsão de que o Distrito Federal *será regido* por sua Lei Orgânica, que, por sua vez, tal como as Constituições estaduais, é fruto do poder constituinte distrital (art. 32, *caput*, § 1º, da CF, e art. 11, do ADCT).

Não apenas em razão do caráter tanto formal como materialmente fundamental da Lei Orgânica, mas também como forma de garantia das suas características de supremacia e rigidez, as Leis n. 9.868, de 1999 (Lei da ADI e da ADC), e n. 11.697, de 2008 (Lei de Organização Judiciária do Distrito Federal), têm-na como parâmetro único e exclusivo do controle de constitucionalidade das leis distritais perante o Tribunal de Justiça do Distrito Federal, a teor do que a própria Constituição da República prevê em relação aos Estados-membros (art. 125, § 2º, da CF)[26].

8.3. Competências do Distrito Federal

Num Estado federal, não é compreensível a atribuição de autonomia política a determinado ente federativo que não esteja associada a uma "repartição constitucional de competências para o exercício e o desenvolvimento de sua atividade normativa"[27]. Daí que o reconhecimento de autonomia ao Distrito Federal veio necessariamente acompanhado de um conjunto de poderes a serem exercidos pelos respectivos órgãos estatais autônomos.

Nesse sentido, o Distrito Federal figura, ao lado dos demais entes federativos, como um dos titulares diretos das *competências materiais comuns* e das *competências legislativas concorrentes*, sujeitando-se, todavia, em ambas as hipóteses, ao protagonismo da União. No primeiro caso, tal protagonismo ocorre por meio de leis complementares de cooperação editadas pelo ente federal com vistas ao equilíbrio do desenvolvimento e do bem-estar em âmbito nacional (art. 23, parágrafo único, da CF) e, no segundo, a partir das leis federais sobre normas gerais, que, a propósito, não excluem a competência suplementar do Distrito Federal para atender a suas peculiaridades (art. 24, §§ 1º e 2º, da CF)[28].

Afora essas atribuições, a Constituição assegura ainda ao Distrito Federal "as competências legislativas reservadas aos Estados e Municípios" (art. 32, § 1º). Por óbvio que esse dispositivo se refere a outras atribuições que não as competências materiais comuns ou as legislativas concorrentes, que já haviam sido diretamente asseguradas ao ente distrital por força dos arts. 23 e 24 da Carta da República, acima referidos. Nesse outro preceito ora mencionado, trata-se agora de conferir ao legislador distrital as competências legislativas estaduais fundadas no chamado *poder remanescente* (art. 25, § 1º) e a competência legislativa municipal para *assuntos de interesse local* (art. 30, I), além de outras competências legiferantes de caráter exclusivo, mencionadas principalmente nos arts. 25, 27, 28 e 30. Dessa conjugação de atribuições diversas, tanto estaduais como municipais, além das propriamente distritais, é que decorre o caráter plurifederativo das competências do Distrito Federal.

Em razão de o § 1º do art. 32 referir-se tão somente a "competências *legislativas*", cabe perquirir se o Distrito Federal não seria dotado também das mesmas competências *materiais* exclusivas dos Estados e Municípios. Certamente, o dispositivo em questão disse menos do que poderia (e deveria) dizer. Não faria sentido o Distrito Federal ser titular de competências legislativas tão relevantes se não fosse também protagonista das respectivas atividades administrativas a elas atinentes, além de outros serviços públicos peculiares e necessários ao pleno desenvolvimento da sua autonomia política. Não fosse assim, não haveria quem se responsabilizasse por tais atividades e serviços básicos ou essenciais no âmbito do Distrito Federal, os quais evidentemente não

---

22. ADI-MC 980, Tribunal Pleno, rel. Min. Celso de Mello, j. em 3-2-1994, Ementário n. 1.744-01, p. 69.

23. A expressão foi retirada do art. 11 do ADCT, e, embora tenha sido usada para descrever os poderes com que atuam as Assembleias Legislativas ao editar as Constituições Estaduais, também pode ser empregada com a mesma finalidade em relação à Câmara Legislativa e à Lei Orgânica do Distrito Federal.

24. Conforme se percebe, o poder constituinte distrital não difere substancialmente daquele atribuído aos Estados-membros, de tal modo que as características deste também servem para descrever aquele. Para um inventário dessas características, cf. Anna Cândida da Cunha Ferraz, *Poder constituinte do Estado-membro*, São Paulo: Revista dos Tribunais, 1979. Do mesmo modo, as notas típicas da Constituição Estadual também são assimiláveis à Lei Orgânica. Sobre tais notas, cf. Léo Ferreira Leoncy, Constituição Estadual. In: Dimitri Dimoulis (coord.), *Dicionário brasileiro de direito constitucional*, 2. ed., São Paulo: Saraiva, 2012, p. 100-101.

25. O quórum de dois terços também era exigido para a aprovação de propostas de emendas à Lei Orgânica do Distrito Federal (art. 70, § 1º, da LODF). Porém, no entendimento do Supremo, e tal como a Corte decidira em relação aos Estados-membros, o quórum para aprovar emendas à Lei Orgânica deve ser de três quintos, o mesmo que aquele previsto para as emendas à Constituição Federal (art. 60, § 2º) (ADI 7.205, Tribunal Pleno, rel. Min. Dias Toffoli, j. em 17-12-2022, *DJE* de 20-4-2023).

26. Mas enquanto nos Estados a instituição do controle abstrato de constitucionalidade perante os respectivos Tribunais de Justiça é matéria a ser regulada nas Constituições Estaduais (art. 125, §§ 1º e 2º, da CF), no Distrito Federal, cujo Poder Judiciário é organizado e mantido pela União, o mesmo assunto é objeto de disciplina de lei federal (art. 22, XVII, da CF).

27. Raul Machado Horta, *A autonomia do Estado-membro no direito constitucional brasileiro*, Belo Horizonte: UFMG, Tese, 1964, p. 49.

28. Para outros desdobramentos, *vide* os comentários aos arts. 23 e 24, nesta obra.

caberiam à União (cujas competências não os contemplam), nem aos Estados (a cujos territórios e autoridade o ente distrital jamais se circunscreve) ou mesmo a quaisquer Municípios (nos quais o Distrito Federal foi proibido de se dividir).

Ressalte-se, por fim, que, seguindo a mesma linha de raciocínio das suas competências legislativas e administrativas gerais, a competência tributária do Distrito Federal abrange tanto os impostos de competência dos Estados (art. 155 da CF) como aqueles atribuídos aos Municípios (arts. 147 e 156 da CF)[29].

8.4. Poder Legislativo e Poder Executivo do Distrito Federal

No tocante aos Poderes Legislativo e Executivo do Distrito Federal, a Constituição da República valeu-se uma vez mais da técnica da remissão normativa para fazer aplicar a um determinado ente federativo ou a seus organismos e autoridades alguns dos regramentos destinados a outros entes, organismos ou autoridades equivalentes[30].

Nesse sentido, o § 2º do art. 32 da Carta Federal determinou que "[a] eleição do Governador e do Vice-Governador, observadas as regras do art. 77, e dos Deputados Distritais coincidirá com a dos Governadores e Deputados Estaduais, para mandato de igual duração". A propósito dessa redação, não se acredita que o constituinte originário tenha feito uso do verbo "coincidirá" tão somente para dizer que as eleições em apreço ocorrerão "na mesma data" que a das autoridades estaduais equivalentes. Uma leitura mais consentânea com o sistema constitucional em vigor dirá que as eleições distritais serão também coincidentes em todos os demais aspectos que cercam as eleições estaduais[31].

Em relação às figuras do Governador e do Vice-Governador do Distrito Federal, o dispositivo em apreço não esclarece se os regimes funcional e remuneratório dos Governadores e dos Vice-Governadores de Estado também lhes são aplicáveis (art. 28, §§ 1º e 2º, da CF). Tais silêncios, entretanto, podem ser supridos tanto pela jurisprudência constitucional (que tendencialmente submete aquelas autoridades distritais aos mesmos deveres dos seus equivalentes estaduais)[32] como pelo próprio texto constitucional (que em outra oportunidade subordina aquelas autoridades distritais ao regime de subsídio)[33]. Também aqui, portanto, o tratamento uniforme entre as referidas autoridades distritais e estaduais é impositivo[34].

No tocante à Câmara Legislativa do Distrito Federal e aos Deputados Distritais, a Carta da República valeu-se também da técnica da remissão normativa, mas, para tanto, utilizou-se de fórmula redacional mais clara, ao dizer simplesmente que "[a]os Deputados Distritais e à Câmara Legislativa aplica-se o disposto no art. 27" (art. 32, § 3º). Nesse sentido, feitas as devidas adaptações, aplica-se ao Poder Legislativo distrital e seus integrantes todo o regramento decorrente do art. 27 e seus parágrafos da Constituição de 1988, dedicados à Assembleia Legislativa estadual e seus respectivos membros[35].

8.5. Polícias civil, penal e militar, e corpo de bombeiros militar do Distrito Federal

O fato de a Constituição Federal ter conferido à União a competência para "organizar e manter a polícia civil, a polícia penal, a polícia militar e o corpo de bombeiros militar do Distrito Federal" (art. 21, XIV) não excluiu tais forças de segurança pública do poder hierárquico do Governador do Distrito Federal. Isso porque, a despeito de aquela competência implicar plena responsabilidade legislativa e financeira ao ente federal no tocante a tais corporações, o constituinte não se furtou a reconhecer que "[a]s polícias militares e os corpos de bombeiros militares, forças auxiliares e reserva do Exército subordinam-se, juntamente com as polícias civis e as polícias penais estaduais e distrital, aos Governadores dos Estados, do *Distrito Federal* e dos Territórios" (destacamos) (art. 144, § 6º).

À vista desse cenário normativo é que deve ser interpretado o comando constitucional segundo o qual "[l]ei federal disporá sobre a utilização, pelo Governo do Distrito Federal, da polícia civil, da polícia penal, da polícia militar e do corpo de bombeiros militar" (art. 32, § 4º). Qualquer que seja o conteúdo desta lei, não poderá jamais o legislador federal ignorar que o Governador do Distrito Federal é o superior hierárquico das forças de segurança distritais, sem prejuízo, por óbvio, do caráter de forças auxiliares e reserva do Exército exercido pelas duas corporações militares dessas unidades.

O objeto da lei federal em apreço – que, conforme visto, "disporá sobre a utilização, pelo Governo do Distrito Federal, da polícia civil, da polícia penal, da polícia militar e do corpo de bombeiros militar" (art. 32, § 4º) – não se confunde com o objeto da(s) lei(s) a ser(em) editada(s) com base no art. 22, XXI, da Carta Federal, segundo o qual a União disporá sobre "normas gerais de organização, efetivos, material bélico, garantias, convocação, mobilização, inatividades e pensões das polícias militares e dos corpos de bombeiros militares".

Por fim, cumpre registrar que as leis federais atualmente em vigor não se afastaram das diretrizes constitucionais acima apontadas.

Desse modo, a Lei n. 6.450, de 14-10-1977 (com a redação da Lei n. 12.086, de 2009), estabeleceu que "[a] Polícia Militar do Distrito Federal, instituição permanente, fundamentada nos princípios da hierarquia e disciplina, essencial à segurança pública do Distrito Federal e ainda força auxiliar e reserva do Exército

---

29. Acerca da competência tributária do Distrito Federal, *vide* os comentários aos arts. 147, 155 e 156.

30. Para um apanhado das questões relativas à técnica da remissão normativa, cf. Léo Ferreira Leoncy, *Controle de constitucionalidade estadual*: as normas de observância obrigatória e a defesa abstrata da Constituição do Estado-membro, São Paulo: Saraiva, 2007, p. 88 e s.

31. A propósito desses aspectos, *vide*, também de nossa autoria, os comentários aos arts. 27 e 28 nesta obra, em tudo aplicáveis às eleições distritais.

32. Tal como ocorreu no HC 102.732, Tribunal Pleno, rel. Min. Marco Aurélio, j. em 4-3-2010, *Ementário n. 2.400-04*, p. 680.

33. "Art. 39. (...) § 4º O membro de Poder, o detentor de mandato eletivo, os Ministros de Estado e os Secretários Estaduais e Municipais serão remunerados exclusivamente por subsídio fixado em parcela única, vedado o acréscimo de qualquer gratificação, adicional, abono, prêmio, verba de representação ou outra espécie remuneratória, obedecido, em qualquer caso, o disposto no art. 37, X e XI".

34. Novamente, *vide* os nossos comentários ao art. 28, nesta obra.

35. Por essa razão, e para evitar repetições incômodas, remete-se novamente o leitor aos nossos comentários ao art. 27 e seus parágrafos, nesta obra, em tudo aplicáveis à Câmara Legislativa e aos Deputados Distritais.

nos casos de convocação ou mobilização, organizada e mantida pela União nos termos do inciso XIV do art. 21 e dos §§ 5º e 6º do art. 144 da Constituição Federal, subordinada ao Governador do Distrito Federal, destina-se à polícia ostensiva e à preservação da ordem pública no Distrito Federal" (art. 1º). Por outro lado, a Lei n. 8.255, de 20-11-1991, reconheceu que "[o] Corpo de Bombeiros Militar do Distrito Federal, força auxiliar e reserva do Exército, subordina-se ao Governador do Distrito Federal e integra o sistema de segurança pública do Distrito Federal" (art. 3º).

Por força da competência legislativa organizatória e da responsabilidade financeira da União para com as forças de segurança pública distritais, é comum dizer-se que as respectivas corporações "não se integram na administração do Distrito Federal"[36] ou que, "utilizados pelo governo do Distrito Federal, não pertencem a este, e sim são mantidos naquela circunscrição pela União"[37]. Do ponto de vista formal, tais afirmações parecem irrepreensíveis. Não obstante, a prática demonstra que aqueles órgãos de segurança têm um funcionamento totalmente integrado à administração pública do Distrito Federal, em cujo âmbito ocorre tanto o exercício de suas atividades como o controle de sua disciplina.

SEÇÃO II

DOS TERRITÓRIOS

Art. 33. A lei disporá sobre a organização administrativa e judiciária dos Territórios.

§ 1º Os Territórios poderão ser divididos em Municípios, aos quais se aplicará, no que couber, o disposto no Capítulo IV deste Título.

§ 2º As contas do Governo do Território serão submetidas ao Congresso Nacional, com parecer prévio do Tribunal de Contas da União.

§ 3º Nos Territórios Federais com mais de cem mil habitantes, além do Governador nomeado na forma desta Constituição, haverá órgãos judiciários de primeira e segunda instância, membros do Ministério Público e defensores públicos federais; a lei disporá sobre as eleições para a Câmara Territorial e sua competência deliberativa.

Roger Stiefelmann Leal

1. Histórico do dispositivo

Com a formalização da incorporação do Acre ao território brasileiro – decorrente da celebração com a Bolívia do Tratado de Petrópolis em 17 de novembro de 1903 –, significativa controvérsia jurídica instaurou-se sobre sua natureza jurídica. O regime do modelo federativo instituído pela Constituição de 1891 – que não cuidava da figura dos territórios federais – ensejava a ideia de que a nova porção de terras anexada ao território nacional deveria passar a compor o Estado do Amazonas ou, no máximo, ser erigida a novo Estado-membro da Federação. Sustentava-se, nesse sentido, que *todo o território do Brasil está dividido em Estados*[1], afirmando-se que as *terras, que a União possui, ou como proprietária ou para os fins determinados na Constituição, acham-se circunscritas nos limites dos Estados*[2].

A Lei n. 1.181, de 24-2-1904, no entanto, atribuiu à nova faixa territorial o regime jurídico de território federal a ser administrado diretamente pela União Federal. Adotava-se, nessa linha, inspiração no modelo constitucional estadunidense que contempla a hipótese de anexação de novas porções de terra, sob a condição de territórios federais, sem serem incorporadas a unidades estaduais[3].

As demais Constituições brasileiras passaram, a partir de então, a destinar disciplina normativa específica aos territórios federais. Dessa linha de orientação não desbordou o texto constitucional de 1988. Em suas disposições transitórias (arts. 14 e 15), no entanto, a atual Constituição acabou por extinguir os territórios federais que ainda remanesciam na estrutura federativa brasileira. Nesse sentido, a área de Fernando de Noronha foi incorporada ao Estado do Pernambuco, assim como os Territórios de Roraima e Amapá foram transformados em Estados-membros.

Em virtude das proposições voltadas à criação de novos Estados no âmbito da Assembleia Nacional Constituinte[4], foi definida, no entanto, também no âmbito das disposições transitórias (art. 12), a criação de Comissão de Estudos Territoriais voltada a *apresentar estudos sobre o território nacional e anteprojetos relativos a novas unidades territoriais, notadamente na Amazônia Legal e em áreas pendentes de solução*. E, de outra parte, não só foram mantidas diretrizes específicas para os territórios federais, como também foi assegurado singular figurino institucional às unidades territoriais com mais de cem mil habitantes, dotando-lhes de órgãos judiciários de segunda instância e Câmara Territorial com competência deliberativa.

2. Constituições brasileiras anteriores

Constituição de 1934: art. 5º, XVI, XIX, *b*; art. 39, 8, *c*; art. 105.

---

36. Manoel Gonçalves Ferreira Filho, *Comentários à Constituição brasileira de 1988*, São Paulo: Saraiva, 1990, v. 1, p. 227.
37. Celso Ribeiro Bastos, *Comentários à Constituição do Brasil*, 2. ed., São Paulo: Saraiva, 2002, v. 3, t. II, p. 357.

1. Cf. Clóvis Beviláqua – Território do Acre – direito do Amazonas. *Soluções práticas de direito*: direito constitucional e comercial. Rio de Janeiro: Freitas Bastos. 1929, v. II, p. 22.
2. Idem, p. 22. Tal polêmica acabou chegando ao Supremo Tribunal Federal. Os interesses do Estado do Amazonas foram, no caso, patrocinados em juízo por Rui Barbosa (ver, a propósito, Rui Barbosa – O direito do Amazonas ao Acre Setentrional. *Obras completas de Rui Barbosa*. Rio de Janeiro: Fundação Casa de Rui Barbosa, v. XXXVII, 1978).
3. Cf. Michel Temer, *Território Federal nas Constituições Brasileiras*. São Paulo: Revista dos Tribunais, 1975, p. 41.
4. Nesse sentido, ao discutir proposta de supressão ao conteúdo constante do atual § 3º do art. 33, o Constituinte Bonifácio de Andrada ofereceu as seguintes considerações: "... houve um grande acordo para evitar a criação de Estados, e entendeu-se que havia necessidade de se estabelecer uma instituição relativa ao território, que fosse mais adequada às populações locais e que lhes garantisse, de antemão, determinadas prerrogativas. Se esse texto for rejeitado, esse grande entendimento que houve com aqueles Constituintes que queriam criar Estados cai por terra. O entendimento contou com vários Srs. Constituintes" (*Diário da Assembleia Nacional Constituinte*, de 1º-9-1988, p. 14051).

Constituição de 1937: arts. 6º, 16, XXII, e art. 31.

Constituição de 1946: arts. 3º, 25, 28, § 1º. EC n. 3, de 24-5-1961: art. 1º. EC n. 12, de 8-4-1965: art. 28, § 1º (atribui nova redação). EC n. 16, de 24-5-1961: art. 1º.

Constituição de 1967: arts. 3º, 8º, XVII, *t*, 17, 47, V, e 83, IV. Ato Institucional n. 7, de 26-2-1969: art. 7º.

EC n. 1, de 1969: arts. 3º, 8º, XVII, *t*, 17, 43, IX, 44, V, e 81, VI.

3. Constituições estrangeiras

Estados Unidos: art. IV, sec. 3, cl. 2. Argentina: art. 75º, 15. Canadá: art. 146 (*Constitution Act*, de 1867) e arts. 30 e 32. (*Constitution Act*, de 1982). Índia: arts. 239 a 242. Venezuela: art. 16. Rússia: art. 66, 2.

4. Direito internacional

Não foi encontrada disciplina normativa sobre a matéria em instrumentos internacionais.

5. Disposições constitucionais e legais relacionadas

5.1. Constitucionais

Arts. 18, §§ 1º e 3º, 21, XIII e XIV, 22, XVII, 42, 48, VI e IX, 61, § 1º, II, *b*, *c* e *d*, 84, XIV, 92, VII, 94, 98, 103-B, § 7º e § 5º, III, 110, parágrafo único, 128, I, *d*, 128, §§ 3º e 4º, 134, § 1º, 144, § 6º, 158, parágrafo único, II, 211, § 1º.

Arts. 12, 14 e 15 do ADCT.

5.2. Legais

Decreto-Lei n. 411, de 8-1-1969 (dispõe sobre a administração dos Territórios Federais, a organização dos seus Municípios e dá outras providências); Lei Complementar n. 20, de 1º-7-1974 (dispõe sobre a criação de Estados e Territórios); Lei n. 6.669, de 4-7-1979 (altera o art. 21, e seus parágrafos, do Decreto-Lei n. 411, de 8-1-1969, e dá outras providências); Lei n. 11.697, de 13-6-2008 (dispõe sobre a organização judiciária do Distrito Federal e dos Territórios e revoga as Leis n. 6.750, de 10-12-1979, n. 8.185, de 14-5-1991, n. 8.407, de 10-1-1992, e n. 10.801, de 10-12-2003, exceto na parte em que instituíram e regularam o funcionamento dos serviços notariais e de registro no Distrito Federal).

6. Jurisprudência selecionada

STF: CJ 5.176/AP, rel. Min. Barros Monteiro, j. em 7-10-1969: ao diferenciar o regime dos Territórios Federais do aplicável aos seus Municípios, decide pela competência do Juízo da Comarca do Amapá, vinculado à Justiça do Distrito Federal e Territórios, no caso de delito praticado contra o patrimônio público por Prefeito de Município sediado naquela unidade territorial. Registra a incompetência da Justiça Federal comum, pois descabe, no caso, considerar como patrimônio da União os bens públicos de ente municipal ainda que localizado em Território Federal. **CJ 6.148-0/RR, rel. Min. Djaci Falcão, j. em 15-2-1979**: reconhece a competência da Justiça Federal comum para processar e julgar os conflitos decorrentes das relações de trabalho entre os Territórios Federais e seus servidores, aplicando a tais unidades, em face de sua natureza jurídica, o regime destinado à União por força do art. 110 da Emenda Constitucional n. 1/69 (no mesmo sentido, CJ 6.140-4/RR, rel. Min. Antônio Neder, j. em 18-4-1979). **CJ 6.307-5/RO, rel. Min. Néri da Silveira, j. em 11-2-1982**: distingue o regime constitucional destinado aos Territórios Federais do aplicável aos seus Municípios. Desse modo, assinala que as controvérsias decorrentes das relações de trabalho existentes entre os Municípios localizados em Territórios Federais e seus servidores são da competência da Justiça do Trabalho, afastando o disposto no art. 110 da Emenda Constitucional n. 1/69 (no mesmo sentido, CJ 6.389-0/AP, rel. Min. Aldir Passarinho, j. em 17-12-1982). **MS 21.100/AP, rel. Min. Célio Borja, j. em 6-12-1990**: afirma a aplicabilidade da Lei Complementar n. 20, de 1974, após a entrada em vigor da Constituição de 1988, bem como a incidência sobre Amapá e Roraima do regime constitucional voltado aos Territórios Federais até a sua instalação definitiva como Estados-membros, a partir da posse dos Governadores eleitos em 1990 (art. 14, § 1º, do ADCT), e o poder do Presidente da República para destituir a qualquer tempo Governador de Território Federal.

7. Referências bibliográficas

ARAÚJO, Anildo Fábio de. Representação interventiva contra município localizado em Território Federal. *Revista de Informação Legislativa*. Brasília: Senado Federal, n. 135, jul./set. 1997.

BARBOSA, Rui. O direito do Amazonas ao Acre Setentrional. *Obras completas de Rui Barbosa*. Rio de Janeiro: Fundação Casa de Rui Barbosa, 1978, v. XXXVII.

BEVILÁQUA, Clóvis. Território do Acre – direito do Amazonas. *Soluções práticas de direito*: direito constitucional e commercial. Rio de Janeiro: Freitas Bastos. 1929, v. II.

CRETELLA JÚNIOR, José. Natureza e problemas dos territórios federais brasileiros. *Revista Forense*. Rio de Janeiro, v. 65, n. 226, abr./jun. 1969.

FIGUEIREDO, Sara Ramos. Territórios Federais: 1ª Parte. *Revista de Informação Legislativa*. Brasília: Senado Federal, v. 2, n. 6, jun. 1965.

FIGUEIREDO, Sara Ramos. Territórios Federais: 2ª Parte. *Revista de Informação Legislativa*. Brasília: Senado Federal, v. 2, n. 7, set. 1965.

MAYER, Luiz Rafael. A natureza jurídica dos Territórios Federais. *Revista de Direito Administrativo*. Rio de Janeiro, n. 125, jul./set. 1976.

SOUZA, Carmo Antônio de; PORTO, Jadson Luís Rebelo; PEDRO, Juliana Monteiro; SANTOS, Marcelo Moreira dos. Território Federal no direito brasileiro: estudo comparativo dos Projeto de Lei 008/1947 e Decreto-Lei 411/1969. *Anais do Seminário Internacional Amazônia e Fronteiras do Conhecimento* (org. Edna Castro *et al.*). Belém: NAEA, 2008.

PORTO, Jadson Luís Rebelo. Os territórios federais e a sua evolução no Brasil. *Revista Presença*. Porto Velho: UFRO, n. 15, mar. 1999.

TEMER, Michel. *Território Federal nas Constituições Brasileiras*. São Paulo: Revista dos Tribunais, 1975.

8. Anotações

A configuração dos Territórios como parte integrante da administração pública federal enseja que sua estrutura organizacional e seus poderes estejam definidos em lei federal. Sua atuação, enquanto descentralização administrativa, é dirigida por Governador nomeado pelo Presidente da República (art. 84, XIV) após aprovação pelo Senado Federal (art. 52, III, *c*).

A Constituição de 1988, na fórmula que enuncia os integrantes da federação, deixou de relacionar os Territórios Federais. Na Constituição de 1946, dispunha-se que *a União compreende, além dos Estados, o Distrito Federal e os Territórios* (art. 1º, § 1º). Já, no âmbito da Carta de 1967, preceituava que *o Brasil é uma República Federativa, constituída sob o regime representativo, pela união indissolúvel dos Estados, do Distrito Federal e dos Territórios* (art. 1º). O mesmo texto constou do art. 1º da Emenda Constitucional n. 1, de 1969. Entretanto, ainda em face de tais dispositivos constitucionais, já se afirmava que os Territórios não constituíam genuinamente parte integrante da Federação, sugerindo que a melhor interpretação era a de que *o constituinte adotou, nesse caso, apenas um critério físico para determinar o que é o Brasil deixando claro que os Territórios se incluem na base física da Federação brasileira, na sua conformação geográfica*[5]. Desse modo, o atual texto constitucional, ao deixar de mencionar os Territórios na clássica fórmula da "união indissolúvel", não estaria a se referir – cumpre observar – à sua *base física* ou *conformação geográfica*, mas efetivamente aos entes que compõem a Federação brasileira.

No plano político, os Territórios são considerados como formas embrionárias ou preliminares de Estados-membros[6]. Destituídos, como regra geral, de autonomia política, tais unidades resultaram primeiramente da necessidade de conferir regime jurídico diferenciado às parcelas de terras anexadas ou adquiridas por Estado federal, que não se irmanavam naturalmente com os demais entes da Federação ou não possuíam condições políticas de obter, desde logo, o *status* de Estado-membro. Foi o que ocorreu, no âmbito da experiência constitucional estadunidense, em relação ao Alasca, à Luisiana e ao Havaí. Antes de serem alçadas à condição de Estados-membros, tais unidades integravam os Estados Unidos como Territórios Federais. E, gradualmente, foram alcançando maior autonomia até se tornarem entes estaduais. No caso do Alasca, por exemplo, leis aprovadas pelo Congresso norte-americano – a mais importante editada em 1912 – dotaram-lhe de Poder Legislativo territorial de estrutura bicameral, eleito por seus habitantes, desde que tivessem, no mínimo, 21 anos de idade e soubessem ler e escrever em língua inglesa[7].

---

5. Cf. Michel Temer, *Território Federal nas Constituições Brasileiras*. São Paulo: Revista dos Tribunais, 1975, p. 65. José Afonso da Silva, por outro lado, leciona a esse propósito que, sob a vigência da atual Constituição, "os Territórios Federais não são mais considerados como componentes da federação, como equivocadamente o eram nas constituições precedentes" (*Curso de direito constitucional positivo*. 23. ed. São Paulo: Malheiros, 2004, p. 471).

6. Cf. Manoel Gonçalves Ferreira Filho, *Curso de direito constitucional*. 36. ed. São Paulo: Saraiva, 2010, p. 95; também Carmo Antônio de Souza; Jadson Luís Rebelo Porto; Juliana Monteiro Pedro e Marcelo Moreira dos Santos, Território Federal no direito brasileiro: estudo comparativo dos Projeto de Lei 008/1947 e Decreto-Lei 411/1969. *Anais do Seminário Internacional Amazônia e Fronteiras do Conhecimento* (org. Edna Castro *et al.*). Belém: NAEA, 2008.

7. Cf. Claudius O. Johnson, *American National Government*. New York: Crowell Company. 2. ed., 1947, p. 81-82.

O regime constitucional inaugurado em 1988 admite, nessa mesma linha, atribuir nível mais acentuado de autonomia a Territórios Federais que possuam mais de cem mil habitantes. É o que dispõe o § 3º do art. 33 da Constituição. Nessa hipótese, o Território Federal contará com órgãos judiciais de primeira e segunda instância, além de Câmara Territorial eleita, dotada de competência deliberativa. Trata-se de disciplina diferenciada que autoriza cogitar, de certa forma, sobre o reconhecimento de algum nível de autonomia política aos Territórios. Vale observar, contudo, que, em relação aos Territórios, fica mantida no âmbito da legislação federal, ainda que instituída a Câmara, a prerrogativa de dispor sobre a organização administrativa e judiciária (art. 48, IX), bem assim sobre tributação, orçamento, serviços públicos e pessoal da administração (art. 61, § 1º, II, *b*).

Nos termos do § 1º do art. 33, os Territórios podem ser divididos em Municípios. Nesse caso, institui-se sistemática singular em que a unidade maior, o Território Federal, não integra a Federação brasileira, pois compreendido pela União Federal, mas suas subdivisões – os Municípios – são parte integrante da estrutura federativa, dotadas de autonomia política, a exemplo dos demais entes municipais.

Quanto às disciplina constitucional destinada aos Territórios Federais, cumpre observar, ainda, que suas contas serão julgadas pelo Congresso Nacional, após parecer do Tribunal de Contas da União (art. 33, § 2º). Nesse caso, as contas dos Territórios observam procedimento análogo ao das contas do Presidente da República (art. 71, I, c/c art. 49, IX). No entanto, o texto constitucional é omisso quanto ao prazo para prestação e julgamento das contas, bem como sobre sua tomada na hipótese de não serem encaminhadas tempestivamente.

CAPÍTULO VI
DA INTERVENÇÃO

Art. 34. A União não intervirá nos Estados nem no Distrito Federal, exceto para:

I – manter a integridade nacional;

II – repelir invasão estrangeira ou de uma unidade da Federação em outra;

III – pôr termo a grave comprometimento da ordem pública;

IV – garantir o livre exercício de qualquer dos Poderes nas unidades da Federação;

V – reorganizar as finanças da unidade da Federação que:

a) suspender o pagamento da dívida fundada por mais de dois anos consecutivos, salvo motivo de força maior;

b) deixar de entregar aos Municípios receitas tributárias fixadas nesta Constituição, dentro dos prazos estabelecidos em lei;

VI – prover a execução de lei federal, ordem ou decisão judicial;

VII – assegurar a observância dos seguintes princípios constitucionais:

a) forma republicana, sistema representativo e regime democrático;

b) direitos da pessoa humana;

c) autonomia municipal;

d) prestação de contas da administração pública, direta e indireta;

e) aplicação do mínimo exigido da receita resultante de impostos estaduais, compreendida a proveniente de transferências, na manutenção e desenvolvimento do ensino e nas ações e serviços públicos de saúde.

Art. 35. O Estado não intervirá em seus Municípios, nem a União nos Municípios localizados em Território Federal, exceto quando:

I – deixar de ser paga, sem motivo de força maior, por dois anos consecutivos, a dívida fundada;

II – não forem prestadas contas devidas, na forma da lei;

III – não tiver sido aplicado o mínimo exigido da receita municipal na manutenção e desenvolvimento do ensino e nas ações e serviços públicos de saúde;

IV – o Tribunal de Justiça der provimento a representação para assegurar a observância de princípios indicados na Constituição Estadual, ou para prover a execução de lei, de ordem ou de decisão judicial.

Art. 36. A decretação da intervenção dependerá:

I – no caso do art. 34, IV, de solicitação do Poder Legislativo ou do Poder Executivo coacto ou impedido, ou de requisição do Supremo Tribunal Federal, se a coação for exercida contra o Poder Judiciário;

II – no caso de desobediência a ordem ou decisão judiciária, de requisição do Supremo Tribunal Federal, do Superior Tribunal de Justiça ou do Tribunal Superior Eleitoral;

III – de provimento, pelo Supremo Tribunal Federal, de representação do Procurador-Geral da República, na hipótese do art. 34, VII, e no caso de recusa à execução de lei federal;

IV – *(revogado)*.

§ 1º O decreto de intervenção, que especificará a amplitude, o prazo e as condições de execução e que, se couber, nomeará o interventor, será submetido à apreciação do Congresso Nacional ou da Assembleia Legislativa do Estado, no prazo de vinte e quatro horas.

§ 2º Se não estiver funcionando o Congresso Nacional ou a Assembleia Legislativa, far-se-á convocação extraordinária, no mesmo prazo de vinte e quatro horas.

§ 3º Nos casos do art. 34, VI e VII, ou do art. 35, IV, dispensada a apreciação pelo Congresso Nacional ou pela Assembleia Legislativa, o decreto limitar-se-á a suspender a execução do ato impugnado, se essa medida bastar ao restabelecimento da normalidade.

§ 4º Cessados os motivos da intervenção, as autoridades afastadas de seus cargos a estes voltarão, salvo impedimento legal.

Enrique Ricardo Lewandowski

1. História da norma

O Estado Federal consiste na união permanente e indissolúvel de entes políticos, dotados de autonomia, que tem por fundamento uma constituição comum. Trata-se de uma forma de organização estatal que assegura aos seus membros o desfrute das vantagens da unidade, ao mesmo tempo em que lhes assegura os benefícios da diversidade.

A Federação, por suas características, repousa sobre um delicado balanço de forças. De um lado, estímulos desagregadores militam no sentido de fragmentar a associação. De outro, impulsos de caráter centralizador atuam na linha de aplainar as individualidades. Para preservar esse precário equilíbrio, a técnica constitucional desenvolveu alguns mecanismos estabilizadores, que vão desde a solução dos dissídios internos por um tribunal especializado, até a intervenção do conjunto dos associados em determinada unidade federada para a restauração da harmonia institucional, mas sempre em caráter excepcional.

A origem do instituto prende-se à aprovação da chamada *Lei Hamilton*, pelo Congresso dos Estados Unidos da América, em 1791, que estabeleceu um imposto sobre o *whisky*, ocasionando uma série de revoltas e motins nas unidades federadas que tinham nessa bebida a principal fonte de receita, em particular a Pennsylvania. Para debelar a agitação, conhecida como a *rebelião do whisky* (*whisky insurrection*), o Legislativo Federal aprovou, no ano seguinte, com fundamento no art. I, seção 8, item 15, da Constituição, uma lei que autorizava o Presidente a convocar tropas militares no caso de rebelião contra o governo federal ou na hipótese de determinado Estado-membro, diante de uma desordem que escapasse ao seu controle, recorrer ao apoio do governo central. Munido dessa autorização do Congresso, o governo federal interveio na Pennsylvania em 1794, com o objetivo de restaurar a ordem, recrutando, para tanto, milícias de quatro Estados. A ação interventiva, desencadeada com grande rigor, representou uma vitória do Executivo, diante da delegação que o Congresso, titular da competência para determinar a medida, lhe outorgou naquela situação de emergência.

2. Constituições brasileiras anteriores

Constituições de 1891, 1934, 1937, 1946, 1967, 1969.

3. Constituições estrangeiras

Constituição dos Estados Unidos da América (art. I, seção 8, item 15; e art. IV, seção 4); Constituição da República Federal da Alemanha (art. 37); Constituição da Confederação Suíça (art. 186, item 4 e art. 187, item 2); Constituição do México (art. 122); Constituição da República Argentina (art. 6º).

4. Remissões constitucionais e legais

a) CF: art. 21, V; arts. 34 e 35; art. 49, IV; art. 57, § 6º, I; art. 60, § 1º; art. 84, X; art. 90, I; art. 91, § 1º, II; art. 129, IV.

b) Leis: 8.038/1990 (arts. 19 a 22) e 12.562/2011 (regulamenta o inciso III do art. 36 da Constituição Federal).

c) RISTF: art. 5º, VIII; art. 52, XI; art. 55, XV; art. 56, VI e X, *f*; arts. 350 a 354.

5. Jurisprudência

Súmula 637. Rcl 2.100, rel. Marco Aurélio, *DJ* de 25-4-2003. IF 230, rel. Presidente Sepúlveda Pertence, *DJ* de 1º-7-1996. Pet 584-MC, rel. Celso de Mello, *DJ* de 5-6-1992. MS 21.041, rel. Celso de Mello, *DJ* de 13-3-1992. IF 5.050-AgRg, rel. Presidente Ellen Gracie, *DJe* de 25-4-2008. IF 4.979-AgRg, rel. Presidente Ellen Gracie, *DJe* de 25-4-2008. RE 572.762, rel. Ricardo Lewandowski, Plenário, *DJe* de 5-9-2008. AI 343.461-AgRg, rel. Celso de Mello, *DJ* de 29-11-2002. RE 149.986, rel. Octavio Gallotti, *DJ* de 7-5-1993. IF 1.917-AgRg, rel. Presidente Maurício Corrêa, *DJ* de 3-8-2007. IF 298, rel. para o acórdão Gilmar Mendes, *DJ* de 27-2-2004. AI 246.272-AgRg, rel. Marco Aurélio, *DJ* de 4-8-2000. Rcl 496-AgRg, rel. Octavio Gallotti, *DJ* de 24-8-2001. IF 590-QO, rel. Presidente Celso de Mello, *DJ* de 9-10-1998. IF 120, rel. Presidente Sydney Sanches, *DJ* de 5-3-1993. IF 103, rel. Presidente Néri da Silveira, *DJ* de 5-12-1997. ADI 3.510, rel. Carlos Britto, j. em 28 e 29-5-2008, *Informativo* 508. IF 114, rel. Presidente Néri da Silveira, *DJ* de 27-9-1996. AI 597.466-AgRg, rel. Joaquim Barbosa, *DJe* de 1º-2-2008. MS 25.295, rel. Joaquim Barbosa, *DJ* de 5-10-2007. ADI 2.631, rel. Carlos Velloso, *DJ* de 8-8-2003. ADI 614-MC, rel. Ilmar Galvão, *DJ* de 18-5-2001. ADI 1.000-MC, rel. Moreira Alves, *DJ* de 22-4-1994. SS 840-AgRg, rel. Presidente Sepúlveda Pertence, *DJ* de 22-3-1996. RE 219.856-AgRg, rel. Carlos Velloso, *DJ* de 18-12-1998. RE 106.293, rel. Néri da Silveira, *DJ* de 28-2-1992. AC 64-AgRg, rel. Carlos Velloso, *DJ* de 10-10-2003. Pet 1.270-MC, rel. Ilmar Galvão, *DJ* de 26-3-1999. IF 590-QO, rel. Presidente Celso de Mello, *DJ* de 9-10-1998. ADI 336-MC, rel. Célio Borja, *DJ* de 1º-11-1991. ADI 558-MC, rel. Sepúlveda Pertence, *DJ* de 26-3-1993. RE 190.938, rel. para o acórdão Gilmar Mendes, 2ª Turma, *DJe* de 22-5-2009. AI 343.461-AgRg, rel. Celso de Mello, *DJ* de 29-11-2002. Pet 1.256, rel. Sepúlveda Pertence, *DJ* de 4-5-2001. Rcl 2.143-AgRg, rel. Celso de Mello, *DJ* de 6-6-2003. Rcl 464, rel. Octavio Gallotti, *DJ* de 24-2-1995. AI 343.461-AgRg, rel. Celso de Mello, *DJ* de 29-11-2002. IF 230, rel. Presidente Sepúlveda Pertence, *DJ* de 1º-7-1996. IF 105-QO, rel. Presidente Sydney Sanches, *DJ* de 4-9-1992. IF 2.792, rel. Presidente Marco Aurélio, *DJ* de 1º-8-2003.

6. Referências bibliográficas

ATALIBA, Geraldo. *Regime jurídico do crédito público*. São Paulo: Revista dos Tribunais, 1973.

_____. *República e Constituição*. São Paulo: Revista dos Tribunais, 1985.

BARBOSA, Rui. *O art. 6º da Constituição e a intervenção de 1920 na Bahia*. Rio de Janeiro: Fundação Casa de Rui Barbosa, 1973.

BURDEAU, Georges. *Droit Constitutionnel et Institutions Politiques*. 17. ed. Paris: Librairie Générale de Droit et de Jurisprudence, 1976.

CANOTILHO, José Joaquim. *Direito constitucional*. 3. ed. Coimbra: Almedina, 1983.

DALLARI, Dalmo de Abreu. *O que são os direitos da pessoa*. São Paulo: Brasiliense, 1981.

FERRAZ JÚNIOR, Tercio Sampaio. Princípios constitucionais do Poder Constituinte estadual em face da Constituição Federal. In: *Interpretação e estudos da Constituição de 1988*. São Paulo: Atlas, 1990.

FERREIRA FILHO, Manoel Gonçalves. *Curso de direito constitucional*. 17. ed. São Paulo: Saraiva, 1989.

_____. *Comentários à Constituição de 1988*. São Paulo: Saraiva, 1990.

FREITAS, Herculano. *Direito constitucional*. São Paulo: s. ed., 1923.

GUALAZZI, Eduardo Lobo Botelho. *Regime jurídico dos Tribunais de Contas*. Tese apresentada para concurso de Titular da cadeira de Direito Administrativo da Faculdade de Direito da Universidade de São Paulo, 1990.

HERAS, Jorge Xifra. *Formas y fuerzas políticas*. Barcelona: Bosch, 1958.

KELSEN, Hans. *Teoría general del Estado*. México: Nacional, 1975.

LAUBADÈRE, Andre de. *Manual de Droit Administratif*. 9. ed. Paris: Librairie Générale de Droit et de Jurisprudence, 1974.

LEAL, Aurelino. *Theoria e prática da Constituição Federal brasileira*. Rio de Janeiro: F. Briguiet, 1925. v. I.

LEEDS, C. A. *Political Studies*. London: McDonald & Evans, 1975.

LEME, Ernesto. *A Intervenção Federal nos Estados*. 2. ed. São Paulo: Revista dos Tribunais, 1930.

LEWANDOWSKI, Enrique Ricardo. *Proteção dos direitos humanos na ordem interna e internacional*. Rio de Janeiro: Forense, 1980.

LEWANDOWSKI, Enrique Ricardo. *Pressupostos materiais e formais da intervenção federal no Brasil*. São Paulo: Revista dos Tribunais, 1994.

LIPSON, Leslie. *A civilização democrática*. Rio de Janeiro: Zahar, 1966. v. I.

MALBERG, Carré. *Contribution a la Théorie Générale de l'État*. Paris: Sirey, 1922. t. II.

MAXIMILIANO, Carlos. *Comentários: Constituição Brasileira*. Rio de Janeiro, Jacinto Ribeiro dos Santos, 1918.

_____. *Hermenêutica e aplicação do direito*. 9. ed. Rio de Janeiro: Forense, 1979.

MEIRELLES, Hely Lopes. *Direito administrativo brasileiro*. 14. ed. São Paulo: Revista dos Tribunais, 1989.

PAUPÉRIO, Machado A. *O município e seu regime jurídico no Brasil*. 2. ed. Rio de Janeiro: Forense, 1973.

PINTO FERREIRA, Luís. *Comentários à Constituição brasileira*. São Paulo: Saraiva, 1990. v. II.

_____. *Curso de direito constitucional*. 5. ed. São Paulo: Saraiva, 1991.

PONTES DE MIRANDA, F. C. *Comentários à Constituição da República dos Estados Unidos do Brasil*. Rio de Janeiro: Guanabara, s/d. t. I.

PRADO JÚNIOR, Caio. *Formação do Brasil contemporâneo*. São Paulo: Brasiliense, 1981.

PRITCHETT, C. Herman. *The American Constitution*. New York: McGraw-Hill, 1968.

RAMIREZ, Felipe Teña. *Derecho constitucional*. México: Porrúa, 1994.

RAPPARD, William E. *La Constitution Fédérale de la Suisse*. Neuchatel: La Baconière, 1948.

RIALS, Stefane. *Destin du Federalisme*. Paris: Librairie Générale de Droit et Jurisprudence, 1986.

RIBEIRO, Fávila. *A intervenção federal nos Estados*. Fortaleza: Jurídica, 1960.

SILVA, José Afonso. *O município na Constituição de 1988*. São Paulo: Revista dos Tribunais, 1989.

_____. *Curso de direito constitucional positivo*. 6. ed. São Paulo: Revista dos Tribunais, 1990.

TOBEÑAS, José Castan. Los *Derechos del Hombre*. Madrid: Reus, 1976.

7. Comentários

Os pressupostos materiais ou de fundo da intervenção federal nos Estados e no Distrito Federal, de acordo com José Afonso da Silva (1990, p. 418), "constituem situações críticas que põem em risco a segurança do Estado, o equilíbrio federativo, as finanças estaduais e a estabilidade de ordem constitucional".

De acordo com o citado autor, o instituto tem por finalidade: 1) a defesa do Estado, quando a intervenção é autorizada para manter a integridade nacional e para repelir invasão estrangeira; 2) a defesa do princípio federativo, quando facultada para rechaçar invasão de uma unidade da Federação em outra, pôr termo a grave comprometimento da ordem pública e garantir o livre exercício de qualquer dos poderes nos entes federados; 3) a defesa das finanças estaduais, quando permitida no Estado que suspender o pagamento da dívida fundada por mais de dois anos, salvo motivo de força maior, e que deixar de entregar aos Municípios receitas tributárias fixadas na Constituição, dentro dos prazos fixados em lei; e 4) a defesa da ordem constitucional, quando admitida para exigir a observância dos princípios constitucionais que discrimina (idem, p. 418-419).

7.1. Manter a integridade nacional (art. 34, I)

O rompimento da integridade nacional, segundo o art. 34, I, constitui o primeiro dos pressupostos materiais autorizadores da intervenção.

A Federação assenta-se na indissolubilidade do pacto fundante, ou seja, não admite a separação de seus membros. As constituições dos Estados federais, como regra, a proíbem, quer implícita, quer explicitamente. Os Estados Unidos, primeiros a adotar essa forma de Estado, passaram pela Guerra Civil de 1861 a 1865, conhecida como *Guerra da Secessão*, um dos mais sangrentos episódios de sua história, na qual as forças federais suplantaram as forças separatistas, impedindo o desmembramento da União. O resultado desse conflito firmou, pelas armas, o princípio da vedação da secessão nos Estados de estrutura federal.

No Brasil, a proibição da secessão é explícita, visto que o art. 1º da Constituição declara a União indissolúvel.

Pinto Ferreira (1990, v. 2, p. 347) anota que não é apenas a secessão propriamente dita que constitui ofensa à integridade nacional, mas também a autorização, por parte da unidade da Federação, para ingresso ou permanência de forças estrangeiras em seu território, sem autorização do Congresso Nacional, ou a manutenção de entendimentos diretos com outros países. Evidentemente, não é qualquer concerto com autoridades estrangeiras que há de autorizar a intervenção, sendo preciso que este atente contra a coesão da Federação.

O Presidente da República, nessa hipótese, decreta a intervenção *ex jure proprio*, isto é, em caráter discricionário, podendo a sua omissão configurar crime de responsabilidade, nos termos do art. 85, I, da Carta Magna.

A Lei Maior acertadamente deferiu ao Chefe do Executivo Federal a iniciativa de intervir, de forma incondicionada, não apenas por sua qualidade de comandante supremo das forças armadas, segundo dispõe o art. 84, XIII, da Lei Maior, como também porque, nessa hipótese, a ação há de ser pronta e eficaz, sob pena de desintegrar-se a União.

7.2. Repelir invasão estrangeira ou de uma unidade da Federação em outra (art. 34, II)

A intervenção federal na hipótese de invasão estrangeira é, tal qual no caso precedente, de exclusiva iniciativa do Presidente da República, que age *motu proprio*, independentemente de provocação, atuando também, e de modo especial, na condição de comandante supremo das Forças Armadas. Nota-se, ademais, que somente o Executivo possui os recursos materiais e humanos para agir com a presteza e a eficácia exigidas pela situação.

Concretizada a invasão, o Chefe do Executivo é obrigado a intervir, sob pena de responsabilidade, independentemente da declaração formal de guerra[1]. Claro está que, em uma situação de emergência, como é a hipótese de invasão estrangeira, não se há de exigir seja declarada a guerra contra a potência invasora como condição para a decretação da medida presidencial.

Também não se exige que a unidade da Federação invadida solicite a intervenção, até porque constitui função precípua de qualquer Estado soberano defender o seu território como um todo contra invasores alienígenas (KELSEN, 1975, p. 301).

Vale notar, todavia, juntamente com Pontes de Miranda (1970, t. II, p. 211), que invasão não é apenas a usurpação do território nacional por forças militares hostis ou o exercício de jurisdição estrangeira sobre qualquer parte dele, abrangendo também esse conceito "a entrada de estrangeiros, sem os pressupostos materiais e formais, na unidade política brasileira, com anuência ou simplesmente inércia consciente ou não do Estado-membro".

Não se deve olvidar, ademais, que João Barbalho (1961, p. 33), ao comentar dispositivo análogo da Constituição de 1891, ensinava que "no poder de repelir está incluído o de impedir ou evitar a invasão, se ela for tentada ou estiver iminente".

Manoel Gonçalves Ferreira Filho (1990, v. I, p. 231), de outra parte, observa que a intervenção, na hipótese de invasão, não

---

1. Vale notar que, de acordo com o art. 84, XIX, compete ao Presidente "declarar a guerra, no caso de agressão estrangeira, autorizado pelo Congresso Nacional ou referendado por ele, quando ocorrida no intervalo das sessões legislativas, e nas mesmas condições decretar, total ou parcialmente, a mobilização nacional".

apresenta qualquer propósito punitivo, ou seja, não é necessário que fique evidenciada a conivência do governo estadual ou do Distrito Federal com a mesma, bastando para desencadeá-la o fato objetivo da usurpação do território pátrio.

Qual é, então, o fundamento da intervenção na hipótese de invasão estrangeira? Ela se justifica, precisamente, porque a defesa do território nacional interessa à União, quer dizer, ao conjunto de todos os entes federados, e porque, cada qual, isoladamente, não teria condições de repelir a agressão, com os seus próprios meios, fazendo-se necessário, como regra, o acionamento das Forças Armadas nacionais.

É bom que se registre que a intervenção não se confunde com o *estado de sítio*, o qual, segundo o art. 137, II, da Constituição, pode ser decretado nos casos de "declaração do estado de guerra ou resposta a agressão armada estrangeira", mediante licença do Congresso Nacional e ouvidos o Conselho da República e o Conselho de Defesa Nacional, durante o qual algumas garantias fundamentais podem ser suspensas. Nada impede que os dois, a intervenção e o estado de sítio, sejam decretados simultaneamente, afigurando-se, contudo, mais plausível que a primeira medida seja adotada antes da segunda, por constituir medida de caráter mais expedito.

Tudo o que foi dito com relação à invasão estrangeira aplica-se, *mutatis mutandis*, à invasão de uma unidade da Federação em outra.

É oportuno observar que a Constituição, nesse caso, utilizou uma expressão mais abrangente, *unidade da Federação*, do que a empregada na Carta precedente, que falava apenas em invasão de um *Estado* em outro. De acordo com o art. 1º da Constituição em vigor, deve-se entender por unidade da Federação não apenas os Estados, como também os Municípios e o Distrito Federal. Nesse caso, prevalece o interesse dos entes federados na estrita observância da integridade política e territorial de todos, justificando a intervenção.

Interessante questão, nesse tópico, é levantada por Ferreira Filho. Caberia a intervenção federal apenas na unidade invasora ou também na invadida? Entende o autor que ela é cabível também na invadida, desde que tal seja necessário para repelir a invasão, porquanto o instituto não tem caráter punitivo, constituindo, antes, instrumento de unidade nacional (1990, v. I, p. 231). Lembra, ainda, que a atual Lei Maior não reproduziu a restrição contida no § 2º do art. 9º da Constituição de 1946, a qual estabelecia que a intervenção somente se daria no ente federado invasor.

O que se pretende impedir, com esse dispositivo, é que alguma unidade da Federação obtenha ganhos territoriais em detrimento de outra, ou imponha à outra unilateralmente a sua vontade. Recorda-se, por oportuno, que a incorporação, a subdivisão ou o desmembramento de Estados, de acordo com o § 3º do art. 18 da Constituição, depende de aprovação da população diretamente interessada, por meio de plebiscito, nos termos de lei complementar votada pelo Congresso Nacional. Processo análogo deve ser seguido pelos Municípios para tais fins, no âmbito dos respectivos Estados, conforme estabelece o § 4º do art. 18 da Lei Maior, preservada a continuidade e a unidade histórico-cultural do ambiente urbano. Eventuais disputas de natureza política ou jurídica entre os entes federados devem ser solucionadas por meio dos canais institucionais, não se admitindo, em qualquer circunstância, o emprego da *vis physica*.

7.3. Pôr termo a grave comprometimento da ordem pública (art. 34, III)

O direito constitucional brasileiro sempre exigiu que a perturbação da ordem pública fosse de excepcional gravidade para que a intervenção se apresentasse como lícita. As Constituições de 1891, com a redação dada pela Emenda de 1926, de 1934 e de 1946 falavam, inclusive, em *guerra civil*. E, como observa Ferreira Filho, embora a primeira Constituição republicana admitisse a medida "para restabelecer a ordem e a tranquilidade nos Estados", ela estava condicionava "à requisição dos respectivos governos" (idem, p. 232).

Mesmo a Carta ditatorial de 1937 somente autorizava a intervenção se a ordem estivesse "gravemente alterada" e se o Estado não quisesse ou não pudesse restabelecê-la. Mesmo a Constituição de 1967, editada sob a égide de um governo militar, exigia que a perturbação da ordem fosse *grave*.

Apenas após a promulgação da Emenda Constitucional n. 1, de 1969, com o recrudescimento do autoritarismo e da centralização do sistema federativo, é que a intervenção passou a ser admitida na hipótese de simples "perturbação da ordem" ou ainda em face da mera "ameaça de sua irrupção", conforme estabelecia o art. 10, III, então modificado. No mesmo dispositivo previa-se também a possibilidade de intervenção no caso de "corrupção do poder público estadual".

Com a volta à normalidade institucional, restabelecidas as franquias democráticas, já sob atual Constituição, a medida somente pode ser desencadeada na hipótese de "grave comprometimento da ordem pública".

Isso significa que não é qualquer perturbação da ordem que torna lícita a intromissão do governo central nos negócios internos das unidades da Federação. Medida extrema que é, visto que fere a autonomia constitucionalmente assegurada aos entes federados, ela somente se justifica caso não possa a desordem ser debelada pelas autoridades locais ou se estas, por qualquer razão, não queiram fazê-lo. Como nota Ferreira Filho, "outra exegese esvaziaria a autonomia estadual, uma vez que a deixaria vulnerável sempre que ocorresse qualquer desordem, embora perfeitamente superável pelos próprios meios do Estado federado" (idem, p. 232).

A interrupção da ordem, pois, há de ser fora do comum, excepcional, como se disse. Nas palavras de José Cretella Júnior (1991, v. IV, p. 2071), *ordem* é o contrário de *caos*, registrando-se vários graus de perturbação da ordem, devendo, contudo, esta apresentar-se como grave para abonar a ação federal.

Na hipótese de grave perturbação da ordem, a intervenção é decidida pelo Presidente da República, independentemente de qualquer apreciação prévia do Congresso Nacional ou do Poder Judiciário, após a verificação da ocorrência dos fatos que a justificam. Se, porém, o Chefe do Executivo exorbitar dos poderes que lhe são constitucionalmente outorgados, isto é, se intervém sem que o pressuposto da medida esteja configurado, comete crime de responsabilidade.

7.4. Garantir o livre exercício de qualquer dos Poderes nas unidades da Federação (art. 34, IV)

A Constituição vigente alberga o sistema da *tripartição dos poderes*, consagrada na tradicional fórmula de Montesquieu, segundo a qual *le pouvoir arrete le pouvoir*. De acordo com o art. 2º da Carta Magna, o Legislativo, o Executivo e o Judiciário são Poderes da União, independentes e harmônicos entre si. E tamanha é a importância que os constituintes atribuíram à separação dos poderes que, nos termos do art. 60, § 4º, II, da Lei Maior, não poderá ser objeto de deliberação a proposta de emenda que vise a aboli-la.

A separação dos poderes repercute também nas demais unidades da Federação, porquanto estas estão obrigadas, por força dos arts. 25, 29 e 32 da Carta Magna, a observar os princípios nela estabelecidos. Registra-se, contudo, que os Municípios, na tradição constitucional brasileira, não contam com um Judiciário local.

Embora o pressuposto da intervenção previsto no art. 34, IV, da Lei Maior seja o embaraço ao "livre exercício de qualquer dos Poderes nas unidades da Federação", tal hipótese, segundo uma interpretação sistemática do texto, refere-se exclusivamente aos Estados e ao Distrito Federal. As Constituições anteriores cuidavam apenas da concretização dessa hipótese no âmbito estadual.

A ação interventiva, na situação em apreço, dá-se com o objetivo de assegurar o funcionamento desembaraçado de qualquer um dos Poderes que se veja impedido de exercer as suas funções ou, meramente, coagido de forma indevida. Materializa-se o pressuposto caso esteja o Legislativo "impedido de reunir-se livremente, de tomar deliberações dentro da faixa de sua competência constitucional, de dar exequibilidade aos seus atos"; ou na hipótese de se verificar constrangimento à atuação do Executivo, "seja porque recusada a posse ao eleito, seja porque não se transfere o poder ao substituto em se verificando o afastamento ou renúncia"; ou na circunstância de verem-se os órgãos judiciários "materialmente cerceados para o desempenho de sua judicatura, por ação ou omissão das autoridades estaduais", ou ainda se o Judiciário local encontrar-se, total ou parcialmente, impedido de funcionar (RIBEIRO, 1960, p. 57).

Durante a vigência da Constituição de 1934, considerava-se impedimento ao livre exercício do Judiciário a falta de pagamento, por três meses, dos vencimentos de qualquer de seus membros, no mesmo exercício financeiro, entendendo Pinto Ferreira (1990, p. 314) que, embora a Carta Magna em vigor não faça menção expressa a tal, nada impede que, na mesma hipótese, a intervenção se veja autorizada.

Nessa linha de raciocínio, pode-se admitir que a falta de repasse, por parte do Executivo, ao Legislativo ou ao Judiciário, das verbas orçamentárias necessárias ao seu regular funcionamento constitui pressuposto ensejador da intervenção, visto que, sem recursos, tais Poderes não podem desincumbir-se de suas funções constitucionais. Nota-se que a Constituição estabelece, em seu art. 168, que as respectivas dotações ser-lhes-ão entregues até o dia 20 de cada mês.

Pontes de Miranda, de modo muito pertinente, aprofundando a discussão sobre a regra em pauta, que já constava da Constituição anterior, adverte que a hipótese em comento refere-se apenas ao *exercício*, porquanto, "se os poderes públicos estaduais estiverem fora do gozo de qualquer de suas atribuições típicas, é que se operou ofensa à *independência dos poderes* e se justifica a intervenção com base em outro pressuposto" (1970, t. II, p. 218-219). Com efeito, se a independência dos Poderes estiver sendo obstada, isto é, se houver ingerência externa ao seu regular funcionamento, ocorre, na verdade, violação dos princípios constitucionais de observância obrigatória por parte das unidades federadas, nomeadamente os capitulados no art. 34, V, *a*, da Carta Magna.

Vale observar, por fim, que, na hipótese sob exame, qual seja, a de obstrução ao livre exercício dos Poderes, consoante será examinado em detalhe mais adiante, a ação do Presidente da República não é discricionária, encontrando-se condicionada à solicitação do Poder Executivo ou do Poder Legislativo coacto ou impedido, ou à requisição do Supremo Tribunal Federal, se a coação for exercida contra o Poder Judiciário.

7.5. Reorganizar as finanças da unidade da Federação (art. 34, V, a e b)

Dada a interdependência econômica que se verifica entre as unidades da Federação, em particular nessa fase histórica da evolução do sistema, a desorganização da vida financeira de qualquer uma delas afeta, direta ou indiretamente, as demais. Acresce ainda que o descontrole nas finanças do ente federado constitui fonte de perturbação da ordem que pode extrapolar o seu território, colocando em risco a paz e a tranquilidade do País como um todo.

Ao Governo central, como é evidente, não é dado permanecer impassível em tais circunstâncias, sendo-lhe lícito intervir na unidade da Federação em que se manifestar o problema, com o fim único e exclusivo de debelá-lo. Cuida-se, pois, de medida meramente reconstrutiva, embora de caráter excepcional.

No resguardo da autonomia dos integrantes do pacto federativo, a Lei Maior admite a medida extrema em apenas duas hipóteses, taxativamente explicitadas no art. 34, V, *a* e *b*, da Carta Magna. Isto é, na unidade da Federação que: (a) "suspender o pagamento da dívida fundada por mais de dois anos consecutivos, salvo motivo de força maior", e (b) "deixar de entregar aos Municípios receitas tributárias fixadas nesta Constituição, dentro dos prazos estabelecidos em lei".

O não pagamento de *dívida fundada* constitui pressuposto para a intervenção desde a Reforma de 1926 à Lei Maior de 1891. Todas as Constituições posteriores mantiveram a hipótese, sendo que a de 1946 restringiu a medida apenas ao caso de inadimplemento de dívida fundada exterior. Em 1967, eliminou-se a restrição, passando a ser a ação interventiva autorizada quer na hipótese do não pagamento da dívida fundada interna, quer na de inadimplemento de obrigação externa. A Constituição vigente também não faz qualquer distinção entre as duas situações.

O conceito de dívida fundada é polêmico. Desde o momento em que passou a integrar o texto constitucional suscitou controvérsias. Ernesto Leme procurou deslindá-lo, logo após o seu aparecimento, a partir da Reforma de 1926, pronunciando-se, com apoio em João Pedro da Veiga Filho, nos seguintes termos: "A dívida pública pode ser *externa* e *interna*. Uma e outra podem ser *ativa* e *passiva*. E ambas se subdividem em *fundada*, *flutuante* e *especial*. A dívida, tanto interna quanto externa é *fundada*, 'quando constituída por títulos de renda ou apólices, inscritas nos livros respectivos, negociáveis nas *bolsas*, de juros, assim como a prazo, de pagamento e resgate expressamente estipulados'" (1930, p. 187).

Essa é também, *grosso modo*, a conceituação de Pontes de Miranda, para o qual a dívida fundada "é a resultante da vinculação da entidade estatal, regularmente inscrita nos livros da Fazenda, tal como se dá com os títulos, os empréstimos e adicionais restituíveis" (1970, t. II, p. 225).

Mais recentemente, o assunto foi objeto de pormenorizado estudo por parte de Geraldo Ataliba (1973, p. 98-99), para o qual, a rigor, toda a dívida pública é igual, repousando a diferença entre a dívida fundada e a flutuante nos *objetivos* perseguidos pelo governo ao levantar um empréstimo em dinheiro. Para o citado autor, dívida fundada é "aquela que corresponde a um investimento de capital, a um incremento do patrimônio público ou a uma inversão de qualquer forma duradoura, que apresente um saldo positivo, ou financeiro, ou patrimonial, para o Estado, ou, pelo menos, equilíbrio entre a quantia que fica o Estado devendo e o benefício que ela produz ou propicia".

Dívida flutuante, por outro lado, para o citado especialista, caracteriza-se como "aquela levantada a curto prazo e que se destina a aplicar em serviços transitórios ou eventuais, no socorro de necessidades passageiras ou no pagamento das chamadas despesas correntes ou comuns, consumindo-se dessa forma e como que desaparecendo economicamente" (idem, p. 99).

Existe ainda a conhecida definição legal consignada no art. 98 da Lei n. 4.320, de 17-3-1964, que estatui normas de direito financeiro, de observância obrigatória pela União, Estados, Municípios e Distrito Federal: "A dívida fundada compreende os compromissos de exigibilidade superior a doze meses, contraídos para atender a desequilíbrio orçamentário ou a financiamento de obras e serviços públicos".

A matéria também passou a ser regulada pela Lei de Responsabilidade Fiscal (Lei Complementar n. 101, de 4-11-2000), que define a dívida consolidada ou fundada, em seu art. 29, como o "montante total, apurado sem duplicidade, das obrigações financeiras do ente da Federação, assumidas em virtude de leis, contratos, convênios ou tratados e da realização de operações de crédito, para amortização em prazo superior a doze meses".

Do quanto exposto, forçoso é concluir que a natureza da dívida, seja ela fundada ou flutuante, somente pode ser identificada, caso a caso, pelo exame de sua destinação e pelo reflexo que acarreta na situação patrimonial do ente público.

Por outro lado, se houver ocorrido força maior, o inadimplemento da dívida fundada, mesmo decorridos dois anos, não autoriza a intervenção. Na definição clássica, abrigada no parágrafo único do art. 393 do CC, força maior "verifica-se no fato necessário cujos efeitos não era possível evitar ou impedir". Trata-se, pois, de uma causa exoneratória, que exclui a intervenção, consistente em um evento externo à vontade do ente federado, de caráter irresistível, inevitável e imprevisível. A eclosão de uma grave comoção social ou de uma calamidade natural de grandes proporções constitui exemplos de força maior.

Observa-se, também, conforme têm assentado os tratadistas, que no cômputo do prazo de dois anos consecutivos exclui-se o primeiro dia, que é o do vencimento da obrigação, incluindo-se o último, por constituir essa forma de cálculo um princípio geral do direito, aplicável, por via de consequência, também ao direito público.

Com todas essas ressalvas consignadas no dispositivo constitucional, ou seja, inadimplemento por prazo superior a dois anos e ainda excluída a ocorrência de força maior, registra Ferreira Filho que "é improvável que se dê, alguma vez, intervenção com tal fundamento" (1990, v. I, p. 233).

No que tange à intervenção pela retenção das receitas tributárias devidas aos Municípios, vale observar que apenas a partir da Carta de 1946 é que se permitiu que as comunas participassem na arrecadação da União e dos Estados, disposição essa repetida nas Constituições subsequentes. Tal previsão constituiu um passo importante no sentido do fortalecimento dos Municípios, porquanto a autonomia do ente federado, em termos concretos, é diretamente proporcional a suas rendas.

O Título VI, Capítulo I, Seção VI, da Constituição Federal trata da repartição das receitas tributárias, característica própria do federalismo de integração adotado hoje no Brasil. De acordo com o art. 158, III e IV, inserido no citado *locus* constitucional, pertence aos Municípios cinquenta por cento do produto da arrecadação do imposto do Estado sobre a propriedade de veículos automotores e vinte e cinco por cento do resultado do imposto estadual sobre operações relativas à circulação de mercadorias e sobre prestações de serviços de transporte interestadual e intermunicipal e de comunicação. E, de acordo com o art. 159, § 3º, os Estados são obrigados a entregar aos respectivos Municípios vinte e cinco por cento dos recursos repassados pela União como participação na arrecadação do imposto sobre produtos industrializados, proporcionalmente ao valor das respectivas exportações de bens manufaturados.

O art. 160 da Carta Magna é expresso ao proibir "a retenção ou qualquer restrição à entrega ou ao emprego dos recursos" atribuídos às unidades federadas, neles compreendidos os adicionais e acréscimos relativos aos impostos.

Vê-se, pois, que a intervenção fica autorizada não apenas na hipótese de retenção dos recursos tributários, como também no caso de estabelecer o Estado qualquer condição para a sua liberação. É o que deflui da vedação constante no dispositivo constitucional supramencionado. A medida extrema, materializado o pressuposto, é empreendida diretamente pelo Presidente da República, ao qual se impõe agir, sem delongas, visto que a retenção de receitas ou o retardamento na liberação de verbas pertencentes aos Municípios pode inviabilizar a prestação dos serviços públicos essenciais à população.

7.6. Prover a execução de lei federal, ordem ou decisão judicial (art. 34, VI)

A palavra "prover" vem do latim *providere*, significando, na acepção empregada pelo texto constitucional, "providenciar ou tomar providências". Na hipótese arrolada no art. 34, VI, da Carta Magna, portanto, a intervenção da União ocorre com o escopo de providenciar "a execução de lei federal, ordem ou decisão judicial", descumprida pela autoridade local.

Nas federações registra-se uma divisão de competências, na qual cabe à União, como regra, a edição de normas de interesse geral, ao passo que aos integrantes do pacto federativo incumbe a disciplina de situações de interesse local. Essa repartição de competências para que não se desenvolvam conflitos de caráter desagregador é discriminada nas constituições dos Estados federais. É escusado dizer, portanto, que o estrito e pronto cumprimento das leis federais, isto é, das normas emanadas da União, no exercício de sua competência constitucional, apresenta-se como condição essencial à sobrevivência do sistema.

Tal condição é tão importante que a Carta Magna dos Estados Unidos, paradigma de todas as constituições federais, prevê que cabe ao Congresso chamar as milícias às armas para fazer cumprir as leis da União, sem prejuízo da ação direta e imediata do Chefe do Executivo nas situações de emergência.

Não é dado às unidades federadas, a bem da convivência harmônica dos entes políticos associados, deixar de observar as leis federais sob o pretexto de inconstitucionalidade ou de outro vício formal qualquer, devendo estas, se houver interesse em contestá-las, recorrer aos tribunais[2].

É interessante reparar que todas as Constituições republicanas, com exceção da Lei Maior de 1946, previam, conforme o faz a Carta Magna em vigor, a intervenção com o objetivo de prover a execução de lei federal. Segundo Ferreira Filho (1990, v. I, p. 234), a questão foi bastante discutida, em 1946, prevalecendo o entendimento segundo o qual seria dispensável a inclusão da mencionada regra no texto constitucional, porquanto o descumprimento de lei federal somente se verificaria por intermédio de decisão judicial, cujo desatendimento, então, acarretaria a ação interventiva.

Essa posição, porém, ainda de acordo com o citado especialista, teria sido muito bem rebatida por Prado Kelly, segundo o qual cumpria distinguir a hipótese em que a inexecução da lei enseja lesão a direito, a ser apreciada pelo Judiciário, da situação em que o governo local cria prejuízos generalizados, insusceptíveis de exame judicial. Em face disso, conclui Ferreira Filho que "a intervenção federal só deve ser tida por lícita quando não couber solução judiciária para o caso" (idem, p. 234).

Nessa circunstância, o Presidente da República somente age depois de ter o Supremo Tribunal Federal dado provimento a representação do Procurador-Geral da República, limitando-se, a teor do art. 35, III, da Lei Maior, a suspender o ato impugnado, se eficaz a medida, dispensada, nesse caso, a oitiva do Congresso Nacional, segundo decorre do art. 36, § 3º, da Lei Maior.

No que tange à intervenção pelo descumprimento de "ordem ou decisão judicial", cumpre verificar, inicialmente, que a determinação a que se refere o dispositivo constitucional sob análise tanto pode emanar de órgão judiciário federal como estadual ou do Distrito Federal. A Carta Magna vigente, seguindo a sistemática inaugurada a partir de 1946, não restringiu a medida à hipótese de desobediência de comando partido da justiça da União, conforme faziam as Constituições de 1891, 1934 e 1937. Agiu com acerto o constituinte nesse ponto, visto que o Judiciário, na qualidade de órgão da soberania nacional, é uno, observando-se que compete às justiças locais aplicar, indistintamente, quer as leis federais, quer as estaduais, quer ainda as municipais.

De outra parte, o princípio segundo o qual "a lei não excluirá da apreciação do Poder Judiciário lesão ou ameaça a direito", expresso no art. 5º, XXXV, da CF, representa um dos esteios do Estado de Direito, saltando à vista, pois, que o desacato às determinações de juízes e tribunais coloca em risco a sua própria existência.

A Lei Maior de 1891, ao prever a hipótese, falava em assegurar a execução de "sentenças federais". Essa expressão, porém, logo mostrou-se inadequada, por permitir que alguns intérpretes questionassem a pertinência da intervenção no caso de descumprimento de decisões prolatadas em sede de *habeas corpus*, sob o argumento de que não configuravam sentenças no sentido estrito da palavra. O Supremo Tribunal Federal, contudo, em 12 de agosto de 1925, deu fim à polêmica, "solicitando", segundo se dizia na época, a intervenção em Pernambuco para que fossem apresentados certos pacientes que haviam pleiteado o *writ*.

A Constituição de 1934, visando a colocar termo ao debate, empregou a expressão "ordens e decisões de juízes e tribunais federais". Em 1937, todavia, voltou-se a mencionar apenas "sentenças". A Lei Maior de 1946, por sua vez, recuperou a terminologia utilizada em 1934, ampliando ainda mais o conceito ao consignar em seu texto a locução "ordem ou decisão *judiciária*", o que incluiria não apenas os comandos ditados por magistrados, mas também por outros integrantes do Poder, ainda que não togados, que tivessem competência para emitir determinações (PONTES DE MIRANDA, 1970, t. II, p. 244). A Carta Magna em vigor fala em "ordem ou decisão judicial", compreendendo, portanto, exclusivamente os ditames proferidos por órgãos do Judiciário, isto é, juízes e tribunais, com evidente exclusão de cartorários, serventuários ou outros funcionários.

Para Pontes de Miranda (1970, t. II, p. 244), por *ordem* deve-se entender "qualquer comandamento ou mandado" e por *decisão* "qualquer resolução, que se haja de executar". Na verdade, uma ordem consiste numa determinação assinalada por um magistrado ou uma corte, dentro ou fora de uma lide, para que se faça ou deixe de fazer algo, ao passo que uma decisão constitui ato processual, que, em geral, coloca fim a uma demanda, atribuindo-se razão a uma das partes. Ambas são de observância compulsória, compreendendo todas as espécies de pronunciamentos judiciais.

As autoridades competentes das unidades federadas estão obrigadas não só a obedecer estritamente às ordens e decisões judiciais de que sejam destinatárias, como também a dar-lhes sustentação, quando dirigidas a terceiros, com o auxílio da força policial, se necessário. O seu descumprimento ou a falta de apoio à sua execução enseja a intervenção.

Nesse caso, segundo decorre do art. 36, II, da Constituição, a medida somente é decretada mediante requisição do Supremo Tribunal Federal, do Superior Tribunal de Justiça ou do Tribunal Superior Eleitoral, conforme a natureza da ordem ou decisão desacatada, cumprindo ao Presidente da República empreender a intervenção, sem que lhe seja dado adentrar em seu mérito.

7.7. Assegurar a observância de princípios constitucionais (art. 34, VII)

Uma Federação constitui uma união de particularismos. Esse tipo de estrutura estatal é empregado exatamente para tornar viável a associação de entes políticos díspares, aos quais se permite usufruir a força e os recursos da totalidade dos integrantes da União, sem prejuízo das respectivas diferenças. Todavia, para que o conjunto se mantenha coeso, respeitada a diversidade local, é preciso que as unidades federadas observem certos princípios comuns em sua organização interna.

Os Estados, na elaboração das respectivas constituições, e o Distrito Federal, na formulação de sua lei orgânica, são obrigados, por força do disposto nos arts. 25 e 32 da Constituição da República, a respeitar os princípios nela consignados. O mesmo

---

2. Nota-se que, nos termos do art. 104, IV e V, da Lei Maior, é lícito à Mesa da Assembleia Legislativa e ao Governador do Estado propor ação de inconstitucionalidade perante o Supremo Tribunal Federal.

ocorre com os Municípios, que, na elaboração de suas cartas locais, estão ainda sujeitos à observância dos princípios inscritos na Constituição do Estado que integram, segundo o estabelecido no art. 29 da Lei Maior.

A doutrina faz distinção entre os vários princípios constitucionais[3]. A alguns chama de *sensíveis*, não apenas porque se encontram clara e evidentemente enumerados, como também porque, se contrariados, provocam enérgica reação, como, no caso, a intervenção federal (SILVA, 1990, p. 83-92). Tais princípios convivem com outros, que os estudiosos denominam *estabelecidos*, também de observância obrigatória, implícitos ou expressamente listados no texto constitucional, cujo descumprimento, porém, não autoriza medidas extremas, ensejando tão somente o devido corretivo judicial[4].

Os princípios arrolados nas alíneas *a*, *b*, *c* e *d* do inciso VII do art. 34 da CF são todos *sensíveis*. Já os princípios arrolados no art. 37 da Carta Magna, por exemplo, dirigidos à administração pública em geral, são da segunda espécie, assim como outros encontráveis em diferentes passagens do texto constitucional. Para Themístocles Brandão Cavalcanti apenas os primeiros autorizam a intervenção, ficando vedada a decretação da medida em razão da inobservância dos demais princípios, porquanto a interpretação do dispositivo em questão deve ser restritiva, tendo em vista o seu caráter excepcional e o cerceamento de direitos que envolve (MAXIMILIANO, 1979, p. 229).

7.7.1. Forma republicana, sistema representativo e regime democrático (art. 34, VII, *a*)

O art. 34, VII, *a*, da Lei Maior arrola os primeiros princípios de acatamento compulsório, por parte das unidades federadas, cuja inobservância acarreta a intervenção. São eles: "forma republicana, sistema representativo e regime democrático".

Já os constituintes de 1891, objetivando impedir a restauração da Monarquia e a restauração do Estado Unitário, inseriram no texto da Carta Magna, como pressuposto autorizador da ação interventiva, o desrespeito à "forma republicana federativa", buscando os hermeneutas da época nos teóricos norte-americanos o alcance e a significação do conceito. Na Reforma de 1926, o assunto foi tratado em duas alíneas distintas, cuidando-se de assegurar, de um lado, a "forma republicana" e, de outro, o "regime representativo". As Constituições subsequentes mantiveram tal hipótese de intervenção, referindo-se, contudo, tão somente ao desacato à "forma republicana representativa", com exceção da Carta de 1937, que recorreu à expressão "forma republicana e representativa". A diferença na formulação do dispositivo em questão, porém, não apresenta maiores consequências em termos práticos, dado que ambos os conceitos apresentam pontos de convergência.

No que consiste a República? Os intérpretes da Carta Magna de 1891, dentre os quais João Barbalho (1961, p. 33), invocando Madison e outros estudiosos do tema, explicavam que governo republicano é aquele em que todos os poderes procedem direta ou indiretamente do povo, gozando os governantes de um poder apenas temporário, enquanto bem servissem.

Atualmente os especialistas não se afastam muito dessa definição. Geraldo Ataliba (1985, p. IX), por exemplo, ensina que "*República* é o regime político em que os exercentes das funções políticas (executivas e legislativas) representam o povo e decidem em seu nome, fazendo-o com responsabilidade, eletivamente e mediante mandatos renováveis periodicamente". As características dessa *forma de governo* são, portanto, a eletividade, a periodicidade e a responsabilidade. Como explica o citado autor, "a eletividade é o instrumento da representação. A periodicidade assegura a fidelidade aos mandatos e possibilita a alternância no poder. A responsabilidade é o penhor da idoneidade da representação popular".

Aurelino Leal (1925, v. 1, p. 63), ao comentar a Constituição de 1891, assentava que por manter a forma republicana dever-se-ia entender "garantir-lhe o exercício e assegurar-lhe a prática", o que exclui a mera reverência a fórmulas legais vazias de conteúdo. É que, muitas vezes, sobretudo na chamada *República Velha*, a legislação local aparentemente sufragava a forma republicana de governo, quando, na realidade fática, ocorria a mais completa subversão de seus postulados. Não basta, pois, que as Constituições e as leis das unidades federadas adotem formalmente as instituições republicanas, fazendo-se necessário, para impedir a intervenção, que a elas sejam efetivamente colocadas em prática. Entretanto, o mencionado autor advertia que, para autorizar a intervenção federal, "é preciso que o desvirtuamento seja visceral, não encontrando remédio no aparelho governamental do Estado".

O sistema representativo, na Constituição vigente, também é expressamente protegido com a sanção da intervenção. E, de fato, a menção é oportuna, visto que a soberania popular, conforme explica Carré de Malberg (1922, t. II, p. 202), encontra expressão através dele, que é definido como "o sistema constitucional do qual o povo governa por seus eleitos", implicando a "participação dos cidadãos na gestão da coisa pública", exercida "sob a forma e na medida do eleitorado". Tal sistema opõe-se, segundo acrescenta, aos regimes despóticos, nos quais o povo não tem qualquer ação sobre os governantes, apartando-se igualmente das formas diretas de participação popular, em que os cidadãos governam por si mesmos.

Atualmente, por inúmeras razões, a começar pela dimensão dos Estados contemporâneos, é impraticável a participação direta do povo no poder, em razão do que se adota o *sistema representativo de governo*, por meio do qual os cidadãos elegem determinados indivíduos para que estes administrem os negócios públicos, em nome daqueles. É a denominada democracia indireta ou representativa.

O relativo distanciamento da cidadania do poder que ocorre no sistema representativo puro é temperado pelos chamados institutos da *democracia semidireta*, com destaque, dentre outros, para o plebiscito, o *referendum* e a iniciativa legislativa popular, os quais foram adotados pela Constituição de 1988, nos termos de seu art. 1º, parágrafo único, e art. 14, I, II e III. A regra, todavia, sem embargo da possibilidade de participação mais direta do povo, em caráter ocasional e em situações específicas, é a gestão da coisa pública através de representantes eleitos.

---

3. Conferir FERRAZ JÚNIOR, Tercio Sampaio. Princípios constitucionais do poder constituinte estadual em face da Constituição Federal. In: *Interpretação e estudos da Constituição de 1988*. São Paulo, Atlas, 1990, p. 83-92.

4. Ver sobre os "princípios estabelecidos" José Afonso da Silva, *Curso de direito constitucional positivo*, cit., p. 515-519.

José Joaquim Gomes Canotilho (1983, p. 344), por seu turno, adverte que a legitimidade dos representantes do povo "radica, em grande medida, em eleições feitas com observância do princípio do sufrágio *geral*, *igual*, *direto*, *secreto* e *periódico*". Nesse sentido, impõe-se a extensão do direito de voto a todos os cidadãos, com exclusão apenas daqueles que não preencham os requisitos da capacidade, vedada qualquer restrição baseada em sexo, raça, rendimento, instrução, ideologia etc. Exige-se, outrossim, que todos os votos tenham a mesma eficácia jurídica, ou seja, o mesmo valor de resultado. O voto há de ter também imediatidade, isto é, deve defluir diretamente da vontade do eleitor, sem intermediação de quem quer que seja e livre de pressões de qualquer espécie. Além disso, voto pressupõe não apenas a pessoalidade de seu exercício, como também a ausência de qualquer possibilidade de identificação do eleitor. Finalmente, o voto precisa ser renovado periodicamente, de modo a assegurar a alternância dos representantes no poder.

Não se pode olvidar que o sistema representativo pressupõe ainda a existência de mecanismos que estabeleçam o predomínio da vontade da maioria, com a garantia de que as minorias encontrem expressão no plano político. Para tanto, deve-se assegurar não apenas o pluripartidarismo, como também a mais ampla liberdade de opinião, de reunião e de associação, além de outras franquias pertinentes.

A intervenção federal, portanto, sob a rubrica do desrespeito ao sistema representativo, pode ser desencadeada se um Estado ou o Distrito Federal impedir ou dificultar, por qualquer modo, a participação do povo na gestão da coisa pública, quer embaraçando o direito de voto, quer obstando o funcionamento dos partidos políticos, quer ainda restringindo as liberdades fundamentais.

Além da forma republicana e do sistema representativo, também o regime democrático há de ser respeitado, sob pena da decretação da medida extrema contra as unidades federadas que o vulnerarem.

Mas qual o significado do termo *regime* empregado no texto constitucional? Georges Burdeau (1976, p. 169), estudando o assunto, aparta-se de uma noção excessivamente formalista de regime, que compreende apenas a conformação e o funcionamento das instituições governamentais, por entender que o conceito comporta também a indagação sobre "a estrutura econômica e social do Estado considerado, a base do poder exercido pelos governantes, os objetivos a que eles se propõem, as forças de que são tributários". Nesse mesmo sentido é a definição de Jorge Xifra Heras (1958, p. 126-127), para quem regime é "o conjunto de forças políticas e de fins que realizam e inspiram o complexo normativo do Estado", aduzindo que, nesse conceito, "há que englobar tanto o modo de exercício de poder como a ideologia político-social que encarna".

Quando a Constituição fala em regime democrático, a questão, portanto, não se resume apenas em verificar se as unidades federadas adotam formalmente as instituições que lhe dizem respeito, as quais compreendem a participação do povo no poder, o sufrágio universal, o império da lei, a separação dos poderes, a garantia das liberdades públicas, o governo da maioria, a expressão das minorias, o direito de oposição etc. (LEEDS, 1975, p. 91).

Segundo observa Leslie Lipson (1966, v. I, p. 91-94), o conceito de democracia "deve estender-se além dos meios de governo, de modo a incluir as finalidades políticas", abrangendo "os propósitos para que o Estado é conduzido". E aqui não se trata apenas, segundo o autor, de incluir os tradicionais valores relativos à liberdade individual, à igualdade de direitos e à supremacia popular, cumprindo incorporar ainda provisões para o bem-estar público e a justiça social. Lembra, mais, que tal concepção "faz também um serviço ao realismo, pois a verdade é que a política da democracia é inatingível sem o preenchimento de certos requisitos prévios de ordem econômica e social".

Assim, caso um Estado-membro ou o Distrito Federal, em sua prática política concreta, dê guarida a um sistema de privilégios, promovendo a iniquidade social, ainda que atue aparentemente sob a égide do regime democrático, deve sofrer a intervenção federal, como corretivo de uma patologia institucional que pode colocar em risco a unidade dos entes federados.

7.7.2. Direitos da pessoa humana (art. 34, VII, *b*)

O art. 34, VII, *b*, autoriza a intervenção federal na hipótese de desrespeito aos "direitos da pessoa humana". Sim, porque, depois de mais de duas décadas de regime autoritário, o constituinte de 1988 emprestou especial ênfase ao tema.

Segundo entende Ferreira Filho (1990, v. I, p. 235), "em termos práticos, pouco acrescenta essa referência", visto que todos os direitos da pessoa humana estariam basicamente arrolados no art. 5º da Constituição, caindo a sua inobservância sob a hipótese de descumprimento de lei federal, motivadora da ação interventiva, nos termos do já estudado art. 34, VI.

De fato, a matéria encontra abrigo fundamentalmente no mencionado dispositivo constitucional, como também nos demais artigos que se colocam sob o Título III da Lei Maior, relativo aos "Direitos e garantias fundamentais", incluindo as franquias individuais, coletivas, sociais e políticas.

Nota-se, porém, que a Constituição não arrola taxativamente todos os direitos da pessoa em seu texto, sendo certo que o art. 5º, § 2º, estabelece que os "direitos e garantias expressos nesta Constituição não excluem outros decorrentes do regime e dos princípios por ela adotados, ou dos tratados internacionais em que a República Federativa do Brasil seja parte". Esse dispositivo, tradicional em nossas Constituições, decorre da 9ª Emenda à Constituição dos Estados Unidos, que estatui que "a enumeração de certos direitos na Constituição não deverá ser interpretada como anulando ou restringindo outros direitos conservados pelo povo".

Embora não seja tarefa das mais fáceis identificar os direitos fundamentais implícitos, cumpre ter presente, conforme anota Dalmo de Abreu Dallari (1981, p. 23), que, nessa matéria, em caso de dúvida a interpretação "deve ser feita sempre de modo mais favorável às pessoas". De qualquer maneira, resta claro que a Constituição vigente apartou-se de uma concepção estritamente normativista, positivista, do Direito, nesse campo, aproximando-se de uma posição jusnaturalista, para reconhecer a existência de direitos subjetivos não expressamente arrolados nos textos legais, fundados na lei natural e no valor intrínseco da pessoa humana, ainda que possam eventualmente carecer de eficácia plena, por não encontrarem amparo em garantias apropriadas[5].

A violação dos direitos e liberdades fundamentais por parte dos Estados e do Distrito Federal, portanto, justifica a intervenção, admitindo-se, nessa hipótese, em caráter excepcional, uma interpretação extensiva do dispositivo constitucional em tela, até porque a dignidade humana figura como um dos fundamentos da República Federativa do Brasil, nos termos do art. 1º, I, da Carta Magna.

7.7.3. Autonomia municipal (art. 34, VII, c)

A autonomia municipal é o terceiro dos princípios constitucionais que deve ser obrigatoriamente observado pelos Estados, de acordo com o art. 34, VII, c, da Lei Maior, sob pena de intervenção. O dispositivo é dirigido apenas aos Estados, pois, como o art. 32 da Carta Magna veda a divisão do Distrito Federal em Municípios, segue-se que não pode este incorrer na violação de que se cuida.

Em que pesem as vicissitudes por que passaram as comunas brasileiras, desde os tempos coloniais, vivendo momentos de grande prestígio e outros de franco declínio, a verdade é que a autonomia local encontrou guarida já na primeira Constituição política do País, a de 1824, que dispunha, nos arts. 167, 168 e 169, que em todas as cidades e vilas existiriam Câmaras, eleitas pelo povo, consignando o texto expressamente que o "exercício de suas funções municipais, formação das suas posturas policiais, aplicação de suas rendas e todas as suas particularidades e úteis atribuições serão decretadas por lei regulamentar".

Sempre foi enorme importância das comunas para o desenvolvimento político e social do Brasil. Nunca é demais, contudo, para sublinhar essa contribuição, relembrar a expressiva colocação de Herculano de Freitas (1923, p. 414), nesse sentido: "Entre nós, a colonização nos trouxe o município, que já a invasão romana trouxera do Lácio para a Península Ibérica; o município precedeu ao reino, precedeu à independência, precedeu à Nação, e a Nação unitária sempre teve o município como uma das bases da sua organização". Longe, pois, de representar mero instrumento para prestação de serviços públicos à comunidade local, o Município, em verdade, constitui um dos fundamentos sobre o qual se assenta o Estado brasileiro.

A primeira Constituição Republicana, embora houvesse reduzido os Municípios à simples expressão da organização territorial dos Estados-membros da Federação, considerou-os autônomos, nos termos do art. 68, "em tudo quanto respeite ao seu peculiar interesse". E, a partir da Reforma de 1926, o atentado à autonomia municipal passou a constituir pressuposto autorizador da intervenção federal. A Lei Maior de 1934 previu a hipótese, mas a Carta de 1937 a suprimiu.

O dispositivo foi recuperado pela Constituição de 1946 e mantido nas Cartas de 1967 e 1969. Inobstante tenham a doutrina e a jurisprudência tergiversado ao longo de todo esse período com relação à abrangência do conceito de autonomia municipal, ora entendendo-a ampla e irrestrita, ora subordinando-a ao poder fiscalizador dos Estados, esta se viu, na realidade, muito mais vulnerada pelo cerceamento que sofreu em decorrência da modestíssima participação das comunas na repartição da renda nacional do que pela ingerência de outras esferas político-administrativas nos negócios locais[6].

Atualmente, o Município foi alçado à categoria de membro da Federação brasileira, não pairando maiores dúvidas quanto à extensão da autonomia municipal. A palavra *autonomia*, sabe-se, significa, etimologicamente e em sentido lato, o poder de regrar-se a si próprio. Mais especificamente, de acordo com José Afonso da Silva (1989, p. 8), a autonomia municipal, na nova Constituição, encontra-se assentada em quatro capacidades: de *auto-organização*, pela elaboração da lei orgânica; de *autogoverno*, pela eleição do Prefeito e dos vereadores; *normativa própria*, pela feitura de leis dentro de seu âmbito de competência; e de *autoadministração*, pela manutenção e prestação de serviços públicos de interesse local.

A autonomia municipal acha-se balizada sobretudo nos arts. 29, 30 e 31 da Carta Magna, não podendo aquela ser sonegada às comunas, seja pela legislação estadual, seja pela prática administrativa dos Estados-membros, acarretando a ofensa a qualquer das capacidades acima explicitadas a intervenção federal.

7.7.4. Prestação de contas da administração pública direta e indireta (art. 34, VII, d)

O princípio da obrigatoriedade de prestação de contas por parte das unidades federadas surgiu na Constituição de 1934. Repetiu-o a Carta Magna vigente, no art. 34, VII, d. A inobservância desse postulado enseja a intervenção federal. Aliás, não poderia ser diferente, visto que a prestação de contas constitui obrigação inafastável do gestor de bens e interesses alheios. E se tal constitui prática de longa data exigida dos gerentes de valores na esfera privada, com maior razão se há de impô-la aos administradores públicos, que superintendem o patrimônio da coletividade.

Hely Lopes Meirelles (1989, p. 88) entende que "a prestação de contas não se refere apenas aos dinheiros públicos, à gestão financeira, mas a todos os atos de governo e de administração". Exemplifica, amparado na Carta Magna, com a obrigação que tem a Administração Pública de fornecer certidões para a defesa de direitos e o esclarecimento de situações e com a exigência de publicidade de que devem revestir-se os seus atos e contratos.

Sem embargo dessa observação, verifica-se que é no campo financeiro que o dever de prestar contas ganha maior relevo. E, segundo observa Ferreira Filho (1990, v. I, p. 236), a prestação de contas deve dar-se em conformidade com as diretrizes gerais de caráter orçamentário editadas pela União, nos termos do art. 24, II e § 1º, da Lei Maior, havendo de obedecer também ao disposto nos arts. 70 a 75 do texto constitucional.

O art. 70, parágrafo único, da Lei Maior, aplicável não só à União, como também a todas as unidades federadas, estabelece

---

5. Sobre o tema, ver TOBEÑAS, José Castán. *Los derechos del hombre*. 2. ed. Madrid: Reus, 1976, p. 35-36; e LEWANDOWSKI, Enrique Ricardo, *Proteção dos direitos humanos na ordem interna e internacional*. Rio de Janeiro: Forense, 1980, p. 66 e s.

6. Sobre a autonomia municipal e suas vicissitudes, ver PAUPÉRIO, A. Machado. *O município e seu regime jurídico no Brasil*. 2. ed. Rio de Janeiro: Forense, 1973, p. 13-21.

que prestará contas qualquer pessoa física ou entidade pública que utilize, arrecade, guarde, gerencie ou administre dinheiros, bens e valores públicos, ou pelos quais o ente público responda, ou que, em nome deste, assuma obrigações, pelo sistema de controle interno de cada Poder e pelo Parlamento, que exerce o controle externo coadjuvado pelo Tribunal de Contas.

O *controle externo* é exercido pelo Legislativo, com o auxílio dos Tribunais de Contas, naquilo que respeita à fiscalização contábil, financeira, orçamentária, operacional e patrimonial da Administração direta e indireta, quanto à legalidade, legitimidade, economicidade, aplicação das subvenções e renúncia de receitas, atuando paralelamente ao sistema de *controle interno* de cada Poder, nos termos do estatuído no art. 70, *caput*, da Carta Magna.

Como assinala Eduardo Lobo Botelho Gualazzi (1990, p. 210), a referida fiscalização, a partir da nova Constituição, tornou-se "*funcionalmente ativa*, podendo efetivar-se *a priori*, concomitantemente ou *a posteriori*", a critério discricionário das Cortes de Contas e do Legislativo, em especial de comissão técnica ou de inquérito, com a observância dos princípios constitucionais de legalidade, impessoalidade, moralidade e publicidade.

O dever de prestação de contas é agora, sob todos os aspectos, o mais amplo possível, não podendo ser obstado pela Administração direta ou indireta da unidade federada, a qualquer título, quer por ação, quer por omissão, sob pena de intervenção do Governo central, sem prejuízo das demais cominações previstas na lei.

7.7.5. Aplicação do mínimo exigido da receita no ensino e na saúde (art. 37, VII, c)

A hipótese autorizadora de intervenção em razão do descumprimento da obrigação de aplicar o mínimo, exigido pela Constituição, da receita de impostos estaduais, compreendendo a proveniente de transferências, na manutenção e desenvolvimento do ensino e nas ações e serviços públicos de saúde, decorre de alteração introduzida pelas Emendas Constitucionais n. 14, de 13-9-1996, e 29, de 22-3-2000. A mudança fazia-se necessária, até por razões de simetria, porquanto a não aplicação do mínimo constitucional no ensino já configurava hipótese de intervenção nos Municípios, a teor do art. 35, III, da Carta Magna. Os Estados e o Distrito Federal são obrigados a aplicar, nos termos do art. 212 da Lei Maior, nunca menos de vinte e cinco por cento da receita resultante de impostos, compreendida a proveniente de transferência, na manutenção e desenvolvimento do ensino.

A Lei Maior, porém, não estabelece, no art. 198, § 2º, um percentual mínimo para a aplicação nas ações e serviços de saúde, mas indica que este deve integrar os orçamentos de seguridade social dos Estados e do Distrito Federal, calculado sobre os impostos a que se refere o art. 155 e dos recursos de que cuidam os arts. 157 e 159, I, *a*, e II, deduzidas as parcelas que forem transferidas aos respectivos Municípios.

8. A intervenção nos Municípios (art. 35)

8.1. Considerações gerais

A intervenção dos Estados em seus Municípios e a da União naqueles localizados em Território Federal também constitui medida excepcional, repetindo-se no art. 35, *caput*, da Carta Magna a fórmula negativa "não intervirá", significando que a medida somente poderá ocorrer licitamente nas hipóteses arroladas nos quatro incisos do referido dispositivo constitucional. Constata-se, pois, que a medida, nesse âmbito, é também excepcional, como não poderia deixar de ser, porquanto vulnera a autonomia que a Lei Maior assegura aos Municípios, agora elevados à categoria de entes federativos, de pleno direito.

A Constituição Federal vigente esgota o assunto, não deixando margem para que as Constituições Estaduais disciplinem a matéria, como no passado. A Carta de 1967, com a Emenda de 1969, em seu art. 34, embora definisse os casos de intervenção nos Municípios, estabelecia que esta seria regulada nas Constituições dos Estados. Agora, os pressupostos materiais e formais da ação interventiva encontram-se taxativamente arrolados na Lei Maior, ficando vedado aos Estados modificá-los a qualquer título.

É interessante notar que, embora a Constituição consigne que as regras do art. 35 digam respeito também à intervenção da União nos Municípios localizados nos Territórios Federais, atualmente essa autorização é inaplicável, pelo que os três únicos Territórios existentes à época da Carta de 1969 deixaram de existir enquanto tal. Com efeito, os Territórios de Roraima e de Amapá foram transformados em Estados e o de Fernando de Noronha foi reincorporado ao Estado de Pernambuco, por força, respectivamente, dos arts. 14 e 15 do ADCT. Cuida-se, pois, de uma norma de caráter prospectivo, que ganhará eficácia na eventualidade da criação de novos Territórios, nos termos do art. 18, § 2º, da Constituição.

8.2. Hipóteses de intervenção nos Municípios (art. 35, I, II, III e IV)

A primeira hipótese de intervenção nos Municípios vem expressa no art. 35, I, da Carta Magna, podendo ocorrer quando "deixar de ser paga, sem motivo de força maior, por dois anos consecutivos, a dívida fundada".

Já foram examinadas acima as noções de dívida fundada e de força maior. Cabe, porém, ainda, observar que não basta simplesmente o Município alegar a excludente da força maior, cumprindo-lhe comprovar a sua ocorrência de forma objetiva para obstar a intervenção.

Diz o inciso II do art. 35 que a medida também é cabível se "não forem prestadas contas devidas, na forma da lei". Na Carta anterior falava-se em contas prestadas na "forma da lei estadual", mas na Constituição vigente suprimiu-se o qualificativo "estadual". Isso significa que a intervenção pode dar-se na hipótese de violação de lei federal, estadual ou municipal que diga respeito à prestação de contas.

Com efeito, além das normas federais e estaduais pertinentes ao assunto, também as leis orgânicas municipais podem disciplinar a matéria, notadamente no que respeita ao controle interno de cada um dos Poderes, o qual é realizado sem prejuízo do controle externo, executado com o auxílio dos Tribunais de Contas.

O inciso III do art. 35, por outro lado, autoriza a intervenção se "não tiver sido aplicado o mínimo exigido da receita municipal na manutenção e desenvolvimento do ensino *e na saúde*", sendo essa última hipótese acrescentada pela Emenda Constitucional n. 29/2000. A Carta anterior estabelecia, em seu art. 15, § 3º, *f*, que a intervenção ocorreria se não tivesse havido aplicação, no ensino primário, em cada ano, de vinte por cento, pelo menos da receita tributária. A Constituição atual, porém, como observa Ferreira Filho (1990, v. I, p. 237), "não restringe essa aplicação ao ensino primário".

De fato, estabelece o art. 212 da Lei Maior vigente que os Municípios aplicarão, anualmente, nunca menos de vinte por cento da receita resultante de impostos, compreendida a proveniente de transferências, na manutenção e desenvolvimento do ensino. Isso significa que o mencionado índice refere-se não apenas às receitas tributárias próprias do Município, isto é, aquelas discriminadas no art. 156, I a III, mas inclui também as representadas por transferências de outros entes federados, referidas no art. 158, I a IV, e 159, I, *b*, e § 3º, da Constituição.

Nada impede, por outro lado, que a receita oriunda de impostos, no percentual mínimo exigido, seja distribuída pelos diferentes graus de ensino, desde que o Município atue prioritariamente no ensino fundamental e na educação infantil, nos termos do disposto no art. 211, § 2º, da Lei Maior.

Já no tocante à saúde, a Constituição não estabelece um percentual fixo, mas sugere que o mínimo deve integrar os orçamentos de seguridade social dos Municípios, sendo calculado sobre o produto da arrecadação de impostos a que se refere o art. 156 e dos recursos de que tratam os arts. 158 e 159, I, *b*, e o § 3º.

Por fim, observa-se que o inciso IV do art. 35 da Carta Magna torna lícita a intervenção se "o Tribunal de Justiça der provimento a representação para assegurar a observância de princípios indicados na Constituição Estadual, ou para prover a execução de lei, de ordem ou de decisão judicial".

Cabe lembrar que, em sendo a República Federativa do Brasil um Estado Democrático de Direito, a teor do art. 1º, *caput*, da Constituição, ela há de viver sob o império da lei e a proteção do Judiciário. Não pode, pois, o Município subverter a ordem jurídica democrática descumprindo as leis ou as determinações judiciais. A sanção para tal comportamento é a intervenção, medida extrema, porém proporcional à ofensa que objetiva reprimir.

No que tange aos postulados de observância obrigatória pelas comunas, convém lembrar que a autonomia municipal, por força do que dispõe o art. 129, *caput*, da Lei Maior, em particular no concernente à capacidade de auto-organização, encontra-se limitada não só pelos princípios estabelecidos na Constituição Federal, como também por aqueles consignados na Carta do respectivo Estado. Na hipótese em apreço, a intervenção somente poderá ser desencadeada se o Tribunal der provimento a representação que pleiteie a medida.

9. Iniciativa e execução da intervenção

9.1. Intervenção mediante solicitação do Poder coacto ou impedido (art. 36, I)

Uma das principais dificuldades dos hermeneutas da Carta Magna de 1891 consistiu em interpretar o sentido da expressão "Governo Federal", ao qual competia, de acordo com o *caput* do art. 6º, deflagrar a intervenção nos casos assinalados no dispositivo. Embora com algumas vozes discordantes, chegaram os doutos à conclusão de que a ação interventiva poderia ser iniciada por qualquer dos Poderes constitucionais, dependendo das circunstâncias e dos objetivos que se pretendia atingir. Recorda-se que, em função dos abusos verificados, houveram por bem os reformadores da Constituição, em 1926, precisar no texto não apenas as hipóteses autorizadoras da intervenção, como também os órgãos responsáveis por seu desencadeamento e sua execução.

Após a Reforma de 1926, passou a constar da Lei Maior que competia privativamente ao Congresso Nacional decretar a intervenção para assegurar a observância dos princípios constitucionais, bem como para colocar termo à eventual duplicidade de poderes estaduais, e também para reorganizar as finanças do Estado insolvente. Cabia ao Supremo Tribunal Federal, por sua vez, requisitar a medida objetivando a execução das sentenças federais. Finalmente, consistia atribuição do Presidente da República executar as intervenções decididas pelo Legislativo, as requisitadas pelo Judiciário e as solicitadas pelos poderes locais, cumprindo-lhe ainda decretá-las, independentemente de provocação, nos casos de invasão estrangeira ou de um Estado em outro, bem como na hipótese de guerra civil.

Essa discriminação repetiu-se, *mutatis mutandis*, em todas as Constituições republicanas, cerceando-se paulatinamente, sobretudo a partir da Lei Maior de 1946, a ação incondicionada do Presidente da República nessa matéria, cuja iniciativa passou a restringir-se às situações de emergência e, mesmo assim, sujeita à aprovação posterior do Congresso Nacional.

O art. 36 da Constituição regulamenta com minúcias a competência dos diferentes órgãos para iniciar e executar a intervenção, embora seja preciso reparar, por oportuno, que ele está mal redigido do ponto de vista técnico. De fato, como assinala Ferreira Filho (1990, v. I, p. 238), os incisos do referido dispositivo dizem respeito exclusivamente à intervenção em Estado ou no Distrito Federal, ao passo que os seus parágrafos referem-se também à intervenção nos Municípios.

Cumpre assinalar que a competência para decretar a intervenção, nesses casos, é sempre do Presidente da República, caracterizando-se esta como discricionária ou vinculada, conforme a hipótese em que se apoia (FERREIRA FILHO, 1989, p. 54). Observa-se, ainda, com arrimo em Ernesto Leme, que também a execução da medida incumbe sempre ao Chefe do Executivo, embora a deliberação sobre sua pertinência possa ser eventualmente de outro Poder.

Convém assinalar que a Lei Maior vigente, à semelhança das constituições de outros Estados Federais, não discriminou os meios que o Presidente da República pode empregar para executar a intervenção, entendendo a doutrina, sobretudo a alemã e a suíça, que estes devem ajustar-se aos critérios da necessidade e da proporcionalidade, referenciados sempre à gravidade da lesão institucional e aos resultados almejados com a medida.

O art. 36, I, disciplina a maneira como se inicia a ação interventiva para garantir a livre atuação de qualquer dos Poderes nos entes federados, estabelecendo que ela dependerá de solicitação do Poder Legislativo ou do Poder Executivo coacto ou impedido, ou de requisição do Supremo Tribunal Federal, se a coação for exercida contra o Poder Judiciário.

O pedido em questão, como regra, há de ser expresso e inequívoco, embora independa de fórmulas especiais, que, à evidência, não poderiam ser exigidas do Poder coacto numa situação de emergência. Recebida a solicitação, em se tratando do Legislativo ou do Executivo, não está o Presidente obrigado a intervir, porquanto se trata de uma faculdade discricionária, cabendo-lhe sopesar a conveniência e a oportunidade da medida.

Com efeito, cuida-se de mera "solicitação", termo que contrasta com o imperativo da palavra "requisição", empregada no caso de exercer-se a coação contra o Judiciário, hipótese em que a competência presidencial é vinculada, devendo o Chefe do Executivo intervir, sem formular qualquer juízo de mérito, sob pena de desobediência.

Não poderia, aliás, ser outro o entendimento. De fato, caso fosse o Presidente obrigado a intervir diante da simples solicitação do Legislativo ou do Executivo coacto, os Poderes locais converter-se-iam em árbitros do grave múnus conferido pela Constituição ao Presidente da República. Além disso, a intervenção, ao invés de contribuir para a pacificação dos dissídios e a restauração da normalidade institucional, transformar-se-ia em fator de novos atritos entre os Poderes conflitantes.

Existem, no entanto, situações em que a abstenção do Presidente da República pode configurar crime de responsabilidade. Basta, por exemplo, que o Chefe do Executivo, despindo-se de suas vestes de magistrado, deixe de atender à solicitação do Poder estadual coacto, movido por razões de ordem político-partidária, atitude que caracterizaria evidente omissão dolosa.

Pontes de Miranda (1970, t. II, p. 252) assinala, sob outro prisma, que a falta de provocação, na hipótese sob exame, torna a intervenção inconstitucional e, por conseguinte, nula a sua decretação, cumprindo ao Congresso Nacional desaprová-la ou suspendê-la. Encaminhada, porém, a solicitação, ainda que depois de decretada a medida, fica o ato interventivo convalidado *ex nunc*.

Interessante questão, todavia, emerge nesse ponto: seria a intervenção para assegurar o livre exercício de Poder estadual, desacompanhada de provocação, sempre inconstitucional? O que ocorreria se o Poder local coacto ou impedido, por qualquer razão, não puder manifestar-se? Quedaria inerme o Presidente da República? Nessa situação, tem entendido a doutrina nacional e estrangeira que a solicitação, se evidente o constrangimento, deve ser presumida.

9.2. Intervenção mediante requisição do Judiciário (art. 36, II e III)

A primeira hipótese de intervenção mediante requisição foi identificada acima, ou seja, a de coação contra o Poder Judiciário na unidade federada, nos termos do art. 36, I, da Lei Maior. O Supremo Tribunal Federal, nessa circunstância, age de ofício, ou por solicitação do Presidente do Tribunal de Justiça do Estado (art. 350, I, do RISTF e art. 19 da Lei n. 8.038/90).

Também a desobediência a ordem ou decisão judiciária por parte do ente federado, conforme já se viu, enseja a intervenção federal por requisição. A medida extrema, no entanto, nesse caso, a teor do art. 36, II, da Carta Magna, depende de requisição do Supremo Tribunal Federal, do Superior Tribunal de Justiça ou do Tribunal Superior Eleitoral. Estes, por sua vez, farão a requisição ao Chefe do Executivo quando provocados por representação do órgão judicial cuja ordem ou decisão houver sido desacatada, e após apreciarem a pertinência da reclamação, ou de ofício, ao tomarem ciência do fato. O constituinte não contemplou o Superior Tribunal do Trabalho e o Superior Tribunal Militar, pelo que se conclui que, no caso de descumprimento de suas decisões, deverão representar ao Supremo Tribunal Federal para que este encaminhe as providências devidas.

Recebida a requisição de que cuida o dispositivo constitucional sob análise, o Presidente da República estará obrigado a intervir, porquanto se trata, nesse caso, de uma competência vinculada, ou seja, que não permite o juízo de conveniência e oportunidade quanto ao seu exercício. Isso porque a análise do estado de coatividade ou impedimento já foi previamente realizada pelos referidos Tribunais Superiores. O desatendimento da requisição configura crime de responsabilidade, nos termos do art. 85, VII, da Constituição.

Embora não elucide a Lei Maior os casos em que os diferentes Tribunais Superiores haverão de ser acionados, tal questão deve ser deslindada com fundamento na jurisdição exercida por cada um deles. Assim, em matéria eleitoral, caberá ao Superior Tribunal Eleitoral, como é evidente, requisitar a intervenção. Nos litígios em que competência jurisdicional é do Superior Tribunal de Justiça, a ele pertencerá a iniciativa. Em assuntos de natureza constitucional, como regra, o desencadeamento da ação interventiva incumbirá ao Supremo Tribunal Federal. Na hipótese de desobediência a ordem ou decisão diretamente emanada dessas Cortes, elas próprias requisitarão, de ofício ou mediante pedido da parte interessada, a intervenção (arts. 8º, *e*, e 350 do RISTF; e art. 312 do RISTJ).

Interessante discussão é suscitada por Pontes de Miranda (1970, t. II, p. 253) no que tange ao papel do Congresso Nacional em face da intervenção requisitada pelo Judiciário. Teria o Legislativo poder de desaprovar a medida nessa hipótese? Entendia o jurisconsulto, ao examinar hipótese análoga prevista no art. 10, IV e VI, da Constituição de 1967, emendada em 1969, que não poderia o Congresso Nacional suspender a intervenção, sendo também desnecessária a sua aprovação, salvo "se houve processo de responsabilidade do membro ou membros do Poder Judiciário, que a requisitaram, ou se o Presidente da República interveio sem a provocação devida".

O mesmo raciocínio é válido para a atual sistemática constitucional da intervenção. Como o decreto que a desencadeia, segundo o art. 36, § 3º, da Lei Maior, pode limitar-se suspender o ato impugnado, se a medida bastar ao restabelecimento da normalidade, dispensando-se a oitiva do Legislativo, não há lugar para a aprovação parlamentar. De outro lado, tratando-se de requisição judicial, não poderia o Legislativo obstá-la, sob pena de vulnerar o princípio da separação dos poderes. Entretanto, existindo qualquer vício de forma ou eventual desvio de finalidade na decretação da intervenção, o Congresso Nacional poderá suspendê-la, a qualquer tempo, com fundamento no art. 49, IV, da Constituição em vigor.

Outra hipótese de requisição judicial da intervenção é a prevista no art. 36, III. Segundo tal dispositivo a medida será desencadeada para assegurar a observância dos princípios constitucionais obrigatórios e no caso de *recusa à execução de lei federal*, quando o Supremo Tribunal Federal der provimento a representação do Procurador-Geral da República nesse sentido. A intervenção pleiteada na representação do Chefe do Ministério Público Federal não é requisitada automaticamente, visto que ela dependerá de prévia apreciação do pedido pelo Pretório Excelso, na forma legal e regimental. Provida a representação ministerial e requisitada a intervenção, incumbe ao Presidente decretá-la, sem maiores delongas, por constituir, no que lhe concerne, ato vinculado, que independe de apreciação quanto ao mérito.

A hipótese de intervenção mencionada na redação original do art. 36, IV, qual seja, a recusa à execução federal, que constava do rol de competências do Superior Tribunal de Justiça, foi inserida na parte final do art. 36, III, como visto acima, pela Emenda Constitucional n. 45, de 31-12-2004. E andou bem o constituinte derivado quando introduziu essa alteração no texto, pois não se trata de mera interpretação da norma infraconstitucional de competência daquela corte superior, mas de afronta à harmonia federativa, cuja custódia cabe à Suprema Corte.

No tocante à intervenção nos Municípios, conforme estabelece o art. 35, IV, da Carta Magna Federal, a medida somente poderá ser desencadeada se o "Tribunal de Justiça der provimento a representação para assegurar a observância de princípios indicados na Constituição Estadual, ou para prover a execução de lei, de ordem ou da decisão judicial".

A Lei Maior anterior, no art. 15, § 3º, *d*, estatuía que a representação seria formulada pelo Chefe do Ministério Público local. E, embora o dispositivo do texto constitucional vigente, sob análise, não explicite de quem é a competência para encaminhar a representação, o art. 129, IV, o faz, ao estabelecer que constitui função institucional do *Parquet* promover a representação "para fins de intervenção da União e dos Estados". Na lição de José Afonso da Silva (1990, p. 422), "a representação ao Tribunal de Justiça, como peça inicial da ação interventiva no Município, cabe ao Procurador-Geral da Justiça que funcione junto ao Tribunal de Justiça competente para conhecer da representação, seja na intervenção promovida pelo Estado, seja na promovida pela União em Município de Território Federal". É escusado dizer que, provida a representação do Ministério Público e requisitada a intervenção pela Suprema Corte da unidade federada, será obrigatória a decretação da medida por parte do Chefe do Executivo.

9.2.1. Da regulamentação do inciso III do art. 36

É imperioso registrar que a representação interventiva tratada no inciso III do art. 36 da CF foi regulamentada pela Lei n. 12.562, de 23/11/2011, que dispõe sobre o processo e o julgamento no Supremo Tribunal Federal.

O art. 3º da referida lei dispõe sobre os requisitos da petição inicial, que, se não observados, ensejarão o indeferimento liminar do pedido pelo ministro relator, por inépcia da inicial (art. 4º). Contra essa decisão cabe agravo no prazo de cinco dias (art. 5º), que será submetido ao Plenário caso o ministro relator não reconsidere a decisão (art. 317, § 2º, combinado com o art. 5º, VIII, ambos do RISTF).

Requerida a concessão de medida liminar, ela poderá ser deferida pela maioria absoluta dos membros da Suprema Corte, podendo consistir na determinação de que se suspenda o andamento de processo ou os efeitos de decisões judiciais ou administrativas ou de qualquer outra medida que apresente relação com a matéria objeto da representação interventiva (art. 5º, § 2º, da Lei n. 12.562/2011).

O relator, por sua vez, poderá, se entender necessário, ouvir os órgãos ou as autoridades responsáveis pelo ato questionado, bem como o Advogado-Geral da União ou o Procurador-Geral da República, no prazo comum de 5 (cinco) dias (art. 5º, § 1º, da Lei n. 12.562/2011).

Apreciada a medida liminar ou, caso não haja pedido dessa natureza, recebida a inicial, o relator solicitará informações às autoridades responsáveis pela prática do ato, no prazo de 10 (dez) dias. Após, ouvirá, respectivamente, o Advogado-Geral da União e o Procurador-Geral da República, que deverão manifestar-se no mesmo prazo.

Interessante novidade vem a lume com o art. 7º da Lei em comento, que faculta ao relator a requisição de auxílio de peritos e até mesmo a realização de audiência pública, com a presença de pessoas "com experiência e autoridade na matéria" invocada no pedido de intervenção federal.

A leitura do referido dispositivo revela tratar-se, na verdade, de desdobramento do § 2º do art. 6º da Lei n. 12.562/2011 e do inciso I do art. 351 do RISTF, que dispõem que o Presidente deve tomar as providências necessárias para dirimir o conflito que dá causa ao pedido. Nesta senda é forçoso reconhecer na espécie uma atuação eminentemente política do Presidente do Supremo Tribunal Federal na resolução de conflito de natureza sensível para a harmonia federativa.

Vale registrar, ainda, que o parágrafo único do mencionado art. 7º reconhece a figura do *amicus curiae* ao prever, a critério do relator, "a manifestação e a juntada de documentos por parte de interessados no processo".

Vencida a fase instrutória, o feito será levado a julgamento, sendo exigido o quórum mínimo de 8 (oito) ministros presentes à sessão. A proclamação do resultado pela procedência ou pela improcedência da representação interventiva dependerá, em ambos os casos, do voto de 6 (seis) ministros (art. 10).

Findo o julgamento, far-se-á a comunicação às autoridades ou aos órgãos responsáveis pela prática dos atos questionados. Se a decisão final for pela procedência do pedido, o Presidente do Supremo Tribunal Federal, após publicado o acórdão, levá-lo-á ao conhecimento do Presidente da República para que este, no prazo improrrogável de até 15 (quinze) dias, dê cumprimento aos §§ 1º e 3º do art. 36 da Constituição Federal.

A lei prevê, também, nova publicação, dessa vez apenas da parte dispositiva, no prazo de 10 (dez) dias – contado a partir do trânsito em julgado da decisão –, em seção especial do *Diário da Justiça* e do *Diário Oficial da União* (art. 11, parágrafo único). A medida parece ter como intenção a máxima publicidade da decisão da Suprema Corte em ação de natureza tão especial.

Por fim, impende ressaltar que o acórdão proferido pelo Tribunal, seja pela procedência ou pela improcedência do pedido da representação interventiva, é irrecorrível, sendo insuscetível de impugnação por ação rescisória.

9.3. Intervenção de ofício por parte do Presidente da República (arts. 34, I, II, III e V, a e b, e 35, I, II e III)

Como regra, a iniciativa incondicionada do Presidente da República em matéria de intervenção é autorizada no texto constitucional quando se trata de enfrentar situações de emergência. Tais são aquelas previstas nos itens I, II e III do art. 34 da Constituição, a saber, para manter a integridade nacional, repelir invasão estrangeira ou de uma unidade da Federação em outra e pôr termo a grave comprometimento da ordem pública. O Chefe do Executivo Federal age também de ofício nos casos discriminados no art. 34, V, *a* e *b*, que dizem respeito à reorganização das finanças do ente federado.

Cuida-se, no caso, de uma competência discricionária, quer dizer, que pode ou não ser exercida por seu titular, segundo um juízo de oportunidade e conveniência. Em outras palavras, nas hipóteses supramencionadas, a intervenção é deixada ao prudente arbítrio do Presidente da República, que age *motu proprio*, independentemente de provocação.

A questão da obrigatoriedade ou não da intervenção foi bastante discutida ao longo da vigência da Constituição de 1891, ficando famosa a polêmica travada entre Epitácio Pessoa e Rui Barbosa. Acabou prevalecendo, até por ser mais razoável, a opinião deste último, que advogava a discricionariedade da competência do Presidente da República, no que foi apoiado por Carlos Maximiliano, que defendia a prudência em assuntos dessa natureza. Hoje, a discussão encontra-se superada, visto que as hipóteses em que a competência presidencial é vinculada encontram-se claramente registradas no texto magno.

Nas situações de emergência, como é evidente, não seria de bom aviso condicionar a ação presidencial a uma incerta solicitação ou requisição de terceiros. Além disso, como já se reparou, apenas o Executivo possui os meios materiais e humanos para atuar com a necessária presteza e eficácia em defesa das instituições nas conjunturas críticas. Não se olvide também, conforme antes mencionado, que o Presidente da República, segundo o art. 84, XIII, da Constituição, é o comandante supremo das Forças Armadas, a quem cabe agir nas circunstâncias que exigem o emprego das armas, em caráter preventivo ou repressivo.

Por outro lado, quando se trata de reorganizar as finanças do ente federado que suspender o pagamento da dívida fundada, por dois anos consecutivos, ou que deixar de entregar aos Municípios receitas tributárias fixadas na Constituição, dentro dos prazos legais, não se pode esperar que o Estado ou o Distrito Federal inadimplente requisite a intervenção. E como, a rigor, não se cuida de matéria jurisdicional, seria igualmente imprópria a requisição da medida por parte do Judiciário. Também seria extravagante a solicitação do Legislativo, embora praticada no passado, porquanto não se trata de assunto de caráter político *stricto sensu*.

Analogamente, a Constituição não exige provocação de quem quer que seja para que o Presidente da República intervenha nos Municípios localizados em Território Federal e os Governadores naqueles localizados nos respectivos Estados, nas hipóteses previstas no art. 35, I, II e III, isto é, quando deixar de ser paga, sem motivo de força maior, por dois anos consecutivos, a dívida fundada; não forem prestadas contas devidas, na forma da lei, e não tiver sido aplicado o mínimo exigido da receita municipal na manutenção e desenvolvimento do ensino.

Interessante questão surge no tocante ao controle da decisão de intervir. Será que se sujeita ao crivo jurisdicional? A doutrina nacional e estrangeira entende que a intervenção constitui *ato político ou de governo*, insuscetível de exame jurisdicional[7].

Evidentemente, se houver clara ofensa às regras constitucionais, principalmente nas hipóteses em que a medida depende de solicitação do Poder coacto ou impedido ou de requisição dos Tribunais e estas não tenham sido encaminhadas ao Executivo ou contenham alguma irregularidade, fica autorizada a impugnação judicial do ato. Outra situação em que o Judiciário pode ser acionado é aquela em que a intervenção persiste mesmo após ter sido ela suspensa pelo Legislativo, circunstância em que o ato interventivo perderá a legitimidade, tornando-se inconstitucional (DA SILVA, 1990, p. 420).

Claro está, de outro lado, que nenhuma lesão ou ameaça a direito pode ser subtraída à apreciação do Judiciário, em face do princípio da universalidade da jurisdição, agasalhado pela Constituição vigente no art. 5º, XXXV. Aliás, o Supremo Tribunal Federal, ao interpretar o instituto da intervenção à luz da Carta Magna de 1891, já ressalvava que, embora lhe fosse vedado conhecer dos "casos políticos", não poderia deixar de apreciá-los quando estivessem em causa os direitos individuais.

10. Forma, amplitude, prazo e condições da intervenção (art. 36, §§ 1º, 2º e 3º, e art. 86, X)

A intervenção nos Estados ou nos Municípios efetiva-se, respectivamente, por decreto do Presidente da República, nos termos do art. 86, X, da Lei Maior, ou do Governador do Estado, segundo o disposto nas respectivas constituições, que nele devem especificar, a teor do art. 36, § 1º, a amplitude, o prazo e as condições de execução da medida, nomeando, se couber, o interventor. O ato de intervenção precisa ser submetido à apreciação do Congresso Nacional ou da Assembleia Legislativa, conforme o caso, dentro de vinte e quatro horas da decretação. Se tais órgãos não estiverem em funcionamento, serão convocados extraordinariamente, no mesmo prazo, segundo o § 2º do mencionado dispositivo. Na hipótese de intervenção nos Estados, o Chefe do Executivo Federal ouvirá, ainda, o Conselho da República e o Conselho de Defesa Nacional, de acordo com o que preceituam os arts. 90, I, e 91, § 1º, II, da Carta Magna.

Entende-se por amplitude a abrangência da intervenção, isto é, o Estado ou o Município que atinge, bem como o Poder ou os Poderes sobre os quais incide. Prazo constitui a duração da medida, que poderá ser determinado ou indeterminado. Isso significa que é possível estabelecer-se, desde a edição do ato, o termo final da intervenção ou condicioná-la à consecução dos objetivos que se pretende atingir com ela. O que não se tolera é a intervenção com prazo ilimitado, decretada em termos genéricos, visto que tal vulneraria a autonomia da unidade federada objeto da medida. Finalmente, por condições compreende-se o detalhamento da ação interventiva, que inclui os meios pelos quais ela se concretiza. Todos esses aspectos hão de ser necessariamente explicitados, com a devida fundamentação, no decreto submetido ao Legislati-

---

7. Carré de Malberg faz as seguintes considerações sobre o ato de governo: "Se o Chefe do Executivo tem, por iniciativa própria, o poder de realizar certos atos independentes de toda a autorização legislativa prévia, é porque recebeu esse poder formalmente da Constituição. Ao conferi-lo, a Constituição dispensou-o da obrigação de esperar os impulsos dos atos legislativos, ou mais exatamente, criou para ele certa esfera de atribuições que é precisamente a esfera de governo, na qual ocupa o dito Chefe do Executivo uma posição análoga ao legislador..." (*Contribution a la Théorie Général de l'État*, cit., p. 527). Ver também LAUBADÈRE, André de. *Manuel de Droit Administratif*. 9. ed. Paris: Librairie Générale de Droit et de Jurisprudence, 1974, p. 92.

vo, sob pena de desaprovação da medida, *in limine*, sem apreciação do mérito.

Nem sempre é necessária a nomeação de interventor, conforme será explicado adiante com mais detalhes. Tal é o caso, por exemplo, quando o Chefe do Executivo limita-se a suspender a execução de ato indevidamente praticado se a medida bastar ao restabelecimento da normalidade. Nessa hipótese, de conformidade com o art. 36, § 3º, da Constituição, também é dispensada a apreciação do decreto de intervenção pelos parlamentares. Isso se explica porque a ação interventiva, de fato, não toma lugar. Se, porém, a medida não for suficiente, a intervenção será desencadeada, *in concreto*, fazendo-se mister, então, a competente autorização legislativa (FERREIRA FILHO, 1990, v. I, p. 242).

A Carta Magna explicita as situações em que, ocorrendo a mera suspensão do ato impugnado, fica dispensada a oitiva do Parlamento. São as previstas no art. 34, VI (prover a execução de lei federal, ordem ou decisão judicial) e VII (assegurar a observância dos princípios constitucionais), assim como no art. 35, IV (representação provida pelo Tribunal de Justiça para assegurar a observância de princípios indicados na Constituição do Estado, ou para assegurar a execução de lei, ordem ou decisão judicial).

Embora sujeito à apreciação do Legislativo, exceto nas hipóteses ressalvadas no texto constitucional, o ato de intervenção não depende de aprovação para que tenha eficácia, produzindo efeitos desde a sua edição. E não poderia ser de outro modo, dado o caráter de urgência da ação interventiva. Nota-se, porém, que três são as possíveis consequências da apreciação do ato pelo Legislativo: 1) os parlamentares podem aprová-lo, autorizando a continuidade da intervenção até o atingimento de seus fins; 2) podem, de outro lado, aprová-lo, suspendendo de imediato a medida, situação que gerará efeitos *ex nunc*; 3) podem, por fim, rejeitá-lo integralmente, suspendendo a intervenção e declarando ilegais, *ex tunc*, os atos de intervenção. Segundo alertava Pontes de Miranda (1970, t. II, p. 218), ao comentar dispositivo análogo da Constituição passada, o Legislativo não pode, sob pena de contradição, "desaprovar e suspender, somente tornando ilegais, *ex nunc*, os atos interventivos".

De qualquer forma, rejeitado o decreto pelo Congresso Nacional ou pela Assembleia Legislativa, conforme o caso, a intervenção passará a ser inconstitucional. Se, inobstante a objeção parlamentar, o Chefe do Executivo mantiver a intervenção, estará ele cometendo crime de responsabilidade, inclusive porque a decisão do Legislativo, nessa matéria, não comporta o veto presidencial.

A intervenção não tem o condão de destituir as autoridades da unidade federada, atingidas pelo ato, ainda que estas tenham cometido falta grave ou praticado algum ilícito. Por esse motivo, segundo estabelece o art. 36, § 4º, as autoridades afastadas, cessados os motivos da intervenção, voltarão aos seus cargos, salvo impedimento legal. É que a intervenção não constitui instrumento para punir agentes políticos faltosos, representando, conforme já se viu, apenas um instrumento constitucional para manter a integridade da Federação. A destituição de autoridades eleitas, em nosso sistema legal, dá-se, dentre outras maneiras, por meio do processo de *impeachment* ou mediante sentença judicial, como pena acessória.

As autoridades afastadas do exercício de suas funções somente deixarão de voltar aos respectivos cargos se estiverem legalmente impedidas de fazê-lo, quer dizer, se houverem completado o mandato ou se os seus direitos políticos tiverem sido suspensos, dentre outras possibilidades.

Isso se explica por que nem sempre a conduta das autoridades locais constitui o motivo determinante da ação interventiva. Na eventualidade de invasão estrangeira ou de comoção intestina, por exemplo, a intervenção, como regra, não pode ser debitada a elas. É de se esperar, inclusive, que estas, em tais hipóteses, sejam responsáveis pelo pedido de auxílio ao órgão tutelar.

11. O interventor: suas atribuições e responsabilidade civil

Já se viu que a nomeação de um interventor nem sempre é necessária, sobretudo quando a ação interventiva limita-se a suspender ato da autoridade local impugnado. Além dessa situação, constitucionalmente gizada, existem ainda outras em que a nomeação de um agente federal ou estadual para levar a cabo a medida é prescindível. Por exemplo: quando a intervenção incide sobre o Parlamento, hipótese em que as funções legislativas podem ser atribuídas ao Chefe do Executivo, dispensando-se o interventor.

É interessante verificar que a figura do interventor não foi contemplada na Constituição de 1891, o que deu azo a grandes controvérsias doutrinárias. São conhecidas as críticas sofridas por Rui Barbosa (1973, p. 26) pela incoerência que teria demonstrado nessa questão, ao defender a nomeação de interventor para o Amazonas, em 1913, inobstante tivesse ele manifestado a sua oposição a tal, alguns anos antes, em 1906, por ocasião de pedido de intervenção no Mato Grosso, encaminhado ao Congresso Nacional por Rodrigues Alves.

Embora a primeira Constituição da República não tenha feito menção ao interventor, a doutrina de então inclinou-se, majoritariamente, no sentido de admitir a sua existência[8]. E o fez com base na teoria dos *poderes implícitos*, haurida no ensinamento do magistrado norte-americano Marshall, de acordo com a qual, a Constituição, sempre que atribui um poder expresso para determinado fim, confere, de maneira implícita, os meios para alcançá-lo[9].

A Lei Maior de 1934 consagrou a figura do interventor, que passou integrar o texto de todas as Constituições subsequentes. A seguir, a Carta de 1937 atribuiu ao interventor, de maneira expressa, as funções que, no Estado, dissessem respeito ao Governador, ou as que, de acordo com as conveniências ou necessidades de cada situação, lhe fossem cometidas pelo Presidente da República. Desse modo, restou superada a objeção de Aurelino Leal (1925, v. 1, p. 94) e outros comentaristas da Constituição de 1891, no sentido de que o interventor, como agente federal, não poderia praticar todos os atos de competência do Chefe do Executivo local, mas apenas os denominados *atos de conservação*, dentre os quais a nomeação de funcionários, o pagamento de dívidas, a manutenção da ordem pública, a prestação de serviços essenciais etc.

---

8. Por exemplo, MAXIMILIANO, Carlos. *Comentários: Constituição Brasileira*. Rio de Janeiro: Jacintho Ribeiro dos Santos, 1918, p. 193.
9. Ver LEME, Ernesto, *Intervenção federal nos Estados*, cit., p. 201; e SILVA, José Afonso da. *Curso de direito constitucional positivo*, cit., p. 201. 68. *Theoria e Prática da Constituição Federal Brasileira*, cit., p. 94.

Entende-se, atualmente, que as atribuições do interventor variam de conformidade com a amplitude, o prazo e as condições da intervenção, sendo explicitadas no ato que a desencadeia e complementadas por instruções recebidas da autoridade responsável pela decretação da medida, nada obstando que o seu executor exerça funções executivas ou legislativas em toda a plenitude, na hipótese de fazer as vezes dos titulares delas. Compete, assim, ao interventor, nomeado para substituir o Governador ou o Prefeito, vetar e sancionar leis, editar decretos regulamentares e praticar todos os atos administrativos necessários à restauração da ordem jurídica ou material vulnerada. Incumbe-lhe, ainda, editar atos normativos, com força de lei, respeitados os princípios constitucionais de competência, se a intervenção recair sobre o Legislativo. Pontes de Miranda (1970, t. II, p. 264), porém, adverte que os "atos dele não podem, de regra, atingir o Poder Judiciário, visto que não é lícito alcançar os juízes em suas garantias constitucionais, cabendo-lhe, quando muito, recompor os órgãos judicantes, eventualmente integrados por pessoas irregularmente nomeadas ou promovidas".

De qualquer modo, embora constitua figura emergente em situações de anormalidade institucional, o interventor não fica investido de poderes excepcionais, competindo-lhe apenas desempenhar as funções regularmente exercidas pelas autoridades que, em caráter temporário, é chamado a substituir.

Não se olvide que os atos e decisões do interventor podem, eventualmente, prejudicar a terceiros, emergindo a responsabilidade civil pelos danos acarretados. Como regra, responde por perdas e danos a União ou o Estado, conforme seja o interventor federal ou estadual, eis que o mesmo atua na qualidade de representante da pessoa política que o nomeou. Entretanto, se o interventor age no exercício regular da Administração local a obrigação de indenizar incide sobre o Estado ou o Município objeto da intervenção. Evidentemente, se a União figurar no polo passivo da ação indenizatória, a competência será da Justiça Federal, deslocando-se esta para o foro estadual se a responsabilidade recair sobre o Estado ou o Município. Por oportuno, sublinha-se que o interventor, como qualquer agente público, responde regressivamente pelos atos que praticar com dolo ou culpa, nos termos do art. 37, § 6º, da Constituição em vigor[10].

Faz-se mister salientar, de outra parte, que o interventor não pode figurar como sujeito ativo de crimes de responsabilidade ou de infrações político-administrativas, tal como o Governador ou o Prefeito, não se sujeitando, pois, a julgamento pelo Legislativo, particularmente ao processo de *impeachment*, embora responda por seus atos na qualidade de funcionário público (PONTES DE MIRANDA, 1970, t. II, p. 263). Isso se explica porque, na verdade, o interventor não ocupa cargo, nem exerce mandato, sendo mero executor de um conjunto de providências destinadas a restaurar a normalidade institucional em determinado ente federado, por conta da União ou do Estado, conforme a situação.

---

10. Sobre a questão, ver MAXIMILANO, Carlos. *Comentários à Constituição Brasileira*, cit., p. 195; AZEVEDO, José Affonso Mendonça de. *A Constituição Federal interpretada pelo Supremo Tribunal Federal (1891-1894)*. Rio de Janeiro: Revista do Supremo Tribunal Federal, 1925, p. 13; PONTES DE MIRANDA, F. C. *Comentários à Constituição de 1967, com a Emenda n. 1, de 1969*, cit., p. 263; SILVA, José Afonso da. *Curso de direito constitucional positivo*, cit., p. 421.

A doutrina nacional e estrangeira tem estudado também a questão da responsabilidade pelas despesas da intervenção, concluindo que os custos da medida, como regra, devem ser suportadas pela União, visto que ela é sempre desencadeada em benefício do conjunto dos entes associados. Entretanto, se a unidade federada tiver dado causa à intervenção, deverá esta arcar com as despesas decorrentes da ação.

CAPÍTULO VII
DA ADMINISTRAÇÃO PÚBLICA

SEÇÃO I
DISPOSIÇÕES GERAIS

Art. 37. A administração pública direta e indireta de qualquer dos Poderes da União, dos Estados, do Distrito Federal e dos Municípios obedecerá aos princípios de legalidade, impessoalidade, moralidade, publicidade e eficiência e, também, ao seguinte:

Carlos Ayres Britto

A – REFERÊNCIAS

Bibliografia

ESPÍNDOLA, Ruy Samuel. Princípios constitucionais e atividade jurídico-administrativa: anotações em torno de questões contemporâneas. Em: *Jurisprudência catarinense*, v. 29, n. 103, jul./set., 2003, p. 243-279. FAGUNDES, Miguel Seabra. Da participação popular na aplicação dos princípios constitucionais atinentes a administração pública. Em: *Anais do 16º Congresso dos Tribunais de Contas do Brasil*, v. 1. Recife: Tribunal de Contas do Estado de Pernambuco, 1991-1992, p. 141-148. MELLO, Celso Antônio Bandeira de. *Curso de direito administrativo*. 26. ed., rev. e atual. até a emenda constitucional 57, de 18.12.2008. São Paulo: Malheiros, 2009. MOTTA, Carlos Pinto Coelho. Os princípios constitucionais da administração pública e o projeto de Lei n. 7709/07. Em: *Boletim de Licitações e Contratos*, v. 20, n. 5, maio 2007, p. 435-448. ROCHA, Cármen Lúcia Antunes. *Princípios constitucionais da administração pública*. Belo Horizonte: Del Rey, 1994.

Jurisprudência

ADI 524, Rel. Ricardo Lewandowski, *DJe* de 3-8-2015. MS 28.485, Rel. Dias Toffoli, j. 11-11-2014, 1ª T, *DJe* de 4-12-2014. Rcl 9.284, Rel. Dias Toffoli, j. 30-9-2014, 1ª T, *DJe* de 19-11-2014. Rcl 7.590, Rel. Dias Toffoli, j. 30-9-2014, 1ª T, *DJe* de 14-11-2014. ADI 4.180, voto do Rel. Gilmar Mendes, j. 11-9-2014, P, *DJe* de 7-10-2014. MS 27.945, Rel. Cármen Lúcia, j. 26-8-2014, 2ª T, *DJe* de 4-9-2014. MS 28.033, Rel. Marco Aurélio, j. 23-4-2014, P, *DJe* de 30-10-2014. MS 31.697, Rel. Dias

Toffoli, j. 11-3-2014, 1ª T, *DJe* de 2-4-2014. ADI 3.745, Rel. Dias Toffoli, j. 15-5-2013, P, *DJe* de 1º-8-2013. ADI 2.198, Rel. Dias Toffoli, j. 11-4-2013, P, *DJe* de 19-8-2013. RE 589.998, Rel. Ricardo Lewandowski, j. 20-3-2013, P, *DJe* de 12-9-2013. ARE 721.001 RG, Rel. Gilmar Mendes, j. 28-2-2013, P, *DJe* de 1º-6-2015. ARE 696.316, Rel. Joaquim Barbosa, dec. monocrática, j. 10-8-2012, *DJe* de 16-8-2012. MS 24.020, Rel. Joaquim Barbosa, j. 6-3-2012, 2ª T, *DJe* de 13-6-2012. SS 3.902 AgR-segundo, Rel. Ayres Britto, j. 9-6-2011, P, *DJe* de 3-10-2011. HC 102.819, Rel. Marco Aurélio, j. 5-4-2011, 1ª T, *DJe* de 30-5-2011. ADI 3.795, Rel. Ayres Britto, j. 24-2-2011, P, *DJe* de 16-6-2011. AI 796.832 AgR, voto da Rel. Cármen Lúcia, j. 1º-2-2011, 1ª T, *DJe* de 23-2-2011. RMS 25.943, voto do Rel. Ricardo Lewandowski, j. 24-11-2010, P, *DJe* de 2-3-2011. AI 607.616 AgR, voto do Rel. Joaquim Barbosa, j. 31-8-2010, 2ª T, *DJe* de 1º-10-2010. RE 462.136 AgR, Rel. Joaquim Barbosa, j. 31-8-2010, 2ª T, *DJe* de 1º-10-2010. STA 407 AgR, Rel. Cezar Peluso, j. 18-8-2010, P, *DJe* de 3-9-2010. ADI 4.259 MC, Rel. Ricardo Lewandowski, j. 23-6-2010, P, *DJe* de 20-8-2010. RMS 25.856, Rel. Eros Grau, j. 9-3-2010, 2ª T, *DJe* de 14-5-2010.

B – COMENTÁRIOS

1. A Administração Pública e sua normação constitucional em apartado

1.1. Uma das belas novidades da Constituição brasileira de 1988 é o capítulo devotado à "Administração Pública". Falo do capítulo VII do título III, versante, este, sobre a organização do Estado enquanto personalizada instituição de direito público, natureza político-administrativa e base territorial exclusiva.

1.2. Trata-se de subconjunto normativo (o da Administração Pública brasileira) que se inicia com o art. 37, tendo por inspiração o título IX da Constituição portuguesa de 1976. Constituição portuguesa que fez da Administração Pública daquele País um centrado objeto de numerosos artigos (do n. 266 ao 272), reveladores da fundamental importância da matéria.

1.3. A Administração Pública brasileira é ponto de incidência, portanto, identicamente à Administração Pública portuguesa, de destacado e numeroso regramento constitucional (arts. 37 a 43). Isto no interior do conjunto normativo dedicado à figura do Estado, compreensivo este, entre nós, das pessoas federadas da União, dos Estados-membros, do Distrito Federal e dos Municípios.

2. A Administração Pública e sua inserção no título constitucional devotado à organização do Estado

2.1. É isso mesmo. Embora a cabeça do art. 37 da Constituição deixe literalmente posto que a "administração Pública" (já agora com as iniciais minúsculas) é algo próprio de cada um dos Poderes orgânicos da União, dos Estados, do Distrito Federal e dos Municípios, o fato é que a matéria está versada no interior do segmento normativo respeitante à organização do Estado Federal como um todo. Não no título alusivo à organização daqueles Poderes estatais (título de n. IV).

2.2. As coisas se explicam. Se a administração pública é algo comum aos três Poderes do Estado, e não uma particularidade desse ou daquele Poder, então que a matéria faça parte (como efetivamente faz) da realidade que abarca todos eles sem exceção: a realidade do Estado. Que já é uma realidade-continente, enquanto cada qual dos Poderes não passa de uma realidade-conteúdo.

2.3. Leia-se o texto desse emblemático artigo constitucional de n. 37, cabeça:

"Art. 37. A administração pública direta e indireta de qualquer dos Poderes da União, dos Estados, do Distrito Federal e dos Municípios obedecerá aos princípios da legalidade, impessoalidade, moralidade, publicidade e eficiência e, também, ao seguinte:".

3. A Administração Pública objetiva e subjetivamente considerada. A dicotomia órgãos/entidades

3.1. Avanço na dissecação do texto constitucional brasileiro para lembrar que todo Estado soberano tem o seu modo peculiar de ser, juridicamente, e o nosso é assim mesmo quadripartite: União, Estados, Distrito Federal e Municípios (arts. 1º e 18 da CF). Sendo que a administração pública, objetivamente visualizada, vale dizer, focada como atividade estatal em si, transcorre na funcionalidade de cada qual dos três Poderes estatais: O Legislativo, o Executivo e o Judiciário. E é assim como objetiva atividade estatal que o fraseado "administração pública" vem invariavelmente escrito com as letras iniciais minúsculas (a partir desse mesmo *caput* do art. 37).

3.2. Mas é preciso esclarecer que essa objetiva forma do atuar administrativo do Estado é marcadamente *ex officio* ou por impulso próprio. Donde a conhecida formulação conceitual de que "administrar é aplicar a lei de ofício", que tem por autor o pranteado publicista Miguel de Seabra Fagundes.

3.3. O outro modo jurídico de ser da administração pública é sob a forma de aparelhamento estatal (Estado-aparelho ou Estado-aparato de poder), o que bem se exprime na dicotomia órgãos/entidades. Os primeiros (órgãos), a se dar no interior do próprio Estado, como simples e desconcentradas "unidades de competências" (Celso Antônio Bandeira de Mello). Absorvidos, então, pela solitária personalidade jurídica do Estado mesmo. Isto por contraposição à destacada personalidade jurídica do segundo polo da dicotomia: as entidades administrativas. Estas, agora sim, a atuar do lado de fora do Estado. Lado de fora que já corresponde a um outro modelo de atuação administrativa, que é o modelo indireto ou descentralizado.

3.4. Seja como for, órgãos e entidades administrativos projetam na tela das nossas mentes o visual da "Administração Pública" (voltamos às letras iniciais maiúsculas) em sentido estrutural, também dito orgânico ou subjetivo. O reverso conceitual da "administração pública" em sentido objetivo. Dando-se que os órgãos singelamente administrativos são criados por lei ordinária (inciso XI do art. 48 da Constituição), enquanto as entidades de administração indireta o são também por lei ordinária, mas de caráter específico ("lei específica", a teor do inciso XIX do artigo constitucional de n. 37, adiante transcrito).

3.5. Repita-se: lei de natureza igualmente ordinária, é certo, mas de conteúdo monotemático, a alcançar as autarquias, fundações, empresas públicas e sociedades de economia mista, mais as empresas subsidiárias desses dois últimos figurinos de atuação estatal descentralizada (que são as economias mistas e as empresas públicas, tudo conforme o disposto no inciso XX do mesmo art. 37).

4. Os órgãos da Administração Pública direta ou desconcentrada e as entidades da Administração Pública indireta ou descentralizada

4.1. Convém prolongar o estudo da dicotomia órgãos/entidades para deixar ainda mais vincado que a multiplicidade dos primeiros transcorre na unidade personativa do Estado, enquanto cada qual das entidades de administração estatal indireta é constitutiva de uma rematada pessoa jurídica. Personalização jurídica simplesmente administrativa (não política), ora de um patrimônio público a serviço de atividade mistamente pública e privada, como saúde e educação, por exemplo (espaço próprio de atuação das chamadas "fundações públicas"), ora de uma atividade exclusivamente estatal (lócus específico das autarquias), ora, enfim, de um serviço também exclusivo do Estado, designado pela própria Constituição como "serviço público" (prestado mediante a instituição de empresas públicas e de sociedades de economia mista).

4.2. Conclui-se, então, que tais personalizações jurídico-administrativas são distintas de sua própria matriz institucional, que não é outra senão a figura do Estado enquanto pessoa política (União, Estado-membro, Distrito Federal e Município, conforme o caso). Estado pessoa política a optar, legislativamente, por qualquer dos dois modelos de atuação administrativa: a que se dá mediante órgãos ou por simples desconcentração (*interna corporis*, portanto) e a que se operacionaliza mediante as referidas entidades de administração indireta ou descentralizada, porque operantes em paralelo ao Estado mesmo. *Externa corporis*, por conseguinte.

5. A dicotomia Governo/Administração. O Poder Executivo do Estado como o único a operar por órgãos e entidades, cumulativamente

5.1. Claro que o regime jurídico do agir administrativo do Estado parte da própria Constituição, que para isso é que existe todo um capítulo constitucional em separado. Contudo, esse partir da própria Constituição é tarefa normativa que se inicia por modo parcimonioso, para que a lei venha a retomá-la com certa largueza. Ao contrário do regime jurídico das ações propriamente de governo, porque nas ações propriamente de governo a largueza normativa fica por conta é da Constituição, diretamente. O que se entrega aos cuidados da lei são apenas certos pontos de minúcia.

5.2. Daqui se segue que a lei está para a administração assim como a Constituição está para o governo ("a Constituição é o estatuto jurídico do fenômeno político", didaticamente anota J. J. Gomes Canotilho). Se se prefere, o mais vistoso ponto de referibilidade da administração pública é a lei, tanto quanto o mais vistoso ponto de referibilidade do governo é a Constituição. Ambos desencadeados *ex officio* ou por impulso próprio, mas sempre com essa imediata referibilidade da administração à lei, tanto quanto a imediata referibilidade do Governo é a Constituição.

5.3. Diga-se mais: se todos os Poderes do Estado, indistintamente, dispõem de órgãos administrativos, entre nós é somente o Poder Executivo que pode atuar por órgãos e entidades, cumulativamente. Órgãos, como fração endógena ou parte elementar de uma dada pessoa jurídica; entidades como unidades estatais juridicamente personalizadas ("Desmembramentos administrativos personalizados do Estado", na precisa e elegante expressão de Celso Antônio Bandeira de Mello). Daí os dois conceitos básicos de administração pública: a administração que se estrutura tão só em atividades — objetivamente, portanto — e aquela que se estrutura em órgãos e entidades (subjetivamente, por conseguinte, e com as letras iniciais maiúsculas, torne-se a dizer). Ali, conceito objetivo de administração e comum aos três Poderes do Estado; aqui, conceito orgânico ou subjetivo e somente cabível na esfera das protagonizações que são próprias do Poder Executivo. Donde o seguinte dispositivo da Constituição:

"Art. 49. É da competência exclusiva do Congresso Nacional:
X – fiscalizar e controlar, diretamente, ou por qualquer de suas Casas, os atos do Poder Executivo, incluídos os da administração indireta".

5.4. É o quanto nos basta para a conclusão de que a Administração Pública só existe em plenitude no âmbito do Poder Executivo. E se falo "em plenitude" é porque o Poder Executivo, conforme visto, tanto abriga unidades administrativas carentes de personalização jurídica (os chamados "órgãos" administrativos, simplesmente) quanto as unidades que se dotam de tal personalização (os entes ou entidades, propriamente). Diferentemente dos Poderes Legislativo e Judiciário, que não atuam administrativamente senão por singelos órgãos.

6. A Administração como atividade-meio e como atividade-fim. A dualidade básica administração endógena/administração exógena

6.1. Nesse fluxo de cognição constitucional brasileira, cabe o juízo de que a Administração Pública implica o desempenho de uma atividade-meio, quando focada do exclusivo ângulo dos Poderes Legislativo e Judiciário. Atividade-meio, entenda-se, para que esses dois Poderes possam desempenhar eficientemente as respectivas atividades-fins: no Legislativo, a legislação; no Judiciário, a jurisdição, conforme se deduz da leitura do art. 2º da Constituição. E porque atividade-meio cuida-se de administração que opera tão só internamente. Não é feita para a regência dos interesses da massa dos administrados ou do público em geral.

6.2. Já na esfera do Poder Executivo, a administração importa o desempenho de atividade que se peculiariza por mais um título conceitual, porquanto meio e fim a um só tempo. E também por modo endógeno e exógeno, pois a finalidade mesma do Poder Executivo é administrar os interesses que são próprios de toda uma população geograficamente autônoma e postada do lado de fora (exogenamente, portanto) da estrutura de qualquer dos Poderes do Estado. Já não fazendo sentido distinguir entre administração-meio e administração-fim, pois as duas coisas se confundem por completo na dinâmica do Poder em causa (o Executivo).

6.3. Ora, peculiarizando-se por atuar mediante órgãos e entidades, cumulativamente, e pelo desempenho da atividade administrativa enquanto meio e enquanto fim, indiferentemente, o Poder Executivo termina sendo a parte elementar do Estado que mais se faz presente no dia a dia da população. Noutros termos, é graças à ontologia e funcionalidade do Poder Executivo que o Estado-administração, mais que o Estado-legislação e o Estado-jurisdição, passa a compor o cotidiano de cada indivíduo e da população por inteiro.

7. A dicotomia Administração direta/Administração indireta

7.1. De outra parte, diz o art. 37 que a administração pública se discrimina em direta e indireta. Saltando à evidência que a administração direta é aquela que a pessoa do Estado (União, Estados-membros, Distrito Federal e qualquer dos Municípios brasileiros) faz ou presta por si mesmo. Por seus próprios órgãos interiores ou sem interposta pessoa jurídica. Centralizadamente, dessarte, conforme um pouco mais atrás ficou explicitado. Enquanto a administração indireta é aquela que o Estado faz ou presta pela mediação de uma outra pessoa jurídica. Ainda que essa outra pessoa jurídica seja instituída por ele próprio, Estado. Valendo-se, então, de lei específica, para dar concreção ao inciso XIX do art. 37 da Constituição, *verbis*: "somente por lei específica poderá ser criada autarquia e autorizada a instituição de empresa pública, de sociedade de economia mista e de fundações, cabendo à lei complementar, neste último caso, definir as áreas de sua atuação".

7.2. Em palavras diferentes, se a administração direta é a que se dá pelo Estado enquanto exclusivo centro de imputação jurídica ("administração centralizada", como habitualmente se fala), a administração indireta é a que se dá por intermédio de autarquia, ou fundação, ou empresa pública, ou sociedade de economia mista, que são pessoas jurídicas distintas do Estado (donde o nome igualmente habitual de "administração descentralizada"). Mas não é só, porque a nossa Lei Fundamental ainda prevê dois modelos de atuação estatal-administrativa indireta ou descentralizada. Refiro-me a duas categorias de empresas: a) às subsidiárias das sociedades de economia mista e das empresas públicas (inciso XX do art. 37): b) às concessionárias, e permissionárias de serviço público (inciso XI do art. 21, combinadamente com o *caput* do art. 175 da CF).

7.3. Nesse rumo de ideias, dois parênteses se fazem necessários: o primeiro, para dizer que o Poder Legislativo é assim chamado pela sua clássica função de legislar (arts. 2º e 48), mas a Constituição também lhe deferiu a competência de "fiscalizar e controlar, diretamente ou por qualquer de suas Casas, os atos do Poder Executivo, incluídos os da administração indireta" (inciso X do art. 49). O segundo, para lembrar que a Justiça Eleitoral brasileira é o ramo do Poder Judiciário que praticamente ombreia sua função administrativa com a jurisdicional, pois a ela compete o planejamento, a instrução e a realização material das eleições populares para o provimento dos cargos parlamentares e das chefias do Poder Executivo em nosso País. Atividades que são sequenciadas pela coleta, apuração, totalização e divulgação dos votos, além da diplomação dos eleitos. O que faz dessa Justiça especializada um destacado centro de atuação administrativa e uma demonstração de que nem sempre é possível classificar por modo ortodoxo as figuras de direito.

8. A Administração Pública enquanto noção oposta à de Administração Privada

8.1. Também de se ver que a objetiva atividade estatal de administração "pública" é assim designada por oposição ao fraseado administração privada. Vale dizer, no círculo da fisiologia estatal, "administração" é gerenciamento da coisa pública. Não da coisa ou dos assuntos privados, porque nós sabemos que há uma administração privada nas empresas, nas ONGs, nas famílias, nas igrejas, em todos os setores da sociedade dita civil, enfim. Como contraponto é que surge a administração pública, a significar gerência de tudo que é de todos. Ou "atividade de quem não é senhor de coisa própria, mas gestor de coisa alheia", como insuperavelmente cunhou Rui Cirne Lima.

8.2. Dessa nova dicotomia é que também facilmente se percebe que a administração pública, significando o gerenciamento de tudo que é de todos, tem por regime jurídico aquilo que os administrativistas costumam designar por "princípio da finalidade" (Celso Antônio à frente, aqui no Brasil); ou seja, os poderes de gerenciamento que são conferidos aos órgãos e entidades estatais, e daí para os respectivos agentes, o são para o alcance de finalidades que a Magna Carta e as leis venham a qualificar como pertencentes a toda a coletividade. Não a esse ou aquele agente público, individual ou corporativamente considerado, tampouco a indivíduos ou grupos de particulares enquanto tais.

8.3. Cuida-se de dicotomia que traduz a nítida diferenciação entre administrador e administração pública. Que é a clara distinção entre espaço público e espaço privado, este, sim, regido pelo princípio da vontade pessoal ou do mero querer subjetivo dos atores sociais. Distinção sem a qual, enfatize-se, a triste herança portuguesa do patrimonialismo persistirá como a principal base de inspiração dos acordos que, pelas bandas de cá, não cessam de urdir os que açambarcam o poder econômico e o poder político.

9. Os princípios constitucionais da Administração Pública

9.1. Já nos aproximando do final desta empreitada de intelecção do *caput* do art. 37 da Constituição brasileira como centro de revelação do regime de administração pública, anoto que esse regime ainda perpassa nada menos que cinco princípios, assim literalmente referidos: "legalidade", impessoalidade", "moralidade", "publicidade" e "eficiência". Princípios, esses, regentes de qualquer das modalidades de administração pública com que inicialmente trabalhamos: a administração pública enquanto atividade e a Administração Pública enquanto aparelho ou aparato de poder. Logo, princípios que submetem o Estado quando da criação legislativa de órgãos e entidades, assim como submetem todo e qualquer Poder estatal quando do exercício da atividade em si de administração pública.

9.2. Com o aporte de tais princípios, a começar pelo da legalidade, a nossa Constituição atesta que toda atividade estatal-administrativa é um gravitar na órbita da lei. Lei formal do Poder Legislativo, em última análise (art. 48), mas sob quatro específicas condições de aplicabilidade; quer dizer, não basta aplicar a lei, pura e simplesmente, mas aplicá-la por um modo impessoal, um modo moral, um modo público e um modo eficiente. Modos que são, de parelha com a própria lei, as primeiras condições ou os meios constitucionais primários de alcance dos fins para os quais todo poder administrativo é legalmente conferido. Tudo sob a ideia-força de que, para fins lícitos, meios igualmente lícitos.

10. O advento do princípio-continente da legitimidade administrativa. O direito maior do que a lei

10.1. Ora, dizer que a lei é o primeiro dos princípios regentes da administração pública, mas não o único (óbvio), é também dizer que o Direito especificamente aplicável a esse tipo de administração começa com a lei, mas não termina com ela. O Direito ainda se manifesta em cada qual dos modos obrigatórios de aplicar a lei, que são os princípios da impessoalidade, moralidade, publicidade e eficiência. Princípios, então, de rigorosa compostura jurídico-positiva, e, nessa medida, também expressionais do Direito como sistema normativo. O chamado Direito Objetivo.

10.2. Cuida-se, em rigor de apreensão cognitiva, de uma nova dualidade básica. Dualidade expressa no princípio-continente da legitimidade administrativa e nos princípios-conteúdos da legalidade, da impessoalidade, da moralidade, da publicidade e da eficiência. É como dizer: a administração pública somente alcança o patamar da legitimidade plena quanto aos seus meios ou meios de atuação, se, impulsionada pela lei, a esta consegue imprimir o selo dos outros quatro princípios. Operando, estes, como fatores de legitimação conjunta da própria lei, do Direito como um todo e da atividade administrativa em especial.

11. Conclusão: do melhor governo à melhor Administração

11.1. Como ponto final deste nosso estudo, ajuizamos que o regime constitucional de legitimação administrativa, nesse específico plano dos modos ou meios de atuação, tem o mérito de completar duas outras modalidades de legitimação que a nossa Magna Carta fincou no seu lastro formal para o próprio Direito-lei. Entendido como Direito-lei o catálogo dos atos de aplicação primária da Constituição, que são as emendas constitucionais, leis complementares, leis delegadas, leis ordinárias, medidas provisórias, decretos legislativos e resoluções, conforme se lê do art. 59 dela própria, Constituição. Refiro-me à legitimação na origem ou no ponto de partida, dado que todo esse Direito posterior à Constituição somente é produzido pelos "representantes eleitos" pelo povo, ou, então diretamente por esse mesmo povo, tudo conforme os dizeres do parágrafo único do art. 1º da nossa Magna Carta.

11.2. Trata-se de legitimação apenas formal, é certo, mas por efeito mesmo do modelo procedimentalista que a nossa Constituição adotou para a nossa democracia, por primeiro; ou seja, foi o *caput* do art. 1º da Constituição brasileira que iniciou a modelagem da nossa democracia como "Estado democrático de direito", cuja formatação como figura jurídica se contenta com o modo representativo-pupular, ou então diretamente pelo povo, de se produzir o Direito-lei. Sem se perguntar se o conteúdo desse Direito-lei é realmente favorecedor da população, ou, ao contrário, dos estamentos já situados nos patamares superiores da pirâmide social. De toda forma, dá-se por legitimado o Direito que, na sua origem, é recortado nas pranchetas da representação político-popular, ou então diretamente elaborado pelo povo (mediante os institutos do plebiscito, do referendo e da iniciativa popular, consoante os incisos I, II e III do art. 14 da CF).

11.3. Não menos certo é que, a essa forma de legitimação do Direito no plano da origem ou da gestação em si, a Constituição acrescentou a legitimação no plano dos fins. Isto por haver positivado como "objetivos fundamentais da República Federativa do Brasil" valores que obrigam o nosso Direito-lei a veicular comandos favorecedores do conjunto da população (art. 3º). Leia-se:

"Art. 3º Constituem objetivos fundamentais da República Federativa do Brasil:

I – construir uma sociedade livre, justa e solidária;

II – garantir o desenvolvimento nacional;

III – erradicar a pobreza e a marginalização e reduzir as desigualdades sociais e regionais;

IV – promover o bem de todos, sem preconceitos de origem, raça, sexo, cor, idade e quaisquer outras formas de discriminação".

11.4. Agora, sem dúvida, o que se tem é uma democracia do tipo substancialista. Uma democracia material, a que bem assenta o nome de Estado de direito democrático (tal como grafado pela Constituição de Portugal). Com o que, assim legitimado no início (democracia formal ou procedimentalista) e quanto ao fim de sua elaboração (democracia material ou substancialista), o Direito-lei brasileiro passa a corresponder, ao menos em tese, ao desígnio constitucional de assegurar ao povo o melhor governo possível (visto que a produção da lei é atividade política ou de governo, propriamente).

11.5. O que faltava era aquinhoar esse mesmo povo com mecanismos conducentes à melhor administração possível. O que se procurou fazer pela comentada legitimação no plano da legalidade como ponto de partida, mais os quatro específicos modos (meios) de aplicar esse inicial princípio da legalidade. Todos eles somando-se à lei mesma para configurar o que estamos chamando pela palavra-gênero "legitimidade administrativa", por oposição à palavra-espécie que atende pelo nome de "legalidade", tão somente.

11.6. Em síntese, essa tríplice exigência de que o nosso Direito-lei se revista de legitimidade a partir do próprio início de sua elaboração, a que se agregam as esferas do fim a alcançar e dos modos administrativos de atuar, é mais um atestado eloquente da ótima qualidade ético-democrática da Constituição que nos rege o destino de nação soberana. Constituição que o tempo não se cansa de revelar como verdadeiramente exemplar para o mundo civilizado.

Art. 37, I – os cargos, empregos e funções públicas são acessíveis aos brasileiros que preencham os requisitos estabelecidos em lei, assim como aos estrangeiros, na forma da lei;

Fabrício Motta

A – REFERÊNCIAS

História da norma

A redação original do inciso era a seguinte: "os cargos, empregos e funções públicas são acessíveis aos brasileiros que preencham os requisitos estabelecidos em lei". A redação vigente foi conferida pela Emenda Constitucional n. 19, de 1998.

Constituições brasileiras anteriores

As primeiras Constituições brasileiras colocaram o princípio da ampla acessibilidade entre as normas de direitos fundamentais. Com efeito, estabelecia a Constituição do Império de 25 de março de 1924:

"Art. 179. A inviolabilidade dos Direitos Civis e Políticos dos Cidadãos Brasileiros, que tem por base a liberdade, a segurança individual, e a propriedade, é garantida pela Constituição do Império, pela maneira seguinte: (...) XIV. Todo o cidadão pode ser admittido aos Cargos Públicos Civis, Políticos, ou Militares, sem outra differença, que não seja dos seus talentos, e virtudes".

A primeira Constituição republicana, de 24 de fevereiro de 1891, seguia no mesmo rumo:

"Art. 72. A Constituição assegura a brasileiros e a estrangeiros residentes no País a inviolabilidade dos direitos concernentes à liberdade, à segurança individual e à propriedade, nos termos seguintes: (...) § 2º Todos são iguais perante a lei. A República não admite privilégios de nascimento, desconhece foros de nobreza e extingue as ordens honoríficas existentes e todas as suas prerrogativas e regalias, bem como os títulos nobiliárquicos e de conselho.

Art. 73. Os cargos públicos civis ou militares são acessíveis a todos os brasileiros, observadas as condições de capacidade especial que a lei estatuir, sendo, porém, vedadas as acumulações remuneradas.

A Constituição Republicana de 1934 trazia dispositivo semelhante, mas alojado em título próprio, não constante do rol explícito de direitos e garantias fundamentais, intitulada "Funcionários públicos"[1]. Já a Constituição de 1937, muito embora exalasse autoritarismo, reintroduziu a questão no rol das normas de direitos fundamentais, prescrevendo: "Art. 122 (...) 3º Os cargos públicos são igualmente acessíveis a todos os brasileiros, observadas as condições de capacidade prescritas nas leis e regulamentos".

As Cartas posteriores trouxeram poucas alterações, mantendo, no essencial, o princípio localizado em seção específica destinada aos funcionários públicos ou ao Executivo.

Constituições estrangeiras

A Constituição do Uruguai, um dos Estados-partes do Mercosul, dispõe em linguagem clara a respeito das consequências do princípio da ampla acessibilidade em repúblicas democráticas: *os funcionários estão ao serviço da Nação, e não de uma fração política; e o funcionário existe para a função, e não a função para o funcionário*[2]. A Constituição paraguaia, de 1992, corretamente posiciona a garantia de acesso às funções públicas como decorrência do princípio da igualdade:

---

1. "Art. 168. Os cargos públicos são acessíveis a todos os brasileiros, sem distinção de sexo ou estado civil, observadas as condições que a lei estatuir."

2. "Artículo 58. Los funcionarios están al servicio de la Nación y no de una fracción política. En los lugares y las horas de trabajo, queda prohibida toda actividad ajena a la función, reputándose ilícita la dirigida a fines de proselitismo de cualquier especie.

Artículo 59. La ley establecerá el Estatuto del Funcionario sobre la base fundamental de que el funcionario existe para la función y no la función para el funcionario."

"*Artículo 47. DE LAS GARANTÍAS DE LA IGUALDAD.*

El Estado garantizará a todos los habitantes de la República:

[...]

3) la igualdad para el acceso a las funciones públicas no electivas, sin más requisitos que la idoneidad".

A Constituição da República Portuguesa, ao seu turno, diferencia com nitidez o direito de acesso às funções públicas, de caráter pessoal, com o direito de acesso aos cargos públicos, ligado à possibilidade de participação política: "Artigo 47º-[...] 2. Todos os cidadãos têm o direito de acesso à função pública, em condições de igualdade e liberdade, em regra por via de concurso". Comentando este dispositivo, Gomes Canotilho e Vital Moreira ensinam:

"O reconhecimento constitucional de um direito de acesso à função pública torna evidente que esta implica uma relação de emprego acessível a todos os cidadãos e não uma relação de confiança política reservada aos fiéis do governo (ou pelo menos vedada aos 'inimigos do Estado') [...] deste modo, a garantia constitucional de acesso à função pública veda, em absoluto, todo e qualquer tipo de proibição de acesso à função pública com base em requisitos de fidelidade política"[3].

Direito internacional

O direito de concorrer, em situação de igualdade, ao ingresso no serviço público foi reconhecido pela Declaração Universal dos Direitos Humanos, adotada e proclamada por resolução da Assembleia Geral das Nações Unidas, em 10 de dezembro de 1948. Nos termos do artigo XXI, 2 desse diploma de importância ímpar, *"toda pessoa tem igual direito de acesso ao serviço público do seu país"*. Dispositivo semelhante consta do Pacto de San José da Costa Rica, conhecido também como Convenção Americana de Direitos Humanos (assinada em San José de Costa Rica, em 22.11.1969, e ratificada pelo Brasil em 25.09.1992)[4]. O Tratado de Assunção, diploma instituidor e regulador do Mercosul, ignorou o assunto, assim como a normativa posterior emanada dos órgãos daquele Mercado Comum.

Remissões constitucionais (outros artigos da Constituição) e legais (leis reguladoras)

Art. 12, § 3º – Cargos privativos de brasileiros natos.

Art. 48, X – Competência do Congresso para a criação, transformação e extinção de cargos, empregos e funções públicas.

Art. 51, IV – Competência da Câmara dos Deputados para dispor sobre criação, transformação ou extinção dos cargos, empregos e funções de seus serviços.

Art. 52, XIII – Competência do Senado para dispor sobre criação, transformação ou extinção dos cargos, empregos e funções de seus serviços.

---

3. CANOTILHO, J. J. Gomes; MOREIRA, Vital. *Constituição da República Portuguesa anotada*, São Paulo: Editora Revista dos Tribunais, 2007, v. 1, p. 659.

4. "Artigo 23 – Direitos políticos. 1. Todos os cidadãos devem gozar dos seguintes direitos e oportunidades: [...] c) de ter acesso, em condições gerais de igualdade, às funções públicas de seu país."

Art. 61, § 1º, II, "a" – Iniciativa privativa do Presidente da República das leis que disponham sobre criação de cargos, funções ou empregos públicos na administração direta e autárquica ou aumento de sua remuneração.

Art. 84, VI, "b" – Competência privativa do Presidente da República para dispor, mediante decreto, sobre extinção de funções ou cargos públicos, quando vagos.

Lei Federal n. 8.112/90 – dispõe sobre o regime jurídico dos servidores públicos civis da União, das autarquias e das fundações públicas federais.

Lei Federal n. 9.962/00 – Disciplina o regime de emprego público na Administração Federal.

Jurisprudência (STF e STJ)

Súmula STF n. 683: O limite de idade para a inscrição em concurso público só se legitima em face do art. 7º, XXX, da Constituição, quando possa ser justificado pela natureza das atribuições do cargo a ser preenchido.

Súmula STF n. 684: É inconstitucional o veto não motivado à participação de candidato a concurso público.

Súmula Vinculante n. 43: É inconstitucional toda modalidade de provimento que propicie ao servidor investir-se, sem prévia aprovação em concurso público destinado ao seu provimento, em cargo que não integra a carreira na qual anteriormente investido.

Súmula Vinculante n. 44: Só por lei se pode sujeitar a exame psicotécnico a habilitação de candidato a cargo público.

Súmula STJ n. 266: O diploma ou habilitação legal para o exercício do cargo deve ser exigido na posse, e não na inscrição para o concurso público.

"A comprovação do triênio de atividade jurídica exigida para o ingresso no cargo de juiz substituto, nos termos do inciso I do art. 93 da Constituição Federal, deve ocorrer no momento da inscrição definitiva no concurso público" (Repercussão geral reconhecida com mérito julgado. STF RE 655265, rel. Min. Luiz Fux, *DJe* de 19/02/2018, Tema 509).

"Os requisitos do edital para o ingresso em cargo, emprego ou função pública devem ter por fundamento lei em sentido formal e material. Editais de concurso público não podem estabelecer restrição a pessoas com tatuagem, salvo situações excepcionais em razão de conteúdo que viole valores constitucionais" (RE 898.450, rel. Min. Luiz Fux, j. 17-8-2016, P, *DJe* de 31-5-2017, Tema 838, com mérito julgado).

Referências bibliográficas

BANDEIRA DE MELLO, Celso Antônio. *Curso de direito administrativo*. 22. ed., rev. e atual. até a Emenda Constitucional 53. São Paulo: Malheiros Editores, 2007.

CAMMAROSANO, Márcio. *Provimento de cargos públicos no direito brasileiro*. São Paulo: Revista dos Tribunais, 1984.

DALLARI, Adilson Abreu. *Regime constitucional dos servidores públicos*. 2. ed., rev. e atual. de acordo com a Constituição Federal de 1988. São Paulo: Revista dos Tribunais, 1992.

DI PIETRO, Maria Sylvia Zanella; MOTTA, Fabricio; FERRAZ, Luciano. *Servidores públicos na Constituição de 1988*. 2. ed. rev. atual. e ampl. São Paulo: Saraiva, 2014.

ROCHA, Cármen Lúcia Antunes. *Princípios constitucionais dos servidores públicos*. São Paulo: Saraiva, 1999.

B – ANOTAÇÕES

1. Cargos, empregos e funções públicas

A análise do alcance do presente dispositivo impõe, primeiramente, a atenção ao *caput* do art. 37, que determina que seus incisos devem ser obedecidos pela administração pública direta e indireta, de qualquer dos poderes e de todas as unidades da federação. Isto posto, a primeira tarefa que se apresenta ao intérprete e aplicador da Constituição, ao se deparar com o presente inciso, é precisar o sentido dos principais termos utilizados – *cargo*, *emprego* e *função* – em harmonia com os demais preceitos constitucionais ligados ao tema.

A primeira observação cabível é que os cargos, empregos e funções tratados são *públicos* – em consequência, estão obrigatoriamente imantados pelos princípios da indisponibilidade e superioridade axiológica do interesse público. Isto quer dizer que somente o interesse público, devidamente justificado, autoriza a criação, manutenção, alteração e extinção dessas posições públicas; não devem as mesmas se prestar ao atendimento de interesses meramente privados.

No tocante à expressão *cargo*, o primeiro significado a ela atribuído pela Constituição refere-se aos mandatos públicos eletivos, aos quais se habilita mediante sufrágio popular. Trata-se das posições estruturais componentes dos poderes Executivo e Legislativo, ligadas à organização do Estado e criadas pela própria Carta, que também estabelece as principais notas do regime jurídico respectivo.

A segunda acepção é, ao mesmo tempo, mais difusa no texto constitucional e também mais genérica; liga-se diretamente à estruturação da Administração Pública e comporta subclassificações, que serão posteriormente referidas. Alguns elementos que comporão o regime jurídico dos cargos públicos podem ser extraídos da própria Constituição como, por exemplo, a criação por lei, como regra (art. 48, X e art. 61, § 1º, inciso II, "a"), e remuneração fixada por lei específica, de acordo com a natureza, o grau de responsabilidade, a complexidade das atribuições e os requisitos para a investidura (art. 37, X, combinado com o art. 39, § 1º). Pode-se fazer referência à acepção tratada invocando a lição de Celso Antônio Bandeira de Mello, que define *cargos* como "(...) as mais simples e indivisíveis unidades de competência a serem expressadas por um agente, previstas em número certo, com denominação própria, retribuída por pessoas jurídicas de Direito Público e criadas por lei, salvo quando concernentes aos serviços auxiliares do Legislativo, caso em que se criam por resolução, da Câmara ou do Senado, conforme se trate de serviços de uma ou de outra destas Casas"[5]. As características próprias de cada cargo deverão constar na lei[6] de sua criação, que materializará sua existência no mundo jurídico.

---

[5]. BANDEIRA DE MELLO, Celso Antônio. *Curso de direito administrativo*. 22.ed., rev. e atual. até a Emenda Constitucional 53. São Paulo: Malheiros Editores, 2007, p. 242.

[6]. Admitindo-se a desnecessidade de lei no caso de serviços auxiliares do legislativo, como visto no conceito escolhido.

Deve-se esclarecer que o vínculo entre o ocupante do cargo público e o órgão ou entidade que congrega tal cargo é regido diretamente pelas leis, com o necessário respeito às disposições constitucionais; diz-se, por isso, que o regime jurídico é "estatutário"[7].

Merece referência a possibilidade de extinção de cargos públicos por ato do Poder Executivo, instaurada no ordenamento pela Emenda Constitucional n. 32, de 2001. A citada emenda alterou a redação do art. 84, inciso VI, e conferiu em sua alínea "b" competência privativa ao Presidente da República para dispor, mediante decreto, sobre extinção de funções ou cargos públicos, quando vagos. Independentemente de qualquer disputa semântica e da conhecida aversão acadêmica à utilização da expressão "decreto autônomo", o ato referido parece ter *força primária*: extingue, por decreto, algo que foi criado por lei. Ora, ato inferior não pode retirar do mundo jurídico algo criado por ato superior – não parece acertado entender existir, neste caso, subordinação do decreto à lei.

A expressão *emprego público*, ao seu turno, possui significado *lato* semelhante ao de cargo público, com uma diferença principal: trata-se de relação jurídica regida pelas leis trabalhistas, com o Estado na qualidade de empregador. A relação entre empregado e poder público é firmada por meio de um contrato de trabalho, não sendo, por isso, estatutária. A presença do Estado em um dos polos da relação jurídica acarreta algumas alterações no regime trabalhista verificado nos vínculos totalmente particulares, regidos pela Consolidação das Leis do Trabalho, em razão da inolvidável ligação estatal com a defesa do interesse público. As alterações de maior substância devem-se à influência direta de regras e princípios constitucionais (como a exigência de concurso público e a existência de regras para a acumulação), no regime dos empregos públicos. Na órbita federal, diante da competência privativa da União para legislar sobre direito do trabalho (art. 22, inciso I), outras características específicas podem existir, sendo atualmente a questão tratada na Lei n. 9.962/00[8]. Por imposição do art. 61, § 1º, inciso II, "a", a criação de empregos públicos na administração direta e nas autarquias depende de lei de iniciativa do Presidente da República.

Resta verificar qual tratamento o ordenamento constitucional dispensa às *funções públicas*. Um primeiro sentido, demasiado amplo, entende função como sinônimo de atribuição ou conjunto de atribuições, desempenhadas por qualquer agente público, independente de cargo ou emprego[9]. Outro sentido é o materializado na referência constante no inciso V deste artigo 37, adiante comentado, tocante às funções de confiança exercidas por titulares de cargo efetivo. Por derradeiro, também se reconhece o exercício de função pública no caso das contratações temporárias efetivadas com fundamento no art. 37, inciso IX, em razão de excepcional interesse público. Há, em todo o texto constitucional, normas que utilizam a expressão tratada nos três sentidos referidos, o que exige a atenção do intérprete em cada situação[10].

2. O princípio constitucional da ampla acessibilidade

O princípio constitucional da ampla acessibilidade esteve, com algumas variações, em todas as constituições brasileiras. A Constituição da República de 1988 inova ao estender o alcance do dito princípio para os cargos, empregos e funções públicas, na forma da lei. O princípio em referência objetiva realizar outros princípios consagrados em nosso sistema constitucional, notadamente democracia e isonomia[11]. Também é possível vislumbrar ligação com as exigências do princípio da eficiência, neste momento entendido como a necessidade de selecionar os mais aptos para ocupar as posições em disputa e proporcionar uma atuação estatal otimizada. O princípio, pode-se adiantar, comporá a base do direito fundamental de concorrer, em igualdade de condições, com as posições públicas estáveis.

2.1. A conformação legal do princípio da ampla acessibilidade

Cabe à lei conformar o princípio da ampla acessibilidade, estabelecendo os requisitos necessários para o acesso aos cargos, empregos e funções públicas. A lei a que se refere é editada pelo ente político responsável pela criação do cargo, emprego ou função. É estreme de qualquer dúvida que a lei, nesta situação, está adstrita à obediência das normas constitucionais, sejam elas princípios ou regras. Importa afirmar, por exemplo, que os requisitos legais devem ser razoáveis, obrigatoriamente ligados à natureza e à complexidade das atribuições, sob pena de inconstitucionalidade.

Não obstante, parece claro que o dispositivo constitucional faz referência à lei, não admitindo o estabelecimento de exigências por ato normativo inferior. Ainda que os regulamentos, editais de concurso público e outros atos normativos possam debulhar os conceitos legais e estabelecer regras procedimentais, não se admite que possam trazer exigências ou requisitos que exorbitem das prescrições legais. No cotejo entre lei e ato normativo, haverá que se concluir pela legalidade ou ilegalidade deste último, sempre tendo a lei, enquanto norma superior, como parâmetro de aferição. Não se admitem maiores ilações: documentos, inclusive habilitações específicas, testes físicos, exames psicotécnicos, tempo de experiência e idade mínima ou máxima, dentre tantos outros requisitos, somente podem ser exigidos por *lei*, à qual deve estritamente vincular-se o edital de concurso.

---

7. A Lei n. 8.112/90 dispõe sobre o regime jurídico dos servidores públicos civis da União, das autarquias e das fundações públicas federais. Em seu artigo 3º, o diploma define cargo público como "o conjunto de atribuições e responsabilidades previstas na estrutura organizacional que devem ser cometidas a um servidor". José dos Santos Carvalho Filho critica o conceito legal anotando que "cargo não é um conjunto de atribuições; cargo é uma célula, um lugar dentro da organização; além do mais, as atribuições são, isto sim, cometidas ao titular do cargo" (CARVALHO FILHO, José dos Santos. *Manual de direito administrativo*. 17. ed. rev., atual. e ampl. Rio de Janeiro: Lumen Juris, 2007, p. 528).

8. A Lei n. 9.962/00 disciplina o regime de emprego público do pessoal da Administração federal direta, autárquica e fundacional.

9. Esse parece ser o sentido da expressão "função pública" utilizada no art. 37, § 4º, a saber: "Os atos de improbidade administrativa importarão a suspensão dos direitos políticos, a perda da função pública, a indisponibilidade dos bens e o ressarcimento ao erário, na forma e gradação previstas em lei, sem prejuízo da ação penal cabível".

10. DI PIETRO, Maria Sylvia Zanella. *Direito Administrativo*. 17. ed. São Paulo: Atlas, 2004, p. 440.

11. Cármen Lúcia Antunes Rocha afirma que o princípio da ampla acessibilidade aos cargos públicos decorre dos princípios da participação política, da igualdade e da república, dentre outros (1999, p. 144).

Calha esclarecer que à lei cabe definir os requisitos de acesso aos cargos, empregos e funções, e não aos concursos públicos. Em outras palavras, as exigências legais devem restar satisfeitas no momento do provimento respectivo, não durante o processo de seleção. Esta interpretação parece ser a mais razoável para privilegiar a ampla competitividade nos concursos, decorrência do princípio da isonomia. Este entendimento foi sumulado pelo Superior Tribunal de Justiça, nos seguintes termos: "O diploma ou habilitação legal para o exercício do cargo deve ser exigido na posse, e não na inscrição para o concurso público" (Súmula 266).

Por fim, é relevante anotar que a redação atual do dispositivo, conferida pela Emenda Constitucional n. 19, de 1998, espancou as divergências doutrinárias até então reinantes a respeito da possibilidade de acesso dos estrangeiros aos cargos, empregos e funções públicas. A possibilidade de acesso existe e deve ser regulada por lei. A alteração, salutar, segue o rumo trilhado pela Emenda Constitucional n. 11, de 1995, que facultou às universidades admitir professores, técnicos e cientistas estrangeiros (art. 207, § 1º). A Carta não deixa de estabelecer, contudo, cargos privativos de brasileiros natos, em seu art. 12, § 3º.

Art. 37, II – a investidura em cargo ou emprego público depende de aprovação prévia em concurso público de provas ou de provas e títulos, de acordo com a natureza e a complexidade do cargo ou emprego, na forma prevista em lei, ressalvadas as nomeações para cargo em comissão declarado em lei de livre nomeação e exoneração;

Fabrício Motta

A – REFERÊNCIAS

História da norma

A redação original do inciso era a seguinte: "a investidura em cargo ou emprego público depende de aprovação prévia em concurso público de provas ou de provas e títulos, ressalvadas as nomeações para cargo em comissão declarado em lei de livre nomeação e exoneração". A redação vigente, conferida pela Emenda Constitucional n. 19, de 1998, trouxe alteração significativa, muito embora já implícita na sistemática constitucional original: os concursos públicos devem ser planejados e executados de acordo com a natureza e complexidade de cada cargo ou emprego.

Constituições brasileiras anteriores

A primeira menção explícita a "concurso público" no constitucionalismo brasileiro ocorreu com a edição da Constituição de 1943, muito embora a existência do princípio da ampla acessibilidade se encontrasse consagrada desde a Constituição Imperial. Com efeito, o art. 170, 2º, da Constituição de 1934 determinava que "a primeira investidura nos postos de carreira das repartições administrativas, e nos demais que a lei determinar, efetuar-se-á depois de exame de sanidade e concurso de provas ou títulos". O art. 158 da mesma Carta vedava "a dispensa do concurso de títulos e provas no provimento dos cargos do magistério oficial, bem como, em qualquer curso, a de provas escolares de habilitação, determinadas em lei ou regulamento".

Na Constituição de 10 de novembro de 1937 havia regra semelhante, diferente da anterior somente no tocante à não exigência expressa de exame de sanidade[1]. Na Constituição de 1946 houve mudança que a aproximou da Carta de 1934. Segundo o art. 186, "a primeira investidura em cargo de carreira e em outros que a lei determinar efetuar-se-á mediante concurso, precedendo inspeção de saúde".

A Carta de 1967 iniciou a sistemática mais próxima do regramento atual. Estabeleciam os §§ 1º e 2º do art. 95: "§ 1º A nomeação para cargo público exige aprovação prévia em concurso público de provas ou de provas e títulos. § 2º Prescinde de concurso a nomeação para cargos em comissão, declarados em lei, de livre nomeação e exoneração". Por último, a Emenda Constitucional n. 1, de 17 de outubro de 1969, admitiu a possibilidade da dispensa de concurso público para a primeira investidura em cargo público, nos casos indicados em lei[2].

Remissões constitucionais (outros artigos da Constituição) e legais (leis reguladoras)

Art. 37, V – Cargos em comissão e funções de confiança.

Art. 48, X – Competência do Congresso para a criação, transformação e extinção de cargos, empregos e funções públicas.

Art. 51, IV – Competência da Câmara dos Deputados para dispor sobre criação, transformação ou extinção dos cargos, empregos e funções de seus serviços.

Art. 52, XIII – Competência do Senado para dispor sobre criação, transformação ou extinção dos cargos, empregos e funções de seus serviços.

Art. 61, § 1º, II, "a" – Iniciativa privativa do Presidente da República das leis que disponham sobre criação de cargos, funções ou empregos públicos na administração direta e autárquica ou aumento de sua remuneração.

Lei Federal n. 8.112/90 – Dispõe sobre o regime jurídico dos servidores públicos civis da União, das autarquias e das fundações públicas federais.

Lei Federal n. 9.962/00 – Disciplina o regime de emprego público na Administração Federal.

Jurisprudência (STF e STJ): *leading cases*, principais posições e votos divergentes; tendências atuais no sentido da mudança da jurisprudência

Súmula STF n. 683: O limite de idade para a inscrição em concurso público só se legitima em face do art. 7º, XXX, da Constituição, quando possa ser justificado pela natureza das atribuições do cargo a ser preenchido.

---

1. "Art. 156. O Poder Legislativo organizará o Estatuto dos Funcionários Públicos, obedecendo aos seguintes preceitos desde já em vigor: (...) b) a primeira investidura nos cargos de carreira far-se-á mediante concurso de provas ou de títulos."
2. "Art. 97. Os cargos públicos serão acessíveis a todos os brasileiros que preencham os requisitos estabelecidos em lei. § 1º A primeira investidura em cargo público dependerá de aprovação prévia, em concurso público de provas e títulos, salvo os casos indicados em lei. § 2º Prescindirá de concurso a nomeação para cargos em comissão, declarados em lei, de livre nomeação e exoneração."

Súmula STF n. 684: É inconstitucional o veto não motivado à participação de candidato a concurso público.

Súmula Vinculante n. 43: É inconstitucional toda modalidade de provimento que propicie ao servidor investir-se, sem prévia aprovação em concurso público destinado ao seu provimento, em cargo que não integra a carreira na qual anteriormente investido.

Súmula Vinculante n. 44: Só por lei se pode sujeitar a exame psicotécnico a habilitação de candidato a cargo público.

Súmula STJ n. 266: O diploma ou habilitação legal para o exercício do cargo deve ser exigido na posse, e não na inscrição para o concurso público.

Transformação de empregos – "É incompatível com a regra do concurso público (art. 37, II, CF) a transformação de servidores celetistas não concursados em estatutários, com exceção daqueles detentores da estabilidade excepcional (art. 19 do ADCT) (...)" (ADPF 573, rel. Min. Edson Fachin, j. 6-3-2023, P, DJe de 9-3-2023).

Reestruturação de carreiras – "A reestruturação de cargos, fundada em evolução legislativa de aproximação e na progressiva identificação de atribuições, não viola o princípio do concurso público quando: (i) uniformidade de atribuições entre os cargos extintos e aquele no qual serão os servidores reenquadrados; (ii) identidade dos requisitos de escolaridade para ingresso no cargo público; (iii) identidade remuneratória entre o cargo criado e aqueles extintos" (ADI 5.406, rel. Min. Edson Fachin, j. 27-4-2020, P, DJe de 26-6-2020).

Segunda chamada: "Inexiste direito dos candidatos em concurso público à prova de segunda chamada nos teste de aptidão física, salvo contrária disposição editalícia, em razão de circunstâncias pessoais, ainda que de caráter fisiológico ou de força maior, mantida a validade das provas de segunda chamada realizadas até 15/5/2013, em nome da segurança jurídica" (Repercussão geral reconhecida com mérito julgado. STF, RE 630733, rel. Min. Gilmar Mendes, DJe 20-11-2013, tema 335).

Concurso e tatuagem – "Os requisitos do edital para o ingresso em cargo, emprego ou função pública devem ter por fundamento lei em sentido formal e material. Editais de concurso público não podem estabelecer restrição a pessoas com tatuagem, salvo situações excepcionais em razão de conteúdo que viole valores constitucionais" (Repercussão geral reconhecida com mérito julgado. STF, RE 898.450, rel. Min. Luiz Fux, j. 17-8-2016, DJe de 31-5-2017, Tema 838).

Restrição e presunção de inocência – "Sem previsão constitucional adequada e instituída por lei, não é legítima a cláusula de edital de concurso público que restrinja a participação de candidato pelo simples fato de responder a inquérito ou ação penal" (RE 560.900, rel. Min. Roberto Barroso, j. 6-2-2020, P, DJe de 17-8-2020, Tema 22, com mérito julgado).

Referências bibliográficas

BANDEIRA DE MELLO, Celso Antônio. *Conteúdo jurídico do princípio da igualdade*. São Paulo: Malheiros, 2002.

BACELLAR FILHO, Romeu Felipe. *Princípios Constitucionais do Processo Administrativo Disciplinar*. São Paulo: Max Limonad, 1998.

DI PIETRO, Maria Sylvia Zanella; MOTTA, Fabricio; FERRAZ, Luciano. *Servidores públicos na Constituição de 1988*. 2. ed. rev. atual e ampl. São Paulo: Saraiva, 2014.

MEDAUAR, Odete. *A processualidade no direito administrativo*. São Paulo: Revista dos Tribunais, 1993.

MOTTA, Fabrício (Coord.). *Concurso público e Constituição*. Belo Horizonte: Fórum, 2005.

B – ANOTAÇÕES

1. O direito fundamental de concorrer, em igualdade de condições, às posições públicas estáveis

O Estado Brasileiro é não somente um Estado Democrático de Direito, mas um Estado Constitucional, pautado pela centralidade da Constituição e por sua irresistível força normativa. Nesse Estado, a relevância da concretização dos direitos fundamentais cresce substancialmente em razão de uma mudança de enfoque. Com efeito, no estudo do curso evolutivo do Estado de Direito, partindo do chamado Estado Liberal, é possível perceber uma mudança na concepção inicial dos direitos fundamentais, negativista e subjetiva, a qual intentava tão somente limitar a atuação do Estado para garantir a liberdade individual. Absorvendo influências do processo de democratização e do advento do Estado Social[3], os direitos fundamentais deixam de ser meros limites negativos ao exercício do poder político para direcionarem e condicionarem as ações positivas do Estado, passando a incidir, inclusive, nas relações entre particulares. Passam a ser vistos, então, em uma dupla dimensão: no plano jurídico-objetivo, constituindo normas de competência negativa para os poderes públicos, proibindo fundamentalmente as ingerências destes na esfera jurídica individual; e no plano jurídico-subjetivo, consistindo no poder de exercer positivamente direitos (liberdade positiva) e de exigir omissões dos poderes públicos, de forma a evitar agressões lesivas a direitos por parte dos mesmos (liberdade negativa)[4].

Nas Constituições brasileiras de 1824 e 1937, o princípio da ampla acessibilidade constava expressamente no rol de direitos e garantias fundamentais. Resta-nos investigar, na Constituição Federal de 1988, o assento constitucional do direito fundamental de concorrer, em igualdade de condições, aos cargos e empregos públicos (posições públicas estáveis), em razão da inexistência de referência explícita no rol dos direitos e garantias fundamentais. Inicialmente, calha atentar para a adoção de um conceito materialmente aberto de direitos fundamentais na Constituição brasileira, ao reconhecer a existência desses direitos, mesmo formalmente fora do catálogo, mas decorrentes do regime e dos princípios adotados pela Constituição (art. 5º, § 2º)[5].

---

3. VIEIRA DE ANDRADE, José Carlos. *Os direitos fundamentais na Constituição Portuguesa de 1976*. 3. ed. Lisboa: Almedina, 2006, p. 45.

4. CANOTILHO, J. J. Gomes. *Direito Constitucional e Teoria da Constituição*. 7. ed. Coimbra: Almedina, 2003, p. 408.

5. No entendimento de Ingo Sarlet, "a citada norma traduz o entendimento de que, para além do conceito formal de Constituição (e de direitos fundamentais), há um conceito material, no sentido de existirem direitos que, por seu conteúdo, por sua substância, pertencem ao corpo fundamental da Constitui-

O primeiro alicerce do direito fundamental repousa no binômio república-democracia. O regime republicano-democrático é marcado pela titularidade do poder conferida aos cidadãos, e de tal assertiva decorre o direito de participar ativamente do exercício e do controle das funções estatais. Para esta visão, é preciso afastar a concepção reducionista da democracia meramente representativa e encará-la, como propõe Canotilho[6], como um princípio complexo, que possui várias dimensões. Importa, mais diretamente, que se encare o reflexo do princípio democrático enquanto princípio de organização, que espraia seus efeitos não somente sobre a organização do Estado, mas também sobre a organização e funcionamento da Administração Pública.

O segundo alicerce do direito fundamental de que se trata é o princípio da igualdade, previsto genérica e firmemente no art. 5º de nossa Constituição[7]. Gomes Canotilho anota parâmetros necessários para a identificação da isonomia material ou *igualdade justa*: a) a consideração do princípio da igualdade como um direito apenas de natureza negativa é francamente insuficiente; b) não basta invocar uma *proibição geral de arbítrio* no estabelecimento de critérios para as discriminações; c) é imprescindível analisar a natureza, o peso e os fundamentos ou motivos justificadores das soluções diferenciadas[8]. Ao princípio geral da isonomia constante do art. 5º soma-se, para a Administração, a previsão do art. 37, que determina a obediência ao *princípio da impessoalidade*. Rechaçando a possibilidade de simples identificação entre isonomia e impessoalidade[9], algumas manifestações deste último princípio podem ser colacionadas: a) o princípio objetiva não permitir que o administrador se privilegie, pois deste privilégio nasce o prejuízo de toda a sociedade[10]; b) o princípio traduz a orientação finalística de toda e qualquer atividade da Administração, impedindo a mera intenção de privilegiar ou prejudicar qualquer cidadão ou qualquer grupo; c) essa orientação finalística – ou primado da finalidade – faz com que as vontades pessoais sejam irrelevantes na composição na "vontade da Administração". O princípio isonômico, em apertada síntese, determina um equânime tratamento dos cidadãos, de acordo com sua situação pessoal, não havendo amparo para tratamento injustificadamente privilegiado ou desfavorecido por parte do Estado. A dimensão do princípio que ora se encarece é a *igualdade de oportunidade*, de todos, na disputa por cargos e empregos públicos.

Em conclusão parcial, é possível afirmar que *o direito fundamental de concorrer, em igualdade de condições, aos cargos e empregos públicos, é decorrente do regime republicano-democrático e do princípio da igualdade*. Tratando-se de direito fundamental, será importante precisar suas características.

1.1. Âmbito de proteção e funções

O direito fundamental, que se efetivará com a realização do procedimento administrativo denominado "concurso público", abrange cargos e empregos públicos. As funções públicas não precedidas de concurso público ou porque somente podem ser ocupadas por servidores efetivos (concursados, obviamente, nos termos do art. 37, inciso V), em se tratando de funções de confiança, ou porque a realização do concurso poderia obstar a proteção temporária de interesse público excepcional (art. 37, inciso IX). Não é demais relembrar que o art. 37 alcança as administrações direta e indireta, muito embora devam aplicar seus princípios todas as entidades que, de uma forma ou de outra, se beneficiem de relações jurídicas com o poder público.

Conquanto direito derivado do direito fundamental à igualdade, é mister identificar uma primeira função do direito tratado neste tópico: impedir a discriminação injustificada dos cidadãos aptos à disputa de cargos e empregos públicos.

A dimensão objetiva deste direito permite, dentre outras consequências, reconhecer a existência de direito fundamental à organização e ao procedimento[11]. Com efeito, o cumprimento do dever de proteger os cidadãos de intromissões indevidas dos poderes públicos, dos particulares e de outros Estados, pode *exigir a criação de organizações* estatais e também de *procedimentos*. Para alcançar eficácia, o direito fundamental em análise carece de organização jurídica das condições, meios e procedimentos aptos a realizá-los. Dessa forma, fica clara a importância do concurso público, enquanto *procedimento administrativo indispensável à eficácia do direito fundamental de disputar, em igualdade de condições, os cargos e empregos públicos*. Nesse diapasão, mais do que um direito objetivo de se disputar certames, reconhece-se a existência de um *dever público* de realizá-los, de forma isonômica, sempre que o interesse público o exigir.

1.2. Destinatários e titulares

No ordenamento brasileiro, as normas definidoras dos direitos e garantias fundamentais têm aplicação imediata, por força do art. 5º, § 1º, da Constituição. Essa norma ampara a vinculação de

---

ção de um Estado, mesmo não constando no catálogo. Neste contexto, importa salientar que o rol do art. 5º, apesar de exaustivo, não tem cunho taxativo" (SARLET, Ingo Wolfgang. *A eficácia dos direitos fundamentais*. 3. ed. rev., atual. e ampl. Porto Alegre: Livraria do Advogado Editora, 2003, p. 86).

6. CANOTILHO, J. J. Gomes. *Direito Constitucional e Teoria da Constituição*. 7. ed. Coimbra: Almedina, 2003, p. 290.

7. "Art. 5º Todos são iguais perante a lei, sem distinção de qualquer natureza, garantindo-se aos brasileiros e aos residentes no País a inviolabilidade do direito à vida, à liberdade, à igualdade, à segurança e à propriedade."

8. CANOTILHO, J. J. Gomes. *Direito Constitucional e Teoria da Constituição*. 7.ed. Coimbra: Almedina, 2003, p. 429.

9. "A relação principal enfatizada na impessoalidade é a do agente administrativo com a Administração Pública e, em especial, com o Poder Público, em cujo exercício todos os privilégios podem ser angariados por maus agentes. Vê-se, pois, que ambos (impessoalidade e igualdade) são princípios de observância obrigatória da Administração Pública, mas o da impessoalidade o é em caráter exclusivo, vale dizer, não desborda da esfera estatal, tendo aí o seu espaço de incidência. Na verdade, estes dois princípios recobrem realidades diferentes, sendo o conteúdo da igualdade jurídica mais amplo e dotado de primariedade que se desdobra, conforme afirmou-se anteriormente, dentre outros, no princípio da impessoalidade administrativa" (ROCHA, Cármen Lúcia Antunes. *Princípios constitucionais da Administração Pública*. Belo Horizonte: Del Rey, 1994, p. 153).

10. Ibid., p. 153.

11. "A dimensão objetiva também é pensada como estrutura produtora de efeitos jurídicos, enquanto complemento e suplemento da dimensão subjectiva, na medida em que se retiram dos preceitos constitucionais efeitos que não se reconduzem totalmente às posições jurídicas subjetivas que reconhecem, ou se estabelecem deveres e obrigações, normalmente para o Estado, sem a correspondente atribuição de "direitos" aos indivíduos" (VIEIRA DE ANDRADE, José Carlos. *Os direitos fundamentais na Constituição Portuguesa de 1976*. 3. ed. Lisboa: Almedina, 2006, p. 115).

todos os poderes públicos à otimização dos direitos fundamentais, acarretando-lhes forte compromisso com sua eficácia[12]. Este entendimento é reforçado com a observância dos fundamentos e objetivos da República, constantes dos artigos que inauguram a Constituição. A conclusão não pode ser outra: pode-se afirmar que, no limite de suas atribuições constitucionais, Executivo, Legislativo e Judiciário estão jungidos à observância, proteção e implementação dos direitos fundamentais.

A precisão da medida dessa vinculação da Administração aos direitos fundamentais, por seu turno, apresenta-se revestida de maior complexidade. Contudo, algumas consequências jurídicas do compromisso com a eficácia podem ser estabelecidas, sem qualquer pretensão de classificação ou exaurimento. Inicialmente, cabe associar a vinculação da Administração às modalidades de eficácia mais pacificamente aceitas para os princípios constitucionais, quais sejam, interpretativa e negativa. Em atenção à primeira modalidade, deve-se asseverar que a interpretação e aplicação das leis e demais atos normativos deve guardar conformidade com o direito fundamental, privilegiando uma intelecção que otimize sua aplicação. Essa consequência ganha feições relevantes no condicionamento da discricionariedade administrativa, podendo as normas relativas aos direitos fundamentais comprimir ou mesmo "reduzir a zero" a discricionariedade, se houver, no caso concreto, apenas um modo de realização do direito fundamental[13]. Pode-se citar, como exemplo, a necessidade de privilegiar a interpretação que conduza à realização do concurso público quando existir confronto com cargo em comissão, livremente provido[14]. A eficácia negativa, por sua vez, impede que sejam praticados atos ou editadas normas que se oponham aos direitos fundamentais. Esta modalidade de eficácia impõe o dever de controlar leis e atos normativos inferiores que trouxerem prescrições em sentido diverso ao sinalizado pelo direito fundamental.

Conclui-se, portanto, que o Estado-Administração é o principal destinatário do direito fundamental tratado, incumbindo-lhe imprimir eficácia ao direito por meio da realização de concursos públicos e também do combate às situações que contribuem para retardar ou impossibilitar sua realização.

Por sua vez, os titulares do direito são, em sentido amplo e na forma do *caput* do art. 5º, os brasileiros e estrangeiros residentes no país. Em situações concretas de violação podem ser verificados titulares determinados.

1.3. Conformação legal

A conformação legal assume essencial importância diante da necessidade de criação, por lei, dos cargos públicos e dos empregos públicos na administração direta, e também da correlação entre a complexidade do concurso e a natureza das atribuições respectivas, também legalmente estabelecida. Nas duas situações, evidentemente o conteúdo das leis estará sujeito a cotejo obrigatório com as disposições constitucionais.

2. Concurso público

A realização de certame competitivo, prévio ao acesso aos cargos e empregos públicos, objetiva realizar os princípios consagrados em nosso sistema constitucional, notadamente os princípios da democracia e isonomia, e efetiva-se por meio de processo administrativo. Utilizando este mecanismo, são atendidas também as exigências do princípio da eficiência, neste momento entendido como a necessidade de selecionar os mais aptos para ocupar as posições em disputa e proporcionar uma atuação estatal otimizada. O acesso aos cargos e empregos públicos deve ser amplo e democrático, precedido de um procedimento impessoal onde se assegurem igualdade de oportunidades a todos os interessados em concorrer para exercer os encargos oferecidas pelo Estado, a quem incumbirá identificar e selecionar os mais adequados, mediante critérios objetivos.

Como série de atos ligados tendente a selecionar, de forma impessoal, os mais aptos a ocuparem cargos ou empregos públicos, o concurso público é marcado pelo conflito de interesses entre os concorrentes e, eventualmente, entre qualquer destes e a Administração. Desta maneira, o concurso público caracteriza-se inicialmente como procedimento administrativo do qual podem resultar processos administrativos, desde que caracterizadas situações demandantes de participação dos interessados em contraditório[15]. Estas situações decorrem dos conflitos de interesses que ficam em estado de latência em procedimentos competitivos, como concursos e licitações. Nesse sentido, à possibilidade de existência de um procedimento sem questionamentos ou litigiosidade direta contrapõe-se hipótese diversa, marcada pela litigiosidade (entendida como conflito resistido de interesses) entre concorrentes ou entre estes e o poder público na disputa por uma situação jurídica determinada. Enfim, havendo controvérsia entre candidatos ou entre qualquer destes e a Administração, existe a possibilidade de atingir a esfera jurídica de determinada pessoa por uma decisão administrativa des-

---

12. São corretas as conclusões de Ingo Wolfgang Sarlet: "[...] cada ato (qualquer ato) dos poderes públicos deve tomar os direitos fundamentais como 'baliza e referencial'. Importante, ainda, é a constatação de que o preceito em exame fundamenta uma vinculação isenta de lacunas dos órgãos e funções estatais aos direitos fundamentais, independentemente da forma jurídica mediante a qual são exercidas essas funções. [...] Por esse motivo é que se aponta para a necessidade de todos os poderes públicos respeitarem o âmbito de proteção dos direitos fundamentais, renunciando, em regra, a ingerências, a não ser que apresente justificativa que as autorize. Do efeito vinculante inerente ao art. 5º, § 1º da CF decorre, num sentido negativo, que os direitos fundamentais não se encontram na esfera de disponibilidade dos poderes públicos, ressaltando-se, contudo, que numa acepção positiva, os órgãos estatais se encontram na obrigação de tudo fazer no sentido de realizar os direitos fundamentais" (SARLET, Ingo Wolfgang. *A eficácia dos direitos fundamentais*. 3. ed. rev., atual. e ampl. Porto Alegre: Livraria do Advogado Editora, 2003, p. 343).

13. VIEIRA DE ANDRADE, José Carlos. *Os direitos fundamentais na Constituição Portuguesa de 1976*. 3. ed. Lisboa: Almedina, 2006, p. 240.

14. Dois exemplos comumente verificáveis: a existência de concursado aprovado para cargo efetivo, aguardando nomeação, enquanto se encontra provido o cargo em comissão com atribuições idênticas ou assemelhadas, ou ainda servidor contratado, temporariamente, para o desempenho das funções respectivas.

15. Percebe-se que comungamos com a concepção doutrinária que apregoa ser processo espécie do gênero procedimento, este, por sua vez, encarado como forma de explicitação de competências. O processo traria como nota particular a necessidade de contraditório (BACELLAR FILHO, Romeu Felipe. *Princípios Constitucionais do Processo Administrativo Disciplinar*. São Paulo: Editora Max Limonad, 1998, p. 47).

favorável e por isso, com fundamento no art. 5º, LV, da Constituição Federal, exige-se o processo administrativo¹⁶. A caracterização do concurso como processo administrativo determina a aplicação de uma série de princípios constitucionais e legais. De se realçar, imediatamente, que a Constituição assegurou como garantia fundamental aos acusados em geral e aos litigantes em processo administrativo o contraditório e a ampla defesa, com os meios e recursos a ela inerentes. Na mesma esteira, a lei que regula o processo administrativo na administração pública federal – Lei n. 9.784/99, aplicável, ainda que subsidiariamente, aos concursos públicos – determina ainda a obediência a outros princípios não referidos explicitamente pela Constituição, mas identificáveis no sistema constitucional.

Analisando regra constante da Constituição Portuguesa, Gomes Canotilho e Vital Moreira anotam com precisão:

A regra constitucional do concurso consubstancia um verdadeiro direito a um procedimento justo de recrutamento, vinculado aos princípios constitucionais e legais (igualdade de condições e oportunidades para todos os candidatos, liberdade das candidaturas, divulgação atempada dos métodos e provas de selecção, bem como dos respectivos programas e sistemas de classificação, aplicação de métodos e critérios objetivos de avaliação, neutralidade na composição do júri, direito de recurso). O concurso assente num procedimento justo é também uma forma de recrutamento baseado no mérito, pois o concurso serve para comprovar competências¹⁷.

2.1. Concurso público de provas ou de provas e títulos

A configuração do concurso como de provas ou de provas e títulos deverá ser feita, nos termos do dispositivo constitucional, de acordo com a natureza e a complexidade do cargo ou emprego, na forma prevista em lei. A lei a que se refere é a lei de criação dos cargos ou empregos, ou ainda o diploma que tratar do regime jurídico respectivo. Em qualquer situação, a previsão legal deverá ser razoável, mantendo relação harmônica com as atribuições que serão desempenhadas pelo agente público¹⁸.

A admissão de pontuação por títulos deve ser feita para cargos e empregos cujas atribuições recomendem experiência ou qualificação pessoal anterior necessária para o eficiente exercício de tais atribuições, como ocorre com os cargos de professor, promotor de justiça, juiz de direito etc. Não é razoável admitir avaliação dos títulos quando as atividades a serem desempenhadas forem simples, repetitivas, sem demandar um grau mínimo de complexidade e formação. De qualquer maneira, os títulos aceitos e a valoração respectiva devem ser previstos com antecedência na lei ou no edital de concurso. A jurisprudência tem entendido que "coaduna-se com o princípio da razoabilidade constitucional conclusão sobre a circunstância de a pontuação dos títulos apenas servir à classificação do candidato, jamais definindo aprovação ou reprovação"¹⁹.

Art. 37, III – o prazo de validade do concurso público será de até dois anos, prorrogável uma vez, por igual período;

Fabrício Motta

A – REFERÊNCIAS

História da norma

A regra pertence ao texto original da Constituição, não tendo sido sua redação objeto de qualquer alteração posterior.

Constituições brasileiras anteriores

A norma é oriunda da Emenda Constitucional n. 8 à CF de 1967, que conferiu a seguinte redação ao art. 97, § 3º: "Nenhum concurso terá validade por prazo maior de quatro anos contado da homologação".

Constituições estrangeiras

A regra constante da Constituição brasileira é bastante específica; talvez devesse receber regramento legal, e não constitucional. Por tal motivo, dificilmente se encontrará regra similar na Constituição de outro país.

Remissões constitucionais (outros artigos da Constituição) e legais (leis reguladoras)

Lei federal n. 8.112/90, art. 12.

Jurisprudência (STF e STJ): *leading cases*, principais posições e votos divergentes; tendências atuais no sentido da mudança da jurisprudência

A jurisprudência tem sido firme ao não admitir a prorrogação de concurso e a nomeação de candidatos após o término do prazo inicial de validade:

Ato do Poder Público que, após ultrapassado o primeiro biênio de validade de concurso público, institui novo período de dois anos de eficácia do certame ofende o art. 37, III, da CF/88. Nulidade das nomeações realizadas com fundamento em tal ato, que pode ser declarada pela Administração sem a

---

16. BACELLAR FILHO, Romeu Felipe. *Princípios Constitucionais do Processo Administrativo Disciplinar*. São Paulo: Editora Max Limonad, 1998, p. 67.

17. CANOTILHO, J. J. Gomes; MOREIRA, Vital. *Constituição da República Portuguesa anotada*, São Paulo: Editora Revista dos Tribunais, 2007, v. 1, p. 661.

18. Em caso exemplar, o STF declarou a inconstitucionalidade de texto legal que conferia vantagens, para fins de concurso público, aos detentores do título de "Pioneiro do Tocantins": "o título 'Pioneiro do Tocantins', previsto no *caput* do art. 25 da Lei n. 157/90, atribuído a servidores do Estado, nada tem de inconstitucional. Entretanto, quando utilizado para concurso de provas e títulos, ofende clara e diretamente o preceito constitucional que a todos assegura o acesso aos cargos públicos, pois, o critério consagrado nas normas impugnadas, de maneira oblíqua, mas eficaz, deforma o concurso a ponto de fraudar o preceito constitucional, art. 37, II, da Constituição" (ADI 598-TO, Rel. Min. Paulo Brossard, j. em 23/09/1993, Órgão Julgador: Tribunal Pleno. *DJ* 12-11-1993, p. 24022).

19. Supremo Tribunal Federal, AI 194188 AgR/RS, Rel. Min. Marco Aurélio, julgamento em 30/03/1998, Órgão Julgador: Segunda Turma, *DJ* 15-5-1998, p. 48.

necessidade de prévio processo administrativo, em homenagem à Súmula STF 473[1].

Referências bibliográficas

FERRAZ, Luciano. Concurso público e direito à nomeação. In: MOTTA, Fabrício (Coord.). *Concurso público e Constituição*. Belo Horizonte: Editora Fórum, 2005.

FREITAS, Juarez. *O controle dos atos administrativos e os princípios fundamentais*. 3. ed. atual. e ampl. São Paulo: Malheiros, 2004.

MOREIRA, João Batista Gomes. *Direito administrativo*: da rigidez autoritária à flexibilidade democrática. Belo Horizonte: Fórum, 2005.

B – ANOTAÇÕES

1. Fixação do prazo de validade do certame

A redação do presente inciso bem demonstra que se está diante de uma regra, ou seja, de uma proposição normativa de baixo grau de abstração, suscetível de aplicação direta, limitadora da discricionariedade conferida pelo sistema à Administração Pública.

A fixação do prazo de validade do concurso público é de competência da Administração, que está sujeita ao prazo máximo de dois anos. No exercício desta competência discricionária, deverá a Administração levar em conta as circunstâncias do caso concreto para estabelecer, *motivadamente* e *razoavelmente*, o prazo respectivo[2]. Pode-se admitir o estabelecimento de prazo menor que o máximo de dois anos, por exemplo, para o ingresso em cargos cujas atribuições liguem-se a conhecimentos de tecnologias que mudam com frequência acima do normal. É claro que o dever de motivar irrompe ainda com maior nitidez nestas situações de estabelecimento de prazo menor do que dois anos.

2. Prorrogação do prazo de validade e discricionariedade

A prorrogação pode ser efetivada somente uma vez, durante o prazo de validade do concurso. Com efeito, não se prorroga prazo que já foi expirado, por absoluta impossibilidade jurídica. O agente público responsável deve programar a prorrogação com a antecedência devida, com o intuito de evitar o término do prazo inicial. A faculdade de prorrogar o prazo de validade decorre diretamente do texto constitucional, e por isso independe de qualquer previsão editalícia.

O ponto que se afigura mais controvertido diz respeito à existência ou não de discricionariedade administrativa na edição do ato de prorrogação do certame. Inicialmente, convém destacar

que as concepções tradicionais de discricionariedade são calcadas em um Direito Administrativo baseado na ideia de *potestade pública*, de acordo com a qual se considerava, inclusive, a possibilidade de um tenso antagonismo entre Estado e cidadão, marcado por interesses contraditórios e pouco conciliáveis. Nesta concepção, é comum vislumbrar-se o ato administrativo sob um ponto de vista isolado, estático, desconexo de seu *iter* procedimental de formação que culmina com a manifestação da "vontade" da Administração.

Aos poucos, contudo, as ideias de potestade, livre margem de apreciação e insindicabilidade foram perdendo terreno. Como bem noticia Odete Medauar[3], inicialmente, por mais uma inspiração do Conselho de Estado francês, a atenção voltou-se para o controle da competência discricionária que, como posteriormente viria a ser entendida, é sempre legalmente vinculada, em maior ou menor extensão. Em um momento seguinte, acentuaram-se as exigências voltadas ao cumprimento de regras formais. Importante passo representou o encarecimento da necessária vinculação com o atendimento de finalidades públicas, caracterizando como *desvio de finalidade* o ato que não atingia objetivos fundados no atendimento do interesse público. Passou-se ainda a controlar a existência ou não dos motivos que presidiram a edição do ato e sua aptidão para realizar o objeto do mesmo, quando fosse obrigatória a motivação do ato. Outra etapa deste caminho evolutivo é o enfoque mais voltado para o *processo de formação* do ato discricionário, sobretudo em razão da pluralidade de atores e interesses legítimos que atuam junto à Administração Pública.

A ampliação da legalidade administrativa, compreendida de forma a albergar princípios, regras e valores com diferentes densidades normativas, traz importantes modificações no estudo do tema. A teia de relações mútuas existentes entre princípios, valores e regras sustenta o sistema jurídico e condiciona seu entendimento, sua aplicação e interpretação nos casos concretos. Desta maneira, *o exercício da competência discricionária aparece necessariamente vinculado aos princípios constitucionais*. Com efeito, o ato discricionário que afronta ou mesmo desprestigia princípios constitucionais aplicáveis à atividade administrativa está em desacordo com o sistema jurídico e deve ser expurgado. Como constata Juarez Freitas:

"(...) alargam-se os horizontes de controle dos atos administrativos. *Paradoxalmente, amplia-se a sindicabilidade e a própria liberdade*, pois esta passa a ser cobrada também nos atos vinculados. O automatismo cede à liberdade que se afina com o sistema e o constitui. No exame da conveniência e de oportunidade, a discrição deverá ser examinada com o escopo de impedir que o merecimento se confunda com o arbítrio, nunca fundamentável por definição (...) pois todos os atos (e respectivas motivações) da Administração Pública devem guardar fina sintonia com as diretrizes eminentes do Direito Administrativo (em especial, aquelas agasalhadas nos arts. 37 e 70 da CF)"[4].

Com estas breves considerações, já é possível estabelecer vetores para orientar a interpretação do inciso sob comentário. Deve-se, para tanto, relembrar que a atribuição de competências

---

1. RE 352.258, Rel. Min. Ellen Gracie, julgamento em 27-4-04, *DJ* de 14-5-04.
2. "O concurso público tem validade de até dois anos, não necessariamente dois anos, mas período suficiente para justificar a realização do certame. Não se concebe – desatende ao princípio da razoabilidade, muita vez ao da economicidade – concurso público, cuja realização demora um ano, com prazo de validade de quatro meses. Deve existir congruência entre o prazo necessário à realização de novo concurso e seu antecedente" (FERRAZ, Luciano. Concurso público e direito à nomeação. In: MOTTA, Fabrício (coord.). *Concurso público e Constituição*. Belo Horizonte: Editora Fórum, 2005).

3. MEDAUAR, Odete. *O direito administrativo em evolução*. 2. ed. rev., atual. e ampl. São Paulo: RT, 2003, p. 195.
4. FREITAS, Juarez. *O controle dos atos administrativos e os princípios fundamentais*. 3. ed. atual. e ampl. São Paulo: Malheiros, 2004, p. 229.

discricionárias está necessariamente ligada ao princípio da legalidade e destina-se a dotar o administrador de um operacional apto a bem satisfazer o interesse público, existindo na verdade um *dever* ou *poder-dever*[5] no lugar de simplesmente poder.

Diante da existência de candidatos aprovados ainda não convocados para nomeação, é difícil encontrar motivos para a ausência de prorrogação do prazo de validade do certame. Dois princípios deverão assumir essencial relevância na análise de cada situação concreta: economicidade e interesse público. Com relação ao primeiro princípio, cabe destacar que a realização de concursos demanda tempo e dispêndio de recursos, muitas vezes expressivos, que devem ser aproveitados ao máximo possível – a manutenção de relação de aprovados, nesse sentido, não acarreta qualquer ônus, ao contrário da realização de outro certame. Em relação ao princípio do interesse público, deve-se ter em conta a possibilidade de pronto provimento de cargo ou emprego, decorrente da exoneração de agente público durante o prazo de validade do concurso. A conclusão pode ser emprestada do magistério de Luciano Ferraz:

"(...) defende-se haver direito subjetivo dos aprovados à prorrogação do prazo de validade, direito este que somente deixará de prevalecer se a Administração puder razoavelmente justificar – atendendo ao princípio da motivação – o porquê de não se efetivar a prorrogação. É que se afigura medida factível, afinada com o princípio da razoabilidade, a prorrogação do prazo de validade do concurso, afinal ele – o concurso –, é instrumento garante da isonomia, e não meio indireto de obtenção de receitas pelo Poder Público"[6].

Não é demais encarecer a importância do princípio da *motivação*. Em razão de perseguir sempre as finalidades públicas consagradas direta ou indiretamente no ordenamento jurídico, deve a Administração sempre expor de forma clara os fatos que precedem suas ações e os fundamentos jurídicos que as autorizam. O princípio da motivação administrativa liga-se intimamente com o princípio republicano, apresentando-se também como espécie de "satisfação social" prestada pelo poder público à coletividade. A motivação apresenta especial relevância em razão de sua imprescindibilidade para o controle dos atos administrativos, em especial o exercitado pelo Poder Judiciário.

Art. 37, IV – durante o prazo improrrogável previsto no edital de convocação, aquele aprovado em concurso público de provas ou de provas e títulos será convocado com prioridade sobre novos concursados para assumir cargo ou emprego, na carreira;

Fabrício Motta

A – REFERÊNCIAS

História da norma

A regra pertence ao texto original da Constituição, não tendo sido sua redação objeto de qualquer apreciação posterior.

Constituições brasileiras anteriores

Não há, nas Cartas anteriores, regra assemelhada.

Remissões constitucionais (outros artigos da Constituição) e legais (leis reguladoras)

Lei n. 8.112/90, art. 12, § 2º.

Jurisprudência (STF e STJ): *leading cases*, principais posições e votos divergentes; tendências atuais no sentido da mudança da jurisprudência

Direito adquirido à nomeação – "Dentro do prazo de validade do concurso, a administração poderá escolher o momento no qual se realizará a nomeação, mas não poderá dispor sobre a própria nomeação, a qual, de acordo com o edital, passa a constituir um direito do concursando aprovado e, dessa forma, um dever imposto ao poder público. Uma vez publicado o edital do concurso com número específico de vagas, o ato da administração que declara os candidatos aprovados no certame cria um dever de nomeação para a própria administração e, portanto, um direito à nomeação titularizado pelo candidato aprovado dentro desse número de vagas. (...) O dever de boa-fé da administração pública exige o respeito incondicional às regras do edital, inclusive quanto à previsão das vagas do concurso público. Isso igualmente decorre de um necessário e incondicional respeito à segurança jurídica como princípio do Estado de Direito. Tem-se, aqui, o princípio da segurança jurídica como princípio de proteção à confiança. Quando a administração torna público um edital de concurso, convocando todos os cidadãos a participarem de seleção para o preenchimento de determinadas vagas no serviço público, ela impreterivelmente gera uma expectativa quanto ao seu comportamento segundo as regras previstas nesse edital. Aqueles cidadãos que decidem se inscrever e participar do certame público depositam sua confiança no Estado administrador, que deve atuar de forma responsável quanto às normas do edital e observar o princípio da segurança jurídica como guia de comportamento. Isso quer dizer, em outros termos, que o comportamento da administração pública no decorrer do concurso público deve se pautar pela boa-fé, tanto no sentido objetivo quanto no aspecto subjetivo de respeito à confiança nela depositada por todos os cidadãos. (...) Quando se afirma que a administração pública tem a obrigação de nomear os aprovados dentro do número de vagas previsto no edital, deve-se levar em consideração a possibilidade de situações excepcionalíssimas que justifiquem soluções diferenciadas, devidamente motivadas de acordo com o interesse público. Não se pode ignorar que determinadas situações excepcionais podem exigir a recusa da administração pública de nomear novos servidores. Para justificar o excepcionalíssimo não cumprimento do dever de nomeação por parte da administração pública, é necessário que a situação justificadora seja dotada das seguintes características: a) Superveniência: os eventuais fatos ensejadores de uma situação excepcional devem ser necessariamente posteriores à publicação do edital do certame público; b) Imprevisibilidade: a situação deve ser determinada por circunstâncias extraordinárias, imprevisíveis à época da publicação do edital; c) Gravidade: os acontecimentos extraordinários e imprevisíveis devem ser extremamente graves, impli-

---

5. Ou *dever-poder*, na clássica expressão de Celso Antônio Bandeira de Mello.
6. FERRAZ, Luciano. Concurso público e direito à nomeação. In: MOTTA, Fabrício (coord.). *Concurso público e Constituição*. Belo Horizonte: Fórum, 2005.

cando onerosidade excessiva, dificuldade ou mesmo impossibilidade de cumprimento efetivo das regras do edital; d) Necessidade: a solução drástica e excepcional de não cumprimento do dever de nomeação deve ser extremamente necessária, de forma que a administração somente pode adotar tal medida quando absolutamente não existirem outros meios menos gravosos para lidar com a situação excepcional e imprevisível. De toda forma, a recusa de nomear candidato aprovado dentro do número de vagas deve ser devidamente motivada e, dessa forma, passível de controle pelo Poder Judiciário. (...) Esse entendimento, na medida em que atesta a existência de um direito subjetivo à nomeação, reconhece e preserva da melhor forma a força normativa do princípio do concurso público, que vincula diretamente a administração. É preciso reconhecer que a efetividade da exigência constitucional do concurso público, como uma incomensurável conquista da cidadania no Brasil, permanece condicionada à observância, pelo poder público, de normas de organização e procedimento e, principalmente, de garantias fundamentais que possibilitem o seu pleno exercício pelos cidadãos. O reconhecimento de um direito subjetivo à nomeação deve passar a impor limites à atuação da administração pública e dela exigir o estrito cumprimento das normas que regem os certames, com especial observância dos deveres de boa-fé e incondicional respeito à confiança dos cidadãos. O princípio constitucional do concurso público é fortalecido quando o poder público assegura e observa as garantias fundamentais que viabilizam a efetividade desse princípio. Ao lado das garantias de publicidade, isonomia, transparência, impessoalidade, entre outras, o direito à nomeação representa também uma garantia fundamental da plena efetividade do princípio do concurso público" (Repercussão geral reconhecida com mérito julgado. RE 598.099, rel. Min. Gilmar Mendes, j. 10-8-2011, *DJe* de 3-10-2011, Tema 161).

Direito à nomeação e surgimento de novas vagas – "o surgimento de novas vagas ou a abertura de novo concurso para o mesmo cargo, durante o prazo de validade do certame anterior, não gera automaticamente o direito à nomeação dos candidatos aprovados fora das vagas previstas no edital, ressalvadas as hipóteses de preterição arbitrária e imotivada por parte da administração, caracterizadas por comportamento tácito ou expresso do poder público capaz de revelar a inequívoca necessidade de nomeação do aprovado durante o período de validade do certame, a ser demonstrada de forma cabal pelo candidato. Assim, a discricionariedade da administração quanto à convocação de aprovados em concurso público fica reduzida ao patamar zero (*Ermessensreduzierung auf Null*), fazendo exsurgir o direito subjetivo à nomeação, *verbi gratia*, nas seguintes hipóteses excepcionais: i) Quando a aprovação ocorrer dentro do número de vagas dentro do edital (RE 598.099); ii) Quando houver preterição na nomeação por não observância da ordem de classificação (Súmula 15 do STF); iii) Quando surgirem novas vagas, ou for aberto novo concurso durante a validade do certame anterior, e ocorrer a preterição de candidatos aprovados fora das vagas de forma arbitrária e imotivada por parte da administração nos termos acima" (Repercussão geral reconhecida com mérito julgado. RE 837.311, rel. Min. Luiz Fux, j. 9-12-2015, P, *DJe* de 18-4-2016, Tema 784).

Nomeação precária – "Não é compatível com o regime constitucional de acesso aos cargos públicos a manutenção no cargo, sob fundamento de fato consumado, de candidato não aprovado que nele tomou posse em decorrência de execução provisória de medida liminar ou outro provimento judicial de natureza precária, supervenientemente revogado ou modificado" (Repercussão geral reconhecida com mérito julgado. RE 608.482, rel. Min. Teori Zavascki, j. 7-8-2014, *DJe* de 30-10-2014, Tema 476).

Referências bibliográficas

DI PIETRO, Maria Sylvia Zanella; MOTTA, Fabricio; FERRAZ, Luciano. *Servidores públicos na Constituição de 1988*. 2. ed. rev. atual. e ampl. São Paulo: Saraiva, 2014.

B – COMENTÁRIOS

A regra, em primeira análise, não apresenta maiores dificuldades de interpretação: a prioridade na convocação dos aprovados em concurso deve obedecer à ordem cronológica dos concursos[1]. O dispositivo consagra o direito de precedência dos aprovados com relação aos aprovados em concursos realizados posteriormente. É certo que o direito de preferência somente se aplica durante o prazo de validade do certame, não se manifestando após o término do mesmo. O que não pode ser admitido é que a Administração deixe, deliberada e dolosamente, escoar o prazo de validade de concurso ainda vigente e com candidatos aprovados para nomear, em seguida, aprovados em certame posterior. Isto equivaleria a escolher a ordem das nomeações, desprezando a classificação estabelecida de forma impessoal e de acordo com o mérito de cada aprovado. A respeito da fixação do prazo de validade e da discricionariedade em sua prorrogação, recomendamos verificar as anotações feitas ao inciso anterior.

A questão de maior controvérsia, contudo, encontra-se subjacente à regra posta: trata-se de verificar se existe direito subjetivo dos aprovados em concurso à nomeação respectiva, durante o prazo de validade do certame.

Aprovação em concurso público e direito subjetivo à nomeação

Era comum repetir-se, sem maiores reflexões, que *a aprovação em concurso não gera, em princípio, direito à nomeação, constituindo mera expectativa de direito*[2]. Com efeito, a jurisprudência tradicional sedimentou o entendimento de que a nomeação dos aprovados em concurso é ato discricionário[3]. De acordo com este

---

1. Com clareza, ensina Maria Sylvia Zanella Di Pietro: "[...] enquanto houver candidatos aprovados em concurso e este estiver dentro do prazo de validade fixado no edital, eles terão prioridade para a nomeação, ainda que a Administração tenha feito outro concurso, também com candidatos habilitados" (DI PIETRO, Maria Sylvia Zanella. *Direito Administrativo*. 17. ed. São Paulo: Atlas, 2004, p. 445).

2. Entendimento constante de inúmeros acórdãos do Supremo Tribunal Federal e do Superior Tribunal de Justiça.

3. "[...] O direito do candidato aprovado em concurso público de provas, ou de provas e títulos, ostenta duas dimensões: 1) o implícito direito de ser recrutado segundo a ordem descendente de classificação de todos os aprovados (concurso é sistema de mérito pessoal) e durante o prazo de validade do respectivo edital de convocação (que é de 2 anos, prorrogável, apenas uma vez, por igual período); 2) o explícito direito de precedência que os candidatos aprovados em concurso anterior têm sobre os candidatos aprovados em concurso imediatamente posterior, contanto que não escoado o prazo daquele primeiro certame; ou seja, desde que ainda vigente o prazo inicial ou o prazo de prorrogação da primeira competição pública de provas, ou de provas e títulos. Mas ambos os direitos, acrescente-se, de existência condicionada ao querer

posicionamento, esse direito somente surgiria de forma cristalina quando: a) fosse nomeado candidato não aprovado em concurso, para o cargo ou emprego respectivo; b) houvesse preenchimento sem observância da ordem de classificação ou da ordem dos concursos realizados; ou c) fosse realizada contratação precária ou temporária para o exercício das funções do cargo. Mais recentemente, entendeu o STF que também existe o direito quando, "indeferido pedido de prorrogação do prazo do concurso, em decisão desmotivada, for reaberto, em seguida, novo concurso para preenchimento de vagas oferecida no concurso anterior cuja prorrogação fora indeferida em decisão desmotivada".

Ao interpretar o inciso IV do art. 37, é importante não desconsiderar os sentidos óbvios, mas também não limitar a eles a possibilidade de alcance do dispositivo. As acepções óbvias já foram tratadas no item anterior, no início destes comentários. Buscar-se-á agora uma interpretação sistemática, direcionada à busca da maior efetividade das regras e princípios constitucionais.

A primeira anotação cabível é a inclusão, no rol das situações em que indubitavelmente existe direito subjetivo à nomeação do aprovado, dos casos em que existe cargo em comissão provido, com atribuições idênticas ou assemelhadas às do cargo ou emprego para o qual existe concursado aprovado. Com efeito, como será possível verificar nos comentários ao inciso V do art. 37, os cargos comissionados são excepcionais e, por isso, sua criação deve ser restritíssima. A prevalência hermenêutica deve apontar para o comum, para a regra, e não para o exorbitante, a exceção: a regra é a efetivação do amplo acesso por meio de concurso público.

Diretriz importante nessa interpretação é a atenção à *finalidade dos concursos públicos*. Concursos são procedimentos que possuem como finalidade identificar os mais aptos para titularizar cargos efetivos e empregos públicos, como já se disse. Não se trata de mera competição, tampouco de meio de se obter receitas para o Estado: o concurso objetiva indicar aqueles que proverão os cargos e empregos públicos; logo, se não há necessidade de provimento, não há necessidade de concurso.

A consideração da discricionariedade como poder, despida de qualquer baliza direcionadora, deve ser afastada. Nos comentários ao art. 37, inciso III, foi dito que a discricionariedade deve ser necessariamente impregnada pelo conteúdo dos princípios constitucionais, buscando otimizar sua aplicação. No tocante à análise que ora se empreende, não há discricionariedade pura, livre de amarras e justificações, sob pena de se admitir a consagração do arbítrio, do privilégio, do abuso. O edital de concurso público é ato administrativo que, devidamente publicado, leva ao conhecimento geral que a Administração necessita de prover cargos ou empregos, e os fará identificando os melhores, seguindo procedimentos e critérios previamente determinados. Ora, ainda que implicitamente, trata-se de declaração unilateral de vontade emitida pela Administração: até que outra declaração, devidamente motivada, venha a lume, prevalece a manifestação inicial. A conclusão que se impõe é uma só: *a regra é a nomeação de todos os candidatos aprovados, dentro do número das vagas existentes, durante o prazo de validade do concurso; a não convocação para a nomeação é exceção e, como tal, deve ser consistentemente motivada.*

É precisa a lição de Luciano Ferraz:

"(...) a despeito de o Poder Judiciário insistir em afirmar o contrário, a aprovação no concurso público não gera simples expectativa de direito de ser nomeado ao aprovado, gera-lhe direito subjetivo presumido à nomeação. Com efeito, se a Administração deixar transparecer, seja na publicação do Edital, seja mediante a prática de atos configuradores de desvio de poder (contratações temporárias e terceirizações de serviço), que necessita da mão de obra dos aprovados, ou ainda se surgirem novas vagas durante o prazo de validade do concurso, a expectativa se transmuda em direito subjetivo. [...] os aprovados no concurso possuem direito subjetivo presumido à nomeação e à prorrogação do prazo de validade, inteligência que, na prática, transfere à Administração Pública o ônus de demonstrar, com argumentos razoavelmente aceitáveis (*v.g.*, excesso de despesas de pessoal), os motivos que ensejaram a não adoção dessas medidas".

Em se tratando de direito fundamental – o de disputar, em igualdade de condições, as posições públicas estáveis –, a interpretação a ser levada a cabo em cada caso concreto deve tender à máxima efetividade, como rezam as regras da boa hermenêutica. Como dito, com a abertura do concurso, a Administração fornece o primeiro indício de que há necessidade do preenchimento dos cargos e empregos públicos vagos; cabe à mesma Administração, fundada em fato superveniente e congruente, justificar explicitamente a eventual mudança no cenário de decisão, ou seja, se e porque desapareceu a necessidade de provimento. Para não convocar os aprovados, em cada situação concreta deverá ficar sobejamente demonstrado que essa solução foi não somente necessária como a mais adequada para atender ao interesse público.

Embora não seja necessária previsão legal ou editalícia para que se reconheça o direito subjetivo presumido à nomeação, a eventual existência desta previsão reforça os argumentos colacionados. Em tais situações, existirá limitação à discricionariedade da Administração, restringindo suas possibilidades de atuação em prol do interesse público. Seja por meio de lei, seja pelo edital, existirá uma *autolimitação* em maior ou menor intensidade – no caso da lei, porque sua iniciativa é do Executivo e porque a Administração participa de sua elaboração por meio de processos informais; no caso do edital, porque a própria Administração impõe regras a si mesma. O estabelecimento de regras, por meio de um ato normativo, cria um vínculo de confiança recíproca entre Administração e candidatos. Pode-se afirmar que o poder público encontra-se tão ou mais sujeito à observância do edital que os candidatos, pelo simples fato de que presidiu sua elaboração e, portanto, determinou seu conteúdo. Por isso, a Administração não pode evadir-se simplesmente das regras que determinou e às quais aderem os candidatos.

A jurisprudência atual passou a perfilhar o entendimento doutrinário mais avançado para consagrar o direito à nomeação dos candidatos aprovados dentro das vagas disponibilizadas no concurso público, como se viu nos julgados colacionados acima.

---

discricionário da administração estatal quanto à conveniência e oportunidade do chamamento daqueles candidatos tidos por aprovados" (ADI 2.931/RJ, Rel. Min. Carlos Britto, julgamento: 24/02/2005. Órgão Julgador: Tribunal Pleno. *DJ* 29-09-2006, p. 31).

Art. 37, V – as funções de confiança, exercidas exclusivamente por servidores ocupantes de cargo efetivo, e os cargos em comissão, a serem preenchidos por servidores de carreira nos casos, condições e percentuais mínimos previstos em lei, destinam-se apenas às atribuições de direção, chefia e assessoramento;

Fabricio Motta

A – REFERÊNCIAS

História da norma

A redação atual do inciso foi conferida pela Emenda Constitucional n. 19, de 1998. A alteração efetivada no texto original foi significativa ao restringir o acesso às funções de confiança exclusivamente aos servidores ocupantes de cargo efetivo. O texto original assim prescrevia: "os cargos em comissão e as funções de confiança serão exercidos, preferencialmente, por servidores ocupantes de cargo de carreira técnica ou profissional, nos casos e condições previstos em lei".

Constituições brasileiras anteriores

Nas Constituições não há regra assemelhada dispondo sobre a natureza das atividades a serem acometidas aos cargos comissionados e funções de confiança.

Remissões constitucionais (outros artigos da Constituição) e legais (leis reguladoras)

Art. 40, § 11º – aplicação do teto constitucional.

Art. 40, § 11º – aplicação do regime geral de previdência ao servidor ocupante exclusivamente de cargo em comissão.

Jurisprudência (STF e STJ): *leading cases*, principais posições e votos divergentes; tendências atuais no sentido da mudança da jurisprudência

A jurisprudência recente do Supremo Tribunal Federal tem, corretamente, interpretado a *natureza excepcional* do cargo em comissão. Nestes termos, entendeu aquela Corte que "(...) ofende o disposto no art. 37, II, da Constituição Federal norma que cria cargos em comissão cujas atribuições não se harmonizam com o princípio da livre nomeação e exoneração, que informa a investidura em comissão. Necessidade de *demonstração efetiva, pelo legislador estadual, da adequação da norma aos fins pretendidos*, de modo a justificar a exceção à regra do concurso público para a investidura em cargo público. Precedentes. Ação julgada procedente"[1].

No mesmo sentido, em importante julgado foi reconhecido que "(...) cabe ao Poder Judiciário verificar a regularidade dos atos normativos e de administração do Poder Público em relação às causas, aos motivos e à finalidade que os ensejam. Pelo princípio da proporcionalidade, há que ser guardada correlação entre o número de cargos efetivos e em comissão, de maneira que exista estrutura para atuação do Poder Legislativo local"[2].

A restrição à natureza das atividades correlatas aos cargos também foi apreciada pelo STF: "(...) Os cargos em comissão criados pela Lei n. 1.939/1998, do Estado de Mato Grosso do Sul, possuem atribuições meramente técnicas e que, portanto, não possuem o caráter de assessoramento, chefia ou direção exigido para tais cargos, nos termos do art. 37, V, da Constituição Federal. 3. Ação julgada procedente"[3].

Eficácia contida – "Cargos em comissão a serem preenchidos por servidores efetivos. A norma inscrita no artigo 37, V, da Carta da República é de eficácia contida, pendente de regulamentação por lei ordinária"[4].

Instabilidade do vínculo – "Os ocupantes de cargos comissionados ou de funções gratificadas, em razão da instabilidade do vínculo e da precariedade da admissão, podem ser demitidos *ad nutum*. Desta forma, estes ocupantes não possuem direito adquirido de permanecerem no cargo, bem como não há como considerar que suas investiduras constituíram ato jurídico perfeito"[5].

Vedação ao nepotismo – Súmula Vinculante n. 13: "A nomeação de cônjuge, companheiro ou parente em linha reta, colateral ou por afinidade, até o terceiro grau, inclusive, da autoridade nomeante ou de servidor da mesma pessoa jurídica investido em cargo de direção, chefia ou assessoramento, para o exercício de cargo em comissão ou de confiança ou, ainda, de função gratificada na administração pública direta e indireta em qualquer dos Poderes da União, dos Estados, do Distrito Federal e dos 9 Municípios, compreendido o ajuste mediante designações recíprocas, viola a Constituição Federal".

"Fixada a seguinte tese: a) A criação de cargos em comissão somente se justifica para o exercício de funções de direção, chefia e assessoramento, não se prestando ao desempenho de atividades burocráticas, técnicas ou operacionais; b) tal criação deve pressupor a necessária relação de confiança entre a autoridade nomeante e o servidor nomeado; c) o número de cargos comissionados criados deve guardar proporcionalidade com a necessidade que eles visam suprir e com o número de servidores ocupantes de cargos efetivos no ente federativo que os criar; e d) as atribuições dos cargos em comissão devem estar descritas, de forma clara e objetiva, na própria lei que os instituir"[6].

Referência bibliográfica

DI PIETRO, Maria Sylvia Zanella; MOTTA, Fabricio; FERRAZ, Luciano. *Servidores públicos na Constituição de 1988*. 2. ed. rev. atual. e ampl. São Paulo: Saraiva, 2014.

ROCHA, Cármen Lúcia Antunes. *Princípios constitucionais dos servidores públicos*. São Paulo: Saraiva, 1999.

---

1. ADI 3.233/PB, Rel. Min. Joaquim Barbosa, Órgão Julgador: Tribunal Pleno; *DJ* 14-09-2007, p. 30. Destaque nosso.
2. RE-AgR 365.368/SC, Rel. Min. Ricardo Lewandowski, Órgão Julgador: Primeira Turma; *DJ* 29-06-2007, p. 49.
3. ADI 3.706/MS, Rel. Min. Gilmar Mendes, Órgão Julgador: Tribunal Pleno; *DJ* 05-10-2007, p. 20.
4. RMS 24.287, Rel. Min. Maurício Corrêa, julgamento em 26-11-2002, *DJ* de 01-08-2003.
5. STJ, RMS 14.520, 5ª Turma, Rel. Min. Jorge Scartezzini, *DJ* 13-10-2003, p. 382.
6. RE 1.041.210/RG, Rel. Min. Dias Toffoli, j. 27-9-2018, P, *DJe* de 22-5-2019, Tema 1.010, com mérito julgado.

B – COMENTÁRIOS

1. Funções de confiança e cargos em comissão: semelhanças

Funções de confiança e cargos em comissão possuem semelhanças e diferenças, que devem ser atentamente analisadas pelos operadores da Constituição. As semelhanças são, basicamente: a) restrição das atividades desempenhadas; b) existência de vínculo subjetivo de confiança; c) instabilidade do vínculo e d) constituem exceções à regra da investidura mediante concurso público.

Quanto à primeira característica que aproxima os dois institutos, não pairam grandes dúvidas diante da clareza do texto constitucional: tanto as funções de confiança quanto os cargos em comissão destinam-se apenas às atribuições de direção, chefia e assessoramento. É dizer: a lei que cria cargos comissionados ou funções de confiança e lhes confere atribuições distintas encontra-se em descompasso com a Constituição.

A questão que naturalmente ganha relevância é a precisão do conteúdo dos termos utilizados no texto. Como se sabe, é comum e necessária a utilização, pelas normas, de conceitos indeterminados *a priori*, vagos, que comportam interpretações mais ou menos abrangentes em sua passagem para o mundo das situações concretas. A utilização desta técnica é verificada em todos os ramos do conhecimento jurídico, e sua feição assume essencial relevância no Direito Público. Com efeito, sendo impossível prefixar de antemão qual acepção deve ser conferida a um conceito para o atendimento da finalidade pública visada pela norma, é necessário atribuir ao intérprete a tarefa de, à vista do caso concreto, precisar o significado da dicção legal.

A principal divergência doutrinária no trato do assunto reside na existência ou não de discricionariedade na aplicação dos conceitos jurídicos indeterminados. Pode-se exemplificar a divergência recorrendo, inicialmente, ao entendimento de García de Enterría, para quem a aplicação de tais conceitos é um mero caso de aplicação da lei, caracterizando-se como um processo *vinculado* que se esgota na compreensão de uma realidade, no sentido pretendido pelo conceito, sem que interfira neste processo qualquer decisão voluntária do aplicador[7]. Em sentido oposto, Celso Antônio Bandeira de Mello entende que a utilização destes conceitos caracteriza discricionariedade decorrente da hipótese da norma, cabendo à Administração determinar-lhes concretamente o alcance em cada caso[8]. Maria Sylvia Zanella Di Pietro, a seu turno, aponta as dificuldades para se definir aprioristicamente todas as hipóteses em que o uso de conceitos indeterminados implica a existência de discricionariedade, estando as conclusões, em cada caso, dependentes do exame da lei. A autora classifica estes conceitos em *técnicos, empíricos e de valor*, entendendo que somente nestes últimos pode existir discricionariedade, sujeita a controle diante das características do caso concreto[9].

Independentemente da divergência existente, é interessante anotar que discricionariedade e conceitos indeterminados são expressões de um mesmo fenômeno: *a concreção de normas abertas, na fase de sua aplicação, pela Administração*. Trata-se de uma margem de atuação da Administração, controlada jurisdicionalmente em intensidades variáveis e caracterizada por elementos de eleição, ponderação e valoração[10]. Especificamente no tocante às funções de confiança e cargos em comissão, caberá à respectiva lei de criação integrar o comando constitucional, estando sujeita a controle jurisdicional posterior.

O primeiro passo nesse rumo pode ser efetivado pela via da exceção, ou seja, pelo afastamento das atividades que, decididamente, não possuem um grau mínimo de direção, chefia ou assessoramento. Pode-se exemplificar com atividades materiais, repetitivas, sem qualquer especialização, que não impliquem o exercício mínimo de parcela de autoridade e comando. O passo posterior deve ser dado com o socorro à acepção comum dos termos utilizados. A peculiaridade verificada na redação do inciso é que os termos utilizados possuem significados aproximados, talvez complementares, o que impede uma conceituação precisa. Com efeito, *chefia* evoca autoridade, poder de decisão e mando situado em patamar hierarquicamente superior. O termo *direção* liga-se a comando, liderança, condução e orientação de rumos, gerenciamento. Já a expressão *assessoramento* parece envolver uma atividade auxiliar especializada[11]. Em cada situação concreta, competirá ao intérprete verificar se a descrição legal das atividades atribuídas aos cargos em comissão e funções permite concluir que possuem ligação com direção, chefia e assessoramento. De nada adianta nomear um cargo como de chefia se a atribuição correspondente não possui essas características.

Outra característica comum às espécies comentadas é a existência de um *vínculo subjetivo de confiança*. Eis a lição de Cármen Lúcia Antunes Rocha:

"(...) o elo de vinculação pessoal identifica o agente que é indicado para o exercício da função e denota a sua ligação com a política ou com as diretrizes administrativas estabelecidas. Cuida-se de situação excepcional, que precisa ser considerada e compatibilizada com a impessoalidade, posta como princípio constitucional intransponível e incontornável. A confiança haverá de ser considerada em relação às condições de qualificação pessoal e à vinculação do agente escolhido com a função a ser desempenhada"[12].

É evidente que o vínculo de confiança serve à finalidade pública almejada pelo ordenamento, e não para deleites ou privilégios de quem quer que seja. Nesse sentido, extrai-se do sistema constitu-

---

7. "Sendo a aplicação de conceitos jurídicos indeterminados um caso de aplicação e interpretação da Lei que cria o conceito, o juiz pode fiscalizar essa aplicação, valorando se a solução a que se chegou é a única solução justa que a Lei permite" (GARCÍA DE ENTERRÍA, Eduardo; FERNÁNDEZ, Tomás-Ramón. *Curso de derecho administrativo*. 11. ed. Madrid: Civitas, 2002, v. I, p. 467, tradução nossa).

8. BANDEIRA DE MELLO, Celso Antônio. *Curso de direito administrativo*. 22. ed., rev. e atual. até a Emenda Constitucional 53. São Paulo: Malheiros Editores, 2007, p. 922.

9. DI PIETRO, Maria Sylvia Zanella. *Direito Administrativo*. 17. ed. São Paulo: Atlas, 2004, p. 209.

10. MUÑOZ MACHADO, Santiago. *Tratado de Derecho Administrativo y Derecho Público General*. Barcelona: Iustel, 2006. t. II, p. 549.

11. Segundo o dicionário, *assessor* é "aquele que é adjunto a alguém, que exerce uma atividade ou cargo para ajudá-lo em suas funções e, eventualmente, substituí-lo nos impedimentos transitórios" (HOUAISS, Antônio e VILLAR, Mauro de Salles. *Dicionário Houaiss da língua portuguesa*. Rio de Janeiro: Objetiva, 2001, p. 321).

12. ROCHA, Cármen Lúcia Antunes. *Princípios constitucionais dos servidores públicos*. São Paulo: Saraiva, 1999, p. 177.

cional que o bom desempenho de certas atividades relevantíssimas à sociedade, ligadas ao estabelecimento de diretrizes, rumos e tomada de decisões fundamentais, deve ser coadjuvado com o exercício de outras atividades instrumentais, levadas a cabo por pessoas que possuam ligação de confiança com aquela atividade principal. Dessa característica – a existência de vínculo subjetivo – decorre naturalmente a outra, qual seja, a *instabilidade*: o exercício das atividades é precário, persistente apenas enquanto durar o vínculo de confiança entre nomeante e nomeado. Daí a constatação de que nomeação e exoneração são relativamente livres em se tratando de cargos em comissão e funções de confiança[13].

Por último, é relevante anotar que os institutos versados consubstanciam verdadeiras exceções à regra do concurso público, e como tais devem ser interpretados. O desempenho impessoal das atividades públicas e a continuidade das mesmas, independente da mudança dos governos, somente podem ser garantidos com a predominância dos cargos efetivos, que constituem a base maior dos servidores públicos.

2. Funções de confiança

As funções de confiança consubstanciam-se em um conjunto de atribuições de direção, chefia ou assessoramento, criadas por lei e exercidas exclusivamente por servidores ocupantes de cargo efetivo. A lei de criação deve estabelecer os requisitos para acesso à função e a autoridade competente para a escolha e nomeação do servidor que a ocupará. Geralmente, a mesma lei estabelece alguma gratificação pecuniária pelo exercício da função, a ser percebida transitoriamente, enquanto durar tal exercício.

3. Cargos em comissão

Cargos em comissão são espécies de cargos públicos[14] aos quais se acede sem a necessidade de concurso público; são excepcionais, criados por lei, destinados ao exercício exclusivo de atividades de direção, chefia e assessoramento, a serem desempenhadas por agente público em caráter precário. Além da limitação natural decorrente de sua natureza excepcional, uma outra foi inserida pela Emenda Constitucional n. 19: um percentual mínimo dos cargos em comissão deverá ser preenchido por servidores efetivos, organizados em carreira. Esta limitação, ao mesmo tempo, reconhece a relevância das atividades desempenhadas em comissão e a importância da participação, ainda que pequena, do servidor permanente nestas atividades. A eficácia desta parcela da norma, contudo, depende de lei da unidade federativa em que se insere o cargo.

Poder-se-ia perguntar se existe limite à criação de cargos em comissão, diante da sistemática constitucional. Inicialmente, na correta lição de Márcio Cammarosano:

"(...) a Constituição, ao admitir que o legislador ordinário crie cargos em comissão, de livre nomeação e exoneração, o faz com a finalidade de propiciar ao chefe do governo o seu real controle mediante o concurso, para o exercício de certas funções, de pessoas de sua absoluta confiança, afinadas com as diretrizes políticas que devem pautar a atividade governamental. Não é, portanto, qualquer plexo unitário de competências que reclama seja confiado o seu exercício a esta ou aquela pessoa, a dedo escolhida, merecedora da absoluta confiança da autoridade superior, mas apenas aqueles que, dada a natureza das atribuições a serem exercidas pelos seus titulares, justificam exigir-se deles não apenas o dever elementar de lealdade às instituições constitucionais e administrativas a que servirem, comum a todos os funcionários, como também um comprometimento político, uma fidelidade às diretrizes estabelecidas pelos agentes políticos, uma lealdade pessoal à autoridade superior"[15].

Em complemento, cabe anotar que os cargos em comissão, por serem situações de absoluta exceção ao concurso público[16], devem ser criados com parcimônia e cautela. A criação indiscriminada de cargos em comissão e sua previsão para o exercício de atividades que não sejam de direção, chefia e assessoramento atinge o pilar-maior sob o qual se assenta o regime republicano, o princípio da igualdade, permitindo a instituição de uma casta de privilegiados cujo único mérito é a proximidade com os detentores do poder. O Supremo Tribunal Federal, como foi verificado na jurisprudência antes citada, não tem permanecido indiferente às situações de afronta à Constituição.

Art. 37, VI – é garantido ao servidor público civil o direito à livre associação sindical;

José Claudio Monteiro de Brito Filho

A – REFERÊNCIAS

1. História da norma

Texto original.

2. Direito internacional

Pacto Internacional sobre os Direitos Econômicos, Sociais e Culturais (1966 – aprovado pelo Congresso Nacional por meio do Decreto Legislativo n. 226, de 12 de dezembro de 1991; promulgado no Brasil pelo Decreto n. 591, de 6 de julho de 1992, do Presidente da República); Convenção n. 87, da Organização Internacional do Trabalho, sobre a liberdade sindical e a proteção do direito de sindicalização (1948); Convenção n. 151, da Organização Internacional do Trabalho, sobre a prote-

---

13. Essa constatação não obsta a possibilidade do estabelecimento de requisitos mínimos de formação para o provimento das funções e dos cargos.

14. Celso Antônio Bandeira de Mello, que define *cargos* como "as mais simples e indivisíveis unidades de competência a serem expressadas por um agente, previstas em número certo, com denominação própria, retribuída por pessoas jurídicas de Direito Público e criadas por lei, salvo quando concernentes aos serviços auxiliares do Legislativo, caso em que se criam por resolução, da Câmara ou do Senado, conforme se trate de serviços de uma ou de outra destas Casas" (BANDEIRA DE MELLO, Celso Antônio. *Curso de direito administrativo*. 22. ed., rev. e atual. até a Emenda Constitucional 53. São Paulo: Malheiros Editores, 2007, p. 242).

15. CAMMAROSANO, Márcio. *Provimento de cargos públicos no direito brasileiro*. São Paulo: Editora Revista dos Tribunais, 1984, p. 95.

16. "É evidente que se a Administração puder criar todos os cargos com provimento em comissão, estará aniquilada a regra do concurso público. Da mesma forma, a simples criação de um único cargo em comissão, sem que isso se justifique, significa uma burla à regra do concurso público" (DALLARI, Adilson Abreu. *Regime constitucional dos servidores públicos*. 2. ed., rev. e atual. de acordo com a Constituição Federal de 1988. São Paulo: Editora Revista dos Tribunais, 1992, p. 41).

ção do direito de sindicalização e procedimentos para definir as condições de emprego no serviço público (1978 – aprovada pelo Congresso Nacional por meio do Decreto Legislativo n. 206, de 7 de abril de 2010; promulgada no Brasil pelo Decreto n. 7.944, de 6 de março de 2013).

3. Remissões constitucionais

Arts. 8º; 37, VII; 42, § 1º; e 142, § 3º, IV, da Constituição da República.

4. Jurisprudência

ADI 492-1 – STF, julgamento em 12/11/1992 (impossibilidade de negociação coletiva no serviço público e incompetência da Justiça do Trabalho para ações individuais e coletivas tendo como parte servidores públicos sujeitos ao regime administrativo); ADI 962 – STF, julgamento em 11/11/1993 (Contribuição sindical. Desconto em folha. Servidor público. Tribunal de Justiça); RE 208.436-1 RS, julgamento em 13/10/1998 (Servidor público. Estabilidade sindical. Não cabimento do art. 8º, VIII, da Constituição); ADI 1.416 – STF, julgamento em 6/2/2003 (Vedação de desconto de contribuição sindical. Violação ao art. 8º, IV, c/c o art. 37, VI, da Constituição).

5. Referência bibliográfica

BRITO FILHO, José Claudio Monteiro de. *Direito sindical*. 9. ed. São Paulo: LTr, 2021. 430 p; _____. *A sindicalização no serviço público*. Curitiba: GENESIS, 1996. 122 p; ROMITA, Arion Sayão. *Regime jurídico dos servidores públicos civis*: aspectos trabalhistas e previdenciários. São Paulo: LTr, 1992. 206 p; SILVA, Antônio Álvares da. *Os servidores públicos e o direito do trabalho*. São Paulo: LTr, 1993. 232 p; TREU, Tiziano et al. *Public service labour relations*: recent trends and future prospects. Geneva – Switzerland: International Labour Office, 1987. 287 p; OZAKI, Muneto y varios. *Relaciones de trabajo em la administración publica*: paises en desarrollo. Ginebra – Suiza: Oficina Internacional del Trabajo, 1991. 206 p.

B – COMENTÁRIOS

Uma das grandes inovações no Direito Sindical brasileiro com a promulgação da Constituição da República foi o reconhecimento do direito de sindicalização dos servidores públicos civis, até então não admitida como direito dos trabalhadores a serviço do Estado.

1. Enquadramento e objetivo do art. 37, VI

O dispositivo deve ser considerado um desdobramento do art. 8º da Constituição, que garante o direito de sindicalização em termos amplos, e seu objetivo é garantir o direito de sindicalização no serviço público, direito que até então estava restrito aos trabalhadores do setor privado.

É que, enquanto o art. 8º é dirigido a trabalhadores e empregadores, em sentido amplo, fixando os limites da liberdade sindical no Brasil, sendo relevante citar as liberdades de associação, de administração, de exercício das funções, e a liberdade sindical individual, e, de outro lado, as restrições à liberdade sindical coletiva de organização, com a manutenção do sistema confederativo, da unicidade sindical, da base territorial mínima, e da sindicalização por categoria, o art. 37, VI estende o direito de sindicalização aos servidores públicos civis.

2. Titularidade e ampliação da representação de interesses

Os titulares da disposição são os servidores públicos civis que, a partir da promulgação da Constituição, puderam organizar associações sindicais para a defesa de seus interesses, escapando de uma situação anterior em que estavam organizados em associações de natureza civil, mas não sindical.

Isso produziu uma sensível alteração na defesa de seus interesses, pois as entidades sindicais, especialmente as de 1º grau, os sindicatos, gozam de prerrogativas não concedidas às associações civis, tendo uma amplitude de representação muito maior, conforme previsão do art. 8º, III, do texto constitucional.

Por outro lado, observe-se que essa representação, por algumas características próprias da administração pública, não chega a ser igual à dos sindicatos que representam trabalhadores do setor privado, por conta, especialmente, do princípio da legalidade, que no setor público restringe a atuação dos gestor público, e que inviabiliza, por exemplo, a contratação coletiva e o ajuizamento do dissídio coletivo, utilizados para a solução de conflitos de natureza econômica, principalmente.

3. Comparação com o Direito Internacional

Essa inovação, a sindicalização dos servidores públicos, tornou o direito de sindicalização, no Brasil, compatível – e de forma até mais favorável – com a prática verificada no Direito Internacional.

É que, em se tratando de servidores públicos civis, não há restrições ao direito de sindicalização, ao contrário do que se pode verificar no Direito Internacional.

É o caso dos policiais civis que, pelo art. 9º, 1, da Convenção n. 87 da Organização Internacional do Trabalho (OIT), e do art. 1º, 3, da Convenção n. 151, também da OIT, podem ter negado o direito de sindicalização, conforme estabelecido no ordenamento jurídico de cada país[1].

---

[1]. O Brasil não ratificou a Convenção n. 87 da OIT, até porque esta convenção preconiza modelo de sindicalização que respeite a liberdade sindical coletiva de organização, o que é incompatível com o modelo brasileiro, que tem um sistema rígido de organização sindical (sistema confederativo), além de impor um regime de monopólio sindical, centrado na unicidade sindical, na base territorial mínima e na sindicalização por categoria (ver a respeito em BRITO FILHO, José Claudio Monteiro de Brito Filho. *Direito sindical*. 9. ed. São Paulo: LTr, 2021, p. 91-101). Houve a ratificação, todavia, da Convenção n. 151, que trata da sindicalização no serviço público, não obstante esta convenção esteja regida pelo mesmo princípio, que é o da liberdade sindical. Isso ocorreu com sua aprovação, pelo Congresso Nacional, de ressalva com o seguinte teor: "consideram-se organizações de trabalhadores abrangidas pela Convenção apenas as organizações constituídas nos termos do art. 8º da Constituição Federal" (art. 2º, II, do Decreto Legislativo n. 206/2010). Na verdade, retirou-se, com a ressalva feita, o próprio espírito da Convenção n. 151, pois foi extirpada do texto normativo internacional a liberdade sindical coletiva de organização, para compatibilizá-la com o texto constitucional brasileiro, que é ultrapassado e autoritário, consagrando diversas restrições, como visto ao início desta nota, além de serem

A propósito, cabe observar que os dispositivos acima indicados permitem restrição mais ampla, e que o Brasil em parte acompanha, ao se referirem às forças armadas e à polícia.

É que, para os integrantes das Forças Armadas, e para os militares dos Estados, do Distrito Federal e dos Territórios, o direito de sindicalização é negado no Brasil, conforme prescrevem os arts. 42, § 1º, e 142, § 3º, IV, da Constituição da República, mas não para os policiais civis.

Outra restrição admitida na Convenção 151 da OIT, no art. 1º, 2, diz respeito aos "servidores de escalões superiores cujas funções são normalmente consideradas como de formulação de políticas ou de gerenciamento, ou a servidores cujos deveres são de natureza altamente confidencial", que são normalmente denominados de altos funcionários, e que, no Brasil, podem ser entendidos como os integrantes das carreiras típicas do Estado e os servidores da área de inteligência.

Para esses servidores a OIT admite a proibição do direito de sindicalização, o que o Brasil não faz.

A disposição constitucional também é mais favorável pelas mesmas razões que o disposto no art. 8º, 2, do Pacto Internacional dos Direitos Econômicos, Sociais e Culturais (PIDESC), que, a respeito de restrições, admite que ocorram, no serviço público, a militares, membros da polícia e a autoridades do serviço público.

4. Limites

Essa situação, que, comparativamente ao Direito Internacional, pode ser entendida como favorável, todavia, não significa que a sindicalização dos servidores públicos civis está imune a limites.

Pelo contrário, tendo o Brasil preservado o modelo corporativista de organização sindical, o espaço para a criação de organizações sindicais é bem limitado[2]. Assim, só podem ser criadas organizações sindicais que sejam compatíveis com o sistema confederativo: sindicatos, federações e confederações; em regime de monopólio, ou seja, uma entidade somente para representar determinado grupo em determinada base territorial; base esta que deve ser igual, pelo menos, a um município; e respeitada a noção de categoria, o que significa que os grupos que se formam para a criação das entidades devem ter, além de interesses comuns, características que conduzam à sua homogeneidade.

Isso porque, como dito, o art. 37, VI, não deve ser visto como um dispositivo isolado, mas sim desdobramento do direito de sindicalização previsto no art. 8º, Constitucional, sendo essa conclusão a única possível a partir de uma visão harmônica do texto constitucional, que rejeite a leitura isolada de cada dispositivo que nele consta[3].

O espaço de organização e atuação dos grupos de servidores públicos civis, dessa feita, é limitado, e, por não garantir a liberdade sindical plena, incompatível com a ordem internacional.

---

reiteradas no item dedicado aos limites, neste comentário. Registre-se que, não obstante o direito de sindicalização, os policiais civis não têm direito de greve, conforme decisão do STF. Ver, por exemplo, o MI 774 AgR/DF, da relatoria do ministro Gilmar Mendes (julgamento em 28/05/2014).

2. Ver a nota anterior e o texto relativo ao enquadramento e ao objetivo.

3. Ver, a respeito, o nosso *A sindicalização no serviço público*, Curitiba: Genesis, 1996, p. 40.

5. Destinatários e efeitos

Os destinatários da norma são a União e os entes que compõem a Federação, obrigados a regular, no mínimo por uma questão de ordem prática, sua relação com as entidades sindicais de servidores públicos civis, e com os integrantes desta.

É que, criado o direito de sindicalização para os servidores, seria lógico esperar que a administração pública editasse o conjunto normativo necessário para a nova relação que nasceu desse direito.

Foi o que ocorreu, por exemplo, nos Estados do Pará e de São Paulo, logo nas suas respectivas Constituições. A do Estado do Pará, além de repetir a disposição da Constituição da República, ainda reconheceu, desde logo, o direito de o sindicato de servidores públicos de promover a defesa dos interesses destes, judicial e extrajudicialmente (art. 37). Já a de São Paulo, além de prever o direito, relacionou seu exercício ao respeito ao art. 8º da Constituição da República, conforme entendimento esposado neste texto, na parte relativa aos limites, bem como reconheceu o direito dos dirigentes sindicais à estabilidade.

Isso foi feito, ainda, no plano infraconstitucional, por exemplo, pela União, na Lei n. 8.112, de 1990, que instituiu o regime administrativo no plano federal (art. 240); pelo Estado de São Paulo, por meio da Lei Estadual n. 7.702, de 1992; e pelo Estado do Pará, por intermédio das Leis Estaduais n. 5.810 e n. 5.839, ambas de 1994.

Note-se todavia que não havia necessidade dessa regulamentação para o exercício do direito concedido aos servidores públicos civis.

É que o dispositivo, por se tratar de direito fundamental, tem aplicabilidade imediata e, não tendo condicionantes em seu texto, pode ser utilizado de imediato para a organização do servidores públicos civis em associação sindical.

A regulamentação, todavia, é adequada por definir como a administração deve participar nesse espaço criado pelo art. 37, VI, que é o do relacionamento, no plano sindical, entre administração pública e servidores públicos.

Art. 37, VII – o direito de greve será exercido nos termos e nos limites definidos em lei específica;

Carlos Henrique Bezerra Leite

1. Introdução

A greve pode ser concebida como uma das mais importantes e complexas manifestações coletivas produzidas pela sociedade contemporânea.

O vocábulo *greve* foi utilizado pela primeira vez no final do século XVIII, precisamente numa praça em Paris, chamada de *Place de Grève*, onde se reuniam tanto desempregados quanto trabalhadores, insatisfeitos geralmente com os baixos salários e com as jornadas excessivas, paralisavam suas atividades laborativas e reivindicavam melhores condições de trabalho. Na referida praça, acumulavam-se gravetos trazidos pelas enchentes do rio Sena. Daí o termo *grève*, originário de graveto.

A história da greve surge a partir do regime de trabalho assalariado, fruto da Revolução Industrial. Pode-se, assim, atribuir aos movimentos sindicais dos ingleses o marco inicial da história da greve[1].

Com o evolver das relações entre o Estado e seus funcionários, a greve passou a ser permitida legalmente em alguns países, como Canadá, Espanha, Finlândia, França, México e Portugal, cujos ordenamentos jurídicos exigem, no geral, alguns procedimentos prévios, como consultas, negociações coletivas etc. para que o movimento possa ser deflagrado.

A Constituição cidadã de 1988 reconhece expressamente a greve como direito fundamental, tanto para os trabalhadores em geral (art. 9º) quanto para os servidores públicos civis (art. 37, VI e VII), sendo que estes foram também contemplados com o direito à livre sindicalização. Ao militar, no entanto, continuam proibidas a sindicalização e a greve.

Disciplinando a greve para os trabalhadores do setor privado, abrangendo os "servidores empregados" das sociedades de economia mista e empresas públicas, a Lei n. 7.783/89 (LG): a) conceitua a greve como "suspensão coletiva, temporária e pacífica, total ou parcial, de prestação pessoal de serviço a empregador" (art. 2º); b) arrola os serviços considerados essenciais; c) fixa os requisitos para o exercício do direito; d) obriga os sindicatos, os trabalhadores e os empregadores a garantir, durante a greve, a prestação de serviços indispensáveis ao atendimento das atividades inadiáveis da comunidade, que são aquelas que, não atendidas, coloquem em risco iminente a sobrevivência, a saúde ou a segurança da população; caso isso não seja observado, o Poder Público assegurará a prestação dos serviços indispensáveis; e) estabelece as sanções para os casos de abuso do direito etc.

Quanto ao servidor público civil da Administração direta, autárquica e fundacional, o art. 16 da LG dispõe expressamente que: "Para os fins previstos no art. 37, VII, da Constituição, lei complementar definirá os termos e os limites em que o direito de greve poderá ser exercido".

O STF, em diversas oportunidades, considerou que o inciso VII do art. 37 da CF, em sua redação original, encerraria norma de eficácia limitada, sendo certo que a exigência da lei complementar para o exercício do direito de greve pelos servidores públicos civis impediria a aplicação analógica da Lei n. 7.783/89, mormente em virtude da expressa determinação impeditiva nela contida (art. 16)[2].

Além disso, ancorado na literalidade do art. 37, VII, da Constituição e do art. 16 da LG, o STF, no julgamento do MI 20-DF, realizado em 1º de maio de 1994, considerou a existência de lacuna técnica decorrente da mora do Congresso Nacional em regulamentar o direito de greve do servidor público civil. Lamentavelmente, porém, a Corte Suprema, ao invés de criar uma norma específica para o caso concreto, o que seria da própria essência do mandado de injunção, limitou-se simplesmente a comunicar a decisão ao Congresso para que este tomasse as providências necessárias à edição de lei complementar indispensável ao exercício do direito de greve pelos servidores públicos civis. Até hoje, o Congresso Nacional não deu a mínima importância à decisão injuntiva do STF.

Não obstante, em 4 de junho de 1998, o mesmo Congresso promulgou a Emenda Constitucional n. 19, que deu nova redação ao art. 37, inciso VII, da CF, não mais exigindo a edição de uma lei complementar para regular o exercício do direito de greve pelo servidor público civil, mas, tão somente, de uma "lei específica".

Porém, ao julgar o MI 712, o STF alterou, por maioria, a orientação até então adotada, prevalecendo o voto do Min. Gilmar Mendes no sentido de admitir, diante da *mora legislatoris*, uma função normativa provisória pelo próprio Judiciário, o que poderia ser considerado um ativismo judicial.

Exsurgem, assim as seguintes indagações: como a greve surgiu no Brasil? Como ela é tratada na legislação de outros países? Até que seja editada a "lei específica" constante do novel inciso VII do art. 37 da CF, pode o juiz aplicar, analogicamente, as normas da Lei n. 7.783/89? O que se entende por lei específica? Existe esta espécie normativa no processo legislativo previsto na Constituição? O art. 16 da LG foi recepcionado pelo novo texto constitucional? A decisão do STF proferida no MI 20-DF continua válida? Quais as consequências jurídicas da orientação do STF adotada no MI 712-PA?

2. Escorço histórico da greve no ordenamento jurídico brasileiro

O Código Penal (1890) proibia a greve, e até o advento do Decreto n. 1.162, de 12-12-1890, essa orientação foi mantida. A Lei n. 38, de 4-4-32, que dispunha sobre segurança nacional, conceituou a greve como delito.

As Constituições brasileiras de 1891 e de 1934 foram omissas a respeito da greve. De tal arte, esta se caracterizou, praticamente, como um fato, de natureza social, tolerado pelo Estado.

A Constituição de 1937 prescrevia a greve e o *lock-out* como recursos antissociais, nocivos ao trabalho e ao capital, além de incompatíveis com os superiores interesses da produção nacional (art. 139, 2ª parte).

O Decreto-Lei n. 431, de 18-5-38, que também versava sobre segurança nacional, tipificou a greve como crime, no que diz respeito a incitamento dos funcionários públicos à paralisação coletiva dos serviços; induzimento de empregados à cessação ou suspensão do trabalho e a paralisação coletiva por parte dos funcionários públicos.

O Decreto-Lei n. 1.237, de 2-5-39, que instituiu a Justiça do Trabalho, previa punições em caso de greve, desde a suspensão e a despedida por justa causa até a pena de detenção. O Código Penal, de 7-12-40 (arts. 200 e 201), considerava crime a paralisação do trabalho, na hipótese de perturbação da ordem pública ou se o movimento fosse contrário aos interesses públicos.

Em 1943, foi outorgada a Consolidação das Leis do Trabalho – CLT (DL n. 5.452, 1º-5-43), cujo art. 723 previa a pena de suspensão ou dispensa do emprego ou perda do cargo do representante profissional que estivesse em gozo de mandato sindical nos casos de suspensão coletiva do trabalho sem prévia autorização do tribunal trabalhista, sendo certo que o art. 724 da CLT estabelecia multa para o sindicato que ordenasse a suspensão do serviço, além de cancelamento do registro da associação ou perda do cargo, se o ato fosse exclusivo dos administradores do sindicato.

O Decreto-Lei n. 9.070, de 15-3-46, passou a tolerar a greve nas atividades acessórias, não obstante a proibição prevista na

---

1. RUSSOMANO, Mozart Victor. *Princípios gerais de direito sindical*. 2. ed. Rio de Janeiro: Forense, 1997, p. 243.
2. Diz o art. 16 da Lei n. 7.783/89: "Para os fins previstos no art. 37, inciso VII, da Constituição, lei complementar definirá os termos e os limites em que o direito de greve poderá ser exercido".

Constituição de 1937. Nas atividades essenciais, contudo, permanecia a vedação.

Com a Carta de 1946, a greve passa a ser reconhecida como direito dos trabalhadores, embora condicionado o seu exercício à edição de lei posterior (art. 158).

Somente em 1º de junho de 1964, entrou em vigor a Lei de Greve (Lei n. 4.330), que prescrevia a ilegalidade da greve: a) se não fossem observados os prazos e condições estabelecidos na referida lei; b) que tivesse por objeto reivindicações julgadas improcedentes pela Justiça do Trabalho, em decisão definitiva, há menos de um ano; c) por motivos políticos, partidários, religiosos, morais, de solidariedade ou quaisquer outros que não tivessem relação com a própria categoria diretamente interessada; d) cujo fim residisse na revisão de norma coletiva, salvo se as condições pactuadas tivessem sido substancialmente modificadas (*rebus sic stantibus*). Adite-se que o art. 20, parágrafo único, da Lei n. 4.330/64 dispunha que a greve lícita suspendia o contrato de trabalho, sendo que o pagamento dos dias de paralisação ficava a cargo do empregador ou da Justiça do Trabalho, desde que deferidas, total ou parcialmente, as reivindicações formuladas pela categoria profissional respectiva. A Lei n. 4.330 foi apelidada como Lei do delito da greve e não a Lei do direito da greve[3].

A Constituição de 1967, em seu art. 158, XXI, combinado com o art. 157, § 7º, assegurou a greve aos trabalhadores do setor privado, proibindo-a, contudo, em relação aos serviços públicos e às atividades essenciais.

A Emenda Constitucional n. 1, de 17-10-69, manteve a mesma orientação (arts. 165, XX, e 162).

3. A greve no ordenamento jurídico de alguns países

A Constituição alemã é omissa a respeito da greve, mas assegura o direito de associação. O Estado mantém-se neutro, porém os próprios sindicatos fixam regras específicas a respeito, no que tange às atividades essenciais. À Justiça Federal do Trabalho compete definir as condições de licitude da greve, que somente pode ser deflagrada após esgotados todos os procedimentos imprescindíveis à autocomposição do conflito. A greve é exercida com moderação e de forma responsável, sendo raros os movimentos de paralisação, mesmo porque o sistema trabalhista alemão caracteriza-se mais pela colaboração do que pelo conflito.

A Constituição argentina garante apenas o direito de greve aos sindicatos, sendo a matéria regulada pelo Decreto n. 2.184/90, que limita o exercício do direito de greve nas chamadas atividades essenciais. Há necessidade de comunicação do início da paralisação à autoridade do Ministério do Trabalho, com antecedência de cinco dias. As partes devem estipular em convenção coletiva a respeito da prestação de serviços mínimos à comunidade.

No Chile, a greve é permitida (art. 19 da Constituição). Todavia, há proibição nos serviços públicos e nas atividades essenciais.

Na Espanha, a Constituição (art. 28) define a greve como direito fundamental dos trabalhadores, nos seguintes termos:

"Se reconece el derecho a la huelga de los trabajadores para la defensa de sus intereses. La ley que regule el ejercicio de este derecho establecerá las garantías precisas para asegurar el mantenimiento de los servicios esenciales de la comunidad".

O direito de greve no ordenamento espanhol é assegurado aos funcionários públicos, mas há proibição em relação aos membros das Forças Armadas e dos corpos de segurança, por força da Lei n. 2, de 13-3-86. É importante assinalar que a redação da norma constitucional espanhola é, na essência, idêntica à insculpida no art. 9º da Constituição brasileira de 1988.

Nos Estados Unidos, a Constituição não trata de greve, nem de nenhum direito dos trabalhadores. Os funcionários públicos são proibidos de fazer greve, pois caso contrário serão dispensados. O *Wagner Act* e a Lei *Taft-Hartley* (1947) traçam os contornos gerais da greve, sendo que a última define as responsabilidades dos sindicatos, inclusive em greve em atividades essenciais. A greve é exercitada pelo sindicato que congregar o maior número de trabalhadores da empresa ou de sua atividade. Foram criadas as *injunctions*, que são ordens proibitivas de greves, por meio de pronunciamentos judiciais.

O preâmbulo da Constituição francesa de 1946 faz menção ao direito de greve, cujo exercício é regulado nos termos das leis e seus regulamentos. Cabe à jurisprudência fixar os seus contornos. É assegurado o direito de greve ao servidor público civil, ao pessoal das empresas públicas e das empresas encarregadas do serviço público. Exige-se aviso prévio de cinco dias. O governo pode requisitar trabalhadores para prestar serviços durante a greve, inclusive designando-os nominalmente. É proibida a greve nas Forças Armadas, na magistratura e na polícia.

Na Itália, a Constituição de 1948 estabelece o direito de greve, nos termos da legislação ordinária, permitindo-a, com moderação, no serviço público. A Lei n. 146, de 14-6-90, trata da greve nos serviços públicos essenciais, cujo rol é considerado por alguns contrários às deliberações do Comitê de Liberdade Sindical da OIT. O aviso prévio é de, no mínimo, 10 dias.

O art. 123 da Constituição de Querétaro (México), de 1917, assegura tanto o direito de greve como o *lock-out*, embora o exercício deste último dependa de autorização prévia do Estado. É assegurado o exercício do direito de greve no serviço público, desde que haja aviso prévio de 10 dias à Junta de Conciliação e Arbitragem.

O art. 58 da Constituição portuguesa reconhece o direito de greve, competindo aos trabalhadores definir os interesses que serão defendidos e seu âmbito. Não é permitido o *lock-out*. A Lei n. 65, de 26-8-77, não define a greve, nem a restringe, com o que não se vislumbra ilegalidade nas chamadas greves políticas ou de solidariedade. É assegurado o direito de greve aos exercentes de funções públicas (art. 12), com ressalva quanto aos integrantes "de forças militares e militarizadas" (art. 13). Nas atividades essenciais, o art. 8º da Lei n. 65 determina o funcionamento dos serviços mínimos sendo possível, caso não haja voluntariedade dos grevistas para assegurar o atendimento mínimo à população, a requisição civil de trabalhadores, mediante Portaria, editada pelo Conselho de Ministros, na qual é indicada a duração do movimento, a autoridade responsável pela sua execução e o regime de trabalho.

No ordenamento jurídico do Uruguai a greve é entendida como direito sindical, sendo que a Lei n. 13.720 delega ao Minis-

---

3. LAVOR, Francisco Osani de. A greve no contexto democrático. *Revista Síntese Trabalhista*, n. 82, abr. 1996, Porto Alegre, p. 12.

tério do Trabalho a competência para disciplinar os serviços essenciais que deverão ser assegurados durante a greve.

4. A greve na teoria dos direitos humanos

Situar a greve na dimensão dos direitos humanos requer uma investigação de fôlego, o que não é a nossa pretensão neste singelo ensaio. Mas é possível afirmar que a greve, a partir do momento em que passa a ter sede nas Constituições dos países ocidentais, tal como ocorre nos ordenamentos brasileiro, espanhol e português, passa a ser considerada um direito fundamental dos trabalhadores. Trata-se, pois, de um direito fundamental da pessoa humana que se insere na moldura das chamadas dimensões dos direitos humanos[4].

Vale dizer, a greve constitui, a um só tempo, direito de primeira, de segunda e de terceira dimensões, na medida em que se enquadra simultaneamente como:

a) **direito de liberdade** ou de **direito humano de primeira dimensão**, pois implica um *non facere* por parte do Estado, ou seja, um *status negativus* estatal que reconhece as liberdades públicas e o direito subjetivo de reunião entre pessoas para fins pacíficos;

b) **direito de igualdade**, ou **direito humano de segunda dimensão**, porque é pelo exercício do direito de greve que os trabalhadores pressionam os respectivos tomadores de seus serviços, visando à melhoria de suas condições sociais e corrigindo, dessa forma, a desigualdade econômica produzida pela concentração de riquezas inerente ao regime capitalista, mormente numa economia globalizada. Tanto é assim que a Constituição brasileira de 1988 (art. 9º) considera a greve um direito social fundamental dos trabalhadores;

c) **direito de solidariedade** ou **direito humano de terceira dimensão**, na medida em que a greve representa inequivocamente uma manifestação de solidariedade entre pessoas, o que reflete, em última análise, a ideologia da paz, do progresso, do desenvolvimento sustentável, da comunicação e da própria preservação da família humana. Além disso, a greve, por ser um direito coletivo social dos trabalhadores, pode ser tipificada como uma espécie de direito ou interesse metaindividual ou, na linguagem do Código de Defesa do Consumidor (art. 81, par. único, II), um direito ou interesse coletivo.

Ora, se a greve tem por escopo básico a melhoria das condições sociais do homem trabalhador, implica a inferência de que ela constitui um direito fundamental do trabalhador enquanto pessoa humana. Nesse sentido, parece-nos adequado afirmar que a greve constitui um instrumento democrático a serviço da cidadania, na medida em que seu objetivo maior consiste na reação pacífica e ordenada dos trabalhadores contra os atos que impliquem direta ou indiretamente desrespeito à dignidade da pessoa humana.

E, como se trata de direito humano fundamental, não pode haver distinção entre o trabalhador do setor privado e o do setor público, salvo quando o próprio ordenamento jurídico dispuser em contrário, tal como ocorre, no nosso sistema, com o servidor público militar (CF, art. 142, § 3º, IV)[5].

5. Posição da ONU

A DUDH – Declaração Universal dos Direitos Humanos contempla de forma implícita o direito de greve, ao estabelecer, no seu art. XX, n. 1, que "toda pessoa tem direito à liberdade de reunião e associação pacíficas", e no art. XXIII, n. 4, ao garantir que "toda pessoa tem direito a organizar sindicatos e a neles ingressar para proteção de seus interesses".

Já foi dito em linhas pretéritas que, ao proclamar o direito de reunião e associação, bem como o direito de organizar e associar-se a sindicatos, a DUDH acaba por reconhecer o direito de greve que, a rigor, constitui uma forma de proteção dos interesses da pessoa que trabalha.

Embora a DUDH não contenha referência expressa ao direito de greve, cumpre sublinhar que a Resolução n. 2.200 (A), de 16-12-66, adotada na XXI Assembleia Geral da ONU, que instituiu o PIDESC – Pacto Internacional dos Direitos Econômicos, Sociais e Culturais, enaltece, no art. 8, n. 1, *d*, que os "Estados Partes do presente Pacto se comprometem a garantir (...) o direito de greve exercido em conformidade com as leis de cada país".

6. Posição da União Europeia

A Carta Social Europeia, de 1961, dispõe textualmente no art. 6, n. 4, *in verbis*:

"Art. 6 – A fim de assegurar o exercício eficaz do direito de negociação coletiva, as Partes Contratantes reconhecem:

[...] 4. O direito dos trabalhadores e dos empregadores, em caso de conflito de interesses, a recorrer a ações coletivas, inclusive o direito de greve, sob ressalva das obrigações que possam resultar das convenções coletivas em vigor".

Esse documento internacional é de extrema importância, não apenas sob o aspecto político, filosófico e sociológico que historicamente representam os padrões ideais de vida oriundos das democracias ocidentais do continente europeu, mas igualmente sob a perspectiva jurídico-dogmática, uma vez que consolida a ideia de que, efetivamente, a greve constitui um legítimo instrumento para assegurar o eficaz direito de negociação coletiva.

É importante salientar que em Nice, em dezembro de 2000, o compromisso da União Europeia em relação aos direitos humanos sociais foi reafirmado solenemente com a proclamação da **Carta dos Direitos Fundamentais da União Europeia**. Trata-se de uma Convenção aprovada por membros dos parlamentos nacionais e do Parlamento Europeu, bem como de representantes dos governos nacionais.

---

4. Nesse sentido é o magistério de Julio Cesar do Prado Leite, para quem: "A greve é um direito fundamental que se arrima na Declaração dos Direitos do Homem (...) Com efeito, o ato internacional em causa, de modo explícito, cuida de assegurar condições justas e favoráveis de trabalho. Para obtê-las ou confirmá-las todo trabalhador tem direito a organizar sindicatos e neles ingressar para a proteção de seus interesses. Não há greve sem sindicato. O sindicato tornar-se-ia uma mera associação corporativa assistencial se não dispuser do direito de fazer greve" (LEITE, Julio Cesar do Prado. O papel da greve na negociação coletiva. In: RIBEIRO, Lélia Guimarães Carvalho; PAMPLONA FILHO, Rodolfo (coords.). *Direito do trabalho*: estudos em homenagem ao prof. Luiz de Pinho Pedreira da Silva. São Paulo: LTr, 1998, p. 427).

5. O art. 142, § 3º, IV, da CF (com redação dada pela EC n. 18/98) dispõe, *in verbis*: "Ao militar são proibidas a sindicalização e a greve".

Disposta em seis capítulos – Dignidade, Liberdade, Igualdade, Solidariedade, Cidadania e Justiça –, a Carta reúne 54 artigos que definem os valores fundamentais da União Europeia e os direitos cívicos, políticos, econômicos e sociais do cidadão comunitário. Os primeiros artigos são consagrados à dignidade humana, ao direito à vida, à integridade do ser humano e à liberdade de expressão e de consciência.

O capítulo relativo à solidariedade reúne, de forma inovadora, direitos sociais e econômicos como: a) direito à greve; b) direito à informação e à consulta dos trabalhadores na empresa; c) direito a conciliar a vida familiar e a vida profissional; d) direito de acesso às prestações de segurança social, aos serviços sociais e à proteção da saúde em toda a União Europeia.

No que tange à greve, especificamente, o art. 28 da Carta dos Direitos Fundamentais da União Europeia dispõe, *in verbis*:

"Artigo 28º – Direito de negociação e de acção colectiva – Os trabalhadores e as entidades patronais, ou as respectivas organizações, têm, de acordo com o direito comunitário e as legislações e práticas nacionais, o direito de negociar e de celebrar convenções colectivas, aos níveis apropriados, bem como de recorrer, em caso de conflito de interesses, a acções colectivas para a defesa dos seus interesses, incluindo a greve".

7. Posição da OIT

A Organização Internacional do Trabalho – OIT não possui convenção específica sobre greve, mas a doutrina é praticamente unânime em afirmar que as Convenções 87 e 98, que dispõem sobre liberdade sindical e negociação coletiva[6], contemplam, implicitamente, a greve como um direito fundamental dos trabalhadores, tanto do setor público quanto do setor privado, sendo certo que apenas os funcionários das forças armadas podem ter, segundo aquele organismo internacional, algumas restrições ou até mesmo vedações ao exercício do direito de greve.

É importante assinalar que a Convenção 151 da OIT[7], também conhecida como "Convenção sobre as Relações de Trabalho na Administração Pública", nos seus *consideranda*, reconhece, entre outros aspectos, a expansão dos serviços prestados pela administração pública em muitos países e a necessidade de que existam sadias relações de trabalho entre as autoridades públicas e as organizações de empregados públicos[8]. Para tanto, prescreve expressamente no seu art. 7º, *in verbis*:

"Deverão ser adotadas, sendo necessário, medidas adequadas às condições nacionais para estimular e fomentar o pleno desenvolvimento e utilização de procedimentos de negociação entre as autoridades públicas competentes e as organizações de empregados públicos sobre as condições de emprego[9], ou de quaisquer outros métodos que permitam aos representantes de empregados públicos participar na determinação de tais condições".

No que tange à greve do servidor público, o Comitê de Liberdade Sindical vem editando verbetes no sentido do recomendar que os países membros reconheçam a greve como um direito dos servidores públicos, somente admitindo restrições em casos muito particulares.

Nesse sentido, o Comitê editou o verbete n. 394, que dispõe:

"O direito de greve só pode ser objeto de restrições, inclusive proibição, na função pública, sendo funcionários públicos aqueles que atuam como órgãos de poder público, ou nos serviços essenciais no sentido estrito do termo, isto é, aqueles serviços cuja interrupção possa pôr em perigo a vida, a segurança ou a saúde da pessoa, no todo ou em parte da população".

O verbete n. 386 cuida da possibilidade de conciliação e arbitragem em serviços essenciais e funções públicas.

Esses verbetes – é imperioso ressaltar – vinculam a República Federativa do Brasil, uma vez que a nosso país se reportam os informes correspondentes da OIT[10]. Vê-se, assim, que a orientação da OIT é no sentido de permitir amplamente a greve do servidor público civil, salvo, a depender de previsão normativa contrária em cada ordenamento estatal, para aqueles que atuam como órgãos do poder público, isto é, os que exercem parcela da soberania do Estado, como os membros das forças armadas, juízes, membros do Ministério Público, diplomatas, ministros, secretários, diretores das estatais etc.

8. A Constituição brasileira de 1988

A Constituição de 1988 insere o direito de greve no elenco dos direitos fundamentais sociais dos trabalhadores do setor privado, nos seguintes termos:

"Art. 9º É assegurado o direito de greve, competindo aos trabalhadores decidir sobre a oportunidade de exercê-lo e sobre os interesses que devam por meio dele defender.

§ 1º A lei definirá os serviços ou atividades essenciais e disporá sobre o atendimento das necessidades inadiáveis da comunidade.

§ 2º Os abusos cometidos sujeitam os responsáveis às penas da lei".

Não há mais lugar, portanto, para a proibição de greve nos serviços essenciais, mas a lei pode estabelecer parâmetros para o exercício do direito de greve nos serviços e atividades essenciais e prescrever critérios para preservar o atendimento às necessidades inadiáveis da população.

Aos servidores públicos civis, investidos em cargos (estatutários) ou em empregos (celetistas), também foi reconhecido o direito de greve no art. 37, inciso VII, da CF/88. Todavia, o legislador constituinte condicionou o exercício desse direito à edição posterior de lei complementar que, diga-se de passagem, jamais

---

6. A Convenção n. 87 da OIT ainda não foi ratificada pelo Brasil, mas a Convenção 98 foi aprovada pelo Decreto Legislativo n. 49, de 27-8-52, promulgada pelo Decreto n. 33.196, de 29-6-53, com vigência nacional a partir de 18-11-53.

7. A Convenção 151 lamentavelmente ainda não foi ratificada pelo Brasil, mas o Governo brasileiro, em 15-2-2008, encaminhou mensagem ao Congresso Nacional, propondo a sua aprovação.

8. A expressão "empregados públicos" tem significação ampla, isto é, abrange todas as pessoas que mantêm vínculo de trabalho com a administração pública, tal como se deflui do art. 1º da Convenção n. 151 da OIT.

9. A expressão "condições de emprego" também comporta interpretação extensiva, alcançando, assim, todas as condições inerentes às relações de trabalho no âmbito da administração pública, quer no sentido de relação de natureza empregatícia, quer no sentido de relação de natureza estatutária.

10. FRANCO FILHO, Georgenor de Sousa. *Liberdade sindical e direito de greve no direito comparado*: lineamentos. São Paulo: LTr, 1992, p. 94.

fora editada. Pelo contrário, ao invés de regulamentar o direito de greve, mediante lei complementar, o legislador ordinário preferiu alterar a redação original da Carta por meio da Emenda Constitucional n. 19/98, estabelecendo, no que concerne ao servidor público civil, que "o direito de greve será exercido nos termos e nos limites definidos em lei específica".

9. A *mora legislatoris* em regulamentar o exercício do direito

No âmbito da Administração Pública direta, autárquica e fundacional não há negar que a *mora legislatoris* em regulamentar o inciso VII do art. 37 da Constituição tem suscitado tormentosas discussões doutrinárias e jurisprudenciais. Duas correntes se destacam.

A primeira sustenta a eficácia contida[11] do preceito em exame, pelo que possível o exercício do direito antes mesmo da edição de lei complementar[12], sendo aplicável, por analogia, a Lei n. 7.783/89[13].

A segunda, entendendo ser o referido dispositivo *not self-executing*, advoga no sentido de que o servidor somente poderá exercer o direito de greve depois de editada a norma infraconstitucional (antes, lei complementar; agora, "lei específica") exigida, também, pela Emenda Constitucional n. 19/98. Dito de outro modo, a segunda corrente sustenta que a norma constitucional é de eficácia limitada.

O STF, quando vigia a redação original do inciso VII do art. 37 da CF, adotou a segunda corrente, como se infere do seguinte julgado:

"Insuficiência de relevo de fundamentação jurídica em exame cautelar, da arguição de inconstitucionalidade de decreto estadual que não está a regular (como propõem os requerentes) o exercício do direito de greve pelos servidores públicos; mas a disciplinar uma conduta julgada inconstitucional pelo Supremo Tribunal, até que venha a ser editada a lei complementar prevista no art. 37, VII, da Carta de 1988 (MI n. 20, sessão de 19-5-94)" (STF-TP – ADI 1.306-BA, Rel. Min. Octavio Gallotti, requerentes: Partido dos Trabalhadores – PT e outros; requerido: Governador do Estado da Bahia, j. 30-6-95, *DJU* 27-10-95, p. 1806).

10. A Emenda Constitucional n. 19 e a recepção da Lei n. 7.783/89

Cremos que, em virtude da promulgação da Emenda Constitucional n. 19/98, que não mais menciona "lei complementar", mas, tão somente, "lei específica", a orientação até então reinante no Pretório Excelso está a exigir urgente modificação.

Ora, diante do atual texto constitucional, parece-nos factível afirmar que, enquanto não for editada a referida lei específica para regular o exercício do direito de greve do servidor público, pode ser aplicável, por analogia, a atual Lei (específica) de Greve (Lei n. 7.783/89), destinada aos trabalhadores do setor privado em geral, inclusive aos "servidores" das empresas públicas e das sociedades de economia mista, que são órgãos integrantes da Administração Pública Indireta[14].

Com efeito, o art. 16 da Lei n. 7.783/89, que exigia lei complementar para regular o exercício do direito de greve do servidor público, não mais vigora no nosso ordenamento jurídico, porquanto incompatível com o texto atual da Carta Magna. Em outros termos, o art. 16 da LG não foi recepcionado pelo novel inciso VII do art. 37 da Constituição.

Ademais, se não há, no sistema referente ao processo legislativo, distinção entre as leis ordinárias e específicas (a expressão "lei específica", a rigor, não encontra previsão no art. 59 da Constituição), também não há falar em hierarquia entre tais modalidades normativas.

Dessa forma, diante da lacuna normativa existente, e considerando o fenômeno da recepção da atual Lei de Greve pela nova Emenda Constitucional n. 19, cabe ao intérprete, pelo menos até que sobrevenha a nova "lei específica", dar a máxima efetividade à norma constitucional, operacionalizando a integração do sistema[15].

---

11. Nas palavras de José Afonso da Silva, normas de eficácia contida "são aquelas em que o legislador constituinte regulou suficientemente os interesses relativos a determinada matéria, mas deixou margem à atuação restritiva por parte da competência discricionária do Poder Público, nos termos que a lei estabelecer ou nos termos de conceitos gerais nelas enunciados" (*Aplicabilidade das normas constitucionais*. 3. ed. São Paulo: Malheiros, 1998, p. 116).

12. Com o advento da Emenda Constitucional n. 19/98, que deu nova redação ao inciso VII do art. 37 da Constituição, não mais se exige lei complementar, mas, tão somente, "lei específica".

13. SÜSSEKIND, Arnaldo. *Direito constitucional do trabalho*. Rio de Janeiro: Renovar, 1999, p. 434-435. No mesmo sentido, decidiu a 6ª Turma do STJ no ROMS 4.531/SC, Rel. Min. Luiz Vicente Cernicchiaro, j. 22-8-95.

14. Dispõe o § 1º, inciso II, do art. 173 da CF que a "lei estabelecerá o estatuto jurídico da empresa pública, da sociedade de economia mista e de suas subsidiárias que explorem atividade econômica de produção ou comercialização de bens ou de prestação de serviços, dispondo sobre: (...) II – a sujeição ao regime jurídico próprio das empresas privadas, inclusive quanto aos direitos e obrigações civis, comerciais, trabalhistas e tributários". Tal sujeição ao regime próprio das empresas privadas, no tocante aos direitos e obrigações trabalhistas, impõe a essas empresas o dever de observar o art. 9º da CF e a Lei n. 7.783/89.

15. Nesse sentido, leciona Ivani Contini Bramante: "Inicialmente, cumpre verificar que o art. 16, da Lei 7.783/89, está revogado (...). E, aqui, ocorreu a chamada eficácia revogativa ou eficácia negativa, que também é desobstrutiva, pois a norma constitucional traçou novo esquema dependente para a sua atuação, exigente de uma lei ordinária normativa, diferente do sistema anterior, o qual remetia à lei complementar. Destarte, a Lei 7.783/89 foi recepcionada, sendo, doravante, aplicável aos servidores públicos, porque em perfeita compatibilidade vertical-formal-material com o Texto Constitucional. Operou-se o chamado fenômeno da eficácia construtiva da norma constitucional, visto que a Lei 7.783/89, que trata do direito de greve, recebeu da Carta Política um novo jato de luz revivificador que a revaloriza para a ordem jurídica nascente, ou seja, aquilo que a técnica jurídico-constitucional denomina de recepção da lei anterior. É, portanto, dispensável o apelo ou futura interferência do legislador para aperfeiçoar a aplicabilidade da norma constitucional (...). Poder-se-ia objetar: a Lei 7.783/89 não se trata, obviamente, de lei ordinária reguladora, especificamente, da greve dos servidores públicos civis, mas de empregados regidos por contrato de trabalho. Todavia, a objeção não resiste. Os limites do direito de greve, e até mesmo sua proibição, em certos casos, para algumas categorias específicas de empregados ou de funcionários públicos, justifica-se não em razão do *status* do trabalhador, mas em decorrência da natureza dos serviços prestados, que são públicas, essenciais, inadiáveis, imantados pelo princípio da predominância do interesse geral. É cediço que os serviços essenciais à comunidade tanto podem ser prestados pelos trabalhadores do setor privado quanto do setor público, cuja abstenção não pode causar aos outros interesses tutelados constitucionalmente, como aqueles possuidores de caráter de segurança, saúde, vida, integridade física e liberdades dos indivíduos. Não se justifica, assim, o tratamento diferenciado ou separado. Onde há a mesma razão, igual deve ser a regulamentação e solução" (BRAMANTE, Ivani Contini. Direito constitucional de greve dos servidores públicos – eficácia limitada ou plena? Emenda Constitucional n. 19. *Trabalho em Revista*, Curitiba, Decisório Trabalhista, jan. 1999, p. 530).

A bem ver, porém, o STF, já na vigência da EC n. 19/98, decidiu que o direito de greve do servidor público civil ainda continua dependendo de regulamentação, como se depreende do seguinte aresto:

"AÇÃO DIRETA DE INCONSTITUCIONALIDADE. PORTARIA N. 1.788, DE 25-8-98, DA SECRETARIA DA RECEITA FEDERAL. Texto destinado à regulamentação do estágio probatório, que se acha disciplinado pelo art. 20 da Lei n. 8.112/90, com a alteração do art. 6º da EC n. 19/98 e, por isso, insuscetível de ser impugnado pela via eleita. Inviabilidade, declarada pelo STF (MI n. 20, Min. Celso de Mello), do exercício do direito de greve, por parte dos funcionários públicos, enquanto não regulamentada, por lei, a norma do inc. VII do art. 37 da Constituição. Não conhecimento da ação"[16].

Lamentavelmente, o referido acórdão não enfrentou a questão da recepção ou não da Lei Federal n. 7.783/89, que, como já frisado, é a única prevista no ordenamento vigente que trata da greve e que, a nosso ver, pode ser aplicada analogicamente, no que couber, ao servidor público civil.

11. A natureza política da greve do servidor público civil

É sabido que o Supremo Tribunal Federal, em controle concentrado, decidiu que o servidor público civil não pode entabular negociação coletiva, celebrar convenção ou acordo coletivo ou ajuizar dissídio coletivo na Justiça do Trabalho[17].

Ocorre que a greve, como obtempera Arion Sayão Romita, é "elemento essencial da negociação coletiva. Se se pretende implantar o método de negociação coletiva para solucionar conflitos de trabalho, será indispensável assegurar liberdade sindical: sem autonomia, os sindicatos de trabalhadores estão desarmados. Trata-se, no caso, do postulado fundamental para a convivência democrática. E a greve é a arma de luta dos trabalhadores na negociação coletiva. Sem direito de greve não pode haver negociação coletiva digna deste nome"[18].

Afigura-se-nos rigorosamente equivocado o entendimento do STF ao confundir negociação coletiva com convenção ou acordo coletivo, na medida em que a negociação coletiva é um procedimento preparatório destinado à posterior celebração dos referidos contratos-leis ou, no caso brasileiro, uma condição para o ajuizamento de dissídio coletivo perante a Justiça do Trabalho (CF, art. 114, § 2º).

É certo que o reconhecimento das convenções e acordos coletivos previsto no art. 7º, XXVI, da CF ao servidor público da administração direta, autárquica ou fundacional encontra obstáculos nos princípios da legalidade e do orçamento público, pois compete ao chefe do Executivo a iniciativa do processo legislativo que implique aumento de despesas dos servidores públicos. Mas isso não significa, de forma alguma, que os servidores, por intermédio de seu sindicato, não possam entabular negociação coletiva diretamente com o representante do respectivo ente da Administração Pública[19].

Tanto é assim que a Constituição reconhece expressamente aos servidores públicos o direito à livre associação sindical (CF, art. 37, VI), sendo certo que o art. 8º, VI, da mesma Carta determina a obrigatoriedade da participação dos sindicatos nas negociações coletivas de trabalho.

Ora, negociar coletivamente não significa afirmar que as partes são obrigadas a celebrar convenção ou acordo coletivo. No setor privado, como já dito, da negociação coletiva pode resultar um "contrato-lei" (convenção coletiva ou acordo coletivo de trabalho) ou, em caso de malogro, a possibilidade de ajuizamento de dissídio coletivo, cabendo ao Judiciário Trabalhista estabelecer normas e condições, dentro dos limites fixados no vértice do ordenamento jurídico.

No âmbito da Administração Pública direta, autárquica ou fundacional, é juridicamente possível que a negociação coletiva seja operacionalizada – pouco importa o *nomen iuris* – como um protocolo de intenções (ou uma mesa-redonda), do qual participem, de um lado, o representante do ente público e, de outro lado, o sindicato representativo dos servidores, tudo em perfeita sintonia com os princípios fundamentais que regem o Estado Democrático de Direito.

Desse protocolo de intenções poderá surgir um projeto de lei, de iniciativa do Chefe do Poder Executivo correspondente, encampando, material e formalmente, as cláusulas que contemplam o acordo de vontades entre as partes, pressupondo, sempre, que o representante do ente público paute sempre a sua conduta pela observância do princípio da supremacia do interesse público sobre o interesse de classe ou particular.

Obviamente que o projeto de lei será encaminhado pelo Chefe do Poder Executivo ao Poder Legislativo, onde se abrirão amplos debates inerentes ao processo legislativo, e, se aprovado na Casa Legislativa, retornará para a sanção do Chefe do Poder Executivo (federal, estadual ou municipal). De modo que, embora materialmente tenha havido a negociação coletiva, do ponto de vista formal ter-se-á, não um acordo coletivo, mas sim uma lei regulando as relações de trabalho entre os servidores públicos e o Estado[20].

Desse modo, restariam observados os princípios da legalidade e, sobretudo, da democracia participativa nas relações entre a Administração e o seu pessoal. Afinal, como disse o Min. Marco Aurélio no voto dissidente do citado acórdão do STF, "impossí-

---

16. BRASIL. Supremo Tribunal Federal. Ação Direta de Inconstitucionalidade n. 1.880-DF. Relator: Min. Ilmar Galvão, 9-9-1998, *DJU*, 27 nov. 1998.

17. BRASIL. Supremo Tribunal Federal. Ação Direta de Inconstitucionalidade n. 492-1-DF. Relator: Min. Carlos Velloso, *DJU*, 12 mar. 1993.

18. ROMITA, Arion Sayão. *Direitos sociais na Constituição e outros estudos*. São Paulo: LTr, 1991, p. 250.

19. Mesmo porque, como bem observa Arion Sayão Romita: "A negociação coletiva enseja o debate de uma grande variedade de assuntos, que não se restringem aos reajustamentos salariais: qualidade de vida no trabalho, saúde e segurança, mudanças tecnológicas, flexibilização do trabalho, não discriminação, participação nas decisões" (ROMITA, Arion Sayão. *Regime jurídico dos servidores públicos civis*: aspectos trabalhistas e previdenciários. São Paulo: LTr, 1993, p. 45-47).

20. Luiz de Pinho Pedreira da Silva adverte que "para que a negociação coletiva passe a produzir os efeitos normativos dependerá da incorporação a um ato do Executivo ou do Legislativo ou da aprovação de um desses Poderes de modo a harmonizar a negociação coletiva dos servidores públicos com a competência constitucional dos Poderes Executivo e Legislativo" (PEDREIRA DA SILVA, Luiz de Pinho. A negociação coletiva no setor público. In: PRADO, Ney (coord.). *Direito sindical brasileiro*: estudos em homenagem ao prof. Arion Sayão Romita. São Paulo: LTr, 1998, p. 262).

vel é deixar de admitir que a negociação coletiva pode visar ao afastamento do impasse, do conflito seguido de greve, mediante a iniciativa, exclusiva do Executivo, de encaminhar projeto objetivando a transformação em lei do que acordado na mesa de negociações"[21].

Sem direito à negociação coletiva e sem poder exercer (segundo o entendimento adotado no MI 20-DF) o direito de greve, o certo é que, no mundo dos fatos, a realidade é outra. A todo instante, como é notório, a imprensa noticia inúmeras greves eclodidas nos diversos setores da administração pública direta e indireta, inclusive em atividades essenciais, como as da saúde e segurança públicas.

E, sem o canal de negociação coletiva, não há negar que a greve do servidor público brasileiro tende a ser necessariamente política, pois ela é a última e, talvez, única alternativa para pressionar o Executivo a desencadear o processo legislativo destinado a atender às reivindicações dos trabalhadores do setor público.

12. A nova orientação do STF

Tais fatos, que não podem ser ignorados pelo Direito, levaram o STF a alterar o seu entendimento a respeito da possibilidade de aplicação analógica da Lei n. 7.783/89 ao servidor público civil enquanto não editada a "lei específica" a que se refere o inciso VII do art. 37 da CF.

Com efeito, no mandado de injunção coletivo impetrado pelo Sindicato dos Servidores Policiais Civis do Espírito Santo – SINDIPOL, com o objetivo de ser autorizado o exercício do direito de greve aos seus associados e compelir o Congresso Nacional a regulamentar, dentro do prazo de trinta dias, o inciso VII do art. 37 da CF, o Min. Gilmar Mendes, em voto-vista, abriu divergência para conhecer do mandado de injunção para, enquanto não suprida a lacuna legislativa, aplicar a Lei n. 7.783/89, observado o princípio da continuidade do serviço público, ressaltando, no ponto, que, de acordo com as peculiaridades de cada caso concreto, e mediante solicitação de órgão competente, seja facultado ao juízo competente impor a observância a regime de greve mais severo em razão de se tratar de serviços ou atividades essenciais, nos termos dos arts. 10 e 11 da Lei n. 7.783/89. Asseverou que a inércia do Poder Legislativo em regular o direito de greve dos servidores públicos acabou por gerar uma preocupante realidade em que se observam inúmeras greves ilegais com sérias consequências para o Estado de Direito. Concluiu que, diante desse contexto, considerado ainda o enorme lapso temporal dessa inércia, não resta alternativa para o Poder Legislativo quanto a decidir pela regulação ou não do tema, e que cabe, por sua vez, ao Poder Judiciário, intervir de forma mais decisiva, de modo a afastar a inoperância de suas decisões em mandado de injunção, e atuar também nos casos de omissão do Poder Legislativo, tendo em vista as balizas constitucionais que demandam a concretização do direito de greve a todos os trabalhadores. Depois, pediu vista dos autos o Min. Ricardo Lewandowski[22].

Em outro Mandado de Injunção, impetrado pelo Sindicato dos Trabalhadores do Poder Judiciário do Estado do Pará – SINJEP contra o Congresso Nacional, em que pretendeu garantir aos seus associados o direito de greve previsto no art. 37, VII, da CF, o Min. Eros Grau, relator, acompanhado pelo Min. Gilmar Mendes, conheceu do mandado de injunção para, enquanto a omissão não for sanada, aplicar, observado o princípio da continuidade do serviço público, a Lei n. 7.783/89, que dispõe sobre o exercício do direito de greve na iniciativa privada com base no art. 9º da CF[23]. O relator salientou a necessidade de se conferir eficácia às decisões proferidas pelo Supremo no julgamento de mandados de injunção e reconheceu que a mora, no caso, é evidente e incompatível com o previsto no art. 37, VII, da CF, constituindo dever-poder do STF a formação supletiva da norma regulamentadora faltante, a fim de remover o obstáculo decorrente da omissão, tornando viável o exercício do direito de greve dos servidores públicos[24].

Em síntese, a jurisprudência do STF aponta no sentido de que o direito de greve do servidor público está ainda a depender de lei específica, nos termos do art. 37, VII, da Constituição da República. Todavia, há uma nova orientação no sentido de se admitir, enquanto não editada tal lei específica, a aplicação analógica da Lei Federal n. 7.783/89.

No que respeita à competência para processar e julgar dissídio coletivo (*rectius*, ação coletiva) de greve envolvendo servidor público, ainda que celetista, o STF firmou o seguinte entendimento:

"CONSTITUCIONAL. DIREITOS SOCIAIS. COMPETÊNCIA PARA O JULGAMENTO DA LEGALIDADE DE GREVE DE SERVIDORES PÚBLICOS CELETISTAS. JUSTIÇA COMUM. FIXAÇÃO DE TESE DE REPERCUSSÃO GERAL. 1. É competência da justiça comum, federal ou estadual, conforme o caso, o julgamento de dissídio de greve promovida por servidores públicos, na linha do precedente firmado no MI 670 (Rel. Min. MAURÍCIO CORRÊA, Rel. p/ acórdão Min. GILMAR MENDES, Tribunal Pleno, *DJe* de 30/10/2008). 2. As Guardas Municipais executam atividade de segurança pública (art. 144, § 8º, da CF), essencial ao atendimento de necessidades inadiáveis da comunidade (art. 9º, § 1º, CF), pelo que se submetem às restrições firmadas pelo Supremo Tribunal Federal no julgamento do ARE 654.432 (Rel. Min. EDSON FACHIN, redator para acórdão Min. ALEXANDRE DE MORAES, Tribunal

---

21. BRASIL. Supremo Tribunal Federal. Ação Direta de Inconstitucionalidade n. 492-1-DF. Relator: Min. Carlos Velloso. *DJU*, 12 mar. 1993.

22. BRASIL. Supremo Tribunal Federal. Mandado de Injunção n. 670-ES, 7-6-2006. Relator: Min. Maurício Corrêa.

23. Nos termos do art. 9º da CF, é assegurado o direito de greve no setor privado, competindo aos trabalhadores decidir sobre a oportunidade de exercê-lo e sobre os interesses que devam por meio dele defender.

24. BRASIL. Supremo Tribunal Federal. Mandado de Injunção n. 712-PA, 7-6-2006. Relator: Min. Eros Grau. O julgamento do Pleno ocorreu no dia 25-10-2007 e o resultado foi o seguinte: "O Tribunal, por maioria, nos termos do voto do Relator, conheceu do mandado de injunção e propôs a solução para a omissão legislativa com a aplicação da Lei n. 7.783, de 28 de junho de 1989, no que couber, vencidos, parcialmente, os Senhores Ministros Ricardo Lewandowski, Joaquim Barbosa e Marco Aurélio, que limitavam a decisão à categoria representada pelo sindicato e estabeleciam condições específicas para o exercício das paralisações. Votou a Presidente, Ministra Ellen Gracie. Não votou o Senhor Ministro Menezes Direito por suceder ao Senhor Ministro Sepúlveda Pertence, que proferiu voto anteriormente. Ausente, justificadamente, a Senhora Ministra Cármen Lúcia, com voto proferido em assentada anterior. Plenário, 25-10-2007". É importante sublinhar que no MI 670-ES e no MI 708-DF prevaleceu o voto do Min. Gilmar Mendes, sendo idêntico o julgamento do MI 712-PA.

Pleno, julgado em 5/4/2017). 3. A essencialidade das atividades desempenhadas pelos servidores públicos conduz à aplicação da regra de competência firmada pelo Supremo Tribunal Federal no MI 670, mesmo em se tratando de servidores contratados pelo Estado sob o regime celetista. 4. Negado provimento ao recurso extraordinário e fixada a seguinte tese de repercussão geral: 'A Justiça Comum Federal ou Estadual é competente para julgar a abusividade de greve de servidores públicos celetistas da administração direta, autarquias e fundações de direito público'" (STF-RE 846854/SP, Rel. Min. LUIZ FUX, Red. p/ Acórdão Min. ALEXANDRE DE MORAES, j. 01/08/2017, TP, DJe-022 divulg 06-02-2018, public 07-02-2018).

Parece-nos, *data venia*, equivocado esse entendimento da Corte Suprema, uma vez que o art. 114, I e II, da CF reconhece expressamente a competência da Justiça do Trabalho para processar e julgar "as ações oriundas da relação de trabalho, abrangidos os entes de direito público externo e da administração pública direta e indireta da União, dos Estados, do Distrito Federal e dos Municípios", bem como "as ações que envolvam o exercício do direito de greve".

Ora, se já seria possível a interpretação no sentido de que seria da Justiça do Trabalho a competência para processar e julgar as ações envolvendo o direito de greve do servidor público estatutário, não seria juridicamente razoável afastar dela a competência para as ações envolvendo o exercício do direito de greve dos servidores públicos regidos pela CLT, seja da Administração Direta, seja das autarquias e das fundações públicas ou das empresas públicas e sociedades de economia mista, pois estes mantêm com a Administração Pública relação tipicamente de emprego, isto é, relação jurídica de natureza contratual, situação em que o ente público, abrindo mão de sua potestade, figura como empregador e o servidor como empregado.

No que concerne à greve ambiental, por exemplo, parece-nos que na esteira do entendimento adotado pela Súmula 736 do STF, a competência seria da Justiça do Trabalho, independentemente do regime jurídico dos servidores grevistas[25].

É importante registrar, ainda, que na questão dos descontos dos vencimentos dos servidores públicos durante a greve o STF passou a adotar o seguinte entendimento:

"DIREITO CONSTITUCIONAL E ADMINISTRATIVO. AGRAVO INTERNO EM MANDADO DE SEGURANÇA. GREVE DE SERVIDORES PÚBLICOS DO MPU E CNMP. DESCONTO DOS DIAS PARADOS. 1. O STF fixou, em regime de repercussão geral, a seguinte tese: A administração pública deve proceder ao desconto dos dias de paralisação decorrentes do exercício do direito de greve pelos servidores públicos, em virtude da suspensão do vínculo funcional que dela decorre, permitida a compensação em caso de acordo. O desconto será, contudo, incabível se ficar demonstrado que a greve foi provocada por conduta ilícita do Poder Público (RE 693.456, Rel. Min. Dias Toffoli). 2. No caso concreto, não houve menção a conduta ilícita praticada pelo Poder Público, estando o pedido fundado unicamente na existência de movimento grevista e na alegada impossibilidade de desconto de dias trabalhados. 3. Agravo a que se nega provimento" (MS 33757 AgR/DF, Rel. Min. ROBERTO BARROSO, j. 07/11/2017, 1ª T., DJe-261, pub. 17-11-2017).

Como se vê, a jurisprudência do STF passou a permitir o pagamento dos vencimentos dos servidores públicos civis apenas nos casos em que ficar comprovado nos autos que houve conduta ilícita praticada pela Administração Pública que empolgou a deflagração da greve.

13. Conclusão

Como síntese do exposto, apresentamos as conclusões mais importantes.

A greve constitui um instrumento jurídico a serviço da cidadania, na medida em que seu objetivo maior consiste na reação pacífica e ordenada contra os atos que impliquem direta ou indiretamente desrespeito à dignidade da pessoa humana do cidadão trabalhador.

O ordenamento jurídico brasileiro considera a greve direito fundamental dos trabalhadores, nos termos do art. 9º da Constituição Federal.

Por se tratar de direito humano fundamental, não pode haver distinção entre o trabalhador do setor privado e o do setor público, salvo quando a Constituição excepciona, tal como ocorre, no nosso sistema, com o servidor público militar (CF, art. 142, § 3º, IV).

Nesse sentido é a posição da OIT, que somente admite algumas restrições (e não proibição total) ao exercício do direito nas hipóteses de serviços essenciais cuja interrupção possa pôr em perigo a vida, a segurança ou a saúde no todo ou em parte da população.

A Lei n. 7.783/89, por ser uma lei específica sobre a greve, pode ser aplicada, por analogia, ao servidor público civil, mormente, no que tange aos serviços públicos considerados essenciais e inadiáveis, tais como os que coloquem em risco a vida, a segurança e a saúde da população, no todo ou em parte.

Afinal, a operacionalização do Direito conduz à ilação de que é menos prejudicial à sociedade que o Estado-juiz reconheça a existência de um conflito e regulamente os seus efeitos à luz do sistema jurídico vigente a deixar que os próprios servidores interessados exerçam de fato, *a spontae sua*, e com riscos de macrolesões aos interesses superiores da comunidade, em especial a camada da população mais carente usuária dos serviços públicos, um direito fundamental que lhes é constitucionalmente assegurado.

No que concerne à competência para processar e julgar as ações de greve de servidor público, pensamos que, não obstante o entendimento do STF, deve ser da Justiça comum quando se tratar de servidor público estatutário, e da Justiça do Trabalho quando se tratar de servidor público celetista. Em se tratando de greve ambiental, a competência deveria ser da Justiça do Trabalho, em sintonia com o entendimento consubstanciado na Súmula 736 do STF, independentemente do regime jurídico dos servidores públicos grevistas.

Quanto ao desconto de vencimentos ou salários durante a greve, parece-nos que este somente poderá ocorrer quando ficar provado nos autos que a paralisação não seja decorrente de ato ilícito praticado pelo órgão da Administração Pública.

---

25. STF, Súmula 736: "Compete à justiça do trabalho julgar as ações que tenham como causa de pedir o descumprimento de normas trabalhistas relativas à segurança, higiene e saúde dos trabalhadores".

Referências

BRAMANTE, Ivani Contini. Direito constitucional de greve dos servidores públicos – eficácia limitada ou plena? Emenda Constitucional n. 19. *Trabalho em Revista*, Curitiba, Decisório Trabalhista, jan. 1999, p. 530.

BRASIL. Superior Tribunal de Justiça. Recurso Ordinário em Mandado de Segurança n. 2.873-SC. Relator: Min. Vicente Leal. Brasília, DF, 24 de junho de 1996. *Diário da Justiça da União*, 19 ago. 1996.

BRASIL. Superior Tribunal de Justiça. Recurso Ordinário em Mandado de Segurança n. 2.673-SC. Relator: Min. José Cândido de Carvalho Filho. Brasília, DF, 19 de outubro de 1993. *Diário da Justiça da União*, 22 nov. 1993.

BRASIL. Supremo Tribunal Federal. Ação Direta de Inconstitucionalidade n. 1.880-DF. Relator: Min. Ilmar Galvão, 9 de setembro de 1998. *Diário da Justiça da União*, 27 nov. 1998.

BRASIL. Supremo Tribunal Federal. Ação Direta de Inconstitucionalidade n. 492-1-DF. Relator: Min. Carlos Velloso. *Diário da Justiça da União*, 12 mar. 1993.

BRASIL. Supremo Tribunal Federal. Mandado de Injunção n. 670-ES, 7 de junho de 2006. Relator: Min. Maurício Corrêa.

BRASIL. Supremo Tribunal Federal. Mandado de Injunção n. 712-PA, 7 de junho de 2006. Relator: Min. Eros Grau.

BRASIL. Supremo Tribunal Federal. Ação Direta de Inconstitucionalidade n. 492-1-DF. Relator: Min. Carlos Velloso. *Diário da Justiça da União*, 12 mar. 1993.

BRASIL. Tribunal Superior do Trabalho. Recurso Ordinário em Dissídio Coletivo n. 614.621/1999. Relator: Min. Carlos Alberto Reis de Paula. Ac. SDC, Brasília, DF. *Diário da Justiça da União*, 24 maio 2001, p. 81.

FRANCO FILHO, Georgenor de Sousa. *Liberdade sindical e direito de greve no direito comparado*: lineamentos. São Paulo: LTr, 1992.

LAVOR, Francisco Osani de. A greve no contexto democrático. *Revista Síntese Trabalhista*, n. 82, Porto Alegre, Síntese, abr. 1996.

LEITE, Carlos Henrique Bezerra. *A greve como direito fundamental*. 2. ed. Curitiba: Juruá, 2014.

LEITE, Carlos Henrique Bezerra. *Curso de direito do trabalho*. 15. ed. São Paulo: Saraiva, 2023.

LEITE, Carlos Henrique Bezerra. *Curso de direito processual do trabalho*. 21. ed. São Paulo: Saraiva, 2023.

LEITE, Julio Cesar do Prado. O papel da greve na negociação coletiva. In: RIBEIRO, Lélia Guimarães Carvalho; PAMPLONA FILHO, Rodolfo (coords.). *Direito do trabalho*: estudos em homenagem ao prof. Luiz de Pinho Pedreira da Silva. São Paulo: LTr, 1998.

MARTINS, Sérgio Pinto. *Direito do trabalho*. 6. ed. São Paulo: Atlas, 1998.

PEDREIRA DA SILVA, Luiz de Pinho. A negociação coletiva no setor público. In: PRADO, Ney (coord.). *Direito sindical brasileiro*: estudos em homenagem ao prof. Arion Sayão Romita. São Paulo: LTr, 1998, p. 262.

ROMITA, Arion Sayão. *Direitos sociais na Constituição e outros estudos*. São Paulo: LTr, 1991, p. 250.

ROMITA, Arion Sayão. *Regime jurídico dos servidores públicos civis*: aspectos trabalhistas e previdenciários. São Paulo: LTr, 1993.

RUSSOMANO, Mozart Victor. *Princípios gerais de direito sindical*. 2. ed. Rio de Janeiro: Forense, 1997.

SILVA, José Afonso da. *Aplicabilidade das normas constitucionais*. 3. ed. São Paulo: Malheiros, 1998.

SÜSSEKIND, Arnaldo. *Direito constitucional do trabalho*. Rio de Janeiro: Renovar, 1999.

Art. 37, VIII – a lei reservará percentual dos cargos e empregos públicos para as pessoas portadoras de deficiência e definirá os critérios de sua admissão;

Fabrício Motta

A – REFERÊNCIAS

1. História da norma

A norma consta na Constituição desde sua redação original, não tendo sido objeto de qualquer alteração.

2. Constituições brasileiras anteriores

Não há norma assemelhada nas Constituições anteriores. A Constituição de 1988 inovou ao estabelecer diversas normas protetivas aos portadores de deficiência.

3. Remissões constitucionais (outros artigos da Constituição) e legais (leis reguladoras)

Art. 23, II – Determina que é da competência comum da União, dos Estados, do Distrito Federal e dos Municípios cuidar da saúde e assistência pública, da proteção e garantia das pessoas portadoras de deficiência.

Art. 24, XIV – Estabelece a competência concorrente para legislar sobre o assunto.

Art. 203, IV – Estabelece como objetivo da assistência social a habilitação e reabilitação das pessoas portadoras de deficiência e a promoção de sua integração à vida comunitária.

Art. 203, V – Garante um salário mínimo de benefício mensal à pessoa portadora de deficiência que comprove não possuir meios de prover à própria manutenção ou de tê-la provida por sua família, conforme dispuser a lei.

Art. 208, III – Estatui que o dever atribuído ao Estado de proporcionar educação será efetivado com a garantia de atendimento educacional especializado aos portadores de deficiência, preferencialmente na rede regular de ensino.

Art. 244 – Determina a edição de lei dispondo sobre a adaptação dos logradouros, dos edifícios de uso público e dos veículos de transporte coletivo atualmente existentes a fim de lhes garantir acesso adequado.

Lei n. 7.853, de 24 de outubro de 1989 – Dispõe sobre a Política Nacional para a Integração da Pessoa Portadora de Deficiência.

Decreto n. 3.298/99 – Regulamenta a Lei n. 7.853/89.

Lei n. 8.112, de 1990, art. 5º, § 2º – Estabelece o percentual de vagas reservadas.

4. Jurisprudência (STF e STJ): *leading cases*, principais posições e votos divergentes; tendências atuais no sentido da mudança da jurisprudência

Súmula STJ 377 – "O portador de visão monocular tem direito de concorrer, em concurso público, às vagas reservadas aos deficientes". Súmula STJ 552 – "O portador de surdez unilateral não se qualifica como pessoa com deficiência para o fim de disputar as vagas reservadas em concursos públicos".

Cálculo das vagas reservadas – "Não se mostra justo, ou, no mínimo, razoável, que o candidato portador de deficiência física, na maioria das vezes limitado pela sua deficiência, esteja em aparente desvantagem em relação aos demais candidatos, devendo a ele ser garantida a observância do princípio da isonomia/igualdade. O STF, buscando garantir razoabilidade à aplicação do disposto no Decreto 3.298/1999, entendeu que o referido diploma legal deve ser interpretado em conjunto com a Lei 8.112/1990. Assim, as frações mencionadas no art. 37, § 2º, do Decreto 3.298/1999 deverão ser arredondadas para o primeiro número subsequente, desde que respeitado o limite máximo de 20% das vagas oferecidas no certame" (STF, RMS 27.710 AgR, rel. Min. Dias Toffoli, j. 28-5-2015, P, *DJe* de 1º-7-2015).

Ordem das nomeações – " [...] O candidato portador de deficiência física concorre em condições de igualdade com os demais não portadores, na medida das suas desigualdades. Caso contrário, a garantia de reserva de vagas nos concursos para provimento de cargos públicos aos candidatos deficientes não teria razão de ser. IV – No caso dos autos, o impetrante, primeiro colocado entre os deficientes físicos, deve ocupar uma das vagas ofertadas ao cargo de Analista Judiciário – especialidade Odontologia, para que seja efetivada a vontade insculpida no art. 37, § 2º do Decreto n. 3.298/99. Entenda-se que não se pode considerar que as primeiras vagas se destinam a candidatos não deficientes e apenas as eventuais ou últimas a candidatos deficientes. Ao contrário, o que deve ser feito é a nomeação alternada de um e outro, até que seja alcançado o percentual limítrofe de vagas oferecidas pelo Edital a esses últimos" (STJ, RMS 18.669/RJ, 5ª Turma, rel. Min. Gilson Dipp, *DJ* 29.11.2004, p. 354).

5. Referências bibliográficas

PAGAIME, Adriana; MOTTA, Fabrício. A efetividade e a complexidade da reserva de vagas em concursos públicos. In: CARVALHO, Fábio Lins de Lessa; CORDEIRO, Carla Priscilla B. Santos. *Direito dos concursos públicos – instrumentos de controle interno e externo*. Rio de Janeiro: Lumen Juris, p. 331-344.

DI PIETRO, Maria Sylvia Zanella; MOTTA, Fabrício; FERRAZ, Luciano. *Servidores públicos na Constituição de 1998*. 2. ed. rev., atual. e ampl. São Paulo: Atlas, 2014.

B – COMENTÁRIOS

1. A proteção constitucional às pessoas portadoras de deficiência

Certamente o mínimo que se espera e se exige de qualquer Estado, qualifiquem-no como "Estado-mínimo" ou "máximo", é que proporcione a todos uma vida digna. Bem por isso, o fundamento maior de nossa República é a dignidade da pessoa humana. Dignidade constitucionalmente assegurada, mas ainda não alcançada. Dignidade que compreende o direito de viver de forma crescente, do jeito de cada qual. Dignidade que contém em si uma multiplicidade de sentidos, objetivos e subjetivos, que lhe conferem um significado ímpar, de difícil tradução. A dignidade pressupõe, mais que respeito estatal, o oferecimento de oportunidades pelo Estado para o pleno desenvolvimento do ser humano, de acordo com as potencialidades, limitações e aptidões de cada um. Merece citação a lúcida lição de Cármen Lúcia Antunes Rocha:

"A constitucionalização do princípio da dignidade da pessoa humana não retrata apenas uma modificação parcial dos textos fundamentais dos Estados contemporâneos. Antes, traduz-se ali um novo momento do conteúdo do direito, o qual tem a sua vertente no valor supremo da pessoa humana considerada em sua dignidade incontornável, inquestionável e impositiva (...) a dignidade da pessoa humana é princípio havido como superprincípio constitucional, aquele no qual se fundam todas as escolhas políticas estratificadas no modelo de Direito plasmado na formulação textual da Constituição"[1].

Em razão de circunstâncias que na maioria das vezes não podem lhes ser imputadas, os portadores de deficiência possuem dificuldades adicionais em todos os aspectos de sua vida individual e social. A prática de atos comuns, necessários à sua interação no cenário social, custa-lhes mais esforço, nem sempre com certeza de êxito. Desta maneira, o pleno exercício dos direitos fundamentais constitucionalmente assegurados depende de ações da sociedade civil e do Estado, cabendo a iniciativa e coordenação destas ações a este último. Trata-se de conceber "uma forma jurídica para se superar o isolamento ou a diminuição social a que se acham sujeitas as minorias"[2].

Na configuração e busca dos objetivos do Estado, notadamente a realização dos princípios da isonomia e da dignidade da pessoa humana, a Constituição da República assegurou aos portadores de deficiência uma série de direitos. Nota-se em diversos dispositivos da Carta Magna a preocupação de assegurar instrumentos para a inclusão social desta categoria.

2. A reserva de vagas nos concursos públicos como ação afirmativa

Como visto no comentário aos incisos anteriores, o sistema constitucional vigente prevê como regra que a investidura em cargo ou emprego público depende de aprovação prévia em concurso público. Também por imposição constitucional as pessoas portadoras de deficiência devem contar com uma reserva de vagas nos concursos públicos destinados ao ingresso de pessoal na Administração, como se depreende da leitura do inciso que ora se comenta.

Antes de analisar o alcance do dispositivo, é importante ter em conta que todas as ações a cargo do Estado devem ter como

---

1. ROCHA, Cármen Lúcia Antunes. Ação afirmativa: o conteúdo democrático do princípio da igualdade jurídica. *Revista Trimestral de Direito Público*, 15, 1996, p. 38.

2. Ibid., p. 90.

escopo o atendimento dos objetivos da República, que se ligam de forma direta ou indireta ao princípio da isonomia. É há muito conhecida a máxima Aristotélica de tratar igualmente os iguais e desigualmente os desiguais, na medida em que se desigualam, caracterizando a chamada isonomia perante a lei (ou isonomia formal). Contudo, admitida a ineficácia do cumprimento dos objetivos republicanos somente com a vedação de tratamentos desiguais, passou-se a exigir do Estado ações afirmativas para reduzir as desigualdades, imputando-se ao princípio da isonomia um caráter material. De acordo com o magistério de Joaquim Barbosa Gomes[3], *ações afirmativas* são políticas sociais de apoio e promoção de grupos socialmente fragilizados, visando promover sua integração social e, consequentemente, a igualdade material. Tais políticas objetivam conferir tratamento prioritário aos grupos discriminados, colocando-os em condições de competição similares aos que historicamente se beneficiaram de sua exclusão.

Conjugando estas brevíssimas considerações com o dispositivo em análise, é fácil perceber que a chamada "reserva de vagas" constitui ação afirmativa do Estado no atendimento dos valores constitucionais antes referidos[4]. No caso, trata-se de alocar[5] um determinado percentual de vagas para promover, sob condições especiais, a inserção dos portadores de deficiência na Administração. Ressalte-se, ainda precariamente, que em se tratando de direito fundamental – consectário do direito à igualdade –, a exegese deve sempre ser orientada para proporcionar-lhe a maior eficácia possível.

3. Caracterização da deficiência e definição de "portador de deficiência"

Em um primeiro momento, é necessário delimitar os contornos da expressão "portador de deficiência" para que então se possa abordar as questões tocantes diretamente à reserva de vagas. Costuma-se entender como deficiências as assim conceituadas na medicina especializada, de acordo com padrões mundialmente aceitos, que caracterizem inferioridade que implique em dificuldade para a integração social.

A definição legal é trazida pelo art. 3º, inciso I do Decreto n. 3.298/99, diploma regulamentador da Lei n. 7.853, de 24 de outubro de 1989, que dispõe sobre a Política Nacional para a Integração da Pessoa Portadora de Deficiência. O dispositivo considera como deficiência "toda perda ou anormalidade de uma estrutura ou função psicológica, fisiológica ou anatômica que gere incapacidade para o desempenho de atividade, dentro do padrão considerado normal para o ser humano". O Diploma, alterado pelo Decreto n. 5.296/04, considera portadora de deficiência a pessoa que se enquadra na categoria de deficiência física, auditiva, visual, mental ou múltipla, no caso de associação de deficiências[6].

Trata-se, na verdade, de uma situação intermediária entre a plena capacidade e a invalidez[7]. Nessa direção, para efeito de reserva de vagas não se pode exigir que a deficiência seja tão acentuada que implique plena impossibilidade de exercer funções na Administração, fato gerador, inclusive, de aposentadoria para os servidores públicos.

Para a caracterização da deficiência, o órgão ou entidade responsável pela realização do concurso deverá ter a assistência de equipe multiprofissional composta de três profissionais capacitados e atuantes nas áreas das deficiências em questão, sendo um deles médico, e três profissionais integrantes da carreira almejada pelo candidato, como determina o art. 43 do Decreto n. 3.298/99. É certo que a avaliação da equipe multiprofissional deverá ser fundamentada em padrões nacional e internacionalmente reconhecidos[8], ficando a autoridade administrativa responsável vinculada às suas conclusões técnicas, delas só podendo divergir fundada e motivadamente, nos aspectos não diretamente relacionados às questões que envolvam conhecimentos técnicos[9]. Caso exista controvérsia quanto à caracterização da deficiência, é aconselhável reservar a vaga questionada até que a questão seja solucionada.

4. Compatibilidade entre a deficiência e as atribuições do cargo

O art. 5º, § 2º, da Lei n. 8.112/90 exige que a deficiência seja compatível com as atribuições do cargo que será provido. A avaliação da compatibilidade deve ficar a cargo da equipe multiprofissional antes referida. Uma vez mais a discricionariedade da equipe tem como parâmetro os padrões reconhecidos nacional e internacionalmente. Por outro lado, não se pode permitir que a avaliação se esvaia das raias ditadas pelo princípio da razoabilidade e se guie por critérios subjetivos[10].

---

3. GOMES, Joaquim Barbosa. *Ação afirmativa & princípio constitucional da igualdade*: o Direito como instrumento de transformação social. A experiência dos EUA. Rio de Janeiro: Renovar, 2001, p. 47.

4. "(...) A reparação ou compensação dos fatores de desigualdade factual com medidas de superioridade jurídica constitui política de ação afirmativa que se inscreve nos quadros da sociedade fraterna que se lê desde o preâmbulo da Constituição de 1988" (RMS 26.071/DF, Rel. Min. Carlos Britto. Órgão Julgador: Primeira Turma; Ementário v. 02305-02 p. 314).

5. No mesmo sentido, o Decreto n. 3.298/99 determina em seu art. 36 que as empresas com cem ou mais empregados estão obrigadas a preencher de dois a cinco por cento de seus cargos com beneficiários da Previdência Social reabilitados ou com pessoa portadora de deficiência habilitada.

6. O art. 4º do Decreto n. 3.298/99, com a redação conferida pelo Decreto n. 5.296/04, estabelece as definições de deficiência física, deficiência auditiva e deficiência visual.

7. TRF-1, AMS, Processo: 199801000619132-DF, Órgão Julgador: 5ª Turma. Relator Des. João Batista Moreira. Data da decisão: 15/10/2001. Fonte: *DJ* de 16/11/2001, p. 161.

8. Os padrões são as balizas da discricionariedade conferida à Comissão, como se observa no seguinte acórdão: "MANDADO DE SEGURANÇA. CONCURSO PÚBLICO. DEFICIENTE FÍSICO. DOENÇA CLASSIFICADA PELA OMS COMO DEFICIÊNCIA VISUAL. 1. Sendo o impetrante portador de Ambliopia, e estando essa enfermidade catalogada como deficiência visual pela Organização Mundial de Saúde, a conclusão da Junta Médica Oficial de ter essa doença não deficiência física não se sustenta, quanto mais quando o Edital do Concurso firmou que deficiente era aquele assim conceituado pela medicina especializada e de acordo com os padrões mundialmente estabelecidos. 2. Sentença concessiva que se confirma. 3. Apelação e Remessa improvidas" (AMS 01000596937-DF. Órgão Julgador: 2ª Turma. *DJ* de 14/08/2000 p. 45, Relator Des. Federal Carlos Moreira Alves).

9. Como ocorreu, por exemplo, no caso relatado pelo Acórdão transcrito na nota anterior. Certamente o administrador não pode substituir o juízo de avaliação da comissão profissional pelo seu juízo.

10. Esse entendimento encontra amparo na jurisprudência: "CONSTITUCIONAL. ADMINISTRATIVO. CONCURSO PÚBLICO. DELEGADO

5. O direito subjetivo à reserva e o cálculo do número de vagas

Para atender ao mandamento constitucional, a regra é que o administrador público está adstrito a reservar percentual das vagas para preenchimento por portadores de deficiência em todos os concursos públicos. Constitui, desta maneira, dever legal da autoridade responsável pela elaboração do instrumento convocatório e abertura do certame a previsão, de acordo com critérios que serão posteriormente analisados, de vagas reservadas para os portadores de deficiência.

Por se tratar de dever, a ausência de previsão acarreta a responsabilização do agente público. Como assentou recentemente o Superior Tribunal de Justiça, *"a inércia do administrador público em não reservar percentual de vagas destinadas a deficiente físico, providência determinada pelo artigo 37, VIII, da Constituição Federal e regulamentado pelo artigo 5º, § 2º, da Lei n. 8.112/90, não pode obstar o cumprimento do mandamento constitucional e afastar o direito assegurado aos candidatos de concurso portadores de deficiência"*[11].

A quantidade de vagas que deve ser reservada deve ser fixada em atendimento ao percentual ditado pela lei, como se depreende da análise do art. 37, IX da Constituição. Inicialmente, calha observar que a lei referida deve ser editada em cada ente federativo para disciplinar a aplicação em cada esfera administrativa[12]. No plano federal, a Lei n. 8.112/90 (Estatuto dos Servidores Públicos Civis da União) determina em seu art. 5º, § 2º:

"Art. 5º (...)

§ 2º Às pessoas portadoras de deficiência é assegurado o direito de se inscrever em concurso público para provimento de cargo cujas atribuições sejam compatíveis com a deficiência de que são portadoras; para tais pessoas serão reservadas até 20% (vinte por cento) das vagas oferecidas no concurso"[13].

Por sua vez, o Decreto n. 9.508, de 24 de setembro de 2018, amplia o alcance da regra constitucional e reserva às pessoas com deficiência o percentual mínimo de 5% das vagas oferecidas para o provimento de cargos efetivos e para a contratação por tempo determinado para atender necessidade temporária de excepcional interesse público, no âmbito da administração pública federal direta e indireta (art. 1º, § 1º).

A escolha do percentual exato, certamente feita de forma motivada, deve ficar a cargo do administrador. É certo que se trata de ato marcado pela discricionariedade, que deve ser balizada pelo princípio da razoabilidade, neste caso atuando como forma de concretizar o mandamento constitucional. Nesse sentido, deve o administrador responsável, de acordo com o número de vagas disponíveis e com as funções que serão exercidas, estabelecer uma reserva que possibilite o real atendimento aos portadores de deficiência, agindo afirmativamente para possibilitar sua integração social, desta feita tendo como intermediária a Administração. Calha destacar que o citado Decreto n. 9.508/2018 determina que, caso a aplicação do percentual escolhido resulte em número fracionado, este deverá ser elevado até o primeiro número inteiro subsequente (art. 1º, § 3º). O Decreto regulamenta os demais aspectos procedimentais necessários à efetivação da reserva de vagas para os concursos e contratações por prazo determinado realizados na administração federal.

As questões concretas mais complexas ocorrem quando, aliado ao estabelecimento de um baixo percentual de reserva, existe reduzido número de cargos oferecidos em concurso. O entendimento inicial do Supremo Tribunal Federal seguia a linha de determinar a reserva de no mínimo uma vaga, sempre que houver mais de uma em jogo, em havendo compatibilidade da função a ser exercida:

"ADMINISTRATIVO. CONCURSO PÚBLICO. RESERVA DE VAGAS PARA PORTADORES DE DEFICIÊNCIA. ARTIGO 37, INCISO VIII, DA CONSTITUIÇÃO FEDERAL. A exigência constitucional de reserva de vagas para portadores de deficiência em concurso público se impõe ainda que o percentual legalmente previsto seja inferior a um, hipótese em que a fração deve ser arredondada. Entendimento que garante a eficácia do artigo 37, inciso VIII, da Constituição Federal, que, caso contrário, restaria violado. Recurso extraordinário conhecido e provido"[14].

Contudo, em julgado recente em que se tratava da reserva de vagas em concurso em que estavam em disputa apenas duas vagas, o mesmo STF seguiu novo entendimento:

"CONCURSO PÚBLICO – CANDIDATOS – TRATAMENTO IGUALITÁRIO. A regra é a participação dos candidatos, no concurso público, em igualdade de condições. CONCURSO PÚBLICO – RESERVA DE VAGAS – PORTADOR DE DEFICIÊNCIA – DISCIPLINA E VIABILIDADE. Por encerrar exceção, a reserva de vagas para portadores de deficiência faz-se nos limites da lei e na medida da viabilidade consideradas as existentes, afastada a possibilidade de, mediante arredondamento, majorarem-se as percentagens mínima e máxima previstas"[15].

É finalidade da hermenêutica constitucional garantir o máximo de efetividade da Constituição. Em se tratando de direitos fundamentais, como a isonomia e a dignidade da pessoa humana, mais cautela deve ter o hermeneuta. Como explica

---

DE POLÍCIA CIVIL. CANDIDATA ELIMINADA POR SER PORTADORA DE MIOPIA. INADMISSIBILIDADE. 1. Ofende o princípio constitucional da igualdade e da razoabilidade ato que inabilita concorrente ao cargo de Delegado de Polícia Civil do Distrito Federal sob o fundamento de que é portador de deficiência visual (miopia), por isso que inúmeras são as pessoas que cotidianamente ingressam no serviço público em tais condições. 2. A miopia não há de ser tida como moléstia apta a, na dicção do edital do certame (item 7.1, a), inabilitar a impetrante, pois não constitui defeito físico que implique em debilidade ou perda de sentido ou função tais que impeçam o exercício das atribuições do cargo de delegado de polícia. 3. Apelação a que se dá provimento" (TRF, 1ª Região, AMS 01000575207-DF, *DJ* de 04/02/2002, Rel. Juiz Marcus Vinicius Reis Bastos).

11. REsp 331.688, Processo: 200100938430-RS. Órgão Julgador: 6ª Turma, Rel. Min. Paulo Galotti, j. em 20/03/2003, *DJ* 09/02/2004, p. 211. No mesmo sentido, também do Superior Tribunal de Justiça, confiram-se as decisões exaradas no julgamento dos Recursos Ordinários em Mandado de Segurança 2.521-GO e 2.480-DF. Excetuam-se, em princípio, os casos onde exista somente uma vaga a ser disputada.

12. Admite-se a aplicação dos diplomas federais, por analogia, onde não exista lei regulamentadora, mediante expressa previsão no edital.

13. A referência a "concurso público", obviamente, exclui da reserva de vagas os cargos comissionados e funções públicas.

14. RE 227.299/MG, Rel. Min. Ilmar Galvão, *DJ* 06-10-2000.

15. MS 26.310/DF, Rel. Min. Marco Aurélio, Órgão Julgador: Tribunal Pleno, *DJ* 31-10-2007, p. 78.

Juarez Freitas, "o intérprete constitucional deve guardar vínculo com a excelência ou otimização máxima da efetividade do discurso normativo da Carta. (...) deve-se evitar, entre várias alternativas, aquelas inviabilizadoras de qualquer eficácia imediata. Do contrário estaríamos admitindo o contrassenso de norma sem eficácia alguma. (...) Os direitos fundamentais não devem ser apreendidos separada ou localizadamente, como se estivessem, todos, encartados no art. 5º da Constituição Federal. Resta forçoso vê-los disseminados pelo ordenamento (...) deve ser evitado qualquer resultado interpretativo que reduza ou debilite, sem justo motivo, a eficácia máxima dos direitos fundamentais. Neste contexto, urge que a exegese promova e concretize o princípio jurídico da dignidade da pessoa, sendo, como é, um dos pilares supremos do nosso ordenamento, apto a funcionar como vetor-mor da compreensão superior de todos os ramos do direito[16].

Inicialmente, devem ser afastadas algumas premissas errôneas: a primeira, que o percentual é estanque e não pode ser arredondado em casos determinados para privilegiar os valores constitucionalmente consagrados; a segunda, a consideração de que a Administração está sendo prejudicada com a admissão de portadores de deficiência, que não possuiriam a mesma capacidade de trabalho que as pessoas que não contam com tais dificuldades. Deve ser relembrado que não se trata de benesse concedida pelo Poder Público (em nada se assemelha, *v.g.*, à pensão concedida por invalidez) e que, como destacado, o admitido demonstrou seus conhecimentos ao ser aprovado em concurso público, e deverá ainda comprovar possuir plenas condições para exercer as atribuições inerentes ao cargo[17].

O estabelecimento da reserva depende de cada situação concreta[18], cabendo ao administrador realizar as operações exegéticas cabíveis tendo como vetores o número de cargos em jogo e suas atribuições para estabelecer um percentual razoável, que não torne despido de qualquer eficácia o mandamento constitucional e, tampouco, que trilhe caminho oposto, privilegiando em demasia aqueles que já possuem uma vantagem. Outros elementos ganham importância no processo de escolha do percentual: o estudo da possibilidade de criação de novas vagas, não ofertadas no concurso, assim como a hipótese de surgimento de outras no prazo de validade do certame. A ordem das nomeações entre as duas listas de candidatos aprovados (ampla concorrência e vagas reservadas) deixa de ser um problema se o direito à nomeação de todos os aprovados, no prazo de validade do concurso, for assegurado. Nessas situações, o critério mais razoável e objetivo para as nomeações é a classificação geral dos candidatos de ambas as listas. Nessas e em outras hipóteses, as controvérsias podem ser evitadas com disciplina clara e minuciosa no edital[19].

Art. 37, IX – a lei estabelecerá os casos de contratação por tempo determinado para atender a necessidade temporária de excepcional interesse público;

Fabrício Motta

A – REFERÊNCIAS

1. Constituições brasileiras anteriores

Não há norma assemelhada nas Constituições anteriores.

2. Remissões constitucionais (outros artigos da Constituição) e legais (leis reguladoras)

Art. 61, § 1º, inciso II, "a" – iniciativa privativa do Chefe do Poder Executivo para criação de funções públicas.

Lei n. 8.745, de 9 de dezembro de 1993 – Dispõe sobre a contratação por tempo determinado pela União.

3. Jurisprudência (STF e STJ): *leading cases*, principais posições e votos divergentes; tendências atuais no sentido da mudança da jurisprudência

A jurisprudência é pacífica quanto ao reconhecimento da situação excepcional das contratações temporárias, pois "a regra é a admissão de servidor público mediante concurso público: CF, art. 37, II. As duas exceções à regra são para os cargos em comissão referidos no inciso II do art. 37, e a contratação de pessoal por tempo determinado para atender a necessidade temporária de excepcional interesse público. CF, art. 37, IX. Nessa hipótese deverão ser atendidas as seguintes condições: a) previsão em lei dos cargos; b) tempo determinado; c) necessidade temporária de interesse público; d) interesse público excepcional. Lei 6.094/2000, do Estado do Espírito Santo, que autoriza o Poder Executivo a contratar, temporariamente, defensores públicos: inconstitucionalidade"[1].

A jurisprudência pretérita do Supremo Tribunal Federal já se inclinou no sentido da inconstitucionalidade da contratação temporária para a admissão de servidores para funções burocráticas ordinárias e permanentes[2]. Esse entendimento, com efe-

---

16. FREITAS, Juarez. O intérprete e o poder de dar vida à Constituição. In: GRAU, Eros Roberto e GUERRA FILHO, Willis Santiago (orgs.). *Direito Constitucional – Estudos em homenagem a Paulo Bonavides*. São Paulo: Malheiros, 2001, p. 237-242, p. 238.

17. Nesse sentido, "a grande virada na interpretação constitucional se deu a partir da difusão de uma constatação que, além de singela, sequer era original: não é verdadeira a crença de que as normas jurídicas em geral – e as normas constitucionais em particular – tragam sempre em si um sentido único, objetivo, válido para todas as situações sobre as quais incidem. (...) as cláusulas constitucionais, por seu conteúdo aberto, principiológico e extremamente dependente da realidade subjacente, não se prestam ao sentido unívoco e objetivo que uma certa tradição exegética lhes pretende dar"(BARROSO, Luís Roberto e BARCELLOS, Ana Paula de. O começo da história – a nova interpretação constitucional e o papel dos princípios no direito brasileiro. *Revista Interesse Público*, n. 19. Porto Alegre: Notadez, 2003, p. 53).

18. Com o entendimento que se expõe estamos alterando, em parte, o posicionamento exposto no artigo "A reserva de vagas nos concursos públicos para os portadores de deficiência – análise do art. 37, inciso VIII da Constituição Federal", publicado em MOTTA, Fabrício (coord.). *Concurso Público e Constituição*. Belo Horizonte: Editora Fórum, 2005.

19. DI PIETRO, Maria Sylvia Zanella; MOTTA, Fabrício; FERRAZ, Luciano. *Servidores públicos na Constituição de 1998*. 2. ed. rev., atual. e ampl. São Paulo: Atlas, 2014.

1. ADI 2.229, Rel. Min. Carlos Velloso, julgamento em 09/06/2004, *DJ* de 25/06/2004.

2. ADI 2.987, Rel. Min. Sepúlveda Pertence, julgamento em 19/02/2004. Órgão Julgador: Tribunal Pleno, *DJ* de 02/04/2004.

to, colocava em primeiro plano a análise da característica da função a ser desempenhada, se transitória ou permanente, e não da necessidade específica a ser atendida mediante o desempenho de tal função.

Nessa mesma linha de raciocínio, o STF julgou procedente pedido de ação direta de inconstitucionalidade ajuizada pelo Conselho Federal da Ordem dos Advogados do Brasil contra a Lei n. 6.094/2000, do Estado do Espírito Santo, que autorizava o Poder Executivo a realizar contratação temporária de Defensores Públicos, em caráter emergencial, de forma a assegurar o cumprimento da Lei n. Complementar 55/94. Neste caso singular, entendeu a Corte que a Defensoria Pública é instituição permanente, com cargos organizados em carreira específica, que não comporta defensores contratados em caráter precário (estatui a Constituição Federal no art. 134: "A Defensoria Pública é instituição essencial à função jurisdicional do Estado, incumbindo-lhe a orientação jurídica e a defesa, em todos os graus, dos necessitados, na forma do art. 5º, LXXIV")[3]. O mesmo entendimento certamente deve ser aplicado para as demais instituições permanentes, que abrigam carreiras constitucionalmente delineadas onde se exigem requisitos específicos de admissão e se atribuem direitos específicos a seus membros, titulares de cargos públicos, como ocorre também com o Ministério Público.

O STF também já concluiu julgamento de mérito com repercussão geral refirmando que "Servidores temporários não fazem jus a décimo terceiro salário e férias remuneradas acrescidas do terço constitucional, salvo (I) expressa previsão legal e/ou contratual em sentido contrário, ou (II) comprovado desvirtuamento da contratação temporária pela Administração Pública, em razão de sucessivas e reiteradas renovações e/ou prorrogações" (RE 1066677, rel. Min. Marco Aurélio, j. 22/05/2020, P, DJe de 1º/07/2020, Tema 551).

B – COMENTÁRIOS

O primeiro e mais importante comentário a ser feito a respeito deste inciso deriva, novamente, da sistemática constitucional: trata-se de mais uma hipótese de exceção à regra constitucional de seleção mediante concurso público. Como exceção, sua interpretação deve ser cuidadosa e restrita para não tornar a regra geral despida de eficácia. Para a contratação por prazo determinado deverão ser cumpridos, cumulativamente, os seguintes requisitos: a) previsão, em lei, das hipóteses; b) duração previamente determinada; c) necessidade de atendimento a interesse público excepcional.

1. Lei autorizadora

A lei referida pela Carta Maior deve ser editada no âmbito da entidade federativa responsável pela contratação, sendo que na esfera federal a matéria é regida pela Lei n. 8.745/93. Desta maneira, Estados e Municípios devem editar suas leis a respeito, após iniciativa do Chefe do Executivo (art. 61, § 1º, inciso II, "a"), para regular tanto as contratações do Executivo quanto do Legislativo. Deve o diploma estabelecer critérios objetivos para a identificação do que possa ser considerado excepcional interesse público. Não atende aos requisitos constitucionais a lei que meramente autoriza contratações, estabelecendo o quantitativo ou o nome dos contratados, sem a necessária caracterização do interesse a ser atendido. A lei deve estabelecer *as situações específicas autorizadoras*[4] *da contratação temporária*, não fazendo sentido a exigência de uma lei para cada situação específica de contratação.

Nessa direção, o Supremo Tribunal Federal já declarou a inconstitucionalidade de leis que "(...) *instituem hipóteses abrangentes e genéricas de contratação temporária, não especificando a contingência fática que evidenciaria a situação de emergência, atribuindo ao chefe do Poder interessado na contratação estabelecer os casos de contratação*"[5]. Em suma, sob pena de incompatibilidade com a Constituição, deve a lei especificar quais são as atividades relevantes para a contratação temporária, demonstrando a real existência de necessidade das mesmas[6].

2. Temporariedade

A necessidade a ser atendida deve ter duração determinada e identificável no tempo. A analisar a regra constitucional, Celso Antônio Bandeira de Mello bem ensina:

"A razão do dispositivo constitucional em apreço, obviamente, é contemplar situações nas quais ou a própria atividade a ser desempenhada, requerida por razões muitíssimo importantes, é temporária, eventual (não se justificando a criação de cargo ou emprego, pelo que não haveria cogitar de concurso público), ou a atividade não é temporária, mas o excepcional interesse público demanda que se faça imediato suprimento temporário de uma necessidade (neste sentido, 'necessidade temporária'), por não haver tempo hábil para realizar concurso, sem que suas delongas deixem insuprido o interesse incomum que se tem de acobertar"[7].

É importante, contudo, também atentar para a distinção bem estabelecida por Cármen Lúcia Antunes Rocha:

"Pode-se dar que a necessidade do desempenho não seja temporária, que ela até tenha de ser permanente. Mas a necessidade, por ser contínua e até mesmo ser objeto de uma resposta administrativa contida ou expressa num cargo que se encontre, eventualmente, desprovido, é que torna aplicável a hipótese constitucionalmente manifestada pela expressão "necessidade temporária". Quer-se, então, dizer que a necessidade das funções é contínua, mas aquela que determina a forma especial de designação de alguém para desempenhá-las sem o concurso e mediante contratação é temporária"[8].

---

3. ADI 2.229, Rel. Min. Carlos Velloso, julgamento em 09/06/2004. Órgão Julgador: Tribunal Pleno, *DJ* de 25/06/2004.

4. "[...] a lei referida no inciso IX do art. 37, C.F., deverá estabelecer os casos de contratação temporária" (ADI 3210/PR Rel. Min. Carlos Velloso, julgamento: 11/11/2004 Órgão Julgador: Tribunal Pleno, *DJ* de 03/12/2004).

5. ADI 3.210 Rel. Min. Carlos Velloso, j. em 11/11/2004 Órgão Julgador: Tribunal Pleno, *DJ* de 03/12/2004.

6. ADI 2987/SC, Rel. Min. Sepúlveda Pertence, 19/02/2004.

7. BANDEIRA DE MELLO, Celso Antônio. *Curso de direito administrativo*. 22. ed., rev. e atual. até a Emenda Constitucional 53. São Paulo: Malheiros Editores, 2007, p. 271.

8. ROCHA, Cármen Lúcia Antunes. *Princípios constitucionais dos servidores públicos*. São Paulo: Saraiva, 1999, p. 242.

Em posicionamento sobre o assunto, o STF parece ter acolhido semelhante entendimento. Em julgamento onde se analisava a possibilidade de contratações temporárias para o CADE, em que restaram vencidos os Ministros Marco Aurélio, relator, Carlos Britto, Gilmar Mendes, Carlos Velloso e Sepúlveda Pertence, entendeu a Corte que "o inciso IX do art. 37 da CF não fez distinção entre atividades a serem desempenhadas em caráter eventual, temporário ou excepcional, e atividades de caráter regular e permanente, nem previu, exclusivamente, a contratação por tempo determinado de pessoal para desempenho apenas das primeiras, mas, amplamente, autorizou contratações para atender a necessidade temporária de excepcional interesse público tanto numa quanto noutra hipótese, o que teria ocorrido na espécie, já que a norma impugnada visara suprir, temporariamente, enquanto não criado o quadro de pessoal permanente do CADE, a ser preenchido por meio de concurso público, a notória carência de pessoal da autarquia. Salientou-se, por fim, que a alegada inércia da Administração não poderia ser punida em detrimento do interesse público, que ocorre quando colocado em risco a continuidade do serviço estatal, como no caso"[9].

As contratações, em hipóteses como a acima tratada, em virtude de sua natureza excepcional, somente podem ser aceitas enquanto não se realiza o concurso público. Desta maneira, a viabilidade jurídica dessa modalidade de contratação jamais há de ser considerada como um mecanismo de escape à realização do concurso. Trata-se simplesmente de uma solução precária, imaginada com vistas a proteger o interesse público, ficando o administrador obrigado a adotar, com a máxima urgência, as medidas para provimento definitivo dos cargos ou empregos.

No tocante ao tempo máximo de duração dos contratos, cabe à lei correspondente determinar regras a respeito, obedecendo às disposições normativas superiores porventura existentes. Deve a lei se guiar pelo princípio da razoabilidade, para permitir lapso temporal que seja suficiente para ao mesmo tempo resguardar o atendimento ao interesse público excepcional emergente e prestigiar a regra geral da investidura por concurso público.

3. Excepcionalidade do interesse público

A excepcionalidade do interesse público a ser atendido pode decorrer de sua natureza singular ou em razão da forma de atendimento necessária, ou seja, a excepcionalidade pode dizer respeito à contratação ou ao objeto do interesse. A Lei Federal n. 8.745/93 traz em seu art. 2º situações que exemplificam as assertivas acima: assistência a situações de calamidade pública, combate a surtos endêmicos, realização de recenseamentos e outras pesquisas estatísticas e admissão de professores visitantes. Pode ser acrescida, como exemplo comumente observado na esfera municipal, a contratação de trabalhadores braçais para execução direta de obras específicas.

Para a contratação temporária, sempre que possível diante das circunstâncias de cada caso, é necessária a realização de seleção prévia entre os candidatos, mais breve e simplificada, como forma de atender aos princípios da impessoalidade, isonomia e moralidade. É o que a Lei Federal n. 8.745/93 denominou de "procedimento seletivo simplificado" (art. 3º). Essa seleção não substitui nem elimina a obrigatoriedade de posterior concurso, no caso de necessidade permanente, nem pode ser fonte de direito à permanência do contratado na função. Após verificar que o caso concreto se enquadra nas hipóteses previstas em lei, a contratação deve ser efetuada com a exposição, expressa e pública, dos motivos que conduziram à contratação, pois a ausência dessa justificativa pode levar à nulidade da contratação e à responsabilização da autoridade.

Art. 37, X – a remuneração dos servidores públicos e o subsídio de que trata o § 4º do art. 39 somente poderão ser fixados ou alterados por lei específica, observada a iniciativa privativa em cada caso, assegurada revisão geral anual, sempre na mesma data e sem distinção de índices;

Luciano de Araújo Ferraz[1]

A – Referências

1. História da norma

Redação originária: X – a revisão geral da remuneração dos servidores públicos, sem distinção de índices entre servidores públicos civis e militares, far-se-á sempre na mesma data.

Redação dada pela EC n. 19, de 04.06.1998: X – a remuneração dos servidores públicos e o subsídio de que trata o § 4º do art. 39 somente poderão ser fixados ou alterados por lei específica, observada a iniciativa privativa em cada caso, assegurada revisão geral anual, sempre na mesma data e sem distinção de índices.

O inciso X do art. 37, na redação originária, garantia paridade remuneratória entre servidores civis e militares. A redação foi alterada pela Emenda Constitucional n. 19, de 04.06.1998, para estipular regras próprias de fixação e aumento de remuneração e relativas à revisão geral anual.

2. Constituições brasileiras anteriores

Constituição Política do Império do Brasil de 1824 (art. 15, XVI, e art. 51). Constituição da República dos Estados Unidos do Brasil de 1891 (art. 22 e art. 34). Constituição da República dos Estados Unidos do Brasil de 1934 (art. 30; art. 39, item 6, e art. 89, § 2º). Constituição dos Estados Unidos do Brasil de 1937 (art. 74, alínea *i*; e art. 178). Constituição dos Estados Unidos do Brasil de 1946 (art. 47, §§ 1º e 2º; art. 65, IV; art. 66, IX; art. 67;

---

9. Rel. orig. Min. Marco Aurélio, rel. p/ acórdão Min. Eros Grau, em 25.8.2004, noticiado no *Informativo STF* n. 360, disponível em <www.stf.gov.br>. Averbou em seu voto o Min. Eros Grau: "(...)O inciso IX do art. 37 da Constituição do Brasil não separa, de um lado, atividades a serem desempenhadas em caráter eventual, temporário ou excepcional e, de outro lado, atividades de caráter regular e permanente. Não autoriza exclusivamente a contratação por tempo determinado de pessoal que desempenhe atividades em caráter eventual, temporário ou excepcional. Amplamente, autoriza contratações para atender a necessidade temporária de excepcional interesse público em uma e outra hipótese. Seja para o desempenho das primeiras, seja para o desempenho de atividades de caráter regular e permanente, desde que a contratação seja indispensável ao atendimento de necessidade temporária de excepcional interesse público".

1. Os comentários do Professor Luciano de Araújo Ferraz, nesta obra, contaram com a colaboração de Laura Mello de Almeida, Marilda de Paula Silveira, Natália Lopes de Araújo, Tiago Neder Barroca e Talita Lembrança.

art. 86; e ADCT, art. 3º). Constituição da República Federativa do Brasil de 1967 (art. 35; art. 46, IV; e art. 47, VII). Constituição da República Federativa do Brasil de 1967 (redação dada pela EC n. 1/69) (art. 33, §§ 1º a 4º; art. 55 e art. 57, II).

3. Constituições estrangeiras

Constituição da República Portuguesa (art. 199, alínea e). Constituição Espanhola (art. 71, item 4º). Constituição Francesa (art. 25).

4. Direito internacional

Instrumento para a Emenda da Constituição da Organização Internacional do Trabalho. De 9.10.46. Anexo: Declaração referente aos fins e objetivos da Organização Internacional do Trabalho (item III, alíneas d e e).

5. Remissões constitucionais e legais

Art. 37, XI; art. 39, § 4º; art. 48, XV; art. 49, VII e VIII; art. 51, IV; art. 52, XI; art. 93, V; art. 95, III; art. 96, II, b; art. 127, § 2º; art. 128, § 5º, I, c; e art. 169, § 1º, CR/88.

Lei n. 7.706/88; Lei n. 8.237/91; Lei n. 10.331/01; Lei n. 10.697/03 (art. 3º); Lei n. 9.504/97 (art. 73, VIII).

6. Jurisprudência

Súmulas Vinculantes

O reajuste de 28,86%, concedido aos servidores militares pelas Leis n. 8.622/1993 e 8.627/1993, estende-se aos servidores civis do Poder Executivo, observadas as eventuais compensações decorrentes dos reajustes diferenciados concedidos pelos mesmos diplomas legais [Súmula Vinculante 51].

Não cabe ao Poder Judiciário, que não tem função legislativa, aumentar vencimentos de servidores públicos sob o fundamento de isonomia [Súmula Vinculante 37].

Não ofende a Constituição a correção monetária no pagamento com atraso dos vencimentos de servidores públicos [Súmula 682].

A fixação de vencimentos dos servidores públicos não pode ser objeto de convenção coletiva [Súmula 679].

BRASIL. Supremo Tribunal Federal. RE 843.112/SP, Rel. Min. Luiz Fux, DJe 04.11.2020 (Tema 624);

BRASIL. Supremo Tribunal Federal. RE 565.089/SP, Rel. Min. Roberto Barroso, DJe 28.04.2020 (Tema 19);

BRASIL. Supremo Tribunal Federal. ADI 3.968/PR, Rel. Min. Luiz Fux, DJe 18.12.2019;

BRASIL. Supremo Tribunal Federal. ADI 1.352, Rel. Min. Edson Fachin, DJe 12.05.2016;

BRASIL. Supremo Tribunal Federal. ARE 672.428-AgR, Rel. Min. Rosa Weber, DJe 29.10.2013;

BRASIL. Supremo Tribunal Federal. RE 573.316-AgR, Rel. Min. Eros Grau, DJe 28.11.2008;

BRASIL. Supremo Tribunal Federal. RE 204.889, Rel. Min. Menezes Direito, DJe 16.05.2008;

BRASIL. Supremo Tribunal Federal. RE-Agr 554810/PR, Rel. Min. Celso de Mello, DJ 07.12.2007;

BRASIL. Supremo Tribunal Federal. ADI 3.369/MC, Rel. Min. Carlos Velloso, DJ 01.02.2005;

BRASIL. Supremo Tribunal Federal. RE 412.275-AgR, Rel. Min. Sepúlveda Pertence, DJ 8.10.2004;

BRASIL. Supremo Tribunal Federal. ADI 525-MC, Rel. Min. Sepúlveda Pertence, DJ 02.04.2004;

BRASIL. Supremo Tribunal Federal. ADI 2.726, Rel. Min. Maurício Corrêa, DJ 29.08.2003;

BRASIL. Supremo Tribunal Federal. MS 22.439, Rel. Min. Maurício Corrêa, DJ 11.04.2003;

BRASIL. Supremo Tribunal Federal. ADI 2.061/DF, Rel. Min. Ilmar Galvão, DJ 29.06.2001.

7. Referências bibliográficas

ARAUJO, Florivaldo Dutra de. Teto remuneratório e vantagens pessoais: a posição do Supremo Tribunal Federal. Revista de Direito Municipal, n. 12, abr./jun. 2004, p. 155.

ATALIBA, Geraldo. Da irredutibilidade de vencimentos. Revista da AMAGIS, v. 1, n. 1, 1983, p. 90-2.

DI PIETRO, Maria Sylvia Zanella. O que muda na remuneração dos servidores? Boletim de Direito Administrativo, jul. 1998, p. 421-8.

FERRAZ, Luciano. Responsabilidade do Estado por Omissão Legislativa – Caso do art. 37, X da Constituição da República. In: FREITAS, Juarez (Org.). Responsabilidade Civil do Estado. São Paulo: Malheiros, 2005. p. 208-225.

HOLIDAY, Gustavo Calmon. A similaridade remuneratória entre as carreiras jurídicas – uma imposição constitucional. Revista Jurídica da Associação dos Procuradores do Estado do Espírito Santo. Rio de Janeiro: Lumen Juris, 2008.

B – ANOTAÇÕES

A redação originária desse dispositivo constitucional estabelecia vinculação entre a remuneração de servidores civis e militares, garantindo-lhes paridade nas eventuais revisões remuneratórias, que necessariamente deveriam estar dispostas em lei (princípio da reserva legal – art. 61, § 1º, II, "a", CR) (BRASIL. Supremo Tribunal Federal. ADI 3.369-MC, Rel. Min. Carlos Velloso, DJ 1.2.2005).

Com base nele, o STF reconheceu aos servidores civis da União (Poder Executivo) a extensão do percentual de 28,86% dado aos militares pelas Leis 8.622/1993 e 8.627/1993, entendimento que restou consolidado pela Súmula Vinculante 51, que corresponde à antiga Súmula 672 do STF: "O reajuste de 28,86%, concedido aos servidores militares pelas Leis 8.622/93 e 8.627/93, estende-se aos servidores civis do Poder Executivo, observadas as eventuais compensações decorrentes dos reajustes diferenciados concedidos pelos mesmos diplomas legais".

Ainda com fundamento nesse preceito, a Suprema Corte fixou orientação segundo a qual a paridade por ele estabelecida não ia ao ponto de garantir data-base e assegurar revisão geral anual aos servidores, prescrevendo apenas a unicidade de índice e de data na revisão remuneratória (BRASIL. Supremo Tribunal Federal. MS 22.439, Rel. Min. Maurício Corrêa, *DJ* 11.04.03; BRASIL. Supremo Tribunal Federal. RE 412.275-AgR, Rel. Min. Sepúlveda Pertence, *DJ* 8.10.2004).

A promulgação da Emenda Constitucional n. 18, de 05.02.1998, estabeleceu distinção entre servidores públicos – que passaram a ser apenas os antigos servidores civis – e militares, que desde então constituem extrato próprio de agentes do Estado.

O advento da Emenda Constitucional n. 19, de 04.06.1998, produziu alteração significativa na redação e no conteúdo da regra, passando a dispor que "a remuneração dos servidores públicos e o subsídio de que trata o § 4º do art. 39 somente poderão ser fixados ou alterados por lei específica, observada a iniciativa privativa em cada caso, assegurada a revisão geral anual, sempre na mesma data e sem distinção de índices".

Dois são seus comandos atuais: fixação e alteração de remuneração e subsídio, e revisão geral anual.

1. Fixação e alteração de remuneração e subsídio

O primeiro comando do dispositivo determina que a fixação ou alteração da remuneração e do subsídio depende de lei específica (de cada entidade da Federação), observada a iniciativa privativa (do processo legislativo) em cada caso. A necessidade de lei para a fixação ou alteração dos valores pagos pelo exercício de cargo público tornou-se explícita (princípio da reserva legal), pois é certo que descabe aos demais Poderes, que não têm função legislativa, aumentar vencimentos de servidores públicos (Súmula Vinculante 37, cujo teor corresponde à antiga Súmula 339, STF).

Mas a lei que fixa ou majora os valores agora deve ser específica, ou seja, trata-se de lei ordinária (art. 59, III, CR), porém com conteúdo exclusivamente voltado à finalidade de estipular os parâmetros de retribuição pecuniária, à semelhança daquela destinada à regulamentação do direito de greve dos servidores públicos (art. 37, VII, CR). A iniciativa do respectivo processo legislativo demandará verificação de outros dispositivos constitucionais, que observarão, como regra geral, o princípio da separação dos poderes (art. 2º, CR) e a independência funcional do Ministério Público e do Tribunal de Contas, além dos limites estipulados pelo art. 37, XI, CR.

Assim, possuem legitimidade para iniciar o processo legislativo pertinente à primeira parte do inciso X do art. 37, nos respectivos âmbitos, o Chefe do Poder Executivo (art. 61 § 1º, II, *a*, CR), a Câmara dos Deputados (art. 51, IV, CR), o Senado Federal (art. 52, XIII, CR), o Supremo Tribunal Federal, os Tribunais Superiores e os Tribunais de Justiça (art. 96, II, *b*, CR), o Ministério Público (art. 127, § 2º, CR), e o Tribunal de Contas da União e seus congêneres (art. 73 e art. 96, CR).

De se notar que a regra em comentário não veda sejam concedidos aumentos diferenciados de remuneração ou subsídio (reais ou não), mediante lei específica, para determinado Poder, categoria, carreira ou classe de agentes: nada impede nova avaliação, a qualquer tempo, dos vencimentos ou subsídios reais atribuídos a carreiras ou cargos específicos. Nessa linha, a jurisprudência do STF admite "a concessão de reajustes setoriais com a finalidade de corrigir distorções remuneratórias existentes no padrão remuneratório da carreira militar e em seus diferentes postos não ocasiona ofensa aos princípios da isonomia ou do reajuste geral de vencimentos" (ARE 672.428-AgR, Rel. Min. Rosa Weber, julgamento em 15-10-2013, Primeira Turma, *DJe* de 29-10-2013). *Vide*: ADI 525-MC, Rel. Min. Sepúlveda Pertence, julgamento em 12-6-1991, Plenário, *DJ* de 2-4-2004.

Note-se, ainda, que a primeira parte do preceito menciona duas espécies de retribuição pecuniária aos agentes públicos, a remuneração e o subsídio.

Remuneração, do latim *remuneratio*, de *remunerare*, originariamente indica qualquer tipo de retribuição monetária correlata à prestação dos serviços efetuada. O termo, em sentido amplo, corresponde a toda e qualquer verba contraprestativa atribuída aos agentes do Estado em virtude do seu labor. Mas, *stricto sensu*, tal como empregado no art. 37, X, CR, remuneração é sinônimo de vencimentos do servidor, correspondendo ao somatório do vencimento – retribuição em dinheiro pelo exercício de cargo ou função pública com valor fixado em lei (MEDAUAR, Odete. *Direito Administrativo Moderno*. 10. ed. São Paulo: RT, 2006. p. 270) e das demais vantagens inerentes ao cargo ou aos seus respectivos ocupantes (vantagens de caráter individual).

Subsídio, por sua vez, tem raiz etimológica em *subsidium*, o que, não olvidamos de mencionar, corresponderia gramaticalmente a auxílio, reforço, subvenção ou ajuda. O termo, todavia, assumiu significação própria e lamentável (DI PIETRO, Maria Sylvia Zanella. *Direito Administrativo*. 20. ed. São Paulo: Atlas, 2007) a partir da EC n. 19/98, passando a designar a forma de remuneração de determinados agentes públicos. Segundo o § 4º do art. 39, CR, o membro de Poder, o detentor de mandado eletivo, os Ministros de Estado e os Secretários Estaduais e Municipais serão remunerados exclusivamente por subsídio fixado em parcela única, vedado o acréscimo de qualquer gratificação, adicional, abono, prêmio, verba de representação ou outra espécie remuneratória, obedecido, em qualquer caso, o disposto no art. 37, X e XI.

Perceba-se que, pela definição de subsídio constante do § 4º do art. 39, integram-no exclusivamente as parcelas de natureza remuneratória, excluindo-se as eventuais verbas percebidas com caráter indenizatório. Esta interpretação, embora já derivasse do próprio § 4º do art. 39, CR (*a contrario sensu*), restou evidenciada a partir da introdução do § 11 do art. 37, CR, mediante a Emenda Constitucional n. 47, de 05.07.05. O problema aqui é a proliferação de verbas de natureza indenizatória, sem limites, com o único intuito de não se submeter ao teto remuneratório (art. 37, XI, CR/88).

Serão remunerados mediante subsídio, obrigatoriamente, os seguintes agentes públicos: membros dos Poderes Legislativo, Executivo e Judiciário, Ministros de Estado, Secretários Estaduais e Municipais (art. 39, § 4º, CR), membros do Ministério Público (art. 128, § 5º, CR), membros da Advocacia Geral da União, Defensores Públicos, Procuradores dos Estados e Distrito Federal (art. 135, CR), Ministros do Tribunal de Contas da União (art. 73, § 3º, CR) e policiais (art. 144, § 9º, CR); e facultativamente, os demais servidores públicos organizados em carreira (art. 39, § 8º, CR).

É da competência exclusiva do Congresso Nacional fixar, mediante Decreto Legislativo, idêntico subsídio para os Deputados Federais e Senadores (art. 49, VII, CR), bem como para o Presidente da República, o Vice-Presidente e os Ministros de Estado (art. 49, VIII, CR).

No âmbito dos Estados e do Distrito Federal, o subsídio dos Deputados Estaduais (e Distritais) – correspondente a, no máximo, 75% do estabelecido aos Deputados Federais (art. 27, § 2º, CR), do Governador, do Vice-Governador e dos Secretários de Estado (art. 28, § 2º, CR), e serão fixados por lei de iniciativa da Assembleia Legislativa (ou Câmara Legislativa) respectiva.

Nos Municípios, os subsídios do Prefeito, do Vice-Prefeito e dos Secretários Municipais serão fixados por lei de iniciativa da Câmara Municipal (art. 29, V, CR). Note-se que, a despeito do que decidido pelo STF no RE 204.889, Rel. Min. Menezes Direito, julgamento em 26-2-2008, Primeira Turma, DJe de 16-5-2008, compreende-se que a fixação do subsídio dos agentes políticos do Poder Executivo Municipal (a exemplo dos demais agentes políticos de outras esferas) não se submete à regra da anterioridade (que impõe a fixação do subsídio em uma legislatura para a subsequente). Isto porque, diferentemente do inciso VI do art. 29, CR (com a redação dada pela EC n. 25/2000), a atual redação do inciso V do art. 29 não estipula a necessidade de fixação do subsídio do Prefeito, do Vice-Prefeito e dos Secretários até o final da legislatura para vigorar na seguinte.

Já o subsídio dos Vereadores será fixado por ato próprio da Câmara Municipal (Resolução), com observância do princípio da anterioridade obedecendo, além dos critérios estabelecidos na respectiva Lei Orgânica, aos limites máximos estipulados pelas alíneas *a* a *f* do inciso VI do art. 29, com a redação dada pela Emenda Constitucional n. 25, de 14.02.2000, limites estes fixados conforme a densidade populacional de cada Município.

Tolere-se repetir, mas para os Vereadores a regra da anterioridade é explícita (art. 29, VI, CR), quando prescreve a necessidade de fixação dos subsídios respectivos de uma legislatura para a outra. Por isso, não importa, por exemplo, que os subsídios dos demais agentes públicos, em especial dos deputados estaduais, venha a sofrer majoração no curso da legislatura municipal, porquanto o subsídio dos legisladores municipais permanecerá inalterado. A única hipótese de acréscimo remuneratório autorizado aos Vereadores será a decorrente da revisão geral na mesma data e no mesmo índice conferido aos demais agentes municipais, diferentemente dos demais agentes políticos, os quais poderão, além de perceberem a revisão, ter seus respectivos subsídios majorados a qualquer tempo, embora não seja este o entendimento do Supremo Tribunal Federal. Sobre o assunto, pende de julgamento o Tema 1192 da Repercussão Geral do STF (RE 1.344.400, Rel. Min. André Mendonça).

Particularmente, critica-se a atribuição de subsídio a agentes públicos que se organizam em carreira (*v.g.*, magistrados, membros do Ministério Público, policiais, servidores em geral), cujo vínculo com o Estado é permanente. É que a ascensão funcional deve servir de estímulo aos agentes, que com o objetivo de se movimentarem na carreira exercem com afinco suas funções, visando ao acréscimo pecuniário correspondente, podendo mesmo haver a fixação de gratificações ligadas à produtividade.

A atribuição do subsídio a esses agentes somente teria razão de ser se fosse possível, numa mesma carreira, atribuir subsídios diversos conforme o patamar em que se localizassem ditos agentes. Nesse caso, contudo, a noção de subsídio seria parelha à de vencimentos do cargo, incluindo a contraprestação básica fixada em lei (vencimento), acrescida das vantagens inerentes ao seu exercício (do cargo).

Reflexo disso é o encurtamento das carreiras, com a sobrevalorização remuneratória da base, consagrando o achatamento das diferenças estipendiais entre o piso e o topo da carreira. Dessa forma, há um sentimento de dupla ordem: os entrantes recebem valores bem mais significativos do que as posições paradigmas existentes no mercado, e os mais antigos têm a sensação que percebem valores aquém do seu tempo de carreira e de sua dedicação. Tal constatação explica em parte a pressão existe em determinados segmentos do serviço público para a criação de verbas indenizatórias e parcelas remuneratórias extrassubsídio e extrateto.

2. Revisão geral anual

O segundo comando do dispositivo trata da revisão geral anual das remunerações (e subsídios) sempre na mesma data e sem distinção de índices: o constituinte reformador instituiu regra para assegurar o direito à revisão, que atinge cada ente federativo, garantindo aos agentes públicos, a cada período de um ano (contado a partir da promulgação da Emenda Constitucional n. 19/98), reposição das perdas inflacionárias respectivas, mediante percentual único.

Houve quem defendesse a aplicabilidade imediata dessa revisão, independentemente de regulamentação infraconstitucional, pleiteando a incorporação dos valores devidos aos vencimentos. A posição não se afigurava correta, porquanto, também em matéria de revisão geral, fundamental a obediência ao princípio da reserva legal, sobretudo para a incorporação definitiva dos valores correspondentes (art. 61, § 1º, II, "a", CR). A iniciativa do processo legislativo respectivo é do Chefe do Poder Executivo por abranger uniformemente os agentes públicos da entidade federativa.

Nessa linha, foi a decisão do Supremo Tribunal Federal, no julgamento da ADI 2.061/DF, proposta pelo Partido dos Trabalhadores – PT, ao reconhecer a mora do Presidente da República em enviar ao Congresso Nacional o projeto de lei respectivo: "norma constitucional que impõe ao Presidente da República o dever de desencadear o processo de elaboração da lei anual de revisão geral da remuneração dos servidores da União, prevista no dispositivo constitucional em destaque, na qualidade de titular exclusivo da competência para iniciativa da espécie, na forma do art. 61, § 1º, II, 'a', da CF".

Sem embargo disso, o STF, no julgamento com repercussão geral, do RE 843.112 (Tema 624), de relatoria do Min. Luiz Fux, fixou a tese de que "o Poder Judiciário não possui competência para determinar ao Poder Executivo a apresentação de projeto de lei que vise promover a revisão geral anual da remuneração dos servidores públicos, tampouco para fixar o respectivo índice de correção.

Por outro lado, a ausência de regulamentação da revisão geral, no entender do comentarista, enseja a possibilidade de acionamento do Estado (União, Estados, DF e Municípios, conforme o caso), com base no art. 37, § 6º, CR pela omissão legislativa (FERRAZ, Luciano. Responsabilidade do Estado por omissão legislativa – Caso do art. 37, X, da Constituição da República. In: FREITAS, Juarez (Org.). *Responsabilidade Civil do Estado*. São Paulo: Malheiros, 2005. p. 208-225). Também quanto a este posicionamento, o Supremo Tribunal Federal, no julgamento com repercussão geral do RE 565.089 (Tema 19), fixou a tese de que o não encaminhamento de projeto de lei de revisão anual dos vencimentos dos servidores públicos não gera direito subjetivo à indenização. Eis o teor do Tema 19: "O não encaminhamento de projeto de lei de revisão anual dos vencimentos dos servidores públicos, previsto no inciso X do art. 37 da CF/1988, não gera direito subjetivo à indenização. Deve o Poder Executivo, no entanto, se pronunciar, de forma fundamentada, acerca das razões que pelas quais não propôs a revisão".

A revisão deve abarcar tanto as remunerações quanto os subsídios, e não é vedado deduzir dos valores inflacionários apurados, desde que a lei assim o preveja, a concessão de aumentos diferenciados (albergados pela primeira parte do dispositivo – art. 37, X, CR), verificável no mesmo período, porquanto, "sem embargo da divergência conceitual entre as duas espécies de acréscimo salarial, inexiste óbice de ordem constitucional para que a lei ordinária disponha, com antecedência, que os reajustes individualizados no exercício anterior sejam deduzidos da próxima correção ordinária" (BRASIL. Supremo Tribunal Federal. ADI 2.726, Rel. Min. Maurício Corrêa, *DJ* 29.08.03). E, no mesmo sentido, "reestruturação de carreira. Aumento. Dedução da revisão geral anual. Possibilidade. O texto normativo inserido art. 37, X, da Constituição do Brasil não impede a dedução de eventuais aumentos decorrentes da reestruturação da carreira, criação e majoração de gratificações e adicionais ou de qualquer outra vantagem inerente ao respectivo cargo ou emprego da revisão geral de vencimentos" (RE 573.316-AgR, Rel. Min. Eros Grau, julgamento em 4.11.2008, Segunda Turma, *DJe* de 28.11.2008). Mais recentemente, reiterando o entendimento, a ADI 3.968, Rel. Min. Luiz Fux, j. em 29.11.2019, Tribunal Pleno, *DJe* 18.11.2019.

Como se vê, as alterações remuneratórias dos agentes públicos, todas elas, dependerão de lei (princípio da reserva legal), e haverão também de respeitar as regras orçamentárias previstas no art. 169, § 1º, da Constituição da República e nos arts. 17, 22 e 23 da Lei Complementar n. 101/2000 (Lei de Responsabilidade Fiscal).

Art. 37, XI – a remuneração e o subsídio dos ocupantes de cargos, funções e empregos públicos da administração direta, autárquica e fundacional, dos membros de qualquer dos Poderes da União, dos Estados, do Distrito Federal e dos Municípios, dos detentores de mandato eletivo e dos demais agentes políticos e os proventos, pensões ou outra espécie remuneratória, percebidos cumulativamente ou não, incluídas as vantagens pessoais ou de qualquer outra natureza, não poderão exceder o subsídio mensal, em espécie, dos Ministros do Supremo Tribunal Federal, aplicando-se como limite, nos Municípios, o subsídio do Prefeito, e nos Estados e no Distrito Federal, o subsídio mensal do Governador no âmbito do Poder Executivo, o subsídio dos Deputados Estaduais e Distritais no âmbito do Poder Legislativo e o subsídio dos Desembargadores do Tribunal de Justiça, limitado a noventa inteiros e vinte e cinco centésimos por cento do subsídio mensal, em espécie, dos Ministros do Supremo Tribunal Federal, no âmbito do Poder Judiciário, aplicável este limite aos membros do Ministério Público, aos Procuradores e aos Defensores Públicos;

Luciano de Araújo Ferraz

A – REFERÊNCIAS

1. História da norma

Redação originária: XI – a lei fixará o limite máximo e a relação de valores entre a maior e a menor remuneração dos servidores públicos, observados, como limites máximos e no âmbito dos respectivos poderes, os valores percebidos como remuneração, em espécie, a qualquer título, por membros do Congresso Nacional, Ministros de Estado e Ministros do Supremo Tribunal Federal e seus correspondentes nos Estados, no Distrito Federal e nos Territórios, e, nos Municípios, os valores percebidos como remuneração, em espécie, pelo Prefeito.

Redação dada pela EC n. 19, de 04.06.1998: XI – a remuneração e o subsídio dos ocupantes de cargos, funções e empregos públicos da administração direta, autárquica e fundacional, dos membros de qualquer dos Poderes da União, dos Estados, do Distrito Federal e dos Municípios, dos detentores de mandato eletivo e dos demais agentes políticos e os proventos, pensões ou outra espécie remuneratória, percebidos cumulativamente ou não, incluídas as vantagens pessoais ou de qualquer outra natureza, não poderão exceder o subsídio mensal, em espécie, dos Ministros do Supremo Tribunal Federal.

Redação dada pela EC n. 41, de 19.12.2003: XI – a remuneração e o subsídio dos ocupantes de cargos, funções e empregos públicos da administração direta, autárquica e fundacional, dos membros de qualquer dos Poderes da União, dos Estados, do Distrito Federal e dos Municípios, dos detentores de mandato eletivo e dos demais agentes políticos e os proventos, pensões ou outra espécie remuneratória, percebidos, cumulativamente ou não, incluídas as vantagens pessoais ou de qualquer outra natureza, não poderão exceder o subsídio mensal, em espécie, dos Ministros do Supremo Tribunal Federal, aplicando-se como limite, nos Municípios, o subsídio do Prefeito, e nos Estados e no Distrito Federal, o subsídio mensal do Governador no âmbito do Poder Executivo, o subsídio dos Deputados Estaduais e Distritais no âmbito do Poder Legislativo e o subsídio dos Desembargadores do Tribunal de Justiça, limitado a noventa inteiros e vinte e cinco centésimos por cento do subsídio mensal, em espécie, dos Ministros do Supremo Tribunal Federal, no âmbito do Poder Judiciário, aplicável este limite aos membros do Ministério Público, aos Procuradores e aos Defensores Públicos.

O inciso XI do art. 37 trata de tetos remuneratórios aplicáveis no âmbito do serviço públicos de todos os Poderes e esferas da Federação. Sua leitura primitiva conjugava-se com a do art. 17 do ADCT. A primeira alteração veio com a Emenda Constitucional n. 19, de 04.06.1998, mas o Supremo Tribunal Federal considerou-a não autoaplicável, ressuscitando a redação anterior. Mediante a Emenda Constitucional n. 41, de 19.12.2003, o dispositivo foi mais uma vez modificado para assumir a redação atual.

2. Constituições brasileiras anteriores

Constituição da República dos Estados Unidos do Brasil de 1934 (art. 104, "e"). Constituição dos Estados Unidos do Brasil de 1937 (art. 103, "d"). Constituição dos Estados Unidos do Brasil de 1946 (art. 124, VI). Constituição da República Federativa do Brasil de 1967 (art. 136, § 4º).

3. Constituições estrangeiras

Sem dispositivo semelhante.

4. Remissões constitucionais e legais

Art. 27, § 2º; art. 28, § 2º; art. 29, V e VI; art. 37, XV, §§ 8º e 11; art. 39, §§ 4º e 5º; art. 49, VII e VIII; art. 93, V; art. 95, III; art. 128, § 5º, I, "c"; e art. 142, § 3º, VIII, CR/88. Art. 17, ADCT.

Lei n. 8.852/94; Lei n. 9.624/98; Lei Delegada n. 13/92; Lei n. 8.448/92; Lei n. 10.593/02 (art. 25); Lei n. 9.624/98 (art. 22); Medida Provisória n. 2.215-10/01 (art. 41).

5. Jurisprudência

BRASIL. Supremo Tribunal Federal. ADI 6.854/RO, Rel. Min. Nunes Marques, DJe 02.05.2023;

BRASIL. Supremo Tribunal Federal. ADI 6.843/AP, Rel. Min. Roberto Barroso, DJe 02.03.2023;

BRASIL. Supremo Tribunal Federal. ADI 3.396/DF, Rel. Min. Nunes Marques, DJe 03.10.2022;

BRASIL. Supremo Tribunal Federal. RE 602.584/DF, Rel. Min. Nunes Marques, DJe 23.11.2020 (Tema 359);

BRASIL. Supremo Tribunal Federal. RE 663.696/MG, Rel. Min. Luiz Fux, DJe 22.08.2019 (Tema 510);

BRASIL. Supremo Tribunal Federal. MS 32.492 AgR, Rel. Min. Dias Toffoli, DJe 1º.12.2017;

BRASIL. Supremo Tribunal Federal. ADI 4.900, Rel. p/ o ac. Min. Roberto Barroso, DJe 20.04.2015;

BRASIL. Supremo Tribunal Federal. RE 372.369-AgR, voto do Rel. Min. Gilmar Mendes, DJe 05.03.2012;

BRASIL. Supremo Tribunal Federal. RE 471.070-AgR, Rel. Min. Ellen Gracie, DJe 24.04.2009;

BRASIL. Supremo Tribunal Federal. RE 464.876-AgR, Rel. Min. Cármen Lúcia, DJe 20.02.2009;

BRASIL. Supremo Tribunal Federal. MS 24.875, Rel. Min. Sepúlveda Pertence, DJ 06.10.2006;

BRASIL. Supremo Tribunal Federal. RE 174.742, Rel. p/Ac. Min. Nelson Jobim, DJ 23.06.2006;

BRASIL. Supremo Tribunal Federal. RE 285.706/RJ, Rel. Min. Sepúlveda Pertence, DJU 26.04.2002;

BRASIL. Supremo Tribunal Federal. AI 339.636-AgR, Rel. Min. Ilmar Galvão, DJ 14.12.2001;

BRASIL. Supremo Tribunal Federal. AO 524/PA, Rel. Min. Nelson Jobim, DJU 20.04.2001;

BRASIL. Supremo Tribunal Federal. RE 220.397-SP, Rel. Min. Ilmar Galvão, 09.12.1998, Informativo 135;

BRASIL. Supremo Tribunal Federal. RE 201.499, Rel. Min. Sepúlveda Pertence, DJ 29.05.1998;

BRASIL. Supremo Tribunal Federal. ADI-MC-1550/AL, Rel. Min. Maurício Corrêa, DJ 04.04.1997;

BRASIL. Supremo Tribunal Federal. RE 185842/PE, Rel. p/ acórdão Maurício Corrêa, DJ 02.05.1997;

BRASIL. Supremo Tribunal Federal. ADI 14/DF, Rel. Min. Célio Borja, DJ 01.12.1989;

BRASIL. Superior Tribunal de Justiça. RMS 38.682/ES, Rel. Min. Herman Benjamin, DJe 05.11.2012;

BRASIL. Superior Tribunal de Justiça. RMS 33.170/DF, Rel. p/ acórdão Min. César Asfor Rocha, DJe 07.08.2012;

BRASIL. Superior Tribunal de Justiça. RMS 33.171/DF, Rel. Min. Mauro Campbell Marques, DJe 14.06.2011.

6. Referências bibliográficas

ARAUJO, Florivaldo Dutra de. Teto remuneratório e vantagens pessoais: a posição do Supremo Tribunal Federal. *Revista de Direito Municipal*, n. 12, abr./jun. 2004, p. 155.

ATALIBA, Geraldo. Da irredutibilidade de vencimentos. *Revista da AMAGIS*, v. 1, n. 1, 1983, p. 90-2.

BOBBIO, Norberto. *Teoria do ordenamento jurídico*. São Paulo: Polis, 1989.

DALLARI, Adilson Abreu. Contratação de Serviços de Advocacia pela Administração Pública. In: WAMBIER, Teresa Arruda Alvim et al. (Coords.). *Licitações e contratos administrativos*. São Paulo: RT, 1999.

DI PIETRO, Maria Sylvia Zanella. O que muda na remuneração dos servidores? *Boletim de Direito Administrativo*, jul. 1998, p. 421-8.

FERRAZ, Luciano. O teto dos sem teto. *Revista Jurídica Administração*, Salvador, v. 9, n. 5, 2004.

GRAU, Eros Roberto. Teto de remuneração de servidores. *Revista Trimestral de Direito Público*. São Paulo: Malheiros, n. 9, 1995.

HOLIDAY, Gustavo Calmon. A similaridade remuneratória entre as carreiras jurídicas – uma imposição constitucional. *Revista Jurídica da Associação dos Procuradores do Estado do Espírito Santo*. Rio de Janeiro: Lumen Iuris, 2008.

JUSTEN FILHO, Marçal. As limitações constitucionais à remuneração do servidor público. *Revista Trimestral de Direito Público*. São Paulo: Malheiros, n. 10, 1995.

B – ANOTAÇÕES

A ideia subjacente à inclusão desse dispositivo na Constituição foi a de estabelecer limites remuneratórios no âmbito do serviço público de todas as esferas (União, Estados, Distrito Federal e Municípios): a redação original autorizava a fixação, pelo legislador de cada entidade federativa, de teto remuneratório para seus servidores, além de disciplinar a relação entre a maior e a menor remuneração de cada qual (a menor não poderia ser inferior ao salário mínimo – art. 7º, IV, CR). Para essa fixação, dever-se-ia observar como limite máximo dentro dos Poderes, como teto, a remuneração percebida pelos membros do Congresso Nacional (Legislativo), Ministros de Estado (Executivo), Ministros do Supremo Tribunal Federal (Judiciário) e seus correspondentes nos Estados, no Distrito Federal e Territórios, e, no Município, a remuneração, em espécie, percebida pelo Prefeito.

Em outras palavras, a Constituição originária estabelecia tetos (para todas as esferas e Poderes), e autorizava que o legislador de cada entidade impusesse subtetos, cabendo a iniciativa do processo legislativo às autoridades competentes para a edição de ato normativo com eficácia equivalente para fixação da remuneração dos respectivos servidores: na União, o Presidente da República para os servidores do Executivo (art. 61, § 1º, II, "a"), a Câmara e o Senado Federal para os servidores do Legislativo (arts. 51, IV e 52, XIII), o Supremo Tribunal Federal e os Tribunais Superiores para os servidores do Judiciário (art. 96, II, "b"); o Procurador-Geral da República, para os servidores do Ministério Público Federal (art. 127, § 2º); o Tribunal de Contas da União, para seus servidores; nos Estados, respectivamente, os Governadores, as Assembleias Legislativas, os Tribunais de Justiça, os Procuradores-Gerais de Justiça, os Tribunais de Contas; nos Municípios, os Prefeitos e as Câmaras Municipais.

Na União Federal, apenas o Poder Executivo tomou a iniciativa de assegurar a definição do subteto para os vencimentos dos seus servidores. O primeiro redutor (10%) foi estabelecido pela Lei n. 8.852, de 4.2.1994 (art. 2º), e foi posteriormente ampliado (20%), mediante sucessivas medidas provisórias, até a conversão da Medida Provisória n. 1.480-40 na Lei n. 9.624, de 8.4.1998 (art. 10). Os demais Poderes não apresentaram projeto de lei com vistas à definição de limite máximo de remuneração abaixo do patamar constitucional permitido.

De qualquer forma, a concepção inaugural do art. 37, XI, CR, para além de possibilitar estabelecer-se limite interno entre a maior e a menor remuneração, atrelava-se ao art. 17 do ADCT da Constituição, de modo a permitir reduções remuneratórias sem malferimento à regra da irredutibilidade (art. 37, XV, CR), e sem que contra tais medidas pudessem os agentes públicos atingidos invocar o direito adquirido, haja vista tratar-se de regra concebida pelo constituinte originário (cf. HORTA, Raul Machado. *Estudos de Direito Constitucional*. Belo Horizonte: Del Rey, 1995. p. 281).

Com efeito, o art. 17 do ADCT, inalterado até o momento, dispõe que "os vencimentos, a remuneração, as vantagens e os adicionais, bem como os proventos de aposentadoria que estejam sendo percebidos em desacordo com a Constituição serão imediatamente reduzidos aos limites dela decorrentes, não se admitindo, neste caso, invocação de direito adquirido ou percepção de excesso a qualquer título".

Pela dicção pura e simples da regra transitória, perceptível que seu comando determinava a imediata redução de todas as remunerações excedentes (em todas as esferas) aos limites máximos (tetos) previstos no art. 37, XI, CR (redação original). Anote-se que, no entender do comentarista, ditas reduções estariam limitadas aos tetos previstos no próprio inciso XI (redação original) e não àqueles que viessem a ser fixados pelos legisladores de cada entidade federativa.

No julgamento da ADI n. 14, Rel. Min. Célio Borja, o STF apreciou a constitucionalidade do art. 2º, § 2º, da Lei n. 7.721, de 06.01.1989, que dispunha: "A remuneração dos Ministros do Supremo Tribunal Federal, considerado o básico, a verba de representação e vantagens pessoais (adicionais por tempo de serviço), não poderá ultrapassar o limite previsto no art. 37, XII, da Constituição Federal)".

Como se vê, o dispositivo impugnado mencionava o inciso XII (os vencimentos dos cargos do Poder Legislativo e do Poder Judiciário não poderão ser superiores aos pagos pelo Poder Executivo) e não o inciso XI do art. 37 da Constituição da República (a matriz do teto remuneratório), sendo que o voto condutor do Acórdão, da lavra do relator, ao fundamento de que existia diferença substancial entre os termos remuneração e vencimentos do cargo (o que de fato existe), concluiu pela inconstitucionalidade da expressão "... e vantagens pessoais (adicionais por tempo de serviço)...", prevista no § 2º do art. 2º da Lei n. 7.721, por entendê-la excluída do conceito de vencimentos (do cargo), nos termos dos arts. 37, XII, e 39, § 1º, CR.

Acontece que a ADI n. 14, embora tratasse do confronto dos dispositivos mencionados com o inciso XII do art. 37, tornou-se o *leading case* sobre teto remuneratório do serviço público (inciso XI), e foi constantemente utilizada como precedente para orientar a jurisprudência da Suprema Corte no sentido de que as vantagens individuais e pessoais excluíam-se da limitação decorrente do inciso XI do art. 37, CR, o mesmo não se podendo dizer relativamente às vantagens percebidas em razão do cargo (BRASIL. Supremo Tribunal Federal. RE 174.742, Rel. p/ acórdão Min. Nelson Jobim, *DJ* 23.06.06).

Logo, os tetos remuneratórios não abrangeriam adicionais por tempo de serviço (BRASIL. Supremo Tribunal Federal. ADIMC-1550/AL, Rel. Min. Maurício Corrêa, *DJ* 04.04.97), quintos (BRASIL. Supremo Tribunal Federal. RE 185842/PE, Rel. p/ acórdão Maurício Corrêa, *DJ* 02.05.1997), apostilamento ou estabilidade financeira (BRASIL. Supremo Tribunal Federal. RE 201.499, Rel. Min. Sepúlveda Pertence, *DJ* 29.05.98), adicional de aposentadoria, gratificação de gabinete ou função (BRASIL. Supremo Tribunal Federal. RE 220.397-SP, Rel. Min. Ilmar Galvão, 9.12.98, Informativo 135), consideradas todas as vantagens de caráter pessoal.

A interpretação construída pelo Supremo Tribunal Federal praticamente impediu a incidência do comando do art. 17 do ADCT da Constituição, culminando na alteração do inciso XI do art. 37, por intermédio da Emenda Constitucional n. 19, de 04.06.98.

O novo texto do inciso XI do art. 37, além de retirar a menção aos limites internos, mínimo e máximo, de remuneração dos servidores (que passou a constar do art. 39, § 5º, CR), dispôs que a remuneração e o subsídio dos ocupantes de cargos, funções e empregos públicos da administração direta, autárquica e fundacional, dos membros de qualquer dos Poderes da União, dos Estados, do Distrito Federal e dos Municípios, dos detentores de mandato eletivo e dos demais agentes políticos e os proventos, pensões ou outra espécie remuneratória, percebidos cumulativamente ou não, incluídas as vantagens pessoais ou de qualquer outra natureza, não poderão exceder o subsídio mensal, em espécie, dos Ministros do Supremo Tribunal Federal.

A EC n. 19/98 modificou também o art. 93, V, CR para determinar que o subsídio dos Ministros dos Tribunais Superiores corresponderá a 95% do subsídio mensal fixado para os Ministros do Supremo Tribunal Federal e os subsídios dos demais magistrados serão fixados em lei e escalonados, em nível federal e estadual, conforme as respectivas categorias da estrutura judiciária nacional, não podendo a diferença entre uma e outra ser superior a 10% ou inferior a 5%, nem exceder a 95% do subsídio mensal dos Ministros dos Tribunais Superiores, obedecido, em qualquer caso, o disposto nos arts. 37, XI e 39, § 4º.

Ocorre que o STF, em decisão administrativa prolatada na 3ª Sessão Administrativa, de 24.06.1998, por maioria de votos (7 a 4), vencidos os Ministros Sepúlveda Pertence, Carlos Velloso,

Marco Aurélio e Ilmar Galvão, fixou entendimento no sentido de que, mesmo com a alteração determinada pela EC 19/98, o art. 37, XI, não seria autoaplicável, por força da exigência prevista no art. 48, XV, CR (incluído pela EC 19/98), de lei de iniciativa conjunta dos Presidentes da República, da Câmara dos Deputados, do Senado Federal e do próprio Supremo Tribunal, para a fixação do subsídio dos Ministros do STF. Na mesma assentada, o STF entendeu que a redação revogada do dispositivo (art. 37, XI, CR) – e consequentemente sua interpretação – continuaria em vigor até posterior regulamentação. O mesmo se diga quanto ao art. 93, V, CR.

Sobreveio, antes que se editasse a lei mencionada no art. 48, XV, CR, a Emenda Constitucional n. 41, de 19.12.2003, responsável por atribuir ao inciso XI do art. 37, CR a atual redação: "a remuneração e o subsídio dos ocupantes de cargos, funções e empregos públicos da administração direta, autárquica e fundacional, dos membros de qualquer dos Poderes da União, dos Estados, do Distrito Federal e dos Municípios, dos detentores de mandato eletivo e dos demais agentes políticos e os proventos, pensões ou outra espécie remuneratória, percebidos cumulativamente ou não, incluídas as vantagens pessoais ou de qualquer outra natureza, não poderão exceder o subsídio mensal, em espécie, dos Ministros do Supremo Tribunal Federal, aplicando-se, como limite, nos Municípios, o subsídio do Prefeito, e nos Estados e no Distrito Federal, o subsídio mensal do governador no âmbito do Poder Executivo, o subsídio dos Deputados Estaduais e Distritais no âmbito do Poder Legislativo e o subsídio dos Desembargadores do Tribunal de Justiça, limitado a noventa inteiros e vinte e cinco centésimos por cento do subsídio mensal, em espécie, dos Ministros do Supremo Tribunal Federal, no âmbito do Poder Judiciário, aplicável este limite aos membros do Ministério Público, aos Procuradores e aos Defensores Públicos".

Com o objetivo de afastar a polêmica acerca da ausência de regulamentação do teto, o art. 8º da Emenda Constitucional n. 41, de 19.12.2003, prescreveu regra transitória para determinar que até que seja fixado o valor do subsídio de que trata o art. 37, XI, da Constituição Federal, será considerado, para os fins dos limites fixados naquele inciso, o valor da maior remuneração atribuída por lei na data de publicação da Emenda a Ministro do Supremo Tribunal Federal, a título de vencimento de representação mensal e da parcela recebida em razão do tempo de serviço, aplicando-se como limite, nos Municípios, o subsídio do Prefeito, e, nos Estados e no Distrito Federal, o subsídio mensal do Governador no âmbito do Poder Executivo, o subsídio dos Deputados Estaduais e Distritais no âmbito do Poder Legislativo e o subsídio dos Desembargadores do Tribunal de Justiça, limitado a noventa inteiros e vinte e cinco centésimos por cento da maior remuneração mensal de Ministro do Supremo Tribunal Federal a que se refere este artigo, no âmbito do Poder Judiciário, aplicável este limite aos membros do Ministério Público, aos Procuradores e Defensores Públicos. O STF fixou orientação de que "a norma prevista no art. 37, XI, da CF, com a redação dada pela EC 41/2003, é autoaplicável" (RE 372.369-AgR, voto do Rel. Min. Gilmar Mendes, julgamento em 14-2-2012, Segunda Turma, *DJe* de 5-3-2012).

Por isso, a orientação atual do STF é no sentido de que, "após a EC 41/2003, as vantagens pessoais, de qualquer espécie, devem ser incluídas no redutor do teto remuneratório, previsto no inciso XI do art. 37 da CF" (RE 464.876-AgR, Rel. Min. Cármen Lúcia, julgamento em 16.12.2008, Primeira Turma, *DJe* de 20.2.2009). No mesmo sentido: RE 471.070-AgR, Rel. Min. Ellen Gracie, julgamento em 31.3.2009, Segunda Turma, *DJe* de 24.4.2009.

A Emenda Constitucional n. 41/03 (art. 9º) pretendeu, ainda, ressuscitar o art. 17 do ADCT, determinando a redução imediata de todas as remunerações e proventos que ultrapassassem os tetos e subtetos por ela fixados, pretenso objeto de críticas na doutrina (FERRAZ, Luciano. O teto dos sem teto. *Revista Jurídica Administração*, Salvador, v. 9, n. 5, 2004). Com efeito, não se afigura juridicamente viável que um dispositivo transitório da Constituição originária – que não cumpriu sua finalidade por conta de interpretação firmada pela Suprema Corte – e que autoriza, para sua completa incidência, a violação a direitos adquiridos, venha a ter seus efeitos restaurados por meio de emenda à Constituição.

É que o constituinte reformador deve adstringir-se aos limites materiais impostos pela Constituição originária ao poder de emenda, cumprindo-lhe não violar cláusulas pétreas (art. 60, § 4º, CR), especificamente o direito fundamental previsto no art. 5º, XXXVI, CR, relativo à intangibilidade do ato jurídico perfeito e do direito adquirido (FERRAZ, 2004).

Contudo, é possível realizar interpretação conciliadora acerca da temática, bastando, para tanto, entender "que os novos tetos fixados pela EC n. 41/03 valerão apenas para o futuro, alcançando os agentes públicos que, na data inicial de sua vigência (31.12.2003), percebiam valores aquém dos novos tetos. Aqueles que percebiam remunerações superiores preservarão esse direito, sendo-lhes inviável, todavia, agregar novas parcelas, até quando a correção dos tetos venha a superar o *quantum* remuneratório que percebem. Aí, poderão novamente perceber aumentos, desde que a remuneração que vierem a perceber se limite ao teto" (FERRAZ, 2004).

Nesse sentido, foi a posição assumida pelo Supremo Tribunal Federal, no julgamento (11.5.06) do MS 24.875, Rel. Min. Sepúlveda Pertence, *DJ* 6.10.06. O Tribunal, por unanimidade, reconheceu que o art. 8º da EC 41/03 determinou a absorção (e consequente extinção), pelo subsídio/provento, dos adicionais por tempo de serviço, e que, na esteira de sua jurisprudência, não há direito adquirido a determinada fórmula de composição remuneratória, se, da alteração promovida, não advier redução do montante total percebido, porquanto "a Constituição assegurou diretamente o direito à irredutibilidade de vencimentos – modalidade qualificada de direito adquirido, oponível às emendas constitucionais mesmas", pelo que "os impetrantes – sob o pálio da garantia da irredutibilidade de vencimentos –, têm direito de continuar percebendo o acréscimo de 20% sobre os proventos, até que seu montante seja absorvido pelo subsídio fixado em lei para o Ministro do Supremo Tribunal Federal".

Na ocasião, em síntese, o STF, por unanimidade de votos, reconheceu que o art. 8º da EC 41/2003 determinava a absorção (e consequente extinção), pelo subsídio/provento, dos adicionais por tempo de serviço, e que, na esteira de sua jurisprudência, inexistia direito adquirido a determinada fórmula de composição remuneratória. Garantiu assim que o montante percebido pelos servidores acima do teto permanecesse "congelado", sem acréscimos, até sua absorção completa pelos aumentos sucessivos no novo teto.

A questão, entretanto, voltou a ser objeto de discussões no âmbito do STF por ocasião do julgamento, em 02.10.14, do RE 609.381/GO (com repercussão geral), Rel. Min. Teori Zavascki. Nesta oportunidade, o STF reviu seu entendimento, assentando que a incidência do teto remuneratório da EC 41/03 é imediata e sem ressalvas, atingindo quaisquer valores além do limite, sem que haja violação da irredutibilidade de vencimentos/direito adquirido ao montante estipendial. Nos termos do acórdão do STF:

1. O teto de retribuição estabelecido pela EC 41/2003 é de eficácia imediata, e submete às referências de valor máximo nele discriminadas todas as verbas de natureza remuneratória percebidas pelos servidores públicos da União, dos Estados, do Distrito Federal e dos Municípios, ainda que adquiridas de acordo com regime legal anterior.

2. A observância da norma de teto de retribuição representa verdadeira condição de legitimidade para o pagamento remunerações no serviço público. Os valores que ultrapassam os limites preestabelecidos para cada nível federativo na Constituição Federal constituem excesso cujo pagamento não pode ser reclamado com amparo na garantia da irredutibilidade de vencimentos.

3. A incidência da regra constitucional da irredutibilidade exige a presença cumulativa de pelo menos dois requisitos:

(a) que o padrão remuneratório nominal tenha sido obtido conforme o direito, e não de maneira ilícita, ainda que por equívoco da Administração Pública; e

(b) que o padrão remuneratório nominal esteja compreendido dentro do limite máximo predefinido pela Constituição Federal. O pagamento de remunerações superiores aos tetos de retribuição de cada um dos níveis federativos traduz exemplo de violação qualificado no texto constitucional.

Como se vê, o STF foi além da sua orientação anterior, admitindo a tese (rechaçada de maneira generalizada pela doutrina) de que emendas à Constituição podem tocar o direito adquirido (pelo menos quando o constituinte originário de alguma maneira tenha aludido ao tema). Do ponto de vista prático, mesmo que não se concorde com essa posição, quaisquer remunerações de servidores (ativos, inativos, pensionistas) que recebam valores superiores aos tetos previstos no art. 37, XI, da Constituição sofrem a sua incidência, fazendo cessar a percepção de excessos a qualquer título, salvo quando se tratar de parcelas de natureza indenizatória previstas em lei (§ 11, art. 37, CR), bem como os auxílios estendidos para determinadas categorias por decisões judiciais.

Em suma, o que se vê nas entrelinhas do entendimento do STF sobre teto remuneratório é o seguinte:

1. Não é inconstitucional o art. 9º da Emenda Constitucional 41/03, que ressuscita o art. 17 do ADCT da Constituição em sua redação originária; 2. O constituinte reformador pode determinar a redução de vencimentos e vantagens dos servidores públicos ao montante do teto (art. 37, XI), porque o comando constitucional próprio, embora fulminado pela interpretação primitiva do Supremo Tribunal Federal, admite "revigoramento" via emenda constitucional 3. O precedente abre caminho para divergências e reacende a discussão sobre a intangibilidade do direito adquirido e os limites do poder de emenda à Constituição.

De acordo com a orientação do STF, chancelada pelo Tema 257 da Repercussão Geral, computam-se para efeito de observância do teto remuneratório do art. 37, XI, da CR também os valores percebidos anteriormente à vigência da EC 41/2003 a título de vantagens pessoais pelo servidor público, dispensada a restituição dos valores recebidos em excesso de boa-fé até o dia 18 de novembro de 2015. O âmbito de incidência da garantia de irredutibilidade de vencimentos (art. 37, XV, da Lei Maior) não alcança valores excedentes do limite definido no art. 37, XI, da CR. Traduz afronta direta ao art. 37, XI e XV, da CR a exclusão da base de incidência do teto remuneratório de valores percebidos, ainda que antes do advento da EC 41/2003, a título de vantagens pessoais (RE 606.358, Rel. Min. Rosa Weber, *DJe* de 7.4.2016).

O tema do limite ao poder de emenda à Constituição retornou recentemente ao Plenário do STF, desta feita com um desfecho diferente. Foi na apreciação do RE 612.975 e do RE 602.043, Rel. Min. Marco Aurélio, *DJe* de 8.9.2017, culminando na edição dos Temas 377 e 384 da Repercussão Geral do STF. Nestes casos, restou decidido que, nas situações jurídicas em que a CF autoriza a acumulação de cargos, o teto remuneratório deve ser considerado em relação à remuneração de cada um deles, e não ao somatório do que recebido. Ao longo da fundamentação dos votos dos Ministros restou consignada a inconstitucionalidade da alteração do art. 40, § 11, da Constituição, mediante a Emenda Constitucional n. 20/98.

Pela redação atual do art. 37, XI, portanto, incluem-se nos tetos e subtetos, considerando-se a remuneração bruta dos agentes públicos (ver o Tema 639 da Repercussão Geral, RE 675.978, Rel. Min. Cármen Lúcia, *DJe* de 2.6.2015), todas as vantagens de natureza remuneratória percebidas pelos agentes públicos, sem exceção, mas continuam excluídas dele as parcelas de natureza indenizatória previstas em lei, tal como expressamente reconhece o § 11 do art. 37, acrescentado pela Emenda Constitucional n. 47, de 5.7.2005. Com o intuito de driblar o teto remuneratório, multiplicam-se iniciativas para instituir as mais diversas formas de benefícios de natureza indenizatória, o que, sob o ponto de vista da fidedignidade do teto constitucional, é um retrocesso.

Teto dos Procuradores Municipais

A definição dos novos tetos remuneratórios, mediante a Emenda Constitucional n. 41/03, contudo, não está infensa a divergências: questionou-se, por exemplo, a submissão da remuneração dos Procuradores Municipais ao teto remuneratório correspondente ao subsídio do Prefeito ou ao subsídio dos Desembargadores, notadamente por uma interpretação literal da parte final do inciso XI do art. 37. Este tema, após a última edição desta obra, foi apreciado no âmbito do STF, com repercussão geral reconhecida no RE 663.696/MG (Tema 510), Rel. Min. Luiz Fux, fixando-se a tese de que "a expressão 'Procuradores', contida na parte final do inciso XI do art. 37 da Constituição da República, compreende os Procuradoes Municipais, uma vez que estes se inserem nas funções essenciais à Justiça, estando, portanto, submetidos ao teto de noventa e cinco inteiros e vinte e cinco centésimos por cento do subsídio mensal, em espécie, dos Ministros do Supremo Tribunal Federal".

Sobre este tema, considera-se, particularmente, que a Constituição da República é silente quanto aos Procuradores Municipais, contemplando apenas os Procuradores estaduais e distritais no art. 132 e art. 69 do ADCT, além da Advocacia Geral da União (art. 131). Trata-se de silêncio eloquente ditado pelo simples bom senso, pois existem Municípios de todos os portes, que comportam ou não a instituição de uma procuradoria: a Constituição deixou aberta a possibilidade de que cada um dos Municípios, no exercício de sua autonomia, decida sobre a criação ou não de uma procuradoria ou de cargos de procuradores (DALLARI In: WAMBIER, 1999). Dessa forma, a remissão a Procurador somente poderia ser atinente aos estaduais e distritais.

Ademais, não seria razoável supor que os Procuradores Municipais, como servidores administrativos, pudessem ter seus subsídios superiores ao da máxima autoridade do Poder Executivo Municipal, que é o Prefeito. Isto criaria uma casta privilegiada de servidores municipais, para além de importar violação à autonomia orçamentária e financeira, decorrente do princípio federativo (arts. 1º, 18, 29, 30, 34, VII, "c", 39), notadamente por estabelecer interferência no estabelecimento da política remuneratória dos Municípios, com limitações constantes da própria Constituição (art. 169, regulamentado pela Lei Complementar n. 101/2000 – arts. 19 e 20). Enfim, o próprio princípio federativo se ressente dessa interpretação, *concessa venia*.

A prestigiar o princípio federativo neste tema, veja-se a tese firmada pelo STF no julgamento da ADI 6.843, de relatoria do Min. Roberto Barroso: "É inconstitucional a fixação, pelos estados, de subteto constitucional extensível aos servidores municipais, por força do art. 37, XI, da CF".

Teto nas empresas estatais dependentes

O teto remuneratório do inciso XI do art. 37 abrange, ainda, os salários das empresas públicas, sociedades de economia mista e suas subsidiárias que recebam recursos da União, Estados, Distrito Federal ou Municípios para pagamento de despesas de pessoal e de custeio em geral (§ 9º do art. 37). As empresas estatais e suas subsidiárias verdadeiramente autônomas estão excluídas da incidência do teto constitucional de remuneração, podendo pagar a seus dirigentes e empregados salários que lhe sejam superiores ao abrigo da Constituição.

Nesse sentido, o Supremo Tribunal Federal, no julgamento da ADI 6.584, suspende a eficácia de dispositivo da lei orgânica do Distrito Federal, que estendeu o teto remuneratório do funcionalismo público indiscriminadamente a todas as empresas públicas, sociedades de economia mista e suas subsidiárias. De acordo com o relator "ao determinar que todos os funcionários de empresas públicas, sociedades de economia mista e subsidiárias, se sujeitem ao teto salarial, incluídas as que não recebem recursos da Fazenda Pública viola a Constituição Federal".

Mais recentemente, tal entendimento foi reafirmado no julgamento da ADI 3.396, Rel. Min. Nunes Marques.

Teto na acumulação lícita de cargos, empregos e funções públicos

Relativamente à incidência do teto nos casos de acumulação lícita de cargos, empregos e funções, o STJ assumiu posição inicial no sentido de que a incidência do teto levaria em conta o somatório das remunerações acumuláveis, no julgamento do RMS 33.171/DF, Rel. Min. Mauro Campbell Marques, *DJe* de 14/06/2011, mas a posição restou retificada a partir do julgamento do RMS 33.170/DF, Rel. p/ acórdão Min. César Asfor Rocha, *DJe* de 7-8-2012, como também no julgamento do RMS 38.682/ES, Rel. Min. Herman Benjamin, *DJe* de 5-11-2012. Prevaleceu no STJ a orientação de que a incidência do teto se dá de maneira isolada sobre cada um dos vínculos de trabalho do agente público.

Sustentei já na primeira edição destes comentários que a posição mais recente do STJ, a da incidência isolada do teto, era o mais correto e haveria de prevalecer, fundamentalmente pela exigência de compatibilidade de horário no exercício cumulativo dos cargos, empregos e funções – o que já evidenciava que o servidor se submeteria a dupla jornada de trabalho. Além disso, a norma que autorizava a cumulação era oriunda da Constituição originária, ao passo que o teto, conforme previsto no inciso XI, era obra do constituinte reformador. Como lecionou Bobbio, "em cada ordenamento o ponto de referência último de todas as normas é o poder originário" (BOBBIO, 1989).

No STF, o tema foi objeto do RE 612.975 e do RE 602043, com repercussão geral, Rel. Min. Marco Aurélio, em 27 de abril de 2017, fixando o Tema 377, *verbis*: "Nos casos autorizados constitucionalmente de acumulação de cargos, empregos e funções, a incidência do art. 37, inciso XI, da Constituição Federal pressupõe consideração de cada um dos vínculos formalizados, afastada a observância do teto remuneratório quanto ao somatório dos ganhos do agente público".

O CNJ, no mesmo sentido, já havia editado a Resolução n. 13, de 21.03.2006, excluindo do teto remuneratório a remuneração ou provento decorrente do exercício do magistério.

Sempre me pareceu que também este deveria ser o raciocínio a ser empregado quanto à acumulação de vencimentos ou subsídios com proventos de aposentadoria decorrentes do art. 40 da Constituição, da mesma forma quando os cargos fossem acumuláveis na atividade, sendo bastante para essa conclusão a previsão do § 10 do art. 37 da Constituição (*ubi eadem ratio ibi idem jus*).

Todavia, como destacou Fabrício Motta (Soma e subtração na acumulação de cargos públicos, artigo publicado na coluna *Interesse Público*, do *site Conjur*), o TCU, na apreciação do Acórdão n. 1994/2015-Plenário, Rel. Min. Benjamin Zymler, registrou que tal situação não se daria durante a inatividade. Nesses casos, a submissão ao teto ocorreria mediante a soma dos rendimentos oriundos dos diferentes vínculos funcionais, nos termos do art. 40, § 11, da Constituição. Veja-se:

"Art. 40, § 11 – Aplica-se o limite fixado no artigo 37, XI, à soma total dos proventos de inatividade, inclusive quando decorrentes da acumulação de cargos ou empregos públicos, bem como de outras atividades sujeitas a contribuição para o regime geral de previdência social, e ao montante resultante da adição de proventos de inatividade com remuneração de cargo acumulável na forma desta Constituição, cargo em comissão declarado em lei de livre nomeação e exoneração, e de cargo eletivo".

Do voto condutor do Ministro Zymler, colhe-se o argumento de que "há, sim, comando constitucional expresso que limita o valor do somatório de proventos com quaisquer outros rendimentos provenientes dos cofres públicos. Tal é o § 11 do artigo 40, norma de regência a ser observada quando envolvidas acumulações de proventos com proventos ou de proventos com vencimentos. Aqui, enfatizo, não se apresenta nenhuma distinção entre os cargos ou atividades que dão ensejo ao benefício previdenciário (...). Portanto, ainda que a acumulação de cargos não tenha sido amparada no artigo 37, inciso XVI, do texto constitucional, como nos casos de juízes e procuradores que exercem o magistério público, uma vez envolvido o pagamento de benefício previdenciário em qualquer dos vínculos funcionais originários, é a soma dos rendimentos que deve ser confrontada com o teto remuneratório. Isso, insisto, por força do § 11 do artigo 40 da Carta Política, norma de eficácia plena e, por sua literalidade, de abrangência inequivocamente estabelecida, consoante, diga-se de passagem, já reconhecido em precedente do STF que tratou da percepção cumulada de duas aposentadorias (cf. MS 24.448-8)".

Ainda no mesmo voto, o Min. Zymler discorreu que "não é demais salientar que os institutos de vencimentos e proventos são distintos. O primeiro tem caráter retributivo, circunstância que atrai inúmeras salvaguardas para o servidor, chegando mesmo a suscitar – como visto – fundados questionamentos quanto à real possibilidade de sua redução em face, tão só, da acumulação com outro cargo público. O segundo, por outro lado, tem natureza previdenciária, ou seja, seu objetivo precípuo é assegurar o sustento do ex-servidor e de seus dependentes na velhice, na doença ou na sua falta, o que amplia a margem de atuação do legislador na definição das condições e valores de cobertura. É certo que os proventos não constituem mera liberalidade ou favor do Estado, sendo, antes, direito conquistado pelo trabalhador mediante contribuições regulares feitas ao longo de vários anos. No entanto, os regimes públicos de previdência têm, por definição, caráter solidário, o que justifica, e mesmo pressupõe, o estabelecimento de condicionantes e limitadores para a concessão dos benefícios".

A questão é complexa e merece alguma ordem de consideração, até mesmo como contributo ao debate. Necessário avaliar pelo menos três dispositivos constitucionais, notadamente os arts. 37, inc. XVI, 37, § 10, e 40, § 11.

Sobre o art. 37, XVI, da Constituição, não há dúvida de que a seu propósito o STF fixou a orientação do Tema 377, demonstrando que o exercício simultâneo de cargos públicos acumuláveis na atividade (também empregos ou funções, na dicção do inciso XVII) atrai a incidência isolada do teto remuneratório sobre cada um desses vínculos.

Na mesma assentada, contudo, foram tratados, ao longo dos votos dos ministros do STF, o art. 37, § 10, e o art. 40, § 11, ambos introduzidos pela EC n. 20/98. O primeiro traz uma regra de acumulação típica, ao permitir que um indivíduo já aposentado possa exercer (e possa receber a contraprestação pecuniária) outro cargo acumulável na atividade, um cargo em comissão ou um cargo eletivo. Já o art. 40, § 11, explicita a incidência do teto remuneratório sobre a soma de proventos decorrente de cargos acumuláveis na atividade (primeira parte) e sobre o resultado da soma de proventos de um cargo acumulável com a remuneração de outro (segunda parte), numa aproximação semântica e substantiva com a expressão "percebidos cumulativamente ou não", constante do art. 37, XI da Constituição.

Com efeito, a primeira parte do art. 40, § 11, impõe a observância do teto na "soma total dos proventos de inatividade, inclusive quando decorrentes da acumulação de cargos ou empregos públicos, bem como de outras atividades sujeitas à contribuição para o regime geral de previdência social", ao passo que a segunda parte trata do "montante resultante da adição de proventos de inatividade com remuneração de cargo acumulável na forma desta Constituição, cargo em comissão declarado em lei de livre nomeação e exoneração, e de cargo eletivo".

A apreciação dos votos que compõem o inteiro teor dos Acórdãos dos Recursos Extraordinários que levaram à edição do Tema 377 do STF apresenta repostas acerca da inviabilidade da "soma" e da "adição" de proventos com proventos e de proventos com vencimentos, literalmente determinada pelo art. 40, § 11, da Constituição, na esteira do que decidido sobre o art. 37, XVI.

Veja-se o voto condutor da lavra do Ministro Marco Aurélio: "Cabe idêntica conclusão quanto ao artigo 40, § 11 da Carta Federal, sob pena de criar-se situação desigual entre ativos e inativos, de acumulação de cargos, empregos e funções públicas, alusivas a vencimento, subsídio, remuneração oriunda do exercício de cargos em comissão, proventos e pensões, ainda que os vínculos digam respeito a diferentes entes federativos. Como fiz ver ao votar em sessão administrativa de 4 de fevereiro de 2004, consubstancia direito e garantia individual o acúmulo tal como estabelecido no inciso XVI do artigo 37, a encerrar a prestação de serviços com a consequente remuneração, ante os diversos cargos contemplados, gerando situação jurídica na qual os valores devem ser recebidos na totalidade. A óptica da retenção de valores, tendo em conta o somatório dos ganhos, não resolve sequer casos concretos relevantes: o limitador incidiria sobre qual das remunerações? É possível ao servidor optar pelo vencimento a ser atingido? Havendo duas fontes pagadoras distintas, qual entidade federativa se beneficiaria da redução de despesa? Como considerar o parâmetro máximo quando as relações jurídicas envolvem entes e órgãos dotados de autonomia constitucional? Então, ainda que não se considere a autorização constitucional de acumulação, o quadro evidencia o acerto do acórdão recorrido, ante o princípio da segurança jurídica. Deu-se o exercício simultâneo e a percepção remuneratória iniciados há mais de duas décadas, a revelar a inadequação da incidência da Emenda Constitucional n. 41/2003 e, também, da Emenda Constitucional n. 20/1998, no que introduziu o § 11 ao artigo 40 do Diploma Maior".

Como se vê, o voto condutor do acórdão foi no sentido de que a Emenda Constitucional n. 19/98 (atualmente EC 41/2003) alterou inconstitucionalmente a regra do art. 37, XI, mediante o inserir da expressão "percebidos cumulativamente ou não". Da mesma forma, considera-se inconstitucional, sem redução de texto, interpretação que prestigie a incidência do art. 40, § 11 (incluído pela EC 11/98) em hipóteses admitidas de acumulação.

Teto na acumulação de pensão, proventos e vencimentos

Relativamente às pensões – e por questão de coerência interpretativa elas também deveriam se submeter ao teto de maneira isolada, até porque literalmente o art. 40, § 11, somente faz menção a proventos de inatividade. Se o servidor percebesse remuneração de cargo ou emprego ou aposentadoria decorrente do art. 40 (cargo efetivo) e percebesse ainda pensão na condição de beneficiário, cada um desses valores deve se submeter a teto próprio, isoladamente. Este foi o entendimento que o Supremo Tribunal Federal adotou no julgamento do Ag Reg no RE 612.764, Rel. Min. Roberto Barroso em que afirmou que, "quisesse o constituinte obstar a percepção de pensão por morte concomitantemente com remuneração de cargos públicos cumuláveis, tê-lo-ia feito expressamente, mas, pelo contrário, garantiu ambos os direitos e, adredemente ou não, fato é que fê-lo em dispositivos sequenciais, o que demonstra a sua não intenção de que um direito importasse na exclusão do outro.

Não obstante, no julgamento, com repercussão geral, do RE 602.584 (Tema 359), Rel. Min. Marco Aurélio, fixou-se a tese segundo a qual "ocorrida a morte do instituidor da pensão em momento posterior ao da Emenda Constitucional n. 19/1998, o teto constitucional previsto no inciso XI do artigo 37 da Constituição Federal incide sobre o somatório de remuneração ou provento e pensão percebida por servidor".

Art. 37, XII – os vencimentos dos cargos do Poder Legislativo e do Poder Judiciário não poderão ser superiores aos pagos pelo Poder Executivo;

Luciano de Araújo Ferraz

A – REFERÊNCIAS

1. História da norma

Redação originária: XII – os vencimentos dos cargos do Poder Legislativo e do Poder Judiciário não poderão ser superiores aos pagos pelo Poder Executivo;

O inciso XII do art. 37, que versa sobre a isonomia remuneratória entre os Poderes, mantém a redação originária da Constituição de 1988.

2. Constituições brasileiras anteriores

Constituição da República Federativa do Brasil de 1967 (redação dada pela EC n. 1/69) (art. 98).

3. Constituições estrangeiras

Constituição da República Portuguesa (art. 59, item 1, "a").

4. Direito internacional

Declaração Universal de Direitos Humanos de 1948 (art. XXIII, item 2).

5. Remissões constitucionais e legais

Art. 2º; art. 37, X; art. 39, §§ 1º e 4º; art. 40; art. 96, II; art. 127, § 2º, e art. 169, CR/88.

6. Jurisprudência

BRASIL. Supremo Tribunal Federal. ADI 6.939/GO, Rel. Min. Roberto Barroso, *DJe* 05.09.2022;

BRASIL. Supremo Tribunal Federal. ADI 6.950/DF, Rel. Min. Roberto Barroso, *DJe* 25.03.2022;

BRASIL. Supremo Tribunal Federal. RE 759518, Rel. Min. Gilmar Mendes, *DJe* 24.11.2014;

BRASIL. Supremo Tribunal Federal. RE 504351/RS, Rel. Min, Cármen Lúcia, *DJe* 08.05.2014;

BRASIL. Supremo Tribunal Federal. ADI 603, voto, Min. Eros Grau, *DJ* 6.10.2006;

BRASIL. Supremo Tribunal Federal. RE 201499/PE, Rel. Min. Sepúlveda Pertence, *DJ* 29.05.1998;

BRASIL. Supremo Tribunal Federal. ADI 14/DF, Rel. Min. Célio Borja, *DJ* 01.12.1989.

BRASIL. Superior Tribunal de Justiça, ROMS 930/SE, Rel. Min. Milton Luiz Pereira, *DJ* 16-11-1992.

7. Referências bibliográficas

ATALIBA, Geraldo. Da irredutibilidade de vencimentos. *Revista da AMAGIS*, v. 1, n. 1, 1983, p. 90-2.

CARVALHO FILHO, José dos Santos. *Manual de Direito Administrativo*. 8. ed. Rio de Janeiro: Lumen Iuris, 2001. p. 539.

DI PIETRO, Maria Sylvia Zanella. O que muda na remuneração dos servidores? *Boletim de Direito Administrativo*, jul. 1998, p. 421-8.

MAZZILI, Hugo Nigro. A isonomia de vencimentos à luz da Constituição de 1988. *Justitia – Órgão do Ministério Público de São Paulo*, n. 144.

POZZO, Antônio Araldo Ferraz Dal; MAZZILI, Hugo Nigro; BURLE FILHO, José Emmanuel. A isonomia de vencimentos na Constituição de 1988. *Justitia – Órgão do Ministério Público de São Paulo*, n. 147.

SILVA, José Afonso da. *Curso de Direito Constitucional Positivo*. São Paulo: RT, 1991.

B – ANOTAÇÕES

O inciso XII do art. 37 é o único dispositivo da Constituição atinente à remuneração de servidores públicos, que mantém incólume sua redação original. A regra é certamente inspirada no *caput* do art. 98 da Constituição de 1967, incluído pela Emenda Constitucional n. 1/69, e dispõe que os vencimentos dos cargos dos Poderes Legislativo e Judiciário não poderão ser superiores aos pagos pelo Poder Executivo.

Expressão nítida do princípio constitucional da isonomia (art. 5º, *caput*, CR), o inciso XII do art. 37 é parelho ao art. 23, II, da Declaração dos Direitos Humanos da ONU, de 10.12.48: "Todo homem, sem qualquer distinção, tem direito a igual remuneração por igual trabalho", e encontra disposições semelhantes no âmbito da legislação infraconstitucional trabalhista (arts. 460 e 461 da CLT).

Com efeito, o dispositivo em exame ligava-se ao antigo § 1º do art. 39 da Constituição originária (suprimido pela Emenda Constitucional n. 19/98), segundo o qual a lei asseguraria aos servidores da administração direta (também das autarquias e fundações públicas), isonomia de vencimentos para cargos de atribuições iguais ou assemelhados do mesmo Poder ou entre servidores dos Poderes Executivo, Legislativo e Judiciário, ressalvadas as vantagens de caráter individual e as relativas à natureza ou ao local de trabalho.

Nesse sentido foi a decisão do Supremo Tribunal Federal, no julgamento da ADI n. 14-4/DF, Rel. Min. Célio Borja, *DJ* 11.12.89, ao verberar que, "em ambos os dispositivos, a Constituição toma as expressões vencimentos do cargo com vista a um mesmo fim e no contexto de um só tema que é a isonomia de vencimentos dos cargos do mesmo Poder ou entre servidores do Legislativo, Judiciário e Executivo (art. 39, § 1º), sob o paradigma dos vencimentos pagos por este último (art. 37, XII)", não havendo, pois, de se "confundir tal contexto com o do inciso XI do artigo 37 da Constituição".

A despeito de a regra do inciso XII silenciar, para fins da isonomia prescrita, quanto à necessidade de verificação do cargo em si, de suas atribuições e dos cargos ditos assemelhados, a pertinência temática com o § 1º do art. 39 deixava ver que o constituinte elegera como parâmetro para a verificação da isonomia as atribuições típicas de cada cargo: a isonomia dependeria, portanto, da constatação da igualdade ou similitude das atribuições dos cargos (SILVA, 1991), seja no âmbito de um determinado Poder, seja entre cargos pertencentes a Poderes distintos (paridade). Em suma: entre cargos desiguais não se legitimava a isonomia (BRASIL. Superior Tribunal de Justiça. ROMS, 1500/MG, Rel. Min. Américo da Luz, 2ª Turma, *DJ* 20.02.1995).

A necessidade de verificação da similitude de atribuições dos cargos afastava a possibilidade de cogitação de isonomia entre cargos com atribuições peculiares no mesmo Poder, bem como entre cargos cujas atribuições não se encontravam amiúde nos demais Poderes, pois, "existindo cargos no Poder Legislativo (ou no Poder Judiciário) sem similar no Poder Executivo, não se há de cogitar de igualdade de vencimentos por ausência de paradigma" (BRASIL. Supremo Tribunal Federal. ADI n. 48-9/RS, Rel. Min. Maurício Corrêa, *DJ* 18.10.2002). O STF, por meio do Plenário Virtual, assentou que "não se admite a paridade de proventos entre categorias diversas ou entre servidores efetivos e agentes políticos, porquanto é uníssona a jurisprudência da Corte quanto à impossibilidade de vinculação de vencimentos de cargos distintos. Dessa forma, ao vincular a remuneração de servidores de cargo efetivo com subsídios de agentes políticos, isto é com o maior cargo em comissão na estrutura de Poder, na espécie, de secretário de Estado, a norma em comento é materialmente inconstitucional" (RE 759518, Rel. Min. Gilmar Mendes, *DJe* 24.11.2014).

Logo, só se deve cogitar de aplicabilidade do inciso XII do art. 37 relativamente aos cargos de nível administrativo, excluindo-se, destarte, os membros de Poder (os membros do Ministério Público e dos Tribunais de Contas), haja vista que quanto a estes é impossível pretender identidade ou semelhança de atribuições num e noutro Poder. Existem interessantes decisões do STF no julgamento das ADIs 6.939, 6.950 e 6.945, no sentido de que "não estabelece equiparação remuneratória inconstitucional a norma que autoriza o auditor de contas a receber os mesmos vencimentos e vantagens do conselheiro, quando estiver atuando em sua substituição. Por se tratar do exercício temporário das mesmas funções, admite-se o pagamento da mesma remuneração, por critério de isonomia".

Registre-se que o inciso XII do art. 37, por não fazer alusão à necessidade de lei para a estipulação gradual da isonomia que prescreve, deu azo a que ocupantes de cargos com semelhança de atribuições fossem a juízo buscar vencimentos idênticos ao de seus paradigmas no Poder Executivo e vice-versa, sem que percebessem que a pretensão esbarrava na Súmula Vinculante 37, que corresponde à antiga Súmula 339 do STF: "Não cabe ao Poder Judiciário, que não tem função legislativa, aumentar vencimentos de servidores públicos sob fundamento de isonomia".

Em outras palavras, a paridade ditada pelo dispositivo é dirigida ao legislador, no momento de estabelecer, em lei, os vencimentos de cada cargo, não sendo, desta feita, autoaplicável o *teto específico* (referido ao Poder Executivo) prescrito pelo inciso XII: não se aplica o dispositivo constitucional sem prévia lei (BRASIL. Superior Tribunal de Justiça, ROMS 930/SE, Rel. Min. Milton Luiz Pereira, 1ª Turma, *DJ* de 16.11.1992), pois "o que o inciso XII, artigo 37, da Constituição cria é um limite, não uma relação de igualdade. Ora esse limite reclama, para implementar-se, intervenção legislativa uma vez que já não havendo paridade, antes do advento da Constituição, nem estando, desse modo, contidos os vencimentos, somente por redução dos que são superiores aos pagos pelo Executivo, seria alcançável a parificação prescrita" (BRASIL. Supremo Tribunal Federal. ADI 603-7/RS, Rel. Min. Eros Grau).

Com efeito, não seria possível cogitar-se do estabelecimento automático da paridade, sem que houvesse a determinação, mediante lei (de cada esfera da Federação), do patamar de vencimentos dos cargos do Poder Executivo que serviria de paradigma para os demais Poderes. Mesmos assim, haver-se-ia de se perceber que os antigos ocupantes desses cargos, desde que já percebessem valores além do teto fixado como paradigma, não poderiam sofrer redução no montante total a que fazem jus, por força da garantia à irredutibilidade dos vencimentos (art. 37, XIV, CR).

Logo, embora se reconheça que com as alterações do inciso XI do art. 37, determinadas pelas Emendas Constitucionais n. 19/98 e 41/03, o dispositivo em exame possa ter sua aplicabilidade questionada (CARVALHO FILHO, 2001), é possível que as entidades da Federação, mediante lei, estabeleçam, para o futuro, a paridade almejada, editando regras de transição para acomodar, com respeito aos direitos adquiridos e ao princípio da segurança jurídica, as situações pretéritas aos novos comandos legislativos editados.

Art. 37, XIII – é vedada a vinculação ou equiparação de quaisquer espécies remuneratórias para o efeito de remuneração de pessoal do serviço público;

Luciano de Araújo Ferraz

A – REFERÊNCIAS

1. História da norma

Redação originária: é vedada a vinculação ou equiparação de vencimentos, para o efeito de remuneração de pessoal do serviço público, ressalvado o disposto no inciso anterior e no art. 39, § 1º.

Redação dada pela EC n. 19, de 04.06.1998: é vedada a vinculação ou equiparação de quaisquer espécies remuneratórias para o efeito de remuneração de pessoal do serviço público.

A norma em questão reedita dispositivo presente na ordem jurídica brasileira, sob a égide da Constituição anterior, a saber, arts. 96 e 106 da Constituição de 1967. A redação original de 1988 foi alterada em função da EC n. 19, de 04.06.1998, estendendo sua incidência aos agentes cuja retribuição pecuniária passa a ser realizada mediante subsídio.

2. Constituições brasileiras anteriores

Constituição da República Federativa do Brasil de 1967 (arts. 96 e 106). Constituição da República Federativa do Brasil de 1967 (redação dada pela EC n. 1/69) (art. 98, parágrafo único).

3. Constituições estrangeiras

Sem dispositivo semelhante.

4. Remissões constitucionais e legais

Art. 39, § 1º; art. 73, § 3º; art. 93, V; art. 142, § 3º, VIII; e art. 169, § 1º, CR/88.

5. Jurisprudência

Súmula Vinculante

É inconstitucional a vinculação do reajuste de vencimentos de servidores estaduais ou municipais a índices federais de correção monetária. [Súmula Vinculante 42].

BRASIL. Supremo Tribunal Federal. ADI 1.756, Rel. Min. Roberto Barroso, DJe 4.11.2015;

BRASIL. Supremo Tribunal Federal. ARE 665.632 RG, Rel. Teori Zavascki, DJe 28.04.2015, Tema 806;

BRASIL. Supremo Tribunal Federal. ADI 668, Rel. Min. Dias Toffoli, DJe 28.03.2014;

BRASIL. Supremo Tribunal Federal. RE 759.518 RG, voto do Rel. Min. Gilmar Mendes, DJe 24.11.2014, Tema 737;

BRASIL. Supremo Tribunal Federal. RE n. 499.898/DF AgR, Rel. Min. Dias Toffoli, DJe 15.08.2012;

BRASIL. Supremo Tribunal Federal. ADI 955, Rel. Min. Sepúlveda Pertence, DJ 25.08.2006;

BRASIL. Supremo Tribunal Federal. ADI 507/AM, Rel. Min. Celso de Mello, DJ 08.08.2003;

BRASIL. Supremo Tribunal Federal. ADI 1227, Rel. Min. Maurício Corrêa, DJ 29.11.2002;

BRASIL. Supremo Tribunal Federal. RE 303.673, Rel. Min. Moreira Alves, DJ 14.06.2002;

BRASIL. Supremo Tribunal Federal. RE 226.462, Rel. Min. Sepúlveda Pertence, DJ 25.05.2001;

BRASIL. Supremo Tribunal Federal. RE 222.656, Rel. Min. Otávio Gallotti, DJ 16.06.2000;

BRASIL. Supremo Tribunal Federal. RE 201.458, Rel. Min. Octávio Gallotti, DJ 17.09.1999;

BRASIL. Supremo Tribunal Federal. ADI-MC n. 1977/PB, Rel. Min. Sydney Sanches, decisão 02.08.1999, Informativo n. 156;

BRASIL. Supremo Tribunal Federal. ADI n. 1714-7, Rel. Min. Néri da Silveira, DJ 23.04.1999;

BRASIL. Supremo Tribunal Federal. AI 218.095-AgR, Rel. Min. Octavio Gallotti, DJ 05.02.1999;

BRASIL. Supremo Tribunal Federal. RE 210.682, Rel. Min. Ilmar Galvão, DJ 28.08.1998;

BRASIL. Supremo Tribunal Federal. RE 181.715, Rel. Min. Marco Aurélio, DJ 07.02.1997;

BRASIL. Supremo Tribunal Federal. AO 317/SC, Rel. Min. Maurício Corrêa, DJ 15.12.1995;

BRASIL. Superior Tribunal de Justiça. Súmula 378;

BRASIL. Superior Tribunal de Justiça. AgRg no AREsp 188.624/GO, Rel. Min. Ari Pargendler, DJe 09.05.2013;

BRASIL. Superior Tribunal de Justiça. RMS 12565/SP, Rel. Min. Maria Thereza de Assis Moura, DJ 26.11.2007;

BRASIL. Superior Tribunal de Justiça. RMS 16253/RO, Rel. Min. Paulo Medina. DJ 02.04.2007;

BRASIL. Superior Tribunal de Justiça – RMS n. 1188/RJ, Rel. Min. Garcia Vieira, DJ 23.03.1992.

6. Referências bibliográficas

ARAUJO, Florivaldo Dutra de. Teto remuneratório e vantagens pessoais: a posição do Supremo Tribunal Federal. *Revista de Direito Municipal*, n. 12, abr./jun. 2004, p. 155.

ATALIBA, Geraldo. Da irredutibilidade de vencimentos. *Revista da AMAGIS*, v. 1, n. 1, 1983, p. 90-2.

DI PIETRO, Maria Sylvia Zanella. O que muda na remuneração dos servidores? *Boletim de Direito Administrativo*, jul. 1998, p. 421-8.

MAZZILI, Hugo Nigro. A isonomia de vencimentos à luz da Constituição de 1988. *Justitia – Órgão do Ministério Público de São Paulo*, n. 144.

DAL POZZO, Antônio Araldo Ferraz; MAZZILI, Hugo Nigro; BURLE FILHO, José Emmanuel. A isonomia de vencimentos na Constituição de 1988. *Justitia – Órgão do Ministério Público de São Paulo*, n. 147.

ROCHA, Cármen Lúcia Antunes. *Princípios Constitucionais dos Servidores Públicos*. São Paulo: Saraiva, 2000. p. 332.

SILVA, José Afonso da. *Curso de Direito Constitucional Positivo*. São Paulo: RT, 1991.

B – ANOTAÇÕES

A regra do inciso XIII do art. 37, que veda vinculações e equiparações remuneratórias no âmbito do serviço público, repete o teor dos arts. 96 e 106 (parte final) da Constituição de 1967 e do parágrafo único do art. 98 da Emenda Constitucional n. 1/69.

A inclusão dessa regra, desde 1967, pretendeu afastar abusos cometidos sob a égide das Constituições anteriores, especialmente a de 1946 (ROCHA, 2000): "o que o constituinte quis impedir foi a subtração aos administradores da pecúnia pública da faculdade de dosar despesas de pessoal, de acordo com as possibilidades do Erário e a oportuna avaliação da utilidade dos cargos para o serviço público e da justa retribuição dos ocupantes" (BRASIL. Supremo Tribunal Federal – voto do Min. Célio Borja, Representação n. 1.370/GO, RTJ 123/24)

Na redação original, o dispositivo mencionava a vedação de vinculações e equiparações relativamente aos vencimentos (do cargo), ressalvando a paridade do inciso XII e a isonomia do § 1º do art. 39, CR. A Emenda Constitucional n. 19/98 ampliou essa vedação a quaisquer espécies remuneratórias – continuam excluídas as parcelas indenizatórias –, de modo a abarcar vencimentos (também o vencimento básico – STF – AI 218.095-AgR, Rel. Min. Octavio Gallotti, DJ 5.2.99), adicionais, vantagens, subsídios.

Supera-se, a partir dessa Emenda, discussão acerca da extensão do obstáculo do preceito aos agentes políticos, entendimento este que já foi objeto de anterior posicionamento do Supremo Tribunal Federal, segundo o qual a referência contida no inciso XIII do art. 37 à remuneração de pessoal do serviço público restringia o preceito aos servidores em geral (BRASIL. Supremo Tribunal Federal. RE 181.715, Rel. Min. Marco Aurélio, *DJ* de 7.2.97). Nesse sentido, o STF, no julgamento da ADI 6.468, Rel. Min. Edson Fachin, fixou o entendimento de que "A Constituição da República veda a vinculação das espécies remuneratórias de agentes políticos como Deputados Estaduais, Governadores e Vice-Governadores, limitando, assim, os efeitos sistêmicos de aumentos de remuneração automáticos".

A vinculação estabelece elo vertical-hierárquico entre cargos de maior retribuição pecuniária com outros de menor retribuição, em ordem a que o aumento concedido ao cargo paradigma traga reflexo automático para os demais situados em nível inferior de hierarquia; a equiparação, por sua vez, estabelece elo horizontal de igualação remuneratória entre cargos ontologicamente desiguais, para o efeito de lhes darem vencimentos idênticos, de tal sorte que, ao aumentar-se o padrão do cargo paradigma automaticamente o do outro ficará também majorado na mesma proporção (SILVA, 1991).

Note-se que o inciso XIII do art. 37 direciona-se ao legislador (de cada entidade da Federação), que fica impedido de editar leis que tragam em seu bojo as figuras constitucionalmente vedadas. Isso porque se ressalvam da vedação "as hipóteses expressamente autorizadas em sede constitucional" (BRASIL. Supremo Tribunal Federal. ADI 507, Rel. Min. Celso de Mello, *DJ* de 8.8.03).

Assim, por exemplo, o art. 93, V, primeira parte, estabelece vinculação lícita entre o subsídio dos Ministros dos Tribunais Superiores e o subsídio dos Ministros do Supremo Tribunal Federal, ao determinar que aquele corresponderá a noventa e cinco por cento deste; e o art. 73, § 3º, estabelece equiparação lícita, ao prescrever que os Ministros do Tribunal de Contas da União terão os mesmos vencimentos e vantagens dos Ministros do Superior Tribunal de Justiça.

Como se vê, as vinculações e equiparações, conquanto conceitualmente distintas, produzem o mesmo efeito prático: o aumento remuneratório, por via reflexa, de determinados grupos de agentes públicos, pelo fato de outros agentes (hierarquicamente superiores ou com status equivalente na estrutura estatal) terem sido beneficiados pelo acréscimo pecuniário.

A jurisprudência do STF e do STJ, com base no inciso XIII do art. 37, entende ser inconstitucional:

a) vinculação do reajuste de vencimentos de servidores estaduais e municipais a índices federais de correção monetária (Súmula Vinculante 42, que corresponder à antiga Súmula 681 do STF);

b) vinculação de cargos de último grau na carreira da Advocacia Pública, com seu dirigente máximo (BRASIL. Supremo Tribunal Federal. ADI 955, Rel. Min. Sepúlveda Pertence, *DJ* de 25.8.06);

c) fixação de vencimentos de cargos comissionados por meio de equivalência com outros cargos (BRASIL. Supremo Tribunal Federal. ADI 1227, Rel. Min. Maurício Corrêa, *DJ* de 29.11.02);

d) reajuste automático de vencimentos dos servidores públicos, vinculado mensalmente ao coeficiente de crescimento nominal de arrecadação de tributo (BRASIL. Supremo Tribunal Federal. AO 317/SC, Rel. Min. Maurício Corrêa, *DJ* de 15.12.95);

e) vinculação de vencimentos de cargos efetivos ao salário mínimo vigente (BRASIL. Supremo Tribunal Federal. RE 210.682, Rel. Min. Ilmar Galvão, *DJ* de 28.8.98);

f) equiparação de categorias de agentes públicos pertencentes a carreiras distintas (BRASIL. Superior Tribunal de Justiça. RMS 16253/RO, Rel. Min. Paulo Medina. *DJ* de 02.04.07; BRASIL. Superior Tribunal de Justiça. RMS 12565/SP, Rel. Min. Maria Thereza de Assis Moura, *DJ* 26.11.07);

g) equiparação remuneratória entre militares das Forças Armadas e policiais e bombeiros militares do Distrito Federal (BRASIL. Supremo Tribunal Federal. ARE 665632 RG/RN, Rel. Min. Teori Zavascki, *DJ* 28.04.15).

Por outro lado, entende a Suprema Corte não haver violação do aludido preceito (art. 37, XIII, CR), nos seguintes casos:

a) estabilização financeira (apostilamento) de servidores públicos, haja vista que a parcela outorgada aos beneficiários tem natureza de vantagem pessoal (BRASIL. Supremo Tribunal Federal. RE 303.673, Rel. Min. Moreira Alves, *DJ* 14.6.02; RE 226.462, Rel. Min. Sepúlveda Pertence, *DJ* 25.5.01);

b) percepção dos vencimentos de cargo distinto, pela circunstância de ter o servidor exercido as funções correspondentes (BRASIL. Supremo Tribunal Federal. RE 222.656, Rel. Min. Otávio Gallotti, *DJ* 16.6.00);

c) equiparação legislativa de vencimentos para cargos, pertencentes à mesma carreira, com atribuições iguais (BRASIL. Supremo Tribunal Federal. RE 201.458, Rel. Min. Octavio Gallotti, *DJ* 17.9.99).

O dispositivo tem pertinência também com hipóteses de desvio de função, não muito incomuns no dia a dia do serviço público brasileiro. De acordo com a Súmula 378 do STJ: "Reconhecido o desvio de função, o servidor faz jus às diferenças salariais decorrentes". Este entendimento também encontra eco na jurisprudência do STF, segundo a qual: "*o servidor tem direito, na forma de indenização, à percepção dos valores referentes à diferença da remuneração pelo período trabalhado em desvio de função, sob pena de enriquecimento sem causa do Estado. 2. Agravo regimental não provido*" (RE n. 499.898/DF AgR, Rel. Min. Dias Toffoli, Primeira Turma, julgado em 26.06.2012, *DJe* de 15.8.2012).

Mas o reconhecimento do direito à indenização não importa equiparar para todos os efeitos legais o servidor em desvio com o seu paradigma, justamente porque existe o óbice do art. 37, XIII, e também a regra do inciso II do art. 37 (concurso público). É dizer, o desvio de função garante ao servidor o direito à percepção de valores remuneratórios equivalentes, a título de indenização, conquanto não estabeleça perenemente (para o futuro) o direito a enquadramento funcional semelhante ao do servidor paradigma, tampouco a incorporação à remuneração respectiva da diferença valoral entre o cargo de origem e o do exercício desviado. Nesse sentido, a jurisprudência do STJ: "o servidor que desempenha função diversa daquela inerente ao cargo para o qual foi investido, embora não faça jus a reenquadramento, tem direito a perceber as diferenças remuneratórias relativas ao período, sob pena de se gerar locupletamento indevido pela Administração (AgRg no AREsp 188.624/GO, Rel. Min. Ari Pargendler, 1ª Turma, julgado em 02.05.2013, *DJe* 09.05.2013).

De toda sorte, o importante é perceber que a vedação ditada pelo inciso XIII do art. 37 é obsequiosa ao princípio constitucional da publicidade e à exigência de planejamento dos gastos de pessoal (art. 169, § 1º, CR), bem como à regra constitucional do concurso público.

Art. 37, XIV – os acréscimos pecuniários percebidos por servidor público não serão computados nem acumulados para fim de concessão de acréscimos ulteriores;

Luciano de Araújo Ferraz

A – REFERÊNCIAS

1. História da norma

Redação originária: XIV – os acréscimos pecuniários percebidos por servidor público não serão computados nem acumulados, para fins de concessão de acréscimos ulteriores, sob o mesmo título ou idêntico fundamento.

Redação dada pela EC n. 19, de 04.06.1998: os acréscimos pecuniários percebidos por servidor público não serão computados nem acumulados para fins de concessão de acréscimos ulteriores.

O inciso XIV do art. 37, na redação original, vedava o cômputo e acumulação de acréscimos pecuniários aos servidores públicos, sob o mesmo título e idêntico fundamento. A Emenda Constitucional n. 19, de 04.06.1998, suprimiu do preceito a expressão "sob o mesmo título ou idêntico fundamento", ampliando dessa maneira o campo de incidência da proibição.

2. Constituições brasileiras anteriores

Sem correspondente nas constituições brasileiras anteriores.

3. Constituições estrangeiras

Sem dispositivo semelhante.

4. Remissões constitucionais e legais

Art. 5º, XXXVI, CR/88. art. 17, ADCT.

5. Jurisprudência

BRASIL. Supremo Tribunal Federal. RE 1357399-AgR, Rel. Min. Ricardo Lewandowski, *DJe* 28.04.2022;

BRASIL. Supremo Tribunal Federal. RE 563.708, Rel. Min. Cármen Lúcia, *DJe* 02.05.2013, Tema 24;

BRASIL. Supremo Tribunal Federal. RE 262.398-AgR, Rel. Min. Dias Toffoli, *DJe* 06.09.2012;

BRASIL. Supremo Tribunal Federal. AI 820.974-AgR, Rel. Min. Marco Aurélio, *DJe* 15.02.2012;

BRASIL. Supremo Tribunal Federal. AI 820.974 AgR, Rel. Min. Marco Aurélio, *DJe* 15.02.2012;

BRASIL. Supremo Tribunal Federal. RE 600.658 RG, voto da Rel. Min. Ellen Gracie, *DJe* 16.06.2011, Tema 380;

BRASIL. Supremo Tribunal Federal. AI 414.610-AgR, Rel. Min. Ellen Gracie, *DJe* 18.09.2009;

BRASIL. Supremo Tribunal Federal – MS 22.891, Rel. Min. Carlos Velloso, *DJ* 07.11.2003;

BRASIL. Supremo Tribunal Federal – RE 206.117, Rel. Min. Sepúlveda Pertence, *DJ* de 28.04.2000;

BRASIL. Supremo Tribunal Federal. RE 130960-1/SP, Rel. Min. Octávio Gallotti, *DJ* 08.03.1996;

BRASIL. Supremo Tribunal Federal. RE 195274-1/SP, Rel. Min. Ilmar Galvão, *DJ* 02.02.1996;

BRASIL. Superior Tribunal de Justiça – RMS n. 771-BA, *DJ* 21.10.1991;

MINAS GERAIS. Tribunal de Justiça. Acórdão n. 1.0024.05.680930-4/001, Rel. Des. Armando Freire, j. 04.12.2007.

6. Referências bibliográficas

BANDEIRA DE MELLO, Celso Antônio. *Regime Constitucional dos Servidores da Administração Direta e Indireta*. São Paulo: RT, 1990.

BANDEIRA DE MELLO, Celso Antônio. *Curso de Direito Administrativo*. 19. ed. São Paulo: Malheiros, 2006.

DALLARI, Adilson Abreu. *Regime Constitucional dos Servidores Públicos*. São Paulo: RT, 1990.

MORAES, Alexandre de. *Direito Constitucional Administrativo*. São Paulo: Atlas, 2002, p. 192.

SILVA, José Afonso da. *Curso de Direito Constitucional Positivo*. São Paulo: RT, 1991, p. 573.

B – ANOTAÇÕES

Na mesma linha dos preceitos anteriores, o inciso XIV tem que ver com a necessidade de planejamento dos gastos de pessoal. Seu objetivo sempre foi o de evitar que os acréscimos pecuniários outorgados aos servidores públicos incidissem sobre todas as parcelas que lhes compusessem a remuneração – o chamado "efeito-repicão" ou "repiquíssimo" (MORAES, 2002; SILVA, 1991), ou ainda que os adicionais e vantagens concedidos sob o mesmo título e fundamento (duplicidade) fossem sucessivamente acumulados, produzindo aumentos em "cascata" (BRASIL. Supremo Tribunal Federal – MS 22.891, Rel. Min. Carlos Velloso, *DJ* de 7.11.03). A regra dirigia-se também aos proventos de aposentadoria (BRASIL. Superior Tribunal de Justiça – RMS n. 771-BA, *DJ* de 21.10.91).

Pretendia-se impedir duas práticas: primeira, a de tomar como base de cálculo dos novos acréscimos a retribuição básica aduzida dos acréscimos preexistentes; segunda, a de que um mesmo acréscimo fosse repetidamente computado para fins de concessões posteriores (BANDEIRA DE MELLO, 2006).

Todavia, a redação original do preceito, ao prescrever que a cascata dos acréscimos somente seria vedada quando fossem concedidos "sob o mesmo título ou idêntico fundamento", restringiu seu campo de abrangência, permitindo a concessão de vantagens nominalmente diferentes, que se tornavam realidade apenas porque concedidas sob rótulo diverso (BRASIL. Supremo Tribunal Federal – RE 206.117, Rel. Min. Sepúlveda Pertence, *DJ* de 28-4-00).

A Emenda Constitucional n. 19/98 alterou a redação do dispositivo, excluindo a restrição e passando a dispor que "os acréscimos pecuniários percebidos por servidor público não serão computados nem acumulados para fins de concessão de acréscimos ulteriores".

A nova redação tornou mais abrangente a norma constitucional, vedando cumulatividade de toda e qualquer adição remuneratória para fins de cálculo da remuneração, independentemente de seu fundamento. É dizer: a base de cálculo para acréscimos ulteriores passa a ser exclusivamente o vencimento básico do servidor, excluindo-se adicionais, vantagens do cargo e vantagens pessoais (MINAS GERAIS. Tribunal de Justiça. Acórdão n. 1.0024.05.680930-4/001, Rel. Armando Freire, j. 4.12.07).

De toda sorte, se determinadas parcelas remuneratórias são concedidas com incorporação ao vencimento do cargo, passarão a integrar a base de cálculo para a incidência das demais, tal como se depreende da orientação firmada pelo STF: "Remuneração. Servidor público paulista. Sexta-parte. A parcela não caracteriza gratificação por tempo de serviço, mas melhoria de vencimento alcançada com implemento de condição temporal, integrando-o e servindo de base a outras parcelas" (AI 820.974-AgR, Rel. Min. Marco Aurélio, julgamento em 13.12.2011, Primeira Turma, *DJe* de 15.2.2012). Na mesma direção: "a decisão recorrida está em consonância com a jurisprudência desta Corte, a qual entende que as vantagens pessoais incidem na gratificação de produtividade porque compõem o vencimento do servidor" (AI 414.610-AgR, Rel. Min. Ellen Gracie, julgamento em 25.8.2009, Segunda Turma, *DJe* de 18.9.2009). No mesmo sentido: RE 262.398-AgR, Rel. Min. Dias Toffoli, julgamento em 21.8.2012, Primeira Turma, *DJe* de 6.9.2012. *Vide*: RE 206.117, Rel. Min. Sepúlveda Pertence, julgamento em 21.3.2000, Primeira Turma, *DJ* de 28.4.2000.

Note-se que a regra somente abrange os servidores que não são remunerados pela sistemática do subsídio. Isto porque o subsídio se compõe de parcela única, o que afasta a possibilidade de aplicação dos limites previstos no dispositivo.

Os servidores que já percebiam vantagens ou adicionais incidentes sobre o todo de sua remuneração antes da vigência da Emenda Constitucional n. 19/98 devem ter preservado o direito ao *quantum* remuneratório correspondente, em razão do princípio da irredutibilidade, embora não preservem a forma de cálculo dos valores. Nesse sentido, o Supremo Tribunal Federal, no julgamento, com repercussão geral, do RE 563.708, Rel. Min. Cármen Lúcia (Tema 24), fixou a orientação de que "I – O art. 37, XIV, da Constituição Federal, na redação dada pela Emenda Constitucional 19/98, é autoaplicável; II – Não há direito adquirido a regime jurídico, notadamente à forma de composição da remuneração de servidores públicos, observada a garantia da irredutibilidade de vencimentos".

Em suma, os acréscimos posteriores à EC 19/98 incidirão apenas sobre o vencimento básico do cargo e parcelas que neles legalmente tiverem sido incorporadas.

Art. 37, XV – o subsídio e os vencimentos dos ocupantes de cargos e empregos públicos são irredutíveis, ressalvado o disposto nos incisos XI e XIV deste artigo e nos arts. 39, § 4º, 150, II, 153, III, e 153, § 2º, I;

Luciano de Araújo Ferraz

A – REFERÊNCIAS

1. História da norma

Redação originária: os vencimentos dos servidores públicos, civis e militares, são irredutíveis, e a remuneração observará o que dispõem os art. 37, XI e XII, 150, II, 153, III, e § 2º, I.

Redação dada pela EC n. 18, de 05.02.1998: os vencimentos dos servidores públicos são irredutíveis, e a remuneração observará o que dispõem os arts. 37, XI e XII, 150, II, 153, III e § 2º, I.

Redação dada pela EC n. 19, de 04.06.1998: o subsídio e os vencimentos dos ocupantes de cargos e empregos públicos são irredutíveis, ressalvado o disposto nos incisos XI e XIV deste artigo e nos arts. 39, § 4º, 150, II, 153, III, e 153, § 2º, I.

A irredutibilidade de vencimentos dos servidores, na redação originária da Constituição de 1988, referia-se tanto aos servidores públicos civis quanto aos militares. Com a Emenda Constitucional n. 18, de 05.02.1998, o dispositivo foi alterado, deixando de se referir aos militares. A Emenda Constitucional n. 19, de 04.06.1998, imprimiu nova redação ao dispositivo para aludir também aos agentes públicos remunerados mediante subsídio.

2. Constituições brasileiras anteriores

Constituição da República dos Estados Unidos do Brasil de 1891 (art. 57, § 1º). Constituição da República dos Estados Unidos do Brasil de 1934 (art. 64, "c"). Constituição dos Estados Unidos do Brasil de 1937 (art. 91, "c"). Constituição dos Estados Unidos do Brasil de 1946 (art. 95, III). Constituição da República Federativa do Brasil de 1967 (art. 108, III). Constituição da República Federativa do Brasil de 1967 (redação dada pela EC n. 01/69) (art. 113, III).

3. Constituições estrangeiras

Sem dispositivo semelhante.

4. Remissões constitucionais e legais

Art. 39, § 4º; art. 150, II; art. 153, III; e art. 153, § 2º, I, CR/88.

5. Jurisprudência

BRASIL. Supremo Tribunal Federal. RE 964.659/RS, Rel. Min. Dias Toffoli, *DJe* 1º.09.2022 (Tema 900);

BRASIL. Supremo Tribunal Federal. ARE 660.010, Rel. Min. Dias Toffoli, *DJe* 19.02.2015 (Tema 514);

BRASIL. Supremo Tribunal Federal. RE 561.836, Rel. Min. Luiz Fux, *DJe* de 10.02.2014 (Tema 5);

BRASIL. Supremo Tribunal Federal. RE 596.542-RG, Rel. Min. Cezar Peluso, *DJe* 16.09.2011 (Tema 434);

BRASIL. Supremo Tribunal Federal. RE 599.618-ED, Rel. Min. Cármen Lúcia, *DJe* de 14.03.2011;

BRASIL. Supremo Tribunal Federal. AI 318.209-AgR-ED-ED, Rel. Min. Cezar Peluso, *DJ* 24.08.2007;

BRASIL. Supremo Tribunal Federal. MS 25.072, Rel. p/ o ac. Min. Eros Grau, *DJ* 27.04.2007;

BRASIL. Supremo Tribunal Federal. MS 24.875, Rel. Min. Sepúlveda Pertence, *DJ* 06.10.2006;

BRASIL. Supremo Tribunal Federal. ADI 559/MT, Rel. Min. Eros Grau, *DJ* 05.05.2006;

BRASIL. Supremo Tribunal Federal. MS n. 22.094, Rel. Min. Ellen Gracie, *DJ* 25.02.2005;

BRASIL. Supremo Tribunal Federal. ADI 2.075-MC, Rel. Min. Celso de Mello, *DJ* 27.06.2003;

BRASIL. Supremo Tribunal Federal. ADC 8-MC, Rel. Min. Celso de Mello, *DJ* 04.04.2003;

BRASIL. Supremo Tribunal Federal. AI 256.044-AgR, Rel. Min. Moreira Alves, *DJ* 12.05.2000;

BRASIL. Supremo Tribunal Federal. RE 201.460-AgR, Rel. Min. Maurício Corrêa, *DJ* 22.11.1996;

BRASIL. Superior Tribunal de Justiça. SS 602/SC, Rel. Min. Octávio Galloti, *DJ* 26.11.1993.

6. Referências bibliográficas

BANDEIRA DE MELLO, Celso Antônio. *Regime Constitucional dos Servidores da Administração Direta e Indireta*. São Paulo: RT, 1990.

DALLARI, Adilson Abreu. *Regime Constitucional dos Servidores Públicos*. São Paulo: RT, 1990.

FERRAZ, Luciano. Lei de responsabilidade fiscal e medidas para a redução das despesas de pessoal: perspectiva de respeito aos direitos dos funcionários públicos estáveis. In ROCHA, Valdir de Oliveira. *Aspectos relevantes da lei de responsabilidade fiscal*. São Paulo: Dialética, 2001.

B – ANOTAÇÕES

Na história constitucional brasileira, a garantia da irredutibilidade de vencimentos foi tradicionalmente deferida aos magistrados como corolário da independência funcional inerente ao exercício da judicatura. Desde a Constituição de 1891 (art. 57, § 1º), sob influência direta da Constituição norte-americana (art. 3º, 1ª seção), os textos constitucionais pátrios dedicaram espaço próprio à matéria, com ampliações sucessivas ao longo do tempo.

A Constituição de 1988, nesse passo, conferiu irredutibilidade de vencimentos, no âmbito do serviço público, não só aos membros do Poder Judiciário (art. 95, III, CR) e aos equiparados – os membros dos Tribunais de Contas (art. 73, § 3º, CR) –, mas também aos membros do Ministério Público (art. 128, § 5º, "c", CR) e aos servidores públicos civis e militares (art. 37, XV, CR).

No âmbito da iniciativa privada, o constituinte também garantiu irredutibilidade de salário, mas possibilitou que convenção ou acordo coletivo pudessem dispor de modo diverso (art. 7º, VI, CR), hipótese que o Supremo Tribunal Federal, a despeito da remissão originária do primitivo § 2º do art. 39 ao inciso VI do art. 7º, considerou incompatível com o regime estatutário dos servidores públicos (BRASIL. Supremo Tribunal Federal. ADI 559/MT, Rel. Min. Eros Grau, *DJ* 5.5.2006).

Em linhas gerais, a irredutibilidade pode ser entendida como o direito que detêm os agentes públicos de não sofrerem cortes em seus vencimentos permanentes, oriundos de lei ou ato administrativo supervenientes ao seu ingresso no serviço público: "a garantia constitucional da irredutibilidade do estipêndio funcional traduz conquista jurídico-social outorgada, pela Constituição da República, a todos os servidores públicos (CF, art. 37, XV), em ordem a dispensar-lhes especial proteção de caráter financeiro contra eventuais ações arbitrárias do Estado" (BRASIL. Supremo Tribunal Federal. ADI 2.075-MC, Rel. Min. Celso de Mello, *DJ* de 27.6.03).

A redação primeira do inciso XV do art. 37 dispunha que os vencimentos eram irredutíveis e a remuneração deveria observar os incisos XI e XII, além das regras tributárias dos arts. 150, II (princípio da isonomia tributária), 153, III, e § 2º, I (imposto de renda): "os termos vencimentos e remuneração exsurgem na norma constitucional, um ao lado do outro, com os respectivos sentidos em função de situações diversas (art. 37, XV, CF). Este preceito estatui que os vencimentos dos servidores públicos, civis e militares, são irredutíveis e a remuneração observará o que dispõem os arts. 37, XI, XII, 150, II, 153, III, e 153, § 2º, I, CF. Assim, só os vencimentos – vencimentos e vantagens fixas – são irredutíveis. A remuneração, em sentido próprio, não, precisamente porque um de seus componentes é necessariamente variável" (BRASIL. Supremo Tribunal Federal. RE 201.460-AgR, Rel. Min. Maurício Corrêa, julgamento em 27.9.96, *DJ* de 22.11.96).

Como se vê, a irredutibilidade alcança vencimento (básico), vantagens fixas (do cargo) e vantagens próprias do servidor (individuais), mas não se estende às parcelas concedidas *pro labore facto*, percebidas por exercício específico de funções especiais e gratificadas. Estas são devidas tão somente enquanto os servidores estiverem no exercício delas, cessando o pagamento ao término, salvo se a lei estipular incorporação em dadas situações (apostilamento), cada vez mais incomuns, porém existentes nas estruturas estatais.

É claro que a irredutibilidade do inciso XV haveria de se compatibilizar com a regra do art. 17 do ADCT, porquanto o teor do preceito transitório excepcionava sua incidência. Entretanto, consoante os comentários ao inciso XI, a interpretação que lhe foi dada pelo Supremo Tribunal Federal terminou por prejudicar a finalidade do aludido art. 17 do ADCT.

De toda sorte, a garantia da irredutibilidade de vencimentos não alcança tributos de caráter geral (*v.g.*, contribuições previdenciárias), haja vista que, "em tema de tributação, há que se ter presente o que dispõe o art. 150, II, da Carta Política" (BRASIL. Supremo Tribunal Federal. ADC 8-MC, Celso de Mello, *DJ* de 4.4.03).

Sob a égide da dicção originária do inciso XV, o Supremo Tribunal Federal (BRASIL. Supremo Tribunal Federal. AI 256.044-AgR, Rel. Moreira Alves, *DJ* de 12.5.00) e o Superior Tribunal de Justiça (BRASIL. Superior Tribunal de Justiça. SS 602/SC, Rel. Min. Octávio Galloti, *DJ* 26.11.93) assentaram que o "princípio" da irredutibilidade dos vencimentos guarda conteúdo jurídico e não econômico, pelo que a proteção que dele se extrai é contra a redução do *quantum* que se recebe, e não daquilo que se pretende receber para que não haja perda do poder aquisitivo em decorrência da inflação.

De igual modo, a jurisprudência do Pretório Excelso é uníssona em estabelecer que a garantia da irredutibilidade traduz-se como tutela do montante global dos vencimentos, sem que haja direito adquirido do servidor estatutário a determinado regime jurídico de composição dos vencimentos, tampouco a intocabilidade de parcelas isoladas, querendo significar que a substituição ou absorção de um adicional ou vantagem por outros, a determinação de novas fórmulas de cálculo do *quantum* remuneratório dos servidores, desde que não acarretem diminuição nominal dos vencimentos (ou proventos), respeita o "princípio" constitucional da irredutibilidade.

Vários são os acórdãos do STF que expressam a orientação segundo a qual não há direito adquirido a regime jurídico remuneratório, se e quando preservado o montante global nominal dos vencimentos (BRASIL. Supremo Tribunal Federal. MS 22.094, Rel. Min. Ellen Gracie, *DJ* 25.2.2005; BRASIL. Supremo Tribunal Federal. MS 25.072, Rel. p/ o ac. Min. Eros Grau, julgamento em 7.2.07, *DJ* de 27.4.07; BRASIL. Supremo Tribunal Federal. AI 318.209-AgR-ED-ED, Rel. Min. Cezar Peluso, julgamento em 7.8.07, *DJ* de 24.8.07).

O dispositivo em apreço foi alterado pelas Emendas Constitucionais n. 18/98 – para retirar do texto a referência aos militares – e pela Emenda Constitucional n. 19/98 para mencionar também a irredutibilidade dos subsídios.

Após a nova redação do preceito, a jurisprudência do STF permanece a seguir a clássica orientação, como se pode constatar dos seguintes julgados:

a) "É compatível com a Constituição lei específica que altera o cálculo da Gratificação por Produção Suplementar (GPS), desde que não haja redução da remuneração na sua totalidade" (RE 596.542-RG, Rel. Min. Cezar Peluso, julgamento em 16.6.2011, Plenário, *DJe* de 16.9.2011, com repercussão geral);

b) "Administrativo. Transposição do regime celetista para o estatutário. Inexistência de direito adquirido a regime jurídico. Possibilidade de diminuição ou supressão de vantagens sem redução do valor da remuneração" (RE 599.618-ED, Rel. Min. Cármen Lúcia, julgamento em 1º.2.2011, Primeira Turma, *DJe* de 14.3.2011).

Cabe ainda registrar que o STF reconhece que o enquadramento dos servidores públicos em novas carreiras dispostas em lei exige a criação de parcelas de VPNI (Valores de parcela não identificada), a fim de acomodar a situação antiga do servidor à nova, sem abalroamento do princípio da irredutibilidade dos vencimentos. Nesse sentido, orienta-se a jurisprudência, segundo a qual "a irredutibilidade estipendial recomenda que se, em decorrência da reestruturação da carreira do servidor, a supressão da parcela dos 11,98%, ou em outro percentual obtido na liquidação, verificar-se com a redução da remuneração, o servidor fará jus a uma parcela remuneratória (VPNI) em montante necessário para que não haja uma ofensa ao princípio, cujo valor será absorvido pelos aumentos subsequentes" (RE 561.836, Rel. Min. Luiz Fux, julgamento em 26.9.2013, Plenário, *DJe* de 10.2.2014, com repercussão geral). De acordo com a jurisprudência do STF, sedimentada pelo Tema 514 da Repercussão Geral, existe uma vinculação necessária entre a irredutibilidade de vencimentos e o quantitativo de horas de trabalho a que se submete o servidor, de modo que "a ampliação de jornada de trabalho sem alteração da remuneração do servidor consiste em violação da regra constitucional da irredutibilidade de vencimentos". ARE 660.010, Rel. Min. Dias Toffoli, *DJe* de 19.2.2015. Por outro lado, orienta-se a jurisprudência do STF, de acordo com o RE 964.659 (Tema 900 da Repercussão Geral) no sentido de que "é defeso o pagamento de remuneração em valor inferior ao salário mínimo ao servidor público, ainda que labore em jornada reduzida de trabalho."

Art. 37, XVI – é vedada a acumulação remunerada de cargos públicos, exceto, quando houver compatibilidade de horários, observado em qualquer caso o disposto no inciso XI:

a) a de dois cargos de professor;

b) a de um cargo de professor com outro, técnico ou científico;

c) a de dois cargos ou empregos privativos de profissionais de saúde, com profissões regulamentadas;

Fabrício Motta

A – REFERÊNCIAS

História da norma

A regra foi objeto de importantes modificações. A redação original do texto exigia somente a compatibilidade de horários e não submetia o regime de acumulações ao teto constitucional de vencimentos, estabelecido no art. 37, inciso XI. Outra alteração importante, feita em decorrência da EC n. 34/01, foi a de estender a possibilidade de acumulação antes restrita a dois cargos privativos de médico aos profissionais de saúde com profissões regulamentadas.

Constituições brasileiras anteriores

Segundo José Maria Pinheiro Madeira, a vedação de acumulação teve origem no Decreto de Regência, de 8.6.1822, da lavra de José Bonifácio[1] Na história constitucional brasileira, a vedação expressa à acumulação remunerada de cargos públicos é constante desde a primeira Carta Republicana[2]. As exceções começaram na Constituição de 1934, que excluiu da proibição "os cargos do magistério e técnico-científicos, que poderão ser exercidos cumulativamente, ainda que por funcionário administrativo, desde que haja compatibilidade dos horários de serviço" (art. 172, § 1º).

A Constituição outorgada de 1937 manteve a regra, mas não estabeleceu exceções; a Carta de 1946, ao seu turno, possibilitou aos juízes o exercício de um cargo de magistério secundário e, aos funcionários em geral, a acumulação "de dois cargos de magistério ou a de um destes com outro técnico ou científico, contanto que haja correlação de matérias e compatibilidade de horário" (art. 185). Por fim, na Constituição de 1967 havia previsão mais detalhada:

"Art. 97. É vedada a acumulação remunerada, exceto:

---

1. MADEIRA, José Maria Pinheiro. *Servidor público na atualidade*. 6. ed. Rio de Janeiro: Lumen Juris, 2007, p. 202.

2. Nos termos do art. 73 da Constituição de 1891, "os cargos públicos civis ou militares são acessíveis a todos os brasileiros, observadas as condições de capacidade especial que a lei estatuir, sendo, porém, vedadas as acumulações remuneradas".

I – a de Juiz e um cargo de Professor;

II – a de dois cargos de Professor;

III – a de um cargo de Professor com outro técnico ou científico;

IV – a de dois cargos privativos de Médico.

§ 1º Em qualquer dos casos, a acumulação somente é permitida quando haja correlação de matérias e compatibilidade de horários".

Constituições estrangeiras

A Constituição do Paraguai, país integrante do Mercosul, pode ser invocada como exemplo de proibição de dupla remuneração:

"Artículo 105. DE LA PROHIBICIÓN DE DOBLE REMUNERACIÓN.

Ninguna persona podrá percibir como funcionario o empleado público, más de un sueldo o remuneración simultáneamente, con excepción de los que provengan del ejercicio de la docencia".

Remissões constitucionais (outros artigos da Constituição) e legais (leis reguladoras)

Art. 95, parágrafo único, inciso I – regra sobre a acumulação para os membros da magistratura.

Art. 128, § 5º, II, "d" – regra sobre a acumulação para os membros do Ministério Público.

Art. 37, § 10 – acumulação de proventos da inatividade com remuneração.

Jurisprudência (STF e STJ): *leading cases*, principais posições e votos divergentes; tendências atuais no sentido da mudança da jurisprudência

Acumulação e incidência do teto remuneratório – "Nos casos autorizados constitucionalmente de acumulação de cargos, empregos e funções, a incidência do art. 37, inciso XI, da Constituição Federal pressupõe consideração de cada um dos vínculos formalizados, afastada a observância do teto remuneratório quanto ao somatório dos ganhos do agente público" (Repercussão julgada reconhecida com mérito julgado – STF RE 602043, Rel. Min. Marco Aurélio, *DJe* 203, 08-09-2017, Tema 384).

"Acumulação e natureza do cargo – Acumulação de emprego de atendente de telecomunicações de sociedade de economia mista, com cargo público de magistério. Quando viável, em recurso extraordinário, o reexame das atribuições daquele emprego (atividade de telefonista), correto, ainda assim, o acórdão recorrido, no sentido de se revestirem elas de 'características simples e repetitivas', de modo a afastar-se a incidência do permissivo do art. 37, XVI, *b*, da Constituição"[3].

"As hipóteses excepcionais autorizadoras de acumulação de cargos públicos previstas na Constituição Federal sujeitam-se, unicamente, a existência de compatibilidade de horários, verificada no caso concreto, ainda que haja norma infraconstitucional que limite a jornada semanal"[4].

Referências bibliográficas

DI PIETRO, Maria Sylvia Zanella; MOTTA, Fabrício; FERRAZ, Luciano. *Servidores públicos na Constituição de 1988*. 2. ed. rev. atual. e ampl. São Paulo: Saraiva, 2014.

MACHADO, Henrique Pandim Barbosa. A aplicação do teto constitucional aos casos de acumulação remunerada de cargos públicos à luz dos temas 377 e 384 da repercussão geral do STF. *Fórum Administrativo – FA*, Belo Horizonte, ano 18, n. 203, jan. 2018. Disponível em: <http://www.bidforum.com.br/PDI0006.aspx?pdiCntd=249448>. Acesso em: 22 fev. 2018.

B – COMENTÁRIOS

A acumulação de cargos públicos é possibilidade excepcional, pois a regra é o exercício exclusivo de um único cargo, com zelo e dedicação, para que o interesse público possa ser atendido. Muito embora o presente dispositivo vede somente a acumulação de cargos, o inciso seguinte estenderá a vedação aos empregos e funções públicas. A vedação aplica-se somente aos casos em que há recebimento de dupla remuneração (acumulação remunerada), devendo-se anotar que, como regra, é vedada a prestação de trabalho gratuito na Administração Pública[5].

As situações de permissividade são tratadas de maneira clara nas alíneas *a* a *c*. Cabe destacar, contudo, que a precisão dos conceitos de "cargo técnico" e "cargo científico", para efeito de enquadramento na hipótese constante da alínea *b*, deve ser feita com a observação da lei que criou os cargos respectivos e lhes atribuiu a execução de atividades determinadas. A jurisprudência do Superior Tribunal de Justiça tem entendido que "(...) cargo técnico ou científico, para fins de acumulação com o de professor, nos termos do art. 37, XVII, da Lei Fundamental, é aquele para cujo exercício sejam exigidos conhecimentos técnicos específicos e habilitação legal, não necessariamente de nível superior"[6]. Nesse mesmo sentido, "o fato de o cargo ocupado exigir apenas nível médio de ensino, por si só, não exclui o caráter técnico da atividade, pois o texto constitucional não exige formação superior para tal caracterização, o que redundaria em intolerada interpretação extensiva, sendo imperiosa a comprovação de atribuições de natureza específica"[7].

Os dois primeiros requisitos para a acumulação lícita constam da primeira parte do dispositivo. O primeiro requisito é a existência de compatibilidade de horário entre os dois cargos, aferível mediante consulta ao regime jurídico de cada qual. O segundo requisito é a sujeição do valor referente à soma das remu-

---

3. AI 192.918-AgR, rel. Min. Octavio Gallotti, julgamento em 03.06.1997, *DJ* de 12.09.1997.

4. ARE 1.246.685, rel. Min. Dias Toffoli, j. 19.03.2020, P, *DJe* de 28.04.2020, Tema 1.081, com mérito julgado.

5. Admitem-se exceções, como funções honoríficas e funções públicas exercidas por particulares em colaboração com o Estado (por exemplo, comissário de menores).

6. RMS 20033, Rel. Min. Arnaldo Esteves Lima, 5ª Turma, *DJ* 12.03.2007, p. 261.

7. RMS 12352, Rel. Min. Paulo Medina, 6ª Turma, *DJ* 23.10.2006, p. 356.

nerações dos cargos ao teto estabelecido no inciso XI do mesmo art. 37, regra que não parece inspirada em ideais de justiça e proporcionalidade. Com efeito, se é permitido o exercício das atividades concernentes a dois cargos, em níveis satisfatórios e com plena compatibilidade de horário, não parece existir razão para reduzir a remuneração total percebida. Esse entendimento foi perfilhado recentemente pelo Supremo Tribunal Federal, na apreciação, com repercussão geral, do RE 602043 (ementa transcrita acima). É importante atentar para o voto condutor do Acórdão, proferido pelo Ministro Marco Aurélio, propugnando que a Emenda Constitucional n. 19/98 (atualmente EC n. 41/2003) alterou de forma inconstitucional a regra do art. 37, XI, ao inserir da expressão "percebidos cumulativamente ou não". O mesmo voto considera inconstitucional, sem redução de texto, interpretação que prestigie a incidência do art. 40, § 11 (incluído pela EC n. 11/98), em hipóteses admitidas de acumulação. Desta forma, análise detida da *ratio decidendi* do julgado do STF permite concluir que a incidência do teto de forma isolada, em cada vínculo jurídico acumulável (e não a soma dos valores correspondentes a cada vínculo para efeito de submissão ao teto), aplica-se também nos casos de acumulação tratados pelo art. 37, § 10.

Art. 37, XVII – a proibição de acumular estende-se a empregos e funções e abrange autarquias, fundações, empresas públicas, sociedades de economia mista, suas subsidiárias, e sociedades controladas, direta ou indiretamente, pelo poder público;

Fabrício Motta

A – REFERÊNCIAS

História da norma

A redação original do inciso era a seguinte: "a proibição de acumular estende-se a empregos e funções e abrange autarquias, empresas públicas, sociedades de economia mista e fundações mantidas pelo Poder Público". A redação vigente, mais abrangente no tocante às empresas estatais, foi conferida pela Emenda Constitucional n. 19, de 1998.

Constituições brasileiras anteriores

A Constituição de 1967 foi a primeira a expressamente estender o alcance da proibição da acumulação em seu art. 97, § 2º: "a proibição de acumular se estende a cargos, funções ou empregos em autarquias, empresas públicas e sociedades de economia mista". O dispositivo foi mantido na Constituição de 1969 (Emenda Constitucional n. 1, de 17 de outubro de 1969).

Remissões constitucionais (outros artigos da Constituição) e legais (leis reguladoras)

Art. 37, XIX – exige lei específica para a criação de autarquia e autorização da instituição de empresa pública, de sociedade de economia mista e de fundação.

Art. 40 – assegura aos servidores titulares de cargos efetivos das autarquias e fundações regime de previdência de caráter contributivo e solidário, mediante contribuição do respectivo ente público, dos servidores ativos e inativos e dos pensionistas, observados critérios que preservem o equilíbrio financeiro e atuarial.

Art. 202, § 4º – remete a lei complementar a disciplina da relação entre a União, Estados, Distrito Federal ou Municípios, inclusive suas autarquias, fundações, sociedades de economia mista e empresas controladas direta ou indiretamente, enquanto patrocinadoras de entidades fechadas de previdência privada, e suas respectivas entidades fechadas de previdência privada.

Art. 173, § 1º – remete à lei o estabelecimento do estatuto jurídico da empresa pública, da sociedade de economia mista e de suas subsidiárias que explorem atividade econômica.

Art. 175, parágrafo único, inciso I – remete à lei o estabelecimento do regime das empresas concessionárias e permissionárias de serviços públicos.

Decreto-Lei n. 200, de 25 de fevereiro de 1957 – Dispõe sobre a organização da Administração Federal, estabelece diretrizes para a Reforma Administrativa e, dentre outras providências, estabelece os conceitos de autarquia, empresa pública, sociedade de economia mista e empresa pública.

Lei Complementar n. 101, de 4 de maio de 2000 – Estabelece normas de finanças públicas voltadas para a responsabilidade na gestão fiscal abrangendo, dentre outros, autarquias, fundações e empresas estatais dependentes.

Jurisprudência (STF e STJ): *leading cases*, principais posições e votos divergentes; tendências atuais no sentido da mudança da jurisprudência

É importante a remissão, sobretudo, à jurisprudência colacionada nos comentários ao inciso XVI. Com relação ao ponto específico tratado neste inciso, qual seja, a extensão da vedação às entidades da administração indireta, entendeu o Supremo Tribunal Federal:

A autorização dada pela Lei n. 9.292/1996 para que servidores públicos participem de conselhos de administração e fiscal das empresas públicas e sociedades de economia mista, suas subsidiárias e controladas, bem como entidades sob controle direto ou indireto da União não contraria a vedação à acumulação remunerada de cargos, empregos e funções públicas trazida nos incisos XVI e XVII do artigo 37 da Constituição, uma vez que essa atuação como conselheiro não representa exercício de cargo ou função pública em sentido estrito (ADI 1.485, rel. Min. Rosa Weber, j. 21/02/2020, P, *DJe* de 09/06/2020).

O mesmo STF reconheceu a aplicabilidade da vedação aos titulares de cartórios extrajudiciais: "Apesar de não ocuparem efetivo cargo público, a função exercida pelos titulares de serventias extrajudiciais possui inegável natureza pública. Dessa forma, aplicável ao caso a vedação prevista no inciso XVII do art. 37 da CF, que estende a proibição de cumulação também para as funções públicas" (MS 27.955 AgR, rel. min. Roberto Barroso, j. 17/08/2018, 1ª T., *DJe* de 05/09/2018).

O Superior Tribunal de Justiça, por seu turno, já enfrentou a questão da possibilidade de coexistência simultânea entre emprego público e vínculo de credenciamento:

"RECLAMAÇÃO TRABALHISTA. ENGENHEIRO. CREDENCIAMENTO JUNTO À CAIXA ECONÔMICA

FEDERAL. EMPREGO EXERCIDO, DE OUTRO LADO, EM SOCIEDADE DE ECONOMIA MISTA. CUMULAÇÃO IMPOSSÍVEL JURÍDICA E FISICAMENTE. INEXISTÊNCIA DO PRETENDIDO VÍNCULO EMPREGATÍCIO COM A EMPRESA PÚBLICA FEDERAL. Reconhecida a impossibilidade física e jurídica de cumulação dos empregos públicos, tem-se que a relação mantida entre o reclamante e a empresa pública federal não passou efetivamente do denominado 'credenciamento'. Inexistência do pretendido vínculo trabalhista. Reclamatória improcedente. Recurso especial conhecido e provido"[1].

Referências bibliográficas

BANDEIRA DE MELLO, Celso Antônio. *Natureza e regime jurídico das autarquias*. São Paulo: RT, 1968.

MADEIRA, José Maria Pinheiro. *Servidor público na atualidade*. 6. ed. Rio de Janeiro: Lumen Juris, 2007.

SUNDFELD, Carlos Ari. Inadmissibilidade da acumulação de cargo público com emprego em empresa estatal. *Revista de Direito Público*, São Paulo. v. 23, n. 93, p. 146-9. jan./mar. 1990.

B – COMENTÁRIOS

A redação do inciso precisa o alcance da vedação da acumulação remunerada tratada no inciso anterior, a cujos comentários remete-se o leitor.

Inicialmente, o dispositivo trata da extensão da proibição tendo como parâmetro o vínculo do agente com o Estado, determinando que a vedação se aplique não somente aos cargos públicos, mas também aos empregos e funções. Em um segundo momento, a norma trata do alcance da regra constante do art. 37, inciso XVI às entidades integrantes da administração indireta.

Os conceitos de *emprego* e *função* foram examinados nos comentários ao inciso I deste mesmo art. 37, enquanto as características das entidades da administração indireta serão tratadas nas anotações ao inciso XIX. Impende, contudo, brevemente analisar os conceitos de autarquias, empresas públicas, sociedades de economia mista e fundações mantidas pelo poder público.

Os *conceitos legais* foram estabelecidos pelo conhecido Decreto-Lei n. 200, de 25 de fevereiro de 1957, recepcionado pela nova ordem constitucional com o *status* de lei ordinária, que em seu art. 5º considerou:

a) *Autarquia* – o serviço autônomo, criado por lei, com personalidade jurídica, patrimônio e receita próprios, para executar atividades típicas da Administração Pública, que requeiram, para seu melhor funcionamento, gestão administrativa e financeira descentralizada (art. 5º, inciso I);

b) *Fundação Pública* – a entidade dotada de personalidade jurídica de direito privado, sem fins lucrativos, criada em virtude de autorização legislativa, para o desenvolvimento de atividades que não exijam execução por órgãos ou entidades de direito público, com autonomia administrativa, patrimônio próprio gerido pelos respectivos órgãos de direção, e funcionamento custeado por recursos da União e de outras fontes (art. 5º, inciso IV, incluído pela Lei n. 7.596/87).

Os conceitos de empresa pública e sociedade de economia mista foram regulados pela Lei n. 13.303/2016 que, neste particular, alterou o Dec. Lei n. 200/67:

a) *Empresa Pública* – a entidade dotada de personalidade jurídica de direito privado, com criação autorizada por lei e com patrimônio próprio, cujo capital social é integralmente detido pela União, pelos Estados, pelo Distrito Federal ou pelos Municípios (art. 3º);

b) *Sociedade de Economia Mista* – a entidade dotada de personalidade jurídica de direito privado, com criação autorizada por lei, sob a forma de sociedade anônima, cujas ações com direito a voto pertençam em sua maioria à União, aos Estados, ao Distrito Federal, aos Municípios ou a entidade da administração indireta (art. 4º).

No tocante às *autarquias*, o conceito legal não explicita característica essencial, qual seja, a submissão de tais entidades ao regime jurídico de direito público. Celso Antônio Bandeira de Mello sinteticamente define autarquias como "pessoas jurídicas de Direito Público de capacidade exclusivamente administrativa"[2]. Por imposição constitucional, a criação de autarquias depende de lei, e é na observação de cada *lei criadora específica* que será possível conhecer as características da entidade, tais como competências, relação com o ente político e modalidades de controle aplicáveis. Essa singela observação assume relevância no cenário atual, em que se reconhece a existência de autarquias especiais, como as agências reguladoras.

Por último, observação importante diz respeito às *fundações*. Em contraposição ao conceito legal antes transcrito, já não há controvérsia quanto à possibilidade de instituir também *fundações públicas*, impregnadas pelo regime jurídico administrativo em sua totalidade. As fundações públicas podem ser consideradas como autarquias, pois praticamente não existem elementos que as diferenciem. O exame da lei autorizadora (art. 37, XIX) é essencial para a análise do regime jurídico da fundação, público ou privado, e de suas características. O fato de se admitir a constituição de fundação sob o regime jurídico predominantemente privado não afasta o influxo necessário de alguns preceitos constitucionais de direito público, inclusive das regras tocantes à acumulação de cargos, empregos e funções.

Art. 37, XVIII – a administração fazendária e seus servidores fiscais terão, dentro de suas áreas de competência e jurisdição, precedência sobre os demais setores administrativos, na forma da lei;

Liziane Angelotti Meira

1. História da norma e Constituições brasileiras anteriores

Não havia, nas Cartas anteriores, disposição similar à veiculada pelo inciso XVIII do art. 37 da Constituição Federal vigente.

---

1. REsp 57207/RJ, Rel. Min. Barros Monteiro, julgamento em 05/08/1999, *DJ* 25/10/1999, p. 84.

2. BANDEIRA DE MELLO, Celso antônio. *Curso de direito administrativo*. 22. ed., rev. e atual. até a Emenda Constitucional 53. São Paulo: Malheiros Editores, 2007, p. 153.

2. Constituições estrangeiras

A disposição em pauta é uma regra caracteristicamente brasileira.

3. Direito internacional

Trata-se de uma regra nacional, sem fulcro em ou referência a tratados internacionais.

4. Remissões constitucionais e legais

O inciso XXII do art. 37 da Carta Magna foi incluído pela Emenda Constitucional n. 42, de 19 de dezembro de 2003, com o escopo de garantir que as atividades de administração tributária sejam exercidas por servidores especializados e capacitados, com estrita observância da legalidade e do interesse público. Prescreve esse dispositivo que os servidores fiscais da União, dos Estados, do Distrito Federal e dos Municípios sejam de carreira específica e que trabalhem de forma integrada; determina também que se efetue, na forma da lei ou convênio, o compartilhamento de informações entre os Fiscos. Além disso, os recursos para realização das atividades de administração tributária devem ter destinação prioritária, mandamento constitucional corroborado pelo disposto no inciso IV do art. 167.

O art. 237 da Constituição atribuiu ao Ministério da Fazenda a fiscalização e controle sobre o comércio exterior, no que concerne aos interesses fazendários, e o art. 35 do Decreto-Lei n. 37, de 18 de novembro de 1966[1] (com supedâneo no texto constitucional), atribuiu precedência à autoridade aduaneira, agente da Secretaria da Receita Federal do Brasil, órgão do Ministério da Fazenda, no que concerne à fiscalização aduaneira em zona primária.

Cabe mencionar ainda o inciso II do § 1º do art. 144 da Constituição Federal, que dispõe sobre a competência da Polícia Federal para prevenir e reprimir o tráfico ilícito de entorpecentes e drogas afins, o contrabando e o descaminho, mas ressalva as atividades de competência da administração fazendária.

O inciso XVIII do art. 37 da Constituição encontra-se pendente de regulamentação no âmbito federal, mas foi levado para as Constituições dos Estados (*verbi gratia*: Constituição do Estado de São Paulo, art. 115, inciso XX; Constituição do Estado da Bahia, art.16; Constituição do Estado de Minas Gerais, art. 19) e para as Leis Orgânicas dos Municípios e do Distrito Federal (por exemplo, art. 104 da Lei Orgânica do Município de São Carlos, art. 19, XVII, da Lei Orgânica do Distrito Federal).

5. Jurisprudência

Não se aplica, pois se trata de dispositivo de eficácia limitada e pendente de regulamentação.

---

1. "Em tudo o que interessar à fiscalização aduaneira, na zona primária, a autoridade aduaneira tem precedência sobre as demais que ali exercem suas atribuições."

6. Referências bibliográficas

ALVES, Geraldo Magela, e COSTA, Nelson Nery. *Constituição Federal Anotada e Explicada*, Rio de Janeiro: Forense, 2002.

BARROSO, Luís Roberto. *Interpretação e Aplicação da Constituição*, 2ª ed., São Paulo: Saraiva, 1999.

BASTOS, Celso Ribeiro. *Comentários à Constituição do Brasil: promulgada em 5 de outubro de 1988*/ Celso Ribeiro Bastos, Ives Gandra Martins, São Paulo: Saraiva, 1988.

BONAVIDES, Paulo. *Curso de Direito Constitucional*, 21ª ed., São Paulo: Malheiros, 2007.

CANOTILHO, José Joaquim Gomes. *Direito Constitucional*, 6ª ed., Coimbra: Livraria Almedina, 1996.

_____. *Direito Constitucional e Teoria da Constituição*, 2ª ed., Coimbra: Livraria Almedina, 1998.

CARRAZZA, Roque Antônio. *Curso de Direito Constitucional Tributário*, 7ª ed., São Paulo: Malheiros Editores, 1995.

FERREIRA FILHO, Manoel Gonçalves. *Comentários à Constituição Brasileira de 1988*, São Paulo: Saraiva, 1990.

_____. *Estado de Direito e Constituição*, São Paulo: Saraiva, 1988.

MEIRELLES, Hely Lopes. *Direito Administrativo Brasileiro*, 33ª ed., São Paulo: Malheiros, 2007.

MELLO, Oswaldo Aranha Bandeira de. *Princípios Gerais de Direito Administrativo*, 3ª ed., São Paulo: Forense, 2007.

MENDES, Gilmar Ferreira. *Jurisdição Constitucional:* o controle abstrato de normas no Brasil e na Alemanha, São Paulo: Saraiva, 2005.

PIETRO, Maria Sylvia Zanella di. *Direito Administrativo*, 11ª ed., São Paulo: Atlas, 1999.

SAMPAIO, Luiz Augusto Paranhos. *Comentários à Nova Constituição Brasileira*, São Paulo: Atlas, 1990.

SILVA, José Afonso da. *Comentário Contextual à Constituição*, 4ª ed., São Paulo: Malheiros, 2007.

_____. *Curso de Direito Constitucional Positivo*, 11ª ed., São Paulo: Malheiros, 1996.

7. Comentários

O inciso XVIII do art. 37 da Constituição Federal foi objeto de atenções parcimoniosas da doutrina e, em tais ocasiões, sói receber censuras, por ser "fiscalista" ou "autoritário"[2]. No en-

---

2. Nesse sentido, *verbi gratia*, os trechos colacionados:

Só se pode entender este preceito no sentido de que o exercício das atribuições da administração fazendária – leia-se no exercício de sua atividade de fiscalização – tem preferência à de outro setor da administração pública. Tem-se aqui um assomo de "fiscalismo". Entretanto, a preferência não é absoluta, será na "forma da lei" (FERREIRA Filho, Manoel Gonçalves, *Comentários à Constituição Brasileira de 1988*, São Paulo: Saraiva, 1990, p. 257).

Estabelecer precedência de determinados setores da administração pública sobre outros é chancelar a prática discriminatória no serviço público, isto porque, pela importância de suas funções ou de suas tarefas, há inúmeros órgão tão significativos quanto o setor fazendário (SAMPAIO, Luiz Augusto Paranhos, *Comentários à Nova Constituição Brasileira*, São Paulo: Atlas, 1990, v. II, p. 165).

tanto, antes de se avaliar a intenção do legislador e o respaldo social da regra, analisar-se-á o conteúdo desse excerto constitucional.

A expressão "administração fazendária" abrange os setores, da União, dos Estados, dos Municípios e do Distrito Federal, encarregados da arrecadação e administração dos recursos financeiros do Estado, do erário público. Contudo, tendo em vista que o texto constitucional em apreço menciona tão somente os servidores fiscais, é de se deduzir que alude ao setor fazendário de arrecadação. Assim, os setores fazendários de arrecadação, os Fiscos, têm precedência, dentro de cada uma das administrações, sobre os demais setores, observadas as respectivas áreas de competência e na forma da lei.

A precedência deve ser exercida na forma da lei federal, estadual ou municipal, que vier a dispor sobre essa matéria, disciplinando a organização dos serviços públicos. Logo, a regra constitucional em análise não é autoaplicável.

Cumpre assinalar que o preceito volta-se à organização do serviço público, isto é, não determina a prioridade em relação a direitos dos cidadãos, nem mesmo sobre os demais Poderes do Estado. Portanto, a precedência deve ser exercida dentro da própria administração pública, dentro do Poder Executivo. Ou seja, trata-se de uma regra de organização dos serviços, da estrutura da administração pública.

Conforme ressalvou José Afonso da Silva, houve um equívoco por parte do constituinte, pois a jurisdição pertence exclusivamente ao Poder Judiciário: "O texto expressa mal, falando em 'competência e jurisdição'. Não se trata de 'jurisdição', mas de 'atribuição'"[3].

É de se concluir, dessa forma, que o inciso XVIII do art. 37 da Constituição Federal determina que, em caso de conflito de competência, dentro de uma administração, da União, de cada um dos Estados ou do Distrito Federal, deve prevalecer a competência da administração fazendária fiscal, desde que com respaldo em lei federal, estadual ou municipal. Analisada de maneira sistemática e tendo em conta a necessidade de regulamentação pelo respectivo Poder Legislativo, a disposição constitucional não parece merecer as críticas que tem recebido da doutrina. Resta, todavia, examinar a motivação do constituinte ao conceder essa precedência; sopesar o supedâneo axiológico, o valor que o legislador visava a proteger mediante a introdução dessa regra no sistema constitucional brasileiro.

Para abordar essa questão, necessário contextualizá-la e, desse modo, considerando que a arrecadação de receitas é imanente ao Estado, forçoso refletir sobre a própria origem e sobre a finalidade do Estado no sistema constitucional brasileiro.

O Estado, especificamente o Estado Democrático de Direito, tem fulcro na Constituição e foi estabelecido com o objetivo de organizar a vida em sociedade, de acordo com os valores selecionados pelos cidadãos, de modo direto ou indireto, mediante sufrágio. Nesse contexto, o Estado recebe poderes, por meio do Texto Supremo, para que tenha condições de alcançar seus fins, mas, concomitantemente, está sujeito aos limites inerentes a esses poderes.

Um dos poderes mais importantes, exercido com o propósito de viabilizar sua existência e manutenção, é o de se apropriar de patrimônio dos particulares. Tal poder está previsto de modo detalhado na Constituição – poder de instituir e arrecadar tributos, hipóteses de desapropriação, hipóteses de imposição de penas pecuniárias e de confisco[4] – mas também possui limitações extremamente severas – como a regra pétrea que garante o direito à propriedade privada, as limitações constitucionais ao poder de tributar etc.[5].

Assim, ao se conceder precedência à administração fazendária fiscal, respeitada sua competência e desde que haja previsão legal, acena-se com a permissão ou determinação no sentido de que os órgãos responsáveis pela arrecadação dos principais recursos – os tributos – imprescindíveis à existência do Estado e à manutenção dos demais órgãos e serviços públicos, trabalhem de maneira mais eficaz possível dentro de cada estrutura estatal. Mister lembrar que os recursos destinados às atividades de fiscalização terão destinação prioritária, nos termos do inciso XXII do art. 37 da Constituição.

Dessarte, pode-se inferir que inciso XVIII do art. 37 configura-se simplesmente como uma regra, a qual preceitua que as administrações públicas, dentro de sua estrutura e organização, respeitadas as atribuições de seus setores e, com base em lei aprovada pelo respectivo Poder Legislativo, estabeleçam prioridade para os serviços responsáveis pela arrecadação dos tributos, recursos a serem utilizados por toda a estrutura estatal.

Art. 37, XIX – somente por lei específica poderá ser criada autarquia e autorizada a instituição de empresa pública, de sociedade de economia mista e de fundação, cabendo à lei complementar, neste último caso, definir as áreas de sua atuação;

Luciano de Araújo Ferraz

A – REFERÊNCIAS

1. História da norma

Redação originária: somente por lei específica poderão ser criadas empresa pública, sociedade de economia mista, autarquia ou fundação pública.

---

3. José Afonso da Silva, *Comentário Contextual à Constituição*, 4ª ed., São Paulo: Malheiros, 2007, p. 344.

4. São situações em que o constituinte originário autorizou essa apropriação compulsória do patrimônio privado:
• desapropriação, em regra, mediante indenização (arts. 5º, XXIV, 182, 184, 185 e 216, § 1º);
• uso de propriedade particular em caso de iminente perigo público, mediante indenização (art. 5º, XXV);
• penas de perda de bens e de multa (arts. 5º, XLVI, e 243, § 3º);
• impostos, taxas, contribuições de melhoria, empréstimos compulsórios, contribuições (arts. 145 a 156, 177, § 4º, 195, 212, § 5º, 239, 240 da CF e arts. 74, 75, 84 e 90 do ADCT).

5. O art. 5º, *caput* e inciso XXII, da Constituição garante a inviolabilidade do direito de propriedade e esta disposição, juntamente com os demais direitos e garantias individuais, nos termos do art. 60, § 4º, IV, da CF, constitui regra pétrea, ou seja, não pode ser ameaçada ou reduzida nem mesmo por emenda constitucional. Em face da garantia constitucional expressa, o Estado somente tem legitimidade para se apropriar compulsoriamente do patrimônio dos cidadãos nas hipóteses expressa e originariamente autorizadas pela Carta Magna.

Redação dada pela EC n. 19, de 04.06.1998: somente por lei específica poderá ser criada autarquia e autorizada a instituição de empresa pública, de sociedade de economia mista e de fundação, cabendo à lei complementar, neste último caso, definir as áreas de sua atuação.

A redação originária do inciso XIX do art. 37 submetia à necessidade de lei específica a criação de autarquias, empresas públicas, sociedades de economia mista e fundações públicas. A Emenda Constitucional n. 19, de 04.06.1998, alterou-lhe a redação para estabelecer referências e distinções tecnicamente mais apropriadas, prevendo a necessidade de lei específica para criar autarquias e autorizar a criação de empresas públicas, sociedades de economia mista e de fundação. Previu, ainda, a edição de lei complementar para definir a área de atuação das fundações integrantes do Poder Público.

2. Constituições brasileiras anteriores

Sem correspondente nas Constituições brasileiras anteriores.

3. Constituições estrangeiras

Art. 267º, 2 e 3, da Constituição Portuguesa; art. 103º, 1, da Constituição Espanhola; art. 142 da Constituição Venezuelana.

4. Remissões constitucionais e legais

Art. 26 da EC n. 19/98.

Dec.-Lei n. 200/67; Dec.-Lei n. 900/69; Dec. n. 2.487/98; Lei n. 9.986/00; Lei n. 9.427/96; Lei n. 9.472/97; Lei n. 9.478/97; Lei n. 9.990/00; Lei n. 9.782/99; Lei n. 9.961/00; Lei n. 9.984/00; Lei n. 10.233/01; Medida Provisória n. 2225-1/01; Lei n. 11.182/05; Lei n. 13.303/16; e Lei n. 13.848/19.

5. Jurisprudência

BRASIL. Supremo Tribunal Federal. RE 633.782, Rel. Min. Luiz Fux, *DJe* 24.11.2020 (Tema 532);

BRASIL. Supremo Tribunal Federal. RE 1.182.189, Rel. Min. Marco Aurélio, *DJe* 24.11.2019 (Tema 1054);

BRASIL. Supremo Tribunal Federal. ARE 689.588-AgR, Rel. Min. Luiz Fux, *DJe* 13.02.2012;

BRASIL. Supremo Tribunal Federal. ADI 1.642, Rel. Min. Eros Grau, *DJe* 19.09.2008;

BRASIL. Supremo Tribunal Federal, Rel. Min. Eros Grau, *DJ* 01.02.2008;

BRASIL. Supremo Tribunal Federal – ADI 3026/DF, Rel. Min. Eros Grau, *DJ* 29.09.2006;

BRASIL. Supremo Tribunal Federal. RE 424227/SC, Rel. Min. Carlos Velloso, *DJ* 10.01.2004;

BRASIL. Supremo Tribunal Federal – ADI 1.717/DF, Rel. Min. Sidney Sanches, *DJ* 28.03.2003;

BRASIL. Supremo Tribunal Federal. ADI, 1.131, Rel. Min. Ilmar Galvão, *DJ* 25.10.2002;

BRASIL. Supremo Tribunal Federal, ADI 1.840-MC, Rel. Min. Carlos Velloso, *DJ* 11.09.1998;

BRASIL. Supremo Tribunal Federal – ADI, 234, Rel. Min. Néri da Silveira, *DJ* 15.09.1995;

BRASIL. Supremo Tribunal Federal – RE 101.126/RJ, Rel. Min. Moreira Alves, *DJ* 01.01.1985;

BRASIL. Superior Tribunal de Justiça – ERESP 503252/SC, Rel. Min. Castro Meira, *DJ* 18.10.2004.

6. Referências bibliográficas

ALMEIDA, Edvaldo Nilo de. *Sistema S*: fundamentos constitucionais, Rio de Janeiro: Forense, 2021.

ARAGÃO, Alexandre Santos de. As agências regulamentadoras independentes e a separação de poderes – uma contribuição da teoria dos ordenamentos setoriais. *Revista dos Tribunais*, ano 90, abr. 2001, v. 786, p. 11-56.

ARAGÃO, Alexandre Santos de. *Empresas estatais*: o regime jurídico das empresas públicas e sociedades de economia mista, São Paulo: Forense, 2017.

JUSTEN FILHO, Marçal (Org.). *Estatuto das empresas estatais*, São Paulo: RT, 2016.

FERRAZ, Luciano. Principais apontamentos acerca das sociedades de economia mista. *Revista do Tribunal de Contas*, n. 26, jun.-dez. 1996, Lisboa.

MEIRELLES, Hely Lopes. *Direito Administrativo brasileiro*, 20. ed., São Paulo: Malheiros, 1995.

MODESTO, Paulo. *As fundações estatais de direito privado e o debate sobre a nova estrutura orgânica da Administração Pública*. 2007. Disponível em <http://www.direitodoestado.com.br>.

MOREIRA, Egon Bockmann. As agências executivas brasileiras e os "contratos de gestão". *Revista dos Tribunais*, ano 92, ago. 2003, v. 814, p. 11-25.

NEVES, José Roberto de Castro. Considerações jurídicas acerca das agências reguladoras e o aumento das tarifas públicas. *Revista dos Tribunais*, ano 93, mar. 2004, v. 821, p. 99-114.

PINTO JÚNIOR, Mario Engler. *Empresa estatal*: função econômica e dilemas societários, 2. ed., São Paulo: Atlas, 2013.

RESENDE, António José Calhau de. A sociedade de economia mista no direito francês. *Revista do Tribunal de Contas*, n. 26, 1996, Lisboa.

RODRIGUES, Carlos Alexandre. Sobre a falência das empresas públicas e sociedades de economia mista, em face da nova Lei de Falências. *Revista dos Tribunais*, ano 94, maio 2005, v. 835, p. 11-32.

TOURINHO, Rita. As empresas estatais e a revogação do artigo 242 da Lei n. 6404/76. *Revista Eletrônica de Direito Administrativo Econômico*, n. 9, Salvador, 2007.

WALD, Arnoldo. O controle político sobre as agências reguladoras no direito brasileiro e comparado. *Revista dos Tribunais*, ano 94, abr. 2005, v. 834, p. 84-98.

B – ANOTAÇÕES

O inciso XIX do art. 37 da Constituição trata da instituição, mediante descentralização administrativa (por serviços, atividade ou intervenção), de entidades personalizadas que compõem a

Administração Indireta da União, dos Estados, do Distrito Federal e dos Municípios: autarquias, fundações, sociedades de economia mista e empresas públicas (entidades estatais).

A necessidade de lei para a instituição de entidades estatais da Administração Indireta é tradicionalmente exigida pelo direito positivo brasileiro (v.g., Decreto-lei n. 6.016/43, Decreto-lei n. 200/67 (art. 5º), e encontra paralelo em Constituições estrangeiras (v.g., art. 267º, 2 e 3, da Constituição Portuguesa; art. 103º, 1, da Constituição Espanhola e art. 142 da Constituição Venezuelana). Além disso, cabe referência a entidade de cooperação, de atuação paralela com o Estado, que integrariam o sítio da Administração Pública Autônoma (corporações profissionais e serviços sociais autônomos).

Exige-se lei específica (lei que verse exclusivamente sobre o nascimento e a organização da entidade), mostrando-se indevida a criação (ou autorização para a criação) dessas entidades disciplinadas em atos administrativos que minudenciem dispositivos legais genéricos.

O Supremo Tribunal Federal entendeu não violar o inciso XIX do art. 37 leis que autorizem reestruturação de órgãos e entidades da Administração Pública, haja vista que "o pronunciamento a que se refere o dispositivo sob enfoque, acerca de operações de cisão, fusão ou incorporação, por não apresentarem efeito vinculativo, não pode ser tido como violador da regra constitucional disciplinadora da instituição de entidade da administração indireta" (STF – ADI 1.131, Rel. Min. Ilmar Galvão, *DJ* 25-10-02). Na mesma linha, "a Lei 9.472, de 16/07/97, autorizando o Poder Executivo, para reestruturação da Telebrás (art. 187), ao adotar a cisão, satisfaz ao que está exigido no art. 37, XIX, da CF" (STF, ADI 1.840-MC, Rel. Min. Carlos Velloso, *DJ* 11.9.98).

A iniciativa das leis que versem a criação de entidades estatais é do Poder Executivo, nos termos do art. 61, § 1º, II, *b*, CR (norma de reprodução obrigatória para Estados e Municípios), que dispõe ser da iniciativa privativa do Presidente da República as leis que versem sobre organização administrativa e judiciária, matéria tributária e orçamentária, serviços públicos e pessoal da administração dos Territórios. Este preceito constitui norma de reprodução obrigatória no âmbito dos Estados e Municípios, em função de sua pertinência ao processo legislativo.

Com efeito, o Supremo Tribunal Federal declarou a inconstitucionalidade do art. 99, XXXIII, da Constituição Fluminense, ao atribuir competência privativa à Assembleia Legislativa para autorizar a criação, fusão ou extinção de empresas públicas ou de economia mista, porquanto "não cabe excluir o Governador do Estado do processo para a autorização legislativa destinada a alienar ações do Estado em sociedade de economia mista" (STF – ADI 234, Rel. Min. Néri da Silveira, *DJ* 15.9.95).

A redação primitiva do inciso XIX possuía erronias conceituais: não distinguia, para fins de criação de entidades da Administração Indireta, os instrumentos jurídicos aptos ao objetivo, dispondo apenas que lei específica criaria (e seria bastante à criação) de autarquias, empresas públicas, sociedades de economia mista e fundação. A Emenda Constitucional n. 19/98, em boa hora, corrigiu essa impropriedade, ao disciplinar que lei específica criará autarquias (pessoas jurídicas de direito público) e autorizará a instituição de empresas públicas, sociedades de economia mista e fundações.

De fato, as entidades da Administração Indireta que possuem personalidade jurídica de direito público são criadas no exato momento em que a lei instituidora, exigida pelo preceito constitucional, entra em vigor, ao passo que as que possuem personalidade jurídica de direito privado a adquirirão, na forma da lei civil, a partir do registro dos seus atos constitutivos (art. 45 do Código Civil).

No que toca à necessidade de lei complementar para a definição da área de atuação de entidades estatais, referida na parte final do inciso XIX, existem divergências doutrinárias, fundamentalmente pela expressão "neste último caso". Alguns autores sustentam que esta lei deve definir área de atuação das empresas públicas, das sociedades de economia mista e das fundações (MEDAUAR, Odete. *Direito Administrativo Moderno*. 10. ed. São Paulo: RT, 2006), ao passo que outros sustentam, com a concordância do comentarista, que a necessidade dessa definição é restrita às fundações (MODESTO, Paulo. *As fundações estatais de direito privado e o debate sobre a nova estrutura orgânica da Administração Pública*. 2007. Disponível em: http://www.direitodoestado.com.br). O Supremo Tribunal Federal enfrentou a questão na linha da segunda vertente, fixando orientação no sentido do que a lei específica autorizadora da criação das estatais é a ordinária, restringindo-se a exigência de lei complementar aos casos expressamente elencados na Constituição da República. No inciso XIX do art. 37 da Constituição, alterado pela Emenda Constitucional 19/1998, ao ser determinada a edição de lei complementar para a regulamentação das áreas de atuação, o poder constituinte derivado fez alusão tão somente às fundações. A interpretação gramatical deixa certo que a expressão 'neste último caso', no singular, refere-se ao antecedente 'fundação'. A interpretação sistemática da Constituição também permite concluir não ser necessária a edição de lei complementar para a definição da atuação de empresas públicas ou sociedades de economia mista (ADI 4.895, voto da rel. min. Cármen Lúcia, j. 7-12-2020, P, *DJe* de 4-2-2021).

As entidades estatais referidas no inciso XIX do art. 37 – autarquias, empresas públicas, sociedades de economia mista e fundações estatais – tiveram tratamento delineado no Decreto-lei n. 200/67 e posteriores alterações. Este Decreto-lei, a despeito de se tratar de norma de caráter federal, foi largamente utilizado por Estados e Municípios nas respectivas organizações, a ponto de ser, por vezes considerado, como regra geral de organização administrativa: seus conceitos são gerais e devem ser reproduzidos em todas as esferas da Federação.

Autarquias e Conselhos Profissionais

As autarquias são pessoas jurídicas de direito público com capacidade administrativa, criadas por lei, para a persecução de atividades estatais. Classificam-se em assistenciais (*v.g.*, INCRA); previdenciárias (*v.g.*, INSS); culturais (*v.g.*, Universidades Federais); administrativas (*v.g.*, IBAMA), regulatórias (*v.g.*, Agências Reguladoras – Lei n. 13.848/19), associativas (*v.g.*, Consórcios Públicos – Lei n. 11.107/05). Submetem-se comum e prioritariamente a regime jurídico de direito público, pelo que se aplicam regras especiais atinentes a regime de pessoal, licitações e contratos, regime tributário, controles, sem embargo também de utilização subsidiária de normas de direito privado em singela expressão.

O Direito brasileiro consagra, ainda, a figura das autarquias profissionais, a exemplo dos Conselhos Profissionais (*v.g.*, CREA, CFM, CFC). A Lei n. 9.649/98 (art. 58) tentou retirar-

-lhes, à exceção da OAB (art. 58, § 9º), a natureza de entidades autárquicas, transformando-as em entidades privadas delegatárias de poder público o que, a bem da verdade, era medida salutar a tais entidades, que possuem natureza privada em outros países (Portugal, Alemanha). O Supremo Tribunal Federal apreciou a questão no julgamento da ADI 1.717/DF, Rel. Min. Sydney Sanches, *DJ* 28.03.2003, entendendo ser inviável a delegação, a entidade privada, de atividades de poder de polícia, tributação e persecução disciplinar. Este entendimento sobre temperamentos em julgados posteriores, mas permanece hígido.

No julgamento da ADI 3.026/DF, Rel. Min. Eros Grau, *DJ* 29.09.2006, o Supremo Tribunal Federal, vencidos parcialmente os Ministros Joaquim Barbosa e Gilmar Mendes, entendeu que a OAB não é entidade integrante da Administração Indireta, sequer na condição de agência especial, constituindo-se em "serviço público independente, categoria ímpar no elenco das personalidades jurídicas existentes no direito brasileiro". Por isso, não se há de cogitar da aplicação à entidade do regime jurídico típico das autarquias pertencentes à Administração Indireta (*v.g.*, concurso público, licitação, controle externo – STJ, EREsp 503252/SC, Rel. Min. Castro Meira, *DJ* 18.10.04). Mais recentemente, o STF, no julgamento do RE 1.182.189 RG (Tema 1054), de relatoria dos Mins. Marco Aurélio/Edson Fachin, fixou a tese de que "o Conselho Federal e os Conselhos Seccionais da Ordem dos Advogados do Brasil não estão obrigados a prestar contas ao Tribunal de Contas da União nem a qualquer outra entidade externa".

As decisões deixam ver que existem autarquias (não só a OAB, como também os demais Conselhos Profissionais), que estão excluídas do âmbito da Administração Indireta da União. Tal orientação excludente prevaleceu no Supremo Tribunal Federal no julgamento da ADC 36, da ADI 5.367 e na ADPF 367, todas relatadas pelo Min. Alexandre de Moraes, a compreender que "os conselhos profissionais são autarquias, porém não integram a Administração Indireta. Essa constatação leva este comentarista a sustentar que no Brasil, ao lado da Administração Direta e da Administração Indireta (Decreto-lei n. 200/67), existe uma Administração Pública Autônoma, formada justamente pelas ordens e conselhos profissionais, cujo regime jurídico é diverso do que é aplicável à Administração Indireta, formada também por outras entidades com perfil assemelhado, comumente designadas paraestatais (entidades do "Sistema S" e demais serviços de apoio).

Fundações Estatais

As fundações a que se refere o art. 37, XIX são, nos mesmos moldes do Direito Civil, universalidades de bens personalizadas, sem fins lucrativos, vinculadas a fim específico de interesse social, que lhes dá unidade e justifica a existência. A doutrina diverge quanto à natureza jurídica das fundações instituídas pelo Poder Público. Esta divergência é corroborada pela Constituição da República, que se utiliza de expressões várias para designar as fundações pertencentes à Administração Indireta. Ei-las: a) *fundação* (arts. 37, XVII, XIX; 39, § 7º, 40, *caput*, 163, II, 167, VIII, 202, §§ 3º e 4º, do corpo permanente; arts. 8º e 61 do ADCT); b) *fundação pública* (art. 19 do ADCT); c) *fundações instituídas e mantidas pelo Poder Público* (art. 71, II e III, 150, § 2º; 157, I, 165, § 5º, I e III; 169, § 1º, do corpo permanente; arts. 18, 35, § 1º, V, e 61 do ADCT); d) *fundações sob controle estatal* (art. 163, II, do corpo permanente; art. 8º, § 5º, do ADCT).

Apresentam-se normalmente três correntes a respeito do tema. A primeira corrente que não encontra amparo na jurisprudência do Supremo Tribunal Federal defende a natureza exclusivamente privada dessas entidades (Seabra Fagundes, Hely Lopes Meirelles, Manoel de Oliveira Franco Sobrinho). A segunda corrente defende a natureza exclusivamente pública das fundações, equivalentes em tudo e por tudo às autarquias (Lucia Valle Figueiredo, Edimur Ferreira de Faria).

A terceira corrente admite a coexistência de fundações (do Poder Público) com natureza jurídica de direito público (natureza autárquica), e com natureza jurídica de direito privado (fundações governamentais), dependendo, a distinção, da avaliação mais amiúde do regime jurídico que se lhes é aplicável, fundamentalmente a partir da análise da respectiva lei instituidora (Maria Sylvia Zanella Di Pietro, Diógenes Gasparini, Paulo Modesto, Alice Gonzáles Borges).

Assim, se a lei instituidora atribuir à Fundação regime jurídico prioritariamente de direito público, com previsão de prerrogativas especiais e unilaterais, deverá ser qualificada como entidade de direito público. Equivalerá à autarquia (*v.g.*, FUNAI, IBGE). Se, pelo contrário, a lei criadora ditar à entidade regulação própria das leis civis, terá personalidade jurídica de direito privado, sofrendo, contudo, derrogações que a própria Constituição impõe a todas as entidades estatais de direito privado (*v.g.*, Fundação Banco do Brasil).

O Supremo Tribunal Federal, a partir do julgamento do RE 101.126/RJ, Rel. Min. Moreira Alves, *DJ* de 01.01.1985, alinhou-se à terceira corrente, pois entendeu que "nem toda fundação instituída pelo Poder Público é fundação de direito privado. As fundações, instituídas e mantidas pelo Poder Público, que assumem a gestão de serviço estatal e se submetem a regime administrativo previsto, nos Estados-membros, por leis estaduais, são fundações de direito público, e, portanto, pessoas jurídicas de direito público". A tese foi reafirmada no julgamento da ADI 191, Rel. Min. Cármen Lucia, julgada em 27.11.2007. De acordo com a decisão "A distinção entre fundações públicas e fundações privadas decorre da forma como foram criadas, da opção legal do regime jurídico a que se submetem, da titularidade de poderes e também da natureza dos serviços por elas prestados. 2. A norma questionada aponta para a possibilidade de serem equiparadas os servidores de toda e qualquer fundação privada, instituída ou mantida pelo Estado, aos das fundações públicas. 3. Sendo diversos os regimes jurídicos, diferentes são os direitos e os deveres que se combinam e formam os fundamentos da relação empregatícia firmada. A equiparação de regime, inclusive o remuneratório, que se aperfeiçoa pela equiparação de vencimentos, é prática vedada pelo art. 37, XIII, da Constituição brasileira e contrária a Súmula 339 do Supremo Tribunal Federal".

Depois da Emenda Constitucional n. 19/98, contudo, a alteração produzida pelo constituinte reformador no inciso XIX do art. 37 (*somente por lei específica poderá ser (...) autorizada a criação de (...) fundação*), aliada à redação do art. 26 da própria Emenda (*No prazo de dois anos da promulgação desta Emenda, as entidades da administração indireta terão seus estatutos revistos quanto à respectiva natureza jurídica, tendo em conta a finalidade e as competências efetivamente realizadas*), impõe que se faça a seguinte leitura a propósito das Fundações.

Aquelas Fundações Estatais com natureza jurídica pública devem ter seus estatutos (e leis instituidoras) revistos para assumirem definitivamente a natureza de autarquias, em obediência ao art. 26 da Emenda n. 19/98. As Fundações com natureza privada seguirão sem a necessidade dessa revisão. Por força da nova redação do inciso XIX do art. 37 (com a redação dada pela EC 19/98), percebe-se que a lei específica não cria, apenas autoriza a criação da Fundação, pelo que se há de entender que tais entidades devem ser instituídas com personalidade jurídica de direito privado, compondo, de qualquer forma e para todos os fins de direito, a Administração Indireta.

Essa linha de pensamento, defendida desde a 1ª edição destes *Comentários*, comparece referida no julgamento da ADI 4.247, Rel. Min. Marco Aurélio, j. 04.11.2020, *DJe* de 08.03.2021, a ver que "a fundação, pouco importando a espécie de serviços a serem prestados, é pessoa jurídica de direito privado, sendo possível a criação mediante lei ordinária e a regência, pela Consolidação das Leis do Trabalho, da relação jurídica mantida com os prestadores de serviços".

Empresas Estatais

As empresas públicas e sociedades de economia mista são entidades pertencentes ao gênero empresas estatais, sendo possível apresentar-lhe um tratamento conjunto, e depois as especificidades. Nessa tarefa, é fundamental aludir a dois outros dispositivos constitucionais que se relacionam diretamente com as empresas estatais, o art. 173 e o art. 175: o primeiro disciplina a exploração direta e excepcional pelo Estado de atividades econômicas em sentido estrito; o segundo prescreve a titularidade estatal dos serviços públicos, autorizando que sua prestação se perfaça direta ou indiretamente, na forma da lei.

Como se vê, a Constituição da República autoriza a constituição de empresas estatais pelo Poder Público para tipos distintos de atividades com destaque para (a) exploração de atividades econômicas (*v.g.*, Petrobras, Banco do Brasil) e (b) prestação de serviços públicos (*v.g.*, Infraero, EBCT), valendo esclarecer, contudo, que existem empresas estatais que se dedicam à atividade de fomento e planejamento (*v.g.*, BNDES, EPE), como também à atividade de polícia administrativa (*v.g.*, BHTRANS).

No primeiro caso, as empresas estatais são, como dito, instrumento de exploração direta pelo Estado de atividades econômicas e só lhes é permitida a constituição quando necessária aos imperativos da segurança nacional ou a relevante interesse coletivo, conforme definidos em lei (art. 173, *caput*, CR). É que o ambiente das atividades econômicas deve ser prioritariamente direcionado ao mercado, aplicando-se aí o princípio da subsidiariedade. No segundo caso, a prestação dos serviços públicos compete ao Poder Público, que está constitucionalmente autorizado a, mediante licitação, transferir a empresas particulares a execução desses serviços ou constituir empresas ou organismos estatais para fazê-lo.

Sob o prisma constitucional, o § 1º do art. 173 dispõe que as empresas estatais que exploram atividades econômicas submetem-se, em homenagem ao princípio da livre concorrência, ao regime próprio das empresas privadas, inclusive quanto aos direitos e obrigações civis, comerciais, trabalhistas e tributários, observadas as derrogações impostas pela Constituição (*v.g.*, submissão à regra do concurso público. Ver: STF, AI-Agr. 689039/RS, Rel. Min. Eros Grau, *DJ* de 01.02.2008). Já as prestadoras de serviços públicos também se submetem ao regime jurídico de direito privado, com as prerrogativas e restrições impostas pela Constituição (*v.g.*, concurso público, licitação, controles, responsabilidade objetiva). O Supremo Tribunal Federal, em relação às empresas estatais que desempenham serviço público em regime de exclusividade, reconhece-lhes a incidência da imunidade tributária do art. 150, VI, "a", concernente às autarquias (STF, RE 424227/SC, Rel. Min. Carlos Velloso, *DJ* 10.01.2004), o que denota uma medida de "publicização" mais saliente a respeito do regime jurídico das entidades.

Sob a sistemática da Repercussão Geral, mais recentemente, o Supremo Tribunal Federal, no julgamento do RE 1.320.054 (Tema 1140), fixou a tese de que "as empresas públicas e as sociedades de economia mista delegatárias de serviços públicos essenciais, que não distribuam lucros a acionistas privados nem ofereçam risco ao equilíbrio concorrencial, são beneficiárias da imunidade tributária recíproca prevista no artigo 150, VI, *a*, da Constituição Federal, independentemente de cobrança de tarifa como contraprestação do serviço".

Em resumo, tal como decidido pelo Supremo na ADPF 896, Rel. Min. Rosa Weber, o Plenário do STF fixou os três requisitos indispensáveis e conjuntos para que empresas estatais possam se beneficiar do pagamento por precatórios: (i) prestar, exclusivamente, serviços públicos de caráter essencial; (ii) atuar em regime não concorrencial; e (iii) não ter finalidade primária de distribuir lucro aos acionistas.

Por outro lado, no mesmo julgado, o STF assentou que "as empresas estatais (empresas públicas e sociedades de economia mista) ao atuarem em atividades econômicas em sentido estrito, ao teor o art. 173, § 1º, II, e § 2º, da Constituição da República, sujeitam-se ao regime próprio das empresas privadas, não podendo gozar de benefícios e prerrogativas da Fazenda Pública inextensíveis ao setor privado. 4. As atividades desenvolvidas pela Minas Gerais Administração e Serviços S.A.-MGS não se revelam, exclusivamente como serviços públicos essenciais, ao contrário, são, em larga escala, identificadas como atividades econômicas em sentido estrito e sujeitas ao regime concorrencial".

Por fim, o Supremo Tribunal Federal, no julgamento, com repercussão geral, do RE 633.782, Rel. Min. Luiz Fux (Tema 532), reconheceu a possibilidade de empresas estatais exercerem poder de polícia mediante delegação legal, a ver que: "É constitucional a delegação do poder de polícia, por meio de lei, a pessoas jurídicas de direito privado integrantes da Administração Pública indireta de capital social majoritariamente público que prestem exclusivamente serviço público de atuação própria do Estado e em regime não concorrencial".

A Lei n. 13.303, de 30.06.16, estabeleceu o Estatuto Jurídico das Empresas Estatais, regulamentando o art. 173, § 1º, da Constituição da República, com a redação dada pela Emenda Constitucional n. 19/98. Os temas fundamentais tratados pela nova legislação foram, respectivamente, no Capítulo II do Título I e no Título II: (a) o regime jurídico societário e de governança corporativa das empresas estatais e suas subsidiárias; (b) o regime jurídico das licitações e contratos (em substituição à disciplina da Lei n. 8.666/93) e controles.

Convém destacar que a Lei n. 13.303/16, sem interferir nas distinções normativas ditadas pela própria Constituição, deu tratamento semelhante a todas as empresas estatais, independentemente do tipo de atividade a que se dedicam, o que não deixou de gerar controvérsias, inclusive em âmbito judicial.

Tramita no STF a ADI 5.624, Rel. Min. Ricardo Lewandowsky, movida pela Federação Nacional das Associações do Pessoal da Caixa Econômica Federal (Fenaee) e pela Confederação Nacional dos Trabalhadores do Ramo Financeiro (Contraf/CUT), impugnando aspectos formais e materiais da lei.

Sustentam as autoras que:

1. Houve invasão do Poder Legislativo sobre a prerrogativa do chefe do Poder Executivo de dar início ao processo legislativo em matéria que envolva a organização e funcionamento do Poder Executivo e o regime jurídico de seus servidores;

2. A lei apresenta abrangência excessiva, já que direcionada à totalidade das empresas públicas e sociedades de economia mista, enquanto o art. 173, § 1º, da Constituição prevê o estabelecimento do estatuto jurídico das estatais apenas para as estatais dedicadas à exploração de atividade econômica de produção ou comercialização de bens ou prestação de serviços;

3. Há incompatibilidade da norma com os arts. 25 e 30 (incisos I e II) da Constituição, uma vez que torna inviável que os Estados e municípios exerçam sua capacidade de auto-organização, garantida pelos arts. 1º e 18 da CR;

4. As restrições previstas na lei para investidura em cargos de gestão nas empresas estatais ofendem o *caput* do art. 5º da Constituição (princípio da igualdade). Entre os que se encontram impedidos de integrar o conselho de administração e a diretoria das estatais estão pessoas que atuaram, nos últimos 36 meses, como participantes da estrutura decisória de partido político e aqueles que exerçam cargos em organização sindical;

5. O estatuto impõe às estatais exploradoras de atividades econômicas em regime de competição com o mercado regras que não são aplicáveis às empresas privadas que atuem no mesmo ramo, violando a disciplina do art. 173, § 1º, II, da Constituição.

Na Medida Cautelar da ADI 5.624, por ocasião do seu referendo, o Plenário do STF, por maioria decidiu "conferir ao art. 29, *caput*, XVIII, da Lei n. 13.303/2016 interpretação conforme à Constituição Federal, nos seguintes termos: i) a alienação do controle acionário de empresas públicas e sociedades de economia mista exige autorização legislativa e licitação; e ii) a exigência de autorização legislativa, todavia, não se aplica à alienação do controle de suas subsidiárias e controladas. Nesse caso, a operação pode ser realizada sem a necessidade de licitação, desde que siga procedimentos que observem os princípios da administração pública inscritos no art. 37 da Constituição, respeitada, sempre, a exigência de necessária competitividade".

Reconheceu o Supremo, o argumento de que o princípio do paralelismo de formas não deve ser visto como um princípio de paralelismo de conteúdo. Para as empresas estatais, dito paralelismo exige presença de autorização legislativa, que não precisa ser dada em lei específica, senão em atos genéricos, formalmente legislativos, correspondendo, em última *ratio*, à concordância republicana com a extinção dessas empresas e com a alienação de ativo que compõe o patrimônio estatal. Relativamente às empresas subsidiárias das empresas estatais, considerando-se que a autorização legislativa para a respectiva criação pode ser realizada genericamente na própria lei que institui a empresa-mãe (ou em outra que cumpra essa finalidade), admite-se que o legislador proceda a uma delegação legislativa aos órgãos de governança interna da empresa estatal, que passarão a ser responsáveis pela decisão sobre a criação, extinção, ou alienação das suas subsidiárias (FERRAZ, Luciano; MOTTA, Fabrício. Empresas estatais e suas subsidiárias: requisitos constitucionais para a transferência do controle acionário. *Interesse Público* (recurso eletrônico). Belo Horizonte, v. 20, n. 112, nov.-dez. 2018).

Com relação aos demais temas, que serão objeto de julgamento no mérito da ADI 5.624, seguem considerações a respeito das impugnações apresentadas pelas Autoras ao controle concentrado de constitucionalidade a cargo do Supremo Tribunal Federal.

Reserva de iniciativa

A Lei n. 13.303/16 não fere reserva de iniciativa do Poder Executivo, prevista no art. 61, § 1º, II, "b", da Constituição. É que ela não trata propriamente da organização administrativa do Poder Executivo, senão impõe contornos de um regime jurídico específico para tais entidades, ditando-lhes regras sobre governança, função social, licitações e contratos, controles e responsabilidade dos administradores. A referida lei foi editada com base na competência exclusiva da União para legislar sobre direito comercial (art. 22, I) e normas gerais de licitações e contratos administrativos (art. 22, XXVII). Tais competências são suficientes para suportar a iniciativa legislativa da lei, sem que haja qualquer tipo de violação formal a dispositivos constitucionais de reserva de iniciativa ou à autonomia das entidades federativas. Nesse sentido, convém verificar que a criação das empresas estatais (que sabidamente é matéria de organização administrativa) continua a depender de lei específica de cada entidade federativa, essa sim de iniciativa reservada ao Poder Executivo, tudo nos termos do art. 37, XIX, da Constituição.

Regime jurídico de pessoal

Na mesma linha, cabe registrar que a Lei n. 13.303/16 não versa sobre regime jurídico de servidores públicos. A própria letra do art. 61, § 1º, II, "c" deixa ver que a reserva de iniciativa ali prevista é dirigida aos servidores estatutários da União e seus territórios, extensível ao regime da administração direta, das autarquias e das fundações públicas, por força do art. 39 da Constituição (com redação repristinada pelo STF no julgamento da medida cautelar na ADI 2.135, rel. Min. Néri da Silveira, Rel. p/ acórdão Min. Ellen Gracie). As empresas estatais, que são submetidas ao regime celetista, não estão abrangidas pela restrição de iniciativa, pelo que não se vislumbra a inconstitucionalidade aventada pela petição inicial da ADI 5.624.

Abrangência excessiva

Relativamente à alegada abrangência excessiva da Lei n. 13.303/16, deveras o art. 173, § 1º, da Constituição (incluído pela EC 19/98) trata especificamente das empresas estatais que exploram atividades econômicas em sentido estrito. Por outro lado, não há impedimento constitucional a que o legislador submeta também empresas estatais que prestam serviços públicos (de igual modo as que atuam no planejamento econômico e as que exercem atividade de fomento) ao mesmo regime jurídico das empresas estatais exploradoras de atividade econômica, desde que respeitadas algumas diferenças impostas pela própria Constituição (como, por exemplo, o art. 37, § 6º). Com efeito, cabe aludir que a jurisprudência do STF alinha-se no sentido de que atividade econômica é gênero que compreende duas espécies, o serviço público e a atividade econômica em sentido estrito, justificando também por isso a aproximação de regimes jurídicos (ver, a respeito, a ADPF 46, Rel. Min. Marco Aurélio, Relator p/ acórdão Min. Eros Grau).

Auto-organização

A Lei n. 13.303/16 não trata da organização administrativa da União, Estados, Distrito Federal e Municípios. Em realidade, ela dispõe sobre tipos societários com a participação estatal (sociedades de economia mista, empresas públicas, subsidiárias, controladas, empresas participadas, consórcios com estatais). As regras sobre governança corporativa, função social e controles enquadram-se no âmbito da competência legislativa em matéria de direito comercial (art. 22, I, da Constituição). Já as regras sobre licitações e contratos derivam da competência normativa federal prevista no art. 22, XXVII, que atribui à União competência para editar normas gerais de licitações e contratos. Esse dispositivo deve ser combinado com o art. 173, § 1º, III (alusivo às estatais exploradoras de atividades econômicas), e pode ser aplicável também, por força da própria Lei n. 13.303/16 (opção do legislador), às empresas estatais prestadoras de serviços públicos. Nesse sentido, deve-se rememorar que tanto as empresas estatais prestadoras de serviços públicos quanto aquelas exploradoras de atividades econômicas submetiam-se, antes da Lei n. 13.303/16, com algumas peculiaridades, ao regime licitatório e contratual da Lei n. 8.666/93, sem que houvesse grandes divergências quanto ao tema.

Princípio da igualdade

O conteúdo normativo do princípio da igualdade não implica a imposição às empresas estatais exploradoras de atividade econômica de um regime jurídico necessariamente idêntico ao das demais empresas privadas. O pertencimento dessas empresas ao âmbito da Administração Pública justifica a incidência de condicionantes impostas pela Lei n. 13.303/16, sem que haja violação ao âmbito material de incidência do referido princípio. Nessa linha, o STF já teve a oportunidade de decidir quanto à aplicabilidade às empresas estatais, inclusive as exploradoras de atividades econômicas, da regra do art. 37, II, da Constituição, que exige a realização de concurso público para provimento dos seus empregados (MS 21.322, rel. Min. Paulo Brossard, Tribunal Pleno, julgado em 3/12/1992, publicado no DJ 23/4/1993).

É dizer que as regras e os princípios constitucionais, bem assim as normas legais que se respaldam em princípios constitucionais, podem impor condicionamentos mais intensos às empresas estatais, se comparadas com as empresas privadas. O regime jurídico das empresas estatais não é puro, senão híbrido, comportando maiores derrogações decorrentes de opções constitucionais ou legislativas a depender do tempo histórico e do exercício dessas opções.

Distinção entre empresas públicas e sociedades de economia mista

Distinguem-se as empresas públicas das sociedades de economia mista, principalmente, pelos seguintes aspectos: (a) o capital das empresas públicas é integralmente proveniente do poder público; o das sociedades de economia mista é formado pela conjugação de capitais públicos e privados, permanecendo o poder público com a maioria das ações com direito a voto (art. 5º do Decreto-lei n. 200/67 e arts. 3º e 4º da Lei n. 13.303/16); (b) a forma societária: as empresas públicas podem se revestir de qualquer forma societária; as sociedades de economia mista serão necessariamente sociedades anônimas (art. 5º do Decreto-Lei n. 200/67 e art. 4º da Lei n. 13.303/16).

As discussões sobre a falência das empresas estatais também são relevantes. É que o art. 2º, I, da Lei n. 11.101/05 dispõe que tais entidades não se submetem às disposições da legislação falimentar. Porém, sob o prisma constitucional, tratando-se das empresas exploradoras de atividade econômica, não existe justificativa para que tais entidades não se submetam à falência, o que consistiria em violação ao art. 173, § 1º, da Constituição. Bem por isso, sustenta-se a interpretação conforme a Constituição para entender que as empresas estatais exploradoras de atividade econômica de sentido estrito submetem-se ao regime falimentar, a exemplo das demais empresas privadas.

Entidades paraestatais

Registre-se, por derradeiro, que existem entidades, comumente denominadas paraestatais, que não pertencem à Administração Pública Indireta, embora sejam instituídas pelo Estado, com competência até para arrecadar contribuições socais. O art. 240 da Constituição versa sobre tais entidades, alocando-se, no entender deste autor, no ambiente da Administração Pública Autônoma que congregará as entidades do Sistema S (SESI, SEBRAE, SENAI, SESI) e outras de perfil assemelhado (Serviço Social Autônomo das Pioneiras Sociais, Agência de Desenvolvimento da Atenção Primária à Saúde, Instituto Hospital de Base do Distrito Federal).

Conforme o Supremo Tribunal Federal, tais entidades, não correspondem "à noção constitucional de autarquia, que, para começar, há de ser criada por lei específica (CF, art. 37, XIX) e não na forma de entidade da sociedade civil, com personalidade jurídica de direito privado" (STF, RE 366.168, Rel. Min. Sepúlveda Pertence, DJ 14.5.04). De igual modo, não integram a Administração Pública as Organizações Sociais, regulamentadas pela Lei n. 9.637/98 (STF, ADI-MC 1923/DF, Rel. Min. Ilmar Galvão, Rel. p/ Ac. Eros Grau, DJ 01.08.07).

Os Serviços Sociais Autônomos tiveram origem no Brasil na década de 1940, com participação decisiva do empresariado nacional em sua constituição e financiamento. O Decreto-lei 4.048/42 criou o SENAI – Serviço Nacional de Aprendizagem Industrial (assim denominado pelo Decreto-lei 4.936/42); o Decreto-lei 8.621/46 criou o Serviço Nacional de Aprendizagem Comercial (SENAC), mas atribuiu à Confederação Nacional do Comércio o encargo de organizá-lo e administrá-lo; o Decreto-lei 9.043/46 atribuiu à Confederação Nacional da Indústria o encargo de criar, organizar e dirigir o Serviço Social da Industria (SESI) e o Decreto-lei 9.853/46 atribuiu à Confederação Nacional do Comércio o encargo de criar, organizar e dirigir o Serviço Social do Comércio (SESC).

O art. 62 do ADCT da Constituição da República de 1988, além de preservar as entidades constituídas sob a égide das constituições anteriores, previu, ainda, a criação, por lei, do Serviço Nacional de Aprendizagem Rural (SENAR), nos moldes da legislação relativa ao SENAI e ao SENAC. Esta criação foi levada a efeito pela Lei n. 8.315/91.

Na trilha de sua evolução, "os serviços sociais autônomos vêm crescendo com contribuições relevantes em serviços voltados para toda a coletividade na área de seguridade social, promovendo saltos na saúde pública, na previdência social e no desenvolvimento social nacional de políticas econômicas de interesse coletivo e titularidade para a gestão de novos postos de emprego e consequente integração ao mercado de trabalho" (Nilo de Almeida, 2021: XXXV).

De fato, a experiência prática tem demonstrado a vocação dos Serviços Sociais Autônomos para o desempenho de atividades não exclusivas de Estado (saúde, educação, previdência, assistência social), atividades estas em que o Poder Público e os particulares, com ou sem finalidades lucrativas, convivem harmonicamente na exploração livre, posto que ausente a titularidade estatal.

Nessa linha, decidiu o STF na ADI 1.923, Rel. Min. Ayres Britto, que "os setores de saúde (CF, art. 199, *caput*), educação (CF, art. 209, *caput*), cultura (CF, art. 215), desporto e lazer (CF, art. 217), ciência e tecnologia (CF, art. 218) e meio ambiente (CF, art. 225) configuram serviços públicos sociais, em relação aos quais a Constituição, ao mencionar que "são deveres do Estado e da Sociedade" e que são "livres à iniciativa privada", permite a atuação, por direito próprio, dos particulares, sem que para tanto seja necessária a delegação pelo poder público, de forma que não incide, *in casu*, o art. 175, *caput*, da Constituição".

A norma constitucional a ser considerada como fundamento para a criação de Serviços Sociais Autônomos, como se disse, é o art. 240 da Constituição, segundo o qual "ficam ressalvadas do disposto no art. 195 as atuais contribuições compulsórias dos empregadores sobre a folha de salários, destinadas às entidades privadas de serviço social e de formação profissional vinculadas ao sistema sindical".

Com efeito, de acordo com a lição de Hely Lopes Meirelles, os serviços sociais autônomos "são entes paraestatais de cooperação com o Poder Público, com administração e patrimônios próprios, revestindo a forma de instituições particulares convencionais (fundações, sociedades civis ou associações) ou peculiares ao desempenho de suas incumbências estatutárias [...] Essas instituições, embora oficializadas pelo Estado, não integram a Administração Pública direta nem indireta, mas trabalham ao lado do Estado, sob seu amparo, cooperando nos setores, atividades e serviços que lhes são atribuídos, por serem considerados de interesse específico de determinados beneficiários. Recebem, por isso, oficialização do Poder Público e autorização legal para arrecadarem e utilizarem na sua manutenção contribuições parafiscais, quando não são subsidiadas diretamente por recursos orçamentários da entidade que as criou" (Meirelles, 1995: 335).

Nesse sentido, o STF, na apreciação da ADI 1.864, Rel. Min. Maurício Corrêa, assegurou a constitucionalidade da criação opcional pelos entes regionais e locais brasileiros dos Serviços Sociais Autônomos (PARANÁ-Educação), terminando por compreender que a sua instituição com personalidade privada, com atuação paralela ao Estado, em regime de mútua cooperação (mero auxiliar do Estado na execução da atividade educacional), encontra-se albergada pela Constituição, sem violação à regra do art. 37, XIX.

Segundo a Suprema Corte brasileira, também na ADI 1.864, Rel. Min. Maurício Corrêa, não existe um dever de as entidades políticas procederem à descentralização de atividades estatais não exclusivas de Estado apenas e tão somente por intermédio de entidades da Administração Indireta, admitindo que "nessa visão moderna é que o requerido promoveu a parceria com pessoa jurídica de direito privado por ele mesmo instituída, como forma de administrar a transição da atuação predominantemente do Estado no campo da educação pública para inseri-la no mundo da realidade das transformações advindas, quer queira quer não, com o pragmatismo da globalização e competitividade, de que se assenhorou a hodierna atividade humana, sem que, contudo, perca o Estado do Paraná em controle e comando do ensino público no âmbito do seu território".

Art. 37, XX – depende de autorização legislativa, em cada caso, a criação de subsidiárias das entidades mencionadas no inciso anterior, assim como a participação de qualquer delas em empresa privada;

Luciano de Araújo Ferraz

A – REFERÊNCIAS

1. História da norma

Redação originária: depende de autorização legislativa, em cada caso, a criação de subsidiárias das entidades mencionadas no inciso anterior, assim como a participação de qualquer delas em empresa privada.

O art. 37, XX, da Constituição, na linha do inciso antecedente, exige autorização legislativa para a criação de subsidiárias das entidades estatais referidas no inciso XIX. O dispositivo permanece com a redação original. Até a Constituição de 1988, a exigência de lei para a instituição de subsidiárias não era expressa no direito positivo brasileiro.

2. Constituições brasileiras anteriores

Não havia previsão semelhante nas Constituições brasileiras anteriores.

3. Constituições estrangeiras

Constitución Politica de la Republica de Chile (arts. 103 e 104); Constitución Política de Colombia, 1991 con la reforma de 1997 (arts. 210, 334 e 335).

4. Remissões constitucionais e legais

Arts. 37, XX, e 173, § 1º, I, III, IV e V, CR/88.

Dec.-lei 200/67 (art. 5º, II e III). Lei 6.404/76 (arts. 236, 251 e 253). Lei 13.303/16.

5. Jurisprudência

BRASIL. Supremo Tribunal Federal. ADI 1.491 MC, Rel. p/ o ac. Min. Ricardo Lewandowski, *DJe* 30.10.2014;

BRASIL. Supremo Tribunal Federal. Rel. Ministro Maurício Corrêa. ADI 1.649-DF. *DJ* 28.05.2004;

BRASIL. Supremo Tribunal Federal. ADIMC 1840. Rel. Ministro Carlos Velloso. *DJ* 11.09.1998;

BRASIL. Supremo Tribunal Federal. ADI-MC 1131/DF, Rel. Min. Ilmar Galvão, *DJ* 25.11.1994;

BRASIL. Superior Tribunal de Justiça. REsp 729779/RJ, Rel. Min. Carlos Alberto Menezes Direito, *DJ* 22.05.2006;

BRASIL. Superior Tribunal de Justiça. MS 9720/DF, Rel. Min. Paulo Medina, *DJ* 20.02.2006;

BRASIL. Superior Tribunal de Justiça. CC 30551/RJ, Rel. Min. Carlos Alberto Menezes Direito, *DJ* 07.05.2001;

BRASIL. Tribunal Regional Federal – 1ª Região. 1ª Turma. Ag 2005.01.00.070844/RR, Rel. Des. Antônio Sávio de Oliveira Chaves, DJ 18.09.2006.

6. Referências bibliográficas

BLANCHET, Luiz Alberto. Interpretação do inciso XXIII, da Lei 8.666/93, à luz da Constituição – sentido da expressão "sociedades subsidiárias". *Revista da Academia Brasileira de Direito Constitucional*. v. 1, p. 71.

BRASIL. Tribunal de Contas da União. A aquisição de passagens aéreas: contrato com empresa controlada por sociedade de economia mista. *Boletim de licitações e contratos*. v. 13, n. 3, p. 151-157, mar. 2000.

CONTRIM NETO, Alberto Bitte. Da natureza jurídica das subsidiárias de empresas estatais. Rio de Janeiro: Imprensa Oficial, 1976. 18 p. *Revista de Direito Administrativo*. n. 128, p. 675-689, abr.-jun., 1977.

COSTA, Moacir Lobo da. Parecer. *Revista de Direito Administrativo*. v. 92, p. 406-413, abr.-jul. 1968.

DALLARI, Adilson Abreu. Fundações privadas instituídas pelo poder público. *Revista de Direito Público*. 96:51.

DIAS, José Luciano de Mattos. Petrobras: organização e subsidiárias. *Revista de Administração Pública*. v. 27, n. 1, p. 47-68, jan.-mar. 1993.

FERREIRA, Sérgio Andréa. Sociedade de economia mista e sociedade susbsidiária: regime jurídico dos contratos por ela celebrados: alteração contratual: consequências. *Revista Forense*, v. 358, p. 201.

JUSTEN FILHO, Marçal. *Curso de direito administrativo*. São Paulo: Saraiva, 2005, p. 115-116.

MELLO, Celso Antônio Bandeira de. Sociedades mistas, empresas públicas e regime de direito público. *Revista de Direito Público*, 97:29.

PENTEADO, Mauro Rodrigues. As sociedades de economia mista e as empresas estatais perante a Constituição de 1988. *Revista de Informação Legislativa*. Brasília, 1989, abr.-jun, 102:55.

SOUTO, Marcos Juruena Vilela. Alienações de ações, subsidiária integral de sociedade de economia mista; aplicação do regime jurídico de direito privado; desnecessidade de autorização legislativa. *Boletim de Direito Administrativo*. 11-95/666.

STUBER, Douglas Walter. Natureza jurídica da subsidiária de sociedade de economia mista. *Revista de Direito Administrativo*. 150:18-34.

SCHWIND, Rafael Wallbach. *O Estado acionista*: empresas estatais e empresas privadas com participação estatal. São Paulo: Almedina, 2017.

_____. Natureza jurídica das subsidiárias de sociedade de economia mista. *Revista de Direito Administrativo*, v. 150, out./dez. 1982, p. 18.

TÁCITO, Caio. As empresas estatais no direito brasileiro. In: TELLES, Antônio A. Queiroz; ARAÚJO, Edimir Netto de (coords.). *Direito Administrativo na década de 90*: estudos jurídicos em homenagem ao prof. José Cretella Júnior. São Paulo: RT, 1997.

_____. Sociedade de economia mista e empresa pública; subsidiária; sociedade controlada; direitos dos acionistas; política de privatização. *Revista Forense*, v. 326. abr./mai./jun. 1994, p. 159-165.

_____. Sociedade de economia mista subsidiária: contratos. *Boletim de Licitações e Contratos*. v. 16, n. 10, p. 678-683, out. 2003.

B – ANOTAÇÕES

O Decreto-lei n. 200/67 (art. 5º, II e III) e a Lei n. 6.404/76 (art. 236) exigiram que as empresas estatais (sociedades de economia mista e empresas públicas) tivessem a criação disciplinada por lei. Buscava-se solucionar o problema de que muitas dessas entidades resultaram da *"intervenção do Estado em empresas mal administradas pelos particulares ou sob alegação de que a iniciativa privada não tinha condições de exercer essa ou aquela atividade"* (MEDAUAR, Odete. *Direito administrativo moderno*. 8. ed. rev. e atual. São Paulo: RT, 2004. p. 104).

Esse problema também se verificava na criação de "subsidiárias" das empresas estatais, porquanto, até a Constituição de 1988, não existia previsão normativa acerca da necessidade de lei para sua criação (STUBER, Walter Douglas. Natureza jurídica das subsidiárias de sociedade de economia mista. *Revista de direito administrativo*. v. 150, out./dez. 1982, p. 18).

As subsidiárias são empresas sob controle (domínio do capital votante e predominância nas deliberações societárias – art. 116 da Lei n. 6.404/76) de empresa pública ou sociedade de economia mista, com a atividade principal geralmente, mas não necessariamente, dedicada a atender a um dos seguimentos específicos da entidade primária. Significa dizer que, a partir de uma sociedade primária cujo controle é realizado diretamente pelo Estado, criam-se sociedades ou empresas de segundo grau (ou subsidiárias).

No Direito Societário brasileiro, o vocábulo *subsidiária* aparecia sob denominação de *subsidiária integral*, admitida como exceção, pois sua única acionista haveria de ser a sociedade instituidora (art. 37, XX, CR/88).

Bem verdade que alguns autores sustentavam, com base nas regras do Decreto-lei n. 200/67, a imprescindibilidade de autorização legislativa para a instituição de subsidiárias (CONTRIM NETO, 1977).

De toda sorte, a instituição das subsidiárias dependia historicamente da simples deliberação das Assembleias Gerais das estatais controladoras – exceção feita à Petrobras, cujas subsidiárias criadas buscavam apoio na Lei n. 2.004/53 –, e muitas dessas entidades passaram *"a ser utilizadas como ótima fonte de empregos"* situando-se à margem da proibição constitucional de acumulação de cargos (CONTRIM NETO, 1977, p. 683).

O art. 37, XX, CR/88 inovou, portanto, ao constitucionalizar a questão e submeter explicitamente a criação de subsidiárias de empresas estatais à exigência de autorização legislativa. Essa autorização não necessita ser dada em lei específica, como já reconheceu o STF na ADI 1.649, mas exige-se a autorização proveniente de ato materialmente legislativo. De igual modo, a parte final do inciso XX do art. 37 da Constituição autoriza empresas estatais a participarem, majoritária ou minoritariamente, do capital de outras empresas do setor privado (empresas participadas).

A expressão "qualquer delas" prevista na parte final do dispositivo suscitou polêmicas. Discutia-se se a exigência de autorização legislativa para a participação em empresas privadas abrangeria apenas empresas públicas e sociedades de economia mista ou se também seria extensível às subsidiárias. Caio Tácito, em parecer formulado para a Companhia Vale do Rio Doce, entendeu – corretamente – que a regra não abarcaria as subsidiárias, mas apenas as empresas públicas e economias mistas: *"interpretação oposta conduziria ao paradoxo de apenas condicionar à autorização legislativa os investimentos em subsidiárias, dispensando-a para as participações nas empresas-matriz"* (TÁCITO, 1994).

Dessa forma, eventuais investimentos de subsidiárias em outras empresas privadas sempre foram vistos como atos ordinários de administração, desde que respeitantes à finalidade do objeto social da empresa-matriz, sem a necessidade de autorização legislativa. A redação do art. 2º, § 2º, da Lei n. 13.303/16 (Estatuto Jurídico das Empresas Estatais) reproduz a regra do art. 37, XX, à medida que dispõe "depende de autorização legislativa a criação de subsidiárias de empresa pública e de sociedade de economia mista, assim como a participação de qualquer delas em empresa privada, cujo objeto social deve estar relacionado ao da investidora, nos termos do inciso XX do art. 37 da Constituição Federal".

A doutrina diverge quanto à natureza e o enquadramento das subsidiárias no âmbito da Administração Pública, se sociedade mista ou não, mas o STF possui entendimento de que *"no inciso XX a hipótese é de participação das sociedades de economia mista em outras empresas, mas sem transformá-las em empresas mistas"* (BRASIL. Supremo Tribunal Federal. Rel. Min. Maurício Correa. ADI 1.649-DF. *DJ* 28.05.04. No mesmo sentido: BRASIL. Supremo Tribunal Federal. ADIMC 1840. Rel. Min. Carlos Velloso. *DJ* 11.09.98).

A questão foi decidida em ADI contra os arts. 64 e 65 da Lei n. 9.478/97, que autorizavam a criação de subsidiárias da Petrobras e dispunham sobre seu objeto. Argumentando que não estaria atendida a exigência de lei específica, suscitava-se violação ao art. 2º e 37, XIX e XX, CR/88. Entretanto, entenderam os Ministros do STF que os dispositivos seriam constitucionais, pois, sendo economia mista apenas a Petrobrás (art. 5º, I, Decreto-lei n. 200/67), e não suas subsidiárias, a exigência de lei específica teria sido atendida quando de sua criação. Quanto às subsidiárias, haveria de ser exigida apenas a autorização legislativa (inciso XX), bastando para tanto o disposto nos arts. 64 e 65, então contestados.

A decisão da Suprema Corte sustentou que a lei que autoriza a criação da entidade primária também pode autorizar a criação das subsidiárias (como também outra lei diferente), posição esta que encontra respaldo em sólida corrente doutrinária (cf. CRETELLA JUNIOR, José. *Comentários à Constituição brasileira de 1988*. v. IV, 2. ed. Rio de Janeiro: Forense Universitária, 1991, p. 2239. TÁCITO, Caio. As empresas estatais no direito brasileiro. In: TELLES, Antônio A. Queiroz e ARAÚJO, Edimir Netto de (coords.). *Direito Administrativo na década de 90*: estudos jurídicos em homenagem ao prof. José Cretella Júnior. São Paulo: Revista dos Tribunais, 1997, p. 15).

A orientação da Suprema Corte mostra-se *"com enfoque muito preciso"*, mas é conveniente atentar para o fato de que *"o STF não reconheceu como válida a autorização ilimitada para a criação de subsidiárias"*, de modo que, conquanto genérica a autorização legislativa, esta não deixará de disciplinar objetivamente a atividade empresarial a ser desempenhada pela entidade (JUSTEN FILHO, 2005).

Note-se que, até a Emenda Constitucional n. 19/98, as subsidiárias (das entidades estatais exploradoras de atividade econômica em sentido estrito) sujeitavam-se apenas ao art. 37, XX, e às normas que dispõem sobre Sociedades Anônimas (art. 235 da Lei n. 6.404/76). Com a alteração do art. 173, § 1º, da CR pela aludida emenda, as subsidiárias passaram a se submeter a regras afins de suas respectivas matrizes no tocante à função social, formas de fiscalização, contratação e licitação, conselhos, avaliação de desempenho e responsabilidade dos administradores (art. 173, § 1º, I, III, IV e V, da CR/88), e tudo isso está agora trabalhado no regime da Lei n. 13.303/16, que estabeleceu o Estatuto Jurídico das Empresas Estatais e suas subsidiárias.

Relativamente à participação minoritária das empresas estatais no capital social de empresas privadas (empresas participadas), a Lei n. 13.303/16 traz novidades que se encontram dispostas no art. 1º, § 7º, da Lei n. 13.303/16, segundo o qual "a participação em sociedade empresarial em que a empresa pública, a sociedade de economia mista e suas subsidiárias não detenham o controle acionário, essas deverão adotar, no dever de fiscalizar, práticas de governança e controle proporcionais à relevância, à materialidade e aos riscos do negócio do qual são partícipes".

O Plenário do Supremo Tribunal Federal (STF) referendou, em parte, medida cautelar na Ação Direta de Inconstitucionalidade (ADI) 5.624 para afirmar que a exigência de autorização legislativa não se aplica à venda do controle das subsidiárias e controladas de empresas públicas e sociedades de economia mista. Segundo decidiu a Corte, a operação pode ser realizada sem necessidade de licitação, desde que seguido procedimento que observe os princípios da administração pública, previstos no art. 37 da Constituição Federal, respeitada sempre a exigência de competitividade.

Art. 37, XXI – ressalvados os casos especificados na legislação, as obras, serviços, compras e alienações serão contratados mediante processo de licitação pública que assegure igualdade de condições a todos os concorrentes, com cláusulas que estabeleçam obrigações de pagamento, mantidas as condições efetivas da proposta, nos termos da lei, o qual somente permitirá as exigências de qualificação técnica e econômica indispensáveis à garantia do cumprimento das obrigações;

Luciano de Araújo Ferraz

A – REFERÊNCIAS

1. História da norma

Redação originária: ressalvados os casos especificados na legislação, as obras, serviços, compras e alienações serão contratados mediante processo de licitação pública que assegure igualdade de condições a todos os concorrentes, com cláusulas que estabeleçam obrigações de pagamento, mantidas as condições efetivas da proposta, nos termos da lei, o qual somente permitirá as exigências de qualificação técnica e econômica indispensáveis à garantia do cumprimento das obrigações.

O dispositivo mantém a redação originária de 1988. Dispõe, na esteira do Código de Contabilidade de 1922, do Decreto-lei n. 200/67 e do Decreto-lei n. 2.300/86, acerca da necessidade de processo de licitação pública para a formalização de contratos administrativos de obras, serviços, compras e alienações do Poder Público. Prevê que este processo de licitação deve ser utilizado para garantir o princípio constitucional da igualdade. Estabelece, ainda, que aos particulares é assegurada a manutenção das condições efetivas da proposta, descartando-se exigências anódinas e desarrazoadas.

2. Constituições brasileiras anteriores

Sem correspondente em Constituições brasileiras anteriores.

3. Constituições estrangeiras

Sem dispositivo semelhante.

4. Remissões constitucionais e legais

Art. 22, XXVII, CR/88.

Lei n. 8.666/93; Lei n. 8.883/94; Lei n. 9.032/95; Lei n. 9.648/98; Lei n. 9.854/99; Lei n. 11.079/04; Lei n. 11.107/05; Lei n. 11.196/05; Lei n. 11.445/07; Lei n. 11.481/07; Lei n. 11.484/07; Lei n. 11.079/04; Lei n. 10.520/02; Lei n. 12.232/10; Lei n. 12.462/11; Lei n. 13.303/16; e Lei n. 14.133/21.

Dec. n. 3.555/00; Dec. n. 5.450/05; Dec. n. 5.504/05; Dec. n. 7.851/11.

5. Jurisprudência

BRASIL. Supremo Tribunal Federal. RE 760.931, Rel. p/ o ac. Luiz Fux, *DJe* 12.09.2017, Tema 246;

BRASIL. Supremo Tribunal Federal. ARE 648.476 AgR, Rel. Min. Roberto Barroso, *DJe* 30.06.2017;

Supremo Tribunal Federal. ADC 16, Rel. Cezar Peluso, *DJe* 09.09.2011;

BRASIL. Supremo Tribunal Federal. RE 594.354-AgR, Rel. Min. Eros Grau, *DJe* 11.09.2009;

BRASIL. Supremo Tribunal Federal. ADI 3670/DF, Rel. Min. Sepúlveda Pertence, *DJ* 18.05.2007;

BRASIL. Supremo Tribunal Federal. ADI 1668 MC, Rel. Min. Marco Aurélio, *DJ* 16.04.2004;

BRASIL. Supremo Tribunal Federal. ADI 1840 MC, Rel. Min. Carlos Velloso, *DJ* 11.09.1998;

BRASIL. Superior Tribunal de Justiça. REsp 710534/RS, Rel. Min. Humberto Martins, *DJ* 15.05.2007;

BRASIL. Superior Tribunal de Justiça – RMS 6597/MS, Rel. Min. Antônio de Pádua Ribeiro, *DJ* 14.04.1997;

BRASIL. Min. Francisco Galvão, *DJ* 25.08.1993.

6. Referências bibliográficas

BACELLAR FILHO, Romeu Felipe. Licitações e contratos administrativos – considerações críticas. *Revista Zênite, Informativo de Licitações e Contratos*, n. 100, junho/2002, p. 534.

BRITTO, Carlos Ayres. *O perfil constitucional da licitação*. Curitiba: Zênite, 1997.

CITADINI, Antônio Roque. *Comentários sobre a lei de licitações públicas*. São Paulo: Max Limonad, 1997.

COELHO MOTTA, Carlos Pinto. *Eficácia nas licitações e contratos*. Belo Horizonte: Del Rey, 1998.

CRETELLA JÚNIOR, José. *Direito Administrativo brasileiro*. 2. ed. Rio de Janeiro: Forense, 2002.

DALLARI, Adilson Abreu. *Aspectos jurídicos da licitação*. 4. ed. São Paulo: Saraiva, 1997.

FERRAZ, Luciano. Proteção penal da regularidade do procedimento licitatório. In: *Improbidade Administrativa*. 2. ed., AMMP: Belo Horizonte, 1999.

_____. Licitações, contratos e funções dos órgãos de controle em face da Lei de responsabilidade fiscal – LC 101, de 04.05.2000. In: MOURA E CASTRO, Flávio Régis Xavier de. *Lei de Responsabilidade Fiscal*: abordagens pontuais. Belo Horizonte: Del Rey, 2000.

_____. *Licitações:* estudos e práticas. 2. ed. Rio de Janeiro: Esplanada, 2002.

FERRAZ, Luciano, Função Regulatória da Licitação (*Revista Eletrônica de Direito Administrativo Econômico*, Salvador, Instituto Brasileiro de Direito Público, n. 19, agosto/setembro/outubro, 2009. Disponível em: http://www.direitodoestado.com/revista/REDAE-19-AGOSTO-2009-LUCIANO-FERRAZ.pdf. Acesso em: 14.06.2014.

FERRAZ, Luciano. Novo estatuto das empresas estatais e bilateralidade nos contratos. *Coluna Interesse Público, Conjur*, 15 set. 2016. Disponível em: https://www.conjur.com.br/2016-set-15/interesse-publico-estatuto-empresas-estatais-bilateralidade-contratos. Acesso em: 12.05.2023.

FIGUEIREDO, Lúcia Valle. *Direito dos licitantes*. São Paulo: Malheiros, 1994.

FORTINI, Cristiana; OLIVEIRA, Rafael Sérgio Lima de; CAMARÃO, Tatiana (Coords.). *Comentários à Lei de Licitações e Contratos Administrativos*: Lei n. 14.133, de 1º de abril de 2021. Belo Horizonte: Fórum, 2022.

GUIMARÃES, Edgar; SANTOS, José Anacleto Abduch. *Lei das estatais*: comentários ao regime jurídico licitatório e contratual da Lei n. 13.303/2016. Belo Horizonte: Fórum, 2017.

GUIMARÃES, Fabio e SANTANA, Jair Eduardo. Podem as cooperativas participar de licitação? *Revista dos Tribunais*, ano 89, mar. 2000, v. 773, p. 91-104.

JUSTEN FILHO, Marçal. *Comentários à Lei de Licitações e Contratações Administrativas*. São Paulo: Thomson Reuters, 2021.

JUSTEN FILHO, Marçal (Org.). *Estatuto das empresas estatais*, São Paulo: RT, 2016.

MEIRELLES, Hely Lopes. *Licitação e contrato administrativo*. 11. ed. São Paulo: Malheiros, 1996.

MOREIRA, Egon Bockmann. Os consórcios empresariais e as licitações públicas (considerações em torno do art. 33 da Lei 8.666/93). *Revista dos Tribunais*, ano 94, mar. 2005, v. 833, p. 11-25.

B – ANOTAÇÕES

O verbo *licitar*, do latim *licitare*, significa pôr em leilão. Licitação, *licitatione*, portanto, é o ato ou efeito de licitar. Disputa entre proponentes, em leilão, hasta pública, partilha judicial ou concorrência administrativa, para alienação ou adjudicação de determinado objeto contratual ao autor da melhor proposta. A licitação é procedimento administrativo vinculado e obrigatório, posto à disposição do Poder Público para possibilitar o cotejo e a escolha, por parte dos administradores, da oferta de bens, serviços e lances que melhor satisfaça as necessidades da coletividade, de acordo com os parâmetros estabelecidos pelo legislador.

O constituinte originário de 1988, inspirado no princípio republicano (ATALIBA, Geraldo. *República e Constituição*. 2. ed. atual. São Paulo: Malheiros, 1998), tornou a licitação regra de observância obrigatória para os contratos concernentes a obras, serviços, compras e alienações de todas as entidades da Federação, nos termos do inciso XXI do art. 37, CR. Aludiu à licitação, ainda, no art. 22, XXVII, pelo qual reservou à União a competência para editar normas gerais a respeito do tema, e no art. 175 em que reafirmou a obrigatoriedade de licitação sempre que se tenha por objetivo proceder à contratação de concessões ou permissões de serviços públicos. De igual modo, o art. 195, § 3º, conquanto não expresse o termo *licitação*, também possui conexão direta com o tema, pois impede que pessoas jurídicas em débito com a seguridade social contratem com o Poder Público, reflexamente impedindo-as de participar de certames licitatórios. A Emenda Constitucional 19/98 fez alusão ao instituto da licitação no art. 173, § 1º, III, da Constituição.

Em matéria de licitação, há complexo conjunto de regras infraconstitucionais, eis que, a par da competência legislativa da União para editar normas gerais sobre o tema, as demais entidades políticas também possuem competência para, mediante leis próprias, suplementar a legislação federal, no que couber.

A União Federal regulamentou o dispositivo, por meio da Lei Federal n. 8.666, de 21 de junho de 1993, que sucedeu o Decreto-lei n. 2.300/86. Diversas outras leis tratam de licitações e contratos administrativos no Brasil, tais como a Lei n. 10.520/02, que trata da modalidade licitatória pregão, a Lei n. 8.987/95, que regula os certames para contratos de concessões e permissões de serviços públicos, a Lei n. 11.079/04, que estabelece regras de licitação para os contratos de parceria público-privada, a Lei Complementar n. 123/06, que dispõe sobre o Estatuto da Microempresa e da Empresa de Pequeno Porte. Posteriormente, foram editadas a Lei n. 12.232/10 (que trata da licitação para contratação de agências de publicidade), a Lei n. 12.462/11 (que instituiu o RDC – Regime Diferenciado de Contratações), regulamentado pelo Decreto n. 7.851/11, a Lei n. 13.303/16, para a licitação de empresas estatais, e a Lei Complementar n. 182/21, a tratar de licitação das *startups*.

Em abril de 2021, foi promulgada a Lei n. 14.133, que determinou novo regime de licitações e contratos no Brasil, convivente (pelo menos até 30 de dezembro de 2023 – MP 1.167, de 31 de março de 2023) com a Lei n. 8.666/93, a Lei n. 10.520/02 e o Regime Diferenciado de Contratações, estabelecendo novas regras para licitações e contratos administrativos da Administração Direta, autarquias e fundações dos Munícios, dos Estados e da União.

São dois os objetivos tradicionais da licitação: o primeiro, de natureza econômica, consiste na obtenção da maior vantagem para a Administração (seleção da proposta mais vantajosa), em homenagem ao princípio constitucional da economicidade (art. 70, *caput*, CR); o segundo, de sede constitucional, visa possibilitar oportunidades iguais a todos os particulares interessados em oferecer bens, serviços ou obras ao Poder Público, bem como aos que desejam adquirir bens a ele pertencentes. É, portanto, procedimento garantidor da isonomia e da livre concorrência (arts. 5º e 170 da Constituição). A par desses dois principais objetivos, a doutrina brasileira e mais recentemente a jurisprudência (ADI 1923, Rel. Min. Luiz Fux) passaram a sustentar a possibilidade de utilização do procedimento de licitação como instrumento de regulação diretiva ou indutiva da economia, mediante o estímulo a práticas portadoras de efeitos econômicos e sociais desejáveis (FERRAZ, 2009). Esta orientação foi abraçada pela Lei n. 12.349/10, que alterou o art. 3º da Lei n. 8.666/93, prevendo como nova finalidade da licitação o desenvolvimento nacional sustentável. A Lei n. 14.133/21 previu tais finalidades em seu art. 11, I, II, III e IV.

Pela redação do inciso XXI do art. 37 CR, pode-se chegar a pelo menos três conclusões:

a) é possível que o legislador ordinário excepcione a regra da licitação de determinados contratos da Administração Pública (não incidência, dispensa e inexigibilidade de licitação);

b) o particular que contrata com a Administração Pública tem direito subjetivo à manutenção das condições efetivas de sua proposta, nos termos da lei (equilíbrio econômico-financeiro do contrato);

c) as exigências de participação dos particulares no procedimento licitatório devem ser essenciais ao cumprimento das obrigações decorrentes do contrato (dever de proporcionalidade).

1. Dispensa e inexigibilidade

As hipóteses de contratação direta – tradicionalmente adotadas no Brasil – são a dispensa e a inexigibilidade de licitação. A Lei n. 13.303/16 (art. 28) inaugurou também a contratação direta em razão da inaplicabilidade do dever de licitar. A dispensa de licitação decorre da expressa vontade do legislador, que não terá ampla discricionariedade para definir os casos de dispensa (deverá haver razoabilidade nessa definição); a inexigibilidade decorrente da inviabilidade fática de competição, que poderá ser fundada na inexistência de competidores ou na ausência de parâmetros objetivos de cotejo entre propostas, derivada de características específicas do objeto ou personalíssimas do executor do contrato ou de ambas conjuntamente. Tratam do tema as Leis n. 8.666/93, nos arts. 17 (licitação dispensada), 24 (licitação dispensável) e 25 (licitação inexigível); 13.303/16, nos arts. 29 e 30; e 14.133/21, nos arts. 74 (licitação inexigível) e 75 (dispensa de licitação).

Embora a licitação seja regra, e a contratação direta exceção, essa afirmativa não quer significar que se concorde com as costumeiras interpretações engajadas, ao estilo dos órgãos de controle no Brasil, que buscam aniquilar as hipóteses de contratação direta, quando estas tenham efetivamente cabimento. Interpretações desse tipo tratam a licitação como um fim em si mesma e não como meio para a obtenção de melhores contratos para a Administração Pública.

2. Equilíbrio econômico-financeiro dos contratos administrativos

O particular contratado pelo Poder Público tem direito subjetivo ao equilíbrio econômico-financeiro do contrato, mesmo que se reconheça existir regime jurídico especial aos contratos administrativos decorrente da presença de cláusulas exorbitantes do direito comum (regime jurídico especial dos contratos administrativos). Com efeito, o regime jurídico dos contratos garante à Administração Pública posição privilegiada na relação jurídica com o contratado, pois o interesse público que está sob sua cura demanda, não raro, mutabilidade unilateral das regras da avença.

Contudo, essa posição contratual "para mais" da Administração tem um contraponto – o contratado não é obrigado a suportar alterações contratuais motivadas por condutas da própria Administração (fato da administração) ou por eventos exteriores (teoria da imprevisão) que prejudiquem a justa remuneração que lhe é inerente: "se para a Administração é vital a satisfação do interesse público, para o particular contratante o móvel do contrato é o interesse financeiro, o lucro" (CRETELLA JÚNIOR).

O contraponto das cláusulas exorbitantes, portanto, é a regra da imutabilidade da cláusula de remuneração. Esta regra, nas lições de Péquignot (*Des Contracts Administratifs*, 1953, apud CRETELLA JÚNIOR, José. *Tratado de Direito Administrativo*. Rio de Janeiro: Forense, 2003. VIII, p. 46), expressa uma relação dinâmica em favor do contratado, matematicamente representada pela equação – $x:y::x':y'$. A garantia do equilíbrio econômico-financeiro constitui, portanto, direito do contratado, conforme expresso no inciso XXI do art. 37 da Constituição, que exige a manutenção das "condições efetivas da proposta".

A garantia do contratado nos contratos administrativos, residente na intangibilidade da cláusula de remuneração, engloba reajustes – provenientes da corrosão do poder aquisitivo da moeda (art. 3º da Lei n. 10.192, de 14 de fevereiro de 2001) –, e recomposições (ou revisões) – oriundas de alterações nos parâmetros equacionais da proposta, derivados de atos do Poder Público ou de eventos alheios à vontade das partes que interfiram diretamente na execução do contrato.

E mesmo quando os contratos administrativos são considerados viciados, sem que o particular tenha conscientemente concorrido para tanto, tem o direito de receber os valores correspondentes à sua contraprestação, tendo em vista o princípio do não enriquecimento sem causa. Nesse sentido, o STF decidiu que "a devolução dos pagamentos realizados pela Municipalidade a título de remuneração por serviços efetivamente prestados implicaria em locupletamento indevido da Administração. Princípio da vedação do enriquecimento sem causa" (RE 594.354-AgR, Rel. Min. Eros Grau, julgamento em 18-8-2009, Segunda Turma, *DJe* de 11-9-2009.)

Convém destacar que a Lei n. 13.303/16, que trata do Estatuto Jurídico das Empresas Estatais e suas subsidiárias, inaugura importante flexibilização quanto ao caráter unilateral dos contratos com a Administração Pública. Tal diploma aposta na bilateralidade dos contratos, refreando em boa medida a tradição impositiva das cláusulas essenciais exorbitantes, em benefício do consenso.

Em outras palavras, "o novo estatuto apostou na bilateralidade típica dos contratos em geral (c)[1] como mecanismo apto à regência das relações jurídicas empreendidas pelas empresas estatais com o mercado, apartando, no particular, a Lei 8.666/93, que sempre acreditou no uso das prerrogativas unilaterais da administração pública (ver, a propósito, o artigo 58 da Lei 8.666/93) como mecanismo único capaz de garantir o atingimento do genuíno interesse público" (FERRAZ, Luciano. Novo estatuto das empresas estatais e bilateralidade nos contratos, *Coluna Interesse Público*, *Conjur*, 15 de setembro de 2016).

A Lei n. 14.133/21, a fim de mitigar riscos associados aos contratos e às cláusulas econômico-financeiras, previu, com base nas experiências da Lei das PPP (Lei n. 11.079/04) e do Regime Diferenciado de Contratações (Lei n. 12.462/11), que o contrato poderá identificar riscos numa matriz de alocação, distribuindo-os ou compartilhando-os entre o setor público (contratante) e o privado (contratado).

Essa matriz de alocação de riscos encontra-se definida no art. 6º, XXVII, da Lei n. 14.133/21, como a "*cláusula contratual definidora de riscos e de responsabilidades entre as partes e caracterizadora do equilíbrio econômico-financeiro inicial do contrato, em termos de ônus financeiro decorrente de eventos supervenientes à contratação, contendo, no mínimo, as seguintes informações*: (a) listagem de possíveis eventos supervenientes à assinatura do contrato que possam causar impacto em seu equilíbrio econômico-financeiro e previsão de eventual necessidade de prolação de termo aditivo por ocasião de sua ocorrência; (b) no caso de obrigações de resultado, estabelecimento das frações do objeto com relação às quais haverá liberdade para os contratados inovarem em soluções metodológicas ou tecnológicas, em termos de modificação das soluções previamente delineadas no anteprojeto ou no projeto básico; (c) no caso de obrigações de meio, estabelecimento preciso das frações do objeto com relação às quais não haverá liberdade para os contratados inovarem em soluções metodológicas ou tecnológicas, devendo haver obrigação de aderência entre a execução e a solução predefinida no anteprojeto ou no projeto básico, consideradas as características do regime de execução no caso de obras e serviços de engenharia".

Nos termos do § 4º do art. 103 da Lei n. 14.133/21, a matriz de alocação de riscos definirá o equilíbrio econômico-financeiro inicial do contrato em relação a eventos supervenientes (que possam afetar a sua execução) e deverá ser observada na solução de eventuais pleitos das partes. Sempre que atendidas as condições

---

1. Dita perspectiva corrobora, em boa medida, com o artigo que publiquei neste mesmo espaço denominado *Regime jurídico aplicável às administrações públicas é híbrido*, no qual sustentei que a maior ou menor incidência das regras de Direito Público ou de Direito Privado (e vice-versa) nas relações travadas pelas administrações públicas dependeria dos seguintes elementos:

a) da pessoa jurídica (sujeito) que estivesse a exercer a atividade administrativa, fosse ela pertencente ou não à administração pública;

b) do tipo de atividade administrativa desenvolvida (regulação, polícia, serviços públicos, atividade econômica, fomento);

c) do instrumento jurídico utilizado para efetivar a ação administrativa (ato, contrato);

d) da finalidade perseguida pela atividade administrativa (atendimento às comodidades, geração de resultados econômicos);

e) dos direitos e interesses que estivessem legitimamente envolvidos nessa persecução.

da matriz de riscos, existe uma presunção legal de manutenção do equilíbrio econômico-financeiro do contrato. Essa presunção não é absoluta e admite avaliação concreta das situações ensejadoras de sua aplicação, até mesmo para avaliar a permanência ou a extinção do vínculo.

3. Dever de proporcionalidade

A licitação é procedimento que garante isonomia entre os particulares, assegurando-lhes oportunidades iguais de participação na disputa dos contratos administrativos.

Por isso, não é dado à Administração Pública, no momento de definir as regras dessa disputa, exigir dos particulares requisitos de participação que não sejam proporcionais e essenciais à plena execução do objeto do contrato. É que o excesso das exigências interfere diretamente no caráter competitivo do certame.

Assim, conquanto a Constituição possibilite que a Administração estabeleça requisitos de qualificação técnica e econômica dos licitantes, e a Lei de Licitações amplie o leque para também exigir condicionantes de habilitação jurídica, regularidade fiscal, regularidade trabalhista e do cumprimento do disposto no art. 7º, XXXIII, da Constituição (art. 27 da Lei n. 8.666/93), esses requisitos devem guardar coerência e proporcionalidade com o objeto do certame, sob pena de se inquinar de invalidez o procedimento licitatório. Na Lei n. 14.133 os requisitos de habilitação estão previstos no art. 62 e são: i) habilitação jurídica; ii) habilitação técnica; iii) habilitação fiscal, social e trabalhista; e iv) habilitação econômico-financeira.

A violação desse dever de proporcionalidade não é incomum no âmbito das licitações públicas brasileiras, de modo que o Poder Judiciário por vezes é chamado a corrigir os excessos praticados, fundamentalmente pelo descumprimento do princípio da isonomia (competitividade). Nesse sentido, BRASIL. STJ, REsp 710534/RS, Rel. Min. Humberto Martins, *DJ* 15.05.2007; BRASIL. STJ, MC 3881/RJ, Rel. Min. Francisco Galvão, *DJ* 25.08.1993; BRASIL. STJ, RMS 6597/MS, Rel. Min. Antônio de Pádua Ribeiro, *DJ* 14.04.1997.

Art. 37, XXII – as administrações tributárias da União, dos Estados, do Distrito Federal e dos Municípios, atividades essenciais ao funcionamento do Estado, exercidas por servidores de carreiras específicas, terão recursos prioritários para a realização de suas atividades e atuarão de forma integrada, inclusive com o compartilhamento de cadastros e de informações fiscais, na forma da lei ou convênio.

Luciano de Araújo Ferraz

A – REFERÊNCIAS

1. História da norma

O inciso em referência foi acrescentado pela EC 42/03, que alterou regras do Sistema Tributário Nacional. O dispositivo introduziu inovações na atividade de administração tributária, qualificando-a explicitamente como atividade essencial ao funcionamento do Estado, assegurando-lhe recursos prioritários e carreiras específicas. A administração tributária a que o artigo se refere, já se encontrava regulada pelos arts. 194 a 208 do Código Tributário Nacional, compondo-se de ações e atividades integradas e complementares, que buscavam assegurar o cumprimento da legislação tributária e do comércio exterior, em todos os âmbitos do Estado. O dispositivo corrobora, ainda, o art. 11 da Lei Complementar n. 101/2000 (Lei de Responsabilidade Fiscal), que considera requisito essencial para a gestão fiscal responsável a instituição, a previsão e a efetiva arrecadação de todos os tributos de competência das entidades federativas.

2. Constituições brasileiras anteriores

Sem correspondente nas Constituições brasileiras anteriores.

3. Constituições estrangeiras

Sem dispositivo semelhante.

4. Remissões constitucionais e legais

Art. 145, § 1º, CR/88.

Lei n. 5.172/66 (arts. 194 a 200); Lei n. 9.311/96 (art. 11, § 2º); LC n. 105/01 (arts. 1º, § 3º, VI, 5º e 6º); Lei n. 11.475/07; Lei n. 10.593/02; Lei n. 10.683/03; Lei n. 8.212/91; Lei n. 10.910/04; Dec.-lei n. 5.452/43; e Dec. n. 70.235/72.

5. Jurisprudência

BRASIL Supremo Tribunal Federal. ADI 4883/MS, Rel. Min. Edson Fachin, *DJe* 28.05.2020;

BRASIL. Supremo Tribunal Federal, RE 331.303-AgR/PR, Rel. Carlos Velloso, *DJ* 10.06.2005;

BRASIL. Supremo Tribunal Federal, HC 82.788-8/RJ, Rel. Min. Celso de Mello, *DJ* 12.04.2005;

BRASIL. Supremo Tribunal Federal. AP 307/DF, Rel. Min. Ilmar Galvão, *DJ* 13.10.1995.

6. Referências bibliográficas

BORGES, Antônio de Moura. O fornecimento de informações a administrações tributárias estrangeiras, com base na cláusula da troca de informações, prevista em tratados internacionais sobre matéria tributária. *Direito em ação*, v. 1, n. 1, p. 21-42, dez. 2000.

ESPÍRITO SANTO, Paulo André. A funcionalidade do sistema tributário nacional. In: ROSA, Eugênio (coord.). *A reforma tributária da Emenda Constitucional n. 42/2003*: aspectos polêmicos e controvertidos. Rio de Janeiro: Lumen Juris, 2004.

FREITAS, Juarez. Parecer. Extraído de <http://www.aifsp.org.br>. Acesso em 22.02.08.

GOMES, Rodrigo Carneiro. Inteligência policial: para combater crime, Estado tem de compartilhar dados. *ADV Advocacia dinâmica*: boletim informativo semanal, v. 27, n. 5. p. 107-105, 4 fev. 2007.

PONTES FILHO, Valmir. Parecer. Extraído de <http://www.sindifiscal.com.br>. Acesso em 20.02.08.

TENÓRIO, Igor. Da troca de informações fiscais. *Consulex*, v. 5, n. 99, p. 54-56, fev. 2001.

TORRES, Ricardo Lobo. As Emendas Constitucionais ns. 41 e 42. *Curso de direito financeiro e tributário*. 9ª ed. São Paulo: Saraiva, 2006.

TAVOLARO, Agostinho Toffoli. A reforma tributária na Emenda Constitucional 42/2003. *Revista Tributária e de Finanças Públicas*. São Paulo, v. 9, n. 41, p. 229-234, nov./dez. 2001.

B – ANOTAÇÕES

Afirmar-se – como faz o inciso XXII da Constituição da República – que dada atividade estatal é essencial não deixa de soar como afirmação pleonástica. É que qualquer atividade que compete ao Estado é, *a priori*, essencial, pois o princípio constitucional da eficiência (art. 37, *caput*, CR) impõe sua atuação otimizada em todas as searas em que se verifica a presença estatal.

De qualquer forma, a inclusão do inciso XXII no texto constitucional, como não poderia deixar de ser, traz consequências práticas, de modo que as entidades federativas deverão se organizar para o desempenho satisfatório e eficiente da atividade de administração tributária. A reforçar a assertiva, a Emenda Constitucional n. 42/03 incluiu entre as competências privativas do Senado Federal a de avaliar periodicamente a funcionalidade do Sistema Tributário Nacional, em sua estrutura e seus componentes, e o desempenho das administrações tributárias da União, dos Estados, do Distrito Federal e dos Municípios (art. 52, XV, CR). Nesse sentido, o Supremo Tribunal Federal, no julgamento da ADI 4883, Rel. Min. Edson Fachin, j. 14.04.20, *DJe* 28.05.2020, prescreveu que compete ao legislador infraconstitucional a definição das carreiras componentes da "administração tributária", referidas neste inciso.

A reforçar a assertiva, a Emenda Constitucional n. 42/03 incluiu entre as competências privativas do Senado Federal a de avaliar periodicamente a funcionalidade do Sistema Tributário Nacional, em sua estrutura e seus componentes, e o desempenho das administrações tributárias da União, dos Estados, do Distrito Federal e dos Municípios (art. 52, XV, CR).

Logo, as entidades federativas deverão investir no setor de tributação para o aprimoramento e o treinamento do seu pessoal e da respectiva estrutura administrativa, cabendo, nesse contexto, referência à nova redação – advinda também pela Emenda Constitucional n. 42/03 – do art. 167, IV, CR, que possibilita "*vinculação da receita de impostos (...) para realização de atividades de administração tributária, como determinado, respectivamente, pelos arts. 198, § 2º, 212 e 37, XXII (...)*". Essa vinculação obviamente não é automática e dependerá de lei (de cada entidade federativa), cuja iniciativa é privativa do Chefe do Poder Executivo (art. 61, § 1º, II, *b*, CR).

A referência do dispositivo constitucional à atuação integrada das administrações tributárias da União, dos Estados e dos Municípios permite que se mantenha um centro de cadastro e informações fiscais comum, facilitando eventual consulta à situação dos contribuintes, com o consequente aumento da celeridade nos procedimentos administrativos tributários. Pretende-se, com a alteração constitucional, simplificar a interligação dos diversos sistemas tributários, ainda que sua regulamentação dependa de lei ou de convênio.

Com efeito, o compartilhamento dos cadastros e informações fiscais dos órgãos das administrações tributárias – que se estende até mesmo a informações fiscais protegidas por sigilo (art. 199, CTN) – buscou tornar mais diligente a ação fiscalizadora, tendo em vista a agilidade e a tempestividade da cobrança administrativa ou judicial. A existência de sistemas de informação de qualidade, com recursos tecnológicos que possuam dados coletivos, torna mais ágil o tratamento do contencioso administrativo fiscal, para além de facilitar investigações relativas aos crimes de lavagem de dinheiro (GOMES, Rodrigo Carneiro. Inteligência policial: para combater crime, Estado tem de compartilhar dados. *ADV Advocacia dinâmica*: boletim informativo semanal, v. 27, n. 5. p. 107-105, 4 fev. 2007).

Não obstante, o Supremo Tribunal Federal, no julgamento ADI 5729/DF, Rel. Min. Roberto Barroso, compreendeu, em situação específica relativa do RERCT (Regime Especial de Regularização Cambial e Tributária – art. 7º, §§ 1º e 2º da Lei n. 13.254/16), ser constitucional a vedação ao compartilhamento de informações prestadas pelos aderentes com os Estados, o Distrito Federal e os Municípios, bem como a equiparação da divulgação dessas informações à quebra do sigilo fiscal. Isso porque: (i) a Constituição, no art. 37, XXII, não determina o compartilhamento irrestrito de cadastro e de informações fiscais entre as administrações tributárias da União, dos Estados, do Distrito Federal e dos Municípios, sendo viável limitação imposta pela lei; (ii) os contribuintes aderentes ao programa, que é peculiar e excepcional, recebem tratamento isonômico, sendo indevido compará-los com os demais contribuintes; e (iii) compreendido o programa como espécie de transação, as regras especiais de sigilo são exemplos de garantia dada a quem opta por aderir a ele.

Ainda na linha do que prevê o inciso XXII do art. 37, o art. 4º da LC 126/2006 (Estatuto da Microempresa) previu a "*unicidade do processo de registro e de legalização de empresários e de pessoas jurídicas*".

Além disso, o Conselho Monetário Nacional (CMN) estabeleceu uma linha de financiamento do BNDES para os Estados, pela Resolução CMN 3.430/06, autorizando, nos termos em que especifica, a contratação de operações de crédito, no valor-limite de trezentos milhões de reais destinadas à: "(...) modernização da Administração das Receitas *e* da Gestão *Fiscal*, Financeira *e* Patrimonial das Administrações Estaduais, no âmbito de programa proposto pelo Poder Executivo Federal".

A União editou, ainda, o Decreto n. 6.022/07, instituindo o Sistema Público de Escrituração Digital (SPED), sob coordenação da Secretaria da Receita Federal, tendo por objetivo unificar "as atividades de recepção, validação, armazenamento *e* autenticação de livros *e* documentos que integram a escrituração comercial *e fiscal* dos empresários *e* das sociedades empresárias, mediante fluxo único, computadorizado, de informações".

Para algumas empresas (Portaria n. 11.23/2007) a Escrituração Contábil deverá ser realizada digitalmente (SPED-contábil), substituindo os livros contábeis por documentos de escrituração em versão digital (Decreto Federal n. 6.022/07, Instrução Normativa n. 787/07 da SRFB e Portarias n. 11.211/07 e 11.213/07). Tal alteração busca melhorar a fiscalização do Imposto de Renda (IR) e da Contribuição Social sobre o Lucro Líquido (CSLL), evitando informações equivocadas e o *bis in idem*.

O fato de o inciso XXII do art. 37 da CR haver reconhecido, constitucionalmente, que os servidores das administrações tributárias devem possuir carreiras específicas possibilita ilações doutrinárias (cf., sobre as letras *a* e *b* abaixo, FREITAS, Juarez. Parecer. Extraído de: <http://aifsp.org/em_foco/Parecer_18_07_04.doc>. Extraído em 22.02.08):

a) os cargos comissionados no âmbito da administração tributária seriam de recrutamento limitado, podendo ser atribuídos apenas aos próprios fiscais. A posição não é, no entender do comentarista, completamente sustentável, porquanto há de se reconhecer que se excluem dessa limitação os cargos de cúpula no âmbito da administração tributária, os quais são considerados cargos de nível político e não administrativo (art. 39, § 4º, CR) alheios, portanto, à noção de carreira. Ademais, o inciso V do art. 37 permite que a lei crie, mesmo no âmbito da Administração Tributária, cargos comissionados de recrutamento amplo;

b) seria importante a edição de Lei Orgânica para a categoria, destacando tratar-se de iniciativa essencial para *"regulamentar, de forma a mais transparente e universal, os direitos, os deveres e, sobretudo, os procedimentos e mecanismos de atuação e de progressão interna da Administração Tributária"*;

c) não seria possível a existência de cargos da área de tributação com competências que abrangessem além da fiscalização tributária, outras áreas, tais como: polícia sanitária e polícia de posturas, esta a posição defendida pela Febrafite (Federação Brasileira de Associações de Fiscais de Tributos Estaduais. <http://www.febrafite.org.br>).

Art. 37, § 1º A publicidade dos atos, programas, obras, serviços e campanhas dos órgãos públicos deverá ter caráter educativo, informativo ou de orientação social, dela não podendo constar nomes, símbolos ou imagens que caracterizem promoção pessoal de autoridades ou servidores públicos.

§ 2º A não observância do disposto nos incisos II e III implicará a nulidade do ato e a punição da autoridade responsável, nos termos da lei.

Fabrício Motta

A – REFERÊNCIAS

1. História da norma

A norma é inédita, não encontrando precedente nas Constituições anteriores. Não se pode negar, por outro lado, que seu conteúdo já poderia ser implicitamente extraído do sistema constitucional.

2. Remissões constitucionais (outros artigos da Constituição) e legais (leis reguladoras)

Art. 5º, XXXIII – direito à informação.

Art. 5º, XXXIV – direito de petição e direito à obtenção de certidões.

Art. 5º, LXXII – *habeas data*.

Art. 5º, LX – publicidade dos atos processuais.

3. Jurisprudência (STF e STJ): *leading cases*, principais posições e votos divergentes; tendências atuais no sentido da mudança da jurisprudência

Atribuição de nomes a logradouros – "O inciso V do art. 20 da CE veda ao Estado e aos Municípios atribuir nome de pessoa viva a avenida, praça, rua, logradouro, ponte, reservatório de água, viaduto, praça de esporte, biblioteca, hospital, maternidade, edifício público, auditórios, cidades e salas de aula. Não me parece inconstitucional. O preceito visa a impedir o culto e a promoção pessoal de pessoas vivas, tenham ou não passagem pela administração. Cabe ressaltar que proibição similar é estipulada, no âmbito federal, pela Lei 6.454/1977" (ADI 307, voto do rel. Min. Eros Grau, j. 13-2-2008, P, *DJe* de 1º-7-2009).

Publicidade e autopromoção – "Publicidade de caráter autopromocional do Governador e de seus correligionários, contendo nomes, símbolos e imagens, realizada às custas do erário. Não observância do disposto na segunda parte do preceito constitucional contido no art. 37, § 1º" (RE 217.025-AgR, rel. Min. Maurício Corrêa, julgamento em 27-4-98, *DJ* de 5-6-98).

Publicidade e desrespeito ao art. 37, § 1º – "Publicação custeada pela Prefeitura de São Paulo. Ausência de conteúdo educativo, informativo ou orientação social que tivesse como alvo a utilidade da população, de modo a não se ter o acórdão recorrido como ofensivo ao disposto no § 1º do art. 37 da Constituição Federal. Recurso extraordinário de que, em consequência, por maioria, não se conhece" (RE 208.114, Rel. Min. Octavio Gallotti, julgamento em 18-4-00, *DJ* de 25-8-00).

4. Referências bibliográficas

DALLARI, Adilson Abreu. Divulgação das atividades da administração pública – publicidade administrativa e propaganda pessoal. *Revista de Direito Público*. São Paulo. v. 24. n. 98, p. 245-7. abr./jun. 1991.

MARTINS JÚNIOR, Wallace Paiva. *Transparência administrativa:* publicidade, motivação e participação popular. São Paulo: Saraiva, 2004.

B – COMENTÁRIOS

O dispositivo reflete a junção, e harmonia perfeita, os princípios da publicidade e da impessoalidade. Em última análise, a regra impõe um *dever* – informar à coletividade como estão sendo realizados os gastos públicos – e estabelece uma *proibição* – o dever de informação não pode ser cumprido trazendo proveito pessoal ao agente público.

1. Os princípios da publicidade e transparência administrativas

O princípio da publicidade administrativa caracteriza-se também como direito fundamental do cidadão, indissociável do princípio democrático, possuindo um *substrato positivo* – o dever estatal de promover amplo e livre acesso à informação como condição necessária ao conhecimento, à participação e ao controle da Administração – e outro *negativo* – salvo no que afete à segurança da sociedade e do Estado e o direito à intimidade, as ações administrativas não podem desenvolver-se em segredo[1].

Este direito fundamental parece efetivar-se em quatro vertentes:

a) direito de *conhecer* todos os expedientes e motivos referentes à ação administrativa, bem como seus desdobramentos e resultados, em razão do direito fundamental à informação;

b) garantia em face do processo de produção de decisões administrativas, em contraposição ao segredo procedimental, por meio da audiência dos envolvidos e interessados, em razão do princípio da ampla defesa;

c) direito subjetivo de *acesso* aos arquivos e registros públicos, em decorrência direta do princípio democrático;

d) direito de exigir do Estado ações positivas para possibilitar a visibilidade, cognoscibilidade, e controle das ações administrativas[2].

Com efeito, a Constituição brasileira conferiu ao princípio da publicidade tratamento privilegiado. Além disso, o princípio da publicidade das questões administrativas é tema central nos regimes democráticos contemporâneos. A publicidade constitui, como referido, um princípio ínsito à democracia[3], que somente pode ser mitigado em situações excepcionais e com fundadas razões. Segundo Cármen Lúcia Antunes Rocha, a publicidade da Administração é que confere certeza às condutas estatais e segurança aos direitos individuais e políticos dos cidadãos. Sem ela, a ambiguidade diante das práticas administrativas conduz à insegurança jurídica e à ruptura do elemento de confiança que o cidadão tem que depositar no Estado"[4].

É importante, ao considerar a Administração como necessariamente aberta e permeável ao público, fazer referência ao pensamento de Kant, que considera como "fórmula transcendental do direito público" o princípio segundo o qual "todas as ações relativas ao direito de outros homens cuja máxima não é conciliável com a publicidade são injustas"[5]. Nesse mesmo sentido, lembrando-se que o Direito Administrativo surgiu como reação ao absolutismo, a *visibilidade da atuação administrativa* é, mais que tendência, necessidade no atual estágio do constitucionalismo e das relações Estado-sociedade. Assim, entende-se que a publicidade é requisito essencial para a eficácia do controle do poder, além de elemento indissociável da noção de Estado de Direito.

Nessa linha de raciocínio, por trás do princípio da publicidade, estão a exigência de segurança do direito e a proibição da política do "segredo", entendida esta última proibição não somente como uma vedação ao arbítrio, mas como um dever de informar por parte do Estado[6]. O princípio da publicidade, em suma, protege o cidadão de intromissões indevidas da Administração em sua esfera de liberdade constitucionalmente protegida. Em recente e importante decisão, ensinou o Ministro do Supremo Tribunal Federal Celso de Mello:

"Os postulados constitucionais da publicidade, da moralidade e da responsabilidade – indissociáveis da diretriz que consagra a prática republicana do poder – não permitem que temas, como o da destinação, da utilização e da comprovação dos gastos pertinentes a recursos públicos, sejam postos sob inconcebível regime de sigilo. Não custa rememorar que os estatutos do poder, numa República fundada em bases democráticas, não podem privilegiar o mistério, eis que a legitimidade político-jurídica da ordem democrática, impregnada de necessário substrato ético, somente é compatível com um regime do poder visível, definido, na lição de Bobbio, como 'um modelo ideal do governo público em público'. – Ao dessacralizar o segredo, a nova Constituição do Brasil restaurou o velho dogma republicano e expôs o Estado, em plenitude, ao princípio democrático da publicidade, cuja incidência – sobre repudiar qualquer compromisso com o mistério – atua como fator de legitimação das decisões e dos atos governamentais. – O novo estatuto político brasileiro – que rejeita o poder que oculta e que não tolera o poder que se oculta – consagrou a publicidade dos atos e das atividades estatais como expressivo valor constitucional, incluindo-o, tal a magnitude desse postulado, no rol dos direitos, das garantias e das liberdades fundamentais"[7].

Destaque-se que a visibilidade necessariamente conferida à Administração possibilita o combate à ineficácia das disposições de garantia legalmente instituídas. Em obra sobre a chamada "Administração paralela", identificada como aquela que se constitui de procedimentos informais paralelos aos formalmente estabelecidos, Agustín Gordillo[8] ensina com maestria que "mesmo com

---

1. CANOTILHO, J. J. Gomes. *Direito Constitucional e Teoria da Constituição*. 7. ed. Coimbra: Almedina, 2003.

2. BOBBIO, Norberto. *O futuro da democracia*. Tradução: Marco Aurélio Nogueira. Rio de Janeiro: Paz e Terra, 1989, p. 89. Em recente decisão, o Tribunal de Contas de União recomendou ao Gabinete Civil da Presidência da República "que, em obediência ao princípio da publicidade expresso no art. 37 da Constituição Federal e no precedente do Supremo Tribunal Federal ao julgar o MS 24.725 MC/DF, tome as providências necessárias à divulgação dos dados e informações constantes dos sistemas Siafi, Sidor, Siasg, Spiu e Siape, necessárias à transparência dos gastos públicos e ao controle social, resguardados os dados indispensáveis à segurança da sociedade e do Estado e à preservação da privacidade dos dados individuais dos servidores públicos" (Acórdão 1526/2005-Plenário; DOU 07.10.05).

3. Cumpre transcrever, sobre democracia representativa e representatividade, passagem lapidar de Carl Schmitt, citado por Bobbio: "a representação apenas pode ocorrer na esfera da publicidade. Não existe nenhuma representação que se desenvolva em segredo ou a portas fechadas. Um parlamento tem um caráter representativo apenas enquanto se acredita que sua atividade própria seja pública. Sessões secretas, acordos e decisões secretas de qualquer comitê podem ser muito significativos e importantes, mas não podem jamais ter um caráter representativo" (BOBBIO, Norberto. *O futuro da democracia*. Tradução: Marco Aurélio Nogueira. Rio de Janeiro: Paz e Terra, 1989, p. 101).

4. ROCHA, Cármen Lúcia Antunes. *Princípios constitucionais da Administração Pública*. Belo Horizonte: Del Rey, 1994, p. 240.

5. Apud BOBBIO, Norberto. *O futuro da democracia*. Tradução: Marco Aurélio Nogueira. Rio de Janeiro: Paz e Terra, 1989, p. 104.

6. CANOTILHO, J. J. Gomes. *Direito Constitucional e Teoria da Constituição*. 7. ed. Coimbra: Almedina, 2003 p. 1165. Na correta lição de Juarez FREITAS (*O controle dos atos administrativos e os princípios fundamentais*. 3. ed. rev. e ampl. São Paulo: Malheiros, 2004, p. 56): "[...] o agente público precisa prestar contas de todos os seus atos e velar para que tudo seja feito com a visibilidade do sol do meio-dia, preservando sua própria reputação, somente se admitindo que não o faça por excepcional e estrita exigência superior do interesse público (*v.g.*, de segurança) ou por ditames da dignidade da pessoa humana. Filosoficamente, o normal é que tudo que não possa vir a público deva ser encarado como suspeito de incorreção, nada havendo que não deva ser, de algum jeito ou em certo tempo, revelado nos regimes democráticos".

7. Decisão proferida, liminarmente, no MS 24.725, divulgada no *Informativo do STF* n. 331. Disponível em: <http://www.stf.gov.br/informativo>. Acesso em 10.10.2005.

8. GORDILLO, Agustín. *La administración paralela*. Madrid: Editorial Civitas, 1992, p. 54, tradução nossa.

as leis e constituições consagrando enfaticamente o princípio da publicidade dos atos do governo e também o mais irrestrito acesso dos interessados às atuações administrativas, salvo se forem qualificadas por ato expresso e motivado como confidenciais, a verdade é que, na prática, estas disposições jamais são cumpridas facilmente. A tradição das administrações hispano-americanas é o silêncio, o segredo, a reserva, não a publicidade. O funcionário público não considera, com isso, que realiza uma atividade ilícita: ao contrário, percebe que o correto, o devido, o lícito e normal é ser o zeloso guardião de toda a informação administrativa e, sobretudo, não possibilitar o acesso a ela dos administrados ou terceiros, pois isso poderia comprometê-lo. Se o funcionário for informado da lei que dispõe em sentido contrário, sua incredulidade será genuína: ele imaginará que essa norma é ilegal, sem saber como nem por que, mas terá consciência de que a conduta que se espera dele, por parte da sociedade, não é em absoluto aquela descrita na lei, mas sim aquela que é apreendida, sem nenhuma dificuldade, de seus superiores e companheiros de trabalho".

O autor conclui que a participação popular e a publicidade na elaboração das normas tocantes à Administração são condições de sua futura eficácia, evitando a criação de um parassistema, ou, segundo a terminologia de Bobbio, de um poder invisível. Estas ideias trazem consigo a noção de **transparência** administrativa[9].

Wallace Paiva Martins Júnior entende que o princípio da **transparência administrativa** é composto pelos subprincípios da publicidade, da motivação e da participação popular na gestão administrativa. Relacionando o princípio da transparência com a ideia de Estado Democrático de Direito, o autor anota:

"Em escala decrescente, o princípio da transparência é inerência do princípio democrático (princípio fundamental estruturante) e, à míngua de clara e precisa denominação normativo-constitucional, resulta como o valor impresso e o fim expresso pelos princípios da publicidade, da motivação e da participação popular, uma vez que todos apontam para a visibilidade da atuação administrativa e inspiram a produção de regras como o direito de petição, e certidão, e o direito à informação, tidos como mecanismos essenciais no controle jurisdicional da transparência"[10].

Marcos Juruena Vilella Souto, por sua vez, esposa entendimento original ao buscar para o princípio da transparência um significado diverso do comumente atribuído ao princípio da publicidade:

"Ao que parece, por transparência se quer muito mais, lançando-se, aqui, a ideia de que o verdadeiro controle visível ou transparente se dá quando se revela a intimidade das autoridades investidas de poder, naquilo que se refere ao exercício desse poder. Em outras palavras, o exercício de uma função pública, voltada para o público, deve permitir o seu constante acompanhamento, sem que o direito de intimidade, inegável aos indivíduos, especialmente contra o próprio Estado, possa ser alegado para afastar esses controles"[11].

As ideias de publicidade e transparência parecem ser complementares. A partir da acepção comum das palavras, pode-se entender a **publicidade** como característica do que é público, conhecido, não mantido secreto. **Transparência**, ao seu turno, é atributo do que é transparente, límpido, cristalino, visível; é o que se deixa perpassar pela luz e ver nitidamente o que está por trás.

Todos os movimentos do Estado como regra, devem ser públicos e transparentes – públicos porque devem ser levados a conhecimento dos interessados por meio dos instrumentos legalmente previstos; transparentes porque devem permitir enxergar com clareza seu conteúdo e todos os elementos de sua composição, inclusive o motivo e a finalidade, para que seja possível efetivar seu controle. Sem *publicidade transparente* não há *informação* verdadeira, sem informação não há cidadania plena.

2. Função pública, publicidade e o princípio da impessoalidade

O cidadão disposto a assumir a titularidade, ainda que provisória, de qualquer função pública, tem a plena consciência de que suas atividades envolvem uma vocação de *servir*, no caso, *servir o público*. Não por outro motivo a espécie mais conhecida e expressiva do gênero agentes públicos chama-se servidor público. Para aquele que se dispõe a servir o público não importa a vontade própria, o desejo pessoal, a preferência íntima: suas ações são obrigatoriamente voltadas ao atendimento de fins públicos, de interesses da coletividade. Ao cuidar da chamada "relação de administração", observável no direito público e no direito privado, Cirne Lima ensinou que administração é a atividade do que não é senhor absoluto, "vinculada – não a uma vontade livremente determinada –, porém, a um fim alheio à pessoa e aos interesses particulares do agente ou órgão que o exercita"[12]. No caso, o fim é público, e não privado; administrar é servir o público, e não servir-se dele.

Ao rechaçar a identificação simplista entre os princípios da igualdade e da impessoalidade, anota Cármen Lúcia Antunes Rocha:

A relação principal enfatizada na impessoalidade é a do agente administrativo com a Administração Pública e, em especial, com o Poder Público, em cujo exercício todos os privilégios podem ser angariados por maus agentes. Vê-se, pois, que ambos (impessoalidade e igualdade) são princípios de observância obrigatória da Administração Pública, mas o da impessoalidade o é

---

9. Anota Odete MEDAUAR (*O direito administrativo em evolução*. 2. ed. rev, atual e ampl. São Paulo: RT, 2003, p. 235): "O secreto, invisível, reinante na Administração, mostra-se contrário ao caráter democrático do Estado. A publicidade ampla contribui para garantir direitos dos administrados; em nível mais geral, assegura condições de legalidade objetiva porque atribui à população o direito de conhecer o modo como a Administração atua e toma decisões; "abate o muro secreto da cidadela administrativa", possibilitando o controle permanente sobre suas atividades (...) com a publicidade como regra, tem-se "o diálogo em lugar do mutismo, a transparência em lugar da opacidade", e suscita-se a confiança do administrado na Administração".

10. MARTINS JÚNIOR, Wallace Paiva. *Transparência administrativa*: publicidade, motivação e participação popular. São Paulo: Saraiva, 2004, p. 31.

11. SOUTO, Marcos Juruena Vilela. Transparência na Administração Pública. *Revista do TCM-RJ*, Rio de Janeiro, n. 35, p. 37-38, maio 2007, p. 37. Cabe transcrever a acertada conclusão do autor: "[...] a opção pelo exercício da autoridade, mormente em tempos em que a corrupção é um dos maiores males do país, exige que se renuncie à proteção da intimidade diante dos temas que podem interferir no exercício do poder, bem como que se apresente, de forma transparente, o interesse público que se deseja defender no exercício do cargo público".

12. LIMA, Ruy Cirne. *Princípios de Direito Administrativo*. 6. ed. São Paulo: Revista dos Tribunais, 1987, p. 21.

em caráter exclusivo, vale dizer, não desborda da esfera estatal, tendo aí o seu espaço de incidência. Na verdade, estes dois princípios recobrem realidades diferentes, sendo o conteúdo da igualdade jurídica mais amplo e dotado de primariedade que se desdobra, conforme se afirmou anteriormente, dentre outros, no princípio da impessoalidade administrativa[13].

Algumas observações a respeito do princípio da impessoalidade podem ser colacionadas: a) o princípio objetiva não permitir que o administrador se privilegie, pois deste privilégio nasce o prejuízo de toda a sociedade[14]; b) o princípio traduz a orientação finalística de toda e qualquer atividade da Administração, impedindo a mera intenção de privilegiar ou prejudicar qualquer cidadão ou qualquer grupo, assim como qualquer proveito pessoal do agente público; c) essa orientação finalística – ou primado da finalidade – faz com que as vontades pessoais sejam irrelevantes na composição na "vontade da Administração". Bem por isso, as ações e omissões praticadas são imputadas à estrutura da Administração (pessoas políticas, órgãos e entidades), admitindo-se, contudo, a responsabilização pessoal regressiva por eventuais danos causados (art. 37, § 6º).

Há um dever constitucional de publicidade, conectado com o direito constitucional à informação e com o próprio princípio republicano: o cidadão tem o direito de saber como estão sendo gastos os recursos públicos; trata-se de uma satisfação social obrigatória para o poder público. É nesse sentido que todos os atos, programas, obras, serviços e campanhas do poder público são impessoais; destinam-se à coletividade, ao proveito geral, à realização dos direitos fundamentais e ao alcance dos objetivos da República. A informação a respeito de todas estas situações também deve ser impessoal, ampla e irrestrita; seu conteúdo deve ser claro, transparente e direto, evocando com primazia *o que* está sendo feito, e não *quem* o está fazendo. O dever de informação não pode ser alvo de manipulação para privilégio de uns, tampouco para a glória de outros.

A utilização de qualquer símbolo, imagem ou expressão que busque ressaltar a figura do agente público é vedada pela Constituição, estando sujeita a sanções de diversos matizes. O poder público possui símbolos próprios – geralmente, brasões – que devem ser utilizados para ressaltar a oficialidade e a impessoalidade da informação que se transmite. A vedação constitucional, em atenção aos princípios comentados, deve ser interpretada de forma extensiva: à custa do erário e em atendimento à necessidade de informação, não se pode admitir o proveito de partidos políticos, sindicatos, associações.

Art. 37, § 3º A lei disciplinará as formas de participação do usuário na administração pública direta e indireta, regulando especialmente:

I – as reclamações relativas à prestação dos serviços públicos em geral, asseguradas a manutenção de serviços de atendimento ao usuário e a avaliação periódica, externa e interna, da qualidade dos serviços;

II – o acesso dos usuários a registros administrativos e a informações sobre atos de governo, observado o disposto no art. 5º, X e XXXIII;

III – a disciplina da representação contra o exercício negligente ou abusivo de cargo, emprego ou função na administração pública.

Regina Linden Ruaro
Alexandre Schubert Curvelo

1. Contextualização do tema: a participação popular como instrumento de eficácia na prestação dos serviços públicos; acesso à informação; considerações gerais

A Emenda Constitucional n. 19, como é cediço, introduziu importantes mudanças para o direito administrativo, desde a conformação de novos princípios até a estipulação de regras para a Administração direta e indireta. No bojo dessas mudanças, em sintonia com os direitos fundamentais, não poderia o constituinte derivado olvidar do direito fundamental de exercício de um dos mecanismos mais promissores de atual democracia: o controle social, um dos fundamentos primeiros da Carta Fundamental, de acordo com o que preceitua o parágrafo único do art. 1º.

A inserção do art. 37, § 3º, no Capítulo VII da CF/88 se dá em função do segmento que trata da Administração Pública e, portanto, da pessoa jurídica de direito público titularizada *originariamente* da prestação dos serviços públicos. Desse modo, se é verdadeiro que o princípio fundamental do controle social – da participação ou da democracia direta – deve ser lido (também) na amplitude do exercício da função administrativa perante os usuários dos serviços públicos, não menos verdadeiro é que a aludida participação merece disciplina – legal – segmentada de acordo com o setor de prestação do serviço a que se refere. Igualmente, o dispositivo guarda simetria com o disposto no inciso II, parágrafo único, do art. 175 da CF/88.

À medida que, no andar do tempo, foram estabelecidos os setores regulados no Brasil, a partir da legislação específica de criação das chamadas agências reguladoras, suas leis de criação estabeleceram mecanismos próprios de participação dos usuários; participação essa que, cumpre sublinhar, não se limita ao caráter meramente fiscalizatório das atividades, mas que também assume cunho decisório em determinados casos.

O marco geral de previsão dos direitos dos usuários dos serviços públicos no Brasil, no plano infraconstitucional, afora a previsão inespecífica do Código de Defesa do Consumidor, decorre do reconhecimento dos chamados direitos dos usuários dos serviços públicos, de acordo com o que preceitua o art. 7º da Lei n. 8.987/95. Com o reconhecimento por parte da doutrina administrativista pátria[1] e do Poder Judiciário, de que os usuários

---

13. ROCHA, Cármen Lúcia Antunes. *Princípios constitucionais da Administração Pública*. Belo Horizonte: Del Rey, 1994, p. 153.
14. Idem, ibidem.

1. Marçal Justen Filho, por exemplo, acredita ser a relação jurídico-contratual de concessão um instrumento integrado por três polos distintos, integrados pelo Estado, concessionário e usuários do serviço público. Nas palavras do autor, "a concessão de serviço público não pode ser considerada como uma relação jurídica envolvendo apenas esses dois polos de interesses. Não se pode reduzir a concessão a uma relação jurídica entre o Estado e concessionário. Ademais disso, deve reconhecer-se a titularidade de interesses jurídicos da Sociedade, de modo que a concessão é uma relação jurídica trilateral" (JUSTEN

dos serviços públicos integram a relação jurídico-contratual dos serviços públicos delegados (por intermédio dos contratos de concessão ou permissão de serviços públicos), com mais propriedade é possível sustentar a aludida participação direta dos usuários na prestação dos serviços públicos.

A partir disso, o que se tem é um embate, no seio doutrinário, acerca da verificação da posição jurídica dos usuários dos serviços públicos. Um primeiro grupo de teóricos, que poderíamos nominar de privatistas, corrente caracterizada pela identificação dos serviços públicos classificados de industriais ou comerciais, financiados por remuneração paga pelo usuário (particular) que dele diretamente usufrui, notadamente nos casos de delegação, sustenta que o liame jurídico existente entre usuário e concessionário é de natureza civil[2]. A despeito disso, haveria sobre essa relação privada a incidência de normas de direito público, no entanto elas não teriam o condão de modificar o regime de direito aplicável a situação jurídica sobre a qual incidem. Para esses teóricos, não é porque incidem sobre uma relação privada normas de direito público que dita relação passaria a sujeitar-se ao regime público[3]. Um segundo grupo de teóricos, os publicistas, correntes majoritárias em países como Alemanha e Suíça, sustentam que o direito público rege a relação jurídica havida entre usuário e prestador do serviço público, independentemente da natureza do serviço, isto é, seja ele comercial ou industrial. É que em ambos os sistemas jurídicos a noção de relação jurídica para o direito administrativo destaca que a situação legal ou regulamentar (estatutária) da posição jurídica do usuário perante o prestador do serviço público advém, antes de tudo, de uma concepção política da Administração Pública, do que propriamente de análise pontual da relação jurídica dela decorrente[4]. Note-se que ao assim verificar a relação, a aludida corrente doutrinária desconsidera o caráter contratual da relação jurídica estabelecida entre usuário e prestador do serviço público, ao que, do ponto de vista de nosso sistema jurídico, resta superado, pelo menos do ponto de vista legal e jurisprudencial. O último grupo de juristas, classificável em uma corrente mista[5], por assim dizer, reconhece a natureza

---

FILHO, Marçal. *Teoria geral das concessões de serviço público*. São Paulo: Dialética, 2003, p. 15). Por sua vez, Juarez Freitas endossa a formatação inicial dessa relação jurídico-contratual da concessão, no entanto, acredita na inafastabilidade (ante a importância de atuação no cenário regulatório) de reconhecimento das agências reguladoras como integrantes da relação; o que faz o autor, de modo bastante acertado, é reforçar a autonomia dos entes reguladores nesse particular. Refere o autor: "(...) faz-se indispensável acrescentar um pólo no desenho das relações jurídicas de delegação, a saber: além do parceiro público, do parceiro privado e do usuário, imperioso acrescentar a figura do autônomo regulador, sem debilitar o controle externo sobre tal relação" (FREITAS, Juarez. *O controle dos atos administrativos e os princípios fundamentais*. 4. ed. São Paulo: Malheiros, 2009, p. 352).

2. A doutrina mais avançada, em direito administrativo, tende a apontar a debilidade da clássica distinção entre os chamados serviços tipicamente administrativos – executados pela Administração – e atípicos (serviços comerciais ou industriais) que visariam precipuamente a produção de renda, que poderiam ser prestados ou pela Administração ou por terceiros (FREITAS, Juarez. *O controle dos atos administrativos e os princípios fundamentais*. 4. ed. São Paulo: Malheiros, 2009, p. 293). No sistema francês, contudo, ainda é comum apontar a distinção até mesmo do ponto de vista das soluções dadas pela jurisprudência: "(...) pour les services industriels les solutions fournies par la jurisprudence à ces questions sont sensiblement différentes de celles qui concernent les services administratives. Elles sont, par ailleurs, plus complexes du fait de la diversité des modes de gestion. Le point de départ de la théorie se trouve, ici aussi, dans une analyse de la situation juridique de l'usager" (LAUBADÈRE, André de; GAUDEMET, Yves. *Traité de Droit Administratif*: droit administratif général. 16. ed. Paris: LGDJ, 2001, t. 1, p. 761).

3. FRANCO, Gladyz Vasquez. *La Concesión Administrativa de Servicio Público en el Derecho Espanol y Colombiano*. Ed. Temis: Bogotá, 1992.

4. AMAR, Jacques. *De L'Usager au Consomsatteur de Service Public*. Presses Universitaires d'Aix-Marsell: PUAM, Aix-en-Provence, 2001, p. 123. No mesmo sentido: "C'est encore la même idée du régime de droit public qui permet de définir la nature et le conteu des droits susceptibles d'être invoques par les administres à l'égard du fonctionnement des services publics administratifs. Le fonctionnement du service public provoque des relations entre l'administration et les usagers. Ces relations apparaissent soit au moment où l'administré demande à utiliser le service public, est candidat à son usage, soit, lorsque, étant entre en relation avec le service, il est devenu usager effetif. Dans ce diverses positions se pose la question des droit et obligations de l'administré" (LAUBADÈRE, André de; GAUDEMET, Yves. *Traité de Droit Administratif*: Droit administratif général. 16. ed. Paris: LGDJ, 2001, t. 1, p. 754). No sistema alemão, identificam-se nas chamadas relações especiais de direito administrativo. No âmbito dessas assim chamadas relações especiais, ou *vinculações especiais de direito público*, as quais se dão normalmente no âmbito interno de poder (*Hausgewalt*) e de *poder senhorial* (*Herrengewalt*), é preciso considerar que, no andar do tempo, a doutrina e a jurisprudência abandonaram a terminologia das relações especiais de poder, mas com isso não se deixou de considerar sua existência; no entanto, são elas tratadas como relações jurídico-administrativas de *status* especial *jurídico-constitucionalmente institucionalizadas*. Essas relações especiais de direito administrativo não anulam as chamadas relações de *status* geral, no entanto podem promover-lhe certa alteração, tendo em vista o fato de que podem, a um só tempo, limitar o exercício de direitos fundamentais e aumentar os encargos (deveres) dos particulares (WOLL, Hans J.; BACHOF, Otto; STOBER, Rolf. *Direito administrativo*. Tradução Antonio F. de Souza. Fundação Calouste Gulbenkian: Porto, 2006, v. 1, p. 483). Tanto na Alemanha como na Suíça, por exemplo, sustenta-se que as relações jurídicas estabelecidas entre particular e prestador de serviço são, portanto, submetidas aos princípios (e regras) de direito público. Para a corrente publicista, trata-se de relações de direito público por se inserirem no âmbito das tarefas estatais e, assim, por estarem enquadradas no âmbito dos direitos reconhecíveis ao administrado. Assim, identificam a existência de uma relação (puramente) estatutária entre usuário do serviço e seu prestador. Nas palavras de Mayer, "el acto jurídico de concesión crea para el empresario concesionario derechos y obligaciones frente al que hace la concesión. Los detalles se determinan según el contenido del acto. Para ciertas espécies de concesiones la ley ha establecido reglamentaciones generales. (...) Las prescripciones referentes a la relación del concesionario con el Estado, las condiciones de la concesión propriamente dicha, cuando las establece la ley, no tiene, en general, otra importancia que la de un derecho positivo. (...) Pero las leyes incluyen también en las condiciones de la concesión, prescripciones relativas a los derechos y a los poderes que dependen del derecho público y que deberán pertenecer al concesionario frente a terceros" (Mayer, Otto. *Derecho Administrativo Alemán*. 2. ed. Buenos Aires: Ediciones Depalma, 1982, t. IV, p. 165). Jèze e Duguit, por exemplo, concluíam que o usuário do serviço público se coloca numa situação de natureza jurídica regulamentar, não através de um ato de sujeição, mas por intermédio de um ato-condição. Laubadère, nesse contexto, refere: "(...) cette construction jurisprudentielle est loin de recueilir l'approbation générale de la doctrine; elle a été notament critiquée par Duguit et Jéze: 1º En ce qui concerne le cãs de la concession, on fait valoir non seulement que la concession de service public n'est pás um véritable contrat, mais aussi, plus spécialement que dans la théorie civiliste de la stiupulation pour autrui, que l'on transporte ici em la déformant, le tiers beneficiaire doit être une personne individuellement designée et non un public anonyme. 2º D'une manière plus générale, les auteurs, classiques repoussent l'idée du contrat individuel de droit comum passe entre le service public et l'usager; pour eux la situation de l'usager d'une service industriel est la même que celle de l'usager d'un service administrative: légale et de droit public; ces droits et obligations résultent du règlement du service(...) Ainsi la situation de l'abonné au gaz, par exemple, ne serait pas différente, par sa nature, de celle du plaideur em justice" (LAUBADÈRE, André de. *Manuel de Droit Administratif*. 7. ed. Paris: LGDJ, 1963, p. 246-247).

5. "(...) La relación jurídica entre el usuario y el prestatario del servicio puede ser reglamentaria (v.gr., la instrucción primária pública), o contractual (v.gr., eletrecidad, gas, telefono). La diferencia entre reglamentaria y contractual, la da naturaleza intrínseca del servicio en cuéstion, el modo en que es utilizado por el usuario y sua forma de retribución. Existen también casos en que la relación puede tener una doble o mixta naturaleza jurídica: regulamentaria y

contratual[6] dos serviços públicos concedidos e, igualmente, que deles nasce uma relação jurídica diferenciada pela influência dos princípios nela incidentes, como é o caso, por exemplo, do interesse público.

Insta destacar, porém, que a inexistência de uma lei especial – de caráter geral – prevendo os direitos do usuário dos serviços públicos – nos moldes com que se dá, por exemplo, com o consumidor – faz com que se tenha, na atualidade, adotado o seguinte modo de interpretar a questão. Parcela mais robusta da doutrina pátria sustenta inexistir distinção de fundo entre usuários de serviço público e consumidores, sendo que nas relações entre Estado e usuários ou entre esses e os prestadores de serviço público pode se falar na aplicação pura e indistinta do Código de Defesa do Consumidor. Filiamo-nos, no entanto, à corrente minoritária, que, ao contrário, sustenta que os usuários do serviço público não são consumidores, ainda que se possa, na inexistência de lei especial, aplicar-lhes, por ser o instrumento jurídico mais benéfico, o referido Código. Eis, em breve síntese, os motivos.

Em primeiro lugar, impende anotar que a relação jurídica entabulada entre usuário do serviço público e concessionário/permissionário, ou mesmo quando o Estado o presta diretamente, é definida como sendo uma relação de administração e, portanto, uma relação jurídica de direito público sobre a qual incide influxo de princípios e regras distintas do regime privado. Nesse particular, o conceito de usuário de serviço público se afigura como sujeito de direitos subjetivos (públicos) de maior amplitude ainda, tendo em vista o fato de que os princípios que tonificam a relação guardam protecionismo de maior grau e efetividade no plano instrumental[7]. Na mesma medida, considere-se o fato de que os bens jurídicos tutelados na relação de administração, invariavelmente, são bens indisponíveis (*v.g.* interesse público).

Na linha do que estabelece o *caput* do parágrafo, as leis setoriais preveem, em diversos casos, mecanismos de atendimento aos usuários e de avaliação dos serviços públicos, os quais, no mais das vezes, são verificados pelas agências setoriais. É claro que o limite a amplitude do direito à informação, participação direta na prestação dos serviços públicos pelo usuário, esbarra, apenas, nos limites dos incisos X e XXXIII, ambos do art. 5º.

Da legislação infraconstitucional que cumpre o disposto no parágrafo em comento importa referir a Lei n. 9.051/95, que *dispõe sobre a expedição de certidões para a defesa de direitos e esclarecimentos de situações,* sendo oponível, na forma do que determina o seu art. 1º, à Administração direta e indireta; Lei n. 9.507/97, que *regula o direito de acesso a informações e disciplina o rito processual de "habeas data";* Lei n. 9.427/96, que *institui a Agência Nacional de Energia Elétrica – ANEEL, disciplina o regime das concessões de serviços públicos de energia elétrica e dá outras providências,* na qual se encontra prevista, por exemplo, obrigatoriedade de realização de audiência pública prévia ao processo decisório que implicar afetação de direitos dos agentes econômicos do setor elétrico ou dos consumidores, de acordo com o que estipula o § 3º do art. 4º; Lei n. 9.472/97, que *dispõe sobre a organização dos serviços de telecomunicações, a criação e funcionamento de um órgão regulador e outros aspectos institucionais,* na qual se estabelece, além do direito de informação do usuário do serviço público (art. 3º), bem como participação obrigatória na composição do Conselho Consultivo da Agência (art. 33); Lei n. 9.478/97, que *dispõe sobre a política energética nacional,* art. 19, prevê que as iniciativas de lei ou de alteração de normas administrativas que impliquem afetação de direito dos agentes econômicos ou de consumidores e usuários de bens ou serviços da indústria do petróleo serão precedidas de audiência pública.

Na mesma linha das leis referidas, ainda que não se tenha uma lei geral prevendo a participação dos usuários do serviço público, o reconhecimento de direitos subjetivos públicos (decorrentes, por exemplo, da prescrição do inciso II do art. 175 da CF/88), notadamente esse da participação, foi contemplado em diversos dispositivos esparsos. Nesse particular considere-se o direito de receber informações para a defesa dos interesses individuais ou coletivos; ter liberdade de escolha para a utilização de determinado serviço público; a possibilidade de levar a conhecimento do Poder Público a prática de irregularidades ou atos ilícitos pelo concessionário (art. 7º, I a VI, da Lei n. 8.987/95); a essencialidade da cláusula contratual, nos contratos de concessão, em que se fixem os direitos do usuário (art. 23, VI); ou, ainda, exemplificadamente, a necessidade de o Poder Público fomentar a criação/formação de associações de usuários na defesa de interesses relativos ao serviço (art. 29, XII).

Relativamente ao inciso II, a Lei de Acesso à Informação – Lei n. 12.527/11 e seu regulamento, o Decreto n. 7.845/12 disciplinam o acesso dos usuários e de qualquer cidadão aos registros dos atos de governo. A regra é a publicidade, a transparência e a exceção é o sigilo e o segredo. A norma estabelece os graus de dados públicos sigilosos ou secretos em vários níveis, bem como o acesso, tratamento, guarda e acesso e dever de sigilo pelos agentes públicos, resguardando o direito à intimidade e a vida privada.

2. Comunidade Europeia

Segundo a Carta de Nice (Carta dos Direitos Fundamentais):
Artigo 41.
Direito a uma boa administração
1. Todas as pessoas têm direito a que os seus assuntos sejam tratados pelas instituições e órgãos da União de forma imparcial, equitativa e num prazo razoável.

---

contractual a la vez, v.gr., transporte público de pasajeros. Todos los servicios públicos que son prestados por empresas privadas se hallan sujetos a la regulación del Estado, pero ello no modifica na relación jurídica del usuario con el prestador" (DROMI, Roberto. *Derecho Administrativo.* 10. ed. Buenos Aires-Madrid: Ciudad Argentina, 2004, p. 849).

6. A questão, relativamente à situação jurídica do usuário de serviço público, quando verificada a partir de ideias de cunho civilista, passou a identificar o vínculo a partir de sua natureza contratual, ainda que no passar do tempo se tenha evoluído no sentido de caracterizar o aludido contrato sob a forma de contrato de adesão (algo que, na atualidade, não fomenta qualquer debate, ante a pacífica aceitabilidade do instrumento). Nesse sentido Waline: "(...) la personne qui utilize un service public est-elle dans une situation contractuelle? Il est des services publics pour lequels la réponse est évidemment négative. Le justiciable, par exemple, n'est pás vis-à-vis de l'État qui juge as requête dans une situation contractuelle, non plus que le plaignant dont la plainte provoque des enquêtes de police" (WALINE, Marcel. *Droit Administratif.* 9. ed. Paris: Sirey, 1963, p. 779-780).

7. Tomem-se, por exemplo, os prazos prescricionais para propositura de demandas contra a Fazenda Pública e os prazos para propositura de demandas decorrentes da relação jurídica de consumo; ao passo que os primeiros possuem maior dilatação (*v.g.* prazo prescricional para propositura de demandas contra a Fazenda Pública, em geral, fixado em cinco anos, de acordo com o que estabelece o Decreto n. 20.910/32), esses estabelecidos de modo exíguo (art. 26, *caput* e § 3º).

2. Este direito compreende, nomeadamente:

– o direito de qualquer pessoa a ser ouvida antes de a seu respeito ser tomada qualquer medida individual que a afete desfavoravelmente,

– o direito de qualquer pessoa a ter acesso aos processos que se lhe refiram, no respeito dos legítimos interesses da confidencialidade e do segredo profissional e comercial,

– a obrigação, por parte da administração, de fundamentar as suas decisões.

3. Todas as pessoas têm direito à reparação, por parte da Comunidade, dos danos causados pelas suas instituições ou pelos seus agentes no exercício das respectivas funções, de acordo com os princípios gerais comuns às legislações dos Estados-membros.

4. Todas as pessoas têm a possibilidade de se dirigir às instituições da União numa das línguas oficiais dos Tratados, devendo obter uma resposta na mesma língua.

Artigo 42.

Direito de acesso aos documentos

Qualquer cidadão da União, bem como qualquer pessoa singular ou coletiva com residência ou sede social num Estado-membro, tem direito de acesso aos documentos do Parlamento Europeu, do Conselho e da Comissão.

3. Direito Internacional: Ibero-América

A preocupação com a participação popular efetiva na execução dos serviços públicos também pode ser percebida na Ibero-América. A Constituição espanhola, por exemplo, determina que "la Administración Pública sirve con objetividad los intereses generales y actúa de acuerdo con los principios de eficacia, jerarquía, descentralización, desconcentración y coordinación, con sometimiento pleno a la ley y al Derecho" (art. 103.1). Especifica, ainda, que a lei regulará "la audiencia de los ciudadanos, directamente o a través de las organizaciones y asociaciones reconocidas por la ley, en el procedimiento de elaboración de las disposiciones administrativas que les afecten"(art. 105.a). Em Portugal também há expressa menção à necessidade de participação popular no espaço público, iniciando-se pela disposição de que "todos os cidadãos têm o direito de tomar parte na vida política e na direcção dos assuntos públicos do país, directamente ou por intermédio de representantes livremente eleitos" (art. 48). Especificamente quanto aos serviços públicos, a Carta afirma o dever estatal de evitar a burocratização, de modo a aproximar os serviços à população, seja por intermédio de associações públicas e organizações de moradores, ou seja por outras formas de representação democrática (art. 267.1). O mesmo artigo não olvida de explicitar, entretanto, que as entidades privadas que exerçam poderes públicos poderão ser sujeitas de fiscalização administrativa (art. 267.6).

Na América Latina, merece destaque a recente Constituição do Equador, que, ao tratar do tema no Capítulo II do Título III da Carta (*Políticas públicas, servicios públicos y participación ciudadana*), assenta que a prestação de serviços públicos se orientará de modo a tornar efetivo o bem-viver e todos os direitos (art. 85.1), e que, sem prejuízo da prevalência do interesse geral sobre o particular, a política de prestação deverá ser reformulada quando seus efeitos atinjam ou estejam na iminência de ferir direitos constitucionais (85.2). Por fim, determina que "en la formulación, ejecución, evaluación y control de las políticas públicas y servicios públicos se garantizará la participación de las personas, comunidades, pueblos y nacionalidades" (art. 85.3).

4. Constituições estrangeiras

Além das fontes supracitadas, merecem constar neste rol a Constituição do México (art. 28), que dispôs expressamente sobre a possibilidade de concessionar serviços públicos ou de exploração, bem como a Constituição da Itália (art. 43), dispondo que, "para fins de utilidade geral, a lei pode reservar originariamente ou transferir, mediante expropriação e salvo indenização, ao Estado, a entidades públicas ou a comunidades de trabalhadores ou de usuários, determinadas empresas ou categorias de empresas, que se relacionem com serviços públicos essenciais ou com fontes de energia ou com situações de monopólio, e tenham caráter de preeminente interesse geral".

5. Constituições brasileiras anteriores e legislações conexas

Sem precedentes constitucionais anteriores.

Leis Complementares

• Lei Complementar n. 131/2009: Lei Capiberibe – acrescenta dispositivos à Lei de Responsabilidade Fiscal

• Lei Complementar n. 101/2000: Lei de Responsabilidade Fiscal

Leis

• Lei n. 12.527/2012: Lei de Acesso à Informação

• Lei n. 10.520/2002: Pregão Eletrônico

• Lei n. 9.784/1999: Lei do Processo Administrativo

• Lei n. 9.507/1997: Rito processual do *habeas data*

• Lei n. 8.159/1991: Política Nacional de arquivos públicos e privados

Decretos

• Decreto n. 7.845/2012: procedimentos de credenciamento de segurança e tratamento de informações classificadas

• Decreto n. 7.724/2012: Regulamenta a Lei de Acesso à Informação no Poder Executivo Federal

• Decreto s/n. de 15/9/2011: Institui o Plano de Ação Nacional sobre Governo Aberto e dá outras providências

6. Jurisprudência selecionada

STF:

BRASIL. Supremo Tribunal Federal. ADI 244, rel. Min. Sepúlveda Pertence, *DJ* 31-10-2002 (Outras modalidades de participação popular na administração pública – *v.g.*, arts. 5º, XXXVIII e LXXIII, 29, XII e XIII, 37, § 3º, 74, § 2º, 187, 194, parágrafo único, VII, 204, II, 206, VI, e 224).

BRASIL. Supremo Tribunal Federal. AI 636.814-AgRg, rel. Min. Eros Grau, *DJ* 15-6-2007 (Culpa da vítima na responsabilização de pessoas jurídicas de direito privado prestadoras de serviço público).

STJ:

BRASIL. Superior Tribunal de Justiça. REsp 106.297-5/RS, rel. Min. Eliana Calmon, *DJ* 29-10-2008 (Interrupção de serviço público essencial prestado por concessionária).

BRASIL. Superior Tribunal de Justiça. REsp 896.568/CE, rel. originário Min. Fernando Gonçalves, rel. para o acórdão Min. Luís Felipe Salomão, *DJ* 19-5-2009 (Atribuição de culpa por negligência da concessionária prestadora de serviço público).

7. Literatura selecionada

RUARO, Regina Linden. Reforma administrativa e a consolidação da esfera pública brasileira: o caso do orçamento participativo no Rio Grande do Sul. *Interesse Público*, Porto Alegre, v. 19, p. 81-102, 2003.

SARLET, Ingo Wolfgang. *A eficácia dos direitos fundamentais*. Porto Alegre: Livr. do Advogado, 2015.

_____. Direito à informação e direito de acesso à informação como direitos fundamentais na Constituição Brasileira. *Revista da AGU*, v. 13, n. 42, p. 10–38, out./dez., 2014.

SCARPINO JR., Luiz Eugenio. Lei de Acesso à Informação. *Revista Síntese de Direito Administrativo*, v. 10, n. 117, p. 123-139, set. 2015.

SARLET, Ingo Wolfgang. *A eficácia dos direitos fundamentais*. Porto Alegre: Livr. do Advogado, 2015.

8. Anotações

O avanço promovido no País após a Constituição Federal de 1988 e, mais precisamente, com a EC n. 19/98 no que se refere à participação institucional e do cidadão nas políticas e controles do Estado é inegável, de sorte que as novas formas de gestão dos serviços públicos estão a demonstrar que há uma preocupação com a sociedade. Assim, falar em direitos dos usuários pressupõe falar em conduta ativa destes não só, como se referiu anteriormente no controle da prestação de tais serviços públicos, mas também na garantia de exercício de seus direitos. A Constituição brasileira de 1988 afasta-se definitivamente da figura do administrado como um sujeito passivo em sua relação com a Administração Pública, para agregar no seu bojo o cidadão. Assim que até 1988 convivíamos com uma Administração sujeito ativo de uma relação com a sociedade e, como se disse anteriormente, um sujeito passivo, sem escolhas diretas, sem direitos expressos e mecanismos de garantias de fazer valer direitos na prestação dos serviços públicos.

Art. 37, § 4º Os atos de improbidade administrativa importarão a suspensão dos direitos políticos, a perda da função pública, a indisponibilidade dos bens e o ressarcimento ao erário, na forma e gradação previstas em lei, sem prejuízo da ação penal cabível.

Marcelo Figueiredo

1. Esclarecimento inicial: para uma pré-compreensão da norma e seu *locus* de aplicabilidade histórico-constitucional

O princípio da moralidade administrativa sempre foi ameaçado e violado pela corrupção administrativa que tem raízes que se perdem na poeira dos tempos. O desvio ético da conduta humana sempre foi combatido em várias frentes jurídicas. Alude-se à responsabilidade política, à responsabilidade penal, à responsabilidade administrativa e à responsabilidade civil.

Podemos com a previsão do art. 37, § 4º, da Constituição Federal falar em responsabilidade por improbidade administrativa que não se enquadra em nenhuma das responsabilidades clássicas, por assim dizer. Não é rigorosamente falando, responsabilidade civil, não é responsabilidade penal, não é responsabilidade política e sequer responsabilidade administrativa, estas duas últimas vistas em seu sentido estrito.

É verdade que traz elementos da responsabilidade política – porque afeta os direitos políticos e, também, elementos da responsabilidade administrativa – porque traz sanções advindas do chamado "direito administrativo sancionador", como a reforma de 2021 decidiu bem expressar nos arts. 1º, § 4º, e 17-D, *caput*, da Lei n. 8.429/92, com redação dada pela Lei n. 14.230/2021. Mas não se confunde com as clássicas sanções administrativas estatutárias e não prevê penas privativas da liberdade.

O sujeito que comete ato de improbidade administrativa pode em tese ser processado e punido, nas seguintes esferas: 1) politicamente (crime de responsabilidade), 2) civilmente (ressarcimento), penalmente (normas penais do Código Penal ou legislação extravagante), 3) administrativamente (violações aos estatutos e normas disciplinares dos servidores e agentes públicos), 4) na justiça eleitoral; e 5) propriamente na esfera da improbidade, excetuados os magistrados, que contam com regime constitucional de responsabilidade próprio, segundo a doutrina de André Ramos Tavares, o que ainda não está em nada pacificado na jurisprudência[1].

Não se confundem, portanto, as esferas de responsabilização[2], podendo eventualmente se acumular. Como analisa Daniel Ferreira[3], ainda que o ato de improbidade se relacione com as "fontes formais e materiais de convicção" do Direito Administrativo, pode o fato ilícito implicar não somente sanções de improbidade, mas também sanções civis (multa), políticas (suspensão dos direitos políticos), administrativas ou penais (perda do cargo).

Importante anotar nesse ponto que, embora as esferas de responsabilização sejam, como de fato são, independentes e autônomas, não são estanques, de modo que pode haver certa correlação entre as decisões e/ou mesmo implicações de uma ou outra decisão dessas esferas.

É que o Direito é uno, em que pesem as suas divisões didáticas e estruturais e, além disso, quando se está diante de esfera de responsabilização, não se pode olvidar de que o Estado reservou

---

1. TAVARES, André Ramos. A Lei de Improbidade e a Loman. *Carta Forense* A8, abril 2014.

2. Para um estudo pormenorizado das diferentes esferas de responsabilidade, *vide*: GARCIA, Mônica Nicida. *Responsabilidade do Agente Público*. Belo Horizonte: Fórum, 2004.

3. FERREIRA, Daniel. *Teoria Geral da Infração Administrativa*. Belo Horizonte: Fórum, p. 193, 2009.

para si o monopólio da violência, da constrição e da imposição de sanções, em regra, e, por isso, esse exercício de dever-poder de sancionar deve ser exercido de forma racionalizada, razoável e proporcional. Pensando nisso, buscou o legislador tratar das implicações de outras esferas de responsabilidade na específica esfera da responsabilidade pelo ato de improbidade administrativa. A Lei n. 14.230/2021 deu a seguinte redação aos parágrafos do art. 21 da Lei n. 8.429/92:

"Art. 21. (...)

§ 1º Os atos do órgão de controle interno ou externo serão considerados pelo juiz quando tiverem servido de fundamento para a conduta do agente público.

§ 2º As provas produzidas perante os órgãos de controle e as correspondentes decisões deverão ser consideradas na formação da convicção do juiz, sem prejuízo da análise acerca do dolo na conduta do agente.

§ 3º As sentenças civis e penais produzirão efeitos em relação à ação de improbidade quando concluírem pela inexistência da conduta ou pela negativa da autoria.

§ 4º A absolvição criminal em ação que discuta os mesmos fatos, confirmada por decisão colegiada, impede o trâmite da ação da qual trata esta Lei, havendo comunicação com todos os fundamentos de absolvição previstos no art. 386 do Decreto-lei n. 3.689, de 3 de outubro de 1941 (Código de Processo Penal).

§ 5º Sanções eventualmente aplicadas em outras esferas deverão ser compensadas com as sanções aplicadas nos termos desta Lei".

Enfim, ao longo dos comentários veremos como esse tema é relevante para a compreensão do dispositivo.

1.1. A reforma de 2021 através da Lei n. 14.230

O art. 37, § 4º, da Constituição Federal, além de não definir o que é improbidade administrativa, confere ampla margem de discricionariedade ao legislador ordinário para estabelecer a forma e gradação das sanções pelo ato de improbidade administrativa. A doutrina e a jurisprudência cuidaram de definir o que seria improbidade administrativa e a legislação buscou estabelecer quais seriam os atos que configurariam o ato ímprobo.

Como dissemos acima, a moralidade administrativa sempre foi objeto de tutela do Estado e, sendo a probidade parte integrante desse objeto maior que é a moralidade, estabelecer critérios para a punição de desvios éticos e morais, tipificando suas condutas e cominando sanções aos que se desviarem do padrão ético e moral desejado para o exercício do múnus público, é indispensável à segurança jurídica.

Com a promulgação da Lei n. 8.429/92, a probidade administrativa foi específica e objetivamente tutelada, cumprindo aos operadores do Direito a sua boa aplicação.

A prática forense, todavia, demonstrou verdadeira banalização do combate à improbidade e, muitas vezes, o uso das ações desta natureza como forma de perseguição e destruição de reputações, corroborada pela atuação inflamada dos veículos de informação e de mídia, além de ser utilizada como forma de indevida ingerência nos destinos de políticas públicas ou de simples insurgência contra atos administrativos com os quais não se concordava.

Durante esses quase 30 anos de vigência, infelizmente, a aplicação da Lei n. 8.429/92 tornou-se o grande fantasma dos gestores públicos, afugentando boas e inovadoras práticas da Administração Pública, engessando-a e ofuscando seu desenvolvimento e, em última análise, o melhor atendimento de seu fim, que é o interesse público.

Em verdade, como ensina Fernando Vernalha Guimarães[4], o direito administrativo passou a ser exercido a partir da perspectiva do medo. Depois de Guimarães, diversos outros juristas passaram a estudar o tema e chegaram à mesma conclusão: o Administrador não está disposto a colocar sua reputação, família e patrimônio em risco e, por isso, simplesmente não mais atuam. É o que se chamou dentre os estudiosos do tema de "apagão das canetas". As disfunções burocráticas agradecem a essa postura dos operadores do Direito, notadamente dos que exercem controle sobre a Administração Pública.

Sentindo essa desorientação, o Poder Legislativo, em 2021, promoveu reforma estrutural da n. Lei n. 8.429/92 através da Lei n. 14.230, sendo essas tratadas a seguir, naquilo que diz respeito ao dispositivo constitucional comentado.

Marçal Justen Filho, na Apresentação de seu livro *Reforma da Lei de Improbidade Administrativa comentada e comparada*[5], formula uma lista que apresenta as principais alterações promovidas pela Lei n. 14.230/2021. São elas:

"a exigência do dolo, devidamente comprovado, para a punição por improbidade; o sancionamento por improbidade a entidades privadas que tenham recebido benefício incentivo ou vantagem de origem estatal; a eliminação da sanção de perda do cargo ou mandato nas infrações do art. 11; a restrição ao sancionamento por improbidade do terceiro à comprovação de ter induzido ou concorrido para a prática da improbidade; a instituição de uma ação judicial típica, envolvendo a punição por improbidade, com afastamento da aplicação do regime da ação civil pública; a atribuição do Ministério Público da legitimidade ativa privativa para a ação de improbidade; a ampliação do rigor no tocante aos requisitos de ajuizamento da ação de improbidade, com a expressa exigência de qualificação dos fatos em face dos arts. 9º, 10 e 11 da Lei n. 8.429; a vedação ao julgamento antecipado da lide nas hipóteses de condenação do réu; a fixação de prazo prescricional de 8 anos, computado a partir da data de consumação do ilícito; a previsão da prescrição intercorrente, computada a partir do ajuizamento da ação de improbidade, com prazo de 8 anos".

Muitos dos dispositivos conferidos pela Lei n. 14.230/2021 foram impugnados no Supremo Tribunal Federal e, em alguns casos, tiveram sua eficácia suspensa cautelarmente. Esperamos que o Supremo Tribunal Federal, no exame das pretensões relativas ao controle de constitucionalidade, tenha parcimônia e respeito ao que ficou soberanamente decidido pelo Poder Legislativo, sem que isso, contudo, resulte numa atuação tímida da Suprema Corte, de modo que a Constituição, em todos os seus aspectos, seja observada e respeitada.

---

4. GUIMARÃES, Fernando Vernalha. Direito Administrativo do Medo: a crise da ineficiência pelo controle. *Revista Colunistas – Direito do Estado*. Salvador, n. 71, 2016. Disponível em: http://www.direitodoestado.com.br/colunistas/fernando-vernalha-guimaraes/o-direito-administrativo-do-medo-a-crise-da-ineficiencia-pelo-controle. Acesso em: 15 abr. 2023.

5. JUSTEN FILHO, Marçal (2022). *Reforma da Lei de Improbidade Administrativa comentada e comparada*. Rio de Janeiro: Forense, p. VII.

Passaremos a comentar o dispositivo constitucional à luz do que a Lei n. 14.230/2021 estabeleceu.

1.2. O núcleo central do artigo comentado: algumas questões controvertidas

O núcleo normativo central do art. 37, § 4º, da Constituição Federal traz alguns problemas de alcance e extensão normativa. Vejamos:

a) Sua aplicabilidade aos chefes do Poder Executivo

Pudemos indicar nas edições anteriores a controvérsia doutrinária a respeito da aplicação ou não do regime da Lei de Improbidade Administrativa aos chefes do Poder Executivo. Naquela oportunidade, esclarecemos que alguns sustentam, sobretudo fundados na topografia constitucional, que o dispositivo não poderia ser aplicado àqueles agentes políticos por estar previsto no Título III, da Constituição Federal, que dispõe sobre a "organização do Estado", mais precisamente no Capítulo VII, que cuida da "administração pública".

Firmamos o nosso entendimento de que, embora seja bem sedutora, essa corrente não convencia integralmente, pois entendemos que a solução que melhor atende ao princípio republicano e ao princípio da moralidade administrativa está em conferir-lhes eficácia máxima.

Isso porque, mesmo a interpretação histórica nos conduz à autonomia das instâncias dos regimes de responsabilidade. Em nenhum momento a Constituição reservou à instância do julgamento político-administrativo o caráter de jurisdição exclusiva dos agentes políticos, na medida em que respondiam e respondem pelo fato também cível e criminalmente.

Nossa posição era a de que em se tratando de ato de improbidade que também esteja previsto na Lei n. 1079/50 que é a norma que prevalece em caso de improbidade praticada pelo Presidente da República, as sanções de perda da função pública e inabilitação somente podem ser aplicadas pelo Senado Federal, enquanto as demais, se cabíveis (art. 12 da Lei 8.429/92), poderão ser aplicadas no juízo comum, independentemente do julgamento político, pois se trata de outra esfera de responsabilização – a de improbidade administrativa. Caso o Presidente da República ou qualquer outra autoridade sujeita a regime especial de responsabilização pratique ato de improbidade administrativa que não sejam considerados crimes de responsabilidade, é de ser aplicada a Lei n. 8.429/92 e as sanções ali previstas.

Este nosso entendimento não parece ter sofrido qualquer alteração após a promulgação da Lei n. 14.230/2021, visto que o art. 2º, editado por citada legislação, continua a estabelecer que: *"Para os efeitos desta Lei, consideram-se agente público o agente político, o servidor público e todo aquele que exerce, ainda que transitoriamente ou sem remuneração, por eleição, nomeação, designação, contratação ou qualquer outra forma de investidura ou vínculo, mandato, cargo, emprego ou função nas entidades referidas no art. 1º desta Lei"*. (grifamos)

Com efeito, repisamos, nesta oportunidade, nosso entendimento de que os chefes do Poder Executivo estão sujeitos ao regime de responsabilização por atos de improbidade, devendo ser ressaltado, apenas, que eventuais sanções políticas que se identifiquem com as sanções da improbidade e que decorram dos mesmos fatos, não devem incidir duplamente, sob pena de grave disfuncionalidade do sistema de repressão do Estado e de ocorrência de *bis in idem*.

b) As sanções previstas no dispositivo e seu confronto com a lei concretizadora

O art. 37, § 4º, contempla expressamente que os atos de improbidade administrativa importarão a: a) suspensão dos direitos políticos, b) a perda da função pública; c) a indisponibilidade dos bens e d) o ressarcimento ao erário, na forma e gradação previstas em lei, sem prejuízo da ação penal cabível.

Por outro lado, a Lei n. 8.429/92 imputou a tais atos diversas consequências normativas: a) a perda de bens ou valores acrescidos ilicitamente ao patrimônio do agente considerado ímprobo (art. 12, I e II), b) a multa civil (art. 12, I, II e III) e a c) proibição de contratar com o Poder Público ou receber benefícios ou incentivos fiscais ou creditícios, direta ou indiretamente, ainda que por intermédio de pessoa jurídica da qual seja sócio majoritário (art. 12, I, II e III).

Haveria alguma incompatibilidade inconciliável entre a previsão constitucional e sua lei concretizadora? Não divisamos qualquer incompatibilidade ou antinomia jurídica entre o discurso constitucional e a lei concretizadora como vê parcela minoritária da doutrina.

A sanção de perda de bens ou valores já é uma tradição no direito constitucional brasileiro. É prevista na Constituição de 1988 em seu art. 5º, inciso XLVI, *b*. Nas Constituições anteriores também era prevista. As Constituições de 1946 e de 1967, com as alterações das Emendas Constitucionais n. 1/69 e 11/78, previam a sanção de perdimento de bens, no caso de enriquecimento ilícito no exercício de função pública (conforme art. 141, § 31, *in fine*, e CF de 1967, alterada pelas EC n. 1/69 e 11/78, art. 153, § 11). No Código Penal a sanção de perda de bens ou valores sempre foi prevista como efeito da condenação.

Em relação à improbidade, esta sanção encontra-se no artigo 12, incisos I e II, da Lei n. 8.429/92. Estamos com Emerson Garcia quando afirma que, "Em rigor técnico, a perda de bens ou valores não representará verdadeira sanção, pois buscará unicamente reconduzir o agente à situação anterior à prática do ilícito, mantendo imutável seu patrimônio legítimo"[6].

Já a sanção alusiva à suspensão dos direitos políticos tem assento e previsão constitucional como vimos. Está prevista no art. 15 da Constituição de 1988. Aboliu a Constituição de 1988 a cassação dos direitos políticos, mas manteve-se *a perda ou suspensão* nas seguintes hipóteses: a) cancelamento da naturalização por sentença transitada em julgado; b) incapacidade civil absoluta; c) condenação criminal transitada em julgado, enquanto durarem os seus efeitos; d) recusa de cumprir obrigação a todos imposta ou prestação alternativa, nos termos do art. 5º, VIII; e e) improbidade administrativa, nos termos do art. 37, § 4º. Transitada em julgado a condenação por improbidade (arts. 10, § 9º, e 20, *caput*, da Lei n. 8.429/92), aí sim será possível dar exequibilidade à suspensão dos direitos políticos do já condenado.

---

6. GARCIA, Emerson. *Improbidade Administrativa*. 9. ed. São Paulo: Saraiva, p. 644, 2017.

A respeito das sanções, entretanto, é importante anotar algumas das reformulações promovidas pela Lei n. 14.230/2021. Façamo-lo na mesma ordem que são apresentadas no artigo comentado.

b.1) Suspensão dos direitos políticos

A suspensão dos direitos políticos, prevista no art. 15 da Constituição Federal, diverge da inelegibilidade, tratada no art. 14, § 9º, da Carta Política de 1988. E isso é de suma importância para compreendermos os fundamentos pelos quais o Supremo Tribunal Federal, em decisão cautelar na ADI 7.236, determinou a suspensão da eficácia do art. 12, § 10, da Lei n. 8.429/92, com redação dada pela Lei n. 14.230/2021.

São, em verdade, institutos que se complementam, porquanto a suspensão de direitos políticos é sanção que engloba a inelegibilidade. Ademais, como salienta Ingo Wolfgang Sarlet[7], *"as causas de inelegibilidade consistem em situações que, uma vez configuradas, impedem o exercício do sufrágio passivo"*. A suspensão dos direitos políticos, a seu turno, conforme doutrina citada[8], diverge da inelegibilidade, na medida em que esta diz respeito à *"capacidade eleitoral passiva"*, enquanto aquela alcança *"tanto o direito de votar quanto o de ser votado"*.

Por esta razão, a única sanção prevista na Lei de Improbidade é a suspensão dos direitos políticos e, neste sentido, esta somente pode dar-se a partir do trânsito em julgado da sentença condenatória, nos termos dos arts. 15, V, c.c. art. 37, § 4º, da Constituição Federal de 1988, e com os artigos 12, § 9º, e 20 da Lei n. 8.429/92, com redação dada pela Lei n. 14.230/2021.

Não obstante isso, a Lei Complementar n. 64/90, alterada pela Lei Complementar n. 135/2010, prevê que são inelegíveis para qualquer cargo: *(i)* os que tiverem suas contas relativas ao exercício de cargos ou funções públicas rejeitadas por irregularidade insanável que configure ato doloso de improbidade administrativa e por decisão irrecorrível do órgão competente, salvo se esta houver sido suspensa ou anulada pelo Poder Judiciário, para as eleições que se realizarem nos 8 (oito) anos seguintes, contados a partir da data da decisão, aplicando-se o disposto no inciso II do art. 71 da Constituição Federal, a todos os ordenadores de despesa, sem exclusão de mandatários que houverem agido nessa condição; e *(ii)* os que forem condenados à suspensão dos direitos políticos, em decisão transitada em julgado ou proferida por órgão judicial colegiado, por ato doloso de improbidade administrativa que importe lesão ao patrimônio público e enriquecimento ilícito, desde a condenação ou o trânsito em julgado até o transcurso do prazo de 8 (oito) anos após o cumprimento da pena, conforme preveem as alíneas g e l do inciso I do art. 1º da referida Lei Complementar.

Portanto, para além da suspensão dos direitos políticos, há possibilidade daqueles que pratiquem atos de improbidade ficarem inelegíveis, conforme prevê a Lei Complementar que trata de regulamentar o art. 14, § 9º, da Constituição da República.

A respeito da suspensão dos direitos políticos, a Lei n. 14.230/2021 trouxe redação para tratar da contagem do prazo desta sanção. Eis a redação do art. 12, § 10, da Lei de Improbidade: *"Para efeitos de contagem do prazo da sanção de suspensão dos direitos políticos, computar-se-á retroativamente o intervalo de tempo entre a decisão colegiada e o trânsito em julgado da sentença condenatória"*. Referido dispositivo está com eficácia suspensa por decisão cautelar do Supremo Tribunal Federal, proferida nos autos da ADI 7.236.

Ao que nos parece, o artigo é mesmo inconstitucional, pois, além de confundir causas de inelegibilidade com a efetiva suspensão dos direitos políticos, desrespeita a distribuição das atribuições dos instrumentos legislativos, isto é, as causas de inelegibilidade, nos termos da Constituição Federal, somente poderiam ser tratadas mediante Lei Complementar e, sendo a Lei n. 14.230/2021 Lei Ordinária, não poderia ter tratado de questão reservada ao quórum especial daquele instrumento legislativo.

b.2) Perda da função pública

Importa lembrar que os objetos de estudo no presente comentário são as possíveis sanções pela prática de atos ímprobos. Logo, estamos no âmbito das restrições de direitos, inclusive fundamentais, como, por exemplo, de pleno gozo dos direitos políticos, e, exatamente por isso, devemos observar a orientação hermenêutica de que as normas restritivas do direito devem ser interpretadas restritivamente. Por isso mesmo é que a perda, no caso de condenação por ato de improbidade, é da *função pública*, apenas.

Ensina Maria Sylvia Zanella Di Pietro[9] que a Constituição Federal de 1988 permite a compreensão de *função pública* em duas perspectivas. A primeira, como sendo *"a função exercida por servidores contratados temporariamente com base no artigo 37, IX, para a qual não se exige, necessariamente, concurso público, porque, às vezes, a própria urgência da contratação é incompatível com a demora do procedimento (...)"* e, a segunda, como *"as funções de natureza permanente, correspondentes a chefia, direção, assessoramento ou outro tipo de atividade para a qual o legislador não crie o cargo respectivo; em geral, são funções de confiança, de livre provimento e exoneração; a elas se refere o art. 37, V"*.

Sendo assim, apenas a função pública está à disposição da autoridade judiciária para ser tolhida por sentença como forma de repreenda ao ato de improbidade. Não há falar, portanto, em perda do *cargo* público ou do *emprego* público, não obstante essas sejam sanções possíveis de serem aplicadas em outras esferas de responsabilidade.

Ressaltamos, ainda, que essa sanção somente pode ser executada com o trânsito em julgado da decisão condenatória, nos termos dos arts. 10, § 9º, e 20, *caput*, da Lei n. 8.429/92, com redação conferida pela Lei n. 14.230/2021, o que não impede, entretanto, a decisão cautelar de afastamento do agente acusado de ter praticado ato de improbidade administrativa, aqui sim, do exercício de seu cargo, emprego ou função, desde que: *(i)* necessária à instrução processual ou para evitar a prática de novos ilícitos; *(ii)* não lhe acarrete prejuízo da remuneração; e *(iii)* seja realizada pelo prazo de até 90 dias, prorrogáveis por igual prazo por decisão devidamente fundamentada, tudo conforme art. 20 e §§ 1º e 2º da Lei n. 8.429/92, com redação conferida pela Lei n. 14.230/2021.

---

7. SARLET, Ingo Wolfgang; MARINONI, Luiz Guilherme; MITIDIERO, Daniel. *Curso de Direito Constitucional*. 3. ed. São Paulo: Revista dos Tribunais, p. 680, 2014.

8. Ibid., p. 690.

9. DI PIETRO, Maria Sylvia Zanella. *Direito Administrativo*. 23. ed. São Paulo: Atlas, p. 520, 2010.

De outro lado, há que se ressaltar a inclusão do § 1º no novo art. 12 da Lei n. 8.429/92, que estabeleceu que essa sanção somente é aplicável nos casos dos atos de improbidade que acarretem enriquecimento ilícito e/ou danos ao erário e, além disso, atinge *"apenas o vínculo de mesma qualidade e natureza que o agente público ou político detinha com o poder público na época do cometimento da infração, podendo o magistrado, na hipótese do inciso I do caput deste artigo, e em caráter excepcional, estendê-la aos demais vínculos, consideradas as circunstâncias do caso e a gravidade da infração"*.

Referido dispositivo também está com a sua eficácia suspensa pelo Supremo Tribunal Federal, conforme decisão proferida na ADI 7.236, com a qual concordamos, haja vista não ser a solução que melhor atende ao princípio republicano e ao princípio da moralidade administrativa, que devem ser ao máximo possível protegidos. Ora, é bem verdade que durante a tramitação do processo, o agente acusado de improbidade poderá exercer outras funções públicas, de modo a esvaziar a tutela da probidade, caso a sanção não lhe possa alcançar mais, esvaziando a finalidade repressiva da Lei.

Vale dizer, em que pese entendermos possível, a Lei pode estabelecer que a perda da função pública se dará num ou noutro caso de improbidade, reservá-la ao vínculo que o condenado por improbidade possuía quando da prática do ato inquinado pode trazer inutilidade à aplicação da lei e, em última análise, de proteção à moralidade e probidade administrativa.

O ato de improbidade devidamente reconhecido em decisão transitada em julgado implica reconhecer que o agente não está apto moralmente a exercer qualquer múnus público. Além disso, como bem ressaltou o eminente Ministro Alexandre de Moraes em sua decisão que determinou a suspensão da eficácia do dispositivo em comento, citando Platão[10] e Marco Túlio Cícero[11]: *"a punição e o afastamento da vida pública dos agentes corruptos pretendem fixar uma regra proibitiva para que os servidores públicos não se deixem 'induzir por preço nenhum a agir em detrimento dos interesses do Estado' (PLATÃO. República. Bauru: Edipro, 1994, p. 117). A corrupção é a negativa do Estado Constitucional, que tem por missão a manutenção da retidão e da honestidade na conduta dos negócios públicos, pois não só desvia recursos necessários para a efetiva e eficiente prestação dos serviços públicos, mas também corrói os pilares do Estado de Direito e contamina a necessária legitimidade dos detentores de cargos públicos, vital para a preservação da Democracia representativa, pois, como afirmado por MARCO TÚLIO CÍCERO: Fazem muito mal à República os políticos corruptos, pois não apenas se impregnam de vícios eles mesmos, mas os infundem na sociedade, e não apenas prejudicam por se corromperem, mas também porque a corrompem, e são mais nocivos pelo exemplo do que pelo crime (As Leis, III, XIV, 32)"*.

Sendo assim, a finalidade de dissuasão e prevenção da sanção de perda da função pública deve ser preservada, não havendo qualquer razoabilidade ou proporcionalidade na sua reserva ao vínculo que o acusado detinha quando praticou o ato.

b.3) Indisponibilidade dos bens

Não se trata de sanção, mas de tutela cautelar que visa garantir a integral recomposição do erário ou a perda do acréscimo patrimonial ilícito, conforme prevê o art. 16 da Lei n. 8.429/92, com redação entregue pela Lei n. 14.230/2021.

Neste ponto é necessário esclarecer que embora conheçamos o entendimento jurisprudencial majoritário de que para aferir o limite da indisponibilidade de bens pode ser considerada, além do acréscimo patrimonial ilícito e/ou o dano ao erário, o valor de multa civil pretendido, com esse entendimento não assentimos. Isso porque destoa do que está previsto em lei.

O artigo acima mencionado é claro em relação às finalidades da indisponibilidade: *"(...) garantir a integral recomposição do erário ou do acréscimo patrimonial resultante de enriquecimento ilícito"*, que são fatos que podem ser aferidos, ainda que perfunctória e hipoteticamente a partir dos fatos e fundamentos do pedido que são apresentados na exordial. A multa, a seu turno, além de incerta, é ilíquida, não havendo razoabilidade e proporcionalidade em considerá-la para fins de constrição ao direito fundamental de propriedade.

De outro lado, a reforma havida em 2021 alterou o que se vinha decidindo a respeito desta modalidade de tutela cautelar.

Na vigência da Lei de Improbidade Administrativa pré-reforma de 2021, muito se discutia se havia necessidade da demonstração de perigo na demora ou se, para o deferimento da indisponibilidade de bens, bastava a apresentação de fortes indícios da prática dos atos de improbidade narrados na exordial. Assim, a jurisprudência tratava a indisponibilidade como a "tutela da evidência" e, muitas vezes a decretava sem prévia oitiva do acusado, isto é, diferindo o contraditório sem qualquer demonstração de que o suposto agente ímprobo estaria dilapidando ou ocultado o seu patrimônio.

Ocorre que essa interpretação não é mais possível, ao menos em nosso sentir. Isso porque a nova redação da Lei de Improbidade no que toca à indisponibilidade de bens é clara ao estabelecer que se trata de tutela da evidência e seu deferimento dispensa a demonstração da dilapidação e/ou ocultação patrimonial pelo acusado. Contudo, ela somente pode ser deferida *inaudita altera parte* quando demonstrado o risco de que o contraditório prévio puder *comprovadamente* frustrar a efetividade da medida ou, ainda, quando existirem circunstâncias outras que recomendem a proteção liminar. A nova Lei estabeleceu expressamente, ainda, que a urgência não poderá ser presumida, pois que esse era o entendimento que vigia antes de 2021, qual seja que o perigo na demora militaria em favor da sociedade e que este requisito seria *"intrínseco a toda medida cautelar sumária (art. 789 do CPC de 1973), admitindo que tal requisito seja presumido à preambular garantia de recuperação do patrimônio público, da coletividade, bem assim do acréscimo patrimonial ilegalmente auferido"* (trecho do acórdão do REsp 1.366.721-BA, afetado ao rito dos Recursos Repetitivos – Tema 701).

b.4) Ressarcimento ao erário

Assim como a perda dos bens acrescidos ilicitamente, o ressarcimento do dano é efeito natural do reconhecimento de sua *concreta* ocorrência no caso posto a julgamento.

O dano ao erário, para fins de ressarcimento, não pode ser outro senão o material. E este, como de muito tempo se sabe,

---

10. PLATÃO. *República*. Bauru: Edipro, p. 117, 1994.
11. Marco Túlio Cícero. *As Leis, III, XIV, 32*.

deve ser efetivamente provado. Neste sentido, para afastar teses que vinham sendo sustentadas pela doutrina e acolhidas pela jurisprudência, acarretando, inclusive, afetação de recurso especial para fins de pacificação do entendimento jurisprudencial no país a este respeito (Tema 1096 dos Recursos Repetitivos do STJ), a Lei n. 14.230/2021 expressamente estatuiu que *"Art. 10. Constitui ato de improbidade administrativa que causa lesão ao erário qualquer ação ou omissão dolosa, que enseje, **efetiva e comprovadamente**, perda patrimonial, desvio, apropriação, malbaratamento ou dilapidação dos bens ou haveres das entidades referidas no art. 1º desta Lei, e notadamente: (...)"* e, também, que: *"Art. 12. Independente do ressarcimento integral do dano patrimonial, se efetivo, e das sanções penais comuns e de responsabilidade, civis e administrativas previstas na legislação específica, está o responsável pelo ato de improbidade sujeito às seguintes cominações (...)".*

Não há mais espaço, portanto, para considerar presumido o dano patrimonial, seja para fins de tipificação e enquadramento do ato praticado no art. 10 da Lei de Improbidade ou de ressarcimento do erário.

c) Sobre a aplicação ou não em bloco de todas as penas previstas na Lei n. 8.429/92 e os efeitos das decisões aplicadas e executadas noutras esferas de responsabilidade

As penas previstas na Lei n. 8.429/92 podem ser aplicadas isolada ou cumulativamente, tudo a depender da análise criteriosa e prudente dos fatos e sua interpretação constitucional e subsunção legal. A extensão do dano, o proveito patrimonial do(s) agente(s), a gravidade da conduta e de seus antecedentes, as cominações estipuladas na lei, e a leitura aberta e construtiva dos princípios constitucionais, tudo deve ser levado em conta na análise das penas.

As sanções da improbidade são, no mínimo de duas naturezas. De um lado, temos as de cunho pecuniário: perda de bens ou valores, ressarcimento integral do dano e pagamento de multa. De outro lado, as de cunho marcadamente administrativo, podendo desdobrar-se em penas disciplinares, proibitivas de contratação, vedação de recebimento de benefícios, créditos, incentivos etc. Não há obrigatoriedade de aplicação em bloco das penas.

Temos reiteradamente afirmado que nem toda ilegalidade pode conduzir à improbidade administrativa, como também nem toda imoralidade administrativa deve, forçosamente, conduzir à improbidade administrativa. A análise do ato de improbidade por graus e segundo as balizas da razoabilidade e da proporcionalidade parece o melhor caminho para um cumprimento ideal do princípio da moralidade administrativa.

Assim vieram estabelecidas as novas regras das penas aplicáveis aos casos de improbidade administrativa com o advento da Lei n. 14.230/2021: *"Art. 12. Independentemente do ressarcimento integral do dano patrimonial, se efetivo, e das sanções penais comuns e de responsabilidade, civis e administrativas previstas na legislação específica, está o responsável pelo ato de improbidade sujeito às seguintes cominações, que podem ser aplicadas isolada ou cumulativamente, de acordo com a gravidade do fato: I – na hipótese do art. 9º desta Lei, perda dos bens ou valores acrescidos ilicitamente ao patrimônio, perda da função pública, suspensão dos direitos políticos até 14 (catorze) anos, pagamento de multa civil equivalente ao valor do acréscimo patrimonial e proibição de contratar com o poder público ou de receber benefícios ou incentivos fiscais ou creditícios, direta ou indiretamente, ainda que por intermédio de pessoa jurídica da qual seja sócio majoritário, pelo prazo não superior a 14 (catorze) anos; II – na hipótese do art. 10 desta Lei, perda dos bens ou valores acrescidos ilicitamente ao patrimônio, se concorrer esta circunstância, perda da função pública, suspensão dos direitos políticos até 12 (doze) anos, pagamento de multa civil equivalente ao valor do dano e proibição de contratar com o poder público ou de receber benefícios ou incentivos fiscais ou creditícios, direta ou indiretamente, ainda que por intermédio de pessoa jurídica da qual seja sócio majoritário, pelo prazo não superior a 12 (doze) anos; III – na hipótese do art. 11 desta Lei, pagamento de multa civil de até 24 (vinte e quatro) vezes o valor da remuneração percebida pelo agente e proibição de contratar com o poder público ou de receber benefícios ou incentivos fiscais ou creditícios, direta ou indiretamente, ainda que por intermédio de pessoa jurídica da qual seja sócio majoritário, pelo prazo não superior a 4 (quatro) anos".*

Nota-se, portanto, que a Lei estabeleceu limites máximos, mas não mínimos, para a suspensão dos direitos políticos e para a proibição de contratar com o poder público ou dele receber quaisquer benefícios e/ou incentivos fiscais. Também há novidade no que toca aos casos de improbidade tipificados no art. 11 da Lei n. 8.429/92. Não há mais previsão para aplicação das penas de suspensão dos direitos políticos e da perda da função pública, de modo a conferir proporcionalidade às sanções abstratamente previstas às violações também abstratamente tipificadas.

Em relação aos efeitos do que restar decidido noutras esferas de responsabilidade no âmbito da responsabilidade por improbidade administrativa, a Lei n. 14.230/2021 trouxe as seguintes inovações: *"Art. 12 (...) § 6º Se ocorrer lesão ao patrimônio público, a reparação do dano a que se refere esta Lei deverá deduzir o ressarcimento ocorrido nas instâncias criminal, civil e administrativa que tiver por objeto os mesmos fatos. § 7º As sanções aplicadas a pessoas jurídicas com base nesta Lei e na Lei n. 12.846, de 1º de agosto de 2013, deverão observar o princípio constitucional do **non bis in idem**"* e *"Art. 21 (...) § 1º Os atos do órgão de controle interno ou externo serão considerados pelo juiz quando tiverem servido de fundamento para a conduta do agente público. § 2º As provas produzidas perante os órgãos de controle e as correspondentes decisões deverão ser consideradas na formação da convicção do juiz, sem prejuízo da análise acerca do dolo na conduta do agente. § 3º As sentenças civis e penais produzirão efeitos em relação à ação de improbidade quando concluírem pela inexistência da conduta ou pela negativa da autoria. § 4º A absolvição criminal em ação que discuta os mesmos fatos, confirmada por decisão colegiada, impede o trâmite da ação da qual trata esta Lei, havendo comunicação com todos os fundamentos de absolvição previstos no art. 386 do Decreto-lei n. 3.689, de 3 de outubro de 1941 (Código de Processo Penal). § 5º Sanções eventualmente aplicadas em outras esferas deverão ser compensadas com as sanções aplicadas nos termos desta Lei".*

De certo que o dano é um só, seja ele apurado numa ou noutra esfera de responsabilidade. Evidentemente, todavia, que poderá haver diferença entre uma e outra apuração e, neste caso, devemos observar a autonomia das esferas de responsabilização sem, contudo, obrigar o condenado à reparação dos danos repará-los mais de uma vez. À autoridade julgadora de cada caso, portanto, incumbe observar o que já foi decidido em cada uma das esferas de responsabilidade, seja por força do art. 12, § 6º, da Lei n. 8.429/92, seja em decorrência da observância do art. 22, § 3º, da Lei de Introdução às Normas do Direito brasileiro (Decreto-lei 4.657/42).

Igualmente, evitando o *bis in idem*, as autoridades competentes para aplicar sanções às empresas envolvidas em atos de improbidade que também se configurem como atos lesivos na Lei n. 12.846/2013 (Lei Anticorrupção), deverão considerar umas e outras, de modo que a empresa não seja punida pelo mesmo fato mais de uma vez.

Embora não se trate de repercussão na aplicação da sanção em si, as manifestações e decisões dos órgãos de controle que eventualmente orientem os atos do agente público acusado de improbidade administrativa, devem ser levados em conta para fins de tipificação da improbidade, pois, além da ordem legal a este respeito (art. 21, § 1º), configuram, *no mínimo*, "*circunstâncias agravantes ou atenuantes*" do agente e dizem respeito ao seu dolo (arts. 22, § 3º, 24 e 28 da Lei de Introdução às Normas do Direito brasileiro – Decreto-lei 4.657/42).

De igual forma, as provas produzidas no âmbito dos órgãos de controle devem ser consideradas pelo Juízo, desde que trazidas aos autos, claro. Afinal, as tais são elementos produzidos pelos especializadíssimos Tribunais de Contas no que toca à análise da economicidade e/ou legitimidade dos atos administrativos, de modo que não se deve desconsiderar a expertise desses órgãos a este respeito, não obstante o reconhecido preparo dos órgãos e Tribunais do Poder Judiciário[12].

A inovação a respeito da temática das implicações de decisões proferidas em outras esferas foram trazidas, entretanto, nos §§ 3º e 4º da Lei n. 8.429/92, conforme redação dada pela Lei n. 14.230/2021.

De longe sabíamos que a prevalência da esfera criminal de responsabilização se sobrepunha às demais quando a conclusão a que se chegou neste âmbito era de inexistência de materialidade ou de autoria[13]. Ocorre que a Lei n. 14.230/2021 trouxe novas perspectivas a respeito, estendendo à instância da improbidade as eventuais decisões da esfera cível de responsabilização, quando nela se decidir inexistente a conduta ou a autoria. Para além disso, a nova Lei também estabeleceu que qualquer fundamento de decisão absolutória proferida na esfera criminal que eventualmente seja confirmada em decisão colegiada, impede o trâmite da ação de improbidade que trate dos mesmos fatos, configurando-se como uma condição negativa para a ação de improbidade a inexistência de decisão absolutória, confirmada por decisão colegiada, no âmbito criminal.

Esse último dispositivo comentado está com sua eficácia suspensa também por decisão do Supremo Tribunal Federal na ADI 7.236 e, ressalvado melhor olhar sobre a questão, entendemos correta a suspensão.

Embora as instâncias de responsabilização sejam independentes e autônomas, há uma lógica considerar que uma se sobreponha, de algum modo, a outra. Vejamos, por exemplo, o caso do direito penal, a *ultima ratio* do Direito no que diz respeito à repressão Estatal contra as ilegalidades. Para que algo seja crime, necessariamente deve ser reputado um ilícito civil e administrativo antes. O inverso, contudo, não é verdadeiro. É possível que um ato não seja crime, mas se configure um ilícito civil ou administrativo.

No caso da improbidade administrativa, entendemos que ela está um nível abaixo da esfera criminal de responsabilização, por tratar-se de fato grave, praticado contra os princípios da administração e que pode trazer repercussões econômicas ou não, como os casos dos artigos 9º e 10 da Lei n. 8.429/92. Sendo assim, se um fato determinado fato se tipifica como ímprobo, necessariamente deverá ser, também, um ilícito civil e administrativo, podendo ou não alcançar a esfera criminal a depender de sua gravidade.

Assim, as absolvições criminais cujos fundamentos digam respeito à insuficiência probatória para o decreto condenatório ou ao fato de o ato não constituir crime não devem, ou mesmo podem, servir de fundamento para inviabilizar a tutela da probidade administrativa, impedindo o processamento da ação de improbidade. Ao contrário disso, se a absolvição criminal se der pela inexistência do fato ou da autoria, poderá haver comunicabilidade desta decisão para o âmbito da responsabilidade por improbidade administrativa para beneficiar o acusado, e isto se se tratar de apurações acerca dos mesmos fatos em ambas as instâncias.

Não consentimos que qualquer fundamento de absolvição criminal, ainda que confirmado por órgão colegiado possa justificar o não processamento da ação de improbidade administrativa, entendendo que o dispositivo em comento é inconstitucional por violar, ao menos, os princípios da independência das instâncias e da inafastabilidade da jurisdição, sem qualquer razoabilidade, além de também restarem aviltados os princípios da vedação ao retrocesso e da vedação à proteção deficiente.

Conquanto tenhamos esse entendimento em relação à essa incidência irrestrita da absolvição criminal ao âmbito da responsabilidade por improbidade administrativa, nada temos a opor em relação à sua submissão ao que ficar decidido também na esfera cível, quando nela ficarem decididos a inexistência do fato ou da autoria, porquanto se o fato não se tratar de ilícito civil, tampouco se configurará ímprobo por ausência de reprovabilidade suficiente para tanto e, de igual forma, não sendo responsável pelo ato no âmbito civil, onde imperam as elásticas culpas *in vigilando*, *in eligendo*, *in comittendo* e, ainda, *in omittendo*, quando menos se dirá reconhecer a responsabilidade por ato ímprobo, que impõe a demonstração da responsabilidade subjetiva dolosa pela prática do ato.

d) A natureza da ação de improbidade administrativa

Por fim, vale uma última palavra acerca da natureza da ação. Sempre sustentamos que a ação de improbidade administrativa veicula uma ação civil e não uma ação penal. A afirmação está longe de ser superficial ou acadêmica. A fixação desta natureza tem marcada importância jurídica, pois não só tem o condão de fixar o foro competente – primeiro ou segundo grau – comum ou especial – como também habilitará um determinado caminho processual a seguir ou outro completamente distinto. Que regras devem presidir a ação? As do Processo Civil, do Processo Penal, somente àquelas regras processuais previstas na Lei Especial, na Lei n. 8.429/92?

Não obstante isso, não se deve perder de vista que a própria Lei n. 8.429/92, com alterações promovidas pela Lei n.

---

12. Nesse sentido, *vide*: JUSTEN FILHO, Marçal. *Reforma da Lei de Improbidade Administrativa comentada e comparada*. Rio de Janeiro: Forense, p. 237, 2022.

13. GARCIA, Mônica Nicida. *Responsabilidade do Agente Público*. Belo Horizonte: Fórum, 2004, p. 295.

14.230/2021, mesmo estabelecendo que a ação de improbidade seguirá o procedimento comum da Lei n. 13.105/2015, que estabelece o Código de Processo Civil, dispôs expressamente que ela possui caráter sancionador e que sobre si devem incidir os princípios constitucionais do direito administrativo sancionador (arts. 1º, § 4º, e 17-D, *caput*).

Nessa toada, superada está a discussão a respeito da natureza da ação de improbidade, que guarda uma natureza *sui generis*, pois, embora tramite à luz das regras e princípios do direito processual civil, avoca sobre si os princípios constitucionais do direito sancionador por ter cunho repressivo. Logo, em razão disso, reconhecemos a aplicação e observâncias das regras de direito penal e processual penal naquilo que for mais garantista aos acusados.

Inobstante isso, o compromisso docente impele ressalvar que o Supremo Tribunal Federal, ao menos em nosso sentir, ignorou o comando legislativo a respeito do caráter repressivo e sancionador da Lei de Improbidade e continuou a considerar a ação de improbidade como sendo ação de cunho civil, conforme decisão exarada no ARE 843.989 – PR (Tema 1199 da Repercussão Geral).

2. Histórico da norma

Podemos dizer que o art. 37, § 4º, da Constituição da República Federativa do Brasil traz um conceito *constitucional* novo que é o de *ato de improbidade administrativa*. Ou, se quisermos de outro modo explicar o fenômeno: o desgaste e a insuficiência normativa e pragmática (no campo eficacial) dos tradicionais tipos penais alusivos aos chamados "Crimes contra a Administração Pública", seja os chamados "Crimes Praticados por Funcionário Público contra a Administração em Geral" (tais como o peculato e suas variadas formas, o emprego irregular de verbas públicas, a concussão, o excesso de exação, a corrupção passiva, a prevaricação, a condescendência criminosa, a advocacia administrativa) e em parte os chamados "Crimes Praticados por Particulares Contra a Administração Em Geral", *em especial*, o tráfico de influência, a corrupção ativa e o impedimento, perturbação ou fraude à concorrência", levaram à necessidade do desenvolvimento do chamado *direito administrativo sancionador* no âmbito do direito interno de um lado, e do direito internacional convencional de outro, todos procurando confrontar o tema do combate à imoralidade administrativa no mundo globalizado. Esse conjunto de normas que nasce e se desenvolve no direito administrativo aos poucos ingressa no direito constitucional positivo brasileiro e lá se estabelece na Constituição de 1988.

Assim, desde os clássicos atos de favorecimento ou de enriquecimento ilícito dos servidores públicos até as mais sofisticadas operações de lavagem (ou branqueamento) de dinheiro do crime organizado, tudo está hoje normatizado sob uma nova perspectiva que tem seu assento constitucional (no Brasil), no princípio da moralidade *administrativa* e no correlato dever de probidade administrativa.

O que há de mais próximo, ou de mediato, no dispositivo constitucional analisado parece ser – aí sim um desenvolvimento ou uma simbiose – advinda do direito constitucional e do direito administrativo. Do primeiro, colhe-se todas as teorias da responsabilidade dos agentes políticos e seus impedimentos e do direito administrativo, a teoria do desvio de poder, do abuso de poder, o questionamento acerca do mérito do ato administrativo, tudo caminhou para o desenvolvimento do conceito de moralidade administrativa, sobretudo a partir dos precursores doutrinários trabalhos franceses, tendo Maurice Hauriou como um marco referencial do tema, em seu *Précis de Droit Administratif*, bem assim Welter, em seu *Le Contrôle Jurisdictionel de la Moralité Administrative*. A doutrina francesa sempre teve forte influência no direito administrativo brasileiro. Desta ao direito constitucional positivo, foi um passo.

Não há um ascendente histórico *direto, em linha reta*, do art. 37, § 4º, da Constituição Federal porque como afirmamos o tema da moralidade administrativa do ângulo constitucional foi verdadeiramente inovador a partir de 1988. Assim, é a partir deste marco histórico (de 1988) que ele assumiu renovada perspectiva e sistematização constitucional e posteriormente legal.

Há sim ascendência e "parentesco" com inúmeras normas constitucionais relacionadas ao controle do poder, tais como: A ação popular do império para controle da corrupção de juízes (art. 157 da Constituição de 1824), o Decreto n. 19.398, de 11 de novembro de 1930, que instituiu à ocasião o chamado "Governo Provisório dos Estados Unidos do Brasil e deu outras providências", dentre as quais autorizava a revisão das leis que contraviessem ao interesse público e à "moralidade administrativa"; a Constituição de 1934, que, no Capítulo dos Direitos e Garantias Individuais, previa em seu art. 113, inciso 38, a possibilidade de ação popular para pleitear e declarar a nulidade ou anulação de atos lesivos do patrimônio público; a Constituição de 1946, que assegurava em seu art. 141 o direito de representação, mediante petição dirigida aos Poderes Públicos, contra abusos de autoridades, e sua responsabilização, por meio também da ação popular, dentre outros mecanismos; a própria Lei n. 4.717/65 (Lei da Ação Popular), que regulou seu exercício e em vigor até hoje, a Constituição de 1967, sem tantas novidades, até a Constituição de 1988, passando pela EC n. 1/69.

A Lei n. 8.429/92 ao longo do tempo teve várias atualizações. Confiram-se as seguintes leis posteriores à sua vigência inicial: Lei n. 13.019, de 2014 (alterou o art. 10, inciso VIII), a Lei n. 11.107, de 2005, incluiu o inciso XIV e XV no art. 10, a Lei n. 13.019/2014, incluiu os incisos XVI, XVII, XVIII, XIX, XX e XXI no art. 10, a Lei Complementar n. 116/2003 e a Lei Complementar n. 157/2016, que incluiu o art. 10-A na Lei, o art. 12, *caput*, reescrito pela Lei n. 12.120/2009, o inciso IV do art. 12, alterado pela Lei Complementar n. 157/2016, o § 2º do art. 17, o art. 21 inciso I, alterado pela Lei n. 12.120/2009 e finalmente o art. 23, III, pela Lei n. 13.019/2014.

Destaque-se ainda a Lei n. 12.813, de 16 de maio de 2013, que dispõe sobre o conflito de interesses no exercício de cargo ou emprego do Poder Executivo Federal e impedimentos posteriores ao exercício do cargo ou emprego, que passou a ser aplicada sobretudo pela Comissão de Ética da Alta Administração Federal, regulada pelo Decreto n. 6.029/2007. *Vide* ainda o Código de Ética dos Agentes Públicos em exercício na Presidência da República e Vice-Presidência da República (Decreto n. 4.081/2002) e o Código de Conduta da Alta Administração Federal.

Por fim, no ano de 2021 adveio a Lei n. 14.230, que tratou de reformar radicalmente a Lei n. 8.429/92, como acima pudemos tecer alguns comentários que diziam respeito ao dispositivo em comento. Tamanha foi a alteração, que alguns afirmam se tratar de uma nova Lei de Improbidade e não apenas de uma reforma.

3. Constituições brasileiras anteriores

A primeira Constituição brasileira, a do Império, de 1824, tornava responsáveis os Ministros de Estado por qualquer dissipação de bens públicos, por peita, suborno ou concussão, ainda que agissem por ordem do Imperador (arts. 133, 134 e 135).

Também a Constituição brasileira de 1824 previa, no art. 157, um primitivo tipo de ação popular, do seguinte modo: "Art. 157. Por suborno, peita, peculato, e concussão haverá contra elles (refere-se aos juízes de direito e oficiais de justiça) acção popular, que poderá ser intentada dentro de anno e dia pelo próprio queixoso, ou por qualquer do Povo, guardada a ordem do Processo estabelecida na Lei".

A primeira Constituição republicana de 1891 define, entre os crimes de responsabilidade do Presidente da República, o atentado contra a "probidade administrativa" (art. 54, 6º). A mesma norma é encontrada na Constituição de 1934 (art. 57, alínea *f*), com pequeníssima variação semântica; alude-se à "a probidade *da* administração"; na Constituição de 1937 (art. 85, alínea *d*), mencionam-se "a probidade administrativa e a guarda e emprego dos dinheiros públicos"; na de 1946 (art. 89, inciso V), "a probidade na administração", e, na Constituição de 1967, bem assim na Emenda Constitucional n. 1, de 1969 (art. 82, inciso V), alude-se à "probidade na administração", e no art. 85, inciso V, da Constituição de 1988, chega-se à mesma redação, "a probidade na administração".

As Constituições de 1946 e de 1967, com as alterações das Emendas Constitucionais n. 1/69 e n. 11/78, previam a sanção de perdimento de bens, no caso de enriquecimento ilícito no exercício de função pública.

Sob a ótica da cidadania, da defesa do patrimônio público, já a Constituição de 1934 previa, em seu art. 113, item 38, o seguinte: "qualquer cidadão será parte legítima para pleitear a declaração de nulidade ou anulação dos atos lesivos do patrimônio da União, dos Estados ou dos Municípios".

Mas é somente com a Constituição de 1988 que há uma preocupação mais explícita com o tema da ética e da moralidade administrativa. É nela que vamos encontrar referência expressa em diversas normas constitucionais, à moralidade administrativa, à probidade administrativa, voltada, não só ao exercício da atividade política, aos ocupantes de cargos políticos, como também a todos aqueles que exercem atividade pública ou de caráter público e igualmente aos particulares que mantêm vínculos jurídicos com o Poder Público, com o Estado prestador de serviços públicos, direta ou indiretamente.

Pode-se afirmar que o princípio da moralidade administrativa e seu correlato dever de probidade administrativa são exigíveis de todos os agentes públicos e, também, dos particulares com especial vínculo e sujeição com o Poder Público consoante nuanças da legislação infraconstitucional.

4. Constituições estrangeiras

Em relação ao tema do **enriquecimento ilícito**, na América Latina, não há norma específica nas seguintes Constituições: do Brasil, Argentina, Chile ou Colômbia.

Quanto à possibilidade de processar o **Presidente da República**, Congressistas (parlamentares), magistrados de Cortes Constitucionais, Procuradores-Gerais da República, Ministros de Estado, e altos Funcionários da República, há previsão nas seguintes Constituições da América Latina: Argentina (art. 53), Brasil, (art. 86), Chile (art. 48), Colômbia (art. 178), Costa Rica (art. 121), Equador (art. 130), El Salvador (art. 236), Guatemala (art. 165), Honduras (art. 205), México (art. 110), Nicarágua, (art. 138), Panamá (art. 154), Paraguai (art. 225), Peru (art. 99), República Dominicana (art. 26), Uruguai (art. 93) e Venezuela (art. 232). Não localizamos dispositivo específico na Constituição da Bolívia, ainda que o art. 168 preveja perda do mandato de Presidente por sentença penal condenatória.

Por fim, em relação à responsabilidade dos funcionários ou servidores públicos em geral, as seguintes Constituições têm previsão específica de responsabilização: Brasil (art. 37 em seus parágrafos e incisos); Bolívia (art. 182.4), Chile (art. 38), Colômbia (art. 90), Costa Rica (art. 11), Equador (art. 20 e 22), El Salvador (art. 244 e 245), Guatemala (art. 154 e 155), Honduras (art. 131), México, (art. 113), Nicarágua, (art. 131), Panamá (não contempla nenhuma norma que regule a matéria), Paraguai (art. 106) e Peru (ausente a norma), Uruguai (art. 24 e 25), Venezuela (art. 25).

5. Direito internacional

Sobre o tema da Corrupção e seu combate, recomenda-se a leitura da obra *New Perspectives on Combating Corruption*, uma publicação da "Transparency International and the Economic Development Institute of the World Bank", que tem origem no Encontro Anual que ocorreu em Kuala Lumpur, Malásia, de 11 a 16 de setembro de 1998, edição da Transparency Internacional and The International Bank For Reconstruction and Development.

a) Documentos internacionais

– Decreto n. 5.687, de 31 de janeiro de 2006: promulga a Convenção das Nações Unidas contra a Corrupção, adotada pela Assembleia Geral das Nações Unidas em 31 de outubro de 2003 e assinada pelo Brasil em 9 de dezembro de 2003.

– Decreto n. 4.410, de 7 de outubro de 2002: promulga a Convenção Interamericana contra a Corrupção, de 29 de março de 1996, com reserva para o art. XI, § 1º, *c*.

– Decreto n. 3.678, de 30 de novembro de 2000: promulga a Convenção sobre o Controle da Corrupção de Funcionários Públicos Estrangeiros em Transações Comerciais Internacionais, concluída em Paris, em 17 de dezembro de 1997.

ONU[14]

– Resolução 2000/64 da Comissão de Direitos Humanos das Nações Unidas: emite o conceito de *governance*.

– Resolução 51/59 da Assembleia Geral, Código Internacional de conduta para os titulares de cargos públicos.

---

14. Fonte: RAMOS, André de Carvalho. O combate internacional à corrupção e a Lei da Improbidade. In: *Improbidade Administrativa*: 10 anos da Lei 8.429/92, organizadores: José Adércio Leite Sampaio; Nicolao Dino de Castro e Costa Neto; Nívio de Freitas Silva Filho e Robério Nunes dos Anjos Filho. Belo Horizonte: ANPR/Del Rey, 2002.

— Resolução 51/191 da Assembleia Geral, Declaração das Nações Unidas contra a corrupção nas transações comerciais transnacionais.

OEA[15]

— AG/RES. 1.943, de 10 de junho de 2003, e AG/RES 1.870, de 4 de junho de 2002: acompanhamento da Convenção Interamericana contra a corrupção e de seu programa de cooperação.

— AG/RES 1.784, de 5 de junho de 2001: mecanismo de acompanhamento da implementação da Convenção Interamericana contra a Corrupção.

— AG/RES. 1.785, de 5 junho de 2001; AG/RES. 1.723, de 5 de junho de 2000; AG/RES. 1.649, de 7 junho de 1999, e AG/RES. 1.552, de 2 de junho de 1998: fortalecimento da probidade no hemisfério e seguimento do programa interamericano de cooperação para combater a corrupção.

— AG/RES. 1.477, de 5 de junho de 1997: programa interamericano de cooperação para combater a corrupção.

União Europeia[16]

O Tratado que institui uma Constituição para a Europa, assinado em 29 de outubro de 2004 em Roma, prevê a possibilidade de instituir uma Procuradoria Europeia. O Tratado da União Europeia, Título VI, art. 29, possui "disposições relativas à cooperação policial e judicial em matéria penal". O art. 280 destaca o dever de combater a fraude e toda atividade ilegal que afete os interesses financeiros da Comunidade[17].

— Recomendação n. 19 do Comitê de Ministros do Conselho Europeu de 6 de outubro de 2000 com princípios comuns a presidir a organização e atuação dos Ministérios Públicos no sistema de justiça penal europeu.

— Convenção de 14 de novembro de 1999 de direito civil sobre corrupção.

— Convenção de 27 de janeiro de 1999 de direito penal sobre corrupção.

— Resolução n. 7, de 5 maio de 1998: constituição do grupo de Estados contra a corrupção (GRECO).

— Resolução n. 24, Conselho Europeu, de 6 novembro de 1997 sobre os vinte princípios para lutar contra a corrupção.

— Convenção de 26 de maio de 1997, relativa à luta contra os atos de corrupção em que estejam implicados funcionários da Comunidade Europeia ou dos Estados membros da União Europeia.

— Ação Comum de 22 de abril de 1996 para criação de marco jurídico a permitir o envio e intercâmbio de magistrados, fiscais ou funcionários experientes em procedimentos de cooperação judicial.

---

15. Disponível em: <http://www.oas.org/main/portuguese>. Acesso em: dez. 2006.
16. Fonte: GARCIA, Nicolás Rodriguez. La cooperación internacional en la lucha contra la corrupción: perspectivas de futuro. *Revista Uruguaya de Derecho Procesal*, 2/2001, Instituto Iberoamericano de Derecho Procesal.
17. Disponível em: <http://eurlex.europa.eu/pt/treaties/dat/12002E/htm/C_2002325PT.003301.html#anArt284>. Acesso em: dez. 2006.

— Convenção de 26 de julho de 1995 sobre a proteção dos interesses financeiros da Comunidade e dois Protocolos (27 de setembro de 1996 e 19 de junho de 1997) que tratam de exemplificar condutas de fraude.

— Convenção de 26 de julho de 1995 através do qual foi criada o Escritório Europeu de Polícia com vistas à cooperação e prevenção de delitos internacionais.

— Ação Comum de 29 de junho de 1998, através da qual foi criada uma rede judicial europeia para fins de cooperação.

— Ação Comum de 22 de dezembro de 1998 sobre corrupção no setor privado.

— Decisão da Comissão de 28 de abril de 1999, em que foi criado o Organismo Europeu de Luta contra Fraude, precedido pela Unidade de Coordenação de Luta contra Fraude em defesa dos interesses financeiros da União Europeia.

6. Remissões constitucionais (outros artigos da Constituição) e legais (leis concretizadoras)

a) Normas constitucionais

Como dissemos desde o princípio destes comentários, a Constituição de 1988 realmente inovou na temática do controle da **moralidade administrativa** e no dever de probidade administrativa.

A Constituição enuncia a moralidade administrativa como princípio jurídico norteador da atividade da administração pública no art. 37, *caput*, ao elencá-lo entre os cinco princípios expressos; já no art. 5º, inciso LXXIII, ao mencioná-lo novamente como condição de validade dos atos estatais; e no art. 85, V, ao contemplar a probidade na administração, como valor jurídico indevassável pelo Presidente da República; e ainda no art. 37, § 4º, ora comentado, ao cominar com a suspensão dos direitos políticos, a perda da função pública, a disponibilidade dos bens e o ressarcimento ao erário, sem prejuízo da ação penal cabível, os atos de improbidade administrativa.

O art. 37, § 4º, da Constituição de 1988 contempla norma de defesa da moralidade administrativa e seu princípio jurídico. Está intimamente relacionado com o art. 5º, inciso LXXIII, que contempla a possibilidade da ação popular manejada por qualquer cidadão para a defesa do patrimônio público, amplamente considerado, inclusive e especialmente à moralidade administrativa.

A moralidade administrativa é princípio jurídico que se espraia por todo o texto constitucional. Sua defesa encontra-se também radicada nos direitos políticos, na cidadania. É o art. 15 da Constituição que prevê: "é vedada a cassação dos direitos políticos, cuja perda ou suspensão só se dará nos casos de: (...) V – improbidade administrativa, nos termos do art. 37, § 4º".

E finalmente o art. 14, § 9º da Constituição Federal, dispositivo inserido na Constituição pela Emenda Constitucional de Revisão n. 4, de 1994, dispõe: "Lei Complementar estabelecerá outros casos de inelegibilidade e os prazos de sua cessação, a fim de proteger a **probidade administrativa**, a **moralidade** para o exercício do mandato, considerada a vida pregressa do candidato, e a normalidade e legitimidade das eleições contra a influência do poder econômico ou o abuso do exercício de função, cargo ou emprego na administração direta ou indireta".

b) Legislação infraconstitucional

Há inúmeras leis infraconstitucionais que se relacionam com o tema. Para um panorama da legislação sobre corrupção no Brasil, remetemos o leitor para a compilação feita por Melillo Dinis do Nascimento, destacando-se: Lei n. 8.027, de 12 de abril de 1990 (Código de Ética para Funcionários Públicos do Poder Executivo Federal); Lei n. 8.112, de 11 de dezembro de 1990 (Estatuto dos Servidores Públicos); Lei n. 12.813, de 16 de maio de 2013 (Lei de Conflito de Interesses); Lei Complementar n. 135, de 4 de junho de 2010 (Lei da Ficha Limpa); e Lei n. 12.846, de 1 de agosto de 2013 (Lei Anticorrupção)[18]. Entretanto, sob uma perspectiva menos ampla, é de se mencionar a principal lei de regência que cuida da improbidade administrativa.

Trata-se da Lei n. 8.429, de 2 de junho de 1992, que revogou expressamente a Lei n. 3.502, de 21 de dezembro de 1958, e é o principal diploma concretizador do art. 37, § 4º, da Constituição Federal.

Nele encontramos três figuras principais de "atos de improbidade administrativa". A primeira, no art. 9º, "dos atos de improbidade administrativa que importam enriquecimento ilícito". A segunda no art. 10, "dos atos de improbidade administrativa que causam prejuízo ao erário" e a terceira no art. 11, "dos atos de improbidade administrativa que atentam contra os princípios da Administração Pública".

A partir do princípio da moralidade administrativa e do dever de probidade administrativa e sua lei concretizadora, diversos outros diplomas legais surgem para alcançar outras condutas que merecem a proteção da probidade administrativa. Muitas delas estão previstas em legislação esparsa, mas fazem referência e remissão à Lei n. 8.429/92 e ao "ato de improbidade administrativa".

Assim, mencione-se a Lei n. 10.028, de 19 de outubro de 2000, que introduziu no Título XI do Código Penal delitos contra a Administração Pública, um Capítulo IV, definindo crimes contra as finanças públicas. A descrição dos novos crimes representa não só um novo tratamento penal para o descumprimento das disposições da Lei Complementar n. 101, de 4 de maio de 2000, conhecida no Brasil como Lei de Responsabilidade Fiscal (LRF), mas também traz ilícitos administrativos praticados no exercício da função pública, alguns podem ser crimes outros atos de improbidade administrativa[19].

O conceito de *"ato de improbidade"* vem sendo aplicado e estendido a diversas outras áreas em que há necessidade de um combate mais efetivo à improbidade. É o caso do Estatuto da Cidade, que estabelece diretrizes gerais da política urbana e que regulamenta os arts. 182 e 183 da CF. A Lei federal n. 10.257, de 10 de julho de 2001, em seu art. 52, prevê várias hipóteses em que o prefeito municipal (ou o governador do Distrito Federal) incorre, nos termos da Lei federal n. 8.429, de 2.6.92, em improbidade administrativa[20].

---

18. NASCIMENTO, Melillo Dinis do. O controle da corrupção no Brasil e a Lei n. 12.846/2013. In: NASCIMENTO, Melillo Dinis do (Org.). *Lei anticorrupção empresarial*. Belo Horizonte: Fórum, 2014, p. 87-89.

19. Sobre o tema ver o nosso artigo "A Lei de Responsabilidade Fiscal: notas essenciais e alguns aspectos da improbidade administrativa", publicado na *Revista IDAF*, ano I, n. 06, Curitiba: Zênite, jan./2002.

20. Ver ainda o nosso "O Estatuto da Cidade e a Lei de Improbidade Administrativa", na obra coletiva *Estatuto da Cidade*, Malheiros Editores e Sociedade Brasileira de Direito Público – SBDP, Coordenadores Adilson de Abreu Dallari e Sérgio Ferraz, 2002, p. 357-379.

7. Jurisprudência

a) O ressarcimento do dano

"Constituição do Estado da Bahia, art. 97. Constitucionalidade da expressão 'indisponibilidade de bens e ressarcimento ao erário, na forma e gradação previstas em lei', inscrita no art. 97 da Constituição do Estado da Bahia, compatível com o disposto no § 4º do art. 37, CF" (ADI 463, rel. Min. Carlos Velloso, j. 9.10.2003).

"O enriquecimento ilícito se dá com o que se obteve com a prática dos atos de improbidade. Perde-se o que ganhou ilicitamente. Uma sanção de natureza civil. Enquanto o processo tem andamento, são eles colocados em indisponibilidade. Na lesão ao erário, o que se procura é assegurar o integral ressarcimento do dano, pouco importando se os bens do requerido foram adquiridos antes ou depois da prática dos atos de improbidade. Aqui se trata de uma indenização. Sanção, também, de natureza civil. Agravo de instrumento não provido" (TRF, 1ª Região, AI 200301000135935, rel. Tourinho Neto, j. 30.10.2003).

"Não se vislumbra nenhuma ilegalidade no fato de o recorrido, ex-prefeito, ser compelido a ressarcir o prejuízo econômico que causou ao Município de Ijaci/MG, do qual, note-se, era o chefe do Poder Executivo, além de receber sanções de direito de natureza pessoal, tais como a suspensão dos direitos políticos e as restrições no relacionamento com o Poder Público, medidas que o artigo 12, I, da Lei n. 8.429/92, com clareza, autoriza serem aplicadas" (STJ, REsp 664.440, rel. José Delgado, j. 6.12.2005).

"Em ação de improbidade administrativa, é possível que se determine a indisponibilidade de bens (art. 7º da Lei n. 8.429/92) inclusive os adquiridos anteriormente ao suposto ato de improbidade em valor superior ao indicado na inicial da ação visando a garantir o integral ressarcimento de eventual prejuízo ao erário, levando-se em consideração, até mesmo, o valor de possível multa civil como sanção autônoma. Isso porque a indisponibilidade acautelatória prevista na Lei de Improbidade Administrativa tem como finalidade a reparação integral dos danos que porventura tenham sido causados ao erário" (STJ, REsp 1.176.440-RO, rel. Min. Napoleão Nunes Maia Filho, j. 17.9.2013).

"Na ação civil pública por ato de improbidade administrativa é possível o prosseguimento da demanda para pleitear o ressarcimento do dano ao erário, ainda que sejam declaradas prescritas as demais sanções previstas no art. 12 da Lei n. 8.429/92" (Tese firmada no Tema 1089 dos Recursos Repetitivos do STJ, REsp n. 1.899.407/DF, rel. Min. Assusete Magalhães, Primeira Seção, j. 22.9.2021).

b) Configuração do ato de improbidade apesar de ausência de dolo ou culpa na conduta do agente e/ou lesão ao erário público. Lesão a princípios administrativos

"Administrativo e processual civil. Recurso Especial. Improbidade administrativa. Lesão a princípios administrativos. Ausência de danos ao erário. A lesão a princípios administrativos contida no art. 11 da Lei n. 8.429/92 não exige dolo ou culpa na conduta do agente, nem prova da lesão ao erário público. Basta a simples ilicitude ou imoralidade administrativa para restar configurado o ato de improbidade" (STJ, REsp 650.674, rel. Castro Meira, j. 6.6.2006).

"A contratação de servidores públicos temporários sem concurso público, mas baseada em legislação local, por si só, não configura a improbidade administrativa prevista no art. 11 da Lei n. 8.429/92, por estar ausente o elemento subjetivo (dolo) necessário para a configuração do ato de improbidade violador dos princípios da administração pública" (Tese firmada no Tema 1108 dos Recursos Repetitivos do STJ, REsp 1.926.832-TO, rel. Min. Gurgel de Faria, Primeira Seção, j. 11.5.2022).

"1. A ação de improbidade administrativa, de matriz constitucional (art. 37, § 4º e disciplinada na Lei n. 8.429/92), tem natureza especialíssima, qualificada pela singularidade do seu objeto, que é o de aplicar penalidades a administradores ímprobos e a outras pessoas – físicas ou jurídicas – que com eles se acumpliciam para atuar contra a Administração ou que se beneficiam com o ato de improbidade. Portanto, se trata de uma ação de caráter repressivo, semelhante à ação penal, diferente das outras ações com matriz constitucional, como a Ação Popular (CF, art. 5º, LXXIII, disciplinada na Lei n. 4.717/65), cujo objeto típico é de natureza essencialmente desconstitutiva (anulação de atos administrativos ilegítimos) e a Ação Civil Pública para a tutela do patrimônio público (CF, art. 129, III e Lei n. 7.347/85), cujo objeto típico é de natureza preventiva, desconstitutiva ou reparatória.

2. Não se pode confundir ilegalidade com improbidade. A improbidade é ilegalidade tipificada e qualificada pelo elemento subjetivo da conduta do agente. Por isso mesmo, a jurisprudência dominante no STJ considera indispensável, para a caracterização de improbidade, que a conduta do agente seja dolosa, para a tipificação das condutas descritas nos artigos 9º e 11 da Lei n. 8.429/92, ou pelo menos culposa, nas do artigo 10 (*v.g.*: REsp 734.984/SP, 1ª T., Min. Luiz Fux, *DJe* de 16.06.2008; AgRg no REsp 479.812/SP, 2ª T., Min. Humberto Martins, *DJ* de 14.08.2007; REsp 842.428/ES, 2ª T., Min. Eliana Calmon, *DJ* de 21.05.2007; REsp 841.421/MA, 1ª T., Min. Luiz Fux, *DJ* de 04.10.2007; REsp 658.415/RS, 2ª T., Min. Eliana Calmon, *DJ* de 03.08.2006; REsp 626.034/RS, 2ª T., Min. João Otávio de Noronha, *DJ* de 05.06.2006; REsp 604.151/RS, Min. Teori Albino Zavascki, *DJ* de 08.06.2006).

3. É razoável presumir vício de conduta do agente público que pratica um ato contrário ao que foi recomendado pelos órgãos técnicos, por pareceres jurídicos ou pelo Tribunal de Contas. Mas não é razoável que se reconheça ou presuma esse vício justamente na conduta oposta: de ter agido segundo aquelas manifestações, ou de não ter promovido a revisão de atos praticados como nelas recomendado, ainda mais se não há dúvida quanto à lisura dos pareceres ou à idoneidade de quem os prolatou. Nesses casos, não tendo havido conduta movida por imprudência, imperícia ou negligência, não há culpa e muito menos improbidade. A ilegitimidade do ato, se houver, estará sujeita a sanção de outra natureza, estranha ao âmbito da ação de improbidade.

4. Recurso especial do Ministério Público parcialmente provido. Demais recursos providos" (REsp 827445/SP, Rel. Ministro Luiz Fux, Rel. p/ Acórdão Ministro Teori Albino Zavascki, j. 02.02.2010).

No Agravo de Instrumento no Recurso Especial 2015/011429-0, Relator Ministro Herman Benjamin, Segunda Turma do STJ, julgado em 28/11/2017, considerou por unanimidade a necessidade de demonstrar-se o elemento subjetivo do ato de improbidade para enquadramento da conduta como "ato de improbidade", consubstanciado pelo "dolo" (genérico), para os tipos previstos nos arts. 9º e 11, e ao menos, pela culpa, nas hipóteses do art. 10.

Comentário do autor

Entendemos que essa decisão não foi feliz ao afirmar que a lesão a princípios administrativos contida no art. 11 da Lei n. 8.429/92 "não exige dolo ou culpa na conduta do agente, nem prova da lesão ao erário público". Diríamos que a culpabilidade em sentido amplo deve, em qualquer hipótese, ser sindicada pelo Estado Juiz. A única exceção pode ser encontrada nas hipóteses enumeradas de responsabilidade objetiva que quando presente, é expressa. Não é o caso da lei de improbidade, salvo o caso de enriquecimento ilícito, em que àqueles comportamentos descritos no art. 9º da Lei n. 8.429/92 (enriquecimento ilícito) que são *ex vi legis*, nulos e ilícitos de per si (MF).

"(...) A aplicação das sanções previstas na Lei de Improbidade Administrativa independe da efetiva ocorrência de dano ao patrimônio público, bem como da aprovação ou rejeição das contas pelo órgão de controle interno ou pelo Tribunal ou Conselho de Contas (Lei n. 8.429/92, art. 21, incisos I e II)" (TRF, 1ª Região, ApCv 199831000005853, rel. Hilton Queiroz, j. 23.3.2004).

"1) É necessária a comprovação de responsabilidade subjetiva para a tipificação dos atos de improbidade administrativa, exigindo-se – nos arts. 9º, 10 e 11 da LIA – a presença do elemento subjetivo – DOLO; 2) A norma benéfica da Lei n. 14.230/2021 – revogação da modalidade culposa do ato de improbidade administrativa –, é IRRETROATIVA, em virtude do art. 5º, XXXVI, da Constituição Federal, não tendo incidência em relação à eficácia da coisa julgada; nem tampouco durante o processo de execução das penas e seus incidentes; 3) A nova Lei n. 14.230/2021 aplica-se aos atos de improbidade administrativa culposos praticados na vigência do texto anterior da lei, porém sem condenação transitada em julgado, em virtude da revogação expressa do texto anterior; devendo o juízo competente analisar eventual dolo por parte do agente; 4) O novo regime prescricional previsto na Lei n. 14.230/2021 é IRRETROATIVO, aplicando-se os novos marcos temporais a partir da publicação da lei" (Tese firmada no Tema 1199 da Repercussão Geral do STF, ARE 843.989, rel. Min. Alexandre de Moraes, Tribunal Pleno, j. 18.8.2022).

Comentário do autor

Entendemos que essa decisão viola o direito à isonomia, porquanto determina a aplicação imediata da Lei vigente, isto é, com a redação dada pela Lei n. 14.230/2021, a casos não transitados em julgado e, de outro lado, impede a retroação da lei mais benéfica aos casos já alcançados pela preclusão máxima. Aliás, definiu que a Lei é irretroativa, porém, para determinados casos e circunstâncias, permite a retroação. Enfim, embora se reconheça o esforço do Supremo Tribunal Federal em realizar uma exegese temperada entre as pretensões (retroatividade e irretroatividade da Lei n. 14.230/2021), entendemos que a Lei deveria retroagir totalmente, isso considerando que a retroação da Lei *in mellius*, além de fundar-se no princípio do favor *libertatis*, também se origina em questões humanitárias, de justiça, equidade e de isonomia. Não se perca de vista, ainda, a questão de que a lei mais nova visa sempre ajustar a valoração ético-social do fato e/ou da sanção e, por isso mesmo, não se justifica manter a lei mais severa se não é mais relevante do ponto de vista do direito sancionador (MF).

c) O princípio da proporcionalidade na aplicação das sanções previstas na Lei n. 8.429/92

"(...) A aplicação das penas previstas na Lei n. 8.429/92 rege-se pelo princípio da proporcionalidade. Com efeito, reza o art. 12, parágrafo único, que na fixação das penas o juiz levará em conta a extensão do dano causado, assim como o proveito patrimonial obtido pelo agente. Nenhuma das partes obteve proveito ou vantagem pessoal. (...). Assim, a sanção relativa à multa civil é demasiada. Não há por que se punir exigindo o pagamento de valores quando não houve interesse econômico na prática do ato" (TRF, 4ª Região, ApCv 200071130004356, rel. Vânia Hack de Almeida, j. 25.04.2005).

"Na aplicação das sanções inscritas na Lei n. 8.429/92 o juiz deve louvar-se no princípio da proporcionalidade, evitando punições desarrazoadas, que não guardem relação com a gravidade e a lesividade do ato praticado, sem descurar, contudo, dos imperativos constitucionais que apontam para a necessidade de rigor no combate aos atos de improbidade administrativa" (TJSC, ACP 2003.029400-7, rel. Des. Luiz Cézar Medeiros, j. 08.03.2005, v. u.).

d) A fundamentação na escolha de sanções. Princípio da razoabilidade. "Individualização da pena"

"Havendo, na Lei n. 8.492/92 (Lei de Improbidade Administrativa), a previsão de sanções que podem ser aplicadas alternativa ou cumulativamente e em dosagens variadas, é indispensável, sob pena de nulidade, que a sentença indique as razões para a aplicação de cada uma delas, levando em consideração o princípio da razoabilidade e tendo em conta 'a extensão do dano causado assim como o proveito patrimonial obtido pelo agente' (art. 12, parágrafo único)" (STJ, REsp 507.574, rel. Teori Albino Zavascki, j. 15-12-2005, m. v.).

"O tribunal pode reduzir o valor evidentemente excessivo ou desproporcional da pena de multa por ato de improbidade administrativa (art. 12 da Lei n. 8.429/92), ainda que na apelação não tenha havido pedido expresso para sua redução. O efeito devolutivo da apelação, positivado no art. 515 do CPC, pode ser analisado sob duas óticas: em sua extensão e em profundidade. A respeito da extensão, leciona a doutrina que o grau de devolutividade é definido pelo recorrente nas razões de seu recurso. Trata-se da aplicação do princípio *tantum devolutum quantum appellatum*, valendo dizer que, nesses casos, a matéria a ser apreciada pelo tribunal é delimitada pelo que é submetido ao órgão *ad quem* a partir da amplitude das razões apresentadas no recurso. Assim, o objeto do julgamento pelo órgão *ad quem* pode ser igual ou menos extenso comparativamente ao julgamento do órgão *a quo*, mas nunca mais extenso. Apesar da regra da correlação ou congruência da decisão, prevista nos artigos 128 e 460 do CPC, pela qual o juiz está restrito aos elementos objetivos da demanda, entende-se que, em se tratando de matéria de direito sancionador e revelando-se patente o excesso ou a desproporção da sanção aplicada, pode o Tribunal reduzi-la, ainda que não tenha sido alvo de impugnação recursal" (STJ, REsp 1.293.624-DF, rel. Min. Napoleão Nunes Maia Filho, j. 5-12-2013).

Com a alteração do art. 12, *caput*, da Lei de Improbidade houve a recepção da tese que sempre advogamos, expressamente no sentido de que o responsável pelo ato de improbidade está sujeito às cominações da lei, que podem ser aplicadas isolada ou cumulativamente, de acordo com a gravidade do fato (redação da Lei n. 12.120/2009).

e) Petição inicial

"É inepta a petição inicial que imputa ao réu ato de improbidade administrativa, com base no art. 37, § 4º, da Constituição Federal e na Lei n. 8.429/92, mas não contém pedido de aplicação das sanções correspondentes (perda dos direitos políticos e/ou de cargo público)" (TJRS, ACP 70008907693, rel. Mara Larsen Chechi, j. 07.04.2005, v. u.).

"(...) a jurisdição sancionadora deve sempre se pautar pelo garantismo judicial, aplicando às pretensões punitivas o controle de admissibilidade que resguarde eficazmente os direitos subjetivos do imputado, ao invés de apenas viabilizar o exercício da persecução pelo órgão repressor. (...) as Ações Civis Públicas de Improbidade Administrativa, por possuírem o peculiar caráter sancionador estatal, assemelham-se às ações penais e exigem, dessa maneira, um quarto elemento para o preenchimento das condições da ação – e consequente viabilidade da pretensão do autor: a justa causa, correspondente a um lastro mínimo de provas da prática da conduta ímproba (materialidade) e indícios de autoria do imputado" (AgInt no AREsp n. 1.309.151/RS, rel. Min. Manoel Erhardt, Desembargador Convocado do TRF5, Primeira Turma, j. 19-10-2021).

Nesse sentido: STJ, AgInt no AREsp n. 1.746.172/SE, rel. Min. Herman Benjamin, Segunda Turma, j. 22-6-2021; STJ, REsp n. 1.899.698/PR, rel. Min. Assusete Magalhães, Segunda Turma, j. 2-3-2021; STJ, AgInt no AREsp n. 790.275/RJ, rel. Min. Napoleão Nunes Maia Filho, Primeira Turma, j. 6-2-2020.

"(...) 2. Vedação constitucional à previsão de legitimidade exclusiva do Ministério Público para a propositura da ação por ato de improbidade administrativa, nos termos do art. 129, § 1º, da Constituição Federal e, consequentemente, para oferecimento do acordo de não persecução civil. 3. A legitimidade da Fazenda Pública para o ajuizamento de ações por improbidade administrativa é ordinária, já que ela atua na defesa de seu próprio patrimônio público, que abarca a reserva moral e ética da Administração Pública brasileira. 4. A supressão da legitimidade ativa das pessoas jurídicas interessadas para a propositura da ação por ato de improbidade representa uma inconstitucional limitação ao amplo acesso à jurisdição (CF, art. 5º, XXXV) e a defesa do patrimônio público, com ferimento ao princípio da eficiência (CF, art. 37, *caput*) e significativo retrocesso quanto ao imperativo constitucional de combate à improbidade administrativa. 5. A legitimidade para firmar acordo de não persecução civil no contexto do combate à improbidade administrativa exsurge como decorrência lógica da própria legitimidade para a ação, razão pela qual estende-se às pessoas jurídicas interessadas. 6. A previsão de obrigatoriedade de atuação da assessoria jurídica na defesa judicial do administrador público afronta a autonomia dos Estados-membros e desvirtua a conformação constitucional da Advocacia Pública delineada pelos arts. 131 e 132 da Constituição Federal, ressalvada a possibilidade de os órgãos da Advocacia Pública autorizarem a realização dessa representação judicial, nos termos de legislação específica. 7. Ação julgada parcialmente procedente para (a) declarar a inconstitucionalidade parcial, com interpretação conforme sem redução de texto, do *caput* e dos §§ 6º-A e 10-C do art. 17, assim como do *caput* e dos §§ 5º e 7º do art. 17-B da Lei n. 8.429/92, na redação dada pela Lei n. 14.230/2021, de modo a restabelecer a existência de legitimidade ativa concorrente e disjuntiva entre o Ministério Público e as pessoas jurídicas interessadas para a propositura da ação por ato de improbidade administrativa e para a celebração de acordos de não persecução civil; (b) declarar a inconstitucionalidade parcial, com interpretação conforme sem redução de texto, do § 20 do art. 17 da Lei n. 8.429/92, incluído pela Lei n. 14.230/2021, no sentido de que não inexiste 'obrigatoriedade de defesa judicial', havendo, porém, a possibilidade de os órgãos da Advocacia Pública autorizarem a realização dessa representação judicial, por parte da assessoria jurídica que emitiu o parecer atestando a legalidade prévia dos atos administrativos praticados pelo administrador público, nos termos autorizados por lei específica; e (c) declarar a inconstitucionalidade do art. 3º da Lei n. 14.230/2021. Em consequência, declara-se a constitucionalidade: (a) do § 14 do art. 17 da Lei n. 8.429/92, incluído pela Lei n. 14.230/2021; e (b) do art. 4º, X, da Lei n. 14.230/2021" (STF, ADI 7042, rel. Min. Alexandre de Moraes, Tribunal Pleno, j. 31-8-2022).

Comentário do autor

Entendemos que essa decisão viola o direito à isonomia, porquanto determina a aplicação imediata da Lei vigente, isto é, com a redação dada pela Lei n. 14.230/2021, a casos não transitados em julgado e, de outro lado, impede a retroação da lei mais benéfica aos casos já alcançados pela preclusão máxima. Aliás, definiu que a Lei é irretroativa, porém, para determinados casos e circunstâncias, permite a retroação. Enfim, embora se reconheça o esforço do Supremo Tribunal Federal em realizar uma exegese temperada entre as pretensões (retroatividade e irretroatividade da Lei n. 14.230/2021), entendemos que a Lei deveria retroagir totalmente, isso considerando que a retroação da Lei in mellius, além de fundar-se no princípio do favor libertatis, também se origina em questões humanitárias, de justiça, equidade e de isonomia. Não se perca de vista, ainda, a questão de que a lei mais nova visa sempre ajustar a valoração ético-social do fato e/ou da sanção e, por isso mesmo, não se justifica manter a lei mais severa se não é mais relevante do ponto de vista do direito sancionador (MF).

f) Rol não exaustivo

"O elenco de sanções do art. 37, § 4º, da CR, não é exaustivo e possibilita à legislação ordinária ampliá-las para penalizar o administrador ímprobo. Apelações desprovidas" (TJMG, ApCv 1.0000.00.215395-5/000(1), rel. Lucas Sávio de Vasconcelos Gomes, j. 07.02.2002).

g) Interpretação restritiva das normas sancionadoras

"As normas que descrevem infrações administrativas e cominam penalidades não podem sofrer interpretação conducente a ampliação das sanções nelas previstas. O art. 12 da Lei n. 8.429/92 não contempla a hipótese da perda de cargo público, mas tão só a perda da função pública, desde que isolada do cargo, o que não é o caso dos autos" (TRF, 1ª Região, ApCv 2001.30.00.001984-3/AC, rel. Hilton Queiroz, j. 28.03.2006, v. u.).

Nesse sentido: TRF 1ª Região, ApCv 1998.37.01.000785-5/MA, rel. Hilton Queiroz, j. 03.05.2005, v. u.

h) Inaplicável a pena de suspensão dos direitos políticos ante a inexistência de dano

"Improbidade administrativa – Dispensa de licitação – Proibição de contratar com o Poder público – Suspensão de direito políticos – Inaplicabilidade. A ausência de expediente de dispensa de licitação pode ser encarada como espécie de improbidade administrativa, sujeitando o agente público à pena suficiente de proibição de contratar com o Poder Público, inaplicável, na hipótese de inexistência de dano, a pena de suspensão dos direitos políticos" (TJMG, Processo 1.0000.00.347149-7/000(1), rel. Cláudio Costa, j. 19.02.2004).

i) O afastamento do agente público durante tramitação do processo

"Embora a Lei de Improbidade Administrativa preveja, no parágrafo único de seu art. 20, a possibilidade de afastamento do agente público durante a tramitação do processo, tendo em vista a instrução probatória, que pode ser cerceada por ato daquele que continua no exercício de suas funções, não se deve perder de vista que se trata de 'medida assecuratória, de evidente natureza cautelar e excepcional', destinada apenas a proporcionar a livre produção de provas" (TJMG, Processo 1.0000.00.325659-1/000(1), rel. Brandão Teixeira, j. 21.10.2003).

j) Sanções aplicáveis às pessoas jurídicas

"(...) a pena de vedação de contratar com a Administração Pública ou de receber benefícios ou incentivos fiscais ou creditícios, (...) hão de ser suportadas pelas pessoas jurídicas que tenham contratado com a Administração Pública, ou tenham sido beneficiadas com incentivos fiscais ou creditícios. Igualmente pode ser suportada tanto por uma pessoa jurídica como por uma pessoa física, a pena de ressarcimento integral do dano, se identificado como responsável por tal. (...)" (TRF, 5ª Região, AI 67913, Processo 200605000163860, rel. Napoleão Maia Filho, j. 22.08.2006).

"Evidenciado no acórdão recorrido, à luz das circunstâncias fático-processuais descritas pelo Tribunal de origem, a culpa por parte da empresa contratada sem licitação, cabe a condenação com base no art. 10 da Lei n. 8.429/92 e a aplicação das penalidades previstas no art. 12, II, do mesmo diploma. Precedentes. A indevida dispensa de licitação, por impedir que a administração pública contrate a melhor proposta, causa dano *in re ipsa*, descabendo exigir do autor da ação civil pública prova a respeito do tema. Precedentes da Segunda Turma" (REsp 817921/SP, Rel. Min. Castro Meira, j. 27/11/2012)

Vide a Lei n. 12.846/2013 (Lei Anticorrupção das Pessoas Jurídicas).

k) Aplicação da lei de improbidade aos agentes políticos

"(...) Quanto à alegação da inaplicabilidade da Lei de Improbidade Administrativa aos agentes políticos, tal distinção não existe em lei. O art. 37, § 4º, da Constituição Federal não elabora nenhuma distinção entre agentes políticos e agentes públicos, (...). Apenas existe prerrogativa de função para os casos de crimes comuns e de crimes de responsabilidade (Lei n. 1.079/50), sendo que nada foi referido quanto aos atos de improbidade administrativa, com fulcro no art. 37, § 4º, da Constituição Federal" (TRF, 4ª Região, AI 200604000120925, rel. Carlos Eduardo Thompson Flores Lenz, j. 26.06.2006).

"Os atos de improbidade administrativa são tipificados como crime de responsabilidade na Lei n. 1.079/1950, delito de caráter político-administrativo. Distinção entre os regimes de responsabilização político-administrativa. O sistema constitucional brasileiro distingue o regime de responsabilidade dos agentes políticos dos demais agentes públicos. A Constituição não admite a concorrência entre dois regimes de responsabilidade político-administrativa para os agentes políticos: o previsto no art. 37, § 4º (regulado pela Lei n. 8.429/92) e o regime fixado no art. 102, I, c, (disciplinado pela Lei n. 1.079/50). Se a competência para processar e julgar a ação de improbidade (CF, art. 37, § 4º) pudesse abranger também atos praticados pelos agentes políticos, submetidos a regime de responsabilidade especial, ter-se-ia uma interpretação ab-rogante do disposto no art. 102, I, c, da CF. (...) Os Ministros de Estado, por estarem regidos por normas especiais de responsabilidade (CF, art. 102, I, c; Lei n. 1.079/50), não se submetem ao modelo de competência previsto no regime comum da Lei de Improbidade Administrativa (Lei n. 8.429/92). (...) Ação de improbidade administrativa. Ministro de Estado que teve decretada a suspensão de seus direitos políticos pelo prazo de 8 anos e a perda da função pública por sentença do Juízo da 14ª Vara da Justiça Federal – Seção Judiciária do Distrito Federal. Incompetência dos juízos de primeira instância para processar e julgar ação civil de improbidade administrativa ajuizada contra agente político que possui prerrogativa de foro perante o STF, por crime de responsabilidade, conforme o art. 102, I, c, da Constituição. Reclamação julgada procedente" (Rcl 2.138, Rel. p/ o ac. Min. Gilmar Mendes, j. 13.6.2007).

l) Aplicação da lei de improbidade a magistrados

"O aresto impugnado diverge da compreensão predominante no Superior Tribunal de Justiça de que a Lei n. 8.429/92 é aplicável aos magistrados. No que interessa aos membros do Poder Judiciário, o Supremo Tribunal Federal assentou a inaplicabilidade da Lei de Improbidade Administrativa unicamente aos Ministros do próprio STF, porquanto se tratam de agentes políticos submetidos ao regime especial de responsabilidade da Lei n. 1.079/50 (AI 790.829-AgR/RS, Rel. Ministra Cármen Lúcia, DJe 19/10/2012). Logo, todos os demais magistrados submetem-se aos ditames da Lei n. 8.429/92. Recurso especial provido, para que a ação civil pública por improbidade administrativa tenha curso, se não houver outro óbice" (REsp 1168739/RN, rel. Min. Sérgio Kukina, j. 03.6.2014).

m) Aplicação de sanção por meio da ação popular

"Atos de improbidade administrativa – Ação popular – Execução de sentença – Oposição de embargos – Suspensão de direitos políticos – Possibilidade jurídica do pedido – Sentença cassada. É juridicamente possível o pedido de suspensão de direitos políticos, por aplicação do § 4º do art. 37 da Constituição da República e dos comandos inseridos na Lei n. 8.429/92" (TJMG, Processo 1.0000.00.227193-0/000(1), rel. Kildare Carvalho, j. 26.09.2002).

n) Incompetência do STF para processar notificação judicial relativa à futura ação de improbidade

"Agravo regimental. Notificação judicial. Futura ação de improbidade administrativa. Ministro de Estado da Educação. Decreto n. 4.228/02. Programa Nacional de Ações Afirmativas. 1. O Supremo Tribunal Federal não é competente para processar notificação judicial de Ministro de Estado vinculada a futura ação de improbidade administrativa disciplinada na Lei n. 8.429/92. 2. Atrelada a notificação judicial, expressamente, a uma futura ação de improbidade, deve aquela ser processada no juízo competente para esta (art. 800 do Código de Processo Civil), descabendo ao Supremo Tribunal Federal, antecipadamente, discutir o mérito do cabimento da mencionada ação principal contra agente político. 3. Agravo regimental desprovido" (Pet-AgRg 4.084/DF, rel. Min. Menezes Direito, j. 20-9-2007. Órgão Julgador: Tribunal Pleno).

o) Imprescritibilidade das ações de ressarcimento

"O Plenário do STF, no julgamento do MS 26.210, da relatoria do ministro Ricardo Lewandowski, decidiu pela imprescritibilidade de ações de ressarcimento de danos ao erário" (RE 578.428-AgR, rel. Min. Ayres Britto, j. 13-9-2011)

"TCU. Bolsista do CNPq. Descumprimento da obrigação de retornar ao país após término da concessão de bolsa para estudo no exterior. Ressarcimento ao erário. Inocorrência de prescrição. Denegação da segurança. O beneficiário de bolsa de estudos no exterior patrocinada pelo Poder Público, não pode alegar desconhecimento de obrigação constante no contrato por ele subscrito e nas normas do órgão provedor. Precedente: MS 24.519, Rel. Min. Eros Grau. Incidência, na espécie, do disposto no art. 37, § 5º, da CF, no tocante à alegada prescrição" (MS 26.210, rel. Min. Ricardo Lewandowski, j. 4-9-2008).

"São imprescritíveis as ações de ressarcimento ao erário fundadas na prática de ato doloso tipificado na Lei de Improbidade Administrativa" (Tese firmada no Tema 897 do STF, RE 852475, rel. Min. Alexandre de Moraes, rel. para acórdão Min. Edson Fachin, Tribunal Pleno, j. 8.8.2018).

p) Sanção por ato de improbidade privativa do Poder Judiciário

"Ato de improbidade: a aplicação das penalidades previstas na Lei n. 8.429/92 não incumbe à administração, eis que privativa do Poder Judiciário. Verificada a prática de atos de improbidade no âmbito administrativo, caberia representação ao Ministério Público para ajuizamento da competente ação, não a aplicação da pena de demissão" (RMS 24.699, rel. Min. Eros Grau, j. 30.11.2004).

q) Contratação de determinados serviços com dispensa de licitação

"Ação civil pública. Improbidade administrativa. Discussão sobre a possibilidade de contratação de determinados serviços, com dispensa de licitação. Consequências. Presença de repercussão geral" (AI 791811 RG/SP, rel. Min. Dias Toffoli, j. 16.09.2010).

r) Princípio do Juiz Natural

"O STF tem advertido que, tratando-se de ação civil por improbidade administrativa (Lei n. 8.429/92), mostra-se irrelevante, para efeito de definição da competência originária dos tribunais, que se cuide de ocupante de cargo público ou de titular de mandato eletivo ainda no exercício das respectivas funções, pois a ação civil em questão deverá ser ajuizada perante magistrado de primeiro grau" (Pet 4.089-AgR, rel. Min. Celso de Mello, j. 24.10.2007).

s) Indisponibilidade de bens, *periculum in mora* implícito e tutela de evidência

"É possível a inclusão do valor de eventual multa civil na medida de indisponibilidade de bens decretada na ação de improbidade administrativa, inclusive naquelas demandas ajuizadas com esteio na alegada prática de conduta prevista no art. 11 da Lei n. 8.429/92, tipificador da ofensa aos princípios nucleares administrativos" [Tese firmada no Tema 1055 do STJ, REsp 1.862.792/PR, rel. Min. Manoel Erhardt (Desembargador Convocado do TRF5), Primeira Seção, j. 25.8.2021].

"É possível a decretação da 'indisponibilidade de bens do promovido em Ação Civil Pública por Ato de Improbidade Administrativa, quando ausente (ou não demonstrada) a prática de atos (ou a sua tentativa) que induzam a conclusão de risco de alienação, oneração ou dilapidação patrimonial de bens do acionado, dificultando ou impossibilitando o eventual ressarcimento futuro'" (Tese firmada no Tema 701 dos Recursos Repetitivos do STJ, REsp 1.366.721-BA, rel. Min. Napoleão Nunes Maia Filho, rel. para acórdão Min. Og Fernandes, Primeira Seção, j. 26.2.2014).

t) Inquérito civil e denúncia anônima de evolução patrimonial de vereadores

"1. Cinge-se a controvérsia a definir se os recorrentes possuem o direito líquido e certo de impedir o prosseguimento de Inquérito Civil instaurado, após denúncia anônima recebida pela Ouvidoria-Geral do Ministério Público do Estado do Rio de Janeiro, com a finalidade de apurar possível incompatibilidade entre a evolução patrimonial de agentes políticos e seus respectivos rendimentos.

2. O simples fato de o Inquérito Civil ter-se formalizado com base em denúncia anônima não impede que o Ministério Público realize administrativamente as investigações para formar juízo de valor sobre a veracidade da notícia. Ressalte-se que, no caso em espécie, os servidores públicos já estão, por lei, obrigados na posse e depois, anualmente, a disponibilizar informações sobre seus bens e evolução patrimonial.

3. A Lei da Improbidade Administrativa (Lei 8.429/92), não deixa dúvida a respeito: 'Art. 13. A posse e o exercício de agente público ficam condicionados à apresentação de declaração dos bens e valores que compõem o seu patrimônio privado, a fim de ser arquivada no serviço de pessoal competente. § 1º A declaração compreenderá imóveis, móveis, semoventes, dinheiro, títulos, ações, e qualquer outra espécie de bens e valores patrimoniais, localizado no País ou no exterior, e, quando for o caso, abrangerá os bens e valores patrimoniais do cônjuge ou companheiro, dos filhos e de outras pessoas que vivam sob a dependência econômica do declarante, excluídos apenas os objetos e utensílios de uso doméstico. § 2º A declaração de bens será anualmente atualizada e na data em que o agente público deixar o exercício do mandato, cargo, emprego ou função'.

(...)

10. O STJ reconhece a possibilidade de investigar a veracidade de denúncia anônima em Inquérito Civil ou Processo Administrativo, conforme se observa nos seguintes precedentes, entre os quais se destacam a orientação já firmada por esta Segunda Turma e uma recente decisão da Primeira Turma: RMS 37.166/SP, rel. Min. Benedito Gonçalves, Primeira Turma, *DJe* 15.4.2013; RMS 30.510/RJ, rel. Min. Eliana Calmon, Segunda Turma, *DJe* 10.2.2010; MS 13.348/DF, rel. Min. Laurita Vaz, Terceira Seção, *DJe* 16.9.2009" (RMS 38010/RJ, rel. Min. Herman Benjamin, j. 02.05.2013).

u) Contratação de advogado por prefeito

"Se há para o Estado interesse em defender seus agentes políticos, quando agem como tal, cabe a defesa ao corpo de advogados do Estado, ou contratado às suas custas. Entretanto, quando se tratar da defesa de um ato pessoal do agente político, voltado contra o órgão público, não se pode admitir que, por conta do órgão público, corram as despesas com a contratação de advogado. Seria mais que uma demasia, constituindo-se em ato imoral e arbitrário" (AgRg no REsp 681571/GO, Rel. Min. Eliana Calmon, j. 06.06.2006).

v) Princípio da insignificância

"Hipótese em que o Ministério Público do Estado do Rio Grande do Sul ajuizou Ação Civil Pública contra o Chefe de Gabinete do Município de Vacaria/RS, por ter utilizado veículo de propriedade municipal e força de trabalho de três membros da Guarda Municipal para transportar utensílios e bens particulares. (...) A Quinta Turma do STJ, em relação a crime de responsabilidade, já se pronunciou no sentido de que 'deve ser afastada a aplicação do princípio da insignificância, não obstante a pequena quantia desviada, diante da própria condição de Prefeito do réu, de quem se exige um comportamento adequado, isto é, dentro do que a sociedade considera correto, do ponto de vista ético e moral' (REsp 769317/AL, rel. Min. Gilson Dipp, Quinta Turma, *DJ* 27/3/2006).Ora, se é assim no campo penal, com maior razão no universo da Lei de Improbidade Administrativa, que tem caráter civil" (REsp 892.818/RS, rel. Min. Herman Benjamin, j. 11.11.2008).

x) Agente inábil

"O objetivo da Lei de Improbidade é punir o administrador público desonesto, não o inábil. Ou, em outras palavras, para que se enquadre o agente público na Lei de Improbidade é necessário que haja o dolo, a culpa e o prejuízo ao ente público, caracterizado pela ação ou omissão do administrador público" (Mauro Roberto Gomes de Mattos, *O limite da improbidade administrativa*, Edit. América Jurídica, 2. ed., p. 7 e 8). "A finalidade da lei de improbidade administrativa é punir o administrador desonesto" (Alexandre de Moraes, *Constituição do Brasil interpretada e legislação constitucional*, Atlas, 2002, p. 2.611). "De fato, a lei alcança o administrador desonesto, não o inábil, despreparado, incompetente e desastrado" (REsp 213.994-0/MG, 1ª Turma, rel. Min. Garcia Vieira, *DOU* de 27.9.1999)" (REsp 758.639/PB, rel. Min. José Delgado, 1ª Turma, *DJ* 15.5.2006) (REsp 734.984/SP, rel. Min. José Delgado, rel. p/ Acórdão Min. Luiz Fux, j. 18.12.2007). *Vide* doutrina acima mencionada.

z) Ato legislativo de efeitos concretos

"A ação por improbidade administrativa não é meio processual adequado para impugnar ato legislativo propriamente dito. Isso não significa, todavia, que todos os atos a que se denomina formalmente de 'lei' estejam infensos ao controle jurisdicional por seu intermédio. Leis que usualmente passaram a receber a denominação de 'leis de efeitos concretos', e que são antes atos administrativos que legislativos, embora emanados do Poder Legislativo, podem ter sua eventual lesividade submetida a controle pela via da ação por improbidade administrativa (...)" (REsp 1.101.359/CE, rel. Min. Castro Meira, Segunda Turma, DJe 9/11/2009).

8. Literatura

a) A respeito do tema da moralidade administrativa e da improbidade administrativa, listam-se as seguintes obras e artigos:

O princípio constitucional da moralidade administrativa, de Manoel de Oliveira Franco Sobrinho, Gênesis Editora, 1993; *Probidade administrativa*: comentários à Lei 8.429/92 e legislação complementar, 1. ed., 1995, e 6. ed., 2007, São Paulo: Malheiros Editores, de Marcelo Figueiredo; Direito à probidade administrativa. A Lei da Ficha Limpa: um lento e bom caminho, mas ainda insuficiente. Uma análise comparada: Brasil – Colômbia. In: *Direito e Administração Pública*, de Floriano de Azevedo Marques Neto, Fernando Dias Menezes de Almeida, Irene Patrícia Nohara e Thiago Marrara (Orgs.), São Paulo: Atlas, 2013; Responsabilidade por ato de improbidade – indisponibilidade de bens de diretor-presidente de companhia estatal – desproporcionalidade da medida – necessidade do devido processo legal – arbitrariedade da medida – considerações acerca da Lei n. 8.429/92, de Marcelo Figueiredo, *Revista Interesse Público*, n. 5, Sapucaia do Sul: Notadez, 2000, p. 91-100; *Improbidade administrativa*: observações sobre a Lei 8.429/92, 2. ed., Editora Síntese, de Fábio Medina Osório, 1998; *Teoria da improbidade administrativa*, de Fábio Medina Osório, São Paulo: RT, 2005; *Improbidade administrativa e crimes de prefeito*, de Waldo Fazzio Júnior, São Paulo: Atlas, 2000; *Improbidade administrativa*: aspectos jurídicos da defesa do patrimônio público, de Marino Pazzaglini Filho, Márcio Fernando Elias Rosa e Waldo Fazzio Júnior, São Paulo: Atlas, 1996; *Improbidade administrativa*: questões polêmicas e atuais, 2. ed., São Paulo: Malheiros e SBDP, Editores, Coordenação de Cassio S. Bueno e Pedro Paulo Porto Filho, 2003; *Probidade administrativa*, de Wallace Paiva Martins Júnior, 3. ed., São Paulo: Saraiva, 2006; *Improbidade administrativa*: 10 anos da Lei 8.429/92, organizado por José Adércio Leite Sampaio, Nicolao Dino de Castro e Costa Neto, Nívio de Freitas Silva Filho e Rogério Nunes dos Anjos Filho, Belo Horizonte: Editora Del Rey e ANPR, 2002; *O controle da moralidade na Constituição*, de Marcelo Figueiredo, São Paulo: Malheiros, 1999 (trabalho acadêmico apresentado em 1997); *A moralidade administrativa e a boa-fé da Administração Pública*: o conteúdo dogmático da moralidade administrativa, de José Guilherme Giacomuzzi, São Paulo: Malheiros Editores, 2002; *Atos da Administração lesivos ao patrimônio público*: os princípios constitucionais da legalidade e moralidade, de Têmis Limberger, Porto Alegre: Livraria do Advogado, 1998; *O controle dos atos administrativos*: o princípio da moralidade administrativa: uma abordagem de seu significado e suas potencialidades à luz da noção de moral crítica, de Márcia Noll Barboza, Porto Alegre: Livraria do Advogado, 2002; *O princípio constitucional da moralidade e o exercício da função administrativa*, Belo Horizonte: Ed. Forum, 2006; *Particulares vinculados por la fuerza normativa de la moralidad administrativa*, de Adriana Catalina Ortiz Serrano, Bogotá: Universidad Externado de Colombia, Tesis de Grado n. 55, 2010; *Contorno jurídico da improbidade administrativa*, de José Armando da Costa, Brasília: Brasília Jurídica, 2000; *Lei de Improbidade Administrativa*: comentários e anotações jurisprudenciais, de Sérgio Monteiro Medeiros, São Paulo: Editora Juarez de Oliveira, 2003; *O limite da improbidade administrativa*: o direito dos administrados dentro da Lei 8.429/92, de Mauro Roberto Gomes de Mattos, 2. ed., Rio de Janeiro: Editora América Jurídica, 2005; *Improbidade administrativa*, de Emerson Garcia e Rogério Pacheco Alves, 2. ed., Rio de Janeiro, Lumen Juris, 2004; *Improbidade administrativa*, de Carlos Frederico Brito dos Santos, Rio de Janeiro: Forense, 2002; *Improbidade administrativa*, de George Sarmento, Editora Síntese, 2002; *Responsabilidade do agente público*, de Mônica Nicida Garcia, Belo Horizonte, Editora Fórum, 2004; *O controle dos atos administrativos e os princípios fundamentais*, de Juarez Freitas, 3. ed., São Paulo: Malheiros, 2004; *Improbidade administrativa*: aspectos processuais da Lei n. 8.429/92, de Paulo Henrique dos Santos Lucon, Eduardo José da Fonseca Costa e Guilherme Recena Costa (Coords.), São Paulo: Atlas, 2013; *Corrupción y delincuencia de los funcionarios en la contratación pública*, de Ángeles Jareño Leal, Iustel, Madrid, 2011; *O regime democrático e a questão da corrupção política*, de Fernando Aurelio Zilveti e Sílvia Lopes (Coords.), São Paulo: Atlas, 2004; *Improbidade administrativa*: prescrição e outros prazos extintivos, de José Carvalho Filho, São Paulo: Atlas, 2012; *Comentários à Lei de Improbidade Administrativa*, de Fernando da Fonseca Gajardoni, Luana Pedrosa de Figueiredo Cruz, Luís Otávio Sequeira de Cerqueira, Luiz Manoel Gomes Junior e Rogerio Favreto, São Paulo: RT, 2012; *Improbidade administrativa no direito eleitoral*, de Thalita Abdala Aris, Rio de Janeiro: Lumen Juris, 2014; *Princípio do juiz natural e sua aplicação na Lei de Improbidade Administrativa*, São Paulo: RT, 2007; *Improbidade administrativa*, de Pedro Roberto Decomain, São Paulo: Dialética, 2007; Moralidade administrativa, Caio Tácito, *RDA*, v. 218, 1999; A recepção do princípio da moralidade administrativa no direito brasileiro, de Alexandre Delduque Cordeiro, publicado na *Revista Direito, Estado e Sociedade*, da PUC-RJ, v. 24, 2004; Improbidade administrativa como forma de corrupção, de Caio Tácito, *RDA*, v. 226, 2001; Desvio de poder no direito comparado, de Márcia Fratari Majadas, *RDA*, v. 236, 2004; A moralidade administrativa e a Nova Lei do Tribunal de Contas da União, de Caio Tácito, *RDA*, v. 190, 1992; A teoria do "desvio de poder" em Direito Administrativo, de Afonso Rodrigues Queiro, publicado na *RDA*, v. VII, janeiro-março de 1947; Responsabilidade do agente público: distinção entre agente político e agente administrativo, de Hugo de Brito Machado, *Interesse Público*, n. 41, Sapucaia do Sul: Notadez, 2007; A Lei de Improbidade e a dosimetria de suas sanções, de Emerson Garcia, *Revista Brasileira de Ciências Criminais*, n. 58, São Paulo: RT, 2006; O controle judicial da responsabilidade fiscal: ação civil pública de improbidade, de Érico Andrade, *Revista de Direito Administrativo*, n. 232, Rio de Janeiro: Renovar, 2003; *Aspectos materiais, processuais e procedimentais da ação civil por improbidade administrativa*, de Gabriel Abrão Filho, Mestrado em Direito Processual Civil, Pontifícia Universidade Católica: 2007; Improbidade administrativa e a questão do princípio do juiz natural como garantia constitucional, de Alexandre de Moraes, *Revista dos Tribunais*, v. 822, São Paulo: RT, 2004; Aplicabilidade da lei de improbidade administrativa à atuação da administração ambiental brasileira, de Ney Barros Bello Filho, *Revista de Direito Ambiental*, n. 18, São Paulo: RT, 2000; Do julgamento do processo administrativo disciplinar nos casos de atos de improbidade administrativa, de Mauro Roberto Gomes de Mattos, *Fórum Administrativo*, n. 52, Belo Horizonte: Ed. Fórum, 2005; O ato de improbidade de pequeno potencial ofensivo e o compromisso de ajustamento, de Rita Tourinho, *Fórum Administrativo*, n. 30, Belo Horizonte: Ed. Fórum, 2003; Responsabilização dos agentes políticos nos atos de improbidade administrativa, de Tiago Antunes de Aguiar, *Revista de Informação Legislativa*, v. 47, n. 185, Brasília: Senado Federal, 2010, p. 247-57, disponível em: <http://www2.senado.gov.br/bdsf/item/id/198670>; Da plena compatibilidade da aplicação da Lei 8.429/92 aos agentes políticos. Insustentabilidade da tese contrária, de Francisco Chaves dos Anjos Neto, *Revista de Informação Legislativa*, v. 45, n. 177, Brasília: 2008, p. 67-74, disponível em: <http://www2.senado.gov.br/bdsf/item/id/160174>; O STF e a Lei n. 8.429/92, de Mateus Bertoncini, *Revista CEJ*, v. 11, n. 36, Brasília: 2007, p. 98-104, disponível em: <http://www2.cjf.jus.br/ojs2/index.php/revcej/article/viewArticle/736>; Ação de improbidade: Lei 8.429/92: competência do juízo de primeiro grau, de Fabio Konder Comparato, *Boletim dos Procuradores da República*, v. 1, n. 9, 1999, disponível em: <http://fundacaopedrojorge.org.br/index.php?option=com_content&view=section&layout=blog&id=14&Itemid=66>; A ação de improbidade administrativa e os agentes políticos, de Rosemayre Gonçalves de Carvalho Fonseca, *Revista CEJ*, n. 37, Brasília: 2007, p. 4-13, disponível em: <http://www2.cjf.jus.br/ojs2/index.php/revcej/article/viewArticle/871>; Improbidade administrativa: aplicação da lei, tendências e controvérsias, de Laurent Nancym Carvalho Pimentel, *Revista da Controladoria-Geral da União*, edição especial, julho, Brasília: 2011, disponível em: <http://www.cgu.gov.br/Publicacoes/RevistaCgu/Arquivos/edicao-especial.pdf>; Competência para julgar ação de improbidade administrativa, de Arnoldo Wald e Gilmar Ferreira Mendes, *Revista de Informação Legislativa*, v. 35, n. 138, Brasília: Senado Federal, 1998, p. 213-6, disponível em: <http://www2.senado.gov.br/bdsf/item/id/378>; A prescrição e a lei de improbidade administrativa, de Rita Tourinho, *Revista Eletrônica do Direito do Estado*, n. 12, Salvador: 2007, disponível em: <http://www.direitodoestado.com.br/artigo/rita-tourinho/a-prescricao-e-a-lei-de-improbidade-administrativa>; Prescrição na ação de improbidade administrativa, de Luciana Maria Ribeiro Alice, *Revista da Associação dos Juízes do Rio Grande do Sul*, n. 102, Porto Alegre: Ajuris, 2006, p. 251-286; Competência para julgamento de Agentes Políticos por Ofensa à Lei de Improbidade Administrativa (8.429, de 02.06.02), de Celso Antônio Bandeira de Mello, *Revista Interesse Público*, n. 42, Sapucaia do Sul: Notadez, 2007, p. 15-20; O enriquecimento injusto como princípio geral do direito do direito administrativo, de José Alfredo de Oliveira Baracho, *Revista da Faculdade de Direito de São Bernardo do Campo*, v. 5, São Bernardo do Campo: 1999, p. 110-154; Ação de improbidade administrativa. Decadência e prescrição, de Ada Pellegrini Grinover, *Revista Interesse Público*, n. 33, Sapucaia do Sul: Notadez, 2005, p. 55-92; A inexistência de improbidade administrativa na modalidade culposa, de Marcelo Harger, *Revista Interesse Público*, v. 11, n. 58, Sapucaia do Sul: Notadez, 2009, p. 165-81; O princípio constitucional da proporcionalidade na conformação e no sancionamento aos atos de improbidade administrativa previstos na Lei n. 8.429/92, de Rogério Ponzi Seligman, *Revista de Direito Administrativo*, n. 238, Renovar, Rio de Janeiro: 2004, p. 237-263; A sentença condenatória na ação de improbidade administrativa: profundidade e extensão das sanções, de Marlon Alberto Weichert, *Revista de Informação Legislativa*, v. 43, n. 170, Brasília: Senado Federal, 2006, p. 57-73, disponível em: <http://www2.senado.gov.br/bdsf/item/id/92820>; Agente político, crime de responsabilidade e ato de improbidade, de Mônica Nicida Garcia, *Boletim dos Procuradores da República*, v. 5, n. 56, 2002, p. 15-18, disponível em: <http://5ccr.pgr.mpf.gov.br/publicacoes/publicacoes-diversas/prerrogativa-de-foro/monica_nicida_agente-politico.pdf>; Avaliação da conduta para punir por improbidade, de Clito Fornaciari Junior, *Tribuna do Direito*, ano 16, n. 200, dezembro de 2011; O gradualismo eficacial do *dolus malus* na improbidade administrativa, de José César Neves de Lima Junior, *Carta Forense*, 02/07/2012, disponível em: <http://www.cartaforense.com.br/conteudo/artigos/ogradualismo-eficacial-do-dolus-malus-na-improbidade-administrativa/8842>; Lei de improbidade é uma das normas mais complexas, de Luiz Manoel Gomes Junior e Rogerio Favreto, *Revista Consultor Jurídico*, 7 de novembro de 2012, disponível em: <http://www.conjur.com.br/2012-nov-07/lei-improbidadenormas-complexas-polemicas>; e A Lei de Improbidade e a Loman, de André Ramos Tavares, *Jornal Carta Forense*, abril 2014; Prescrição do dano ao erário: uma leitura do § 5º do art. 37 da Constituição, *Revista do TCE*, Tribunal de Contas do Estado de MG, v. 4, n. 85, 2012; Improbidade administrativa e atentado aos princípios da administração pública, de Kleber Bispo dos Santos, Belo Horizonte: Ed. Fórum, 2011; Corrupção. Uma perspectiva entre as diversas áreas do Direito, de Daniel Laufer (Coord.), Curitiba: Juruá, 2013; Improbidade administrativa e sua autonomia constitucional, de José Roberto Pimenta Oliveira, Belo Horizonte: Ed. Fórum, 2009; Crime ou improbidade? Notas sobre a *performance* do Sistema de Justiça em casos de corrupção, de Maira Rocha Machado, *Revista Brasileira de Ciências Criminais*, v. 112/2015, p. 189-211; Distinção entre corrupção, improbidade administrativa e a má gestão da coisa pública, de Marcos José Porto Soares, *Revista dos Tribunais*, v. 959/2015, p. 55-69; A tipificação do descumprimento do dever de acessibilidade como ato de improbidade administrativa, de Nuno R. Coelho Pio, *Revista Brasileira de Estudos da Função Pública – RBEFP*, Belo Horizonte, maio/agosto de 2016, p. 173 e seguintes; Conflito de interesses como ato de improbidade administrativa, de José Roberto Pimenta Oliveira, *Revista da PUC-SP*, eletrônica, 2017, p. 150 e seguintes; de Marcelo Figueiredo, O combate à corrupção: faltam instrumentos jurídicos? In: O direito administrativo na atualidade, coordenado por Arnoldo Wald, Marçal Justen Filho e Cesar Augusto Guimarães Pereira, *Estudos em homenagem a Hely Lopes Meirelles*, São Paulo: Malheiros, 2017.

a.1) Comentários à Lei n. 12.846/2013 (Lei Anticorrupção Empresarial)

Flávio Rezende Dematté, *Responsabilização de pessoas jurídicas por corrupção*, Belo Horizonte: Editora Fórum, 2015; Jorge Munhoz Souza e Ronaldo Pinheiro Queiroz (Coords.), *Lei Anticorrupção*, Salvador: JusPodivm, 2015; Sidney Bittencourt,

Comentários à Lei Anticorrupção, 2. ed., São Paulo: RT e Thomson Reuters, 2015; Modesto Carvalhosa, *Considerações sobre a Lei Anticorrupção das Pessoas Jurídicas*, São Paulo: RT e Thomson Reuters, 2014; Marcos Vinicio Petrelluzzi e Rubens Naman Risek Júnior, *Lei Anticorrupção*, São Paulo: Saraiva, 2014.

b) A respeito da suspensão dos direitos políticos ou perda dos direitos políticos, os seguintes artigos podem ser consultados:

Condenação criminal e suspensão dos direitos políticos, de Alexandre de Moraes, *Revista de Direito Constitucional e Internacional*, n. 39, São Paulo: IBDC/RT, 2002; Direitos políticos: perda, suspensão e controle jurisdicional, de Teori Albino Zavascki, *Revista da Associação dos Juízes do Rio Grande do Sul*, v. 61, 1994, Porto Alegre; A Súmula número 1 do Tribunal Superior Eleitoral e suspensão de inelegibilidade, de Antônio Augusto Mayer dos Santos, na *Revista da Associação dos Juízes do Rio Grande do Sul*, v. 71, 1997, Porto Alegre; Perda e suspensão de direitos políticos. Perda e suspensão de mandato eletivo. Inviolabilidade de vereador e parlamentar. Imunidade processual, de Pedro dos Santos Barcelos, nos *Cadernos de Direito Constitucional e Ciência Política*, do IBDC, n. 4, set. 1993, São Paulo: RT; A suspensão dos direitos políticos em face dos princípios da individualização da pena e da proporcionalidade, de Dyrceu Aguiar Dias Cintra Júnior, na *Revista Brasileira de Ciências Criminais*, ano 4, n. 15, jul.-set. 1996; Breve estudo sobre a suspensão de direitos políticos estatuída no art. 15, inciso III, da Constituição Federal, de Rogério Lauria Tucci, publicado na *Revista dos Tribunais*, v. 747, janeiro de 1998; e *Direitos políticos fundamentais e sua suspensão por condenações criminais e por improbidade administrativa*, de Tiago de Menezes Conceição, Curitiba: Juruá, 2010.

c) A respeito do combate internacional da corrupção, consulte os seguintes artigos:

La Convención Interamericana contra la Corrupción y La Cooperación internacional contra la corrupción, de Edmundo Vargas Carreno, *Boletim da Sociedade Brasileira de Direito Internacional*, ano L, jan./dez. 1997, n. 107/112, Rio de Janeiro; The Inter-American Convention Against Corruption: a comparison with the United States Foreign Corrupt Practices Act, de Lucinda A. Low, Andrea K. Bjorklund e Kathryn Cameron Atkinson, publicado no *Virginia Journal of International Law*, v. 38, n. 3, 1998; Brevíssimo comentário sobre a corrupção e a improbidade administrativa em outros países, de André Luiz Nogueira da Cunha, *Revista Nacional de Direito e Jurisprudência*, n. 45, São Paulo, set. 2003; Corrupção: obstáculos à implementação dos direitos econômicos, sociais e culturais, de M. Madeleine Hutyra de Paula Lima, *Revista de Direito Constitucional e Internacional*, do IBDC, São Paulo: RT, v. 33; *La Ética Pública*, de María Claudia Caputi, Buenos Aires: Depalma, 2000.

Art. 37, § 5º A lei estabelecerá os prazos de prescrição para ilícitos praticados por qualquer agente, servidor ou não, que causem prejuízos ao erário, ressalvadas as respectivas ações de ressarcimento.

Marcelo Figueiredo

1. Histórico da norma

Não há registro de norma similar no direito constitucional positivo brasileiro antes de 1988. As Constituições anteriores apenas dispunham a respeito da tradicional responsabilidade objetiva do Estado e das pessoas jurídicas de direito público, e sobre a "ação regressiva contra o funcionário responsável, nos casos de dolo ou culpa".

É dizer, a responsabilidade administrativa do agente público ou de terceiro em si mesma não apresenta novidade alguma no direito constitucional brasileiro. O mesmo não se pode dizer a respeito da norma alusiva à imprescritibilidade das ações de ressarcimento, novidade um tanto exótica, mas novidade constitucional.

Exótica porque, como sabemos, a prescritibilidade é a regra geral no sistema jurídico brasileiro. Não há conduta, por mais grave que seja violadora da ordem jurídica, que não encontre no tempo a sua redenção.

Até a máxima violação do direito, de alguém que injustamente tire a vida de outrem, encontrará em abstrato a pena e sua prescrição. Mas entendeu o constituinte de excepcionar, na parte final da regra em comento, as ações de ressarcimento, beneficiando, de um lado a acomodação das Fazendas Públicas que poderão, a qualquer tempo, aparelhar esta ação contra o causador do ato ímprobo ou lesivo causado por servidor ou terceiro. De outro lado, o agente ou seus herdeiros, do mesmo modo, podem ser atingidos, a qualquer tempo por esta ação estatal.

Como sabemos, a prescrição nada mais é do que um mecanismo para absorção de incertezas. Para eliminá-las o ordenamento jurídico cuida de impor limites temporais.

A prescrição – ao lado da decadência – busca o fim último do ordenamento jurídico que é a estabilização dos comportamentos intersubjetivos, o equilíbrio das relações jurídicas, a paz social, a certeza de que uma solução será oferecida, com marca de definitividade.

No direito brasileiro a regra é exatamente a prescrição. Raros são os casos de ações imprescritíveis, como a) a ação proposta com a finalidade de declarar-se a nulidade absoluta do casamento, por bigamia; b) a ação de investigação de paternidade, porque uma ação de estado, é daquelas onde não se materializa a coisa julgada – em nome do direito sagrado do filho saber quem é o pai, em nome da verdade real; c) as declaratórias em geral.

Na Constituição temos também algumas exceções expressas, a saber: a) a prática de racismo constitui crime inafiançável e imprescritível, sujeito à reclusão, nos termos da lei (art. 5º, XLII); b) a ação de grupos armados, civis e militares, contra a ordem constitucional e o Estado democrático (art. 5º, inciso XLIV).

O dispositivo é um tanto demagógico porque trabalha com dados da fantasia.

O tempo, queira ou não o Direito, é o senhor da razão.

Fica muito difícil imaginar que depois de 30 ou 50 anos possa o Estado aparelhar ações de ressarcimento. Muito provavelmente as pessoas envolvidas, as provas, as testemunhas já terão desaparecido. Nesse sentido, a manifestação da Ministra Cármem Lúcia, em voto apresentado no julgamento do RE 669.069/

MG, quando afirmou, com base na doutrina de Celso Antônio Bandeira de Mello, que: "*essa tese de imprescritibilidade esbarraria no direito de defesa, que é muitíssimo caro ao sistema constitucional. Primeiro, porque não é do homem médio guardar, além de um prazo razoável, e hoje, até por lei, não se exige isso, a documentação necessária para uma eventual defesa*".

Teria sido muito melhor que a Constituição ao menos trabalhasse com prazos do Código Civil, pois estamos diante de ressarcimento, tema eminentemente civil e não constitucional. Ademais, não obstante a independência formal das instâncias (civil, penal e administrativa), não atende à simetria, à lógica ou à filosofia das punições e das sanções a existência de prazos completamente disparados ou de normas aparentemente incompatíveis (arts. 12 e 23 da Lei n. 8.429/92), pois o fato é único que dá ensejo às diversas possibilidades de sanção estatal.

O Supremo Tribunal Federal, por duas vezes se debruçando sobre a exegese do artigo em comento, manifestou que as ações de reparação de danos são prescritíveis, em regra. Na primeira oportunidade, quanto enfrentava o RE 669.069 (Tema 666 da Repercussão Geral) fixou tese no sentido de que "*É prescritível a ação de reparação de danos à Fazenda Pública decorrente de ilícito civil*". Num segundo momento, quando julgou o RE 852.475 (Tema 897 da Repercussão Geral), complementou: "*São imprescritíveis as ações de ressarcimento ao erário fundadas na prática de ato doloso tipificado na Lei de Improbidade Administrativa*".

Dessa forma, somente são imprescritíveis as reparações civis à Fazenda Pública quando o dano decorreu de ato ímprobo doloso, nos termos do que restou decidido no Tema 897 acima referido. Em todos os demais casos, a regra da prescritibilidade impera. Tanto é assim, que no RE 636.886 (Tema 899 da Repercussão Geral), houve declaração da Suprema Corte no sentido de que: "*É prescritível a pretensão de ressarcimento ao erário fundada em decisão de Tribunal de Contas*", restando sedimentado o entendimento de que a única pretensão ressarcitória não submetida à prescrição é a que se sustenta no dano oriundo do ato doloso de improbidade administrativa.

2. Doutrina: a (im)prescritibilidade da ação de ressarcimento

a) Prescrição das ações de Ressarcimento do Erário

Como dissemos, a recomposição do erário não mais está sujeita à prescrição quando o ato que lhe causou se configurar como ímprobo e for doloso. No mais, todas as outras pretensões de ressarcimento por danos suportados pelo erário estão submetidas a prazo prescricional de cinco anos, seja por aplicação analógica do art. 1º do Decreto n. 20.910/32 ou, ainda, do art. 21 da Lei n. 4.717/65, isso para guardar tratamento isonômico, afinal de contas, o particular conta com esse prazo para opor ação indenizatória contra a Fazenda Pública.

Poderíamos, ainda, e aqui de forma subsidiária, defender a aplicação do prazo do Código Civil vigente (três anos para as ações de reparação civil). No entanto, não podemos deixar de consignar que para além do argumento acima apresentado (isonomia de tratamento), a Fazenda Pública possui diversas prerrogativas como, por exemplo, o prazo em dobro para todas as suas manifestações, ressalvados os casos de seus prazos próprios, de modo que não seria razoável conferir ao particular, que não possui prerrogativa alguma em face da Fazenda, promover ação de ressarcimento contra ela no prazo de cinco anos e, à Fazenda, impor prazo inferior a este.

Neste sentido: STJ, REsp 1.370.399/MG, rel. Min. Og Fernandes, Segunda Turma, j. 2/8/2022 e AgInt no REsp n. 1.998.744/RJ, rel. Min. Mauro Campbell Marques, Segunda Turma, j. 6/3/2023.

b) Prescrição na Lei n. 8.429/92

Com o advento da Lei n. 14.230/2021, o regime de prescrição das ações de improbidade, que decorrem de atos lesivos à moralidade, ainda que não acarretem prejuízos econômicos, sofreu severa alteração, merecendo nossa atenção.

Antes da referida Lei, os prazos prescricionais das ações de improbidade estavam assim estabelecidos: "Art. 23. As ações destinadas a levar a efeitos as sanções previstas nesta Lei podem ser propostas: I – até cinco anos após o término do exercício de mandato, de cargo em comissão ou de função de confiança; II – dentro do prazo prescricional previsto em lei específica para faltas disciplinares puníveis com demissão a bem do serviço público, nos casos de exercício de cargo efetivo ou emprego; III – até cinco anos da data da apresentação à administração pública da prestação de contas final pelas entidades referidas no parágrafo único do art. 1º desta Lei".

A partir da nova redação, o prazo prescricional foi majorado para oito anos, com o expresso reconhecimento da possibilidade de ocorrência da prescrição intercorrente, além da fixação de seus termos interruptivos. Vejamos o texto vigente atualmente: "Art. 23. A ação para a aplicação das sanções previstas nesta Lei prescreve em 8 (oito) anos, contados a partir da ocorrência do fato ou, no caso de infrações permanentes, do dia em que cessou a permanência. § 1º A instauração de inquérito civil ou de processo administrativo para apuração dos ilícitos referidos nesta Lei suspende o curso do prazo prescricional por, no máximo, 180 (cento e oitenta) dias corridos, recomeçando a correr após a sua conclusão ou, caso não concluído o processo, esgotado o prazo de suspensão. § 2º O inquérito civil para apuração do ato de improbidade será concluído no prazo de 365 (trezentos e sessenta e cinco) dias corridos, prorrogável uma única vez por igual período, mediante ato fundamentado submetido à revisão da instância competente do órgão ministerial, conforme dispuser a respectiva lei orgânica. § 3º Encerrado o prazo previsto no § 2º deste artigo, a ação deverá ser proposta no prazo de 30 (trinta) dias, se não for caso de arquivamento do inquérito civil. § 4º O prazo da prescrição referido no *caput* deste artigo interrompe-se: I – pelo ajuizamento da ação de improbidade administrativa; II – pela publicação da sentença condenatória; III – pela publicação de decisão ou acórdão de Tribunal de Justiça ou Tribunal Regional Federal que confirma sentença condenatória ou que reforma sentença de improcedência; IV – pela publicação de decisão ou acórdão do Superior Tribunal de Justiça que confirma acórdão condenatório ou que reforma acórdão de improcedência; V – pela publicação de decisão ou acórdão do Supremo Tribunal Federal que confirma acórdão condenatório ou que reforma acórdão de improcedência. § 5º Interrompida a prescrição, o prazo recomeça a correr do dia da interrupção, pela metade do prazo previsto no *caput* deste artigo. § 6º A suspensão e a interrupção da prescrição produzem efeitos relativamente a todos os que concorreram para a prática do ato de improbidade. § 7º Nos atos de improbidade conexos que sejam objeto do mesmo processo, a suspensão e a interrupção relativas a qualquer deles estendem-se aos demais. § 8º O juiz ou o tribunal, depois de ouvido o Ministério Público, deverá, de ofício ou a requerimento da parte interessada, reconhecer a prescrição intercorrente da pretensão sancionadora e decretá-la de imediato, caso, entre os marcos interruptivos referidos no § 4º, transcorra o prazo previsto no § 5º deste artigo".

O dispositivo é autoexplicativo. Entretanto, há alguns pontos merecedores de comentários.

Para nós, o prazo contido no art. 23, § 3º, é impróprio, notadamente diante da ausência de previsão de qualquer efeito ante seu descumprimento, isto é, encerrado o prazo máximo de duração de tramitação do inquérito civil para apuração de eventual improbidade, a ação deverá ser proposta em trinta dias, salvo caso de arquivamento. Qual, entretanto, a consequência jurídica de não apresentar a ação no referido prazo ou de promover seu arquivamento não está disposta na lei, de modo que, enquanto não ocorrer a prescrição, entendemos existir possibilidade de ajuizamento da ação.

Outro ponto relevante a ser ressaltado são os marcos interruptivos. Não basta que seja publicada sentença para ser interrompido o prazo da prescrição, a sentença publicada deve ser condenatória. Se de improcedência, por conclusão lógica, assim como ocorre no direito penal (art. 117, IV, do Código Penal), não haverá interrupção da prescrição.

Essa mesma lógica é utilizada para fixar como termos interruptivos da prescrição o acórdão que confirma sentença condenatória ou que reforma a sentença de improcedência e o acórdão do Superior Tribunal de Justiça ou do Supremo Tribunal Federal que confirma acórdão condenatório ou que reforma acórdão de improcedência. Neste sentido, as decisões, singulares ou colegiadas, sempre beneficiarão o acusado, de modo que não terão efeito de interromper a prescrição, inclusive a intercorrente.

Ainda no que toca à prescrição da ação de improbidade, rumorosa é a questão da prescrição intercorrente.

A prescrição é, em verdade, sanção contra o inerte. A inércia pressupõe o conhecimento e a ausência de atitude visando responsabilizar quem de direito. Desse modo, o início do prazo prescricional somente se dá diante do conhecimento inequívoco dos responsáveis pela iniciação dos procedimentos apuratórios das condutas supostamente ímprobas, seja ele o Ministério Público, seja ele a Procuradoria do órgão supostamente lesado.

A prescrição intercorrente, a seu turno, decorre do direito fundamental da duração razoável do processo. É, evidentemente, a sanção a ser aplicada contra o detentor da pretensão punitiva, no caso das ações de improbidade, por sua demora no julgamento do processo.

Assim como o processo penal, embora em grau inferior, o processo de improbidade administrativa reveste-se de impacto negativo enorme para a imagem e honra dos acusados. É da dignidade humana que esta condição quase de diuturna tortura seja o mais rápido possível afastada. O Estado de Direito impõe que o poder estatal punitivo seja legitimado, porquanto a dignidade da pessoa humana e todos os direitos que dela decorrem estão de forma muito clara estabelecidos nos mais diversos diplomas jurídicos, inclusive de ordem internacional[1].

Nessa mesma trilha, vem o ensinamento de Marçal Justen Filho[2]: "A previsão da prescrição intercorrente gera controvérsias. Muitos argumentam que a solução adotada é um incentivo à prática de condutas processuais orientadas a dificultar a conclusão do processo. Embora o argumento seja procedente, há uma questão de outra ordem, que exige consideração. Trata-se do efeito nocivo da demora na conclusão do processo. Tornou-se usual que as ações de improbidade se eternizem, sem uma decisão final. Os réus permaneciam sujeitos aos efeitos do processo e não era incomum o falecimento do sujeito depois de muitos anos de trâmite da causa. Portanto e sob outro ângulo, a regra introduzida pela Lei n. 14.230/2021 reflete um comando (e um incentivo) à conclusão do processo em período razoável de tempo. Isso implica a alteração das práticas adotadas até o presente. (...) Portanto, trata-se da necessidade de conjugação de valores distintos. Há o interesse coletivo na repressão à prática de atos de improbidade, inclusive com a imposição de sancionamento severo aos infratores. Mas também há o direito fundamental à razoável duração do processo (CF, art. 5º, inc. LXXVIII). A imputação da prática de conduta ímproba não elimina o direito fundamental a uma decisão em período limitado de tempo".

c) Prescrição – Termo inicial de contagem

Como acima colocado, o termo inicial da prescrição é a data em que o fato se tornou público, viabilizando que sejam tomadas as medidas necessárias à responsabilização.

Essa interpretação decorre do princípio da *actio nata*, segundo o qual *"violado o direito, nasce para o titular a pretensão, a qual se extingue, pela prescrição (...)"* (art. 189 do Código Civil).

No entanto, não basta a violação do direito. É necessário que além da violação, o titular do direito violado permaneça inerte por determinado prazo e não haja qualquer fato impeditivo, suspensivo ou interruptivo do curso da prescrição, conforme ensina Antônio Luís Câmara Leal[3].

Portanto, é indispensável para o início do prazo prescricional que o fato supostamente ímprobo tenha se tornado público e chegado ao conhecimento dos responsáveis por buscar a devida reparação dos danos causados ao patrimônio material ou imaterial das pessoas jurídicas de direito público.

São exemplos de doutrinas favoráveis ao entendimento de que são imprescritíveis as ações de ressarcimento de danos causados ao erário: Marino Pazzaglini Filho, Márcio Fernando Elias Rosa e Waldo Fazzio Júnior, *Improbidade administrativa*: aspectos jurídicos da defesa do patrimônio público, São Paulo: Atlas, 1996, p. 192; Waldo Fazzio Júnior, *Improbidade administrativa e crimes de prefeitos*, São Paulo: Atlas, 2000, p. 299; Wallace Paiva Martins Júnior, *Probidade administrativa*, São Paulo: Saraiva, 2001, p. 291; Carlos Frederico Brito dos Santos, *Improbidade administrativa*: reflexões sobre a Lei 8.429/92, Rio de

---

1. LOPES JR. Aury. *Fundamentos do processo penal – introdução crítica*. São Paulo: Saraiva. 2015, p. 36.
2. JUSTEN FILHO, Marçal. *Reforma da Lei de Improbidade Administrativa comentada e comparada*. Rio de Janeiro: Forense, 2022, p. 258.
3. LEAL, Antônio Luís Câmara. *Da prescrição e da decadência*. 3. ed. Rio de Janeiro: Forense, 1978, p. 11.

Janeiro: Forense, 2002, p. 93; George Sarmento, *Improbidade administrativa*, Porto Alegre: Editora Síntese, 2002, p. 213; Emerson Garcia e Rogério Pacheco Alves, *Improbidade administrativa*, 2. ed., Rio de Janeiro: Lumen Juris, 2004, p. 560; Mauro Roberto Gomes de Mattos, *O limite da improbidade administrativa*, 2. ed., Rio de Janeiro: Editora América Jurídica, 2005, p. 740.

No sentido do que restou decidido pelo Supremo Tribunal Federal, isto é, que apenas os danos decorrentes de atos de improbidade administrativa deveriam ser passíveis de cobrança a qualquer tempo, isto é, não sujeitos à prescrição, temos a doutrina de Juarez Freitas[4].

Art. 37, § 6º As pessoas jurídicas de direito público e as de direito privado prestadoras de serviços públicos responderão pelos danos que seus agentes, nessa qualidade, causarem a terceiros, assegurado o direito de regresso contra o responsável nos casos de dolo ou culpa.

Ana Cláudia Nascimento Gomes

1. História da norma

A positivação ao nível constitucional do princípio da responsabilidade objetiva do Estado Brasileiro, no exercício de suas funções públicas, decorreu de obra do Constituinte de 1946, após um longo percurso de evolução doutrinária e jurisprudencial, tanto no Direito Estrangeiro quanto no Nacional. A Constituição de 1988 inovou ao estender a responsabilidade objetiva também às "pessoas (jurídicas) de direito privado prestadoras de serviços públicos".

2. Constituições brasileiras anteriores

– **Const. de 1824:** Art. 99 (irresponsabilidade do Imperador: *"A Pessoa do Imperador é inviolavel, e Sagrada: Elle não está sujeito a responsabilidade alguma"*) e art. 179, inciso XXIX (responsabilidade pessoal dos funcionários públicos: *"Os Empregados Publicos são strictamente responsaveis pelos abusos, e omissões praticadas no exercício das suas funcções, e por não fazerem effectivamente responsaveis aos seus subalternos"*).

– **Const. de 1891:** Art. 82 (responsabilidade pessoal dos funcionários públicos: *"Os funcionários públicos são estritamente responsáveis pelos abusos e omissões em que incorrerem no exercício de seus cargos, assim como pela indulgência ou negligência em não responsabilizarem efetivamente os seus subalternos"*).

– **Const. de 1934:** Art. 171 (responsabilidade solidária dos funcionários públicos com o erário: *"Os funcionários públicos são responsáveis solidariamente com a Fazenda nacional, estadual ou municipal, por quaisquer prejuízos decorrentes de negligência, omissão ou abuso no exercício dos seus cargos"*).

– **Const. de 1937:** Art. 158 (responsabilidade solidária dos funcionários públicos com o erário, repetindo o teor do art. 171 da Const. anterior).

– **Const. de 1946:** Art. 194 (responsabilidade objetiva do Estado e subjetiva dos agentes públicos: *"As pessoas jurídicas de direito público interno são civilmente responsáveis pelos danos que os seus funcionários, nessa qualidade, causem a terceiros. Parágrafo único. Caber-lhes-á ação regressiva contra os funcionários causadores do dano, quando tiver havido culpa destes"*).

– **Const. de 1967:** Art. 105 (responsabilidade objetiva do Estado e subjetiva dos agentes públicos: *"As pessoas jurídicas de direito público respondem pelos danos que os seus funcionários, nessa qualidade, causem a terceiros. Parágrafo único. Caberá ação regressiva contra o funcionário responsável, nos casos de culpa ou dolo"*).

– **EC n. 1, de 1969:** Art. 107 (repete o teor do art. 105 da Const. de 1967).

3. Constituições estrangeiras

– **Constituição da República Italiana, 1947:**

"Artigo 28. Os funcionários e os empregados do Estado e dos entes públicos são diretamente responsáveis, segundo as leis penais, civis e administrativas, pelos atos cometidos com violação de direitos. Em tais casos, a responsabilidade civil se estende ao Estado e ao ente público".

– **Lei Fundamental da República Federal da Alemanha, 1949:**

"Art. 34 (Responsabilidade por infrações no exercício de funções públicas): Se um funcionário, no exercício de um cargo público que lhe foi confiado, infringir em relação a terceiros os deveres que o cargo lhe impõe, a responsabilidade recai, em princípio, sobre o Estado ou a corporação a cujo serviço ele se encontra. No caso de dolo ou negligência grosseira, reserva-se o direito de regresso. Para reivindicações de indenização e para o exercício do direito de regresso não poderá ser excluída a via judicial ordinária".

– **Constituição da República Portuguesa, 1976:**

"Artigo 22º (Responsabilidade das entidades públicas). O Estado e as demais entidades públicas são civilmente responsáveis, em forma solidária com os titulares dos seus órgãos, funcionários ou agentes, por ações ou omissões praticadas no exercício das suas funções e por causa desse exercício, de que resulte violação dos direitos, liberdades e garantias ou prejuízo para outrem".

– **Constituição da Espanha, 1978:**

"Art. 9, n. 3: A Constituição garante o princípio da legalidade, da hierarquia normativa, da publicidade, da irretroatividade das disposições sancionadoras desfavoráveis ou restritivas aos direitos individuais, a segurança jurídica, a responsabilidade e a interdição da arbitrariedade dos poderes públicos".

"Art. 106, n. 2: Os particulares, nos termos estabelecidos pela lei, terão direito a serem indenizados por toda lesão que sofram em quaisquer de seus bens e direitos, salvo nos casos de força maior, sempre que a lesão seja consequência do funcionamento dos serviços públicos".

– **Constituição da República do Paraguai, 1992:**

"Art. 106 – Da Responsabilidade do Funcionário e do Empregado Público – Nenhum funcionário ou empregado público está isento de responsabilidade. Nos casos de transgressões, delitos ou faltas que cometerem no desempenho de suas funções, são

---

4. FREITAS, Juarez. *O controle dos atos administrativos e os princípios fundamentais*. 3. ed. São Paulo: Malheiros, 2004, p. 2003.

pessoalmente responsáveis, sem prejuízo da responsabilidade subsidiária do Estado, com direito deste a reaver o pagamento do que chegou a realizar sob esse conceito".

– **Constituição Política do Peru, 1993:**

"Art. 40º – A lei regula o ingresso na carreira administrativa e os direitos, deveres e responsabilidades dos servidores públicos". "A lei estabelece a responsabilidade dos funcionários e servidores públicos, assim como o prazo de sua inabilitação para a função pública".

"Art. 45º – O poder do Estado emana do povo. Quem o exerce o faz com as limitações e responsabilidade que a Constituição e as leis estabelecem".

4. Direito internacional

– Antiga **Declaração dos Direitos do Homem e do Cidadão, 1789:** Item XV. "A sociedade tem o direito de pedir contas a todo agente público de sua administração".

– **Declaração dos Direitos Humanos, 1948:** Art. 8º "Toda a pessoa tem direito a recurso efetivo para as jurisdições nacionais competentes contra os atos que violem os direitos fundamentais reconhecidos pela Constituição ou pela lei".

5. Remissões constitucionais

Arts. 5º, XXV e LXXV; 21, XII, XI a XIV, XXII a XXIV; 22, II; 23; 25, § 2º; 30, V; art. 37, *caput*; 53; 85; 95; 136, II; 173; 175; 182, § 4º, III; 225, § 3º.

6. Remissões legais

1. Cód. Civil de 2002 (Lei Federal n. 10.406/2002, arts. 186 e ss. e arts. 972 e ss.); Cód. Penal (Decreto-Lei n. 2.848/40, art. 18, II); Lei Federal n. 8.112/90 (Estatuto dos servidores públicos civis da União, arts. 121 a 126); Lei n. 6.453/77 (responsabilidade civil por danos nucleares); Lei Federal n. 6.938/91 (Política Nacional do Meio Ambiente); Lei Federal n. 8.987/95 (regime de concessão e permissão de serviços públicos previstos no art. 175 da CR); Lei Federal n. 8.935/94 (Serviços notariais e de registro, arts. 22 a 24); Lei Federal n. 10.744/2003 (Dispõe sobre a assunção pela União de responsabilidade civis perante terceiros no caso de atentados terroristas).

7. Jurisprudência

STF, STJ e TST, mencionadas no comentário.

Súmulas do STF: 11 e 17 (vinculantes) e 562.

Teses de repercussão geral firmada nos temas 45, 130, 220, 362, 365, 366, 512, 592, 777, 826, 940, 999 e 1055 do catálogo do STF.

Tema 1237 do catálogo de repercussão geral do STF.

Súmulas do STJ: 37, 54, 186, 326, 326, 362, 387 e 406.

8. Referências bibliográficas

– *Manuais*: DI PIETRO, Maria Sylvia Zanella, *Direito Administrativo*, São Paulo, 2013; MARINELA, Fernanda, *Direito Administrativo*, Niterói, 2012; MEIRELLES, Hely Lopes, *Direito Administrativo Brasileiro*, São Paulo, 1998; MELLO, Celso Antônio Bandeira de, *Curso de Direito Administrativo*, São Paulo, 2001; ROCHA, Cármen Lúcia Antunes, *Princípios Constitucionais da Administração Pública*, Belo Horizonte, 1994.

– Além dos manuais de direito administrativo, livros específicos: ALONSO, Paulo Sérgio Gomes, *Pressupostos da Responsabilidade Objetiva*, São Paulo, 2000; CANOTILHO, J. J. Gomes, *O Problema da Responsabilidade do Estado por Actos Lícitos*, Coimbra, 1974; CASTRO, Guilherme Couto E, *A Responsabilidade Civil Objetiva no Direito Brasileiro*, Rio de Janeiro, 2005; CORREIA, Maria Lúcia da C. Pinto, *Responsabilidade do Estado e Dever de indemnizar do Legislador*, Coimbra, 1998; CRETELLA JÚNIOR, José, *O Estado e a Obrigação de Indenizar*, Rio de Janeiro, 2002; FREITAS, Juarez (org.), *Responsabilidade Civil do Estado*, São Paulo, 2006; LOPES, Maria Gislandes Soares, *Responsabilidade Civil do Estado – Erro Judiciário:* Prisão Ilegal, Brasília, 2004; MEDEIROS, Rui, *Ensaio sobre a responsabilidade civil do Estado por actos legislativos*, Coimbra, 1992; MEDEIROS NETO, Xisto Tiago de, *Dano Moral Coletivo*, São Paulo, 2012; RODRIGUES JÚNIOR (e outros, Coord.), Otávio Luiz, *Responsabilidade Civil Contemporânea – em homenagem a Sílvio de Salvo Venosa*, São Paulo, 2011; SCHREIBER, Anderson, *Novos Paradigmas da Responsabilidade Civil*, São Paulo, 2011; SOARES, Renzo Gama, *Responsabilidade Civil Objetiva*: Pressupostos e Aplicação, Rio de Janeiro, 2011.

– *Artigos publicados no Brasil*: ABIB, Guadalupe Maria Junges, "Responsabilidade Patrimonial do Estado por Danos Causados a Terceiros – Omissão no Serviço Público – Responsabilidade Subjetiva – Considerações", *Boletim de Direito Administrativo*, abr. 1997, p. 259-261; ARAGÃO, Alexandre Santos de, Os Fundamentos da Responsabilidade Civil do Estado, *Revista dos Tribunais*, v. 824, junho, 2004, p. 72-81; FERRARI, Regina Maria M. Nery, Aspectos Polêmicos da Responsabilidade Patrimonial do Estado Decorrente de Atos Legislativos, *Revista do Tribunal de Contas do Estado de Minas Gerais*, v. 31, n. 2, abr.-jun. 1999, p. 41-75; FERREIRA, Sérgio de Andréa, O Estado e o dever de Indenizar, *Boletim de Direito Administrativo*, n. 5, v. 12, maio 1996, p. 251-264; FREITAS, Juarez, A Responsabilidade Extracontratual do Estado e o Princípio da Proporcionalidade: Vedação de Excesso e Omissão, *Revista de Direito Administrativo*, v. 241, jul.-set. 2005, p. 21-37; GANDINI, João Agnaldo Donizetti e SALOMÃO, Diana Paola da Silva, A Responsabilidade Civil do Estado por Conduta Omissiva, *Revista de Direito Administrativo*, v. 232, abril-jun. 2003, p. 199-230; GROTTI, Dinorá Adelaide Musetti, Responsabilidade do concessionário por danos a terceiros, usuários e não usuários do serviço, *Interesse Público*, a. 14, n. 73, maio-jun. 2012, p. 23-59; LENZ, Luís Alberto Thompson Flores, A Responsabilidade Civil do Estado pela Prática de Ato Lícito, *Revista de Direito Administrativo*, v. 205, jul.-set. 1996, p. 117-124; MARQUES, João Batista, A Obrigatoriedade da Denunciação da Lide nas Demandas Resultantes da Responsabilização Patrimonial Extracontratual do Estado por Danos Causados a Terceiros, *Revista de Informação Legislativa*, a. 42, n. 168, out.-dez., 2005, p. 137-145; MODESTO, Paulo, Responsabilidade do Estado pela Demora na Prestação Jurisdicional, *Revista de Direito Administrativo*, v. 227, jan.--mar. 2002, p. 291-308; MONTE ALEGRE, José Sergio, A Responsabilidade Patrimonial do Estado na Atual Jurisprudência do

Supremo Tribunal Federal, *Revista de Direito Administrativo*, v. 233, jul.-set. 2003, p. 33-40; NOBRE JÚNIOR, Edilson Pereira, Responsabilidade Civil do Estado e a Denunciação da Lide, *Revista AJUFE*, n. 49, mar.-abr. 1996, p. 43-48; OLIVEIRA, José Roberto Pimenta, O Direito de Regresso do Estado decorrente do reconhecimento de responsabilidade civil extracontratual no exercício da função administrativa, *Interesse Publico*, a. 13, n. 65, jan.-fev. 2011, p. 35-71; SANTOS, Rodrigo Valgas dos, Nexo causal e excludentes da responsabilidade extracontratual do Estado, *Interesse Público*, a. 12, n. 59, jan.-fev. 2010, p. 161-182; SANTOS NETO, João Antunes dos, A Responsabilidade Pública no Direito Brasileiro e no Direito Estrangeiro, *Revista de Direito Administrativo*, v. 239, mar.-abr. 2005, p. 255-298; SILVA, Almiro do Couto e, A Responsabilidade Extracontratual do Estado no Direito Brasileiro, *Revista de Direito Administrativo*, v. 202, out.-dez. 1995, p. 19-41; SILVA, Augusto Vinícius Fonseca e, A Responsabilidade Objetiva do Estado por Omissão, *Revista do Centro de Estudos Jurídicos (CEJ)*, n. 25, abr.-jun. 2004, p. 5-11; SILVEIRA, José Neri da, Aspectos da Responsabilidade do Estado no Sistema Brasileiro, *Revista da Escola Superior da Magistratura do Distrito Federal*, n. 1, jan.-abr. 1996, p. 99-118; SIQUEIRA, Bruno Luiz Weiler, O Nexo de Causalidade na Responsabilidade Patrimonial do Estado, *Revista de Direito Administrativo*, v. 219, jan.-mar. 2000, p. 91-106; SIQUEIRA, Maria Aparecida da Silva, Responsabilidade Patrimonial do Estado por seus Atos Lícitos e Ilícitos, *Genesis*, v. 15 (90), junho 2000, p. 815-874; SOUSA, José Guilherme de, A Responsabilidade do Estado pelo Exercício da Atividade Judiciária, *Revista do Curso de Direito da Universidade Federal de Uberlândia*, v. 19 (p. 129-141) e 20 (p. 151-173), 1990 e 1991; STOCO, Rui, Responsabilidade Civil do Estado por Obras que Realiza, *Revista dos Tribunais*, n. 689, v. 82, março 1993, p. 114-133; e WALD, Arnoldo, Os Fundamentos da Responsabilidade Civil do Estado, *Revista de Informação Legislativa*, a. 30, n. 177, jan.-mar. 1993, p. 5-22.

9. Comentários

1. O § 6º do art. 37 da Constituição consagra, em primeira linha, o **princípio da responsabilidade do Estado**, em especial, da responsabilidade **patrimonial** do Estado pelos danos causados aos particulares, tendo estreita ligação com a ideia de **responsabilização** do Estado (neste comentário, Estado sempre como sinônimo de "Poder Público"). Todavia, a concepção de que o Estado deve responder pelos atos praticados com lesão a direitos e garantias dos particulares decorreu de uma longa evolução da concepção de Estado de Direito e do próprio Direito, tanto no âmbito doutrinário quanto no jurisprudencial.

2. O vocábulo **responsabilidade** tem origem no verbo latim *respondere*. Este, por sua vez, designava que alguém se constituía garantidor de outrem ou de algo[1].

A palavra *responsabilidade* na língua portuguesa tem vários significados. O termo liga-se à ideia de "ser responsável por algo" (dever/obrigação de dar, fazer ou não fazer, de prestar, de proteger etc.), até de "ser responsabilizável" e de "dever prestar contas a alguém". Na língua inglesa, por exemplo, podemos visualizar tais concepções em termos distintos (*responsability e accountability*). O mesmo ocorre na língua germânica (*Verantwortung* e *Haftung*), fato que facilita a melhor compreensão do que se quer expressar. No caso do artigo comentado, importa a responsabilização **patrimonial** do Estado, pressupondo-se o ônus do erário (ou Fazenda Pública) pelos danos causados por ele (Estado) ou seus entes, nessa qualidade. Trata-se, pois, de uma categoria específica da responsabilidade jurídico-constitucional: a responsabilidade do Estado de indenizar ou compensar o(s) particular(es) que foi(ram) prejudicado(s) por sua atividade pública. Esta categoria especial da responsabilidade do Estado, contudo, apenas comprova a existência da genérica responsabilidade do Estado, que independe de sua responsabilização patrimonial. Existem ainda várias outras categoriais especial de responsabilidades constitucionais, por exemplo: a responsabilidade política dos Prefeitos Municipais (art. 29-A, § 2º) e do Presidente da República (art. 85); a responsabilidade penal de autoridades (arts. 100, § 6º e 102, I, *b*); a responsabilidade disciplinar de autoridades (art. 103-B, § 4º e III).

3. A consagração da responsabilidade extracontratual do Estado decorreu da ruptura de um dos dogmas do Estado Absolutista: o da sua infalibilidade. Com efeito, a **teoria da irresponsabilidade do Estado** estava enraizada na legitimação divina do poder dos reis, razão pela qual a máxima *"the king can do no wrong"*, concepção que se estendia a todos os agentes/atos da administração. A teoria da irresponsabilidade do Estado no Brasil pode ser representada pelo art. 99 da Constituição do Império (1891), que expressamente mencionava acerca da sacralidade e da irresponsabilidade da figura do Imperador. Por outro lado, este mesmo diploma chegou a prever a responsabilidade pessoal dos "empregados públicos", no art. 179, XXIX. Desse modo, pode-se afirmar que a teoria da irresponsabilidade do Estado não vigorou no Brasil independente na sua vertente mais radical.

Apesar do paradoxo que essa teoria acarretava, relativamente ao próprio Estado[2], não era profundamente contestada num Estado do tipo "Guarda-Noturno" (Estado Liberal). Isso porque, numa Administração Pública diminuta, as probabilidades de intromissão indevida ou injusta nos direitos dos particulares também se afiguravam pequenas. Em decorrência, a teoria da irresponsabilidade do Estado vigorou ainda por muito tempo, mesmo em Estados nos quais a limitação do Poder Público já havia sido consagrada formal ou materialmente (Estados Constitucionais). Assim, por exemplo, nos Estados Unidos da América (até 1946) e na Inglaterra (até 1947)[3]. Todavia, a teoria passa a ser substancialmente questionada na medida em que o Estado passa a assumir inúmeras tarefas relacionadas ao Bem-Estar Social, elevando o seu poder de intervenção na esfera dos direitos individuais e

---

1. Cf. GANDINI, João Agnaldo Donizete (et al.), "Responsabilidade Civil do Estado por Conduta Omissiva", *Revista de Direito Administrativo*, abril-junho 2003, p. 199-230.

2. Cf. SANTOS NETO, João Antunes dos. "Responsabilidade Pública no Direito Brasileiro e no Direito Estrangeiro", *Revista de Direito Administrativo*, janeiro-março, v. 239, 2005, p. 255-298, porquanto, nessa situação, permitia a violação da ordem jurídica por ele próprio, mesmo sendo aquele que outorga a tutela do direito.

3. Cf. SANTOS NETO, João Antunes dos. "Responsabilidade Pública...", cit., p. 262.

coletivos e agigantando a sua máquina administrativa[4] (nomeadamente do tipo Administração Prestacional). A partir de então, surgem algumas teorias da responsabilidade do Estado, cuja fonte primeira foi o Direito Civil.

4. A **responsabilidade civil** pode ser classificada, no Direito Privado, em contratual e extracontratual. A primeira decorre do não cumprimento (ou cumprimento parcial) de um negócio jurídico, dando ensejo à incidência de sanções contratuais (ex.: cláusula penal, multa etc.). A última prescinde da existência de contrato entre o agente causador do dano e a vítima, decorrendo *ex vi legis*. A origem desta remonta à *Lex Aquilia* do Direito Romano, donde o seu outro nome: **responsabilidade aquiliana**[5]. Afinal, a ninguém é outorgado o direito de violar direito alheio. Todavia, a ideia central da teoria da responsabilidade civil é a culpa (**teoria da culpa**) e a sua finalidade precípua é o restabelecimento do "equilíbrio", de modo que o patrimônio jurídico de alguém seja recomposto. Daí a estreita ligação da palavra "responsabilidade" com a palavra "correspondência"[6], de modo a se obter um retorno ao *status quo ante*.

Assim, inicialmente passou-se a aplicar ao Estado a teoria da responsabilidade, nos moldes privatísticos. Distinguiam-se os chamados *atos de império* (para os quais ainda era válida a teoria da irresponsabilidade do Estado, pois nestes o Estado agia com supremacia em relação aos particulares) dos *atos de gestão* (neste caso, o Estado atuava despido de sua supremacia, nos termos de Direito Privado, razão pela qual seria válida a teoria da responsabilidade civil, como se particular fosse). A demonstração da culpa do servidor ou funcionário público para a eclosão do dano ao particular era imprescindível. Posteriormente, a difícil distinção pragmática entre *atos de império* e *atos de gestão* acarretou a genérica aplicação da teoria da culpa ao Estado.

A responsabilidade (civil) configurada conforme a teoria da culpa é também denominada de **responsabilidade subjetiva**. Afinal, a conduta do causador do dano – no caso específico, do agente público – tem papel fundamental, devendo ter agido com dolo (intencionalidade de provocar o resultado) ou culpa (nas figuras de negligência, imprudência ou imperícia – esta figura deixou de ser mencionada no atual Cód. Civil, art. 186, mas consta do art. 18, II, do CP). Além desse requisito subjetivo, importa averiguar a ocorrência do dano no patrimônio jurídico da vítima e o nexo de causalidade entre esse prejuízo e a conduta culpável do agente público (pressupostos da responsabilidade subjetiva).

5. O regime jurídico-público a que está essencialmente submetido o Estado e seus agentes na realização das funções públicas (regime de Direito Administrativo) e a dificuldade em se configurar, no caso concreto, a culpa do servidor (mormente em razão da complexidade da Administração Pública) acarretaram o desenvolvimento de teorias publicistas da responsabilidade do Estado, dotadas de peculiaridades relativamente à teoria da culpa. Por isso, parte da doutrina entende ser equivocada a expressão "responsabilidade *civil* do Estado", que olvidaria o regime de Direito Público a que a matéria está submetida[7].

Para o desenvolvimento da teoria publicista da responsabilidade do Estado, teve particular êxito a jurisprudência francesa do século XIX, em especial o *Arrêt Blanco* (1873). Neste estágio, o conceito de culpa pessoal do agente passa a ser substituído por um menos subjetivo: a culpa do serviço (serviço público tardio, irregular, inadequado etc.). Passou-se à **teoria da culpa do serviço** (*faute du service*).

A inadequação da ideia de "culpabilidade" para os serviços públicos acaba por desenvolver a **teoria do risco administrativo**, na qual o requisito subjetivo torna-se irrelevante para a configuração da responsabilidade civil do Estado (permanecendo, contudo, imprescindível para a responsabilização pessoal do agente público, que não deixa de existir). Trata-se da **responsabilidade objetiva**. A responsabilidade atrela-se doravante ao risco criado pelo Estado no desenvolvimento de suas atividades. Esta teoria é a que fora consagrada no § 6º do art. 37, sendo exceção à regra geral da responsabilidade subjetiva.

6. Os **fundamentos** da responsabilidade do Estado em termos publicísticos centram-se nos princípios que fundam o Estado de Direito, em especial, no da limitação do Poder Público (assim, na existência de um governo moderado e *responsável*, tendo o povo como origem e destinatário desse poder); no princípio da igualdade (em especial, de todos os indivíduos perante a distribuição dos encargos públicos) e, ainda, no princípio da legalidade dos atos do Estado. Consequentemente, não há dúvida de que a norma do § 6º do art. 37 atinge, sem distinção, todas as entidades de natureza incontroversamente pública (pessoas jurídicas de direito público), **destinatárias** primeiras da norma. O princípio da igualdade tem sido o principal arrimo utilizado pela doutrina para justificar a responsabilidade do Estado pelos atos lícitos (ex.: desapropriação e a imposição de ônus especiais ao direito de propriedade etc.); enquanto o da legalidade tem sido a base da responsabilidade do Estado por atos ilícitos.

7. O § 6º do art. 37 suscita inúmeras e complexas dúvidas em sua aplicação, não obstante seja farta a doutrina e a jurisprudência sobre a matéria; desde logo, porque o dispositivo consagra uma dupla responsabilização: além da responsabilidade civil do Estado (e das pessoas jurídicas de direito privado prestadoras de serviços públicos), também a responsabilização do agente público que tenha agido com dolo ou culpa (observe-se que a Constituição se utiliza do termo amplo "agente responsável"). Assim, existem questões ao nível da própria norma constitucional, ao nível da responsabilização objetiva dos entes públicos e, finalmente, ao nível da responsabilização subjetiva do agente. Aliás, por vezes, num dado caso concreto, essas questões podem estar simultaneamente presentes.

8. Uma primeira questão que se coloca é saber se o § 6º do art. 37 é uma "**norma definidora de direito ou garantia fundamental**" relativamente ao cidadão prejudicado e, nesse sentido, "norma de aplicação imediata" (autoaplicável e de eficácia plena).

---

4. Cf. STOCO, Rui, "Responsabilidade Civil do Estado por Obras que Realiza", *Revista dos Tribunais*, n. 689, v. 82, março 1993, p. 114-133.
5. V. ALBERGARIA, Bruno, *Histórias do Direito – evolução das leis, fatos e pensamentos*, São Paulo, 2012.
6. Cf. FERREIRA, Sérgio de Andréa. "O Estado e o Dever de Indenizar", *Boletim de Direito Administrativo*, v. 12, maio, n. 05, 1996, p. 251-264.
7. Cf. FERRARI, Regina Maria M. Nery. "Aspectos Polêmicos da Responsabilidade Patrimonial do Estado Decorrente de Atos Legislativos", *Revista do Tribunal de Contas do Estado de Minas Gerais*, abril-junho, v. 31, n. 2, 1999, p. 41-75.

Fala-se que as "citadas normas sobre direitos fundamentais seriam aplicadas 'contra a lei, ao invés da lei'"[8]. Não só a própria "densidade normativa" do preceito está a anunciar em sentido positivo (repare que a Constituição não remete à concretização da lei, no caso) como também a estreita conexão com os princípios que fundamentam o Estado de Direito. Assim, a restrição do art. 43 do Cód. Civil, que não mencionou as "pessoas de direito privado prestadoras de serviços públicos", não sendo inconstitucional, também em nada restringe o âmbito aplicativo da norma constitucional em comento. A norma do parágrafo sob comentário consagra um direito autoaplicável de conteúdo abstencionista/negativo (o *direito fundamental de não ser lesado em seus demais direitos e garantias*); e, de conteúdo prestacional/positivo (o *direito fundamental de ser plenamente recomposto, em sendo lesado em seus direitos e garantias*). Os direitos e garantias (ou direitos, liberdades e garantias) dos particulares (*lato sensu*, pessoas naturais e jurídicas) são, pois, os bens juridicamente protegidos pela norma em causa.

A eficácia plena da norma constante do § 6º do art. 37 possibilita, de todo modo, uma ampla densificação por parte do legislador infraconstitucional, desde que seja observado aquele direito autoaplicável (de conteúdo negativo e positivo) como limite não transponível. Aliás, a densificação legislativa de um regime específico para a responsabilidade patrimonial do Estado Brasileiro afigurar-se-á bastante salutar, na medida em que inúmeras questões atreladas ao § 6º do art. 37 não estão satisfatoriamente reguladas pelo Cód. Civil, na qualidade de diploma legal básico das relações jurídico-privadas.

O parágrafo sob comentário também é fonte do **princípio da responsabilidade do Estado** (genérica, n. 2, *supra*). O princípio da responsabilidade do Estado, enquanto "mandamento de otimização"[9], permite-nos concluir que o Estado está prioritariamente incumbido de proteger os direitos e garantias dos cidadãos/coletividade, devendo atuar na condução de suas funções/tarefas de modo a não restringir ou, em última hipótese, restringir o mínimo necessário o conteúdo daqueles direitos e garantias (princípio da vedação do excesso e do arbítrio e princípio da proporcionalidade em sentido amplo no exercício dos poderes públicos). Na jurisprudência do STF, há referência ao "dever legal de cuidado atribuído ao Estado": RE 175.739, relatado pelo Min. Marco Aurélio, *DJ* 26/2/1999; AI 313.533, relatado pelo Min. Sepúlveda Pertence, *DJ* 25/10/2004; RE 409.203, relatado pelo Min. Joaquim Barbosa, *DJ* 20/4/2007.

9. Outra importante questão que se coloca em relação ao § 6º do art. 37 é descortinar um conceito constitucionalmente adequado à responsabilização do Estado (e das pessoas de direito privado prestadoras) de "**serviços públicos**".

Assim, inicialmente, importa averiguar se, para os fins específicos da norma, são incluídos em seu âmbito de aplicação os "serviços comerciais ou industriais" do Estado. A doutrina tem indicado que, nos casos de danos causados aos particulares por empresas com participação do Estado, na exploração direta de atividade econômica, a responsabilização configurar-se-á nos moldes privatísticos (isto é, responsabilidade subjetiva, com necessidade de demonstração da culpa *lato sensu*)[10]. Isso porque o art. 173, II, da CR determina que, em tais casos, há a "sujeição ao regime jurídico próprio das empresas privadas, inclusive quanto aos direitos e obrigações civis, comerciais, trabalhistas e tributários" (inciso incluído pela EC n. 19/98). De todo modo, a incidência de normas de direito público (ou do próprio regime jurídico-público) pode ser atraída, mesmo nestes casos, uma vez que o próprio art. 173, *caput*, determina: a "exploração direta de atividade econômica pelo Estado só será permitida quando necessária aos imperativos da *segurança nacional* ou de *relevante interesse coletivo*, conforme definidos em lei". Ademais, no inciso III deste artigo (também incluído pela EC n. 19/98) impõe a observância dos princípios da administração pública, sendo certamente o princípio da responsabilidade do Estado um deles[11].

O STF, contudo, tem mencionado que as "empresas públicas, as sociedades de economia mista e outras entidades que explorem atividades econômicas, em sentido estrito, sem monopólio", não se incluem no âmbito de aplicação do parágrafo sob comentário. Assim, por exemplo, o RE 424.227-3, relatado pelo Min. Carlos Velloso (*DJ* 10/9/2004). Neste acórdão são mencionados outros precedentes: RE 230.072/RS; RE 220.907/RO e a ADI 1.552-DF. Para nós, entretanto, a controvérsia jurídica ainda não está plenamente assentada e pode ser objeto de densificação legislativa em sentido diverso do que aponta a jurisprudência[12].

De todo modo, nos casos de empresas (da Administração Indireta do Estado) que exercem atividades comerciais ou industriais em sentido estrito, a responsabilidade objetiva pode ser alcançada também pelo percurso do Direito Privado, através da aplicação da legislação infraconstitucional (CDC, art. 12); desde que seja hipótese de relação de consumo.

---

8. Cf. GOMES, Ana Cláudia Nascimento. *O Poder de Rejeição de Leis Inconstitucionais pela Autoridade Administrativa no Direito Português e no Direito Brasileiro*. Porto Alegre, SAFE, 2002, p. 200, citando J. J. Gomes Canotilho e Vital Moreira.
9. Cf. ALEXY, Robert, *Teoría de los Derechos Fundamentales*, Madrid, 1997.
10. Cf. SANTOS NETO, João Antunes dos. "Responsabilidade Pública...", cit., p. 275. Tb. FERREIRA, Sérgio de Andréa, "O Estado e o Dever de Indenizar", cit., p. 260; e SILVA, Almiro Couto e. "A Responsabilidade Extracontratual do Estado no Direito Brasileiro", *Revista de Direito Administrativo*, v. 202, out-dez. 1995, p. 19-41, em especial p. 26.
11. ROCHA, Cármen Lúcia Antunes, *Princípios Constitucionais da Administração Pública*, Belo Horizonte: Del Rey, 1994.
12. Cf. GOMES, Ana Cláudia Nascimento. *O Poder de Rejeição...*, cit., p. 216: "Entretanto, mesmo que assim se entenda, o fato é que a intensidade da vinculação das entidades administrativas sob formas de organização/atuação jurídico-privadas aos preceitos constitucionais respeitantes aos DLG pode não ser idêntica àquela verificada em relação às entidades que são ordinariamente públicas, nomeadamente em razão da flexibilidade que ser quer buscar através da importação do regime jurídico-privado (...). Por isso mesmo, o posicionamento da doutrina balança entre uma vinculação 'mais frouxa' e uma vinculação em iguais termos; o que pode ter em conta inclusivamente o tipo de atividade desempenhada pela autoridade: serviços públicos ou atividades meramente mercantis (econômico-industriais). (...) Entretanto, em face da CF, não se pode deixar de apontar o que dispõe o art. 173, relativamente à exploração direta de atividade econômica pelo Estado: 'só será permitida quando necessária aos imperativos da segurança nacional, ou relevante interesse coletivo, conforme definido em lei'. Assim, no caso de desenvolvimento de atividades preponderantemente econômicas, mediante empresas públicas (ou majoritariamente públicas) organizadas e regidas pelo Direito Privado, a existência de desnivelamento entre a entidade e os particulares é pressuposta diante dos imperativos que estão subjacentes ao desenvolvimento da atividade econômica. Por isso, em que pese os ponderosos argumentos, há que se considerar que a vinculação direta aos preceitos respeitantes aos DLG, ..., não pode deixar de *pressupor ser igualmente* vinculante para a Administração Pública, ainda que trajada sob formas jurídico-privada".

Por outro lado, com o que concordamos, a jurisprudência do STF tem desenvolvido um abrangente conceito de "serviços públicos" em relação às atividades desenvolvidas pelo Poder Público, nele sendo incluídas as atividades de "polícia administrativa" (fiscalização do Poder Público, segurança pública etc.), bem como a realização de obras públicas e a implementação de tarefas sociais (educação e saúde públicas), e, mesmo, a realização de concursos públicos organizados por pessoa jurídica de direito privado (tese firmada no tema 512 do catálogo pelo STF). Assim, no primeiro caso, no RE 180.602-8/SP (DJ 16/4/99), relatado pelo Min. Marco Aurélio, configurou-se a responsabilidade objetiva do Estado (município) em razão do insuficiente serviço de fiscalização, que deixou de retirar animais das vias de circulação, causando dano ao particular. Já na AR 1.376-1/PR, relatada pelo Min. Gilmar Mendes, não restou configurada a responsabilidade objetiva do Estado, por ausência de nexo de causalidade, em caso de possível prestação de serviço de segurança pública deficiente, com fuga de presidiário que causara assalto (ou seja, incluindo a atividade de segurança pública no âmbito de aplicação). No caso de obras públicas, tem-se o acórdão RE 85.079/SP, relatado pelo Min. Moreira Alves (DJ 7/4/1978), configurando a responsabilidade solidária do Poder Público com a empreiteira que, culposamente, causou prejuízo ao particular[13]. Ainda o acórdão RE 115.370/PR, relatado pelo Min. Carlos Madeira (DJ 15/4/88). Com relação à atividade de saúde, tem-se o RE-AgR 363.999/RJ, relatado pelo Min. Gilmar Mendes (DJ 25/4/2003), determinando-se a responsabilização por ato de hospital público.

Bem mais problemática pode ser a tarefa de delinear, para fins de aplicação do § 6º do art. 37, o conceito de "serviços públicos" prestados por entidades/pessoas de direito privado. Desde logo, porque o conceito tradicional de serviço público tem sido hodiernamente revisto pela doutrina administrativista. Talvez por isso mesmo o Tratado da União Europeia prefira a nomenclatura "serviços de interesse econômico geral". No âmbito de aplicação podem ser incluídos (incontroversamente) desde os "serviços públicos" tradicionais, sob concessão ou permissão – como prestação de saneamento básico, energia elétrica, gás, telefone; cujo conceito identifica-se com o do art. 175 da CR (e arts. 21, XII; 25, § 2º; 30, V)[14], até os serviços de tenham um *caráter público* – tais como motoristas de táxi, bancos de dados, estabelecimentos privados de ensino e de saúde, organizações sociais etc.; aqui os exemplos podem ser os mais variados[15]; especialmente quando podem ser demandados em mandado de segurança ou *habeas data* e carecem de uma especial autorização de funcionamento do Poder Público.

Por um lado, esse conceito alargado de "serviços públicos", especialmente para fins de responsabilização com supedâneo no parágrafo anotado, parece coadunar-se com uma "sociedade de massas, dos serviços e de risco"[16]; por outro lado, não nos parece proporcional e razoável responsabilizar-se (solidária ou subsidiariamente) o ente público quando não lhe é legitimado qualquer poder de ingerência no aludido serviço/atividade/empresa, não devendo ser o Estado transformado em "Segurador Universal"[17] ou assumir riscos próprios das atividades econômicas[18]. "A despreocupação com o erário da coletividade" não pode ser o preço a se pagar pela "superproteção dos particulares"[19]. A leitura do dispositivo constitucional não pode significar uma válvula de escape para todos os prejuízos sofridos pelos cidadãos. Além disso, como se verá a seguir, a responsabilização exige um nexo de causalidade bem definido, especialmente em relação às condutas omissivas. O STF alinha-se a essa interpretação moderada, exigindo a "oficialidade" da atividade causal e lesiva: v. RE-AgR 481.110/PE, relatado pelo Min. Celso de Mello, DJ 09/03/2007. Ainda: RE 78.569, relatado pelo Min. Firmino Paz (DJ 2/10/1981); RE 220.999-7, relatado pelo Min. Marco Aurélio (DJ 24/11/2000); AgR RE 603.626/MS, relatado pelo Min. Celso de Mello; v. tb. *RTJ/STF* 163/1107-1108, relatado pelo Min. Celso de Mello.

É fundamental recorrer-se sempre a uma leitura sistêmica da Constituição, velando pela sua unidade normativa. Assim, não há dúvidas de que os notários devem ser incluídos no espectro de aplicação do parágrafo comentado, por força do art. 236 da CR (RE 201.595-SP, relatado pelo Min. Marco Aurélio, DJ 28/11/2000). Isso poderá valer para os tradutores oficiais, em face da natureza estritamente estatal da atividade. Já não podemos dizer o mesmo para os partidos políticos e bolsa de valores, por exemplo[20]. Finalmente, como se pode perceber em relação aos notários, também as *pessoas naturais* podem ser prestadoras de serviços públicos, pelo que o § 6º do art. 37 deve ter aqui uma interpretação extensiva, não havendo razão alguma para excluí-las do âmbito de aplicação da norma (v. Lei Federal n. 8.935/94, art. 22). Há sobre essa específica matéria repercussão geral admitida pelo STF em recurso extraordinário (RE 842.846/SC, rel. Min. Luiz Fux – Tema 777). A tese firmada nesse tema é a

---

13. Cf. MONTE ALEGRE, José Sérgio. "A Responsabilidade Patrimonial do Estado na Atual Jurisprudência do Supremo Tribunal Federal", *Revista de Direito Administrativo*, v. 233, jul.-set. 2003, p. 33-40.

14. Ressalte-se que os "serviços públicos" tradicionais foram inseridos, por obra do legislador ordinário, no âmbito de aplicação do CDC (art. 12). Ver ainda, para fins de responsabilização dessas entidades, a Lei Federal n. 8.987/95.

15. Ver, solicitando a ampliação do conceito de serviços públicos para fins de responsabilização, FERREIRA, Sérgio de Andréa. "O Estado e do Dever de Indenizar", cit., p. 260.

16. Cf. PASTORI, Giorgio. "Funciones y Derechos Sociales entre Estado y Sociedade", *Documentación Administrativa*, n. 248-249, maio/dez., p. 210. Tb. DIAS, Maria Tereza Fonseca. *Direito Administrativo Pós-Moderno*: Novos Paradigmas do Direito Administrativo a partir do Estado da Relação entre o Estado e a Sociedade, Belo Horizonte, 2003, p. 39: "O exemplo mais significativo dos programas que seriam implementados para atingir a meta de redefinição dos espaços públicos e privados referia-se à própria revisão das funções e da forma de atuação do Estado, por meio de parcerias estabelecidas com 'entidades públicas não estatais', denominadas organizações sociais".

17. Ver a Lei Federal n. 10.744/2003, que dispõs sobre a possibilidade da União assumir a responsabilidade civil (reparação) por danos gerados a terceiros causados por atentados terroristas ou correlatos. A responsabilização patrimonial, nesta hipótese, por não exigir ação/omissão da União que direta e imediatamente causa o dano ao particular, assemelha-se à hipótese de pagamento securitário.

18. Cf. MENDES, Gilmar. "Perplexidades acerca da Responsabilidade Civil do Estado: União 'Seguradora Universal'", *Revista Jurídica Virtual*, v. 2, n. 13, Junho/1999, disponível em: www.planalto.gov.br/ccivil_03/revista/Rev_13/perplex.htm. Acesso em: 30 jan. 2008.

19. Cf. ARAGÃO, Alexandre dos Santos. "Os Fundamentos da Responsabilidade Civil do Estado", *Revista dos Tribunais*, n. 824, junho 2004, p. 72-81. Ver tb. FREITAS, Juarez, "A Responsabilidade Extracontratual do Estado e o Princípio da Proporcionalidade", *Revista de Direito Administrativo*, n. 241, jul.-set. 2005, p. 21-37.

20. Contra esta posição, FERREIRA, Sérgio de Andréa, cit., p. 257 e 260.

seguinte: "O Estado responde, objetivamente, pelos atos dos tabeliães e registradores oficiais que, no exercício de suas funções, causem dano a terceiros, assentado o dever de regresso contra o responsável, nos casos de dolo ou culpa, sob pena de improbidade administrativa".

10. São **requisitos** ou **pressupostos** da responsabilidade (responsabilização) objetiva o nexo causal e o dano.

Para fins do parágrafo em causa, para além de se estar diante de uma entidade de direito público ou de uma pessoa de direito privado prestadora de "serviço público", importa averiguar a conduta geradora do dano ao particular. Trata-se do **nexo de causalidade,** conceituado como o vínculo jurídico (e material) entre a atividade (estatal/de serviços públicos) e o dano produzido ao terceiro[21]. Existem algumas teorias que tentam explicar a formação do nexo causal (tais como: teoria da equivalência das condições, teoria da causalidade necessária e teoria da causalidade adequada, cf. STF, RE-AgR 481.110/PE, relatado pelo Min. Celso de Mello, DJ 9/3/2007; teoria da interrupção do nexo causal, STF, RE 130.764/PR, relatado pelo Min. Moreira Alves, DJ 7/8/1992). Por isso, "é possível falar em um nexo causal mais ou menos elástico, dependendo dos pressupostos teóricos que balizam a análise de qualquer caso concreto"[22].

Para nós, o dano deve ser efeito *direto* e *imediato* da conduta lesiva (nos moldes do art. 403 do Cód. Civil de 2002; STF, RE 130.764/PR e RE 136.247-/RJ, este relatado pelo Min. Sepúlveda Pertence), sob pena de, através do conceito de nexo causal, alargar-se a responsabilização do Estado em termos de teoria do risco integral[23] (a qual não encontra arrimo no § 6º do art. 37). Isto parece ter sido acolhido na tese firmada pelo STF no tema 362 do catálogo: "Nos termos do artigo 37, § 6º, da Constituição Federal, não se caracteriza a responsabilidade civil objetiva do Estado por danos decorrentes de crime praticado por pessoa foragida do sistema prisional, quando não demonstrado o nexo causal *direto* entre o momento da fuga e a conduta praticada".

Também deve ser assim, especialmente nas condutas omissivas. Por exemplo, no REsp 2004/0112790-9, DJ 1/7/2005, relatado pelo Min. Luiz Fux, o STJ reconheceu a responsabilidade do Estado pela omissão no fornecimento de medicamentos a transplantado, causando rejeição do órgão recebido, em função da existência de uma omissão estatal *específica*, configurando-se o nexo causal entre essa conduta e o dano. A especificidade da omissão estatal também consta de ementa do STF: AgR RE 698.275/PB, relatado pelo Min. Teori Zavascki, j. 8/4/2014. Na tese de repercussão geral firmada no tema 592 do catálogo, o STF entendeu que "em caso de inobservância do seu dever *específico* de proteção previsto no art. 5º, inciso XLIX, da Constituição Federal, o Estado é responsável pela morte de detento". Assim também na tese firmada no tema 366 do STF, em 2020: "Para que fique caracterizada a responsabilidade civil do Estado por danos decorrentes do comércio de fogos de artifí-

cio, é necessário que exista a violação de um dever jurídico *específico* de agir, que ocorrerá quando for concedida a licença para funcionamento sem as cautelas legais ou quando for de conhecimento do poder público eventuais irregularidades praticadas pelo particular".

11. Quanto ao **dano indenizável,** este pressupõe, primeiramente, que o bem afetado pela conduta lesiva seja protegido juridicamente. Por isso, não são indenizáveis os danos gerados em bens ilícitos dos particulares, como ocorre no caso da expropriação mencionada no art. 243 da CR. Ademais, o dano deve ser certo e aferível, não importando que seja de ordem moral ou coletiva[24].

Para a qualificação do dano como indenizável, a doutrina tem utilizado geralmente da pesquisa acerca da ilicitude (ou licitude) do ato do Poder Público[25]. Naquele caso, porque fora maculado o princípio da legalidade, todos os danos gerados pela conduta do Estado devem ser albergados no dever de indenizar (dever reparatório), de modo a se obter uma justa correspondência com o *status quo ante*: o dano tem aqui um espectro abrangente, abraçando os danos atuais (materiais, morais e/ou estéticos) e lucros cessantes (considerando-se aquilo que *razoavelmente* deixou de ganhar; art. 402 do Cód. Civil de 2002).

No segundo caso (ato lícito), são indenizáveis apenas os danos considerados especiais e anormais; mas não um qualquer "incômodo" ao bem protegido juridicamente. Isso porque o fundamento da responsabilidade do Estado (dever compensatório), neste caso, frise-se, remonta à ideia da distribuição igualitária dos encargos públicos perante os cidadãos. Nesse sentido, o particular prejudicado pelo ato lícito danoso do Estado deve ter sido especial e peculiarmente atingido, pois, caso contrário, terá de suportar o ônus como os demais cidadãos, em condições iguais. A limitação permanente do direito de propriedade de um indivíduo, com a especial restrição de uso ou a imposição de vínculo ambiental (ex.: fechamento definitivo para o trânsito de automóveis; tombamento de imóvel de valor cultural), pode gerar o dever de indenizar; o que não aconteceria em mero incômodo pela construção de rede de saneamento básico. O dever de indenizar não se configuraria igualmente se a imposição fosse genérica.

Obviamente que, nos casos de danos decorrentes de atos lícitos, a compensação a ser paga pelo Poder Público deve guardar sintonia com o valor do bem afetado/ônus sofrido, não se autorizando um qualquer enriquecimento sem causa; o que também ocorre em relação aos danos decorrentes de ato ilícito.

O STF, por sua vez, tem se utilizado da expressão "alteridade do dano" como um dos pressupostos do dever de indenizar do Poder Público, independentemente da licitude ou ilicitude do ato danoso (RE-AgR 481.110/PE, relatado pelo Min. Celso de Mello, DJ 9/3/2007; AgR RE 481.110, relatado pelo Min. Celso de Mello; AI 533.937-AgR, relatado pela Min. Ellen Gracie). Dessa forma, acaba por conceder uma interpretação mais unitá-

---

21. ALBERGARIA, Bruno, *Direito Ambiental e a Responsabilidade Civil das Empresas,* Belo Horizonte, 2005, p. 147.
22. SANTOS, Rodrigo Valgas dos, "Nexo causal e excludentes da responsabilidade do Estado", *Interesse Público,* a. 12, n. 59, jan-fev. 2010, p. 163.
23. Nesse sentido, ver FREITAS, JUAREZ, "A Responsabilidade...", cit., p. 23.

24. Sobre o chamado "Dano Moral Coletivo" ou danos sociais, cf. MEDEIROS NETO, Xisto Tiago. *Dano Moral Coletivo,* São Paulo, 2007.
25. Cf. STOCO, Rui. "Responsabilidade...", cit.; SILVA, Siqueira, Bruno. "O nexo de causalidade na Responsabilidade Patrimonial do Estado", *Revista de Direito Administrativo,* v. 219, jan./mar. 2000, p. 91-106; SILVA, Almiro Couto e. "A Responsabilidade..."; dentre outros.

ria ao dispositivo constitucional, que expressamente não distinguiu entre atos lícitos ou ilícitos para fins de configurar a responsabilização extracontratual do Estado. De fato, seja relativamente aos atos ilícitos danosos do Poder Público, seja em relação aos atos lícitos, revela-se que o dano deve ser *injusto:* injusto porque decorreu da violação do princípio da legalidade/juridicidade ou injusto porque não deve ser suportado isoladamente pelo particular prejudicado[26].

12. A recomposição (pecuniária) do **dano moral** tem, todavia, suscitado outras e novas discussões. Por um lado, porque a ideia de *equivalência* e de *correspondência* (praticamente matemática), tão naturais à configuração da indenização por *dano de ordem patrimonial*, resta prejudicada quando estamos a lidar com danos de ordem extrapatrimonial (direitos de personalidade, direito ao ambiente ecologicamente saudável, valores sociais etc.), uma vez essas lesões não são materialmente aferíveis. Por outro lado, porque há alguma razão na crítica da doutrina que aponta a "inércia da própria comunidade jurídica, que insiste em oferecer às vítimas destes danos, como só solução, o pagamento de uma soma em dinheiro, estimulando necessariamente sentimentos mercenários"[27].

Independentemente da natureza pública ou privada do agressor, a jurisprudência nacional tem afirmado que o dano moral é *in re ipsa*, ou seja, esse dano "está ínsito na ilicitude do ato praticado, decorre da gravidade do ilícito em si, sendo desnecessária a sua efetiva demonstração" (STJ, REsp 608.918/RS, contra o Poder Público; REsp 1.057.274/RS, REsp 963353). Ainda, STF AgRE 724.932/MS, AgRE 751.016/GO, RE 614.975/AM, RE 685.273/RS, Ag.R RE 754.778/RS; TST, RR 64000-64.2006.5.05.0024, RR 3250200-10.2007.5.09.0019. Além disso, a jurisprudência nacional também tem se alinhado à doutrina que afirma a imprescindibilidade de se atribuir à indenização por danos morais objetivos sancionatório e pedagógico, além de reparatório (STJ, Ag 1.312.339, AgRg no AREsp 144.733/SC; TST, RR 6514420125050035, RR 1693000620065090670). Por isso, diante dessas finalidades diversas da reparação pelos danos morais, há um maior subjetivismo judicial na definição do *quantum*, observando os tribunais alguns critérios: *(i)* a gravidade da lesão; *(ii)* a capacidade econômica da vítima; *(iii)* o grau de culpa do ofensor e *(iv)* a sua capacidade econômica[28] (STF, Ag.R RE 754.778/RS, relatado pelo Min. Dias Toffoli). Tal subjetivismo, atrelado à ideia da culpabilidade do agressor, parece, entretanto, dissociar-se do desenvolvimento da responsabilidade civil em geral, e do Estado, em particular (responsabilidade objetiva; responsabilidade pelo risco gerado ou Teoria do Risco, Cód. Civil, art. 927, parágrafo único).

De nossa parte, entendemos que a centralidade da dignidade da pessoa humana (CR, 1º, III) e a sua inviolabilidade (CR, art. 5º, *caput*, VI, VIII, X etc.), apontam para a necessidade de uma tutela (legal e jurisdicional) reforçada no campo das lesões a esses bens jurídicos e a outros de ordem extrapatrimonial (ex. Direito Ambiental), ainda que, futuramente, se afaste da pesquisa sobre a culpabilidade do agressor, em benefício de outros critérios na quantificação (do "montante") do dever de indenizar. Ademais, em se tratando do agressor de natureza pública (Poder Público, enquanto instituição, dotado de competências constitucionais, legais e administrativas e executando-as por força do princípio da juridicidade), pode-se questionar, talvez com maior grau de razão, no cabimento (ou não) dessa "culpabilidade". A tese firmada no tema 365 do catálogo do STF foi nesse sentido: "Considerando que é dever do Estado, imposto pelo sistema normativo, manter em seus presídios os padrões mínimos de humanidade previstos no ordenamento jurídico, é de sua responsabilidade, nos termos do art. 37, § 6º, da Constituição, a obrigação de ressarcir os danos, inclusive morais, comprovadamente causados aos detentos em decorrência da falta ou insuficiência das condições legais de encarceramento".

A compensação pelos danos morais não tem necessariamente que conduzir ou implicar no pagamento de uma quantia monetária, podendo, a depender do bem **jurídico lesado, ser "adequadamente" reparado** através de **indenizações desmonetarizadas** ou de **obrigações cominatórias** (ex. retratação pública da Lei de Imprensa, Lei n. 5.250/67, por aplicação **analógica**, TJRJ, 1ª CC, 2009.001.22993, relatado pelo Des. Maldonado de Carvalho, no caso de **concessionária de serviço público; indenização *in natura* ou específica** na restituição do direito do ambiente ao *status quo ante*, na medida do possível etc.). Esta visão despatrimonializada da **indenização por danos extrapatrimoniais (morais, coletivos ou sociais) parece amoldar-se** ainda com maior perfeição quando o agressor **é o Poder Público ou tem natureza pública**, pois também irá escapar de um processo de execução específico, por precatório e atualmente mais moroso (CR, art. 100, *infra*).

13. Conforme aduzido, o § 6º do art. 37 não mencionou acerca da ilicitude do ato danoso para fins de responsabilização do Estado, donde se deve entender que prevê a responsabilização quer para os **atos ilícitos;** quer para os **atos lícitos** geradores de dano. Aliás, segundo parte da doutrina pátria, uma das grandes vantagens desse dispositivo constitucional foi justamente ter atribuído um regime único para a responsabilidade do Estado[29]. Assim também tem entendido o STF, em seus precedentes (RE-AgR 456.302/RR, relatado pelo Min. Sepúlveda Pertence, *DJ* 16/3/2007). A licitude ou ilicitude do ato danoso pode ter interesse para fins de *qualificar* o dano indenizável (dano comum, dano anormal; n. 9, *supra*); porém, não parece ter outra relevância pragmática (v. RE 113.587/SP, relatado pelo Min. Carlos Velloso, *DJ* 3/4/1992)[30]. Mesmo a atuação lícita do Estado de Direito não avaliza uma intervenção demasiada sacrificada na esfera dos direitos e garantias dos cidadãos; pois no interior

---

26. Cf. FREITAS, Juarez, "A Responsabilidade...", cit., p. 24.
27. SCHREIBER, Anderson, *Novos Paradigmas da Responsabilidade Civil – Da erosão dos filtros da reparação à diluição dos danos*, São Paulo, 2011, p. 193.
28. SCHREIBER, Anderson, Ibidem, p. 210. V. MEDEIROS NETO, Xisto Tiago de, *Dano Moral Coletivo*, São Paulo, 2012.
29. Cf. SIQUEIRA, Marli Aparecida da Silva. "Responsabilidade...", cit., p. 861; SILVA, Almiro Couto e. "A Responsabilidade...", p. 23, dentre outros.
30. Cf. ARAGÃO, Alexandre Santos, "Os Fundamentos...", cit., p. 22, expõe os ensinamentos de Jésus Lenguina: "...superada a clássica dicotomia entre ações lícitas e ações ilícitas (dicotomia que, ademais, é irrelevante para o prejudicado, pois tanto faz que a sua lesão patrimonial proceda ou não de uma conduta culpável), consagrado em seu lugar um princípio geral de garantia patrimonial dos particulares, que pode ser invocado com êxito frente a qualquer tipo de lesão antijurídica causada pelo funcionamento, tanto normal ou lícito como anormal ou ilícito, dos serviços públicos".

do princípio do Estado de Direito vigora o princípio da vedação do excesso e do arbítrio. Neste particular, aliás, reside uma das peculiaridades do regime jurídico da responsabilidade do Estado: afinal, no Direito Privado, a ilicitude da intromissão na esfera jurídica de outrem é pressuposta na configuração da responsabilidade (Cód. Civil de 2002; art. 186). Daí se afirmar que "a existência ou inexistência do dever de reparar não se decide pela qualificação da conduta geradora do dano (ilícita ou lícita), mas pela qualificação da lesão sofrida"[31].

Finalmente, há que se distinguir entre atividade lícita e ato lícito. As atividades do Estado são sempre lícitas (decorrem de determinações constitucionais ou legais). O ato praticado pelo Poder Público no exercício de suas atividades (tarefas, funções) é que pode ser lícito (ex.: ato administrativo que imponha uma determinada restrição à liberdade profissional ou à propriedade de um particular; edição de leis-medida) ou ilícito (ex.: policial que culposamente vítima fatalmente um transeunte). Obviamente, em se tratando de ato lícito do Poder Público, não se cogita da culpabilidade do agente para fins de eventual direito de regresso (portanto, incabível).

14. Outra relevante controvérsia doutrinária (com reflexos na jurisprudência constitucional) também tem envolvido o § 6º do art. 37. Trata-se do debate sobre a inclusão (ou não), no âmbito de aplicação do dispositivo, dos **comportamentos omissivos** do Estado. Parte da doutrina administrativa tem entendido negativamente, afirmando que, em caso de conduta omissiva danosa do Poder Público, a sua responsabilização deve ser configurada nos moldes do direito comum (responsabilidade subjetiva, com constatação da culpa *lato sensu* do agente/do serviço, no sentido de existir uma estrita obrigação legal – *descumprida* – de impedir o evento danoso)[32], ainda que possa haver uma *presunção de culpa* do Poder Público, favorecendo o lesado (inversão do ônus da prova)[33]. A tese aproxima-se da teoria da culpa do serviço (n. 5, *supra*).

Esta posição, entretanto, não nos parece a mais adequada com um Estado constitucionalmente comprometido com uma série de tarefas sociais (ex.: arts. 4º; 196; 208; 225, § 1º, etc.) e deveres de legislar (arts. 7º, I; 9º, § 1º, etc.), sendo ponto assente a força normativa de todas as normas constitucionais. Também não nos apresenta harmoniosa com uma Administração Pública do tipo complexa, inclusive com interação de "agentes privados", uma vez que o requisito subjetivo acaba por dificultar o acesso ao direito de reparação por parte da vítima[34]. Além disso, a utilização do verbo *causarem* no texto do dispositivo não autoriza inequivocamente a exclusão das condutas omissivas estatais de seu âmbito de aplicação.

Por outro lado, a prudência e a proporcionalidade que são exigidas na configuração do nexo causal (como efeito *direto* e *imediato* do dano causado, repita-se) e o prévio reconhecimento de que a responsabilidade (do administrador, do legislador etc.) impõe, necessariamente, "ao sujeito dessa responsabilidade de uma certa margem de 'discricionariedade de atuação' ou 'liberdade de decisão'"[35], indicam que não serão simples e desqualificadas condutas omissivas aquelas capazes de gerar o dever de indenizar do Estado. A constatação de um dever constitucional/legal de agir do Poder Público (violado ou não, no caso concreto) deve ser, de todo modo, averiguada. Afirma-se, nesse particular: "Tem que se tratar de uma conduta que seja *exigível* da Administração e que seja *possível* diante das circunstâncias de cada caso e diante dos recursos à disposição do Poder Público"[36]. Por isso, os danos causados por comportamentos omissivos do Estado indicam serem provenientes de atos ilícitos.

Além disso, a responsabilidade objetiva é, *a priori*, mais garantística para o direito reparatório da vítima do que a responsabilidade subjetiva, mesmo que se adote, conjuntamente com a tese da responsabilidade subjetiva, a inversão do ônus da prova em favor do autor/prejudicado pela conduta omissiva (a exemplo do art. 6º, VIII, do CDC).

O STF tem julgados que dão guarida às duas posições doutrinárias. Chegou a adotar a Corte Constitucional a tese da responsabilidade objetiva (ex.: RE 215.981/RJ, relatado pelo Min. Néri da Silveira, *DJU* 31/05/2002, registrando a seguinte afirmação: "O consagrado princípio da responsabilidade objetiva do Estado resulta da causalidade do ato comissivo ou omissivo e não só da culpa do agente. Omissão por parte dos agentes públicos na tomada de medidas que seriam exigíveis a fim de ser evitado o homicídio"). Também o RE 109.615-2/RJ, relatado pelo Min. Celso de Mello, *DJ* 2/8/1996 e o RE 170.014-9/SP, relatado pelo Min. Ilmar Galvão, *DJ* 13/2/1998. Contudo, a partir de 2003, em nova composição, parece ter se alinhado à tese da responsabilidade subjetiva, ex.: RE 369.820/RS, relatado pelo Min. Carlos Velloso, *DJ* 27/2/2004; RE 372.472/RN, relatado pelo Min. Carlos Velloso, *DJ* 28/11/2003. Neste acórdão, expressamente menciona o Supremo: "Tratando-se de ato omissivo do poder público, a responsabilidade civil por esse ato é subjetiva, pelo que exige dolo ou culpa, em sentido estrito, esta numa de suas três vertentes – a negligência, a imperícia ou a imprudência –, não sendo, entretanto, necessário individualizá-la, dado que pode ser atribuída ao serviço público, de forma genérica, a falta do serviço". Ainda nessa linha doutrinal, os antigos: RE 179.147-1/SP, relatado pelo Min. Carlos Velloso, *DJ* 27/2/1998; RE 172.025/RJ, relatado pelo Min. Ilmar Galvão, *DJ* 19/12/1996 e o RE 180.602-8/SP, relatado pelo Min. Marco Aurélio. Mais recentemente, o RE 602.223 AgR, relatado pelo Min. Eros Grau, *DJ* 12/3/2010.

---

31. Cf. MELLO, Celso Antônio Bandeira de, apud STOCO, Rui. "A responsabilidade...", p. 151.

32. Essa doutrina é especialmente encabeçada por Celso Antônio Bandeira de Mello. Mas tb. Maria Helena Diniz, Caio Tácito, Maria Sylvia Zanella Di Pietro. CF. GANDINI, João Agnaldo Donizete (et al.), "A Responsabilidade", cit., p. 214. Cf. também SILVA, Almiro Couto e. "A responsabilidade...", cit., p. 24, nota; e SILVA, Augusto Vinícius Fonseca e. "A Responsabilidade Objetiva do Estado por Omissão", *Revista do Centro de Estudos Jurídicos*, n. 25, abril-junho 2004, p. 5-11.

33. DI PIETRO, Maria Sylvia Zanella, "Responsabilidade Civil do Estado", in RODRIGUES JÚNIOR (e outros, Coord.), *Responsabilidade Civil Contemporânea*, em Homenagem a Sílvio de Salvo Venosa, São Paulo, 2011, p. 414.

34. Dentre os administrativistas que defendem a tese da responsabilidade objetiva nas condutas omissivas, tem-se: Toshio Mukai, José de Aguiar Dias, Odete Medauar, Celso Ribeiro Bastos, Yussef Said Cahali. Cf. GANDINI, João Agnaldo Donizete et al., "A Responsabilidade", cit., p. 214.

35. Cf. CANOTILHO, J. J. Gomes. *Direito Constitucional e Teoria da Constituição*, Coimbra, 2002, p. 540.

36. DI PIETRO, Maria Sylvia Zanella, Ibidem, p. 413. V. MARINELA, Fernanda, *Direito Administrativo*, Niterói, 2012, p. 974, observando o princípio da reserva do possível quanto ao padrão normal na prestação de serviços públicos.

O STJ também tem jurisprudência em consonância com a tese da responsabilidade subjetiva do Estado: REsp 1069996/RS e REsp 1198534/RS, ambos, relatado pela Min. Eliana Calmon, *DJ* 1/7/2009 e 20/8/2010, respectivamente.

No AgR RE 754.778/RJ, relatado pelo Min. Dias Toffoli (1ª T.), j. 26/11/2013, afirma-se expressamente na ementa: "Administrativo. Estabelecimento público de ensino. Acidente envolvendo alunos. Omissão do poder Público. Responsabilidade objetiva". Da 2ª T. do STF, a ementa do AgR RE 603.262/MS, relatado pelo Min. Celso de Mello, j. 15/5/2012, assenta: "Os elementos que compõe a estrutura e delineiam o perfil da responsabilidade civil objetiva do Poder Público compreendem (a) a alteridade do dano; (b) a causalidade material entre o *eventus damni* e o comportamento positivo (ação) ou negativo (omissão) do agente público; (c) a oficialidade da atividade causal e lesiva imputável a agente do Poder Público que tenha, nessa específica condição, incidido em conduta comissiva ou omissiva, independentemente da licitude, ou não, do comportamento funcional; e (d) a ausência de causa excludente da responsabilidade estatal. Precedentes". Ainda, AgR RE 677.282, relatado pelo Min. Gilmar Mendes, *DJ* 8/5/2012.

Assim, em tempos mais recentes, após o nosso comentário da 1ª edição desta obra, a jurisprudência do STF parece novamente sinalizar no sentido da responsabilidade objetiva, ou pelo menos, no alargamento da configuração do dever de indenizar do Poder Público, com "afrouxamento" da teoria do nexo causal (RE 409.203, relatado pelo Min. Joaquim Barbosa, *DJ* 20/4/2007; STA 223-AgR/PE, relatado pelo Min. Celso de Mello, Informativo n. 3021 do STF, j. 14/4/2008). Essa oscilação jurisprudencial do STF conduziu ao reconhecimento de **repercussão geral** da matéria, no RE 136.861/SP, tema 366, com a tese firmada e já citada no item 10 *supra*.

Finalmente, importa dizer que tem havido vigorosa discussão jurídica sobre a responsabilidade do Estado (e sua extensão) em situações de condutas omissivas causadoras de **danos pessoais e mortes nos presídios**, diante das péssimas condições carcerárias às quais, em geral, têm sido submetidos os presos nacionais, sob custódia do Poder Público (V. STF, RE 638.467, RE 580.252 e RE 1209429).

O STF firmou a tese no tema 366 do catálogo (citada no item 10 *supra*), bem como no tema 1055, nesse caso, sobre a morte de profissionais da imprensa em coberturas de conflitos de policiais ou manifestantes. Nesta tese: "É objetiva a Responsabilidade Civil do Estado em relação a profissional da imprensa ferido por agentes policiais durante cobertura jornalística, em manifestações em que haja tumulto ou conflitos entre policiais e manifestantes. Cabe a excludente da responsabilidade da culpa exclusiva da vítima, nas hipóteses em que o profissional de imprensa descumprir ostensiva e clara advertência sobre acesso a áreas delimitadas, em que haja grave risco à sua integridade física".

15. Quanto ao **terceiro prejudicado** pela conduta danosa do Poder Público, para fins da norma, afigura ser o mais abrangente possível: o particular, o usuário do serviço público, cidadão, o administrado em sentido lato (pessoa natural ou jurídica): todo aquele que tiver sofrido individual e injustamente dano em seu patrimônio jurídico, por ato lícito ou ilícito do Estado. Relativamente aos atos ilícitos, o "terceiro" certamente poderá ser uma coletividade indeterminada, com a violação de seus direitos transindividuais (art. 129, III, da CR e art. 81 do CDC). Assim, por exemplo, no caso de um dano causado, por conduta comissiva do Poder Público, a um determinado patrimônio urbanístico de uma coletividade (ex.: ação civil pública pleiteando obrigação de pagar, além de obrigação de fazer). Contudo, mais problemática é a questão de se inserir, dentro do conceito de "terceiro", essa mesma coletividade indeterminada, quando a origem do dano for um ato lícito do Estado (em especial, numa única ação coletiva judicial). Isso porque o pressuposto da responsabilidade do Estado por atos lícitos, como já aduzido, repousa no princípio da distribuição equitativa dos encargos públicos, de modo que, se todos (ou uma *indeterminada* parcela da comunidade) forem igualmente atingidos pelo ato lícito (ex.: ato administrativo – proporcional, razoável e legítimo – que imponha limitação ambiental a uma população), como se averiguar a especialidade, anormalidade e, principalmente, a injustiça do dano? A indeterminação da coletividade torna-se sempre relativa quando diante do caso concreto, de modo que poderá existir uma outra coletividade maior apenas beneficiada pelo ato estatal lícito. Neste caso, parece-nos que a injustiça do dano deve ser demasiadamente reforçada para autorizar a responsabilidade do Estado (no sentido de um "juízo de desvalor constitucional de índole material"[37]).

Apesar de o § 6º do art. 37 dirigir-se à proteção dos direitos e garantias das pessoas (naturais ou jurídicas), como decorrência mesmo do princípio do Estado de Direito, não impede, aliás, o princípio da responsabilidade do Estado (enquanto gênero; n. 2, *supra*) até mesmo impõe que, nos casos de violação de "direitos" (bens ou interesses juridicamente protegidos) de **entidades públicas** por parte do Poder Público, sejam estas também beneficiárias do regime constante da norma (ex.: violação ou restrição excessiva pela União de direito/autonomia de um Município ou de uma Autarquia Federal).

Ocorrera cizânia jurisprudencial sobre se o regime da responsabilidade objetiva do Estado (e das "pessoas jurídicas de direito privado prestadoras de serviços públicos") incidiria no caso de dano praticado pela concessionária a bem jurídico do **não usuário** do serviço público (ex.: dano patrimonial de ônibus pertencente ao concessionário do serviço público de transporte ao automóvel de um particular). Assim, por exemplo, no RE 262.651, relatado pelo Min. Carlos Velloso, *DJU* 6/5/2005, o STF entendeu que aos não usuários seria aplicável o regime comum da responsabilidade (subjetiva). Diversamente foi o entendimento do STF no RE 459.749/PE, relatado pelo Min. Joaquim Barbosa (em sessão), ratificado no RE 591.874/MS, relatado pelo Min. Ricardo Lewandowski, *DJ* 18/12/2009, com repercussão geral previamente reconhecida (Plenário, 22/11/2008). Nesse caso, firmou-se a seguinte tese (tema 130 do catálogo): "A responsabilidade civil das pessoas jurídicas de direito privado prestadoras de serviço público é objetiva relativamente a terceiros usuários e não usuários do serviço, segundo decorre do art. 37, § 6º, da Constituição Federal".

16. A responsabilização do Estado por atos ilícitos é elidida quando ocorrem as figuras jurídicas doutrinariamente denomina-

---

[37]. Ver, sobre essa complexa questão, FERNANDEZ, Maria Elizabeth Moreira. *Direito ao Ambiente e Propriedade Privada (aproximação ao estudo da estrutura e das consequências das leis-reserva portadoras de vínculos ambientais)*, Coimbra, 2001, p. 260.

das de **excludentes de responsabilidade** (RTJ/STF: 55/50; 71/99; 91/377; 131/417; 163/1107-1109). Todavia, não se trata exatamente de "excluir" a responsabilidade do Estado em situações nas quais ela não se configurou verdadeiramente, por ausência de um de seus pressupostos fundamentais: o nexo de causalidade *direto* e *imediato* que vincula a ação/omissão do Poder Público ao dano. No direito de defesa do Poder Público, portanto, são matérias normalmente por ele eriçadas: a ocorrência de força maior, caso fortuito, culpa exclusiva da vítima ou legítima defesa do agente.

A **força maior** "é aquele acontecimento externo, estranho à vontade humana, imprevisível e inevitável"[38]. Normalmente, relaciona-se com fatos da natureza. Ex.: terremotos, inundações desproporcionais, guerras (STF, RE 88.407/RJ, relatado pelo Min. Thompson Flores, *DJ* 6/3/1981, configurando um assalto como força maior). A força maior justifica a desresponsabilização patrimonial do Estado, na medida em que, mesmo numa atuação diligente de sua parte, não conseguiria evitar o prejuízo. A exigência seria, nesta hipótese, muito superior ao seu dever.

A força maior diferencia-se do denominado **caso fortuito** porque este é um "acontecimento interno", apesar de imprevisível e de causa desconhecida. Ex.: uma máquina que estraga ou o adoecimento da pessoa devedora da obrigação. Parte da doutrina administrativista não tem relacionado o caso fortuito enquanto causa elisiva da responsabilidade do Estado, afirmando que, "sendo um acidente cuja raiz é tecnicamente desconhecida, não elide o nexo entre o comportamento defeituoso do Estado e o dano assim produzido" ou que "na hipótese de *caso fortuito*, em que o dano seja decorrente de ato humano, de falha da administração, não ocorre a mesma exclusão"[39]. O STF, contudo, não tem feito essa distinção em seus julgados, para fins de configurar a desresponsabilização do Estado: RE 109.615-2/RJ, relatado pelo Min. Celso de Mello, *DJ* 2/8/1996; RE 238.453/SC, relatado pelo Min. Moreira Alves, *DJ* 19/12/2002.

A força maior e o caso fortuito, enquanto figuras elisivas da responsabilidade do Estado, devem ser interpretadas restritivamente, de modo que apenas muito excepcionalmente serão configuradas na realidade. Nesse sentido, sendo o dano gerado por um defeito interno, ainda que imprevisível, ou de uma falha do sistema (ex.: pane mecânica de um aparelho de um hospital público), não estaremos diante da figura – caso fortuito – excludente da responsabilidade do Estado. De todo modo, o § 6º do art. 37 não adotou a teoria do risco integral (n. 16, *infra*), razão pela qual nos afigura adequada a aplicação do art. 393 do Cód. Civil, que, de modo genérico, alude às figuras da força maior e do caso fortuito como justificadoras da não responsabilização do devedor.

O STF tem também julgados onde a comprovação de **legítima defesa do agente** elidiu a responsabilidade do Estado (art. 188, I, Cód. Civil): RE 74.554/PR, relatado pelo Min. Rodrigues Alckmin, *DJ* 20/9/1974. Esta figura excludente da responsabilidade do Estado afigura-se importante principalmente em situações práticas relacionadas à segurança pública (atividades policiais).

Finalmente, existe também a possibilidade de o dano ser causado por **culpa exclusiva da vítima ou de terceiro.** Nestas hipóteses, não há falar em ação/omissão do Poder Público danosa e a vítima (o "terceiro" mencionado no parágrafo sob comentário) deverá buscar a reparação, se for o caso, diretamente junto daquele que lesou o seu patrimônio jurídico. V. STF, RE 206.711-3/RJ, relatado pelo Min. Moreira Alves, *DJ* 25/6/1999.

17. A responsabilidade patrimonial do Estado (por atos ilícitos) pode ser mitigada através da **culpa concorrente da vítima**, situação na qual o dano decorreu de uma convergência de ações/omissões. O art. 945 do Cód. Civil de 2002 prevê essa hipótese, determinando a diminuição equitativa e proporcional do *quantum* indenizatório. Justamente porque é uma matéria de defesa do Poder Público, a sua discussão deve ser plenamente admitida no processo (diferentemente da culpa do agente público que eventualmente tenha concorrido com a vítima, n. 23, *infra*). V. STF, RE 217.389/SP, relatado pelo Min. Néri da Silveira, *DJ* 24/5/2002; STJ, REsp 74.532/RJ, relatado pelo Min. Sálvio de Figueiredo Teixeira, *DJ* 11/3/1997.

18. As excludentes da responsabilidade do Estado não são admitidas na denominada **teoria do risco integral**. Trata-se de uma responsabilidade extraordinária, usualmente decorrente de atividades com alta potencialidade de risco. É o caso da responsabilidade mencionada no art. 21, XXIII, *d* (dano nuclear), alínea incluída pela EC n. 49/2006; mas, não do § 6º do art. 37 (a este respeito: STF, RE 78.569/PR, relatado pelo Min. Firmino Paz, *DJ* 2/10/1981).

19. Questão complicadora que poderá ser descortinada num caso concreto é a **corresponsabilidade dos entes públicos** envolvidos, mormente quando estamos diante de um Estado Federal. Assim, especialmente na realização das competências comuns dos entes federados (art. 23 da CR); das quais se originam responsabilidades para *todos* os entes federados e que não podem ser simplesmente impingidas por lei de qualquer um deles (v. STF, ADI 2544/RS, relatada pelo Min. Sepúlveda Pertence, *DJ* 17/11/2006, sobre a competência comum de preservação e guarda de sítios arqueológicos; STJ, REsp 604.725/SP, relatado pelo Min. Castro Meira, em ação civil pública para responsabilização solidária por dano ambiental).

Nesse sentido, tratando-se de lesão em bem jurídico cuja competência pela proteção é *comum* aos entes federativos, a responsabilidade entre eles é *solidária* (Cód. Civil, arts. 265 e 942), podendo ser acionados conjunta ou isoladamente pelo prejudicado. É o caso de dano ocorrido em face do bem jurídico saúde, eventualmente preterido pelo Poder Público no seu "dever de cuidar" (art. 23, II, e 198 da CR; STF, AgR RE 756.149, relatado pelo Min. Dias Toffoli, *DJ* 17/12/2013; AgR RE 717.290/RS, relatado pelo Min. Luiz Fux, *DJ* 18/3/2014, com indicação de precedentes). Existem também acórdãos do STJ em relação à ausência de fornecimento de medicamentos para pessoas desprovidas de recursos financeiros que configuraram a responsabilidade solidária da União, dos Estados-Membros, do Distrito Federal e dos Municípios, todos componentes do Sistema Único de Saúde: AgRg no Ag 886.974/SC, relatado pelo Min. João Otávio de Noronha, *DJ* 29/10/2007; AgRg no Ag 893.108/PE, relatado pelo Min. Herman Benjamin, *DJ* 22/10/2007; AgR

---

38. Cf. SIQUEIRA, Bruno Luiz Weiler, "O nexo de causalidade...", cit., p. 97.
39. Respectivamente Celso Antônio Bandeira de Mello e Maria Sylvia Zanella Di Pietro, apud SIQUEIRA, Bruno Luiz Weiler. "O nexo de causalidade...", cit., p. 98. Diferentemente, GANDINI, João Agnaldo Donizete (et al.), "A Responsabilidade", cit., p. 214.

AREsp 428.566/MG, relatado pela Min. Assusete Magalhães, *DJ* 28/5/2014; AgR REsp 1.225.222, relatado pelo Min. Herman Benjamin, *DJ* 5/12/2013.

Diversamente ocorre se o dano é decorrente de pessoa jurídica de direito público diversa dos entes federados (por estes criadas: autarquia, empresa estatal, fundação pública) ou de pessoa de direito privado prestadora de "serviço público" (concessionária de serviço público, por ex.). A responsabilidade do ente federado criador ou concedente do serviço será configurada subsidiariamente (supletivamente), uma vez deter tais entidades/pessoas personalidades jurídicas próprias (e patrimônios próprios ou dotações orçamentárias). Nestes casos, a responsabilidade subsidiária do Estado fundamentar-se-á no fato de que tais entidades são *longa manus* do Estado (criadas com o intuito de cumprir suas atribuições/tarefas, com especialidade; descentralização administrativa) e sobre elas é possível o exercício do "poder de substituição"[40] (STJ, REsp 738.026/RJ, relatado pela Min. Eliana Calmon, *DJ* 22/8/2007; REsp 1.135.927/MG, relatado pelo Min. Castro Meira, *DJ* 10/8/2010). De todo modo, há doutrina no sentido do cabimento da responsabilidade solidária do Estado quando a concessionária ou permissionária encontrar-se numa situação de insolvência perante o lesado; tese que não tem recebido o acolhimento da jurisprudência majoritária[41].

Finalmente, diante de um contexto de privatizações na *prestação de uma série de "serviços públicos"*, tem-se que a **responsabilidade das concessionárias e permissionárias** tem sido ampliada (ou, ainda, verificada mais frequentemente pelos tribunais), não se podendo esquecer a aplicabilidade do CDC, quando se tratar de *relação de consumo* relativamente ao consumidor/usuário (CDC, art. 2º; V. n. 15, *supra*).

20. Questão complexa, que também mereceu pronunciamento do STF (ADC-DF 16, j. 24/10/2010, *DJ* 8/9/2011), diz respeito à **responsabilidade** (se objetiva ou subjetiva; se solidária ou subsidiária) **do Estado/Poder Público em caso de terceirizações de trabalho** por ele praticadas *legalmente*, quando a empresa contratada via licitação não arca devidamente com os direitos trabalhistas (lesão ou prejuízo de direitos) de seus terceirizados. O STF decidiu pela *responsabilidade trabalhista subjetiva subsidiária* do poder contratante nesses casos, dependente da configuração de sua culpa *lato sensu* na contratação/fiscalização da empresa de terceirização; não se tratando, assim, segundo o entendimento da Corte, de uma responsabilidade trabalhista *objetiva* subsidiária para com o trabalhador terceirizado, simplesmente decorrente da verificação do inadimplemento trabalhista de seu empregador (diversamente do que antes vinha decidindo o TST; então com a Súmula n. 331, IV). Segundo a tese firmada no tema 246 do catálogo: "O inadimplemento dos encargos trabalhistas dos empregados do contratado não transfere *automaticamente* ao Poder Público contratante a responsabilidade pelo seu pagamento, seja em caráter solidário ou subsidiário, nos termos do art. 71, § 1º, da Lei n. 8.666/93". A responsabilidade do Estado fica, pois, na dependência da prova do descumprimento do contrato administrativo pela empresa contratada. Quanto ao ônus da prova desse descumprimento (se do trabalhador terceirizado, se da Administração Pública tomadora de serviço que integra a lide trabalhista), é questão que será tratada no tema 1118 do catálogo.

Não estamos de acordo com esse posicionamento do STF adotado no tema 246, pois consideramos que as disposições da já revogada Lei n. 8.666/93 não alcançam o cidadão/trabalhador terceirizado (terceiro em relação às partes do contrato administrativo), o qual deveria ser beneficiado, inclusive pela sua qualidade, pelo regime garantístico – da responsabilidade extracontratual *objetiva* subsidiária– decorrente do artigo constitucional sob comentário (aliado ao fato de serem lesados direitos constitucionais sociais, normalmente de cunho salarial; CR, art. 7º).

21. Não só a atividade administrativa do Estado está no âmbito de aplicação do § 6º do art. 37. Os fundamentos da responsabilidade do Estado são válidos também para as atividades (ou **funções) legislativas e jurisdicionais** que provocam dano ao particular. Todavia, só recentemente a responsabilidade do Estado por atos legislativos e por atos jurisdicionais tem recebido acesa atenção da juspublicística; especialmente num país em que a mora legislativa e a demora da efetiva tutela jurisdicional têm sido comuns no dia a dia do cidadão.

Relativamente à **atividade legislativa,** a responsabilidade do Estado pode decorrer das seguintes situações: lei inconstitucional; lei constitucional que imponha especial restrição ao bem jurídico de algum(uns) indivíduo(s) – ex.: lei-medida que imponha restrição ao um determinado direito de propriedade – e a omissão de legislar[42].

No primeiro caso, está-se diante de um caso de ato ilícito, posto que violado o princípio da constitucionalidade (juridicidade ou legalidade *lato sensu*), razão pela qual não há a necessidade de se averiguar a especialidade do dano (ou melhor, do prejudicado pelo dano). Contudo, a declaração de inconstitucionalidade que pode justificar a posterior responsabilidade patrimonial do Estado deve ser proveniente de uma decisão final do Poder Judiciário, como exige o princípio da segurança jurídica. Afinal, o respeito à supremacia constitucional é "o dever" do Poder Público. O STF já sedimentou que "cabe responsabilidade civil pelo desempenho inconstitucional da função de legislar" (RE 153.646, relatado pelo Min. Celso de Mello[43]; RE 21504/PE, relatado pelo Min. Cândido Motta, *DJ* 30/9/1957). No segundo caso – de lei constitucional – está-se diante de ato lícito do Estado, cujo dano deve apresentar o caráter da especialidade (n. 10, *supra*).

O último caso – de responsabilidade do Estado por omissão do dever de legislar – é o que apresenta mais controvérsias no nível doutrinário e jurisprudencial. Primeiramente, porque é imprescindível a configuração de um dever claro e inequívoco de legislar e em um determinado lapso temporal (colocando em xeque, no caso, a "discricionariedade legislativa" e a natureza eminentemente política e aberta da função legiferante. Ademais, porque a configuração da omissão legislativa em nosso sistema jurídico é viável na Ação de Inconstitucionalidade por Omissão (controle abstrato, art. 103, § 2º) e no Mandado de Injunção

---

40. Cf. OTERO, Paulo. *O Poder de substituição em Direito Administrativo – Enquadramento Dogmático-Constitucional*, Lisboa, 1995.

41. GROTTI, Dinorá Adelaide Musetti, "Responsabilidade do concessionário por danos a terceiros, usuários e não usuários do serviço", *Interesse Público*, a. 14, n. 73, maio-jun./2012, p. 40-42.

42. Cf. FERNANDEZ, Maria Elizabeth Moreira, *Direito ao Ambiente...*, cit.; e FERRARI, Regina Maria Nery, "Aspectos Polêmicos...", p. 47 e s.

43. FERRARI, Regina Maria Nery. "Aspectos Polêmicos...", p. 60.

(controle difuso, art. 5º, LXXI). Todavia, estas ações não autorizam o Poder Judiciário a ser um "legislador-positivo", substituindo-se ao poder legitimamente estabelecido para tanto (quer do ponto de vista interno – sua composição –, quer do externo – sua posição constitucional e sua responsabilidade política). Correlacionado com este argumento, ainda um outro; porque o particular pode ter o direito à edição do ato legislativo, mas não ao conteúdo concreto da norma. Finalmente, porque a posterior responsabilização do agente público faltoso (no caso, os parlamentares), com supedâneo no parágrafo sob comentário, é falaciosa, porque se trata de omissão proveniente de um órgão colegiado. Em face de tantos argumentos, o controle das omissões legislativas situa-se para o cidadão lesado, em um primeiro momento, no nível dos recursos estritamente políticos (pressão social, participação popular etc.), mas não no nível dos recursos jurídicos[44].

O STF tem julgados que desautorizam a responsabilidade do Estado por omissão legislativa e, excepcionalmente, julgados que a reconhecem. No RE-AgR 485.087-7/RS e no RE-AgR 510.467-2/SP, relatados pela Min. Cármen Lúcia, *DJ* 7/12/2006 e 30/03/2007, o STF afirmou: "Não sendo possível, pela via do controle abstrato, obrigar o ente público a tomar providências legislativas necessárias para prover omissão declarada inconstitucional – na espécie, o encaminhamento de projeto de lei de revisão geral anual dos vencimentos dos servidores públicos –, com mais razão não poderia fazê-lo o Poder Judiciário, por via oblíqua, no controle concreto de constitucionalidade, deferindo pedido de indenização para recompor perdas salariais em face da inflação". Semelhante linha argumentativa do STF ainda consta dos seguintes acórdãos, todos relacionados à mora legislativa na revisão geral de vencimentos de servidores públicos: RE-AgR 548.967 e RE-AgR 561.361, ambos relatado pela Min. Cármen Lúcia e publicados em *DJ* 8/2/2008; RE-AgR 529.489, relatado pelo Min. Joaquim Barbosa, *DJ* 1/2/2008; RE-AgR 547.020, relatado pelo Min. Ricardo Lewandowski, *DJ* 16/2/2008.

Diferentemente, no MI 562/RS, relatado pelo Min. Carlos Velloso (*DJ* 20/6/2003) e no MI 543/DF, relatado pelo Min. Otávio Galloti (*DJ* 24/5/2002), o STF teve a oportunidade de assegurar aos impetrantes, lesados pela reconhecida "inatividade legislativa", "o exercício da ação de reparação patrimonial, nos termos do direito comum ou ordinário", "mediante ação de liquidação, independentemente de sentença de condenação". Naquele caso, foi certamente relevante o fator tempo: quatorze anos de mora, a qual colocava por terra a "discricionariedade legislativa". Ainda há o precedente do MI 283-DF (*DJ* 22/4/1994), relatado pelo Min. Sepúlveda Pertence, reconhecendo a responsabilidade do Estado pela mora legislativa (quanto a disciplinar a matéria do art. 8º do ADCT) e o direito à indenização dos lesados por perdas e danos.

Tal oscilação na jurisprudência do STF (em especial, diante da recusa à configuração da responsabilidade do Estado quando se trata do tema da omissão legislativa na revisão dos vencimentos da Função Pública) tem suscitado algumas críticas de doutrinadores (que reputamos coerentes), apontando o fato de que, nessa matéria, a Corte tem se apresentado bastante conservadora ou resistente[45]; não se podendo olvidar a natureza altamente garantística do salário (alimentar, de subsistência; cf. arts. 7º, 37, X e 100) e o fato de que o direito de contratação coletiva na Função Pública (OIT, Conv. 151) ainda sofre pelo recente e parco reconhecimento (e aplicabilidade) no Brasil (a despeito do Decreto Legislativo n. 206, de 7/4/2010, e do Decreto Federal n. 7.944, de 6/3/2013).

O *supra* aduzido, relativamente à responsabilidade do Estado por atos legislativos (inconstitucionais e inconstitucionais), é também válido, *mutatis mutandis,* para os **atos (administrativos) normativos;** isto é, atividade regulamentar da Administração Pública (decretos e regulamentos inconstitucionais ou ilegais; decretos e regulamentos constitucionais/legais, porém, com efeitos e ônus/sacrifícios concretos; omissão na execução do "dever de normatizar")[46].

No caso da atividade **judiciária/jurisdicional,** a CR foi expressa ao reconhecer ao lesado por "erro judiciário" indenização por parte do Estado (art. 5º, LXXV, e por prisão além do tempo fixado na sentença). Tecnicamente, o ato judiciário (ou judicial) é mais abrangente do que o ato jurisdicional, este "reserva de juiz" (núcleo duro da atividade do Poder Judiciário). Não apenas o "erro judiciário" (e a prisão por tempo superior) é passível de provocar dano ao jurisdicionado[47]. Também a "falta do serviço judiciário" (ex.: arrombamento de casa diversa da que consta da ordem judicial); o retardamento injustificado e prejudicial da tutela almejada (ex.: não concessão de liminar em caso de risco eminente de morte); e, até mesmo, fraude do juiz (ex.: art. 85, CPC) são capazes de gerar grave lesão a bem juridicamente protegido do jurisdicionado (honra, boa fama, propriedade, integridade física etc.).

De modo geral, a jurisprudência brasileira tem apresentado resistência em aceitar a responsabilidade do Estado por ato jurisdicional (mas, não genericamente ao ato judicial, enquanto ato da *Administração da Justiça;* ao qual, por analogia, aplicar-se-ia responsabilidade do Estado por atos da *Administração;* STF, RE 283.989-2/PR, relatado pelo Min. Ilmar Galvão, *DJ* 13/9/2002). Salvo nos casos expressamente reconhecidos pela lei, a responsabilidade do Estado não se configuraria por atos jurisdicionais (STF, RE 70.121/MG, relatado pelo Min. Djaci Falcão, *DJ* 28/3/1973; RE 111.609-9, relatado pelo Min. Moreira Alves, *DJ* 19/3/1993; RE 210.117-4, relatado pelo Min. Ilmar Galvão, *DJ* 20/10/1999). Os fundamentos situam-se principalmente na eficácia e na imutabilidade da coisa julgada (material) e no princípio da independência do Poder Judiciário/juiz.

O primeiro argumento não se sustenta quando o próprio sistema jurídico admite exceções à eficácia da coisa julgada, através das figuras da ação rescisória e da revisão criminal (isso para não se falar na questionável "onda de relativização da coisa julgada"). Assim, se há a possibilidade de rescindibilidade da *res judicata* (art.

---

44. Cf. SILVA, Almiro Couto e. "A responsabilidade...", cit., p. 37.

45. DI PIETRO, Maria Sylvia Zanella, "Responsabilidade Civil do Estado", in RODRIGUES JÚNIOR (e outros, Coord.), *Responsabilidade Civil Contemporânea,* em Homenagem a Sílvio de Salvo Venosa, São Paulo, 2011, p. 417.

46. DI PIETRO, Maria Sylvia Zanella, Ibidem, pág. 419. Também, da mesma autora, *Direito Administrativo,* São Paulo, 2013, p. 723.

47. Cf. CATARINO, Luís Guilherme. *A Responsabilidade do Estado pela Administração da Justiça – O Erro Judiciário e o Anormal Funcionamento,* Coimbra, 1999.

485, CPC e art. 621 do CPP), a responsabilidade do Estado por ato jurisdicional danoso não é uma impossibilidade jurídica e pode ser configurada nessas situações. Mais problemático de se averiguar é o denominado "caso julgado inconstitucional"[48], posto que a *res judicata* carrega em si uma presunção de juridicidade.

O último argumento – da independência do juiz – também não corresponde a uma qualquer "irresponsabilização" do Estado pelas atividades jurisdicionais, mas apenas uma garantia (direcionada, em último caso, ao próprio jurisdicionado) de que será julgado por uma autoridade não sujeita a pressões externas e internas. Nisso, aliás, reside a "pedra de toque" do Poder Judiciário, não se constituindo com tal princípio nenhum privilégio funcional[49]. A irresponsabilidade (civil e pessoal) do juiz relativamente às suas decisões é corolário da necessidade dessa autoridade estar "submetida apenas à lei". Por isso, entendemos que o juiz não pode ser responsabilizado regressivamente pelo Estado, nos casos de danos causados com culpa *stricto sensu* de sua parte (o que não impede a responsabilização disciplinar correlativa); mas, apenas, nos casos de culpa grosseira, dolo, fraude ou abuso de poder (diferentemente, admitindo a ação regressiva baseada na culpa *lato sensu*, cf. RE 228.977-2/SP, relatado pelo Min. Néri da Silveira, *DJ* 12/4/2002).

Nos casos de omissão judicial (ou melhor, de "inatividade judicial") geradora de dano ao jurisdicionado, mostra-se adequada a configuração de que a lesão do direito resultou de uma violação – pela máquina judiciária ou por qualquer de seus membros – da garantia de "duração razoável do processo", enquanto "duração razoável para se obter uma tutela efetiva" (art. 5º, LXXVIII, incluído pela EC n. 45/2004).

22. O § 6º sob comentário refere-se a **agentes.** Uma vez que a responsabilidade patrimonial do Estado abarca todas as funções/atividades do Poder Público, depreende-se que o sentido constitucionalmente adequado de "agentes" deve ser abrangente, incluindo aqueles que, mesmo não exercendo o cargo de forma legítima, agem como se o Estado representasse. Assim, por exemplo, servidor não previamente aprovado em concurso público, exercendo cargo que não seja de recrutamento amplo; trabalhadores terceirizados (STJ REsp 904.127/RS, relatado pela Min. Nancy Andrighi, *DJ* 3/10/2008); agentes políticos (STF, RE 327.904/SP, relatado pelo Min. Carlos Britto, *DJ* 8/9/2006). Contudo, para que o direito de regresso do Estado seja exercido contra o "agente responsável", quando este tenha agido com dolo ou culpa, faz-se imprescindível a sua identificação; o que não se afigura possível nas denominadas "faltas do serviço". Esse conceito amplo de "agentes" não é incompatível com um regime específico de responsabilização subjetiva, como ocorre em relação aos membros do Poder Judiciário (n. 21, *supra*; entendimento que também é válido, *mutatis mutandis*, para os membros do Ministério Público, CR, art. 128, §6º), afinal, neste caso, a restrição do âmbito de aplicação do § 6º do art. 37 tem amparo na própria Constituição (art. 95 e art. 5º, LIII). Assim também o art. 53 da CR, sobre a "inviolabilidade civil" dos Deputados e Senadores relativamente às suas manifestações no parlamento.

A **responsabilização do agente** é baseada na teoria da culpa, donde a imprescindibilidade da demonstração desse requisito subjetivo. Para parte da doutrina, trata-se de responsabilidade solidária com o Estado[50]; para outra, de responsabilidade subsidiária[51]. Entendemos que a responsabilidade é subsidiária, pois, em termos aprioristicos, a responsabilidade é do Poder Público; é este quem se responsabiliza perante a sociedade (pelo § 6º do art. 37, também as pessoas de direito privado prestadoras de serviço público). Daí falar-se em princípio da "despersonalização dos atos administrativos"[52]. Ademais, as responsabilidades do Estado/pessoa de direito privado e do agente são de natureza diversa (objetiva e subjetiva) e, por princípio geral do direito, a solidariedade das obrigações não se presume, decorre da lei (V. Cód. Civil, art. 265). Por isso, a ação deve ser demandada exclusivamente em face do Estado/pessoa de direito privado (e não em face do agente).

Para nós, não se trataria aqui de um direito de escolha do autor da ação/prejudicado (demandar em face do Estado/pessoa jurídica de direito privado ou em face do agente ou, ainda em face do Estado *e* do agente). O Estado, arcando com a indenização do ato ilícito do agente, deverá demandá-lo ou a seus herdeiros (V. Lei Federal n. 8.112/90, art. 122, § 3º) em ação regressiva própria. Esse regime é garantístico em relação à vítima (a uma, porque responsabilidade do Estado é objetiva, deixando a discussão da culpa do agente para eventual ação regressiva; a duas, porque o Estado não está sujeito a uma "qualquer insolvência") e em relação ao próprio agente (sempre uma pessoa natural e que, presumivelmente, está habilitada para o exercício do ofício). De todo modo, havendo individualização do agente, a ação de regresso é obrigatória por parte do Estado, em regra, a fim de recuperar do "responsável" o que o erário despendeu. Não negamos que essa interpretação jurídica pode preterir o princípio da economia processual, fazendo depender as responsabilizações respectivas de dois processos distintos. Subjacente à nossa posição, contudo, está a determinação constitucional de razoável duração dos processos (mas não de processos que se eternizam sem a efetivação da tutela).

A jurisprudência, até recentemente, tinha posicionamento diverso do nosso, entendendo que a vítima/autor da ação poderia configurar o polo passivo livremente, optando entre acionar diretamente o agente culposo, o Estado ou ambos, mormente quando pretendesse buscar mais ampla e satisfatoriamente o seu direito indenizatório (STF, RE 99.214-6/RJ, relatado pelo Min. Moreira Alves, *DJU* 22/3/1983). Nessa ótica, tratar-se-ia de litisconsórcio facultativo (STF, RE 80.873/SP, relatado pelo Min. Moreira Alves, *DJ* 5/11/1975). A denunciação da lide, contudo, não seria obrigatória ao Estado, que tem assegurado constitucionalmente o seu direito de regresso (STF, RE 95.091-5/RJ, relatado pelo Min. Cordeiro Guerra, *DJ* 18/3/1983, RE 93.880-0/RJ, relatado pelo Min. Décio Miranda, *DJ* 5/2/1982).

Porém, em nova composição, a atual jurisprudência do STF parece agora alinhar-se ao posicionamento por nós exposto, no

---

48. Cf. OTERO, Paulo. *Ensaio sobre o Caso Julgado Inconstitucional*, Lisboa, 1993.
49. Cf. CAPPELLETTI, Mauro. *Juízes Irresponsáveis*, Porto Alegre, 1988.
50. Cf. SILVA, Almiro Couto e. "A responsabilidade...", cit., p. 28.
51. Ex.: Hely Lopes Meirelles.
52. Cf. STJ, AgRg 455.093/RJ, relatado pelo Min. José Delgado, *DJU* 17/10/2002.

sentido de que a legitimidade *passiva ad causam* é exclusivamente do Poder Público/pessoas jurídicas de direito privado prestadoras de serviços públicos: RE 327.904/SP, relatado pelo Min. Carlos Britto, *DJ* 8/9/2006; RE 344133/PE, relatado pelo Min. Marco Aurélio, *DJ* 13/11/2008, RE 470.996, relatado pelo Min. Eros Grau, *DJ* 10/9/2009. Assim ficou mesmo assentado na tese firmada no tema 940 do catálogo: "A teor do disposto no art. 37, § 6º, da Constituição Federal, a ação por danos causados por agente público deve ser ajuizada contra o Estado ou a pessoa jurídica de direito privado prestadora de serviço público, sendo parte ilegítima para a ação o autor do ato, assegurado o direito de regresso contra o responsável nos casos de dolo ou culpa". Essa jurisprudência tem influenciado também a mudança de orientação do STJ: REsp, 976.730/RS, relatado pelo Min. Luiz Fux, *DJ* 24/6/2008. No TST, RR 110500-49.2005.5.03.0132, relatado pelo Min. Márcio Eurico Vitral Amaro; RR 89200-59.2007.5.03.0100, relatado pela Min. Rosa Weber, *DEJT* 2/9/2011; RR 14100-82.2006.5.03.0149, relatado pela Min. Dora Maria da Costa, *DEJT* 20/8/2010.

23. Permanece também controvertida na doutrina a possibilidade de o Estado denunciar da lide (CPC, art. 125) o agente culposo. Para alguns juristas, a **denunciação da lide**, não sendo necessária para resguardar o direito de regresso do Poder Público, também não deve ser admitida, sob pena de trazer para o processo discussão dilatória acerca da culpa do servidor (ex.: Celso Antônio Bandeira de Mello, Lúcia Valle Figueiredo, dentre outros). Para outros, a denunciação da lide é uma faculdade do Estado e lhe deve ser assegurada quando requerida, em homenagem ao princípio da economia processual. Essa linha doutrinal tem recebido aval da jurisprudência do STJ: AgRg no Ag 455.093/RJ, Min. José Delgado, *DJ* 7/10/2002; REsp 156289/SP, Min. Demócrito Reinaldo, *DJ* 2/8/1999; REsp 170314/SP, Min. Ari Pargendler, *DJ* 24/8/1998; REsp 100.158/DF, Min. Milton Luiz Pereira, *DJ* 27/10/1997; REsp 955.352/RN, Min. Eliana Calmon, *DJ* 29/6/2008; AgRg REsp 631.723/CE, *DJ* 13/9/2004). A ausência de requerimento de denunciação da lide da parte interessada não gera, todavia, nulidade processual (STJ, REsp 850.251/SC, Min. Humberto Martins, *DJ* 27/2/2007)[53].

Não cogitamos da denunciação da lide por entendermos que apenas o Estado/Poder Público deve ser acionado e responsabilizado perante o lesado; tese que é, inclusive, mais harmoniosa com o atual posicionamento do STF.

24. Indenizado o lesado pelo Estado/Poder Público (ou "pessoa jurídica de direito privado prestadora de serviço público") pelo ato *ilícito* danoso, poderá o agente ser responsabilizado em **ação de regresso**. Já mencionamos que consideramos, *em princípio*, ser obrigatória a ação regressiva (decorrência do princípio da indisponibilidade do "interesse público/estatal"[54]), quando perfeitamente identificável o agente causador do dano ao cidadão/terceiro (n. 22, *supra*); ação judicial esta de atribuição da Advocacia Pública, no caso de ser o Poder Público o autor (V. CR, art. 131; na esfera federal, Lei Complementar n. 73/93).

Todavia, consideramos necessária a avaliação jurídica/judicial (seja por parte da Administração Pública autora, seja por parte do Poder Judiciário) do **regime jurídico-profissional específico** a que está submetido esse agente no **exercício de suas atividades**, a fim de efetivamente avaliar em que condições deverá ou poderá ser condenado ao ressarcimento. Assim, por exemplo, em relação a agentes públicos sujeitos a uma especial independência funcional (juízes, membros do Ministério Público; V. 22, *supra*), cuja finalidade é dotá-la de maior imparcialidade e segurança no exercício das funções do cargo ("submissão apenas a lei"), a qual poderá conduzir a uma irresponsabilidade civil pessoal em caso de culpa *stricto sensu*.

Também aos empregados públicos, **sob vínculos jurídico-privados de trabalho**, é assegurada, pelo princípio da alteridade do contrato de trabalho (assunção dos riscos da atividade "empresarial/organizacional" pelo empregador; CR, art. 7º, *caput*, e CLT, art. 2º), uma genérica irresponsabilidade civil pessoal em caso de culpa *leve*, conforme, aliás, tem decidido a jurisprudência trabalhista, no sentido de que o empregado apenas tem de ressarcir o empregador quando tenha agido com dolo ou culpa grave (TST, RR 101.373/93.0, relator Min. José Francisco da Silva), salvo na existência de negociação coletiva em sentido contrário[55] (ex: TST, SDI-1, OJ n. 251).

De nossa parte, acreditamos que esse regime jurídico infraconstitucional mais garantístico ao trabalhador/empregado (público/privado) pode ser, por analogia, estendido aos "trabalhadores subordinados da **Função Pública**" (servidores públicos profissionais) quando o dano ao cidadão/terceiro tenha sido causado por culpa considerada *leve* (numa vertente de "solidarização da reparação dos danos"[56]), através de uma interpretação constitucionalmente adequada da "culpa" (assim, *grave*) constante do artigo sob comentário. Isto, em geral, pelo caráter subordinado/hierarquizado da prestação laboral desses servidores, pelo caráter alimentar (e impenhorável) dos vencimentos e o fato de que se pressupõe, em regra, que os "trabalhadores da Função Pública" são profissionais habilitados e competentes no exercício de suas tarefas ("profissionalização da Função Pública"), normalmente submetidos a prévios processos admissionais e/ou processos de treinamentos. Disso resulta a (nossa) conclusão no sentido de que os danos causados em decorrência de condutas *levemente* culposas sejam integralmente assumíveis pelo Estado/Poder Público, pois o agir humano é falível, mesmo em tais condições. Discordamos, assim, daquelas visões doutrinais que encaram que, à ausência de ação regressiva (e/ou mesmo de condenação), os

---

53. Cf. NOBRE JÚNIOR, Edilson Pereira, "Responsabilidade civil do Estado e Denunciação da lide", *Revista da AJUFE*, n. 49, março-abril 1996, p. 43-48, trazendo a doutrina que nega a possibilidade da denunciação da lide – Hely Lopes Meirelles e Celso Antônio Bandeira de Mello (este, na sua concepção atual) – e da que admite – Osvaldo Aranha Bandeira de Mello e Maria Sylvia Zanella Di Pietro. O Autor indica ainda a existência de uma "corrente conciliatória", que admite a denunciação da lide apenas no caso do autor da ação refere-se à culpa do servidor como fundamento, a fim de não inovar a *litiscontestatio*.

54. OLIVEIRA, José Roberto Pimenta, "O direito de regresso do Estado decorrente do reconhecimento de responsabilidade civil extracontratual no exercício da função administrativa", *Interesse Público*, a. 13, n. 65, jan.-fev./2011, p. 37.

55. DELGADO, Maurício Godinho, *Curso de Direito do Trabalho*, São Paulo, 2012, p. 794.

56. SCHREIBER, Anderson, Ibidem, p. 210.

"servidores públicos ficarão cada vez mais impunes"[57], porque, na grande maioria dos casos de agentes identificáveis, os danos a terceiros ocorrem sem que se verifique uma intenção manifesta de lesar do agente ou, ainda, no contexto de uma conduta profissional normal. Na esfera federal, V. Lei n. 8.112/90, art. 122; CPC, art. 833, V.

Se houver mais de um agente responsável pelo dano, igualmente culpáveis e identificáveis, devem obter do Poder Público o mesmo tratamento jurídico, por força do princípio da igualdade e da não discriminação (CR, art. 5º; OIT, Conv. 111).

Quanto à **prescritibilidade ou imprescritibilidade da pretensão de ressarcimento/ação regressiva**, cf. comentários ao art. 37, § 5º, da CR, *supra*. Consideramos que uma interpretação constitucionalmente adequada desse preceito constitucional (e uma concretização infraconstitucional constitucionalmente razoável e sistematicamente harmoniosa) deve considerar, em geral, prescritíveis as pretensões de ressarcimento causadas por **ilícitos civis** e **penais** (por força genérico princípio da segurança jurídica e da proteção da confiança) e, excepcionalmente, imprescritíveis *apenas algumas* outras, por ex., eventualmente decorrentes de ilícitos *penais* mais graves ou de crimes praticados contra a Administração Pública (ex.: prejuízos causados ao erário por corrupção ou concussão; peculato etc.); como, aliás, ocorre em outras situações constitucionais (CR, art. 5º, XLII e XLIV). Não existe naquele dispositivo, para nós, um mandamento constitucional expresso de imprescritibilidade de todas as pretensões de ressarcimento ao erário[58], interpretação que não se conforma ao pressuposto e à figura constitucional do "agente responsável" (em geral, competente, profissional e probo).

Finalmente, a ação de regresso é dispensável quando há o voluntário reconhecimento do dever de ressarcir pelo agente responsável na esfera administrativa, situação na qual o Poder Público deverá respeitar os limites legais para lançamentos de descontos salariais.

25. A indenização devida pelo Poder Público (ou "pessoas jurídicas de direito privado prestadoras de serviços públicos") ao terceiro pode ser satisfeita em **processo administrativo ou judicial**. A conclusão da reparação do dano em via administrativa imprescinde do consenso quanto ao modo de quitação, montante, eventuais obrigações de fazer etc.; o que não é, por isso, comum[59], fatos ainda agregados a questões burocráticas outras.

De todo modo, poder-se-ia vislumbrar aqui uma seara para a utilização de procedimentos de **mediação de conflitos** em processos administrativos (ex.: procedimento de mediação para quantificação do dano), porque consideramos que o princípio da indisponibilidade do interesse **público** compatibiliza-se com procedimentos extrajudiciais que objetivam catalisar, voluntariamente, o consenso dos envolvidos. Mais controvertida, todavia, pode ser fazer com que a demanda respeitante à reparação do dano decorrente responsabilidade *extracontratual* do Poder Público tenha solução por **arbitragem**, mediante o estabelecimento de compromisso arbitral (V. Lei n. 9.307/96, art. 3º); seja em decorrência da principiológica indisponibilidade do interesse público, seja pelo princípio da impessoalidade da Administração Pública, seja pelo princípio da inafastabilidade do Poder Judiciário (pelo menos, para o próprio Poder Público). Aliás, o tema da arbitragem com a Administração Pública é bastante polêmico na própria juspublicística[60].

26. A pretensão de reparação a ser ajuizada pelo terceiro está sujeita a **prescrição**. Quanto a esse **prazo prescricional**, contudo, a doutrina é controvertida, o que se refletia na jurisprudência.

Sempre se considerou que as **pessoas jurídicas de direito público** eram beneficiárias do prazo prescricional de **cinco anos** (regulada pelo Decreto n. 20.910/32, art. 1º). As **pessoas jurídicas de direito privado**, antes beneficiária de prazo quinquenal (Lei n. 9.494/97, com redação da MP n. 2.180-35/2001), **a partir da publicação do Cód. Civil de 2002**, foram atingidas pela genérica aplicabilidade do art. 206, § 3º, V, o qual reduziu para **três anos** o prazo da "pretensão de reparação civil" (STJ, REsp 1.104.062/SP, relatado pelo Min. Mauro Campbell, DJ 27/5/2010). Contudo, diante do novo regramento civil, questionou-se acerca da alteração daquele prazo também para a Fazenda Pública, havendo, até então, posições diversas no STJ. Em 2010, o STJ posicionou-se favoravelmente à não revogação da norma especial que beneficia a Fazenda Pública, concluindo pela permanência da **prescrição quinquenal** (STJ, AgR REsp 1.149.621/PR, relatado pelo Min. Benedito Gonçalves, DJ 18/5/2010; AgR REsp 30466/RS, relatado pelo Min. Humberto Martins, DJ 21/9/2010)[61].

O STF firmou as seguintes teses de repercussão geral quanto a esse ponto: "É prescritível a ação de reparação de danos à Fazenda Pública decorrente de ilícito civil" (tema 666 do catálogo) e, em termos excepcionais, "É imprescritível a pretensão de reparação civil de dano ambiental" (tema 999 do catálogo).

27. A execução (*de pagar*) contra a Fazenda Pública possui peculiaridades decorrentes da natureza pública de seus bens (naturalmente não sujeitos à expropriação judicial ou penhora). Por isso, a necessidade da expedição de **precatórios**. Cf., CR, art. 100.

28. A responsabilidade patrimonial do Estado corresponde a uma concepção retroativa, história, de responsabilidade[62]. Volta-se para o passado e pressupõe a recomposição do dano (mormente nos causados por atos ilícitos) através do pagamento/retribuição pecuniária. Pressupõe ainda a reciprocidade entre os direitos/cidadãos e os deveres/Poder Público e, aliás, a própria contemporaneidade entre os correlativos sujeitos.

Contudo, essa responsabilidade do Estado que se afigura *a posteriori* – da lesão – é hoje insuficiente para lidar com as ques-

---

57. MARINELA, Fernanda, *Direito Administrativo*, Niterói, 2012, p. 988.

58. Contra, OLIVEIRA, José Roberto Pimenta, "O direito de regresso do Estado decorrente do reconhecimento de responsabilidade civil extracontratual no exercício da função administrativa", *Interesse Público*, a. 13, n. 65, jan.-fev./2011, p. 59.

59. MARINELA, Fernanda, *Direito Administrativo*, Niterói, 2012, p. 984.

60. Há projetos de lei em curso no Congresso Nacional. V. MARTINS, "Arbitragem e Administração Pública: contribuição para o sepultamento do tema", *Interesse Público*, a. 12, n. 64, nov.-dez/2010, p. 85-104; KUBOTA, Flávio Hiroshi, "Análise acerca da utilização do instituto da arbitragem pela Administração Pública e em Parcerias Público-Privadas", *Boletim de Licitações e Contratos*, a. XIX, n. 5, 2006, p. 445-451.

61. MARINELA, Fernanda, Ibidem, p. 990 e seg.

62. Cf. LOUREIRO, João Calos Simões Gonçalves. *Constituição e Biomedicina*: contributo para uma teoria dos deveres bioconstitucionais na esfera da genética humana, Coimbra, 2003. JONAS, Hans. *El Princípio de Responsabilidade – Ensayo de una ética para la civilización tecnológica*, Barcelona, 1995.

tões relacionadas à "Sociedade do Risco"; e, muito especialmente, com intervenções no âmbito da vida (saúde e meio ambiente; bens em regra não passíveis de restituição ao *status quo ante*). Hodiernamente, nesses âmbitos, recrudesce a responsabilidade *a priori* do Estado (fonte da responsabilidade patrimonial, certamente), no sentido de ser uma responsabilidade voltada para o futuro ("responsabilidade em relação às futuras gerações", art. 225, § 1º, CR). Fala-se em **"responsabilidade prospectiva"**; **"responsabilidade orientada para o futuro"**. Destas originam-se os "deveres de cuidado", "deveres de proteção", "deveres de prevenção" do Estado, as quais podem ser pleiteadas judicialmente para imposição ao Estado, sem ofensa ao princípio da separação dos poderes.

Nesse sentido, por exemplo, a tese firmada no tema 220 do catálogo do STF: "É lícito ao Judiciário impor à Administração Pública obrigação de fazer, consistente na promoção de medidas ou na execução de obras emergenciais em estabelecimentos prisionais para dar efetividade ao postulado da dignidade da pessoa humana e assegurar aos detentos o respeito à sua integridade física e moral, nos termos do que preceitua o art. 5º, XLIX, da Constituição Federal, não sendo oponível à decisão o argumento da reserva do possível nem o princípio da separação dos poderes".

Na prática jurídica, podemos perceber esse deslocamento de concepção acerca da responsabilidade (não só do Estado) através da importância dada pela moderna processualística às "obrigações de fazer, de não fazer e de dar" e à "tutela judicial inibitória", cuja finalidade primeira é a "inibição do ilícito" e, principalmente, em bens de difícil ou impossível reparação (direitos de personalidade, direito ambiental, valores sociais etc.). Todavia, ainda neste caso, a responsabilidade do sujeito passivo/devedor pressupõe que se está a tratar do presente ou do futuro próximo, de modo que não deixa de existir a aludida contemporaneidade para o sujeito ativo/credor.

Para a execução das obrigações de fazer em face da Fazenda Pública, não é atraído o regime constitucional dos precatórios (tese firmada no tema 45 do catálogo do STF), o que nos parece claro.

Art. 37, § 7º A lei disporá sobre os requisitos e as restrições ao ocupante de cargo ou emprego da administração direta e indireta que possibilite o acesso a informações privilegiadas.

Regina Linden Ruaro

1. Histórico: breves notas a respeito da evolução da proteção das informações privilegiadas e da proteção de dados. Uma contextualização do tema

Atualmente, vive-se em uma sociedade regida pela máxima de que "a informação é poder", isto é, quanto mais informações for possível obter, mais relações poderão ser efetuadas. Neste contexto, inseridos em uma estrutura social que depende da informação, vários foram os meios criados para que se facilite substancialmente a sua troca[1]. Tal realidade refletiu na seara jurídica,

pois, ante a ausência de previsão legal para disciplinar as novas situações surgidas com o advento da informática, fez-se necessária a atenção dos operadores do direito para a elaboração e interpretação de normas, bem como para a formação da jurisprudência, principalmente no tocante a um tema: a regulação do uso das informações privilegiadas e de dados pessoais[2].

No Brasil, o regime de proteção às informações privilegiadas ainda não alcançou um nível minimamente desejável, em que pese a Constituição Federal de 1988 haver apresentado técnica mais apurada ao reconhecer diversos direitos e garantias específicas de sorte que, em seu corpo normativo, abordou tanto a proteção dos direitos referentes ao cidadão como a necessidade de fixação de um marco legal concernente aos requisitos e restrições ao acesso para determinados agentes públicos a tais dados.

Nesta seara, ressalta-se o entendimento de que os direitos fundamentais – que visam, juridicamente, limitar o poder estatal, proibindo a interferência no plano individual dos cidadãos e, ao mesmo tempo, exigem uma prestação estatal efetiva para a sua proteção[3] – são autoaplicáveis no território brasileiro[4] e, portanto, o simples fato de inexistência de legislação específica que trate do direito à proteção de dados pessoais não pode constituir óbice para que se perfectibilize a sua defesa.

No que concerne especificamente a informações privilegiadas que estão no âmbito da Administração Pública, o legislador, percebendo a importância de sua proteção, apresentou a Emenda Constitucional de n. 19, de 1998, explicitando a necessidade de regulamentação da atuação dos ocupantes de cargos ou empregos da administração, direta ou indireta, quando, por suas atribuições, tiverem acesso direto àquelas. Tal disposição inovou em nosso ordenamento jurídico, e está diretamente relacionada aos princípios contidos no *caput* do artigo 37 da CF, sobretudo ao da moralidade e da probidade administrativa.

Questiona-se, entretanto, acerca da definição clara acerca do que vêm a ser "informações privilegiadas" e seu conteúdo essencial na previsão do § 7º do art. 37 da Carta Magna, visto que apenas se tem clareza quanto aos agentes que sofrem limitações ao seu acesso. Com isto, a matéria, que está prevista de forma ampla, dá ensejo à incorporação da temática de tratamento de dados pessoais dos cidadãos ademais dos dados estratégicos em poder das Instituições do Estado.

Suscita-se, portanto, uma breve análise da origem da tutela jurídica destes dados no contexto internacional e quais os desdobramentos legislativos apresentados por alguns países, na medida

---

1. CARDOSO PEREIRA, Marcelo. Direito à intimidade, proteção de dados e novas tecnologias: em busca de um novo direito. In: II CIBER ÉTICA: Simpósio Internacional de Propriedade Intelectual, Informação e Ética, n. 50, 2003, Florianópolis. Resumos... Florianópolis: 2003, p. 1-21.

2. RUARO, Regina Linden. O conteúdo essencial dos direitos fundamentais à intimidade e à vida privada na relação de emprego: o monitoramento do correio eletrônico pelo empregador. In: SARLET, I.W. (org.). *Direitos fundamentais, informática e comunicação:* algumas aproximações. Porto Alegre: Livraria do Advogado, 2007. V. 1, cap. 9, p. 227-252. Disponível em: <http://www.comitepaz.org.br/download/Declara%C3%A7%C3%A3o%20Universal%20dos%20Direitos%20Humanos.pdf>. Acessado em: 28 out. 2008.

3. HAINZENREDER, Eugênio. *O direito à intimidade e à vida privada do empregado frente ao poder diretivo do empregador:* o monitoramento do correio eletrônico no ambiente de trabalho. 2007, 157 f., Dissertação (Mestrado em Direito) – Faculdade de Direito, Pontifícia Universidade Católica do Rio Grande do Sul, Porto Alegre, 2007.

4. SARLET, Ingo Wolfgang. *A eficácia dos direitos fundamentais*. Porto Alegre: Livraria do Globo, 1998, p. 243.

em que o direito comparado parece trazer respostas coerentes às lacunas da legislação pátria.

2. Comunidade Europeia

Na Diretiva 2003/6 da CE o uso de informações privilegiadas está inserido no seu item 12 dos "Considerandos" e é tido como abuso de mercado que pode levar à desconfiança dos investidores. A referida diretiva define informação privilegiada como: *"Informação privilegiada é toda a informação com caráter preciso, que não tenha sido tornada pública e diga respeito, direta ou indiretamente, a um ou mais emitentes e instrumentos financeiros ou a um ou mais instrumentos financeiros. Uma informação, que possa ter um efeito significativo sobre a formação e evolução dos preços de um mercado regulamentado enquanto tal poderá ser considerada como uma informação indiretamente relacionada com um ou mais emitentes de instrumentos financeiros ou com um ou mais instrumentos financeiros derivados com eles relacionados"* (Artigo 1º, item 1, da Diretiva 2003/6/CE).

Relativamente à proteção de dados pessoais e ao sigilo de informações privilegiadas, esta se desenvolveu na Europa a partir do final da década de 1960. Podem ser descritos como seus antecedentes históricos tanto o artigo 12 da Declaração Universal dos Direitos do Homem como o artigo 8º do Convênio para Proteção de Direitos Humanos e Liberdades Fundamentais, pactuado em Roma, no ano de 1950. Figuram também nesta lista de influências os artigos 17 e 18 do Pacto de Direitos Civis e Políticos, firmado em Nova Iorque no ano de 1966[5].

Atualmente, destacam-se duas instituições europeias que tratam da harmonização legislativa referente à proteção de dados: O Conselho da Europa e a União Europeia. A primeira, através do Convênio n. 108, de 1981[6], dispõe sobre a proteção das pessoas quanto ao tratamento automatizado de dados pessoais. A segunda, com a Diretiva Comunitária 95/46, de 1995, regulamenta o tratamento e a livre circulação dos dados pessoais. As duas normas procuram, na medida do possível, propor soluções comuns a todos os países integrantes do bloco, o que ressalta ainda mais o caráter global do problema. Do contrário, bastaria que os dados fossem enviados a países que não tenham previsão legal sobre a matéria – os chamados *paraísos de dados*[7]. Em maio de 2018 entra em vigor o Regulamento Europeu de Proteção de Dados Pessoais, 2016/679, que ao contrário da Diretiva 95/46 é norma cogente que abrange obrigatoriamente todos os países que compõem o Bloco da União Europeia. Anota-se que tal norma tem eficácia extraterritorial em relação aos países que não fazem parte da UE.

O Convênio Europeu de Direitos Humanos – CEDH –, em seu artigo 8º, reconhece o direito que toda pessoa tem de ver respeitada sua vida privada e familiar, seu domicílio e sua correspondência[8]. De acordo com esta redação, percebe-se a amplitude proposta pela norma, e dentro deste plexo de direitos protegidos se entendem incluídos os dados pessoais, de acordo com os posicionamentos firmados pelo Tribunal Europeu de Direitos Humanos – TEDH. Ainda que seja um reconhecimento moderno e na contramão dos desenvolvimentos tecnológicos, já no ano de 1982 o referido órgão julgador se manifestou no sentido de que o artigo 8º da CEDH alcançava e resguardava o direito à proteção dos dados pessoais, entendendo que a informatização vinha representando verdadeiro perigo à vida privada dos cidadãos[9].

Neste contexto, parece que a definição mais adequada para a figura dos dados pessoais foi aquela apresentada pelo TEDH, segundo o qual seria *qualquer informação relativa a um indivíduo identificado ou identificável*. Especificou, ainda, que os dados protegidos pelo direito não se restringem aqueles concernentes à vida privada do indivíduo, senão que aos próprios fatos e acontecimentos referentes à sua vida pública, desde que afetem o desenvolvimento de sua personalidade[10]. Desta forma, fica claro que, de acordo com o entendimento do TEDH, o conteúdo e os limites do direito à proteção de dados passou a depender justamente da sua análise no caso concreto, tanto pela natureza do dado quanto pela forma como foi utilizado.

3. Direito internacional: Ibero-América

Decorrente de uma preocupação que atinge todo o mundo em face da evolução das relações interpessoais e interinstitucionais através das novas tecnologias da informação, foi criada a Rede Ibero-americana de Proteção de Dados que se originou da declaração do Encontro Ibero-americano de Proteção de Dados, celebrado em 2003 na Guatemala. O objetivo da Rede é a integração dos países participantes como atores dos diversos setores sociais públicos e privados. Sobretudo, o sistema implantado tem servido como referência às legislações adotadas por cada país participante, agregando também a transferência de tecnologias entre seus membros. Note-se que o tratamento das informações privilegiadas está diretamente ligado à proteção de dados.

4. Constituições estrangeiras

A disposição sobre a restrição de acesso a informações privilegiadas por parte da Administração Pública não é abarcada pelas

---

5. TRAVIESO. Juan Antonio. La protección de datos personales en América latina: unidos o desprotegidos hacia una red iberoamericana de protección de datos personales. In: MAÑAS, José Luis P. *Protección de datos de carácter personal en Iberoamérica*. Valencia: Tirant lo Blanch, 2006, p. 85.

6. O Convênio 108, de 28 de janeiro de 1981 trata da Proteção das Pessoas a respeito do tratamento automatizado de Dados de Carácter Pessoal. A Espanha o ratificou dia 27 de janeiro de 1984 (BOE de 15 de novembro de 1985).

7. TÉLLEZ. Protección de datos personales: la directiva comunitaria, su influencia y repercusiones em latinoamérica. In: MAÑAS, José Luis P. *Protección de datos de carácter personal en Iberoamérica*. 2006, p. 70.

8. "[...] Artigo 8º. Direito ao respeito pela vida privada e familiar 1. Qualquer pessoa tem direito ao respeito da sua vida privada e familiar, do seu domicílio e da sua correspondência. 2. Não pode haver ingerência da autoridade pública no exercício deste direito senão quando esta ingerência estiver prevista na lei e constituir uma providência que, numa sociedade democrática, seja necessária para a segurança nacional, para a segurança pública, para o bem-estar econômico do país, a defesa da ordem e a prevenção das infrações penais, a proteção da saúde ou da moral, ou a proteção dos direitos e das liberdades de terceiros". Convenção para a proteção dos Direitos do Homem e das Liberdades Fundamentais. Disponível em: <http://www.echr.coe.int/NR/rdonlyres/7510566B-AE54-44B9-A163-912EF12B8BA4/0/PortuguesePortugais.pdf>. Acessado em: 24 out. 2008.

9. RAMIRO. *El derecho fundamental a la protección de datos personales en Europa*, 2006, p. 84.

10. Ibid., p. 80.

constituições da América Latina. O que se pode perceber a partir da análise de seus dispositivos é a proteção genérica aos dados pessoais. Podem ser tomadas como exemplo as Constituições da Colômbia (art. 15), Venezuela (arts. 28 e 143), Equador (arts. 40.5 e 66) e Costa Rica (art. 24). Esta última é a única Carta Política que traz disposição semelhante à brasileira, ao dispor que *"a lei fixará os casos em que os funcionários competentes do Ministério das Finanças e da Controladoria Geral da República poderão revisar os livros de contabilidade e seus anexos para fins tributários e para fiscalizar a correta utilização dos fundos públicos"*. A Constituição da Guatemala, datada de 1985, traz uma proteção específica em seu artigo 31, determinando que a proibição de registros em arquivos de informações referentes à filiação política, exceto se tais dados forem armazenados pelo próprio partido. Visa-se, portanto, à proteção constitucional daqueles dados tidos como sensíveis – os quais se caracterizam por afetarem mais diretamente o desenvolvimento da personalidade humana, como é o caso relativo à opção sexual, estadias em orfanatos durante a infância, ideologias político-partidárias e dados médicos. Alguns países do leste europeu, ainda, dispõem expressamente quanto ao direito à proteção de dados pessoais, como ocorre na Constituição da Albânia (arts. 35.4 e 36), Croácia (art. 37), Eslováquia (art. 19.3), Ucrânia (art. 32) e Estônia (art. 26).

5. Constituições brasileiras anteriores

O manuseio e a regulação das informações privilegiadas é matéria nova no cenário constitucional brasileiro. Com isto o que se quer afirmar é que as Constituições anteriores a de 1988 não trataram do tema que estava relegado às legislações infraconstitucionais através, por exemplo, dos estatutos dos servidores públicos ou, ainda, dos estatutos das empresas governamentais. Desta feita, e à guisa de exemplo, mencionam-se alguns casos de regulamentação. No que concerne aos servidores públicos federais, o Estatuto dos Funcionários Públicos Federais, Lei n. 1.711/52, não tratou da matéria que somente veio a ser disciplinada pelo Regime Jurídico Único, Lei n. 8.112/90 quando, ao dispor sobre os deveres dos servidores públicos, tratou no art. 116, VIII, acerca do tema. Também há regulamentação da matéria na LC n. 73/93, no art. 28, III, relativamente aos membros da AGU e no âmbito da atividade policial a Lei n. 9.034/95, com as alterações dadas pela Lei n. 10.217/2001. Como se pode verificar, a matéria vem tratada nos diversos diplomas legais de acordo com cada carreira do serviço público. Especificamente em relação à matéria financeira, a Lei n. 6.404/76, das S/A, tratou do tema em seu art. 155, § 1º, impondo ao administrador dessas sociedades o dever de sigilo das informações, bem como, o § 4º, introduzido pela Lei n. 10.303/01, que abordou a utilização pelos administradores das informações relevantes, que nada mais são do que informações privilegiadas. Ora, tendo-se que as sociedades de economia mista são sempre S/A, tais dispositivos legais atingem os agentes públicos que as administram.

6. Jurisprudência selecionada

STF:

BRASIL. Supremo Tribunal Federal. RE 601314, Rel. Min Luis Edson Fachin. *Leading Case*. Julgado em 16/09/2016 (quebra de sigilo bancário pela RFB, sem necessidade de autorização judicial. Art. 6º, LC 105).

BRASIL. Supremo Tribunal Federal. RE, Rel. Min. Cezar Peluso, Brasília. 24.08.2007 (dever de resguardo do sigilo de cópias do acervo probatório).

BRASIL. Supremo Tribunal Federal. HC 87167/BA, Rel. Min. Gilmar Mendes, Brasília. 17.11.2006 (quebra de sigilo bancário pelo Banco Central).

BRASIL. Supremo Tribunal Federal. HC 84758/GO, Rel. Min. Celso de Mello, Brasília. 16.06.2006 (a quebra de sigilo bancário não pode ser manipulada de modo arbitrário pelo Poder Público).

STJ:

BRASIL. Superior Tribunal de Justiça REsp 1589174 (2016/0071740-0 – 13/09/2016). Decisão Monocrática – Ministro Humberto Martins (ausência de conflito de interesse entre a Lei 12.813/13 e Estatuto da OAB para inscrição na OAB de servidor da Receita Fazendária; não há impedimento).

BRASIL. Superior Tribunal de Justiça REsp 1.554.986-SP, Rel. Min. Marco Aurélio Bellizze, julgado em 8/3/2016 (O sigilo do acordo de leniência celebrado com o CADE não pode ser oposto ao Poder Judiciário para fins de acesso aos documentos que instruem o respectivo procedimento administrativo).

BRASIL. Superior Tribunal de Justiça. REsp 1.361.174-RS, Rel. Min. Marco Aurélio Bellizze, julgado em 3/6/2014 (Os dados obtidos pela Receita Federal com fundamento no art. 6º da LC 105/2001, mediante requisição direta às instituições bancárias no âmbito de processo administrativo fiscal sem prévia autorização judicial, não podem ser utilizados para sustentar condenação em processo penal).

BRASIL. Superior Tribunal de Justiça. REsp 701996/RJ, Rel. Min. Teori Albino Zavascki, Brasília. 06.03.2006 (uso de dados de movimentações financeiras pelas autoridades fazendárias).

BRASIL. Superior Tribunal de Justiça. ADI-MC 1517/UF Rel. Min. Maurício Corrêa. 22.11.2002 (Lei n. 9.034/95, com a redação dada pela Lei n. 10.217/01, que subtraiu da Polícia a iniciativa do procedimento investigatório especial).

7. Literatura selecionada em português e espanhol

Lei complementar n. 105, de 11 de janeiro de 2001. Dispõe sobre o sigilo das operações de instituições financeiras e dá outras providências. *Diário Oficial da União*, Brasília, 11 jan. 2001. Disponível em: <https://www.planalto.gov.br/ccivil_03/leis/lcp/lcp105.htm>. Acesso em: 14 out. 2017.

Lei n. 12.965, de 24 de abril de 2014. Estabelece princípios, garantias, direitos e deveres para o uso da Internet no Brasil. *Diário Oficial da União*, Brasília, 24 abr. 2014. Disponível em: <http://www.planalto.gov.br/ccivil_03/_ato2011-2014/2014/lei/l12965.htm>. Acesso em: 28 out. 2017.

CALÉS, Rosario Duaso. Los principios de protección de datos desde el diseño y protección de datos por defecto. In: PIÑAR MAÑAS, José Luis (Dir.). *Reglamento General de Protección de Datos*: hacia um nuevo modelo europeo de privacidade. Madrid: Editorial Reus, 2016. p. 295-320.

ESCOBAR, D. Augustín Puente. Breve descripción de la evolución histórica y del marco normativo internacional del derecho fundamental a la protección de datos de carácter personal. In: MAÑAS, José Luis P. *Protección de datos de caráter personal en Iberoamérica*. Valencia: Tirant lo Blanch, 2006.

FARIAS, Edilsom Pereira de. *Colisão de direitos*: a honra, a intimidade, a vida privada e a imagem *versus* a liberdade de expressão e informação. Porto Alegre: Sérgio Antônio Fabris Edito, 1996.

FERRAZ JÚNIOR, Tércio Sampaio. Sigilo de dados: o direito à privacidade e os limites à função fiscalizadora do Estado. *Revista da Faculdade de Direito da Universidade de São Paulo*, São Paulo, v. 88, p. 439-459, 1993. Disponível em: <https://www.revistas.usp.br/rfdusp/article/download/67231/69841>. Acesso em: 10 set. 2017.

_____. Sigilo bancário – privacidade e liberdade. In: SARAIVA FILHO, Oswaldo Othon de Pontes; GUIMARÃES, Vasco Branco (Coord.). *Sigilos bancário e fiscal*. Homenagem ao Jurista José Carlos Moreira Alves. 2. ed. rev. ampl. Belo Horizonte: Fórum, 2015. p. 85-110.

HAINZENREDER, Eugênio. *O direito à intimidade e à vida privada do empregado frente ao poder diretivo do empregador*: o monitoramento do correio eletrônico no ambiente de trabalho. 2007, 157 f., Dissertação (Mestrado em Direito) – Faculdade de Direito, Pontifícia Universidade Católica do Rio Grande do Sul, Porto Alegre, 2007.

LIMBERGER, Têmis. *O direito à intimidade na era da informática*: a necessidade de proteção de dados pessoais. Porto Alegre: Livraria do Advogado, 2007.

MARTINS, Ives Gandra da Silva. Sigilo bancário e privacidade. In: SARAIVA FILHO, Oswaldo Othon de Pontes; GUIMARÃES, Vasco Branco (Coord.). *Sigilos bancário e fiscal*. Homenagem ao Jurista José Carlos Moreira Alves. 2. ed. rev. ampl. Belo Horizonte: Fórum, 2015. p. 67-84.

PANITZ, João Vicente Pandolfo. *Proteção de dados pessoais*: a intimidade como núcleo do direito fundamental à privacidade e a garantia constitucional à dignidade. 2007. 115 f. Dissertação (Mestrado em Direito) – Faculdade de Direito, Pontifícia Universidade Católica do Rio Grande do Sul, Porto Alegre, 2007.

PIÑAR MAÑAS, José Luis (Dir.). *Reglamento General de Protección de Datos*: hacia un nuevo modelo europeo de privacidade. Madrid: Reus, 2016.

PIÑAR MAÑAS, José Luis. El derecho fundamental a la protección de datos personales, algunos retos de presente y futuro. *Revista Parlamentaria de la Asamblea de Madrid*, n. 13, dez. 2005.

_____. El derecho fundamental a la protección de datos personales. In: PIÑAR MAÑAS, José Luis. *Protección de datos de caráter personal en Iberoamérica*. Valencia: Tirant lo Blanch, 2006.

_____. *Protección de datos de caráter personal en Iberoamérica*. Valencia: Tirant lo Blanch, 2006.

RAMIRO, Mônica Arenas. *El derecho fundamental a la protección de datos personales en Europa*. Valencia: Tirant lo Blanch, 2006.

RUARO, Regina Linden. Direito fundamental à privacidade: o sigilo bancário e a fiscalização da Receita Federal do Brasil. *Interesse Público*, Belo Horizonte, v. 17, n. 90, p. 103-125, mar./abr. 2015.

_____. O conteúdo essencial dos direitos fundamentais à intimidade e à vida privada na relação de emprego: o monitoramento do correio eletrônico pelo empregador. In: SARLET, I. W. (org.). *Direitos fundamentais, informática e comunicação*: algumas aproximações. Porto Alegre: Livraria do Advogado, 2007. V. 1, cap. 9.

SARLET, Ingo Wolfgang. *A eficácia dos direitos fundamentais*. Porto Alegre: Livraria do Globo, 1998.

SANCHES, Jose Luis Saldanha; GAMA, João Taborda da. Sigilo bancário – crónica de uma morte anunciada. In: SARAIVA FILHO, Oswaldo Othon de Pontes; GUIMARÃES, Vasco Branco (Coord.). *Sigilos bancário e fiscal*. Homenagem ao Jurista José Carlos Moreira Alves. 2. ed. rev. ampl. Belo Horizonte: Fórum, 2015.

SARLET, Ingo Wolfgang. *A eficácia dos direitos fundamentais*: uma teoria geral dos direitos fundamentais na perspectiva constitucional. 12. ed. Porto Alegre: Livraria do Advogado, 2015.

_____. *Dignidade da pessoa humana e direitos fundamentais na Constituição Federal de 1988*. Porto Alegre: Livraria do Advogado, 2001.

SARLET, Ingo Wolfgang; MARINONI, Luiz Guilherme, MITIDIERO, Daniel. *Curso de direito constitucional*. 6. ed. São Paulo: Saraiva, 2017.

TRAVIESO. Juan Antonio. *La protección de datos personales en América Latina*: unidos o desprotegidos hacia una red iberoamericana de protección de datos personales.

8. Anotações

Regulamentando a matéria, foi promulgada a Lei n. 12.813/13, que dispõe sobre o conflito de interesses no exercício de cargo ou emprego do Poder Executivo federal e impedimentos posteriores ao exercício do cargo ou emprego. A norma estabelece requisitos e restrições aos servidores da Administração Pública Federal que tenham acesso a informações privilegiadas. Além de conceituar o que seriam informações privilegiadas – como sendo aquelas que dizem respeito a assuntos sigilosos ou relevantes ao processo de decisão no âmbito do Poder Executivo Federal e que tenham repercussões econômicas, sem constituírem fatos de conhecimento público –, a lei exige o agir profilático do ocupante de cargo ou emprego público, no sentido de resguardar a informação relevante.

Salienta, ainda, o disposto no art. 3º do projeto que se conceitua "conflito de interesses" como a situação gerada pelo confronto dos interesses públicos e privados, que possa comprometer o interesse coletivo. Neste ponto, o art. 5º refere que *a divulgação ou o uso de informação privilegiada, em proveito próprio ou de terceiro, obtida em razão das atividades* exercidas, constitui conflito de interesses e que, mesmo após o exercício de cargo ou emprego no âmbito do Poder Executivo Federal, o dever de não publicizar tais informações ou de fazer uso delas permanece por tempo indeterminado.

Da análise da citada lei, resta evidente a preocupação em buscar mecanismos legais que aumentem os padrões de integridade dos agentes públicos no desempenho de suas funções, tendo em vista exatamente a crescente preocupação dos países da comunidade internacional no que toca a prevenções de corrupção ou de vazamento de informações que possam prejudicar a área econômica e financeira do país, de outro lado, visando também à proteção dos dados pessoais de cada indivíduo. A atenção do Poder Público volatda para a eficiência na prestação de seus serviços demonstra, acima de tudo, o necessário empenho no atendimento das regras de prevenção e combate de práticas abusivas ou ilícitas.

Ocorre que a lei acabou por restringir demasiadamente o alcance de sua proteção, representando medida para resguardar apenas aquelas informações que tenham "repercussão econômica ou financeira". Tal ressalva não parece adequada à tutela proposta, pois existem informações que, em princípio, não apresentariam cunho pecuniário, mas que, *dependendo do tratamento dado, poderão repercutir imensamente na seara financeira*. Assim, se informação que o agente da administração tem acesso refere-se a ideologias político-partidárias ou a dados médicos que um determinado cidadão quer preservar em segredo, poder-se-ia afirmar que, em um primeiro momento, tais dados não constituiriam informação privilegiada. Entretanto, é evidente que a má utilização destes dados pessoais – como a sua publicização, por exemplo – poderá sim adquirir importância econômica, o que, gize-se, dará margem a posterior dever de reparação por parte do Estado.

Também trata da matéria, de modo conexo, a Lei de Acesso à Informação – Lei n. 12.527/11 e seu regulamento, o Decreto 7.845/12, que disciplinam os graus de dados públicos sigilosos em vários níveis, bem como o acesso, tratamento, guarda e acesso e dever de sigilo pelos agentes públicos.

Na iniciativa privada a matéria já alcançou um avanço significativo, na medida em que já se pode defender uma classificação de dados em que o empregador pretenda resguardar um nível de prioridade, no sentido de que os seus empregados devam saber, antecipadamente, quais as matérias que podem ser divulgadas em virtude, por exemplo, do segredo profissional. Segundo esta linha de pensamento, os dados ou informações podem ser: a) públicas, não havendo restrição à sua divulgação; b) internas, em que o acesso não é irrestrito, muito embora não estejam em níveis vitais de manutenção de segredo; c) confidenciais, isto é, informações vitais à empresa, pois sua divulgação pode levar a um desequilíbrio ou a perdas financeiras; e d) secretas, que são as chamadas "informações críticas" da empresa cuja integridade é inviolável e devem estar restritas a um número mínimo de pessoas[11].

De todo o apresentado, pode-se afirmar que a restrição de acesso a informações privilegiadas, situadas no âmbito da Administração Pública, merece atenção especial por parte dos operadores do direito, não ficando restrita apenas à Lei n. 12.813/13, mas alargando seu espectro para incorporar a atuação dos agentes públicos no que concerne à proteção de dados pessoais, ademais porque tais medidas estão bem reguladas nas relações de consumo previstas no Código do Consumidor, evitando com isso gerar um manancial de ações que buscam responsabilizar o Estado por má utilização dos mesmos.

---

11. RUARO, Regina Linden. O conteúdo essencial dos direitos fundamentais à intimidade e à vida privada na relação de emprego: o monitoramento do correio eletrônico pelo empregador. In: SARLET, I.W. (org.). *Direitos fundamentais, informática e comunicação:* algumas aproximações. Porto Alegre: Livraria do Advogado, 2007, v. 1, cap. 9, p. 227-252.

O uso de informações privilegiadas no Brasil, no plano privado, é prática vedada, implicando sanções civis, administrativas e criminais para os envolvidos. Há, quando envolvendo prática de administrador de S/A, quebra do dever de lealdade e do dever de sigilo sobre fatos da companhia previstos nos arts. 153, 155, I, e §§ 1º, 2º e 4º, e 157 da Lei das Sociedades Anônimas. Ademais, há uma quebra também no dever de informar fatos importantes ao mercado de forma igualitária.

Art. 37, § 8º A autonomia gerencial, orçamentária e financeira dos órgãos e entidades da administração direta e indireta poderá ser ampliada mediante contrato, a ser firmado entre seus administradores e o poder público, que tenha por objeto a fixação de metas de desempenho para o órgão ou entidade, cabendo à lei dispor sobre:

I – o prazo de duração do contrato;

II – os controles e critérios de avaliação de desempenho, direitos, obrigações e responsabilidade dos dirigentes;

III – a remuneração do pessoal.

Luciano de Araújo Ferraz

A – REFERÊNCIAS

1. História da norma

O dispositivo em tela (§ 8º do art. 37) trata da figura do contrato de gestão ou contrato de autonomia, e foi incluído no texto constitucional por intermédio da Emenda Constitucional n. 19, de 04.06.1998. Dito contrato já havia sido disciplinado na legislação infranconstitucional, por exemplo, no Decreto 171/91; na Lei 8.246/91; na Lei 9.637/98; na Lei 9.649/98.

2. Constituições brasileiras anteriores

Sem correspondente nas Constituições brasileiras anteriores.

3. Constituições estrangeiras

Sem dispositivo semelhante.

4. Remissões constitucionais e legais

Art. 22, XXVII, CR/88.

Lei n. 8.490/92 (art. 37, II e XXI); Lei n. 8.246/91; Lei n. 9.637/98; e Lei n. 13.934/19.

5. Jurisprudência

BRASIL. Supremo Tribunal Federal. ADI n. 1923/DF, Rel. Min. Ilmar Galvão, *DJ* 21.09.2007.

BRASIL. Tribunal de Contas da União. Decisão n. 345/95 – Plenário, Ata 31/95, Rel. Min. Homero Santos, *DOU* 07.08.1995.

BRASIL. Tribunal de Contas da União. Acórdão n. 112/95 – Plenário, Ata 41/95, Rel. Min. Carlos Átila Álvares da Silva, *DOU* 25.09.1995.

BRASIL. Tribunal de Contas da União. Decisão n. 20/94 – Plenário, Ata 03/94, Rel. Min. Luciano Brandão Alves de Souza, *DOU* 17.02.1994.

6. Referências bibliográficas

BUGARIN, Paulo S. O TCU e a fiscalização dos contratos de gestão. *Governet – Boletim de Transferências Voluntárias*, ano 3, n. 31, nov. 2007.

DI PIETRO, Maria Sylvia Zanella. A reforma administrativa e os contratos de gestão. *Revista Licitar*. v. 4, out. 1997.

DI PIETRO, *Parcerias na Administração Pública*. 8. ed., São Paulo: Atlas, 2011, p. 279.

FERRAZ, Luciano. *Controle da Administração Pública*: elementos para a compreensão dos Tribunais de Contas, Belo Horizonte: Mandamentos. 1999.

MASCHIETTO, Mário Sérgio; FREITAS JÚNIOR, Antônio Rodrigues de; RUSSO FILHO, Antônio. Administração pública e racionalidade gerencial: programas de desligamento voluntário, características e efeitos alcançados. *Revista de Informação Legislativa*. Brasília, ano 34, n. 135, jul./set. 1997.

MODESTO, Paulo (Org.). *Nova Organização Administrativa brasileira*. Belo Horizonte: Fórum, 2009; 2. ed., 2010.

MODESTO, Paulo. Contrato de Gestão no Interior da Organização Administrativa como Contrato de Autonomia. *Revista Brasileira de Direito Público*, v. 30, p. 59-89, 2010.

MOREIRA NETO, Diogo de Figueiredo. Coordenação gerencial na Administração Pública. *Revista de Direito Administrativo*, 214:35.

PELLEGRINO, Carlos Roberto. Os contratos da administração pública. *Revista de Informação Legislativa*, Brasília, ano 27, n. 105, jan./mar. 1990.

SARAIVA, Enrique. Contratos de gestão como forma inovadora de controle das organizações estatais. *X Congreso Internacional del CLAD sobre la Reforma del Estado y de la Administración Pública*, Santiago, Chile, 18 – 21 Oct. 2005.

B – ANOTAÇÕES

A inserção, mediante a Emenda Constitucional n. 19/98, do princípio da eficiência no art. 37, *caput*, CR veio acompanhada da inclusão no texto constitucional de instrumentos potencialmente aptos a transformar o tradicional modelo de administração burocrática adotado pelo Brasil desde a criação do Departamento Administrativo do Serviço Público – DASP em 1938: a estratégia subjacente à modificação constitucional era a implantação da reforma gerencial da Administração Pública.

Entre tais instrumentos insere-se o contrato a que alude o § 8º do art. 37 – batizado pela doutrina como "contrato de gestão" – a ser firmado entre os administradores dos órgãos e entidades da Administração direta e indireta e o Poder Público, com a finalidade de lhes ampliar a autonomia gerencial, orçamentária e financeira, tendo por objeto a fixação de metas de desempenho para o órgão ou entidade, cabendo à lei dispor sobre: I – o prazo de duração do contrato; II – os controles e critérios de avaliação de desempenho, direitos, obrigações e responsabilidade dos dirigentes; III – a remuneração do pessoal.

Os contratos de gestão denotam tendência de contratualização nas relações administrativas, como alternativa flexível e avançada às tradicionais relações hierárquicas e verticais consagradas em leis e regulamentos (SARAIVA, Enrique. Contratos de gestão como forma inovadora de controle das organizações estatais. *X Congreso Internacional del CLAD sobre la Reforma del Estado y de la Administración Pública*, Santiago, Chile, 18 – 21 Oct. 2005).

A origem dos contratos de gestão é francesa: o Relatório Nora de 1967 – elaborado por um Grupo de Trabalho do Comitê Interministerial de Empresas Estatais na França –, que recomendou esse instrumento como forma de combate à letargia operacional das empresas estatais, derivada do excesso de formalismo e de controles do poder central. Na França, os contratos de gestão denominaram-se "contratos de programa" e "contratos de empresa". A partir da Lei Nacional de Planificação (1982) passaram a ser designados como "contratos de plano".

A experiência francesa frutificou em outros países, tais como Itália (acordos de programa), Espanha (contratos de gestão), Índia (memorando de entendimentos), além de se espraiar a países africanos (Marrocos, Senegal) e latino-americanos (Bolívia, Uruguai, Venezuela).

No Brasil, o primeiro dispositivo legal a tratar da matéria foi o Decreto 137, de 27.05.1991, que instituiu o Programa de Gestão das Empresas Estatais (PGE). Este Decreto permitiu que empresas estatais enviassem ao Comitê de Controle das Empresas Estatais (CCE) proposições de contratos individuais de gestão, objetivando aumentar sua eficiência e competitividade.

A primeira empresa a apresentar seu pleito de contrato de gestão ao Governo Federal foi a Rede Ferroviária Federal (RFFSA), conquanto a efetivação inaugural do novo instrumento tenha se verificado com a CVRD (Cia. Vale do Rio Doce S.A.) e com a Petrobras (Petróleo do Brasil S.A.).

A iniciativa chamou a atenção da doutrina – que entendia ser impossível, mediante decreto, a flexibilização de controles previstos em lei para a Administração Indireta (Decreto-lei 200/67) – e do Tribunal de Contas da União (TCU), que se preocupou com a possível mitigação do exercício de suas competências fiscalizadoras.

Por intermédio das Decisões n. 20/94-Plenário e 345/95-Plenário, o TCU, ao analisar os contratos de gestão da CVRD e da Petrobras, entendeu que a sistemática de relacionamento entre empresas estatais e a Administração Central, sob o regime desses ajustes, previsto no Decreto 137/91 e em regulamentos específicos, não desobrigava ditas entidades governamentais do cumprimento de preceitos constitucionais e legais pertinentes a: a) fiscalização do TCU (arts. 70 e 71, CR); b) admissão de pessoal pela via do concurso público (art. 37, II, CR); c) limitação remuneratória dos dirigentes (art. 37, XI, CR); d) licitações e contratos (art. 37, XXI, CR).

Pouco mais tarde, vieram à tona os contratos (de gestão) previstos na Lei 8.246, de 22.10.1991 (Serviço Social Autônomo Associação das Pioneiras Sociais), e na Lei 9.637, de 15.05.1998 (Organizações Sociais), esta última considerada constitucional pelo STF no julgamento da ADI n. 1923/DF, Rel. Min. Ilmar Galvão, *DJ* 21.09.2007. Tais contratos, embora guardassem semelhança nominal com o das empresas estatais, possuíam efeito inverso, à medida que as entidades contratantes não integravam a Administração Indireta. "Se no caso da Administração Indireta, o contrato de gestão tem como contrapartida a flexibilização do regime jurídico administrativo, no caso de entidade privada o contrato serve ao objetivo contrário, pois, ao invés de permitir a submissão integral ao regime jurídico privado, exige-se da entidade obediência a determinadas normas e princípios próprios do regime jurídico publicístico, colocando-as na categoria de entidades parestatais" (DI PIETRO, 2011).

Nesse sentido, o Acórdão 112/95 do TCU, Rel. Min. Carlos Átila, registrou que "o regime do contrato de gestão instaurado pela Lei 8.264/91 visou, em primeiro lugar, a restabelecer amplitude mais razoável de liberdade administrativa para o responsável gerir os recursos públicos que lhe são confiados, para que possa executar as atividades que deverão ser desenvolvidas, com vistas a atingir os objetivos de interesse coletivo, fixados na programação submetida à aprovação dos ministérios competentes, juntamente com o plano orçamentário. Ao remover aqueles óbices formalistas, a lei transferiu a ênfase do controle, do plano da fiscalização do processo, para a verificação dos resultados alcançados com a execução do contrato".

A Lei 9.649, de 27.05.98 (arts. 51 e 52), regulamentada pelos Decretos 2.487/98 e 2.488/98, previu a possibilidade de qualificação de autarquias e fundações como agências executivas, desde que tais entidades tivessem plano estratégico de reestruturação e desenvolvimento institucional e firmassem com o Ministério Supervisor contrato de gestão. O INMETRO foi a primeira entidade que se qualificou como Agência Executiva, ampliando, em alguns aspectos, sua autonomia (v.g., art. 24, parágrafo único, da Lei 8.666/93). Sobre o projeto das agências executivas, o TCU aprovou a iniciativa mediante a Decisão n. 765/98.

A consagração constitucional do contrato de gestão (§ 8º do art. 37) certamente levou em conta as experiências anteriormente verificadas, mas os contornos dados pelo constituinte inovam em pontos específicos:

a) a previsão de sua formulação é restrita a órgãos e entidades da Administração Indireta, com o objeto de ampliação de autonomia, o que não impede que a legislação infraconstitucional preveja outros instrumentos similares aos contratos de gestão direcionados, por exemplo, a estabelecer parcerias com entidades pertencentes ao setor privado (v.g., Lei 9.637/98), ainda que com outras finalidades;

b) a menção a contratos a serem firmados com órgãos públicos causa estranheza, nos mais tradicionais autores, mercê da despersonificação que lhes é inerente, mas desde que compreendida a natureza contratual em sentido amplo, mas convenial em sentido estrito do contrato de gestão, óbices inexistem à sua formulação por órgãos públicos;

c) a plena aplicabilidade do preceito constitucional depende de regulamentação infraconstitucional que deixe clara a amplitude da flexibilização proposta, fundamentalmente no que toca a:

• metas de desempenho para o órgão ou entidade;
• prazo de duração do contrato;
• controles e critérios de avaliação de desempenho;
• direitos, obrigações e responsabilidade dos dirigentes;
• remuneração do pessoal.

A fim de regulamentar o § 8º do art. 37, de maneira mais adequada, o legislador infraconstitucional editou a Lei n. 13.934/19, que passou a denominar o referido contrato como contrato de desempenho, formalizável no âmbito da Administração Federal Direta, de qualquer dos Poderes da União e das autarquias e fundações públicas federais. Essa Lei só se aplica à União, como deixa ver a própria ementa e a disposição do art. 1º.

Nos termos do art. 2º, o contrato de desempenho é o acordo celebrado entre órgão ou entidade supervisora e órgão ou entidade supervisionada, por meio de seus administradores, para o estabelecimento de meta de desempenho do supervisionado, com os respectivos prazos de execução e indicadores de qualidade, tendo como contrapartida a concessão de flexibilidade ou autonomias especiais.

São as seguintes flexibilidades e autonomias especiais descritas no art. 6º da Lei n. 13.934/19: i) definição de estrutura regimental, sem aumento de despesas, conforme os limites e as condições estabelecidas em regulamento; ii) ampliação de autonomia administrativa quanto a limites e delegações relativos a celebração de contratos, estabelecimento de limites específicos para despesas de pequeno vulto e autorização para a formação de banco de horas.

O contrato poderá ser rescindido bilateralmente pelas partes ou unilateralmente por ato do supervisor nas hipóteses de insuficiência injustificada do desempenho do supervisionado ou de descumprimento reiterado das cláusulas contratuais.

Art. 37, § 9º O disposto no inciso XI aplica-se às empresas públicas e às sociedades de economia mista, e suas subsidiárias, que receberem recursos da União, dos Estados, do Distrito Federal ou dos Municípios para pagamento de despesas de pessoal ou de custeio em geral.

Luciano de Araújo Ferraz

A – REFERÊNCIAS

1. História da norma

A norma foi incluída pela primeira vez nos textos constitucionais brasileiros pela Emenda Constitucional n. 19, de 04.06.1998. Seu objetivo foi o de submeter ao teto remuneratório do inciso XI do art. 37 os dirigentes e empregados de empresas estatais (empresas públicas, sociedades de economia mista) e suas subsidiárias, desde que estas entidades não se mostrem suficientemente capazes de gerar receitas bastantes à própria manutenção.

2. Constituições brasileiras anteriores

Sem correspondência.

3. Constituições estrangeiras

Sem dispositivos semelhantes.

4. Remissões constitucionais e legais

Art. 37, XI e art. 173, § 1º, CR/88.

Lei 4.320/64 (art. 12, § 1º e 13) e Lei Complementar 101/00 (art. 2º, III).

5. Jurisprudência

BRASIL. Supremo Tribunal Federal. ARE 848.993 RG, voto do Rel. Min. Gilmar Mendes, *DJe* 23.03.2017, Tema 921;

BRASIL. Supremo Tribunal Federal. AI 264.217 AgR, Rel. Min. Dias Toffoli, *DJe* 26.04.2012;

BRASIL. Supremo Tribunal Federal. RE 584.388, Rel. Min. Ricardo Lewandowski, *DJe* 27.09.2011, Tema 162;

BRASIL. Supremo Tribunal Federal. ADIMC-1033/DF, Rel. Min. Ilmar Galvão, *DJ* 16.09.1994;

BRASIL. Supremo Tribunal Federal. ADIMC 905/DF, Rel. Min. Carlos Velloso, *DJ* 22.04.1994;

BRASIL. Supremo Tribunal Federal. ADIMC 906/PR, Rel. Min. Carlos Velloso, *DJ* 25.03.1994;

BRASIL. Supremo Tribunal Federal. ADIMC 787/DF, Rel. Min. Octávio Gallotti, *DJ* de 13.11.1992;

BRASIL. Tribunal Superior do Trabalho, Orientação Jurisprudencial n. 339 da SDI-1.

6. Referências bibliográficas

ARAUJO, Florivaldo Dutra de. Teto remuneratório e vantagens pessoais: a posição do Supremo Tribunal Federal. *Revista de Direito Municipal*, n. 12, abr./jun. 2004, p. 155.

ATALIBA, Geraldo. Da irredutibilidade de vencimentos. *Revista da AMAGIS*, v. 1, n. 1, 1983, p. 90-2.

BASTOS, Celso. Sociedades de economia mista. Regime de Trabalho. Da aplicabilidade do art. 37, XI da CF. *Cadernos de Direito Constitucional e Ciência Política*. São Paulo: RT, ano 3, n. 13, out./dez. 1995.

DI PIETRO, Maria Sylvia Zanella. O que muda na remuneração dos servidores? *Boletim de Direito Administrativo*, jul. 1998, p. 421-8.

HOLIDAY, Gustavo Calmon. A similaridade remuneratória entre as carreiras jurídicas – uma imposição constitucional. *Revista Jurídica da Associação dos Procuradores do Estado do Espírito Santo*. Rio de Janeiro: Lumen Juris, 2008.

LOURENÇO, Álvaro Braga. Regime jurídico dos empregados das empresas estatais. *Direito Administrativo Empresarial*. Rio de Janeiro: Lumen Juris, 2006, p. 155-179.

MEIRELES, Ramiro de Campos. *A administração pública e o servidor público na Constituição Federal.* 2ª ed. rev. atual. e ampl. Goiânia: AB, 2001.

B – ANOTAÇÕES

Antes da alteração proporcionada pela EC 19/98, discutia-se se o teto remuneratório previsto no art. 37, inciso XI, da Constituição da República aplicar-se-ia às empresas públicas, sociedades de economia mista e suas subsidiárias. Sustentava-se, por um lado, que o art. 173, § 1º, CR, ao submeter ditas entidades ao regime jurídico próprio das empresas privadas, estaria a excluí-las da incidência do teto remuneratório, e, por outro lado, que pelo fato de integrarem a Administração Indireta submeter-se-iam ao aludido teto.

O entendimento pacificado pelo Supremo Tribunal Federal (BRASIL. Supremo Tribunal Federal, STF, ADIMC-1033/DF, Rel. Ministro Ilmar Galvão, *DJ* de 16.09.94) e pelo Tribunal Superior do Trabalho (OJ n. 339 da SDI-1) foi o de que as empresas estatais estariam submetidas ao teto previsto no art. 37, XI, CR.

O acréscimo do § 9º afeta parcialmente essa orientação jurisprudencial, na medida em que dispõe ser o teto remuneratório dirigido a empresas estatais e suas subsidiárias, que dependam de recursos públicos da União, dos Estados, do Distrito Federal e dos Municípios, para a realização de despesas de custeio em geral, incluídas as de pessoal (empresas estatais dependentes – art. 2º, III, da Lei Complementar n. 101/00 – Lei Responsabilidade Fiscal).

As despesas de custeio são aquelas necessárias à manutenção das atividades da entidade, incluídas as despesas de pessoal, os serviços de terceiros, os encargos diversos, bem como as despesas destinadas a atender a obras de conservação e adaptação de bens imóveis (arts. 12, § 1º, e 13 da Lei 4.320/64).

Sobre a alusão às despesas de pessoal no preceito constitucional, cabe referência à Lei de Responsabilidade Fiscal (LRF), aplicável às empresas estatais dependentes por força do seu art. 1º, § 3º. O art. 18 da LRF define despesas de pessoal como o somatório dos gastos com "os ativos, os inativos e os pensionistas, relativos a mandatos eletivos, cargos, funções ou empregos, civis, militares e de membros de Poder, com quaisquer espécies remuneratórias, tais como vencimentos e vantagens, fixas e variáveis, subsídios, proventos da aposentadoria, reformas e pensões, inclusive adicionais, gratificações, horas extras e vantagens pessoais de qualquer natureza, bem como encargos sociais e contribuições recolhidas pelo ente às entidades de previdência" (art. 18, *caput*).

Incluem-se, ainda, nas despesas de pessoal, os gastos com contratos de terceirização de mão de obra substitutiva de servidores públicos (art. 18, § 1º, LRF). Excluem-se parcelas de natureza indenizatória.

Como se vê, a base do dispositivo constitucional para determinar a incidência do teto remuneratório do art. 37, XI, é a dependência orçamentária e financeira da empresa relativamente aos cofres da entidade política controladora (União, Estados, Distrito Federal e Municípios), de modo que, *a contrario sensu*, somente às empresas públicas, sociedades de economia mista e suas subsidiárias que recebam transferências do tesouro para pagamento de despesas com pessoal ou de custeio em geral aplica-se teto remuneratório (art. 37, XI, CR).

Em outras palavras, as empresas públicas, sociedades de economia mista e suas subsidiárias, verdadeiramente autônomas (do ponto de vista orçamentário e financeiro), estarão excluídas da incidência do teto de remuneração (art. 37, XI, CR), podendo pagar a seus dirigentes e empregados salários que lhe sejam superiores.

Nesse sentido, o Supremo Tribunal Federal, no julgamento da ADI 6584, suspendeu a eficácia de dispositivo da lei orgânica do Distrito Federal, que estendia o teto remuneratório do funcionalismo público distrital indiscriminadamente a todas as empresas públicas, sociedades de economia mista e suas subsidiárias, independentes ou não. De acordo com o relator, Ministro Gilmar Mendes, a lei distrital "ao determinar que todos os funcionários de empresas públicas, sociedades de economia mista e subsidiárias, se sujeitem ao teto salarial, incluídas as que não recebem recursos da Fazenda Pública viola a Constituição Federal".

Em suma, apenas as empresas estatais e duas subsidiárias dependentes de recursos fazendários para pagamento de pessoal encontram-se subordinadas ao teto remuneratório do inciso XI do art. 37 da Constituição.

Art. 37, § 10. É vedada a percepção simultânea de proventos de aposentadoria decorrentes do art. 40 ou dos arts. 42 e 142 com a remuneração de cargo, emprego ou função pública, ressalvados os cargos acumuláveis na forma desta Constituição, os cargos eletivos e os cargos em comissão declarados em lei de livre nomeação e exoneração.

Fabrício Motta

História da norma

O inciso foi incluído pela Emenda Constitucional n. 20, de 1998. Antes da inclusão, a Carta não tratava da hipótese de acumulação de proventos com remuneração de cargo, emprego ou função.

Constituições brasileiras anteriores

A Constituição de 1934 trazia regras peculiares, nos §§ 2º e 4º do art. 172: "Art. 172, § 2º As pensões de montepio e as vantagens da inatividade só poderão ser acumuladas, se reunidas, não excederem o máximo fixado por lei, ou se resultarem de cargos legalmente acumuláveis. (...) § 4º A aceitação de cargo remunerado importa à suspensão dos proventos da inatividade. A suspensão será completa, em se tratando de cargo eletivo remunerado, com subsídio anual; se, porém, o subsídio for mensal, cessarão aqueles proventos apenas durante os meses em que for vencido".

A Constituição de 1967 tratou da proibição de acumulação, determinando em seu art. 99, § 3º: "A proibição de acumular proventos não se aplica aos aposentados, quanto ao exercício de mandato eletivo, cargo em comissão ou ao contrato para prestação de serviços técnicos ou especializados". O dispositivo foi mantido na Constituição de 1969 (Emenda Constitucional n. 1, de 17 de outubro de 1969).

Remissões constitucionais (outros artigos da Constituição) e legais (leis reguladoras)

Art. 37, XVI – regras para a acumulação de cargos, empregos e funções públicas.

Art. 37, XI – teto constitucional de remuneração.

Art. 38 – Regras aplicáveis ao servidor público da administração direta, autárquica e fundacional, no exercício de mandato eletivo.

Art. 40 – Normas tocantes ao regime de previdência próprio dos servidores titulares de cargos efetivos.

Art. 40, § 6º – Veda a percepção de mais de uma aposentadoria à conta do regime de previdência próprio dos titulares de cargos efetivos, ressalvadas as aposentadorias decorrentes dos cargos acumuláveis.

Emenda Constitucional n. 20, de 15 de dezembro de 1998, Art. 11 – Estabelece que a vedação prevista no dispositivo comentado não se aplica aos membros de poder e aos inativos, servidores e militares, que, até a publicação da Emenda, tenham ingressado novamente no serviço público por concurso público de provas ou de provas e títulos, e pelas demais formas previstas na Constituição Federal, sendo-lhes proibida a percepção de mais de uma aposentadoria pelo regime de previdência a que se refere o art. 40 da Constituição.

Lei 8.112/90, art. 118, § 3º – Considera acumulação proibida a percepção de vencimento de cargo ou emprego público efetivo com proventos da inatividade, salvo quando os cargos de que decorram essas remunerações forem acumuláveis na atividade.

Jurisprudência (STF e STJ): *leading cases*, principais posições e votos divergentes; tendências atuais no sentido da mudança da jurisprudência

A análise da jurisprudência do Supremo Tribunal Federal é importante para se precisar o alcance da nova regra, inclusive no tocante à exceção trazida pelo art. 11 da Emenda Constitucional n. 20, de 15 de dezembro de 1998. A respeito da possibilidade de acumulação tríplice, entendeu o STF que

"[...] a acumulação de proventos e vencimentos somente é permitida quando se tratar de cargos, funções ou empregos acumuláveis na atividade, na forma permitida na Constituição. Não é permitida a acumulação de proventos de duas aposentadorias com os vencimentos de cargo público, ainda que proveniente de aprovação em concurso público antes da EC 20/98" (AI 484.756-AgR, Rel. Min. Carlos Velloso, julgamento em 15-2-05, Publicação: *DJ* de 1º-4-05).

Em diversos julgados é reforçado pela Corte o entendimento de que a vedação já se encontrava, implicitamente, no texto original da Constituição. O tema é relevante na análise do alcance da regra permissiva constante do art. 11 da Emenda 20:

"Servidora aposentada que reingressou no serviço público, acumulando proventos com vencimentos até a sua aposentadoria, quando passou a receber dois proventos. Conforme assentado pelo Plenário no julgamento do RE 163.204, mesmo antes da citada emenda constitucional, já era proibida a acumulação de cargos públicos. Pouco importava se o servidor estava na ativa ou aposentado nesses cargos, salvo as exceções previstas na própria Constituição. Entendimento que se tornou expresso com a Emenda Constitucional 20/98, que preservou a situação daqueles servidores que retornaram ao serviço público antes da sua promulgação, nos termos do art. 11. A pretensão ora deduzida, dupla acumulação de proventos, foi expressamente vedada no citado art. 11, além de não ter sido aceita pela jurisprudência desta Corte, sob a égide da CF/88" (RE 463.028, Rel. Min. Ellen Gracie, julgamento em 14-2-06, Publicação: *DJ* de 10-3-06).

A respeito da incidência do teto constitucional de remuneração (art. 37, XI) nos casos de acumulação permitidos pelo dispositivo, é importante anotar que recentemente o STF aprovou a tese de repercussão geral de acordo com a qual "Nos casos autorizados constitucionalmente de acumulação de cargos, empregos e funções, a incidência do art. 37, inciso XI, da Constituição Federal pressupõe consideração de cada um dos vínculos formalizados, afastada a observância do teto remuneratório quanto ao somatório dos ganhos do agente público" (Repercussão julgada reconhecida com mérito julgado, STF, RE 602043, Rel. Min. Marco Aurélio, *DJe* 203, P.08-09-2017, Tema 384). Com efeito, se é permitido o exercício das atividades concernentes a dois cargos, em níveis satisfatórios e com plena compatibilidade de horário, não parece existir razão para reduzir a remuneração total percebida. É importante atentar para o voto condutor do Acórdão, proferido pelo Ministro Marco Aurélio, propugnando que a Emenda Constitucional n. 19/98 (atualmente EC 41/2003) alterou de forma inconstitucional a regra do art. 37, XI, ao inserir da expressão "percebidos cumulativamente ou não". O mesmo voto considera inconstitucional, sem redução de texto, interpretação que prestigie a incidência do art. 40, § 11 (incluído pela EC 11/98), em hipóteses admitidas de acumulação. Desta forma, análise detida da *ratio decidendi* do julgado do STF permite concluir que a incidência do teto de forma isolada, em cada vínculo jurídico acumulável (e não a soma dos valores correspondentes a cada vínculo para efeito de submissão ao teto) aplica-se também nos casos de acumulação tratados pelo art. 37, § 10.

"Militar da reserva remunerada que reingressa no serviço público, em cargo civil, após a vigência da Emenda Constitucional n. 20/1998, não tem direito líquido e certo de acumular os proventos oriundos da reserva remunerada com a remuneração decorrente do exercício do cargo civil assumido" (MS 36.882 ED-AgR, rel. Min. Nunes Marques, j. 7-2-2023, 2ª T., *DJe* de 16-2-2023).

"Tratando-se de cargos constitucionalmente acumuláveis, descabe aplicar a vedação de acumulação de aposentadorias e pensões contidas na parte final do art. 11 da Emenda Constitucional n. 20/98, porquanto destinada apenas aos casos de que trata, ou seja, aos reingressos no serviço público por meio de concurso público antes da publicação da referida emenda e que envolvam cargos inacumuláveis" (RE 658.999, rel. Min. Dias Toffoli, j. 17-12-2022, P., *DJe* de 22-3-2023, Tema 627, com mérito julgado).

Referências bibliográficas

DI PIETRO, Maria Sylvia Zanella; MOTTA, Fabricio; FERRAZ, Luciano. *Servidores públicos na Constituição de 1988*. 2. ed. rev. atual. e ampl. São Paulo: Saraiva, 2014.

DI PIETRO, Maria Sylvia Zanella. Funcionário público: acumulação de cargos e funções, proventos. *BDA: Boletim de Direito Administrativo*. São Paulo. v. 7. n. 2. p. 91-9. fev. 1991.

MACHADO, Henrique Pandim Barbosa. A aplicação do teto constitucional aos casos de acumulação remunerada de cargos públicos à luz dos temas 377 e 384 da repercussão geral do STF. *Fórum Administrativo – FA*, Belo Horizonte, ano 18, n. 203, jan. 2018. Disponível em: <http://www.bidforum.com.br/PDI0006.aspx?pdiCntd=249448>. Acesso em: 22 fev. 2018.

TÁCITO, Caio. Acumulação de proventos – direito adquirido – constitucionalidade. *Revista de Direito Administrativo*. Rio de Janeiro. v. 242. p. 365-70. out./dez. 2005.

COMENTÁRIOS

A norma estabelecida pela Emenda Constitucional n. 20 veio consolidar entendimento jurisprudencial e pôr fim às dúvidas porventura existentes a respeito da possibilidade de recebimento conjunto de proventos e remuneração. Nesse sentido, mesmo durante a vigência da redação original da Constituição, ou seja, sem proibição expressa de acumulação de remuneração e proventos, sedimentou-se na jurisprudência do Supremo Tribunal Federal o entendimento de que

"a) a acumulação a que se refere a Constituição não é de cargos, mas de vínculos jurídicos, os quais não se rompem, apenas mudam de configuração ao passar o servidor para a inatividade, máxime quando aquele elo jurídico-funcional estiver estabilizado na forma constitucionalmente prevista; b) desde que haja uma remuneração, qualquer que seja o seu fator determinante – estar na ativa ou nela ter estado pelo período constitucionalmente previsto para a aquisição do direito à aposentadoria –, há acumulação para os efeitos da regra constitucional proibitiva"[1].

Prevaleceu no STF o entendimento de que

"[...] A acumulação de proventos e vencimentos somente é permitida quando se tratar de cargos, funções ou empregos acumuláveis na atividade, na forma permitida pela Constituição. C.F., art. 37, XVI, XVII; art. 95, parágrafo único, I. Na vigência da Constituição de 1946, art. 185, que continha norma igual à que está inscrita no art. 37, XVI, CF/88, a jurisprudência do Supremo Tribunal Federal era no sentido da impossibilidade da acumulação de proventos com vencimentos, salvo se os cargos de que decorrem essas remunerações fossem acumuláveis. II. Precedentes do STF: RE-81729-SP, ERE-68480, MS-19902, RE-77237-SP, RE-76241-RJ. III. R.E. conhecido e provido" (RE 163204 Relator: Min. Carlos Velloso, Julgamento em 09/11/1994, *DJ* de 31.03.1999).

A nova regra proibitiva abrange proventos de aposentadoria dos servidores públicos civis titulares de cargos efetivos (art. 40), militares dos Estados e Distrito Federal (art. 42) e membros das Forças Armadas (art. 142). As exceções à proibição remetem aos cargos, empregos e funções acumuláveis nos termos do art. 37, XVI, a cujos comentários remete-se o leitor.

Ao fazer menção à remuneração de cargo, emprego ou função pública, a regra alcança também os agentes vinculados às entidades da Administração com personalidade de direito privado. Ao apreciar a arguição de inconstitucionalidade de dispositivo que permitia a acumulação de proventos e vencimentos em empresas públicas e sociedades de economia mista, decidiu o Supremo Tribunal Federal:

"AÇÃO DIRETA DE INCONSTITUCIONALIDADE. READMISSÃO DE EMPREGADOS DE EMPRESAS PÚBLICAS E SOCIEDADES DE ECONOMIA MISTA. Acumulação de proventos e vencimentos. Extinção do vínculo empregatício por aposentadoria espontânea. Não conhecimento. Inconstitucionalidade. Lei 9.528/1997, que dá nova redação ao § 1º do art. 453 da Consolidação das Leis do Trabalho – CLT –, prevendo a possibilidade de readmissão de empregado de empresa pública e sociedade de economia mista aposentado espontanea-

---

1. ROCHA, Cármen Lúcia Antunes. *Princípios constitucionais dos servidores públicos*. São Paulo: Saraiva, 1999, p. 277.

mente. Art. 11 da mesma lei, que estabelece regra de transição. Não se conhece de ação direta de inconstitucionalidade na parte que impugna dispositivos cujos efeitos já se exauriram no tempo, no caso, o art. 11 e parágrafos. É inconstitucional o § 1º do art. 453 da CLT, com a redação dada pela Lei 9.528/1997, quer porque permite, como regra, a acumulação de proventos e vencimentos – vedada pela jurisprudência do Supremo Tribunal Federal –, quer porque se funda na ideia de que a aposentadoria espontânea rompe o vínculo empregatício. Pedido não conhecido quanto ao art. 11, e parágrafos, da Lei n. 9.528/1997. Ação conhecida quanto ao § 1º do art. 453 da Consolidação das Leis do Trabalho, na redação dada pelo art. 3º da mesma Lei 9.528/1997, para declarar sua inconstitucionalidade" (ADI 1770, Relator: Min. Joaquim Barbosa, Julgamento em 11/10/2006, Publicação DJ 01-12-2006, p.00065).

Art. 37, § 11. Não serão computadas, para efeito dos limites remuneratórios de que trata o inciso XI do *caput* deste artigo, as parcelas de caráter indenizatório previstas em lei.

Fabrício Motta

A – REFERÊNCIAS

História da norma

O inciso foi incluído na Constituição por meio da Emenda Constitucional n. 47, de 5 de julho de 2005.

Constituições brasileiras anteriores

Não há norma com teor assemelhado nas Constituições anteriores.

Remissões constitucionais (outros artigos da Constituição) e legais (leis reguladoras)

Art. 37, XI – Estabelece limites para a remuneração dos ocupantes de cargos, empregos e funções públicas.

Lei 8.112/90, arts. 51 e seguintes – Estabelece as verbas indenizatórias atribuíveis aos agentes públicos do serviço público federal sujeitos à mesma lei.

Resolução n. 13, de 21 de março de 2006, do Conselho Nacional de Justiça – dispõe sobre a aplicação do teto remuneratório constitucional e do subsídio mensal dos membros da magistratura.

Resolução n. 9, de 5 de junho de 2006, do Conselho Nacional do Ministério Público – dispõe sobre a aplicação do teto remuneratório constitucional e do subsídio mensal dos membros do Ministério Público.

Referências bibliográficas

CARVALHO FILHO, José dos Santos. *Manual de direito administrativo*. 17. ed. rev., atual. e ampl. Rio de Janeiro: Lumen Juris, 2007.

MADEIRA, José Maria Pinheiro. *Servidor público na atualidade*. 6. ed. Rio de Janeiro: Lumen Juris, 2007.

B – ANOTAÇÕES

A regra constante do dispositivo, mesmo antes de consagrada no texto constitucional, já era encarecida pela doutrina na interpretação do art. 37, inciso XI, que estabeleceu limite para a remuneração dos cargos, empregos e funções públicas. Cite-se, como exemplo, o correto magistério de Paulo Modesto, exposto antes da Emenda Constitucional n. 47/05:

"[...] As indenizações não poderão ser consideradas no limite constitucional de remuneração por razões singelas:

a) em razão do princípio da igualdade, pois se despesas adicionais e trabalho adicional não autorizarem ressarcimento ou compensações, haveria desequilíbrio de situações jurídicas (ex.: direito de utilização de apartamento funcional e direito a ressarcimento de despesa com moradia se inexiste apartamento funcional disponível; despesas de diária, locomoção etc.);

b) pela razão de que as parcelas indenizatórias não integram, a todo rigor, a remuneração do agente público, constituindo valores pagos em caráter eventual (ex.: diárias de viagem), não devendo integrar os limites constitucionais de remuneração.

O conceito de indenização não é elástico, vago ou fluido na medida do conceito das famosas 'vantagens pessoais'.

As indenizações são valores ou vantagens pecuniárias que apresentam as seguintes características definitórias:

a) são eventuais (não são necessárias, ou inerentes, ao exercício do cargo público, mas decorrentes de fatos ou acontecimentos especiais previstos na norma);

b) são isoladas, não se incorporando ou integrando aos vencimentos, subsídios ou proventos para qualquer fim;

c) são compensatórias, pois estão sempre relacionadas a acontecimentos, atividades ou despesas extraordinárias feitas pelo servidor ou agente pelo exercício da função;

d) são referenciadas a fatos, e não à pessoa do servidor".

Com efeito, verbas indenizatórias possuem natureza de ressarcimento de gastos efetuados em decorrência do exercício de cargos, empregos e funções públicas. São valores fixados, como regra, em lei, e percebidos em caráter eventual e transitório, enquanto durar a situação prevista na norma como apta a ensejar o ressarcimento. Não se trata de vantagem ou privilégio, mas simplesmente de recompor o patrimônio do agente público em razão de dispêndios realizados para o exercício de suas atribuições públicas.

A Lei 8.112/90, por exemplo, em seus arts. 51 e seguintes, estabelece como verbas indenizatórias: ajuda de custo, diárias, transporte e auxílio-moradia. De acordo com o diploma, a *ajuda de custo* destina-se a compensar as despesas de instalação do servidor que, no interesse do serviço, passar a ter exercício em nova sede, com mudança de domicílio em caráter permanente. A *diária* é devida ao servidor que, a serviço, afastar-se da sede em caráter eventual ou transitório para outro ponto do território nacional ou para o exterior. A *indenização de transporte*, por seu turno, é devida ao servidor que realizar despesas com a utilização de meio próprio de locomoção para a execução de serviços externos, por força das atribuições próprias do cargo. Por fim, o *auxílio-moradia* consiste no ressarcimento das despesas comprovadamente realizadas pelo servidor com aluguel de moradia ou com meio de hospedagem administrado por empresa hoteleira, sendo devido em situações especificamente delimitadas. Percebe-se que todas as hipóteses ligam-se diretamente ao atendimento do interesse público. Em última análise, trata-se de acudir despesas que são de responsabilidade do Estado e que foram custeadas pelo agente[1].

Art. 37, § 12. Para os fins do disposto no inciso XI do *caput* deste artigo, fica facultado aos Estados e ao Distrito Federal fixar, em seu âmbito, mediante emenda às respectivas Constituições e Lei Orgânica, como limite único, o subsídio mensal dos Desembargadores do respectivo Tribunal de Justiça, limitado a noventa inteiros e vinte e cinco centésimos por cento do subsídio mensal dos Ministros do Supremo Tribunal Federal, não se aplicando o disposto neste parágrafo aos subsídios dos Deputados Estaduais e Distritais e dos Vereadores.

Fabrício Motta

A – REFERÊNCIAS

História da norma

O inciso foi incluído na Constituição por meio da Emenda Constitucional n. 47, de 5 de julho de 2005.

Constituições brasileiras anteriores

Não há norma com teor assemelhado nas Constituições anteriores. Para efeito das regras constantes de Constituições anteriores ligadas à existência de limites à remuneração dos servidores, confiram-se os comentários ao art. 37, inciso XI.

Remissões constitucionais (outros artigos da Constituição) e legais (leis reguladoras)

Art. 37, inciso XI.

Jurisprudência (STF e STJ)

"A faculdade conferida aos Estados para a regulação do teto aplicável a seus servidores (art. 37, § 12, da CF) não permite que a regulamentação editada com fundamento nesse permissivo inove no tratamento do teto dos servidores municipais, para quem o art. 37, XI, da CF, já estabelece um teto único" (ADI 6.221 MC, red. do ac. Min. Alexandre de Moraes, j. 20-12-2019, P, *DJe* de 30-4-2020).

"No que respeita ao subteto dos servidores estaduais, a Constituição estabeleceu a possibilidade de o Estado optar entre: a definição de um subteto por poder, hipótese em que o teto dos servidores da Justiça corresponderá ao subsídio dos desembargadores do Tribunal de Justiça (art. 37, XI, CF, na redação da EC 41/2003); e a definição de um subteto único, correspondente ao subsídio mensal dos desembargadores do Tribunal de Justiça, para todo e qualquer servidor de qualquer poder, ficando de fora desse subteto apenas o subsídio dos deputados (art. 37, § 12, CF, conforme redação da EC 47/2005). Inconstitucionalidade da desvinculação entre o subteto dos servidores da Justiça e o subsídio mensal dos desembargadores do Tribunal de Justiça. Violação ao art. 37, XI e § 12, CF. Incompatibilidade entre a opção pela definição de um subteto único, nos termos do art. 37, § 12, CF, e definição de 'subteto do subteto', em valor diferenciado e menor, para os servidores do Judiciário. Tratamento injustificadamente mais gravoso para esses servidores. Violação à isonomia" (ADI 4.900, red. do ac. Min. Roberto Barroso, j. 11-2-2015, P, *DJe* de 20-4-2015).

Referências bibliográficas

DI PIETRO, Maria Sylvia Zanella. *Direito Administrativo*. 22. ed. São Paulo: Atlas, 2009.

MODESTO, Paulo. A reforma da previdência e a definição delimites de remuneração e subsídio dos agentes públicos no Brasil. *Revista Eletrônica de Direito do Estado*, Salvador, Instituto de Direito Público da Bahia, n. 1, jan./mar. 2004. Disponível em: <www.direitodoestado.com.br>. Acesso em 21 jan. 2005.

B – ANOTAÇÕES

A perfeita compreensão do regime constitucional da limitação dos valores pagos aos agentes públicos não prescinde de leitura atenta dos comentários feitos ao inciso XI do art. 37. A regra que ora se comenta, inovada no texto constitucional após inúmeras complicações práticas e jurídicas na aplicação do disposto no art. 37, XI, trouxe a possibilidade de "unificação do subteto" aplicado aos Estados e ao Distrito Federal.

Com efeito, por meio de emenda às respectivas Constituições e Lei Orgânica ficou facultado aos Estados e ao Distrito Federal utilizar somente o "maior subteto", a saber, o subsídio mensal dos Desembargadores do respectivo Tribunal de Justiça. Com a efetivação de tal medida, deixarão de ser aplicados os demais subtetos previstos no art. 37, inciso XI (o subsídio mensal do Governador, no âmbito do Poder Executivo, e o subsídio dos Deputados Estaduais e Distritais, no âmbito do Poder Legislativo). A alusão a "limite único" permite concluir que o limite, se estabelecido, alcançará os agentes públicos estaduais em geral (à exceção dos agentes políticos), inclusive os ligados ao Legislativo Estadual e ao Ministério Público.

Note-se que a regra expressamente excetuou de seu âmbito de incidência os subsídios dos Deputados Estaduais e Distritais e dos Vereadores. Quanto aos Deputados Estaduais e Distritais, cabe relembrar que o limite para seu subsídio é de setenta e cinco por cento daquele estabelecido, em espécie, para os Deputados Federais (art. 27, § 2º). No tocante aos Vereadores, os limites possuem relação com a população do respectivo município (art. 29, inciso VI), existindo ainda vedação a que o total da despesa com a remuneração dos edis ultrapasse o montante de cinco por cento da receita do Município (art. 29, inciso VIII). Em resumo, o limite de que trata o dispositivo poderá ser aplicado para os servidores e empregados do Poder Legislativo Estadual, mas não para Deputados e Vereadores, sujeitos a regras específicas.

---

1. ROCHA, Cármen Lúcia Antunes. *Princípios constitucionais dos servidores públicos*. São Paulo: Saraiva, 1999, p. 277.

Art. 37, § 13. O servidor público titular de cargo efetivo poderá ser readaptado para exercício de cargo cujas atribuições e responsabilidades sejam compatíveis com a limitação que tenha sofrido em sua capacidade física ou mental, enquanto permanecer nesta condição, desde que possua a habilitação e o nível de escolaridade exigidos para o cargo de destino, mantida a remuneração do cargo de origem. (*Incluído pela Emenda Constitucional n. 103, de 2019.*)

Fabrício Motta

A – REFERÊNCIAS

1. Constituições brasileiras anteriores

Não há norma assemelhada nas Constituições anteriores.

2. Remissões constitucionais (outros artigos da Constituição) e legais (leis reguladoras)

Lei n. 8.112, de 11 de dezembro de 1990 – Estabelece o regime jurídico dos servidores públicos civis da União, das autarquias e fundações públicas federais. O instituto jurídico da readaptação é disciplinado pelos arts. 24 e seguintes.

B – COMENTÁRIOS

A Emenda Constitucional n. 103/2019 teve origem na PEC 6/2019, proposta pelo Poder Executivo, com o intuito de estabelecer lógica mais sustentável para o funcionamento da previdência social. Na motivação da proposta, consta que "a adoção de tais medidas mostra-se imprescindível para garantir, de forma gradual, a sustentabilidade do sistema atual, evitando custos excessivos para as futuras gerações e comprometimento do pagamento dos benefícios dos aposentados e pensionistas, e permitindo a construção de um novo modelo que fortaleça a poupança e o desenvolvimento no futuro"[1].

A readaptação é forma de provimento derivado de cargo público prevista desde a redação originária da Lei n. 8.112/90, sendo conceituada como "*a investidura do servidor em cargo de atribuições e responsabilidades compatíveis com a limitação que tenha sofrido em sua capacidade física ou mental verificada em inspeção médica*" (art. 24).

O novo tratamento normativo da readaptação no plano constitucional exigirá, por certo, que as leis anteriores sejam analisadas de acordo com o filtro constitucional (recepção). O texto do art. 37, § 13, deve ser interpretado em conjunto com o disposto no art. 40, § 1º, I, a cujos comentários remetemos os leitores e leitoras.

Convém destacar que a readaptação é possível somente para servidores titulares de cargo efetivo, independentemente da estabilidade – em outras palavras, o servidor público que não seja estável também poderá ser readaptado. A possibilidade de readaptação está adstrita à realização de avaliação para verificação da compatibilidade da limitação sofrida na capacidade física ou mental com o exercício de atribuições e responsabilidades do outro cargo. Caberá a cada um dos entes políticos a disciplina procedimental da avaliação por comissão multidisciplinar para efeitos de verificação da possibilidade de readaptação.

A exigência de que que o servidor possua a habilitação e o nível de escolaridade exigidos para o cargo de destino já era prevista, na esfera federal, no art. 24, § 2º, da Lei n. 8.112/90 e deve ser interpretada no sentido de se evitar a burla ao concurso público (art. 37, inciso II). A preservação da remuneração do cargo de origem, por outro lado, é inovação importante que também sinaliza o respeito ao concurso público como forma inicial de investidura nos cargos efetivos.

Art. 37, § 14. A aposentadoria concedida com a utilização de tempo de contribuição decorrente de cargo, emprego ou função pública, inclusive do Regime Geral de Previdência Social, acarretará o rompimento do vínculo que gerou o referido tempo de contribuição. (*Incluído pela Emenda Constitucional n. 103, de 2019.*)

▪ *Vide* comentários ao art. 40 da Constituição.

Art. 37, § 15. É vedada a complementação de aposentadorias de servidores públicos e de pensões por morte a seus dependentes que não seja decorrente do disposto nos §§ 14 a 16 do art. 40 ou que não seja prevista em lei que extinga regime próprio de previdência social. (*Incluído pela Emenda Constitucional n. 103, de 2019.*)

▪ *Vide* comentários ao art. 40 da Constituição.

Art. 37, § 16. Os órgãos e entidades da administração pública, individual ou conjuntamente, devem realizar avaliação das políticas públicas, inclusive com divulgação do objeto a ser avaliado e dos resultados alcançados, na forma da lei.

Fabiana de Menezes Soares[1]

1. História da norma

O texto do § 16 foi inserido ao art. 37 da Carta Magna pela Emenda Constitucional n. 109, de 16 de março de 2021, fruto da Proposta de Emenda à Constituição n. 186, de 5 de novembro de 2019, cuja redação final definiu o âmbito de incidência da avaliação de políticas públicas sobre todos os poderes e entes da Federação fomentando a cooperação entre eles. A diretriz de coordenação entre os poderes e entes faz sentido face a necessidade do uso de informações e da pluralidade de fontes e tipos. Iniciada no Senado Federal, onde foi denominada PEC Emergencial, indicava dispor "sobre medidas permanentes e emergenciais de controle do crescimento das despesas obrigatórias e de reequilíbrio fiscal no âmbito

---

1. Disponível em: https://www.camara.leg.br/proposicoesWeb/prop_mostrar integra?codteor=1712459&filename=PEC%206/2019.

1. Muller Eduardo Dantas de Medeiros, doutorando do Programa de Pós Graduação em Direito da UFMG, realizou pesquisa temática orientada pela autora. Registramos os nossos agradecimentos pela dedicação, zelo, idoneidade.

dos Orçamentos Fiscal e da Seguridade Social da União". Em seu texto original, não previa a inserção do dispositivo ora em análise, tampouco o seu objeto – avaliação de políticas públicas.

Na Comissão de Constituição, Justiça e Cidadania do Senado Federal, a PEC n. 186/2019 recebeu dezenas de emendas parlamentares e teve relatoria redistribuída, antes de ser incluída na Ordem do Dia do Plenário, com a dispensa do Parecer da Comissão. Em Plenário, a Proposta foi novamente alvo de quase uma centena de emendas e de algumas alterações do texto do Relatório Legislativo, tendentes a acomodar parte das ideias apresentadas pelos senadores.

Nada obstante o elevado número de emendas apresentadas, nenhuma delas propunha a inclusão do § 16 do art. 37, tampouco abordava diretamente o tema avaliação de políticas públicas. De fato, a norma foi inserida ao texto do Substitutivo no Relatório Legislativo apresentado em 23 de fevereiro de 2021. Esse "jabuti" benfazejo permaneceu no texto aprovado da PEC, sem que seu conteúdo tenha sido objeto de maiores discussões – talvez por ter passado "despercebida", ante a quantidade de modificações constitucionais que o texto aprovado acabou trazendo, talvez por não ter sido deliberada por pareceres de comissões de nenhuma das Casas, que na ocasião estavam impossibilitadas de se reunir, presencialmente, por força da pandemia da Covid-19.

A norma surge no contexto de um processo de institucionalização e regulamentação da avaliação de políticas públicas e da análise de impacto normativo no ordenamento jurídico brasileiro. Entre os seus antecedentes normativos, que integram o sistema de fiscalização de ações governamentais e que culminam por dirigir a hermenêutica de avaliação do cumprimento de leis e atos normativos, bem como as condições para a sua efetividade, estão:

a) o sistema constitucional de avaliação integrado pelos seguintes artigos: art. 37, § 3º, I; art. 37, § 8º, II; art. 40, § 1º, I; art. 40, § 4º; art. 201, § 1º, I; art. 41, § 1º, III; art. 41, § 4º; art. 132, parágrafo único; art. 52, XV; art. 74, I; art. 74, II; art. 165, § 16; art. 173, § 1º, V; art. 193, parágrafo; art. 198, § 3º, III; art. 209, II; art. 212, § 9º; art. 212-A, V, alínea c; art. 212-A, X, alínea e; art. 239, § 5º; art. 41 do ADCT;

b) a Lei Complementar 95/1998 ao introduzir as dimensões de redação e elaboração de lei e atos normativos, separadamente;

c) a Lei das Estatais (Lei n. 13.303/2016), dispondo sobre avaliação de impacto no âmbito das empresas públicas e sociedades de economia mista;

d) a Lei de Acesso à Informação e o Código do Usuário do Serviço Público (Lei n. 13.460, de 26 de junho de 2017);

e) o Decreto n. 9.191/2017 (que regulamenta "as normas e as diretrizes para elaboração, redação, alteração, consolidação e encaminhamento de propostas de atos normativos ao Presidente da República pelos Ministros de Estado", dispondo sobre análise de impacto dessas medidas, sobretudo no que se referem às políticas públicas, conforme art. 32, incisos V, VI e VIII, desse Decreto);

f) o Decreto n. 9.203/2017 (que dispõe sobre política de governança da administração pública federal);

g) o Decreto n. 9.834/2019, que instituiu o Conselho de Monitoramento e Avaliação de Políticas Públicas (CMAP), órgão competente para avaliar e monitorar as propostas de alteração das políticas públicas financiadas ou subsidiadas pela União; e

h) o Decreto n. 10.411/2020, que regulamenta a análise de impacto regulatório prevista nas Lei Geral das Agências Reguladoras Federais (Lei n. 13.874/2019) na Lei da Liberdade Econômica (Lei n. 13.848/2019).

Paralelamente à novidade do § 16 segue em tramitação a PEC n. 26/2017, cujo escopo era acrescentar um art. 75-A destinado a também instituir um sistema de avaliação de políticas públicas.

2. Constituições brasileiras anteriores

O dispositivo foi alçado ao patamar constitucional, pela primeira vez na história brasileira, por meio da Emenda n. 109, de 2021. De fato, em nenhum dos textos constitucionais anteriores houve previsão expressa a um dever estatal de avaliar as políticas públicas, não obstante a positivação do dever de avaliar serviços, ações, recursos humanos, resultados, programas, projetos conforme o sistema constitucional de avaliação.

Desde a Constituição de 1967, o tema da avaliação estava presente implicitamente na seção "Da Fiscalização Financeira e Orçamentária", sobretudo nos arts. 71 e 72, que tratavam sobre o controle externo da União e o sistema de controle interno do Poder Executivo.

O Constituinte originário de 1988 cuidou em aprimorar a inovação introduzida pela Carta antecedente (arts. 70, 71 e 74), tendo renomeado a seção para "Da Fiscalização Contábil, Financeira e Orçamentária", previsto de forma expressa a fiscalização "contábil, financeira, orçamentária, operacional e patrimonial", e disposto sobre os sistemas de controle interno dos três Poderes da República. Numa e noutra Carta, o tema encontra-se inserido no Capítulo destinado ao Poder Legislativo. A doutrina da teoria jurídica das políticas públicas era presente no Brasil, já no fim da primeira década do século XX.

3. Constituições estrangeiras

Apenas recentemente os Estados nacionais têm se preocupado em constitucionalizar disposições normativas acerca da avaliação de políticas públicas. Nesse sentido, destaca-se o papel pioneiro da Suíça, que em 1999 disciplinou no art. 170 de sua Lei Maior a exigência de avaliação da eficácia/efetividade (*Wirksamkeit*) das medidas tomadas pela Confederação, com a participação do Parlamento Federal. Esse artigo provocou uma série de mudanças na estrutura organizacional helvética, internalizando a avaliação do cumprimento da lei em todos os níveis da burocracia estatal por meio de avaliações prévias e posteriores (*ex ante* e *ex post*) para verificação do nível de eficácia e realizabilidade das políticas públicas, o que promoveu o desenvolvimento da análise sobre os efeitos das legislações.

A inovação suíça inspirou a vizinha França, que, em 2008, alterou os arts. 47.2 e 48 de sua Constituição, de modo a dispor expressamente sobre o dever – a cargo Parlamento com auxílio do Tribunal de Contas – e mesmo o momento de realização das sobreditas avaliações.

O México, por sua vez, procedeu, entre 2014 e 2019, a uma série de medidas em sua Carta Magna, nela inserindo disposições relativas à avaliação das políticas públicas voltadas para a educação (art. 3º, IX), para a infância (art. 4º), de prevenção ao crime e das instituições de segurança pública (art. 21), bem como do plano e programas de desenvolvimento social (art. 26). Instituiu ainda o Conselho Nacional de Avaliação da Política de Desenvolvimento Social e o Sistema Nacional de Avaliação Educacional (dispositivo homólogo ao art. 209, inciso II, da CF/88).

Embora não disponha expressamente sobre avaliação de políticas públicas, as Constituições da República Portuguesa e da República Popular da China preveem a avaliação das atividades da Administração Pública (Portugal, art. 236) e o dever de avaliação permanente da qualidade e eficiência do serviço público (China, art. 27).

As leis fundamentais de Alemanha, Espanha, Canadá e Índia não dispõem sobre a avaliação. Na América Latina, observa-se o mesmo para Argentina, Chile e Peru. Todavia, Alemanha, Espanha, Áustria, França e Itália adotam processos de avaliação de proposições legislativas (menor escala), enquanto Polônia, Bulgária, Estônia, Finlândia, Hungria, Irlanda, Suécia, Noruega, Suíça, Reino Unido, Canadá possuem corpos especializados (parlamento/governo) próprios para avaliação prévia das leis.

4. Direito Internacional

A Organização das Nações Unidas – ONU e suas agências especializadas possuem diversos documentos tratando direta ou indiretamente sobre avaliação de políticas públicas, entre os quais destacamos:

• Convenção das Nações Unidas sobre os Direitos da Criança (1989) – dispõe sobre a avaliação das políticas públicas adotadas pelos Estados para a implementação dos direitos nela enunciados (art. 10, item 4).

• Convenção das Nações Unidas contra a Corrupção (2003) – prevê a avaliação das políticas e práticas de prevenção da corrupção (art. 5, item 3), capacitação de pessoal para proceder a essas análises (art. 60, item 1, alínea *d*), colaboração entre os países para tais atividades (art. 60, item 4) e, por fim, avaliação de eficiência e eficácia dessas políticas (art. 63, item 3).

• Agenda 2030 para o Desenvolvimento Sustentável (2015) – não fala diretamente em analisar os resultados/impactos/efeitos das políticas públicas, mas em avaliar o progresso dos signatários em relação à implementação dos Objetivos e metas acordados, o que, na prática, constitui uma avaliação das políticas e programas públicos criados com o intento de alcançá-los (arts. 47, 70, 72, 74, 77, 80, 82 e 90).

• Manual de Capacitação e Informação sobre Gênero, Raça, Pobreza e Emprego – monitoramento e avaliação de políticas públicas (2005), da Organização Internacional do Trabalho, traz orientações práticas para a avaliação de políticas públicas nessas áreas, com o intuito de melhorar o desempenho das políticas e programas governamentais e, consequentemente, garantir a promoção do trabalho digno e o desenvolvimento humano sustentável.

Na União Europeia, igualmente se verifica uma profusão de normativos em que o tema avaliação de políticas públicas é debatido. Com efeito, o próprio documento constitutivo do bloco, o Tratado da União Europeia, trata sobre avaliação da execução das políticas comunitárias (art. 12º, alínea *c*). Mais recentemente, a diretiva "Estratégia Europa 2020" determinou que se realize avaliação *ex-post* da legislação existente acerca de monitoramento de mercados, redução de burocracia, remoção de obstáculos tributários e melhoria do ambiente de negócios.

A atuação da Organização para a Cooperação e Desenvolvimento Econômico – OCDE mostrou-se particularmente pioneira. Entre seus principais documentos voltados à avaliação de políticas públicas, destacamos:

• Declaração de Paris sobre a Eficácia da Ajuda ao Desenvolvimento (2005) – destaca a importância da avaliação e acompanhamento de resultados dos programas e políticas públicas de desenvolvimento dos países signatários (Seção I, item 3.v, Seção II, itens 14, 16, 17, 22 e 48).

• Recomendação do Conselho sobre Política Regulatória e Governança (2012) – fornece diretrizes para ajudar os governos a melhorar a qualidade da regulamentação, enfatizando a necessidade de uma abordagem integrada e baseada em evidências.

• *OECD Framework for Regulatory Policy Evaluation* (2014) – apresenta um quadro para avaliar a qualidade da regulamentação e seu impacto na economia e na sociedade, orientando a avaliação da política regulatória em diferentes fases do seu ciclo.

• *Improving Governance with Policy Evaluation* (2020) – apresenta benefícios, melhores práticas, orientações, diretrizes e exemplos práticos para a avaliação de políticas públicas, atividade que considera essencial ao aprimoramento da governança institucional.

5. Remissões constitucionais e legais

A norma constitucional inserida no § 16 do art. 37 é objeto de remissão expressa pelo § 16 do art. 165 – texto esse igualmente acrescido pela Emenda Constitucional n. 109, de 16 de março de 2021, para determinar que "[a]s leis de que trata este artigo devem observar, no que couber, os resultados do monitoramento e da avaliação das políticas públicas previstos no § 16 do art. 37 desta Constituição".

Embora o dispositivo do presente verbete não faça remissão expressa a outros dispositivos da Carta Magna de 1988, pode-se afirmar que seu conteúdo é abordado por um consistente sistema de avaliação, já mencionado, que envolve tanto o controle externo pelo Congresso Nacional, com auxílio do Tribunal de Contas (arts. 70 e 71), como o sistema de controle interno dos três Poderes da República (art. 74).

6. Jurisprudência

Dada a sua relativa novidade, a norma veiculada pelo § 16 do art. 37 ainda não foi alvo de análise pelo Supremo Tribunal Federal, inexistindo jurisprudência específica a seu respeito. Há, porém, alguns raros posicionamentos da Corte sobre o tema avaliação de políticas públicas.

Nesse sentido, emblemático o caso da Ação Direta de Inconstitucionalidade n. 7222/DF, que tem por objeto a política pública nacional de implementação do piso salarial da enfermagem, definido pela Lei n. 14.434/2022. Em decisão proferida em sede de medida cautelar, o Relator da ADI, Ministro Roberto Barroso, determinou a suspensão dos efeitos daquela lei, por considerar que a medida legislativa carece da devida avaliação de seus impactos em diversos setores da sociedade. O Ministro, contudo, fundamentou seu posicionamento em outros dispositivos constitucionais (sobretudo arts. 169, § 1º, I, 179, VIII e 196), a nosso ver desperdiçando uma relevante oportunidade para inaugurar a jurisprudência da Corte sobre o novo § 16 do art. 37.

Se tomarmos por objeto apenas a análise de impacto normativo (que, conforme será visto, constitui um dos aspectos da avaliação de políticas públicas), o STF ainda não consolidou entendimento acerca de sua exigibilidade na formulação de políticas públicas – se, por vezes, adotou uma postura de autocontenção, evitando se imiscuir nas funções dos demais Poderes (ADPF 980/DF), em outras se posicionou pela anulação de atos legislativos, dada a ausência de estudo de impacto (MS 38673 MC/DF).

É esperado que, ao exigir que os demais Poderes e instituições estatais realizem avaliações normativas, o Judiciário desenvolva a expertise requerida para a tomada de decisões de tanta magnitude como a suspensão ou cancelamento de políticas públicas complexas do Poder Executivo e normas do Poder Legislativo.

7. Referências bibliográficas

ANGLMAYER, Irmgard. *Better Regulation practices in national parliaments*. European Parliamentary Research Service. Ex-Post Evaluation Unit. 2020. Disponível em: <https://www.europarl.europa.eu/thinktank/en/document/EPRS_STU(2020)642835>. Acesso em 31 mar. de 2023.

ATIENZA, Manuel. Contribución a una teoria de la Legislación. *Cuadernos Civitas*: Espanha, 1997.

BUCCI, Maria Paula Dallari et alli. *Direitos humanos e políticas públicas*. São Paulo: Pólis, 2001. 60p. (Cadernos Pólis, 2).

BUCCI, Maria Paula Dallari. *Fundamentos para uma teoria jurídica das políticas públicas*. Saraiva Educação SA, 2021.

DELLEY, Jean-Daniel. Pensar a lei. Introdução a um procedimento metódico. *Legislação: Cadernos da Escola do Legislativo, Assembleia Legislativa do Estado de Minas Gerais*, Belo Horizonte, v. 7, n. 12, p. 101-143, jan.-jun. 2004.

FLÜCKIGER, Alexandre. A obrigação jurisprudencial da avaliação legislativa: uma aplicação do princípio da precaução aos direitos fundamentais. *Senatus: cadernos da Secretaria de Informação e Documentação*, v. 7, n. 1, p. 14-23, jul. 2009.

MACIEL, Caroline. *Fundamentos da Transparência Pública*: Informação, Participação e Dados Abertos. Rio de Janeiro: Lúmen Juris, 2022.

MADER, Luzius. *L'évaluation législative*. Pour une analyse empirique des effets de la legislation. Lausanne: Payot, 1985.

MATA, Paula Carolina de Oliveira Azevedo da; BRAGA, Renê Morais da Costa. Análise de impacto legislativo: conteúdo e desafios metodológicos. In: SOARES, Fabiana de Menezes; KAITEL, Cristiane Silva; PRETE, Esther Külkamp Eyng (org.). *Estudos em Legística*. Florianópolis: Tribo da Ilha, 2019.

MEDEIROS, Müller Eduardo Dantas de. *Congresso Nacional, políticas públicas e análise de impacto legislativo*: por decisões legislativas mais legítimas. 2022. 50 f. Trabalho de Conclusão de Curso (Pós-Graduação em Poder Legislativo e Direito Parlamentar). Instituto Legislativo Brasileiro, Brasília, 2022.

MENEGUIN, Fernando B. *Avaliação de impacto legislativo no Brasil*. Brasília: Centro de Estudos da Consultoria do Senado, 2010.

MENY, Ives; THOENIG, Jean-Claude. *Las Políticas Públicas*. Barcelona: Ariel, 1992. Cap. VII: La evaluación, p. 196-216.

MORAND, Charles-Albert. *Éléments de légistique formelle et matérielle*. In: MORAND, Charles-Aubert (Org.). *Légistique Formelle et Matérielle*. Aix-EnProvence: Presse Universitaires d´Aix-Marseille, 1999.

MOREIRA, Felipe Lellis. *Impacto do uso de Dados Abertos sobre Assimetria de Influência do Lobby no Congresso Nacional* (Tese de Doutorado), Biblioteca Digital da UFMG. Disponível em: <http://hdl.handle.net/1843/39130>.

MULLER, Pierre; SUREL, Yves. *L'analyse des politiques publiques*. Paris: Montchrestien, 1998.

NASCIMENTO, Roberta. Simões. *Teoria da legislação e argumentação legislativa: Brasil e Espanha em perspectiva comparada*. Imprenta: Curitiba, Alteridade, 2019.

NOLL, Peter. *Gesetzgebungslehre*, Rowohlt Taschenbuch Verlag, Reinbek bei Hamburg, 1973.

PINTO, Élida Graziane. Financiamento dos direitos à saúde e à educação: uma perspectiva constitucional. In: *Financiamento dos direitos à saúde e à educação*: uma perspectiva constitucional. 2015. p. 251-251.

PINTO, Élida Graziane; XIMENES, Salomão Barros. Financiamento dos direitos sociais na Constituição de 1988: do "pacto assimétrico" ao "estado de sítio fiscal". *Educação & Sociedade*, v. 39, p. 980-1003, 2018.

RADAELLI, Claudio M. *Technocracy in the European Union*. Routledge, 2017.

RELATÓRIO MANDELKERN sobre a melhoria da qualidade legislativa. *Legislação: Cadernos de Ciência da Legislação*, Lisboa, n. 29, out.-dez. 2000.

SALINAS, Natasha Schmitt Caccia. *Legislação e políticas públicas*: a lei enquanto instrumento de ação governamental. 2012. Tese (Doutorado em Filosofia e Teoria Geral do Direito) – Faculdade de Direito, Universidade de São Paulo, São Paulo, 2012. doi:10.11606/T.2.2012.tde-22042013-112422.

SECCHI, Leonardo. *Políticas públicas*: conceitos, esquemas de análise, casos práticos. 2. ed. São Paulo: Cengage Learning, 2013.

SILVA, José Afonso da. *Aplicabilidade das Normas Constitucionais*. 3. ed. São Paulo: Malheiros Editores, 1998.

SOARES, Fabiana de Menezes; SILVA KAITEL, Cristiane; EYNG PRETE, Esther K., *Estudos em Legística*, Tribo da Ilha: Florianópolis, 2019 (FAPEMIG).

WALDRON, Jeremy (2000). *The Dignity of Legislation*. Philosophical Quarterly 50 (199):266-268.

WALDRON, Jeremy. *Political Political Theory*. Essay on Institutions. Harvard University Press. Cambridge, Massachusetts, London, England: 2016.

WINTGENS, Luc J. *Legisprucence*: practical reason in legislation. Leuvewn: University of Brussels and University of Leuvewn, 2012.

8. Comentários

8.1. Políticas públicas

Antes de se falar em avaliação de políticas públicas, é preciso que se tenha estabelecido um conceito jurídico para *políticas públicas* – isso porque, sem a compreensão dos elementos constitutivos de uma política pública, torna-se impossível a análise de sua efetividade e eficiência. As políticas públicas (*policy*) são o resultado da atividade de uma autoridade investida de poder público e de legitimidade governamental, caracterizando-se por decisões e ações tomadas pelo Estado no intuito de solucionar problemas sociais, econômicos ou geográficos. Meny e Thoenig (1992) identificam cinco elementos constitutivos das políticas públicas: conteúdo (mobilização de recursos); 2) programa (articulação de ações e decisões); 3) orientação normativa; 4) fator de coerção (poder de império estatal); e 5) competência social (intuito de influenciar os comportamentos dos administrados).

O estabelecimento das políticas públicas como campo de estudos jurídicos constitui relevante faceta do recente movimento de extrapolação do escopo do Direito – cada vez mais pautado pela multiplicidade de enfoques e voltado para a interdisciplinaridade. É importante destacar que as políticas públicas são um instrumento fundamental para a realização dos direitos fundamentais e sociais e para a promoção do bem-estar da população. A progressiva ampliação do conteúdo jurídico da dignidade humana – resultante do encadeamento de novas "gerações" de direitos sociais – conduz à essencialidade da avaliação do ciclo de políticas públicas derivadas do aumento de complexas demandas para assegurar direitos (BUCCI, 2001).

8.2. Avaliação de políticas públicas e suas consequências sobre os efeitos das leis

A avaliação consiste na etapa do ciclo de políticas públicas em que são analisadas intervenções realizadas ou planejadas pelo Poder Público, incluindo os aspectos de necessidade, validade, eficácia, eficiência e economicidade (SECCHI, 2013). Através dela, são aplicados procedimentos e princípios para examinar o conteúdo, implementação ou impacto da política, a fim de proporcionar uma compreensão mais clara de sua utilidade e mérito. Como são decorrência de leis, que por sua vez viabilizam a efetividade de direitos, deveres, proibições, exercício de faculdades e competências, os ciclos de formação das políticas públicas guarda necessária conexão com a elaboração normativa. Nas últimas décadas, a utilização da avaliação de políticas públicas vem se desenvolvendo e disseminando em diversos países, os quais passam a instituí-la no contexto do modelo gerencialista do Estado (MEDEIROS, 2022).

Sua institucionalização ganha embalo também no relativamente recente impulso acadêmico dado à *Legística (ou Ciência da Legislação)* – metodologia interdisciplinar do conhecimento dedicado à análise e compreensão dos aspectos formais e materiais envolvidos na criação e aplicação dos atos normativos, desde o momento em que se percebe a necessidade de legislar, até o término de sua vigência. Nesse sentido, a avaliação de impacto legislativo constitui uma das principais técnicas do ramo da legística material dedicado ao estudo das etapas do processo de elaboração das leis, subsidiando-as com ferramentas e processos que buscam o incremento da eficácia e da eficiência dos atos normativos (MORAND, 1999).

São pioneiros no tema, os professores Luzius Mader, Charles-Albert Morand e Jean-Daniel Delley, cujos estudos sofreram notável influência da abordagem metodológica e transdisciplinar promovida por Peter Noll (Metódica da Legislação). Por sua vez, ao discutir o quadro epistemológico da Legisprudência (com ênfase na razão prática do Direito), Wintgens elenca seus princípios fundantes da elaboração legislativa: coerência (sincrônica, diacrônica, sistêmica, intrínseca), alternatividade (graus de limitação de liberdade na discricionariedade do legislador), temporalidade (verificação do contexto de revisão), densidade normativa (legislação responsiva). Ainda na esfera legislativa, Waldron quando defende a dignidade da própria legislação, elenca sua proposta de princípios legitimadores do processo legislativo, dentre os quais ressaltamos a ideia de legislação (instituições especializadas para a função) e o dever de cuidado (legislação responsiva).

Mader (1985) elenca três elementos necessários à institucionalização da avaliação legislativa e melhoria da rede de implementação dos atos normativos: a) aporte e seleção dos insumos informacionais necessários e idôneos à tomada de decisão; b) capacitação de pessoal técnico especializado em análise de dados e verificação de resultados; c) procedimentos de gestão colaborativos entre formuladores e implementadores das políticas.

Quanto ao momento de sua incidência, a avaliação de políticas públicas pode ser classificada como *ex ante* ou *ex post*. Aquelas, também chamadas prospectivas, são as avaliações realizadas em um momento anterior à implementação da política, tendo por objetivo investigar a validade de seu modelo causal. Já as avaliações retrospectivas, ou *ex post*, são procedidas quando a política já está em fase de implementação, permitindo a identificação de seus resultados e impactos, e viabilizando seu aprimoramento.

Em 2018, o Governo Federal editou um Manual de Avaliação de Políticas Públicas, constante de dois volumes: o "*Guia prático de análise 'ex ante'*" e o "*Guia prático de análise 'ex post'*" – documentos que buscam orientar e sistematizar a avaliação de políticas públicas em nível federal, estadual e municipal. O Manual apresenta diretrizes e metodologias para a avaliação, visando aprimorar a eficácia, eficiência, efetividade, pertinência e economicidade das políticas públicas, promover a transparência, a cultura de avaliação, a *accountability* e a participação social na gestão das políticas públicas.

8.2.1. Análise de impacto normativo (legislativo/regulatório)

Embora convirjam em muitos sentidos, as noções de avaliação de políticas públicas e análise de impacto normativo não se confundem. Enquanto aquela engloba todas as normas, medidas, decisões e ações estatais, emitidas por qualquer autoridade pública competente, destinadas à regulação e implementação de uma política, a análise de impacto possui um escopo mais limitado, destinando-se exclusivamente a perquirir os efeitos verificados ou esperados pela incidência de determinada norma (MATA; BRAGA, 2017). De todo modo, as análises de impacto legislativo (caso se refira a um ato normativo primário) e regulatório (voltada aos atos normativos inferiores, as regulamentações emitidas pelas agências reguladoras) têm se revelado importante instrumento de auxílio à tomada de decisões pelos formuladores de políticas públicas.

8.3. Eficácia e aplicabilidade

Tendo em vista a atualidade do dispositivo, ainda carecem posicionamentos doutrinários e jurisprudenciais acerca de sua eficácia e aplicabilidade. Adotando aqui a clássica classificação de José Afonso da Silva (1988), de antemão não se descarta a hipótese de tratar-se de norma de eficácia plena – haja vista que a expressa previsão de complemento legislativo, contida em sua parte final, necessita considerar a existência de sistemas normativos anteriores (constitucional e infralegal).

Assim, consideramos que a exegese do dispositivo não pode resultar na negativa da imediata aplicabilidade da norma. Isso porque a expressão "na forma da lei" refere-se menos à parte inicial do dispositivo (obrigação de fazer da Administração Pública, concernente na realização de avaliação de políticas públicas), e mais à sua segunda metade (forma de divulgação do objeto e resultados dessas avaliações).

Ademais, não se pode levantar a "novidade" da norma como fundamento para caracterizá-la como de natureza programática, de modo a mitigar sua força normativa pela suposta necessidade de complementação legislativa. Isso porque o seu o conteúdo – dever de acompanhamento e avaliação das políticas governamentais – já se encontrava presente em mais de uma dezena de dispositivos constitucionais anteriores à EC 109/2021 (destacadamente: art. 37, § 3º, inciso I, e § 8º, inciso II; art. 40, § 1º, inciso I, e § 4º-A; art. 41, § 1º, inciso III, e § 4º; art. 52, inciso XV; art. 70; art. 74, incisos I e II; art. 132, parágrafo único; art. 173, § 1º, inciso V; art. 193, parágrafo único; art. 198, § 3º, inciso III; art. 201, § 1º; art. 209, inciso II; art. 212, § 9º; art. 212-A, inciso V, alínea c, e inciso X, alínea e; art. 239, § 5º; e arts. 41 e 115 do ADCT).

De todo modo, já se adiantam no Congresso Nacional propostas para regulamentação do § 16, como os Projetos de Lei Complementar n. 61 e 64, ambos de 2022. Proposições normativas idênticas apresentadas, respectivamente, perante o Senado Federal e a Câmara dos Deputados buscam dispor sobre a avaliação de políticas públicas no âmbito da administração pública federal, e alterar a Lei de Responsabilidade Fiscal, para instituir anexo de avaliação de políticas públicas à LDO. Já o Projeto de Lei n. 1.025, também de 2022, pretende regulamentar os §§ 16 dos arts. 37 e 165 da Constituição para dispor sobre "a avaliação e monitoramento, pelas administrações tributárias da União, do Distrito Federal, dos Estados e dos Municípios, das políticas de concessão de incentivos e benefícios de natureza tributária".

Embora anterior à Emenda Constitucional n. 109/2021, o Projeto de Lei Complementar do Senado n. 488, de 2017, já versava precisamente sobre avaliação de políticas públicas. Seu texto busca acrescentar, à Lei Complementar n. 95/1998, um novo Capítulo sobre avaliação prévia de impacto legislativo, de modo a considerá-la requisito indispensável para apresentação de projetos de lei que instituam políticas públicas.

8.4. Avaliação de políticas públicas e leis orçamentárias

O novo enfoque dado ao tema avaliação de políticas públicas no nosso ordenamento jurídico é corroborado pela exigência de observância de seus resultados no Plano Plurianual, na Lei de Diretrizes Orçamentárias e na Lei Orçamentária Anual (§ 16, art. 165, CF).

De fato, ao dispor que "os resultados do monitoramento e da avaliação das políticas públicas" deverão subsidiar a elaboração e acompanhamento das leis orçamentárias federais, o constituinte derivado assevera que a avaliação de políticas públicas e os seus efeitos que respondem pela eficácia de legislações de diversos níveis passam a ser considerados uma ferramenta valiosa e indispensável de aprimoramento da qualidade dos gastos públicos e da efetividade de direitos.

Art. 38. Ao servidor público da administração direta, autárquica e fundacional, no exercício de mandato eletivo, aplicam-se as seguintes disposições:

I – tratando-se de mandato eletivo federal, estadual ou distrital, ficará afastado de seu cargo, emprego ou função;

II – investido no mandato de Prefeito, será afastado do cargo, emprego ou função, sendo-lhe facultado optar pela sua remuneração;

III – investido no mandato de Vereador, havendo compatibilidade de horários, perceberá as vantagens de seu cargo, emprego ou função, sem prejuízo da remuneração do cargo eletivo, e, não havendo compatibilidade, será aplicada a norma do inciso anterior;

IV – em qualquer caso que exija o afastamento para o exercício de mandato eletivo, seu tempo de serviço será contado para todos os efeitos legais, exceto para promoção por merecimento;

V – na hipótese de ser segurado de regime próprio de previdência social, permanecerá filiado a esse regime, no ente federativo de origem.

Carlos Bastide Horbach

1. História da norma

O Anteprojeto da Comissão Provisória de Estudos Constitucionais, a chamada Comissão Afonso Arinos, já apresentava, em seu art. 258, normas relativas à situação funcional do servidor das administrações direta e indireta federal, estaduais e municipais, que fossem investidos em mandato eletivo. Tal dispositivo continha basicamente duas disposições, uma para os mandatos federais e estaduais, caso em que se daria o afastamento do cargo, emprego ou função; e outra para Prefeitos e Vereadores, os quais igualmente seriam afastados dos cargos, empregos e funções, podendo optar pela remuneração de origem. A redação da Comissão ainda previa regras sobre a contagem de tempo de serviço durante o afastamento. Essa orientação, com consideráveis alterações, constou dos dois substitutivos da Comissão de Sistematização (art. 70 do Substitutivo n. 1 e art. 48 do Substitutivo n. 2), na qual se discutiu aspectos importantes para a maturação da norma constitucional em questão, em especial no que toca ao acúmulo de atividades eletivas e funcionais – e das respectivas remunerações – no caso dos Vereadores, tendo em vista a baixa frequência de reuniões da grande maioria das Câmaras de Vereadores; bem como no que diz com a explicitação, introduzida no inciso I do art. 48 do Substitutivo n. 2 pelo Relator, Constituinte José Fogaça, quanto à vedação de opção pela remuneração de origem no caso dos mandatos eletivos federais e estaduais. Nas votações de Plenário, o texto chegou ao teor promulgado, tendo sofrido modificação na Comissão de Redação para inclusão, por proposta do Constituinte Matheus Iensen, do termo "distrital" no inciso I do então art. 37, o qual viria a se tornar o art. 38 ainda em vigor, com pequena alteração de seu *caput* introduzida pela EC n. 19/98. Mais recentemente, teve seu inciso V alterado pela reforma previdenciária plasmada na Emenda Constitucional n. 103/2019.

2. Constituições brasileiras anteriores

Constituição de 1946, com a redação dada pela Emenda Constitucional n. 19/65: "Art. 50. Enquanto durar o mandato, o funcionário público ficará afastado do exercício do cargo, contando-se-lhe tempo de serviço apenas para promoção por antiguidade e aposentadoria". Tal norma, porém, constava do estatuto dos congressistas, aplicando-se, assim, aos mandatos legislativos.

Constituição de 1967: "Art. 102. Enquanto durar o mandato, o funcionário público ficará afastado do exercício do cargo e só por antiguidade poderá ser promovido, contando-se-lhe o tempo de serviço apenas para essa promoção e para aposentadoria. § 1º Os impedimentos constantes deste artigo somente vigorarão quando os mandatos eletivos forem federais ou estaduais. § 2º A lei poderá estabelecer outros impedimentos para o funcionário candidato, diplomando ou em exercício de mandato eletivo".

Emenda Constitucional n. 1/69: "Art. 104. O funcionário público investido em mandato eletivo federal ou estadual ficará afastado do exercício do cargo e somente será promovido. § 1º O período do exercício de mandato federal ou estadual será contado como tempo de serviço apenas para efeito de promoção por antiguidade e aposentadoria. § 2º A lei poderá estabelecer outros impedimentos para o funcionário candidato a mandato eletivo, diplomado para exercê-lo ou já em seu exercício. § 3º O funcionário municipal investido em mandato gratuito de vereador fará jus à percepção de vantagens às sessões da Câmara".

Emenda Constitucional n. 1/69, com a redação dada pela Emenda Constitucional n. 6/76: "Art. 104. O servidor público federal, estadual ou municipal, da administração direta ou indireta, exercerá o mandato eletivo obedecidas as disposições deste artigo. § 1º Em se tratando de mandato eletivo federal ou estadual, ficará afastado de seu cargo, emprego ou função. § 2º Investido em mandato de Prefeito Municipal, será afastado de seu cargo, emprego ou função, sendo-lhe facultado optar pela sua remuneração. § 3º Investido no mandato de vereador, havendo compatibilidade de horários, perceberá as vantagens de seu cargo, emprego ou função, sem prejuízo dos subsídios a que faz jus. Não havendo compatibilidade, aplicar-se-á a norma prevista no § 1º deste artigo. § 4º Em qualquer caso em que lhe seja exigido o afastamento para o exercício do mandato, o seu tempo de serviço será contado para todos os efeitos legais, exceto para promoção por merecimento. § 5º É vedado ao vereador, no âmbito da administração pública direta ou indireta municipal, ocupar cargo em comissão ou aceitar, salvo concurso público, emprego ou função. § 6º Excetua-se da vedação do parágrafo anterior o cargo de Secretário Municipal, desde que o Vereador se licencie do exercício do mandato". Registre-se que normas similares constam das Constituições brasileiras desde 1824 no que toca às vedações impostas aos detentores de mandato parlamentar, entretanto, como será analisado oportunamente, tais normas têm conteúdo e escopo próprios.

3. Constituições estrangeiras

Dos textos constitucionais estrangeiros ordinariamente indicados como inspiradores do constituinte de 87/88, somente a Constituição italiana de 1947 contém norma sobre a situação jurídica do servidor público detentor de mandato eletivo, especificamente para indicar que somente farão jus a promoções por antiguidade (art. 98, frese 2: "Se sono membri del Parlamento, non possono conseguire promozioni se non per anzianità"). Por outro lado, na maioria das vezes as constituições remetem essa matéria à legislação ordinária, como se dá nos casos português (art. 296, ns. 4 e 5, da Constituição de 1976) e espanhol (art. 103, n. 3, da Constituição de 1978).

4. Direito internacional

Não há previsão de normas diretamente correspondentes nos tratados de direitos humanos ratificados pelo Brasil. A Convenção da Organização Internacional do Trabalho sobre Direitos de Sindicalização e Relações de Trabalho na Administração Pública (Convenção n. 151, aprovada pelo Decreto Legislativo n. 206/2010 e ratificada em 15 de junho de 2010), por exemplo, limita-se a garantir direitos políticos aos empregados das administrações públicas, sem maiores extensão ou detalhes.

5. Dispositivos constitucionais e legais relacionados

5.1. Constitucionais

Art. 54, I, *b*, e II, *b*.

5.2. Legais

No plano federal, Lei n. 8.112/90, art. 55 (ajuda de custo para afastamento e retorno ao exercício do cargo em virtude de mandato eletivo), art. 84 (licença para acompanhamento de cônjuge titular de mandato eletivo), art. 94 (afastamento para exercício de mandato eletivo), art. 102, V (contagem do tempo de exercício do mandato eletivo para todos os fins, com exceção das promoções por merecimento), e art. 103, IV (contagem do tempo do mandato para fins de aposentadoria).

6. Jurisprudência

ADI 199, rel. Min. Maurício Corrêa, *DJ* de 7-8-1998 – STF (aplicação analógica do art. 38, II, da CF aos servidores investidos no mandato de vice-prefeito e definição da inaplicabilidade do mencionado art. 38 aos suplentes). **ADI 1.255, rel. Min. Ilmar Galvão,** *DJ* de 6-9-2001 (afirmação do caráter de norma de observância obrigatória do art. 38 em relação a todos os entes da federação, não podendo as constituições estaduais inovar na matéria). **ADI 119, rel. Min. Dias Toffoli,** *DJe* de 28-3-2014 (proibição de efeitos ultrativos da norma, estendendo sua aplicação a ex-parlamentares). **ADI 1.381, rel. Min. Dias Toffoli,** *DJe* de 9-10-2014 (impossibilidade de instituição, por legislação estadual, de regime diverso de afastamento para servidores militares). **RMS 6.259, rel. Min. Vicente Leal,** *DJ* de 28-5-2001 – STJ (o art. 38, IV, da CF somente garante a contagem como tempo de serviço dos períodos de efetivo exercício do mandato, não compreendendo o prévio afastamento para concorrer nas eleições).

RMS 9.949, rel. Min. Edson Vidigal, *DJ* de 30-10-2000 – STJ (direito do servidor no exercício de mandato eletivo à contagem de tempo para fins de aquisição de vantagem remuneratória). **AC 2000.01.000.85893-5, rel. Juiz Federal Rodrigo Navarro de Oliveira,** *DJe* de 14-9-2011 – TRF1 (inaplicabilidade das regras do art. 38 da CF aos empregados de empresas públicas e de sociedades de economia mista, cujos contratos de trabalho são suspensos, na forma da CLT, quando do exercício de mandato eletivo). **AMS 94.01.35708-0, rel. Juiz Amílcar Machado,** *DJ* de 13-10-1997 – **TRF1** (a contagem do tempo, na forma do art. 38, IV, da CF, não se aplica para aquisição de férias, as quais não são consideradas vantagens do servidor). **AMS 2003.61.140.7496-1, rel. Des. Fed. Henrique Herkenhoff,** *DJ* de 5-8-2010 – **TRF3** (o servidor público que acumula legitimamente dois cargos, na forma do inciso XVI do art. 37 da CF, goza em relação a ambos as garantias do art. 38 do texto constitucional, quando do exercício de mandato eletivo). **AMS 2002.81.000.08235-5, Des. Fed. Marco Clementino,** *DJ* de 24-3-2008 – **TRF5** (possibilidade de acumulação dos cargos de vereador e de professor com regime de dedicação exclusiva em universidade federal, tendo em vista que a única condição prevista no art. 38, III, da CF para a mencionada acumulação é a compatibilidade de horários).

7. Literatura selecionada

DALLARI, Adilson de Abreu. *Regime constitucional dos servidores públicos*, 2. ed., São Paulo: Revista dos Tribunais, 1992; FERREIRA FILHO, Manoel Gonçalves. *Comentários à Constituição brasileira de 1988*, São Paulo: Saraiva, 1997, v. 1; BULOS, Uadi Lammêgo. *Constituição Federal anotada*, 8. ed., São Paulo: Saraiva, 2008; ALBERGARIA NETO, Jason. Da inaplicabilidade do art. 38 da Constituição às empresas públicas e sociedades de economia mista. *Revista LTr*, v. 56, 1992, p. 1460-1462; NÓBREGA, Marcos. Art. 38. In: *Comentários à Constituição Federal de 1988*, Paulo Bonavides, Jorge Miranda e Wálber Moura Agra (coords.), Rio de Janeiro: Forense, 2009; SILVA, José Afonso da. *Comentários contextuais à Constituição*, 7. ed., São Paulo: Malheiros, 2010; CRETELLA JUNIOR, José. *Comentários à Constituição brasileira de 1988*, Rio de Janeiro: Forense Universitária, 1992, v. 5; BASTOS, Celso Ribeiro. Art. 38. In: Celso Ribeiro Bastos e Ives Gandra da Silva Martins, *Comentários à Constituição do Brasil* (promulgada em 5 de outubro de 1988). São Paulo: Saraiva, 1992, v. 3; PINTO FERREIRA, Luís. *Comentários à Constituição brasileira*. São Paulo: Saraiva, 1990, v. 2; MARINELA, Fernanda. *Servidores públicos*. Niterói: Impetus, 2010; OLIVEIRA, Régis Fernandes. *Servidores públicos*. São Paulo: Malheiros, 2004; RIGOLIN, Ivan Barbosa. *O servidor público na Constituição de 1988*. São Paulo: Saraiva, 1989; RIGOLIN, Ivan Barbosa. Servidores públicos – os arts. 38 e 39 da Constituição Federal. *Boletim de Direito Administrativo – BDA*, dez. 2011, p. 1359-1371.

8. Comentários

8.1. Escopo da norma constitucional

O dispositivo em comento tem como objetivo primordial a garantia da independência necessária ao exercício do mandato político. Seria inadequado, e paradoxal até, que o servidor investido em mandato eletivo permanecesse submetido integralmente às regras de seu regime jurídico, quando, no exercício de funções políticas, poderá ser responsável pela orientação geral das atividades da Administração Pública – no caso dos mandatos executivos – ou ainda ser o titular de amplo poder de fiscalização sobre a burocracia estatal, no caso dos mandatos legislativos. Os deveres de obediência e lealdade que orientam o servidor na estrutura hierarquizada da Administração acabariam por dificultar o exercício das atividades típicas do mandato, com prejuízos ao próprio regime democrático. Por outro lado, as garantias expressas nos incisos IV e V do art. 38 caracterizam incentivos à participação política do servidor público[1].

8.2. Âmbito de aplicação do dispositivo

Após a promulgação da Constituição de 1988, houve discussão acerca das categorias de servidores que estariam submetidos ao regime de afastamentos do art. 38, se servidores das administrações direta e indireta como um todo ou se somente os que mantivessem com o poder público um vínculo estatutário, ou seja os detentores de cargo público, excluindo-se os empregados públicos. A corrente majoritária formou-se em torno do entendimento de que a expressão "servidor público" constante do *caput* da versão original do art. 38 compreenderia todos os tipos de vínculo com a Administração Pública, seja por meio de cargo ou emprego público (nesse sentido, entre outros, Manoel Gonçalves Ferreira Filho, Adilson Dallari e Celso Ribeiro Bastos). Houve, ainda, aqueles que defenderam a incompatibilidade do regime celetista com as normas previstas artigo em questão[2]. Tal polêmica, entretanto, dissipou-se com a edição da EC n. 19/98, que, alterando a redação original do art. 38, fez constar de seu *caput* a expressão "servidor público da administração direta, autárquica e fundacional". Ou seja, as regras em questão são aplicáveis aos servidores da administração direta como um todo e a uma parcela dos servidores da administração indireta, quais sejam, os vinculados às autarquias e às fundações públicas. A mesma EC n. 19/98, por outro lado, tentou acabar com o regime jurídico único previsto na redação original do *caput* do art. 39 da CF, tornando possível que servidores das administrações direta, autárquica e fundacional fossem regidos pela Consolidação das Leis do Trabalho. Entretanto, com a decisão do STF na MC ADI 2.135[3], suspendeu-se a eficácia do mencionado dispositivo, trazendo de volta à vigência a norma do texto original da Constituição, impondo-se mais uma vez o regime jurídico único. Tal circunstância importa em atrelar as normas ora sob exame aos detentores de cargos públicos da administração direta, autárquica e fundacional, ainda que o texto constitucional faça menção a empregos e funções[4]. Registre-se, todavia, a existência de opi-

---

1. Manoel Gonçalves Ferreira Filho. *Comentários à Constituição brasileira de 1988*, São Paulo: Saraiva, 1997, v. 1, p. 245-255. Nesse mesmo sentido, Uadi Lammêgo Bulos, *Constituição Federal anotada*, 8. ed., São Paulo: Saraiva, 2008, p. 691-692, onde as considerações de Ferreira Filho são, em geral, resumidas.

2. Jason Albergaria Neto, Da inaplicabilidade do artigo 38 da Constituição às empresas públicas e sociedades de economia mista. *Revista LTr*, v. 56, 1992, p. 1460-1462.

3. Rel. Min. Néri da Silveira, *DJe* de 7-3-2008.

4. É verdade que, na vigência da redação originária do art. 39, *caput*, da CF – repristinada pela decisão na mencionada ADI 2.135 –, muito se discutiu acerca do sentido da expressão *regime jurídico único*. Para uns, a expressão corresponderia sempre ao regime estatutário. Para outros, a expressão indicaria simplesmente a necessidade de se ter, no âmbito das administrações direta, autárquica e fundacional, um único regime de vínculo funcional, fosse ele celetista

niões que defendem, mesmo após a EC n. 19/98, a aplicação das regras do art. 38 aos empregados públicos das empresas públicas e sociedades de economia mista, tendo em vista o princípio da isonomia[5]. Cuida-se, contudo, de interpretação contrária à letra expressa do texto constitucional e que despreza a manifesta vontade do constituinte derivado, o qual optou por uma restrição clara da dicção da norma em relação à versão original.

8.3. Relação com o disposto no art. 54 da CF

É bastante comum a análise do art. 38 do texto constitucional em conjunto com o disposto no art. 54, relativo às vedações impostas aos deputados e senadores. Isso porque, o estatuto constitucional dos congressistas, em norma que se projeta para os parlamentares das demais esferas da federação[6], determina que senadores e deputados federais não poderão, a partir da expedição do diploma, exercer cargo, emprego ou função remunerada vinculados a pessoa jurídica de direito público, autarquia, empresa pública, sociedade de economia mista ou concessionária de serviço público (art. 54, I, *b*, da CF), bem como não poderão ocupar, desde a posse, cargo ou função de que sejam demissíveis *ad nutum* (art. 54, II, *b*, da CF). Evidente, assim, que as normas constantes dos arts. 38 e 54 são complementares, ainda que tenham conteúdos e objetivos distintos. As constantes do art. 54 dizem respeito exclusivamente aos parlamentares, apresentam conteúdo mais abrangente – uma vez que afetam os empregados públicos de empresas públicas e sociedades de economia mista – e têm como finalidade garantir a independência e a dignidade do Poder Legislativo.

8.4. Cargos efetivos e em comissão

As normas do art. 38 da CF operam efeitos distintos sobre a situação funcional dos servidores titulares de cargos efetivos e a dos ocupantes de cargos em comissão. Isso porque o afastamento se dá somente no caso dos efetivos, enquanto que o exercício do mandato eletivo impede a permanência do comissionado no cargo, impondo a exoneração. Aqueles voltam a seus cargos ao final do mandato eletivo ou neles permanecem no caso de compatibilidade com a vereança, na forma do inciso III do art. 38 da CF; enquanto estes não retornarão aos cargos ocupados antes do exercício do mandato – salvo se forem novamente nomeados pela autoridade competente –, nem poderão acumulá-los no caso de mandato de vereador, tendo em vista as incompatibilidades parlamentares (art. 54 c/c art. 29, IX, da CF).

8.5. Mandatos federais, estaduais e distritais

A interpretação do inciso I do art. 38 não apresenta dificuldades, sendo muito claro que o servidor, assumindo os cargos de Presidente da República, Vice-Presidente da República, Governador e Vice-Governador de Estado ou do Distrito Federal, Senador, Deputado Federal, Deputado Estadual ou Deputado Distrital[7], deverá necessariamente afastar-se de suas funções. A polêmica instaurada em torno desse dispositivo diz, porém, com a possibilidade de o servidor optar pela remuneração de seu cargo, deixando de lado os subsídios a que faria jus pelo exercício do cargo eletivo. A doutrina divide-se entre considerar lícita a opção[8] ou tomá-la como vedada pela Constituição[9]. Como antes visto, no texto elaborado pela Comissão de Sistematização havia previsão expressa dessa vedação, sendo esse aspecto considerado um dos pontos positivos do dispositivo, na avaliação do Relator, Constituinte José Fogaça[10]. Entretanto, essa vedação foi retirada do texto por meio de votação pelos constituintes, que, desse modo, rejeitaram-na. Como registra Carlos Maximiliano, as atividades constituintes devem servir de "chave para interpretar o estatuto básico"[11], além do que, "quando as palavras forem suscetíveis de duas interpretações, uma restritiva, outra mais ampla, adotar-se-á aquela que for mais consentânea com o aparente objetivo e intenção do legislador"[12]. Em tal perspectiva, a rejeição do texto contendo a vedação expressa deve calar fundo nos intérpretes da norma em questão, impondo-se a conclusão pela possibilidade da opção. Ademais, a prática das casas legislativas na aplicação do inciso I do art. 38 da CF é no sentido de regular internamente essa matéria, sendo que umas permitem a opção e outras a vedam por meio de atos próprios. Contudo, é necessário sublinhar que a maioria dos doutrinadores, cotejando o silêncio do inciso I com a autorização expressa de opção constante do inciso II, acaba por concluir que, se o constituinte tivera a intenção de permitir a opção no caso dos mandatos federais, estaduais e distritais, o teria feito de modo explícito, tal como em relação aos prefeitos municipais. Tal interpretação, ainda que plausível,

---

ou estatutário. O entendimento mais acertado parece ser, porém, o primeiro, assentando ser o regime jurídico único o estatutário, seja porque é esse o que tradicionalmente é associado às garantias necessárias ao regular exercício das funções típicas de Estado, seja porque é essa a conclusão que se depreende da jurisprudência do Supremo Tribunal Federal. O Tribunal afirmou, no julgamento do RE 213.157, rel. Min. Ilmar Galvão, *DJ* de 20.11.1998, que a redação original do art. 39 do texto constitucional impusera aos entes federados a obrigação de instituir, nos seus âmbitos de competência, o regime estatutário, ainda que não lhes houvesse determinado prazo para tanto.

5. Marcos Nóbrega, Art. 38. In: *Comentários à Constituição Federal de 1988*, Paulo Bonavides, Jorge Miranda e Wálber Moura Agra (coords.), Rio de Janeiro: Forense, 2009, p. 796.

6. Auro Augusto Caliman, *Mandato parlamentar*: aquisição e perda antecipada, São Paulo: Atlas, 2005, p. 124: "Desde logo, cumpre observar que as incompatibilidades aplicáveis aos senadores a deputados federais são estendidas, sem que possam ser restringidas ou ampliadas pelas Constituições Estaduais, aos deputados estaduais (art. 27, § 1º, da CF), bem assim são aplicáveis, no que couber, aos vereadores (art. 29, IX, da CF)".

7. Ivan Barbosa Rigolin, em texto de 1989 (*O servidor público na Constituição de 1988*, São Paulo: Saraiva, 1989, p. 160), defendeu que o termo "distrital" faria com que a norma do art. 38 fosse aplicável aos exercentes de cargos em subprefeituras ou administrações regionais, associando tal palavra inserida no texto constitucional com os distritos dos municípios. Trata-se de interpretação que não encontra respaldo, porém, no próprio texto constitucional, que resume os cargos eletivos àqueles listados no seu art. 14, aos quais deverá ser aplicada a norma em comento.

8. Manoel Gonçalves Ferreira Filho, op. cit., p. 256. Comentando o dispositivo, afirma o autor: "Acrescente-se que, não perdendo o cargo, o servidor poderá optar por seus vencimentos no lugar dos atribuídos ao mandato. Está aqui implícito o que no inciso seguinte é explícito".

9. José Afonso da Silva, *Comentários contextuais à Constituição*, 7. ed., São Paulo: Malheiros, 2010, p. 356.

10. "O Sr. Relator (José Fogaça): Sr. Presidente, o inciso I do art. 48 diz: 'Tratando-se de mandato eletivo federal ou estadual, ficará afastado do seu cargo, emprego ou função, sem direito a optar pela sua remuneração, o servidor em exercício de mandato eletivo'. Isso é o que está no Substitutivo II. A Relatoria considera isto uma conquista notável no substitutivo, e dela não deseja abrir mão, ou seja, de que o servidor público, eleito para o mandato federal ou estadual, fique afastado de seu cargo, sem direito a optar pela sua remuneração" (*Diário da Assembleia Nacional Constituinte*, Suplemento C, p. 836).

11. *Comentários à Constituição brasileira de 1891*, ed. fac-similar, Brasília, Senado Federal, 2005, p. 101.

12. Idem, p. 108.

ignora o fato, bastante comum no processo legislativo, de que em determinados estágios das votações somente é possível a propositura de emendas supressivas, não mais sendo possível acrescentar dispositivos ao projeto em apreciação. Ou seja, o silêncio do inciso I, antes de caracterizar uma decisão clara do constituinte pela impossibilidade de opção pela remuneração do cargo, reflete somente uma circunstância do processo de aprovação do texto, no qual se suprimiu a vedação expressa que dele constava.

8.6. Mandato de prefeito municipal

Igualmente se trata de norma cuja interpretação não demanda maiores cuidados, uma vez que resta cristalino no texto constitucional que investido no mandato de prefeito, deverá o servidor afastar-se, sendo-lhe facultada expressamente a opção pela remuneração de seu cargo efetivo. Para os autores que compreendem ser possível a opção pela remuneração do cargo efetivo também nas hipóteses do inciso I, a regra do inciso II tem os mesmos efeito e extensão[13].

8.7. Mandato de vereador

No caso do exercício do mandato de vereador, o constituinte atentou-se para aspectos peculiares da vida parlamentar de muitos municípios brasileiros, quais sejam, a baixa remuneração dos vereadores e a frequência reduzida das sessões de muitas das Câmaras Municipais. Assim, estabeleceu, no inciso III do art. 38 da CF, ser possível, no caso dos servidores investidos no mandato de vereador, acumular as funções e o subsídio da vereança com o desempenho e a remuneração do cargo por ele ocupado, desde que haja compatibilidade de horário[14]. E não existindo essa compatibilidade, permitiu, remetendo ao inciso II, a opção pela remuneração do cargo quando do afastamento para o exercício do mandato. A mencionada compatibilidade de horário deverá ser aferida nos mesmo moldes da aplicação do inciso XVI do art. 37 da CF, ou seja, "compatíveis são os horários descoincidentes, o que permite a acumulação de duas atividades"[15], além do que deverão ser observados, ainda, o tempo de deslocamento para o exercício das funções e o limite de horas da jornada de trabalho, que o Tribunal de Contas da União fixou em no máximo 60 horas semanais[16]. Por fim, deve-se mencionar o eventual inconveniente da acumulação do mandato de vereador com o exercício das atribuições do cargo público. Manoel Gonçalves Ferreira Filho sustenta não haver "dúvida que a situação do servidor que exerce cargo, emprego ou função e também o mandato de vereador é contrária à desejável independência no desempenho desse mandato. Por isso, ela há de ser vista apenas como tolerada. O inconveniente avulta em se tratando de servidor municipal que como tal estará sujeito ao prefeito"[17].

8.8. Contagem do tempo de serviço

O inciso IV do art. 38, por sua vez, reproduzindo os termos do § 4º do art. 104 da EC n. 1/69 (com a redação da EC n. 6/76), garante que o período de exercício do mandato será considerado tempo de serviço para todos os fins, menos para promoções por merecimento[18]. Celso Ribeiro Bastos[19] indica a impropriedade dessa redação, já que o tempo de serviço conta para as promoções por antiguidade e não para as por merecimento. Para o autor, a redação deve ser interpretada no sentido de que o servidor não poderá ser promovido por merecimento enquanto afastado e o tempo afastado não poderá ser contado para a satisfação de eventuais interstícios requeridos para promoções por merecimento. Por outro lado, é importante registrar que a norma em comento garante não só a situação do servidor que seja eleito já na qualidade de servidor, bem como a daquele titular de mandato eletivo que, no seu curso e após seu término, venha a ser investido em cargo público efetivo. Também esses terão direito à contagem de prazo, por um imperativo de isonomia[20].

8.9. Benefício previdenciário

A redação originária do inciso V do art. 38 previa que "para efeito de benefício previdenciário, no caso de afastamento, os valores serão determinados como se no exercício estivesse". Tal dispositivo, inserido no campo da disciplina da aposentadoria do servidor, continha norma que não encontra paralelo nas constituições pretéritas, relacionada aos benefícios previdenciários dos servidores afastados para o cumprimento de mandato eletivo; benefícios esses cujos valores deveriam ser determinados como se o servidor estivesse em exercício.

A Emenda Constitucional n. 103/2019, responsável por reformar o sistema previdenciário brasileiro, deu nova redação a esse inciso V, cuja redação passou a determinar que o servidor, "na hipótese de ser segurado de regime próprio de previdência

---

13. Nesse sentido, Manoel Gonçalves Ferreira Filho, op. cit., p. 256: "A redação desse dispositivo [inciso II do art. 38] é infeliz. Diz mais do que deveria".

14. Assim justificou o Constituinte Darcy Pozza, na Comissão de Sistematização da Assembleia Nacional Constituinte, a possibilidade de acumulação de funções e remuneração pelos vereadores: "A minha emenda visa substituir o texto do Relator, em que pese o mérito e o bom trabalho, fica um pouco distante ao atender aos funcionários públicos civis, detentores de mandato eletivo. Nossa emenda quer alterar principalmente o inciso II do art. 48, onde diz: 'investido no mandato de Prefeito ou de Vereador, será afastado de seu cargo, emprego ou função, sendo-lhe facultado optar pela sua remuneração'. É claro, Srs. Constituintes, que não havendo incompatibilidade de horário, poderá haver a opção pela remuneração e, principalmente, o Vereador poderá receber os subsídios. De certa forma, no inciso II está colocada uma incoerência. Se afastarmos o funcionário, que é Vereador, do seu cargo de funcionário público, como temos mais de 80% de municípios pequenos, onde as Câmaras Municipais só se reúnem uma vez por semana e à noite, ou duas vezes ao mês, um funcionário graduado, como por exemplo o médico sanitarista de um posto de saúde, ficaria afastado do seu cargo, percebendo a remuneração de funcionário e implicaria, além disso, num ônus para o erário público, que teria que substituir esse funcionário".

15. José Cretella Junior. *Comentários à Constituição brasileira de 1988*, Rio de Janeiro: Forense Universitária, 1992, v. 5, p. 2379.

16. Ac. 2.133/2005. Ademais, os Tribunais de Contas têm assentado a incompatibilidade de acumulação quando o vereador vier a assumir a Presidência da Câmara municipal, uma vez que passa a exercer a chefia administrativa da casa legislativa, comprometendo seu tempo para além das sessões (cf. Ivan Barbosa Rigolin, Servidores públicos – os arts. 38 e 39 da Constituição Federal. *Boletim de Direito Administrativo – BDA*, dez. 2011, p. 1361).

17. Op. cit., p. 257.

18. Marcos Nóbrega (op. cit., p. 797) defende que o tempo do mandato não seja contado para fins de cumprimento do estágio probatório, o que acaba por diminuir a eficácia da norma constitucional, negando sua dicção clara e expressa.

19. Art. 38. In: Celso Ribeiro Bastos e Ives Gandra da Silva Martins, *Comentários à Constituição do Brasil (promulgada em 5 de outubro de 1988)*, São Paulo: Saraiva, 1992, v. 3, p. 191.

20. Manoel Gonçalves Ferreira Filho, op. cit., p. 258.

social, permanecerá filiado a esse regime, no ente federativo de origem". Essa alteração deve ser compreendida no bojo das diversas inovações trazidas pela emenda constitucional em questão.

Ante a desconstitucionalização de muitos aspectos do regime de previdência dos servidores e da possibilidade de instituição de diferentes regimes próprios pelos entes federados, o constituinte derivado adaptou o texto à nova normatividade previdenciária, numa orientação que pode ser assim sintetizada: estando vinculado a um regime próprio de previdência instituído pelo ente federado com o qual mantém relação funcional, o servidor, eleito para o exercício de mandato em qualquer nível da federação – cargos eletivos federais, estaduais, distritais ou municipais – nele permanecerá, sem prejuízo algum para seus benefícios.

8.10. Momento e formalidades do afastamento

O afastamento do cargo exigido pelo art. 38 da CF – com a exceção dos casos de compatibilidade de horários dos vereadores – ocorrerá em momentos distintos, seja o cargo executivo, seja legislativo. Como bem sintetiza Pinto Ferreira[21], o momento do afastamento será a diplomação, no caso dos mandatos parlamentares, ou a posse, no caso dos mandatos junto ao Poder Executivo. José Afonso da Silva, porém, relativiza essa orientação no que toca aos vereadores. Para ele, tais parlamentares somente seriam obrigados ao afastamento a partir da posse, uma vez que o inciso III do art. 38 traz a redação "investido no mandato de Vereador"[22]. Tal interpretação literal do texto da Constituição não se harmoniza com a regra do art. 54, I, *b*, do texto constitucional, combinada com o disposto no seu art. 29, IX. Sim, pois não seria lógico impor ao parlamentar o afastamento a partir da posse, quando desde a expedição do diploma já se encontra ele submetido às incompatibilidades típicas do legislativo, cuja inobservância pode levar à perda do mandato eletivo. No que toca às formalidades do afastamento, deve ser ele requerido pelo servidor à Administração à qual se encontra vinculado[23], o que permite um maior controle das atividades públicas.

8.11. Casos omissos

A redação do art. 38 da CF não contemplou a situação funcional dos servidores escolhidos pelo voto popular para o exercício de dois cargos eletivos: vice-prefeito e juiz de paz (arts. 14, § 3º, VI, *c*, *in fine*; e 98, II, da CF). No caso do vice-prefeito, a jurisprudência do STF acabou por aplicar, por analogia, a norma contida no inciso II do art. 38, impondo o afastamento e possibilitando a opção pela remuneração do cargo de origem. Já o caso dos juízes de paz ainda não foi objeto de apreciação pela jurisprudência da Suprema Corte, até mesmo porque a regra que impõe a eleição para tais cargos não é observada. No único julgado sobre a caracterização do juiz de paz como cargo eletivo[24] o STF considerou constitucional uma lei do Estado de Minas Gerais que previa a realização das eleições para esse cargo juntamente com o pleito municipal, tendo em vista as peculiaridades locais das funções típicas desses magistrados especiais. Assim, pode-se defender que aos juízes de paz seja aplicada, igualmente por analogia, a regra do inciso III do art. 38, permitindo ao servidor eleito a acumulação de funções e de eventual remuneração.

SEÇÃO II

DOS SERVIDORES PÚBLICOS

Art. 39. A União, os Estados, o Distrito Federal e os Municípios instituirão conselho de política de administração e remuneração de pessoal, integrado por servidores designados pelos respectivos Poderes.

§ 1º A fixação dos padrões de vencimento e dos demais componentes do sistema remuneratório observará:

I – a natureza, o grau de responsabilidade e a complexidade dos cargos componentes de cada carreira;

II – os requisitos para a investidura;

III – as peculiaridades dos cargos.

§ 2º A União, os Estados e o Distrito Federal manterão escolas de governo para a formação e o aperfeiçoamento dos servidores públicos, constituindo-se a participação nos cursos um dos requisitos para a promoção na carreira, facultada, para isso, a celebração de convênios ou contratos entre os entes federados.

§ 3º Aplica-se aos servidores ocupantes de cargo público o disposto no art. 7º, IV, VII, VIII, IX, XII, XIII, XV, XVI, XVII, XVIII, XIX, XX, XXII e XXX, podendo a lei estabelecer requisitos diferenciados de admissão quando a natureza do cargo o exigir.

§ 4º O membro de Poder, o detentor de mandato eletivo, os Ministros de Estado e os Secretários Estaduais e Municipais serão remunerados exclusivamente por subsídio fixado em parcela única, vedado o acréscimo de qualquer gratificação, adicional, abono, prêmio, verba de representação ou outra espécie remuneratória, obedecido, em qualquer caso, o disposto no art. 37, X e XI.

§ 5º Lei da União, dos Estados, do Distrito Federal e dos Municípios poderá estabelecer a relação entre a maior e a menor remuneração dos servidores públicos, obedecido, em qualquer caso, o disposto no art. 37, XI.

§ 6º Os Poderes Executivo, Legislativo e Judiciário publicarão anualmente os valores do subsídio e da remuneração dos cargos e empregos públicos.

§ 7º Lei da União, dos Estados, do Distrito Federal e dos Municípios disciplinará a aplicação de recursos orçamentários provenientes da economia com despesas correntes em cada órgão, autarquia e fundação, para aplicação no desenvolvimento de programas de qualidade e produtividade, treinamento e desenvolvimento, modernização, reaparelhamento e racionalização do serviço público, inclusive sob a forma de adicional ou prêmio de produtividade.

---

21. *Comentários à Constituição brasileira*, São Paulo: Saraiva, 1990, v. 2, p. 407.
22. Op. cit., p. 356.
23. Nesse sentido, José Cretella Junior. Op. cit., p. 2379: "Se o interessado não solicitar o afastamento e acumular o cargo público com o político, assumirá as consequências da regra jurídica constitucional expressa". Em sentido contrário, defendendo o afastamento automático, Marcos Nóbrega. Op. cit., p. 796.
24. ADI 2.938, Rel. Min. Eros Grau, *DJ* de 9-12-2005.

§ 8º A remuneração dos servidores públicos organizados em carreira poderá ser fixada nos termos do § 4º.

§ 9º É vedada a incorporação de vantagens de caráter temporário ou vinculadas ao exercício de função de confiança ou de cargo em comissão à remuneração do cargo efetivo.

Carlos Bastide Horbach

1. História da norma

Os textos originais do art. 39, *caput* e §§ 1º e 2º, já estavam presentes nos substitutivos da Comissão de Sistematização, não tendo sido objeto de alterações pela Comissão de Redação. Após a promulgação, o texto sofreu as significativas modificações introduzidas pela Emenda Constitucional n. 19/98 – a "Reforma Administrativa" –, que deu nova redação ao *caput* – a qual viria a ser suspensa pelo STF em julgamento de medida cautelar em ação direta de inconstitucionalidade; renumerou o § 2º para § 3º, suprimindo alguns dos direitos originariamente previstos; e introduziu um novo § 1º, bem como os §§ 4º a 8º. Mais recentemente, em 2019, a Emenda Constitucional n. 103 – a "Reforma Previdenciária" levada a cabo no início do governo Bolsonaro – introduziu o § 9º.

2. Constituições brasileiras anteriores

Constituição de 1934: art. 170, n. 10 ("os funcionários terão direito a férias anuais, sem descontos; e a funcionária gestante, três meses de licença com vencimentos integrais").

Constituição de 1937: art. 156, *h* ("os funcionários terão direito a férias anuais, sem descontos, e a gestante a três meses de licença com vencimentos integrais").

Constituição de 1967: art. 104 ("Aplica-se a legislação trabalhista aos servidores admitidos temporariamente para obras, ou contratados para funções de natureza técnica ou especializada").

Emenda Constitucional n. 1/69: art. 106 ("O regime jurídico dos servidores admitidos em serviços de caráter temporário ou contratados para funções de natureza técnica especializada será estabelecido em lei especial") e art. 109, I ("Lei federal, de iniciativa exclusiva do Presidente da República, respeitado o disposto no artigo 97 e seu § 1º e no § 2º do art. 108, definirá: o regime jurídico dos servidores públicos da União, do Distrito Federal e dos Territórios").

3. Constituições estrangeiras

Constituição mexicana: art. 125, B (direitos trabalhistas dos servidores e instituição de escolas de governo) e art. 127 (critérios para fixação dos padrões remuneratórios dos servidores);

Constituição peruana: art. 40 (obrigação de publicar periodicamente os vencimentos dos servidores indicados em lei);

Constituição colombiana: art. 130 (instituição de comissão de administração e controle das carreiras públicas);

Constituição paraguaia: art. 102 (extensão de direitos trabalhistas aos servidores públicos);

Constituição sul-africana: art. 195, 1, *g* (gerenciamento de recursos humanos e práticas de desenvolvimento de carreiras como princípios da Administração Pública).

4. Direito internacional

Não há previsão de normas diretamente correspondentes nos tratados ratificados pelo Brasil. Diversas convenções da Organização Internacional do Trabalho se relacionam com os direitos assegurados aos servidores pelo § 3º do art. 39, como se pode verificar nos comentários ao art. 7º da CF.

5. Dispositivos constitucionais e legais relacionados

5.1. Constitucionais

Art. 37, X, XI e XII; art. 144, § 9º.

5.2. Legais

No plano federal, **Lei n. 8.112/90**, arts. 40 a 48 (remuneração dos servidores), art. 49 (vantagens), art. 63 (gratificação natalina), arts. 73 e 74 (adicional por serviços extraordinários), art. 75 (adicional noturno), art. 76 (adicional de férias), art. 77 (férias), art. 207 (licença à gestante) e art. 208 (licença-paternidade); **Lei n. 11.770/2008**, art. 2º (autoriza a Administração Pública a instituir programa de prorrogação da licença-maternidade de suas servidoras).

6. Jurisprudência

ADI 2.135, rel. para acórdão Min. Ellen Gracie, *DJe* de 7-3-2008 (suspensão da eficácia da redação dada ao *caput* do art. 39 da Constituição pela EC n. 19/98); **ADI 492**, rel. Min. Carlos Velloso, *DJ* de 12-3-1993 – STF (impossibilidade de negociação coletiva no regime jurídico dos servidores públicos, tendo em vista o disposto no § 2º – atual § 3º – do art. 39; bem como afirmação da natureza estatutária do regime jurídico único). **RE 213.157**, rel. Min. Ilmar Galvão, *DJ* de 10-11-1998 (afirmação do caráter estatutário do regime jurídico único, cuja implantação se caracteriza como obrigação dos entes federados); **RE 551.453**, rel. Min. Ricardo Lewandowski, *DJe* de 27-6-2008 – STF (possibilidade de percepção de soldo inferior a um salário mínimo pelas praças prestadoras de serviço militar); **RE 439.360-AgRg**, rel. Min. Sepúlveda Pertence, *DJ* de 2-9-2005; e **RE 563.965**, rel. Min. Cármen Lúcia, *DJe* de 20-3-2009 – STF (possibilidade de percepção, por servidor, de salário base inferior ao mínimo, desde que o total da remuneração o supere); **ADI 3.923-MC**, rel. Min. Eros Grau, *DJe* de 15-2-2008 – STF (inconstitucionalidade da instituição de subsídio de modo indiscriminado para servidores públicos estaduais); **ADI 3.771-MC**, rel. Min. Ayres Britto, *DJ* de 25-8-2006 – STF (impossibilidade de instituição de verba de representação em favor de servidores remunerados por meio de subsídio); **RE 650.898**, rel. para acórdão Min. Roberto Barroso, *DJe* de 24-8-2017 – STF (compatibilidade entre o regime de subsídio e a percepção, pelo servidor, de parcelas relativas ao 13º salário e ao terço constitucional de férias); **ADI 4.079**, rel. Min. Roberto Barroso, *DJe* de 5-5-2015 – STF (regulação do regime de subsídios pela legislação estadual); **ADI 6.012**, rel. Min. Alexandre de Moraes, *DJe* de 15-10-2019 (remuneração do servidor por ações de formação e aperfeiçoamento das carreiras); **ADI 5.404**, rel. Min. Roberto Barroso, *DJe* de 9-3-2023 (possibilidade de remuneração de horas extras trabalhadas pelo servidor para além do valor do subsídio); **ADI 4.941**, rel. para acórdão Min. Luiz Fux, *DJe* de 7-7-2020 (possibilidade de o servidor público que exerce funções extraordinárias ou labora em condições diferenciadas receber parcela remuneratória além do subsídio); **RE 597.396, rel. para acórdão Min. Alexandre de Moraes,** *DJe* **de 5-1-2020** (impossibilidade de percepção de adicionais por servidor com remuneração fixada em subsídio); **RMS 32.395, rel. Min. Mauro Campbell Marques,** *DJe* **de 12-11-2010 – STJ** (regularidade da supressão parcelas remuneratórias diversas incorporadas na instituição de subsídio); **AC 2007.51.030.00361-5, rel. Des. Fed. Raldênio Bonifácio Costa,** *DJ* **de 3-7-2008 – TRF2** (constitucionalidade da incorporação do adicional noturno ao subsídio); **AC 2006.71.000.31120-6, rel. Desa. Fed. Marga Inge Barth Tessler,** *DJ* **16-11-2009 – TRF4** (interpretação sistemática dos §§ 3º e 4º do art. 39, para considerar devidos a servidor remunerado por subsídios adicionais relativos a horas extras e a trabalho noturno – em sentido contrário: **AG 2006.04.000.32113-0, rel. Des. Fed. Vânia Hack de Almeida,** *DJ* **de 1º-8-2007 – TRF4** e a **AC 2009.82.000.04944-0, rel. Des. Fed. Francisco Wildo,** *DJe* **de 26-8-2010 – TRF5**); **AC 2007.71.000.29982-0, rel. Des. Fed. Carlos Thompson Flores Lenz,** *DJ* **de 16-9-2009 – TRF4** (regularidade incorporação ao subsídio de vantagens pessoais adquiridas por meio de decisão judicial transitada em julgado); **AC 2001.51.010.16118-3, rel. Des. Fed. Arnaldo Lima,** *DJ* **de 7-5-2004 – TRF2** (norma do § 5º do art. 39 da Constituição como autorizadora da instituição de tetos remuneratórios específicos no âmbito dos poderes Legislativo e Executivo).

7. Literatura selecionada

DALLARI, Adilson de Abreu. *Regime constitucional dos servidores públicos.* 2. ed., São Paulo: Revista dos Tribunais, 1992; FERREIRA FILHO, Manoel Gonçalves. *Comentários à Constituição brasileira de 1988*, São Paulo: Saraiva, 1997, v. 1; BULOS, Uadi Lammêgo. *Constituição Federal anotada*, 8. ed., São Paulo: Saraiva, 2008; DI PIETRO, Maria Sylvia Zanella. O que muda na remuneração dos servidores? (os subsídios). *Boletim de Direito Administrativo – BDA*, jul. 1998, p. 421-428; SILVA, José Afonso da. *Comentários contextuais à Constituição*, 7. ed., São Paulo: Malheiros, 2010; CRETELLA JUNIOR, José. *Comentários à Constituição brasileira de 1988*, Rio de Janeiro: Forense Universitária, 1992, v. 5; PINTO FERREIRA, Luís. *Comentários à Constituição brasileira*, São Paulo: Saraiva, 1990, v. 2; GROTTI, Dinorá Adelaide Musetti. Remuneração dos servidores. *Boletim de Direito Administrativo – BDA*, dez. 1998, p. 791-806; MARINELA, Fernanda. *Servidores públicos*. Niterói: Impetus, 2010; MELLO, Celso Antonio Bandeira de. *Regime constitucional dos servidores da administração direta e indireta*. São Paulo: Revista dos Tribunais, 1990; OLIVEIRA, Régis Fernandes. *Servidores públicos*. São Paulo: Malheiros, 2004; RIGOLIN, Ivan Barbosa. *O servidor público na Constituição de 1988*. São Paulo: Saraiva, 1989; RIGOLIN, Ivan Barbosa. Servidores públicos – os arts. 38 e 39 da Constituição Federal. *Boletim de Direito Administrativo – BDA*, dez. 2011, p. 1359-1371.

8. Comentários

8.1. O caput do art. 39, a EC n. 19/98 e a ADI 2.135

Como registrado quando da análise da história da norma sob enfoque, a redação original do *caput* do art. 39 da CF foi alterada pela EC n. 19/98, principal instrumento de normatização da "Reforma Administrativa" realizada pelo Governo Federal ao longo dos anos 1990. Tal reforma tinha como um de seus pontos centrais a flexibilização do regime jurídico único, como se pode observar desde a edição do Plano Diretor de Reforma do Aparelho do Estado, de 1995. Desse modo, a EC n. 19/98 deu nova redação ao *caput* do art. 39 do texto constitucional, suprimindo o mandamento de instituição, em todos os níveis da federação e nas administrações direta, autárquica e fundacional, de um regime jurídico único para os servidores.

Pois bem, em janeiro de 2000, os partidos que então formavam o núcleo de oposição do Governo Federal – PT, PDT, PC do B e PSB – ajuizaram ação direta de inconstitucionalidade (ADI 2.135) contra a EC n. 19/98, alegando, entre outros fundamentos, a ocorrência de vício no processo legislativo da referida emenda. Isso porque, com a rejeição de um destaque de votação em separado, o Plenário da Câmara dos Deputados teria descartado, em primeiro turno, a supressão do regime jurídico único; o que impediria a inclusão da matéria quando da votação do segundo turno da proposta de emenda constitucional, bem como sua subsequente aprovação e promulgação. Em suma, o texto do novo *caput* do art. 39 não teria sido aprovado em dois turnos pela Câmara dos Deputados, tal como exigido pelo art. 60, § 2º, da CF.

Apreciando a medida cautelar nessa ADI 2.135, o Plenário do Supremo Tribunal Federal, em julgamento iniciado em setembro de 2001 e encerrado somente em agosto de 2007, reconheceu o ocorrência de falha no processo legislativo que levou à edição da EC n. 19/98, suspendendo, assim, a eficácia do *caput* do art. 39 na redação por ela dada[1].

Desse modo, a decisão, com efeitos *ex nunc*, como é próprio das cautelares em ação direta, teve duas consequências imediatas. Inicialmente, o disposto no § 2º do art. 11 da Lei n. 9.868/99 ("A concessão da medida cautelar torna aplicável a legislação anterior acaso existente, salvo expressa manifestação em sentido contrário") fez com que fosse de pronto repristinado o texto original do *caput* do art. 39, o qual – como visto – previa exatamente o regime jurídico único que se buscara suprimir. Em segundo lugar, tendo a decisão efeitos para o futuro, as eventuais leis editadas instituindo regimes celetistas em órgãos da administração direta ou em autarquias e fundações públicas foram preservadas, dependendo seu destino do entendimento que vier a ser dado pelo STF quando do julgamento de mérito da ação, em especial no que toca à aplicação do art. 27 da Lei n. 9.868/99 ("Ao declarar a inconstitucionalidade de lei ou ato normativo, e tendo em vista razões de segurança jurídica ou de excepcional interesse social, poderá o Supremo Tribunal Federal, por maioria de dois terços de seus

---

1. O acórdão restou assim ementado, no trecho que aqui interessa: "1. A matéria votada em destaque na Câmara dos Deputados no DVS n. 9 não foi aprovada em primeiro turno, pois obteve apenas 298 votos e não os 308 necessários. Manteve-se, assim, o então vigente *caput* do art. 39, que tratava do regime jurídico único, incompatível com a figura do emprego público. 2. O deslocamento do texto do § 2º do art. 39, nos termos do substitutivo aprovado, para o *caput* desse mesmo dispositivo representou, assim, uma tentativa de superar a não aprovação do DVS n. 9 e evitar a permanência do regime jurídico único previsto na redação original suprimida, circunstância que permitiu a implementação do contrato de emprego público ainda que à revelia da regra constitucional que exige o *quorum* de três quintos para aprovação de qualquer mudança constitucional".

membros, restringir os efeitos daquela declaração ou decidir que ela só tenha eficácia a partir de seu trânsito em julgado ou de outro momento que venha a ser fixado").

Essa circunstância exige que sejam analisadas tanto a norma em vigor – ou seja, a redação original do *caput* do art. 39 – quanto a norma introduzida pela EC n. 19/98, que, mesmo suspensa, continua a integrar o ordenamento jurídico brasileiro até que o STF sobre ela se pronuncie definitivamente.

8.2. A norma em vigor – regime jurídico único

O escopo e a extensão da norma elaborada pelo constituinte originário são bastante claros. O texto originário da Constituição pretendeu promover um mínimo de uniformização das normas administrativas aplicáveis aos regimes funcionais dos servidores da administração direta, das autarquias e das fundações públicas da União, do Distrito Federal, dos Estados e dos Municípios; evitando que, na estrutura dessas entidades, convivessem múltiplas regras regedoras dos vínculos com os diferentes, o que geraria ineficiência na gestão pública e, não raro, quebras na isonomia.

Essa norma, porém, ao mencionar a necessidade de implantação de um regime jurídico único, abriu campo para discussões que, passados quase 25 anos da vigência do texto constitucional, persistem na doutrina do direito administrativo brasileiro. A polêmica suscitada pelo *caput* do art. 39 em sua redação originária diz com a definição de qual regime jurídico de servidores seria esse regime jurídico único a que se refere a norma sob enfoque.

A doutrina se dividiu em três correntes, as quais podem ser assim sumariadas. A primeira, desde logo esposada – entre outros – por Hely Lopes Meirelles[2], associa a expressão regime jurídico único ao regime estatutário, devendo este, no cumprimento do mandamento constitucional, ser implantado nas administrações direta, autárquica e fundacional dos diferentes entes federados. Uma segunda corrente, de que é exemplo o pensamento de Maria Sylvia Zanella Di Pietro[3], defende que o regime jurídico único pode ser tanto o estatutário quanto o celetista, desde que suas normas sejam as únicas utilizadas na organização dos entes indicados no *caput* do art. 39 da CF. Nessa linha, caberia a cada ente federado escolher se, no seu âmbito, o regime jurídico único seria celetista ou estatutário. Por fim, há um entendimento que entende ser a palavra "único" referente a cada um dos tipos de administração citadas no dispositivo constitucional, de modo que a administração direta poderia ter um regime, a autárquica outro e a fundacional outro, desde que cada uma delas tivesse um único regime[4].

Essa discussão, para muitos dos administrativistas brasileiros, foi restaurada com a repristinação do *caput* original do art. 39[5]. Entretanto, tal polêmica não resiste a uma análise mais acurada da jurisprudência do Supremo Tribunal Federal e ao exame das atribuições que ordinariamente são desempenhadas pelos servidores das administrações mencionadas no dispositivo em questão.

De início, cumpre mencionar que há manifestações do STF no sentido de associar o regime jurídico único ao regime estatutário. Na ADI 492, por exemplo, o relator, Ministro Carlos Velloso, faz uma longa análise desses diferentes pontos de vista doutrinários, para concluir que o regime jurídico único somente poderia ser o estatutário; conclusão essa que serve como fundamento da decisão do Tribunal no sentido de considerar inconstitucional a instituição de negociação coletiva no âmbito do serviço público.

Em outro precedente, o STF, julgando o RE 213.157, rel. Min. Ilmar Galvão, assentou expressamente: "Trata-se de norma [o *caput* do art. 39] que, todavia, não teve o condão de estabelecer, *per se*, a unidade estatutária dos servidores das administrações diretas, das autarquias e das fundações públicas das diversas unidades federadas. Limitou-se ela, ao revés, a impor-lhes a obrigação de instituir o referido regime, no âmbito de sua competência, sem, para isso, contudo, haver estabelecido prazo".

Evidente, portanto, que o entendimento do Supremo, no primeiro período de vigência da norma do *caput* do art. 39 da CF, associava a expressão regime jurídico único ao regime estatutário, não havendo razão para se alterar esse entendimento quando de sua repristinação por força da decisão cautelar na ADI 2.135.

Por outro lado, sendo o regime estatutário normalmente considerado pela doutrina e pela jurisprudência[6] como aquele que maiores garantias dá aos servidores responsáveis pelas atividades típicas de Estado – sendo inclusive possível depreender essa relação do disposto no art. 247 da Constituição –, é lógico que o constituinte tenha desejado vê-lo aplicado às administrações direta, das autarquias e das fundações, as quais não raro desempenham funções análogas às das autarquias.

---

2. *Direito administrativo brasileiro*, 19. ed., São Paulo: Malheiros, 1994, p. 359.

3. *Direito administrativo*, 3. ed., São Paulo: Atlas, 1993, p. 307.

4. Toshio Mukai, *Administração Pública na Constituição de 1988*, São Paulo: Saraiva, 1989, p. 62.

5. José dos Santos Carvalho Filho, *Manual de direito administrativo*, 25. ed., São Paulo: Atlas, 2012, p. 603.

6. Nesse sentido, o despacho concessivo de medida cautelar proferido pelo Min. Marco Aurélio na ADI 2.310, na qual se discutia a constitucionalidade da instituição do regime celetista nas agências reguladoras: "Então, cumpre examinar a espécie. Os servidores das agências reguladoras hão de estar, necessariamente, submetidos ao regime de cargo público, ou podem, como previsto na lei em exame, ser contratados para empregos públicos? Ninguém coloca em dúvida o objetivo maior das agências reguladoras, no que ligado à proteção do consumidor, sob os mais diversos aspectos negativos – ineficiência, domínio do mercado, concentração econômica, concorrência desleal e aumento arbitrário dos lucros. Hão de estar as decisões desses órgãos imunes a aspectos políticos, devendo fazer-se presente, sempre, o contorno técnico. É isso o exigível não só dos respectivos dirigentes – detentores de mandato –, mas também dos servidores – reguladores, analistas de suporte à regulação, procuradores, técnicos em regulação e técnicos em suporte à regulação – Anexo I da Lei n. 9.986/2000 – que, juntamente com os primeiros, hão de corporificar o próprio Estado nesse mister da mais alta importância, para a efetiva regulação dos serviços. Prescindir, no caso, da ocupação de cargos públicos, com os direitos e garantias a eles inerentes, é adotar flexibilidade incompatível com a natureza dos serviços a serem prestados, igualizando os servidores das agências a prestadores de serviços subalternos, dos quais não se exige, até mesmo, escolaridade maior, como são serventes, artífices, mecanógrafos, entre outros. Atente-se para a espécie. Está-se diante de atividade na qual o poder de fiscalização, o poder de polícia fazem-se com envergadura ímpar, exigindo, por isso mesmo, que aquele que a desempenhe sinta-se seguro, atue sem receios outros, e isso pressupõe a ocupação de cargo público, a estabilidade prevista no artigo 41 da Constituição Federal. Aliás, o artigo 247 da Lei Maior sinaliza a conclusão sobre a necessária adoção do regime de cargo público relativamente aos servidores das agências reguladoras. Refere-se o preceito àqueles que desenvolvam atividades exclusivas de Estado, e a de fiscalização o é. Em suma, não se coaduna com os objetivos precípuos das agências reguladoras, verdadeiras autarquias, embora de caráter especial, a flexibilidade inerente aos empregos públicos, impondo-se a adoção da regra que é revelada pelo regime de cargo público, tal como ocorre em relação a outras atividades fiscalizadoras – fiscais do trabalho, de renda, servidores do Banco Central, dos Tribunais de Conta, etc." (ADI 2.310, rel. Min. Marco Aurélio, *DJ* de 1º-2-2001).

Desse modo, o entendimento mais acertado parece ser aquele correspondente à primeira corrente antes exposto, qual seja, a que considera que, ao instituir o regime jurídico único, impôs a Constituição aos entes federados a criação de um regime estatutário a reger as relações jurídicas com os servidores de suas administrações diretas, autarquias e fundações públicas.

Não se pode deixar de registrar, como fazia Odete Medauar[7] antes da EC n. 19/98, que muitos entes federados ainda não tinham instituído esse regime estatutário, o que fazia com que na prática existissem, de modo inconstitucional à época, esferas de governo em que o regime jurídico único é o celetista; sem se falar naqueles em que na mesma estrutura administrativa conviviam regimes diversos. Tal inconstitucionalidade persiste em muitas realidades, devendo ser excepcionadas, na linha do decidido pelo STF, aquelas leis instituidoras de regime celetista na administração direta, autárquica e fundacional editadas sob o pálio da norma suspensa do *caput* do art. 39, nos seus quase 10 anos de vigência.

8.3. A norma suspensa

O aspecto mais importante da redação ora suspensa do *caput* do art. 39 da Constituição não é o que está expresso na norma, mas sim o que ela fez desaparecer – ainda que temporariamente – do ordenamento jurídico-constitucional brasileiro. De fato, a questão mais debatida em relação ao novo *caput* introduzido pela EC n. 19/98 do art. 39 não diz com os conselhos nele previstos, mas sim com o fim do regime jurídico único, imposto pela redação original.

O fim do regime jurídico único era projeto desde logo anunciado no grande projeto de reforma do Estado iniciado no ano de 1995. O Plano Diretor de Reforma do Aparelho do Estado – PDRAE apontava o regime único como sendo um elemento de entrave à gestão dos recursos humanos da Administração Pública. Expressamente se afirmava, no PDRAE, que "embora seja possível interpretar que a Constituição de 1988 e o Regime Jurídico Único tenham originalmente tentado preservar a administração, evitando a utilização política dos cargos e promovendo a valorização através da proteção ao servidor, o que se observa de fato é que contribuíram para restringir a capacidade operacional do governo, ao dificultar a adoção de mecanismos de gestão de recursos humanos que sejam baseados em princípios de valorização pelo efetivo desempenho profissional e também eficazes na busca da melhoria dos resultados das organizações e da qualidade dos serviços prestados"[8].

Nessa perspectiva, o Plano já anunciava a necessidade de alteração o texto constitucional para se impor "o fim da obrigatoriedade do regime jurídico único, permitindo-se a volta de contratação de servidores celetistas"[9]. E a redação dada pela EC n. 19/98 ao *caput* do art. 39 da Constituição, ao suprimir a referência ao regime jurídico único, atingiu esse desiderato. Ou seja, tornou-se possível, a partir de então e até o deferimento da cautelar na ADI 2.135, que a lei estabelecesse numa mesma pessoa da administração direta ou entre autarquias e fundações públicas de uma mesma unidade federada regimes diferenciados entre seus servidores, os quais seriam ou regidos pelo estatuto do servidor, ou pela Consolidação das Leis do Trabalho.

Por outro lado, a mesma EC n. 19/98 introduziu no texto constitucional o art. 247, o qual – como já assinalado – indica uma associação entre o regime estatutário e o vínculo funcional estabelecido entre a Administração e os servidores encarregados do desenvolvimento de atividades exclusivas de Estado. O setor das atividades exclusivas de Estado é caracterizado pelo PDRAE como sendo aquele em que são prestados serviços que só o Estado pode realizar, tal como a cobrança e fiscalização dos impostos, a polícia, a previdência social básica, o serviço de desemprego, a fiscalização do cumprimento de normas sanitárias, o serviço de trânsito, a compra de serviços de saúde pelo Estado, o controle do meio ambiente, o subsídio à educação básica, o serviço de emissão de passaportes, etc.[10]

Desse modo, a liberdade de escolha dos regimes a serem empregados pela Administração nesta ou naquela carreira não é absoluta, devendo-se observar a natureza das atribuições desempenhadas por seus membros, as quais imporão eventualmente o regime estatutário, como visto o mais consentâneo com as garantias que se espera para o exercício de determinadas funções públicas.

Cármen Lúcia Antunes Rocha, porém, entende que a redação nova do art. 39, *caput*, da Constituição não teria como consequência a supressão da imposição do regime jurídico único estatutário para a administração direta, das autarquias e fundações. Para a autora, "a subtração textual do ditame da obrigatoriedade de adoção do regime jurídico unicamente admissível para o servidor público, qual seja, o estatutário nem exclui o dever de se ater a ele, menos ainda o de se adotarem regimes plurais para situações idênticas, porque a exclusão, também, do texto referente ao princípio da isonomia não o elimina do sistema, nem mina a sua intangibilidade como pedra angular da construção nuclear do sistema jurídico fundamental"[11].

Segundo tal entendimento, a natureza das funções desenvolvidas pelos servidores seria a razão da manutenção, mesmo sem expressa dicção constitucional, do regime jurídico único estatutário para órgãos da administração direta, para as autarquias e fundações públicas. Ademais, seria contrária à isonomia a manutenção de regimes jurídicos diversos para servidores que exercem funções similares.

Com o devido respeito que merece essa interpretação do texto constitucional, a leitura mais correta, ao que tudo indica, é a que permite a convivência dos dois regimes, com a imposição do estatutário para aquelas carreiras com atribuições típicas de Estado. Seja porque para aquelas carreiras em que realmente devem ser preservadas as autonomias do servidor a própria EC n. 19/98 passou a exigir o regime estatutário, por meio do art. 247; seja porque o princípio da isonomia nem sempre se apresenta como aplicável aos casos concretos, uma vez que, dentro da administração direta, por exemplo, há servidores com funções das mais díspares, umas com atribuições tipicamente de Estado e outras com natureza meramente burocrática. A isonomia, nesse caso, concretizar-se-ia tratando desigualmente os desiguais, na

---

7. *Direito administrativo moderno*, São Paulo: Revista dos Tribunais, 1996, p. 306.
8. BRASIL. *Plano Diretor de Reforma do Aparelho do Estado*, Brasília: MARE, 1995, p. 29-30.
9. Idem, p. 50.

10. Idem, p. 41.
11. *Princípios constitucionais dos servidores públicos*, São Paulo: Saraiva, 1999, p. 134.

medida em que se desigualam, para se utilizar a célebre construção de Rui Barbosa. Por fim, essa interpretação é a mais compatível com a vontade do constituinte e, como bem observa Carlos Maximiliano, o direito constitucional é aquele em que a vontade do legislador mais manteve sua relevância hermenêutica[12].

Assentadas as consequências do novo *caput* do art. 39 nas questões em que foi a norma silente, resta analisar seu conteúdo expresso, qual seja, o dever de instituir conselhos de política de administração e remuneração de pessoal, integrado por servidores designados pelos respectivos poderes da União, dos Estados, do Distrito Federal e dos Municípios.

Esses conselhos, na visão de Régis Fernandes de Oliveira[13], teriam a função de coordenar as atividades da Administração Pública, permitindo uma ação mais eficiente e, assim, mais adequada à consecução do interesse público. Para tanto, o conselhos buscariam realizar um dos objetivos gerais da reforma do Estado, consubstanciado em "estimular o planejamento estratégico em todos os órgãos e entidades, compreendendo a definição de missão, objetivos e metas, conjugada à implantação de indicadores de desempenho e os processos contínuos de melhoria de gestão"[14].

Tal dispositivo, porém, apesar de expressar mais um dos postulados da propalada administração gerencial, não teve, ao longo dos seus anos de vigência, maiores consequências práticas, pouco alterando a face da administração pública brasileira.

8.4. Critérios para fixação dos padrões de remuneração

Já o § 1º do art. 39, com a redação dada pela EC n. 19/98, determina que a fixação da remuneração dos servidores deverá observar os seguintes critérios: a) a natureza, o grau de complexidade e de responsabilidade de cada cargo; b) os requisitos para investidura; e c) as peculiaridades do cargo.

De início, deve ser registrado que esse dispositivo se aplica exclusivamente à remuneração de cargos públicos, ou seja, os critérios nele especificados dizem somente com a remuneração dos servidores estatutários, não atingindo, portanto, a dos empregados públicos.

A regra constitucional vigente veio a afastar o dever de isonomia previsto no antigo § 1º do art. 39, que tinha a seguinte redação: "A lei assegurará, aos servidores da administração direta, isonomia de vencimentos para cargos de atribuições iguais ou assemelhados do mesmo Poder ou entre servidores dos Poderes Executivo, Legislativo e Judiciário, ressalvadas as vantagens de caráter individual e as relativas à natureza ou ao local de trabalho".

Segundo os teóricos da Reforma do Estado dos anos 1990, essa isonomia era nefasta para a administração pública. Isso "porque a presença deste dispositivo no texto da Constituição permitia a proliferação de demandas na Justiça pela equiparação de vencimentos. Se o problema for enfrentado desta forma, nunca se alcançará de fato a isonomia, porque sempre que um setor conseguir, isoladamente, a sua equiparação de vencimentos, imediatamente outro setor pleiteará o mesmo, sucessivamente. A correção dos desequilíbrios só poderá ocorrer a longo prazo, na medida em que existam recursos disponíveis"[15].

Essa isonomia automática e impositiva deixou, desse modo, de existir no texto constitucional, devendo cada carreira ter o seu padrão remuneratório próprio, de acordo com os critérios indicados nos incisos do texto atualmente em vigor; critérios esses, aliás, que não apresentam maior novidade e que são, de certo modo, acacianos[16].

De qualquer forma, a supressão da isonomia no texto específico da regulação da remuneração dos servidores não afasta o dever geral de isonomia que deve orientar a atuação da Administração Pública, impondo-se naqueles casos em que entre os cargos realmente houver coincidência de atribuições, de níveis de complexidade e de requisitos de investidura. Porém, não se pode deixar de reconhecer que a efetividade dessa isonomia – tal como ocorria na vigência da redação anterior do § 1º do art. 39 – sempre esbarrará na relutância do Poder Judiciário em determinar o aumento de remuneração, como determina o entendimento cristalizado na Súmula Vinculante 37 do STF: "Não cabe ao Poder Judiciário, que não tem função legislativa, aumentar vencimentos de servidores públicos sob fundamento de isonomia"[17].

8.5. Escolas de governo e promoções

Um dos grandes postulados da reforma administrativa promovida pela EC n. 19/98 foi a profissionalização do servidor público. Nos documentos iniciais da reforma essa preocupação é evidente, afirmando-se que "o servidor terá o seu desenvolvimento profissional estimulado: serão implementados programas de treinamento em massa e sistemas de promoção do servidor vinculados a cursos de aperfeiçoamento"[18].

O disposto no § 2º do art. 39 da Constituição reflete essa orientação, prevendo que a União, os Estados e o Distrito Federal manterão escolas de governo com o intuito de promover a formação e o aperfeiçoamento dos servidores públicos. E foi além o constituinte derivado em 1998, estabeleceu, também, que a participação nos cursos e treinamentos executados por essas escolas fosse requisito para as promoções nas carreiras. Por fim, explicita o dispositivo constitucional em questão que a realização desses cursos pode ser objeto de convênios ou contratos celebrados entre os entes federados, de modo a não se impedir a formação do servidor ante a falta de estruturação da escola de governo em alguma unidade federada.

---

12. *Comentários à Constituição brasileira de 1891*, ed. fac-similar, Brasília: Senado Federal, 2005, p. 101: "A intenção dos constituintes, demonstrada pelas palavras por eles proferidas dentro, ou fora, do Congresso, é chave para interpretar o estatuto básico".

13. *Servidores públicos*, São Paulo: Malheiros, 2004, p. 43.

14. BRASIL. A reforma do aparelho do Estado e as mudanças constitucionais, *Cadernos MARE*, n. 6, Brasília: MARE, 1997, p. 8.

15. Idem, p. 23.

16. Nesse sentido, considerando óbvios os critérios do § 1º do art. 39, Ivan Barbosa Rigolin, Servidores públicos – os arts. 38 e 39 da Constituição Federal. *Boletim de Direito Administrativo – BDA*, dez. 2011, p. 1363.

17. De fato, a jurisprudência do STF é no sentido de que a norma do § 1º é dirigida ao Executivo e ao Legislativo: "O princípio da isonomia dirige-se aos Poderes Executivo e Legislativo, a quem cabe, mediante avaliação de conveniência e oportunidade, estabelecer a remuneração dos servidores públicos, permitindo a sua efetivação. Vedado ao Judiciário elevar os vencimentos de um servidor para o mesmo patamar de outro com base nesse postulado, nos termos da Súmula 339/STF" (RE 395.273-AgRg, rel. Min. Ellen Gracie, *DJ* de 6-8-2004). O julgado faz menção à Súmula 339, que foi substituída pela Súmula Vinculante 37.

18. BRASIL. *A reforma do aparelho do Estado e as mudanças constitucionais*, p. 11.

Inicialmente, deve-se ressaltar que o texto não impõe a criação de escolas de governo para os Municípios, cujos servidores não têm suas promoções, assim, constitucionalmente atreladas à participação em seus cursos. A razão desse tratamento diferenciado para o Município é evidente, já que a grande maioria dos milhares de governos locais não tem estrutura suficiente para a manutenção de uma escola de governo; sua diminuta organização administrativa e o reduzido número de servidores não comportaria a criação de uma escola.

Fora da administração municipal, porém, a criação das escolas ou a celebração de convênios ou contratos para realização de cursos de formação se impõe. E se impõe a participação efetiva do servidor para que suas promoções se efetivem. Resta saber se a ausência de escola em determinada unidade federada ou o não oferecimento de curso de formação ao servidor representa um óbice à promoção.

Ivan Barbosa Rigolin entende que, enquanto não criadas as escolas e oferecidos efetivamente os cursos, as promoções das carreiras estão obstadas. Segundo o autor, "parece que enquanto não implantadas as escolas de governo, enquanto essas não promoverem os cursos oficiais de aperfeiçoamento e treinamento dos servidores, e enquanto esses últimos não forem reconhecidamente aprovados naqueles cursos, então estes não poderão ser promovidos na carreira. Isto, sempre em direto detrimento dos servidores, protela de modo indefinido mencionadas promoções – palavra aqui apenas genericamente utilizada, querendo significar toda e qualquer espécie, juridicamente considerada, de evolução na carreira. A eficácia da regra promocional parece, portanto, contida até a aprovação dos servidores nos cursos oficiais de treinamento. E o fato de que podem ser ministrados aqueles cursos por entidades particulares conveniadas, ou ainda por empresas ou por profissionais contratados para tanto – o que deflui da leitura do dispositivo –, não reduz a essencialmente aflitiva situação dos mesmos servidores, que a esta altura não devem encontrar motivo para aguardar novidade alvissareira em matéria de evolução funcional"[19].

A interpretação mais coerente, porém, parece ser outra. É fato que a instituição das escolas é um dever da União, dos Estados e do Distrito Federal – já que a Constituição utiliza expressamente o verbo "instituirão" – e que a participação em seus cursos é de modo explícito indicada como pressuposto da promoção. Entretanto, seria no mínimo iníquo fazer com que eventual desídia do administrador em instituir tais escolas acarretasse um obstáculo intransponível à promoção dos servidores, tornando o próprio ente federado responsável pelo implemento de uma condição de um direito de terceiro. Desse modo, mais correto afirmar que, enquanto não instituídas as escolas e enquanto não oferecidos os cursos, o regime de promoções se mantém inalterado, sendo viável a progressão dos servidores, de acordo com as diferentes leis de regência das distintas carreiras[20].

Por fim, resta assinalar que o dispositivo em comento se coloca num contexto maior de alteração dos padrões de tratamento do servidor. O próprio Ministério de Administração e Reforma do Estado, o MARE, afirmava, quando da tramitação do projeto que viria a se converter na EC n. 19/98, que seu objetivo era "profissionalizar o servidor, com treinamento permanente, avaliação de desempenho e participação em programas de melhoria contínua dos processos de trabalho"[21]. Assim, não se pode negar que a instituição das escolas está associada, por óbvio, à avaliação periódica de desempenho que veio a ser inserida no inciso III do § 1º do art. 41 da CF, sendo correto dizer que seria ilegítima a instituição dessa avaliação sem que o ente federado tenha dado ao servidor condições de formação e aperfeiçoamento por meio de cursos promovidos pelas escolas de governo ou mesmo por entidades conveniadas ou contratadas, na forma do § 2º do art. 39.

8.6. Direitos dos trabalhadores extensivos aos ocupantes de cargos públicos

O § 3º do art. 39, por sua vez, explicita quais direitos constitucionais dos trabalhadores são garantidos aos ocupantes de cargos públicos. Registre-se, de pronto, que o dispositivo cuida exclusivamente dos detentores de cargo público, efetivo ou em comissão, não sendo aplicável, portanto, aos empregados públicos. Esses, regidos pelo regime da Consolidação das Leis do Trabalho, serão beneficiados pela totalidade dos direitos assegurados no art. 7º da CF.

Os direitos do art. 7º que são estendidos aos ocupantes de cargos públicos são os seguintes: salário mínimo (inciso IV); garantia de salário não inferior ao mínimo, para quem recebe remuneração variável (inciso VII); décimo terceiro salário (inciso VIII); remuneração do salário noturno superior ao diurno (inciso IX); salário-família (inciso XII); duração do trabalho normal não superior a oito hora diárias e quarenta e quatro horas semanais (inciso XIII); repouso semanal remunerado (inciso XV); remuneração do serviço extraordinário em pelo menos cinquenta por cento da do normal (inciso XVI); férias remuneradas com acréscimo de no mínimo um terço (inciso XVII); licença-gestante (inciso XVIII); licença-paternidade (inciso XIX); proteção do mercado de trabalho da mulher (inciso XX); redução dos riscos inerentes ao trabalho (inciso XXII); e ainda proibição de diferenças e salários, de exercício de funções e de critério de admissão por motivo de sexo, idade, cor ou estado civil (inciso XXX).

São somente esses os direitos constitucionais dos trabalhadores que necessariamente devem ser observados pela Administração Pública nas suas relações funcionais com os ocupantes de cargos públicos. Não se trata, definitivamente, de situação anti-isonômica, ainda que sejam os ocupantes de cargos públicos passíveis de inclusão na categoria mais ampla de trabalhadores. Entretanto, esse tratamento diferenciado se justifica ante a natureza peculiar do regime estatutário, que pressupõe regimes jurídicos impostos unilateralmente pela Administração. Por outro lado, tendo essa discriminação sido instituída pelo poder constituinte originário, não se poderia considerá-la como inconstitucional,

---

19. Servidores públicos – os arts. 38 e 39 da Constituição Federal, p. 1364.

20. Interpretação semelhante à ora proposta fez o STF quanto ao teto remuneratório instituído pela EC n. 19/98, ao dar nova redação – já superada, aliás – para o inciso XI do art. 37 da CF. Entendeu a Suprema Corte que enquanto não cumprida a exigência da lei de iniciativa dos três Poderes para a definição dos subsídios de Ministro do Supremo Tribunal Federal, continuariam a valer as regras sobre a matéria anteriores à mencionada emenda. Nesse sentido, entre outros precedentes, ADI 2.087, rel. Min. Sepúlveda Pertence, *DJ* de 19-3-2003.

21. BRASIL. *A reforma do aparelho do Estado e as mudanças constitucionais*, p. 9.

por impossibilidade lógica, como se depreende do julgamento, pelo STF, da ADI 815[22].

Essa enumeração do § 3º do art. 39 não impede, porém, que os diferentes estatutos jurídicos de servidores prevejam direito idênticos ou semelhantes àqueles fixados no art. 7º do texto constitucional. Isso fica a critério da legislação dos diferentes entes federados, devendo ser respeitados determinados limites, porém, que decorrem da própria natureza jurídica do vínculo estatutário. Nesse sentido, o decidido pelo Supremo na ADI 492[23], na qual se assentou impossibilidade de regime jurídico estatutário prever o direito à negociação coletiva, exatamente por ser incompatível com a essência desse regime jurídico administrativo.

É necessário ainda destacar que a EC n. 19/98 suprimiu da listagem originária de direitos do § 3º do art. 39 dois incisos do art. 7º, quais sejam, o inciso VI, relativo à irredutibilidade dos salários, e o inciso XXIII, que diz com o adicional de remuneração para atividades penosas, insalubres ou perigosas. Ou seja, até 1998 esses direitos sociais eram garantidos aos ocupantes de cargos públicos e deixaram de sê-lo com o advento da EC n. 19. Resta saber se essa alteração, diminuindo o espectro de direitos desses trabalhadores, contém, ou não, inconstitucionalidade material.

No que toca ao inciso VI do art. 7º, a supressão da referência constante no art. 39 da Constituição não trouxe prejuízo algum ao servidor, já que essa garantia lhe é assegurada no inciso XV do art. 37 do texto constitucional. O problema reside, porém, no adicional de insalubridade; já que essa garantia estava prevista no texto originário da Constituição e foi suprimida pela EC n. 19/98. Resta saber se tal supressão foi feita de acordo com a Constituição, se a emenda nesse aspecto é constitucional.

De início, é importante destacar a natureza dos direitos inscritos no art. 7º do texto constitucional federal. Os direitos dos trabalhadores são, como é mais do que sabido, direitos sociais, que integram o rol dos direitos fundamentais consagrados na Constituição. Tanto é assim que tal dispositivo encontra-se no título dos direitos e garantias fundamentais.

Por outro lado, o dispositivo do § 3º do art. 39 da Constituição, ao fazer remissão ao art. 7º, acaba por ser igualmente uma norma consagradora de direitos fundamentais, ainda que fora do título específico dessa matéria. Isso porque há muito reconheceu o STF que os direitos e garantias fundamentais consagrados na Constituição não se restringem àqueles mencionados no seu Título II, mas compreendem também outros dispositivos que sejam materialmente de direitos fundamentais, espalhados pelos mais variados artigos do texto constitucional[24].

Nesse quadro, constatado o fato de que é o § 3º ora em análise uma norma de direitos fundamentais, cumpre questionar a constitucionalidade de emenda constitucional que abole, para uma categoria de trabalhadores, um direito que lhe é originariamente concedido pelo constituinte originário.

O art. 60, § 4º, IV, da Carta da República determina que não será objeto de deliberação a proposta de emenda constitucional tendente a abolir "direitos e garantias individuais". Ou seja, a supressão de tais direitos encontra-se fora do âmbito de disposição do poder constituinte derivado de reforma, caracterizando uma de suas limitações materiais.

Na doutrina do direito constitucional brasileiro há certa polêmica acerca da inclusão, na expressão "direitos e garantias individuais", dos direitos sociais, tal como os inscritos nos arts. 7º e 39, § 3º, da Constituição. Entretanto, é certo que o entendimento majoritário é no sentido de estarem tais direitos compreendidos na proteção que decorre da cláusula pétrea explicitada no inciso IV do § 4º do art. 60 do texto constitucional[25].

Assim, não há como deixar de concluir que a EC n. 19/98, ao suprimir um direito fundamental social do rol das garantias constitucionais dos ocupantes de cargos públicos, violou uma das limitações materiais do poder de reforma, sendo, portanto, inconstitucional.

Quanto aos direitos dos trabalhadores estendidos aos ocupantes de cargos públicos, deve-se fazer especial menção a dois deles: o salário mínimo e a proibição de discriminação.

No que toca ao salário mínimo, a jurisprudência do STF se consolidou no sentido de que este deve ser o referencial mínimo da remuneração total do servidor, não importando que seu vencimento básico seja menor que tal referencial, desde que acrescido de alguma parcela complementar, a qual normalmente é denominada de abono. Nesse sentido, a Súmula Vinculante n. 16, segundo a qual "os arts. 7º, IV, e 39, § 3º (redação da EC n. 19/1998), da Constituição referem-se ao total da remuneração percebida pelo servidor público".

Ademais, o Supremo assentou que os prestadores do serviço militar obrigatório não têm direito a essa garantia mínima de remuneração decorrente do art. 39, § 3º, da Constituição; tal como expressamente afirmado na Súmula Vinculante n. 6: "Não viola a Constituição o estabelecimento de remuneração inferior ao salário mínimo para as praças prestadoras de serviço militar inicial".

Por fim, em relação à remissão ao inciso XXX do art. 7º, é importante registrar que não se tem aqui uma vedação absoluta à imposição de critérios discriminatórios para investidura em cargos públicos. Esses critérios continuam válidos desde que exigidos por lei e desde que guardem pertinência com as atribuições do cargo, numa perspectiva de razoabilidade. É isso que se depreende da Súmula 683 do STF, ao afirmar que "o limite de idade para a inscrição em concurso público só se legitima em face do art. 7º, XXX, da Constituição, quando possa ser justificado pela natureza das atribuições do cargo a ser preenchido".

8.7. Subsídio

O § 4º do art. 39 da CF não estava originariamente no texto enviado pelo Poder Executivo ao Congresso Nacional, mas foi

---

22. Rel. Min. Moreira Alves, *DJ* de 10-5-1996.
23. Rel. Min. Carlos Velloso, *DJ* de 12-3-1993.
24. Nesse sentido, entre outros precedentes, o decidido na ADI 939, rel. Min. Sydney Sanches, *DJ* de 18-3-1994.
25. Nesse sentido, entre outros autores, Manoel Gonçalves Ferreira Filho. *O poder constituinte*, 5. ed., São Paulo: Saraiva, 2007, p. 245: "Provoca a interpretação deste inciso [o inciso IV do § 4º do art. 60] interessantes questões, até agora pouco ou mal examinadas. Em primeiro lugar, ao pé da letra, o texto, cuja óbvia intenção é proteger os direitos fundamentais, exclui da garantias os direitos sociais (e nem se fale dos direitos de solidariedade). Parece isto absurdo. Por que proteger uma espécie de direitos fundamentais mais do que outra? Assim, deve-se entender que o legislador disse menos do que queria e, portanto, os direitos sociais estão incluídos na proibição. Afinal na interpretação – já ensinavam os romanos – há de prevalecer o espírito, não a letra".

introduzido por emenda parlamentar, dando novo sentido jurídico ao termo subsídio, que até então não fora utilizado pelo regime constitucional de 1988.

Na vigência da Constituição decaída, subsídio era utilizado para designar a remuneração dos parlamentares, compreendendo duas parcelas: uma fixa e outra variável, que correspondia ao número e ao comparecimento às sessões de votação da respectiva casa legislativa[26]. A EC n. 1/69, como se depreende de seu art. 44, VII, igualmente denominava de subsídio a remuneração do Presidente e do Vice-Presidente da República.

O texto do vigente § 4º do art. 39, porém, não deixa dúvida que o vocábulo subsídio é agora empregado em sentido diverso. Trata-se de remuneração em parcela única, não admitindo "o acréscimo de qualquer gratificação, abono, prêmio, verba de representação ou outra espécie remuneratória, obedecido, em qualquer caso, o disposto no art. 37, X e XI".

Assim, todos os ocupantes dos cargos mencionados no dispositivo sob enfoque, bem como dos outros que expressamente são submetidos por força do texto constitucional ao regime do subsídio[27], não poderão receber outra remuneração que não o próprio subsídio, considerado assim – repita-se – como a única parcela devida como contraprestação do trabalho por eles desempenhado.

Essa afirmação, porém, merece reparos. Isso porque o § 4º deve ser interpretado em harmonia com o § 3º, que garante alguns direitos à remuneração especial. Por exemplo, sendo o servidor remunerado por subsídio, não fará jus ao direito previsto no inciso XVI do art. 7º da CF? Parece óbvio que fará sim jus a tal remuneração extraordinária, já que não se pode interpretar o § 4º de modo a retirar todo o sentido protetivo dos direitos mencionados no § 3º.

Desse modo, sempre que o gozo dos direitos sociais consagrados no art. 39, § 3º, do texto constitucional representarem algum acréscimo na remuneração do servidor, essa parcela será somada ao subsídio, sob pena de desnaturação de uma garantia expressa do trabalhador.

8.8. Relação entre a maior e a menor remuneração

Como registra Ivan Barbosa Rigolin[28], a EC n. 19/98, ao introduzir o § 5º no art. 39, transformou em faculdade aquilo que era obrigação no texto original da Constituição de 1988. Sim, pois antes da mencionada emenda a norma constitucional determinava, na primeira redação do inciso XI do art. 37, a obrigatoriedade de estabelecimento dessa relação entre a maior e a menor remuneração dos cargos organizados em carreiras[29]. Agora, o texto constitucional afirma que os entes federados poderão instituir, por meio de lei, essa mesma relação.

O objetivo desse dispositivo, para alguns doutrinadores, é evitar discrepâncias grandes entre os salários inicial e final das carreiras[30]. Entretanto, não era esse o escopo declarado dos teóricos da reforma do Estado. O Plano Diretor de Reforma do Aparelho do Estado analisa a questão da amplitude das carreiras, ou seja, da diferença entre a maior e a menor remuneração; concluindo que a pequena amplitude acaba por ser um fator de desestímulo do servidor, que não vê razões de ordem econômica para buscar as promoções[31].

Mais correto afirmar, assim, que a norma em comento autoriza a fixação de uma relação razoável entre a remuneração mais elevada e a mais baixa na carreira, de modo a se ver preservado o estímulo que o ganho pecuniário representa para o servidor na sua busca pelas promoções, para o que deverá contribuir seu desempenho, na perspectiva da eficiência administrativa, que permeia toda a EC n. 19/98.

8.9. Publicidade da remuneração

A norma do § 6º do art. 39 da CF, ao mandar os Poderes Executivo, Legislativo e Judiciário publicarem, anualmente, os valores dos subsídios e da remuneração dos cargos e empregos públicos, nada mais faz do que concretizar o princípio da transparência, considerado como corolário do princípio da publicidade administrativa, inscrito no *caput* do art. 37 do texto constitucional. Entretanto, é importante destacar que a norma constitucional sob enfoque não determina a divulgação dos subsídios e da remuneração individualmente percebida por cada servidor, o que poderia vir a caracterizar, até mesmo, indevida invasão da privacidade de detentores de cargos e empregos públicos.

8.10. Aplicação da economia com despesas correntes

A regra constante do § 7º do art. 39 da CF, ao determinar que cada ente federado disciplinará por lei o modo como os recursos orçamentários decorrentes de economias com despesas correntes serão empregados no desenvolvimento de programas de qualidade, de desenvolvimento, modernização, reaparelhamento e racionalização do serviço público, acaba por indicar, mais uma vez, a preocupação da EC n. 19/98 com a profissionali-

---

26. Dinorá Adelaide Musetti Grotti, Remuneração dos servidores. *Boletim de Direito Administrativo – BDA*, dez. 98, p. 792.

27. Dinorá Grotti assim sintetiza aqueles que obrigatoriamente são submetidos ao regime remuneratório do subsídio: "Serão obrigatoriamente remunerados por subsídios: a) todos os agentes públicos mencionados no art. 39, § 4º, a saber: membro de Poder (o que compreende os membros do Legislativo, Executivo e Judiciário da União, Estados e Municípios), o detentor de mandato eletivo (já alcançado, parcialmente, pela expressão membro de Poder), Ministros de Estado, Secretários Estaduais e Municipais; b) os membros do Ministério Público da União e dos Estados (art. 128, § 5º, I, c); c) os integrantes da Advocacia Geral da União, os Procuradores dos Estados e do Distrito Federal e os Defensores Públicos (art. 135); d) os Ministros do Tribunal de Contas da União, dos Estados e do Distrito Federal (arts. 73, § 3º, e 75); e) os servidores públicos policiais (art. 144, § 9º)" (Remuneração dos servidores, p. 792).

28. Servidores públicos – os arts. 38 e 39 da Constituição Federal, p. 1370.

29. A redação original do inciso XI do art. 37 da CF tinha o seguinte teor: "XI – a lei fixará o limite máximo e a relação de valores entre a maior e a menor remuneração dos servidores públicos, observados, como limites máximos e no âmbito dos respectivos poderes, os valores percebidos como remuneração, em espécie, a qualquer título, por membros do Congresso Nacional, Ministros de Estado e Ministros do Supremo Tribunal Federal e seus correspondentes nos Estados, no Distrito Federal e nos Territórios, e, nos Municípios, os valores percebidos como remuneração, em espécie, pelo Prefeito".

30. Dinorá Grotti, Remuneração dos servidores, p. 801.

31. Nesse sentido, a seguinte análise do PDRAE: "Como os incentivos positivos são também limitados – dada a dificuldade de estabelecer gratificações por desempenho, e o fato de que a amplitude das carreiras (distância percentual entre a menor e a maior remuneração) foi violentamente reduzida, na maioria dos casos não superando os 20% –, os administradores públicos ficaram destituídos de instrumentos para motivar seus funcionários, a não ser as gratificações por ocupação de cargos em comissão (DAS). A redução da amplitude de remuneração das carreiras, inclusive de algumas mais recentes como as dos analistas do Tesouro, dos analistas de orçamento e dos gestores, reduziu as mesmas, na verdade, a meros cargos, ao eliminar uma das características típicas das carreias, que é o estímulo à ascensão ao longo do tempo" (p. 27-28).

zação das atividades administrativas, bem como representa orientação clara no sentido da realização concreta do princípio da eficiência, por ela introduzido no *caput* do art. 37 do texto constitucional. Nessa linha de raciocínio, Régis Fernandes de Oliveira[32] associa a norma do § 7º à do § 2º, afirmando que ambas buscam, na prática, a modernização do aparelho burocrático.

Há de se reconhecer, porém, que a norma em questão tem limitada eficácia, sendo tachada por muitos como inapropriada, além de não versar tema de estatura constitucional[33].

8.11. Extensão do regime de subsídios

A regra permite que a lei estenda aos servidores organizados em carreiras o regime remuneratório dos subsídios. Essa extensão, entretanto, não pode ocorrer de modo aleatório e indiscriminado, tal como decidido pelo STF no julgamento da ADI 3.923 – MC, rel. Min. Eros Grau, *DJe* de 15-02-2008.

8.12. Vedação à incorporação de vantagem temporária à remuneração.

A Emenda Constitucional n. 103/2019 introduziu nova norma no art. 39 da Constituição, consubstanciada no § 9º, segundo o qual "é vedada a incorporação de vantagens de caráter temporário ou vinculadas ao exercício de função de confiança ou de cargo em comissão à remuneração do cargo efetivo".

O sistema remuneratório dos servidores públicos, definidos pelas diferentes leis que, em todos os níveis da federação, instituíram regimes estatutários, permitiu, ao longo dos anos, o que a doutrina convencionou chamar de estabilização financeira. Tal estabilização era realizada pela incorporação, por meio da qual "o servidor agrega ao vencimento-base de seu cargo efetivo determinado valor normalmente derivado da percepção contínua, por período preestabelecido, de certa vantagem pecuniária ou decorrente do provimento de cargo em comissão"[34]. Em síntese, caso o servidor percebesse certa vantagem temporária por período previamente definido em lei para tanto, passaria a contar com tal valor em sua remuneração permanentemente, mesmo já tendo abandonado as funções pelas quais faria jus à mencionada vantagem. O que era na origem temporário, tornava-se definitivo.

Essa possibilidade deixou de existir com o advento do § 9º do art. 39, que expressamente veda a incorporação, em norma de natureza nacional, aplicável, portanto, à União, aos Estados, aos municípios e ao DF. A partir da promulgação da Emenda Constitucional n. 103/2019, findo o exercício das funções que ensejem a percepção das vantagens, tal valor será suprimido da remuneração do servidor, independentemente do tempo ao longo do qual a tenha recebido.

A norma em questão, porém, não retroage para atingir situações de incorporação já consolidadas no tempo. Isso é o que se depreende do art. 13 da Emenda Constitucional n. 103/2019, segundo o qual "não se aplica o disposto no § 9º do art. 39 da Constituição Federal a parcelas remuneratórias decorrentes de incorporação de vantagens de caráter temporário ou vinculadas ao exercício de função de confiança ou de cargo em comissão efetivada até a data de entrada em vigor desta Emenda Constitucional".

Art. 40. O regime próprio de previdência social dos servidores titulares de cargos efetivos terá caráter contributivo e solidário, mediante contribuição do respectivo ente federativo, de servidores ativos, de aposentados e de pensionistas, observados critérios que preservem o equilíbrio financeiro e atuarial. (*Redação dada pela Emenda Constitucional n. 103, de 2019.*)

§ 1º O servidor abrangido por regime próprio de previdência social será aposentado: (*Redação dada pela Emenda Constitucional n. 103, de 2019.*)

I – por incapacidade permanente para o trabalho, no cargo em que estiver investido, quando insuscetível de readaptação, hipótese em que será obrigatória a realização de avaliações periódicas para verificação da continuidade das condições que ensejaram a concessão da aposentadoria, na forma de lei do respectivo ente federativo; (*Redação dada pela Emenda Constitucional n. 103, de 2019.*)

II – compulsoriamente, com proventos proporcionais ao tempo de contribuição, aos 70 (setenta) anos de idade, ou aos 75 (setenta e cinco) anos de idade, na forma de lei complementar; (*Redação dada pela Emenda Constitucional n. 103, de 2019.*)

III – no âmbito da União, aos 62 (sessenta e dois) anos de idade, se mulher, e aos 65 (sessenta e cinco) anos de idade, se homem, e, no âmbito dos Estados, do Distrito Federal e dos Municípios, na idade mínima estabelecida mediante emenda às respectivas Constituições e Leis Orgânicas, observados o tempo de contribuição e os demais requisitos estabelecidos em lei complementar do respectivo ente federativo. (*Redação dada pela Emenda Constitucional n. 103, de 2019.*)

§ 2º Os proventos de aposentadoria não poderão ser inferiores ao valor mínimo a que se refere o § 2º do art. 201 ou superiores ao limite máximo estabelecido para o Regime Geral de Previdência Social, observado o disposto nos §§ 14 a 16. (*Redação dada pela Emenda Constitucional n. 103, de 2019.*)

§ 3º As regras para cálculo de proventos de aposentadoria serão disciplinadas em lei do respectivo ente federativo. (*Redação dada pela Emenda Constitucional n. 103, de 2019.*)

§ 4º É vedada a adoção de requisitos ou critérios diferenciados para concessão de benefícios em regime próprio de previdência social, ressalvado o disposto nos §§ 4º-A, 4º-B, 4º-C e 5º. (*Redação dada pela Emenda Constitucional n. 103, de 2019.*)

§ 4º-A. Poderão ser estabelecidos por lei complementar do respectivo ente federativo idade e tempo de contribuição diferenciados para aposentadoria de servidores com deficiência, previamente submetidos a avaliação biopsicossocial realizada por equipe multiprofissional e interdisciplinar. (*Incluído pela Emenda Constitucional n. 103, de 2019.*)

§ 4º-B. Poderão ser estabelecidos por lei complementar do respectivo ente federativo idade e tempo de contribuição diferenciados para aposentadoria de ocupantes do cargo de

---

32. *Servidores públicos*, p. 75.
33. Ivan Barbosa Rigolin, por exemplo, afirma: "Imaginar-se, então, que por força da própria Constituição as leis locais deverão disciplinar o que fazer com a sobra de dinheiro público, até mesmo distribuindo-o como prêmios de produtividade ao setor público, que é tido e havido como a coisa mais improdutiva e estéril na face da Terra, parece brincadeira de mau gosto. A inovação trazida pela emenda é absolutamente gratuita, e apenas ocupa espaço no Texto Constitucional" (Servidores públicos – os arts. 38 e 39 da Constituição Federal, p. 1370).
34. Carvalho Filho, José dos Santos. *Manual de Direito Administrativo*. 36. ed. Barueri: Atlas, 2022, p. 626.

agente penitenciário, de agente socioeducativo ou de policial dos órgãos de que tratam o inciso IV do *caput* do art. 51, o inciso XIII do *caput* do art. 52 e os incisos I a IV do *caput* do art. 144. (*Incluído pela Emenda Constitucional n. 103, de 2019.*)

§ 4º-C. Poderão ser estabelecidos por lei complementar do respectivo ente federativo idade e tempo de contribuição diferenciados para aposentadoria de servidores cujas atividades sejam exercidas com efetiva exposição a agentes químicos, físicos e biológicos prejudiciais à saúde, ou associação desses agentes, vedada a caracterização por categoria profissional ou ocupação. (*Incluído pela Emenda Constitucional n. 103, de 2019.*)

§ 5º Os ocupantes do cargo de professor terão idade mínima reduzida em 5 (cinco) anos em relação às idades decorrentes da aplicação do disposto no inciso III do § 1º, desde que comprovem tempo de efetivo exercício das funções de magistério na educação infantil e no ensino fundamental e médio fixado em lei complementar do respectivo ente federativo. (*Redação dada pela Emenda Constitucional n. 103, de 2019.*)

§ 6º Ressalvadas as aposentadorias decorrentes dos cargos acumuláveis na forma desta Constituição, é vedada a percepção de mais de uma aposentadoria à conta de regime próprio de previdência social, aplicando-se outras vedações, regras e condições para a acumulação de benefícios previdenciários estabelecidas no Regime Geral de Previdência Social. (*Redação dada pela Emenda Constitucional n. 103, de 2019.*)

§ 7º Observado o disposto no § 2º do art. 201, quando se tratar da única fonte de renda formal auferida pelo dependente, o benefício de pensão por morte será concedido nos termos de lei do respectivo ente federativo, a qual tratará de forma diferenciada a hipótese de morte dos servidores de que trata o § 4º-B decorrente de agressão sofrida no exercício ou em razão da função. (*Redação dada pela Emenda Constitucional n. 103, de 2019.*)

§ 8º É assegurado o reajustamento dos benefícios para preservar-lhes, em caráter permanente, o valor real, conforme critérios estabelecidos em lei. (*Redação dada pela Emenda Constitucional n. 41, de 2003.*)

§ 9º O tempo de contribuição federal, estadual, distrital ou municipal será contado para fins de aposentadoria, observado o disposto nos §§ 9º e 9º-A do art. 201, e o tempo de serviço correspondente será contado para fins de disponibilidade. (*Redação dada pela Emenda Constitucional n. 103, de 2019.*)

§ 10. A lei não poderá estabelecer qualquer forma de contagem de tempo de contribuição fictício.

§ 11. Aplica-se o limite fixado no art. 37, XI, à soma total dos proventos de inatividade, inclusive quando decorrentes da acumulação de cargos ou empregos públicos, bem como de outras atividades sujeitas a contribuição para o regime geral de previdência social, e ao montante resultante da adição de proventos de inatividade com remuneração de cargo acumulável na forma desta Constituição, cargo em comissão declarado em lei de livre nomeação e exoneração, e de cargo eletivo.

§ 12. Além do disposto neste artigo, serão observados, em regime próprio de previdência social, no que couber, os requisitos e critérios fixados para o Regime Geral de Previdência Social. (*Redação dada pela Emenda Constitucional n. 103, de 2019.*)

§ 13. Aplica-se ao agente público ocupante, exclusivamente, de cargo em comissão declarado em lei de livre nomeação e exoneração, de outro cargo temporário, inclusive mandato eletivo, ou de emprego público, o Regime Geral de Previdência Social. (*Redação dada pela Emenda Constitucional n. 103, de 2019.*)

§ 14. A União, os Estados, o Distrito Federal e os Municípios instituirão, por lei de iniciativa do respectivo Poder Executivo, regime de previdência complementar para servidores públicos ocupantes de cargo efetivo, observado o limite máximo dos benefícios do Regime Geral de Previdência Social para o valor das aposentadorias e das pensões em regime próprio de previdência social, ressalvado o disposto no § 16. (*Redação dada pela Emenda Constitucional n. 103, de 2019.*)

§ 15. O regime de previdência complementar de que trata o § 14 oferecerá plano de benefícios somente na modalidade contribuição definida, observará o disposto no art. 202 e será efetivado por intermédio de entidade fechada de previdência complementar ou de entidade aberta de previdência complementar. (*Redação dada pela Emenda Constitucional n. 103, de 2019.*)

§ 16. Somente mediante sua prévia e expressa opção, o disposto nos §§ 14 e 15 poderá ser aplicado ao servidor que tiver ingressado no serviço público até a data da publicação do ato de instituição do correspondente regime de previdência complementar.

§ 17. Todos os valores de remuneração considerados para o cálculo do benefício previsto no § 3º serão devidamente atualizados, na forma da lei.

§ 18. Incidirá contribuição sobre os proventos de aposentadorias e pensões concedidas pelo regime de que trata este artigo que superem o limite máximo estabelecido para os benefícios do regime geral de previdência social de que trata o art. 201, com percentual igual ao estabelecido para os servidores titulares de cargos efetivos.

§ 19. Observados critérios a serem estabelecidos em lei do respectivo ente federativo, o servidor titular de cargo efetivo que tenha completado as exigências para a aposentadoria voluntária e que opte por permanecer em atividade poderá fazer jus a um abono de permanência equivalente, no máximo, ao valor da sua contribuição previdenciária, até completar a idade para aposentadoria compulsória. (*Redação dada pela Emenda Constitucional n. 103, de 2019.*)

§ 20. É vedada a existência de mais de um regime próprio de previdência social e de mais de um órgão ou entidade gestora desse regime em cada ente federativo, abrangidos todos os poderes, órgãos e entidades autárquicas e fundacionais, que serão responsáveis pelo seu financiamento, observados os critérios, os parâmetros e a natureza jurídica definidos na lei complementar de que trata o § 22. (*Redação dada pela Emenda Constitucional n. 103, de 2019.*)

§ 21. (*Revogado*). (*Redação dada pela Emenda Constitucional n. 103, de 2019.*)

§ 22. Vedada a instituição de novos regimes próprios de previdência social, lei complementar federal estabelecerá, para os que já existam, normas gerais de organização, de funcionamento e de responsabilidade em sua gestão, dispondo, entre outros aspectos, sobre: (*Incluído pela Emenda Constitucional n. 103, de 2019.*)

I – requisitos para sua extinção e consequente migração para o Regime Geral de Previdência Social; (*Incluído pela Emenda Constitucional n. 103, de 2019.*)

II – modelo de arrecadação, de aplicação e de utilização dos recursos; (*Incluído pela Emenda Constitucional n. 103, de 2019.*)

III – fiscalização pela União e controle externo e social; (*Incluído pela Emenda Constitucional n. 103, de 2019.*)

IV – definição de equilíbrio financeiro e atuarial; (*Incluído pela Emenda Constitucional n. 103, de 2019.*)

V – condições para instituição do fundo com finalidade previdenciária de que trata o art. 249 e para vinculação a ele dos recursos provenientes de contribuições e dos bens, direitos e ativos de qualquer natureza; (*Incluído pela Emenda Constitucional n. 103, de 2019.*)

VI – mecanismos de equacionamento do deficit atuarial; (*Incluído pela Emenda Constitucional n. 103, de 2019.*)

VII – estruturação do órgão ou entidade gestora do regime, observados os princípios relacionados com governança, controle interno e transparência; (*Incluído pela Emenda Constitucional n. 103, de 2019.*)

VIII – condições e hipóteses para responsabilização daqueles que desempenhem atribuições relacionadas, direta ou indiretamente, com a gestão do regime; (*Incluído pela Emenda Constitucional n. 103, de 2019.*)

IX – condições para adesão a consórcio público; (*Incluído pela Emenda Constitucional n. 103, de 2019.*)

X – parâmetros para apuração da base de cálculo e definição de alíquota de contribuições ordinárias e extraordinárias. (*Incluído pela Emenda Constitucional n. 103, de 2019.*)

Daniel Machado da Rocha

1. História da norma

As políticas sociais emergem e se estabilizam como respostas formuladas pela sociedade para os dilemas sociais, os quais decorrem do sistema econômico-social e político, assentado, sobretudo, no funcionamento do mercado capitalista nacional. As diferentes configurações institucionais derivaram das escolhas e interações efetuadas pelos atores sociais representativos (Estado, empresários e trabalhadores) dentro de um cenário específico. Fatores como a distribuição da população no campo e na cidade, o peso da classe trabalhadora na população total, a importância dos estratos médios, proprietários e assalariados, mobilidade social e distribuição de renda, dentre outros, são decisivos para o planejamento e a execução dessas políticas[1].

Em sua recentíssima história, o Brasil conviveu com oito constituições. Examinando-se o pacto social plasmado nessas constituições, torna-se possível uma aproximação com o contexto histórico e social que condicionou a evolução dos direitos econômicos sociais e culturais, sendo focada nossa atenção, especialmente, na trajetória da previdência social ofertada aos servidores públicos. Como anotou Bandeira de Mello, em cada período histórico, os legisladores constituintes, espelhando-se nos centros culturais mais evoluídos, incorporam nas Leis Fundamentais aquilo que no período corresponde à mais generosa expressão do ideário da época. Por isso, mesmo quando são gestadas de forma autoritária, as Cartas estampam versículos prestigiadores dos mais nobres objetivos sociais e humanitários[2].

2. Constituições brasileiras anteriores

O desenvolvimento do Brasil, como o da América Latina em geral, não foi caracterizado pela transição do feudalismo para o capitalismo moderno, com um mínimo de intervenção estatal. A relação entre o Estado brasileiro e a sociedade civil sempre foi uma relação peculiar, pois as condições nas quais aquele foi concebido – tais como partidos políticos regionais e oligárquicos, clientelismo rural, ausência de camadas médias organizadas politicamente, inviabilizando a institucionalização de formas de participação política e social da sociedade civil – determinaram o nascimento do Estado antes da sociedade civil[3]. Por conseguinte, a questão social, tão antiga quanto a história nacional do Brasil como nação independente, resultará complexa. Enquanto a primeira revolução industrial estava na sua fase de maturação na Inglaterra (1820 a 1830), o Brasil recém promovia a sua independência, deixando de ser colônia, mas permanecendo com uma economia arcaica baseada no latifúndio e no trabalho escravo[4]. Por isso, antes de ingressar na era industrial, nosso País já apresentava contornos sociais marcados por desigualdades, em especial uma distribuição de renda profundamente desigual.

Não se pretende, nem é possível, nos limites deste comentário, dissecar a influência de cada um dos elementos referidos na complexa questão social nacional, mas sim evidenciar que o nível de proteção social positivado será moldado dentro de um cenário específico, o qual contribui de maneira decisiva para a efetividade das normas dimensionadoras da proteção social. As normas de direitos fundamentais, dotadas de conteúdo acentuadamente aberto e indeterminado, reclamam na sua aplicação a consideração de fatores políticos, sociais, históricos e ideológicos, os quais justificam a própria existência e o funcionamento das instituições. Por isso, na análise dos dispositivos constitucionais, os regimes próprios são situados dentro de um contexto mais amplo.

2.1. Constituição de 1824

Nossa primeira Constituição germinou embebida na ideologia liberal do século XVIII, cujos traços mais relevantes são as ideias de que, partindo de um direito natural preexistente, os homens constituem um Estado baseado no consenso para a salvaguarda dos direitos naturais; da necessidade de separação dos poderes; da tolerância religiosa; e do direito de resistência contra os tiranos. Em seu âmbito o papel reservado ao Estado consistia em legislar, gerir o próprio patrimônio, prover às despesas, realizar serviços públicos, organizar a sua defesa interna e externa e a da população e reprimir os crimes contra a pessoa e o patrimônio[5]. Nesse contexto, as constituições da época anelavam limitar

---

1. Em trabalho essencial para a compreensão da montagem da rede de proteção social estatal, DELGADO aborda o processo de escolha dos empresários em relação às políticas sociais, condicionadas pelo modo de inserção da economia nacional no mercado mundial, o qual seria decisivo, porquanto influi nos diferentes sistemas de financiamento das políticas sociais (DELGADO, Ignacio Godinho. *Previdência social e mercado no Brasil:* a presença empresarial na trajetória política social brasileira. São Paulo: LTr, 2001).

2. MELLO, Celso Antônio Bandeira de. Eficácia das normas constitucionais sobre justiça social. *RDP*, 57/58, 1981, p. 234.

3. FERRAZ JÚNIOR, Tércio Sampaio. Constituição brasileira: modelo de Estado, Estado Democrático de Direito, objetivos e limites jurídicos. In: MIRANDA, Jorge (org.). *Perspectivas Constitucionais nos 20 anos da Constituição portuguesa*. Coimbra: Coimbra Editora, 1998, v. III, p. 41.

4. Discorrendo sobre a evolução histórica da ordem política, econômica e social do País, REIS infere que dos 499 anos de história, transcorridos até aquele momento, em nada menos de quatro séculos, teria sido adotado um sistema de exploração agrícola estribado no trabalho escravo – 322 no período colonial e 67 no império – e que o capitalismo brasileiro iniciado em 1888 teria apenas 111 anos. Além disso, dos 110 anos de República, 1/3 desse período foi composto por governos ditatoriais – uma ditadura civil de 9 anos e outra militar de 21 (REIS, Carlos Nelson dos. Capitalismo, direitos sociais e políticas sociais no Brasil: algumas notas exploratórias. In: FLICKINGER, Hans-Georg. *Entre caridade, solidariedade e cidadania:* história comparativa do serviço social Brasil/Alemanha. Porto Alegre: EDIPUCRS, 2000, p. 17).

5. SOUZA, Neomésio, José. A evolução da ordem econômica nas constituições brasileiras e a adoção do ideal do desenvolvimento como programa constitucional. *RDP* 53-54, p. 356.

a intervenção estatal ao mínimo possível, pois os cidadãos livres e iguais poderiam estabelecer adequadamente as suas próprias regras nas relações entabuladas entre si.

A Constituição Imperial de 1824, axiologicamente, refletia os interesses dos grandes latifundiários escravocratas, que haviam recebido o novo Direito como uma dádiva para a qual não haviam feito nenhum esforço[6]. No seu Título VIII, contemplava disposições gerais e garantias dos direitos civis e políticos dos cidadãos. De tais disposições impende sinalar, pelo seu caráter social, os incisos XXIV, XXXI e XXXII. O primeiro inciso citado assegurava o livre exercício do trabalho, e o último tornava a instrução primária gratuita a todos os cidadãos. Quanto ao inciso XXXI, o qual interessa mais diretamente ao presente estudo, prescrevia: "A Constituição também garante os socorros públicos". O referido preceito contemplava uma norma que poderia ser classificada como assistencial, impondo um dever vago, dotado de escassa efetividade para obrigar o governo imperial. Relembre-se que, nesse momento histórico, os direitos sociais de segunda dimensão não eram reconhecidos como autênticos direitos que poderiam ser buscados na via judicial.

Depois, o Ato adicional de 1834, Lei n. 16, de 12-8-1834, única emenda efetuada na Constituição de 1824 – o qual se destinava à concessão de certo grau de autonomia para as províncias –, estabelecerá competir às Assembleias Legislativas Provinciais a atribuição de legislar: "§ 10. Sobre casas de socorros públicos, conventos e quaisquer associações políticas e religiosas".

2.2. Constituição de 1891

O Brasil inseria-se no capitalismo internacional como fornecedor de matérias-primas e importador de produtos manufaturados. A abolição da escravatura, em 13 de maio de 1888 – medida cujo caráter humanitário dispensa maiores considerações –, conquanto tenha inicialmente desestruturado o setor agrícola, revelou-se extremamente benéfica, oportunizando o aumento do fluxo de migração, fator fundamental para o crescimento interno, pois o grande contingente de mão de obra disponível, e agora mais qualificada, permitiu que as mercadorias tivessem um baixo custo.

Nessa Carta ainda não houve preocupação em disciplinar a ordem econômica e social. Aliás, na concepção doutrinária e ideológica que vicejava na época, tais matérias pertenciam à competência do legislador ordinário. Considerando a estrutura social brasileira, em especial a ausência de uma classe operária expressiva, não surpreende que na Constituição, a exemplo da legislação ordinária[7], a previdência social principiou por atender os trabalhadores dos "serviços públicos"[8].

Nessa senda, a Constituição Republicana, no seu art. 75, pela primeira vez, previu a concessão de aposentadoria para quem se invalidasse a serviço da nação: "A aposentadoria só pode ser dada aos funcionários públicos em caso de invalidez no serviço da nação". Esse dispositivo, provavelmente, foi inspirado na Constituição francesa de 1799.

Convém sinalar que não havia propriamente uma contribuição da União destinada ao financiamento da previdência social, o que só se efetivaria com a Constituição de 1934. As empresas recolhiam as contribuições devidas (as suas próprias, a dos trabalhadores e a dos usuários dos serviços das empresas) diretamente para as Caixas de Aposentadorias e Pensões, sem a intermediação estatal. Na opinião de Oliveira e Teixeira, tal modelo é apto a "ressaltar o caráter neoliberal das instituições previdenciárias nos anos 20 por comparação aos períodos subsequentes. Em síntese, o 'Estado' não é um contribuinte do sistema"[9]. Nessa concepção, os problemas sociais decorrentes do modo capitalista devem ser resolvidos pela sociedade civil.

A Emenda Constitucional de 3 de setembro de 1926 – cujo caráter era nitidamente centralizador, contrário aos princípios liberais, e destinado a reforçar o presidencialismo, mas que se revelou inócuo para manter a República Velha –, naquilo que nos interessa mais de perto, transmudou o art. 34, que tratava das competências privativas do Congresso Nacional, passando a prever: "28. Legislar sobre o trabalho" e "29. Legislar sobre licenças, aposentadorias e reformas, não as podendo conceder nem alterar leis especiais".

2.3. Constituição de 1934

Os acontecimentos políticos da Europa após a Primeira Guerra Mundial, com uma verdadeira difusão dos direitos sociais, os quais passam a ser constitucionalizados, e os movimentos social-democráticos também repercutiram no Brasil. Inegavelmente, a Revolução de 30 – realizada com a marca de Getúlio Vargas, cuja atuação ocorreu no melhor estilo bismarckiano – soube atender aos anseios sociais que até então eram subestimados.

Havia uma notória semelhança entre a Alemanha do final do século XIX e o Brasil da década de 1930: desenvolvimento tardio do capitalismo, projeto de modernização da sociedade e busca de legitimação populista pela via de uma legislação social. Se a experiência alemã serve como referencial, não podem ser desconsideradas as nossas peculiaridades, por exemplo, a gradativa autonomia do poder em face das demais forças sociais e a tentativa de construção de um Estado burocrático-social[10].

A ruptura com a ideologia liberal não abalou as estruturas nucleares do poder o qual permanecia nas entranhas da oligarquia rural, pois as relações de trabalho do mundo agrário ficaram à margem da intervenção legislativa, refletindo-se no modelo previdenciário emergente[11].

---

6. WOLKMER, Antônio Carlos. *Constitucionalismo e direitos sociais no Brasil*. São Paulo: Acedêmica, 1989, p. 29.

7. A Lei n. 3.397, de 24 de novembro de 1888, determinava a criação de uma caixa de socorros para os trabalhadores das estradas de ferro de propriedade do Estado. Depois, sobrevieram o Decreto n. 9.212-A, de 26 de março de 1889, tratando do montepio obrigatório dos empregados dos correios, e o Decreto n. 10.269, de 20 de julho do mesmo ano, criando o fundo especial de pensões dos trabalhadores das oficinas da Imprensa Régia. Para os servidores públicos o conjunto dos benefícios era um direito que decorria do exercício da função, enquanto a previdência dos trabalhadores da iniciativa privada será criada, exigindo-se o recolhimento de contribuições (RUSSOMANO Mozart Victor. *Curso de previdência social*. Rio de Janeiro: Forense, 1979, p. 29-30).

8. RUSSOMANO, Mozart Victor. *Curso de previdência social*, cit., p. 32.

9. OLIVEIRA, Jaime A. de Araújo e TEIXEIRA, Sônia M. Fleury. *(Im)Previdência social:* 60 anos de história da previdência no Brasil. Petrópolis: Vozes, 1986, p. 33.

10. WOLKMER, Antônio Carlos. *Constitucionalismo e direitos sociais no Brasil*. São Paulo: Acadêmica, 1989, p. 23-26 e p. 40.

11. OLIVEIRA, Jaime A. de Araújo e TEIXEIRA, Sônia M. Fleury. *(Im)Previdência social:* 60 anos de história da previdência no Brasil. Petrópolis: Vozes, 1986, p. 38.

O regime de Vargas, no tratamento das relações trabalhistas focou três objetivos: neutralizar o trabalho como fonte de apoio para grupos de oposição que defendiam uma mudança radical; despolitizar as organizações como fonte autônoma das demandas do grupo; e colocar o trabalho como apoio maior, embora passivo do regime[12]. Para dirigir essas metas, foi criado o Ministério do Trabalho em 1930, o qual restou exercido, pela primeira vez, por Lindolfo Collor. O Governo Provisório foi também responsável pela sindicalização das classes patronais e operárias, pois, mesmo sendo facultativa, esta passou a condicionar o exercício de direitos.

De acordo com o apurado diagnóstico de Delgado, a previdência social teria sido a matriz do processo de formação das políticas sociais modernas no País – conduzida por um regime autoritário, pois o peso dos trabalhadores na tomada de decisões era muito reduzido – e estaria associada à construção da própria nacionalidade (o Estado Nacional é compreendido pelo autor como a forma de articulação entre a autoridade e a solidariedade). Para ancorar essa afirmação, argumenta que, após a crise da economia agroexportadora, colimou-se através do seguro social a incorporação dos trabalhadores assalariados à comunidade nacional, além de propiciar um instrumento para potencializar a capacidade estatal de promover o desenvolvimento industrial no País. A sua formação seria resultado de uma coalizão entre os empresários e o Estado, viabilizada por compensações paralelas, destacando-se o fechamento do mercado interno brasileiro e a transferência dos custos para a coletividade em geral[13].

Na Carta de 1934, infelizmente de fugaz existência, tratou-se em um Título próprio, pela primeira vez, da ordem econômica e social cuja organização deveria assegurar a todos uma existência digna (art. 115). Nesse Título, ficaria assentado o conjunto de regras e princípios que define concretamente a posição do Estado em face do progresso econômico, permitindo definir as limitações da atividade econômica, mecanismos de controle e de incentivos a intervenções públicas nas suas diversas finalidades, sob a inspiração dos princípios da justiça social e do desenvolvimento nacional[14].

Na seara dos direitos previdenciários, ainda atrelados ao Direito do Trabalho, cabe sinalar que a Carta de 1934 previu pela primeira vez a participação tríplice no custeio para viabilizar o atendimento dos riscos sociais na alínea *h* do § 1º do art. 121: *"h) ...e instituição de previdência, mediante contribuição igual da União, do empregador e do empregado, a favor da velhice, da invalidez, da maternidade e nos casos de acidente do trabalho ou morte;"*. Paradoxalmente, o surgimento de uma "contribuição da União", inicialmente introduzida pela Lei n. 159/35, não representou uma melhora na situação dos Institutos de Previdência. Ocorre que o governo federal, violando os preceitos constitucionais, não repassava os recursos devidos à previdência, nos montantes legalmente estabelecidos, dando a esses recursos destinações diversas[15].

A competência para estabelecer regras de assistência social era da União (alínea *c* do inciso XIX do art. 5º), sendo privativa a competência do Poder Legislativo de legislar sobre aposentadorias, licenças e reformas (n. 8 do art. 39). No plano administrativo, era competência concorrente da União e dos Estados a atribuição de cuidar da saúde e da assistência públicas, bem como fiscalizar a aplicação das leis sociais (incisos II e V do art. 10).

No título pertinente aos funcionários públicos, foram detalhadas as prestações previdenciárias a que faziam jus os servidores. Com relação às aposentadorias, era possível a jubilação, em regra, aos 68 anos de idade, ou por invalidez (art. 170, n. 3 a 7), salvo para os magistrados que podiam permanecer em atividade até os 75 anos.

A aposentadoria por invalidez seria proporcional, salvo se o servidor ficasse inválido em decorrência de acidente ocorrido em serviço ou contasse com mais de trinta anos de serviço público. Ainda havia disposições sobre a contagem de tempo de servidores civis e militares que exerciam mandato parlamentar (§ 3º do art. 33) e aposentadorias de magistrados (alínea *a* do art. 64 e § 5º do art. 104).

2.4. Constituição de 1937

O descompasso entre as forças vivas da sociedade e a Constituição promulgada logo provocaram a sua substituição. Getúlio Vargas – que não tinha uma linha ideológica coerente, mas se revelou extremamente habilidoso para promover diversas espécies de coalizões para se manter no poder, obtendo êxito por quinze anos – realizou, como dizem alguns, um golpe dentro do golpe, instituindo um regime corporativista. Segundo Malloy, a mentalidade do regime Vargas tinha raízes no modelo de relações Estado-sociedade que poderia ser denominado "autoritarismo orgânico", no qual o Estado era o principal regulador das relações socioeconômicas nacionais[16].

O Estado, nesse interregno, robusteceu sua ação diretiva pela via da edição de medidas legislativas baixadas por Vargas, dentre as quais avulta a Consolidação das Leis do Trabalho, configurando uma estratégia de apropriação do "espaço de demanda", isto é, definindo quais, como e quando as demandas deveriam ser atendidas[17]; e mediante a multiplicação de organismos corporativos instituídos e controlados pelo governo.

A Constituição outorgada pelo golpe de Estado de 1937 é então justificada "como um imperativo de salvação nacional"[18]. Não havia previsão nos direitos e garantias individuais dos direitos sociais. Estes foram inseridos de forma tímida basicamente na ordem econômica. Contudo, a greve e o *lock-out* eram considerados recursos "antissociais" (art. 139). No campo das competências, cabe gizar ter sido atribuído à União legislar sobre o direito

---

12. MALLOY, James M. *A política de previdência social no Brasil*. Trad. Maria José Lingren Alves. Rio de Janeiro: Graal, 1986, p. 64.

13. DELGADO, Ignacio Godinho. *Previdência social e mercado no Brasil*: a presença empresarial na trajetória política social brasileira. São Paulo: LTr, 2001, p. 134.

14. SOUZA, Neomésio José. A evolução da ordem econômica nas constituições brasileiras e a adoção do ideal do desenvolvimento como programa constitucional. *RDP* 53-54, p. 352.

15. OLIVEIRA, Jaime A. de Araújo; TEIXEIRA, Sônia M. Fleury. *(Im)Previdência social*: 60 anos de história da previdência no Brasil. Petrópolis: Vozes, 1986, p. 106.

16. MALLOY, James M. *A política de previdência social no Brasil*, p. 60-61.

17. MALLOY, James M. *A política de previdência social no Brasil*, p. 64.

18. É interessante relembrar que, quando Francisco Campos se incompatibiliza com Getúlio, em 1945, concede entrevista ao *Correio da Manhã* do Rio de Janeiro, em 3 de março de 1948, na qual defende a Constituição de 1937 e sustenta que ela nem sequer entrou em vigor pela não realização do plebiscito previsto (PORTO, Walter Costa. *Constituições brasileiras*: 1937, v. IV, p. 49).

operário (inciso XVI do art. 16), enquanto aos Estados competia legislar sobre a assistência pública (alínea c do art. 18)[19].

Os direitos previdenciários eram tratados juntamente com os preceitos pertinentes aos direitos trabalhistas, cabendo destacar as alíneas *l*, *m* e *n* do art. 137. Previa-se um período de repouso antes e depois do parto para a gestante, sem prejuízo do salário, a instituição de seguros de velhice, invalidez, de vida e para acidentes do trabalho, bem como o dever das associações de trabalhadores de prestar assistência no referente às práticas administrativas ou judiciais relativas aos seguros sociais e de acidentes do trabalho (último dispositivo inspirado no inciso XXVII da *Carta del Lavoro* italiana).

Basicamente, a disciplina das aposentadorias dos funcionários públicos traçada pela Constituição anterior restou mantida no art. 156. No pertinente à aposentadoria por idade, a alínea *d* previa a possibilidade de a lei reduzir o limite de idade para categorias especiais de funcionários, de acordo com a natureza do serviço. Na aposentadoria por invalidez, o tempo de serviço exigido para a concessão do benefício com remuneração integral poderia ser reduzido nos casos em que a lei determinasse.

Merece registro uma nova modalidade de aposentadoria que não foi criada no interesse de ampliar a proteção social. O art. 177 autorizou o governo ditatorial a aposentar ou reformar os servidores civis e militares, cujo afastamento fosse conveniente ao regime ou efetivado no interesse do serviço público.

Com a crise do Estado Novo, o empresariado que pelo incremento da atividade industrial acreditava ter conquistado um papel mais significativo no Estado e, em face do fortalecimento do sindicalismo e temeroso da propagação da pregação trabalhista e comunista, passou a defender um alargamento da proteção social. Entretanto, mostrava-se infenso a políticas efetivamente redistributivas, pois não aceitava a tributação direta e rechaçava proposições como a participação nos lucros dos trabalhadores[20].

2.5. Constituição de 1946

Nesta etapa da trajetória política nacional, procuraram os constituintes a restauração do quadro traçado pela Constituição de 1934. A preocupação com a questão social era intensificada em escala mundial nas democracias liberais, pois era parte integrante de um plano ideológico destinado a contrapor-se aos projetos fascistas e socialistas de planificação social, demonstrando que a democracia liberal também tinha alternativas para o enfrentamento dos problemas sociais[21]. Através desse prisma, ficou assentado que a ordem econômica deveria ser organizada consoante os princípios da justiça social.

Pela primeira vez ficou consignado competir à União legislar sobre previdência social (alínea *b* do inciso XV do art. 5º); porém, era permitido aos Estados suplementar a legislação da União nesta matéria (art. 6º). A competência legislativa em matéria previdenciária passou a ser concorrente, possibilitando aos Estados e Municípios a criação de regimes próprios de previdência para seus servidores, caso em que estes ficaram excluídos do regime geral. A diretriz permanecerá sendo seguida, inclusive, pela Constituição de 1988.

No art. 157 da Lei Maior, os direitos trabalhistas e previdenciários ficaram albergados, cabendo destacar os incisos X, XV, XVI, os quais consagravam, respectivamente: período de repouso antes e depois do parto para a gestante, sem prejuízo do salário e do emprego; assistência aos desempregados; previdência contra as consequências da doença, velhice, invalidez, e da morte. Contraditoriamente, embora no plano legislativo os seguros por acidente do trabalho a cargo das empresas privadas tenham antecedido a legislação previdenciária, esse seguro continuava fora do âmbito da previdência social oficial, pois o seguro contra acidentes do trabalho figurava em separado no inciso XVII e dependia de contribuição exclusiva do empregador. Essa Carta inovou ao manifestar preocupação com os desempregados, embora o preceito contido no inciso XV contemplasse natureza assistencial e não tenha, na vigência dessa Constituição, logrado efetiva concretização legislativa.

No Título VIII, ao fixar as linhas mestras do regime dos funcionários públicos, a Constituição reservou o art. 191 para especificar os tipos de aposentadorias que os servidores poderiam obter. Em especial cabe destacar que a aposentadoria apenas com base no tempo de serviço, que já era prevista na legislação ordinária, também restou arrolada. Por sua vez, o art. 192 previa a contagem recíproca do tempo de serviço público federal, estadual ou municipal para fins de aposentadoria e disponibilidade. Em que pese a relevância do instituto, o qual permite a adição de tempos de filiação prestados em regimes previdenciários distintos, a lei somente disciplinará essa adição de períodos muito mais tarde[22].

Invocando o inciso XVI do art. 157, os governos de Dutra e os posteriores argumentaram que a Constituição não determinava mais uma contribuição paritária da União e que, em face da crise econômica, a solução seria reduzir a contribuição a cargo do governo. De fato, promulgada a Lei n. 3.807/60 – promotora da uniformização da legislação previdenciária, cuja multiplicidade de diplomas esparsos e, por vezes, contraditórios dificultava arduamente a concretização desses direitos[23] – vingou a ideia de que a União deveria responder apenas pelas despesas de administração do sistema.

Com o golpe de 1964, a área da previdência social é associada ao conceito de segurança nacional, tendo em vista a necessidade de funcionamento efetivo de mecanismos atenuadores dos inevitáveis desníveis do progresso econômico[24]. Concomitantemente à

---

19. A disposição constitucional referida, para CESARINO JÚNIOR, citado por CÉSAR, serviu para sustentar a autonomia do Direito Social que, referido como "direito operário", havia sido colocado em condições de igual dignidade ao Direito Civil e do Direito Comercial pela Constituição. Entretanto, nenhuma das duas denominações acabou prosperando (CÉSAR, Afonso. *A previdência social nas constituições*, p. 34).

20. DELGADO, Ignacio Godinho. *Previdência social e mercado no Brasil*, p. 136.

21. OLIVEIRA, Jaime A. de Araújo; TEIXEIRA, Sônia M. Fleury. *(Im)Previdência social:* 60 anos de história da previdência no Brasil, p. 176.

22. A primeira lei que permitiu a junção de períodos prestados em órgãos distintos foi a Lei n. 3.841/60.

23. RUSSOMANO, Mozart Victor. *Comentários à lei orgânica da previdência social*, p. 15.

24. ALVIM, Ruy Carlos Machado. *Uma história crítica da legislação previdenciária brasileira*, p. 27.

preocupação de tornar o sistema mais eficiente, o governo militar buscou a desarticulação política dos trabalhadores, aumentando o papel do Estado como regulador da sociedade e promovendo uma centralização das decisões relevantes em todos os setores.

Fugindo do tradicional maniqueísmo, deve ser gizado que a unificação operada no governo militar foi positiva quanto à viabilização do nivelamento das prestações e benefícios contidos na LOPS[25] e também no processo de extensão da proteção previdenciária para categorias não abrangidas, tais como os trabalhadores autônomos, domésticos[26] e rurais.

É importante destacar, enquanto ainda estava formalmente em vigor, a Constituição de 1946, a edição da Emenda Constitucional n. 11/65. Ela acrescentou um parágrafo ao art. 157, introduzindo, expressamente, o princípio da precedência de fontes de custeio para a criação, majoração ou extensão de benefício previdenciário[27].

2.6. Constituição de 1967 e a Emenda Constitucional n. 1/69

A Carta de 1967 foi outorgada em 24 de janeiro de 1967, marcada pelo centralismo e fortalecimento do Poder Executivo. A Lei Maior passava a resumir as alterações institucionais operadas na Constituição de 1946, a qual findava após vinte e uma emendas, e o impacto decorrente de quatro atos institucionais e trinta e sete atos complementares[28].

Consoante o magistério de José Afonso da Silva, essa Constituição, a rigor, teria durado muito pouco, pois a Emenda Constitucional n. 1/69, teórica e tecnicamente, não se tratou de uma emenda, mas de nova Constituição, pois o texto foi integralmente reformulado[29]. No presente estudo, a análise será realizada conjuntamente, apontando-se topicamente as alterações que forem relevantes para os objetivos da reconstituição evolucionária da proteção social.

Debruçando-nos sobre o texto constitucional, impõe-se reconhecer, como já o fez Souza, que a Constituição de 1967 teve o mérito de, pela primeira vez, expressamente condicionar a intervenção econômica à obtenção de um fim: "a justiça social" consubstanciada nos princípios enumerados pelo art. 160, os quais foram redefinidos no art. 157 pela EC n. 1/69, passando a ser destacados os seguintes: I) liberdade de iniciativa; II) valorização do trabalho como condição de dignidade humana; III) função social da propriedade; IV) harmonia e solidariedade entre os fatores da produção; V) desenvolvimento econômico; VI) repressão ao abuso do poder econômico caracterizado pelo domínio de mercados, a eliminação da concorrência e o aumento arbitrário dos lucros[30].

Embora a legislação do trabalho padecesse de fortes restrições, as disposições atinentes à previdência social não sofreram alterações substanciais[31]. Restaram mantidos os direitos sociais atinentes: ao período de repouso antes e depois do parto para a gestante, sem prejuízo do salário e do emprego; previdência contra as consequências da doença, velhice, invalidez, e da morte (incisos XI e XVI do art. 165). No parágrafo único do art. 165, repetiu-se o princípio da precedência do custeio. Dentre as inovações, percebe-se a primeira referência ao salário-família (inciso II) – o qual havia sido instituído pela Lei n. 4.266/63 – e a aposentadoria da mulher aos trinta anos de trabalho com salário integral (inciso XIX).

A jubilação voluntária dos funcionários públicos passou a reclamar 35 anos de serviço para os homens e 30 anos para as mulheres. Caso o tempo de serviço fosse menor, o benefício seria proporcional. No caso de invalidez, os proventos seriam integrais, se a invalidez decorresse de acidente ocorrido em serviço, moléstia profissional ou doença grave, contagiosa ou incurável, especificada em lei (arts. 100 e 101). A compulsória teve a idade aumentada para 70 anos. A aposentadoria dos magistrados era tratada apenas pelo § 1º do art. 107, sendo os proventos integrais no caso da compulsória aos setenta anos de idade, ou por invalidez, ou após trinta anos de serviço. Manteve-se a Competência da União de legislar sobre direito previdenciário (alínea c do inciso XVII do art. 8º), bem como a supletiva dos Estados (§ 2º do art. 8º).

Sobreleva apontar a Emenda Constitucional n. 7/77 – responsável por um delineamento mais refinado do sistema de custeio da previdência social e cujas disposições também autorizavam a criação de contencioso administrativo destinado a resolver questões previdenciárias – e a Emenda Constitucional n. 18/81, a qual, tendo renumerado o inciso XX para XXI, acrescentou, no novo inciso XX, um preceito que constitucionalizava a aposentadoria especial do professor aos 30 anos, e da professora aos 25 anos de tempo de serviço.

3. Constituições estrangeiras

O artigo em comento não encontra similaridade entre as demais constituições por descrever, detalhadamente, a moldura básica na qual os regimes próprios – regimes especiais de previdência, hoje restritos apenas aos servidores públicos ocupantes de cargos efetivos e vitalícios – podem ser edificados para o enfrentamento dos riscos sociais mais significativos.

Excepcionalmente, há constituições que preveem a existência de regimes próprios para os servidores, como faz a da Argentina no art. 125; mas apenas a Constituição Brasileira detalha o formato de tais regimes. Como se verá, nossa Constituição define, embora não exaustivamente, o âmbito pessoal, as contingências protegidas, a forma de cálculo das prestações, o mecanismo de reajustamento, as regras de acumulação e as fontes de financiamento.

4. Direito internacional

Os instrumentos de Direito Internacional tendem a ser universais, buscando a garantia dos direitos sociais mínimos que protejam a generalidade dos trabalhadores, razão pela qual não tratam de regimes jurídicos particulares.

---

25. Nessa linha de entendimento, veja-se Mozart Russomano nos seus *Comentários à lei orgânica da previdência social*, v. 2, p. 525.

26. Os empregados domésticos passaram a ser segurados obrigatórios com a Lei n. 5.859/72.

27. Na legislação ordinária, o preceito já havia sido consagrado no art. 158 da LOPS.

28. SILVA, José Afonso. *Curso de direito constitucional positivo*, p. 88.

29. Idem, p. 89.

30. SOUZA, Neomésio José. A evolução da ordem econômica nas constituições brasileiras e a adoção do ideal do desenvolvimento como programa constitucional. In: *RDP*, 53-54, p. 371.

31. CÉSAR, Afonso. *A previdência social nas constituições*, p. 51.

5. Remissões constitucionais e legais

Inc. III do art. 1º, inc. I e III do art. 3º, § 1º do art. 5º, art. 6º, inc. VI, do art. 93, § 3º do art. 73 e § 4º dos arts. 129 e 201, todos da CF/88. Emendas Constitucionais n. 3/93, 20/98, 41/03, 47/05 e 70/12. No plano infraconstitucional são relevantes as Leis n. 8.112/90, de 11 de dezembro de 1990; 9.717, de 27 de novembro de 1998; 10.887, de 18 de junho de 2004; e 12.618, de 30 de abril de 2012.

6. Jurisprudência

BRASIL. Supremo Tribunal Federal. Ação Direta de Inconstitucionalidade 240-6/RJ, Rel. Min. Octávio Gallotti, Pleno, *DJ*, 13-10-2002.

BRASIL. Supremo Tribunal Federal. Ação Direta de Inconstitucionalidade 101-9/MG, Rel. p. ac. Min. Carlos Velloso, Pleno, *DJU*, 7-5-93.

BRASIL. Supremo Tribunal Federal. Ação Direta de Inconstitucionalidade 183-3/MT, Rel. Min. Sepúlveda Pertence, Pleno, *DJ*, 31-10-1997.

BRASIL. Supremo Tribunal Federal. Recurso Extraordinário n. 178.236-6/RJ, Rel. Min. Octávio Gallotti, Pleno, *DJ*, 11-4-1997.

BRASIL. Supremo Tribunal Federal. Ação Direta de Inconstitucionalidade 1.531-1, Medida Cautelar, Rel. p. ac. Min. Maurício Corrêa, Pleno, *DJ*, 14-12-2001.

BRASIL. Supremo Tribunal Federal. Ação Direta de Inconstitucionalidade 1.721, Rel. Min. Carlos Britto, Pleno, *DJ*, 29-06-2007.

BRASIL. Supremo Tribunal Federal. STF, Ação Direta de Inconstitucionalidade 2.602-0/MG, Rel. p/ ac. Min. Eros Grau, Pleno, *DJ*, 31-3-2006.

BRASIL. Supremo Tribunal Federal. STF, Ação Direta de Inconstitucionalidade 994-0/DF, Rel. Min. Néri da Silveira, Pleno, *DJ*, 19-9-2003.

BRASIL. Supremo Tribunal Federal. Medida Cautelar no Mandado de Segurança 25.871/DF, Rel. Min. Cezar Peluso, decisão monocrática, *DJ*, 4-10-2006.

BRASIL. Supremo Tribunal Federal. Agravo Regimental no Agravo de Instrumento 141.189, Rel. Min. Marco Aurélio, 2ª Turma, *DJ*, 14-8-92.

BRASIL. Supremo Tribunal Federal. Recurso Extraordinário 243.415/RS, Rel. Min. Sepúlveda Pertence, 1ª T., *DJU*, 11-2-2000.

BRASIL. Supremo Tribunal Federal. Ação Direta de Inconstitucionalidade 939-7, Medida Cautelar, Rel. Min. Sydney Sanches, Pleno, *RTJ*, 151, p. 835.

BRASIL. Supremo Tribunal Federal. Mandado de Injunção 425-1/DF, Rel. Min. Sydney Sanches, Pleno, *DJ*, 11-11-94.

BRASIL. Supremo Tribunal Federal. Mandado de Injunção 444-7/MG, Rel. Min. Sydney Sanches, Pleno, *DJ*, 4-11-94.

BRASIL. Supremo Tribunal Federal. Ação Direta de Inconstitucionalidade 122-1, Rel. Min. Paulo Brossard, Pleno, *DJU*, 16-6-92.

BRASIL. Supremo Tribunal Federal. Ação Direta de Inconstitucionalidade 178-7/RS, Rel. p/ac. Min. Maurício Corrêa, Pleno, *DJU*, 6-12-96.

BRASIL. Supremo Tribunal Federal. Recurso Extraordinário 258.327, Rel. Min. Ellen Gracie, 2ª T., *DJU*, 6-2-2004.

BRASIL. Supremo Tribunal Federal. Recurso Extraordinário 382.410, Rel. Min. Ellen Gracie, 2ª T., *DJU*, 6-2-2004.

BRASIL. Supremo Tribunal Federal. Ação Direta de Inconstitucionalidade 2.253-9/ES, Rel. Min. Maurício Corrêa, Pleno, *DJU*, 7-5-2004.

BRASIL. Supremo Tribunal Federal. Recurso Extraordinário 163.204-6, Rel. Min. Carlos Velloso, Pleno, *DJU*, 31-3-95.

BRASIL. Supremo Tribunal Federal. Mandado de Injunção 211-8/DF, Rel. p/ ac. Min. Marco Aurélio, Pleno, *DJ*, 18-8-95.

BRASIL. Supremo Tribunal Federal. Recurso Extraordinário 223.732-1/RS, Rel. Min. Sepúlveda Pertence, Pleno, *DJ*, 10-11-2000.

BRASIL. Supremo Tribunal Federal. Recurso Extraordinário 219.880-0/RN, Rel. Min. Moreira Alves, 1ª T., *DJ*, 6-8-99.

BRASIL. Supremo Tribunal Federal. Recurso Extraordinário 82.881/SP, Rel. Min. Eloy Rocha, Pleno, j. 5-5-76.

BRASIL. Supremo Tribunal Federal. Embargos de Declaração nos Embargos de Divergência no Recurso Extraordinário 72.509, Rel. Min. Luiz Gallotti, Pleno, *DJ*, 30-03-1973.

BRASIL. Supremo Tribunal Federal. Recurso Extraordinário 352.322/SC, Rel. Min. Ellen Gracie, 2ª T., *DJ*, 19-9-2003.

BRASIL. Supremo Tribunal Federal. Recurso Extraordinário 255.827-3/SC, Rel. Min. Eros Grau, 1ª T., j. 25-10-2005.

BRASIL. Supremo Tribunal Federal. Ação Direta de Inconstitucionalidade 404-2/RJ, Rel. Min. Carlos Velloso, Pleno, *DJ*, 14-5-2004.

BRASIL. Supremo Tribunal Federal. Ação Direta de Inconstitucionalidade 609-6/DF, STF, Rel. p/ ac. Min. Maurício Corrêa, Pleno, *DJU*, 3-5-2002.

BRASIL. Supremo Tribunal Federal. Agravo Regimental no Recurso Extraordinário 394.661-7, Rel. Min. Carlos Velloso, 2ª T., *DJ*, 14-10-2005.

BRASIL. Supremo Tribunal Federal. Ação Direta de Inconstitucionalidade 2.311-MS, Medida Cautelar, Rel. Min. Néri da Silveira, Pleno, *DJ*, 7-6-2002.

BRASIL. Supremo Tribunal Federal. Ação Direta de Inconstitucionalidade 2.024-2/DF, Rel. Min. Sepúlveda Pertence, Pleno, *DJ*, 22-6-2007.

BRASIL. Supremo Tribunal Federal. Mandado de Segurança 23.996/DF, Rel. Min. Ellen Gracie, Pleno, *DJ*, 12-4-2002.

BRASIL. Supremo Tribunal Federal. Mandado de Segurança 24.024-5/DF, Rel. Min. Ilmar Galvão, Pleno, *DJU*, 24-10-2003.

BRASIL. Supremo Tribunal Federal. Ação Direta de Inconstitucionalidade 2.791-3/PR, Rel. Min. Gilmar Mendes, Pleno, *DJ*, 24-11-2006.

BRASIL. Supremo Tribunal Federal. Recurso Extraordinário 159.413-6/SP, Rel. Min. Moreira Alves, Pleno, *RTJ*, 153, p. 312-326.

BRASIL. Supremo Tribunal Federal. Ação Direta de Inconstitucionalidade 790-4/DF, Rel. Min. Marco Aurélio, Pleno, *DJ*, 23-4-93.

BRASIL. Supremo Tribunal Federal. Recurso Extraordinário 463.348-5/PR, Rel. Min. Sepúlveda Pertence, 1ª Turma, *DJ*, 14-2-2006.

BRASIL. Supremo Tribunal Federal. Ação Direta de Inconstitucionalidade 1.441-2/DF, Medida Cautelar, Rel. Min. Octávio Gallotti, Pleno, *DJ*, 18-10-96.

BRASIL. Supremo Tribunal Federal. Ação Direta de Inconstitucionalidade 2.010-2/DF, Medida Cautelar, Rel. Min. Celso de Mello, Pleno, *DJ*, 12-4-2002.

BRASIL. Supremo Tribunal Federal. Ação Direta de Inconstitucionalidade 3.105/DF, Medida Cautelar, Rel. p/ ac. Min. Cezar Peluso, Pleno, *DJ*, 18-2-2005.

BRASIL. Supremo Tribunal Federal. Mandado de Injunção 721-7/DF, Rel. Min. Marco Aurélio, Pleno, *DJ*, 30-11-2007.

BRASIL. Superior Tribunal de Justiça. Recurso Especial 624.723/PE, Rel Min. Felix Fischer, *DJU*, 2-8-2004.

BRASIL. Supremo Tribunal Federal. Ação Direta de Inconstitucionalidade 4582/RS, Medida Cautelar, Rel. Min. Marco Aurélio, Pleno, *DJ*, 9-2-2012.

BRASIL. Supremo Tribunal Federal. Recurso Extraordinário 731.203 AgR, Rel. Min. Marco Aurélio, 1ª Turma, *DJ*, 19-9-2013.

BRASIL. Supremo Tribunal Federal. Mandado de Injunção 5126/DF AgR, Rel. Min. Luiz Fux, Pleno, *DJ*, 2-10-2013.

BRASIL. Supremo Tribunal Federal. Ação direta de inconstitucionalidade n. 5316/DF, Medida Cautelar, Rel. Min. Luiz Fux, *DJU*, 6-8-2015.

BRASIL. Supremo Tribunal Federal. Recurso Extraordinário 603.580, Rel. Min. Ricardo Lewandowski, Pleno, *DJ*, 20-5-2015.

BRASIL. Supremo Tribunal Federal. Recurso Extraordinário 656.860, Rel. Min. Teori Zavascki, Pleno, *DJ*, 18-9-2014.

BRASIL. Supremo Tribunal Federal. Recurso Extraordinário 655.283, Rel. p/ ac. Min. Dias Toffoli, Pleno, *DJ*, 26-4-2021.

BRASIL. Supremo Tribunal Federal. Recurso Extraordinário 1.014.286, Rel. p/ ac. Min. Edson Fachin, Pleno, *DJe*, 24-9-2020.

BRASIL. Supremo Tribunal Federal. Recurso Extraordinário 602.043, Rel. Min. Marco Aurélio, Pleno, *DJe*, 8-9-2017.

BRASIL. Supremo Tribunal Federal. Recurso Extraordinário 602.584, Rel. Min. Marco Aurélio, Pleno, *DJe*, 8-9-2017.

BRASIL. Supremo Tribunal Federal. Mandado de Segurança 31.911, MC-AgR, Rel. Min. Edson Fachin, 1ª Turma, *DJ*, 20-10-2016.

7. Referências bibliográficas

ABREU DE OLIVEIRA, J. E. *Aposentadoria no serviço público*. Rio de Janeiro: Freitas Bastos, 1970.

ALVIM, Ruy Carlos Machado. *Uma história crítica da legislação previdenciária brasileira*. Rio de Janeiro: Revista de Direito do Trabalho, n. 18.

BANCO MUNDIAL. Brasil – questões críticas da Previdência Social. Relatório n. 19641-BR, v. I, p. XV e XVI.

CAMPOS, Marcelo Barroso Lima Brito de. *Regime próprio de previdência dos servidores públicos*. 4. ed. Curitiba: Juruá, 2012.

CANARIS, Claus-Wilhelm. *Pensamento sistemático e conceito de sistema na ciência do direito*. Trad. Antônio de Menezes Cordeiro. 2. ed. Lisboa: Fundação Calouste Gulbenkian, 1996.

CASTRO, Carlos Alberto Pereira. *O cálculo da aposentadoria por invalidez*: uma interpretação razoável. São Paulo: Revista de Previdência Social, n. 313, dez.

_____. *As aposentadorias voluntárias no regime próprio dos servidores públicos da União*: regra definitiva e tratamento provisório. Porto Alegre: TRF 4ª Região, 2007 (Currículo Permanente. Caderno de Direito Previdenciário: módulo 3).

CASTRO, Carlos Alberto Pereira de; LAZZARI, João Batista. *Manual de Direito Previdenciário*. 15. ed. Rio de Janeiro: Forense, 2013.

CÉSAR, Afonso. *A previdência social nas constituições*. Rio de Janeiro: Destaque, 1995.

CORREIA, Marcus Orione Gonçalves. A reforma da previdência social e os servidores que ingressaram no serviço público em data anterior à da publicação da Emenda Constitucional n. 41/03. In: TAVARES, Marcelo Leonardo. *A reforma da previdência social*: temas polêmicos e aspectos controvertidos. Rio de Janeiro: Lumen Juris, 2004.

DELGADO, Ignacio Godinho. *Previdência social e mercado no Brasil*: a presença empresarial na trajetória política social brasileira. São Paulo: LTr, 2001.

FERRAZ JÚNIOR, Tércio Sampaio. Constituição brasileira: modelo de Estado, Estado Democrático de Direito, objetivos e limites jurídicos. In: MIRANDA, Jorge (org.). *Perspectivas constitucionais nos 20 anos da Constituição portuguesa*. Coimbra: Coimbra, 1998. v. III.

GUASTINI, Riccardo. *Distinguiendo*: estudios de teoría y metateoría del derecho. Trad. Jordi Ferrer i Beltrán. Barcelona: Editorial Gedisa, 1999.

IBRAHIM, Fábio Zambitte. *Curso de direito previdenciário*. 16. ed. Niterói: Impetus, 2011.

LAZZARI, João Batista; CASTRO, Carlos Alberto Pereira de; ROCHA, Daniel Machado da; KRAVCHYCHYN, Gisele. *Comentários à Reforma da Previdência*. Rio de Janeiro: Forense, 2020.

LINDEMAN, David. *Tendências internacionais de reforma dos regimes de previdência dos servidores públicos*. Conferência apresentada no Seminário Reforma da Previdência: o Brasil e a Experiência Internacional, realizado em 2 de outubro de 2003. In: BRASIL. Ministério da Previdência e Assistência Social. Secretaria de Previdência Social. *Reforma da Previdência*: o Brasil e a Experiência Internacional, p. 32-41. Brasília: MPS, 2005 (Coleção Previdência Social. v. 22. Série debates).

MALLOY, James M. *A política de previdência social no Brasil*. Trad. Maria José Lingren Alves. Rio de Janeiro: Graal, 1986.

MEIRELLES, Hely Lopes. *Direito administrativo brasileiro*. 33. ed. São Paulo: Malheiros, 2007.

MELO, M. A. B. C. & AZEVEDO, S. O processo decisório da reforma tributária e da previdência social. *Cadernos ENAP*, n. 15. Brasília: ENAP, 1988.

MELO, André Marcos. A transição incompleta: a reforma da previdência social no governo FHC. In: ABRUCIO, Fernando Luiz; LOUREIRO, Maria Rita (org.). *O estado numa era de reformas*: os anos FHC – parte 2. Brasília: MP, SEGES, 2002.

MELLO, Celso Antônio Bandeira de. Eficácia das normas constitucionais sobre justiça social. *RDP*, 57/58, 1981.

MESA-LAGO, Carmelo. Análise comparativa da reforma estrutural do sistema previdenciário realizado em oito países latino-americanos; descrição, avaliação e lições. *Revista Conjuntura Social*, MPAS, v. 8, n. 4, p. 7-65, out./dez. 1997.

_____. Política e reforma da previdência da América Latina. In: COELHO, Vera Schattan P. *A reforma da previdência na América Latina*. Rio de Janeiro: Fundação Getulio Vargas, 2003.

MODESTO, Paulo. A reforma da previdência e as peculiaridades do regime previdenciário dos agentes públicos. Rio de Janeiro: Revista de Direito Administrativo, n. 234, out./dez., 2003.

_____. Reforma da previdência e regime jurídico da aposentadoria dos titulares de cargo público. In: MODESTO, Paulo (org.). *Reforma da previdência*: análise e crítica da Emenda Constitucional n. 41/2003 (doutrina, pareceres e normas selecionadas). Belo Horizonte: Fórum, 2004.

MOREIRA NETO, Diogo de Figueiredo. Parecer sobre a proposta de emenda constitucional de reforma da previdência. Disponível em: <http://www.conamp.org.br/ref_ prev/parecer_ DFMN.htm>. Acesso em: 2 fev. 2004.

NEVES, Ilídio das. *Direito da segurança social*: princípios fundamentais numa análise prospectiva. Coimbra: Coimbra Ed., 1996.

OLIVEIRA, Jaime A. de Araújo e TEIXEIRA, Sônia M. Fleury. *(Im)Previdência social*: 60 anos de história da previdência no Brasil. Petrópolis: Vozes, 1986.

PINHEIRO, Vinícius Carvalho. Reforma da previdência: uma perspectiva comparada. In: GIAMBIAGI, Fábio (org.). *Reformas do Brasil*: balanço e agenda. Rio de Janeiro: Nova Fronteira, 2004.

PORTO, Walter Costa (org.). *Coleção constituições brasileiras, v. I a VII*. Brasília: Senado Federal e Ministério da Ciência e Tecnologia, Centro de Estudos Estratégicos, 1999.

PULINO, Daniel. *Previdência Complementar*: natureza jurídico-constitucional e seu desenvolvimento pelas entidades fechadas. Florianópolis: Conceito, 2011.

REIS, Carlos Nelson dos. Capitalismo, direitos sociais e políticas sociais no Brasil: algumas notas exploratórias. In: FLICKINGER, Hans-Georg (org.). *Entre caridade, solidariedade e cidadania*: história comparativa do serviço social Brasil/Alemanha. Porto Alegre: EDIPUCRS, 2000.

ROCHA, Daniel Machado da. *O direito fundamental à previdência social*: na perspectiva dos princípios constitucionais diretivos do sistema previdenciário brasileiro. Porto Alegre: Livraria do Advogado, 2004.

_____. *Normas gerais de direito previdenciário e a previdência do servidor público*. Florianópolis: Conceito, 2012.

_____. *Comentários à Lei de Benefícios da Previdência Social*. 20. ed. Curitiba: Alteridade, 2022.

_____(coord.). *Comentários à Lei do Regime jurídico único dos servidores públicos civis da União*: Lei n. 8.112, de 11 de dezembro de 1990. Curitiba: Alteridade, 2016.

RUSSOMANO, Mozart Victor. *Curso de previdência social*. Rio de Janeiro: Forense, 1979.

SAVARIS, José Antonio. *Uma teoria da decisão judicial da previdência social*: contributo para superação da prática utilitarista. Florianópolis: Conceito, 2010.

SAVARIS, Jose Antonio; SOUZA, Victor Roberto Correa de. *Tutela jurídica dos direitos sociais em formação na PEC da Nova Previdência*: uma análise do tratamento conferido às aposentadorias voluntárias. http://dx.doi.org/10.14210/nej.v24n3.p913-941, v. 24, p. 941, 2019.

SILVA, José Afonso. *Curso de direito constitucional positivo*. 16. ed. São Paulo: Malheiros, 1999.

_____. Parecer. Disponível em: <http://www.conamp.org.br/ref_prev/parecer_JAS.htm>. Acesso em: 2 fev. 2004.

SOUZA, Neomésio José. A evolução da ordem econômica nas constituições brasileiras e a adoção do ideal do desenvolvimento como programa constitucional. *RDP*, 53-54.

STIGLITZ, Joseph; ORSZAG, Peter R. *Rethinking Pension Reform*: Ten Myths About Social Security Systems. Presented at the conference on New Ideas About Old Age Security. Washington, D.C., 1999. Disponível em: <http://wwwu.uni-klu.ac.at/hleustik/uni/info/pensref/rethinking.pdf>. Acesso em: 12 out. 2010.

TAVARES, Marcelo Leonardo (coord.). *Comentários à reforma da previdência*: EC n. 41/2003. Rio de Janeiro: Lumen Juris, 2004.

THEISEN, Ana Maria Wickert. Do reajustamento do valor dos benefícios previdenciários. In: FREITAS, Vladimir Passos de (coord.). *Direito previdenciário*: aspectos materiais, processuais e penais. 2. ed. Porto Alegre: Livraria do Advogado, 1999.

THOMPSON, Lawrence. *Mais velha e mais sábia*: a economia dos sistemas previdenciários. Trad. Celso Barroso Leite. Brasília: MPAS, 2001 (Coleção Previdência Social. v. 4, série traduções).

VENTURI, Augusto. *Los fundamentos cientificos de la seguridad social*. Colección Seguridad Social, n. 12. Madrid: Ministerio do Trabajo y Seguridad Social, 1994.

WOLKMER, Antônio Carlos. *Constitucionalismo e direitos sociais no Brasil*. São Paulo: Acadêmica, 1989.

8. Comentários

8.1. Regimes próprios de previdência

No presente artigo, nossa Lei Fundamental disciplina a configuração dos regimes próprios de previdência dos entes federativos. Considerando que o trabalho promove a inclusão das pessoas nas sociedades contemporâneas industrializadas – valor basilar da organização econômica e social do Brasil, consagrado no inciso IV do art. 1º[32] –, existe a necessidade de revesti-lo de espe-

---

[32]. O trabalho, entendido como o desempenho de atividade remunerada lícita, é reconhecido e apontado como elemento nuclear para a disciplina da ordem econômica (art. 170) e social (art. 193).

cial proteção. Por isso, nossa Constituição não admite a existência de trabalho formal, público ou privado, sem a vinculação a um determinado regime de previdência.

A definição da estruturação da previdência social em um país reclama uma análise adequada das condições particulares decorrentes de fatores econômicos, sociais, políticos e ideológicos, os quais contribuem de maneira decisiva na sua implementação e efetivação. Como anota David Lindeman, ao examinar como os servidores públicos são tratados previdenciariamente, ao redor do mundo, países grandes ou federativos tendem a ter regimes previdenciários separados para os seus servidores[33].

No modelo federativo, a organização do poder comporta verdadeira descentralização política, sendo atribuídos poder e capacidade política aos entes integrantes do sistema, enquanto a soberania é única. Essa autonomia pode ser traduzida, em síntese, pela capacidade de cada Estado-membro regular e disciplinar sua respectiva administração, reservando-se uma parcela mínima de competência legislativa. Cabe exclusivamente a cada Estado-membro dispor sobre a organização e funcionamento de sua estrutura administrativa, de seus órgãos e de suas entidades, instituir a própria legislação fiscal, bem como criar seu regime próprio de previdência, nos termos da norma de autorização extraída do inciso XII do art. 24 da Lei Fundamental.

Um regime previdenciário público, instituto essencial para a realização destes direitos predominantemente prestacionais, pode ser entendido como o conjunto de normas que disciplinam as relações jurídicas entre a instituição responsável pela concessão e manutenção das prestações previdenciárias e o grupo de sujeitos amparados (beneficiários). A organização e funcionamento dos regimes próprios é tratada no item 22.

A primeira questão suscitada pela interpretação do enunciado normativo constante do *caput* do art. 40 diz respeito à obrigatoriedade de os entes federativos instituírem regimes próprios de previdência. A doutrina tem reconhecido a possibilidade de serem extraídas três interpretações diferentes.

A primeira tese é no sentido de que, em face da autonomia dos entes federativos, a criação de regime próprio destinado ao servidor público de caráter contributivo não seria compulsória[34]. Com efeito, pode, inclusive, não haver condições técnicas e atuariais para sua criação. Esta é a interpretação do Ministério da Previdência Social, apoiada na própria Lei n. 9.717/98, que disciplina as normas gerais que seriam aplicáveis para a estruturação dos regimes próprios. O art. 10 deste diploma legal prevê que os entes federativos devem assumir integralmente a responsabilidade pelo pagamento dos benefícios concedidos durante a sua vigência, bem como daqueles cujos requisitos necessários a sua concessão foram implementados anteriormente à extinção do regime próprio de previdência social. Dessa maneira, se é admitida a extinção dos existentes, parece inequívoco que a sua criação não seria obrigatória.

A segunda tese extrai da redação literal do *caput* do art. 40 um direito subjetivo do servidor. Consoante o magistério de Castro e Lazzari, este direito subjetivo existiria desde a redação original do art. 40 da CF/88 e seria exercitável em face do ente da federação ao qual o servidor estaria vinculado[35].

A terceira interpretação, proposta por Marcelo Campos, considera que há direito subjetivo, até por uma questão de isonomia, mas reconhece as dificuldades financeiras e atuariais que muitos municípios enfrentariam impossibilitando, de fato, a criação de regimes próprios. Assim, propõe que, nestes casos, o servidor titular de cargo efetivo seja aposentado pelo INSS, mas cabendo a este aplicar as regras previstas pelo art. 40 da CF/88[36].

O Supremo Tribunal Federal, no julgamento de Questão de Ordem na Ação Cautelar 2.740, admitiu a possibilidade de conceder aposentadoria para servidor público de Município que não tinha regime próprio, nos termos do art. 40 da CF/88. Entretanto, considerou que o encargo deveria ser suportado pelo Município. A referida decisão determinou, provisoriamente, ao Município de Tupã/SP que efetue o pagamento mensal da diferença entre o valor atualmente pago pelo INSS ao requerente e o valor que seria devido se ele fosse aposentado por regime próprio, sem prejuízo de um exame mais aprofundado da matéria por ocasião do julgamento de mérito do RE n. 607.577[37].

Na redação delineada pela EC n. 103/2019 no *caput* do artigo em comento, não resta mais dúvida, triunfou a primeira posição. Além disso, vedou-se o pagamento de complementação de aposentadorias de servidores públicos e de pensões por morte a seus dependentes que não seja decorrente do disposto nos §§ 14 a 16 do art. 40 ou que não seja prevista em lei que extinga regime pró-

---

33. Conforme o especialista, na OCDE, cerca de oito países têm regimes separados para os servidores públicos (LINDEMAN, David. *Seminário reforma da previdência*: o Brasil e a experiência internacional. Realizado em 1º e 2 de outubro de 2003, conferência registrada na Coleção Previdência Social, n. 22, p. 33-41).
34. TAVARES, Marcelo Leonardo (coord.). *Comentários à Reforma da Previdência*: EC n. 41/2003, p. 3.
35. CASTRO, Carlos Alberto Pereira de; LAZZARI, João Batista. *Manual de Direito Previdenciário*, p. 985.
36. CAMPOS, Marcelo Barroso Lima Brito de. *Regime Próprio de Previdência dos Servidores Públicos*, p. 96 e s.
37. QUESTÃO DE ORDEM EM TUTELA ANTECIPADA NA AÇÃO CAUTELAR 2.740. SÃO PAULO. QUESTÃO DE ORDEM. MEDIDA CAUTELAR. LIMINAR QUE CONFERIU EFEITO SUSPENSIVO A RECURSO EXTRAORDINÁRIO. REFERENDO DA TURMA. INCISOS IV E V DO ART. 21 DO RI/STF. SUBMISSÃO DOS SERVIDORES PÚBLICOS MUNICIPAIS RECRUTADOS POR CONCURSO PÚBLICO AO REGIME GERAL DE PREVIDÊNCIA SOCIAL. TEMA AINDA NÃO ENFRENTADO PELO SUPREMO TRIBUNAL FEDERAL. PARTICULARIDADES DO CASO QUE JUSTIFICAM A CONCESSÃO DA MEDIDA. A controvérsia do apelo extremo está em saber se ofende o art. 40 da Constituição Federal a submissão de servidores municipais ao Regime Geral de Previdência Social. Servidores, entenda-se, recrutados por concurso público mas sem regime próprio de aposentação. Tema, diga-se, ainda não enfrentado por este Supremo Tribunal Federal. Considerando que o ingresso do autor nos quadros funcionais da municipalidade se deu sobre regime jurídico estatutário, que, por mandamento constitucional, já incorporava o direito à aposentadoria por sistema próprio de previdência, e considerando ainda o caráter alimentar dos proventos de aposentadoria, tenho que a antecipação dos efeitos da tutela recursal há de ser deferida. Deferida mediante a contrapartida da contribuição financeira do requerente para o Município, tendo em vista que, à época da aposentadoria dele, requerente, já vigorava o caráter contributivo-retributivo das aposentadorias estatutárias. Contrapartida, no entanto, a ser definida quando do julgamento de mérito do Recurso Extraordinário 607.577. Presença dos pressupostos autorizadores da medida. Questão de ordem que se resolve pelo referendo da decisão concessiva do efeito suspensivo ao apelo extremo (STF, AC 2740, Ayres Britto, 2ª Turma, *DJe*, 26-6-2012).

prio de previdência social (§ 15 do art. 37, incluído pela EC n. 103/2019).

A EC n. 103/2019 efetuou a desconstitucionalização dos critérios mais relevantes relativos aos benefícios contemplados nos regimes próprios. Sabidamente, a situação mais delicada de sustentabilidade dos regimes próprios aflige os regimes estaduais e municipais. Conforme amplamente noticiado, o avanço das despesas com inativos, mormente nos casos em que a aposentadoria era obtida de forma antecipada, agrava a crise financeira dos entes federados. O número excessivo de inativos reduz a possibilidade de os servidores ativos obterem recomposição de salário, culminando por impedir a contratação de novos servidores. A interpretação do STF sempre foi no sentido da aplicação compulsória do art. 40 da Constituição para os entes federados. Em face do temor de que as pressões locais impedissem a aprovação da reforma no parlamento, o relator na comissão especial na Câmara dos deputados, deputado Samuel Moreira, alterou o texto[38]. Assim, estados e municípios ficaram autorizados a definir suas próprias regras no âmbito dos regimes próprios, elegendo o que seria aplicável, na maior parte dos casos. Esta situação implicou na quebra da simetria previdenciária, cuja implicação principal era a necessidade de os regimes próprios estaduais e municipais adotarem uma configuração que não desbordasse das balizas traçadas pelo artigo 40 da CF/88.

8.2. Princípios

Em conformidade com o disposto no art. 194 de nossa Carta de Princípios, a seguridade social é o gênero de técnicas de proteção social, do qual são espécies a assistência social, a saúde e a previdência social. No parágrafo único do art. 194, o legislador constituinte elencou os objetivos orientadores do Poder Público na organização da seguridade social, os quais são considerados pela doutrina como princípios essenciais[39].

Como é percebido com acuidade pelo professor da Universidade de Gênova, há uma variedade significativa de espécies, e não apenas uma única modalidade de princípios[40].

Sendo a previdência uma das técnicas de proteção cujo conjunto compõe a seguridade, obviamente que serão encontrados princípios comuns, circunstância que não é novidade nos diversos ramos do Direito em geral. Importa sinalar, porém, que o seu conteúdo irá adquirir tonalidades e contornos singulares em cada seara, como ocorre com o princípio da universalidade dentro da seguridade social. Por exemplo, enquanto na saúde o princípio da universalidade ostenta sua dimensão mais abrangente, na assistência social, a clientela é restrita aos cidadãos afligidos pelo estado de necessidade social mais crítico. Por sua vez, quando se cogita da previdência social, espécie notoriamente contributiva, não se prescinde da necessária participação econômica do segurado, sem a qual o sistema não seria viável, razão pela qual estamos frente a uma universalidade mitigada.

O princípio portador das diretrizes essenciais da seguridade e da previdência social, como, aliás, de todos os direitos sociais, é o da solidariedade, o qual se constitui no seu eixo axiológico, podendo ser considerado como princípio estruturante de nosso sistema previdenciário. Esse princípio revela-se apto a catalisar a articulação entre o Estado e a sociedade, operando como verdadeira bússola condutora da nau da previdência social no revoltoso mar da necessidade social[41].

O princípio da solidariedade também já foi reconhecido por nossa Corte Constitucional como viga-mestra da previdência social, tanto do regime geral como dos regimes próprios. Isso ocorreu no julgamento da Ação Direta de Inconstitucionalidade n. 240-6/RJ – na qual foi declarada a inconstitucionalidade, por aspectos formais e materiais, do art. 283 da Constituição fluminense, o qual facultava para o servidor a designação da pensão por morte para pessoa de sua escolha, desde que não tivesse cônjuge, companheiro ou dependente. Apreciando essa ampla possibilidade de designação de qualquer pessoa como legatário da pensão por morte, circunstância que ultrapassava a ordem dos beneficiários tradicionais, consagrados no inciso V do art. 201, ficou assentado que o dispositivo, nas palavras do relator, Ministro Octávio Gallotti: "estaria a divorciar-se do princípio da solidariedade que é inerente ao sistema previdenciário, devendo para ele confluir, tanto o regime próprio dos servidores públicos como o destinado aos trabalhadores em geral"[42].

Com o advento da EC n. 41/03, no *caput* do artigo em exame, o texto da Lei Fundamental passou expressamente a referir "um caráter contributivo e solidário", buscando legitimar perante a sociedade a instituição da nefasta contribuição dos servidores inativos e pensionistas. A questão da impropriedade da instituição da contribuição dos inativos é examinada no item 18, *infra*.

Na ordem constitucional brasileira, o desenvolvimento normativo da solidariedade, no campo da previdência social, é densificado, principalmente, pelos seguintes princípios: a) universalidade; b) proteção contra os riscos sociais; c) obrigatoriedade; d) equilíbrio financeiro e atuarial; e) irredutibilidade do valor real dos benefícios.

---

38. Para evidenciar esta conclusão, extraiu-se o seguinte parágrafo do substitutivo: "É em tal contexto que devem ser compreendidas as alterações feitas no substitutivo no conteúdo do art. 40 da Constituição. De nenhuma forma se pode imputar a este relator ausência de preocupação com a situação fiscal de Estados e Municípios. Lamentamos profundamente que o contexto político tenha criado dificuldades incontornáveis à imediata extensão das alterações feitas no regime previdenciário dos servidores às demais unidades federativas, mas não se justifica, em razão deste fato, que se abdique da oportunidade de equacionar o regime previdenciário dos servidores federais".

39. Na preciosa lição de GUASTINI, a questão de qualificar uma norma como princípio não é uma questão de fato, mas de valoração (legislativa, doutrinária ou jurisprudencial), que, como tal, não é verdadeira nem falsa. Pode acontecer, e frequentemente ocorre, que a valoração seja compartilhada e por isso pareça óbvia: mas isso não lhe retira o caráter de valoração nem a faz verdadeira (GUASTINI, Riccardo. *Distinguiendo*: estudios de teoría y metateoría del derecho, p. 155).

40. Idem, p. 146.

41. Para alguns autores, o princípio da solidariedade estaria relacionado principalmente com a questão do financiamento da seguridade e da previdência social (NEVES, Ilídio. *Direito da segurança social*: princípios fundamentais numa análise prospectiva, p. 124).

42. STF, ADI n. 240-6/RJ, Rel. Min. Octávio Gallotti, Pleno, *DJ* 13-10-2002.

Os princípios declinados podem ganhar concretizações através de outros princípios mais específicos ou regras[43]. Tais princípios, em razão do seu conteúdo específico, contemplam no seu bojo uma concepção solidária de justiça distributiva (isto é, os deveres, sacrifícios, vantagens e proteção concedida pelo sistema à comunidade), traduzindo com a maior fidedignidade a *ratio*, o *telos* e as limitações que condicionam a efetividade da previdência social em nossa federação.

Cada princípio apresenta uma tessitura própria, o que não impede uma atuação conjunta e coordenada. Consoante preleciona Canaris, os princípios irradiam o seu conteúdo de sentido somente por meio de um processo dialógico de complementação e restrição recíprocas[44]. No sentimento constitucional enraizado no pensamento de nosso Pretório Excelso, o presente artigo contempla normas de observância obrigatória que devem ser respeitadas por todos os entes federativos[45].

Como regra geral, a inclusão dos trabalhadores nos regimes previdenciários é compulsória, imposição constitucionalmente prevista no art. 201 da Carta republicana. A partir de quando a sociedade passou a exigir do Estado a tomada de medidas concretas, destinadas a garantir os direitos fundamentais de segunda dimensão, mormente a organização de um sistema estatal tendente a reduzir as consequências dos riscos sociais, a obrigatoriedade de participação financeira dos trabalhadores foi uma imposição lógica. Independentemente do sistema de financiamento adotado – capitalização ou repartição e suas combinações –, os seguros sociais acarretam sacrifícios individuais, mais ou menos intensos, no potencial de consumo de cada trabalhador, que será forçado a economizar parte da sua renda para o seu custeio. Esse sacrifício – não sendo exclusivamente individual, pois o sistema incorpora recursos oriundos de outras fontes, pela tributação direta ou indireta – deverá permitir uma melhor redistribuição no tempo das rendas nacionais, resultando no envolvimento de toda a sociedade, permitindo a manutenção de uma vida mais digna para os trabalhadores nos momentos de necessidade social.

Os servidores públicos também não têm liberdade de optar por se filiarem ou não aos regimes próprios, pois além dos preceitos constitucionais específicos, também passaram a ser aplicáveis, subsidiariamente, os requisitos e critérios fixados para o regime geral – o qual ampara os trabalhadores da iniciativa privada (art. 201 da CR, disciplinado pela Lei n. 8.213/91) – consoante preconiza o § 12 do artigo em foco, acrescido pela Emenda Constitucional n. 20/98.

8.3. Espécies de aposentadorias nos regimes próprios de previdência

A proteção social galgou excepcional relevância no nosso ordenamento jurídico. A nova Constituição, além de contemplar dentro do título concernente aos Direitos e Garantias Fundamentais um capítulo próprio para os direitos sociais, emancipou a ordem social da ordem econômica, bem assim dotou os direitos sociais da mesma eficácia prevista para os direitos de primeira dimensão no § 1º do art. 5º. Os regimes próprios de previdência também foram objeto de preocupação do constituinte originário que dedicou à matéria cinco parágrafos. O cenário econômico desfavorável que aflige o mundo nas décadas de 1980 e 1990 colocou a questão previdenciária na pauta do dia. No processo de discussão sobre a sustentabilidade da previdência social pública, o sistema de repartição era apontado como um arranjo frágil e populista, contribuindo, decisivamente, para os problemas da economia dos Estados. O discurso oficial para angariar a legitimidade perante a população, além de apontar para o flagelo do déficit da previdência, era no sentido de denunciar a flagrante iniquidade no sistema previdenciário, pois as regras diferenciadas seriam mais favoráveis aos servidores públicos, provocando uma lógica redistributiva perversa e regressiva[46].

A partir de uma ótica do direito previdenciário, muitos pontos efetivamente demandavam correção, tais como a contagem de tempos fictícios (nos quais o trabalhador não havia exercido atividade nem vertido contribuições), promoções na inatividade e a falta de um limite mínimo de idade para o acesso aos benefícios de aposentadoria. Contudo, a "proposta redentora" carregava consigo uma potencialidade nociva capaz de aniquilar os direitos previdenciários mais básicos. Não deve ser olvidado o relevante papel desempenhado por instituições internacionais, tais como o Banco Mundial, o Fundo Monetário Internacional – FMI, a Comissão Econômica para a América Latina – CEPAL, que dardejavam contra os sistemas previdenciários de repartição, evidenciando os seus pontos frágeis do ponto de vista fiscal.

No Brasil, com a deterioração contínua da capacidade de financiamento do sistema previdenciário a partir de 1995, teve início o processo de discussão da Reforma da Previdência, que resultou na Emenda Constitucional n. 20, de 15-12-1998, levando a alterações dos três componentes básicos da previdência no Brasil: Regime Geral da Previdência Social, Regime de Previdência do Serviço Público e Regime de Previdência Complementar.

Naquilo que é relevante para a compreensão do dispositivo em foco, o Poder Executivo traçou uma estratégia de longo prazo para a reforma, constituída dos seguintes passos: a) acabar com o déficit do sistema previdenciário, priorizando o equilíbrio financeiro e atuarial, isto é, aumentando a vinculação entre as contri-

---

43. A respeito da importância destes princípios para a solução dos problemas jurídico-previdenciários, emergentes da aplicação da legislação previdenciária em um contexto social dramático de escassez de recursos, na medida em que seu conhecimento e sua compreensão permitem agregar determinabilidade e racionalidade ao processo decisório, sugere-se a leitura do capítulo 4 do meu livro: *O direito fundamental à previdência social:* na perspectiva dos princípios constitucionais diretivos do sistema previdenciário brasileiro.

44. CANARIS, Claus-Wilhelm. *Pensamento sistemático e conceito de sistema na ciência do direito*, p. 92-93.

45. STF, ADI n. 101-9/MG, Rel. p. ac. Min. Carlos Velloso, Pleno, *DJU* 07-05-93.

46. MELO, André Marcos. A transição incompleta: a reforma da previdência social no governo FHC. In: ABRUCIO, Fernando Luiz; LOUREIRO, Maria Rita (org.). *O estado numa era de reformas:* os anos FHC – parte 2. Brasília: MP, SEGES, 2002, p. 103-104.

buições vertidas e as prestações pagas e tornando o benefício mais próximo dos aportes efetivamente recolhidos; b) unificar os regimes públicos de previdência; c) fortalecer a previdência privada como forma de aumentar a capacidade de poupança nacional, atraindo investimentos externos pelo aumento da confiança dos investidores na economia nacional[47-48].

Antes de serem efetuadas transformações mais profundas, promulgou-se a EC n. 18/98, permitindo que os servidores militares ficassem protegidos contra as mudanças globais que seriam efetivadas no sistema previdenciário brasileiro.

Enquanto a reforma da previdência promovida pela EC n. 20/98 foi orientada para todo o sistema previdenciário brasileiro, a EC n. 41/03 tinha como objetivo nuclear a transformação dos regimes próprios dos servidores públicos, mas, como se verá, foi muito além de uma simples adaptação do sistema aos novos fatores biométricos e sociais ou de um ajuste fiscal. Para uma melhor compreensão dos motivos subjacentes à Proposta de Emenda Constitucional apresentada pelo Poder Executivo, cabe tecer algumas considerações sobre as demais reformas previdenciárias realizadas na América Latina, com o apoio da análise econômica de Carmelo Mesa-Lago.

No mundo inteiro, as reformas realizadas no sistema previdenciário têm seguido duas tendências bastante diferentes. Mesa-Lago, a partir do estudo dessas modificações, classificou as reformas como estruturais e paramétricas (não estruturais)[49].

As chamadas reformas não estruturais buscam o aperfeiçoamento do sistema público, tendo como objetivo, principalmente, uma vinculação mais estreita dos sistemas de seguridade social com as necessidades sociais mais prementes, sendo apoiadas pela OIT e pela AISS. Predominam na Europa ocidental e nos demais países desenvolvidos, onde os sistemas de financiamento são majoritariamente por repartição. Essas reformas têm colimado uma adaptação dos sistemas às novas realidades biométricas e sociais, mediante a correção de eventuais distorções e a implementação de requisitos mais rigorosos tais como aumento de idade, tempo de contribuição e introdução de mecanismos que diminuem a taxa de retorno (*v.g.*, os coeficientes atuariais).

Já as reformas estruturais têm sido implementadas principalmente na América Latina e no Leste Europeu, efetivadas mediante as diretrizes preconizadas pelo Banco Mundial e apoiadas pela Federação Internacional de Administradoras de Fundos de Pensão. As reformas estruturais podem adotar um modelo substitutivo, paralelo ou misto[50].

O sistema trabalha com a ideia de pilares múltiplos de proteção, com o objetivo declarado de aumentar a capacidade de poupança nacional para viabilizar a aceleração do desenvolvimento econômico. Esses pilares seriam destinados a reequilibrar as funções redistributivas de poupança e de seguro dos programas de previdência consistindo: a) um pilar obrigatório gerenciado pelo governo, com fins redistributivos, e financiado a partir dos impostos, o qual concederia prestações não ligadas às remunerações (*flat-rate*), no modelo universalista, ou proporcionais à remuneração até um teto baixo nos países que apresentam um modelo laboralista (no qual as prestações previdenciárias se vinculam aos proventos oriundos do trabalho); b) um segundo pilar que pode ser facultativo ou obrigatório[51] de poupança, não redistributivo – que aplica a técnica da previdência em modalidades coletivas, por intermédio de mutualidades, fundações de empresas, fundos de pensões e seguradoras privadas –, gerenciado pelo setor privado, baseado na solidariedade do grupo e, em regra, plenamente capitalizado; e c) um pilar voluntário, individual, financiado por capitalização, para aquelas pessoas que desejam mais proteção na aposentadoria[52]. É importante consignar que estudos realizados pela Associação Internacional de Seguridade Social não conseguiram comprovar as tão propaladas vantagens que o sistema de capitalização ou o sistema misto teoricamente seriam capazes de produzir mediante a acumulação de um maior nível de poupança,

---

47. As metas podem ser conferidas pelo exame de excerto da exposição de motivos da emenda constitucional, apresentada em 29 de abril de 2003: "4. É sabido que a Emenda Constitucional n. 20, de 15 de dezembro de 1998, modificou diversos princípios da administração previdenciária do setor público, em especial o caráter contributivo e o equilíbrio financeiro-atuarial. Não obstante, dada a abrangência incompleta e parcial da EC n. 20, persistem hoje regras bastante diferenciadas entre o regime geral de previdência social e os regimes próprios de previdência social dos servidores, com desequilíbrios nas dimensões da equidade e sustentabilidade de longo prazo. 5. Trata-se de avançar no sentido da convergência de regras entre os regimes de previdência atualmente existentes, aplicando-se aos servidores públicos, no que for possível, requisitos e critérios mais próximos dos exigidos para os trabalhadores do setor privado. Com este vetor, busca-se tornar a previdência social mais equânime, socialmente mais justa e viável financeira e atuarialmente para o longo prazo. Esta convergência de regras proposta na emenda constitucional em anexo, que inclui a criação de um teto comum de benefícios e contribuições para os segurados futuros dos diversos regimes previdenciários existentes no Brasil, será um passo decisivo na direção em que aponta o programa de governo de vossa excelência citado mais acima. 6. Dessa forma, com as medidas ora propostas, almeja-se corrigir as distorções do atual modelo, propiciando, também, maior equidade entre os regimes de previdência social, flexibilidade para a política de recursos humanos, adequação ao novo perfil demográfico brasileiro, melhoria dos resultados fiscais e, sobretudo, a garantia de que as obrigações decorrentes das previsões constitucionais serão, efetivamente, cumpridas em relação ao direito de o servidor público ter uma aposentadoria digna de forma sustentável e sem privar o restante da sociedade dos recursos necessários para o crescimento e desenvolvimento desta nação".

48. Sobre a implementação desse processo, consulte-se: PINHEIRO, Vinícius Carvalho. *Reforma da previdência*: uma perspectiva comparada.

49. MESA-LAGO, Carmelo. Análise comparativa da reforma estrutural do sistema previdenciário realizado em oito países latino-americanos; descrição, avaliação e lições. *Revista Conjuntura Social*, MPAS, v. 8, n. 4, p. 13 e s.

50. No modelo substitutivo, que tem como base a extinção do sistema público anterior e sua substituição por um sistema privado (Chile, México, El Salvador e Bolívia). No modelo paralelo, em que um sistema privado é introduzido como alternativa ao sistema público, resultando na coexistência e concorrência dos dois sistemas (Peru e Colômbia). No modelo misto, que consiste em dois segmentos compulsórios – o sistema público reformado que garante a pensão básica, e um novo segmento plenamente capitalizado, que paga a pensão suplementar (Argentina, Uruguai, Costa Rica). Este é o modelo mais difundido fora da América Latina. MESA-LAGO, Carmelo e MULLER, Katharina. Política e reforma da previdência da América Latina. In: COELHO, Vera Schattan P. *A reforma da previdência na América Latina*, p. 27-63.

51. Para Ilídio das Neves, a ideia de regimes complementares obrigatórios é paradoxal. Em termos de princípios, a complementariedade deveria ser reservada para os regimes facultativos, na medida em que não seria possível fundamentar o fato de tornar obrigatório determinado segmento de mercado. Por isso, os benefícios dos regimes complementares estatais seriam adicionais da aposentadoria base (NEVES. Ilídio das. *Direito da segurança social*: princípios fundamentais numa análise prospectiva, p. 897-906).

52. No Brasil, utilizando-se essa terminologia, possuímos um primeiro pilar grande, composto pelo RGPS e RJU, e um terceiro pilar menor, inexistindo, até o presente momento, um segundo pilar.

supostamente apto a ancorar um desenvolvimento econômico mais célere nesses países[53].

Críticas robustas também foram lançadas por Joseph Stiglitz em conferência apresentada em setembro de 1999 intitulada: *Rethinking pension reform: ten myths about social security systems*[54]. Nesse artigo, o especialista revisita alguns pontos da reforma dos sistemas previdenciários e promove uma contestação profunda dos mitos macroeconômicos, microeconômicos e político-econômicos[55]. Em especial, sua análise é suficientemente ponderada e convincente para demonstrar que um segundo pilar financiado, exclusivamente, por contribuição definida, gerenciada pela iniciativa privada, pode não ser adequado para muitos países. A suposta melhora no desempenho macroeconômico, mais uma vez, não logrou ser comprovada em países que adotaram o receituário, bem como foi contestada seriamente a ideia de que os sistemas de capitalização seriam menos suscetíveis à manipulação política.

Ignorando tais fatos, a EC n. 41/03 inspirou-se no sistema multipilar ou dos três pilares do Banco Mundial. A unificação dos regimes afigura-se como um primeiro passo rumo à privatização não apenas da previdência dos servidores públicos, mas de toda a previdência pública. Lamentavelmente, poderemos, em um futuro muito próximo, caminhar rumo à extinção da previdência pública, convertida em mera assistência social[56].

Tecidas essas breves considerações, podem ser apontadas, resumidamente, as principais inovações imprimidas pela Emenda Constitucional n. 41/03, focada nos regimes próprios de previdência: a) fim da integralidade, passando o benefício a ser calculado pela média das remunerações usadas como base para o aporte das contribuições; b) fim da paridade; c) redução do valor da pensão para os dependentes de servidor que recebia acima do teto do regime geral; d) possibilidade de instituição de um regime complementar obrigatório, por intermédio de entidades fechadas de natureza pública, para os novos servidores, por lei ordinária; e) instituição da contribuição dos inativos com percentual igual ao dos servidores ativos. Entretanto, o art. 4º da EC n. 41/03 previa limites distintos de isenção para a União, os Estados e os Municípios[57]; f) revogação da norma de transição do art. 8º da EC n. 20/98; g) instituição de um mecanismo de estímulo para os servidores que tinham implementado os requisitos para obtenção de aposentadoria voluntária (abono de permanência).

A Emenda Constitucional n. 47/05 – resultante da denominada "PEC paralela" (PEC n. 77/03), germinada no Senado Federal –, apesar de ter sido aprovada em 6-7-2005, produz efeitos como se tivesse sido promulgada juntamente com a EC n. 41/03. Naquilo que é relevante para o momento, abrandou as normas de transição da EC n. 41/03, para os servidores públicos que ingressaram antes de 16-12-1998, e ampliou a possibilidade de serem previstas aposentadorias especiais para os servidores portadores de deficiência e os que exercem atividades de risco, além daqueles sujeitos a atividades que prejudiquem a saúde ou a integridade física. Demais disso, mediante o acréscimo do § 11 ao art. 37, permitiu que as parcelas de caráter indenizatório, previstas em lei, não sejam computadas para efeito de aplicação do teto constitucional previsto no inciso XI do art. 37.

A Emenda Constitucional n. 70/12, de 29-3-12, introduziu o art. 6º-A ao corpo da EC n. 41/03, excepcionando a aplicação dos §§ 3º, 8º e 17 do art. 40 aos servidores vitimados pelo flagelo da invalidez cujo ingresso no serviço público ocorreu até 31-12-2003. Por sua vez, o parágrafo único do art. 6º-A garantiu a revisão, na mesma proporção e na mesma data em que for revisada a remuneração dos agentes públicos em atividade (paridade), para as aposentadorias concedidas com base nesta regra de transição. Além disso, quedou imposto aos entes federativos realização de uma revisão, no prazo de 180 dias, das aposentadorias e pensões delas decorrentes, concedidas a partir de 1º de janeiro de 2004, com efeitos financeiros a partir da data de promulgação da EC n. 70/12 (art. 2º da EC n. 70/12).

A Emenda Constitucional n. 88, de 07.05.2015, alterou o inciso II do § 1º do art. 40 da CF/1988, autorizando lei complementar a ampliar o limite da aposentadoria compulsória nos regimes próprios de previdência. Ciente de suas próprias limitações, quando o assunto é celeridade, o Poder Legislativo inseriu uma regra de transição no art. 100 do ADCT, ampliando a idade para 75 anos apenas para os Ministros do STF, dos Tribunais Superiores e do TCU. Para os demais servidores, a mudança ocorreu com a entrada em vigor da Lei Complementar n. 152/2015.

Imersa em um contexto econômico desfavorável e pressionada por fatores demográficos que clamavam atenção – malgrado a sustentabilidade previdenciária não esteja restrita a fatores de-

---

53. "Estudos sugerem que a política previdenciária é apenas um dos fatores que influenciam o nível de poupança. Mudanças nas políticas visando ao aumento de poupança provavelmente precisariam lidar com uma variedade de fatores, incluindo políticas tributárias, fiscais e de mercado de crédito. Essas mudanças podem incluir alterações sobre como os sistemas previdenciários são organizados e financiados, especialmente se a previdência pode ser ajustada para promover maior poupança sem sacrificar outros objetivos relacionados à renda na aposentadoria. A evidência estatística não tem qualidade suficiente para justificar a adoção de um sistema previdenciário específico, fadado a ser inferior em outros aspectos, na esperança de aumentar a poupança nacional" (THOMPSON, Lawrence. *Mais velha e mais sábia*: a economia dos sistemas previdenciários, p. 73).

54. Em tradução livre: "Repensando a reforma do sistema previdenciário: dez mitos sobre os sistemas de seguridade social".

55. Os dez mitos seriam: Mito 1: as contas individuais estimulariam o desenvolvimento econômico; Mito 2: as taxas de retorno estão acima das contas individuais; Mito 3: as taxas de retorno, em declínio, do sistema de repartição refletem problemas fundamentais; Mito 4: o investimento de fundos fiduciários em participações não tem efeitos macroeconômicos; Mito 5: os incentivos do mercado de trabalho são melhores na conta individual; Mito 6: os planos de benefício definido proporcionam necessariamente mais de um incentivo para se aposentar mais cedo; Mito 7: a competição assegura baixos custos administrativos nas contas individuais; Mito 8: governos corruptos e ineficientes dão argumentação para contas individuais; Mito 9: a política fiduciária é pior nos planos públicos de benefício definido; Mito 10: os investimentos de fundos fiduciários são sempre perdulários e mal gerenciados (STIGLITZ, Joseph; ORSZAG, Peter R. *Rethinking pension reform: ten myths about social security systems*. Presented at the conference on "New ideas about old age security". Washington, D.C., 1999. Disponível em: <http://wwwu.uni-klu.ac.at/hleustik/uni/info/pensref/rethinking.pdf>. Acesso em: 12 out. 2010).

56. Apenas para que se tenha uma ideia, em 1994, o documento da CNI "Rumo ao crescimento: a visão da indústria" já propugnava por um modelo de previdência social oficial básica funcionando sob o regime de repartição com benefício definido em torno de um salário mínimo. Para os trabalhadores que recebessem rendimentos entre um e dez salários mínimos, recomendava-se uma previdência complementar obrigatória, operando no regime de capitalização, suportada com recursos exclusivos dos segurados (DELGADO, Ignacio Godinho. *Previdência social e mercado no Brasil*, p. 276-277).

57. A inconstitucionalidade da diferenciação restou reconhecida pelo STF no julgamento da ADI n. 3.105.

mográficos e econômicos –, era natural que a futura remodelação da previdência apresentasse contornos restritivos. O espírito da reforma promovida pela EC n. 103/2019 já podia ser extraído de um texto escrito pelo então Secretário da Previdência Social, Marcelo Caetano, no qual era examinada a sustentabilidade do sistema previdenciário brasileiro. Partindo de um modelo teórico no qual avultavam variáveis da dinâmica previdenciária (alíquota de contribuição, taxa de reposição e razão de dependência), Caetano defendia a realização de ajustes impopulares, os quais incidiriam sobre as variáveis citadas, com o escopo de compensar os efeitos da dinâmica demográfica nacional[58].

Com a Emenda Constitucional 103, publicada em 13 de novembro de 2019, o sistema previdenciário brasileiro experimentou uma reformulação substancial. Estas alterações abarcam o financiamento dos regimes públicos de previdência, os requisitos de acesso às prestações previdenciárias, a forma de cálculo dos benefícios, bem como o direito à acumulação de prestações nestes regimes. Por seu turno, a previdência complementar também foi atingida, tendo o seu espaço de atuação ampliado.

Um dos principais objetivos da PEC que resultou na EC n. 103/2019, era promover a desconstitucionalização das regras que consagram as prestações previdenciárias, devendo ser editada uma lei complementar para disciplinar os parâmetros essenciais, os quais deveriam estar presentes em todos os regimes próprios. Para que a ideologia da reforma fosse imediatamente implementada, era prevista uma nova regra: os regimes próprios de previdência deveriam contemplar uma aposentadoria voluntária, condicionada ao implemento de 65 anos de idade para o homem e 62 para a mulher, com 25 de contribuição para ambos os sexos, acrescidos de 10 anos de efetivo exercício no serviço público e 5 anos no cargo efetivo.

Apesar de a situação mais delicada de sustentabilidade dos regimes próprios afetar os regimes estaduais e municipais, para que fosse possível a aprovação da EC n. 103/2019, criou-se uma situação inusitada no Brasil. Um conjunto de disposições foram adaptadas para que estados e municípios pudessem definir suas próprias regras no âmbito dos regimes próprios. Desta forma, a reforma da EC n. 103/2019, em muitos pontos, é aplicável automaticamente apenas para os servidores públicos federais. Para os demais entes federados, as mudanças entraram em vigor em conformidade com a definição efetuada nas constituições estaduais e nas leis orgânicas municipais (inciso II do art. 36 da EC n. 103/2019). Assim, seria necessário que o ente federado ratificasse o seu conteúdo, situação ainda não observada em diversas unidades.

Em face das alterações processadas pela EC n. 103/2019, o sistema previdenciário passou a ser composto por regras que aspiram a permanência, regras de transição e também regras transitórias, ou seja, com vigência provisória, podendo ser alteradas por lei ordinária ou, excepcionalmente, por lei complementar. Ninguém ficou surpreso com a revogação das regras de transição das emendas constitucionais anteriores, concretizada pela EC n. 103/2019. Infelizmente, este procedimento foi legitimado pela decisão do STF no julgamento da ADI 3104[59-60].

Mas seguindo a tradição de manter um nível mínimo de respeito às expectativas dos servidores públicos, também foram apresentadas regras de transição que serão enfocadas nos itens pertinentes. Paradoxalmente, as regras de transição antigas, dos artigos 2º, 6º e 6º-A da EC n. 41/2003, e do art. 3º da EC n. 47/2005, apesar de revogadas pelo art. 35 da EC n. 103/2019 no âmbito federal, ainda poderão ensejar aposentadorias para os servidores dos Estados, Municípios e do Distrito Federal, cujos requisitos tenham sido implementados, antes da ratificação das mudanças pelas Constituições e Leis Orgânicas respectivas (alínea *b* do inciso II do art. 36 da EC n. 103/2019). Assim, continua relevante compreender a sua aplicação.

Após terem sido indicadas as emendas constitucionais que efetuaram importantes transformações no texto da Lei Fundamental, torna-se possível examinar, com maior aproveitamento, o presente enunciado normativo, desde a redação originária até as modificações mais recentes. Por oportuno, o leitor não deve perder de vista que, para as aposentadorias dos servidores dos Estados, do Distrito Federal e dos Municípios, as normas constitucionais e infraconstitucionais anteriores à data de entrada em vigor desta Emenda Constitucional continuam aplicáveis, até serem promovidas alterações na legislação interna relacionada ao respectivo regime próprio de previdência social (§ 7º do art. 10 da EC n. 103/2019).

A Lei Fundamental, no § 1º do art. 40, albergava três modalidades de jubilação ofertadas aos titulares de cargos efetivos e vitalícios: a) aposentadoria por invalidez; b) aposentadoria compulsória e c) aposentadoria voluntária. Tendo em vista que os benefícios previstos já haviam sido incorporados ao catálogo de prestações disponibilizadas tradicionalmente pelos regimes previdenciários de nossos entes federativos, as espécies foram naturalmente recepcionadas pela Constituição Federal de 1988.

A conhecida "aposentadoria especial", subespécie de aposentadoria por tempo de serviço – cuja concessão é franqueada apenas no regime geral (Lei n. 8.213/91, ou LBPS), com um tempo de serviço menor, em face de condições diferenciadas nas

---

58. CAETANO, Marcelo Abi-Ramia. Dinâmica fiscal da previdência social brasileira, p. 571 a 586. In: CAMARANO, Ana Amélia. *Novo regime demográfico*: uma nova relação entre população e desenvolvimento? Rio de Janeiro: IPEA, 2014.

59. "CONSTITUCIONAL. PREVIDENCIÁRIO. ART. 2º E EXPRESSÃO '8º' DO ART. 10, AMBOS DA EMENDA CONSTITUCIONAL N. 41/2003. APOSENTADORIA. 'TEMPUS REGIT ACTUM'. REGIME JURÍDICO. DIREITO ADQUIRIDO: NÃO OCORRÊNCIA. 1. A aposentadoria é direito constitucional que se adquire e se introduz no patrimônio jurídico do interessado no momento de sua formalização pela entidade competente. 2. Em questões previdenciárias, aplicam-se as normas vigentes ao tempo da reunião dos requisitos de passagem para a inatividade. 3. Somente os servidores públicos que preenchiam os requisitos estabelecidos na Emenda Constitucional 20/1998, durante a vigência das normas por ela fixadas, poderiam reclamar a aplicação das normas nela contida, com fundamento no art. 3º da Emenda Constitucional 41/2003. 4. Os servidores públicos, que não tinham completado os requisitos para a aposentadoria quando do advento das novas normas constitucionais, passaram a ser regidos pelo regime previdenciário estatuído na Emenda Constitucional n. 41/2003, posteriormente alterada pela Emenda Constitucional n. 47/2005. 5. Ação Direta de Inconstitucionalidade julgada improcedente" (ADI 3104, rel. Min. CÁRMEN LÚCIA, Pleno, *DJe* 09-11-2007).

60. A respeito da necessidade de conferir uma adequada tutela aos direitos em formação *vide*: SAVARIS, Jose Antonio; SOUZA, Victor Roberto Correa de. Tutela jurídica dos direitos sociais em formação na PEC da Nova Previdência: uma análise do tratamento conferido às aposentadorias voluntárias. Disponível em: http://dx.doi.org/10.14210/nej.v24n3. p. 913-941, v. 24, 2019.

quais o trabalho é desempenhado –, encontra-se ausente dos regimes próprios. Para sua inclusão, entendeu o legislador constituinte ser imprescindível a edição de lei complementar.

Em face da inércia do Poder Legislativo, depois do julgamento do MI 721, o STF aprovou a Súmula vinculante 33, determinando a aplicação, no que coubesse, das regras do Regime Geral da Previdência Social sobre aposentadoria especial de que tratava o artigo 40, § 4º, III, da Constituição Federal, até a edição de lei complementar específica.

Conforme entendimento do STF, a norma regulamentadora da concessão da aposentadoria especial deveria ter caráter nacional, não competindo aos Estados, Municípios ou Distrito Federal legislar sobre o tema (MI 1.832-AgR, Rel. Min. Cármen Lúcia, Plenário, DJe, 18-5-2011; MI 1.898-AgR, Joaquim Barbosa, Plenário, DJe, 1-6-2012).

Com a EC n. 103/2019, houve uma mudança na terminologia da aposentadoria por invalidez, a qual passou a ser denominada de aposentadoria por incapacidade permanente. Provisoriamente, as modalidades de aposentadorias disponibilizadas aos servidores públicos federais estão previstas no art. 10. Por relevante, é preciso dizer, enquanto não editada a regulamentação prevista, o acesso à aposentadoria especial para o servidor público federal – cujas atividades sejam exercidas com efetiva exposição a agentes químicos, físicos e biológicos prejudiciais à saúde, ou associação desses agentes – é regulado pelo inciso II do § 2º do art. 10 da citada emenda.

8.3.1. A aposentadoria por incapacidade permanente (aposentadoria por invalidez)

A incapacidade laboral, isto é, a impossibilidade física ou mental para o exercício de uma atividade profissional, pode decorrer de fatores fisiológicos (problemas decorrentes de idade avançada ou falta de idade para iniciar o trabalho) ou patológicos (enfermidades ou acidentes que comprometem a capacidade de trabalho do segurado) e manifesta-se com intensidade variável.

Conhecida também como aposentadoria compulsória por incapacidade real, a aposentadoria por incapacidade permanente, prevista no inciso I do § 1º da CF/88, é o benefício devido ao servidor público que tem a sua capacidade laboral totalmente comprometida por fatores patológicos. A invalidez no serviço público, cujo ingresso demanda aprovação em concurso para desempenhar atribuições específicas, sempre guardou diferenças em relação à aposentadoria por invalidez concedida no regime geral, cuja concessão exige que o segurado esteja incapaz de forma permanente para toda e qualquer atividade idônea, a partir de suas qualificações pessoais. Assim, a concessão do benefício não reclama uma incapacidade tão restritiva como aquela considerada no regime geral (para toda e qualquer atividade), mas cuja intensidade acarrete a impossibilidade de readaptação profissional do servidor para outra atividade no ente federativo.

Se a incapacidade que atinge o servidor for permanente, mas não total, havendo possibilidade de que ele continue a prestar serviços para a administração pública, então ele deverá ser aproveitado em outro cargo, diferente do original, cujas atribuições sejam compatíveis com as limitações enfrentadas pelo agente público[61].

O direito de o servidor público ser amparado nos casos de incapacidade temporária nunca foi objeto de maiores questionamentos. Por isso, é perfeitamente compreensível que o legislador constituinte não tenha se preocupado em tratar do tema. A peculiaridade a ser destacada é que – diferentemente do regime geral, no qual existe o benefício de auxílio-doença para as situações de incapacidade temporária –, no Estatuto do Servidor Público Federal, a questão foi resolvida por um instituto extraído do direito administrativo: a licença. Como forma de justificar o pagamento de remuneração ao servidor afastado do exercício de suas funções, é concedida ao servidor uma licença para o tratamento de saúde (art. 202 da Lei n. 8.112/90)[62]. O § 1º do art. 188 da Lei n. 8.112/90 condiciona a concessão da aposentadoria por invalidez à necessidade de prévia licença para tratamento da saúde do servidor por um período de até 24 meses.

Com a EC n. 103/2019, assim como no regime geral, o nome do benefício foi alterado para evidenciar que a situação, capaz de garantir o direito ao benefício, é a incapacidade permanente. A realização de avaliações periódicas para verificação da continuidade das condições que ensejaram a concessão da aposentadoria, na forma de lei do respectivo ente federativo, agora é obrigatória. Além disso, no inciso I do § 1º do art. 40 da CF/88, incluiu-se expressamente a exigência de não ser viável a readaptação do servidor para desempenhar atividades em outro cargo.

Readaptação é a investidura do servidor em cargo de atribuições e responsabilidades compatíveis com a limitação que tenha sofrido em sua capacidade física ou mental. No âmbito do regime próprio da União, a readaptação é tratada no art. 24 da Lei n. 8.112/90. Os requisitos para que o servidor seja reabilitado envolvem a necessidade de que o servidor possua habilitação e nível de escolaridade compatíveis, considerando o seu cargo de origem, existência de cargo vago, e equivalência de vencimentos.

Não é incomum a ocorrência de desvio ilegal de função de servidor público titular de cargo efetivo. Com efeito o servidor ocupante de cargo efetivo não pode desempenhar funções diversas daquelas definidas na lei, ainda que possua qualificação. São notórios os casos de servidores graduados e pós-graduados que realizam concursos públicos para cargos de auxiliar de serviços gerais e outros similares. Por isto, temia-se que houvesse uma desnaturação da readaptação como forma de burlar o inciso II do art. 37 da CF/88, que consagra o concurso público como forma de acesso aos cargos públicos efetivos.

Com as mudanças promovidas nos proventos da aposentadoria por incapacidade permanente, o interesse do servidor para ser readaptado e continuar recebendo os seus vencimentos aumentou. Evidentemente, em um pequeno município, pelo reduzido contingente de cargos públicos, as dificuldades para promover a reabilitação do servidor são muito maiores do que no âmbito da União.

O § 13 do art. 37, na redação delineada pela EC n. 103/2019 parece ter ampliado o acesso do servidor para cargos com remuneração superior ao padrão para o qual o servidor prestou o concurso, pois refere que a reabilitação pode ser efetuada quando

---

61. Trata-se do instituto da reabilitação profissional previsto no art. 24 da Lei n. 8.112/90.

62. Para maiores esclarecimentos sobre o benefício, consulte-se: ROCHA, Daniel Machado (coord.). *Comentários à lei do regime jurídico único dos servidores públicos civis da União*. Florianópolis: Conceito, 2012, p. 433 e s.

houver cargo público cujas atribuições sejam compatíveis com a limitação da capacidade que afligiu o servidor e que ele possua a habilitação e o nível de escolaridade exigidos para o cargo de destino. Entretanto, isto não poderá representar uma majoração no padrão remuneratório, pois deve ser mantida a remuneração do cargo de origem.

Até que seja alterada a disciplina do RPPS da União, salvo direito adquirido, aplica-se o previsto no inciso II do § 1º do art. 10 da EC n. 103/2019[63], com os proventos calculados na forma do art. 26, pois não há regra de transição para a aposentadoria por incapacidade permanente.

As doenças graves (doenças de tabela) deixaram de figurar como causa de cálculo mais favorável no inciso II do § 3º do art. 26 da EC n. 103/2019. Assim, apenas a invalidez decorrente de acidente em serviço ou doença profissional passa a assegurar o pagamento de benefício com 100% da média das contribuições.

8.3.1.1. Renda mensal da aposentadoria por incapacidade permanente

Nos regimes próprios, restou imposto que a aposentadoria por invalidez seja estipulada com proventos proporcionais ao tempo de contribuição, exceto se decorrente de acidente em serviço, moléstia profissional ou doença grave, contagiosa ou incurável, na forma da lei. O enunciado normativo constante do inciso I do § 1º acolheu diretriz substancialmente diversa da vigente para o regime geral disciplinado no art. 201, onde o espaço de conformação do legislador ordinário é mais amplo. Como nada era referido sobre a forma de cálculo do benefício, o art. 44 da Lei n. 8.213/91 contemplava uma renda mensal que era correspondente a 100% do valor da média dos salários de contribuição, independentemente da causa que motivar a invalidez.

Neste ponto, o preceito constitucional carecia de modificação. Na perspectiva da proteção social, o mais adequado seria que a Constituição tivesse fixado uma regra, ao menos, semelhante à inserida no § 7º do art. 40. Afinal, se um servidor que percebia vencimentos adequados ficar completamente inválido, por causa diversa das exceções constitucionais, com pouco tempo de contribuição, o risco social acarretará à sua família despesas muito maiores (com um membro a mais doente) do que as necessárias para a manutenção do grupo familiar no caso do falecimento do servidor (situação na qual haveria um integrante a menos), com uma renda substancialmente reduzida, se comparada com a da pensão. No mesmo sentido, propugna Castro, destacando que a aposentadoria por invalidez é a única em que o servidor está comprovadamente incapaz para o trabalho, bem como seria a modalidade de aposentadoria na qual o servidor mais necessita do amparo do Estado, razão pela qual deveria receber uma maior proteção em consonância com o princípio da distributividade[64].

Na trilha ditada pela Lei Maior, no regime dos servidores federais, a prestação contemplava proventos integrais apenas se a invalidez decorresse de: a) acidente em serviço; b) moléstia profissional grave; ou c) doença grave, contagiosa ou incurável, especificada em lei. Nos demais casos, o benefício seria calculado com proventos proporcionais ao tempo de contribuição. No cálculo dos proventos proporcionais ao tempo de contribuição é empregada uma fração, cujo numerador considera o total do tempo comprovado pelo servidor, enquanto o denominador corresponde ao tempo necessário à respectiva aposentadoria voluntária. Nesse cálculo, o valor resultante da média das contribuições do servidor é previamente confrontado com o limite de remuneração do cargo efetivo para posterior aplicação da fração. Os períodos de tempo utilizados no cálculo são considerados em número de dias[65].

As moléstias consideradas como doenças graves, asseguratórias do benefício integral, no Estatuto de 1939, eram regidas pelo seu art. 201, o qual permitia a aposentadoria integral no caso de o funcionário ser acometido de: tuberculose ativa, alienação mental, neoplasia maligna, cegueira, lepra, ou paralisia que o impedisse de locomover-se. Mais tarde, a matéria passou a figurar no Estatuto de 1952, no inciso II do art. 178.

O elenco de doenças graves, no serviço público federal, era especificado no § 1º do art. 186 da Lei n. 8.112/90. De acordo com o STF, a concessão de aposentadoria de servidor público por invalidez com proventos integrais exigia que a doença incapacitante estivesse prevista em rol taxativo da legislação de regência (Tema 524)[66]. Conforme será detalhado no tópico específico, a EC n. 103/2019 afetou profundamente o cálculo das prestações previdenciárias.

8.3.1.2. A regra de transição da EC n. 70/12

A Emenda Constitucional n. 70/12 atendeu apenas parcialmente aos anseios dos agentes públicos por uma ampliação da proteção previdenciária. De efeito, ela introduziu uma regra de transição para os agentes públicos que ingressaram no serviço público até 31-12-2003 e já se aposentaram, ou serão aposentados por invalidez, independentemente de quando for concedido este benefício.

Com efeito, a redação aprovada introduziu o art. 6º-A no corpo da EC n. 41/03, excepcionando a aplicação dos §§ 3º, 8º e 17 do art. 40 aos servidores vitimados pelo flagelo da invalidez cujo ingresso no serviço público ocorreu até 31-12-2003. Por sua vez, o parágrafo único do art. 6º-A garantiu a revisão, na mesma proporção e na mesma data em que for revisada a remuneração dos agentes públicos em atividade (paridade), para as aposentadorias concedidas com base na nova regra de transição.

Além disso, quedou imposto aos entes federativos realização de uma revisão, no prazo de 180 dias, das aposentadorias e pensões delas decorrentes, concedidas a partir de 1º de janeiro de 2004, com efeitos financeiros a partir da data de promulgação da EC n. 70/12 (art. 2º da EC n. 70/12). A referida regra de transição foi revogada pelo art. 35 da EC n. 103/2019.

8.3.2. A aposentadoria compulsória

O instituto da aposentadoria compulsória, cujo lastro constitucional repousa no inciso II do § 1º, é lastreado na conjectura de incapacidade para a continuidade do desempenho das tarefas

---

63. "II – por incapacidade permanente para o trabalho, no cargo em que estiverem investidos, quando insuscetíveis de readaptação, hipótese em que será obrigatória a realização de avaliações periódicas para verificação da continuidade das condições que ensejaram a concessão da aposentadoria;" (inciso II do § 1º do art. 10 da EC n. 103/2019).
64. CASTRO, Carlos Alberto Pereira. *O cálculo da aposentadoria por invalidez*: uma interpretação razoável, p. 846.
65. A respeito veja-se o previsto no art. 62 da ON n. 02/09.
66. STF, RE 656.860, Teori Zavascki, Pleno, *DJ* 18-9-2014.

inerentes ao serviço público. Ao implementar a idade legalmente prevista, 70 anos para ambos os sexos, a lei presume a inadequação e o desgaste da vitalidade do cidadão, sem atentar para a sua real situação psicossomática, representando verdadeira restrição na ocupação dos cargos públicos. Como se sabe hoje, nas atividades intelectuais, aos setenta anos, muitas pessoas estão no auge de suas carreiras. Por isso, a saída obrigatória do serviço público, muitas vezes, acarreta significativas perdas para o Estado. Por se tratar de matéria constitucionalmente definida, não pode a lei ordinária modificar os contornos do instituto criando outras hipóteses de aposentadorias compulsórias[67].

Na redação original da CF/88 a idade prevista para a modalidade compulsória era de 70 anos. A EC n. 88/15 efetuou uma mudança seletiva. Para os Ministros do STF e dos Tribunais Superiores, bem como para os ministros do TCU (art. 100 do ADCT), a aposentadoria compulsória passou a ocorrer aos 75 anos de idade. Para os demais servidores vinculados a regimes próprios de previdência, a aposentadoria compulsória continuou determinando a saída do serviço público aos 70 anos. As associações de magistrados impugnaram a mudança pela via da ADI n. 5316[68]. Na deliberação sobre a medida cautelar, o STF entendeu que o referido discrímen não alcançaria o cerne fundamental do regime jurídico da magistratura, mas apenas o momento a partir do qual haveria compulsoriedade da aposentadoria. Assim, a distinção de tratamento dispensada pelo art. 100 do ADCT seria legítima, materialmente constitucional e, por não ofensiva à isonomia, deveria ser observada pelos demais órgãos do Poder Judiciário. Depois do advento da EC n. 88/15, a LC n. 152/15 fixou este limite para todo o serviço público. Por se tratar de matéria constitucionalmente definida, não pode a lei ordinária modificar os contornos do instituto criando outras hipóteses de aposentadorias compulsórias[69].

Controversa era a questão da aplicação da aposentadoria compulsória aos notários e registradores. No Recurso Extraordinário n. 178.236, o Tribunal Constitucional, por maioria, havia entendido que, sendo eles ocupantes de cargos públicos, criados por lei e providos por concurso público, sujeitos a permanente fiscalização do Estado, estariam submetidos à aposentadoria compulsória[70]. Aliás, entender o contrário, na prática, significava reconhecer que os notários poderiam permanecer indefinidamente, configurando uma verdadeira apropriação de um serviço público e de sua remuneração até o momento de sua morte.

Esse posicionamento restou reafirmado por ocasião da apreciação da Medida Cautelar na ADI n. 1.531-1, quando se avaliou a possibilidade de os notários exercerem sua atividade em concomitância com mandato eletivo, pois, se eram servidores públicos para fins do art. 40, também o seriam para fins do inciso III do art. 38[71].

Em face da edição do Provimento n. 055/2001, do Corregedor-Geral de Justiça do Tribunal de Minas Gerais, foi ajuizada a Ação Direta de Inconstitucionalidade n. 2.602, proposta pela Associação dos Notários e Registradores do Brasil. A ação restou julgada procedente, por maioria, representando uma mudança radical no entendimento da Egrégia Corte. Segundo ela, embora atividade notarial seja própria do Poder Público, seu exercício é efetuado em caráter privado (art. 236 da CF/88). Ainda que o serviço seja fiscalizado pelo Poder Judiciário, ele não seria um serviço público em sentido estrito, e os notários exerceriam uma função estatal, mas não cargo público (como ocorre com o jurado e com o mesário eleitoral). Ademais, com o advento da Emenda Constitucional n. 20/98 – cujas disposições transfiguraram a redação do art. 40, que passou literalmente a dispor: "Aos servidores titulares de cargos efetivos da União, dos Estados, do Distrito Federal e dos Municípios...", enquanto na redação primeira previa: "O servidor será aposentado:" –, as aposentadorias dos regimes próprios estariam restritas aos servidores ocupantes de cargos efetivos[72].

Não havia aposentadoria compulsória para trabalhadores vinculados ao regime geral. Com a EC n. 103/2019, restou prevista a aposentadoria compulsória no caso de empregados de consórcios públicos, de empresas públicas, sociedades de economia mista e suas subsidiárias, quando for atingida a idade prevista no inciso II do § 1º do art. 40, na forma prevista na lei (§ 16 do art. 201 incluído pela EC n. 103/2019).

Na aposentadoria compulsória, os proventos serão, em regra, proporcionais ao tempo de contribuição prestado. Só havia direito à integralidade se o funcionário contasse com pelo menos 35 anos de serviço, e a funcionária com 30. A integralidade, todavia, poderia ser alcançada com tempo menor quando decorresse de lei especial. Na Constituição de 1967, por exemplo, para as mulheres e os magistrados concedia-se aposentadoria compulsória com proventos integrais independentemente do tempo de serviço prestado (alínea a do inciso I do art. 101 e § 1º do art. 108). Se o servidor permanecer trabalhando, após o implemento da idade, como a sua permanência é irregular, disso não poderá decorrer nenhum benefício.

Não foi alterada a idade que já era prevista na LC n. 152/2015. Assim, não era necessária uma regra de transição para a aposentadoria compulsória na EC n. 103/2019. Sobre mudanças feitas no cálculo e a distinção da aposentadoria compulsória, vide o item 8.5.

8.3.2.1. Rompimento do vínculo pelo uso de tempo de serviço público

A possibilidade de agregar rendas provenientes dos cofres públicos sempre suscitou muita polêmica. Originariamente, não se

---

67. No julgamento da ADI n. 183, o STF reconheceu a inconstitucionalidade das disposições da Constituição do Estado do Mato Grosso, que impunha a aposentadoria compulsória dos desembargadores, com trinta anos de serviço, que completassem dez anos de exercício no tribunal, ao argumento de que a Constituição, na sua redação original, estabeleceria no inciso VI do art. 93, taxativamente, as hipóteses de aposentadoria facultativa e compulsória dos magistrados, que os Estados-membros não poderiam ampliar nem restringir sem ferir os arts. 2º e 60, § 4º, III, da CF/88 (STF, ADI n. 183-3/MT, Rel. Min. Sepúlveda Pertence, Pleno, DJ 31-10-1997).

68. STF, ADI 5316 MC, Luiz Fux, Pleno, DJe 6-8-2015.

69. No julgamento da ADI n. 183, o STF reconheceu a inconstitucionalidade das disposições da Constituição do Estado do Mato Grosso que impunha a aposentadoria compulsória dos desembargadores, com trinta anos de serviço, que completassem dez anos de exercício no tribunal, ao argumento de que a Constituição, na sua redação original, estabeleceria no inciso VI do art. 93, taxativamente, as hipóteses de aposentadoria facultativa e compulsória dos magistrados, que os Estados membros não poderiam ampliar nem restringir sem ferir os art.2º e 60, § 4º, III, da CF/88 (STF, ADI n. 183-3/MT,Rel. Ministro Sepúlveda Pertence, Pleno, DJ 31.10.1997).

70. STF, RE n. 178.236-6/RJ, Rel. Min. Octávio Gallotti, Pleno, DJ 11-4-1997.

71. STF, Medida Cautelar na ADI n. 1.531-1, Rel. p/ ac. Min. Maurício Corrêa, Pleno, DJ 14-12-2001.

72. STF, ADI n. 2.602-0/MG, Rel. p/ ac. Min. Eros Grau, Pleno, DJ 31-3-2006.

prestava atenção na situação dos empregados públicos. Uma primeira tentativa de modificar o quadro ocorreu com a Lei n. 9.528/97, a qual promovia a alteração do § 2º do art. 453 da CLT, passando o ato de concessão de benefício de aposentadoria a empregado que não tivesse completado trinta e cinco anos de serviço, se homem, ou trinta, se mulher, expressamente, a ser causa de extinção do vínculo empregatício. Este dispositivo teve a sua eficácia suspensa por decisão proferida na ADI 1721-3. Nessa decisão, o Pretório Excelso, destacando que a relação mantida pelo empregado com a instituição previdenciária não se confunde com a que o vincula ao empregador, assentou: "O diploma normativo impugnado, todavia, ao dispor que a aposentadoria concedida a empregado que não tiver completado 35 anos de serviço (aposentadoria proporcional por tempo de serviço) importa extinção do vínculo empregatício – efeito que o instituto até então não produzia –, na verdade, outra coisa não fez senão criar modalidade de despedida arbitrária ou sem justa causa, sem indenização, o que não poderia ser feito sem ofensa ao dispositivo constitucional sob enfoque"[73].

Desse modo, a aposentadoria dos empregados de empresas públicas e sociedade de economia mista não era causa de extinção de contrato de trabalho, inexistindo óbice à percepção simultânea da aposentadoria do RGPS e dos salários do contrato de trabalho que seguia em vigor[74].

A EC n. 103/2019 trouxe uma solução mais radical, acrescendo o § 14 ao art. 37 da CF/88 estabelecendo: "A aposentadoria concedida com a utilização de tempo de contribuição decorrente de cargo, emprego ou função pública, inclusive do Regime Geral de Previdência Social, acarretará o rompimento do vínculo que gerou o referido tempo de contribuição".

A mudança parece ter sido efetivada, principalmente, focando na situação de Municípios que não possuíam regime próprio de previdência. Nesse caso, todos os servidores, mesmo os ocupantes de cargos efetivos, eram vinculados ao regime geral. Ou seja, diferentemente do ente com regime próprio de previdência, no qual a aposentadoria gera a vacância do cargo público, tornando possível a sua ocupação por outra pessoa, mediante concurso, nos entes federados sem regime próprio havia incerteza sobre a possibilidade de o servidor ocupante de cargo efetivo acumular a aposentadoria do regime geral com a remuneração decorrente do cargo público. O Supremo Tribunal Federal vinha entendendo ser admissível a cumulação, fundamentalmente encampando as razões lançadas pelo Ministro Marco Aurélio no RE n. 387.269/SP[75].

Entretanto, não resta dúvida de que todos os empregados de empresas públicas, de consórcios públicos, de sociedades de economia mista e suas subsidiárias, e servidores ocupantes de cargos efetivos em entes sem regime próprio também são afetados. Aparentemente, o art. 6º da EC n. 103/2019 quis proteger a situação dos trabalhadores que implementaram os requisitos até a data de promulgação da nova alteração constitucional. Entretanto, a redação não foi muito feliz ao prever que: "Art. 6º O disposto no § 14 do art. 37 da Constituição Federal não se aplica a aposentadorias concedidas pelo Regime Geral de Previdência Social até a data de entrada em vigor desta Emenda Constitucional".

O não exercício de um direito não pode ser interpretado contra o titular, salvo nos casos em que a lei estabelece um prazo para o exercício do direito sob pena de ocorrer a prescrição ou decadência. Ademais, é consolidado o entendimento do STF no sentido de que: "Se, na vigência da lei anterior, o funcionário preenchera todos os requisitos exigidos, o fato de, na sua vigência, não haver requerido a aposentadoria não o faz perder o seu direito, que já havia adquirido". Com efeito, no julgamento do RE 72509 ED-ED, houve evolução do posicionamento do STF para promover a alteração da Súmula 359, sendo suprimidas as palavras "inclusive a apresentação do requerimento, quando a inatividade for voluntaria"[76]. No mesmo sentido vem entendendo nossa corte constitucional, como foi o caso do julgamento proferido sobre o tema do direito ao melhor benefício (Tema 334): "Todavia, em se tratando de direito já incorporado ao patrimônio jurídico, a falta de exercício não acarreta, por si só, a sua perda, (...) a não ser quando a lei fixa um prazo para o exercício do direito, que não é o caso. O direito assim adquirido pode, portanto, ser exercido a qualquer tempo, ressalvada a decadência"[77].

No julgamento do Tema 606, cuja principal questão era a definição da competência para processar ação sobre a reintegração de empregados públicos dispensados em face de aposentadoria espontânea, o STF fixou a seguinte tese: "A natureza do ato de demissão de empregado público é constitucional-administrativa e não trabalhista, o que atrai a competência da Justiça comum para julgar a questão. A concessão de aposentadoria aos empregados públicos inviabiliza a permanência no emprego, nos termos do art. 37, § 14, da CRFB, salvo para as aposentadorias concedi-

---

73. STF, ADI 1721, Carlos Britto, Pleno, *DJe* 29-6-2007.
74. AÇÃO DIRETA DE INCONSTITUCIONALIDADE. READMISSÃO DE EMPREGADOS DE EMPRESAS PÚBLICAS E SOCIEDADES DE ECONOMIA MISTA. ACUMULAÇÃO DE PROVENTOS E VENCIMENTOS. EXTINÇÃO DO VÍNCULO EMPREGATÍCIO POR APOSENTADORIA ESPONTÂNEA. NÃO CONHECIMENTO. INCONSTITUCIONALIDADE. Lei n. 9.528/1997, que dá nova redação ao § 1º do art. 453 da Consolidação das Leis do Trabalho – CLT –, prevendo a possibilidade de readmissão de empregado de empresa pública e sociedade de economia mista aposentado espontaneamente. Art. 11 da mesma lei, que estabelece regra de transição. Não se conhece de ação direta de inconstitucionalidade na parte que impugna dispositivos cujos efeitos já se exauriram no tempo, no caso, o art. 11 e parágrafos. É inconstitucional o § 1º do art. 453 da CLT, com a redação dada pela Lei n. 9.528/1997, quer porque permite, como regra, a acumulação de proventos e vencimentos – vedada pela jurisprudência do Supremo Tribunal Federal –, quer porque se funda na ideia de que a aposentadoria espontânea rompe o vínculo empregatício. Pedido não conhecido quanto ao art. 11, e parágrafos, da Lei n. 9.528/1997. Ação conhecida quanto ao § 1º do art. 453 da Consolidação das Leis do Trabalho, na redação dada pelo art. 3º da mesma Lei n. 9.528/1997, para declarar sua inconstitucionalidade (STF, ADI 1770, Joaquim Barbosa, Pleno, *DJ* 1-12-2006).
75. O Município confere à norma apontada como infringida, ou seja, ao § 10 do art. 37 da Constituição Federal, alcance que o dispositivo não tem. Como consta em bom vernáculo no texto constitucional, "é vedada a percepção simultânea de proventos de aposentadoria decorrentes dos art. 40 ou dos arts. 42 e 142 com a remuneração de cargo, emprego ou função pública, ressalvados os cargos acumuláveis na forma desta Constituição, os cargos eletivos e os cargos em comissão declarados em lei de livre nomeação e exoneração". Vale dizer que, consoante bem decidiu o Tribunal de origem, a glosa diz respeito à acumulação de proventos decorrentes da aposentadoria como servidor público, considerado o regime específico e remuneração do novo cargo. A recorrida aposentou-se pelo regime geral de previdência social, não havendo, assim, a impossibilidade de assumir o novo cargo. Pouco importa que haja sido servidora do Município. À luz do texto constitucional, cumpre perquirir a fonte dos proventos, que, indubitavelmente, não está nos cofres públicos (STF, RE n. 387.269, decisão monocrática, Marco Aurélio, *DJ* 17-12-2004. No mesmo sentido, dentre outras decisões, RE n. 541.138, decisão monocrática, Gilmar Mendes, *DJe* 12-4-2011).
76. STF, RE 72.509 ED-EDv, Pleno, Luiz Gallotti, *DJ* de 30-3-1973.
77. STF, RE 630.501, rel. p/ o ac. Min. Marco Aurélio, voto do Min. Teori Zavascki, *DJe* 26-8-2013.

das pelo Regime Geral de Previdência Social até a data de entrada em vigor da Emenda Constitucional n. 103/2019, nos termos do que dispõe seu art. 6º"[78].

No item 8.8 trataremos da proibição da acumulação de proventos com vencimentos, bem como da nova regra trazida pelo art. 24 da EC n. 103/2019.

8.3.3. As aposentadorias voluntárias

A aposentadoria voluntária no serviço público, erigida como direito subjetivo do servidor, remonta à Constituição de 1946 (§ 1º do art. 191)[79], pois as Constituições de 1824, 1891, 1934 e 1937 não previam essa forma de aposentadoria. Embora o Estatuto dos Funcionários de 1939 já contemplasse essa modalidade de jubilação no art. 197, a concessão da prestação ficava ao alvedrio da administração, porquanto era necessário que os servidores fossem julgados merecedores do prêmio, em face dos bons e leais serviços prestados.

Em conformidade com a redação primigênia da Constituição de 1988, existiam as seguintes possibilidades de obtenção de aposentadorias voluntárias: a) aos trinta e cinco anos de serviço, se homem, e aos trinta, se mulher, com proventos integrais; b) aos trinta anos de serviço, se homem, e aos vinte e cinco, se mulher, com proventos proporcionais a esse tempo; c) aos sessenta e cinco anos de idade, se homem, e aos sessenta, se mulher, com proventos proporcionais ao tempo de serviço; d) aos trinta anos de efetivo exercício em funções de magistério, se professor, e vinte e cinco, se professora, com proventos integrais.

Para algumas categorias, como Magistratura, Ministério Público e Ministros dos Tribunais de Contas (art. 93, VI; art. 129, § 4º; e art. 73, § 3º), a Constituição oferecia uma forma especial de aposentadoria voluntária, excepcionando-a da regra geral, na qual não havia benefício proporcional nem tratamento distinto para homens e mulheres. Por isso, a aposentadoria proporcional contemplada na alínea c do inciso II do art. 40 não era aplicável para as categorias do Ministério Público e da Magistratura para as quais estaria reservado um sistema próprio. De efeito, quando o constituinte quis estabelecer uma diferenciação, em regra especial, o fez expressamente como ocorreu com a aposentadoria dos professores (30 anos para os homens e 25 anos para as mulheres). Este entendimento foi manifestado no julgamento da Ação Direta de Inconstitucionalidade n. 994-0, na qual foi reconhecida a inconstitucionalidade do § 3º do art. 231 da Lei Complementar n. 75, de 20 de maio de 1993, o Estatuto do Ministério Público da União[80]. No julgamento de cinco Ações Diretas de Inconstitucionalidade (ADI 4802, 4803, 3308, 3363 e 3998), o STF considerou constitucionais os dispositivos que incluíram a magistratura no regime próprio de previdência dos servidores públicos[81].

A Emenda Constitucional n. 20/98 eliminou a possibilidade de obtenção de benefício proporcional ao tempo de serviço. Além disso, a Emenda Constitucional n. 20/98 instituiu, em substituição à aposentadoria por tempo de serviço, um benefício que reclama, simultaneamente, tempo de contribuição e idade. No julgamento do RE 591647, o STF entendeu que a Constituição Federal não exige que os cinco anos de efetivo exercício no cargo em que se dará a aposentadoria sejam ininterruptos[82].

Na redefinição da sistemática das aposentadorias voluntárias, ofertadas para a generalidade dos servidores, restaram mantidas duas possibilidades previstas no inciso III do § 1º: a) a aposentadoria voluntária por tempo de contribuição e idade (alínea a do inciso III); e b) a aposentadoria voluntária por idade (alínea b do inciso III). Na primeira situação, o benefício é ofertado com proventos correspondentes à integralidade da média, quando o servidor contar sessenta anos de idade e trinta e cinco de contribuição, se homem, e cinquenta e cinco anos de idade e trinta de contribuição, se mulher. Os servidores ainda podem obter um benefício de aposentadoria voluntária, aos sessenta e cinco anos de idade, se homem, e sessenta anos de idade, se mulher. Na última situação, os proventos serão proporcionais ao tempo de contribuição.

Em ambos os casos, tornou-se necessário o cumprimento de tempo mínimo de dez anos de efetivo exercício no serviço público e cinco anos no cargo efetivo em que se dará a aposentadoria (inciso III do art. 40 da CF/88, com a redação dada pela EC n. 20/98). A reforma promovida pela Emenda Constitucional n. 41/03, não afetou os requisitos de elegibilidade do benefício, mas efetuou transformações significativas, em especial, promoveu a extinção da integralidade e paridade.

Sobrevindo a EC n. 103/2019, passou a ser possível, no âmbito do regime próprio da União, uma única modalidade de aposentadoria voluntária para os servidores em geral, sendo necessária a idade de 65 anos para o servidor e de 62 anos para a servidora, além do cumprimento de um tempo mínimo de contribuição de 25 anos para ambos os sexos, 10 anos de serviço público e 5 anos no cargo em que se dará a aposentadoria (inc. III do § 1º do art. 40 da CF/88 c/c § 1º do art. 10 da EC n. 103/2019). Já no âmbito dos Estados, do Distrito Federal e dos Municípios, a aposentadoria voluntária será efetuada com a idade mínima estabelecida mediante emenda às respectivas Constituições e Leis Orgânicas, observados o tempo de contribuição e os demais requisitos estabelecidos em lei complementar do respectivo ente federativo.

REGRA GERAL DOS SERVIDORES DA UNIÃO	HOMEM	MULHER
IDADE MÍNIMA	65	62
CONTRIBUIÇÃO	25 anos para ambos os sexos	
TEMPO DE SERVIÇO PÚBLICO	10 anos	
TEMPO NO CARGO	5 anos	

---

78. RE 655283, Rel. p/ acórdão: DIAS TOFFOLI, Pleno, *DJe* 26-4-2021.

79. "Art. 191. O funcionário será aposentado: I – por invalidez; II – compulsoriamente, aos 70 anos de idade. § 1º Será aposentado, se o requerer, o funcionário que contar 35 anos de serviço. § 2º Os vencimentos da aposentadoria serão integrais, se o funcionário contar 30 anos de serviço; e proporcionais, se contar tempo menor. § 3º Serão integrais os vencimentos da aposentadoria, quando o funcionário, se invalidar por acidente ocorrido no serviço, por moléstia profissional ou por doença grave contagiosa ou incurável especificada em lei. § 4º Atendendo à natureza especial do serviço, poderá a lei reduzir os limites referidos em o n. II e no § 2º deste artigo."

80. STF, ADI 994-0/DF, Rel. Min. Néri da Silveira, Pleno, *DJ* 19-9-2003.

81. Disponível em: https://portal.stf.jus.br/noticias/verNoticiaDetalhe.asp?idConteudo=507357&ori=1. Acesso em 16-5-2023.

82. STF, RE 591467 AgR, Min. GILMAR MENDES, 2ª T., *DJe* 25-4-2012.

8.4. Promoções na inatividade

A legislação ordinária que consagrava a aposentadoria com provento melhorado germinou e floresceu de maneira vistosa no serviço público brasileiro. A origem do favor legal de aposentar o servidor com proventos do cargo imediatamente superior, de maneira ampla, remonta ao inciso II do art. 184 da Lei n. 1.711/52. José Abreu de Oliveira cogita duas hipóteses para justificar a medida: a) obra da prodigalidade do legislador, ou b) providência concebida para estimular o rejuvenescimento dos quadros de pessoal[83]. Conhecendo a peculiar evolução do Estado brasileiro, a primeira alternativa é a mais provável. Aproveitando-se que a vedação não tinha sido repetida no texto original da Carta de 1988, o Estatuto do Servidor Público Civil – Lei n. 8.112/90 – encontrou campo livre para ressuscitar a indigitada benesse nos arts. 192 e 193. Tais dispositivos restaram vetados justificadamente pelo Presidente da República[84]. Os vetos foram rejeitados pelo Congresso Nacional, sendo a extinção do injustificável adicional operada pela Lei n. 9.527/97.

Do ponto de vista de política previdenciária, as regras que permitem a jubilação com um padrão de remuneração superior ao percebido na atividade são desastrosas, na medida em que, praticamente, compelem o servidor a aposentar-se o mais cedo possível não apenas acarretando um aumento dos encargos previdenciários, como privando a administração de servidores experientes que muitas vezes não serão substituídos à altura em um curto prazo.

As políticas de previdência, no Brasil de hoje, convergem em sentido contrário, seja pelo oferecimento de estímulos para a permanência no serviço público (*v.g.* abono de permanência) ou pela criação de redutores para os que, tendo ingressado no serviço público antes das reformas constitucionais previdenciárias, poderiam optar pelas regras de transição[85].

O § 2º do art. 40, com a redação delineada pela EC n. 20/98 pretendia obstar que os proventos da aposentadoria e das pensões excedam a remuneração do respectivo servidor. Na Lei n. 10.887/2004, o § 5º do art. 1º também não permite que os proventos sejam superiores à remuneração do respectivo cargo no qual se deu a aposentadoria. O dispositivo constitucional estava em sintonia com a manutenção da integralidade da prestação. Entretanto, como bem apontado por Fábio Ibrahim, o emprego de valores atualizados no cálculo do provento médio pode produzir um valor superior ao percebido pelo servidor. Desta maneira, a limitação passou a ser equivocada, sendo razoável a interpretação de que a nova sistemática da EC n. 41/2003 é incompatível com a referida limitação[86].

Com a EC n. 103/2019, os proventos de aposentadoria dos servidores que ingressaram no serviço público depois da vigência da EC n. 103/2019 não poderão ser superiores ao limite máximo estabelecido para o RGPS. Entretanto, a sua aplicação, no âmbito dos entes federados demandaria a instituição dos regimes complementares, tendo sido fixado o prazo de dois anos, a contar de 13 de dezembro de 2019 (§ 6º do art. 9º da EC n. 103/2019).

8.5. Forma de cálculo das aposentadorias dos regimes próprios

Os regimes previdenciários públicos ofertados aos trabalhadores da iniciativa privada e aos servidores públicos no Brasil, no concernente ao financiamento, eram organizados em um modelo de repartição simples. Nesse modelo – o qual constitui o método adotado pela maioria dos atuais sistemas na Comunidade Europeia, assim como nos países da Organização para Cooperação e Desenvolvimento Econômico, OCDE – os recursos são obtidos pelo repasse do valor das contribuições descontadas dos trabalhadores (incidente sobre a sua remuneração) e da contribuição exigida das empresas que são gerenciadas pelo governo para o adimplemento dos benefícios dos aposentados no mesmo período. Eventuais insuficiências financeiras são suportadas pelo ente federado que instituiu o regime. Não havia a acumulação de recursos para o pagamento dos futuros benefícios. Por seu turno, os atuais contribuintes acreditam que os seus benefícios serão financiados pelas gerações vindouras.

Com relação às prestações ofertadas, os regimes contemplavam regras que, além dos requisitos necessários para a obtenção dos benefícios, previam a fórmula de cálculo. O modelo que maximiza as garantias do trabalhador, o qual tem condições de conhecer com antecedência o valor da futura aposentadoria, era conhecido como "plano de benefício definido"[87]. Em um plano de benefício definido, as contribuições previdenciárias são variáveis ajustadas em conformidade com as necessidades de financiamento do sistema[88].

Por exemplo, à medida que diminui a relação ativos-inativos – para que o equilíbrio seja mantido – torna-se necessário aumentar a alíquota das contribuições vertidas pelos trabalhadores, reduzir o valor dos benefícios em manutenção (não repassando a defasagem inflacionária), ou tributar os inativos. Entretanto, diferentemente do regime geral, no qual o benefício guardava certa proporção com os aportes vertidos, nos regimes próprios dos servidores ocupantes de cargos efetivos, os proventos dos inativos – como decorrência automática do § 4º do art. 40 da Constituição Federal, na sua redação original – eram equivalentes à remuneração percebida pelos servidores em atividade[89].

Embora já fosse o desejo do Poder Executivo alterar os critérios de determinação das aposentadorias – consoante pode ser verificado pela PEC n. 33/93, que resultou na EC n. 20/98 –, a

---

83. ABREU DE OLIVEIRA, J. E. *Aposentadoria no serviço público*, p. 166.
84. Os argumentos levantados são eloquentes, dispensando maiores considerações: "Esses dispositivos concedem 'promoções' aos servidores no momento da aposentadoria. Além do importante e permanente acréscimo da despesa, o disposto nesses artigos contraria qualquer princípio básico de administração de pessoal, ao conceder 'promoção' ao servidor quando da aposentadoria. A Constituição prevê, e o Projeto de Lei assegura, que todas as vantagens concedidas aos servidores em atividade serão estendidas aos inativos. Contrariamente, esses dispositivos concedem vantagens ao inativo sem contrapartida ao pessoal ativo".
85. No Brasil, embora se discuta muito a questão, ainda não há um limite etário para a obtenção de aposentadoria por tempo de contribuição no regime geral, mas é bem provável que isto seja efetuado logo, adotando a mesma idade prevista para a aposentadoria voluntária por tempo de contribuição dos regimes próprios.
86. IBRAHIM, Fábio Zambitte. *Curso de direito previdenciário*, p. 738.
87. Como alternativa principal, existe o "plano de contribuição definida". Em um plano de contribuição definida o trabalhador não sabe o valor do futuro benefício que depende do rendimento das aplicações no mercado financeiro.
88. Sobre o tema, consulte-se MESA-LAGO, Carmelo. *Análise comparativa da reforma estrutural do sistema previdenciário realizada em oito países latino-americanos; descrição, avaliação e lições*. Conjuntura Social, v. 8, n. 4.
89. STF, AgR no AI n. 141.189, Rel. Min. Marco Aurélio, 2ª Turma, *DJ* 14-8-1992.

primeira reforma substancial do sistema previdenciário não havia conseguido modificar os elementos diferenciais dos regimes previdenciários próprios: as garantias da integralidade e paridade. A integralidade era o direito do servidor público de jubilar-se com o mesmo padrão remuneratório da atividade, calculado a partir da última remuneração. A paridade consistia na manutenção da equivalência remuneratória entre ativos e inativos, permitindo a extensão aos inativos de quaisquer benefícios ou vantagens concedidas aos agentes públicos em atividade sem a necessidade de lei específica.

Examinando estas duas garantias, Paulo Modesto conclui que, antes de serem um dado concreto, a integralidade e a paridade eram um mito, porquanto, dentre as parcelas que compõem a remuneração do servidor, podem existir vantagens vinculadas a atividades concretas, específicas, pelo efetivo desempenho de alguma função ou tarefa, não sendo extensíveis aos inativos[90].

O enunciado normativo do § 3º do art. 40, plasmado pela EC n. 41/2003, sepultou a regra da integralidade. Há doutrinadores como Diogo de Figueiredo Moreira Neto[91] e Marcus Orione Gonçalves Correia[92], para os quais, em face da natureza do vínculo estatutário, a relação jurídica receberia a proteção de cláusulas constitucionais como as do § 4º do art. 60, de forma que, a partir da investidura de alguém na função pública, o direito à aposentação passaria a ter plena eficácia. Dentro dessa ótica, se o direito à aposentadoria já se encontrava protegido desde a investidura, e não quando preenchidos os requisitos que o tornavam exigível, forçosamente estes não poderiam ser aplicados aos servidores públicos que ingressaram antes de 16-12-98, nem mesmo a regra de transição do art. 8º da EC n. 20/98.

Em que pese a sedução emanada pelos argumentos alinhavados, a tese choca-se com o entendimento assentado, há muito tempo, pelo Supremo Tribunal Federal, de que inexiste direito adquirido à manutenção de um regime jurídico. Nessa linha, destaca-se a decisão proferida no Recurso Extraordinário n. 243.415/RS, assim ementada: "Aposentadoria: proventos: direito adquirido aos proventos conformes à lei regente ao tempo da reunião dos requisitos da inatividade, ainda quando só requerida após a lei menos favorável (Súmula 359, revista): aplicabilidade *a fortiori*, à aposentadoria previdenciária"[93].

A disposição normativa em tela reclamava concretização legislativa na qual a tendência era a adoção de mecanismo semelhante ao vigente para os segurados do regime geral. Valendo-se do paradigma do RGPS, em 19 de fevereiro de 2004 foi editada a Medida Provisória n. 167, determinando no seu art. 1º que, para o cálculo dos proventos de aposentadoria dos ocupantes de cargos efetivos – de qualquer dos poderes da União, dos Estados, do Distrito Federal e dos Municípios –, fosse considerada a média atualizada das remunerações utilizadas como base para as contribuições aos regimes de previdência a que o servidor esteve vinculado, correspondente a oitenta por cento de todo o período contributivo. A Medida Provisória n. 167 acabou convertida na Lei n. 10.887, de 18 de junho de 2004.

Quando uma reforma previdenciária é realizada compelida pela necessidade de restringir o custo geral do sistema, nada mais natural que sejam efetuadas mudanças destinadas a reduzir o valor das futuras prestações. A novidade, conforme enunciado, foi a quebra da simetria previdenciária. Com a EC n. 103/2019, em sintonia com o compromisso assumido pelo executivo, o § 3º passou a prever que as regras para cálculo de proventos de aposentadoria serão disciplinadas em lei do respectivo ente federativo.

Para o servidor ocupante de cargo efetivo que ingressou a partir de 1º-1-2004, e antes da criação do regime complementar no respectivo ente federativo, será possível o deferimento de benefício sem limitação ao teto do RGPS, desde que não tenha sido feita a opção prevista no § 16 do art. 40, concedendo-se um benefício calculado com base na média das contribuições.

A regra transitória estabelecida no art. 26 da EC n. 103/2019 também afetou o cálculo dos benefícios devidos para os servidores públicos federais. A contar de 13-11-2019 o salário de benefício será apurado mediante a utilização da média aritmética simples dos salários de contribuição e das remunerações adotados como base para contribuições a regime próprio de previdência social e ao Regime Geral de Previdência Social, ou como base para contribuições decorrentes das atividades militares de que tratam os artigos 42 e 142 da Constituição Federal, atualizados monetariamente, correspondentes a 100% (cem por cento) do período contributivo desde a competência julho de 1994 ou desde o início da contribuição, se posterior àquela competência. Portanto, em princípio, não será mais possível excluir os 20% menores salários-de-contribuição da média. Definido este, aplica-se um percentual de 60% da média apurada, aos 20 anos de contribuição, mais 2% para cada ano adicional.

Não foi prevista distinção entre homens e mulheres no regime próprio da União, para fins de acréscimo do coeficiente de cálculo. Em face desta situação, sob o ponto de vista da isonomia, há um tratamento discriminatório no § 5º do art. 26 da EC n.

---

90. MODESTO, Paulo. *Reforma da previdência e regime jurídico da aposentadoria dos titulares de cargo público*, p. 43.

91. "E assim é, e deve ser, porque o vínculo entre o servidor e o Estado, uma vez instituído, com existência e validez, subsiste *ad vitam*, não cessando nem mesmo com sua passagem à inatividade, pois, mesmo depois, a pessoa do servidor continuará sujeita ao estatuto a que aderiu sob alguns aspectos, tais como o remuneratório (a percepção de proventos), o disciplinar (a submissão a padrões mínimos de conduta) e o assistencial (o pensionamento dos dependentes). Em razão disso, todos os servidores da ativa têm incorporado a seu patrimônio jurídico um direito subjetivo público de natureza estatutária, nascido com a sua investidura, tanto à aposentação como à percepção de proventos irredutíveis, pois são essas as eficácias imediatas das respectivas investiduras, ao tempo que se tornaram atos jurídicos perfeitos, restando-lhes, apenas, alcançar exequibilidade desse direito, o que se dá com a satisfação das condições e cumprimento dos termos vigentes. Ao optar por uma carreira pública, que demanda praticamente a entrega de toda sua vida profissional útil, o servidor público, diferentemente do prestador de serviços privado – que se submete aos riscos do mercado de trabalho e, por isso, tem possibilidade de auferir ganhos proporcionais à seu êxito, atuando em um universo competitivo, mas sem estabilidade de situação – a tudo renuncia por vocação pública e para a ela dedicar-se plenamente, sabendo-se garantido pela necessária estabilidade e irredutibilidade estipendial, a salvo de alterações políticas que possam ter significado material de tal ordem que possam comprometer a gama dos direitos inerentes à relação estatutária a que aderiu no início da carreira" (MOREIRA NETO, Diogo de Figueiredo. Parecer sobre a proposta de emenda constitucional de reforma da previdência. Disponível em <http://www.conamp.org.br/ref_prev/parecer_DFMN.htm>. Acesso em 2-2-2004).

92. CORREIA, Marcus Orione Gonçalves. *A reforma da Previdência Social e os servidores que ingressararm no serviço público em data anterior à da publicação da Emenda Constitucional n. 41/2003*.

93. STF, RE n. 243.415/RS, Rel. Min. Sepúlveda Pertence, 1ª T., *DJU* 11-2-2000, transcrito no Informativo 178 do STF.

103/2019. Com efeito, após 15 anos de tempo de contribuição, as seguradas do RGPS podem aumentar o coeficiente de cálculo, enquanto as servidoras públicas necessitam de 20 anos. A discrepância inclusive é objeto de questionamento na ADI 6254.

Constituem exceções a aplicação do artigo 26:

a) a regra de cálculo da aposentadoria compulsória, cuja média é multiplicada por uma fração que tem no numerador o tempo total de contribuição e no denominador o número 20, cujo resultado é limitado a um inteiro. Dito em outras palavras. Se o servidor totalizar pelo menos 20 anos de tempo de contribuição, o cálculo corresponderá a 60% da média mais 2% por cada ano adicional. Se ele tiver menos de 20 anos de contribuição, divide-se o tempo de contribuição do servidor por 20[94]. Depois, esta fração será aplicada sobre o salário de benefício da aposentadoria, lembrando que, pelo tempo total de contribuição ser inferior a 20 anos, corresponderá a 60% da média. Assim, a renda mensal inicial corresponderá a 60% da média multiplicada pela fração referida, não podendo ser inferior a um salário mínimo;

b) a regra de cálculo da aposentadoria por incapacidade permanente decorrente de acidente do trabalho ou doença ocupacional, cujo coeficiente será 100% da média;

c) as regras aplicáveis para as aposentadorias de servidores que ingressaram antes da EC n. 103/2019, uma vez cumpridos os requisitos previstos nas respectivas regras de transição. Neste caso, nos termos dos arts. 4º e 20 da EC n. 103/2019, podem fazer jus a um benefício com integralidade e paridade, se o ingresso for anterior a EC n. 41/2003, ou a 100% da média das contribuições, caso o ingresso seja posterior a EC n. 41/2003 e anterior à vigência da EC n. 103/2019.

8.5.1. Regras de transição da EC n. 20/98

As aposentadorias albergadas no art. 40 tiveram os seus requisitos de elegibilidade afetados pela EC n. 20/98. Como ela não havia afetado as garantias da integralidade e paridade, a regra de transição do art. 8º da EC n. 20/98 limitou-se a assegurar o acesso a um benefício com integralidade e paridade nas condições mais favoráveis do que as regras permanentes. Este dispositivo poderá ser aplicado a todos os servidores que completarem os requisitos até o advento da EC n. 41/2003.

Consoante depreende-se do art. 8º da EC n. 20/98, dois novos requisitos devem ser atendidos, simultaneamente, para viabilizar aos servidores o benefício de aposentadoria: a) idade mínima de 53 anos para os homens e de 48 para as mulheres; e b) um acréscimo de 20% do tempo que faltava na data da publicação da Emenda n. 20, no caso da aposentadoria integral por tempo de serviço, e de 40% para a aposentadoria proporcional[95]. Este período adicional ficou conhecido como "pedágio". É relevante salientar que se, por exemplo, o servidor cumprisse o tempo faltante acrescido de 20% para a aposentadoria integral, mas ainda não tivesse completado a idade exigida de 53 anos, não faria jus ao benefício.

Registre-se a existência de regra especial para os professores no § 4º deste artigo, a qual determinava, para o tempo laborado até a publicação da Emenda, um acréscimo de 17% para os homens e de 20% para as mulheres.

8.5.2. Regras de transição da EC n. 41/2003

Depois de terem sido abordadas as substanciais modificações da EC n. 41/2003 perpetradas no procedimento de cálculo dos benefícios para os atuais servidores, bem assim no mecanismo de reajustamento, podemos compreender as suas regras de transição.

Antes que o seu impacto pudesse ser maior, a EC n. 41/2003 revogou o art. 8º da EC n. 20/98 – o qual franqueava o acesso da aposentadoria para os servidores em boas condições –, oferecendo em seu lugar uma importante regra de transição.

As diferenças entre o art. 8º da EC n. 20/98 e o art. 2º da EC n. 41/2003 residem na forma de cálculo da prestação e no reajustamento: a) a modalidade de aposentadoria proporcional foi banida; b) o benefício é calculado com base no provento médio; c) a regra prevê a aplicação de um redutor, cujo impacto aumenta à proporção que se reduz a idade do servidor em cotejo com a regra geral do art. 40; e d) o benefício não terá reajuste paritário com os ativos. Conquanto a revogação da regra de transição macule o princípio da segurança jurídica, o STF apreciou a questão no julgamento da ADI n. 3.104, decidindo que: "Os critérios e requisitos para aquisição do direito à aposentadoria não se petrificam para os que – estando no serviço público a cumprir, no curso de suas atribuições, os critérios de tempo, contribuição, exercício das atividades, entre outros eleitos pelo constituinte – ainda não os tenham aperfeiçoado de modo a que não pudesse haver mudança alguma nas regras jurídicas para os que ainda não titularizam direito a sua aposentadoria"[96].

---

[94]. No caso de o servidor ter 10 anos de contribuição, o denominador corresponderia aos 10 anos e o denominador aplicável, conforme a nova regra, seria 20. O resultado da fração seria igual a 0,5. Assim, depois de multiplicar a média das contribuições pelo coeficiente de 60%, o resultado será novamente multiplicado, agora por 0,5.

[95]. "Art. 8º Observado o disposto no art. 4º desta Emenda e ressalvado o direito de opção à aposentadoria pelas normas por ela estabelecidas, é assegurado o direito à aposentadoria voluntária com proventos calculados de acordo com o art. 40, § 3º, da Constituição Federal, àquele que tenha ingressado regularmente em cargo efetivo na Administração Pública, direta, autárquica e fundacional, até a data de publicação desta Emenda, quando o servidor, cumulativamente: I – tiver cinquenta e três anos de idade, se homem, e quarenta e oito anos de idade, se mulher; II – tiver cinco anos de efetivo exercício no cargo em que se dará a aposentadoria; III – contar tempo de contribuição igual, no mínimo, à soma de: a) trinta e cinco anos, se homem, e trinta anos, se mulher; e b) um período adicional de contribuição equivalente a vinte por cento do tempo que, na data da publicação desta Emenda, faltaria para atingir o limite de tempo constante da alínea anterior. § 1º O servidor de que trata este artigo, desde que atendido o disposto em seus incisos I e II, e observado o disposto no art. 4º desta Emenda, pode aposentar-se com proventos proporcionais ao tempo de contribuição, quando atendidas as seguintes condições: I – contar tempo de contribuição igual, no mínimo, à soma de: a) trinta anos, se homem, e vinte e cinco anos, se mulher; e b) um período adicional de contribuição equivalente a quarenta por cento do tempo que, na data da publicação desta Emenda, faltaria para atingir o limite de tempo constante da alínea anterior; II – os proventos da aposentadoria proporcional serão equivalentes a setenta por cento do valor máximo que o servidor poderia obter de acordo com o caput, acrescido de cinco por cento por ano de contribuição que supere a soma a que se refere o inciso anterior, até o limite de cem por cento."

[96]. "CONSTITUCIONAL. PREVIDENCIÁRIO. ART. 2º E EXPRESSÃO '8º' DO ART. 10, AMBOS DA EMENDA CONSTITUCIONAL N. 41/2003. APOSENTADORIA. TEMPUS REGIT ACTUM. REGIME JURÍDICO. DIREITO ADQUIRIDO: NÃO OCORRÊNCIA. 1. A aposentadoria é direito constitucional que se adquire e se introduz no patrimônio jurídico do interessado no momento de sua formalização pela entidade competente. 2. Em questões previdenciárias, aplicam-se as normas vigentes ao tempo da reunião dos requisitos de passagem para a inatividade. 3. Somente os servidores públicos que preencham os requisitos estabelecidos na Emenda Constitucional 20/1998, durante a vigência das normas por ela fixadas, poderiam reclamar a aplicação das normas nela contidas, com fundamento no art.

Contudo, a EC n. 41/2003 ofertou uma regra de transição para os servidores que ingressaram no serviço público até 31-12-2003, desde que sejam atendidos os critérios previstos no art. 6º, mais rigorosos que os da atual regra permanente[97].

Em suma, implementando o tempo de contribuição e a idade previstos na regra permanente, torna-se necessário, ainda, comprovar: a) 20 anos de efetivo exercício no serviço público; b) dez anos de carreira; e c) cinco anos de efetivo exercício no cargo em que se der a aposentadoria. Para o professor, desde que trabalhe em exercício de funções de magistério na educação infantil e no ensino fundamental e médio, os requisitos de idade e tempo de contribuição são reduzidos em cinco anos.

É perceptível, facilmente, que a regra de transição buscou valorizar a dedicação ao serviço público. O tempo mínimo de serviço público (não obstante tenha sido aumentado) e de exercício no cargo já haviam sido introduzidos pela EC n. 20/98. A novidade consiste na imposição de cumprimento de um tempo mínimo de carreira. Na lição de Hely Lopes Meirelles, carreira seria o agrupamento de classes da mesma profissão ou atividade, escalonada segundo a hierarquia do serviço, para acesso privativo dos titulares dos cargos que a integram, mediante provimento originário[98]. Na interpretação do Ministério da Previdência, a sucessão de cargos efetivos, estruturados em níveis e graus segundo sua natureza, complexidade e o grau de responsabilidade, de acordo com o plano definido por lei de cada ente federativo, deve ser cumprido no mesmo Poder e no mesmo ente federativo[99].

8.5.3. Regras de transição da EC n. 47/2005

O art. 3º e seu parágrafo único da EC n. 47/2005 consagraram mais uma possibilidade de acesso à integralidade e à paridade, restrita, porém, aos servidores públicos que ingressaram até 16-12-1998. A peculiaridade do referido dispositivo consiste em possibilitar a redução de um ano de idade para cada ano de contribuição em excesso aos mínimos estipulados pela regra geral[100].

Além do tempo de contribuição (de trinta e cinco anos, se homem, ou de trinta anos, se mulher), é demandado um período qualificado de serviço público (vinte e cinco anos), quinze anos de carreira e cinco anos no cargo em que se der a aposentadoria). Uma aposentadoria postulada com base nesse novo dispositivo não exige o cumprimento de pedágio – como o previsto no art. 8º da EC n. 20/98 –, nem tampouco contempla redutores (§ 1º do art. 2º da EC n. 41/2003).

O novo enunciado normativo requer que o somatório do tempo de contribuição e da idade resulte sempre em 95 para o homem e 85 para a mulher. Exemplificando a regra constitucional, o agente público homem, que tiver 38 anos de contribuição, sendo vinte e cinco anos de efetivo exercício no serviço público, quinze anos de carreira e cinco anos no cargo em que se dará a aposentadoria, poderá jubilar-se aos 57 anos de idade (38 + 57 = 95).

Perceptível que as regras de transição são bem mais favoráveis e, nos termos do art. 6º da EC n. 47/2005, produzem efeitos retroativos à data de vigência da EC n. 41/2003.

De acordo com a interpretação do Ministério da Previdência, baseada no Parecer AGU n. 13/2000, deve ser considerada data de ingresso no serviço público a mais remota dentre as ininterruptas (art. 70 da Orientação Normativa 02/09)[101]. Assim, para o servidor que obtém a aprovação em outro concurso público, a mudança oriunda da exoneração e da posse deveriam vigorar na mesma data, sob pena de o servidor não poder habilitar-se aos benefícios previstos nas regras de transição das Emendas Constitucionais n. 41/2003 e 47/2005. Este entendimento restritivo, porquanto a CF/88 não estabeleceu uma caducidade dos direitos inerentes à relação jurídica de proteção previdenciária, é, no mínimo, questionável.

8.5.4. Regra de transição do art. 4º da EC n. 103/2019

O art. 4º da EC n. 103/2019 garante o acesso à aposentadoria voluntária, aos servidores públicos federais, de forma semelhante

---

3º da Emenda Constitucional 41/2003. 4. Os servidores públicos, que não tinham completado os requisitos para a aposentadoria quando do advento das novas normas constitucionais, passaram a ser regidos pelo regime previdenciário estatuído na Emenda Constitucional n. 41/2003, posteriormente alterada pela Emenda Constitucional n. 47/2005. 5. Ação Direta de Inconstitucionalidade julgada improcedente" (STF, ADI n. 3.104, Rel. Min. Cármen Lúcia, Pleno, DJU 9-11-2007).

97. "Art. 6º Ressalvado o direito de opção à aposentadoria pelas normas estabelecidas pelo art. 40 da Constituição Federal ou pelas regras estabelecidas pelo art. 2º desta Emenda, o servidor da União, dos Estados, do Distrito Federal e dos Municípios, incluídas suas autarquias e fundações, que tenha ingressado no serviço público até a data de publicação desta Emenda poderá aposentar-se com proventos integrais, que corresponderão à totalidade da remuneração do servidor no cargo efetivo em que se der a aposentadoria, na forma da lei, quando, observadas as reduções de idade e tempo de contribuição contidas no § 5º do art. 40 da Constituição Federal, vier a preencher, cumulativamente, as seguintes condições: I – sessenta anos de idade, se homem, e cinquenta e cinco anos de idade, se mulher; II – trinta e cinco anos de contribuição, se homem, e trinta anos de contribuição, se mulher; III – vinte anos de efetivo exercício no serviço público; e IV – dez anos de carreira e cinco anos de efetivo exercício no cargo em que se der a aposentadoria. Parágrafo único. Os proventos das aposentadorias concedidas conforme este artigo serão revistos na mesma proporção e na mesma data, sempre que se modificar a remuneração dos servidores em atividade, na forma da lei, observado o disposto no art. 37, XI, da Constituição Federal."

98. MEIRELLES, Hely Lopes, 2007, p. 420.

99. Art. 71 da Orientação Normativa 02/2009.

100. "Art. 3º Ressalvado o direito de opção à aposentadoria pelas normas estabelecidas pelo art. 40 da Constituição Federal ou pelas regras estabelecidas pelos arts. 2º e 6º da Emenda Constitucional n. 41, de 2003, o servidor da União, dos Estados, do Distrito Federal e dos Municípios, incluídas suas autarquias e fundações, que tenha ingressado no serviço público até 16 de dezembro de 1998 poderá aposentar-se com proventos integrais, desde que preencha, cumulativamente, as seguintes condições:

I – trinta e cinco anos de contribuição, se homem, e trinta anos de contribuição, se mulher;

II – vinte e cinco anos de efetivo exercício no serviço público, quinze anos de carreira e cinco anos no cargo em que se der a aposentadoria;

III – idade mínima resultante da redução, relativamente aos limites do art. 40, § 1º, inciso III, alínea a, da Constituição Federal, de um ano de idade para cada ano de contribuição que exceder a condição prevista no inciso I do caput deste artigo.

Parágrafo único. Aplica-se ao valor dos proventos de aposentadorias concedidas com base neste artigo o disposto no art. 7º da Emenda Constitucional n. 41, de 2003, observando-se igual critério de revisão às pensões derivadas dos proventos de servidores falecidos que tenham se aposentado em conformidade com este artigo."

101. "Art. 70. Na fixação da data de ingresso no serviço público, para fins de verificação do direito de opção pelas regras de que tratam os arts. 68 e 69, quando o servidor tiver ocupado, sem interrupção, sucessivos cargos na Administração Pública direta, autárquica e fundacional, em qualquer dos entes federativos, será considerada a data da investidura mais remota dentre as ininterruptas (Redação dada pela Orientação Normativa SPS n. 03, de 4-5-2009)."

ao concedido pela regra de transição, do art. 3º da EC n. 47/2005. Trata-se de uma regra que contempla além dos requisitos de idade, tempo de contribuição, tempo de serviço público e tempo de efetivo exercício no cargo, um escore previdenciário. Este último requisito resulta da soma da idade e do tempo de contribuição. Os novos requisitos específicos são os seguintes:

I – 61 anos de idade, se homem, e 56 anos de idade, se mulher;

II – 35 anos de contribuição, se homem, e 30 anos de contribuição, se mulher;

III – 20 anos de efetivo exercício no serviço público;

IV – 5 anos de efetivo exercício no cargo em que se der a aposentadoria; e

V – 86 pontos se mulher e 96 pontos se homem.

Tanto a idade quanto a pontuação previdenciária não são estabelecidas de forma definitiva. Depois de 1º de janeiro de 2022, o requisito etário previsto nesta regra de transição é aumentado, passando a ser de 57 para a mulher e de 62 para o homem. O escore previdenciário, por sua vez, a partir de 1º de janeiro de 2020, será acrescido de um ponto ao ano até atingir o limite de cem pontos, se mulher, e de cento e cinco pontos, se homem. Para o somatório, a idade e o tempo de contribuição serão apurados em dias.

REGRA DOS PONTOS	SERVIDOR	SERVIDORA
IDADE MÍNIMA	61 (62 a partir de 2022)	56 (57 a partir de 2022)
CONTRIBUIÇÃO	35 anos	30 anos
TEMPO DE SERVIÇO PÚBLICO	20 anos	
TEMPO NO CARGO	5 anos	
PONTOS	96 pontos (a partir de 2020 aumenta 1 ponto até chegar a 105)	86 pontos (a partir de 2020 aumenta 1 ponto até chegar a 100)

Para os professores os requisitos exigidos são:

I – 56 anos de idade, se homem, e 51 anos de idade, se mulher;

II – 30 anos de contribuição, se homem, e 25 anos de contribuição, se mulher;

III – 20 anos de efetivo exercício no serviço público;

IV – 5 anos de efetivo exercício no cargo em que se der a aposentadoria; e

V – 81 pontos se mulher e 91 pontos se homem. De forma simétrica aos demais servidores, a partir de 1º de janeiro de 2020, o escore previdenciário evolui um ponto ao ano até atingir o limite de 92 pontos, se mulher, e de 100 pontos, se homem.

Para o somatório de pontos, a idade e o tempo de contribuição serão apurados em dias. A partir de 1º de janeiro de 2022 a idade da regra de transição passa a ser de 52 para a mulher e de 57 para o homem (inciso III do § 4º do art. 4º).

REGRA DOS PONTOS PARA O PROFESSOR	PROFESSOR	PROFESSORA
IDADE MÍNIMA	56 (57 a partir de 2022)	51 (52 a partir de 2022)
CONTRIBUIÇÃO	30 anos	25 anos
TEMPO DE SERVIÇO PÚBLICO	20 anos	
TEMPO NO CARGO	5 anos	
PONTOS	91 pontos (a partir de 2020 aumenta 1 ponto até chegar a 100)	81 pontos (a partir de 2020 aumenta 1 ponto até chegar a 92)

Será possível a concessão de aposentadoria com integralidade e paridade para o servidor cujo ingresso tenha ocorrido até 31-12-2003, desde que ele se submeta a requisitos mais rigorosos. Na hipótese da regra de transição do art. 4º, exige-se 65 de idade se homem, ou 62 se mulher. Tratando-se de professor, o requisito etário é de 60 anos de idade para o homem e 57 anos para a mulher (inciso I do § 6º do art. 4º da PEC 6/2019).

Outra possibilidade seria a aposentadoria com base na regra de transição do art. 20. Em ambos os casos, os reajustamentos observarão o critério da paridade com os ativos, consoante o disposto no art. 7º da Emenda Constitucional n. 41/2003.

Malgrado o ingresso ter ocorrido antes de 31 de dezembro de 2003, se o servidor tiver feito a opção prevista no § 16 do art. 40 da Constituição Federal, seus proventos observarão o teto do RGPS, sendo calculados na forma do inciso II do § 6º do art. 4º da EC n. 103/2019.

No caso de servidor que exerce atividade submetida a agentes insalutíferos, a regra de transição do art. 21 é comentada no item específico. Porém, a jubilação antecipada, em relação aos critérios das regras excepcionais aqui citadas, não garante benefício com integralidade e paridade.

8.5.5. Regra de transição do art. 20 da EC n. 103/2019

A regra do art. 20, conhecida como regra do pedágio de 100%, apresenta a particularidade de ser aplicável para os segurados do regime geral e para os servidores públicos da União. Pode se revelar uma opção interessante para quem iniciou o pagamento de suas contribuições mais cedo. São impostos os seguintes requisitos:

a) 60 anos de idade para o homem e 57 anos de idade para a mulher;

b) 35 anos de contribuição para o homem e 30 anos de contribuição para a mulher;

c) período adicional de contribuição correspondente ao tempo que, na data de entrada em vigor da Emenda Constitucional, faltaria para atingir o tempo mínimo de contribuição previsto na alínea *b*;

d) os requisitos previstos no inciso III do art. 20 são exigidos apenas para os servidores públicos vinculados ao regime próprio da União. Eles são comuns para as aposentadorias voluntárias dos servidores e são: tempo de serviço público de 20 anos e 5 anos no cargo efetivo.

REGRA DO PEDÁGIO DE 100%	SERVIDOR	SERVIDORA
IDADE MÍNIMA	60	57
CONTRIBUIÇÃO	35 anos	30 anos
TEMPO DE SERVIÇO PÚBLICO	20 anos	
TEMPO NO CARGO	5 anos	
PEDÁGIO	Período adicional de 100% do tempo que faltava na data da publicação da EC n. 103/2019	

Os professores, cuja atuação ocorre exclusivamente na educação infantil e no ensino fundamental e médio, são beneficiados com redução de cinco anos de idade e de cinco anos no tempo de contribuição. Por conseguinte, tem acesso ao benefício quando implementarem:

a) 55 anos de idade para o homem e 52 anos de idade para a mulher;

b) 30 anos de contribuição para o professor e 25 anos para a professora e;

c) período adicional de contribuição correspondente ao tempo que, na data de entrada em vigor da Emenda Constitucional, faltaria para atingir o tempo mínimo de contribuição previsto na alínea *b*;

d) Apenas para os professores vinculados a regimes próprios, será necessário ainda cumprir: tempo de serviço público de 20 anos e 5 anos no cargo efetivo.

REGRA DO PEDÁGIO DE 100% PARA O PROFESSOR	PROFESSOR	PROFESSORA
IDADE MÍNIMA	55	52
CONTRIBUIÇÃO	30 anos	25 anos
TEMPO DE SERVIÇO PÚBLICO	20 anos	
TEMPO NO CARGO	5 anos	
PEDÁGIO	Período adicional de 100% do tempo que faltava na data da publicação da EC n. 103/2019	

Apesar de exigir um pedágio de 100% do tempo faltante, o que torna ela desvantajosa para a maior parte dos trabalhadores, ela poderá ser interessante para alguns servidores antigos. De fato, ela permite o acesso à jubilação com integralidade e paridade, desde que o ingresso do servidor tenha ocorrido antes de 31 de dezembro de 2003, com idade inferior à prevista no artigo 4º (inciso I do § 2º do art. 20 da EC n. 103/2019).

8.6. Aposentadorias com requisitos e critérios diferenciados

Dentre as aposentadorias nominadas como especiais, a mais conhecida é aquela ofertada aos trabalhadores que laboram em condições insalubres, perigosas ou penosas, cuja concessão é efetuada com um tempo de serviço reduzido em relação ao exigido para a aposentadoria por tempo de serviço. Historicamente, os estatutos dos servidores públicos da União não trataram de questões atinentes ao desempenho de atividades laboradas sob condições especiais, situação diversa do regime geral de previdência social. De fato, a aposentadoria especial para a generalidade dos trabalhadores foi prevista pela Lei Orgânica da Previdência Social desde 1960.

Nossa Constituição tampouco se preocupou em uniformizar o tratamento legislativo. Enquanto para os servidores públicos civis, a matéria foi colocada debaixo da reserva de Lei Complementar – nos termos do § 1º do art. 40 (redação original): "§ 1º Lei complementar poderá estabelecer exceções ao disposto no inciso III, *a* e *c*, no caso de exercício de atividades consideradas penosas, insalubres ou perigosas" –, para os segurados do regime geral a Constituição recepcionou a disciplina legal que já se encontrava consolidada[102].

Buscando sanar a omissão legislativa foram propostas as ações de Mandado de Injunção n. 425 e 444. Em tais ocasiões, entendeu o STF que faltava a própria norma criadora do direito, pois o § 1º do art. 40 contemplava mera faculdade de atuação do legislador. Coerente com a Lei Fundamental, cujos preceitos impunham que somente lei complementar poderia excepcionar as regras previstas no art. 40 para as aposentadorias dos servidores públicos, o § 2º do art. 186 da Lei n. 8.112/90 remeteu a disciplina da matéria para a Lei específica exigida pelo constituinte.

O Supremo Tribunal Federal foi novamente provocado a se manifestar sobre o tema no julgamento do Mandado de Injunção n. 721. Tratava-se de ação proposta por servidora do Ministério da Saúde que afirmava exercer a função de auxiliar de enfermagem, atuando em ambiente insalubre por mais de 25 anos. Nesta ocasião, o relator, Ministro Marco Aurélio, considerou que as decisões proferidas nos Mandados de Injunção n. 425-1/DF, 444-7/MG e 484-6/RJ estariam superadas em face da transformação do parágrafo que tratava da possibilidade de instituição da aposentadoria especial, deslocado para o § 4º do art. 40, uma vez que o verbo "poder" havia sido suprimido pela nova redação conferida pela EC n. 20/98. Tendo em vista que o regime geral de previdência social já disciplinava a questão, o relator reconheceu o direito da impetrante de obter a aposentadoria especial[103]. Abstraindo o mérito da questão posta em juízo, deve ser comemorado o fato de o Supremo Tribunal Federal, consoante o voto do ministro Eros Grau, estar abandonando a postura tímida que caracterizava a efi-

---

102. Na redação original do II do art. 202 havia a seguinte disposição: "II – após trinta e cinco anos de trabalho, ao homem, e, após trinta, à mulher, ou em tempo inferior, se sujeitos a trabalho sob condições especiais, que prejudiquem a saúde ou a integridade física, definidas em lei;".

103. STF, MI n. 721-7/DF, Marco Aurélio, Pleno, *DJ* 30-11-2007.

cácia do instituto, passando a entender que a interpretação do STF, no mandado de injunção, produz a norma aplicável à omissão que, além disso, se incorpora ao ordenamento jurídico para ser interpretado e aplicado, como ocorre com a súmula vinculante. Assim, os parâmetros definidos pelo STF de forma abstrata e geral, contidos no art. 57 da Lei n. 8.213/91 deveriam ser empregados para todos os casos análogos. É importante destacar, em conformidade com o decidido pelo STF, que até que o Poder Executivo regulamente a aposentadoria especial, os servidores que tiverem as suas atividades laborais reconhecidas como insalubres podem se jubilar independentemente de limite de idade, consoante o decidido no Mandado de Injunção n. 758[104].

Considerando o elevado número de ações recebidas pelo STF, no dia 9 de abril de 2014, foi aprovada a Súmula Vinculante n. 33 sobre a aposentadoria especial de servidor público, com a seguinte redação: "Aplicam-se ao servidor público, no que couber, as regras do Regime Geral de Previdência Social sobre aposentadoria especial de que trata o artigo 40, parágrafo 4º, inciso III, da Constituição Federal, até edição de lei complementar específica".

A Emenda Constitucional n. 41/2003 manteve a redação da EC n. 20/98, no que concerne à prestação em foco. A EC n. 47, de 5 de julho de 2005, por sua vez, ampliou as possibilidades de concessão de aposentadorias com critérios diferenciados, os quais estavam restritos aos casos de atividades exercidas exclusivamente sob condições especiais que prejudiquem a saúde ou a integridade física. De fato, a nova redação do § 4º do art. 40 permite à lei complementar efetuar diferenciações para os servidores que: a) forem portadores de deficiência; b) exercerem atividades de risco; ou c) cujas atividades sejam exercidas sob condições especiais que prejudiquem a saúde ou a integridade física. Todavia, o respectivo dispositivo não é autoaplicável.

Com a EC n. 103/2019, as situações que excepcionam a regra geral de vedar a adoção de requisitos ou critérios diferenciados para concessão de benefícios em regime próprio de previdência social, estão contempladas nos §§ 4º-A, 4º-B, 4º-C e 5º. Tais dispositivos enfatizam que a idade e tempo de contribuição reduzidos devem estar previstos na lei complementar do respectivo ente federativo.

No caso dos servidores da União, a EC n. 103/2019 permitiu a concessão de aposentadoria para o servidor federal que labora exposto a agentes insalubres, para ambos os sexos, quando forem implementados os seguinte requisitos: a) 60 anos de idade; b) 25 anos de exposição aos agentes especiais; c) 10 anos de serviço público; e d) 5 anos no cargo em que se dará a aposentadoria (§ 4º-C do art. 40 da CF/88 c/c inciso II do § 2º do art. 10 da EC n. 103/2019).

APOSENTADORIA ESPECIAL	SERVIDOR	SERVIDORA
IDADE MÍNIMA	60	
CONTRIBUIÇÃO	25 anos de exposição aos agentes	
TEMPO DE SERVIÇO PÚBLICO	10 anos	
TEMPO NO CARGO	5 anos	

A concretização legislativa da concessão de aposentadoria para as pessoas com deficiência foi efetuada pela Lei Complementar n. 142, de 8 de maio de 2013. Inexplicavelmente, o referido diploma legal não disciplinou a concessão do benefício também para os regimes próprios. Para o STF, a Lei Complementar n. 142/2013 seria o parâmetro legislativo a ser aplicado, no que couber, para regulamentar o direito à aposentadoria especial de servidor público portador de deficiência[105]. A Procuradoria-Geral da República inclusive requereu a revisão da súmula vinculante 33 para que tenha o seguinte texto: "Aplicam-se ao servidor público, no que couber, as regras do regime geral da previdência social sobre aposentadoria especial de que trata o artigo 40, § 4º, incisos I e III, da Constituição Federal, até a edição de lei complementar específica"[106].

O art. 22 da EC n. 103/2019 recepcionou a LC n. 142/2013, inclusive determinando a sua aplicação para os servidores públicos da União. A diferença, em relação aos segurados do regime geral, é a necessidade de ser implementado o tempo de 10 anos de serviço público e de 5 anos no cargo efetivo em que for concedida a aposentadoria[107].

Os servidores públicos que exercem atividades de risco também foram contemplados pela EC n. 103/2019. Enquadram-se neste rol os agentes públicos integrantes da polícia federal, polícia rodoviária federal, polícia ferroviária federal, polícia da Câmara dos Deputados, polícia do Senado, além dos agentes penitenciários e socioeducativos.

Após o advento da CF/88, houve importante controvérsia sobre a recepção da LC n. 51/1985. No julgamento da ADI n. 3187, o STF deliberou afirmativamente. Posteriormente, no julgamento do RE 567110, apreciado na sistemática da repercussão geral o entendimento foi reafirmado (Tema 26)[108]. As alterações efetuadas pelas EC n. 20/98 e 47/05 não subtraíram a distinção conferida à atividade considerada perigosa e de risco. A LC n. 51/85 foi atualizada pela LC n. 144/2014. Foi ajuizada Ação Direta de Inconstitucionalidade por omissão imputando ao Governador e à Assembleia Legislativa do Estado de São Paulo, inércia constitucionalmente reprovável, em face de ausência de lei complementar estadual que estabelecesse critérios diferenciados para a aposentadoria dos policiais civis e militares do sexo feminino. A ação foi julgada improcedente, considerando que a Lei Complementar n. 144/2014, norma geral editada pela União nos termos

---

104. EMBARGOS DECLARATÓRIOS – PRESTAÇÃO JURISDICIONAL. Os embargos declaratórios visam ao aperfeiçoamento da prestação jurisdicional, devendo, por isso mesmo, merecer compreensão por parte do órgão julgador. APOSENTADORIA ESPECIAL – SERVIDOR PÚBLICO – TRABALHO EM AMBIENTE INSALUBRE – PARÂMETROS. Os parâmetros alusivos à aposentadoria especial, enquanto não editada a lei exigida pelo texto constitucional, são aqueles contidos na Lei n. 8.213/91, não cabendo mesclar sistemas para, com isso, cogitar-se de idade mínima (STF, MI n. 758 ED/DF, Marco Aurélio, Pleno, *DJ* 8-4-2010).

105. STF, MI 6866 AgR, Alexandre Moraes, Pleno, *DJe* 16-10-2018.

106. Após os votos dos Ministros Ricardo Lewandowski e Marco Aurélio, no sentido da revisão da Súmula Vinculante n. 33, tal como proposta, pediu vista o Ministro Roberto Barroso (Informativo n. 818 do STF).

107. Por isso, para maiores informações, recomenda-se a leitura do item 14.3, do capítulo que trata das aposentadorias especiais no RGPS.

108. STF, RE 567110, rel. Min. CÁRMEN LÚCIA, Tribunal Pleno, *DJe* 11-4-2011.

do art. 24, § 4º, da Constituição da República, é aplicável às servidoras da Polícia Civil dos entes federativos[109].

Apreciando o Mandado de Injunção n. 833, decidiu o STF que a eventual exposição a situações de risco – a que podem estar sujeitos os oficiais de Justiça – não garante direito subjetivo constitucional à aposentadoria especial. A percepção de gratificações ou adicionais de periculosidade, assim como o porte de arma de fogo, não são, por si sós, suficientes para reconhecer o direito à aposentadoria especial, em razão da autonomia entre o vínculo funcional e o previdenciário[110].

Para os agentes policiais federais e da polícia civil do Distrito Federal (XIV do *caput* do art. 21 da CF/1988), os requisitos de acesso não são fixados na CF/88. Provisoriamente, o § 2º do art. 10 da EC n. 103/2019 prevê que a concessão de aposentadoria, para ambos os sexos, precisa do implemento dos seguintes requisitos: a) 55 anos de idade; b) 30 anos de contribuição; e c) 25 anos de efetivo exercício nos cargos destas carreiras.

AGENTES POLICIAIS	SERVIDOR	SERVIDORA
IDADE MÍNIMA	55	
CONTRIBUIÇÃO	30 anos	
TEMPO DE CARREIRA	25 anos nas carreiras policiais e outras equiparadas	

8.6.1. Regra de transição do art. 21

Há regra específica no art. 21 da EC n. 103/2019 que ampara os segurados do regime geral e os servidores públicos federais. Na regra de transição não há um limite mínimo de idade, uma vez que os pontos exigidos, o que podemos chamar de escore previdenciário, são compostos pela soma da idade e do tempo total de contribuição, abrangendo todos os períodos de contribuição, mesmo os que não são considerados especiais.

O benefício pode ser concedido quando houver o implemento dos seguintes requisitos: a) 66 pontos e 15 anos de efetiva exposição a agentes considerados insalubres em grau máximo; b) 76 pontos e 20 anos de efetiva exposição a agentes considerados insalubres em grau médio; 86 pontos e 25 anos de efetiva exposição a agentes considerados insalubres em grau mínimo.

APOSENTADORIA ESPECIAL – REGRA TRANSIÇÃO (ART. 21 DA EC N. 103/2019)	
TEMPO DE ATIVIDADE	PONTOS (IDADE + TC)
15 em atividade (considerada insalubre em grau máximo)	66 Pontos
20 em atividade (considerada insalubre em grau médio)	76 Pontos
25 em atividade (considerada insalubre em grau mínimo)	86 Pontos

---

[109]. STF, ADO 28, rel. Min. CÁRMEN LÚCIA, Tribunal Pleno, *DJe* 3-8-2015.
[110]. STF, MI 833, rel. p/ o ac. min. Roberto Barroso, Pleno, *DJe* de 30-9-2015.

Para os servidores públicos, será necessário, ainda, o tempo mínimo de 20 anos de efetivo exercício no serviço público e de 5 anos no cargo efetivo em que for concedida a aposentadoria. Na totalização da pontuação, são valorados todos os períodos de contribuição e não apenas os laborados em condições especiais.

8.6.2. Regras de transição para os agentes policiais federais e equiparados

Para esta categoria foram previstas duas regras de transição, uma no *caput* e outra no § 3º do artigo 5º da EC n. 103/2019. A primeira regra de transição (*caput* do art. 5º) dispõe que os policiais civis do Distrito Federal, os policiais legislativos, policiais federais, rodoviários federais, ferroviários federais, agentes penitenciários ou socioeducativos federais poderão aposentar-se, na forma da Lei Complementar n. 51, de 20 de dezembro de 1985, observada a idade mínima de 55 (cinquenta e cinco) anos para ambos os sexos.

AGENTES POLICIAIS	SERVIDOR	SERVIDORA
IDADE MÍNIMA	55	
CONTRIBUIÇÃO	30	25
TEMPO DE CARREIRA	20	15

A segunda regra (§ 3º do artigo 5º da EC n. 103/2019) exige o mesmo tempo de carreira e de contribuição que a anterior. Contudo, contempla uma idade menor, embora a diferença seja realmente muito pequena, ao mesmo tempo que demanda o cumprimento do pedágio de 100% do tempo faltante em 13 de novembro de 2019, para que o servidor completasse 30 anos e a servidora 25.

AGENTES POLICIAIS	SERVIDOR	SERVIDORA
IDADE MÍNIMA	53	52
CONTRIBUIÇÃO	30	25
TEMPO DE CARREIRA	20	15
PEDÁGIO	100% do tempo faltante	

Sobre o cálculo dos proventos, no Parecer n. 00004/2020/CONSUNIAO/CGU/AGU da Consultoria-Geral da União, o entendimento consolidado e ratificado pelo Presidente da República foi o seguinte: i) Os policiais civis da União, ingressos nas respectivas carreiras até 12/11/2019 (data anterior a vigência da EC n. 103/2019), quando da implementação dos requisitos, fazem jus à aposentadoria com base no artigo 5º da Emenda Constitucional n. 103/2019, com proventos integrais (totalidade da remuneração do servidor no cargo efetivo em que se der a aposentadoria), nos termos artigo 1º, II, da Lei Complementar n. 51/1985, e paridade plena, com fundamento no art. 38 da Lei n. 4.878/1965. ii) Os policiais civis da União, ingressos nas respectivas carreiras a partir de 13/11/2019 (com a vigência da EC n. 103/2019), quando da implementação dos requisitos, fazem jus à aposentadoria com base no artigo 10, § 2º, I, com proventos calculados pela média aritmética e reajustados nos termos estabelecidos para o Regime Geral de Previdência Social, conforme artigo 26, todos da Emenda Constitucional n. 103/2019, bem como passaram a se submeter ao Regime de Previdência Complementar da Lei n. 12.618/2012.

8.7. Redução do tempo de contribuição e da idade para os professores

A Constituição Federal de 1988, em sua redação original, reclamava o mesmo tempo para a jubilação, tanto no regime geral (inciso III do art. 202) quanto nos regimes próprios (alínea *b* do inciso III do art. 40): 30 anos para o professor e 25 para a professora. Partindo da premissa que a aposentadoria especial deveria ser concedida levando-se em conta apenas as funções específicas de magistério, em razão da tradição contemplada nos enunciados normativos que atrelavam o direito ao benefício ao "efetivo exercício da função de magistério", o Supremo Tribunal Federal, no julgamento da ADI 122-1/SC, reconheceu a inconstitucionalidade do § 4º do art. 30 da Constituição do Estado de Santa Catarina, o qual considerava efetivo exercício de magistério a atividade de especialista em assuntos educacionais (atividades de orientação educacional, administração, planejamento e supervisão escolar)[111].

Com o advento da EC n. 20/98, a aposentadoria especial dos professores ficou restrita aos professores que exercem atividades exclusivas de magistério na educação infantil e nos ensinos fundamental e médio (§ 5º do art. 40)[112]. No que tange aos professores submetidos ao regime geral, há regra simétrica no § 8º do art. 201.

Os professores também devem comprovar o tempo mínimo de dez anos de efetivo exercício no serviço público na União, nos Estados ou nos Municípios e cinco anos de efetivo exercício no cargo em que se der a aposentadoria. Por força da regra do § 5º do art. 40, os professores (excluídos os de nível superior) são beneficiados com uma redução de cinco anos em relação aos requisitos de idade e tempo de serviço exigidos para os demais servidores. Em suma, os professores podem aposentar-se aos 55 anos de idade e 30 de contribuição, e as professoras aos 50 anos de idade e 25 de contribuição. O Tribunal Constitucional firmou o entendimento, plasmado nas ADIs n. 178 e 755, no sentido de inadmitir a contagem de período laborado como telefonista para fins de deferimento da aposentadoria especial do professor.

A aposentadoria especial dos professores voltou a ser objeto de apreciação do Tribunal Constitucional no julgamento da ADI n. 2.253-9/ES[113]. Em que pese o novo desenho constitucional, foi reafirmado o posicionamento de que, para esta aposentadoria, deve ser considerado apenas o tempo de serviço prestado em sala de aula. Naquela ocasião, afastou-se a possibilidade de outras atividades como direção e coordenação, ainda que privativas de professor, serem consideradas, para fins de deferimento do benefício. Nessa senda foi editada a Súmula n. 726: "Para efeito de aposentadoria especial de professores, não se computa o tempo de serviço prestado fora da sala de aula".

Irresignada contra esse posicionamento, a categoria dos professores conseguiu que o Congresso Nacional aprovasse a Lei n. 11.301/2006, que alterou o § 2º do art. 67 da Lei n. 9.394/96. Considerando a igualdade de formação reclamada pela Lei de Diretrizes e Bases da Educação Nacional, de condições de trabalho e de fatores de desgaste profissional inerentes às atividades destes trabalhadores em educação, o art. 67 da Lei n. 9.394, de 20 de dezembro de 1996, foi modificado, incluindo, para os efeitos do disposto no § 5º do art. 40 e no § 8º do art. 201 da Constituição Federal, as atividades de direção de unidade escolar e as de coordenação e assessoramento pedagógico.

Dessa maneira, o tempo prestado pelos docentes e especialistas em educação em atividades de direção de unidade escolar e de coordenação e assessoramento pedagógico poderiam ser computados, para efeito de aposentadoria especial do professor, tanto no regime geral quanto nos regimes próprios[114].

A Procuradoria-Geral da República ajuizou a ADI n. 3.772 contra a Lei Federal n. 11.301/2006. Argumentou que, na medida em que estabelece como função de magistério outras atividades relacionadas a ele, exercidas fora da sala de aula, seria inconstitucional, pois o benefício só pode ser usufruído por quem exerce a atividade-fim. Por maioria, o STF julgou parcialmente procedente a ação, conferindo uma interpretação conforme para o efeito de excluir a aposentadoria especial apenas aos especialistas em educação, nos termos do voto do ministro Ricardo Lewandowski. Na ocasião, o Min. Lewandowski salientou que a atividade docente não se limita à sala de aula, e que a carreira de magistério compreende a ascensão aos cargos de direção da escola, conferindo interpretação conforme, no sentido de assentar que as atividades mencionadas de exercício de direção de unidade escolar e as de coordenação e assessoramento pedagógico também gozariam do benefício, desde que exercidas por professores[115].

No que concerne à possibilidade de aproveitar de maneira qualificada os períodos laborados como professor, quando o servidor passa a exercer outro cargo público, o Supremo Tribunal Federal não simpatizava com a tese. No julgamento da ADI n. 178-7/RS, a Corte Constitucional declarou a inconstitucionalidade do § 4º do art. 38 da Constituição gaúcha. Segundo a posição vencedora no julgamento, o constituinte estadual não pode fundir normas que regem a contagem de tempo de serviço para aposentadorias de regimes diferentes[116]. Paradoxalmente, o próprio STF proferiu decisões que, em face principalmente do direito adquirido, reconheceram a possibilidade de converter o tempo

---

111. STF, ADI n. 122-1, Rel. Min. Paulo Brossard, Pleno, *DJU* 16-6-92.

112. "§ 5º Os requisitos de idade e de tempo de contribuição serão reduzidos em cinco anos, em relação ao disposto no § 1º, III, *a*, para o professor que comprove exclusivamente tempo de efetivo exercício das funções de magistério na educação infantil e no ensino fundamental e médio."

113. STF, ADI n. 2.253-9/ES, Rel. Min. Maurício Corrêa, Pleno, *DJU* 7-5-2004.

114. "§ 2º Para os efeitos do disposto no § 5º do art. 40 e no § 8º do art. 201 da Constituição Federal, são consideradas funções de magistério as exercidas por professores e especialistas em educação no desempenho de atividades educativas, quando exercidas em estabelecimento de educação básica em seus diversos níveis e modalidades, incluídas, além do exercício da docência, as de direção de unidade escolar e as de coordenação e assessoramento pedagógico."

115. STF, ADI 3.772-2/DF, Ricardo Lewandowski, Pleno, 27-3-2009.

116. STF, ADI n. 178-7/RS, Rel. p. ac. Min. Maurício Corrêa, Pleno, *DJU* 6-12-96.

laborado como professor para permitir a sua contagem qualificada[117]. Contudo, não se admite o aproveitamento de tempo posterior ao advento da Lei n. 8.112/90[118].

No julgamento do Recurso Extraordinário 703.550, apreciado na sistemática da repercussão geral, o STF reafirmou a sua jurisprudência no sentido de vedar a conversão do tempo especial exercido na função de magistério, após a EC n. 18/81[119].

Em sintonia com a mudança operada para os servidores em geral, para a aposentadoria dos professores vinculados ao regime próprio da União passou a ser necessário: 60 anos para o professor e 57 anos para a professora, além do cumprimento de um tempo mínimo de magistério de 25 anos para ambos os sexos, 10 anos de serviço público e 5 anos no cargo em que se dará a aposentadoria (§ 5º do art. 40 da CF/88 c/c inciso III do § 2º do art. 10 da EC n. 103/2019).

REGRA DOS PROFESSORES	PROFESSOR	PROFESSORA
IDADE MÍNIMA	60	57
CONTRIBUIÇÃO	25 anos de magistério para ambos os sexos	
TEMPO DE SERVIÇO PÚBLICO	10 anos	
TEMPO NO CARGO	5 anos	

Os professores que ingressaram antes de 13 de dezembro de 2019 podem obter aposentadoria com base nas regras de transição dos artigos 4º e 20 da EC n. 103/2019, cujos comentários foram lançados nos itens 8.5.4 e 8.5.5.

8.8. Vedação de acumulação de aposentadorias

Permitir que um cidadão receba mais de uma prestação previdenciária é o resultado de uma opção legislativa, a qual deveria estar em consonância com uma adequada política de previdência. De todo modo, considerando que os recursos para o implemento dos direitos sociais não são inesgotáveis, é conveniente que a legislação disponha expressamente sobre as situações de acumulação consideradas injustificáveis.

A intelecção do § 6º do art. 40 deve ser conjugada com o art. 37, também da CF/88, o qual impede a acumulação remunerada de cargos públicos, empregos e funções. Excepcionalmente, o recebimento de remunerações simultâneas dos cofres públicos será possível nas hipóteses expressamente referidas, desde que os horários sejam compatíveis e o teto remuneratório previsto no inciso XI do mesmo artigo permaneça respeitado. Por isso, nas hipóteses de cargos que são acumuláveis, é assegurado o direito à percepção de mais de um benefício de aposentadoria para os agentes públicos, ainda que no mesmo regime previdenciário.

Na redação original, a Carta de 1988 não estabelecia proibição de cumulação de proventos com vencimentos, ao contrário do que havia sido fixado pela Constituição Federal de 1967 no § 3º do art. 97[120]. A origem dessa interdição remonta à Lei Fundamental de 1934, § 4º do art. 172[121], mas a disposição não havia sido repetida na Constituição de 1946. Considerando a não veiculação de enunciado normativo proibitivo, havia uma dúvida fundada sobre a persistência da regra de vedação da cumulação de proventos com vencimentos na Carta de 1988. O Supremo Tribunal Federal, no julgamento do Recurso Extraordinário n. 163.204-6/SP, consolidou o posicionamento de não ser adequada a promoção de distinção entre vencimentos e proventos para fins de acumulação, pois tanto ativos quanto inativos recebem remuneração que decorre de cargo público atualmente exercido ou que foi exercido no passado: "A acumulação de proventos e vencimentos só é permitida quando se tratar de cargos, funções ou empregos acumuláveis na atividade, na forma permitida na Constituição". Segundo essa linha de raciocínio – se o inativo era beneficiário de todas as modificações efetuadas para os ativos, pois a aposentadoria não fazia cessar as relações entre o servidor e o Estado –, o servidor público deveria também ficar sujeito às proibições decorrentes do regime jurídico que o vinculava[122]. Com o fim da integralidade e da paridade, os fundamentos que embasaram este posicionamento não mais subsistem. A aposentadoria passou a ser um direito previdenciário, com um benefício calculado a partir das contribuições, e sem um direito automático aos reajustamentos deferidos para os servidores em atividade. A posição sufragada pelo Supremo Tribunal Federal acabou encampada em nossa Carta no § 10 do art. 37, com a redação delineada pela Emenda Constitucional n. 20/98.

Em decorrência, por expressa autorização constitucional contida nesse dispositivo, pode o servidor aposentado vir a assumir cargo eletivo ou passar a deter cargo em comissão declarado em lei de livre nomeação e exoneração cumulando a remuneração. O art. 11 da EC n. 20/98, todavia, introduziu uma regra clientelista legitimando acumulações que haviam sido consideradas ilegítimas pelo STF, para quem ingressou novamente no serviço público antes de 16-12-98[123]. Não se admitiu, contudo, a tríplice acumulação, nos termos do consolidado no Tema 921: É vedada a cumulação tríplice de vencimentos e/ou proventos, ainda que a investidura nos cargos públicos tenha ocorrido anteriormente à EC n. 20/1998[124].

---

117. STF, RE n. 258.327, Rel. Min. Ellen Gracie, 2ª T., *DJU* 6-2-2004.
118. STF, RE n. 382.410, Rel. Min. Ellen Gracie, 2ª T., *DJU* 6-2-2004.
119. STF, ARE 703.550 RG, GILMAR MENDES, Pleno, *DJe* 21-10-2014.
120. "§ 3º A proibição de acumular proventos não se aplica aos aposentados quanto ao exercício de mandato eletivo, cargo em comissão, ou ao contrato para prestação de serviços técnicos especializados."
121. "§ 4º A Aceitação de cargo remunerado importa à suspensão dos proventos da inatividade. A suspensão será completa em se tratando de cargo eletivo remunerado com subsídio anual; se, porém, o subsídio for mensal, cessarão aqueles proventos apenas durante os meses em que for vencido."
122. STF, Recurso Extraordinário n. 163.204-6, Pleno, Rel. Min. Carlos Velloso, *DJU* 31-3-95.
123. "Art. 11. A vedação prevista no art. 37, § 10, da Constituição Federal não se aplica aos membros de poder e aos inativos, servidores e militares, que, até a publicação desta Emenda, tenham ingressado novamente no serviço público por concurso público de provas ou de provas e títulos, e pelas demais formas previstas na Constituição Federal, sendo-lhes proibida a percepção de mais de uma aposentadoria pelo regime de previdência a que se refere o art. 40 da Constituição Federal, aplicando-se-lhes, em qualquer hipótese, o limite de que trata o § 11 deste mesmo artigo."
124. ARE 848.993 RG, Gilmar Mendes, Pleno, *DJe* 23-3-2017.

Dentro da lógica do que foi autorizado para o recebimento simultâneo de proventos e vencimentos, a Emenda Constitucional n. 20/98 inseriu enunciado normativo no § 6º do art. 40 da CF/88, bloqueando a dupla percepção de aposentadorias, ressalvando-se, apenas, aquelas decorrentes de cargos acumuláveis na forma desta Constituição, mas não há disposição referente ao acúmulo de pensões. Por relevante, destaque-se não haver óbice para que uma aposentadoria de regime próprio seja recebida juntamente com aposentadoria do regime geral, quando o cidadão implementar, separadamente, os requisitos exigidos para cada benefício.

A diretriz geral veiculada pela EC n. 103/2019 é de restringir as situações nas quais será permitida a acumulação de prestações previdenciárias. A nova redação do § 6º do art. 40 é destinada a esclarecer que esta regra não é taxativa, sendo aplicáveis outras vedações no acúmulo de prestações e que, quando permitida a acumulação, ela pode ser limitada na forma prevista pela legislação para o RGPS. No § 15 do art. 201, ficou estabelecido que Lei complementar deverá disciplinar as vedações, regras e condições para a acumulação de benefícios previdenciários.

Também merece destaque a regra prevista no art. 24 da EC n. 103/2019, voltada para limitar a percepção de prestações oriundas de regimes diferentes. Caberá à lei complementar pormenorizar todas as vedações, regras e condições para a acumulação de benefícios previdenciários. Por enquanto, continua permitido a acumulação de uma aposentadoria de regime próprio com outra decorrente de filiação do regime geral, mas há previsão expressa de que as disposições constitucionais relativas ao tema poderão ser alteradas pela futura lei complementar (§ 5º do art. 24 da EC n. 103/2019 e o novo § 15 do art. 40).

Nas hipóteses de acumulação tratadas no citado artigo 24, será devido integralmente o benefício mais vantajoso e uma parte de cada um dos demais benefícios, a ser apurada em percentuais que variarão conforme valor do benefício. De todo modo, a inovação apresentada no § 2º do art. 24 impactará na percepção de aposentadoria e pensão ou de mais de uma pensão deixada por cônjuge ou companheiro, abrangendo não apenas os regimes próprios, mas também o regime geral e os regimes militares (arts. 42 e 142 da CF/88). Consoante o novo regramento, fica assegurado o valor integral do benefício mais vantajoso e de um percentual de cada um dos demais benefícios que será apurado cumulativamente, observando os seguintes critérios: a) oitenta por cento do valor igual ou inferior a um salário mínimo; b) sessenta por cento do valor que exceder um salário mínimo, até o limite de dois salários mínimos; c) quarenta por cento do valor que exceder dois salários mínimos, até o limite de três salários mínimos; d) vinte por cento do valor que exceder três salários mínimos, até o limite de quatro salários mínimos; e e) dez por cento do valor que exceder quatro salários mínimos.

Esta restrição não é aplicável no caso de o direito aos benefícios ter sido implementado antes da entrada em vigor desta Emenda Constitucional.

8.9. Pensão por morte

Ao contrário das aposentadorias, a pensão por morte é uma prestação caracterizada pela imprevisibilidade quanto ao momento da ocorrência do risco social. Por relevante, deve ser sinalado que a Lei Fundamental não tratou, e nem seria adequado, de dispor sobre o rol de dependentes, matéria que, pela sua importância, entendo deveria constar de normas gerais de direito previdenciário, pois não seria adequado imaginar que cada regime previdenciário pudesse reconhecer beneficiários diversos[125].

Na redação original da Constituição, no seu § 5º, a prestação teve o coeficiente majorado para 100% em qualquer caso, representando substancial inovação comparativamente à legislação pretérita, na qual a integralidade era deferida apenas excepcionalmente. A norma nele inserida foi classificada pelo STF como autoaplicável, devendo ser observada em todos os regimes próprios, consoante os fundamentos lançados no julgamento do Mandado de Injunção n. 211[126]. A regra da integralidade aplicava-se apenas aos servidores estatutários[127].

O § 2º do art. 40 da CF/88, por obra da EC n. 20/98, já contemplava uma regra que impedia os proventos das aposentadorias e pensões de extrapolarem a remuneração percebida pelo servidor em atividade. No Projeto de Emenda Constitucional remetido à Câmara dos Deputados, desejava-se eliminar a integralidade da prestação, de forma que o benefício passasse a ser calculado com base nas contribuições recolhidas para os regimes de previdência – mesmo critério sugerido para as aposentadorias –, observando-se, porém, o limite de até 70% (setenta por cento) do valor a que o servidor teria direito em relação à sua aposentadoria. Depois do substitutivo do Deputado José Pimentel, nesse aspecto, ter piorado a proposta, reduzindo substancialmente a prestação, a qual apenas seria integral no caso de o valor dos proventos do servidor falecido atingir o limite de isenção do imposto de renda então vigente, a Emenda Aglutinativa n. 11 acabou conferindo um novo desenho ao benefício. Pela redação do § 7º do art. 40, ditada pela EC n. 41/03, a pensão por morte corresponderá a 100% dos proventos apenas se a remuneração ou os proventos do servidor, na data do óbito, não excederem o teto de benefícios do regime geral.

Para fins de cálculo do benefício, atendendo a diretriz constitucional ditada pela EC n. 41/03, inserida no § 7º do art. 40, o art. 2º da Lei n. 10.887/2004 distinguia as seguintes situações: a) o servidor já estava aposentado no momento do óbito; b) o servidor encontrava-se em atividade. No primeiro caso, a pensão por morte devida ao conjunto dos dependentes corresponderá a 100% dos proventos até o teto de benefícios do regime geral, acrescido de 70% da parcela que exceda a esse limite. Para a hipótese de o servidor falecer em atividade, a pensão devida corresponderá à totalidade da remuneração do agente público até o teto do regime geral, mais uma parcela de 70% do que exceder a esse limite[128].

---

125. ROCHA, Daniel Machado da. *Normas gerais de direito previdenciário e a previdência do servidor público.* Florianópolis: Conceito, 2012, p. 173 e seguintes.

126. STF, MI n. 211-8/DF, Rel. p. ac. Min. Marco Aurélio, Pleno, *DJ* 18-8-95.

127. STF, RE n. 223.732-1/RS, Rel. Sepúlveda Pertence, Pleno, *DJ* 10-11-2000.

128. O art. 2º da Lei n. 10.887/2004 dispõe: "Art. 2º Aos dependentes dos servidores titulares de cargo efetivo e dos aposentados de qualquer dos Poderes da União, dos Estados, do Distrito Federal e dos Municípios, incluídas suas autarquias e fundações, falecidos a partir da data de publicação desta Lei, será concedido o benefício de pensão por morte, que será igual: I – à totalidade dos proventos percebidos pelo aposentado na data anterior à do óbito, até o limite máximo estabelecido para os benefícios do regime geral de previdência social, acrescida de 70% (setenta por cento) da parcela excedente a este limite; ou II – à totalidade da remuneração do servidor no cargo efetivo na data anterior à do óbito, até o limite máximo estabelecido para os benefícios do regime geral de previdência social, acrescida de 70% (setenta por cento) da parcela excedente a este limite, se o falecimento ocorrer quando o servidor ainda estiver em atividade".

Embora a periodicidade do reajustamento das pensões seja a mesma do reajustamento dos benefícios do regime geral, consoante dispõe o art. 15 da Lei n. 10.887/2004, situação curiosa foi criada com o advento do parágrafo único do art. 3º da EC n. 47/2005. O referido dispositivo assegura para os dependentes do segurado que se aposentou com base na regra de transição prevista no *caput* (o qual contempla a fórmula 85/95) o direito de ter o benefício de pensão reajustado pelo critério da paridade[129]. Ou seja, as pensões derivadas de falecimento de servidor aposentado de acordo com o art. 3º da Emenda n. 47/2005 são calculadas de acordo com a regra do art. 2º da Lei n. 10.887/2004, mas reajustadas pelo critério da paridade com a remuneração dos ativos, prevista no art. 7º da Emenda n. 41/2003.

No julgamento do RE 603580, apreciado na sistemática da repercussão geral, o STF fixou a tese de que os pensionistas de servidor falecido posteriormente à Emenda Constitucional n. 41/2003 têm direito à paridade com servidores em atividade (art. 7º da EC n. 41/2003), caso se enquadrem na regra de transição prevista no art. 3º da EC n. 47/2005. Não têm, contudo, direito à integralidade (art. 40, § 7º, inciso I, CF)[130].

Com a EC n. 103/2019, houve substancial mudança no cálculo do benefício devido aos dependentes do servidor federal. De um lado, foi alterada a redação do § 7º do art. 40, permitindo que a regra transitória do art. 23 implementasse um sistema de cotas composto por uma cota familiar de 50% do valor da aposentadoria recebida pelo servidor ou daquela a que teria direito se fosse aposentado por incapacidade permanente na data do óbito, acrescida de cotas de 10 pontos percentuais por dependente, até o máximo de 100%.

A questão da inconstitucionalidade da sistemática das cotas está sendo debatida nas ADI 7051, proposta pela Confederação Nacional dos Trabalhadores Assalariados e Assalariadas Rurais (Contar) e pela ADI 6916 ajuizada pela ADEPOL. Conforme a argumentação deduzida, ao conjugar a aplicação do sistema de cotas familiar e individual com a do cálculo da aposentadoria "simulada" por incapacidade permanente, a norma impede que o valor da pensão espelhe proporcionalmente o montante sobre o qual foram descontadas as contribuições previdenciárias a cargo do servidor e da entidade patronal. O resultado concreto do referido enunciado retiraria dos dependentes o direito à vida com subsistência digna.

Existindo dependente inválido ou com deficiência intelectual, mental ou grave, as cotas serão aplicadas sobre o que exceder o teto do regime geral. Quando não houver mais dependente inválido ou com deficiência intelectual, mental ou grave, o valor da pensão será recalculado de acordo com a regra geral do art. 23 da EC n. 103/2019. As cotas individuais são extintas quando cessar o direito de cada dependente, não podendo mais ser revertidas.

Para as pensões dos demais regimes próprios, permanecem em vigor as normas constitucionais e infraconstitucionais anteriores à data de entrada em vigor da EC n. 103/2019, enquanto não forem promovidas alterações na legislação interna relacionada ao respectivo regime próprio de previdência social.

Há uma considerável preocupação com o conjunto de mudanças que foram feitas em relação ao benefício de pensão, em especial as do § 2º do art. 201 e no § 7º do art. 40 da CF/88. Assim, como o § 2º do art. 201 da CF garante que não será inferior a um salário mínimo os benefícios que substituam o salário de contribuição ou o rendimento do trabalho, poderia estar aberta a porta para a desvinculação do limite mínimo da prestação do valor do salário mínimo nos regimes próprios. Se pensarmos na composição atual das famílias brasileiras, e na média das aposentadorias, não é difícil concluir que a maior parte dos benefícios de pensão, em face do sistema de cotas poderia ser concedido em valor inferior a um salário mínimo. Ou posteriormente, em face da não reversão das cotas individuais, acabar sendo substancialmente reduzido. Nesse ponto específico, a novel Emenda Constitucional violou cláusula pétrea de nossa Lei Fundamental (inciso IV do § 4º do art. 60). Com efeito, se o benefício mínimo corresponde ao valor indispensável para a subsistência de uma pessoa, a proposta de admitir a concessão de benefício previdenciário substitutivo (seja da renda própria ou da renda auferida pelo provedor da família) inferior a um salário mínimo não pode ser admitida em nenhuma circunstância.

8.10. O princípio da irredutibilidade dos benefícios e o fim da paridade

O princípio da irredutibilidade dos benefícios ou da manutenção do valor real emerge como um mecanismo imprescindível para assegurar o efetivo funcionamento de um sistema de previdência ao longo do tempo – impondo a revisão periódica dessas prestações pela aplicação de reajustes que devem refletir a variação inflacionária, para que o acesso aos meios necessários para a sobrevivência dos beneficiários não seja sustado –, pois, caso contrário, como já havia sustentado VENTURI, os benefícios que o sistema acreditava ter concedido, para fazer frente a consequências duradouras, mostrar-se-iam ilusórios perante o aumento do custo de vida[131]. De efeito, a função precípua do reajustamento das prestações pecuniárias é a manutenção do poder aquisitivo da prestação previdenciária, promovendo a efetividade do seu caráter substitutivo da remuneração que era auferida, de forma a permitir a continuidade dos meios de sobrevivência, mas sem cogitar de majoração real do valor, o que só seria alcançado com verdadeiro aumento[132].

As particularidades do cenário econômico brasileiro, composto por uma inflação alta e sustentada, principalmente nas décadas de 70 e 80, que acabava sendo utilizada como um imposto pago pelos mais pobres, e no qual a manipulação tecnocrática de valores se constituía em um mecanismo privilegiado de negação de direitos[133], canalizaram pressões capazes de sensibilizar o legislador constituinte.

---

129. "Parágrafo único. Aplica-se ao valor dos proventos de aposentadorias concedidas com base neste artigo o disposto no art. 7º da Emenda Constitucional n. 41, de 2003, observando-se igual critério de revisão às pensões derivadas dos proventos de servidores falecidos que tenham se aposentado em conformidade com este artigo."

130. STF, RE 603580, Ricardo Lewandowski, Tribunal Pleno, *DJe* 4-8-2015.

131. VENTURI, Augusto. *Los fundamentos científicos de la seguridad social*, p. 212.

132. THEISEN, Ana Maria Wickert. Do reajustamento do valor dos benefícios previdenciários. In: FREITAS, Vladimir Passos de. *Direito previdenciário*: aspectos materiais, processuais e penais, p. 142.

133. MELO, M. A. B. C e AZEVEDO, S. *O processo decisório da reforma tributária e da previdência social*, p. 19.

É importante frisar que os servidores públicos não tinham a mesma preocupação em virtude de, pelo menos desde a Constituição de 1946, existir preceito constitucional que assegurava a revisão dos proventos dos inativos sempre que os proventos dos servidores em atividade fossem modificados, o qual era conhecido como regra da paridade[134]. O enunciado normativo foi acolhido, com pequenas variações redacionais, pelos seguintes dispositivos: art. 193 da CF/46; § 2º do art. 100 da CF/67; § 1º do art. 102 da CF/69; e § 4º do art. 40 da CF/88. Vindo a lume a EC n. 20/98, o preceito restou alojado no § 8º do art. 40.

Não resta dúvida, portanto, de que a regra da paridade vinha sendo da maior relevância para que os proventos e as pensões dos servidores públicos não ficassem insuportavelmente defasados. Em face do escasso poder de pressão dos aposentados, inegavelmente essa categoria estava mais protegida que os segurados do regime geral, por gozar de uma garantia de revisão na mesma proporção e na mesma data, sempre que fosse modificada a remuneração dos agentes públicos em atividade.

Como bem percebeu Paulo Modesto, o direito à paridade e à integralidade apenas alcançava a "remuneração do cargo", inconfundível com a "remuneração ou a retribuição dos agentes". "Com efeito, 'a retribuição do agente', sendo constituída pela 'remuneração do cargo ou função' e por vantagens pessoais, eventuais ou circunstanciais, inaplicáveis à generalidade dos titulares do cargo, naturalmente excede em valor o *quantum* definido para a simples 'remuneração' do cargo"[135].

O paradigma de recomposição monetária, ditado pela substituição do § 8º do art. 40, o qual é aplicável para todos os servidores que não implementarem os requisitos exigidos até a publicação da Emenda n. 41/2003, estendeu o frágil critério da preservação do valor do real para balizar o reajustamento das aposentadorias e pensões. A medida poderá representar um golpe substancial no padrão de vida dos aposentados e pensionistas dos regimes próprios.

O art. 15 da Lei n. 10.887/2004, o qual regulamentou os reajustamentos dos benefícios sem direito a paridade, determinava que os benefícios de aposentadorias e pensões dos regimes próprios seriam reajustados nas mesmas datas que os do regime geral, mas não havia elegido o indexador. Anota Castro que, desde 2004, estes benefícios não têm sido reajustados como determina o § 8º do art. 40 da CF/88, situação motivadora do ajuizamento de numerosas demandas judiciais[136]. Apreciando a omissão do TCU na aplicação do reajuste, no julgamento do Mandado de Segurança n. 25.871 – que alegava serem inconstitucionais os critérios da Orientação Normativa n. 03/2004 –, o STF determinou que, na ausência de definição do índice de reajustamento pelo ente federativo, os benefícios deveriam ser corrigidos pelos mesmos índices aplicados aos benefícios do RGPS, consoante o expressamente previsto no art. 65 da Orientação Normativa n. 03/2004[137].

Em 22 de setembro de 2008, foi editada a Lei n. 11.784, que alterou o art. 15 da Lei n. 10.887/2004, determinando que os proventos de aposentadoria e as pensões dos regimes próprios sejam reajustados na mesma data e índice em que se der o reajuste dos benefícios do regime geral, ressalvados os beneficiados pela garantia de paridade. A mudança provocou o ajuizamento de uma ADI por parte do Governador do Estado do Rio Grande do Sul. Argumentou-se que a fixação de índices e datas para o pagamento de reajuste aos aposentados e pensionistas do Estado extrapolaria as funções da União de fixar normas gerais, além de ameaçar o equilíbrio financeiro e atuarial da administração, exigido pelo art. 40 da Constituição. Na apreciação da Liminar, o STF assentou que o dispositivo da lei federal questionada caracterizava ingerência da União na administração do regime de previdência social do Estado. Segundo o relator, Ministro Marco Aurélio, assim como cabe ao Estado deliberar sobre a revisão geral do pessoal da ativa, compete à unidade da federação legislar sobre a revisão do que é percebido pelos inativos e pensionistas, "sob pena de o sistema ficar capenga". Os efeitos do dispositivo impugnado ficam suspensos até o julgamento final da ADI n. 4.582[138].

Como visto no item 8.5, as regras de transição das EC n. 41/2003 e 47/2005 ainda permitiam o acesso a benefícios com paridade e integralidade[139]. Havia segmento doutrinário que extraía do parágrafo único do art. 6º da EC n. 41/2003 uma regra que não garantia a paridade e a integralidade plena, entendendo que, em face da diferença de redação dos enunciados normativos, não haveria clara extensão das vantagens e gratificações[140]. A questão perdeu interesse com a EC n. 47/2005, cujo parágrafo único do art. 3º determinou fosse aplicado às aposentadorias de que trata o art. 6º daquela emenda o critério constante do art. 7º da Emenda n. 41/2003.

Considerando a redação dada pela EC n. 41/2003 ao § 17 do art. 40, não havia necessidade de a EC n. 103/2019 fazer mudanças nos critérios de reajustamento. Na regra transitória contemplada no art. 26, destinada aos servidores federais e aos segurados do RGPS, ficou previsto que os benefícios calculados pela nova sistemática serão reajustados nos termos estabelecidos para o Regime Geral de Previdência Social.

Ainda é possível a concessão de aposentadoria com integralidade e paridade para o servidor cujo ingresso tenha ocorrido até 31-12-2003, desde que ele se submeta aos requisitos mais rigorosos das regras de transição dos arts. 4º e 20 da EC n. 103/2019, as quais já foram examinadas.

8.11. Tempo de serviço e tempo de contribuição

A relação jurídica de previdência social, como no direito público em geral, não resulta de uma relação social preexistente, mas como um elo jurídico artificial ajustado entre a instituição gestora

---

134. "Art. 193. Os proventos da inatividade serão revistos sempre que, por motivo de alteração do poder aquisitivo da moeda, se modificarem os vencimentos dos funcionários em atividade."

135. MODESTO, Paulo. *A reforma da previdência e as peculiaridades do regime previdenciário dos agentes públicos*, p. 11.

136. CASTRO, Carlos Alberto Pereira. *As aposentadorias voluntárias no regime próprio dos servidores públicos da União*, p. 51.

137. STF, MS n. 25.871-3/DF, Cezar Peluso, Pleno, *DJe* 4-4-2008.

138. STF, MC ADI n. 4.582, Marco Aurélio, Pleno, *DJ* 9-2-2012.

139. "Os servidores que ingressaram no serviço público antes da EC 41/2003, mas que se aposentaram após a referida emenda, possuem direito à paridade remuneratória e à integralidade no cálculo de seus proventos, desde que observadas as regras de transição especificadas nos arts. 2º e 3º da EC 47/2005" (STF, RE 590.260, Rel. Min. Ricardo Lewandowski, Plenário, *DJe* de 23-10-2009).

140. IBRAHIM, Fábio Zambitte. In: TAVARES, Marcelo Leonardo (Coord.). *Comentários à Reforma da Previdência*, p. 102.

do regime previdenciário e os beneficiários (segurados e dependentes), com o escopo de disponibilizar proteção estatal contra os principais riscos econômicos que afetam a vida em sociedade.

O vínculo jurídico constituído sob á égide da relação jurídica de previdência social não é um fenômeno estático. Por isso, no curso do desenvolvimento da relação jurídica de previdência social, iniciada com a filiação, o exercício de atividade abrangida pelos regimes previdenciários – associado a outros fatos, também juridicamente destacados – desencadeia o direito de computar os períodos contributivos para fins de carência, ou o direito de ter o tempo laborado debaixo de condições especiais regido em conformidade com a lei vigente na data em que o trabalho foi realizado, e, ainda, a expectativa de que, ao final, o segurado ou servidor público possa obter um benefício previdenciário substitutivo considerando todos os períodos de filiação.

Há muito o tempo de serviço é reconhecido como um direito distinto da aposentadoria. Este entendimento encontra-se consolidado em nossa tradição previdenciária, pelo menos, desde o julgamento do RE n. 82.881-SP. Na ocasião, o STF consagrou a intelecção de que, sendo previsto na lei, determinado período de atividade considerado como tempo de serviço público, após a concretização do suporte fático, nasce o direito, o qual se incorpora imediatamente no patrimônio do servidor como direito adquirido[141].

A expressão "tempo de serviço", em sentido estrito, é compreendida como os períodos em que o servidor público está exercendo atividade. Por isso, os dias em que está afastado só são computados quando houver previsão legal expressa que, neste caso, inegavelmente, está criando uma ficção. Por isso o mais adequado seria falar em tempo de filiação.

Na vida funcional do agente público, o tempo de serviço desempenhava um papel de enorme relevância em face das consequências que dele derivavam, tais como: estabilidade, progressão nas carreiras, pagamento de adicionais, licença por assiduidade e as aposentadorias. Tendo em vista a peculiar evolução da proteção previdenciária ofertada aos agentes públicos, não havia preocupação por parte da administração com o recolhimento das contribuições, nem tampouco com a separação e aplicação destes recursos para garantir o pagamento dos benefícios futuros.

A Emenda Constitucional n. 20, de 15 de dezembro de 1998, operou uma transformação substancial ao substituir o paradigma do tempo de serviço pelo do tempo de contribuição, mediante a inserção do § 9º ao art. 40, buscando fortalecer o princípio da manutenção do equilíbrio financeiro e atuarial. Considerando a necessidade de respeitar as situações já consolidadas, o art. 4º da EC n. 20/98 permitiu que todo o tempo de serviço seja considerado como tempo de contribuição até que a lei defina os períodos considerados como válidos para fins de acesso aos benefícios previdenciários.

Tendo em foco propiciar uma correspondência adequada entre a arrecadação e o pagamento dos benefícios nos regimes previdenciários – ideia motriz do princípio do equilíbrio financeiro e atuarial –, em princípio, é perfeitamente aceitável a vedação da utilização de tempos fictícios, questão que é detalhada no item 12.2.

8.12. Aproveitamento do tempo de contribuição no serviço público e contagem recíproca

O enunciado normativo do § 9º tinha razão de existir na época em que o tratamento conferido ao aproveitamento do tempo de atividade comum era diferente do dispensado para o tempo de serviço público, inadmitindo-se a produção de quaisquer efeitos previdenciários nos regimes próprios pelo labor em atividades privadas. Tendo em conta a disposição normativa do § 9º do art. 201, o atual § 9º do art. 40 poderia ser suprimido sem que nenhuma transformação fosse sentida pelos beneficiários dos regimes próprios.

No Brasil, a necessidade de criar um mecanismo de conexão entre os regimes era manifesta, em face da inexistência de um regime único de previdência pública, uma vez que a previdência oficial abrange o Regime Geral de Previdência Social – RGPS – e os denominados regimes próprios de previdência – RPPS. A finalidade do instituto da contagem recíproca é franquear ao segurado, vinculado ao longo de sua vida laboral em diferentes regimes previdenciários, a obtenção dos benefícios substitutivos, quando ele não preenche os requisitos considerando-se unicamente um determinado regime. Isto resta possível mediante o aproveitamento dos tempos de filiação cumpridos pelo trabalhador (seja como segurado ou servidor) em cada um dos distintos regimes oficiais.

O art. 192 da Constituição de 1946 passou a prever o cômputo integral, para efeito de aposentadoria e disponibilidade, do tempo de serviço público federal, estadual ou municipal, pois a questão não era dimensionada da maneira adequada, já que o Estatuto dos Funcionários Públicos de 1939, no seu art. 100, previa que o tempo de exercício de mandato legislativo federal ou cargo ou função estadual ou municipal seria contado apenas pela terça parte. Atendendo ao preceito constitucional referido, o Estatuto de 1952 passou a impor, no inciso I do art. 80, que o tempo de serviço público federal, estadual ou municipal fosse computado integralmente.

Em que pese a relevância do instituto da contagem recíproca, a lei somente disciplinará a adição de tempos de filiação prestados em regimes previdenciários distintos muito mais tarde. A primeira lei que permitiu a junção de períodos prestados em órgãos distintos foi a Lei n. 3.841/60, prevendo que a União, as Autarquias, as Sociedades de Economia Mista e as Fundações instituídas pelo Poder Público contariam reciprocamente, para os efeitos de aposentadoria, o tempo de serviço anterior prestado a qualquer dessas entidades pelos respectivos funcionários ou empregados. Para os mesmos efeitos era incluído o tempo de serviço prestado aos Estados e Municípios, mas nada era estabelecido caso o itinerário percorrido pelo funcionário público fosse o inverso. Mais tarde, ficou viabilizada a adição do tempo de serviço público para o regime geral de previdência, por força do Decreto-Lei n. 367, de 19 de dezembro de 1968. Em verdade, ainda não se poderia falar em reciprocidade, porquanto não era admitida a consideração do tempo de atividade privada no regime dos funcionários públicos. A contagem recíproca restou finalmente consagrada no nosso direito pela Lei n. 6.226, de 14 de julho de 1975. A procedente crítica feita, na época, é que não se levava em consideração o tempo prestado para os órgãos regionais de previdência social (Estados e Municípios). Com o advento da Lei n. 6.864/80, irradiou-se

---

141. STF, RE n. 82.881-SP, Rel. Min. Eloy Rocha, Pleno, j. 5-5-76.

a reciprocidade também para os regimes estaduais e municipais, norma finalmente incorporada ao art. 77 da CLPS/84[142].

A Constituição Federal de 1988 acentuou a importância do instituto que foi insculpido no § 2º do art. 202. Por força da EC n. 20/98, ele restou deslocado para o § 9º do art. 201. Quando a contagem recíproca for processada, devem ser observadas as regras constantes dos arts. 94 a 99 da Lei n. 8.213/91, bem como procedida a compensação financeira disciplinada na Lei n. 9.796/99.

A mudança feita no § 9º do art. 201, pela EC n. 103/2019, acentuou que a contagem recíproca é assegurada perante os regimes de previdência social. Consoante já referido anteriormente, os militares foram preservados dos efeitos mais sensíveis da reforma. Para eles, a aposentadoria continua sendo assegurada mesmo sem a respectiva contribuição. Para evitar discussões sobre o aproveitamento do tempo de serviço militar, a EC n. 103/2019 introduziu o § 9º-A ao art. 201 da CF/88. Assim, o tempo de serviço militar exercido nas atividades de que tratam os arts. 42, 142 e 143 e o tempo de contribuição ao Regime Geral de Previdência Social ou a regime próprio de previdência social podem ser adicionados para fins de inativação militar ou aposentadoria.

8.12.1. Aproveitamento do tempo laborado sob condições especiais no caso de contagem recíproca

Como visto no item 6, a Lei Fundamental tratou da aposentadoria especial de maneira substancialmente diferente (redação original do § 1º do art. 40 e inciso II do art. 202). Mas como resolver a situação dos servidores públicos que exerceram atividades especiais, assim reconhecidas pelo regime geral, antes de ingressarem no serviço público? Haveria direito adquirido ao cômputo de maneira qualificada em um sistema previdenciário diverso?

Os critérios para a aceitação dos tempos laborados em diferentes regimes previdenciários também constituem matéria que mereceria disciplinamento por normas gerais de direito previdenciário. Entretanto, a questão continua tratada apenas na Lei n. 8.213/91 (arts. 94 a 99)[143].

Especificamente sobre o tema, o inciso I do art. 96 prevê: "Art. 96. O tempo de contribuição ou de serviço de que trata esta Seção será contado de acordo com a legislação pertinente, observadas as normas seguintes: I – não será admitida a contagem em dobro ou em outras condições especiais;". A lei que tratou especificamente da contagem recíproca, lei especial e cronologicamente posterior à Lei n. 8.112/90, objetivou que os períodos computados como especiais em outros regimes não pudessem ser valorados em dobro ou em condições especiais em razão da complexidade do acerto financeiro que os regimes deveriam fazer entre si. A situação demandava regulamentação, sendo resolvida apenas com o advento da Lei n. 9.796/99.

A Constituição Federal, no § 4º do art. 40, veda a adoção de critérios diferenciados para a concessão de aposentadoria, exceto nos casos de servidores: a) que forem portadores de deficiência; b) que exercerem atividades de risco; ou c) cujas atividades sejam exercidas sob condições especiais que prejudiquem a saúde ou a integridade física. O entendimento da administração pública seguia a linha restritiva, consoante dispõe a Súmula 245 do TCU[144].

Nos casos em que os servidores públicos celetistas foram, compulsoriamente, transformados em servidores estatutários, situação que difere da mudança voluntária de regime na qual tem aplicação o instituto da contagem recíproca, pois a migração de regime foi promovida compulsoriamente pela Lei, o STF entendeu possível a conversão do tempo de serviço especial, desde que anterior ao advento da Lei n. 8.112/90, pois a partir daí seria necessária a regulamentação exigida pela Constituição[145]. Esta questão foi definida pelo STF no julgamento do Tema 293, tendo sido reafirmada a jurisprudência no sentido de que: "O tempo de serviço prestado por servidor público ex-celetista, em período anterior à instituição do regime jurídico único, uma vez comprovadas as condições insalubres, periculosas ou penosas, constituiu direito adquirido para todos os efeitos"[146].

Quando a questão parecia convergir para o reconhecimento do direito dos servidores de terem assegurada a conversão dos períodos, até mesmo por coerência ao que foi decidido no Mandado de Injunção n. 721, o Supremo Tribunal Federal passou a adotar outro entendimento. No julgamento do Agravo Regimental no MI 2.123-DF, o STF entendeu que o preceito constitucional em foco não assegurava a contagem diferenciada do tempo de serviço e sua averbação na ficha funcional[147].

No julgamento do Tema 942, por maioria, o STF fixou a seguinte tese: "Até a edição da Emenda Constitucional n. 103/2019, o direito à conversão, em tempo comum, do prestado sob condições especiais que prejudiquem a saúde ou a integridade física de servidor público decorre da previsão de adoção de requisitos e critérios diferenciados para a jubilação daquele enquadrado na hipótese prevista no então vigente inciso III do § 4º do art. 40 da Constituição da República, devendo ser aplicadas as normas do

---

142. A respeito da contagem recíproca, editou o TCU a Súmula n. 159, na qual eram traçadas algumas linhas básicas a respeito da interpretação que deveria ser dada à Lei n. 6.226/75: "Na interpretação das regras previstas na Lei n. 6.226, de 14-7-75, sobre a contagem recíproca, para efeito de aposentadoria, tempo de serviço público federal e de atividade privada, adota-se o seguinte entendimento normativo: 'a) o tempo de serviço, em atividade privada, deve ser averbado com discriminação dos períodos em cada empresa e especificação da sua natureza, juntando-se ao processo da concessão de aposentadoria, a certidão fornecida pelo INPS; b) o tempo certificado pelo INPS será apurado contando-se os dias existentes entre as datas inicial e final de cada período, convertido depois o total em anos, mediante sucessivas divisões daquele resultado por 365 e 30 dias; c) o tempo de serviço militar pode ser averbado junto com o da atividade privada ou separadamente à vista do documento hábil fornecido pela respectiva corporação, caso em que se fará se houver superposição, a devida dedução do total certificado pelo INPS; d) o cômputo do tempo em atividade privada será feito singularmente, sem contudo prejudicar eventual direito à contagem do em dobro ou em condições especiais, na forma do regime jurídico estatutário, pelo qual vai aposentar-se o servidor; e) o aproveitamento da contagem recíproca não obsta a concessão de aposentadoria prêmio a que fizer jus o funcionário, uma vez satisfeitos os demais pressupostos fáticos, além do tempo mínimo necessário, ainda que atingido este com o de atividade privada'".

143. Sobre as normas gerais de direito previdenciário consulte-se: ROCHA, Daniel Machado da. *Normas gerais de direito previdenciário e a previdência do servidor público*. Florianópolis: Conceito, 2012.

144. Súmula n. 245. Não pode ser aplicada, para efeito de aposentadoria estatutária, na Administração Pública Federal, a contagem ficta do tempo de atividades consideradas insalubres, penosas ou perigosas, com o acréscimo previsto para as aposentadorias previdenciárias segundo legislação própria, nem a contagem ponderada, para efeito de aposentadoria ordinária, do tempo relativo a atividades que permitiriam aposentadoria especial com tempo reduzido.

145. STF, RE n. 352.322/SC, Rel. Min. Ellen Gracie, 2ª T., *DJ* 19-9-2003.

146. STF, RE 612.358. AgR, Rosa Weber, Pleno, *DJe* 13-3-2020.

147. STF, Ag. Reg. no MI n. 2.123-DF, rel. p/ o acórdão Dias Toffoli, Plenário, julgado em 6-3-2013.

regime geral de previdência social relativas à aposentadoria especial contidas na Lei n. 8.213/1991 para viabilizar sua concretização enquanto não sobrevier lei complementar disciplinadora da matéria. Após a vigência da EC n. 103/2019, o direito à conversão em tempo comum, do prestado sob condições especiais pelos servidores obedecerá à legislação complementar dos entes federados, nos termos da competência conferida pelo art. 40, § 4º-C, da Constituição da República"[148].

Demonstrando mais um dos problemas decorrentes da quebra da simetria constitucional prevista no art. 40 da CF/88, ficou vedada a conversão do tempo trabalhado debaixo de condições especiais no RGPS (§ 2º do art. 25) e no regime próprio da União (§ 3º do art. 10 da EC n. 103/2019). Entretanto, os entes federados poderão estabelecer por lei complementar a possibilidade de conversão do tempo comum em especial, mesmo depois de 13-11-2019.

8.12.2. Vedação do aproveitamento dos tempos fictos

Desde logo, é importante destacar que essa vedação do § 10 do art. 40, com a nova redação da EC n. 20/98, não deve ser interpretada como uma regra que deve ser observada de maneira literal, em qualquer situação. Se assim fosse, forçosamente, chegaríamos à conclusão desarrazoada de que o art. 102 da Lei n. 8.112/90 não teria sido recepcionado por agasalhar hipóteses de tempo ficto.

Há tempos fictos relacionados com a função pública – por exemplo, quando o servidor está participando de programa de treinamento regularmente instituído (inciso IV do art. 102); períodos em que o servidor não está exercendo atividade – tempo durante o qual ele está em licença saúde (art. 103, VII); ou o tempo de prestação de serviço militar obrigatório, no qual há desempenho de tarefas e pagamento de remuneração, mas sobre o qual não são vertidas contribuições. Do ponto de vista previdenciário, seria absolutamente injusto desconsiderar tais períodos para fins de aposentadoria[149]. Em outros casos, todavia, a proibição do seu cômputo é inteiramente adequada, como nas hipóteses de conversões de licenças-prêmio (extintas em relação ao servidor federal, mas ainda existente em muitos Estados da Federação) e férias não gozadas, em tempo de serviço dobrado para aposentadoria, as quais permitiam a antecipação do benefício e, em decorrência, não apenas a redução dos aportes como a fruição do benefício por um tempo maior.

No período anterior à edição da EC n. 20/98, o Estado do Rio de Janeiro aprovou a Lei n. 1.713/90, cujos arts. 3º e 4º previam a possibilidade de que o tempo de exercício em cargo de comissão na Administração Direta desse Estado pudesse ser computado em dobro para fins de aposentadoria. Contra os dispositivos clientelistas, foi proposta a ADIn 404/RJ, a qual foi julgada procedente, entendendo o STF que as normas impugnadas reduziam, indiretamente, o tempo fixado pela CF/88 para a aposentadoria, afrontando os §§ 4º e 10 do art. 40[150]. Outro exemplo de tempo ficto inadequado era o contido no parágrafo único do art. 101, o qual também acabou sendo considerado inconstitucional pelo Tribunal Constitucional na apreciação da Ação Direta de Inconstitucionalidade 609-6/DF, julgada em 8-2-1996[151], a qual foi acolhida em razão da impossibilidade de a lei ordinária reduzir o tempo para a aposentadoria estabelecido constitucionalmente. Dessa decisão, recomenda-se o exame dos excelentes votos dos Ministros Francisco Rezek e Néri da Silveira, que, dando uma interpretação conforme a Constituição, julgavam a ADIn parcialmente procedente, afastando a sua aplicação apenas nas aposentadorias voluntárias, na medida em que a figura do tempo ficto deve ser preservada quando existir uma causa que a justifique. Posteriormente, o referido dispositivo restou revogado pela Lei n. 9.527/97.

Quando o servidor adquiriu o direito à pretendida conversão em período anterior à EC n. 20/98, ainda que só tenha completado todos os requisitos após 15-12-98, a jurisprudência tem entendido que o servidor já incorporou ao seu patrimônio o direito da contagem em dobro para fins de aposentadoria, podendo ser referida a decisão do STF no Ag. Reg. no RE 394.661-7[152].

Como visto, a Lei Maior, no dispositivo enfocado, passou a vedar qualquer forma de tempo fictício, mas não definiu o conceito de tempo de contribuição nem o que poderia ser caracterizado como tempo de serviço público. O interesse em tais definições restou catalisado pelo fato de as regras de transição dos arts. 6º da EC n. 41/2003 e 3º da EC n. 47/2005, as quais permitem a obtenção de uma aposentadoria voluntária com paridade e integralidade, exigirem, respectivamente, 20 e 25 anos de tempo de serviço público.

Buscando auxiliar os regimes próprios na compreensão e observância das transformações efetivadas no ordenamento jurídico previdenciário, a Orientação Normativa n. 02/2009, baixada pela Secretaria de Políticas de Previdência Social do Ministério da Previdência Social no inciso VIII do art. 2º, estampou o seguinte conceito: "VIII – tempo de efetivo exercício no serviço público, o tempo de exercício de cargo, função ou emprego público, ainda que descontínuo, na Administração direta, autárquica, ou fundacional de qualquer dos entes federativos".

Felizmente, para os servidores públicos, o Tribunal de Contas da União acabou adotando entendimento mais favorável, admitindo o emprego de tempo de serviço prestado para empresas públicas e a sociedades de economia mista de qualquer ente da federação para satisfazer a exigência temporal presente no art. 40, inciso III, da Constituição Federal de 1988, bem como, ainda, no art. 6º, inciso III, da Emenda Constitucional n. 41, de 19 de dezembro de 2003, e no art. 3º, inciso II, da Emenda Constitucional n. 47, de 5 de julho de 2005[153].

Na hipótese de o servidor público ter exercido cargos públicos em diferentes entes federativos, se prestar novo concurso após a EC n. 41/2003, ele poderá aposentar-se com base nas re-

---

148. STF, RE 1014286, rel. p/ acórdão: Edson Fachin, Pleno, *DJe* 24-9-2020.
149. "§ 1º Não se considera fictício o tempo definido em lei como tempo de contribuição para fins de concessão de aposentadoria quando tenha havido, por parte do servidor, a prestação de serviço ou a correspondente contribuição" (§ 1º do art. 68 da Orientação Normativa n. 1, de 23 de janeiro de 2007, da Secretaria de Políticas de Previdência Social do Ministério da Previdência Social).
150. STF, ADIn n. 404-2/RJ, Rel. Min. Carlos Velloso, Pleno, *DJ* 14-5-2004.
151. ADIn 609-6/DF, STF, Rel. para o acórdão Min. Maurício Corrêa P., m., *DJ1* n. 83, 3-5-2002, p. 13.
152. STF, Ag. Reg. n. RE 394.661-7, 2ª T., Rel. Min. Carlos Velloso, *DJ* 14-10-2005.
153. TCU, Acórdão n. 2.229/2009, André Luís de Carvalho, Plenário, *DOU* 25-9-2009.

gras de transição. Em conformidade com o entendimento da administração, deve ser considerada como data de ingresso no serviço público a mais remota dentre as ininterruptas (art. 70 da Orientação Normativa n. 02/2009).

Assim, a mudança de cargos oriunda da exoneração e da posse deveriam vigorar na mesma data, sob pena de o servidor não poder habilitar-se aos benefícios previstos nas regras de transição. Este entendimento restritivo, porquanto a CF/88 não estabeleceu uma caducidade dos direitos inerentes à relação jurídica de proteção previdenciária, é, no mínimo, questionável.

Com o desiderato de reforçar a rejeição do sistema aos tempos fictícios, a EC n. 103/2019 acrescentou o § 14 ao art. 201: "É vedada a contagem de tempo de contribuição fictício para efeito de concessão dos benefícios previdenciários e de contagem recíproca".

Com relação ao aproveitamento de tempo ficto, o art. 25 da EC n. 103/2019 consagra um tratamento que é contraditório. No *caput* assegura que todos os fatos ocorridos no momento anterior à entrada em vigor da citada emenda que ensejaram o aproveitamento de tempo fictício produzirão efeitos na forma da legislação anterior. Mas é preciso recordar que a EC n. 20/98, ao introduzir o § 10 ao art. 40 já havia limitado o uso dos tempos fictos, ou seja, aqueles para os quais não houve trabalho e nem o pagamento de contribuições.

Por sua vez, o § 3º do art. 25 passou a considerar nula a aposentadoria que tenha sido concedida ou que venha a ser concedida por regime próprio de previdência social com contagem recíproca do Regime Geral de Previdência Social mediante o cômputo de tempo de serviço sem o recolhimento da respectiva contribuição ou da correspondente indenização pelo segurado obrigatório responsável, à época do exercício da atividade, pelo recolhimento de suas próprias contribuições previdenciárias. No caso de benefícios concedidos antes da entrada em vigor da EC n. 103/2019, a previsão de anulação viola o art. 5º, XXXVI, e o art. 60, § 4º, IV, porquanto permite desconstituir atos jurídicos acabados e estabilizados no tempo, incorporados em definitivo ao patrimônio jurídico dos titulares. O referido dispositivo será examinado pelo STF nas ADIs n. 6.254 e 6.256.

8.13. Teto aplicável aos proventos dos inativos

Antes de enfocar o teto aplicável aos proventos dos inativos, é conveniente contextualizar o quadro geral de limitações imposto às remunerações percebidas pelos agentes públicos inativos. Duas destas situações já restaram declinadas. A primeira condicionante é o fato de os proventos não poderem exceder a remuneração percebida pelo servidor no cargo que ele ocupava antes da aposentadoria (§ 2º). Não se admite, ainda, o recebimento, por parte do agente público, de mais de uma aposentadoria decorrente de regime próprio, salvo nos casos de acumulação de cargos constitucionalmente permitida (§ 6º). Feita esta recapitulação, podemos avançar na compreensão do enunciado normativo.

O décimo primeiro parágrafo do art. 40, na redação que foi definida pela EC n. 20/98, previu que deve ser aplicado o limite fixado no art. 37, XI, à soma total dos proventos de inatividade, inclusive quando decorrentes da acumulação de cargos ou empregos públicos, bem como de outras atividades sujeitas a contribuição para o regime geral de previdência social, e ao montante resultante da adição de proventos de inatividade com remuneração de cargo acumulável na forma desta Constituição, cargo em comissão declarado em lei de livre nomeação e exoneração, e de cargo eletivo. A aplicação da norma extraída do inciso XI do art. 37 tem suscitado alguns questionamentos importantes, os quais já foram examinados nesta obra coletiva.

Confiando na legitimidade decorrente do processo de reforma materializado pela EC n. 20/98, o Congresso Nacional desejou instituir um teto previdenciário para todos os regimes, deixando clara a vinculação dos inativos dos regimes próprios (§ 11 do presente artigo), como também os do regime geral. Embora tradicionalmente os benefícios ofertados aos servidores públicos fossem mais generosos – em face de o regime geral ostentar um limite inferior ao teto previsto para os servidores públicos –, havia benefícios especiais, tais como as aposentadorias dos ex-combatentes e anistiados, administrados pelo regime geral, cujos proventos eram bem superiores à remuneração dos Ministros do STF. O art. 248 da Constituição surgiu no bojo da EC n. 20/98 para tratar de tais situações.

Nesta quadra, naquilo que nos interessa para o momento, é oportuno destacar que havia controvérsia sobre a possibilidade de acumulação de proventos de servidor aposentado em decorrência do exercício cumulado de dois cargos: se os dois cargos deveriam ser considerados isoladamente ou em conjunto. A dúvida foi afastada com o julgamento pelo STF do Tema 384: "Nos casos autorizados constitucionalmente de acumulação de cargos, empregos e funções, a incidência do art. 37, inciso XI, da Constituição Federal pressupõe consideração de cada um dos vínculos formalizados, afastada a observância do teto remuneratório quanto ao somatório dos ganhos do agente público"[154].

Polêmica também era a questão da incidência do teto constitucional sobre a acumulação de pensão por morte com os proventos da aposentadoria. Contudo, os dependentes não desfrutarão da possibilidade de que o teto seja aplicado separadamente para a pensão e aposentadoria. No Tema 359 prevaleceu a seguinte tese: "Ocorrida a morte do instituidor da pensão em momento posterior ao da Emenda Constitucional n. 19/1998, o teto constitucional previsto no inciso XI do artigo 37 da Constituição Federal incide sobre o somatório de remuneração ou provento e pensão percebida por servidor"[155].

Por fim, cabe referir, ainda, o fato de a EC n. 47/2005, mediante o acréscimo do § 11 ao art. 37, ter permitido que as parcelas de caráter indenizatório, previstas em lei, não sejam computadas para efeito de aplicação do inciso XI do art. 37.

Consoante destacado no item 8.5, a EC n. 103/2019 promoveu substancial redução no limite máximo dos proventos das aposentadorias dos servidores que ingressaram no serviço público depois da vigência da EC n. 103/2019. Para estes agentes públicos, o limite máximo será o teto estabelecido para o RGPS.

8.14. Observância subsidiária dos critérios do regime geral

Se o desafio nuclear do federalismo, modelo potencialmente tendente à descentralização e ao fortalecimento da democracia,

---

154. RE 602.043, Marco Aurélio, Pleno, *DJe* 8-9-2017.
155. RE 602.584, Marco Aurélio, Pleno, *DJe* 23-11-2020.

sempre consistiu em compatibilizar a participação e a autonomia dos Estados-Membros com a unidade e a hierarquia mínimas reclamadas pelo Estado federal, em matéria previdenciária, a necessidade de uniformização é impulsionada, principalmente, pela dificuldade no reconhecimento do alcance e da abrangência dos direitos dos beneficiários constituídos debaixo das diferentes legislações.

De fato, ao longo de sua vida laboral, os trabalhadores poderão transitar por diferentes regimes previdenciários, gerando a necessidade, não apenas de os tempos de filiação serem considerados no regime instituidor do benefício (contagem recíproca do tempo de contribuição), como também da obrigação de o regime de origem[156] repassar as contribuições vertidas pelo segurado enquanto o vínculo inicial esteve mantido[157]. Dessa forma, preserva-se o interesse maior de proteção social dos trabalhadores, sem onerar em excesso qualquer dos regimes que venha a ser eleito como o instituidor.

Em 1998, o processo de unificação dos regimes começou a ser acentuado, sendo editada a Lei n. 9.717/98, introdutória de normas gerais balizadoras dos regimes próprios, cujo art. 5º obstou a concessão de benefícios diversos dos previstos no regime geral[158]. Com a aprovação da EC n. 20/98, o constituinte revisor ditou no § 12, expressamente, a recomendação de observância, naquilo que coubesse, dos critérios vigentes para o regime geral de previdência.

Nossa Corte Constitucional já teve oportunidade de manifestar-se sobre a ampliação dos contornos protetivos dos regimes próprios no julgamento da Medida Cautelar na ADIn 2.311/MS. Nessa ocasião, o STF decidiu ser indevida a inclusão legislativa de dependentes, no Instituto de Previdência Estadual do Mato Grosso do Sul, dos filhos solteiros maiores de 24 anos de idade que, não exercendo atividades remuneradas e estivessem frequentando curso superior ou técnico de 2º grau, continuassem a depender economicamente dos segurados. Consoante o entendimento do relator, Min. Néri da Silveira, além da violação ao princípio do § 5º do art. 195 da CF/88, por força da norma contemplada no art. 5º da Lei n. 9.717/98, não seria possível a concessão de benefícios diversos dos oferecidos pelo regime geral. Em verdade, a situação controvertida não era de concessão de benefício diverso (a lei estadual não criou nova prestação), mas da extensão de benefício previsto para categoria de beneficiário cuja dependência econômica deixava de ser aceita em face do implemento de idade na qual se presume que o menor já tenha ingressado no mercado de trabalho. Considerando a referência expressa do art. 16 transcrito no acórdão, depreende-se que o STF rejeitou a possibilidade de ampliação do rol de dependentes do art. 16 da Lei n. 8.213/91 por parte dos demais regimes previdenciários[159].

A EC n. 103/2019, no delineamento realizado no § 12, enfatiza que os regimes próprios de previdência social observem, no que couber, os requisitos e critérios fixados para o Regime Geral de Previdência Social. Como vimos alhures, contudo, este preceito restou enfraquecido, com a autorização concedida aos entes federados que ratificassem a reforma para que ela fosse completamente aplicável nos estados e municípios.

8.15. Âmbito subjetivo dos regimes próprios

Em razão da falta de uma política adequada para o ingresso no serviço público, caracterizada pelo abuso clientelista na criação e no provimento dos cargos em comissão, o serviço público brasileiro apresentava um número exagerado de servidores para a realização de tarefas básicas. Desnaturou-se a finalidade dos cargos em comissão que deveriam ser reservados para funções de chefia, de natureza política, e para o assessoramento especializado, quando a Administração Pública necessita de especialistas cuja contratação imediata ou excepcional, pela via do concurso público, apresenta-se inviável. O desajuste refletia-se no momento da inativação desses servidores nos regimes próprios. De um lado, o sistema estimulava aposentadorias precoces, aumentando o número de inativos e, de outro, não havia o preenchimento dos cargos de servidores que deveriam verter contribuições para os regimes próprios.

Em que pese a clareza do enunciado normativo veiculado pelo atual § 13 do art. 40 da CF/88, segundo Marcelo de Campos, surgiram três teses: a) a de que os servidores ocupantes de cargos em comissão sempre são segurados obrigatórios do regime geral; b) a da inconstitucionalidade do referido dispositivo por ofensa ao princípio federativo; c) a possibilidade de a aplicação do regime geral aos servidores comissionados, sem que fosse obrigatória a filiação ao regime geral, podendo a unidade federativa promover a aplicação deste regime para os seus servidores comissionados[160].

Em conformidade com o art. 2º da Lei n. 8.112/90, os cargos públicos podem ser providos em caráter efetivo ou em comissão. O Tribunal de Contas da União acolheu o entendimento de que a redação original do art. 183 da Lei n. 8.112/90, por não fazer distinção entre os ocupantes de cargos efetivos e cargos em comissão, abrangia também os servidores comissionados, razão pela qual o regime previdenciário diferenciado também seria ofertado aos servidores em cargos em comissão, posição que foi amparada pelo Supremo Tribunal Federal.

O entendimento da Egrégia Corte tornou necessária a edição da Lei n. 8.647, de 13 de abril de 1993, que, acrescentando a alínea g ao art. 11 da Lei n. 8.213/91, e também adicionando o então parágrafo único ao art. 183 da Lei n. 8.112/90, vinculou os servidores federais ocupantes de cargos em comissão ao regime geral. Consequentemente, ficou afastada a possibilidade de esses servidores obterem a aposentadoria estatutária, pelo menos em nível federal. Como os Estados e Municípios não reconheciam a obrigatoriedade da alínea g do art. 11 da Lei n. 8.213/91 – embora o dispositivo

---

156. A Lei n. 9.796/99, que trata da compensação financeira entre os regimes previdenciários, esclarece no seu art. 2º: "I – regime de origem: o regime previdenciário ao qual o segurado ou servidor público esteve vinculado sem que dele receba aposentadoria ou tenha gerado pensão para seus dependentes; II – regime instituidor: o regime previdenciário responsável pela concessão e pagamento de benefício de aposentadoria ou pensão dela decorrente a segurado ou servidor público ou a seus dependentes com cômputo de tempo de contribuição no âmbito do regime de origem".

157. Sobre a contagem recíproca, foram tecidas considerações no item 12, *supra*.

158. Na redação atual da Lei n. 8.213/91, são disponibilizadas as seguintes prestações para os beneficiários do regime geral: a) aposentadoria por invalidez, b) aposentadoria por idade, c) aposentadoria por tempo de contribuição, d) aposentadoria especial, e) auxílio-doença, f) salário-família, g) salário-maternidade, h) auxílio-acidente, i) pensão por morte, j) auxílio-reclusão, l) serviço social, m) habilitação e reabilitação profissional.

159. STF, Medida Cautelar na ADIn 2.311/MS, Rel. Min. Néri da Silveira, *DJ* 7-6-2002.

160. CAMPOS, Marcelo Barroso Lima Brito de. *Regime próprio de previdência dos servidores públicos*, p. 145.

seja uma autêntica norma geral de direito previdenciário –, foi editada a Lei n. 9.717, de 27 de novembro de 1998, cujo inciso V do art. 1º já consagrava a exclusividade de cobertura dos regimes próprios para os ocupantes de cargos efetivos. Depois, a EC n. 20/98 passou expressamente a dispor nos §§ 3º e 13 do art. 40 que o servidor ocupante exclusivamente de cargo em comissão seria vinculado ao regime geral de previdência social[161].

A irresignação dos entes federativos, defensores da primeira tese, foi apreciada pelo Supremo Tribunal Federal no julgamento da ADIn 2.024-2-DF, ajuizada pelo Governador do Estado do Mato Grosso do Sul, ao fundamento de que o dispositivo ofendia os princípios da federação, da isonomia e da imunidade recíproca. A liminar restou indeferida porquanto, na dicção do Pretório Excelso, por tratar-se de matéria na qual a União tinha a faculdade de editar norma geral, sem prejuízo da legislação estadual suplementar ou plena, na falta de lei federal, não haveria de cogitar-se de abolição de autonomia dos Estados-membros, além do fato de a matéria ter sido prescrita diretamente por norma constitucional sobrevinda. Posteriormente, no julgamento do mérito, este entendimento foi ratificado[162].

A última tese foi encampada pelo Estado de Minas Gerais, que ajuizou um Mandado de Segurança, com o objetivo de impedir que o INSS constituísse crédito tributário para cobrar as contribuições previdenciárias dos servidores que não fossem ocupantes de cargos efetivos. Segundo este entendimento, caberia ao ente federativo deliberar sobre a vinculação ao seu regime próprio dos servidores ocupantes de cargos em comissão. Nesse caso, a pessoa política aplicaria a eles as regras do regime geral. A Lei Complementar n. 64, de 25 de março de 2002, foi editada prevendo a possibilidade de vinculação de determinadas categorias funcionais de servidores não efetivos. O Procurador-Geral da República ajuizou a ADI 3.106, na qual, no ponto que interessa para o presente comentário, argumentou-se que o art. 79 da Lei Complementar mineira seria inconstitucional por assegurar ao servidor não efetivo benefício previdenciário custeado pelo regime próprio em violação ao disposto no § 13 do art. 40. No voto do relator, restou afirmado que era evidente a desarmonia do preceito impugnado com o § 13 do art. 40 da Lei Fundamental. Além disso, entendeu que o inciso V do art. 1º da Lei n. 9.717/98 já teria sido editado em consonância com a competência concorrente prevista na CF/88, razão pela qual apenas os servidores ocupantes de cargos efetivos poderiam estar abrangidos pelos regimes próprios de previdência. Contudo, restou reconhecida a perda de objeto superveniente em relação ao art. 79 da LC n. 64/2002, na redação conferida pela LC n. 70/2003, ambas do Estado de Minas Gerais[163].

8.16. Regimes complementares e o teto do regime geral

A previdência social, no Brasil, compreende duas modalidades bem diferenciadas: os regimes públicos obrigatórios e os regimes complementares de caráter facultativo[164]. Nos regimes públicos, instituídos com base no sistema de repartição, situam-se o regime geral e os regimes próprios de previdência[165] – conhecidos hoje pela sigla RPPs –, constituídos pela União, pelos Estados e pelos Municípios para os seus servidores ocupantes de cargos efetivos[166]. Os regimes públicos asseguram o nível básico de proteção em face das necessidades sociais por motivo de incapacidade, idade avançada, encargos familiares, prisão ou morte dos responsáveis pela manutenção do núcleo familiar. A proteção ofertada pela previdência privada colima ampliar a renda que o trabalhador, ou seus dependentes, poderão receber, com o objetivo de manter um padrão remuneratório semelhante ao desfrutado durante o período laboral, ou antes da eclosão do risco social.

A previdência complementar, organizada de forma autônoma em relação ao regime geral de previdência social, é facultativa – com fulcro nas disposições do art. 202 da CF/88, na redação delineada pela EC n. 20/98 –, tendo as suas linhas mestras estabelecidas nas Leis Complementares n. 108/2001 e n. 109/2001. Para os servidores públicos ocupantes de cargos efetivos, a previdência complementar não era considerada relevante, em face das garantias de integralidade e paridade contempladas pela Constituição Federal.

Consoante já destacado quando apontados os objetivos que balizaram a realização das reformas previdenciárias, pelo menos desde 1993, já se pretendia estabelecer um nivelamento entre os regimes previdenciários para viabilizar a futura unificação – e a posterior redução do nível público de proteção previdenciária, permitindo a abertura de um fantástico mercado para as administradoras de fundo de pensão –, mas o debate travado no Congresso Nacional acabou rejeitando, naquele momento, essa modificação. Todavia, criou-se a possibilidade de impor aos regimes próprios das entidades federativas o mesmo teto do regime geral. Com o advento da EC n. 20/98, o § 14 tratou de viabilizar a imposição de limites aos proventos dos servidores filiados aos regimes próprios, adotando-se o teto do regime geral, desde que fossem criados regimes complementares, mas o fim da integralidade, consoante o descrito no item 5, *infra*, somente ocorreu com a edição da EC n. 41/2003.

Ancorado no princípio da autonomia dos entes federativos, bem assim no próprio princípio do equilíbrio financeiro e atuarial, a criação de um regime complementar não é uma imposição.

---

161. "O sistema previdenciário dos ocupantes de cargos comissionados foi regulado pela Lei n. 8.647/1993. Posteriormente, com a EC 20/1998, o art. 40, § 13, da CF determinou a filiação obrigatória dos servidores sem vínculo efetivo ao regime geral de previdência. Como os detentores de cargos comissionados desempenham função pública a título precário, sua situação é incompatível com o gozo de quaisquer benefícios que lhes confira vínculo de caráter permanente, como é o caso da aposentadoria. Inadmissível, ainda, o entendimento segundo o qual, à míngua de previsão legal, não se deva exigir o preenchimento de requisito algum para a fruição da aposentadoria por parte daqueles que desempenham a função pública a título precário, ao passo que, para os que mantêm vínculo efetivo com a administração, exige-se o efetivo exercício no cargo por cinco anos ininterruptos ou dez intercalados (art. 193 da Lei n. 8.112/1990)" (STF, RMS 25.039, Rel. Min. Joaquim Barbosa, Segunda Turma, *DJe* 18-4-2008).

162. STF, ADIn 2.024-2/DF, Rel. Min. Sepúlveda Pertence, Pleno, *DJ* 22-6-2007.

163. STF, ADI 3.106, Rel. Min. Eros Grau, Pleno, *DJ* 24-9-2010.

164. Para uma compreensão mais abrangente sobre as diferenças entre os regimes públicos e os complementares, consulte-se PULINO, Daniel. *Previdência Complementar*: natureza jurídico-constitucional e seu desenvolvimento pelas entidades fechadas. Florianópolis: Conceito, 2011.

165. Emprega-se, nestes comentários, a terminologia "regimes próprios de previdência social", ou simplesmente "regimes próprios", em face da opção do legislador constituinte (§ 5º do art. 201 e § 20 do art. 40, na redação dada pela EC n. 20/98).

166. Art. 6º do Decreto n. 3.048/99 (Regulamento da Previdência Social – RPS).

De efeito, para um ente federativo com regime próprio que tenha um reduzido número de agentes públicos com remuneração acima do teto do regime geral, a instituição de um regime complementar não seria uma boa iniciativa. De todo modo, enquanto não forem criados os regimes complementares, em cada ente federativo, os benefícios dos servidores continuam sendo aferidos considerando-se as remunerações que serviram de base para o desconto das contribuições em todos os regimes previdenciários pelos quais o servidor exerceu atividade.

Se desde o advento da EC n. 20/98 os regimes próprios passaram a ser exclusivos dos ocupantes de cargos efetivos, os destinatários do regime complementar em exame, em princípio, albergariam este contingente de agentes públicos: servidores ocupantes de cargos efetivos da Administração Direta, suas Autarquias e Fundações de Direito Público, os quais recebem remunerações que excedem o teto do regime geral. Considerando as questões políticas, que nem sempre andam de braços dados com as questões jurídicas e técnicas, a primeira lei que criou regime complementar para os servidores públicos, no Estado de São Paulo – a Lei n. 14.653, de 22 de dezembro de 2011 – acabou incluindo os deputados estaduais, os servidores públicos ocupantes de cargos comissionados e os empregados públicos. A rigor, não haveria problema que o referido regime fosse oferecido, facultativamente, também a estas categorias de agentes públicos, mas desde que não fosse vertida contribuição por parte do patrocinador. Trata-se de uma grande contradição. Instituir um regime colimando a redução das despesas do ente federativo – cujo resultado é a inclusão de servidores que não estariam vinculados ao regime próprio –, mas que acaba promovendo o aumento dos gastos.

No serviço público federal, o regime complementar foi aprovado pela Lei n. 12.618, de 2 de maio de 2012. A Lei permite que os servidores ocupantes de cargos efetivos, que percebam remuneração inferior ao teto do RGPS, possam contribuir para o regime complementar, mas sem contrapartida da União.

A Lei n. 12.618/2012 previu a possibilidade de criação de três entidades fechadas distintas, uma para cada Poder. Não é uma obrigatoriedade, sendo possível que um dos Poderes, ausente o interesse na geração de uma entidade fechada, delibere em ingressar como patrocinador em entidade vinculada a outro Poder, através de convênio de adesão. Por exemplo, os servidores do Legislativo ou do Judiciário poderiam ser inseridos em plano criado pela entidade fechada instituída pelo Poder Executivo, desde que a situação seja autorizada pela PREVIC[167].

Evidentemente, o intento não é uma melhora na proteção ofertada ao servidor público, mas uma desoneração progressiva dos gastos com benefícios previdenciários. Havendo a efetiva implantação do regime complementar, a proteção previdenciária ofertada ao servidor público consistirá no seguinte: a) um benefício definido, financiado por repartição, garantido pelo Estado até o teto do regime geral; e b) uma complementação de benefício variável, financiada por capitalização, condicionada pelas reservas e pelos rendimentos das aplicações.

8.16.1. Regimes complementares organizados por intermédio de entidades fechadas e benefícios na modalidade de contribuição definida

As pessoas jurídicas encarregadas de operar os planos de previdência, baseados em um regime de constituição de reservas, são denominadas entidades de previdência complementar (art. 2º da LC n. 109/2001). Em conformidade com o art. 4º da LC n. 109/2001, essas entidades são classificadas como entidades de previdência complementar abertas e entidades de previdência complementar fechadas, levando em consideração a possibilidade de acesso dos trabalhadores aos planos ofertados. Pelo menos até o advento da EC n. 41/2003, as entidades fechadas de previdência complementar eram consideradas pessoas jurídicas de direito privado, que exercem, em colaboração com o Poder Público, atividade previdenciária em caráter suplementar ao sistema oficial de previdência. Em face da ausência de finalidade lucrativa, as entidades fechadas devem ser constituídas sob a forma de fundação. Dessa maneira, toda a rentabilidade auferida pela gestão dos recursos dos planos de benefícios é revertida em benefício dos participantes e assistidos. Os regimes complementares, como não poderiam deixar de ser, deverão ser instituídos na forma de Entidades Fechadas de Previdência Complementar, não sendo mais necessária a edição de lei complementar, como era exigido pela redação originária do dispositivo. Como bem observou Paulo Modesto, o enunciado normativo enseja uma grande dificuldade de interpretação, pois não seria possível observar o previsto no art. 202 da Lei Fundamental, instituindo autarquias para gestão financeira de planos de benefícios em regime de direito privado[168].

Em verdade, a redação do § 15 do artigo em comento foi o resultado de uma fórmula política que reduzisse a resistência das entidades dos servidores à criação dos regimes complementares, decorrente da emanação de uma ilusória sensação de segurança de que o Estado seria o responsável por eventuais insucessos na gestão dos referidos regimes privados. A opção em materializar os regimes previdenciários complementares decorre justamente do anelo de erradicar a responsabilidade estatal do pagamento de benefícios futuros. A previdência complementar representa sempre a organização do esforço econômico individual e privado para a formação de reservas, competindo ao Estado desempenhar um papel de participante, não de garante. Com a edição da Lei n. 12.618/2012, "a natureza pública" das entidades fechadas – além da sujeição às normas de direito público – restou definida, nos termos do art. 8º, como: a) submissão à legislação federal sobre licitação e contratos administrativos; b) realização de concurso público para a contratação de pessoal, no caso de empregos permanentes, ou de processo seletivo, em se tratando de contrato temporário, conforme a Lei n. 8.745/93; c) publicação anual, na imprensa oficial ou em sítio oficial da administração pública certificado digitalmente, de seus demonstrativos contábeis, atuariais, financeiros e de benefícios, sem prejuízo do fornecimento de informações aos participantes e assistidos dos planos de benefícios e ao órgão fiscalizador das entidades fechadas de previdência complementar, na forma das Leis Complementares n. 108 e 109.

---

167. A Superintendência Nacional de Previdência Complementar (PREVIC) – autarquia especial, criada pela Lei n. 12.154/2009, vinculada ao Ministério da Previdência Social – é quem autoriza a constituição e o funcionamento das entidades fechadas de previdência complementar, bem como a aplicação dos respectivos estatutos e regulamentos de planos de benefícios.

168. MODESTO, Paulo. *Reforma da previdência e regime jurídico da aposentadoria dos titulares de cargo público*, p. 81 e s.

Com a EC n. 103/2019, foi suprimida a referência a entidade de natureza pública, constante do § 15. A Lei n. 14.463/2022 alterou a natureza jurídica das Funpresps, fundações de direito privado e sem fins lucrativos. Assim, a Lei n. 12.618/2012 está em sintonia com o enunciado constitucional reformado. A justificativa para esta mudança foi conferir maior autonomia e competitividade para a operação no mercado de previdência complementar.

As reformas efetivadas na Constituição e na Lei Complementar têm estimulado a substituição da modalidade de benefício definido pela de contribuição definida. Na modalidade de contribuição definida, o valor do benefício não é previamente conhecido, dependendo do montante de recursos acumulados, isto é, as contribuições aportadas mais a rentabilidade verificada. Impondo que os entes federativos ofereçam apenas planos na modalidade de contribuição definida, concretiza-se o § 3º do art. 202 da CF/88, afastando a responsabilidade dos patrocinadores, os entes federados, pelo pagamento dos benefícios em caso de crises e insucessos na gestão destes fundos.

A EC n. 103/2019 tornou obrigatória a limitação dos benefícios dos regimes próprios ao teto do regime geral e a criação dos regimes complementares (§ 14 do art. 40, na redação dada pela EC n. 103/2019). O § 6º do art. 9º da EC n. 103/2019 impõe aos entes sem regime complementar que promovam a sua instituição no prazo de dois anos, assim como a unificação de regimes eventualmente existentes no âmbito de cada ente federado. A inércia do ente federado, na prática, terá o condão de permitir que os servidores que ingressarem até a efetiva entrada em funcionamento de tais regimes possam se aposentar pelo regime das médias.

Não sendo viável a criação de um regime complementar, os entes federados estarão autorizados a patrocinar planos de previdência até mesmo em entidades abertas de previdência complementar (§ 15 do art. 40 na redação dada pela EC n. 103/2019). Entretanto, até que seja disciplinada a relação entre a União, os Estados, o Distrito Federal e os Municípios e entidades abertas de previdência complementar, somente entidades fechadas poderão administrar planos de benefícios patrocinados pela União, Estados, Distrito Federal ou Municípios, inclusive suas autarquias, fundações, sociedades de economia mista e empresas controladas direta ou indiretamente (art. 33 da EC n. 103/2019). Para que seja regulamentada esta relação, é necessário a edição de lei complementar nos termos do § 4º do art. 202 da CF/88. Enquanto tal regulamentação continuar pendente, o ente federado poderá optar por criar a sua própria EFPC, aderir a plano já existente em outro ente federado, ou solicitar que outro ente federado crie um plano de benefícios específico para seus servidores.

8.16.2. Vedação da transferência compulsória dos servidores que ingressaram antes da constituição do regime complementar

Tratando-se de previdência complementar, para a qual são aplicáveis os princípios previstos no art. 202 da Lei Fundamental, a previdência é sempre facultativa. Assim, não apenas os novos servidores não necessitam aderir ao regime complementar – conquanto isto seja vantajoso, em face da contribuição efetuada pelo ente federativo que é patrocinador –, como não é possível compelir os agentes públicos que ingressaram no serviço público em período anterior. Os agentes públicos que ingressaram antes da edição da Lei do ente federativo continuarão a contribuir sobre a totalidade dos seus vencimentos e terão os seus benefícios calculados em conformidade com os critérios previstos pelo § 3º, atualmente regulamentado pela Lei n. 10.887/2004, e submetidos ao teto constitucional.

No âmbito da União, houve uma opção diferente da estabelecida pela Lei do Estado de São Paulo. De efeito, no parágrafo único do art. 1º da Lei n. 12.618/2012 ficou previsto que estariam incluídos os servidores que tenham ingressado no serviço público até a data anterior ao início da vigência do regime de previdência complementar. Em matéria de previdência complementar, é necessária não apenas a criação de uma entidade de previdência complementar, como também a prévia aprovação do estatuto e do regulamento do plano de benefícios por parte do órgão fiscalizador.

A FUNPRESP-EXE foi criada em 20 de setembro de 2012 pelo Decreto n. 7.808, enquanto o regulamento do Plano foi aprovado pela Portaria n. 44 da PREVIC, de 31 de janeiro de 2013. Assim, na interpretação da União, O FUNPRESP-EXE só começou a funcionar para os servidores que ingressarem após 4 de fevereiro de 2013, data da publicação no *Diário Oficial da União* da Portaria n. 44 da PREVIC.

Caso os antigos servidores pretendam a sua inclusão no regime complementar, deverão observar o prazo de opção estabelecido pela respectiva lei. Nessa situação, o servidor antigo, além do benefício equivalente ao teto do regime geral e de um benefício complementar, calculado computando-se as contribuições que forem aportadas, a contar do momento em que houve a opção, fará jus a um benefício especial proporcional, apurado de acordo com os critérios da Lei n. 12.618/2012. O prazo para a opção foi fixado, pela Lei n. 12.618/2012, em 24 meses, contados a partir do início da vigência do regime de previdência complementar. A Lei n. 13.328 reabriu o prazo de opção da Lei n. 12.618/2012 por mais 24 meses (art. 92 da Lei n. 13.328/2016). Nova oportunidade de migração ocorreu com a reabertura do prazo efetivada pela MP n. 853/2018, convertida na Lei n. 13.809/2019, que permitiu a opção pelo regime complementar da Lei n. 12.618/2012 até 29 de março de 2019. Por fim, a MP 1.119 de 25-5-2022, convertida na Lei n. 14.463/2022, reabriu o prazo de migração, fixando novo prazo, até 30 de novembro de 2022, para que o servidor federal, ingresso na administração pública antes de 2013, possa optar pela migração de regime previdenciário.

É previsível que numerosas demandas judiciais sejam propostas com relação à delimitação da data de ingresso no serviço público. Ocorre que, pela via da Orientação Normativa n. 02/2009 da Secretaria de Políticas de Previdência Social do Ministério da Previdência Social, restou reconhecida como data de ingresso no serviço público, quando o servidor tiver ocupado sucessivos cargos na Administração Pública direta, autárquica e fundacional, em qualquer dos entes federativos, a data da mais remota investidura dentre as ininterruptas. Ora, em nenhuma das regras de transição ficou consignado que, se houvesse interrupção no vínculo com regime próprio – por exemplo, pelo fato de o servidor durante certo período exercer atividade vinculada ao regime geral e depois retornar ao serviço público – acarretaria a perda do direito de invocar as regras de transição.

Nova controvérsia decorreu da interpretação que foi conferida pela União sobre a situação dos servidores que ingressaram no serviço público em ente federativo que não tinha regime próprio, depois da instituição por parte da união do seu regime complementar, e que posteriormente foram aprovados em concurso público na esfera federal. Pelo Parecer n. 009/2013/JCBM/CGU/AGU, entendia a União que cada Ente da Federação possui autonomia para instituir seu próprio regime jurídico (art. 39 da CF/88), e a opção por regime jurídico está atrelada a cada Ente Federado. Por isso, não haveria regime jurídico universal de opção. O servidor público efetivo não ostentaria a direito oponível à União de não sujeitar-se às regras estabelecidas na Lei n. 12.618/12, precedente a seu ingresso. Ocorre que a Constituição Federal não fez qualquer distinção a respeito da origem do vínculo com o serviço público para efeito de aplicação de suas disposições legais, não havendo plausibilidade jurídica para a Administração promover uma interpretação restritiva. Já havia decisões favoráveis aos servidores nos Tribunais Regionais Federais[169]. Este posicionamento deverá prevalecer. Consoante foi noticiado no site do STF, em Sessão administrativa realizada no dia 29 de dezembro de 2017, que os servidores oriundos de estados, do Distrito Federal e dos municípios que ingressaram no STF depois da criação do regime complementar de previdência dos servidores públicos e da instituição do Fundo de Previdência dos Servidores do Judiciário da União (Funpresp-Jud) têm direito ao regime previdenciário próprio anterior, sem limitação ao teto do Regime Geral de Previdência Social[170]. A solução definitiva virá com o julgamento do tema.

8.17. Atualização das remunerações consideradas para o cálculo

Tratando-se de benefício concedido após a Constituição Federal de 1988, há direito à correção de todos os valores considerados para apuração dos proventos. Caso contrário, antes mesmo da concessão do benefício, ele já estaria defasado comprometendo seriamente a manutenção do poder aquisitivo dos inativos.

Com o fim da integralidade, era necessário que a legislação estipulasse a nova mecânica de cálculo dos benefícios devidos aos servidores públicos, matéria que já foi objeto de consideração no item 8.5. Em verdade, em face de o enunciado normativo do § 12 do art. 40 já determinar a observância, no que couber, dos requisitos e critérios fixados para o regime geral, e considerando a existência de preceito normativo do mesmo teor no § 3º do art. 201, o § 17 poderia ser erradicado sem nenhum prejuízo para o ordenamento jurídico-previdenciário. Na senda dos objetivos perseguidos pelas reformas previdenciárias, a Lei n. 10.887/2004 determina que as remunerações consideradas no cálculo do valor inicial dos proventos tenham valores atualizados mês a mês de acordo com a variação integral do índice fixado para a atualização dos salários de contribuição considerados no cálculo dos benefícios do regime geral de previdência social[171].

8.18. Princípio do equilíbrio financeiro e atuarial e a contribuição dos inativos

A previdência social, para atingir suas nobres finalidades, necessita ser organizada sobre bases econômicas sólidas, de forma que as despesas com o pagamento das prestações e a administração do sistema sejam suportadas pelo montante arrecadado. Sendo a previdência social um método da gestão da economia coletiva destinada ao enfrentamento dos riscos sociais, a ideia reitora do princípio do equilíbrio financeiro e atuarial é a de que as prestações previdenciárias contempladas pelo sistema de proteção possam ser efetivamente honradas, no presente e no futuro, em razão de o sistema de financiamento e suas fontes estarem dimensionados de forma a permitir o cumprimento dos compromissos assumidos ao longo do tempo.

O princípio em exame compõe-se de duas facetas complementares: o equilíbrio do sistema como um todo e o equilíbrio da prestação em face dos aportes vertidos. Em que pese a referência generalizada ao equilíbrio fiscal e atuarial como se fossem termos idênticos, torna-se necessário diferenciá-los para uma compreensão mais adequada. O equilíbrio fiscal, num sistema de repartição simples, ocorre quando o total dos benefícios que estiverem sendo pagos não ultrapasse as receitas das contribuições vertidas em um determinado período; o equilíbrio atuarial está relacionado com a suficiência das contribuições de um indivíduo para viabilizar o pagamento dos seus próprios benefícios. Por isso, os aportes de um segurado em um ano contribuem para o equilíbrio fiscal desse ano, não sendo considerada a suficiência das suas contribuições no passado para o financiamento do benefício atual[172]. A dimensão atuarial está muito longe de ser absoluta ou de ser exigida para todas as prestações previdenciárias: no caso dos benefícios denominados não programados, como v.g. a aposentadoria por invalidez do regime geral, o estado de necessidade social determinará uma preponderância do princípio da proteção em face do equilíbrio financeiro e atuarial, razão pela qual o legislador resolveu conceder ao segurado uma prestação com 100% do salário de benefício (art. 44 da LB), e não uma prestação proporcional. Neste particular, os regimes próprios, como visto anteriormente, são menos favoráveis.

No mundo inteiro, em face das novas realidades demográficas, econômicas e sociais, os regimes previdenciários públicos há vários anos vêm enfrentando um constante problema para atender os compromissos assumidos. Fatores tais como a crise econômica global que aflige o Estado Social, a racionalização e a adaptação do sistema em face das mudanças demográficas e sociais, e até mesmo a reestruturação de sistemas econômicos inteiros, que poderiam ser beneficiados pela mudança do sistema de financiamento, têm acelerado o debate sobre os sistemas nacionais de previdência, principalmente no que tange às aposentadorias.

A reforma previdenciária promovida pela Emenda Constitucional n. 41/03, não resta dúvida, fortaleceu ainda mais o princípio do equilíbrio financeiro e atuarial (cuja base constitucional já estava assentada no § 5º do art. 195), destacando, no caput do art. 40, que os regimes próprios ofertados aos servidores são dotados de caráter contributivo, bem como instituindo a cobrança de contribuições previdenciárias dos servidores inativos.

Cogitando-se de norma restritiva da abrangência da proteção previdenciária, naturalmente, o princípio do equilíbrio financeiro e atuarial constantemente tem sido invocado para o não atendimento de demandas pertencentes à previdência social, tan-

---

169. TRF4, 5044766-22.2015.404.7100, Relator Ricardo Teixeira do Valle Pereira, 3ª T., juntado aos autos em 11-4-2017.

170. Disponível em: <http://www.stf.jus.br/portal/cms/verNoticiaDetalhe.asp?idConteudo= 363282>. Último acesso em 30-3-2018.

171. § 1º do art. 1º da Lei n. 10.887/2004.

172. BANCO MUNDIAL. Brasil: questões críticas da previdência social, Relatório n. 19641-BR, v. I, p. XV e XVI.

to dos servidores públicos quanto do regime geral. Importante diretriz consolidada pelo Supremo Tribunal Federal na aplicação desse cânone consistiu em estabelecer que a regra limitativa é dirigida apenas ao legislador ordinário, sendo inaplicável para os benefícios que foram criados diretamente pela Constituição[173].

A tentativa de descontar contribuições previdenciárias dos servidores inativos tem início com a edição da Medida Provisória n. 1.415/96, cujo art. 7º conferia nova redação ao art. 231 da Lei n. 8.112/90. Curiosamente, a constitucionalidade da lei foi contestada pelos partidos de oposição, dentre eles figurava também o Partido dos Trabalhadores, pela via da Ação Declaratória de Inconstitucionalidade n. 1.441-2, e, embora a liminar tenha sido denegada nessa oportunidade, torna-se interessante recapitular os argumentos alinhavados na decisão.

Na ocasião, o relator, Ministro Octávio Gallotti, afirmou que não se mostrava relevante o apelo ao princípio da irredutibilidade dos proventos, pois além de um vínculo diferenciado conservado pelo servidor com a pessoa jurídica de direito público, haveria uma perfeita simetria entre vencimentos e proventos realçada pela disposição do § 4º do art. 40 da CF/88 (no qual vicejava a regra da paridade). Diferentemente dos segurados do regime geral, para os quais ficou estatuída a preservação do valor real do benefício, para os agentes públicos deveriam ser estendidos quaisquer benefícios ou vantagens posteriormente concedidos para os ativos[174]. Sem dúvida, a decisão sopesou a trajetória diferenciada dos benefícios previdenciários ofertados aos agentes públicos, os quais não contribuíam diretamente para o custeio das aposentadorias antes do advento da EC n. 03/93. A partir de quando os regimes próprios tiveram os seus pilares essenciais substituídos – passando a ser revestidos de um caráter contributivo, tal como o regime geral, bem como, em face do rompimento da simetria entre os proventos dos inativos (efetuada pela eliminação da integralidade e da paridade), estabelecimento do mesmo teto – a conclusão, tendo em vista a completa substituição das premissas nas quais estava assentada, não pode mais ser aplicada.

A referida Medida Provisória foi sucedida pela MP n. 1.646/47, de 24 de março de 1998, a qual acabou convertida na Lei n. 9.630/98, porém sem o dispositivo que amparava a tributação dos inativos.

Em 25 de novembro de 1998, foi editada a MP n. 1.720, mais uma vez, contemplando dispositivo que pretendia amparar a cobrança de contribuição previdenciária dos inativos, mas que fracassou em face da rejeição efetuada pelo Congresso Nacional em 3 de dezembro de 1998.

Sobreveio novo e indesejado diploma legal tratando da exação, a Lei n. 9.783/99. A referida lei, além de revogar o art. 231 da Lei n. 8.112/90, fixando a contribuição em 11%, para os ativos e inativos, previa ainda um acréscimo progressivo absurdo de 9% para a parcela da remuneração ou provento excedente a R$ 1.200,00 e outra de 14% para a parcela da remuneração ou provento que excedesse a R$ 2.500,00.

Com o advento da EC n. 20/98, ao mesmo tempo que se promovia o detalhamento das fontes de financiamento da seguridade social, acrescentou-se no inciso II do art. 195 importante direito de defesa para os beneficiários do regime geral, estabelecendo-se uma hipótese de não incidência de contribuição previdenciária sobre os rendimentos decorrentes das aposentadorias e pensões: "II – do trabalhador e dos demais segurados da previdência social, não incidindo contribuição sobre aposentadoria e pensão concedidas pelo regime geral de previdência social de que trata o art. 201".

Essa norma acabou por ser considerada aplicável ao regime dos servidores públicos, em razão da cláusula contida no § 12 do art. 40, no julgamento da Ação Declaratória de Inconstitucionalidade n. 2.010-2/DF, proposta contra a instituição da contribuição previdenciária para os servidores inativos veiculada pela Lei n. 9.783/99, tendo o Tribunal Constitucional considerado que a Constituição da República proibia a instituição de contribuição previdenciária para os inativos e pensionistas da União[175].

Na mesma decisão, o relator, Ministro Celso de Mello, asseverou um outro fundamento não menos relevante: a transgressão, por parte da Lei n. 9.783/99, do princípio do equilíbrio financeiro e atuarial, uma vez que, não havendo nenhum benefício para os servidores inativos contribuírem para o regime dos servidores públicos, inexistira causa para a instituição da contribuição.

Considerando o contexto de crise econômica que aflige nosso País, a EC n. 41/2003 também logrou implementar a contribuição dos inativos no § 18 do art. 40. Chamado, mais uma vez, para dirimir a questão referente à legitimidade da exação, o Tribunal Constitucional apreciou a Ação Direta de Inconstitucionalidade n. 3.105-8. No julgamento dessa ADI, por sete votos a quatro, o Supremo Tribunal Federal considerou constitucional a cobrança de inativos e pensionistas instituída no art. 4º da EC n. 41/2003. Os ministros que reconheceram a constitucionalidade da cobrança acompanharam os argumentos expostos pelo ministro Cezar Peluso, que, na solução do caso, levou em consideração, quase exclusivamente, o caráter tributário das contribuições sociais. A Corte Constitucional reconheceu apenas a inconstitucionalidade do tratamento previsto no parágrafo único do art. 4º da EC n. 41/2003 para a contribuição de servidores dos Estados, Municípios e do Distrito Federal (50%) e de servidores da União (60%), bem como a discriminação entre os aposentados e pensionistas em gozo de benefício à data da edição da emenda e os que se aposentarem depois (art. 6º). Cumprindo a decisão, as unidades federativas vêm exigindo o pagamento da contribuição apenas sobre a parcela dos proventos e das pensões que excede o teto estabelecido no art. 5º da EC n. 41/2003 para todos os inativos e pensionistas.

No julgamento da ADI 3184, o STF considerou a ação prejudicada quanto ao art. 4º, parágrafo único, incs. I e II, da Emenda Constitucional n. 41/2003; e improcedente quanto ao § 18 do art. 40 da Constituição da República e ao art. 9º da Emenda Constitucional n. 41/2003[176].

Em suma, as demandas previdenciárias cujo mérito foi apreciado pelo STF não foram decididas com base em uma ponderação aprofundada dos princípios específicos da previdência social. Influenciada por um contexto de crise do Estado Providência e por um discurso matizado pela insustentabilidade dos regimes previdenciários de repartição, a Suprema Corte Nacional promo-

---

173. STF, RE n. 159.413-6/SP, Rel. Min. Moreira Alves, Pleno, *RTJ* 153, p. 312-326.
174. ADI n. 1.441-2/DF, Medida Cautelar, Rel. Min. Octávio Gallotti, *DJ* 18-10-96.
175. STF, Medida Cautelar na ADI n. 2.010-2/DF, Rel. Min. Celso de Mello, Pleno, *DJ* 12-4-2002.
176. STF, DI 3184, rel. Min. Cármen Lúcia, Pleno, *DJe* 18-9-2020.

veu uma hierarquização prévia e definitiva do princípio do equilíbrio financeiro e atuarial. A partir dessa pré-compreensão forjou-se um modo de aplicar o direito marcado pela primazia da eficiência econômica, muitas vezes, em detrimento da proteção previdenciária[177].

As possibilidades de instituição de contribuições previdenciárias para o financiamento dos regimes próprios foram ampliadas pelo novo § 1º do art. 149, com a redação da EC n. 103/2019, a qual também revogou o § 21 do art. 40. Torna-se possível instituir contribuições ordinárias e extraordinárias, as quais poderão ser cobradas dos servidores públicos, dos aposentados e dos pensionistas. Naturalmente os regimes próprios passam a desfrutar de maior flexibilidade e agilidade para modificar alíquotas e bases de contribuição, pois o texto aprovado permite a fixação, pela via de lei ordinária, de alíquotas progressivas de acordo com o valor da base de contribuição ou do benefício recebido. Com base no § 3º do artigo 11 da EC n. 103/2019, a Portaria Interministerial MPS/MF n. 26/2023 previu para o ano de 2023 que as alíquotas incidirão considerando as seguintes faixas salariais:

TABELA DE CONTRIBUIÇÃO DOS SEGURADOS E BENEFICIÁRIOS DO REGIME PRÓPRIO DE PREVIDÊNCIA SOCIAL DA UNIÃO A PARTIR DE 1º DE JANEIRO DE 2023

BASE DE CONTRIBUIÇÃO (R$)	ALÍQUOTA PROGRESSIVA INCIDINDO SOBRE A FAIXA DE VALORES
até 1.302,00	7,5%
de 1.302,01 até 2.571,29	9%
de 2.571,30 até 3.856,94	12%
de 3.856,95 até 7.507,49	14%
de 7.507,50 até 12.856,50	14,5%
de 12.856,51 até 25.712,99	16,5%
de 25.713,00 até 50.140,33	19%
acima de 50.140,33	22%

O novo § 1º-A do art. 149 possibilita que seja exigida contribuição ordinária dos aposentados e pensionistas, que ganhem mais do que um salário mínimo, quando houver déficit atuarial no regime próprio.

Para os RPPS que apresentem déficit atuarial, sendo ineficaz a medida prevista no § 1º-A, restou prevista a possibilidade de ser instituída uma contribuição extraordinária a ser exigida dos ativos e inativos, com vistas ao equacionamento do desequilíbrio (§ 1º-B do art. 149). Conforme o previsto no § 8º do art. 9º da EC n. 103/2019, o prazo máximo para a cobrança da contribuição extraordinária será de 20 anos.

Nas Ações Diretas de Inconstitucionalidade 6.254, 6.255, e 6.256 é debatida a impossibilidade de extinguir a imunidade da contribuição dos inativos até o limite do teto do Regime Geral da Previdência Social, contrariando aquilo que o próprio STF havia decidido no julgamento da ADI 3.105. Com efeito, se as reformas têm buscado a unificação do tratamento entre os trabalhadores da iniciativa privada e servidores públicos, não há justificativa plausível para que a cobrança de contribuição aos inativos do RPPS seja efetuada com parâmetros diferentes dos estabelecidos para os segurados do RGPS. Com efeito, o art. 195, inciso II, apesar de modificado pela EC n. 103/2019, continua prevendo que não incidirá contribuição sobre aposentadoria e pensão concedidas pelo Regime Geral de Previdência Social.

8.19. Abono de permanência

O § 19 do art. 40 da CF/88 é portador de uma importante medida de estímulo para a permanência dos servidores públicos que implementarem os requisitos para a aposentadoria voluntária prevista na alínea *a* do inciso III do § 1º. Naturalmente, o fato de os servidores passarem a não ter direito de perceber, a título de aposentadoria, o equivalente à última remuneração já se constitui um eloquente incentivo para o retardamento da jubilação. Levando em consideração a atual situação dos aposentados e pensionistas, cujos proventos sofrem a incidência de contribuição previdenciária, inegavelmente, o apelo financeiro emanado torna-se ainda mais significativo, acentuando a diferença entre os vencimentos do cargo e os rendimentos que serão percebidos pelo agente público na inatividade.

Quando a Emenda n. 20/98 transfigurou os critérios de elegibilidade das aposentadorias voluntárias, ditou uma importante regra de transição no seu art. 8º, *caput*, permitindo que o homem pudesse se aposentar aos 53 anos de idade e 35 de contribuição e a mulher aos 48 anos de idade e 30 de contribuição. Para sensibilizar os servidores a prolongarem sua permanência no serviço público, tanto daqueles que já tinha direito adquirido (art. 3º) quanto dos que implementariam os requisitos posteriormente, criou a vantagem remuneratória, denominada "abono de permanência" (§ 1º do art. 3º e § 5º do art. 8º). Na prática, isso representa um aumento de 11% nos rendimentos líquidos do servidor, até que ele implemente os requisitos necessários e delibere passar para a inatividade.

Com a Emenda Constitucional n. 41/2003, promoveu-se a revogação da regra de transição do art. 8º da EC n. 20/98, mas para todos os que implementaram os requisitos para uma aposentadoria voluntária e tenham, no mínimo, vinte e cinco anos de contribuição se mulher, ou trinta anos de contribuição, se homem, ficou assegurado o direito ao abono de permanência (§ 5º do art. 2º[178] e no § 1º do art. 3º[179], a contar de 1º-1-2004, até que seja atingida a idade para aposentadoria compulsória).

---

177. SAVARIS, José Antônio. *Uma teoria da decisão judicial da previdência social*: contributo para superação da prática utilitarista, p. 151.

178. "§ 5º O servidor de que trata este artigo, que tenha completado as exigências para aposentadoria voluntária estabelecidas no *caput*, e que opte por permanecer em atividade, fará jus a um abono de permanência equivalente ao valor da sua contribuição previdenciária até completar as exigências para aposentadoria compulsória contidas no art. 40, § 1º, II, da Constituição Federal."

179. "Art. 3º É assegurada a concessão, a qualquer tempo, de aposentadoria aos servidores públicos, bem como pensão aos seus dependentes, que, até a data de publicação desta Emenda, tenham cumprido todos os requisitos para obtenção desses benefícios, com base nos critérios da legislação então vigente. § 1º O servidor de que trata este artigo que opte por permanecer em atividade tendo completado as exigências para aposentadoria voluntária e que conte com, no mínimo, vinte e cinco anos de contribuição, se mulher, ou trinta anos de contribuição, se homem, fará jus a um abono de permanência equivalente ao valor da sua contribuição previdenciária até completar as exigências para aposentadoria compulsória contidas no art. 40, § 1º, II, da Constituição Federal."

É correto que não havia expressa determinação legal para a concessão de abono de permanência, para os servidores que cumpriam os requisitos de aposentadoria com fundamento no art. 3º da EC n. 47/2005, no caso de opção por permanência na atividade. Entretanto, o TCU, ao responder consulta do Conselho Superior da Justiça do Trabalho (CSJT), emitiu o Acórdão no 1482/2012-Plenário, publicado no *DOU* de 13 de junho de 2012, entendendo haver possibilidade de pagamento do abono de permanência nesta situação. Com lastro nessa orientação, o Ministério do Planejamento, Orçamento e Gestão (MPOG) editou a Nota Informativa 412/2013/CGNOR/DENOP/SEGEP/MP, dispondo acerca da concessão de abono de permanência aos servidores que cumpriram as regras de aposentadoria previstas no art. 6º da Emenda Constitucional (EC) n. 41, de 2003 e no art. 3º da Emenda Constitucional n. 47, de 2005, e que continuam na atividade laboral. A Nota Informativa prevê que o benefício deve ser concedido desde a data da vigência da EC n. 41, de 2003, levando em consideração que só são devidas as parcelas anteriores inseridas dentro do período de cinco anos a contar do requerimento administrativo apresentado pelo servidor.

O Superior Tribunal de Justiça, examinando a controvérsia sobre a natureza jurídica do abono de permanência, no julgamento do REsp 1.192.556/PE, sob a sistemática do art. 543-C do CPC de 1973, decidiu que as parcelas percebidas a título de abono de permanência possuem natureza remuneratória, passíveis de incidência do imposto de renda[180].

No julgamento do Tema 988, o STF fixou o entendimento de que o § 19 do artigo 40 da CF/88 não restringe a concessão do abono de permanência apenas aos servidores que cumpriram os requisitos para a aposentadoria voluntária comum, mas que também abrangeria aqueles que implementaram os requisitos para a aposentadoria especial prevista no § 4º do art. 40[181]. O abono de permanência tem natureza remuneratória e consoante o entendimento da jurisprudência não é necessário prévio requerimento por parte do servidor[182].

A alteração processada no § 19, pela EC n. 103/2019, autoriza os entes federados a refletirem sobre a conveniência, ou não, de continuarem a oferecer o abono de permanência, bem como a reduzirem o seu valor. Enquanto não for editada a lei específica, aplica-se a regra transitória do art. 3º, § 3º da EC n. 103/2019, sendo o valor do abono equivalente a contribuição previdenciária do servidor. Para não restar nenhuma dúvida, o artigo 8º da EC n. 103/2019 confere o abono de permanência aos servidores que se aposentarem pelas regras de transição.

8.20. Proibição da existência de mais de um regime próprio

Uma das metas fundamentais do processo de reforma, como visto alhures, era acabar com os benefícios diferenciados oferecidos às diversas categorias de servidores públicos, medida que restou aprovada pela EC n. 20/98. Após a uniformização legislativa, pretende-se efetivar uma unificação administrativa, interditando a existência de mais de uma unidade gestora em cada ente federativo[183]. Se todos os servidores irão obter benefícios com espeque em uma legislação linear, não há motivo para a existência de múltiplas unidades gestoras.

De fato, a fragmentação na gestão implica emprego de um número maior de servidores gerando uma possível sobreposição nas tarefas de gerenciamento dos regimes próprios, as quais poderiam ser racionalizadas com uma redução nos custos de administração e permitindo o emprego de servidores em outras áreas com escassez de pessoal.

Para os militares a situação é diferente. Quando da tramitação da EC n. 20/98, foram favorecidos com uma Emenda Constitucional específica, a EC n. 18/98, modificadora dos arts. 42 e 142 da Constituição Federal, cujo principal efeito foi blindá-los contra alterações significativas no seu regime de previdência. Dessa maneira, sua situação previdenciária, em observância ao § 3º, inciso X, do art. 142[184], permaneceria, salvo algumas pequenas alterações que poderiam ser realizadas na legislação ordinária, basicamente como dantes[185].

Na discussão da PEC n. 40, os congressistas acolheram a proposta governamental de preservar os militares, considerando que esta categoria de servidores públicos seria distinta de todas as demais e que, em decorrência, seus benefícios não teriam por fundamento as contribuições efetivamente vertidas. A única modificação efetuada no art. 142, pela EC n. 41/2003, foi a revogação do inciso IX do § 3º do art. 142[186], para preservar os militares da extinção da regra da paridade, bem como das modificações operadas no benefício da pensão por morte.

A unidade gestora do regime próprio, responsável pela concessão, pagamento e manutenção dos benefícios de aposentadoria e pensão de todos os poderes, órgãos e entidades, em cada ente, deverá ficar vinculada ao Poder Executivo[187]. Para o STF, a

---

180. STJ, REsp 1.192.556/PE, Mauro Campbell Marques, 1ª Seção, *DJe* 6-9-2010.
181. STF, ARE 954.408 RG, Teori Zavascki, Pleno, *DJe* 22-4-2016.
182. TRF4, 5005258-34.2013.4.04.7102, Eduardo Vandré, juntado aos autos em 6-12-2016.
183. A respeito do princípio da unidade nos ensinava Augusto Venturi: "La unificación jurídica, administrativa y financiera permite un mayor grado de racionalización de la gestión, que se traduce en una considerable economía en el coste, ya sea en la recaudación de las entradas, ya sea en la distribución de las prestaciones en dinero, ya sea en la organización de los servicios que proporcionan las prestaciones en especie, ya sea en la administración general. Permite una más amplia compensación de riesgos, contribuyendo a hacer menos aleatorios los resultados del conjunto de la gestión y más fáciles los cálculos e previsión. Posibilita que resulten poco probables las influencias sobre la gestión de particularismos de grupos singulares o de egoísmos regionales" (VENTURI, Augusto. *Los fundamentos científicos de la seguridad social*, p. 414).
184. "X – a lei disporá sobre o ingresso nas Forças Armadas, os limites de idade, a estabilidade e outras condições de transferência do militar para a inatividade, os direitos, os deveres, a remuneração, as prerrogativas e outras situações especiais dos militares, consideradas as peculiaridades de suas atividades, inclusive aquelas cumpridas por força de compromissos internacionais e de guerra."
185. Os militares, a partir de dezembro de 2000, contribuem sobre as parcelas que compõem seus proventos com alíquotas de 7,5%, para a pensão e de 3,5%, para a assistência médica. Inexplicavelmente, ficou mantido o direito de deixar a pensão para as filhas "solteiras" maiores de 21 anos, e essa contribuição foi elevada para 12,5%, sendo, portanto, de 1,5% a alíquota exigida especificamente para garantir-lhes tal direito (Medida Provisória n. 2.131, de dezembro de 2000. Reeditada como Medida Provisória n. 2.215/10, de 31 de agosto de 2001).
186. "IX – aplica-se aos militares e a seus pensionistas o disposto no art. 40, §§ 7º e 8º;" (Revogado pela Emenda Constitucional n. 41, de 19-12-2003).
187. Art. 15 da Orientação Normativa n. 02, de 31 de março de 2009.

plena eficácia deste dispositivo está condicionada a edição de Lei complementar de caráter nacional[188].

Na mudança efetuada no § 20 do art. 40, pela EC n. 103/2019, inclui-se referência de que a entidade gestora deve abranger a todos os poderes, os órgãos e as entidades responsáveis, cada qual, equitativamente, pelo seu financiamento, e retira-se a ressalva que havia para o disposto no art. 142, § 3º, X. A expressão "entidade gestora" substituiu "unidade gestora" colimando indicar que a gestão poderá ser efetuada por uma autarquia, como acontece em alguns entes federativos, ou por órgão vinculado ao Poder Executivo.

8.21. Servidor inativo portador de doença incapacitante

A Emenda Constitucional n. 47 acrescentou o § 21 ao art. 40 da CF/88, elevando o limite de não incidência da contribuição previdenciária sobre os proventos dos aposentados e pensionistas, até o dobro do limite máximo do regime geral, quando o beneficiário for portador de doença incapacitante cuja gravidade seja reconhecida pela lei. A tendência seria no sentido de que fosse acolhido rol semelhante ao previsto pelo inciso XIV do art. 6º da Lei n. 7.713/88, na redação dada pela Lei n. 11.052/2004[189].

O § 21 do art. 40 foi revogado pela EC n. 103/2019. Entretanto, no âmbito dos entes federados, o referido preceito permanece em vigor, pois aplicam-se normas constitucionais e infraconstitucionais anteriores à data de entrada em vigor desta Emenda Constitucional, enquanto não promovidas alterações na legislação interna relacionada ao respectivo regime próprio de previdência social (§ 7º do art.10 da EC n. 103/2019).

8.22. Organização e funcionamento dos regimes próprios

A edição de normas gerais vincular a atuação dos entes federados já era uma consequência do próprio modelo de federação adotado. A Lei n. 9.717/1998 foi concebida para disciplinar a instituição, a organização e o funcionamento dos Regimes Próprios de Previdência, colimando introduzir modificações na gestão administrativa dos regimes próprios, conquanto também tenha determinado ajustes em aspectos específicos do custeio e das disposições que outorgam direito a prestações.

Para que as disposições da denominada "Lei Geral da Previdência Social" sejam compulsoriamente observadas, além da competência prevista no art. 9º da Lei n. 9.717/1998 – de orientação e supervisão atribuídas ao Ministério da Previdência –, encontramos a previsão de importantes sanções constantes do art. 7º: I – suspensão das transferências voluntárias de recursos pela União; II – impedimento para celebrar acordos, contratos, convênios ou ajustes, bem como receber empréstimos, financiamentos, avais e subvenções em geral de órgãos ou entidades da Administração direta e indireta da União; III – suspensão de empréstimos e financiamentos por instituições financeiras federais; e IV – suspensão do pagamento dos valores devidos pelo Regime Geral de Previdência Social em razão da Lei n. 9.796, de 5 de maio de 1999. A imposição dessas sanções é implementada pelo não fornecimento do Certificado de Regularização Previdenciária (CRP), criado pelo Decreto n. 3.788/2001. Não surpreende, portanto, a denegação do referido CRP acarretar o ajuizamento de muitas demandas.

É visível a intensificação do processo de redução da amplitude da proteção previdenciária do sistema público. O § 22 do artigo 40 proíbe a criação de novos regimes próprios. Além disso, com o escopo de fortalecer o controle sobre os regimes já existentes, prevê a edição de lei complementar para estabelecer as normas gerais para a organização e funcionamento dos regimes próprios já existentes prevendo, dentre outros aspectos: I – requisitos para sua extinção e consequente migração para o Regime Geral de Previdência Social; II – modelo de arrecadação, de aplicação e de utilização dos recursos; III – fiscalização pela União e controle externo e social; IV – definição de equilíbrio financeiro e atuarial; V – condições para instituição do fundo com finalidade previdenciária de que trata o art. 249 e para vinculação a ele dos recursos provenientes de contribuições e dos bens, direitos e ativos de qualquer natureza; VI – mecanismos de equacionamento do déficit atuarial; VII – estruturação do órgão ou entidade gestora do regime, observados os princípios relacionados com governança, controle interno e transparência; VIII – condições e hipóteses para responsabilização daqueles que desempenhem atribuições relacionadas, direta ou indiretamente, com a gestão do regime; IX – condições para adesão a consórcio público; X – parâmetros para apuração da base de cálculo e definição de alíquota de contribuições ordinárias e extraordinárias.

Em relação às sanções previstas, o acréscimo do inciso XIII ao art. 167 da CF veda a transferência voluntária de recursos e a concessão de empréstimos, financiamentos, avais e subvenções pela União, incluídas suas instituições financeiras, aos Estados, ao Distrito Federal e aos Municípios em caso de descumprimento das regras gerais. Dessa forma, ficaria afastada a possibilidade de decisões judiciais considerarem que os dispositivos da Lei n. 9.717/1998, ou de outra futura lei, representem uma indevida ingerência na administração dos Estados[190].

EC n. 103/2019 promoveu também a inclusão do inciso XII ao art. 167. O referido artigo trata de princípios vinculados à segurança orçamentária. Na redação original da CF/1988, para impedir uma prática que era corriqueira, o inciso VIII previu que estaria proibida a utilização, sem autorização legislativa específica, de recursos dos orçamentos fiscais e da seguridade social para suprir necessidade ou cobrir déficit de empresas, fundações e fundos de estatais. A EC n. 20/1998 reforçou a impossibilidade de empregar os recursos destinados ao pagamento dos benefícios previdenciários em outras finalidades, inserindo o inciso XI ao referido artigo. Agora, pela adição do inciso XII, colima-se tolher expressamente a utilização dos recursos destinados aos regimes próprios do art. 40, incluindo-se os fundos previstos no art. 249,

---

188. STF, SS 3.679 AgR, rel. min. Gilmar Mendes, Pleno, *DJe* de 26-2-2010.
189. "XIV – os proventos de aposentadoria ou reforma motivada por acidente em serviço e os percebidos pelos portadores de moléstia profissional, tuberculose ativa, alienação mental, esclerose múltipla, neoplasia maligna, cegueira, hanseníase, paralisia irreversível e incapacitante, cardiopatia grave, doença de Parkinson, espondiloartrose anquilosante, nefropatia grave, hepatopatia grave, estados avançados da doença de Paget (osteíte deformante), contaminação por radiação, síndrome da imunodeficiência adquirida, com base em conclusão da medicina especializada, mesmo que a doença tenha sido contraída depois da aposentadoria ou reforma."

190. Na ACO n. 830, o STF entendeu que havia o extravasamento dos limites constitucionais da autonomia dos entes federados, em face do teor do enunciado normativo do art. 9º da Lei n. 9.717/98 (STF, ACO n. 830, Marco Aurélio, *DJe* 11-4-2008).

para despesas distintas do pagamento de benefícios previdenciários do respectivo fundo vinculado àquele regime e das despesas necessárias à sua organização e ao seu funcionamento. No art. 167, foi acolhido o princípio da não afetação, ou seja, a vedação constitucional de o legislador vincular a receita pública a certas despesas. A partir de sucessivas modificações, a doutrina reconhece que ele vem perdendo a relevância[191].

O instituto das normas gerais – exigidas para regular as atribuições dos entes federativos nas hipóteses previstas pelo art. 24 da Lei Fundamental – é um assunto pouco explorado. Em matéria previdenciária, nossa Constituição define, mesmo sem ser exaustiva, o âmbito pessoal, as contingências protegidas, a forma de cálculo das prestações, o mecanismo de reajustamento, as regras de acumulação e as fontes de financiamento. Se, de um lado, a rigidez constitucional confere mais segurança para os trabalhadores brasileiros, o detalhamento da matéria, naturalmente, reduz o espaço para a edição das normas gerais previdenciárias. Como já tive a oportunidade de examinar em trabalho específico[192], as opções do legislador são, no mínimo, questionáveis, muitas vezes deixando de enfrentar temas que, em face da necessidade de coordenação e cooperação entre os regimes previdenciários, ou da sua íntima relação com o núcleo mínimo de proteção previdenciária, não deveriam ser disciplinados de maneira heterogênea. Com as mudanças realizadas pela nova emenda constitucional, o tema das normas gerais deverá adquirir acentuada relevância.

Particularmente, entendo não ser possível a criação de normas gerais por ato do Poder Executivo. O estabelecimento de normas gerais implica sempre uma limitação à competência dos entes federativos. Dentro da configuração da competência concorrente, o papel da União restringe-se à edição de normas gerais, precipuamente dirigidas aos legisladores, que delimitarão o campo de atuação dos entes federativos. Se houver necessidade de adaptação ou de detalhamento das normas gerais – o que deveria ser a regra, pois, se há uma necessidade de disciplina absolutamente homogênea, então, o tema deveria ser alocado na órbita da competência privativa da União –, esta deve ser complementada pelos entes federativos, sob pena de haver indevida supressão da competência legislativa das pessoas jurídicas de direito público de existência necessária[193].

Prevendo o natural hiato na regulamentação da reforma, especificamente na edição da lei definidora das regras gerais de organização e funcionamento dos regimes próprios o art. 9º esclarece que continuará em vigor a Lei n. 9.717/98, agora recepcionada como lei complementar.

O processo de unificação dos regimes começou a ser acentuado, a partir de 1998, sendo editada a Lei n. 9.717/98, cujo art. 5º obstou a concessão de benefícios diversos dos previstos no regime geral. Com a aprovação da EC n. 20/98, o constituinte revisor editou no § 12, expressamente, a recomendação de observância, naquilo que coubesse, dos critérios vigentes para o regime geral de previdência. Entretanto, encontramos nos regimes próprios de previdência benefícios tais como auxílio-funeral e auxílio-natalidade que não constam do regime geral.

Como já entendeu o STF no julgamento do MS 26.144, o art. 5º da Lei n. 9.717/98 não poderia revogar as disposições dos regimes próprios que estabeleciam benefícios previdenciários diversos dos contemplados no RGPS, porque isto extrapolaria o campo das normas gerais[194]. De fato, o § 12 do artigo 40 não obriga que os regimes próprios sejam iguais ao regime geral, admitindo a aplicação apenas daquilo que for compatível. A outra possibilidade interpretativa, para reconhecer como legítimo o pagamento de tais benefícios diferentes do RGPS, seria considerar que eles não têm caráter previdenciário. Desta forma não haveria irregularidade desde que seu pagamento fosse efetuado sem o emprego de recursos decorrentes das contribuições aportadas pelo sistema previdenciário.

O § 2º do art. 9º da EC n. 103/2019 ostenta enunciado que restringe o rol de benefícios às aposentadorias e a pensão por morte. É possível constatar a inconstitucionalidade deste dispositivo. Por exemplo, o auxílio-reclusão é benefício previdenciário que ainda encontra previsão constitucional, sendo também acolhido na legislação de alguns regimes próprios, como o dos servidores públicos federais, não podendo ser eliminado sob pena de grave retrocesso social.

A EC n. 20/98 já havia introduzido a possibilidade de se estabelecer concorrência entre o sistema público e o privado para a tutela de acidentes do trabalho, mediante a contratação de seguros, o que já poderia ser feito por lei ordinária. A nova redação do § 10 do art. 201, e isto é muito preocupante, ampliou esta possibilidade, abarcando os benefícios não programados, independentemente da causa, destinados a tutelar o cidadão que for afligido pela incapacidade. No âmbito dos regimes próprios de previdência, os afastamentos por incapacidade temporária para o trabalho e o salário-maternidade deverão ser pagos diretamente pelo ente federativo fora da conta do regime próprio de previdência social ao qual o servidor se vincula (§ 3º do art. 9º da EC n. 103/2019).

Vale dizer, em um futuro não muito distante, é possível que a previdência pública, em todos os regimes, não proteja mais os trabalhadores quando eles forem afligidos pela incapacidade temporária mesmo que ela seja decorrente de acidente do trabalho. Assim, para serem amparados nestes momentos de necessidade social, seria necessária a contratação de seguros privados.

---

191. TORRES, Ricardo Lobo. Comentário ao art. 167. In: CANOTILHO. J. J. Gomes *et al*. *Comentários à Constituição do Brasil*. São Paulo: Saraiva/Almedina, 2013, p. 1.775.

192. ROCHA, Daniel Machado da. *Normas Gerais de Direito Previdenciário e a Previdência do Servidor Público*. Florianópolis: Conceito Editorial, 2012.

193. ROCHA, Daniel Machado da. *Normas Gerais de Direito Previdenciário e a Previdência do Servidor Público*. Florianópolis: Conceito Editorial, 2012.

194. Deste julgamento se extrai o seguinte excerto, o qual cita outro acórdão, (MS 31.770, Rel. Min. CÁRMEN LÚCIA, Segunda Turma, *DJe* de 20-11-2014, cuja íntegra do voto não estava disponível no *site* do STF, mas que é extremamente interessante: "9. Disso não resulta, contudo, o reconhecimento da compatibilidade do art. 5º da Lei n. 9.717/1998 com a Constituição da República, pois as reformas constitucionais ocorridas em matéria previdenciária não tiveram o condão de extirpar dos entes federados a competência para criar e dispor sobre um regime próprio para os seus servidores, com a observância de critérios que preservem o equilíbrio financeiro e atuarial e, por óbvio, das normas gerais estabelecidas pela União, conforme expresso, respectivamente, no *caput* do art. 40 e no art. 24 da Constituição da República. Mesmo em se reconhecendo dificuldade na formulação de um conceito fechado do que sejam 'normas gerais', é inegável que a definição dos requisitos necessários à concessão de benefícios nos regimes próprios caracteriza matéria de interesse prevalecente dos respectivos entes federativos, atraindo, assim, a competência legislativa deles em detrimento da atuação da União. 10. Sob essa perspectiva, a interpretação do art. 5º da Lei n. 9.717/1998 admitindo a vinculação dos critérios de concessão de benefícios nos regimes próprios àqueles estipulados no Regime Geral de Previdência Social ofende o art. 24, inc. XII, da Constituição da República" (MS 26144 AgR, Teori Zavascki, 2ª Turma, *DJe* 24-5-2016).

Art. 41. São estáveis após três anos de efetivo exercício os servidores nomeados para cargo de provimento efetivo em virtude de concurso público.

§ 1º O servidor público estável só perderá o cargo:

I – em virtude de sentença judicial transitada em julgado;

II – mediante processo administrativo em que lhe seja assegurada ampla defesa;

III – mediante procedimento de avaliação periódica de desempenho, na forma de lei complementar, assegurada ampla defesa.

§ 2º Invalidada por sentença judicial a demissão do servidor estável, será ele reintegrado, e o eventual ocupante da vaga, se estável, reconduzido ao cargo de origem, sem direito a indenização, aproveitado em outro cargo ou posto em disponibilidade com remuneração proporcional ao tempo de serviço.

§ 3º Extinto o cargo ou declarada a sua desnecessidade, o servidor estável ficará em disponibilidade, com remuneração proporcional ao tempo de serviço, até seu adequado aproveitamento em outro cargo.

§ 4º Como condição para a aquisição da estabilidade, é obrigatória a avaliação especial de desempenho por comissão instituída para essa finalidade.

Maria Sylvia Zanella Di Pietro

ESTABILIDADE DO SERVIDOR PÚBLICO

A – CONTEÚDO DO DISPOSITIVO

O artigo 41 Constituição, com a redação dada pela Emenda Constitucional n. 19/98, trata do direito à *estabilidade* no serviço público, reconhecido ao servidor público que cumpra os requisitos constitucionais. Tal direito dá ao servidor a garantia de permanência no serviço público, só possibilitando a perda do cargo nas hipóteses expressamente previstas na Constituição; nas Constituições anteriores e mesmo na redação original da Constituição de 1988, a perda do cargo só ocorria mediante sentença judicial ou processo administrativo em que fosse assegurada ampla defesa. A partir da Emenda Constitucional n. 19/98 outras possibilidades foram previstas, como será analisado adiante.

Ainda como garantia do servidor estável, o dispositivo prevê, no § 2º, o direito à *reintegração* do servidor demitido, no caso de ser invalidada por sentença judicial a pena de demissão, disciplinando, ainda, os efeitos da reintegração em relação ao outro servidor que vinha ocupando o cargo. No § 3º, garante o direito à *disponibilidade* com proventos proporcionais ao tempo de serviço, no caso do cargo ocupado pelo servidor estável ser extinto ou declarado desnecessário, situação que permanece até o adequado *aproveitamento* em outro cargo.

B – CONSTITUIÇÕES ANTERIORES

A estabilidade não foi assegurada na Constituição Política do Império do Brasil, de 1824, ao contrário da vitaliciedade garantida aos membros do Poder Judiciário pelo artigo 153, em cujos termos "os Juízes de Direito serão perpétuos, o que todavia se não entende, que não possam ser mudados de uns para outros lugares pelo tempo, e maneira, que a Lei determinar".

A primeira Constituição da República, de 1891, também foi omissa nessa matéria, mantendo, contudo, a vitaliciedade (já com essa denominação) e com a previsão de que a perda do cargo pelos juízes federais só ocorreria por sentença judicial (art. 57). Essa garantia manteve-se em todas as Constituições posteriores, com a mesma característica.

A estabilidade foi prevista pela primeira vez na Constituição de 1934, cujo artigo 169 determinava que "os funcionários públicos, depois de dois anos, quando nomeados em virtude de concurso de provas e, em geral, depois de dez anos de efetivo exercício, só poderão ser destituídos em virtude de sentença judiciária ou mediante processo administrativo, regulado por lei, e no qual lhes será assegurada plena defesa". Nada foi previsto relativamente aos direitos à reintegração e à disponibilidade.

Norma semelhante constou do artigo 156, *c*, da Constituição de 1937. Além disso, foi prevista, pela primeira vez, a disponibilidade, porém com caráter punitivo. O artigo 157 previa a disponibilidade do servidor estável, com proventos proporcionais ao tempo de serviço, desde que não coubesse no caso a pena de demissão e, a juízo de uma comissão disciplinar nomeada pelo Ministro ou chefe de serviço, o afastamento do exercício fosse considerado de conveniência ou de interesse público.

A Constituição de 1946, no artigo 188, introduziu duas alterações: a) reduziu de dez para cinco anos o tempo de serviço exigido para aquisição da estabilidade pelos servidores nomeados sem concurso público; e b) excluiu expressamente do benefício os cargos de confiança e os que a lei declare de livre nomeação e demissão. No parágrafo único do mesmo dispositivo previu que, em caso de extinção do cargo, o funcionário estável ficaria em disponibilidade remunerada até o seu obrigatório aproveitamento em outro cargo de natureza e vencimentos compatíveis com o que ocupava. E no artigo 190 dispôs sobre o direito à reintegração em caso de ser invalidada por sentença a demissão de "qualquer" servidor (sem referência, portanto, ao servidor estável). Quanto àquele que tivesse ocupado o lugar, a norma determinava que seria destituído de plano ou reconduzido ao cargo anterior, mas sem direito a indenização.

A Constituição de 1967 disciplinou a matéria de forma um pouco diferente, porque, no artigo 99, no capítulo sobre funcionários públicos, restringiu o direito à estabilidade, após dois anos, aos funcionários, "quando nomeados por concurso"; e ainda reforçou a mesma exigência no § 1º, ao determinar que "ninguém pode ser efetivado ou adquirir estabilidade, como funcionário, se não prestar concurso público". Contudo, foi inserida norma no título das disposições gerais e transitórias, seja para garantir a estabilidade de funcionários já amparados pela legislação anterior, seja para considerar estáveis os "atuais servidores da União, dos Estados e dos Municípios, da administração centralizada ou autárquica, que, à data da promulgação desta Constituição, contem, pelo menos, cinco anos de serviço público" (art. 177, § 2º). Verifica-se que a aquisição de estabilidade por funcionários não concursados, que era assegurada nas Constituições anteriores, pelo simples requisito de tempo de exercício preenchido a qualquer momento, passou a constituir benefício outorgado apenas aos que tivessem o tempo de serviço (cinco anos) na data da promulgação da Constituição. Com isso, os funcionários que não tinham cinco anos de serviço público naquela data ficaram sem possibilidade de adquirir o benefício.

A Constituição de 1967 também garantiu para o servidor estável, em caso de extinção do cargo, a disponibilidade remunerada, com vencimentos integrais, até o seu obrigatório aproveitamento em cargo equivalente (art. 99, § 2º). Com relação à reintegração, a norma contida no artigo 103, parágrafo único, era a mesma da Constituição de 1946.

Com a Emenda n. 1, de 1969, o artigo 100 manteve a mesma norma do artigo 99 do texto original da Constituição e não repetiu a disposição transitória constante do artigo 177, § 2º. Porém, no artigo 109, III, previu lei federal que viesse a dispor sobre *"as condições para aquisição de estabilidade"*. Com relação à disponibilidade, passou a prever vencimentos proporcionais ao tempo de serviço (art. 100, parágrafo único); e, quanto à reintegração, repetiu, no artigo 105, parágrafo único, a norma contida no texto original.

C – CONSTITUIÇÃO DE 1988

A Constituição de 1988, em sua redação original, deu à matéria o mesmo tratamento dado pela Constituição de 1967: previu a estabilidade após dois anos de serviço; só concedeu o benefício aos servidores nomeados por concurso público; só admitiu a perda do cargo em virtude de sentença judicial transitada em julgado ou mediante processo administrativo em que lhe fosse assegurada ampla defesa.

Além disso, à semelhança da Constituição anterior, incluiu entre as garantias asseguradas ao servidor estável: a) o direito à reintegração em caso de demissão invalidada por sentença judicial; b) o direito à disponibilidade remunerada em caso de extinção do cargo, acrescentando a hipótese de declaração de sua desnecessidade; c) direito ao aproveitamento em outro cargo, outorgado ao servidor estável posto em disponibilidade.

Quanto aos servidores não concursados, mais uma vez foi dada estabilidade (conforme artigo 19 do Ato das Disposições Constitucionais Transitórias) aos que tivessem completado cinco anos de serviço público na data da entrada em vigor da Constituição. O benefício alcançou os servidores da Administração direta, das autarquias e das fundações públicas. Foram expressamente excluídos os professores universitários e os ocupantes de cargos, funções e empregos de confiança ou em comissão, além dos que a lei declara de livre exoneração.

Isto significa que existem na Administração Pública direta, nas autarquias e nas fundações públicas dois tipos de servidores públicos estáveis: os que foram nomeados por concurso público e cumpriram os requisitos para aquisição da estabilidade; e os que adquiriram a estabilidade excepcional, independentemente de concurso, pelo simples requisito de tempo de serviço previsto em disposição de natureza transitória. As duas categorias têm igual garantia de permanência no serviço público e estão sujeitas à perda do cargo nas mesmas hipóteses previstas no artigo 41 (sentença judicial transitada em julgada ou processo administrativo em que seja assegurada ampla defesa), além de fazerem jus à reintegração e à disponibilidade remunerada até o adequado aproveitamento em outro cargo, se ocorrerem as hipóteses previstas nos §§ 2º e 3º do mesmo dispositivo.

D – A EMENDA CONSTITUCIONAL N. 19/98

A Emenda Constitucional n. 19/98, conhecida como Emenda da Reforma Administrativa, trouxe algumas modificações no artigo 41:

a) elevou de dois para três anos o tempo de exercício para aquisição da estabilidade (*caput* do art. 41), ressalvando, para os que já eram servidores na data da promulgação da Emenda, o direito de adquirirem estabilidade no prazo de dois anos (art. 28 da Emenda);

b) além do tempo de serviço, exigiu o procedimento de avaliação de desempenho como requisito para aquisição da estabilidade (art. 41, § 4º);

c) previu mais duas hipóteses de perda do cargo: uma que ocorrerá mediante avaliação de desempenho (art. 41, § 1º, inciso III); e outra que poderá ocorrer se não for cumprido o limite de despesa com pessoal previsto no artigo 169 da Constituição;

d) tornou expresso que a estabilidade só beneficia os servidores nomeados para cargo de provimento efetivo (*caput* do art. 41);

e) incluiu na Constituição o artigo 247 estabelecendo que "as leis previstas no inciso III do § 1º do artigo 41 e no § 7º do artigo 169 estabelecerão critérios e garantias especiais para a perda do cargo pelo servidor estável que, em decorrência das atribuições de seu cargo efetivo, desenvolva atividades exclusivas de Estado".

Outra hipótese de perda do cargo pelo servidor estável foi prevista na Emenda Constitucional n. 51, de 14-2-2006, especificamente para o pessoal da área da saúde. Essa Emenda incluiu um § 6º no artigo 198 para prever que, além das hipóteses previstas no § 1º do artigo 41 e no § 4º do artigo 169 da Constituição, o servidor que exerça funções equivalentes às de agente comunitário de saúde ou de agente de combate às endemias poderá perder o cargo em caso de descumprimento dos requisitos específicos, fixados em lei, para o seu exercício. O dispositivo não é autoaplicável, não podendo ser aplicado enquanto não promulgada a lei nele prevista.

E – CONCEITO DE ESTABILIDADE

A estabilidade, como prevista nas várias Constituições brasileiras, desde a de 1934, pode ser definida de maneira genérica, como o direito à permanência no serviço público, assegurado ao servidor público que cumpra o requisito de tempo de serviço exigido para esse fim e cujo vínculo jurídico com o poder público somente se rompe nas hipóteses previstas na Constituição.

Para amoldar o conceito às alterações introduzidas no artigo 41 da Constituição pela Emenda Constitucional n. 19/98, que correspondem à conformação atual do instituto, pode-se definir a estabilidade, de forma descritiva, como o direito à permanência no serviço público, assegurado após três anos de efetivo exercício e aprovação em procedimento de avaliação de desempenho, ao servidor público nomeado mediante concurso público, para cargo de provimento efetivo, cuja perda somente ocorre mediante sentença judicial transitada em julgado, processo administrativo em que seja assegurada ampla defesa, procedimento de avaliação de desempenho ou necessidade de adequar as despesas com pessoal ao limite constitucional.

Esse conceito abrange somente a estabilidade ordinária, disciplinada pelo artigo 41. Não alcança a estabilidade extraordinária outorgada pelo artigo 19 das disposições transitórias. Para incluir estes últimos, tem-se que fazer referência aos servidores não concursados que tenham completado cinco anos de efetivo serviço público na data da entrada em vigor da Constituição.

Os requisitos para aquisição do direito serão diferentes para as duas espécies de estabilidade agasalhadas na Constituição vigente; a garantia de permanência no serviço público é a mesma, já que as hipóteses de rompimento do vínculo não diferem, como também não diferem os direitos à reintegração, à disponibilidade e ao aproveitamento, também assegurados ao servidor estável pelos parágrafos do artigo 41. Outra diferença é que o servidor que cumpre os requisitos desse dispositivo, tem *efetividade* (no cargo) e *estabilidade* no serviço público, enquanto o beneficiado pela estabilidade excepcional do artigo 19 do ADCT tem *estabilidade*, mas não tem *efetividade*. Em reforço desse entendimento, merece ser citado acórdão do Supremo Tribunal Federal, em que afirma que "o servidor que preenchera as condições exigidas pelo art. 19 do ADCT-CF/88 é estável no cargo para o qual fora contratado pela Administração Pública, mas não é efetivo. Não é titular do cargo que ocupa, não integra a carreira e goza apenas de uma estabilidade especial no serviço público, que não se confunde com aquela estabilidade regular disciplinada pelo art. 41 da Constituição Federal. Não tem direito a efetivação, a não ser que se submeta a concurso público..."[1].

F – RAZÃO DE SER DO INSTITUTO

A estabilidade é tratada como direito do servidor. Alguns entendem até que é um *privilégio* do servidor público, incompatível com o princípio da isonomia, já que não outorgado, com as mesmas características, ao trabalhador do setor privado. Diferentemente do que ocorre em relação a este último – cuja relação de emprego é protegida contra a despedida injusta –, no âmbito da Administração Pública o fundamento para a outorga da estabilidade é outro; o que se objetiva é garantir que o exercício da função pública se faça em consonância com os princípios a que se submete a Administração Pública, voltados ao cumprimento da lei e do Direito.

Nas palavras de Cármen Lúcia Antunes Rocha, "a estabilidade jurídica do vínculo administrativo firmado entre o servidor e o pessoal estatutário tem como finalidade, primeiramente, garantir a qualidade do serviço prestado por uma burocracia estatal democrática, impessoal e permanente. Tanto conjuga o profissionalismo que deve predominar no serviço público contemporâneo (e profissionais não são descartáveis (...) com a impessoalidade, que impede práticas nepotistas e personalistas na Administração Pública"[2].

Ela cita, em nota de rodapé, a lição de Carlos S. de Barros Júnior, quando o autor afirma que "a regra no serviço público moderno, que em virtude de seu caráter complexo e técnico exige funcionários experimentados, é a da continuidade dos agentes.

Exceção feita aos que exercem funções de si mesmas transitórias, os funcionários se incorporam, de modo mais ou menos permanente, em quadros administrativos, e fazem de sua função uma profissão... A continuidade é exigência do serviço público, e a permanência do agente o seu corolário. Assim, é norma a durabilidade e permanência das funções e de seus ocupantes, salvo quando se trate de função que, por sua própria natureza, deva ter caráter transitório".

A estabilidade no serviço público é própria da forma burocrática de Administração Pública e constitui garantia necessária quando se quer proteger o interesse geral, no sentido de que as atividades administrativas do Estado sejam desempenhadas com observância impessoal do disposto no ordenamento jurídico, independentemente da vontade pessoal do servidor e de seus superiores hierárquicos.

É pensando no fundamento último da estabilidade que se deve afastar, para as atividades-fins da Administração Pública, voltadas para o atendimento das necessidades coletivas, a possibilidade de prestação de serviços por pessoas não protegidas pelo instituto da estabilidade.

Por isso mesmo, quando a Constituição outorga a estabilidade ao servidor e lhe dá os contornos de direito subjetivo, não se pode considerar esse direito como um privilégio outorgado ao servidor para proteger a relação de emprego, mas como uma garantia de permanência necessária ao desempenho adequado da função pública, com imparcialidade, continuidade, legalidade. Quer-se a subordinação do servidor à vontade da lei e não à vontade do superior hierárquico.

Não há, na previsão de estabilidade do servidor público, quando comparada com a proteção outorgada ao trabalhador da empresa privada, infringência ao princípio da isonomia. As situações são diversas, os fundamentos são diversos e os respectivos regimes jurídicos são diversos. Essa diversidade de situação justifica a diversidade de tratamento.

G – REQUISITOS PARA AQUISIÇÃO DA ESTABILIDADE

1. Nomeação mediante concurso público

Desde a Constituição de 1967 a estabilidade passou a ser garantida apenas aos servidores nomeados por concurso público. Os não concursados ficaram com a estabilidade excepcional prevista em disposições transitórias (art. 177 da Constituição de 1967 e artigo 19 do Ato das Disposições Constituições Transitórias da Constituição de 1988).

Concurso público é procedimento aberto a todos os interessados que preencham os requisitos previstos no edital, afastada a possibilidade de ingresso mediante concursos internos abertos só para os que já sejam servidores públicos. Esse tipo de procedimento era comum na vigência da Constituição de 1967, que só exigia concurso público para a primeira investidura, dando margem a nomeações mediante ascensão, acesso, transposição e outros institutos semelhantes, em que o servidor passava de um cargo a outro de conteúdo ocupacional diverso. Nessa situação, as vagas eram destinadas, total ou parcialmente, a quem já tivesse a qualidade de servidor público.

---

1. *RTJ* 165/684.
2. *Princípios constitucionais dos servidores públicos*. São Paulo: Saraiva, 1999, p. 251-252.

Hoje esse tipo de acesso a cargo público ficou vedado. O Supremo Tribunal Federal já consagrou esse entendimento pela Súmula n. 685, em cujos termos "é inconstitucional toda modalidade de provimento que propicie ao servidor investir-se, sem prévia aprovação em concurso público destinado ao seu provimento, em cargo que não integra a carreira na qual anteriormente investido".

Não atende ao requisito constitucional a realização de processo seletivo adotado para a contratação de servidores temporários, conforme previsto na Lei n. 8.745, de 9.12.93, até porque essa forma de provimento é feita, por imposição constitucional, para atender a "*necessidade temporária de excepcional interesse público*", na redação do artigo 37, inciso IX, da Constituição.

2. Nomeação para cargo de provimento efetivo

No texto original, o *caput* do artigo 41 da Constituição estabelecia apenas que "*são estáveis, após dois anos de efetivo exercício, os servidores nomeados em virtude de concurso público*".

Essa redação deu margem ao entendimento de que a estabilidade beneficiava tanto os servidores estatutários como os contratados no regime da CLT, já que a exigência de concurso público é prevista para ingresso em cargo ou emprego, na redação do artigo 37, inciso II.

Com a alteração introduzida pela Emenda Constitucional n. 19/98, ficou expresso, no *caput* do artigo 41, que a estabilidade só beneficia os servidores nomeados para *cargo de provimento efetivo*.

A Constituição de 1988, incontestavelmente, distinguiu o *cargo* e o *emprego público*, pelo tipo de vínculo que liga o servidor ao Estado; o ocupante de emprego público tem um vínculo contratual, sob a regência da CLT, enquanto o ocupante de cargo público tem um vínculo estatutário, regido pela legislação estatutária de cada ente federativo.

Daí as duas categorias de servidores públicos: os *estatutários*, que ocupam cargos públicos, e os *celetistas*, que ocupam empregos públicos.

O regime constitucional das duas categorias foi parcialmente igualado pelas normas do artigo 37, como as que impõem concurso público para ingresso em cargo ou emprego, o teto salarial, as restrições à acumulação de cargos, empregos e funções, a proibição de equiparação ou vinculação de cargos para fins salariais, dentre outras.

Mas, no que diz respeito à aposentadoria, ao regime previdenciário e à estabilidade, a Constituição separou as duas categorias, submetendo-as a regimes diferenciados, especialmente com as alterações introduzidas pelas Emendas Constitucionais 19 e 20, de 1998.

Pode-se afirmar que os servidores estatutários são abrangidos por todas as normas dos artigos 37 a 41, pertinentes aos servidores públicos. Beneficiam-se ainda de alguns dos direitos sociais previstos no artigo 7º da Constituição, em decorrência da norma contida no artigo 39, § 3º, da Constituição.

Os servidores celetistas submetem-se às normas do artigo 7º da Constituição (que trata dos direitos sociais dos trabalhadores), em tudo o que não estiver derrogado pelo artigo 37. A eles não foi estendida a estabilidade prevista, no artigo 41, apenas para os servidores nomeados para cargos de provimento efetivo, assim entendidos os servidores estatutários. A proteção que a Constituição confere ao servidor celetista é a mesma que outorga ao trabalhador do setor privado. Contudo, muitos servidores celetistas têm estabilidade igual à dos estatutários, em decorrência da estabilidade excepcional outorgada em disposições transitórias das Constituições de 1967 e 1988.

Em decorrência da redação do artigo 41, *caput*, dada pela Emenda Constitucional n. 19/98, não tem qualquer sentido a Súmula n. 390, I, do Tribunal Superior do Trabalho, quando estabelece que "*o servidor celetista da administração direta, autárquica ou fundacional é beneficiário da estabilidade prevista no artigo 41 da CF/1988*". Esse entendimento já era difícil de ser aceito diante da redação original do artigo 41 da Constituição, mas chegou a ser adotado pelo Supremo Tribunal Federal, antes da Emenda Constitucional n. 19/98. A partir dessa Emenda, que só assegura estabilidade ao servidor nomeado para cargo de provimento efetivo, não mais se justifica a outorga de estabilidade ao servidor celetista, que é *contratado* (e não nomeado) para *emprego* (e não para cargo). Conforme assinalado, a distinção entre cargo e emprego resulta claramente da Constituição, especialmente do artigo 37, I, II e VIII, e também dos respectivos regimes previdenciários. Os ocupantes de emprego são beneficiados com os direitos sociais previstos no artigo 7º (proteção contra despedida arbitrária, seguro-desemprego, fundo de garantia), não assegurados aos servidores estatutários; e o próprio regime previdenciário é diverso, consoante decorre do artigo 40, § 13, da Constituição. A Súmula n. 390, I, do Tribunal Superior do Trabalho iguala situações que, pela Constituição, são submetidas a regimes jurídicos diferenciados.

Aliás, os dois regimes são excludentes entre si: se o servidor celetista tem direito à estabilidade prevista no artigo 41, não se justifica a aplicação a ele das normas de proteção contra despedida arbitrária, seguro-desemprego e fundo de garantia.

A interpretação ora adotada, quanto à aplicação do artigo 41 apenas aos servidores estatutários, é a defendida no âmbito doutrinário, como se vê das obras de Cármen Lúcia Antunes Rocha, Hely Lopes Meirelles, Diógenes Gasparini, Ivan Barbosa Rigolin, Odete Medauar, dentre outros[3].

Dentre os servidores estatutários, ficam excluídos do benefício os nomeados para cargos de provimento em comissão, porque a própria Constituição, no artigo 37, inciso II, diz serem cargos de livre provimento e exoneração. São cargos de confiança que, por sua própria natureza, destinam-se a serem providos temporariamente. Cargo de provimento efetivo é, para fins de aquisição de estabilidade, aquele que depende de concurso público para ser provido.

3. Três anos de efetivo exercício

A Emenda Constitucional n. 19/98 rompeu com a tradição que vinha desde a Constituição de 1934 até a Constituição de

---

3. ROCHA, Cármen Lúcia Antunes. Ob. cit., p. 253; MEIRELLES, Hely Lopes, *Direito administrativo brasileiro*. 28ª ed., São Paulo: Malheiros Editores, 2003, p. 421; GASPARINI, Diógenes. *Direito administrativo*. 11ª ed., São Paulo: Saraiva, 2006, p. 209-210; RIGOLIN, Ivan Barbosa. *O servidor público nas reformas constitucionais*. 2ª ed., Belo Horizonte: Editora Fórum, 2006:170; MEDAUAR, Odete. *Direito administrativo moderno*. 11ª ed., São Paulo: RT, 2007, p. 275.

1988 (em sua redação original), ao passar de dois para três anos o período de efetivo exercício para aquisição da estabilidade.

Esse período compreendido entre o início do exercício e a aquisição da estabilidade é denominado de *estágio probatório* e tem por finalidade apurar se o servidor apresenta condições para o exercício do cargo, referentes à assiduidade, disciplina, eficiência e outros requisitos exigidos para o exercício do cargo. Desse modo, o servidor, depois de aprovado no concurso, nomeado e empossado no cargo, torna-se *efetivo*. Porém, só pode adquirir a estabilidade depois de cumpridos os três anos de efetivo exercício. Daí a afirmação corrente de que a efetividade é requisito para aquisição da estabilidade.

Pelo § 4º, acrescentado ao artigo 41 pela Emenda Constitucional n. 19, além do cumprimento do período de três anos, deve o servidor, para adquirir estabilidade, submeter-se a avaliação especial de desempenho por comissão instituída para essa finalidade (requisito a ser comentado no item subsequente).

Não confirmados os requisitos, caberá exoneração *ex officio*, desde que assegurado ao interessado o direito de defesa, consoante entendimento consagrado pelo Supremo Tribunal Federal na Súmula n. 21: *"Funcionário em estágio probatório não pode ser exonerado nem demitido sem inquérito ou sem as formalidades legais de apuração de sua capacidade"*. Esse entendimento, bastante antigo, ficou reforçado e inteiramente amoldado à norma do artigo 5º, LV, da Constituição, que assegura o contraditório e a ampla defesa, com os meios e recursos a ela inerentes, em qualquer situação em que haja litígio ou acusados nos processos judicial e administrativo. Não é necessária, no entanto, a instauração de processo administrativo disciplinar para exoneração do servidor em estágio probatório, sendo suficiente a abertura de sindicância, desde que assegurados os princípios da ampla defesa e do contraditório; esse foi o entendimento adotado pelo Superior Tribunal de Justiça no RMS 22.567-MT, em que foi Relator o Min. Og Fernandes, conforme acórdão publicado no *DJe* de 11-5-11.

Inexplicavelmente, vem surgindo na jurisprudência o entendimento de que o estágio probatório é um instituto previsto na legislação ordinária e não na Constituição e que não se confunde com o período de três anos para estabilização exigido pelo artigo 41. Nesse sentido o acórdão proferido pelo Supremo Tribunal Federal no MS n. 24.543-3-DF, em que foi relator o Ministro Carlos Velloso. A decisão foi no sentido de que a presunção é que *"adquirem estabilidade no cargo municipal porque ultrapassado, de muito, o prazo de dois anos do estágio probatório (Lei n. 8.112/90, art. 20) e o prazo de três anos para a aquisição da estabilidade (CF, art. 41), convindo esclarecer que o direito, que assiste ao servidor, de retornar ao cargo antigo ocorre no prazo do estágio, que é de dois anos (Lei n. 8.112/90). É o que está assentado no acórdão do MS n. 23.577-DF, invocado na inicial da impetração"*. No mesmo sentido foi o acórdão do Superior Tribunal de Justiça proferido no MS n. 9.373-DF, interpretando o artigo 41 da Constituição e o artigo 20 da Lei n. 8.112/90.

A interpretação é inaceitável, pois, embora a Constituição não faça referência a *estágio probatório* (como também as anteriores não faziam), a expressão já tem um sentido consagrado, designando precisamente o período compreendido entre o início do exercício e a aquisição da estabilidade. E tem essa denominação porque o período se destina a comprovar a habilitação do servidor para o exercício do cargo. Os dois anos sempre foram chamados de estágio probatório, seja na doutrina seja nas leis ordinárias que tratam da estabilidade. Não é porque o período se alterou de dois para três anos que o sentido da expressão se altera.

Vale dizer que o período de três anos a que se refere o artigo 41 corresponde ao chamado estágio probatório. Caso contrário, haveria dois períodos com o mesmo termo inicial e duração diferenciada com idêntico objetivo. Ter-se-ia que admitir que o período de avaliação, correspondente aos dois anos de estágio probatório, previsto na legislação ordinária, esgotaria o objetivo do instituto, ficando sem qualquer justificativa a exigência de mais um ano para aquisição da estabilidade.

A jurisprudência vem se alterando para adotar esse entendimento. Em julgamento de mandado de segurança, o Superior Tribunal de Justiça reformulou o entendimento anterior e considerou que os institutos do estágio probatório e da estabilidade são indissociáveis, não havendo sentido na existência de prazo distinto para os dois institutos. Sendo assim, aquela Corte entendeu ser imediatamente aplicável o artigo 41 da Constituição e reafirmou que o prazo para aquisição da estabilidade é de três anos, durante os quais o servidor encontra-se em estágio probatório, mesmo diante da previsão do prazo de dois anos constante do artigo 20 da Lei n. 8.112/90 (MS 12.523-DF, Rel. Min. Felix Fischer, j. em 22.4.09). No mesmo sentido, acórdão do Supremo Tribunal Federal no AI 754802 ED-AgR/DF, rel. Min. Gilmar Mendes, j. 7.6.11.

Ainda com relação ao período de três anos, é importante realçar que ele somente conta, para fins de estabilidade, se o servidor se mantiver no efetivo exercício do cargo nesse período. Se ele se afastar para exercer outra função, esse período não pode ser computado, já que não haveria como demonstrar que possui as qualidades exigidas para o exercício das funções próprias do cargo de que é titular.

Nas palavras de Cármen Lúcia Antunes Rocha, o servidor pode estar habilitado para um cargo e não estar para outro pelo que não é admissível o seu afastamento das funções inerentes ao cargo no qual se investiu para exercer outras nas quais não poderá ser avaliado, e comprovada, então, a sua aptidão, pois as funções que lhe foram cometidas referem-se ao cargo para o quanto se preparou e se ofereceu à Administração no concurso público"[4].

A legislação estatutária normalmente contém as normas que definem as regras sobre contagem de tempo de serviço, prevendo inclusive algumas hipóteses de exercício ficto, ou seja, de situações em que o servidor, embora sem trabalhar, é considerado como se estivesse em efetivo exercício. É evidente que essas hipóteses têm que ser estabelecidas de modo a não frustrar os objetivos do constituinte ao exigir o período de três anos como requisito para aquisição de estabilidade.

O Supremo Tribunal Federal já se posicionou no sentido de que "o instituto da estabilidade, que, a par de um direito, para o servidor, de permanência no serviço público enquanto bem servir, representa para a Administração a garantia de que nenhum servidor nomeado por concurso poderá subtrair-se ao estágio probatório de dois anos, por isto, não pode a Administração federal, estadual ou municipal ampliar o prazo fixado pelo texto constitucional, porque estaria restringindo direito do servidor

---

4. Ob. cit., p. 253.

público; mas também não pode diminuí-lo ou estendê-lo a outros servidores que não os nomeados por concurso, porquanto estaria renunciando a prerrogativas constitucionais consideradas essenciais na relação Estado-agente administrativo. Não sendo lícito ao ente federado renunciar a essas prerrogativas, nula e de nenhum efeito disposição estatutária em desacordo com o preceito constitucional"[5]. Embora o acórdão tenha sido proferido antes da Emenda n. 19/98, que elevou de dois para três anos o período aquisitivo da estabilidade, não há dúvida de que essa interpretação se amolda ao artigo 41, em sua atual redação.

4. Avaliação especial de desempenho

A exigência de avaliação especial de desempenho por comissão instituída para essa finalidade, como requisito para aquisição de estabilidade, consta do § 4º do artigo 41, introduzido pela Emenda Constitucional n. 19/98.

A possibilidade de ser feita avaliação de desempenho sempre existiu e está implícita na ideia de estágio probatório. Só que agora a avaliação por comissão instituída para essa finalidade tornou-se obrigatória.

Trata-se de imposição voltada para a Administração Pública, no sentido de que depende de providência a ser por ela adotada. Se não o fizer, a omissão não poderá prejudicar a aquisição da estabilidade pelo servidor. Cumpridos os três anos de efetivo exercício, o servidor se tornará estável, com ou sem avaliação. Interpretação diversa poderia significar um incentivo à omissão da autoridade que, por alguma razão alheia ao objetivo do estágio probatório, quisesse impedir a aquisição da estabilidade.

Por isso mesmo, a exigência é, de certa forma, inócua, já que o não cumprimento da mesma nenhuma consequência negativa poderá acarretar para o servidor. A autoridade que se omitir é que poderá responder administrativa e judicialmente pela omissão.

H – HIPÓTESES DE PERDA DO CARGO

As duas primeiras hipóteses de perda do cargo – previstas em todas as Constituições desde a de 1934 – são de natureza punitiva, porque supõem a prática de infração administrativa, de ato de improbidade administrativa ou de ilícito penal que leve à perda do cargo.

A terceira hipótese diz respeito ao desempenho do servidor no exercício do cargo e não deixa de ter certo caráter punitivo, quando se lembra que a desídia, a negligência, a inassiduidade, a impontualidade, que constituem indícios de mal desempenho, são passíveis de punição por prática de infração administrativa (ineficiência). Talvez por isso a Constituição tenha exigido ampla defesa do servidor para que ocorra a perda do cargo nessa hipótese.

A quarta hipótese – prevista no artigo 169, § 4º, da Constituição – nada tem a ver com a atuação do servidor, porque constitui imposição ao ente federativo como forma de reduzir a despesa com pessoal aos limites estabelecidos em lei. Por isso mesmo, sujeita o Poder Público a indenizar o servidor, na forma do § 5º do mesmo dispositivo.

---

5. RTJ 164/293, apud MORAES, Alexandre de. *Constituição do Brasil interpretada e legislação constitucional*. São Paulo: Editora Atlas, 2002, p. 954-955.

1. Sentença judicial transitada em julgado

Esta hipótese ocorre se o servidor praticar crime que possa levar à perda do cargo, o que está disciplinado pelo artigo 92 do Código Penal, com a redação dada pela Lei n. 9.268, de 1º-4-96. Segundo esse dispositivo, a perda do cargo, função pública ou mandato eletivo pode ocorrer em duas hipóteses: (a) quando aplicada pena privativa de liberdade por tempo igual ou superior a um ano nos crimes praticados com abuso de poder ou violação de dever para com a Administração Pública; (b) quando for aplicada pena privativa de liberdade por tempo superior a quatro anos nos demais casos.

O efeito da sentença não é automático, devendo ser nela declarado motivadamente, conforme parágrafo único do mesmo dispositivo do Código Penal.

A perda do cargo, por sentença judicial, ainda pode decorrer da prática de ato de improbidade administrativa, com base no artigo 37, § 4º, da Constituição Federal, disciplinado pela Lei n. 8.429, de 2-6-92. A perda da função pública é uma das penalidades previstas no dispositivo constitucional.

2. Processo administrativo em que seja assegurada ampla defesa

A expressão *processo administrativo*, no dispositivo constitucional, equivale a *"processo administrativo disciplinar"*, disciplinado na legislação estatutária de cada ente político. Essa mesma legislação define as hipóteses em que a infração administrativa é punida com pena de demissão. Nesses casos, a instauração do processo administrativo disciplinar é obrigatória e exige a observância dos princípios do contraditório e da ampla defesa, com os meios e recursos a ela inerentes, por imposição não só do artigo 41, § 1º, inciso II, mas também do artigo 5º, LV, da Constituição.

3. Procedimento de avaliação periódica de desempenho

O artigo 41, § 1º, III, que prevê a possibilidade de perda do cargo mediante procedimento de avaliação periódica de desempenho, não é autoaplicável, uma vez que depende de lei complementar que o regule. Em 20 anos de vigência da Constituição, essa lei complementar, que deve ser de âmbito nacional, não foi promulgada.

De certa forma, o dispositivo é inútil porque já existe no direito positivo a previsão de perda do cargo, mediante demissão ou dispensa do servidor comprovadamente ineficiente ou desidioso (art. 100 do Decreto-lei n. 200/67), além de penas mais brandas por descumprimento dos deveres funcionais.

4. Excesso de despesa com pessoal

Essa hipótese não está referida no artigo 41, ora comentado, mas se menciona porque diz respeito ao tema da estabilidade. Ela ocorre se não for cumprido o limite de despesa com pessoal previsto no artigo 169 da Constituição, definido pela Lei de Responsabilidade Fiscal (Lei Complementar n. 101, de 4-5-2001). A perda do cargo, nesse caso, só poderá ocorrer depois que houver a redução de 20% das despesas com cargos em comissão e funções de confiança e exoneração dos servidores não estáveis, assim entendidos "aqueles admitidos na administração direta, autárquica e fundacional sem concurso público de provas ou de provas e títulos após o dia 5 de outubro de 1983" (art. 33 da Emenda n. 19). Adotadas essas medidas, se as mesmas se revelarem insuficientes para reduzir a despesa aos limites previstos em lei complementar, aí sim poderá ser exonerado o servidor que tenha adquirido estabilidade mediante concurso; nesse caso, a exoneração dependerá de que "ato normativo motivado de cada um dos Poderes especifique a atividade funcional, o órgão ou unidade administrativa objeto da redução de pessoal" (art. 169, § 4º); o servidor fará jus a indenização correspondente a um mês de remuneração por ano de serviço (art. 169, § 5º) e o cargo objeto da redução será considerado extinto, vedada a criação de cargo, emprego ou função com atribuições iguais ou assemelhadas pelo prazo de quatro anos (art. 169, § 6º). Essa hipótese de perda do cargo está disciplinada pela Lei n. 9.801, de 14-6-99, aplicável a todos os níveis de governo, já que tem a natureza de *norma geral*, conforme previsto no artigo 169, § 7º.

I – REINTEGRAÇÃO

1. Direito do servidor estável

A reintegração, tal como prevista no § 2º do artigo 41, é o reingresso do servidor estável demitido, quando seja invalidada por sentença judicial a sua demissão. Trata-se de direito somente reconhecido ao servidor que já tenha adquirido estabilidade, pelo cumprimento dos requisitos constitucionais, sejam os do artigo 41, sejam os do artigo 19 das disposições constitucionais transitórias. Não beneficia o servidor em estágio probatório.

Embora o dispositivo constitucional silencie, é correto afirmar que, no caso de reintegração, o servidor faz jus ao ressarcimento dos prejuízos sofridos em decorrência da demissão ilegal, correspondentes às vantagens que deixou de usufruir no período em que esteve desligado do cargo. Trata-se de efeito próprio da invalidação dos atos administrativos ilegais, já que ela produz efeitos *ex tunc*, que retroagem à data em que foi praticado o ato ilegal.

Além disso, embora a Constituição se refira à reintegração como sendo decorrente de anulação de demissão por sentença judicial, ela pode ocorrer também quando a anulação decorre de ato da própria Administração, pois, como o ato nulo não gera efeitos jurídicos, a anulação retroagirá, garantindo ao servidor o direito de ser reintegrado no cargo. Nesse sentido, o artigo 28 da Lei n. 8.112/90 define a reintegração como "a reinvestidura do servidor estável no cargo anteriormente ocupado, ou no cargo resultante de sua transformação, quando invalidada a sua demissão por decisão administrativa ou judicial, com ressarcimento de todas as vantagens".

2. Direitos do eventual ocupante do cargo

Ao assegurar o direito à reintegração do servidor estável, a Constituição teve que cogitar da hipótese em que o cargo já esteja ocupado por outro servidor. E disciplinou muito mal a matéria. Previu três possibilidades em relação a esse servidor, *desde que ele também já seja estável*: (a) será reconduzido ao cargo de origem, sem direito a indenização; (b) será aproveitado em outro cargo; ou (c) será posto em disponibilidade com remuneração proporcional ao tempo de serviço.

A primeira hipótese, que vem de Constituições anteriores, chega às raias do absurdo e destoa do *caput* e do § 1º do mesmo artigo 41. Com efeito, se o servidor que vem ocupando o cargo em que será reintegrado o demitido também já tiver adquirido estabilidade, ele tem que fazer jus às garantias que o dispositivo constitucional outorga aos estáveis. Não tem sentido a sua recondução ao cargo de origem, especialmente se o mesmo for de nível inferior de remuneração ou de escolaridade.

Admitir-se que essa recondução possa fazer-se sem direito a indenização é também inteiramente inaceitável e contradiz princípios mínimos de justiça inerentes ao ordenamento jurídico constitucional. Se houve demissão invalidada pelo Poder Judiciário, é porque foi reconhecida a ilegalidade praticada pela Administração Pública. O servidor que vinha ocupando o cargo e nele adquiriu estabilidade, porque cumpriu todos os requisitos constitucionais, não pode ser penalizado em decorrência de erro da Administração; isto resultaria em infringência aos princípios da segurança jurídica, em seus dois aspectos (estabilidade das relações jurídicas e confiança legítima), além de conflitar com a regra constitucional da responsabilidade objetiva do Estado (art. 37, § 6º, da Constituição).

Se o servidor é estável, ele tem o direito de ser posto em disponibilidade ou de ser aproveitado em outro cargo equivalente. A primeira hipótese contemplada no § 2º do artigo 41 deve ser descartada, senão pelas razões apontadas, pela sua manifesta perversidade em relação a servidor que ingressou no serviço público mediante concurso.

A recondução ao cargo de origem, quando muito, poderia ser aceita se o eventual ocupante do cargo não fosse estável. Só que o dispositivo nega qualquer tipo de proteção ao servidor não estável. Porém, o fato de o dispositivo só proteger o servidor estável não impede a lei infraconstitucional de adotar solução justa para esse servidor, pois, se ele está ocupando o cargo de provimento efetivo, é porque preencheu os requisitos legais exigidos. Não há por que negar a ele a possibilidade de ser reconduzido ao cargo de origem ou de ser aproveitado em cargo equivalente.

J – DISPONIBILIDADE

O § 3º do artigo 41 prevê, entre as garantias asseguradas ao servidor estável, o direito à disponibilidade, com remuneração proporcional ao tempo de serviço, em caso de seu cargo ser extinto ou declarado desnecessário.

A disponibilidade corresponde à garantia de inatividade remunerada, só assegurada ao servidor que tenha adquirido estabilidade. Se o servidor está em estágio probatório, ele não faz jus a esse benefício, conforme decidido desde longa data pelo Supremo Tribunal Federal, em entendimento consagrado na Súmula n. 22, pela qual *"o estágio probatório não protege o funcionário contra a extinção do cargo"*.

A extinção do cargo ou a declaração de sua desnecessidade inserem-se no âmbito de discricionariedade da Administração Pública, mas tem que ser devidamente justificada, até pelas consequências danosas que produz, seja para o servidor, que ficará em inatividade, experimentando redução em seus proventos, seja para os cofres públicos, que terão que arcar com o pagamento de proventos a quem não está trabalhando. A consequência ainda pode ser mais danosa para o servidor não estável, porque ele não faz jus à disponibilidade, podendo vir a ser exonerado *ex officio*, ainda que tenha sido nomeado mediante concurso público.

Na vigência da redação original, o dispositivo fazia referência apenas a *"disponibilidade remunerada"*, dando margem a controvérsias sobre a integralidade ou proporcionalidade dos proventos devidos. Houve decisão do Supremo Tribunal Federal, em medida cautelar, adotando o entendimento de que os proventos, na disponibilidade, seriam integrais[6].

A Emenda Constitucional n. 19/98 alterou a redação do dispositivo, para falar em *"disponibilidade, com remuneração proporcional ao tempo de serviço"*, pondo fim à controvérsia.

Quanto à forma de contagem desse tempo, o artigo 40, § 9º, da Constituição determina que "o tempo de contribuição federal, estadual ou municipal será contado para efeito de aposentadoria e o tempo de serviço correspondente para efeito de disponibilidade". A diversidade de redação no que se refere à contagem para aposentadoria e para disponibilidade permite a conclusão de que, para a primeira, só pode ser computado o *tempo de contribuição* e, para a segunda, o *tempo de serviço público*, independentemente de contribuição. A distinção se justifica porque a aposentadoria passou a ser benefício de natureza previdenciária, o mesmo não ocorrendo com a disponibilidade, que constitui garantia do servidor estável, com proventos pagos pelo ente político com o qual o servidor mantém o vínculo funcional.

Para fins de disponibilidade, a Constituição não assegura a contagem do tempo de contribuição na atividade privada, que é prevista apenas para fins de aposentadoria (art. 209, § 9º).

SEÇÃO III
DOS MILITARES DOS ESTADOS, DO DISTRITO FEDERAL E DOS TERRITÓRIOS

Art. 42. Os membros das Polícias Militares e Corpos de Bombeiros Militares, instituições organizadas com base na hierarquia e disciplina, são militares dos Estados, do Distrito Federal e dos Territórios.

§ 1º Aplicam-se aos militares dos Estados, do Distrito Federal e dos Territórios, além do que vier a ser fixado em lei, as disposições do art. 14, § 8º; do art. 40, § 9º; e do art. 142, §§ 2º e 3º, cabendo a lei estadual específica dispor sobre as matérias do art. 142, § 3º, X, sendo as patentes dos oficiais conferidas pelos respectivos governadores.

§ 2º Aos pensionistas dos militares dos Estados, do Distrito Federal e dos Territórios aplica-se o que for fixado em lei específica do respectivo ente estatal.

§ 3º Aplica-se aos militares dos Estados, do Distrito Federal e dos Territórios o disposto no art. 37, inciso XVI, com prevalência da atividade militar.

Fernando Menezes de Almeida

---

6. ADIn 309/7-DF, Relator Ministro Sydney Sanches, *DJ* 14-2-92.

1. História da norma

Como será visto no tópico seguinte, norma de sentido similar, prevendo a existência de polícias militares de âmbito estadual, já era encontrada em Constituições anteriores.

2. Constituições brasileiras anteriores

CF 1967, art. 13, § 4º (numeração não alterada com a EC n. 1/1969); CF 1946, art. 183; CF 1934, art. 167.

3. Constituições estrangeiras

O teor do artigo não justifica um estudo de Direito estrangeiro.

4. Direito internacional

O artigo não envolve matéria de direito internacional.

5. Disposições constitucionais e legais relacionadas

Constitucionais (além dos dispositivos explicitamente citados na norma): art. 21, XIV; art. 22, XXI; art. 32, § 4º; art. 142; art. 144.

Legais: *vide* legislação de cada Estado e do Distrito Federal.

6. Jurisprudência selecionada

STF: ADI 1.045, Rel. Min. Marco Aurélio, julgada em 15.4.2009, em que se consideraram inconstitucionais, em face da competência da União prevista no art. 21, XIV, dispositivos da Lei Orgânica do Distrito Federal, que disciplinam matéria relativa à polícia militar e corpo de bombeiros; **ADI 132**, Rel. Min. Sepúlveda Pertence, julgada em 30.4.2003, em que se afirmou a competência dos Estados para, dentro da ideia de subordinação da polícia militar e do corpo de bombeiros à autoridade do Governador, decidir quanto a uma subordinação direta, ou uma subordinação indireta, integrando-se tais corporações na estrutura da Secretaria da Segurança Pública (apontando-se todavia inconstitucional a fixação desse aspecto na Constituição do Estado, posto tratar-se de matéria legislativa de iniciativa reservada do Governador); **ADI 244**, Rel. Min. Sepúlveda Pertence, julgada em 11.9.2002, em que, diante de norma (julgada inconstitucional, da Constituição do Estado do Rio de Janeiro) que previa participação popular na escolha de autoridade policial (no caso, civil), afirmou-se que "a Constituição não abriu ensanchas, contudo, à interferência popular na gestão da segurança pública: ao contrário, primou o texto fundamental por sublinhar que os seus organismos – as polícias e corpos de bombeiros militares, assim como as polícias civis, subordinam-se aos Governadores".

7. Literatura selecionada em língua portuguesa

Não parece ser o caso de indicar literatura específica sobre este dispositivo.

8. Anotações

8.1. Segundo a tradição do constitucionalismo liberal, exemplarmente corporificada pela Declaração dos Direitos do Homem e do Cidadão de 1789, há que se instituir mecanismos de garantias dos direitos "fundamentais" – tal como se os denominam na terminologia contemporânea – não apenas de modo abstrato no plano jurídico, mas também de modo concreto, no plano dos fatos.

Daí a previsão, no art. 12 da referida Declaração, de que "a garantia dos direitos do homem e do cidadão necessita de uma força pública; esta força é, pois, instituída para a fruição por todos, e não para utilidade particular daqueles a quem é confiada"[1].

8.2. No Brasil, desde o período do império, a organização dessa "força pública" incluía a criação, ao lado das Forças Armadas de caráter nacional, de forças de âmbito provincial – e, com a república, de âmbito estadual –, tanto de caráter militar, como de caráter civil. Durante longo período, aliás, a designação das polícias provinciais e, posteriormente, estaduais, de caráter militar, era mesmo "força pública"[2]; hoje, fala-se em "polícia militar" dos Estados.

As polícias militares, bem como os corpos de bombeiros militares – forças estas especializadas na proteção da vida, do patrimônio e do meio ambiente ante desastres e acidentes, notadamente, mas não exclusivamente, causados por fogo – são corporações integrantes da estrutura do Poder Executivo dos Estados e do Distrito Federal[3].

Nesse sentido, os membros dessas corporações, ainda que se submetam à organização militar, o que implica rígidos padrões de hierarquia e disciplina, não integram a estrutura das Forças Armadas nacionais, a que se refere o art. 142 da Constituição.

Por consequência, não há relações de hierarquia, nem possibilidade de exercício de poder disciplinar, entre integrantes das Forças Armadas nacionais e integrantes das forças militares estaduais[4] – as primeiras, subordinadas à autoridade do Presidente da República (CF, art. 142); as segundas, à autoridade do respectivo Governador do Estado ou do Distrito Federal[5] (CF, art. 144, § 6º). Isso é perfeitamente compatível com a estrutura federal do Estado brasileiro. A seu turno, os Municípios não possuem polícias militares (CF, art. 144, § 8º).

8.3. A Emenda Constitucional n. 101/2019 explicitou a possibilidade de que os militares mencionados neste artigo beneficiem-se da regra de cumulação remunerada de cargos ou empregos aplicável aos servidores públicos em geral, nos termos do art. 37, XVI (*vide* respectivos comentários), frisando que, na cumulação, deve prevalecer a intensidade da atividade militar sobre a civil.

---

1. A tradução é de Manoel Gonçalves Ferreira Filho (*Direitos Humanos Fundamentais*, 11ª ed., São Paulo: Saraiva, 2009, p. 173).
2. Consta ter sido a do Estado de São Paulo a última "força pública" a ter essa denominação transformada em "polícia militar", por força do Decreto-Lei estadual n. 217, de 8-4-1970. Texto disponível em: <http://www.al.sp.gov.br/repositorio/legislacao/decreto%20lei/1970/decreto-lei%20n.217,%20de%2008.04.1970.htm>.
3. Ou ainda do Território, se porventura houver.
4. Ressalvada a hipótese de convocação dessas forças pelo Exército, nos termos da CF, art. 144, § 6º (*vide* respectivos comentários).
5. Note-se a competência da União para "organizar e manter a polícia civil, a polícia militar e o corpo de bombeiros militar do Distrito Federal" (art. 21, XIV – *vide* respectivos comentários).

SEÇÃO IV
DAS REGIÕES

Art. 43. Para efeitos administrativos, a União poderá articular sua ação em um mesmo complexo geoeconômico e social, visando a seu desenvolvimento e à redução das desigualdades regionais.

§ 1º Lei complementar disporá sobre:

I – as condições para integração de regiões em desenvolvimento;

II – a composição dos organismos regionais que executarão, na forma da lei, os planos regionais, integrantes dos planos nacionais de desenvolvimento econômico e social, aprovados juntamente com estes.

§ 2º Os incentivos regionais compreenderão, além de outros, na forma da lei:

I – igualdade de tarifas, fretes, seguros e outros itens de custos e preços de responsabilidade do Poder Público;

II – juros favorecidos para financiamento de atividades prioritárias;

III – isenções, reduções ou diferimento temporário de tributos federais devidos por pessoas físicas ou jurídicas;

IV – prioridade para o aproveitamento econômico e social dos rios e das massas de água represadas ou represáveis nas regiões de baixa renda, sujeitas a secas periódicas.

§ 3º Nas áreas a que se refere o § 2º, IV, a União incentivará a recuperação de terras áridas e cooperará com os pequenos e médios proprietários rurais para o estabelecimento, em suas glebas, de fontes de água e de pequena irrigação.

Vanêsca Buzelato Prestes

1. Histórico da norma

O tratamento constitucional das Regiões está inserido no capítulo dedicado à Administração Pública, pertencente ao Título Organização do Estado. O art. 43 estabelece suas funções e prevê que Lei Complementar disponha sobre as condições de integração e a composição dos organismos regionais que executarão os planos específicos, bem como sobre os respectivos incentivos regionais.

A criação de regiões tem efeito meramente administrativo. Isto significa que não são entes federativos. Não se trata de um ente intermediário entre a União e os Estados ou entre estes e os Municípios, todos entes federativos, nos termos do que dispõe o art. 1º combinado com o art. 18 da Constituição Federal. As regiões representam um meio de concreção do princípio da descentralização, porém com função restrita ao planejamento comum e à execução.

O efeito administrativo, de execução, não lhe retira a importância. Em um país de dimensão continental, a atuação regional, compreendida dentro de um mesmo complexo geoeconômico e social, e considerando os objetivos fundamentais da República de redução das desigualdades sociais e regionais, erradicação da pobreza e da marginalização, cresce em importância, possibilitando um papel ativo das Regiões na concretização dos objetivos da República. Ademais, o art. 170 da Carta Magna, ao identificar os princípios gerais da ordem econômica, também elenca a redução das desigualdades regionais e sociais[1] como um destes. O tratamento constitucional às Regiões propicia uma regulamentação destas, de modo que dialogue com os objetivos da República e os princípios gerais da atividade econômica, na forma da Constituição, sendo um meio de concretizá-los.

A atuação conjunta visa ao planejamento, coordenação e execução de tarefas e serviços públicos comuns, podendo, para tanto, ter organismos regionais que se responsabilizam pela execução destas, sem, contudo, ter parcela de poder na federação, implicando deveres constitucionais específicos, na forma do que constitucionalmente está previsto para os entes federativos. As regiões não têm autonomia constitucional na forma política (eleição de seus representantes e definição das prioridades), financeira (tributos próprios) ou administrativa (criação de serviços regionais). Os serviços podem ser realizados em comum e por meio um organismo, desde que a Lei Complementar assim estabeleça e para atuar nos limites postos no inciso II do art. 43, qual seja, para executar os planos regionais.

2. Constituições brasileiras anteriores

a) Constituição 1824 – Art. 1º O Império do Brasil é uma Associação Política de todos os cidadãos. Art. 2º – O território é dividido em províncias.

b) Constituição 1891 – Art. 1º A Nação Brasileira adota como forma de Governo, sob o regime representativo, a República Federativa, proclamada a 15 de novembro de 1889, e constitui-se, por união indissolúvel das suas antigas Províncias, em Estados Unidos do Brasil. Art. 2º Cada uma das antigas Províncias formará um Estado e o antigo Município Neutro constituirá o Distrito Federal.

c) Constituição de 1934 – Art. 1º A Nação brasileira, constituída pela união perpétua e indissolúvel dos Estados, do Distrito Federal e dos Territórios em Estados Unidos do Brasil, mantém como forma de governo, sob regime representativo, a República Federativa, proclamada em 15 de novembro de 1889.

d) 1937 – Art. 3º O Brasil é um Estado Federal, constituído pela união indissolúvel dos Estados, do Distrito Federal e dos Territórios. É mantida a sua atual divisão política e territorial.

O histórico constitucional até aqui citado dá conta da inexistência de alusão a regiões, planejamento regional ou atuação regional integrada. O Brasil Imperial e a 1ª República Federativa organizaram-se de forma provincial e, posteriormente, em Estados atuando em conjunto com a União, inexistindo um tratamento constitucional regional.

Na Constituição de 1946 mantém-se a Federação, tendo como entes federativos a União e os Estados. Porém, encontra-se a primeira alusão a um tratamento constitucional regional para o tratamento da seca no Nordeste e para a valorização econômica da Amazônia.

e) Constituição de 1946: Art. 198. Na execução do plano de defesa contra os efeitos da denominada seca do Nordeste, a União dependerá, anualmente, com as obras e os serviços de assistência econômica e social, quantia nunca inferior a três por cento da sua renda tributária.

§ 1º Um terço dessa quantia será depositado em caixa especial, destinada ao socorro das populações atingidas pela calamidade, podendo essa reserva, ou parte dela, ser aplicada a juro módico, consoante as determinações legais, empréstimos a agricultores e industriais estabelecidos na área abrangida pela seca.

§ 2º Os Estados compreendidos na área da seca deverão aplicar três por cento da sua renda tributária na construção de açudes, pelo regime de cooperação, e noutros serviços necessários à assistência das suas populações.

Art. 199. Na execução do plano de valorização econômica da Amazônia, a União aplicará, durante, pelo menos, vinte anos consecutivos, quantia não inferior a três por cento da sua renda tributária.

Parágrafo único. Os Estados e os Territórios daquela região, bem como os respectivos Municípios, reservarão para o mesmo fim, anualmente, três por cento das suas rendas tributárias. Os recursos de que trata este parágrafo serão aplicados por intermédio do Governo Federal.

f) Constituição de 1967 – O Brasil é uma República Federativa, constituída da união indissolúvel dos Estados, Distrito Federal e Territórios. No art. 8º estava prevista a competência da União para: XII – organizar a defesa permanente contra calamidades públicas, especialmente a seca e as inundações; XIII – estabelecer planos regionais de desenvolvimento.

g) Emenda Constitucional de 1969 – Art. 164 – A União, mediante Lei Complementar, poderá, para realização de serviços comuns, estabelecer regiões metropolitanas, constituídas por municípios que, independentemente de sua vinculação administrativa, façam parte da mesma comunidade socioeconômica.

Deste dispositivo origina-se a regulamentação das regiões metropolitanas que, na Constituição de 1988, possuem definição própria. O fio condutor das previsões é o *status* administrativo, o reconhecimento constitucional de funções em comum, que caracteriza tanto a disciplina constitucional das regiões que englobam mais de um Estado, quanto das regiões metropolitanas que englobam municípios.

3. Constituições estrangeiras

Bercovici[2] salienta que a concepção de região na Europa é diferente da latino-americana, em especial a brasileira, pois enquanto a primeira, na maioria dos casos, une-se por questões de identidade étnica ou cultural, na América Latina e no Brasil em especial, o problema regional é preponderantemente econômico e social.

Além disso, a regiões da Europa e do Brasil apresentam outra substancial diferença, qual seja, a perspectiva supraestatal do regionalismo europeu. Paradoxalmente, no regionalismo europeu, quanto mais as regiões se fortalecem em relação aos Estados Nacionais, mais pressionam para atuarem diretamente junto à Comunidade

---

1. Art. 170, VII, da Constituição Federal.

2. BERCOVICI, Gilberto. *Desigualdades Regionais, Estado e Constituição*. São Paulo: Max Limonad, 2003.

Europeia[3], o que, naquele sistema, é possível. A partir do conhecimento e do reconhecimento das suas peculiaridades, buscam superar os limites dos Estados Nacionais dos quais fazem parte.

Contudo, em que pese o reconhecimento deste fenômeno, esta especificidade europeia não encontra guarida em nosso sistema constitucional.

Historicamente, e antecedendo o fenômeno presente na Europa contemporânea, segundo Baracho[4], é na Itália que a doutrina vai configurar o Estado Regional com maior precisão, a partir da Constituição de 1947. No Estado Regional os estatutos das regiões são estabelecidos ou aprovados pelo poder central, sendo normas legais e infraconstitucionais. Não deixa de ser um Estado unitário com descentralização regional infraconstitucional.

A Espanha é outro caso de Estado regional, porém prevendo regiões autônomas, como forma de reconhecimento de especificidades políticas territoriais, decorrentes das diferenças linguísticas, étnicas, culturais ou religiosas.

Já a Constituição Portuguesa criou duas regiões autônomas, a dos Açores e a da Madeira, sendo forma de descentralização política e administrativa, diferentemente do que existe no Brasil.

4. Dispositivos constitucionais correlatos e relevantes

A disciplina constitucional das regiões na Constituição, além do art. 43, apresenta três previsões: a) art. 159, I, letra "c": capítulo da repartição das receitas tributária segundo o qual três por cento do produto da arrecadação dos impostos sobre renda e proventos de qualquer natureza e sobre produtos industrializados (redação dada pela Emenda Constitucional n. 84, de 2014) será destinada para aplicação em programas de financiamento ao setor produtivo das regiões Norte, Nordeste e Centro-Oeste, assegurando-se ao semiárido do Nordeste a metade nos recursos destinados à região, na forma que a lei estabelecer; b) art. 165, § 1º: no planejamento orçamentário, ao dispor que o plano plurianual estabelecerá, de forma regionalizada, as diretrizes, objetivos e metas da administração pública federal para as despesas de capital e outras delas decorrentes e para as relativas aos programas de duração continuada. Já a terceira, na manutenção da Zona Franca de Manaus, criada pelo Decreto-Lei n. 288, de 28 de fevereiro de 1967, como entidade autárquica de livre comércio de importação e exportação e de incentivos fiscais especiais; c) ADCT, em seu art. 40, fixou em vinte e cinco anos, a partir da promulgação da Constituição, a duração da Zona Franca e em seu art. 42 estabeleceu a forma de aplicação dos recursos aplicados à irrigação. A redação original foi modificada pela Emenda Constitucional n. 89, de 2015, que estabeleceu novos percentuais. Durante 40 (quarenta) anos, a União aplicará dos recursos destinados à irrigação: I – 20% (vinte por cento) na Região Centro-Oeste; II – 50% (cinquenta por cento) na Região Nordeste, preferencialmente no Semiárido. Em seu parágrafo único aduziu o benefício à agricultura familiar.

A Constituição de 1988 estabeleceu uma federação com a presença da União, dos Estados, do Distrito Federal e dos Municípios, todos entes federativos e com competências constitucionalmente previstas. Ao mesmo tempo, tratou de dois tipos de regiões: a) as regiões de desenvolvimento do art. 43 e b) as regiões metropolitanas, aglomerações urbanas e microrregiões, do art. 25, § 3º.

A disciplina constitucional das regiões metropolitanas, aglomerações urbanas e microrregiões adota a mesma sistemática do aqui examinado, qual seja, exercício de funções administrativas, de execução, constitucionalmente estabelecidas.

No regime constitucional anterior, as áreas metropolitanas se caracterizavam por serem áreas de serviços unificados, sendo mera divisão administrativa. Segundo a Constituição revogada, cabia à União a criação de regiões metropolitanas. A Lei Complementar n. 14/73, alterada pela LC n. 27/75, criou as regiões metropolitanas de São Paulo, Belo Horizonte, Porto Alegre, Recife, Salvador, Curitiba, Belém e Fortaleza; a LC n. 20/74 criou a região metropolitana do Rio de Janeiro. Ditas leis especificaram os municípios que compunham a região metropolitana, enumeraram os serviços de interesse comum e permitiram a execução dos serviços pelo meio mais adequado.

No sistema atual, a teor do que dispõe o § 3º do art. 25, compete aos Estados, mediante lei complementar, a criação de regiões metropolitanas, aglomerações urbanas e microrregiões, constituídas por agrupamento de municípios limítrofes, para integrar a organização, o planejamento e a execução de funções públicas de interesse comum. Em alguns Estados da Federação, a exemplo do Rio Grande do Sul, as Constituições Estaduais, com base em sua autonomia, preveem que os Municípios devem editar lei municipal aprovando sua inserção na região metropolitana, aglomeração urbana ou microrregião[5]. Tanto as regiões previstas no art. 43 quanto as regiões metropolitanas, aglomerações urbanas e microrregiões não são entes federativos. Têm função administrativa e visam a execução de serviços em comum. Todavia, as regiões previstas no art. 43 têm *status* constitucional diferenciado das regiões metropolitanas, na medida em que há uma disciplina constitucional no sistema tributário e orçamentário que as privilegia, tudo em consonância e para o cumprimento do disposto no art. 3º, III, combinado com o art. 170, III, da Constituição.

5. Jurisprudência (STF)

5.1. ADI 2.809/RS, julgada em 25 de março de 2003 – Projeto de lei de iniciativa de deputado inseriu município na região metropolitana de Porto Alegre. O Governador vetou sob o argumento de vício de iniciativa e o veto foi derrubado pela Assembleia Legislativa. O STF, em voto do Ministro Maurício Corrêa, entendeu inexistir vício de iniciativa formal, haja vista a inexistência de despesas com a inclusão de município em região metropolitana, ao mesmo tempo que afirmou o caráter administrativo destas.

5.2. ADI 1.509/DF – A Lei n. 899, de 08.08.1995, do Distrito Federal transferiu de uma Região Administrativa (Ceilândia) para outra (Brazlândia) parte de certa área territorial, onde situado o Núcleo denominado INCRA 09 do Projeto Integrado de

---

3. Ver HABERLE, Peter. El Regionalismo como Principio Estructural Naciente del Estado Constitucional y como Máxima de la Política del Derecho Europeo. In: *Retos Actuales del Estado Constitucional*, Oñati, IVAP, 1996.
4. BARACHO, José Alfredo de Oliveira. *Teoria Geral do Federalismo*. Rio de Janeiro: Forense, 1986, p. 298.

5. "Art. 17. As leis complementares previstas no artigo anterior só terão efeito após a edição de lei municipal que aprove a inclusão do Município na entidade criada" (redação dada pela EC n. 28/2001).

Colonização Alexandre de Gusmão. O Governador do Distrito Federal, alegando que a Lei alterou os limites do território do Distrito Federal, incorporando-o, em parte, ao Estado de Goiás, ajuizou Ação Direta de Inconstitucionalidade, alegando violação dos §§ 3º e 4º do art. 18 da CF. A liminar foi deferida, sob o argumento de que cabe ao DF a definição dos limites de seu território e que a iniciativa da lei não tinha sido do Governador do DF. Foi Relator o Min. Sydney Sanches, em decisão datada de 6 de fevereiro de 1997.

5.3. Repercussão Geral no RE 1007860 RG/SP n. 971, de 26/10/2017:

REPERCUSSÃO GERAL. TRIBUTÁRIO. COMÉRCIO EXTERIOR. INCENTIVOS REGIONAIS. REDUÇÃO DAS DESIGUALDADES REGIONAIS. LIVRE CONCORRÊNCIA. EXPORTAÇÃO DE AÇÚCAR. ART. 7º DA LEI 9.362/96. REPERCUSSÃO GERAL RECONHECIDA. A matéria constitucional suscitada nos autos transcende os interesses subjetivos das partes e possui relevância do ponto de vista econômico, político, social e jurídico. O Tribunal, por unanimidade, reputou constitucional a questão. O Tribunal, por unanimidade, reconheceu a existência de repercussão geral da questão constitucional suscitada. Ministro Ricardo Lewandowski Relator

ADI 5.837, JULGADA EM 28/10/2019. Improcedência. AÇÃO DIRETA DE INCONSTITUCIONALIDADE. ARTS. 10 E 21 DA LEI N. 13.089/2015 (**ESTATUTO DA METRÓPOLE**). REVOGAÇÃO DO ART. 21 PELA LEI N. 13.683/2018. PERDA SUPERVENIENTE DO OBJETO. COMPETÊNCIA DA UNIÃO PARA ESTABELECER DIRETRIZES GERAIS DE DESENVOLVIMENTO URBANO E EDITAR NORMAS GERAIS SOBRE DIREITO URBANÍSTICO. COMPETÊNCIA DOS ESTADOS PARA INSTITUIR REGIÕES METROPOLITANAS. CONSTITUCIONALIDADE DA EXIGÊNCIA DE PLANO DE DESENVOLVIMENTO URBANO INTEGRADO ELABORADO POR REPRESENTANTES DO ESTADO, DOS MUNICÍPIOS E DA SOCIEDADE CIVIL. FEDERALISMO COOPERATIVO. AÇÃO DIRETA DE INCONSTITUCIONALIDADE JULGADA PREJUDICADA EM PARTE E, NO MAIS, IMPROCEDENTE.

Tema 971 – Possibilidade da participação exclusiva de empresas do setor sucroalcooleiro situadas nas regiões Norte e Nordeste na denominada cota americana, que representa o volume de açúcar destinado ao mercado preferencial americano (art. 7º da Lei n. 9.362/1996).

5.4. ADIs n. 1842/RJ e n. 2.077/BA – decisão afirmando a titularidade e competência municipal dos serviços de saneamento básico, mesmo quando o Município integrar uma região metropolitana.

6. Anotações

6.1. O regime constitucional das regiões está previsto no art. 43 da Constituição e se complementa com as disposições do sistema orçamentário, na repartição das receitas tributárias que destina recursos para aplicação em programas das Regiões Norte, Nordeste e Centro-Oeste, no ADCT, mantendo incentivo à Zona Franca de Manaus e as áreas de irrigação, em especial nas Regiões Centro-Oeste e Nordeste, sendo nesta no semiárido. A perspectiva regional, para além de divisão administrativa, se configura em forma de concretização do objetivo da República, de erradicação da pobreza e da marginalização e redução das desigualdades regionais e consta nos princípios gerais da ordem econômica.

6.2. Para Bercovici[6], o federalismo cooperativo é o federalismo adequado ao Estado Social. Isto porque nos regimes federais tradicionalmente compete à União buscar a redução das desigualdades regionais. Na estruturação federal há transferência de recursos, entre as regiões, fundada no princípio da solidariedade, ínsito ao Estado Cooperativo. Em termos fiscais, conforme o que se verifica com a previsão de repartição de receitas tributárias para as regiões, o federalismo cooperativo se expressa pela cooperação financeira por intermédio de políticas públicas conjuntas e de compensações de disparidades regionais[7].

6.3. A cooperação financeira objetiva a execução uniforme e adequada de serviços públicos em toda a Federação, em consonância com os princípios da solidariedade e da igualdade das condições de vida. Em nosso sistema constitucional, além da cooperação há previsão de competências expressas, implicando que vários integrantes da federação – entes federativos – tenham graus de participação para o cumprimento dos objetivos da Federação. Isto se expressa na coordenação entre os entes federativos, por meio das competências constitucionais. Segundo Bercovici[8], a coordenação é um procedimento que busca um resultado comum e do interesse de todos. A decisão comum, tomada em escala federal, é adaptada e executada autonomamente pelos entes federados, adaptando-se às peculiaridades locais e regionais.

6.4. As regiões, na forma prevista na Constituição, têm como objetivos precípuos a coordenação e o planejamento econômico da respectiva área. Este planejamento e coordenação não se confundem com execução de serviços de interesses comuns, peculiar às regiões metropolitanas, aglomerações urbanas e microrregiões. A execução de serviços de interesses comuns é consequência da regulamentação das regiões, todavia não é sua atividade primordial. Para a coordenação e planejamento econômico estão previstos os mecanismos de incentivo financeiro e econômico do art. 43, sendo que devem ser utilizados nesta perspectiva.

6.5. Krell[9] aponta que, ao lado do art. 23, a norma constitucional mais significativa para a efetiva adoção do federalismo cooperativo no Brasil é o art. 241. Neste artigo consta a disciplina da cooperação por meio dos consórcios e convênios de cooperação entre os entes federados, autorizando a gestão associada dos serviços públicos, bem como a transferência total ou parcial dos encargos, serviços, pessoal e bens essenciais à continuidade dos serviços transferidos. A partir da introdução do caráter contratual dos consórcios públicos decorrente da Lei Federal n. 11.105/05 e da possibilidade de o consórcio ter personalidade jurídica, estes deixam de ser meros ajustes de vontades, perdem o caráter de transitoriedade que lhes caracterizavam e transformam-se em um importante

---

6. BERCOVICI, Gilberto. *Dilemas do Estado Federal Brasileiro*. Estado e Constituição – 3 . Porto Alegre: Livraria do Advogado, 2004, p. 57.

7. Idem, ibidem, p. 58-59.

8. Idem, ibidem, p. 59.

9. KRELL, Andreas J. *Leis de Normas Gerais, Regulamentação do Poder Executivo e Cooperação Intergovernamental em Tempos de Reforma Federativa*. Belo Horizonte: Fórum, 2008.

instrumento para execução de serviços de interesse comum. Podem ser muito úteis na consecução prática das tarefas comuns identificadas no planejamento regional.

6.6. O art. 159, I, c, da Constituição, ao dispor sobre a discriminação das rendas tributárias pelo produto da arrecadação, dirige parte da arrecadação tributária diretamente para três regiões específicas. Isso dá *status* constitucional às regiões na participação na receita tributária. O dispositivo está em consonância com o objetivo da República Federativa do Brasil, inscrito no inciso III do art. 3º da CF. Este objetivo tem caráter prioritário no destaque inserido no art. 170, inciso VII, que tem caráter subsidiário em relação ao art. 3º, inciso III. Por este motivo, tanto o art. 170, III, quanto o art. 159, I, disciplinam meios definidos constitucionalmente para atingir o objetivo definido no art. 3º, III.

6.7. O dispositivo constitucional[10] do art. 43 estabelece uma evidente preocupação com o tratamento da seca. Prioriza o tratamento econômico e social dos rios e do represamento de águas em regiões com escassez do recurso natural, bem como incentiva a recuperação de terras áridas e o desenvolvimento de técnicas de pequena irrigação. Sob outra ótica, mas com a mesma preocupação do art. 225 que dispõe sobre o meio ambiente, preocupa-se com o esgotamento dos recursos naturais, em especial a água, possibilitando a adoção de medidas propositivas e em parceria com pequenos e médios proprietários rurais para o enfrentamento da questão.

6.8. Igualmente, o dispositivo constitucional permite a introdução de instrumentos financeiros, tributários e econômicos específicos que possibilitem o tratamento diferenciado às atividades de pessoas físicas e jurídicas nas regiões, visando o seu desenvolvimento e a redução das desigualdades regionais.

6.9. O constitucionalista brasileiro Paulo Bonavides é um defensor do reconhecimento das regiões na Federação brasileira. Ao mesmo tempo que saúda a previsão constitucional inovadora de alusão às Regiões, como meio de romper com o Federalismo centrípeto, reconhece que estas não são entes federativos e têm caráter administrativo. Sustenta, todavia, que caminhamos para o "o emergir de uma nova e futura instância federativa – a das regiões"[11]. O autor propugna que no caso brasileiro uma profunda reforma constitucional deveria introduzir o federalismo regional, criando um quarto ente federativo – as regiões –, sem prejuízo dos já consagrados constitucionalmente entes federativos – Estados e municípios –, justamente para fortalecer o cumprimento dos objetivos da República.

6.10. Bercovici[12] sustenta que a descentralização no Brasil somente tem sentido se tiver como fio condutor a redução das desigualdades regionais, que, na sua visão, nunca foram encaradas como prioridade nacional máxima. Até mesmo as competências constitucionais devem ser lidas para cumprir com o objetivo macro de redução das desigualdades regionais. Bercovici e Krell[13]

---

10. § 30, art. 43.
11. BONAVIDES, Paulo. *Curso de Direito Constitucional*. São Paulo: Malheiros Editores, 1994, 5ª edição, revista e ampliada, p. 324.
12. BERCOVICI, Gilberto. *Dilemas do Estado Federal Brasileiro*. Estado e Constituição – 3. Porto Alegre: Livraria do Advogado, 2004, p. 71.
13. KRELL, Andreas J. *Leis de Normas Gerais, Regulamentação do Poder Executivo e Cooperação Intergovernamental em Tempos de Reforma Federativa*. Belo Horizonte: Fórum, 2008, p. 49.

mostram-se adeptos à solidariedade funcional para o fim de ocorrer um equilíbrio dinâmico. Isto poderia, inclusive, redundar na abolição do rígido sistema constitucional de competências.

6.11. Krell[14] relata que, em função da solidariedade, na Alemanha vigora o princípio da "lealdade federativa", segundo o qual há uma obrigação dos entes estatais de exercer as suas competências de forma sempre respeitosa em relação aos interesses dos outros. No sistema brasileiro de competências concorrentes e cuja explicitação de responsabilidades dos entes estatais depende de uma lei complementar até agora não editada, o princípio da lealdade federativa não tem previsão. Todavia, muito da falta de efetividade das políticas sociais se deve à falta de clareza quanto às responsabilidades de cada ente federativo, sendo que eventual revisão das competências, de modo que não sejam tão rigorosas e se tornem mais equilibradas, podem ser úteis à consecução dos objetivos da República.

6.12. Regulamentando o art. 43 já foram editadas duas leis complementares: n. 124, de 3 de janeiro de 2007, que institui a Superintendência do Desenvolvimento da Amazônia e é vinculada ao Ministério da Integração Nacional, e n. 129, de 8 de janeiro de 2009, que institui a Superintendência do Desenvolvimento do Centro-Oeste – Sudeco[15].

7. Literatura selecionada

BARACHO, José Alfredo de Oliveira. *Teoria Geral do Federalismo*. Rio de Janeiro: Forense, 1986.

BONAVIDES, Paulo. *Curso de Direito Constitucional*. São Paulo: Malheiros Editores, 1994.

_____. *A Constituição Aberta*: temas políticos e constitucionais da atualidade, com ênfase no Federalismo das Regiões. 2. ed. São Paulo: Malheiros Editores, 1996.

BERCOVICI, Gilberto. *Desigualdades Regionais, Estado e Constituição*. São Paulo: Max Limonad, 2003.

_____. *Dilemas do Estado Federal Brasileiro*. Porto Alegre, 2004 (Estado e Constituição-3).

BORGES, Alice Gonzalez. Os Consórcios Públicos na sua Legislação Reguladora. *Interesse Público*, Porto Alegre: Nota Dez, n. 32, p. 227-248, jul./ago. 2005.

CANOTILHO, J. J. Gomes; MOREIRA, Vital. *Constituição da República Portuguesa anotada*; arts. 1º a 107. São Paulo-Coimbra: RT/Coimbra Editora, 2007. v. I.

HABERLE, Peter. El Regionalismo como Principio Estructural Naciente del Estado Constitucional y como Máxima de la Política del Derecho Europeo. In: *Retos Actuales del Estado Constitucional*, Oñati, IVAP, 1996.

HARGER, Marcelo. O art. 43 da CF/1988 e as políticas de desenvolvimento e integração regional. *Revista dos Tribunais*, São Paulo: RT, 2014, v. 2, p. 79-94

HORTA, Raul Machado. *Direito Constitucional*. Belo Horizonte: Del Rey, 1999.

---

14. Idem, ibidem, p. 50.
15. Art. 43, § 2º, IV, c/c § 3º.

KRELL, Andreas J. *Leis de Normas gerais, Regulamentação do Poder Executivo e Cooperação Intergovernamental em Tempos de Reforma Federativa*. Belo Horizonte: Fórum, 2008.

LIMA, Antonio Sebastião de. Constitucionalismo no Brasil 1988. *Revista EMERJ*, v. 11, n. 43, p. 137-162/2008.

MAUÉS, Antonio G. Moreira. O Federalismo Brasileiro na Jurisprudência do Supremo Tribunal Federal (1988-2003). In: ROCHA, Fernando Luiz X.; MORAES, Filomeno (coords.). *Direito Constitucional Contemporâneo* – Estudos em Homenagem a Paulo Bonavides. Belo Horizonte: Del Rey, 2005

SILVA, José Afonso. *Curso de Direito Constitucional Positivo*. 29. ed. São Paulo: RT, 2007.

SIQUEIRA NETO, José Francisco Siqueira Neto [*et al.*] (orgs.). *Federalismo e regionalismo*: Itália e Brasil a confronto. Belo Horizonte: Arraes, 2015.

TÍTULO IV
DA ORGANIZAÇÃO DOS PODERES

CAPÍTULO I
DO PODER LEGISLATIVO

SEÇÃO I
DO CONGRESSO NACIONAL

Art. 44. O Poder Legislativo é exercido pelo Congresso Nacional, que se compõe da Câmara dos Deputados e do Senado Federal.

Parágrafo único. Cada legislatura terá a duração de quatro anos.

Art. 45. A Câmara dos Deputados compõe-se de representantes do povo, eleitos, pelo sistema proporcional, em cada Estado, em cada Território e no Distrito Federal.

§ 1º O número total de Deputados, bem como a representação por Estado e pelo Distrito Federal, será estabelecido por lei complementar, proporcionalmente à população, procedendo-se aos ajustes necessários, no ano anterior às eleições, para que nenhuma daquelas unidades da Federação tenha menos de oito ou mais de setenta Deputados.

§ 2º Cada Território elegerá quatro Deputados.

Art. 46. O Senado Federal compõe-se de representantes dos Estados e do Distrito Federal, eleitos segundo o princípio majoritário.

§ 1º Cada Estado e o Distrito Federal elegerão três Senadores, com mandato de oito anos.

§ 2º A representação de cada Estado e do Distrito Federal será renovada de quatro em quatro anos, alternadamente, por um e dois terços.

§ 3º Cada Senador será eleito com dois suplentes.

Fernando Menezes de Almeida

1. História da norma

Desde a Constituição do Império, adotou-se no Brasil a ideia de representação política no tocante ao exercício do Poder Legislativo. Todavia, o modo de composição desse Poder, bem como suas atribuições, passaram por variações ao longo da história. Variações não tão extensas na aparência formal, porém significativas em termos de princípios.

Assim, por exemplo, o Poder Legislativo no Império se considerava exercido por delegação à Assembleia Geral (composta de Câmara de Deputados e Senado), com a sanção do Imperador. Sob a Constituição de 1934, previa-se um Poder Legislativo exercido pela Câmara dos Deputados com a "colaboração" do Senado Federal, comportando, ainda, a Câmara dos Deputados, representação profissional classista, ao lado da representação popular. A Constituição de 1937 – em que pese se saiba que de fato, ao longo do regime, o Poder Legislativo tenha sido primordialmente exercido pelo Presidente da República – trouxe a regra do exercício desse Poder pelo Parlamento Nacional (composto de Câmara dos Deputados e Conselho Federal, a primeira integrada por representantes do povo eleitos por sufrágio indireto) com a colaboração do Conselho da Economia Nacional e do Presidente da República. A partir de 1946, as regras sobre composição do Poder Legislativo assemelham-se mais às atuais, com algumas exceções, como a eleição indireta de parte dos senadores que vigorou em certo período do regime de 1964; ou a regra da função do Vice-Presidente da República de presidir o Senado Federal (Constituição de 1946), ou o Congresso Nacional (Constituição de 1967).

2. Constituições brasileiras anteriores

CF 1967 com EC n. 1/1969, arts. 27, 39 e 41; CF 1967, arts. 29, 41 e 43; CF 1946, arts. 37 e 56 a 61; CF 1937, arts. 38, 39, 46 a 48 e 50; CF 1934, arts. 22, 23, 88 e 89; CF 1891, arts. 16, 17, 28 e 30 a 32; CI 1824, arts. 13, 14, 17, 31, 35, 40 a 46 e 90.

3. Constituições estrangeiras

Provavelmente todas as Constituições estrangeiras conterão regras sobre a matéria. Citem-se, por sua relevância histórica ou sua influência mais próxima sobre as instituições políticas brasileiras: Constituição dos Estados Unidos da América, art. 1º; Constituição da França, arts. 24 e 25; Constituição de Portugal, arts. 147 a 149 e 171; Constituição da Alemanha, arts. 38, 39, 50 e 51.

4. Direito internacional

O artigo não envolve matéria de Direito internacional.

5. Disposições constitucionais e legais relacionadas

Constitucionais: arts. 47 a 75.

Legais: Lei Complementar n. 78/1993; Lei Complementar n. 64/1990; Lei n. 9.504/1997.

6. Jurisprudência selecionada

STF: MS 26.604, Rel. Min. Cármen Lúcia, MS 26.603, Rel. Min. Celso de Mello, MS 26.602, Rel. Min. Eros Grau, todos julgados em 4.10.2007, nos quais, a partir da consideração do modelo de sistema representativo vigente no Brasil, concluiu-se que o mandato político do parlamentar pertence ao partido pelo qual tenha sido eleito; ADI-MC 267, Rel. Min. Celso de Mello, julgada em 25.10.1990, na qual se entendeu que, antes de editada a Lei Complementar prevista no § 1º do art. 45, não seria aplicável o número máximo de deputados por Estado fixado no texto constitucional; RE 128.519, Rel. Min. Marco Aurélio, julgado em 27.9.1990, no qual se interpretou o § 3º do art. 46 de modo a não se o entender como determinante da invalidade de registro de candidatura com apenas um suplente. Não se indica neste tópico a jurisprudência do Tribunal Superior Eleitoral sobre a matéria, seja por sua grande extensão, seja por sua relação mais direta, em regra, com outros dispositivos da Constituição em matéria eleitoral.

7. Literatura selecionada em língua portuguesa

AFONSO DA SILVA, Luís Virgílio. *Sistemas Eleitorais*. São Paulo: Malheiros, 1999.

CAGGIANO, Monica Herman Salem. *Sistemas Eleitorais X Representação Política*. Brasília: Senado Federal, 1987.

FERREIRA FILHO, Manoel Gonçalves. *Do Processo Legislativo*, 6ª edição, 2ª tiragem. São Paulo: Saraiva, 2009.

8. Anotações

8.1. A história do constitucionalismo moderno, a partir da análise dos regimes praticados nos principais Estados democráticos ocidentais, registra basicamente duas justificativas para a estrutura bicameral do Poder Legislativo: em certos casos, a segunda câmara tem o sentido de representação da nobreza, ou, ainda que não se trate de um critério claro de discriminação por estratos sociais, ao menos o sentido de uma representação de caráter mais aristocrático; em outros casos, a segunda câmara tem a função de espaço de representação dos Estados-Membros de uma federação.

Já a primeira câmara em regra cumpre o papel de casa de representação do povo, segundo critérios – de idade mínima para candidatura, de sistema eleitoral, de número de cadeiras – que permitem, em tese, maior facilidade de acesso a qualquer interessado em candidatar-se.

8.2. Segundo o Direito vigente no Brasil, o Poder Legislativo compõe-se de duas casas: a Câmara dos Deputados e o Senado Federal. As duas juntas formam o Congresso Nacional, que não é uma terceira casa, mas o todo por elas formado e que corporifica o Poder Legislativo tomado em sua integralidade.

Em termos jurídicos, a partir do texto constitucional, de rigor há que se entender que o órgão que exerce o Poder Legislativo – este compreendido como uma das vertentes do Poder soberano da República Federativa do Brasil – é o Congresso Nacional.

O Congresso Nacional exerce tal poder, em geral, por meio de suas duas casas operando como órgãos autônomos, ainda que interdependentes em relação ao principal produto final de sua função. Ou seja, Câmara e Senado têm atribuições próprias (*vide* comentários aos arts. 51 e 52); e, em matéria de processo legislativo, tomam decisões independentes, porém dependendo o resultado final – a lei, em sentido amplo – de uma conjunção dessas decisões.

Todavia, há hipóteses previstas na Constituição nas quais o Congresso opera sob a forma de um único colegiado, formado pela reunião das duas casas (*vide* comentários ao art. 49, além de comentários a outros dispositivos esparsos, como arts. 58 e 66, § 4º).

8.3. Segundo texto literal da Constituição, "a Câmara dos Deputados compõe-se de representantes do povo", enquanto "o Senado Federal compõe-se de representantes dos Estados e do Distrito Federal".

Essas afirmações, de cunho notadamente político, devem ser entendidas sob as luzes da realidade.

Em primeiro lugar, a ideia de representação do "povo" é evidentemente uma ficção jurídica, ainda que uma ficção necessária para que se tenha a pedra fundamental dos regimes democráticos contemporâneos, ditos representativos (*vide* comentário ao art. 1º, parágrafo único).

Tal ideia quer expressar, de um lado, a noção de mandato representativo livre, em lugar da antiga noção de mandato imperativo, de modo que os eleitos não são sujeitos à vontade imperativa de seus eleitores, mas sim investidos de um poder de representação do povo como um todo. Esse mecanismo substitui – em verdade, torna mesmo inviável – a vinculação do mandatário à vontade individual de cada um de seus eleitores, admitindo-se, em lugar disso, que a vontade manifestada pelo mandatário signifique a vontade geral do povo como um todo. Ou, em termos mais precisos: que a resultante das vontades manifestadas individualmente pelos mandatários signifique tal vontade geral, aqui tomada no sentido abstrato proposto por Rousseau, de uma vontade sempre voltada ao interesse comum.

De outro lado, tal ideia supõe que o povo efetivamente tenha a consciência de se fazer representar ao votar, como se, no mais das vezes, não interferisse nesse processo toda sorte de pressões e influências tão extensamente estudadas pela ciência política.

Em segundo lugar, os Senadores são afirmados representantes dos Estados e do Distrito Federal, proposição que faria do Senado, em tese, a casa de representação dos entes federados – bem compreendido que não incluídos os Municípios[1].

Todavia, nem o modo de eleição dos Senadores – eleições diretas, concomitantes com as eleições para a Câmara e para outros cargos eletivos, exigindo-se candidatos vinculados a partidos – nem as atribuições do Senado – em grande medida compartilhadas com a Câmara – permitem que, na prática, essa representação federativa se realize.

O que se verifica na realidade é que o Senado se comporta com dinâmica semelhante à da Câmara, seguindo mais uma lógica

---
1. Nem os Territórios (que porventura venham a existir), os quais, com efeito, não são constitucionalmente definidos como entes integrantes da Federação.

partidária de blocos governista ou oposicionista em face das questões políticas nacionais. O eventual alinhamento de aparência "federativa" das bancadas do Senado – e aqui o fenômeno se reproduz também na Câmara –, se por vezes ocorre, não se pauta pelos interesses dos Estados, mas antes por uma lógica de interesses diferentes das elites políticas das regiões do norte e do sul do País.

Nesse sentido, o Senado Federal, em termos de realidade, atua mais como uma segunda casa de representação popular, entretanto, sem aplicação do princípio da representação proporcional à população dos Estados, cujos limites constituem as divisões das regiões eleitorais.

E ainda, em certa medida, o Senado possui notas de uma representação mais aristocrática do que a Câmara, nem tanto pela maior idade exigida dos candidatos, mas sobretudo pelo caráter majoritário das eleições e pelo número reduzido de cadeiras, o que tende a atrair candidatos com maior peso político ante o colégio eleitoral total.

8.4. As eleições para a Câmara dos Deputados seguem o sistema proporcional[2], dispondo a Constituição que a verificação da proporção de cadeiras obtida pelos partidos concorrentes se dê no âmbito de cada Estado e do Distrito Federal[3]. Ou seja, ainda que as eleições para Câmara sejam nacionais, o registro de candidaturas e a divisão de votos entre os partidos para o preenchimento das cadeiras ocorre dentro de cada Estado e do Distrito Federal, o que é normal em se tratando de uma federação.

Desse modo, há previamente que se fixar, em cada Estado e no Distrito Federal, o número de cadeiras em disputa. Essa competência a Constituição atribui à lei complementar[4], porém já fixa o máximo e o mínimo: nenhum Estado possuirá mais que 70, nem menos que 8 cadeiras na Câmara dos Deputados. Já os Territórios (se e quando existirem) terão o número fixo de 4 Deputados, independentemente do número de habitantes.

Esses números, considerados a distribuição populacional do País e o número de cadeiras de Deputados Federais na Câmara, levam à impossibilidade matemática de uma distribuição estritamente proporcional da representação da população de cada Estado: ou os Estados mais populosos estarão sub-representados; ou os Estados menos populosos estarão super-representados; ou as duas situações ocorrerão[5]. Fogem, todavia, ao alcance desta análise considerações sobre as razões históricas para tal opção constituinte.

Já as eleições para o Senado seguem o sistema majoritário, tomando-se por base para a votação todo o território do Estado ou do Distrito Federal. Com a ideia de se tratar de Casa de representação dos entes federados, o número de cadeiras por Estado (e Distrito Federal) no Senado é igual[6]: atualmente, três.

O mandato dos Deputados Federais é de 4 anos; o dos Senadores, de 8, permitidas sucessivas reeleições.

A Constituição define que a legislatura – período básico do mandato político – tem a duração de 4 anos, de modo que os Deputados são eleitos para uma e os Senadores para duas legislaturas.

Uma peculiaridade quanto à eleição dos Senadores é a renovação alternada de um terço e dois terços dos assentos do Senado a cada eleição. Isto é, em uma eleição, cada Estado (e o Distrito Federal) elege 1 Senador; na eleição seguinte, elege 2; na próxima, novamente 1 e segue-se a alternância.

A suplência do Senador é predefinida no momento do registro das candidaturas. O eleitor vota em um candidato ao Senado, que já traz consigo a indicação de seu primeiro e seu segundo suplentes, não podendo o eleitor alterar essa indicação.

Já a suplência do Deputado é definida mediante o resultado da eleição. Serão os suplentes, na ordem de classificação, os candidatos mais votados de cada partido ou coligação que não tenham obtido votação suficiente para originalmente ocupar uma cadeira.

> **Art. 47.** Salvo disposição constitucional em contrário, as deliberações de cada Casa e de suas Comissões serão tomadas por maioria dos votos, presente a maioria absoluta de seus membros.
>
> *Manoel Gonçalves Ferreira Filho*
> *José Levi Mello do Amaral Júnior*

QUÓRUM PARA DELIBERAÇÃO E MAIORIA DE APROVAÇÃO

1. História da norma

Cristaliza a elementar regra da maioria, própria a órgãos colegiados. Vale registrar a fina ironia de João Barbalho: "É regra nos corpos coletivos que a decisão pertence à maioria, supondo-se que com ela está a razão (coisa que, nas corporações políticas, tocadas da eiva partidária, é frequentemente desmentida pela evidência dos fatos)"[1].

2. Constituições estrangeiras

Disposição que, por sua própria natureza, é em boa medida recorrente nos textos constitucionais em geral. Ocorre, por exemplo, nas seguintes Constituições:

---

2. Atualmente, nos termos da legislação infraconstitucional, um sistema proporcional que exige candidaturas vinculadas a partidos, com listas abertas e sem divisão distrital do eleitorado. Estão em curso, presentemente, diversas propostas de emenda à constituição visando, com diferentes combinações, ao sistema majoritário distrital e ao sistema proporcional com listas fechadas.

3. E dos Territórios, cujo povo não poderia deixar de ser representado na Câmara, ainda que o próprio Território, como visto, não sendo ente integrante da Federação, não possua representação no Senado Federal.

4. Atualmente, a Lei Complementar n. 78/1993.

5. Apenas para ilustrar, segundo dados de 2007, oferecidos pelo Instituto Brasileiro de Geografia e Estatística (IBGE), Roraima, o Estado menos populoso, tinha 395.725 habitantes; São Paulo, o mais populoso, 39.827.570 habitantes. Considerando-se que o primeiro tem 8 cadeiras na Câmara dos Deputados e que o segundo tem 70 cadeiras, conclui-se, por uma simples divisão, que um deputado de Roraima corresponde a 49.465,63 brasileiros que lá residem, enquanto um deputado de São Paulo corresponde a 568.965,29 brasileiros. Mantendo-se o mínimo de 8 cadeiras, o respeito a uma efetiva proporção de representação da população dos Estados (ou seja, desconsiderando-se o máximo de 70 cadeiras), levaria, com esses dados populacionais, a que São Paulo tivesse 806 cadeiras; Minas Gerais, 390; Rio de Janeiro, 312; Bahia, 285; e assim por diante. O mesmo exercício pode ser feito com a redução da representação de Roraima a 1 cadeira; ainda assim, São Paulo deveria ter 101 cadeiras para se respeitar a proporção.

6. Princípio adotado na Constituição de 1891; sob o Estado unitário do período do Império, essa igualdade não se verificava.

1. BARBALHO, João. *Constituição Federal Brasileira*. Edição fac-similar, Brasília: Senado Federal, 1992, p. 61.

Constituição dos Estados Unidos, de 1787, Artigo I, Seção 5, n. 1: "Cada Casa será o juiz da eleição, do respectivo relatório e da capacidade legal de seus próprios membros, e em cada uma delas a maioria constituirá o quórum necessário para deliberar; mas um número menor poderá prorrogar a sessão, dia a dia, e poderá ser autorizado a compelir os membros ausentes a comparecerem, do modo e mediante as penalidades que cada uma das Casas estabelecer".

Constituição italiana de 1947, art. 64, n. 3: "As deliberações de cada Câmara e do Parlamento não são válidas se não estiver presente a maioria dos seus componentes, salvo se a Constituição prescrever uma maioria especial".

3. Constituições brasileiras anteriores

Disposição que, pela sua própria natureza, ocorre em todos os textos constitucionais brasileiros.

Constituição de 1824, arts. 23 e 25: "Não se poderá celebrar Sessão em cada uma das Câmaras sem que esteja reunida a metade e mais um dos seus respectivos Membros; e "Os negócios se resolverão pela maioria absoluta de votos dos membros presentes".

Constituição de 1891, art. 18, segunda parte: "As deliberações serão tomadas por maioria de votos, achando-se presente, em cada uma, maioria absoluta de seus membros".

Constituição de 1934, art. 27, segunda parte: "As deliberações, a não ser nos casos expressos nesta Constituição, serão tomadas por maioria de votos, presente a metade e mais um dos seus membros".

Constituição de 1937, art. 40, segunda parte: "Em uma e outra Câmara as deliberações serão tomadas por maioria de votos, presente a maioria absoluta de seus membros".

Constituição de 1946, art. 42: "Em cada uma das Câmaras, salvo disposição constitucional em contrário, as deliberações serão tomadas por maioria de votos, presente a maioria de seus membros".

Constituição de 1967, art. 33: "Salvo disposição constitucional em contrário, as deliberações de cada Câmara serão tomadas por maioria de votos, presente a maioria de seus membros".

Constituição de 1967, com a redação da Emenda Constitucional n. 1, de 1969, art. 31: "Salvo disposição constitucional em contrário, as deliberações de cada Câmara serão tomadas por maioria de votos, presente a maioria de seus membros".

4. Direito internacional

Não se aplica.

5. Remissões constitucionais e legais

Não se aplica.

6. Jurisprudência

MS n. 20.452-4/DF, Relator o Ministro Moreira Alves, julgado em 7-11-1984: "A diferença entre maioria absoluta e maioria relativa é que aquela só se alcança quando se atinge o primeiro número inteiro superior à metade da totalidade dos membros que constituem uma assembleia, ao passo que esta apenas leva em consideração aqueles que efetivamente votaram. Por isso, ambas têm em comum o fato de exigirem número superior à metade, diferindo, no entanto, no que diz respeito à base sobre a qual se faz o cálculo: a totalidade dos membros, ainda que não tenham votado todos (maioria absoluta), e só aqueles que efetivamente votaram (maioria relativa)".

7. Referências bibliográficas

BARBALHO, João. *Constituição Federal Brasileira*. Edição fac-similar, Brasília: Senado Federal, 1992. FERREIRA FILHO, Manoel Gonçalves. *Do processo legislativo*. 6. ed. São Paulo: Saraiva, 2008. PONTES DE MIRANDA, Francisco Cavalcanti. *Comentários à Constituição de 1967*. São Paulo: Revista dos Tribunais, 1967, t. II.

8. Comentários

Disposição constitucional que encerra duas regras: uma relativa ao quórum para deliberação e outra relativa à maioria de aprovação.

Pontes de Miranda chama a disposição de "princípio da exigência e suficiência da maioria" e explica que só a Constituição pode estabelecer exceção a ele[2].

Portanto, funciona como disposição geral ou padrão, isso porque, como ela própria prevê, cede frente à disposição constitucional em contrário, por exemplo: (i) no que se refere a tratados sobre direitos humanos com força de emenda constitucional (art. 5º, § 3º); (ii) à aprovação de proposta de emenda constitucional (art. 60, § 2º); ou (iii) de projeto de lei complementar (art. 69); (iv) apreciação de veto presidencial (art. 66, § 4º); bem como (v) outras deliberações, inclusive não legislativas, como *impeachment* (art. 51, I, combinado com o art. 52, parágrafo único).

Note-se que a Lei n. 9.868, de 10 de novembro de 1999, ao dispor em seu art. 27 sobre a modulação dos efeitos do reconhecimento da inconstitucionalidade, exige para isso maioria de dois terços dos membros do Supremo Tribunal Federal. Essa maioria de dois terços também é exigida no art. 103-A da Constituição para a edição de súmulas vinculantes. Disto, pode-se inferir o reconhecimento implícito de uma carga política nessas medidas, pois para elas não basta a maioria absoluta exigida para o reconhecimento da inconstitucionalidade.

O art. 288 do Regimento Interno do Senado Federal (claro, no que toca ao Senado) didaticamente sistematiza deliberações que – por força de disposições constitucionais específicas – escapam ao padrão estabelecido pelo art. 47 da Constituição.

O Regimento Interno da Câmara dos Deputados (art. 183, § 2º) e o Regimento Interno do Senado Federal (art. 288, § 2º) determinam que os votos em branco (nas votações por meio de cédulas) e as abstenções (verificadas pelo sistema eletrônico) são computados para efeito de quórum.

---

2. PONTES DE MIRANDA, Francisco Cavalcanti. *Comentários à Constituição de 1967*. São Paulo: Revista dos Tribunais, 1967, t. II, p. 580.

Assim, em se tratando, por exemplo, de projeto de lei ordinária, cumprida a regra de quórum (257 Deputados, no caso da Câmara e 41 Senadores, no caso do Senado), ter-se-á aprovação, claro, sempre que o número de votos favoráveis for superior ao de contrários, pouco importando que eventualmente ocorra uma maioria de votos em branco (ou de abstenções) relativamente ao número de votos favoráveis. Portanto, nesta hipótese, o parlamentar que vota em branco ou que se abstém ajuda a sustentar a sessão, contribuindo para que haja o quórum necessário à deliberação (diferentemente daqueles parlamentares que entram em obstrução). Por outro lado, em se tratando de matérias que requerem maioria qualificada, tanto o voto em branco como a abstenção implicam, na prática, voto contrário.

SEÇÃO II

DAS ATRIBUIÇÕES DO CONGRESSO NACIONAL

Art. 48. Cabe ao Congresso Nacional, com a sanção do Presidente da República, não exigida esta para o especificado nos arts. 49, 51 e 52, dispor sobre todas as matérias de competência da União, especialmente sobre:

Luiz Henrique Cascelli de Azevedo

1. História da norma

Durante a Assembleia Nacional Constituinte o texto sob comento tem uma primeira formulação no art. 4º da Subcomissão do Poder Legislativo, sem ainda fazer referência às espécies legais que dispensariam a sanção do Presidente da República. Tal redação foi reproduzida e mantida na Comissão de Organização dos Poderes e Sistema de Governo. Posteriormente, nos Substitutivos da Comissão de Sistematização o texto passou a incluir a referência aos casos em que seria dispensada a sanção do Presidente da República, redação que prevaleceu no Projeto Final dessa Comissão (art. 58 – Projeto de Constituição "A"), assim consagrado pela votação em primeiro turno do Plenário da Assembleia. Posteriormente, no Projeto "B", resultante da votação em segundo turno, a matéria passou a figurar no art. 49. Finalmente, após os trabalhos de aperfeiçoamento redacional no Projeto de Constituição "C", o tema figurou, no Projeto de Constituição "D", como art. 48, sendo desse modo promulgado.

2. Constituições brasileiras anteriores

Constituição de 1824: art. 15; Constituição de 1891: arts. 34 e 35; Constituição de 1934: art. 39; Constituição de 1946: art. 65; Constituição de 1967: art. 46; Emenda Constitucional n. 01/69: art. 43.

3. Constituições estrangeiras

Alemanha: art. 53a (1) (2); Angola: art. 88º; Argentina: arts. 75 e 76; Cabo Verde: art. 174º; Chile: art. 50; China: art. 71; Espanha: arts. 66 (2), 82, 87(1), 94, 102 (2), 113, 114, 116 e 144; EUA: art. I, Seção 8, II, Seção I (3) (5), Emendas XVI (3) (4) e XX (4); França: arts. 34 a 51; Grã-Bretanha: Petição de Direito, art. VIII, art. I (1º, 4º, 6º); Guiné-Bissau: art. 85º; Itália: arts. 70 a 82; México: art. 73; Moçambique: art. 179º (3 e 4); Peru: arts. 180, 186 e 188; Portugal: arts. 161º a 163º; São Tomé e Príncipe: art. 97º; Timor Leste: art. 95º (3 e 4).

4. Direito internacional

A matéria diz respeito às atribuições do Congresso Nacional pátrio.

5. Dispositivos constitucionais relacionados

Arts. 21 a 25, 49, 51 e 52.

6. Jurisprudência

Não há jurisprudência relevante.

7. Leitura selecionada

AZEVEDO, José Affonso Mendonça de. *Elaborando a Constituição Nacional:* Atas da Subcomissão elaboradora do Anteprojeto 1932/1933. Brasília: Senado Federal, 1993; BASTOS, Celso Ribeiro; MARTINS, Ives Gandra. *Comentários à Constituição do Brasil.* São Paulo: Saraiva, 1999; BRUSCO, Dilson Emílio; RIBEIRO, Ernani Valter. *O Processo Histórico da Elaboração do Texto Constitucional.* Brasília: Câmara dos Deputados, 1993; CÂMARA DOS DEPUTADOS. *Constituições dos Países do Mercosul.* Brasília: Câmara dos Deputados, 2001; FREIRE, Felisberto. *História Constitucional da República dos Estados Unidos do Brasil.* Brasília: Unb, 1983; GOUVEIA, Jorge Bacelar. *As Constituições dos Estados de Língua Portuguesa.* Coimbra: Almedina, 2006; NOGUEIRA, Octaciano (org.). *Constituições do Brasil.* Brasília: Centro de Ensino a Distância, 1987; SANTOS, Carlos Maximiliano Pereira dos. *Comentários à Constituição Brasileira de 1891.* Brasília: Senado Federal, 2005; SILVA, José Afonso. *Comentário Contextual à Constituição.* São Paulo: Malheiros, 2007; U. C, João Barbalho. *Comentários à Constituição Federal de 1891.* Brasília: Senado Federal, 1992.

8. Comentários

O art. 48 da Constituição vincula, sob o ponto de vista da competência legislativa, o Congresso Nacional à União nas matérias indicadas no art. 21 (competência exclusiva em relação a temas), no art. 22 (competência privativa – apesar de delegável – em relação à iniciativa legislativa) e no art. 24 (competência concorrente em relação à iniciativa legislativa).

O artigo, assim, enumera – não exaustivamente (utiliza-se a expressão "especialmente") – temas que deverão ser tratados em lei ordinária e lei complementar, observando-se, no processo legislativo, a participação das duas Casas do Congresso Nacional e do Presidente da República.

O dispositivo também menciona que a participação do Presidente da República não é exigida nos casos dos arts. 49, 51 e 52, que tratam, respectivamente, da competência exclusiva do Congresso Nacional, exercida mediante decreto legislativo; da competência privativa da Câmara dos Deputados, exercida mediante resolução; e da competência privativa do Senado Federal, também exercida mediante resolução. Entretanto, nesses dois últimos casos, a Emenda Constitucional de n. 19, de 1998, estabeleceu uma exceção ao trato das matérias por resolução, determinando o emprego de lei ordinária: na fixação da remuneração (art. 51, IV; art. 52, XIII).

Art. 48, I – sistema tributário, arrecadação e distribuição de rendas;

II – plano plurianual, diretrizes orçamentárias, orçamento anual, operações de crédito, dívida pública e emissões de curso forçado;

José Roberto Rodrigues Afonso
Marcos Nóbrega

1. Constituições brasileiras anteriores

Constituição da República dos Estados Unidos do Brasil de 1891: Art. 34 – Compete privativamente ao Congresso Nacional: 1º) orçar a receita, fixar a despesa federal anualmente e tomar as contas da receita e despesa de cada exercício financeiro; **Constituição da República dos Estados Unidos do Brasil de 1934:** Art. 39 – Compete privativamente ao Poder Legislativo, com a sanção do Presidente da República: 2) votar anualmente o orçamento da receita e da despesa, e no início de cada Legislatura, a lei de fixação das forças armadas da União, a qual, nesse período, somente poderá ser modificada por iniciativa do Presidente da República; **Constituição dos Estados Unidos do Brasil de 1946:** Art. 65 – Compete ao Congresso Nacional, com a sanção do Presidente da República: I – votar o orçamento. **Constituição da República Federativa do Brasil de 1967:** Art. 46 – Ao Congresso Nacional, com a sanção do Presidente da República, cabe dispor, mediante lei, sobre todas as matérias de competência da União, especialmente: II – o orçamento; a abertura e as operações de crédito; a dívida pública; as emissões de curso forçado; III – planos e programas nacionais, regionais e orçamentos plurianuais. **Emenda Constitucional n. 1 de 1969:** Art. 43. Cabe ao Congresso Nacional, com a sanção do Presidente da República, dispor sobre todas as matérias de competência da União, especialmente: II – orçamento anual e plurianual; abertura e operação de crédito; dívida pública; emissões de curso forçado; IV – planos e programas nacionais e regionais de desenvolvimento.

2. Comentários

2.1. O art. 48 trata das competências legislativas que devem ser exercidas pelo Congresso Nacional e submetidas ao crivo final do Presidente da República.

Os incisos I, II e IV desse artigo têm em comum as finanças públicas e o planejamento governamental. Os temas tratados nos incisos destacados têm o seu cerne regulados na Constituição em disposições de outros capítulos. O previsto no inciso I do art. 48 está vinculado ao disposto nos arts. 145 a 162, que regulam o sistema tributário nacional – ou seja, desde a definição das competências para exigir tributos até a repartição de sua receita. Já o inciso II do artigo em questão está relacionado a mais de um conjunto normativo: aos arts. 165 a 169 da Carta Magna, no que respeita às três peças do processo de planejamento orçamentário; aos arts. 163 e 52, incisos V a IX, quanto ao endividamento público; e ao art. 21, II, e o inciso XIV, do mesmo art. 48, no caso da moeda. Por fim, o inciso IV está vinculado ao disposto nos arts. 21, IX, 43 e 174 da Constituição Federal, que abordam o planejamento público. Dessa forma, o disposto no art. 48 tem um caráter exemplificativo (haja vista a expressão "em especial" aposta no seu *caput*) e de abrir o caminho para a melhor definição das competências legislativas ao longo de outras disposições do Texto Maior.

2.2. O inciso I do art. 48 determina que o Congresso Nacional legislará sobre sistema tributário, arrecadação e distribuição de rendas. Antes de tudo, cabe uma leitura mais abrangente, considerando que o Poder Legislativo disporá sobre tributação e sobre a alocação federativa e setorial desses recursos. É o princípio básico e secular da democracia, de que o governo não pode extrair compulsoriamente renda da sociedade sem que os representantes do povo o tenham expressa e especificamente autorizado, e regulado quanto, quando e como isso será feito. Este ideal democrático também deve explicar por que os Constituintes optaram por listar tal competência em primeiro lugar em meio a uma lista de mais de uma dezena de matérias.

Não custa alertar que, em oposição a essa leitura de princípio, é preciso evitar uma que seja literal, com uma visão restritiva, que suporia que tão somente o Congresso Nacional disporia sobre leis tributárias no País. Em outras palavras, como se as Assembleias Legislativas e as Câmaras de Vereadores não tivessem igual competência para dispor sobre matérias que também fazem parte do sistema tributário. Como já foi dito, é preciso considerar o disposto no inciso I do art. 48 combinado com o cerne da matéria que foi regulada no Capítulo I, do Título VI, da mesma Constituição – isto para não falar na organização federativa do Estado Brasileiro. O Poder Legislativo de cada ente federado dispõe, pelas respectivas leis, sobre os tributos da competência daquele ente. Como tal, cabe ao Congresso Nacional dispor sobre os tributos da competência da União, assim como cabe à Assembleia Legislativa do Estado do Acre, por exemplo, dispor sobre os impostos e taxas que podem ser exigidos pelo Estado do Acre.

O Congresso Nacional só tem uma atribuição adicional e peculiar (em relação aos demais Poderes) porque compete à União legislar e estabelecer normas gerais sobre o direito tributário (dentre outras matérias), de acordo com o art. 24, inciso I e § 1º, da Carta Magna. Tal preceito é desdobrado e especificado ao longo do Capítulo do Sistema Tributário que remete à lei complementar o estabelecimento das normas gerais da matéria (exemplificando o seu conteúdo na forma das alíneas do inciso III do art. 146), bem assim uma série de outras normas específicas, em dezenas de dispositivos, seja sobre impostos (os mais citados e conhecidos se referem à regulação do imposto estadual sobre circulação de mercadorias e serviços de comunicação e transportes intermunicipais – o ICMS), seja sobre a repartição das receitas (caso dos critérios de rateio dos fundos de participação). Nestes casos, compete tão somente ao Congresso Nacional (o que não pode ser delegado e nem exercido pelos Poderes Legislativos dos Estados e dos Municípios) apreciar e aprovar as matérias sobre o sistema tributário, sobre a arrecadação de impostos e sobre a distribuição de sua receita entre esferas de governo que a Constituição expressamente atribuiu às leis complementares.

Portanto, os Constituintes delegaram ao Congresso Nacional atribuições para legislar com dupla função: nacional e federal. Na primeira, editará leis de abrangência em todo território nacional e vinculantes a todos os entes federados – o exemplo mais relevante é o do chamado Código Tributário Nacional (CTN). No caso de lei federal, o Congresso editará norma que abrangerá apenas as competências tributárias da União –, como ocorre, por exemplo, quando institui e regula impostos federais, como o de renda.

2.3. No caso do inciso II, o Congresso Nacional legislará sobre **plano plurianual, diretrizes orçamentárias, orçamento anual, operações de crédito, dívida pública e emissões de curso forçado.** Mais uma vez, é adotado outro princípio elementar das democracias: o governo não pode gastar o recurso público sem que os representantes do povo tenham autorizado expressamente. Não deve ser por outro motivo que o tratamento do orçamento aparece em segundo lugar na lista de mais de uma dezena de competências legislativas. A mesma lógica também explica por que foram mencionados não apenas as peças do processo orçamentário como também do endividamento público, inclusive o realizado através da emissão de moeda.

As três primeiras competências citadas no inciso II são as três peças que compõem o chamado planejamento orçamentário idealizado pelos Constituintes. Constituem matéria submetida à mesma lógica anteriormente exposta sobre o sistema tributário. Essa discussão é muito relevante porque até hoje não foi editada a lei complementar prevista no § 9º do art. 165 da Constituição, ditando as normas sobre o processo de elaboração e apreciação de cada lei ordinária e periódica do plano plurianual, das diretrizes e do orçamento anual (que alguns até confundem com a chamada lei de responsabilidade fiscal, que tratava de outro dispositivo – art. 163).

Cabe à União, nos termos das competências concorrentes (art. 24 da Constituição), estabelecer normas gerais sobre orçamento (inciso II), sem contar o direito financeiro (inciso I); restando aos Estados e ao Distrito Federal (e Municípios, art. 30, II) suplementar a legislação federal. Diante da inexistência de legislação nacional (o Constituinte não foi feliz ao citar "lei federal" no § 3º do art. 24), que só pode ser editada pela União, os demais governos poderão legislar plenamente sobre a matéria. Porém, a superveniência da legislação da União suspende a eficácia da legislação estadual ou distrital. Entende o Supremo Tribunal Federal que a competência dos Estados no âmbito da competência concorrente não tem a função de cobrir as lacunas na lei. Dessa forma, não podemos confundir legislação suplementar (nosso caso) com complementar, posto que esta última é rechaçada no nosso ordenamento. Não há supremacia material entre a legislação da União e a dos Estados. Tanto é verdade que a superveniência de legislação posterior não revoga a lei local, mas apenas suspende, ou seja, "congela" sua aplicabilidade. Errado pensar que, diante do condomínio legislativo federal, a lei da União apresente-se com supremacia absoluta. Assim, a superveniência de lei federal não revoga lei estadual ou distrital, mas apenas retira a possibilidade de produzir efeitos jurídicos. E, ainda, conta a peculiar posição dos Municípios: embora não arrolado no art. 24, ele pode legislar tanto sobre questões de interesse local quanto para suplementar a legislação federal e estadual, no que couber, à luz do disposto no art. 30, I, II; ou seja, também poderão legislar sobre a matéria orçamentária.

À parte a competência do Congresso para dispor sobre a legislação nacional do orçamento, cabe a cada Poder Legislativo aprovar, para cada mandato, o plano plurianual e, a cada ano, as diretrizes orçamentárias e depois o orçamento. Estas são matérias veiculadas por *lei ordinária* de cada ente federado. Assim, a União, os Estados e os Municípios terão suas propostas orçamentárias apresentadas respectivamente pelo Presidente da República, Governador e Prefeito. No caso específico da União, conforme o seu legislativo bicameral, a proposta será apreciada nas duas Casas conforme disposto no Regimento comum.

As demais matérias mencionadas também no inciso I do art. 48 (operações de crédito, dívida pública e emissões de curso prazo) compreendem, de uma ou outra forma, o endividamento público e seguem a lógica antes descrita, acrescentada de uma peculiaridade em torno de tradicional competência do Senado brasileiro.

É fundamental compreender as competências legislativas à luz das demais definições em torno da matéria adotadas ao longo do texto da Carta Magna. Em caráter especial, o Congresso Nacional tem atribuições próprias, de um legislador nacional. As suas duas Casas podem apreciar a lei complementar que, nos termos do art. 163, regula as finanças públicas como um todo e, ainda, a dívida pública, a mobiliária e as garantias, em particular, que submetem não apenas a União, como também os Estados e os Municípios (caso da notória lei de responsabilidade fiscal publicada em maio de 2000).

Além disso, existem competências exclusivas de uma das casas do Congresso que igualmente se aplica a toda a Federação: a fixação de limites para as dívidas, o estabelecimento de condições para a contratação de operações de crédito e a autorização específica para a contratação de financiamento no exterior são atribuições do Senado Federal, discriminadas nos incisos V a IX do art. 52 da Constituição.

Outra peculiaridade envolve a emissão de moeda que, por ter curso forçado, constitui uma forma peculiar de endividamento público (embora não seja contabilizada em meio ao passivo do Tesouro Nacional). O Congresso Nacional dispõe sobre a moeda e os limites para a sua emissão nos termos do inciso XIV do mesmo art. 48. Embora o faça na forma de lei ordinária, esta tem um caráter nacional porque, por princípio, há uma única moeda em circulação no território nacional.

Ainda quanto à emissão de moeda, embora a Constituição preveja que lei deverá fixar esses limites periodicamente, isso não ocorre na prática. Na verdade tal atribuição foi delegada pelo Congresso Nacional ao Conselho Monetário Nacional em caráter provisório, muito embora jamais tenha sido exercida pelo Congresso. O máximo que o Congresso nacional dispõe é, mediante decreto legislativo, chancelar a programação monetária que o Executivo decide, implanta e acompanha, por conta própria.

Portanto, quando o Constituinte delegou tanto a lei complementar quanto ao Senado Federal e à legislação ordinária federal, dispor, limitar e condicionar o endividamento público, inclusive o expresso na forma da base monetária, manifestou uma clara opção, ou preocupação, em disciplinar esse processo pelo qual se assumem compromissos no presente que impactarão governos e sociedade no futuro, inclusive desde já criando uma despesa futura (que será o serviço da dívida ora contratada).

Menciona-se, ainda, que o Congresso Nacional tem atribuições iguais aos demais Poderes Legislativos da Federação Brasileira em torno da matéria. Como tal, mediante proposta do Chefe do Executivo, o Legislativo deverá autorizar a contratação de cada operação de crédito, seja na forma de financiamento bancário, interno ou externo, seja na forma de emissão de títulos, igualmente no mercado financeiro interno ou internacional. É bom que se diga que a autorização para operações de crédito por antecipação de receita já poderá ser dada de forma genérica na lei orçamentária anual, assim como para o refinanciamento do principal da dívida mobiliária já existente.

2.4. O inciso IV do art. 48 da Carta Magna trata dos planos e programas nacionais, regionais e setoriais de desenvolvimento. Mais uma vez, demonstrou o Constituinte originário uma clara preocupação com o planejamento público, e esse dispositivo deve ser interpretado em consonância com os preceitos estabelecidos no art. 43, que objetivam o desenvolvimento das regiões mais atrasadas do País, e no art. 174, que prevê tal planejamento como indicativo para o setor privado e mandatório para o setor público. Tais instrumentos têm o condão de ressalvar a necessidade de diminuição das desigualdades regionais e da melhor exploração econômica das oportunidades do País em cada setor de atividade econômica, de modo que, pelo papel importante que devem exercer para a economia e a própria sociedade brasileira, carecem de aprovação pelo Congresso Nacional, sempre com a posterior sanção do Presidente da República.

Art. 48, III – fixação e modificação do efetivo das Forças Armadas;

José Levi Mello do Amaral Júnior

1. História da norma

O dispositivo em causa aplica-se conjuntamente com outros dispositivos constitucionais relativos às Forças Armadas, a maioria dos quais já comentados quando da análise do art. 84, XIII, da Constituição. Para evitar repetição, remete-se o leitor àquele dispositivo.

2. Constituições estrangeiras

Veja-se anotação anterior.

3. Constituições brasileiras anteriores

Constituição de 1824, art. 15, XI; Constituição de 1891, art. 34, 17º e 18º; Constituição de 1934, art. 39, n. 2; Constituição de 1937 (a correlação se dá com o art. 14, mas permitia ao Presidente da República expedir "livremente" decretos-leis sobre a organização das Forças Armadas); Constituição de 1946, art. 65, V; Constituição de 1967, art. 46, V (art. 43, III, com a redação da Emenda Constitucional n. 1, de 1969).

4. Direito internacional

Não se aplica.

5. Remissões constitucionais e legais

Art. 61, § 1º, I; art. 84, XIII; arts. 142 e 143, todos da Constituição.

6. Jurisprudência

Veja-se anotação constante do primeiro item.

7. Referências bibliográficas sobre o tema

Veja-se anotação constante do primeiro item.

8. Comentários

Veja-se anotação constante do primeiro item.

Art. 48, IV – planos e programas nacionais, regionais e setoriais de desenvolvimento;

- *Vide* comentários ao art. 48, *caput* e incisos I e II.

Art. 48, V – limites do território nacional, espaço aéreo e marítimo e bens do domínio da União;

Valerio de Oliveira Mazzuoli

1. Generalidades

Cabe ao Congresso Nacional, com a sanção do Presidente da República, dispor sobre os "limites do território nacional, espaço aéreo e marítimo e bens do domínio da União". Trata-se de competência que fixa à autoridade do Parlamento Federal o poder para disciplinar os espaços públicos brasileiros, bem assim os bens do domínio da União.

Como se percebe, o art. 48, inc. V, versa dois temas distintos: *a*) o dos espaços em que o Brasil exerce soberania (domínios *terrestre*, *aéreo* e *marítimo*[1]); e *b*) o dos bens do domínio da União.

2. Limites do território nacional

A referência aos "limites do território nacional" só diz respeito aos limites físicos do Brasil com outros Estados estrangeiros, jamais entre Estados-membros da Federação[2]. Trata-se da disposição das linhas que dividem (separam) o Brasil dos países que com ele confrontam.

Limite significa uma linha divisória com outro espaço geográfico. Conota apenas, como explica Pontes de Miranda, a "li-

---

1. Para um estudo detalhado desses domínios, cf. MAZZUOLI, Valerio de Oliveira, *Curso de direito internacional público*, 11ª ed. rev., atual. e ampl. Rio de Janeiro: Forense, 2018, p. 427 e ss.

2. Cf. SILVA, José Afonso da. *Comentário contextual à Constituição*, 2ª ed. São Paulo: Malheiros, 2006, p. 398-399.

nha extrema de tais territórios, que os cerca de um a um, quando descontínuos (sic) ou encravados, ou em grupo, quando constituem a parte principal do território nacional"[3]. É corrente, contudo, a confusão entre *fronteiras* e *limites*, não obstante ambos os termos serem quase que indistintamente utilizados. Os limites são as linhas divisórias ou de separação (retas, curvas ou sinuosas) que definem geometricamente a extensão precisa do território do Estado. As fronteiras, por sua vez, são zonas espaciais (ou geográficas) bem menos precisas que os limites, de maior ou menor extensão, que correspondem a cada lado da linha estabelecida pelos limites geográficos dos Estados[4].

Os limites do território nacional, na maioria das vezes, são conjuntamente decididos entre os próprios países limítrofes, por meio de tratados internacionais sobre limites ou de demarcação de fronteiras. Os limites entre Estados-membros da Federação são versados pelo inciso seguinte (art. 48, inc. VI) e pelo art. 18, § 3º, da Constituição.

3. Espaço aéreo e marítimo

Também por meio de lei federal (e *somente* por meio dela) é que se pode versar os espaços aéreo e marítimo do Brasil[5]. Perceba-se que a expressão *limites*, utilizada em relação ao território nacional ("*limites* do território nacional..."), não se liga à continuação do texto "... espaço aéreo e marítimo". Assim, o que o inciso V do art. 48 está a dizer é que compete ao Congresso Nacional, com a sanção do Presidente da República, dispor sobre os "limites do território nacional" e também sobre o "espaço aéreo e marítimo" do Brasil. Portanto, não se fala em *limites* dos espaços aéreo ou marítimo, mas sim em sua *extensão*[6]. A Convenção das Nações Unidas sobre o Direito do Mar de 1982, conhecida como *Convenção de Montego Bay*, delimitou em 12 milhas marítimas (cerca de 22km) a extensão do mar territorial de qualquer Estado costeiro, mas admitiu as 200 milhas (contadas a partir da costa, ou se se quiser, 188 milhas contadas a partir do término do mar territorial) a título de *zona econômica exclusiva*[7].

4. Bens do domínio da União

O Congresso Nacional também depende da sanção do Presidente da República para dispor sobre os "bens do domínio da União". Ainda que a Constituição não dissesse, somente o Parlamento Federal – com a sanção do Presidente – é que pode dispor sobre os bens do domínio da União.

Os bens da União são elencados pelo art. 20 da Constituição, quais sejam: I – os que atualmente lhe pertencem e os que lhe vierem a ser atribuídos; II – as terras devolutas indispensáveis à defesa das fronteiras, das fortificações e construções militares, das vias federais de comunicação e à preservação ambiental, definidas em lei; III – os lagos, rios e quaisquer correntes de água em terrenos de seu domínio, ou que banhem mais de um Estado, sirvam de limites com outros países, ou se estendam a território estrangeiro ou dele provenham, bem como os terrenos marginais e as praias fluviais; IV – as ilhas fluviais e lacustres nas zonas limítrofes com outros países; as praias marítimas; as ilhas oceânicas e as costeiras, excluídas, destas, as que contenham a sede de Municípios, exceto aquelas áreas afetadas ao serviço público e a unidade ambiental federal, e as referidas no art. 26, II; V – os recursos naturais da plataforma continental e da zona econômica exclusiva; VI – o mar territorial; VII – os terrenos de marinha e seus acrescidos; VIII – os potenciais de energia hidráulica; IX – os recursos minerais, inclusive os do subsolo; X – as cavidades naturais subterrâneas e os sítios arqueológicos e pré-históricos; e XI – as terras tradicionalmente ocupadas pelos índios.

Tomemos como exemplo apenas um dos bens da União acima referidos. Assim, *v.g.*, não pode o Presidente da República *decretar* a transposição de um rio que banhe mais de um Estado (art. 20, inc. III) ou proceder a qualquer modificação no seu curso d'água, sem o ato volitivo (e prévio) do Congresso Nacional.

Art. 48, VI – incorporação, subdivisão ou desmembramento de áreas de Territórios ou Estados, ouvidas as respectivas Assembleias Legislativas;

Fernanda Dias Menezes de Almeida

No art.18, §§ 2º e 3º, referentes à Organização Político-administrativa do Estado, a Constituição estabelece, com detalhes, os procedimentos para modificações na divisão interna do território nacional, mediante alteração da configuração geográfica de Territórios e Estados, a serem realizadas por mecanismos como a incorporação, subdivisão e desdobramento das respectivas áreas, sempre nos termos de lei complementar federal. Remetendo o leitor aos comentários dos mencionados dispositivos, resta acrescentar que o art. 48, VI, apenas reitera a competência legislativa do Congresso Nacional nessa matéria, introduzindo ainda a exigência da oitiva das Assembleias Legislativas, o que também já foi examinado quando da análise do art.18, §§ 2º e 3º.

Art. 48, VII – transferência temporária da sede do Governo Federal;

Fernanda Dias Menezes de Almeida

Já foi visto que, nos termos do art. 18, § 1º, Brasília é a Capital Federal nela se encontrando instalada a sede do Governo Federal (cf. *supra*). A regra estabelecida no art. 48, VII, que ora se comenta, diz respeito à transferência temporária, não da Capital, mas da sede do Governo, se ocorrer impedimento ao seu funcionamento na Capital. Esta, como bem adverte Manoel Gonçalves Ferreira Filho (*Comentários*, cit. p. 303), é definitiva e somente poderia ser mudada por emenda constitucional. Quanto aos óbices ao funcionamento normal das instituições governamentais em Brasília, podem ocorrer em razão de eventuais catástrofes de ordem natural ou em circunstâncias excepcionais de crise, como guerra ou sedição interna.

---

3. PONTES DE MIRANDA, Francisco Cavalcanti. *Comentários à Constituição de 1946*, v. I (arts. 1º a 14), 2ª ed. rev. e aum. São Paulo: Max Limonad, 1953, p. 303.

4. Cf. MAZZUOLI, Valerio de Oliveira. *Curso de direito internacional público*, cit., p. 429-430.

5. Cf. SILVA, José Afonso da. *Comentário contextual à Constituição*, cit., p. 399.

6. Foi o que fez a Lei n. 8.617/93, que disse estender-se o mar-territorial até "uma faixa de doze milhas marítimas de largura, medidas a partir da linha de baixa-mar do litoral continental e insular brasileiro, tal como indicada nas cartas náuticas de grande escala, reconhecidas oficialmente no Brasil (art. 1º)".

7. Cf. MAZZUOLI, Valerio de Oliveira. *Curso de direito internacional público*, cit., p. 636.

Art. 48, VIII – concessão de anistia;

Fernanda Dias Menezes de Almeida

A concessão de anistia foi expressamente incluída como competência material privativa da União no art. 21, XVII, antes comentado e ao qual aqui se reporta. Era de esperar, portanto, que se declinasse como competência também privativa da União a disciplina legal da matéria. A maior parte das competências legislativas próprias do poder central, como se sabe, encontra-se no art. 22, havendo outras tantas previstas no art. 48 e ainda algumas isoladas em outros dispositivos constitucionais. No caso da legislação sobre concessão de anistia, optou o constituinte por relacioná-la no art. 48, VIII, entre as atribuições do Congresso Nacional.

Art. 48, IX – organização administrativa, judiciária, do Ministério Público e da Defensoria Pública da União e dos Territórios e organização judiciária e do Ministério Público do Distrito Federal;

• *Vide* os comentários aos arts. 21, XIII, 22, XVII, 33, 61, § 1º, II, *b* e *d*, 127, § 2º, e 128, § 5º.

Art. 48, X – criação, transformação e extinção de cargos, empregos e funções públicas, observado o que estabelece o art. 84, VI, *b*;

José Carlos Francisco

1. História da norma

A competência atribuída à lei para a criação, transformação e extinção de cargos, empregos e funções públicas é tradicional no direito brasileiro, como forma de viabilizar o controle dessas medidas pelo mecanismo da separação de poderes. Já o art. 15, XVI, da Carta Imperial de 1824 previa que era da atribuição da Assembleia Geral criar ou suprimir empregos públicos, além de fixar-lhes ordenados.

Na Constituição de 1891, a matéria foi tratada no art. 34, n. 25, que confiava competência privativa para o Congresso Nacional criar e suprimir empregos públicos federais, e ainda para fixar-lhes as atribuições e estipular-lhes os vencimentos, preceito que foi alterado pelas Emendas à Constituição, de 03.09.1926, de modo que o Congresso Nacional, no então art. 34, n. 24, passou a ter atribuição para criar e suprimir empregos públicos federais, inclusive os das Secretarias das Câmaras e dos Tribunais, e ainda para fixar-lhes as atribuições e estipular-lhes os vencimentos. Essa Emenda de 1926 também inseriu o § 34 no art. 72 da Constituição de 1891, segundo o qual nenhum emprego podia ser criado, nem vencimento algum, civil ou militar, podia ser estipulado ou alterado senão por lei ordinária especial.

Na efêmera Constituição de 1934, a matéria foi tratada no art. 39, n. 6 e 8, *a*, segundo os quais competia privativamente ao Poder Legislativo, com a sanção do Presidente da República, criar e extinguir empregos públicos federais, fixar-lhes e alterar-lhes os vencimentos, sempre por lei especial, e ainda legislar sobre o exercício dos poderes federais.

A Carta de 1937, centralizando atribuições no Chefe do Poder Executivo (com inspiração na Carta da Polônia de 1935 e na Carta Portuguesa de 1933, dentre outros diplomas constitucionais vigentes à época), em seu art. 14 confiou ao Presidente da República, observadas as disposições constitucionais e nos limites das respectivas dotações orçamentárias, atribuições para "expedir livremente" decretos-leis sobre a organização do Governo e da Administração federal, o comando supremo e a organização das Forças Armadas. É verdade que o art. 156, *a*, da mesma Carta Constitucional previa a competência do Poder Legislativo para organizar o Estatuto dos Funcionários Públicos, bem como o quadro dos funcionários cujos cargos públicos foram criados em lei, mas a situação excepcional do Estado Novo deu amplos poderes para o Presidente da República expedir decretos-leis sobre todas as matérias da competência legislativa da União enquanto não se reunir o Parlamento nacional (art. 180), ao passo que o art. 186 desse diploma constitucional declarava estado de emergência em todo o país. Embora a restauração do regime democrático, feita pela Lei constitucional 09, de 28.02.1945, tenha dado nova redação ao art. 14 da Carta de 1937, o Presidente da República continuou com competência para "expedir livremente" decretos-leis sobre a organização da Administração Federal e o comando supremo e a organização das forças armadas (observadas as disposições constitucionais e nos limites das respectivas dotações orçamentárias), mas ao menos o art. 186 dessa Carta foi revogado pela Lei Constitucional 16, de 30.11.1945.

O art. 65, IV, da Constituição de 1946, novamente, previu a competência do Congresso Nacional, com a sanção do Presidente da República, para criar e extinguir cargos públicos e fixar-lhes os vencimentos, sempre por lei especial, o que restou mantido no ordenamento constitucional de 1967, que, em seu art. 46, IV, também confiou ao Congresso Nacional, com a sanção do Presidente da República, dispor mediante lei, sobre todas as matérias de competência da União, especialmente acerca da criação e extinção de cargos públicos e fixação dos respectivos vencimentos.

Já a Emenda Constitucional 1/1969, na ordem jurídica que outorgou, deu nova redação ao art. 43, V, da Constituição de 1967 para confiar ao Congresso Nacional, com a sanção do Presidente da República, a atribuição para dispor sobre todas as matérias de competência da União, especialmente criação de cargos públicos e fixação dos respectivos vencimentos, ressalvado o disposto no item III do art. 55, pelo qual o Presidente da República, em casos de urgência ou de interesse público relevante, e desde que não haja aumento de despesa, podia expedir decretos-leis para a criação de cargos públicos e para a fixação de vencimentos. Note-se que o art. 81, VIII, da Constituição de 1967, com a redação dada pela Emenda 1/1969, conferiu competência privativa ao Presidente da República para prover e extinguir os cargos públicos federais.

Visto nesta perspectiva histórica, o art. 48, X, da Constituição de 1988 mantém o controle pelo mecanismo da separação de poderes quanto à criação, transformação e extinção de cargos, empregos e funções públicas, abrindo certa autonomia para o Poder Executivo para o manuseio de regulamentos autônomos (conforme art. 84, VI, *b*, desse diploma constitucional).

2. Constituições brasileiras anteriores

Art. 15, XVI, da Carta de 1824; art. 34, n. 25, da Constituição de 1891, alterado para art. 34, n. 24, pelas Emendas à Constituição, de 03.09.1926, que também inseriram o § 34 do art. 72 do mesmo ordenamento constitucional; art. 39, n. 6 e 8, *a*, da Constituição de 1934; art. 14 (alterado pela Lei constitucional n. 9, de 28.02.1945), art. 156, *a*, art. 180 e art. 186 (revogado pela Lei Constitucional 16, de 30.11.1945), todos da Carta de 1937; art. 65, IV, da Constituição de 1946; art. 46, IV, e art. 95 da Constituição de 1967; art. 43, V, art. 55, III, art. 81, VIII, e art. 97 da Constituição de 1967 com redações dadas pela Emenda 1/1969.

3. Constituições estrangeiras

A Lei Fundamental de Bonn de 1949 (aplicável também à Alemanha unificada), nos moldes do sistema de governo parlamentarista que adota, prevê em seus arts. 73 a 75, competência exclusiva para lei federal tratar da situação jurídica das pessoas ao serviço da Federação e de entidades federais de direito público.

A Constituição Chinesa de 1982, com seu centralismo democrático (dividida em províncias, regiões autônomas e municípios), em seu art. 62, n. 3 e n. 6, estabelece que o Congresso Nacional do Povo tem competência para editar leis sobre os órgãos de Estado e outras matérias (inclusive militares), ao passo que o art. 89, n. 17, do mesmo ordenamento constitucional prevê competências do Conselho de Estado, incluindo a organização administrativa e a remoção de oficiais administrativos.

Já a Constituição Espanhola de 1978, em seu art. 8º, n. 2, menciona que lei orgânica organizará as forças armadas, enquanto o art. 103 prevê que os órgãos da Administração do Estado são criados, regidos e coordenados de acordo com a lei, que também cuidará do estatuto dos funcionários públicos, do acesso à função pública, e outros temas relativos ao exercício de suas funções.

No caso dos Estados Unidos, com as necessárias ressalvas da elevada autonomia confiada aos Estados-Membros e a entes públicos descentralizados (sobretudo as agências reguladoras), o art. I, Seção VIII, da Constituição de 1787, em sua parte final, estabelece a competência do Congresso Americano para fazer todas as leis necessárias e convenientes ao exercício dos poderes das matérias tratadas nessa seção (vale dizer, amplas matérias governamentais civis e militares), bem como ao exercício de todos os poderes atribuídos pela Constituição ao Governo dos Estados Unidos ou a qualquer departamento ou funcionário dele dependente. Esse preceito constitucional ainda prevê que cabe ao Congresso Americano recrutar e manter exércitos, organizar e manter marinha, bem como organizar, armar e disciplinar milícias. Já o art. II, Seção II, n. 2, do mesmo ordenamento constitucional prevê que o Presidente dos Estados Unidos, com parecer e acordo do Senado, designará embaixadores e outros representantes diplomáticos e cônsules, juízes do Supremo Tribunal e todos os restantes funcionários dos Estados Unidos que não tenham de ser providos nos cargos por outra forma prevista na Constituição, entendendo-se sempre que os respectivos cargos deverão ser criados por lei.

A Constituição Francesa de 1958 (Constituição da Vª República), em seu art. 11, estabelece que a organização dos poderes públicos está submetida à lei, que, inclusive, poderá ser levada a referendo popular. Por sua vez, o art. 34 da Constituição reserva à lei a criação de estabelecimentos públicos, bem como as leis de finanças (nas condições e com as reservas de lei orgânica). Contudo, a criação, a extinção ou a transformação de cargos públicos não foi reservada expressamente à lei pelo art. 34, de maneira que fica nos domínios do regulamento autônomo do Poder Executivo, nos moldes do art. 37 da Constituição de 1958.

Por sua vez, a Constituição Italiana de 1948 (promulgada em 1947), em seu art. 51 (com as alterações da Lei Constitucional de 30.05.2003), prevê que todos têm acesso aos cargos públicos, observados os requisitos estabelecidos em lei, ao passo que o art. 97 afirma que lei cuidará de estabelecer os órgãos públicos, bem como suas competências, atribuições e responsabilidades dos servidores.

No caso da Constituição Portuguesa de 1976, o art. 161, "c", prevê que cabe à Assembleia da República fazer leis sobre todas as matérias (salvo as reservadas pela Constituição ao Governo). O art. 164, "m" e "v", do ordenamento de 1976 estabelece que é da reserva exclusiva da Assembleia da República a competência para legislar sobre Estatuto dos titulares dos órgãos de soberania e do poder local, bem como dos restantes órgãos constitucionais ou eleitos por sufrágio direto e universal, bem como sobre Regime da autonomia organizativa, administrativa e financeira dos serviços de apoio do Presidente da República. Por fim, o art. 165, "t" e "aa", o art. 198, 1, "a", e o art. 199, "e", estabelecem a competência relativa da Assembleia da República (admitida delegação para o Governo) para legislar sobre as bases do regime e âmbito da função pública, e sobre o regime e forma de criação das polícias municipais.

4. Direito internacional

Tratados internacionais celebrados pelo Brasil não cuidam de temas versados nesse preceito constitucional.

5. Remissões constitucionais (outros artigos da Constituição) e legais (leis reguladoras)

Art. 5º, II, art. 37, I, art. 43, §§ 2º e 3º, art. 51, IV, art. 52, XIII, art. 61, § 1º, II, "a", art. 84, VI, e XXV, todos da Constituição de 1988; Lei Federal 10.683/2003; Lei n. 11.457/2007; Lei n. 13.502/2017.

6. Jurisprudência (STF e STJ): *leading cases*, principais posições e votos divergentes; tendências atuais no sentido da mudança da jurisprudência

No Tema 48 (RE 577.025, *DJE* de 06.06.2009), o STF afirmou que a Constituição da República não autoriza que o Governador do Distrito Federal crie cargos e reestruture órgãos públicos mediante a edição de simples decretos.

A Súmula 11 do E.STF prevê que *"A vitaliciedade não impede a extinção do cargo, ficando o funcionário em disponibilidade, com todos os vencimentos"*, entendimento que merece a ressalva quanto ao fato de o ordenamento atual diferenciar estabilidade (confiada a grande parte dos servidores) e vitaliciedade (reservada a poucos cargos, como membros da Magistratura, de Tribunais de Contas e do Ministério Público). O mesmo pode ser dito com relação à Súmula 12, também do E.STF, segundo a qual *"A vitaliciedade do professor catedrático não impede o desdobramento da cátedra"*, valendo destacar que essa vitaliciedade foi a reconhecida pelo art. 194 da Constituição de 1967 (com a Emenda 1/1969). Contudo, ao teor da Súmula 22 do STF, o estágio probatório não protege o funcionário contra a extinção do cargo.

A Súmula 38 do STF afirma que a *"reclassificação posterior à aposentadoria não aproveita ao servidor aposentado"* (acompanhada pelas Súmulas 4 e 173 do Tribunal de Contas da União), mas há divergências sobre a manutenção desse entendimento na vigência da Constituição de 1988 em razão de redação originária do art. 40, § 4º (já revogada pela Emenda 20/1998).

Acreditamos que a Súmula 39 do E.STF incide na vigência da Constituição de 1988 em favor do interesse público, de modo que *"à falta de lei, funcionário em disponibilidade não pode exigir, judicialmente, o seu aproveitamento, que fica subordinado ao critério de conveniência da administração"*. Contudo, é parcialmente aplicável a Súmula 358 do mesmo STF, segundo a qual *"o servidor público em disponibilidade tem direito aos vencimentos integrais do cargo"*, tendo em vista que o art. 40, § 3º, da Constituição de 1988 fala em remuneração proporcional ao tempo de serviço.

Na ADI 51/RJ, Pleno, v.u., Rel. Min. Paulo Brossard, *DJ* de 17.09.1993, p. 18926, o E. STF declarou a inconstitucionalidade da Resolução 2/1988, do Conselho Universitário da UFRJ, que dispunha sobre a eleição de reitor e vice-reitor dessa universidade federal por votos dos docentes, estudantes e servidores, pois a autonomia universitária prevista no art. 207 da Constituição deve se harmonizar com o art. 48, X, e o art. 84, XXV, ambos do mesmo ordenamento constitucional. No mesmo sentido foi o julgamento da ADI 578/RS, Pleno, m.v., Rel. Min. Maurício Corrêa, *DJ* de 18.05.2001, acerca do art. 213, § 1º, da Constituição do Estado do Rio Grande do Sul, e das Leis Gaúchas n. 9.233/1991 e 9.263/1991, cuidando de cargos de diretores de unidade de ensino público. Lista tríplice formada a partir do voto de docentes, estudantes e servidores e submetida à escolha do chefe do Poder Executivo é maneira adequada para harmonizar a essa situação.

A Súmula Vinculante 44 do STF afirma que *"Só por lei se pode sujeitar a exame psicotécnico a habilitação de candidato a cargo público"*, delimitando a autonomia dos órgãos superiores da administração para a imposição de requisitos em concursos públicos. A Súmula 173 do STJ prevê que *"compete à Justiça Federal processar e julgar o pedido de reintegração em cargo público federal, ainda que o servidor tenha sido dispensado antes da instituição do regime jurídico único"*.

A Súmula 378 do STJ estabelece que, *"Reconhecido o desvio de função, o servidor faz jus às diferenças salariais decorrentes"*.

7. Referências bibliográficas

BONAVIDES, Paulo. *História Constitucional do Brasil*, obra conjunta com Paes de Andrade, 3ª edição, Rio de Janeiro: Ed. Paz e Terra, 1991; DALLARI, Adilson Abreu. *Regime constitucional dos servidores públicos*. São Paulo: Revista dos Tribunais, 1992; DI PIETRO, Maria Sylvia Zanella; MOTTA, Fabrício; FERRAZ, Luciano de Araujo. *Servidores Públicos na Constituição Federal*. 3ª edição, São Paulo: Atlas, 2015; GARBAR, Christian. *Le droit applicable au personnel des entreprises publiques*. Paris: L.G.D.J., 1996; FRANCISCO, José Carlos. *Função Regulamentar e Regulamentos*. Rio de Janeiro: Forense, 2009; MELLO, Celso Antônio Bandeira de. *Regime constitucional dos servidores da administração direta e indireta*. São Paulo: Revista dos Tribunais, 1991; OLIVEIRA, Regis Fernandes de. *Servidores públicos*. São Paulo: Malheiros, 2008; ROCHA, Cármen Lúcia Antunes. *Princípios constitucionais dos servidores públicos*. São Paulo: Saraiva, 1999; THOMPSON, Dennis F. *La ética política y el ejercicio de cargos públicos*. Traducción Gabriela Ventureira. Barcelona: Gedisa, 1999; TREMEAU, Jérôme. *La réserve de loi – Compétence Législative et Constitution*. Paris e Aix-en-Provence: Economica et Presses Universitaires d'Aix-Marseille, 1997.

8. Comentários

8.1. Separação de Poderes, autonomias e controle do Poder Executivo e do Poder Judiciário pela lei

A separação de poderes confere a cada ente governamental autonomia para sua organização funcional e administrativa, de maneira que os Poderes Constituídos têm prerrogativas para cuidar de seus próprios serviços e de seus servidores. Essa autonomia dos Poderes da República se manifesta de diferentes maneiras, tais como competências para edição de regimentos internos sem vinculação à lei (art. 51, IV, pertinente à Câmara dos Deputados; art. 52, XIII, atinente ao Senado Federal; e art. 96, I, "b", relativo aos Tribunais do Poder Judiciário, todos da Constituição de 1988), bem como os denominados regulamentos de organização e de funcionamento que decorrem do art. 84, I e VI, "a", da ordem constitucional vigente.

Contudo, a separação de poderes é, sobretudo, um mecanismo de controle do poder público (identificada por expressões como "sistema de freios e contrapesos", *checks and balances* ou *le pouvoir arrêt le pouvoir*), razão pela qual o Constituinte Originário de 1988 entendeu por bem confiar apenas à lei a criação, a transformação e a extinção de cargos (efetivos ou em comissão), de empregos ou de funções públicas do Poder Executivo e do Poder Judiciário (ainda que cada um dos Poderes tenha iniciativa privativa para projetos de lei a esse respeito, p. ex., art. 61, § 1º, II, da Constituição).

É verdade que o art. 51, IV, da Constituição de 1988 (na redação dada pela Emenda 19/1998) estabelece que a Câmara dos Deputados tem competência privativa para, mediante resolução, dispor sobre a criação, transformação ou extinção dos cargos, empregos e funções de seus serviços. O mesmo ocorre com o Senado Federal, que não precisa de lei para a criação, transformação ou extinção dos cargos, empregos e funções de seus serviços, consoante prevê o art. 52, XIII, da Constituição, em claro tratamento desigual entre os poderes (embora seja certo que o Poder Judiciário e, sobretudo, o Poder Executivo têm muito mais cargos, empregos e funções pelas atribuições que exercem, se comparados às tarefas da Câmara e do Senado).

Portanto, a previsão do art. 48, X, da Constituição é dirigida ao Poder Executivo e ao Poder Judiciário, valendo lembrar que esse mandamento é reforçado pelo art. 96, II, "b", do mesmo ordenamento constitucional, segundo o qual compete ao Supremo Tribunal Federal (na redação dada pela Emenda 41/2003), aos Tribunais Superiores e aos Tribunais de Justiça propor ao Poder Legislativo respectivo, observado o disposto no art. 169, a criação e a extinção de cargos (além de outras matérias que especifica).

8.2. Finalidade do controle pela lei

A imposição de lei para a essas medidas previstas no art. 48, X, da Constituição de 1988 visa dar maior segurança, lisura e estabilidade na composição dos integrantes da Administração Pública. Certamente a criação de novos cargos, empregos ou funções públicas remuneradas, comissionadas ou gratificadas, a despeito de proporcionarem maiores condições para o desempenho das tarefas do Estado, gera maiores gastos para a Administração, evidenciando a necessidade de controle pela lei. Já a extinção de cargos, empregos e funções, igualmente, importa na reordenação das atividades estatais, além do que pode levar até mesmo ao desligamento de servidores e empregados (observados os limites constitucionais e legais para tanto), justificando o controle pela reserva de lei. Afinal, a extinção também gera a transformação, vale dizer, modalidade de provimento derivado pela qual se dá reenquadramento em novos cargos, empregos ou funções em decorrência de mudança de carreiras criadas por lei (com a necessária observância das respectivas atribuições e requisitos de formação profissional, e a correlação entre a situação então existente e a nova situação), realçando a necessidade de controle pela lei não só pelo remanejamento dos quadros dos serviços públicos em relação à qualidade da atividade estatal, mas também para preservação do critério imperativo de acesso a cargos, empregos e funções apenas por concursos públicos. O art. 84, XXV, da Constituição de 1988 reforça a necessidade do controle legal ao estabelecer que a extinção e também o provimento de cargos públicos federais deverão ser feitos na forma da lei.

8.3. Reserva de lei

Por se tratar de reserva de lei confiada à legislação ordinária, a criação, a transformação e a extinção de cargos, empregos ou funções públicas do Poder Executivo e do Poder Judiciário não podem ser objeto de atos regulamentares autônomos e de demais atos normativos ou administrativos de efeito concreto sem amparo em lei (com a ressalva do art. 84, VI, "b", da Constituição). Medidas provisórias e leis delegadas poderão tratar dos temas reservados à lei ordinária pelo art. 48, X, da Constituição, apenas em se tratando de servidores do Poder Executivo (já que a iniciativa de lei para dispor sobre servidores é privativa de cada um dos Poderes da República, com as reservas do art. 51, IV, e do art. 52, XIII, do ordenamento constitucional vigente)[1].

8.4. Modificações promovidas pela Emenda Constitucional 32/2001

Pelos motivos acima expostos, não acreditamos que o controle do Poder Legislativo em face do Poder Executivo e do Poder Judiciário seja excessivo, mas é certo que a Emenda Constitucional 32/2001 flexibilizou as exigências de reserva de lei para os temas em questão. Em sua redação originária, o art. 48, X, da Constituição estabelecia que a lei ordinária da União deveria cuidar da criação, da transformação e da extinção de cargos, empregos e funções, mas as alterações trazidas pela Emenda Constitucional 32/2001 introduziram ressalva nesse dispositivo para atribuir competência ao Presidente da República para a extinção de funções ou cargos públicos, quando vagos (art. 84, VI, "b", do ordenamento constitucional, também na redação da Emenda 32/2001). Essa competência confiada ao Presidente da República se caracteriza como reserva do Chefe do Executivo, tendo em vista que se trata de competência privativa confiada ao Poder Executivo para normatização, mediante decreto, de matéria expressamente ressalvada do princípio da universalidade ou generalidade das leis pelo art. 48, X, da Constituição (na redação dada pela Emenda 32/2001). Em outras palavras, em razão da ressalva feita no art. 48, X, determinando que seja observada a competência privativa do Presidente da República prevista no art. 84, VI, "b", do mesmo ordenamento constitucional, a conclusão lógica é que a Emenda 32/2001 não só abriu exceção à reserva de lei (permitindo que decreto presidencial faça a extinção de cargo ou função, quando vagos), mas criou reserva para o decreto presidencial (já que se trata de competência privativa do Chefe do Executivo, e não competência concorrente ou concomitante com a lei). Assim, a lei não poderá extinguir função ou cargo do Poder Executivo, quando vagos (embora possa extingui-los quando não vagos), sob pena de invadir a prerrogativa privativa do Presidente da República, nos termos do art. 84, VI, "b", da Constituição.

8.5. Exceção à reserva de lei e regulamentos autônomos

Por se tratar de ressalva à reserva de lei do art. 48, caput, da Constituição (fundamento geral para a universalidade das leis, juntamente com o art. 5º, II, do ordenamento de 1988), a exceção contida no inciso X desse mesmo art. 48 (combinado com o art. 84, VI, "b", na redação da Emenda 32/2001) deve ser interpretada restritivamente, razão pela qual esses decretos somente poderão ser editados pelo Poder Executivo, tratando-se de extinção de funções públicas ou cargos, "quando vagos". Por óbvio, se os cargos e funções não estão vagos, sua extinção depende de lei (exceto se o tema estiver na competência privativa da Câmara ou do Senado, conforme os arts. 51, IV, e 52, XIII, da Constituição). A Emenda 32/2001 não conferiu iguais competências para o Poder Judiciário, que continua dependendo da lei exigida pelo art. 48, X, da Constituição.

Note-se que a edição desse decreto presidencial, fundamentado no art. 84, VI, "b", do ordenamento constitucional, pode assumir forma normativa (se apresentar generalidade, abstração, impessoalidade, imperatividade e inovação) ou forma de ato administrativo de efeito concreto (se cuidar de uma situação específica), de modo que somente na primeira hipótese estaremos diante de regulamento autônomo. Em condições normais, o reconhecimento da desnecessidade do cargo tem características de ato de efeito concreto, mas é possível que esse reconhecimento se dê de modo normativo, configurando o regulamento autônomo.

8.6. Delegação de competências na exceção à reserva de lei

Convém lembrar que a competência para a extinção de funções ou cargos públicos, quando vagos (art. 84, VI, "b", do ordenamento constitucional, na redação da Emenda 32/2001), pode ser delegada pelo Presidente da República aos Ministros de Esta-

---

1. A Lei n. 9.649/1998 (com alterações promovidas pela MP 2.216-37/2001) promoveu ampla transformação, transferência, extinção, e criação de cargos do Poder Executivo, valendo destacar o art. 37-A, que extinguiu 7.634 cargos em comissão e funções gratificadas. Por sua vez, a Lei n. 10.683/2003 (que revogou a Lei n. 9.649/1998) também fez ampla transformação, transferência, extinção, e criação no Poder Executivo, como se pode notar no art. 41, com extinções de milhares de cargos em comissão e de funções gratificadas com a finalidade de compensar o aumento de despesa decorrente dos cargos criados pelos arts. 35, 36, 37, 38, 39 e 40 dessa mesma lei. No mesmo sentido, a Lei n. 13.502/2017 promoveu mudanças da mesma ordem, essencialmente motivada pela crise financeira que assolou o período.

do (ou àqueles Secretários que têm *status* de Ministros), ao Advogado-Geral da União e ao Procurador-Geral da República, nos termos do art. 84, parágrafo único, da Constituição, que também terão liberdade ou discricionariedade político-administrativa para extinção ressalvada da reserva de lei pelo art. 48, X, do ordenamento constitucional de 1988.

8.7. Teto de gastos e desvio de função

A Emenda Constitucional 95/2016 impõe severos e prolongados limites a despesas públicas, o que provavelmente impactará na criação de cargos, empregos e funções. Mesmo supondo que a robotização e diversas outras maneiras de informatização possam minimizar a necessidade de atuação direta de pessoal, os déficits socioeconômicos brasileiros têm exigido importante participação estatal, razão pela qual é crível que os próximos anos acusem um incremento de casos de desvios de função (caminho mais fácil se comparado à edição de lei). Essa prática ilegal de remanejamento de pessoal não é legitimada pelo argumento do melhor atendimento ao interesse público, mesmo porque, reconhecido o desvio de função, o servidor (nem sempre qualificado) fará jus às diferenças salariais decorrentes (Súmula 378 do STJ), razão pela qual o caminho a ser trilhado é o fixado pelo art. 48, X, da Constituição.

8.8. Preceito extensível e simetria

Embora o art. 48, X, da Constituição seja expressamente dirigido à União Federal (o que abrange a Administração Direta, bem como autarquias e fundações públicas), acreditamos que esse mandamento também deve ser respeitado por Estados-membros, Distrito Federal e por Municípios, em razão de se revelar como preceito extensível, daí por que é aplicável às demais unidades estatais pelo critério da simetria.

Art. 48, XI – criação e extinção de Ministérios e órgãos da administração pública;

José Carlos Francisco

1. História da norma

Predomina no histórico das Constituições Brasileiras a reserva de lei para criação e extinção de Ministérios do Poder Executivo e órgãos do mesmo poder, bem como para definir as competências correspondentes. Na Carta Constitucional do Império de 1824, o art. 131 previa a existência de diferentes Secretarias de Estado, cabendo à lei designar os negócios pertencentes a cada uma, bem como seu número, podendo ainda reuni-las ou separá-las (como mais conviesse). A despeito de a ordem constitucional de 1891 não trazer dispositivo expresso a esse propósito, a criação e a extinção de Ministérios devia ser feita pela lei, sobretudo por conta do princípio republicano fortemente defendido nesse período da história brasileira.

Já o art. 39, n. 8, "a", da Constituição de 1934 confiou competência privativa ao Poder Legislativo, com a sanção do Presidente da República para legislar sobre o exercício dos poderes federais, sendo que o art. 60 dispôs sobre competências de Ministros de Estado, além de atribuições confiadas por lei ordinária.

Baseado na ordem constitucional polonesa de 1935 e na ordem portuguesa de 1933 (dentre outros diplomas constitucionais vigentes à época), o art. 14 da Carta de 1937 atribuiu ao Presidente da República a possibilidade de "expedir livremente" decretos-leis sobre a organização do Governo e da Administração federal, o comando supremo e a organização das Forças Armadas, observadas as disposições constitucionais e nos limites das respectivas dotações orçamentárias. O regime autocrático do Estado Novo proporcionou amplos poderes para o Presidente da República expedir decretos-leis sobre todas as matérias da competência legislativa da União enquanto não se reunia o Parlamento Nacional (art. 180), mesmo porque o art. 186 desse diploma constitucional declarou estado de emergência em todo o País. Somente com o início da restauração do regime democrático, pela Lei constitucional 9, de 28.02.1945, foi alterada a redação do art. 14 da Carta de 1937, mesmo assim o Presidente da República pôde "expedir livremente" decretos-leis sobre a organização da Administração Federal e o comando supremo e a organização das forças armadas (observadas as disposições constitucionais e nos limites das respectivas dotações orçamentárias). A "normalidade" democrática foi restaurada apenas com a Lei Constitucional 16, de 30.11.1945, que revogou o art. 186 dessa Carta Constitucional, até a promulgação de novo ordenamento constitucional.

O início da vigência da Constituição de 1946 se fez com previsões constitucionais confiando à lei a competência para determinar as atribuições dos Ministros de Estado (art. 91), mas a efêmera mudança do sistema de governo presidencialista para o parlamentarista deu contornos completamente diferentes à organização ministerial (tanto que o art. 19 da Emenda Constitucional 4/1961, permitia ao Primeiro-Ministro assumir a direção de qualquer Ministério). A Emenda 6, de 23.01.1963, revogou os dispositivos da Emenda Constitucional 4/1961 e repristinou as normas da Constituição de 1946 (salvo o art. 61 e pequena alteração no art. 79, § 1º) para restaurar o sistema presidencialista, embora mereçam registros os múltiplos atos institucionais e demais normas do Regime Militar implantado após o "Golpe de Estado" de 1964, que maltrataram a ordem constitucional vigente.

O art. 46 da Carta Constitucional de 1967 estabeleceu que ao Congresso Nacional, com a sanção do Presidente da República, cabia dispor sobre todas as matérias de competência da União, trazendo rol exemplificativo no qual não fez referência expressa à criação de Ministérios ou órgãos administrativos do Poder Executivo, mas o art. 87 da mesma Carta tratou de competências dos Ministros de Estado, além das atribuições que a Constituição e as leis estabelecessem. Já a Emenda Constitucional 1/1969, reformulando a Carta de 1967, passou a ter em seu art. 81, V, a competência privativa do Presidente da República para dispor sobre a estruturação, atribuições e funcionamento dos órgãos da administração federal, do que decorreu a possibilidade de criação de órgãos por decretos (desde que não implicasse aumento de despesas), mas, em seu art. 85, constam competências dos Ministros de Estado, e abriu a possibilidade de leis estabelecerem outras atribuições.

2. Constituições brasileiras anteriores

Art. 131, art. 132 e art. 136 da Carta Constitucional Imperial de 1824; art. 39, n. 8, "a", art. 56 e art. 60 da Constituição de

1934; art. 14 (alterado pela Lei Constitucional 9/1945), art. 75, art. 180 e art. 186 (revogado pela Lei Constitucional 16/1945), da Carta do Estado Novo de 1937; art. 87 e art. 91 da Constituição de 1946 (alterados com a introdução do parlamentarismo pela Emenda Constitucional 4/1961 mas repristinados por força da Emenda Constitucional 6/1963, com as rupturas dos atos institucionais e normas complementares editadas a partir de 1964; art. 83 e art. 87 da Constituição de 1967, convertidos em art. 81, V, e art. 85 por força da nova ordem outorgada pela Emenda 1/1969.

3. Constituições estrangeiras

A Constituição Chinesa de 1982, em seu art. 62, n. 3 e 5, estabelece que o Congresso Nacional do Povo tem competência para editar leis sobre os órgãos de Estado e outras matérias, bem como sobre ministérios, comissões e outros órgãos que especifica (inclusive militares).

Já a Constituição Espanhola de 1978, em seu art. 8º, n. 2, menciona que lei orgânica organizará as forças armadas, enquanto o art. 103 do mesmo ordenamento prevê que os órgãos da Administração do Estado são criados, regidos e coordenados de acordo com a lei, que também cuidará do estatuto dos funcionários públicos, do acesso à função pública, e outros temas relativos ao exercício de suas funções. Por sua vez, o art. 98 da Constituição estabelece que o Governo é composto pelo Presidente (ou Primeiro-Ministro), pelos Vice-Presidentes, pelos Ministros e pelos demais membros estabelecidos em lei.

O art. I, Seção VIII, da Constituição de 1787, em sua parte final, dispõe que é da competência do Congresso Americano fazer todas as leis necessárias e convenientes ao exercício das atribuições tratadas nessa seção (vale dizer, diversos assuntos governamentais civis e militares), bem como quanto ao exercício de todas as funções conferidas pela Constituição ao Governo dos Estados Unidos ou a qualquer departamento ou funcionário dele dependente. O art. I, Seção VIII, da Constituição Americana também prevê que cabe ao Congresso Americano recrutar e manter exércitos, organizar e manter marinha, bem como organizar, armar e disciplinar milícias. Convém lembrar que a Administração Pública americana, desde o final do século XIX, serve-se de agências executivas e, sobretudo, de agências reguladoras (com ampla autonomia para a gestão de segmentos de interesse público).

O art. 34 da Constituição Francesa de 1958 reserva aos domínios da lei a criação de estabelecimentos públicos, bem como as leis de finanças (nas condições e com as reservas de lei orgânica), ao passo em que o art. 11 do mesmo ordenamento constitucional prevê que a organização dos poderes públicos está submetida à lei (que inclusive poderá ser levada a referendo popular)

Na Constituição Italiana de 1948, o art. 83, o art. 87, o art. 92 e o art. 93 dispõem sobre o sistema parlamentarista, prevendo Presidente da República (eleito pelo Parlamento com a participação de delegados de cada Região Italiana, com atribuições de Chefe de Estado e de representante da unidade nacional) e Primeiro-Ministro (indicado pelo Presidente da República), ao passo em que os Ministros que compõem o Conselho de Ministros também são indicados pelo Presidente da República (sob indicação do Primeiro-Ministro). O art. 95 dessa Constituição estabelece que lei fixará o número, a atribuição e a organização dos ministérios.

O art. 161, "c", da Constituição Portuguesa de 1976 prevê que cabe à Assembleia da República, mediante leis, cuidar de todas as matérias de interesse da República (salvo as reservadas pela Constituição ao Governo). Nessa linha, o art. 164, "m" e "v", dessa Constituição confere competência exclusiva à Assembleia da República para editar leis sobre os titulares dos órgãos de soberania e do poder local, bem como dos restantes órgãos constitucionais ou eleitos por sufrágio direto e universal, e ainda sobre o regime da autonomia organizativa, administrativa e financeira dos serviços de apoio do Presidente da República. Já o art. 165, "t" e "aa", e art. 198, 1, "a", da Constituição estabelecem a competência relativa da Assembleia da República (admitida delegação para o Governo) para legislar sobre bases do regime e âmbito da função pública, e também quanto ao regime e forma de criação das polícias municipais. Dispondo sobre o sistema parlamentarista português, o art. 182 da Constituição estabelece que o Governo é constituído pelo Primeiro-Ministro (incluindo um ou mais Vice-Primeiros-Ministros), pelos Ministros e pelos Secretários e Subsecretários de Estado, e o art. 183, n. 3, fixa que o número, a designação e as atribuições dos ministérios e secretarias de Estado, bem como as formas de coordenação entre eles, serão determinados, consoante os casos, pelos decretos de nomeação dos respectivos titulares ou por decreto-lei. Afinal, o art. 184, n. 2, dessa Constituição prevê que a lei pode criar Conselhos de Ministros especializados em razão da matéria.

4. Direito internacional

Tratados internacionais celebrados pelo Brasil não cuidam de temas versados nesse preceito constitucional.

5. Remissões constitucionais (outros artigos da Constituição) e legais (leis reguladoras)

Art. 12, § 1º, e § 3º, VII, art. 51, IV, art. 52, XIII, art. 61, § 1º, II, "e", art. 84, I, parágrafo único, art. 87, art. 88, art. 89, VI, e art. 91, IV, V, VI e VII todos da Constituição de 1988; Lei n. 10.683/2003; Lei n. 11.457/2007; Lei n. 13.502/2017.

6. Jurisprudência (STF e STJ): *leading cases*, principais posições e votos divergentes; tendências atuais no sentido da mudança da jurisprudência

Na vigência da Constituição de 1967, ao julgar a Representação de Inconstitucionalidade 1.508/MT, Pleno, v.u., Rel. Min. Oscar Corrêa, *DJ* de 27.10.1988, o E. STF afirmou a possibilidade de criação de órgãos por decreto, pois isso não importa necessariamente gastos públicos, nem mesmo consectário infalível para criar novos cargos. Nessa representação, o E. STF cuidou do Decreto 406/1987, do Estado de Mato Grosso, que alterou a estrutura organizacional de órgãos e entidades da administração direta e indireta, amparando sua decisão no art. 81, V, da Constituição de 1967 (com redação dada pela Emenda Constitucional 1/1969).

Na ADI-MC 2415/SP, o E.STF, Pleno, m.v., Rel. Min. Ilmar Galvão, *DJ* de 20.02.2004, analisando o Provimento

747/2000, do Conselho Superior da Magistratura do Estado de São Paulo (com alterações do Provimento 750/2001), que dispôs sobre a reorganização das delegações de registro e notas do interior do Estado, reconheceu a competência dos Tribunais (com amparo no art. 96, I, "b", da Constituição) para dispor sobre o assunto, sem violação à reserva de lei. Nesse julgado, o E.STF afirmou que, não se tratando da criação de novos cargos públicos, os Tribunais de Justiça têm competência para delegar, acumular e desmembrar serviços auxiliares dos juízos, ainda que prestado por particulares, como os desempenhados pelas serventias extrajudiciais.

Na ADI 2719/ES, o Pleno do STF, v.u., Rel. Min. Carlos Velloso, *DJ* de 25.04.2003, p. 032, tratando da Lei n. 7.157/2002, do Estado do Espírito Santo, que atribui tarefas ao DETRAN/ES, cuja iniciativa foi de parlamentar, deixou assentado que o art. 61, § 1º, II, "e", e o art. 84, II e VI, ambos da Constituição, atribuem iniciativa privativa do Chefe do Poder Executivo para a proposta de lei que vise a criação, estruturação e atribuição de órgãos da administração pública, asseverando que as regras do processo legislativo federal, especialmente as que dizem respeito à iniciativa reservada, são normas de observância obrigatória pelos Estados-membros. No mesmo sentido, há também a ADI 2569/CE, Pleno, v.u., Rel. Min. Carlos Velloso, *DJ* de 02.05.2003, p. 026, cuidando das Leis cearenses n. 13.145/2001 e 13.155/2001, no qual restou assentado que o art. 61, § 1º, II, "a", "c" e "e", e o art. 63, I, da Constituição Federal, dispondo sobre as regras do processo legislativo, especialmente as que dizem respeito à iniciativa reservada, são normas de observância obrigatória pelos Estados-membros. Assim, as leis relativas à remuneração do servidor público, que digam respeito ao regime jurídico destes, que criam ou extingam órgãos da administração pública, são de iniciativa privativa do Chefe do Executivo, enfatizando que em matéria de iniciativa reservada do Poder Executivo, devem ser observadas as restrições ao poder de emenda previstas no art. 63, I da Constituição.

E no Tema 48 (RE 577.025, *DJE* de 06.06.2009), o STF afirmou que a Constituição da República não autoriza que o Governador do Distrito Federal crie cargos e reestruture órgãos públicos mediante a edição de simples decretos.

7. Referências bibliográficas

BONAVIDES, Paulo. *História Constitucional do Brasil*, obra conjunta com Paes de Andrade, 3ª ed., Rio de Janeiro: Ed. Paz e Terra, 1991; ELGIE, Robert. *Semi-presidentialism in Europe*. New York: Oxford Univ. Press, 2004; FERREIRA FILHO, Manoel Gonçalves. *Do Processo Legislativo*, 4ª ed., São Paulo: Saraiva, 2001; FRANCISCO, José Carlos. *Função Regulamentar e Regulamentos*. Rio de Janeiro: Forense, 2009; FULBRIGHT, J. William. *Problemas do presidencialismo americano*, trad. Etelvina C. da Silva Porto, Brasília: Câmara dos Deputados, Coordenação de Publicações, 1993; HAGGARD, Stephan; MCCUBBINS, Mathew D. *Presidents, parliaments, and policy*. Cambridge: Cambridge University Press, 2000; HAYES-RENSHAW, Fiona; WALLACE, Helen. *The council of ministers*. New York: Palgrave Macmillam, 2006; MAINWARING, Scott; SHUGART, Matthew Soberg. *Presidentialism and democracy in Latin America*. Cambridge: Cambridge University Press, 1997; MORAES, Alexandre de. *Presidencialismo*. São Paulo: Atlas, 2004; NUGENT, Neill. *Government and politics of the European Union*. London: Macmillan, 1999; RENAULT, Christiana Noronha. *Os Sistemas de governo na república*. Porto Alegre: Sérgio Antonio Fabris Editor, 2004; SALDANHA, Nelson. *O Estado Moderno e a Separação de Poderes*. São Paulo: Saraiva, 1987; SARTORI, Giovanni. *Engenharia constitucional*: como mudam as constituições, trad. Sérgio Bath, Brasília: UnB, 1996; SCHRAMECK, Olivier. *Les cabinets ministeriels*. Paris: Dalloz, 1995; TAMER, Sergio Victor. *Fundamentos do Estado democrático e a hipertrofia do executivo no Brasil*. Porto Alegre: Sérgio Antonio Fabris Editor, 2002; SUNDFELD, Carlos Ari. Criação, estruturação, e extinção de órgãos públicos – limites da lei e do decreto regulamentar, *Revista de Direito Público* 97, jan.-mar. de 1991; TREMEAU, Jérôme. *La réserve de loi – Compétence Législative et Constitution*. Paris e Aix-en-Provence: Economica et Presses Universitaires d'Aix-Marseille, 1997.

8. Comentários

8.1. Ministérios e Órgãos, prioridades e políticas públicas

A criação e a extinção de Ministérios e órgãos da Administração Pública representam um dos indicadores que revelam as intenções do Poder Executivo no que tange às políticas públicas prioritárias que pretende desenvolver. Certamente há diversos outros fatores que definem as ações governamentais (p. ex., planos plurianuais alicerçados em normas constitucionais programáticas e em programas de governo exibidos nas campanhas eleitorais), mas a especialização de tarefas que acompanha a desconcentração com a criação desses Ministérios e órgãos do Poder Executivo (assim como a extinção dos mesmos) também reflete as propostas governamentais consideradas relevantes pelos governantes.

8.2. Separação de Poderes e finalidades do controle do Poder Executivo

A criação e a extinção de Ministérios e órgãos da Administração Pública estão subordinadas à lei para viabilizar a separação de poderes, pela qual há controle do Poder Executivo pelo Poder Legislativo concernente às prioridades e às políticas públicas a serem desenvolvidas, além dos correlatos controles de gastos (normalmente gerados com a criação de Ministérios e órgãos ministeriais, sobretudo com novos cargos, empregos e funções públicas, ou transformações desses já existentes, o que remete para o art. 48, X, da Constituição), bem como da lisura e da estabilidade na Administração Pública. A importância dada pelo Constituinte a esse controle do Poder Executivo pelo Poder Legislativo é demonstrada tanto pela redação do art. 48, XI, da Constituição como pelo teor do art. 88 do mesmo ordenamento constitucional, segundo o qual a lei disporá sobre a criação e extinção de Ministérios e órgãos da administração pública.

Enfatizamos que o art. 48, XI, da Constituição prevê lei para criação e extinção de "Ministérios" e órgãos da Administração Pública". Primeiro, somente o Poder Executivo possui Ministérios, de acordo com a tradição constitucional brasileira e o ordenamento de 1988; segundo, no que concerne a órgãos, entendemos que a competência para organização e funcionamento confiada a cada um dos poderes traz implícita a atribuição para a criação de órgãos administrativos, sendo essa a justificativa da ressalva feita na parte final do art. 84, VI, "a", da Constituição (na redação dada pela Emenda 32/2001)[1]. Assim, a Câmara dos Deputados e o Senado Federal podem criar seus órgãos administrativos por decisão própria, sem a necessidade de lei, em razão da competência privativa que têm para dispor sobre sua organização, funcionamento, polícia, criação, transformação ou extinção dos cargos, empregos e funções de seus serviços (art. 51, IV, e art. 52, XIII, da Constituição). Do mesmo modo, o Poder Judiciário poderá criar seus órgãos administrativos com base em atos normativos por ele editados (ao teor da autonomia confiada pelo art. 96, I, da Constituição), embora algumas medidas dependam necessariamente de lei, tal como fixa o art. 96, II, "b", do ordenamento constitucional de 1988 (na redação dada pela Emenda 41/2003), segundo o qual compete ao Supremo Tribunal Federal, aos Tribunais Superiores e aos Tribunais de Justiça propor ao Poder Legislativo respectivo, observado o disposto no art. 169, a alteração do número de membros dos tribunais inferiores, a criação e a extinção de cargos e a remuneração dos seus serviços auxiliares e dos juízes que lhes forem vinculados, a criação ou extinção dos tribunais inferiores, a alteração da organização e da divisão judiciárias, e outras matérias que indica.

8.3. Reserva legal

Salvo expressas exceções feitas pelo Constituinte, a criação e a extinção de Ministérios e de órgãos da Administração Pública em princípio estão sujeitas à reserva de lei, bastando lei ordinária para tratar desses temas (já que o Constituinte referiu-se apenas à "lei", sobretudo no art. 88), cuja iniciativa é privativa do Presidente da República (art. 61, § 1º, II, "e", da Constituição). Contudo, esses temas também poderão ser objeto de medida provisória (obviamente, desde que presentes os requisitos excepcionais do art. 62 da Constituição) ou de lei delegada, mas seguramente não poderão ser tratados por atos regulamentares do Chefe do Executivo, por atos normativos ministeriais e, por certo, também não podem ser objeto de atos administrativos do Presidente da República ou de Ministros de Estado[2].

Vale salientar que o Constituinte impõe a reserva de lei tanto para Ministérios (diretamente vinculados ao Presidente da República) como para órgãos da administração pública, de maneira que a exigência de lei ordinária se estende para Secretarias, Superintendências e demais departamentos do Poder Executivo vinculados a Ministérios ou à própria Presidência da República.

8.4. Ministérios expressamente previstos pela Constituição

Embora o art. 48, XI, e o art. 88, ambos do ordenamento de 1988, confiem discricionariedade ao legislador ordinário para criação e a extinção de Ministérios e órgãos da administração pública, em alguns casos o próprio Constituinte (Originário ou Reformador) faz referências expressas a determinados Ministérios ou órgãos no corpo permanente do ordenamento de 1988 (como é o caso do Ministério de Estado da Defesa no art. 12, § 3º, VII, e art. 91, V, do Ministério da Justiça no art. 89, VI e no art. 91, IV, do Ministério das Relações Exteriores no art. 91, VI, e do Ministério do Planejamento no art. 91, VII). No caso do Ministério da Fazenda, há expressa menção no art. 237 do corpo permanente, bem como no art. 91, § 4º, do ADCT. O art. 8º, § 5º, do ADCT falava de Ministros Militares, que deixaram de existir com a criação do Ministério de Estado da Defesa (nos termos da Emenda Constitucional 23/1999).

Nesses casos, por existirem mandamentos constitucionais com indicações explícitas acerca de Ministérios, é necessária a previsão dos mesmos nas leis competentes, ainda que suas atribuições desses possam estar aglutinadas (p. ex., Ministério da Fazenda e do Planejamento). Tomando como exemplo o Ministério da Justiça, o Ministro tem assento no Conselho da República e no Conselho de Defesa Nacional (art. 89, VI, e art. 91, IV, da Constituição).

8.5. Modificações promovidas pela Emenda Constitucional 32/2001

A Emenda Constitucional 32/2001 flexibilizou o controle do Poder Legislativo na organização ministerial pelo Poder Executivo. Em sua redação original, o art. 48, XI, da Constituição, exigia reserva de lei para a criação, estruturação e atribuições dos Ministérios e órgãos da Administração Pública, ao passo em que o art. 88 do ordenamento constitucional vigente previa que a lei deveria dispor sobre a criação, estruturação e atribuições dos Ministérios. Já o art. 61, § 1º, II, "e", da Constituição inicialmente previa iniciativa exclusiva do Presidente da República para criação, estruturação e atribuições dos Ministérios e órgãos da administração pública.

A Emenda 32/2001 deu nova redação a esses dispositivos, eliminando a reserva de lei para a estruturação e atribuições de Ministérios e órgãos (ao mesmo tempo que fez expressa exigência de lei para a extinção dos mesmos), de modo que essa mesma Emenda Constitucional confiou plena autonomia ao Presidente da República para dispor, mediante decreto, sobre organização e funcionamento da Administração Federal, quando não implicar aumento de despesa nem criação ou extinção de órgãos públicos (art. 84, VI, "a", da Constituição, com redação incluída pela Emenda 32/2001).

8.6. As supressões da Emenda 32/2001 e os Regulamentos Autônomos do art. 84, VI, "a", da Constituição

As novas disposições decorrentes da Emenda Constitucional 32/2001 reconhecem ao Poder Executivo prerrogativa que o Constituinte já tinha atribuído aos demais Poderes da República, qual seja, a competência para sua auto-organização sem vinculação à lei (art. 51, IV, pertinente à Câmara dos Deputados, art. 52, XIII, atinente ao Senado Federal e art. 96, I, "b", relativo aos Tribunais do Poder Judiciário, todos da Constituição de 1988).

Acreditamos que essa autonomia confiada ao Presidente da República, pela combinação das novas redações do art. 48, XI, do art. 61, § 1º, II, "e", do art. 84, VI, "a", e do art. 88, todos da Constituição de 1988, permitem a edição dos denominados re-

---

1. O art. 81, V, da Constituição de 1967 (com a Emenda 1/1969) atribuía competência privativa do Presidente da República para dispor sobre a estruturação, atribuições e funcionamento dos órgãos da administração federal, do que decorreu a possibilidade de criação de órgãos por decretos (desde que não implicasse aumento de despesas), tal como decidiu o STF, na Representação de Inconstitucionalidade 1.508/MT, Pleno, v.u., Rel. Min. Oscar Corrêa, DJ de 27.10.1988.

2. Sobre o assunto, ver Leis n. 9.649/1998, 10.683/2003 e 13.502/2017.

gulamentos autônomos de efeito interno, cujas normas devem se restringir aos temas de organização e funcionamento da Administração do Poder Executivo (ainda que possam produzir efeitos reflexos ou indiretos para todos cidadãos que venham se dirigir aos Ministérios e órgãos do Poder Executivo). Convém lembrar que o art. 84, VI, "a", da Constituição exclui expressamente a edição de regulamento autônomo se este gerar aumento de despesa (o que normalmente ocorre com a criação de novos cargos, empregos e funções públicas), ou criação ou extinção de órgãos públicos, matérias confiadas à reserva de lei, pelos motivos acima expostos (art. 48, X, e XI, art. 61, § 1º, II, "e", e art. 88 da Constituição).

Note-se que a competência normativa reservada ao Presidente da República pelo art. 84, VI, "a", do ordenamento constitucional, também pode ser delegada aos Ministros de Estado (ou àqueles Secretários que têm *status* de Ministros), ao Advogado-Geral da União e ao Procurador-Geral da República, nos termos do art. 84, parágrafo único, da Constituição, que também terão liberdade ou discricionariedade político-administrativa para organização e funcionamento do seu respectivo ministério.

8.7. Presidencialismo de coalisão, fisiologismo e controle judicial

Se de um lado o sistema constitucional confia discricionariedade política ao legislador ordinário para criação e extinção de Ministérios e órgãos da administração pública, de outro lado o mesmo ordenamento constitucional impõe parâmetros para o exercício dessa discricionariedade. Boa-fé, qualitativos éticos e morais e demais estruturas comportamentais são imperativos para compreensão racional, sincera e transparência do exercício dessas escolhas discricionárias.

O controle judicial de leis editadas com amparo no art. 48, XI, da Constituição é extraordinário, restringindo-se a aspectos formais e, excepcionalmente, a temas materiais nos quais houver manifesta, inequívoca e objetiva violação da discricionariedade. Somos obrigados a aceitar como válidas situações limítrofes entre a legítima composição do Presidencialismo por coalisão e as adequações fisiológicas de apoio político, mas o histórico brasileiro das últimas décadas nos move a registrar a possibilidade de controle judicial (pela via processual própria) como forma de conter fraquezas morais e éticas que configurem abuso aos primados do Estado de Direito. Da mesma maneira, o controle judicial não pode servir de instrumento ilegítimo de oposição política ou palco impróprio para ativismos de qualquer ordem, porque a análise do problema judicializado deve ser feita a partir de parâmetros jurídicos.

8.8. Preceito extensível e simetria

As disposições do art. 48, XI, da Constituição, embora expressamente dirigidas ao Poder Executivo Federal (Administração Direta, pois cuida de Ministérios e órgãos ministeriais) também são aplicáveis aos Estados-Membros, ao Distrito Federal e aos Municípios, tendo em vista que esse comando constitucional é preceito extensível (aplicável às demais unidades pelo critério da simetria).

Art. 48, XII – telecomunicações e radiodifusão;

Fernanda Dias Menezes de Almeida

A competência da União para legislar sobre telecomunicações e radiodifusão já está prevista no art. 22, IV, sendo perfeitamente ociosa a inclusão da matéria entre as do art. 48, XII, sobre as quais cabe ao Congresso Nacional dispor. Remete-se, portanto, o leitor aos comentários feitos ao art. 22, IV, e também ao art. 21, XI e XII, "a" e "b", em que se cuida da competência material correspondente.

Art. 48, XIII – matéria financeira, cambial e monetária, instituições financeiras e suas operações;

XIV – moeda, seus limites de emissão, e montante da dívida mobiliária federal;

Fernando Facury Scaff
Luma Cavaleiro de Macedo Scaff

---

1. Origem do texto

Texto originário da Constituição de 1988.

2. Constituições brasileiras anteriores

Art. 15; art. 98 da Constituição de 1824; art. 18; art. 34 da Constituição de 1891; art. 39 e 40 da Constituição de 1934; art. 16, IX da Constituição de 1937; art. 5º, XV, "b", da Constituição de 1946; art. 8º, XVII, "c", da Constituição de 1967. Com a alteração da emenda constitucional de 1969, ver art. 8º, XVIII, "c", e art. 43, II.

3. Preceitos constitucionais correlacionados da Constituição de 1988

Arts. 2º, 37, XI, 44 a 47, 49 a 52, 163 e 192 da Constituição de 1988.

4. Legislação

Lei 4.595/64 (Lei do Conselho Monetário Nacional); Lei 4.320/64 (Normas gerais de direito financeiro para elaboração e controle de orçamentos e balanços da União, dos Estados, dos Municípios e do Distrito Federal); Lei 9.830/80 (Lei de Execução Fiscal); Decreto-Lei 1.833/80 (Extingue a vinculação a categorias econômicas, na aplicação dos Estados, Distrito Federal, Territórios e Municípios); Lei Complementar 101/2000 (Normas de finanças públicas voltadas para a responsabilidade na gestão fiscal); Decreto-Lei 2044/1908 (Letra de Câmbio e Nota Promissória e outras operações cambiais); Decreto 57.663/1966 (Lei Uniforme de Genebra).

5. Bibliografia

SILVA, José Afonso da. *Curso de Direito Constitucional Positivo*. São Paulo: Malheiros, 2017. BONAVIDES, Paulo. *Curso de Direito Constitucional*. São Paulo: Malheiros, 2017. OLIVEIRA, Regis Fernandes de. *Curso de Direito Financeiro*. São Paulo: Revista dos Tribunais, 2017. TORRES, Heleno Taveira. *Direito constitucional financeiro* – Teoria da Constituição financeira. São

Paulo: RT, 2014. TORRES, Ricardo Lobo. *Curso de Direito Financeiro e Tributário*. Rio de Janeiro: Renovar, 2017.

6. Anotações

1. O *caput* do artigo estabelece a competência da União, atribuindo-a ao Congresso Nacional, e, nestes incisos, menciona-a para matérias de Direito Financeiro e ao Direito Monetário. Trata-se de rol de matérias de competência privativa do Congresso Nacional que exige a sanção do Presidente da República.

2. A expressão "matéria financeira" constante do inciso XIII não possui a devida precisão, pois pode-se entender como tal tanto o disposto na disciplina de direito financeiro "público", que é tratada no art. 163, CF, e que, por sua vez, integra a competência concorrente da União juntamente com os demais entes subnacionais (art. 24, § 1º, CF), como também se pode entender esta expressão dentro do conceito de "disciplina do sistema financeiro nacional", constante do art. 192 da CF, que disciplina o sistema financeiro (bancário). Nesta última hipótese, não se há de falar em competência legislativa concorrente, pois é privativa da União.

Registra-se, portanto, a imprecisão do termo, e constata-se que a interpretação mais adequada é a da segunda hipótese acima descrita, qual seja, a de que se refere à disciplina do sistema financeiro nacional, em especial pela sequência de outras disposições constantes do referido inciso: "matéria (...) cambial e monetária, instituições financeiras e suas operações". Logo, entende-se que este inciso está conectado ao disposto no art. 192 da CF.

3. Pode causar certa confusão a menção, no inciso XIV, da expressão "moeda", em comparação com o que é estabelecido no inciso anterior, cujo texto se refere à "matéria monetária". Entende-se que, ao mencionar a expressão "matéria monetária" quis o constituinte dispor sobre as operações decorrentes da utilização da moeda, tais como as questões cambiais e de conversibilidade. Ao se referir especificamente à expressão "moeda", o foco das atenções diz respeito à sua emissão e ao seu curso forçado. No Brasil da década de 80, e até meados dos anos 90, a modificação do padrão monetário foi intensa, com várias novas moedas de curso forçado sendo impostas a cada plano econômico que surgia para debelar o galope inflacionário da época – que atingiu seu auge em março de 1990, com inflação mensal de 84%. Desse modo, o inciso afirma a competência do Congresso Nacional para disciplinar estes assuntos, pertinentes tanto à "matéria monetária" quanto à "moeda".

4. Item importante no inciso XIV é a disposição que atribui ao Congresso Nacional competência para dispor sobre o montante da dívida mobiliária federal. Trata-se do montante de endividamento da União através de títulos públicos, a serem emitidos no âmbito interno e internacional. Isto é de suma importância, pois qualquer contrato de financiamento que a União vier a contratar deverá estar dentro dos volumes de endividamento que o Congresso estabelecer.

Este tema foi de importância capital na época dos trabalhos constituintes, quando se debatia a legitimidade dos contratos internacionais de empréstimo tomados pelo Brasil sem consultar o Congresso Nacional – este assunto, por certo, ensejou a atual redação desta norma. Na Constituição anterior o preceito não estava redigido de forma tão clara como na atual, uma vez que mencionava a competência do Congresso Nacional para dispor no âmbito orçamentário sobre dívida pública, sem estabelecer se a mobiliária estava ou não inserida no contexto (art. 43, II, CF/67).

A norma deste inciso só vale para as operações federais, uma vez que o estabelecimento de limites globais para o endividamento dos entes subnacionais é de competência privativa do Senado Federal (art. 52, IX, CF).

Art. 48, XV – fixação do subsídio dos Ministros do Supremo Tribunal Federal, observado o que dispõem os arts. 39, § 4º; 150, II; 153, III; e 153, § 2º, I.

■ Além dos comentários aos preceitos expressamente mencionados no inciso XV, *vide* também os relativos ao art. 37, XI.

Art. 49. É da competência exclusiva do Congresso Nacional:

Luiz Henrique Cascelli de Azevedo

1. História da norma

O *caput* do atual art. 49 da Constituição foi concebido a partir da redação do art. 5º da Subcomissão do Poder Legislativo da Assembleia Nacional Constituinte, reproduzido no texto final da Comissão de Organização dos Poderes e Sistema de Governo (art. 5º), no Primeiro Substitutivo da Comissão de Sistematização (art. 77), no Segundo Substitutivo (art. 55) e no Projeto Final da referida Comissão de Sistematização, aprovado, como art. 59, em primeiro turno pelo Plenário da Assembleia (Projeto de Constituição "A"). Após a votação em segundo turno, o tema passou a ser tratado no art. 50, *caput*, do Projeto de Constituição "B", para, finalmente, após a redação final sobre o Projeto de Constituição "C", constituir-se no art. 49, *caput*, do Projeto de Constituição "D", assim entrando em vigor.

2. Constituições brasileiras anteriores

Constituição de 1891: art. 34; Constituição de 1934: art. 40; Constituição de 1946: art. 66; Constituição de 1967: art. 47; Emenda Constitucional n. 1/69: art. 44.

3. Constituições estrangeiras

Angola: art. 89º; Bolívia: art. 68; Cabo Verde: art. 175º; Chile: art. 50; Guiné-Bissau: art. 86º; México: art. 85; Moçambique: art. 179º (2); Peru: art. 186; Portugal: arts. 164º e 165º; São Tomé e Príncipe: art. 98º; Timor-Leste: art. 95 (2); Uruguai: art. 85.

4. Direito internacional

A matéria diz respeito às atribuições do Congresso Nacional pátrio.

5. Dispositivos constitucionais e legais relacionados

Art. 48.

6. Jurisprudência

Não há jurisprudência relevante.

7. Leitura selecionada

AZEVEDO, José Affonso Mendonça de. *Elaborando a Constituição Nacional:* Atas da Subcomissão elaboradora do Anteprojeto 1932/1933. Brasília: Senado Federal, 1993; BASTOS, Celso Ribeiro e MARTINS, Ives Gandra. *Comentários à Constituição do Brasil.* São Paulo: Saraiva, 1999; BRUSCO, Dilson Emílio e RIBEIRO, Ernani Valter. *O Processo Histórico da Elaboração do Texto Constitucional.* Brasília: Câmara dos Deputados, 1993; CÂMARA DOS DEPUTADOS. *Constituições dos Países do Mercosul.* Brasília: Câmara dos Deputados, 2001; FREIRE, Felisberto. *História Constitucional da República dos Estados Unidos do Brasil.* Brasília: Unb, 1983; GOUVEIA, Jorge Bacelar. *As Constituições dos Estados de Língua Portuguesa.* Coimbra: Almedina, 2006; NOGUEIRA, Octaciano (org.). *Constituições do Brasil.* Brasília: Centro de Ensino a Distância, 1987; *Comentários à Constituição Brasileira de 1891.* Brasília: Senado Federal, 2005; SILVA, José Afonso. *Comentário Contextual à Constituição.* São Paulo: Malheiros, 2007; U. C, João Barbalho. *Comentários à Constituição Federal de 1891.* Brasília: Senado Federal, 1992.

8. Comentários

O *caput* do art. 49 trata das competências deferidas exclusivamente ao Congresso Nacional. As competências arroladas constituem um núcleo essencial de funções atribuídas especificamente ao Congresso Nacional, dando-lhe uma identidade institucional no âmbito do controle e da fiscalização, sobretudo do Poder Executivo, razão pela qual não podem ser delegadas, a teor da proibição estatuída no § 1º do 68 da Constituição.

Tais competências, desse modo, enumeradas de forma exaustiva pelos dezessete incisos do referido artigo, dizem respeito às atribuições características do Poder Legislativo e são concretizadas mediante um instrumento próprio, qual seja o decreto legislativo. O referido instrumento normativo encontra respaldo no Regimento Interno da Câmara dos Deputados (aprovado pela Resolução n. 17, de 1989, com modificações posteriores), e do Senado Federal (Resolução n. 93, de 1970, texto editado em conformidade com a Resolução n. 18 de 1989, consolidado com as modificações posteriores).

No primeiro desses diplomas, o decreto legislativo é definido no art. 109, em que fica expressa a sua finalidade específica: "regular as matérias de exclusiva competência do Poder Legislativo, sem a sanção do Presidente da República". No Estatuto Interno do Senado Federal, a previsão, por sua vez, vem no inciso II do art. 213: "projeto de decreto legislativo, referente à matéria da competência exclusiva do Congresso Nacional". De qualquer modo, os dois diplomas fazem, então, referência a uma proposição, cuja tramitação legislativa se faz, apenas, nas duas Casas do Congresso Nacional, dispensando-se a participação do Presidente da República.

Art. 49, I – resolver definitivamente sobre tratados, acordos ou atos internacionais que acarretem encargos ou compromissos gravosos ao patrimônio nacional;

Valerio de Oliveira Mazzuoli

A – O CONGRESSO NACIONAL NO PROCESSO DE CELEBRAÇÃO DE TRATADOS

1. Histórico da participação dos Parlamentos nas relações exteriores

A disciplina da participação do Poder Legislativo nos negócios exteriores do Estado encontrou o seu reinício, modernamente, nas Constituições americana de 1787 e francesa de 1791. De fato, a primeira estabeleceu, em seu art. II, seção 2, cláusula 2ª, que o Presidente "terá o poder, após consulta e consentimento do Senado, de concluir tratados, na condição de haver maioria de dois terços dos senadores presentes". Trata-se do primeiro texto constitucional a estabelecer o controle das relações exteriores pelo Poder Legislativo, não obstante ele mesmo ser seguidamente interpretado no sentido de se permitir a conclusão de outros atos internacionais (que não se enquadram na expressão inglesa *treaties*, correspondente à nossa expressão *tratados*), levando-se em conta apenas a vontade unilateral do Executivo, independentemente de qualquer manifestação parlamentar, quando o ajuste ali concluído for um mero *agreement* (ou seja, um mero *acordo*, cujo significado, na prática norte-americana – que, neste ponto, faz tábula rasa do conceito de tratado positivado na Convenção de Viena de 1969 –, é oposto àquilo que se entende por *tratado*, único instrumento a demandar o assentimento do Senado).

Foi, todavia, com os ideais constitucionais e democráticos da Revolução Francesa que o controle pelo Legislativo dos atos internacionais se desenvolveu. Por proposta de Mirabeau, a Constituição francesa de 1791 agasalhou a ideia de que à manifestação do Executivo deveria somar-se o assentimento do Poder Legislativo. De fato, a Carta francesa de 1791, por meio do seu art. 3º, Seção 1ª, Capítulo III, dizia ser "da competência do Corpo Legislativo ratificar os tratados de paz, de aliança e de comércio; e nenhum tratado terá efeito senão por meio desta ratificação"; lia-se, por sua vez, no seu art. 3º, Seção 3ª, Capítulo IV, competir "ao Rei decretar e assinar com quaisquer potências estrangeiras todos os tratados de paz, de aliança e de comércio, e outras convenções que julgar necessárias ao bem do Estado, por meio de ratificação do Corpo Legislativo"[1]. A intervenção do Parlamento nos assuntos de política externa também se firmou nas sucessivas constituições francesas: a girondina, a de 1793, a do ano III, e a do ano VIII.

Como se denota, a partir desses dois textos constitucionais, o americano e o francês, o controle legislativo das relações exteriores passa a ter grande influência na condução da política externa por parte do Poder Executivo, modificando sobremaneira a prática da conclusão de tratados no cenário mundial. Rompe-se

---

1. Apenas se frise uma impropriedade técnica, nos dispositivos acima citados, no sentido de que o Corpo Legislativo ratifica tratados. Como veremos mais à frente, os Parlamentos não ratificam tratados internacionais, pois a ratificação é ato próprio (exclusivo) do Chefe do Poder Executivo, não sendo poucos os autores que ainda se confundem na utilização dessa expressão.

com o período anterior em que predominava o absolutismo e a prerrogativa para a celebração de tratados era de competência exclusiva do Monarca. Este personalizava o Estado e, por isso, não havia motivo para que os seus atos fossem aprovados por um determinado poder. A partir das revoluções americana e francesa passaram a ser introduzidos nas Constituições certos "dispositivos internacionais", que se desenvolveram e findaram por formar o que se denominou de *Direito Constitucional Internacional*, consistente num conjunto de regras constitucionais cujo conteúdo tem significado e eficácia internacionais.

Os textos constitucionais que sobrevieram à Carta francesa, e em decorrência dela, passaram a ser de duas modalidades: *a*) aqueles que submetem ao crivo do Parlamento todo e qualquer acordo internacional, como é (pelo menos em tese) o caso do texto constitucional brasileiro de 1988; e *b*) aqueles outros que dispõem expressamente quais tratados necessitam do referendo parlamentar e quais dispensam tal aprovação (sistema da *lista positiva* ou da *enumeração limitada*). Este último sistema, chamado de *sistema belga*, pois nascido com a Constituição belga de 1831, também foi posteriormente adotado na França e exemplos dele se encontram até os dias atuais. No sistema francês em vigor (art. 53 da Constituição de 4 de outubro de 1958), são apenas alguns os tratados que devem ser submetidos à aprovação parlamentar, sendo eles os tratados de paz, os de comércio, os relativos à organização internacional, os que afetem as finanças do Estado, os que modifiquem disposições de natureza legislativa, os relativos ao estado das pessoas e os que impliquem cessão, permuta ou anexação de território, todos os quais, segundo o texto francês, "não poderão ser ratificados ou aprovados a não ser em virtude de uma lei".

Na mesma linha encontram-se as Constituições brasileira (de 1842, à época do Império), peruana (de 1979) e venezuelana (de 1961).

O certo é que, até os dias atuais, a disciplina da matéria relativa ao referendo legislativo dos tratados internacionais não tem apresentado grandes variações formais, tendo se estabilizado também no constitucionalismo brasileiro, não obstante alguns complicadores do nosso sistema constitucional, no que se refere ao conteúdo material de alguns tratados que, segundo parte da doutrina, dispensam aprovação parlamentar, como é o caso dos chamados *acordos em forma simplificada*.

2. Lugar da apreciação do Congresso no processo de celebração de tratados

A Constituição de 1988 versa o procedimento (interno) de celebração de tratados em parcos dispositivos. Em primeiro lugar, diz no art. 49, inc. I, em comento, competir exclusivamente ao Congresso Nacional "resolver definitivamente sobre tratados, acordos ou atos internacionais que acarretem encargos ou compromissos gravosos ao patrimônio nacional". Diz também competir à União "manter relações com Estados estrangeiros e participar de organizações internacionais" (art. 21, inc. I). Ao Presidente da República, por sua vez, a Constituição atribui competência privativa para "celebrar tratados, convenções e atos internacionais, sujeitos a referendo do Congresso Nacional". A expressão "*celebrar* tratados", presente nesta última disposição, conota apenas a *assinatura* do acordo, não querendo (e nem podendo) dizer respeito à sua *ratificação*, matéria que a Constituição não cuida (vez que é matéria internacional, versada pela Convenção de Viena sobre o Direito dos Tratados de 1969). É, portanto, dentro desse contexto que se situa a competência do nosso Parlamento Federal para referendar a assinatura do instrumento convencional, autorizando a ratificação do acordo (tratado) pelo Presidente da República[2].

Relativamente ao *locus* da apreciação do Parlamento no processo (*iter*) de celebração de tratados, a primeira ideia a fixar-se é a de que sua manifestação para resolver sobre tratados (art. 49, inc. I) tem lugar sempre *depois* da assinatura do instrumento convencional e *antes* de sua ratificação. Trata-se, portanto, de uma fase *intermediária* entre a assinatura e a ratificação do tratado pelo Presidente da República, que não internaliza o ato internacional ao direito estatal, apenas dando *condições jurídicas* para que o Chefe de Estado leve a cabo o procedimento de assunção do compromisso internacional. Em outras palavras, a manifestação congressual tão somente *autoriza* o Presidente da República à ratificação do tratado (ratificação esta que é discricionária, todavia). A materialização da decisão (*referendum*) do Parlamento se dá, no Brasil, por meio da edição de um *decreto legislativo*, espécie normativa prevista no art. art. 59, inc. VI, da Constituição. Não há edição de tal medida em caso de rejeição do tratado, quando então apenas se comunica a decisão do Congresso, mediante *mensagem*, ao Chefe do Poder Executivo[3]. Neste caso, o Presidente fica impedido de ratificar o tratado, podendo responder por crime de responsabilidade pela prática de ato atentatório ao livre exercício do Poder Legislativo (CF, art. 85, inc. II) se assim o fizer (o que se conhece em Direito Internacional Público por *ratificação imperfeita* ou *inconstitucionalidade extrínseca* – vide item n. 5, *infra*).

O que não pode o Congresso Nacional fazer é inserir emendas ao tratado que lhe foi submetido para apreciação, pois tal significaria uma ingerência indevida do Poder Legislativo em assuntos do Executivo, o que não é admitido pelo sistema constitucional vigente. Tecnicamente, as emendas só são possíveis à vista de novas negociações do tratado internacional, não cabendo aos parlamentos nacionais embrenhar-se nas negociações de atos internacionais, levadas a cabo pela autoridade do Poder Executivo. O Congresso poderá, contudo, apresentar eventuais *reservas* ao tratado (que são absolutamente distintas das *emendas*), ficando a cargo do Presidente da República a sua ratificação posterior com tais reservas. Ou seja, querendo o Presidente ratificar o tratado deve respeitar as reservas apostas pelo Parlamento. Mas não concordando o Presidente com as reservas apostas por ele, a solução é não levar a cabo a ratificação, mesmo porque, caso a implemente, incorrerá em responsabilidade (criminal), como já se falou no parágrafo anterior.

A aprovação parlamentar pode ser *retratada*, desde que o tratado não tenha ainda sido ratificado pelo Presidente da República. Se o tratado ainda não foi ratificado, é dizer, se ainda não houve o comprometimento definitivo da Nação no cenário internacional (não importando saber se o tratado já entrou em vigor internacionalmente ou não), o Congresso, por decreto legislativo

---

2. V., por tudo, MAZZUOLI, Valerio de Oliveira, *Curso de direito internacional público*, 11ª ed. rev., atual. e ampl. Rio de Janeiro: Forense, 2018, p. 278-311.

3. Cf. REZEK, José Francisco. *Direito dos tratados*. Rio de Janeiro: Forense, 1984, p. 333. Exemplo de acordo rejeitado pelo Congresso (o que, aliás, é raro ocorrer), trazido por Rezek, foi o tratado argentino-brasileiro de 25 de janeiro de 1890, sobre a fronteira das Missões, rejeitado pelo plenário do Congresso em 18 de agosto de 1891, por 142 votos contra cinco (Idem, ibidem).

mesmo, pode *revogar* igual diploma que tenha anteriormente aprovado o referido acordo⁴. O mesmo já não poderá ocorrer – por violar todas as regras do Direito Internacional Público, por óbvio – caso o consentimento do Estado em aderir ao ato internacional em causa já se tenha manifestado de maneira definitiva.

3. O papel do decreto legislativo do Congresso Nacional

Apesar de estar o *decreto legislativo* dentre as espécies normativas do art. 59 da Constituição, ou seja, sem embargo de estar compreendido no processo legislativo, "não tem ele o condão de transformar o acordo *assinado* pelo Executivo em norma a ser observada, quer na órbita interna, quer na internacional"⁵. Tal fato somente irá ocorrer com a posterior ratificação e promulgação do texto do tratado pelo Chefe do Poder Executivo, que o materializa internamente por meio de um decreto de execução. Isto porque, ao atribuir a Carta Magna ao Presidente da República a competência privativa para celebrar tratados, e por ser ele o representante do Estado na órbita internacional, sua também deverá ser a última palavra em matéria de ratificação. A manifestação do Congresso Nacional só ganha foros de definitividade quando *desaprova* o texto do tratado anteriormente assinado pelo Chefe do Executivo, impedindo-o, então, de concluir o acordo por meio da ratificação. De sorte que não é da edição do decreto legislativo que os tratados internacionais passam a ter vigência no ordenamento interno brasileiro, mas sim em face de sua posterior *ratificação* pelo Presidente da República, a quem compete, privativamente, celebrar tratados, convenções e atos internacionais (CF, art. 84, inc. VIII). Não é pouca a parcela da doutrina que se confunde acerca do papel do Congresso no processo de celebração de tratados. O que deve restar claro é que a manifestação congressual *não internaliza tratados*. A ratificação é imprescindível para que um tratado possa ser aplicado internamente, mesmo porque a vigência interna de um compromisso exterior depende da *anterior* vigência internacional do ato, só alcançada por meio dela. Não se concebe, pois, que um ato internacional comece a obrigar internamente antes de obrigar internacionalmente, mesmo que o Estado ratifique o tratado antes dessa data. O que o Congresso Nacional faz é simplesmente *permitir* (e não *obrigar*) que o Presidente da República ratifique o tratado, se assim entender oportuno e conveniente.

Também não se confunde a expedição do decreto legislativo do Congresso (promulgado pelo Presidente do Senado Federal) com a promulgação interna *do próprio tratado*, levada a efeito por decreto do Presidente da República, *depois* de já ratificado o instrumento internacional⁶. Como ensina João Hermes Pereira de Araújo, o fato "de ter sido o tratado aprovado por decreto legislativo não o exime da promulgação, uma vez que um ato aprovado poderá nunca entrar em vigor, pois, se a aprovação legislativa condiciona a ratificação, não a torna obrigatória e, muito menos, pode ter efeito junto à outra parte contratante que, até o momento da troca de ratificações, é livre de o fazer"⁷. Assim, uma coisa é a promulgação do decreto *legislativo* que autoriza a ratificação do tratado, e outra a expedição de decreto *presidencial* que internaliza o instrumento convencional após sua ratificação pelo Chefe de Estado.

B – REGULAMENTAÇÃO CONSTITUCIONAL DA MATÉRIA

4. O Congresso Nacional não coloca o tratado em vigor no país

A Constituição brasileira de 1988, quando disciplinou a competência dos poderes constituídos para a celebração de tratados, nos seus arts. 49, inc. I ("É da competência exclusiva do Congresso Nacional: I – resolver definitivamente sobre tratados, acordos ou atos internacionais que acarretem encargos ou compromissos gravosos ao patrimônio nacional"), e 84, inc. VIII ("Compete privativamente ao Presidente da República: VIII – celebrar tratados, convenções e atos internacionais, sujeitos a referendo do Congresso Nacional"), o fez em vista apenas das duas primeiras etapas do processo comum de conclusão de acordos internacionais, quais sejam, a *assinatura* (subentendida na expressão "*celebrar* tratados...") e a *aprovação congressual*, não tendo disciplinado as demais fases subsequentes (*ratificação* e *troca* ou *depósito* de seus instrumentos), no que andou bem o nosso legislador, em não se imiscuir nos assuntos de interesse externo. Assim, não é porque a Constituição não tratou da *ratificação* – que, como já vimos, é ato de interesse eminentemente *externo* – que se deve entender que com a aprovação congressual do tratado o mesmo já está apto a gerar efeitos internamente. Para que isto ocorra, deve o instrumento internacional começar a vigorar internacionalmente primeiro. Daí a primeira conclusão que o Congresso Nacional *não coloca* o tratado em vigor no Estado, tal dependendo da ratificação do acordo e de sua posterior promulgação executiva interna.

5. O Presidente da República depende da prévia manifestação congressual para ratificar o tratado

Não está apto o Presidente da República para *ratificar* o tratado internacional por ele (ou por seu representante) assinado, se o Congresso Nacional não manifestar aquiescência ao conteúdo do compromisso firmado, por meio do referido *decreto legislativo* assinado pelo Presidente do Senado. Portanto, fica o Presidente da República na dependência do Congresso Nacional quando a sua vontade for levar a cabo a assunção de um compromisso internacional materializado em um tratado⁸. Assim, tudo o que não pode

---

4. Cf. REZEK, José Francisco. *Direito dos tratados*, cit., p. 335. Segundo informa Rezek, temos um precedente a esse respeito: trata-se do Decreto Legislativo n. 20, de 1962, que revogou o anterior Decreto Legislativo n. 13, de 6 de outubro de 1959, que aprovou o Acordo de Resgate, assinado em 1956 entre os Governos do Brasil e da França (op. cit., p. 335-336).
5. FRAGA, Mirtô. *O conflito entre tratado internacional e norma de direito interno*: estudo analítico da situação do tratado na ordem jurídica brasileira. Rio de Janeiro: Forense, 1998, p. 56.
6. V. CACHAPUZ DE MEDEIROS, Antônio Paulo. *O poder de celebrar tratados*: competência dos poderes constituídos para a celebração de tratados, à luz do direito internacional, do direito comparado e do direito constitucional brasileiro. Porto Alegre: Sergio Antonio Fabris Editor, 1995, p. 468-470.
7. PEREIRA DE ARAÚJO, João Hermes. *A processualística dos atos internacionais*. Rio de Janeiro: MRE1958, p. 251. Nesse mesmo sentido, v. ARAÚJO, Luis Ivani de Amorim, "O direito dos tratados na Constituição". In: *A nova Constituição e o direito internacional*, Rio de Janeiro: Freitas Bastos, 1987, p. 41.
8. Cf. REZEK, José Francisco. *Direito internacional público*: curso elementar, 8ª ed. rev. e atual. São Paulo: Saraiva, 2000, p. 64; e FRAGA, Mirtô, *O conflito entre tratado internacional e norma de direito interno*..., cit., p. 68-69. Nesse sentido, estabelecia a Constituição francesa de 1791, Título III, Cap. II, Seção 1ª, art. 3º, que "só mediante ratificação e aprovação adquire eficácia o tratado".

o Chefe de Estado fazer é manifestar definitivamente o consentimento do Estado sem o abono do Parlamento, caso em que se estará diante da chamada *ratificação imperfeita* ou *inconstitucionalidade extrínseca* do tratado internacional. Daí a segunda conclusão deste tópico de que o Presidente da República *depende* da prévia manifestação do Congresso Nacional para ratificar o tratado.

Partindo-se dessas premissas dos itens 4 e 5 acima, pode-se então estudar qual o correto entendimento do art. 49, inc. I da Constituição, o que faremos a seguir.

C – CORRETO ENTENDIMENTO DO ART. 49, INC. I, DA CONSTITUIÇÃO

Duas observações importantes devem ser feitas relativamente à regra exposta no art. 49, inc. I, do texto constitucional brasileiro para a sua real exegese: *a*) a de que o Congresso não resolve *definitivamente* sobre tratados; e *b*) a de que o Parlamento não referenda apenas tratados que acarretam encargos ou compromissos gravosos ao patrimônio nacional. Tais observações, que vão de encontro à literalidade do art. 49, I, devem ser entendidas como corretas à luz de uma interpretação sistemática e teleológica da Constituição de 1988, como demonstraremos no item seguinte (n. 6) e no subsequente (n. 7).

6. O Congresso não resolve "definitivamente" sobre tratados

Diz a Carta de 1988 competir exclusivamente ao Congresso Nacional "*resolver definitivamente* sobre tratados, acordos ou atos internacionais *que acarretem encargos ou compromissos gravosos ao patrimônio nacional*" (art. 49, inc. I). A interpretação do que vem a ser "resolver definitivamente" e do que se consideram "encargos ou compromissos gravosos ao patrimônio nacional", no que diz respeito ao papel do Congresso no processo de aprovação de tratados, deve ser cotejada com a competência do Chefe do Executivo para "celebrar tratados, convenções e atos internacionais", estabelecida pelo inciso VIII do art. 84 da Carta de 1988. Habilitado a *ratificar* tratados internacionais está somente o Chefe do Executivo e mais ninguém. É sua, nesta sede, a última palavra. Ao Parlamento incumbe *aprovar* ou *rejeitar* o tratado assinado pelo Executivo, mais nada. A expressão "resolver definitivamente sobre tratados", assim, deve ser entendida em termos, não se podendo dar a ela significado que extrapola o seu verdadeiro sentido. A expressão "resolver definitivamente", no sistema brasileiro, não significa ratificação, que é ato próprio do Chefe do Executivo, responsável pela dinâmica das relações internacionais, a quem cabe decidir tanto sobre a conveniência de iniciar as negociações como a de ratificar o ato internacional já concluído; significa, tão somente, que está o Parlamento autorizado a (1) aceitar o tratado assinado pelo Executivo e (2) rejeitá-lo, se assim entender conveniente, não sendo outro o significado da expressão *referendo* nesse contexto. O Congresso Nacional, por conseguinte, só resolve *definitivamente* sobre os tratados quando *rejeita* o acordo, ficando o Executivo, neste caso, impedido de ratificá-lo[9]. Em caso de aprovação, quem resolve sobre o tratado de modo *definitivo* é o Chefe do Executivo, ao ratificá-lo ou não.

Em caso de não ratificação, aliás, exerce o Presidente da República um direito inerente e próprio à soberania do Estado, que não configura ou acarreta nenhum tipo de ilícito ou sanção internacional, o que bem demonstra a *definitividade* de sua decisão político-discricionária.

Por isso, é bom que se esclareça que o Congresso Nacional *não ratifica* atos internacionais, sem embargo de seu *referendo* representar a vontade de todo o povo brasileiro relativamente à assunção de um compromisso exterior. E o motivo de o Parlamento não ratificar tratados está ligado ao fato de não ter ele qualquer voz exterior, tampouco o poder constitucional de manter relações com Estados estrangeiros. Em verdade, por meio de decreto legislativo, o nosso Parlamento Federal *autoriza* a ratificação, que é ato próprio do Chefe do Poder Executivo, a quem compete privativamente, nos termos da Constituição (art. 84, inc. VIII), celebrar acordos internacionais[10]. O decreto legislativo, pois, quando aprova um tratado internacional, não "cria" o direito, não inova a ordem jurídica. O tratado internacional continua sendo tratado, não se "transformando", *ipso facto*, em direito interno mediante a intervenção do Congresso.

7. O Congresso não referenda apenas tratados que acarretam "encargos ou compromissos gravosos ao patrimônio nacional"

Por fim, resta a análise da parte final do inciso I do art. 49 da Constituição. De fato, a Carta de 1988 complementa, neste dispositivo, que os tratados, acordos ou atos internacionais devem acarretar "encargos ou compromissos gravosos ao patrimônio nacional". A redação do art. 49, inc. I, da Constituição, como se nota, não foi das mais felizes, e de sua falta de clareza nascem problemas jurídicos dos mais variados. Os termos "encargos", "compromissos gravosos" e "patrimônio nacional", utilizados pelo referido inciso, pertencem à classe dos *conceitos jurídicos indeterminados*, de difícil interpretação no caso concreto e que podem ser modificados à luz do momento político e das circunstâncias pelas quais passa o Estado. São, pois, expressões *mutáveis* que não alcançam um grau razoável de segurança e estabilidade jurídicas, necessário ao bom funcionamento dos negócios exteriores do Estado.

À primeira vista, a disposição final do art. 49, inc. I, da Constituição nos leva à falsa impressão de que nem todos os tratados internacionais celebrados pelo Executivo estão sujeitos ao crivo da aprovação parlamentar, mas tão somente os que acarretem "encargos ou compromissos gravosos ao patrimônio nacional". E a dificuldade aumenta quando se sabe que a própria Carta, em outro dispositivo (art. 84, inc. VIII), diz competir ao Presidente da República celebrar tratados, convenções e atos internacionais, "sujeitos [*todos*] ao referendo do Congresso Nacional".

Qual seria a interpretação correta desses dois preceitos? Estariam aqueles tratados que não acarretam tais encargos ou compromissos gravosos ao patrimônio nacional isentos de aprovação parlamentar? Evidentemente que não. Na sistemática do texto

---

9. Cf. CACHAPUZ DE MEDEIROS, Antônio Paulo. *O poder de celebrar tratados...*, cit., p. 118.

10. A aprovação legislativa do tratado é requisito de validade e autorização para que o Executivo ratifique o instrumento internacional, mas não tem o poder de obrigar o Presidente da República à sua ratificação, o que significaria uma ingerência indevida do Legislativo nos assuntos de competência do Executivo.

constitucional brasileiro atual *todos* os atos internacionais (quaisquer que sejam) devem ser submetidos ao crivo do Congresso Nacional, uma vez que o art. 84, inc. VIII, assim impõe. E, com base neste dispositivo – segundo Cachapuz de Medeiros –, deve-se interpretar o art. 49, I, da Constituição extensivamente, tendo em vista ter o legislador constituinte dito menos do que pretendia: *lex minus dixit quam voluit*[11]. Segundo este entendimento, o desejo da Assembleia Constituinte, evidentemente, foi o de submeter *todos* os tratados, acordos ou atos internacionais ao referendo do Poder Legislativo, e não somente aqueles que acarretem encargos ou compromissos gravosos ao patrimônio nacional. Prevalece, pois, a disposição do art. 84, inc. VIII, da Constituição, mais adequada à tradição nacional, que submete *todos* os tratados assinados em nome da Nação ao referendo do Congresso Nacional.

D – CONCLUSÃO

Em suma, no direito brasileiro, dá a Constituição Federal competência privativa ao Presidente da República para celebrar tratados e convenções internacionais, mas *ad referendum* do Congresso Nacional. Por outro lado, tem o nosso Parlamento Federal competência exclusiva para referendar os tratados e convenções celebrados com Estados estrangeiros pelo Presidente da República, autorizando a sua futura ratificação.

O Congresso, porém, não decide com definitividade sobre os tratados a ele submetidos quando os aprova, caso em que dá ao Presidente da República carta branca para continuar no procedimento de assunção do compromisso internacional, mas somente quando *rejeita* o texto do tratado posto sob sua análise, fato que leva a concluir que a expressão "definitivamente" utilizada pelo art. 49, inc. I, da Constituição de 1988, deve ser entendida em termos relativos. De outra banda, também existe confusão no dispositivo em comento quando o mesmo se refere aos atos internacionais "que acarretem encargos ou compromissos gravosos ao patrimônio nacional". A interpretação mais condizente e sistêmica do dispositivo é no sentido de o Congresso Nacional estar obrigado a se manifestar sobre *todos* os atos internacionais celebrados pelo Executivo, e não somente em relação àqueles que trazem ônus financeiros gravosos ao país.

A conjugação da vontade do Parlamento com a vontade do Executivo para completar o processo de celebração de tratados no Brasil é decorrência da *teoria dos atos complexos*, onde a vontade de uma parte é *necessária*, mas não *suficiente*[12].

---

11. CACHAPUZ DE MEDEIROS, Antônio Paulo. *O poder de celebrar tratados...*, cit., p. 395. Consoante a lição de Cachapuz de Medeiros, "do ponto de vista histórico-teleológico, a conclusão só pode ser que o legislador constituinte desejou estabelecer a obrigatoriedade do assentimento do Congresso para [todos] os tratados internacionais, dando ênfase para aqueles que acarretem encargos, gravames, [ou] ônus financeiros, para o patrimônio nacional". Por outro lado, "do ponto de vista lógico-sistemático, há que considerar que os dispositivos em questão fazem parte do mesmo título da Constituição (Da Organização dos Poderes) e são como que as duas faces de uma mesma moeda: o artigo 84, VIII, confere ao Presidente da República o poder de celebrar tratados, convenções e atos internacionais, mas especifica que estão todos sujeitos a referendo do Congresso Nacional; o artigo 49, I, destaca que os tratados, acordos ou atos que acarretem encargos ou compromissos gravosos ao patrimônio nacional, precisam ser aprovados pelo Congresso" (op. cit., p. 397, grifos nossos).

12. Cf. REZEK, José Francisco. *Direito internacional público...*, cit., p. 64.

E – BIBLIOGRAFIA

ARAÚJO, Luis Ivani de Amorim. "O direito dos tratados na Constituição". *A nova Constituição e o direito internacional*. Rio de Janeiro: Freitas Bastos, 1987.

CACHAPUZ DE MEDEIROS, Antônio Paulo. "Natureza jurídica e eficácia das cartas de intenções ao FMI". *Boletim da Sociedade Brasileira de Direito Internacional*, ano XLIV, n. 75/76, Brasília, jul./dez. 1991, p. 51-72

_____. *O poder de celebrar tratados*: competência dos poderes constituídos para a celebração de tratados, à luz do direito internacional, do direito comparado e do direito constitucional brasileiro. Porto Alegre: Sergio Antonio Fabris Editor, 1995.

CAMPOS, Francisco. *Direito constitucional*, v. II. Rio de Janeiro: Freitas Bastos, 1956.

CAVALCANTI, Themistocles Brandão. *A Constituição Federal comentada*, v. II, 3ª ed. rev. Rio de Janeiro: José Konfino Editor, 1956

FERREIRA FILHO, Manoel Gonçalves. *Comentários à Constituição brasileira de 1988*, v. 1, 2ª ed. São Paulo: Saraiva, 1997, p. 296-297.

FRAGA, Mirtô. *O conflito entre tratado internacional e norma de direito interno*: estudo analítico da situação do tratado na ordem jurídica brasileira. Rio de Janeiro: Forense, 1998.

MAZZUOLI, Valerio de Oliveira. *Tratados Internacionais*: com comentários à Convenção de Viena de 1969, 2ª ed., rev., ampl. e atual. São Paulo: Juarez de Oliveira, 2004.

_____. *Curso de direito internacional público*, 11ª ed. rev., atual. e ampl. Rio de Janeiro: Forense, 2018.

PEREIRA DE ARAÚJO, João Hermes. *A processualística dos atos internacionais*. Rio de Janeiro: Ministério das Relações Exteriores/Seção de Publicações, 1958.

REZEK, José Francisco. *Direito dos tratados*. Rio de Janeiro: Forense, 1984.

_____. *Direito internacional público*: curso elementar, 8ª ed. rev. e atual. São Paulo: Saraiva, 2000.

RODAS, João Grandino. *Tratados internacionais*. São Paulo: RT, 1991.

Art. 49, II – autorizar o Presidente da República a declarar guerra, a celebrar a paz, a permitir que forças estrangeiras transitem pelo território nacional ou nele permaneçam temporariamente, ressalvados os casos previstos em lei complementar;

Valerio de Oliveira Mazzuoli

1. Generalidades

Um dos objetivos conhecidos da Constituição é salvaguardar a *segurança nacional* contra ingerências externas de qualquer natureza. No caso da declaração de guerra (ou de sua cessação) e da permissão de ingresso de forças estrangeiras em território nacional este propósito constitucional se faz ainda mais nítido. Daí a necessidade de se ler o art. 49, inc. II, conjuntamente com a regra segundo a qual compete à União "declarar a guerra e celebrar a paz" (art. 21, inc. II), bem como junto àquelas que dizem competir privativamente ao Presidente da República "declarar guerra, no caso de agressão estrangeira, autorizado pelo Congresso Nacional ou referendado por ele, quando ocorrida no intervalo das sessões legislativas, e, nas mesmas condições, decretar, total ou parcialmente, a mobilização nacional", e "celebrar a paz, autorizado ou com o referendo do Congresso Nacional" (art. 84, incs. XIX e XX).

2. Declaração de guerra e celebração da paz

É da competência exclusiva do Congresso Nacional autorizar o Presidente da República a "declarar guerra" e a "celebrar a paz". O que faz o nosso Parlamento Federal é tão somente *autorizar* o Presidente da República a declarar guerra e a celebrar a paz. A competência para levar a cabo a declaração de guerra ou a celebração da paz é *somente* do Presidente da República e de ninguém mais, uma vez que é ele o chefe de Estado no Brasil[1].

O controle legislativo dos atos do Presidente da República relativos aos temas previstos no art. 49, inc. II, da Constituição se justificam por tratar-se de atos de soberania nacional. Mas a autorização legislativa para a declaração de *guerra* somente se justifica quando houver anterior agressão estrangeira (art. 84, inc. XIX), até porque a República Federativa do Brasil rege-se pelos princípios da "defesa da paz" e da "solução pacífica dos conflitos" (art. 4º, incs. VI e VII)[2]. A declaração de guerra sem a prévia "agressão estrangeira" configura-se em *guerra de conquista*, a qual deve reputar-se proibida pelo texto constitucional[3]. A propósito, merece ser lembrado o art. 4º da Constituição de 1946, que dizia que o Brasil "só recorrerá à guerra, se não couber ou se malograr o recurso ao arbitramento ou aos meios pacíficos de solução do conflito, regulados por órgão internacional de segurança, de que participe; e *em caso nenhum se empenhará em guerra de conquista*, direta ou indiretamente, por si ou em aliança com outro Estado" [grifo nosso][4].

Sobre o momento próprio da autorização parlamentar nos casos de declaração de guerra ou de celebração da paz, assim leciona José Afonso da Silva: "Em princípio, pois, a autorização congressual deve preceder a declaração de guerra; mas, se a agressão se der no intervalo das sessões legislativas, ou seja, no recesso parlamentar, a declaração pode ocorrer sem a prévia autorização legislativa, mas fica ela sujeita ao referendo congressual. O Congresso deve apreciar o pedido de autorização ou de referendo para verificar se ocorrem os pressupostos para sua concessão. Na hipótese do referendo, se o presidente da República declarou guerra sem atender aos pressupostos constitucionais, o referendo pode ser recusado, com a responsabilidade do presidente da República. Em princípio, essas considerações valem também para a celebração da paz, que igualmente depende de autorização ou de referendo (art. 84, X)"[5].

3. Trânsito ou permanência temporária de forças estrangeiras pelo território nacional

A norma constitucional que autoriza que forças estrangeiras transitem ou permaneçam temporariamente em território nacional deve ser lida conjuntamente com o inciso IV do art. 21 da Constituição, que diz ser da competência da União "permitir, nos casos previstos em lei complementar, que forças estrangeiras transitem pelo território nacional ou nele permaneçam temporariamente".

A rigor, no território nacional somente podem transitar ou permanecer *forças armadas nacionais*. Esta regra, como destaca Pontes de Miranda, "vai além do *pessoal* das forças e independe, para ser aplicável, de existirem soldados armados, ou pessoas armadas. Os meios de agressão, quaisquer que sejam, pertencentes a Estado estrangeiro, não podem permanecer, nem pelo território passar, sem o consentimento do Congresso Nacional. (...) Aliás, o Congresso Nacional pode legislar, também, sobre os casos e modo de permissão de passagem de forças estrangeiras, isto é, pertencentes a Estados estrangeiros, sem, porém, alienar a sua competência de autorização *in casu*"[6]. Portanto, é *exceção* constitucionalmente permitida o trânsito ou a permanência (sempre *temporária*) de tais forças estrangeiras em território nacional.

O *trânsito* de forças estrangeiras pelo território nacional é sempre *temporário*, como o próprio conceito de "trânsito" já indica, não tendo a Constituição necessidade de dizê-lo. Mas pretendeu o texto constitucional ser expresso em relação à *permanência* de tais forças em nosso território, a qual poderá ser permitida apenas *temporariamente*.

O que faz o Congresso Nacional é tão somente *autorizar* o Presidente da República a permitir que forças estrangeiras transitem pelo território nacional ou nele permaneçam em caráter temporário. Assim, da mesma forma que nos casos da declaração de guerra e da celebração da paz, esta competência é exercida pelo Presidente da República (e *somente* por ele) com autorização (jamais *referendo*, neste caso) do Congresso Nacional, mas "ressalvados os casos previstos em lei complementar". Esta última parte significa que, não havendo a lei complementar permissiva, ou havendo, mas não versando ela sobre determinado caso em especial, somente com autorização do Congresso poderá o Presidente da República permitir que forças estrangeiras transitem ou permaneçam temporariamente no território nacional. Nos casos em que a lei disciplinar (caso versado pelo art. 84, inc. XXII), poderá o Presidente proceder à permissão de trânsito ou permanência nos seus estritos termos, uma vez que, por se tratar de *lei*, a manifestação congressual *já existiu* quando de sua elaboração. Nos casos não versados pela lei dependerá o Presidente da autorização congressual, nos termos do art. 49, inc. II, em comento.

---

1. Cf. SILVA, José Afonso da. *Comentário contextual à Constituição*, 2ª ed. São Paulo: Malheiros, 2006, p. 404.
2. Cf. BASTOS, Celso Ribeiro. *Comentários à Constituição do Brasil* (com Ives Gandra Martins), v. 4, t. I (arts. 44 a 69). São Paulo: Saraiva, 1995, p. 102, nota n. 1.
3. Cf. SILVA, José Afonso da. *Comentário contextual à Constituição*, cit., p. 404, que leciona: "Mas o Brasil não se empenhará em guerra de conquista. Por isso a declaração de guerra só é legítima no caso de agressão estrangeira, como bem o diz o art. 84, XIX".
4. Cf. PONTES DE MIRANDA, Francisco Cavalcanti. *Comentários à Constituição de 1946*, v. I (arts. 1º a 14), 2ª ed. rev. e aum. São Paulo: Max Limonad, 1953, p. 323-324.
5. SILVA, José Afonso da. *Comentário contextual à Constituição*, cit., p. 404.
6. PONTES DE MIRANDA, Francisco Cavalcanti. *Comentários à Constituição de 1946*, cit., v. I, p. 335.

A lei complementar que disciplina o trânsito ou a permanência temporária de forças estrangeiras pelo território nacional é a Lei Complementar n. 90, de 1º de outubro de 1997. Os casos por ela estabelecidos são *numerus clausus*, não podendo ser ampliados por vontade do Presidente da República, por afetarem diretamente a soberania territorial brasileira (*v.* comentários ao art. 84, inc. XXII).

Art. 49, III – autorizar o Presidente e o Vice-Presidente da República a se ausentarem do País, quando a ausência exceder a quinze dias;

■ *Vide* comentários ao art. 83.

Art. 49, IV – aprovar o estado de defesa e a intervenção federal, autorizar o estado de sítio, ou suspender qualquer uma dessas medidas;

Walter Claudius Rothenburg

1. Aspectos conceituais

Cabe ao parlamento pronunciar-se acerca de medidas para dar conta das mais graves situações que possam acometer o país (estados de crise), daí falar-se em uma tendencial "parlamentarização" (Constituições de Portugal, art. 161, "l" e 162, "b"; Espanha, art. 116; Itália, art. 78; Alemanha, art. 115.a; Argentina, art. 75.29 e 31; EUA, art. 1º, seção 8), que se projeta por toda a federação brasileira (Constituições do Estado de São Paulo, art. 20, VII; do Estado do Paraná, art. 54, XXIV; do Estado do Mato Grosso, art. 26, V – todos relacionados à intervenção estadual).

É da tradição constitucional brasileira o controle parlamentar, embora fosse ele bastante enfraquecido nos períodos em que o Executivo avultava (1824, 1937 e 1967/1969).

O estado de defesa pressupõe instabilidade institucional ou calamidade de grandes proporções na natureza (art. 136, *caput*). O estado de sítio, "comoção grave de repercussão nacional ou ocorrência de fatos que comprovem a ineficácia de medida tomada durante o estado de defesa", ou "declaração de estado de guerra ou resposta a agressão armada estrangeira" (art. 137, I e II). A intervenção federal é o afastamento limitado – específico e temporário – da autonomia do ente federado que a sofre, com ingerência, do ente que a promove, na esfera de competências daquele, apenas para corrigir a situação e preservar a existência e o funcionamento da federação (art. 34).

O art. 49, IV é vazado em norma constitucional definidora de competência (institucional), tradicionalmente classificada como de eficácia jurídica plena e aplicabilidade imediata.

Revelam-se importantes aspectos: a) democracia: são os representantes eleitos pela população ao Congresso Nacional que têm atribuição para controlar as situações constitucionais de crise; b) separação de poderes: os atos materiais para enfrentar as situações constitucionais de crise são quase sempre da alçada do Poder Executivo, mas o Legislativo é que os controla em larga medida; c) fiscalização: trata-se, portanto, de uma típica função parlamentar de controle sobre atos de governo e restrições de direitos; d) direitos fundamentais: as situações constitucionais de crise podem atingir direitos fundamentais das pessoas; e) exceção: o caráter excepcional das situações constitucionais de crise, em que é previsto um regime jurídico especial para dar conta da anormalidade sem abandonar o Direito, reclama a apreciação parlamentar.

O controle congressual sobre as situações constitucionais de crise apresenta o Legislativo como garantidor da ordem constitucional. Porém, se esta não mais mostrar-se adequada às expectativas do povo, pode o Legislativo, primeiro, controlar a situação constitucional de crise e, após, desencadear a reforma da Constituição – cuja competência também cabe ao Congresso (art. 60) –, pois ambas as medidas (estado de defesa ou de sítio ou intervenção federal, e emenda constitucional) são simultaneamente incompatíveis (limites circunstanciais à reforma constitucional: art. 60, § 1º).

2. Natureza jurídica do controle parlamentar

Trata-se de procedimento de natureza política. Cabe ao Congresso avaliar a existência e a gravidade da crise e verificar se outras medidas menos drásticas (como a utilização dos órgãos de segurança pública) não seriam suficientes para proteger o Estado e as instituições democráticas. Mas o controle parlamentar não se resume ao exame objetivo dos pressupostos materiais e formais da intervenção federal, do estado de defesa e do estado de sítio: alcança o apoio político ao Presidente da República.

3. Momento do controle parlamentar

No estado de defesa, o controle é posterior, como condição resolutiva: o Presidente da República lança o decreto, que vale desde logo, mas fica sujeito à aprovação ou rejeição pelo Congresso. O mesmo se dá quanto à intervenção federal. No estado de sítio, o controle é prévio, como condição suspensiva: o Presidente solicita autorização ao Congresso para a decretação.

Não há, rigorosamente, uma ordem sucessiva para a decretação em função da gravidade, visto que as situações constitucionais de crise são relativamente independentes e podem até ser declaradas simultaneamente (salvo o estado de sítio, por conta da ineficácia de medida tomada durante o estado de defesa: art. 137, I), conquanto o estado de sítio tenda a absorver as demais.

4. O decreto legislativo como veículo do controle parlamentar

A apreciação congressual, tenha ela que conteúdo for (aprovação posterior, autorização anterior, rejeição anterior ou suspensão posterior), dá-se por decreto legislativo (art. 59, VI), instrumento por meio do qual o Congresso desempenha suas atribuições exclusivas (art. 49). Todavia, ao contrário dos decretos legislativos "ordinários" (que são aprovados por maioria simples), requer-se maioria absoluta tanto para a aprovação do estado de defesa (art. 136, § 4º) quanto para a autorização do estado de sítio (art. 137, parágrafo único), mas não para a aprovação da intervenção federal.

5. Extensão do controle parlamentar

As situações constitucionais de crise aparecem sob diversas condicionantes. A excepcionalidade das medidas revela-se pela taxatividade das causas; pela temporariedade de sua duração (a menor possível, apenas para debelar a crise e restaurar a normalidade); pela limitação geográfica (art. 36, § 1º; art. 136, § 1º; art. 138, *caput*;); pela subsidiariedade, somente quando eventuais medidas anteriores e menos drásticas (desde que razoavelmente exigíveis) se tiverem revelado insuficientes.

O Congresso deve examinar os pressupostos materiais (causas) das medidas de crise, bem como seus pressupostos formais (procedimento): instauração por decreto, devidamente fundamentado e publicado; necessidade de consulta aos Conselhos da República e de Defesa Nacional (art. 90, I, e art. 91, § 1º, II); conteúdo básico do decreto (exemplo: designação do interventor ou executor das medidas; ocupação e uso temporário de bens e serviços públicos – art. 136, § 1º, II).

Quanto à intervenção federal, pode ela ter origem em uma solicitação do Poder Legislativo "coacto ou impedido" (art. 34, IV; art. 36, I). Nessa hipótese, se for acolhida a solicitação (pois há discricionariedade) e decretada a intervenção pelo Presidente, o Congresso apreciará uma decretação originada de pedido de Câmara Municipal, de Assembleia (ou da Câmara) Legislativa ou do próprio Congresso Nacional. Caso a intervenção tenha origem em uma requisição do Poder Judiciário, nas hipóteses de inexecução de lei federal, ordem ou decisão judicial, ou de inobservância de princípios constitucionais sensíveis, o Congresso pode dispensar a apreciação – o que significa a validação do decreto –, se este se tiver limitado "a suspender a execução do ato impugnado" (o ato que provocou a requisição de intervenção) e se tal medida tiver surtido efeito, com o "restabelecimento da normalidade" (art. 36, § 3º).

A fiscalização parlamentar não é ilimitada: não deve haver indevida substituição e, assim, violação ao princípio da separação de poderes. Não pode o Congresso, por exemplo, nomear outro executor ou proceder à intervenção federal em outra unidade, embora possa rejeitar as medidas tomadas pelo Presidente.

Todas as situações constitucionais de crise devem ter uma duração estimada no decreto, a pautar a análise do Congresso. O estado de defesa pode durar no máximo trinta dias e admite uma prorrogação (art. 136, § 2º); o estado de sítio no caso de "comoção grave de repercussão nacional ou ocorrência de fatos que comprovem a ineficácia de medida tomada durante o estado de defesa" (art. 137, I) também pode durar no máximo trinta dias, mas são admitidas sucessivas prorrogações, nunca "por mais de trinta dias" cada qual (art. 138, § 1º); o estado de sítio no caso de "declaração de estado de guerra ou resposta a agressão armada estrangeira" (art. 137, II) não tem previsão de duração máxima e pode ser sucessivamente prorrogado; também a intervenção federal não tem prazo de duração predeterminado e sua decretação admite prorrogação. As prorrogações implicam sempre a edição de novo decreto.

Também há prazo para que o decreto seja submetido à apreciação do Congresso (vinte e quatro horas: art. 136, § 4º, e art. 36, § 1º), que, se não estiver em funcionamento normal, será convocado extraordinariamente "no mesmo prazo de vinte e quatro horas", se intervenção federal (art. 36, § 2º), ou "no prazo de cinco dias", se estado de defesa (art. 136, § 5º). No estado de defesa, há inclusive prazo para que o Congresso aprecie o decreto: dez dias (art. 136, § 6º). No estado de sítio, por outro lado, não se estabelece prazo nem para que o Presidente submeta a solicitação de autorização ao Congresso, nem para que este delibere; há apenas determinação de que o Presidente do Senado convoque imediata e extraordinariamente o Congresso, se em recesso, para que se reúna no prazo de cinco dias, a fim de apreciar a solicitação (art. 138, § 2º).

Se pode o mais, que é a aprovação, autorização e suspensão total das medidas de crise, o Congresso também pode o menos, isto é, aprovar, autorizar ou suspender parcialmente as medidas, bem como alterá-las, porém sem as descaracterizar.

Em princípio, a suspensão das medidas pelo Congresso Nacional não retroage, embora ele possa dispor sobre os efeitos produzidos, mantendo-os ou anulando-os, sobretudo no estado de defesa e na intervenção federal, em que o controle parlamentar é posterior.

A fiscalização parlamentar das situações constitucionais de crise é constante, pois "[o] Congresso Nacional permanecerá em funcionamento" (art. 137, § 3º) – não poderá ser posto em recesso – e contará com uma Comissão mista "para acompanhar e fiscalizar a execução das medidas referentes" (art. 140); isso deve valer à intervenção federal, por identidade de razão (art. 36, § 2º). Mesmo após cessadas as medidas de estado de defesa ou de sítio, compete ao Congresso examinar o relatório do Presidente da República (art. 141, parágrafo único).

Particularmente importante é o controle das restrições a direitos fundamentais que porventura tenham sido determinadas, e que estão elencadas em relação ao estado de defesa (art. 136, § 1º, I e II) e ao estado de sítio por causa de "comoção grave de repercussão nacional ou ocorrência de fatos que comprovem a ineficácia de medida tomada durante o estado de defesa" (art. 137, I), mas não estão predefinidas em relação ao estado de sítio por causa de "declaração de estado de guerra ou resposta a agressão armada estrangeira" (art. 137, II), nem em relação à intervenção federal (quando pode haver restrições estritamente limitadas ao cumprimento das finalidades). Note-se que, além do controle pontual sobre determinada decretação, há, especificamente em relação ao estado de sítio (art. 139, III), a necessidade de legislação (portanto, competência do Congresso) sobre as "restrições relativas à inviolabilidade da correspondência, ao sigilo das comunicações, à prestação de informações e à liberdade de imprensa, radiodifusão e televisão".

O direito dos próprios congressistas à "difusão de pronunciamentos de parlamentares efetuados em suas Casas Legislativas" somente pode ser restringido, e apenas no estado de sítio do art. 137, I, se a difusão não tiver sido liberada pela respectiva Mesa (art. 139, parágrafo único). As imunidades parlamentares somente podem ser suspensas no estado de sítio, "mediante o voto de dois terços dos membros da Casa respectiva, nos casos de atos praticados fora do recinto do Congresso Nacional, que sejam incompatíveis com a execução da medida" (art. 53, § 8º). Haverá então uma dupla exigência de autorização congressual: genérica para a decretação do estado de sítio e específica para tais restrições.

Além do controle parlamentar direto das situações constitucionais de crise, incidem as demais modalidades de fiscalização pelo Legislativo, como aquela relativa aos recursos públicos utilizados, feita pelo Tribunal de Contas (art. 70), e eventual investigação sobre fatos determinados, que venha constituir objeto de comissão parlamentar de inquérito (art. 58, § 3º).

A possível responsabilização política do Presidente da República (art. 85 e s.; art. 51, I, e art. 52, I) – mas não dos executores das medidas, que respondem diretamente ao Presidente – também é manifestação do controle parlamentar. Para tanto, o Congresso pode utilizar como parâmetro, dentre outros elementos, o próprio decreto de instauração da situação constitucional de crise e, para os estados de defesa e de sítio, também o relatório posterior do Presidente (art. 141, parágrafo único).

Não é exclusivo o controle parlamentar. Juridicamente, é sempre cabível a fiscalização pelo Poder Judiciário (genericamente: art. 5º, XXXV; especificamente quanto aos estados de defesa e de sítio: art. 141). O Supremo Tribunal Federal tem competência jurisdicional em relação aos decretos de intervenção, de estado de defesa e de sítio, em concreto; caso o decreto contenha normas gerais e inovadoras, poderá ainda ser objeto de controle objetivo de constitucionalidade (ADI, ADC, ADPF).

6. Referências bibliográficas relativas à intervenção federal

FERREIRA FILHO, Manoel Gonçalves. *Curso de direito constitucional*. 25. ed. São Paulo: Saraiva, 1999.

LEWANDOWSKI, Enrique Ricardo. *Pressupostos materiais e formais da intervenção federal no Brasil*. São Paulo: Revista dos Tribunais, 1994.

MELLO FILHO, José Celso. *Constituição Federal anotada*. 2. ed. São Paulo: Saraiva, 1986.

PINTO FERREIRA, Luís. *Comentários à Constituição brasileira*. v. 2. São Paulo: Saraiva, 1990.

PONTES DE MIRANDA, F. C. *Comentários à Constituição de 1967 (com a Emenda n. 1, de 1969)*. t. II. 2. ed. São Paulo: Revista dos Tribunais, 1970.

RAMOS, Elival da Silva. *A inconstitucionalidade das leis. Vício e sanção*. São Paulo: Saraiva, 1994.

ROTHENBURG, Walter Claudius. Intervenção federal na hipótese de recusa à execução de lei federal, por requisição do STF: leitura e releitura à luz da EC n. 45. In: TAVARES, André R.; LENZA, Pedro; ALARCÓN, Pietro J. L. (coords.) *Reforma do Judiciário analisada e comentada*. São Paulo: Método, 2005, p. 255-284.

SLAIBI FILHO, Nagib. *Anotações à Constituição de 1988. Aspectos fundamentais*. 4. ed. Rio de Janeiro: Forense, 1993.

VIANA, Raimundo. Autonomia municipal e intervenção. *Revista de Informação Legislativa*. Brasília, Senado Federal, n. 83, jul.-set. 1984, p. 229-236.

Art. 49, V – sustar os atos normativos do Poder Executivo que exorbitem do poder regulamentar ou dos limites de delegação legislativa;

Anna Candida da Cunha Ferraz
Rebecca Groterhorst

1. Origem da norma

Trata-se de preceito inovador no sistema constitucional brasileiro. Apontam a doutrina e a jurisprudência (Ferraz, Conflito entre poderes; Celso de Mello, ADI 748-3, RGS) como preceito inspirador e talvez como precedente o constante da Constituição de 1934. O anteprojeto de Constituição, elaborado pela Comissão Provisória de Estudos Constitucionais, instituída pelo Decreto n. 91.450, de 18/07/85, também continha norma com conteúdo semelhante, porém com atribuição de competência diferente quanto ao órgão e ao modo de exercitá-la. Tal anteprojeto, em seu art. 172, dispondo sobre competência privativa do Senado Federal, a este atribuía, no inciso VIII, a competência de "vetar os atos normativos da Administração Pública Federal que exorbitarem do poder regulamentar ou dos limites da delegação legislativa". Cumpre lembrar que essa norma constava de anteprojeto que trazia uma proposta parlamentarista de governo, na qual os poderes da União deveriam constituir-se "harmônicos e interdependentes" e o quadro organizacional do poder apresentava estruturação conforme o modelo de governo proposto (art. 218, art. 234, art. 240, at. 247 etc.). Os projetos aprovados pelas Comissões temáticas, os substitutivos e o Projeto de Constituição A, apresentados durante os trabalhos da Constituinte de 1987-1988, também inseriram uma proposta parlamentarista de governo: a competência para expedir decretos e regulamentos para a execução das leis cabia ao Primeiro-Ministro (art. 107, V), e as leis delegadas eram elaboradas pelo Conselho de Ministros (art. 82 e §§); e, entre as competências exclusivas do Congresso Nacional (art. 59) se insere o inciso XI, instituindo a inovação da atribuição constante no inciso em exame: "sustar os atos normativos que exorbitem do poder regulamentar ou dos limites da delegação legislativa". No Projeto de Constituição B, aprovado em 2º turno, o parlamentarismo cede espaço ao presidencialismo, mas a norma em questão permanece consagrada no art. 50, inciso VI, relativo às competências do Congresso Nacional. Com a mesma redação é aprovada e mantida na Constituição de 1988, art. 49, V, em exame.

2. Constituições brasileiras anteriores

O poder congressual de sustar atos normativos do Executivo, exorbitantes do poder regulamentar e da delegação legislativa, constitui novidade no sistema constitucional brasileiro, não constando das constituições republicanas presidencialistas anteriores. Norma de teor assemelhado, apontada inclusive como precedente da disposição normativa em exame, conforme anotado no item 1, constava da Constituição de 1934, cujo art. 91, inciso II, atribuía, dentre as competências privativas do Senado Federal, a de "examinar, em confronto com as respectivas leis, os regulamentos expedidos pelo Poder Executivo, e suspender a execução dos dispositivos ilegais". Cabe registrar que, na Constituição de 1934, o Senado Federal tinha posição *sui generis*, já que suas funções se distanciavam dos moldes tradicionais do regime federativo.

3. Constituições estrangeiras

Parece inexistir, nas constituições contemporâneas mais conhecidas ou mais frequentemente referidas no Brasil, disposição normativa semelhante. Como ressalva, pode-se mencionar a **Constituição de Portugal**, que contém disposição normativa cujo comando se aproxima da norma em exame. Na Constituição da República Portuguesa, onde os órgãos da soberania são separados e interdependentes (art. 111º, 1), dentre os atos normativos vêm mencionados os decretos-leis elaborados e os regulamentos do

Governo (art. 112º, 1 e 6). Os decretos-leis, salvo os aprovados no exercício de exclusiva competência legislativa do Governo (art. 169, 1), "podem ser submetidos à apreciação da Assembleia da República, para efeitos de **cessação de vigência ou alteração**, a requerimento de dez Deputados [...]"; "[...] a Assembleia poderá **suspender**, no todo ou em parte, a vigência do decreto-lei até a publicação da lei que o vier a alterar ou até a rejeição de todas aquelas propostas" (art. 169, 3), e "se for **aprovada a cessação da sua vigência, o diploma deixará de vigorar...**" (art. 169, 4). Parece razoável vislumbrar-se aí o exercício de um controle político pela Assembleia da República com relação a atos governamentais, vez que tal função é relacionada dentre os atos de fiscalização da Assembleia da República, no art. 162º, "c". Pode-se citar também a **Constituição da República Democrática de São Tomé e Príncipe**. Dentre as competências da Assembleia Nacional, no art. 86º, encontram-se as de conferir ao Governo: c) Autorizações legislativas; d) **Ratificar** os decretos-leis expedidos pelo Governo **no uso de autorizações legislativas**; e p) "Apreciar, **modificar ou anular diplomas legislativos ou quaisquer medidas de caráter normativo adotadas pelo órgão do poder político** que contrariem a presente Constituição". Afora isto, a fiscalização de constitucionalidade em São Tomé e Príncipe é política, já que atribuída à Assembleia Nacional (art. 111º), cujas decisões têm força obrigatória.

4. Direito internacional

Trata-se de matéria interna dos Estados e que não se encontra disciplinada em documentos internacionais.

5. Dispositivos constitucionais relacionados

5.1. Constitucionais

Art. 2º; art. 59, IV; art. 68 e §§ 1º a 3º; art. 84, IV; art. 25 do ADCT.

5.2. Legais

Regimentos Internos do Senado Federal (art. 90, VII), da Câmara dos Deputados (art. 24, XII) e Comum do Congresso Nacional (art. 116 e s.; art. 7º, IV, a, da Resolução n. 3/90; art. 3º, XIII, da Resolução n. 2/2014).

5.3. Constituições estaduais

As Constituições dos Estados reproduzem a disposição normativa do art. 49, V: exemplificando, a Constituição do Estado de São Paulo, art. 29; de Minas Gerais, art. 62; do Rio de Janeiro, art. 99, VII.

6. Jurisprudência

ADI 748-MC/RS, Rel. Min. Celso de Mello, 1992: caráter normativo do decreto legislativo de sustação. Competência de o Supremo Tribunal Federal exercer controle jurisdicional de constitucionalidade abstrato de decreto legislativo de sustação: nesta ADI, entendeu o STF que o decreto legislativo de sustação de atos normativos do Poder Executivo, fundamentado no art. 49, V, "não se desveste dos atributos tipificadores de normatividade pelo fato de limitar-se, materialmente, à suspensão da eficácia de ato oriundo do Poder Executivo", pelo que cabe o exame do STF em controle abstrato. Também mencionou que o decreto legislativo do Congresso Nacional, fundado no art. 49, V, não tem caráter de definitividade, podendo ser submetido a controle jurisdicional; **ADI 1.553/DF, Rel. Min. Marco Aurélio, 2004: Exame jurisdicional do mérito de regulamento sustado pelo Congresso Nacional**: nesta ADI decidiu o Supremo Tribunal Federal caber-lhe competência para examinar o mérito de regulamento sustado por ato do Congresso Nacional, com fundamento no art. 49, V; **ACO 01048/RS, Rel. Min. Celso de Mello, 2007: possibilidade de exame de atos normativos não expedidos diretamente pelo Presidente da República. Plausibilidade jurídica da impugnação à validade constitucional da Instrução Normativa STN n. 01/2005**. No feito em questão, em que se questionava a inclusão do Estado do Rio Grande do Sul no cadastro CADIN/SIAFI com fundamento em Instrução Normativa do STN, o Relator registrou que o "abuso do poder regulamentar viabiliza, tal a gravidade desse comportamento governamental, o exercício, pelo Congresso Nacional, da competência extraordinária que lhe confere o art. 49, inciso V, da Constituição da República" e citou, como precedente, o RE 318.873 – AGR/SC. **AC 1.033-AGR-QO/DF, Rel. Min. Celso de Mello, 2006: Plausibilidade jurídica da impugnação à validade constitucional da Instrução Normativa STN n. 01/2005**. Também nessa ação, movida por diversos Estados-membros, incluindo o Distrito Federal, em litisconsórcio ativo, o Supremo Tribunal Federal deu igual entendimento ao citado anteriormente. Em seu despacho o Relator da ação afirma: "[...] O abuso de poder regulamentar, especialmente nos casos em que o Estado atua *contra legem* ou *praeter legem*, não só expõe o ato transgressor ao controle jurisdicional, mas viabiliza, até mesmo, tal a gravidade desse comportamento governamental, o exercício pelo Congresso Nacional, da competência extraordinária que lhe confere o art. 49, inciso V, da Constituição da República e que lhe permite "sustar os atos normativos do Poder Executivo que exorbitem do poder regulamentar [...]". **ADI 5.290/GO, Rel. Min. Carmen Lúcia, 2019: a ampliação da competência da Assembleia Legislativa para sustação de atos do Poder Executivo em desacordo com a lei é inconstitucional**. Na ação em questão, a Assembleia Legislativa de Goiás incluiu a possibilidade de sustação de atos normativos do Poder Executivo e dos Tribunais de Contas, em desacordo com a lei ou, no caso do Poder Executivo, que exorbitassem do poder regulamentar ou dos limites de delegação legislativa. O Supremo Tribunal Federal entendeu que tal regra alterava o sistema federativo, não observando o previsto na Constituição Federal. Citou o precedente da ADI 748-MC e declarou inconstitucional a norma estabelecida pela Assembleia Legislativa de Goiás.

7. Literatura selecionada

ARAUJO CASTRO. *A nova Constituição Brasileira*. Rio de Janeiro: Livraria Editora Freitas Bastos, 1935; BONAVIDES, Paulo; ANDRADE, Paes. *História Constitucional do Brasil*. 3ª edição. Rio de Janeiro: Paz e Terra, 1991; CANOTILHO. J. J. Gomes. *Direito constitucional*. Coimbra: Almedina, 1992; CANOTILHO, J. J. Gomes; MOREIRA, Vital. *Constituição da República Portuguesa Anotada*. Coimbra: Coimbra Editora, 1978; DI PIETRO, Maria Sylvia Zanella. *Direito Administrativo*. 10ª edição. São Paulo: Atlas, 1998; FERRAZ, Anna Candida da Cunha. *Conflito entre Poderes – O Poder Congressual de sustar atos normativos do Poder Executivo*. São Paulo: Editora Revista dos Tribunais, 1994; FERRAZ, Anna Candida da Cunha. "A Constituição de 1934". In: D´AVILA, Luís Felipe (org.). *As Constituições Brasileiras*. São Paulo: Editora Brasiliense, 1993; FERREIRA FILHO, Manoel Gonçalves. *Comentários à Constituição Brasileira de 1988*. Volume 2. São Paulo: Saraiva, 1992; MEDAUAR, Odete. *Direito Administrativo Moderno*. 5ª edição, revista e atualizada. São Paulo: Editora Revista dos Tribunais, 2001; MEIRELLES, Hely Lopes. *Direito Administrativo Brasileiro*. 21ª edição, atualizada por Eurico de Andrade Azevedo, Délcio Balesteiro Aleixo, José Emmanuel Burle Filho. São Paulo: Malheiros Editores, 1996; MIRANDA. Jorge. *Manual de Direito Constitucional*. 2ª edição, revista. Coimbra: Coimbra Editora Ltda., 1983, Tomo II; MONTESQUIEU, Charles de Secondat, Baron de La Bréde et de. *De L´Esprit des Lois*. Paris: Éditions Sociales, 1977; PINTO FERREIRA, Luís. *Comentários à Constituição Brasileira*. 2º Volume. São Paulo: Saraiva, 1989; PONTES DE MIRANDA, Francisco Cavalcanti. *Comentários à Constituição de 1967 com a Emenda Constitucional de 1969*. São Paulo: Editora Revista dos Tribunais, 1970/1972; PONTES DE MIRANDA, Francisco Cavalcanti. *Comentários à Constituição dos Estados Unidos do Brasil*. Rio de Janeiro: Ed. Guanabara, 1936, Tomo I; SILVA, José Afonso da. *Comentário Textual à Constituição*. São Paulo: Malheiros Editores Ltda., 2006; SILVA, José Afonso da. *Curso de Direito Constitucional Positivo*. 31ª edição. São Paulo: Malheiros Editores Ltda., 2008; TÁCITO, Caio. Controle Judicial da Administração Pública na Nova Constituição. *Revista de Direito Público* 22 (91): 28-36, jul./set. 1989; VALADÃO, Marcos Aurélio Pereira. Sustação de Atos Normativos do Poder Executivo pelo Congresso Nacional com base no artigo 49, inciso V, da Constituição de 1988. *Revista de Informação Legislativa*, Brasília, a. 38, n. 153, jan./mar. 2002, p. 287-301.

8. Comentários

8.1. Separação de poderes e controles recíprocos

A Constituição de 1988 consagra o princípio da "separação de poderes, independentes e harmônicos entre si" (art. 2º). Trata-se do arranjo do poder estatal base do presidencialismo. O princípio da harmonia e independência entre os poderes implica a repartição de competências próprias e um sistema de "freios e contrapesos" ou de "controles recíprocos", base do modelo presidencialista de governo. O controle recíproco, que materializa um controle interórgãos, resulta, em regra, na possibilidade de interferência de um Poder no outro, dentro de limites fixados no Texto Constitucional. Tal sistema de freios busca, acima de tudo, assegurar um desenvolvimento harmonioso das atividades dos poderes, de tal sorte que um não se sobreponha ao outro, um não paralise a ação de outro, mas que, ao contrário, andem de "concerto", como propunha Montesquieu em seu célebre *De L´Esprit des Lois*. É nesse quadro que se colocam certas competências de controle político sobre atos, atuação ou exercício de competências do Poder Executivo, atribuídas ao Congresso Nacional principalmente no art. 49 da Constituição. É nesse quadro, também, que se insere a competência extraordinária contida no inciso V do art. 49, em exame, inusitada nos sistemas presidencialistas. Constitui tal competência uma "invasão" constitucionalmente admitida do Poder Legislativo no exercício de atribuições típicas e inerentes ao Poder Executivo, especialmente no que se refere ao exercício do poder regulamentar. Como enfatizou Celso de Mello (ADIn 748-3/RS), é possível vislumbrar-se – dada a excepcionalidade do preceito contido no inciso V do art. 49 – "nítida cláusula derrogatória do princípio da separação de poderes", já que viabiliza a possibilidade de ingerência do Poder Legislativo "na ambiência e no espaço de atuação constitucional" reservado ao Poder Executivo. Talvez se explique a adoção dessa competência extraordinária no fato de a Constituição de 1988 ter nascido de uma proposta parlamentarista de governo, que não se concretizou, muito embora, tal competência extraordinária não seja usual, mesmo no parlamentarismo. Todavia convém sinalizar que esse controle deve limitar-se aos estritos termos do que prevê a Constituição, para evitar interferência inconstitucional de um Poder sobre o outro.

8.2. Natureza da competência contida no inciso V do art. 49

Organicamente, trata-se do exercício de um controle político de constitucionalidade, repressivo, exercido "*a posteriori*" com relação ao ato do Poder Executivo questionado. A Constituição de 1988 atribui ao Congresso Nacional – um dos poderes políticos – competência exclusiva para sustar atos normativos do Poder Executivo – decretos regulamentares, regulamentos e atos de delegação legislativa – atos em plena vigência e produzindo seus efeitos regulares. Consiste num controle de constitucionalidade porquanto a sustação prevista no texto constitucional deverá recair sobre atos normativos executivos que exorbitem do poder regulamentar ou da delegação legislativa, o que significa dizer, atos que ultrapassam os limites da competência do Executivo, importando em abuso de poder e usurpação de competência do Legislativo. Não se cogita, pois, na hipótese, de sustação apenas ditada por mera ilegalidade ou por discricionariedade ou pelo mérito do ato questionado. O abuso do poder regulamentar ou da delegação legislativa que fundamentam a sustação importa em transgressão de regras de competências constitucionais do Legislativo por "incidir no domínio da atuação material da lei, em sentido formal" (ACO – QO 1048/RS). Trata-se de controle político repressivo porque a sustação determinada pelo Poder Legislativo suspende a vigência e a eficácia de atos regulamentares ou de lei delegada, atos juridicamente aperfeiçoados.

8.3. O objeto da sustação congressual

Constituem objeto dessa modalidade de sanção político-jurídica os atos normativos que exorbitem do poder regulamentar ou da delegação legislativa. No tocante ao objeto assim delineado, três pontos merecem exame:

8.3.1. Atos de efeitos concretos

O primeiro aspecto a ser observado diz respeito à impossibilidade de o Congresso Nacional sustar atos do Executivo – regulamentares ou resultantes de delegação legislativa – de efeitos concretos. Assim, por exemplo, um decreto de desapropriação ou um decreto de nomeação são insuscetíveis de sustação congressual. Esse entendimento é o admitido na Câmara dos Deputados, como se pode verificar em parecer emitido pela Assessoria Jurídica do órgão a propósito de vários projetos de Decreto Legislativo (PDC n. 1621, 1622, 1623, 1624, 1625, 1626, 1631, todos de 2005), visando sustar Decretos de Homologação de Demarcação de Terras Indígenas. Entendendo que tais decretos configuravam atos administrativos de efeitos concretos, como já firmado em jurisprudência (ADI 710-6/RR), propõe o parecer referido a rejeição dos decretos legislativos em causa, "por não preencherem os requisitos constitucionais para sua admissibilidade".

8.3.2. Atos normativos regulamentares

Tais atos decorrem do exercício, pelo Poder Executivo, do chamado poder regulamentar, função privativa e inerente do Presidente da República, e por isso mesmo indelegável (Hely Lopes Meirelles, *Direito Administrativo Brasileiro*, p. 112). É essa missão precípua do Presidente da República no quadro institucional de separação de poderes. Seu fundamento constitucional se encontra no art. 84, IV, da Constituição Federal, que dispõe competir ao Presidente da República "expedir decretos e regulamentos para sua (das leis) fiel execução". São os decretos regulamentares e os regulamentos prescrições práticas que têm por finalidade preparar a execução das leis sem lhes alterar o texto, o conteúdo e o espírito. Não podem, pois, os decretos regulamentares e os regulamentos se colocar *contra legem* ou *praeter legem*. Adstrita aos expressos termos da Constituição, a sustação congressual deve, por princípio, alcançar apenas os atos normativos enquanto expressão do poder regulamentar do Chefe do Executivo, ou seja, os decretos regulamentares e os regulamentos, não alcançando atos administrativos de outras autoridades, ainda que normativos, tais como as instruções normativas ministeriais. Não se deve confundir, diante da norma excepcional do art. 49, V, os atos emanados do poder regulamentar do Chefe do Executivo com atos normativos advindos de outras autoridades administrativas. Não obstante, este é um ponto ainda em aberto na doutrina e na jurisprudência, pois, como se mencionou no item 6, o Supremo Tribunal Federal admitiu, em tese, que Resolução do CADIN/SIAFI pudesse ser objeto da sanção estabelecida no art. 49, V, em exame (ACO-QO 1048). Por outro lado, é inegável que costumam tramitar no Congresso Nacional, Projetos de Decreto Legislativo, originários do Senado Federal ou da Câmara dos Deputados, propondo a suspensão de atos normativos de Ministros de Estado, de Secretários de Ministérios e assim por diante. Vejam-se, como exemplos, os Projetos de Decreto Legislativo CD 442, de 2000, e de 893, de 2001, citados por Marcos Valadão (*Sustação de atos do Poder Executivo pelo Congresso Nacional com base no artigo 49, inciso V, da Constituição de 1988*, p. 297), não havendo notícias de sua finalização no Congresso e consequente apreciação no Supremo Tribunal Federal;

8.3.3. Atos de delegação legislativa

A delegação legislativa é prevista na Constituição de 1988, art. 68. A delegação do Congresso Nacional para o Executivo legislar se cristaliza na lei delegada. A transferência do poder de legislar ao Executivo, no presidencialismo, deve ser cercada de cautelas, pelo que é condicionada e limitada. A Constituição de 1988 estabelece limites de forma, de competência, condições para a delegação, condições de exercício da delegação, prazos para o Executivo legislar e, principalmente, a matéria sobre a qual pode legislar (art. 68 e parágrafos). A delegação congressual ao Poder Executivo se faz mediante Resolução, que fixa os termos e os limites de seu exercício, nos moldes citados. A atribuição contida no inciso V do art. 49 diz respeito, portanto, ao "desbordamento", pelo Executivo, dos limites fixados na Resolução e, por decorrência, aos estabelecidos na Constituição, particularmente os relativos à matéria passível de delegação constitucional. Lembra Ferreira Filho que "será indiciada, por excesso de poder, a lei delegada que desprezar os *standards* e for além da matéria objeto de delegação" (*Comentários*, v. 2, p. 122). Assim, é sobre os atos resultantes de delegação legislativa – vale dizer, a lei delegada – que exorbitarem especialmente dos limites materiais e temporais fixados na Constituição e na Resolução delegatória que incidirá o controle previsto no inciso V, do art. 49.

8.4. O decreto legislativo de sustação de atos do Executivo e sua natureza

A sustação congressual prevista no inciso V se manifesta mediante decreto legislativo, espécie legislativa prevista no art. 59 da CF, típica para a concretização do exercício das competências exclusivas do Congresso Nacional. Não se trata, no caso, de ato meramente deliberante, de efeitos concretos. O decreto legislativo, que susta atos normativos do Executivo exorbitantes do poder regulamentar ou da delegação legislativa, se reveste, de um lado, da natureza de ato político, pela origem; mas constitui ato jurídico primário, de natureza legislativa, pela forma e pelos efeitos que produz. Produz efeitos externos ao Poder Legislativo, vinculantes, porquanto paralisa *erga omnes* um ato normativo de outro Poder, até então eficaz dentro do ordenamento jurídico brasileiro. Subsume, do ato que susta, o caráter normativo, como aliás reconheceu o Supremo Tribunal Federal (ADIn 748-3 RS). Parcela da doutrina e da jurisprudência aponta esse decreto como uma fórmula de "veto legislativo", para uso do Poder Legislativo em contraposição ao "veto presidencial", como instrumento de freios e contrapesos decorrente do princípio da separação de poderes. Usualmente tramitam, na Câmara dos Deputados e no Senado Federal, vários Projetos de Decreto Legislativo de sustação de atos normativos do Executivo, sendo que poucos são aprovados pelo Congresso Nacional (exemplo: Projeto de Decreto Legislativo n. 2.224/2006, considerado inconstitucional pela Comissão de Constituição e Justiça e de Cidadania da Câmara dos Deputados).

8.5. Alcance e efeitos do ato de sustação congressual

A sustação congressual de atos normativos exorbitantes do poder regulamentar e dos limites da delegação legislativa suspende, *ex nunc*, os efeitos do ato sancionado, que a partir da publicação do decreto legislativo não mais poderão ser aplicados, mas não anula nem revoga o ato questionado. Tem, portanto, a sustação congressual efeitos jurídico-constitucionais, embora, organicamente, se trate de ato de natureza política de controle. O poder congressual, na hipótese do inciso em exame, é ato essencialmente limitado pela Constituição, que determina os fundamentos para seu exercício – exorbitância ou abuso de poder. Não é, todavia, um ato definitivo, muito embora exteriorize uma competência exclusiva do Congresso Nacional. É definitivo, apenas, no sentido de suspender, desde a publicação, a eficácia de atos normativos e de delegação legislativa do executivo. Todavia, tratando-se de ato do processo legislativo, é suscetível do controle jurisdicional pelo Supremo Tribunal Federal, conforme já decidiu a respeito o Supremo Tribunal Federal (ADIN 748-3 RS). Assim, o decreto sustatório tem efeitos "suspensivos", à semelhança do veto presidencial, e é "superável" como este, ainda que a superação se desenvolva no âmbito da jurisdição constitucional. Enquanto não questionado perante o STF produz validamente os efeitos determinados pela Constituição. Não pode o decreto legislativo produzir **efeitos distintos** dos previstos na Constituição, como determinou a ADI 1.553/DF, citada no item 6. No caso, a Lei Orgânica do Distrito Federal, art. 60, determinava que a reedição de ato normativo exorbitante do poder regulamentar ou da delegação legislativa configuraria crime de responsabilidade, sanção não prevista no inciso V do art. 49 reproduzido pela LODF.

8.6. Considerações sobre a sustação congressual

A sustação congressual de atos normativos do Poder Executivo constitui atividade legislativa inusitada nos sistemas presidencialistas porquanto excepciona uma das cláusulas do princípio da separação de poderes, a cláusula da independência, que pressupõe o funcionamento independente de cada Poder no exercício de suas funções inerentes. É modalidade de controle ou fiscalização do Poder Executivo, mas de um controle que se reveste da natureza de controle político de constitucionalidade, no que excepciona, também, a atividade própria do Poder Judiciário. Trata-se de função que fortalece o Poder Legislativo no quadro estrutural dos poderes políticos e que se bem utilizada poderá até constituir ferramenta relevante para efetivo controle do Poder Executivo.

Art. 49, VI – mudar temporariamente sua sede;

Luiz Henrique Cascelli de Azevedo

1. História da norma

O inciso VI do atual art. 49 da Constituição foi concebido a partir da redação do inciso VI do então art. 5º da Subcomissão do Poder Legislativo da Assembleia Nacional Constituinte, reproduzido no texto final da Comissão de Organização dos Poderes e Sistema de Governo (art. 5º, VI), no Primeiro Substitutivo da Comissão de Sistematização (art. 77, como inciso VII), no Segundo Substitutivo (art. 55, como inciso VII) e como art. 59, VI, no Projeto Final da referida Comissão de Sistematização, aprovado em primeiro turno pelo Plenário da Assembleia (Projeto de Constituição "A"). Após a votação em segundo turno, a matéria passou a ser formalizada no art. 50, VII, do Projeto de Constituição "B", para, finalmente, constituir-se como art. 49, VI, tanto no Projeto de Constituição "C" como no Projeto de Constituição "D", assim entrando em vigor.

2. Constituições brasileiras anteriores

Constituição de 1981: art. 34, n. 13; Constituição de 1934: art. 40, "g"; Constituição de 1946: art. 66, X; Constituição de 1967: art. 47, VI; Constituição de 1969: art. 44, VI.

3. Constituições estrangeiras

Bolívia: art. 46 (2); Irlanda: art. 15 (1,3º); Suécia: Capítulo 4, art. 1º.

4. Direito internacional

A matéria diz respeito às atribuições do Congresso Nacional pátrio.

5. Dispositivos constitucionais e legais relacionados

Art. 48.

6. Jurisprudência

Não há jurisprudência relevante.

7. Leitura selecionada

AZEVEDO, José Affonso Mendonça de. *Elaborando a Constituição Nacional*: Atas da Subcomissão elaboradora do Anteprojeto 1932/1933. Brasília: Senado Federal, 1993; BASTOS, Celso Ribeiro; MARTINS, Ives Gandra. *Comentários à Constituição do Brasil*. São Paulo: Saraiva, 1999; BRUSCO, Dilson Emílio; RIBEIRO, Ernani Valter. *O Processo Histórico da Elaboração do Texto Constitucional*. Brasília: Câmara dos Deputados, 1993; CÂMARA DOS DEPUTADOS. *Constituições dos Países do Mercosul*. Brasília: Câmara dos Deputados, 2001; FREIRE, Felisberto. *História Constitucional da República dos Estados Unidos do Brasil*. Brasília: UnB, 1983; GOUVEIA, Jorge Bacelar. *As Constituições dos Estados de Língua Portuguesa*. Coimbra: Almedina, 2006; NOGUEIRA, Octaciano (org.). *Constituições do Brasil*. Brasília: Centro de Ensino a Distância, 1987; MAXIMILIANO, Carlos. *Comentários à Constituição Brasileira de 1891*. Brasília: Senado Federal, 2005; SILVA, José Afonso. *Comentário Contextual à Constituição*. São Paulo: Malheiros, 2007; U. C, João Barbalho. *Comentários à Constituição Federal de 1891*. Brasília: Senado Federal, 1992.

8. Comentários

O inciso VI do art. 49 trata da mudança temporária da sede do Congresso Nacional. De acordo com a regra estabelecida no *caput* do art. 57 da Constituição, o Congresso Nacional reúne-se na Capital Federal, isto é, em Brasília, nos termos do § 1º do art. 18. Contudo, há hipóteses – geralmente relacionadas à perturbação do "livre exercício do Poder Legislativo" (art. 85, II) – que impõem a mudança para outro local, tão somente enquanto permanecer a restrição ao normal funcionamento desse Poder.

Art. 49, VII – fixar idêntico subsídio para os Deputados Federais e os Senadores, observado o que dispõem os arts. 37, XI, 39, § 4º, 150, II, 153, III, e 153, § 2º, I;

VIII – fixar os subsídios do Presidente e do Vice-Presidente da República e dos Ministros de Estado, observado o que dispõem os arts. 37, XI, 39, § 4º, 150, II, 153, III, e 153, § 2º, I;

Léo Ferreira Leoncy

1. História da norma

No decorrer dos trabalhos constituintes, os temas disciplinados nos incisos VII e VIII do art. 49 estiveram presentes em ambos os Substitutivos do Relator na Comissão de Sistematização (Etapa 4, Fases N e P). De igual modo, constaram tanto do Projeto A (Etapa 5, Fase Q) como do Projeto B de Constituição (Etapa 5, Fase T).

O Anteprojeto Constitucional elaborado pela Comissão Provisória de Assuntos Constitucionais, instituída pelo Decreto n. 91.450, de 18-7-1985, também tratava do assunto[1]. Em seu art. 174, XI, previu a competência exclusiva do Congresso Nacional para "fixar, para viger no mandato seguinte, a ajuda de custo dos membros do Congresso Nacional, assim como a representação e os subsídios destes, os do Presidente e Vice-Presidente da República e do Presidente do Conselho".

Promulgada a Constituição de 1988, os preceitos em análise foram modificados pela Emenda Constitucional n. 19, de 1998, como parte da Reforma Administrativa então empreendida.

2. Constituições brasileiras anteriores

A matéria foi objeto de disciplina dos arts. 22 e 46, da Constituição de 1891; arts. 30, 33, § 3º, 40, k, 54, 89, § 2º, e 92, § 4º, da Constituição de 1934; art. 49, da Constituição de 1937; arts. 47, §§ 1º e 2º, 66, IX, e 86, da Constituição de 1946; arts. 35 e 47, VII, da Constituição de 1967; e arts. 33, §§ 1º a 4º, e 44, VII, da Emenda Constitucional n. 1, de 1969.

3. Constituições estrangeiras

Disposições semelhantes foram encontradas nas Constituições da Argentina (art. 92), dos Estados Unidos (art. I, Seção 6), da Alemanha (art. 48, § 3), de Portugal (art. 158, d), da Espanha (art. 71, 4), da África do Sul (art. 58, 3), do Uruguai (art. 117), da Itália (art. 69), entre outras. Em relação a tais documentos, a Constituição brasileira é a mais analítica quanto à disciplina do tema.

4. Direito internacional

As questões disciplinadas pelo art. 49, VII e VIII, não integram o temário clássico do direito internacional, nem são objeto de atos internacionais em que a República Federativa do Brasil é parte.

5. Remissões constitucionais e legais

Quanto às remissões constitucionais, os dispositivos em comento relacionam-se com os arts. 37, XI, 39, §§ 4º e 6º, 48, XV, e 57, § 7º, da CF. No plano das remissões infraconstitucionais, o documento central é o Decreto Legislativo n. 172, de 21-12-2022.

6. Jurisprudência constitucional

Entre os precedentes fundamentais para compreender o procedimento de fixação dos subsídios das autoridades mencionadas nos dispositivos em análise, bem como o tipo de fonte normativa utilizada nesta definição, encontram-se a ADI 3.833 (Medida Cautelar) e o MS 26.307 (Medida Cautelar), ambos julgados pelo Supremo Tribunal Federal. Na ADI 1.469 (Medida Cautelar), a Corte entendeu que a competência de fixação do subsídio não pode ser objeto de delegação.

7. Indicações bibliográficas

BONAVIDES, Paulo; ANDRADE, Paes de. *História constitucional do Brasil*. 4. ed. Brasília: OAB, 2002.

CAMPANHOLE, Adriano; CAMPANHOLE, Hilton Lobo. *Constituições do Brasil*. 13. ed. São Paulo: Atlas, 1999.

GROTTI, Dinorá Adelaide Musetti. Sistema remuneratório dos servidores públicos: regime de subsídios x regime de remuneração. *Boletim de Direito Administrativo*, v. 28, n. 12, p. 1347-1375, dez. 2012.

MARTINS JUNIOR, Wallace Paiva. *Remuneração dos agentes públicos*. São Paulo: Saraiva, 2009.

MILESKI, Helio Saul. Efeitos da reforma administrativa sobre a remuneração dos agentes públicos. *Revista do Tribunal de Contas do Estado do Rio Grande do Sul*, v. 16, n. 28, p. 95-107, jan./jul. 1998.

MORAES, Alexandre de. *Reforma administrativa*: Emenda Constitucional n. 19/98. São Paulo: Atlas, 2001.

SOUZA JUNIOR, Cezar Saldanha. *Constituições do Brasil*. Porto Alegre: Sagra Luzzatto, 2002.

8. Comentários

A versão original do inciso VII do art. 49 da Carta Federal previa que idêntica remuneração para Deputados Federais e Senadores seria fixada em cada legislatura, para a subsequente, pelo Congresso Nacional, vedado qualquer tratamento tributário privilegiado. Com isso, o constituinte não só evitava a legislação em causa própria, como também se afastava do modelo constitucional anterior, que expressamente admitia um tratamento tributário diferenciado aos rendimentos percebidos pelos parlamentares[2].

Já a redação originária do inciso VIII do mesmo artigo, sem impor identidade remuneratória necessária entre Presidente da República, seu Vice e os Ministros de Estado, determinava que as respectivas remunerações fossem fixadas para cada exercício financeiro, ficando vedado qualquer tratamento diferenciado em relação aos contribuintes em geral.

Com a Emenda Constitucional n. 19, de 1998, foi alterado significativamente o regime da retribuição financeira destinada a essas autoridades federais, que passaram a partir de então a fazer jus tão somente a "subsídio"[3].

---

1. Trata-se do anteprojeto elaborado pela chamada "Comissão Afonso Arinos", assim conhecida em razão do eminente jurista que a presidiu.

2. Esse tratamento diferenciado estava previsto no art. 22, IV, da Carta de 1967, regulamentado pela Lei federal n. 5.279, de 27-4-1967.

3. *Vide* comentários ao art. 39, § 4º, nesta obra.

Se a principal característica do modelo anterior era a "remuneração" englobar o conjunto das parcelas percebidas a qualquer título pelo respectivo beneficiário, o novo regime remuneratório passou a prever apenas a percepção de subsídio, a ser "fixado em parcela única, vedado o acréscimo de qualquer gratificação, adicional, abono, prêmio, verba de representação ou outra espécie remuneratória" (art. 39, § 4º, da CF).

No caso de Deputados Federais e Senadores, foi vedado inclusive o pagamento de eventuais parcelas a título de "indenização" em virtude de convocação para participar de sessão legislativa extraordinária (art. 57, § 7º, da CF). No entanto, a percepção de outras verbas de caráter indenizatório não está descartada, devendo ser garantida a publicidade dos respectivos gastos. Isso porque, conforme o entendimento do Supremo Tribunal Federal, "[a]s verbas indenizatórias para exercício da atividade parlamentar têm natureza pública, não havendo razões de segurança ou de intimidade que justifiquem genericamente seu caráter sigiloso" (MS 28178).

Apesar dos estritos termos do texto constitucional, a Corte também entendeu que "[o] regime de subsídio é incompatível com outras parcelas remuneratórias de natureza mensal, *o que não é o caso do décimo terceiro salário e do terço constitucional de férias, pagos a todos os trabalhadores e servidores com periodicidade anual*" (destacamos) (RE 650898).

Em qualquer caso, deve ser dada publicidade aos ganhos dos agentes públicos, na medida em que, ainda segundo o Supremo, "[é] legítima a publicação, inclusive em sítio eletrônico mantido pela Administração Pública, dos nomes dos seus servidores e do valor dos correspondentes vencimentos e vantagens pecuniárias" (ARE 652777).

Em relação aos Deputados Federais e Senadores, o novo modelo implantado deixou de exigir a anterioridade do reajuste, que, assim, uma vez aprovado, poderá incidir no próprio curso da legislatura em que concluído o processo legislativo de formação do respectivo ato, mantida a paridade de valores entre uma e outra classe parlamentar.

Do mesmo modo, no tocante ao subsídio do Presidente, do respectivo Vice e dos Ministros de Estado, a sua fixação não mais precisa ocorrer necessariamente a cada exercício, nada impedindo, entretanto, que se proceda ao seu reajuste anual.

Desse modo, abandonou-se o critério temporal ("em cada legislatura, para a subsequente" ou "para cada exercício", conforme o caso) e passou-se a permitir que critérios de conveniência política e financeira orientem a definição do melhor momento para se fixar ou reajustar o subsídio das autoridades em questão.

Tratando-se de uma competência congressual exclusiva e indelegável, a definição do subsídio das autoridades federais em apreço é feita por decreto legislativo, fonte normativa que dispensa a sanção do Presidente da República, nos termos do art. 48, *caput*, da Constituição[4].

---

4. Foi o que entendeu o Supremo Tribunal Federal ao julgar a ADI 3.833 – MC, Tribunal Pleno, rel. para o acórdão Min. Marco Aurélio, j. em 19-12-2006, Ementário n. 2341-1, p. 108, e o MS 26.307 – MC, Tribunal Pleno, rel. Min. Ricardo Lewandowski, j. em 19-12-2006, Ementário n. 2285-3, p. 494. Quanto à impossibilidade de delegação da referida competência, conferir a ADI 1.469 – MC, Tribunal Pleno, rel. Min. Octavio Gallotti, j. em 12-9-1996, Ementário n. 2008-01, p. 81.

Em qualquer dos casos, o valor fixado não poderá exceder o subsídio mensal, em espécie, dos Ministros do Supremo Tribunal Federal (art. 37, XI, da CF), este sim definido por lei, e, pois, sujeito à sanção presidencial (art. 48, XV, da CF).

Por fim, cumpre registrar que atualmente os subsídios mensais dos membros do Congresso Nacional, do Presidente e do Vice-Presidente da República e dos Ministros de Estado, referidos nos incisos VII e VIII do *caput* do art. 49 da Constituição Federal, encontram-se uniformemente fixados no Decreto Legislativo n. 172, de 21 de dezembro de 2022. No tocante aos congressistas, ressalte-se que, desde o Decreto Legislativo n. 2.010, de 2013, encontra-se vedada a percepção dos chamados 14º e 15º salários, embora o diploma em vigor ainda lhes assegure ,"no início e no final do mandato, ajuda de custo equivalente ao valor do subsídio".

Art. 49, IX – julgar anualmente as contas prestadas pelo Presidente da República e apreciar os relatórios sobre a execução dos planos de governo;

Fernando Facury Scaff
Luma Cavaleiro de Macedo Scaff

1. Origem do texto

A redação do texto é originária da Constituição de 1988.

2. Constituições brasileiras anteriores

Art. 98 a 101 da Constituição de 1824 (Poder Moderador); art. 18; art. 34 da Constituição de 1891; art. 39 e 40 da Constituição de 1934; art. 65, VIII, da Constituição de 1946; art. 42, II, e art. 47, VIII, da Constituição de 1967; art. 40, II, e art. 44, VIII, da Constituição de 1967 com a Emenda Constitucional de 1969.

3. Preceitos constitucionais correlacionados da Constituição de 1988

Art. 2º; art. 48; art. 51, II; art. 84, XXIV.

4. Legislação

Lei Complementar 101/2000. Lei 1.079/1950 (Crimes de Responsabilidade e regula o respectivo processo de julgamento).

5. Jurisprudência

STF: "(...) inconstitucionalidade de subtração ao Tribunal de Contas da competência do julgamento das contas das Mesas das Câmaras Municipais – compreendidas na previsão do art. 71, II, da Constituição Federal, para submetê-las ao regime do art. 71, c/c art. 49, IX, que é exclusivo da prestação de contas do Chefe do Poder Executivo local (CF, art. 31, § 2º): precedente (ADIn 849, 11-2-99, Pertence)" (ADI 1.964-MC, Rel. Min. Sepúlveda Pertence, julgamento em 25-3-99, *DJ* de 7-5-99).

A CF foi assente em definir o papel específico do Legislativo municipal para julgar, após parecer prévio do tribunal de contas, as contas anuais elaboradas pelo chefe do Poder Executivo local, sem abrir margem para a ampliação para outros agentes ou órgãos públicos. O art. 29, § 2º, da Constituição do Estado do Espírito Santo, ao alargar a competência de controle externo exercida pelas câmaras municipais para alcançar, além do prefeito, o presidente da câmara municipal, alterou o modelo previsto na CF.

[ADI 1.964, rel. min. Dias Toffoli, j. 4-9-2014, P, *DJe* de 9-10-2014].

Ementa: Direito Constitucional. Embargos de declaração em ADPF. Inadmissibilidade de pedido consultivo. Inexistência de omissão, contradição ou obscuridade. Inviabilidade da pretensão de rejulgamento da causa. Conhecimento parcial e desprovimento dos embargos. I. Conhecimento parcial do recurso 1. Muito embora os embargos tenham sido opostos quando o acórdão recorrido ainda não havia sido formalizado e publicado no órgão oficial, a embargante ratificou suas razões recursais no prazo legal, isto é, após a publicação do julgado. Assim, não há que se falar em intempestividade do recurso. Precedentes. 2. Em sua manifestação, a embargante apresentou 11 "questões paralelas", formuladas em tese e sem relação direta com o objeto da ADPF. Não é possível valer-se de embargos de declaração para obter, em caráter consultivo, esclarecimentos de dúvidas pelo Poder Judiciário, sob pena de desnaturar a essência da atividade jurisdicional. Não conhecimento do recurso nesse ponto. II. No mérito 3. As alegações de que o acórdão recorrido incorreu em omissão, contradição ou obscuridade, bem como de que adotou premissas equivocadas não se sustentam. Todos os pontos questionados pela embargante foram enfrentados pelo Tribunal no julgamento da ADPF, de forma clara, coerente e fundamentada. 4. A partir de razões sólidas, a maioria dos Ministros concluiu que: (i) o Senado tem competência para instaurar ou não o processo de impedimento contra Presidente da República, cuja abertura tenha sido previamente autorizada pela Câmara dos Deputados; (ii) não são admissíveis candidaturas avulsas ou independentes para a formação da comissão especial de impeachment, e (iii) os nomes indicados pelos líderes partidários, para a comissão especial do procedimento de impeachment em curso, devem ser submetidos a ratificação ou não pelo Plenário da Câmara dos Deputados, em votação aberta. 5. Ainda que a embargante discorde das conclusões alcançadas pelo Tribunal, não pode pretender revê-las por meio de embargos de declaração. A via recursal adotada não se mostra adequada para, a pretexto de correção de inexistentes vícios internos do acórdão proferido, postular a renovação de julgamento que transcorreu de maneira hígida e regular. Precedentes. 6. Recurso conhecido parcialmente e, na parte conhecida, desprovido.

[ADPF 378 ED/DF – DISTRITO FEDERAL. EMB.DECL. NA ARGUIÇÃO DE DESCUMPRIMENTO DE PRECEITO FUNDAMENTAL. Relator(a): Min. ROBERTO BARROSO Julgamento: 16/03/2016 Órgão Julgador: Tribunal Pleno].

6. Anotações

1. O *caput* do art. 49 se refere à competência privativa do Congresso Nacional, sem que seja necessária a sanção do Presidente da República por força do disposto no *caput* do art. 48, CF.

2. Duas são as disposições constantes do inciso IX.

A primeira diz respeito ao dever do Congresso Nacional de analisar as contas que o Presidente da República também tem o dever de prestar anualmente ao Congresso Nacional, com referência ao exercício anterior, dentro de sessenta dias após a abertura da sessão legislativa, em observância ao art. 84, XXIV, da Constituição Federal. Estas contas devem ser analisadas com o auxílio do Tribunal de Contas (art. 71).

3. A segunda se refere à apreciação dos relatórios sobre a execução dos planos de governo.

No âmbito orçamentário existem 3 Planos, conforme estabelece o art. 165 da CF: o PPA – Plano Plurianual (inciso I), a LDO – Lei de Diretrizes Orçamentárias (inciso II) e a LOA – Lei Orçamentária Anual (inciso III). A execução destas leis fica a cargo do Poder Executivo, que é chefiado pelo Presidente da República (art. 76, CF) e os relatórios referentes à sua execução devem ser submetidos ao Congresso Nacional, o qual, também com o auxílio do Tribunal de Contas (art. 71, CF), deverá apreciá-los.

4. Se o Congresso Nacional, com o auxílio do Tribunal de Contas (arts. 71 e seguintes), rejeitar as contas do Presidente da República, pode haver até mesmo seu enquadramento no art. 85, VI, CF, que estabelece a hipótese de crime de responsabilidade por atentar contra a lei orçamentária.

Trata-se de norma que se insere no controle público entre os Poderes no que se refere às contas públicas. Embora técnico, o parecer do TCU tem caráter consultivo e opinativo no que se refere às contas do Chefe do Poder Executivo da União. Deve servir de base, porém, para subsidiar a decisão final a ser tomada pelo Congresso Nacional, órgão encarregado constitucionalmente do julgamento anual das contas apresentadas. Todavia, o julgamento das contas públicas pelo Congresso Nacional tem natureza política, não ficando vinculado à manifestação técnica do TCU.

Art. 49, X – fiscalizar e controlar, diretamente, ou por qualquer de suas Casas, os atos do Poder Executivo, incluídos os da administração indireta;

Anna Candida da Cunha Ferraz
Rebecca Groterhorst

1. História da norma

Trata-se, na hipótese normativa em questão, do exercício de **competência genérica** atribuída, com exclusividade, ao Congresso Nacional e às suas Casas para exercer fiscalização e controle de atos do Poder Executivo em geral e os das entidades de administração indireta, inseridas no âmbito do Poder Executivo federal. Essa modalidade de fiscalização e controle aparece, no direito constitucional brasileiro, na Emenda Constitucional 17, de 26 de novembro de 1965 (chamada Reforma do Poder Legislativo). Referida Emenda acrescentou ao art. 65 da Constituição de 1946, que disciplinava as atribuições gerais do Congresso Nacional, o seguinte parágrafo único: "A lei regulará o processo de fiscalização, pela Câmara dos Deputados e pelo Senado Federal, dos atos do Poder Executivo e da Administração descentralizada". Remetia-se, pois, ao Congresso Nacional, por suas Casas Legislativas, o exercício dessa competência genérica de fiscalização e controle, a ser definido em lei. Durante o período compreendido entre a promulgação da EC 17/65 e a promulgação de constituições subsequentes tal lei não chegou a ser editada, o que somente ocorreu em 1984, conforme a Lei 7.295, de 19/12/1984 (Lei Mauro Benevides).

2. Constituições brasileiras anteriores

As constituições brasileiras, anteriores à **EC 17/65**, não estabelecem o princípio da fiscalização e do controle genérico dos atos da Administração Pública Direta e Indireta atribuído ao Poder Legislativo. A disposição normativa em questão reaparece na **Constituição de 24/01/1967**, no art. 48, já agora incluída dentre as competências exclusivas do Congresso Nacional, mantida a redação introduzida pela EC 17/65. **A Emenda Constitucional 1, de 17/10/1969**, em seu art. 45, repete a disposição normativa em exame. Tal Emenda altera, todavia, a redação do artigo, para referir-se ao controle da "administração indireta" ao invés de "administração descentralizada", talvez por influência do Decreto-Lei 200/67 (Estatuto da Reforma Administrativa), que classificou a Administração Federal em **direta e indireta**. Esta modalidade de controle genérico está contida no Projeto de Constituição B, art. 50, inciso X, da Assembleia Nacional Constituinte de 1987-1988, como competência exclusiva do Congresso Nacional, sem remissão ao exercício do controle "mediante lei", como nos textos anteriores, o que se repete no texto do art. 49, inciso X, da Constituição de 1988, ora focalizado.

3. Constituições estrangeiras

Não foi localizada, em constituições estrangeiras, ao menos nos sistemas constitucionais mais conhecidos e com maior ou menor influência e relação com o sistema constitucional brasileiro, disposição normativa específica relativa ao exercício de controle genérico do Poder Legislativo sobre o Poder Executivo ou sobre os atos da Administração Direta e Indireta. Na Constituição de Portugal pode-se registrar o art. 162º, que estabelece competir à Assembleia Nacional, no exercício de **funções de fiscalização**, "a) Vigiar pelo cumprimento da Constituição e das leis e **apreciar os actos do Governo e da Administração**", preceito que mais se aproxima do inciso X do art. 49, em exame.

4. Direito internacional

Tratando-se de norma relacionada com a organização institucional do Poder, no âmbito interno dos Estados, a matéria não é diretamente veiculada em documentos normativos de Direito Internacional.

5. Dispositivos constitucionais e legais relacionados

5.1. Constitucionais

Art. 37, *caput*; art. 49, incisos V e XI; art. 50; art. 58, art. 59; art. 70; art. 71; art. 84.

5.2. Legais

Regimento Interno do Senado Federal: art. 72, V; art. 90, III, IV, VII, VIII, IX, X; art. 101; art. 102. Regimento Interno da Câmara dos Deputados: art. 60; art. 61; art. 24, VIII, IX, XI; art. 32, XI.

5.3. Legislação esparsa

Lei 9.883, de 07/12/99, art. 60, entre outras.

6. Jurisprudência

HC 71.039/RJ, Rel. Min. Paulo Brossard, j. 07/04/1994: Trata-se de HC impetrado contra o Presidente da Comissão Parlamentar de Inquérito do INSS. Na Ementa do Acórdão lê-se que o STF, após consignar sua competência para, originariamente, exercer o controle jurisdicional sobre os atos de comissões parlamentares de inquérito que envolvam ilegalidade ou ofensa a direitos adquiridos, registrou a existência de limites das CPIs e a amplitude de seus poderes. E, para o que interessa ressaltar, relativamente à amplitude e ao alcance do inciso X do art. 40, afirmou: "os poderes congressuais, de legislar e fiscalizar, hão de estar investidos dos meios apropriados e eficazes ao seu normal desempenho. O poder de fiscalizar, expresso no inciso X do art. 49 da Constituição não pode ficar condicionado a arrimo que lhe venha de outro poder, ainda que, em certas circunstâncias, ele possa a vir a ser necessário. A comissão parlamentar de inquérito se destina a apurar fatos relacionados com a administração (Constituição, art. 49, X), com a finalidade de conhecer situações que possam ou devam ser disciplinadas em lei, ou ainda para verificar os efeitos de determinada legislação, sua excelência, inocuidade ou nocividade". **MS 23.866-6 MC/BA, Rel. Min. Ellen Gracie, j. 08/02/2001:** MS impetrado pela União contra o Presidente da Assembleia Legislativa do Estado da Bahia e o Presidente da Comissão Parlamentar de Inquérito (CPI da CODEBA). Usurpação das atribuições do Congresso Nacional conferidas pelo art. 49, X, CF, por se tratar de CPI estadual que envolve sociedade de economia mista federal. **ADI 3.046/SP, Rel. Min. Sepúlveda Pertence, j. 15/04/2004:** ADI proposta pelo Governador do Estado contra a Lei estadual 10.869/2001, promulgada pelo Presidente da Assembleia Legislativa do Estado, que estabelece "normas sobre a fiscalização e o controle, pela Assembleia Leglislava, dos atos do Poder Executivo". Dispunha tal lei sobre o livre acesso dos deputados aos órgãos públicos da administração direta e indireta e outras atribuições semelhantes. Questionou-se, no feito, que a competência constante do inciso X do art. 49 é atribuída ao Congresso Nacional ou às suas Casas, e não individualmente a cada parlamentar. Assim, trata-se de competência que privilegia o princípio da coletividade. Entendeu o Supremo Tribunal Federal que a observância do modelo de controle interórgãos estabelecido no art. 49, X, da Constituição Federal, ínsito ao esquema de separação de poderes veiculado na CF, é de observância obrigatória pela legislação infraconstitucional e inclusive pelas constituições estaduais, que não podem criar "novas interferências de um Poder na órbita de outro, que não derive explícita ou implicitamente de regra ou princípio da Lei Fundamental da República". Com tais fundamentos, o STF declarou a inconstitucionalidade da lei estadual questionada, por ultrapassar, em norma estadual, a disposição contida no art. 49, inciso X, reproduzida na Constituição do Estado de São Paulo. **MS 25.181/DF, Rel. Min. Marco Aurélio, j. 10/11/2005:** Mandado de Segurança impetrado contra o Tribunal de Contas da União. Processo em que cuida da tomada de contas, pelo TCU, do Banco do Nordeste do Brasil S/A, condenado ao pagamento de multa por irregularidades.

Alegada, pelo impetrado, a incompetência do TCU para fiscalizar a prestação de contas do Banco, sociedade de economia mista, segundo jurisprudência do STF. O TCU, lembrando a jurisprudência oscilante do STF a respeito do controle das sociedades de economia mista, requereu que, se o STF decidisse pela incompetência do TCU, o que equivaleria a afastar a competência do Congresso Nacional prevista no art. 49, X, da CF, que determinasse o chamamento ao processo do Congresso Nacional. Decidiu o STF pela improcedência de tal chamamento e reformulando jurisprudência anterior decidiu pela competência do TCU para exercer controle sobre a gestão das sociedades de economia mista. **ADI 1.923 MC/DF, Rel. Min. Ilmar Galvão, j. 01/08/2007**: proposta pelo Partido dos Trabalhadores. Alegação da inconstitucionalidade das Leis n. 9.637/88 e 8.666/93, que dispõem sobre as "organizações sociais". Alegada ofensa, dentre outros dispositivos constitucionais, ao art. 49, X, por entender o postulante que a tais entidades se impõe a fiscalização de que trata o inciso X do art. 49. Afastada, na decisão da liminar, a inconstitucionalidade alegada. **MS 27.141 MC/DF, Rel. Min. Celso de Mello, j. 22/02/2008**: Mandado de segurança impetrado por Senador da República contra o Presidente da República por afronta ao art. 49, X, da CF. Pretendia o impetrante obter informações sobre os gastos do Presidente da República, que a Secretaria da Casa Civil, classificando-os como sigilosos por razões de segurança, se esquivou de apresentar. Ressaltou-se no feito a relevância, em Estado Democrático de Direito, do princípio da publicidade e da moralidade (art. 37, CF) dos atos governamentais, que legitimam o controle jurisdicional em questão. Não obstante, não tendo o impetrante comprovado o ato do Presidente da República denegando as informações solicitadas, assinou o Relator prazo para que o mesmo produzisse, nos autos, as provas documentais referidas. **ACO 3.479/RR, Rel. Min. Dias Toffoli, j. 20/04/2021**: Trata-se de MS interposto pela Assembleia Legislativa do Estado de Roraima em face da Caixa Econômica Federal para que fornecesse informações bancária solicitadas pela comissão estadual de inquérito parlamentar. O STF julgou procedente o pedido de fornecimento das informações requeridas. **RE 1.388.487/SC, Rel. Min. Alexandre de Moraes, j. 24/06/2022**: Trata-se de RE interposto pelo Ministério Público de Santa Catarina pedindo a declaração de inconstitucionalidade do art. 1º da Lei 7.701/2020 do Município de Criciúma, que prevê a participação do Poder Legislativo em tratativas para firmar Termo de Ajustamento de Conduta (TAC) pelo Poder Executivo. O STF decidiu que o dispositivo impugnado não representa interferência do Poder Legislativo sobre o Executivo, tratando-se apenas de norma de cooperação entre o Executivo e o Legislativo nas tratativas para celebração de TAC. Por fim, menciona que "não há que se falar em inconstitucional interferência do Poder Legislativo em matéria de competência do Poder Executivo, mas tão somente no aprimoramento e acompanhamento das atividades do segundo pelo primeiro, o que se insere no âmbito da função de fiscalização e controle externo típica do parlamento".

7. Literatura selecionada

BONAVIDES, Paulo e PAES DE ANDRADE. *História Constitucional do Brasil*. 3ª ed. Rio de Janeiro: Paz e Terra, 1991; CANOTILHO, J, J. Gomes; MOREIRA, Vital. *Constituição da República Portuguesa Anotada*. Coimbra: Coimbra Editora, 1978; DI PIETRO, Maria Sylvia Zanella. *Direito Administrativo*. 10ª ed. São Paulo: Atlas, 1998; FERRAZ, Anna Candida da Cunha. *Conflito entre Poderes – O Poder Congressual de sustar atos normativos do Poder Executivo*. São Paulo: Editora Revista dos Tribunais, 1994; FERREIRA FILHO, Manoel Gonçalves. *Comentários à Constituição Brasileira de 1988*. Volume 2. São Paulo: Saraiva, 1992; MEDAUAR, Odete. *Direito Administrativo Moderno*. 5ª ed. revista e atualizada. São Paulo: Editora Revista dos Tribunais, 2001; MEIRELLES, Hely Lopes. *Direito Administrativo Brasileiro*. 21ª ed., atualizada por Eurico de Andrade Azevedo, Délcio Balesteiro Aleixo, José Emmanuel Burle Filho. São Paulo: Malheiros Editores, 1996; PINTO FERREIRA, Luís. *Comentários à Constituição Brasileira*. 2º Volume. São Paulo: Saraiva, 1989; PONTES DE MIRANDA, Francisco Cavalcanti. *Comentários à Constituição de 1967 com a Emenda Constitucional de 1969*. São Paulo: Editora Revista dos Tribunais, 1970/1972; PONTES DE MIRANDA, Francisco Cavalcanti. *Comentários à Constituição dos Estados Unidos do Brasil*. Rio de Janeiro: Ed. Guanabara, 1936; SILVA, José Afonso da. *Comentário Textual à Constituição*. São Paulo: Malheiros Editores Ltda., 2006; SILVA, José Afonso da. *Curso de Direito Constitucional Positivo*. 30ª ed. São Paulo: Malheiros Editores, 2008.

8. Comentários

8.1. Função de fiscalização e controle do Poder Legislativo

No texto constitucional, fiscalização e controle não têm conceituação própria; podem até aparecer como palavras sinônimas. A despeito de os termos não serem distinguidos no texto constitucional, pode-se entender por controle a averiguação de atos determinados e por fiscalização a vigilância permanente dos atos da Administração Direta e Indireta pelo Poder Legislativo. A função de fiscalização ou de controle dos atos do Poder Executivo já vinha estampada na Declaração de Direitos do Homem e do Cidadão, de 1789, cujo artigo 5º atribuía à sociedade "o direito de pedir conta, a todo agente público, quanto à sua administração". As constituições modernas e contemporâneas atribuem tais funções não apenas à sociedade, mas particularmente ao Poder Legislativo. Trata-se de função considerada inerente e correlata à função de legislar, típica desse Poder. Segundo a doutrina, a função de controle e de fiscalização dos atos dos poderes pelo Poder Legislativo, particularmente os atos do Executivo, é espécie de controle interórgãos, isto é, entre órgãos constitucionais que não estão ligados entre si por relação hierárquica, e que vem estabelecido na Lei Fundamental, dentre órgãos do mesmo nível de separação funcional. Tal função assume no direito constitucional contemporâneo, especial relevo, ante o exercício, cada vez mais crescente, da função legislativa ou normativa pelo Poder Executivo ou Governo, no presidencialismo e no parlamentarismo. Inserida em constituição presidencialista, que se fundamenta no esquema organizacional modelado pelo princípio da separação de poderes, enquadra-se no princípio de "freios e contrapesos", marcante nessa modalidade de organização governamental. O sistema de freios e contrapesos pressupõe controle recíproco entre os poderes estatais, o que significa dizer a possibilidade de interferência de um poder na esfera de outro. Todavia, tal interferência há de ser idealizada de tal modo que não suprima a independência do poder que sofre a "invasão" em sua competência. Assim, o controle recíproco visa, antes de tudo, possibilitar que os poderes desenvolvam suas atribuições em "harmonia", ou em "concerto", como dizia Montesquieu, tendo em vista impedir que a atuação de um poder paralise a de outro. Trata-se, portanto, de uma receita política visando a governabilidade. Como, todavia, este sistema admite a interferência de um poder no outro, o controle do Poder Legislativo sobre atos normativos da Administração Pública em geral, atividade por excelência do Poder Executivo, deve se limitar às hipóteses estabelecidas e previstas na Constituição. Não podem a legislação infraconstitucional e as constituições estaduais prever outras modalidades de controle ou novas fórmulas de exercício dessa atividade que não as constantes da Constituição Federal, em razão do princípio da simetria adotado pelo Supremo Tribunal Federal, sob pena de invasão de competências e ofensa ao princípio da separação de Poderes, inscrito no art. 2º, do Texto da Lei Maior. Assim, sob este prisma cabe ressaltar que o controle parlamentar deve servir de instrumento de freio entre os poderes e não de meio de dominação sobre qualquer poder. A reacomodação das tarefas dos poderes, ditada pela necessidade de se propiciar ao processo político maior eficiência e legitimidade, não pode ultrapassar a essência do princípio constitucional da separação de poderes assegurada pela Constituição.

8.2. Natureza do controle previsto no inciso X do art. 49

Sob o aspecto orgânico, contempla a disposição normativa modalidade de **controle político**, porquanto se verifica, na hipótese, controle exercido por órgão político. Neste sentido, Canotilho e Vital Moreira (*Constituição Anotada*, p. 328), a propósito do inciso "a" do art. 165, da Constituição Portuguesa (na redação anterior à reforma de 2005), que estabelecia a competência da Assembleia da Republica para "apreciar actos do Governo e da Administração", viam no dispositivo referido modalidade de **fiscalização política**. Na Constituição de 1988, trata-se de controle político **genérico**, que abrange, de modo geral, todas as atividades do Poder Executivo e da administração indireta, nas modalidades acima apontadas, ressalvadas apenas algumas sujeitas a eventual controle específico, disposto na própria Constituição; em regra, esta modalidade de controle atua sobre atos de administração já concluídos. Não obstante, dada a latitude do comando constitucional, é de se entender que também atos omissivos podem ser objeto desse controle. A instituição de um controle genérico amplia sensivelmente as atribuições de fiscalização e controle do Poder Legislativo sobre os atos da Administração em geral, direta e indireta, na órbita da atuação do Poder Executivo Federal. Na verdade, a Constituição de 1988 fortaleceu, de modo significativo, as atribuições de fiscalização e controle político do Legislativo. Ao lado do controle genérico, estabeleceu várias modalidades de controles específicos tais como, a exemplo, os previstos nos arts. 50, § 2º, 49, V, dentre outros, diferenciados quanto ao objeto, à finalidade, aos procedimentos e instrumentos do controle e aos resultados e efeitos dele resultantes. Em resumo, consiste o controle político genérico, objeto do inciso X do art. 49: de um lado, na faculdade de o Congresso Nacional exercer vigilância sobre a conduta funcional do Poder Executivo, de seus órgãos e das entidades a ele subordinadas ou vinculadas, para o fim de garantir a conformidade de sua atuação segundo os princípios e as normas constitucionais pertinentes; e de outro, na faculdade de buscar assegurar a conformidade da ação governamental à orientação política cristalizada nas leis e nos planos de governo, cuja aprovação esteja afeta ao Poder Legislativo. Sob este prisma, embora controle político orgânico, tem conotação de controle jurídico-constitucional porquanto controla e fiscaliza não apenas atos políticos e discricionários do Poder Executivo, mas e principalmente atos formalmente jurídicos e governamentais.

8.3. Modo de exercício da fiscalização e do controle genérico

Estabelece a Constituição que o Congresso Nacional exercerá **diretamente** ou **por intermédio** da Câmara dos Deputados e do Senado Federal as funções de controle e fiscalização em questão. O Congresso Nacional usualmente exerce suas atribuições por intermédio das Casas Legislativas; contudo, para o exercício de várias atribuições atua mediante o conjunto das duas câmaras. O dispositivo em exame prevê controle direto do Congresso Nacional, ou por intermédio de suas Câmaras. Não estabelece a Constituição a forma de propositura desse tipo de controle. Embora a doutrina (Ferreira Filho, *Comentários*, v. 2, p. 27) entenda que a falta de disposição constitucional expressa não dispensa a disciplina da matéria por lei, tal como previam as constituições precedentes, não há lei regulando o inciso V do art. 49 da CF. Também não se cogitou, ao menos até o momento, de se admitir a recepção da Lei 7.295/84, que regulamentou o art. 45 da Emenda Constitucional 1/69. Assim, o controle genérico é disciplinado nos Regimentos Comum do Congresso Nacional, da Câmara dos Deputados e de Senado Federal. Cabe lembrar que, pela redação do texto constitucional em exame, este controle pressupõe exercício coletivo ou pelo colegiado, o que significa dizer que não cabe o exercício de qualquer ato relacionado a esta modalidade de controle por parlamentares, individualmente, como já decidiu o STF (ADI 3.046/SP). A iniciativa para o exercício da fiscalização cabe a qualquer parlamentar ou comissão. Aliás, cabe mencionar, a respeito, que a Câmara dos Deputados instituiu, dentre as comissões permanentes, a "Comissão de fiscalização", que usualmente exerce as funções previstas no inciso X, em exame. Embora o exercício de competências exclusivas do Congresso Nacional se manifeste, usualmente, mediante o Decreto Legislativo, no caso do controle genérico, o Congresso Nacional se manifesta mediante proposições. Inúmeras proposições têm sido apresentadas por parlamentares, no Senado Federal e na Câmara dos Deputados, com fundamento no art. 49, inciso X. Cabe citar algumas, para se identificar o conteúdo material e a amplitude dessa espécie de controle: **SF – PFS 7/2005**: propõe, nos termos do art. 49, X, da Constituição Federal, combinado com o art. 90, inciso X e com o art. 102-B, do Regimento Interno do Senado Federal, a abertura de procedimento investigatório para averiguar os resultados dos processos de intervenção e liquidação de instituições financeiras do PROER, do PROEF e do PROES; **SF – Proposta de Fiscalização n. 2, de 2006**: propõe, nos termos do art. 49, inciso X, da Constituição Federal, combinado com o art. 90, inciso IX e com o art. 102-B do Regimento Interno do Senado Federal, a instauração de procedimento de fiscalização e controle com a finalidade de acompanhar os processos investigativos, administrativos e judiciais das instituições financeiras arroladas em inquérito da Polícia Federal que as indicia em crimes contra o sistema financeiro; **SF – PFS 1/2005**: propõe, nos termos do art. 49, inciso X, da Constituição Federal, combinado com o art. 90, inciso IX, do Regimento Interno do Senado Federal, a abertura de procedimento investigatório para averiguar os termos do acordo entre o Banco do Brasil S/A e a Caixa de Previdência dos Funcionários do Banco do Brasil (PREVI), celebrado em 24 de dezembro de 1997; **SF – PFS 7/2005**: propõe, nos termos do art. 49, inciso X, da Constituição Federal, combinado com o art. 90, inciso IX do Regimento Interno do Senado Federal, a abertura de procedimento investigatório para fiscalizar e averiguar os procedimentos referentes à privatização do Banco do Estado do Ceará (BEC), Banco do Estado do Piauí (BEP) e Banco do Estado de Santa Catarina (BESC); **PFC-49/2008**: propõe que a Comissão de Fiscalização Financeira fiscalize a forma de gestão entre a FENASEG e MEGADATA, DETRAN´s, DENATRAN e SUSEP, bem como todos os contratos de serviços realizados entre as citadas instituições; **PFC-48/2008**: propõe que o Tribunal de Contas da União fiscalize a Agência Nacional de Telecomunicações para verificar a concessão de reajustes tarifários às concessionárias de telefonia fixa; **PFC-46/2008**: propõe a aprovação de proposta de fiscalização e controle para apurar a arrecadação da União e o montante aplicado no setor de saúde no período entre 1999 e 2008. Vê-se, ante o exposto, que, com fundamento no art. 49, inciso X, os parlamentares, em regra, propõem processos investigatórios sobre atos realizados, inclusive por entidades da administração centralizada. As proposições tramitam nas respectivas Casas e, se aprovadas, podem provocar a solicitação de informações a órgãos do Poder Executivo, a instituição de comissões específicas, inclusive, CPIs, para o exercício da averiguação proposta.

8.4. Os instrumentos que viabilizam o exercício do controle genérico

Com relação especificamente ao controle genérico, a matéria não é disciplinada na Constituição, devendo ser objeto de disciplina regimental. Não obstante, no exercício desse controle, o Congresso Nacional, a Câmara dos Deputados e o Senado Federal utilizam além das proposições, como indicado no item anterior, os instrumentos de controle específicos do Poder Legislativo sobre o Governo, a Administração Pública Federal Direta e Indireta, previstos ao longo do texto do Poder Legislativo. Assim, a exemplo, a convocação de Ministros de Estado ou quaisquer titulares de órgãos diretamente subordinados à Presidência da República para prestarem informações, ou o pedido escrito de informações a Ministros de Estado ou titulares de órgãos subordinados à Presidência da República (art. 50 e parágrafos); receber petições, reclamações, representações ou queixas de qualquer pessoa contra atos e omissões das autoridades e entidades públicas (art. 58, § 2º, IV), ou solicitar depoimento de qualquer autoridade (art. 58, § 2º, V); apreciar programas de obras, planos nacionais, regionais e setoriais de desenvolvimento e sobre eles emitir parecer (art. 58, § 2º, VI) etc. Por outro lado, deve-se entender que o Poder Legislativo, para desenvolvimento de suas atribuições de fiscalização e de controle genérico, não depende de outros poderes, embora suas decisões possam não ser terminativas, hipótese em que terá de remetê-las ao poder competente para concretização da medida proposta.

8.5. Atos sujeitos à fiscalização e ao controle genérico

O controle parlamentar de que trata este inciso terá sempre o sentido de verificar a conformidade da ação governamental a dois parâmetros: de um lado, à Constituição mesma e às leis em geral; de outro, à orientação política que delas, Constituição e lei, se extrai. Considerados tais parâmetros, o controle poderá ser um controle de "legalidade" (legalidade em sentido amplo, envolvendo o controle de constitucionalidade), e um controle "essencialmente político" (que engloba os aspectos de mérito da ação governamental: conveniência, oportunidade, eficiência, adequação dos meios aos objetivos, enfim adequação da ação governamental à orientação política, cristalizada nas leis, nos planos de governo, nos planos orçamentários, cuja aprovação esteja afeta ao Poder Legislativo – ver Ferraz, *Conflito entre poderes*, p. 153-154). Assim, compreendida esta modalidade de controle genérico, pode-se entender que a disposição normativa contida no inciso X, sob exame, alcança, de modo geral, todos os atos do Poder Executivo e suas entidades de administração direta ou indireta: atos concretos ou normativos, atos positivos ou omissivos. Assim, para exemplo, decretos de execução, regulamentos, portarias, instruções normativas ou não, atos de conteúdo concreto (nomeação, criação de comissões, entidades) etc. Ressalve-se da incidência desse controle direto atos que se submetem a controle específico como o disposto nos arts. 70 e 71, cuja fiscalização é atribuída ao Tribunal de Contas da União, muito embora possam os parlamentares e as comissões tomar iniciativa, mediante proposição, para sugerir o exame dessa matéria pelo TCU, como se viu no item 8.3; ressalve-se, também, a incidência desse controle genérico sobre os atos normativos do Poder Executivo que exorbitem do poder regulamentar e da delegação legislativa, uma vez que tais atos sofrem um controle político específico, na forma disposta no inciso V do art. 49 da CF.

8.6. Efeitos e alcance dos resultados do controle genérico

Não há, também a este respeito, definição constitucional. Poderia a lei ordinária regulamentar tal competência exclusiva do Congresso Nacional, que independe de interferência do Poder Executivo (art. 48, *caput*)? Ou poderia lei que eventualmente regulamentasse este dispositivo constitucional estabelecer outros efeitos ou algum tipo novo de sanção para uso do Legislativo? Parece que não. Como a atribuição de efeitos e de resultados nessa modalidade de controle poderia potencializar a invasão ou a interferência indevida na atuação do Poder Executivo, é de se entender que o controle genérico, como aponta Ferreira Filho (*Comentários*, v. 2, p. 27), não pode ir além de reprovação moral e política, sem consequências jurídicas imediatas. Ressalve-se a hipótese em que o ato normativo invasor de competências se inclua entre as hipóteses de atos atentatórios à Constituição e que conduzem à responsabilidade do Presidente da República (art. 85, I, II, V, VII). Ao Congresso Nacional não compete declarar a inconstitucionalidade ou a ilegalidade de atos normativos questionados de invasão de competência; não compete anulá-los nem revogá-los. O Congresso Nacional deve respeitar a separação de poderes, base de nossa organização governamental (Canotilho e Vital Moreira, *Constituição anotada*, p. 330). É certo que, quando no exercício desse controle genérico, o Legislativo, por suas Câmaras, utiliza determinados instrumentos específicos de controle, previstos na Constituição, o controle, nessas hipóteses, terá o efeito que o instrumento utilizado determinar. Assim, exemplificando, a solicitação das Mesas das Casas Legislativas de pedidos escritos de informação a Ministros de Estado, se não atendida no prazo de trinta dias poderá importar em crime de responsabilidade (art. 50, § 2º).

8.7. O exercício do controle genérico quanto ao momento

Incide o controle genérico sobre atos da Administração Pública Direta ou Indireta. Trata-se, em regra, de controle *a posteriori*. As hipóteses constitucionais de controle político prévio inserem-se entre as modalidades de controle político específico, como, por exemplo, quando se trata de "autorizar" o Executivo a praticar algum ato (art. 49, II, III, XV, dentre outros).

8.8. Considerações gerais sobre o controle genérico

Trata-se, como se vê, de um controle via de regra pouco eficaz. Com relação aos efeitos gerais e regulares desse controle parlamentar, aponta a doutrina, a despeito da relevância dessa atribuição parlamentar para assegurar um governo probo e eficiente, a sua "quase" ineficácia (Ferraz, *Conflito entre Poderes*, p. 157-160; Odete Medauar, idem, p. 163), talvez pela falta de vontade política do Congresso Nacional de fazer atuar, de modo mais concreto, efetivo e interessado, o controle e a fiscalização que tem à sua disposição.

Art. 49, XI – zelar pela preservação de sua competência legislativa em face da atribuição normativa dos outros Poderes;

Anna Candida da Cunha Ferraz
Rebecca Groterhorst

1. Origem da norma

A disposição normativa em exame surge no Projeto de Constituição B, 2º Turno, elaborado pela Assembleia Nacional Constituinte de 1987-1988, publicação do Senado Federal de junho de 1988. Neste, vem inserida dentre as competências exclusivas do Congresso Nacional, art. 50, inciso XI. Com a mesma redação de referido Projeto, foi abrangida entre as competências exclusivas do Congresso Nacional pela Constituinte e, aprovada, passou a incorporar a Constituição de 5 de outubro de 1988, no art. 49, inciso XI, acima transcrito.

2. Constituições brasileiras anteriores

Não há disposição normativa sobre competências exclusivas do Poder Legislativo nas Constituições Brasileiras anteriores. Assim, são omissas as **Constituições de 1824 e 1891**. A reserva de competências exclusivas ao Congresso Nacional, que significa dizer, competência sobre as quais o Congresso Nacional dispõe "sem intervenção de outro poder, mormente sem a intervenção do Executivo" (Ferreira Filho, Manoel Gonçalves, *Comentários à Constituição de 1988*, v. 2, São Paulo: Saraiva, 1992, p. 20), aparece, no cenário constitucional, na **Constituição de 1934**, em seu art. 40. É mantida nas **Constituições de 1946** (art. 66), **1967** (art. 47) e **EC 1/69** (art. 44). Não se encontra, todavia, no rol das competências exclusivas mencionadas, disposição normativa equivalente à contida no art. 49, inciso XI, em exame. Apenas a título de observação, pode-se mencionar que na **Constituição de 1891** há menção expressa à competência genérica do Congresso Nacional para "velar na guarda da Constituição e das leis, e providenciar as necessidades de caráter federal" (art. 35, § 1º). Dessa competência se pode inferir a competência do Congresso Nacional para zelar pela preservação de suas prerrogativas.

3. Constituições estrangeiras

Não há disposição equivalente nas constituições presidencialistas mais conhecidas, como, à exemplo, a dos Estados Unidos da América, da Argentina, do México; não foi localizada, também, disposição normativa semelhante em constituições parlamentaristas como a da Alemanha. Na **Constituição de Portugal** em vigor, no art. 162º, que dispõe sobre: "Competência de fiscalização da Assembleia da República" insere-se, na alínea "a", a competência de "Vigiar pelo cumprimento da Constituição e das leis e apreciar os actos do Governo e da Administração", atribuições essas que são as que mais se aproximam da norma contida no inciso XI do art. 49, em exame. Em algumas Constituições de Estados Lusófonos encontra-se, por influência da Constituição de Portugal, dispositivo semelhante. Veja-se a **Constituição da República de S. Tomé e Príncipe**, no art. 86, "o"; por igual, a **Constituição da República do Cabo Verde**, que no art. 191, 3, atribui competência à Assembleia Nacional para, no exercício de suas funções de "fiscalização política e de autorização": "d") fiscalizar os actos do Governo e da Administração Pública; a **Constituição da República da Guiné-Bissau** também atribui à Assembleia Popular a função de "Zelar pelo cumprimento da Constituição e das leis e apreciar os actos de Governo e da Administração" (art. 85º, 1, "o").

4. Direito internacional

Tratando-se de disposição normativa sobre atribuições de órgãos governamentais de ordem interna dos Estados e relativa às competências de poderes estatais, não há disposição equivalente nos documentos de Direito Internacional.

5. Dispositivos constitucionais e legais relacionados:

5.1. Constitucionais

Art. 22; art. 48; art. 49, particularmente os incisos V e X; art. 62; art. 68; art. 84, IV; art. 87, II; art. 96, I, *a*; art. 103-A.

5.2. Legais

Regimento Interno do Senado Federal (Resolução 934, de 1970, atualizada), art. 90, IX e X; Regimento Interno da Câmara dos Deputados (Resolução 17, de 1989, atualizada): art. 4º, art. 32; art. 61; art. 109, II e § 2º; art. 138, I, *d*.

5.3. Constituições estaduais

As constituições dos Estados reproduzem a disposição contida no art. 49, inciso XI, atribuindo à Assembleia Legislativa a competência exclusiva para zelar pela preservação de sua atribuição legislativa em face da atribuição normativa de outros Poderes. Ex: Constituição do Estado de São Paulo, art. 20, XXI.

6. Jurisprudência

Não há, no portal Jurisprudência do Supremo Tribunal Federal, decisões jurisprudenciais diretamente fundadas no inciso XI do art. 49. Embora se trate de matéria de inegável relevância, não tem ela suscitado maiores questionamentos no âmbito da jurisdição constitucional. Não obstante, em decisões do STF, encontra-se referência ao referido inciso constitucional. Assim: **ADIn 3.059 MC/RS, Rel. Min. Ayres Britto, j. 15.04.2004**: ação proposta por Partido Político em que se questiona a invasão de competências da União pela lei estadual 11.871/02 do Estado do Rio Grande do Sul. Cuida o feito de "invasão da competência legiferante reservada à União para produzir normas gerais em tema de licitação, bem como de usurpação competencial violadora do pétreo princípio da separação de poderes" (ementa). O Relator, em seu voto, ao admitir a legitimidade de partido político para propor a ação, faz expressa menção ao inciso XI do art. 49 da Constituição Federal. Registra a referência nestes termos: "É a Constituição mesma que resguarda o 'funcionamento parlamentar' dos partidos, 'de acordo com a lei' (inciso IV do art. 17), e assim mais intensamente participando das experiências do Parlamento – sobretudo no altaneiro plano da produção das leis e na vigília dos atos normativos dos demais Poderes (inciso XI do art. 49 da CF) – é que essas pessoas jurídico-eleitorais que são os partidos políticos desfrutam de habilitação processual para o ajuizamento de Ações Diretas de Inconstitucionalidade". Cabe registrar que o Congresso Nacional não se mostra cioso com relação a esta competência. É possível distinguir, por exemplo, mais de uma Medida Provisória que, não satisfazendo os requisitos aos quais está sujeita, merece, no Congresso exame sem qualquer questionamento (para exemplo, *vide* a MP sobre a tormentosa questão dos mais médicos).

7. Literatura selecionada

BONAVIDES, Paulo; ANDRADE, Paes de. *História Constitucional do Brasil*. 3ª ed. Rio de Janeiro: Paz e Terra, 1991; CANOTILHO, J. J. Gomes; MOREIRA, Vital. *Constituição Anotada*. Coimbra: Coimbra Editora Limitada, 1978; FERRAZ, Anna Candida da Cunha. *Conflito entre Poderes – O Poder Congressual de sustar atos normativos do Poder Executivo*. São Paulo: Editora Revista dos Tribunais, 1994; FERREIRA FILHO, Manoel Gonçalves. *Comentários à Constituição Brasileira de 1988*. Volume 2. São Paulo: Saraiva, 1992; MEIRELLES, Hely Lopes. *Direito Administrativo Brasileiro*. 21ª ed., atualizada por Eurico de Andrade Azevedo, Délcio Balesteiro Aleixo, José Emmanuel Burle Filho. São Paulo: Malheiros Editores, 1996; PINTO FERREIRA, Luís. *Comentários à Constituição Brasileira*. 2º Volume. São Paulo: Saraiva, 1989; PONTES DE MIRANDA, Francisco Cavalcanti. *Comentários à Constituição de 1967 com a Emenda Constitucional de 1969*. São Paulo: Editora Revista dos Tribunais, 1970/1972; PONTES DE MIRANDA, Francisco Cavalcanti. *Comentários à Constituição dos Estados Unidos do Brasil*. Rio de Janeiro: Ed. Guanabara, 1936; SILVA, José Afonso da. *Comentário Textual à Constituição*. São Paulo: Malheiros Editores Ltda., 2006; SILVA, José Afonso da. *Curso de Direito Constitucional Positivo*. 30ª ed. São Paulo: Malheiros Editores, 2008.

8. Comentários

8.1. A natureza da competência atribuída ao Poder Legislativo no inciso XI

Não havia, já se ressaltou no item 1, disposição desse teor nas Constituições brasileiras anteriores. Não obstante, o exercício de zelar pela preservação de sua competência decorre implicitamente da própria atribuição constitucional de competência a qualquer Poder ou autoridade. O Poder dotado de uma atribuição deve dispor dos meios para preservá-la. Nesse sentido, Ferreira Filho (*Comentários à Constituição Brasileira de 1988*, volume 2, São Paulo: Saraiva, 1992, p. 27), que entende que o exercício dessa atribuição emanava, implicitamente, da atribuição das competências legislativas próprias do Poder Legislativo, porquanto o titular de uma competência "pode e deve zelar pela preservação dela". O Poder Legislativo, na Constituição de 1988, tem sua competência legislativa prevista especialmente no art. 48. Neste se estabelece, de modo genérico, que ao Legislativo cabe legislar sobre todas as "matérias de competência da União". Interpretando esse texto constitucional, deve-se entender incluídas nessa competência para legislar tanto as matérias estabelecidas no art. 21 (competências ditas executivas) que demandem lei para serem concretizadas como, especialmente, as referidas no art. 22, que cuida da competência legislativa privativa da União. Além dessas, outras atribuições conferidas à União ao longo do texto constitucional e que dependam de lei federal ou nacional também são objeto do controle a ser exercido pelo Poder Legislativo previsto no inciso XI, em exame. Trata-se, também nesse dispositivo, de uma função de controle político, a ser exercido coletivamente, nos moldes do controle estabelecido no inciso X do art. 49. Deve ser exercido pelo Congresso Nacional ou por suas Casas ou Comissões, não cabendo exercício individual pelos parlamentares. Também aqui se vislumbra o exercício de um controle político de constitucionalidade. É controle político porquanto se trata de uma interferência direta do Poder Legislativo no exercício de atribuição de outros poderes, e de constitucionalidade porque também fundado num vício de inconstitucionalidade, já que a invasão de competência legislativa configura vício dessa natureza. Prevê a Constituição, pois, que no exercício da função de zelar pela preservação de sua competência o Congresso exerça, diretamente ou por seus órgãos, controle sobre a atuação das atribuições normativas dos outros Poderes. Tem este controle relação com o previsto no art. 49, V, que atribui ao Poder Legislativo "sustar atos do Executivo que exorbitem do poder regulamentar e da lei delegada". Trata-se, contudo, de norma de alcance maior porquanto visa, em tese, todo ato e qualquer normativo de outro Poder, e não apenas os do Executivo que exorbitem de sua competência regulamentar ou delegada. Assim, todo e qualquer ato normativo, de qualquer poder, que invada a competência legislativa do Congresso Nacional ou que seja estabelecido *contra legem* ou *praeter legem* pode ser objeto dessa função zeladora. Tem a disposição normativa em exame relação, também, com o disposto no inciso X do art. 49.

8.2. Objeto e alcance da atribuição do Legislativo para preservar sua competência legislativa

Cuida-se, no caso, de preservar competência legislativa em face de atribuições normativas de outros Poderes. São alcançados por essa disposição o Poder Executivo e o Poder Judiciário, ambos dotados de competências normativas. As competências normativas desses poderes ou são atribuídas pela Constituição ou mediante legislação. Em ambos os casos enfrentam limites em face das competências constitucionais legislativas do Poder Legislativo.

8.2.1. O controle da atividade normativa do Poder Executivo

O Poder Executivo é contemplado, de modo significativo, com atribuições constitucionais normativas primárias, entre as quais se inclui a atividade caracterizada como legislativa, e secundárias. No exercício da legislação governamental cabe ao Presidente da República a elaboração de medida provisória (art. 62) e da lei delegada (art. 68); cabe-lhe, ainda, a expedição de decretos de execução ou decretos regulamentares e regulamentos (art. 84, IV) e de decreto autônomo (art. 84, VI, "a"). Estas últimas modalidades de atos normativos são primárias no sentido de que a competência do Poder Executivo para exercê-las deriva diretamente da Constituição, embora o decreto regulamentar e o regulamento, quanto à hierarquia normativa, sejam atos normativos secundários. Cabe o controle legislativo, também, sobre a expedição de normas, portarias, instruções normativas, resoluções, ou seja, de qualquer modalidade de ato normativo governamental. A atividade normativa do Executivo compreende também a elaboração normativa de todas as autoridades administrativas que compõem a organização funcional da Administração Direta. Assim, por exemplo, a dos Ministros de Estado para expedir instruções para execução das leis, decretos e regulamentos (art. 87, parágrafo único, II). A atividade normativa legislativa do Executivo, veiculada mediante medida provisória e lei delegada, se afasta do controle em exame. Isto porque ambas estão sujeitas a controles específicos, ditados pela Constituição nos artigos que as disciplinam (art. 62 e art. 68). Resta questionar se esta modalidade de controle alcança, também, os atos da Administração Indireta. Parece que sim, embora não haja expressa menção constitucional a esse respeito. A Administração Indireta integra o quadro organizacional do Poder Executivo.

8.2.2. O controle da atividade normativa do Poder Judiciário

A preservação da competência legislativa do Congresso Nacional também se manifesta em relação aos atos normativos, de natureza administrativa, do Poder Judiciário, tais como as Resoluções emanadas deste Poder. Em suma, do que se depreende do texto constitucional, tem o Congresso Nacional atribuição ampla para zelar por sua competência legislativa em face da atuação normativa em geral dos demais poderes existentes no plano federal.

8.2.3. O controle da atividade normativa dos poderes das entidades federativas

Questão em aberto, de solução complexa, diz respeito ao exercício desse controle sobre atos normativos de outras entidades federativas, além da União: os dos Estados e do Distrito Federal e os dos Municípios. Cogitar-se-ia, nessa hipótese, de um controle de competências que afetaria a divisão territorial do poder ou o federalismo adotado pela Constituição de 1988, ao contrário do controle acima descrito, que se desenvolve no plano federal e que constitui interferência constitucionalmente admitida na separação funcional de poderes. A hipótese em exame diz respeito à incidência do controle do Poder Legislativo Federal sobre atos normativos dos Governadores de Estado e do Distrito Federal e dos Prefeitos Municipais, no caso em que tais atos viessem a ferir, diretamente, competência legislativa da União e, por consequência, do Congresso Nacional. Estar-se-ia diante de um verdadeiro conflito federativo, ante a autonomia constitucional desses entes federativos, porque o exercício de competência normativa das citadas autoridades pressupõe, constitucionalmente, atribuição regular mediante legislação estadual ou constitucional, prevista nas Constituições dos Estados e nas Leis Orgânicas e municipais, respectivamente. A hipótese da usurpação da competência legislativa do Congresso Nacional em cogitação, embora não usual, tem ocorrido em casos em que uma dessas citadas autoridades expedem atos, evidentemente inconstitucionais, isto é, que não se limitam à execução de lei. Mas também é de se cogitar do controle da legislação expedida por tais entes federativos que invadam a competência legislativa do Congresso Nacional.

8.3. Instrumentos veiculados pelo Congresso Nacional para preservação de sua competência legislativa

As competências exclusivas do Congresso Nacional são exercitadas, em regra, mediante decreto legislativo. A Constituição de 1988 não estabelece, de modo expresso, o veículo para a execução do controle parlamentar em exame. O exercício dessa competência tem sido veiculado, de modo geral, mediante proposições dirigidas pelos parlamentares às comissões competentes com relação à matéria relativa ao ato questionado. Não obstante há, pelo menos, dois exemplos de utilização de Decreto Legislativo para concretizar o exercício dessa competência. **(1)** o Projeto de Decreto Legislativo (PDC) 397/07, proposto pelo Deputado Regis de Oliveira, para, **com fundamento no inciso XI do art. 49** da Constituição Federal: "sustar a aplicação da Resolução n. 22.610, de 25 de outubro de 2007, do Tribunal Superior Eleitoral, que disciplina o processo de perda de cargo eletivo, bem como de justificação de desfiliação partidária". Justifica o autor da proposição tratar-se de defesa de competência legislativa do Congresso Nacional usurpada por ato do Tribunal Superior Eleitoral. Alega, ainda, que à hipótese, se aplica a sanção estabelecida no inciso V do art. 49 (**sustar** atos normativos exorbitantes do poder regulamentar), como única fórmula capaz de tornar efetiva a atribuição legislativa de zelar por sua competência legislativa com relação à atividade normativa de outros poderes, prevista no inciso XI do art. 49, CF; e que o uso da sanção "sustação" se justifica pelas seguintes razões: o Tribunal Superior Eleitoral extrapolou o seu poder regulamentar, previsto no Código Eleitoral; invade a competência do Legislativo porquanto cria obrigações e restringe direitos, efeitos somente permitidos à lei formal (art. 5º, II, CF), e usurpa competência da União para legislar sobre direito processual eleitoral (inciso I do art. 22 CF). Este PDC ainda se encontrava em tramitação na Comissão de Constituição e Justiça da Câmara dos Deputados. A Resolução do TSE em causa (n. 22.610/07) foi objeto de exame na AC 1.988/PR e na ADI 3.999/DF, STF e no MS 26.690 MC/DF; **(2)**

o Projeto de Decreto Legislativo 128, de 2007, que propõe a sustação da aplicação do § 1º do art. 4º da Resolução n. 2007, do CNMP, que autoriza o Ministério Público a instaurar procedimentos investigatórios referentes a ilícitos penais, em substituição à polícia. Alega-se, no caso, a invasão da competência legislativa do Congresso Nacional, cabendo ao Poder Legislativo, com fundamento nos incisos V e XI do art. 49 da CF, "sustar" o ato normativo em questão.

8.4. Efeitos do ato resultante do exercício do controle político para preservação da competência do Legislativo

Não estabelece a Constituição quais os efeitos jurídico-constitucionais atribuídos a esta modalidade de controle político: não prevê a possibilidade de utilização de um instrumento jurídico eficaz para preservar o exercício dessa competência congressual (como determina, por exemplo, no inciso V do art. 49, a competência para "sustar" atos exorbitantes do poder regulamentar ou da delegação legislativa). Não atribui ao Congresso Nacional o poder de "anular" ou "revogar" o ato normativo invasor de sua competência. Seria viável ao Legislativo utilizar, para concretizar o controle veiculado com fundamento no inciso XI do art. 49, em exame, a "sustação" do ato questionado, como estabelece a Constituição no inciso V do mesmo artigo, quando se trata de atos normativos do Poder Executivo exorbitantes de suas funções, como propôs o Decreto Legislativo acima referido? Trata-se de questão delicada, que ainda não mereceu exame jurisdicional. Parece que, diante, da falta de indicação constitucional expressa de instrumento jurídico adequado para concretizar a competência exclusiva prevista no inciso XI, em exame, impõe-se admitir que não pode o Congresso Nacional utilizar, no exercício do controle da atividade normativa de outros poderes, instrumentos jurídicos que não estejam expressamente determinados pela Lei Maior, sob pena de violação do princípio da separação de poderes. Isto considerando, parece razoável entender-se que, identificado pelo Poder Legislativo ato normativo que usurpe sua competência legislativa, e que não possa ser compreendido na competência que lhe atribui o inciso V do art. 49, CF, somente lhe resta, conforme o caso: propor a edição de lei sobre a matéria (é o caso do Projeto de Lei Complementar 124/07, elaborado para modificar os efeitos da Resolução n. 22.210, do TSE); levar a matéria ao exame do Poder Judiciário via instrumentos cabíveis, inclusive, se couber, a ação direta de inconstitucionalidade; ou "reprovar politicamente" o Poder usurpador. Daí a ineficácia do controle político, salientada nos comentários ao inciso X do art. 49. Em outras palavras, como diz Ferreira Filho (*Comentários à Constituição Brasileira de 1988*, volume 2, São Paulo: Saraiva, 1992, p. 28), o texto constitucional "tem o caráter de **recomendação** ao Congresso Nacional para que não tolere que usurpem a sua competência legislativa, de modo aberto ou disfarçado" (n.g.), mas não "poderá ir além de uma reprovação moral e política, sem consequências jurídicas para a sorte do governo" (idem, p. 27). As consequências jurídicas a serem utilizadas são as que se encontram previstas no ordenamento constitucional, embora se reconheça que, assim considerando, em muito se enfraqueça esta relevante função do Poder Legislativo, absolutamente adequada no Estado Democrático de Direito.

Art. 49, XII – apreciar os atos de concessão e renovação de concessão de emissoras de rádio e televisão;

Anna Candida da Cunha Ferraz
Rebecca Groterhorst

Constituindo o Brasil um Estado Federal, a repartição de competências entre União, Estados e Municípios (federalismo tridimensional, tripartite ou de terceiro grau) é expressamente prevista na Constituição.

Assim, compete à União Federal, consoante estabelecem os incisos XI e XII, "a", do art. 21, CF estabelecer as normas para o exercício dessa competência. Faz-se importante destacar que a Constituição não estabelece diferença entre canais abertos e canais fechados (TV a cabo ou por assinatura). Dessa forma, o serviço de TV por assinatura e a cabo – definido pela Lei 8.977/95 como serviço de telecomunicação – depende de ato de concessão do Poder Executivo e posterior apreciação pelo Congresso Nacional (**RE 1138687/DF**, Min. Edson Fachin, j. 23.10.2019).

Cabe mencionar que as decisões e regulamentações tomadas pelo Poder Executivo, em nome da União, deverão ser submetidas apreciação do Congresso Nacional, segundo ditame do art. 223, §§ 1º a 5º, e art. 64.

▪ *Vide* comentários ao art. 223, §§ 1º a 5º.

Art. 49, XIII – escolher dois terços dos membros do Tribunal de Contas da União;

▪ *Vide* comentários ao art. 73 da Constituição.

Art. 49, XIV – aprovar iniciativas do Poder Executivo referentes a atividades nucleares;

Fernanda Dias Menezes de Almeida

Nos termos do art. 21, XXIII, a cujos comentários se remete o leitor, toda atividade nuclear no País é de competência da União, dependendo de aprovação do Congresso Nacional. Assim sendo, o art. 49, XIV, vem apenas reiterar que é indispensável o aval do Congresso às iniciativas do Governo Federal no campo nuclear.

Art. 49, XV – autorizar referendo e convocar plebiscito;

▪ *Vide* comentários ao art. 14, I e II da Constituição.

Art. 49, XVI – autorizar, em terras indígenas, a exploração e o aproveitamento de recursos hídricos e a pesquisa e lavra de riquezas minerais;

Carlos Frederico Marés de Souza Filho

O inciso XVI do artigo 49 está intimamente ligado ao artigo 231, portanto a análise deste dispositivo deve ser feita em remissão àquele. O § 3º do artigo 231 dispõe: "O aproveitamento dos recursos hídricos, incluídos os potenciais energéticos, a pesquisa e a lavra das riquezas minerais em terras indígenas só podem ser efetivados com autorização do Congresso Nacional, ouvidas as comunidades afetadas, ficando-lhes assegurada a participação nos resultados da lavra, na forma da lei".

Está claro, assim, que esta competência exclusiva do Congresso Nacional somente pode ser exercida após a edição de lei regulamentadora que determine e fixe as razões e formas do aproveitamento ou exploração daqueles recursos naturais. Por outro lado, quando o recurso é utilizado pelo próprio povo indígena, segundo seus usos, costumes e tradições, não é necessária outra autorização que a expressa no artigo 231, § 2º: "As terras tradicionalmente ocupadas pelos índios destinam-se a sua posse permanente, cabendo-lhes o usufruto exclusivo das riquezas do solo, dos rios e dos lagos nelas existentes".

Desta forma, o aproveitamento dos recursos hídricos e minerais existentes em terras indígenas depende de autorização do Congresso Nacional quando extrapola os usos, costumes e tradições e alcançam o mercado. Dito de outra forma, a exploração que carece de autorização do Congresso Nacional, regulada por lei, é aquela 1) feita por pessoas estranhas à comunidade indígena, com ou sem a parceria dos índios; 2) feita pela própria comunidade indígena, mas destinada ao mercado e explorada com tecnologia moderna. Em geral, a exploração segundo os usos, costumes e tradições é voltada para prover as necessidades da própria comunidade.

O ato do Congresso Nacional não pode ser simplesmente homologatório, mas compreende um juízo de valor sobre a possibilidade da exploração ou aproveitamento, porque deve atender ao artigo 231, § 6º, que condiciona a exploração das riquezas naturais em terras indígenas à excepcionalidade do relevante interesse público da União, conforme dispuser lei complementar[1].

Na realidade são duas autorizações materialmente diferentes: 1) autorização para exploração e aproveitamento de recursos minerais; b) autorização para exploração e aproveitamento de recursos hídricos, inclusive potenciais energéticos. São diferentes porque o artigo 231, e seus parágrafos, as trata diferentemente[2]. Ambas dependem de lei ainda não emanada, embora tramitem no Congresso Nacional vários projetos que se referem ao tema.

O artigo 231, § 2º, estabelece que cabe aos índios o usufruto exclusivo das riquezas dos rios e dos lagos existentes em suas terras. Isto significa que a autorização para a exploração dos recursos hídricos tem o limite deste usufruto exclusivo. Qualquer aproveitamento de recursos hídricos que ponha em risco as riquezas dos rios e lagos, inclusive fauna e flora aquática, não pode ser autorizado. As riquezas da água, aquilo que existe e pode ser aproveitado pela população indígena, é de seu usufruto exclusivo que não pode perecer pelo aproveitamento dos recursos existentes (potencial energético, uso industrial etc.). A autorização para a exploração mineral é claro que também tem que ser condicionada ao usufruto exclusivo, mas a consequência da exploração mineral será, em geral, reflexa e não direta como a dos recursos hídricos.

Para qualquer destas autorizações é necessária uma consulta prévia à população envolvida. Esta consulta, para que não resulte em formalismo inconstitucional, deve ser clara e amplamente regulada em lei que ainda não existe.

Para qualquer destas autorizações é necessária uma consulta prévia à população envolvida. Esta consulta, para que não resulte em formalismo inconstitucional, deve ser clara, de boa-fé e segundo os parâmetros estabelecidos pela Convenção 169 da OIT, transfomada em Lei brasileira em 2004 pelo Decreto n. 5051 e de acordo com a Lei acima referida.

Além destes limites, a autorização não pode, salvo situações muito especiais, promover a remoção dos povos indígenas, que, em todo caso, sempre devem ser ouvidos. Além disso, deve estar presente na autorização a participação dos índios nos resultados da lavra. Tudo previamente estabelecido em lei regulamentadora.

Art. 49, XVII – aprovar, previamente, a alienação ou concessão de terras públicas com área superior a dois mil e quinhentos hectares;

- *Vide* comentários ao art. 188, §§ 1º e 2º.

Art. 49, XVIII – decretar o estado de calamidade pública de âmbito nacional previsto nos arts. 167-B, 167-C, 167-D, 167-E, 167-F e 167-G desta Constituição.

Carlos Luiz Strapazzon

1. História da norma

A origem deste inciso XVIII é a PEC 186/2019, proposta pelo Senado Federal e que deu origem à EC n. 109/2021. Essa PEC foi editada com três propósitos mais destacados: a) alterar o regime original de teto de gastos estabelecido pela EC n. 95/2016, de modo a permitir a ampliação de despesas correntes acima dos limites vigentes; b) flexibilizar a gestão de despesas e renúncias de receitas; e c) estabelecer um regime fiscal extraordinário para situações de calamidade.

2. Constituições brasileiras anteriores

CR 1891, art. 5º; CR 1934, arts. 177 e 186; CR 1937, art. 74, *m*; CR 1946, arts. 18, 75, 198; CR 1967, art. 64.

3. Constituições estrangeiras

Embora mais de 90% das Constituições do mundo tenham regras para emergências, apenas algumas mencionam explicitamente a saúde pública como um motivo para declarar um estado de emergência constitucional. Exemplos podem ser encontrados em: Constituição da República Centro-Africana, art. 19 (2016) (Rep. Centro-Africana); Constituição da República do Azerbaijão, art. 112 (2009) (Azer.); Constituição da República de El Salvador de 1983, art. 29 (1983); Constituição da República Democrática Federal da Etiópia, art. 93 (1994); Constituição Política de Honduras, art. 187 (1982).

---

1. Ver comentários ao art. 231, § 6º.
2. Ver comentários ao art. 231, § 2º.

ART. 50

4. Direito Internacional

Vide comentário ao item 3.

5. Remissões constitucionais e legais

Ver EC n. 106/2020, que instituiu regime extraordinário fiscal, financeiro e de contratações para enfrentamento de calamidade pública nacional decorrente de pandemia. Ver também art. 21; art. 84, XXVIII; art. 148; art. 167, § 3º; art. 167-B; art. 167-C; art. 167-D; art. 167-E; art. 167-F; art. 167-G; ADCT art. 109, § 5º; ADCT art. 119.

6. Jurisprudência

STF ADI 6341/2020, STF ADI 6357/2020.

7. Referências bibliográficas

COUTO, L. F. *A Crise do COVID-19, regras orçamentárias e suas interpretações: mudanças necessárias?* Nota Técnica IPEA, n. 28, 2020.

SENADO – Senado Federal. *Proposta de Emenda à Constituição n. 10, de 2020 – Orçamento de guerra.* Portal Eletrônico do Senado Federal [2020a].

8. Comentários

Este dispositivo confere ao Congresso Nacional a competência para decretar, por meio de Decreto Legislativo, o estado de calamidade de âmbito nacional. A iniciativa deve partir da Presidência da República. A mencionada decretação é condição para que o regime extraordinário fiscal, financeiro e contratual estabelecido nos arts. 167-B a 167-G possa ser executado sem violação das regras de responsabilidade fiscal.

Art. 50. A Câmara dos Deputados e o Senado Federal, ou qualquer de suas Comissões, poderão convocar Ministro de Estado ou quaisquer titulares de órgãos diretamente subordinados à Presidência da República para prestarem, pessoalmente, informações sobre assunto previamente determinado, importando em crime de responsabilidade a ausência sem justificação adequada.

§ 1º Os Ministros de Estado poderão comparecer ao Senado Federal, à Câmara dos Deputados, ou a qualquer de suas Comissões, por sua iniciativa e mediante entendimentos com a Mesa respectiva, para expor assunto de relevância de seu Ministério.

§ 2º As Mesas da Câmara dos Deputados e do Senado Federal poderão encaminhar pedidos escritos de informações a Ministros de Estado ou a qualquer das pessoas referidas no *caput* deste artigo, importando em crime de responsabilidade a recusa, ou o não atendimento, no prazo de trinta dias, bem como a prestação de informações falsas.

Luiz Henrique Cascelli de Azevedo

1. História da norma

O atual art. 50 da Constituição teve sua primeira versão na Subcomissão do Poder Legislativo (art. 6º), ocasião em que se fazia referência à convocação, pela Câmara e pelo Senado, do Primeiro-Ministro e dos Ministros de Estado, lembrando da perspectiva parlamentarista de então. O mesmo texto foi aprovado no âmbito da Comissão da Organização dos Poderes e Sistema de Governo (também art. 6º).

Na versão do Primeiro Substitutivo da Comissão de Sistematização, o tema passou a figurar como o art. 79, não inovando em relação às versões anteriores, exceto para alterar a denominação do Senado Federal para "Senado da República". Registre-se também que em cada um desses textos havia a mesma redação – como parágrafo – sobre a cominação do crime de responsabilidade quando a ausência não fosse justificada de maneira adequada.

O Segundo Substitutivo dessa Comissão (art. 57) acrescentou, à cominação do crime de responsabilidade caso a ausência não fosse justificada de maneira adequada, a possibilidade de a convocação ser efetivada pelas Comissões da Câmara e do Senado. Nessa etapa foi também introduzido o pedido escrito de informação aos Ministros de Estado, cuja resposta deveria ser encaminhada no prazo de trinta dias e em termos verídicos, sob pena de o titular responder pela recusa ou pelas informações falsas.

Após a votação em primeiro turno no Plenário da Assembleia Nacional Constituinte, a matéria passou a figurar como o art. 61 do Projeto de Constituição "A", que reproduzia a versão do Segundo Substitutivo da Comissão de Sistematização, apenas modificando a designação do Senado, que voltou a ser denominado "Senado Federal", mas ainda mantendo a referência ao "Primeiro-Ministro".

No que diz respeito ao pedido de informação, houve o desdobramento da matéria em dois parágrafos. No Projeto de Constituição "B", após a votação em segundo turno pelo Plenário, a matéria passou a figurar no art. 51, excluindo a referência ao "Primeiro Ministro". Nessa versão, o § 1º tratava da hipótese de aprovação, pelo voto de dois terços dos membros (da Câmara ou do Senado), de resolução para manifestar discordância "ao depoimento e às respostas do Ministro às interpelações dos parlamentares", numa fase intermediária entre a perspectiva parlamentarista – que já não angariava apoio político – e a consagração do Presidencialismo (o *caput* já não mais fazia referência ao "Primeiro-Ministro"). No Projeto de Constituição "C", bem como no Projeto de Constituição "D", a matéria toma os contornos da redação em vigor (art. 50), excepcionando-se, por óbvio, o texto acrescentado posteriormente pela Emenda Constitucional de Revisão de n. 2, no ano de 1994.

2. Constituições brasileiras anteriores

Constituição de 1824: arts. 47, 48, 133 e 135; Constituição de 1934: art. 37; Constituição de 1946: art. 54; Constituição de 1967: art. 38; Emenda Constitucional n. 1/69: art. 38.

3. Constituições estrangeiras

Argentina: arts. 45, 51 e 52; Espanha: art. 102; EUA: arts. I, Seção 3 (6, 7), e II, Seção 4; Itália: art. 96; Portugal: art. 156º, "d" e "e"; Uruguai: arts. 85, 93 e 178.

4. Direito internacional

A matéria diz respeito às atribuições do Congresso Nacional pátrio.

5. Dispositivos constitucionais e legais relacionados

Art. 58, § 2º, III; art. 52, I; art. 102, I, "c".

6. Jurisprudência

ADI 2.911 – STF (Macula o Princípio da Separação dos Poderes o dispositivo de Constituição Estadual que estabelece a convocação de Presidente de Tribunal de Justiça para prestar informação pessoalmente à Assembleia Legislativa sobre assunto previamente determinado sob pena de, em caso de ausência, imputar-lhe o crime de responsabilidade). **ADI 111 – MC – STF** (Fere o Princípio da Separação e Harmonia entre os Poderes o dispositivo de Constituição Estadual que estabelece a convocação de Governador do Estado para prestar pessoalmente informação à Assembleia Legislativa sobre assunto previamente determinado sob pena de, em caso de ausência, imputar-lhe o crime de responsabilidade).

7. Leitura selecionada

AZEVEDO, José Affonso Mendonça de. *Elaborando a Constituição Nacional:* Atas da Subcomissão elaboradora do Anteprojeto 1932/1933. Brasília: Senado Federal, 1993; BASTOS, Celso Ribeiro; MARTINS, Ives Gandra. *Comentários à Constituição do Brasil.* São Paulo: Saraiva, 1999; BRUSCO, Dilson Emílio; RIBEIRO, Ernani Valter. *O Processo Histórico da Elaboração do Texto Constitucional.* Brasília: Câmara dos Deputados, 1993; CÂMARA DOS DEPUTADOS. *Constituições dos Países do Mercosul.* Brasília: Câmara dos Deputados, 2001; FREIRE, Felisberto. *História Constitucional da República dos Estados Unidos do Brasil.* Brasília: Unb, 1983; GOUVEIA, Jorge Bacelar. *As Constituições dos Estados de Língua Portuguesa.* Coimbra: Almedina, 2006; NOGUEIRA, Octaciano (org.). *Constituições do Brasil.* Brasília: Centro de Ensino a Distância, 1987; MAXIMILIANO, Carlos. *Comentários à Constituição Brasileira de 1891.* Brasília: Senado Federal, 2005; SILVA, José Afonso. *Comentário Contextual à Constituição.* São Paulo: Malheiros, 2007; U. C, João Barbalho. *Comentários à Constituição Federal de 1891.* Brasília: Senado Federal, 1992.

8. Comentários

O art. 50 da Constituição trata da convocação de Ministros e de titulares de órgãos com subordinação direta à Presidência da República para a prestação pessoal de informações ao Plenário da Câmara ou do Senado Federal, ou mesmo a qualquer uma de suas Comissões. A referência aos "titulares de órgãos diretamente subordinados à Presidência da República" foi introduzida pela Emenda Constitucional de Revisão de n. 2, de 1994. Tal medida se impôs no cotidiano parlamentar, uma vez que as referidas autoridades até então se encontravam escusadas de prestar informações ao Congresso Nacional, que tinha dificuldades, em razão da complexa estrutura administrativa do Poder Executivo, de realizar sua função fiscalizadora. Vale lembrar que o não atendimento da convocação, sem a devida justificação, importa na caracterização de crime de responsabilidade.

Hoje, portanto, nos termos do que dispõe, por exemplo, a Lei n. 10.683, de 28 de maio de 2003, são órgãos, entre outros, de assessoramento imediato do Presidente da República, e assim sujeitos à convocação dos seus titulares, o Conselho de Governo, o Conselho de Desenvolvimento Econômico e Social, o Conselho Nacional de Segurança Alimentar e Nutricional, o Conselho Nacional de Política Energética, o Conselho Nacional de Integração de Políticas de Transporte, o Advogado-Geral da União e a Assessoria Especial do Presidente da República.

No Regimento Interno da Câmara dos Deputados (aprovado pela Resolução n. 17, de 1989, com modificações posteriores) o assunto vem tratado no Título VI ("Das Matérias Sujeitas a Disposições Especiais"), especificamente no Capítulo VIII ("Do Comparecimento de Ministro de Estado"). Destaca-se o art. 219, que trata tanto do comparecimento espontâneo quanto da convocação, sendo esta resolvida pela maioria da composição do Plenário da Casa ou de qualquer de suas Comissões (§ 1º). O requerimento para o comparecimento do Ministro deve ser apresentado por escrito e será submetido à deliberação do Plenário da Casa ou da Comissão (art. 117, II, do Regimento Interno da Câmara dos Deputados).

No caso específico das Comissões, há previsão regimental de convocação nos termos do art. 24, IV, do Regimento, observando-se, em qualquer caso, a pertinência temática entre o assunto a ser tratado com a competência da respectiva Comissão (art. 55 do Regimento Interno).

O § 2º do art. 219 do referido Estatuto estabelece que o Ministro será comunicado pelo Primeiro-Secretário da Câmara, no caso de decisão do Plenário, ou pelo Presidente da Comissão, se tratar-se de deliberação de órgão técnico, já sendo estabelecida a data, o local e o horário, bem como as informações que deverão ser prestadas. Nesse dispositivo, prevê-se, em consonância com o texto da Constituição, a cominação de crime de responsabilidade pelo não atendimento da convocação sem justificação adequada.

A esse propósito, o art. 223 do Regimento prevê que incumbe ao Presidente da Câmara a instauração do procedimento cabível pelo não comparecimento. O desdobramento de tal procedimento no Poder Judiciário, quando o ausente for um Ministro de Estado, se dará no Supremo Tribunal Federal, uma vez que encontra previsão dentre as competências originárias da Corte (art. 102, I, "c").

O art. 220 do Regimento prevê, genericamente, os procedimentos formais a serem adotados toda vez que houver o comparecimento de Ministro de Estado: onde tal autoridade terá assento, como serão desenvolvidos os trabalhos, tanto no Plenário da Casa (que funcionará como uma Comissão Geral) quanto no âmbito das Comissões. O art. 221, por sua vez, estabelece o procedimento específico a ser adotado quando o comparecimento é resultado de convocação, e o art. 222 cuida do comparecimento espontâneo.

No Senado Federal, as disposições sobre a matéria têm teor assemelhado e são formalizadas nos arts. 397 a 400. Registre-se que o art. 400-A prevê a aplicação dos mesmos dispositivos aos titulares de órgãos diretamente subordinados à Presidência da República, disposição cujo fundamento também é observado pela Câmara dos Deputados.

O § 2º do art. 50 da Constituição trata de outra hipótese, qual seja a do encaminhamento de pedidos escritos de informação tanto aos Ministros de Estado quanto aos titulares de órgãos subordinados diretamente ao Presidente da República.

O pedido de informação deverá, nos termos do art. 116 do Regimento Interno da Câmara, observar certos requisitos, entre os quais referir-se a ato ou fato incluídos na área de competência do Ministério ou de órgãos ou entidades da administração pública indireta (ou sob sua supervisão), que guardem pertinência com as atribuições do Congresso Nacional.

O pedido deverá, de igual modo, ter relação com matéria em trâmite (proposta de emenda à Constituição, projeto de lei ou de decreto legislativo ou, ainda, medida provisória em fase de apreciação), ou com assunto submetido ou sujeito à fiscalização e ao controle do Congresso Nacional (de suas Casas e Comissões), previstos no art. 60 do mesmo Estatuto: atos ou fatos passíveis de fiscalização contábil, financeira, orçamentária, operacional e patrimonial, referidos no art. 70 da Constituição; atos de gestão administrativa do Poder Executivo, incluídos os da administração indireta; atos do Presidente da República, do Vice-Presidente, dos Ministros de Estado, dos Ministros do Supremo Tribunal Federal, do Procurador-Geral da República e do Advogado-Geral da União que vierem a configurar crime de responsabilidade; e, por último, as petições, reclamações, representações e queixas apresentadas ao Congresso Nacional pela população.

O pedido de informação não poderá conter solicitação de providências, formular consultas, sugestões, conselhos ou perquirições sobre os propósitos da autoridade, sob pena de não ser admitido pela Mesa da Casa.

A recusa, o não atendimento do pedido de informação dentro do prazo de trinta dias e o fornecimento de informações falsas implicará, do mesmo modo, cominação de crime de responsabilidade.

No Senado Federal os requerimentos de informação têm previsão nos art. 216 e 217 do seu Regimento Interno, guardando semelhanças com as disposições do Regimento da Câmara.

SEÇÃO III
DA CÂMARA DOS DEPUTADOS

Art. 51. Compete privativamente à Câmara dos Deputados:

Luiz Henrique Cascelli de Azevedo

1. História da norma

Na versão apresentada pela Subcomissão do Poder Legislativo da Assembleia Nacional Constituinte, a matéria figurava como o *caput* do art. 9º, e assim também na versão final da Comissão da Organização dos Poderes e Sistema de Governo. No Primeiro Substitutivo da Comissão de Sistematização, o tema passou a figurar no art. 82 e, no Segundo Substitutivo, como art. 60. Após a votação em primeiro turno no Plenário da Assembleia, a matéria foi deslocada para o art. 64 do Projeto de Constituição "A". No Projeto "B" o tema foi tratado no art. 5º e, por fim, tanto no Projeto "C" como no "D" tomou a forma em vigor (art. 51).

2. Constituições brasileiras anteriores

Constituição de 1824: arts. 36 a 38; Constituição de 1891: arts. 29 e 53; Constituição de 1934: arts. 26 e 58; Constituição de 1937: arts. 49 e 86; Constituição de 1946: art. 59; Constituição de 1967: art. 42, I e II; Emenda Constitucional n. 1/69: art. 40, I e II.

3. Constituições estrangeiras

Alemanha: arts. 52 e 57; Argentina: arts. 58, 49 e 50; Bolívia: art. 62; Cabo Verde: art. 167º; Chile: art. 48; Espanha: art. 72; EUA: art. I, Seção 5 (2), 3 (5), 2(5); Itália: arts. 64, 66, 78 a 82; Portugal: arts. 164º, 165º e 175º, "a" e "b"; Uruguai: art. 93.

4. Direito internacional

A matéria diz respeito às atribuições da Câmara dos Deputados nacional.

5. Dispositivos constitucionais e legais relacionados

Art. 52.

6. Jurisprudência

Não há jurisprudência relevante.

7. Leitura selecionada

AZEVEDO, José Affonso Mendonça de. *Elaborando a Constituição Nacional:* Atas da Subcomissão elaboradora do Anteprojeto 1932/1933. Brasília: Senado Federal, 1993; BASTOS, Celso Ribeiro; MARTINS, Ives Gandra. *Comentários à Constituição do Brasil*. São Paulo: Saraiva, 1999; BRUSCO, Dilson Emílio; RIBEIRO, Ernani Valter. *O Processo Histórico da Elaboração do Texto Constitucional*. Brasília: Câmara dos Deputados, 1993; CÂMARA DOS DEPUTADOS. *Constituições dos Países do Mercosul*. Brasília: Câmara dos Deputados, 2001; FREIRE, Felisberto. *História Constitucional da República dos Estados Unidos do Brasil*. Brasília: UnB, 1983; GOUVEIA, Jorge Bacelar. *As Constituições dos Estados de Língua Portuguesa*. Coimbra: Almedina, 2006; NOGUEIRA, Octaciano (org.). *Constituições do Brasil*. Brasília: Centro de Ensino a Distância, 1987; MAXIMILIANO, Carlos. *Comentários à Constituição Brasileira de 1891*. Brasília: Senado Federal, 2005; SILVA, José Afonso. *Comentário Contextual à Constituição*. São Paulo: Malheiros, 2007; U. C, João Barbalho. *Comentários à Constituição Federal de 1891*. Brasília: Senado Federal, 1992.

8. Comentários

O *caput* do art. 51 enuncia competências próprias e exclusivas da Câmara dos Deputados. O veículo normativo mediante o qual tais competências são viabilizadas é a resolução, cuja apreciação se faz apenas por essa Casa do Poder Legislativo. As resoluções, que tratam das matérias arroladas, sobretudo nos incisos III e IV do artigo sob comento, têm eficácia de lei ordinária, sendo promulgadas pelo Presidente da Câmara (§ 2º do art. 200, cumulado com a alínea "m" do inciso VI do art. 17 do Regimento Interno, aprovado pela Resolução n. 17, de 1989, com modificações posteriores).

A esse propósito, a resolução poderá versar, nos termos do inciso III do art. 109 do Regimento Interno, sobre matéria de natureza política, processual, legislativa e administrativa: perda de mandato; criação de Comissão Parlamentar de Inquérito, quando cinco Comissões dessa natureza já estiverem funcionando a partir de requerimentos antes aprovados (art. 35, § 4º, do Regimento Interno); conclusão de Comissão Parlamentar de Inquérito, bem como de Comissão Permanente sobre proposta de fiscalização e controle; conclusão sobre as petições, representações ou reclamações da sociedade civil; matéria de conteúdo regimental; temas atinentes à economia interna da Casa e aos seus serviços administrativos.

Art. 51, I – autorizar, por dois terços de seus membros, a instauração de processo contra o Presidente e o Vice-Presidente da República e os Ministros de Estado;

■ *Vide* comentários aos arts. 52, I, 85, 86 e 102, I, *b*.

Art. 51, II – proceder à tomada de contas do Presidente da República, quando não apresentadas ao Congresso Nacional dentro de sessenta dias após a abertura da sessão legislativa;

Fernando Facury Scaff
Luma Cavaleiro de Macedo Scaff

1. Origem do texto

A redação é originária do art. 42, II, da Constituição de 1967.

2. Constituições brasileiras anteriores

Arts. 36 e 37 da Constituição de 1824; arts. 28 e 29 da Constituição de 1891; arts. 39 e 40 da Constituição de 1934; art. 49 da Constituição de 1937; art. 59, II, da Constituição de 1946; art. 42, II, da Constituição de 1967; art. 40, II, da Constituição de 1967 com a Emenda Constitucional de 1969.

3. Preceitos constitucionais correlacionados da Constituição de 1988

Art. 2º; art. 3º; art. 49, IX; art. 84, XXIV.

4. Legislação

Lei 12.527/2011 (Lei da Transparência). Lei 1.079/1950 (Lei sobre os crimes de responsabilidade e o respectivo processo de julgamento).

5. Anotações

O art. 51 trata das competências privativas constitucionais da Câmara dos Deputados, portanto, que não pode ser delegada a outro órgão político. O inciso II estabelece uma regra de delimitação de competência constitucional em relação à Câmara dos Deputados, obrigando-a a adotar providências contra o Presidente da República na hipótese de não apresentação de suas contas anuais (art. 84, XXIV) no prazo de sessenta dias a contar da abertura da sessão legislativa.

Não se trata de uma *facultas agendi*, mas de um poder-dever imposto pela Constituição à Câmara dos Deputados. É uma imposição de agir. Trata-se de uma "função" que impõe a realização de uma série de atos que visam atingir a um fim, qual seja, a obtenção das contas e sua análise pelos meios constitucionalmente aplicáveis, sob pena de responsabilidade. Tudo isso, como é característico das "funções", em prol da sociedade, por obediência aos princípios estabelecidos pelo art. 37 da Carta: moralidade, legalidade, impessoalidade, publicidade e eficiência; além da questão atinente à legitimidade estabelecida no art. 70 da CF.

Este dispositivo também deve ser estudado à luz do controle das contas públicas porque o Chefe do Poder Executivo tem o dever de prestar contas à população sobre as operações financeiras ocorridas durante sua gestão, tais como despesas realizadas e as operações de crédito. A partir da abertura da sessão legislativa, o Presidente terá o prazo de sessenta dias para apresentar suas contas para o Tribunal de Contas, o qual deve elaborar um parecer opinativo técnico. Caso o Presidente não apresente suas contas – a Câmara dos Deputados procederá a tomada de contas e, na sequência, a envia ao órgão de controle.

Este dispositivo deve ser estudado em conjunto com o art. 49, inciso IX, que menciona a competência exclusiva do Congresso Nacional para julgar as contas do Presidente da República.

Art. 51, III – elaborar seu regimento interno;

Luiz Henrique Cascelli de Azevedo

1. História da norma

Na Subcomissão do Poder Legislativo da Assembleia Nacional Constituinte, o dispositivo foi formalizado no art. 7º, e assim também no texto final da Comissão da Organização dos Poderes e Sistema de Governo, reunindo as competências gerais e comuns da Câmara dos Deputados e do Senado Federal: elaborar o Regimento Interno, dispor sobre o funcionamento, organização, polícia e provimentos dos cargos e serviços. No Primeiro Substitutivo da Comissão de Sistematização, o tema passou a figurar como art. 80 e, no Segundo Substitutivo, como art. 58. Após a votação no primeiro turno pelo Plenário, o Projeto de Constituição "A" adotou a matéria como *caput* do art. 62. Após a votação em segundo turno, o Projeto de Constituição "B" se aproximou da forma atual, figurando o texto no inciso III do art. 52 como competência específica (privativa) da Câmara dos Deputados para elaborar o seu Regimento Interno. Nos Projetos de Constituição "C" e "D", o tema foi formalizado como inciso III do art. 51, tal qual o texto em vigor.

2. Constituições brasileiras anteriores

Constituição de 1824: art. 21; Constituição de 1891: art. 18, parágrafo único; Constituição de 1934: art. 26, *caput*; Constituição de 1937: art. 41; Constituição de 1946: art. 40, *caput*; Constituição de 1967: art. 32, *caput*; Emenda Constitucional n. 1/69: art. 30, *caput*.

3. Constituições estrangeiras

Alemanha: art. 40; Bélgica: art. 60; Cabo Verde: art. 171 (a); Dinamarca: art. 48; Espanha: art. 72; Grécia: art. 65 (1); Irlanda: art. 15 (10); Itália: art. 64; Luxemburgo: art. 70; Países Baixos: art. 72; Portugal: art. 175º, "a"; Uruguai: art. 105.

4. Direito internacional

A matéria diz respeito às atribuições da Câmara dos Deputados nacional.

5. Dispositivos constitucionais e legais relacionados

Art. 52, XII.

6. Jurisprudência

Não há jurisprudência relevante.

7. Leitura selecionada

AZEVEDO, José Affonso Mendonça de. *Elaborando a Constituição Nacional:* Atas da Subcomissão elaboradora do Anteprojeto 1932/1933. Brasília: Senado Federal, 1993; AZEVEDO, Luiz Henrique Cascelli de. *O Controle Legislativo de Constitucionalidade.* Porto Alegre: Fabris, 2001; BASTOS, Celso Ribeiro e MARTINS, Ives Gandra. *Comentários à Constituição do Brasil.* São Paulo: Saraiva, 1999; BRUSCO, Dilson Emílio e RIBEIRO, Ernani Valter. *O Processo Histórico da Elaboração do Texto Constitucional.* Brasília: Câmara dos Deputados, 1993; CÂMARA DOS DEPUTADOS. *Constituições dos Países do Mercosul.* Brasília: Câmara dos Deputados, 2001; FREIRE, Felisberto. *História Constitucional da República dos Estados Unidos do Brasil.* Brasília: UnB, 1983; GOUVEIA, Jorge Bacelar. *As Constituições dos Estados de Língua Portuguesa.* Coimbra: Almedina, 2006; NOGUEIRA, Octaciano (org.). *Constituições do Brasil.* Brasília: Centro de Ensino a Distância, 1987; *Comentários à Constituição Brasileira de 1891.* Brasília: Senado Federal, 2005; SILVA, José Afonso. *Comentário Contextual à Constituição.* São Paulo: Malheiros, 2007; U, C, João Barbalho. *Comentários à Constituição Federal de 1891.* Brasília: Senado Federal, 1992.

8. Comentários

Entre as competências privativas da Câmara dos Deputados, arroladas no art. 51, encontra-se, no inciso III, aquela que lhe defere a elaboração do Regimento Interno. O Regimento Interno é uma Resolução aprovada na Casa, tendo força de lei nas definições que propõe, desde que observada a pertinência temática com as competências deferidas com exclusividade à Câmara dos Deputados.

O Regimento Interno não é um simples caderno procedimental, mas uma peça normativa, constituindo-se, em verdade, na fonte do direito parlamentar, uma vez que nele são estabelecidos os parâmetros segundo os quais se fará a tramitação das matérias: as fases, os prazos, as competências temáticas e atribuições das comissões, o regramento das discussões, os turnos de apreciação, entre tantas questões.

O Regimento Interno é um complemento direto das disposições constitucionais no que diz respeito ao Congresso Nacional e ao processo legislativo que nessa instância se desenvolve. Desse modo, a própria Constituição atribui força normativa ao Regimento, como se este tivesse uma natureza constitucional (art. 58, *caput*): são os Regimentos (Comum, da Câmara e do Senado) que regulam os trabalhos do Congresso Nacional, de suas Casas e de suas comissões, definindo atribuições a partir do suporte que a própria Constituição lhes confere no referido dispositivo.

O Regimento Interno, desse modo, cuida da tramitação do elemento fundamental do processo legislativo, isto é, da proposição, balizando o seu encaminhamento, além de assegurar as regras de convivência política entre os interesses políticos contrapostos, representados pelos parlamentares. O Regimento Interno constitui-se na regra do jogo, cujo adequado manuseio e aplicação podem implicar o sucesso de uma proposição – aprovação e conversão em norma – ou o seu fracasso, com a rejeição e o arquivamento.

Em poucas palavras, e para efeitos exemplificativos, apresentada uma proposição no Plenário da Casa, o Presidente da Câmara verificará se em relação à mesma há uma presunção mínima de constitucionalidade, regimentalidade e adequação à competência institucional (art. 137 do Regimento Interno).

Passo seguinte, a análise do Presidente determinará o regime de tramitação, considerando-se três aspectos: em primeiro lugar, a natureza da matéria com vistas à definição da tramitação sob o aspecto temporal (ordinária, prioritária ou urgente); em segundo lugar, para definir se a tramitação se fará pelo modo tradicional ou de forma conclusiva (art. 58, § 2º, I, da Constituição, cumulado com o art. 24, II, do Regimento Interno); em terceiro lugar, o Presidente da Câmara, nos termos do art. 32 do Regimento Interno, definirá, em consideração aos temas versados na proposição, por quais Comissões a matéria deverá ser apreciada.

Se a tramitação definida é a tradicional, as comissões permanentes apenas oferecem subsídios técnicos para ulterior votação da matéria pelo Plenário da Casa. Por outro lado, se a tramitação é conclusiva – hoje a regra –, as comissões permanentes designadas funcionam como instância decisória, estando em perspectiva a definição da proposição sem que o Plenário seja chamado a se pronunciar.

Nesse caso, há um procedimento próprio: o Presidente, agora da respectiva Comissão, fará a distribuição a um relator e imediatamente determinará, nos termos do art. 119 do Regimento, a abertura de prazo para o oferecimento de emendas por qualquer parlamentar, seja membro ou não do Colegiado. Terminado o prazo, com ou sem emendas, o relator deverá apresentar seu parecer, que será apreciado pelo Plenário da Comissão, o mesmo ocorrendo na Comissão subsequente porventura designada até a remessa, se não for apresentado recurso, ao Senado Federal – se o processo tiver se iniciado na Câmara – ou ao Presidente da República para sanção, se o processo tiver iniciado no Senado, tendo funcionado a Câmara como Casa revisora.

Hoje, portanto, a tramitação pelo modo tradicional – na qual as comissões oferecem apenas subsídios ao Plenário da Casa – é reservada para hipóteses específicas, definidas no Regimento: projetos de lei complementar; projetos de código; projetos cuja iniciativa é popular; projetos cuja iniciativa é de Comissão; projetos relativos à matéria que não possa ser objeto de delegação;

projetos que tenham sido apreciados pelo Plenário do Senado; projetos que tenham recebido pareceres divergentes ou tramitem em regime de urgência.

Nos demais casos, a tramitação é conclusiva. Como consequência, uma matéria relativa, por exemplo, à modificação do Código de Processo Civil ou do Código Civil será, na Câmara dos Deputados, apreciada exclusivamente pela Comissão de Constituição e Justiça e de Cidadania (art. 32, IV, "e", do Regimento Interno), sendo depois remetida ao Senado ou ao Presidente da República, conforme o caso.

Além disso, é o Regimento que determina a maneira como tramitarão, entre outras, as propostas de emenda à Constituição (arts. 202 e seguintes), os projetos de Código (art. 205), a tomada de contas do Presidente da República (art. 215), a instauração de processo criminal contra o Presidente da República, contra o Vice-Presidente e contra os Ministros de Estado (art. 217) e os processos para apurar o cometimento de crimes de responsabilidade dos mesmos (art. 218).

Vale observar que o atual Regimento Interno da Câmara dos Deputados (aprovado pela Resolução n. 17, de 1989) foi concebido pelo mesmo corpo legislativo que elaborou a Constituição, lembrando que os parlamentares eleitos para o trabalho constituinte continuaram funcionando como legisladores ordinários após a promulgação da Constituição (a legislatura, que iniciara-se em 1987, estendeu-se até 1990).

Art. 51, IV – dispor sobre sua organização, funcionamento, polícia, criação, transformação ou extinção dos cargos, empregos e funções de seus serviços, e a iniciativa de lei para fixação da respectiva remuneração, observados os parâmetros estabelecidos na lei de diretrizes orçamentárias;

Luiz Henrique Cascelli de Azevedo

1. História da norma

No âmbito da Assembleia Nacional Constituinte, o tema foi primeiramente abordado num só dispositivo em que se reuniam as competências gerais e comuns da Câmara dos Deputados e do Senado Federal como: elaborar o Regimento Interno, dispor sobre o funcionamento, organização, polícia e provimentos dos cargos e serviços. Na Subcomissão do Poder Legislativo, tal dispositivo foi formalizado no art. 7º, texto mantido na redação final da Comissão da Organização dos Poderes e Sistema de Governo.

No Primeiro Substitutivo da Comissão de Sistematização, a matéria passou a figurar como art. 80, tendo sido alterada a redação para referir-se à "competência exclusiva", bem como, em vez de valer-se da expressão "provimento de seus cargos e serviços", referir-se à "criação, transformação ou extinção de cargos, empregos e funções de seus serviços e fixação da respectiva remuneração". No Segundo Substitutivo, como art. 58, é feito mais um acréscimo no sentido de ser observada a lei de diretrizes orçamentárias (para levar a efeito as competências arroladas). Tal texto foi reproduzido no Projeto de Constituição "A", após a votação em primeiro turno pelo Plenário da Assembleia, passando a figurar como *caput* do art. 62.

Com a votação em segundo turno, formatou-se a versão "B" do Projeto de Constituição, ocasião em que a matéria passou a figurar como um inciso específico entre aqueles que enumeravam a competência privativa da Câmara dos Deputados (art. 52, IV).

Nos Projetos de Constituição "C" e "D" foram apresentados basicamente aperfeiçoamentos redacionais, recebendo a matéria a formatação atual como inciso IV do art. 51.

Na redação atual deste dispositivo, aliás, vale por último registrar, foi acrescentada a expressão "e a iniciativa de lei para" pela Emenda Constitucional 19/98.

2. Constituições brasileiras anteriores

Constituição de 1824: art. 21; Constituição de 1891: art 18, parágrafo único; Constituição de 1934: art. 26, *caput*; Constituição de 1937: art. 41; Constituição de 1946: art. 40, *caput*; Constituição de 1967: art. 32, *caput*; Emenda Constitucional n. 1/69: art. 30, *caput*.

3. Constituições estrangeiras

Espanha: art. 72 (3); Grécia: art. 65 (6); Luxemburgo: art. 70.

4. Direito internacional

A matéria diz respeito às atribuições da Câmara dos Deputados nacional.

5. Dispositivos constitucionais e legais relacionados

Art. 52, XIII.

6. Jurisprudência

ADI 3.964-MC – STF (Contraria o Princípio da Separação dos Poderes a reedição de medida provisória revogada, uma vez que o Presidente da República, mediante tal procedimento – "expedientes revocatório-reedicionais" –, passaria a organizar e operacionalizar a pauta dos trabalhos legislativos da Câmara dos Deputados e do Senado Federal). **ADI 3.599 – STF** (Não caracteriza vício de iniciativa, em consideração ao teor do art. 61, § 1º, II, "a", e do art. 37, X, da Constituição, a apresentação, pelo parlamento, de projeto de lei que majora a remuneração da respectiva Casa Legislativa). **ADI 1.782 – STF** (Não cabe ao Poder Judiciário aumentar o vencimento dos servidores sob o fundamento da isonomia. O aumento, de acordo com a Constituição – arts. 51, IV, 52, XIII–, só poderá ser feito mediante lei específica).

7. Leitura selecionada

AZEVEDO, José Affonso Mendonça de. *Elaborando a Constituição Nacional:* Atas da Subcomissão elaboradora do Anteprojeto 1932/1933. Brasília: Senado Federal, 1993; BASTOS, Celso Ribeiro e MARTINS, Ives Gandra. *Comentários à Constituição do Brasil*. São Paulo: Saraiva, 1999; BRUSCO, Dilson Emílio e RIBEIRO, Ernani Valter. *O Processo Histórico da Elaboração do Texto Constitucional*. Brasília: Câmara dos Deputados, 1993; FERREIRA, Pinto. *Princípios Gerais do Direito Constitucional Moderno*. São Paulo: Saraiva, 1983; CÂMARA

DOS DEPUTADOS. *Constituições dos Países do Mercosul*. Brasília: Câmara dos Deputados, 2001; FREIRE, Felisberto. *História Constitucional da República dos Estados Unidos do Brasil*. Brasília: UnB, 1983; GOUVEIA, Jorge Bacelar. *As Constituições dos Estados de Língua Portuguesa*. Coimbra: Almedina, 2006; NOGUEIRA, Octaciano (org.). *Constituições do Brasil*. Brasília: Centro de Ensino a Distância, 1987; *Comentários à Constituição Brasileira de 1891*. Brasília: Senado Federal, 2005; SILVA, José Afonso. *Comentário Contextual à Constituição*. São Paulo: Malheiros, 2007.

8. Comentários

Outra competência privativa atribuída pela Constituição à Câmara dos Deputados vem expressa no inciso IV do art. 51 e compreende a autonomia dessa Casa no que concerne à sua organização, funcionamento, policiamento, assuntos de natureza administrativa e funcional. Tais atribuições são tratadas em resoluções específicas, entre as quais o próprio Regimento Interno, bem como em atos da Mesa Diretora, Atos do Presidente da Casa, Pareceres e "Atos Normativos".

A organização da Casa, por exemplo, se dá mediante a definição dos órgãos diretores e das respectivas competências, como a Presidência e a Mesa (composta pelo Presidente, dois Vice-Presidentes, quatro Secretários e respectivos Suplentes, de acordo com o art. 14 do Regimento Interno), o Colégio de Líderes (art. 20 do Regimento Interno), a Procuradoria Parlamentar (art. 21 do Regimento Interno), a Ouvidoria-Parlamentar (art. 21-A do Regimento Interno), as Comissões (art. 22 e seguintes do Regimento Interno).

O funcionamento diz respeito não apenas à gestão administrativa dos servidores, forma de provimento de cargos e funções e remuneração, mas também à estrutura de apoio técnico-administrativa da Casa, envolvendo a Diretoria-Geral e a Secretaria-Geral da Mesa, a Diretoria Administrativa, a Diretoria de Recursos Humanos, a Diretoria Legislativa (no âmbito da qual se encontra a Consultoria Legislativa, órgão de Assessoramento institucional e legislativo, atuando na redação de proposições, estudos, no assessoramento do Plenário e das Comissões, sendo constituída por profissionais concursados das diversas áreas do conhecimento), a Secretaria de Controle Interno e a Secretaria de Comunicação Social.

Ademais, a Câmara dos Deputados, em reforço à sua autonomia institucional, tem sua Polícia própria (art. 267 do Regimento Interno), que cuida de manter a ordem e a segurança nas dependências da Casa, nos seus edifícios e nas residências funcionais dos parlamentares (art. 270 do Regimento Interno). De acordo com a necessidade, e sob a supervisão e controle da Mesa Diretora, as Polícias Civil e Militar podem ser convocadas para esse mister. Os delitos que forem cometidos nos edifícios da Câmara são investigados pela Polícia da Casa (art. 269 do Regimento Interno).

O funcionamento também diz respeito ao desenvolvimento do processo legislativo, tal como balizado pelo Regimento Interno: a apresentação das proposições, o despacho que estabelecerá o regime de tramitação, a análise pelas comissões e pelo Plenário (votação, discussão, apresentação de emendas), compreendendo, portanto, o procedimento a ser observado na transformação de uma proposição – elemento fundamental do processo legislativo – em uma norma legal.

Por fim, com o advento da Emenda Constitucional n. 19, de 1998, foi introduzida uma exceção no que diz respeito à fixação da renumeração dos servidores. Hoje a remuneração (fixação, alteração) só pode ser viabilizada por lei, exigindo-se para completar-se o processo legislativo, em consequência, a apreciação das duas Casas do Congresso e do Presidente da República (veto ou sanção).

Art. 51, V – eleger membros do Conselho da República, nos termos do art. 89, VII.

Anna Candida da Cunha Ferraz
Rebecca Groterhorst

O Conselho da República constitui órgão instituído pela Constituição de 1988. Tem uma composição híbrida porquanto, embora órgão consultivo da Presidência da República, compreende, entre seus membros, representantes do Poder Legislativo, alguns já definidos pela Constituição no art. 89 e outros a serem eleitos pelas respectivas Casas do Congresso Nacional. Daí a razão de ser do inciso V, acima, que trata da competência privativa da Câmara dos Deputados para eleger os seus representantes neste Conselho, em número de dois, escolhidos dentre cidadãos brasileiros natos, com mais de trinta e cinco anos de idade, todos com mandato de três anos, vedada a recondução. A disposição contida neste inciso deve ser examinada conjuntamente com o art. 89, inciso VII, da CF pelo que, para evitar repetição, remetemos o leitor aos comentários tecidos a propósito de referido inciso constitucional.

O Conselho da República pode ser convocado pelo presidente a se reunir e se pronunciar sobre crises e instabilidades institucionais (ver comentários aos arts. 89 e 90 da CF, que dispõem sobre sua constituição e atribuições). A primeira convocação oficial do Conselho da República desde sua instalação ocorreu em 2018, durante o mandato do ex-presidente Michel Temer (MDB), para discutir a intervenção federal na segurança pública no Rio de Janeiro (BRASIL, Portal do Senado Federal, 2018)[1]. Naquele mesmo ano, o Conselho foi convocado pela segunda vez para debater a intervenção federal em Roraima, que à época passava por uma crise de segurança pública nos presídios locais.

SEÇÃO IV

DO SENADO FEDERAL

Art. 52. Compete privativamente ao Senado Federal:

Luiz Henrique Cascelli de Azevedo

1. História da norma

Na Subcomissão do Poder Legislativo da Assembleia Nacional Constituinte e depois como texto final da Comissão da Organização dos Poderes e Sistema de Governo, a matéria vinha

---

1. Disponível em: https://www12.senado.leg.br/noticias/materias/2018/02/19/conselhos-da-republica-e-de-defesa-nacional-aprovam-intervencao-no-rio-de-janeiro. Acesso em 10 mai. 2023.

prevista como *caput* do art. 10. No Primeiro Substitutivo da Comissão de Sistematização, passou a figurar como o *caput* do art. 83 e, no Segundo Substitutivo, como *caput* do art. 61. No Projeto de Constituição "A", proposto pela Comissão de Sistematização e após a votação em primeiro turno pelo Plenário da Assembleia, tornou-se o *caput* do art. 65, para depois transformar-se no *caput* do art. 53 do Projeto "B" e no *caput* do art. 52 nos Projetos "C" e "D" (forma atualmente em vigor).

2. Constituições brasileiras anteriores

Constituição de 1824: art. 47; Constituição de 1891: art. 33; Constituição de 1934: art. 90; Constituição de 1946: art. 62; Constituição de 1967: art. 44; Emenda Constitucional de 1967: art. 42.

3. Constituições estrangeiras

Alemanha: arts. 37, 54, 63, 67, 76, 80 e 108; Argentina: arts. 67, 86, 102 e 108; Bolívia: art. 66; Chile: arts. 49; EUA: art. I, Seção 1 (5); México: arts. 29, 37B; 73, 74, 76, 79, 89 e 100; Peru: arts. 177, 180, 183, 184 e 185; Suíça: arts. 71, 78, 82, 85, 89, 107 e 120; Uruguai: art. 102.

4. Direito internacional

A matéria diz respeito às atribuições do Senado Federal pátrio.

5. Dispositivos constitucionais e legais relacionados

Art. 51.

6. Jurisprudência

Não há jurisprudência relevante.

7. Leitura selecionada

AZEVEDO, José Affonso Mendonça de. *Elaborando a Constituição Nacional*: Atas da Subcomissão elaboradora do Anteprojeto 1932/1933. Brasília: Senado Federal, 1993; BASTOS, Celso Ribeiro; MARTINS, Ives Gandra. *Comentários à Constituição do Brasil*. São Paulo: Saraiva, 1999; BRUSCO, Dilson Emílio; RIBEIRO, Ernani Valter. *O Processo Histórico da Elaboração do Texto Constitucional*. Brasília: Câmara dos Deputados, 1993; CÂMARA DOS DEPUTADOS. *Constituições dos Países do Mercosul*. Brasília: Câmara dos Deputados, 2001; FREIRE, Felisberto. *História Constitucional da República dos Estados Unidos do Brasil*. Brasília: UnB, 1983; GOUVEIA, Jorge Bacelar. *As Constituições dos Estados de Língua Portuguesa*. Coimbra: Almedina, 2006; NOGUEIRA, Octaciano (org.). *Constituições do Brasil*. Brasília: Centro de Ensino a Distância, 1987; MAXIMILIANO, Carlos. *Comentários à Constituição Brasileira de 1891*. Brasília: Senado Federal, 2005; SILVA, José Afonso. *Comentário Contextual à Constituição*. São Paulo: Malheiros, 2007; U. C, João Barbalho. *Comentários à Constituição Federal de 1891*. Brasília: Senado Federal, 1992.

8. Comentários

O *caput* do art. 52 enuncia competências próprias e exclusivas do Senado Federal e, tal qual na Câmara dos Deputados (art. 51, *caput*), o veículo normativo mediante o qual tais competências são viabilizadas é a resolução, como, aliás, enfatiza o inciso III do art. 213 do Regimento Interno do Senado Federal (Resolução n. 93, de 1970, na edição proposta pela Resolução n. 18, de 1989, com alterações posteriores).

As matérias arroladas no artigo sob comento são, desse modo, instrumentalizadas por Resolução, que tramita exclusivamente pelo Senado Federal com eficácia de lei ordinária, sendo promulgada pelo Presidente da Casa (Regimento Interno, art. 48, XXVIII).

A esse propósito, a resolução poderá versar sobre matéria de natureza política, processual, legislativa e administrativa, como também ocorre na Câmara dos Deputados. Não obstante, ao Senado Federal são deferidas outras atribuições, entre as quais a aprovação de autoridades indicadas pelo Presidente da República, o estabelecimento de limites para o montante das dívidas dos entes federativos, a suspensão de lei declarada inconstitucional pelo Supremo Tribunal Federal, a elaboração do seu Regimento Interno e a disposição sobre a sua organização.

Art. 52, I – processar e julgar o Presidente e o Vice-Presidente da República nos crimes de responsabilidade, bem como os Ministros de Estado e os Comandantes da Marinha, do Exército e da Aeronáutica nos crimes da mesma natureza conexos com aqueles;

■ *Vide* comentários aos arts. 51, I, 85 e 86.

■ Para a definição dos crimes de responsabilidade e regulação do respectivo processo e julgamento, confronte a Lei federal n. 1.079, de 10-4-1950.

Art. 52, II – processar e julgar os Ministros do Supremo Tribunal Federal, os membros do Conselho Nacional de Justiça e do Conselho Nacional do Ministério Público, o Procurador-Geral da República e o Advogado-Geral da União nos crimes de responsabilidade;

■ Acerca da competência originária para processo e julgamento de outras autoridades, por crimes de responsabilidade, *vide* os arts. 96, III, 102, I, *c*, 105, I, *a*, e 108, I, *a*.

Art. 52, III – aprovar previamente, por voto secreto, após arguição pública, a escolha de:

a) magistrados, nos casos estabelecidos nesta Constituição;

b) Ministros do Tribunal de Contas da União indicados pelo Presidente da República;

c) Governador de Território;

d) presidente e diretores do banco central;

e) Procurador-Geral da República;

f) titulares de outros cargos que a lei determinar;

1. História da norma

O dispositivo em causa é aplicado em conjunto com o art. 84, XIV, da Constituição. Em verdade, o referido inciso XIV incide em momento anterior: primeiro o Presidente da República faz a indicação (por meio de mensagem dirigida ao Presidente do Senado Federal); a seguir, o indicado é submetido à sabatina senatorial. Para evitar repetição (e preservar a ordem de incidência das disposições constitucionais implicadas), remete-se o leitor aos comentários feitos ao inciso XIV do art. 84 da Constituição.

2. Constituições estrangeiras

Não se aplica.

3. Constituições brasileiras anteriores

Constituição de 1946, art. 63, I; Constituição de 1967, art. 45, I (art. 42, III, com a redação da Emenda Constitucional n. 1, de 1969).

4. Direito internacional

Não se aplica.

5. Remissões constitucionais e legais

Art. 84, XIV, da Constituição.

6. Jurisprudência

Veja-se anotação constante do primeiro item.

7. Referências bibliográficas

Veja-se anotação constante do primeiro item.

8. Comentários

Veja-se anotação constante do primeiro item.

Art. 52, IV – aprovar previamente, por voto secreto, após arguição em sessão secreta, a escolha dos chefes de missão diplomática de caráter permanente;

Valerio de Oliveira Mazzuoli

O inciso refere-se apenas à aprovação, pelo Senado Federal, dos chefes de missão diplomática de caráter *permanente*[1]. Tal significa que ficam dispensados de aprovação pela Câmara Alta os agentes diplomáticos em geral e os que não sejam chefes de missão diplomática de caráter permanente. Nos termos do art. 52, IV, da Constituição, a escolha dos chefes de missão diplomática de caráter permanente será previamente aprovada pelo Senado, por voto secreto, após a arguição dos indicados que deve ocorrer em sessão secreta.

Os chefes de missão diplomática têm sua definição e suas funções estabelecidas pela Convenção de Viena sobre Relações Diplomáticas de 1961[2]. Nos termos do art. 13, § 1º, da Convenção, um chefe de missão diplomática é considerado como tendo assumido as suas funções no Estado acreditado no momento em que tenha entregado suas credenciais ou tenha comunicado a sua chegada e apresentado as cópias figuradas de suas credenciais ao Ministério das Relações Exteriores, ou ao Ministério em que se tenha convindo, de acordo com a prática observada no Estado acreditado, a qual deverá ser aplicada de maneira uniforme. A ordem de entrega das credenciais ou de sua cópia figurada será determinada pela data e hora da chegada do chefe da missão (art. 13, § 2º).

O art. 14 da mesma Convenção divide os chefes da missão em três classes: *a)* os embaixadores ou núncios (representantes da Santa Sé) acreditados perante Chefes de Estado, e outros chefes de missão de categoria equivalente; *b)* os enviados, ministros ou internúncios (estes últimos, substitutos legais dos núncios apostólicos na qualidade de ministros plenipotenciários), acreditados perante Chefes de Estado; e *c)* os encarregados de negócios, acreditados perante o Ministro das Relações Exteriores. O § 2º desse mesmo dispositivo acrescenta que salvo "em questões de precedência e etiqueta [a tradução aqui não é boa, pois não se trata de *etiqueta* como regra de comportamento, mas sim de *cortesia* nas relações entre Estados], não se fará nenhuma distinção entre Chefes de Missão em razão de sua classe".

Nos termos do art. 52, inc. IV, em comento, a aprovação (sempre *prévia*) dos chefes de missão diplomática faz-se por voto *secreto*, após arguição em sessão também *secreta* no Senado Federal. Aí está a diferença da aprovação senatorial das autoridades referidas no inciso anterior (Magistrados, nos casos estabelecidos pela Constituição; Ministros do Tribunal de Contas da União indicados pelo Presidente da República; Governador de Território; Presidente e Diretores do Banco Central; Procurador-Geral da República etc.), cuja arguição será sempre *pública*[3].

Art. 52, V – autorizar operações externas de natureza financeira, de interesse da União, dos Estados, do Distrito Federal, dos Territórios e dos Municípios;

Valerio de Oliveira Mazzuoli

1. Competência do Senado Federal para autorização de operações financeiras

1.1. Abrangência do art. 52, inc. V, da Constituição

A Constituição brasileira de 1988, inovando em relação às Cartas anteriores, estabeleceu competir privativamente ao Senado Federal "autorizar operações externas de natureza financeira, de interesse da União, dos Estados, do Distrito Federal, dos Ter-

---

[1]. Para um estudo dos agentes do Estado nas relações internacionais, cf. MAZZUOLI, Valerio de Oliveira. *Curso de direito internacional público*, 11. ed. rev., atual. e ampl. Rio de Janeiro: Forense, 2018, p. 520 e ss.

[2]. Aprovada no Brasil pelo Decreto Legislativo n. 103, de 18.11.1964, ratificada na ONU em 25.03.1965, e promulgada internamente pelo Decreto presidencial n. 56.435, de 08.06.1965.

[3]. Cf. SILVA, José Afonso da. *Comentário contextual à Constituição*, 2. ed. São Paulo: Malheiros, 2006, p. 414.

ritórios e dos Municípios" (art. 52, inc. V)[1]. O dispositivo em apreço tem área de abrangência específica e natureza dúplice, podendo dizer respeito tanto aos *contratos administrativos internacionais*, assinados diretamente pela União, pelos Estados, Distrito Federal e Municípios (sempre que o credor for uma empresa)[2], como, também, aos acordos celebrados pelo Brasil junto ao Fundo Monetário Internacional, que têm como ponto de partida o envio da Carta de Intenções a este organismo internacional, culminando com a autorização relativa a um *stand-by arrangement* (chamado no Brasil de *acordo de crédito contingente*).

Em outras palavras, o art. 52, inc. V, da Constituição tem abrangência para quaisquer operações externas de natureza financeira de interesse da União, dos Estados, do Distrito Federal, dos Territórios e dos Municípios, quer seja a operação realizada com credores privados (bancos etc.) ou com instituições de natureza pública (como o FMI, o Banco Mundial etc.).

1.2. Modalidades de acordos abrangidos pelo dispositivo

Da análise do citado dispositivo da Constituição podem ser diferenciados, portanto, duas modalidades de acordos: *a*) os firmados pelo Brasil com bancos ou consórcios de bancos privados estrangeiros (celebrados por meio de contrato entre o Estado e os seus respectivos credores); e *b*) os empreendidos pelo Brasil junto ao FMI ou outra organização internacional congênere. Pelo fato de o Fundo Monetário Internacional (que é o organismo que nos interessa neste estudo) ser uma "agência internacional especializada" da ONU, com personalidade jurídica internacional e com capacidade, portanto, para concluir tratados com os seus Estados-membros (capacidade inexistente no caso dos bancos privados estrangeiros, credores do Brasil), inúmeras dúvidas têm surgido em relação à natureza jurídica das operações financeiras externas concluídas em seu âmbito e sob seus os auspícios.

É sobre a análise deste último problema que versa o presente comentário e não dos acordos celebrados pelo Brasil com credores *privados* estrangeiros. Mas, apesar disso, não é demais lembrar que tais acordos concluídos com credores privados têm natureza jurídica de "contratos administrativos internacionais", também conhecidos por *State contracts* ou "contratos com o Estado"[3], regidos pelo direito interno de uma das partes – normalmente o direito nacional dos credores, que sempre exigem, em suas negociações com o Estado, a submissão deste à jurisdição de suas respectivas sedes, a exemplo do que ocorreu com o Brasil, em 1983, quando da conclusão do famoso "Projeto Dois", firmado com um consórcio de bancos privados estrangeiros, liderados pelo *Citibank* – e celebrado pelo Estado com particulares, fixando normas individuais e concretas a serem respeitadas, reciprocamente, pelas partes contratantes. Tais acordos são utilizáveis, por exemplo, em caso de venda de mercadorias, de armamentos ou empréstimo de propriedades, quando terceiros não submetidos às regras do Direito Internacional Público estão intimamente ligados com a transação. Não têm eles uma denominação uniforme, podendo ser chamados de contratos internacionais, acordos econômicos de desenvolvimento, *State contracts*, contratos com o Estado, acordos de investimento etc. Não obstante tais acordos serem aparentemente "internacionais", não são concluídos por, no mínimo, dois sujeitos de Direito Internacional Público (uma vez que uma das partes é um particular), assim como também não são regidos pelo Direito Internacional – também um dos requisitos necessários, nos termos do art. 2º, alínea *a*, da Convenção de Viena de 1986, sobre Direito dos Tratados entre Estados e Organizações Internacionais ou entre Organizações Internacionais, para que um ato internacional seja considerado como tratado –, mas por algum direito nacional ou doméstico. Por esse motivo é que os *State contracts* não se incluem na roupagem de "tratados" (*treaties*), com o que estaria o governo brasileiro autorizado a celebrá-los sem a prévia manifestação do Congresso Nacional, devendo, tão somente, obedecer às regras legais (*lato sensu*) de contratação com particulares (estrangeiros), exatamente por não se incluírem na expressão "atos internacionais" constante do art. 49, inc. I, da Constituição Federal, dirigida, notadamente, aos chamados "acordos executivos" ou àqueles instrumentos internacionais que, por qualquer motivo, não receberam a denominação própria de "tratados". Tal, contudo, não afasta a competência do Senado Federal, nos termos do citado art. 52, inc. V, da Constituição de 1988, para autorizar tais operações externas de natureza financeira, sejam de interesse da União, dos Estados, do Distrito Federal, dos Territórios e dos Municípios, como veremos no decorrer deste comentário.

O inciso V (e também o inciso VIII) do art. 52 da Constituição se aplica, portanto, a ambos os tipos de acordos, sejam com credores privados estrangeiros, sejam com o FMI (este último caso, objeto de nossa análise), sempre que se tratar de assuntos financeiros internacionais envolvendo qualquer dos entes da federação[4].

2. Uma inovação da Constituição de 1988

2.1. Evolução constitucional do tema

A regra atual da Carta de 1988 é inovadora com relação às Constituições anteriores, no que tange à inclusão das operações financeiras externas da União e dos Territórios, dentre as que necessitam da prévia autorização do Senado Federal, pois a Carta de

---

1. Cf. MAZZUOLI, Valerio de Oliveira. "O Senado Federal e o problema das operações externas de natureza financeira: exegese do art. 52, inc. V da Constituição brasileira de 1988 à luz do direito internacional público", in SILVA, Roberto Luiz & MAZZUOLI, Valerio de Oliveira (coords.), *O Brasil e os acordos econômicos internacionais*: perspectivas jurídicas e econômicas à luz dos acordos com o FMI. São Paulo: Editora Revista dos Tribunais, 2003, p. 95-130.

2. Ver, nesse sentido, MELLO, Celso D. de Albuquerque, *Direito constitucional internacional*: uma introdução, 2. ed., rev. Rio de Janeiro: Renovar, 2000, p. 321; SOARES, Guido Fernando Silva, "Os acordos administrativos e sua validade no Brasil", *Revista Forense*, v. 272, Rio de Janeiro, 1980, p. 61-62; e BAHIA, Saulo José Casali Bahia, *Tratados internacionais no direito brasileiro*. Rio de Janeiro: Forense, 2000, p. 4.

3. Sobre o assunto, ver o estudo de HUCK, Hermes Marcelo, *Contratos com o Estado*: aspectos de direito internacional. São Paulo: Aquarela, 1989, 172 p.

4. Veja-se exaustiva análise do assunto em MAZZUOLI, Valerio de Oliveira, *Natureza jurídica e eficácia dos acordos* stand-by *com o FMI*. São Paulo: RT, 2004, 351 p. Esta obra é a pioneira no Continente Americano a tratar especificamente da natureza jurídica e eficácia das operações *stand-by* com o Fundo. Cf., ainda, MAZZUOLI, Valerio de Oliveira, "Os acordos *stand-by* com o FMI e a competência internacional do Ministério da Fazenda", *Revista Forense*, v. 370, ano 99, Rio de Janeiro, nov./dez./2003, p. 197-220.

1967, com a Emenda n. 1, de 1969, exigia apenas que os "empréstimos, operações ou acordos externos, de qualquer natureza, de interesse dos Estados, do Distrito Federal e dos Municípios, ouvido o Poder Executivo Federal", fossem autorizados pelo Senado (art. 42, IV)[5].

A Constituição de 1891 era omissa a respeito do assunto e estabelecia que cabia à União contrair empréstimos externos com a aprovação do Congresso Nacional. Alguns Estados da federação reproduziram a regra insculpida na Constituição Federal em suas Constituições Estaduais, determinando que a aprovação de tais operações externas devesse caber ao Parlamento estadual. Tal, como é notoriamente sabido, fez com que muitos Estados da federação se endividassem sobremaneira no exterior. Em consequência disso, a reforma constitucional de 1926 determinou que a União Federal poderia intervir no Estado se este cessasse de pagar sua "dívida fundada por mais de dois anos". A Carta de 1934, no seu art. 90, alínea *b*, dava ao Senado Federal a atribuição privativa de aprovar os "empréstimos externos dos Estados, do Distrito Federal e dos Municípios". A Constituição de 1946, no seu art. 63, inc. II, por seu turno, dizia ser da competência privativa do Senado "autorizar os empréstimos externos dos Estados, do Distrito Federal e dos Municípios". A Carta de 1967, com a Emenda n. 1 de 1969, como dissemos, passou a exigir que os "empréstimos, operações ou acordos externos, de qualquer natureza, de interesse dos Estados, do Distrito Federal e dos Municípios, ouvido o Poder Executivo Federal", fossem autorizados pelo Senado Federal, nos termos do seu art. 42, inc. IV[6].

2.2. A regra atual sobre o papel do Senado nas operações externas dos entes da Federação

Na atual Constituição, a regra geral em relação às operações externas de natureza financeira está exposta no art. 52, inc. V, em comento. Ou seja, toda operação externa de natureza financeira a ser levada a efeito por parte da União, dos Estados, do Distrito Federal, dos Territórios (hoje não mais existentes) e dos Municípios depende de *prévia* autorização do Senado Federal. A observação de que tal autorização é sempre prévia é bastante importante. Como se viu, a Constituição de 1988 diz competir, privativamente, ao Senado Federal *autorizar* as referidas operações externas de natureza financeira, de interesse daqueles entes da federação. Na técnica constitucional a expressão "autorização" não tem o mesmo significado que "referendo", expressão esta utilizada pelo texto constitucional no que tange à competência do Presidente da República para celebrar tratados, convenções e atos internacionais (art. 84, inc. VIII)[7]. A *autorização* é sempre prévia à manifestação de vontade do ente competente para entabular as negociações, o que não acontece com o "referendo", que é *posterior* às negociações e à assinatura do acordo internacional.

A doutrina entende que ao se referir às "operações externas de natureza financeira de *interesse* da União, dos Estados" etc., a Constituição, no art. 52, inc. V, também pretendeu englobar, na exigência de submissão prévia de tais operações ao Senado Federal, os entes da administração indireta ou descentralizada de todas as entidades da federação[8].

A origem histórica do dispositivo em análise liga-se ao fato de que, à égide da Carta de 1969, o Executivo, celebrando discricionariamente contratos e acordos com bancos e entidades estrangeiras, acabou por agravar sobremaneira a dívida externa brasileira, sem o conhecimento e o controle do Parlamento[9]. O Senado Federal não havia, à época, competência para autorizar tais operações externas, o que só veio ocorrer com a Carta de 1988 que, corrigindo o problema, lhe atribuiu esse poder[10].

O que ocorre é que a Carta de 1969 não submetia à aprovação do Parlamento, como faz a Constituição de 1988, os acordos ou atos internacionais que "acarretem encargos ou compromissos gravosos ao patrimônio nacional". Dúvidas, então, surgiram acerca da abrangência de ambos os dispositivos: o art. 49, inc. I, e o art. 52, inc. V.

Assim, necessário se faz demonstrar a diferença existente entre a competência exclusiva do Congresso para resolver definitivamente sobre "tratados, acordos ou atos internacionais que acarretem encargos ou compromissos gravosos ao patrimônio nacional" (art. 49, inc. I)[11] e a competência privativa do Senado para autorizar "operações externas de natureza financeira", nos termos do art. 52, inc. V, da Constituição de 1988.

3. Diferenças entre o papel do Congresso Nacional para aprovar tratados e do Senado Federal para autorizar operações financeiras externas

3.1. A expressão "atos internacionais" na Constituição de 1988

A análise da questão responderá à indagação de se saber da obrigatoriedade ou não de serem tais operações financeiras externas submetidas à *autorização* do Senado Federal ou ao *referendo* do Congresso Nacional.

Primeiramente, é necessário atentar para o que diz o texto constitucional: o art. 49, inc. I, da Carta de 1988 faz referência a

---

5. Cf. CACHAPUZ DE MEDEIROS, Antônio Paulo. *O poder de celebrar tratados*..., cit., p. 397. *V*., também, CACHAPUZ DE MEDEIROS, Antônio Paulo, "Natureza jurídica e eficácia das cartas de intenções ao FMI", cit., p. 68; e ainda CACHAPUZ DE MEDEIROS, Antônio Paulo, "As operações com o FMI e a competência privativa do Senado Federal". In: SILVA, Roberto Luiz & MAZZUOLI, Valerio de Oliveira (coords.), *O Brasil e os acordos econômicos internacionais*: perspectivas jurídicas e econômicas à luz dos acordos com o FMI, cit., p. 66.

6. Cf., por tudo, MELLO, Celso D. de Albuquerque, *Direito constitucional internacional*..., cit., p. 298-300.

7. Os comentários ao art. 84, inc. VIII, da Constituição também são de nossa autoria.

8. Cf. a esse respeito FERREIRA FILHO, Manoel Gonçalves, *Comentários à Constituição brasileira de 1988*, v. 1, 2. ed. atual. e reform. São Paulo: Saraiva, 1997, p. 313.

9. Cf. CACHAPUZ DE MEDEIROS, Antônio Paulo. *O Poder de celebrar tratados*..., cit., p. 398. *V*., ainda, CACHAPUZ DE MEDEIROS, Antônio Paulo, "As operações com o FMI e a competência privativa do Senado Federal", cit., p. 67.

10. Para uma excelente resenha das discussões travadas no Senado Federal, à égide da Constituição anterior, *v*. CACHAPUZ DE MEDEIROS, Antônio Paulo, "O Congresso Nacional e os acordos do Brasil com o FMI e consórcios de bancos privados estrangeiros", *Revista de Direito Constitucional e Ciência Política*, ano II, n. 2, Rio de Janeiro: Forense, jan. 1984, p. 174-179.

11. Os comentários ao art. 49, inc. I, também são de nossa lavra, para onde remetemos o leitor.

"tratados", "acordos" e "atos internacionais", e o art. 84, inc. VIII, faz referência a "tratados", "convenções" e "atos internacionais". As dúvidas surgem, notadamente, com relação a esta última expressão ("atos internacionais") referida em ambos os dispositivos constitucionais, descartando-se, facilmente, do objeto da nossa análise, os *tratados*, *convenções* e os *acordos internacionais*, citados pelo texto constitucional (observando-se que a expressão "acordos" é tão somente referida pelo art. 49, inc. I, do texto constitucional, enquanto que a expressão "convenções" consta apenas do art. 84, inc. VIII, da mesma Carta). É dizer: as operações externas de natureza financeira *poderiam* enquadrar-se na categoria dos "atos internacionais", referidos pelo texto constitucional, ficando, por tal motivo, dependentes também da aprovação prévia do nosso Parlamento Federal.

É necessário, pois, verificar a abrangência da expressão "atos internacionais", de que tratam os arts. 49, inc. I, e 84, inc. VIII, todos da Carta de 1988.

Quando a Constituição de 1988, no art. 84, inc. VIII, faz referência aos "atos internacionais", cuja competência para celebração *ad referendum* do Congresso é do Presidente da República, o faz como sinônimo de *acordo internacional*, sem nenhuma pretensão de criar espécie nova para o gênero[12]. E tal expressão, também constante do art. 49, inc. I, da Constituição – que trata da competência exclusiva do Congresso Nacional para decidir definitivamente sobre quaisquer tipos de tratados internacionais –, foi inserida na Constituição a fim de atingir aqueles atos jurídicos que o Executivo só pode ratificar ou aderir após o referendo conjunto das duas Casas do nosso Parlamento Federal. Ou seja, a expressão "atos internacionais", constante tanto do art. 49, inc. I, como do art. 84, inc. VIII, do texto constitucional, não cria nova espécie para o gênero "tratado internacional", mas apenas disciplina que também ficam sujeitos ao referendo do Congresso aqueles instrumentos que, tecnicamente, *são tratados*, *acordos* ou *convenções* internacionais, mas que, por qualquer motivo, não receberam esta terminologia própria, a exemplo dos chamados *executive agreements* e de vários outros compromissos internacionais diuturnamente concluídos no cenário internacional.

Não se pode jamais entender que o acréscimo da expressão *atos internacionais* aos *tratados e convenções*, efetuado, primeiramente, pelo texto da Constituição de 1967 e mantido pelas posteriores, representa a obrigatoriedade da submissão ao Congresso Nacional de quaisquer atos que não sejam tipicamente tratados ou acordos internacionais. Daí a conclusão de Cachapuz de Medeiros, no sentido de que o art. 49, inc. I, da Constituição confere competência ao Congresso para resolver definitivamente sobre "tratados internacionais" (e não sobre outros acordos que não se revestem da roupagem própria de tratados, a exemplo dos contratos administrativos internacionais e dos acordos do Brasil com o FMI), mas *dando ênfase* aos que acarretarem encargos, gravames ou ônus financeiros para o patrimônio nacional[13].

---

12. O leitor interessado pode consultar os comentários ao art. 84, inc. VIII, também de nossa autoria.
13. CACHAPUZ DE MEDEIROS, Antônio Paulo. *O Poder de celebrar tratados...*, cit., p. 398. Cf., no mesmo sentido, CACHAPUZ DE MEDEIROS, Antônio Paulo, "As operações com o FMI e a competência privativa do Senado Federal", cit., p. 66.

3.2. As "operações financeiras" de competência aprobatória do Senado Federal

O art. 52, inc. V, da Carta de 1988, ao seu turno, estabelece que quaisquer contratos ou transações de natureza financeira empreendidas pelo Governo Federal, pelos Governos Estaduais, do Distrito Federal, dos Territórios ou Municípios, inclusive entes da administração indireta ou descentralizada, objetivando o levantamento ou o suprimento de numerário no exterior, junto a instituições estrangeiras, públicas ou privadas, ou ainda internacionais, devem ficar sujeitos à autorização tão somente do Senado Federal, pois neste há igualdade de representação dos Estados federados (cada Estado-membro elege 3 senadores, no que se consagrou o *princípio majoritário*), o que não ocorre na Câmara dos Deputados, cujos representantes são eleitos pelo sistema proporcional, podendo haver, por isso, determinados Estados-membros com maior bancada e, consequentemente, com maior influência política na aprovação de tais acordos.

O que o art. 52, inc. V, da Constituição fez foi impor um limite à atuação do Executivo, impedindo-o de efetuar, discricionariamente, operações externas de natureza financeira capazes de comprometer a União (ou os Estados, etc.) em sua capacidade de pagamento. O Poder Executivo encontra-se, pois, *limitado* pelos princípios constitucionais do Estado, de sorte que nenhum acordo externo de natureza financeira pode ser concluído por ele sem a prévia autorização da Câmara Alta. Como se vê nitidamente, o art. 52 da Constituição deixa bem sublinhado o controle do Senado sobre as operações externas de natureza financeira, prescrevendo competir, também, à Câmara Alta, em caráter privativo: dispor sobre limites globais e condições para as operações de crédito externo e interno da União, dos Estados, do Distrito Federal e dos Municípios, de suas autarquias e demais entidades controladas pelo Poder Público Federal (inc. VII); e dispor sobre limites e condições para a concessão de garantia da União em operações de crédito externo e interno (inc. VIII).

Se a Constituição pretendesse dar às operações externas de natureza financeira de interesse da União (caso dos *stand-by arrangements* com o FMI), previstas no seu art. 52, inc. V, a roupagem de "tratados internacionais", certamente as teria, expressamente, colocado dentro da competência do Congresso Nacional e não no rol de matérias afetas à competência do Senado, como fez.

Na sistemática da Constituição brasileira vigente, tais operações externas de natureza financeira não encontram abrigo na expressão "atos internacionais", prevista no art. 49, inc. I, que cuida, exclusivamente, da competência do Congresso para referendar tratados internacionais assinados pelo Chefe do Executivo, ainda pendentes de ratificação. E, tecnicamente, não poderia ser diferente, pois, caso contrário, impossível seria a garantia prevista no citado art. 52, inc. VIII, que dá competência privativa ao Senado Federal para "dispor sobre limites e condições para a concessão de garantia da União em operações de crédito externo e interno", eis que esta presume a alteridade, garantindo-se crédito *alheio* e não próprio.

4. Conclusão

Todos os acordos do Brasil com o FMI enquadram-se na disposição do art. 52, inc. V em comento, por se tratar de verdadeira *operação externa de natureza financeira* de interesse da União. O que não há falar-se, por absoluta quebra da letra do texto constitucional, é que um *stand-by arrangement* entre o Brasil e o FMI prescinde da autorização do Senado Federal, tendo em vista tratar-se de mero *ato de execução* do Convênio Constitutivo do Fundo, tratado-quadro cujo texto foi regularmente aprovado pelo Parlamento.

Em letras claras, a Constituição de 1988 diz competir ao Senado Federal autorizar toda e qualquer operação externa de natureza financeira de interesse da União (dos Estados etc.), como é o caso dos *stand-by arrangements* negociados junto ao FMI. Além do referido dispositivo constitucional, os arts. 389 a 392 do Regimento Interno do Senado (Capítulo V, Seção I, intitulada *Da Autorização para Operações Externas de Natureza Financeira*)[14] e a Resolução n. 50, de 1993, também do Senado, que dispõem, com base no art. 52, incs. V e VII, da Constituição, sobre as operações de financiamento externo com recursos orçamentários da União e demais entes da federação, também disciplinam a matéria, deixando bastante claro o importante papel da Câmara Alta no que concerne à autorização das operações externas de natureza financeira dessas entidades federativas. Portanto, dar discricionariedade ao Poder Executivo para decidir quando convém e quando não convém remeter as operações financeiras externas firmadas pelo Brasil junto ao FMI ao Senado Federal, para que este as autorize, significa passar por cima do texto constitucional, que deu competência privativa a esta Casa do Parlamento brasileiro para autorizar quaisquer operações financeiras externas firmadas pelos entes da federação nesse âmbito.

5. Bibliografia

BAHIA, Saulo José Casali Bahia. *Tratados internacionais no direito brasileiro*. Rio de Janeiro: Forense, 2000.

CACHAPUZ DE MEDEIROS, Antônio Paulo. "O Congresso Nacional e os acordos do Brasil com o FMI e consórcios de bancos privados estrangeiros". *Revista de Direito Constitucional e Ciência Política*, ano II, n. 2, Rio de Janeiro: Forense, jan. 1984, p. 169-184.

_____. "Natureza jurídica e eficácia das cartas de intenções ao FMI". *Boletim da Sociedade Brasileira de Direito Internacional*, ano XLIV, n. 75/76, Brasília, jul./dez. 1991, p. 51-72.

_____. *O poder de celebrar tratados*: competência dos poderes constituídos para a celebração de tratados, à luz do direito internacional, do direito comparado e do direito constitucional brasileiro. Porto Alegre: Sergio Antonio Fabris Editor, 1995.

_____. "As operações com o FMI e a competência privativa do Senado Federal". In: SILVA, Roberto Luiz & MAZZUOLI, Valerio de Oliveira (coords.). *O Brasil e os acordos econômicos internacionais*: perspectivas jurídicas e econômicas à luz dos acordos com o FMI. São Paulo: RT, 2003.

FERREIRA FILHO, Manoel Gonçalves. *Comentários à Constituição brasileira de 1988*, v. 1, 2. ed. atual. e reform. São Paulo: Saraiva, 1997.

GOLD, Joseph. *Interpretation*: the IMF and international law. London: Kluwer Law International, 1996, 641 p. (International Banking and Finance Law, v. 4).

_____. *La naturaleza jurídica de los acuerdos de derecho de giro del Fondo y su trascendencia*. Serie de Folletos n. 35-S. Washington, D. C.: Fondo Monetario Internacional, 1980.

HUCK, Hermes Marcelo. *Contratos com o Estado*: aspectos de direito internacional. São Paulo: Aquarela, 1989.

MAZZUOLI, Valerio de Oliveira. "Os acordos *stand-by* com o FMI e a competência internacional do Ministério da Fazenda". *Revista Forense*, v. 370, ano 99, Rio de Janeiro, nov./dez./2003, p. 197-220.

_____. *Natureza jurídica e eficácia dos acordos stand-by com o FMI*. São Paulo: RT, 2004.

_____. *Curso de direito internacional público*, 11. ed. rev., atual. e ampl. Rio de Janeiro: Forense, 2018.

MELLO, Celso D. de Albuquerque. *Direito constitucional internacional*: uma introdução, 2. ed., rev. Rio de Janeiro: Renovar, 2000.

SOARES, Guido Fernando Silva. "Os acordos administrativos e sua validade no Brasil". *Revista Forense*, v. 272, Rio de Janeiro, 1980.

Art. 52, VI – fixar, por proposta do Presidente da República, limites globais para o montante da dívida consolidada da União, dos Estados, do Distrito Federal e dos Municípios;

VII – dispor sobre limites globais e condições para as operações de crédito externo e interno da União, dos Estados, do Distrito Federal e dos Municípios, de suas autarquias e demais entidades controladas pelo Poder Público federal;

VIII – dispor sobre limites e condições para a concessão de garantia da União em operações de crédito externo e interno;

IX – estabelecer limites globais e condições para o montante da dívida mobiliária dos Estados, do Distrito Federal e dos Municípios;

José Roberto Rodrigues Afonso
Marcos Nóbrega

---

14. Assim dispõem os arts. 389 a 392 do Regimento Interno do Senado Federal, inclusos no Capítulo V, Seção I:

"Art. 389. O Senado apreciará pedido de autorização para operações externas, de natureza financeira, de interesse da União, dos Estados, do Distrito Federal, dos Territórios e dos Municípios (CF, art. 52, V), instruído com:

I – documentos que o habilitem a conhecer, perfeitamente, a operação, os recursos para satisfazer os compromissos e a sua finalidade;

II – publicação oficial com o texto da autorização do Legislativo competente;

III – parecer do órgão competente do Poder Executivo.

Parágrafo único. É lícito a qualquer Senador encaminhar à Mesa documento destinado a complementar a instrução ou o esclarecimento da matéria.

Art. 390. Na tramitação da matéria de que trata o artigo anterior, obedecer-se-ão às seguintes normas:

I – lida na Hora do Expediente, a matéria será encaminhada à Comissão de Assuntos Econômicos, a fim de ser formulado o respectivo projeto de resolução, concedendo ou negando a medida pleiteada;

II – a resolução, uma vez promulgada, será enviada, em todo o seu teor, à entidade interessada e ao órgão a que se refere o art. 389, III, devendo constar do instrumento da operação.

Art. 391. Qualquer modificação nos compromissos originariamente assumidos dependerá de nova autorização do Senado.

Art. 392. O disposto nos artigos anteriores aplicar-se-á, também, aos casos de aval da União, Estado, Distrito Federal ou Município, para a contratação de empréstimo externo por entidade autárquica subordinada ao Governo Federal, Estadual ou Municipal".

1. Constituições brasileiras anteriores

Art. 34 da Constituição da República dos Estados Unidos do Brazil de 1891: Art. 34 – Compete privativamente ao Congresso Nacional: 2º) autorizar o Poder Executivo a contrair empréstimos a fazer operações de crédito; 3º) legislar sobre a dívida pública e estabelecer os meios para o seu pagamento; **Art. 39 da Constituição da República dos Estados Unidos do Brasil de 1934:** Art. 39 – Compete privativamente ao Poder Legislativo, com a sanção do Presidente da República: 3) dispor sobre a dívida pública da União e sobre os meios de pagá-la; regular a arrecadação e a distribuição de suas rendas; autorizar emissões de papel-moeda de curso forçado, abertura e operações de crédito; **Art. 63 da Constituição dos Estados Unidos do Brasil de 1946:** Art. 63 – Também compete privativamente ao Senado Federal: II – autorizar os empréstimos externos dos Estados, do Distrito Federal e dos Municípios.

Art. 45 da Constituição da República Federativa do Brasil de 1967: Art. 45 – Compete ainda privativamente, ao Senado: II – autorizar empréstimos, operações ou acordos externos, de qualquer natureza, aos Estados, Distrito Federal e Municípios.

Art. 42 da Emenda Constitucional n. 1 de 1969: Art. 42. Compete privativamente ao Senado Federal: IV – autorizar empréstimos, operações ou acôrdos externos, de qualquer natureza, de interesse dos Estados, do Distrito Federal e dos Municípios, ouvido o Poder Executivo Federal; VI – fixar, por proposta do Presidente da República e mediante resolução, limites globais para o montante da dívida consolidada dos Estados e dos Municípios; estabelecer e alterar limites de prazo, mínimo e máximo, taxas de juros e demais condições das obrigações por eles emitidas; e proibir ou limitar temporariamente a emissão e o lançamento de quaisquer obrigações dessas entidades.

2. Comentários

2.1. O art. 52 trata das competências privativas do Senado Federal, que, como tais, não podem ser delegadas nem usurpadas por qualquer outro Poder sob pena de afronta ao Estado federal firmemente estabelecido pela Carta de 1988 e que devem ser exercidas mediante edição de Resoluções. Estas são consideradas atos normativos primários e, embora comumente veiculem normas referentes ao funcionamento interno do Poder, podem, em caráter excepcional, possuir efeito externo, disciplinando matérias previamente estabelecidas pela Constituição federal. As Resoluções têm caráter deliberativo e se submetem a processo legislativo especial cuja tramitação ficará sempre adstrita ao próprio Senado Federal e no caso das matérias tratadas nesse art. 52 terão um *quorum* de maioria simples. Seu caráter especial não as sujeita à sanção presidencial, devendo ser sancionadas pelo próprio Presidente do Senado.

Os incisos V a IX compreendem o endividamento público e o inciso XV, o Sistema Tributário Nacional, tendo como comum o modelo federal esculpido na Carta de 1988. Em uma federação, como sabemos, há (ou deverá haver) uma convivência harmônica entre diferentes esferas de governo e o Senado Federal é o *locus* adequado para dirimir distorções e estabelecer parâmetros válidos para todos esses Entes. Assim, as Resoluções deliberativas têm a obrigação de captar as divergências e peculiaridades dos Entes federados, fazendo esforço normativo para disciplinar o endividamento e as operações de crédito.

Nesse sentido, os dispositivos em comento compreendem prerrogativas do Poder Legislativo que objetivam o bom disciplinamento das finanças públicas na Constituição Federal, em harmonia e em caráter complementar ao disposto nos arts. 163 e 165. Não custa mencionar, à guisa de recuperar um pouco da história da Assembleia Constituinte, que, nas etapas iniciais do trabalho, tais normas foram definidas por comissões temáticas diferentes: a que cuidava da Organização do Estado, manteve as competências tradicionais do Senado para deliberar sobre cada operação da dívida pública na Federação, enquanto a comissão que tratou do Sistema Tributário e Finanças incluía tal matéria entre as que seriam reguladas por um novo código de finanças públicas (depois convertido apenas em uma lei complementar). Nas fases seguintes, acabou-se optando por manter as duas alternativas e a harmonia entre elas só foi resolvida quando regulamentado o art. 163, pela Lei Complementar n. 101/00 – mais conhecida como da responsabilidade fiscal. O endividamento público passou a ser submetido a dois níveis de controle legislativo: em caráter geral, aos princípios e condições estabelecidos na citada lei complementar, que dispensou igual tratamento a cada ente federado (sem discriminar entre as três esferas de governo); e, em caráter particular, aos limites fixados pelo Senado Federal e, no caso de endividamento externo, à aprovação caso a caso de cada operação.

Cumpre destacar que desde a edição da Carta Magna e mais especificamente após a promulgação da Emenda Constitucional n. 19 vem ocorrendo a densificação do princípio da responsabilidade fiscal que hoje funciona como importante vetor interpretativo para os dispositivos constitucionais. Nessas duas décadas temos visto um extraordinário avanço nas contas públicas brasileiras que sem o albergue normativo da Constituição seria inalcançável. Dessa forma, o texto constitucional originário vislumbrou amplos horizontes, estatuindo um sistema orçamentário e financeiro, que apesar de ainda merecer reparos, está apto a conduzir as finanças públicas nacionais a um equilíbrio estável.

Todos esses argumentos se concretizam plenamente nos dispositivos que tratam do endividamento público e na correta forma de normalizá-los e limitá-los. Aliás, em termos de endividamento público, haverá sempre um conflito intergeracional, porque a dívida de hoje, para resolver problemas contemporâneos, será, inexoravelmente, honrada pela próxima (ou próximas) gerações. Assim, agiu bem o texto maior ao colocar restrições ao endividamento excessivo.

2.2. Dos dispositivos selecionados do art. 52 da Carta Magna, o que tem caráter mais geral e, por conseguinte, teria o papel mais relevante no controle do endividamento, é o inciso VI, que fixa os limites globais da dívida consolidada para cada uma das três esferas de governo. A relevância dele foi reconhecida pelos Constituintes ao prever que fosse o único caso em que o Senado deliberaria a partir de proposta do Presidente da República. Por um lado, não se pode negar que constitui clara excepcionalidade no processo legislativo das Resoluções porque, em regra, sua iniciativa, votação e sanção se dão exclusivamente no âmbito do Poder Legislativo. Por outro lado, é inegável que o controle da dívida pública constitui matéria essencial para a política monetária, cuja competência é exclusiva da União, sem contar o peso preponderante desta na formulação e execução da política fiscal e econômica. Logo, tais funções justificam que elabore um diagnóstico da situação da dívida pública no País e apresente ao Senado Federal uma proposta para manter ou alterar o limite de dívida de cada esfera de governo. Para resguardar o equilíbrio federativo e evitar que Estados e Municípios fiquem sob tutela ou julgo da União, os Constituintes mantiveram a decisão de última instância nas mãos dos Senadores, sem a possibilidade da imposição de veto pelo Presidente da República (isto sem contar que os Senadores têm a faculdade para alterar o limite que for sugerido pelo Presidente, que só tem o poder de decidir quando iniciar o processo de fixação ou alteração do citado limite).

Cumpre por fim lembrar que até hoje, 18 anos depois de editada a LRF, o Senado Federal ainda não apreciou e nem aprovou o projeto de resolução que fixa os limites para a dívida consolidada da União, nem o Congresso o projeto de lei que limita a dívida mobiliária; assim, o maior governo do País e, de longe, o mais endividado, simplesmente não está sujeito a nenhuma restrição ao tamanho de seu endividamento... (lembrando que os dois projetos foram enviados ao Congresso poucos meses após editada a LRF).

2.3. O inciso VII trata de tema conexo e determina que Resolução do Senado Federal deve dispor sobre os limites globais e as condições para realização de operações de crédito interna e externa de todos os entes federados, inclusive das suas autarquias e todas as entidades controladas pela administração pública.

Se no inciso anterior, o objeto do controle era um estoque (ou seja, o montante da dívida acumulado e apurado em determinado momento) e o objetivo era bem preciso (fixar limite), este inciso trata dos fluxos (as operações de crédito que normalmente são mensuradas em caráter anual por serem necessariamente inscritas no orçamento anual) e tem um objetivo mais amplo (além de limites, também alcança as condições). Ou seja, além de não poder contratar empréstimos ou emitir títulos em volume superior ao que for fixado, será necessário atender requisitos mínimos e cumprir procedimentos para que a operação seja autorizada (como, por exemplo, estar adimplente com a dívida já contraída; cumprir as vinculações para gastos em ações essenciais, como educação e saúde; e registrar as operações de crédito em órgão nacional). Tais restrições se somarão a outras já estatuídas no próprio Texto Constitucional, a exemplo daquele contemplado no seu art. 167, III, a chamada "regra de ouro", que determina que as operações de crédito não poderão exceder o montante das despesas de capital, ressalvada autorização excepcional veiculada por créditos especial ou suplementar, aprovados por maioria absoluta. Essa regra constitucional visa evitar que receitas de operações de crédito financiem despesas correntes, o que decerto comprometeria em demasia as contas públicas.

Como já foi dito, não há mais iniciativa extraordinária do Presidente da República e, como no caso dos demais incisos, a matéria poderá ser de iniciativa de qualquer membro do Senado.

Importa qualificar que tais limitações abrangerão as autarquias e demais entidades controladas pelo Poder Público federal. Evidente que o âmbito de abrangência da norma abarca as fundações públicas, bem como as empresas estatais dependentes. Embora o texto constitucional somente se reporte à administração indireta federal, é cristalino que as entidades estaduais e municipais também devem ser consideradas, mesmo que sejam vinculadas ao Poder Legislativo ou Judiciário.

2.4. O inciso VIII praticamente reproduz os comandos do inciso anterior, porém determinando a edição de disciplinamento senatorial para a concessão de garantias. Assim, além de estabelecer a necessidade de limites, também determina a imposição de condições. É bom lembrar que as limitações impostas pela Resolução devem funcionar com limitações e condições mínimas, nada impedindo que legislação específica amplie esse rol de condições, sempre se pautando pelo princípio federal que tem como um dos seus cânones a autonomia financeira. A exemplo das demais normas, o inciso VIII visa controlar o processo de endividamento bem como diminuir os riscos fiscais. Afinal, quando um governo concede uma garantia, embora não contraia direta e imediatamente uma obrigação, ele está assumindo um risco para o futuro de que, no caso de inadimplência do credor, ele venha a herdar tal dívida. Por si só, isso justifica que tais concessões tenham um tratamento semelhante ao dispensado à contratação das operações de crédito, com uma limitação própria e especial de acordo com a natureza dessa transação.

2.5. O inciso IX, por fim, determina o estabelecimento de limites para a dívida mobiliária de todos os entes federados. Esta é a dívida pública contraída na forma do lançamento ao público de títulos emitidos pelo Tesouro. É uma forma particularmente importante de endividamento público, que reclama atenção especial, porque um título assim emitido pode assumir funções semelhantes a da moeda e, principalmente, porque pode ser transferido de um para outro credor com muito mais rapidez e liquidez do que um empréstimo bancário tradicional. Como a dívida mobiliária compõe a consolidada, na prática, o Senado precisa fixar um limite por força do inciso IX que seja compatível com o exigido na forma do inciso VI do mesmo art. 52. Salutar, portanto, a preocupação do Constituinte Originário que já repercutia e antevia a necessidade de um controle mais amplo desses limites.

2.6. O inciso XV do art. 52 determina que cabe ao Senado Federal avaliar de forma periódica o funcionamento do Sistema Tributário Nacional, sua estrutura e componentes, bem como o desempenho das administrações tributárias dos Entes federados. Tal competência é bem recente e foi criada pela Emenda Constitucional n. 42, de dezembro de 2003, no bojo de uma proposta de reforma tributária mínima. A norma, de iniciativa parlamentar, provavelmente foi inspirada como uma espécie de controle social externo e especial diante das reclamações crescentes de contribuintes sobre o tamanho e o crescimento da carga tributária nacional e, também, sobre a má qualidade da tributação nacional.

O caráter descentralizado da Federação brasileira deve ter motivado a delegação de tal avaliação ao Senado Federal, que por princípio representa e espelha os interesses de todos os entes federados. Isto sem contar que não faria sentido o Poder Executivo ter a decisão final sobre a avaliação se é ele o responsável pela cobrança dos tributos.

Art. 52, X – suspender a execução, no todo ou em parte, de lei declarada inconstitucional por decisão definitiva do Supremo Tribunal Federal;

Anna Candida da Cunha Ferraz
Rebecca Groterhorst

1. Origem da norma

A competência privativa do Senado Federal, acima transcrita, foi introduzida no cenário constitucional brasileiro na Constituinte de 1934, por proposta de Emenda Coletiva, da qual o primeiro signatário foi Prado Kelly (MS 16.512/DF). Em resumo, justifica o autor sua introdução como medida de inspiração prática, lembrando que a jurisprudência pacífica do Supremo Tribunal Federal negava, no controle difuso, a extensão dos efeitos de sua decisão a outros interessados. Somente no caso de *habeas corpus* se admitia a extensão do julgado *erga omnes*. Os estudiosos buscavam instituir meio adequado para que a decisão do Supremo tivesse efeitos extensivos a terceiros, solução encontrada na Constituinte de 1934, pela atribuição, ao Senado Federal, da suspensão de leis e atos declarados inconstitucionais pelo Supremo Tribunal Federal, medida que foi consagrada na Lei Maior de 1934, no art. 91, inciso IV. Posteriormente, já na vigência da Constituição de 1946, no projeto que se converteu na Emenda n. 16/65, propôs o Poder Executivo a atribuição dessa suspensão ao Supremo Tribunal Federal, inspirado pelo precedente da Constituição Italiana, que atribuía à Corte Constitucional a faculdade de declarar a ineficácia da disposição questionada de inconstitucionalidade com efeitos *erga omnes*. Esse critério, considerado mais técnico, não foi aceito pelo Senado, que reagiu à proposta do Executivo e manteve, na Emenda n. 16/65, o art. 64, à semelhança do que dispunha o art. 91, inciso IV, da Constituição de 1934. Mencionado inciso, incluído dentre as competências privativas do Senado Federal, tinha a seguinte redação: "suspender a execução, no todo ou em parte, de qualquer lei ou ato, deliberação ou regulamento, quando hajam sido declarados inconstitucionais pelo Poder Judiciário". Tinha, pois, o texto inspirador do art. 52, inciso X, em exame, alcance mais largo do que este, já que abrangia, inclusive, qualquer "ato", "deliberação" ou "regulamento" declarado inconstitucional pelo "Poder Judiciário". A Constituição de 16 de julho de 1934, que instaurou no País a Segunda República, adotava um texto alongado (187 artigos na parte permanente e 26 nas disposições transitórias) e foi inovadora em vários sentidos. A Segunda Constituinte Republicana, instalada no Palácio Tiradentes, em 15 de novembro de 1933, foi precedida de vários decretos regulamentares. Era integrada de 214 representantes eleitos nos termos do Código Eleitoral expedido pelo Decreto 21.076/32 e de mais 40 deputados "classistas". Afastando-se da tradição republicana de 1891, inspirada na Constituição norte-americana, a Carta de 1934 teve como principal fonte de influência a Constituição de Weimar, de 1919. Constituiu um ponto de confluência de todas as correntes políticas internas e externas predominantes no período de sua elaboração, pelo que consagra princípios conservadores, socialistas, liberais e fascistas. "Resultado das crises econômicas, políticas e sociais (que incidiam no mundo em geral) e da consequente transformação das ideias jurídicas, o seu texto exprime novas diretrizes, tanto no conteúdo, como na forma", registra, com acuidade, Afonso Arinos de Mello Franco (*Curso de Direito Constitucional Brasileiro*, 1ª ed. Rio de Janeiro: Forense, v. II, 1960, p. 197). Na verdade, a Constituinte de 1933 foi particularmente brilhante na fermentação de ideias novas, como acentuou Raul Machado Horta (*RIL*, jan./mar., 1989, p. 9), afirmação que se mantém mesmo diante das constituições posteriores. É nesse contexto que surge a norma em exame – autêntica criação nacional, inédita em sistemas presidencialistas filiados ao modelo americano de controle de constitucionalidade. Essa novidade constitucional parecia refletir, em certa medida, o prenúncio da adoção de um controle jurisdicional concentrado de constitucionalidade, nos moldes do sistema austríaco de inspiração kelseniana, então adotado nas constituições europeias (Ferraz, *Apontamentos*, p. 27-44). Cabe mencionar que o Senado, na Constituição de 1934, é descaracterizado em sua função federativa, pois lhe é atribuído o exercício da "coordenação de poderes", sendo admissível que certas novas competências senatoriais, introduzidas em 1934, como a em exame, pudessem suscitar possível polo de conflitos com o Poder Executivo e mesmo com o Poder Judiciário. Antecedente mais próximo do instituto, em 1988, se encontra no Anteprojeto da Comissão de Estudos Constitucionais, criado pelo Decreto 91.450/85, cujo art. 172, VI, repete a disposição normativa constante do texto constitucional imediatamente anterior.

2. Constituições brasileiras anteriores

A **Constituição do Império** e a **Constituição de 1891**, por óbvio, não continham a disposição normativa em exame. Com relação às constituições posteriores a de 1934, ressalvada a Constituição de 1937, que é omissa a respeito, a suspensão, pelo Senado, de atos declarados inconstitucionais, com certas alterações de fundo e de forma, foi mantida como competência privativa do Senado Federal. Assim, as constituições de **1946**, art. 64; de **1967**, art. 45, IV; e a **Emenda Constitucional n. 1/69**, art. 42, VII, adotaram a disposição normativa, todas com a redação seguinte: "suspender a execução, no todo ou em parte, de lei ou decreto declarados inconstitucionais por decisão definitiva do Supremo Tribunal Federal".

3. Constituições estrangeiras

Não há disposição normativa idêntica à prevista no art. 52, X, em exame, nas constituições estrangeiras usualmente citadas em considerações comparativas pela doutrina brasileira. Convém, não obstante, mencionar que a **Constituição da República Portuguesa** abriga o controle difuso de constitucionalidade. Na Constituição originária, registra-se a existência dessa modalidade de controle de constitucionalidade e a atribuição a um órgão não jurisdicional – a Comissão Constitucional – a competência para proferir a decisão definitiva no caso concreto (cf. Canotilho e Vital Moreira, *Constituição Anotada*, 1978, p. 504-505). A Constituição de 1976 foi modificada e a Comissão Constitucional substituída pelo Tribunal Constitucional, ao qual, segundo dispõe o item 3 do art. 281º, em vigor, cabe dar força obrigatória geral à declaração de inconstitucionalidade de norma considerada inconstitucional em três casos concretos. Cabe lembrar, também, a **Constituição Italiana**, citada por Prado Kelly, que determina que quando uma norma de lei ou ato com força de lei é declarada ilegítima pela Corte Constitucional (art. 136), a norma cessa de ter eficácia a partir do dia sucessivo à publicação da decisão.

4. Direito internacional

Matéria de direito interno, não tratada nos documentos internacionais.

5. Dispositivos constitucionais e legais relacionados

5.1. Constitucionais

Art. 5º, XXXV; Art. 102, III, *a*.

5.2. Legais

Regimento Interno do Senado Federal, arts. 386 a 388; Regimento Interno do Supremo Tribunal Federal: arts. 176 a 178.

6. Jurisprudência

Tratando-se de instituto criado pela Constituição de 1934 e mantido na Constituição de 1946 e constituições posteriores, algumas importantes decisões do Supremo Tribunal Federal referem-se a esses períodos, quando ainda em construção a jurisprudência sobre o teor normativo da suspensão, pelo Senado Federal, de atos e leis declarados inconstitucionais pelo Supremo. As decisões do STF, neste período, reúnem o que se pode considerar como o início da construção jurisprudencial do STF sobre o instituto. De outro lado, a doutrina a respeito foi se sedimentando ao longo do período de vigência das constituições posteriores que abrigaram disposição idêntica. Vejam-se os acórdãos seguintes: **MS 16.512/DF, Rel. Min. Oswaldo Trigueiro, j. 25.05.1966 – Limites e natureza da atribuição do Senado Federal**: considerado com um dos *"leading case"* do Supremo Tribunal Federal, na matéria em exame. Trata-se de mandado de segurança impetrado contra o Senado Federal por ter expedido uma segunda Resolução modificando a primeira, para o fim de interpretar decisão judicial proferida pelo STF, modificando-lhe o sentido. O Supremo Tribunal Federal, nos **Recursos Extraordinários RE 38.538 e RE 53.432**, declarou inconstitucional a cobrança de imposto sobre transações, criado pelo art. 1º, alínea "b", da Lei 2.485/1935, de São Paulo, e remeteu sua decisão ao Senado Federal, pelo ofício 621-F, juntamente com vários outros dispositivos de Lei também declarados inconstitucionais. O Senado Federal expediu a Resolução n. 32/65, suspendendo a alínea "b" do art. 1º da citada Lei (Código de Impostos e Taxas do Estado de São Paulo). O Governador do Estado de São Paulo representou ao Senado Federal solicitando resolução de caráter interpretativo, uma vez que a Fazenda Estadual entendia que a Resolução não interpretara corretamente a decisão do Supremo. Julgando procedente a representação, o Senado Federal expediu a Resolução n. 93, suspendendo a cobrança do tributo que tivesse por fato gerador renda auferida em virtude de contratos de locação de serviços profissionais e revogando a Resolução n. 32/65. A questão, em síntese, resumia-se a dois pontos: Pode o Senado Federal, dentro das atribuições constitucionais que lhe são conferidas, revogar ou substituir uma resolução sua que tenha acatado comunicação do STF para suspender ato declarado inconstitucional? Pode o Senado Federal rever decisões do STF ou suprir, via interpretação, o sentido dessas decisões? Deixadas de lado questões sobre o cabimento do *remedium iuris* e outros aspectos processuais, tratadas pelo STF, para o que interessa anotar, a ementa do acórdão, em resumo, é a seguinte: "O ato do Senado, previsto no art. 64 da Constituição, não é ato legislativo. Se fosse, teria que competir não só ao Senado, mas também à Câmara, dependendo ainda de sanção do Presidente da República. Trata-se de atribuição que o art. 64 confere ao Senado, de suspender, no todo ou em parte, a execução de lei declarada inconstitucional, no todo ou em parte, pelo Supremo Tribunal Federal, fazendo com que a decisão deste produza efeitos *erga omnes*, porque as decisões judiciais, em nosso sistema, têm seu alcance limitado às partes em litígio, salvo nos casos de representação do Procurador-Geral da República sobre inconstitucionalidade em tese (inovação trazida pela Constituição de 1946). O ato do Senado é complementar de uma decisão judicial, ampliativo dos efeitos desta. Não pode o Senado, ao exercer a atribuição que lhe confere o art. 64 da Constituição, rever, em sua substância, a decisão do Supremo Tribunal Federal. Outras decisões revelam o teor da jurisprudência do Supremo Tribunal Federal a respeito da matéria. Assim: **Recurso em Mandado de Segurança 16.965/SP, Rel. Min. Evandro Lins, j. 07.11.1966 – limites da atribuição senatorial de suspensão de execução de lei inconstitucional: nulidade de segunda resolução substituindo a primeira:** Resolução do Senado Federal suspensiva de execução de lei cuja inconstitucionalidade foi decretada pelo Supremo Tribunal Federal. Nulidade da segunda resolução daquele órgão legislativo, modificando o sentido ou restringindo os efeitos da decisão judicial; **MS 16.519/DF, Rel. Min. Luiz Galotti, j. 20.06.1966 – natureza e efeitos da decisão do Senado Federal**: conforme a ementa do acórdão relativo ao mandado de segurança citado, o Supremo Tribunal Federal entendeu que a suspensão da execução, pelo Senado Federal, de ato ou lei declarada inconstitucional pelo STF não é ato legislativo. Entendeu, ainda, que se "trata de atribuição que o art. 64 da Constituição (de 1946) confere ao Senado, de suspender no todo ou em parte, a execução de lei declarada inconstitucional, fazendo com que a decisão deste produza efeito *erga omnes*, porque as decisões judiciais, em nosso sistema, têm seu alcance limitado às partes em litígio, salvo nos casos de representação do Procurador-Geral da República sobre inconstitucionalidade em tese (inovação da Constituição de 1946)". O ato do Senado é complementar de uma decisão judicial, ampliativo dos efeitos desta. "Não pode o Senado, ao exercer esta atribuição, rever, em sua substância, a decisão do Supremo Tribunal"; **Recurso em Mandado de Segurança 17.976/SP, Rel. Min. Amaral Santos, j. 13.09.1968 – efeitos da suspensão de lei inconstitucional pelo Senado:** entendeu o STF, neste feito, que a suspensão da vigência da lei por inconstitucionalidade torna sem efeito todos os atos praticados sob o império da lei inconstitucional. Isto significa dizer que os efeitos da suspensão, pelo Senado Federal, de lei inconstitucional operam *ex tunc*, contrariamente ao que entende a doutrina majoritária, que admite serem tais efeitos *ex nunc*. Todavia, resguarda o STF, de certa forma, os atos produzidos pela lei tida por inconstitucional, antes de sua declaração de inconstitucionalidade, ao determinar que os efeitos *ex tunc* ou a nulidade da decisão judicial transitada em julgado só pode ser declarada por via de ação rescisória; **ADI 1.417/DF, Rel. Min. Octavio Gallotti, j. 02.08.1999 – efeito retroativo de medida provisória; inviabilidade em razão da existência de Resolução do Senado Federal suspendendo efeitos de decretos-leis que a medida restaurava:** afastado o exame do mérito, convém referir o voto do Relator, Ministro Octávio Gallotti, o qual entendia que "em face da suspensão determinada pelo Senado Federal (Res. 45-95) e decorrente da declaração de inconstitucionalidade formal, pelo Supremo Tribunal Federal, dos decretos-leis citados (RE 148.754), prevalece, obviamente, *ex tunc*, a invalidade da obrigação tributária questionada. Não pode, pois, a ulterior criação de contribuição, já agora pelo emprego do processo legislativo idôneo, pretender tirar partido do passado inconstitucional, de modo a dele extrair a validade do pretendido efeito retrooperante"; **Recurso Extraordinário 199.293/SP, Rel. Min. Marco Aurélio, j. 19.05.2004 – inviabilidade de comunicação de decisão proferida em controle abstrato de constitucionalidade na Justiça Estadual. Observância do art. 52, X, da Constituição Federal, que constitui princípio de observância obrigatória pelos Estados.** Trata-se de ação direta de inconstitucionalidade de lei municipal, proposta em face da Constituição Estadual perante o Tribunal de Justiça do Estado. Sem entrar no exame das questões de mérito suscitadas no caso, discutiu-se, no Supremo Tribunal Federal, se cabia a comunicação da decisão do TJ à Câmara Municipal. A decisão foi tomada diante da disposição da Constituição do Estado de São Paulo que, em seu art. 90, § 3º, determinava a remessa de decisões definitivas do Tribunal de Justiça, proferidas em ação direta de inconstitucionalidade, à Câmara Municipal ou à Assembleia Legislativa. Apontou o Relator, em seu voto, a discrepância do modelo estadual em relação ao modelo federal previsto no art. 52, X. Em consequência, propôs que, declarada a inconstitucionalidade do art. 90, § 3º, da Constituição Estadual de São Paulo, fosse afastada a comunicação, à Câmara Municipal, da decisão formalizada, decisão que, tomada em processo objetivo, dispensa tal comunicação. O Tribunal, por unanimidade, nos termos do voto do Relator, deu provimento em parte ao recurso e declarou a inconstitucionalidade do § 3º do art. 90 da Constituição do Estado de São Paulo. A ementa da decisão do STF está lançada nos seguintes termos: "a comunicação da pecha de inconstitucionalidade proclamada pelo Tribunal de Justiça pressupõe decisão definitiva preclusa na via recursal considerado o controle difuso. Insubsistência constitucional da norma sobre a obrigatoriedade da notícia, em se tratando de controle concentrado de constitucionalidade"; **ADI 3.929 MC/DF, Rel. Min. Ellen Gracie, j. 29.08.2007 – possibilidade de suspensão parcial de Resolução do Senado Federal que suspendeu execução de várias leis do Estado de São Paulo, em virtude da ocorrência de erro material no encaminhamento da comunicação pelo Supremo Tribunal Federal:** por decisão monocrática, tomada *ad referendum* do plenário do STF, decidiu a Presidência do STF suspender os efeitos da Resolução 7, de 21/06/2007, do Senado Federal, tão somente com relação a determinados artigos da Lei 7.003/90 e da Lei 7.646/91, ambas do Estado de São Paulo. Admitiu-se ofensa material ao art. 52, X, CF, em razão da suspensão, pela Resolução senatorial, de várias normas que não guardavam relação com as regras da Lei 6.556/89, declaradas inconstitucionais em sede de controle difuso (Recurso Extraordinário RE 9.718). O erro material partiu da comunicação equivocada, genérica, do STF ao Senado Federal; **ADI 15/DF, Rel. Min. Sepúlveda Pertence, j. 14.06.2007 – impossibilidade de propositura de Ação Direta de Inconstitucionalidade com relação a dispositivo de lei julgado inconstitucional em sede de controle incidental e suspenso pelo Senado Federal; possibilidade de suspensão por via de ação direta, no caso de o Senado Federal não expedir resolução suspensiva:** trata-se de ADI proposta contra os dispositivos da Lei 7.689/88, particularmente dos artigos 8º e 9º, com fundamento no art. 150, § 1º, CF, ante a alteração superveniente ditada pela EC 42/03, e por incompatibilidade com o art. 195, CF e 56, do ADCT. Dentre outros pontos, a propósito do art. 8º, entendeu o STF não conhecer a ADI, dada ao fato de o dispositivo ter sido declarado inconstitucional pelo Supremo Tribunal Federal, em processo de controle difuso (RE 146.733) e cujos efeitos foram suspensos pelo Senado Federal pela Resolução 11/1995. Quanto ao art. 9º, embora também declarado inconstitucional pelo STF no RE 10764, o STF entendeu procedente a arguição pela via direta em razão de o processo de suspensão do dispositivo ter sido arquivado no Senado Federal, que assim se recusou "a emprestar efeitos *erga omnes* à decisão proferida na via difusa do controle de normas"; **Recurso Extraordinário 387.271/SP, Rel. Min. Marco Aurélio, j. 08.08.2007 – norma não recepcionada pela nova ordem constitucional. Desnecessidade de comunicação ao Senado Federal:** em processo de separação judicial foi levantada questão de ordem sobre a não recepção do inciso II da Lei 6.615/77, em face da Constituição de 1988. Não recepcionada, a norma citada foi considerada inconstitucional pelo Relator, mas pelo voto da maioria, decidiu-se, na esteira de precedentes anteriores, tratar-se de incompatibilidade que se resolve pela não recepção da norma, na linha *lex posterior derogat priori*, não cabendo, pois, comunicação ao Senado Federal; **Recl. 5051 MC/R, Rel. Min. Gilmar Mendes, j. 09.04.2007 – inovação relativa à função do Senado Federal, ditada pelo art. 52, inciso X:** cuida-se, no caso, de reclamação por descumprimento de decisão do STF estabelecida no HC 82.999. A juíza *a quo* entendeu que a decisão do Supremo Tribunal Federal, proferida em sede de controle difuso, deveria ser comunicada ao Senado Federal para que este providenciasse a suspensão da eficácia do § 1º do art. 2º da Lei 9.092/90, relativa ao regime penal progressivo. Isto porquanto a decisão do STF não constituía decisão definitiva de mérito, capaz de produzir efeito vinculante para o Poder Judiciário, daí por que não atendera ao HC interposto. Na discussão travada no STF em torno dessa Reclamação, vale transcrever, resumidamente, a posição tomada pelo Min. Gilmar Mendes, que julgava procedente a reclamação para que o juízo reclamado proferisse nova decisão no caso. Para assim decidir, S. Excelência passou a examinar o argumento levantado pelo juízo reclamado, no sentido de que a eficácia *erga omnes* da decisão proferida no HC 82.959/98 dependia de expedição de Resolução do Senado, suspendendo os efeitos do dispositivo questionado. Discorrendo sobre o papel do Senado Federal no controle de constitucionalidade, aduziu que, de acordo com a doutrina tradicional, a suspensão senatorial é ato político que empresta eficácia *erga omnes* às decisões do STF, proferidas no caso concreto. Asseverou, no entanto, que a amplitude conferida ao controle abstrato de normas e a possibilidade de suspender, liminarmente, a eficácia de leis ou atos normativos, com eficácia geral, no contexto da CF/88, concorrem para infirmar a crença na justificativa do instituto da suspensão de execução do ato pelo Senado, inspirado numa concepção de poderes que hoje estaria ultrapassada. Considerou, ainda, que em razão disso, bem como da multiplicação de decisões dotadas de eficácia geral e do advento da Lei 9.882/99, alterou-se de forma radical a concepção que dominava sobre a divisão de poderes. Salientou serem inevitáveis as reinterpretações dos institutos vinculados ao controle incidental de inconstitucionalidade, notadamente a suspensão da execução de lei pelo Senado Federal. Reputou ser legítimo entender que a fórmula relativa à suspensão da execução de lei pelo Senado há de ter simples efeito de publicidade, ou seja, ao declarar, em caráter definitivo, uma lei inconstitucional, em sede de controle incidental, a decisão do STF terá efeitos gerais, fazendo-se a comunicação para o Senado apenas para que a Casa Legislativa publique a decisão jurisprudencial. O pedido do reclamante foi atendido, por outros argumentos. Todavia, parece relevante apontar a posição realmente inovadora postulada pelo Min. Gilmar Mendes a respeito do instituto da suspensão senatorial de leis declaradas inconstitucionais pelo Supremo Tribunal Federal, que se adotada pela Suprema Corte importará em verdadeira mutação constitucional e terá, bem por esta razão, reflexos enormes no controle difuso de constitucionalidade. Ver, no mesmo sentido, **Recl. 4.335/Acre, Rel. Min. Gilmar Mendes, j. 20.03.2014. ADI 5.548/PE, Rel. Min. Ricardo Lewandowski, j. 17.08.2021 – controle de constitucionalidade de lei orgânica municipal:** cuida-se de caso proposto pelo Procurador-Geral da República, contra artigos da Constituição do Estado de Pernambuco que dispunham "sobre controle concentrado de constitucionalidade de leis estaduais e municipais". Os dispositivos tratavam da comunicação da decisão de declaração de inconstitucionalidade de lei ou ato normativo estadual ou municipal, em face da Constituição, ou em face da lei orgânica respectiva à Assembleia Legislativa para suspensão da eficácia de lei no todo ou em parte, violando, dessa forma, o disposto no art. 52, X, da Constituição Federal. O STF entendeu não ser cabível controle concentrado de constitucionalidade de leis ou atos normativos municipais contra Lei Orgânica respectiva. Também mencionou a literalidade do inciso X do art. 52 da CF, que prevê a competência do Senado Federal da suspensão, no todo ou em parte, de lei declarada inconstitucional por decisão do STF. Assim, complementa mencionando José Afonso da Silva, que não tem cabimento esse procedimento quando a decisão decorre de controle concentrado de constitucionalidade, mas somente na declaração de inconstitucionalidade incidental no controle difuso. Dessa forma, não poderia a Constituição Estadual disciplinar diversamente ao que prevê a Constituição Federal, uma vez que "não compete ao Poder Legislativo, de qualquer das esferas federativas, suspender a eficácia de ato normativo declarado inconstitucional em controle concentrado de constitucionalidade".

7. Literatura selecionada

ARINOS, Afonso. *Curso de Direito Constitucional Brasileiro*. Rio de Janeiro: Forense, v. II, 1960; ALENCAR, Ana Valderez Ayres Neves de. "A competência do Senado Federal para suspender a execução de atos declarados inconstitucionais". *Revista de Informação Legislativa*, Brasília: Senado Federal, ano 15, n. 57, jan./mar., 1978; ALVES, Francisco de Assis. *Constituições do Brasil*, Brasília-DF: PrND-IAASP, 1985; CASTRO, Araújo. *A Nova Constituição Brasileira*. Rio de Janeiro: Freitas Bastos, 1935; BONAVIDES, Paulo; ANDRADE, Paes de. *História Constitucional do Brasil*. 3ª ed. Rio de Janeiro: Paz e Terra, 1991; BROSSARD, Paulo. "O Senado e as leis inconstitucionais". *Revista de Informação Legislativa*, ano XIII, n. 50, abril a junho 1976 (número especial). Brasília: Senado Federal, 1976; CANOTILHO, J. J. Gomes; MOREIRA, Vital. *Constituição Anotada*. Coimbra: Coimbra Editora Limitada, 1978; CRETELLA JUNIOR, José. *Comentários à Constituição de 1988*. V volume, 2ª ed. Rio de Janeiro: Forense Universitária, 1992; "Declaração de inconstitucionalidade de lei ou decreto. Suspensão da execução pelo Senado Federal. Extensão da Competência. Efeitos. (Pareceres da Comissão de Constituição e Justiça do Senado Federal)" *Revista de Informação Legislativa*, Brasília: Senado Federal, ano 12, n. 48, out./dez. 1975; FERRAZ, Anna Candida da Cunha. *Conflito entre Poderes – O Poder Congressual de sustar atos normativos do Poder Executivo*. São Paulo: Editora Revista dos Tribunais, 1994; FERRAZ, Anna Cândida da Cunha. "Apontamentos sobre o controle de constitucionalidade". *Revista da Procuradoria Geral do Estado de São Paulo – RPGE*, dez. 1990 (34): 27-44; FERRAZ, Anna Candida da Cunha. "A Constituição de 1934", in obra coletiva, Org. D´Ávila, Luiz Felipe Chaves. *As Constituições Brasileiras – Análise histórica e propostas de mudança*. São Paulo: Editora Brasiliense, 1993; FERRAZ, Anna Candida da Cunha. *Processos Informais de Mudança da Constituição*: mutações constitucionais e mutações inconstitucionais. São Paulo: Max Limonad, 1986; FERREIRA FILHO, Manoel Gonçalves. *Comentários à Constituição Brasileira de 1988*. Volume 2. São Paulo: Saraiva, 1992; HORTA, Raul Machado. "O processo legislativo nas constituições federais brasileiras". *Revista de Informação Legislativa*, 26, n. 101, Brasília, jan./mar., 1989; MARINHO, Josaphat. "O art. 64 da Constituição e o papel do Senado". *Revista de Informação Legislativa*, Brasília: Senado Federal, ano 1, n. 2, abr./jun. 1964; MEIRELLES, Hely Lopes. *Direito Administrativo Brasileiro*. 21ª ed., atualizada por Eurico de Andrade Azevedo, Délcio Balesteiro Aleixo, José Emmanuel Burle Filho. São Paulo: Malheiros Editores, 1996; PACHECO, Cláudio. *Tratado das Constituições Brasileiras*. Rio de Janeiro: Freitas Bastos, 1958, I; PINTO FERREIRA, Luís. *Comentários à Constituição Brasileira*. 2º Volume. São Paulo: Saraiva, 1989; PONTES DE MIRANDA, Francisco Cavalcanti. *Comentários à Constituição de 1946*. São Paulo: Max Limonad; PONTES DE MIRANDA, Francisco Cavalcanti. *Comentários à Constituição de 1967 com a Emenda Constitucional de 1969*. São Paulo: Editora Revista dos Tribunais, 1970/1972; PONTES DE MIRANDA, Francisco Cavalcanti. *Comentários à Constituição dos Estados Unidos do Brasil*. Rio de Janeiro: Ed. Guanabara, 1936; SILVA, José Afonso da. *Comentário Textual à Constituição*. São Paulo: Malheiros Editores, 2006; SILVA, José Afonso da. *Curso de Direito Constitucional Positivo*. 31ª ed. São Paulo: Malheiros Editores, 2008; STRECK, Lenio Luiz; OLIVEIRA, Marcelo Andrade Cattoni de; LIMA, Martonio Mont´Alverne Barreto. *A nova perspectiva do Supremo Tribunal Federal sobre o Controle Difuso:* Mutação constitucional e Limites da Legitimidade da Jurisdição Constitucional. Disponível em: <www.mundojuridico,adv.br>. Acesso em 14 set. 2008; VELOSO, Zeno. *Controle de Constitucionalidade*. Belém: Cejup, 1999.

8. Comentários

8.1. O controle de constitucionalidade difuso e a instituição da suspensão de execução de atos inconstitucionais pelo Senado Federal

Em 1891, introduziu-se, no plano constitucional brasileiro, o controle difuso de constitucionalidade, inspirado no modelo do *judicial review* criado nos Estados Unidos da América. Tratava-se de um controle do ato inconstitucional realizado no caso concreto, por todo e qualquer juiz. A decisão proferida no caso *sub judice* reconhecia a inconstitucionalidade da lei ou do ato questionado pela parte e afastava a sua aplicação *in casu*, com efeitos *ex tunc*. Isto porquanto o ato inconstitucional, na construção da doutrina clássica norte-americana, adotada no Brasil por influência de juristas, dentre os quais Rui Barbosa, é nulo, írrito, e não produz nenhum efeito. A doutrina brasileira, todavia, diferia do modelo americano do controle difuso em pontos importantes, relacionados com a extensão dos efeitos de uma decisão sobre inconstitucionalidade proferida na Suprema Corte Norte-Americana: de um lado, pela adoção do Recurso Extraordinário no Brasil, que permitia conduzir um feito ao Supremo Tribunal Federal, quando, no caso concreto, se instalasse um conflito entre um ato jurídico (particularmente a lei) e a Constituição Federal. A decisão do STF somente incidia sobre as partes, não alcançando terceiros e não tendo, portanto, efeitos contra todos; de outro, porquanto nos EUA, seguindo tradição da *commom law*, se adotava a doutrina do *stare decisis* ou do precedente que, na maioria dos *cases* implicava na extensão da decisão da Corte Suprema a terceiros não envolvidos no processo originário da decisão de inconstitucionalidade. O modelo brasileiro de controle difuso apontava, em razão dos limites *inter partes* das decisões, alguns efeitos perversos: a multiplicação de processos fundados no mesmo ato tido por inconstitucional pelo STF, a disparidade de decisões, já que nem todos os casos concretos chegavam ao Supremo, e a morosidade da tramitação do processo até alcançar decisão definitiva de nossa Corte mais elevada, pela via do recurso extraordinário. A doutrina constitucional brasileira debruçava-se sobre a questão, em busca de soluções. Na Constituinte de 1934, Emenda Coletiva propõe, segundo revela Prado Kelly (citado no item 1), a adoção de uma solução genuinamente brasileira, com a atribuição ao Senado Federal – que na Constituinte de 1934 aparece como órgão de "coordenação de poderes" – a suspensão de lei e atos declarados inconstitucionais por decisão definitiva do Supremo Tribunal Federal. Assim, ao modelo difuso de controle, adita-se medida inusitada de complementação dos efeitos da decisão jurisdicional definitiva do STF por órgão de natureza política, mediante a suspensão senatorial da lei ou ato inconstitucional. Cabe lembrar que, no continente europeu já prevalecia o modelo de controle concentrado e abstrato de constitucionalidade, idealizado por Hans Kelsen para a Constituição Austríaca de 1920, e, prevalecia, igualmente, a tese de Kelsen, de que o ato inconstitucional não era nulo, mas anulável, o que permitia, em tese, que o Tribunal Constitucional – órgão exclusivo para o exame de questões de constitucionalidade – modulasse os efeitos da decisão sobre inconstitucionalidade (La garantie jurisdictionelle de la Constitution – La Justice Constitutionelle, *Revue de Droit Public e Science Politique*, 35/197-257, 1928). Aproveitou-se, assim, algo da experiência europeia no tocante à extensão dos efeitos dos julgados em matéria constitucional. De qualquer sorte, o instituto da suspensão senatorial de atos declarados inconstitucionais em decisão definitiva pelo Supremo Tribunal Federal, adotado pela Constituição de 1934, provocou profundas mudanças na doutrina e na prática do controle difuso no Brasil e suscitou, ante a disciplina normativa mínima do texto constitucional, discussões doutrinárias e jurisprudenciais sobre questões tais como: a legitimidade e a natureza do instituto, os efeitos da sustação senatorial, a vinculação dos poderes Judicial e Político ao comando constitucional, a natureza do ato inconstitucional, dentre outras. A Constituição de 1946 manteve o modelo de controle difuso instituído em 1934, transcrevendo a norma inovadora da suspensão senatorial de atos declarados inconstitucionais pelo Supremo Tribunal Federal. Como indicado no item 1 destes comentários a respeito do art. 52, X, da Constituição de 1988, relata Prado Kelly que, quando da propositura da Emenda Constitucional 16/65 à Constituição de 1946, na qual o sistema de controle concentrado no Brasil ganha configuração, foi proposta a atribuição, ao próprio Supremo Tribunal Federal, da extensão dos efeitos de sua decisão definitiva de inconstitucionalidade proferida no caso concreto, que passaria a alcançar a todos, atribuição inspirada na Constituição Italiana. A proposta foi rejeitada pelos senadores. Manteve-se, portanto, no controle difuso, a atuação senatorial complementar da função jurisdicional para o efeito de estender, para todos, a decisão proferida com efeitos apenas *inter partes* pelo Supremo Tribunal Federal. O mesmo ocorreu nas constituições posteriores, inclusive na Constituição de 1988, que, ao lado de instituir um caprichado modelo de controle concentrado, muito próximo do modelo europeu, manteve o controle difuso e a competência de o Senado Federal "suspender a execução de lei inconstitucional", assim declarada em decisão definitiva do Supremo Tribunal Federal (art. 52, X, em exame).

8.2. A natureza do ato inconstitucional na doutrina clássica, a posição do Supremo Tribunal Federal e a suspensão de atos inconstitucionais pelo Senado Federal

Os contornos da doutrina clássica no tocante à natureza do ato inconstitucional ficaram delineados na famosa decisão de 1803, do *Chief Justice* John Marshall, proferida no não menos famoso caso Marbury *versus* Madison. Um dos pontos notáveis desta doutrina foi exatamente a concepção do ato inconstitucional como nulo, írrito e sem nenhum efeito, o que determinava que a decisão, no caso concreto, tivesse seus efeitos retroativos à data da elaboração do ato inconstitucional (efeitos *ex tunc*), já que, por força dessa construção o ato inconstitucional "não existe" ou "nunca existiu" e, portanto, não poderia produzir efeitos quaisquer. Entre nós a doutrina clássica do ato inconstitucional foi introduzida por Rui Barbosa e adotada pela jurisprudência do Supremo Tribunal Federal, que, com algumas poucas exceções, determinadas por questões pragmáticas (por exemplo, o caso de funcionário de fato, em que o STF não anulava as medidas administrativas tomadas por tal funcionário, ainda que o ato de sua admissão fosse tido por inconstitucional), também a encampou. A adoção da doutrina clássica, do ato inconstitucional nulo e sem nenhum efeito, base das decisões de constitucionalidade tomadas no controle difuso, dominou a jurisdição constitucional na aplicação das constituições posteriores; prevaleceu, inclusive, na Constituição de 1988, mesmo após a configuração do modelo concentrado de constitucionalidade na EC 16/65, e com a remodelação do sistema na Constituição em vigor. Somente após a edição das Leis 9.868/99 e 9.882/99, e a reforma do Poder Judiciário introduzida pela EC 45/2001, é que se pode vislumbrar se não o total abandono da teoria clássica do ato inconstitucional pelo STF, pelo menos uma inegável relativização de sua admissão na jurisdição constitucional concentrada, especialmente diante da possibilidade legal e constitucional de modulação dos efeitos de uma decisão jurisdicional que declara uma lei inconstitucional. No controle difuso, todavia, ainda permanece, no Supremo Tribunal Federal, a tese da nulidade do ato inconstitucional (RE 93.173/2-SP).

8.3. A função da participação do Senado no controle difuso de constitucionalidade. Natureza e limites

Desde sua introdução no cenário constitucional, várias correntes foram sendo formadas a propósito da natureza e do alcance da função senatorial de suspensão do ato inconstitucional pelo Senado.

8.3.1. A função senatorial como de mera publicidade da decisão do Supremo Tribunal Federal

Segundo esta corrente, a função do Senado Federal de suspender a execução da decisão do STF tem por finalidade apenas tornar pública tal decisão, levando-a ao conhecimento de todos os cidadãos. Lúcio Bittencourt sustenta esta posição por entender que "suspender a execução de lei inconstitucional" constitui uma "impropriedade técnica", uma vez que sendo o ato inconstitucional um ato "nulo", "inexistente" ou "ineficaz", não é possível suspender-se sua execução. Assim, a atribuição constitucional ao Senado Federal não teria outra finalidade que não a de dar publicidade à decisão do Supremo Tribunal Federal (*O controle de constitucionalidade das leis*, p. 145-146). Esta posição também é defendida por Pedro Chaves (MS 16.512/DF), para quem o Senado é mero executor constitucional de decisão judiciária do Supremo Tribunal Federal. De acordo com esta corrente, não cabe ao Senado Federal adentrar no mérito da decisão judicial, limitando-a ou restringindo-a em seu alcance. De outra sorte, não pode o Senado Federal invalidar resolução que suspendeu ato inconstitucional, cujos efeitos já estão sedimentados no ordenamento brasileiro.

8.3.2. O Senado Federal não é mero cartório de registro das decisões de inconstitucionalidade do STF

Esta corrente apresenta-se em duas vertentes: uma admite que o Senado Federal deva examinar a questão sobre o aspecto formal, fazendo um juízo prelibatório, um exame das condições de objetividade da decisão do STF, para ver se existe a decisão e se essa foi tomada dentro dos termos do processo constitucional pertinente; se foi observado o *quorum* constitucional; se a composição do Supremo Tribunal ao tomá-la era ou não plena; se a votação apurada estava conforme a Constituição e o Regimento Interno do Supremo Tribunal Federal. O Senado Federal não tem, todavia, competência para examinar o mérito da decisão, para interpretá-la, para ampliá-la ou restringi-la (MS 15.512/DF). Pontes de Miranda (*Comentários à Constituição de 1967 com a Emenda n. 1/69*, Rio de Janeiro: Forense, 1987, p. 88-92) e Ferreira Filho (*Comentários*, volume 2, p. 41) assumem essa posição. Nesse caso a suspensão não "pressupõe qualquer apreciação de mérito por parte do Senado, que não pode recusá-la por entendê-la errônea"; a outra vertente vai mais longe, entendendo que o Senado Federal tem ampla discricionariedade para examinar a decisão de inconstitucionalidade que lhe é remetida: pode reexaminá-la não apenas sob os aspectos formais, mas, também, quanto aos substanciais, suspendendo, se assim o entender, apenas parte de uma lei declarada totalmente inconstitucional pelo Supremo Tribunal Federal. Nessa posição, Paulo Brossard.

8.3.3. A posição do Supremo Tribunal Federal

Em várias decisões, o Supremo Tribunal Federal firmou a tese de que a resolução do Senado Federal é ato político, discricionário no que diz respeito à possibilidade de ser ou não expedida a suspensão da lei inconstitucional, e que tem função complementar, ampliativa dos efeitos da decisão judicial (RMS 16.965. MS 16.519/DF); o Senado Federal pode examinar aspectos formais, mas não tem competência para entrar no mérito da decisão judicial proferida pela Corte Suprema.

8.3.4. A função complementar do Senado e seus limites

Na verdade, desde o momento de sua instituição, a função senatorial de suspender a execução de ato declarado inconstitucional pelo Supremo Tribunal Federal, em sede de controle difuso, foi sinalizada como um mecanismo adequado para complementar a decisão judicial proferida nesta modalidade de controle, para o fim de estender os seus efeitos a todos. É função exercida por órgão político com a finalidade de complementar uma decisão judicial no tocante aos seus efeitos; assim, embora participe do "sistema" do controle difuso, o ato de suspensão não traduz exercício de função jurisdicional; tem a natureza de função de ato político-jurídico ou político-normativo, "quase legislativo", já que produz efeito jurídico inovador no ordenamento jurídico. Trata-se de função limitada. Não pode o Senado Federal adentrar no mérito da decisão proferida pelo Supremo Tribunal Federal, substituindo-se ao Guardião da Constituição. Assim, não tem opção de suspender a execução de parte da lei, quando toda ela foi julgada inconstitucional, nem pode suspender toda a lei, quando apenas parte dela foi declarada inconstitucional pelo STF. Não pode ampliar ou restringir o conteúdo da decisão jurisprudencial que lhe é encaminhada para os fins do art. 52, X.

8.4. O objeto da disposição normativa do art. 52, X

Diferentemente das constituições anteriores, que indicavam como objeto da suspensão "lei ou decreto" (1946, 1967, 1969), ou "qualquer lei, ato, deliberação ou regulamento" (1934), a Constituição de 1988 determina, de modo expresso, que cabe ao Senado Federal suspender a execução, no todo ou em parte, de **lei** declarada inconstitucional por decisão definitiva do STF. Tendo presentes os textos constitucionais anteriores e a nova redação dada ao tema pelo art. 52, X, travou-se polêmica quanto à modalidade de ato que pode ser declarado inconstitucional pelo STF para os fins de ter sua execução suspensa pelo Senado Federal. A doutrina, construída a respeito da interpretação do assunto perante a Constituição de 1988, inclina-se por entender que a palavra **lei,** inserida no texto constitucional, não alcança apenas o ato típico do Poder Legislativo – a lei formal ou material – mas abrange, também, decretos (Ferreira Filho, *Comentários*, volume 2, p. 40); ou, como entendem outros, alcança a regra ou norma jurídica contida em regulamentos, decretos e atos normativos e administrativos em geral, que contrariem a Lei Suprema (Cretella Junior, *Comentários*, V, p. 2600-2601); ou, ainda, alcança a lei e o ato normativo (Lenio Streck, *Jurisdição Constitucional*, p. 376). Parece que a interpretação mais adequada à disposição normativa em exame, considerada sua finalidade, é a de se entender que todo ato jurídico normativo que possa ser objeto de controle difuso pelo Supremo Tribunal Federal e, nesta sede, possa ser declarado inconstitucional em decisão definitiva, poderá constituir objeto da disposição normativa em exame, para que seus efeitos sejam suspensos *erga omnes*, eliminando-se, de vez, as consequências indesejáveis produzidas pelo efeito apenas *inter partes* das decisões do STF, próprias do controle difuso. Não havendo qualquer restrição constitucional sobre a hierarquia do ato declarado inconstitucional no controle difuso, e considerando a finalidade do dispositivo, a suspensão do Senado Federal alcança atos federais, estaduais e municipais.

8.5. A vinculação do comando constitucional contido no art. 52, X, com relação aos dois poderes envolvidos na norma

Questiona-se se o Supremo Tribunal Federal é obrigado a remeter ao Senado Federal sua decisão definitiva sobre a inconstitucionalidade de lei declarada em controle difuso e se, em adotando a medida, é o Senado Federal obrigado a expedir a resolução consequente. A doutrina apresenta posições divergentes quanto à posição do Senado Federal, como aponta Paulo Brossard (O Senado e as leis inconstitucionais, *RIL*, 1976, p. 55-64): pela obrigatoriedade, Lúcio Bittencourt (*O Controle Jurisdicional da Constitucionalidade das Leis*, 1949, p. 145), Pedro Chaves (*TRJ*, v. 38, p. 64-65), Alfredo Buzaid (*Da ação direta de declaração de inconstitucionalidade no direito brasileiro*, 1958, 37, p. 89) e Celso Bastos (*Direito Constitucional*, 1975, p. 59). Em sentido contrário, Josaphat Marinho (*RIL*, n. 2, p. 12) e Aliomar Baleeiro (*O Supremo Tribunal Federal, esse outro desconhecido*, 1968, p. 97-98). É pacífica, presentemente, a jurisprudência no sentido de que o Senado Federal (*RTJ*, v. 38, p. 28 e 81; *RTJ*, v. 38, p. 22 e 23; *RTJ*, v. 38, p. 28-81) não é obrigado a expedir a resolução de suspensão do ato inconstitucional, particularmente ante a inexistência de sanção constitucional relativa à ausência do cumprimento do comando constitucional. Inúmeros ofícios encaminhados pelo Supremo Tribunal Federal não foram atendidos pelo Senado, como relata Zeno Veloso (*Controle de Constitucionalidade*, p. 64). Na verdade, parece que a interpretação que mais atenderia ao fim delineado para o instituto da suspensão seria a de se entender que toda norma constitucional impõe um dever constitucional ao seu destinatário, que é obrigado a cumpri-la, ainda que não haja sanção expressa para a não observância do comando constitucional, sob pena de praticar inconstitucionalidade por omissão, hoje admitida, de modo expresso, em nosso sistema constitucional. Poder-se-ia, assim, vislumbrar a possibilidade de, ante a inércia do Senado Federal, utilizar-se os instrumentos que corrigem a omissão inconstitucional em nosso sistema: a ação direta de inconstitucionalidade por omissão e o mandado de injunção. Também é pacífica a jurisprudência no sentido de que o Supremo Tribunal Federal tem discricionariedade para entender quando a decisão, tomada em controle difuso, atende as características de uma decisão definitiva para encaminhamento ao Senado Federal.

8.6. Efeitos da suspensão senatorial quanto ao tempo

Trata-se de questão complexa. Inclina-se a doutrina dominante no sentido de adotar, na linha de Kelsen, a tese de que o ato declarado inconstitucional deve ser anulado (e não considerado nulo), anulação que vale, *erga omnes*, **para o futuro**, ressalvada a nulidade para o caso concreto. Em consequência, o Senado Federal, que não revoga a lei, expede uma resolução que, todavia, tem efeitos semelhantes à revogação da lei: sua resolução não pode retroagir, permanecendo intocáveis os efeitos já produzidos pela norma enquanto ainda não considerada inconstitucional pelo STF, não prejudicando as situações jurídicas já constituídas e respeitando o direito fundamental à segurança jurídica assegurado pela Constituição. Assim, os efeitos da suspensão senatorial operariam *ex nunc*. Esta é a tese compatível com a suspensão da execução da lei, conforme prevê a Constituição. Como se viu no item 1, desde 1934, parece inegável a influência da tese kelseniana sobre a natureza do ato inconstitucional no Direito Brasileiro. Este posicionamento adotou o Supremo Tribunal Federal no RMS 17.976, ao entender que a Resolução do Senado provocava efeitos *ex nunc*. Não se pode ignorar, todavia, que o Supremo Tribunal Federal, em várias decisões, firma a tese da nulidade do ato inconstitucional, e não a tese de sua anulabilidade (RE 93.173/2-SP; RMS 17.796-SP), pelo que, em consequência, a Resolução do Senado significaria a retirada da norma jurídica do ordenamento *ab initio*, o que é acolhido por parte da doutrina.

8.7. Questão jurisprudencial atual

Pendia, no Supremo Tribunal Federal relevante questão sobre a aplicabilidade e a utilidade do inciso X do art. 52. Na Reclamação 4.335-5/AC, em que se discutia o alcance da decisão do Supremo Tribunal Federal sobre decisão proferida em *habeas corpus* concedido e que tinha por objeto a progressividade do regime penal, o Min. Relator, Gilmar Mendes, levantou a tese da equiparação da extensão dos efeitos de decisão proferida em controle difuso à do controle concentrado, ambos adotados na Constituição de 1988. O Relator, interpretando a norma perante o sistema constitucional de controle de constitucionalidade vigente, complexo e minucioso, entende que se deve dispensar a participação do Senado Federal no controle difuso, que é expressamente determinada na Lei Maior. A função do Senado Federal, prevista no inciso X, em vez de constitutivo-negativa, se resumiria, apenas, a dar publicidade à decisão do STF, que produziria efeitos *erga omnes* desde logo (Ver Streck *et al.*, *A Nova Perspectiva do Supremo Tribunal Federal sobre o controle de constitucionalidade* [...]). Independentemente dos argumentos utilizados, o fato é que decisão dessa ordem faria letra morta de disposição constitucional expressa e importaria em mutação constitucional inconstitucional, investindo-se o Supremo Tribunal Federal em Poder Constituinte Originário. Se a disposição normativa contida no inciso X perdeu sua utilidade, tão relevante desde 1934, e nos dias atuais, assume novo papel relativo à legitimação da jurisdição constitucional – tema ressaltado pela doutrina vigente (Streck *et al.*, citado) – para suprimi-la impõe-se edição de Emenda Constitucional, obra do constituinte derivado. Não tem o Poder Judiciário – poder constituído – atribuição de modificar letra expressa da Constituição nem fazer às vezes do Constituinte Originário, sob pena de ultrapassar suas funções constitucionais e produzir, como se acentuou, verdadeira mutação inconstitucional. O fato é que, em razão dessa discussão, não há encaminhamento de decisões do STF ao Senado Federal desde 2006. É certo que, desde que se instituiu no Brasil a súmula vinculante, existe uma situação paradoxal com relação à função senatorial contida no art. 52, inciso X. É que, se o Senado Federal não é "obrigado" a expedir a resolução suspensiva e se, de outro lado, o Supremo Tribunal Federal, após enviar ofício ao Senado, ante o silêncio deste, continua decidindo pela inconstitucionalidade da norma questionada, poderá ocorrer a hipótese de o STF expedir súmula vinculante decidindo, em definitivo, a questão e, por óbvio, fixando os efeitos a serem produzidos pela norma julgada inconstitucional. Parece, portanto, impor-se, com urgência, reforma constitucional que solucione tais questões, de modo a evitar que o Supremo Tribunal Federal se transforme em Poder Constituinte, lance mão de mutação inconstitucional e torne letra morta disposição expressa da Constituição. É de se recordar que essa função senatorial foi discutida na Assembleia Consituinte. Mantida a disposição para o controle difuso discutiu-se, então, sobre a extensão da mesma ao controle concentrado. Teve o constituinte de então visão sobre os efeitos das decisões no controle concentrado. Todavia, não aceita a extensão dos efeitos do inciso X do art. 52 ao modelo de controle concentrado, ficou este sem prévia configuração constitucional. Note-se que, embora ínsita à natureza do controle concentrado, os efeitos do mesmo, onde foi adotado, em geral são previstos na Constituição ou na legislação própria da Corte Constitucional. No Brasil, os efeitos *erga omnes* e "vinculantes" foram inicialmente definidos no Regimento Interno do STF e posteriormente, mediante leis (de 1999, questionadas com relação à respectiva constitucionalidade) e por emendas constitucionais (EC 3, de 1993 e especialmente a EC 45, de 2004). Assim, o questionamento sobre a aplicação atual do inciso X do art. 52 somente poderá ser resovido, nos termos veiculados em referida relamação, s.m.j., por emenda constitucional.

Art. 52, XI – aprovar, por maioria absoluta e por voto secreto, a exoneração, de ofício, do Procurador-Geral da República antes do término de seu mandato;

• *Vide* comentários ao art. 128, §§ 1º e 2º.

Art. 52, XII – elaborar seu regimento interno;

Luiz Henrique Cascelli de Azevedo

1. História da norma

No âmbito da Assembleia Nacional Constituinte, o tema foi primeiramente abordado, reunindo-se as competências gerais e comuns da Câmara dos Deputados e do Senado Federal: elaboração do Regimento Interno, disposição sobre o funcionamento, organização, polícia e provimentos dos cargos e serviços. Na Subcomissão do Poder Legislativo, tal dispositivo foi formalizado no art. 7º, e assim também no texto final da Comissão da Organização dos Poderes e Sistema de Governo. No Primeiro Substitutivo da Comissão de Sistematização, o texto passou a figurar como art. 80, tendo sido alterada a redação para referir-se à "competência exclusiva" e, no Segundo Substitutivo, tornou-se o art. 58. No Projeto de Constituição "A", após a votação em primeiro turno pelo Plenário, o tema passou a figurar como art. 62, *caput*. No Projeto de Constituição "B", após a votação em segundo turno do Plenário da Assembleia, a matéria foi desdobrada como um dos itens em que se consubstanciava a competência privativa do Senado Federal, especificamente como o inciso XII do art. 53. Nos Projetos "C" e "D", a matéria recebeu a forma atualmente em vigor, qual seja a do inciso XII do art. 52.

2. Constituições brasileiras anteriores

Constituição de 1824: art. 21; Constituição de 1891: art. 18, parágrafo único; Constituição de 1937: art. 41; Constituição de 1946: art. 40, *caput*; Constituição de 1967: art. 32; Emenda Constitucional n. 1/69: art. 30.

3. Constituições estrangeiras

Bélgica: art. 60; Dinamarca: art. 48; Cabo Verde: art. 171 (a); Espanha: art. 72; Grécia: art. 65 (1); Irlanda: art. 15 (10); Itália: art. 64; Luxemburgo: art. 70; Países Baixos: art. 72; Uruguai: art. 105.

4. Direito internacional

A matéria diz respeito às atribuições do Senado Federal pátrio.

5. Dispositivos constitucionais e legais relacionados

Art. 51, III.

6. Jurisprudência

Não há jurisprudência relevante.

7. Leitura selecionada

AZEVEDO, José Affonso Mendonça de. *Elaborando a Constituição Nacional:* Atas da Subcomissão elaboradora do Anteprojeto 1932/1933. Brasília: Senado Federal, 1993; AZEVEDO, Luiz Henrique Cascelli de. *O Controle Legislativo de Constitucionalidade.* Porto Alegre: Fabris, 2001; BASTOS, Celso Ribeiro; MARTINS, Ives Gandra. *Comentários à Constituição do Brasil.* São Paulo: Saraiva, 1999; BRUSCO, Dilson Emílio; RIBEIRO, Ernani Valter. *O Processo Histórico da Elaboração do Texto Constitucional.* Brasília: Câmara dos Deputados, 1993; CÂMARA DOS DEPUTADOS. *Constituições dos Países do Mercosul.* Brasília: Câmara dos Deputados, 2001; FREIRE, Felisberto. *História Constitucional da República dos Estados Unidos do Brasil.* Brasília: UnB, 1983; GOUVEIA, Jorge Bacelar. *As Constituições dos Estados de Língua Portuguesa.* Coimbra: Almedina, 2006; NOGUEIRA, Octaciano (org.). *Constituições do Brasil.* Brasília: Centro de Ensino a Distância, 1987; MAXIMILIANO, Carlos. *Comentários à Constituição Brasileira de 1891.* Brasília: Senado Federal, 2005; SILVA, José Afonso. *Comentário Contextual à Constituição.* São Paulo: Malheiros, 2007; U. C, João Barbalho. *Comentários à Constituição Federal de 1891.* Brasília: Senado Federal, 1992.

8. Comentários

Tal como ocorre em relação à Câmara dos Deputados, entre as competências privativas (exclusivas) do Senado Federal, estabelecidas no art. 52, encontra-se, no inciso XII, aquela que lhe defere a elaboração do Regimento Interno. O Regimento Interno é uma Resolução aprovada na Casa, tendo força de lei nas definições que propõe, desde que observada a pertinência temática com as competências deferidas com exclusividade ao Senado Federal.

O Regimento Interno é mais do que um regulamento de procedimentos. Ele é a fonte do direito parlamentar, tendo força normativa ao estabelecer os parâmetros segundo os quais se fará a tramitação das matérias: fases, prazos, competências temáticas e atribuições das comissões, regramento das discussões, turnos de apreciação, entre tantas questões.

Comentários à Constituição do Brasil

A natureza normativa do Regimento é estabelecida pela própria Constituição (art. 58, *caput*), que lhe reserva competências específicas como se ele tivesse uma natureza constitucional. O Regimento Interno é um complemento direto das disposições constitucionais no que diz respeito ao Congresso Nacional e ao processo legislativo que nessa instância se desenvolve.

O Regimento Interno, enfim, cuida da tramitação do elemento fundamental do processo legislativo, isto é, da proposição, balizando o seu encaminhamento, assegurando, ademais, as regras de convivência política entre os interesses políticos contrapostos, representados pelos parlamentares. É a regra do jogo, cujo adequado manuseio e aplicação podem implicar o sucesso de uma proposição – aprovação e conversão em norma – ou o seu fracasso, com a rejeição e o arquivamento.

Nesse sentido, aplicam-se, ao artigo sob comento, as considerações antes feitas ao inciso III do art. 51.

Vale lembrar que, tal como se deu em relação ao Regimento Interno da Câmara dos Deputados, o atual Regimento Interno do Senado Federal (originário de 1970) foi especialmente atualizado (Resolução n. 18, de 1989) pelo mesmo corpo legislativo que elaborou a Constituição, lembrando que os parlamentares eleitos para o trabalho constituinte continuaram funcionando como legisladores ordinários após a promulgação da Constituição (a legislatura, que iniciou-se em 1987, findou em 1990).

Art. 52, XIII – dispor sobre sua organização, funcionamento, polícia, criação, transformação ou extinção dos cargos, empregos e funções de seus serviços, e a iniciativa de lei para fixação da respectiva remuneração, observados os parâmetros estabelecidos na lei de diretrizes orçamentárias;

Luiz Henrique Cascelli de Azevedo

1. História da norma

No âmbito da Assembleia Nacional Constituinte, o tema foi primeiramente abordado com a reunião das competências gerais e comuns da Câmara dos Deputados e do Senado Federal: elaboração do Regimento Interno, disposição sobre o funcionamento, organização, polícia e provimentos dos cargos e serviços. Na Subcomissão do Poder Legislativo, tal dispositivo foi formalizado no art. 7º, e assim também no texto final da Comissão da Organização dos Poderes e Sistema de Governo.

No Primeiro Substitutivo da Comissão de Sistematização, o tema passou a figurar como art. 80, alterando-se a redação para referir-se à "competência exclusiva", bem como, em vez de valer-se da expressão "provimento de seus cargos e serviços", referir-se à "criação, transformação ou extinção de cargos, empregos e funções de seus serviços e fixação da respectiva remuneração". No Segundo Substitutivo, como art. 58, é feito mais um acréscimo no sentido de ser observada a lei de diretrizes orçamentárias (para levar a efeito as competências arroladas).

Tal texto foi reproduzido no Projeto de Constituição "A", após a votação em primeiro turno pelo Plenário da Assembleia, passando a figurar como art. 62, *caput*. No Projeto de Constituição "B", após a votação em segundo turno pelo mesmo Plenário, a matéria foi desdobrada como um dos itens em que se consubstanciava a competência privativa do Senado Federal, especificamente como o inciso XIII do art. 53. Nos Projetos "C" e "D", a matéria recebeu a forma atualmente em vigor, qual seja a do inciso XIII do art. 52.

Na redação atual deste dispositivo, por fim, foi acrescentada a expressão "e a iniciativa de lei para", pela Emenda Constitucional n. 19/98.

2. Constituições brasileiras anteriores

Constituição de 1824: art. 21; Constituição de 1891: art. 18, parágrafo único; Constituição de 1937: art. 41; Constituição de 1946: art. 40, *caput*; Constituição de 1967: art. 32; Emenda Constitucional n. 1/69: art. 30.

3. Constituições estrangeiras

Espanha: art. 72 (3) e Luxemburgo: art. 70.

4. Direito internacional

A matéria diz respeito às atribuições do Senado Federal pátrio.

5. Dispositivos constitucionais e legais relacionados

Art. 51, IV.

6. Jurisprudência

ADI 3.964-MC – STF (Contraria o Princípio da Separação dos Poderes a reedição de medida provisória revogada, uma vez que o Presidente da República, mediante tal procedimento – "expedientes revocatório-reedicionais" – passaria a organizar e operacionalizar a pauta dos trabalhos legislativos da Câmara dos Deputados e do Senado Federal). **ADI 3.599 – STF** (Não caracteriza vício de iniciativa, em consideração ao teor do art. 61, § 1º, II, "a", e do art. 37, X, da Constituição, a apresentação, pelo parlamento, de projeto de lei que majora a remuneração da respectiva Casa Legislativa). **ADI 1.782 – STF** (Não cabe ao Poder Judiciário aumentar o vencimento dos servidores sob o fundamento da isonomia. O aumento, de acordo com a Constituição – art. 51, IV, 52, XIII –, só poderá ser feito mediante lei específica).

7. Leitura selecionada

AZEVEDO, José Affonso Mendonça de. *Elaborando a Constituição Nacional:* Atas da Subcomissão elaboradora do Anteprojeto 1932/1933. Brasília: Senado Federal, 1993; BASTOS, Celso Ribeiro; MARTINS, Ives Gandra. *Comentários à Constituição do Brasil*. São Paulo: Saraiva, 1999; BRUSCO, Dilson Emílio; RIBEIRO, Ernani Valter. *O Processo Histórico da Elaboração do Texto Constitucional*. Brasília: Câmara dos Deputados, 1993; CÂMARA DOS DEPUTADOS. *Constituições dos Países do Mercosul*. Brasília: Câmara dos Deputados, 2001; FREIRE, Felisberto. *História Constitucional da República dos Estados Unidos do Brasil*. Brasília: UnB, 1983; GOUVEIA, Jorge Bacelar. *As Constituições dos Estados de Língua Portuguesa*. Coimbra: Almedina, 2006; NOGUEIRA, Octaciano (org.). *Constituições do Brasil*. Brasília: Centro de Ensino a Distância, 1987; MAXIMILIANO, Carlos. *Comentários à Constituição Brasileira de 1891*.

Brasília: Senado Federal, 2005; SILVA, José Afonso. *Comentário Contextual à Constituição*. São Paulo: Malheiros, 2007; U. C, João Barbalho. *Comentários à Constituição Federal de 1891*. Brasília: Senado Federal, 1992.

8. Comentários

O inciso XIII do art. 52 estabelece que o Senado Federal tem competência privativa (exclusiva) para dispor sobre o funcionamento dos seus serviços administrativos, organização, polícia e remuneração dos servidores. Deve ser ressaltado que hoje, após o advento da Emenda Constitucional n. 19, de 1988, e como exceção ao uso de resolução para as matérias cuja competência é privativa, passou a ser exigida a iniciativa de lei para a fixação da remuneração. Portanto, ao dispositivo sob comento aplicam-se as mesmas considerações antes empregadas para o comentário ao inciso IV do art. 51, que trata da competência privativa da Câmara dos Deputados.

Art. 52, XIV – eleger membros do Conselho da República, nos termos do art. 89, VII;

Anna Candida da Cunha Ferraz
Rebecca Groterhorst

O Conselho da República, consoante se observou nos comentários ao inciso V do art. 51, foi instituído pela Constituição de 1988. Tem uma composição híbrida porquanto, embora órgão consultivo da Presidência da República, compreende, entre seus membros, representantes do Poder Legislativo, alguns já definidos pela Constituição no art. 89 e outros a serem eleitos pelas respectivas Casas do Congresso Nacional. Daí a razão de ser do inciso XIV, acima, que trata da competência privativa do Senado Federal para eleger os seus representantes neste Conselho, em número de dois, escolhidos dentre cidadãos brasileiros natos, com mais de trinta e cinco anos de idade, todos com mandato de três anos, vedada a recondução. A disposição contida neste inciso deve ser examinada conjuntamente com o art. 89, inciso VII, da CF pelo que, para evitar repetição, remetemos o leitor aos comentários tecidos a propósito de referido inciso constitucional.

Art. 52, XV – avaliar periodicamente a funcionalidade do Sistema Tributário Nacional, em sua estrutura e seus componentes, e o desempenho das administrações tributárias da União, dos Estados e do Distrito Federal e dos Municípios.

■ *Vide* comentários aos incisos VI a IX do art. 52, especialmente o item 2.6.

Art. 52, parágrafo único. Nos casos previstos nos incisos I e II, funcionará como Presidente o do Supremo Tribunal Federal, limitando-se a condenação, que somente será proferida por dois terços dos votos do Senado Federal, à perda do cargo, com inabilitação, por oito anos, para o exercício de função pública, sem prejuízo das demais sanções judiciais cabíveis.

Anna Candida da Cunha Ferraz
Rebecca Groterhorst

Nos casos previstos pelo artigo em exame (incisos I e II do processo de julgamento do crime de responsabilidade), o Presidente do Supremo Tribunal Federal funciona como Presidente do Senado. Todavia sem direito a voto.

A pena prevista constitucionalmente somente poderá ser aplicada se tomada por dois terços de votos do Senado Federal.

Trata-se de um julgamento político, muito embora leve o nome de "crime" de responsabilidade. Assim, as penas atribuídas por sua prática são de natureza política: inabilitação, por oito anos, para o exercício de função pública e principalmente, a perda do cargo em questão (cf. incisos I e II deste artigo).

Relevante observar que a pena não implica a perda total de direitos políticos, pelo que o "condenado" neste processo poderá votar, mas não poderá ser candidato a cargo publico porque inabilitado para tanto.

Raros são os processos de *impeachment* ou "crime de responsabilidade".

No Brasil, convém acentuar a perda do mandato via esse instrumento em dois casos: (a) do Presidente Fernando Collor de Mello. Na decisão que lhe foi imposta, incidiram as restrições constitucionais de mencionado artigo. Assim, teve ele sua candidatura nas eleições municipais de São Paulo vedada. (b) da Presidente Dilma Rousseff. Após um, processo bastante rumoroso, que seguiu, passo a passo, todos os trâmites constitucionais exigidos, em 31 de agosto de 2016, por crime de responsabilidade, foi a então Presidente condenada à perda do cargo por 61 votos (dois terços de votos). Todavia, de modo verdadeiramente inconstitucional, ainda que tomada a decisão pelo então Presidente do Supremo Tribunal Federal, Ricardo Lewandowski, foi a decisão dividida em duas partes: na primeira, resultando a perda do cargo. E, na segunda, não aplicada a pena da consequente inabilitação para o exercício de função pública por 8 (oito) anos. **Nesse sentido:** Resolução 35/2016 do Senado Federal e sentença condenatória do processo de impeachment. Foram impetrados mandados de segurança pela defesa da ex-presidente Dilma Rousseff (**MS 34.193, MS 34.371, MS 34.441**). Os mandados de segurança foram indeferidos, sob o argumento de que ao STF não cabe substituir o mérito de decisões políticas proferidas no *impeachment*.

■ Para a definição dos crimes de responsabilidade e regulação do respectivo processo de julgamento, *vide* a Lei federal n. 1.079, de 10.04.1950.

SEÇÃO V
DOS DEPUTADOS E DOS SENADORES

Art. 53. Os Deputados e Senadores são invioláveis, civil e penalmente, por quaisquer de suas opiniões, palavras e votos.

§ 1º Os Deputados e Senadores, desde a expedição do diploma, serão submetidos a julgamento perante o Supremo Tribunal Federal.

§ 2º Desde a expedição do diploma, os membros do Congresso Nacional não poderão ser presos, salvo em flagrante de crime inafiançável. Nesse caso, os autos serão remetidos dentro de vinte e quatro horas à Casa respectiva, para que, pelo voto da maioria de seus membros, resolva sobre a prisão.

§ 3º Recebida a denúncia contra o Senador ou Deputado, por crime ocorrido após a diplomação, o Supremo Tribunal Federal dará ciência à Casa respectiva, que, por iniciativa de partido político nela representado e pelo voto da maioria de seus membros, poderá, até a decisão final, sustar o andamento da ação.

§ 4º O pedido de sustação será apreciado pela Casa respectiva no prazo improrrogável de quarenta e cinco dias do seu recebimento pela Mesa Diretora.

§ 5º A sustação do processo suspende a prescrição, enquanto durar o mandato.

§ 6º Os Deputados e Senadores não serão obrigados a testemunhar sobre informações recebidas ou prestadas em razão do exercício do mandato, nem sobre as pessoas que lhes confiaram ou deles receberam informações.

§ 7º A incorporação às Forças Armadas de Deputados e Senadores, embora militares e ainda que em tempo de guerra, dependerá de prévia licença da Casa respectiva.

§ 8º As imunidades de Deputados ou Senadores subsistirão durante o estado de sítio, só podendo ser suspensas mediante o voto de dois terços dos membros da Casa respectiva, nos casos de atos praticados fora do recinto do Congresso Nacional, que sejam incompatíveis com a execução da medida.

Lenio Luiz Streck
Marcelo Andrade Cattoni de Oliveira
Dierle Nunes[1]
Diogo Bacha e Silva

1. Histórico da norma

O art. 53, *caput* e os §§ 1º ao 7º, tiveram sua redação dada pela EC n. 35, de 2001, e seu § 8º foi acrescentado pela emenda citada.

2. Constituições anteriores

Constituição de 1824, arts. 26 a 28; Constituição de 1891, arts. 19 e 20; Constituição de 1934, arts. 31 e 32; Constituição de 1937, art. 43; Constituição de 1946, arts. 44 e 45; Constituição de 1967, art. 34; Constituição de 1969, art. 32.

3. Dispositivos constitucionais relacionados

Arts. 15, 27, § 1º; 32, § 3º; 51, IV; 52, XII; 102, I, *b*; 137 a 141.

---

1. Colaborou na elaboração do comentário o pesquisador Hudson Freitas, Mestre e doutorando em Direito Público pela PUC Minas. Professor e Advogado em Minas Gerais.

4. Constituições estrangeiras

Constituição Portuguesa, arts. 157º e 158º; Constituição Argentina, arts. 68 a 70; Constituição Italiana, art. 68; Constituição Alemã, art. 46; Constituição dos Estados Unidos da América, art. 1º, seção 6.

5. Legislação

Regimentos internos do Senado Federal e da Câmara dos Deputados; Código de Processo Penal, arts. 301 e ss.

6. Jurisprudência

Art. 53, *caput*, redação dada pela EC n. 35/2001: Súmula 245 – STF: "A imunidade parlamentar não se estende ao corréu sem essa prerrogativa"; Inq. 2.295 (militar da reserva remunerada, que seja parlamentar, goza de imunidade material quando publica artigo, no jornal da corporação, cujo teor está em conexão com o exercício do mandato); Inq 2.390 (não incide a imunidade material quando o parlamentar faz declarações em programa de televisão sem conexão com o exercício do mandato); Inq 2.297 (publicação de matéria jornalística feita por parlamentar que também é jornalista, cujo teor tem conexão com o exercício do mandato, não configura crime de injúria e difamação, incidindo a imunidade parlamentar); AP 355 (ação penal interposta em face de ex-prefeito que se elege deputado federal, será deslocada a competência penal originária para o Supremo Tribunal Federal, incidindo a prerrogativa de foro); RE 463.671-AgR (incide a imunidade material quando de ofensa irrogada em plenário, mesmo que em desconexão com o exercício do mandato); Inq 1.958 (proferimentos feitos por parlamentar, fora do recinto do Congresso Nacional, somente serão acobertados pela imunidade material se tiverem conexão com o exercício do mandato); Inq 2.134 (a imunidade material não é absoluta, não incidindo quando o parlamentar emite opiniões na condição exclusiva de jornalista); Inq 1.710 (a imunidade material somente incide sobre opiniões, palavras e votos emitidos no exercício do mandato ou em razão dele, respondendo o parlamentar por crimes de outra natureza, perante o STF, sem necessidade de licença prévia da Casa legislativa); Inq 1.024-QO (não incide a imunidade material quando suposta prática delituosa tenha ocorrido em momento no qual o parlamentar ainda não se encontrava investido na titularidade de mandato legislativo); Inq 2.130 (a divulgação de fatos supostamente delituosos, por meio de informativo eletrônico emitido do gabinete do Deputado, na Câmara dos Deputados, está acobertada pela imunidade material); Inq 655 (ofensa irrogada no âmbito de Comissão Parlamentar de Inquérito, mantendo-se relação com o tema discutido: conduta abrangida pela imunidade material); Inq 1.400-QO (não incide a imunidade material sobre ofensas proferidas por congressista em pronunciamento motivado por finalidade exclusivamente eleitoral); Pet 3.838-Agr (cabe desmembramento de inquérito em face de Senador, Governador de Estado e outros, vez que a prerrogativa de foro perante o STF apenas alcança o parlamentar); Inq 2.421-AgR (a prerrogativa de foro alcança o suplente apenas enquanto este estiver exercendo o mandato parlamentar); Inq 1.575 (pela prerrogativa de foro, é da competência do STF processar e julgar denúncia, por crime de apropriação indébita e estelionado imputado a parlamentar); Inq 2.453-AgR (a prerrogativa de foro é inerente à função de parlamentar não possuindo caráter *intuitu personae*. Assim, inquérito instaurado em face de suplente deverá retornar ao juízo comum quando este deixar de exercer a função parlamentar diante do retorno do titular do mandato); Inq 1.145 (denúncia originariamente recebida por Tribunal de Justiça, em face de Deputado Estadual que se elegeu Deputado Federal, subirá ao STF por incidência da prerrogativa de foro); Inq 1.566-QO (com o advento da EC n. 35/2001, o recebimento da denúncia, pelo STF, independe de licença prévia da Casa legislativa); HC 91.435 (a proibição de prisão não se aplica a ex-parlamentar, incidindo apenas na constância do mandato); AP 361-AgR (não retroage a EC n. 35/2001 para suspender a prescrição de fato delituoso ocorrido anteriormente à sua edição); Inq 1.344 (é de aplicabilidade imediata, aos casos pendentes, a norma constitucional que fez desnecessária a licença prévia da Casa legislativa, para recebimento de denúncia em face de parlamentar, cuidando a hipótese de instituto de alcance puramente processual); RE 477.837 (a suspensão da prescrição somente ocorre na hipótese da sustação do processo criminal, não retroagindo esta norma para casos anteriores à edição da EC n. 35/2001); HC 89.417 (vez que a prerrogativa não pode configurar privilégio pessoal, o STF afastou a incidência da vedação de prisão a Deputado Estadual do Estado de Rondônia, diante da situação extraordinária de que vinte e três dos vinte e quatro deputados da Assembleia Legislativa viam-se indiciados por diversos delitos); AC 700-AgR (é de aplicação imediata a EC n. 35/2001, que distinguiu entre delitos praticados antes e após a diplomação do parlamentar, de modo que apenas cabe a sustação do processo para delitos praticados após a diplomação); AC 4.039 (possibilidade de prisão de parlamentar no curso do mandato em situação de flagrância e com a presença dos requisitos da Preventiva); RE 473.248 (Constituição Estadual pode prever foro privilegiado para vereadores em razão da simetria); AC 4.070 (cautelar de afastamento do parlamentar do exercício do cargo da Presidência da Câmara dos Deputados e suspensão do exercício do mandato em razão da presença de riscos da efetividade da jurisdição criminal do STF quando houver ação penal com denúncia recebida); AC 4.327 (suspensão do exercício do mandato enquanto cautelar diversa da prisão deve passar pelo crivo da Casa Legislativa respectiva que poderá decidir sobre a medida cautelar); AP 937 (foro privilegiado deve ser interpretado restritivamente, somente subsistindo nos crimes cometidos durante o mandato e em razão do exercício dele); AP 565 e 694 (a condenação criminal transitada em julgado não acarreta a perda automática do mandato do parlamentar, exceto se se tratar de regime fechado e, por conseguinte, inviável a prestação de trabalho externo, hipótese na qual cumprirá a Casa Legislativa apenas declarar a perda do mandato, uma vez que o mesmo antes de cumprir 1/6 da pena para a obtenção do benefício acabará por se ausentando em 1/3 das sessões legislativas ordinárias); AP 396 (renúncia de mandato parlamentar na véspera do julgamento não acarreta a perda da competência do STF para o julgamento); AP 536 (a renúncia ao mandato parlamentar mesmo após o fim da instrução processual acarreta a modificação da competência, desde que não haja risco da prescrição); ADI 5.526 (o Poder Judiciário tem competência para impor a parlamentares as medidas cautelares do art. 319 do Código de Processo Penal); Inq. 4781 (possibilidade de prisão em flagrante de parlamentar de condutas criminosas perpetradas em âmbito virtual, a partir de divulgação de vídeos durante todo o dia, o que configuraria crime permanente. Necessidade de que as manifestações, abrigadas pela imunidade material, guardem conexão com o desempenho das funções legislativas); PET 7.174 (a imunidade parlamentar pressupõe nexo de causalidade com o exercício do mandato); PET 7.990 (superveniência de licença do parlamentar para o desempenho de cargo diverso daquele gerador da prerrogativa de função torna insubsistente a competência do Supremo, considerada a ausência de vinculação do delito com o cargo atualmente desempenhado); AP 568 (a renúncia de parlamentar, após o final da instrução, não acarreta perda de competência do STF).

7. Seleção de literatura

BIM, Eduardo Fortunato. A Cassação de Mandato por Quebra de Decoro Parlamentar: sindicabilidade jurisdicional e tipicidade. *Revista de Informação Legislativa*, Brasília, ano 43, n. 169, jan./mar. 2006. Disponível em: <http://www.senado.gov.br/web/cegraf/ril/Pdf/pdf_169/R169-06.pdf>. Acesso em: 21 mar. 2009. 90 p.; CRETELLA JR., José. *Elementos de Direito Constitucional*. 4ª ed. São Paulo: Revista dos Tribunais, 2000; FREITAS, Juarez. *O Controle dos Atos Administrativos e os Princípios Fundamentais*. 3ª ed. São Paulo: Malheiros, 2004; HESSE, Konrad. *Elementos de Direito Constitucional da República Federal da Alemanha*. Tradução de Luís Afonso Heck. Porto Alegre: Sérgio Antônio Fabris Editor, 1998; HORTA, Raul Machado. *Direito Constitucional*. 4ª ed. Belo Horizonte: Del Rey, 2003; LEITE, Suzana Cristina. Perda de Mandato por Quebra de Decoro Parlamentar: tramitação na Câmara dos Deputados sob a ótica da Constituição Federal de 1988 e seus princípios. *BDJur*. Agosto de 2006. Disponível em: <http://bdjur.stj.gov.br/dspace/bitstream/2011/16408/1/Perda_de_mandato_por_quebra_de_decoro_parlamentar.pdf>. Acesso em: 21 mar. 2009. 30 p.; MENDES, Gilmar; BRANCO, Paulo Gustavo Gonet. *Curso de Direito Constitucional*. 17ª ed. São Paulo: Saraiva, 2022; PINTO FERREIRA, Luís. *Curso de Direito Constitucional*. 7ª ed. São Paulo: Saraiva, 1995; RUSSOMANO, Rosah. *Curso de Direito Constitucional*. 2ª ed. São Paulo: Saraiva, 1972; SCHWARTZ, Bernard. *Direito Constitucional Americano*. Rio de Janeiro: Forense, 1966; SILVA, José Afonso da. *Curso de Direito Constitucional Positivo*. 44ª ed. Salvador: JusPodivm, 2022; STRECK, Lenio Luiz. *Apresentação à obra Hermenêutica Constitucional de Laurence Tribe e Michael Dorf*. Belo Horizonte: Del Rey, 2007; BAHIA, *et al*. O Caso Cunha no STF e a defesa da integridade constitucional: a decisão liminar na AC 4070 e o sentido adequado das prerrogativas e imunidades parlamentares. Disponível em: <http://emporiododireito.com.br/leitura/o-caso-cunha-no-stf-e-a-defesa-da-integridade-constitucional-a-decisao-liminar-na-ac-4-070-e-o-sentido-adequado-das-prerrogativas-e-imunidades-parlamentares-por-alexandre-gustavo-melo-franco-de-moraes-bahia-bernardo-goncalves-fernandes-diogo-bacha-e>; BAHIA, Alexandre; BACHA E SILVA, Diogo; CATTONI DE OLIVEIRA, Marcelo Andrade. O caso Delcídio – imunidades parlamentares e princípio da separação de poderes no Estado Democrático de Direito: breves comentários a partir da decisão do STF na Ação Cautelar n. 4039. Disponível em: http://emporiododireito.com.br/leitura/o-caso-delcidio-imunidades-parlamentares-e-principio-da-separacao-de-poderes-no-estado-democratico-de-direito-breves-comentarios-a-partir-da-decisao-do-stf-na-acao-cautelar-n-4039-por-alexandre-gustavo-melo-franco-de-moraes-bahia-diogo-bacha-e-silv; FERNANDES, Bernardo Gonçalves. *Curso de Direito Constitucional*. 15ª ed. Salvador: JusPodivm, 2023.

8. Comentários

8.1. Considerações iniciais

As imunidades parlamentares surgiram na Inglaterra, com o fito de garantir independência ao Parlamento, por meio de concessão de liberdade aos parlamentares, que não seriam responsabilizados por suas opiniões ficando a salvo do arbítrio do monarca. Assim, consagrou o Direito Inglês a *freedom of speech* (liberdade de palavra) e a *freedom from arrest* (imunidade em face de prisão), na conhecida *Bill of Rights*, fruto da Revolução Gloriosa de 1688. Nesta carta de direitos ficou estabelecido que os Parlamentares gozariam de liberdade de expressão e de debate e, portanto, ficariam imunes quanto a opiniões proferidas no Parlamento, que não seriam objeto de questionamento em nenhuma corte ou tribunal, fora do próprio Parlamento. Já na *Bill of Rights*, cumpre observar, as imunidades parlamentares apresentaram os contornos modernos que chegam até os dias de hoje. Na América, verifica-se que tal instituto viu-se inserido na constituição dos Estados Unidos da América de 1787, no art. 1º da seção 6. Nesse país, como na Inglaterra, as imunidades parlamentares se aplicavam somente quando de opiniões e debates proferidos dentro do recinto do Parlamento. Dessa forma, percebe-se que o instituto refere-se ao Parlamento, como instituição, não se configurando em prerrogativa ou privilégio da pessoa do parlamentar.

Nesse sentido, os Estados Unidos da América, em sua jurisprudência e doutrina, delimitaram que a *freedom of speech* (imunidade material) refere-se apenas às opiniões e debates realizados dentro do recinto do Parlamento e, quanto à *freedom from arrest* (imunidade formal) isenta-se o parlamentar de prisão apenas em procedimentos cíveis. Ademais, naquele país, as imunidades estão estritamente vinculadas ao exercício da função parlamentar de modo que se um congressista cometer qualquer crime fora do exercício de sua função parlamentar, não será acobertado pelas imunidades, podendo ser processado e julgado como qualquer pessoa, pelos ritos ordinários.

Tal posicionamento se mantém em países europeus, como França e Alemanha. Já em outros países latinos, como Argentina, Itália, Espanha e Brasil, tem-se permitido uma ampliação da aplicação do instituto, o que, em alguns casos, finda por permitir uma malversação do mesmo, uma utilização perniciosa que vem transformar as imunidades em meios de o congressista se furtar de responsabilidade, civil ou penal, mesmo quando pratica atos não relacionados com a função parlamentar. Tais países, em geral, admitem que as imunidades, materiais e formais, alcançam o parlamentar dentro ou fora do recinto congressual, bem como os imuniza nas esferas cível, administrativa e penal, por votos, palavras ou opiniões praticados no exercício do mandato legislativo (prática *in officio*), ou em função dele (prática *propter officium*).

Na doutrina brasileira, pelo menos três posicionamentos, acerca das imunidades parlamentares podem ser identificados, quais sejam:

Ultracorporativistas: seus defensores afirmam que as imunidades são aplicáveis dentro ou fora do recinto parlamentar, prevalecendo mesmo após o término do mandato, por serem imprescritíveis.

Extremistas: entendem que as imunidades, em qualquer aspecto ou extensão, sejam as materiais ou as formais, por ações dentro ou fora do recinto congressual, serão sempre abusos configurando privilégios inaceitáveis. Defendem, assim, a extinção das imunidades.

Moderados: atestam que as imunidades devem existir, mas de forma limitada, evitando-se corporativismos e atrelando a aplicação da imunidade à função política exercida pelo congressista, não admitindo que o instituto sirva de escudo para práticas abusivas.

Esse último parece ser o entendimento que vem se firmando na doutrina e jurisprudência brasileiras, o que se pode constatar pelo posicionamento do Supremo Tribunal Federal (AgI 473.092), que já decidiu, por exemplo, que a imunidade material exclui a responsabilidade civil do congressista em vista de eventuais danos causados por suas manifestações, orais ou escritas, exaradas em prática *in officio* ou *propter officium*. Nesse mesmo sentido, o Pretório Excelso brasileiro também já afastou a incidência da imunidade parlamentar por ofensas perpetradas fora do exercício das funções parlamentares ou em sua razão.

8.2. O Estatuto

A Constituição do Brasil, de 1988, trata do chamado *Estatuto dos Congressistas*, em seu Título IV, Capítulo I, Sessão V, compreendendo os arts. 53 ao 56. O Estatuto dos Congressistas denota as normas que regulam as *imunidades* e *vedações* parlamentares, bem como *prerrogativas de foro e processo*. Trata-se, portanto, das normas constitucionais que estabelecem o regime jurídico do congressista.

Assim, a Carta Magna concede aos congressistas inviolabilidade por suas palavras, opiniões e votos, ou seja, imunidade material e, também, desde a diplomação, foro por prerrogativa de função perante o Supremo Tribunal Federal, bem como a garantia de não serem submetidos à prisão, a não ser em casos de flagrante em crime inafiançável, isto é, imunidades formais. Tais garantias e imunidades, entretanto, não devem ser vistas como regalias ou privilégios dados aos deputados e senadores, uma vez que se referem à instituição "Poder Legislativo" e, não, à pessoa do congressista, o que se percebe pela própria dicção constitucional que denota que tais normas somente são aplicáveis para se proteger a função parlamentar.

Sendo assim, as imunidades materiais e formais apenas alcançam os parlamentares quando estes estejam exercendo o mandato legislativo (prática *in officio*) ou quando atuarem em razão do mandato (prática *propter officium*). Se o congressista não estiver no exercício do mandato ou não estiver agindo em razão do mandato, não se aplicam as imunidades. Com isso, a Constituição visa a garantir a independência do Poder Legislativo, de modo a que os parlamentares possam atuar, desempenhando suas funções legiferantes e fiscalizadoras sem a interferência, influência ou pressão dos demais poderes. Dessa forma, preserva-se a harmonia entre os poderes, bem como a representatividade dada aos parlamentares.

Portanto, o estatuto dos congressistas tem o escopo de garantir aos congressistas, no exercício do mandato ou em função dele, plena liberdade e, dessa forma, tem a importante missão de preservar a instituição Poder Legislativo, os princípios da separação dos poderes e da soberania popular e, portanto, a própria democracia.

O dispositivo do art. 53, *caput*, trata das seguintes prerrogativas:

a) Estabelece a imunidade material, também designada de inviolabilidade;

b) Nos §§ 1º ao 5º, cuida das imunidades formais ou processuais;

c) No § 6º, confere aos parlamentares isenção do dever de testemunhar;

d) O § 7º (c/c o art. 143) trata da incorporação do congressista às Forças Armadas;

e) O § 8º elenca as imunidades dadas aos parlamentares na constância de estado de sítio.

Ademais, as imunidades parlamentares também se aplicam aos Deputados estaduais, por força do art. 27, § 1º, da CF e aos Deputados distritais, com base no art. 32, § 3º, da CF. Desta feita, qualquer alteração imprimida ao estatuto dos congressistas em nível federal, como, *v.g.*, a alteração formal advinda da EC n. 35/2001, aplica-se concomitantemente aos planos estaduais e distrital.

Por isso, quanto às normas definidoras do regime jurídico dos parlamentares, há limitação material ao exercício do Poder Constituinte Derivado Decorrente dos Estados e do Distrito Federal, não podendo suas Constituições (Lei Orgânica, para o Distrito Federal) dispor diversamente ou até mesmo criar prerrogativas, vedações ou imunidades mais abrangentes e numerosas que as trazidas na Constituição Federal.

Nesse sentido, o Supremo Tribunal Federal já decidiu pela inconstitucionalidade de Constituição estadual que, indo além do art. 27, § 1º, da Constituição Federal, outorga a ex-parlamentares – apenas porque o tenham sido por duas sessões legislativas – a imunidade do Deputado Estadual à prisão e o seu foro por prerrogativa de função, além de vedar, em relação aos mesmos antigos mandatários, qualquer restrição de caráter policial quanto à inviolabilidade pessoal e patrimonial.

Quanto aos Vereadores, na seara municipal, do teor do art. 29, VIII, da CF, apenas lhes é conferida a imunidade material por atos praticados em razão do mandato exercido, dentro ou fora do recinto da Câmara dos Vereadores, mas limitada à circunscrição territorial do município, como também já assentado pelo Supremo Tribunal Federal. Nesse tocante, pode-se concluir que aos vereadores apenas alcançam as imunidades materiais, não se lhes aplicando as formais. Também aqui, nos parece, tem-se uma limitação material ao exercício do Poder Constituinte Derivado Decorrente atribuído aos Municípios que não poderão, sob pena de inconstitucionalidade, estabelecer imunidades formais ou outras prerrogativas, senão a da imunidade material, nos termos do estabelecido pela CF.

Feitas estas considerações gerais, e ainda antes de serem tratados, um por um, os dispositivos apresentados acima, cumpre denotar que os mesmos foram objeto da Emenda Constitucional n. 35, de 20 de dezembro de 2001. O *caput* e os §§ 1º ao 7º tiveram sua atual redação determinada pela emenda e o § 8º foi por ela acrescentado.

Passemos a explicar cada um dos institutos.

8.2.1. Art. 53, *caput*: imunidade material

O *caput* do art. 53 isenta o parlamentar de qualquer responsabilidade, civil, penal ou administrativa/disciplinar, decorrente de seus votos, palavras ou opiniões, exarados no exercício do mandato (prática *in officio*) ou em função dele (prática *proptter officium*). A imunidade alcança o parlamentar, tenha ele feito proferimentos dentro ou fora do recinto da Casa legislativa, mas desde que, nos termos da jurisprudência, guardem nexo com o exercício da atividade legislativa.

Esta é a *imunidade material*, instituto que exclui a ilicitude decorrente dos votos, opiniões ou palavras proferidas pelos parlamentares. Assim, independentemente do conteúdo dos votos, palavras ou opiniões exaradas por congressista, oralmente ou por escrito, dentro ou fora do recinto da Casa legislativa, no exercício do mandato ou em sua função, gozará o parlamentar de imunidade, que exclui o crime ou a ilicitude do ato. Debalde, a imunidade material afasta do parlamentar a *responsabilidade criminal*, não constituindo, seus atos, crimes; a *responsabilidade civil*, não podendo ser responsabilizado por perdas e danos; a *responsabilidade administrativa*, não sendo sujeito a sanções disciplinares; e a *responsabilidade política*, não podendo ter cassado o exercício do mandato.

Trata-se, pois, da *freedom of speech* (liberdade de palavra), originariamente consagrada pelo direito inglês, que exclui o crime de opinião. Desta feita, mesmo após o término do mandato, ainda restará imune o congressista, não podendo ser instaurado processo penal ou civil em face de proferimentos exarados quando do exercício do mandato. Vale dizer, o parlamentar estará imune de responsabilização por atos proferidos no exercício do mandato legislativo, mesmo após o término do mandato. De se frisar, ademais, que por se tratar de prerrogativa dada ao parlamentar, não em caráter pessoal, mas em função do mandato que exerce, como meio de garantir a independência do Poder Legislativo e promover a harmonia entre os poderes, a imunidade material é irrenunciável.

Quanto à abrangência do instituto, lembramos que o art. 53, em sua redação original, dizia que *os Deputados e Senadores são invioláveis por suas opiniões, palavras e votos*. Disso decorria discussão sobre o alcance da imunidade material, ou seja, se se tratava de exclusão apenas de crimes ou também de ilícitos civis. Com a atual redação, dada pela EC n. 35/2001, ao dispositivo acresceu-se a expressão *civil e penalmente* e a palavra *quaisquer*, passando o art. 53 a asseverar que *os Deputados e Senadores são invioláveis, civil e penalmente, por quaisquer de suas opiniões, palavras e votos*. Portanto, a partir da emenda, não há mais margem a dúvidas quanto a que a imunidade material exclui também a responsabilidade no âmbito civil.

Quanto à expressão *quaisquer de suas opiniões, palavras e votos*, reforça o entendimento de que a imunidade material abrange as esferas penal, cível e administrativa/política. Mas isso não quer dizer que possa invocar a prerrogativa o parlamentar que tenha feito pronunciamento – dentro ou fora do parlamento – em desconexão com o exercício do mandato legislativo. Ou seja, a imunidade somente deflui de atos praticados em decorrência da função parlamentar. Imunidade não é blindagem. Seria uma contradição que, em nome da democracia e da garantia da liberdade do exercício do mandato, viéssemos a entender que o parlamentar é uma pessoa acima da lei, podendo "dizer qualquer coisa" e invocar a proteção da expressão semântica "quaisquer de suas opiniões, palavras e votos". Também não bastará a simples invocação de estar proferindo determinadas opiniões "no exercício do mandato". Essa conexão deve estar demonstrada à saciedade, nos mínimos detalhes, para evitar abusos e impunidades. Observe-se, ademais, que a imunidade é do parlamentar e não do partido ou o cargo que o parlamentar estiver exercendo. Portanto, ao falar "em nome do partido", o parlamentar restará, se for o caso, responsabilizado pessoalmente.

Também releva esclarecer que a imunidade não alcança candidaturas, por se tratar de prerrogativa dada em função do cumprimento do exercício do mandato. Portanto, o candidato a cargo eletivo, mesmo que seja um congressista, não é inviolável por suas palavras, uma vez que os proferimentos feitos pelo candidato, em campanha eleitoral, não se confundem com votos, palavras ou opiniões exarados no exercício do mandato ou em sua razão. Nesse sentido, o Supremo Tribunal Federal (STF, Inq. 1.400-QO) enfrentou a matéria, decidindo que a garantia constitucional da imunidade parlamentar em sentido material (CF, art. 53, caput) – destinada a viabilizar a prática independente, pelo membro do Congresso Nacional, do mandato legislativo de que é titular – não se estende ao congressista, quando, na condição de candidato a qualquer cargo eletivo, vem a ofender, moralmente, a honra de terceira pessoa, inclusive a de outros candidatos, em pronunciamento motivado por finalidade exclusivamente eleitoral, que não guarda qualquer conexão com o exercício das funções congressuais.

Percebe-se, assim, que a imunidade material somente imantará o congressista, isentando-o de responsabilidade penal, cível ou administrativa/disciplinar, por suas palavras, votos ou opiniões, versadas oralmente ou por escrito, quando tenham sido proferidos *in officio* (no exercício do mandato) ou *propter officium* (em razão do mandato). Não se comprovando o nexo causal entre as manifestações proferidas e o cumprimento do mandato legislativo, não será o parlamentar protegido pela imunidade podendo, então, ser responsabilizado.

Mas, insista-se, a imunidade somente alcança *o congressista*, de modo que o Supremo Tribunal Federal já entendeu que a prerrogativa não se estende ao corréu, a não ser que este também seja parlamentar. Este posicionamento encontra-se na Súmula 245 da Corte Suprema, prescrevendo que: "A imunidade parlamentar não se estende ao corréu sem essa prerrogativa". Também não gozará da imunidade o parlamentar que voluntariamente se licenciar/afastar do cargo, mesmo que seja para exercer algum cargo no Poder Executivo, como, *v.g.*, de Secretário Municipal ou Estadual ou, mesmo, de Ministro de Estado. Aliás, neste último caso, o Supremo Tribunal Federal, por meio do art. 102 de seu Regimento Interno, expressamente cancelou anterior Súmula 4 que dizia que "não perde a imunidade parlamentar o congressista nomeado Ministro de Estado". Agora, ao contrário, entende o Pretório Excelso que o Senador ou Deputado que assumir o cargo de Ministro de Estado não mais estará imantado pela imunidade material, podendo ser responsabilizado por seus atos.

É também pertinente anotar que a Corte Suprema já decidiu, corretamente, que se alguém que se sentir injuriado, ou afrontado em sua honra, por parlamentar acobertado pela imunidade material, retorquir de maneira imediata, também não poderá ser responsabilizado pelos seus proferimentos dados em sua resposta.

8.2.2. Art. 53, §§ 1º ao 5º: imunidade processual

Nos §§ 1º ao 5º do art. 53 constam os dispositivos sobre a imunidade processual, ou formal, baseada na *freedom from arrest* inglesa. Diversamente da imunidade material, que afasta o ilícito penal, civil ou disciplinar, gerando a não responsabilização do parlamentar pelos seus votos, palavras ou opiniões, a imunidade processual, ou formal, denota prerrogativas de tratamento diferenciado quanto à prisão ou processo instaurado em face do congressista. Portanto, antes de afastar a prática do ilícito, o pressupõe.

a) § 1º Prerrogativa de foro

No § 1º do art. 53 encontra-se a *prerrogativa de foro* ou *foro privilegiado*, que equivale a dizer que os Deputados e Senadores não serão submetidos a julgamento, por crimes comuns, perante tribunais ou juízos ordinários, como os demais cidadãos. Somente poderão ser processados e julgados perante o Supremo Tribunal Federal. Por crimes comuns deve-se entender toda sorte de ilícito penal, sejam contravenções penais, sejam crimes de qualquer tipo, inclusive os delitos eleitorais.

O dispositivo constitucional sob comento assevera que os congressistas serão julgados perante a Corte maior, *desde a expedição do diploma*. Dessa forma, não basta ter sido eleito, o parlamentar, para fruir da prerrogativa de foro. A diplomação, que é o ato formal que estabelece a relação jurídica entre o congressista e o povo/eleitorado, também não se confunde com a posse. Se o parlamentar não for diplomado, não será alcançado pela prerrogativa. Mas após a diplomação e enquanto perdurar o mandato ou, pelo menos, enquanto permanecer no exercício do mandato legislativo, o Deputado ou Senador somente poderá ser processado e julgado perante o Supremo Tribunal Federal. Até mesmo o Inquérito Policial eventualmente instaurado deverá correr no STF, sendo cabível, inclusive, reclamação, caso o inquérito esteja correndo em outro juízo ou tribunal, para desnudar a inobservância da prerrogativa de foro. Portanto, o foro por prerrogativa de função será dado ao parlamentar da diplomação ao término do mandato (com o fim da legislatura ou a perda do mandato).

Sendo assim, processos que estavam em andamento perante tribunais ou juízos comuns, após a diplomação, deverão ser submetidos/encaminhados ao Supremo Tribunal. E aqueles processos que estejam tramitando na Corte Suprema, de fatos anteriores ou contemporâneos ao mandato legislativo, serão devolvidos aos tribunais ou juízos comuns, quando do término ou perda do mandato. Ou seja, a prerrogativa somente será atribuída na constância do mandato.

Não se estende, dessa forma, o foro por prerrogativa aos ex-parlamentares, como ocorria, por força da Súmula 394 do STF, exarada em 8-5-1964, que assim asseverava: "cometido crime durante o exercício funcional do mandato parlamentar, prevalece a competência especial por prerrogativa de função, ainda que o inquérito ou a ação penal sejam iniciados após a cessação daquele exercício". Essa súmula foi cancelada pelo próprio Pretório Excelso, em 25-8-1999. Ademais, a própria dicção do § 1º do art. 53, com a redação dada pela EC n. 35/2001, deixa claro que a prerrogativa de foro somente será dada, após a diplomação, aos *Deputados* e *Senadores*, não se incluindo, aí, *ex-Deputados* ou *ex-Senadores*.

Ocorre uma importante discussão que pretende limitar a extensão do foro privilegiado. Na Ação Penal 937, o STF discute se o foro privilegiado abrange todo e qualquer crime cometido no exercício ou se o foro privilegiado se aplica apenas aos crimes cometidos no exercício do mandato e em razão dele. O STF limitou o foro privilegiado aos crimes praticados durante o mandato e em razão do exercício do mesmo. Daí que o foro privilegiado não abrangeria os crimes praticados antes da diplomação e também que não guardem estrita correlação com o exercício das atividades parlamentares. No fundo, a orientação jurisprudencial tem um cunho mais pragmático do que jurídico. É que, segundo alguns ministros defendem, as ações penais originárias causam um elevado número de processos a serem julgados pelo Supremo Tribunal Federal e que não caberia às Cortes Supremas exercerem tais funções. A par disso, tramita no Congresso Nacional Proposta de Emenda à Constituição que extingue o foro privilegiado para os parlamantares, exceto para os Presidentes da Câmara dos Deputados e do Senado Federal.

É possível afirmar, destarte, que qualquer interpretação diversa irá de encontro à lógica do Estatuto dos Congressistas que dispõe de regras instituidoras de imunidades, prerrogativas e vedações com vistas à manutenção do Princípio da Separação dos Poderes, privilegiando/instrumentalizando a independência do Poder Legislativo e proporcionado sua atuação harmônica com os demais poderes. Nesse sentido, perpetuar a prerrogativa de foro para além do término do mandato seria usurpar o próprio Estatuto dos Congressistas e criar privilégios pessoais e subjetivos, o que certamente não coaduna com o Estado Democrático de Direito e com os princípios fundamentais e o sistema de direitos fundamentais calcado no princípio da igualdade instaurado pela CF.

Ademais, deve-se analisar o pedido de renúncia do parlamentar e eventuais efeitos processuais que poderia acarretar. Como se sabe, a renúncia do parlamentar ao mandato acarretaria a modificação da competência, devendo o feito ser remetido para o julgamento em 1ª instância. No entanto, o STF considera que a renúncia realizada às vésperas do julgamento, visando uma possível prescrição, é a realização de uma fraude processual e, portanto, não acarretaria a modificação da competência, prolongando a competência do STF para o julgamento do caso, mesmo após o mandato. Em outro julgamento, no entanto, na AP 536, caso Eduardo Azeredo, o Supremo Tribunal Federal considerou possível a modificação da competência do STF em caso de renúncia, desde que não houvesse o perigo da prescrição punitiva. Ficou pendente, no entanto, a proposta de saber em qual momento processual a renúncia não acarretaria a modificação da competência, uma vez que no primeiro houve renúncia às vésperas do julgamento e no outro após o fim da instrução processual. O Min. Barroso votou no sentido de que deveria ser regra que a renúncia não modificaria a competência após o recebimento da denúncia. No entanto, esta questão ficou pendente de julgamento.

b) § 2º Vedação à prisão

O § 2º do art. 53 atesta que nenhum Deputado ou Senador, desde a diplomação, será preso, salvo em caso de flagrante delito de crime inafiançável. E que, neste último caso, os autos deverão ser remetidos à Casa respectiva, em vinte e quatro horas, para que resolva sobre a prisão pela maioria absoluta de votos. A proibição de prisão do parlamentar abrange, inclusive, os casos de prisão civil. A única ressalva, como se viu, será o caso de flagrante delito de crime inafiançável. Mas, a despeito de o texto constitucional não ser expresso no dispositivo em comento, deve-se entender que a vedação estatuída alcança somente os casos de prisão *temporária*, de origem civil ou criminal (cautelares). No caso, o STF decidiu pela possibilidade de prisão em flagrante de parlamentar por crime inafiançável, hipótese na qual os autos serão remetidos para que a Casa Legislativa decida sobre a prisão. Tal entendimento torna-se claro ao se analisar o § 2º do art. 53 com o art. 15, III, e o art. 55, IV e VI, todos da CF.

Assim, em síntese, o parlamentar que tiver suspensos seus direitos políticos, perderá o mandato, sendo que uma das causas de suspensão de direitos políticos é a condenação criminal transitada em julgado, enquanto perdurarem seus efeitos (art. 15, III). E, por sua vez, são causas de perda do mandato eletivo a suspensão de direitos políticos e, também, a condenação criminal transitada em julgado (art. 55, IV e VI). No entanto, mesmo a condenação criminal transitada em julgado não acarretará a perda automática do mandato, devendo ser decidida pela casa respectiva.

Destarte, forçoso concluir que a vedação de prisão somente alcançará o congressista em exercício do mandato legislativo e em hipóteses de prisões temporárias, civis ou penais, salvo caso de flagrante delito de crime inafiançável. Conforme corrobora jurisprudência do STF, poderá ser preso o parlamentar por força de sentença criminal condenatória transitada em julgado. Com efeito, consoante o Inquérito 510, dentro do contexto normativo delineado pela Constituição, a garantia jurídico-institucional da imunidade parlamentar formal não obsta, observado o *due process of Law*, a execução de penas privativas da liberdade definitivamente impostas ao membro do Congresso Nacional.

Há quem sustente que a literalidade do texto constitucional deixa evidente que não pode o Poder Judiciário decretar prisão de natureza cautelar em parlamentar, já que estaria agredindo o próprio sentido das imunidades parlamentares. Entretanto, a impossibilidade de o parlamentar ter sua prisão cautelar (preventiva ou temporária) pelo Poder Judiciário vem sendo abrandada pelo Supremo Tribunal Federal. Cumpre anotar que, no caso da AC 4.039, caso Delcídio Amaral, pela primeira vez, o STF definiu que poderia ocorrer a prisão preventiva de parlamentar durante o mandato desde que se tratasse de caso de flagrância delitiva, no caso de crime permanente, e que o mesmo tivesse se utilizado do mandato parlamentar para o cometimento de delito. Assim, a literalidade do texto constitucional deveria ser interpretada por uma questão de princípio. Em se tratando de abuso das próprias prerrogativas parlamentares, permitir-se-ia a prisão para tutelar exatamente as prerrogativas parlamentares. Neste caso, a regra da impossibilidade da prisão de natureza cautelar do parlamentar não seria absoluta, podendo ocorrer desde que estivessem previstos os requisitos da prisão preventiva e a correlação entre a prática delitiva permanente e o exercício do mandato. Ademais, a Constituição nada disse a respeito da possibilidade de imposição de medidas cautelares diversas da prisão. Com a edição da Lei n. 12.403/2011 que modificou o regime jurídico-processual da prisão preventiva, inserindo a possibilidade de que o Poder Judiciário decretasse medidas cautelares diversas da prisão, a questão é saber se tais são aplicáveis aos parlamentares. Uma das possibilidades consiste em saber, nos termos do art. 319, inc. VI, do CPP, se pode o Poder Judiciário suspender o exercício do mandato de parlamentar que tenha se utilizado do próprio mandato para o cometimento de infrações criminais. Em um primeiro momento, o STF, na AC 4.070, caso Eduardo Cunha, considerou possível a suspensão do mandato parlamentar pelo Poder Judiciário sem que, depois, tal medida cautelar precisasse ser referendada pela casa legislativa respectiva. Revendo o primeiro posicionamento, no caso Aécio Neves, o Supremo Tribunal Federal entendeu que a medida cautelar de suspensão do mandato precisaria ser decidida pela Casa Legislativa, uma vez que tal medida acarretaria uma grave restrição na própria liberdade do parlamentar e, ademais, levando em consideração que a própria casa legislativa poderia o mais (suspender a ação penal), por óbvio poderia o menos (decidir acerca da medida cautelar imposta).

Ainda sobre a vedação de prisão, cumpre anotar que, antes da EC n. 35/2001, feita a prisão em flagrante por crime inafiançável e remetidos os autos à Casa respectiva, esta decidiria sobre a prisão por votação secreta, nos termos do antigo § 3º do art. 53. Agora, após a referida emenda, com a redação dada aos §§ 2º e 3º do art. 53, o voto secreto foi abolido, de modo que a Casa respectiva decidirá sobre a prisão, pela maioria absoluta, por voto aberto, o que contribui para a isenção do procedimento e a diminuição de espaço para corporativismos e transformação desta prerrogativa em privilégio pessoal. A vedação de prisão de parlamentares também está prevista nas Constituições dos Estados federados. Nesse sentido, vale lembrar o julgamento do HC 89.417, envolvendo o Presidente da Assembleia Legislativa do Estado de Rondônia, em que o Supremo Tribunal Federal negou essa imunidade ao referido parlamentar, que fora preso juntamente com outras autoridades, por ordem do Superior Tribunal de Justiça. O parlamentar ingressou com *writ*, com fundamento no art. 53, §§ 2º e 3º, em tela. Por maioria de votos, a 1ª Turma do Supremo Tribunal Federal negou o *habeas corpus*, sob fundamento de que haveria evidências da existência de um quadro de "absoluta anomalia institucional, jurídica e ética" no Estado Federado, uma vez que praticamente a totalidade dos membros do Poder Legislativo estaria indiciada ou denunciada por crimes relacionados à organização criminosa, e, consequentemente, os pares do deputado requerente do *writ* não "disporiam de autonomia suficiente para decidir sobre a sua prisão" nos termos do preceito constitucional, porque ele – o impetrante – seria o suposto chefe da organização criminosa. A esse quadro de excepcionalidade, segundo a maioria dos integrantes da 1ª Turma, "deve corresponder a excepcionalidade da forma de interpretar e aplicar princípios e regras constitucionais, sob pena de se prestigiar regra de exceção que culminasse na impunidade de parlamentares" (Informativo n. 437, de 30.08.2006). Embora a decisão tenha tido um forte apelo social (combate à impunidade etc.), a decisão é passível de críticas, pela possibilidade de seus "efeitos colaterais" para o futuro. Afinal, pode o Supremo Tribunal dispor das garantias fundamentais, excepcionando a sua aplicação? Evidencia-se, no caso, que o STF desconectou o preceito constitucional do caso concreto, como se a norma da Constituição contivesse exceções do tipo "em circunstâncias como o envolvimento ou a suspeita de envolvimento da maioria dos deputados da casa legislativa, a garantia não é aplicável"... Ou seja, a imunidade parlamentar – que não é garantia personalíssima, mas, sim, da representativa parlamentar – foi transformada, no caso concreto, em "um direito ao benefício do cargo para o cometimento de crimes", para, em seguida, ter negada a sua aplicação. Não parece que era isso que estava em discussão. Acrescente-se, ainda, que além da impossibilidade de o STF, em tempos de normalidade democrática, suspender direitos constitucionais, houve a violação do princípio da presunção da inocência (observe-se que o próprio STF, na justificativa da decisão, faz alusão ao fato de que "a situação do Estado evidenciaria", que o deputado "seria" o chefe da organização etc., além de expressões vagas como "praticamente a totalidade dos membros"). Por fim, cabe registrar que, fosse correta a avaliação de que o Estado Federado (Rondônia) estaria sob crise institucional, seria o caso de pedido de intervenção federal, tarefa exclusiva do Procurador-Geral da República (cf. Streck, *Apresentação à obra Hermenêutica Constitucional*, cit.).

c) §§ 3º, 4º e 5º: Sustação do processo instaurado em face do parlamentar

Em seu texto original, a Constituição dispunha que o parlamentar somente poderia sofrer processo mediante prévia licença concedida pela Casa respectiva. Mas, com a alteração trazida pela EC n. 35/2001, que deu nova redação aos parágrafos ora comentados, não mais há a necessidade de prévia licença a ser dada pela Casa à qual pertença o congressista, para que o Supremo Tribunal Federal receba denúncia e instaure processo por crime cometido após a diplomação. Segundo a nova redação do § 3º do art. 53, tão logo receba a denúncia, a Corte Suprema deverá dar ciência da instauração do processo à Casa a que pertencer o congressista denunciado. O dispositivo em tela não estipula um prazo específico para que o Supremo Tribunal dê ciência do recebimento da denúncia à Casa respectiva. Mas nele se veem as expressões *Recebida* a denúncia... o Supremo Tribunal Federal *dará ciência* à Casa respectiva".

Disso decorre que a Corte Maior tem o dever de informar à Casa a que pertencer o parlamentar sobre o recebimento de denúncia, imediatamente, sem demora, sob pena de desobedecer ao comando trazido na referida norma. Após ser cientificada do recebimento da denúncia e da instauração do processo, pelo STF, a Casa respectiva poderá, a qualquer momento antes da decisão final, sustar o andamento do feito. O pedido de sustação deverá ser encaminhado à Mesa Diretora por iniciativa de partido político que tenha representação na Casa. Ressalta-se que apenas algum partido político e desde que tenha representação na Casa estará legitimado a apresentar pedido de sustação do processo à respectiva Mesa, por força do expresso no § 3º do art. 53. Os parlamentares, de per si, ou a própria Mesa Diretora, ou algum partido político sem representação na Casa, não são legitimados para tal ato.

Recebido o pedido de sustação, a Mesa Diretora o incluirá na pauta para ser votado, carecendo, para sua aprovação, do voto da maioria absoluta dos membros da Casa respectiva. Ademais, a Casa terá o prazo improrrogável de quarenta e cinco dias para votar o pedido de sustação, prazo este que começa a correr do seu recebimento pela Mesa Diretora.

Resta claro que, se o pedido de sustação não for votado no prazo exigido pela CF (§ 4º do art. 53), deverá ser arquivado, não podendo mais ser votado. Novo pedido poderá ser apresentado à Mesa Diretora, pelo mesmo partido político ou por outro, desde tenham representação na Casa respectiva e que o pedido seja encaminhado antes de exarada decisão final no processo.

Recebido, votado e aprovado o pedido, o processo será sustado. Desta feita, o Supremo Tribunal Federal, tão logo seja comunicado da aprovação da sustação, interromperá o andamento do feito, na fase em que se encontrar. Sustado o processo, interrompe-se a prescrição pelo tempo que durar o mandato legislativo do congressista. Por óbvio, vez que as imunidades e prerrogativas, como já asseverado, apenas alcançam o parlamentar quando de atos relativos ao seu múnus (imunidade material em caráter de prática *in officio* ou *propter officium*) ou, após a diplomação, enquanto durar o mandato (imunidade processual), também a suspensão da prescrição tão somente irá perdurar na constância do mandato, voltando a correr com o seu término. Tal se vê expresso no § 5º do art. 53, cuja redação foi dada pela EC n. 35/2001.

Não custa enaltecer que a interrupção da prescrição dada quando da sustação do processo em face de parlamentar, apenas enquanto durar o mandato, coaduna e corrobora a constatação de que as imunidades, prerrogativas e vedações trazidas pelo Estatuto do Congressista não dadas à pessoa do parlamentar, mas são estruturadas para garantir a independência institucional do próprio Poder Legislativo.

A suspensão da prescrição afasta ou, pelo menos, diminui em muito a possibilidade utilitarista e subjetiva de utilização da sustação do processo com fins corporativistas, mantendo o respeito ao princípio da igualdade. Vale ressaltar, também, que o pedido de sustação do processo será apreciado por meio de votação aberta, não se admitindo votação secreta, que só se dá quando a CF expressamente assim o determina, o que não é o caso do instituto sob comento.

8.2.3. Art. 53, § 6º: isenção de obrigatoriedade de testemunhar

De plano, é de se firmar que todo cidadão tem o dever de testemunhar, quando convocado pela autoridade judicial, podendo, inclusive, ser compelido a tal, caso se recuse infundadamente, podendo até mesmo ser utilizada força policial para conduzir a testemunha convocada ao juízo ou tribunal competente. A isso se denomina condução debaixo de vara. Em princípio, o mesmo dever de testemunhar em juízo sobre fatos que possam ser de seu conhecimento e que supostamente sejam indispensáveis à instrução do processo, recai sobre os parlamentares. Mas o tratamento que a CF lhes confere, sobre o múnus de testemunhar, é diferenciado, em razão da função que exercem. A limitação à obrigação de testemunhar também se justifica como instrumento a garantir o Princípio da Separação dos Poderes, mantendo a independência do Poder Legislativo em face dos demais, bem como a harmonia entre os três poderes. Assim, esta prerrogativa não deve ser vista como um privilégio pessoal dado ao parlamentar.

Exatamente por não configurar um privilégio subjetivo do congressista, mas um instituto que visa a garantir a independência da instituição Poder Legislativo, é que o § 6º do art. 53 prescreve que "os Deputados e Senadores *não serão obrigados a testemunhar* sobre informações recebidas ou prestadas *em razão do exercício do mandato*, nem sobre as pessoas que lhes confiaram ou deles receberam informações".

Da dicção do dispositivo sob comento, percebe-se que, a uma, os congressistas não poderão ser conduzidos debaixo de vara, ou seja, não poderão ser *intimados* pela autoridade judicial, como se faria com qualquer outra testemunha. Em respeito à independência e harmonia que impera entre os poderes, o Poder Judiciário deverá dar tratamento diferenciado ao membro do Poder Legislativo, como exigido pela CF. Assim, o parlamentar será *convidado* a testemunhar, jamais compelido compulsoriamente. Isso decorre da expressão *"não poderão ser obrigados a testemunhar"* contida na norma comentada. A duas, vislumbra-se que a prerrogativa somente será dada quando o testemunho recair sobre fatos ou informações recebidas ou prestadas pelo congressista, ou sobre as pessoas que lhes deram ou dele receberam tais informações, mas sempre quando tais informações ou fatos forem veiculados *em razão da função parlamentar*. A restrição decorre da expressão *em razão do exercício do mandato*, vazada no aludido dispositivo. Sendo assim, se a informação recebida ou prestada pelo parlamentar não o tenha sido efetivamente *em razão do exercício do mandato*, mas por razões particulares, deverá lhe ser dado o mesmo tratamento exigido para qualquer testemunha.

8.2.4. Art. 53, § 7º: incorporação às Forças Armadas

Por este comando, isenta-se o congressista da obrigação de prestar serviço militar, mesmo em tempo de guerra e mesmo que ele seja militar. Portanto, pode-se dizer que esta prerrogativa seja uma *imunidade*, vez que isenta o parlamentar de uma obrigação imposta aos demais brasileiros (art. 143). Entretanto, vale asseverar que, como qualquer outra imunidade ou prerrogativa, apenas será dada ao parlamentar durante o mandato. Ou seja, a isenção não alcança os *ex-parlamentares*, limitando-se à duração do mandato.

Também cumpre dizer que esta isenção não é absoluta, podendo o Deputado ou Senador ser incorporado às Forças Armadas, em tempos de paz ou de guerra, desde que voluntariamente assim o requeira e a Casa respectiva o autorize previamente. De fato, o dispositivo comentado atesta que a incorporação do parlamentar *dependerá de prévia licença da Casa respectiva*.

Por se tratar de prerrogativa *funcional* e não pessoal, o congressista não poderá, mesmo se esta for sua vontade, incorporar-se às Forças Armadas sem autorização prévia da Casa a que estiver vinculado, a não ser que renuncie ao mandato. A importância desta imunidade salta aos olhos quando lembramos que as Forças Armadas são estruturadas "com base na hierarquia e na disciplina, sob a autoridade suprema do Presidente da República" (art. 143, CF), o que certamente não coaduna com a preservação da independência do Poder Legislativo espelhada na livre atuação do parlamentar no exercício do mandato. Vale dizer, ou o parlamentar exerce sua função legislativa, ou a de militar, mas jamais as duas concomitantemente.

De qualquer forma, caso seja vontade do Deputado ou Senador, respaldada por licença previamente dada pela Casa respectiva, poderá o parlamentar incorporar-se às Forças Armadas. Assim sendo, vale enfatizar que as funções militares não se confundem com as funções parlamentares, de modo que, enquanto o congressista estiver prestando serviço militar, estará afastado de suas funções parlamentares e, portanto, não mais gozará das imunidades e prerrogativas dadas pelo Estatuto do Congressista. Isso porque, como já largamente visto alhures, tais imunidades e prerrogativas apenas são dadas ao parlamentar *em função do exercício do mandato legislativo*. Assim, quando o deputado ou senador é incorporado às Forças Armadas, ou desempenha função temporária de caráter diplomático ou cultural, cessam as imunidades.

8.2.5. Art. 53, § 8º: imunidades na constância de estado de sítio

A situação extrema de *estado de sítio*, quando decretada nos termos dos arts. 137 a 139 da CF dar-se-á em face de circunstâncias de *comoção grave de repercussão nacional ou ocorrência de fatos que comprovem a ineficácia de medida tomada durante o estado de defesa* (art. 137, I), ou quando de *declaração de estado de guerra ou resposta a agressão armada estrangeira* (art. 137, II). Ou seja, tal medida apenas poderá ser adotada, pelo Chefe do Poder Executivo (art. 137, c/c o art. 84, IX, da CF) quando de circunstâncias extremas e que comprometam a própria existência do Estado Democrático de Direito da República Federativa do Brasil.

A gravidade do estado de sítio, ademais, é também percebida quando a CF a situa, ao lado da intervenção federal (art. 34) e do estado de defesa (art. 136), como uma *limitação circunstancial* ao exercício do Poder Constituinte Derivado de Reforma (art. 60, § 1º). Ou seja, a Constituição não poderá sofrer emenda na constância de estado de sítio.

Ademais, esta medida é concebida pela CF como instrumento de *defesa do Estado e das Instituições Democráticas* (título V da CF), não podendo ser utilizada para fins diversos ou não sendo permitidos, na sua constância, atos que deponham contra o Estado e suas Instituições Democráticas. É por isso que, ao tratar do estado de sítio, a CF resguardou o escorreito funcionamento do Poder Legislativo, ao asseverar que "o Congresso Nacional permanecerá em funcionamento até o término das medidas coercitivas" (§ 3º do art. 138).

Nessa linha dá-se a prerrogativa constante do § 8º do art. 53 da CF que assegura que *as imunidades de Deputados ou Senadores subsistirão durante o estado de sítio*. Entretanto, por se tratar, repita-se, de medida que cabe em situações extremas, o dispositivo permite que um congressista sofra a suspensão das imunidades parlamentares, durante o estado de sítio, mas sob as seguintes condições: a) desde que a suspensão seja aprovada previamente, pelo voto de pelo menos dois terços dos membros da Casa respectiva; b) somente poderá se dar a suspensão na hipótese de atos praticados pelo parlamentar fora do recinto do Congresso Nacional; c) e que tais atos sejam considerados incompatíveis com as medidas adotadas com a execução do estado de sítio. Por raciocínio inverso, para atos praticados por congressista dentro do recinto do Congresso Nacional, prevalecerão as imunidades que não poderão ser suspensas.

Art. 54. Os Deputados e Senadores não poderão:

I – desde a expedição do diploma:

a) firmar ou manter contrato com pessoa jurídica de direito público, autarquia, empresa pública, sociedade de economia mista ou empresa concessionária de serviço público, salvo quando o contrato obedecer a cláusulas uniformes;

b) aceitar ou exercer cargo, função ou emprego remunerado, inclusive os de que sejam demissíveis *ad nutum*, nas entidades constantes da alínea anterior;

II – desde a posse:

a) ser proprietários, controladores ou diretores de empresa que goze de favor decorrente de contrato com pessoa jurídica de direito público, ou nela exercer função remunerada;

b) ocupar cargo ou função de que sejam demissíveis *ad nutum*, nas entidades referidas no inciso I, *a*;

c) patrocinar causa em que seja interessada qualquer das entidades a que se refere o inciso I, *a*;

d) ser titulares de mais de um cargo ou mandato público eletivo.

Lenio Luiz Streck
Marcelo Andrade Cattoni de Oliveira
Dierle Nunes
Diogo Bacha e Silva[1]

1. Histórico da norma

O dispositivo, integralmente, mantém a sua redação original desde a promulgação da CF.

2. Constituições anteriores

Constituição de 1824 (ausente); Constituição de 1891, art. 23; Constituição de 1934, art. 33; Constituição de 1937, art. 44; Constituição de 1946, art. 48; Constituição de 1967, art. 36; Constituição de 1969, art. 34.

3. Dispositivos constitucionais relacionados

Arts. 5º, VIII e XIII, 15 e 37, I, § 4º.

4. Constituições estrangeiras

Constituição Portuguesa, art. 154º; Constituição Argentina, art. 72.

5. Legislação

Lei Complementar n. 64/90; Regimentos Internos do Senado Federal e da Câmara dos Deputados; Resolução n. 25/2001 da Câmara dos Deputados; Código de Ética da Câmara dos Deputados/2001, arts. 4º e 5º.

6. Jurisprudência

MS 21.266 (as restrições constitucionais inerentes ao exercício do mandato parlamentar não se estendem ao suplente).

7. Seleção de literatura

BIM, Eduardo Fortunato. A Cassação de Mandato por Quebra de Decoro Parlamentar: sindicabilidade jurisdicional e tipicidade. *Revista de Informação Legislativa*, Brasília, ano 43, n. 169, jan./mar. 2006. Disponível em: <http://www.senado.gov.br/web/cegraf/ril/Pdf/pdf_169/R169-06.pdf>. Acesso em: 21 mar. 2009. 90 p.; CRETELLA JR., José. *Elementos de Direito Constitucional*. 4ª ed. São Paulo: Revista dos Tribunais, 2000;

---

1. Colaborou na elaboração do comentário o pesquisador Hudson Freitas, Mestre e doutorando em Direito Público pela PUC Minas. Professor e Advogado em Minas Gerais.

FREITAS, Juarez. *O Controle dos Atos Administrativos e os Princípios Fundamentais*. 3ª ed. São Paulo: Malheiros, 2004; HESSE, Konrad. *Elementos de Direito Constitucional da República Federal da Alemanha*. Tradução de Luís Afonso Heck. Porto Alegre: Sérgio Antônio Fabris Editor, 1998; HORTA, Raul Machado. *Direito Constitucional*. 4ª ed. Belo Horizonte: Del Rey, 2003; LEITE, Suzana Cristina. Perda de Mandato por Quebra de Decoro Parlamentar: tramitação na Câmara dos Deputados sob a ótica da Constituição Federal de 1988 e seus princípios. *BDJur*. Agosto de 2006. Disponível em: <http://bdjur.stj.gov.br/dspace/bitstream/2011/16408/1/Perda_de_mandato_por_quebra_de_decoro_parlamentar.pdf>. Acesso em: 21 mar. 2009. 30 p.; MENDES, Gilmar; BRANCO, Paulo Gustavo Gonet. *Curso de Direito Constitucional*. 17ª ed. São Paulo: Saraiva, 2022; PINTO FERREIRA, Luís. *Curso de Direito Constitucional*. 7ª ed. São Paulo: Saraiva, 1995; RUSSOMANO, Rosah. *Curso de Direito Constitucional*. 2ª ed. São Paulo: Saraiva, 1972; SCHWARTZ, Bernard. *Direito Constitucional Americano*. Rio de Janeiro: Forense, 1966; SILVA, José Afonso da. *Curso de Direito Constitucional Positivo*. 44ª ed. Salvador: JusPodivm, 2022; FERNANDES, Bernardo Gonçalves. *Curso de Direito Constitucional*. 15ª ed. Salvador: JusPodivm, 2023.

8. Comentários

O presente dispositivo define as vedações dadas aos Deputados e Senadores, ou seja, apresenta atividades consideradas incompatíveis com a atuação parlamentar e que, portanto, são-lhes proibidas, sob pena de perda do mandato.

Entendeu o constituinte originário que tais atividades, se exercidas concomitantemente ao exercício do mandato legislativo, criariam conflito de interesses entre, de um lado, a pessoa do parlamentar e terceiros com quem desenvolva tais empreendimentos e, de outro, o próprio Poder Público, mais especificamente, o Poder Legislativo.

Sendo assim, vez que o Estatuto dos Congressistas cria o regime jurídico do parlamentar com o fito de garantir a livre e isenta atuação do Poder Legislativo, e não privilégios particulares de seus membros, estabeleceu este rol de proibições.

As incompatibilidades previstas são, pelo menos, de quatro tipos: funcionais, negociais, políticas e funcionais. As *incompatibilidades funcionais* proíbem o Deputado ou Senador de, cumulativamente com o exercício do mandato, exercer outro cargo, função ou emprego em pessoa jurídica de direito público, autarquia, empresa pública, sociedade de economia mista ou empresa concessionária de serviço público (art. 54, I, *b*, e II, *b*). São ressalvados os cargos de Ministro de Estado, Governador de Território, Secretário de Estado, do Distrito Federal, de Território, de Prefeitura de Capital ou de chefe de missão diplomática temporária (art. 56, I). Mas, para exercerem estes cargos, deverão os parlamentares licenciar-se de seu mandato, que passará a ser exercido pelo suplente (§ 1º do art. 56). Vale dizer, não podem, em hipótese alguma, exercer o mandato parlamentar e, ao mesmo tempo, qualquer outra função, cargo ou emprego, mesmo que se trate de um cargo sujeito a demissão *ad nutum*, ou seja, que permitam demissão independentemente de aviso prévio ou outro condicionante qualquer. A exemplo têm-se os cargos comissionados, ou cargos em confiança, ou contratos em período de experiência.

Já as *incompatibilidades negociais* são as que vedam aos congressistas firmarem contrato com as entidades mencionadas acima, salvo se forem contratos com *cláusulas uniformes* (art. 54, I, *a*), isto é, contratos que contenham cláusulas padronizadas para qualquer contratante, os chamados *contratos de adesão*. Justifica-se a ressalva, vez que não pode o parlamentar ser privado de firmar, *v.g.*, contratos de prestação de serviço com empresa de telefonia (concessionária de serviço público), ou com um banco público, como o Banco do Brasil ou a Caixa Econômica Federal. Ademais, por se tratar de contrato com cláusulas padronizadas para qualquer pessoa, não haveria, em princípio, nenhuma aferição de vantagem indevida ou privilégio em virtude do cargo de congressista exercido. Dessa forma, estaria preservado o princípio da isonomia. É que a própria Constituição prevê tais incompatibilidades buscando resguardar tanto o próprio decoro e ética no exercício do mandato parlamentar quanto a moralidade na Administração Pública, vedando o tráfico de influência que poderia acontecer no caso do parlamentar poder contratar com as entidades públicas.

As *incompatibilidades políticas* não permitem que o parlamentar exerça mais de um cargo ou mandato eletivo, cumulativamente (art. 54, II, *d*). Da mesma forma que nas incompatibilidades funcionais, proíbe-se o exercício de outra função ou cargo juntamente com o de parlamentar. A diferença é que aqui a proibição recai, especificamente, sobre a cumulação de mais de um cargo ou mandato público. Assim, a título de ilustração, não pode o Deputado ser, ao mesmo tempo, Prefeito, ou o Senador ser, também, Deputado Estadual, como era permitido sob a égide da Constituição de 1967, durante o Regime Militar. Sendo assim, por exemplo, caso um congressista seja candidato a Prefeito de algum município, e vença a eleição, somente poderá exercer este cargo se renunciar ao mandato legislativo.

Por fim, as *incompatibilidades profissionais* proíbem os parlamentares de serem proprietários, diretores, controladores ou mesmo exercerem função remunerada em empresa (privada) que aufira benefício advindo de contrato firmado com pessoa jurídica de direito público (art. 54, II, *a*); ou de patrocinar causa em que sejam interessadas: pessoa jurídica de direito público, autarquia, empresa pública, sociedade de economia mista ou empresa concessionária de serviço público (art. 54, II, *c*). De se evidenciar que *patrocinar causa* quer significar exercer o *ius postulandi*, ou seja, exercer atos de advocacia. Assim, a vedação é no sentido de proibir que o parlamentar que seja advogado, tenha sob seu patrocínio, ou de escritório em que seja sócio, causas que tenham como interessadas as entidades acima referidas.

Percebe-se claramente que as incompatibilidades estabelecidas no dispositivo sob comento possuem, em comum, o escopo de evitar que o congressista exerça tráfico de influência, utilizando a importância que decorre do mandato legislativo que exerce para aferir benefícios particulares, inclusive, em detrimento do interesse público, violando o princípio da igualdade.

O artigo contém dois incisos que estabelecem marcos iniciais diferentes, de modo que as proibições do inciso I dão-se a partir da *diplomação*, e as do inciso II, a partir da *posse* do congressista. Ora, se a finalidade das incompatibilidades é garantir que o parlamentar não aufira benefícios ilícitos, ou utilize o múnus público que exerce no Poder Legislativo, para angariar vantagens particulares, parece que seria de melhor tom que todas elas incidissem a partir da posse, que é ato que se dá antes da diplomação, sendo certo que o parlamentar já exerce sua influência desde a posse, senão, da conclusão da eleição.

Outra questão que merece ser mencionada é a redundância encontrada no disposto na alínea *b* do inciso I (aceitar ou exercer cargo, função ou emprego remunerado, inclusive os de que sejam demissíveis *ad nutum*, nas entidades constantes da alínea anterior) e na alínea *b* do inciso II (ocupar cargo ou função de que sejam demissíveis *ad nutum*, nas entidades referidas no inciso I, *a*). Parece-nos óbvio que o disposto na alínea *b* do inciso II já está previsto na alínea *b* do inciso I. *Ocupar* cargo ou função não é diferente de *aceitar* ou *exercer* cargo ou função. O que se diferenciou foi a *extensão* da proibição e o marco inicial para sua incidência, de modo que no inciso I ocorre a partir da expedição do diploma e, no inciso II, desde a posse. Sendo assim, desde a posse fica o parlamentar proibido de "ocupar cargo ou função de que sejam demissíveis *ad nutum*, nas entidades referidas no inciso I, *a*" (art. 54, II, *b*). E, desde a expedição do diploma, ocorre a proibição do parlamentar "aceitar ou exercer cargo, função ou emprego remunerado", sejam ou não demissíveis *ad nutum* nas mesmas entidades referidas no inciso I, *a*. De qualquer forma, perderá o mandato o congressista que violar qualquer das vedações impostas.

Art. 55. Perderá o mandato o Deputado ou Senador:

I – que infringir qualquer das proibições estabelecidas no artigo anterior;

II – cujo procedimento for declarado incompatível com o decoro parlamentar;

III – que deixar de comparecer, em cada sessão legislativa, à terça parte das sessões ordinárias da Casa a que pertencer, salvo licença ou missão por esta autorizada;

IV – que perder ou tiver suspensos os direitos políticos;

V – quando o decretar a Justiça Eleitoral, nos casos previstos nesta Constituição;

VI – que sofrer condenação criminal em sentença transitada em julgado.

§ 1º É incompatível com o decoro parlamentar, além dos casos definidos no regimento interno, o abuso das prerrogativas asseguradas a membro do Congresso Nacional ou a percepção de vantagens indevidas.

§ 2º Nos casos dos incisos I, II e VI, a perda do mandato será decidida pela Câmara dos Deputados ou pelo Senado Federal, por maioria absoluta, mediante provocação da respectiva Mesa ou de partido político representado no Congresso Nacional, assegurada ampla defesa.

§ 3º Nos casos previstos nos incisos III a V, a perda será declarada pela Mesa da Casa respectiva, de ofício ou mediante provocação de qualquer de seus membros, ou de partido político representado no Congresso Nacional, assegurada ampla defesa.

§ 4º A renúncia de parlamentar submetido a processo que vise ou possa levar à perda do mandato, nos termos deste artigo, terá seus efeitos suspensos até as deliberações finais de que tratam os §§ 2º e 3º.

Lenio Luiz Streck
Marcelo Andrade Cattoni de Oliveira
Dierle Nunes
Diogo Bacha e Silva[1]

1. Histórico da norma

O *caput*, incisos I a VI e §§ 1º ao 3º, são do texto original da CF. O § 4º foi acrescentado pela Emenda Constitucional de Revisão n. 6, de 7 de junho de 1994.

2. Constituições anteriores

Constituição de 1824 (ausente); Constituição de 1891, art. 23 e 24; Constituição de 1934, art. 33; Constituição de 1937, art. 43; Constituição de 1946, art. 48, §§ 1º e 2º; Constituição de 1967, art. 37; Constituição de 1969, art. 35.

3. Dispositivos constitucionais relacionados

Arts. 15, 57, §§ 1º, 4º e 6º, e 58, § 4º.

4. Constituições estrangeiras

Constituição Portuguesa, art. 160º.

5. Legislação

Regimentos Internos do Senado Federal e da Câmara dos Deputados, art. 244; Resolução n. 25/2001 da Câmara dos Deputados; Código de Ética da Câmara dos Deputados, arts. 4º e 5º; Código Penal, arts. 47, I e 92, I.

6. Jurisprudência

ADI 3.999 e ADI 4.086 (partidos políticos possuem legitimidade ativa para postularem o respeito ao princípio da fidelidade partidária perante o TSE, que possui competência para processar e julgar tais ações); MS 26.604 (perde o direito de continuar exercendo o mandato o parlamentar que se desfiliar do partido pelo qual foi eleito, por quebra da fidelidade partidária). No mesmo sentido: MS 26.602, MS 26.603; MS 23.388 (ato da Mesa da Câmara dos Deputados, em procedimento interno de cassação de mandato por quebra do decoro parlamentar configura-se ato *interna corporis*, não cabendo, no âmbito do mandado de segurança, ao Judiciário discutir o mérito de tal deliberação); MS 26.900-MC (todos os Deputados e Senadores possuem interesse legítimo no

---

1. Colaborou na elaboração do comentário o pesquisador Hudson Freitas, Mestre e Doutorando em Direito Público pela PUC Minas. Professor e Advogado em Minas Gerais.

desfecho de Sessão deliberativa extraordinária do Senado Federal que decide sobre a perda de mandato do presidente do Congresso Nacional, visto que, somados, compõem o Poder Legislativo, que é exercido pelo Congresso Nacional); MS 21.861 (ao Judiciário não cabe exercer controle sobre o mérito de processo de cassação de mandato por quebra de decoro parlamentar, ainda mais quando verificado o respeito ao contraditório); MS 25.579-MC (ao congressista, ainda que licenciado, cumpre guardar estrita observância às vedações e incompatibilidades inerentes ao estatuto constitucional do congressista, assim como às exigências ético-jurídicas que a Constituição e os regimentos internos das casas legislativas estabelecem como elementos caracterizadores do decoro parlamentar); MS 25.647-MC (em processo parlamentar de perda de mandato, não se admite aproveitamento de prova acusatória produzida após as provas de defesa, sem oportunidade de contradição real, vez que deve ser respeitado o devido processo legal); ADI 2.461 e ADI 3.208 (é inconstitucional Emenda à Constituição de Estado que estabeleça que o processo de perda de mandato se dê por voto aberto, quando a Constituição da República estabelece o contrário. Ocorre, assim, violação de limitação expressa ao Poder Constituinte Decorrente do Estado-membro); MS 25.461 (em hipótese de extinção de mandato parlamentar, a sua declaração pela Mesa é ato vinculado à existência do fato objetivo que a determina, cuja realidade ou não o interessado pode induvidosamente submeter ao controle jurisdicional); MS 25.458 (comunicada a decisão à Presidência da Câmara dos Deputados, cabe a esta dar posse imediata ao suplente do parlamentar que teve seu diploma cassado); AP 333 (a renúncia do réu produz plenos efeitos no plano processual, o que implica a declinação da competência do Supremo Tribunal Federal para o juízo criminal de primeiro grau); ADI 5.081 (a perda do mandato por infidelidade partidária só ocorre no sistema proporcional. O sistema majoritário tem lógica diversa e, eventualmente, sua aplicação nessa hipótese ocasionaria a vulneração da soberania popular); MS 34.327 (a suspensão do exercício do mandato do parlamentar em sede cautelar penal não gera direito à suspensão do processo de cassação que ocorrerá normalmente até seu término); AP 396 (renúncia de mandato parlamentar na véspera do julgamento não acarreta a perda da competência do STF para o julgamento); AP 536 (a renúncia ao mandato parlamentar mesmo após o fim da instrução processual acarreta a modificação da competência, desde que não haja risco da prescrição); AP 694 (nos casos em que a condenação exigir mais de 120 dias em regime fechado, a declaração da perda de mandato é uma consequência lógica); AP 996 (a perda do mandato nos casos de condenação criminal transitada em julgado não é automática. A Casa Legislativa deve decidir e não meramente declarar).

7. Seleção de literatura

BIM, Eduardo Fortunato. *A Cassação de Mandato por Quebra de Decoro Parlamentar*: sindicabilidade jurisdicional e tipicidade. Revista de Informação Legislativa, Brasília, ano 43, n. 169, jan./mar. 2006. Disponível em: <http://www.senado.gov.br/web/cegraf/ril/Pdf/pdf_169/R169-06.pdf>. Acesso em: 21 mar. 2009. 90 p.; CRETELLA JR., José. *Elementos de Direito Constitucional*. 4ª ed. São Paulo: Revista dos Tribunais, 2000; FREITAS, Juarez. *O Controle dos Atos Administrativos e os Princípios Fundamentais*. 3ª ed. São Paulo: Malheiros, 2004; HESSE, Konrad. *Elementos de Direito Constitucional da República Federal da Alemanha*. Tradução de Luís Afonso Heck. Porto Alegre: Sérgio Antônio Fabris Editor, 1998; HORTA, Raul Machado. *Direito Constitucional*. 4ª ed. Belo Horizonte: Del Rey, 2003; LEITE, Suzana Cristina. Perda de Mandato por Quebra de Decoro Parlamentar: tramitação na Câmara dos Deputados sob a ótica da Constituição Federal de 1988 e seus princípios. BDJur. Agosto de 2006. Disponível em: <http://bdjur.stj.gov.br/dspace/bitstream/2011/16408/1/Perda_de_mandato_por_quebra_de_decoro_parlamentar.pdf>. Acesso em: 21 mar. 2009. 30 p.; MENDES, Gilmar; BRANCO, Paulo Gustavo Gonet. *Curso de Direito Constitucional*. 17ª ed. São Paulo: Saraiva, 2022; PINTO FERREIRA, Luís. *Curso de Direito Constitucional*. 7ª ed. São Paulo: Saraiva, 1995; RUSSOMANO, Rosah. *Curso de Direito Constitucional*. 2ª ed. São Paulo: Saraiva, 1972; SCHWARTZ, Bernard. *Direito Constitucional Americano*. Rio de Janeiro: Forense, 1966; SILVA, José Afonso da. *Curso de Direito Constitucional Positivo*. 44ª ed. Salvador: JusPodivm, 2022; BAHIA, Alexandre et al. O Caso Cunha no STF e a defesa da integridade constitucional: a decisão liminar na AC 4070 e o sentido adequado das prerrogativas e imunidades parlamentares. Disponível em: <http://emporiododireito.com.br/leitura/o-caso-cunha-no-stf-e-a-defesa-da-integridade-constitucional-a-decisao-liminar-na-ac-4-070-e--o-sentido-adequado-das-prerrogativas-e-imunidades-parlamentares-por-alexandre-gustavo-melo-franco-de-moraes-bahia-bernardo-goncalves-fernandes-diogo-bacha-e>; BAHIA, Alexandre; BACHA E SILVA, Diogo; CATTONI DE OLIVEIRA, Marcelo Andrade. O caso Delcídio – imunidades parlamentares e princípio da separação de poderes no Estado Democrático de Direito: breves comentários a partir da decisão do STF na Ação Cautelar n. 4039. Disponível em: <http://emporiododireito.com.br/leitura/o-caso-delcidio-imunidades-parlamentares-e-principio-da-separacao-de-poderes-no-estado-democratico-de-direito-breves-comentarios-a-partir-da-decisao-do-stf-na-acao-cautelar-n-4039-por-alexandre-gustavo-melo-franco-de-moraes-bahia-diogo-bacha-e-silv>; FERNANDES, Bernardo Gonçalves. *Curso de Direito Constitucional*. 15ª ed. Salvador: JusPodivm, 2023.

8. Comentários

No art. 54, como visto, a CF estabelece as denominadas *incompatibilidades* ou *vedações* impostas aos Deputados e Senadores, determinando atitudes, comportamentos ou ações que o parlamentar estaria proibido de desenvolver/desempenhar concomitantemente com o exercício do mandato, ou em razão dele.

O principal escopo das incompatibilidades, por certo, é garantir a independência do Poder Legislativo, bem como sua atuação harmônica com os demais poderes. Daí as vedações estipuladas no sentido de impedir que o congressista transforme o mandato que exerce em um "balcão de negócios", em uma propriedade particular ou em instrumento para aferir vantagens pessoais.

Não custa lembrar que o parlamentar exerce o mandato em caráter *representativo* e, não, *particular*. E que tal representação está ancorada no princípio da Soberania Popular. Ou seja, o próprio Poder Legislativo só existe como tal por ser uma *extensão*, um corolário da Soberania Popular (parágrafo único do art. 1º da CF: *todo o poder emana do povo, que o exerce por meio de representantes eleitos ou diretamente, nos termos desta Constituição* (destaque nosso).

Nessa esteira, estabelecidas as vedações, determina agora a CF, no art. 55, a sanção pelo seu desrespeito, qual seja, a *perda do mandato*. Assim é estabelecido já no inciso I do dispositivo, ao prescrever que se o Deputado ou Senador *infringir qualquer das proibições estabelecidas no artigo anterior*, ou seja, no art. 54, perderá o mandato (leia-se, perderá o direito de exercer o mandato, vez que o mandato não lhe pertence, mas ao *povo*, único detentor do poder, conforme o princípio da Soberania Popular, sendo certo que o exercício do mandato, via representação, passa necessariamente pela instituição *partido político*).

Entretanto, não são somente as proibições previstas no art. 54 que ensejam, se descumpridas, a perda do mandato. Com efeito, a CF, no art. 55, estabelece outras hipóteses que denotam a perda do mandato parlamentar nos seus incisos. Em se configurando tais hipóteses, a perda do mandato ocorrerá por *cassação* ou *extinção*.

A *cassação* se dá quando o parlamentar incorre em *falta funcional* a ser punida por essa sanção. Ou seja, praticando atos que sejam considerados incompatíveis com o exercício da função legislativa, terá o congressista o direito de exercer o mandato *cassado*.

As hipóteses de *cassação* do mandato são previstas nos incisos I, II e VI do art. 55, referindo-se exatamente a atos considerados incompatíveis com o exercício do mandato: I – violação dos impedimentos previstos no art. 54; II – quebra do decoro parlamentar; VI – condenação criminal transitada em julgado.

Como se percebe, estas hipóteses evidenciam atos que se mostram incompatíveis com o exercício do mandato parlamentar, vale dizer, não há como praticar tais atos e, ao mesmo tempo, exercer o mandato legislativo.

Nos casos de cassação do mandato, configurada a hipótese, *a perda do mandato será decidida pela Câmara dos Deputados ou pelo Senado Federal, por voto secreto e maioria absoluta, mediante provocação da respectiva Mesa ou de partido político representado no Congresso Nacional, assegurada ampla defesa* (§ 2º, art. 55).

Percebe-se que as hipóteses de cassação, mesmo que evidenciadas, não implicam *perda automática* do mandato, vez que a questão deverá ser decidida pela Casa respectiva, na forma do § 2º do art. 55. Assim, nem mesmo o caso de condenação criminal por sentença transitada em julgado implica a perda automática do mandato, dependendo do procedimento de cassação a ser decidido pela Casa respectiva, o que pode resultar na hipótese de um congressista já condenado criminalmente permanecer exercendo o mandato, caso seja absolvido pelos seus pares no procedimento de cassação ou, mesmo, caso sequer seja contra ele instaurado o procedimento, cujo início depende, como visto, de provocação da Mesa respectiva ou de partido político com representação no Congresso Nacional. No entanto, conforme definido em entendimento recente, há hipótese de condenação criminal transitada em julgado que não será decidida pela Casa Legislativa. Trata-se de casos em que o parlamentar for condenado criminalmente em regime fechado e, diante da impossibilidade da continuidade do comparecimento em 1/3 das sessões legislativas, antes do preenchimento dos requisitos temporais para a progressão, qual seja, 1/6 da pena, caberá a Casa Legislativa se antecipar e apenas declarar a perda do mandato.

E, mesmo se iniciado o processo de cassação, esta dependerá, ainda, de ser aprovada pela maioria absoluta dos membros da Casa respectiva, a ser aferida *por voto secreto*. Mas não é possível confundir *voto secreto* com *sessão secreta*. Com efeito, tal distinção é necessária diante, por exemplo, do art. 25 da Resolução n. 93, de 1970 (Regimento Interno do Senado Federal), que prescreve que, *se algum Senador praticar, dentro do edifício do Senado, ato incompatível com o decoro parlamentar ou com a compostura pessoal, a Mesa dele conhecerá e abrirá inquérito, submetendo o caso ao Plenário, que deliberará em sessão secreta, no prazo improrrogável de dez dias úteis*.

No âmbito do processo de cassação – e aqui vem o ponto fulcral –, prescreve a Constituição o uso do *voto secreto*. Mas a Constituição não fala em sessão secreta. Aliás, nesse contexto, é importante lembrar decisão do STF no recente episódio envolvendo o processo de cassação do ex-presidente do Senado Federal, Senador Renan Calheiros, no MS-MC 26900, entendendo, em decisão apertada (seis votos contra quatro), que todos os parlamentares possuem interesse em assistir às sessões de julgamento em processos de cassação, em face do sistema bicameral adotado pela CF/88 para o Poder Legislativo da União (Congresso Nacional). Mesmo que a decisão tenha sido correta, ainda assim cabe discordar da posição de parte do STF (quatro votos) que, mesmo diante de claro texto constitucional, defendeu a abstenção do Judiciário em casos envolvendo decisões internas do Congresso Nacional ou de suas Casas, invocando, como barreira intransponível, o caráter *interna corporis* de tais situações. Entendemos que a harmonia exigida entre os Poderes certamente não permite que um ato de um Poder, que possa ser atentatório ao sistema de direitos imposto pela Constituição, veja-se imune ao controle externo e jurisdicional, mormente quando se trata de questão envolvendo controle de constitucionalidade. Fosse possível o Regimento Interno do Senado (ou da Câmara dos Deputados) dispor de alguma matéria diferentemente do constante na Constituição e estaríamos abrindo mão da rigidez constitucional, fazendo um retorno à discussão anterior ao caso Marbury v. Madison.

O próprio Senado Federal aprovou Resolução para extinguir a sessão secreta nas hipóteses do processo de cassação de mandato parlamentar, dando nova redação ao art. 197, I do Regimento Interno do Senado Federal, que revoga a utilização da sessão secreta em processos de cassação de mandato parlamentar. O PSOL, no mesmo contexto, ajuizou a ADI pleiteando a declaração de inconstitucionalidade do art. 197, inc. I, *c*, do Regimento Interno do Senado Federal por ofensa ao princípio da publicidade. Tendo em conta a modificação, a referida ação perderá seu objeto.

Interessante questão exsurge da combinação do inciso IV do art. 55 e o parágrafo segundo do art. 55. Com efeito, o art. 55, no inciso IV, prescreve que perderá o mandato o parlamentar que *tiver suspensos os direitos políticos*, sendo certo que uma das causas de suspensão de direitos políticos é exatamente a *condenação criminal transitada em julgado, enquanto durarem seus efeitos* (art. 15, III). Nesse sentido, se entendermos que não há como se realizar uma interpretação adequada quando se busca interpretar isoladamente um dispositivo legal, *in casu*, o § 2º do art. 55, deveríamos optar por um "processo hermenêutico" que vai do todo para a parte e da parte para o todo, isto é, a partir do círculo hermenêutico. Com isso, objetiva-se a preservação da coerência e da integridade do sistema de direitos estabelecido pela Constituição. Ora, a exigência do § 2º do art. 55, como se percebe de sua prescrição, refere-se a hipóteses em que se deve garantir ao parlamentar que veja contra si instaurado processo de cassação, o exercício da ampla defesa, como extensão necessária do princípio do devido processo legal.

Assim é que tal dispositivo estabelece um rito especial, exigindo que seja instaurado um processo de perda de mandato, por iniciativa da Mesa da Câmara dos Deputados ou do Senado Federal, ou por iniciativa de partido político representado no Congresso Nacional e que a decisão seja tomada por maioria absoluta dos membros da Casa respectiva.

Percebe-se, assim, que a Constituição prescreve um rito processual visando a implementação do devido processo legal, garantindo-se, assim, a ampla defesa ao acusado. Isso faz todo o sentido e está de pleno acordo e harmonia com o sistema de direitos fundamentais instituído pela Carta Magna, quando se trata das hipóteses constantes dos incisos I (que infringir qualquer das proibições estabelecidas no artigo anterior) e II (cujo procedimento for declarado incompatível com o decoro parlamentar), ambos do art. 55, vez que tais dispositivos cuidam de casos que devem ser devidamente comprovados, cabendo a produção de provas, necessitando, portanto, da instauração do contraditório e garantindo-se a ampla defesa.

Mas, quando se trata da hipótese do inciso VI (que sofrer condenação criminal em sentença transitada em julgado) do art. 55, a lógica deve, necessariamente, ser alterada. Isso porque, se houve uma condenação criminal transitada em julgado, já houve um processo que se desenrolou perante o Poder Judiciário, sendo certo que o trânsito em julgado da decisão pressupõe que, no decorrer do processo, foi implementado o devido processo legal, e, por decorrência, foram garantidos o contraditório e a ampla defesa.

Dessa forma, acerca da conduta criminosa, nada mais pode ser auferido, não podendo o Poder Legislativo olvidar de uma decisão dada pelo Poder Judiciário, sob pena de grave afronta ao Princípio da Separação dos Poderes, que, se reclama a independência entre os Poderes, exige a atuação harmônica entre eles. Está-se diante, neste caso, do instituto da coisa julgada.

Nada obstante, a ressalva criada pelo § 2º do art. 55, que também exige a instauração do processo de cassação em casos de condenação criminal transitada em julgado, possibilita, ou mais, obriga a que seja discutido em plenário, não mais se houve já o trânsito em julgado da sentença criminal, mas o tipo de crime cometido e sua relevância/gravidade. Dessa forma, visa-se preservar a atuação do Poder Legislativo, que, afinal, é composto pelos parlamentares eleitos que o integram.

Nessa esteira, terá o congressista que responder a processo de cassação pela hipótese do inciso VI do art. 55, exercendo a ampla defesa, a oportunidade de demonstrar que o crime cometido não possui gravidade com relevância tal que possa comprometer a sua atuação parlamentar. Esse é o ponto de estofo da ressalva constitucional. Mas, ainda assim, cabe a seguinte questão: afinal, que tipo de crime, estando a sentença transitada em julgado, seria grave o suficiente para ensejar a perda automática do mandato, incidindo-se o inciso IV e o § 3º, e qual acarretaria a necessidade de instauração de um processo de cassação, nos termos do inciso VI e do § 2º?

Ora, nos termos do disposto no art. 55, evidencia-se que o legislador constituinte criou uma situação específica, no sentido de que, para o parlamentar em exercício do mandato, a condenação criminal transitada em julgado não configura a perda automática dos direitos políticos e, em consequência, não importa em cassação automática do mandato, excetuando a hipótese de imposição de regime fechado e ocorrer a falta do parlamentar a um terço das sessões legislativas ordinárias, cabendo a mesa se adiantar e declarar a perda do mandato.

Assim, conclui-se que: a) se o parlamentar perder, ou tiver suspensos, seus direitos políticos, nos termos do art. 15, I (cancelamento da naturalização por sentença transitada em julgado), II (incapacidade civil absoluta), IV (recusa de cumprir obrigação a todos imposta ou prestação alternativa nos termos do art. 5º, VIII) e V (improbidade administrativa, nos termos do art. 37, § 4º), incidirá a norma do art. 55, IV, § 3º. Dessa forma, ocorrerá a cassação automática do mandato; b) mas, se o parlamentar tiver sido condenado criminalmente, com sentença transitada em julgado, deverá ser observado o trâmite do § 2º do art. 55, de modo que, neste caso, a suspensão dos direitos políticos não ocorrerá de forma automática. Será, assim, discutido, em plenário, sobre o tipo do crime cometido e sobre se a intensidade da sua gravidade demanda a cassação do mandato. De qualquer forma, a dúvida permanece: que tipo de crime seria grave o suficiente para ensejar a perda do mandato e que tipo de crime seria brando o suficiente para permitir que o parlamentar condenado possa permanecer exercendo o mandato?

Tal opção do legislador constituinte nos parece desafortunada, vez que quebra o código binário do direito (ora, ou houve condenação criminal transitada em julgado, ou não houve) e, mais, permite que o corporativismo transforme o mandato e seu exercício em propriedade particular dos parlamentares que poderão negociar, a seu talante, sobre a cassação ou não de seus colegas. De todo modo, trata-se de um problema a ser resolvido *de lege ferenda* e/ou a partir da institucionalização de uma tradição interpretativa, a ser aplicada respeitando a coerência e a integridade. Nesse sentido, parece correto afirmar que crimes contra o patrimônio, a administração pública em geral, atentados dolosos contra a vida (incluídos os delitos sexuais), devem fazer parte de um "núcleo duro" de hipóteses de perda de mandato. Isto é, essa modalidade de crimes não poderia ensejar absolvição do parlamentar por seus pares.

Registre-se que a jurisprudência do STF é no sentido de que, mesmo sendo a condenação criminal transitada em julgado causa de suspensão de direitos políticos e, também, de perda do mandato, esta não se dá de forma automática, exigindo-se seja instaurado processo de cassação e dependendo a perda do mandato de aprovação, pelo menos, da maioria absoluta dos membros da Casa respectiva (§ 2º, art. 55) (AP 996). Trata-se de uma forma de garantir também o exercício do mandato que decorre, afinal, da soberania popular.

Entretanto, mesmo não sendo automática a perda do mandato para as hipóteses dos incisos I, II e VI, exigindo-se, por se tratar a cassação de caso de *falta funcional*, a exigir a verificação/apuração por seus pares, por meio do *processo de cassação*, não parece certo que a decisão deva ser absolutamente *política e discricionária*. Dessa forma, caso a Casa respectiva "absolva", em processo de cassação, parlamentar que tenha sobre si condenação criminal transitada em julgado, esta decisão estaria sujeita ao controle jurisdicional, não podendo ser tida por absoluta ou com força de fazer coisa julgada. Obviamente, tal raciocínio se estende aos demais casos de cassação (incisos I e II do art. 55).

Quanto ao decoro parlamentar, o § 1º do art. 55 atesta seja-lhe incompatível o *abuso das prerrogativas* dadas aos congressistas, ou seja, as imunidades materiais e processuais e as prerrogativas trazidas no art. 53. Além disso, remete ao regimento interno do Congresso Nacional e de suas Casas que definirão os casos de quebra de decoro parlamentar.

A Câmara dos Deputados, por exemplo, trata da questão no art. 244 de seu regimento interno e no seu Código de Ética e Decoro Parlamentar (Resolução n. 25, de 2001), nos arts. 4º e 5º.

De todo modo, de se entender que qualquer lista de hipóteses de quebra de decoro parlamentar, trazida no regimento interno do Congresso Nacional ou de uma de suas Casas, trará um rol exemplificativo, e não taxativo, vez que somente à Constituição caberia criar uma lista taxativa.

Em geral, pode-se dizer que qualquer ato praticado pelo parlamentar se utilizando do mandato que exerce para aferir benefício particular, para si ou terceiro, configura quebra de decoro parlamentar.

Ora, o parlamentar, assim como qualquer agente público, de qualquer dos três poderes ou de qualquer estrutura estatal, seja ele um servidor ou mesmo o Presidente da República ou um Ministro do Supremo Tribunal Federal, que exerce, por delegação/representação parcela do poder público, deve obediência aos princípios da administração pública, trazidos no art. 37 da CF. A expressão *administração pública*, constante do referido art. 37, refere-se a todos os poderes e instituições, de direito público ou privado, mas que exercem função pública e, assim, os princípios ali elencados aplicam-se a todos os agentes que integram tais estruturas.

Portanto, os integrantes do poder legislativo estão submetidos aos princípios da administração pública, e a quebra do decoro parlamentar, mais que uma infração funcional, afronta o princípio da *moralidade pública*. Isso, por si só, justifica a sanção da perda do mandato.

Dito isso sobre a cassação, cumpre agora falar sobre a *extinção* do mandato que se dá quando da ocorrência de fato ou ato que torne inexistente ou que torne nula a investidura no cargo eletivo, como, por exemplo, a renúncia, morte, ou as hipóteses dos incisos III, IV e V do art. 55, quais sejam, o não comparecimento, em cada sessão legislativa, à terça parte das sessões ordinárias, a perda ou suspensão de direitos políticos ou quando decretado pela Justiça Eleitoral nos casos previstos na CF.

Diversamente do que ocorre na cassação, a extinção do mandato será dada pela Mesa da Casa respectiva, de ofício ou mediante provocação de qualquer de seus membros ou de partido político com representação no Congresso Nacional, assegurada a ampla defesa (§ 3º, art. 55). Ou seja, ocorrida a hipótese de extinção do mandato, não caberá deliberação política a ser aferida em votação pelos pares, mas de decretação por parte da Mesa.

Na hipótese do inciso V, em que extinção do mandato advier de decisão a Justiça Eleitoral, destacam-se: os casos do art. 121, § 4º, III (decisões que *versarem sobre inelegibilidade ou expedição de diplomas nas eleições federais ou estaduais*) e IV (decisões que *anularem diplomas ou decretarem a perda de mandatos eletivos federais ou estaduais*); os casos do art. 14, §§ 10 e 11, que tratam da *ação de impugnação de mandato eletivo*, pela qual qualquer interessado pode requerer, perante a Justiça Eleitoral, a impugnação de mandato eletivo quando houver prova de abuso do poder econômico, corrupção ou fraude (ocorridos durante a campanha eleitoral); quando de apreciação de pedido de perda do mandato por prática de *infidelidade partidária*.

Sobre a fidelidade partidária, o STF, nos Mandados de Segurança n. 26.602/DF, n. 26.602/DF e n. 26.604/DF, todos do ano de 2007, firmou o entendimento de que a troca de legenda/partido político, feita pelo congressista que abandona a legenda pela qual foi eleito, resulta em quebra da *fidelidade partidária*, ensejando a *extinção do mandato*.

Entendeu, também, a Corte Superior que a troca de partido não configuraria infidelidade partidária quando o próprio partido modificar sua orientação ideológica ou quando houver comprovação de perseguição política feita pelo partido em face do congressista.

Fixou, ademais, o Pretório Excelso, a competência da Justiça Eleitoral para decidir sobre pedidos de extinção do mandato ao argumento de quebra da fidelidade partidária. Entretanto, nos parece que a referida decisão do STF não foi de todo acertada, na parte em que o mandato pertenceria ao *Partido Político* e não ao parlamentar. A Corte Maior, ao assim decidir, apenas deslocou o problema, mantendo, ainda assim, entendimento incorreto sobre a origem do direito de exercer mandatos eletivos, qual seja, o princípio da Soberania Popular.

Ademais, o inciso V do art. 55 aponta para os casos de perda do mandato *quando o decretar a Justiça Eleitoral, nos casos previstos nesta Constituição*. Ocorre que a Constituição não prevê a perda do mandato por quebra da fidelidade partidária.

De fato, a Constituição prescreve, em seu art. 17, § 1º, que os Partidos Políticos possuem autonomia para definir seu funcionamento, estrutura e organização e que, em seus estatutos, deverão estabelecer normas de disciplina e fidelidade partidária.

Assim, a Constituição não prescreve, expressamente, que a quebra da fidelidade partidária acarretaria, automaticamente, perda do mandato, mas remete a questão aos Partidos Políticos.

Dessa forma, deve-se observar o que dispõe o estatuto do Partido Político ao qual o parlamentar estava filiado e pelo qual fora eleito, aplicando o que nele estiver disposto.

De qualquer forma, não pode entender que o mandato eletivo seja uma *propriedade*, seja daquele que o exerce, seja do Partido Político a que esteja filiado e pelo qual tenha sido eleito. O mandato eletivo é um instrumento de implementação da democracia representativa, que decorre do *poder político*, que, por sua vez, pertence exclusivamente ao *povo*, em decorrência da *Soberania Popular*. Os Partidos Políticos, por sua vez, são também instrumentos/instituições que viabilizam a canalização das variadas ideologias e concepções políticas (valores éticos, religiosos, econômicos, estéticos etc.) que pululam numa sociedade marcada pelo pluralismo. Nessa esteira, os Partidos Políticos e os mandatos eletivos (seja no Poder Legislativo, seja no Executivo, pelo critério proporcional ou majoritário) são instrumentos de implementação da democracia representativa e, mais especificamente quanto aos mandatos eletivos, estes não são propriedade nem daquele que o exerce, tampouco do Partido Político.

Portanto, entendemos que seja possível e adequada a interpretação da Constituição no sentido de que a troca de partido político, de maneira absolutamente injustificada (do ponto de vista do respeito ao princípio da Soberania Popular), que se dê por vontade ou interesse estritamente particular por parte do parlamentar, resultaria na perda do direito de exercer o mandato, por quebra da fidelidade partidária, que, por sua vez, é um corolário do princípio da Soberania Popular.

Por fim, o § 4º, acrescido ao art. 55 pela Emenda Constitucional de Revisão n. 6/1994, pôs termo à antiga dúvida sobre se o pedido de renúncia de parlamentar, após instauração de processo de cassação, levaria à perda de objeto do processo, ou se a cassação ainda assim poderia ser levada a cabo. Agora, caso o congressista apresente sua renúncia após já iniciado processo, seja de cassação, seja de extinção do mandato, a renúncia *terá seus efeitos suspensos até as deliberações finais* daqueles processos. Assim, se a perda do mandato, ao fim, for decretada, será efetivada, sendo que o pedido de renúncia é que perderá seu objeto.

Dessa forma, nas hipóteses de processo de cassação por infringência aos casos de incompatibilidades (art. 55, I), ou por quebra de decoro parlamentar (art. 55, II), que ensejam, além da perda do mandato, também a declaração da inelegibilidade do parlamentar, por oito anos, nos termos do art. 1º, I, *b*, da Lei Complementar n. 64/1990 (lei das inelegibilidades), o pedido de renúncia apresentado após iniciado o processo de cassação não isentará o parlamentar da perda do mandato e da declaração de inelegibilidade.

Mais, deve-se analisar o pedido de renúncia do parlamentar e eventuais efeitos processuais que poderia acarretar. Como se sabe, a renúncia do parlamentar ao mandato acarretaria a modificação da competência, devendo o feito ser remetido para o julgamento em 1ª instância. No entanto, o STF considera que a renúncia realizada às vésperas do julgamento, visando uma possível prescrição, é a realização de uma fraude processual e, portanto, não acarretaria a modificação da competência, prolongando a competência do STF para o julgamento do caso, mesmo após o mandato. Em outro julgamento, no autos, na AP 536, caso Eduardo Azeredo, o Supremo Tribunal Federal considerou possível a modificação da competência do STF em caso de renúncia, desde que não houvesse o perigo da prescrição punitiva. Ficou pendente, no entanto, a proposta de saber em qual momento processual a renúncia não acarretaria a modificação da competência, uma vez que no primeiro houve renúncia às vésperas do julgamento e no outro após o fim da instrução processual. O Min. Barroso votou no sentido de que deveria ser regra que a renúncia não modificaria a competência após o recebimento da denúncia. No entanto, esta questão ficou pendente de julgamento.

Art. 56. Não perderá o mandato o Deputado ou Senador:

I – investido no cargo de Ministro de Estado, Governador de Território, Secretário de Estado, do Distrito Federal, de Território, de Prefeitura de Capital ou chefe de missão diplomática temporária;

II – licenciado pela respectiva Casa por motivo de doença, ou para tratar, sem remuneração, de interesse particular, desde que, neste caso, o afastamento não ultrapasse cento e vinte dias por sessão legislativa.

§ 1º O suplente será convocado nos casos de vaga, de investidura em funções previstas neste artigo ou de licença superior a cento e vinte dias.

§ 2º Ocorrendo vaga e não havendo suplente, far-se-á eleição para preenchê-la se faltarem mais de quinze meses para o término do mandato.

§ 3º Na hipótese do inciso I, o Deputado ou Senador poderá optar pela remuneração do mandato.

Lenio Luiz Streck
Marcelo Andrade Cattoni de Oliveira
Dierle Nunes
Diogo Bacha e Silva[1]

1. Histórico da norma

Redação original.

2. Constituições anteriores

Constituição de 1824, (ausente); Constituição de 1891 (ausente); Constituição de 1934, (ausente); Constituição de 1937 (ausente); Constituição de 1946, art. 51; Constituição de 1967, art. 38; Constituição de 1969, art. 36.

3. Dispositivos constitucionais relacionados

Arts. 37, XVI, § 4º; 46, § 3º; 84, I.

4. Constituições estrangeiras

Não encontrado em nenhuma Constituição dispositivo similar.

5. Legislação

Regimentos internos do Senado e Câmara dos Deputados, art. 45.

6. Jurisprudência

MS 25.579-MC (ao congressista, ainda que licenciado, cumpre guardar estrita observância às vedações e incompatibilidades inerentes ao estatuto constitucional do congressista, assim como às exigências ético-jurídicas que a Constituição e os regimentos internos das casas legislativas estabelecem como elementos caracterizadores do decoro parlamentar); MS 20.927 (não perde a condição de suplente o candidato diplomado pela justiça eleitoral que, posteriormente, se desvincula do partido ou aliança partidária pelo qual se elegeu); Inq 3.357 (parlamentar no exercício do cargo de Ministro de Estado mantém o foro perante o Supremo Tribunal Federal); MS 34.064 (a licença temporária do parlamentar não gera direito à sustação do processo de cassação, mas gera a impossibilidade de aplicação da sanção, eis que o afastamento implica impossibilidade lógica de cometimento de ato contrário à ética e ao decoro parlamentar).

7. Seleção de literatura

BIM, Eduardo Fortunato. A Cassação de Mandato por Quebra de Decoro Parlamentar: sindicabilidade jurisdicional e tipici-

---

1. Colaborou na elaboração do comentário o pesquisador Hudson Freitas, Mestre e Doutorando em Direito Público pela PUC Minas. Professor e Advogado em Minas Gerais.

dade. *Revista de Informação Legislativa*, Brasília, ano 43, n. 169, jan./mar. 2006. Disponível em: <http://www.senado.gov.br/web/cegraf/ril/Pdf/pdf_169/R169-06.pdf>. Acesso em: 21 mar. 2009. 90 p.; CRETELLA JR., José. *Elementos de Direito Constitucional*. 4ª ed. São Paulo: Revista dos Tribunais, 2000; FREITAS, Juarez. *O Controle dos Atos Administrativos e os Princípios Fundamentais*. 3ª ed. São Paulo: Malheiros, 2004; HESSE, Konrad. *Elementos de Direito Constitucional da República Federal da Alemanha*. Tradução de Luís Afonso Heck. Porto Alegre: Sérgio Antônio Fabris Editor, 1998; HORTA, Raul Machado. *Direito Constitucional*. 4ª ed. Belo Horizonte: Del Rey, 2003; LEITE, Suzana Cristina. Perda de Mandato por Quebra de Decoro Parlamentar: tramitação na Câmara dos Deputados sob a ótica da Constituição Federal de 1988 e seus princípios. *BDJur*. Agosto de 2006. Disponível em: <http://bdjur.stj.gov.br/dspace/bitstream/2011/16408/1/Perda_de_mandato_por_quebra_de_decoro_parlamentar.pdf> Acesso em: 21 mar. 2009. 30 p.; MENDES, Gilmar; BRANCO, Paulo Gustavo Gonet. *Curso de Direito Constitucional*. 17ª ed. São Paulo: Saraiva, 2022; PINTO FERREIRA, Luís. *Curso de Direito Constitucional*. 7ª ed. São Paulo: Saraiva, 1995; RUSSOMANO, Rosah. *Curso de Direito Constitucional*. 2ª ed. São Paulo: Saraiva, 1972; SCHWARTZ, Bernard. *Direito Constitucional Americano*. Rio de Janeiro: Forense, 1966; SILVA, José Afonso da. *Curso de Direito Constitucional Positivo*. 44ª ed. Salvador: JusPodivm, 2022; FERNANDES, Bernardo Gonçalves. *Curso de Direito Constitucional*. 15ª ed. Salvador: JusPodivm, 2023.

8. Comentários

O presente dispositivo elenca as hipóteses de afastamento do parlamentar, de suas funções, ensejando, assim, o não exercício do mandato legislativo, sem acarretar a perda do mandato.

O inciso I do art. 56 isenta da perda do mandato o parlamentar que se afastar do exercício do mandato legislativo para exercer cargo de Ministro de Estado, Governador de Território, Secretário de Estado, do Distrito Federal, de Território, de Prefeitura de Capital ou de chefe de missão diplomática temporária.

De se notar que se trata, todos, de cargos de livre nomeação do Chefe do Poder Executivo das unidades da federação, não se tratando de outros cargos eletivos ou abraçados pelas incompatibilidades.

Mesmo assim, como já dito acima nos comentários ao art. 54, se o parlamentar for investido num daqueles cargos, não poderá exercê-los e, ao mesmo tempo, o mandato legislativo. Deverá, nesse caso, licenciar-se da função parlamentar. Nessa hipótese, *Deputado ou Senador poderá optar pela remuneração do mandato* (§ 3º). Vale dizer, licenciando-se do mandato parlamentar para exercer algum dos cargos elencados no inciso I, o congressista perceberá, à sua escolha, ou a remuneração do mandato ou a do cargo em que for investido. Não poderá acumular os dois vencimentos.

O inciso II trata das possibilidades de licenciar-se o parlamentar, sem perder o mandato. São elas: a) por motivo de doença, pelo prazo que for necessário conforme necessidade médica. Nesse caso, permanece recebendo a remuneração; b) para tratar de interesse particular. Para tanto, deixará de receber a remuneração do mandato, enquanto permanecer a licença que, ademais, não poderá ser superior a cento e vinte dias por sessão legislativa. Vencido este prazo, se permanecer afastado, perderá o mandato o congressista.

Ainda, salutar mencionar que a licença temporária, seja ela para tratamento de saúde ou para tratar de interesse particular, exclui de per si a possibilidade de aplicação de sanção por quebra da ética e decoro parlamentar, muito embora não implique a necessidade de sustação do processo de cassação.

Conforme o § 1º, o suplente será convocado a assumir o mandato: a) quando o parlamentar licenciar-se para ser investido nos cargos elencados no inciso I; b) quando a licença, para fins particulares, exceder aos cento e vinte dias; c) nos casos de vaga, que poder ocorrer por morte, renúncia, ou nos casos de perda do mandato, por cassação ou extinção.

Já o § 2º determina que seja feita eleição quando ocorrer vaga e não houver suplente para assumir o mandato. Mas a eleição somente ocorrerá se, a contar da vaga, faltar mais de quinze meses para o término do mandato. Do contrário, a vaga não será preenchida. Mas tal hipótese finda por ser de rara concretização, vez que, normalmente, com o afastamento do parlamentar eleito, o suplente assume o mandato.

Assim, são direitos do suplente o de substituir o titular em caso de impedimento e o de suceder em caso de vaga. No primeiro caso, a substituição poderá ser de natureza temporária, enquanto na segunda hipótese a sucessão é em caráter permanente.

Quanto à figura do *suplente*, na especificidade de "suplente de senador", não se deve deixar de apontar a sua incompatibilidade com o modelo de democracia representativa exigida pela Constituição Brasileira. Ora, como justificar que sejam automaticamente eleitos, com o Senador, dois suplentes que não tenham sido também escolhidos por votação popular?

Como se tornou usual, durante as campanhas eleitorais, os suplentes sequer são apresentados à população, não participam da campanha eleitoral. Eleito o Senador, os dois suplentes com ele inscritos simplesmente são também eleitos.

Dessa forma, entende-se que, em respeito ao princípio da Democracia, os suplentes também deveriam ser apresentados, necessariamente, à população, participando da campanha eleitoral, até para que os eleitores possam aquilatar se eles compartilham da ideologia defendida pelo candidato a Senador. Isso, uma vez que, conforme a Constituição, a eleição do Senador implica a dos suplentes com ele registrados.

SEÇÃO VI
DAS REUNIÕES

Art. 57. O Congresso Nacional reunir-se-á, anualmente, na Capital Federal, de 2 de fevereiro a 17 de julho e de 1º de agosto a 22 de dezembro.

§ 1º As reuniões marcadas para essas datas serão transferidas para o primeiro dia útil subsequente, quando recaírem em sábados, domingos ou feriados.

§ 2º A sessão legislativa não será interrompida sem a aprovação do projeto de lei de diretrizes orçamentárias.

§ 3º Além de outros casos previstos nesta Constituição, a Câmara dos Deputados e o Senado Federal reunir-se-ão em sessão conjunta para:

I – inaugurar a sessão legislativa;

II – elaborar o regimento comum e regular a criação de serviços comuns às duas Casas;

III – receber o compromisso do Presidente e do Vice-Presidente da República;

IV – conhecer do veto e sobre ele deliberar.

§ 4º Cada uma das Casas reunir-se-á em sessões preparatórias, a partir de 1º de fevereiro, no primeiro ano da legislatura, para a posse de seus membros e eleição das respectivas Mesas, para mandato de 2 (dois) anos, vedada a recondução para o mesmo cargo na eleição imediatamente subsequente.

§ 5º A Mesa do Congresso Nacional será presidida pelo Presidente do Senado Federal, e os demais cargos serão exercidos, alternadamente, pelos ocupantes de cargos equivalentes na Câmara dos Deputados e no Senado Federal.

§ 6º A convocação extraordinária do Congresso Nacional far-se-á:

I – pelo Presidente do Senado Federal, em caso de decretação de estado de defesa ou de intervenção federal, de pedido de autorização para a decretação de estado de sítio e para o compromisso e a posse do Presidente e do Vice-Presidente da República;

II – pelo Presidente da República, pelos Presidentes da Câmara dos Deputados e do Senado Federal ou a requerimento da maioria dos membros de ambas as Casas, em caso de urgência ou interesse público relevante, em todas as hipóteses deste inciso com a aprovação da maioria absoluta de cada uma das Casas do Congresso Nacional.

§ 7º Na sessão legislativa extraordinária, o Congresso Nacional somente deliberará sobre a matéria para a qual foi convocado, ressalvada a hipótese do § 8º deste artigo, vedado o pagamento de parcela indenizatória, em razão da convocação.

§ 8º Havendo medidas provisórias em vigor na data de convocação extraordinária do Congresso Nacional, serão elas automaticamente incluídas na pauta da convocação.

Luiz Henrique Cascelli de Azevedo

1. História da norma

Na Assembleia Nacional Constituinte, mais especificamente na Subcomissão do Poder Legislativo, a matéria foi tratada no art. 16, destacando-se que o Congresso deveria se reunir a partir de 1º de março até 30 de junho e de 1º de agosto até 5 de dezembro (contudo, as reuniões preparatórias já deveriam iniciar-se a partir de 1º de fevereiro, de acordo com § 6º); era vedado o encerramento da sessão legislativa "sem a aprovação dos orçamentos da União" (§ 2º); previa-se um regime especial de funcionamento, a ser definido pelo Regimento, para os sessenta dias anteriores à eleição; vedava-se a reeleição, nas Casas Legislativas, dos membros das Mesas "na mesma legislatura" (§ 6º); e, ainda com a perspectiva parlamentarista, estabelecia-se, no § 8º, que a Câmara não poderia ser dissolvida "no primeiro ano da legislatura ou antes do terceiro voto de desconfiança". Esse é também o texto aprovado pela Comissão da Organização dos Poderes e Sistema de Governo (art. 16).

O texto do Primeiro Substitutivo da Comissão de Sistematização (art. 9º), modificou o anterior ao estabelecer o dia 20 de zembro como o último dia dos trabalhos de cada sessão legislativa; no § 2º previa que a sessão legislativa não poderia ser interrompida sem a aprovação do projeto de lei de diretrizes orçamentárias e dos orçamentos da União; previa, de igual modo, no inciso IV, a deliberação sobre o veto; no § 5º proibia "a recondução para o mesmo cargo na eleição imediatamente subsequente", estabelecendo ainda, sob a perspectiva parlamentarista, que em caso de dissolução da Câmara as sessões preparatórias deveriam iniciar-se trinta dias após a diplomação dos eleitos; no § 6º estabelecia que a Câmara não poderia ser dissolvida "no primeiro ano e no último semestre da legislatura".

No Segundo Substitutivo da Comissão de Sistematização, a matéria foi veiculada no art. 67, que basicamente reproduz o texto anterior, diferindo apenas quanto às datas em que se reuniria o Congresso (15 de fevereiro a 30 de junho, de 1º de agosto a 15 de dezembro), e na menção de que a não apreciação do projeto de lei de diretrizes orçamentárias (§ 2º) constituiria um obstáculo à interrupção da sessão legislativa.

O mesmo texto será reproduzido, após aprovação em primeiro turno pelo Plenário da Assembleia Constituinte, como o art. 71 do Projeto de Constituição "A". Após a votação em segundo turno pelo mesmo Plenário, o Projeto de Constituição "B" tratará da matéria no art. 59, que modificou o texto anterior para, no § 3º, suprimir-se a previsão de dissolução da Câmara, uma vez que, naquele momento, a opção pelo presidencialismo já havia sido definida. Nos Projetos de Constituição "C" e "D", mais voltados para o aperfeiçoamento redacional, a matéria é reproduzida no art. 57, excluindo-se a referência à regulamentação regimental específica para os sessenta dias anteriores às eleições.

2. Constituições brasileiras anteriores

Constituição de 1824: art. 18; Constituição de 1891: art. 17; Constituição de 1934: art. 28; Constituição de 1937: art. 39; Constituição de 1946: art. 41; Constituição de 1967: art. 31; Emenda Constitucional n. 1/69: art. 29.

3. Constituições estrangeiras

Alemanha: art. 39; Argentina: arts. 55 e 86 (11); Chile: art. 51 e Disposições Transitórias 18º; Espanha: art. 73; EUA: art. I, Seção 4 (2), Emenda XX (2); França: arts. 28 e 51; Itália: art. 62; Japão: art. 52; Portugal: art. 174º.

4. Direito internacional

A matéria diz respeito às atribuições do Congresso Nacional pátrio.

5. Dispositivos constitucionais e legais relacionados

Art. 18, § 1º.

6. Jurisprudência

MS 24.041 – STF (Temas relacionados à inauguração da sessão legislativa e à composição da Mesa do Congresso Nacional são de estrita interpretação constitucional, sendo vedada a aplicação, para esse efeito, de norma interna – Regimento Interno do Senado Federal). **ADPF 1 – QO – STF** (O Poder Judiciário, e mais especificamente o Supremo Tribunal Federal em sede de controle concentrado, não pode interferir no processo legislativo para suprir manifestação do Poder Legislativo em matéria vetada pelo Poder Executivo, cuidando-se de tema ainda pendente de deliberação política).

ADI 793 – STF; ADI 1.528 – STF; ADI 792 – STF (A vedação à recondução para o mesmo cargo na eleição imediatamente subsequente, prevista no § 4º do art. 57, não é de reprodução obrigatória pelos Estados-Membros). **ADI 2.010-MC – STF** (O Presidente da República pode apresentar, durante a Convocação Extraordinária, projeto de lei versando, total ou parcialmente, sobre a mesma matéria que constituiu medida provisória rejeitada pelo Parlamento em sessão legislativa realizada no ano anterior).

7. Leitura selecionada

AZEVEDO, José Affonso Mendonça de. *Elaborando a Constituição Nacional:* Atas da Subcomissão elaboradora do Anteprojeto 1932/1933. Brasília: Senado Federal, 1993; BASTOS, Celso Ribeiro; MARTINS, Ives Gandra. *Comentários à Constituição do Brasil.* São Paulo: Saraiva, 1999; BRUSCO, Dilson Emílio; RIBEIRO, Ernani Valter. *O Processo Histórico da Elaboração do Texto Constitucional.* Brasília: Câmara dos Deputados, 1993; CÂMARA DOS DEPUTADOS. *Constituições dos Países do Mercosul.* Brasília: Câmara dos Deputados, 2001; FREIRE, Felisberto. *História Constitucional da República dos Estados Unidos do Brasil.* Brasília: Unb, 1983; GOUVEIA, Jorge Bacelar. *As Constituições dos Estados de Língua Portuguesa.* Coimbra: Almedina, 2006; NOGUEIRA, Octaciano (org.). *Constituições do Brasil.* Brasília: Centro de Ensino à Distância, 1987; MAXIMILIANO, Carlos. *Comentários à Constituição Brasileira de 1891.* Brasília: Senado Federal, 2005; SILVA, José Afonso. *Comentário Contextual à Constituição.* São Paulo: Malheiros, 2007; U. C, João Barbalho. *Comentários à Constituição Federal de 1891.* Brasília: Senado Federal, 1992.

8. Comentários

O art. 57 trata basicamente das Reuniões do Congresso Nacional, destacando-se o local (na Capital Federal, isto é, Brasília – art. 18, § 1º), o período (2 de fevereiro a 17 de julho e de 1º de agosto a 22 de dezembro), e a condição de ser aprovado o projeto de lei de diretrizes orçamentárias, sob pena de não ser interrompida a sessão legislativa (art. 57, § 2º).

Além disso, o § 3º do artigo sob comento cuida de algumas hipóteses em que a Câmara dos Deputados se reúne conjuntamente com o Senado Federal, dando ensejo à sessão do Congresso Nacional para efeito de inauguração da sessão legislativa, elaboração (modificação) do Regimento Comum, para tratar de serviços comuns, bem como para receber o compromisso do Presidente e do Vice-Presidente da República, além de deliberar sobre os vetos apostos aos projetos.

O § 4º do artigo 57 trata das sessões preparatórias para a posse dos parlamentares e eleição das Mesas Diretoras, cujos membros têm um mandato de dois anos. O dispositivo ainda proíbe "a recondução para o mesmo cargo na eleição imediatamente subsequente". Registre-se, de qualquer modo, que o entendimento dentro das Casas Legislativas, contrariando a melhor interpretação, é o de que a proibição de reeleição para a Mesa se dá apenas para a mesma legislatura, permitindo-se, portanto, que os membros das Mesas no último biênio da Legislatura possam se candidatar para as vagas das Mesas no Congresso que ainda será instalado se forem reeleitos para um novo mandato parlamentar. O supedâneo desse entendimento se encontra formalizado no Regimento Interno da Câmara dos Deputados (art. 5º, § 1º, bem como na interpretação exarada, pelo Parecer n. 555, de 1998, do art. 59 do Regimento do Senado Federal).

O § 5º determina que o Presidente do Senado Federal será o Presidente da Mesa do Congresso Nacional, estabelecendo, ademais, uma alternância nos demais cargos entre os Deputados e Senadores, que, nas respectivas Casas, exerçam atribuições equivalentes.

O § 6º, por sua vez, diz respeito à Convocação Extraordinária, isto é, a convocação para que a Câmara dos Deputados e o Senado Federal – ou as duas Casas conjuntamente – funcionem durante o recesso parlamentar. A Convocação, em primeiro lugar (inciso I), poderá ser realizada por ato unipessoal do Presidente do Senado Federal (Presidente do Congresso Nacional) por ocasião da decretação do estado de defesa ou de intervenção federal, ou ainda quando o Presidente da República (art. 137) pede autorização para a decretação do estado de sítio, e, por fim, para a tomada de compromisso e para a posse do Presidente e do Vice-Presidente da República.

Em segundo lugar (inciso II), cuida-se da convocação extraordinária em caso de urgência ou de interesse público relevante, a ser aprovada pela maioria absoluta de cada uma das Casas, mesmo quando solicitada pelo Presidente da República. O referido dispositivo de igual modo prevê, se a urgência se impõe ou o interesse público é relevante, a convocação estabelecida pelo próprio Presidente da Câmara dos Deputados ou do Senado Federal. A convocação poderá também ser requerida pela maioria absoluta dos membros das referidas Casas Legislativas.

Por último, registre-se que o art. 57 já foi alterado por diversas emendas constitucionais (n. 19/98, 32/2001 e 50/2006). Em geral, as modificações procuraram melhorar a imagem do Congresso Nacional perante a sociedade, seja na redução do período do recesso, seja para impedir o pagamento, aos parlamentares, de verbas também extraordinárias, como estabelece o § 7º. Aliás, esse dispositivo, além de vedar o pagamento de qualquer adicional por conta da convocação, prevê, de igual modo, a vinculação da convocação extraordinária à deliberação específica das matérias que a justificaram (excepcionando-se as Medidas Provisórias).

SEÇÃO VII
DAS COMISSÕES

Art. 58. O Congresso Nacional e suas Casas terão comissões permanentes e temporárias, constituídas na forma e com as atribuições previstas no respectivo regimento ou no ato de que resultar sua criação.

Anna Candida da Cunha Ferraz
Rebecca Groterhorst

1. Origem da norma

As comissões *interna corporis*, permanentes ou temporárias, são órgãos essenciais à organização e ao funcionamento do trabalho parlamentar, estando presentes, de longa data, nos Parlamentos e Poderes Legislativos de modo geral (cf. Pinto Ferreira, *Comentários à Constituição Brasileira*, 3º volume, 1992, p. 74 e s.), porém nem sempre estão disciplinadas diretamente na Constituição, restando, na maior parte das vezes, para a disciplina dos Regimentos Internos desses Poderes. No Brasil, a obrigatoriedade de o Congresso Nacional e suas Casas manterem comissões permanentes e temporárias não se encontrava presente, de modo expresso, no cenário constitucional brasileiro precedente. Apenas referência às comissões e alguma disciplina relativa à matéria aparece, com relação à Câmara dos Deputados, no art. 26, no art. 36 e no art. 37 e parágrafos e, com relação ao Senado, no art. 92, § 1º, VI, da Constituição de 16 de julho de 1934. A obrigatoriedade da adoção de comissões permanentes e temporárias, como forma de organização do Congresso Nacional e de suas Casas e uma disciplina específica e sistematizada, ainda que sucinta da matéria, constante em seção própria dentro do Capítulo do Poder Legislativo aparece no Projeto de Constituição, 2º turno, art. 60 e parágrafos. Esse texto, com alterações, foi inserido na Constituição de 1988, Seção VII, composta pelo art. 58 e parágrafos, cujo *caput* é a disposição normativa em exame.

2. Constituições brasileiras anteriores

Constituição de 1891: mera referência à comissões parlamentares no art. 51; Constituição de 1934: art. 25, art. 36, art. 37 e parágrafos e art. 92, § 1º, VI; Constituição de 1937: art. 41, art. 45, art. 59, § 2º; Constituição de 1946: art. 40 e parágrafo único, art. 41, art. 53 e parágrafo único, art. 54 e parágrafo único; Constituição de 1967: art. 32 e parágrafo único, art. 39, art. 40 e parágrafos; Emenda Constitucional n. 1/69: art. 30 e parágrafo único, "a", "e", "f", art. 37, art. 38, art. 39 e parágrafos.

3. Constituições estrangeiras

Em algumas constituições estrangeiras a matéria não é disciplinada ou consta de dispositivos esparsos e, em outras, é concentrada mais diretamente em alguns dispositivos, que inclusive indicam a obrigatoriedade da constituição de comissões. Vejam-se alguns exemplos. **Constituição da República Portuguesa**: art. 175º, que dentre as competências internas da Assembleia, determina, na alínea "c", a de constituir a Comissão Permanente e as restantes comissões, além de referência às comissões em outros dispositivos esparsos, tais como art. 178º, art. 179º, art. 180º, art. 156, "f"; **Lei Fundamental da República Federal da Alemanha**: art. 43º, arts. 44º, 45º, 45º-A, art. 53º-A; **Constituição do Reino da Espanha**: art. 75, 1 (que determina que as Câmaras se reúnam em sessões plenárias e em comissões), e art. 75, 2 (que dispõe sobre a delegação, às comissões legislativas permanentes, da adoção de projetos de lei e dá outras providências a respeito); **Constituição da República Italiana**: há referência às comissões no art. 72 e no art. 82, que dispõe sobre as comissões parlamentares de inquérito; **Constituição da República Francesa**: art. 43, art. 44 e art. 45 (segundo disciplina constitucional, os projetos de lei, por solicitação da assembleia ou do governo, devem ser enviados ao exame das comissões especialmente designadas para esse fim ou às comissões permanentes; o governo pode se opor ao exame de emendas a projetos que não tenham sido previamente submetidos às comissões; as comissões permanentes têm número limitado a seis, em cada assembleia); **Constituição da República Democrática de S. Tomé e Príncipe**: art. 83º (poderes de os deputados proporem comissões), art. 92º (competência de a Assembleia Nacional elaborar seu Regimento Interno e criar comissões permanentes especializadas e comissões eventuais), e art. 95º (referência expressa a uma Comissão Permanente e suas atribuições e que funciona nos casos em que a Assembleia Nacional se encontra dissolvida ou para o exercício de outras atividades; **Lei Constitucional da República de Angola**: arts. 100º, 101º, 102º, 103º e 104º; **Constituição da República de Cabo Verde**: arts. 157º, 159º, 160º; **Constituição da República de Guiné-Bissau**: art. 88º (dispõe sobre a criação de comissões especializadas em razão da matéria e de comissões eventuais) e art. 93º (disciplina a Comissão Permanente).

4. Direito internacional

Matéria de interesse interno, relativa à organização e ao funcionamento dos Parlamentos nacionais.

5. Dispositivos constitucionais e legais relacionados

5.1. Constitucionais

Art. 47; art. 50 e §§; art. 51; art. 52, art. 54, §§ 2º e 3º; art. 57, §§ 3º e 5º; art. 62, § 9º; art. 166, § 1º.

5.2. Legais

Regimento Interno da Câmara dos Deputados, arts. 22 a 59; Regimento Interno do Senado Federal: arts. 71 a 153; Regimento Comum do Congresso Nacional, arts. 9º a 21.

6. Jurisprudência

MS 20.509/DF, Rel. Min. Octavio Gallotti, j. 16.10.1985 – interpretação dos regimentos parlamentares – descabimento de exame jurisdicional: mandado de segurança impetrado contra deliberações do Presidente da Câmara dos Deputados relativas à composição de comissões e à distribuição de tempo para comunicação em Plenário, atendendo a parlamentares fundadores de partidos políticos ainda não registrados. Diz a ementa do acórdão: "Atos *interna corporis*, proferidos nos limites da competência da autoridade dada como coatora, com eficácia interna, ligados à continuidade e disciplina dos trabalhos, sem que se alegue preterição de formalidade, atacando-se, ao invés, o mérito da interpretação do Regimento, matéria em cujo exame não cabe ao Judiciário ingressar"; **MS 23.679 MC/DF, Rel. Min. Nelson Jobim, j. 24.04.2000 – descabimento de exame jurisdicional sobre a aplicação dos regimentos internos**: questionou-se, neste caso, dentre outros aspectos relativos ao processo legislativo, o fato de emendas oferecidas por comissões permanentes não terem sido apreciadas pela outra Câmara Congressual. O relator do MS, invocando decisão proferida na ADC 3-0, entendeu que a questão versada não era constitucional, mas regimental, pelo que aduziu que não "cabe ao Tribunal emitir juízo sobre a aplicação dos regimentos internos das casas legislativas"; **MS 24.356/DF, Rel. Min. Carlos Velloso, j. 13.02.2003 – matéria regimental não sujeita a

controle judicial: entendeu o STF, neste mandado de segurança, que se a controvérsia é puramente regimental, resultante de interpretação de normas regimentais, trata-se de ato *interna corporis* imune ao controle judicial, "mesmo porque não há ofensa a direito subjetivo"; **HC 88189 MC/DF, Rel. Min. Celso de Mello, j. 07.03.2006 – limitações das Comissões Parlamentares**: trata-se de pedido de Medida Cautelar em *Habeas Corpus* impetrado contra a Comissão de Direitos Humanos do Senado Federal. Insurge-se o impetrante contra a intimação imposta pela Comissão referida de comparecer para prestar esclarecimentos. Da decisão proferida pelo Relator, que indefere a liminar, anota-se o seguinte: "ao contrário do que sucede com as convocações emanadas de Comissões Parlamentares de Inquérito, em que as pessoas – além de intimadas, sob pena de condução coercitiva – estão obrigadas a depor, quando arroladas como testemunha (ressalvado, sempre, em seu benefício, o exercício do privilégio constitucional contra a autoincriminação), cumpre observar que tais consequências não se registram, no plano jurídico, se se tratar, como na espécie, de mero convite formulado por Comissão Permanente do Senado Federal, que não dispõe de poderes de coerção atribuídos a uma CPI. Tais comissões somente podem 'solicitar depoimento de cidadão'". Decisão fundamentada no art. 58, § 2º, II e V, da Constituição, que ressalva o disposto no RISF, art. 90, III, sobre convocação de Ministro de Estado; **Recl. 5098/DF, Rel. Min. Luiz Fux, j. 25.09.2012** – limites do Regimento Interno não há, a respeito da disposição normativa tratada no *caput*, jurisprudência abundante. Pode-se citar, a respeito, a Recl 5098/DF – Distrito Federal, que, na argumentação do despacho monocrático, contém importante referência a respeito das regras e dos limites sobre a disciplina a ser contida no Regimento Interno das Casas Legislativas relativamente às comissões permanentes. Em discussão sobre a Lei 9.096/95 e o sentido constitucional do "funcionamento parlamentar", tratado no art. 17, CF, argumenta o Relator dessa Reclamação que "a garantia de funcionamento parlamentar, inscrita no que preceitua o inciso IV do art. 17 da Constituição do Brasil, está jungida ao previsto em lei (ADI n. 959. Relator o Ministro Marco Aurélio, *DJ* 25.08.1995). O ato coator não pode, com fundamento no que preceitua o Regimento Interno, contra a lei e a Constituição, impedir o exercício de direito líquido e certo a que faz jus o impetrante..".. O funcionamento parlamentar compreende, dentre outras prerrogativas, "indicar à Mesa os membros da bancada para compor as Comissões, e a qualquer tempo, substituí-las"; **MS 35.581 AgR/DF, Min. Luiz Fux, j. 15.06.2018 – impossibilidade de controle judicial sobre interpretação de dispositivos regimentais da Casa Legislativa**: trata-se de agravo interno contra decisão que denegou ordem mandamental contra o presidente da Câmara dos Deputados. Dentre as alegações, foi utilizado o art. 58 da Constituição, que determina que a forma de estabelecimento e atribuições das comissões permanentes e temporárias é matéria de Regimento Interno da Câmara dos Deputados. O STF negou provimento ao recurso sob alegação de que o ato praticado pelo Presidente da Câmara seria *interna corporis* e, portanto, não estaria sujeito a controle judicial.

7. Literatura selecionada

BONAVIDES, Paulo; ANDRADE, Paes de. *História Constitucional do Brasil*. 3ª ed. Rio de Janeiro: Paz e Terra, 1991; CANOTILHO, J. J.Gomes; MOREIRA, Vital. *Constituição da República Portuguesa Anotada*. Coimbra: Coimbra Editora, 1978; CANOTILHO, J. J. Gomes; MOREIRA, Vital. *Constituição da República Portuguesa*. 8ª ed. Coimbra: Coimbra Editora, 2005; *Constituição do Brasil e Constituições Estrangeiras*. Brasília: Senado Federal, v. I, 1987; CRETELLA JUNIOR, José. *Comentários à Constituição de 1988*. V volume, 2ª ed. Rio de Janeiro: Forense Universitária, 1992; FERRAZ, Anna Candida da Cunha. *Conflito entre Poderes – O Poder Congressual de sustar atos normativos do Poder Executivo*. São Paulo: Editora Revista dos Tribunais, 1994; FERREIRA FILHO, Manoel Gonçalves. *Comentários à Constituição Brasileira de 1988*. Volume 2. São Paulo: Saraiva, 1992; GOUVEIA, Jorge Bacelar. *As Constituições dos Estados Lusófonos*. Lisboa: Aequitas – Editorial Notícias, 1993; *Les Constitutions des États de L´Union européenne*. Org. GREWE, Constance e OBERDOFF, Henri. Paris: La Documentation Française, 1999; PACHECO, Cláudio. *Tratado das Constituições Brasileiras*. Volume V. Rio de Janeiro: Freitas Bastos, 1965; PINTO FERREIRA, Luís. *Comentários à Constituição Brasileira*. 3º Volume. São Paulo: Saraiva, 1989; PONTES DE MIRANDA, Francisco Cavalcanti. *Comentários à Constituição de 1967 com a Emenda Constitucional de 1969*. 2ª ed. São Paulo: Editora Revista dos Tribunais, Volume II e III, 1987; PONTES DE MIRANDA, Francisco Cavalcanti. *Comentários à Constituição dos Estados Unidos do Brasil*. Rio de Janeiro: Ed. Guanabara, 1936; SILVA, José Afonso da. *Comentário Textual à Constituição*. São Paulo: Malheiros Editores Ltda., 2006; SILVA, José Afonso da. *Curso de Direito Constitucional Positivo*. 31ª ed. São Paulo: Malheiros Editores, 2008.

8. Comentários

8.1. Conceito e funções das comissões parlamentares

As comissões parlamentares, segundo Barthélemy (apud Cláudio Pacheco, V, 1965, p. 213) são organismos constituídos em cada Câmara, compostos de um número geralmente restrito de parlamentares, selecionados por eleição, nomeação ou designação, usualmente com base na sua formação e competência presumidas, e incumbidas, em princípio, de preparar e organizar o trabalho do Parlamento, particularmente na elaboração das leis. "A instituição das comissões corresponde a um princípio instintivo, espontâneo, e comumente adotado, de método e de organização do trabalho" parlamentar, diz o autor citado. Nos parlamentos atuais, de composição numerosa, a organização em comissões racionaliza o trabalho, facilita a tomada de decisões em plenário, já que os assuntos vêm, em princípio, examinados por especialistas nas várias áreas dentro das quais atua o Poder Legislativo. Não faltam críticas a essa modalidade de organização das Casas Parlamentares. É que, não raras vezes, o trabalho desenvolvido pelas Comissões fomenta o comodismo do plenário e da participação de todos os parlamentares no exame e discussão dos temas e das questões a serem decididas pelo órgão máximo do Poder Legislativo nacional. Não obstante tal crítica, no mundo contemporâneo, em razão de uma série de fatores, parece inviável a eliminação desse método de organização e divisão do trabalho parlamentar. É que, como se disse, a composição do Legislativo é numerosa; em seu desempenho predomina a especialização nas várias áreas de interesse da comunidade; sua atuação é ampla e se estende quer na sua função legislativa própria, quer nas funções de fiscalização, de acompanhamento da ação executiva e de atendimento à participação popular nos seus reclamos; destarte parece inviável eliminar-se este método de organização parlamentar, que, se bem estruturado, desenvolve um trabalho mais racional e mais especializado no âmbito parlamentar. Na doutrina, a análise, o funcionamento e o desenvolvimento dos trabalhos das comissões parlamentares costumam basear o chamado Direito Parlamentar. A Constituição de 1988 determina a organização do Congresso Nacional e de suas Casas mediante comissões. O fundamento da existência das comissões parlamentares é, portanto, constitucional, e ressalvadas certas regras para sua organização, composição e atuação, estabelecidas no próprio texto constitucional, a disciplina das comissões consta dos Regimentos Internos da Câmara dos Deputados e do Senado Federal.

8.2. Modalidades de comissões parlamentares

Prevê o dispositivo normativo do art. 58 que as comissões parlamentares assumam duas modalidades: comissões permanentes e comissões temporárias. As comissões permanentes são aquelas que existem, de modo permanente e contínuo na estruturação das Casas Legislativas, que ultrapassam as legislaturas e usualmente são definidas em razão da matéria na qual exercem suas atribuições. São sempre comissões *interna corporis*. As comissões temporárias, como o nome indica, têm tempo determinado de duração, usualmente se extinguem com o término da legislatura em que foram instituídas ou quando sobrevindo o prazo fixado para seu funcionamento. Embora a Constituição não distinga expressamente, as comissões temporárias podem ser especiais, de inquérito, mistas e externas. Têm as Casas Legislativas ampla discricionariedade, ressalvadas as poucas restrições constitucionais, para instituir comissões, matéria que é objeto dos respectivos Regimentos Internos, previstos nos arts. 51 e 52, CF. As comissões temporárias são usualmente constituídas para opinarem sobre determinada matéria e em determinado prazo ou período; as comissões de inquérito desempenham papel relevante na fiscalização e controle da Administração Pública. Têm disciplina própria no art. 58, § 3º, examinado mais à frente. As comissões mistas são as formadas pela participação integrada de representantes das duas Casas Legislativas, deputados e senadores. Destinam-se ao exame de assuntos previamente definidos pela Constituição, e para os quais a Constituição determina que a matéria deva ter exame em sessão conjunta. Assim, o art. 57, § 3º, CF, indica um rol de sessões que devem ser conjuntas (inaugurar a sessão legislativa, elaboração do regimento comum e regulamentação da criação dos serviços comuns às duas Casas; receber o compromisso do Presidente e do Vice-Presidente da República; conhecer do veto e sobre ele deliberar), além de outros casos previstos na Constituição. As comissões mistas são designadas pelo Presidente do Senado, ouvidos os líderes partidários, segundo estabelece o Regimento Comum do Congresso (arts. 9º a 21, RICN). Importante ressaltar, também, que a Constituição prevê uma Comissão Mista Permanente no art. 166, § 1º, com competência precipuamente em matéria orçamentária: verificar projetos de lei orçamentária, as contas do Presidente da República, os planos e programas nacionais, regionais e setoriais, e acompanhar a fiscalização orçamentária, sem prejuízo das atribuições das comissões previstas na forma do art. 58, sobre assuntos relacionados aos orçamentos públicos. Cabe ainda referência à Comissão Representativa do Congresso Nacional, disciplinada no § 4º do art. 58, CF, cuja função é exercer atribuições do Congresso Nacional durante o recesso parlamentar. Embora sem o rótulo de comissão parlamentar, mas como órgão colegiado de organização do funcionamento do Congresso e de suas Casas, cabe menção às Mesas do Congresso e de cada Casa Legislativa. Sua função é dirigir os trabalhos das reuniões e sessões legislativas (art. 57, §§ 4º e 5º), e sua composição é determinada pela Constituição e complementada em disposições constantes dos Regimentos Internos do Congresso, da Câmara dos Deputados e do Senado Federal. Finalmente cabe referência às chamadas comissões externas, apontadas por Cláudio Pacheco, cuja função é representar o Congresso e suas Casas nos atos para os quais estas tenham sido convidadas ou aos quais devam comparecer (*Tratado das Constituições Brasileiras*, cit., p. 217). Tais comissões são previstas no RICD, art. 38 e RISF, art. 75.

8.3. Constituição e atribuições das comissões parlamentares

Salvo regras expressas no texto constitucional, as comissões do Congresso Nacional e de suas Casas deverão ser constituídas na forma do respectivo Regimento Interno; suas atribuições também devem estar previstas nos Regimentos Internos ou no ato de sua criação, dependendo da natureza da comissão e de sua destinação. Há, portanto, comissões parlamentares instituídas no Congresso, na Câmara dos Deputados e no Senado Federal, para exercerem a atribuição que lhes corresponda nessas Casas Legislativas, de tal sorte que não podem tais comissões se imiscuir nas atribuições umas das outras, respeitadas, portanto, as competências exclusivas ou privativas de cada Casa Congressual. "Trabalham, deliberam, fazem sugestões, esclarecem, preparam o terreno para o plenário" como registra Cretella Junior (*Comentários*, v. V, Rio de Janeiro: Forense Universitária, 1992, p. 2695). A competência da Câmara dos Deputados e do Senado Federal para elaborar seus regimentos internos é privativa das Casas (art. 51, III e art. 52, XII). A elaboração do Regimento Comum do Congresso Nacional é prevista no art. 57, § 3º, II. Embora a competência das Câmaras para elaboração do regimento seja privativa, está ela sujeita aos limites substanciais e eventualmente formais estabelecidos na Constituição. Assim, para a instituição das comissões parlamentares, de qualquer modalidade, os Regimentos devem observar as normas constitucionais pertinentes, inclusive e particularmente no que respeita à observância dos direitos fundamentais, às normas de competências dos poderes, no plano federal e estadual, e as regras do processo legislativo estabelecidas no texto constitucional. Isto significa dizer que, sobre tais aspectos pode caber exame jurisdicional, já que, em tese, tratando-se de matéria *interna corporis*, a constituição e o funcionamento das comissões parlamentares escapam ao exame do Supremo Tribunal Federal, como decidido em farta jurisprudência. Por igual, os atos que constituem comissões nas Casas Legislativas devem observar as mesmas regras. As comissões permanentes, acrescidas às previstas nos regimentos e as demais comissões são usualmente constituídas por Resolução expedida pela Presidência da Casa Legislativa. De outro lado, a observância das regras dos regimentos internos é obrigatória, cogente; o "regimento é lei interna do corpo legislativo, é lei em sentido lato, que há de ser obedecida pelo corpo legislativo", como observa Pontes de Miranda (*Comentários*, cit., t. II, 1987, p. 592-593).

8.4. Funcionamento das comissões parlamentares

As regras de funcionamento das comissões parlamentares constam dos respectivos regimentos: Comum, da Câmara dos Deputados e do Senado Federal. Assim, a indicação da presidência, o número de componentes da Comissão, suas atribuições específicas, as reuniões, as regras de votação, deliberação e quórum, a emissão de pareceres, o encaminhamento de emendas, o registro das sessões em atas, dentro das comissões, são assuntos disciplinados nas normas internas regimentais, ressalvadas poucas regras estabelecidas pela Constituição, tais como a regra da representação proporcional dos partidos (art. 58, § 1º), a do quórum para deliberação (art. 47).

8.5. Considerações sobre o sistema de comissões parlamentares

As comissões parlamentares são essenciais para um regular e racional funcionamento parlamentar, especialmente nos Parlamentos de composição numerosa, como é o caso do Brasil. São meios que auxiliam as Casas Congressuais a exercer, de modo conveniente, eficaz e adequado, as atribuições que lhes são deferidas pela Constituição. Isto porque a multiplicidade de assuntos e matérias disciplinados em uma Constituição analítica como a brasileira – reflexo da globalização e de um mundo em constante evolução – demanda, não raro, conhecimentos especializados, de natureza técnica e científica, para cujo exame nem todos os parlamentares estão preparados. Daí por que nenhuma decisão relevante para os destinos do País, a ser tomada pelo Congresso Nacional, deve ser definida sem prévio exame de comissões especializadas. Com certeza, errará menos o Poder Legislativo se estiver devidamente informado sobre os assuntos a respeito dos quais deva decidir. Isto significa dizer que a distribuição e organização das comissões é matéria relevante e deve obedecer a critérios funcionais que lhes permitam, de modo efetivo, auxiliar nas tarefas exercidas pelo Legislativo, particularmente na de legislar. É certo que o sistema de comissões parlamentares oferece algum risco: a omissão e o descaso dos parlamentares com relação à discussão de todos os assuntos de interesse nacional que tramitam no Congresso, a compartimentalização das decisões nas comissões. O antídoto para esses riscos pode ser encontrado na exigência de ampla transparência dos trabalhos parlamentares; no uso, pelo povo, coletivamente ou não, dos instrumentos de controle e fiscalização da atuação parlamentar estabelecidos na Constituição e pela atuação da mídia, especialmente por intermédio das TVs das Câmaras Legislativas. Alguns aspectos relevantes relativos às comissões foram regulados, de modo expresso, no texto constitucional. Assim, a regra da composição das comissões tomando como critério a proporcionalidade da representação dos partidos que têm assento no Congresso Nacional (ver art. 58, § 1º); os poderes inerentes às comissões parlamentares de inquérito (ver art. 58, § 3º); a possibilidade de as comissões discutirem e votarem projetos de lei, dispensada a competência do Plenário (ver art. 58, § 2º, I); a atribuição expressa de certas competências que, pela natureza, envolvem inequívoca exceção ao princípio da separação de poderes (ver art. 58, § 2º, III); a necessidade de deliberação, nas comissões, pela maioria de votos, presente a maioria absoluta de seus membros (ver art. 47). Cabe observar que, mesmo ante disposições constitucionais expressas, não se pode evitar a necessidade da interpretação constitucional que o Poder Legislativo deve fazer para aplicá-las. Neste ponto se revela a importância dos Regimentos Internos da Câmara dos Deputados, do Senado Federal e o Regimento Comum do Congresso, documentos legislativos que constituem, como já observado, a lei interna das Casas Legislativas e que comandam o trabalho a ser nelas realizado; constituem os Regimentos Internos, ao lado das normas constitucionais, parâmetro para a regulamentação da vida e do funcionamento das comissões. A não observância da Constituição e do Regimento Interno pelas comissões permite o exercício do controle jurisdicional de sua atuação.

Art. 58, § 1º Na constituição das Mesas e de cada Comissão, é assegurada, tanto quanto possível, a representação proporcional dos partidos ou dos blocos parlamentares que participam da respectiva Casa.

Anna Candida da Cunha Ferraz
Rebecca Groterhorst

1. Origem da norma

A regra da proporcionalidade da representação nas comissões parlamentares provém da Constituição de 1934, cujo art. 26 estabelecia: "Somente à Câmara dos Deputados incumbe eleger a sua Mesa, regular a sua própria polícia, organizar a sua Secretaria com observância do art. 39, n. 6, e o seu Regimento Interno, no qual assegurará, quanto possível, em todas as Comissões, a representação proporcional das correntes de opinião nela definidas". Observe-se que a Constituição de 1934 não regulamentava a existência e a atuação dos partidos políticos e, de outro lado, admitia, na composição da Câmara dos Deputados (art. 23 e parágrafos) representantes eleitos pelo povo, mediante o sistema proporcional, e representantes eleitos pelas organizações profissionais, na forma estabelecida em lei. Assim, a proporcionalidade diz respeito às correntes de opinião assim estabelecidas. Somente nas constituições posteriores, a partir da de 1946, definiu-se a representação proporcional como "direito" dos partidos políticos, nos moldes estabelecidos no art. 58, § 1º, em exame. O direito à proporcionalidade de representação dos blocos parlamentares provém do Projeto B, da Constituinte de 1988, aprovado em 1º turno, previsto no art. 60, § 1º.

2. Constituições brasileiras anteriores

Constituição de 1824: omissa; **Constituição de 1891**: omissa; **Constituição de 1937**: omissa; **Constituição de 1946**: art. 40, parágrafo único; **Constituição de 1967**: art. 32, parágrafo único; **Emenda Constitucional n. 1/69**: art. 30, parágrafo único, *a*.

3. Constituições estrangeiras

A prescrição da regra da proporcionalidade se encontra presente em apenas algumas das constituições consultadas. Servem de exemplo: **Constituição da República Portuguesa**, arts. 178º, 2 e 180º, 2,"a"; **Lei Fundamental da República Federal da Alemanha**, art. 53-A (o texto constitucional refere-se apenas à representação proporcional à força numérica dos grupos parlamentares do Parlamento Federal para composição da Comissão Conjunta); **Constituição Espanhola**, art. 78.1 (estabelece a composição das comissões permanentes que "representarão os grupos parlamentares, em proporção à sua importância numérica");

Constituição da Itália: art. 72 (referência à proporcionalidade dos grupos parlamentares na formação de comissões "mesmo" permanentes); Constituição da República de Angola: art. 100º, 2; Constituição da República de Cabo Verde: art. 159, 2.

4. Direito internacional

Matéria de responsabilidade interna dos Estados.

5. Dispositivos constitucionais e legais relacionados

5.1. Constitucionais

Art. 17, incisos e parágrafos; art. 51, III; art. 52, XII; art. 57, § 3º, II; art. 58: *caput*.

5.2. Legais

Lei n. 9.096, de 10 de setembro de 1995; Regimento Comum do Congresso Nacional, arts. 10, §§, e 10-A; Regimento Interno da Câmara dos Deputados, arts. 8º, 25, §§, 27 e 28; Regimento Interno do Senado, art. 78.

6. Jurisprudência

MS 22.183/DF, Rel. Min. Marco Aurélio, j. 05.04.1995 interpretação e amplitude na aplicação do art. 58, § 1º, CF: trata-se de mandado de segurança impetrado contra ato do Presidente da Câmara dos Deputados, que indeferiu, para fins de registro, candidatura ao cargo de 3º Secretário da Mesa. Alegação de violação do art. 8º do RICD e do § 1º do art. 58 da CF. O ato do Presidente da CD, tendo em vista a impossibilidade de aplicação do critério proporcional, defere, para fins de registro, a candidatura para o cargo de Presidente e indefere para o de membro titular da Mesa. No caso, entendeu o STF que a decisão questionada estava fundada exclusivamente em norma regimental referente à composição da Mesa e indicação de candidatura para seus cargos (art. 8º do RICD) e que o fundamento regimental, por ser matéria *interna corporis*, não está sujeito à apreciação do Judiciário. Entendeu mais, que inexistia fundamento constitucional (art. 58, § 1º) para embasar a decisão do STF, pelo que a questão não poderia ser submetida ao Judiciário. Importante observar que, neste Mandado de Segurança, intensa discussão foi travada em torno da interpretação e do alcance do § 1º do art. 58 da CF, que contempla a regra da representação proporcional dos partidos políticos nas comissões parlamentares e na Mesa. Dentre os vários pontos firmados cabe lembrar ao menos alguns: se a questão *interna corporis* ofende direito individual, incorre em inconstitucionalidade e é passível de controle jurisdicional (voto do Ministro Carlos Velloso); a expressão constitucional "tanto quanto possível" não traduz mera faculdade, mas configura direito público constitucional subjetivo e constitui uma garantia de caráter incondicional e impositivo. A dimensão da proporcionalidade é que poderá ser graduada, tendo em vista o número de partidos políticos, não admitida qualquer exclusão (voto do Ministro Celso de Mello); o preceito normativo inscrito no art. 58, § 1º, CF, "destina-se a ensejar a participação ativa das minorias parlamentares no processo de direção e de administração das Casas legislativas, pois é necessário que se assegure aos Partidos Políticos o direito de co-participarem na condução da vida administrativa do Parlamento (voto do Ministro Celso de Mello); **MS 23.076 MC/DF –, Rel. Min. Neri da Silveira, j. 18.03.1998 – Blocos Parlamentares – direito à proporcionalidade na constituição de comissões permanentes**: Mandado de segurança, com pedido de cautelar, formulado pelo Partido dos Trabalhadores – PT, Partido Democrático Trabalhista – PDT e Partido Comunista do Brasil – PC do B, contra o Presidente da Câmara dos Deputados e da Mesa da Câmara dos Deputados. Discutiu-se no caso o preterimento do Bloco Parlamentar formado pelos impetrantes na constituição de Comissões Permanentes para escolha da presidência de comissões em razão de registro errôneo da CD no tocante ao número de integrantes do bloco e, particularmente, seu prejuízo na composição da Comissão de Direitos Humanos. O erro apontado referia-se à inclusão, no bloco privilegiado, de parlamentar que constava filiado a um dos partidos do Bloco no momento da filiação partidária e que dele se desligou posteriormente. A decisão negativa da cautelar fundou-se na informação da CD de que foram observados os requisitos regimentais para a formação e classificação dos blocos parlamentares e que a matéria seria decidida, no mérito, quando do exame do Mandado de Segurança; **SS 2651/DF, Rel. Min. Presidente, j. 21.02.2005 – competência do Poder Judiciário para decidir sobre questões relativas à proporcionalidade estabelecida com fundamento no Regimento Interno**: trata-se de pedido de suspensão de medida liminar concedida em mandado de segurança impetrado perante o TJ-DF, pelo PMDB, contra o Ato 172/2005, da Câmara Legislativa do DF, que fixou critérios de proporcionalidade entre os partidos e os blocos parlamentares para efeito de preenchimento de vagas nas comissões que ali funcionam. O principal argumento invocado foi a "indevida interferência" do Judiciário em questão *interna corporis* de órgão parlamentar. Despacho da Presidência do STF. Reconheceu a Presidência a natureza constitucional da questão e sua competência para julgá-la; no mérito, deferiu o pedido de suspensão por entender que, como em outros casos já decididos, "a orientação do STF é no sentido de que é vedado ao Poder Judiciário interferir em atos do Poder Legislativo se a controvérsia decorre de interpretação de normas regimentais (MS 24.356, Velloso, *DJ* 12.9.2003)"; **ADI 1.351/DF, Rel. Min. Marco Aurélio, j. 07.12.2006 – direito dos partidos ao funcionamento parlamentar**: nesta ADI discutiu-se a constitucionalidade de artigos da Lei n. 9.096/95, que restringiam o funcionamento parlamentar dos partidos, especialmente quanto à propaganda partidária e ao fundo partidário. A ementa é vazada nos seguintes termos: "Surge conflitante com a Constituição Federal lei que, em face de gradação de votos obtidos por partido político, afasta o funcionamento parlamentar e reduz, substancialmente, o tempo de propaganda partidária gratuita e a participação no rateio do Fundo Partidário. Normatização – inconstitucionalidade – Vácuo. Ante a declaração de inconstitucionalidade de leis, incumbe atentar para a inconveniência do vácuo normativo, projetando-se, no tempo, a vigência de preceito transitório, isso visando a aguardar nova atuação das Casas no Congresso Nacional. Cabe observar que se insere no regular funcionamento parlamentar o direito de proporcionalidade dos partidos políticos na composição das comissões parlamentares"; **Recl 5072/DF, Rel. Min. Eros Grau, j 02.04.2007 – desrespeito ao art. 25 do RICD sobre a fixação de vagas nas comissões permanentes**: tratou-se, no caso, de reclamação formulada por partido político (PSOL). Entendeu o reclamante haver sido desrespeitada, no Ato da Mesa n. 05/2007, a decisão proferida pelo Supremo Tribunal Federal no Mandado de Segurança 26.460, que reconheceu o direito de todos os partidos políticos, independentemente do número de representantes na CD, ao funcionamento parlamentar, incluída a fixação de vagas nas Comissões Permanentes (art. 25, RICD); **MS 38.199 MC/DF, Rel. Min. Dias Toffoli, j. 09.09.2021 – impossibilidade de o Poder Judiciário exercer controle jurisdicional em relação à interpretação, sentido e alcance de normas regimentais das Casas Legislativas**: trata-se de mandado de segurança com pedido de liminar contra a Mesa Diretora da Câmara dos Deputados e o Presidente da Câmara dos Deputados com objetivo de questionar o PLP 112/2021, que busca sistematizar e consolidar a legislação eleitoral e processual eleitoral brasileira. Na proposição da medida, o impetrante alegou, dentre outros argumentos, a violação à proporcionalidade partidária e o trâmite pelas comissões. Também questionou a falta de criação de uma comissão específica para analisar o projeto. Porém, o STF entendeu que não se fazia presente situação excepcional que admitisse o controle jurisdicional. De acordo com o STF "As alegações, aparentemente, se referem a questão de natureza *interna corporis*, não sendo cabível a apreciação pela via mandamental". Afirmou ainda não prosperar a alegada violação da exigência de proporcionalidade partidária, uma vez que na hipótese não se tratava de comissão permanente ou temporária, mas sim de grupo de trabalho para avaliar a legislação eleitoral. Ver também **Rcl 42.358 AgR/RJ, Rel. Min. Alexandre de Moraes, j. 16.11.2020.**

7. Literatura selecionada

BONAVIDES, Paulo; ANDRADE, Paes de. *História Constitucional do Brasil*. 3ª ed. Rio de Janeiro: Paz e Terra, 1991; CANOTILHO, J. J. Gomes; MOREIRA, Vital. *Constituição da República Portuguesa Anotada*. Coimbra: Coimbra Editora, 1978; CANOTILHO, J. J. Gomes; MOREIRA, Vital. *Constituição da República Portuguesa*. 8ª ed. Coimbra: Coimbra Editora, 2005; *Constituição do Brasil e Constituições Estrangeiras*. Brasília: Senado Federal, v. I, 1987; CRETELLA JUNIOR, José. *Comentários à Constituição de 1988*. V volume. 2ª ed., Rio de Janeiro: Forense Universitária, 1992; FERREIRA FILHO, Manoel Gonçalves. *Comentários à Constituição Brasileira de 1988*. Volume 2. São Paulo: Saraiva, 1992; GOUVEIA, Jorge Bacelar. *As Constituições dos Estados Lusófonos*. Lisboa: Aequitas – Editorial Notícias, 1993; *Les Constitutions des États de L´Union Européenne*. Org. GREWE, Constance e OBERDOFF, Henri. Paris: *La Documentation Française*, 1999; PACHECO, Cláudio. *Tratado das Constituições Brasileiras*. Volume V. Rio de Janeiro: Freitas Bastos, 1965; PINTO FERREIRA, Luís. *Comentários à Constituição Brasileira*. 3º Volume. São Paulo: Saraiva, 1989; PONTES DE MIRANDA, Francisco Cavalcanti. *Comentários à Constituição de 1967 com a Emenda Constitucional de 1969*. 2ª ed. São Paulo: Editora Revista dos Tribunais, Volume II e III, 1987; PONTES DE MIRANDA, Francisco Cavalcanti. *Comentários à Constituição dos Estados Unidos do Brasil*. Rio de Janeiro: Ed. Guanabara, 1936; SILVA, José Afonso da. *Comentário Textual à Constituição*. São Paulo: Malheiros Editores Ltda., 2006; SILVA, José Afonso da. *Curso de Direito Constitucional Positivo*. 31ª ed. São Paulo: Malheiros Editores, 2008.

8. Comentários

8.1. Democracia representativa, pluralismo político e os partidos políticos na Constituição de 1988

A Constituição de 1988 tem como fundamentos, dentre outros princípios, o do pluralismo político (art. 1º, V) e a emanação popular do poder (art. 1º, parágrafo único), sendo que o povo exerce o poder por meio de representantes eleitos ou diretamente. Adota-se, portanto, no País, como forma de exercício do poder, a democracia representativa, fundada no pluralismo político. A representação eletiva se faz mediante a intervenção dos partidos políticos, que detêm o monopólio das candidaturas aos cargos eletivos (art. 14, § 3º, V). Assumem, pois, os partidos políticos, na ordem constitucional brasileira, inegável importância, pelo que são disciplinados diretamente pela Constituição (art. 17), que estabelece a liberdade para sua criação e institui algumas exigências a serem por eles observadas. Consoante a Constituição, os partidos políticos têm personalidade jurídica de direito privado (art. 17, § 2º), devendo seus estatutos ser registrados no Tribunal Superior Eleitoral. Coerentemente com tais normas, a Constituição protege o funcionamento parlamentar dos partidos políticos, estabelecendo certas garantias e direitos com vistas a este fim. Dentre esses se encontra a regra que institui a representação proporcional dos partidos na formação das comissões parlamentares, de que trata o § 1º do art. 58, em exame.

8.2. A natureza da representação proporcional dos partidos na CF

A representação proporcional dos partidos políticos nas comissões parlamentares das Casas Legislativas, nos três planos do poder político (federal, estadual e municipal), constitui, segundo a doutrina e a jurisprudência, um direito público constitucional subjetivo. À luz do regime positivo constitucional, trata-se, pois, de uma inquestionável prerrogativa político-jurídica atribuída aos Partidos Políticos, que não pode ser anulada ou mesmo minimizada por lei infraconstitucional ou pelos regimentos internos das Casas Legislativas. Tal prerrogativa se impõe na constituição de cada comissão parlamentar, qualquer que seja a modalidade assumida, e merece proteção jurisdicional. Assim, o Partido Político excluído irregular e inconstitucionalmente da composição de uma comissão, e assim lesado, pode pleitear a nulidade da composição do órgão, preleciona Josaphat Marinho (ver MS 22.183-6 DF), inclusive pela via do mandado de segurança. Trata-se, portanto, de questão constitucional e como tal passível de controle jurisdicional.

8.3. A inteligência da cláusula constitucional "tanto quanto possível" contida no § 1º do art. 58

O número de partidos políticos que podem ter representação no Congresso Nacional é elevado, graças ao sistema constitucional e legal admitido para sua criação. São vinte e nove os partidos registrados no Tribunal Superior eleitoral (ADI 1.351/DF). De outro lado, o número de parlamentares, particularmente na Câmara de Deputados, é também acentuado, elevando-se a mais de 500 parlamentares. O número das comissões parlamentares e o de integrantes de cada comissão deve corresponder e abranger, o mais possível, todo o contingente de representantes parlamentares. Esse número é fixado por Atos das Mesas, conforme estabelecem os Regimentos Internos (para exemplo, ver o art. 25 do RICD); a disciplina regulamentar deve levar em conta o montante de parlamentares e um contingente mínimo e máximo de componentes de cada comissão, de modo a poder assegurar a observância, tanto quanto possível, do princípio da proporcionalidade. Conforme registra, com propriedade, Cláudio Pacheco (*Tratado das Constituições*, v. V, p. 215) as comissões constituem miniaturas da própria composição partidária do plenário e, justamente por isso, não pode ser alcançada uma proporcionalidade exata na distribuição dos parlamentares pelas comissões. Daí por que "sabiamente a Constituição previu estes desconcertos e então subordinou a obrigatoriedade da participação proporcional dos partidos nas comissões ao grau mais aproximado de possibilidades, que indicou o emprego da expressão tanto quanto possível". Isto significa dizer, como admitido pelo STF, que a regra da igualdade não se aplica de forma absoluta na hipótese, dada a impossibilidade fática de sua observância (MS 22.183-6). Ela não autoriza a exclusão de qualquer partido, mas deve atender ao princípio da razoabilidade: adequação, fins e meios. "A dimensão da proporcionalidade, portanto, é que poderá ser graduada, tendo em vista o número de partidos e a representação de cada qual deles e a cláusula "tanto quanto possível" permite cálculo relativo ou aproximado, porém não autoriza a exclusão" diz Josaphat Marinho (MS 22.183). Cabe, pois, ante o texto constitucional, às Casas Legislativas disciplinar o detalhamento da aplicação da regra de proporcionalidade. Cada Casa Legislativa tem autoridade, derivada da Constituição, para editar seu Regimento Interno estabelecendo a aplicação da regra da proporcionalidade. Os critérios utilizados nos Regimentos Internos constituem matéria *interna corporis*, isentos de controle jurisdicional desde que não firam o princípio da proporcionalidade e não impliquem ofensa ao direito dos partidos políticos assegurado pela Constituição; no caso de violação das normas constitucionais, essa matéria passará a constituir matéria constitucional, passível de exame pelo Poder Judiciário.

8.4. A regra da proporcionalidade da representação partidária nas Mesas e demais órgãos colegiados das Casas Legislativas

A representação proporcional dos partidos políticos é regra impositiva expressa para a constituição das Mesas diretoras dos trabalhos parlamentares. Também para tanto se há de observar a cláusula restritiva ou interpretativa "tanto quanto possível", na forma disciplinada pelos Regimentos Internos das Casas e com as cautelas apontadas acima. Entende a doutrina e a jurisprudência que a exigência da observância da regra da proporcionalidade se estende, também, a qualquer órgão de composição colegiada que se formar no Congresso Nacional e nas suas Casas Legislativas.

8.5. Os blocos parlamentares e a regra da proporcionalidade da composição das Comissões e das Mesas

O direito constitucional de os blocos parlamentares usufruírem a representação proporcional, expresso no § 1º do art. 58 em exame, importa inovação da Constituição de 1988, já que não se encontrava presente nas Constituições anteriores. A formação dos blocos parlamentares não é disciplinada no texto constitucional. Trata-se de matéria cuidada pelos Regimentos Internos das Casas Legislativas. No RICD há previsão de blocos parlamentares nos art. 26 a 28 e no RISF, no art. 79.

8.6. A razão subjacente da disposição normativa do § 1º do art. 58 – a regra da proporcionalidade e a representação das minorias

Somente existe democracia, mesmo sob o aspecto formal, quando a vontade da maioria não for de tal modo dominante que sufoque as minorias políticas. Para a plena realização democrática, ao princípio majoritário se há de opor o princípio minoritário, como ensina Pinto Ferreira (citado no MS 22.183). A Constituição de 1988 protege, sob vários aspectos, as minorias, dando-lhes tratamento privilegiado, seja no que respeita aos direitos fundamentais, seja no que diz com a proteção desses direitos por intermédio de instrumentos processuais adequados e de uma jurisdição constitucional voltada para esse fim. Esta é a essência do regime político abrigado no texto constitucional brasileiro, que prestigia a oposição política e a esta assegura o direito de fiscalizar os atos do grupo majoritário. O respeito às minorias parlamentares é *ratio* subjacente da disposição normativa em exame, que contempla o princípio da proporcionalidade. O preceito normativo inscrito no § 1º, do art. 58, tem como escopo, afirma, com propriedade Celso de Mello, ensejar: "a participação ativa das minorias parlamentares no processo de direção e de administração das Casas Legislativas, pois é necessário que se assegure aos Partidos Políticos o direito de coparticiparem na condução da vida administrativa do Parlamento" (Celso de Mello, MS 22.183).

8.7. Considerações sobre a relevância da adoção da regra de proporcionalidade de representação dos partidos políticos e dos blocos parlamentares para os trabalhos parlamentares

Fundamenta a representação partidária na composição das Casas Legislativas, como se viu acima, o princípio do pluralismo político e a proteção das minorias parlamentares. A multiplicidade das opiniões políticas levadas ao Congresso Nacional corresponde à multiplicidade de opiniões políticas abraçadas pelo povo ao eleger seus representantes. Assim, a projeção, nas comissões parlamentares, das várias correntes políticas (majoritárias e minoritárias), representadas pelos partidos, ao menos em suas grandes linhas, auxilia, em tese, a antecipação da tomada de decisões e facilita o pronunciamento do plenário, como reflexo da vontade popular transmitida pelas urnas. Em razão disso, a equitativa distribuição da participação dos partidos políticos nos órgãos coletivos do Congresso Nacional, da Câmara dos Deputados e do Senado Federal – representada pela regra da proporcionalidade – é medida relevante para assegurar e concretizar, nos trabalhos parlamentares, a transparência e a democratização das decisões, de um lado; e de outro, para efetivamente conduzir às discussões plenárias as opiniões políticas que constituem o reflexo da vontade popular. Já com relação à regra de proporcionalidade em relação aos blocos parlamentares é preciso assumir certa reserva. A formação dos blocos parlamentares, em geral oportunista, visando agrupamentos partidários com maior número de parlamentares para, exatamente, lograr proporcionalidade maior na composição das Mesas e das Comissões, frustra a transparência, a identificação das correntes de opinião que têm assento no cenário parlamentar e a própria proteção das minorias políticas que não desejam ser absolvidas nestes agrupamentos. Os blocos parlamentares, formados de partidos de diferentes correntes de opinião, não permitem ao povo identificar claramente as escolhas políticas e os que as assumem, configurando, no mais das vezes, apenas instrumentos para aquisição de posições privilegiadas nos postos parlamentares. Assim, a disciplina regimental da formação de blocos parlamentares deverá ser o mais criteriosa possível, para impedir o inadequado uso deste forte instrumento de atuação parlamentar. O uso desvirtuado da formação de blocos parlamentares pode ultrapassar os limites da discricionariedade político-jurídica de regulamentação dos Regimentos Internos, e, eventualmente, envolver questão constitucional de violação do direito das minorias e da regra da proporcionalidade. Nesse caso, a questão deixa de constituir matéria *interna corporis* para ensejar proteção jurisdicional.

Art. 58, § 2º Às comissões, em razão da matéria de sua competência, cabe:

Anna Candida da Cunha Ferraz
Rebecca Groterhorst

1. Origem da norma

A organização das comissões parlamentares em razão da matéria vem estabelecida, pela primeira vez no plano constitucional, pelo Projeto B, aprovado em 2º turno pela Constituinte de 1987-1988, em seu art. 60, § 2º. Esta forma de organização já era a adotada nos Regimentos Internos das Câmaras do Congresso Nacional, mas não tinha assento no texto da Lei Maior até o advento da Constituição de 1988, que assim determina no art. 58, § 2º, *caput*. Na verdade, esta modalidade de organização resulta absolutamente natural, vez que as comissões se destinam a preparar os trabalhos parlamentares sobre as mais diversas matérias de sua competência, sendo operacional e racional sua distribuição em razão dessas matérias.

2. Constituições brasileiras anteriores

Omissas.

3. Constituições estrangeiras

Não se trata de regra usual nas constituições consultadas. Depreende-se, todavia, que a organização das comissões se faça em razão da matéria. Veja-se, para exemplo, a **Constituição da República Portuguesa**, no art. 178º, 3 (refere-se, este n., às petições remetidas à Assembleia que podem ser encaminhadas à audiência das comissões competentes em razão da matéria); trata do assunto, de modo expresso, **Constituição da República de São Tomé e Príncipe**, art. 92º, 2.

4. Direito internacional

Matéria de interesse interno, não regulada em documentos internacionais.

5. Dispositivos constitucionais e legais relacionados

5.1. Constitucionais

Art. 48 e art. 49, art. 51 e art. 52.

5.2. Legais

Regimento Interno do Congresso Nacional, art. 10 – B; Regimento Interno da Câmara dos Deputados, arts. 22, 24, 29 e 32; Regimento Interno do Senado Federal, arts. 72, 97, 105 e 113.

6. Jurisprudência

ADI 652 MC/DF, Rel. Min. Celso de Mello, j. 18.12.1991 – concessão de poderes às comissões parlamentares em razão da matéria – exclusividade do Regimento Interno das Casas Legislativas: questionou-se, no caso, a constitucionalidade da Lei Complementar 10/91, do Estado do Maranhão, que disciplina a criação de municípios. Conferiu a lei referida poder decisório à Comissão da Assembleia Legislativa para o efeito da criação de municípios. Entendeu o Supremo Tribunal Federal que tal concessão "subverte os postulados disciplinadores do processo de formação das leis, pela transgressão do princípio geral de reserva do Plenário que comete a este órgão colegiado a competência exclusiva para, enquanto instância legislativa suprema, discutir, apreciar e votar projetos de lei". Registra a ementa do acórdão desta ADI, ainda, que o "princípio da reserva de Plenário, que sempre se presume, só pode ser derrogado, em caráter de absoluta excepcionalidade, nas situações previstas no texto constitucional". Aduz a ementa, também, que o novo texto constitucional admite, é certo, a possibilidade de se afastar a incidência desse princípio sempre que, na forma do regimento – e não de qualquer outro ato normativo –, se outorgar, às comissões das Casas Legislativas, em razão da matéria de sua competência, a prerrogativa de discutir, votar e decidir proposições legislativas (art. 58, § 2º, I); **ADI 1.505/ES, Rel. Min. Eros Grau, j. 24.11.2004 – Inconstitucionalidade de Constituição Estadual que determina a apreciação de ato de atribuição do Poder Executivo, de caráter nitidamente administrativo e decisório, por comissão permanente da Assembleia Legislativa**. Ofensa ao princípio da separação dos Poderes: trata-se, no caso, de questionamento da constitucionalidade do art. 187 da Constituição do Estado do Espírito Santo, que submete Relatório de Impacto Ambiental "à apreciação da comissão permanente e específica da Assembleia Legislativa, devendo ser custeada pelo interessado, proibida a participação de pessoas físicas ou jurídicas que atuarem na sua elaboração". O Supremo Tribunal Federal declarou inconstitucional a expressão acima transcrita, constante do art. 187, por ofensa aos arts. 52, § 2º, e 225, § 1º, da Constituição do Brasil. O Relator, em seu voto, entendeu que o art. 52, CF, "dispõe a respeito das atribuições das comissões parlamentares. E não se vislumbra entre elas qualquer prerrogativa de cunho decisório. Dotar a Assembleia Legislativa capixaba a comissão parlamentar, poderes para decidir sobre a viabilidade de atividade ou obra importa afronta ao princípio da independência e harmonia dos Poderes". Em seu voto, o Ministro Carlos Ayres Brito entendeu que "a Constituição já habilita as comissões a apreciar, por impulso próprio, a realização de obras. No caso, a Constituição do Estado do Espírito Santo foi além, porque obriga que a análise do Poder Executivo, sobre este tipo de obra, seja submetida à apreciação de comissão parlamentar".

7. Literatura selecionada

BONAVIDES, Paulo; ANDRADE, Paes de. *História Constitucional do Brasil*. 3ª ed. Rio de Janeiro: Paz e Terra, 1991; CANOTILHO, J. J. Gomes; MOREIRA, Vital. *Constituição da República Portuguesa Anotada*. Coimbra: Coimbra Editora, 1978; CANOTILHO, J. J. Gomes; MOREIRA, Vital. *Constituição da República Portuguesa*. 8ª ed. Coimbra: Coimbra Editora, 2005; *Constituição do Brasil e Constituições Estrangeiras*. Brasília: Senado Federal, v. I, 1987; CRETELLA JUNIOR, José. *Comentários à Constituição de 1988*. V volume. 2ª ed., Rio de Janeiro: Forense Universitária, 1992; FERREIRA FILHO, Manoel Gonçalves. *Comentários à Constituição Brasileira de 1988*. Volume 2. São Paulo: Saraiva, 1992; GOUVEIA, Jorge Bacelar. *As Constituições dos Estados Lusófonos*. Lisboa: Aequitas – Editorial Notícias, 1993; *Les Constitutions des États de L'Union Européenne*. Org. GREWE, Constance e OBERDOFF, Henri. Paris: La Documentation Française, 1999; PACHECO, Cláudio. *Tratado das Constituições Brasileiras*. Volume V. Rio de Janeiro: Freitas Bastos, 1965; PINTO FERREIRA, Luís. *Comentários à Constituição Brasileira*. 3º Volume. São Paulo: Saraiva, 1989; PONTES DE MIRANDA, Francisco Cavalcanti. *Comentários à Constituição de 1967 com a Emenda Constitucional de 1969*. 2ª ed. São Paulo: Editora Revista dos Tribunais, Volume II e III, 1987; PONTES DE MIRANDA, Francisco Cavalcanti. *Comentários à Constituição dos Estados Unidos do Brasil*. Rio de Janeiro: Ed. Guanabara, 1936; SILVA, José Afonso da. *Comentário Textual à Constituição*. São Paulo: Malheiros Editores Ltda., 2006; SILVA, José Afonso da. *Curso de Direito Constitucional Positivo*. 31ª ed. São Paulo: Malheiros Editores, 2008.

8. Comentários

8.1. O critério material para a distribuição das comissões parlamentares

O Congresso Nacional e suas Câmaras têm competências estabelecidas expressamente na Constituição (art. 48 a 51). São competências relacionadas a uma ampla diversidade de matérias. Como a função das comissões parlamentares, especialmente as permanentes, é auxiliar o trabalho parlamentar, inclusive na elaboração de leis voltadas para essas matérias, racional o critério de distribuição das comissões permanentes em razão da matéria de que devem cuidar. Somente uma divisão adequada de assuntos permite o aprofundamento dos estudos e pareceres emanados das comissões para auxílio efetivo e adequado ao trabalho parlamentar. O número de comissões permanentes é estabelecido nos Regimentos das Casas Legislativas. Como regra geral, as comissões permanentes correspondem ao campo funcional dos Ministérios do Poder Executivo, também organizados em razão da matéria que lhes cabe supervisionar, dirigir e orientar, como órgãos destinados a auxiliar o Poder Executivo. Na sua composição, os órgãos diretivos procuram (ou devem procurar) escolher os respectivos membros levando em conta sua formação e experiência relativamente aos assuntos a serem examinados nas comissões.

8.2. A fonte jurídica das competências das comissões

A competência das comissões permanentes, observada a discriminação de competências expressas dos incisos do § 2º do art. 58, em exame, e em outros dispositivos constitucionais esparsos, é fixada nos Regimentos Internos da Câmara dos Deputados, do Senado Federal e do Congresso Nacional. A competência das comissões temporárias, ressalvada a competência geral das Comissões Parlamentares de Inquérito, estabelecida na própria Constituição (art. 58, § 3º) e nos Regimentos Internos, é fixada no ato de sua criação. A competência das comissões mistas, permanentes ou temporárias, é prevista em dispositivos constitucionais expressos (ver art. 166, § 1º, dentre outros, indicados acima) e complementada no Regimento do Congresso Nacional.

8.3. O funcionamento das comissões parlamentares

Compete, também, aos Regimentos Internos fixar, além das atribuições, o funcionamento, a organização, a realização de reuniões das comissões, os prazos, os deveres dos parlamentares delas integrantes, observadas, sempre, as regras constitucionais pertinentes (regra da representação proporcional, do quórum para deliberação etc.).

Art. 58, § 2º, I – discutir e votar projeto de lei que dispensar, na forma do regimento, a competência do Plenário, salvo se houver recurso de um décimo dos membros da Casa;

Anna Candida da Cunha Ferraz
Rebecca Groterhorst

1. Origem da norma

A possibilidade de projeto de lei ter discussão terminativa, dispensando a reserva do Plenário, com ressalvas, foi introduzida na Constituição de 1946, no art. 67, § 5º, com a redação dada pela Emenda Constitucional 17/65. Estabelecia o texto deste dispositivo normativo que a Câmara dos Deputados e o Senado Federal poderiam delegar poderes a uma Comissão Especial, organizada com observância do disposto no parágrafo único do art. 40 (regra da proporcionalidade), para discussão e votação de projetos de lei. A disposição normativa originária, como se vê, era mais restrita que a constante da Constituição de 1988, pois cuidava de uma espécie de delegação, para uma comissão especial, votar e aprovar leis. O texto do projeto seria publicado e considerado como adotado pela Câmara respectiva, "salvo se no prazo de 5 (cinco) dias, a maioria dos membros da Comissão ou 1/5 (um quinto) da Câmara dos Deputados ou do Senado Federal requerer a sua apreciação pelo Plenário". A disposição normativa inovadora tem como fonte inspiradora norma contida na Constituição Italiana, art. 72, conforme salienta Ferreira Filho (*Comentários à Constituição Brasileira de 1988*. Volume 2, p. 68). Não foi bem recebida pela doutrina italiana. Mortati (apud Ferreira Filho, citado) identifica no texto "grave anomalia", na medida em que atribui a um número restrito de parlamentares decisão sobre medidas de interesse de toda a coletividade, "subtraindo-as à publicidade que só é possível através do plenário e à contribuição do pensamento e do voto de todos os membros da Câmara".

2. Constituições brasileiras anteriores

Constituição de 1824, omissa; **Constituição de 1891**, omissa; **Constituição de 1934**, omissa; **Constituição de 1937**, omissa; **Constituição de 1946, na sua versão originária**, omissa; **Constituição de 1946, com a alteração introduzida pela EC 17/65**, art. 67, § 5º; **Constituição de 1967**, art. 55 e art. 56 com alteração, apenas, no prazo antes determinado, que passou de cinco para dez dias; **Emenda Constitucional 1/69**, art. 52 e art. 53 (manteve a alteração do prazo e as demais regras do dispositivo).

3. Constituições estrangeiras

A disposição normativa em exame não se encontra usualmente nas Constituições. Ressalve-se a **Constituição da Itália de 1947**, art. 72 (§ 3º), considerado a fonte inspiradora do dispositivo sob exame; **Constituição da Espanha**, art. 75, 2; a Constituição da República Portuguesa dispõe sobre essa matéria de modo diferente. Veja-se o art. 168º, números 3 e 4 (o n. 3 atribuiu competência às Comissões para votarem, na especialidade, os "textos aprovados na generalidade", sem prejuízo de avocação pela Assembleia e do voto final desta para aprovação global. Convém observar que o *caput* do art. 168º estabelece que a discussão dos projetos e propostas de lei compreende um debate na generalidade e outro na especialidade; e o número 4 determina a obrigatoriedade de votação, na especialidade, pelo Plenário, nas matérias previstas em alíneas do art. 165º); a **Constituição da República de Cabo Verde**, art. 172º, 3. À semelhança do estabelecido na Constituição de Portugal, a Constituição de Cabo Verde dispõe, neste artigo e número, que, por deliberação do Plenário, os projetos e propostas de lei podem ser votados na especialidade pelas Comissões Especializadas, sem prejuízo da avocação pela Assembleia para a votação final global, que deverá incidir sobre o texto já votado na especialidade pela Comissão Especializada. Convém mencionar que, no *caput* do art. 172º, tal como no correspondente ao art. 168 da CRP, há a determinação de que a "discussão de projetos e propostas de lei e de proposta de referendo compreende um debate na generalidade e outro na especialidade).

4. Direito internacional

Matéria interna, sem disciplina em documentos internacionais.

5. Dispositivos constitucionais e legais relacionados

5.1. Constitucionais

Art. 48; arts. 61 e seguintes, que dispõem sobre o processo de elaboração das leis.

5.2. Legais

Regimento Interno da Câmara dos Deputados, art. 24, II e § 1º; Regimento Interno do Senado Federal, arts. 90, I, 91, 92 e 109.

6. Jurisprudência

ADI 652/MA, Rel. Min. Celso de Mello, j. 02.04.1992 – concessão de poderes terminativos a comissões parlamentares – competência exclusiva do Regimento Interno das Casas Legislativas: questionou-se, no caso, a constitucionalidade da Lei Complementar 10/91, do Estado do Maranhão, que disciplina a criação de municípios. Conferiu a lei referida poder decisório à Comissão da Assembleia Legislativa para o efeito da criação de municípios. Entendeu o Supremo Tribunal Federal que tal concessão "subverte os postulados disciplinadores do processo de formação das leis, pela transgressão do princípio geral de reserva do Plenário que comete a este órgão colegiado a competência exclusiva para, enquanto instância legislativa suprema, discutir, apreciar e votar projetos de lei". Registra a ementa do acórdão desta ADI, ainda, que o "princípio da reserva de Plenário, que sempre se presume, só pode ser derrogado, em caráter de absoluta excepcionalidade, nas situações previstas no texto constitucional". Aduz a ementa, também, que o novo texto constitucional admite, é certo, a possibilidade de se afastar a incidência desse princípio sempre que, na forma do regimento – e não de qualquer outro ato normativo –, se outorgar às comissões das Casas Legislativas a prerrogativa de discutir, votar e decidir proposições legislativas (art. 58, § 2º, I) (cf. ADI 652/MC; rel. Celso de Mello, 8.12.1991). **MS 36.817 AgR/DF, Rel. Min. Luiz Fux, j. 22.05.2020 – impossibilidade de controle judicial de ato *interna corporis***: trata-se de agravo interno em mandado de segurança impetrado por deputados federais do PSOL contra ato do presidente da Câmara os Deputados sob alegação de ofensa ao art. 58, § 2º, I, da Constituição. O Mandado de Segurança foi inicialmente impetrado porque à época tramitava o Projeto de Lei 1.645/2019 com objetivo de alterar legislação pertinente aos militares e oficiais da ativa das Forças Armadas. Foi instituída Comissão Especial para discussão e apreciação do referido projeto de lei. Encerrada a tramitação conclusiva da Comissão Especial, os deputados federais apresentaram recurso, com base no art. 58, § 2º, I, solicitando apreciação pelo Plenário da Câmara dos Deputados. Ocorre que o Plenário rejeitou o recurso e o PL 1.645 não foi enviado então para discussão no Plenário da Casa Legislativa. O STF negou, por maioria, o provimento ao agravo. Uma das alegações foi de que "salvo raríssimas exceções, em se tratando de impugnações referentes ao procedimento de elaboração das leis, o Poder Judiciário terá competência para sindicar a constitucionalidade do ato somente quando o alegado desrespeito se der diretamente contra as normas constitucionais ínsitas ao processo legislativo (arts. 59 a 69 CRFB/88)". Dessa forma, ainda que o autor tenha alegado ofensa à dispositivo constitucional, o ato coator está baseado na interpretação de artigos do regimento interno da Casa Legislativa. Portanto, a demanda deve ser solucionada no âmbito legislativo, não podendo haver controle judicial. Nesse sentido, observa-se também as seguintes decisões: **STP 915, Min. Luiz Fux, j. 18.08.2022; SS 5572, Rel. Min. Presidente, j. 25.05.2022; SS 5583, Rel. Min. Presidente, j. 11.05.2022.**

7. Literatura selecionada

BONAVIDES, Paulo; ANDRADE, Paes de. *História Constitucional do Brasil*. 3ª ed. Rio de Janeiro: Paz e Terra, 1991; CANOTILHO, J. J. Gomes; MOREIRA, Vital. *Constituição da República Portuguesa Anotada*. Coimbra: Coimbra Editora, 1978; CANOTILHO, J. J. Gomes; MOREIRA, Vital. *Constituição da República Portuguesa*. 8ª ed. Coimbra: Coimbra Editora, 2005; *Constituição do Brasil e Constituições Estrangeiras*. Brasília: Senado Federal, v. I, 1987; CRETELLA JUNIOR, José. *Comentários* à *Constituição de 1988*. V volume. 2ª ed., Rio de Janeiro: Forense Universitária, 1992; FERREIRA FILHO, Manoel Gonçalves. *Comentários à Constituição Brasileira de 1988*. Volume 2. São Paulo: Saraiva, 1992; GOUVEIA, Jorge Bacelar. *As Constituições dos Estados Lusófonos*. Lisboa: Aequitas – Editorial Notícias, 1993; *Les Constitutions des États de L'Union Européenne*. Org. GREWE, Constance e OBERDOFF, Henri. Paris: La Documentation Française, 1999; PACHECO, Cláudio. *Tratado das Constituições Brasileiras*. Volume V. Rio de Janeiro: Freitas Bastos, 1965; PINTO FERREIRA, Luís. *Comentários à Constituição Brasileira*. 3º Volume. São Paulo: Saraiva, 1989; PONTES DE MIRANDA, Francisco Cavalcanti. *Comentários à Constituição de 1967 com a Emenda Constitucional de 1969*. 2ª ed. São Paulo: Editora Revista dos Tribunais, Volume II e III, 1987; PONTES DE MIRANDA, Francisco Cavalcanti. *Comentários à Constituição dos Estados Unidos do Brasil*. Rio de Janeiro: Ed. Guanabara, 1936; SILVA, José Afonso da. *Comentário Textual à Constituição*. São Paulo: Malheiros Editores Ltda., 2006; SILVA, José Afonso da. *Curso de Direito Constitucional Positivo*. 31ª ed. São Paulo: Malheiros Editores, 2008.

8. Comentários

8.1. Natureza da disposição normativa – delegação legislativa interna corporis

Estabelece o texto constitucional em exame importante inovação no processo legislativo disciplinado na Constituição. Trata-se de modalidade de delegação *interna corporis* a ser regulamentada pelo Regimento Interno das Casas Congressuais. Admite, pois, o § 1º do art. 58 que o Regimento Interno delegue a comissões parlamentares competência para discutir e votar projetos de lei em caráter terminativo, salvo se o Plenário da respectiva Casa, por um décimo de seus membros, exigir manifestação sobre a matéria. Para José Afonso da Silva (*Curso*, 2008, p. 514), trata-se mais de uma função própria de substituição do que de uma função delegada. Na verdade, considerando-se que, pelas regras do processo legislativo, a votação dos projetos de lei cabe às Câmaras, a transferência dessa votação a comissões parlamentares implica verdadeira delegação de atribuições. Tanto assim é que a Constituição ressalva a competência natural do Plenário para o exercício dessa função, ao estabelecer a cláusula limitativa da delegação, impondo a volta do projeto de lei ao Plenário, desde que reclamada por um décimo dos parlamentares. Na Câmara dos Deputados é chamado de poder conclusivo e no Senado Federal de poder terminativo.

8.2. Competência atribuída às comissões permanentes

Embora a redação do texto não seja clara, como, aliás, observa Ferreira Filho (*Comentários*, v. 2, p. 68), uma interpretação razoável conduz à conclusão de que esta modalidade de delegação somente acolhe as comissões permanentes, estabelecidas em razão da matéria que lhe é atribuída. Isto porque determina o texto constitucional que caberá ao Regimento Interno estabelecer a dispensa de votação no caso em exame, e, como visto acima, somente as Comissões Permanentes são obrigatoriamente instituídas pelos regimentos. As comissões temporárias são criadas por ato específico e de acordo com a necessidade de sua atuação. De outro lado, somente ante a consideração de que a comissão permanente tem matéria própria é que se pode admitir tal delegação, que há de ter por meta transferir a discussão e votação da matéria do Plenário para uma determinada comissão.

8.3. A amplitude da delegação interna corporis

Ponto a ser questionado diz respeito à amplitude da delegação em causa. Questiona-se se qualquer matéria de competência das comissões permanentes pode ser objeto dessa delegação interna. A Constituição nada diz a respeito. Não há disciplina limitativa de delegação como ocorre no caso da delegação ao Presidente da República (art. 68) ou como ocorria nas Constituições precedentes. Estas admitiam a delegação *interna corporis* a uma Comissão Especial, terminativa, via da qual o projeto de lei, aprovado, era encaminhado à sanção presidencial e explicitava as matérias vedadas à delegação (ver art. 76, § 5º, da Constituição de 1946, com a redação da EC 17/65 e arts. 52 e 53 da EC 1/69). A interpretação sistemática da Constituição, contudo, leva à conclusão de que as matérias objeto de modalidades legislativas que exigem quórum especial (lei complementar) ou procedimento especial (lei delegada), dentre outras, não podem, em tese, ser objeto da delegação *interna corporis*. Aliás, para confronto, cabe lembrar que a limitação dessa modalidade de delegação é prevista no Regimento Interno da Câmara dos Deputados, art. 24, II, que veda a delegação: de matéria constante de lei complementar, de código, de iniciativa popular, de iniciativa de Comissão, de matéria que não possa ser objeto de lei delegada, de projetos oriundos do Senado ou por ele emendados, de projetos que tenham sido aprovados pelo Plenário de qualquer das Casas ou que tenham recebido pareceres divergentes e de projetos em regime de urgência, ressalvado, também o disposto no art. 132, do RI, nos casos em que haja recurso de um décimo dos membros da Casa Parlamentar. Disciplina semelhante contém o Regimento Interno do Senado Federal, art. 91.

8.4. Fundamento da delegação interna corporis

Aponta a doutrina, como fundamento para a adoção da delegação *interna corporis*, a celeridade do processo legislativo. Com efeito, a discussão de votação de certas matérias, complexas e excessivamente técnicas, parece recomendar o esgotamento do exame em comissões especializadas, como forma de agilizar a elaboração das leis. A discussão e votação em plenário, além de politizar e eventualmente desvirtuar o teor técnico da medida, será sempre demorada e difícil. Mas a celeridade do processo legislativo, no caso, deve partir do princípio de que as comissões, como já ressaltado, tenham composição adequada à matéria que lhes incumbe examinar, o que significa dizer, sejam compostas de parlamentares efetivamente especializados nas matérias objeto das comissões.

8.5. A fonte jurídica da delegação interna corporis – competência exclusiva dos Regimentos Internos

Estabelece a Constituição que os regimentos internos disciplinarão a delegação legislativa prevista no § 2º, I. Assim, detêm os regimentos internos, com exclusividade, a eleição da matéria e a sua atribuição às comissões permanentes para discussão e votação que dispense a reserva do Plenário, com a ressalva aposta no inciso de que um décimo dos membros da Casa pode exigir a volta da competência para o plenário. A regra limitativa está conforme a noção de delegação, que não implica renúncia a uma competência, mas, transferência da mesma quando o poder delegante achar oportuno. Neste sentido tem decidido o Supremo Tribunal, que entende inconstitucional delegação às comissões, nos termos previstos neste inciso, por qualquer outra modalidade de ato jurídico, inclusive por Constituição Estadual ou Lei complementar (ver jurisprudência a respeito).

Art. 58, § 2º, II – realizar audiências públicas com entidades da sociedade civil;

Anna Candida da Cunha Ferraz
Rebecca Groterhorst

1. Origem da norma

O dispositivo normativo contido no inciso II, do § 2º, acima, não estava presente no ordenamento constitucional anterior. A regra provém de inovação incluída no Projeto B, aprovado em 2º turno pela Assembleia Constituinte de 1987-1988, art. 60, § 2º, inciso II. Foi mantida, sem modificações, pela Constituição de 5 de outubro de 1988.

2. Constituições anteriores

Omissas.

3. Constituições estrangeiras

Não há, no plano constitucional estrangeiro, menção expressa à realização de audiências públicas com entidades da sociedade civil. Trata-se de matéria, que ao ser admitida, deverá ser disciplinada pelos Regimentos Internos das Casas Legislativas. Não obstante, a doutrina refere-se à realização de audiências públicas, realizadas com frequência no estrangeiro (cf. Ferreira Filho, *Comentários*, v. 2, p. 69).

4. Direito internacional

Matéria de interesse interno, não disciplinada expressamente em documentos internacionais.

5. Dispositivos constitucionais e legais relacionados

5.1. Constitucionais

Art. 1º, *caput* e parágrafo único, art. 51, III, e art. 52, XII.

5.2. Legais

Regimento Interno da Câmara dos Deputados, art. 24, III, arts. 255 a 258; Regimento Interno do Senado Federal, arts. 90, II, 93, 95, 383, II, *c*.

6. Jurisprudência

HC 88.189-MC/DF, Rel. Min. Celso de Mello, j. 07.03.2006 – Limitações das Comissões Parlamentares relativamente às audiências públicas: trata-se de pedido de Medida Cautelar em *Habeas Corpus* impetrado contra a Comissão de Direitos Humanos do Senado Federal. Insurge-se o impetrante contra a intimação imposta pela Comissão referida de comparecer para prestar esclarecimentos. Da decisão proferida pelo Relator, que indefere a liminar, anota-se o seguinte: "Ao contrário do que sucede com as convocações emanadas de Comissões Parlamentares de Inquérito, em que as pessoas – além de intimadas, sob pena de condução coercitiva – estão obrigadas a depor, quando arroladas como testemunha (ressalvado, sempre, em seu benefício, o exercício do privilégio constitucional contra a autoincriminação), cumpre observar que tais consequências, não se registram, no plano jurídico, se se tratar, como na espécie, de mero convite formulado por Comissão Permanente do Senado Federal, que não dispõe de poderes de coerção atribuídos a uma CPI. Observo que o ofício reproduzido por cópia a fls. 19 limita-se a convidar (e não a convocar) o ora paciente a debater determinado tema em audiência pública, sem lhe impor, no entanto, o dever de comparecer perante este mesmo órgão do Poder Legislativo, pois, nos termos do que prescreve o art. 58, § 2º, II e V, tais comissões somente podem "solicitar depoimento de cidadão", não lhes sendo lícito, contudo, exigir-lhe a participação em audiência pública que venham a realizar". Decisão fundamentada no art. 58, § 2º, II e V, da Constituição, que ressalva o disposto no RISF, art. 90, III, sobre convocação de Ministro de Estado, que estabelece a obrigatoriedade de comparecimento de Ministros de Estado ou de quaisquer titulares de órgãos diretamente subordinados à Presidência da República. A disposição regimental referida observa o disposto nos arts. 58, § 2º, III, e 50 e parágrafos da CF. **ADI 5.683/RJ, Rel Min. Roberto Barroso, j. 29.08.2017 – não realização de audiências públicas referente a proposição legislativa:** trata-se de ação direta de inconstitucionalidade proposta pelos partidos políticos Rede de Sustentabilidade e Partido Socialismo e Liberdade (PSOL) contra a Lei n. 7.529, do Estado do Rio de Janeiro. Afirmam os autores, dentre outros argumentos, de que a lei padeceria de inconstitucionalidade formal porque foi aprovada de forma inapropriada em regime de urgência e sem a realização de audiências públicas, violando assim o art. 58, § 2º, I, da Constituição Federal. O STF, em sua decisão, argumentou que o vício apontado não tem respaldo na Constituição, uma vez que a realização de audiências públicas não é obrigatória, e sim medida facultativa situada no âmbito *interna corporis* das Casas Legislativas.

7. Literatura selecionada

BONAVIDES, Paulo; ANDRADE, Paes de. *História Constitucional do Brasil*. 3ª ed. Rio de Janeiro: Paz e Terra, 1991; CANOTILHO, J. J. Gomes; MOREIRA, Vital. *Constituição da República Portuguesa Anotada*. Coimbra: Coimbra Editora, 1978; CANOTILHO, J. J. Gomes; MOREIRA, Vital. *Constituição da República Portuguesa*. 8ª ed. Coimbra: Coimbra Editora, 2005; *Constituição do Brasil e Constituições Estrangeiras*. Brasília: Senado Federal, v. I, 1987; CRETELLA JUNIOR, José. *Comentários à Constituição de 1988*. V volume. 2ª ed., Rio de Janeiro: Forense Universitária, 1992; FERREIRA FILHO, Manoel Gonçalves. *Comentários à Constituição Brasileira de 1988*. Volume 2. São Paulo: Saraiva, 1992; GOUVEIA, Jorge Bacelar. *As Constituições dos Estados Lusófonos*. Lisboa: Aequitas – Editorial Notícias, 1993; *Les Constitutions des États de L´Union Européenne*. Org. GREWE, Constance e OBERDOFF, Henri. Paris: *La Documentation Française*, 1999; PACHECO, Cláudio. *Tratado das Constituições Brasileiras*. Volume V. Rio de Janeiro: Freitas Bastos, 1965; PINTO FERREIRA, Luís. *Comentários à Constituição Brasileira*. 3º Volume. São Paulo: Saraiva, 1989; PONTES DE MIRANDA, Francisco Cavalcanti. *Comentários à Constituição de 1967 com a Emenda Constitucional de 1969*. 2ª ed. São Paulo: Editora Revista dos Tribunais, Volume II e III, 1987; PONTES DE MIRANDA, Francisco Cavalcanti. *Comentários à Constituição dos Estados Unidos do Brasil*. Rio de Janeiro: Ed. Guanabara, 1936; SILVA, José Afonso da. *Comentário Textual à Constituição*. São Paulo: Malheiros Editores Ltda., 2006; SILVA, José Afonso da. *Curso de Direito Constitucional Positivo*. 31ª ed. São Paulo: Malheiros Editores, 2008.

8. Comentários

8.1. Natureza da norma

A disposição normativa em exame contempla a faculdade constitucional de as comissões parlamentares realizarem audiências públicas. Não faz o texto constitucional distinção entre as modalidades de comissões parlamentares e nem determina quais terão essa faculdade. Como todas as comissões parlamentares são organizadas em razão da matéria de que tratam, é de se admitir que a norma constitucional alcance tanto as comissões permanentes como as temporárias, guardados os devidos campos de atuação. Questão a ser discutida diz respeito à possibilidade de os Regimentos Internos poderem instituir outra modalidade de audiências públicas, diversa das indicadas no inciso II do § 2º do art. 58. Não parece haver impedimento neste sentido. Na verdade, a faculdade de utilizar audiências no exercício dos trabalhos parlamentares, mesmo que não estabelecida pela Constituição, poderia ser prevista nos Regimentos das Casas Legislativas. Trata-se de um método de trabalho que não encontra, parece, qualquer óbice de natureza constitucional para ser adotado, desde que observadas as demais regras constitucionais pertinentes.

8.2. A participação de entidades da sociedade civil nas audiências públicas

O texto constitucional é expresso. A participação nas audiências públicas é reservada a entidades da sociedade civil. Isto significa dizer que não se trata de as comissões parlamentares convidarem para participar nas audiências personalidades, especialistas etc. A participação envolve exclusivamente as entidades da sociedade civil e, por óbvio, seus integrantes. Derivado do fato de as comissões parlamentares atuarem em campos materiais específicos, parece decorrer do texto constitucional que as entidades solicitadas a participar das audiências devam ser entidades especializadas na matéria objeto de exame nas comissões parlamentares, particularmente nas matérias em tramitação nelas. Aqui, também, resta uma indagação: podem as comissões convocar especialistas na matéria, não ligados a entidade civil solicitada, a participar nos trabalhos parlamentares? Com fundamento no inciso constitucional em exame, não podem. Todavia, parece não existir óbice a que os Regimentos Internos estabeleçam outras regras e outras modalidades de audiências, incluindo, inclusive, a convocação de especialistas e autoridades para participarem dos trabalhos parlamentares quando necessárias informações ou esclarecimentos da sociedade civil.

8.3. Os objetivos visados na instauração de uma audiência pública

Não estabelece a Constituição os objetivos da instituição das audiências públicas. Todavia, ressalta evidente que a realização de audiência das Comissões Parlamentares com entidades da sociedade civil objetiva instruir discussão sobre matéria legislativa em tramitação na Câmara respectiva, abrir espaço para discussão de assuntos de interesse público relevante, especialmente sobre matérias geralmente complexas atinentes à sua área de atuação. Trata-se de formidável instrumento para fazer presente, aos parlamentares, as várias correntes que mobilizam a opinião pública sobre o tema, permitindo-lhes opções e decisões mais adequadas e em conformidade com a vontade popular que representam. Indica, também, a ampliação da democracia participativa na Constituição de 1988 (que também permite a realização de audiências públicas no plano do Poder Judiciário).

8.4. A natureza da participação das entidades da sociedade civil e os limites das comissões

As entidades da sociedade civil e seus integrantes, pessoas interessadas no assunto e seus especialistas participam nas reuniões na qualidade de convidados. Isto significa dizer que as comissões não têm poderes para "intimar" ou "obrigar" a participação de entidades ou de seus integrantes. Também não têm quaisquer poderes para estabelecer sanções pela ausência das pessoas convidadas a participar nessas audiências. Neste sentido decidiu o Supremo Tribunal Federal (ver jurisprudência citada), lembrando que as comissões parlamentares em geral não têm os poderes das comissões parlamentares de inquérito, expressamente previstos no texto constitucional.

8.5. Considerações sobre a participação da sociedade civil nos trabalhos parlamentares

Um dos pontos críticos da democracia representativa é o enorme distanciamento existente entre os eleitos e os eleitores. Terminada a eleição, os contatos dos eleitores com os eleitos para reivindicações, cobranças, acompanhamento das promessas de campanha não encontravam respaldo institucional nos textos constitucionais brasileiros, onde o *recall*, por exemplo – instituto utilizado para a eventual destituição de um parlamentar ausente e omisso –, não se encontra estabelecido. O desenvolvimento da tecnologia, com a utilização da internet, a mídia e especialmente os canais televisivos públicos vêm facilitando esta aproximação. A Constituição de 1988 inova a respeito da participação da sociedade civil na atuação do Poder Público. Na verdade, abre, em várias passagens, espaço para tal participação não somente na atividade parlamentar, mas também nas atividades do Poder Executivo e nas de âmbito judiciário. Uma das ferramentas para essa participação na atividade parlamentar é a realização de audiências públicas, referida na disposição normativa em exame e disciplinada nos Regimentos Internos das Casas Legislativas.

8.6. Considerações sobre o instituto das audiências públicas

A democratização, a legitimidade, a transparência e a eficiência da atuação parlamentar são metas perseguidas pelas constituições contemporâneas que adotam a democracia representativa como uma das formas de exercício do poder. Sinalizando no sentido de lograr alcançar essa meta, as constituições buscam instituir ferramentas diversas. A instituição de audiências públicas nas comissões parlamentares atende a tais metas. Democratiza o exercício do Parlamento, na medida em que permite a participação direta do povo nas discussões parlamentares, dentro das comissões especializadas; servem à transparência da atuação parlamentar que, nas reuniões das audiências públicas, indicam sua forma de pensar e seus objetivos concernentes à matéria em discussão; legitimam, para além do voto, mas com expressão da vontade concreta dos participantes, a atuação parlamentar; e, certamente, permitem maior eficiência e adequação na tomada de decisões pelos parlamentares.

Art. 58, § 2º, III – convocar Ministros de Estado para prestar informações sobre assuntos inerentes a suas atribuições;

Anna Candida da Cunha Ferraz
Rebecca Groterhorst

1. Origem da norma

A possibilidade de as comissões parlamentares convocarem Ministros de Estado provém do art. 37, § 1º, da Constituição de 1934. Trata-se de inovação na ordem constitucional brasileira. Este dispositivo estabelece regra contrária ao que previa a Constituição de 1891, que proibia o comparecimento pessoal de Ministros de Estado perante o Congresso Nacional. O *caput* do art. 37 dispunha que: "A Câmara dos Deputados pode convocar Ministro de Estado para, perante elas, prestar informações sobre questões prévia e expressamente determinadas, atinentes a assuntos do respectivo Ministério. A falta de comparecimento do Ministro sem justificação importa crime de responsabilidade"; e o § 1º atribuía igual faculdade, e nos mesmos termos, às comissões parlamentares. Por outro lado, o § 2º do mesmo artigo determinava que a Câmara dos Deputados ou suas comissões designariam dia e hora para ouvir os Ministros de Estado que lhes queiram solicitar providências ou prestar esclarecimentos. A Constituição de 1934 admitia, também, ao Senado Federal (art. 93) a faculdade de solicitar informações a serem prestadas pessoalmente ou por escrito pelos Ministros de Estado.

2. Constituições brasileiras anteriores

Constituição de 1891, art. 51: proíbe o comparecimento de Ministros de Estado às sessões do Congresso e somente admite comunicações com eles por escrito ou pessoalmente, em conferencia com as Comissões da Câmara; **Constituição de 1934**, arts. 37 e 93; **Constituição de 1937**, art. 45: **Constituição de 1946**, art. 54; **Constituição de 1967**, art. 40 e parágrafos; **Emenda Constitucional de 1969**, art. 38 e parágrafos.

3. Constituições estrangeiras

Nas constituições parlamentaristas é usual a possibilidade de convocação ou o direito de os Ministros e Membros do Governo participarem das reuniões do Parlamento e de suas Comissões. Para exemplo: **Lei Fundamental da República Federal da Alemanha**, art. 43 (permite ao Parlamento e às suas Comissões a convocação de "qualquer membro do Governo Federal"); **Constituição da Espanha**, art. 110 e art. 111 (estes artigos preveem a possibilidade de as câmaras e suas comissões exigirem a presença de "membros do Governo", podendo a interpelação dar lugar a uma moção pela qual a Câmara fará conhecer sua posição); **Constituição da República Portuguesa** prevê, apenas, o direito de os Ministros comparecerem às reuniões plenárias da Assembleia da República e o de os membros do Governo poderem solicitar a sua participação nos trabalhos das comissões (art. 177º, 1 a 3); **Constituição da Itália**, art. 64 (contempla o direito e a possibilidade de requisição de participação dos membros do Governo nas reuniões das Câmaras); **Constituição da República de Angola** (art. 99º, 1 a 4); nas constituições presidencialistas, esta prática não é usual. Ressalve-se, dentre outras, a **Constituição da Argentina**, cujo art. 63 permite a interpelação de Ministros perante suas Câmaras, e a faculdade de os Ministros comparecerem às reuniões do Congresso e tomar parte nos debates, sem direito de voto (art. 92).

4. Direito internacional

Matéria interna não tratada em documentos internacionais.

5. Dispositivos constitucionais e legais relacionados

5.1. Constitucionais

Art. 50 e parágrafos, art. 87, parágrafo único, *caput*.

5.2. Legais

Regimento Interno da Câmara dos Deputados, arts. 24, IV e V, 117, II, e 219 a 223; Regimento Interno do Senado Federal, arts. 90, III, e 397 a 400-A.

6. Jurisprudência

HC 88189 MC/DF, Rel. Min. Celso de Mello, j. 26.05.2006 – Limitações das Comissões Parlamentares: trata-se de pedido de Medida Cautelar em *Habeas Corpus* impetrado contra a Comissão de Direitos Humanos do Senado Federal. Insurge-se o impetrante contra a intimação imposta pela Comissão referida de comparecer para prestar esclarecimentos. Da decisão proferida pelo Relator, que indefere a liminar, anota-se o seguinte: "Ao contrário do que sucede com as convocações emanadas de Comissões Parlamentares de Inquérito, em que as pessoas – além de intimadas, sob pena de condução coercitiva – estão obrigadas a depor, quando arroladas como testemunha (ressalvado, sempre, em seu benefício, o exercício do privilégio constitucional contra a autoincriminação), cumpre observar que tais consequências não se registram, no plano jurídico, se se tratar, como na espécie, de mero convite formulado por Comissão Permanente do Senado Federal, que não dispõe de poderes de coerção atribuídos a uma CPI. Tais comissões somente podem "solicitar depoimento de cidadão". Decisão fundamentada no art. 58, § 2º, II e V, da Constituição, que ressalva o disposto no RISF, art. 90, III, sobre convocação de Ministro de Estado, e que estabelece a obrigatoriedade de comparecimento de Ministros de Estado ou de quaisquer titulares de órgãos diretamente subordinados à Presidência da República. A disposição regimental referida observa o disposto no art. 58, § 2º, III, e art. 50 e parágrafos da CF; **ADPF 848 MC-Ref, Rel. Min. Rosa Weber, j.**

28.06.2021 – **impossibilidade de convocação de governadores de Estado para depor na condição de testemunhas**: trata-se de arguição de descumprimento de preceito fundamental com pedido liminar, proposta por governadores de nove Estados que foram convocados para prestar depoimento na condição de testemunhas perante a Comissão Parlamentar de Inquérito instaurada no Senado Federal (CPI da Pandemia). Em sede de cautelar, a Ministra Relatora sublinhou que a Constituição alude – no art. 58, § 2º, III – apenas à Ministros de Estados e agentes públicos diretamente subordinados à Presidência. Portanto, não haveria que se legitimar a convocação do Chefe do Poder Executivo para prestar esclarecimentos perante o Legislativo. Menciona a decisão precedentes nesse mesmo sentido (ver **ADI 111-MC/BA, j. 25.10.1989**). O STF referendou a medida cautelar suspendendo as convocações dos Governadores de Estado realizadas no âmbito da CPI da pandemia. Porém, o Ministro Gilmar Mendes fez a ressalva de que a ausência de menção ao Presidente da República nos arts. 50, *caput* e § 2º, e 58, § 2º, III, da CF não seria suficiente para retirar a obrigatoriedade de testemunhar perante comissão parlamentar de inquérito. Assim, o que fundamentaria a não convocação de Governadores seriam o princípio da separação de poderes e autonomia dos entes federados (art. 1º c/c art. 18, CF).

7. Literatura selecionada

BIDAR CAMPOS, G. J.; SANDLES, H. R. (coords.). *Estudios sobre La Reforma Constitucional de 1994*. Buenos Ayres: Coedicion Depalma e Universidad de Buenos Ayres, 1995; BONAVIDES, Paulo; ANDRADE, Paes de. *História Constitucional do Brasil*. 3ª ed. Rio de Janeiro: Paz e Terra, 1991; CANOTILHO, J. J. Gomes; MOREIRA, Vital. *Constituição da República Portuguesa Anotada*. Coimbra: Coimbra Editora, 1978; CANOTILHO, J. J. Gomes; MOREIRA, Vital. *Constituição da República Portuguesa*. 8ª ed. Coimbra: Coimbra Editora, 2005; *Constituição do Brasil e Constituições Estrangeiras*. Brasília: Senado Federal, v. I, 1987; CRETELLA JUNIOR, José. *Comentários à Constituição de 1988*. V volume. 2ª ed., Rio de Janeiro: Forense Universitária, 1992; FERREIRA FILHO, Manoel Gonçalves. *Comentários à Constituição Brasileira de 1988*. Volume 2. São Paulo: Saraiva, 1992; GOUVEIA, Jorge Bacelar. *As Constituições dos Estados Lusófonos*. Lisboa: Aequitas – Editorial Notícias, 1993; *Les Constitutions des États de L´Union Européenne*. Org. GREWE, Constance e OBERDOFF, Henri. Paris: La Documentation Française, 1999; PACHECO, Cláudio. *Tratado das Constituições Brasileiras*. Volume V. Rio de Janeiro: Freitas Bastos, 1965; PINTO FERREIRA, Luís. *Comentários à Constituição Brasileira*. 3º Volume. São Paulo: Saraiva, 1989; PONTES DE MIRANDA, Francisco Cavalcanti. *Comentários à Constituição de 1967 com a Emenda Constitucional de 1969*. 2ª ed. São Paulo: Editora Revista dos Tribunais, Volume II e III, 1987; PONTES DE MIRANDA, Francisco Cavalcanti. *Comentários à Constituição dos Estados Unidos do Brasil*. Rio de Janeiro: Ed. Guanabara, 1936; SILVA, José Afonso da. *Comentário Textual à Constituição*. São Paulo: Malheiros Editores Ltda., 2006; SILVA, José Afonso da. *Curso de Direito Constitucional Positivo*. 31ª ed. São Paulo: Malheiros Editores, 2008; ZARINI, Helio Juan. *Análisis de La Constitución Nacional* (da Argentina) – comentario exegético, orígen, reformas, concordancias e antecedentes. Buenos Ayres: Editorial Astrea, 1986.

8. Comentários

8.1. Natureza da norma

A disposição normativa em exame contempla uma faculdade das comissões parlamentares para convocar Ministro de Estado para prestar informações inerentes a suas atribuições. Ante o princípio da separação de poderes adotado no Brasil, com as cláusulas de independência e harmonia (art. 2º), tal faculdade somente poderia ser exercida pelo Congresso Nacional, suas Câmaras e Comissões se expressamente prevista no texto constitucional. Trata-se, parece, de uma regra de interpenetração entre os poderes, que dificilmente se enquadra no princípio da separação de poderes, conforme se acentua no item 8.4 destes comentários.

8.2. A obrigatoriedade do comparecimento do Ministro quando convocado e a consequente aplicação de penalidade de natureza política

A disposição normativa em exame repete preceito contido no art. 50 e seus parágrafos; referido artigo normatiza, com maior amplitude, as regras que incidem sobre a convocação ministerial pelas Câmaras e pelas comissões parlamentares. Não somente admite a convocação de Ministros de Estado, mas estende (conforme inclusão da ECR 2/94) a faculdade de convocação para quaisquer titulares de órgãos subordinados à Presidência da República e estabelece que a ausência, sem justificação adequada, importa em crime de responsabilidade (ver comentários ao art. 50 e seus parágrafos). Cabe às comissões ajuizar sobre a adequação da justificação da ausência apresentada pelo Ministro convocado. Trata-se, aqui, como se vê, de convocação e não de mero convite.

8.3. O objeto da convocação ministerial

Determina o preceito em exame que os Ministros serão convocados para prestar informações sobre assuntos previamente determinados, atinentes a suas atribuições. Trata-se de cláusula restritiva. Não pode o Ministro ser convocado para prestar quaisquer tipos de esclarecimentos, mas tão somente os concernentes a suas atribuições ministeriais, o que significa dizer, aos assuntos concernentes à Pasta que dirige. Na prática, parecer haver uma coincidência entre a matéria relativa à atribuição da Comissão Parlamentar que convoca e a matéria referente à Pasta do Ministro convocado, ilação que se deduz da organização das Comissões em razão da matéria de sua competência, conforme disciplina o § 2º do art. 58, que encabeça o inciso em comento. De outro lado, a convocação para prestar informação pessoalmente implica obrigatoriedade de a comissão indicar, previamente, o assunto objeto da convocação.

8.4. Considerações sobre a convocação ministerial

A convocação de Ministro para comparecer pessoalmente e prestar informações e esclarecimentos perante as Casas Congressuais ou suas Comissões implica procedimento que excepciona o princípio da separação de poderes no que respeita a cláusula de independência de poderes. Não é este o pensamento dominante na doutrina. Pontes de Miranda (*Comentários à Constituição de 1967 com a EC 1/69*, 2ª ed., 1973, p. 66), partidário dessa medida, entende que somente na aparência esta convocação ministerial implica atenuação do sistema presidencialista, lembrando que nos Estados Unidos da América a nomeação de Ministros de Estado depende de homologação do Senado. Vê o jurista mencionado grande valia nessa regra. José Afonso da Silva não considera a regra incompatível com o presidencialismo (*Curso*, 2008, p. 524), mas a critica, por entender que se trata apenas de uma tribuna para o Ministro utilizar, muito bem assessorado, e que não traz nenhuma consequência, porque suas informações não serão apreciadas pelo órgão que o convocou. Na verdade, a convocação ministerial pode constituir sede de conflitos entre o Congresso Nacional e o Presidente da República. Se o Presidente tiver a maioria no Parlamento, o ministro não será convocado: não haverá quórum para isto, salvo se o assunto for do interesse do Executivo. Se o Chefe do Executivo não tiver maioria parlamentar, a convocação de Ministro pode resultar em impasse e transtornos políticos entre os dois poderes.

Art. 58, § 2º, IV – receber petições, reclamações, representações ou queixas de qualquer pessoa contra atos ou omissões das autoridades ou entidades públicas;

Anna Candida da Cunha Ferraz
Rebecca Groterhorst

1. Origem da norma

Da mesma forma que o inciso II, acima comentado, o dispositivo normativo contido no inciso IV, do § 2º, em exame, não era previsto no ordenamento constitucional anterior. A regra provém de inovação incluída no Projeto B, aprovado em 2º turno pela Assembleia Constituinte de 1987-1988, art. 60, § 2º, inciso II. Foi mantida, sem modificações, pela Constituição de 5 de outubro de 1988.

2. Constituições brasileiras anteriores

Omissas.

3. Constituições estrangeiras

Constituição da República Portuguesa, art. 178º, 3 (a CRP admite que "petições sejam dirigidas à Assembleia e apreciadas pelas comissões ou por comissão especialmente constituída para o efeito, que poderá ouvir as demais comissões competentes em razão da matéria..."); **Lei da República Federal da Alemanha**, art. 45c (Comissão de Petições, criada pelo *Bundestag*, para examinar petições e recursos dirigidos ao Parlamento com fundamento no artigo 17 – direito de petição); **Constituição da Espanha**, art. 77 (disposição relativa ao recebimento de petições escritas, individuais ou coletivas, pelas Câmaras); **Lei Constitucional da República de Angola**, art. 100º, 3.

4. Direito internacional

Matéria de interesse interno dos Estados, não se encontra disciplinada em documentos internacionais.

5. Dispositivos constitucionais e legais relacionados

5.1. Constitucionais

Art. 5º, XXXIII, XXXIV, "a", e art. 49, X.

5.2. Legais

Art. 90, IV, do Regimento Interno do Senado Federal.

6. Jurisprudência

Não encontrada. Trata-se de dispositivo disciplinado no Regimento das Casas Legislativas, pelo que os conflitos decorrentes, em sua maioria, constituem matéria *interna corporis*, não sujeitos a exame jurisdicional.

7. Literatura selecionada

CANOTILHO, J. J. Gomes; MOREIRA, Vital. *Constituição da República Portuguesa Anotada*. Coimbra: Coimbra Editora, 1978; CANOTILHO, J. J. Gomes; MOREIRA, Vital. *Constituição da República Portuguesa*. 8ª ed. Coimbra: Coimbra Editora, 2005; *Constituição do Brasil e Constituições Estrangeiras*. Brasília: Senado Federal, v. I, 1987; CRETELLA JUNIOR, José. *Comentários à Constituição de 1988*. V volume. 2ª ed., Rio de Janeiro: Forense Universitária, 1992; FERREIRA FILHO, Manoel Gonçalves. *Comentários à Constituição Brasileira de 1988*. Volume 2. São Paulo: Saraiva, 1992; GOUVEIA, Jorge Bacelar. *As Constituições dos Estados Lusófonos*. Lisboa: Aequitas – Editorial Notícias, 1993; *Les Constitutions des États de L´Union Européenne*. Org. GREWE, Constance e OBERDOFF, Henri. Paris: *La Documentation Française*, 1999; PACHECO, Cláudio. *Tratado das Constituições Brasileiras*. Volume V. Rio de Janeiro: Freitas Bastos, 1965; PINTO FERREIRA, Luís. *Comentários à Constituição Brasileira*. 3º Volume. São Paulo: Saraiva, 1989; PONTES DE MIRANDA, Francisco Cavalcanti. *Comentários à Constituição de 1967 com a Emenda Constitucional de 1969*. 2ª ed. São Paulo: Editora Revista dos Tribunais, Volume II e III, 1987; PONTES DE MIRANDA, Francisco Cavalcanti. *Comentários à Constituição dos Estados Unidos do Brasil*. Rio de Janeiro: Ed. Guanabara, 1936; SILVA, José Afonso da. *Comentário Textual à Constituição*. São Paulo: Malheiros Editores Ltda., 2006; SILVA, José Afonso da. *Curso de Direito Constitucional Positivo*. 31ª ed. São Paulo: Malheiros Editores, 2008.

8. Comentários

8.1. Natureza da norma

A disposição normativa em exame estabelece a competência de as Comissões do Senado e da Câmara receberem petições, reclamações, representações ou queixas de qualquer pessoa. Trata-se da imposição de um dever, a respeito do qual não pode haver recusa de cumprimento por parte de referidos órgãos colegiados. O objeto das petições, assim considerados genericamente os instrumentos arrolados no texto constitucional, deve, por óbvio, conter matéria relacionada com a competência material da Comissão receptora da solicitação. Não há sanção constitucional para o não recebimento; todavia, a recusa expressa, neste caso, poderá constituir matéria constitucional que implicará possibilidade de controle judicial. Por outro lado, não há disciplina sobre a forma, o procedimento, os prazos etc. relativos ao recebimento dessas solicitações. Cabe ao Regimento Interno regular a matéria.

8.2. Destinatários do direito genérico de peticionar perante as Câmaras

A Constituição institui o direito de qualquer pessoa se dirigir às Comissões parlamentares. Trata-se, no caso, de uma aplicação expressa ou de um desdobramento expresso do direito fundamental de petição, contemplado no art. 5º, XXXIV, "a".

8.3. Objeto do direito de petição

Prevê o texto constitucional o direito de qualquer pessoa se dirigir, por intermédio dos vários instrumentos arrolados (petições, reclamações, representações ou queixas), contra ato ou omissão do Poder Público. Insere-se, assim, esta disposição normativa na competência exclusiva do Congresso Nacional, de fiscalizar e controlar, diretamente ou por qualquer de suas Casas, os atos do Poder Executivo (art. 49, X). Assim considerado, este direito abrange o controle dos atos e omissões do Poder Executivo em geral, alcançando todos os seus órgãos e autoridades, e também os atos das autoridades da administração direta. De outro lado, ante a generalidade da norma, que não estabelece restrições ou condições para o oferecimento de solicitações, não se vislumbra, na espécie, a obrigatoriedade de a pessoa intentar a proteção de direito seu, podendo, inclusive, peticionar tendo em vista o interesse público.

8.4. Considerações sobre a disposição normativa em exame

Ao Poder Legislativo cabe a competência exclusiva de fiscalizar e controlar, diretamente, ou por qualquer de suas Casas (art. 49, X), os atos do Poder Executivo, incluídos os da administração direta. O direito outorgado a qualquer pessoa para peticionar perante o Legislativo relativamente a atos e omissões do Poder Executivo se insere na amplitude maior da disposição de fiscalização e controle do Poder Executivo, veiculada pelo art. 49, X. Combinados os dois dispositivos – art. 58, § 2º e IV, e art. 49, "a" –, é de se entender que qualquer ato ou omissão do Poder Público ou das entidades de administração indireta, particularmente se ofensivas a direitos ou ao interesse público, poderá ser objeto da solicitação prevista no inciso IV em exame. O direito de oferecer solicitações perante o Poder Legislativo constitui mais um instrumento de participação popular no exercício do poder. Abre-se, aqui, também um espaço para a desejável colaboração do cidadão no exercício do controle dos atos e omissões do Poder Executivo.

Art. 58, § 2º, V – solicitar depoimento de qualquer autoridade ou cidadão;

Anna Candida da Cunha Ferraz
Rebecca Groterhorst

1. Origem da norma

Também esta disposição normativa não era prevista no ordenamento constitucional anterior. A regra provém de inovação incluída no Projeto B, aprovado em 2º turno pela Assembleia Constituinte de 1987-1988, art. 60, § 2º, inciso II. Foi mantida, sem modificações, pela Constituição de 5 de outubro de 1988.

2. Constituições brasileiras anteriores

Omissas.

3. Constituições estrangeiras

Lei Constitucional da República de Angola, art. 100º, 3.

4. Direito internacional

Matéria de disciplina interna dos Estados nacionais e que não consta dos documentos internacionais.

5. Dispositivos constitucionais e legais relacionados

5.1. Constitucionais

Art. 49, X.

5.2. Legais

Art. 90, V, Regimento Interno do Senado Federal.

6. Jurisprudência

A matéria não é usualmente tratada pela jurisprudência, já que consiste, em princípio, em matéria *interna corporis* do Poder Legislativo, que não se submete ao controle jurisdicional. Um exemplo de decisão mencionando o assunto foi encontrado: **HC 88189 MC/DF, Rel. Min. Celso de Mello, j. 07.03.2006**: trata-se de pedido de Medida Cautelar em *Habeas Corpus* impetrado contra a Comissão de Direitos Humanos do Senado Federal. Insurge-se o impetrante contra a intimação imposta pela Comissão referida de comparecer para prestar esclarecimentos. Da decisão proferida pelo Relator, que indefere a liminar, anota-se o seguinte: "Ao contrário do que sucede com as convocações emanadas de Comissões Parlamentares de Inquérito, em que as pessoas – além de intimadas, sob pena de condução coercitiva – estão obrigadas a depor, quando arroladas como testemunha (ressalvado, sempre, em seu benefício, o exercício do privilégio constitucional contra a autoincriminação), cumpre observar que tais consequências, não se registram, no plano jurídico, se se tratar, como na espécie, de mero convite formulado por Comissão Permanente do Senado Federal, que não dispõe de poderes de coerção atribuídos a uma CPI. Observo que o ofício reproduzido por cópia a fls. 19 limita-se a convidar (e não a convocar) o ora paciente a debater determinado tema em audiência pública, sem lhe impor, no entanto, o dever de comparecer perante este mesmo órgão do Poder Legislativo, pois, nos termos do que prescreve o art. 58, § 2º, II e V, tais comissões somente podem **solicitar depoimento de cidadão**, não lhes sendo lícito, contudo, exigir-lhe a participação em audiência pública que venham a realizar". Decisão fundamentada no art. 58, § 2º, II e V, da Constituição, que ressalva o disposto no RISF, art. 90, III, sobre convocação de Ministro de Estado, que estabelece a obrigatoriedade de comparecimento de Ministros de Estado ou de quaisquer titulares de órgãos diretamente subordinados à Presidência da República. A disposição regimental referida observa o disposto no art. 58, § 2º, III, e art. 50 e parágrafos da CF. Porém, há outras decisões que relacionam os poderes das Comissões Parlamentares de Inquérito com o art. 58, § 2º, V, da Constituição, mencionando o dever de comparecimento. Nesse sentido: **HC 205.697 MC/DF, Rcl. 49.382/DF, HC 205.999 MC/DF.**

7. Literatura selecionada

CANOTILHO, J. J. Gomes; MOREIRA, Vital. *Constituição da República Portuguesa Anotada*. Coimbra: Coimbra Editora, 1978; CANOTILHO, J. J. Gomes; MOREIRA, Vital. *Constituição da República Portuguesa*. 8ª ed. Coimbra: Coimbra Editora, 2005; *Constituição do Brasil e Constituições Estrangeiras*. Brasília: Senado Federal, v. I, 1987; CRETELLA JUNIOR, José. *Comentários à Constituição de 1988*. V volume. 2ª ed., Rio de Janeiro: Forense Universitária, 1992; FERREIRA FILHO, Manoel Gonçalves. *Comentários à Constituição Brasileira de 1988*. Volume 2. São Paulo: Saraiva, 1992; GOUVEIA, Jorge Bacelar. *As Constituições dos Estados Lusófonos*. Lisboa: Aequitas – Editorial Notícias, 1993; *Les Constitutions des États de L´Union Européenne*. Org. GREWE, Constance e OBERDOFF, Henri. Paris: La Documentation Française, 1999; PACHECO, Cláudio. *Tratado das Constituições Brasileiras*. Volume V. Rio de Janeiro: Freitas Bastos, 1965; PINTO FERREIRA, Luís. *Comentários à Constituição Brasileira*. 3º Volume. São Paulo: Saraiva, 1989; PONTES DE MIRANDA, Francisco Cavalcanti. *Comentários à Constituição de 1967 com a Emenda Constitucional de 1969*. 2ª ed. São Paulo: Editora Revista dos Tribunais, Volume II e III, 1987; PONTES DE MIRANDA, Francisco Cavalcanti. *Comentários à Constituição dos Estados Unidos do Brasil*. Rio de Janeiro: Ed. Guanabara, 1936; SILVA, José Afonso da. *Comentário Textual à Constituição*. São Paulo: Malheiros Editores Ltda., 2006; SILVA, José Afonso da. *Curso de Direito Constitucional Positivo*. 31ª ed. São Paulo: Malheiros Editores, 2008.

8. Comentários

8.1. Natureza da disposição normativa

A disposição normativa em exame contempla uma faculdade das comissões parlamentares para solicitar depoimento de qualquer autoridade ou cidadão. Conforme observado com relação ao inciso I deste parágrafo, não faz o texto constitucional distinção entre as modalidades de comissões parlamentares e nem determina quais terão essa faculdade. Como todas as comissões parlamentares são organizadas em razão da matéria de que tratam, é de se admitir que a norma constitucional alcance tanto as comissões permanentes como as temporárias, guardados os devidos campos de atuação.

8.2. Alcance da norma

A norma, relativamente às pessoas que podem ser solicitadas a prestar depoimento, tem larga abrangência. Toda e qualquer autoridade ou cidadão pode ser solicitado a prestar depoimento. O texto constitucional não restringe a expressão "qualquer autoridade". No entanto, cabe indagar se a norma alcança apenas as autoridades do Poder Executivo e as da administração indireta, ou alcança, também, a de outros poderes, como o Poder Judiciário, ou o Tribunal de Contas. Parece que o texto deverá ser interpretado em consonância com o disposto no art. 49, X, que outorga ao Congresso Nacional competência para fiscalizar os atos do Poder Executivo e da administração indireta. A solicitação de prestar depoimento a membros do Poder Judiciário, não estando prevista expressamente no texto constitucional, não pode ser admitida, em virtude do princípio da separação de poderes, que somente pode ser excepcionado se a exceção for prevista constitucionalmente. Quanto a autoridades do Tribunal de Contas, a questão permanece em aberto, já que o Tribunal de Contas é órgão auxiliar do Congresso Nacional no exercício do controle externo de fiscalização financeira e orçamentária, e deve prestar informações ao Congresso Nacional, quando solicitadas (art. 71, VI, CF). Por outro lado, ao Congresso Nacional cabe instituir comissão mista para exame de planos plurianuais, diretrizes orçamentárias e orçamento anual. Convocação de autoridades do Tribunal de Contas, se admitida, deverá ser solicitada pela Comissão Mista especializada na matéria.

8.3. A natureza da prestação de depoimento por qualquer autoridade ou cidadão. Os limites das comissões

É expresso o texto constitucional a respeito. Trata-se de "solicitação" de depoimento. Isto significa dizer que as comissões em razão da matéria não têm poderes para "intimar" ou "obrigar" autoridades públicas ou cidadãos a prestar depoimento. Também não têm quaisquer poderes para estabelecer sanções pela ausência das pessoas convidadas a depor. Neste sentido decidiu o Supremo Tribunal Federal (ver jurisprudência citada), lembrando que as comissões parlamentares em geral não têm os poderes das comissões parlamentares de inquérito, expressamente previstos no texto constitucional.

8.4. Objetivo visado pela prestação de depoimento de autoridades públicas ou de cidadão

Não estabelece o texto constitucional o objetivo visado por esta disposição normativa. Todavia, a prática da audiência de autoridades públicas e de cidadão era usual, mesmo perante o ordenamento anterior, que não a previa. Trata-se, ao que se pode deduzir, de a Comissão se informar sobra matéria legislativa ou de outra natureza, que esteja em tramitação na Câmara respectiva, abrindo espaço para colher elementos de pessoas diretamente vinculadas à matéria ou de cidadãos em geral, tendo em vista a discussão de assuntos de interesse público relevante.

Art. 58, § 2º, VI – apreciar programas de obras, planos nacionais, regionais e setoriais de desenvolvimento e sobre eles emitir parecer.

Anna Candida da Cunha Ferraz
Rebecca Groterhorst

---

1. Origem da norma

O dispositivo normativo em exame provém do art. 60, VIII, do Projeto B, aprovado em 2º Turno pela Assembleia Nacional Constituinte e aprovado na redação final da Constituição de 1988.

2. Constituições brasileiras anteriores

Constituições de 1891, 1934, 1937, 1946 – omissas; as Constituições de 1967 e a EC 1/69 previam essa matéria no rol das competências legislativas do Congresso Nacional. Assim dispunha a Constituição de 1967 em seu art. 46, III (cabe ao Congresso, com a sanção do Presidente da República, dispor sobre [...] – planos e programas nacionais, regionais e orçamentos plurianuais); e a EC 1/69, em seu art. 43, IV (cabe ao Congresso, com a sanção do Presidente da República, dispor sobre [...] – planos e programas nacionais e regionais de desenvolvimento).

3. Constituições estrangeiras

Não encontramos, nas constituições estrangeiras usualmente consultadas no País, dispositivo semelhante.

4. Direito internacional

Matéria de ordem interna dos Estados Nacionais.

5. Dispositivos constitucionais e legais relacionados

5.1. Constitucionais

Art. 21, IX; art. 37, § 1º; art. 43, § 2º, II; art. 48, IV; art. 49, X; art. 74, I; art. 84, XIII; art. 174, § 1º, art. 35, ADCT.

5.2. Legais

Regimento Interno da Câmara dos Deputados, arts. 22, I, 24, VIII, 32, II, c e d; Regimento Interno do Senado Federal, art. 90, VI.

6. Jurisprudência

ADI 1.505/ES, Rel. Min. Eros Grau, j. 24.11.2004 – Inconstitucionalidade de Constituição Estadual que determina a apreciação de ato de atribuição do Poder Executivo, de caráter nitidamente administrativo e decisório, por comissão permanente da Assembleia Legislativa. Ofensa ao princípio da separação dos Poderes. Trata-se, no caso, de questionamento da constitucionalidade do art. 187 da Constituição do Estado do Espírito Santo, que submete Relatório de Impacto Ambiental "à apreciação da comissão permanente e específica da Assembleia Legislativa, devendo ser custeada pelo interessado, proibida a participação de pessoas físicas ou jurídicas que atuarem na sua elaboração". O Supremo Tribunal Federal declarou inconstitucional a expressão acima transcrita, constante do art. 187, por ofensa aos arts. 58, § 2º, e 225, § 1º, da Constituição do Brasil. O Relator, em seu voto, registra que o art. 58, CF, "dispõe a respeito das atribuições das comissões parlamentares. E não se vislumbra entre elas qualquer prerrogativa de cunho decisório. Dotar a Assembleia Legislativa capixaba de poderes para decidir sobre a viabilidade **de atividade ou obra** importa afronta ao princípio da independência e harmonia dos Poderes". Em seu voto, o Ministro Carlos Ayres Brito entendeu que "a Constituição já habilita as comissões a apreciar, por impulso próprio, a realização de obras. No caso, a Constituição do Estado do Espírito Santo foi além, porque obriga que a análise do Poder Executivo, sobre este tipo de obra, seja submetida à apreciação de comissão parlamentar". Ver também **ADI 5.905/RR, Rel. Min. Luiz Fux.**

7. Literatura selecionada

CANOTILHO, J. J. Gomes; MOREIRA, Vital. *Constituição da República Portuguesa Anotada*. Coimbra: Coimbra Editora, 1978; CANOTILHO, J. J. Gomes; MOREIRA, Vital. *Constituição da República Portuguesa*. 8ª ed. Coimbra: Coimbra Editora, 2005; *Constituição do Brasil e Constituições Estrangeiras*. Brasília: Senado Federal, v. I, 1987; CRETELLA JUNIOR, José. *Comentários à Constituição de 1988*. V volume. 2ª ed., Rio de Janeiro: Forense Universitária, 1992; FERREIRA FILHO, Manoel Gonçalves. *Comentários à Constituição Brasileira de 1988*. Volume 2. São Paulo: Saraiva, 1992; GOUVEIA, Jorge Bacelar. *As Constituições dos Estados Lusófonos*. Lisboa: Aequitas – Editorial Notícias, 1993; *Les Constitutions des États de L´Union Européenne*. Org. GREWE, Constance e OBERDOFF, Henri. Paris: *La Documentation Française*, 1999; PACHECO, Cláudio. *Tratado das Constituições Brasileiras*. Volume V. Rio de Janeiro: Freitas Bastos, 1965; PINTO FERREIRA, Luís. *Comentários à Constituição Brasileira*. 3º Volume. São Paulo: Saraiva, 1989; PONTES DE MIRANDA, Francisco Cavalcanti. *Comentários à Constituição de 1967 com a Emenda Constitucional de 1969*. 2ª ed. São Paulo: Editora Revista dos Tribunais, Volume II e III, 1987; PONTES DE MIRANDA, Francisco Cavalcanti. *Comentários à Constituição dos Estados Unidos do Brasil*. Rio de Janeiro: Ed. Guanabara, 1936; SILVA, José Afonso da. *Comentário Textual à Constituição*. São Paulo: Malheiros Editores Ltda., 2006; SILVA, José Afonso da. *Curso de Direito Constitucional Positivo*. 31ª ed. São Paulo: Malheiros Editores, 2008.

8. Comentários

8.1. Natureza da norma – fiscalização e controle político de atos do Poder Executivo

Estabelece a Constituição, neste inciso, a faculdade de as Comissões Parlamentares apreciarem programas de obras, planos nacionais, regionais e setoriais de desenvolvimento e sobre eles emitir parecer. Trata-se de matéria de competência constitucional do Executivo, que pode ser veiculada mediante lei. Ainda aqui se vê um desdobramento da competência genérica prevista no art. 49, X, de o Poder Legislativo fiscalizar e exercer, agora diretamente, por intermédio das comissões parlamentares, o controle político sobre atos do Poder Executivo, controle a ser exercido quando a matéria não for objeto de lei.

8.2. O objeto do controle da comissão

O texto normativo em exame abre a possibilidade de a comissão parlamentar examinar programas de obras, planos nacionais, regionais e setoriais de desenvolvimento. A Constituição, em vários dispositivos acima relacionados, trata da elaboração de programas de obras e de planos de desenvolvimento. A matéria, como se disse acima, mesmo quando veiculada por lei, é de natureza administrativa.

8.3. Os limites da função da Comissão Parlamentar prevista neste inciso

Cabe às comissões parlamentares, segundo determina a norma constitucional, apreciar, vale dizer, examinar a matéria objeto especificado nesta disposição normativa. Em primeiro lugar, deve se tratar de obras e programas relacionados com as matérias próprias atribuídas à competência da Comissão em causa. De outro lado, a função da Comissão se limita a emissão de parecer sobre o assunto. Não especifica a Constituição o encaminhamento deste parecer, se ao próprio Poder Legislativo, se ao Poder Executivo. A matéria ficou relegada à disciplina regimental.

8.4. A natureza da apreciação do objeto da norma pela Comissão

Como se mencionou acima, à comissão cabe "opinar", emitir parecer. Seu parecer não obriga, não é vinculativo: é meramente consultivo.

8.5. Considerações sobre o dispositivo em análise

A matéria constante deste dispositivo já está inserida nas competências legislativas e fiscalizadoras do Congresso Nacional e nas competências administrativas do Poder Executivo. Pressupõe-se, pelo que determina o texto constitucional, que o exame das obras e programas se faça paralelamente à atuação do Poder Executivo, já que não tem o Poder Executivo o dever constitucional de enviar programas para consulta prévia de comissões parlamentares. É de se indagar, então, como tomará a comissão conhecimento das obras e dos programas referidos no inciso em exame. Trata-se, ao que parece, de uma duplicação de atribuições, talvez desnecessárias, das comissões parlamentares.

Art. 58, § 3º As comissões parlamentares de inquérito, que terão poderes de investigação próprios das autoridades judiciais, além de outros previstos nos regimentos das respectivas Casas, serão criadas pela Câmara dos Deputados e pelo Senado Federal, em conjunto ou separadamente, mediante requerimento de um terço de seus membros, para a apuração de fato determinado e por prazo certo, sendo suas conclusões, se for o caso, encaminhadas ao Ministério Público, para que promova a responsabilidade civil ou criminal dos infratores.

Anna Candida da Cunha Ferraz
Rebecca Groterhorst

---

1. Origem da norma

Parece inexistirem dúvidas doutrinárias quanto à origem inglesa do inquérito parlamentar, conforme registra Nuno Piçarra (O Inquérito Parlamentar e os seus Modelos Constitucionais, apud SPROESSER, Andyara Klopstock, *A Comissão Parlamentar de Inquérito – CPI, no Ordenamento Jurídico Brasileiro*, São Paulo: Assembleia Legislativa, 2008, p. 149). Embora se citem antecedentes no século XIV, foi realmente no início do século XVII que essa modalidade de Comissão foi instituída na Câmara dos Comuns segundo Nelson de Souza Sampaio (*Do Inquérito Parlamentar*, Rio de Janeiro: FGV, 1964, p. 10). No ordenamento constitucional brasileiro, as Comissões de Inquérito foram introduzidas na Constituição de 1934, em seu art. 36, que dispunha: "A Câmara dos Deputados criará comissões de inquérito sobre fatos determinados, sempre que o requerer a terça parte, pelo menos, dos seus membros. Parágrafo único – Aplicam-se a tais inquéritos as normas do processo penal indicadas no Regimento Interno". Referida Constituição, em seu art. 92, § 1º, VI, atribuiu à Seção Permanente do Senado o poder de "criar comissões de inquérito sobre fatos determinados observado o parágrafo único do art. 36". Durante o Império não constavam previstas na Constituição e não se formaram comissões de inquérito para investigar a ação do Executivo; no primeiro período republicano (1891-1930), talvez por influência da Constituição dos Estados Unidos da América, que não previa, em seu texto, as comissões de inquérito, estas não constaram expressamente previstas na Constituição de 1891, embora algumas comissões de investigação, também à semelhança do direito americano, tenham sido instituídas no Congresso, sem que, todavia, se dirigissem à investigação do Poder Executivo.

2. Constituições brasileiras anteriores

Constituição 1891, omissa; Constituição de 1937, omissa; Constituição de 1946, art. 53 e parágrafo único; Constituição de 1967, art. 39; Emenda Constitucional de 1969, art. 37.

3. Constituições estrangeiras

De modo geral, as constituições mais usualmente consultadas no Brasil dão base constitucional para o funcionamento de CPIs. Nem sempre as atividades, a amplitude e os limites da CPI são idênticos aos verificados no Brasil, mas certamente guardam a respeito muita semelhança. Para exemplo, vejam-se as seguintes constituições: **Constituição da Alemanha**, cujo art. 44 estabelece o direito de o Parlamento Federal, e o dever de, a requerimento de um quarto dos seus membros, constituir uma comissão de inquérito que recolha, em sessão pública, as provas necessárias. Pode-se excluir a presença do público. Na coleta de provas, aplicam-se por analogia, as disposições do processo penal, mas não poderá ser afetado o sigilo da correspondência, do correio e das telecomunicações. O texto constitucional obriga os tribunais e as autoridades administrativas a prestar ajuda judicial e administrativa e determina que as resoluções das comissões de inquérito não estão sujeitas à apreciação judicial. Os tribunais podem apreciar e julgar livremente os fatos que estejam na base do inquérito; **Constituição da Argentina**: omissa; **Constituição dos Estados Unidos**: omissa. Não obstante, são instituídas nas Casas Congressuais e funcionam intensamente. A doutrina criada pelas comissões de inquérito nos Estados Unidos ultrapassa os limites de seu território e é utilizada e citada inclusive no Brasil; **Constituição de Portugal**, art. 178, que dispõe em seus itens 1, 4 e 5, que a Assembleia da República pode constituir comissões eventuais de inquérito; que tais comissões devem ser obrigatoriamente constituídas quando requeridas por um quinto dos Deputados em efetivo exercício de suas funções parlamentares, até ao limite de uma por Deputado e por sessão legislativa; e que as comissões de inquérito gozam de poderes de investigação próprios das autoridades judiciais; **Constituição da Espanha**, art. 76, que estabelece que as Câmaras possam constituir comissões de inquérito; que suas conclusões não vincularão os tribunais e não afetarão as decisões judiciais, mas que o resultado das comissões pode ser encaminhado ao Ministério Público, que deverá tomar as medidas cabíveis. A convocação para comparecimento nas sessões das Câmaras deve ser obrigatoriamente seguida, sendo que a lei estabelecerá as sanções para o descumprimento dessa obrigação; **Constituição da Itália**: art. 82; **Constituição de Angola**, art. 101º (cuja redação é idêntica à da Constituição de Portugal, citada); **Constituição de Cabo Verde**, art. 159.

4. Direito internacional

Matéria de natureza interna dos Poderes Legislativos nacionais.

5. Dispositivos constitucionais e legais relacionados

5.1. Constitucionais

Art. 50; art. 58, § 1º.

5.2. Legais

Lei n. 1.579, de 18.03.1952; Lei n. 10.001, de 04.09.2000; Regimento da Câmara dos Deputados, arts. 35 a 37 e 109, III, *b* e *c*; Regimento do Senado Federal, arts. 76, § 4º, e 145 a 153; Regimento Comum do Congresso Nacional, arts. 9º a 21.

6. Jurisprudência: inviabilidade de convocação de juiz

HC 79.441/DF, Rel. Octávio Gallotti, j. 24.11.1999; trata-se de pedido de HC impetrado por juiz para não prestar depoimento perante Comissão Parlamentar de Inquérito, pela qual fora convocado. A ementa deste HC, que foi deferido, registra, em resumo: não se mostra admissível convocação de juiz para investigação pertinente às atribuições do Poder Judiciário, relativas a procedimento compreendido na sua atividade-fim (processo de inventário). No mesmo sentido, há várias decisões a respeito: **HC 80.539 MC, Rel. Maurício Corrêa, j. 09.11.2000** – Convocação de magistrado para prestar depoimento em face de decisões judiciais. Constrangimento ilegal caracterizado. Ofensa ao princípio da separação de poderes; **HC 80.089 MC/RJ, Rel. Nelson Jobim, j. 03.04.2000**, que fundamenta a decisão no princípio da independência dos poderes. **HC 79.244/DF, Rel. Sepúlveda Pertence, j. 23.02.2000 – Direito ao silêncio**: trata-se de HC impetrado contra o Presidente de CPI em que o convocado para prestar depoimentos possa se manter em silêncio para não correr o risco de se autoincriminar. A ementa da decisão pontifica que as comissões parlamentares de inquérito, nos termos do art. 58, § 3º, detêm o poder instrutório das autoridades judiciais – e não maior que o dessas – pelo que a elas se poderão opor os mesmos limites formais e substanciais oponíveis aos juízes, derivados das garantias constitucionais contra a autoincriminação, que "tem sua manifestação mais eloquente no direito ao silêncio dos acusados. Não importa que, na CPI – que têm poderes de instrução, mas nenhum poder de processar nem de julgar, a rigor não haja acusados; a garantia contra a autoincriminação se estende a qualquer indagação por autoridade pública de cuja resposta possa advir à imputação ao declarante da prática de crime, ainda que em procedimento e foro diversos". No mesmo sentido, entre outros: **HC 79.812, Rel. Celso de Mello, j. 08.11.2000**: decisão proferida, em resumo, nos seguintes termos: o privilégio contra a autoincriminação – que é plenamente invocável perante as CPIs – traduz direito público subjetivo assegurado a qualquer pessoa, que, na condição de testemunha, de indiciado ou de réu, deva prestar depoimento perante órgãos do Poder Legislativo, do Poder Executivo ou do Poder Judiciário. O exercício do direito de permanecer em silêncio não autoriza os órgãos estatais a dispensarem qualquer tratamento que implique restrição à esfera jurídica daquele que regularmente invocou essa prerrogativa fundamental. Ninguém pode ser tratado como culpado, qualquer que seja a natureza do ilícito penal cuja prática lhe tenha sido atribuída, sem que exista, a esse respeito, decisão judicial condenatória transitada em julgado. O acórdão cita precedentes sobre o tema. **AgRg no MS 23.466/DF, Rel. Min. Sepúlveda Pertence, j. 04.05.2000 – Poderes de investigação próprios das autoridades judiciais – inteligência**: deixando de lado questões processuais levantadas a propósito do cabimento do Agravo Regimental, o Ministro Relator registrou parecer da Profª Ada Grinover no sentido de que "à vista do sistema acusatório (implícito na garantia do contraditório e essencial à sua imparcialidade), aos juízes se outorguem poderes investigatórios *stricto sensu* e para atribuir sentido útil à cláusula constitucional, há que entendê-la como referida aos "poderes instrutórios idênticos aos reservados aos membros do Judiciário." E afirmou mais adiante: "E, em assim sendo, o decreto de **indisponibilidade de bens** de determinada pessoa posta sob suspeição da CPI, qual o arresto, o sequestro ou a hipoteca judiciária são provimentos **cautelares** de sentença definitiva de condenação, os quais obviamente não se confundem com os **poderes instrutórios**, ou de cautela sobre a **prova**, que se possam admitir extensíveis aos órgãos parlamentares de investigação". "Quanto às demais provisões questionadas – a quebra dos '**sigilos bancários, fiscal e telefônico**' – não há como negar sua natureza probatória e, pois, em princípio, sua compreensão no âmbito dos poderes de instrução do juiz, que a letra do art. 58, § 3º, da Constituição faz extensíveis às comissões parlamentares de inquérito". **MS 23.554/DF, Rel. Min. Ilmar Galvão, j. 29.11.2000 – Competência da CPI para investigar Conselheiro de Tribunal de Contas Estadual**: Mandado de Segurança impetrado por membro do Tribunal de Contas de Estado do Acre contra ato do Presidente e do Relator de CPI da Câmara dos Deputados (CPI do narcotráfico). Alegação de incompetência de CPI para investigar Conselheiro de Tribunal de Contas Estadual. Decisão pela improcedência da preliminar por não se configurar, no caso, a hipótese prevista no art. 105, I, *a*, da Constituição, qual seja, de processamento e julgamento de crime comum atribuído a integrante de órgão público da espécie em causa. **MS 23.866 MC/BA, Rel. Presidente (Decisão da Presidência), j. 15.01.2001. Incompetência de CPI Estadual de investigar atos relacionados com órgãos federais**: Mandado de Segurança impetrado pela União contra ato do Presidente da Mesa da Assembleia Legislativa da Bahia, que instalou CPI para apurar irregularidades na CODEBA, sociedade de economia mista federal. Matéria fora do âmbito da Assembleia Legislativa Estadual. Violação de direito líquido e certo da Câmara dos Deputados e do Senado Federal. MS julgado prejudicado, sem exame do mérito. **HC 80.240/RR, Rel. Sepúlveda Pertence, j. 20.06.2001 – Limites das CPI – Inadmissibilidade de convocação de indígena para prestar depoimento fora de seu *habitat* – violação às normas constitucionais que conferem proteção especial aos indígenas**: a ementa da decisão pondera, dentre outros aspectos, que "as comissões parlamentares de inquérito detêm o poder instrutório das autoridades judiciais – e não maior que o dessas – de modo que a elas se poderão opor os mesmos limites formais e substanciais oponíveis aos juízes, dentre os quais os derivados de direitos e garantias constitucionais"; **MS 23.879/DF, Rel. Maurício Corrêa, j. 03.10.2001 –**

Quebra de sigilos bancários, fiscais e telefônicos – exigência de fundamentação do ato pela CPI: no MS em apreço, deixados de lado aspectos processuais relativos à legitimidade ativa do impetrante, a ementa do acórdão registra: "2. Os poderes de investigação próprios das autoridades judiciárias de que as CPIs são constitucionalmente investidas (CF, art. 58, § 3º) não são absolutos. Imprescindível a fundamentação dos atos que ordenam a quebra dos sigilos bancários, fiscais e telefônicos, visto que assim como os atos judiciais são nulos se não fundamentados, assim também os das comissões parlamentares de inquérito. Precedentes. 3. A legitimidade da medida excepcional deve apoiar-se em fato concreto e causa provável, e não em meras conjecturas e generalidades insuficientes para ensejar a ruptura da intimidade das pessoas (CF, art. 5º, X)". No mesmo sentido, MS 23.868/DF, Rel. Min. Celso de Mello, j. 30.08.2001: "A quebra do sigilo, por ato de Comissão Parlamentar de Inquérito, deve ser necessariamente fundamentada, sob pena de invalidade. A Comissão Parlamentar de Inquérito – que dispõe de competência constitucional para ordenar a quebra do sigilo bancário, fiscal e telefônico das pessoas sob investigação do Poder Legislativo – somente poderá praticar tal ato, que se reveste de gravíssimas consequências, se justificar, de modo adequado, e sempre mediante indicação concreta dos fatos específicos, a necessidade de adoção dessa medida excepcional. Precedentes. A fundamentação da quebra do sigilo há de ser contemporânea à própria deliberação legislativa que a decreta. A exigência de motivação [...] qualifica-se como pressuposto de validade jurídica da própria deliberação emanada desse órgão de investigação legislativa [...]".; MS 23.452/RJ, Rel. Min. Celso de Mello, j. 16.09.1999 – CPI – Limites e Amplitude – Reserva de jurisdição – Princípio Constitucional da Reserva de Jurisdição e Quebra de Sigilo por determinação da CPI: "O princípio constitucional da reserva de jurisdição – que incide sobre as hipóteses de busca domiciliar (CF, art. 5º, XI), de interceptação telefônica (CF, art. 5º, XII) e de decretação da prisão, ressalvada a situação de flagrância penal (CF, art. 5º, LXI) – não se estende ao tema da quebra do sigilo, pois, em tal matéria, e por efeito de expressa autorização dada pela própria Constituição da República (ver art. 58, § 3º), assiste competência à Comissão Parlamentar de Inquérito, para decretar, sempre em ato necessariamente motivado, a excepcional ruptura dessa esfera da privacidade das pessoas". Precedentes: MS 23.639/DF, Rel. Min. Celso de Mello (Pleno), MS 23.652/DF, MS 37974 AgR/DF, Rel. Min. Cármen Lúcia. MS 24.832 MC/DF, Rel. Min. Cezar Peluso, j. 18.03.2004 – Liberdade de comunicação e direito à imagem: Decidiu o STF, neste Mandado de Segurança, que a transmissão e a gravação, de sessão em que se toma depoimento de indiciado, em Comissão Parlamentar de Inquérito, não "aparentam caracterizar abuso de exposição de imagem pessoal na mídia"; ADI 3.619/SP, Rel. Min. Eros Grau, j. 01.08.2006. CPI estadual – Observância do modelo federal para criação de CPI nos Estados. Inconstitucionalidade de artigos do Regimento Interno da Assembleia Legislativa. Garantia das Minorias – Trata-se de ADI proposta contra artigo de Regimento de Assembleia Estadual determinando Deliberação do Plenário sobre criação de Comissão Parlamentar. A ementa da decisão do STF foi lavrada, dentre outros aspectos, nos seguintes termos: "Comissão Parlamentar de Inquérito. Criação. Deliberação do Plenário da Assembleia Legislativa. Requisito que não encontra respaldo na Constituição do Brasil. Simetria. Observância compulsória pelos estados-membros. Violação do art. 58, § 3º, da Constituição do Brasil. A Constituição do Brasil assegura a um terço dos membros da Câmara dos Deputados e a um terço do Senado Federal a criação da comissão parlamentar de inquérito, deixando porém ao próprio parlamento o seu destino. A garantia assegurada a um terço dos membros da Câmara ou do Senado estende-se aos membros das assembleias legislativas estaduais – garantia das minorias. O modelo federal de criação e instauração das comissões parlamentares de inquérito constitui matéria a ser compulsoriamente observada pelas casas legislativas estaduais. A garantia da instalação da CPI independe de deliberação plenária, seja da Câmara, do Senado ou da Assembleia Legislativa. Precedentes. Não há razão para submissão do requerimento de constituição da CPI a qualquer órgão da Assembleia Legislativa. Os requisitos indispensáveis à criação das comissões parlamentares de inquérito estão dispostos, estritamente, no artigo 58 da CB/88. Pedido julgado procedente para declarar inconstitucionais o trecho 'só será submetido à discussão e votação decorridas 24 horas de sua apresentação', e, constante do art. 1º, 34, e o inciso I do artigo 179 da Consolidação do Regimento Interno da Assembleia Legislativa do Estado de São Paulo"; MS 24.831/DF, Rel. Min. Celso de Mello, j. 22.06.2005 – Direito de Oposição – Prerrogativas das Minorias parlamentares. Limites das Casas Legislativas – Viabilidade de controle jurisdicional – Legitimidade passiva ad causam do Presidente do Senado para indicar membros de CPI: consta da ementa da decisão deste MS, em resumo, o seguinte: O direito de investigar, que a Constituição da República atribui ao Parlamento, tem, no inquérito parlamentar, o mais expressivo instrumento de concretização desse relevantíssimo encargo constitucional. A instauração do inquérito está vinculada tão somente aos 3 (três) estritos requisitos [...] fixados no art. 58, § 3º, CF. Atendidas tais exigências, impõe-se a criação da Comissão Parlamentar de Inquérito que não depende, por isso mesmo, da vontade aquiescente da maioria parlamentar. A CPI revela, nesse passo, seu caráter autônomo, ainda que já instaurados, em torno dos mesmos fatos, inquéritos policiais ou processos judiciais. A prerrogativa de investigar, deferida ao Parlamento, especialmente aos grupos minoritários, não pode ser comprometida pelo bloco majoritário. Controle Jurisdicional dos Atos Parlamentares: possibilidade, desde que haja alegação de desrespeito a direitos e/ou a garantias de índole constitucional. Legitimidade passiva ad causam do Presidente do Senado – Autoridade dotada de poderes para viabilizar a composição das comissões parlamentares de inquérito, cabendo-lhe indicar, se necessário, os membros da CPI para que ela possa funcionar. Inq. 2.245, Rel. Min. Joaquim Barbosa, j. 28.08.2007. Prova emprestada. Autorização de compartilhamento de prova tanto pela Comissão Parlamentar Mista de Inquérito como pelo Supremo Tribunal Federal. Possibilidade de ampliação de objeto de investigação no curso dos trabalhos. Precedentes. MS 24832 MC/DF, Rel. Cezar Peluso, j. 18.03.2004. Direito à imagem. Transmissão pela TV de trabalhos de CPI – Invasão do Poder Judiciário no Poder Legislativo – Colisão de Direitos – Intimidade versus direito à comunicação social dos trabalhos da CPI: No aludido mandado de segurança analisou-se a pretensão do impetrante, convocado para depor na Comissão da pirataria, no sentido de ter resguardado o seu direito à imagem, mediante proibição da transmissão televisiva de seu depoimento. Em mandado segurança anterior, igual postulação fora atendida, com a concessão de liminar. Mas como esclareceu o impetrante, apesar disso, a TV Câmara levou ao ar imagens sonoras do depoimento, captadas por outras emissoras e por estas igualmente postas no ar. Diante do que considerou uma fraude à liminar anterior, solicitou nova liminar, para que fosse proibida a transmissão, pela TV Câmara, inclusive de imagens sonoras de seu segundo depoimento. Atendida a solicitação, o Presidente da Comissão de Constituição e Justiça da Câmara dos Deputados, entrou com pedido de reconsideração, sob o argumento de que o caso não seria de colisão de direitos (direito à comunicação social *versus* direito à intimidade) e sim de invasão de competência constitucional do Poder Legislativo pelo Poder Judiciário, além do que a liminar estaria em descompasso com a Constituição, que proíbe a censura prévia, sendo inexequível na parte que impedia a gravação de imagem ou voz no recinto da Câmara. O Relator submeteu a questão ao referendo daquele órgão, que, por maioria, deixou de referendá-la no mérito, tendo, entretanto, reconhecido, por unanimidade, a competência do Tribunal para analisar a questão. Prevaleceu o entendimento do Relator, identificado com decisões precedentes da Corte, no sentido de que, quando se recorre ao Judiciário, alegando que um direito individual foi lesado por ato de outro Poder, compete-lhe examinar se o direito invocado existe e foi mesmo lesado, na consideração do princípio da inafastabilidade do controle judicial. Como se consignou então, "eximir-se com a escusa de tratar-se de ato político seria fugir ao dever que a Constituição lhe impõe". Colhem-se em outros votos proferidos na oportunidade, várias manifestações em apoio à posição do Relator. Assim aquela em que se afirmou não se tratar, no caso, absolutamente de questão *interna corporis*, que respeitasse apenas às competências e aos interesses estritamente internos da Câmara dos Deputados, mas sim de questão de relevância constitucional suficiente para atrair a competência da Corte. Ou a afirmação de que questões *interna corporis*, como as que dizem respeito, por exemplo, à interpretação regimental das Casas Legislativas, de regra não se sujeitam ao controle jurisdicional. Todavia, ocorrendo alegação de ofensa a direito, o ato estará sujeito à fiscalização judicial, conforme jurisprudência antiga do Supremo Tribunal Federal. Ou ainda o pronunciamento segundo o qual, na espécie, sem a menor dúvida, não se configurava questão *interna corporis*, explicando-se que "no regime brasileiro, o que existe é uma indagação básica: há ou não uma pretensão de direito subjetivo a resolver em relação a atos ou decisões de qualquer dos Poderes da República? Se há uma pretensão de direito, a decisão sobre ela, positiva ou negativa, é função jurisdicional confiada ao Poder Judiciário, em última instância a esta Casa (o STF), que cumpre o seu dever sem invadir a área dos demais Poderes". Já no mérito, decidiu-se pela improcedência do pedido, vencido por maioria o Relator. Conforme fixado por ele, tratava-se de grave e delicada questão de colidência entre princípios constitucionais, cujo deslinde implicaria limitação no âmbito de um deles, ponderadas as circunstâncias do caso concreto. E, ponderando tais circunstâncias, optara na liminar trazida a referendo do Plenário pela preservação do direito de imagem do impetrante, dado o risco de abusos por parte dos membros da Comissão de Inquérito durante o depoimento, comprometedores de sua imagem, exposta ao grande público pelos canais de comunicação social que estariam fazendo a cobertura da sessão. Daí ter proibido a transmissão da imagem, inclusive sonora, do depoimento do impetrante. Como foi dito antes, o Plenário da Corte negou-se a referendar a concessão da liminar, por razões destacadas em votos vencedores. Assim é que, entre o direito à intimidade *lato sensu* – em que se pode situar a proteção da imagem – e a liberdade de expressão do pensamento – a que é ínsita a liberdade de informação pelos veículos de comunicação de massas –, entendeu-se que deveria prevalecer esta última, na consideração de vários fatores. Em primeiro lugar, o possível embate entre os direitos envolvidos aconteceria em uma sessão pública da Comissão, em que é franqueado o ingresso a qualquer do povo, em particular aos integrantes da mídia, como, de resto, deve acontecer mesmo, sendo irrecusável que a publicidade do que se passa nos órgãos de representação popular é fundamental no sistema democrático. Em segundo lugar, não havia nos autos nada de concreto, fazendo supor que excessos seriam cometidos por parlamentares em relação ao impetrante durante a tomada de seu depoimento. E a simples suposição de que abusos poderiam vir a ocorrer não justificaria a limitação do direito de informar, que assiste aos profissionais da comunicação, nem do correlato direito de ser informado, que assiste aos cidadãos em geral. Como é regra, o abuso de um direito, uma vez comprovado, deve levar à responsabilização de seu autor *a posteriori*, sendo isto, aliás, o que prevê a Constituição para o caso específico, estabelecendo no art. 5º, inciso X, serem invioláveis a intimidade, a vida privada, a honra e a imagem das pessoas, assegurado o direito a indenização pelo dano material ou moral decorrente de sua violação. Em terceiro lugar, a liminar não coibia a presença dos profissionais dos veículos de comunicação, que poderiam anotar e divulgar o que quisessem, parecendo incoerente vedar apenas a transmissão da imagem e o som da voz do impetrante e não o conteúdo dos pronunciamentos feitos durante a sessão, como se apenas a divulgação da imagem pudesse representar dano à reputação do interessado. Tanto mais que já haviam sido amplamente divulgadas pela mídia, antes da instalação da Comissão da pirataria, fotos do impetrante, por ocasião de diligências policiais envolvendo a sua pessoa. Em quarto lugar, sempre na consideração da regra maior que é a publicidade dos atos praticados pela representação política em regimes democráticos, a concessão da liminar, sem indícios mais seguros de que haveria algum prejuízo real para os direitos da personalidade do interessado, criaria um precedente sério de censura à divulgação das atividades investigatórias próprias do controle político que cabe ao Legislativo. **MS 37.760 MC-Ref./DF, Rel. Min. Roberto Barroso, j. 14.04.2021 – Instauração de Comissão Parlamentar de Inquérito em decorrência de atos do Governo Federal para enfrentamento da pandemia Covid-19**: trata-se de mandando de segurança com pedido de medida cautelar para apurar as ações e omissões do governo federal no enfrentamento à pandemia Covid-19. O STF entendeu pela determinação da criação e instalação da CPI. Precedentes: MS 24.831 e 24.849, Rel. Min. Celso de Mello, j. 22.06.2005; ADI 3.619, Rel. Min. Eros Grau, j. 01.08.2006; MS 26.441, Rel. Min. Celso de Mello, j. 25.04.2007. **ADPF 848 MC-Ref/DF, Rel. Min. Rosa Weber, j. 28.06.2021 – Impossibilidade de convocação de governadores dos Estados para prestar depoimento**: trata-se de arguição de descumprimento de preceito fundamental em que governadores foram convocados para prestar depoimento no âmbito da CPI da Pandemia. Impetrado mandado de segurança, referendada pelo tribunal, o STF entendeu ser afronta ao princípio da separação dos poderes e autonomia federativa dos Estados-membros.

7. Literatura selecionada

BONAVIDES, Paulo; ANDRADE, Paes de. *História Constitucional do Brasil*. 3ª ed. Rio de Janeiro: Paz e Terra, 1991; CANOTILHO, J. J. Gomes; MOREIRA, Vital. *Constituição da República Portuguesa Anotada*. Coimbra: Coimbra Editora, 1978; CANOTILHO, J. J. Gomes; MOREIRA, Vital. *Constituição da República Portuguesa*. 8ª ed. Coimbra: Coimbra Editora, 2005; *Constituição do Brasil e Constituições Estrangeiras*. Brasília: Senado Federal, v. I, 1987; CRETELLA JUNIOR, José. *Comentários à Constituição de 1988*. V volume. 2ª ed., Rio de Janeiro: Forense Universitária, 1992; FERRAZ, Anna Candida da Cunha. *Conflito entre Poderes – O Poder Congressual de sustar atos normativos do Poder Executivo*. São Paulo: Editora Revista dos Tribunais, 1994; FERREIRA FILHO, Manoel Gonçalves. *Comentários à Constituição Brasileira de 1988*. Volume 2. São Paulo: Saraiva, 1992; GOUVEIA, Jorge Bacelar. *As Constituições dos Estados Lusófonos*. Lisboa: Aequitas – Editorial Notícias, 1993; *Les Constitutions des États de L´Union Européenne*. Org. GREWE, Constance e OBERDOFF, Henri. Paris: La Documentation Française, 1999; PACHECO, Cláudio. *Tratado das Constituições Brasileiras*. Volume V. Rio de Janeiro: Freitas Bastos, 1965; PINTO FERREIRA, Luís. *Comentários à Constituição Brasileira*. 3º Volume. São Paulo: Saraiva, 1989; PONTES DE MIRANDA, Francisco Cavalcanti. *Comentários à Constituição de 1967 com a Emenda Constitucional de 1969*. 2ª ed. São Paulo: Editora Revista dos Tribunais, Volume II e III, 1987; PONTES DE MIRANDA, Francisco Cavalcanti. *Comentários à Constituição dos Estados Unidos do Brasil*. Rio de Janeiro: Ed. Guanabara, 1936; SILVA, José Afonso da. *Comentário Textual à Constituição*. São Paulo: Malheiros Editores Ltda., 2006; SILVA, José Afonso da. *Curso de Direito Constitucional Positivo*. 31ª ed. São Paulo: Malheiros Editores, 2008; SPROESSER, Andyara Klopstock. *A Comissão Parlamentar de Inquérito – CPI no Ordenamento Jurídico Brasileiro*. São Paulo: Assembleia Legislativa do Estado de São Paulo – Secretaria Geral Parlamentar, 2008.

8. Comentários

8.1. Natureza da CPI

As comissões parlamentares de inquérito são comissões temporárias e especiais. A CPI é instituída por ato específico da Câmara dos Deputados ou do Senado Federal, caso em que constitui comissões singulares ou unicamerais. Podem, também, ser criadas por ato do Presidente do Congresso, por indicação das lideranças partidárias (art. 9º do Regimento Comum), para atuação conjunta de deputados e senadores, quando então constituem comissões parlamentares mistas. Tais comissões atuam em nome das Casas Legislativas ou do Congresso Nacional, porém têm autonomia de ação, ou seja, agem de modo autônomo. A autonomia da CPI é reconhecida em doutrina e na jurisprudência do Supremo Tribunal Federal, como demonstram decisões coletadas. Esta autonomia significa que, uma vez constituída, as autoridades congressuais não mais têm poderes para ditar normas ou decisões às CPIs, que se encontram, então, tão somente adstritas às normas constitucionais pertinentes e às normas fixadas nos respectivos Regimentos Internos das Casas Legislativas e do Congresso Nacional.

8.2. Conceito e finalidade

Pode-se conceituar a CPI como uma comissão, nomeada pelas Casas Legislativas ou pelo Congresso Nacional, compostas por parlamentares representantes de partidos que nessas Casas têm assento e destinada à apuração de fato ou fatos determinados. É a *longa manus* do Poder Legislativo no exercício de controle político específico de fatos que envolvem o Poder Executivo e a vida nacional, de modo amplo e generalizado. A finalidade precípua da CPI, além da apuração de responsabilidades por fatos danosos à Administração Pública, sinaliza, também para a investigação da atuação dos Poderes em geral, da atuação da sociedade civil em matérias que repercutem na saúde, moral, ética, desenvolvimento, progresso, atividades negociais etc. da sociedade brasileira. Como salienta Pinto Ferreira (*Comentários*, v. 3, p. 103), se anteriormente, o campo de atuação das comissões parlamentares era mais limitado, atualmente ele se estende largamente, abrangendo o inquérito qualquer fato determinado que interesse à vida constitucional do País e que necessite ser amplamente verificado e estudado para sobre ele se tomar providências necessárias e oportunas. Daí por que as CPIs são poderosos instrumentos inclusive para a boa execução da atividade legislativa parlamentar. Dada a amplitude de sua atuação, as comissões parlamentares podem ser externas ou internas. São externas quando se dirigem para a averiguação de fato determinado relativo aos Poderes Executivo, Judiciário, aos Estados-Membros, na área de competência permitida à intervenção constitucional da União Federal e ao Congresso Nacional, e quando atingem indiretamente relações privadas, também constitucionalmente admissíveis; revelam-se internas quando se dirigem à defesa dos congressistas, à punição de membros das Casas Legislativas (Pinto Ferreira, *Comentários*, v. 3, p. 103). Assim, somente para exemplificar, inúmeras são as CPI instaladas na vigência da Constituição de 1988: CPI dos Correios, do Mensalão, dos Bingos, dos Bancos, dentre outras.

8.3. Requisitos constitucionais para instalação de uma CPI

8.3.1. Requisito relacionado ao número de parlamentares requerentes

Como requisito indispensável para a instituição de comissões parlamentares de inquérito, determina a Constituição devam elas ser requeridas e instaladas desde que um 1/3 (um terço) dos membros da respectiva Casa solicitar; ou se requerida por 1/3 (um terço) dos membros da Câmara dos Deputados e 1/3 (um terço) dos membros do Senado Federal, quando se tratar de Comissão Parlamentar de Inquérito mista, conforme prevê a Constituição e disciplina o art. 21 do Regimento Comum do Congresso Nacional. Segundo se depreende do texto constitucional e é confirmado nos Regimentos Internos, a instalação da CPI, desde que requerida preenchendo os requisitos constitucionais, é automática, o que significa dizer que não pode ser obstaculizada pelos órgãos diretivos das respectivas Casas, sob nenhum pretexto. O simples preenchimento dos requisitos constitucionais, considerados como garantia das minorias, determina sua instalação, consoante decisão do STF referida.

8.3.2. Representação proporcional

Outro requisito a ser observado é o disposto no art. 58, que estabelece o princípio da representação proporcional partidária na formação das comissões parlamentares. Assim, uma CPI deve conter um número de membros que permita a aplicação desse princípio. Como a cláusula constitucional estabelece a regra da representação proporcional "tanto quanto possível", deixando ao Regimento regulamentar sua aplicação prática, as questões que surgem em torno da aplicação desse requisito constituem, em regra, *matéria interna corporis*, a ser decidida pela própria Casa legislativa, salvo se tal aplicação importar em ofensa a direitos constitucionalmente assegurados.

8.3.3. Objeto determinado

Para a criação de uma comissão parlamentar de inquérito exige a norma constitucional que a comissão deva ter objeto determinado ou, em outras palavras, que se destine a averiguar fato ou fatos determinados. Não se pode instalar comissão parlamentar de inquérito para averiguação de fatos genéricos, sem contornos delimitados ou crises *in abstracto*, como registra Pontes de Miranda (*Comentários à Constituição de 1967 com a Emenda n. 1, de 1969*, t. 3, p. 50). Tal objeto, ante a amplitude da atuação da CPI, pode referir-se, como já se acentuou, a questões de ordem pública, social, política e econômica e devem estar bem delineados e caracterizados no requerimento de instalação da CPI; devem ser determinados, objetivos, claros, precisos. A não caracterização adequada a estes termos enseja, inclusive, possibilidade de questionamento judicial. Neste ponto, como ensina Ferreira Filho (*Comentários*, v. 2, p. 70-71), nota-se a distinção entre as comissões parlamentares de inquérito, no Brasil, e, por exemplo, as comissões de inquérito adotadas na Itália: a *inchiesta legislativa* e a *inchiesta política*: a primeira voltada para a aquisição de informações e dados necessários à atividade legislativa propriamente dita (fazer as leis, por exemplo); a segunda é a que se destina à função de controle dos negócios públicos em geral, esta última incompatível com o sistema presidencialista, pois tem por finalidade a função de controle político, ínsita ao sistema parlamentarista. Deve-se registrar que o fato determinado a ser objeto de controle da CPI, no sistema constitucional brasileiro, deve relacionar-se com as competências do Congresso Nacional e de suas Câmaras, vale dizer, deve referir-se a uma atribuição constitucional específica e própria do Poder Legislativo.

8.3.4. Prazo certo

Deve a comissão parlamentar de inquérito ter prazo certo e determinado para a realização de suas investigações. Não convém à ordem jurídica, à segurança das pessoas e particularmente ao sucesso das averiguações que a CPI se estenda por prazo indeterminado. A demora na condução desses trabalhos pode deteriorar as provas, permitir o uso e o abuso dos trabalhos no plano interno do Congresso Nacional e fora dele, com a utilização notória da mídia, a provocação, a afetação, o cansaço ou o descrédito da opinião pública a respeito das investigações em curso. Este prazo pode ser prorrogado, mas nunca poderá ultrapassar a duração da legislatura.

8.4. Poderes das comissões parlamentares de inquérito: amplitude e limites: a norma constitucional em exame outorga à CPI "poderes de investigação próprios das autoridades judiciais", além dos previstos nos regimentos internos das Casas legislativas

8.4.1. O sentido da cláusula prevista na norma constitucional

Quanto à primeira gama de poderes, não esclarece a Constituição quais sejam tais poderes de investigação próprios das autoridades judiciais. A matéria ensejou e ainda admite polêmicas. No entanto, coube à doutrina e à jurisprudência do Supremo Tribunal Federal delinear seu expresso sentido. O STF, em vários julgados, valendo-se de lições de processualistas tais como as de Ada Pellegrini Grinover, decidiu que tais poderes, atribuídos aos juízes de acusação no sistema processual penal brasileiro, consistem em meros poderes instrutórios, destinados à obtenção de provas para comprovação dos fatos *sub examine*. Dentre tais poderes se incluem, por exemplo, a possibilidade de convocação de testemunhas, requisição de documentos e de diligências, inquirição de testemunhas, quebra de sigilo bancário, fiscal e telefônico de pessoas envolvidas, não propriamente como réus, porquanto o processo perante a CPI não é de natureza condenatória, mas como acusados ou indiciados perante a CPI. Na aplicação desses poderes deverá a CPI assegurar a observância dos direitos e garantias constitucionais, daí porque se admite a participação de advogado, o "direito ao silêncio", ou o direito de ficar calado, já que ninguém é obrigado a depor contra si mesmo ou depor de modo a construir prova contra si: prevalece, no caso, o princípio da presunção da inocência, atualmente questionado no Congresso Nacional que pretende, por lei, evidentemente inconstitucional, alterá-lo por se opor ao controle que o STF acaba exercendo nos trabalhos das CPIs para garantir direitos constitucionais. Também em função dessa interpretação jurisprudencial sobre o sentido da cláusula constitucional dos poderes outorgados à CPI, se entende que lhe é vedado substituir-se à reserva de jurisdição, onde ela é expressa na Constituição. Exemplificando, não pode a CPI determinar interceptações telefônicas, sequestro de bens, ou prisão (salvo o caso de flagrante). Toda esta compreensão do sentido da cláusula é corroborada por vasta jurisprudência.

8.4.2. Outros poderes previstos nos regimentos das respectivas Casas

A norma constitucional contida no § 3º do art. 58, em exame, refere-se a outros poderes previstos nos regimentos das Casas. Uma primeira observação pode ser a de que, em princípio, os poderes atribuídos às CPIs pelos respectivos regimentos internos poderão ser distintos e até conflitantes, já que cada Casa tem Regimento próprio. Isto é tanto mais complicado quando se cogita da CPI mista ou do destino das conclusões das CPIs, ressalvados aqueles ditados expressamente pela Constituição e aos quais referiremos mais à frente. Por outro lado, e o questionamento é feito por Ferreira Filho (*Comentários*, v. 2, p. 72), podem os regimentos estabelecer normas próprias de lei e, nesse caso, conflitar com o princípio da legalidade inscrito no art. 5º, I? Entende referido autor que os Regimentos mais não podem que "regulamentar" os poderes investigatórios próprios das autoridades judiciais que, por recepção, possuem as comissões parlamentares de inquérito. Os Regimentos Internos, como se sabe, constituem "leis" internas, que têm por objetivo disciplinar o funcionamento parlamentar balizado pela Constituição. Assim, parece, que naquilo que diz respeito à disciplina da norma constitucional e até onde ela permite, os Regimentos Internos podem outorgar outros poderes à CPI, desde que, sempre, respeitando os direitos e as garantias constitucionais.

8.5. Outras limitações genéricas das comissões parlametares de inquérito

8.5.1. Respeito aos direitos fundamentais

Conforme já se acentuou antes, as comissões de inquérito, órgãos do Poder Legislativo, como todos os demais poderes estatais, estão sujeitas à observância, ao respeito e à proteção dos direitos fundamentais, particularmente os previstos no art. 5º da Constituição da República, que constituem cláusula pétrea assegurada pelo art. 60, CF. Assim, as comissões parlamentares de inquérito não podem ir além do exercício dos poderes instrutórios que lhe são outorgados pelo texto constitucional, e, no exercício destes, devem, tal como os juízes, observar as regras pertinentes: fundamentação das intervenções constitucionalmente permitidas na área de direitos fundamentais, estrita justificação da necessidade dessa intervenção e assim por diante. Para exemplo, no caso de quebra de sigilo de qualquer natureza, admitida como instrumento de prova, a fundamentação é requisito essencial. Sua ausência invalida a medida que pode, inclusive, ser anulada judicialmente. Questão controvertida referiu-se à publicidade, inclusive pela mídia, ou ao caráter secreto dos trabalhos das comissões de inquérito *versus* o direito à intimidade. Considerando-se a finalidade da CPI, em decisões históricas, o Supremo Tribunal Federal entendeu que não fere o direito à intimidade a publicidade, pelos meio de comunicação social, das reuniões da CPI e, por consequência, dos depoimentos nelas prestados.

8.5.2. Separação de Poderes

O princípio da separação de poderes limita a atuação das CPIs. Não podem elas exercer atividades ou ditar medidas que o afrontem. Para exemplo, não cabe a convocação de juízes para prestar depoimento sobre decisão jurisdicional tomada em caso concreto. A convocação de juízes, nesses casos, importa violação do princípio da independência e da harmonia entre os poderes. Por outro lado, há no texto constitucional várias regras restritivas relativamente à invasão de um poder no outro e há, também, na Constituição, exceções à regra, como ocorre com a convocação de Ministros de Estado e servidores públicos que a Lei Fundamental expressamente admite. Com relação à observância deste princípio da separação de poderes deve a CPI se ater às normas e princípios constitucionais que o preservam.

8.5.3. Limitações decorrentes da forma federativa do Estado brasileiro

A Constituição Federal estabelece, de modo expresso, a autonomia e as competências dos entes federativos do Estado brasileiro, neles incluindo a União, os Estados-membros, os Municípios e o Distrito Federal. A atuação da CPI, no plano federal, veiculada pela Câmara dos Deputados, pelo Senado Federal, ou conjuntamente pelas duas Casas, não pode ferir a autonomia constitucional dos demais entes federativos e intervir em competências constitucionais que não são próprias de sua alçada porquanto deferidas a outros entes estatais. Assim, os agentes dos entes federativos estaduais, municipais e distritais estão fora do alcance da CPI, como pontifica Machado Horta (apud Ferreira Filho, *Comentários*, v. 2, p. 72).

8.5.4. Outros limites decorrentes da natureza dos poderes de investigação próprios da atividade judiciária que lhe são outorgados

Fatos criminosos não são investigáveis pelo Congresso e suas CPIs; fatos que de antemão são tidos como criminosos, ressalvado tratar-se de fato que se inclua na sua competência de investigação. A função da CPI é de investigação, apuração, e não de julgamento. Não têm os parlamentares competência para julgamento de fatos criminosos comuns. É certo que no decurso das investigações parlamentares a hipótese da prática de crime comum pode surgir, caso em que a CPI tomará as providências para o encaminhamento aos órgãos competentes. Não têm as comissões parlamentares de inquérito poderes estritamente judiciais, por exemplo, os de indiciar, incriminar e processar pessoas que não se encontrem sob sua jurisdição. O exercício desses poderes, no regime de separação de poderes, é outorgado ao Poder Judiciário.

9. Conclusões da CPI – natureza e resultados

Questão importante diz respeito à natureza e ao resultado das conclusões das comissões parlamentares de inquérito. A esse respeito o texto constitucional apenas determina que as conclusões da CPI, se for o caso, deverão ser encaminhadas ao Ministério Público para que promova a responsabilidade civil ou criminal dos infratores. As comissões parlamentares de inquérito, *longa manus* do Congresso Nacional, são órgãos de natureza política; elaboram ao final de seu prazo de atuação um relatório circunstanciado das atividades desenvolvidas e apresentam suas conclusões. Tais conclusões podem ser de ordem variada, inclusive desembocar na averiguação da prática de crime ou de atos de responsabilidade civil dos envolvidos no inquérito parlamentar. Como a CPI não tem poderes para julgar e nem para tomar, diretamente, as medidas cabíveis judicialmente, especialmente na área criminal, prevê a Constituição o encaminhamento de suas conclusões, quando envolverem tais práticas, ao Ministério Público. Trata-se de poder-dever, pelo que a CPI é obrigada a providenciar tal encaminhamento, com todas as provas (documentos, depoimentos etc.) colhidas ao longo do inquérito. Por ter natureza política, o inquérito parlamentar difere do inquérito judicial e com ele não se confunde. Em outras palavras, na esfera judicial, tudo pode ser refeito. De outro lado, as conclusões da CPI, atendendo inclusive sua finalidade de colaborar no aperfeiçoamento da atividade legislativa, podem referir-se a essa matéria, podem conter sugestões de aperfeiçoamento de atividades administrativas e sociais; enfim, podem conter sugestões que abranjam toda a gama de assuntos objeto de investigação parlamentar. Nesses casos, o encaminhamento de seu Relatório, então, será ao próprio Congresso Nacional para que tome as providências eventualmente sugeridas. Indaga-se: pode a CPI encaminhar diretamente ao Executivo seu Relatório, no caso de este conter sugestões para desenvolvimento ou aprimoramento de medidas a serem tomadas no âmbito deste Poder? Parece que não. A matéria é disciplinada nos regimentos internos das Casas Legislativas e se não ferir o princípio da separação de poderes tal encaminhamento deverá ser feito pelo Presidente do Congresso Nacional.

10. O controle jurisdicional sobre a Comissão Parlamentar de Inquérito

Não tem o Poder Judiciário competência para exercer controle sobre a atividade das comissões parlamentares de inquérito. Como órgão de natureza política, exercendo atividades de natureza política, a CPI escapa, sob este ângulo, ao controle jurisdicional, sendo que o Supremo Tribunal Federal considera tal atividade como *matéria interna corporis*. No entanto, se, no exercício de suas funções, a CPI violar direitos e garantias fundamentais ou normas e princípios constitucionais em geral, tal violação poderá ser objeto de controle jurisdicional, consoante tem decidido o Supremo Tribunal Federal, guardião da Constituição e dos direitos fundamentais. Em se tratando de atos praticados pelas CPIs instauradas pela Câmara dos Deputados, pelo Senado Federal ou pelo Congresso Nacional (CPI mista), o órgão competente para julgar atos lesivos ou inconstitucionais praticados pela CPI é o Supremo Tribunal Federal; apesar de não haver expressa determinação dessa competência, assim decidiu o Supremo Tribunal Federal em vários mandados de segurança e *habeas corpus* impetrados contra Presidente de CPI, na linha das competências do STJ para julgar atos das Mesa da Câmara e do Senado (art. 102, I, "b" e "d").

11. Considerações sobre a CPI: sua relevância, desafios e riscos

A CPI é um instrumento poderoso e valioso para o Congresso Nacional e para a sociedade. Para o Congresso Nacional porquanto permite que o mesmo aprimore sua atividade legislativa, fiscalize, com maior profundidade, amplitude, presteza e resultados, apurando responsabilidades no âmbito do Poder Executivo; para a sociedade, porque seus trabalhos esclarecem e informam a opinião nacional sobre atos e fatos da vida constitucional. Suas atividades, apresentadas em tempo real pelos meios de comunicação social, permitem à sociedade acompanhar seus trabalhos e motivam a participação política do povo nos trabalhos parlamentares. Sua relevância, é, pois, irrefutável dentro de uma ordem democrática e de um Estado Democrático de Direito. No sistema presidencialista, no qual o Parlamento não pode exercer controle de natureza meramente política sobre o Governo, tal como ocorre no parlamentarismo, sua importância avulta, especialmente no tocante aos esclarecimentos e informações que pode prestar à comunidade em geral. Todavia, o exercício das atividades da CPI envolve desafios e riscos. Há uma natural tendência de abuso do poder político, com forte apelo para aparecimento na mídia e na imprensa dos parlamentares integrantes da CPI, risco que pode desvirtuar a natureza dos trabalhos parlamentares e levar a opinião pública a conclusões inadequadas. De outro lado, nem sempre as CPIs, em razão da forte influência dos partidos políticos e, eventualmente, dos governantes que dominam o cenário político, chegam a resultados satisfatórios, motivando o desapreço por tão importante função e a frustração da opinião pública com relação aos resultados apresentados.

Art. 58, § 4º Durante o recesso, haverá uma Comissão representativa do Congresso Nacional, eleita por suas Casas na última sessão ordinária do período legislativo, com atribuições definidas no regimento comum, cuja composição reproduzirá, quanto possível, a proporcionalidade da representação partidária.

Anna Candida da Cunha Ferraz
Rebecca Groterhorst

1. Origem da norma

Trata-se de norma inovadora no direito constitucional brasileiro. Provém do art. 60, § 4º, do Projeto de Constituição B, da Assembleia Nacional Constituinte, aprovado em segundo turno, e passou a integrar a Constituição de 1988 no § 4º do art. 58, acima transcrito. Como precedente, costuma a doutrina indicar o art. 92, § 1º, da Constituição de 1934, que previa uma Seção Permanente para funcionar no recesso Legislativo. Esta Seção Permanente tinha atribuições estabelecidas no próprio texto constitucional, embora fosse constituída na forma em que o Regimento Interno indicasse. A Constituição de 1988 deixou a regulamentação das atribuições e outras matérias relativas à Comissão Representativa, salvo alguns aspectos específicos, ao Regimento Comum do Congresso Nacional.

2. Constituições brasileiras anteriores

Omissas, ressalvada a Constituição de 1934, art. 92, que instituía uma Seção Permanente, nos moldes da Comissão Representativa, conforme acima indicado.

3. Constituições estrangeiras

Sob outros rótulos, mas com finalidades semelhantes, algumas constituições preveem Comissões para funcionamento durante o período de recesso, ou, nos regimes parlamentaristas, durante o período em que o Parlamento ou uma de suas câmaras se encontrarem dissolvidas. Citem-se como exemplos: **Constituição da República Portuguesa**, art. 179 – estabelece que "fora do período de funcionamento efetivo da Assembleia, durante o período em que ela se encontra dissolvida, e nos restantes casos previstos na Constituição, funciona a Comissão Permanente da Assembleia da República". A composição e a competência dessa Comissão Permanente são estabelecidas nos itens 2, 3 e 4 do mesmo artigo. **Constituição da Espanha**, art. 76 – prevê, em cada câmara, uma "deputação permanente", com atribuições definidas no texto constitucional para serem exercidas, inclusive, no caso de dissolução da Câmara. Constituições de Estados lusófonos, à semelhança da Constituição de Portugal, também preveem Comissão Permanente, nos moldes nesta estabelecidos. Assim, a **Constituição de São Tomé e Príncipe**, art. 95º; **de Angola**, art. 102º; de **Cabo Verde**, arts. 159º e 160º; de **Guiné-Bissau**, art. 95º.

4. Direito internacional

Matéria de interesse específico dos Estados nacionais.

5. Dispositivos constitucionais e legais relacionados

5.1. Constitucionais

De modo geral, todos os artigos se relacionam com a atuação da Comissão Representativa. Citem-se como específicos os incisos do art. 49, particularmente os de número V, X, XI, dentre outros.

5.2. Legais

Regimento Comum do Congresso Nacional, Resolução n. 3, de 1990; Regimento Interno da Câmara dos Deputados, arts. 224, 225 e 251, V, parágrafo único.

6. Jurisprudência

Não encontrada, na pesquisa realizada, nenhuma decisão do STF sobre esta matéria.

7. Literatura selecionada

CANOTILHO, J. J. Gomes; MOREIRA, Vital. *Constituição da República Portuguesa Anotada*. Coimbra: Coimbra Editora, 1978; CANOTILHO, J. J. Gomes; MOREIRA, Vital. *Constituição da República Portuguesa*. 8ª ed. Coimbra: Coimbra Editora, 2005; *Constituição do Brasil e Constituições Estrangeiras*. Brasília: Senado Federal, v. I, 1987; CRETELLA JUNIOR, José. *Comentários à Constituição de 1988*. V volume. 2ª ed., Rio de Janeiro: Forense Universitária, 1992; FERREIRA FILHO, Manoel Gonçalves. *Comentários à Constituição Brasileira de 1988*. Volume 2. São Paulo: Saraiva, 1992; GOUVEIA, Jorge Bacelar. *As Constituições dos Estados Lusófonos*. Lisboa: Aequitas – Editorial Notícias, 1993; *Les Constitutions des États de L´Union Européenne*. Org. GREWE, Constance e OBERDOFF, Henri. Paris: La Documentation Française, 1999; PACHECO, Cláudio. *Tratado das Constituições Brasileiras*. Volume V. Rio de Janeiro: Freitas Bastos, 1965; PINTO FERREIRA, Luís. *Comentários à Constituição Brasileira*. 3º Volume. São Paulo: Saraiva, 1989; PONTES DE MIRANDA, Francisco Cavalcanti. *Comentários à Constituição de 1967 com a Emenda Constitucional de 1969*. 2ª ed. São Paulo: Editora Revista dos Tribunais, Volume II e III, 1987; PONTES DE MIRANDA, Francisco Cavalcanti. *Comentários à Constituição dos Estados Unidos do Brasil*. Rio de Janeiro: Ed. Guanabara, 1936; SILVA, José Afonso da. *Comentário Textual à Constituição*. São Paulo: Malheiros Editores Ltda., 2006; SILVA, José Afonso da. *Curso de Direito Constitucional Positivo*. 31ª ed. São Paulo: Malheiros Editores, 2008.

8. Comentários

8.1. Natureza da Comissão Representativa

Consoante observam Canotilho e Vidal Moreira, manifestando-se a respeito da Comissão Permanente abrigada na Constituição Portuguesa (*Constituição da República Portuguesa anotada*, 1978, p. 360), a Comissão Representativa, que corresponde *grosso modo* à Comissão Permanente citada, distingue-se das demais comissões parlamentares propriamente ditas – que são meros órgãos auxiliares do Poder Legislativo. Isto porque, tal como referida Comissão Permanente, a Comissão Representativa é um prolongamento do Congresso Nacional que funciona quando este se encontra em recesso. No mesmo sentido, José Afonso da Silva (*Curso de Direito Constitucional Positivo*, p. 517) anota que a Comissão Representativa tem função de representar o Congresso, função que dantes era exercida pelas Mesas congressuais. Assim, trata-se de comissão permanente quanto à existência, mas periódica quanto ao funcionamento e aos membros que a integram. Deve funcionar durante os recessos parlamentares, fixados pelo art. 57, representando o Legislativo. Em cada ano, como o Congresso desenvolve seus trabalhos em dois períodos legislativos, deverão, em princípio, funcionar duas comissões representativas.

8.2. Obrigatoriedade do funcionamento da Comissão Representativa

Interpretando o texto constitucional e considerando a finalidade desta Comissão, parece ser obrigatória a sua constituição a cada recesso. Não obstante, o Congresso Nacional não vem entendendo desse modo, pelo que nem sempre constitui a Comissão Representativa, tal como ocorreu no período de julho do ano de 2008.

8.3. A finalidade da Comissão Representativa

Os trabalhos legislativos não se resumem tão somente à elaboração de leis. Muitas outras atribuições são destinadas ao órgão de representação popular por excelência, não apenas relativas ao funcionamento interno do Parlamento, mas, também, com referência à vida nacional. Assim, impõe-se que, durante o período de recesso do Congresso Nacional, se institua um órgão que lhe possa fazer as vezes, particularmente quando se trata de medida urgente que, não tomada a tempo, poderá prejudicar a vida pública. Por outro lado, conforme determina o art. 49, inciso XI, compete ao Congresso Nacional "zelar pela preservação de sua competência legislativa em face da atribuição normativa de outros poderes". Trata-se de vigilância constante, que não permite o distanciamento do Poder Legislativo durante um período relativamente longo, representado pelos recessos parlamentares. Incontornável, portanto, a existência de uma Comissão Representativa do Congresso Nacional para funcionar durante os períodos em que os membros do Congresso Nacional se afastam de seus postos por concessão constitucional.

8.4. A composição da Comissão Representativa

Determina o § 4º do art. 58, em exame, que esta Comissão será constituída por membros de cada Casa, eleitos na última sessão ordinária do período legislativo. Trata-se, pois, de comissão mista conjunta, composta de deputados e senadores. A Constituição não determina o número de membros desta Comissão deixando a matéria para a regulamentação do Regimento Interno e de Atos do Congresso Nacional. A única exigência constitucional estabelecida é a mesma que alcança todas as comissões congressuais: a representação proporcional partidária dos parlamentares que atuam nas duas Câmaras, com a cláusula explicativa "quanto possível". Segundo a regulamentação congressual, serão eleitos, além dos membros efetivos, suplentes em igual número para compor a Comissão Representativa.

8.5. Atribuições da Comissão Representativa

Não estabelece a Constituição, de modo expresso, as atribuições da Comissão Representativa. Melhor seria que o tivesse feito, tal a relevância da matéria, deixando ao Regimento Interno do Congresso Nacional apenas complementar tais atribuições. Todavia, o texto constitucional deixa ao Regimento Interno comum disciplinar a matéria. Coube à Resolução n. 3, do Congresso Nacional, organizar, detalhar a composição, e determinar as atribuições da Comissão Representativa. Várias são as atribuições que lhe são outorgadas, particularmente as previstas no art. 49: além da competência de atuar para preservar a competência legislativa da Câmara dos Deputados e do Senado Federal, conforme prevê o art. 49, inciso XI, compete-lhe autorizar a ausência do Presidente e do Vice-Presidente da República, deliberar sobre a sustação de atos normativos do Poder Executivo que exorbitem do poder regulamentar ou dos limites da delegação legislativa, aprovar projetos de lei que tratem de créditos adicionais solicitados pelo Presidente da República, aprovar projetos de lei que tenham por objetivo prorrogar a vigência de leis cuja existência se encerre durante o recesso parlamentar, deliberar sobre tratados e convênios ou acordos internacionais se o término dos mesmos ocorrer no recesso, conceder licenças aos senadores e deputados, autorizar o exercício, pelos parlamentares, de missão oficial, fiscalizar e controlar os atos do Poder Executivo, inclusive os da administração indireta etc. Assim, como se vê, a Comissão Representativa exerce praticamente quase todas as atribuições congressuais, de natureza permanente ou urgente, na forma determinada por referida Resolução.

8.6. Considerações sobre a Comissão Representativa

A representação congressual por uma comissão mista, de representação proporcional de deputados e senadores, parece solução melhor do que entregar tal representação apenas às Mesas do Congresso Nacional. Na verdade, um Poder Estatal, da importância dos poderes constituídos no plano federal, deve ter um funcionamento permanente e contínuo. A vida política, social e econômica do País não se interrompe, e os órgãos que dela devem cuidar também não devem ter suas atividades interrompidas, sob pena de grave lesão à ordem nacional. Andou bem, pois, o constituinte ao prever uma Comissão Representativa para funcionar nos períodos de recesso parlamentar.

SEÇÃO VIII
DO PROCESSO LEGISLATIVO

Estudo introdutório
A atividade legislativa no Estado contemporâneo

Inocêncio Mártires Coelho

I – Panorama geral

Compreendido o sistema jurídico como um sistema normativo *complexo*, ou seja, como um sistema no qual são regulados pelo direito também os atos que produzem direito, e entendido o Estado como a própria ordem jurídica (Kelsen), quando o poder se legaliza completamente (Weber), pode-se dizer que o Estado contemporâneo é um Estado de *legalidade*, no sentido de que é uma instituição que tudo legaliza e se regula pelas próprias normas que edita[1]. Qual um novo rei *Midas*, o Estado contemporâneo transforma em direito tudo aquilo em que põe as suas mãos, o que desde logo levanta a questão sobre os limites dessa ação *normalizadora*[2], sabido que "legislar é fazer experiências com o destino humano" (Jahrreiss)[3] e que toda regulação, embora limitada por natureza (Soler)[4], é sempre limitante do espaço de livre movimentação dos indivíduos, numa palavra daquela ontológica *abertura para o mundo*, que a um só tempo possibilita e estimula o pleno desenvolvimento da personalidade. Daí que não seja indiferente enunciar-se a plenitude do ordenamento jurídico segundo as fórmulas *tudo o que não está proibido, está* permitido ou *tudo que não está permitido, está proibido*, porque só o primeiro enunciado expressa a ontológica liberdade de que, originariamente, nós somos dotados. Seres para a liberdade e não os seres para a morte, da inexorável sentença heideggeriana – *nascer é começar a morrer*[5] –, a nossa existência constitui-se e se desenvolve num contínuo de liberdade e num descontínuo de proibições – a liberdade, portanto, como *prius* –, pois o inverso seria impensável[6].

Traduzindo essa preocupação com os efeitos perversos do *excesso de leis* sobre a vida das pessoas, na medida em que fazer leis é como fabricar explosivos, atividade em que todo o cuidado é pouco e todo o descuido, via de regra, é simplesmente fatal (Victor Nunes Leal[7], inúmeros juristas e cientistas políticos vêm censurando a proliferação normativa dos dias atuais, por se constituir em fator de crescente *insegurança jurídica*, embora todos saibam que esse excesso de leis é decorrência de que, para o bem ou para o mal, não se pode viver *fora* do Estado[8] ou à *margem da lei*; de que as tarefas e funções estatais não se desempenham senão *em virtude de lei* – o administrador só pode fazer o que a lei permite e nos termos em que ela permite (Lei n. 9.784/99); e de que, enfim, sob pena de se comprometer a própria vida social – porque para subsistir, como tal, toda comunidade precisa de um mínimo de direção e de ordem[9] –, a ninguém é dado escusar-se

---

1. Norberto Bobbio. Max Weber e Hans Kelsen, in Norberto Bobbio: *O filósofo e a política (Antologia)*. Rio de Janeiro: Contraponto, 2003, 1ª reimpressão, 2007, p. 133.
2. Hermann Heller. *Teoria do Estado*. São Paulo, Mestre Jou, 1968, p. 306/307.
3. Cf. Gilmar Ferreira Mendes. Teoria da legislação e controle de constitucionalidade: algumas notas, in *Direitos Fundamentais e Controle de Constitucionalidade*. São Paulo: Celso Bastos Editor/Instituto Brasileiro de Direito Constitucional, 2ª ed., 1999, p. 293.
4. Sebastián Soler. *Interpretación de la Ley*. Barcelona: Ariel, 1962, p. 95/96.
5. Martin Heidegger. *Ser e Tempo*. Petrópolis-RJ: Vozes, Parte II, 1989, p. 179.
6. Kelsen-Cossio. *Problemas escogidos de la teoría egológica del derecho*. Buenos Aires: Guillermo Kraft, 1952, p. 88/89.
7. Victor Nunes Leal. Técnica Legislativa, in *Estudos de Direito Público*. Rio de Janeiro: Forense, 1960, p. 7/8.
8. Georges Burdeau. *El Estado*. Madrid: Seminarios y Ediciones, S.A., 1975, p. 9; *Traité de Science Politique*. Paris: L.G.D.J., 1980, t. II, p. 180/183.
9. José Afonso da Silva. *Princípios do processo de formação das leis no direito constitucional*. São Paulo: RT, 1964, p. 14.

de cumprir a lei, alegando que não a conhece (LINDB, art. 3º; CPB, art. 21)[10].

Em poucas palavras, todos criticam a inflação legislativa, mas até hoje ninguém descobriu remédio específico para essa doença crônica do Estado de direito contemporâneo, não indo além de fórmulas vazias, do tipo *desconstitucionalização*, *deslegalização*, *autorregulação* ou *direito sem Estado*, por exemplo, que não suprimem o uso das drogas condenadas, apenas lhes enfraquece a dosagem, mantendo, assim, o seu *princípio ativo* – a substância conhecida pelo nome de *normatividade* ou *pretensão de injuntividade*[11]. Parecem não se dar conta, esses incontinentes fazedores de leis, da advertência de juristas de nomeada — e.g. Alchourrón e Bulygin —, de que um legislador consciente da magnitude e complexidade da sua tarefa deve adotar grandes precauções antes de se pôr a legislar; de que um projeto de lei que pode ser inobjetável, considerado isoladamente, é capaz de produzir consequências desastrosas quando é inserido em um sistema de normas porque com a sua promulgação se introduzem normas que o legislador incauto não previu e que resultam altamente inconvenientes. Por isso – prosseguem esses mesmos autores –, tal fato obriga o legislador a considerar não só o articulado do projeto, mas também todas as normas que a lei projetada introduzirá quando for inserida no contexto mais amplo das normas existentes. Para isso – concluem esses ilustres juristas platinos – é necessário estabelecer quais são todas as consequências das normas existentes, das normas projetadas e das normas que se derivam da soma de todos os conjuntos[12].

Delineado esse panorama geral, acreditamos que seria possível, e mesmo útil, ordenar esta exposição sob a forma de tópicos, ainda que alguns deles sejam relativamente extensos, porque entendemos que isso não dificulte a compreensão do texto nem banalize o exame dos problemas tratados, até porque as obras de que nos utilizamos estão indicadas no texto, podendo ser consultadas pelos interessados. Passemos, então, a esses tópicos.

• Fazer a lei é prescrever as normas, os preceitos que devem reger os homens e as coisas, as autoridades e a sociedade em todas as suas relações; é exercer a alta faculdade de regular todas as forças sociais, seu desenvolvimento, os destinos públicos, de fazer a prosperidade ou a desgraça do país, pois que a sorte do Estado depende mais que muito de sua legislação[13].

• A exigência de *generalidade* da lei repousa em considerações de ordem racional, constituindo imperativo dos tempos modernos, ligado à ideia de Estado de direito, à qual pareceu indispensável que o direito aplicável aos cidadãos fosse criado não por meio de medidas atuais e individualizadas — que poderiam ser arbitrárias ou parciais —, mas através de prescrições pré-estabelecidas, comuns a todos os membros do corpo nacional, e que, por isso mesmo, lhes ofereceriam garantia de imparcialidade[14].

A época atual está marcada pela "pulverização" do direito legislado, provocada pela multiplicação de leis de caráter setorial e temporal, quer dizer, "de reduzida generalidade ou de baixo grau de abstração", até ao extremo das *leis-medida* e das meramente *retroativas*, nas quais não existe uma intenção "regulativa" em sentido próprio: em lugar de normas, apenas *medidas*[15].

O legislador dos nossos dias deixou de ser o discreto e ponderado formulador de regras gerais, destinadas a disciplinar questões essenciais, para se converter num incontinente e desordenado fabricante de receitas normativas — quase sempre efêmeras —, que ele intenta aplicar a todos e a cada um dos problemas gerados pela convivência nas sociedades economicamente avançadas[16].

No processo de transformação radical do Direito a primeira vítima foi a lei – a lei entendida em sentido tradicional –, tornada irreconhecível a partir do momento em que foi perdendo seu caráter *geral* e *abstrato*. Essa situação teve início na segunda metade do século XX, com o aparecimento das chamadas *leis-medida* e *leis de plano*. As primeiras abandonavam deliberadamente a intenção de estabelecer regulações universais para limitar-se a resolver questões concretas e atuais, o que significa dizer que desaparecia o seu sentido tão logo se alcançavam os objetivos previstos. As segundas, as *leis de plano* – e.g. a legislação do *Plano Real* no Brasil – materializavam as intenções socioeconômicas dos governos, durante o tempo em que estiveram em moda os planos, vinculantes ou meramente indicativos: uma variante prematura das leis de diretrizes que, a partir de então, cresceram significativamente[17].

Sinteticamente, as razões do atual desaparecimento das características "clássicas" da lei podem buscar-se, sobretudo, nos traços da nossa sociedade, presentemente condicionada por uma ampla diversificação de grupos e estratos sociais que participam no "mercado das leis", ao qual impõem a fabricação de produtos legislativos específicos ou ao gosto do freguês.

Neste momento da sua história, a lei já não é a expressão pacífica de uma sociedade política internamente coerente, e sim manifestação e instrumento de competição e de enfrentamento social; não é o fim, mas o começo de um conflito; não é um ato impessoal, geral e abstrato, expressão de interesses objetivos, coerentes, racionalmente justificáveis e generalizáveis, ou, se quisermos, "constitucionais", do ordenamento. É, pelo contrário, um ato personalizado — no sentido de que provém de grupos identificáveis de pessoas e se dirige a outros grupos igualmente identificáveis —, que persegue interesses particulares. Em suma, a lei já não é garantia absoluta e última de estabilidade, antes se

---

10. A Lei de Introdução ao Código Civil (Decreto-Lei 4.657, de 4/9/42) teve a sua ementa alterada pela Lei n. 12.376, de 30/12/10, passando a ter a seguinte redação: *Lei de Introdução às Normas do Direito Brasileiro*.

11. Karl Larenz. *Metodologia da Ciência do Direito*. Lisboa: Gulbenkian, 7ª edição, 2014, p. 262.

12. Carlos Alchourrón e Eugênio Bulygin. *Sobre la existencia de las normas jurídicas*. México: Fontamara, 1997, p. 74.

13. José Antonio Pimenta Bueno. *Direito Público Brasileiro e Analyse da Constituição do Império*. Rio de Janeiro: Typographia Imp. E Const. De J. Villeneuve EC., 1857, p. 68.

14. Raymond Carré de Malberg. *La Loi, expression de la volonté générale*. Paris: Economica, 1984, p. 5.

15. Gustavo Zagrebelsy. *El derecho dúctil*. Madrid: Trotta, 1999, p. 37. Para uma visão sintética do tema da legiferação contemporânea, ver, por todos, J. J. Gomes Canotilho. *Relatório sobre programa, conteúdos e métodos de um curso de teoria da legislação*. Separata do vol. LXIII (1987) do Boletim da Faculdade de Direito da Universidade de Coimbra. Coimbra: 1990.

16. Alejandro Nieto. *Crítica de la razón jurídica*, cit., p. 206.

17. Alejandro Nieto. *Crítica de la razón jurídica*. Madrid: Trotta, 2007, p. 204/205.

converte em instrumento e causa de instabilidade, mesmo que a razão desse *imbróglio* seja da maior valia, a saber, *o fato do pluralismo* — político, econômico, social, cultural etc.[18] —, a cuja luz são igualmente legítimas todas as pretensões que se contenham nos limites do pacto constitucional[19].

No século passado, o papel do Estado era, antes de tudo, negativo: intervir o menos possível. A legislação se limitava a regular questões gerais e simples. A legislação perdeu o seu caráter exclusivamente político de quando se cingia apenas às questões gerais ou de princípios, para assumir um caráter eminentemente técnico. A legislação é hoje uma imensa técnica de controle da vida nacional em todas as suas manifestações. Consequência desse tecnicismo, de resto imposto pela crescente complexidade da vida social, o Parlamento, por sua própria natureza e composição, foi se tornando incapaz de legislar diretamente, do que restou transferida para o Executivo a iniciativa das leis mais relevantes. Não há hoje no mundo nenhuma obra legislativa importante que não tenha sido iniciativa do governo ou que não seja o resultado de uma delegação do poder legislativo[20].

Nesse contexto, associada à tão criticada inflação normativa ou dela decorrente, fala-se também de uma *hipostenia legislativa*, a significar um enfraquecimento da *força de lei*, com o deslocamento do poder das instâncias legislativas para as instâncias governamentais, o que, de resto, parece traduzir uma espécie de *lei de gravidade política* — legítima, vigente e eficaz —, do Estado *social* de Direito dos nossos dias. Como a lei não é um instrumento normativo adequado para o desempenho das novas tarefas estatais, até porque o modelo da instituição parlamentar não foi concebido para regular essas tarefas, as normas produzidas pela Administração assumiram, *naturalmente*, as funções reguladoras que antes se consideravam privativas do Poder Legislativo[21].

Se o parlamento, por motivos que escapam à sua alçada remover, não pode legislar sobre determinadas matérias com a urgência, a minúcia, a propriedade e a técnica que elas requerem, é necessário que outro poder tome a seu cargo a tarefa, cuja realização o bem público exige[22].

Por certo que a criação deste tipo de Estado deveu-se na origem, principalmente, à atividade do *legislador*. No entanto, em razão do enorme aumento dos encargos da intervenção legislativa, verificou-se o fenômeno de obstrução (*overload*) da função legislativa, e este *overload*, que representa tema central da ciência política atual, tornou-se típica característica, na verdade típica "praga", dos Estados modernos, pelo menos daqueles com regime não autoritário e pluralístico-liberal. Nesses Estados, os parlamentos, amiúde, são excessivamente abundantes e por demais empenhados em questões e discussões de política geral e partidária, para estarem em condições de responder, com a rapidez necessária, à demanda, desmedidamente aumentada, de legislação. Paradoxalmente, os parlamentos atribuíram-se "tarefas tão numerosas e diversas" que, para evitar a paralisia, encontraram-se ante a necessidade de transferir a outrem grande parte da sua atividade, de maneira que suas ambições terminaram em abdicação. E esses "outros" a quem a atividade foi transferida são, principalmente, "o executivo" e os seus órgãos e derivados", com toda uma série de entidades e agências, a que foram confiadas tarefas normativas e administrativas. Como, por outro lado, essa *legislação social* — ao contrário da legislação clássica, que escolhe entre o "certo" e o "errado", entre o "justo" e o "injusto" —, como essa legislação do *welfare state* limita-se, frequentemente, a definir a finalidade e os princípios gerais, expandem-se os espaços para a *criatividade judicial*, pela simples razão de que quanto mais vaga a lei e mais imprecisos os elementos do direito, mais amplo se torna também o espaço deixado à discricionariedade nas decisões judiciárias[23].

É caduca a concepção de Executivo que faz dos governantes agentes sem imaginação de uma lei que se elabora sem eles; só se governa dando ordens, publicando regras obrigatórias para os governados, e essas ordens e regras são, essencialmente, expressas pela lei; governar é legiferar, mas como entender que possa governar um órgão que deva esperar de outra autoridade, simultaneamente, apreciação da situação de fato e emissão de regras cuja observação a mesma torna obrigatória? *No contexto de uma democracia efetiva, a lei é um procedimento do governo*[24].

Como a expansão das tarefas estatais solicita, cada vez mais, a intervenção do legislador na preparação do caminho necessário para que o governo alcance os objetivos do seu programa, a lei passou a desempenhar também um papel de instrumento de atuação de programas políticos, de onde é fácil compreender a importância da ideologia política predominante no processo de sua formação[25].

Nesse contexto, apontam-se como fatores determinantes da *inflação legislativa*, entre outros, o crescimento do número de intervenções do Estado na vida privada; o desenvolvimento das relações internacionais, com a consequente vinculação dos Estados a tratados e convenções internacionais ou supranacionais; a descentralização/desconcentração das fontes de produção normativa; e, afinal, a pressão de certos segmentos sociais para a edição de normas de seu particular interesse[26].

---

18. Paul Ricoeur. Etapa atual do pensamento sobre a intolerância, in Per Ahlmark *et al*. *A Intolerância*. Rio de Janeiro: Bertrand Brasil, 2000, p. 21: "Para as democracias liberais constitucionais, a prática da tolerância é a confirmação do fato maior predominante na cultura dessas sociedades, isto é, *o fato do pluralismo* das crenças e das convicções, digamos, das visões do bem" e Vivo Até a Morte. São Paulo: Martins Fontes, 2012, p. 59: "O tipo de cristianismo a que adiro se deixa distinguir como uma religião entre outras no mapa da 'dispersão' e [da] 'confusão sucessivas a Babel'; depois de Babel, não designa nenhuma catástrofe, mas a simples constatação da pluralidade característica de todos os fenômenos humanos"; Hugo Aznar. Pluralismo y participación ciudadana: la reaparición de la sociedad civil, in Pluralismo. Perspectivas políticas y desarollos normativos. Valencia: Universidad Cardenal Herrera. CEU/Tirant lo Blanch, 2004, p. 158/159; Jürgen Habermas. *Entre naturalismo e religião*. Rio de Janeiro: Tempo Brasileiro, 2007, p. 300.

19. Gustavo Zagrebelsky. *El derecho dúctil*. Madrid: Trotta, 1999, p. 37/38.

20. Francisco Campos. *Direito Constitucional*. Rio de Janeiro: Forense, 1942, p. 304/306.

21. Gema Marcilla Córdoba. *Racionalidad legislativa*. Crisis de la ley y nueva ciencia de la legislación. Madrid: Centro de Estudios Políticos y Constitucionales, 2005, p. 186; Luis Prieto Sanchís. *Ley, principios, derechos*. Madrid: Dykinson, 1998, p. 27.

22. Francisco Campos. *Direito Constitucional*. Rio de Janeiro: Forense, 1942, p. 346.

23. Mauro Cappelletti. *Juízes Legisladores?* Porto Alegre: Sergio A. Fabris Editor, 1993, p. 42/43.

24. Georges Burdeau. *O Poder Executivo na França*. Belo Horizonte: Edições da Revista Brasileira de Estudos Políticos, 1961, p. 19/21.

25. José Afonso da Silva. A Lei, *Revista de Direito Administrativo*. Rio de Janeiro, 215: 9-18, p. 17, jan./mar. 1999.

26. José Luis Palma Fernández. *La seguridad jurídica ante la abundancia de normas*. Madrid: Centro de Estudios Políticos y Constitucionales, 1997, p. 27; Clèmerson Merlin Clève. *Atividade legislativa do Poder Executivo no Estado contemporâneo e na Constituição de 1988*. São Paulo: RT, 1993, p. 72/91.

O Estado de Direito busca submeter todas as relações ao regime da lei. É da essência do sistema democrático, por outro lado, que as decisões fundamentais para a vida da sociedade sejam tomadas pelo Poder Legislativo, instituição fundamental do regime democrático representativo[27].

A lei é, assim, reconhecida como o instrumento institucional de maior relevância no controle social, já que também é um instrumento de dominação política, o que postula atuação e controle democráticos na sua elaboração[28].

O Estado de Direito pretendeu submeter a produção do direito à vontade geral; por isso, o direito passou a ser editado sob a forma de lei, à qual se atribui, com exclusividade, o poder de inovar a ordem jurídica. Apesar de se constituir na fonte de direito, por excelência, nem por isso o direito todo reside na lei, havendo fontes de produção normativa independente, como a atividade negocial, expressiva da autonomia da vontade para instaurar relações jurídicas[29]; em verdade, o Estado reservou para si apenas o monopólio da produção normativa heterônoma[30].

O abandono dos clássicos atributos da lei — *abstração, generalidade* e *impessoalidade,* por exemplo — evidencia que não passa de atitude metafísica, a esconder posições ideológicas em matéria de política jurídica ou de conteúdos contingentes de regras jurídicas, dizer-se que somente determinados modelos ou certas fórmulas encarnam o *verdadeiro* direito, permitindo, inclusive, identificarem-se, entre as regras editadas pelos poderes públicos, as que seriam e as que não seriam *autenticamente* jurídicas. A essa luz, *qualquer recipiente pode conter direito*, o que, de resto, corresponde às necessidades do comércio jurídico atual, em que a validade das declarações de vontade não depende de forma especial, senão quando a lei expressamente a exigir, dando-se mais valor à intenção *nelas consubstanciada* do que ao sentido literal da linguagem (CCB, arts. 107 e 112)[31].

A maior garantia que oferecem as leis gerais e *abstratas* é que, sendo *normas,* deverão aplicar-se indistintamente tanto aos cidadãos quanto àqueles que as criam e aplicam, ou seja, tanto aos governantes quanto aos governados, sem que ninguém possa abrir exceções. Se tudo que está ordenado ou proibido, está ordenado ou proibido para todos, sem exceções — salvo se tais exceções decorrerem de outra norma *geral* –, e se nem autoridades dispõem de outro poder senão o de tornar efetivo o Direito, então é pouco provável que alguém esteja impedido de fazer razoavelmente alguma coisa[32].

A *generalidade* da lei, ao contrário do que usualmente se afirma, não é condição suficiente, embora necessária, para que se dispense tratamento igual aos seus destinatários. Com leis únicas, *claras, abstratas* e *gerais* é óbvio que se possa cometer qualquer atrocidade[33].

Sob duplo aspecto, as leis *abstratas* e *gerais* são de capital importância para a segurança jurídica. De um lado, porque combatem a arbitrariedade na criação e na aplicação do Direito, controlando legisladores e juízes; de outro, porque constituem, fundamentalmente, uma garantia de certeza no Direito. Enquanto universais e formais, elas fornecem aos seus destinatários um parâmetro fixo e seguro com que avaliar não apenas as consequências jurídicas das suas próprias ações, mas também o comportamento das outras pessoas[34].

Na medida em que os requisitos de *generalidade* e de *abstração* da lei não representam autênticos limites jurídico-constitucionais impostos à atividade legislativa, mas apenas construções doutrinárias ou postulados políticos, nada impede a sua ultrapassagem por legisladores descomprometidos com a legitimidade dos seus atos, cada vez mais céleres e numerosos.

Nesse panorama de *pulverização legislativa,* em que se editam leis para tudo e para todos, a depender do poder de pressão dos segmentos sociais interessados, tem-se, como efeito colateral – a rigor, como efeito *perverso* –, a instauração de um estado de *despotismo legislativo,* gerador de *insegurança geral,* na medida em que, diante da proliferação de normas, os indivíduos veem reduzirem-se os seus *paraísos jurídicos,* os seus indispensáveis *espaços livres do direito.* Afinal, se a vida é um contínuo de liberdade e um descontínuo de regulações, a autonomia dos indivíduos se contrai na medida em que eles vão se tornando vítimas de crescentes intervenções legislativas, sejam elas devidas, abusivas ou simplesmente desnecessárias[35].

Desde antes da 2ª Guerra Mundial, a crítica à noção de lei tornou-se, ao mesmo tempo, uma crítica à prática legislativa, mas, enquanto a crítica conceitual da lei concluía pela sua insuficiência como fonte do direito, a análise da produção legislativa denunciava a sua demasia. Assim, por vezes simultaneamente, a lei era acusada de pecar por falta e também por excesso. Mas o paradoxo era só aparente. Para os adversários de todo legalismo, a lei embora fundamentalmente impotente para exprimir o direito, mostra-se perigosa ao multiplicar suas intervenções. Para os que se aferravam à concepção clássica da lei, as leis modernas violam os princípios básicos da técnica legislativa — *raridade, generalidade* e *permanência* —, que permitem à lei realizar o seu objetivo, que é a garantia da liberdade individual[36].

O Estado social e democrático de direito apresenta uma fisionomia peculiar sob a perspectiva da produção do Direito e do papel atribuído à lei. Em particular, ele parece envolver alguns riscos importantes para o que foi o nosso conceito ilustrado de

---

27. Gilmar Ferreira Mendes. Questões fundamentais de técnica legislativa, in *Manual de Redação da Presidência da República.* Brasília: Imprensa Nacional, 1991, p. 183.
28. José Afonso da Silva. A Lei, *Revista de Direito Administrativo.* Rio de Janeiro, 215: 9-18, p. 17, jan./mar. 1999
29. Miguel Reale. *Lições Preliminares de Direito.* São Paulo: Saraiva, 2006, p. 141, e *Fontes e modelos do direito*: Para um novo paradigma hermenêutico. São Paulo: Saraiva, 1994, p. 12.
30. Clèmerson Merlin Clève. Atividade legislativa do Poder Executivo no Estado contemporâneo e na Constituição de 1988, cit., p. 72/73.
31. Paul Amselek. La phénoménologie et le droit, in L'Interprétation dans le Droit. *Archives de Philosophie du Droit.* Paris: Sirey, n. 17, 1972, p. 223.
32. Federico Arcos Ramírez. *La seguridad jurídica*: una teoría formal. Madrid: Dykinson, 2000, p. 222, Nota 70.
33. Luis Prieto Sanchís. *Ley, principios, derechos.* Madrid: Dykinson, 1998, p. 9; Ignacio de Otto. *Derecho Constitucional.* Sistema de fuentes. Barcelona: Ariel, 1995, p. 181.
34. Federico Arcos Ramírez. *La seguridad jurídica*: una teoría formal, cit., p. 222/223.
35. Alejandro Nieto. *La crítica de la razón jurídica,* cit., p. 204/206; José Luis Palma Fernández. La seguridad jurídica ante la abundancia de normas, cit., p. 24/33; Federico Arcos Ramírez. *La seguridad jurídica*: una teoría formal, ct., p. 222/223.
36. Jean-Claude Bécane & Michel Couderc. *La Loi.* Paris: Dalloz, 1994, p. 81.

lei: a inflação legislativa e a deterioração das qualidades de *durabilidade*, *generalidade* e *abstração* da lei[37].

Ironicamente, esses *furacões normativos* atingem, sobretudo, os mais pobres, que não têm recursos para se instruir e, tampouco, para contratar advogados que os orientem, muito embora seja em nome deles que se intensificou a intervenção do Estado no domínio econômico e, por via de consequência, a produção de normas para *legalizar* essa intervenção, cada vez mais avassaladora, no intuito de modificar as estruturas socioeconômicas[38].

O desenvolvimento da democracia, no que esta aspira à igualdade, estaria na raiz do fenômeno da inflação legislativa. A lei protegeria menos a liberdade dos indivíduos se ela não reinasse sobre eles como "um poder imenso e tutelar, absoluto, detalhado, regular, previdente e suave, que trabalha para a sua felicidade, garante a sua segurança, prové às suas necessidades e ao seu prazer, dirige os seus negócios, tornando, assim, a cada dia, menos necessário, mais raro, o emprego do livre-arbítrio e cobrindo a sociedade inteira com uma rede de pequenas regras complicadas, minuciosas, uniformes". Seria a realização da profecia de Tocqueville[39].

Por isso, no outro lado do balcão legislativo, no "mercado das leis", quase todos os governantes, acima das ideologias, ou mesmo abrindo mão delas, vivem a suplicar por "mais leis", e por leis que se façam "o mais depressa possível" — leis que sejam aviadas por "legisladores motorizados" —, porque, segundo dizem esses gestores ocasionais da coisa pública, os interesses da sociedade, que eles acreditam encarnar como ninguém, não podem ser prejudicados pela *crise de deliberação* que tomou conta dos parlamentos. Leis, mais leis, ainda que desnecessárias, parece ser a palavra de ordem[40].

II – Relações entre o Legislativo e o Executivo na Constituição do Brasil de 1988

O atual modelo constitucional brasileiro de relações entre o Poder Executivo e o Poder Legislativo, traçado no marco das transformações políticas ocorridas no País pós-1964, tem suscitado toda a sorte de controvérsias e debates, em que se contrapõem os defensores da maior concentração de poderes no âmbito do Executivo, e os que propugnam pelo fortalecimento das chamadas prerrogativas do Legislativo.

A discussão, que se amplia ou se restringe à medida em que oscila o pêndulo do regime, ora no sentido da abertura política, ora no da restrição às liberdades públicas, pode ser resumida na indagação, que a todo instante se renova, com evidente caráter maniqueísta, sobre os fundamentos para uma opção segura entre a eficácia, que se considera apanágio do Executivo, e a legitimidade, que se proclama inerente ao Poder Legislativo, abandonada, consciente ou inconscientemente, qualquer tentativa de encontrar um meio-termo capaz de conciliar essas tendências, em busca de uma fórmula que, sem prejuízo da atuação, que se quer eficaz, do poder governamental, imponha a esse mesmo poder a satisfação de padrões mínimos ou razoáveis de legitimidade.

Os que propugnam pelo fortalecimento do poder governamental argumentam que, no Estado contemporâneo, tendo mudado as funções do governo – antes negativas, agora positivas –, o que os indivíduos querem e exigem do Estado é, antes, a satisfação dos novos direitos, caracteristicamente chamados *sociais*, que se consubstanciam em serviços e bens, do que o simples respeito ao direito de não serem incomodados pela burocracia estatal, ou de poderem criticá-la livremente. Essa é a ideia central que norteia a moderna democracia *social*, cujos fundamentos o insigne Georges Burdeau resume nos termos seguintes:

Como a democracia clássica, a democracia social assenta sobre os direitos do homem. Simplesmente concebe-os de diferente maneira. Os direitos tais como se encontram enunciados na Declaração de 1789 são faculdades inerentes ao indivíduo e de que só a ele pertence explorar as possibilidades. Relativamente ao Estado, os direitos apenas têm a virtude de serem invioláveis. Incitam-no mais à abstenção do que à ação, e por isso mesmo estes direitos protetores da liberdade constituem o fundamento da democracia liberal. Pelo contrário, no contexto de ideias em que se situa a democracia social, os direitos são exigências; o seu conteúdo é fixado em função de uma necessidade de que eles são a consagração jurídica.

O direito do homem já não é, portanto, a delimitação de uma faculdade que lhe é inata ou a proteção de uma prerrogativa de que goza. É a medida de uma necessidade. Desta mesma necessidade que, a não ser satisfeita, o homem fica impedido de atingir a plenitude do seu ser. Assim, a direito chega a coincidir com a exigência de um mínimo vital, entendendo-se a expressão não no plano restrito da remuneração do trabalho, mas no sentido mais lato que lhe confere a sua aplicação a todas as necessidades materiais e espirituais do ser humano. Uma tal transformação da noção de 'direito' não pode, aliás, ser plenamente explicada se não for colocada no clima geral de uma conversão de todos os valores em necessidades"[41].

Nesse contexto, o Executivo é apresentado como o Poder mais apto à imediata satisfação dessas necessidades, que se considerem mais prementes, apresentando-se o Legislativo como um Poder anacrônico, mais preocupado em defender ou resguardar interesses políticos ou eleitorais dos seus integrantes ou dos gru-

---

37. Gema Marcilla Córdoba. *Racionalidad legislativa*. Crisis de la ley y nueva ciencia de la legislación. Madrid: Centro de Estudios Políticos y Constitucionales, 2005, p. 177.

38. José Luis Palma Fernández. La seguridad jurídica ante la abundancia de normas, cit., p. 14 e 25; Gena Marcilla Córdoba. *Racionalidad legislativa*. Crisis de la ley y nueva ciencia de la legislación. Madrid: Centro de Estudios Políticos y Constitucionales, 2005, p. 181.

39. Jean-Claude Bécane & Michel Couderc. *La Loi*. Paris: Dalloz, 1994, p. 82.

40. Gustavo Zagrebelsky. *El derecho dúctil*, cit., p. 39. Nesse contexto é que se deve compreender o Presidente Lula, quando afirma, entre outras considerações sobre a inércia do Congresso Nacional, que é "humanamente impossível" governar sem medidas provisórias ou que a ineficiência na estrutura legislativa é um "problema crônico" que emperra a máquina pública, dando a impressão de que tudo é feito para não permitir que as coisas aconteçam (Jornal *O Globo*, edição de 20/3/08, 1º caderno, p. 5; edição de 21/3/08, 1º caderno, p. 8). Em sentido oposto, o Senador Marco Maciel, que foi Vice-Presidente da República por dois mandatos consecutivos (01/01/95 a 01/01/99; 01/01/99 a 01/01/03) e hoje é Presidente da Comissão de Constituição e Justiça do Senado Federal, afirma não ter dúvida de que dá para governar sem essa legislação excepcional, até porque, se formos observar as MPs, verificaremos que muitas delas não satisfazem os pressupostos de urgência e relevância (Entrevista ao jornal *Correio Braziliense*, edição de 25/3/08, 1º caderno, p. 4).

41. Georges Burdeau. *A Democracia*. Lisboa: Publicações Europa-América, 1962, p. 45/46.

pos que representam, do que em resolver os graves problemas que afligem camadas cada vez mais amplas da população.

Para ilustrar essa linha de pensamento, vale relembrar as palavras de Francisco Campos, talvez o mais contundente e o mais radical dos nossos críticos do Poder Legislativo, e não por acaso um dos idealizadores do Ato Institucional de 9 de abril de 1964, que tantas e tão profundas alterações introduziu em nosso sistema de relações entre os Poderes da República. No século passado, assentou esse renomado jurista, o papel do Estado era, antes de tudo, negativo: intervir o menos possível; a legislação limitava-se a regular questões gerais e simples, mas logo perdeu o seu caráter exclusivamente político para assumir uma feição eminentemente técnico. Hoje a legislação é uma imensa técnica de controle da vida nacional em todas as suas manifestações, não havendo praticamente nenhum espaço livre de intromissões estatais. Consequência desse tecnicismo, imposto pela crescente complexidade da vida social, o Parlamento, por sua própria natureza e composição, foi se tornando incapaz de legislar diretamente, transferindo-se para o Executivo a iniciativa das leis mais relevantes, não havendo no mundo de hoje nenhuma obra legislativa importante que não resulte de iniciativa do governo ou que não resulte de uma delegação do poder de legislar. Igualmente, e por isso mesmo, já não existe nenhuma controvérsia sobre a incapacidade do corpo legislativo para a legislação direta. Como é sabido, no século passado, o papel do Estado era, antes de tudo, negativo – intervir o menos possível –, sendo o parlamento um órgão eminentemente político, cuja função não era uma função técnica, mas política, consistente em controlar o governo e servir de órgão autorizado de expressão da opinião pública. Nesse entretempo, a atividade parlamentar sofreu duas modificações radicais, a primeira delas no seu caráter representativo ou como órgão de expressão da opinião pública, em face do vertiginoso progresso das técnicas de expressão e de comunicação do pensamento, a exigir outros meios mais rápidos, mais volumosos e mais eficazes. A bem dizer, a opinião desertou os parlamentos, encontrando outros modos de expressão. Não só deixou de exprimir-se pelas assembleias como as colocou sob o controle dos meios de formação e de expressão da opinião pública. Noutro dizer, as salas das assembleias legislativas não comportam mais a opinião pública de hoje, cujo volume exige espaços mais amplos. Mesmo assim, os processos parlamentares continuaram os mesmos, apesar de a função dos parlamentares ter ficado infinitamente mais complexa e mais difícil, impossível mesmo de ser produzida de acordo com os critérios que presidem à constituição do parlamento, critérios esses de todo incompatíveis com as novas funções que esse Poder pretende exercer. Da incapacidade para a função legislativa resulta a falta de rendimento do trabalho parlamentar, num ambiente onde se discutem as questões mais no plano do interesse político ou das exigências eleitorais do que no seu plano próprio e adequado, que é o do atendimento aos interesses da sociedade. Por tudo isso, conclui Francisco Campos que o parlamento não reúne, evidentemente, os requisitos próprios à produção de uma obra legislativa homogênea e consistente, apta a enfrentar os problemas do complexo Estado social dos nossos dias[42].

Ressalvados, evidentemente, os excessos dessa crítica, explicáveis, em larga medida, pela formação autoritária daquele notável jurista, e pela sua estreita vinculação ao regime fascista do *Estado Novo*, ao qual emprestou seu formidável talento, forçoso será reconhecer a pertinência, se não de quase todas, por certo da maioria das suas observações, quando mais não seja no que respeita à crônica morosidade em que se desenrolam os trabalhos parlamentares, de regra, prejudicados pela extensão e prolixidade dos debates, nem sempre úteis ao aperfeiçoamento das propostas legislativas, como ainda acontece, infelizmente, nos parlamentos dos nossos dias.

Nesse particular, há opinião quase unânime, entre os doutrinadores, no sentido de que o Parlamento soberano do século XIX, que tudo regia, foi vítima de sua própria hipertrofia, como aconteceu na França sob a 3ª República, a qual, no dizer de Malberg, por investir o Parlamento não só do poder legislativo, mas também do poder constituinte, fez dele, em realidade, o órgão supremo do Estado[43].

Tendo chamado a si toda decisão política – observa M.G. Ferreira Filho –, o Parlamento acabou sufocado pelo acúmulo das questões a debater, entrando em estado de apoplexia e de virtual paralisia[44]. Essas assembleias, assim como os seus métodos de trabalho – afirma esse douto constitucionalista – não estavam, em realidade, em condições de dar conta desse acréscimo de funções e desse novo mister, completamente diferente daquele para o qual foram imaginados, o controle político e, posteriormente, a elaboração legislativa. Concebido como centro de discussão e de conciliação opiniões, a oposição radical das concepções políticas levou ao alongamento infrutífero do debate entre correntes inconciliáveis. Ora, esse alongamento, que não podia ser abreviado sem violência à liberdade de palavra dos parlamentares, veio a servir de arma para as minorias evitarem decisões que lhes parecessem inaceitáveis. A obstrução torna-se tática parlamentar frequente, com respaldo expresso nos regimentos internos das casas legislativas. Por outro lado, as questões econômicas que as assembleias passaram a ter de enfrentar à medida que se desenvolvia o intervencionismo, dificilmente se ajustam ao processo de debate público, inerente aos Parlamentos. Em primeiro lugar, porque certas medidas só poderão dar os frutos esperados se forem sigilosamente decididas, o que não se mostra possível mesmo em sessões secretas, na medida em que delas participam parlamentares que representam segmentos sociais muitas vezes afetados, não raro prejudicados, por essas medidas. Em segundo lugar porque o debate parlamentar não permite que certas decisões sejam tomadas com a presteza exigida pelas circunstâncias. Mais ainda, como é de ciência comum, porque na economia moderna só a rapidez pode impedir prejuízos irreparáveis, decorrentes não só de eventos imprevisíveis como também de decisões de poderes políticos estrangeiros. Enfim, e por tudo isso, a identificação entre a vontade do Parlamento e a lei acarreta nesse domínio problemas insolúveis. A economia é um terreno movediço, sujeito a fatores dificilmente ponderáveis, e a muitos imponderáveis. O que num determinado momento é conveniente e mesmo necessá-

---

42. Francisco Campos. *Direito Constitucional*, cit., p. 304/306.

43. Carré de Malberg. *Contribution à la Théorie Générale de L'État*. Paris: Sirey, 1920, v. 1, p. 225.

44. Manoel Gonçalves Ferreira Filho. *Do Processo Legislativo*. São Paulo: Saraiva, 1968, p. 99.

rio pode ser noutro instante inconveniente e inútil, razão por que a intervenção do Estado no domínio econômico, para se mostrar eficaz, tem de ser flexível, mas essa flexibilidade não se ajusta à natural rigidez da lei, que só ela pode obrigar quem quer que seja a fazer ou deixar de fazer alguma coisa[45].

Impossibilitado, assim, de agir ou reagir prontamente, com a rapidez imposta pelas novas circunstâncias econômicas e sociais, o Parlamento acabou se transformando em fator de inibição da atividade estatal, atraindo para si toda a sorte de críticas e prevenções, profundamente nocivas ao prestígio da instituição, mesmo que estudos sérios e desapaixonados evidenciem que esses ataques ao Legislativo, quando submetidos ao crivo da pesquisa empírica, se revele desprovidos de fundamento, assentando antes em *opiniões* do que em fatos efetivamente comprovados[46].

A repercussão desse fenômeno e dos preconceitos que o circundam tem sido intensa também no Brasil, onde já se produziram vários estudos sobre a chamada "crise" do Legislativo, não sendo pequeno o número dos juristas e cientistas políticos que preconizam a urgente reforma do Parlamento brasileiro, para ajustá-lo às novas exigências do moderno Estado Social, que, aqui como alhures, tem necessidades a atender em ritmo cada vez mais acelerado, incompatível com o modo de ser e de agir das nossas Casas Legislativas. Dentre tais estudiosos, pelo elevado nível com que abordou o delicado problema da nova correlação de forças entre o Parlamento e o Executivo, no âmbito da elaboração legislativa, merece ser lembrado o jusfilósofo Miguel Reale, cuja linha de pensamento expressa, no essencial, o que dizem os mais respeitados estudiosos do tema. A análise mesmo superficial da história política deste nosso atormentado século XX – dizia, então, esse notável pensador – demonstra, desde logo, que o problema da competência legislativa e, mais particularmente, da técnica de elaboração das leis, sofreu profunda alteração nos seus dados iniciais, sobretudo em razão da gradual passagem de um tipo de Estado de funções estritamente jurídicas para um Estado de Cultura, concebido e reclamado como realidade cultural, e, por conseguinte, cada vez mais dotado de capacidade de interferência nos múltiplos círculos da atividade humana. Já foi ponderado que até hoje ao "Estado intervencionista" não corresponde plenamente uma nova Teoria Geral do Direito Privado que atenda às peculiaridades do mundo contemporâneo, subsistindo ainda muitas categorias lógicas ou esquemas doutrinários plasmados em função do Estado Liberal, infenso por princípio a quaisquer incursões no plano das iniciativas individuais ou grupalistas. A mesma, observação – prossegue Reale – parece que deva ser feita nos domínios do Direito Público, a começar pelo problema basilar da correlação dos Poderes do Estado. É notório que a rígida teoria da separação dos poderes já cedeu lugar à tese da independência e harmonia dos Poderes, ao mesmo tempo que veio prevalecendo a compreensão do exercício do poder estatal como desempenho de um serviço público, num sistema orgânico de atribuições, faculdades e deveres. Graças a esse novo entendimento obteve-se mais correlação entre o Governo e o Parlamento, de modo a diminuir a distância entre o órgão que especificamente "aprova" as leis e aquele a quem cabe executá-las. Nesse cenário, tudo indica ser necessário ir além de relações intermitentes, cercadas de rígido cerimonial, para que a função de legislar não fique prejudicada por uma compreensão demasiado formal e abstrata do princípio da independência dos Poderes. Na concepção individualista do Estado, própria do século XIX, quando diminuta era a ingerência do Poder Público nos domínios da economia e das relações sociais, o apego ao princípio da separação dos Poderes teve como consequência converter, às vezes, o ato de legislar em uma verdadeira competição de competências, cada órgão estatal agindo com zelo e ciúme no campo de suas prerrogativas. Ora, se é verdade que as franquias democráticas exigem a distinção de Poderes autônomos, isso não se mostra incompatível com uma política de cooperação, em função do bem da coletividade. Dentro do novo espírito, que todos nós sentimos ser essencial à racionalização do sistema representativo, é que devemos reformular os modos de colaboração do Executivo no momento decisivo da elaboração dos textos legais. Tudo está, pois, não em negar a independência dos Poderes, mas sim em reconhecer que em nada ficará atingido tal princípio com o estabelecimento de um conjunto de medidas que assegurem a colaboração, ostensiva e permanente, dos órgãos executivo e parlamentar, durante a tramitação dos projetos de lei, até a sua promulgação. Desde que ao Legislativo fique assegurado o pronunciamento final e decisivo, nada sofrerá a sua expressão soberana pelo fato de receber a contribuição positiva dos órgãos técnicos governamentais, que, por natureza e função, detêm elementos de informação de que não dispõe o Legislativo[47].

Nesse contexto de ideias e de preocupações com a construção de um novo processo legislativo para o moderno Estado brasileiro, aquele notável jusfilósofo chegou mesmo a preconizar a transformação em normas constitucionais permanentes daqueles dispositivos de caráter excepcional editados no bojo do Ato Institucional de 1964 e que introduziram em nosso direito constitucional mecanismos mais ágeis – *e.g.* aprovações implícitas, por decurso de prazo – para a promulgação de leis de iniciativa governamental.

Em que pese às críticas honestamente formuladas ao que chamou de vício da improvisação e da pressa, presente na legislação dita revolucionária, aprovada sem prudência nem objetividade de critérios, o insigne jurista teve que se curvar à evidência de que, à luz da experiência legislativa brasileira, a fixação de prazos para o trabalho parlamentar foi uma decorrência natural da quase paralisia a que chegou o Congresso Nacional, em cujo seio permaneceram parados anos a fio, sem razão plausível, propostas legislativas da maior importância. E o pior é que esses "esqueletos" permanecem trancados nos mais diversos armários, seja por desinteresse ou inércia natural das lideranças parlamentares, seja pela inviabilidade política de colocá-los em andamento, como ocorre Projeto de Lei n. 1.151, destinado a legalizar o casamento entre pessoas do mesmo sexo, que foi apresentado pela então deputada Marta Suplicy, em 1995, mas até hoje, decorridos mais de 20 anos, praticamente estacionou no Congresso Nacional, ensejando que o STF atuasse como "legislar positivo", extraindo da Constituição, no julgamento da ADPF 132 e da ADIN 4277, ambas de 2011, um direito fundamental a uniões homoafetivas,

---

45. *Do Processo Legislativo*, cit., p. 101

46. Brasil. *O Parlamento:* as incompreensões, os mitos e a tese de seu declínio. Anais do Seminário sobre modernização legislativa e desenvolvimento político. Brasília-DF, Gráfica do Senado Federal, 1976, p. 28.

47. Miguel Reale. A elaboração legislativa no Estado Contemporâneo, in *Política de Ontem e de Hoje*. São Paulo: Saraiva, 1978, p. 47/49.

que embora não estando expresso, lhe pareceu implícito no texto constitucional.

Sobre a inércia legislativa, em geral, e a morosidade na apreciação de projetos de lei de iniciativa do Poder Executivo, em particular, veja-se o que já dizia, lá no ano de 1965, o professor Miguel Reale, reconhecido, aqui e alhures, como o mais importante jurista brasileiro do século XX.

É inegável que o Ato Institucional de 9 de abril de 1964 pôs à mostra um dos males mais graves imperantes nas democracias, que é a falta de correspondência, em termos de urgência, entre os planos de ação do Governo e a morosidade, intencional ou não, da ação legislativa.

Não creio seja necessário demonstrar a existência e a gravidade desse desajuste, que, na prática, corresponde a um desrespeito flagrante de um Poder às prerrogativas do outro. Com efeito, se o Executivo é expressão da competência soberana do Estado, e se a Constituição lhe confere o poder-dever de propor projetos de lei, em função do bem público, como admitir-se que o Parlamento se considere com o direito de protelar o exame da matéria, ou de eximir-se de fazê-lo mediante a técnica da obstrução e do esquecimento? Bem pouco adiantaria o princípio da harmonia dos poderes, se um ficasse à mercê do outro. Daí a medida drástica estatuída do Ato Institucional, estabelecendo prazos fatais, cujo vencimento arma o Governo da faculdade de desde logo emanar a lei de conformidade com o projeto oferecido à consideração do Congresso.

Pode-se dizer que, hoje em dia, não há quem não reconheça a procedência dessa medida, concordando em convertê-la em norma constitucional permanente.

Relativamente ao já citado problema dos prazos fixados no Ato Institucional para o pronunciamento do Congresso Nacional, é inegável que eles são por demais exíguos.

A obra legislativa requer, com efeito, prudência e objetividade de critérios, o que é incompatível com a pressa e a precipitação; mas é inadmissível a falta de um prazo razoável para o exame dos projetos de leis, prazo esse suscetível de, em casos excepcionais, ser prorrogado com a anuência do Executivo, que, desse modo, não ficará mais à mercê dos planos ardilosos de obstrução sistemática, mediante os quais minorias disciplinadas têm imposto a sua vontade e seus caprichos à maioria parlamentar, sobrepondo-se, às vezes, aos interesses do País.

A experiência do Ato Institucional está aí a demonstrar as vantagens e as deficiências do sistema nele consagrado. É inegável que o nosso Congresso tem trabalhado exaustivamente, dando, de modo geral, uma preciosa colaboração aos planos governamentais. Devido à exiguidade dos prazos e à pletora dos projetos, não seria possível fazer mais, nem melhor.

Trata-se, porém, de uma legislação revolucionária, que padece do vício da improvisação e da pressa. Não é normal que assim se proceda, em se cuidando de problemas que exigem acurados estudos e prudência, o que é incompatível com a sofreguidão do tempo. Há que encontrar um justo termo, de tal modo que a obra legislativa possa se realizar sem perda de seu sentido orgânico e coerente, mas também liberta dos obstáculos e contemporizações brotados da malícia ou da desídia[48].

Em busca desse meio-termo nós chegamos a preconizar, faz alguns anos, uma solução que, a nosso ver e naquela época, poderia atenuar o problema da chamada *votação negativa* ou *aprovação silenciosa*, contra a qual sempre se voltaram parlamentares de todas as correntes, tanto da Oposição quanto do Governo.

Nossa fórmula consistiria em dotar o Presidente da República do poder de editar, como *decreto-lei* – instrumento previsto na Constituição de 1967/1969 –, o projeto cuja apreciação não tivesse ocorrido dentro dos prazos acaso solicitados ao Congresso Nacional.

Com essa fórmula acreditávamos que as dificuldades mais sérias estariam resolvidas, como se verá adiante.

De plano, porque se eliminaria, desde logo, o problema da *votação negativa*, uma vez que o Presidente da República, em ato positivo de vontade, poderia, se o quisesse, promulgar o texto do projeto sem depender do recebimento dos autógrafos, cujo envio seria constrangedor para o Presidente do Congresso Nacional, instado a remeter à sanção projeto de lei que o Poder Legislativo se recusara a votar.

De outra parte, se editado como *decreto-lei*, o texto teria vigência imediata, sendo submetido a nova apreciação do Congresso Nacional, reabrindo-se o prazo para deliberação, findo o qual, caso não fosse votado, aí, sim, estaria definitivamente aprovado.

Ademais, possuía essa fórmula uma vantagem política adicional: se o Presidente da República, em face dos debates parlamentares, viesse a se convencer de que o projeto não deveria ser convertido em lei – porque evidenciado algum aspecto negativo ou inconveniente, não vislumbrado anteriormente –, deixaria de promulgá-lo, mandando reavaliar os seus termos[49].

Diversamente, àquela época, optou-se pela ampliação pura e simples dos *prazos de deliberação*, dispondo-se na Emenda Constitucional n. 22/132 à Carta Política então vigente, que, na falta de deliberação dentro daqueles prazos, os projetos seriam incluídos automaticamente na ordem do dia, em regime de urgência, nas dez sessões subsequentes em dias sucessivos, considerando-se definitivamente aprovados se não fossem apreciados ao final dessas sessões.

Perdeu-se, assim, a oportunidade para, criativamente, chegar-se a uma nova solução, que, sem prejuízo da celeridade legislativa, respeitasse aquele mínimo de autonomia que, a cada dia mais incisivamente, o Poder Legislativo reivindicava para deliberar sobre os projetos que lhe eram submetidos pelo Poder Executivo.

Permanecemos, assim, imunes às transformações que todos desejavam fossem introduzidas nas relações entre o Governo e o Congresso Nacional, com o propósito de atenuar, quanto possível, a hipertrofia dos poderes legiferantes, que são conferidos ao Presidente da República, em detrimento das prerrogativas do Legislativo, que lhe pertencem por direito próprio e não como dádiva do Executivo.

A persistência desse desequilíbrio, que não afeta apenas o nosso processo legislativo, traduz um fenômeno que se observa

---

48. Miguel Reale. A elaboração legislativa no Estado Contemporâneo, in *Política de Ontem e de Hoje*. São Paulo: Saraiva, 1978, p. 49/50.

49. Inocêncio Mártires Coelho. As prerrogativas do poder legislativo e a aprovação de leis por decurso de prazo, *Revista de Informação Legislativa*. Brasília: ano 19, n. 73, jan./mar. 1982, p. 75/80.

na quase totalidade dos Estados contemporâneos, independentemente de diferenças ideológicas, como evidenciado em estudos e debates da maior amplitude, de que é exemplo clássico um trabalho de "équipe", publicado, originariamente, no *Bulletin International des Sciences Sociales*, por intermédio do Departamento de Ciências Sociais da Unesco, e no qual se recolheram estudos de especialistas de vários países, como Iugoslávia, Grã-Bretanha, Canadá, União Soviética, França e Estados Unidos[50].

No último desses estudos – uma espécie de súmula das diferentes contribuições –, o professor francês Jean Meynaud observa que os relatórios nacionais são quase unânimes em reconhecer a expansão das atribuições do Executivo, como decorrência da ampliação da missão do Estado, a funcionar como fermento ativo de desequilíbrio entre os diferentes órgãos do sistema governamental[51].

De fato, como já tivemos a oportunidade de salientar mais de uma vez, a disponibilidade de dados em maior abundância e precisão, no âmbito do Executivo, torna este Poder necessariamente mais habilitado à formulação e execução da política, em qualquer dos setores de atividade do Estado contemporâneo, independentemente das ideologias abraçadas pelos diferentes regimes e governos.

Esta é uma questão que, no entanto, não deve dar margem a deformações ou distorções de perspectiva, porque não se trata de colocar numa balança, para pesarmos a importância, o relevo e a capacidade dos Poderes, mas, antes, de analisar a diversidade de funções e de papéis de cada um dos departamentos do Governo, no contexto da atividade estatal.

A propósito, quem se dedicar ao estudo comparativo da distribuição de funções entre os Poderes do Estado, nas Constituições atuais, constatará, sem maior esforço, que, no particular, é expressivo o predomínio do Executivo – entendido como Governo e Administração –, reservando-se ao Parlamento a função política de controle dos atos administrativos. Esta tendência, que até certo ponto se pode considerar universal, como acentuado no aludido Inquérito da Unesco, decorre da nova concepção do papel do Estado, que deixou de ser mero espectador da vida coletiva para se transformar no agente por excelência de todo o processo de desenvolvimento econômico, político e social.

Nesse contexto, como já registramos, Georges Burdeau afirma que se tornou caduca a concepção de Executivo que faz dos governantes agentes sem imaginação de uma lei que se elabora sem eles, ou que reduz as funções de Governo à simples execução, sem criatividade, das ordens, nem sempre racionais, emanadas do Parlamento.

Tendo mudado as funções do Governo, as quais – também já acentuamos –, de negativas passaram a positivas, não é mais a abstenção que os homens requerem do Estado, mas sim uma ação positiva capaz de transformar a ordem social, para que os indivíduos possam exercer os direitos que a ordem jurídico-política liberal lhes reconhecia, mas não dispunha meios para torná-los efetivos.

Sendo o Estado social do nosso tempo um "personagem" cada vez mais intervencionista e cabendo ao Governo o papel de agente propulsor dessa intervenção, é inevitável a preponderância do Executivo sobre o Legislativo, em todos os Estados contemporâneos. É o que se constata em numerosos estudos de Ciência Política e de Direito Público, a evidenciarem que, em todos os quadrantes ideológicos, nos países totalitários como nos países democráticos, nos regimes parlamentares como nos presidencialistas, nas monarquias como nas repúblicas, o predomínio da função condutora está mesmo no âmbito do Executivo, cabendo, sim, ao Legislativo a função insubstituível de controle, de fiscalização, de acompanhamento e de formulação das grandes opções nacionais.

De mero executor das leis, na doutrina clássica da separação dos Poderes, o Executivo transformou-se, inicialmente, em colegislador ao lado do Parlamento e, agora, passa a assumir posição cada vez mais relevante dentro do processo legislativo, do qual tem iniciativa livre e, nalguns casos, até mesmo exclusiva, sem se falar no poder do veto, através de cujo exercício o Presidente da República pode, eventualmente, cercear ou até mesmo impedir a produção legislativa do Parlamento. É de todos conhecido o problema das relações, dos pesos e contrapesos, do uso abusivo do poder de veto, dos impasses a que ele tem levado em todos os regimes de processo legislativo complexo, nos quais a lei se elabora com a participação do Legislativo e do Executivo. No Brasil, tornou-se "letra morta" – sem que ninguém derrame uma lágrima sequer pelo seu "falecimento" – o preceito da Constituição (art. 66, § 4º), segundo o qual o veto deverá ser apreciado, em sessão conjunta do Congresso Nacional, dentro de trinta dias a contar do seu recebimento. Por força de costume constitucional derrogatório, esse dispositivo esvaziou-se por completo, ficando, rigorosamente, a critério da Mesa do Congresso Nacional a decisão sobre a data em que se realizará a sessão destinada à apreciação do veto. Recentemente, em virtude do acirramento das tensões entre o Governo e o Parlamento, a questão voltou à ordem do dia, tendo havido uma apreciação *seletiva* de inúmeros vetos – alguns bem antigos –, quando mais não seja, para se reavivar a lembrança de que esse procedimento consubstancia imperativo constitucional.

Nesse cenário de desequilíbrio no âmbito do processo legislativo em favor do Executivo, é particularmente significativa a situação da França, que tendo servido de berço a Montesquieu, o mais famoso pregador da separação e da frenagem/contraposição entre os Poderes – *le pouvoir arrête le pouvoir*[52] –, hoje possui uma Constituição que enumera, para restringir, as matérias de competência legislativa do Parlamento, considerando todas as demais como de caráter regulamentar e, por conseguinte, entregues a disciplinamento pelo Poder Executivo[53].

No Brasil, diversamente, a Constituição estabelece – art. 48 – que cabe ao Congresso Nacional dispor sobre todas as matérias da competência legislativa da União, em especial sobre aquelas expressamente enumeradas nesse dispositivo.

---

50. O papel do Executivo no Estado Moderno. *Revista Brasileira de Estudos Políticos*. Rio de Janeiro: Forense, 1959.
51. Op.cit., p.150.

---

52. Montesquieu. De l'esprit des lois, in *Oeuvres complètes de Montesquieu*. Paris: Chez Lefrèvre, Éditeur, 1839, v. 1, p. 188; *Do espírito das leis*. São Paulo: Difusão Europeia do Livro, v. 1, 1962, p. 180.
53. Guy Carcassonne. *La Constitution*. Paris: Éditions du Seuil, 10ª edição, 2011, p. 184/194.

Na prática, o que se verifica é tratar-se de uma regra de competência meramente *simbólica*[54], porque se confrontarmos esse dispositivo com aquele que permite ao Presidente da República – em caso de relevância e urgência –, adotar medidas provisórias, com força de lei (art. 62); com o preceito que lhe confere, privativamente, a iniciativa de determinados projetos de lei (art. 61, § 1º); e, tudo somado, se formos às estatísticas, comprovaremos que a participação do Executivo no processo legislativo tem sido substancialmente mais relevante do que a do Congresso Nacional.

Assim, no Brasil, como de resto na maioria dos Estados constitucionais contemporâneos, o quadro é o mesmo e idêntica é a forma de condução dos problemas de interesse nacional, invariavelmente com a prevalência do Poder Executivo/Governo como formulador e executor das políticas públicas em todos os setores da vida social. Mesmo dispondo, em regra, de sólida maioria parlamentar, que lhe facilita as coisas no Congresso Nacional – atualmente, em nosso País, esse numeroso bloco parlamentar atende pelo nome de *base aliada* –, ainda assim o Poder Executivo/Governo não estimula nem prestigia a apresentação de projetos de lei pelos deputados ou senadores que integram do seu bloco apoio parlamentar, mesmo que eles se mostrem dispostos a fazê-lo sob a orientação do Governo, razão por que é pequeno, quase inexpressivo, o número de leis originárias do Legislativo em comparação com as oriundas de iniciativa governamental. Noutras palavras, mesmo contando com parlamentares dispostos a apresentar projetos do seu "agrado", do Poder Executivo/Governo prefere suas propostas legislativas, as quais, se o solicitar, tramitarão em regime de *urgência*, nos termos do art. 64, § 1º, da Constituição.

Essa situação, que não constitui característica exclusiva do Estado brasileiro, também se verifica na França, conforme narrado por Pierre Laroque, ao analisar a repartição das iniciativas e o exercício do poder legislativo sob a Constituição de 1958. Em primeiro lugar – assinala esse jurista, que por muitos anos integrou o Conselho de Estado francês –, no domínio legislativo, se o número das proposições de leis devidas à iniciativa dos membros do Parlamento é considerável, a proporção dessas proposições que se concretizam e se transformam em leis é, pelo contrário, fraca. Os projetos governamentais, embora muito menos numerosos, prossegue Laroque, têm oportunidades muito mais consideráveis de aprovação, concorrendo para isso muitos e diversos fatores. Primeiramente, os parlamentares nem sempre dispõem de todos os elementos de informação, da competência técnica e jurídica que lhes permita estabelecer o texto duma proposição viável; em segundo lugar – e, sobretudo, destaca o mesmo jurista –, porque o governo, ainda que fraco, dispõe no plano parlamentar de meios de pressão, em virtude de regulamentos de assembleias e da possibilidade de pôr em jogo sua própria existência – ou, em todo caso, o peso dessas responsabilidades políticas –, seja para opor obstáculo à discussão de uma proposição que não lhe convenha, seja para apressar a discussão e favorecer a adoção de seus próprios projetos. É, entretanto, muito mais fácil – arremata Laqoque – opor-se a uma proposição do que fazer votar um de seus projetos, pois que nas assembleias compósitas, as maiorias negativas se constituem mais frequente e facilmente do que as maiorias positivas[55].

O quadro brasileiro, semelhante ao francês e a tantos outros, não deve levar o observador menos arguto a concluir, sem maior exame, que se tornou obsoleta ou até mesmo dispensável a participação do Poder Legislativo no esforço pela emancipação econômica e social do País.

Sendo o Parlamento – pelas suas origens – o órgão mais apto a legitimar as opções adotadas para alcançar os "objetivos fundamentais" da nossa República (CF, art. 3º), ele ocupará sempre uma posição de insubstituível relevo na concretização das políticas públicas, sobretudo porque o preço a ser pago para a consecução desses objetivos não se poderá impor à sociedade civil se não contar com a aquiescência de todos os seus segmentos.

Por isso, nos países emergentes ou em processo de desenvolvimento, como é o caso do Brasil, os parlamentos não devem ser marginalizados, porque, tal como assinalou Paulo Bonavides, só existe uma via segura para vencer o subdesenvolvimento sem o sacrifício das liberdades políticas: associar, em laços de consentimento e confiança mútua, a vontade dos governantes e a vontade dos governados.

Diante desse quadro, cabe indagar qual seria o procedimento mais apto a viabilizar esse protagonismo do Poder Legislativo, que todos entendem necessário, embora poucos indiquem os caminhos capazes de levar ao resultado pretendido.

A resposta, para nós, é de formulação relativamente simples: o Parlamento contemporâneo, mesmo já não dispondo de condições para exercer o papel de *motor* na tomada das decisões – que hoje parece, irreversivelmente, entregue ao Executivo/Governo –, ainda assim deve avaliar as opções governamentais, negando a legitimidade de seu assentimento a tudo quanto lhe pareça contrário aos interesses da sociedade civil, que ele encarna e representa com mais densidade do que o Poder Executivo.

Dessa forma, o Governo, se pretender legitimar as suas decisões, terá de negociar com o Legislativo para, através dele, obter o apoio da opinião pública, sem a qual tenderá a se isolar dos cidadãos, abrindo um fosso perigoso entre a Nação e o Estado.

Por isso, nesse contexto, cremos ser mais adequado falar-se em *reconquista* do que em devolução das prerrogativas do Poder Legislativo, porque a revalorização do Parlamento haverá de resultar do seu próprio esforço, da tenacidade dos seus integrantes, e não de uma espontânea retração do Executivo/Governo, que, por sua natureza, tende a se expandir sempre e a ocupar espaços cada vez maiores. A defesa patética das medidas provisórias, associada aos frequentes pedidos de urgência constitucional para a apreciação das suas propostas legislativas – não raro fruto do voluntarismo dos tecnocratas que menosprezam a *sábia lentidão* das leis –, tudo isso parece indicar que, em sua grande maioria, os governos preferem decidir primeiro e conversar depois, porque sinceramente acreditam que essa postura atende muito mais aos interesses da sociedade do que se negociarem com deputados e senadores, ainda que uns e outros sejam, igualmente, representantes do povo.

---

54. Marcelo Neves. *A constitucionalização simbólica*. São Paulo: Acadêmica, 1994.

55. Pierre Laroque. *O Papel do Executivo no Estado Moderno*. Rio de Janeiro: Revista Brasileira de Estudos Políticos/Faculdade de Direito da Universidade de Minas Gerais, 1959, p. 94/95.

No caso específico das medidas provisórias, é tão arraigado o hábito de baixá-las sem maior cuidado – embora essa prática aumente as tensões entre o Executivo e o Parlamento – que, nalguns casos, o Presidente da República chegou a editá-las simplesmente reproduzindo projetos de lei de iniciativa parlamentar, já em fase final de tramitação no Congresso Nacional. Foi o ocorreu, no exemplo emblemático da Medida Provisória n. 422, 25/3/08, convertida na Lei n. 11.763/2008 – que amplia o limite de ocupação de terras públicas na chamada *Amazônia Legal* –, cujo conteúdo era idêntico ao de um projeto de autoria do Deputado Asdrúbal Bentes, fato que joga por terra – ainda que isso pouco importe para o Governo – o velho argumento de que o Parlamento nada resolve ou, quando o faz, já está ultrapassado pelos acontecimentos. Pela sua gravidade, esse episódio mereceu dura crítica do então Presidente da Câmara dos Deputados – Arlindo Chinaglia –, para quem os funcionários do Executivo agiram de forma *arrogante*, tentando impor ao Congresso o ritmo que a burocracia considera adequado ao processo legislativo[56]. Em "resposta" a esse abuso do poder de legislar, cometido pelo Chefe do Executivo, o Congresso Nacional promulgou a Emenda Constitucional n. 32/2001, vedando a edição de medidas provisórias sobre matéria "já disciplinada em projeto de lei aprovado pelo Congresso Nacional e pendente de sanção ou veto do Presidente da República" (CF, art. 62, § 1º, inciso IV).

Não por acaso, a jurista Anna Cândida Ferraz registra que, desde a promulgação da Carta de 1988, propugnou-se pela reforma do art. 62 – sede constitucional das medidas provisórias –, seja para coibir o seu uso desenfreado, seja para disciplina-las de modo mais condizente com o sistema jurídico constitucional e o Estado Democrático de Direito, que, em última análise, acabavam por ser fortemente abalados em seus fundamentos pela utilização, sem controles e limites adequados, dessa espécie normativa[57]. Essa discussão, que vez por outra volta à ordem do dia, deu ensejo a várias propostas para se reformular o rito legislativo das medidas provisórias, tal o estado de fricção política entre o Executivo/Governo e o Legislativo, em decorrência da profusão desses atos normativos e do fato – politicamente mais constrangedor –, de que, sob o modelo atual, se a medida provisória não for apreciada em até 45 dias contados da sua publicação, entrará em regime de urgência, subsequentemente, em cada uma das Casas do Congresso Nacional, ficando sobrestadas, até que se ultime a votação, todas as demais deliberações legislativas da Casa em que a medida provisória estiver tramitando (CF – art. 62, § 6º, incluído pela Emenda Constitucional n. 32, de 2001)[58].

Tudo somado, e agindo em contradição com seu velho discurso *soi-disant* democrático, os atuais dirigentes do País mais não fazem do que justificar a conduta de personagens que sempre tacharam de autoritários e liberticidas, como o jurista Francisco Campos, de quem resgatamos esta joia de *realismo político*, por demais incômoda para quem o detratou no passado e, agora, por ironia da história, se vê obrigado a rezar pela sua cartilha: "Ora, o governo existe realmente; a sua existência é histórica e concreta e não categoria da existência puramente lógica dos entes de razão ou das nebulosas verbais que os filósofos costumam propor como substitutivos às verificações mais ou menos amargas da experiência. A distribuição de funções entre os poderes não obedece a uma lei natural e eterna. É operação que obedece a influências de ordem contingente e histórica. O parlamento não tem um direito natural à legislação. Ele legisla na medida das suas forças e da sua competência. A divisão dos poderes é um expediente e, como todo expediente, da ordem do empírico e não do racional ou do absoluto. É apenas um modelo mecânico, destinado a representar esquematicamente, ou no plano linear, o que na realidade é da ordem da plenitude e do volume. A mecânica política não é a mecânica de Newton. A massa dos poderes gravita para os órgãos do governo segundo razões de conveniência, de utilidade e de adequação, que não podem cifrar-se em fórmulas algébricas. Cada época tem a sua divisão de poderes, e a lei do poder é, em política, a da capacidade para exercê-lo. Por maiores que sejam os poderes atribuídos a um órgão, ele só os exercerá na medida da sua força ou da sua capacidade. E se o resíduo que ele deixa é de poderes úteis ou necessários, os ideólogos podem estar certos de que outro órgão se apresentará para exercê-los. *Uma lei inflexível da política é a que não permite a existência de vazios no poder: poder vago, poder ocupado*"[59] (destaque nosso).

Na hora presente, de plena conscientização política e – por que não dizermos? – de genuína radicalização democrática, tudo recomenda se adote um novo modelo na distribuição do poder de legislar entre o Executivo/Governo e o Congresso Nacional, porque é precisamente no âmbito do *processo legislativo*, no embate *em torno da lei*, que afloram os problemas cruciais da população. Acelerar as tomadas de decisão, vencendo a crise de deliberação congressual, sem prejuízo do cuidado e da *sábia lentidão* que devem ser observados nos estudos e reflexões sobre a feitura de leis[60] parece configurar o grande desafio que os nossos dias lançam ao povo brasileiro, a todos nós, ao Estado e à Sociedade Civil.

Esse é o modelo de relacionamento político-legislativo entre Executivo/Governo e Parlamento que está a exigir a presente quadra da vida brasileira, se quisermos que a nossa democracia seja de fato um regime de *poder aberto*, em que as divergências de opinião não se interpretem como *declarações de guerra*; em que os adversários não se vejam como *inimigos*; em que a maioria de hoje não aspire a se tornar a *maioria de sempre*; em que, por derradeiro, a minoria de agora não se desespere caso demore a sua luta para chegar ao poder. Afinal, vale lembrar que "o poder não pode tudo e, sobretudo, não pode sempre".

---

56. Jornal *Correio Braziliense*, edição de 28/3/08, 1º caderno, p. 4, sob o título "Chinaglia critica plágio".

57. Anna Cândida da Cunha Ferraz. Medidas provisórias e segurança jurídica: a inconstitucionalidade do art. 2º da Emenda Constitucional 32/2001, *Revista de Direito Constitucional e Internacional*. São Paulo: Ano 14 · janeiro-março de 2006, 7-27, p. 8.

58. Notícias do STF – Quinta-feira, 29 de junho de 2017. STF decide que trancamento de pauta da Câmara por MPs não alcança todos os projetos e propostas. Por maioria, o Plenário do Supremo Tribunal Federal (STF) concluiu, na sessão desta quinta-feira (29), o julgamento do Mandado de Segurança (MS) 27931, relatado pelo ministro Celso de Mello, e decidiu que o trancamento da pauta da Câmara dos Deputados por conta de medidas provisórias (MPs) não analisadas no prazo de 45 dias, contados de sua publicação, só alcança projetos de lei sobre temas passíveis de serem tratados por MP.

59. Francisco Campos. *Direito Constitucional*. Rio de Janeiro: Forense, 1942, p. 346.

60. Maurice Hauriou, apud Eduardo García de Enterría. *Justicia y seguridad en un mundo de leyes desbocadas*. Madrid: Civitas, 1999, p.48; Gustavo Zagrebelsky. *El derecho dúctil*. Madrid: 1999, p. 37/39; Victor Nunes Leal. Técnica Legislativa, in *Estudos de Direito Público*. Rio de Janeiro: Forense, 1960, p. 7/8.

SUBSEÇÃO I
DISPOSIÇÃO GERAL

Art. 59. O processo legislativo compreende a elaboração de:

I – emendas à Constituição;
II – leis complementares;
III – leis ordinárias;
IV – leis delegadas;
V – medidas provisórias;
VI – decretos legislativos;
VII – resoluções.

Parágrafo único. Lei complementar disporá sobre a elaboração, redação, alteração e consolidação das leis.

Lenio Luiz Streck
Marcelo Andrade Cattoni de Oliveira[1]

1. Histórico da norma

Texto original da CF/88.

2. Constituições anteriores

Arts. 13 e 53 da Constituição Política do Império do Brazil de 1824; arts. 13, 34, 33º, e 35, 1º, da Constituição de 1891; arts. 39, 1, 4 e 8, e 40, parágrafo único, da Constituição de 1934; art. 64 da Constituição de 1937; arts. 65 e 66 da Constituição de 1946; arts. 49 e 50 da Constituição de 1967; arts. 46 e 55 da Emenda Constitucional (EC) n. 1/69.

3. Dispositivos constitucionais relacionados

I. Emendas à Constituição: art. 60 (requisitos e procedimento). *II. Leis Complementares:* art. 69 (exigência de maioria absoluta) e arts. 7º, I; 14, § 9º; 18, §§ 2º, 3º e 4º; 21, IV; 22, parágrafo único; 23, parágrafo único; 25, § 3º; 37, VII; 45, § 1º; 49, II; 59, parágrafo único; 68, § 1º; 79, parágrafo único; 84, XXII; 93; 121; 128, §§ 4º e 5º; 129, VI e VII; 131; 134, § 1º; 142, § 1º; 146; 148; 153, VII; 154, I; 155, § 1º, III; 155, § 2º, XII; 156, III; 161; 163; 165, § 9º; 166, § 6º; 168; 169; 184, § 3º; 192 e 231, § 6º; ADCT: arts. 10; 29, §§ 1º e 2º; 34, §§ 7º, 8º e 9º; 35, § 2º; 38 e 39, parágrafo único (todos esses são casos em que se exige lei complementar). *III. Leis Ordinárias:* arts. 61 e 63 até 67 (procedimento legislativo). *IV. Leis Delegadas:* art. 68 (procedimento legislativo). *V. Medidas Provisórias (MP's):* art. 62 (requisitos e procedimento legislativo); ADCT: art. 73 (impossibilidade do uso de medida provisória na regulação do Fundo Social de Emergência). *VI. Decretos Legislativos:* art. 62, § 3º (regulamentação por decreto legislativo). *VII. Resoluções:* art. 68, §§ 2º e 3º (delegação mediante resolução do Congresso) e art. 155, § 2º, IV e V, "a" e "b" (alíquotas do ICMS).

4. Constituições estrangeiras

Art. 112º da Constituição de Portugal; arts. 79 até 82 da Constituição da Alemanha; art. 77 da Constituição da Itália; arts. 81, 82, 85 e 86 da Constituição da Espanha; arts. 34, 37 e 38 da Constituição da França; arts. 60 e 63 da Constituição do Chile.

5. Legislação

I. Emendas à Constituição: Promulgação pelas Mesas da Câmara dos Deputados e do Senado Federal (art. 15, III, do Regimento Interno da Câmara de Deputados (RICD), Resolução n. 17/89); Admissibilidade de proposta de emenda pela Comissão de Constituição e Justiça e de Cidadania (art. 32, IV, "b", do Regimento Interno da Câmara de Deputados, Resolução n. 17/89); Parecer das Comissões Especiais sobre proposta de emenda (art. 34 do Regimento Interno da Câmara de Deputados, Resolução n. 17/89); Função legislativa da Câmara de Deputados (art. 108 do Regimento Interno da Câmara de Deputados, Resolução n. 17/89); Impossibilidade de apreciação em turno único (art. 148 do Regimento Interno da Câmara de Deputados, Resolução n. 17/89); Da proposta de emenda constitucional (arts. 201 até 203 do Regimento Interno da Câmara de Deputados, Resolução n. 17/89). *II. Leis Complementares:* Numeração (art. 2º do Decreto n. 4.176/2002); Lei complementar e ordinária: vedação de mesma matriz (art. 30 do Decreto n. 4.176/2002); Impossibilidade de substituição por medida provisória (art. 40, III, do Decreto n. 4.176/2002); Função legislativa da Câmara de Deputados (art. 108 do Regimento Interno da Câmara de Deputados, Resolução n. 17/89); Impossibilidade de apreciação em turno único (art. 148 do Regimento Interno da Câmara de Deputados, Resolução n. 17/89). *III. Leis Ordinárias:* Numeração (art. 2º do Decreto n. 4.176/2002); Lei complementar e ordinária: vedação de mesma matriz (art. 30 do Decreto n. 4.176/2002); Função legislativa da Câmara de Deputados (art. 108 do Regimento Interno da Câmara de Deputados, Resolução n. 17/89). *IV. Leis Delegadas:* Numeração (art. 2º do Decreto n. 4.176/2002). *V. Medidas Provisórias:* Numeração sequencial (art. 3º do Decreto n. 4.176/2002); Necessidade de demonstração da urgência e relevância (arts. 38, V, e 39 do Decreto n. 4.176/2002); Matérias não reguláveis por medida provisória (art. 40 do Decreto n. 4.176/2002); Divulgação dos textos (art. 55 do Decreto n. 4.176/2002); Majoração e instituição de tributos (art. 12 do Decreto n. 4.176/2002); Majoração e instituição de contribuição social (art. 13 do Decreto n. 4.176/2002); Majoração e instituição de taxa (art. 14 do Decreto n. 4.176/2002); Atos normativos regulamentares e medida provisória (art. 16 do Decreto n. 4.176/2002). *VI. Decretos Legislativos:* Caráter normativo (art. 4º do Decreto n. 4.176/2002); Matérias exclusivamente disciplinadas por decreto (art. 17 do Decreto n. 4.176/2002); Publicação (art. 51 do Decreto n. 4.176/2002); Criação de Comissões (art. 53, II, do Decreto n. 4.176/2002); Republicação de Decreto (art. 57 do Decreto n. 4.176/2002); Função legislativa da Câmara de Deputados (art. 108 do Regimento Interno da Câmara de Deputados, Resolução n. 17/89). *VII. Resoluções:* Função legislativa da Câmara de Deputados (art. 108 do Regimento Interno da Câmara de Deputados, Resolução n. 17/89).

---

1. Nos arts. 59, 61 e 63 a 69, colaboraram na pesquisa David Francisco Lopes Gomes e Diogo Bacha e Silva.

6. Jurisprudência do STF

I. Emendas à Constituição: MS 20.257/DF (*leading case* – Legitimidade ativa do parlamentar para impetrar mandado de segurança para coibir atos praticados no processo de aprovação de leis e emendas constitucionais que não se compatibilizam com o processo legislativo constitucional); MS 32.033/DF (reafirmação da legitimidade do parlamentar para impetrar mandado de segurança com a finalidade de coibir atos praticados no processo incompatíveis com as disposições constitucionais do processo legislativo e possibilidade de controle preventivo material de PEC que objetive abolir cláusula pétrea); MS 27.971 (a perda superveniente do mandato legislativo desqualifica a legitimidade ativa do parlamentar). *II. Leis Complementares:* ADI 2.028-MC (só cabe lei complementar, no sistema de direito positivo brasileiro, quando formalmente reclamada a sua edição por norma constitucional explícita); RE 228.339 (o conflito entre lei complementar e lei ordinária só assume a feição de constitucional quando a própria Constituição estabelecer o campo do processo legislativo reservado a tal assunto); ADI 4.071 (Lei complementar n. 70/91 é formalmente complementar, mas materialmente ordinária); AI 235.800 AgR (recepção de lei ordinária como lei complementar pela Constituição posterior). *III. Leis Ordinárias:* MS 22.879 (ordem de beneficiários estabelecida em lei especial. Impossibilidade de conhecimento na via eleita); ADI 1.480-MC (paridade normativa entre Tratados ou Convenções Internacionais e leis ordinárias); RE 405.386 (não há empecilho em edição de leis sem caráter geral e abstrato quando houver necessidade de edição de lei apenas em sentido formal); RE 377.457 (inexistência de hierarquia entre lei complementar e lei ordinária, conflito decidido com base à distribuição material).

7. Seleção de literatura

BAHIA, Alexandre Gustavo Melo Franco de Moraes; NUNES, Dierle; SILVA, Diogo Bacha; CATTONI DE OLIVEIRA, Marcelo Andrade. *Controle jurisdicional do devido processo legislativo: história e teoria constitucional brasileira.* Belo Horizonte: Conhecimento, 2018. BARCELLOS, Ana Paula de. *Direitos fundamentais e direito à justificativa: devido procedimento na elaboração normativa.* 2. ed. Belo Horizonte: Fórum, 2017. CARVALHO NETTO, Menelick. *A sanção no procedimento legislativo.* 2. ed. Belo Horizonte: Conhecimento, 2022. CATTONI DE OLIVEIRA, Marcelo Andrade. *Devido processo legislativo: uma justificação democrática do controle jurisdicional de constitucionalidade das leis e do processo legislativo.* 3. ed. Belo Horizonte: Fórum, 2016. CATTONI DE OLIVEIRA, Marcelo Andrade. *Processo constitucional.* 3. ed. Belo Horizonte: Fórum, 2016. CLÈVE, Clèmerson Merlin. *Medidas provisórias.* 4. ed. São Paulo: Revista dos Tribunais, 2021. FAZZALARI, Elio. *Istituzioni di Diritto Processuale.* Padova: CEDAM, 1994. FREIRE, Natália de Miranda. *Técnica e processo legislativo: comentários à Lei Complementar n. 95/98.* Belo Horizonte: Del Rey, 2002. FILHO, João Trindade Cavalcante. *Processo legislativo constitucional.* 5. ed. Salvador: JusPodivm, 2022. GALEOTTI, Serio. *Contributo alla teoria del procedimento legislativo.* Milano: Giuffrè, 1985. GONÇALVES, Aroldo Plínio. *Técnica processual e teoria do processo.* Rio de Janeiro: Aide, 1992. HÄBERLE, Peter. *Hermenêutica constitucional – a sociedade aberta dos intérpretes da constituição: contribuição para a interpretação pluralista e procedimental da constituição.* Porto Alegre: Sergio Antonio Fabris, 1997. HABERMAS, Jürgen. *Facticidade e validade: contribuições para uma teoria discursiva do direito e da democracia.* 2. ed. Trad. Felipe Gonçalves Silva e Rúrion Melo. São Paulo: UNESP, 2021. KELSEN, Hans. La garanzia costituzionale della costituzione. In KELSEN, Hans. *La giustizia costituzionale.* Milano: Giuffrè, 1981. LUHMANN, Niklas. La costituzione come acquizisione evolutiva. In ZAGREBELSKY, Gustavo; PORTINARO, Pier Paolo; LUTHER, Jorh (orgs.). *Il futuro della costituzione.* Torino: Einaudi, 1996, p. 83-128. RAWLS, John. *Political Liberalism.* New York: Columbia University, 1993. SCHMITT, Carl. *La defensa de la constitución.* Madrid: Tecnos, 1993. SILVA, José Afonso da. *Processo constitucional de formação das leis.* 2. ed. São Paulo: Malheiros, 2006. SILVA, José Afonso da. *Comentário contextual à Constituição.* São Paulo: Malheiros, 2008.

8. Comentários

8.1. Considerações gerais

O processo legislativo é o núcleo central do regime constitucional no Estado Democrático de Direito. As sociedades deste início de século se caracterizam por uma crescente diferenciação entre os vários subsistemas sociais e por uma acentuada autonomização de antigas esferas normativas. São sociedades, cada vez mais, "sem centro", o que pode ser visto da perspectiva de um avançado processo de globalização ou de internacionalização na tematização e no tratamento das questões econômicas, políticas, ecológicas, etc., que mobilizam a opinião pública mundial e que transcendem tanto os mercados regionais quanto os Estados nacionais. Como tais, as sociedades atuais são sociedades modernas, altamente modernas, cujas distorções são, inclusive, perversamente sentidas na periferia desse processo mundial de modernização. À diferenciação sistêmica, à autonomização normativa e à perda de centro, acrescenta-se o fato de as sociedades atuais serem marcadas por um pluralismo de formas de vida e de visões de mundo as mais diferentes, até concorrentes e em desacordo, acerca do que seja justo, do que seja ético ou do que seja o sucesso. E, ainda mais, por formas de vida e visões de mundo vistas como igualmente "razoáveis" (RAWLS, 1993) e que podem assim pretender concorrentemente o reconhecimento de sua dignidade. No entanto, a pluralidade semântica acerca da justiça e da felicidade, do sucesso ou da prosperidade, revela-se no problema que esse mesmo pluralismo postula: a questão acerca de como pode ser possível a integração em sociedades complexas, diferenciadas, descentradas, autonomizadas e em crescente processo de globalização e internacionalização, mas que se pretendem democráticas?

Embora o Direito moderno não seja a única resposta para essas indagações, é inegável a função que ele, após várias "aquisições evolutivas" (LUHMANN, 1996), exerce nos processos de integração da sociedade. Pois, consoante a *forma jurídica moderna*, faz-se do Direito um referencial normativo, operacional para a sociedade, que tem por função realizar a coordenação dos diversos planos de ação dos vários atores na sociedade, através da estabilização de expectativas de comportamento temporal e social, formal e materialmente generalizadas. Todavia, a complexidade da sociedade moderna é de tal ordem que pressupõe um Direito que, para realizar sua função no processo de integração da sociedade, deve ultrapassar a perspectiva funcional-

-sistêmica e possibilitar simultaneamente não somente a densificação de princípios morais universais na pluralidade das eticidades substantivas das organizações políticas concretas; mas fazê-lo de tal modo que "os destinatários de suas normas possam reconhecer-se como coautores das mesmas" (HABERMAS, 1998). Tal possibilidade de reconhecimento deve ser garantida, como veremos, pelo processo legislativo, estruturado constitucionalmente. As sociedades modernas buscam, portanto, organizar-se através de um Direito que, guardando uma relação de complementaridade com uma "moralidade pós-convencional" e se autonomizando de uma "eticidade substancial", pretende justificar-se através de um processo legislativo constitucionalmente estabelecido, em que forma jurídica moderna e princípio democrático interagem.

Assim, a tarefa primordial do Direito nas sociedades modernas é a de ser "uma das formas centrais de integração da sociedade" (HABERMAS, 1998). Assumindo e transcendendo o papel que a religião ou as tradições imemoriais detinham no passado das sociedades pré-modernas, o Direito deve a um só tempo (1) garantir a certeza nas relações, ou, numa linguagem mais atual, manter as expectativas generalizadas de comportamento, erigindo padrões de conduta, e (2) pretender ser o fundamento de si mesmo, já que não possui mais um fundamento absoluto, a religião ou a tradição, para legitimá-lo. E essa perda de fundamento absoluto ocorre, justamente, em razão do "fato do pluralismo razoável" (RAWLS, 1993), da existência, na cultura das sociedades democráticas, de diversas, opostas e até mesmo inconciliáveis doutrinas morais, filosóficas e religiosas razoáveis. Mas o que significa dizer que o Direito deve realizar a pretensão de fundar a si próprio? Como decifrar essa tautologia?

O Direito, por meio da institucionalização jurídico-constitucional de formas comunicativas político-democráticas de formação da vontade e da opinião, estrutura os processos de justificação da sua própria validade, realizando a pretensão de garantir as condições procedimentais da sua própria legitimidade. Tais condições procedimentais referem-se a uma prática política deliberativa de cidadãos que no exercício de sua autonomia pública são os autores de seus próprios direitos e deveres. Esses processos não estão surdos a interesses, nem a questões éticas ou questões morais, mas não se reduzem a nenhuma delas. O processo democrático, assim, deve estar aberto a toda e qualquer questão que se torne problemática para a sociedade. Mas o Direito não pode ser a política nem a política ser o Direito. Pressupondo-se um modelo de sociedade complexa, descentrada e pluralista, tanto o Direito quanto a política desempenham papéis próprios nos processos de integração social, buscando preencher, quer falhas funcionais, quer déficits de integração. E, no desempenho dessa tarefa de integração, o Direito não pode simplesmente condicionar a atuação de atores sociais movidos por interesses egoísticos, como no caso do paradigma liberal, nem impor aprioristicamente uma única forma de vida como válida para a sociedade como um todo, como no caso do paradigma do bem-estar social. A integração social não pode ser confundida com o modelo do mercado, como tantas vezes o foi no século XIX, nem tampouco com a homogenização ou a uniformização, como se pretendeu no século XX.

O processo legislativo, jurisdicional ou administrativo, enquanto conceito renovado – "procedimento realizado em contraditório" (FAZZALARI, 1994; GONÇALVES, 1992) entre os que serão afetados pela decisão a ser assim preparada –, tem, portanto, nesse contexto, um papel fundamental. Nem reduzido a uma mera ritualística ou a um instrumento legitimador de decisões políticas, nem esgotado no momento da decisão, mas entendido como "procedimento realizado em igualdade", o processo é a dinâmica do Direito. O que pode ser sintetizado no sentido de que "[s]omente as condições processuais para a gênese democrática das leis asseguram a legitimidade do Direito" (HABERMAS, 1998).

Nesse quadro renovado, o Processo Legislativo, enquanto processo de elaboração democrática do Direito, pode ser caracterizado como "uma sequência de diversos atos jurídicos que, formando uma cadeia procedimental, assumem seu modo específico de interconexão, estruturado em última análise por normas jurídico-constitucionais e, realizados discursiva ou ao menos em termos negocialmente equânimes ou em contraditório entre agentes legitimados no contexto de uma sociedade aberta de intérpretes da Constituição, visam à formação e emissão de ato público-estatal do tipo pronúncia-declaração, nesse caso, de provimentos normativos legislativos, que, sendo o ato final daquela cadeia procedimental, dá-lhe finalidade jurídica específica" (CATTONI DE OLIVEIRA, 2006, p. 141-142).

Todavia, não se poderá correr o risco de cair numa ilusão, segundo a qual o único processo verdadeiramente democrático assumiria caracteres concretistas, plebiscitários. Para se poder apreender, adequadamente, toda a amplitude das categorias "processo" ou "contraditório", quando aplicadas ao Processo Legislativo democrático, será preciso abandonar, desde já, uma compreensão concretista da soberania popular e compreendê-la como fluxo comunicativo, apreensível em termos procedimentais. É importante salientar que o processo legislativo vincula-se à perspectiva de produção normativa, que não se prende ao contexto histórico das decisões, como ocorre com o processo jurisdicional, que tem por finalidade reconstruir o Direito à luz de casos concretos. O processo legislativo situa-se em um nível discursivo em que argumentos de grande generalidade e abertura são acolhidos, argumentos que, na verdade, funcionam como pontos de partida para a construção do discurso jurídico, inclusive do doutrinário, do jurisdicional e do administrativo. Assim, a "participação em simétrica paridade", dos possíveis afetados pelo provimento legislativo, no procedimento que o prepara, garantida pelo princípio constitucional do contraditório, é possibilidade de participação na discussão política, mediada processualmente e não necessariamente *atual* e *concreta*.

No Estado Democrático de Direito, diz Habermas, um processo político deliberativo legítimo conformado constitucionalmente só pode ser compreendido, sob as condições de uma sociedade complexa, em termos de teoria da comunicação, como um fluxo comunicativo, que emigra da periferia da esfera pública – cujo substrato é formado pelos movimentos sociais e pelas associações livres da sociedade civil, que surgiram das esferas de vida privada – e atravessa as comportas ou eclusas dos procedimentos próprios à Democracia e ao Estado de Direito, ganhando os canais institucionais dos processos jurídicos, não somente legislativos, mas também processos jurisdicionais e até administrativos, no centro do sistema político.

A soberania popular, portanto, assumindo forma jurídica, por meio dos procedimentos constitucional-legislativos de formação das leis, retrocede aos processos democráticos e à implementação jurídica de seus exigentes pressupostos comunicativos e se faz sentir como um poder gerado comunicativamente, que deriva das interações/mediações entre a formação da vontade institucionalizada juridicamente e os públicos informalmente mobilizados culturalmente, fundados nas associações e movimentos da sociedade civil.

A concepção de processo, aqui apresentada, não distingue o processo e o procedimento por meio de um critério teleológico nem compreende o processo como relação jurídica ou o procedimento como mera forma. Assume a tese de Fazzalari, exposta e desenvolvida por Aroldo Plinio Gonçalves, segundo a qual o processo se diferencia do procedimento porque este último é um conceito mais amplo; procedimento é gênero do qual o processo é espécie. Para chegar a essa distinção, há que se partir tanto de um conceito renovado de procedimento quanto de processo, condizente não somente com o estágio atual da Teoria Geral do Direito, quanto com o sistema normativo em que esses conceitos surgem.

Procedimento – e a lição é de Fazzalari e Gonçalves –, assim como processo, é categoria da Teoria Geral do Direito. Procedimento é a atividade de preparação de provimentos estatais. Provimentos estatais são atos de caráter vinculante do Estado que geram efeitos sobre a esfera jurídica dos cidadãos. Provimentos podem ser legislativos, jurisdicionais ou administrativos, dependendo do procedimento que os prepara. Mas o procedimento não se esgota na simples preparação do provimento, ele possui uma característica fundamental, a forma específica de interconexão normativa entre os atos que o compõem. Visando à preparação do provimento, o procedimento possui sua específica estrutura constituída da sequência de normas, atos, situações jurídicas e posições subjetivas, em uma determinada conexão, em que o cumprimento de uma norma da sequência é pressuposto da incidência de outra norma e da validade do ato nela previsto.

Por isso, Fazzalari acentua que o processo caracteriza-se como uma espécie de procedimento pela participação na atividade de preparação do provimento dos interessados, juntamente com o autor do próprio provimento, como no caso do processo jurisdicional, ou dos seus representantes, como no caso do processo legislativo. Os interessados são aqueles em cuja esfera jurídica o provimento está destinado a produzir efeitos. Mas essa participação se dá de uma forma específica, dá-se em contraditório. Contraditório, mais que a simples garantia de dizer e contradizer, é garantia de participação em simétrica paridade. Portanto, haverá processo sempre onde houver o procedimento realizando-se em contraditório entre os interessados, e a essência deste está justamente na simétrica paridade de participação, nos atos que preparam o provimento, daqueles que nele são interessados porque, como seus destinatários, sofrerão seus efeitos.

Afinal, o que diferencia, fundamentalmente, o Poder Legislativo da Jurisdição Constitucional, o Processo Legislativo do Processo Jurisdicional Constitucional? Afinal, a Jurisdição Constitucional concorre com o Poder Legislativo? A famosa caracterização da Corte Constitucional como legislador negativo é de Kelsen (1981). Em resposta às críticas de Schmitt, Kelsen, movendo-se do terreno metodológico para o da política, apresenta uma sofisticada leitura, em termos formais, do controle de constitucionalidade das leis, segundo a qual o objeto do controle não seria uma norma jurídica, mas o processo de produção da norma. E, em última análise, toda questão de inconstitucionalidade material seria uma questão de inconstitucionalidade formal.

Todavia, essa posição de Kelsen permanece problemática, pois a compreensão de um legislador negativo pressupõe uma leitura do *princípio da separação dos poderes*, que ainda se move do paradigma do Estado Liberal ao paradigma do Estado de Bem-Estar-Social. Dissertando acerca da legitimidade e da conveniência jurídica da criação de Cortes Constitucionais, Kelsen assim desloca suas preocupações metodológicas para o campo pragmático da política, após buscar caracterizar o que poderia ser uma leitura "formalista" do controle de constitucionalidade, mas que só seria efetivamente possível se realizada de um ponto de vista procedimental adequado. Apontando o argumento decisivo, segundo o qual é politicamente conveniente não encarregar o parlamento ou o governo do controle de constitucionalidade das leis e regulamentos, afirma que "uma vez que nos casos mais importantes de transgressão da constituição o parlamento e o governo passam a ser partes litigantes, recomenda-se apelar para uma terceira instância para decidir o conflito, a qual esteja acima dessa oposição, impossibilitada ela mesma de exercer o poder, a qual divide essencialmente a constituição entre o governo e o parlamento. Isso confere inevitavelmente um certo poder a tal instância. Porém, o fato de atribuir a um órgão o simples poder de controlar a constituição não é o mesmo que fortalecer ainda mais o poder de um dos dois portadores principais do poder, conferindo-lhe o controle da constituição" (KELSEN, 1981, p. 270).

Se compreendermos fundamentalmente a Constituição da República como a regulação de processos que, formal e materialmente, visam a garantir o exercício da autonomia, de uma perspectiva que supera tanto o paradigma liberal quanto o paradigma de bem-estar social, poderemos reconstruir a tarefa da Jurisdição Constitucional no exercício do controle de constitucionalidade como primordialmente referida ao exame e à garantia de realização das condições normativas da gênese democrática do Direito. Mas tal referência às condições normativas do processo legislativo democrático não faz da Jurisdição Constitucional um poder legislativo, ainda que negativo, porque sua perspectiva específica não deve ser a perspectiva do Legislativo, que deve visar ao estabelecimento de programas e políticas para a realização dos direitos constitucionais, mas a da aplicação reconstrutiva do Direito Constitucional.

De frisar, numa palavra, que, no processo constitucional, não se trata de justificar a validade das normas jurídicas legislativas, mas, sim, de averiguar a constitucionalidade e a regularidade do processo legislativo, aplicando a Constituição. Há aqui uma diferença inafastável do modo e da finalidade dos processos constitucional legislativo e jurisdicional constitucional, numa reinterpretação constitucionalmente adequada do princípio da separação de poderes. Por isso mesmo, há nítida separação entre a forma dos discursos do Poder Legislativo e do Poder Judiciário: enquanto neste há um discurso de aplicação concreto em relação aos fatos e normas, o discurso do poder legislativo é de fundamentação das normas.

8.2. Objeto do processo legislativo

O processo legislativo em sentido estrito é uma cadeia ou sequência de atos próprios do Poder Legislativo que estão normativa e especificamente interligados, tendo por objetivo realizar a tarefa primordial de um regime democrático: a promulgação de leis, que representa o retrato da produção democrática do direito.

As Constituições brasileiras sempre estabeleceram, de um modo ou de outro, a hierarquia dos atos legislativos. A Constituição de 1988 deixou explicitado no art. 59 o seguinte elenco de atos pelos quais se manifesta o processo legislativo: emendas constitucionais, leis complementares, leis ordinárias, leis delegadas, medidas provisórias, decretos legislativos e resoluções. Parece evidente que as medidas provisórias não são *stricto sensu* atos do Poder Legislativo, uma vez que produzem efeitos desde a sua promulgação. Sua conformação final é que é feita pelo Poder Legislativo, circunstância que as torna atos atípicos do poder legiferante.

A finalidade do processo legislativo em sentido estrito é a elaboração democrática do Direito, constitucionalmente estruturada. A Constituição estabelece os órgãos competentes para a legislação (arts. 2º, 44, 45, 46, 68), a matéria legislativa (arts. 21, 22, 24, 48 e 49), os órgãos cooperadores da legislação (arts. 84, IV e V, 96, II), os titulares da iniciativa legislativa (arts. 61, 84, III e XXIII, 165), a discussão, revisão, votação e aprovação ou rejeição (arts. 64, 65, 66 e 69), a sanção e a negativa de sanção (arts. 66, §§ 1º a 6º, e 84, V) e os processos na feitura das leis (arts. 51, 52, 57 e 58).

São quatro as *condições* de admissibilidade do processo legislativo: o funcionamento do Poder Legislativo, a apresentação do projeto, a existência de *quorum* para deliberar e a ordem do dia. Os princípios do processo legislativo podem ser encontrados no art. 412 do Regimento Interno do Senado Federal (RISF), incs. I a XIII. Contudo, pela sua generalidade, aplicam-se também aos procedimentos da Câmara dos Deputados.

São três as *fases* que compõem o processo legislativo: a iniciativa (fase introdutória); o exame dos projetos nas comissões permanentes ou em comissão especial, as discussões do projeto em Plenário, a decisão e a revisão (fase constitutiva); e a fase final (atribuição de validade). Além disso, no caso da ocorrência de emendas, depois da revisão do projeto pela Casa a que caiba tal tarefa e do retorno do projeto à Casa iniciadora, haverá também a fase conclusiva de elaboração das leis, com os atos de sanção ou negativa de sanção, rejeição desta, promulgação e publicação da lei.

Assim, têm-se, na conformidade do art. 59, as seguintes modalidades de atos que conformam o processo legislativo brasileiro:

8.2.1. Emendas à Constituição

Categoria do processo legislativo por meio da qual a Constituição da República, ao adotá-la como forma permanente de reforma, possibilita pontualmente, nos termos do art. 60, modificações em seu texto. Podem ser aditivas e/ou supressivas. Trata-se da forma do exercício do poder constituinte derivado, sujeito, a toda evidência, ao contramajoritarismo que caracteriza as contemporâneas Constituições. Apesar do *quorum* qualificado exigido para as emendas (três quintos das duas casas legislativas, em votação bicameral e em dois turnos), estas se submetem ao mesmo controle de constitucionalidade dos demais atos legislativos. O Supremo Tribunal Federal tem reafirmado a noção de que não existem as chamadas normas constitucionais inconstitucionais, mas que as Emendas Constitucionais devem obediência material às chamadas cláusulas pétreas: "A eficácia das regras jurídicas produzidas pelo poder constituinte (redundantemente chamado de 'originário') não está sujeita a nenhuma limitação normativa, seja de ordem material, seja formal, porque provém do exercício de um poder de fato ou suprapositivo. Já as normas produzidas pelo poder reformador, essas têm sua validez e eficácia condicionadas à legitimação que recebam da ordem constitucional. Daí a necessária obediência das emendas constitucionais às chamadas cláusulas pétreas" (ADI 2.362, Rel. Min. Ayres Britto). Portanto, no caso, o STF admite controle preventivo material de Proposta de Emenda à Constituição que objetive abolir cláusula pétrea (MS 32.033).

8.2.2. Leis complementares

As previsões de leis complementares estão explicitadas no Texto Constitucional: arts. 7º, I; 14, § 9º; 18, §§ 2º, 3º e 4º, VI; 21; 22, parágrafo único; 23, parágrafo único; 25, § 3º; 37, XIX [Emenda Constitucional 19/1998]; 40, §§ 4º, 14, 15 e 16; 41, § 1º; 43, § 1º; 45, § 1º; 49, II; 59, II e parágrafo único; 61; 62, § 1º, III; 68, § 1º; 69; 79, parágrafo único; 84, XXII; 93; 121; 128, §§ 4º e 5º; 129, VI e VII; 131; 134, § 1º; 142, § 1º; 146; 146-A [Emenda Constitucional 42/2003]; 148; 153, VII; 154, I; 155, §§ 1º, III, e 2º, XII; 156, III e § 3º; 161; 163; 165, § 9º; 166, § 6º; 168; 169; 184, § 3º; 192; 195, § 11 [Emenda Constitucional 20/1998]; 198, §§ 2º, I, e 3º; 199, 1º; 201, § 1º; 202; 223; 231, 6º.

As leis complementares, exatamente porque fazem parte de um elenco *numerus clausus* constitucional, exigem *quorum* de maioria absoluta para a sua aprovação, circunstância, aliás, que não as coloca em grau de superioridade hierárquica em relação às leis ordinárias. Não se pode confundir exigência de *quorum* qualificado com validade de nível superior. Trata-se de uma questão de categoria meramente formal-convencional.

A existência das leis complementares, cuja iniciativa está prevista no art. 61 da Constituição, deve-se ao tipo de matérias a serem tratadas, aliado à relevante circunstância do *quorum*, evitando-se, desse modo, alterações do nível da legislação ordinária. Trata-se, pois, da soma de dois elementos: especialização da matéria e *quorum* qualificado. De resto, não há diferença, em termos de processo legislativo, da formação das leis ordinárias. Tem-se a questão da recepção de leis ordinárias anteriores pela nova ordem constitucional quando esta determina a regulamentação por lei complementar. Como não se admite a inconstitucionalidade formal superveniente, basta que a lei ordinária tenha seguido os trâmites exigidos pela norma constitucional paradigma para que a mesma seja recepcionada pela Constituição de 1988 como lei complementar. Ademais, vale salientar o entendimento predominante na ordem constitucional de que inexiste hierarquia entre lei complementar e lei ordinária.

8.2.3. Leis ordinárias

É a categoria central do processo legislativo, sendo que o chamado *processo legislativo ordinário* serve de base para os demais. É a regra do sistema. As exceções estão previstas na Constituição.

8.2.4. Leis delegadas

A melhor definição é feita por José Afonso da Silva: lei delegada é a face passiva da delegação legislativa, cuja elaboração não comporta atos de iniciativa, nem votação, nem sanção, nem veto, nem promulgação. Trata-se de mera *edição*, que se realiza pela publicação autenticada. Por isso, "não é cabível falar-se em processo legislativo a respeito delas, mas de simples procedimento elaborativo" (SILVA, 2006, p. 321).

O processo de elaboração de leis delegadas se dá a partir da elaboração de projeto pelo Presidente da República, que o encaminha ao Congresso Nacional, solicitando a delegação. O Congresso, por meio de resolução, poderá conceder a delegação, nos termos do projeto ou com as modificações que sugerir, ou então poderá determinar que o projeto seja votado. Se o Congresso delega, nos termos do projeto, este vai ao Presidente da República para promulgação e publicação como lei delegada. Na segunda hipótese, o projeto, sem possibilidade de ser emendado, é submetido a uma única votação, que poderá resultar na sua aprovação ou rejeição. Sendo aprovado, vai à sanção, promulgação e publicação. Determinadas matérias não podem ser objeto de delegação: atos de competência exclusiva do Congresso Nacional (art. 49), atos de competência privativa da Câmara dos Deputados (art. 51) e atos de competência privativa do Senado Federal (art. 52), assim como a legislação sobre organização do Poder Judiciário e do Ministério Público e a carreira e as garantias de seus membros, a legislação sobre nacionalidade, cidadania, direitos individuais, políticos e eleitorais e as leis orçamentárias (cf. Regimento Interno do Congresso Nacional (RICN), arts. 116 a 127).

A previsão constitucional de Medida Provisória, por ser instrumento mais expedito em mãos diretas do Poder Executivo, tornou incomum a utilização de leis delegadas.

8.2.5. Medidas provisórias

Trata-se de um tipo híbrido de legislação, uma vez que não constituem produção legislativa específica. O Presidente da República, nos limites da Constituição, possui o poder de editar medidas provisórias, que entram em vigor no momento de sua edição. Sua apreciação pelo Congresso Nacional dá-se em momento posterior, nos termos do art. 62 da CF (remete-se o leitor ao comentário específico sobre o art. 62 da CF).

A Constituição da República explicitamente cuidou apenas da edição de medidas provisórias por parte do Poder Executivo da União. Alguns Estados-Membros, como é o caso de Tocantins, Acre, Piauí e Santa Catarina, fizeram constar nas Constituições Estaduais a possibilidade de o Governador lançar mão dessa prerrogativa, através de redação semelhante à do texto do art. 62 da CF. Tal questão veio à lume no Supremo Tribunal Federal, na discussão da ADI 425-TO, tendo a Corte considerado constitucional a norma do Estado-Membro, com base no "princípio da simetria".

Não parece acertada a tese do STF. Afinal, o assim denominado princípio da simetria (*sic*) impõe aos Estados a obrigação de legislarem ou apenas representa uma faculdade? Como se pode perceber no próprio voto condutor do julgamento, da lavra do Min. Maurício Corrêa, a linha argumentativa apontou para a obrigatoriedade da aplicação do referido "princípio". Ocorre, entretanto, que no mesmo voto (item 18) o Ministro fez constar que o modelo federal instituidor do instituto da medida provisória não é modelo "a ser absorvido compulsoriamente pela unidade federada".

De outra banda, se as Constituições dos Estados devem obedecer aos princípios da Constituição Federal, e se nesses princípios estivesse – desde sempre – incluída a possibilidade, decorrente da simetria (*sic*), de edição de tais medidas, torna-se possível afirmar que a não previsão nos textos constitucionais constituiria, por decorrência lógica, uma violação principiológica. Mais ainda, interpretar que a não previsão expressa da possibilidade de os Estados editarem medidas provisórias constitui uma lacuna da Constituição de 1988 – que seria colmatável pelo constituinte estadual – *é abrir um perigoso precedente que, inexoravelmente, enfraquece o caráter rígido* característico do modelo constitucional adotado no Brasil.

Aliás, o aludido "princípio da simetria" sequer possui o alcance que lhe deu o STF. Como se sabe, esse "princípio" apresenta-se difusamente no plano do direito constitucional. Tem sido invocado para sustentar a possibilidade de estender, para o âmbito dos Estados-membros, o alcance jurídico de dispositivos previstos apenas no texto da Constituição Federal. Na verdade, a citada simetria tem sido muito mais utilizada como um artifício interpretativo, na falta de uma delimitação conceitual mais acurada. Trata-se de uma espécie de "metaprincípio" ou "superprincípio", construído para servir de *plus* principiológico na ocorrência de eventual falta de previsão de competência em favor dos Estados-membros. É menos um princípio de validade geral e mais um mecanismo *ad hoc* de resolução de controvérsias que tratam da discussão de competências. Desse modo, se as Constituições dos Estados-membros devem obedecer aos princípios constantes na Constituição da República, e, se esta já estabelece os limites legislativos daquelas, resta à aludida "obrigatoriedade da aplicação simétrica" apenas um caráter retórico. Aliás, a aludida simetria não prescinde de sua própria condição de possibilidade, isto é, os textos estaduais devem ser simétricos naquilo – e somente naquilo – que o texto maior estipular como passível de extensão.

Nesse sentido, caberia a pergunta: a não previsão, no texto da EC n. 3, de os Estados estabelecerem o instituto da ADC – Ação Declaratória de Constitucionalidade –, constitui obstáculo a que os Estados-membros façam tal previsão nos textos locais via emenda? Parece-me que não há dúvida em afirmar que é terminantemente vedado aos Estados estabelecerem nas respectivas Constituições essa modalidade de controle de constitucionalidade. E por que, no caso da medida provisória, cujos contornos dizem respeito à divisão de poderes e aos mecanismos de governabilidade dos Estados contemporâneos, seria possível a sua adoção pelos Estados federados? Aliás, na hipótese em discussão, nada melhor do que invocar o caso Marbury *versus* Madison. Qualquer previsão da possibilidade de edição de medidas provisórias pelos governadores dos Estados é uma alteração do texto originário da Constituição.

A Constituição exige, dentre outros requisitos, a estrita observância dos pressupostos de relevância e urgência que, embora sejam conceitos jurídicos indeterminados e fluidos, estando, em um primeiro momento, sob análise do Presidente da República, podem ser objeto excepcional de controle do Poder Judiciário, desde que a ausência destes requisitos seja evidente. Além disso, a eventual conversão em lei de medida provisória não prejudica o debate acerca do atendimento aos seus pressupostos constitucionais. Por último, é admissível que o Supremo Tribunal Federal realize o controle de constitucionalidade quando se comprove desvio de finalidade ou abuso da competência normativa do Poder Executivo. No caso, o Presidente da República valeu-se de medida provisória para desconstituir aquilo que foi objeto de derrubada de veto presidencial pelo Congresso Nacional.

8.2.6. Decretos legislativos

Possibilitam regular as matérias de competência exclusiva do Congresso Nacional arroladas no art. 49. Podem ser iniciados na Câmara dos Deputados ou no Senado Federal, por proposta de deputado, senador ou comissão. O processo de sua formação não difere do processo de formação das leis ordinárias, menos a sanção e sua negativa, pois não são submetidos ao Presidente da República. Assim, não sendo levados à sanção, tornam-se atos legislativos acabados com a simples aprovação definitiva; o texto aprovado é remetido ao Presidente do Senado Federal, que deverá promulgá-lo e determinar sua publicação (cf. RICD, art. 109, II, e RISF, art. 213, II, sendo que o art. 376 do RISF estabelece regras especiais para a tramitação de projetos referentes a atos internacionais, de acordo com art. 49, I, da CF).

8.2.7. Resoluções

Possibilitam a regulamentação dos chamados "interesses internos" (políticos ou administrativos) das Casas do Congresso, em separado ou conjuntamente. Se forem de interesse comum, serão promulgadas pelo Presidente do Congresso Nacional; se de interesse particular de qualquer das Casas, pelo seu respectivo Presidente.

Nesses termos, as resoluções são atos normativos primários, editados pelo Congresso Nacional, no caso de matérias não abrangidas pelos decretos legislativos (arts. 49 e 62, § 3º, CF), ou por qualquer uma de suas duas Casas. Em regra, têm como objeto assuntos internos do Congresso ou das Casas Legislativas. Porém, podem, excepcionalmente, possuir efeitos externos, como no caso das resoluções que concedem delegação ao Presidente da República para elaboração de lei. Seu procedimento de formação não se encontra previsto na Constituição, devendo ser regulado pelos regimentos internos do Congresso, da Câmara dos Deputados e do Senado Federal.

Um exemplo relevante de Resolução é a previsão do art. 52, X, que trata da suspensão da execução de lei declarada inconstitucional pelo Supremo Tribunal Federal em sede de controle difuso de constitucionalidade. Em que pese a importância de tal previsão, ela não tem sido utilizada de forma adequada. Com efeito, desde o nascedouro desse tipo de ato legislativo, na Constituição de 1934, houve menos de 700 resoluções emitidas pelo Senado, fenômeno que pode ser debitado, fundamentalmente, ao fato de o Supremo Tribunal Federal não remeter àquela Casa Legislativa as decisões de inconstitucionalidade prolatadas no controle difuso.

De todo modo, cabe dizer que, assim como no caso dos decretos legislativos, não há espaço para participação do Presidente da República, com sanção ou sua negativa, na elaboração das resoluções.

Releva registrar, ainda, que qualquer ato normativo de caráter *interna corporis* (resoluções, regimentos internos etc.) é passível de controle de constitucionalidade. Considerar os assim denominados "atos de interesse interno" das duas Casas do Congresso como imunes à sindicância constitucional seria abastardar a teoria das fontes que emerge do novo paradigma constitucional. Em outras palavras, seria dividir o ordenamento em duas categorias: uma "blindada" ao controle contramajoritário e a outra, não. Veja-se, *v.g.*, a confrontação entre o dispositivo constitucional determinando "votação secreta" no caso de cassação de parlamentar e o Regimento Interno do legislativo determinando "seção secreta", como ocorreu no caso "Renan Calheiros". Por maioria de votos, o STF determinou que a seção fosse aberta e a votação secreta. Entretanto – e, nesse sentido, houve um excessivo *self restrainting* –, a Suprema Corte não discutiu a inconstitucionalidade do Regimento Interno. Como a matéria estava afeta ao Plenário, o STF deveria ter aferido a constitucionalidade desse dispositivo regimentar afrontoso à Constituição.

8.2.8. Lei complementar que disporá sobre a elaboração, redação, alteração e consolidação das leis

Tal dispositivo, previsto no parágrafo único do art. 59, foi regulamentado pela Lei Complementar 95, de 26.2.1998, que dispõe sobre a elaboração, a redação, a alteração e a consolidação das leis e outros atos normativos. Por sua vez, a Lei Complementar 107, de 26.4.2001, alterou alguns dos dispositivos da Lei Complementar 95. A numeração dos atos normativos se dará, nos casos de Emendas à Constituição, a partir da promulgação da Constituição de 1988 e, nos casos de leis complementares, ordinárias e delegadas, dando continuidade à série sequencial iniciada em 1946 (art. 2º, § 2º, Lei Complementar 95/1998).

Quanto à estrutura das leis, serão elas compostas de: parte preliminar (epígrafe, ementa, preâmbulo, enunciado do objeto e indicação do âmbito de aplicação), parte normativa (dispositivos contendo o conteúdo substantivo relacionado à matéria regulada) e parte final (medidas necessárias à implementação das normas de conteúdo substantivo, disposições transitórias, cláusula de vigência e cláusula de revogação) (art. 3º, Lei Complementar 95/1998). O *caput* do art. 11 da mesma Lei prescreve que as disposições normativas deverão ser redigidas com clareza, precisão e ordem lógica. Em seus incisos, aparecem normas para a obtenção de clareza (como a preferência ao uso de palavras e expressões em seu sentido comum, a busca por frases curtas e concisas e a busca pela ordem direta na construção das orações, devendo-se evitar preciosismos, neologismos e adjetivações desnecessárias), de precisão (como o uso das mesmas palavras para expressar uma mesma ideia ao longo de todo o texto da lei e a escolha de termos que tenham igual sentido e significado na maior parte do território nacional) e de ordem lógica (como a restrição do conteúdo de cada artigo a um único assunto ou princípio, o uso de incisos, alíneas e itens para discriminações e enumerações e a utilização de parágrafos para expressão de aspectos complementares, ou exceções, ao disposto no *caput*).

É importante dizer também que os arts. 13, 14, 15 e 16 da Lei Complementar 95, com a redação que deu aos dois primeiros a Lei Complementar 107, preveem normas para realização de consolidação das leis e demais atos normativos. Por fim, acresça-se que o art. 18 da Lei Complementar 95 é claro ao afirmar que eventual inexatidão formal da norma elaborada por meio de processo legislativo regular não pode servir de escusa para o descumprimento da mesma.

SUBSEÇÃO II
DA EMENDA À CONSTITUIÇÃO

Art. 60. A Constituição poderá ser emendada mediante proposta:

I – de um terço, no mínimo, dos membros da Câmara dos Deputados ou do Senado Federal;

II – do Presidente da República;

III – de mais da metade das Assembleias Legislativas das unidades da Federação, manifestando-se, cada uma delas, pela maioria relativa de seus membros.

§ 1º A Constituição não poderá ser emendada na vigência de intervenção federal, de estado de defesa ou de estado de sítio.

§ 2º A proposta será discutida e votada em cada Casa do Congresso Nacional, em dois turnos, considerando-se aprovada se obtiver, em ambos, três quintos dos votos dos respectivos membros.

§ 3º A emenda à Constituição será promulgada pelas Mesas da Câmara dos Deputados e do Senado Federal, com o respectivo número de ordem.

§ 4º Não será objeto de deliberação a proposta de emenda tendente a abolir:

I – a forma federativa de Estado;

II – o voto direto, secreto, universal e periódico;

III – a separação dos Poderes;

IV – os direitos e garantias individuais.

§ 5º A matéria constante de proposta de emenda rejeitada ou havida por prejudicada não pode ser objeto de nova proposta na mesma sessão legislativa.

Ingo Wolfgang Sarlet
Rodrigo Brandão

1. Introdução

É da lavra de James Bryce a tradicional distinção entre constituições flexíveis e rígidas[1]: no que diz com as primeiras, "as leis constitucionais" só diferem das demais leis pela matéria, mas não pela hierarquia, visto que o procedimento apto a produzi-las é idêntico, inexistindo óbices a que as normas constitucionais sejam alteradas a qualquer tempo pela autoridade legislativa ordinária[2]; já as constituições rígidas se distinguem pela supremacia hierárquico-normativa que ostentam em face das leis em geral, revelada pela sujeição da reforma constitucional a processo mais rigoroso do que o atinente à produção de leis.

A circunstância de o processo de emenda constitucional previsto no art. 60 da CF/1988 ser mais gravoso do que o legislativo ordinário revela a opção do constituinte de 1988 por uma constituição rígida, destinando-se os referidos rigores procedimentais a

zelar pela estabilidade da constituição[3], visto que um processo de emenda muito fácil – no limite, idêntico ao processo legislativo ordinário, à moda das constituições flexíveis – permitiria a alteração da constituição ao sabor da vontade política do momento. Todavia, o extremo oposto, qual seja, o da imutabilidade do projeto constitucional, tenderia à ruptura institucional, vez que desconsideraria tanto a (i) necessidade de adaptar a constituição à realidade superveniente, quanto (ii) a falibilidade humana, pois impediria a correção de eventuais falhas no que diz com os prognósticos do constituinte; além disso, (iii) redundaria em espécie de "governo dos mortos sobre os vivos", já que impediria a geração atual de viver de acordo com as normas de sua livre eleição[4]. Destina-se, portanto, o poder de reforma a criar um mecanismo institucionalizado de alteração da Constituição, permitindo que tais providências sejam levadas a cabo sem recorrentes rupturas constitucionais, mantendo-se a identidade material da constituição, mediante preservação de seus elementos essenciais[5].

O poder de reforma constitucional recebe denominações diversas, a depender da posição doutrinária adotada[6]. Especialmente em homenagem à sistemática praticada pelo constituinte de 1988, opta-se pela adesão à corrente doutrinária que vislumbra no poder de reforma termo genérico, que abrange os distintos modos de expressão do poder de reforma constitucional, no sentido, portanto, de abarcar os diferentes meios de modificação do texto constitucional. Assim, o gênero reforma constitucional tem como espécies os processos de emenda (art. 60, CF) e de revisão constitucional (art. 3º do ADCT), ressaltando-se que esta última será objeto de comentário próprio, já que aqui o objetivo é analisar apenas o regramento das emendas à Constituição no sistema constitucional brasileiro[7]. Por esta razão, também as chamadas mudanças informais da Constituição aqui não serão comentadas, destacando-se apenas que tanto a emenda quanto a revisão, ou seja, as modalidades de reforma constitucional, costumam ser enquadradas no âmbito dos instrumentos de mudança formal da constituição, já que se trata sempre de meios de alteração do texto da Constituição, e que, pelo menos no que diz com suas linhas mestras, nela encontram regulamentação textual[8]. De outra parte, no concernente à natureza do poder de reforma constitucional, registra-se amplo consenso de que se trata de uma competên-

---

1. BRYCE, James. *Constitutiones flexibles y Constitutiones rígidas*. Madrid: Centro de Estudios Constitucionales, 1988.

2. CANOTILHO, José Joaquim Gomes. *Direito Constitucional e Teoria da Constituição.* Coimbra: Almedina, 2003.

3. CANOTILHO, op. cit., p. 1059.

4. V. BRANDÃO, Rodrigo. *Direitos Fundamentais, Democracia e Cláusulas Pétreas.* Rio de Janeiro: Renovar, 2008, p. 19/33.

5. SARLET, Ingo Wolfgang. Direitos sociais: o problema de sua proteção contra o poder de reforma na Constituição de 1988. *Revista de Direito Constitucional e Internacional*, vol. 12, n. 46, jan/mar, 2004, p. 51 et. seq.

6. MENDES, Gilmar Ferreira et al. *Curso de Direito Constitucional.* São Paulo: Saraiva, 2007, p. 204.

7. V. *infra* (limites materiais implícitos).

8. A respeito do fenômeno da mutação constitucional (isto é, dos processos – assim designados – informais de mudança constitucional), ver Ana Cândida Cunha Ferraz, para quem a mutação "consiste na alteração, não da letra ou do texto expresso, mas do significado, do sentido e do alcance das disposições constitucionais, através ora da interpretação judicial, ora dos costumes, ora das leis, alterações essas que, se processam lentamente, e só se tornam claramente perceptíveis quando se compara o entendimento atribuído às cláusulas constitucionais em momentos diferentes, cronologicamente afastados um do outro, ou em épocas distintas e diante de circunstâncias diversas". FERRAZ, Ana Cândida Cunha. *Processos informais de mudança da constituição.* São Paulo: Editora Max Limonad, 1986, p. 9.

cia estabelecida pelo constituinte (este, em contrapartida, atuando como potência), de tal sorte que o poder de reforma, como toda competência, é sempre poder juridicamente limitado[9]. No que diz com as espécies de limites impostos ao poder de reforma constitucional, notadamente por meio das emendas constitucionais, bem como a respeito dos diversos aspectos relacionados com o processo de emenda constitucional propriamente dito, remete-se aos desenvolvimentos subsequentes.

2. Constituições brasileiras anteriores

Com exceção da Constituição de 1824, que, em função do disposto no seu art. 178 (prevendo procedimento mais gravoso apenas para a alteração das normas tidas como materialmente constitucionais, nomeadamente os dispositivos sobre os limites e atribuições dos poderes públicos e os direitos políticos e individuais do cidadão), é considerada como um típico exemplo de constituição semirrígida, todas as demais constituições brasileiras têm como nota distintiva a sua rigidez. Mesmo um ligeiro exame da evolução constitucional brasileira, desde a primeira constituição republicana, demonstra que é da nossa tradição a atribuição do exercício do poder de reforma constitucional ao Congresso Nacional, mas mediante um procedimento mais rigoroso do que o previsto para o processo legislativo ordinário, especialmente através da fixação de quoruns mais exigentes para a propositura e para a aprovação de emendas constitucionais, além de outros rigores procedimentais. No que diz com a *iniciativa*, tal prerrogativa foi atribuída (i) ao Presidente da República (CF/1946, CF/1967 e CF/1969), (ii) aos membros do Congresso Nacional, isoladamente (CF/1967) ou mediante *quorum* especial (um quarto: CF/1891, CF/1934, CF/1946 e CF/1967; um terço: CF/1969 e CF/1988), e (iii) à deliberação majoritária das assembleias estaduais (CF/1891, CF/1934, CF/1946, CF/1967 e CF/1988). Já a *aprovação* de emendas constitucionais sujeitou-se à aquiescência em ambas as Casas Legislativas, segundo (i) o *quorum* de maioria simples (CF/1937), maioria absoluta (CF/1934, CF/1946 e CF/1967), ou de dois terços (CF/1891, CF/1969 e CF/1988), (ii) obtidos num único turno (CF/1937 e CF/1967), em dois turnos (CF/1934, CF/1946, CF/1967, CF/1969 – porém em sessão conjunta, e CF/1988), ou em três discussões (CF/1891).

Neste contexto, vale destacar algumas peculiaridades da CF/1937, que, também em relação às emendas constitucionais, revelou o seu caráter autoritário, como dá conta o seu art. 174. Com efeito, o § 1º do referido dispositivo determinava que, quando o projeto de emenda tivesse sido apresentado pelo Presidente da República, competiria à Câmara e ao Conselho Federal aprová-lo em bloco, somente se admitindo a deliberação sobre propostas de alteração ao projeto original que recebessem o beneplácito do Chefe do Executivo Federal. Ademais, o § 3º do art. 174 concedia ao Presidente da República o poder de devolver à Câmara os projetos de emenda constitucional por ela apresentados e aprovados, os quais somente poderiam ser reapreciados na legislatura seguinte, estabelecendo uma espécie de poder de veto em favor do Presidente[10]. Por fim, no caso de rejeição de projeto de emenda de iniciativa do Chefe do Executivo, ou de aprovação de projeto de iniciativa da Câmara, não obstante a oposição do Presidente, esta autoridade poderia convocar plebiscito nacional, conferindo ao povo a palavra final sobre a matéria.

Note-se, por outro lado, que a inclusão do voto direto, secreto, universal e periódico, da separação de poderes e dos direitos e garantias individuais no rol de cláusulas pétreas consiste em importante inovação da Constituição de 1988, pois era da tradição do direito positivo brasileiro considerar cláusulas intangíveis apenas a república e a federação[11]. Cumpre, apenas, aduzir que o art. 178, § 5º, da Constituição de 1934 previa, excepcionalmente, amplo rol de cláusulas pétreas, incluindo normas sobre a estrutura política do Estado, organização ou a competência dos poderes; a decretação de estado de sítio; a defesa contra as secas; as eleições para as Casas Legislativas; e o próprio processo de reforma constitucional.

3. Constituições estrangeiras

No âmbito do direito constitucional comparado, há uma enorme gama de sistemas de reforma constitucional. Jorge Miranda, em profícua sistematização, arrolou oito principais mecanismos: (i) revisão por assembleia ordinária, segundo (i.1) processo idêntico ao de elaboração das leis, (i.2) *quorum* idêntico ao empregado no processo legislativo ordinário, mas com peculiaridades procedimentais (*v.g.* dois turnos de votação, requisitos temporais, aprovação por ambas as Casas Legislativas, inexistência de sanção ou veto etc.), (i.3) maiorias qualificadas, ou (i.4) mecanismo de renovação das referidas assembleias ordinárias, com ou sem maioria qualificada. Ademais, convém mencionar a (ii) revisão por assembleia *ad hoc* (convenção), ou seja, por assembleia eleita especificamente para proceder à alteração da Constituição; a revisão por assembleia ordinária ou extraordinária sujeita a referendo popular ((iii) facultativo ou (iv) necessário); (v) revisão peculiar das Constituições federais, em que acresce à deliberação pelos órgãos do Estado federal a participação dos Estados federados, por via representativa ou de democracia direta, a título de ratificação ou de veto resolutivo[12].

No que toca à previsão de limites materiais ao poder de reforma, constata-se que, até meados do século passado, as cláusulas pétreas eram raras, consistindo, *v.g.*, em exceções que confirmam essa regra, os documentos constitucionais dos EUA, 1787, arts. V e IV, n. 3; da Noruega, 1814, art. 21, do Título V; França, 1884, art. 2º. Todavia, após o segundo Pós-Guerra, as assim designadas

---

9. Sobre o conceito e a natureza do poder de reforma, ver, por todos, SAMPAIO, Nelson de Souza. *O Poder de Reforma Constitucional*. 3 ed. Belo Horizonte: Nova Alvorada, 1995.

10. O § 3º do art. 174 teve a sua redação alterada pela Lei Constitucional n. 9, de 28/2/1945, para incluir a possibilidade de a Câmara derrubar o "veto" presidencial, desde que o projeto haja sido elaborado na primeira legislatura e tenha recebido o voto de dois terços dos seus membros.

11. V. art. 90, § 4º, da Constituição de 1891, que incluía também a representação dos Estados no Senado, seguindo a fórmula norte-americana; art. 178, § 5º, da Constituição de 1934; art. 217, § 6º da Constituição de 1946; art. 51 da Constituição de 1967; e arts. 47 e 48 da Emenda Constitucional n. 1 de 1969. Havia de longa data, contudo, forte querela acerca de os direitos fundamentais consistirem, ou não, em limites materiais implícitos ao poder de reforma. Ver, a propósito, SAMPAIO, Nelson de Souza. *O Poder de Reforma Constitucional*. 3 ed. Belo Horizonte: Nova Alvorada, 1995, p. 92 et seq.

12. MIRANDA, Jorge. *Teoria do Estado e da Constituição*. Rio de Janeiro: Forense, 2003, p. 404.

"cláusulas pétreas" se generalizaram, sendo previstas na maioria dos ordenamentos[13]. Apenas para ilustrar, seguem alguns exemplos relativos a constituições recentes: (i) *república* (França, 1958; Itália; 1947; Tunísia; 1959; Turquia, 1961; Gabão, 1961; Burundi, 1974); (ii) *monarquia* (Grécia, 1951; Marrocos; 1962; Afeganistão; 1964); (iii) *religião islâmica*, (Marrocos, 1962; Afeganistão, 1964), e (iv) *federação*, que, ao lado da república, foi incluída no rol de cláusulas intangíveis pelas nossas Constituições pretéritas. Já em relação aos *direitos fundamentais* ou a vocábulos a partir dos quais eles possam ser inferidos, cumpre citar as seguintes constituições (República Checa, 1992, art. 9º, n. 2; Namíbia, 1990, art. 131; Grécia, 1975, art. 110; Turquia, 1982, art. 4º); Portugal, 1976, art. 290 renumerado para 288; Alemanha, 1949, art. 79.

4. Seleção de bibliografia

ALBERT, Richard; CONTIADES, Xenophon; FOTIADOU, Alkmene. *The Foundations and Traditions of Constitutional Amendment*. Oxford: Hart Publishing, 2019.

ALBERT, Richard. *Constitutional Amendments: making, breaking, and changing*. Oxford: Oxford University Press, 2019.

BARACHO, José Alfredo de Oliveira. Teoria Geral da Revisão Constitucional e Teoria da Constituição Originária. *Revista de Direito Administrativo*, n. 198, Rio de Janeiro: Renovar, 1994.

BACHOF, Otto. *Normas Constitucionais Inconstitucionais*. Tradução: José Manuel Cardoso da Costa. Coimbra: Almedina, 1994 (reimpressão).

BONAVIDES, Paulo. A revisão constitucional na Carta de 1988. *Revista de Informação Legislativa*, n. 116 (1992), p. 21 e ss.

BRANDÃO, Rodrigo. *Direitos Fundamentais, Democracia e Cláusulas Pétreas*. Rio de Janeiro: Renovar, 2008.

BRITO, Edvaldo. *Limites da Revisão Constitucional*. Porto Alegre: Ed. Sérgio Antonio Fabris, 1993.

BRITO, Miguel Nogueira. *A Constituição Constituinte – Ensaio sobre o Poder de Revisão da Constituição*. Coimbra: Coimbra Editora, 2000.

BRITTO, Carlos Ayres. A Constituição e os Limites da sua Reforma. *Revista Latino-Americana de Estudos Constitucionais*, n. 1: 225-246. Belo Horizonte: Del Rey.

CANOTILHO, José Joaquim Gomes. *Direito Constitucional e Teoria da Constituição*. Coimbra: Almedina, 2003.

COELHO, Inocêncio Mártires. Os Limites da Revisão Constitucional. *Revista de Informação Legislativa*, n. 113, jan/mar, 1992.

COSTA e SILVA, Gustavo Just da. *Os limites da reforma constitucional*. Rio de Janeiro: Renovar, Biblioteca de Teses, 2000.

DANTAS, Ivo. *Direito Adquirido, Emendas Constitucionais e Controle da Constitucionalidade*. Rio de Janeiro: Renovar, 2004.

ELKINS, Zachary; GINSBURG, Tom; MELTON, James. *The Endurance of National Constitutions*. Cambridge: Cambridge University Press, 2011.

FERREIRA FILHO, Manoel Gonçalves. Significação e alcance das cláusulas pétreas. *Revista de Direito Administrativo*, n. 202 (1995), p. 11 e ss.

FRANCISCO, José Carlos. *Emendas Constitucionais e Limites Flexíveis*. Rio de Janeiro: Forense, 2003.

HORTA, Raul Machado. Natureza, limitações e tendências da revisão constitucional. *Revista de Informação Legislativa*, n. 121, jan/mar, 1994.

JOBIM, Nelson. Parecer n. 49 – Art, 60 (Reforma Constitucional). *Relatoria da Revisão Constitucional* (pareceres produzidos), v. II, Brasília, 1994, p. 421 e ss.

LIMA, Jairo. *Emendas Constitucionais Inconstitucionais: democracia e supermaioria*. Rio de Janeiro: Lumen Juris, 2018.

LOPES, Maurício Antonio Ribeiro. *Poder Constituinte Reformador – limites e possibilidade da revisão constitucional brasileira*. São Paulo: Revista dos Tribunais, 1993.

MENDES, Gilmar Ferreira. Os Limites da Revisão Constitucional. *Cadernos de Direito Constitucional e Ciência Política*, Revista dos Tribunais, ano 5, n. 21, out/dez, 1997.

_____. Limites da Revisão: Cláusulas Pétreas ou Garantias de Eternidade. Possibilidade Jurídica de sua Superação. *AJURIS* – Revista da Associação dos Juízes do Rio Grande do Sul, n. 60, p. 249/254.

_____. Os limites dos limites. In: Mendes, Gilmar Ferreira; et al. *Hermenêutica constitucional e direitos fundamentais*. Brasília: Brasília Jurídica, 2000.

_____. Plebiscito – EC 2/92 (Parecer). *Revista Trimestral de Direito Público*, n. 7 (1994), p. 104/120.

MIRANDA, Jorge. *Teoria do Estado e da Constituição*. Rio de Janeiro: Forense, 2003.

MOURA, Walber Agra. *Fraudes à Constituição*: Um Atentado ao Poder Reformador. Porto Alegre: Ségio Antonio Fabris, 2000.

ROCHA, Cármen Lúcia Antunes. Constituição e Mudança Constitucional: limites ao exercício do poder de reforma da Constituição. *Revista de Informação Legislativa*, n. 120, out/dez, 1993, p. 159/186.

SAMPAIO, Nelson de Souza. *O Poder de Reforma Constitucional*. 3. ed. Belo Horizonte: Nova Alvorada Edições, 1995.

SARLET, Ingo Wolfgang. *A Eficácia dos Direitos Fundamentais*. 8. ed. Porto Alegre, Livraria do Advogado, 2007.

_____. Direitos sociais: o problema de sua proteção contra o poder de reforma na Constituição de 1988. *Revista de Direito Constitucional e Internacional*, vol. 12, n. 46, jan/mar, 2004.

TAVARES, Marcelo Leonardo (org.). *A reforma da previdência social*: temas polêmicos e aspectos controvertidos. Rio de Janeiro: Lumen Iuris, 2004.

SARMENTO, Daniel: "*Direito adquirido, emenda constitucional, democracia e Reforma da Previdência*", p. 1/48; e BARROSO, Luís Roberto. *Constitucionalidade e legitimidade da Reforma Previdenciária (ascensão e queda de um regime de erros e privilégios)*, p. 49/108.

SILVA, José Afonso. Reforma Constitucional e Direito Adquirido. In: *Poder Constituinte e Poder Popular*. São Paulo: Malheiros, 2000, p. 221-333.

---

13. VEGA, Pedro de. *La Reforma Constitucional y la Problemática del Poder Constituyente*. 5 reimpresión, Madrid: Tecnos, 2000, p. 245/246.

VELLOSO, Carlos Mário da Silva. Reforma constitucional, cláusulas pétreas, especialmente a dos direitos fundamentais, e a reforma tributária. In: MELLO, Celso Antônio Bandeira de (org.). *Estudos em Homenagem a Geraldo Ataliba*. São Paulo: Malheiros, 1997.

VERONESE, Osmar. *Constituição – reformar para que(m)?* Porto Alegre: Livraria do Advogado, 1999.

VIEIRA, Oscar Vilhena. *A Constituição e sua reserva de justiça – um ensaio sobre os limites materiais ao poder de reforma*. São Paulo: Malheiros, 1999.

5. Jurisprudência selecionada

HC 18.178 STF (tratava-se de *Habeas Corpus* impetrado por ocasião da Reforma Constitucional de 1926, na qual o STF afirmou originalmente a possibilidade, em tese, de controlar a constitucionalidade de emendas constitucionais).

ADI 815-3/DF (não cabe ao STF o controle da constitucionalidade de normas constitucionais originárias (*in casu*, §§ 1º e 2º do art. 45 da CF/88), isto é, que sejam produto do poder constituinte originário, mas tão somente de emendas constitucionais, decorrentes do exercício do poder constituinte derivado).

ADI 829/DF STF (declaração da constitucionalidade da EC n. 02/1992, que antecipou a data do plebiscito sobre a forma e o sistema de governo, previsto no art. 2º do ADCT).

ADI 939-7/DF STF (primeiro caso em que o STF, efetivamente, julgou inconstitucionais dispositivos insertos em emenda constitucional. Na ocasião, o Supremo Tribunal Federal declarou a inconstitucionalidade da expressão o "art. 150, III, *b* e VI", contido no § 2º do art. 2º da Emenda Constitucional n. 3, que excluíra a aplicação da regra da anterioridade tributária (art. 150, III, *a*) e das imunidades arroladas no art. 150, VI, da Constituição da República, ao imposto provisório sobre a movimentação financeira (IPMF). Considerou o STF que as imunidades afastadas subsumiam-se às cláusulas pétreas inscritas nos incisos IV (direitos e garantias individuais) e I (forma federativa de Estado), respectivamente).

ADI 1805/DF STF (declaração da constitucionalidade da EC n. 16/97, que introduziu, no § 5º do art. 14 da CF/88, a possibilidade de os Chefes do Poder Executivo se candidatarem à reeleição).

ADI 1946/DF STF (o STF procedeu à interpretação conforme a Constituição do art. 14 da EC n. 20/98, com o fito de afastar a interpretação que incluía a licença à gestante no teto de benefícios previdenciários ali instituído).

ADI 2024/DF (a submissão de servidores ocupantes exclusivamente de cargos em comissão ao regime geral de previdência social, prevista no § 13 do art. 40 da CF/88, com a redação dada pela EC n. 20/98, não viola a forma federativa de Estado, a qual não deve ser compreendida a partir de modelos ideais apriorísticos, mas de acordo com a concreta conformação que lhe foi dada pelo constituinte originário).

ADI 2031/DF (declarou-se a inconstitucionalidade do § 3º do art. 75 do ADCT, introduzido pela EC n. 21/1999, ante a supressão de expressão que alterara substancialmente o sentido do preceito pela Câmara, que atuara como Casa Revisora, sem a devolução do projeto de emenda ao Senado Federal. Reconhecimento de vício de inconstitucionalidade formal procedimental).

ADI 3128-7 STF (constitucionalidade da instituição da contribuição previdenciária incidentes sobre os proventos de servidores inativos e sobre pensões, tendo em vista, sobretudo, a inexistência de direito adquirido a não ser tributado além das hipóteses de imunidade tributária previstas, expressamente, na Constituição).

ADI 3367-1/DF (proclamação da constitucionalidade da instituição do Conselho Nacional de Justiça, pela EC n. 45/2004, rejeitando-se os argumentos de que a referida emenda violara os princípios da separação dos poderes e federativo).

ADI 3685-8 STF (declaração da inconstitucionalidade do art. 2º da EC n. 52/2006, que, ao determinar a aplicação do disposto no seu art. 1º – fim da obrigatoriedade da verticalização – às eleições de 2002, apesar de a emenda ter sido aprovada em 2006, além de manifestamente equivocada, poderia dar ensejo à interpretação de que a EC n. 52/2006 já seria aplicável às eleições de 2006, exegese que contraria o princípio da anualidade eleitoral, o qual, sobre se consubstanciar em garantia da segurança jurídica qualificada pelo próprio constituinte, erige-se à condição de cláusula intangível).

ADI 4.307 STF (declaração da inconstitucionalidade do art. 3º, I, da Emenda Constitucional, pois a atribuição de efeitos retroativos a normas que aumentam o número de vereadores eleitos em pleito já ocorrido viola a garantia do pleno exercício da cidadania popular – arts. 1º, parágrafo único, e 14 da CF/88 –, o princípio da segurança jurídica e a anualidade eleitoral – art. 16, da CF/88).

MS 24875-1 STF (decisão proferida por exígua maioria do plenário do STF – seis votos a cinco – em cujo voto condutor se afirmou que apenas as modalidades qualificadas de direito adquirido, a saber, os direitos com lastro constitucional, são cláusulas pétreas. Assim, tendo considerado a garantia da irredutibilidade de vencimentos dos servidores públicos uma das modalidades qualificadas de direito adquirido, considerou inconstitucional o corte da parcela da remuneração dos impetrantes que excedia o teto remuneratório instituído pela EC n. 41/2003).

ADC n. 01/93 (buscava-se confirmar a constitucionalidade da instituição da COFINS pela Lei Complementar n. 70/91. Curiosamente nesta ação discutiu-se, incidentalmente, a alegação de inconstitucionalidade da própria Ação Declaratória de Constitucionalidade, criada pela EC n. 03/93, arguição esta que fora formulada, originariamente, na ADI 913-3, proposta pela Associação dos Magistrados do Brasil. O STF, por sua vez, não vislumbrou as violações aos diversos direitos fundamentais apontados, *v.g.*: acesso à justiça, devido processo legal, ampla defesa e contraditório – inscritos nos incisos XXXV, LIV e LV da CF/88, reconhecendo, portanto, a constitucionalidade da EC n. 3/93).

RE 633.703/MG STF (afirmação da inaplicabilidade da chamada Lei da Ficha Limpa – Lei Complementar n. 135/2010 – às eleições de 2010, tendo em vista a sujeição da matéria nela tratada – criação de hipóteses inelegibilidade relativa nos termos do art. 14, § 9º, da CF/88 – à regra da anualidade eleitoral – art. 16, CF/88).

ADI 4.357 e ADI 4.425 STF (controle da constitucionalidade do novo regime constitucional dos precatórios, instituído pela Emenda Constitucional n. 62/2009).

ADI 5316 MC/DF STF (análise da constitucionalidade da EC n. 88/2015, que inseriu o art. 100 no ADCT, com a seguinte redação: "até que entre em vigor a lei complementar de que trata o inciso II do § 1º do art. 40 da Constituição Federal, os Ministros do Supremo Tribunal Federal, dos Tribunais Superiores e do

Tribunal de Contas da União aposentar-se-ão, compulsoriamente, aos 75 (setenta e cinco) anos de idade, nas condições do art. 52 da Constituição Federal". Na ocasião, foi declarada a inconstitucionalidade da expressão "nas condições do art. 52 da Constituição Federal" "ao sujeitar à confiança política do Poder Legislativo a permanência no cargo de magistrados do Supremo Tribunal Federal, dos Tribunais Superiores e de membros do Tribunal de Contas da União, vulnera as condições materiais necessárias ao exercício imparcial e independente da função jurisdicional", e consequentemente a cláusula pétrea da separação dos poderes).

ADI 4425 STF (análise da constitucionalidade da EC n. 62/2009, em que, a respeito da nova regulamentação constitucional dos precatórios, o STF afirmou, dentre outras questões, "a inconstitucionalidade da limitação à preferência a idosos até a expedição dos precatórios"; a "inconstitucionalidade da sistemática de compensação de débitos inscritos em precatórios exclusivamente em benefício da Fazenda Pública"; a "impossibilidade jurídica da utilização do índice de remuneração da caderneta de poupança como critério de correção monetária"; a "inconstitucionalidade da utilização do rendimento da caderneta de poupança como índice definidor dos juros moratórios dos créditos inscritos em precatórios, quando oriundos de relações jurídico-tributárias"; a "inconstitucionalidade do regime especial de pagamento").

6. Anotações ao art. 60 da CF

6.1. Dos assim chamados limites formais e circunstanciais (art. 60, I a III, e §§ 1º, 2º, 3º e 5º, CF)

As limitações formais se consubstanciam em diversos rigores procedimentais que, inextensíveis ao processo legislativo ordinário, aplicam-se especificamente ao processo de emenda à Constituição. No que toca à *iniciativa*, citem-se os incisos I a III do art. 60 da CF/1988, que restringem a possibilidade de deflagrar o processo de emenda à Constituição a um terço dos membros da Câmara dos Deputados e do Senado Federal, ao Presidente da República, e a mais da metade das Assembleias Legislativas dos Estados-Membros. Em relação à *deliberação e à aprovação de emendas*, convém mencionar a necessidade de observar-se o *quorum* qualificado de três quintos, em dois turnos de votação em cada Casa do Congresso Nacional. (art. 60, § 2º)[14]. Daí afirmar-se que a emenda à constituição é um ato complexo, porquanto só se forma com a sua aprovação em ambas as Casas Legislativas[15].

As assim chamadas limitações circunstanciais ao poder de emenda à Constituição consistem em momentos de crise constitucional que, por reduzirem o poder de o órgão de reforma deliberar, livremente, sobre a alteração do texto constitucional, obstaculizam a aprovação de emendas à Constituição. Sendo a Constituição norma dotada de supremacia na ordem jurídica, as alterações em seu texto não devem se dar sob o calor de circunstâncias adversas, mas em períodos de estabilidade institucional nos quais o órgão de reforma possa decidir, serenamente, sobre o conteúdo constitucional que melhor se conforma a determinado contexto histórico. Exemplo clássico de limite temporal foi a proibição de revisão da Constituição Francesa de 1946 na hipótese de ocupação do território, em clara reação à reforma das Leis Constitucionais da III República em julho de 1940 em Vichy, sob o jugo da ocupação militar alemã. No direito brasileiro, as Constituições de 1934, 1946, 1967 e 1969 vedaram a reforma constitucional na vigência de estado de sítio, enquanto a Constituição de 1988, em seu art. 60, § 1º, *impede tal providência no curso de intervenção federal, e dos estados de defesa e de sítio.*

Destaque-se, por fim, que o § 3º do art. 60 confere às Mesas da Câmara dos Deputados e do Senado a competência para fazer promulgar as emendas constitucionais, não havendo de falar-se em sanção ou veto presidencial. Com efeito, no que tange ao poder constituinte decorrente, confere-se ao Chefe do Executivo somente o poder de iniciativa, como salientado acima. O § 5º do art. 60, por sua vez, determina que proposta de emenda rejeitada ou havida por prejudicada só pode ser renovada na sessão legislativa seguinte[16]. Por se tratar de obstáculo procedimental à reapresentação de projeto de emenda rejeitado ou prejudicado, cuida-se de limite formal e não temporal, sobretudo em virtude de esta última modalidade de limitação ser reservada, segundo a melhor doutrina, às hipóteses em o constituinte originário impede a reforma da constituição em determinado lapso de tempo[17], contado a partir da promulgação da constituição, com o escopo de conferir às suas instituições uma certa estabilidade[18]. Cite-se, p. ex., a vedação à alteração das Constituições brasileira de 1824 (art. 174) e portuguesa de 1976 (art. 284), respectivamente, nos quatro e nos cinco anos seguintes ao momento das suas promulgações. A propósito da interpretação do citado dispositivo, afirmou o STF, no MS 22.503, que, "tendo a Câmara dos Deputados apenas rejeitado o substitutivo, e não o projeto que veio por mensagem do Poder Executivo, não se cuida de aplicar a norma do art. 60, § 5º, da CF. Por isso mesmo, rejeitada a rejeição do substitutivo, nada impede que se prossiga na votação do projeto originário. O que não pode ser votado na mesma sessão legislativa é emenda rejeitada ou havida por prejudicada, e não o substitutivo, que é uma subespécie do projeto originariamente proposto"[19].

O Supremo Tribunal Federal reconhece a sua competência, desde o clássico julgado proferido no HC n. 18.178 STF, impetrado por ocasião da Reforma Constitucional de 1926, para controlar a constitucionalidade de emendas constitucionais que venham a malferir os limites formais e circunstanciais ao poder de

---

14. À guisa de comparação, é bem de ver que qualquer membro do Congresso Nacional pode apresentar projeto de lei ordinária, que será aprovado, em cada Casa do Congresso Nacional, por deliberação da maioria simples dos seus membros, num só turno de votação. V. arts. 47, 61 e 65 da CF/1988. Ademais, enquanto as emendas constitucionais devem ser promulgadas pelas Mesas da Câmara dos Deputados e do Senado Federal (art. 60, § 3º), as leis devem ser promulgadas, em regra, pelo Presidente da República, ou, caso esta autoridade não o faça, pelo Presidente ou pelo Vice-Presidente do Senado (art. 66, §§ 5º e 7º).

15. FERREIRA FILHO, Manoel Gonçalves. *Do Processo Legislativo*. 5ª edição. São Paulo: Saraiva, 2002, p. 290.

16. Na forma do *caput* do art. 57, com a redação dada pela Emenda Constitucional n. 50/2006, há duas sessões legislativas ordinárias do Congresso Nacional por ano, nos períodos de 2 de fevereiro a 17 de julho, e de 1º de agosto a 22 de dezembro.

17. BONAVIDES, Paulo. *Curso de Direito Constitucional*. 13ª edição. São Paulo: Malheiros, 2003 p. 199.

18. CANOTILHO, J. J. Gomes. Op. cit., p. 1062/1063.

19. *DJ* 6.6.97.

reforma. Já sob a égide da Constituição de 1988, o STF reconheceu a inconstitucionalidade formal do § 3º, que fora introduzido no art. 75 do ADCT pela EC n. 21/1999, em virtude da retirada de expressão que alterara substancialmente o sentido do dispositivo em tela pela Câmara, sem que o projeto de emenda fosse devolvido ao Senado Federal, violando-se o caráter bicameral do Legislativo pátrio, e, mais especificamente, o art. 65, parágrafo único, aplicável ao processo legislativo das emendas constitucionais por analogia.

6.2. Limites materiais (art. 60, § 4º, CF)

6.2.1. Natureza e funções dos limites materiais ao poder de reforma

Os limites materiais ao poder de reforma consistem em matérias que, em virtude de constituírem o cerne material de uma constituição, representando, pois, a sua própria identidade, são subtraídas à plena disposição do poder de reforma, ainda que atendidos os requisitos postos pelos limites de ordem formal e circunstancial. Sua função precípua, portanto, é a de preservar aquilo que também se chamou de elementos constitucionais essenciais (John Rawls) e, com isso, assegurar uma certa permanência e estabilidade do sistema e a manutenção, salvo substituição da constituição por uma nova, do núcleo da obra do constituinte originário.

Com relação à função e à eficácia dos limites materiais, existe, no direito comparado, antiga e complexa celeuma[20]. Uma primeira tese considera que os limites materiais ao poder de reforma devem ser compreendidos como limites meramente políticos, isto é, despidos de eficácia jurídica efetiva, na medida em que dirigidos ao órgão responsável pela reforma da Constituição, mas não ao Judiciário, não competindo ao último, portanto, o controle da constitucionalidade de emendas à Constituição (tese 1 ou T. 1). Tal assertiva revelar-se-ia corolário, especialmente, do princípio democrático, pois tal princípio não se compatibilizaria com a vinculação das gerações seguintes a normas substantivas estabelecidas pelos constituintes. Ao revés, os limites materiais destinar-se-iam a estabelecer um "governo dos mortos sobre os vivos", incompatível com o poder de autodeterminação da geração atual. Por via de consequência, a observância, ou não, dos "limites" estatuídos pelo constituinte originário encerraria questão política, judicialmente insindicável[21].

Tal concepção, de resto, lastreia-se nas seguintes razões: (i) *inexistência de diferença de natureza entre o poder constituinte e o poder de revisão*: ambos são expressões da soberania, do poder constituinte do povo e, no âmbito de uma democracia representativa, ambos são exercidos pelos representantes do povo; (ii) *inexistência de distinção entre normas constitucionais originárias e derivadas:* todas elas estão inseridas no mesmo sistema normativo e gozam de idêntica hierarquia e eficácia jurídicas, prevalecendo, portanto, a posterior[22]; (iii) *os limites ao poder de reforma não impedirão a mudança caso esta seja a vontade efetiva do povo*, atuando, em tempos normais, como "uma luz vermelha útil frente a maiorias parlamentares interessadas na aprovação de emendas constitucionais (...), mas em momentos de crise são apenas pedaços de papel varridos pela realidade política"[23]. A par de não conterem o ímpeto de mudança, os limites (iv) *fomentariam a ruptura institucional*: pois, ao se pressupor a insuficiência de "constrangimentos jurídicos" subjugarem, de fato, a vontade popular majoritária, a impossibilidade jurídica de alteração de determinados conteúdos normativos teria como único efeito prático levar as maiorias atuais ao caminho da revolução, à nova manifestação do poder constituinte originário, com prejuízos óbvios à segurança jurídica e à estabilidade das instituições políticas[24].

Por outro lado, há corrente doutrinária que atribui às cláusulas pétreas a natureza de limites jurídicos efetivos ao poder de reforma constitucional, de modo que, verificando-se a incompatibilidade entre emenda constitucional e cláusula pétrea, seria dever do Judiciário, em sistemas dotados de *judicial review*, declarar a inconstitucionalidade de emenda constitucional (tese 2, ou T. 2)[25]. Tal assertiva baseia-se, fundamentalmente, na perspectiva liberal acerca da necessidade de retirar determinados conteúdos constitucionais essenciais do alcance de maiorias ocasionais, evitando-se os prejuízos daí advindos à estabilidade e à identidade da constituição. Subjacentes a tal linha argumentativa, destacam-se as seguintes razões, respectivamente relacionadas com: (i) *a natureza do poder de reforma da Constituição*: enquanto poder constituído, cuida-se de poder criado pela constituição, estando por ela juridicamente limitado; e (ii) *a função do poder de reforma da Constituição*: como corolário da sua natureza constituída e limitada, destina-se a pavimentar um caminho institucional apto a promover, sem ruptura da ordem jurídico-constitucional, (ii.1) a correção de juízos de prognose do constituinte que o tempo provou não se revelarem acertados, ou (ii.2) a adaptação do direito constitucional positivo à realidade superveniente, mantido, todavia, o núcleo que confere identidade ao regime constitucional[26]. Incorrerá, portanto, em *fraude constitucional*[27] o órgão de reforma da Constituição que se arvore na condição de criar uma nova Constituição, ou de substituir o seu próprio fundamento, hipótese na qual se verificaria tentativa de usurpação do poder constituinte originário e a substituição da potência pela própria competência por ela criada.

---

20. CANOTILHO, J. J. Gomes. Op. cit., p. 1064/1065. Conferir, a propósito, a percuciente análise da *quaestio* no direito comparado BARACHO, José Alfredo de Oliveira. Teoria Geral da Revisão Constitucional e Teoria da Constituição Originária. *Revista de Direito Administrativo* 198, Rio de Janeiro: Renovar, 1994, p. 39-52.
21. Neste sentido, VANOSSI, Jorge Reinaldo. *Teoría constitucional — I Teoría Constituyente — Poder Constituyente:* fundacional; revolucionario; reformador. Buenos Aires: Ediciones Depalma, Buenos Aires, 1975; LOEWESTEIN, Karl. *Teoría de la constitución*, 2. ed. Barcelona: Editorial Ariel, 1976. p. 188 et seq. DUGUIT, Leon. *Traité de droit constitutionnel*. 3. ed. Paris: Ancienne Librairie Fontémoing, 1930.
22. MIRANDA, Jorge. Op. cit., p. 415.
23. LOEWENSTEIN, Karl. Op. cit., p. 190.
24. VANOSSI, Jorge Reinaldo. *Teoría constitucional — I Teoría Constituyente — Poder Constituyente:* fundacional; revolucionario; reformador. Buenos Aires: Ediciones Depalma, Buenos Aires, 1975. p. 188.
25. Ver, neste sentido, SCHMITT, Carl. *Teoría de la constitución*. Madrid: Alianza Editorial, 1992 (especialmente os capítulos três e onze); BURDEAU, Georges. *Droit constitutionel et institutions politiques*. Paris: Librairie Générale de Droit e Jurisprudence, 1966. VEGA. Op. cit., p. 235 e et seq. CANOTILHO, J. J. Gomes e MOREIRA, Vital. *Fundamentos da constituição*. Coimbra: Editora Coimbra, 1991. p. 297 et seq.
26. Paradigmática, no particular, afigura-se a concepção de Carl Schmitt. Cf. SCHMITT, Carl. Op. cit., especialmente os capítulos três e onze.
27. VEGA, Pedro de. Op. cit., p. 291.

Do exposto se infere uma (iii) *distinção de natureza entre os poderes constituintes originário e derivado*: ao passo que o primeiro consistiria na máxima expressão da soberania popular, tendo, via de consequência, natureza puramente política, *supra legem* ou *legibus solutos*, a prerrogativa de reformar-se a Constituição assumiria a natureza de um poder constituído, porquanto, não obstante o seu exercício dar azo a normas constitucionais de idêntica hierarquia às normas originárias, seria instituído e limitado pelo poder constituinte originário. Assim, (iv) *caso uma emenda contrarie os limites impostos ao poder de reforma, será necessariamente inválida*, por inconstitucional (no caso de violação dos limites materiais, hipótese de inconstitucionalidade material), competindo ao Judiciário negar-lhe validade jurídica[28].

No direito brasileiro, a doutrina amplamente majoritária afirma que compete ao Judiciário o controle da constitucionalidade de emendas constitucionais que suprimam cláusula pétrea, alinhando-se à tese 2. Abstraindo-se, para fins didáticos, algumas peculiaridades das posições pessoais dos autores, a doutrina pátria tende a justificar a índole juridicamente vinculante dos limites materiais ao órgão de reforma com espeque (i) na superioridade do poder constituinte originário – político, inicial, ilimitado e incondicionado – em face do poder constituinte derivado, de natureza jurídica e limitada; (ii) na impossibilidade de a emenda, desviando-se da sua função de alterar pontualmente a Constituição, destruir o seu núcleo de identidade; (iii) na necessidade de preservar os elementos constitucionais essenciais de maiorias transitórias[29]. No plano da filosofia constitucional, a objeção democrática às cláusulas pétreas é afastada mediante a noção de pré-compromisso constitucional, segundo a qual o povo, num momento deliberativo qualitativamente superior, decide por entrincheirar valores fundamentais e a estrutura básica do Estado numa norma hierarquicamente superior, com vistas a afastá-los do dia a dia da política, pois, consciente das suas fraquezas, teme por suprimi-los no futuro em benefício de interesses menores ou de vontades fugazes[30].

O Supremo Tribunal Federal, na esteira da jurisprudência do Tribunal Constitucional alemão (*Bunderverfassungsgericht*) e em contrariedade a precedentes da Suprema Corte dos EUA, reputa-se competente para controlar a constitucionalidade de emendas[31]. Com efeito, o STF, desde 1926 (HC n. 18.178)[32], vem afirmando, em tese, a sua competência para tal providência, embora somente na ADI n. 939-DF[33] (1993) haja efetivamente declarado a inconstitucionalidade de dispositivos insertos em emenda constitucional (*in casu* a EC n. 3/1993, que excluíra o IPMF da incidência do princípio da anterioridade tributária). Entretanto, o STF não adota a concepção minimalista afirmada pelo *Bunderverfassungsgericht* no caso da "privacidade da comunicação", no sentido de que os limites materiais ao poder de reforma representam apenas uma proibição de revolução ou de destruição da própria Constituição (*Revolutions-und Verfassungsbeseitigungsverbot*). Entende o STF, ao revés, que as cláusulas pétreas encerram proibições de ruptura dos princípios nelas contidos, de maneira que, caso as emendas suprimam o seu núcleo essencial, elas devem ser declaradas inconstitucionais, ainda que não haja risco de erosão da Constituição como um todo[34].

A (i) circunstância de o art. 60, § 4º, haver previsto que projeto de emenda tendente a abolir as cláusulas pétreas *sequer será objeto de deliberação*, (ii) a incrível profusão de emendas constitucionais, muitas delas referentes a assuntos que não são materialmente constitucionais[35], e o (iii) consequente risco de maiorias ocasionais colocarem em risco elementos constitucionais essenciais, (iv) além de o Judiciário brasileiro, ao contrário do norte-americano, mais ter contribuído para a lesão à democracia por sua inação do que pelo seu ativismo etc., revelam o acerto desta paradigmática linha jurisprudencial do STF[36]. Entretanto, não é igualmente digna de encômios a surpreendente naturalidade com a qual o órgão de cúpula do Poder Judiciário brasileiro

---

28. Ver MIRANDA, Jorge. *Teoria do estado e da constituição*. Rio de Janeiro: Editora Forense, 2003. p. 413. Para uma consistente refutação desta concepção, conferir SILVA, Luís Virgílio Afonso. Ulisses, as sereias, e o poder constituinte derivado: sobre a inconstitucionalidade da dupla revisão e da alteração no *quorum* de 3/5 para aprovação de emendas constitucionais. *Revista de Direito Administrativo*. Rio de Janeiro: Renovar, 226:11-32.

29. Cite-se, à guisa de ilustração, SAMPAIO, Nelson de Souza. *O poder de reforma constitucional*. 3 ed. Belo Horizonte: Nova Alvorada, 1995. p. 82 et seq.; BONAVIDES, Paulo. *Curso de direito constitucional*. 13. ed. São Paulo: Malheiros Editores, 2003. p. 200 et seq.; SILVA, José Afonso da. *Curso de direito constitucional positivo*. 16. ed. São Paulo: Malheiros Editores, p. 67 et seq.; BRANDÃO, Rodrigo. *Direitos Fundamentais, Democracia e Cláusulas Pétreas*. Rio de Janeiro: Renovar, 2008; BARROSO, Luís Roberto. Constitucionalidade e legitimidade da Reforma da Previdência (ascensão e queda de um regime de erros e privilégios), in: BARROSO. *Temas de direito constitucional*. Tomo III, Rio de Janeiro: Renovar, Rio de Janeiro, 2005. p. 167/219; HORTA, Raul Machado. Natureza, limitações e tendências da revisão constitucional, *Revista de Informação Legislativa*, n. 121, jan/mar, 1994; COELHO, Inocêncio Mártires. Os Limites da Revisão Constitucional. *Revista de Informação Legislativa*, n. 113, jan/mar, 1992; SARLET, Ingo Wolfgang. Direitos sociais: o problema de sua proteção contra o poder de reforma na Constituição de 1988. *Revista de Direito Constitucional e Internacional*, vol. 12, n. 46, jan/mar, 2004; CLÈVE, Clèmerson Merlin. *A fiscalização abstrata da constitucionalidade no direito brasileiro*. 2. ed. São Paulo: Revista dos Tribunais, p. 197 et seq.; COSTA e SILVA, Gustavo Just da. *Os limites da reforma constitucional*. Rio de Janeiro: Renovar, Biblioteca de Teses, 2000, p. 223 et seq.; SARMENTO, Daniel. Direito adquirido, emenda constitucional, democracia e Reforma da Previdência. In: TAVARES, Marcelo Leonardo (org.). *A reforma da previdência social*: temas polêmicos e aspectos controvertidos. Rio de Janeiro: Lumen Iuris, 2004. p. 1/49.

30. V. VIEIRA, Oscar Vilhena. *A Constituição e sua reserva de justiça – um ensaio sobre os limites materiais ao poder de reforma*. São Paulo: Malheiros, 1999; SARMENTO, Daniel. Op. cit.; BRANDÃO, Rodrigo. Op. cit.

31. A Suprema Corte dos EUA considerou questões políticas, e, via de consequência, juridicamente insindicáveis, todas as supostas inconstitucionalidades de emendas constitucionais que foram arguidas perante esta Excelsa Corte, embora a sua composição majoritária nunca haja afirmado a total insindicabilidade judicial das emendas constitucionais. Já o Tribunal Constitucional Alemão, desde o caso da "privacidade da comunicação", vem afirmando, em tese, a sua competência para controlar a constitucionalidade de emendas, apesar de nunca ter, efetivamente, exercido tal mister. V. TRIBE, Laurence. *American Constitutional Law*. v. I, 3. ed. New York: New York Foundation Press. 2000; MENDES, Gilmar Ferreira. *Jurisdição Constitucional*. 3. ed. São Paulo: Editora Saraiva, 1999. Para uma análise comparativa, ver MENDES, Gilmar Ferreira. *Os Limites da Revisão Constitucional*. Cadernos de Direito Constitucional e Ciência Política, Revista dos Tribunais, ano 5, n. 21, out.-dez. (1997), p. 69/72; BRANDÃO, Rodrigo. *Direitos Fundamentais, Democracia e Cláusulas Pétreas*. Rio de Janeiro: Renovar, 2008, p. 43/59.

32. *Revista Forense*, 47, p. 748/827.

33. *RTJ* – 151, p. 755-841.

34. MENDES, Gilmar Ferreira. *Os Limites da Revisão Constitucional*, p. 78.

35. Em dezenove anos de vigência, a Constituição de 1988 foi emendada sessenta e duas vezes, aí incluídas as emendas de revisão, chegando-se a uma espantosa média de 3,26 emendas/ano.

36. BRANDÃO, Rodrigo. Op. cit., p. 171 et. seq.

encara o controle da constitucionalidade de emendas, não raro olvidando que, neste particular, deve adotar postura de maior autorrestrição judicial (*judicial self-restraint*) do que no controle da constitucionalidade de leis, à vista dos rigores procedimentais aplicáveis ao processo de emenda[37]. Cumpre relembrar que o STF, ao definir, concretamente, o rol de cláusulas pétreas, deve buscar um equilíbrio entre os ideais de permanência e de adaptabilidade da Constituição, preservando o núcleo essencial da Constituição sem empregar "uma interpretação ortodoxa que acabe por colocar a ruptura como alternativa à impossibilidade de um desenvolvimento constitucional legítimo"[38].

Note-se, por fim, que se afigura cabível o controle jurisdicional da constitucionalidade de emendas mediante os instrumentos processuais de controle abstrato (ação direta de inconstitucionalidade, ação declaratória de constitucionalidade e arguição de descumprimento de preceito fundamental), mandado de segurança impetrado por parlamentar[39], quando se vislumbrar violação ao seu direito líquido e certo ao devido processo legislativo (i.e. na hipótese de proposta de emenda que transgrida os limites formais, circunstanciais ou materiais ao poder de reforma), ou através dos demais instrumentos de controle incidental de constitucionalidade, com a ressalva de que, na hipótese de controle incidental, a análise da constitucionalidade da emenda não consistirá no objeto principal da ação, mas em questão prejudicial ao exame do mérito da causa.

6.2.2. Natureza ou intensidade da proteção

A previsão de cláusulas intangíveis, e, sobretudo, a atribuição a elas de força jurídica efetiva suscita questões hermenêuticas interessantes, por exemplo: as emendas constitucionais podem alterar os dispositivos que preveem as respectivas cláusulas? Em caso positivo, só são admissíveis emendas que aumentem o grau de proteção das cláusulas pétreas ou emendas restritivas também são toleradas? Caso se responda afirmativamente também a esta questão, qual(is) o(s) limite(s) à restrição das cláusulas pétreas?

A resposta à primeira pergunta há de ser positiva. Com efeito, a moderna hermenêutica jurídica vem afirmando que, enquanto o dispositivo é objeto da interpretação, a norma é o seu resultado, ou seja, o sentido construído pelo intérprete a partir do dispositivo. Daí não haver coincidência entre dispositivo e norma[40]. A eficácia protetiva contra as emendas refere-se, portanto, à norma de direito fundamental e não ao dispositivo que a prevê, de modo que o simples fato de uma emenda alterar a redação dos respectivos dispositivos não implica, inarredavelmente, a sua inconstitucionalidade. Ao contrário, não há óbice a que sejam desenvolvidos ou modificados os textos normativos, desde que preservada a essência da norma objeto da proteção[41].

Quanto à segunda indagação, já em 1995 Flávio Bauer Novelli, na esteira de Klaus Stern, interpretava a expressão "*tendente a abolir*" (art. 60, § 4º) como impeditiva somente de emendas que suprimissem, destruíssem, ou privassem o direito fundamental de qualquer sentido útil, enfim, que tocassem no seu núcleo essencial[42], por via direta ou por via oblíqua. Desta forma, restrições não invasivas do cerne dos direitos fundamentais (e das demais cláusulas pétreas) podem ser toleradas[43], assim compreendidas aquelas incidentes sobre aspectos marginais da norma, que não se confundem com os seus elementos essenciais[44]. De fato, se mesmo as leis podem restringir direitos fundamentais, quando tal providência for fruto de uma ponderação proporcional entre a norma objeto da restrição e outro princípio constitucional[45], parece evidente que emenda constitucional igualmente poderá fazê-lo. Ademais, tal orientação permite que o ideal de estabilidade inerente às cláusulas pétreas seja compatibilizado com a necessidade de desenvolvimento do projeto constitucional, pois a aferição da intensidade da restrição será feita à luz do caso concreto. Todavia, o princípio da proteção do núcleo essencial não é o único limite às restrições às cláusulas pétreas. Também são considerados "limites dos limites" os princípios da proporcionalidade, da isonomia, da clareza e da determinação mínimas da restrição[46]. Portanto, observados esses limites na hipótese concreta em exame, emendas constitucionais restritivas de cláusulas pétreas devem ser consideradas constitucionais.

---

37. Ver as advertências formuladas neste sentido pelos Ministros Sepúlveda Pertence e Gilmar Mendes, no julgamento do MS n. 24875-1, pelo Pleno do STF, *DJ* 06.10.2006.

38. MENDES, Gilmar Ferreira. *Os Limites da Revisão Constitucional*. p. 79.

39. A ação direta de inconstitucionalidade, a ação declaratória de constitucionalidade, a arguição de descumprimento de preceito fundamental, e o mandado de segurança impetrado por parlamentar são ações de competência originária do Supremo Tribunal Federal (v. art. 102, I, "a" e "d" e § 1º, CF/88). Note-se, ainda, que o referido mandado de segurança encerra hipótese excepcional de controle jurisdicional preventivo de constitucionalidade.

40. V. ÁVILA, Humberto Bergman. *Teoria dos Princípios – da definição à aplicação dos princípios jurídicos*. 4ª ed. São Paulo: Malheiros Editores, 2004, p. 22/23. No plano específico dos limites ao poder de reforma, v. BRANDÃO, Rodrigo. Emendas Constitucionais e Restrições aos Direitos Fundamentais. *Revista de Direito do Estado* n. 06 – abril/junho 2007, Rio de Janeiro: Renovar, p. 109/145.

41. SARLET, Ingo W. Direitos Sociais: o problema de sua proteção contra o poder de reforma na Constituição de 1988. *Revista de Direito Constitucional e Internacional*, vol. 12, n. 46, jan/mar, 2004, p. 66; MENDES, Gilmar Ferreira. Plebiscito – EC 2/92 (Parecer), *Revista Trimestral de Direito Público*, 7 (1994), p. 119/120.

42. NOVELLI, Flavio Bauer. Norma Constitucional Inconstitucional? A propósito do art. 2, p. 2, da EC n. 3/93. *Revista Forense*, vol. 330, (1995), p. 63/89.

43. SARLET, Ingo W. Op. cit., p. 142.

44. MENDES, Gilmar Ferreira. *Plebiscito – EC 2/92* (Parecer), p. 119/120. Sobre as diversas teorias acerca do núcleo essencial dos direitos fundamentais, ver PEREIRA, Jane Reis Gonçalves. *Interpretação Constitucional e Direitos Fundamentais*. Rio de Janeiro: Renovar, 2006; SILVA, Virgílio Afonso da. O conteúdo essencial dos direitos fundamentais e a eficácia das normas constitucionais. *Revista de Direito do Estado* n. 04, Rio de Janeiro: Renovar; BRANDÃO, Rodrigo. *Direitos Fundamentais, Democracia e Cláusulas Pétreas*. Rio de Janeiro: Renovar, 2008, p. 241/285.

45. V. ALEXY, Robert. *Teoría de los Derechos Fundamentales*. Madrid: Centro de Estudios Constitucionales, 1997; BOROWSKI, Martin. *La estructura de los derechos fundamentales*. Bogotá: Universidad Externado de Colombia, 2003.

46. Sobre os "limites dos limites", ver MENDES, Gilmar Ferreira. Os limites dos limites. In: MENDES, Gilmar Ferreira; et al. *Hermenêutica constitucional e direitos fundamentais*. Brasília: Brasília Jurídica, 2000. Especificamente no plano das emendas constitucionais, ver BRANDÃO, Rodrigo. *Direitos Fundamentais, Democracia e Cláusulas Pétreas*. Rio de Janeiro: Renovar, 2008; Id. Emendas Constitucionais e Restrições aos Direitos Fundamentais. *Revista de Direito do Estado* n. 06 – abril/junho 2007, Rio de Janeiro: Renovar, p. 109/145.

6.3. Limites materiais em espécie

Os seguintes subitens tratarão dos limites materiais explícitos, ou seja, das normas que foram expressamente inseridas no rol das cláusulas pétreas dos incisos I, II, III e IV do § 4º do art. 60 da CF/1988. Porém, cumpre destacar que a doutrina reconhece a existência de limites materiais implícitos ao poder de reforma constitucional. Autores brasileiros, na esteira do magistério clássico de Carl Schmitt, afirmam que o poder de reforma não abrange a prerrogativa de destruir a Constituição, é dizer, de alterar o seu núcleo de identidade. Neste viés, são considerados limites materiais implícitos, p. ex., os princípios fundamentais do Título I da CF/1988 (arts. 1º a 4º)[47], a república, o presidencialismo[48] e as próprias normas relativas aos titulares dos poderes constituintes originário e derivado e ao processo de reforma constitucional[49]. É bem de ver que o constituinte originário conferiu, diretamente, ao povo a decisão a respeito da forma e do sistema de governo, tendo o eleitorado brasileiro decidido, no plebiscito de 21.04.1993, pela república e pelo parlamentarismo. Assim, não está autorizado o Congresso Nacional a, via emenda constitucional, instituir a monarquia ou o parlamentarismo, opondo-se à decisão do titular da soberania[50]. Ao contrário, a forma e o sistema de governo somente podem ser alterados por nova deliberação direta do povo, mediante plebiscito ou referendo, precedida de amplo debate público.

Por outro lado, as normas que regem o processo de reforma constitucional são limites lógicos a tal providência, pois foram instituídas pelo poder constituinte originário em face do derivado. Tal circunstância implica a rejeição da tese da dupla reforma, segundo a qual "afirma-se a validade dos limites materiais explícitos, mas, ao mesmo tempo, entende-se que as normas que os prevêem, como normas de direito positivo que são, podem ser modificadas ou revogadas pelo legislador da revisão constitucional, ficando, assim, aberto o caminho para, num momento ulterior, serem removidos os próprios princípios correspondentes aos limites"[51]. Com efeito, admitir-se que o poder constituinte derivado possa suprimir o dispositivo que prevê limite ao seu exercício e, posteriormente, possa consagrar norma antagônica à estabelecida originariamente, significaria tolerar que as emendas invadam matéria sujeita à "reserva do constituinte originário", em típica hipótese de fraude à Constituição. Assim, a princípio, são inconstitucionais os recorrentes projetos que, ao visarem à instituição de uma "Miniconstituinte" ou de uma "Assembleia Revisora", destinam-se a reduzir o *quorum* necessário para a aprovação de alterações formais à Constituição (p. ex.: de três quintos para a maioria absoluta, como previsto na PEC n. 157/2003[52]). Para que tais projetos sejam considerados legítimos não basta a realização de plebiscito ou referendo, pois não é rara a manipulação desses expedientes por líderes carismáticos[53]. Para além disto, afigura-se necessário que se verifique uma excepcional mobilização cívica e um amplo debate público, como os "momentos constitucionais" descritos por Ackerman, de modo a verificar-se a manifestação legítima da vontade do povo[54].

6.3.1. Forma federativa de Estado e separação de poderes

As cláusulas intangíveis da federação e da separação de poderes guardam relevante similaridade entre si: o que se retirou do alcance do constituinte reformador não foram modelos ideais e apriorísticos[55], nem mesmo a integralidade da disciplina estabelecida pelo constituinte originário sobre a matéria, mas *os cernes dos princípios federativo e da separação dos poderes e os delineamentos básicos da sua conformação pelo constituinte de 1988*. Assim, não é considerada imune à reforma toda e qualquer norma concessiva de competência aos entes federativos ou aos departamentos estatais, não havendo óbice, p. ex., a que emenda constitucional transfira competência da União para o Estado, ou vice-versa (i.e.: federalização dos crimes contra os direitos humanos, via EC n. 45/2004), ou que seja criado novo mecanismo de controle recíproco ou interno entre (nos) os poderes (i.e.: criação do Conselho Nacional de Justiça também pela EC n. 45/2004)[56], desde que não reste afetado o núcleo essencial dos princípios federativo e da separação de poderes e a sua disciplina fundamental constante da CF/1988.

A propósito, são consideradas características básicas do Estado Federal: (i) autonomia política dos entes federativos, que se decompõe nos poderes de autogoverno: possibilidade de a sua população escolher os seus dirigentes, os quais não se sujeitam a vínculos hierárquicos com os dirigentes de entes maiores; auto-constituição: prerrogativa de os entes federativos, mediante edição de Constituição, disporem sobre as suas próprias estruturas, respeitados os limites da Constituição Federal, bem como de editarem as suas próprias leis; autoadministração: capacidade de os entes gerirem seu próprio funcionalismo e os serviços públicos de sua competência; repartição de receitas tributárias. Também estão inseridas na essência da noção de federação: (ii) a partilha de competências estar prevista numa Constituição rígida, considerando-se inconstitucionais as tentativas de interferência de um ente no espectro de competências do outro; (iii) participação dos Estados-Membros na formação da vontade nacional, e (iv) a indissolubilidade do vínculo federativo, através da vedação do direito de secessão e da previsão de mecanismo de intervenção federal nos Estados-Membros, para, suspendendo-se tempora-

---

47. SARLET, Ingo W. Op. cit., p. 55.
48. HORTA, Raul Machado. Op. cit., p. 48/50.
49. SAMPAIO, Nelson de Sousa. Op. cit., p. 103 e ss.
50. HORTA, Raul Machado. Op. cit.
51. MIRANDA, Jorge. Op. cit.
52. Apresentada pelo Deputado Luiz Carlos Santos. V. www.camara.gov.br. Há parecer do Deputado Michel Temer, na condição de Relator da PEC na Comissão de Constituição e Justiça da Câmara dos Deputados, no sentido de que tal proposição somente se legitimaria se ratificada por referendo popular e se observar as cláusulas pétreas.
53. Aliás, a única Constituição que previu a realização de plebiscito no bojo do processo de emenda à Constituição foi a de 1937, outorgada por Getúlio Vargas.
54. ACKERMAN, Bruce. Higher Lawmaking. In: LEVINSON, Sanford. *Responding to Imperfection – The Theory and Practice of Constitutional Amendment*, Princeton: Princeton University Press, 1995, p. 63/89.
55. V. ADIN 2024-2/DF, Rel. Min. Sepúlveda Pertence, na qual o STF afirmou que a EC n. 20/98, ao introduzir no § 13 do art. 40 da CF/88, determinação de que o servidor ocupante, exclusivamente, de cargo em comissão, bem como de outro cargo temporário ou de emprego público, submete-se ao regime geral de previdência social. DJ 22.06.2007.
56. A propósito, o STF, na *ADI n. 3367-1-DF*, considerou constitucional a instituição do Conselho Nacional de Justiça pela EC n. 45/2004, rejeitando os argumentos agitados pela Associação dos Magistrados do Brasil, no sentido de que a referida emenda violara os princípios da separação dos poderes e federativo.

riamente a sua autonomia, zelar-se pela manutenção e pelo regular funcionamento da federação.

Ademais, é traço fundamental do modelo de federalismo previsto na Carta de 1988 o caráter híbrido da repartição de competências, na medida em que concilia o sistema horizontal (competências exclusivas e privativas), típico do federalismo dual, com o sistema vertical (competências comuns e concorrentes), próprio do federalismo por cooperação, bem como a divisão do Judiciário brasileiro em federal e estadual, e a existência de três entes federativos autônomos, livres de vínculos hierárquicos entre si: União, Estados e Municípios[57]. Respeitadas tais características fundamentais, assim como os seus pressupostos necessários[58], não há óbice a que emenda constitucional altere aspectos da disciplina originária da federação brasileira. Ao contrário, aperfeiçoamentos visando à correção de patologias (i.e. centralização excessiva de competências e de receitas tributárias na União) afiguram-se, não apenas constitucionais, como convenientes para o aprimoramento do federalismo pátrio.

O *princípio da separação de poderes* tem como premissa um certo pessimismo antropológico: segundo a máxima de *Lord* Acton, "todo o poder corrompe", de maneira que a concentração de todo o poder político efetivo num só órgão colocaria em risco as liberdades individuais, ante o risco do seu exercício abusivo. Portanto, o fracionamento das funções estatais em órgãos distintos e independentes tem como telos a preservação da liberdade. Esta perspectiva original de Montesquieu foi posteriormente sofisticada por Madison, mediante o desenvolvimento da noção de controles recíprocos entre os departamentos estatais. Assim, a configuração tradicional do princípio da separação de "poderes" apresenta, basicamente, dois vieses: (i) a divisão das funções estatais (legislativas, administrativas e judiciais) e a atribuição dessas funções, em caráter preferencial, ao órgão que lhe empresta o nome, demarcando-se um espectro de atuação própria; (ii) a instituição de mecanismos de interdependência e de controle mútuo. Note-se que tais diretrizes apontam para sentidos antagônicos, pois "independência em excesso" impediria os controles mútuos, assim como um controle externo muito amplo privaria determinado "poder" de uma significativa área de atuação própria.

O concreto delineamento deste "equilíbrio harmônico" entre os "poderes" depende, porém, da estrutura orgânico-funcional de cada nação, verificando-se numa análise comparativa ora a priorização da separação de funções, ora dos controles recíprocos. Assim, a separação de poderes enquanto limite ao poder de reforma só pode ser compreendida mediante o cotejo das suas características essenciais com o tratamento concreto recebido num texto constitucional. A Constituição de 1988 caracteriza-se, neste particular, (i) pelo sistema de governo presidencialista, (ii) pela concessão, em caráter preferencial, das funções legislativa, executiva e judicial aos respectivos "poderes"[59], (iii) pela aplicação aos "poderes" e aos seus membros de autonomia, garantias e vedações destinadas ao livre exercício das suas funções[60], (iv) pela atribuição de funções atípicas aos "poderes"[61] e (vi) pelos mecanismos de controle mútuo[62]. Essas características, associadas à independência dos poderes, não podem ser suprimidas por emenda constitucional, ainda que se admita que as normas que as constituem possam ser, pontualmente, alteradas ou suprimidas, desde que não se verifique, de forma direta ou oblíqua, um "monismo de poder", ou seja, um fortalecimento ou um enfraquecimento desmedido de um "poder", criando-se uma relação de subordinação entre os poderes onde deveria haver vínculo de coordenação harmônica.

6.3.2. Voto direto, secreto, universal e periódico

No inciso II o constituinte imunizou do processo de reforma constitucional o "voto direto, secreto, universal e periódico". Do caráter "direto" decorre que, qualquer emenda constitucional que pretenda instituir votação indireta para cargos eletivos, além das hipóteses já previstas no texto originário da Constituição (i.e. eleição para a Presidência da República no caso de a vacância do respectivo cargo ocorrer nos dois últimos anos do mandato – art. 81, § 1º), será inconstitucional. Por outro lado, a universalidade do voto foi conceituada pelo próprio constituinte originário, que resolveu facultar o voto aos cidadãos entre dezesseis e dezoito anos e os analfabetos, razão pela qual as emendas constitucionais não poderão suprimir tal garantia[63]. Da periodicidade do voto decorre naturalmente a periodicidade dos mandatos, o que não impede, contudo, que emenda constitucional altere, de forma razoável, a duração do mandato, como, aliás, o fez a EC n. 16/97, que, além de autorizar a reeleição, reduziu o mandato do Presidente da República de cinco para quatro anos[64]. Todavia, não há de admitir-se a prorrogação automática de mandatos[65] ou a convolação de cargos eletivos em hereditários, circunstância que, ao lado do art. 2º do ADCT, impede a aprovação de emenda monarquista. Por fim, a natureza secreta do voto igualmente não pode ser suprimida[66].

---

57. Para um rol ligeiramente mais amplo, ver HORTA, Raul Machado. Op. cit.

58. Dentre tais pressupostos necessários, o STF inseriu a garantia da imunidade tributária recíproca entre os entes federativos, por ocasião da declaração da inconstitucionalidade do IPMF instituído pela EC n. 3/1993. V. ADI n. 939-DF, Rel. Sydney Sanches, *DJ* 18.03.1994.

59. V. Título IV – Da organização dos poderes: Capítulo I – Do Poder Legislativo (arts. 44 a 75); Capítulo II – Do Poder Executivo (arts. 76 a 91), Capítulo III – Do Poder Judiciário (arts. 92 a 135).

60. V. Estatutos dos Congressistas (imunidades e vedações parlamentares e hipóteses de perda do mandato – arts. 53 a 56), imunidades e responsabilização do Presidente da República (arts. 85 e 86), garantias da magistratura (art. 95), além das normas que asseguram a autonomia dos três "poderes".

61. P. ex., o Judiciário exerce atipicamente a função legislativa, quando edita seus regimentos internos, e função administrativa, quando gere os seus serviços e contrata pessoal; o Legislativo exerce atipicamente função judiciariforme, quando o Senado julga o Presidente da República por crime de responsabilidade, e função administrativa, quando gere os seus serviços e contrata pessoal; o Executivo exerce função atípica legislativa, quando edita medida provisória ou lei delegada, e função judicialiforme, quando julga os seus servidores por infrações disciplinares.

62. V. veto a projeto de lei, *impeachment*, controle da constitucionalidade das leis e da legalidade dos atos administrativos, medidas provisórias, leis delegadas, competência de o Congresso Nacional sustar os atos normativos do Executivo que exorbitem do poder regulamentar e dos limites da delegação legislativa, fiscalizar a Administração Pública, e, especificamente, as contas públicas, nomeação de Ministros dos Tribunais Superiores pelo Presidente da República, sujeitos à sabatina do Senado etc.

63. MENDES, Gilmar Ferreira. *Curso de Direito Constitucional*. p. 213.

64. O STF, por ocasião do julgamento da *ADI 1805/DF* STF, declarou a constitucionalidade da EC n. 16/97, que introduziu, no art. 14, § 5º, da CF/88, a possibilidade de os Chefes do Poder Executivo se candidatarem à reeleição.

65. V. Representação n. 650/MG, STF.

66. MENDES, Gilmar Ferreira. *Curso de Direito Constitucional*. p. 213.

6.3.3. Direitos e garantias individuais

Há forte controvérsia doutrinária a respeito da interpretação da expressão "direitos e garantias individuais" (art. 60, § 4º, IV). A partir de uma interpretação literal do citado dispositivo pode-se afirmar que todos os direitos arrolados nos incisos do art. 5º, e nenhum outro, seriam considerados cláusula pétrea, tendo em vista veicularem, na forma do capítulo I do Título II, da Constituição de 1988, o rol de direitos e garantias individuais eleito pelo constituinte, não cabendo aos poderes constituídos, a pretexto de interpretarem o precitado dispositivo, irem de encontro à decisão previamente tomada pelo titular da soberania. Milita contra esta interpretação de caráter literal uma série de argumentos.

Inicialmente, cumpre salientar que a atribuição de um peso definitivo ao elemento gramatical esbarra na insuficiência do seu uso exclusivo no âmbito da moderna hermenêutica jurídica[67], revelando-se, na hipótese vertente, especialmente despropositada, à vista (i) da fluidez semântica e da densidade moral dos "direitos e garantias individuais", (ii) da circunstância de o próprio constituinte haver aberto o elenco de direitos expressos na Constituição (art. 5, § 2º), e (iii) da notável imprecisão terminológica do constituinte no que concerne à positivação dos direitos fundamentais do indivíduo[68]. De parte isto, a exegese em exame redunda na exclusão do elenco de cláusulas intangíveis dos direitos sociais, dos direitos políticos e dos direitos à nacionalidade, e na inclusão de normas de baixa densidade axiológica, como as relativas ao reconhecimento da instituição do júri (XXVIII), forma de cumprimento de penas privativas de liberdade (XLVIII), espécies de penas criminais (XLVI) etc., as quais melhor se amoldariam a normas infraconstitucionais[69].

Uma segunda perspectiva considera que, ao aludir especificamente aos "direitos e garantias individuais", o constituinte o fez com o intuito de restringir a condição de cláusula de eternidade aos "direitos e garantias individuais propriamente ditos"[70], na esteira da Lei Fundamental de Bonn e da Constituição Portuguesa (arts. 79, III, e 290, respectivamente)[71]. Assim, somente gozariam do *status* de cláusula pétrea as ditas "liberdades fundamentais", porquanto, ao impingirem ao Estado o implemento de prestações negativas, estariam vinculadas ao núcleo essencial do Estado de Direito (limitação jurídica do poder estatal), para além de possuírem coerência e uniformidade obtidas pelo evoluir da história constitucional de diversos países[72]. Ainda que se pudesse, à luz das premissas antes delineadas, incluir no âmbito de proteção do art. 60, § 4º, IV, da CRFB/1988 direitos equiparáveis aos direitos da liberdade (direitos de defesa, *v.g.*: as liberdades sociais, como o direito de greve e à livre associação sindical e os direitos políticos e à nacionalidade), restariam excluídos os direitos sociais prestacionais e os direitos difusos e coletivos.

Todavia, parece-nos correta a doutrina majoritária ao salientar que o constituinte de 1988 conferiu o *status* de cláusulas pétreas aos direitos fundamentais de primeira, segunda e terceira "dimensão", sejam eles direitos de defesa ou prestacionais. Isto porque o sistema constitucional de proteção dos direitos fundamentais, cuja eficácia reforçada se revela na aplicabilidade imediata das normas definidoras de direitos e garantias fundamentais (art. 5, § 1º), bem como na sua proteção reforçada quanto a ação erosiva do constituinte-reformador (art. 60, § 4º, IV), caracteriza-se pela unicidade[73]. Com efeito, de uma leitura sistêmica da Constituição de 1988 não se verifica hierarquia ou destaque conferido aos direitos de defesa em detrimento dos direitos prestacionais, ou de direitos de uma dimensão em prejuízo das demais. Ao contrário, percebe-se uma fina sintonia entre o constituinte de 1988 e a tese da indivisibilidade e a interdependência das gerações de direitos fundamentais, a qual vem gozando de primazia no direito internacional dos direitos humanos[74].

Ademais, a tese em exame promove uma associação absoluta entre direitos da liberdade e direitos de defesa, e direitos sociais e direitos prestacionais. Embora os direitos da liberdade apresentem, preponderantemente, uma dimensão negativa, por imporem ao Estado um dever de abstenção, tais direitos dão azo, subsidiariamente, ao dever de o Estado implementar prestações positivas com o fito de evitar que terceiros[75] ou fenômenos naturais[76] prejudiquem a sua efetiva fruição. A bem da verdade, a denominação direitos fundamentais sociais encontra a sua razão de ser na circunstância – comum aos direitos sociais prestacionais e aos direitos sociais de defesa – de que todos consideram o ser humano na sua situação concreta na ordem comunitária (social), objetivando, em princípio, a criação e garantia de uma igualdade e liberdade material (real). Neste sentido, os direitos fundamentais sociais são direitos à libertação da opressão social e da necessidade[77].

---

67. BARROSO, Luís Roberto. *Interpretação e aplicação da constituição*. 3. ed. Rio de Janeiro: Saraiva, 1999.

68. Quanto ao último aspecto, convém repisar que a Constituição emprega, por exemplo, as seguintes expressões: "direitos e garantias fundamentais" (Título II), "direitos e deveres individuais e coletivos" (Capítulo I do Título II), direitos sociais (Capítulo II do Título II), "direitos políticos" (Capítulo IV do Título II), "normas definidoras de direitos e garantias fundamentais" (art. 5º, p. 1), "direitos e liberdades constitucionais" (art. 5º, LXXI), "direitos e garantias individuais" (art. 60, § 4º, inciso IV, da CF), "direito público subjetivo" (especificamente em relação à educação fundamental – art. 208, § 1º), e "direitos humanos" (art. 4º, III, art. 5º, § 3º, e 109, § 5º, os dois últimos introduzidos pela Emenda Constitucional n. 45/2004).

69. Neste sentido, MENDES, Gilmar Ferreira. Os limites da revisão constitucional. Cadernos de Direito Constitucional e Ciência Política. *Revista dos Tribunais*, ano 5, n. 21, out./dez. (1997), p. 69/91.

70. MENDES. Gilmar Ferreira. Op. cit., p. 85/86.

71. MENDES. Gilmar Ferreira. Op. cit., p. 86.

72. MENDES. Gilmar Ferreira. Op. cit., p. 86; COSTA e SILVA, Gustavo Just da. *Os limites da Reforma Constitucional*. Rio de Janeiro: Renovar, Biblioteca de Teses, 2000, p. 121, cabendo destacar que Costa e Silva considera os direitos sociais limites implícitos ao poder de reforma.

73. Id. A problemática dos direitos fundamentais sociais como limites materiais ao poder de reforma da constituição. In: SARLET, Ingo. *Direitos Fundamentais Sociais: Estudos de Direito Constitucional, Internacional e Comparado*. Rio de Janeiro: Renovar, 2003, p. 58.

74. Neste sentido a posição oficial da ONU. Confira-se o art. 5º, da Declaração de Viena de 1993, aceita unanimemente por 171 Estados, *verbis*: "Todos os direitos humanos são universais, indivisíveis, interdependentes e inter-relacionados. A comunidade internacional deve tratar os direitos humanos de maneira justa e eqüitativa, em pé de igualdade e com a mesma ênfase".

75. A respeito da Teoria dos Deveres de Proteção, ver HESSE, Konrad. *Elementos de Direito Constitucional da República Federal da Alemanha*. Porto Alegre: Sergio Antonio Fabris Editor, 1999, p. 278/287.

76. Cf. SUSTEIN, Cass; HOLMES, Stephen. *The Cost of Rights – why liberty depends on taxes*. New York: Norton, 2000.

77. Esta é a formulação de Ingo Sarlet, na esteira do magistério de Jorge Miranda. SARLET, Ingo Wolfgang. Os direitos fundamentais sociais na consti-

A Constituição de 1988, por sua vez, é de meridiana clareza ao impor ao Estado o dever de contribuir para a alvitrada "libertação da opressão social e da necessidade". Efetivamente, já no preâmbulo da CF/1988 se evidencia a sua dimensão social, ao estatuir que o Estado se destina a "assegurar o exercício dos direitos sociais e individuais, a liberdade, a segurança, o bem-estar, o desenvolvimento, a igualdade e a justiça (...)". A conjugação dos valores da liberdade e da igualdade prossegue ao longo do seu texto, como pode se inferir de um sem-número de dispositivos constitucionais[78]. Assim, integram o DNA da nossa Carta tanto a preocupação em proteger o indivíduo do exercício arbitrário do poder, quanto o dever de o Estado propiciar condições materiais que sejam necessárias para a preservação da dignidade humana. Deste modo, a leitura sistemática da CF/1988 conduz a considerar cláusulas pétreas não apenas os direitos de primeira dimensão ou os direitos de defesa, mas igualmente os direitos de segunda e terceira dimensão, sejam eles direitos a prestações estatais negativas ou positivas, ainda que se admita que os direitos prestacionais apresentam dificuldades adicionais no plano da eficácia[79]. Devem ser incluídas, portanto, no rol de cláusulas intangíveis, por exemplo, as liberdades fundamentais, os direitos sociais, econômicos e culturais, os direitos à nacionalidade e políticos[80], e os direitos difusos e coletivos.

No âmbito da corrente doutrinária que considera cláusulas pétreas os direitos fundamentais de distintas dimensões, verifica-se relevante controvérsia. Uma primeira tese afirma que, tendo em vista o constituinte ter qualificado as normas insertas no Título II da Constituição como direitos formalmente fundamentais, todas as normas ali contidas hão de ser consideradas cláusulas intangíveis, sob pena de autorizar-se que os poderes constituídos se substituam ao constituinte na determinação do rol de direitos fundamentais. Além disto, os direitos materialmente fundamentais não incluídos no Título II da Constituição também têm o *status* de cláusula intangível, mercê da cláusula materialmente aberta contida no art. 5º, § 2º[81].

Outros autores consideram que apenas os direitos materialmente fundamentais são cláusulas pétreas, ainda que a inserção no catálogo constitucional de direitos fundamentais gere uma presunção (relativa) de jusfundamentalidade[82]. Esta linha de interpretação se guia pela preocupação com um excessivo inflacionamento dos direitos fundamentais erigidos ao rol de cláusulas pétreas, que, para além de banalizá-los, é capaz de impedir que as gerações pós-88 vivam de acordo com as normas de sua eleição. Aduzem que somente as condições essenciais a uma concepção substantiva de democracia (*v.g.* autonomia pública e privada, Estado de Direito, e direitos sociais mínimos) são cláusulas pétreas. Desta forma, a invalidação judicial do resultado da deliberação supermajoritária do Parlamento antes de prejudicar, fortalece a democracia, pois o Judiciário atua como árbitro do processo democrático, evitando que ele se convole num "vale-tudo" eleitoral. Ademais, partindo do pressuposto de que as mencionadas condições da democracia são objeto de consenso sobreposto entre as diversas doutrinas econômicas, políticas, religiosas e filosóficas presentes numa sociedade pluralista, a sua tutela por instância contramajoritária não se revela antidemocrática, já que o Judiciário restringe a sua atuação a uma área de neutralidade política, guiando-se por uma razão pública[83].

Apesar de a composição majoritária do STF não haver adotado, expressamente, a tese de que os direitos fundamentais de distintas gerações são cláusulas pétreas, da sua jurisprudência são extraídos indícios de que flerta com a sua aceitação. De fato, na ADI n. 939/DF o STF declarou a inconstitucionalidade da EC n. 3/93 com base em direito previsto fora do catálogo constitucional de direitos fundamentais (anterioridade tributária: art. 150, III, *b*), evidenciando não adotar a tese que restringe o rol de cláusulas pétreas aos incisos do art. 5º. Na ocasião, o Ministro Carlos Velloso considerou cláusulas intangíveis os direitos de distintas "gerações"[84]. Ademais, na ADI n. 1946/DF[85] o STF procedeu à interpretação conforme a Constituição com o fito de excluir a licença à gestante do teto de benefícios previdenciários instituído pelo art. 14 da EC n. 20/98. Asseverou, com precisão, que a sua inclusão implicaria discriminação da mulher no mercado de trabalho (em violação ao art. 7º, XXX, CF/1988), visto que o empregador dificilmente contrataria mulheres para funções cuja remuneração superasse o teto, pois no período de gozo da licença teria de pagar a diferença entre os respectivos valores. Ainda que

---

tuição de 1988. In: PASQUALINI, Alexandre *et al*. *O direito público em tempos de crise*: estudos em homenagem a Ruy Ruben Ruschel. Porto Alegre: Livraria do Advogado Editora, 1999. p. 149.

78. Com efeito, a conjugação dos valores da liberdade e da igualdade se verifica, *v.g.*, no art. 1º, que, em seus incisos III e IV, arrola a dignidade da pessoa humana e o valor social do trabalho como fundamentos da República Federativa do Brasil, e no art. 3º (incisos I, II, III e IV), o qual insere entre os seus objetivos fundamentais a construção de uma sociedade livre, justa e solidária; a garantia do desenvolvimento nacional; a erradicação da pobreza e da marginalização e a redução das desigualdades regionais; a promoção do bem de todos, sem preconceitos de origem, raça, sexo, cor, idade e quaisquer outras formas de discriminação. Entre as finalidades e os princípios gerais da ordem econômica, por sua vez, encontram-se a valorização do trabalho humano, a busca da existência digna e da justiça social, da função social da propriedade, da defesa do consumidor, da redução das desigualdades regionais e sociais, e do pleno emprego (art. 170, *caput* e incisos II, III, V, VI, VII e VIII). Para além disto, a positivação de um amplo rol de direitos sociais no art. 6º – educação, saúde, moradia, lazer, segurança, previdência social, proteção à maternidade e à infância e assistência aos desamparados –, os quais foram desenvolvidos, detalhadamente, nos arts. 193 a 214, associada à sua inclusão em capítulo inserto no título pertinente aos direitos e garantias fundamentais, e não mais no alusivo à ordem econômica e social, como era da tradição do nosso constitucionalismo, consiste em relevante indício da vontade do constituinte em atribuir-lhes a nota de jusfundamentalidade.

79. Cf. BARCELLOS, Ana Paula de. *A eficácia dos princípios constitucionais: o princípio da dignidade da pessoa humana*. Rio de Janeiro: Renovar, 2002; AMARAL, Gustavo. *Direito, Escassez e Escolha*. Rio de Janeiro: Renovar, 2001.

80. Sobre os direitos à nacionalidade e políticos, conferir o magistério de Celso Lafer, que, na esteira de Hannah Arendt, salienta que os direitos à nacionalidade e à cidadania consistem em verdadeiros direitos a ter direitos, na medida em que estabelecem o vínculo jurídico entre indivíduo e Estado, sujeitando o primeiro ao ordenamento jurídico respectivo, e, especialmente, conferindo-lhe os direitos e garantias fundamentais ali previstos. LAFER, Celso. *A reconstrução dos direitos humanos: um diálogo com o pensamento de Hannah Arendt*. São Paulo: Companhia das Letras, 2003. p. 148.

81. SARLET, Ingo W. *Eficácia dos Direitos Fundamentais*. p. 73/74; 367.

82. BRANDÃO, Rodrigo. Op. cit; FERREIRA FILHO, Manoel Gonçalves. Op. cit.; Velloso, Carlos Mario. Op. cit., VIEIRA, Oscar Vilhena. Op. cit.

83. V. VIEIRA, Oscar Vilhena, BRANDÃO, Rodrigo. Op. cit. Sobre a noção de razão pública, cf. RAWLS, John. *O Liberalismo Político*. 2. ed. São Paulo: Editora Ática, 2000.

84. ADI n. 939-DF, STF, Tribunal Pleno, RTJ 151, p. 830.

85. RTJ 186: 472/479.

tenha aludido ao princípio da não discriminação entre homens e mulheres no mercado de trabalho, parece claro que o STF afastou interpretação de dispositivo de emenda constitucional que atingia o núcleo essencial do direito à licença à gestante, o qual, desde há muito, é considerado um benefício previdenciário, e, por conseguinte, um direito social. Mesmo que não tenha afirmado, explicitamente, que os direitos sociais são cláusulas pétreas, o acórdão em exame sugere que o STF simpatiza com a respectiva tese.

Questão particularmente complexa consiste na *oponibilidade, ou não, dos direitos adquiridos às emendas constitucionais*. O entendimento amplamente majoritário no âmbito da doutrina brasileira é o de que a garantia constitucional do direito adquirido, na medida em que (i) inserida no catálogo de direitos fundamentais (art. 5º, XXXVI) e (ii) constituindo garantia essencial à segurança jurídica, consubstancia-se em direito individual do cidadão contra o Estado, assumindo o *status* de cláusula pétrea[86]. Considerando-se adquirido o direito cujos respectivos requisitos legais foram formalmente preenchidos, a doutrina majoritária tende a considerar que tais posições jurídicas estão fora do alcance do constituinte derivado, independentemente de a sua fonte normativa ser constitucional ou infraconstitucional[87]. Em sentido diverso, encontra-se posicionamento minoritário no direito brasileiro, no sentido de que a palavra "lei", empregada no art. 5º, XXXVI, deve ser interpretada como lei em sentido estrito, de modo que a garantia da intangibilidade do direito adquirido seria oponível apenas ao legislador ordinário, e não ao constituinte reformador.

O STF, por ocasião do julgamento do MS n. 24.875/DF, optou por adotar uma solução intermediária. Trata-se de acórdão histórico, eis que o STF ainda não havia se pronunciado sobre a oponibilidade dos direitos adquiridos às emendas constitucionais após o advento da Constituição de 1988. Aliás, evitou navegar em águas tão procelosas em diversas oportunidades, como na ADI n. 3.128-7[88], em que afastou o argumento de que a instituição da contribuição previdenciária sobre servidores públicos inativos e pensionistas violara os seus direitos adquiridos à percepção da integralidade dos seus proventos e pensões, com lastro no argumento de inexistir direito adquirido a não ser tributado além das hipóteses específicas de imunidade tributária. No julgamento do MS n. 24.875/DF, a composição majoritária do STF seguiu o voto condutor do Ministro Sepúlveda Pertence, que, na linha do magistério de Daniel Sarmento, considerou que a atribuição do *status* de cláusula intangível a todo direito adquirido com base em norma infraconstitucional conduziria a um congelamento do *status quo*, com inegáveis prejuízos às pretensões transformadoras

---
86. Veja-se, *exempli gratia*, BARROSO, Luís Roberto. *Interpretação e aplicação da constituição*. p. 62; SILVA, José Afonso da. Reforma constitucional e direito adquirido. In: *Poder constituinte e poder popular*. São Paulo: Malheiros, 2000. p. 221-333; FERREIRA FILHO, Manoel Gonçalves. *O poder constituinte*. 3. ed. São Paulo: Saraiva. p. 191-204; HORTA, Raul Machado. Constituição e direito adquirido. *Revista de Informação Legislativa*, n. 112. Brasília: Senado Federal, 1991. p. 860; RAMOS, Elival da Silva. *A proteção aos direitos adquiridos no direito constitucional brasileiro*. São Paulo: Saraiva, 2003. p. 228-242; VELLOSO, Carlos Mário. *Temas de direito público*. Belo Horizonte: Del Rey, 1997. p. 457-474; BRITTO, Carlos Ayres; PONTES FILHO, Walmir. Direito adquirido contra emenda constitucional. *Revista de Direito Administrativo*, Rio de Janeiro, FGV, n. 202: 75-90, 1995.
87. V. Voto do Ministro Sepúlveda Pertence no MS 24.875/DF, *DJ* 06.10.2006.
88. *DJ* 18.02.2005.

da Constituição de 1988. Assim, reservou esta especial eficácia protetiva aos direitos fundamentais imediatamente derivados da Constituição, os quais chamou de modalidades qualificadas de direito adquirido, entre os quais se insere a garantia da irredutibilidade de vencimentos.

A busca de uma solução intermediária à problemática em exame também foi concebida pela doutrina. Neste sentido se insere a concepção de que, embora os direitos adquiridos sejam oponíveis às emendas constitucionais, tal norma não possui a natureza de regra, aplicável segundo a lógica do "tudo ou nada", mas de princípio, sujeitando-se a ponderações – guiadas, sobretudo, pelo princípio da proporcionalidade – com outros princípios constitucionais. Com efeito, os direitos adquiridos são garantias da segurança jurídica, princípio que, embora ocupe um dos pontos mais altos da hierarquia axiológica subjacente à Constituição de 1988, não pode ser considerado absoluto. Assim, emenda constitucional que suprima direito que fora adquirido com base em norma infraconstitucional, a princípio, será inconstitucional, exceto se houver argumentos suficientemente consistentes para se concluir que tal medida excepcional justifica-se ante a necessidade de proteção de outro princípio de estatura constitucional[89].

SUBSEÇÃO III

DAS LEIS

Art. 61. A iniciativa das leis complementares e ordinárias cabe a qualquer membro ou Comissão da Câmara dos Deputados, do Senado Federal ou do Congresso Nacional, ao Presidente da República, ao Supremo Tribunal Federal, aos Tribunais Superiores, ao Procurador-Geral da República e aos cidadãos, na forma e nos casos previstos nesta Constituição.

§ 1º São de iniciativa privativa do Presidente da República as leis que:

I – fixem ou modifiquem os efetivos das Forças Armadas;

II – disponham sobre:

a) criação de cargos, funções ou empregos públicos na administração direta e autárquica ou aumento de sua remuneração;

b) organização administrativa e judiciária, matéria tributária e orçamentária, serviços públicos e pessoal da administração dos Territórios;

c) servidores públicos da União e Territórios, seu regime jurídico, provimento de cargos, estabilidade e aposentadoria;

d) organização do Ministério Público e da Defensoria Pública da União, bem como normas gerais para a organização do Ministério Público e da Defensoria Pública dos Estados, do Distrito Federal e dos Territórios;

e) criação e extinção de Ministérios e órgãos da administração pública, observado o disposto no art. 84, VI;

---
89. V. BRANDÃO, Rodrigo. Op. cit., p. 315 e ss.

f) militares das Forças Armadas, seu regime jurídico, provimento de cargos, promoções, estabilidade, remuneração, reforma e transferência para a reserva.

§ 2º A iniciativa popular pode ser exercida pela apresentação à Câmara dos Deputados de projeto de lei subscrito por, no mínimo, um por cento do eleitorado nacional, distribuído pelo menos por cinco Estados, com não menos de três décimos por cento dos eleitores de cada um deles.

Lenio Luiz Streck
Marcelo Andrade Cattoni de Oliveira

1. Histórico da norma

Texto original da CF/88; Emendas Constitucionais n. 18/1998 e 32/2001.

2. Constituições anteriores

Artigos 36 e 37 da Constituição Política do Império do Brazil de 1824; artigo 36 da Constituição de 1891; artigos 41, *caput* e §§ 1º, 2º, 3º, e 95, da Constituição de 1934; artigos 64, §§ 1º e 2º, e 65, *caput*, da Constituição de 1937; artigo 67, *caput* e §§ 1º e 2º, e 125, da Constituição de 1946; artigos 59, 60, *caput* e incs. II, III e IV, e 137, da Constituição de 1967; artigos 56, 57, *caput* e incisos II, III, IV e V, e 96, parágrafo único (com redação dada pela Emenda Constitucional n. 7/77), da Emenda Constitucional n. 1/69.

3. Dispositivos constitucionais relacionados

Artigo 14, III; artigo 18; artigo 22, XVII; artigo 27, § 4º; artigo 33, §§ 1º, 2º e 3º; artigo 37, inciso X; artigo 39, §§ 1º e 4º; artigo 48, IX e X; artigo 51, IV; artigo 52, XIII; artigo 61, §§ 1º e 2º; artigo 84, VI; artigo 88; artigo 94; artigo 96, I, *d*, e II; artigo 99; artigo 127; artigo 128, §§ 2º e 5º; artigo 134, *caput* e parágrafo único; artigo 135; artigo 142; artigo 165; artigo 166; artigo 169, *caput* e parágrafo único; artigo 173; artigo 241.

4. Constituições estrangeiras

Artigos 76 e 76 (1) da Constituição da Alemanha; artigos 44, 46 e 68 da Constituição da Argentina; artigo 62 da Constituição do Chile; artigo 86 da Constituição de Cuba; artigo 87 da Constituição da Espanha; artigo I, Seção 7, da Constituição dos EUA; artigos 39 e 89 da Constituição da França; artigos 50, 71 e 99 da Constituição da Itália; artigo 71 da Constituição do México; artigos 79 e 159 da Constituição de Portugal; artigos 79 e 86 da Constituição do Uruguai.

5. Legislação

Resolução do Congresso Nacional n. 1/70 (Regimento Comum); Resolução do Senado Federal n. 93/70 (Regimento Interno do Senado Federal); Resolução da Câmara dos Deputados n. 17/89 (Regimento Interno da Câmara dos Deputados); Lei n. 9.709/98 (Regulamenta a execução dos plebiscitos, referendos e a iniciativa popular de lei).

6. Jurisprudência do STF

ADI 2.527-MC (Exame dos requisitos de relevância e urgência na edição de MP's); ADI 572; ADI 637 (Incompetência do constituinte estadual para estabelecer hipóteses nas quais seja vedada a apresentação de projeto de lei pelo Chefe do Executivo. Necessidade de o Poder Constituinte decorrente observar as linhas básicas do processo legislativo federal, inclusive quanto à iniciativa); RE 626.936, tema 1040 (constitucionalidade de lei de iniciativa parlamentar que cria conselho de integrantes da sociedade civil para acompanhar ações do Executivo).

§ 1º São de iniciativa privativa do Presidente da República as leis que:

RE 565.714 (Inconstitucionalidade de lei complementar estadual em face da Súmula Vinculante 4 do STF); ADI 3.458 (Violação ao disposto no artigo 61, § 1º, da Constituição do Brasil. Matéria que demandaria iniciativa do Poder Judiciário.); ADI 3.394 (As hipóteses de limitação da iniciativa parlamentar estão previstas, em *numerus clausus*, no artigo 61 da Constituição); MS 22.690 (Nenhuma lei, no sistema de direito positivo vigente no Brasil, dispõe de autoridade suficiente para impor, ao Chefe do Executivo, o exercício compulsório do poder de iniciativa legislativa); ADI 546; ADI 2.472-MC (Tratando-se de projeto de lei de iniciativa privativa do Chefe do Poder Executivo, não pode o Poder Legislativo assinar-lhe prazo para o exercício dessa prerrogativa sua); ADI 2.867; ADI 1.963-MC; ADI 1.070-MC (Tratando-se de projeto de lei de iniciativa privativa do Chefe do Poder Executivo, não pode o Poder Legislativo assinar-lhe prazo para o exercício dessa prerrogativa sua. Se assim é, com relação a lei, também há de ser quando se trate de emenda constitucional, pois a Constituição estadual e suas emendas devem igualmente observar os princípios constitucionais federais da independência dos poderes e da reserva de iniciativa de lei (artigos da Constituição Federal e do ADCT)); ADI 3.569-0 (art. 2º, inciso IV, alínea *c*, da lei estadual 12.755, de 22 de março de 2005, do Estado de Pernambuco, que estabelece a vinculação da Defensoria Pública estadual à Secretaria de Justiça e Direitos Humanos: violação do art. 134, § 2º, da Constituição Federal, com a redação da EC 45/04: inconstitucionalidade declarada); ARE 878.911 RG (Não usurpa a competência privativa do chefe do Poder Executivo lei que, embora crie despesa para a administração pública, não trata da sua estrutura ou da atribuição de seus órgãos nem do regime jurídico de servidores públicos); ADI 3.394 (Não é qualquer projeto de lei que crie despesa que deve ser proposto pelo chefe do Executivo. As hipóteses de iniciativa parlamentar estão previstas *numerus clausus*); ADI 2.867, 2.305, 6.337 (A sanção de projeto de lei não convalida o vício de inconstitucionalidade da usurpação do poder de iniciativa).

I – FIXEM OU MODIFIQUEM OS EFETIVOS DAS FORÇAS ARMADAS

II – DISPONHAM SOBRE

ADI 3.303 (Improcedência de ação direta de inconstitucionalidade por omissão, quando ainda restavam três meses para o Presidente da República exercitar o seu poder-dever de propositura da lei de revisão); ADI 2.966 (Matéria restrita à iniciativa do Poder Executivo não pode ser regulada por emenda constitucional de origem parlamentar); ARE 878.911 RG, tema 917 (não usurpa a competência privativa do chefe do Executivo lei que, embora crie despesa para a administração pública, não trata de sua estrutura ou das atribuições de seus órgãos nem seu regime jurídico).

a) criação de cargos, funções ou empregos públicos na administração direta e autárquica ou aumento de sua remuneração;

ADI 980 (Entendeu-se usurpada a iniciativa privativa do Chefe do Poder Executivo para o processo de formação de leis que disponham sobre criação de funções, cargos ou empregos públicos ou sobre regime jurídico de servidores públicos na Administração Direta e Autárquica (CF, art. 61, § 1º, II, *a* e *c*), bem como violado o concurso público, CF, art. 37, II); ADI 64 (Inconstitucionalidade formal dos arts. 4º e 5º da Lei n. 227/1989, que desencadeiam aumento de despesa pública em matéria de iniciativa privativa do Chefe do Poder Executivo); ADI 13 (Fere o art. 61, § 1º, II, *a*, da Constituição federal de 1988, emenda parlamentar que disponha sobre aumento de remuneração de servidores públicos estaduais); ADI 3.599 (Ausência de usurpação de iniciativa privativa do Presidente da República); ADI 541 (Inconstitucionalidade dos artigos 41, 42, 43 e seu parágrafo único, 44, 45 e seu parágrafo único, do ADCT da Constituição da Paraíba, porque ofendem a regra da iniciativa reservada ao Chefe do Poder Executivo quanto à majoração de vencimentos dos servidores públicos, CF, art. 61, § 1º, II, *a*); ADI 104 (Lei estadual que dispõe sobre a situação funcional de servidores públicos: iniciativa do Chefe do Poder Executivo (art. 61, § 1º, II, *a* e *c*, CR/88). Princípio da simetria); ADI 3.137, ADI 3.198, ADI 3.263, ADI 3.518, ADI 3.535, ADI 3.586, ADI 3.600, ADI 3.788, ADI 3.814 (Salientando-se que a Lei 10.826/2003 foi aprovada depois da entrada em vigor da EC 32/2001, que suprimiu da iniciativa exclusiva do Presidente da República a estruturação e o estabelecimento de atribuições dos Ministérios e órgãos da Administração Pública, considerou-se que os seus dispositivos não versam sobre a criação de órgãos, cargos, funções ou empregos públicos, nem sobre sua extinção, como também não desbordam do poder de apresentar ou emendar projetos de lei, que o texto constitucional atribui aos congressistas); ADI 3.061 (A cláusula da reserva de iniciativa, inserta no § 1º do artigo 61 da Constituição Federal de 1988, é corolário do princípio da separação dos Poderes. Por isso mesmo, de compulsória observância pelos estados, inclusive no exercício do poder reformador que lhes assiste); ADI 559; ADI 554 (A Administração Pública é vinculada pelo princípio da legalidade. A atribuição de vantagens aos servidores somente pode ser concedida a partir de projeto de lei de iniciativa do Chefe do Poder Executivo, consoante dispõe o artigo 61, § 1º, inciso II, alíneas *a* e *c*, da Constituição do Brasil, desde que supervenientemente aprovado pelo Poder Legislativo. (...) A fixação de data para o pagamento dos vencimentos dos servidores estaduais e a previsão de correção monetária em caso de atraso não constituem aumento de remuneração ou concessão de vantagens); RE 590.829 (Não cabe outorga de direitos a servidores públicos por lei orgânica, posto que acaba afrontando a iniciativa do chefe do Poder Executivo); ADI 5.997 (Inconstitucionalidade por vício de iniciativa do Governador à lei do Estado do Rio de Janeiro, de iniciativa parlamentar, ao atribuir a qualquer professor a função de educação à distância, assim como estender o piso nacional de magistério aos tutores); ADI 1.521 (A extinção de cargos públicos deve ser realizada por lei específica. Incabível por emenda constitucional por ofensa ao art. 61); ADI 2.079 e RE 745.811 RG, tema 686 (Vício de inconstitucionalidade formal a norma jurídica decorrente de emenda parlamentar em projeto de lei de iniciativa privativa do chefe do Executivo que resulte em aumento de despesa).

b) organização administrativa e judiciária, matéria tributária e orçamentária, serviços públicos e pessoal da administração dos Territórios;

ADI 3.225 (É assente a jurisprudência da Corte no sentido de que as regras do processo legislativo federal que devem ser reproduzidas no âmbito estadual são apenas as de cunho substantivo); ADI 724-MC (Por tratar-se de evidente matéria de organização administrativa, a iniciativa do processo legislativo está reservada ao Chefe do Poder Executivo local. Os Estados-membros e o Distrito Federal devem obediência às regras de iniciativa legislativa reservada, fixadas constitucionalmente, sob pena de violação do modelo de harmônica tripartição de poderes, consagrado pelo constituinte originário); ADI 1.182 (A Constituição de 1988 admite a iniciativa parlamentar na instauração do processo legislativo em tema de direito tributário. A iniciativa reservada, por constituir matéria de direito estrito, não se presume e nem comporta interpretação ampliativa, na medida em que, por implicar limitação ao poder de instauração do processo legislativo, deve necessariamente derivar de norma constitucional explícita e inequívoca); ARE 743.480 RG, tema 682 (A norma não reserva à iniciativa privativa do presidente da República toda e qualquer lei que cuide de tributos, mas apenas a matéria tributária dos Territórios).

c) servidores públicos da União e Territórios, seu regime jurídico, provimento de cargos, estabilidade e aposentadoria; (Redação dada pela Emenda Constitucional n. 18/98)

ADI 13 (Ação direta de inconstitucionalidade. Reserva de iniciativa. Aumento de remuneração de servidores); ADI 776 (A vedação imposta por lei de origem parlamentar viola a iniciativa reservada ao Poder Executivo (CF, art. 61, § 1º, II, *c*), por cuidar de matéria atinente ao provimento de cargos públicos); ADI 3.739 (Servidor público. Jornada de trabalho. Redução da carga horária semanal. Princípio da separação de poderes. Vício de iniciativa. Competência privativa do Chefe do Poder Executivo. Precedentes); ADI 2.791 (Significação constitucional do regime jurídico dos servidores públicos (civis e militares). A locução constitucional "regime jurídico dos servidores públicos" corresponde ao conjunto de normas que disciplinam os diversos aspectos das relações, estatutárias ou contratuais, mantidas pelo Estado com os seus agentes); ADI 2.420 (É pacífico o entendimento de que as regras básicas do processo legislativo da União são de observância obrigatória pelos Estados, "por sua implicação com o princípio fundamental da separação e independência dos Poderes"); ADI 3.792 (Inconstitucional criação de atribuições para a Secretaria da Educação, Cultura e dos Desportos por ofensa à iniciativa do Chefe do Executivo); ADI 3.980 (Legislação estadual paulista de iniciativa parlamentar que trata sobre a vedação de assédio moral na administração pública direta, indireta e fundações públicas é inconstitucional ao regulamentar deveres, proibições e responsabilidade, inclusive com a imposição de sanções por violação da competência privativa do Governador); ADI

5.520 (Inconstitucionalidade de Emenda Constitucional que conferiu *status* de carreira jurídica, com independência funcional, ao cargo de Delegado de Polícia por violar cláusula de reserva de iniciativa do chefe do Executivo).

d) organização do Ministério Público e da Defensoria Pública da União, bem como normas gerais para a organização do Ministério Público e da Defensoria Pública dos Estados, do Distrito Federal e dos Territórios;

ADI 595-MC (No julgamento da ADIn n. 126-4, Relator o Sr. Ministro O. Gallotti, o Supremo Tribunal Federal decidiu que a competência do Ministério Público para propor a fixação de vencimentos decorre do poder que lhe confere a Constituição de iniciativa para a criação de cargos (CF, art. 127, § 2º)); ADI 3569 (Iniciativa de lei da Defensoria Pública); ADI 4.075 MC (Gera inconstitucionalidade formal a emenda parlamentar a projeto de lei de iniciativa do Ministério Público estadual que importa aumento de despesa); ADI 400 (A atribuição de iniciativa privativa ao Governador do Estado para leis que disponham sobre a organização do Ministério Público estadual contraria o modelo delineado pela Constituição Federal nos arts. 61, § 1º, II, *d*, e 128, § 5º).

e) criação e extinção de Ministérios e órgãos da administração pública, observado o disposto no art. 84, VI; (Redação dada pela Emenda Constitucional n. 32/01)

ADI 3.254 (É indispensável a iniciativa do Chefe do Poder Executivo (mediante projeto de lei ou mesmo, após a EC 32/01, por meio de decreto) na elaboração de normas que de alguma forma remodelem as atribuições de órgão pertencente à estrutura administrativa de determinada unidade da Federação); ADI 1.391 (Processo legislativo: reserva de iniciativa ao Poder Executivo (CF, art. 61, § 1º, *e*): regra de absorção compulsória pelos Estados-membros, violada por lei local de iniciativa parlamentar que criou órgão da administração pública (Conselho de Transporte da Região Metropolitana de São Paulo-CTM): inconstitucionalidade); ADI 2.443 (Cabe ao Chefe do Poder Executivo enviar projeto de lei modificando procedimento adotado em órgão da Administração).

f) militares das Forças Armadas, seu regime jurídico, provimento de cargos, promoções, estabilidade, remuneração, reforma e transferência para a reserva. (Incluída pela Emenda Constitucional n. 18, de 1998)

ADI 2.966 (À luz do princípio da simetria, é de iniciativa privativa do chefe do Poder Executivo estadual as leis que disciplinem o regime jurídico dos militares (art. 61, § 1º, II, *f*, da CF/1988)).

§ 2º A iniciativa popular pode ser exercida pela apresentação à Câmara dos Deputados de projeto de lei subscrito por, no mínimo, um por cento do eleitorado nacional, distribuído pelo menos por cinco Estados, com não menos de três décimos por cento dos eleitores de cada um deles.

7. Seleção de literatura

ARAÚJO, Luiz Alberto David; JÚNIOR, Vidal Serrano Nunes. *Curso de Direito Constitucional*. 9. ed. rev. e atual. São Paulo: Saraiva, 2005. BAHIA, Alexandre Gustavo Melo Franco de Moraes; NUNES, Dierle; BACHA E SILVA, Diogo; CATTONI DE OLIVEIRA, Marcelo Andrade. *Controle jurisdicional do devido processo legislativo: história e teoria constitucional brasileira*. Belo Horizonte: Conhecimento, 2018. BAHIA, Alexandre Gustavo Melo Franco; BACHA E SILVA, Diogo; CATTONI DE OLIVEIRA, Marcelo Andrade. Devido processo legislativo no sistema presidencialista: três ensaios de dogmática crítica do processo legislativo no Brasil. In: STRECK, Lenio, NERY JR., Nelson, LEITE, George Salomão. *Crise dos Poderes da República*. São Paulo: Revista dos Tribunais, 2017. BAHIA, Alexandre Gustavo Melo Franco; BACHA E SILVA, Diogo; CATTONI DE OLIVEIRA, Marcelo Andrade. O sentido constitucional da negativa de sanção presidencial e o devido processo legislativo no sistema presidencialista: A decisão do STF na ADPF n. 372 e suas implicações. Disponível em http://emporiododireito.com.br/o-sentido-constitucional-da-negativa-de-sancao-presidencial-e-o-devido-processo-legislativo-no-sistema-presidencialista-a-decisao-do-stf-na-adpf-n-372-e-suas-implicacoes-por-alexandre-gust/. Acesso em 16 jan. 2016. BAHIA, Alexandre Gustavo Melo Franco; BACHA E SILVA, Diogo; CATTONI DE OLIVEIRA, Marcelo Andrade. Mais um capítulo: Apreciação de "veto" e vício de iniciativa no PLS sobre aposentadoria compulsória de servidor público. Disponível em http://emporiododireito.com.br/mais-um-capitulo-apreciacao-de-veto/#_ftn3. Acesso em 16 jan. 2016. BARCELLOS, Ana Paula de. *Direitos fundamentais e direito à justificativa: devido procedimento na elaboração normativa*. 2. ed. Belo Horizonte: Fórum, 2017. CANOTILHO, José Joaquim Gomes. *Direito Constitucional e Teoria da Constituição*. Coimbra: Livraria Almedina, 2002. CANOTILHO, José Joaquim Gomes; MOREIRA, Vital. *Constituição da República Portuguesa anotada*. 3. ed. rev. Coimbra: Coimbra, 1993. CARVALHO NETTO, Menelick. *A sanção no procedimento legislativo*. 2. ed. Belo Horizonte: Conhecimento, 2022. CRETELLA JÚNIOR, José. *Comentários à Constituição brasileira de 1988*. v. 5. 2. ed. Rio de Janeiro: Forense Universitária, 1992. HORTA, Raul Machado. *Estudos de Direito Constitucional*. Belo Horizonte: Del Rey, 1995. PONTES DE MIRANDA. *Comentários à Constituição de 1967*. t. 3 (arts. 34-112). São Paulo: Revista dos Tribunais, 1967. SAMPAIO, José Adércio Leite. *A Constituição Reinventada*. Belo Horizonte: Del Rey, 2002. SILVA, José Afonso da. *Processo Constitucional de Formação das Leis*. 2. ed. São Paulo: Malheiros, 2006. SILVA, José Afonso da. *Comentário Contextual à Constituição*. São Paulo: Malheiros, 2008. STRECK, Lenio Luiz. *Jurisdição Constitucional e Hermenêutica*. Rio de Janeiro: Forense. 3. ed., 2003-4.

8. Comentários

8.1. Conceito de "lei"

Em sentido formal, lei é um ato emanado do Poder Legislativo, com caráter de obrigatoriedade, generalidade e perenidade, elaborada de acordo com os requisitos constantes na Constituição e no ordenamento jurídico. Em sentido material, é um ato normativo que inova a ordem jurídica, com características semelhantes à lei em sentido formal, e que pode ser emanada dos demais Poderes ou Órgãos autorizados para expedir atos de tal natureza.

8.2. Classificação das leis

A expressão "lei" tem um sentido lato na Constituição. Com efeito, por vezes o constituinte utilizou-se da especificidade "lei federal", "lei estadual" e "lei municipal"; por outras, "lei orgânica", "lei complementar", "lei regulamentadora", "lei especial"; há ainda hipóteses de simplesmente mencionar "lei". Nestes casos, lembra José Afonso da Silva, é necessário recorrer às regras de competência para se decidir se a matéria só postula regulamentação por lei federal, ou se também admite a interferência de lei estadual, como no art. 37, I, II, V, VIII, XI, e no art. 39, § 1º (SILVA, 2008, p. 445-446).

Nesse sentido, as leis – regra geral – são divididas em ordinárias e complementares. As ordinárias abarcam as leis gerais e especiais, as delegadas e as autorizativas. As leis complementares têm sua função derivada diretamente da Constituição, que estabelece, sem obedecer a uma criteriologia, o tipo de matéria objeto desse tipo de ato normativo. Com a introdução do instituto da Medida Provisória na Constituição de 1988, surge um novo tipo de lei: a de conversão. As leis orgânicas podem ser enquadradas na categoria "leis especiais".

8.3. Formação da lei

No sistema brasileiro, podemos distinguir três modalidades procedimentais: (a) *procedimento legislativo ordinário*; (b) *procedimento legislativo sumário*; e (c) *procedimentos legislativos especiais*.

a) Procedimento legislativo ordinário

É o procedimento comum, cuja finalidade é a elaboração das leis ordinárias. Das três modalidades é o mais demorado, pois envolve uma maior oportunidade para o exame, o estudo e a discussão do projeto. Desenvolve-se em três fases: (a) a *introdutória;* (b) a *constitutiva* (c) e a *de aquisição de validade*. A primeira efetiva-se pela apresentação do projeto de lei. Na segunda, o projeto é estudado pelas Comissões, que emitem pareceres favoráveis ou desfavoráveis à sua aprovação, admitidas emendas e até substitutivos ao projeto. Além disso, há as discussões sobre a matéria, com o parecer das Comissões, em plenário da Casa onde o projeto foi apresentado. Cabe notar que só não se iniciam na Câmara dos Deputados a discussão e a votação dos projetos propostos por senador ou Comissão do Senado, daí por que aquela é quase sempre a Câmara iniciadora do processo legislativo. Abre-se também nesta segunda fase a oportunidade de se oferecerem emendas ao projeto, que deverão ser estudadas pelas Comissões. Ainda na mesma fase, dá-se a decisão, quando o projeto é votado. Se for aprovado, será remetido à outra Casa para revisão, e então passará pelas mesmas etapas (recebimento da matéria, remessa às Comissões, discussão e votação). Se também merecer aprovação sem emendas, será remetido a sanção; se houver emendas, voltará à Casa iniciadora, para apreciação destas, e, sendo elas aprovadas ou rejeitadas, o projeto igualmente irá a sanção. Poderá haver um ou dois turnos de discussão e votação, mas na fase de revisão só existirá um turno (art. 65). Enfim, a Casa na qual tenha sido concluída a votação enviará o projeto ao Presidente da República, que, aquiescendo, o sancionará, ou, não aquiescendo, deixará correr a quinzena em silêncio – o que implicará sanção – ou *vetá-lo-á* (negar-lhe-á sanção, no sentido técnico rigoroso), no todo ou em parte, comunicando os motivos do veto ao Presidente do Senado Federal, a fim de ser submetido à apreciação do Congresso Nacional, que poderá rejeitar o *veto* pela maioria dos seus membros. Rejeitando-o, o projeto torna-se lei; acolhendo-o, será arquivado (art. 66, §§ 1º a 7º). Por sua vez, a lei, já perfeita como tal a partir da sanção ou da derrubada do veto, deverá ser promulgada e publicada, atos esses que compõem a terceira e última fase do procedimento legislativo ordinário, a de aquisição, ou atribuição, de validade.

b) Procedimento legislativo sumário

Está previsto nos parágrafos do art. 64. Sua aplicação depende da vontade do Presidente da República, a quem a Constituição confere a faculdade de solicitar *urgência* para apreciação de projeto de sua iniciativa (Cf. art. 64).

c) Procedimentos legislativos especiais

São estabelecidos para a elaboração de emendas constitucionais (art. 60), de medidas provisórias (art. 62), de leis delegadas (art. 68), de leis complementares (art. 69) e de leis financeiras (Lei do Plano Plurianual, Lei de Diretrizes Orçamentárias, Lei do Orçamento Anual e de Abertura de Créditos Adicionais – arts. 165 e 166). Como no caso do objeto das leis complementares, também aqui a definição e a abrangência exsurgem do próprio texto constitucional.

8.4. Iniciativa legislativa

Trata-se da faculdade ou poder que se atribui a alguém ou a algum órgão para apresentar projeto de lei (*lato sensu*) ao Poder Legislativo. Por intermédio desse ato é que se desencadeia o processo legislativo. A Constituição de 1988, seguindo a mesma orientação das Constituições de 1934 e 1946, estabeleceu a paridade entre as iniciativas parlamentar e governamental, em seu art. 61.

Assim, além de iniciativa legislativa concorrente, o Presidente da República possui iniciativa legislativa reservada, nos termos do art. 61, § 1º, da Constituição, observado, no que se refere à alínea *e* do inciso II, o disposto no art. 84, VI, que permite a regulação da mesma matéria, dentro de certos limites, por decreto. Quanto à iniciativa parlamentar, compete, na Câmara dos Deputados, a qualquer de seus membros (individual ou coletivamente), a qualquer de suas comissões e à Mesa da Câmara (entendida como Comissão Diretora, nos termos do RICD, arts. 14 e 109, § 1º). O mesmo se repete para o Senado, realizadas as devidas adaptações. Há também uma iniciativa parlamentar exclusiva e não apenas concorrente, pois à Câmara e ao Senado cabe a iniciativa de leis destinadas à fixação da remuneração dos cargos, empregos e funções de seus respectivos serviços administrativos, nos termos dos arts. 51, IV, e 52, XIII, da Constituição. E, do mesmo modo, cabe à Câmara a iniciativa do decreto legislativo que fixe o subsídio dos congressistas, do Presidente e do Vice-Presidente da República, e dos Ministros de Estado (art. 49, VII e VIII, da Constituição e art. 214 do RICD).

A Constituição de 1988 também atribui iniciativa legislativa ao Poder Judiciário, restringindo-se esta, entretanto, ao Supremo Tribunal Federal, aos Tribunais Superiores e aos Tribunais de Justiça dos Estados e do Distrito Federal, nos termos do art. 61 conjugado com o art. 96, II. Tal iniciativa legislativa é exclusiva.

No que diz respeito à iniciativa legislativa dos procuradores-gerais, esta se encontra prevista no art. 128, § 5º, da Constituição, além do art. 61, no caso do Procurador-Geral da República. A compreensão adequada dessa iniciativa advém da combinação do art. 128, § 5º, com o art. 61, § 1º, I, *d*. Embora parcela da doutrina sustente que se está diante de uma iniciativa compartilhada entre o Presidente da República e o Procurador-Geral da República, esta não parece ser a melhor tese. Com efeito, a posição que se extrai do conjunto da Constituição de 1988 *deve apontar para a preservação da autonomia do Ministério Público, com o que deve ser mitigada a tese do compartilhamento tabula rasa*. Nesse sentido, tem-se que, em relação à criação e extinção de seus cargos, a iniciativa do Ministério Público é exclusiva (art. 127, § 2º, da Constituição). Todavia, a prevalecer a tese da iniciativa compartilhada, em havendo proposições de ambos (Presidente da República e Procurador-Geral da República) – e a lembrança é de José Afonso da Silva (2006, p. 148-161) –, se a do Presidente for posterior, pode ser anexada à do Procurador, tramitando juntamente a esta última. Ao contrário, caso o Presidente proponha primeiro a lei, não cabe a proposição posterior do Procurador (sempre com a ressalva das matérias nas quais o Procurador-Geral tenha iniciativa exclusiva).

Matéria ainda não pacificada diz respeito à iniciativa da Defensoria Pública para a fixação dos vencimentos de seus integrantes. A discussão tem relação ao alcance da autonomia funcional e administrativa introduzida pela EC 45/2004. A Constituição não estabeleceu iniciativa explicitamente para esse fim, apenas referindo (§ 1º do art. 134) que Lei complementar organizará a Defensoria Pública da União e do Distrito Federal e dos Territórios e prescreverá normas gerais para sua organização nos Estados, em cargos de carreira, providos, na classe inicial, mediante concurso público de provas e títulos, assegurada a seus integrantes a garantia da inamovibilidade e vedado o exercício da advocacia fora das atribuições institucionais e, no § 2º do mesmo artigo, que às Defensorias Públicas Estaduais são asseguradas autonomia funcional e administrativa e a iniciativa de sua proposta orçamentária dentro dos limites estabelecidos na Lei de Diretrizes Orçamentárias e subordinação ao disposto no art. 99, § 2º. O Supremo Tribunal Federal, no julgamento da ADIN 3.569 – embora a discussão estivesse relacionada com a autonomia da Defensoria Pública no Estado de Pernambuco (lei estadual a colocava indevidamente subordinada à Secretaria de Justiça e Direitos Humanos) – tratou da matéria no *dictum* da decisão, e não na *ratio decidendi*. Referiu-se o STF em relação ao tema dizendo que, embora a EC 45/2004 tenha assegurado às Defensorias Públicas Estaduais autonomia funcional e administrativa e a iniciativa de sua proposta orçamentária, *não conferiu* à Defensoria Pública a iniciativa legislativa para criação de cargos, outorgada ao Ministério Público, continuando ela vinculada, no ponto, ao Poder Executivo estadual (CF, art. 61, § 1º). Observa-se, desse modo, que a argumentação (*dictum*) do Supremo Tribunal Federal na referida decisão decorre de uma análise sistemática do texto da EC 45/2004, trazendo à lume, ainda que de forma resumida, os limites e as distinções entre autonomia funcional e administrativa e a preservação da iniciativa (privativa) de lei por parte do Poder Executivo em determinadas matérias, mormente a que diz respeito à remuneração dos integrantes dessa Instituição.

A iniciativa legislativa outorgada para o Chefe do Poder Executivo estabelece sua obrigatória participação no processo de formação das leis em um modelo de processo legislativo do sistema presidencialista. A jurisprudência do STF reiteradamente tem asseverado que a sanção do projeto de lei não convalida o vício de iniciativa. Já a importante lição de Menelick de Carvalho Netto entende que a sanção convalida o vício de iniciativa. Diferencia, assim, veto de negativa de sanção, pois entende que a negativa de sanção, nos casos de vício de iniciativa, seria insuperável.

Na sequência, tem-se a iniciativa popular, prevista pela Constituição no art. 61, *caput* e § 2º. Foi regulada pela Lei 9.709/1998, no art. 13, §§ 1º e 2º, e pelo RICD, art. 252. Trata-se de importante conquista do Processo Constituinte, contribuindo para a capilarização do Poder Constituinte. Nesse caso, o art. 252 do Regimento da Câmara dos Deputados estabelece alguns requisitos como a apresentação de projeto de lei subscrito por, no mínimo, um centésimo do eleitorado nacional, distribuído em pelo menos cinco Estados, com não menos de três milésimos em cada um deles. As assinaturas de cada eleitor devem vir acompanhada dos seus dados legíveis, as listas de assinatura serão padronizadas, pela Mesa da Câmara, por cidade e Estado. O projeto deve vir acompanhado de documento hábil da Justiça Eleitoral quanto ao contingente de eleitores alistados em cada Unidade da Federação, a fim de aferir os requisitos; será apresentado para a Secretaria-Geral da Mesa e não será rejeitado por vício de linguagem ou imprecisão formais.

Quanto ao órgão perante o qual a iniciativa legislativa é exercida, a Câmara dos Deputados é destinatária exclusiva das iniciativas dos deputados, de suas comissões e Mesa, do Presidente da República (sendo ou não lei de sua iniciativa exclusiva), do Supremo Tribunal Federal e dos Tribunais Superiores, do Procurador-Geral da República e do cidadão (RICD, art. 109, § 1º). O Senado é destinatário apenas das iniciativas dos senadores e de suas comissões.

8.5. Iniciativa concorrente

A iniciativa legislativa é conferida *concorrentemente* a mais de uma pessoa ou órgão, e, em casos expressos, é outorgada com *exclusividade* a um deles apenas (Cf. arts. 61, § 1º, II, *b*, e 128, § 5º, com as respectivas ressalvas).

8.6. Iniciativa exclusiva

Iniciativa exclusiva do Presidente da República. Leis que fixem ou modifiquem os efetivos das Forças Armadas; que disponham sobre: (a) criação de cargos, funções ou empregos públicos na Administração Pública direta e autárquica ou aumento de sua remuneração; (b) organização administrativa e judiciária, matéria tributária e orçamentária, serviços públicos e pessoal da administração dos Territórios; (c) servidores públicos da União e Territórios, seu regime jurídico, provimento de cargos, estabilidade e aposentadoria; (d) organização do Ministério Público e da Defensoria Pública dos Estados, do Distrito Federal e dos Territórios; (e) criação e extinção de Ministérios e órgãos da Administração Pública, observado o disposto no art. 84, VI; (f) militares das Forças Armadas, seu regime jurídico, provimento de cargos, promoções, estabilidade, remuneração, reforma e transferência para a reserva.

Iniciativa exclusiva do Poder Judiciário. Apenas o STF e os tribunais superiores (STJ, TSE, TST e STM) têm competência para iniciar leis nos casos a eles reservados pela Constituição. É de iniciativa exclusiva do STF a lei complementar que dispõe sobre o Estatuto da Magistratura (art. 93) e as leis de criação e extinção de cargos e fixação de vencimentos de seus membros e dos seus serviços auxiliares; por seu presidente, sua proposta orçamentária (art. 99, I). E dos Tribunais Superiores a iniciativa das leis de alteração do número dos membros dos Tribunais Inferiores; de criação e extinção de cargos e fixação de vencimentos de seus membros, dos juízes, inclusive dos Tribunais Inferiores, onde houver, e dos serviços auxiliares e os dos juízos que lhes forem vinculados.

Iniciativa exclusiva das Mesas da Câmara e do Senado. Leis de fixação da remuneração de cargos, empregos e funções de seus serviços (Cf. arts. 51, IV, e 52, XIII).

8.7. Iniciativa dos Procuradores-Gerais

Está previsto no art. 128, § 5º, da Constituição, que leis complementares da União e dos Estados, cuja iniciativa é facultada aos respectivos Procuradores-Gerais, estabelecerão a organização, as atribuições e o estatuto de cada Ministério Público. O art. 61, *caput*, da Constituição, incluiu o Procurador-Geral da República entre os titulares da iniciativa legislativa, tendo-se em vista o disposto no § 5º do art. 128. Todavia, a alínea *d* do inciso I do parágrafo 1º do mesmo art. 61 declara que compete privativamente ao Presidente da República a iniciativa das leis que: "(...) II – disponham sobre: (...) d) organização do *Ministério Público* (...) da União". Parece haver uma incoerência entre esses dispositivos. Então, é preciso conciliar os textos, o que se faz com a observação de que às normas de exclusividade se abriu uma exceção com a possibilidade de o Procurador-Geral da República tomar a iniciativa. De todo modo, a iniciativa para criação de cargos e fixação da remuneração pertence com exclusividade ao Ministério Público, circunstância que preserva e garante o grau de autonomia que o constituinte atribuiu a essa Instituição.

8.8. Iniciativa popular

No processo legislativo, é garantida a iniciativa popular, independentemente de regulamentação legislativa (§ 2º), sendo que a lei pode disciplinar as formas de sua elaboração legislativa, inclusive ampliando-a. A Lei n. 9.079/98 regulou a matéria no seu art. 13, §§ 1º e 2º, estabelecendo que o projeto de lei de iniciativa popular deverá circunscrever-se a um só assunto e que não poderá ser rejeitado por vício de forma, cabendo à Câmara dos Deputados, por seu órgão competente, providenciar a correção de eventuais impropriedades de técnica legislativa. Assim, a Câmara dos Deputados, verificando o cumprimento das exigências do art. 61, § 2º, da Constituição e do art. 13 da lei, dará seguimento à iniciativa popular, de acordo com as normas do seu Regimento Interno, art. 252. É iniciativa legislativa que ingressa no campo das iniciativas concorrentes e não se admite iniciativa legislativa popular em matéria reservada à iniciativa exclusiva de outros titulares.

8.9. Fases do processo legislativo

São três as fases do processo legislativo ordinário, para a elaboração das leis ordinárias e, com as devidas alterações, também das demais espécies normativas previstas no art. 59 da Constituição: fase introdutória, fase constitutiva e fase de aquisição de validade.

8.9.1. Fase introdutória

A fase introdutória é marcada pela iniciativa do projeto de lei. Tal iniciativa pode ser parlamentar ou extraparlamentar, podendo ainda ser concorrente, isto é, conferida a vários legitimados ao mesmo tempo, ou exclusiva, reservada a determinado órgão ou cargo.

Cabe determinar qual das duas Casas do Congresso deliberará primeiramente sobre o assunto e qual atuará como revisora. Assim, a discussão e a votação de leis de iniciativa do Presidente da República, do STF, dos Tribunais Superiores e dos cidadãos começarão na Câmara dos Deputados, conforme os arts. 61, § 2º, e 64, *caput*, da Constituição. A iniciativa popular, regulada pelo citado § 2º do art. 61, aparece no art. 14, III, da Constituição como instrumento de exercício da soberania popular.

No que diz respeito à iniciativa privativa do Poder Judiciário, é de competência do STF, dos Tribunais Superiores e dos Tribunais de Justiça propostas de lei, ao respectivo Legislativo, sobre criação ou extinção de cargos e remuneração de seus serviços auxiliares e dos juízos que lhe sejam vinculados, assim como a fixação do subsídio de seus membros e dos juízes a eles vinculados, inclusive, onde houver, dos tribunais inferiores, respeitado o art. 48, XV, da Constituição acerca dos Ministros do STF. Nesse sentido, qualquer emenda parlamentar a projeto de lei oriundo de projeto que trate de remuneração de servidores ou outras formas de gastos ou investimentos, com o intuito de aumentar despesas, sofrerá a pecha de inconstitucional, por violação da autonomia administrativa de Órgão ou Poder que tenha a respectiva iniciativa. O Procurador-Geral do Ministério Público possui iniciativa legislativa concorrente com o Presidente da República para a propositura de projeto de lei referente à organização do Ministério Público da União, do Distrito Federal e dos Territórios, com base nos arts. 61, § 1º, II, *d*, e 128, § 5º, da Constituição. Em relação à criação e extinção de seus cargos, porém, a iniciativa do MP é exclusiva (art. 127, § 2º, da Constituição).

O Presidente da República possui iniciativa privativa para determinadas matérias, nos termos do art. 61, § 1º, da Constituição, ressalvadas as exceções feitas por ela mesma em outras partes de seu texto, como no caso acima da iniciativa concorrente do Procurador-Geral. Em geral, cabem emendas parlamentares nos projetos de lei de iniciativa exclusiva do Presidente. São vedadas apenas emendas que visem ao aumento de despesas previstas (art. 63, I, da Constituição), exceto quando se tratar de matéria orçamentária (art. 166, §§ 3º e 4º, da Constituição). O vício de iniciativa referente à matéria de iniciativa privativa do Presidente da República para o Supremo Tribunal Federal é insanável, desde que, a partir da Autocracia militar e com base numa concepção autoritária de representação política que reduzia o processo legislativo à instância de legitimação de decisões tomadas pelo Executivo, adotou erroneamente – e nesse sentido é a precisa crítica de Carvalho Neto (1992) – uma interpretação formalista dos atos processuais legislativos e abandonou sua antiga Súmula 5, que previa posição favorável à sanabilidade do vício de iniciativa, no julgamento da Representação n. 890 – GB.

8.9.2. Fase constitutiva

A fase constitutiva é caracterizada principalmente pela discussão e votação do projeto de lei no Congresso Nacional e pela sua apreciação por parte do Executivo. Logo após a iniciativa legislativa, o projeto passará pela instrução nas comissões internas à Casa Legislativa onde comece à tramitação de sua votação e discussão, sendo analisado quanto à constitucionalidade e quanto ao mérito. A Constituição permite que o projeto de lei seja votado nas próprias comissões, sempre que estiver dispensada, nos termos do respectivo Regimento Interno, a votação em Plenário. Em todo caso, fica ressalvada a possibilidade de que, por requisição de pelo menos um décimo dos membros da Casa, o Plenário discuta e vote projeto em princípio dispensado de sua apreciação pelo RI (art. 52, § 2º, I, da Constituição).

Aprovado por uma das Casas, o projeto será apreciado pela outra, chamada revisora, em único turno de discussão e votação (art. 65, *caput*, da Constituição). Novamente, o projeto passará pelas comissões internas, agora da Casa revisora. Se aprovado sem alteração, o projeto segue para apreciação do Presidente da República. Se reprovado, é arquivado e somente pode ser reapresentado na sessão legislativa seguinte, exceto se sua reapresentação se der através de proposta da maioria absoluta dos membros da Câmara dos Deputados ou do Senado Federal, em conformidade com o art. 67 da Constituição da República. Se aprovado com alteração, o projeto retorna à Casa iniciadora, para análise e votação em turno único (art. 65, parágrafo único, da Constituição). As alterações passarão uma vez mais pela Comissão de Constituição e Justiça e, em seguida, serão levadas à votação. As emendas da Casa revisora não podem ser subemendadas pela Casa iniciadora. Além disso, sua votação se dá, em regra, globalmente, exceto nos casos em que a comissão se manifeste favoravelmente a umas e desfavoravelmente a outras, quando então a votação se dará em grupos, de acordo com os respectivos pareceres. É possível também que a votação global deixe de ocorrer caso seja aprovado destaque para a votação de qualquer das emendas em particular. De todo modo, tais exceções só podem ter lugar se as alterações da Casa revisora, como um todo, puderem ser divididas em emendas distintas. Caso sejam rejeitadas as emendas, o projeto segue para apreciação do Presidente da República, com o texto original sem as emendas. Isso significa que, em última instância, prevalece a vontade da Casa iniciadora. Cabe considerar que as emendas são exclusividade dos parlamentares, sendo vedada a apresentação de emendas por titulares de iniciativa legislativa extraparlamentar.

Quanto ao prazo para deliberação acerca dos projetos de lei, este não é determinado constitucionalmente. Todavia, de acordo com o art. 64, § 1º, da Constituição, o Presidente da República pode solicitar que projetos de sua iniciativa, privativa ou concorrente, sejam apreciados em "regime constitucional de urgência" ou "processo legislativo sumário". São, portanto, dois os requisitos para tal regime diferenciado de apreciação das leis pelo Legislativo: projeto de lei de iniciativa do Presidente da República e solicitação sua ao Congresso Nacional. Nos termos das disposições dos §§ 2º e 3º do citado art. 64, o prazo máximo para a discussão e votação final de um projeto de lei em regime de urgência, incluindo até mesmo a análise, por parte da Casa iniciadora, das emendas da Casa revisora, não poderá exceder 100 dias. A Constituição estabelece sanção para descumprimento dos prazos previstos nos casos de regime de urgência (art. 64, § 2º, da Constituição): ao fim de 45 dias sem manifestação da Casa Legislativa que o deva fazer, o projeto é automaticamente incluído na ordem do dia, sobrestando-se a deliberação quanto aos demais assuntos. Cabe observar que não há na Constituição, como havia na Carta de 1967/1969, o *decurso de prazo*, pelo qual se considerava aprovado o Decreto-lei na hipótese de não ser apreciado no prazo fixado.

Aprovado o projeto de lei, segue agora a propositura de lei para apreciação do Presidente da República (art. 66, *caput*, da Constituição), como sói acontecer na tradição do Presidencialismo. O Chefe do Executivo poderá sancionar ou *vetar* (negar sanção) ao projeto de lei.

A sanção poderá ser expressa ou tácita, esta decorrendo de silêncio acerca do projeto durante mais de 15 dias após sua chegada para apreciação executiva (art. 66, § 3º, da Constituição), excluindo-se da contagem o dia inicial e incluindo-se o dia final. Poderá ainda ser total ou parcial.

O *veto* no sentido presidencialista de negativa de sanção (art. 66, § 1º, da Constituição), porém, será sempre expresso, sendo aqui um poder do Presidente da República enquanto Chefe de Estado partícipe da formação da vontade política estatal no sistema presidencialista. Não se trata, portanto, de mero controle recíproco, mas de participação na fase constitutiva da lei. A negativa de sanção poderá ocorrer por questões ligadas à constitucionalidade da propositura de lei ("veto jurídico") ou por questões ligadas ao mérito da propositura, quando se entenda ser ela contrária ao interesse público ("veto político") (art. 66, § 1º, da Constituição). O *veto* é irretratável e suas características são: a) expresso; b) motivado ou formalizado, pois o Presidente da República deve apresentar por escrito o *veto* e as razões que o justificaram, até para que o Legislativo possa tê-las em consideração ao deliberar sobre a sua derrubada ou não; c) total ou parcial, referindo-se à totalidade da propositura ou a partes dela. Seu limite, porém, é o texto integral de artigo, parágrafo, inciso ou alínea (art. 66, § 2º, da Constituição), não podendo atingir frases, palavras ou expressões isoladas; d) supressivo, não sendo possível que o *veto* adicione qualquer coisa a projeto de lei, mas apenas suprima-lhe algo; e) superável ou relativo, uma vez que pode ser derrubado pelo Congresso Nacional, nos termos do art. 66, § 4º, da Constituição.

Assim como o *veto* do Presidente, a deliberação congressual acerca dele também é irretratável. Nos casos de sanção parcial, a parcela sancionada do projeto de lei segue para a promulgação e publicação, no prazo de 48 horas. A parte da propositura vetada retorna ao Legislativo para ser apreciada.

8.9.3. Fase de aquisição de validade

Essa fase é denominada por parte da doutrina constitucional como "aquisição de eficácia". Entendendo-se que há uma nítida diferença entre vigência, validade e eficácia, tudo está a indicar a correção da expressão "validade", uma vez que a eficácia exige componentes que não podem ser aferidos pela simples publicização oficial (promulgação). Promulgada a lei, ela será vigente e terá validade até o momento em que for declarada nula (inválida). Desse modo, a promulgação é a conformação de um ato perfeito e acabado, firmando a existência do ato normativo na ordem jurídica, deixando-o apto para a sua execução (que tem na validade a sua condição de possibilidade).

Quando se tratar de matéria vetada, a derrubada do veto implica a promulgação do ato normativo (lei em sentido lato). A promulgação é prerrogativa do Presidente da República (como o é dos Governadores no caso dos Estados-membros e dos Prefeitos nos municípios). Todavia, se o chefe do Poder Executivo não promulgar a lei no prazo de 48 horas após a sanção – que pode ser expressa ou tácita – ou após a comunicação de que o veto foi rejeitado pelo Parlamento, a competência transfere-se ao Presidente do Senado (ou ao Presidente da Assembleia Legislativa, no caso dos Estados-membros). Se o Presidente do Senado se recusar a fazê-

-lo, a incumbência fica transferida, como *ultima ratio*, ao Vice-Presidente do Senado, nos termos do art. 66, § 7º, CR/1988. Promulgada a lei e não havendo disposição em contrário, a entrada em vigor ocorre após *vacatio legis* de 45 dias contados da publicação.

Duas questões, ainda, que sobressaem sobre o veto. A primeira é o fato de que o poder de veto não pode ser exercido após o decurso do prazo de 15 dias. A segunda está relacionada com o fato de que a formação das leis é um ato complexo que conjuga a manifestação de vontade do Congresso Nacional com o chefe do Poder Executivo. Assim, uma vez manifestada sua aquiescência com o Projeto de Lei ocorre uma preclusão, de tal forma a que o veto confere um caráter terminativo. Por isso, não há possibilidade de arrependimento de veto (ADPF 714). Uma vez manifestado, o veto deverá ser apreciado pelo Congresso Nacional.

> **Art. 62.** Em caso de relevância e urgência, o Presidente da República poderá adotar medidas provisórias, com força de lei, devendo submetê-las de imediato ao Congresso Nacional.

§ 1º É vedada a edição de medidas provisórias sobre matéria:
I – relativa a:

a) nacionalidade, cidadania, direitos políticos, partidos políticos e direito eleitoral;

b) direito penal, processual penal e processual civil;

c) organização do Poder Judiciário e do Ministério Público, a carreira e a garantia de seus membros;

d) planos plurianuais, diretrizes orçamentárias, orçamento e créditos adicionais e suplementares, ressalvado o previsto no art. 167, § 3º;

II – que vise a detenção ou sequestro de bens, de poupança popular ou qualquer outro ativo financeiro;

III – reservada a lei complementar;

IV – já disciplinada em projeto de lei aprovado pelo Congresso Nacional e pendente de sanção ou veto do Presidente da República.

§ 2º Medida provisória que implique instituição ou majoração de impostos, exceto os previstos nos arts. 153, I, II, IV, V, e 154, II, só produzirá efeitos no exercício financeiro seguinte se houver sido convertida em lei até o último dia daquele em que foi editada.

§ 3º As medidas provisórias, ressalvado o disposto nos §§ 11 e 12 perderão eficácia, desde a edição, se não forem convertidas em lei no prazo de sessenta dias, prorrogável, nos termos do § 7º, uma vez por igual período, devendo o Congresso Nacional disciplinar, por decreto legislativo, as relações jurídicas delas decorrentes.

§ 4º O prazo a que se refere o § 3º contar-se-á da publicação da medida provisória, suspendendo-se durante os períodos de recesso do Congresso Nacional.

§ 5º A deliberação de cada uma das Casas do Congresso Nacional sobre o mérito das medidas provisórias dependerá de juízo prévio sobre o atendimento de seus pressupostos constitucionais.

§ 6º Se a medida provisória não for apreciada em até quarenta e cinco dias contados de sua publicação, entrará em regime de urgência, subsequentemente, em cada uma das Casas do Congresso Nacional, ficando sobrestadas, até que se ultime a votação, todas as demais deliberações legislativas da Casa em que estiver tramitando.

§ 7º Prorrogar-se-á uma única vez por igual período a vigência de medida provisória que, no prazo de sessenta dias, contado de sua publicação, não tiver a sua votação encerrada nas duas Casas do Congresso Nacional.

§ 8º As medidas provisórias terão sua votação iniciada na Câmara dos Deputados.

§ 9º Caberá à comissão mista de Deputados e Senadores examinar as medidas provisórias e sobre elas emitir parecer, antes de serem apreciadas, em sessão separada, pelo plenário de cada uma das Casas do Congresso Nacional.

§ 10. É vedada a reedição, na mesma sessão legislativa, de medida provisória que tenha sido rejeitada ou que tenha perdido sua eficácia por decurso de prazo.

§ 11. Não editado o decreto legislativo a que se refere o § 3º até sessenta dias após a rejeição ou perda de eficácia de medida provisória, as relações jurídicas constituídas e decorrentes de atos praticados durante sua vigência conservar-se-ão por ela regidas.

§ 12. Aprovado projeto de lei de conversão alterando o texto original da medida provisória, esta manter-se-á integralmente em vigor até que seja sancionado ou vetado o projeto.

José Levi Mello do Amaral Júnior

1. História da norma

É pressuposto do Governo a possibilidade de ele exercer poder normativo primário, isto é, com força, valor e eficácia de lei. Mormente quando legitimado pela maioria parlamentar, o Governo exercita amplas funções legislativas com a desenvoltura que não é própria do Parlamento[1]. Com isso, o centro da vida constitucional paulatinamente se desloca das casas legislativas para o Governo[2]: do Rei para o Parlamento, do Parlamento para o Governo. O Governo torna-se o protagonista da condução dos negócios públicos[3]. Firma-se, então, a assim chamada "legislação motorizada" de origem governativa[4].

Neste contexto, ganha existência instrumental legislativo adotado diretamente pelo próprio Governo. Inicialmente, sem nenhuma previsão no Direito positivo; a seguir, como fonte normal do Direito, por ele próprio prevista. Tanto isso é verdade que a doutrina registra a ocorrência, ao menos em certos âmbitos temáticos, de uma "concorrência legislativa" entre Governo e Parlamento[5].

Por outro lado, mesmo os doutrinadores que reconhecem ter sido da vontade do constituinte estabelecer equivalência entre

---

1. VIESTI, Giuseppe. *Il decreto-legge*, Nápoles: Jovene, 1967, p. 11.
2. VIESTI, *Il decreto-legge...*, p. 9.
3. CONTRERAS, Ana M. Carmona. *La configuración constitucional del decreto-ley*, Madrid: Centro de estudios políticos y constitucionales, 1997, p. 29.
4. PITRUZZELLA, Giovanni. *La legge di conversione del decreto legge*, Padova: CEDAM, 1989, p. 21.
5. CANOTILHO, José Joaquim Gomes. *Direito constitucional e teoria da Constituição*, 5ª edição, Coimbra: Almedina, 2002, p. 791.

as fontes parlamentar e governativa, apontam a preferência constitucional pela fonte parlamentar, seja em razão da prévia habilitação parlamentar conferida ao Governo para a elaboração da lei delegada, seja em razão da posterior manifestação parlamentar por meio da conversão em lei da decretação de urgência[6].

A legislação pelo Governo apresenta-se em diferentes modalidades. Pode ser classificada em três tipos fundamentais[7].

O primeiro refere-se a atos normativos com força de lei baixados diretamente pelo Governo ao arrepio de qualquer previsão constitucional (ou, até mesmo, contra expressa proibição constitucional), no mais das vezes em períodos de crise das instituições parlamentares[8] e para fazer frente a situações de emergência legislativa. Fundavam-se, precipuamente, na necessidade[9]. Daí a curiosa e sugestiva fórmula da doutrina alemã *"Not kennt kein Gebot"*, isto é, a necessidade não conhece princípio[10].

Na história italiana, uma das primeiras exposições da tese da necessidade como fonte do Direito foi do Deputado Urbano Rattazzi, nas discussões havidas nos dias 19 e 20 de março de 1849. Na iminência de guerra contra a Áustria, Rattazzi defendeu haver uma lei superior a qualquer *"Statuto"*, qual seja, a lei da necessidade. Do contrário – afirmava – ter-se-ia que reconhecer faltar à sociedade os meios necessários à sua própria defesa[11]. O Parlamento tolerou a decretação de urgência, cujo uso foi, até antes da I Guerra Mundial, moderado[12]. Após a Guerra, a inflação de *decreti-legge* – no mais das vezes destituídos de real necessidade urgente e em casos possíveis de solução pelo processo legislativo comum – tornou a decretação de urgência o meio normal de legislação, admitida pelo Parlamento, pela magistratura, e, inclusive, pela doutrina, em que pesem às divergências[13]. Contam-se 5.217 *decreti-legge* entre 1914 e 1925[14]. Atingindo tal dimensão a vulgarização da decretação de urgência, buscou-se solução com a adoção de medidas restritivas constantes da *Legge* n. 100, de 31 de janeiro de 1926. A exacerbação prosseguiu a ponto de o próprio legislador fascista tentar pôr freios ao fenômeno por meio da *Legge* n. 129, de 19 de janeiro de 1939, que consentia o *decreto-legge* "somente em estado de necessidade em razão de guerra ou em razão de medidas urgentes de caráter financeiro e quando as Comissões legislativas das Câmaras não houvessem deliberado no prazo de um mês da apresentação dos projetos de lei"[15]. Na prática, o *decreto-legge* continuou a ser instrumento ordinário de legislação. Ademais, vale registrar, o *decreto-legge* foi de grande importância para as reformas pós-fascismo[16].

A tese que erigia a necessidade como fonte do Direito foi amplamente criticada. Muitos dos críticos sugeriam que a irregular decretação de urgência governativa fosse seguida de uma manifestação parlamentar formal regularizando a situação por meio de um *"Act of Indemnity"*[17]. O entendimento em causa considerava a decretação de urgência uma irregularidade a ser escusada pelo *Act of Indemnity*, ato parlamentar esse que não legalizava o operado pelos ministros, mas tão somente exonerava esses da responsabilidade que assumiam quando adotavam o provimento de urgência[18].

O segundo tipo fundamental refere-se a uma "temporária transmissão do exercício da potestade legislativa, circunscrita a determinadas matérias cuja complexidade e especificidade não é facilmente apreciável pelas multifacetadas assembleias políticas, mas o é por restritas comissões de expertos de que pode dispor o Governo (assim ditas leis delegadas)"[19].

No entanto, a lei delegada "não pegou", em especial pela difusão do decreto-lei e correlatos, no geral mais fáceis de lançar mão[20], o que é lamentado em doutrina em face da redução do poder parlamentar de controle sobre os atos do Governo, bem assim por colocar o Parlamento diante de fatos não raro já consumados[21].

O terceiro, enfim, refere-se a provimentos governativos – vigentes e eficazes desde a sua edição – adotados independentemente de prévia autorização parlamentar, porque baixados em virtude de um legítimo poder normativo do Governo[22]. Fundam-se – mormente nos sistemas de Governo parlamentaristas – na relação de confiança entre Governo e Parlamento, "que comporta uma mútua colaboração com possibilidade de integração e substituição entre os dois órgãos constitucionais"[23].

Com efeito, o reconhecimento e a disciplina pelo Direito positivo de tais instrumentos legislativos confiados ao Governo constitui "exigência que é conatural à organização do Estado moderno"[24]. Assim, a experiência o demonstra, é melhor disciplinar – com rigor e cautela – o estado de necessidade legislativa do que deixá-lo operar livremente, subestimando-se, desta forma, o risco de abusos.

---

6. VERGOTTINI, Giuseppe de. *Diritto costituzionale*, 3ª edição, Padova: CEDAM, 2001, p. 194.

7. Adota-se, aqui, em suas linhas gerais, a tipologia proposta por Viesti (*Il decreto-legge...*, p. 9).

8. VIESTI, *Il decreto-legge...*, p. 9, 15 e 16.

9. A propósito, CANOTILHO, *Direito constitucional e teoria da Constituição...*, p. 786 e PITRUZZELLA, *La legge di conversione del decreto legge...*, p. 24.

10. MENDES, Gilmar Ferreira. *Notas taquigráficas da Sessão de 15 de maio de 2002 da Comissão de Constituição, Justiça e Cidadania da 4ª Sessão Legislativa Ordinária da 51ª Legislatura*, Brasília: Senado Federal, 2002, p. 37 a 38.

11. CROSA, Emílio. *Corso di diritto costituzionale*, parte II, Torino: Giappichelli, 1950, p. 258 e 259.

12. Ao que consta, o Decreto n. 738, de 27 de maio de 1848, foi o primeiro feito com base em urgência; no entanto, o primeiro a veicular a cláusula de apresentação para conversão em lei foi o Decreto n. 3.811, de 1º de dezembro de 1859 (RUFFÌA, Paolo Biscaretti di. *Diritto costituzionale*, 7a edição, Nápoles: Jovene, 1965, p. 497).

13. CROSA, *Corso di diritto costituzionale...*, p. 260 e 261. No mesmo sentido, CAZZOLA, Franco. Le lentezze dell'urgenza. Legislature, governo e uso del decreto legge, in *Il decreto legge fra governo e parlamento*, Milão, Giuffrè: 1975, p. 4.

14. CELOTTO, Alfonso. *L'"abuso" del decreto-legge*, volume I, Padova: CEDAM, 1997, p. 216.

15. VIESTI, *Il decreto-legge...*, p. 27 e 28.

16. VIESTI, *Il decreto-legge...*, p. 28.

17. A propósito, PITRUZZELLA, *La legge di conversione del decreto legge...*, p. 30 e 31.

18. VIESTI, *Il decreto-legge...*, p. 15 e 16.

19. VIESTI, *Il decreto-legge...*, p. 9.

20. FERREIRA FILHO, Manoel Gonçalves. *Do processo legislativo*, 5ª edição, São Paulo: Saraiva, 2002, p. 230.

21. FERREIRA FILHO, *Do processo legislativo*, 5ª edição..., p. 230. No mesmo sentido, CANOTILHO, *Direito constitucional e teoria da Constituição...*, p. 789.

22. VIESTI, *Il decreto-legge...*, p. 9.

23. VERGOTTINI, *Diritto costituzionale...*, p. 194.

24. VIESTI, *Il decreto-legge...*, p. 12.

Giuseppe Viesti relata que, durante os trabalhos constituintes que deram vida à Constituição italiana de 1947, alguns parlamentares observaram que "convinha precisar e delimitar um poder que o Executivo teria certamente utilizado ainda que se lhe fosse negado, como demonstra a experiência constitucional de vários Estados"[25]. Ademais, a legislação sem controle por meio da decretação de urgência é o meio mais eficaz para uma ditadura se afirmar[26].

Portanto, não é despropositado afirmar que a disciplina do poder normativo (primário) do Governo é, contemporaneamente, o núcleo central do sistema de Governo[27], podendo apresentar-se em diversas configurações.

Entre essas diversas configurações incluem-se sistemas de governo presidencialistas[28] – bem diversos, é verdade, do modelo propugnado por Montesquieu – o que se dá com evidentes dificuldades, até porque o arranjo institucional do presidencialismo não pressupõe a relação de confiança entre Governo e Parlamento, inerente que é aos sistemas de governo parlamentaristas. No entanto, diferentemente do rei, o presidente goza de legitimidade democrática para a decretação de urgência, em especial considerando que, no mais das vezes, a investidura (temporária) no cargo se dá por sufrágio direto e universal[29].

Por outro lado, há, também, parlamentarismos que não adotam a decretação de urgência. É o caso do parlamentarismo alemão no modelo da Lei Fundamental de Bonn, de 1949. Nela, a destituição do Chanceler Federal somente acontece pelo "voto de desconfiança construtivo", isto é, a destituição do Chanceler Federal somente pode ocorrer com a concomitante eleição de um sucessor pela nova maioria parlamentar[30]. Assim, se acaso o *Bundestag* (Câmara baixa alemã) rejeita projeto de lei declarado urgente pelo Governo ou a respeito do qual tenha o Chanceler Federal levantado questão de confiança – o Presidente da República, instado pelo Governo, pode decretar o estado de necessidade legislativa[31]. Com isso, "os projetos governamentais são considerados aprovados se contarem com o apoio da câmara alta, independentemente do entender do Bundestag. Assim, habilita o Governo a obter legislação contra a vontade dos representantes do povo, desde que os representantes dos Estados com isso estejam de acordo"[32]. Durante a sua gestão, o Chanceler Federal somente pode reclamar uma única vez a decretação do estado de necessidade legislativa, cujo prazo máximo – e não renovável – é de seis meses[33]. O estado de necessidade legislativa nunca foi decretado, e parece pouco provável que o seja, dada a dificuldade de configuração dos seus pressupostos constitucionais[34]. Trata-se, enfim, de excepcionalidade concebida para prevenir os abusos que, no passado, degeneraram a República de Weimar e levaram ao totalitarismo nazista[35].

Refira-se, ainda, que até mesmo a Lei Fundamental do Estado da Cidade do Vaticano, de 26 de novembro de 2000, prevê a decretação de urgência[36].

Em tempos mais recentes, nas ordens jurídicas que efetivamente adotam provimentos governativos com força normativa primária, esses têm sido submetidos – por força de mecanismos constitucionalmente previstos – ao crivo do Parlamento para conversão em lei formal. É a assim denominada "lei de conversão".

A lei de conversão – comum em ordenamentos jurídicos democráticos, dispensada em experiências autoritárias – transforma o ato legislativo do Governo em um do Parlamento[37], o que recupera, ao menos em parte, um dos ideais de Montesquieu: a lei não pode ser aplicada pela mesma autoridade ou órgão que a fez.

2. Constituições estrangeiras

Diversas são as Constituições que adotam algum tipo de legislação primária confiada ao Governo. Porém, porque foi a matriz da medida provisória brasileira, importa lembrar, primeiro, a experiência italiana.

O *provvedimento provvisorio* italiano, disciplinado no art. 77 da Constituição italiana de 1947, é usualmente chamado "decreto-legge", segundo expressão tradicional no Direito italiano e de emprego determinado pela *Legge* n. 400, de 23 de agosto de 1988[38], que "Disciplina a atividade do Governo e organiza a Presidência do Conselho de Ministros"[39]. O art. 77 da Constituição italiana de 1947 tem o seguinte teor:

---

25. VIESTI, *Il decreto-legge...*, p. 34.
26. CROSA, *Corso di diritto costituzionale...*, p. 263.
27. PITRUZZELLA, *La legge di conversione del decreto legge...*, p. 6.
28. VIESTI, *Il decreto-legge...*, p. 13 e s.
29. FERREIRA FILHO, Manoel Gonçalves. A legiferação governamental, em particular, no Brasil, in *Aspectos do direito constitucional contemporâneo*, São Paulo: Saraiva, 2003, p. 249.
30. HESSE, Konrad. *Elementos de direito constitucional da República Federal da Alemanha*, tradução (da 20ª edição) de Luís Afonso Heck, Porto Alegre: Fabris, 1998, p. 466.
31. FERREIRA FILHO, *Do processo legislativo*, 5ª edição..., p. 187 e HESSE, *Elementos de direito constitucional da República Federal da Alemanha...*, p. 530 e 531.
32. FERREIRA FILHO, *Do processo legislativo*, 5ª edição..., p. 188.
33. FERREIRA FILHO, *Do processo legislativo*, 5ª edição..., p. 188.
34. BÜLOW, Eric. *La legislación* in *Manual de derecho constitucional*, 2ª edição, Madrid: Marcial Pons, 2001, p. 740.
35. FERREIRA FILHO, *Do processo legislativo*, 5ª edição..., p. 186 e 187.
36. Art. 3º, n. 1, combinado com o art. 7º, n. 2, ambos da Lei Fundamental do Estado da Cidade do Vaticano, de 2000, *verbis*: "Art. 3 1. O poder legislativo, exceto os casos em que o Sumo Pontífice o deseje reservar para si ou para outras instâncias, é exercido por uma Comissão composta por um Cardeal Presidente e por outros Cardeais, todos nomeados pelo Sumo Pontífice por um quinquênio. (...)" e "Art. 7 (...) 2. Em casos de urgente necessidade, ele pode emanar disposições com força de lei, as quais todavia perdem a eficácia se não forem confirmadas pela Comissão no prazo de noventa dias" (excerto do texto constante do *site* http://www.vatican.va/vatican_city_state/legislation/index_po.htm).
37. PITRUZZELLA, *La legge di conversione del decreto legge...*, p. 32.
38. Art. 15, n. 1, da *Legge* n. 400, de 1988. Paolo Biscaretti di Ruffìa explica o porquê de a Constituição italiana de 1947 empregar a expressão *provvedimenti provvisori*: "não se quis, deliberadamente, falar de 'norma', expressão tecnicamente mais exata mas que teria reclamado uma maior duração de aplicação no tempo" (RUFFÌA, *Diritto costituzionale...*, p. 500). Assim, o constituinte italiano não empregou a expressão *decreto-legge* porque a provisoriedade é relativa aos provimentos (ou às medidas) veiculadas pela espécie normativa disciplinada no art. 77 da Constituição italiana de 1947, parecendo a expressão *decreto-legge* ser mais própria para o ato normativo em si mesmo, ato esse que encontra colocação definitiva no tempo, ainda que delimitada a um breve lapso (PITRUZZELLA, *La legge di conversione del decreto legge...*, p. 148 e 149).
39. "Disciplina dell'attività di Governo e ordinamento della Presidenza del Consiglio dei Ministri."

O Governo não pode, sem delegação das Câmaras, editar decretos que tenham valor de lei ordinária.

Quando, em casos extraordinários de necessidade e de urgência, o Governo adota, sob a sua responsabilidade, provimentos provisórios com força de lei, deve no mesmo dia apresentá-los para conversão às Câmaras que, mesmo se dissolvidas, são convocadas para esse propósito e se reúnem dentro de cinco dias.

*Os decretos perdem eficácia desde o início, se não são convertidos em lei dentro de sessenta dias da sua publicação. As Câmaras podem, todavia, regular por lei as relações jurídicas surgidas com base nos decretos não convertidos*⁴⁰.

O *decreto-ley* espanhol – que também é inspirado no modelo italiano⁴¹ – tem a seguinte disciplina constitucional (art. 86 da Constituição espanhola de 27 de dezembro de 1978):

1. Em caso de extraordinária e urgente necessidade, o Governo poderá ditar disposições legislativas provisórias que tomarão a forma de Decretos-leis e que não poderão afetar o ordenamento das instituições básicas do Estado, os direitos, deveres e liberdades dos cidadãos regulados no Título I, o regime das Comunidades Autônomas, nem o Direito eleitoral geral.

2. Os Decretos-leis deverão ser imediatamente submetidos a debate e votação em totalidade ao Congresso dos Deputados, convocado a propósito se não estiver reunido, no prazo de trinta dias seguintes à sua promulgação. O Congresso deverá pronunciar-se expressamente dentro do dito prazo sobre sua convalidação ou derrogação, para o qual o regulamento estabelecerá um procedimento especial e sumário.

3. Durante o prazo estabelecido no parágrafo anterior, as Cortes poderão tramitá-los como projetos de lei pelo procedimento de urgência.

3. Constituições brasileiras anteriores

A primeira e a segunda Repúblicas não admitiram a delegação legislativa. No entanto, o Poder Executivo legiferava disfarçadamente por meio de regulamentos *praeter legem*⁴².

No Estado Novo, enquanto não fosse instalado o "Parlamento Nacional", o art. 180 da Constituição de 1937 confiava todas as competências legislativas da União ao Presidente da República. Foi a primeira vez em que surgiu, formalmente, no Direito brasileiro, o decreto-lei, ainda que com perfil transitório. Foi banido pela Constituição de 1946 que não admitiu a delegação legislativa, salvo pelo breve período parlamentarista entre 1961 e 1963⁴³.

O antecedente imediato do decreto-lei constante da Constituição de 1967 é a espécie legislativa prevista no art. 30 do Ato Institucional n. 2, de 27 de outubro de 1965.

Tratava-se de espécie legislativa primária da competência do Presidente da República e com âmbito material circunscrito à segurança nacional, características essas que também marcaram o decreto-lei da Constituição de 1967. Excepcionalmente, decretado o recesso parlamentar, o Presidente da República "poderia legislar mediante decretos-leis em todas as matérias previstas na Constituição e na Lei Orgânica"⁴⁴.

O decreto-lei que constava do Ato Institucional n. 2, de 1965, também foi objeto do art. 9º do Ato Institucional n. 4, de 7 de dezembro de 1966 – que convocou, extraordinariamente, o "Congresso Nacional para discussão, votação e promulgação do Projeto de Constituição apresentado pelo Presidente da República".

Em seu texto originário, a Constituição de 1967 previa o decreto-lei nos seguintes termos:

Art. 58. O Presidente da República, em casos de urgência ou de interesse público relevante, e desde que não resulte aumento de despesa, poderá expedir decretos com força de lei sobre as seguintes matérias:

I – segurança nacional

II – finanças públicas

Parágrafo único. Publicado, o texto, que terá vigência imediata, o Congresso Nacional o aprovará ou rejeitará, dentro de sessenta dias, não podendo emendá-lo; se, nesse prazo, não houver deliberação o texto será tido como aprovado.

A seguir sobreveio a Emenda Constitucional n. 1, de 27 de outubro de 1969, que assim disciplinava o decreto-lei:

Art. 55. O Presidente da República, em casos de urgência ou de interesse público relevante, e desde que não haja aumento de despesa, poderá expedir decretos-leis sobre as seguintes matérias:

I – segurança nacional;

II – finanças públicas, inclusive normas tributárias; e

III – criação de cargos públicos e fixação de vencimentos.

§ 1º Publicado o texto, que terá vigência imediata, o Congresso Nacional o aprovará ou rejeitará, dentro de sessenta dias, não podendo emendá-lo; se, nesse prazo, não houver deliberação, o texto será tido por aprovado.

§ 2º A rejeição do decreto-lei não implicará a nulidade dos atos praticados durante a sua vigência.

Portanto, o decreto-lei, em qualquer uma das formulações referidas, mostra-se como típico ato normativo primário e geral, manifestando "*a existência de um poder normativo primário, próprio do Presidente e independente de qualquer delegação*"⁴⁵.

Constam da fórmula de 1967 e da fórmula de 1969 dois requisitos constitucionais alternativos: "urgência"⁴⁶ ou "interesse público relevante"⁴⁷. Ademais, o decreto-lei não poderia

---

40. Tradução de BARROS, Sérgio Resende de. *Medidas, provisórias? Revista da Procuradoria-Geral do Estado de São Paulo*, n. 53, p. 78.

41. OTTO, Ignacio de. *Derecho constitucional. Sistema de fuentes*, Barcelona: Ariel, 2001, p. 196.

42. FERREIRA FILHO, *A legiferação governamental, em particular, no Brasil...*, p. 252.

43. FERREIRA FILHO, *A legiferação governamental, em particular, no Brasil...*, p. 253.

44. Art. 31 do Ato Institucional n. 2, de 1965.

45. FERREIRA FILHO, Manoel Gonçalves. *Do processo legislativo*, 2ª edição, São Paulo: Saraiva, 1984, p. 246.

46. "Por urgência, logicamente, se tem de entender a imediatidade do império da necessidade, que impede se aguarde o prazo fixado para a apreciação dos projetos de lei urgentes, em geral, do Presidente pelo Congresso, estabelecido no art. 51, § 2º da Constituição, ou seja, menos de quarenta dias" (FERREIRA FILHO, *Do processo legislativo*, 2ª ed., p. 254).

47. "Por interesse público relevante se há de entender exatamente o império da necessidade das medidas editadas para o bem público" (FERREIRA FILHO, *Do processo legislativo*, 2ª ed., p. 254).

implicar aumento de despesa. A doutrina e a jurisprudência majoritárias entendiam que "urgência" e "interesse público relevante" não eram objeto de controle pelo Poder Judiciário, isso em razão da natureza política de ambos, confiados que eram ao juízo discricionário de oportunidade e conveniência do Presidente da República[48].

Pontes de Miranda, por sua vez, sustentava que a superveniência da aprovação parlamentar do decreto-lei "dificilmente" permitiria conceber caso de apreciação da inconstitucionalidade da decretação de urgência ou do respectivo ato aprovativo por carência dos requisitos constitucionais de "urgência" ou de "interêsse público relevante", insistindo, no entanto, não ser impossível fazê-lo[49]. De toda sorte, o efetivo controle judicial da constitucionalidade de ambos os requisitos somente passou a ser admitido em tempos mais recentes, já sob a Constituição de 1988.

Na fórmula de 1969, mantiveram-se como matérias admitidas ao decreto-lei a "segurança nacional"[50] e a "matéria financeira", acrescentando, o texto de 1969, o complemento "inclusive normas tributárias". Com isso, espancou-se qualquer dúvida quanto à possibilidade de o decreto-lei versar sobre matéria tributária[51]. Ainda relativamente ao âmbito material do decreto-lei, a teor da Emenda Constitucional n. 1, de 1969, poderia – o decreto-lei – dispor sobre a *"criação de cargos públicos e fixação de vencimentos"*.

A teor do § 1º do art. 55 da Constituição de 1967, com a redação da Emenda Constitucional n. 1, de 1969, publicado o decreto-lei, tinha vigência – vale dizer, eficácia – imediata. Submetido a exame do Congresso Nacional, deveria ele aprovar ou rejeitar o decreto-lei em bloco[52] (sem emendas), no prazo de sessenta dias. Transcorrido esse prazo sem deliberação congressual, o decreto-lei era tido por aprovado (aprovação tácita).

O decreto-lei era submetido à deliberação do Plenário do Congresso Nacional, em sessão conjunta[53], convocada até quarenta dias após a sessão destinada à leitura da matéria[54]. Aprovado ou rejeitado o decreto-lei, era, então, promulgado, pelo Presidente do Senado Federal, decreto legislativo dando conta da deliberação tomada pelo Congresso[55]. Note-se: o decreto-lei não era convertido em lei, mas, sim, permanecia decreto-lei.

A teor do § 2º do art. 55 da Constituição de 1967, acrescentado pela Emenda Constitucional n. 1, de 1969, a rejeição do decreto-lei não implicava a nulidade dos atos praticados durante a sua vigência, o que em muito concorria para um mínimo de estabilidade e segurança nas relações jurídicas[56].

Como ato normativo primário e geral que era, o decreto-lei tinha força de lei e, portanto, revogava a legislação anterior com ele conflitante. No entanto, como visto, o decreto-lei poderia ser rejeitado pelo Congresso Nacional. Aí a seguinte indagação: o direito anterior eventualmente revogado restaurava-se pela rejeição do decreto-lei?

Vale registrar a resposta de Manoel Gonçalves Ferreira Filho, porquanto – como se verá adiante – mantém-se, em sua essência, relativamente à medida provisória: "o decreto-lei é um ato sob uma como que condição resolutiva, motivo por que sua rejeição pelo Congresso implica a extinção de seus efeitos, donde a restauração do direito anterior. Destarte, parece imperativa a conclusão de que o decreto-lei revoga, desde o momento de sua edição, as normas com ele colidentes. Mas a revogação é como que condicional. Se a 'condição resolutiva' não se realizar no prazo de sessenta dias [qual seja, a rejeição do decreto-lei pelo Congresso Nacional], torna-se definitiva essa revogação. Do contrário, restaura-se o direito anterior"[57].

Na prática, tem-se efeito muito parecido com a repristinação, o que também ocorre, por exemplo, em sede de controle da constitucionalidade procedente[58].

A Emenda Constitucional n. 22, de 29 de junho de 1982, modificou a redação do § 1º do art. 55 de modo a imprimir tramitação nos termos do § 3º do art. 51 da Constituição de 1967, também com a redação da Emenda Constitucional n. 22, de 1982, isto é, inclusão automática na ordem do dia, em regime de urgência, nas dez sessões subsequentes em dias sucessivos. Aí sim, decorridos esses dias, considerava-se definitivamente aprovado o decreto-lei[59].

De toda sorte, há que considerar que o decreto-lei "não era editado para dar tempo ao Congresso de adotar normas eventual-

---

48. FERREIRA FILHO, *Do processo legislativo*, 2ª ed., p. 254.
49. PONTES DE MIRANDA, Francisco Cavalcanti. *Comentários à Constituição de 1967*, tomo III, São Paulo: Revista dos Tribunais, 1967, p. 157.
50. Sob a Constituição de 1967, o Supremo Tribunal Federal chegou a fulminar decreto-lei relativo à locação de imóveis, por abuso do poder de legislar, justamente por não enfrentar, o decreto-lei em causa, matéria de segurança nacional: "Repugna à Constituição que, nesse conceito de 'segurança nacional', seja incluído assunto miúdo de Direito Privado, que apenas joga com interesses também miúdos e privados de particulares, como a purgação da mora nas locações contratadas com negociantes como locatários" (Recurso Extraordinário n. 62.731/GB, Relator o Ministro Aliomar Baleeiro, julgado em 23-08-1967). Sobre o assunto, confira-se AMARAL JÚNIOR, José Levi Mello do. *Memória jurisprudencial: Ministro Aliomar Baleeiro*, Brasília: Supremo Tribunal Federal, 2006, p. 44 a 52.
51. Relativamente ao texto constitucional originário de 1967, a doutrina era, justamente, no sentido de excluir a matéria tributária do campo do decreto-lei (BALEEIRO, Aliomar. *O direito financeiro na Constituição de 1967* in *Constituições brasileiras: 1967*, Brasília: Senado Federal e Ministério da Ciência e Tecnologia, Centro de Estudos Estratégicos, 2001, p. 65). No mesmo sentido, FERREIRA FILHO, *Do processo legislativo*, 2ª edição..., p. 254.
52. FERREIRA FILHO, *Do processo legislativo*, 2ª edição..., p. 254.
53. Isto é, a Câmara dos Deputados e o Senado Federal discutiam e votavam conjuntamente e em um único turno de discussão e votação, a matéria. Não se tratava de sessão unicameral, hipótese em que Deputados e Senadores diluem-se em um mesmo grupo deliberante. A sessão conjunta é, isso sim, uma sessão bicameral, mas com a peculiaridade de conjugar, em um mesmo momento e espaço, ambas as Casas, que, no entanto, para o fim de tomada de votos, mantêm-se separadas. Toma-se o voto de uma Casa e depois de outra. Tanto é assim que, se acaso a primeira Casa a ter os votos colhidos rejeita a matéria, o projeto – para usar a fórmula de Manoel Gonçalves Ferreira Filho – está morto, e o arquivamento o sepulta (FERREIRA FILHO, *Do processo legislativo*, 5ª edição..., p. 211).
54. Art. 111 da Resolução n. 1, de 1970, do Congresso Nacional.
55. Art. 112 da Resolução n. 1, de 1970, do Congresso Nacional.
56. BARROS, Sérgio Resende de. *Medidas, provisórias?...*, p. 79 e 80.
57. FERREIRA FILHO, *Do processo legislativo*, 2ª edição..., p. 258.
58. § 2º do art. 11 da Lei n. 9.868, de 10 de novembro de 1999.
59. "De todo modo, a não apreciação do decreto-lei pelo Congresso Nacional implicava sua aprovação. Isto é bastante significativo, posto que, do ponto de vista prático, em virtude de uma série de circunstâncias, é muito mais fácil a inocorrência de deliberação, do que a rejeição" (MACHADO, Hugo de Brito. *Os princípios jurídicos da tributação na Constituição de 1988*, 2ª edição, São Paulo: Revista dos Tribunais, 1991, p. 31).

mente necessárias, era uma legiferação do Executivo, posta sob o controle do Legislativo"[60].

Sim, o decreto-lei de 1967 estava inserido em uma prática institucional de nítidos traços autoritários, muito comum, como visto, ao longo de boa parte do século XX. Em tal circunstância, como bem sintetiza Giuseppe Viesti, a separação dos Poderes ou era expressamente repudiada, ou ganhava natureza de mera aparência. Os mecanismos de controle estavam subordinados ao grupo ou ao partido dominante. As assembleias parlamentares se limitavam a aprovar as decisões do Poder Executivo, poder esse que detinha ampla competência para a adoção de atos com força de lei. Assim, o Governo – nada tendo a temer em razão da inexistência de oposição – legislava sempre que considerasse necessário. Previa-se, não raro, sucessiva aprovação parlamentar, mas sem nenhum valor substancial, dado o contexto autoritário descrito[61].

Ainda assim, não se pode desprezar o que havia de bom no decreto-lei. Antes, há que aprender com os seus equívocos para, então, recuperar e aprimorar as soluções acertadas que experimentou[62]. Foi o que fez, em boa medida, a Emenda Constitucional n. 32, de 11 de setembro de 2001.

4. Direito internacional

Não se aplica.

5. Remissões constitucionais e legais

Art. 167, § 3º, e art. 246, ambos da Constituição de 1988.

6. Jurisprudência

ADInMC n. 162-1/DF, Relator o Ministro Moreira Alves, julgada em 14-12-1989 (medida provisória em matéria penal e processual penal); ADInMC n. 221-0/DF, Relator o Ministro Moreira Alves, julgada em 16-09-1993 (revogação de medida provisória por outra); ADInMC n. 293-7/DF, Relator o Ministro Celso de Mello, julgada em 06-06-1990 (rejeição parlamentar de medida provisória impede a sua reedição); ADIn n. 425-5/TO, Relator o Ministro Maurício Corrêa, julgada em 04-09-2002 (possibilidade de medida provisória em nível estadual); ADInMC n. 526-0/DF, Relator o Ministro Sepúlveda Pertence, julgada em 12-12-1991 (a existência de projeto de lei sobre dada matéria, antes de provar a falta de urgência, pode evidenciá-la); ADInMC n. 812-9/TO, Relator o Ministro Moreira Alves, julgada em 01-04-1993 (possibilidade de medida provisória em nível estadual); ADIn n. 1.005-1/DF, Relator o Ministro Moreira Alves, julgada em 11-11-1994 (relação havida entre medida provisória e respectiva lei de conversão); ADIn n. 1.417-0/DF, Relator o Ministro Octavio Gallotti, julgada em 02-08-1999 (conversão em lei torna superada a contestação sobre os preenchimentos dos requisitos de urgência e relevância); ADInMC n. 1.518-4/UF, Relator o Ministro Octavio Gallotti, julgada em 05-12-1996 (art. 246 da Constituição); ADInMC n. 1.753-2/DF, Relator o Ministro Sepúlveda Pertence, julgada em 16-04-1998 (medida provisória e quebra da igualdade processual); ADIn n. 1.849-0/DF, Relator o Ministro Marco Aurélio, julgada em 01-09-1999 (aditamento da inicial e "caronas" em reedições); ADInMC n. 2.348-9/DF, Relator o Ministro Marco Aurélio, julgada em 07-12-2000 (inconstitucionalidade decorrente da carência do pressuposto constitucional de urgência); ADInMC n. 3.090-6/DF e ADInMC n. 3.100-7/DF, Relator o Ministro Gilmar Mendes, julgadas em 11-10-2006 (lei de conversão não convalida os vícios formais porventura existentes na medida provisória); ADInMC n. 3.289-5/DF e ADInMC n. 3.290-9/DF, Relator o Ministro Gilmar Mendes, julgadas em 05-05-2005 (questões diversas, inclusive relevância e urgência, reunião da comissão mista etc.); ADInMC n. 3.964-4/DF, Relator o Ministro Carlos Britto, julgada em 12-12-2007 (reedição de medida provisória revogada por outra medida provisória na mesma sessão legislativa); ADInMC n. 4.048-1/DF, Relator o Ministro Gilmar Mendes, julgada em 14-05-2008 (controle dos pressupostos constitucionais para abertura de crédito extraordinário por meio de medida provisória); Ação Direta de Inconstitucionalidade n. 4.029/DF, Relator o Ministro Luiz Fux, julgada em 08-03-2012 (essencialidade da comissão mista, sob pena de inconstitucionalidade formal); Ação Direta de Inconstitucionalidade n. 5.127/DF, Redator para o Acórdão o Ministro Edson Fachin, julgada em 15-10-2015 (inconstitucionalidade de emendas parlamentares sem relação de pertinência temática com a medida provisória); MS n. 27.931/DF, Relator o Ministro Celso de Mello, julgado em 29-06-2017 (trancamento de pauta e preservação do poder de agenda das Casas parlamentares).

7. Referências bibliográficas sobre o tema

AMARAL JÚNIOR, José Levi Mello do. *Medida provisória e a sua conversão em lei*, São Paulo: Revista dos Tribunais, 2004; ANGIOLINI, Vittorio. La 'reiterazione' dei decreti-legge. La Corte censura i vizi del Governo e difende la presunta virtù del Parlamento? *Diritto pubblico*, n. 1, p. 113 a 121; ÁVILA, Humberto Bergmann. *Medida provisória na Constituição de 1988*, Porto Alegre: Fabris, 1997; BANDEIRA DE MELLO, Celso Antônio. Perfil constitucional das medidas provisórias, *Revista de Direito Público*, n. 95, p. 28 a 32; BARROS, Sérgio Resende de. Medidas, provisórias? *Revista da Procuradoria-Geral do Estado de São Paulo*, n. 53, p. 67 a 82; CAGGIANO, Mônica Herman Salem. Emendas em medidas provisórias, *Revista de Direito Público*, n. 93, p. 142 a 145; CAPORALI, Giancarlo. *Il Presidente della Repubblica e l'emanazione degli atti com forza di legge*, Giappichelli: Torino, 2000; CELOTTO, Alfonso. *L'"abuso" del decreto-legge*, volume I, Padova: CEDAM, 1997; CHIESA, Clélio. *Medidas provisórias: regime jurídico constitucional*, 2ª edição, Curitiba: Juruá, 2002; CLÈVE, Clèmerson Merlin. *Medidas provisórias*, 2ª edição, São Paulo: Max Limonad, 1999; CONCARO, Alessandra. *Il sindacato di costituzionalità sul decreto-legge*, Milão: Giuffrè,

---

60. FERREIRA FILHO, *Do processo legislativo*, 5ª edição..., p. 242.
61. VIESTI, *Il decreto-legge*..., p. 18 e 19.
62. "O pudor de retornar na essência ao decreto-lei não pode ser maior que o de ficar com as atuais medidas provisórias [do modelo originário da Constituição de 1988], pois estas – sem limitação eficaz – são mais vexatórias do que aquele. Constituem um entulho autoritário maior, mais nocivo à democracia" (BARROS, Sérgio Resende de. *Medidas, provisórias?...*, p. 81).

2000; CONTRERAS, Ana M. Carmona. *La configuración constitucional del decreto-ley*, Madrid: Centro de estudios políticos y constitucionales, 1997; COTA, Maurizio. Verbete "Parlamento", in *Dicionário de Política* / Norberto Bobbio, Nicola Matteucci e Gianfranco Pasquino; tradução Carmen C. Varriale [*et al.*]; coordenação da tradução João Ferreira, 2º volume, 5ª edição – Brasília: Editora da Universidade de Brasília e São Paulo: Imprensa Oficial do Estado, 2000, p. 877 a 888; ESPOSITO, Carlo. Verbete "Decreto-legge", in *Enciclopedia del diritto*, vol. XI, Giuffrè: Milão, 1962, p. 831 a 867; FERREIRA FILHO, Manoel Gonçalves. *Do processo legislativo*, 6ª edição, São Paulo: Saraiva, 2008; GALEOTTI, Serio e PEZZINI, Barbara. *Il Presidente della Repubblica nella Costituzione italiana*, Turim: UTET, 1996; GRAU, Eros Roberto. Medidas provisórias na Constituição de 1988, *Revista dos Tribunais*, v. 658, p. 240 a 242; GRECO, Marco Aurélio. *Medidas Provisórias*, São Paulo: Revista dos Tribunais, 1991; MACHETTI, Pablo Santolaya. *El regimen constitucional de los decretos-leyes*, Madrid: Tecnos, 1988; MARIOTTI, Alexandre. *Medidas provisórias*, São Paulo: Saraiva, 1999; MASSUDA, Janine Malta. *Medidas provisórias: os fenômenos na reedição*, Porto Alegre: Fabris, 2001; MAURO, Junia de. La stampa quotidiana e i decreti legge, in *Il decreto legge fra governo e parlamento*, Giuffrè: Milão, 1975, p. 173 a 182; MELLO FILHO, José Celso de. Considerações sobre as medidas provisórias, *Revista da Procuradoria-Geral do Estado de São Paulo*, n. 33, p. 203 a 225; MONTESQUIEU, Charles Louis de Secondat, baron de la Brède et de. *O espírito das leis*, tradução de Fernando Henrique Cardoso e Leôncio Martins Rodrigues, Brasília: UnB, 1995; NIEBUHR, Joel de Menezes. *O novo regime constitucional da medida provisória*, São Paulo: Dialética, 2001; NOBRE JÚNIOR, Edílson Pereira. *Medidas provisórias: controles legislativo e jurisdicional*, Porto Alegre: Síntese, 2000; OTTO, Ignacio de. *Derecho constitucional. Sistema de fuentes*, 2ª edição, 7ª reimpressão, Barcelona: Ariel, 1999; PITRUZZELLA, Giovanni. *La legge di conversione del decreto legge*, Padova: CEDAM, 1989; RAMOS, Carlos Roberto. *Da medida provisória*, Belo Horizonte: Del Rey, 1994; RAMOS, José Saulo. Parecer n. SR-92, de 21 de junho de 1989, da Consultoria-Geral da República (*DOU* de 23.06.1989), *IOB – Suplemento Especial*, setembro de 1989, p. 2 a 11; RODRIGUEZ, Maria. Articolo 77, in *Commentario breve alla Costituzione* (dirigido por Vezio Crisafulli e Livio Paladin), Padova: CEDAM, 1990; SANTOS, Brasilino Pereira dos. *As medidas provisórias no direito comparado e no Brasil*, São Paulo: LTr, 1993; SOUSA, Leomar Barros Amorim de. *A produção normativa do Poder Executivo: medidas provisórias, leis delegadas e regulamentos*, Brasília: Brasília Jurídica, 1999; SZKLAROWSKY, Leon Frejda. *Medidas provisórias*, São Paulo: Revista dos Tribunais, 1991; VIESTI, Giuseppe. *Il decreto-legge*, Nápoles: Jovene, 1967.

8. Comentários

A medida provisória é ato normativo primário (porque fundado diretamente na Constituição), da competência privativa do Presidente da República, para fazer frente a caso de relevância e urgência (daí a fórmula "decretação de urgência"), que possui, provisoriamente, força, eficácia e valor de lei.

Editada, é de imediato submetida ao Congresso Nacional para conversão ou não em lei (Constituição, art. 62, *caput*). Segue processo bicameral (art. 62, § 9º, *in fine*). Inicialmente, é examinada por uma comissão mista de Deputados e Senadores (art. 62, § 9º). A seguir, é deliberada na Câmara dos Deputados (casa iniciadora – art. 62, § 8º). Se acaso aprovada, vai ao Senado Federal (casa revisora). Na hipótese de sofrer modificações nesse, retorna à Câmara. Assim como no processo legislativo ordinário, a casa iniciadora pode fazer a sua vontade prevalecer sobre a da revisora, derrubando as modificações introduzidas por essa (parágrafo único do art. 65 e *caput* do art. 66, ambos da Constituição, combinado com o art. 7º, §§ 3º a 7º, da Resolução n. 1, de 08 de maio de 2002, do Congresso Nacional).

Aprovada em ambas as casas, a medida provisória: (1) se acaso não modificada ("ratificação direta"), é promulgada pelo próprio Congresso Nacional; ou (2) se acaso aprovada com modificações, vai à apreciação presidencial para sanção ou veto (art. 62, § 12).

A Emenda n. 32 trouxe importantes modificações à disciplina da medida provisória: (1) proibiu-a em certos assuntos; (2) eliminou a possibilidade de reedição, forçando seja a sorte da decretação decidida em aproximadamente até duzentos dias; (3) equacionou melhor os efeitos da medida rejeitada ou não apreciada.

É próprio da decretação de urgência não ter âmbito temático pré-definido ou tê-lo definido de modo negativo (pela exclusão de determinadas matérias do seu campo material). Isso porque se destina a dar resposta a situações que escapam à previsibilidade – independentemente da matéria – e que exigem solução urgente. Deve ter flexibilidade temática ou tê-la prudentemente negada a certas matérias. Em razão do papel da decretação, não seria sem dificuldades a sua simples restrição a matérias predefinidas, com exclusão das demais. Diversos problemas concretos poderiam ficar a descoberto de uma resposta normativa célere. Claro, a falta total de limitação material permite abusos. A medida provisória tinha, originariamente, âmbito temático irrestrito, com o que ficava mais robusta e menos controlável que o próprio decreto-lei... Logo, andou bem o § 1º do art. 62 ao excluir algumas matérias do campo material da medida (âmbito temático definido de modo negativo). O art. 246 da Constituição também já observava esta lógica.

A eliminação da possibilidade de reedição foi saudável para a segurança jurídica. A reedição era cômoda para o Poder Executivo (que não perdia a medida provisória) e para o Congresso Nacional (que não se comprometia com um texto por vezes impopular). A provisoriedade perpetuava-se. Ademais, a cada reedição abria-se a possibilidade de acréscimos ("caronas") e modificações à medida, resultando insegurança jurídica (daí as expressões "medida provisória ônibus" e "legislação *on-line*"). Após a Emenda n. 32 a decretação admite uma única prorrogação (que se dá de modo automático – no seio do próprio Congresso Nacional – e sem oportunizar modificação ao texto da decretação). Ao fim de um prazo de aproximadamente seis meses, deve estar votada em ambas as casas. Do contrário, caduca (perde eficácia) por decurso de prazo. Há, nisso, evolução: a sorte da decretação não fica em aberto e, no silêncio parlamentar, é decidida contra a medida.

As relações jurídicas constituídas e decorrentes de atos praticados durante a vigência de medida provisória rejeitada ou caduca por decurso de prazo conservam-se por ela regidas, ressalvada a possibilidade de o Congresso Nacional discipliná-las de modo diverso em decreto legislativo editado no prazo de sessenta dias após a rejeição ou perda de eficácia (art. 62, §§ 3º e 11). O novo modelo traz vantagem em relação ao originário. Nesse, a medida rejeitada ou caduca desconstituía-se, sem ressalva das relações jurídicas firmadas com base nela (retroatividade máxima, com atropelo, inclusive, de eventuais direitos adquiridos). Para que assim não fosse, era necessário editar decreto-legislativo, o que somente ocorreu em raríssimos casos. A Emenda n. 32 inverteu esta lógica. A regra é a manutenção das relações jurídicas firmadas, salvo se acaso decreto legislativo dispuser de modo diverso (e no prazo de sessenta dias). Houve, no particular, ao menos em parte, retorno ao modelo do decreto-lei, em benefício da segurança jurídica.

Relevância e urgência permanecem como critérios políticos, precipuamente confiados ao Presidente da República e ao Congresso Nacional. Somente excepcionalmente é dado ao Poder Judiciário, mormente ao STF, escrutiná-los. Por outro lado, diversos aspectos da tramitação congressual da medida provisória – que, antes da Emenda n. 32 eram regimentais (*interna corporis*) – constam, agora, da Constituição. Tornaram-se, portanto, parâmetros para controle de constitucionalidade da decretação e da respectiva lei de conversão. A eventual não observância de tais aspectos implica inconstitucionalidade formal da medida.

A medida provisória é lembrada, habitualmente, enquanto mecanismo de abuso de poder. Porém, é possível fazer raciocínio diverso, tomando-a como caso de limitação paulatina do poder: (1) seja pela ação do Congresso Nacional, que buscou disciplinar a medida provisória por meio da Emenda n. 32; (2) seja pela jurisprudência do Supremo Tribunal Federal, que se mostra cada vez menos tolerante com o excesso de medidas provisórias.

A matriz do decreto-lei, da Constituição brasileira de 1967, e da medida provisória, da Constituição brasileira de 1988, como acima registrado, é o *decreto-legge* italiano. Curiosamente, o decreto-lei brasileiro havia atingido nível maior de contenção do que aquele experimentado pelo *decreto-legge* italiano.

Assim, por exemplo: (1) o decreto-lei brasileiro tinha campo temático delimitado, a saber: (a) segurança nacional; (b) finanças públicas, inclusive normas tributárias; e (c) criação de cargos públicos e fixação de vencimentos[63]; (2) não conhecia reedição, o que era bom, porém admitia aprovação por decurso de prazo, característica essa pouco elogiável[64]; (3) se acaso rejeitado fosse, os atos praticados durante a sua vigência eram preservados[65], o que militava em favor da segurança jurídica. Ademais, se acaso houvesse inconstitucionalidade no decreto-lei, o Supremo Tribunal Federal, mesmo no auge do regime militar, não deixou de exercer o seu papel[66].

Por sua vez, o *decreto-legge* italiano: (1) não tem delimitação temática em nível constitucional; (2) admite reedição, mesmo após importante decisão da Corte Constitucional italiana sobre o particular[67]; e (3) no caso de caducidade (seja por decurso de prazo, seja por rejeição parlamentar), desconstitui-se retroativamente, inclusive em prejuízo de eventuais direitos adquiridos[68].

O processo constituinte de 1987-1988 houve por bem abandonar o decreto-lei, porque considerado – talvez de modo simplista – um "entulho autoritário", porém, no que toca ao poder normativo do Presidente da República, manteve como modelo o *decreto-legge* italiano. Tanto foi assim que a Constituinte limitou-se a abandonar a fórmula "decreto-lei" em favor daquela havida na literalidade do art. 77 da Constituição italiana de 1947, a saber, "*provvedimenti provvisori*", isto é, "provimentos provisórios" ou, em outras palavras, "medidas provisórias".

No entanto, o problema maior da medida provisória não estava na mera sucessão de fórmulas linguísticas rigorosamente equivalentes, mas, sim, no abandono de elementos normativos mais vigorosos de contenção que já existiam contra o decreto-lei brasileiro, mas não contra o *decreto-legge* italiano.

Com isso, a medida provisória da Constituição brasileira de 1988: (1) nasceu sem delimitação temática; (2) conheceu reedição em escala ainda maior do que aquela do Direito italiano, o que se deve, inclusive, ao prazo original das medidas provisórias: apenas trinta dias, contra sessenta do *decreto-legge*[69]; e (3) regre-

---

63. Art. 55, *caput*, da Constituição de 1967, com a redação da Emenda Constitucional n. 1, de 1969.

64. Art. 55, § 1º, combinado com o art. 51, § 3º, ambos da Constituição de 1967, com a redação da Emenda Constitucional n. 1, de 1969.

65. Art. 55, § 2º, da Constituição de 1967, com a redação da Emenda Constitucional n. 1, de 1969.

66. Refira-se, uma vez mais, a declaração de inconstitucionalidade de decreto-lei levada a efeito no Recurso Extraordinário n. 62.731/GB, Relator o Ministro Aliomar Baleeiro, julgado em 23-08-1967.

67. Em sua Sentença n. 360, de 17-10-1996, a Corte tomou uma decisão considerada, em doutrina, "corajosa", porquanto buscou pôr um corretivo à reiteração de *decreto-legge* (BIN, Roberto e PITRUZZELLA, Giovanni. *Diritto costituzionale*, 2ª edição, Turim: Giappichelli, 2001, p. 354). A Corte entendeu não ser possível a reiteração de um *decreto-legge* com conteúdo inalterado e sem o apoio de novos pressupostos de necessidade e urgência. Note-se: a reiteração do *decreto-legge não é automaticamente inconstitucional*. A Corte reconhece que cada reiteração de *decreto-legge*, individualmente considerada, pode ser autonomamente importante, desde que fundada em novos e distintos pressupostos de extraordinariedade, necessidade e urgência – ainda que reproduzindo o mesmo conteúdo normativo de decretos anteriores – pressupostos esses que devem ser verificados sempre dentro do prazo constitucional de sessenta dias (ANGIOLINI, Vittorio. La 'reiterazione' dei decreti-legge. La Corte censura i vizi del Governo e difende la presunta virtù del Parlamento? in *Diritto pubblico*, n. 1, p. 115). O ônus de provar a efetiva ocorrência de novos pressupostos de extraordinariedade, necessidade e urgência recai sobre o Governo (ANGIOLINI, *La 'reiterazione' dei decreti-legge...*, p. 116).

68. A retroatividade da desconstituição do *decreto-legge* é inexorável, inclusive em matéria penal. A Corte Constitucional italiana, em sua Sentença n. 51, de 19 de fevereiro de 1985, entendeu que mesmo a norma penal mais benéfica constante de *decreto-legge* alvo de decadência não pode ser aplicada ao réu infrator da norma penal anterior mais gravosa, que retoma a sua aplicabilidade *in casu* (BIN e PITRUZZELLA, *Diritto costituzionale...*, p. 350). No mesmo sentido, a doutrina italiana clássica: VIESTI, *Il decreto-legge...*, p. 180-182. No julgado citado, a Corte declarou inconstitucional o art. 2, V, do Código Penal italiano, que afirmava aplicável às normas penais introduzidas por *decreto-legge* a disposição do art. 2, II, do mesmo Código. O art. 2, II, referido, dispõe que ninguém pode ser punido por um fato que, segundo uma lei posterior, não constitui crime. Assim, a Corte julgou incompatível com o art. 77, III, primeira parte, da Constituição italiana de 1947 (que dispõe não ter nenhum efeito o *decreto-legge* não convertido) a aplicação – no caso de *decreto-legge* alvo de decadência – do art. 2, II, do Código Penal italiano, como decorria do art. 2, V, do mesmo Código (BIN e PITRUZZELLA, *Diritto costituzionale...*, p. 350). Logo, é como se o crime anterior jamais houvesse perdido a sua eficácia (VIESTI, *Il decreto-legge...*, p. 181).

69. "As pessoas com alguma vivência quanto ao funcionamento do Congresso Nacional sabem que, naquela Casa, em trinta dias, às vezes, não se aprova nem uma moção de pesar! Há dificuldades enormes! Portanto, já, aqui, houve uma hipérbole na fórmula constitucional originária" (MENDES, Gilmar Ferreira. Prefácio ao livro *Medida provisória e a sua conversão em lei*, São Paulo: Revista dos Tribunais, 2004, p. 12).

diu ao modelo italiano de desconstituição retroativa, inclusive em prejuízo de eventuais direitos adquiridos.

Não obstante este quadro, o constitucionalismo brasileiro amadureceu no sentido de uma maior restrição às medidas provisórias. De início, é preciso referir dois precedentes da maior importância do Supremo Tribunal Federal, ambos firmados sob o regime originário da medida provisória. Depois, importa examinar a Emenda n. 32. Por fim, vale registrar quatro outros – e não menos importantes – precedentes do Supremo, ambos posteriores à Emenda n. 32.

Primeiro. Já na Ação Direta de Inconstitucionalidade n. 293-7/DF, Relator o Ministro Celso de Mello, julgada em 06-06-1990, o Supremo Tribunal Federal deixou assente que não se poderia reeditar, na mesma sessão legislativa, medida provisória rejeitada pelo Congresso Nacional.

Segundo. Na Ação Direta de Inconstitucionalidade n. 2.348-9/DF, Relator o Ministro Marco Aurélio, julgada em 07-12-2000, o Supremo Tribunal Federal, pela primeira vez, fulminou medida provisória em razão do não cumprimento do requisito constitucional de urgência.

Terceiro. O Supremo Tribunal Federal não foi o único órgão a reagir às medidas provisórias. O Congresso Nacional também o fez, em especial por meio da Emenda n. 32. Antes dela, o Congresso já havia vedado a edição de medida provisória para regulamentar as matérias constantes de emendas promulgadas a partir de 1995[70].

A Emenda n. 32 tratou de disciplinar com maior rigor a medida provisória. Para tanto, retomou – em parte e com melhorias – o modelo do decreto-lei da Constituição de 1967. Assim: (1) definiu, com clareza, matérias vedadas à medida provisória[71]; (2) vedou a reedição de medida provisória não convertida em lei no prazo – mais realista – de sessenta dias, prorrogável uma única vez por igual período[72]; (3) tutelou de modo adequado – ou seja, em favor da segurança jurídica – as relações jurídicas decorrentes de medida provisória rejeitada ou caduca por decurso de prazo: as relações jurídicas constituídas e decorrentes de atos praticados durante a vigência da medida provisória conservar-se-ão por ela regidas, salvo se acaso o Congresso Nacional vier a dispor de modo diverso por meio de decreto legislativo editado em até sessenta dias após a rejeição ou perda de eficácia de medida[73].

Porém, a novidade mais importante da Emenda n. 32 é a imposição de prazos inexoráveis à tramitação parlamentar da medida provisória, o que força ou a votação (aprovando, modificando ou rejeitando) ou a caducidade da decretação de urgência por decurso de prazo. Com isso, combate-se a inércia decisória. Se acaso ela ocorrer, o decurso de prazo resolve a sorte da medida provisória pela caducidade[74].

Conforme o § 6º do art. 62 da Constituição, "se a medida provisória não for apreciada em até quarenta e cinco dias contados de sua publicação, entrará em regime de urgência, subsequentemente, em cada uma das Casas do Congresso Nacional, ficando sobrestadas, até que se ultime a votação, todas as demais deliberações legislativas da Casa em que estiver tramitando". Como já sustentado alhures, a ideia é boa: dar celeridade ao processo, decidindo-se, rapidamente, a sorte da medida provisória. No entanto, quando várias medidas conhecem tramitação concomitante, o novo modelo resulta diversos trancamentos de pauta, sobrepostos e sucessivos. Com isso, ocorre embaraço aos trabalhos parlamentares[75]. Ademais, o Presidente da República assume o poder de dispor e interferir sobre a agenda legislativa das Casas do Congresso Nacional, como tem apontado, com exatidão, o Ministro Celso de Mello[76].

Desse contexto surgiram discussões parlamentares para aperfeiçoar o modelo[77]. Por exemplo, uma modificação pontual que poderia ser cogitada seria a tão só revogação do § 6º do art. 62 da Constituição. Isso porque – a prática o demonstra – o trancamento de pauta, no caso, age contra o Congresso Nacional, não contra a medida provisória. Contra essa, basta o decurso de prazo, sem deliberação parlamentar, na forma dos §§ 3º e 11 do art. 62 da Constituição.

Em 17 de março de 2009, a Presidência da Câmara dos Deputados, ao decidir uma Questão de Ordem, deixou assente que o trancamento de pauta não atinge proposta de emenda constitucional, projeto de lei complementar e outros projetos, inclusive de lei ordinária, relativos a matérias excluídas do campo temático da medida provisória. Esse entendimento foi impugnado no Supremo Tribunal nos autos do Mandado de Segurança n. 27.931/DF, Relator o Ministro Celso de Mello, julgado em 29 de junho de 2017. Sem nenhuma dúvida, o resultado prático revelou-se bastante favorável ao poder de agenda de ambas as Casas parlamentares.

Quarto. Na Ação Direta de Inconstitucionalidade n. 3.964-4/DF, Relator o Ministro Carlos Britto, julgada em 12-12-2007, o Supremo Tribunal Federal suspendeu a eficácia de medida provisória que reeditara outra, revogada dias antes, tudo na mesma sessão legislativa. A Corte reconheceu, no caso, ofensa ao art. 62, § 10, da Constituição.

Quinto. Na Ação Direta de Inconstitucionalidade n. 4.048-1/DF, Relator o Ministro Gilmar Mendes, julgada em 14-05-2008, o Supremo Tribunal Federal suspendeu medida provisória que abrira créditos extraordinários no valor global aproximado

---

70. Foi o caso da Emenda Constitucional n. 5, de 15 de agosto de 1995 (gás canalizado), da Emenda Constitucional n. 8, de 15 de agosto de 1995 (telecomunicações), da Emenda Constitucional n. 9, de 11 de novembro de 1995 (petróleo). As Emendas Constitucionais n. 6 e 7, ambas de 15 de agosto de 1995, acrescentaram o art. 246 à Constituição, cuja vedação às medidas provisórias é relativa a qualquer matéria objeto de emenda posterior ao início do Governo Fernando Henrique Cardoso ("É vedada a adoção de medida provisória na regulamentação de artigo da Constituição cuja redação tenha sido alterada por meio de emenda promulgada a partir de 1995."). Tratou-se de acordo político que permitiu a aprovação de importantes reformas constitucionais, mormente no que tocava – em um primeiro momento – à ordem econômica.

71. Art. 62, § 1º, da Constituição.

72. Art. 62, § 3º, da Constituição.

73. Art. 62, §§ 3º e 11, da Constituição.

74. AMARAL JÚNIOR, José Levi Mello do. *Medida provisória e a sua conversão em lei*, São Paulo: Revista dos Tribunais, 2004, p. 266.

75. AMARAL JÚNIOR, José Levi Mello do. A limitação à edição das medidas provisórias. *Valor Econômico*, 20-04-2005, p. E2.

76. Por exemplo, vide o Voto do Ministro Celso de Mello na Ação Direta de Inconstitucionalidade (medida cautelar) n. 2.213-0/DF, Relator o Ministro Celso de Mello, julgada em 04-04-2002.

77. Confira-se, a propósito, a Proposta de Emenda Constitucional n. 511, de 2006.

de R$ 5,5 bilhões. A Corte examinou se acaso as rubricas de gastos eram ou não imprevisíveis e urgentes, requisitos constitucionais exigidos à abertura de créditos extraordinários. Em decisão histórica, superando jurisprudência anterior no sentido de não caber ação direta contra leis formais, porque destituídas de generalidade e abstração (caso das leis orçamentárias), a Corte conheceu da Ação Direta para, a seguir, decidir no sentido de que as rubricas em causa eram relativas a despesas previsíveis e, portanto, não poderiam constar de créditos extraordinários, única categoria de normas orçamentárias permitida à medida provisória após a Emenda n. 32. Sobre este último precedente, é ilustrativa a argumentação manejada na respectiva inicial de Ação Direta. Não discute ela o conteúdo de um crédito extraordinário em si mesmo, mas, sim, o real enquadramento de um determinado crédito na categoria de "extraordinário", única que a Constituição – após a Emenda n. 32 – admite à medida provisória. Ademais, a Constituição, em seu art. 167, § 3º, *in fine*, dá parâmetros comparativos para que uma medida provisória possa abrir créditos extraordinários: são imprevisíveis e urgentes as despesas decorrentes, por exemplo: (1) de guerra; (2) de comoção interna; (3) de calamidade pública. Tais eventos – tão graves que são – podem levar à decretação de Estado de Defesa (art. 136, *caput*, da Constituição) ou, até mesmo, no limite, de Estado de Sítio (art. 137, I e II, da Constituição). Portanto, é preciso que o crédito extraordinário seja aberto para fazer frente a despesas com a densidade de gravidade, imprevisibilidade e urgência similar a uma guerra, comoção interna ou calamidade pública.

Importa salientar que o Supremo Tribunal Federal, ao examinar os pressupostos constitucionais à edição de medidas provisórias, segue a tendência jurisprudencial de importantes Tribunais Constitucionais, como, por exemplo, o espanhol[78] e o italiano[79]. Essas Cortes também têm precedentes que fulminam decretações de urgência por não observância de pressupostos constitucionais.

Sexto. Na Ação Direta de Inconstitucionalidade n. 4.029/DF, Relator o Ministro Luiz Fux, julgada em 08 de março de 2012, a Corte deu pela essencialidade das Comissões Mistas a que se refere o § 9º do art. 62 da Constituição, uma vez que "decorrem da necessidade, imposta pela Constituição, de assegurar uma reflexão mais detida sobre o ato normativo primário emanado pelo Executivo, evitando que a apreciação pelo Plenário seja feita de maneira inopinada, percebendo-se, assim, que o parecer desse colegiado representa, em vez de formalidade desimportante, uma garantia de que o Legislativo fiscalize o exercício atípico da função legiferante pelo Executivo".

Sétimo. Na Ação Direta de Inconstitucionalidade n. 5.127/DF, Redator para o Acórdão o Ministro Edson Fachin, o Tribunal decidiu *ex nunc*, ou seja, a partir da data do julgamento, a saber, 15 de outubro de 2015, que "não é compatível com a Constituição da República a apresentação de emendas parlamentares sem relação de pertinência temática com medida provisória submetida à apreciação do Congresso Nacional". No mesmo sentido, inclusive lembrando o efeito prospectivo do entendimento, *vide* a Ação Direta n. 5.135/DF, Relator o Ministro Roberto Barroso, julgada em 09 de novembro de 2016.

Em conclusão, a medida provisória – que é o mais vistoso e estratégico poder do Presidente da República – é objeto, desde 1988, de importantes e paulatinas restrições, legislativas e jurisprudenciais, o que só é possível em ambientes democráticos maduros.

Art. 63. Não será admitido aumento da despesa prevista:

I – nos projetos de iniciativa exclusiva do Presidente da República, ressalvado o disposto no art. 166, §§ 3º e 4º;

II – nos projetos sobre organização dos serviços administrativos da Câmara dos Deputados, do Senado Federal, dos Tribunais Federais e do Ministério Público.

Lenio Luiz Streck
Marcelo Andrade Cattoni de Oliveira

1. Histórico da norma

Texto original da CF/88.

2. Constituições anteriores

Artigo 64 da Constituição de 1937; artigo 60, parágrafo único, alíneas *a* e *b*, da Constituição de 1967; artigo 57, parágrafo único, alíneas *a* e *b*, da Emenda Constitucional n. 01/69.

3. Dispositivos constitucionais relacionados

Artigo 21; artigo 22; artigo 51; artigo 52; artigo 96, II; artigo 127, §§ 2º e 3º; artigo 165; artigo 166, §§ 3º e 4º; artigo 169.

4. Constituições estrangeiras

Artigo 113 da Constituição da Alemanha; artigo 64 da Constituição do Chile; artigo 134 da Constituição da Espanha; artigo 40 da Constituição da França; artigo 199 da Constituição do Peru; artigo 170 da Constituição de Portugal; artigo 215 da Constituição do Uruguai.

---

78. Em sua Sentença n. 68, de 2007, o Tribunal Constitucional espanhol reafirmou precedentes no sentido de que a necessária conexão entre a faculdade legislativa excepcional e a existência do pressuposto habilitante conduz a que o conceito constitucional de extraordinária e urgente necessidade não seja, de nenhum modo, uma cláusula vazia de significado, dentro da qual a margem lógica de apreciação política do Governo se mova livremente, sem nenhuma restrição, mas, sim, pelo contrário, implica limite jurídico à atuação mediante *decretos-leys*. Por isso mesmo, o Tribunal sustenta que é sua função assegurar esse limite, garantir que, no exercício desta faculdade, como no de qualquer outra, os poderes se movam dentro do marco traçado pela Constituição. Assim, o Tribunal pode, no caso de uso abusivo ou arbitrário: (1) rechaçar a definição que os órgãos políticos façam de uma dada situação; e, em consequência, (2) declarar a inconstitucionalidade de um *decreto-ley* por inexistência do pressuposto habilitante por invasão das faculdades reservadas às Cortes Gerais pela Constituição (item n. 6 da Sentença citada).

79. Em sua Sentença n. 128, de 2008, a Corte Constitucional italiana declarou inconstitucional *decreto-legge* sobre matéria tributária e financeira, no que reafirmou precedentes, mormente a Sentença n. 29, de 1995, e a Sentença n. 171, de 2007. Ficou assente, uma vez mais, "que a preexistência de uma situação de fato de que derive a necessidade e a urgência de prover por meio da utilização de instrumento excepcional, como o *decreto-legge*, constitui requisito de validade constitucional à adoção do referido ato, de modo que a eventual falta daqueles pressupostos configura, em primeiro lugar, um vício de ilegitimidade constitucional do *decreto-legge* adotado fora do âmbito de aplicação constitucionalmente previsto". Ademais, a Corte reafirmou que a lei de conversão não sana o defeito dos pressupostos constitucionais do *decreto-legge*, porque isso "significaria atribuir, em concreto, ao legislador ordinário, o poder de alterar a repartição constitucional de competências entre o Parlamento e o Governo quanto à produção das fontes primárias" (item n. 8 da Sentença citada).

5. Legislação

Resolução do Congresso Nacional n. 01/70 (Regimento Comum); Resolução do Senado Federal n. 93/70 (Regimento Interno do Senado Federal); Resolução da Câmara dos Deputados n. 17/89 (Regimento Interno da Câmara dos Deputados); Lei Complementar n. 101/2000 (Finanças Públicas).

6. Jurisprudência do STF

ADI 64 (Inconstitucionalidade formal dos arts. 4º e 5º da Lei n. 227/1989, que desencadeiam aumento de despesa pública em matéria de iniciativa privativa do Chefe do Poder Executivo); ADI 2.072-MC (Ação direta de que se conhece, reconhecida a normatividade dos dispositivos nela impugnados. Aumento de despesa vedado pelo art. 63, I, da Constituição Federal, apenas quando se trata de projeto da iniciativa exclusiva do Chefe do Poder Executivo. Invasão dessa iniciativa somente configurada, ao primeiro exame, quanto ao dispositivo que operou a transposição, de um para outro órgão, de dotação orçamentária, CF, art. 165, III).

ADI 973-MC (A atuação dos membros da Assembleia Legislativa dos Estados acha-se submetida, no processo de formação das leis, à limitação imposta pelo art. 63, I, da Constituição); RE 290.776 (Emenda parlamentar a projeto de iniciativa exclusiva do Chefe do Executivo que resulta em aumento de despesa afronta o art. 63, I, c/c o art. 61, § 1º, II, c, da Constituição Federal).

RE 140.542 (A iniciativa de lei constitui mero pressuposto objetivo vinculatório do procedimento legislativo, que se exaure no impulso dado pelo Poder competente, sem o efeito de reduzir a atuação do Poder Legislativo a uma simples aprovação ou rejeição. Caso em que, ademais, a emenda, além de não acarretar aumento de despesa, versa matéria que não se insere na organização dos serviços administrativos do Tribunal, encontrando-se afastado, por isso, o único óbice constitucional que se lhe poderia antepor, previsto no art. 63, II, da Constituição de 1988).

ADI 865-MC (O projeto de lei sobre organização judiciária pode sofrer emendas parlamentares de que resulte, até mesmo, aumento da despesa prevista. O conteúdo restritivo da norma inscrita no art. 63, II, da Constituição Federal, que concerne exclusivamente aos serviços administrativos estruturados na secretaria dos tribunais, não se aplica aos projetos referentes à organização judiciária, eis que as limitações expressamente previstas, nesse tema, pela Carta Política de 1969 (art. 144, § 5º, *in fine*), deixaram de ser reproduzidas pelo vigente ordenamento constitucional).

RE 745.811 RG, tema 686 (Inconstitucionalidade por ofensa ao art. 63, I, da CF/88 de dispositivos resultantes de emenda parlamentar que estenderam gratificação, inicialmente prevista apenas para os professores, para todos os servidores que atuem na área da educação).

ADI 2.791 (Inconstitucionalidade de emenda parlamentar a projeto de iniciativa exclusiva do chefe do Executivo que acarrete despesa).

ADI 2.681 MC (O poder de emendar como prerrogativa dos parlamentares se sujeita a limitações *numerus clausus* da CF/88).

7. Seleção de literatura

ARAÚJO, Luiz Alberto David; JÚNIOR, Vidal Serrano Nunes. *Curso de Direito Constitucional*. 9. ed. rev. e atual. São Paulo: Saraiva, 2005. BASTOS, Celso; MARTINS, Ives Gandra. *Comentários à Constituição do Brasil*. São Paulo: Saraiva, 1988. CRETELLA JÚNIOR, José. *Comentários à Constituição Brasileira de 1988*. v. 5. 2. ed. Rio de janeiro: Forense Universitária, 1992. PONTES DE MIRANDA. *Comentários à Constituição de 1967*. t. 3 (arts. 34-112). São Paulo: Editora Revista dos Tribunais, 1967. SAMPAIO, José Adércio Leite. *A Constituição Reinventada*. Belo Horizonte: Del Rey, 2002. SILVA, José Afonso da. *Comentário Contextual à Constituição*. São Paulo: Malheiros, 2008.

8. Comentários

As *emendas* são proposições apresentadas como acessórias a outras. Quanto ao direito de propor *emendas*, cabe considerar que ele é inerente às atribuições e competências dos membros e órgãos das Casas do Congresso Nacional, a que cabe a faculdade de sugerir modificações que dizem respeito à matéria contida em projetos de lei. Trata-se de um instituto que permite a mais ampla participação dos parlamentares, podendo ser emendas individuais ou de vários deputados ou senadores.

O art. 118 do RICD trata de especificar as espécies de emendas parlamentares. Podem ser realizadas emendas supressivas, aglutinativas, substitutivas, modificativas ou aditivas e, ainda, subemendas apresentadas em Comissões que podem ser, por sua vez, supressivas, substitutivas ou aditivas. Há também as emendas de redação. Emenda supressiva é aquela que erradica qualquer parte da proposição principal. A aglutinativa é a emenda resultante da fusão de outras emendas ou dessas com o texto, pela proximidade com o objeto. A emenda substitutiva é apresentada como sucedânea à parte de outra proposição, denominando-se "substitutiva" quando alterar, substancialmente ou formalmente, a proposição apresentada visando aperfeiçoar a técnica legislativa. A emenda modificativa é a que altera a proposição sem a modificar substancialmente. Por último, a emenda aditiva é a que acrescenta outra à proposição. As proposições que podem ser objeto de emenda estão elencadas no art. 138, I, alíneas *a* a *e* do RICD e são as proposições das espécies legislativas do art. 59 da CF/88.

Como se pode observar a prerrogativa do parlamentar em apresentar emendas é bastante ampla. Além da limitação estabelecida no art. 63 da CF/88, há que se ressaltar um limite reconhecido pela jurisprudência do STF e com espeque nos Regimentos Internos das Casas Legislativas que é a impossibilidade de o Parlamento veicular matérias diferentes das versadas no projeto de lei, de modo a desfigurá-lo.

O dispositivo não proíbe emendas, a não ser especificamente quanto a vedar aumento de despesa prevista nos projetos de iniciativa exclusiva do presidente da República, como tais relacionados no art. 61, § 1º, e nos projetos sobre organização dos serviços administrativos da Câmara dos Deputados (art. 51, IV), do Senado Federal (art. 52, XIII), dos Tribunais Federais (arts. 61, *caput*, e 96, II) e do Ministério Público (arts. 61, *caput*, 127, § 2º, e 128, § 5º). Sendo apenas essas as vedações, então, em princípio, em todos os demais projetos de lei, de resoluções e decretos legislativos se admitem emendas. Assim, a Constituição restituiu aos parlamentares boa parte do poder de emendas que haviam perdido no período da Ditadura Militar.

Possivelmente o projeto de lei mais importante que tramita nas duas Casas parlamentares, a cada ano, é o orçamento. Neste ponto não há vedações de as emendas acarretarem aumento de despesa, desde que tenham compatibilidade com o Plano Plurianual e a Lei de Diretrizes Orçamentárias. Do mesmo modo, são possíveis emendas desse jaez na Lei de Diretrizes Orçamentárias, desde que compatíveis com o Plano Plurianual. As emendas devem sempre indicar os recursos de origem, ficando vedadas retiradas de despesas constantes nas dotações de pessoal, serviço da dívida e as transferências tributárias constitucionais para os Estados, Municípios e Territórios. Questão que a cada votação de lei orçamentária acarreta controvérsias é a possibilidade de o parlamentar emendar o orçamento individualmente, circunstância que tem sido foco de inúmeras denúncias de parlamentares que utilizam essa prerrogativa para negociar verbas que podem ser denominadas de "paroquiais". Esse fenômeno decorre do modelo de tramitação do orçamento no parlamento brasileiro. A votação da lei orçamentária, no mais das vezes, acaba sendo o momento para a "reinserção" nas relações de poder do conjunto de deputados que ficam à margem do processo de decisões, como os acordos de líderes, as votações simbólicas e o poder dos partidos nas principais comissões da Casa.

Por último, a limitação do inciso II quanto à impossibilidade de apresentação de emendas nos projetos de organização do serviço administrativo da Câmara dos Deputados, do Senado Federal, dos Tribunais Federais e do Ministério Público decorre da própria autonomia administrativa conferida a tais órgãos. É de se ressaltar que a vedação a emendas é apenas no que toca à organização desses órgãos, uma vez que projeto de leis de organização judiciária podem sofrer, por exemplo, aumento de despesa (ADI 865).

Art. 64. A discussão e votação dos projetos de lei de iniciativa do Presidente da República, do Supremo Tribunal Federal e dos Tribunais Superiores terão início na Câmara dos Deputados.

§ 1º O Presidente da República poderá solicitar urgência para apreciação de projetos de sua iniciativa.

§ 2º Se, no caso do § 1º, a Câmara dos Deputados e o Senado Federal não se manifestarem sobre a proposição, cada qual sucessivamente, em até quarenta e cinco dias, sobrestar-se-ão todas as demais deliberações legislativas da respectiva Casa, com exceção das que tenham prazo constitucional determinado, até que se ultime a votação.

§ 3º A apreciação das emendas do Senado Federal pela Câmara dos Deputados far-se-á no prazo de dez dias, observado quanto ao mais o disposto no parágrafo anterior.

§ 4º Os prazos do § 2º não correm nos períodos de recesso do Congresso Nacional, nem se aplicam aos projetos de código.

Lenio Luiz Streck
Marcelo Andrade Cattoni de Oliveira[1]

---

1. Colaboraram na pesquisa David Francisco Lopes Gomes e Diogo Bacha e Silva.

1. Histórico da norma

Texto original da CF/88, com redação alterada pela Emenda Constitucional n. 32/2001.

2. Constituições anteriores

Art. 52 da Constituição Política do Império do Brazil de 1824; art. 36 da Constituição de 1891; art. 41 da Constituição de 1934; arts. 64 e 65 da Constituição de 1937; arts. 67 e 70 da Constituição de 1946; arts. 54 e 59 da Constituição de 1967.

3. Dispositivos constitucionais relacionados

Art. 61 (iniciativas de projeto de lei); art. 61, § 1º (iniciativa privativa do Presidente da República); art. 84, III (competência privativa do Presidente da República de iniciar o processo legislativo); art. 93 (Estatuto da Magistratura: lei complementar de iniciativa do STF); art. 96, II (competência privativa de apresentação de projeto de lei do Supremo Tribunal Federal, Tribunais Superiores Federais e dos Tribunais Estaduais); art. 165 (orçamento: lei de iniciativa do Poder Executivo).

4. Constituições estrangeiras

Art. 169º da Constituição de Portugal; arts. 71 e 77 da Constituição da Itália; art. 87 da Constituição da Espanha; art. 39 da Constituição da França; art. 62 da Constituição do Chile; arts. 77 e 99, 3, da Constituição da Argentina; arts. 85, 6º, 86, 133 e 168, 7º, da Constituição do Uruguai.

5. Legislação

a) Projetos de Lei de Iniciativa do Presidente da República: Supervisão da Casa Civil na elaboração de projetos (art. 34, III, do Decreto n. 4.176/2002); Demora na apreciação (art. 40, § 1º, do Decreto n. 4.176/2002); Participação da AGU na sugestão de projetos (art. 53, § 6º, do Decreto n. 4.176/2002); Divulgação (art. 56 do Decreto n. 4.176/2002); Tramitação de natureza urgente (arts. 151, I, "l", e 204 do Regimento Interno da Câmara dos Deputados, Resolução n. 17/89); Tramitação com prioridade (art. 151, II, "a"); *b) Projetos de Lei de Iniciativa do STJ:* Competência do Plenário (art. 10, VII, do Regimento Interno do STJ); Competência da Corte Especial (art. 11, parágrafo único, VIII e IX, do Regimento Interno do STJ); *c) Projetos de Lei de Iniciativa do TST:* Competência do Tribunal Pleno (art. 70, II, "d" e "e", do Regimento Interno do TST).

6. Jurisprudência do STF

ADI 3.114 (As normas constitucionais de processo legislativo não impossibilitam, em regra, a modificação, por meio de emendas parlamentares, dos projetos de lei enviados pelo Chefe do Poder Executivo no exercício de sua iniciativa privativa. Essa atribuição do Poder Legislativo brasileiro esbarra, porém, em duas limitações: a) a impossibilidade de o parlamento veicular matérias diferentes das versadas no projeto de lei, de modo a desfigurá-lo; e b) a impossibilidade de as emendas parlamentares aos projetos de lei de iniciativa do Presidente da República, ressalvado o disposto nos §§ 3º e 4º do art. 166, implicarem aumento de despesa pública, inciso I do art. 63 da CF).

ADI 3.682 (Regulamentação regimental do processo legislativo e possibilidade de o Supremo Tribunal Federal reconhecer a mora do legislador em deliberar sobre a inconstitucionalidade da omissão); ADI 525-MC (A circunstância de a MP 296/91 ter sido baixada no curso do processo legislativo, em regime de urgência, sobre projeto de iniciativa presidencial abrangendo a matéria por ela regulada, não ilide, por si só, a possibilidade constitucional da sua edição).

7. Seleção de literatura

ARAÚJO, Luiz Alberto David; NUNES JÚNIOR, Vidal Serrano. *Curso de Direito Constitucional*. 9. ed. rev. e atual. São Paulo: Saraiva, 2005. BAHIA, Alexandre Gustavo Melo Franco de Moraes; NUNES, Dierle; BACHA E SILVA, Diogo; CATTONI DE OLIVEIRA, Marcelo Andrade. *Controle jurisdicional do devido processo legislativo: história e teoria constitucional brasileira*. Belo Horizonte: Conhecimento, 2018. BAHIA, Alexandre Gustavo Melo Franco; BACHA E SILVA, Diogo; CATTONI DE OLIVEIRA, Marcelo Andrade. Devido processo legislativo no sistema presidencialista: três ensaios de dogmática crítica do processo legislativo no Brasil. In: STRECK, Lenio, NERY JR., Nelson, LEITE, George Salomão. *Crise dos Poderes da República*. São Paulo: Revista dos Tribunais, 2017. BAHIA, Alexandre Gustavo Melo Franco; BACHA E SILVA, Diogo; CATTONI DE OLIVEIRA, Marcelo Andrade. O sentido constitucional da negativa de sanção presidencial e o devido processo legislativo no sistema presidencialista: A decisão do STF na ADPF n. 372 e suas implicações. Disponível em http://emporiododireito.com.br/o-sentido-constitucional-da-negativa-de-sancao-presidencial-e-o-devido-processo-legislativo-no-sistema-presidencialista-a-decisao-do-stf-na-adpf-n-372-e-suas-implicacoes-por-alexandre-gust/. Acesso em 16 jan. 2016. BAHIA, Alexandre Gustavo Melo Franco; BACHA E SILVA, Diogo; CATTONI DE OLIVEIRA, Marcelo Andrade. Mais um capítulo: Apreciação de "veto" e vício de iniciativa no PLS sobre aposentadoria compulsória de servidor público. Disponível em http://emporiododireito.com.br/mais-um-capitulo-apreciacao-de-veto/#_ftn3. Acesso em 16 jan. 2016. CANOTILHO, José Joaquim Gomes; MOREIRA, Vital. *Constituição da República Portuguesa anotada*. 3. ed. rev. Coimbra: Coimbra, 1993. CARVALHO NETTO, Menelick. *A sanção no procedimento legislativo*. 2. ed. Belo Horizonte: Conhecimento, 2022. HÄBERLE, Peter. *Hermenêutica constitucional – a sociedade aberta dos intérpretes da constituição: contribuição para a interpretação pluralista e procedimental da constituição*. Porto Alegre: Sergio Antonio Fabris, 1997. HABERMAS, Jürgen. *Facticidade e validade: contribuições para uma teoria discursiva do direito e da democracia*. 2. ed. Trad. Felipe Gonçalves Silva e Rúrion Melo. São Paulo: UNESP, 2021. SILVA, José Afonso da. *Processo Constitucional de Formação das Leis*. 2. ed. São Paulo: Malheiros, 2006. SILVA, José Afonso da. *Comentário Contextual à Constituição*. São Paulo: Malheiros, 2008.

8. Comentário

I – Iniciativa legislativa e projeto

O projeto de lei é o mecanismo apto a provocar a iniciativa legislativa, nele devendo constar os objetivos da proposição que se pretende implementar, modificar ou derrogar. Nesse sentido, assim como qualquer decisão judicial e administrativa deve ser fundamentada, também um projeto de lei deve conter os elementos que sustentam a validade da iniciativa legislativa. Trata-se da necessidade de cada projeto contemplar uma prognose.

II – Câmara iniciadora

A Câmara dos Deputados tem, por regra, prioridade em relação ao exercício do poder de iniciativa. Perante o Senado Federal propõem-se os projetos de lei de iniciativa dos senadores ou de Comissões do Senado. Assim, o Senado funciona como Câmara revisora dos projetos de lei que começam pela Câmara dos Deputados e, vice-versa, esta funciona como Câmara revisora de projetos de lei que se iniciam perante aquele.

III – Discussão e votação de projetos

A discussão é o debate propriamente dito; é o cerne do processo legislativo, que ocorre nas comissões e no plenário de cada casa legislativa, de acordo com o procedimento especificado nos regimentos internos. Nesse sentido, assume absoluta relevância a tese de que a matéria contida nos regimentos internos não se constitui assunto "*interna corporis*", passível, portanto, de sindicabilidade constitucional. E isso por uma questão central ao regime democrático, pois aqui as normas processuais constitucionais legislativas, mas também regimentais, garantem a formação dinâmica de maiorias e minorias, de tal modo a que se possa sustentar, do ponto de vista das razões e motivos, a pretensão enquanto ideal regulador de uma decisão legislativa correta, em que "correção" aqui deve significar, no dizer de Habermas (2021), para além de uma mera conformidade do ponto de vista formal com a Constituição, um desenvolvimento consistente de políticas e de medidas legislativas visando à garantia efetiva dos direitos fundamentais.

Encerradas as fases dos debates nos seus diversos aspectos, ocorre a decisão do processo legislativo, por intermédio da votação, devendo ser obedecidos os respectivos *quoruns* que validam as votações (que podem ser nominais, eletrônicas ou por escrutínios secretos). Embora os regimentos internos das casas legislativas estabeleçam a possibilidade de votação simbólica, é importante ressaltar que esse não é um instrumento que atenda às necessidades da formação da opinião e da vontade políticas, sob o pano de fundo de uma esfera pública política mais ampla, que se constitui em "sociedade aberta dos intérpretes da Constituição" (HÄBERLE, 1997).

IV – Regras do procedimento legislativo sumário

Tratando-se de um sistema presidencialista de governo, em que a vontade geral do Poder Executivo conforma-se a partir da eleição do Presidente da República, a Constituição previu alguns instrumentos que consubstanciam, em casos excepcionais, de uma sumariedade no processo legislativo. É nesse sentido que se criou a possibilidade de o Presidente da República pedir urgência nos processos que julgar relevantes. Em o fazendo, o projeto deverá ser apreciado pela Câmara dos Deputados no prazo de 45 dias, a contar de seu recebimento. Se for aprovado na Câmara, terá o Senado Federal igual prazo para sua apreciação. O prazo total é, pois, de *90 dias* para o pronunciamento de ambas as casas. Mas, se o Senado emendar o projeto, as emendas deverão ser apreciadas pela Câmara em 10 dias, com o quê o prazo total fica dilatado para 100 dias. Na hipótese de a Câmara e o Senado não se manifestarem sobre o projeto apresentado sob urgência nos prazos regulamentares, todas as demais deliberações legislativas ficarão sobrestadas, com exceção das que tenham prazo constitucional determinado, até que se ultime a votação (EC n. 32/2001). A sumariedade não é aplicável aos projetos de códigos nem àqueles prazos que não correm nos períodos de recesso do Congresso Nacional.

Art. 65. O projeto de lei aprovado por uma Casa será revisto pela outra, em um só turno de discussão e votação, e enviado à sanção ou promulgação, se a Casa revisora o aprovar, ou arquivado, se o rejeitar.

Parágrafo único. Sendo o projeto emendado, voltará à Casa iniciadora.

Lenio Luiz Streck
Marcelo Andrade Cattoni de Oliveira[1]

1. Histórico da norma

Texto original da CF/88.

2. Constituições anteriores

Artigos 52, 53, 55, 56, 57, 58, 59, 60, 61, 62 e 63 da Constituição Política do Império do Brazil de 1824; artigos 37 e 39, *caput* e § 1º, da Constituição de 1891; artigos 39, *caput* e § 1º, e 43, *caput* e parágrafo único, da Constituição de 1934; artigos 65, parágrafo único, e 66 da Constituição de 1937; artigos 68 e 69, *caput* e § 1º, da Constituição de 1946; artigo 61, *caput* e § 1º, da Constituição de 1967; artigo 58, *caput* e § 1º, da Emenda Constitucional n. 01/69.

3. Dispositivos constitucionais relacionados

Artigo 58, *caput* e § 2º; artigo 59; artigo 61; artigo 64; artigo 66; artigo 67; artigo 69.

4. Constituições estrangeiras

Artigo 77 (2) da Constituição da Alemanha; artigo 72 da Constituição da Argentina; artigo 88 da Constituição da Espanha; artigo I, Seção 8, da Constituição dos EUA; artigo 39 da Constituição da França; artigo 71 da Constituição da Itália; artigo 72 da Constituição do México; artigo 190, I, da Constituição do Peru; artigo 170 da Constituição de Portugal; artigo 93 da Constituição da Suíça.

5. Legislação

Resolução do Congresso Nacional n. 01/70 (Regimento Comum); Resolução do Senado Federal n. 93/70 (Regimento Interno do Senado Federal); Resolução da Câmara dos Deputados n. 17/89 (Regimento Interno da Câmara dos Deputados).

6. Jurisprudência do STF

ADI 2.182-MC (Projeto de lei aprovado na Casa Iniciadora (CD) e remetido à Casa Revisora (SF), na qual foi aprovado substitutivo, seguindo-se sua volta à Câmara. A aprovação de substitutivo pelo Senado não equivale à rejeição do projeto); ADI 1.254 (Veto mantido pelo Legislativo: decreto-legislativo que, anos depois, sob fundamento de ter sido o veto intempestivo, desconstitui a deliberação que o mantivera e declara tacitamente sancionada a parte vetada do projeto de lei. Inconstitucionalidade formal do decreto-legislativo); ADI 2.238 (Bicameralismo impõe a necessidade de discussão e aprovação de um projeto de lei por ambas as Casas, exigindo que qualquer alteração de conteúdo ao projeto aprovado por uma das Casas haverá que retornar para a outra).

7. Seleção de literatura

ARAÚJO, Luiz Alberto David; NUNES JÚNIOR, Vidal Serrano. *Curso de Direito Constitucional*. 23. ed. São Paulo: Manole, 2021. CANOTILHO, Jose Joaquim Gomes; MOREIRA, Vital. *Constituição da República Portuguesa anotada*. 3. ed. Coimbra: Coimbra, 1993. FERNANDES, Bernardo Gonçalves. *Curso de Direito Constitucional*. 14. ed. Salvador: JusPodivm, 2022. HÄBERLE, Peter. *Hermenêutica constitucional – a sociedade aberta dos intérpretes da constituição: contribuição para a interpretação pluralista e procedimental da constituição*. Porto Alegre: Sergio Antonio Fabris, 1997. SILVA, José Afonso da. *Processo Constitucional de Formação das Leis*. 3. ed. São Paulo: Malheiros, 2017. SILVA, José Afonso da. *Comentário Contextual à Constituição*. São Paulo: Malheiros, 2008. SILVA, José Afonso da. *Curso de Direito Constitucional Positivo*. 44. ed. Salvador/São Paulo: JusPodivm/Malheiros, 2022. STRECK, Lenio Luiz. *Jurisdição constitucional*. 7. ed. Rio de Janeiro: Forense, 2022.

8. Comentários

I – Fase de revisão dos projetos

Uma vez que o projeto for aprovado na Casa legislativa em que se iniciou, será ele enviado à casa revisora, com todos os documentos conformadores da formação da vontade da representação popular sobre a matéria em tela.

II – Procedimento de revisão

Os projetos aprovados na Casa iniciadora, sendo lidos em sessão, serão remetidos às Comissões competentes, com os respectivos pareceres, e dados à ordem do dia, nos termos do Regimento Interno. Na Casa revisora os projetos serão discutidos e votados em um só turno. Essas discussão e votação seguem os mesmos trâmites verificados para a discussão e votação na Casa iniciadora.

---

1. Colaboraram na pesquisa David Francisco Lopes Gomes e Diogo Bacha e Silva.

III – Aprovação do projeto: efeitos

Os projetos iniciados, discutidos e votados definitivamente, serão considerados aprovados se aceitos pela outra Casa legislativa sem modificações; entretanto, advindos da Casa original, na hipótese de receberem emendas na Casa revisora, deverão ser devolvidos àquela, que poderá rejeitar as emendas, na sua totalidade, aceitar as emendas, na sua totalidade. A casa iniciadora poderá rejeitar também apenas parte das emendas da casa revisora. Os projetos aceitos definitivamente devem ir a sanção (do Presidente da República, se for projeto de lei) *ou* promulgação (pelo presidente do Congresso, se for projeto de decreto legislativo, ou pelo presidente da Casa respectiva, se for projeto de resolução).

IV – Rejeição do projeto: arquivamento

O projeto não aprovado será arquivado, o que pode ocorrer tanto na Casa em que se iniciou o processo legislativo como na Casa revisora.

V – O bicameralismo e o problema dos projetos que sofrem emendas na outra Casa

Em sede de "processo legislativo ordinário", as Casas legislativas funcionam como revisoras uma da outra, de tal modo que os projetos de lei sejam aprovados em ambas as casas. Trata-se daquilo que José Afonso da Silva chama de "prevenção de conflitos", "técnica" que já constava no art. 69 da Constituição de 1946, estabelecendo que, se o projeto de uma Câmara fosse emendado na outra, voltaria à primeira, para que se pronunciasse acerca da modificação, *aprovando-a ou não*; e, com essa cláusula peremptória, a elaboração da lei se concluía. Essa regra permanece implicitamente no sistema da Constituição vigente. Desse modo, apenas emendas que alterem substancialmente o conteúdo da proposição precisam retornar à Câmara iniciadora. É a Câmara iniciadora a responsável por dar a redação final ao projeto, seja mantendo o texto inicial aprovado ou aprovando as alterações propostas pela Câmara Revisora.

Por fim, é importante ressaltar que a aprovação de substitutivo, posto ser uma ampla emenda ao conteúdo inicial, não equivale a rejeição do projeto, devendo ser remetido para aprovação ou não da Câmara iniciadora. Nesse ponto, caso haja a rejeição do substitutivo, com aprovação de apenas alguns dispositivos pela Câmara iniciadora, isso implica envio do projeto à sanção presidencial.

Art. 66. A Casa na qual tenha sido concluída a votação enviará o projeto de lei ao Presidente da República, que, aquiescendo, o sancionará.

§ 1º Se o Presidente da República considerar o projeto, no todo ou em parte, inconstitucional ou contrário ao interesse público, vetá-lo-á total ou parcialmente, no prazo de quinze dias úteis, contados da data do recebimento, e comunicará, dentro de quarenta e oito horas, ao Presidente do Senado Federal os motivos do veto.

§ 2º O veto parcial somente abrangerá texto integral de artigo, de parágrafo, de inciso ou de alínea.

§ 3º Decorrido o prazo de quinze dias, o silêncio do Presidente da República importará sanção.

§ 4º O veto será apreciado em sessão conjunta, dentro de trinta dias a contar de seu recebimento, só podendo ser rejeitado pelo voto da maioria absoluta dos Deputados e Senadores.

§ 5º Se o veto não for mantido, será o projeto enviado, para promulgação, ao Presidente da República.

§ 6º Esgotado sem deliberação o prazo estabelecido no § 4º, o veto será colocado na ordem do dia da sessão imediata, sobrestadas as demais proposições, até sua votação final.

§ 7º Se a lei não for promulgada dentro de quarenta e oito horas pelo Presidente da República, nos casos dos §§ 3º e 5º, o Presidente do Senado a promulgará, e, se este não o fizer em igual prazo, caberá ao Vice-Presidente do Senado fazê-lo.

Lenio Luiz Streck
Marcelo Andrade Cattoni de Oliveira[1]

1. Histórico da norma

Texto original da CF/88, com redação alterada pela Emenda Constitucional n. 32/2001.

2. Constituições anteriores

Arts. 62 até 69 da Constituição Política do Império do Brazil de 1824; arts. 37 até 39 da Constituição de 1891; arts. 43 até 46 da Constituição de 1934; art. 66 da Constituição de 1937; art. 70 da Constituição de 1946; art. 62 da Constituição de 1967; art. 59 da Emenda Constitucional n. 01/69.

3. Dispositivos constitucionais relacionados

Art. 57 (sessões legislativas); art. 61 (iniciativa das leis); art. 65 (revisão e emenda do projeto); art. 84, IV e V (competências do Presidente da República: sancionar e vetar).

4. Constituições estrangeiras

Art. 136 da Constituição de Portugal; art. 77 da Constituição da Alemanha; arts. 73 e 74 da Constituição da Itália; arts. 90 e 91 da Constituição da Espanha; arts. 69 e segs. da Constituição do Chile; arts. 78, 80, 83 e 84 da Constituição da Argentina; arts. 135 até 142 da Constituição do Uruguai.

5. Legislação

Sanção do Presidente (arts. 52 e 139 do Regimento Interno do Congresso Nacional, Resolução n. 01/1970, e art. 152 do Regimento Interno do Congresso Nacional, Resolução n. 01/2006); Promulgação do projeto de resolução (art. 123 do Regimento Interno do Congresso Nacional, Resolução n. 01/1970); Promulgação de leis delegadas (art. 124 do Regimento Interno do Congresso Nacional, Resolução n. 01/1970); Veto presidencial (arts. 104 até 106 do Regimento Interno do Congresso Nacional, Resolução n. 01/1970, e Parecer da CCJ-Câmara sobre a Consulta s/n., de 1990); Sanção e veto de projeto de lei autorizativa (Pa-

---

1. Colaboraram na pesquisa David Francisco Lopes Gomes e Diogo Bacha e Silva.

recer n. 527/98 do Senado Federal); Sanção e veto do Presidente (art. 52 do Decreto 4.176/2002).

6. Jurisprudência do STF

Rcl 1.206 (o modelo federal é de observância cogente pelos Estados-membros desde a data da promulgação da Carta de 1988); ADI 1.254 (aplicação ao processo legislativo – que é verdadeiro processo – da regra da preclusão – que, como impede a retratação do veto, também obsta a que se retrate o Legislativo de sua rejeição ou manutenção: preclusão, no entanto, que, não se confundindo com a coisa julgada – esta, sim, peculiar do processo jurisdicional –, não inibe o controle judicial da eventual intempestividade do veto); ADI 2.867 e 2.113 (a sanção no projeto de lei de iniciativa legislativa exclusiva não convalida o vício); ADPF 372 (possibilidade, em abstrato, de controle jurisdicional de veto presidencial por inconstitucionalidade); MS 33.694 (inexistência de direito líquido e certo do impetrante em superar o veto por inconstitucionalidade); ADPF 714, 715 e 716 (impossibilidade de arrependimento de veto. Novo veto após sanção parcial. Possibilidade de controle jurisdicional do veto); ADPF 893 (impossibilidade de exercício de veto após o decurso do prazo de 15 dias).

7. Seleção de literatura

ARAÚJO, Luiz Alberto David; NUNES JÚNIOR, Vidal Serrano. *Curso de Direito Constitucional*. 23. ed. São Paulo: Manole, 2021. BAHIA, Alexandre Gustavo Melo Franco de Moraes; NUNES, Dierle; BACHA E SILVA, Diogo; CATTONI DE OLIVEIRA, Marcelo Andrade. *Controle jurisdicional do devido processo legislativo: história e teoria constitucional brasileira*. Belo Horizonte: Conhecimento, 2018. BAHIA, Alexandre Gustavo Melo Franco; BACHA E SILVA, Diogo; CATTONI DE OLIVEIRA, Marcelo Andrade. Devido processo legislativo no sistema presidencialista: três ensaios de dogmática crítica do processo legislativo no Brasil. In: STRECK, Lenio, NERY JR., Nelson, LEITE, George Salomão. *Crise dos Poderes da República*. São Paulo: Revista dos Tribunais, 2017. BAHIA, Alexandre Gustavo Melo Franco; BACHA E SILVA, Diogo; CATTONI DE OLIVEIRA, Marcelo Andrade. O sentido constitucional da negativa de sanção presidencial e o devido processo legislativo no sistema presidencialista: A decisão do STF na ADPF n. 372 e suas implicações. Disponível em http://emporiododireito.com.br/o-sentido-constitucional-da-negativa-de-sancao-presidencial-e-o-devido-processo-legislativo-no-sistema-presidencialista-a-decisao-do-stf-na-adpf-n-372-e-suas-implicacoes-por-alexandre-gust/. Acesso em 16 jan. 2016. BAHIA, Alexandre Gustavo Melo Franco; BACHA E SILVA, Diogo; CATTONI DE OLIVEIRA, Marcelo Andrade. Mais um capítulo: Apreciação de "veto" e vício de iniciativa no PLS sobre aposentadoria compulsória de servidor público. Disponível em http://emporiododireito.com.br/mais-um-capitulo-apreciacao-de-veto/#_ftn3. Acesso em 16 jan. 2016. BIDART CAMPOS, German José. *Manual de derecho constitucional* argentino. 4. ed. actual. Buenos Aires: Ediar, 1975. CANOTILHO, José Joaquim Gomes; MOREIRA, Vital. *Constituição da República Portuguesa anotada*. 3. ed. rev. Coimbra: Coimbra, 1993. CANOTILHO, José Joaquim Gomes. *Direito Constitucional e Teoria da Constituição*. 7. ed. Coimbra: Livraria Almedina, 2003. CANOTILHO, José Joaquim Gomes; MOREIRA, Vital. *Constituição da Republica Portuguesa anotada*. 3. ed. rev. Coimbra: Coimbra, 1993. CARVALHO NETTO, Menelick. *A sanção no procedimento legislativo*. 2. ed. Belo Horizonte: Conhecimento, 2022. CENEVIVA, Walter. *Direito Constitucional Brasileiro*. São Paulo: Saraiva, 1989. CHIMENTI, Ricardo Cunha et al. *Curso de direito constitucional*. 2. ed. São Paulo: Saraiva, 2005. COSTA, Marcus Vinicius Americano da. *Manual de direito constitucional: doutrina, legislação, jurisprudência*. Rio de Janeiro: Forense, 2005. CRETELLA JÚNIOR, José. *Comentários à Constituição Brasileira de 1988*. v. 5. 2. ed. Rio de Janeiro: Forense Universitária, 1992. FERNANDES, Bernardo Gonçalves. *Curso de Direito Constitucional*. 14. ed. Salvador: JusPodivm, 2022. FERREIRA, Pinto. *Comentários à Constituição brasileira*. v. 3. São Paulo: Saraiva, 1992. PONTES DE MIRANDA. *Comentários à Constituição de 1967*. t. 3 (arts. 34-112). São Paulo: Revista dos Tribunais, 1967. RUSSOMANO, Rosah. *Curso de Direito Constitucional*. 5. ed. rev. e a atual. Rio de Janeiro: Freitas Bastos, 1997. SILVA, José Afonso da. *Curso de Direito Constitucional Positivo*. 44. ed. Salvador/São Paulo: JusPodivm/Malheiros, 2022. SILVA, José Afonso da. *Processo Constitucional de Formação das Leis*. 3. ed. São Paulo: Malheiros, 2017. SILVA, José Afonso da. *Comentário Contextual à Constituição*. São Paulo: Malheiros, 2008.

8. Comentários

8.1. Sanção da propositura de lei

A sanção do projeto aprovado significa concordância, completando o ciclo democrático de formação da lei. A sanção é pressuposto de existência e da posterior vigência da lei. Ou seja, restringe-se o esgotamento do processo legislativo aos planos da existência e da vigência, na medida em que a validade é uma discussão que se dará na conformação ou não da nova lei com a Constituição. A sanção – ato de natureza legislativa e de competência exclusiva do Presidente da República – pode ser expressa ou tácita, que ocorre quando o Presidente queda-se silente durante 15 dias.

8.2. Veto (negativa de sanção), no todo ou em parte, do projeto

O veto é a forma que o chefe do Poder Executivo possui para expressar a sua discordância com a propositura legislativa. O veto poderá ser aposto por dois motivos: a inconstitucionalidade da propositura ou a contrariedade da mesma ao interesse público. Trata-se, nesse último caso, do poder de o Chefe do Poder Executivo – detentor da maioria absoluta dos votos – colocar as políticas de governo como anteparo às iniciativas legislativas com ela colidentes. Trata-se de uma apreciação de âmbito material acerca da conveniência da iniciativa legislativa. Quanto ao veto por inconstitucionalidade, trata-se de mecanismo que assegura ao chefe do Poder Executivo, em última análise, o controle preventivo de constitucionalidade e, portanto, de exercício da proteção da ordem constitucional-democrática. Nesse ponto, essa prerrogativa deve ser analisada e interpretada de acordo com o papel de defensor da ordem constitucional. À luz de uma estrutura democrática, o veto deve ser expresso e consignar os fundamentos e os motivos para a negativa de sanção à projeto de lei. Por isso mesmo, admite-se, excepcionalmente, o controle jurisdicional do veto, por meio de ADPF, quando este incidir em desvio de poder ou abuso da prerrogativa presidencial. O veto, dessa forma, é um ato concreto exarado pelo Presidente da República que, embora tenha elevado grau de discricionariedade, não significa arbitrariedade.

O veto compreende duas modalidades: a) total, se recair sobre todo o projeto aprovado; e b) parcial, se atingir parte do projeto, sendo que este somente abrangerá texto integral de artigo, de parágrafo, de inciso ou de alínea (art. 66, § 2º). O veto ou negativa de sanção, contudo, na tradição republicana, é relativo, pois não tranca de modo absoluto o andamento do projeto. Será comunicado, mediante mensagem fundamentada, ao Presidente do Senado Federal no prazo de 48 horas, a fim de ser apreciado pelo Congresso, em sessão conjunta, em 30 dias a contar de seu recebimento, reputando-se rejeitado se a maioria absoluta dos deputados e senadores, em sessão conjunta, votar contra ele. Nessa hipótese, o projeto se transforma em lei (sem sanção, como se vê), que deverá ser promulgada. Se aquela maioria não for alcançada, ficará mantido o veto, arquivando-se o projeto, que, assim, se tem por rejeitado. Ultrapassado o prazo de 15 dias, não pode o Presidente vetar o projeto de lei, uma vez que a ordem constitucional incorpora a sanção tácita.

8.3. Promulgação e publicação da lei: pressupostos para a sua vigência e validade

Não são atos de natureza legislativo-deliberativa, mas executiva. Promulga-se e publica-se lei, já existente desde a sanção ou o veto rejeitado. Cabe em princípio ao Presidente da República a promulgação, mesmo a das leis decorrentes de veto rejeitado (art. 66, § 5º). Se ele não o fizer dentro de 48 horas, o Presidente do Senado a promulgará; e, não o fazendo este em prazo idêntico, caberá ao Vice-presidente do Senado fazê-lo (art. 66, § 7º), sob pena de crime de responsabilidade.

A publicação da lei é um instrumento pelo qual se transmite a promulgação aos destinatários da lei. Ela é condição para a entrada da lei em vigor. Mas não se pode confundir os planos da vigência, da validade e da eficácia. A vigência é de âmbito formal – respeitado o prazo de *vacatio* –, isto é, a lei torna-se vigente pela inserção de seu texto no diário oficial, por determinação de quem a promulgar; trata-se de conferir se a referida norma cumpre os requisitos formais de competência, procedimento, espaço, tempo, matéria e destinatário; já um juízo de validade é aquele pelo qual se declara que uma determinada norma – *cuja vigência já se tem como verdadeira* – possui ou não um conteúdo adequado às determinações existentes nos níveis superiores do ordenamento (no caso, a Constituição), independentemente de se tais determinações sejam regras ou princípios, "justas" ou "injustas", eficazes ou ineficazes; com relação à eficácia, não basta dizer que a eficácia de uma norma diz respeito às condições fáticas de sua concretização ou que é uma qualidade de uma norma vigente; a eficácia tem como condição de possibilidade a validade do texto jurídico. No plano de uma *perspectiva material* da Constituição e naquilo que contemporaneamente tem sido compreendido como concretização constitucional, a validade da norma pressupõe a possibilidade de produzir eficácia, que, de todo modo, exige um exame de caráter histórico-social. É, pois, um problema fenomenológico. Portanto, à luz desses planos jurídicos, a promulgação e a publicação da lei é condição de possibilidade para a vigência, validade e, até mesmo, a eficácia ao menos formal.

Art. 67. A matéria constante de projeto de lei rejeitado somente poderá constituir objeto de novo projeto, na mesma sessão legislativa, mediante proposta da maioria absoluta dos membros de qualquer das Casas do Congresso Nacional.

Lenio Luiz Streck
Marcelo Andrade Cattoni de Oliveira[1]

1. Histórico da norma

Texto original da CF/88.

2. Constituições anteriores

Art. 40 da Constituição de 1891 (vedação); art. 47 da Constituição de 1934 (vedação); art. 72 da Constituição de 1946; art. 61, § 3º, da Constituição de 1967; e art. 58, § 3º, da Emenda Constitucional n. 01/69.

3. Dispositivos constitucionais relacionados

Art. 57 (sessões legislativas); art. 60, § 5º (impossibilidade de reapresentação de proposta de emenda constitucional na mesma sessão); art. 61 (iniciativa das leis); art. 65 (revisão e emenda do projeto); art. 66 (sanção e veto).

4. Constituições estrangeiras

Art. 167º, 4, da Constituição de Portugal (vedação); art. 65 da Constituição do Chile (modificado pelo art. 36 da Lei n. 18.825/89); art. 140 da Constituição do Uruguai; art. 81 da Constituição da Argentina.

5. Legislação

Reapresentação de projeto (art. 110 do Regimento Interno da Câmara dos Deputados, Resolução n. 17/89); Prejudicialidade de projeto (art. 163 do Regimento Interno da Câmara dos Deputados, Resolução n. 17/89); Retirada de proposição (art. 104 do Regimento Interno da Câmara dos Deputados, Resolução n. 17/89).

6. Jurisprudência do STF

ADI 2.010-MC (Vedado ao Presidente da República editar medida provisória para disciplinar matéria rejeitada).

---

1. Colaboraram na pesquisa David Francisco Lopes Gomes e Diogo Bacha e Silva.

7. Seleção de literatura

ARAÚJO, Luiz Alberto David; NUNES JÚNIOR, Vidal Serrano. *Curso de Direito Constitucional*. 23. ed. São Paulo: Manole, 2021. BAHIA, Alexandre Gustavo Melo Franco de Moraes; NUNES, Dierle; BACHA E SILVA, Diogo; CATTONI DE OLIVEIRA, Marcelo Andrade. *Controle jurisdicional do devido processo legislativo: história e teoria constitucional brasileira*. Belo Horizonte: Conhecimento, 2018. BAHIA, Alexandre Gustavo Melo Franco; BACHA E SILVA, Diogo; CATTONI DE OLIVEIRA, Marcelo Andrade. Devido processo legislativo no sistema presidencialista: três ensaios de dogmática crítica do processo legislativo no Brasil. In: STRECK, Lenio, NERY JR., Nelson, LEITE, George Salomão. *Crise dos Poderes da República*. São Paulo: Revista dos Tribunais, 2017. BAHIA, Alexandre Gustavo Melo Franco; BACHA E SILVA, Diogo; CATTONI DE OLIVEIRA, Marcelo Andrade. O sentido constitucional da negativa de sanção presidencial e o devido processo legislativo no sistema presidencialista: A decisão do STF na ADPF n. 372 e suas implicações. Disponível em http://emporiododireito.com.br/o-sentido-constitucional-da-negativa-de-sancao-presidencial-e-o-devido-processo-legislativo-no-sistema-presidencialista-a-decisao-do-stf-na-adpf-n-372-e-suas-implicacoes-por-alexandre-gust/. Acesso em 16 jan. 2016. BAHIA, Alexandre Gustavo Melo Franco; BACHA E SILVA, Diogo; CATTONI DE OLIVEIRA, Marcelo Andrade. Mais um capítulo: Apreciação de "veto" e vício de iniciativa no PLS sobre aposentadoria compulsória de servidor público. Disponível em http://emporiododireito.com.br/mais-um-capitulo-apreciacao-de-veto/#_ftn3. Acesso em 16 jan. 2016. BIDART CAMPOS, German José. *Manual de derecho constitucional argentino*. 4. ed. actual. Buenos Aires: Ediar, 1975. CANOTILHO, José Joaquim Gomes; MOREIRA, Vital. *Constituição da República Portuguesa anotada*. 3. ed. rev. Coimbra: Coimbra, 1993. CARVALHO NETTO, Menelick. *A sanção no procedimento legislativo*. 2. ed. Belo Horizonte: Conhecimento, 2022. CRETELLA JÚNIOR, José. *Comentários à Constituição Brasileira de 1988*. v. 5. 2. ed. Rio de Janeiro: Forense Universitária, 1992. FERNANDES, Bernardo Gonçalves. *Curso de Direito Constitucional*. 14. ed. Salvador: JusPodivm, 2022. SILVA, José Afonso da. *Processo Constitucional de Formação das Leis*. 3. ed. São Paulo: Malheiros, 2017. SILVA, José Afonso da. *Comentário Contextual à Constituição*. São Paulo: Malheiros, 2008.

8. Comentários

8.1. Projeto de lei rejeitado

Um projeto de lei pode ser rejeitado tanto na e pela Casa legislativa iniciadora como na e pela Casa revisora. O Poder Legislativo rejeita um projeto; já o Chefe do Poder Executivo também rejeita um projeto quando o veta. A diferença reside na circunstância de que o parlamento rejeita plenipotenciariamente um projeto de lei, enquanto a "rejeição" aposta pelo Chefe do poder Executivo ainda depende da aprovação/aceitação pelo parlamento.

8.2. Matéria constante de projeto e (im)possibilidade de renovação

O dispositivo constitucional visa a evitar que os diferentes partidos políticos (ou minorias) reapresentem projetos de lei já rejeitados naquela seção legislativa. É um modo de dar término – em cada sessão – da discussão acerca de determinadas temáticas. De todo modo – e nesse sentido o constituinte privilegiou acertadamente a concepção democrática de "maiorias parlamentares" – a matéria pode voltar à pauta, mediante projeto subscrito por maioria qualificada de qualquer das duas Casas Legislativas.

O instituto da Medida Provisória trouxe uma discussão interessante sobre a matéria. Com efeito, em possuindo a Medida Provisória força de lei desde sua edição, seria possível que a mesma matéria rejeitada no Parlamento retornasse por essa via excepcional, com a burla do comando constitucional. Entretanto, o Supremo Tribunal Federal, invocando a integridade da ordem democrática, deixou assentado que, a uma, o Chefe do Poder Executivo não pode editar Medida Provisória sobre matéria objeto de apreciação negativa por parte do Congresso na mesma seção legislativa e, a duas, de igual forma vedou o Chefe do Poder Executivo de reeditar medida provisória que veicule matéria constante de outra medida provisória anteriormente rejeitada pelo Congresso Nacional. Essa limitação tem por finalidade consagrar a autonomia do Poder Legislativo e, substancialmente, o resguardo da separação de poderes. Fosse possível a edição de Medida Provisória que tenha a mesma matéria de projeto de lei rejeitado pelo parlamento significaria a intromissão indevida no poder de agenda e na autonomia do Poder Legislativo.

Art. 68. As leis delegadas serão elaboradas pelo Presidente da República, que deverá solicitar a delegação ao Congresso Nacional.

§ 1º Não serão objeto de delegação os atos de competência exclusiva do Congresso Nacional, os de competência privativa da Câmara dos Deputados ou do Senado Federal, a matéria reservada à lei complementar, nem a legislação sobre:

I – organização do Poder Judiciário e do Ministério Público, a carreira e a garantia de seus membros;

II – nacionalidade, cidadania, direitos individuais, políticos e eleitorais;

III – planos plurianuais, diretrizes orçamentárias e orçamentos.

§ 2º A delegação ao Presidente da República terá a forma de resolução do Congresso Nacional, que especificará seu conteúdo e os termos de seu exercício.

§ 3º Se a resolução determinar a apreciação do projeto pelo Congresso Nacional, este a fará em votação única, vedada qualquer emenda.

Lenio Luiz Streck
Marcelo Andrade Cattoni de Oliveira[1]

1. Histórico da norma

Texto original da CF/88.

2. Constituições anteriores

Art. 3º, § 1º, da Constituição de 1934 (vedação); art. 22, parágrafo único, da Emenda Constitucional n. 4/61; arts. 49, IV, 55,

---

[1]. Colaboraram na pesquisa David Francisco Lopes Gomes e Diogo Bacha e Silva.

56 e 57 da Constituição de 1967; arts. 52 até 54 da Emenda Constitucional n. 01/69.

3. Dispositivos constitucionais relacionados

Art. 5º (direitos e deveres individuais e coletivos); art. 12 (nacionalidade); art. 14 (direitos políticos); art. 49 (competências exclusivas do Congresso Nacional); art. 49, V (sustação dos atos normativos que exorbitem os limites da delegação); art. 51 (competências privativas da Câmara de Deputados); art. 52 (competências privativas do Senado Federal); art. 59 (processo legislativo); arts. 92 até 126 (organização do Poder Judiciário); arts. 127 até 130 (Ministério Público); arts. 165 até 169 (orçamento).

4. Constituições estrangeiras

Arts. 161º, d, 165º, 2 até 5, e 198º, "1", "b", da Constituição de Portugal; art. 80 da Constituição da Alemanha; art. 76 da Constituição da Itália; art. 38 da Constituição da França; art. 82 da Constituição da Espanha; art. 61 da Constituição do Chile; art. 76 da Constituição da Argentina; art. 68, 7º, da Constituição do Uruguai.

5. Legislação

Procedimento (arts. 1º, IX, e 116 até 127 do Regimento Interno do Congresso Nacional, Resolução n. 01/1970 com alterações posteriores, até 2006); Promulgação de leis delegadas (art. 124 do Regimento Interno do Congresso Nacional, Resolução n. 01/1970); Competência da Comissão Permanente (art. 24, II, "e", e XII, do Regimento Interno da Câmara de Deputados, Resolução n. 17/89); Relação entre delegação e lei autorizativa (Parecer n. 527/98 do Senado Federal – sobre os projetos de lei autorizativa); Sustação dos atos normativos que exorbitem os limites da delegação (art. 7º, IV, "a", da Resolução n. 03/90 do Regimento Interno do Congresso Nacional, que dispõe sobre a Comissão Representativa do Congresso Nacional a que se refere o § 4º do art. 58 da Constituição Federal, e art. 24, XII, do Regimento Interno da Câmara de Deputados, Resolução n. 17/89); Numeração das leis delegadas (art. 2º, § 2º, II, da Lei Complementar n. 95/98, que dispõe sobre a elaboração, a redação, a alteração e a consolidação das leis, conforme determina o parágrafo único do art. 59 da Constituição Federal, e estabelece normas para a consolidação dos atos normativos que menciona, e art. 2º do Decreto 4.176/2002); Leis Delegadas: 01/62 (cria cargos de ministros extraordinários e dá outras providências), 02/62 (revogada pelo Decreto-Lei n. 79/66, alterou a Lei n. 1.506/51), 03/62 (altera dispositivos do Decreto n. 1.102/03 e dá outras providências), 04/62 (dispõe sobre a intervenção no domínio econômico para assegurar a livre distribuição de produtos necessários ao consumo do povo), 05/62 (organiza a Superintendência Nacional do Abastecimento – SUNAB – e dá outras providências), 06/62 (autoriza a constituição da Companhia Brasileira de Alimentos e dá outras providências), 07/62 (autoriza a constituição da Companhia Brasileira de Armazenamento e dá outras providências), 08/62 (cria o Fundo Federal Agropecuário – FFAP –, no Ministério da Agricultura, e dá outras providências), 09/62 (reorganiza o Ministério da Agricultura e dá outras providências), 10/62 (cria a Superintendência do Desenvolvimento da Pesca e dá outras providências), 11/62 (cria a Superintendência de Política Agrária – SUPRA – e dá outras providências), 12/92 (revogada pela MP n. 2.215-10/2001, dispunha sobre a instituição de gratificação de atividade militar para os servidores militares federais das Forças Armadas), 13/92 (institui gratificações de atividade para os servidores civis do Poder Executivo, revê vantagens e dá outras providências).

6. Jurisprudência do STF

ADI 1.296-MC (O Executivo não pode, fundando-se em mera permissão legislativa constante de lei comum, valer-se do regulamento delegado ou autorizado como sucedâneo da lei delegada para o efeito de disciplinar, normativamente, temas sujeitos a reserva constitucional de lei).

7. Seleção de literatura

ARAÚJO, Luiz Alberto David; NUNES JÚNIOR, Vidal Serrano. *Curso de Direito Constitucional*. 23. ed. São Paulo: Manole, 2022. CRETELLA JÚNIOR, José. *Comentários à Constituição Brasileira de 1988*. v. 5. 2. ed. Rio de Janeiro: Forense Universitária, 1992. FERNANDES, Bernardo Gonçalves. *Curso de Direito Constitucional*. 14. ed. Salvador: JusPodivm, 2022. FERREIRA FILHO, Manuel Gonçalves. *Do Processo Legislativo*. 7. ed. São Paulo: Saraiva, 2012. PINTO FERREIRA, Luís. *Comentários à Constituição brasileira*. v. 3. São Paulo: Saraiva, 1992. PONTES DE MIRANDA, Francisco Cavalcanti. *Comentários à Constituição de 1967*. t. 3 (arts. 34-112). São Paulo: Revista dos Tribunais, 1967. SILVA, José Afonso da. *Processo Constitucional de Formação das Leis*. 3. ed. São Paulo: Malheiros, 2017. SILVA, José Afonso da. *Comentário Contextual à Constituição*. São Paulo: Malheiros, 2008. VELLOSO, Carlos Mario da Silva. A delegação legislativa – a legislação por associações. In: *Temas de direito público*. Belo Horizonte: Del Rey, 1994.

8. Comentários

8.1. A delegação legislativa

Em princípio, qualquer delegação de funções poderia colocar em xeque a divisão de poderes prevista no art. 2º da Constituição. Por se constituir em exceção, é apenas admitida nos casos estritamente estabelecidos pelo constituinte originário. A delegação legislativa tem peculiaridades, porque não comporta atos de iniciativa, nem votação, nem sanção, nem veto, nem promulgação. Trate-se de simples *edição*, que se realiza pela publicação autenticada. A sua relação com o processo legislativo propriamente dito encontra-se no art. 68, § 2º, da Constituição, isto é, a condição de possibilidade para a edição de leis delegadas pelo Presidente da República é a resolução do Congresso Nacional pela qual se outorga a delegação.

8.2. Requisito da delegação legislativa

A delegação legislativa é matéria que depende de pedido do Presidente da República. Trata-se aqui também de dispositivo com ligação umbilical com o sistema presidencialista de governo. Mas a delegação não é uma carta branca ao Presidente da República, uma vez que o pedido deve vir acompanhado da matéria que o Chefe do poder Executivo pretende enfrentar com essa prerrogativa. Havendo concordância do Congresso, este elaborará uma resolução, contendo o respectivo poder delegado. Tratando-se de uma democracia representativa, é despiciendo lembrar que o Parlamento pode se negar a fazer a delegação. Também pode, ao invés de delegar, aprovar resolução que determine que o próprio Congresso aprecie, por si mesmo, o projeto do Executivo, o que deverá fazer em votação única sem emendas, conforme o parágrafo 3º do art. 68. Aprovado o projeto de resolução conferindo a delegação, o Presidente da República edita a lei na forma e nos termos especificados na resolução. No caso de delegação externa, a Resolução é o instrumento adequado para a outorga parlamentar de funções normativas ao Poder Executivo. E, como se trata de disciplina específica, a Resolução não pode ser substituída, em tema de delegação legislativa, por lei ordinária, sob pena de afronta ao devido processo legislativo. Se o Presidente exorbitar dos limites da delegação, o Congresso Nacional poderá sustar a lei decorrente (art. 49, V). Os limites da delegação legislativa vêm estabelecidos no referido dispositivo constitucional. Matérias atinentes à lei complementar, atos de competência exclusiva do Congresso Nacional, da Câmara dos Deputados e do Senado Federal, organização do Ministério Público e do Poder Judiciário, as respectivas carreiras e as garantias de seus membros, matérias relativas aos direitos individuais, políticos e eleitorais, à nacionalidade e à cidade, assim como os planos plurianuais, diretrizes orçamentárias e o orçamento são matérias que estão submetidas à prerrogativa parlamentar, cuja fonte parlamentar é condição de legitimidade para tais matérias. Prerrogativa parlamentar em tais matérias que significa que apenas o parlamento pode realizar inovação na ordem jurídico-constitucional, sob pena de grave ilícito constitucional.

De todo modo, não se pode impedir o Poder Legislativo de editar, durante o prazo da delegação, lei ordinária tratando especificamente da matéria nem de desautorizar/desfazer a delegação antes do prazo concedido na resolução originária. Não fosse isso possível, estar-se-ia, aí sim, violando a divisão de Poderes, além de enfraquecer a democracia.

Art. 69. As leis complementares serão aprovadas por maioria absoluta.

Lenio Luiz Streck
Marcelo Andrade Cattoni de Oliveira[1]

1. Histórico da norma

Texto original da CF/88.

2. Constituições anteriores

Artigo 6º, § 8º, da Constituição de 1946, com redação dada pela Emenda Constitucional n. 17/65; artigo 53 da Constituição de 1967; artigo 50 da Emenda Constitucional n. 01/69.

3. Dispositivos constitucionais relacionados

Artigo 7º, I; artigo 14, § 9º; artigo 18, §§ 2º, 3º e 4º; artigo 21, IV; artigo 22, parágrafo único; artigo 23, parágrafo único; artigo 25, § 3º; artigo 37, VII; artigo 40, § 1º; artigo 43, § 1º; artigo 45, § 1º; artigo 49, II; artigo 59, parágrafo único; artigo 61; artigo 65; artigo 64; artigo 66; artigo 67; artigo 68, § 1º; artigo 79, parágrafo único; artigo 84, XXII; artigo 93; artigo 121; artigo 128, §§ 4º e 5º; artigo 129, VI e VII; artigo 131; artigo 134, parágrafo único; artigo 142, § 1º; artigo 146; artigo 148; artigo 153, VII; artigo 154, I; artigo 155, §§ 1º, III, e 2º, X, "a", e XII; artigo 156, III; artigo 161; artigo 163; artigo 165, § 9º; artigo 166, § 6º; artigo 168; artigo 169; artigo 184, § 3º; artigo 192; artigo 231, § 6º; ADCT: artigo 10; artigo 29, §§ 1º e 2º; artigo 34, §§ 7º, 8º e 9º; artigo, 35, § 2º; artigo 38; artigo 39, parágrafo único.

4. Constituições estrangeiras

Artigo 132 da Constituição da Itália; artigo 194 da Constituição do Peru; artigo 126 da Constituição do Uruguai; artigo 18 da Constituição do Chile.

5. Legislação

Resolução do Congresso Nacional n. 01/70 (Regimento Comum); Resolução do Senado Federal n. 93/70 (Regimento Interno do Senado Federal); Resolução da Câmara dos Deputados n. 17/89 (Regimento Interno da Câmara dos Deputados).

6. Jurisprudência do STF

AI 235.800-AgR (a recepção de lei ordinária como lei complementar pela Constituição posterior a ela só ocorre com relação aos seus dispositivos em vigor quando da promulgação desta, não havendo que se pretender a ocorrência de efeito repristinatório, porque o nosso sistema jurídico, salvo disposição em contrário, não admite a repristinação (artigo 2º, § 3º, da Lei de Introdução ao Código Civil); STF – Pleno – ADI 2.028-5/DF – Medida liminar (só é exigível lei complementar quando a Constituição expressamente a ela faz alusão); ADI 5.003/SC (impossibilidade do poder constituinte derivado decorrente estadual prever hipóteses de lei complementar não contidas na Constituição Federal).

7. Seleção de literatura

ATALIBA, Geraldo. *Lei complementar na Constituição*. São Paulo: Revista dos Tribunais, 1971. BERCOVICI, Gilberto. *Constituição Econômica e Desenvolvimento*. 2. ed. São Paulo: Almedina, 2022. BORGES, José Souto Maior. *Lei Complementar Tributária*. São Paulo: Revista dos Tribunais, EDUC, 1975. CRETELLA JÚNIOR, José. *Comentários à Constituição brasileira de 1988*. v. 5. 2. ed. Rio de Janeiro: Forense Universitária, 1992. FERNANDES, Bernardo Gonçalves. *Curso de Direito Constitucional*. 14. ed. Salvador: JusPodivm, 2022. FERREIRA FILHO, Manoel Gonçalves. *Do Processo Legislativo*. 7. ed. São Paulo: Saraiva, 2012. PINTO FERREIRA, Luís. *Comentários à Constituição brasileira*. v. 3. São Paulo: Saraiva, 1992. PONTES DE MIRANDA, F. C. *Comentários à Constituição de 1967*. t. 3 (arts. 34-112). São Paulo: Revista dos Tribunais, 1967. RUSSOMANO, Rosah. *Curso de Direito Constitucional*. 5. ed. rev. e atual. Rio de Janeiro: Freitas Bastos, 1997. SILVA, José Afonso da. *Curso de Direito Constitucional Positivo*. 44. ed. Salvador/São Paulo: JusPodivm/Malheiros, 2022. SILVA, José Afonso da. *Comentário Contextual à Constituição*. São Paulo: Malheiros, 2008.

---

1. Colaboraram na pesquisa David Francisco Lopes Gomes e Diogo Bacha e Silva.

8. Comentários

8.1. Noção de lei complementar

A Lei Complementar é criação constitucional brasileira, tendo natureza nitidamente convencional. Trata-se, pois, de uma modalidade de lei que se diferencia das demais apenas a partir do *quorum*. Ou seja, seu conceito exsurge da matéria abarcada, cuja especificidade encontramos no texto constitucional. É, portanto, um conceito circular. O constituinte entendeu que determinadas matérias exigiriam, para aprovação, um *quorum* mais acentuado, por dizerem respeito à estrutura do Estado e a suas relações com a sociedade, como, por exemplo, a questão da proteção do trabalhador contra despedida arbitrária ou sem justa causa (art. 7º, I); da articulação, por parte da União, de regiões que formem um complexo geoeconômico e social, visando a seu desenvolvimento e à redução das desigualdades regionais (art. 43, § 1º); das atribuições a serem conferidas ao Vice-Presidente da República (art. 79, parágrafo único); dos casos em que tropas estrangeiras poderão transitar pelo território nacional ou nele permanecer temporariamente (art. 84, XXII); da organização e competência dos Tribunais, dos juízes de direito e das juntas eleitorais (art. 121, *caput*); da organização da Defensoria Pública (art. 134); e dos tributos (arts. 146, 146-A, 148, 153, VII, 154, I, 155, §§ 1º, III, e 2º, XII, 156, III e § 3º, e 161).

8.2. Natureza das leis complementares

Não há como delinear uma natureza jurídica da lei complementar. Na verdade, a lei complementar é produto da estrita convencionalidade do legislador constitucional. Sua peculiaridade reside no *quorum* especial de aprovação: maioria absoluta das duas Casas legislativas. Fundamentalmente, é isso o que diferencia a lei complementar da lei ordinária. Seguem o mesmo processo legislativo exigido para as leis ordinárias.

8.3. Lei complementar e lei ordinária

Sua diferenciação reside na exigência do *quorum*. Para algumas matérias, o legislador constituinte estabeleceu *quorum* diferenciado, sem que nisso estivesse qualquer especificidade conteudística. Exatamente por isso é que não pode haver hierarquia entre leis complementares e leis ordinárias. A tese de que haveria hierarquia incide em uma contradição *in terminus*. Afinal, se, de um lado, é pacífico que o conteúdo da lei complementar é aquilo que a Constituição especificar, não é possível admitir, em um segundo momento, que a lei complementar seja hierarquicamente superior. Aliás, os seus conteúdos não se chocam, isto é, ou a matéria é de lei complementar ou é de lei ordinária. Se a lei ordinária tratar de matéria de lei complementar, estar-se-á em face de uma inconstitucionalidade formal. E, com isso, esgota-se a discussão acerca da hierarquia. Nesse sentido, veja-se o magistério de Souto Maior Borges, para quem é equívoco sustentar a tese da hierarquia superior da lei complementar: a) primeiro, porque concluir pela supremacia hierárquica de lei complementar – porque ela está situada, na enunciação das categorias legislativas pelo artigo 46 (referia-se à Emenda Constitucional 1/69), logo abaixo das emendas constitucionais – é tão descabido quanto sustentar que as leis delegadas e os decretos-leis, porque situados abaixo das leis ordinárias estão hierarquicamente numa posição inferior a estas; b) segundo, porque a superioridade formal da lei complementar sobre a lei ordinária não significa, contudo, que se admita a possibilidade de que aquela espécie normativa possa revogar lei ordinária; c) e, terceiro, porque não é o *quorum* especial previsto para a aprovação de lei complementar que lhe confere uma superioridade formal com relação à lei ordinária, pois tal *quorum* é tão somente um requisito de existência e não um requisito de eficácia da lei complementar: situa-se na fase de elaboração da lei e não na sua fase executiva, sendo, portanto, irrelevante para, com base nele, admitir-se a hierarquia formal da lei complementar (BORGES, 1975, p. 19-50).

A previsão de um processo legislativo qualificado pelo *quorum* com a criação, pelo constituinte originário, de uma reserva de lei complementar tem por finalidade mitigar a influência das maiorias parlamentares ocasionais no processo legislativo e, assim, decorre de um juízo específico do constituinte de que em determinadas matérias sensíveis com relevância econômica ou social a adequada normatização pressupõe uma mitigação na regra da maioria simples. Desse modo, em esteira do entendimento recente do STF, a ampliação da reserva de lei complementar pelo Legislador estadual no exercício do poder constituinte decorrente além das matérias previstas no âmbito da Constituição Federal cria óbices procedimentais que, no fundo, restringem o arranjo democrático-representativo desenhado pelo constituinte originário (ADI 5.003). É que o *quorum* qualificado pressupõe maior mobilização parlamentar para a criação das maiorias no âmbito do Poder Legislativo. Ao menos no que toca à sua jurisprudência, também esse dispositivo é parte integrante daquilo que o STF entende como "princípio da simetria", conceito esse que é articulado jurisprudencialmente pela Corte de forma casuística e que, no fundo, não revela seu conteúdo, transformando-se em algo vazio.

SEÇÃO IX
DA FISCALIZAÇÃO CONTÁBIL, FINANCEIRA E ORÇAMENTÁRIA

Art. 70. A fiscalização contábil, financeira, orçamentária, operacional e patrimonial da União e das entidades da administração direta e indireta, quanto à legalidade, legitimidade, economicidade, aplicação das subvenções e renúncia de receitas, será exercida pelo Congresso Nacional, mediante controle externo, e pelo sistema de controle interno de cada Poder.

Parágrafo único. Prestará contas qualquer pessoa física ou jurídica, pública ou privada, que utilize, arrecade, guarde, gerencie ou administre dinheiros, bens e valores públicos ou pelos quais a União responda, ou que, em nome desta, assuma obrigações de natureza pecuniária.

Fernando Facury Scaff
Luma Cavaleiro de Macedo Scaff

1. Origem do texto

Redação do *caput* originária da Constituição Federal de 1988. A redação original do parágrafo único era "Prestará contas qualquer pessoa física ou entidade pública que utilize, arrecade, guarde, gerencie ou administre dinheiros, bens e valores públicos ou pelos quais a União responda, ou que, em nome desta, assuma obrigações de natureza pecuniária". Esta redação foi alterada pela Emenda Constitucional n. 19/1998.

2. Constituições brasileiras anteriores

a) Constituição de 1891: art. 89;

b) Constituição de 1937: art. 114;

c) Constituição de 1934: art. 99;

d) Constituição de 1946: art. 77;

e) Constituição de 1967 com alteração da emenda constitucional n. 1 de 1969: art. 70.

3. Preceitos constitucionais correlacionados na Constituição de 1988

Arts. 37, 71, 72, 73, 74 e 75.

4. Legislação

Lei Orgânica do Tribunal de Contas da União (Lei 8.443/92). Decreto 3.590/2000 (Sistema de Administração Financeira Federal). Lei 9.784/99 (Lei sobre o Processo Administrativo Federal). Lei 8.429/92 (Lei sobre Improbidade Administrativa). Súmula Vinculante 03 do STF. Súmula 347 STF.

5. Jurisprudência

ADI 3.046, Rel. Min. Sepúlveda Pertence, julgamento em 15-4-04, *DJ* de 28-5-04; ADI 375, Rel. Min. Octavio Gallotti, julgamento em 30-10-91, *DJ* de 14-2-92; MS 24.073, Rel. Min. Carlos Velloso, julgamento em 6-11-02, *DJ* de 31-10-03.

"A Controladoria-Geral da União (CGU) pode fiscalizar a aplicação de verbas federais onde quer que elas estejam sendo aplicadas, mesmo que em outro ente federado às quais foram destinadas. A fiscalização exercida pela CGU é interna, pois feita exclusivamente sobre verbas provenientes do orçamento do Executivo" (RMS 25.943, Rel. Min. Ricardo Lewandowski, j. 24-11-2010, P, *DJe* de 2-3-2011).

"Cuida-se aqui de fiscalização de empresa – Terracap – formada pelo Distrito Federal e pela União, (...) com capital permanente à União (49%) e ao Distrito Federal (51%). No entanto, a despeito da participação da União, trata-se de ente da administração local. (...) Esta condição de titularidade local do controle societário – e, consequentemente, político-gerencial – tornou-se verdadeiramente inequívoca com a plena autonomia política (e não apenas administrativa, já parcialmente exercida) do Distrito Federal face à União, consequente à Constituição de 5-10-1988. E disso resulta, obviamente, a impertinência para o caso do *caput* do art. 70 da Constituição (...). (...) a questão aqui não diz com a delimitação sobre a abrangência, objetiva e subjetiva, da competência fiscalizatória do TCU, relativamente aos órgãos, entidades, sociedades ou recursos da União, mas sim com matéria estritamente federativa, porque não se pode anuir com a adoção de medidas invasivas (...) da União sobre órgãos, entidades ou sociedades sob o controle de poder público estadual ou municipal (...)" (MS 24.423, voto do Rel. Min. Gilmar Mendes, j. 10-9-2008, P, *DJe* de 20-2-2009).

"2. Descabe a atuação precária e efêmera afastando do cenário jurídico o que assentado pelo Tribunal de Contas da União. A questão alusiva à possibilidade de este último deixar de observar, ante a óptica da inconstitucionalidade, certo ato normativo há de ser apreciada em definitivo pelo Colegiado, prevalecendo, até aqui, porque não revogado, o Verbete n. 347 da Súmula do Supremo. De início, a atuação do Tribunal de Contas se fez considerando o arcabouço normativo constitucional" (MS 31.439 MC, Rel. Min. Marco Aurélio, Decisão Monocrática, julgamento em 19-7-2012, *DJe* de 7-8-2012).

O Conselho Federal e os Conselhos Seccionais da Ordem dos Advogados do Brasil não estão obrigados a prestar contas ao Tribunal de Contas da União nem a qualquer outra entidade externa. A Ordem dos Advogados do Brasil (OAB) não se sujeita à prestação de contas perante o Tribunal de Contas da União (TCU) e a ausência dessa obrigatoriedade não representa ofensa ao art. 70, parágrafo único, da Constituição Federal de 1988 (...), já que inexiste previsão expressa em sentido diverso (RE 1.182.189, Rel. Min. Marco Aurélio, red. do ac. Min. Edson Fachin, j. 24-4-2023, P, *Informativo STF* 1.091, Tema 1.054, com mérito julgado).

6. Anotações

1. Historicamente, uma das primeiras funções atribuídas ao Poder Legislativo enquanto órgão de atuação estatal foi a de fiscalizar a atuação do Poder Executivo. Na verdade, isso remonta à Magna Carta, de 1215, quando os nobres sitiaram a Realeza, obrigando-a a prestar contas de seus atos e, como corolário, a pedir autorização àquela Assembleia de Nobres feudal para realizar certos atos de arrecadação de fundos (poder-se-ia chamar de "tributos") ou para a realização de certos gastos (como, por exemplo, realizar gastos com o casamento de sua filha).

A criação das Juntas das Fazendas das Capitanias e da Junta da Fazenda do Rio de Janeiro no Brasil em meados de 1680 mostra uma preocupação, não apenas com o controle das finanças públicas, mas também com o controle de entrada e saída de mercadorias e do intercâmbio de produtos. Por ordem de Dom João VI, foi criado o Conselho da Fazenda, cuja principal função era o acompanhamento e a execução da despesa pública. Nesta linha, em cerca de 1830, foi apresentado um projeto de lei no Senado para a criação de um Tribunal de Contas. Davam-se os primeiros passos para a institucionalização de um órgão encarregado da fiscalização das verbas públicas – o que só aconteceu em cerca de 1890 através do Decreto 966-A por iniciativa de Rui Barbosa.

A primeira Constituição que previu o Tribunal de Contas data de 1891 e estabeleceu como competência liquidar e verificar a legalidade das contas, da receita e da despesa. As cartas constitucionais ampliaram sucessivamente suas competências, a exemplo da Constituição de 1934, que previu o acompanhamento da execução orçamentária, bem como o julgamento das contas dos responsáveis por bens e dinheiro público.

2. O artigo 70 da Constituição segue esta linha de atuação, pois trata da necessidade de controle do Poder Público, sob diversos ângulos de atuação, e, embora se aplique diretamente apenas à União, é igualmente aplicável aos Estados-Membros e aos Municípios por força do artigo 75 da Constituição. Atualmente, o *caput* do artigo 70 se aplica a todos os entes públicos ou privados que de alguma maneira mantenham contato com verbas pú-

blicas. O escopo é amplo na expectativa de fiscalizar de forma eficiente a atividade financeira do Estado.

A fiscalização deve ocorrer sob os aspectos contábeis, financeiros, orçamentários, operacionais e patrimoniais. O alcance da norma é amplo, envolvendo a administração federal direta e indireta, além dos Poderes da União e demais entes que atuem com dinheiro público. A fiscalização é exercida pelo Congresso Nacional, que, no Brasil, representa o Poder Legislativo Federal; bicameral. Conta, ademais, com o auxílio do sistema de controle interno de cada poder.

3. Existem dois tipos de controle público: o externo e o interno.

O controle externo é realizado pelo Congresso Nacional, auxiliado pelo Tribunal de Contas da União, na forma do art. 71 da Constituição. E o controle interno é desenvolvido através de sistemas internos a cada Poder: Legislativo, Executivo e Judiciário, conforme determina o art. 74 da Constituição. Cada entidade da administração direta ou indireta deve inserir em sua estrutura administrativa órgão encarregado de efetuar as funções de controle interno.

4. A abrangência do controle alcança uma vastidão de âmbitos de atuação.

Fiscalização contábil diz respeito à análise dos lançamentos dos eventos financeiros ocorridos, podendo classificar ou reclassificar aquilo que tiver sido lançado pelos órgãos públicos. Apenas a título de exemplo, um gasto que for classificado como "investimento" pode vir a ser reclassificado como "despesa de consumo" em face desse tipo de controle – pode parecer irrelevante mas, sabendo-se a quantidade de recursos públicos que são vinculados a certas atividades estatais, p. ex. saúde e educação, este tipo de fiscalização sob os aspectos contábeis adquire superior importância.

Os aspectos financeiros referidos na norma dizem respeito ao controle dos recursos arrecadados pela União, em especial à análise sobre sua destinação – analisar se eles foram destinados às destinações estabelecidas na Constituição e nas demais normas de regência.

Controle sobre os aspectos orçamentários implica em dizer que compete ao Congresso Nacional fiscalizar o cumprimento das normas orçamentárias previstas na Constituição: Plano Plurianual (art. 165, I, da Constituição), Lei de Diretrizes Orçamentárias (art. 165, II, da CF) e Lei Orçamentária Anual (art. 165, III, da CF), não só no âmbito das despesas, mas também nos âmbitos das receitas e das operações de crédito.

O âmbito operacional implica na análise das atividades desenvolvidas pela Administração Pública. Sua atuação e o desenvolvimento de suas atividades gerenciais objetivando chegar a uma finalidade de interesse público.

A esfera patrimonial se refere aos bens móveis, imóveis e intangíveis que pertencem ao Poder Público, e sobre os quais o controle externo deve ser exercido.

5. Cada qual desses âmbitos de fiscalização deve analisar a atuação do Poder Público sobre vários aspectos.

Quanto à legalidade, no que diz respeito às prescrições normativas. Isso alcança não apenas o aspecto propriamente legal (atos provindos do Poder Legislativo, que obedeçam ao trâmite da criação de leis – processo legislativo), mas também aos demais âmbitos infralegais, na cadeia normativa que implica na obediência aos Decretos, Portarias, Instruções Normativas e outras disposições de alcance diferenciado no que se refere ao âmbito de competência normativa de cada órgão.

Quanto à legitimidade, possibilita a averiguação das aspirações da sociedade na realização das despesas públicas, seu interesse e priorização.

Quanto à economicidade, que diz respeito ao critério de uso da menor quantidade de recursos públicos para atingir a maior gama de benefícios ou de beneficiários. Visa averiguar se o gasto público está sendo usado de maneira a permitir que cada unidade de recursos gere o maior benefício possível em termos de pessoas atingidas ou de benefícios a serem concedidos. Visa averiguar se não há desperdício no uso do dinheiro público.

Entende-se por "subvenção", no âmbito legal (Lei 4.320/64, art. 12, § 3º), as transferências destinadas a cobrir despesas de custeio das entidades beneficiadas, podendo ser "subvenções sociais", aquelas que se destinam a instituições públicas ou privadas de caráter assistencial ou cultural, sem finalidade lucrativa, ou "subvenções econômicas", as que se destinam a empresas públicas ou privadas de caráter industrial, comercial, agrícola ou pastoril. Assim, o controle a ser exercido pelo Tribunal de Contas alcança inclusive este âmbito de uso dos recursos públicos.

Por fim, entende-se por "renúncia de receitas" a dispensa legal do pagamento de receitas públicas, sejam tributárias, sejam patrimoniais. Assim, dentro desse conceito, a isenção de imposto de renda concedida para as empresas que se instalarem em áreas incentivadas, visando o desenvolvimento regional (por exemplo, com benefícios concedidos pela Sudam ou pela Sudene) estão inseridas neste âmbito fiscalizatório do Tribunal de Contas da União.

6. Estão submetidos ao controle do Tribunal de Contas da União o próprio ente federativo União e as entidades da administração direta e indireta que compõem a sua estrutura de competência.

A abrangência das pessoas obrigadas a prestar contas é muito grande, pois envolve a qualquer pessoa, física ou jurídica, que, de alguma forma tenha recebido, utilize, arrecade, gerencie ou seja beneficiário de bens, dinheiros ou valores públicos.

A ampliação das pessoas atingidas pelo Tribunal de Contas é uma tendência nos dias atuais em face da necessidade de gastos públicos eficientes, e diante de novos instrumentos financeiros, tais como o acordo de leniência e o marco regulatório do terceiro setor.

Art. 71. O controle externo, a cargo do Congresso Nacional, será exercido com o auxílio do Tribunal de Contas da União, ao qual compete:

I – apreciar as contas prestadas anualmente pelo Presidente da República, mediante parecer prévio que deverá ser elaborado em sessenta dias a contar de seu recebimento;

II – julgar as contas dos administradores e demais responsáveis por dinheiros, bens e valores públicos da administração direta e indireta, incluídas as fundações e sociedades instituídas e mantidas pelo Poder Público federal, e as contas daqueles que derem causa a perda, extravio ou outra irregularidade de que resulte prejuízo ao erário público;

III – apreciar, para fins de registro, a legalidade dos atos de admissão de pessoal, a qualquer título, na administração direta e indireta, incluídas as fundações instituídas e mantidas pelo Poder Público, excetuadas as nomeações para cargo de provimento em comissão, bem como a das concessões de aposentadorias, reformas e pensões, ressalvadas as melhorias posteriores que não alterem o fundamento legal do ato concessório;

IV – realizar, por iniciativa própria, da Câmara dos Deputados, do Senado Federal, de Comissão técnica ou de inquérito, inspeções e auditorias de natureza contábil, financeira, orçamentária, operacional e patrimonial, nas unidades administrativas dos Poderes Legislativo, Executivo e Judiciário, e demais entidades referidas no inciso II;

V – fiscalizar as contas nacionais das empresas supranacionais de cujo capital social a União participe, de forma direta ou indireta, nos termos do tratado constitutivo;

VI – fiscalizar a aplicação de quaisquer recursos repassados pela União mediante convênio, acordo, ajuste ou outros instrumentos congêneres, a Estado, ao Distrito Federal ou a Município;

VII – prestar as informações solicitadas pelo Congresso Nacional, por qualquer de suas Casas, ou por qualquer das respectivas Comissões, sobre a fiscalização contábil, financeira, orçamentária, operacional e patrimonial e sobre resultados de auditorias e inspeções realizadas;

VIII – aplicar aos responsáveis, em caso de ilegalidade de despesa ou irregularidade de contas, as sanções previstas em lei, que estabelecerá, entre outras cominações, multa proporcional ao dano causado ao erário;

IX – assinar prazo para que o órgão ou entidade adote as providências necessárias ao exato cumprimento da lei, se verificada ilegalidade;

X – sustar, se não atendido, a execução do ato impugnado, comunicando a decisão à Câmara dos Deputados e ao Senado Federal;

XI – representar ao Poder competente sobre irregularidades ou abusos apurados.

§ 1º No caso de contrato, o ato de sustação será adotado diretamente pelo Congresso Nacional, que solicitará, de imediato, ao Poder Executivo as medidas cabíveis.

§ 2º Se o Congresso Nacional ou o Poder Executivo, no prazo de noventa dias, não efetivar as medidas previstas no parágrafo anterior, o Tribunal decidirá a respeito.

§ 3º As decisões do Tribunal de que resulte imputação de débito ou multa terão eficácia de título executivo.

§ 4º O Tribunal encaminhará ao Congresso Nacional, trimestral e anualmente, relatório de suas atividades.

Fernando Facury Scaff
Luma Cavaleiro de Macedo Scaff

1. Origem do texto

Texto originário da Constituição Federal de 1988.

2. Constituições brasileiras anteriores

Art. 70 e art. 72 da Constituição Federal de 1967 com redação da Emenda 69; Art. 77 da Constituição de 1946; Art. 114 da Constituição de 1937; Arts. 99, 100, 101 e 102 da Constituição de 1934; Art. 89 da Constituição de 1891.

3. Preceitos constitucionais correlacionados da Constituição de 1988

Art. 52, III, *b*; art. 70; art. 72; art. 73; art. 74; art. 84, XV; art. 102, I, *c*; art. 102, I, *d*.

4. Legislação

Lei Orgânica do Tribunal de Contas da União (Lei 8.443/92). Decreto 3.590/2000 (Sistema de Administração Financeira Federal). Lei 9.784/99 (Lei sobre o Processo Administrativo Federal). Lei 8.429/92 (Lei sobre Improbidade Administrativa). Súmula Vinculante 03 do STF. Súmula 347 STF.

5. Jurisprudência

Súmulas 06, 07, 29, 42, 248, 347 e 653 do STF. MS 22.801, Rel. Min. Menezes Direito, julgamento em 17-12-07, MS 24.448, Rel. Min. Carlos Britto, julgamento em 27-9-07, *DJ* de 14-11-07; MS 24.631, Rel. Min. Joaquim Barbosa, julgamento em 9-8-07, *DJ* de 1º-2-08; ADI 1.175, Rel. p/ ac. Min. Marco Aurélio, julgamento em 4-8-04, *DJ* de 19-12-06.

"O art. 71 da Constituição não insere na competência do TCU a aptidão para examinar, previamente, a validade de contratos administrativos celebrados pelo poder público. Atividade que se insere no acervo de competência da função executiva. É inconstitucional norma local que estabeleça a competência do tribunal de contas para realizar exame prévio de validade de contratos firmados com o poder público" (ADI 916, Rel. Min. Joaquim Barbosa, j. 2-2-2009, P, *DJe* de 6-3-2009).

"O sigilo de informações necessárias para a preservação da intimidade é relativizado quando se está diante do interesse da sociedade de se conhecer o destino dos recursos públicos. Operações financeiras que envolvam recursos públicos não estão abrangidas pelo sigilo bancário a que alude a LC 105/2001, visto que as operações dessa espécie estão submetidas aos princípios da administração pública insculpidos no art. 37 da CF. Em tais situações, é prerrogativa constitucional do Tribunal [TCU] o acesso a informações relacionadas a operações financiadas com recursos públicos" (MS 33.340, Rel. Min. Luiz Fux, j. 26-5-2015, 1ª T, *DJe* de 3-8-2015).

"Procedimento administrativo e desconsideração expansiva da personalidade jurídica. *Disregard doctrine* e reserva de jurisdição: exame da possibilidade de a administração pública, mediante ato próprio, agindo *pro domo sua*, desconsiderar a personalidade civil da empresa, em ordem a coibir situações configuradoras de abuso de direito ou de fraude. A competência institucional do TCU e a doutrina dos poderes implícitos. Indispensabilidade, ou não, de lei que viabilize a incidência da técnica da desconsideração da personalidade jurídica em sede administrativa. A administração pública e o princípio da legalidade: superação de paradigma teórico fundado na doutrina tradicional? O princípio da moralidade administrativa: valor constitucional revestido de caráter ético-jurídico, condicionante da legitimidade e da validade dos atos estatais. O advento da Lei 12.846/2013 (art. 5º, IV, e, e art. 14), ainda em período de *vacatio legis*. Desconsideração da personalidade jurídica e o postulado da intranscendência das sanções administrativas e das medidas restritivas de direitos. Magistério da doutrina. Jurisprudência. Plausibilidade jurídica da pretensão cautelar e configuração do *periculum in mora*. Medida liminar deferida" (MS 32.494 MC, Rel. Min. Celso de Mello, dec. monocrática, j. 11-11-2013, DJe de 13-11-2013).

É possível a decretação pelo TCU de indisponibilidade de bens de particulares responsáveis pela administração de dinheiro de origem pública, se constatados indícios de ilegalidades, ainda que eles também se submetam à fiscalização de outras instâncias administrativas (MS 34.738 AgR, Rel. Min. Roberto Barroso, j. 22-11-2022, 1ª T., DJe de 24-11-2022).

6. Anotações

Este artigo trata especificamente do controle externo da União, que, como referido na análise do artigo anterior, compete ao Poder Legislativo, no caso o Congresso Nacional (Câmara dos Deputados e Senado Federal), com o auxílio do Tribunal de Contas da União. O dispositivo colaciona um rol de competências para o controle externo.

A redação do artigo não prima por sua precisão, uma vez que tenta abarcar uma enormidade de situações que, a rigor, poderiam ser mais bem especificadas e delimitadas. Mesmo assim, é possível agrupar suas atribuições nas seguintes funções: 1. Função fiscalizatória, que envolve o levantamento de dados, auditoria, inspeção, monitoramento e o acompanhamento para avaliação de órgãos, programas e cumprimento de deliberações, 2. Função consultiva, 3. Função Informativa, 4. Função Judicante, 5. Função Sancionadora, 6. Função Corretiva, 7. Função Normativa, 8. Função de Ouvidoria.

Um primeiro ponto a ser destacado diz respeito à natureza jurídica do "parecer prévio" previsto no inciso I, que deverá ser elaborado sobre as contas do Presidente da República. Será este vinculativo ou meramente opinativo sobre o julgamento das contas? A norma não esclarece este aspecto, e o entendimento dominante, com acerto, coloca o julgamento das contas a cargo do Congresso Nacional, que é meramente auxiliado pelo Tribunal de Contas. Desse modo, a natureza jurídica do parecer prévio é opinativo, e não vinculativo, da decisão que vier a ser proferida pelo Poder Legislativo. De certo modo esse entendimento esvazia a importância da atividade de controle, uma vez que as conclusões esposadas podem vir a ser relevadas pelos julgadores – deputados e senadores. Todavia, este entendimento destaca a natureza ancilar da atividade exercida pelo Tribunal de Contas da União, e seus congêneres estaduais, nesse aspecto de sua atuação. A análise das contas é um ato técnico, cuja análise é presidida por critérios de legalidade, legitimidade e economicidade, dentre outros, mas o julgamento das contas é um critério político. Isso permite que ocorra a possibilidade de aprovação das contas pelo Poder Legislativo – ato político; e discussão das mesmas perante o Poder Judiciário – ato jurídico.

O segundo ponto diz respeito à preocupação de articular os diversos mecanismos de controle, pois o TCU deve julgar as contas de gestão dos administradores e demais responsáveis por dinheiros, bens e valores públicos da administração direta e indireta dos poderes e do Ministério Público, incluídas fundações e sociedades instituídas e mantidas pelo poder público, bem como as contas daqueles que derem causa a perda, extravio ou outra irregularidade de que resulte prejuízo ao erário.

O terceiro ponto que merece destaque diz respeito à análise dos atos de admissão de pessoal na Administração Pública a fim de averiguar sua legalidade, legitimidade e economicidade, excetuados os cargos de provimento em comissão, cuja análise é afastada daquele controle.

O quarto aspecto a ser pontuado é a possibilidade de realizar inspeções e auditorias, seja por iniciativa do próprio Tribunal de Contas ou para atender a solicitação de outro ente, na forma do inciso VIII. Vale referir a discussão sobre a inspeção periódica nos demais órgãos, bem como a obrigatoriedade de que todos os envolvidos com valores públicos colaborem com essas atividades.

O quinto destaque engloba os itens IX e X, pois concedem poderes ao Tribunal de Contas para que, caso seja verificada alguma ilegalidade, determine prazo para sua correção, e, caso esta não ocorra, seja sustada a execução do ato impugnado, comunicando de imediato sua decisão ao Congresso Nacional. Este poder de sustar atos que entende como ilegais (inciso X) deve necessariamente ser precedido de prazo para sua correção (inciso IX).

Caso tais atos sejam contratuais, as providências de sustação não podem ser adotadas diretamente pelo Tribunal de Contas, mas pelo Congresso Nacional, o qual comunicará ao Poder Executivo sobre a deliberação adotada para as demais providências cabíveis (§ 1º).

Na hipótese de esses atos apontados como irregulares pelo Tribunal de Contas ao Poder Legislativo, e por este ao Poder Executivo (no caso de contratos), não ensejarem nenhuma medida por parte desses Poderes, o § 2º atribui competência ao próprio Tribunal de Contas para decidir a respeito. Observe-se a redação lacunosa, pois não indica com precisão qual o âmbito da decisão. Terá então o Tribunal poder para sustar os atos contratuais ou mesmo estabelecer sua rescisão ou resilição? Entende-se que sim, pois o art. 71, § 2º, atribui ao Tribunal de Contas, por sucessão e omissão dos Poderes competentes, a permissão para agir no lugar daqueles, com os mesmos poderes que lhes foram originalmente atribuídos. O próprio STF já reconheceu através da Súmula 347 o poder do Tribunal de Contas de, no exercício de suas atribuições, apreciar inclusive a constitucionalidade das leis e dos atos do poder público. Logo, sustar atos contratuais e adotar outras providências pertinentes, também pode se inserir nas atribuições desse órgão, em face da permissão constante do § 2º, fruto da omissão dos Poderes Legislativo e Executivo em adotarem as providências cabíveis.

Além disso, é válido anotar que a Constituição atribui eficácia de título executivo para as decisões de que resultar imputação de débito ou multa. Este parágrafo terceiro se correlaciona com o art. 784, XII, do CPC. O tema é muito discutido, a exemplo da ADI 4.070. No Recurso Extraordinário 223.037, os ministros do STF julgaram inconstitucional norma estadual que permitia à Procuradoria do Tribunal de Contas do Estado (TCE-RO) cobrar judicialmente as multas aplicadas em decisão definitiva e não saldadas no prazo.

Art. 72. A Comissão mista permanente a que se refere o art. 166, § 1º, diante de indícios de despesas não autorizadas, ainda que sob a forma de investimentos não programados ou de subsídios não aprovados, poderá solicitar à autoridade governamental responsável que, no prazo de cinco dias, preste os esclarecimentos necessários.

§ 1º Não prestados os esclarecimentos, ou considerados estes insuficientes, a Comissão solicitará ao Tribunal pronunciamento conclusivo sobre a matéria, no prazo de trinta dias.

§ 2º Entendendo o Tribunal irregular a despesa, a Comissão, se julgar que o gasto possa causar dano irreparável ou grave lesão à economia pública, proporá ao Congresso Nacional sua sustação.

Fernando Facury Scaff
Luma Cavaleiro de Macedo Scaff

1. Origem do texto

Texto originário da Constituição Federal de 1988.

2. Constituições brasileiras anteriores

Art. 34, I, e art. 54, VIII, da Constituição de 1891; art. 102 da Constituição de 1934; arts. 67, 69 e 114 da Constituição de 1937; art. 59, II, da Constituição de 1956; art. 65, § 2º, art. 66 e art. 70 da Constituição de 1967.

3. Preceitos constitucionais correlacionados da Constituição de 1988

Art. 16, § 2º, do ADCT; art. 58; art. 166, § 1º.

4. Legislação

Lei Orgânica do Tribunal de Contas da União (Lei 8.443/92). Resolução CN 1/2006 (Dispõe sobre a Comissão Mista Permanente a que se refere o art. 166, § 1º, da CF). Decreto 3.590/2000 (Sistema de Administração Financeira Federal). Lei 9.784/99 (Lei sobre o Processo Administrativo Federal). Lei 8.429/92 (Lei sobre Improbidade Administrativa). Súmula Vinculante 03 do STF. Súmula 347 STF.

5. Anotações

Este artigo faz referência expressa à Comissão Mista do Congresso Nacional prevista no art. 166, § 1º, da CF, de caráter permanente, incumbida de emitir parecer sobre as contas anuais do Presidente da República, dentre outras funções estabelecidas naquela norma.

A análise deste artigo deverá ser coadunada com o artigo precedente, em especial os itens IX e X, bem como seus §§ 1º e 2º. Aquela norma atribui poderes ao Tribunal de Contas da União para sustar diretamente os atos que entender ilegais, comunicando tal fato ao Congresso Nacional. No caso de contratos irregulares, a competência, na forma do § 1º do art. 71, é diretamente do Congresso Nacional.

O art. 72, ora sob comento, estabelece a quem compete a análise dessas pretensas irregularidades dentro do Congresso Nacional, atribuindo-a à esta Comissão Mista Permanente, conhecida como Comissão do Orçamento.

Esta Comissão, independentemente do parecer do Tribunal de Contas, possui poder para solicitar esclarecimentos à autoridade governamental responsável pelos atos indicados como ilegais, sejam eles contratuais ou não, no prazo de 5 dias.

Caso os esclarecimentos não sejam prestados, ou tenham sido feitos de forma insuficiente, esta Comissão deverá solicitar ao Tribunal de Contas parecer conclusivo sobre a matéria no prazo de 30 dias.

Na hipótese de o parecer conclusivo ter sido pela ilegalidade do ato, a Comissão Mista de Orçamento, caso entenda que este gasto poderá representar dano irreparável ou grave lesão à economia pública, poderá recomendar ao Congresso Nacional a sustação do ato.

Ou seja, a Comissão Mista não possui poder para sustar o ato considerado ilegal, mas apenas o de recomendar ao Congresso Nacional sua sustação.

O processo de apreciação dos projetos de lei relativos ao ciclo orçamentário, constituído pelo Plano Plurianual (PPA), Lei de Diretrizes Orçamentárias (LDO) e Lei Orçamentária Anual (LOA), difere do processo legislativo de apreciação das demais leis. Assim, resulta da necessidade de procedimentos céleres e objetivos em razão da natureza singular das leis do ciclo orçamentário, que têm prazos já definidos no texto constitucional para sua apresentação e apreciação (art. 35, § 2º, do ADCT), e submete-se a um conjunto de restrições especiais no que tange a seu emendamento e deliberação, nos termos dos arts. 165 e 166 da Constituição.

Art. 73. O Tribunal de Contas da União, integrado por nove Ministros, tem sede no Distrito Federal, quadro próprio de pessoal e jurisdição em todo o território nacional, exercendo, no que couber, as atribuições previstas no art. 96.

§ 1º Os Ministros do Tribunal de Contas da União serão nomeados dentre brasileiros que satisfaçam os seguintes requisitos:

I – mais de trinta e cinco e menos de setenta anos de idade;

II – idoneidade moral e reputação ilibada;

III – notórios conhecimentos jurídicos, contábeis, econômicos e financeiros ou de administração pública;

IV – mais de dez anos de exercício de função ou de efetiva atividade profissional que exija os conhecimentos mencionados no inciso anterior.

§ 2º Os Ministros do Tribunal de Contas da União serão escolhidos:

I – um terço pelo Presidente da República, com aprovação do Senado Federal, sendo dois alternadamente dentre auditores e membros do Ministério Público junto ao Tribunal, indicados em lista tríplice pelo Tribunal, segundo os critérios de antiguidade e merecimento;

II – dois terços pelo Congresso Nacional.

§ 3º Os Ministros do Tribunal de Contas da União terão as mesmas garantias, prerrogativas, impedimentos, vencimentos e vantagens dos Ministros do Superior Tribunal de Justiça, aplicando-se-lhes, quanto à aposentadoria e pensão, as normas constantes do art. 40.

§ 4º O auditor, quando em substituição a Ministro, terá as mesmas garantias e impedimentos do titular e, quando no exercício das demais atribuições da judicatura, as de juiz de Tribunal Regional Federal.

Saul Tourinho Leal

1. História da norma

A Constituição de 1891 foi a primeira a instituir – e o fez pelo seu art. 89 – um Tribunal de Contas cuja competência era "liquidar as contas da receita e despesa e verificar a sua legalidade, antes de serem prestadas ao Congresso". Seus membros eram nomeados pelo Presidente da República com aprovação do Senado, e somente perderiam os seus lugares por sentença. Havia, como se percebe, uma concentração de poder no Presidente da República, ainda que submetido a escrutínio ulterior do Senado Federal. O modelo então erigido pela liderança de Rui Barbosa se amolda ao atualmente vigente sob a égide da Constituição de 1988, mas para a escolha dos ministros e ministras do Supremo Tribunal Federal. Fundada constitucionalmente a República, com ela também nascem os Tribunais de Contas. A Constituição de 1934, por sua vez, trouxe, no seu art. 100, que os Ministros do Tribunal de Contas seriam nomeados pelo Presidente da República, com aprovação do Senado Federal, tendo as mesmas garantias dos Ministros da Corte Suprema. O parágrafo único dispunha que o Tribunal de Contas teria, quanto à organização do seu Regimento Interno e da sua Secretaria, as mesmas atribuições dos Tribunais Judiciários, ou seja, erguia, por derivação, um plexo de garantias institucionais aptas a protegerem a Corte de Contas de indevidas ingerências capazes de minarem sua necessária autonomia. Veio então a Constituição de 1937, a "Polaca", de viés fortemente autoritário, mas cujo art. 114 uma vez mais instituía um Tribunal de Contas com membros nomeados pelo Presidente da República, igualmente desfrutando das garantias dos Ministros do STF. A Constituição de 1946, retomando o curso democrático, dispunha, no art. 76, § 1º, que os Ministros do Tribunal de Contas eram nomeados pelo Presidente da República, depois de aprovada a escolha pelo Senado Federal, mediante voto secreto, e tendo os mesmos direitos, garantias, prerrogativas e vencimentos dos Juízes do Tribunal Federal de Recursos. A Constituição de 1967 mantinha, no art. 73, que eles seriam nomeados pelo Presidente da República, depois de aprovada a escolha pelo Senado Federal, por voto secreto, e, inovando, aponta que seriam dentre brasileiros, maiores de trinta e cinco anos, de idoneidade moral e notórios conhecimentos jurídicos, econômicos, financeiros ou de administração pública, tendo as mesmas garantias, prerrogativas, vencimentos e impedimentos dos Ministros do Tribunal Federal de Recursos. Atualmente, o art. 52, III, *b*, da Constituição Federal de 1988, diz competir privativamente ao Senado Federal aprovar previamente, por voto secreto, após arguição pública, a escolha de Ministros do TCU indicados pelo Presidente da República a serem nomeados dentre brasileiros que satisfaçam os seguintes requisitos: I – mais de trinta e cinco e menos de setenta anos de idade; II – idoneidade moral e reputação ilibada; III – notórios conhecimentos jurídicos, contábeis, econômicos e financeiros ou de administração pública; IV – mais de dez anos de exercício de função ou de efetiva atividade profissional que exija os conhecimentos mencionados no inciso anterior. Serão escolhidos: I – um terço pelo Presidente da República, com aprovação do Senado Federal, sendo dois alternadamente dentre auditores e membros do Ministério Público junto ao Tribunal, indicados em lista tríplice pelo Tribunal, segundo os critérios de antiguidade e merecimento; II – dois terços pelo Congresso Nacional. Os Ministros do Tribunal de Contas da União terão as mesmas garantias, prerrogativas, impedimentos, vencimentos e vantagens dos Ministros do Superior Tribunal de Justiça, aplicando-se-lhes, quanto à aposentadoria e à pensão, as normas constantes do art. 40. Já o auditor, quando em substituição a Ministro, terá as mesmas garantias e impedimentos do titular e, quando no exercício das demais atribuições da judicatura, as de juiz de Tribunal Regional Federal. Essa é a jornada histórica da composição dos Tribunais de Contas quanto ao tratamento constitucional a eles conferido.

2. Constituições brasileiras anteriores

Constituição de 1891 (art. 89); Constituição de 1934 (art. 100); Constituição de 1937 (art. 114); Constituição de 1946 (art. 76, 1º); Constituição de 1967, alterada pela EC n. 1/69 (art. 73, § 3º).

3. Direito internacional

Não há previsão de instituto correspondente nos tratados de direitos internacional ratificados pelo Brasil.

4. Dispositivos constitucionais e legais relacionados

4.1. Constitucionais

Art. 49, XIII; art. 84, XV; art. 75, parágrafo único.

4.2. Legais

Lei n. 8.443, de 16/7/1992, arts. 62 e 71 a 76.

5. Jurisprudência

É vasta a jurisprudência do Supremo Tribunal Federal acerca desse comando constitucional. A Corte, por exemplo, reputou constitucional a limitação do padrão remuneratório dos auditores àqueles vinculados ao subsídio percebido por Conselheiro em Tribunal de Contas do Estado – cargo de maior hierarquia dentro dos órgãos (ADI n. 3977, Rel. Min. Marco Aurélio, *DJe* 10/3/2020). Também avaliou que uma Lei Complementar do Estado do Rio de Janeiro, de origem parlamentar, ao dispor sobre forma de atuação, competências, garantias, deveres e organização do Tribunal de Contas estadual, é inconstitucional, uma vez que as Cortes de Contas gozam das prerrogativas da autonomia e do autogoverno, o que inclui a iniciativa privativa para instaurar processo legislativo que pretenda alterar sua organização e funcionamento (ADI n. 4643, Rel. Min. Luiz Fux, *DJe* 3/6/2019). Noutra oportunidade, o STF definiu que as Cortes de Contas seguem o exemplo dos tribunais judiciários no que concerne às garantias de independência, sendo também detentoras de autonomia funcional, administrativa e financeira (ADI n. 4418, Rel. Min. Dias Toffoli, *DJe* 3/3/2017). Precedente citado: ADI n. 1994, Rel. Min. Eros Grau, *DJ* 8/9/2006. O STF esclareceu ainda que os Tribunais de Contas não se acham subordinados, por qualquer vínculo de ordem hierárquica, ao Poder Legislativo, de que não são órgãos delegatários nem organismos de mero assessoramento técnico (ADI n. 4190 MC-REF, Rel. Min. Celso de Mello, *DJe* 11/6/2010). Para o STF, o requisito notório saber é pressuposto subjetivo a ser analisado pelo governador do Estado, a seu juízo discricionário (AO n. 476, redator do acórdão, Min. Nelson Jobim, *DJ* 5/11/1999). O STF também já afirmou que, na solução dos problemas de transição de um para outro modelo constitucional, deve prevalecer, sempre que possível, a interpretação que viabilize a implementação mais rápida do novo ordenamento, à luz do princípio da efetividade e transição. Esclareceu, também, que a Constituição de 1988 rompeu com a fórmula tradicional de exclusividade da livre indicação dos seus membros pelo Poder Executivo para, de um lado, impor a predominância do Legislativo e, de outro, vincular a clientela de duas das três vagas reservadas ao chefe do governo aos quadros técnicos dos auditores e do Ministério Público especial (ADI n. 2596, Rel. Min. Sepúlveda Pertence, *DJ* 2/5/2003). Precedente citado: ADI n. 374, Rel. Min. Dias Toffoli, *DJe* 21/8/2014. Segundo outro precedente (ADI n. 789/DF), os procuradores das cortes de contas são ligados administrativamente a elas, sem qualquer vínculo com o Ministério Público comum, logo, a conversão automática dos cargos de procurador do tribunal de contas dos Municípios para os de procurador de justiça, cuja investidura depende de prévia aprovação em concurso público de provas e títulos, é inconstitucional (ADI n. 3315, Rel. Min. Ricardo Lewandowski, *DJe* 11/4/2008). O Ministério Público, junto ao TCU, não dispõe de fisionomia institucional própria e, não obstante as garantias de ordem subjetiva concedidas aos seus procuradores pela Constituição (art. 130), encontra-se consolidado na "intimidade estrutural" dessa Corte de Contas, que se acha investida – até mesmo em função do poder de autogoverno que lhe confere a Constituição Federal (art. 73, *caput*, *in fine*) – da prerrogativa de fazer instaurar o processo legislativo concernente a sua organização, a sua estruturação interna, a definição do seu quadro de pessoal e a criação dos cargos respectivos (ADI n. 789, Rel. Min. Celso de Mello, *DJ* 19/12/1994). Para o STF, estende-se aos auditores estaduais as mesmas garantias asseguradas aos magistrados do correspondente Tribunal de Justiça, inclusive quanto à equiparação de padrão remuneratório (ADI n. 6943, Rel. Min. Cármen Lúcia, *DJe* 13/4/2023). Por fim, segundo o STF, quando não estão em substituição, os auditores desempenham as mesmas funções judicantes dos conselheiros – presidem a instrução de processos, são relatores naturais de processos de órgãos e ministérios a eles vinculados, autorizam auditorias, determinam inspeções, diligências, citações, entre outros – com a única diferença de que não compõem o colegiado (ADI n. 6945, Rel. Min. Luís Roberto Barroso, *DJe* 5/9/2022).

6. Literatura selecionada

FERNANDES, Jorge Ulisses Jacoby. *Tribunais de Contas do Brasil: jurisdição e competência*. Belo Horizonte: Fórum, 2003. FERRAZ, Luciano. *Controle da Administração Pública*. Belo Horizonte: Mandamentos, 1999. MEDAUAR, Odete. *O Controle da Administração Pública*. São Paulo: Revista dos Tribunais, 1993. MILESKI, Helio Saul. *O Controle da Gestão Pública*. São Paulo: Revista dos Tribunais, 2003. MELLO, Celso Antônio Bandeira de. *Curso de Direito Administrativo*. 19. ed., revista e atualizada até a Emenda 47, de 5.7.2005. São Paulo: Malheiros, 2005. BONAVIDES, Paulo. *Curso de Direito Constitucional*. São Paulo: Malheiros, 2004.

7. Comentários

7.1. Natureza e posição na estrutura constitucional

Dentre tantas instituições de porte constitucional no Brasil, umas das mais relevantes são os Tribunais de Contas. A eles a Constituição conferiu garantias. Para Paulo Bonavides, garantias institucionais são a "proteção que a Constituição confere a algumas instituições, cuja importância reconhece fundamental para a sociedade, bem como a certos direitos fundamentais providos de um componente institucional que os caracteriza". Elas também se constituem como "proibições dirigidas ao Legislativo para não ultrapassar na organização do instituto aqueles limites extremos, além dos quais o instituto como tal seria aniquilado ou desnaturado". O Tribunal de Contas da União, integrado por nove Ministros, tem sede no Distrito Federal, quadro próprio de pessoal e jurisdição em todo o território nacional, exercendo, no que couber, as atribuições previstas no art. 96. Mas não se trata apenas do Tribunal de Contas da União, mas, também, das Cortes de Contas estaduais ou municipais, numa consequência lógica do próprio federalismo. Reafirmando a necessidade de proteção da judicatura de contas, o Congresso Nacional chegou a aprovar, em 1º turno, a Proposta de Emenda à Constituição n. 2/2017, de autoria do então senador Eunício de Oliveira, ao tempo presidente do Congresso, alterando o art. 75 da Constituição Federal, para que passasse a constar o seguinte comando: "Os Tribunais de Contas são instituições permanentes, essenciais ao exercício do controle externo, e as normas estabelecidas nesta seção aplicam-se, no que couber, à organização, composição e fiscalização dos Tribunais de Contas dos Estados e do Distrito Federal, bem como dos Tribunais e Conselhos de Contas dos Municípios". A justificativa da PEC n. 2/2017 era explícita: "Nota-se grande insegurança no sistema de controle externo, essencial à fiscalização e ao combate à corrupção tão reclamado pela sociedade nos dias atuais. Infelizmente, não é raro que existam abusos por parte de governos em tentar fragilizar o regime jurídico, estrutura e funcionamento desses órgãos mediante diversos expedientes, como a extinção de cargos e órgãos respectivos ou fortes cortes orçamentários injustificados". No que se refere aos entes subnacionais, essa situação não é diferente. O art. 31 da Constituição de 1988 traz o § 1º assim redigido: o controle externo da Câmara Municipal será exercido com o auxílio dos Tribunais de Contas dos Estados ou do Município ou dos Conselhos ou Tribunais de Contas dos Municípios, onde houver. É vedada a criação de Tribunais, Conselhos ou órgãos de Contas Municipais.

De acordo com o art. 33, § 2º, as contas do Governo do Território serão submetidas ao Congresso Nacional, com parecer prévio do TCU. Segundo o art. 71, o controle externo, a cargo do Congresso Nacional, será exercido com o auxílio do TCU, cujas competências – onze, ao todo – são as mais variadas. As decisões do Tribunal de que resulte imputação de débito ou multa terão eficácia de título executivo. O desenho normativo feito pela Constituição Federal de 1988 confere aos Tribunais de Contas extraordinária importância dentro da estrutura institucional, especialmente por dimanar diretamente da República.

7.2. Composição

A compreensão do desenho normativo emanado da Constituição Federal de 1988 para a composição do Tribunal de Contas da União é de fundamental importância para a precisa análise acerca tanto do elevado grau de poder estatal por ela detido como, também, para reconhecer que o atual modelo foi o que mais plural a tornou, no que diz respeito às fontes de escolha, bem como o que maior prestígio emprestou ao corpo técnico que confere materialidade às garantias institucionais asseguradas ao Tribunal. O art. 52, III, *b*, da Constituição Federal, por exemplo, diz competir privativamente ao Senado Federal aprovar previamente, por voto secreto, após arguição pública, a escolha de Ministros do TCU indicados pelo Presidente da República a serem nomeados dentre brasileiros que satisfaçam os seguintes requisitos: I – mais de trinta e cinco e menos de setenta anos de idade; II – idoneidade moral e reputação ilibada; III – notórios conhecimentos jurídicos, contábeis, econômicos e financeiros ou de administração pública; IV – mais de dez anos de exercício de função ou de efetiva atividade profissional que exija os conhecimentos mencionados no inciso anterior. Ocorre que, fragmentando esse poder de escolha, e adotando uma fórmula inovadora em nossa história constitucional, serão escolhidos um terço pelo Presidente da República, com aprovação do Senado Federal, sendo dois alternadamente dentre auditores e membros do Ministério Público junto ao Tribunal, indicados em lista tríplice pelo Tribunal, segundo os critérios de antiguidade e merecimento; e dois terços pelo Congresso Nacional. A originalidade trazida pela Constituição de 1988 confere à escolha dos ministros e ministras do TCU um traço então inexistente nas Constituições brasileiras e o faz emprestando grande significação para a pluralidade das fontes de escolha e enaltecendo que componentes técnicos da Corte de Contas, como os auditores e os membros do Ministério Público, ocuparão elevadas posições no colegiado, erigindo, por meio dessa fórmula, um modelo que é tanto pioneiro como ousado, sem que passe, contudo, imune a críticas quanto às formas por meio das quais, na prática, essas escolhas são feitas.

7.3. Composição dos Tribunais de Contas dos Estados, do Distrito Federal e dos Municípios

O STF tem posições reiteradas no sentido de que o preceito veiculado pelo art. 73 da Constituição Federal – relativo à composição do TCU – aplica-se, no que couber, à organização, à composição e à fiscalização dos Tribunais de Contas dos Estados e do Distrito Federal, bem como dos Tribunais e Conselhos de Contas dos Municípios. A partir dessa definição, muitas iniciativas estaduais alheias ao modelo da União encontram a devida correção por parte do Supremo Tribunal Federal. A Suprema Corte definiu, por exemplo, que a inércia da Assembleia Legislativa relativamente à criação de cargos e carreiras do Ministério Público Especial e de auditores que devam atuar junto ao Tribunal de Contas estadual consubstancia omissão inconstitucional (ADI n. 3276, Rel. Min. Eros Grau, *DJ* 1º/2/2008). Precedente citado: ADI n. 374, Rel. Min. Dias Toffoli, *DJe* 21/8/2014. É de fundamental importância ganhar familiaridade com todas as nuances reveladas pela redação da Súmula 653 do STF: No Tribunal de Contas estadual, composto por sete conselheiros, quatro devem ser escolhidos pela Assembleia Legislativa e três pelo Chefe do Poder Executivo estadual, cabendo a este indicar um dentre auditores e outro dentre membros do Ministério Público, e um terceiro a sua livre escolha. Ou seja, nos Tribunais de Contas estaduais que contêm 7 membros, a seguinte proporção deverá ser respeitada: 4/7 indicados pela Assembleia Legislativa e 3/7 indicados pelo governador (ADI n. 3688, Rel. Min. Joaquim Barbosa, *DJ* 24/8/2007). Precedente citado: ADI n. 1957, Rel. Min. Gilmar Mendes, *DJe* 22/10/2010. O STF também já afirmou que, na solução dos problemas de transição de um para outro modelo constitucional, deve prevalecer, sempre que possível, a interpretação que viabilize a implementação mais rápida do novo ordenamento, realizando o princípio da efetividade e transição. A Constituição de 1988 rompeu com a fórmula tradicional de exclusividade da livre indicação dos seus membros pelo Poder Executivo para, de um lado, impor a predominância do Legislativo e, de outro, vincular a clientela de duas das três vagas reservadas ao chefe do governo aos quadros técnicos dos auditores e do Ministério Público especial (ADI n. 2596, Rel. Min. Sepúlveda Pertence, *DJ* 2/5/2003). Precedente citado: ADI n. 374, Rel. Min. Dias Toffoli, *DJe* 21/8/2014. No recente julgamento da ADPF n. 272 (Rel. Min. Cármen Lúcia, *DJe* 12/4/2021), o STF afirmou que o Tribunal de Contas do Município de São Paulo é órgão autônomo e independente, com atuação circunscrita à esfera municipal, composto por servidores municipais, com a função de auxiliar a Câmara Municipal no controle externo da fiscalização financeira e orçamentária do respectivo Município, aduzindo, em seguida, que apesar de o preceito veiculado pelo art. 75 da Constituição aplicar-se, no que couber, à organização, à composição e à fiscalização dos Tribunais de Contas dos Estados e do Distrito Federal e dos Tribunais e Conselhos de Contas dos Municípios, excetua-se ao aludido princípio da simetria os Tribunais de Contas do Município. Essa é uma conclusão inovadora e importante, uma vez que, antes, no julgamento da ADI n. 3276 (Rel. Min. Eros Grau, *DJe* 1º/2/2008), a Corte havia definido que o preceito veiculado pelo art. 73 da Constituição Federal aplica-se, no que couber, à organização, à composição e à fiscalização dos Tribunais de Contas dos Estados e do Distrito Federal, bem como dos Tribunais e Conselhos de Contas dos Municípios. Importa também dispor de algumas notas acerca do Ministério Público de Contas. Um dos mais emblemáticos julgamentos a seu respeito ocorreu no bojo da ADI n. 5117 (Rel. Min. Luiz Fux, *DJe* 12/2/2020), quando o STF pontuou que o Ministério Público que atua perante os Tribunais de Contas é órgão que encontra previsão no art. 73, § 2º, I, da Constituição Federal, cujos membros – denominados procuradores de contas – possuem os mesmos direitos, vedações e forma de investidura atribuídos aos membros do Ministério Público comum, nos termos do art. 130. Contudo, ao contrário deste, aquele não possuiu autonomia administrativa e financeira, pois não dispõe de fisionomia institucional própria. Os procuradores de contas integram os quadros dos respectivos Tribunais de Contas, estes sim dotados de poder de autogoverno, consubstanciado na prerrogativa de fazer instaurar o processo legislativo concernente à sua organização, à sua estruturação interna, à definição do seu quadro de pessoal e à criação dos cargos respectivos. Precedentes: ADI n. 789, Rel. Min. Celso de Mello, *DJ* 19/2/1994; ADI n. 2378, redator do acórdão Min. Celso de Mello, *DJ* 6/9/2007; ADI n. 3315, Rel. Min. Ricardo Lewandowski, *DJe* 11/4/2008. A Constituição Federal nada diz a respeito do quantitativo dos procuradores de contas, de forma que a matéria se insere na esfera de autogoverno das Cortes de Contas (art. 73, *caput*, c/c o art. 96, II, *b*).

7.4. Críticas e propostas de aprimoramento

Eventuais críticas às Cortes de Contas residem muito mais no aparelhamento político implementado por governantes que, mesmo seguindo o robusto caminho normativo apontado pela Constituição Federal de 1988 quanto à sua composição, malferem princípios como o da impessoalidade ou mesmo o princípio republicano, nas vagas cabíveis ao Poder Executivo e ao Poder Legislativo, do que propriamente na forma constitucional erigida para disciplinar essas indicações. Não parece ser, exatamente, um problema de texto constitucional, mas, sim, de realidade, ou seja, de norma, mais precisamente, de concretização normativa a partir da política, dos comandos presentes na Constituição Federal. Isso porque é difícil dizer que a fórmula construída pelo constituinte de 1988 não seja plural, ou republicana, ou que não seja deferente à técnica inerente a cargos como os do Ministério Público ou das auditorias de contas. Nada obstante assim o seja, o fato é que com relativa frequência se noticiam indicações tomadas por forte coloração político-partidária, não raramente recaídas sobre os ombros de parentes de governantes, numa prática de absoluta confusão entre o público e o privado, com reveses graves à impessoalidade e, notadamente, com traços fortes do patrimonialismo. Se uma proposta de aprimoramento puder ser formulada, que seja no sentido de desenvolver salvaguardas impeditivas dessa captura das Cortes de Contas por forças políticas desprovidas de biografias vocacionadas para o bom exercício da judicatura de contas, de modo a que toda a pluralidade apontada no modo de indicação para a formação da composição seja colocada a serviço do princípio republicano, vetor hermenêutico teleologicamente justificador da própria existência dos Tribunais de Contas em todo o Brasil.

> **Art. 74.** Os Poderes Legislativo, Executivo e Judiciário manterão, de forma integrada, sistema de controle interno com a finalidade de:

I – avaliar o cumprimento das metas previstas no plano plurianual, a execução dos programas de governo e dos orçamentos da União;

II – comprovar a legalidade e avaliar os resultados, quanto à eficácia e eficiência, da gestão orçamentária, financeira e patrimonial nos órgãos e entidades da administração federal, bem como da aplicação de recursos públicos por entidades de direito privado;

III – exercer o controle das operações de crédito, avais e garantias, bem como dos direitos e haveres da União;

IV – apoiar o controle externo no exercício de sua missão institucional.

§ 1º Os responsáveis pelo controle interno, ao tomarem conhecimento de qualquer irregularidade ou ilegalidade, dela darão ciência ao Tribunal de Contas da União, sob pena de responsabilidade solidária.

§ 2º Qualquer cidadão, partido político, associação ou sindicato é parte legítima para, na forma da lei, denunciar irregularidades ou ilegalidades perante o Tribunal de Contas da União.

Fernando Facury Scaff
Luma Cavaleiro de Macedo Scaff

1. Origem do texto

Texto originário da Constituição Federal de 1988.

2. Constituições brasileiras anteriores

Arts. 70, 71 e 71 da Constituição Federal de 1967 com alteração da Emenda Constitucional n. 1 de 1969.

3. Preceito constitucional correlacionado da Constituição de 1988

Art. 31.

4. Legislação

Lei Orgânica do Tribunal de Contas da União (Lei 8.443/92). Decreto 3.590/2000 (Sistema de Administração Financeira Federal). Lei 9.784/99 (Lei sobre o Processo Administrativo Federal). Lei 8.429/92 (Lei sobre Improbidade Administrativa). Súmula Vinculante 03 do STF. Súmula 347 STF.

5. Jurisprudência

ADI 2.378, Rel. Min. Maurício Corrêa, julgamento em 19-5-04, *DJ* de 6-9-07; **ADI 1.175**, Rel. p/ ac. Min. Marco Aurélio, julgamento em 4-8-04, *DJ* de 19-12-06; **RE 213.461**, Rel. Min. Octavio Gallotti, julgamento em 18-4-00, *DJ* de 26-5-00.

"A Controladoria-Geral da União (CGU) pode fiscalizar a aplicação de verbas federais onde quer que elas estejam sendo aplicadas, mesmo que em outro ente federado às quais foram destinadas. A fiscalização exercida pela CGU é interna, pois feita exclusivamente sobre verbas provenientes do orçamento do Executivo" (RMS 25.943, Rel. Min. Ricardo Lewandowski, j. 24-11-2010, P, *DJe* de 2-3-2011).

6. Comentários

Trata-se de mais um dispositivo dedicado ao Controle do Estado. A Constituição de 1988 é a que dedicou maior espaço às atividades de controle público. São diversos órgãos, competências e instrumentos – de controle interno e controle externo –, além do Ministério Público, Tribunal de Contas, Controladorias e outros. O destaque hoje é que qualquer pessoa pode participar desse "poder de controle", denominado usualmente de controle social, embora, na realidade, seja apenas uma expressão do direito de petição, constante do rol de direitos do art. 5º da Constituição, uma vez que o controle social, efetivamente considerado, abrange um rol diverso de ações de controle por parte da sociedade organizada. É importante perceber a busca para estruturar um sistema de fiscalização organizado envolvendo toda e qualquer pessoa física ou jurídica que utilize recursos públicos.

Esse dispositivo se dedica ao controle interno a cada Poder, que possui as atribuições explicitadas nos quatro incisos da norma.

Devem-se destacar os dois parágrafos, por trazerem preceitos relevantes para o sistema de responsabilidades públicas e para o controle social da administração pública.

O § 1º estabelece a responsabilidade dos órgãos de controle interno com a apuração de eventuais ilegalidades ou irregularidades que tomarem conhecimento em razão de sua atividade funcional. Diferentemente dos órgãos de controle externo, que possuem poderes expressos na Constituição (vide artigos 71 e 72) para a sustação de atos considerados ilegais, os órgãos de controle interno têm o dever de relatar ao Tribunal de Contas da União as irregularidades que forem encontradas, sob pena de responsabilidade funcional solidária.

Duas são as tônicas do preceito. A primeira é a de tentar vincular os dois sistemas, fazendo com que a atividade de controle interno sirva de auxiliar para a de controle externo.

E a segunda é a de tentar desvincular os órgãos de controle internos da submissão aos Poderes dos quais faz parte, sob pena de responsabilidade funcional e solidária dos envolvidos, com as irregularidades que forem apuradas e não informadas, por aqueles que tinham o dever funcional de conhecê-las e, delas tomando conhecimento, não as comunicaram.

O § 2º decorre do amplo direito de petição constante do art. 5º, XXXIV, *a*, pois permite que qualquer cidadão, dentre outros legitimados, possa denunciar ilegalidades ou irregularidades perante o Tribunal de Contas da União. Esta é uma fórmula que permite a qualquer cidadão levar ao conhecimento dos órgãos de controle externo as irregularidades das quais tenha conhecimento. Esta norma visa ampliar a quantidade de legitimados para o exercício do controle, bem como permitir a instauração do que se convencionou chamar de "controle social" do Estado.

Deve-se destacar que, pelo sistema adotado, o controle social é exercido a partir do direito de petição e deságua no controle público, e externo, do Estado.

Não se pode deixar de registrar a peculiaridade da expressão "*cidadão*", constante do referido § 2º, pois difere de outra expressão "*qualquer pessoa do povo*" utilizada por outras normas, como o Código de Processo Penal (art. 5º, § 3º).

Há quem entenda que "*cidadão*" é "o indivíduo que seja titular dos direitos políticos de votar e ser votado, e suas consequências"[1]. Este é um conceito restrito de "*cidadão*", pois coloca em um mesmo patamar os direitos de votar e ser votado – o conceito de *cidadão* é mais amplo do que isso. Ora, mesmo quem não possa ser eleito, como os inalistáveis e os analfabetos (art. 14, § 4º, da CF), bem como aqueles que sofrem restrições temporárias ao seu exercício de ser votado (p. ex., a inelegibilidade em razão de parentesco, ou reflexa, ou, ainda, aqueles insertos nas disposições da lei complementar estabelecida pelo § 9º, do art. 14 da CF[2]) são cidadãos, com a possibilidade de exercício de seus direitos de cidadania.

No Brasil, o alistamento eleitoral e o voto são obrigatórios para os maiores de dezoito anos (art. 14, § 1º, I, da CF) e facultativo para os analfabetos, os maiores de setenta anos e os maiores de dezesseis e menores de dezoito anos (art. 14, § 1º, II, da CF). Não são considerados cidadãos os estrangeiros e, durante o período do serviço militar obrigatório, os conscritos (art. 14, § 2º, da CF). Observa-se que são inelegíveis os inalistáveis e os analfabetos (art. 14, § 4º, da CF), o que afasta estas duas categorias do conceito de cidadão, em face de uma interpretação constitucional sistemática.

Encontram-se fora do conceito de *cidadãos* os estrangeiros de passagem pelo Brasil, bem como aqueles que sequer conseguiram obter o direito de votar, mesmo que de forma facultativa, como os menores de 16 anos. A estes, contudo, aplica-se o conceito de "*qualquer pessoa do povo*", acima referido.

Desta forma, para os efeitos do artigo ora sob comento, qualquer cidadão é parte legítima para, na forma da lei, denunciar irregularidades ou ilegalidades perante o Tribunal de Contas da União.

Art. 75. As normas estabelecidas nesta Seção aplicam-se, no que couber, à organização, composição e fiscalização dos Tribunais de Contas dos Estados e do Distrito Federal, bem como dos Tribunais e Conselhos de Contas dos Municípios.

Parágrafo único. As Constituições estaduais disporão sobre os Tribunais de Contas respectivos, que serão integrados por sete Conselheiros.

Fernando Facury Scaff
Luma Cavaleiro de Macedo Scaff

1. Origem do texto

Texto originário da Constituição Federal de 1988.

2. Constituições brasileiras anteriores

Art. 191, art. 16, art. 42, III e V, da Constituição de 1967 com alteração da Emenda Constitucional n. 1 de 1969. Art. 22 na Constituição de 1934 menciona que a administração financeira era fiscalizada na União pelo Congresso Nacional, e nos Estados e nos Municípios pela forma que for estabelecido nas Constituições Estaduais. Nas Constituições de 1934 e na de 1891, há menção ao Tribunal de Contas, mas não consta esta divisão. A Constituição de 1824 não o menciona.

---

1. José Afonso da Silva, *Curso de Direito Constitucional Positivo*, 20. ed. São Paulo, Malheiros, 2002, p. 345.

2. Luiz Alberto David Araújo e Vidal Serrano Nunes Júnior. *Curso de Direito Constitucional*, 8. ed., São Paulo, Saraiva, 2004, p. 211-212.

3. Preceitos constitucionais correlacionados da Constituição de 1988

Arts. 70, 71, 72, 73 e 74.

4. Legislação

Lei Orgânica do Tribunal de Contas da União (Lei 8.443/92). Súmula 653 do STF.

5. Jurisprudência

ADI 3.255, Rel. Min. Sepúlveda Pertence, julgamento em 22-6-06, *DJ* de 7-12-07; **ADI 3.715-MC**, Rel. Min. Gilmar Mendes, julgamento em 24-5-06, *DJ* de 25-8-06; **ADI 2.597**, Rel. p/ o ac. Min. Eros Grau, julgamento em 4-8-04, *DJ* de 17-8-07; **ADI 461**, Rel. Min. Carlos Velloso, julgamento em 8-8-02, *DJ* de 6-9-02; Súmula 653 do STF.

"Nos termos do art. 75 da Constituição, as normas relativas à organização e fiscalização do TCU se aplicam aos demais tribunais de contas. O art. 71 da Constituição não insere na competência do TCU a aptidão para examinar, previamente, a validade de contratos administrativos celebrados pelo poder público. Atividade que se insere no acervo de competência da função executiva. É inconstitucional norma local que estabeleça a competência do tribunal de contas para realizar exame prévio de validade de contratos firmados com o poder público" (ADI 916, Rel. Min. Joaquim Barbosa, j. 2-2-2009, P, *DJe* de 6-3-2009).

6. Anotações

O art. 75 decorre do modelo federativo adotado pela Constituição brasileira e impõe aos Estados o mesmo modelo de controle externo estabelecido para a União, com as mitigações nele estabelecidas.

Nele são estabelecidos parâmetros para dois diferentes tipos de órgãos estaduais. Os Tribunais de Contas dos Estados e os Tribunais (ou Conselhos) de Contas dos Municípios. Observe-se que mesmo estes serão órgãos da esfera estadual de competência, pois existe uma vedação constante do artigo 31, § 4º, da CF, que veda a criação de Tribunais de Contas no âmbito municipal, respeitados os dois Tribunais de Contas Municipais (de um único Município) que existiam antes da Constituição de 1988, quais sejam: o do Município de São Paulo e o do Município do Rio de Janeiro.

Aos Tribunais de Contas de cada Estado e do Distrito Federal compete auxiliar as respectivas Assembleias Legislativas (Poder Legislativo) no controle externo dos demais Poderes, e aos Tribunais (ou Conselhos) de Contas Municipais, também de âmbito estadual, compete auxiliar as Câmaras de Vereadores (Poder Legislativo) nesse mister.

O parágrafo único determina que as Constituições Estaduais devam estabelecer, em grandes linhas, o funcionamento desses órgãos, obedecido o modelo adotado para a União, tendo delimitado em sete (07) o número de Conselheiros dos Tribunais (ou Conselhos) de Contas de cada Estado ou dos Municípios. Trata-se de um *número fechado*, não admitindo variação de membros. De acordo com a Súmula 653 do STF, "no Tribunal de Contas Estadual, composto por sete conselheiros, quatro devem ser escolhidos pela Assembléia Legislativa e três pelo chefe do Poder Executivo estadual, cabendo a este indicar um dentre auditores e outro dentre membros do Ministério Público, e um terceiro a sua livre escolha".

CAPÍTULO II
DO PODER EXECUTIVO

SEÇÃO I
DO PRESIDENTE E DO VICE-PRESIDENTE DA REPÚBLICA

Art. 76. O Poder Executivo é exercido pelo Presidente da República, auxiliado pelos Ministros de Estado.

José Carlos Francisco

1. História da norma

A experiência constitucional brasileira é essencialmente presidencialista, mas há diversos períodos com características singulares na história das formas, dos sistemas e dos regimes de governo.

A Carta Imperial de 1824 cuidou da separação de poderes em seu art. 10, prevendo o Poder Legislativo, o Poder Moderador, o Poder Executivo, e o Poder Judicial, mas o funcionamento das instituições foi prejudicado pelo monarca (que concentrava o Poder Moderador e o Poder Executivo, conforme art. 101 e art. 102 da Constituição de 1824), daí por que pouco houve de "moderação" ou de "neutralidade". Pelo art. 101 da Carta de 1824, o Poder Moderador confiado ao Imperador tinha diversas funções centralizadoras, como nomear Senadores, sancionar decretos e resoluções da Assembleia Geral para que tivessem força de lei, aprovar e suspender interinamente resoluções dos Conselhos Provinciais, prorrogar ou adiar a Assembleia Geral, e dissolver a Câmara dos Deputados (em casos de salvação do Estado, convocando imediatamente outra que a substitua), nomear e demitir livremente Ministros de Estado, suspender Magistrados (nos casos do art. 154), e perdoar ou moderar penas impostas a réus condenados por sentença, dentre outras competências. Já pelo art. 102 dessa mesma Carta Imperial, ao Imperador foi atribuída a função de Chefe do Poder Executivo (auxiliado pelos seus Ministros de Estado), com atribuições, dentre outras, para nomear bispos e magistrados, prover empregos civis e políticos, nomear e remover os comandantes das Forças Armadas, expedir decretos, instruções e regulamentos adequados à boa execução das leis, e prover a tudo que fosse concernente à segurança interna e externa do Estado, na forma da Constituição.

As regências também dão traços peculiares ao funcionamento do Poder Executivo no período imperial, além do que a Lei 234, de 23.11.1841, criou Conselho de Estado integrado por Conselheiros ordinários e extraordinários escolhidos pelo Imperador, e por Ministros de Estado, para o assessoramento nas questões de governo. Já o Decreto de 20.06.1847, editado por D. Pedro II, proporcionou a primeira experiência parlamentarista com a figura do Presidente do Conselho de Ministros (note-se que cabia a D. Pedro II formar o ministério mediante um Presidente do Conselho de Ministros).

Com o fim da monarquia em razão da revolução republicana de 1889, o presidencialismo foi adotado pelas Constituições de 1891 (o art. 41 previa que o Poder Executivo seria exercido pelo Presidente da República dos Estados Unidos do Brasil, como chefe eletivo da Nação), bem como pela Constituição de 1934 (o art. 51 dispôs que o Poder Executivo é exercido pelo Presidente da República), embora o art. 88 desse ordenamento de 1934 tenha confiado ao Senado Federal, nos termos dos arts. 90, 91 e 92, a coordenação dos Poderes federais entre si, mantendo a continuidade administrativa, velando pela Constituição, colaborando na feitura de leis e praticando os demais atos da sua competência.

A Carta Constitucional de 1937, inspirada na Carta da Polônia de 1935 e na Carta Portuguesa de 1933, dentre outros diplomas constitucionais da época, aderindo às centralizações que marcavam a experiência europeia do período e dando formatação jurídica ao Estado Novo, em seu art. 73, previu que o Presidente da República era a autoridade suprema do Estado, a quem cabia coordenar a atividade dos órgãos representativos, de grau superior, dirigir a política interna e externa, promover ou orientar a política legislativa de interesse nacional, e atuar na direção superior da administração do país. Impondo-se ao Poder Legislativo, o art. 11 dessa Carta estabeleceu que a lei, quando de iniciativa do Parlamento, limitar-se-ia a regular, de modo geral, dispondo apenas sobre a substância e os princípios, a matéria que constitui o seu objeto, pois ao Poder Executivo caberia expedir os regulamentos complementares, além da competência assegurada pelo art. 14 desse mesmo ordenamento para que o Presidente da República expedisse livremente decretos-leis sobre a organização do Governo e da Administração federal, o comando supremo e a organização das forças armadas (observadas as disposições constitucionais e os limites das respectivas dotações orçamentárias). Arrematando as características desse regime autocrático do Estado Novo, o art. 180 da Carta de 1937 deu poderes ao Presidente da República para expedir decretos-leis sobre todas as matérias da competência legislativa da União enquanto não se reunia o Parlamento Nacional, ao mesmo tempo em que o art. 186 desse diploma constitucional declarou estado de emergência em todo o país. A Lei Constitucional 09, de 28.02.1945, alterou a redação do art. 14 da Carta de 1937 (embora tenha mantido a atribuição para o Presidente da República "expedir livremente" decretos-leis sobre a organização da Administração Federal e o comando supremo e a organização das forças armadas, observadas as disposições constitucionais e nos limites das respectivas dotações orçamentárias), bem como o art. 73 (não obstante o Presidente da República ainda tenha figurado como autoridade suprema do Estado, coordenando a atividade dos órgãos representativos, de grau superior, dirigindo a política interna e externa, promovendo ou orientando a política legislativa de interesse nacional, e superintendendo a administração do país). A "normalidade" democrática foi restaurada apenas com a Lei Constitucional 16, de 30.11.1945, que revogou o art. 186 dessa Carta Constitucional, até a promulgação de novo ordenamento constitucional.

O sistema parlamentarista chegou a ser analisado na Constituinte de 1946, mas o ordenamento constitucional, em seu art. 78, positivou mais uma vez o presidencialismo, confiando o Poder Executivo ao Presidente da República. A adoção do parlamentarismo se deu com a Emenda Constitucional 04 (ou Ato Adicional), de 02.09.1961, no meio à crise decorrente da renúncia de Jânio Quadros a Presidente da República e da posse do Vice-Presidente João Goulart. Nos moldes do sistema parlamentar de governo instituído pela Emenda 04/1961, o Poder Executivo foi dividido entre o Presidente da República e o Conselho de Ministros. As competências do Presidente da República estavam descritas no art. 3º dessa Emenda, destacando-se a atribuição para nomear o Primeiro-Ministro (e, por indicação desse, os demais Ministros), vetar projetos de lei, representar o Brasil no exterior (atribuição partilhada com o Primeiro-Ministro), prover cargos públicos federais (na forma da lei e com as ressalvas constitucionais). Já ao Conselho de Ministros coube a política de governo e a Administração Federal, que também tinha competência, juntamente com o Primeiro-Ministro, para referendar todos os atos do Presidente da República como condição de validade desses atos. O programa de governo do Conselho de Ministros dependia da confiança da Câmara dos Deputados (com o apoio do Senado), sob pena de formação de outro Conselho a partir de moção de desconfiança ou de censura proposta pela Câmara ou de moção de confiança requerida pelo próprio Conselho). Os Ministros também dependiam do apoio da Câmara dos Deputados, sob pena de exoneração, sendo que o art. 19 da Emenda 04/1961 permitia ao Primeiro-Ministro assumir a direção de qualquer Ministério. Porém, a Emenda Constitucional 06, de 23.01.1963, após consulta popular, encerrou a curta experiência parlamentarista, revogando os dispositivos da Emenda Constitucional 04/1961 e repristinando os preceitos da Constituição de 1946 que dispunham sobre o sistema presidencialista (salvo o art. 61 e pequena alteração no art. 79, § 1º). Merecem registro, ainda, os diversos atos institucionais e normas complementares do regime militar adotado a partir de 1964, que se sobrepuseram ao ordenamento constitucional de 1946 concentrando atribuições no Poder Executivo, marcando mais um período autocrático na história brasileira.

O presidencialismo foi preservado no texto constitucional de 1967 (art. 74, prevendo que o Poder Executivo cabia ao Presidente da República, auxiliado pelos Ministros de Estado), cuja mesma redação por mantida na nova ordem implantada pela Emenda 01/1969 (no art. 73). Prolongando esse período autocrático (com destaque para o Ato Institucional 5, de 13.12.1968), o Ato Institucional 12, de 31.08.1969, determinou que, enquanto durasse o impedimento temporário do Presidente Costa e Silva (por motivo de saúde), suas funções seriam exercidas pelos Ministros da Marinha de Guerra, do Exército e da Aeronáutica Militar nos termos dos Atos Institucionais e Complementares, bem como da Constituição de 1967, sendo que esse mesmo ato dispôs sobre a continuidade do exercício aos Poderes e órgãos da Administração federal, estadual e municipal que não foram atingidos pelos Atos Institucionais e Complementares, bem como que todos os atos praticados de acordo com esse Ato Institucional e suas complementações (incluindo os respectivos efeitos) estavam excluídos de qualquer apreciação judicial.

No processo constituinte de 1988, voltou-se a pensar no parlamentarismo, mas a adoção do presidencialismo se deu com o compromisso do plebiscito previsto no art. 2º do ADCT que, em 21.04.1993, manteve a tradição presidencialista brasileira. A crise política vivida a partir de 2016 fez esse tema ser revisitado, mas sem maiores efeitos diante da marcante desarmonia desse período.

Enfim, embora predomine o sistema de governo presidencialista, há vários períodos autocráticos na história brasileira, dentre eles de 07.09.1822 a 03.05.1823 (instalação da Assembleia Constituinte e Legislativa), de 12.11.1823 (dissolução da Assembleia) de 06.05.1826 (instalação da primeira legislatura monárquica), de 15.11.1889 a 24.02.1891 (fase do Governo Provisório da República para evitar a fragmentação do Brasil republicano, até a promulgação da Constituição de 1891), de 24.10.1930 (revolução de 1930), de 16.07.1934 (promulgação da nova ordem constitucional), de 10.11.1937 (Estado Novo), de 18.09.1946 (promulgação da Constituição de 1946), de 09.04.1964 (data do Ato Institucional 01, outorgado pelo Regime Militar), de 15.03.1967 (data da Constituição de 1967), e de 13.12.1968 (data do Ato institucional 05) até 05.10.1988, quando da promulgação da Constituição vigente, valendo também destacar o período de gestão dos Ministros da Marinha de Guerra, do Exército e da Aeronáutica Militar em razão do impedimento temporário do Presidente da República, Marechal Arthur da Costa e Silva, por motivo de saúde (Ato Institucional 12, de 31.08.1969)[1].

2. Constituições brasileiras anteriores

Art. 10, art. 101 e art. 102 da Carta de 1824, art. 41 da Constituição de 1981, art. 51 e art. 88 da Constituição de 1934, art. 11, art. 14, art. 73, art. 180 e art. 186 da Carta de 1937 (com as alterações da Lei constitucional 09/1945 e da Lei Constitucional 16/1945), art. 78 da Constituição de 1946 (com as alterações da Emenda 04/1961 e Emenda 06/1963), art. 74 da Carta de 1967 e art. 73 dessa ordem com a redação da Emenda 01/1969, e Ato Institucional 12/1969.

3. Constituições estrangeiras

A Lei Fundamental de Bonn, aplicável à Alemanha unificada, estabelece o parlamentarismo no art. 54 e no art. 59, prevendo que o Poder Executivo será exercido pelo Presidente da República alemã eleito pela Assembleia Federal, com atribuições próprias de Chefe de Estado (sobretudo representando o Estado Alemão nas relações internacionais). Já os arts. 62 e seguintes dessa Lei Fundamental tratam da figura do Chanceler ou Primeiro-Ministro (eleito pelo Parlamento Federal), bem como os Ministros de Estado Federais.

A Constituição Chinesa de 1982, com seu centralismo democrático (dividida em províncias, regiões autônomas e municípios), traz em seus arts. 79 e art. 81, o Poder Executivo conferido ao Presidente e Vice-Presidente da República (eleitos pelo Congresso Nacional do Povo chinês com competência típica de Chefe de Estado), ao passo em que o art. 85, o art. 86 e o art. 88 cuidam do Conselho de Estado presidido pelo Primeiro-Ministro chinês, com atribuições de Chefe de Governo, a quem cabe a administração governamental e a direção superior da Administração Pública.

Note-se que, em seu art. 63, o ordenamento constitucional chinês estabelece que o Congresso Nacional do Povo tem plena competência para determinar a perda do cargo do Presidente e do Vice-Presidente da República, do Primeiro-Ministro, dos Vice-Primeiros-Ministros, bem como dos Ministros e outros cargos que prevê. O *"Standing Committee"* do Congresso Nacional do Povo, nos termos do art. 65, do art. 66 e do art. 67, todos da Constituição, assume algumas funções em caso de recesso do Congresso, tais como interpretar a Constituição e as leis, rever e aprovar ajustes em planos socioeconômicos, bem como decidir sobre atividades ministeriais. Em março de 2018, a Constituição foi alterada para permitir sucessivas reeleições para Presidente e Vice-Presidente da República, de modo a viabilizar a permanência por tempo indeterminado do líder do Partido Comunista (instituição que detém o real poder na China, porque na prática seu Secretário-Geral é também Presidente da República Chinesa)[2].

Conforme os arts. 56 e seguintes da Constituição da Espanha de 1978, o parlamentarismo espanhol conta com a figura do Rei, que exerce a função de Chefe de Estado, atuando, também com funções moderadoras das instituições e em outras funções públicas (p. ex., sancionando e promulgando leis), sendo que seus atos serão referendados pelo Chefe de Governo, pelo Ministro competente ou até pelo Presidente do Congresso (salvo a nomeação dos membros civis e militares da Casa Real). Contudo, nos termos do art. 58 e do art. 59 da Constituição, a Rainha consorte não poderá exercer poderes constitucionais, exceto a regência em caso de menoridade do Rei. Já o Presidente do Governo exerce as funções de Chefe de Governo (após se aprovado pelo Congresso de Deputados e nomeado pelo Rei), e, nos moldes dos arts. 97 e seguintes da Constituição, dirige a política interior e exterior, a administração civil e militar e a defesa do Estado.

O art. II, Seções I e II, da Constituição Americana de 1787, prevê que o Poder Executivo é exercido pelo Presidente dos Estados Unidos da América, que será o comandante supremo do exército e da marinha, bem como das milícias, podendo solicitar a opinião por escrito dos principais funcionários de cada departamento executivo acerca de qualquer assunto relativo às atribuições dos respectivos serviços. O art. II, Seção II, 2, prevê que o Presidente dos Estados Unidos, com parecer e acordo do Senado, designará embaixadores e outros representantes diplomáticos e cônsules, juízes do Supremo Tribunal e todos os restantes funcionários dos Estados Unidos que não tenham de ser providos nos cargos por outra forma prevista na Constituição, entendendo-se sempre que os respectivos cargos deverão ser criados por lei. Esse mesmo preceito constitucional atribui a faculdade de o Presidente da República nomear determinados funcionários inferiores unicamente aos tribunais de justiça ou aos chefes dos departamentos de Estado.

A Constituição Francesa de 1958 (Constituição da Vª República) concebe peculiar sistema de governo, daí por que fala-se em semipresidencialismo ou semiparlamentarismo. O art. 5º da Constituição prevê o Presidente da República com funções pró-

---

1. Sobre o tema, Nelson de Souza Sampaio, *O Processo Legislativo*, São Paulo: Saraiva, 1968.

2. O cargo de Presidente da República Chinesa é simbólico porque o comando efetivo do país cabe ao Secretário-Geral do Partido Comunista. Nessa mesma reforma de março de 2018, o pensamento político do atual Presidente da China, Xi Jinping, também foi incluído no texto constitucional, tal como ocorreu anteriormente com Mao Tsetung.

prias de Chefe de Estado (garantindo a independência nacional, p. ex.), confiando-lhe, também, atribuição para assegurar o funcionamento regular dos poderes públicos mediante sua "arbitragem". Conforme o art. 8º da Constituição, o Presidente da República nomeia e destitui o Primeiro-Ministro (a quem cabe a função de Chefe de Governo, nos termos dos arts. 20 e seguintes), bem como os outros membros do Governo (mediante indicação do Primeiro-Ministro). O Presidente da República preside o Conselho de Ministros, além do que têm funções como veto a projetos de lei (p. ex., art. 10). Esse mesmo ordenamento constitucional, em seu art. 13, prevê que o Presidente da República nomeia os funcionários civis e militares, mas esse mesmo preceito constitucional prevê outros cargos que são nomeados pelo Conselho de Ministros. Ainda nesse mesmo art. 13 da Constituição há previsão de lei orgânica que disporá sobre outros cargos que deverão ser providos pelo Conselho de Ministros, e condições nas quais essas nomeações poderão ser delegadas ao Presidente da República.

Também adotando o parlamentarismo, o art. 83 e o art. 87, da Constituição Italiana de 1948, preveem que o Presidente da República é eleito pelo Parlamento com a participação de delegados de cada Região Italiana, com atribuições de Chefe de Estado e de representante da unidade nacional. Já nos arts. 92 e seguintes cuida da figura do Primeiro-Ministro e do Conselho de Ministros, com atribuições governamentais, ao passo que os arts. 99 e seguintes cuidam de órgãos auxiliares, como Conselho de Economia.

Na mesma linha parlamentarista, a Constituição Portuguesa de 1976, em seu art. 120, prevê que o Presidente da República representa a república portuguesa, enquanto os arts. 182 e seguintes da Constituição portuguesa de 1976 afirmam que ao "governo" cabe a condução da política geral do país, representando o órgão superior da administração pública, composto pelo Primeiro-Ministro, pelos Ministros de Estado e pelos Secretários e Subsecretários de Estado.

4. Direito internacional

Tratados internacionais celebrados pelo Brasil não cuidam de temas versados nesse preceito constitucional.

5. Dispositivos constitucionais relacionados

Art. 2º, art. 12, § 1º, § 3º, I e VII, art. 14, VI, "a", art. 21, art. 84, art. 87 e art. 88, todos da Constituição de 1988.

6. Jurisprudência (STF e STJ): *leading cases*, principais posições e votos divergentes; tendências atuais no sentido da mudança da jurisprudência

Com atribuições limitadas mesmo por interpretações que derivam diretamente de princípios que orientam a Administração Pública, a Súmula Vinculante 13 do STF restringe a discricionariedade de todo o Poder Executivo ao determinar que viola a Constituição Federal a nomeação de cônjuge, companheiro ou parente em linha reta, colateral ou por afinidade, até o terceiro grau (inclusive), da autoridade nomeante ou de servidor da mesma pessoa jurídica investido em cargo de direção, chefia ou assessoramento, para o exercício de cargo em comissão ou de confiança ou, ainda, de função gratificada na Administração Pública direta e indireta em qualquer dos poderes da União, dos Estados, do Distrito Federal e dos Municípios, compreendido o ajuste mediante designações recíprocas. No mesmo sentido, a Súmula 47 do STF afirma que *"Reitor de universidade não é livremente demissível pelo Presidente da República durante o prazo de sua investidura"*.

Contudo, é certo que a chefia do Poder Executivo confere ao Presidente da República o inerente poder hierárquico, pelo qual tem funções de coordenação e de subordinação (do que decorre o poder disciplinar e de avocar atribuições de seus subordinados). Assim, o Presidente da República pode exercer o comando da **Súmula 346** (*"a administração pública pode declarar a nulidade dos seus próprios atos"*), da **Súmula 473** (*"A Administração pode anular seus próprios atos, quando eivados de vícios que os tornam ilegais, porque deles não se originam direitos; ou revogá-los, por motivo de conveniência ou oportunidade, respeitados os direitos adquiridos, e ressalvada, em todos os casos, a apreciação judicial"*), ainda aplicáveis, e da **Súmula 384** relativa ao art. 23 das Disposições Transitórias da Constituição de 1946 (*"A demissão de extranumerário do serviço público federal, equiparado a funcionário de provimento efetivo para efeito de estabilidade, é da competência do Presidente da República"*), todas do STF.

Também em razão de sua posição hierárquica, na ADI 2.564, Relª. Minª. Ellen Gracie, *DJ* de 06.02.2004), o STF deixou assentado que a liberação de recursos para pagamento de servidores públicos da administração federal exige prévia autorização do Presidente da República (Chefe supremo da Administração Pública Federal, que subordina os Ministros de Estado), sendo inaplicável a reserva de lei diante da nova redação atribuída ao art. 84, VI, da Constituição pela Emenda Constitucional 32/01, que permite expressamente ao Presidente da República dispor, por decreto, sobre a organização e o funcionamento da administração federal, quando isso não implicar aumento de despesa ou criação de órgãos públicos.

7. Referências bibliográficas

ACKERMAN, Bruce. *The New Separation of Powers*, Harvard Law Review, Volume 113, January 2000, Number 3, p. 633-725; ALMEIDA, Fernanda Dias Menezes de, *Competências na Constituição de 1988*, 4ª ed., São Paulo: Ed. Atlas, 2007; AMARAL JÚNIOR, José Levi Mello do. *Sobre a organização de poderes em Montesquieu*: comentários ao Capítulo VI do Livro XI de "O Espírito das Leis", Revista dos Tribunais (São Paulo), v. 868, 2008; ARISTÓTELES, *Política*, tradução do grego por Mário da Gama Kury, 2ª ed., Brasília: Ed. Universidade de Brasília, 1988; BONAVIDES, Paulo, *História Constitucional do Brasil*, obra conjunta com Paes de Andrade, 3ª edição, Rio de Janeiro: Ed. Paz e Terra, 1991; BURDEAU, Georges, HAMON, Francis, et TROPER, Michel, *Droit Constitutionnel*, 26e édition, Paris: Librairie Générale de Droit et de Jurisprudence – L.G.D.J., 1999; BURDEAU, Georges, *Traité de Science Politique*, "v. I", Paris: Librairie Générale de Droit et de Jurisprudence – L.G.D.J., 1966; CAGGIANO, Mônica Herman Salem, *Oposição na Política*, São Paulo: Ed. Angelotti, 1995; CANOTILHO, José Joaquim Gomes, Legislação Governamental, in *As vertentes do Direito Cons-*

titucional contemporâneo, coord. de Ives Gandra da Silva Martins em homenagem ao Prof. Manoel Gonçalves Ferreira Filho, Rio de Janeiro: Ed. América Jurídica, 2002; CHAUVIN, Francis, *Administration de l'État*, 4e édition, Paris: Ed. Dalloz, 1994; CLÈVE, Clèmerson Merlin, *Atividade Legislativa do Poder Executivo no Estado Contemporâneo e na Constituição de 1988*, São Paulo: Ed. Revista dos Tribunais, 1993; CORWIN, Edward S., *El poder ejecutivo*, Buenos Aires: Editorial Biliografica Argentina, 1959; CRETELLA JÚNIOR, José, Atos Formais e Materiais dos Três Poderes, in *As vertentes do Direito Constitucional contemporâneo*, coord. de Ives Gandra da Silva Martins em homenagem ao Prof. Manoel Gonçalves Ferreira Filho, Rio de Janeiro: Ed. América Jurídica, 2002; DIMOULIS, Dimitri, Significado e atualidade da separação de poderes, in *Constitucionalismo. Os desafios no terceiro milênio*, org. Walber de Moura Agra. (Org.). Belo Horizonte: Ed. Fórum, 2008; ELGIE, Robert, *Semi-presidentialism in Europe*, New York: Oxford Univ. Press, 2004; FAVOREU, Louis, coordonnateur, *Droit Constitutionnel*, Paris: Dalloz, 1998; FERRAZ, Anna Candida da Cunha, *Conflito entre os poderes – O poder congressual de sustar atos normativos do Poder Executivo*, São Paulo: Ed. Revista dos Tribunais, 1994; FERREIRA FILHO, Manoel Gonçalves, *Do Processo Legislativo*, 4ª ed., São Paulo: Ed. Saraiva, 2001; FERREIRA FILHO, Manoel Gonçalves, A revisão da doutrina democrática, in *Ideias para a Nova Constituição brasileira*, São Paulo: Ed. Saraiva, 1987; FRANCO, Afonso Arinos de Melo, PILA, Raul, *Presidencialismo ou parlamentarismo?* Brasília: Senado Federal, Conselho Editorial, 1999; FRANCISCO, José Carlos, *Emendas Constitucionais e Limites Flexíveis*, Rio de Janeiro: Ed. Forense, 2003; FULBRIGHT, J. William, *Problemas do presidencialismo americano*, trad. Etelvina C. da Silva Porto, Brasília: Câmara dos Deputados, Coordenação de Publicações, 1993; GRANDGUILLAUME, Nicolas, *Théorie générale de la bureaucratie*, Paris: Económica, 1996; HAGGARD, Stephan, MCCUBBINS, Mathew D., *Presidents, parliaments, and policy*, Cambridge: Cambridge University Press, 2000; HAMBLOCH, Ernest, *Sua majestade o presidente do Brasil*: um estudo do Brasil constitucional 1889-1934, trad. de Lêda Boechat, Brasília: Senado Federal, 2000; HAMILTON, Alexander, MADISON, James, JAY, John, *Os artigos federalistas*, Rio de Janeiro: Ed. Nova Fronteira, 1993; HAYES-RENSHAW, Fiona, WALLACE, Helen, *The council of ministers*, New York: Palgrave Macmillam, 2006; KELSEN, Hans, *Teoria Geral do Direito e do Estado*, 3ª edição, trad. Luís Carlos Borges, São Paulo: Ed. Martins Fontes, 1998; LOCKE, John Locke, *Segundo Tratado sobre o Governo*, trad. E. Jacy Monteiro, Coleção *Os Pensadores*, São Paulo: Abril Cultural, 1983; LOEWENSTEIN, Karl, *Teoría de la Constitución*, 2ª edición, Barcelona: Ediciones Ariel, 1970; LUHMANN, Niklas, *Legitimação pelo procedimento*, Brasília: Ed. UnB, 1980; MAINWARING, Scott, SHUGART, Matthew Soberg, *Presidentialism and Democracy in Latin America*, Cambridge: Cambridge University Press 1997; MAIOLINO, Eurico Zecchin, *Representação e Responsabilidade Política. Accountability na democracia*, Belo Horizonte: Arraes Editores, 2018; MIRANDA, Jorge, *Formas e Sistemas de Governo*, Rio de Janeiro: Forense, 2007; MONTESQUIEU, Charles de Secondat, *Do Espírito das Leis*, trad. Jean Melville, São Paulo: Ed. Martin Claret, 2002; MORAES, Alexandre de, *Presidencialismo*, São Paulo: Atlas, 2004; NUGENT, Neill, *Government and Politics of the European Union*. London: Macmillan 1999; OLIVEIRA, Rodrigo Valin, *O Poder Moderador*, tese de doutorado em Direito,

Orientador: Manoel Gonçalves Ferreira Filho, São Paulo: Universidade de São Paulo (USP), 2003; PIÇARRA, Nuno, *A Separação dos Poderes como Doutrina e Princípio Constitucional: um contributo para o estudo das suas origens e evolução*, Coimbra: Coimbra Editora, 1989; PONTES DE MIRANDA, F. C. *Comentários à Constituição de 1967 com a emenda n. 1 de 1969*, 3ª ed., Tomo I, Rio de Janeiro: Ed. Forense, 1987; RÁO, Vicente, *As Delegações Legislativas no Parlamentarismo e no Presidencialismo*, São Paulo: Ed. Max Limonad, 1966; RENAULT, Christiana Noronha, *Os sistemas de governo na República*, Porto Alegre: Sérgio Antonio Fabris Editor, 2004; ROUSSEAU, Jean-Jacques, *Do contrato social*, in Coleção Os Pensadores, São Paulo: Ed. Nova Cultural, 1999; SALDANHA, Nelson, *O Estado Moderno e a Separação de Poderes*, São Paulo: Ed. Saraiva, 1987; SAMPAIO, Nelson de Souza, *O processo legislativo*, São Paulo: Ed. Saraiva, 1968; SARTORI, Giovanni, *Engenharia constitucional*: como mudam as constituições, trad. Sérgio Bath, Brasília: UnB, 1996; SCHEDLER, Andreas, Conceptualizing Accountability, in SCHEDLER, Andreas, DIAMOND, Larry, PLATTNER, Marc F, *The Self-restraining State: Powers and Accountability in New Democracies*, London: Sage Publications, 2003; SCHRAMECK, Olivier, *Les cabinets ministeriels*, Paris: Dalloz, 1995; SCHWARTZ, Bernard, *Direito Constitucional Americano*, trad. de Carlos Nayfeld, Rio de Janeiro: Ed. Forense, 1966; SILVA, José Afonso da, *Comentário Contextual à Constituição*, 3ª ed., São Paulo: Ed. Malheiros, 2007; TAMER, Sergio Victor, *Fundamentos do Estado democrático e a hipertrofia do Executivo no Brasil*, Porto Alegre: Sérgio Antonio Fabris Editor, 2002.

8. Comentários

8.1. Presidencialismo: forma, sistema e regime de governo

As expressões "forma de governo", "sistema de governo" e "regime de governo" têm significados próprios (embora muitas vezes interdependentes). "Forma de governo" significa o modo de atribuição do poder, destacando-se a tipologia de Aristóteles, segundo a qual monarquia, aristocracia e democracia (ou república ou politeia) seriam formas boas, ao passo em que as formas ruins seriam tirania, oligarquia e demagogia. "Sistema de governo" decorre das formas de governo, tais como parlamentarismo e presidencialismo, sujeitos às influências democráticas, corporativas, militares, partidárias e religiosas, dentre outras. "Regimes de governo" representam o modo pelo qual o poder é exercido, podendo ser democrático ou autocrático (totalitário ou autoritário).

O Poder Executivo, com sistema de governo presidencialista, foi previsto originariamente pelo Constituinte de 1988, juntamente com a forma republicana. Essa decisão do Constituinte foi subordinada a plebiscito que, realizado em 21.04.1993, recusou a opção parlamentarista bem como a monarquia, para confirmar o Presidencialismo e a República, tendo por pressuposto regime democrático e separação de poderes como critérios de organização e de distribuição de funções[3].

---
3. O art. 2º do ADCT da Constituição de 1988 seguiu essa tipologia de forma e regime de governo, prevendo plebiscito, realizado em 21.04.1993, para definir forma de governo (república ou monarquia constitucional) e sistema de governo (parlamentarismo ou presidencialismo).

A adequada análise do Poder Executivo e do Presidencialismo no ordenamento constitucional vigente necessariamente deve ser feita à luz do funcionamento da separação de poderes nos Estados contemporâneos.

8.2. Evolução histórica e separação dos Poderes

A evolução histórica mostra que há vários modos de organização das funções estatais, que podem ser concentradas ou partilhadas em alguns ou vários entes, bem como podem ser desconcentradas ou descentralizadas dentro de cada uma dessas divisões[4].

Já com Aristóteles (384 a.C. a 322 a.C.) há referências a Estados bem ordenados, com três partes para a gestão, sendo a primeira que delibera sobre os negócios das comunidades, a segunda que tem atribuição para administrar com autoridade (incluindo as magistraturas), e a terceira que se atém à justiça[5]. Muitos pensadores prosseguiram com estudos sobre o melhor modo de governar, preocupações que se dissiparam com a invasão bárbara e com o fragmentado sistema feudal, mas após o final da idade média (em especial nos séculos XVII e XVIII), com a unificação dos territórios dos reinos em Estados soberanos (que resultou em Estados absolutistas), a grande concentração de poderes nas mãos dos monarcas estimulou o resgate das ideias sobre o controle do poder.

Com o apoio do racionalismo iluminista (contrapondo-se à influência das religiões, especialmente do Papado já enfraquecido pelas divisões da Igreja), os interesses econômicos da burguesia com a expansão do comércio, o arbítrio do Absolutismo e o alto custo das cortes e, principalmente, crises econômicas sacrificando a população, fomentaram a redefinição do modo de governar. Nesse contexto, a ideia de soberania (inicialmente associada ao poder monárquico) é revista para deslocar o poder do monarca para o povo visando preservar suas liberdades, motivo pelo qual passa a ser indispensável o controle dos governantes[6].

O binômio poder popular-limitação da atuação estatal tem vários marcos, dentre eles a independência americana (sob influência da filosofia francesa, especialmente na Seção V da Declaração de Direitos da Virgínia, de 16 de junho de 1776, e ainda nos artigos I, II e III da Constituição americana de 17 de setembro de 1787), mas foi com o movimento político-jurídico denominado "constitucionalismo" (deflagrado no século XVIII) que essas ideias liberais ganham expressiva propagação. Nos termos do art. 16 da Declaração dos Direitos do Homem e do Cidadão, da Revolução Francesa de 1789, o controle dos governantes dependia da existência de uma constituição, na qual necessariamente deveriam ser estabelecidas a garantia de direitos e a separação dos poderes.

Portanto, com o sentido forjado nos séculos XVII e XVIII, a separação de poderes opõe-se às monarquias com alta concentração de poder, pois organiza e distribui funções estatais de acordo com a forma e com o sistema de governo, notadamente em regimes democráticos.

Concebida na evolução de formas e de sistemas de organização do poder e de governo, o significado de separação de poderes, desenhado nos séculos XVII e XVIII, passa por mudanças em sua mecânica de funcionamento (notadamente afetando a distribuição de funções entre o Poder Executivo e o Poder Legislativo e, mais recentemente, com o avanço da participação do Poder Judiciário em temas de política pública), embora sua essência permaneça atual, conservando-se como mecanismo de controle do poder (garantia à liberdade da sociedade pela limitação do poder confiado aos governantes), como modo de especialização de funções para otimizar a ação estatal, e ainda como veículo para legitimação democrática do exercício dessas funções mediante a soberania das leis[7].

8.2.1. Poder Executivo no início da modernidade

Muitos autores cuidaram da separação de poderes nos séculos XVII e XVIII (dentre eles John Locke, Benjamin Constant e Immanuel Kant), mas a ideia predominante no início da Idade Moderna é extraída do Capítulo VI do Livro XI, Segunda Parte, da obra *Do espírito das leis*, de Montesquieu, publicado em 1748 sob inspiração do modo de organização inglês que decorreu da Revolução Gloriosa de 1688[8].

Apesar de diferenças de nomenclatura ou de distribuição de funções previstas por vários autores, a separação de poderes foi concebida visando o controle e o equilíbrio entre os poderes,

---

4. Sobre o tema descentralização e desconcentração na administração do Estado, Francis Chauvin *Administration de l'État*, 4e édition, Paris: Ed. Dalloz, 1994.

5. Aristóteles, *Política*, tradução do grego por Mário da Gama Kury, 2ª ed., Brasília: Ed. Universidade de Brasília, 1988.

6. O pensamento liberal pretendia-se a liberdade dos modernos, vale dizer, autonomia dos indivíduos para a prática do essencial à realização da natureza humana (p. ex., liberdade de locomoção, de pensamento, de religião, de manifestação cultural etc.), diversa da liberdade dos antigos (relacionada ao direito de os cidadãos participarem do processo político). Sobre o tema, Manoel Gonçalves Ferreira Filho, A revisão da doutrina democrática, in *Ideias para a Nova Constituição brasileira*, São Paulo: Ed. Saraiva, 1987.

7. Georges Burdeau, Francis Hamon, et Michel Troper, *Droit Constitutionnel*, 26e édition, Paris: Librairie Générale de Droit et de Jurisprudence – L.G.D.J., 1999, p. 89, põe a separação de poderes, antes de tudo, como um princípio de técnica constitucional destinado a evitar o despotismo e a garantir a liberdade. Já Bernard Schwartz, *Direito Constitucional Americano* citado, p. 39 e 40, afirma que, nos Estados Unidos, a separação dos poderes impediu a fusão das funções do Legislativo e do Executivo como ocorreu na Inglaterra, aspecto relevante para explicar como os governos são escolhidos e como seus programas serão convertidos em lei. Já Karl Loewenstein, *Teoría de la Constitución*, 2ª edición, Barcelona: Ediciones Ariel, 1970, p. 45, afirma que os esquemas tradicionais de classificação da separação dos poderes são hoje inúteis e, provavelmente já ao tempo de sua formulação, não estavam de acordo com a realidade.

8. Montesquieu, Charles Louis de Secondat, barão de La Brède e de, *Do Espírito das Leis*, São Paulo, Ed. Martin Claret, trad. Jean Melville, São Paulo: 2002, p. 165. John Locke, na segunda metade do século XVII, em *Segundo Tratado sobre o Governo*, trad. de E. Jacy Monteiro, Coleção Os Pensadores, Abril Cultural, São Paulo: 1983. Lembra Clèmerson Merlin Clève, *Atividade Legislativa do Poder Executivo no Estado Contemporâneo e na Constituição de 1988*, São Paulo: Ed. Revista dos Tribunais, 1993, p. 23, que Montesquieu era de origem aristocrática, e em sua obra não sugeriu a ascensão da burguesia ao poder, mas sim uma fórmula que permitiria um governo moderado por parte do Príncipe absoluto, assegurando a estrutura social da qual provinha seus privilégios, inclusive o modo de produção feudal, mas, ainda assim, sua teorização foi absorvida pela burguesia crescente transformando-se em "receita de organização política", capaz de assegurar um postulado de bom governo e garantia das liberdades por essa classe emergente. Sobre o tema, José Levi Mello do Amaral Júnior. *Sobre a organização de poderes em Montesquieu*: comentários ao Capítulo VI do Livro XI de "O Espírito das Leis", Revista dos Tribunais (São Paulo), v. 868, 2008.

opondo-se à centralização e à concentração de atribuições públicas vivenciadas no chamado "Estado Absoluto". A partir do século XVIII, difunde-se pelo mundo ocidental a concepção de governo liberal, capaz de assegurar o uso racional do poder, cuja organização socioeconômica se daria pela harmonia natural e pela hipersuficiência do indivíduo, proporcionando progresso e felicidade, afirmando o sentido clássico de Estado Liberal de Direito (com o império da lei resultante de leis que expressam a vontade geral, em regra baseadas na autonomia da vontade e cuidando das relações interpessoais).

Nessa visão do início da Idade Moderna, é visível a importância do Poder Legislativo, a quem cabia "declarar" o conteúdo das leis que resultassem das relações interpessoais na sociedade livre (ainda que sob controle do Poder Executivo pelo veto e, a partir do século XIX, também pelo Poder Judiciário mediante controle de constitucionalidade)[9]. Prevendo bicameralismo (inspirado na Inglaterra após a Revolução Gloriosa), Montesquieu via na câmara popular a possibilidade de representação popular, tendo em vista a impossibilidade de o povo se governar diretamente (por desconhecimento dos assuntos ou por impossibilidade de reunir as pessoas em espaços apropriados), motivo pelo qual deveriam ser escolhidos aqueles que melhor poderiam representar a população, aos quais seria atribuída a função de elaboração das leis[10].

Portanto, segundo a visão do Estado de Direito Liberal, o Poder Legislativo ostenta primazia política em relação aos demais poderes, pois atua como "descobridor" de leis (ante à sua suposta representação popular) que expressam os interesses da nação ou da comunidade (e o parlamentar tem legitimidade para "expressá-la", e não para "criá-la"). Já o Poder Executivo deveria se ater às funções administrativas confiadas ao Estado Mínimo cuidando de matérias tais como as diplomáticas, de segurança, de guerra e paz, essencialmente relacionadas às funções de Chefe de Estado.

8.2.2. Novas experiências sobre a separação dos Poderes e as tarefas do Poder Executivo

Diversos fatores fragilizaram o modelo da separação de poderes dos séculos XVII e XVIII, destacando-se as constantes crises dos sistemas capitalistas (decorrentes das flutuações conjunturais), a substituição do sufrágio censitário pelo universal, os movimentos sociais com amparo ideológico, científico e religioso, as sociedades de consumo de massa, e a ampliação da urbanização. Alguns pressupostos do sistema liberal não se confirmaram concretamente, pois, de fato, os indivíduos são hipossuficientes em maior ou menor proporção (pois essa incapacidade vai muito além do aspecto econômico, compreendendo outras áreas como a social e cultural), e a harmonia natural impunha grandes sacrifícios sociais e empresariais (p. ex., a depressão capitalista na década de 1930).

A visão da separação de poderes do início da modernidade é revista como imperativo das novas orientações e necessidades das sociedades, que passaram a exigir dos Poderes Públicos a execução de políticas governamentais de promoção de desenvolvimento socioeconômico[11].

Novas fórmulas de separação de poderes foram elaboradas, destacando-se Karl Loewenstein, segundo o qual as atividades estatais são classificadas segundo suas finalidades em *policy decision* ou *determination* (definição das políticas fundamentais não condicionadas, tendo como instrumento a legislação, sendo exercida pelo Poder Executivo e pelo Poder Legislativo, ou, ainda, com a participação do eleitorado), *policy execution* (desdobramento e implementação das determinações ou legislações, corresponde à atividade administrativa e à função judiciária, cabendo ao Poder Executivo a maior parcela dessa atividade administrativa, mas a função judicial é exercida pelo Poder Judiciário visando a execução da decisão política fundamental indicada na lei) e *policy control* (sistema de controle recíproco entre os poderes, ou pelo próprio poder, consistindo em ampla possibilidade de controle e fiscalização geral)[12]. Segundo Karl Loewenstein, legislar e executar as leis não são funções separadas, mas diferentes técnicas de liderança política ou ação governamental, e não haveria evidente separação de poderes nos Estados modernos, pois o governo (Poder Executivo) lidera politicamente o Poder Legislativo, conformando a vontade popular e impondo sua política mediante a aprovação parlamentar das leis e de sua execução.

Em outro modelo, Bruce Ackerman desenha uma estrutura de separação dos poderes denominada de "parlamentarismo limitado", com órgãos responsáveis pelas funções estatais (parlamento limitado, referendo e corte constitucional) e outros que funcionam como órgãos controladores (instâncias de controle regulatória, de integridade e democrática). Com duas casas legistativas ("solução de casa e meia") que não funcionam de maneira complementar (uma Câmara legislativa democraticamente eleita responsável pela seleção de um governo e pela aprovação da legislação ordinária, e uma Câmara consultiva com composição que decorre da própria Câmara legislativa ou por outro modo de composição que não seja por eleição direta, com funções específicas), o parlamento limitado é indispensável por ser instrumento que define a opção da "separação" ou da "não separação" dos poderes e dá unicidade às funções legislativas e legitimidade plena para o governo (garantia do equilíbrio entre as funções do poder e afastamento dos perigos de uma presidência independente). O parlamentarismo é limitado por uma Constituição escrita, por

---

9. Montesquieu, *Do Espírito das Leis*, cit., p. 170, ao cuidar da interpenetração das funções no processo legislativo, fala da faculdade de estatuir (o direito de ordenar por si próprio ou de corrigir o que foi ordenado por outro poder), e faculdade de impedir (o direito de anular as resoluções de outro poder). Já o controle de constitucionalidade surge apenas com a experiência americana, no caso *Marbury versus Madison*, julgado pela Suprema Corte em 1803.

10. As ideias pregadas por Montesquieu não correspondiam à realidade de muitos países (p. ex., o Parlamento francês do *ancien régime* atuava mais como alta corte judiciária e como intérprete das leis, do que como legislador, propriamente dito). Para Hans Kelsen, *Teoria Geral do Direito e do Estado*, 3ª edição, trad. Luís Carlos Borges, São Paulo, Ed. Martins Fontes, 1998, p. 385, mesmo no modelo clássico da separação de poderes, é impossível atribuir a criação do Direito a um único ente, de maneira que os fatos revelam a existência de duas funções, quais sejam, a criação do Direito e a aplicação do Direito, de modo que não é possível definir fronteiras separando essas funções, pois o dualismo nessas atividades tem apenas caráter relativo, e a maioria dos atos criados pelo Estado é, ao mesmo tempo, gerador e aplicador do Direito.

11. Louis Favoreu, coord., *Droit Constitutionnel*, Paris: Dalloz, 1998, p. 362, observa que os sistemas modernos da separação de poderes nos Estados Unidos e na Inglaterra guardam separação clara entre os três poderes clássicos (com independência dos juízes em face da *common law*), mas que no modelo francês da Constituição de 1958 há divisão *bipartite* em razão do papel residual confiado ao Judiciário, de certo modo vinculado ao Executivo.

12. Karl Loewenstein, *Teoría de la Constitución* citado, p. 62 e s.

uma Corte Constitucional e por uma série de instâncias com propósito especial (Instâncias de controle). Sem distingui-lo do plebiscito e procurando dar maior credibilidade ao referendo, Ackerman sugere que essa forma de legitimidade democrática seja usada em casos importantes no âmbito nacional, com exigência de múltipla votação (conforme se verifica na Suíça), dividindo poder entre o parlamento (tomando decisões rotineiras de gestão) e o povo (em processo construído por referendos sequenciais). A Corte Constitucional serve ao controle da Supremacia da Constituição, velando para que princípios ordenados pelo povo sejam observados pela maioria parlamentar ou pelo próprio referendo, realizando-se pelo *judicial review*, por um conselho constitucional, ou ainda por uma corte única e forte (mediante modo de escolha dos membros e nomeação para mandatos, como a existente na Alemanha). Com atuações em suas respectivas áreas, a Instância Regulatória é organismo que prepararia a legislação emanada do órgão legislativo à execução, suplementando o âmbito de maneira técnica à execução de leis. Já a Instância de Integridade escrutina o governo quanto a corrupção e abusos semelhantes para evitar que a legitimidade do estado democrático seja destruída. E a Instância Democrática se dedica a organizar e garantir o processo de referendo sequencial, ajustando-se ao sistema democrático adotado pela Assembleia Constituinte[13]. A partir da década de 1930, muitos países experimentam modelos de reorganização das funções exercidas pelos poderes, tanto nos sistemas de governo parlamentaristas quanto nos presidencialistas, com transferência de parte da função normativa do Poder Legislativo para o Poder Executivo, especialmente no que tange às leis sobre políticas públicas (em face dos dados técnicos e da agilidade necessária para produzi-las, além do desgaste político de normas impopulares)[14]. A realidade concreta revelou que não basta a criação de comissões internas para que o Legislativo possa produzir essa legislação governamental porque a virtude de parlamentos pluralistas gerada pela diversidade de seus integrantes revela-se, ao mesmo tempo, a causa de vícios e de conflitos ideológicos intermináveis, provocando morosidade e inoperância nas funções legislativas.

Já no início do século XXI, há grandes desafios para a governabilidade, especialmente em razão de transformações econômicas no contexto da globalização, exigindo gestão pública flexível, com decisões ágeis (incluindo as normativas) para que sejam viáveis a regulação e a fiscalização estatal na dinâmica das relações da sociedade de risco global marcada pela modernidade líquida. Se, a partir de meados do século XX, a ideia de "governo" ou de "poder governamental" está associada ao Poder Executivo e à ampliação de sua capacidade normativa para legislar e também para executar políticas de planificação macroeconômica no âmbito interno, o início do novo milênio marca a fragilidade de planos governamentais desenhados para atender dinâmicas nacionais que, todavia, estão cada vez mais expostas a movimentos internacionais públicos e privados. Por isso, emergem novos e mais complexos mecanismos de cooperação internacional como modo de ampliar a capacidade de percepção e de colaboração de blocos de países que tenham problemas e interesses comuns. E tudo isso exige nova concepção do Poder Executivo.

8.2.3. Poderes ou funções

No contexto da separação dos poderes, "poder" é expressão que identifica o ente estatal pelo aspecto orgânico ou subjetivo, a partir do que o Constituinte faz a distribuição de competências, ao passo em que "função" é a atribuição (capacidade-dever) conferida a cada "poder" para a prática de determinados atos. É comum afirmar que "poder estatal" (juridicamente organizado) consiste na capacitação para o exercício de uma determinada tarefa buscando um fim previamente estabelecido, mas na verdade essa capacitação corresponde a uma "função" (que, aliás, consiste numa atribuição-dever irrenunciável) utilizada em benefício da coletividade.

Em geral, a classificação das funções estatais se vale de elementos formais (subjetivos, orgânicos ou institucionais), de maneira fala-se em função legislativa, função executiva (ou administrativa) e função judiciária tão somente em razão do ente competente para o exercício da atribuição. Todavia, sob o ângulo material, há vários parâmetros de classificação das atividades públicas, tais como funções normativas (produção de normas jurídicas), administrativas (execução dessas normas) e de julgamento (aplicação das normas como critério para a solução de litígios), todas exercidas concomitantemente pelos poderes em suas áreas de competência.

Os poderes estatais exercem várias funções (vistas quanto ao conteúdo), pois as atribuições ou tarefas não são conferidas com exclusividade, inclusive para viabilizar a colaboração, a coordenação e o controle de outros poderes. Tomando como exemplo a função normativa, tal compreende a função constitucional (conferida ao Poder Constituinte Originário e Derivado), a função legislativa (confiada ao Poder Legislativo, ao Poder Executivo para exercício direto em medidas provisórias e leis delegadas, e também ao próprio Poder Judiciário em orientações vinculantes do STF e em teses em temas, dentre outros).

8.2.4. Redistribuição de funções na separação de poderes

A separação de poderes sempre admitiu a redistribuição de funções, desde que feita pela Constituição (até mesmo por emenda) e acompanhada de meios de controle do outro poder. Porém, os redesenhos de funções e de correspondentes mecanismos de controle são marcados por avanços e retrocessos. Novos e eficientes mecanismos de controle de governantes são sempre bem-vindos, notadamente em razão da inescapável verdade histórica de a concentração de atribuições em um único corpo levar ao abuso ou ao arbítrio. No âmbito global ou comunitário, organismos intergovernamentais têm instrumentos para controlar ações estatais nacionais, pois um dos motivos para a criação desses organismos é a defesa de direitos humanos, além do desenvolvimento econômico e social das nações e o convívio pacífico no contexto internacional. Interessante modelo é adotado pela União Europeia, cuja estrutura (Conselho Europeu, Conselho de Ministros, Comissão Europeia, Parlamento Europeu e Corte de Justiça das Comunidades Europeias) dá acentuada importância ao Conselho de Ministros (com ampla atribuição normativa), com primazia do direito comunitário em relação ao direito interno dos países.

---

13. ACKERMAN, Bruce. *The New Separation of Powers*, Harvard Law Review, Volume 113, January 2000, Number 3, p. 633-725.

14. Georges Burdeau e outros, *Droit Constitutionnel* citado, p. 400, observam que razões de fato militam pela inabilitação do Parlamento para a produção de determinadas normas, ao mesmo tempo em que essas mesmas razões favorecçam a competência do Executivo para editar decretos, dentre elas a ausência de uma maioria coerente no Parlamento impedindo a produção de normas construtivas, e a rejeição de parlamentares em votar normas impopulares (como aumento de tributos), além da complexidade e minúcia de certas medidas.

8.3. Parlamentarismo, Presidencialismo e outros sistemas

A organização ou formatação orgânica do Poder Executivo, ao longo dos séculos XVIII e XIX, foi basicamente experimentada de modo unificado em sistemas presidencialistas ou segmentado em duas partes, em parlamentarismos (que, a bem da verdade, exprimem uma única maioria política).

Diferentemente do mecanismo unipessoal do presidencialismo, modelos parlamentaristas em regra confiam ao Chefe de Estado funções como representação diplomática do país nas relações internacionais (de modo unipessoal e unitário, daí por que, dentro do possível, tais tarefas devem ser desempenhadas de modo não partidário e não ideológico), e ao Chefe de Governo cabe a representação interna na gestão da coisa pública, na parte política, nos aspectos legislativos e também no plano administrativo (vale dizer, as atribuições passam por governar e por exercer a direção superior da Administração Pública, sempre com matiz política), razão pela qual tal tarefa é, por natureza, político-ideológica e partidária.

Embora a organização ou formatação orgânica do Poder Executivo possa se dar de diferentes maneiras (p. ex., Poder Executivo colegial, como os Cônsules romanos, ou Poder Executivo Diretorial, como os comitês Suíços), os sistemas de governo mais utilizados atualmente ainda são o parlamentarismo (Poder Executivo dual) e o presidencialismo (Poder Executivo monocrático). Registre-se o peculiar sistema de governo francês, constante da vigência da Constituição da Vª República, de 1958, com a figura do Presidente da República e do Primeiro-Ministro, cujas competências são diversificadas, daí por que se fala em sistema semipresidencialista ou semiparlamentarista (cogitando-se, também, no papel de Poder Moderador para o Presidente da República).

8.3.1. Parlamentarismo

Alguns reis ingleses tiveram por praxe consultar conselheiros privados acerca das questões do reino, atitude que pode ser considerada como antecedente do parlamentarismo que, certamente, afirma-se a partir do início do século XVIII, quando, do grande número de conselheiros, alguns foram escolhidos pelo rei para formar um corpo seleto de membros (denominado Gabinete) tenho um Primeiro-Ministro como líder (em regra quem tinha mais títulos e méritos).

Compatível tanto com a forma republicana (p. ex., Itália) quanto com as monarquias constitucionais (p. ex., Inglaterra e Espanha), na atualidade, há diversas modalidades de parlamentarismo. A característica marcante do parlamentarismo é a divisão das funções do Poder Executivo em duas partes, uma atribuída ao Chefe de Estado (ou Presidente) e outra confiada ao Chefe de Governo (ou Primeiro-Ministro).

Nas monarquias constitucionais, o monarca (com mandato vitalício e hereditário) exerce basicamente funções diplomáticas próprias de Chefe de Estado, ao passo que nos parlamentarismos em face de repúblicas, o Chefe de Estado normalmente é escolhido pelo voto popular para mandatos periódicos. Contudo, tanto em monarquias constitucionais quanto em repúblicas, as escolhas do Primeiro-Ministro e dos membros do Gabinete são consequências das maiorias parlamentares formadas nas eleições. Em razão dos modos de escolha, é possível cogitar em falta de legitimidade democrática plena do Chefe de Estado quando se trata de monarquias constitucionais parlamentaristas (nas quais a legitimação do rei deve ser buscada pelo exercício segundo o consenso social), mas não quanto ao Primeiro-Ministro ou Chefe de Governo escolhido normalmente dentre os parlamentares eleitos, com vinculação à maioria política do Parlamento.

A ideia de um Poder Executivo subordinado a permanente e efetivo controle dos demais poderes está presente no parlamentarismo, sobretudo em se tratando de Chefe de Governo. Além de motivos voluntários como renúncia e de fatos imprevisíveis (p. ex., morte), a perda involuntária do cargo de Chefe de Governo pode se dar a qualquer tempo por decisão do Parlamento, p. ex., caso esse não esteja de acordo com as linhas governamentais adotadas pelo Gabinete Ministerial, ou se o Parlamento estiver insatisfeito com os resultados obtidos, situação que enseja a aprovação de moção de desconfiança, de censura ou correlato, aprovada pelos parlamentares. Igualmente, muitos sistemas constitucionais asseguram ao Chefe de Governo a destituição do Parlamento antes do final do mandato dos parlamentares, convocando novas eleições, de modo que o impasse entre o Primeiro-Ministro e o Parlamento acaba sendo resolvido pelo povo nas urnas (na medida em que o resultado da eleição revelará quem o povo apoia). Assim, resta clara a "harmonia" imposta pelo parlamentarismo nas relações entre o Chefe de Governo e o Parlamento, com a possibilidade de destituição dos governantes a qualquer tempo, sobretudo em caso de rejeição de políticas de má qualidade.

8.3.2. Parlamentarismos no Brasil

Há poucas experiências brasileiras com o parlamentarismo. Uma remonta ao tempo do Império, por conta do Decreto de 20.06.1847, quando D. Pedro II criou um Presidente do Conselho de Ministros para algumas tarefas submetidas à aprovação imperial. Portanto, nessa primeira experiência, cabia a D. Pedro II formar o ministério mediante um Presidente do Conselho de Ministros.

Embora o parlamentarismo tenha sido cogitado em outras oportunidades (p. ex., na Constituinte que gerou o ordenamento constitucional de 1946), sua aplicação concreta no período republicano somente se deu por força da Emenda Constitucional 04, também denominada de Ato Adicional, de 02.09.1961, em meio à crise política gerada pela renúncia de Jânio Quadros à Presidente da República e as resistências à posse do Vice-Presidente João Goulart. Nessa oportunidade, o Poder Executivo foi formado pelo Presidente da República e por Conselho de Ministros, cabendo a esse último a Chefia de Governo bem como a direção da Administração Federal. Essa efêmera experiência parlamentarista teve fim com a Emenda Constitucional 06, de 23.01.1963, que restaurou o presidencialismo em razão de resultado de consulta popular a esse propósito.

Por fim, durante o processo constituinte de 1988, o texto foi se desenvolvendo com a proposta parlamentarista, mas em razão de resistências em favor do presidencialismo, o ordenamento promulgado trouxe a tradicional figura do Presidente da República como único chefe do Poder Executivo. Contudo, para superar o impasse entre os Constituintes, o art. 2º do ADCT previu plebiscito para decidir entre parlamentarismo e presidencialismo, cujo resultado das urnas de 21.04.1993 manteve a tradição presidencialista brasileira.

8.3.3. Possibilidade jurídica de reintrodução do parlamentarismo no Brasil

O sistema presidencialista não é cláusula pétrea na ordem constitucional de 1988, razão pela qual em princípio bastaria emenda constitucional para estabelecer esse sistema de governo, não fosse o resultado do plebiscito realizado em 21.04.1993 por força do art. 2º do ADCT.

Sob o ponto de vista lógico e de concepção jurídica (sobretudo escorado no art. 1º, parágrafo único da Constituição), há indiscutível precedência da manifestação direta da vontade do povo em detrimento de decisões de seus representantes reunidos no parlamento, razão pela qual o Congresso Nacional não pode simplesmente ignorar o resultado do plebiscito de 1993 para, anos após, inverter a conclusão majoritária do povo brasileiro com a edição de emenda constitucional alterando o sistema de governo. A vontade expressa e direta do titular material do poder constituinte (povo) não pode ser contrariada nem mesmo por argumentos escorados em necessidades supervenientes exibidas por parte de titulares formais do mesmo poder constituinte (deputados e senadores), sob pena de se colocar em risco a racionalidade democrática do sistema jurídico.

Sendo reais as razões políticas para a reintrodução do parlamentarismo no Brasil, o caminho jurídico válido passa pela realização de novo plebiscito antecedente à elaboração de emenda constitucional para esse fim (ou referendo de projeto já elaborado no mesmo sentido). Sob o ponto de vista jurídico, a manifestação direta do povo em plebiscito ou referendo se revela como exercício pontual do Poder Constituinte Originário, e, sendo este inicial no sistema normativo, ilimitado quanto à matéria e incondicionado quanto à forma, é inexigível que seu exercício apenas seja aceito quando é elaborado todo um novo diploma constitucional. Portanto, com a aprovação popular (essa sim capaz de mudar o decidido em 21.04.1993), viabiliza-se emenda constitucional alterando o sistema de governo de presidencialismo para parlamentarismo (ou outro modelo que venha a alterar a substância do atual).

O paralelismo de forma também reforça a argumentação sobre a possibilidade de um novo plebiscito viabilizar juridicamente a reintrodução do parlamentarismo por emenda constitucional, pois se um procedimento tido por legítimo foi apontado pelo art. 2º do ADCT, esse mesmo procedimento pode ser reutilizado em sendo politicamente justificável.

8.3.4. Presidencialismo

Opondo-se à monarquia britânica, o presidencialismo tem origem com a revolução americana de 1776, sendo retratado nos artigos federalistas de Alexander Hamilton, James Madison e John Jay. Em sua primeira fase, como reação à memória negativa com as imposições da Coroa Britânica, o Poder Executivo americano (visto na figura dos governadores das ex-colônias) apareceu enfraquecido, rigorosamente submetido às leis da comunidade, a ponto de a Constituição da Virgínia, de 1776, afirmar que não seria possível reclamar qualquer poder ou prerrogativa de lei, estatuto ou costume inglês. Por diversos fatores, sobretudo a insatisfatória atuação dos Poderes Legislativos entre 1776 e 1786, cresce a necessidade de um Poder Executivo central, forte e unipessoal, dando margem ao aparecimento da figura do Presidente dos Estados Unidos, que consta da Constituição de 1787 (escolhido não pelo povo, mas por colégio composto de delegados de todos os Estados-Membros americanos). No entanto, o Poder Executivo americano surge vinculado às leis do Poder Legislativo, de acordo com o modelo clássico da separação de poderes.

Embora inspirado no Poder Executivo e na separação de poderes desenvolvidos por Montesquieu (que tomou como referência a experiência britânica após a revolução de 1688), o sistema presidencialista unifica as atribuições de Chefe de Estado e de Chefe de Governo e de administração, confiando ao Presidente a plena chefia do Poder Executivo para mandato periódico. Tem-se como certo que a chefia unipessoal, com auxílio de Ministros, proporciona vigor ao Poder Executivo, ao passo que o Poder Legislativo numeroso permite deliberação moderada e sábia (inteligência coletiva decorrente da reflexão). Desse modo, compatível com a forma republicana, a característica elementar do presidencialismo é a concentração, numa única pessoa, o Presidente da República, das funções de Chefe de Estado e de Chefe de Governo, que nomeia e desliga livremente seus Ministros (sem necessária aprovação do Parlamento ou de qualquer outro órgão político, decorrência da separação dos poderes, que confia grau de autonomia interna para cada um dos poderes), bem como exerce a direção superior da Administração Pública do Poder Executivo.

Outra característica marcante do presidencialismo é o mandato periódico definido, com poucas possibilidades de afastamento (voluntário e involuntário). Além de motivos voluntários como renúncia ou injustificada posse após o decurso de prazo de 10 dias da data aprazada (art. 78, parágrafo único, da Constituição de 1988, p. ex.), e de fatos imprevisíveis (p. ex., morte), a perda involuntária do mandato se dá em casos excepcionais de crime de responsabilidade (ou *impeachment*) ou crime comum (incluindo o político), ou ausência do país por mais de 15 dias sem a devida autorização do Congresso Nacional (p. ex., art. 83 da Constituição vigente). Contudo, em regra, a má qualidade da atuação do Presidente da República não é motivo suficiente, por si só, para perda do cargo, inexistindo figuras como a moção de desaprovação ou de desconfiança próprias do parlamentarismo, da mesma maneira que o Presidente da República não pode dissolver o Parlamento e convocar novas eleições. Em alguns países (p. ex., Estados Unidos), há a interessante figura do *recall*, pela qual, em casos de governantes com desempenho insatisfatório ou excessivamente polêmico, é possível a convocação de nova eleição popular para a Chefia do Poder Executivo antes do término do mandato, na qual o Chefe atual concorre com outros candidatos, deixando para o povo a decisão sobre a revogação ou manutenção de seu mandato (p. ex., aplicável para mandatos de Governadores Estaduais)[15].

Note-se que a eleição do Presidente da República pelo voto direto, secreto, universal, periódico, intransferível e de igual valor para cada cidadão, é característica que legitima a investidura política do chefe do Poder Executivo, mas não é característica indispensável desse sistema de governo (p. ex., nos EUA a eleição é indireta, como também se dá na excepcional previsão no art. 81, § 2º, da Constituição de 1988, ou dos Governadores de Territórios, consoante art. 33, § 3º, art. 52, III, "c", e art. 84, XIV, todos do ordenamento de 1988).

---

15. Se houvesse a figura do *recall* no sistema brasileiro, teria sido possível evitar discussões jurídicas sobre o cabimento do *impeachment* da Presidente Dilma Rousseff em 2016 com a submissão de seu governo à manifestação popular.

No Brasil, o sistema presidencialista tem sido adotado desde a Constituição de 1891(salvo a mencionada experiência parlamentarista entre 1961 e 1963). No ordenamento constitucional de 1988, tomando como referência o art. 84, as funções de Chefe de Estado do Presidente da República aparecem nos incisos VII, VIII, XII, XIX, XX, XXI, XXII, e XXVII, ao passo em que as competências de Chefe de Governo se desdobram, no tocante às políticas governamentais, nos incisos I, III, IV, V, IX, X, XI, XIII, XIV, XV, XVI, XVII, XVIII, XXIII, XXIV, XXVI e XXVII, e quanto à Administração Pública, nos incisos II, VI, XXV, XXVII, marcando a ideia de um Poder Executivo vigoroso (embora sujeito a controle pelo Poder Legislativo e pelo Poder Judiciário), advinda do modelo clássico da separação dos poderes[16]. Pelas mesmas razões, a Constituição de 1988 traz certas prerrogativas e imunidades ao Presidente da República (p. ex., art. 86, § 4º, e no art. 102, I, "b", "d" e "q")[17].

No inconsciente coletivo, é comum constatar a visão do Presidente da República como a autoridade máxima de um país, seja pela natureza unipessoal de sua função, seja pelo próprio comportamento centralizador que a história política brasileira apresenta. A despeito da separação dos poderes aparecer como princípio e garantia fundamental nos ordenamentos constitucionais (tal como no art. 2º da Constituição de 1988), o efetivo exercício do poder no Brasil revela diversos períodos autocráticos (acima referidos) e, mesmo em tempo de normalidade democrática, é comum verificar o Poder Executivo manobrando os parlamentares que compõem a base de sustentação do governo, bastando lembrar da realidade política brasileira atual, especialmente a figura do "líder" do Governo na Câmara ou no Senado (facilitado pelas "engenharias políticas" das normas eleitorais). De fato, em alguns instantes da história brasileira constata-se a figura de "sua majestade, o Presidente da República"[18].

8.4. Legitimação do Poder Executivo no Presidencialismo

Em termos políticos, a legitimidade do poder consiste numa força a serviço de uma ideia destinada a conduzir o grupo social na procura do bem comum e capaz de impor aos membros uma atitude de comando[19]. O governante também pode se amparar na força e na repressão às oposições (regimes totalitários e ilegítimos), mas legitimidade democrática pressupõe valores dominantes nos sistemas políticos de acesso e de exercício do poder, configurando componente de autoridade que os torna aceitos independentemente do uso da força. Já em termos normativos, a legitimidade do direito positivo é extraída da adequação do ordenamento às transformações dos elementos da vida socioeconômica, atendo-se aos valores ligados às novas tendências, aspecto que desafia os governos no mundo moderno em constante mutação.

Sem prejuízo de críticas acerca da plena democratização dos sistemas eleitorais e do exercício dos mandatos políticos (tais como dificuldade de vincular o representante eleito ao representado, influência do poder econômico nas eleições, coligações em eleições proporcionais, domínio de meios de comunicação de massa por grupos políticos, personificação dos partidos políticos sem ideologias, e engenharia político-eleitoral), o Poder Legislativo tradicionalmente ostenta legitimidade democrática em decorrência de eleições diretas em sufrágio universal para a distribuição de vagas de parlamentares, e pela diversidade proporcionada em razão do pluralismo obtido com a reunião de representantes de todas as regiões brasileiras e de diversos segmentos socioeconômicos[20]. Mas a legitimidade do Poder Legislativo para a produção de determinadas normas é prejudicada pelo tecnicismo e pelo vertiginoso dinamismo de certos segmentos da realidade socioeconômica (conforme salientamos acima).

Mas o Poder Executivo também tem legitimidade democrática, tanto no parlamentarismo como no presidencialismo. Vale lembra que, no modelo clássico da separação de poderes, o Poder Executivo era privado da capacidade de instituir direitos e obrigações para evitar a concentração da competência normativa e administrativa, e também porque a figura do Chefe do Executivo estava associada ao monarca (a quem cabia, praticamente, as funções de Chefe de Estado e não de Chefe de Governo). Aliás, em muitas monarquias constitucionais instituídas sob os princípios do Estado de Direito, aos reis ainda foram confiadas parte das funções executivas (embora na atualidade essas sejam diminutas, normalmente reduzidas à representação diplomática).

---

16. Note-se que a redação aberta do inciso XXVII do art. 84 da Constituição impõe a indicação tanto como atribuição de Chefe de Estado quanto como Chefe de Governo. A classificação das funções do art. 84 da Constituição é por certo polêmica em alguns itens, de maneira que o leitor poderá encontrar alguma divergência entre esta classificação que apresentamos e outras que os ilustres comentaristas desta obra exponham, ou em outros livros. Por exemplo, José Afonso da Silva, *Comentário Contextual à Constituição*, 3. ed., São Paulo: Ed. Malheiros, 2007, p. 481, entende que a concessão de indulto e a comutação de penas eram atividades típicas de Chefe de Estado, mas a possibilidade de delegação prevista no art. 84, parágrafo único, da Constituição as desqualificam para funções de Chefe de Governo.

17. A classificação das funções do art. 84 da Constituição é por certo polêmica em alguns itens, de maneira que o leitor poderá encontrar alguma divergência entre esta classificação que apresentamos e outras que os ilustres comentaristas desta obra exponham. A despeito da tradição presidencialista brasileira e da adoção desse sistema de governo pelo ordenamento constitucional de 1988, é muito comum atos normativos fazerem referência a "parlamentares" (inclusive o texto da própria Constituição), tais como o art. 6º, § 5º, da Lei 9.649/1998, na redação dada pela MP 2.216-37/2001 (falando em Chefe de Estado ou Chefe de Governo, p. ex.).

18. A propósito desses temas, Giovanni Sartori, *Engenharia constitucional*: como mudam as constituições, trad. Sérgio Bath, Brasília: UnB, 1996, e Ernest Hambloch, *Sua majestade o presidente do Brasil*: um estudo do Brasil constitucional 1889-1934, trad. de Lêda Boechat, Brasília: Senado Federal, 2000.

19. Georges Burdeau, *Traité de Science Politique*, "vol. I", Paris, Librairie Générale de Droit et de Jurisprudence – L.G.D.J., 1966, p. 406.

20. Jean-Jacques Rousseau, *Do contrato social*, Livro III, Capítulo XV, in Coleção Os Pensadores, São Paulo: Ed. Nova Cultural, 1999, p. 186 e 187, afirma que "a soberania não pode ser representada pela mesma razão porque não pode ser alienada, consiste essencialmente na vontade geral e a vontade absolutamente não se representa. É ela mesma ou é outra, não há meio-termo. Os deputados do povo não são, nem podem ser seus representantes; não passam de comissários seus, nada podendo concluir definitivamente. É nula toda lei que o povo diretamente não ratificar; em absoluto não é lei. O povo inglês pensa ser livre e muito se engana, pois só o é durante a eleição dos membros do Parlamento; uma vez estes eleitos, ele é escravo, nada é. Durante os breves momentos de sua liberdade, o uso que dela faz, mostra que merece perdê-la". Karl Loewenstein, *Teoría de la Constitución*, cit., p. 47, lembra que nas lições de Gaetano Mosca e Max Weber, dentre outros, não existe uma absoluta relação causal entre estrutura de mecanismo governamental e localização fática do poder, pois independentemente da forma de governo adotada, há sempre uma minoria manipuladora constituída pelos detentores do poder (oficiais e legítimos, ou não oficiais e invisíveis).

8.4.1. Legitimação democrática na investidura e no exercício das funções

Considerando as dificuldades reais em proporcionar legitimidade no processo de representação política, a democracia pelos partidos políticos oferece modelo teórico pelo qual estatutos partidários uniriam pessoas em torno de princípios comuns, a partir dos quais programas de governo seriam elaborados pelos partidos políticos para gestão pública correspondente à candidatura, e serviriam para orientar o eleitor no momento do voto. Uma vez eleitos, os representantes do povo deveriam cumprir fielmente as propostas firmadas no programa de governo, de maneira que a democracia não se resumiria apenas ao momento das eleições, mas se projetaria por todo o mandato do representante eleito.

A democracia pelos partidos enfrenta diversos problemas, tais como vulnerabilidade a grupos de pressão, ideais partidários enfraquecidos pela identificação dos partidos a uma pessoa, programas sem fundamentação consistente diante do dinamismo da realidade contemporânea, infidelidade partidária resiliente etc. Esses desafios da democracia são ainda mais acentuados no ambiente internacional, com a criação de entes e organizações políticas supranacionais que exigem a reavaliação da vontade política, não mais vista no âmbito intraestatal, mas no plano global ou comunitário[21]. Esses problemas de legitimação democrática atingem tanto o Poder Legislativo quanto o Poder Executivo, mas alguns deles abalam os parlamentares de modo mais forte (sobretudo na elaboração de leis segundo a vontade e o consenso popular). Contudo, embora seja certo que o Poder Legislativo é mais pluralista, o Poder Executivo ostenta a mesma legitimação democrática que os parlamentares.

Primeiro, o Constituinte empresta a mesma legitimidade aos poderes da república, sem distinção na lógica jurídica de positivação no ordenamento de 1988 (escorada na separação de poderes, com instituições independentes e harmônicas). Segundo, na origem popular, o Poder Executivo também se iguala ao Poder Legislativo, pois suas chefias são escolhidas pelo mesmo povo, até porque, quanto às atenções populares, é no Poder Executivo que se concentram as esperanças do povo, especialmente no presidencialismo com eleição direta. Quando escolhido pelo voto popular, o Presidente da República é também representante popular (assim como Governadores e Prefeitos), restando como depositário das expectativas populares, aliás, num grau jamais igualado nas eleições para Senador, Deputado ou Vereador. O pluralismo dos parlamentos deve ser valorizado, pois permite a divergência decorrente da complexidade dos interesses nacionais, aproximando as decisões das casas legislativas do consenso social, o que justifica a proeminência na função constitucional e legislativa que exerce, mas a experiência histórica demonstrou que os parlamentos se tornaram corpos autônomos, distantes da complexidade da população de estados nacionais contemporâneos, de modo que a redefinição das funções conferidas na separação dos poderes acaba sendo solução de técnica constitucional dentro da democracia[22]. Portanto, o Executivo usufrui da mesma legitimação democrática conferida ao Legislativo, de suas virtudes e deficiências, tanto na sua origem quanto no exercício do poder.

8.4.2. Legitimação do direito positivo pelo conhecimento e *accountability*

A partir do século XVIII e, especialmente, no século XX, pela valorização da democracia com o sufrágio universal e pela afirmação do positivismo jurídico, o conteúdo da lei coincide com os textos lançados em atos formais segundo a vontade política dos Parlamentos. Mas nem sempre a legitimidade pelo procedimento de elaboração é suficiente, sobretudo se não houver adesão às necessidades exigidas pela transformação dos elementos da vida socioeconômica.

A legitimação do direito positivo pelo consenso depende do conhecimento, que muitas vezes é técnico e voltado para realidade volátil (ou líquida, na sociedade de risco global). Nesses casos, o conhecimento deve ser obtido junto a profissionais que atuam em áreas específicas, preferencialmente representando diversos segmentos mas sempre com reconhecido valor moral e capacidade de trabalho, escolhidos dentre membros de categorias profissionais ou corpo de magistrados, aprovados e nomeados por autoridades políticas. Esse grau de exigência impõe que o poder público (notadamente o Poder Executivo) componha seus corpos administrativos com profissionais qualificados para a definição normativa e para a execução das decisões políticas indicadas nas normas jurídicas, valendo de instrumentos como a democracia participativa (p. ex., organizações estatais integradas por membros da iniciativa privada como o Conselho Monetário Nacional) ou de entes descentralizados (p. ex., agências reguladoras).

Também é verdade que as dificuldades de vinculação do representante ao representado, vividas pelo Poder Legislativo, são extensíveis ao Poder Executivo e às autoridades descentralizadas. Porém, a legitimação do direito positivo das normas produzidas pelo Poder Executivo é encontrada em sua origem e pelos esperados conhecimento, imparcialidade e agilidade em promover a adequação do ordenamento à realidade social cambiante, ajustando o preceito normativo no conflito. Destaque-se, porém, que preceitos normativos produzidos pelo Poder Executivo em regra são atos secundários e regulamentares, uma vez que as matérias mais relevantes são reservadas à lei. A noção atual de *accountability* apresenta amplo instrumental de controle de representantes eleitos pelo voto popular, contemplando prestação de contas para fins de controle e de aplicação de sanções com efetiva capacidade de informar e de explicar ações governamentais, potencializando as exigências de transparência (legal e política) como um dever jurídico a ser expresso por argumentação hábil a justificar atos públicos. Sob o prisma de dimensões qualitativas que limitam a representação eleita por regimes democráticos e da *responsiveness* (correspondência da relação representante-representado), há *accountability* popular (mediante sistemas eleitorais, sistemas de governo e regramentos para ree-

---

21. Sobre o tema, Mônica Herman Salem Caggiano, *Oposição na Política*, São Paulo: Ed. Angelotti, 1995. Georges Burdeau e outros, *Droit Constitutionnel*, cit., p. 161, considera impossível a representação de vontades, pois a vontade expressa é sempre do representante, que pode ou não coincidir com a vontade do representado.

22. Pontes de Miranda, *Comentários à Constituição de 1967 com a Emenda n. 1 de 1969*, 3. ed., Tomo I, Rio de Janeiro: Forense, 1987, p. 312 e 545. Também sobre o assunto, Manoel Gonçalves Ferreira Filho, *Do Processo Legislativo*, 4. ed., São Paulo: Saraiva, 2001.

leição), institucional (com *check and balances*, órgãos eleitorais independentes e participação de oposição) e social (exercido de forma difusa pela população durante o exercício de mandatos, com os conflitos inerentes ao pluralismo), todos providos de meios sancionatórios à espera de adequado manuseio para a melhora da por vezes desoladora realidade política brasileira. O Poder Executivo deve isso à ordem constitucional de 1988, sobretudo à população brasileira[23].

8.5. Poder Executivo na Constituição de 1988 e burocracia

Dispondo sobre os princípios fundamentais da Constituição de 1988, o art. 2º prevê que são poderes da União, independentes e harmônicos entre si, o Poder Legislativo, o Poder Executivo e o Poder Judiciário, o que limita a separação de poderes a apenas três entes (vale dizer, todos as instituições devem se inserir em um desses entes, ainda que algumas instituições mantenham independência funcional, aspecto que realmente importa, afinal).

Embora o art. 76 da Constituição vigente mencione que o Poder Executivo é exercido pelo Presidente da República, auxiliado pelos Ministros de Estado, na verdade tal preceito normativo está se referindo apenas aos entes superiores desse poder. Por exemplo, no plano federal, o Poder Executivo compreende a Presidência da República e os Ministérios (cúpula governamental) e a Administração Civil e Militar (estrutura governamental), integrada por milhares de servidores estatutários e de empregados celetistas, incluindo entes da Administração indireta. Vale lembrar que a expressão "Governo" é empregada para identificar o Poder Executivo (especialmente a cúpula governamental), mas também o Poder Legislativo e o Poder Judiciário são responsáveis pela governabilidade do Estado, dentro de suas atribuições (conforme um dos sentidos da harmonia pretendida com o art. 2º da Constituição).

A Presidência da República é geralmente integrada por diversos órgãos (muitos com *status* de Ministérios), tais como Casa Civil, Secretaria-Geral, Secretaria de Relações Institucionais, Secretaria de Comunicação Social, Gabinete Pessoal, Gabinete de Segurança Institucional, Secretaria de Assuntos Estratégicos da Presidência da República, Controladoria-Geral da União, Secretaria Especial de Políticas para as Mulheres, Secretaria Especial dos Direitos Humanos, Secretaria Especial de Políticas de Promoção da Igualdade Racial e Secretaria Especial de Portos. Além disso, a Presidência da República tem normalmente órgãos de assessoramento imediato ao Presidente da República, tais como o Conselho de Governo, o Conselho de Desenvolvimento Econômico e Social, o Conselho Nacional de Segurança Alimentar e Nutricional, o Conselho Nacional de Política Energética, o Conselho Nacional de Integração de Políticas de Transporte, o Advogado-Geral da União, e a Assessoria Especial do Presidente da República, além de órgãos de consulta do Presidente da República previstos na Constituição (Conselho da República e Conselho de Defesa Nacional).

Esse quadro funcional técnico é muitas vezes criticado (em alguns casos com razão) pelos padrões de trabalho que impõem, de modo que a burocracia (cuja origem advém de *bureau*) chegou até mesmo a ser alvo, na década de 1980, de Ministério criado justamente para a "desburocratização". É óbvio que a burocracia não pode ser vista como fim em si mesma, pretendendo usurpar a legitimação dos líderes políticos escolhidos pelo povo, mas é necessário salientar a importância das formações técnicas dos servidores e empregados que integram o Poder Executivo, imprescindíveis para a gestão da coisa pública no complexo e dinâmico ambiente contemporâneo, de maneira que é indisfarçável a necessidade de o Poder Executivo contemporâneo se servir da qualificação desses profissionais técnicos (sobretudo dos servidores que compõem as carreiras típicas de Estado) para a adequada continuidade da gestão e elemento de apoio para as decisões políticas governamentais (até mesmo na produção de projetos de lei em diversos segmentos, consoante analisamos nos comentários atinentes ao art. 84, IV, da Constituição)[24].

8.6. Presidente da República e Presidente da União

Nos moldes do sistema presidencialista, cuja característica é o Poder Executivo monocrático em razão de o Presidente desse poder acumular as funções de Chefe de Estado e de Chefe de Governo, a denominação tradicionalmente empregada é "Presidente da República". Contudo, em países federativos, cada ente federativo tem seu Chefe do Poder Executivo, de maneira que, nesses casos, o Chefe do Executivo Federal ora atua como "Presidência da República", ora como "Presidência da União".

Considerando que as funções de Chefe de Estado estão associadas à representação diplomática e demais relações internacionais, e considerando que a República Federativa do Brasil é pessoa jurídica de direito público político externo, o Presidente atua em nome da República quando exerce as funções de Chefe de Estado, de maneira que as decisões por ele tomadas vinculam tanto a União Federal quanto quaisquer outros entes federativos. Por outro lado, cuidando das políticas públicas internas, próprias da União (pessoa jurídica de direito público político interno) ou mediante a coordenação nacional que caracteriza o federalismo por cooperação adotado pelo ordenamento constitucional de 1988, o Presidente atua como Chefe de Governo, exercendo o Poder Executivo da União, de modo que suas decisões somente vincularão os demais entes federativos em casos de competências exclusivas ou privativas da União, de competências legislativas concorrentes (nos limites das normas gerais que a União estabelece) ou de competências privativas que a União possa delegar a outros entes federativos[25].

---

23. Sobre o tema, por todos, SCHEDLER, Andreas, Conceptualizing accountability, in SCHEDLER, Andreas, DIAMOND, Larry, PLATTNER, Marc F., *The self-restraining state: powers and accountability in new democracies*, London: Sage Publications, 2003; e MAIOLINO, Eurico Zecchin, *Representação e Responsabilidade Política. Accountability na democracia*, Belo Horizonte: Arraes Editores, 2018.

24. Atuando como Chefe de Estado na celebração de tratados internacionais, o Presidente da República poderá conceder isenções em tributos estaduais, distritais e municipais sem incidir na proibição do art. 151, III, da Constituição, mas no exercício das atribuições de Chefe de Governo, o Presidente da União Federal não poderá invadir a autonomia financeira dos Estados-membros, Distrito Federal e dos Municípios concedendo desonerações tributárias.

25. Desde Max Weber, a burocracia vem recebendo maior atenção, como uma necessidade do corpo social, sobretudo para fins de subordinação e controle, mesmo porque em geral os burocratas não são admirados pelos membros da sociedade. Sobre o tema, Nicolas Grandguillaume, *Théorie générale de la bureaucratie*, Paris: Econômica, 1996, p. 95 e s.

A despeito da dupla função exercida pelo Chefe do Executivo Federal no sistema presidencialista federativo brasileiro, o Constituinte corretamente optou pela nomenclatura "Presidente da República", que sintetiza as funções de Chefe de Estado e de Chefe de Governo Federal.

8.7. Ministros de Estado como "auxiliares"

Como traço característico dos sistemas de governo, seja no presidencialismo, seja no parlamentarismo, o Chefe do Executivo nacional está diretamente ligado a Ministros de Estado. Nos sistemas parlamentaristas, normalmente os Ministros, reunidos em Conselhos, detêm elevada autonomia em face do Primeiro-Ministro, embora esse último seja inequivocamente o líder dos Ministros. Já nos sistemas presidencialistas, os Ministros de Estado ocupam posições menos autônomas, muitas vezes subordinadas a ponto de sua nomeação e demissão ser decidida de modo unilateral pelo Presidente da República, como é o caso da tradição presidencialista brasileira.

O art. 76 da Constituição de 1988 é expresso ao indicar que o Presidente da República exerce o Poder Executivo, "auxiliado" pelos Ministros de Estado. No entanto, são inegáveis a importância institucional e a relevância das atribuições confiadas aos Ministros (como é possível verificar no art. 87 da Constituição e da própria realidade concreta), até mesmo pelo modo de escolha atrelado a alianças partidárias dar base de sustentação política aos interesses do Presidente da República no Congresso Nacional (presidencialismo por coalizão).

8.8. Preceito extensível e simetria

O art. 76 da Constituição cuida do Poder Executivo da União Federal, mas é certo que esse preceito é extensível aos Estados-membros, Distrito Federal e por Municípios, aplicando-se o critério da simetria.

Art. 77. A eleição do Presidente e do Vice-Presidente da República realizar-se-á, simultaneamente, no primeiro domingo de outubro, em primeiro turno, e no último domingo de outubro, em segundo turno, se houver, do ano anterior ao do término do mandato presidencial vigente.

§ 1º A eleição do Presidente da República importará a do Vice-Presidente com ele registrado.

§ 2º Será considerado eleito Presidente o candidato que, registrado por partido político, obtiver a maioria absoluta de votos, não computados os em branco e os nulos.

§ 3º Se nenhum candidato alcançar maioria absoluta na primeira votação, far-se-á nova eleição em até vinte dias após a proclamação do resultado, concorrendo os dois candidatos mais votados e considerando-se eleito aquele que obtiver a maioria dos votos válidos.

§ 4º Se, antes de realizado o segundo turno, ocorrer morte, desistência ou impedimento legal de candidato, convocar-se-á, dentre os remanescentes, o de maior votação.

§ 5º Se, na hipótese dos parágrafos anteriores, remanescer, em segundo lugar, mais de um candidato com a mesma votação, qualificar-se-á o mais idoso.

Art. 78. O Presidente e o Vice-Presidente da República tomarão posse em sessão do Congresso Nacional, prestando o compromisso de manter, defender e cumprir a Constituição, observar as leis, promover o bem geral do povo brasileiro, sustentar a união, a integridade e a independência do Brasil.

Parágrafo único. Se, decorridos dez dias da data fixada para a posse, o Presidente ou o Vice-Presidente, salvo motivo de força maior, não tiver assumido o cargo, este será declarado vago.

Art. 79. Substituirá o Presidente, no caso de impedimento, e suceder-lhe-á, no de vaga, o Vice-Presidente.

Parágrafo único. O Vice-Presidente da República, além de outras atribuições que lhe forem conferidas por lei complementar, auxiliará o Presidente, sempre que por ele convocado para missões especiais.

Art. 80. Em caso de impedimento do Presidente e do Vice-Presidente, ou vacância dos respectivos cargos, serão sucessivamente chamados ao exercício da Presidência o Presidente da Câmara dos Deputados, o do Senado Federal e o do Supremo Tribunal Federal.

Art. 81. Vagando os cargos de Presidente e Vice-Presidente da República, far-se-á eleição noventa dias depois de aberta a última vaga.

§ 1º Ocorrendo a vacância nos últimos dois anos do período presidencial, a eleição para ambos os cargos será feita trinta dias depois da última vaga, pelo Congresso Nacional, na forma da lei.

§ 2º Em qualquer dos casos, os eleitos deverão completar o período de seus antecessores.

Art. 82. O mandato do Presidente da República é de 4 (quatro) anos e terá início em 5 de janeiro do ano seguinte ao da sua eleição.

Art. 83. O Presidente e o Vice-Presidente da República não poderão, sem licença do Congresso Nacional, ausentar-se do País por período superior a quinze dias, sob pena de perda do cargo.

Fernando Menezes de Almeida

1. História da norma

É inerente ao regime republicano que haja regras sobre duração do mandato presidencial[1], bem como do Vice-Presidente da República, e ainda sobre sua eleição, posse, ausência do País, substituição e sucessão.

Desse modo, regras dispondo sobre essas matérias são encontradas no Direito constitucional brasileiro desde a Constituição de 1891.

---

1. Até mesmo a Constituição de 1937 nominalmente previa a duração do "período presidencial", no caso, de 6 anos.

Por certo, ao longo da história nacional verificam-se variações: algumas mais profundas, relacionadas à índole autocrática ou democrática de cada regime (eleições diretas ou indiretas; modos de apresentação de candidaturas[2]); outras mais superficiais, relacionadas a ajustes muitas vezes determinados por conveniências políticas individualizadas (como regra sobre reeleição ou duração do mandato).

2. Constituições brasileiras anteriores

CF 1967 com EC n. 1/1969, arts. 74 a 80; CF 1967, arts. 76 a 82; CF 1946, arts. 79 e 81 a 85; CF 1937, arts. 73, 77 a 80 e 82 a 84; CF 1934, arts. 51 a 53 e 55; CF 1891, arts. 41 a 45 e 47; (em matéria de juramento antes da aclamação e de consentimento para ausência do País, CF 1824, arts. 103 e 104).

3. Constituições estrangeiras

Provavelmente todas as Constituições republicanas estrangeiras conterão regras sobre a matéria. Citem-se, por sua relevância histórica ou sua influência mais próxima sobre as instituições políticas brasileiras: Constituição dos Estados Unidos da América, art. 2º; Constituição da França, arts. 6º e 7º; Constituição de Portugal, arts. 121, 123 a 129 e 132; Constituição da Alemanha, arts. 54, 56 e 57.

4. Direito internacional

O artigo não envolve matéria de Direito internacional.

5. Disposições constitucionais e legais relacionadas

Constitucionais: arts. 12, § 3º, I; 14, §§ 3º, 5º e 6º; 76; 84 a 86.
Legais: Lei n. 9.504/1997.

6. Jurisprudência selecionada

A matéria de mandato, eleição, posse, ausência do País, substituição e sucessão do Presidente e do Vice-Presidente da República não foi objeto de questionamento judicial mais relevante sob a Constituição vigente. O Supremo Tribunal Federal via de regra trata dos dispositivos ora comentados em seus acórdãos no sentido de controlar a constitucionalidade de normas dos Estados e Municípios, posto que quanto a tais questões impõe-se aos entes federados a observância do modelo aplicável no plano federal. Isso se passa, por exemplo, em ADI 3.647, Rel. Min. Joaquim Barbosa, julgada em 17.9.2007; ADI 2.709, Rel. Min. Gilmar Mendes, julgada em 1º.8.2006; ADI 738, Rel. Min. Maurício Corrêa, julgada em 13.11.2002; ADI 1.057-MC, Rel. Min. Celso de Mello, julgada em 20.4.1994; ADI 1.057-MC, Rel. Min. Celso de Mello, julgada em 20.4.1994; ADI 644-MC, Rel. Min. Sepúlveda Pertence, julgada em 4.12.1991. Particularmente quanto ao art. 77, § 2º, também ele é citado em acórdãos, não em casos concretos envolvendo eleição presidencial, mas sim com o intuito de pautar a interpretação da formação de maioria absoluta e o cabimento do cômputo de votos em branco em eleições para outros cargos; ver, por exemplo, RMS 23.234, Rel. Min. Sepúlveda Pertence, julgado em 2.10.1998; RE 140.460, Rel. Min. Ilmar Galvão, julgado em 19.5.1993; RE 140.386, Rel. Min. Carlos Velloso, julgado em 19.5.1993. Em sentido histórico, lembre-se do MS 3.557, Rel. p/ acórdão Min. Afrânio Costa (Rel. original Min. Hahnemann Guimarães), julgado em 14.12.1955 (com novas petições julgadas em 11.01.1956 e 7.11.1956), no qual se discutia a manutenção do impedimento, por motivo de saúde, do Presidente Café Filho[3], contra sua vontade, por atos da Câmara dos Deputados e do Senado Federal.

7. Literatura selecionada em língua portuguesa

Não parece ser o caso de indicar literatura específica sobre este dispositivo.

8. Anotações

8.1. A tradição republicana brasileira sempre associou, em seus períodos de maior abertura democrática, presidencialismo com eleições diretas, o que tem como efeito reforçar a legitimação popular do Presidente da República.

No sistema da Constituição de 1988, a eleição para Presidente e Vice-Presidente da República, além de direta, é ainda majoritária em dois turnos, passando para o segundo turno os dois candidatos mais votados, caso nenhum obtenha a maioria absoluta em primeiro turno[4].

Tal mecanismo leva a que o Presidente da República e seu Vice sejam necessariamente eleitos pela maioria dos votos válidos, forçando a inclusão nessa maioria, caso haja segundo turno, dos votos de eleitores que no primeiro turno houvessem manifestado preferência por outro candidato classificado do terceiro lugar para baixo.

Se por um lado, essa medida tem a virtude de propiciar ganhos em termos de governabilidade, por outro, amplifica a força política do Poder Executivo e a tendência personalista de sua chefia – o que é nota já bastante exacerbada no caso brasileiro.

De todo modo, em se tratando de democracias representativas presidencialistas, em regra é a elas inerente a eleição direta do Presidente da República, salvo quando circunstâncias históricas levem ao reconhecimento da legitimidade de mecanismo diverso, como se passa com as eleições presidenciais norte-americanas.

Todavia, impõe-se uma ressalva: essa legitimação popular do Presidente da República, por meio de eleições diretas, não deve ser tomada como elemento suficiente para se assegurar o princípio democrático em um país, sob o risco de se viver a corrupção da democracia sob sua forma dita plebiscitária ou cesarista, cujos

---

2. Vide, por exemplo, o que dispunha o art. 84 da Constituição de 1937.

3. Que, como Vice, sucedera o Presidente Getúlio Vargas após seu falecimento.
4. No caso altamente improvável de um terceiro candidato empatar em número de votos com o segundo, o desempate se dá em favor do mais idoso (art. 77, § 5º). Empate de mais candidatos sequer foi cogitado pela Constituição; de todo modo, parece que o critério devesse ser o mesmo.

exemplos mais extremos são os governos liderados por Napoleão I, Napoleão III e Hitler, como bem lembra Ferreira Filho[5].

A legitimação majoritária do Presidente da República não é um sucedâneo da legitimação do parlamento, que abriga, além das correntes majoritárias, também as minorias, cuja existência e cujo respeito são igualmente essenciais à democracia.

8.2. A Constituição brasileira vigente já determina o modo de fixação da data de ambos os turnos das eleições presidenciais (art. 77, *caput* e § 3º); impõe o sistema de candidaturas por meio de partidos políticos (art. 77, § 2º); estabelece o modo do cômputo da maioria absoluta, excluindo-se votos em branco e nulos (art. 77, § 2º).

Quanto à data dos turnos há que se notar certa incoerência entre a redação do *caput* do art. 77 (com a redação dada pela Emenda Constitucional n. 16/97) e de seu § 3º. Isso porque é possível que o último domingo de um mês ocorra até 28 dias após o primeiro.

Ora, o *caput* fixa os turnos (caso haja segundo turno) no primeiro e no último domingo de outubro, enquanto o § 3º determina que o segundo turno ocorra em até 20 dias após a proclamação do resultado. Nada impede – ainda que na prática isso não costume ocorrer – que a proclamação do resultado leve menos que 8 dias, o que tornaria o texto desses dispositivos incompatíveis.

Ainda que não se trate de questão de maior relevância, não parece recomendável que o texto constitucional contenha imprecisão desse porte e que a solução dependa de medida prática a cargo da Justiça eleitoral, eventualmente postergando a data da proclamação do resultado do primeiro turno.

8.3. No sistema vigente, o Vice-Presidente da República é registrado e eleito conjuntamente com o Presidente, seja pelo mesmo partido, seja por partidos coligados. Não é possível, portanto, que o eleitor vote em um candidato a Presidente de uma chapa e em candidato a Vice de outra.

Isso nem sempre foi assim. Na vigência das Constituições de 1946 e de 1891, não havia a exigência de que Presidente e Vice fossem pertencentes a uma mesma chapa[6]; e, na vigência das Constituições de 1937 e 1934, não havia a figura do Vice-Presidente[7].

O evidente risco – que se quis evitar em 1988 – de existir Presidente e Vice-Presidente da República de partidos ou coligações partidárias diversas é o da permanente conspiração política para que, ante a vacância do cargo de Presidente, assuma-o o grupo que saiu derrotado nas eleições, mas elegeu o Vice.

8.4. O Vice-Presidente tem constitucionalmente a função de substituir o Presidente da República, no caso de impedimento, e suceder-lhe, no caso de vacância de seu cargo.

Impedimentos são situações que temporariamente impossibilitam o Presidente de exercer o cargo (ex.: viagem ao exterior; tratamento de saúde). A vacância do cargo decorre de impossibilidade permanente de seu exercício (ex.: perda do mandato, falecimento, renúncia).

O Vice, quando não exercendo a Presidência, não possui função pré-definida constitucionalmente, senão auxiliar o Presidente, "sempre que por ele convocado para missões especiais", além de outras atribuições que possam lhe vir a ser atribuídas por lei complementar, até o momento não editada.

Essa função de substituição do Presidente, só a tem o Vice-Presidente a partir do momento de sua eleição – não enquanto Presidente e Vice são apenas candidatos. Isso porque determina a Constituição que, caso antes de realizado o segundo turno, ocorra morte, desistência ou impedimento legal do candidato à Presidência, seu companheiro de chapa não assume seu lugar. Em vez disso, convoca-se, dentre os candidatos a Presidente remanescentes, o de maior votação.

8.5. A Constituição estabelece para o mandato presidencial a duração de 4 anos[8], devendo iniciar-se em 5 de janeiro do ano seguinte ao da eleição. A regra do início em 5 de janeiro – evitando-se os feriados de *réveillon* – foi introduzida pela Emenda Constitucional n. 111/2021 e aplica-se para o Presidente e Vice-Presidente a serem eleitos em 2026 e nas eleições subsequentes. Já aqueles eleitos em 2022 tomaram posse no dia 1º de janeiro e terão seus mandatos estendidos até a posse de seus sucessores, em 5 de janeiro de 2027 (EC n. 111/21, arts. 4º e 5º). Determina também a Constituição o prazo de 10 dias da data fixada para a posse para que o Presidente ou o Vice-Presidente a tomem, salvo motivo de força maior, sob pena de ser o cargo declarado vago.

A posse se dá em sessão do Congresso Nacional, ocasião em que o Presidente e o Vice-Presidente devem prestar "o compromisso de manter, defender e cumprir a Constituição, observar as leis, promover o bem geral do povo brasileiro, sustentar a união, a integridade e a independência do Brasil".

Por certo, trata-se de compromisso apenas de valor político, ou moral. A sanção jurídica de perda do mandato não decorre diretamente da suposta "quebra do compromisso", mas sim da prática dos ilícitos especificamente arrolados como hipóteses de crime de responsabilidade, no art. 85 da Constituição (*vide* os respectivos comentários).

Já a simbologia de a posse do chefe do Poder Executivo dar-se perante o Poder Legislativo expressa o reconhecimento de ser este primordialmente o instrumento de expressão do poder popular (*vide* comentários ao art. 1º, parágrafo único).

8.6. Assim como o faziam Constituições anteriores, a atual prevê hipóteses de substituição temporária (casos de impedimento simultâneo) ou definitiva (caso de vacância dos dois cargos) do Presidente da República e de seu Vice.

Serão chamados, nesta ordem, ao exercício da Presidência, o Presidente da Câmara dos Deputados, o do Senado Federal e o do

---

5. FERREIRA FILHO, Manoel Gonçalves, *Curso de Direito Constitucional*, 35. ed., São Paulo, Saraiva, 2009, p. 97.

6. Como, aliás, se passou com o caso de Jânio Quadros e João Goulart.

7. CF 1937: Art. 77. Nos casos de impedimento temporário ou visitas oficiais a países estrangeiros o Presidente da República designará, dentre os membros do Conselho Federal, o seu substituto. CF 1934: Art. 52, § 8º – Em caso de vaga no último semestre do quadriênio, assim como nos de impedimento ou falta do Presidente da República, serão chamados sucessivamente a exercer o cargo o Presidente da Câmara dos Deputados, o do Senado Federal e o da Corte Suprema.

8. Permitida uma reeleição subsequente, nos termos do art. 14, § 5º (*vide* os respectivos comentários).

Supremo Tribunal Federal. Não cogita a Constituição do caso em que nenhum dos três possa assumir: tal situação, em verdade, seria indicadora de problema institucional de muito maior gravidade do que apenas o preenchimento da chefia do Poder Executivo.

Note-se que os substitutos são os titulares da Presidência da Câmara, do Senado e do Supremo Tribunal. Ou seja, *v.g.*, na impossibilidade do Presidente da Câmara, não é chamado o Vice-Presidente da Câmara que ocasionalmente o esteja substituindo, mas sim o Presidente do Senado.

A substituição do Presidente e do Vice-Presidente da República pelas referidas autoridades do Poder Legislativo e do Judiciário é necessariamente temporária.

No caso de impedimento simultâneo do Presidente e do Vice-Presidente da República, a substituição perdura até que cesse o impedimento de um dos dois.

Mas no caso de vacância de ambos os cargos, nova eleição terá de ser convocada, para que um novo Presidente e um novo Vice-Presidente da República completem o período dos mandatos que haja restado inacabado, a contar da última vacância – isto é, os assim eleitos não terão um mandato de 4 anos de duração.

Se a dupla vacância ocorrer durante os dois primeiros anos do período presidencial, essa nova eleição será direta (pelo voto popular) e ocorrerá 90 dias depois de aberta a última vaga.

Se ocorrer nos dois últimos anos, a eleição para ambos os cargos será feita 30 dias depois da última vaga, pelo Congresso Nacional, na forma da lei.

8.7. Ainda em matéria de impedimentos, a Constituição impõe a necessidade de licença do Congresso Nacional para que o Presidente ou o Vice-Presidente da República empreendam viagem ao exterior por período superior a 15 dias[9], sob pena de perda do cargo.

Trata-se de controle a ser exercido pelo Poder Legislativo sobre o chefe do Poder Executivo, ou seu substituto direto, supondo-se que sua ausência prolongada possa comprometer a adequada condução dos interesses do País, senão mesmo significar um risco à soberania nacional.

Essa mesma regra encontra eco no art. 49, III, da Constituição, em matéria de competências do Congresso Nacional. Ocorre que o art. 49, III, refere-se a "autorização", enquanto o art. 83, a "licença".

Em termos técnicos, usa-se a expressão "autorização" para indicar ato de autoridade pública com caráter discricionário; e "licença", para ato com caráter vinculado.

No caso, todavia, só há sentido em concluir que se trate de ato de caráter discricionário, ou seja, ato em relação a cuja prática reste margem de escolha ao Congresso Nacional.

Supor que o Congresso se visse compelido a sempre consentir com a viagem, dela apenas tomando conhecimento, em ato *pro forma*, seria admitir a inutilidade do controle parlamentar nessa hipótese.

---

9. Ausências do País por períodos de até 15 dias não necessitam da licença congressual.

SEÇÃO II
DAS ATRIBUIÇÕES DO PRESIDENTE DA REPÚBLICA

Art. 84. Compete privativamente ao Presidente da República:

José Carlos Francisco

1. História da norma

Na Carta Imperial de 1824, o art. 10 previu a existência do Poder Legislativo, do Poder Moderador, do Poder Executivo, e do Poder Judicial, mas confiar ao Imperador atribuições de moderador e de chefe da administração pública revelou importante concentração. Nos termos do art. 101 da Carta de 1824, o Poder Moderador permitiu ao Imperador centralizar diversas tarefas (p. ex., nomear Senadores, sancionar decretos e resoluções da Assembleia Geral para que tivessem força de lei, aprovar e suspender interinamente resoluções dos Conselhos Provinciais, prorrogar ou adiar a Assembleia Geral, dissolver a Câmara dos Deputados em circunstâncias excepcionais, nomear e demitir livremente Ministros de Estado, e até suspender Magistrados); o art. 102 da mesma Carta confiava ao Imperador a chefia do Poder Executivo (auxiliado por Ministros de Estado), com competência para, p. ex., nomear Bispos e Magistrados, prover empregos civis e políticos, nomear e remover os Comandantes das Forças Armadas, expedir decretos, instruções e regulamentos adequados à boa execução das leis, e prover quaisquer medidas necessárias à segurança interna e externa do Estado, na forma da Constituição. O art. 102 da Carta Imperial não empregou termo definindo como privativas as competências confiadas ao Chefe do Poder Executivo, mas deixou claro que o rol desse preceito era exemplificativo ao usar a expressão "principaes attribuições".

Com a revolução republicana de 1889 e a adoção do presidencialismo, a Constituição de 1891, em seu art. 41, estabeleceu que o Poder Executivo seria exercido pelo Presidente da República dos Estados Unidos do Brasil, como chefe eletivo da Nação, ao passo que o art. 48 apresentou rol de suas competências privativas. Sob o pretexto de combater fraudes eleitorais, a "política café com leite" (pela qual os Estados de São Paulo e Minas Gerais partilharam o cargo de Presidente do Brasil na República Velha), a Revolução de 1930 acabou por concentrar atribuições no governo transitório de Getúlio Vargas, incluindo tarefas tipicamente legislativas manuseadas por decretos (p. ex., nesse período foi editado o ainda vigente Decreto 20.910/1932), dando ensejo à Revolução Constitucionalista de 1932 para restauração do Estado de Direito, fatos que favoreceram o surgimento da efêmera Constituição de 1934, que, em seu art. 51, previu o Poder Executivo exercido pelo Presidente da República e, em seu art. 56, listou competências privativas do Chefe do Executivo.

A Carta Constitucional de 1937, outorgada sob inspiração de modelos centralizadores europeus da época (especialmente na Carta da Polônia de 1935 e na Carta Portuguesa de 1933), em seu art. 73, previu que o Presidente da República era a autoridade suprema do Estado, com competência para coordenar a atividade dos órgãos representativos de grau superior, dirigir a política interna e externa, promover ou orientar a política legislativa de interesse nacional, e atuar na direção superior da administração do país. O art. 74 da Carta de 1937 trouxe o rol de competências privativas do Presidente da República, que, na verdade, teve pouca importância prática em razão da centralização do poder nas mãos de Getúlio Vargas viabilizada por outros preceitos constitucionais, tais como o art. 11 desse mesmo documento constitucional, pelo qual a lei, quando de iniciativa do Parlamento, limitar-se-ia a regular, de modo geral, a matéria de seu objeto, dispondo apenas sobre a substância e princípios, pois ao Poder Executivo caberia expedir regulamentos complementares. O art. 14 desse mesmo ordenamento dava competência ao Presidente da República para expedir livremente decretos-leis sobre a organização do Governo e da administração federal, o comando supremo e a organização das forças armadas (observadas disposições constitucionais e limites das respectivas dotações orçamentárias). O art. 180 da Carta de 1937 ainda dava amplos poderes ao Presidente da República para expedir decretos-leis sobre todas as matérias da competência legislativa da União enquanto não reunido o Parlamento Nacional, e o art. 186 declarava estado de emergência em todo o país. A Lei constitucional 09, de 28.02.1945, iniciou o processo de redemocratização, alterando a redação do art. 14 da Carta de 1937 (embora o Presidente da República tenha mantido competência para expedir decretos-leis sobre a organização da Administração Federal e o comando supremo e a organização das forças armadas, observadas as disposições constitucionais e nos limites das respectivas dotações orçamentárias), bem como do art. 73 (ainda que o Presidente da República tenha figurado como autoridade suprema do Estado, coordenando a atividade dos órgãos representativos, de grau superior, dirigindo a política interna e externa, promovendo ou orientando a política legislativa de interesse nacional, e superintendendo a administração do país). A Lei Constitucional 16, de 30.11.1945, revogou o art. 186 dessa Carta Constitucional, até a redemocratização obtida com a promulgação de novo ordenamento constitucional em 1946.

O art. 78 da Constituição de 1946 adotou o presidencialismo, confiando o Poder Executivo ao Presidente da República, e o art. 87 apresentou competências privativas do Chefe do Executivo Federal. Mas em conturbado período político e institucional, a Emenda Constitucional 04, de 02.09.1961, adotou o parlamentarismo como modo de composição da crise decorrente da renúncia de Jânio Quadros à Presidente da República e a resistência à posse do Vice-Presidente João Goulart. Nos termos da Emenda 04/1961, o Poder Executivo foi dividido entre Presidente da República e Conselho de Ministros; as competências do Presidente da República estavam descritas no art. 3º dessa Emenda (p. ex., nomear o Primeiro-Ministro e, por indicação desse, os demais Ministros, vetar projetos de lei, prover cargos públicos federais na forma da lei e com as ressalvas constitucionais, e representar o Brasil no exterior, atribuição partilhada com o Primeiro-Ministro); as atribuições do Conselho de Ministros constaram dos arts. 6º e seguintes da Emenda (tais como conduzir a política de governo e a administração federal, e referendar todos os atos do Presidente da República como condição de validade desses atos), e o art. 19 permitia ao Primeiro-Ministro assumir a direção de qualquer Ministério. Após consulta popular que optou pelo presidencialismo, a Emenda Constitucional 06, de 23.01.1963, pôs fim ao parlamentarismo revogando os dispositivos da Emenda Constitucional 04/1961 e repristinando os dispositivos da Constituição de 1946 que dispunham sobre o sistema presidencial (salvo o art. 61 e pequena alteração no art. 79, § 1º). Diversos atos institucionais e normas complementares do regime militar adotado a partir do golpe de Estado de 1964, não só se sobrepuseram ao ordenamento constitucional de 1946 mas colocaram à margem limites constitucionais ao exercício de competências do Presidente da República.

A Carta de 1967, em seu art. 74, trouxe previsão do Poder Executivo na pessoa do Presidente da República, auxiliado por Ministros de Estado, cuja redação foi mantida na nova ordem implantada pela Emenda 01/1969 (no art. 73). O art. 83 da redação original da Carta de 1967 apresentou rol de competências privativas do Presidente da República, convertendo-se em art. 81 em razão das alterações promovidas pela Emenda 01/1969. Mas atos institucionais do regime militar e suas normas complementares não deixaram dúvida quanto à frágil força normativa dos documentos constitucionais, em especial o Ato Institucional 05, de 13.12.1968 (expressão do "golpe dentro do golpe" que, dentre outras medidas, em seu art. 2º permitiu ao Presidente da República decretar recesso do Congresso Nacional), e o Ato Institucional 12, de 31.08.1969 (que, no impedimento temporário do Presidente Costa e Silva, por motivo de saúde, conferiu funções presidenciais aos Ministros da Marinha de Guerra, do Exército e da Aeronáutica Militar, bem como excluiu de apreciação jurisdicional todos os atos praticados de acordo com esse Ato Institucional e seus Atos Complementares).

Em suma, os Constituintes Brasileiros predominantemente adotaram o sistema presidencialista, com preceitos semelhantes ao art. 84 da Constituição de 1988, embora as competências confiadas ao Presidente da República tenham variado ao longo do tempo. Contudo, há períodos marcados por excessiva centralização de funções no Poder Executivo Federal, configurando autocracias nas quais o rol constitucional de competências privativas foi ignorado ou tomado como exemplificativo (e não taxativo). Não são poucos os períodos autocráticos na história brasileira, pois temos de 07.09.1822 a 03.05.1823 (instalação da Assembleia Constituinte e Legislativa), de 12.11.1823 (dissolução da Assembleia) a 06.05.1826 (instalação da primeira legislatura monárquica), de 15.11.1889 a 24.02.1891 (fase do Governo Provisório da República para evitar a fragmentação do Brasil republicano, até a promulgação da Constituição de 1891), de 24.10.1930 (revolução de 1930) a 16.07.1934 (promulgação da nova ordem constitucional), de 10.11.1937 (Estado Novo) a 18.09.1946 (promulgação da Constituição de 1946), de 09.04.1964 (data do Ato Institucional 01, outorgado pelo Regime Militar) a 15.03.1967 (data da Constituição de 1967), e de 13.12.1968 (data do Ato institucional 05) até 05.10.1988, quando foi promulgada a Constituição vigente, frisando o período de gestão dos Ministros da Marinha de Guerra, do Exército e da Aeronáutica Militar em razão do impedimento temporário do Presidente da República, Marechal Arthur da Costa e Silva, por motivo de saúde (Ato Institucional 12, de 31.08.1969)[1].

---

1. Sobre o tema, Nelson de Souza Sampaio, *O Processo Legislativo*, São Paulo, Ed. Saraiva, 1968.

2. Constituições brasileiras anteriores

Art. 10, art. 101 e art. 102 da Carta de 1824, art. 41 e art. 48 da Constituição de 1981, art. 51 e art. 56 da Constituição de 1934, art. 11, art. 14, art. 73, art. 74, art. 180 e art. 186 da Carta de 1937 (com alterações da Lei constitucional 09/1945 e da Lei Constitucional 16/1945), art. 78 e art. 87 da Constituição de 1946 (com modificações da Emenda 04/1961 e da Emenda 06/1963), arts. 74 e 83 da Carta de 1967, e arts. 73 e 81 dessa ordem com a redação da Emenda 01/1969, Ato Institucional 05/1968 e Ato Institucional 12/1969.

3. Constituições estrangeiras

Constituições de outros países trazem atribuições expressas para Chefe de Estado e para Chefe de Governo quando adotado o sistema de governo parlamentarista, ou unificadas na figura do Presidente da República em casos de presidencialismo, muitas vezes empregando expressões abertas ou amplas para viabilizar plasticidade ou elasticidade interpretativa diante da realidade contemporânea marcada por complexidades e dinamismo. É o caso da Lei Fundamental de Bonn, de 1949, que traz competências do Presidente Federal alemão em seu art. 59 e art. 60, ao passo que atribuições do Primeiro-Ministro estão no art. 65 e art. 65a. Também do art. 5º ao art. 19, e do art. 20 ao art. 23, a Constituição Francesa de 1958 (Constituição da Vª República), com seu peculiar sistema de governo (semipresidencialista ou semi-parlamentarista), aponta competências do Presidente da República e do Primeiro-Ministro com o uso de expressões abertas.

Nos termos do art. 79 e do art. 81 da Constituição Chinesa de 1982, o Poder Executivo é conferido ao Presidente e Vice-Presidente da República (eleitos pelo Congresso Nacional do Povo chinês com competências típicas de Chefe de Estado), ao passo que o art. 85, o art. 86 e o art. 88 cuidam do Conselho de Estado presidido pelo Primeiro-Ministro chinês, com atribuições de Chefe de Governo, a quem cabe a administração governamental e a direção superior da administração pública. Os arts. 65 e seguintes do ordenamento constitucional chinês cuidam do "*Standing Committee*" do Congresso Nacional do Povo, que assume algumas funções em caso de recesso do Congresso. É corrente que o Partido Comunista detém o efetivo poder na China, até porque seu Secretário-Geral é também Presidente da República[2].

Do art. 56 ao art. 65, a Constituição da Espanha de 1978 confia ao Rei atribuições de Chefe de Estado (os arts. 58 e 59 da Constituição preveem que a Rainha consorte não poderá exercer poderes constitucionais, exceto a regência em caso de menoridade do Monarca). Já as competências do Chefe de Governo estão tratadas entre o art. 97 e art. 107, com função de direção da política interior e exterior, a administração civil e militar e a defesa do Estado.

O art. II (Seções I e II) da Constituição Americana de 1787 prevê que o Poder Executivo é exercido pelo Presidente dos Estados Unidos da América, com atribuições próprias de Chefe de Estado e de Chefe de Governo. As características semânticas do antigo ordenamento constitucional americano permitem elasticidade interpretativa para construir o sentido concreto do sistema constitucional adequado às transformações exigidas pelo processo social (em grande parte pela Suprema Corte Americana).

Os arts. 87 a 91 da Constituição Italiana de 1948 preveem competências do Presidente da República (com atribuições de Chefe de Estado), ao passo que os arts. 92 a 100 tratam do Conselho de Ministros chefiado pelo Presidente do Conselho com papel de Chefe de Governo. No mesmo sentido estão os arts. 133 a 140 da Constituição Portuguesa de 1976, que, no contexto parlamentarista, preveem o Presidente da República como Chefe de Estado, enquanto os arts. 197 a 201 tratam das funções do Primeiro-Ministro como Chefe de Governo.

4. Direito internacional

Tratados internacionais celebrados pelo Brasil não cuidam de temas versados nesse preceito constitucional.

5. Remissões constitucionais (outros artigos da Constituição) e legais (leis reguladoras)

Art. 1º, art. 2º, art. 12, § 1º, § 3º, I e VII, art. 14, VI, "a", art. 21, art. 25, art. 29, art. 48, art. 49, X e XI, art. 52, III, art. 76, art. 84, I, II, IV, VI e parágrafo único, art. 87 e art. 88, todos da Constituição de 1988.

6. Jurisprudência (STF e STJ): *leading cases*, principais posições e votos divergentes; tendências atuais no sentido da mudança da jurisprudência

Na ADI 2.719/ES, o Pleno do E.STF, v.u., Rel. Min. Carlos Velloso, *DJ* de 25.04.2003, p. 032, deixou assentado que o art. 61, § 1º, II, "e", e o art. 84, II e VI, ambos da Constituição, atribuem iniciativa privativa ao Chefe do Poder Executivo para proposta de lei que vise criação, estruturação e atribuição de órgãos da administração pública, asseverando que regras do processo legislativo federal (especialmente as que dizem respeito à iniciativa reservada) são normas de observância obrigatória por Estados-Membros (nesse caso, julgava-se a Lei 7.157/2002, do Estado do Espírito Santo, de iniciativa parlamentar, que atribui tarefas ao DETRAN/ES). No mesmo sentido, na ADI 2.569/CE, Pleno, v.u., Rel. Min. Carlos Velloso, *DJ* de 02.05.2003, p. 026, cuidando das Leis Cearenses 13.145/2001 e 13.155/2001, restou assentado que o art. 61, § 1º, II, "a", "c" e "e", e o art. 63, I, da Constituição Federal, dispondo sobre as regras do processo legislativo (especialmente as que dizem respeito à iniciativa reservada), são normas de observância obrigatória pelos Estados-Membros, de modo que leis relativas à remuneração do servidor público, que digam respeito ao regime jurídico destes, ou que criam ou extingam órgãos da administração pública, são de iniciativa privativa do Chefe do Executivo, enfatizando que em matéria de iniciativa reservada do Poder Executivo devem ser observadas as restrições previstas no art. 63, I, da Constituição.

Na ADI 1.434-0/SP, Rel. Min. Sepúlveda Pertence, *DJ*, Seção I, de 03.02.2000, p. 03, o Pleno do STF decidiu que o princípio da primazia ou precedência da lei (também chamado de generalidade ou universalidade), contido no art. 48 da Constituição

---

2. Conforme *Folha de S. Paulo*, Primeira Página e Mundo A8, de 26.02.2018, o cargo de Presidente da República Chinesa é simbólico porque o comando efetivo do país cabe ao Secretário-Geral do Partido Comunista.

Federal e manifestando-se em regra por leis ordinárias, é de observância obrigatória pelas Constituições Estaduais e pelas Leis Orgânicas do Distrito Federal e dos Municípios, tendo em vista o disposto nos arts. 25 e 30 do corpo permanente, e no art. 11 do ADCT, todos do ordenamento constitucional vigente, aspecto relevante para a definição das competências privativas dos Governadores e Prefeitos.

Competências privativas do Presidente da República enfrentam restrições em se tratando de transferências para órgãos do próprio Poder Executivo. Contudo, no RE 570.680, Rel. Min. Ricardo Lewandowski, j. 28.10.2009, Pleno, DJe de 04.12.2009, Tema 53 (decidido com repercussão geral), o STF afirmou ser compatível com a Carta Magna norma infraconstitucional que atribui à Câmara de Comércio Exterior (CAMEX, órgão integrante do Poder Executivo da União) competência discricionária para estabelecer alíquotas do Imposto de Exportação (competência que não é privativa do Presidente da República), sem ofensa ao art. 84, caput, IV, e parágrafo único, e ao art. 153, § 1º, ambos da Constituição de 1988.

Por considerar que a expulsão de estrangeiros constitui manifestação da soberania do Estado brasileiro, qualificando-se como medida de caráter político-administrativo da competência exclusiva do presidente da República (a quem incumbe avaliar, discricionariamente, a conveniência, a necessidade, a utilidade e a oportunidade de sua efetivação), embora sujeita a limitações jurídicas expressas nas condições de inexpulsabilidade previstas no Estatuto do Estrangeiro, o STF considera restrito o controle jurisdicional do ato de expulsão, sob pena de ofensa à separação de poderes. No HC 85.203, Rel. Min. Eros Grau, j. 06.08.2009, Pleno, DJe de 16.12.2010 e no HC 101.269, Relª. Minª. Cármen Lúcia, j. 03.08.2010, 1ª Turma, DJe de 20.08.2010, o STF afirmou que o controle judicial do juízo de valor emitido pelo chefe do Poder Executivo da União nessa matéria fica restrito a aspectos de legitimidade jurídica concernentes ao ato expulsório.

7. Referências bibliográficas

ACKERMAN, Bruce, *The New Separation of Powers*, Harvard Law Review, Volume 113, January 2000, Number 3, p. 633-725; ALMEIDA, Fernanda Dias Menezes de, *Competências na Constituição de 1988*, 4ª ed., São Paulo: Ed. Atlas, 2007; BONAVIDES, Paulo, *História Constitucional do Brasil*, obra conjunta com Paes de Andrade, 3ª edição, Rio de Janeiro: Ed. Paz e Terra, 1991; BURDEAU, Georges, HAMON, Francis, et TROPER, Michel, *Droit Constitutionnel*, 26e édition, Paris: Librairie Générale de Droit et de Jurisprudence – L.G.D.J., 1999; BURDEAU, Georges, *Traité de Science Politique*, "vol. I", Paris: Librairie Générale de Droit et de Jurisprudence – L.G.D.J., 1966; CANOTILHO, José Joaquim Gomes, Legislação Governamental, in *As vertentes do Direito Constitucional contemporâneo*, coord. de Ives Gandra da Silva Martins em homenagem ao Prof. Manoel Gonçalves Ferreira Filho, Rio de Janeiro: Ed. América Jurídica, 2002; CHAUVIN, Francis, *Administration de l'État*, 4e édition, Paris: Ed. Dalloz, 1994; CLÈVE, Clèmerson Merlin, *Atividade Legislativa do Poder Executivo no Estado Contemporâneo e na Constituição de 1988*, São Paulo: Ed. Revista dos Tribunais, 1993; CORWIN, Edward S., *El poder ejecutivo*, Buenos Aires: Editorial Bibliografica Argentina, 1959; CRETELLA JÚNIOR, José, Atos Formais e Materiais dos Três Poderes, in *As vertentes do Direito Constitucional contemporâneo*, coord. de Ives Gandra da Silva Martins em homenagem ao Prof. Manoel Gonçalves Ferreira Filho, Rio de Janeiro: Ed. América Jurídica, 2002; FAVOREU, Louis, coordonnateur, *Droit Constitutionnel*, Paris: Dalloz, 1998; FERRAZ, Anna Candida da Cunha, *Conflito entre os poderes – O poder congressual de sustar atos normativos do Poder Executivo*, São Paulo: Ed. Revista dos Tribunais, 1994; FERREIRA FILHO, Manoel Gonçalves, *Do Processo Legislativo*, 4ª ed., São Paulo: Ed. Saraiva, 2001; FRANCISCO, José Carlos, *Função Regulamentar e Regulamentos*, Rio de Janeiro: Ed Forense. 2009; FRANCO, Afonso Arinos de Melo, PILA, Raul, *Presidencialismo ou parlamentarismo?* Brasília: Senado Federal, Conselho Editorial, 1999; HAMBLOCH, Ernest, *Sua majestade o presidente do Brasil: um estudo do Brasil constitucional 1889-1934*, trad. de Lêda Boechat, Brasília: Senado Federal, 2000; HAMILTON, Alexander, MADISON, James, JAY, John, *Os artigos federalistas*, Rio de Janeiro: Ed. Nova Fronteira, 1993; KELSEN, Hans, *Teoria Geral do Direito e do Estado*, 3ª edição, trad. Luís Carlos Borges, São Paulo: Ed. Martins Fontes, 1998; LEONCY, Léo Ferreira, *Controle de Constitucionalidade Estadual*, São Paulo: Saraiva, 2007; LOEWENSTEIN, Karl, *Teoría de la Constitución*, 2ª edición, Barcelona: Ediciones Ariel, 1970; MAINWARING, Scott, SHUGART, Matthew Soberg, *Presidentialism and Democracy in Latin America*, Cambridge: Cambridge University Press 1997; MONTESQUIEU, Charles de Secondat, *Do Espírito das Leis*, trad. Jean Melville, São Paulo: Ed. Martin Claret, 2002; MORAES, Alexandre de, *Presidencialismo*, São Paulo: Atlas, 2004; NUGENT, Neill, *Government and Politics of the European Union*, London: Macmillan, 1999; DI PIETRO, Maria Sylvia Zanella, *Discricionariedade Administrativa na Constituição de 1988*, São Paulo, Ed. Atlas: 1991; PONTES DE MIRANDA, F. C., *Comentários à Constituição de 1967 com a Emenda n. 1 de 1969*, 3ª ed., Tomo I, Rio de Janeiro: Ed. Forense, 1987; RÁO, Vicente Ráo, *As Delegações Legislativas no Parlamentarismo e no Presidencialismo*, São Paulo: Ed. Max Limonad, 1966; RENAULT, Christiana Noronha, *Os Sistemas de governo na república*, Porto Alegre: Sérgio Antonio Fabris Editor, 2004; ROTHENBURG, Walter Claudius, *Princípios Constitucionais*, 2ª tiragem (com acréscimos), Porto Alegre: Sérgio Fabris Editor, 2003; ROUSSEAU, Jean-Jacques, *Do contrato social*, in Coleção Os Pensadores, São Paulo: Ed. Nova Cultural, 1999; SALDANHA, Nelson, *O Estado Moderno e a Separação de Poderes*, São Paulo: Ed. Saraiva, 1987; SAMPAIO, Nelson de Souza, *O processo Legislativo*, São Paulo: Ed. Saraiva, 1968; SARTORI, Giovanni, *Engenharia constitucional: como mudam as constituições*, trad. Sérgio Bath, Brasília: UnB, 1996; SCHWARTZ, Bernard, *Direito Constitucional Americano*, trad. de Carlos Nayfeld, Rio de Janeiro: Ed. Forense, 1966; SILVA, José Afonso da, *Comentário Contextual à Constituição*, 3ª ed., São Paulo: Ed. Malheiros, 2007; SILVA, José Afonso da, *Curso de Direito Constitucional Positivo*, 21ª edição, São Paulo: Ed. Malheiros, 2002; TAMER, Sergio Victor, *Fundamentos do Estado democrático e a hipertrofia do executivo no Brasil*, Porto Alegre: Sérgio Antonio Fabris Editor, 2002; TAVARES, André Ramos, *Fronteiras da Hermenêutica Constitucional*, São Paulo: Ed. Método, 2006.

8. Comentários

8.1. Pressupostos do exercício do Poder Executivo no Presidencialismo Moderno

No estudo do art. 76 da Constituição, afirmamos que o modelo liberal de separação de poderes desenhado nos séculos XVII e XVIII foi redefinido em razão de constantes crises decorrentes de ciclos econômicos do sistema capitalista, da ampliação do direito de voto, de movimentos sociais, de sociedades de consumo de massa, da ampliação da urbanização, e do reconhecimento de indivíduos como hipossuficientes, motivos que levaram poderes públicos, desde o final do século XIX, a atuar no processo socioeconômico mediante políticas governamentais de promoção e de desenvolvimento socioeconômico.

Especialmente a partir da década de 1930, a concepção liberal de separação dos poderes foi reformulada para redistribuir funções estatais, de maneira que o Poder Executivo assumiu papel revelante no âmbito macroeconômico em razão de diversas políticas públicas (especialmente política monetária, política cambial e política fiscal, para as quais possui dados técnicos). Desde o final do século XX, essas transformações na separação de poderes também refletem efeitos da economia globalizada, impondo gestão pública flexível, com decisões ágeis (incluindo as normativas) para viabilizar a regulação e a fiscalização estatal e comunitária.

Por consequência do sistema de freios e contrapesos que caracteriza a separação de poderes, o Poder Legislativo (auxiliado por comissões e por tribunais de contas, p. ex.) recebeu o controle político e financeiro dessa atuação da Administração Pública, ao passo que o Poder Judiciário procura encontrar novos meios e limites de controle jurídico dessas medidas estatais (viabilizando a legítima judicialização da política sem incorrer na politização de magistrados e no ativismo). Na separação de poderes contemporânea, os poderes estatais exercem várias funções partilhadas e mutuamente controladas, geralmente repartidas por assunto ou matéria para evitar conflitos.

No sistema presidencialista, o Presidente da República acumula funções de Chefe de Estado (p. ex., representação diplomática do país e demais relações internacionais) e de Chefe de Governo (atuação interna na gestão governamental e na direção superior da administração pública), materializando-se como elemento central, forte e unipessoal, ao passo em que o Poder Legislativo pluralista permitiria deliberação moderada e sábia (inteligência coletiva decorrente da reflexão). Embora o mandato periódico definido permita segurança e continuidade no cargo de Presidente da República, a inexistência de instrumentos para afastar governantes com má qualidade de gestão exibe aspecto negativo do presidencialismo (diversamente do parlamentarismo, que permite a antecipação do fim de governos e de mandatos parlamentares mediante moção de desaprovação ou de confiança, ou congêneres), sendo raros os países presidencialistas que adotam o *recall* (possibilidade de governantes com desempenho insatisfatório ou excessivamente polêmico serem submetidos a novas eleições populares antes do término do mandato). Essas características do presidencialismo, mesmo em períodos de normalidade democrática, levam à deturpada visão do Presidente da República como a autoridade máxima de um país (apesar de a separação dos poderes aparecer como princípio e garantia fundamental em muitos ordenamentos constitucionais), assemelhando a imagem de Presidente da República à de monarca[3].

Segundo padrões formais da Constituição de 1988, Presidentes da República brasileira têm legitimidade democrática na investidura e no exercício das funções, pois devem ser eleitos pelo voto popular (daí porque concentram as esperanças do povo) e são subordinados a exigências jurídicas contínuas durante todo o mandato. Sob o ângulo formal, a atuação do Poder Executivo também se legitima pelo conhecimento, pois sua base tecnocrática (ou burocrática) exige profissionais qualificados e com reconhecido valor moral, selecionados em concursos públicos para a produção normativa e para a gestão das políticas públicas. As faces das legitimidades formais na investidura e no exercício devem traduzir as correspondentes faces materiais (eleições livres e competitivas, transparência na gestão etc.), proporcionando a legitimidade de correspondência entre ações políticas possíveis e melhores propósitos do país (fortalecida pelo conhecimento), aspectos cada vez mais desafiadores na realidade contemporânea.

Os ordenamentos constitucionais brasileiros corretamente denominam o Chefe do Poder Executivo Federal como "Presidente da República", embora também exerça a "Presidência da União Federal". Por acumular funções na configuração unipessoal do presidencialismo, ele atua em nome da República Federativa do Brasil (pessoa jurídica de direito público político externo) quando exerce as funções de Chefe de Estado (suas decisões vinculam a União Federal e todos os demais entes federativos), e também trabalha como Chefe de Governo da União Federal (pessoa jurídica de direito público político interno), quando suas decisões vincularão demais entes federativos apenas em determinados casos (p. ex., competências exclusivas ou privativas da União).

8.2. Rol taxativo de competências privativas

O art. 84 da Constituição traz competências privativas para o Presidente da República, cujo rol é taxativo e não exemplificativo, embora essa lista não seja exaustiva, pois há outras atribuições confiadas ao Chefe do Executivo Federal no mesmo ordenamento constitucional (como alerta o inciso XXVII desse mesmo art. 84). A justificação da natureza taxativa dessa lista de funções e matérias, bem como a análise do significado de competências privativas e competências exclusivas são dois aspectos essenciais para a compreensão de todos os incisos do art. 84 da Constituição de 1988.

8.2.1. Primazia ou precedência da lei, democracia e Estado de Direito

A democracia (em todos os seus sentidos, em especial no campo político, econômico e de liberdades) é apresentada como princípio central nas constituições contemporâneas. No caso da Constituição de 1988, o princípio democrático é exibido já no preâmbulo, no qual o Constituinte Originário Formal (Assem-

---
3. Sobre o assunto Ernest Hambloch, *Sua majestade o presidente do Brasil*: um estudo do Brasil constitucional 1889-1934, trad. de Lêda Boechat, Brasília: Senado Federal, 2000.

bleia Nacional Constituinte) reconhece que atuou como representante do povo (ou de suas forças formadoras de opinião que se revelam como Constituinte Originário Material). Na parte normativa da Constituição, já no art. 1º, *caput*, há inclinações pela democracia nas menções à República e ao Estado Democrático de Direito, bem como nos incisos I e II e parágrafo único desse mesmo preceito constitucional.

Portanto, sem adentrar em expressivos desafios para sua efetivação e recorrendo a ideias elementares, é princípio constitucional fundamental o reconhecimento de que todo poder emana do povo, que o exerce diretamente ou por meio de representantes eleitos, daí por que lei é instrumento de expressão da vontade geral ou do consenso popular, manifestada por representantes do povo (Poder Legislativo e Poder Executivo), o que justifica o primado do art. 5º, II, segundo o qual nenhum direito ou obrigação pode ser criado senão "em virtude de lei"[4]. Por vezes, a produção da lei conta com iniciativa do Poder Judiciário e de instituições como o Ministério Público, mas sempre deverá ser analisada pelo Poder Legislativo e pelo Poder Executivo (na sanção ou veto) como consectário da representação política que deriva do sentido da democracia moderna.

A afirmação da lei como expressão da democracia, hábil para cuidar de todos os temas pertinentes à vida social e às ações estatais, permite concluir que esse instrumento normativo tem primazia ou precedência em relação às demais decisões do Poder Público nas sociedades democráticas. Ou seja, em regra ninguém será obrigado a fazer ou a deixar de fazer alguma coisa senão em virtude de lei, ideal que manifesta o princípio da legalidade coerente com valores do Estado Democrático de Direito, nos termos positivados no art. 1º, *caput*, I e II, e parágrafo único, e no art. 5º, II, ambos da Constituição de 1988.

Leis também estão no centro da noção adjetiva de Estado de Direito, pois este é qualidade de Estado que se pauta por atos normativos produzidos com legitimidade de investidura (representantes eleitos etc.), legitimidade de execução ou de procedimento (observância de parâmetros que viabilizam o estudo e deliberação, *accountability* etc.) e pela legitimidade de correspondência (fortalecida pelo conhecimento), notadamente voltado para a realização concreta de direitos, de garantias e de deveres fundamentais.

Legalidade (reserva relativa de lei) e estrita legalidade (reserva absoluta de lei) são expressões de princípio constitucional geral extraído da democracia e do Estado de Direito (ambos princípios constitucionais fundamentais), irradiando-se por todo o ordenamento jurídico, com diversas formas e áreas de manifestação (desdobradas em princípios específicos ou setoriais). A precedência ou primazia da lei está prevista em preceitos como o art. 48 do ordenamento constitucional, que traz rol exemplificativo (como se nota pelo vocábulo "*especialmente*"), positivando que cabe ao Congresso Nacional, com a sanção do Presidente da República, dispor sobre todas as matérias de competência da União.

Exigência de lei é regra geral, razão pela qual sua dispensa é exceção, que deve ser expressa e interpretada restritivamente. O próprio art. 48 da Constituição prevê exceções à precedência ou primazia da lei, mas indica apenas competências privativas do Poder Legislativo (art. 49 para os decretos legislativos e resoluções do Congresso Nacional, e art. 51 e art. 52 para as resoluções da Câmara e do Senado). Outras competências reservadas pelo Constituinte ao próprio Poder Legislativo (p. ex., art. 62, §§ 3º e 11, art. 68 e art. 155, § 2º, IV) e ao Poder Judiciário (art. 96, I) também restringem a precedência ou primazia da lei.

Tratando-se de matérias reservadas a outros poderes ou instrumentos normativos, lei não poderá dispor sobre elas, e é nesse âmbito de exceção à regra geral de precedência ou primazia da lei que emergem atribuições privativas confiadas ao Presidente da República[5]. Salvo se o próprio Constituinte exigir (p. ex., para decisões sobre o tema versado no inciso XXII), as competências privativas do art. 84 da Constituição são confiadas apenas ao Presidente da República, representando exceção à primazia ou precedência da lei, e devem ser interpretadas restritivamente.

8.2.2. Competência privativa e competência exclusiva

Não há distinção jurídica entre competência privativa e competência exclusiva, pois ambas são confiadas a apenas um dos Poderes, sendo incorreto afirmar que atribuição privativa é delegável, e exclusiva é indelegável. Pela ideia elementar do princípio democrático, o povo (por suas forças materiais formadoras de opinião, e por representações formalmente investidas de função constituinte) possui a titularidade do poder legítimo, cujo exercício é confiado por ordenamentos constitucionais a instituições estatais no interesse social e público. Poder Legislativo, Poder Executivo e Poder Judiciário exercem atribuições delegadas pelo povo, e, assim, não podem delegá-las sem expressa autorização constitucional (segundo a máxima *delegatus delegare non potest* ou *delegatas potestas delegari non potest*). A indelegabilidade de funções decorre do art. 1º, *caput*, I e II, e do parágrafo único do ordenamento constitucional.

Uma função não será delegável somente porque o preceito constitucional empregou a expressão "privativa" ou "privativamente", mas somente se o ordenamento constitucional aceitar, expressamente (ou implicitamente, em situações raras), que se faça a delegação de competências. O ordenamento constitucional de 1988 prevê várias competências indelegáveis, sejam elas privativas (p. ex., no art. 51 e art. 52) ou exclusivas (p. ex., art. 49), mas é verdade que, ao admitirem expressamente a delegação, preceitos constitucionais falam em competências privativas e não em competências exclusivas (p. ex., art. 22, *caput* e parágrafo único, e art. 84, *caput* e parágrafo único).

As competências privativas confiadas ao Presidente da República pelo art. 84 da Constituição são indelegáveis, salvo nas exceções previstas no parágrafo único desse mesmo preceito (que deverão ser interpretadas restritivamente). Por essa mesma razão, essas atividades do art. 84 do ordenamento de 1988 não

---

4. Tratando do art. 84, IV, da Constituição, analisamos a expressão "em virtude de lei" empregada pelo art. 5º, II, do mesmo ordenamento constitucional, relevante para a distinção entre reserva absoluta de lei (ou estrita legalidade) e reserva relativa de lei (ou legalidade).

5. A "reserva" é comum em Direito Constitucional, sendo utilizada no sentido de restrição ou exclusividade (p. ex., "reserva de plenário" nos termos do art. 97 ou "reserva de jurisdição" nos moldes do art. 5º, LXI, também do ordenamento de 1988).

podem ser desconcentradas ou de descentralizadas, exceto nos casos previstos na própria Constituição (consoante analisamos no inciso II deste mesmo art. 84)[6].

8.3. Competências de Chefe de Estado, de Chefe de Governo (e da Administração)

Por consequência do sistema presidencialista adotado pelo ordenamento constitucional de 1988, o Presidente da República acumula funções de Chefe de Estado e de Chefe de Governo (que se desdobra na parte atinente às decisões políticas governamentais no plano interno e na parte pertinente à direção superior da administração pública). Agrupamos as competências do art. 84 da Constituição em funções de Chefe de Estado (incisos VII, VIII, XII, XIX, XX, XXI, XXII e XXVII) e de Chefe de Governo, essa última dividida em decisões políticas governamentais (incisos I, III, IV, V, IX, X, XI, XIII, XIV, XV, XVI, XVII, XVIII, XXIII, XXIV, XXVI e XXVII) e em pertinentes à administração pública (incisos II, VI, XXV e XXVII), de modo que essas competências abrangem atos de soberania, atos políticos, atos normativos (legislativos e regulamentares) e também atos administrativos de efeito concreto afirmando a pretensão de um Poder Executivo vigoroso mas sujeito a controle[7].

O Constituinte de 1988 não se preocupou com o agrupamento de atividades de Chefe de Estado e de Chefe de Governo, nem mesmo com a adoção de um critério claro para lançar competências privativas do Presidente da República no art. 84 do ordenamento de 1988, de modo que os incisos desse preceito desconsideram ordem de relevância e padrões objetivos.

8.4. Separação de Poderes e controle das competências do art. 84 da Constituição

O exercício de competências privativas do Poder Executivo deve ser controlado, como garantia da sociedade, da Constituição e do Estado Democrático de Direito. Cada uma das atribuições confiadas ao Presidente da República tem peculiaridades no que concerne ao controle pelo Poder Legislativo e pelo Poder Judiciário, mesmo aquelas que se situam na esfera de ampla autonomia do Chefe do Poder Executivo[8]. Em alguns casos, o art. 84 do ordenamento constitucional faz expressa referência à modalidade de controle do ato do Presidente da República (p. ex., no inciso VIII, pois a celebração de tratados, convenções e atos internacionais está sujeita a referendo do Congresso Nacional, por previsão expressa do art. 49, I), mas em outras hipóteses o controle se dá por determinação expressa ou implícita de preceitos

---

6. Sobre o tema descentralização e desconcentração na administração do Estado, Francis Chauvin, *Administration de l'État*, 4e édition, Paris: Ed. Dalloz, 1994.

7. O art. 84, XXVII, da Constituição não indica expressamente de quais competências trata, ensejando sua alocação tanto como Chefe de Estado quanto como Chefe de Governo. Em alguns pontos, é invariavelmente polêmica a classificação das funções do art. 84 da Constituição no que concerne às atribuições de Chefe de Estado e de Chefe de Governo, razão pela qual o leitor poderá encontrar divergência entre nossos apontamentos e outros entendimentos manifestados por ilustres comentaristas desta obra ou em outros livros.

8. Por exemplo, a nomeação de Ministros de Estado pode ser controlada na via judicial se o nomeado não cumprir os requisitos 87, *caput*, da Constituição.

constitucionais (p. ex., art. 84, IX e X, combinado com o art. 21, V, e o art. 49, IV, todos da Constituição de 1988).

8.4.1. Controle político e jurídico pelo Poder Legislativo

Alguns atos da competência privativa do Presidente da República estão sujeitos a controle político e jurídico por parte do Poder Legislativo, tal como a atribuição prevista no art. 84, III, da Constituição, uma vez que projetos de lei apresentados pelo Chefe do Poder Executivo são avaliados politicamente por comissões que atuam no processo legislativo, ao passo em que a Comissão de Constituição e Justiça fará a apreciação jurídica da proposta, sempre sujeitas à reavaliação dos membros da casa reunidos em votação em plenário (salvo as exceções do art. 58, § 2º, I, da Constituição). Até mesmo veto do Poder Executivo a projetos de lei (art. 84, V, do ordenamento de 1988) tem natureza suspensiva pois impõe reanálise pelo Congresso Nacional (art. 66 do mesmo diploma constitucional).

A Constituição confere competências exclusivas, também ao Congresso Nacional, para o controle de atribuições do Presidente da República (p. ex., art. 49, I a V, VIII e IX), incluindo controle genérico dos atos administrativos (não normativos) do Presidente da República, confiada ao Congresso (ou, alternativamente, à Câmara ou ao Senado) pelo art. 49, X (segundo o qual cada uma das Casas deve fiscalizar e controlar os atos do Poder Executivo, incluídos os da administração indireta). O controle de competências normativas do Poder Executivo está previsto no inciso V desse mesmo art. 49 da Constituição, ou em preceitos atinentes ao processo legislativo, constantes dos arts. 59 e seguintes, incumbindo ainda ao Congresso Nacional o controle político e jurídico das contas públicas, preventivo (na elaboração da lei orçamentária) e repressivo (com o auxílio do Tribunal de Contas da União).

8.4.2. Controle jurídico pelo Poder Judiciário

Como regra geral, matérias litigiosas estão sujeitas à apreciação pelo Poder Judiciário em vista da inafastabilidade da apreciação jurisdicional (ou do livre acesso à prestação jurisdicional) positivada no art. 5º, XXXV, da Constituição, que fundamenta a proteção em face de lesões efetivas ou potenciais, preceito do qual também decorrem o poder geral de cautela confiada a membros do Poder Judiciário e a ideia de unidade de jurisdição (embora o sistema jurídico brasileiro afirme pluralidade de polos de julgamento definitivo, p. ex., com tribunais administrativos com exclusividade de certos temas). Tratando-se de garantia a direitos fundamentais, somente restrições feitas pelo Poder Constituinte Originário (ilimitado, na visão convencional) podem excluir (temporária ou permanentemente) matérias da apreciação do Poder Judiciário, de maneira que emendas constitucionais não podem limitar acesso à tutela jurisdicional dada a natureza pétrea dessa proteção, também necessária ao Estado Democrático de Direito, à cidadania e à separação de poderes.

O controle jurisdicional de atos vinculados do Presidente da República é possível tanto em vícios formais quanto materiais, mas em se tratando de matéria *interna corporis*, de mérito relativo a ato discricionário ou facultativo, de temas políticos e de problemas atinentes à soberania, o controle do Poder Judiciário pode se dar apenas sobre aspectos formais e, excepcionalmente, no que concerne ao mérito se houver violação de limites que delimitam os atos. Se a Constituição ou a lei empregarem conceitos jurídicos indeterminados ou termos "abertos", o controle judicial do mérito dos atos discricionários torna-se ainda mais complexo e extraordinário, sendo viável juridicamente em casos de manifestos ou inequívocos excessos da parte do Presidente da República mensurados a partir de previsões normativas constitucionais.

Como elementos integrantes e relevantes da existência em sociedade, política e direito não podem ser compreendidos com premissas antagônicas, razão pela qual negociações e atos políticos devem ser empreendidos segundo limites do ordenamento jurídico. Essa noção tão clara, tão evidente, tão elementar, somente é reproduzida por força do inaceitável desrespeito verificado em algumas circunstâncias concretas.

Problemas com coalizões ou negociações não são exclusivos do Brasil, uma vez que se verificam em vários países com sistemas presidencialistas ou parlamentaristas que, no entanto, podem ter instituições políticas de controle capazes de dispensar impugnações judiciais. Em ambiente calçado pelo legítimo pluralismo, se de um lado o sistema constitucional confia escolhas ao Presidente da República, de outro lado o mesmo ordenamento constitucional impõe parâmetros jurídicos para o exercício dessas opções, dentre eles a boa-fé, qualitativos éticos e morais e demais estruturas comportamentais, todos imperativos para a compreensão racional, sincera e transparente dessas escolhas discricionárias ou políticas e para o correspondente controle jurisdicional.

Serão válidas as escolhas limítrofes do Presidente da República situadas entre a legítima composição do Presidencialismo por coalizão e o apoio político fisiológico, mas o histórico brasileiro das últimas décadas nos move a registrar a possibilidade de controle judicial (pela via processual própria) como forma de conter fraquezas morais e éticas que configurem abuso e desvios aos primados do Estado de Direito. Da mesma maneira, o controle judicial não pode servir de instrumento ilegítimo de oposição política ou palco impróprio para ativismos de qualquer ordem, porque a análise do problema judicializado deve ser feita a partir de parâmetros jurídicos. Há exemplos para todos os gostos nas últimas décadas.

8.5. Art. 84 da Constituição, preceito extensível e preceito estabelecido indireto

O Constituinte Originário de 1988 seguiu padrões constitucionais anteriores descrevendo a organização da União Federal, fazendo poucas referências aos Estados-Membros, ao Distrito Federal e aos Municípios (cujas previsões concentram-se basicamente no Título III, que trata da organização do Estado, do art. 18 ao art. 43). Por força do art. 25, *caput*, e do art. 29, *caput*, ambos do corpo permanente da Constituição Federal, e do art. 11 do ADCT, Constituições Estaduais, Lei Orgânica Distrital e Leis Orgânicas Municipais devem observar "princípios" do diploma constitucional federal; de um lado, o ordenamento constitucional federal dá liberdade às Constituições Estaduais e às Leis Orgânicas, mas de outro lado impõe limites concernentes aos princípios previstos na Constituição da República.

Se de um lado é certo que "princípio" representa a positivação de valor ou ideia fundamental existente na sociedade, cuja relevância produz efeito irradiante por todo o sistema jurídico (princípios fundamentais e princípios gerais) ou por um segmento (princípios específicos ou setoriais), de outro lado a abertura semântica de seu conteúdo assegura mutação no tempo e, especialmente, permite que Constituições Estaduais e Leis Orgânicas disponham de modo diverso (porém, não contrário) do que consta na Constituição Federal, e, mesmo assim, atendam ao "princípio".

Existem três modalidades de princípios que se revelam como limites às Constituições Estaduais e das Leis Orgânicas, revelando-se como disposições de cumprimento obrigatório, ainda que não sejam reproduzidos nesses ordenamentos subordinados à Constituição da República: princípios estabelecidos, princípios sensíveis e princípios extensíveis. Não sem antes anotar o uso excessivo dessa expressão em muitos casos (para os quais o apropriado seria mencionar "preceito"), princípios estabelecidos são positivações expressas no ordenamento constitucional da República, podendo ser diretos (se dirigidos nominalmente a Estados-membros, Distrito Federal e Municípios) e indiretos (se tratam de outras unidades federativas, restando implicitamente como vedações às demais). Princípios sensíveis, previstos no art. 34, VII, da Constituição Federal, são semelhantes a princípios estabelecidos diretos na medida em que constam expressamente dirigidos a um ente estatal, mas a relevância dos temas que tratam levou o Constituinte Originário a fixar proteção especial em caso de violação por parte dos Estados-membros (ação interventiva perante o STF). Princípios extensíveis representam previsões expressamente dirigidas à União Federal pela Constituição da República, mas também aplicáveis aos Estados-membros, ao Distrito Federal e aos Municípios, notadamente porque seus conteúdos tratam de tarefas igualmente confiadas a Presidente da República, a Governadores e a Prefeitos.

O art. 84 da Constituição Federal não traz preceitos estabelecidos diretos para Governadores e Prefeitos, mas as competências do Presidente da República que menciona podem ser classificadas como preceitos estabelecidos indiretos ou como preceitos extensíveis (normas de reprodução obrigatória que devem ser transpostas para o âmbito estadual, distrital e municipal pela simetria). As competências do art. 84 da Constituição, confiadas ao Presidente da República na figura de Chefe de Estado (incisos VII, VIII, XII, XIX, XX, XXI, XXII, e XXVII), representam preceitos estabelecidos indiretos, ao passo que as tarefas de Chefe de Governo, quando relacionadas à administração pública (incisos II, VI, XXV e XXVII), caracterizam-se como princípios extensíveis a Governadores e Prefeitos. No que concerne às competências previstas no art. 84 da Constituição, atinentes ao papel de Chefe de Governo e relacionadas às políticas governamentais, são preceitos extensíveis as disposições dos incisos I, III, IV, V, XI, XV (apenas a Governadores e Prefeitos nos casos excepcionais de Tribunais de Contas Municipais), XXIII, XXIV, XXVI e XXVII, mas são preceitos estabelecidos indiretos as atribuições dos incisos IX, X, XIII (embora Governadores cuidem da Polícia Militar e da Polícia Civil, e Prefeitos da Guarda Civil Metropolitana para a segurança dos bens e serviços municipais), XIV, XVI, XVII, e XVIII.

Art. 84, I – nomear e exonerar os Ministros de Estado;

José Carlos Francisco

1. História da norma

A atribuição para o Chefe do Executivo nomear e exonerar Ministros de Estado que prestam auxílio direto na gestão do Poder Executivo é uma constante na história constitucional brasileira, no presidencialismo e nas curtas experiências parlamentaristas. Na Carta Imperial de 1824, o art. 101, VI, previa que o Imperador exercia o Poder Moderador, nomeando, e demitindo livremente os Ministros de Estado, ao passo que o art. 102 do mesmo diploma constitucional estabelecia que o Monarca era Chefe do Poder Executivo, e exercia seu comando por seus Ministros de Estado, inclusive nomeando os comandantes da Força de Terra, e Mar, e removendo-os quando assim pedisse o Serviço da Nação. Na Constituição Republicana de 1891, o art. 48, 2º, era expresso ao atribuir competência privativa ao Presidente da República para nomear e demitir livremente Ministros de Estado, cujo padrão foi seguido pela Constituição de 1934, em seu art. 56, § 2º, que também conferia competência privativa ao Presidente da República para nomear e demitir o Prefeito do Distrito Federal (observando, quanto a este o disposto no art. 15 da mesma constituição).

Na Carta Constitucional do Estado Novo (outorgada em 1937 sob inspiração na Carta da Polônia de 1935 e na Carta Portuguesa de 1933, dentre outros documentos europeus da época), o art. 73 previu que o Presidente da República era autoridade suprema do Estado, com poderes para coordenar a atividade dos órgãos representativos de grau superior, dirigir a política interna e externa, promover ou orientar a política legislativa de interesse nacional, e exercer a direção da administração do país (preceito ulteriormente alterado pela Lei Constitucional 09, de 28.02.1945, para restringir as atribuições presidenciais à prerrogativa de dirigir a política interna e externa, promover ou orientar a política legislativa de interesse nacional, e superintender a administração do País). Era o art. 75, "c", dessa Carta, que inicialmente estabelecia a prerrogativa do Presidente da República para nomear Ministros de Estado, mas essa competência passou a constar no art. 74 após a edição da Lei Constitucional 09, de 28.02.1945.

O art. 87, III, da Constituição de 1946, expressamente assegurou ao Presidente da República a competência privativa para nomear e demitir os Ministros de Estado, mas a Emenda Constitucional 04, de 02.09.1961, ao adotar o parlamentarismo, alterou essa atribuição, prevendo, em seu art. 3º, que o Presidente da República nomeava o Primeiro-Ministro e, por indicação desse, os demais Ministros (embora o art. 19 dessa Emenda tenha permitido ao Primeiro-Ministro assumir a direção de qualquer Ministério). Após consulta popular que optou pelo presidencialismo, a Emenda Constitucional 06, de 23.01.1963, pôs fim ao parlamentarismo, revogando a Emenda Constitucional 04/1961 e repristinando os dispositivos da Constituição de 1946 que dispunham sobre o sistema presidencial (inclusive o art. 87, III). Os atos institucionais e normas complementares do regime militar imposto a partir de 1964 colocaram padrões autocráticos no exercício das competências do Presidente da República, a quem certamente cabia livre escolha e exoneração de Ministros de Estado.

Na Carta de 1967, o art. 83, IV, dispunha que competia privativamente ao Presidente da República nomear e exonerar os Ministros de Estado, o Prefeito do Distrito Federal e os Governadores dos Territórios, preceito que foi renumerado para art. 81, VI, pela Emenda Constitucional de 1969, mantendo a mesma redação (com exceção da referência ao Distrito Federal, que deixou de ter Prefeito para ter Governador). O Ato Institucional 12, de 31.08.1969, transitoriamente transferiu as competências do Presidente da República para os Ministros da Marinha de Guerra, do Exército e da Aeronáutica Militar, em razão do impedimento do Presidente Costa e Silva, por motivo de saúde.

2. Constituições brasileiras anteriores

Art. 101, VI, e art. 102, V, da Carta de 1824, art. 48, 2º, da Constituição de 1981, art. 56, § 2º, da Constituição de 1934, art. 73, art. 74 e art. 75, "c", da Carta de 1937 (com as alterações da Lei Constitucional 09, de 28.02.1945), art. 87, III, da Constituição de 1946 (com as modificações da Emenda 04/1961 e Emenda 06/1963), art. 83, IV, do texto original da Carta de 1967, renumerado para 81, VI, pela Emenda 01/1969 (com a alteração transitória do Ato Institucional 12/1969).

3. Constituições estrangeiras

De acordo com o sistema parlamentarista adotado pela Lei Fundamental de Bonn, de 1949, o Poder Executivo será exercido pelo Presidente da República alemã eleito pela Assembleia Federal, com atribuições próprias de Chefe de Estado, e pelo Chanceler ou Primeiro-Ministro eleito pelo Parlamento Federal, bem como os Ministros de Estado Federais. Conforme previsão do art. 64, 1, da Lei Fundamental, o Presidente Federal (sob proposta do Chanceler Federal) tem atribuição para nomear e exonerar os Ministros Federais.

No caso da Constituição Chinesa de 1982, o Poder Executivo é exercido pelo Presidente e pelo Vice-Presidente da República (eleitos pelo Congresso Nacional do Povo chinês com competências típicas de Chefe de Estado), ao passo em que o Conselho de Estado, presidido pelo Primeiro-Ministro chinês com atribuições de Chefe de Governo, cabem a administração governamental e a direção superior da administração pública. O art. 63 da Constituição estabelece que o Congresso Nacional do Povo tem plena competência para determinar a perda do cargo do Presidente e do Vice-Presidente da República, do Primeiro-Ministro, dos Vice-Primeiros-Ministros, bem como dos Ministros e outros cargos que prevê. O *"Standing Committee"* do Congresso Nacional do Povo, nos termos do art. 65, art. 66 e art. 67, todos da Constituição, assume algumas funções em caso de recesso do Congresso, tais como interpretar a Constituição e as leis, rever a aprovar ajustes em planos socioeconômicos, bem como decidir sobre atividades ministeriais. Contudo, é corrente que o Partido Comunista detém o real poder na China, porque na prática seu Secretário-Geral é também Presidente da República Chinesa[1].

O ordenamento americano não emprega a expressão "Ministro de Estado" para os cargos de "primeiro escalão" do Poder Executivo, mas sim o de "Secretário", daí que o art. II, Seções I e II, da Constituição Americana de 1787, preveem que o Presidente dos Estados Unidos da América é o comandante supremo do exército e da marinha, bem como das milícias, podendo solicitar

---

1. Conforme *Folha de S. Paulo*, Primeira Página e Mundo A8, de 26.02.2018, o cargo de Presidente da República Chinesa é simbólico porque o comando efetivo do país cabe ao Secretário-Geral do Partido Comunista.

a opinião por escrito dos principais funcionários de cada departamento executivo (vale dizer, aos Secretários que indica e nomeia) acerca de qualquer assunto relativo às atribuições dos respectivos serviços. O art. II, Seção II, 2, prevê que o Presidente dos Estados Unidos, com parecer e acordo do Senado, designará todos os restantes funcionários dos Estados Unidos que não tenham de ser providos nos cargos por outra forma prevista na Constituição. Afinal, o art. II, seção III, estabelece que o Presidente Americano velará pela fiel execução das leis e conferirá autoridade (*shall commission*) a todos os funcionários dos Estados Unidos[2]. Lembramos que o sistema americano apresenta diversas agências reguladoras dotadas de expressiva autonomia no que concerne a atividades administrativas, normativas e de julgamento, limitando o comando do Presidente americano.

No caso da Constituição Francesa de 1958, o art. 8º estabelece que o Presidente da República nomeia e destitui o Primeiro-Ministro, bem como os outros membros do Governo (mediante indicação do Primeiro-Ministro), mas o Presidente da República preside o Conselho de Ministros. Em seu art. 13, a Constituição prevê que o Presidente da República nomeia funcionários civis e militares, mas esse mesmo preceito constitucional estabelece outros cargos que são nomeados pelo Conselho de Ministros, bem como confia a uma lei orgânica dispor sobre outros cargos que deverão ser providos pelo Conselho de Ministros, e condições nas quais essas nomeações poderão ser delegadas ao Presidente da República. O art. 19 prevê casos de atribuições do Presidente da República que devem ser referendados pelo Primeiro Ministro e pelos Ministros competentes.

Conforme art. 62, "e", e art. 100, da Constituição da Espanha de 1978, no contexto parlamentarista, ao Rei cabe a função de Chefe de Estado, mas também a atribuição para nomear ou demitir os membros do Governo, mediante proposta do Presidente do Governo (ou Primeiro-Ministro).

Já o art. 83 e o art. 87, da Constituição Italiana de 1948, preveem que o Presidente da República é eleito pelo Parlamento com a participação de delegados de cada Região Italiana, com atribuições de Chefe de Estado e de representante da unidade nacional, ao passo em que o art. 92 e o art. 93 dispõem que cabe ao Presidente da República nomear o Primeiro-Ministro e os Ministros que compõem o Conselho de Ministros (sob indicação do Primeiro-Ministro).

Em Portugal, a Constituição de 1976, por seu art. 120, prevê que o Presidente da República é o Chefe de Estado, e o art. 133, "f", "g", "h", "l", e o art. 187, estabelecem que ao mesmo cabe nomear e demitir o Primeiro-Ministro, nomear e exonerar os membros do Governo (sob proposta do Primeiro-Ministro), bem como Ministros da República para as Regiões Autônomas, com parecer do Conselho de Estado nos casos previstos na Constituição (art. 145 e art. 146). O art. 201, 1, "a" e "b", da Constituição, confia ao Primeiro-Ministro a atribuição para dirigir a política geral do Governo, coordenando e orientando a ação de todos os Ministros, bem como dirigindo o funcionamento do Governo e as suas relações de caráter geral com os demais órgãos do Estado.

4. Direito internacional

Os tratados internacionais celebrados pelo Brasil não cuidam de questões de pertinentes aos temas versados nesse preceito constitucional.

5. Remissões constitucionais (outros artigos da Constituição) e legais (leis reguladoras)

Art. 12, § 1º, § 3º, VII, art. 21, art. 48, X, art. 84, parágrafo único, art. 87, art. 88, art. 89, VI, e art. 91, IV, V, VI e VII, todos da Constituição de 1988; Lei 10.683/2003; Lei 11.457/2007; Lei 13.502/2017.

6. Jurisprudência (STF e STJ): *leading cases*, principais posições e votos divergentes; tendências atuais no sentido da mudança da jurisprudência

Ainda que o Presidente da República tenha em seus Ministros de Estado o apoio direto e necessário às diversas atribuições que exerce como Chefe de Estado e Chefe de Governo, a nomeação de membros encontra obstáculo na Súmula Vinculante 13, do STF, segundo a qual ofende o ordenamento constitucional a nomeação de cônjuge, companheiro ou parente em linha reta, colateral ou por afinidade, até o terceiro grau (inclusive), da autoridade nomeante ou de servidor da mesma pessoa jurídica investido em cargo de direção, chefia ou assessoramento, para o exercício de cargo em comissão ou de confiança ou, ainda, de função gratificada na administração pública direta e indireta em qualquer dos poderes da União, dos Estados, do Distrito Federal e dos Municípios, compreendido o ajuste mediante designações recíprocas.

Nos Mandados de Segurança 34.070 e 34.071, em 18.03.2016, Min. Gilmar Mendes, do E. STF, deferiu medida liminar para suspender a eficácia da nomeação de Luiz Inácio Lula da Silva para o cargo de Ministro-Chefe da Casa Civil, sob o fundamento de o ato de nomeação, pela Presidente Dilma Rousseff, ter ocorrido com desvio de finalidade e intenção de fraudar visando retirar a competência do juízo da 13ª Vara Federal de Curitiba/PR para procedimento criminal contra o ex-presidente (já que Ministros de Estado têm prerrogativa do foro no STF). Em 1º.07.2016 essas ações mandamentais foram extintas sem julgamento de mérito diante da perda superveniente de objeto devido ao estágio do processo de *impeachment* contra a Presidente Dilma Rousseff.

Em 04.01.2018, o Presidente Michel Temer nomeou a Deputada Federal Cristiane Brasil (PTB/RJ) para exercer o cargo de Ministra do Trabalho (44 anos e advogada), mas decisão proferida na Seção Judiciária do Rio de Janeiro, 4ª Vara Federal de Niterói, na ação popular 0001786-77.2018.4.02.5102 (2018.51.02.001786-0) impediu a posse amparando-se na moralidade administrativa e na impossibilidade de ela exercer o cargo, por ter sido condenada em reclamação trabalhista perante a Justiça do Trabalho. A decisão do Juiz Federal Leonardo da Costa Couceiro foi submetida a recursos sucessivos, primeiro no E. TRF2 (onde foi mantida), depois no E. STJ (lá tendo sido reformada para permitir a posse) e ao fim no E. STF (que suspendeu a decisão do E. STJ e manteve a proibição da posse). Em 23.02.2018, o Presidente Michel Temer editou decreto desfazendo a nomeação controvertida, induzindo à perda superveniente de objeto da ação popular.

---

[2]. Na tradição brasileira, a expressão "Secretário" corresponde ao "segundo escalão" no âmbito federal, mas ao "primeiro escalão" do Poder Executivo nos âmbitos estaduais, distritais e municipais.

7. Referências bibliográficas (nacionais e/ou estrangeiras) sobre o tema

BONAVIDES, Paulo, *História Constitucional do Brasil*, obra conjunta com Paes de Andrade, 3ª edição, Rio de Janeiro: Ed. Paz e Terra, 1991; ELGIE, Robert, *Semi-presidentialism in Europe*, New York: Oxford Univ. Press, 2004; FULBRIGHT, J. William, *Problemas do presidencialismo americano*, trad. Etelvina C. da Silva Porto, Brasília: Câmara dos Deputados, Coordenação de Publicações, 1993; HAGGARD, Stephan, MCCUBBINS, Mathew D., *Presidents, Parliaments, and Policy*, Cambridge: Cambridge University Press, 2000; HAYES-RENSHAW, Fiona, WALLACE, Helen, *The Council of Ministers*, New York: Palgrave Macmillam, 2006; MAINWARING, Scott, SHUGART, Matthew Soberg, *Presidentialism and Democracy in Latin America*, Cambridge: Cambridge University Press, 1997; MORAES, Alexandre de, *Presidencialismo*, São Paulo: Atlas, 2004; NUGENT, Neill, *Government and Politics of the European Union*, London: Macmillan, 1999; RENAULT, Christiana Noronha, *Os Sistemas de governo na república*, Porto Alegre: Sérgio Antonio Fabris Editor, 2004; SCHRAMECK, Olivier, *Les cabinets ministeriels*, Paris: Dalloz, 1995; TAMER, Sergio Victor, *Fundamentos do Estado democrático e a hipertrofia do executivo no Brasil*, Porto Alegre: Sérgio Antonio Fabris Editor, 2002.

8. Comentários

8.1. Funções de Chefe de Governo e de Chefe de Estado

Nos moldes do sistema presidencialista previsto na Constituição de 1988, além das funções típicas de Chefe de Estado, o Presidente da República exerce as funções de Chefe de Governo, tanto para as decisões políticas governamentais no plano interno quanto para a direção superior da Administração Pública. A competência privativa confiada ao Presidente da República para nomear e exonerar os Ministros de Estado caracteriza-se como função de Chefe de Governo, mas também é verdade que pode refletir aspectos do papel de Chefe de Estado.

Ministros de Estado devem atuar como auxiliares diretos e de confiança do Chefe do Executivo Federal, colaborando na elaboração, execução e controle de políticas governamentais, quando da condução da direção superior da administração pública federal, como revelam o art. 76, o art. 84, II, e o art. 87, todos da Constituição de 1988. É também verdade que alguns Ministros, sobretudo o das Relações Exteriores, prestam auxílio relevante ao Presidente da República no exercício de suas funções de Chefe de Estado (descritas, p. ex., no art. 84, VII, VIII, XII, XIX, XX e XXII, da Constituição Federal), em alguns casos mediante delegação (parágrafo único desse mesmo art. 84).

8.2. O necessário auxílio ao Presidente da República

Para o exercício do Poder Executivo, é imprescindível a existência de auxiliares diretos, seja no sistema de governo presidencialista (no qual a chefia do Poder Executivo é confiada a uma única pessoa, com atribuições de Chefe de Estado e Chefe de Governo), seja no sistema parlamentarista (pelo qual a chefia é dividida entre Chefe de Estado e Chefe de Governo ou Primeiro-Ministro, cabendo a esse último liderar a equipe de Ministros).

Mesmo nos Estados de Direito liberais experimentados do século XVIII ao início do século XX, os Chefes do Poder Executivo necessitavam da ajuda de Ministros, pois ainda que os entes estatais tivessem funções mínimas, essas eram relevantes e em quantidade suficiente para tornar imprescindível a desconcentração e a descentralização de competências para órgãos e entidades da administração direta e indireta chefiadas por Ministros de Estado (cargos de "primeiro escalão"). Na realidade contemporânea, a existência de Ministérios é valorizada pela amplitude e complexidade das ações estatais, tornando imprescindível ao Presidente da República ter corpo de apoio direto dos Ministros de Estado para a condução de segmentos de interesse público, aspecto que deve merecer boa atenção nas composições do presidencialismo de coalizão.

8.3. Ministros de Estado como "auxiliares" do Presidente da República

Ao analisarmos o art. 76 da Constituição, enfatizamos o papel de "auxiliar" exercido pelo Ministro de Estado no sistema presidencialista, e lembramos que, no parlamentarismo, esses assessores de "primeiro escalão" podem receber maior autonomia em face do Primeiro-Ministro. O art. 76 e o art. 84, I, ambos da Constituição de 1988, empregam corretamente a ideia de que o Presidente da República exerce o Poder Executivo "auxiliado" pelos Ministros de Estado, o que se reflete na subordinação dos Ministros ao Presidente, embora seja indiscutível importância institucional e a relevância das atribuições confiadas aos Ministérios (expressa no art. 87 da Constituição e exibida pela realidade concreta).

8.4. Livre nomeação e exoneração

Obedecidos critérios constitucionais e a existência de cargos ministeriais criados por lei, cabe ao Presidente da República, por sua livre, exclusiva e consciente decisão, nomear e exonerar os Ministros de Estado, segundo a confiança que neles deposita, ou a conveniência e a oportunidade em manter determinada pessoa na função de seu auxiliar e no comando dos Ministérios criados por lei.

Essa nomeação e exoneração de Ministros de Estado por decisão privativa e unilateral do Presidente da República, sem manifestação do Poder Legislativo, também decorre de pretensão de criação de um Poder Executivo vigoroso (consoante analisamos nos comentários ao art. 76 da Constituição). No sistema presidencialista caracterizado pela unificação de funções de Chefe de Estado e de Chefe de Governo na figura do Presidente da República, condicionar a nomeação ou a exoneração de Ministros de Estado do Poder Executivo à aprovação do Poder Legislativo poderia criar obstáculos à melhor fluência das relações e na interlocução entre Presidente da República e Ministros. Embora a aprovação da escolha de Ministros de Estado pelo Poder Legislativo seja possível por decisão do Poder Constituinte Originário, é discutível a possibilidade de essa aprovação ser imposta por emendas constitucionais, sob a alegação de excessivo controle político e violação à separação dos poderes, protegida pelo art. 60, § 4º, III, da Constituição (posição da qual partilhamos). Pelos mesmos motivos, acreditamos que a competência genérica ou residual confiada ao Congresso Nacional pelo art. 49, X, da Constituição (*"fiscalizar e controlar, diretamente, ou por qualquer de suas Casas, os atos do Poder Executivo, incluídos os da administração indireta*") não chega ao ponto de desautorizar (e muito menos de impor) nome indicado para Ministro de Estado pelo Presidente da República para exercer função de auxílio direto (diferentemente de sabatinas exigidas para Ministros de cortes judiciárias superiores, para as quais há previsões constitucionais expressas tais como a do art. 101, parágrafo único, da Constituição). Mas o controle político de pessoas para chefiar Ministérios do Poder Executivo é distinto do controle jurídico autorizado pelo sistema normativo ao Poder Judiciário em circunstâncias excepcionalíssimas (adiante analisado).

8.5. Confiança por parte do Presidente da República

Considerando a necessidade de o Presidente da República se apoiar nos Ministros para o exercício de suas funções de Chefe de Estado e de Chefe de Governo (incluindo a direção superior da Administração Pública), e tendo em vista que esses Ministros são seus assessores diretos, a escolha de cada um dos Ministros depende, sobretudo, de aspectos de confiança por parte do Presidente da República. Essa confiança deve ser compreendida em sentido amplo, pois abrange aspectos técnicos, morais e éticos, e, ainda, a liberdade e facilidade de trato pessoal (indispensável para viabilizar o andamento e a eficiência de trabalhos em grupo). A exoneração pode se dar mesmo se o Ministro de Estado apresentar bom desempenho, pois em se tratando de cargo de confiança, a destituição independe de explicações ou fundamentações (daí por que se trata de exoneração *ad nutum*), mesmo porque a prática política brasileira das últimas décadas mostra a conexão relevante entre indicação para Ministérios de membros partidários em troca de apoio em casas parlamentares.

8.6. Presidencialismo de coalizão, loteamento de Ministérios, fisiologismo e controle judicial

É indisfarçável que, em alguns casos, a escolha de Ministros de Estado se afasta dos padrões de confiança, pois não é raro a Presidência da República negociar a nomeação desses assessores diretos em troca de apoio político no Poder Legislativo. Essa negociação pode ser compreendida de modo positivo, sob o prisma de que a coalizão daí advinda é útil para a harmonia entre o Poder Legislativo e o Poder Executivo, bem como para o controle inerente à ideia de separação de poderes. Mas essa negociação pode ser recebida de modo negativo, como uma espécie de "loteamento" pelo qual os Ministérios são distribuídos a esse ou aquele partido político, que integrará a base de apoio do Presidente da República no Congresso Nacional, cabendo, em algumas circunstâncias, até mesmo ao partido político a indicação do nome do Ministro (nesses casos, ao Presidente da República cabe apenas aceitá-lo ou recusá-lo – e às vezes nem isso –, dependendo de sua necessidade de apoio). Haveria então "quotas" desse ou daquele partido político, e também a "quota pessoal" da Presidência da República.

Essas coalizões ou negociações não são exclusivas do Brasil, uma vez que se verificam em vários países com sistemas presidencialistas ou parlamentaristas. Considerando que a nomeação e a exoneração dos Ministros de Estado são atribuições privativas do Presidente da República, essas coalizões ou loteamentos não podem ser impugnadas juridicamente (desde que observados os requisitos formais para a indicação e exoneração), mesmo porque pertencem ao campo da ciência política, pela qual o comportamento do Presidente da República pode ser avaliado.

Em ambiente calçado pelo legítimo pluralismo, devem ser evitadas avaliações políticas ou jurídicas de indicações para Ministros de Estado pautadas exclusivamente por critérios ideológicos, religiosos e outras convicções. Mas se de um lado o sistema constitucional confia discricionariedade política ao Presidente da República para nomear ou exonerar Ministros de Estado, de outro lado o mesmo ordenamento constitucional impõe parâmetros para o exercício dessa discricionariedade. Boa-fé, qualitativos éticos e morais e demais estruturas comportamentais são imperativos para compreensão racional, sincera, e transparência do exercício dessas escolhas discricionárias.

Necessidades conjunturais de apoio político e outras composições levaram a nomeações muito controvertidas para Ministérios, algumas para muito além de qualquer parâmetro de compreensão ética, funcional e jurídica, justificando o controle judicial extraordinário. Há exemplos para muitos gostos nas últimas décadas.

O controle judicial de escolhas do Presidente da República com amparo no art. 84, I, da Constituição é extraordinário, restringindo-se a aspectos formais e, excepcionalmente, a temas materiais nos quais houver manifesta, inequívoca e objetiva violação da discricionariedade. Serão válidas situações limítrofes de nomeações e de exonerações que se situarem entre a legítima composição do presidencialismo por coalizão e as adequações fisiológicas de apoio político, mas o histórico brasileiro das últimas décadas nos move a registrar a possibilidade de controle judicial (pela via processual própria) como forma de conter fraquezas morais e éticas que configurem abuso e desvios aos primados do Estado de Direito. Da mesma maneira, o controle judicial não pode servir de instrumento ilegítimo de oposição política ou palco impróprio para ativismos de qualquer ordem, porque a análise do problema judicializado deve ser feita a partir de parâmetros jurídicos.

8.7. Preceito extensível e simetria

A competência privativa do Presidente da República prevista no art. 84, I, da Constituição, certamente é extensível a Governadores Estaduais e do Distrito Federal, bem como a Prefeitos Municipais, mediante o critério da simetria.

Art. 84, II – exercer, com o auxílio dos Ministros de Estado, a direção superior da administração federal;

José Carlos Francisco

1. História da norma

Como decorrência direta da condição de Chefe do Poder Executivo, o Presidente da República recebeu competência privativa para a exercer a direção superior da administração federal em toda a história presidencialista brasileira. Mesmo durante a monarquia, a Carta Constitucional do Império de 1824, em seu art. 102, confiava ao Imperador a posição de Chefe do Poder Executivo, o que trazia inerente a atribuição de coordenação da direção superior da administração pública, exercida com o auxílio de seus Ministros de Estado. O art. 102, XIII e XV, desse ordenamento constitucional, confiava ao Imperador, como suas principais atribuições, decretar a aplicação dos rendimentos destinados pela

Assembleia aos vários ramos da administração pública, bem como prover tudo que fosse concernente à segurança interna e externa do Estado, na forma da Constituição. O Estado unitário do Império permitiu concentração de funções no Imperador (que também acumulava o Poder Moderador), não obstante muitos Governadores de províncias tenham exercido grande poder de fato pela fragilidade dos instrumentos de controle da época.

Com formalização da República, do federalismo e do presidencialismo pelo Decreto 01, de 15.11.1889, seguido pela Constituição de 1891, o art. 41 dessa primeira ordem constitucional previu que o Poder Executivo Federal era exercido pelo Presidente da República dos Estados Unidos do Brasil, como chefe eletivo da Nação, ao passo em que o art. 49 estabelecia que o Presidente era auxiliado pelos Ministros de Estado, agentes de sua confiança e com a atribuição de presidir cada um dos Ministérios em que se dividia a administração federal.

O art. 51 e o art. 59 do ordenamento constitucional de 1934 estabeleciam que o Poder Executivo era exercido pelo Presidente da República, com o auxílio dos Ministros de Estado, daí por que era o Chefe do Poder Executivo e conduzia a administração pública Federal no sistema Federativo. Convém anotar que a efêmera Constituição de 1934, em seu art. 88 (combinado com os arts. 90, 91 e 92) confiou ao Senado Federal promover a coordenação dos poderes federais entre si, manter a continuidade administrativa, velar pela Constituição, colaborar na feitura de leis e praticar os demais atos da sua competência.

A centralização das funções na União, positivada na Carta do Estado Novo (com inspiração na Carta da Polônia de 1935 e na Carta Portuguesa de 1933, dentre outros diplomas constitucionais vigentes à época), é exemplificada pelo art. 14 desse documento de 1937, segundo o qual o Presidente da República podia expedir livremente decretos-leis sobre a organização do Governo e da administração federal, o comando supremo e a organização das forças armadas (observadas as disposições constitucionais e nos limites das respectivas dotações orçamentárias), enquanto o art. 73 e o art. 88 estabeleciam que o Presidente da República, autoridade suprema do Estado, coordenava a atividade dos órgãos representativos (de grau superior), dirigia a política interna e externa, promovia ou orientava a política legislativa de interesse nacional, e fazia a superintendência da administração do país, sempre com o auxílio dos Ministros de Estado. Essa excessiva concentração de competências no Poder Executivo Federal foi reforçada pelo art. 180 e pelo art. 186 da Carta de 1937, que confiavam ao Presidente da República a competência para expedir decretos-leis sobre todas as matérias da competência legislativa da União enquanto não se reunisse o parlamento nacional, ao mesmo tempo que declarava estado de emergência em todo o País. Essa excepcionalidade somente foi minimizada com a Lei Constitucional 09, de 28.02.1945, que reduziu as competências do Presidente da República previstas no art. 14 (embora tenha mantido a atribuição para expedir livremente decretos-leis sobre a organização da administração federal e o comando supremo e a organização das forças armadas, observadas as disposições constitucionais e nos limites das respectivas dotações orçamentárias) e no art. 73 da Carta de 1937 (remanescendo as funções dirigir a política interna e externa, promover ou orientar a política legislativa de interesse nacional, e superintender a administração do país), enquanto o estado de emergência foi revogado pela Lei Constitucional 16, de 30.11.1945 (como reflexo do final da Segunda Guerra Mundial).

O art. 78 e o art. 90 da Constituição de 1946, por estabelecerem o presidencialismo, davam a chefia do Poder Executivo ao Presidente da República, auxiliado por seus Ministros de Estado (e, por consequência, a direção superior da administração federal), mas com a implantação do parlamentarismo pela Emenda Constitucional 04/1961, a direção superior da administração passou a ser exercida pelo Primeiro-Ministro (sendo que o art. 19 dessa emenda permitia ao Primeiro-Ministro assumir a direção de qualquer Ministério). Com a revogação do sistema parlamentarista pela Emenda 06/1963, deu-se expressa repristinação das normas da Constituição de 1946 que cuidavam do presidencialismo (salvo o art. 61 e pequena alteração no art. 79, § 1º), mas os atos institucionais do regime militar imposto a partir de 1964 concentraram as funções executivas no Presidente da República.

O art. 74 e o art. 86 da Carta de 1967 também previam o Poder Executivo exercido pelo Presidente da República, auxiliado pelos Ministros de Estado, o que foi mantido no art. 73 e no art. 84 desse ordenamento constitucional após a Emenda 01/1969, salvo o período de vigência do Ato Institucional 12, de 31.08.1969, que concentrou a Chefia do Poder Executivo nos Ministros da Marinha de Guerra, do Exército e da Aeronáutica Militar, nos termos dos Atos Institucionais e Complementares, bem como da Constituição de 24 de janeiro de 1967, enquanto durasse o impedimento temporário do Presidente da República, por motivo de saúde. O art. 81, I, da Carta de 1967 (com a redação da Emenda 01/1969), previu que competia privativamente ao Presidente da República exercer, com o auxílio dos Ministros de Estado, a direção superior da administração federal.

2. Constituições brasileiras anteriores

Art. 102, XIII e XV, da Carta Constitucional de 1824, art. 41 e art. 49 da Constituição de 1891, art. 51, art. 59 e art. 88 da Constituição de 1934, art. 14, art. 73, art. 88, art. 180 e art. 186 da Carta de 1937 (e alterações da Lei Constitucional 09, de 28.02.1945, e da Lei Constitucional 16, de 30.11.1945), art. 78 e art. 90 da Constituição de 1946 (com as modificações da Emenda Constitucional 04/1961 e da Emenda 06/1963), art. 74 e art. 86 da Carta de 1967, e art. 73, art. 81, I, e art. 84 na redação da Emenda 01/1969 (observada a vigência do Ato Institucional 12, de 31.08.1969).

3. Constituições estrangeiras

Conforme o parlamentarismo adotado pela Lei Fundamental de Bonn de 1949, o Poder Executivo alemão é exercido pelo Presidente da República (Chefe de Estado, com funções de representação do Estado Alemão nas relações internacionais, dentre outras), e pelo Chanceler ou Primeiro-Ministro (Chefe de Governo), bem como os Ministros de Estado Federais. Em conformidade com o art. 65 da Lei Fundamental, o Chanceler dá as grandes orientações da política e, a partir delas, cada Ministro Federal dirige seu departamento de maneira autônoma e sob sua própria responsabilidade, sendo que o Governo Federal decide sobre as divergências entre os Ministros. O Chanceler dirige os negócios governamentais segundo regulamento interno para o

Governo Federal aprovado pelo Presidente Federal. A Alemanha também possui autoridades independentes (equivalentes às agências reguladoras brasileiras) com a finalidade de dar qualidade técnica e neutralidade política à gestão de áreas da administração pública.

A Constituição Chinesa de 1982, no tocante ao Poder Executivo, prevê Presidente e Vice-Presidente da República (com competências de chefia de Estado), e os arts. 85, 86 e 88 cuidam do Conselho de Estado presidido pelo Primeiro-Ministro chinês, com atribuições de Chefe de Governo (a quem cabe a administração governamental e a direção superior da administração pública). O art. 65, o art. 66 e o art. 67, todos da Constituição, dispõem sobre o "*Standing Committee*" do Congresso Nacional do Povo, que assume algumas funções em caso de recesso do Congresso, tais como interpretar a Constituição e as leis, rever a aprovar ajustes em planos socioeconômicos, bem como decidir sobre atividades ministeriais.

É corrente que o Partido Comunista detém o real poder na China, porque na prática seu Secretário-Geral é também Presidente da República Chinesa[1]. No sistema parlamentarista espanhol, enquanto ao rei cabem funções de Chefia de Estado, o Presidente do Governo ou Primeiro-Ministro exerce a Chefia de Governo. Nos moldes dos arts. 97 e seguintes da Constituição de 1978, o Primeiro-Ministro dirige a política interior e exterior, a administração civil e militar e a defesa do Estado. A Espanha também se serve de autoridades administrativas independentes (similares às agências reguladoras), constituídas com personalidade jurídica própria e dotadas de autonomia de gestão, pois são criadas com a finalidade de assegurar a neutralidade política, qualidade técnica e eficácia na gestão das funções públicas transferidas da administração direta.

No caso dos Estados Unidos, as Seções I e II do art. II da Constituição de 1787 preveem que o Poder Executivo Federal competirá ao Presidente, que pode solicitar a opinião por escrito dos principais funcionários de cada departamento executivo acerca de qualquer assunto relativo às atribuições dos respectivos serviços. O art. II, Seção II, 2, estabelece que o Presidente dos Estados Unidos, com parecer e acordo do Senado, designará todos os restantes funcionários dos Estados Unidos que não tenham de ser providos nos cargos por outra forma prevista na Constituição, ao passo em que o art. II, Seção III, menciona que o Presidente conferirá autoridade (*shall commission*) a todos os funcionários dos Estados Unidos. Vários setores da administração pública americana são descentralizados para agências reguladoras, criadas a partir do final do século XIX, desde então mostrando importante desempenho técnico e neutralidade política.

Com seu singular sistema de governo (com traços de presidencialismo e também de parlamentarismo), o art. 5º e o art. 8º da Constituição Francesa de 1958 preveem o Presidente da República com funções próprias de Chefe de Estado, mas também com competência para assegurar o funcionamento regular dos poderes públicos mediante sua arbitragem, bem como para nomear e destituir o Primeiro-Ministro (a quem cabe a função de Chefe de Governo, nos termos dos arts. 20 e seguintes) e outros membros do Governo (mediante indicação do Primeiro-Ministro). O Presidente da República ainda preside o Conselho de Ministros, além do que têm funções tais como veto a projetos de lei, mas o art. 21 da Constituição é categórico ao dispor que a direção da administração pública e das forças armadas cabe ao Primeiro-Ministro. Convém anotar que desde o final da década de 1970, a França se serve de autoridades administrativas independentes com a finalidade de assegurar a regulação de setores sensíveis como comunicação e informações, ou economia de mercado, dentre outras áreas.

Nos termos do art. 83 e do art. 87 da Constituição Italiana de 1948, o Presidente da República tem atribuições de Chefe de Estado e de representante da unidade nacional, enquanto o art. 92, o art. 93 e o art. 95 cuidam do Primeiro-Ministro, a quem cabe dirigir o governo e as atividades dos Ministros e da administração pública. Seguindo os padrões da denominada "agencialização" vivida desde o final do século XX, o ordenamento italiano prevê autoridades administrativas independentes, as quais a lei confere força executiva para áreas de interesse público específico, sendo separadas do aparato administrativo direto do Governo para dar cumprimento à tarefa pública que lhe é confiada de modo independente e técnico, e com neutralidade político-partidária.

Adotando o sistema parlamentarista, os arts. 182 e seguintes da Constituição Portuguesa de 1976 preveem que o Governo é órgão superior da administração pública, ao qual cabe a condução da política geral do país, sendo constituído pelo Primeiro-Ministro (incluindo um ou mais Vice-Primeiros-Ministros), pelos Ministros e pelos Secretários e Subsecretários de Estado. Há também o Conselho de Ministros, formado pelo Primeiro-Ministro, pelos Vice-Primeiros-Ministros (se os houver) e pelos Ministros. O art. 201, 1, "a" e "b", da Constituição, estabelece a competência do Primeiro-Ministro para dirigir a política geral, coordenando e orientando a ação de todos os Ministros, e também para dirigir o funcionamento do Governo e suas relações de caráter geral com os demais órgãos do Estado. Também nos moldes da agencialização que se propagou no final do século XX, o art. 267, ns. 2 e 3, da Constituição, preveem que a lei estabelecerá adequadas formas de descentralização e desconcentração administrativas, inclusive para a criação de entidades administrativas independentes visando a concretização dos interesses públicos.

4. Direito internacional

Tratados internacionais celebrados pelo Brasil não cuidam desse tema.

5. Remissões constitucionais (outros artigos da Constituição) e legais (leis reguladoras)

Art. 2º, art. 21, art. 37, art. 61, § 1º, II, art. 70, art. 71, art. 76, art. 84, *caput*, I, IV, VI, XIII, XXV e parágrafo único, art. 86, § 4º, art. 87, art. 88, art. 102, I, "b", "d" e "q", art. 127, art. 128, art. 174, art. 177, § 2º, III, e art. 207, todos da Constituição de 1988.

---

1. Conforme *Folha de S. Paulo*, Primeira Página e Mundo A8, de 26.02.2018, o cargo de Presidente da República Chinesa é simbólico porque o comando efetivo do país cabe ao Secretário-Geral do Partido Comunista.

6. Jurisprudência (STF e STJ): *leading cases*, principais posições e votos divergentes; tendências atuais no sentido da mudança da jurisprudência

No tocante à nomeação para o exercício de cargo em comissão ou de confiança ou, ainda, de função gratificada na administração pública direta e indireta em qualquer dos poderes da União, dos Estados, do Distrito Federal e dos Municípios, a Súmula Vinculante 13 do STF, afirma que viola a Constituição Federal a indicação de cônjuge, companheiro ou parente em linha reta, colateral ou por afinidade, até o terceiro grau (inclusive), da autoridade nomeante ou de servidor da mesma pessoa jurídica investido em cargo de direção, chefia ou assessoramento, compreendido o ajuste mediante designações recíprocas.

As Súmulas 15 e 16 do STF impõem a observância da ordem de classificação em se tratando de nomeação para cargo sujeito a concurso, assegurando o direito à posse de funcionário concursado já nomeado. Há precedente da 1ª Turma do STF, m.v., Relª. p/ acórdão Minª. Cármen Lúcia, julgado em 16.09.2008, segundo o qual os candidatos aprovados em concurso público têm direito subjetivo à nomeação para a posse que vier a ser dada nos cargos vagos existentes ou nos que vierem a vagar no prazo de validade do concurso, concluindo que a recusa da Administração Pública em prover cargos vagos quando existentes candidatos aprovados em concurso público deve ser motivada, e esta motivação é suscetível de apreciação pelo Poder Judiciário. Contudo, nos termos da Súmula 17 do mesmo STF, o Presidente e os Ministros podem desfazer, antes da posse, a nomeação de funcionário para cargo ou função que dispensa concurso, pois nesse caso há discricionariedade do Poder Executivo (p. ex., o Presidente da República pode desfazer, antes da posse, a nomeação para cargo de desembargador federal em vaga de merecimento e, conforme a Súmula 627 do STF, no mandado de segurança contra a nomeação de magistrado da competência do Presidente da República, este é considerado autoridade coatora, ainda que o fundamento da impetração seja nulidade ocorrida em fase anterior do procedimento). Já a Súmula 39 do STF estabelece que à falta de lei, funcionário em disponibilidade não pode exigir, judicialmente, o seu aproveitamento, que fica subordinado ao critério de conveniência da administração pública.

Conforme a Súmula 20 do STF, é necessário processo administrativo com ampla defesa, para demissão de funcionário admitido por concurso, ao passo que a Súmula 21 do mesmo Tribunal prevê que funcionário em estágio probatório não pode ser exonerado nem demitido sem inquérito ou sem as formalidades legais de apuração de sua capacidade. A Súmula Vinculante 5 do STF estabeleceu que a falta de defesa técnica por advogado no processo administrativo disciplinar não ofende a Constituição (prevalecendo em relação ao que prevê a Súmula 343 do STJ).

Já nos moldes da Súmula 08 e da Súmula 25, ambas do STF, diretor de sociedade de economia mista ou dirigente de autarquia, mesmo que nomeados por tempo determinado, podem ser exonerados livremente pelo Presidente da República, ao mesmo tempo em que, nos termos da Súmula 24 do Pretório Excelso, funcionário interino substituto é demissível, mesmo antes de cessar a causa da substituição. Porém, essas súmulas não alcançam os membros das agências reguladoras, pois essas entidades são constituídas na forma de autarquias de regime especial justamente para descentralizar a gestão de políticas públicas visando melhor qualidade técnica e proteção contra ingerências políticas,

tanto que na ADI 2.095-MC, Rel. Min. Octavio Gallotti, *DJ* de 19.09.2003 (no mesmo sentido, no **AI 763.559 AgR**, Rel. Min. **Eros Grau**, 2ª T, *DJe* de 26.02.2010), o STF decidiu que a autonomia dessas agências não afronta a competência do Chefe do Poder Executivo contida no art. 84, II, da Constituição, uma vez que essas autarquias não têm função política decisória ou planejadora sobre até onde e a que serviços estender a delegação do Estado, mas o encargo de prevenir e arbitrar, segundo a lei, os conflitos de interesses entre concessionários e usuários ou entre aqueles e o Poder concedente. Igualmente, a Súmula 47 do STF afirma que *"reitor de universidade não é livremente demissível pelo Presidente da República durante o prazo de sua investidura"*, porque universidades públicas desfrutam de autonomia especial em face da Chefia do Poder Executivo.

A hierarquia conferida ao Presidente e a seus Ministros em face da administração federal não assegura poderes para, mediante ato administrativo, restringir inscrição em concurso para cargo público em razão da idade, pois a Súmula 683 do STF é clara ao afirmar que o limite etário para a inscrição em concurso público só se legitima em face do art. 7º, XXX, da Constituição, quando possa ser justificado pela natureza das atribuições do cargo a ser preenchido (respeitados os casos com previsão legal, conforme art. 37, I, art. 39, § 3º, e art. 142, § 3º, X, dentre outros, todos da Constituição), ao passo em que a Súmula 686 do mesmo Tribunal afirma que só por lei se pode sujeitar a exame psicotécnico a habilitação de candidato a cargo público.

Em decorrência do poder hierárquico (integrado por atribuição de coordenação e de subordinação) conferido pelo art. 84, II, da Constituição ao Presidente da República e a seus Ministros para a direção superior da administração pública, ambos têm o poder-dever de anular atos administrativos contrários ao ordenamento conforme prevê a Súmula 346 do STF, bem como de cumprir o comando da Súmula 473 do mesmo Tribunal, uma vez que a administração deve invalidar seus próprios atos quando ilegais, porque deles não se originam direitos, ou ainda revogá-los, por motivo de conveniência ou oportunidade, respeitados direitos adquiridos e ressalvada, em todos os casos, a apreciação judicial. A Súmula Vinculante 3, do mesmo STF, estabelece que nos processos perante o Tribunal de Contas da União, asseguram-se o contraditório e a ampla defesa quando da decisão puder resultar anulação ou revogação de ato administrativo que beneficie o interessado, excetuada a apreciação da legalidade do ato de concessão inicial de aposentadoria, reforma e pensão. Na ADI 2.564 (Relª. Minª. Ellen Gracie, *DJ* de 06.02.2004), o STF afirmou que, por sua atribuição hierárquica, o Presidente da República, por decreto, deve autorizar previamente a liberação de recursos para pagamento de servidores públicos da administração federal, quando isso não implicar aumento de despesa ou criação de órgãos públicos.

Na ADI 179 (Rel. Min. Dias Toffoli, *DJe* de 28.03.2014), baseando-se na garantia de gestão superior dada ao Chefe do Poder Executivo e na inerente discricionariedade (e, por consequência, na separação de poderes), foi afirmada a inconstitucionalidade de qualquer tentativa do Poder Legislativo de definir previamente conteúdos ou estabelecer prazos para que o Poder Executivo, em relação às matérias afetas a sua iniciativa, apresente proposições legislativas, mesmo em sede da Constituição estadual.

7. Referências bibliográficas

ARAGÃO, Alexandre Santos de, *A Autonomia Universitária no Estado Contemporâneo e no Direito Positivo Brasileiro*, Rio de Janeiro: Ed. Lumen Juris, 2001; BONAVIDES, Paulo, *História Constitucional do Brasil*, obra conjunta com Paes de Andrade, 3ª edição, Rio de Janeiro: Ed. Paz e Terra, 1991; BURDEAU, Georges, HAMON, Francis, et TROPER, Michel, *Droit Constitutionnel*, 26e édition, Paris: Librairie Générale de Droit et de Jurisprudence – L.G.D.J., 1999; CARBONELL, Eloísa, e MUGA, José Luis, *Agencias y Procedimento Administrativo em Estados Unidos de América*, Madrid: Marcial Pons Ediciones Jurídicas y Sociales S.A., 1996; CHAPUS, René, *Droit Administratif Général*, Tomo I, 12e édition, Paris: Montchrestien, 1998; CHAUVIN, Francis *Administration de l'État*, 4e édition, Paris: Ed. Dalloz, 1994; CORWIN, Edward S., *El poder ejecutivo*, Buenos Aires: Editorial Biliografica Argentina, 1959; CUÉLLAR, Leila, *As agências Reguladoras e seu Poder Normativo*, São Paulo: Ed. Dialética, 2001; DI PIETRO, Maria Sylvia Zanella, *Discricionariedade Administrativa na Constituição de 1988*, São Paulo, Ed. Atlas: 1991; DORDA, Rosa Comella, *Limites del Poder Reglamentario en el Derecho Administrativo de los Estados Unidos*, Barcelona: Cedecs Editorial s.l., 1997; FAVOREU, Louis, coordonnateur, *Droit Constitutionnel*, Paris: Dalloz, 1998; FERRAZ, Anna Candida da Cunha, *Conflito entre os poderes – O poder congressual de sustar atos normativos do Poder Executivo*, São Paulo: Ed. Revista dos Tribunais, 1994; FERREIRA FILHO, Manoel Gonçalves, *Do Processo Legislativo*, 4ª ed., São Paulo: Ed. Saraiva, 2001; FRANCISCO, José Carlos, *Função Regulamentar e Regulamentos*, Rio de Janeiro: Ed. Forense, 2009; FULBRIGHT, J. William, *Problemas do presidencialismo americano*, trad. Etelvina C. da Silva Porto, Brasília: Câmara dos Deputados, Coordenação de Publicações, 1993; GRANDGUILLAUME, Nicolas, *Théorie générale de la bureaucratie*, Paris: Econômica, 1996; LARICCIA, Sergio, *Diritto Amministrativo*, Padova: Cedam, 2000; MAURER, Hartmut, *Elementos de Direito Administrativo Alemão*, trad. da edição alemã de Luís Afonso Heck, Porto Alegre: Sérgio Antonio Fabris Editor, 2001; MEDAUAR, Odete, *Direito Administrativo Moderno*, 7. ed., São Paulo: Ed. Revista dos Tribunais, 2003; MORAES, Alexandre de, *Presidencialismo*, São Paulo: Atlas, 2004; MORAND-DEVILLER, Jacqueline, *Cours de Droit Administratif*, 6e édition, Paris: Montchrestien, 1999; RAMOS, Elival da Silva, *Ativismo Judicial. Parâmetros Dogmáticos*, São Paulo: Saraiva, 2010; RANIERI, Nina Beatriz Stocco, *Autonomia Universitária*, São Paulo: EDUSP, 1994; RIVERO, Jean, e WALINE, Jean, *Droit Administratif*, 18e ed., Paris: Éditions Dalloz, 2000; RODRÍGUES, Andrés Betancor, *Las Administraciones Independentes, un reto para el Estado Social y Democratico de Derecho*, Madrid: Editorial Tecnos, 1994; SILVA, José Afonso da, *Comentário Contextual à Constituição*, 3ª ed., São Paulo: Ed. Malheiros, 2007; TAMER, Sergio Victor, *Fundamentos do Estado democrático e a hipertrofia do executivo no Brasil*, Porto Alegre: Sérgio Antonio Fabris Editor, 2002.

8. Comentários

8.1. Chefia de Governo

Desde as concepções de separação dos poderes formuladas no início da Idade Moderna, o Poder Executivo tem como função elementar a aplicação da lei em situações ordinárias e não litigiosas, daí decorrendo a atribuição confiada à chefia desse Poder para a direção superior da administração pública. No sistema presidencialista positivado no ordenamento de 1988, o Presidente da República tem competências para a Chefia do Estado e para a Chefia de Governo, dessa última decorrendo a responsabilidade pela definição, execução e controle das políticas governamentais internas e pela gestão da administração pública.

A competência para a direção superior da administração federal, expressa no inciso II do art. 84 da Constituição, tem vários desdobramentos (em especial a atribuição para implementação concreta das decisões acerca de políticas governamentais), assegurando ao Presidente da República um extraordinário vigor. A capacidade para livre tomada de decisões não é suficiente para definir a autonomia de uma autoridade pública, sendo indispensável que existam meios hábeis para a concretização e controle dessas decisões, ainda que por meios coercitivos.

O Poder Legislativo e o Poder Judiciário detêm autonomia para a administração de seu pessoal, mas em muitos casos a implementação concreta de suas decisões somente se viabiliza com o auxílio de servidores subordinados ao Poder Executivo (p. ex., o cumprimento de mandados de prisão pode depender de medidas por parte de oficiais de justiça vinculados ao Poder Judiciário combinadas com o auxílio de força policial, assim como a execução da pena em presídios administrados pelo Poder Executivo).

É na figura unipessoal daqueles que ocupam a Presidência da República que o povo tem depositado suas esperanças, embora abaladas por relatos de destemperos políticos e de acusações de corrupção. Já o "gigantismo da máquina administrativa" submetida à direção geral do Chefe do Poder Executivo decorre de uma combinação de fatores que passam pela adoção do modelo de Estado Social e Democrático na realidade brasileira marcada pelo capitalismo tardio, o que levou o Estado a assumir várias atribuições socioeconômicas. e de relatos do Presidente da República.

8.2. Direção superior, responsabilidade, governo e governabilidade

Atribuir ao Presidente da República a "direção superior" da administração federal não significa exigir que o Chefe do Executivo tenha controle direto de todas as tarefas pertinentes à administração pública, e muito menos que ele seja capaz de executá-las pessoalmente. O Presidente da República é um líder político, razão pela qual dele devemos esperar atributos pessoais e qualificações pertinentes a essa natureza de liderança, e não o conhecimento técnico de todos os segmentos que a ele ficam subordinados, ainda mais em se tratando da extensão territorial e do grau de diversidade e de complexidade ostentados pelo Brasil.

O papel do Chefe do Executivo nos Estados modernos deve ser compreendido com o auxílio de profissionais qualificados em diversas áreas do conhecimento, começando por seus auxiliares diretos na composição de Ministérios e de Secretarias, e seguindo para toda a infraestrutura da administração pública. Mas se a direção superior não significa que o Presidente da República deve exercer ou controlar diretamente todas as tarefas próprias da Chefia de Governo, por outro lado ele é o responsável pelas linhas gerais empregadas no Poder Executivo e, pelo sucesso ou insucesso dos atos da administração pública sob sua atribuição. Portanto, o Presidente da República deve ser capaz de organizar a administração estatal de maneira que tenha controle geral sobre a gestão pública, com atenção detida em suas prioridades.

O Poder Executivo pode ser compreendido em suas partes, a cúpula governamental e a estrutura governamental. A "Cúpula" ou "Governo" é integrada pelo Presidente da República, pelos Ministérios e pelos órgãos consultivos (como o Conselho da República e o Conselho de Defesa Nacional) e a estrutura governamental é composta pela administração civil e militar (formada por milhares de servidores estatutários, de empregados celetistas, e de demais prestadores e parceiros). No centro propagador ou irradiante das decisões está o Presidente da República, com a atribuição privativa para a direção superior da administração federal.

Convém lembrar que as expressões "Governo" e "administração pública" normalmente são empregadas para identificar o Poder Executivo, mas o Poder Legislativo e o Poder Judiciário também são responsáveis pela governabilidade do Estado (dentro de suas atribuições), e seus servidores, empregados, prestadores e parceiros estão sujeitos, basicamente, aos mesmos regimes jurídicos dos integrantes do Poder Executivo.

8.3. Desconcentração e descentralização

A "direção superior" da administração federal é indelegável por ser atividade privativa do Presidente da República, mas a própria Constituição de 1988 ou leis preveem tarefas que podem ser desconcentradas e descentralizadas em razão da pluralidade, da complexidade e do volume de atividades das áreas de atuação da administração pública. A desconcentração se faz pela distribuição sucessiva de competências de uma autoridade superior para órgãos subordinados integrantes da mesma pessoa jurídica de direito público, mantendo importante vínculo hieráquico, ao passo que a descentralização se dá com a transferência de funções da administração direta para outra pessoa jurídica que compõe a administração indireta (sem subordinação plena, mas com manutenção do controle ou da supervisão)[2]. A cúpula governamental é responsável pela tomada de decisões políticas, e aos órgãos desconcentrados e entes descentralizados da administração pública cabe a execução dessas decisões políticas (nos limites constitucionais, legais e regulamentares). Acima de todos está o Presidente da República, na direção superior da administração.

Algumas atividades privativas arroladas no art. 84 da Constituição são desconcentradas, pelo parágrafo único desse preceito, a Ministros de Estado (auxiliares diretos ou de "primeiro escalão"), ou ao Advogado-Geral da União, mantendo-se o vínculo hierárquico, mas dentre elas não está a direção superior da administração federal, embora Ministros e o Advogado-Geral da União tenham competência para a orientação, a coordenação e a supervisão dos órgãos e entidades do Poder Executivo na área de sua competência[3].

No caso da descentralização, note-se que as decisões políticas centrais ou essenciais devem ser reservadas à Chefia de Governo (Presidente da República e seus Ministros de Estado, ouvidos os conselhos auxiliares e opinativos, se for o caso), de maneira que são transferidos aos entes descentralizados apenas a execução e o controle dessas decisões, mantendo-se a precedência e a tutela por parte do Presidente da República em razão da unidade político-administrativa da União.

8.3.1. Administração federal civil e militar

A administração pública federal é integrada pelo segmento civil e pelo segmento militar. O segmento civil abrange a grande maioria dos setores da administração pública, inclusive polícia federal, polícia rodoviária federal e polícia ferroviária federal, todas vinculadas ao Ministério da Justiça, ao passo em que o segmento militar é composto pelas Forças Armadas, compreendendo Exército, Marinha e Aeronáutica. No art. 84, II, da Constituição, ao mencionar que o Chefe do Executivo exerce a direção superior da administração federal, o Constituinte refere-se à administração civil, mas o Presidente da República também exerce a direção superior da administração militar porque os comandos militares estão vinculados ao Ministro da Defesa, por sua vez subordinado ao Presidente. A direção superior do Chefe do Executivo em face de militares está positivada no art. 84, XIII, da Constituição, ao prever sua atribuição privativa para exercer o comando supremo das Forças Armadas, nomear os Comandantes da Marinha, do Exército e da Aeronáutica, promover seus oficiais-generais e nomeá-los para os cargos que lhes são privativos.

8.3.2. Burocracia

Por sua complexidade e dinamismo, a realidade contemporânea exige que o Poder Executivo seja integrado por aparato especializado para cumprir suas tarefas governamentais. Ao comentarmos o art. 76 da Constituição, afirmamos que esse quadro funcional técnico é muitas vezes criticado (em certos casos com razão), associando-se burocracia (cuja origem etimológica advém de *bureau*) com medidas estéreis e ineficientes.

Estudada atentamente por Max Weber e posteriormente criticada de diversas maneiras por agentes da vida cotidiana, a burocracia não pode ser vista como o fim em si mesmo, muito menos pode usurpar a legitimação dos líderes políticos escolhidos pelo povo, mas o Poder Executivo contemporâneo precisa de profissionais técnicos qualificados (em especial nas carreiras típicas de Estado) visando a continuidade da gestão e elemento de apoio para as decisões políticas governamentais (incluindo a produção de projetos de lei em diversos segmentos, consoante analisamos nos comentários do art. 84, IV, da Constituição)[4].

8.4. Hierarquia na administração direta e na administração indireta

Justamente por conta da atribuição de controle geral decorrente da direção superior da administração federal, o Presidente

---

[2]. Sobre o tema descentralização e desconcentração na administração do Estado, Francis Chauvin, *Administration de l'État*, 4e édition, Paris: Ed. Dalloz, 1994.

[3]. Tendo em vista a autonomia funcional assegurada pelo ordenamento constitucional ao Ministério Público, não é possível falar em desconcentração mas sim em descentralização no caso de delegação de funções do Presidente da República para o Procurador-Geral da República (art. 84, parágrafo único, da Constituição, que, em sua parte final, impõe a necessidade de observância dos limites traçados nas respectivas delegações). Também não faltam entendimentos afirmando que essa autonomia funcional extraída pelo Ministério Público

da Constituição de 1988 torna inócua essa previsão do art. 84, parágrafo único, porque o Presidente da República não tem poderes para ingerir nas atividades da Procuradoria-Geral da República ou em qualquer órgão do Ministério Público da União.

[4]. Sobre o tema, Nicolas Grandguillaume, *Théorie générale de la bureaucratie*, Paris: Económica, 1996, p. 95 e s.

da República coordena e subordina todos os órgãos desconcentrados que integram a administração direta (assim entendidos órgãos da União como pessoa jurídica de direito público), salvo exceções constitucionais ou legais (que podem ser estabelecidas com amparo no art. 48, XI, da Constituição). Dessa função hierárquica em face de todos os integrantes extrai-se a competência do Presidente da República para fiscalizar, alterar, revogar, anular e avocar quaisquer atribuições de seus subordinados, bem como a função disciplinar para punir integrantes da administração direta, mantendo a unidade político-administrativa da União.

Implícito também às atribuições de coordenação e de subordinação da administração direta, o Presidente da República tem competência para conhecer de petições (art. 5º, XXXIV, "a", da Constituição) ou de recursos em face dos órgãos superiores da administração federal. A direção suprema é o fundamento lógico e jurídico dos denominados recursos hierárquicos (próprios e impróprios), que podem ser dirigidos ao Presidente da República, independentemente de previsão expressa em lei, em se tratando de matérias já analisadas por elevadas instâncias da administração pública (em respeito à organicidade da estruturação hierárquica, não é recomendável saltar níveis apresentando recursos contra atos de servidores que compõem graus iniciais da carreira pública). O Poder Executivo também exerce a direção superior das funções dos entes descentralizados que integram a administração federal indireta, tais como autarquias, fundações públicas, empresas públicas, e sociedades de economia mista (sempre criadas por leis, que também delimitam seus campos de autonomia). O Presidente da República e seus Ministros de Estado determinam as linhas gerais que vinculam esses entes, daí por que têm o controle, a supervisão e a tutela dessas entidades, podendo ainda escolher e nomear dirigentes independentemente de aprovação do Poder Legislativo (salvo exceções admitidas pela Constituição da República ou fixadas em lei). Competências para alterar, revogar, anular e avocar qualquer atribuição dos agentes da administração indireta geralmente são atribuições do diretor ou presidente da entidade descentralizada, mas em razão da unidade político-administrativa esperada do Poder Executivo e da direção superior da administração pública, o Presidente da República pode acolher petições ou recursos interpostos em face de decisões dessas entidades descentralizadas, sempre mediante pronunciamentos transparentes e motivados.

Diferente é a situação de algumas entidades da administração indireta dotadas de autonomia especial, em face das quais Presidente da República e Ministros de Estado têm apenas atribuições para definir linhas políticas gerais de atuação dessas entidades, para fiscalizar e para aplicar sanções (observadas disposições processuais específicas), não podendo alterar, revogar, anular e avocar quaisquer atribuições dessas entidades, nem em recurso hierárquico. Esse grau de autonomia especial confiado a essas entidades descentralizadas atende a interesses públicos e sociais relevantes, tais como preservação de liberdades públicas, qualificação técnica e neutralidade ideológica ou partidária (p. ex., agências reguladoras e universidades).

8.4.1. Desconcentração, Ministros de Estado e direção de Ministérios

O significado de "direção superior" exercida pelo Presidente da República deve ser contextualizado com o papel conferido a Ministros de Estado, aos quais cabem decisões políticas, execução e controle correspondentes. Membros de primeiro escalão e integrantes do Governo, Ministros de Estado têm atribuição para orientação, coordenação e supervisão dos órgãos e entidades do Poder Executivo em suas respectivas áreas de competência.

Pela desconcentração prevista pela própria Constituição e por leis, Ministros de Estado implementam as linhas gerais indicadas pelo Presidente da República, expedem instruções para a execução das leis, decretos e regulamentos, editam portarias para a implementação de leis e decretos regulamentares e procedem às tarefas próprias do elevado cargo que ocupam. O Presidente da República mantém a prerrogativa de fazer o controle da direção administrativa de Ministérios, compatível com a hierarquia fortalecida pelos cargos de confiança ocupados pelos Ministros de Estado, uma vez que os atos desses auxiliares diretos repercutem na direção superior do Chefe do Poder Executivo (daí por que os Ministros fazem relatório anual de sua gestão, ou sempre que requisitado pelo Presidente da República). Ministros de Estado devem cumprir outras atribuições que lhe forem outorgadas ou delegadas pelo Presidente da República, além das previstas na própria Constituição e em lei (art. 48, XI, e art. 88, ambos do ordenamento de 1988), denotando-se a viabilidade de outras atividades desconcentradas.

8.4.2. Descentralização e restrições à direção superior

Embora o art. 84, II, da Constituição assegure ao Presidente da República a direção superior da administração federal indireta, suas atribuições encontram limites diferentes, que ilustramos em três casos: agências reguladoras, universidades públicas e Ministério Público.

8.4.2.1. Agências reguladoras

Desde o final do século XIX, os Estados Unidos se servem de agências reguladoras, que recebem competências para a gestão de determinadas políticas públicas, cujo elevado grau de autonomia levou a serem conhecidas como entidades *"quase legislativas, quase executivas e quase jurisdicionais"*. É verdade que a neutralidade técnica das agências reguladoras pode ser considerada um mito persistente em razão da possibilidade real da captura de agentes públicos por interesses privados, mas a experiência americana serviu de modelo para a criação dessas entidades em diversos países, como as *agencies* inglesas (ou *ad hoc bodies, fringe bodies, non departamental bodies* ou *quangos – quase autonomes non governmental organizations*), e as autoridades administrativas independentes italianas, francesas e espanholas, sempre como entes descentralizados com o propósito de assegurar a neutralidade política e a eficácia técnica na gestão das funções públicas transferidas da administração central[5].

No Brasil, há décadas usa-se a figura de autarquias de regime especial visando descentralização com maior autonomia, mas foi a partir de meados da década de 1990 que surgiram muitas agências reguladoras no âmbito federal, como consequência da globalização econômica com novos modelos de condução das políticas públicas, da aceleração e desenvolvimento tecnológico dos meios de comunicação, da crise do Estado Social em face da incapacida-

---

5. Rosa Comella Dorda, *Limites del Poder Reglamentario en el Derecho Administrativo de los Estados Unidos*, Barcelona: Cedecs Editorial s.l., 1997, p. 26.

de de financiamento estatal, e de mudanças no sistema de produção (com valorização do setor técnico-especializado). A agencialização federal se deu acanhadamente nos Estados-Membros, com registros ainda mais escassos no plano municipal[6].

O fundamento constitucional para a criação das agências reguladoras é o art. 174 do ordenamento de 1988, podendo atuar em concessão, permissão e autorização de atividades de interesse público, combate a monopólios, promoção da concorrência, fomento do avanço tecnológico, e proteção à economia popular, universalização, qualidade e preço justo em serviços públicos etc.. Para cumprir metas estabelecidas em lei e por decisões políticas governamentais, mantendo neutralidade político-partidária, agilidade e tecnicismo, agências reguladoras têm independência técnico-decisional (com discricionariedade, nos limites das leis), autonomia na gestão de decisões políticas governamentais (possuem pessoal e instrumentos administrativos próprios), não estão sujeitas a recurso hierárquico impróprio (já que seus atos não podem ser revistos por Ministros ou pelo Presidente da República) e seus dirigentes têm mandato definido em lei (impossibilitando demissões *ad nutum*, havendo hipóteses expressas em lei para perda do cargo). As agências ainda têm independência financeira e orçamentária (mediante a cobrança de taxa e/ou contribuição para intervenção no domínio econômico) e também autonomia normativa para regulamentação exclusiva das leis relativas à suas áreas de atuação (decretos do Presidente da República e as instruções ministeriais não podem invadir sua autonomia). Assim, dentro dos limites de gestão assegurados por leis, as decisões tomadas no âmbito dessas agências são definitivas pois não estão sujeitas ao controle político do Presidente da República e de seus Ministros, bem como de nenhum outro órgão da administração direta, visando evitar as negativas influências político-partidárias vividas quando essa execução fica a cargo dos Ministérios ou de entes desconcentrados da administração direta.

Quanto às agências reguladoras, a direção superior exercida pelo Presidente da República, com o auxílio de seus Ministros, restringe-se à fixação de linhas gerais das políticas públicas e de metas a serem buscadas, além de fiscalização e controle da atuação dessas entidades. As agências não têm plena independência, mesmo porque todos os entes estatais estão sujeitos ao equilíbrio da separação de poderes desenhada no Estado Democrático de Direito, de modo que nomeações para cargos de diretores (na forma da lei) em regra partem do Poder Executivo e ficam condicionadas à aprovação pelo Senado com o fim de proporcionar sintonia e interlocução entre os Poderes Políticos e as áreas técnicas. Textos de leis por vezes empregam princípios e conceitos jurídicos indeterminados para dar maior elasticidade à sua atuação, mas também podem transferir independência em demasia para agências, permitindo que tomem decisões sobre os rumos das ações públicas (papel exclusivo dos poderes políticos legitimados pelo processo eleitoral direto).

8.4.2.2. Universidades Públicas

Geralmente constituídas na forma de autarquia de regime especial, universidades públicas têm elevada liberdade em relação ao Poder Executivo visando o ensino universitário pluralista e independente de influências ideológicas ou político-partidárias. O art. 207 da Constituição de 1988 assegura às universidades autonomia nas áreas didático-científica, administrativa e de gestão financeira e patrimonial, obedecida a indissociabilidade entre ensino, pesquisa e extensão.

Universidades públicas federais integram o Poder Executivo, de modo que estão sujeitas à direção superior do Presidente da República (com o auxílio de Ministros de Estado, em especial do Ministério da Educação), devendo cumprir finalidades previstas nas leis que as criam, bem como na Lei de Diretrizes e Bases da Educação. Assim como agências reguladoras, universidades possuem área exclusiva e campo livre para ideias, independentemente da ingerência do Poder Executivo, sob pena de processarem a ideologia e a propaganda política governamental, em odiosa mácula à universalidade e liberdade cultural, técnica e científica desses centros de ensino, pesquisa científica, extensão e evolução do conhecimento humano.

A direção superior da administração federal exercida pelo Presidente da República fica restrita à escolha de reitores e de dirigentes de universidades federais (conforme previsto em lei). A despeito de nosso entendimento, não têm validade preceitos normativos (mesmo de constituições estaduais ou leis) que preveem eleição direta de dirigentes de escolas públicas por parte de estudantes ou conselhos escolares, bem como que condicionam a escolha desses membros à aprovação do Poder Legislativo, por se tratar de prerrogativa inerente à direção superior da administração pública exercida pelo Chefe do Poder Executivo (salvo exceções da própria Constituição da República).

8.4.2.3. Ministério Público da União

Na ordem constitucional de 1967 (com a Emenda 01/1969) o Ministério Público era vinculado ao Poder Executivo (p. ex., em certos casos, Procuradores da República faziam a defesa em ações ajuizadas em face da União, em papel semelhante ao atualmente exercido pela Advocacia-Geral da União). Embora o Constituinte de 1988 não tenha sido claro no que tange à vinculação material do Ministério Público da União ao Presidente da República, décadas de atuação mostram a plena autonomia dessa instituição.

Na Constituição vigente, sugerindo a vinculação ao Chefe do Poder Executivo estão, de um lado, o art. 61, § 1º, II, "d", (prevendo iniciativa privativa do Presidente da República para leis que disponham sobre a organização do Ministério Público e da Defensoria Pública da União, bem como normas gerais para a organização do Ministério Público e da Defensoria Pública dos Estados, do Distrito Federal e dos Territórios), o art. 84, parágrafo único (permitindo delegação de funções do Presidente da República ao Procurador-Geral da República) e o art. 128, §§ 1º a 3º (prevendo que o Procurador-Geral da República é nomeado pelo Presidente da República a partir de lista tríplice, com aprovação pelo Senado Federal, e destituído por iniciativa do Presidente da República, precedida de autorização do Senado Federal). De outro lado, sugerindo autonomia funcional do Ministério Público estão o art. 62, § 1º, I, "c" (com redação da Emenda 32/2001, que veda a edição de medidas provisórias sobre matéria de organização do Ministério Público, carreira e garantia de seus membros), o art. 68, § 1º, I (prevendo que não serão objeto de delegação a legislação sobre organização do Ministério Público, a carreira e a

---

6. Note-se que as agências executivas (dotadas de menor autonomia) são distintas das agências reguladoras, para as quais é confiada especial proteção.

garantia de seus membros) e o art. 85, II (estabelecendo como crime de responsabilidade os atos do Presidente da República que atentem contra o livre exercício do Ministério Público), todos da Constituição. Não bastasse, os arts. 127 e seguintes da ordem de 1988 conferem várias autonomias ao Ministério Público, algumas em confronto direto com a atribuição privativa do Presidente da República prevista no art. 61, § 1º, II, "d", tal como o art. 127, § 2º ao § 6º, e o art. 128, § 5º, dispondo que leis complementares da União e dos Estados, cuja iniciativa é facultada aos respectivos Procuradores-Gerais, estabelecerão a organização, as atribuições e o estatuto de cada Ministério Público.

O Ministério Público da União (que compreende o Ministério Público Federal, o Ministério Público do Trabalho, o Ministério Público Militar, e o Ministério Público do Distrito Federal e Territórios) está vinculado formalmente ao Presidente da República apenas se pensarmos em três poderes (sob influência do art. 2º da Constituição), mas os integrantes dessa instituição têm autonomia funcional para suas atribuições previstas na Constituição e nas leis de regência, sem ingerência do Chefe do Poder Executivo (p. ex., o Procurador-Geral da República pode propor e dar parecer contrário aos interesses da Presidência da República em ações de controle concentrado de constitucionalidade).

Como todas as demais instituições republicanas, a autonomia funcional do Ministério Público deve ser compreendida a partir dos primados da separação dos poderes, com limites constitucionais e legais (p. ex., nomeação e exoneração de ofício, antes do final do mandato, estão sujeitas à manifestação do Senado Federal, nos termos do art. 52, II, "e", e XI, da Constituição).

8.5. Controle do Poder Executivo e Tribunal de Contas quanto à direção superior

A direção superior da administração federal feita pelo Presidente da República está sujeita a controle político pelo Poder Legislativo, o que se dá por diferentes mecanismos próprios da separação de poderes, dentre eles o art. 48, X e XI, da Constituição (com as modificações da Emenda 32/2001 e ressalvas do art. 84, VI), uma vez que somente por lei viabiliza-se a criação, transformação e extinção de cargos, empregos e funções públicas, bem como a criação e extinção de Ministérios e órgãos da administração pública em face dos quais o Presidente da República exerce sua direção superior.

A direção superior do Presidente da República também está sujeita a controle contábil, financeiro, orçamentário, operacional e patrimonial (incluindo entidades da administração direta e indireta), cabendo ao Congresso Nacional (com o auxílio do Tribunal de Contas) o controle externo das contas públicas quanto à legalidade, legitimidade, economicidade, aplicação das subvenções e renúncia de receitas (sem prejuízo do controle interno de cada Poder). Note-se que o art. 71 da Constituição atribui ao Tribunal de Contas da União a competência para apreciar contas prestadas anualmente pelo Presidente da República, mediante parecer prévio, sendo que tais contas serão cobradas pela Câmara dos Deputados (se não prestadas no prazo constitucional) e julgadas pelo Congresso Nacional. Já no que tange aos demais entes da administração federal direta ou indireta, o Tribunal de Contas faz o julgamento das contas dos administradores e demais responsáveis por dinheiros, bens e valores públicos, podendo aplicar penalidades, sustar obras e várias outras atribuições previstas nesse art. 71 da Constituição, inclusive representar ao Poder competente sobre irregularidades ou abusos apurados.

O controle jurídico do Poder Executivo é essencialmente feito em face do Poder Judiciário, em razão do art. 5º, XXXV, da Constituição, e diversas outras previsões constitucionais que permitem a judicialização de medidas intentadas por entes estatais e entes privados em razão de lesões ou ameaças de lesões a direitos atinentes à direção superior da administração federal.

8.6. Direção superior e ativismo judicial

Ofendendo especialmente a separação de poderes, ativismo judicial significa violação de regra de competência positivada pela qual opções impostas em ações judiciais substituem, conscientemente, escolhas legítimas feitas por outros agentes (públicos ou privados) dentro de limites a eles autorizados pelo ordenamento jurídico.

Se a decisão do Presidente da República se der dentro de limites jurídicos possíveis (e assim será se for discutível ou duvidosa), o pronunciamento judicial será ativista se escorado em inconformismo quanto a essas escolhas legítimas (majoritárias ou minoritárias). Não se trata de simples erro interpretativo, mas de enfrentamento consciente e violador de regras jurídicas de competência porque o Poder Judiciário coloca sua escolha possível no lugar da também juridicamente possível opção feita pelo Chefe do Poder Executivo.

O ativismo judicial não é só de uma desfuncionalidade do Estado de Direito, de regras de competência e da legitimidade democrática (de investidura, de processamento e de correspondência com linhas gerais da vontade popular), pois potencialmente pode ser um despropósito material, já que decisões judiciais não são necessariamente melhores (e normalmente não são em se tratando de temas técnicos, violando também a legitimidade pelo conhecimento). O ato judicial ativista deriva da atuação integrada de manifestações de autor, réu, fiscal da lei e magistrado, todos também sujeitos a desvios discricionários.

A judicialização legítima da política, controlando atos do Presidente da República, somente pode se dar em casos de vícios formais e de atos materialmente vinculados à lei. Tratando-se de atos discricionários, o controle judicial é cabível apenas em circunstâncias nas quais houver manifesta ou inequívoca violação de limites materiais (no caso de dúvida ou controvérsia, o controle judicial não pode ser feito), sob pena de configurar indesejável politização do Poder Judiciário com atitudes ativistas.

8.7. Preceito extensível e abuso do poder constituinte decorrente

As disposições do art. 84, II, da Constituição são extensíveis a Governadores de Estados-Membros e do Distrito Federal, bem como a Prefeitos Municipais, aplicando-se o critério da simetria, observando-se eventuais particularidades que se mostram como preceitos estabelecidos (p. ex., o art. 128, § 4º, da Constituição, dando disposições específicas para a destituição de Procuradores-Gerais de Justiça nos Estados e no Distrito Federal e Territórios).

A direção superior exercida pelo Governador de Estado não pode ser usurpada por via oblíqua, razão pela qual será inválida emenda constitucional de iniciativa parlamentar que manifestamente trate de tema próprio de lei ordinária para fugir do vício de iniciativa privativa do Poder Executivo. Há registros de casos nos quais disposição de constitucional estadual determinou o pagamento de décimo-terceiro salário aos servidores estaduais em data e forma definidas, abusando do poder constituinte decorrente estadual, por interferência indevida na programação financeira e na execução de despesa pública, a cargo do Poder Executivo (p. ex., ADI 1.448, Rel. p/ o ac. Min. Joaquim Barbosa, *DJ* de 11.10.2007).

Art. 84, III – iniciar o processo legislativo, na forma e nos casos previstos nesta Constituição;
José Carlos Francisco

▪ Acerca da forma e dos casos em que compete ao Presidente da República iniciar o processo legislativo, *vide* os comentários aos arts. 40, § 15, 60, II, 61, § 1º, 63, I, 64, § 1º, 155, § 2º, IV, e 165.

Art. 84, IV – sancionar, promulgar e fazer publicar as leis, bem como expedir decretos e regulamentos para sua fiel execução;
José Carlos Francisco

1. História da norma

Todos os ordenamentos constitucionais brasileiros trouxeram preceitos semelhantes ao art. 84, IV, da Constituição de 1988, embora o exercício concreto dessas prerrogativas confiadas ao Presidente da República tenha sido marcado por diversas situações excepcionais (em especial no que concerne ao exercício da função regulamentar). Na Carta Constitucional do Império de 1824, o Imperador, no exercício do Poder Moderador, tinha competência para sancionar atos normativos da Assembleia Geral com força de lei (art. 101, III), e, no papel de Chefe do Poder Executivo que também acumulava, tinha atribuições para expedir decretos, instruções, e regulamentos adequados à boa execução das leis (art. 102, XII), mas a centralização de poderes no Monarca permitiu-lhe elástica função normativa.

A Constituição Republicana de 1891, em seu art. 48, n. 01, previa competência privativa do Presidente da República para sancionar, promulgar e fazer publicar leis e resoluções do Congresso, bem como para expedir decretos, instruções e regulamentos para sua fiel execução, fórmula que foi mantida pelo art. 56, § 1º, da Constituição de 1934 ao dispor que competia privativamente ao Presidente da República sancionar, promulgar e fazer publicar as leis, e expedir decretos e regulamentos para a sua fiel execução. A exemplo do que se deu na vigência da Carta do Império, o período constitucional da Velha República foi marcado por forte delegação de atribuições para regulamentos, começando pelo próprio Decreto 01, de 15.11.1889, e avançando para o Governo Provisório derivado da revolução de 1930, pois o Decreto 19.398, de 11.11.1930, permitiu que temas de reserva absoluta de lei fossem expedidos por decretos (p. ex., o ainda vigente Decreto 20.910/1932), tendo em vista a ausência de disposições especiais diferenciando a competência legislativa da atribuição regulamentar, situação que perdurou até a instalação da nova ordem constitucional em 1934[1].

Inspirada nas ideias centralizadoras da Carta da Polônia de 1935 e da Carta Portuguesa de 1933 (dentre outros diplomas constitucionais da época), a Carta Brasileira de 1937 criou o Estado Novo e abriu grande campo normativo a regulamentos, dispondo, em seu art. 11, que a lei, quando de iniciativa do Parlamento, deveria se limitar a regular, de modo geral, apenas a substância e os princípios de matérias que constituíssem seu objeto, permitindo ao Poder Executivo expedir regulamentos complementares. O art. 74, "a", dessa Carta de 1937 conferia ao Presidente da República competência privativa para sancionar, promulgar e fazer publicar as leis e expedir decretos para sua execução, e aderindo às centralizações que marcavam a experiência europeia do período, essa Carta atribuiu ao Presidente da República, em seu art. 14, prerrogativa para expedir livremente decretos-leis sobre organização do Governo e da administração federal, comando supremo e organização das Forças Armadas (observadas disposições constitucionais e limites das respectivas dotações orçamentárias). No art. 180 da Carta de 1937 foi fixada a possibilidade de o Presidente da República expedir decretos-leis sobre todas as matérias da competência legislativa da União enquanto o Parlamento Nacional não fosse reunido (note-se que o art. 186 desse diploma constitucional declarou estado de emergência em todo o país). A Lei constitucional 09, de 28.02.1945, alterou a redação do art. 14 da Carta de 1937, abrandando as atribuições do Presidente da República (que, todavia, manteve a competência para expedir livremente decretos-leis sobre assuntos que especificou), mas a normalidade democrática foi restaurada apenas com a Lei Constitucional 16, de 30.11.1945, que revogou o art. 186 dessa Carta Constitucional, sendo seguida pela promulgação de novo ordenamento constitucional.

O art. 87, I, da Constituição de 1946 estabeleceu competência privativa do Presidente da República para sancionar, promulgar e fazer publicar leis e para expedir decretos e regulamentos visando sua fiel execução. Ao implantar a efêmera experiência parlamentarista, o art. 3º, III, da Emenda Constitucional 04/1961 manteve competência do Presidente da República para sancionar, promulgar e fazer publicar as leis, mas o art. 18, III, dessa Emenda conferiu a edição de regulamentos ao Primeiro-Ministro, que também podia assumir a direção de qualquer Ministério (conforme art. 19 dessa Emenda). Após consulta popular, a Emenda Constitucional 06/1963 encerrou a experiência parlamentarista, revogando os dispositivos da Emenda Constitucional 04/1961 e repristinando os dispositivos da Constituição de 1946 que dispunham sobre o sistema presidencialista (salvo o art. 61 e pequena alteração no art. 79, § 1º). Contudo, diversos atos institucionais e normas complementares oriundas do regime militar adotado a partir de 1964 se sobrepuseram ao ordenamento constitucional de 1946.

Na vigência da Carta Constitucional de 1967, o art. 83, II, confiava competência privativa ao Presidente da República para sancionar, promulgar e fazer publicar leis, e para expedir decretos e regulamentos visando sua fiel execução, mas o Ato Institucio-

---

1. Tanto quanto o Decreto 01, de 15.11.1889, o Decreto 19.398, de 11.11.1930, teve natureza de ato Constituinte tendo em vista suas ordens revolucionárias em relação às instituições políticas e jurídicas.

nal n. 12, de 31.08.1969, transferiu as funções de Chefia do Poder Executivo aos Ministros da Marinha de Guerra, do Exército e da Aeronáutica Militar nos termos de Atos Institucionais e Complementares, bem como da Constituição de 24 de janeiro de 1967, em razão do impedimento temporário do Presidente da República, Marechal Arthur da Costa e Silva, por motivo de saúde. Com a nova redação dada à Constituição de 1967 pela outorgada Emenda Constitucional 01, de 17.10.1969, o art. 81, III, novamente atribuiu competência privativa ao Presidente da República para sancionar, promulgar e fazer publicar leis, e para expedir decretos e regulamentos visando sua fiel execução. Mas o regime autocrático dessa época levou a várias distorções na produção normativa, especialmente no tocante a regulamentos, pois o art. 2º, § 1º, do Ato Institucional 05/1968 (combinado com o Ato Complementar 38/1968) colocou o Congresso Nacional em recesso, e, assim, o Presidente da República legislou sobre muitas matérias, ao mesmo tempo em que o art. 181, III, da Constituição de 1967 (com a Emenda Constitucional 01/1969) excluiu da apreciação jurisdicional atos legislativos expedidos com base em atos institucionais e complementares. Embora a Constituição de 1967 (com a Emenda 01/1969) vedasse a delegação de poderes (art. 6º, parágrafo único), referindo-se a regulamentos com emprego de expressões que subordinavam esses atos normativos à lei, muitos decretos foram editados cuidando de matéria de reserva absoluta de lei, tanto que o art. 25 do ADCT procurou pôr termo nas incontáveis delegações promovidas por atos institucionais, normas complementares, leis e decretos-leis para múltiplas autoridades.

2. Constituições brasileiras anteriores

Art. 101, III, e art. 102, XII, da Carta de 1824; art. 48, n. 01 da Constituição de 1891, art. 56, § 1º, da Constituição de 1934, art. 11, art. 14, art. 74, "a", art. 180 e art. 186 da Carta de 1937 (com as alterações da Lei Constitucional 09, de 28.02.1945 e da Lei Constitucional 16, de 30.11.1945), art. 87, I, da Constituição de 1946 (com as alterações do art. 3º, III, do art. 18, III e do art. 19, da Emenda Constitucional 04/1961, e Emenda Constitucional 06/1963), art. 83, II, da Carta de 1967 (com alterações transitórias do Ato Institucional n. 12/1969, e renumeração para art. 81, III, pela Emenda Constitucional 01/1969).

3. Constituições estrangeiras

Ordenamentos jurídicos de países estrangeiros tradicionalmente sujeitam atos legislativos à sanção, promulgação e publicação por parte do Chefe do Executivo, mas no tocante a regulamentos, verifica-se paulatino fortalecimento desses atos unilaterais do Poder Executivo, inclusive mediante delegações e reorganizações de competências normativas (embora as principais decisões políticas sejam reservadas à lei aprovada pelo Poder Legislativo e controlada com sanção e veto do líder do Poder Executivo).

No parlamentarismo adotado pela Alemanha, o art. 77 e o art. 78 da Lei Fundamental de Bonn de 1949 dispõem sobre o processo legislativo para a aprovação de leis federais, e o art. 82 prevê sanção, promulgação e publicação por parte do Presidente do Governo Federal. Já no art. 80 e no art. 86 dessa Lei Fundamental há competência para a edição de regulamentos jurídicos e regulamentos administrativos: regulamentos jurídicos (*Rechtsverordnungen*, art. 80 da Lei Fundamental) são da competência do Governo Federal, de Ministro ou de governos dos Estados-Membros (podendo ainda ser subdelegado), e encontram alguns limites na lei, pois essa deve definir conteúdo, finalidade e medidas autorizadas visando assegurar a coordenação de funções na separação de poderes e a prevalência da lei em relação ao regulamento, de tal modo que essa modalidade de regulamento jurídico está vinculada à lei que fixa padrões pertinentes ao objeto desse ato normativo da administração; regulamentos administrativos (*Verwaltungverordnungen*, art. 86 da Lei Fundamental) são ordenações gerais da autoridade superior destinadas às autoridades inferiores, ou da autoridade diretora a servidores administrativos a ela subordinados (daí porque seu fundamento é o poder hierárquico), tendo apenas alcance interno, sendo editados com a finalidade de organização e serviço, diretrizes da discricionariedade e de interpretação, e linhas diretivas representantes de leis, motivo pelo qual esses regulamentos administrativos não precisam de lei autorizativa (exceto em situações excepcionais). Há ainda estatutos editados por entes administrativos federais ou estaduais dotados de independência, de modo que essa autoadministração os exclui de vínculo hierárquico com relação à administração estatal, embora vinculadas às leis estatais e submetidas ao controle jurídico estatal (p. ex., universidades, câmaras de indústria e comércio, instituições de previdência, fundações públicas e outras entidades descentralizadas).

Na China, o art. 79 e o art. 81 da Constituição de 1982 estabelecem que o Poder Executivo cabe ao Presidente e Vice-Presidente da República, eleitos pelo Congresso Nacional do Povo chinês e com competências típicas de Chefe de Estado, ao passo em que o art. 85, o art. 86 e o art. 88 cuidam do Conselho de Estado presidido pelo Primeiro-Ministro chinês, com atribuições de Chefe de Governo, a quem cabe a administração governamental e a direção superior da administração pública. O art. 80 da Constituição Chinesa prevê que o Presidente da República promulga estatutos, ao passo que leis e resoluções do Congresso Nacional são aprovadas pela maioria dos deputados (art. 64). As competências do Conselho de Estado estão previstas no art. 89 da Constituição chinesa, incluindo a função regulamentar no art. 89, 1, mas o *"Standing Committee"* do Congresso Nacional do Povo, nos termos do art. 65, art. 66 e art. 67, todos da Constituição, assume algumas funções em caso de recesso do Congresso, tais como interpretação da Constituição e as leis, revisão e aprovação de ajustes em planos socioeconômicos, bem como decisão sobre atividades ministeriais. É corrente que o Partido Comunista detém o efetivo poder na China, até porque seu Secretário-Geral é também Presidente da República[2].

O conceito de regulamento é complexo e impreciso no direito positivo espanhol, que não estabeleceu uma forma específica para esses atos, razão pela qual a expressão "regulamento" abrange formas distintas como decretos, acordos do Conselho de Ministros, ordens de comissões delegadas do Governo e dos Ministros, instruções, circulares etc., com o agravante de que esses atos podem conter tanto preceitos tipicamente regula-

---

2. Conforme *Folha de S. Paulo*, Primeira Página e Mundo A8, de 26.02.2018, o cargo de Presidente da República Chinesa é simbólico porque o comando efetivo do país cabe ao Secretário-Geral do Partido Comunista.

mentares quanto providências sem essa natureza. Regulamentos do Poder Executivo são classificados de diversas formas, com relação à matéria que tratam (jurídicos e administrativos) e em face da lei (executivos, independentes, habilitados e de necessidade e urgência). O art. 62, "a" e "f", e art. 91, da Constituição da Espanha de 1978, no contexto parlamentarista, estabelece que o Rei exerce a função de Chefe de Estado, mas tem atribuição para sancionar e promulgar leis, bem como expedir decretos aprovados pelo Presidente do Governo. Considerando regulamentos como ato normativo da administração pública, o art. 97 na ordem constitucional de 1978 confere função regulamentar ao Governo (Presidente, Vice-Presidente, Ministros e membros que a lei estabelecer). Por expressa previsão do art. 62 da Constituição, o Rei pode expedir decretos de acordo com o Conselho de Ministros, repartindo a tarefa regulamentar com esse órgão colegiado.

O art. I, Seção VII, n. 2, da Constituição Americana de 1787, estabelece que qualquer projeto de lei aprovado pela Câmara dos Representantes e pelo Senado, antes de se converter em lei, deve ser submetido ao Presidente dos Estados Unidos para sanção ou veto. Já o art. I, Seção VIII, da mesma Constituição, prevê que cabe ao Congresso Americano fazer regulamentos de organização e disciplina das forças de terra e mar, e o art. II, Seção III, confia ao Presidente Americano a função de velar pela fiel execução de leis. Embora a Constituição Americana não faça expressa referência a regulamentos do Poder Executivo, há várias delegações de competência normativa atribuídas pelo Poder Legislativo em favor do Presidente ou de Departamentos a ele vinculados, especialmente às agências reguladoras (a lei que as cria também lhes atribui competência normativa, embora sob críticas quanto à legitimidade democrática para exercer essa prerrogativa). As delegações evoluíram com o tempo, iniciando pela aceitação da *contingented delegatio*, *named delegatio*, passando para a *filling in details* (que têm em comum a possibilidade de o titular da atribuição se limitar a cumprir os fins e objetivos do legislador, comportando discricionariedade mínima para preencher lacunas deixadas na lei formal) até a técnica do *delegation with standards* (com conferência de capacidade normativa ao Poder Executivo, inclusive com edição de preceitos que criam direitos e obrigações, embora não importe em abdicação da função legislativa reservada ao Poder Legislativo). A Lei do Processo Administrativo editada em 1946 (*Administrative Procedure Act*) exige que projetos de regulamentos federais sejam divulgados pela imprensa, viabilizando a interessados participarem do processo de debate e do aperfeiçoamento das decisões dos Poderes Públicos. No caso de agências reguladoras, elas devem remeter documentos ao Congresso para viabilizar a análise de suas atividades, tendo sido desenvolvido o instituto do *hearing*, com a oitiva dos interessados e de terceiros (para coibir privações arbitrárias), sendo que há quatro espécies de regulamentos por elas produzidos: *legislative rules*, delegação legislativa para a criação de direitos e obrigações, motivo pelo qual têm força e efeito de lei; *procedural rules*, aprovados por agências para sua organização e funcionamento, tendo objetivos internos; *interpretative rules*, produzidos por agências para explicar e tornar claros preceitos legais e *legislative rules* da própria agência; e *general statement of policy*, declarações gerais de intenções da agência quanto ao desenvolvimento de sua política. Pelo *hard look*, dá-se controle judicial pelo qual o juiz pode entrar na valoração racional e de razoabilidade do ato da administração e da adoção da decisão final, e, em 1990, foi editada a Lei sobre Negociação de Regulamentos (*Negotiated Rulemaking Act*), codificada na Lei do Processo Administrativo, permitindo que interessados participem da elaboração desses atos normativos, podendo redigir propostas de regulamentos que, após visto da agência reguladora competente, serão publicados para debates até que assumam forma normativa final.

No caso da Constituição Francesa de 1958, os arts. 8º e seguintes estabelecem que o Presidente da República nomeia e destitui o Primeiro-Ministro (a quem cabe a função de Chefe de Governo), bem como outros membros do Governo (mediante indicação do Primeiro-Ministro), e ainda preside o Conselho de Ministros, além de exercer funções como veto a projetos de lei e promulgação desses atos quando aprovados. O art. 13 do ordenamento constitucional da Vª República prevê que o Presidente da República assina decretos aprovados pelo Conselho de Ministros, e o art. 21 atribui função regulamentar ao Primeiro-Ministro (com as ressalvas do art. 13), e também estabelece que "alguns de seus poderes" podem ser delegados para Ministros. No tocante a regulamentos, o ordenamento francês cria ao menos três espécies: regulamento de execução, condicionado à lei em face da qual deve ser editado para lhe dar cumprimento, sem desbordar limites estabelecidos; regulamento de complementação (ou semiautônomo), usado para desenvolver matérias em relação às quais o Constituinte de 1958 assegurou às leis apenas a definição de princípios fundamentais, na forma do art. 34; e regulamento autônomo, cujo campo normativo é residual, pois pode ser editado em todas as matérias que não estiverem expressamente reservadas à lei, segundo os arts. 34 e 37 da Constituição de 1958. No art. 34 da ordem constitucional há longa lista de matérias relevantes reservadas apenas à lei, além do que os domínios desse ato legislativo podem ser ampliados pela Constituição ou por lei orgânica e até mesmo por lei ordinária (previstas nos arts. 53, 72 a 74 dentre outros), de modo que aos regulamentos autônomos do art. 37 da Constituição restam matérias menos importantes.

Na Itália, a função regulamentar é bastante abrangente, incluindo atos normativos editados pelo Governo, pelo Chefe de Estado, e por todas as autoridades às quais a lei confere competência regulamentar. O art. 73 e o art. 74 da Constituição Italiana de 1948 preveem que o Presidente da República tem competência para sancionar ou vetar projetos de leis, bem como para promulgá-los, e o art. 87, da mesma Constituição estabelece que o Presidente, com atribuições de Chefe de Estado e de representante da unidade nacional, edita regulamentos. A Lei n. 400, de 1988, em seu art. 17, cuida da competência ministerial, interministerial e de outras autoridades descentralizadas, permitindo regulamentos de execução de lei e de decretos legislativos (subordinado às fontes primárias de Direito), regulamentos de integração de leis e de decretos legislativos (editados com a finalidade de completar disposições de atos normativos primários que têm natureza de disposição de princípio, representando variação do regulamento de execução), regulamentos independentes (tratam de matéria sujeita à estrita legalidade, ainda que não tenha sido produzida lei para tratar do tema), regulamentos de organização (típicos atos de execução, na medida em que há normalmente lei dando critérios para a disposição e o tratamento de atividades públicas), regulamentos autorizados ou delegados (tratam de matéria pertinente à reserva absoluta de lei, mas o Poder Legislativo transfere ao Poder Executivo a competência para a normatização), regulamentos de recepção de acordos sindicais (engloba contratos celebrados em matéria de organização do trabalho e relação de emprego) e regulamentos de atuação de diretivas comunitárias (dão aplicação às diretivas da União Europeia). Esse mesmo art. 17 da Lei 400, bem como outras leis (especialmente a de n. 59, de 1997), transferiram para o regulamento a normatização da organização da administração pública que anteriormente era tratada pela lei.

Nos termos do art. 136 da Constituição Portuguesa de 1976, o Presidente da República tem atribuições para promulgar ou exercer direito de veto (solicitando nova apreciação do diploma em mensagem fundamentada) em relação a qualquer decreto da Assembleia da República enviado para ser promulgado como lei, ou de decisão do Tribunal Constitucional que não se pronuncie pela inconstitucionalidade de norma dele constante. O sistema constitucional português estabelece a primazia ou a preferência da lei em relação a regulamentos, daí por que esses atos unilaterais do Poder Executivo são secundários e subordinados à lei, mas o art. 112, n. 7 e n. 8, o art. 134 e o art. 199, "c", todos da Constituição Portuguesa de 1976, preveem que regulamentos do Governo devem indicar expressamente leis sobre as quais cuidam ou que definem competência subjetiva e objetiva para sua emissão (além do art. 227, "d", cuidando das regiões autônomas, e do art. 241 pertinente às assembleias das autarquias locais). Regulamentos de execução, previstos no art. 119, "c", da Constituição vigente, cabem ao Governo para, no exercício da administração pública, produzir normas necessárias visando a conveniente aplicação das leis. Já os regulamentos independentes, tratados no art. 112, ns. 7 e 8, da Constituição, também são conferidos ao Governo, sendo que a lei vincula a função regulamentar mas se limita a indicar a autoridade que poderá editar o ato normativo e a matéria correspondente (basta autorização específica da lei, embora ela se abstenha de explicitar o conteúdo do regulamento). Regulamentos independentes têm amparo em lei, mas não são limitados a dar operacionalização às leis (papel dos regulamentos de execução), podendo cuidar dos contornos dos temas autorizados por leis (sem fixação de limites). Decretos regulamentares são produzidos pelo Governo mas são promulgados e publicados pelo Presidente da República (órgão de soberania diverso do Governo), nos termos do art. 134, "b", do ordenamento constitucional. Regulamentos autônomos têm fundamento direto nas Constituições, mas posição dominante nega sua existência no direito português.

4. Direito Internacional

Tratados internacionais celebrados pelo Brasil não cuidam de temas versados nesse preceito constitucional.

5. Remissões constitucionais (outros artigos da Constituição) e legais (leis reguladoras)

Art. 1º, parágrafo único, art. 2º, art. 5º, § 3º, art. 21, art. 49, V, art. 60 a art. 69, art. 76, art. 84, *caput*, I e VI, e parágrafo único, art. 150, § 6º, art. 155, § 2º, XII, "g", e § 4º, IV, art. 174, art. 177, § 2º, III, e art. 207, todos do corpo permanente, e art. 3º e art. 25 do ADCT, também da Constituição de 1988, Lei Complementar 24/1975, Lei Complementar 95/1998, Lei Complementar 107/2001, Decreto Federal 4.176/2002 e Decreto 9.191/2017.

6. Jurisprudência (STF e STJ): *leading cases*, principais posições e votos divergentes; tendências atuais no sentido da mudança da jurisprudência

A Súmula 05 do STF prevê que sanção presidencial do projeto sana o vício de iniciativa em projeto de lei iniciado por parlamentar em caso de competência privativa do Poder Executivo, mas o entendimento dominante é que essa orientação está superada em razão de a inconstitucionalidade representar nulidade absoluta e, por isso, insanável.

Na ADI 996-MC, Rel. Min. Celso de Mello, *DJ* de 06.05.1994, o STF afirmou que, se decreto regulamentar divergir do sentido e do conteúdo da norma legal (por ser *ultra legem*, *citra legem*, ou *contra legem*), há ilegalidade e não inconstitucionalidade direta, e o ato regulamentar não pode ser objeto de controle concentrado de constitucionalidade, devendo ser combatido por instrumentos processuais ordinários, mesmo que a partir desse vício de ilegalidade haja desdobramento com potencial violação da Carta Magna (inconstitucionalidade indireta, reflexa ou oblíqua). No mesmo sentido, a ADI 4.176 AgR, Relª. Minª. Cármen Lúcia, j. 20.06.2012, Pleno, *DJe* de 1º.08.2012.

A Emenda Constitucional 08/1995 alterou o art. 21, XI e II, "a", da Constituição, prevendo expressamente edição de lei para dispor sobre a competência da União para explorar serviços de telecomunicações, diretamente ou mediante autorização, concessão ou permissão. Considerando a inexistência de lei anterior que possa ser regulamentada, na ADI 1.435-MC, Rel. Min. Francisco Rezek, *DJ* de 06.08.1999, o STF entendeu que qualquer disposição sobre o assunto tende a ser adotada em lei formal, de modo que decreto editado sobre o tema seria nulo, não por ilegalidade, mas por inconstitucionalidade, porque supriu a lei em ponto no qual a Constituição a exige. No mesmo julgado, o STF concluiu que a Lei 9.295/1996 não sana a deficiência do decreto impugnado, já que ela é posterior ao ato regulamentar inválido.

Nos termos da Súmula 669 do STF, decretos regulamentares e demais atos normativos do Poder Executivo podem alterar prazo de recolhimento de tributo, sem violação à reserva absoluta de lei ou estrita legalidade prevista no art. 150, I, da Constituição, além do que essa alteração não se sujeita à anterioridade, pois diminuição de prazo de recolhimento não representa aumento de tributação. Já a Súmula 732 do STF afirmou a constitucionalidade da contribuição tributária denominada salário-educação, seja sob a Carta de 1969, seja sob a Constituição Federal de 1988, e no regime da Lei 9.424/1996 (não obstante discussões relativas a decretos regulamentares que cuidaram dessa exação), ao passo em que, na ADC 03, Rel. Min. Nelson Jobim, *DJ* de 09.05.2003, v.u., o Pleno do mesmo STF afirmou que o art. 15 da Lei 9.424/1996 contém os elementos essenciais da hipótese de incidência do salário-educação e que a expressão "na forma em que vier a ser disposto em regulamento'" é meramente expletiva, haja vista a competência privativa do Presidente da República para expedir regulamentos para a fiel execução das leis (art. 84, IV, da Constituição).

Na ADI 3.394, *DJ* de 24.08.2007, o Min. Eros Grau do STF asseverou que regulamentos de execução decorrem de atribuição explícita do exercício de função normativa pelo Poder Executivo atribuída no art. 84, IV, da Constituição, de modo que o Presidente da República está autorizado a expedi-los em relação a todas as leis (independentemente de inserção, nelas, de disposição que os autorize), cabendo a esse ato normativo do Poder Executivo desenvolver a lei, com a dedução de comandos nela virtualmente abrigados, limitações que alcançam exclusivamente os regulamentos de "execução" (não os "delegados" e os "autônomos"). Ao final, o Min. Eros Grau conclui que a fixação de prazo, na lei, para que o Chefe do Executivo exerça função que lhe incumbe originariamente, é inconstitucional por ofensa à separação de poderes (anotando, no mesmo sentido, a ADI 2.393, Rel. Min. Sydney Sanches, *DJ* de 28.03.2003, e a ADI 546, Rel. Min. Moreira Alves, *DJ* de 14.04.2000).

A Lei 8.212/1991 previu a incidência de adicional a título de contribuição social devida pela empresa sobre sua folha de pagamento, destinada a financiar fundos que cobrem acidentes de trabalho, variando de 1%, 2% ou 3% em razão do nível de risco de acidente apresentado pela empresa. No RE 343.446, Rel. Min. Carlos Velloso, Pleno, v.u., julgado em 24.03.2003, o STF afirmou que o fato de a lei deixar para o regulamento a complementação de conceitos de atividade preponderante e grau de risco (leve, médio ou grave) não ofende o princípio da estrita legalidade em matéria tributária, pois os elementos essenciais estão previstos em lei. Essa mesma linha de entendimento foi reafirmada pelo STF no Tema 554 (RE 677.725, de 11.11.2021) e na ADI 4.397 (j. em 11.11.2021).

No RE 577.025, Rel. Min. Ricardo Lewandowski, j. 11.12.2008, Pleno, *DJe* de 06.03.2009, decidido com repercussão geral (Tema 48), o STF concluiu que a Constituição da República não permite que Governador do Distrito Federal crie cargos e reestruture órgãos públicos por meio de simples decreto, matérias submetidas à reserva absoluta de lei.

Na ADI 4.568, Relª. Minª. Cármen Lúcia, j. 03.11.2011, Pleno, *DJe* de 30.03.2012, o STF concluiu que decreto presidencial não inova a ordem jurídica se apenas aplica índices, definidos na Lei 12.382/2011, para reajuste e aumento do valor do salário mínimo, pois esse ato do Poder Executivo tão somente declara o novo valor.

Há aspectos controvertidos no âmbito do STF, tais como o uso de decreto para alterar alíquotas de COFINS mesmo sem expressa autorização constitucional para essa espécie de delegação (ADC 84).

7. Referências bibliográficas

AMARAL JÚNIOR, José Levi Mello do, *Decreto autônomo: questões polêmicas*. In: Maria Sylvia Zanella Di Pietro. (Org.). *Direito regulatório: temas polêmicos*, 2 ed. Belo Horizonte: Fórum, 2004; BOBBIO, Norberto, *Teoria do ordenamento jurídico*, trad. Cláudio de Cicco e Maria Celeste C. J. dos Santos, São Paulo: Ed. Polis, Brasília: Ed. Universidade de Brasília, 1989; BONAVIDES, Paulo, *História Constitucional do Brasil*, obra conjunta com Paes de Andrade, 3ª ed., Rio de Janeiro: Ed. Paz e Terra, 1991; BURDEAU, Georges, HAMON, Francis, et TROPER, Michel, *Droit Constitutionnel*, 26ᵉ édition, Paris: Librairie Générale de Droit et de Jurisprudence – L.G.D.J., 1999; CALLEJÓN, Francisco Balaguer, *Fuentes del Derecho. II. Ordenamiento General del Estado y Ordenamientos Autonómicos*, Madrid: Editorial Tecnos, 1992; CANOTILHO, José Joaquim Gomes, *Direito Constitucional e Teoria da Constituição*, 3ª ed., Coimbra: Livraria Almedina, 1999; CARBONELL, Eloísa, e MUGA, José Luis, *Agencias y Procedimiento Administrativo em Estados Unidos de América*, Madrid: Marcial Pons Ediciones Jurídicas y Sociales S.A., 1996; CASTRO, Carlos Roberto Siqueira, *O Congresso e as Delegações Legislativas*, Rio de Janeiro: Ed. Forense, 1986; CHAPUS, René, *Droit Administratif Général*, Tomo I, 12ª édition, Paris: Montchrestien, 1998; CHAUVIN, Francis *Administration de l'État*, 4ᵉ édition, Paris: Ed. Dalloz, 1994; CLÈVE, Clèmerson Merlin, *Atividade Legislativa do Poder Executivo no Estado Contemporâneo e na Constituição de 1988*, São Paulo: Ed. Revista dos Tribunais, 1993; CONCEIÇÃO, Márcia D. Nigro, *Conceitos indeterminados na Constituição, Requisitos da relevância e urgência*, São Paulo: Ed. Celso Bastos, 1999; CUÉLLAR, Leila, *As agências Reguladoras e seu Poder Normativo*, São Paulo: Ed. Dialética, 2001; DI PIETRO, Maria Sylvia Zanella, *Curso de Direito Administrativo*, 14ª ed., São Paulo: Ed. Atlas, 2002; DORDA, Rosa Comella, *Limites del Poder Reglamentario en el Derecho Administrativo de los Estados Unidos*, Barcelona: Cedecs Editorial s.l., 1997; FAVOREU, Louis, coordonnateur, Patrick Gaïa, Richard Ghevontian, Jean-Louis Mestre, André Roux, Otto Pfersmann et Guy Scoffoni, *Droit Constitutionnel*, Paris: Dalloz, 1998; FAVOREU, Louis, *Le domaine de la loi et du règlement*, 2ᵉ ed., Economica et Presses Universitaires d'Aix-Marseille, Paris e Aix-en-Provence: 1981; FERRAZ, Sérgio, Regulamento, in *3 estudos de Direito*, São Paulo: Ed. Revista dos Tribunais, 1977; FERREIRA FILHO, Manoel Gonçalves, *Do Processo Legislativo*, 4ª ed., São Paulo: Ed. Saraiva, 2001; FRANCISCO, José Carlos, *Função Regulamentar e Regulamentos*, Rio de Janeiro: Ed. Forense, 2009; GARCÍA DE ENTERRÍA, Eduardo, e FERNÁNDEZ, Tomás-Ramón, *Curso de derecho administrativo*, 4ª ed., Madrid: Ed. Civitas, 1983; GASPARINI, Diógenes, *Poder Regulamentar*, São Paulo: Ed. José Bushatsky, 1978; GORDILLO, Agustin, *Tratado de Derecho Administrativo*. 4ª ed., Buenos Aires: Fundacion de Derecho Administrativo, 1997; GRAU, Eros Roberto, *O Direito Posto e o Direito Pressuposto*, 4ª edição, São Paulo: Ed. Malheiros, 2002; GUNTHER, Gerald, *Constitutional Law*, 12ª edition, Westbury, New York: The Foundation Press, Inc., 1991; HESSE, Konrad, *Elementos de Direito Constitucional da República Federal da Alemanha*, tradução da 20ª edição alemã por Luís Afonso Heck, Porto Alegre: Sergio Antonio Fabris Editor, 1998; LARICCIA, Sergio, *Diritto Amministrativo*, Padova: Cedam, 2000; LEAL, Víctor Nunes Leal, Lei e Regulamento, in *Problemas de Direito Público*, Rio de Janeiro: Ed. Forense, 1960; LEITE, Luciano Ferreira, *O Regulamento no Direito Brasileiro*, Biblioteca de Estudos de Direito Administrativo, Vol. 16, São Paulo: Ed. Revista dos Tribunais, 1986; LIMA, Ruy Cirne, *Princípios de Direito Administrativo Brasileiro*, 2ª edição, Porto Alegre: Livraria do Globo, 1939; LLORENTE, Francisco Rubio de, *La forma del poder (Estudios sobre la Constitución)*, 2ª edición, Madrid: Centro de Estudios Constitucionales, 1997; MARTINES, Temistocle, *Diritto Costituzionale*, 9ª ed., Milano: Giuffrè Editore, 1997; MAURER, Hartmut, *Elementos de Direito Administrativo Alemão*, trad. da edição alemã de Luís Afonso Heck, Porto Alegre: Sérgio Antonio Fabris Editor, 2001; MAUS, Didier, Inflation juridique et développement des normes, in *Droit constitutionnel et droits de l'homme*, Paris: Economica, Presses Universitaires, D'aix-Marseille, 1987; MEDAUAR, Odete, *Direito Administrativo Moderno*, 7ª ed., São Paulo: Ed. Revista dos Tribunais, 2003; MELLO, Celso Antônio Bandeira de, *Curso de Direito Administrativo*, 14ª edição, São Paulo: Malheiros Editores, 2002; MELLO, Oswaldo Aranha Bandeira de, *Princípios Gerais de Direito Administrativo*, Vol. I, 2ª ed., Rio de Janeiro: Ed. Forense, 1979; MELLO, Vanessa Vieira de, *Regime Jurídico da Competência Regulamentar*, São Paulo: Ed. Dialética, 2001; MIRANDA, Francisco Cavalcanti Pontes de, *Comentários à Constituição de 1967 com a Emenda n. 1 de 1969*, 3ª edição, Rio de Janeiro: Ed. Forense, 1987; MORAND-DEVILLER, Jacqueline. *Cours de Droit Administratif*, 6e édition, Paris: Montchrestien, 1999; MOREIRA NETO, Diogo Figueiredo, *Mutações no Direito Administrativo*, Rio de Janeiro: Ed. Renovar, 2000; NOWAK, John E., e ROTUNDA, Ronald D., *Constitutional Law*, 5ª edition, St. Paul – Minn.: West Publishing Co., 1995; NUNES, Simone Lahorgue, *Os fundamentos e os limites do poder regulamentar no âmbito do mercado financeiro*, Rio de Janeiro-São Paulo: Ed. Renovar, 2000; OTTO, Ignacio de, *Derecho constitucional. Sistema de fuentes*, 2ª edición, 6ª reimpresión, Barcelona: Ed. Ariel, 1998; PALADIN, Livio, *Diritto Costituzionale*, 3ª edizione, Padova: CEDAM, 1998; QUEIRÓ, Afonso Rodrigues, *A teoria do "desvio de poder" em Direito Administrativo*, Revista de Direito Administrativo ns. 06 e 07; RIVERO, Jean, e WALINE, Jean, *Droit Administratif*, 18e ed., Paris: Éditions Dalloz, 2000; RODRÍGUES, Andrés Betancor, *Las Administraciones Independientes, um reto para el Estado Social y Democratico de Derecho*, Madrid: Editorial Tecnos, 1994; SALOMÃO FILHO, Calixto, *Regulação da Atividade Econômica (Princípios e Fundamentos Jurídicos)*, São Paulo: Malheiros Editores, 2001; SAMPAIO, José Adércio Leite, *A constituição reinventada pela jurisdição constitucional*, Belo Horizonte: Ed. Del Rey, 2002; SCHWARTZ, Bernard, *Direito Constitucional Americano*, trad. de Carlos Nayfeld, Rio de Janeiro: Ed. Forense, 1966; SOUSA, Leomar Barros Amorin de, *A produção normativa do Poder Executivo: medidas provisórias, leis delegadas e regulamentos*, Brasília: Ed. Brasília Jurídica, 1999; TREMEAU, Jérôme, *La réserve de loi – Compétence Législative et Constitution*, Paris e Aix-en-Provence: Economica et Presses Universitaires d'Aix-Marseille, 1997; VELLOSO, Carlos Mário da Silva, Do Poder Regulamentar, in *Temas de Direito Público*, Belo Horizonte: Livraria Del Rey, 1994; VERGOTTINI, Giuseppe de, *A delegificação e a sua incidência no sistema das fontes do Direito*, in *Direito Constitucional – Estudos em homenagem a Manoel Gonçalves Ferreira Filho*, coord. Sérgio Resende de Barros e Fernando Aurélio Zilveti, São Paulo: Ed. Dialética, 1999.

8. Comentários

8.1. Funções de Chefe de Governo

As competências privativas do art. 84, IV, da Constituição vigente, dizem respeito às funções do Presidente da República como Chefe de Governo (relacionado às decisões políticas governamentais), estampando vigor pela sanção, veto e promulgação (instrumento de controle do Poder Legislativo e também de iniciativas legislativas do Poder Judiciário), e pela produção de decretos e regulamentos para fiel execução de atos normativos superiores.

O Constituinte entendeu por bem agrupar as competências para sancionar, promulgar e fazer publicar leis (bem como expedir decretos e regulamentos para sua fiel execução) no inciso IV do art. 84 da Constituição, ao passo em que a atribuição para vetar foi arrolada no inciso V do mesmo preceito constitucional. Claro que sanção, veto, promulgação e publicação de projetos de lei são atos interligados no processo legislativo, dos quais apenas o veto indica desaprovação por parte do Chefe do Poder Executivo e submete o conteúdo correspondente à reanálise do Poder Legislativo (art. 66 da Constituição).

8.2. Sanção, promulgação e publicação de leis

O processo legislativo comum é composto pela fase de iniciativa (apresentação do projeto), fase de deliberação (integrada pela análise do projeto, bem como pela sua discussão e votação), fase executiva (sanção ou veto) e fase complementar (promulgação e publicação). Somente estão sujeitos à sanção ou veto projetos de leis complementares e de leis ordinárias, bem como os projetos de lei de conversão de medidas provisórias quando alterados durante sua tramitação (se houver conversão sem alteração, a promulgação e publicação se dão por ordem do próprio Poder Legislativo). Por óbvio, não haverá sanção e veto nos atos legislativos privativos da Câmara Deputados, do Senado e do Congresso Nacional (resoluções e decretos legislativos), bem como nos atos do Poder Constituinte Reformador (emendas ordinárias do art. 60 da Constituição, tratados com força de emenda nos termos do art. 5º, § 3º, da Constituição, e emendas extraordinárias ou de revisão do art. 3º do ADCT), embora em ambos os casos a participação política do Chefe do Poder Executivo possa se dar pelas vias políticas do presidencialismo por coalizão. Já a fase complementar (integrada pela promulgação e pela publicação) não é atribuição exclusiva do Chefe do Executivo, pois cabe ao Presidente do Senado e até mesmo ao Vice-Presidente do Senado nas singulares condições do art. 66, § 7º, da Constituição, mesmo porque todo ato normativo tem promulgação e publicação (incluindo os privativos, como resoluções legislativas).

Sanção e veto são atos privativos e indelegáveis do Chefe do Executivo, como típica manifestação da separação de poderes, pois o Poder Executivo tem a faculdade de impedir atos normativos aprovados pelo Poder Legislativo, ainda que iniciados pelo Poder Judiciário ou outro competente. A sanção representa a anuência política e jurídica do Chefe do Executivo ao projeto que lhe é apresentado, podendo ser classificada: quanto à extensão, em sanção integral (todo o projeto é sancionado) ou sanção parcial (correspondente às hipóteses de veto parcial); quanto à forma, a sanção pode ser expressa (embora não precise ser motivada, de modo que a sanção sem fundamento expresso faz presumir que o Chefe do Executivo está de acordo com a exposição de motivos que acompanha o projeto) ou tácita (verificada com decurso do prazo de quinze dias úteis sem sanção ou veto por parte do Chefe do Executivo).

A desaprovação do projeto consolidada no veto presidencial pode ser classificada: quanto ao fundamento ou motivação, em veto político (amparado em aspectos discricionários de conveniência e oportunidade) e em veto jurídico (sustentado na inconstitucionalidade do projeto); quanto à extensão, em veto integral (todo o projeto é rejeitado) ou veto parcial (a totalidade de uma parte do projeto é recusada, todavia, sendo inadmissível veto de uma ou algumas palavras que constam em uma parte do projeto, mesmo que motivado por inconstitucionalidade); quanto ao resultado, em veto suspensivo (impondo nova apreciação do projeto por parte do Poder Legislativo) e absoluto (impõe o arquivamento do projeto, modalidade inexistente no direito brasileiro contemporâneo).

A promulgação é ato que certifica a regularidade do projeto, de modo que havendo processamento formalmente correto, presume-se a validade relativa do ato normativo produzido, e daí advém sua autoexecutoriedade e sua obrigatoriedade. Contudo, o fato de o Chefe do Executivo ter sancionado e promulgado um ato normativo não lhe retira a atribuição para propor ações judiciais combatendo a validade desses preceitos.

A publicação é indispensável para o início da vigência e da eficácia jurídica dos atos normativos, podendo ser feita em Diário Oficial, em jornal privado de grande circulação, e até mesmo mediante fixação do inteiro teor do ato normativo em recintos públicos. É plenamente admissível a publicação apenas por meio eletrônico em sites oficiais, ante a evolução e facilidades de acesso à internet.

A presunção de conhecimento de preceitos normativos por parte de seus destinatários apenas pelo fato de terem sido publicados (salvo raríssimas situações), consolidada na máxima *ignorantia legis neminem excusat*, ganha complexidade na realidade concreta, não só pela imensa quantidade de preceitos produzidos e vigentes, mas também pelo ainda expressivo índice de analfabetismo do povo brasileiro e, sobretudo, pela complexidade do conteúdo apresentado em temas socioeconômicos. Se é possível imaginar que regras pertinentes a relações interpessoais são compreendidas nas dinâmicas cotidianas, tal não se observa em se tratando de aspectos técnicos da legislação governamental.

Sanção, promulgação e publicação serão assuntos centrais aos arts. 61 e seguintes da Constituição (especialmente ao art. 66), os quais sugerimos ao leitor.

8.3. Reorganização da produção normativa

Marcado por conflitos ideológicos e por divergências político-partidárias, o Poder Legislativo pluralista não tem condições e tempo hábil para a produção de todas as normas exigidas pela dinâmica e complexa realidade socioeconômica contemporânea e, de outro lado, o Poder Executivo tem aparato para atuar de modo ágil e técnico nesses mesmos segmentos. Por isso, ordenamentos constitucionais invariavelmente reservam ao Poder Legislativo atribuição para definir aspectos centrais de assuntos normativos, ao mesmo tempo que confiam ao Poder Executivo a normatização da conjuntura cambiante e técnica, do que decorre a ampliação de competências regulamentares e dos limites materiais dos regulamentos. Paralelamente, a eficiência na gestão pública e na produção normativa vem sendo buscada com mecanismos de desconcentração, descentralização e delegação da competência regulamentar, exercidas tendo por base o núcleo da estrutura normativa definida em leis.

A priorização da lei (essência da democracia e do Estado de Direito) é preservada com a delimitação constitucional de temas sujeitos à reserva absoluta de lei (notadamente aqueles tidos como relevantes ou estruturais), que ainda terá precedência ou preferência sobre atos infralegais em temas de reserva relativa de lei. Logo, há ampliação da atribuição normativa confiada a função regulamentar, que não significa necessariamente maior discricionariedade desses atos unilaterais do Poder Executivo em temas sensíveis.

Portanto, nessa reorganização da produção normativa, o Poder Executivo ocupa espaço legítimo aberto pela lei (observados limites de reserva absoluta) e amplia sua participação na produção normativa, fortalecendo a função regulamentar e os regulamentos e suas atividades legislativas diretas (medidas provisórias, leis delegadas, decretos no estado de sítio, estado de defesa e na intervenção federativa) e indiretas (celebração de tratados internacionais, iniciativa legislativa concorrente e privativa, sanção e veto, promulgação e publicação, e outros modos formais e informais de atuação no processo). As mesmas razões que levaram à ampliação da competência legislativa do Poder Executivo levam às transformações na função regulamentar e nos regulamentos, delimitadas pelas decisões fundamentais da lei gerada nos domínios reservados pelo Constituinte ao Poder Legislativo.

8.4. Origem e evolução da função regulamentar e dos regulamentos

Pelos séculos que marcam a história dos regulamentos, a função regulamentar esteve delimitada: lei é representação normativa da vontade superior (expressão da tradição, do monarca, da natureza, da divindade, da coletividade etc.) e ordenança, ordenação ou regulamento é a explicitação normativa necessária para a execução da lei. No império romano, pretores tinham capacidade regulamentar *secundum et praeter legem atque constitutionem*; reis também exerceram função regulamentar nos limites impostos pela justiça (geralmente extraída da religião), pelo consenso, pela lei básica da vida comunal, pelos valores da comunidade e pelos demais elementos que deram sustentação à monarquia; mesmo no absolutismo remanesce a dicotomia lei-regulamento, apesar de o monopólio da produção normativa pelo monarca ter perdido importância em decorrência da liberdade do rei no campo normativo; no Estado de Direito liberal, lei é expressão da vontade geral editada pelo Parlamento no interesse da nação ou da comunidade, e ao Poder Executivo é confiada a função regulamentar em papel complementar e secundário. A precedência da lei em relação ao regulamento subsiste, ao menos formalmente, mesmo nos regimes totalitários ou autocráticos, ainda que para dar aparência de democracia aos mandos do governante.

A função regulamentar sempre esteve vinculada à produção unipessoal ou unilateral (que deságua no atual Poder Executivo), representando ato normativo editado como necessidade de interligação entre lei e atos concretos da administração pública, particularizando ou pormenorizando preceitos abstratos produzidos no âmbito do Poder Legislativo. Logo, regulamentos devem ter preceitos normativos com menor grau de abstração em relação aos dispositivos de fontes normativas superiores em relação aos quais são editados.

8.5. Função regulamentar

Na expressão "separação dos poderes", o vocábulo "poder" identifica ente estatal apartado de outro pelo aspecto orgânico ou subjetivo, "para quem" a Constituição confere competências. Já "função" é atribuição (capacidade-dever) conferida a cada "poder" para a prática de determinados atos, "o que" a Constituição confere a título de competências. Muitas funções são partilhadas entre Poder Legislativo, Poder Executivo e Poder Judiciário, divididas por temas em razão de exigências organizacionais. Logo, não há "poder regulamentar", mas sim "função regulamentar" atribuída pelo Constituinte ao Poder Executivo para edição de regulamentos em certas matérias.

Quanto à titularidade, a função regulamentar corresponde à competência exclusiva do Poder Executivo para a produção unilateral de preceitos normativos, sem exigência de participação ou controle obrigatório ou ordinário do Poder Legislativo ou de outro poder ou ente na formação ou na validade do regulamento. O Poder Legislativo pode controlar o exercício da função regulamentar (art. 49, V, da Constituição), assim como é possível o controle judicial dos regulamentos, mas são posteriores e eventuais (não ordinários), o que afirma a função regulamentar como atividade normativa exclusiva e unilateral do Poder Executivo, diferenciando regulamentos de atos legislativos produzidos pelo Chefe do Executivo mas controlados obrigatória e ordinariamente pelo Poder Legislativo (medidas provisórias e leis delegadas).

Porque a função regulamentar é historicamente atrelada à competência exclusiva do Poder Executivo, seu conceito estrito exclui normas derivadas do Poder Legislativo e do Poder Executivo (bem como dos entes a eles vinculados), ainda que esses regulamentos em sentido amplo pormenorizem a ordem constitucional ou leis que lhes sejam pertinentes. Em sentido amplo, há regulamentos internos do Poder Legislativo, do Conselho Nacional de Justiça etc., até mesmo de instituições privadas (p. ex., regulamentos internos de empresas), mas em sentido estrito, função regulamentar é confiada apenas ao Poder Executivo, no contexto histórico da dicotomia lei-regulamento.

Outra característica da função regulamentar é a atribuição para desdobrar preceitos constitucionais (regulamentos autônomos e regulamentos independentes) ou preceitos normativos primários como leis complementares e ordinárias (regulamentos de execução e regulamentos delegados). Em sentido estrito, função regulamentar não alcança atribuições normativas confiadas a todos os órgãos do Poder Executivo (p. ex. portarias ministeriais que desdobram decretos presidenciais são atos normativos da Administração, e não regulamentos), mas, em sentido amplo, é possível falar em regulamentos de primeiro grau, de segundo grau etc. Há ainda distinção entre função reguladora (atividade de gerenciamento ou de gestão de serviços públicos e de determinados segmentos socioeconômicos, mediante diversos instrumentos tais como políticas públicas etc.) e função regulamentar (edição de preceitos normativos regulamentares, que também podem servir à regulação).

8.5.1. Objetivos e fundamentos da função regulamentar

No tradicional sistema jurídico com fontes normativas hierarquizadas empregado pelos Estados contemporâneos, a função regulamentar é exercida para complementar o sentido amplo de normas superiores, permitindo que a administração pública se oriente por preceitos normativos mais detalhados ao praticar atos concretos. Especialmente em situações nas quais a constituição ou a lei dão margem à discricionariedade, o detalhamento normativo oriundo da função regulamentar orienta e limita atos do agente público, padronizando a atuação da administração pública em favor da segurança jurídica, da igualdade e da impessoalidade dos atos administrativos. Mas a função regulamentar, legitimada pelo conhecimento técnico, também socorre a lei em sentido formal em razão das dificuldades apresentadas pelo Poder Legislativo em atender as necessidades de ordenação jurídica das relações socioeconômicas decorrentes da gestão das políticas públicas assumidas pelo Estado.

Sob o ângulo lógico-racional, a competência regulamentar se fundamenta em vários aspectos, dentre eles equilíbrio e independência entre funções conferidas aos três poderes, capacitação da administração pública para a concretização das normas gerais editadas pelo Poder Legislativo, e necessidade de padronização das ações da administração pública em face de preceitos legais amplos, com consequente redução da discricionariedade. Quanto ao fundamento jurídico, a titularidade da função regulamentar pode ser apoiar no poder hierárquico ou na discricionariedade inerente à direção superior da administração pública conferida ao Chefe do Executivo (art. 84, II, da Constituição), bem como na atribuição para que a Administração se autolimite e se autodiscipline, ou ainda no costume e na vocação do sistema normativo de se viabilizar e se realizar como um todo. No aspecto do direito positivo, a função regulamentar se ampara em previsões tais como o art. 84, IV e VI, o art. 153, § 1º, e o art. 177, § 4º, todos da Constituição de 1988. Todas essas posições servem para explicar facetas dos fundamentos da função regulamentar, e são úteis para dar amparo lógico-jurídico ao modo de compreender os regulamentos.

8.5.2. Titularidade da função regulamentar

A posição convencional confere função regulamentar apenas ao Chefe do Executivo (Federal, Estadual, Distrital ou Municipal), por decorrência de sua origem e evolução histórica vinculada ao poder monárquico e também como consequência de seus fundamentos lógico-racionais e jurídicos. Fosse o caso de silêncio do texto constitucional ou de leis, a titularidade da função regulamentar ainda assim seria do Chefe do Executivo, porque a ele cabe a direção superior da administração pública.

Contudo, a função regulamentar é exercida tanto pelo Chefe do Poder Executivo quanto por autoridades públicas ou órgãos da Administração Pública, porque Constituição e leis excepcionalmente atribuem competência regulamentar a essas outras autoridades. Órgãos desconcentrados ou entes da administração indireta descentralizada editam diplomas normativos que desdobram o conteúdo de preceitos constitucionais ou de atos legislativos primários, tais como resoluções expedidas por agências reguladoras ou pelo Conselho Nacional do Ministério Público, que não podem ser contrariadas por atos normativos do Presidente da República em razão da autonomia confiada pela Constituição e por lei a esses entes[3].

Atribuições delegadas a Ministros de Estado, ao Advogado-Geral da União e ao Procurador-Geral da República incluem produção de regulamentos, conforme o art. 84, parágrafo único, da Constituição, além de situações peculiares como a do art. 237 da Constituição (reconhecendo competência para o Ministério da Fazenda fiscalizar e controlar o comércio exterior). O art. 153, § 1º, da ordem de 1988, confere edição de regulamentos autorizados ou delegados ao "Poder Executivo", o que abrange Presidente da República ou Ministros de Estado, ou ainda órgão da administração direta ou ente da administração indireta, o mesmo ocorrendo com o art. 177, § 4º, também da Constituição de 1988. Universidades públicas também detêm competência regulamentar decorrente da autonomia que lhes é conferida pelo art. 207 da Constituição.

---

3. Sobre o assunto, *vide* os comentários ao art. 84, II.

8.5.3. Legitimação da função regulamentar

A plena legitimidade de preceitos normativos é obtida pela comunhão de investidura, procedimento e de concordância. Legitimado por voto popular que o investe em função normativa, o exercício dessa tarefa também alcançará legitimidade se respeitados procedimentos de racionalização na elaboração, e o resultando final será plenamente legítimo se houver concordância com os melhores objetivos de sociedades democráticas. As legitimidades pela investitura e pelo procedimento assumem boa dose de aspectos formais, mas a legitimidade pela concordância tem traços essencialmente materiais, de coerência e de efetividade.

Para o exercício da função regulamentar, o Presidente da República obtém legitimidade por (no mínimo) maioria absoluta de votos válidos para ser investido no cargo, devendo seguir procedimentos (com padrões, limites e controles) para exercer essa tarefa, que potencialmente vai ao encontro do interesse da sociedade na medida em que a tecnocracia auxilia diretamente o Chefe do Poder Executivo na edição de regulamentos. O conhecimento técnico é reforçado pela aplicação concreta do ordenamento jurídico, permitindo que a administração pública obtenha o detalhamento necessário. Tanto órgãos da administração direta quanto instituições da administração indireta (cujos membros não são eleitos pelo voto popular) têm profissionais especializados cuja esperada neutralidade e transparência no cumprimento de comandos legais permitem gerar atos regulamentares segundo interesses do consenso social dos segmentos interessados, dirigidos à justiça social que decorre dos fundamentos e objetivos do Estado Democrático de Direito.

8.6. Conceito de regulamento

Regulamento é ato normativo editado exclusivamente pelo Poder Executivo para desenvolvimento de preceito constitucional ou preceito primário (lei, decreto legislativo etc.), reduzindo o grau de abstração de dispositivos normativos superiores visando a organização do Estado e suas aplicações concretas pelos Poderes Públicos. Regulamentos devem ser definidos pelo conteúdo ou objetivo de detalhar constituições e leis, e não pelo instrumento que o veicula, daí por que seu conceito combina aspecto de finalidade ou de referência (reporta-se diretamente à constituição e a atos normativos primários para lhes dar cumprimento) e aspecto orgânico ou de competência (é preceito normativo produzido exclusivamente no âmbito do Executivo, por pessoa jurídica de Direito Público).

O alcance interno ou externo não é requisito essencial ao conceito de regulamento, embora existam categorias específicas de normas regulamentares voltados apenas ao âmbito interno da administração (como regulamentos de organização, p. ex.), e outras dirigidas ao âmbito interno e externo (p. ex., regulamento de imposto de renda e de proventos de qualquer natureza). A norma regulamentar também pode ser permanente ou transitória, e sua produção e alteração devem ser flexíveis especialmente em virtude de seu papel normatizador da conjuntura de matérias de extrema mobilidade.

8.6.1. Reserva absoluta de lei (estrita legalidade) e Reserva relativa de lei (legalidade)

Em razão da democracia e do Estado Democrático de Direito, consagrados no art. 1º e parágrafo único da Constituição de 1988, as decisões fundamentais dependem dos interesses da população, os quais são complexos, dinâmicos e pluralistas. Embora não seja possível apontar de modo analítico quais são os desejos do povo em sociedades modernas, grandes eixos podem ser identificáveis em pontos de convergência de manifestações populares (por suas forças materiais formadoras de opinião e depositários de confianças legítimas), os quais devem ser observados por representações formalmente investidas de função normativa.

Atos normativos primários (notadamente leis ordinárias) são instrumentos historicamente utilizados como fonte elementar de direitos e de obrigações porque derivam da vontade popular, expressada por seus representantes, do que não decorre a imposição de que apenas esses atos inovem no ordenamento. A exigência ou garantia de que direitos e obrigações estejam previstos em atos normativos é cumprida se o sistema constitucional delimitar quais temas deverão ser tratados apenas por atos primários, e quais poderão ser normatizados por outros diplomas normativos (ainda que inseridos em níveis inferiores no sistema hierárquico de fontes).

No sistema jurídico brasileiro (que segue padrões empregados em muitos países que adotam o *civel law*), todos os atos normativos podem criar direitos e obrigações (da Constituição estabelecida pelo Constituinte Originário até preceitos normativos da administração pública ou de instituições privadas), pois o que os diferencia são os limites formais e materiais estabelecidos para cuidar de temas (previstos a partir das emendas constitucionais, inclusive).

Para manter o domínio de decisões legitimadas pelo voto popular (com a participação do Poder Legislativo e do Poder Executivo), a Constituição reserva um núcleo de assuntos relevantes que somente podem ser normatizados por atos primários (especialmente ordinários e complementares), correspondente à "reserva absoluta de lei" ou "estrita legalidade", identificada por expressões empregadas no ordenamento de 1988 tais como "lei estabelecerá", "lei fixará" etc.. Demais temas não reservados pelo Constituinte exclusivamente a atos primários configuram "legalidade" ou "reserva relativa de lei", sob a regência do art. 5º, II, da Constituição, que, "em virtude de lei", acolhe todos os demais atos normativos do sistema jurídico como habilitados para criarem direitos e obrigações. Reserva absoluta impõe previsão expressa e representa exceção a ser interpretada restritivamente, conclusão visível diante da garantia geral do art. 5º, II, da Constituição, seguida por indicativos específicos feitos pelo Constituinte em temas relevantes, além de expressar padrão utilizado em ordenamentos constitucionais de vários países.

Querendo, atos legislativos primários podem tratar de matérias que restam ao campo da reserva relativa ou legalidade, pois têm precedência ou preferência em relação a atos infralegais do sistema hierárquico. Mas em não o fazendo, demais atos normativos infralegais (tais como decretos e portarias) podem ser editados criando direitos e obrigações "em virtude de lei", desde que não ofendam ou desbordem assuntos atribuídos à reserva absoluta de lei.

Temas confiados à reserva absoluta de lei podem ser transferidos para regulamentos apenas se houver autorização constitucional expressa, não bastando mera previsão legal porque o art. 1º, parágrafo único, da Constituição de 1988, implicitamente prevê a indelegabilidade de competências entre entes públicos. Se o povo (por suas forças materiais formadoras de opinião) possui a titularidade do poder legítimo, Poder Legislativo, Poder Executivo e Poder Judiciário exercem atribuições delegadas pelo povo, e, assim, não podem delegá-las sem expressa autorização constitucional (segundo a máxima *delegatus delegare non potest* ou *delegatas potestas delegari non potest*).

8.6.2. Graus de abstração, deslegalização e separação de poderes

Preceitos normativos têm como características a abstração (tratamento de situações sob hipóteses), a impessoalidade (aplicação a todos), a imperatividade (capacidade de se impor, ainda que mediante força legítima estatal), a inovação (qualquer preceito inova, variando apenas quanto aos limites) e a generalidade (ora compreendida como abstração, ora como impessoalidade, ora como aplicação por tempo indeterminado, e ainda como aplicação a qualquer matéria). Em sistemas jurídicos com diversas fontes hierarquizadas por parâmetros constitucionais (notadamente segundo critérios de legitimação democrática quantificada por *quoruns* de aprovação e demais regras procedimentais), normalmente o grau de abstração dos preceitos normativos varia de acordo com o nível hierárquico do diploma nesse sistema, de maneira que preceitos superiores terão maior abstração (e serão menos numerosos), e, inversamente, os preceitos de diplomas inferiores serão mais numerosos e mais específicos. Esses diferentes graus de abstração têm justificativa sistêmica, porque dotados de maior grau (consequentemente com parâmetros mais largos ou abertos), assim, preceitos normativos superiores permitem mais elasticidade para desdobramentos normativos realizados por preceitos normativos inferiores (que se ajustarão, dentro dos parâmetros superiores, à conjuntura que presenciem).

Com a velocidade das relações socioeconômicas da realidade contemporânea (descrita em expressões como modernidade líquida e sociedade de risco global), impondo dinamismo e elevado conhecimento técnico ao agente normativo, países como o Brasil e a Itália utilizaram "deslegalização" ou "delegificação", pela qual atos legislativos passaram a empregar expressões mais amplas ou abstratas nas matérias de reserva absoluta de lei, propositalmente abrindo maior campo normativo para a produção de regulamentos por áreas especializadas do Poder Executivo. Essa ampliação do campo normativo dos regulamentos se dá com o emprego, nas leis, de expressões amplas que se revelam como princípios ou conceitos jurídicos indeterminados (p. ex., urgência, relevância etc.).

Há diferenças entre deslegalização feita pela constituição ou pela lei. Se promovida pela ordem Constituinte (originária ou reformadora), a deslegalização pode ou não criar um campo de reserva exclusiva do regulamento, dependendo de a transferência ter sido realizada com atribuições privativas ao Poder Executivo (quando surgirá campo sujeito ao domínio regulamentar autônomo) ou com atribuições condicionadas às leis. A deslegalização feita por emenda não ofende a separação de poderes e o princípio democrático, mesmo quando cria campo normativo exclusivo dos regulamentos autônomos, desde que acompanhada de mecanismos de controle. Se criada por lei, a deslegalização manterá a subordinação do ato regulamentar a atos primários, e terá de observar matérias sujeitas à reserva absoluta, sobre as quais nenhuma decisão discricionária pode ser transferida ao titular da função regulamentar, cabendo ao regulamento pormenorizar os comandos superiores segundo parâmetros científicos, técnicos, empíricos ou de experiência (em relação aos quais não há escolhas para descrições de fundamentos segundo critérios disponíveis pelo estágio do conhecimento humano).

8.6.3. Discricionariedade e conceitos jurídicos indeterminados

Em linhas gerais, vinculação representa obrigatoriedade de proceder de determinada maneira, ao passo em que discricionariedade consiste em opções conferidas pela norma jurídica, em face das quais é possível escolher uma dentre duas ou mais alternativas contidas de forma expressa ou implícita no preceito normativo, a partir da conveniência e da oportunidade avaliadas pelo titular da decisão. São os preceitos constitucionais e legais que estabelecem vinculação ou discricionariedade confiada ao titular da função regulamentar.

Cabe à constituição e ao ato a ser regulamentado indicar quem é responsável pela produção do regulamento (indicação normalmente vinculada), e, no silêncio, não haverá discricionariedade e sim aplicação da regra geral que confia tal tarefa ao Chefe do Executivo (art. 84, IV, da Constituição de 1988). A escolha do momento apropriado para a edição, modificação ou revogação do ato regulamentar pode ser discricionária (especialmente quando se está diante de quadros socioeconômicos intensamente mutáveis) ou vinculada (se o ato a ser regulamentado impuser um termo). A finalidade do ato regulamentar é buscar o resultado específico definido pelo ato normativo superior, atividade em regra vinculada, exceto se a própria norma superior conferir alternativas à conveniência e oportunidade aferível pela titular da função regulamentar. Quanto à forma, normalmente atos regulamentares também são vinculados, derivando da autoridade para a qual é confiada a função regulamentar (em regra decretos para Chefe do Poder Executivo).

Quanto ao conteúdo (ou objeto), a norma jurídica que confere discricionariedade ao titular da função regulamentar pode se apresentar de várias maneiras, dentre elas definindo expressamente quais alternativas são confiadas ao ente competente, ou sendo omissa sobre quais medidas devem ser tomadas para alcançar determinadas finalidades fixadas pelo ordenamento, ou ainda empregando conceitos jurídicos indeterminados (*standards*), deixando ao titular da função regulamentar a definição do conteúdo da norma regulamentar[4].

Regulamentos editados no exercício de competência discricionária devem observar limites jurídicos amplos (p. ex., princípios fundamentais da Constituição, princípios específicos da administração pública e cumprimento do interesse público) e específicos (identificados em cada ato superior a ser regulamentado). Tratando-se do campo normativo aberto por conceitos jurídicos indeterminados ou *standards*, há três possibilidades: primeira, conceitos jurídicos indeterminados de valor (como moralidade, interesse público etc.), que permitem apreciação subjetiva de seu sentido, inserindo-se no campo de análise discricionária da con-

---

4. Empregamos como sinônimos as expressões *standards* e conceitos jurídicos indeterminados, embora o primeiro possa ter visão mais abrangente que o segundo, pois os *standards* podem se valer de vários elementos para identificação de seu significado (inclusive de conceitos jurídicos indeterminados). No Direito norte-americano, o uso de *standards* é comum para a delegação de capacidade normativa do Poder Legislativo para o Poder Executivo.

veniência e da oportunidade segundo o titular do ato a ser praticado; segunda, conceitos jurídicos indeterminados técnicos ou científicos, que não concedem escolhas porque têm sentido unívoco e vinculado a padrões oferecidos pelo conhecimento científico, de maneira que inexiste conveniência e oportunidade ou qualquer elemento valorativo a serem aferidos pelo titular da função regulamentar (p. ex., a definição de entorpecentes ou drogas que causam dependência física ou psíquica segue padrões científicos, validando atos regulamentares da Agência Nacional de Vigilância Sanitária que explicitam seus significados em listas para comprovação da materialidade de tipos penais sujeitos à estrita legalidade); terceira, conceito jurídico indeterminado empírico ou de experiência, no qual também não há discricionariedade na medida em que o conhecimento concreto e histórico de determinada situação restringe a tarefa regulamentar a conclusões consequentes e inevitáveis (como o risco de acidente de trabalho, caso fortuito ou força maior)[5]. Conceitos jurídicos indeterminados técnicos ou científicos, assim como empíricos ou de experiência, vinculam o titular da função regulamentar, diferentemente da discricionariedade técnica na qual há liberdade de escolha balizada ou reduzida por conhecimentos especializados.

Em conclusão, é a Constituição ou a lei que conferem discricionariedade ao titular da função regulamentar, mas o emprego de conceitos jurídicos indeterminados não significa, necessariamente, transferência de liberdades ao regulamento, pois dependendo do conteúdo desse conceito, poderá haver vinculação (conceito indeterminado técnico ou científico, ou empírico ou de experiência) ou discricionariedade (conceitos indeterminados de valor).

8.6.4. Espécies de regulamentos

Há vários critérios para a classificação de regulamentos (com considerável variação terminológica), dentre eles quanto à sua vinculação à lei ou com relação com à lei (regulamento executivo/de execução/restrito/subordinado, regulamento autorizado/habilitado/delegado, regulamento autônomo, regulamento independente e regulamento de necessidade ou urgência), quanto à previsão normativa para sua edição (espontâneo ou provocado/vinculado), quanto ao âmbito de seus efeitos ou destinatários (regulamento interno/especial/*ad intra*/administrativo, e regulamento externo/*ad extra*/geral) e quanto à competência federativa (federal, estadual, distrital, municipal e territorial). Fala-se ainda em regulamentos quanto à finalidade, com vastas hipóteses, tais como regulamentos de polícia, regulamentos organizacionais, regulamentos ab-rogatórios ou derrogatórios, regulamentos suspensivos de normas jurídicas, regulamentos de interpretação, e regulamentos contingentes (define as condições de fato para a aplicação de comandos legais, mediante o emprego da discricionariedade técnica), e também em regulamentos quanto à competência conferida (singulares ou compostos). Todavia, o modo comum ou convencional de classificar os regulamentos é quanto à sua vinculação à lei ou com relação com a lei.

8.6.4.1. Regulamento executivo, de execução, restrito ou subordinado

Trata-se de modalidade aceita por toda doutrina brasileira com fundamento no art. 84, IV, da Constituição de 1988, representando ato tipicamente *sucundum legem*, não podendo ser *contra legem*, *citra legem* ou *praeter legem*, o que evidencia sua característica secundária em relação à lei, limitada pela reserva absoluta. Regulamentos restritos ou de execução podem ser editados sobre quaisquer temas, mas em matéria de reserva absoluta, lei pode empregar conceitos jurídicos indeterminados técnicos ou científicos, e também conceitos empíricos ou de experiência, sobre os quais caberá ao regulamento apenas detalhar o conteúdo unívoco da lei, sem qualquer discricionariedade por parte do titular da função regulamentar. Contudo, nos casos de reserva relativa, leis podem transferir discricionariedade político-administrativa ou técnica a regulamentos de execução, daí por que o Legislador pode empregar conceitos indeterminados de valor viabilizando regulamentos expedidos "em virtude de lei" (art. 5º, II, da Constituição), com liberdade de opção dentro de padrões definidos pelo ato regulamentado; em decorrência da precedência da lei, também não haverá discricionariedade se o ato legislativo preferir descrever todos os elementos da questão tratada.

Temas que não podem ser objeto de leis delegadas ou de medidas provisórias são matérias predominantemente sujeitas à reserva absoluta de lei, daí porque a edição de regulamentos deve ser vinculada (sem comportar discricionariedade), sendo possível, quando muito, o emprego de conceitos jurídicos indeterminados técnicos, empíricos ou de experiência. Em temas tributários sujeitos à reserva absoluta, lei não pode empregar conceitos indeterminados que transfiram ao regulamento de execução qualquer discricionariedade sobre elementos materiais, quantitativos, temporais, territoriais, pessoais e finalidade do tributo ou multa, o mesmo ocorrendo com matéria penal no que diz respeito à definição do crime, seus elementos, sujeitos e aspectos da pena, mas em demais aspectos de reserva relativa, tanto matéria tributária quanto penal comportam atividade regulamentar discricionária[6].

8.6.4.2. Regulamento autorizado, habilitado ou delegado

Admitida como exceção no direito brasileiro, essa modalidade de regulamento pode dispor com discricionariedade sobre temas conferidos à reserva absoluta de lei, desde que expressamente autorizado pela lei respaldada pelo sistema constitucional. Somente a Constituição pode permitir essa modalidade de regulamento, autorizando que o Poder Legislativo confira atribuição discricionária ao Poder Executivo para cuidar de tema reservado à lei, de modo que se trata de regulamento secundário e limitado à lei de habilitação, não podendo ser *contra legem* ou *praeter legem* em relação ao ato legislativo que lhe confere a delegação.

---

5. Sobre o tema, em dois textos com o mesmo título, Afonso Rodrigues Queiró, A teoria do "desvio de poder" em Direito Administrativo, *Revista de Direito Administrativo* ns. 06 e 07, p. 41-78, e 52-80, trata com profundidade dos limites discricionários dos atos administrativos e dos conceitos indeterminados, valendo-se de conceitos teóricos (empírico-matemáticos e individualizáveis, com valor objetivo e universal, sem discricionariedade) e não teóricos (conceitos de valor e práticos, com margem de discricionariedade).

6. Questão interessante a esse propósito surgiu ao final de 2000, quando a ANVISA publicou a Resolução n. 104, de 06.12.2000, retirando o cloreto de etila (lança-perfume) da lista das substâncias entorpecentes ou psicotrópicas (inserindo-o na lista de insumos que não são proibidos, mas controlados pelo Ministério da Justiça). Poucos dias após foi republicada essa mesma resolução 104, reintroduzindo o lança-perfume como substância entorpecente ou psicotrópica. Acreditamos que não houve *abolitio criminis* pois a ANVISA não tem discricionariedade para classificar o lança-perfume como entorpecente ou insumo químico, de modo que há (como sempre houve) vinculação técnica ou científica aos termos legais.

Regulamento autorizado diferencia-se de regulamento restrito ou de execução por cuidar, com discricionariedade (político-administrativa ou técnica), de temas para os quais em princípio seria exigida lei em sentido formal (reserva absoluta), além do que pode revogar atos legislativos que tratam do objeto da delegação, respeitados limites da transferência de competência.

Como exemplos, há os regulamentos previstos no art. 153, § 1º, e o art. 177, § 4º, todos do corpo permanente da Constituição, e ainda os peculiares convênios estaduais de ICMS (amparados na Lei Complementar 24/1975, recepcionada pelo art. 150, § 6º, e pelo art. 155, § 2º, XII, "g", e § 4º, IV, todos da ordem constitucional de 1988). Há ainda o art. 25 do ADCT da Constituição, que procurou expurgar do ordenamento delegações promovidas especialmente na vigência de atos institucionais e atos complementares da autocracia do regime militar de 1964 e 1988, mas de outro lado esse mesmo art. 25 do ADCT viabilizou prorrogação de regulamentos delegados ou autorizados[7]. Contudo, há controvérsia quanto ser imprescindível permissão constitucional para que essa delegação se faça (p. ex., a existente na ADC 84, ainda pendente de julgamento), de modo que se aceita a possibilidade de o Legislador, livremente, autorizar que o Poder Executivo trate (com discricionariedade) de matéria própria de reserva absoluta de lei, os regulamentos autorizados, habilitados ou delegados possivelmente serão mais empregados.

8.6.4.3. Regulamento autônomo

Encontrado por exceção na Constituição vigente, regulamento autônomo é editado tendo como referência preceito constitucional, representando matéria do domínio exclusivo do Poder Executivo, configurando reserva regulamentar, motivo pelo qual lei em sentido formal não o limita e também não pode cuidar do tema que lhe foi conferido pela própria Constituição. Por isso, regulamento autônomo é preceito normativo primário, fundamentado diretamente no preceito constitucional que lhe reserva matérias exclusivas excluídas.

O titular da competência para editar regulamentos autônomos terá discricionariedade (política-administrativa ou técnica) dependendo do conteúdo do preceito constitucional, que pode se valer de conceitos jurídicos indeterminados de quaisquer espécies. Em sendo confiada discricionariedade ao titular da função regulamentar autônoma, a limitação se dará por parâmetros diretamente relacionados ao preceito constitucional regulamentado e, via reflexa, por princípios constitucionais do mesmo diploma.

Como exemplos de regulamentos autônomos na ordem constitucional de 1988, temos os regulamentos para organização e funcionamento da administração (art. 84, VI, "a"), para extinção de cargos públicos quando vagos (art. 84, VI, "b"), para concessão de indulto e comutação de penas (art. 84, XII), para fixação de normas pertinentes à fiscalização e controle do comércio exterior (art. 237), para definir a autonomia universitária das instituições públicas (art. 207) e para controle da atuação administrativa e financeira do Ministério Público e do cumprimento dos deveres funcionais de seus membros (art. 130-A, § 2º).

8.6.4.4. Regulamento independente

Por vezes confundido com regulamento autônomo, o regulamento independente é editado para dar execução a preceito constitucional, todavia, enquanto lei em sentido formal (embora necessária) não tenha sido produzida para dar limites mais precisos à função regulamentar. Assemelha-se ao regulamento autônomo, contudo, apenas temporariamente, pois no caso do regulamento independente, a lei pode (na verdade deve) ser editada para definir o sentido do preceito constitucional, daí decorrendo limites infraconstitucionais ao campo de normatividade desse regulamento (no caso de regulamentos autônomos há reserva regulamentar, daí por que a lei não pode invadi-la). A exemplo de regulamentos autônomos, regulamentos independentes podem ou não ter discricionariedade para tratar dos temas constitucionais, dependendo do que constar no preceito constitucional regulamentado, e, havendo conceito indeterminado de valor no preceito constitucional, a discricionariedade do titular da função regulamentar estará limitada pelos limites desses *standards* e por princípios constitucionais do Estado Democrático de Direito.

Regulamentos independentes são editados em face dos denominados preceitos constitucionais de eficácia direta e imediata (de eficácia plena ou de eficácia contida), não para substituir a lei eventualmente reclamada pelo ordenamento constitucional (no caso de norma de eficácia contida), mas sim para dar densidade normativa ou detalhamento ao mandamento constitucional, orientando servidores do Poder Executivo enquanto não houver delimitação ou pormenorização por ato legislativo (que terá precedência ou preferência). Portanto, regulamentos independentes potencialmente são subordinados à lei (na prática, convertem-se em regulamentos de execução após a edição do ato legislativo), mas o titular da função regulamentar independente exerce sua prerrogativa justamente em razão da inércia do Poder Legislativo.

8.6.4.5. Regulamento de necessidade ou urgência

Próprio para situações excepcionais (como guerra ou calamidades de grandes proporções), regulamentos de necessidade ou urgência cuidam de medidas emergenciais atribuídas ao Poder Executivo. Diversamente de medidas provisórias que se caracterizam como atos legislativos também voltados para situações urgentes ou relevantes, regulamentos de necessidade ou urgência são atos normativos do Poder Executivo que não se subordinam à aprovação do Poder Legislativo.

Embora admitidos no direito estrangeiro para situações como guerra, estado de sítio, estado de defesa e situações congêneres, no caso brasileiro não vislumbramos sua existência, pois decretos do Presidente da República, adotados nessas circunstâncias excepcionais, têm natureza de medidas legislativas porque são necessariamente submetidos à aprovação do Poder Legislativo (ou seja, não são atos exclusivos do Poder Executivo). Atos normativos editados em face de estado de calamidade pública também não correspondem propriamente a esses regulamentos, pois em princípio esse tema se subordina à lei, tendo em vista o disposto no art. 21, XVIII, combinado com o art. 48, *caput*, ambos da Constituição.

---

7. A Lei 4.595/1964 confiou ao Conselho Monetário Nacional a atribuição para tratar da política monetária, cujo tema atualmente é conferido ao Congresso Nacional para normatização por lei, segundo os incisos XIII e XIV do art. 48 da Constituição. Com amparo no art. 25 do ADCT, a Lei 7.770/1989, a Lei 8.392/1991 (art. 1º) e Lei 9.069/1995 (art. 73) prorrogaram a competência do Conselho Monetário Nacional – CMN até a promulgação da lei complementar referida no *caput* do art. 192 da Constituição vigente (cuja redação foi alterada pela Emenda 40/2003), de modo que essa delegação se projeta por tempo indeterminado.

8.6.4.6. A "fiel execução" das leis

Nos termos do art. 84, IV, da Constituição, regulamentos de execução servem para a "fiel execução" das leis, mas, em verdade, todos os atos regulamentares devem fiel cumprimento ao preceito superior em razão do qual são editados. Fidelidade significa ocupar todos os espaços normativos exigidos pelo preceito superior regulamentado, nem mais nem menos, porque são reprováveis tanto a normatização insuficiente (aquém do necessário, sobretudo a inexistente) quanto a normatização excessiva (além dos limites). O vocábulo "execução" abrange tanto a produção de regulamentos (atos normativos) quanto de demais medidas necessárias à implementação do comando superior (incluindo decretos sem natureza normativa, e diversos outros atos administrativos concretos).

A expressão "lei" assume conteúdos diversos no ordenamento constitucional, podendo significar apenas lei ordinária (p. ex., art. 150, I, da Constituição) ou qualquer ato normativo (inclusive emendas, p. ex., art. 5º, II, do ordenamento de 1988). O sentido estrito da expressão "lei" no art. 84, IV, da Constituição, corresponde a preceitos primários (fundados diretamente na Constituição, tais como lei complementar, lei ordinária, medidas provisórias, leis delegadas e decretos legislativos), de maneira que esse dispositivo constitucional cuida de regulamentos de execução.

É desnecessário discutir sentido amplo para o termo "lei" utilizado nesse art. 84, IV, da ordem de 1988, porque demais modalidades de regulamento dependem de previsão constitucional específica, mas a lógica de subordinação desse inciso se reproduz nas outras espécies de regulamento. Em face de preceitos constitucionais, serão editados regulamentos autônomos em casos expressamente admitidos e reservados ao Poder Executivo (reserva regulamentar), e se o dispositivo constitucional tiver eficácia plena ou eficácia contida, regulamentos independentes ficarão subordinados aos limites traçados pelo Constituinte enquanto durar a omissão do Poder Legislativo na produção de lei. Regulamentos delegados também são editados para fiel execução de leis, todavia, amparados não no art. 84, IV, da Constituição, mas em preceitos constitucionais específicos que os autorizam em temas de reserva absoluta de lei. Todas as modalidades de regulamento devem ser *intra legem* ou *secundum legem*, sendo vedada a possibilidade de exercício da função regulamentar *citra legem*, *praeter legem* ou *contra legem*, entendendo "lei" como qualquer ato normativo constitucional ou primário regulamentado.

8.6.4.7. Instrumentos que veiculam regulamentos

Em razão da pluralidade de entes que detêm competência regulamentar, no âmbito da administração direta e indireta, várias espécies normativas podem expressar regulamentos. Os instrumentos mais usados para veicular normas regulamentares são decretos normativos do Chefe do Executivo, mas também há convênios tributários previstos na Lei Complementar 24/1975 (autorizados pelo art. 150, § 6º, e pelo art. 155, § 2º, XII, "g", e § 4º, IV, todos da Constituição Federal), despachos normativos que aprovam parecer proferido por órgão técnico, regimentos de alcance interno, portarias e instruções normativas ministeriais (p. ex., nas matérias delegadas a Ministros de Estado na forma do art. 84, parágrafo único, da Constituição), resoluções e deliberações normativas (p. ex., resoluções de agências reguladoras e do Banco Central), dentre outros.

8.6.4.8. Processamento de projetos de regulamento

As Leis Complementares 95/1998 e 107/2001, bem como o Decreto 9.191/2017, orientam o Poder Executivo Federal na elaboração e expedição dos seus regulamentos, trazendo previsões lógicas que também devem ser observadas para produções regulamentares por entes descentralizados. Tendo como parâmetro as disposições do Decreto 9.191/2017, a elaboração de regulamentos obedece a critérios coerentes, com fase de iniciativa do projeto, fase de deliberação e de referenda (exigência que serve para vincular a participação dos Ministérios nas decisões do Chefe do Executivo, mas não para invalidar preceito regulamentar) e fase de complementação com promulgação e publicação por meio hábil a dar publicidade.

A ordem constitucional ainda admite que outros atos normativos imponham requisitos para o processamento de regulamentos, como os convênios previstos na Lei Complementar 24/1975. A quantidade de regulamentos também foi objeto de preocupação com a criação de comissões no Executivo federal para a consolidação desses atos normativos, na forma do Decreto 4.176/2002, mas a efetividade desse preceito foi discreta, agora reproduzida no Decreto 9.191/2017.

8.7. Direito intertemporal e omissões da função regulamentar

A subordinação à lei por parte de regulamentos de execução e de regulamentos delegados é compatível com a imposição de prazo legal para a edição desses atos por parte do Poder Executivo. Decorrido o prazo previsto, não perece o dever de produzir o regulamento tendo em vista a importância da produção da norma do Poder Executivo, bem como do comando constitucional e da ordem legal que determinam sua elaboração.

Se a lei condicionar sua eficácia jurídica à edição da norma regulamentar, fixando prazo para tanto, em regra a omissão no exercício da função regulamentar ou o exercício insuficiente deverão ser tratados nos mesmos termos de preceitos constitucionais de eficácia contida, de modo que a lei deve ser aplicada após o decurso do prazo para a edição do regulamento. A omissão na produção de ato regulamentar não pode se converter em impedimento para a aplicação de lei e de demais atos primários (sem prejuízo das sanções cabíveis ao omisso nos termos do art. 37, § 6º, da Constituição).

No caso da não edição de regulamentos autônomos após o decurso do prazo previsto pela Constituição (ou de tempo expressivo, se não for fixado termo final pelo preceito constitucional), é cabível mandado de injunção ou ação de inconstitucionalidade por omissão. Tratando-se das demais modalidades de regulamento, em princípio não cabe ação de inconstitucionalidade porque a omissão não representaria violação direta à Constituição, mas sim à lei, porém, aceitamos o cabimento de mandado de injunção que, a exemplo do mandado de segurança, deve ter máxima efetividade como garantia processual individual ou coletiva.

Haverá recepção de regulamentos por leis supervenientes pelas mesmas premissas lógico-racionais que permitem essas medidas no plano constitucional-legal, motivo pelo qual nova lei aproveitará regulamentos anteriores (desde que validamente editados, ao seu tempo, segundo critérios formais e materiais) com os quais houver compatibilidade material.

8.8. Controle político e jurídico da produção regulamentar

Regulamentos comportam controle político e jurídico. De modo reflexo, a elaboração de regulamentos é controlada no âmbito político desde a escolha de Chefes do Poder Executivo pelo voto popular, passando por medidas diretas de transparência conferidas a algumas matérias submetidas à consulta pública nos termos do Decreto 9.191/2017, que permite à sociedade participar da elaboração, aperfeiçoamento e análise desses diplomas.

No que tange ao controle jurídico, vícios materiais e formais de regulamentos devem ser atacados pelos mecanismos à disposição do próprio Poder Executivo e do Poder Legislativo, e, também, mediante ações intentadas em face do Poder Judiciário. O Poder Executivo deve anular seus atos eivados de vícios, incluindo os regulamentares (Súmulas 346 e 473 do STF), enquanto o Poder Legislativo pode se servir da competência confiada pelo art. 49, V, da Constituição vigente, além do Tribunal de Contas, para extirpar os atos regulamentares que excedem seus limites.

O Poder Judiciário tem competência para apreciar vícios formais e materiais dos regulamentos sempre mediante provocação, servindo para isso qualquer ação judicial, inclusive de controle concentrado de constitucionalidade (quando houver violação direta pela norma regulamentar a preceito constitucional vigente). O Poder Judiciário pode analisar até mesmo o mérito da discricionariedade empregada na produção de regulamentos, todavia, em situações excepcionais nas quais houver manifesta e inequívoca violação de limites. Tratamos desse aspecto com mais detalhes em nossos comentários ao *caput* do art. 84, da Constituição.

8.9. Preceito extensível, simetria e regulamentos estaduais e municipais em face de leis federais ou estaduais

As disposições do art. 84, IV, da Constituição também são aplicáveis a Estados-Membros, ao Distrito Federal e a Municípios, pois esse comando constitucional é preceito extensível (servindo-se da simetria), razão pela qual Governadores e Prefeitos podem editar regulamentos de execução. Também poderão expedir regulamentos autônomos, regulamentos independentes e regulamentos delegados nas estritas matérias permitidas pelo ordenamento constitucional, observadas suas atribuições.

Art. 84, V – vetar projetos de lei, total ou parcialmente;

José Carlos Francisco

■ Acerca do regime de veto, *vide* o art. 66 e seus parágrafos.

Art. 84, VI – dispor, mediante decreto, sobre:
a) organização de funcionamento da administração federal, quando não implicar aumento de despesa nem criação ou extinção de órgãos públicos;

José Levi Mello do Amaral Júnior

1. História da norma

A norma em comento – relativa ao decreto autônomo – é fruto de negociação política levada a efeito para limitar a edição das medidas provisórias. O resultado da negociação foi a Emenda Constitucional n. 32, de 11 de setembro de 2001. O Presidente da República sofreu fortes restrições à edição de medidas provisórias. Por outro lado, ganhou o poder – limitado – de dispor sobre organização e funcionamento da administração federal, quando não implicar aumento de despesa nem criação ou extinção de órgãos públicos.

2. Constituições brasileiras anteriores

Art. 81, inciso V, da Constituição de 1967, com a redação da Emenda Constitucional n. 1, de 17 de outubro de 1969 ("*Compete privativamente ao Presidente da República ... dispor sobre a estruturação, atribuições e funcionamento dos órgãos da administração federal*").

3. Constituições estrangeiras

O exemplo mais vigoroso de regulamento autônomo no Direito Comparado consta do art. 37 da Constituição francesa de 1958: "*Les matières autres que celles qui sont du domaine de la loi ont un caractère réglementaire*". ("*As matérias outras que aquelas que são do domínio da lei têm caráter regulamentar.*"). O domínio temático da lei, no Direito Constitucional francês, consta do art. 34 da Constituição francesa de 1958 (em essência, o domínio da lei francesa é relativo ao equilíbrio de interesses entre indivíduos, grupos e Estado, esse como representante do interesse geral)[1].

4. Direito internacional

Não há previsão de instituto diretamente correspondente nos tratados de que a República Federativa do Brasil seja parte.

5. Remissões constitucionais

A norma em causa integra conjunto articulado de modificações constitucionais que estabelece nova competência privativa do Presidente da República. É o que se constata do cotejo entre o texto constitucional originário, de um lado, e o texto constitucional com a redação da Emenda n. 32, de 2001, de outro lado. A propósito, vale referir a Exposição de Motivos n. 213, de 31 de outubro de 2001, do Ministro de Estado da Fazenda, que faz o cotejo aludido:

– (1) o art. 48, XI, da Constituição (competências legislativas do Congresso Nacional com o concurso do Presidente da República pela sanção ou veto) referia-se, no texto constitucional originário, à "criação, estruturação e atribuições dos Ministérios e órgãos da administração pública". Passou a se referir, a partir da Emenda n. 32, de 2001, tão só, à "criação e extinção dos Ministérios e órgãos da administração pública". Portanto, não mais há referência à estruturação e atribuições de Ministérios e órgãos da administração pública como matéria de lei;

– (2) o art. 61, § 1º, II, "e", da Constituição (reserva de iniciativa do Presidente da República), referia-se à "criação, estruturação e atribuições dos Ministérios e órgãos da administração pública". Passou a se referir, tão só, à "criação e extinção de Minis-

---
1. FERREIRA FILHO, Manoel Gonçalves. *Do processo legislativo*, 3ª edição, São Paulo: Saraiva, 1995, p. 270. A propósito, Louis Favoreu. *Los tribunales constitucionales*, Barcelona: Ariel, 1994, p. 109.

térios e órgãos da administração pública", acrescentando, ainda, "observado o art. 84, VI". Uma vez mais, houve supressão da referência à estruturação e atribuições;

(3) o art. 84, VI, da Constituição (competência do Presidente da República para expedir decretos) referia-se a "organização e funcionamento da administração federal, na forma da lei". Passou a se referir à "organização e funcionamento da administração federal, quando não implicar aumento de despesa nem criação ou extinção de órgãos públicos". Suprimiu-se, aqui, a expressão "na forma da lei";

(4) enfim, o art. 88 confiava à lei a criação, a estruturação e as atribuições dos Ministérios. Agora, a reserva legal cinge-se somente à criação e extinção de Ministérios e órgãos da administração pública.

6. Jurisprudência

Supremo Tribunal Federal, Ação Direta de Inconstitucionalidade n. 2.806-5/RS, Relator o Ministro Ilmar Galvão, *DJ* de 27.06.2003. Supremo Tribunal Federal, Ação Direta de Inconstitucionalidade n. 2.601/DF, Relator o Ministro Ricardo Lewandowski, *DJe* de 04.02.2022.

7. Referências bibliográficas sobre o tema

AMARAL JÚNIOR, José Levi Mello do. *Decreto autônomo: questões polêmicas* in Direito regulatório: temas polêmicos (organizadora: Maria Sylvia Zanella Di Pietro), 2ª edição, Belo Horizonte: Fórum, 2004, p. 529-540; AMARAL JÚNIOR, José Levi Mello do. *Medida provisória e a sua conversão em lei*. São Paulo: Revista dos Tribunais, 2004; ATALIBA, Geraldo. Decreto regulamentar no sistema brasileiro, in *RDA* n. 97, p. 21-33; CAMPOS, Francisco. Lei e regulamento: matéria reservada à competência do Poder Legislativo – Limites do Poder Regulamentar – Direitos e garantias individuais (parecer), in *Revista Forense* n. 146, p. 69-77; DI PIETRO, Maria Sylvia Zanella. *Parcerias na administração pública: concessão, permissão, franquia, terceirização e outras formas*, 3ª edição, São Paulo: Atlas, 1999; FAVOREU, Louis. *Droit constitutionnel*, 4ª edição, Paris: Dalloz, 2001; FAVOREU, Louis. *Los tribunales constitucionales*, Barcelona: Ariel, 1994; FERREIRA FILHO, Manoel Gonçalves. *Do processo legislativo*, 3ª edição, São Paulo: Saraiva, 1995; HORTA, Raul Machado. *Direito constitucional*, 3ª edição, Belo Horizonte: Del Rey, 2002; KELSEN, Hans. *Teoria pura do direito*, São Paulo: Martins Fontes, 1998; MEIRELLES, Hely Lopes. *Direito administrativo brasileiro*, 22ª edição, São Paulo: Malheiros, 1997; MIRANDA, Jorge. *Manual de direito constitucional*, tomo II, 2ª edição, Coimbra: Coimbra Editora, 1988.

8. Comentários

Com o advento da Emenda n. 32, de 2001, a ordem jurídica brasileira ganhou nova espécie normativa primária, a saber, o decreto quando relativo a determinadas matérias que, a teor da Emenda referida, passaram a ser privativas dele, sem intermediação da lei. Daí ser dito decreto "autônomo".

O decreto passou a ser, a partir da Emenda n. 32, de 2001, o único instrumento normativo apto a versar sobre atribuições e estruturação intestinas dos Ministérios e órgãos da administração pública ("intestinas" pois, em razão do princípio da legalidade[2], não pode haver, *in casu*, influxo restritivo sobre direitos de particulares). Portanto, as atribuições e a estruturação intestinas dos Ministérios e órgãos da administração pública não mais tocam à lei, devendo ser veiculadas em decreto autônomo – vale repetir, espécie normativa primária – desde que não implique aumento de despesa ou criação ou extinção de órgãos públicos (art. 84, VI, "a", da Constituição, com a redação da Emenda n. 32, de 2001).

Esta leitura do decreto autônomo conforma-se com a doutrina pátria sobre a matéria: "Nos sistemas jurídicos que admitem essa distinção, os regulamentos independentes ou autônomos só podem existir em matéria organizativa ou de sujeição; nunca nas relações de supremacia geral"[3].

Com isso, corrigiu-se distorção do modelo constitucional de 1988, a saber, enquanto o Poder Legislativo (art. 49, VI e VII; art. 51, III e IV; e art. 52, XII e XIII, todos da Constituição) e o Poder Judiciário (art. 96, I, "a" e "b", da Constituição) organizam-se a si próprios, o Poder Executivo só o podia fazer com o concurso do Poder Legislativo, o que não faz sentido nos casos em que não há aumento de despesa nem criação ou extinção de órgãos públicos[4].

Há, ainda, uma última hipótese de decreto autônomo: trata-se da possibilidade de extinção, por decreto, de funções ou cargos públicos – criados por lei – quando vagos (art. 84, VI, "b", da Constituição, com a redação da Emenda n. 32, de 2001). No entanto, tem-se, aqui, ato normativo primário de efeitos nitidamente concretos.

Registre-se, enfim, que o decreto regulamentar permanece contemplado pela ordem constitucional brasileira, mais precisamente na hipótese do art. 84, IV, da Constituição, não tocado pela Emenda n. 32, de 2001[5].

A propósito da Emenda n. 32, de 2001, pode-se indagar: (1) ela seria ofensiva ao princípio da legalidade, protegido que é pelo inciso IV do § 4º do art. 60 da Constituição de 1988? (2) O que ocorre com a legislação anterior à Emenda n. 32, de 2001, refe-

---

2. "Ninguém será obrigado a fazer ou deixar de fazer alguma coisa senão em virtude de lei" (art. 5º, II, da Constituição).

3. DI PIETRO, Maria Sylvia Zanella. *Parcerias na administração pública*: concessão, permissão, franquia, terceirização e outras formas, 3. ed., São Paulo: Atlas, 1999, p. 142.

4. O acerto da solução é comprovado pela crítica de Maria Sylvia Zanella Di Pietro em trabalho anterior à Emenda n. 32, de 2001: "A atual Constituição, no art. 84, VI [redação anterior à Emenda Constitucional n. 32, de 2001], prevê competência para 'dispor sobre a organização e o funcionamento da administração federal, na forma da lei'. Além disso, o art. 25 do Ato das Disposições Constitucionais Transitórias revogou, a partir de 180 dias da promulgação da Constituição, 'sujeito esse prazo a prorrogação por lei, todos os dispositivos legais que atribuem ou deleguem a órgão do Poder Executivo competência assinalada pela Constituição ao Congresso Nacional, especialmente no que tange à ação normativa'. Paralelamente, o art. 61, § 1º, II, 'e', faz depender de lei de iniciativa do Presidente da República 'a criação, estruturação e atribuições dos Ministérios e órgãos da administração pública'. Isso significa que nem mesmo os regulamentos autônomos em matéria de organização administrativa existem no direito brasileiro, o que é lamentável porque esse poder é atribuído aos demais Poderes, conforme arts. 51, IV (relativo à Câmara dos Deputados), 52, XIII (relativo ao Senado) e 96, I, 'b' (relativo aos Tribunais)" (DI PIETRO, *Parcerias na administração pública...*, p. 142).

5. A propósito, *vide* os §§ 2º e 3º do art. 17 do Decreto n. 4.176, de 28 de março de 2002 ("Estabelece normas e diretrizes para a elaboração, a redação, a alteração, a consolidação e o encaminhamento ao Presidente da República de projetos de atos normativos de competência dos órgãos do Poder Executivo Federal, e dá outras providências").

rente à matéria de atribuições e estruturação da administração pública? (3) A lei posterior à Emenda n. 32, de 2001, que versar matéria reservada ao decreto autônomo, é inconstitucional? (4) Os Estados, o Distrito Federal e os Municípios podem adotar decreto autônomo nos termos do modelo federal? (5) Qual o significado e o alcance da fórmula "Ministérios e órgãos da administração pública" empregada pela Constituição (art. 48, XI; art. 61, § 1º, II, "e", e art. 88) e que extrema os âmbitos temáticos da lei e do decreto autônomo?

As questões aventadas comportam as respostas que seguem.

8.1. Primeira questão

A Emenda n. 32, de 2001, conforma-se ao princípio da legalidade. Como exposto, o decreto autônomo, no direito brasileiro, possui campo material restrito: (a) atribuições e estruturação intestinas da administração pública, desde que não haja aumento de despesa ou criação ou extinção de órgãos públicos e – por serem intestinas – desde que não haja influxo restritivo sobre direitos de particulares; e (b) extinção de funções ou cargos públicos quando vagos. Se as atribuições e a estruturação versadas em decreto autônomo – bem assim a extinção de cargos públicos quando vagos – não gerarem influxo restritivo a direito de particulares, respeitado estará o princípio da legalidade. Do contrário, a matéria deverá constar de lei formal. Ainda que não se aceite a interpretação proposta, ao argumento de que a Emenda n. 32, de 2001, retirou do alcance da lei formal matérias relativas à administração pública, mesmo assim há que ser reconhecida a constitucionalidade da Emenda n. 32, de 2001, frente ao inciso IV do § 4º do art. 60 da Constituição. É verdade que, de início, após a Constituição de 1988, a jurisprudência do Supremo Tribunal Federal inclinou-se no sentido da imutabilidade de disposição constitucional protegida pelo § 4º art. 60 da Constituição. A orientação referida foi vitoriosa no julgamento da Ação Direta de Inconstitucionalidade n. 939-7/DF, relativa ao Imposto Provisório sobre Movimentação ou Transmissão de Valores e de Créditos e Direitos de Natureza Financeira – IPMF. Da ementa do julgado referido extrai-se o seguinte excerto:

"A Emenda Constitucional n. 3, de 17.03.1993, que, no art. 2º, autorizou a União a instituir o I.P.M.F., incidiu em vício de inconstitucionalidade, ao dispor, no parágrafo 2º desse dispositivo, que, quanto a tal tributo, não se aplica 'o art. 150, III, 'b', e VI', da Constituição, porque, desse modo, violou os seguintes princípios e normas imutáveis (somente eles, não outros): 1. – o princípio da anterioridade, que é garantia individual do contribuinte (art. 5º, par. 2º, art. 60, par. 4º, inciso IV e art. 150, III, 'b', da Constituição); (...)"[6].

Mas qual o alcance do art. 60, § 4º, IV?

Na dicção do citado dispositivo constitucional, não será objeto de deliberação a proposta de emenda à Constituição que seja tendente a abolir os direitos e garantias individuais. A teor de decisão mais recentemente proferida pelo próprio Supremo Tribunal Federal, ao indeferir medida liminar nos autos da Ação Direta de Inconstitucionalidade n. 2.024-2/DF,

"(...) as limitações materiais ao poder constituinte de reforma, que o art. 60, § 4º, da Lei Fundamental enumera, não significam a intangibilidade literal da respectiva disciplina na Constituição originária, mas apenas a proteção do núcleo essencial dos princípios e institutos cuja preservação nela se protege"[7].

Em outras palavras, é juridicamente possível modificar normas constitucionais insertas no âmbito protetivo do art. 60, § 4º, da Constituição, desde que a modificação não seja tendente a abolir a decisão política fundamental ali plasmada[8]. Justamente por ser uma decisão política "fundamental" é que não pode ser abolida, mas pode ser emendada desde que a modificação não desnature a decisão política fundamental em questão. Por exemplo – e esse é o caso enfocado na Ação Direta de Inconstitucionalidade n. 2.024-2/DF – mostra-se juridicamente possível a modificação do modelo federativo adotado em 1988, mas, por outro lado, não seria compatível com a Constituição de 1988 a abolição da forma federativa de Estado no Brasil.

Com a decisão proferida na Ação Direta de Inconstitucionalidade n. 2.024-2/DF, o Supremo Tribunal Federal abandonou a rigidez adotada na Ação Direta de Inconstitucionalidade n. 939-7/DF ("princípios e normas imutáveis") e retornou a uma leitura mais flexível e mais condizente com a norma constitucional, leitura essa já adotada quando do julgamento do Mandado de Segurança n. 20.257-2/DF, Redator para o Acórdão o Ministro Moreira Alves (DJ de 27.02.1981). "Mais condizente" porquanto o art. 60, § 4º, da Constituição não impede a modificação de normas constitucionais, mas, sim, a abolição de decisões políticas fundamentais.

Assim, considerando que a Emenda n. 32, de 2001, não é tendente a abolir o princípio da legalidade – até porque o decreto autônomo, como previsto na Emenda citada, restringe-se a atribuições e estruturação intestinas da Administração Pública – é constitucional a inovação introduzida pelo Poder Constituinte Instituído.

8.2. Segunda questão

Na lição de Jorge Miranda, as normas da Constituição "projectam-se sobre todo o sistema jurídico, sobre as normas e os actos que o dinamizam, sobre o poder e a comunidade política, conformando-os de harmonia com os seus valores e critérios e trazendo-lhes um novo fundamento de validade ou de autoridade"[9].

Um dos fenômenos mais comuns decorrentes da sucessão de textos constitucionais no tempo é a recepção[10] (ou novação[11]), isto é, a "ação de Constituição nova sobre normas ordinárias anteriores não desconformes ou incompatíveis"[12]. Em outras pala-

---

6. STF, ADI 939-7/DF, Relator o Ministro Sydney Sanches, DJ de 18.03.1994.

7. STF, ADI n. 2.024-2/DF (medida cautelar), Relator o Ministro Sepúlveda Pertence, DJ de 01.12.2000.

8. A propósito, Fernando Dias Menezes de Almeida. *Liberdade de reunião*, São Paulo: Max Limonad, 2001, p. 220-221, de onde se extrai o seguinte excerto: "(...) *a alteração, ainda que restritiva, das condições de exercício, não afeta a existência da liberdade. Porém, há que se ter cautela: não se pode admitir uma restrição tal que ultrapasse o mero plano do exercício e comprometa o próprio direito*".

9. MIRANDA, Jorge. *Manual de direito constitucional*, tomo II, 2ª edição, Coimbra: Coimbra Editora, 1988, p. 238.

10. Como prefere Kelsen.

11. Como prefere Jorge Miranda.

12. MIRANDA, Jorge. *Manual de direito constitucional*..., p. 238.

vras, a ordem infraconstitucional anterior é mantida em tudo aquilo que não conflitar com a nova Constituição, porquanto o contrário "equivaleria a instaurar o caos e a insegurança total nas relações jurídicas"[13].

Fenômeno jurídico muito semelhante também ocorre com a superveniência de emendas constitucionais. É o caso – para lembrar exemplo não raro no Direito brasileiro – de uma matéria, originariamente confiada pela Constituição à lei complementar – e, de fato, regulamentada em diploma dessa espécie –, ser transposta, em um momento subsequente, por influxo de emenda constitucional, para o campo material da lei ordinária. Em consequência, a lei complementar que havia sido editada permanece, sim, em vigor, mas com força de lei ordinária[14].

O mesmo pode ser sustentado relativamente às leis anteriores à Emenda n. 32, de 2001, que versam matéria agora reservada – por força da Emenda referida – ao decreto autônomo do inciso VI do art. 84.

Em consequência, tais normas legais foram recepcionadas pela Emenda n. 32, de 2001, com *status* de decreto autônomo, podendo (ou melhor: só podendo) ser objeto de modificação – ou de revogação – por diploma normativo dessa espécie.

É justamente essa contingência que dá correção jurídica ao Decreto n. 3.995, de 31 de outubro de 2001, que "Altera e acresce dispositivos à Lei n. 6.385, de 7 de dezembro de 1976, que dispõe sobre o mercado de valores mobiliários, nas matérias [agora] reservadas a decreto" (cf. Ementa do Decreto referido – o vocábulo "agora" é nota nossa).

Há mais: nada impede que competências já existentes – sejam ou não meramente intestinas – sejam transferidas de um órgão público para outro via decreto autônomo fundado na alínea *a* do inciso VI do art. 84 da Constituição, com a redação da Emenda n. 32, de 2001.

Nessa mesma lógica, mostra-se igualmente acertada a transferência de um órgão do âmbito de supervisão de um Ministério para outro. É o caso do Decreto n. 4.113, de 5 de fevereiro de 2002, que "Transfere da estrutura do Ministério da Fazenda para a da Casa Civil da Presidência da República a Secretaria Federal de Controle Interno e a Comissão de Coordenação de Controle Interno, e dá outras providências" (cf. Ementa do Decreto referido), bem assim do Decreto n. 4.177, de 28 de março de 2002, que "Transfere para a Corregedoria-Geral da União as competências e as unidades administrativas da Casa Civil da Presidência da República e do Ministério da Justiça que especifica e dá outras providências" (cf. Ementa do Decreto referido).

Claro: em uma e outra hipótese não pode ocorrer (e nos exemplos dados não ocorreu) criação ou extinção de funções, cargos ou órgãos da administração pública, bem assim aumento de despesa ou influxo sobre direitos de particulares.

8.3. Terceira questão

A Constituição de 1988 baniu da federação brasileira, acertadamente, o princípio da simetria. Não há, no texto constitucional vigente, norma similar ao art. 200 da Constituição de 1967, com a redação da Emenda Constitucional n. 1, de 17 de outubro de 1969, *verbis*: "As disposições constantes desta Constituição ficam incorporadas, no que couber, ao direito constitucional legislado dos Estados".

Portanto, "os Estados têm, hoje, quanto ao processo legislativo, amplo campo de autodeterminação"[15]. Há, no entanto, "princípios – normas abstratas e genéricas – que se possam deduzir do processo legislativo federal e que sejam suficientemente relevantes para que se justifique sua obrigatoriedade"[16]. Entre tais princípios, Manoel Gonçalves Ferreira Filho inclui a reserva de iniciativa em termos análogos ao do modelo federal, porquanto instrumento de proteção do Chefe do Poder Executivo, bem assim por veicular matérias confiadas "à sua especial atenção"[17].

A jurisprudência do Supremo Tribunal Federal firmou-se neste exato sentido: "As regras básicas do processo legislativo federal são de absorção compulsória pelos Estados-membros em tudo aquilo que diga respeito – como ocorre às que enumeram casos de iniciativa legislativa reservada – ao princípio fundamental de independência e harmonia dos poderes, como delineado na Constituição da República"[18].

Em consequência, mais do que facultado aos entes federados, não é despropositado sustentar ser a eles cogente a adoção do decreto autônomo nos termos em que introduzido pela Emenda n. 32, de 2001. Isso porque também o decreto autônomo versa matérias que são confiadas à especial atenção do Chefe do Poder Executivo, afastada a ingerência dos demais poderes[19].

Com efeito, ao julgar a Ação Direta de Inconstitucionalidade n. 2.806-5/RS, o Supremo Tribunal Federal deixou assente que o decreto autônomo, nos termos da Emenda n. 32, de 2001, aplica-se, também, em nível estadual[20].

8.4. Quarta questão

Aqui também há manifestação do Supremo Tribunal Federal. Na já referida Ação Direta de Inconstitucionalidade n. 2.806-5/RS, o Supremo Tribunal Federal declarou inconstitucional lei do Estado do Rio Grande do Sul que havia adentrado em matéria reservada a decreto autônomo.

---

13. HORTA, Raul Machado. *Direito constitucional*, 3ª edição, Belo Horizonte: Del Rey, 2002, p. 201.

14. A propósito, relativamente à correção jurídica da revogação da Lei Complementar n. 84, de 18 de janeiro de 1996, pela Lei n. 9.876, de 26 de novembro de 1999, justamente em razão do influxo da Emenda Constitucional n. 20, de 15 de dezembro de 1998, sobre a matéria constante de ambos os diplomas legais citados, *vide* STF, ADI n. 2.110/DF (medida cautelar), Relator o Ministro Sydney Sanches, *DJ* de 25.08.2000.

15. FERREIRA FILHO, *Do processo legislativo*..., p. 244.

16. Idem, ibidem.

17. "*O aspecto fundamental da iniciativa reservada está em resguardar a seu titular a decisão de propor direito novo em matérias confiadas à sua especial atenção, ou de seu interesse preponderante*" (Ferreira Filho, *Do processo legislativo*..., p. 204).

18. STF, Ação Direta de Inconstitucionalidade n. 276-7/AL, Relator o Ministro Sepúlveda Pertence, *DJ* de 19.12.1997.

19. Tanto isso é verdade que a sustação congressual prevista no inciso V do art. 49 da Constituição de 1988 não cabe contra a espécie fundada no inciso VI do art. 84 da Constituição de 1988, destituída que é de natureza regulamentar.

20. STF, ADI n. 2.806-5/RS, Relator o Ministro Ilmar Galvão, *DJ* de 27.06.2003.

8.5. Quinta questão

A criação e a extinção de Ministérios e órgãos da administração pública requerem lei. Logo, *a contrario sensu*, unidades administrativas outras podem ser disciplinadas por decreto autônomo.

Mas que "órgãos" situam-se no âmbito temático da lei?

Ora, com certeza, os "órgãos" referidos não são aqueles internos aos Ministérios. Isso porque não há que presumir a ocorrência de pleonasmos na Constituição.

Na expressão "Ministérios", constante da fórmula, devem ser compreendidos – como já inclusos – os órgãos internos aos Ministérios.

A expressão "órgãos" da fórmula é relativa aos órgãos não vinculados a Ministérios, isto é, refere-se, por exemplo, aos órgãos diretamente subordinados à Presidência da República, como a Casa Civil da Presidência da República e o Advogado-Geral da União (*vide*, a propósito, o art. 1º da Lei n. 10.683, de 28 de maio de 2003).

Assim, é de rigor técnico – e imperiosa – a utilização de decreto autônomo para dispor sobre a estruturação e as atribuições dos órgãos internos aos Ministérios, sob pena de inconstitucionalidade. Tais órgãos são de segundo nível, são "órgãos de órgãos" (os mencionados na fórmula são de primeiro nível), ou, em outras palavras, são meras unidades administrativas, tipicamente situadas no âmbito temático do decreto autônomo.

Em suma: o decreto autônomo pode criar, extinguir, modificar e fusionar as unidades administrativas internas aos Ministérios. Claro: desde que não haja aumento de despesa e desde que nelas sejam utilizados cargos, empregos e funções públicas preexistentes.

O decreto autônomo não pode trazer inovações orçamentárias, não pode implicar aumento de despesa. Por outro lado, nada impede que – fazendo uso de cargos preexistentes – o decreto autônomo institua, na estrutura intestina de um Ministério, secretaria nova e, até mesmo, desloque programas já existentes e autorizados nas rubricas orçamentárias vigentes de secretaria anterior para a nova. *In casu*, não haveria inovação orçamentária, mas, apenas e tão somente, redistribuição de tarefas cujos dispêndios já tinham prévia dotação orçamentária.

Vale referir que a expressão "órgãos" da fórmula deve ser entendida de maneira ampla, de modo a também abranger as entidades. Nesta compreensão das coisas é que foi concebido o já citado Decreto n. 3.995, de 2001.

Por fim, em 19 de agosto de 2021 o Supremo Tribunal Federal julgou improcedente Ação Direta de Inconstitucionalidade ajuizada contra o Decreto n. 3.995, de 2001[21].

Art. 84, VI, *b*) extinção de funções ou cargos públicos, quando vagos;

José Carlos Francisco

---

21. STF, ADI n. 2.601/DF, Relator o Ministro Ricardo Lewandowski, *DJe* de 04.02.2022.

1. História da norma

Em regra, a extinção de cargos, empregos e funções públicas é matéria reservada à lei na história constitucional brasileira, como afirmamos em análise do art. 48, X, e do art. 84, XXV, da Constituição de 1988. A particularidade inserida no art. 84, VI, "b", da ordem de 1988 pela Emenda 32/2001 diz respeito à atribuição regulamentar autônoma para extinção de funções ou cargos, quando vagos, motivo pelo qual nos atemos a esse ponto no presente comentário, e remetemos o leitor para o art. 48, X e o art. 84, XXV no tocante à extinção de cargos, empregos e funções.

Regulamentos tradicionalmente são subordinados a atos normativos produzidos pelo Poder Legislativo, mas a relação entre a lei e regulamentos apresenta diversas peculiaridades na história brasileira, marcada por períodos nos quais decretos normativos assumiram força de lei e até mesmo constitucional (p. ex., o Decreto n. 01, de 15.11.1889 positiva ideais republicanos da revolução que se processava, e o Decreto n. 19.398, de 11.11.1930, instituiu o Governo Provisório de Getúlio Vargas, ambos impondo-se aos ordenamentos constitucionais então vigentes).

Em períodos autocráticos, o Chefe do Executivo não encontrou dificuldades para ditar ordens mediante regulamentos. O art. 102, n. 12, do ordenamento de 1824 atribuía ao Imperador, Chefe do Executivo e do Poder Moderador, a função regulamentar para a *"boa execução das leis"*, mas o exercício da atribuição regulamentar nesse período foi amplo, com certa condescendência do Poder Judiciário (p. ex., o Código de Processo, aprovado pelo Decreto 737, de 25.11.1850, composto de 743 artigos, vigeu por mais de 50 anos)[1].

Conforme art. 48, n. 1, da Constituição de 1891, o Presidente da República tinha atribuição para *"sanccionar, promulgar e fazer publicas as leis e resoluções do Congresso; expedir decretos, instrucções e regulamentos para sua fiel execução"*, redação que foi mantida na reforma constitucional de 1926. Todavia, a exemplo do Império, o início do período republicano foi marcado por forte delegação de função normativa ao Poder Executivo, além do que, após a revolução de 1930, por força do Decreto 19.398, de 11.11.1930 (que instituiu o Governo Provisório), tanto preceitos legais quanto regulamentares foram expedidos mediante decretos, tendo em vista a ausência de disposições especiais diferenciando a competência legislativa da regulamentar (p. ex., o ainda vigente Decreto 20.910/1932)[2].

Com a ordem constitucional em 1934, o art. 56, n. 1, também previa função regulamentar para o Presidente da República, visando a *"fiel execução das leis"*, mas a efêmera vigência dessa Constituição (que, em seu art. 3º, § 1º, vedava expressamente a delegação de poderes) foi interrompida pela Carta Constitucional de 1937 do Estado Novo Brasileiro, influenciada pela Carta

---

1. Carlos Medeiros da Silva, Poder Regulamentar e sua extensão, *Revista de Direito Administrativo*, v. 20, 1950, p. 02.

2. Victor Nunes Leal, Lei e Regulamento, in *Estudos de Direito Público*, Rio de Janeiro: Ed. Forense, 1960, p. 58, lembra inclusive críticas feitas por Rui Barbosa a essa intensa prática de delegação. Segundo Carlos Roberto Siqueira Castro, *O Devido Processo Legal e a Razoabilidade das Leis na Nova Constituição do Brasil*, Rio de Janeiro: Ed. Forense, 1989, p. 116, em 1921, o Supremo Tribunal Federal brasileiro admitia amplo Poder Regulamentar do Presidente da República, que podia inovar em matéria legislada, saneando qualquer lacuna do ato legislativo.

da Polônia de 1935 e pela Carta Portuguesa de 1933 (dentre outros diplomas constitucionais vigentes à época). A Carta de 1937 deu ampla capacitação normativa ao Poder Executivo, refletida no art. 73, pelo qual o Presidente da República era autoridade suprema do Estado, de modo que normas do processo legislativo não foram propriamente aplicadas pelas características do regime autocrático implantado, porque o ordenamento vigente confiou funções constituintes de reforma ao Poder Executivo (autorizado a editar leis constitucionais, consoante o art. 174, § 4º), bem como atribuições para a edição de decretos-leis (arts. 12 a 14, ainda que com certas restrições, que desapareciam na ampla competência constante do art. 180, aplicável até que o Parlamento se reunisse). Embora o art. 74, "a", da Carta de 1937 (mesmo após a redação dada pelo art. 1º da Lei Complementar 09, de 28.02.45) tenha atribuído ao Presidente da República função para expedir decretos e regulamentos visando execução de leis, a centralização das decisões do Estado Novo na figura de Getúlio Vargas maculou a ordem constitucional do período com excessos na edição de regulamentos, escoltando pelo art. 11 dessa Carta, segundo o qual lei, quando de iniciativa do Parlamento, limitar-se-ia a regular assuntos de modo geral, dispondo apenas sobre suas substâncias e princípios, cabendo ao Poder Executivo expedir regulamentos complementares.

Na ordem constitucional de 1946, o art. 87, I, previa competência privativa do Presidente da República para expedir decretos e regulamentos visando a fiel execução de leis, redação que retoma os moldes jurídicos convencionais do exercício da função regulamentar. No período parlamentarista adotado pela Emenda Constitucional 04/1961, seu art. 18, III, estabeleceu que a tarefa regulamentar seria exercida pelo Presidente do Conselho de Ministros, mas com a repristinação do sistema constitucional presidencialista determinado pela Emenda Constitucional 06/1963, essa atribuição foi devolvida ao Presidente da República. Com o regime militar autocrático a partir de 1964, empregou-se intensa produção normativa por parte do Poder Executivo Federal (inclusive por regulamentos que muitas vezes faziam o papel de lei).

O art. 83, II, da Carta de 1967 repetiu a fórmula da competência privativa conferida ao Presidente da República para expedir decretos e regulamentos visando a fiel execução de leis (redação mantida pela Emenda 01/1969, a partir da qual o assunto foi tratado pelo art. 81, III), mas, por força do art. 2º, § 1º, do Ato Institucional 05/1968, combinado com o Ato Complementar 38/1968, o Congresso Nacional foi colocado em recesso, e o Presidente da República assumiu competência para legislar sobre todas as matérias. Embora a redação original da Carta de 1967 não tenha trazido previsão acerca cargos públicos, a redação dada pela Emenda Constitucional 01/1969 ao art. 81, VIII desse ordenamento conferiu ao Presidente da República a competência privativa para prover e extinguir esses cargos (note-se, independentemente de os mesmos estarem vagos), valendo destacar que o provimento de cargos poderia ser delegado a Ministros de Estado mas não a extinção dos mesmos (consoante o parágrafo único desse art. 81). O art. 181, III, da Constituição de 1967 (com a Emenda Constitucional 01/1969), excluiu da apreciação jurisdicional atos legislativos expedidos com base em atos institucionais e complementares, facilitando muitos decretos editados em temas reservados à lei. Na mesma linha foi o Ato Institucional n. 12, de 31.08.1969, transferindo funções de Chefia do Poder Executivo aos Ministros da Marinha de Guerra, do Exército e da Aeronáutica Militar nos termos dos Atos Institucionais e Complementares, bem como da Constituição de 24 de janeiro de 1967, em razão do impedimento temporário do Presidente da República, Marechal Arthur da Costa e Silva, por motivo de saúde.

Ainda que formalmente vedada no art. 6º, parágrafo único da Carta de 1967, tantas foram as delegações na ordem constitucional pretérita que o art. 25, I, do ADCT previu a revogação, a partir de 180 dias da promulgação da Constituição de 1988, de todos os dispositivos legais que atribuíam ou delegavam, a órgão do Poder Executivo, competência assinalada pela Constituição ao Congresso Nacional, especialmente no que tange a ação normativa (embora esse preceito transitório tenha permitido a prorrogação desse prazo por lei ordinária).

2. Constituições brasileiras anteriores

Art. 102, n. 12, da Carta de 1824, art. 48, n. 1, da Constituição de 1891, art. 3º, § 1º, e art. 56, n. 1, da Constituição de 1934, art. 11 ao art. 14, art. 73, art. 74, "a" e art. 174, § 4º, da Carta de 1937, art. 87, I, da Constituição de 1946, art. 18, III, da Emenda Constitucional 04/1961, Emenda Constitucional 06/1963, art. art. 83, II, da Carta de 1967, art. 6º, parágrafo único, art. 81, III e VIII e parágrafo único dessa Carta e art. 181, III, todos na redação dada pela Emenda Constitucional 01/1969, art. 2º, § 1º, do Ato Institucional 05/1968, Ato Complementar 38/1968, e Ato Institucional n. 12/1969.

3. Constituições estrangeiras

A exemplo do direito brasileiro, pela análise de constituições estrangeiras, nota-se ampliação dos papéis exercidos pelos regulamentos mediante deslegalização, delegações e expressa previsão de regulamentos autônomos do Poder Executivo.

Na Alemanha, antes da Constituição de Weimar de 1919, regulamentos tinham como fundamento a função normativa remanescente atribuída ao Imperador, sendo inerentes às atribuições do monarca, mas com o ordenamento de 1919, regulamentos de direito ou jurídicos (*Rechtsverordnungen*) passaram a ser editados pelo Governo, mediante delegação atribuída pelo Parlamento. Com base no art. 80 da Lei Fundamental de Bonn de 1949, regulamentos jurídicos são da competência do Governo Federal, de um Ministro ou dos governos dos Estados-Membros, podendo ainda ser subdelegados, mas, na prática, Ministros têm editado grande parte desses regulamentos. Segundo esse art. 80 da ordem constitucional de 1949, a lei deve determinar conteúdo, objetivo e extensão da autorização outorgada, em face do qual são editados regulamentos jurídicos, de modo que esses atos normativos do Poder Executivo estão sujeitos a uma lei. A decisão relevante sobre a matéria permanece nas mãos do Poder Legislativo, que, por lei, deverá dar a estrutura do tema (vedadas fórmulas gerais), dispondo sobre o quadro essencial a ser tratado pelo Poder Executivo, motivo pelo qual esses regulamentos aliviam o Parlamento da normatização de pormenores, possibilitando a rápida adaptação às circunstâncias técnicas. Formalmente, o regulamento de direito federal deve indicar a base jurídica na qual se assenta, bem como deve ser aprovado pelo Conselho Federal no caso das matérias indicadas no art. 80, n. 2 (desde que não existam disposições legais federais em sentido contrário), exigência que o Tribunal Constitucional Federal tem considerado indispensável para a validade do regulamento. Governos estaduais editam regulamentos jurídicos amparados em leis federais, sendo que a antinomia entre essas normas é solucionada pelo art. 31 da Lei Fundamental, que dá prioridade ao direito federal em relação ao estadual.

Outra modalidade de regulamento prevista na Lei Fundamental de Bonn é o regulamento administrativo (*Verwaltungverordnungen*), caracterizado como ordenação geral da autoridade superior dirigida a autoridades inferiores, ou da autoridade diretora a servidores administrativos a ela subordinados. Regulamentos administrativos têm apenas alcance interno, podendo ser de organização e de serviço (cuidam do sistema interno de funcionamento dos serviços e atividades administrativas, como horário de serviço e assuntos correlatos), discricionários (orientam a administração em sua atuação, situação na qual a lei lhes dá certa margem de apreciação por conveniência e oportunidade), de interpretação (tratam da definição do sentido específico de conceitos jurídicos indeterminados empregados na lei, razão pela qual o titular da função regulamentar aclara o conteúdo da norma legal) e de linhas diretivas representantes de leis (produzidos em face de atos legislativos que são desprovidos de maiores elementos). A competência para a edição de regulamentos administrativos decorre do poder hierárquico, daí por que é exercida por autoridades federais e estaduais, como Ministros e conselhos estaduais, que devem garantir a organização e eficiência na gestão da coisa pública, de modo que esses regulamentos não precisam de lei de autorização (salvo situações excepcionais, tais como regulamentos administrativos federais que tratam de leis federais mas que devem ser executadas por servidores estaduais).

A Alemanha ainda apresenta estatutos editados por entes administrativos federais ou estaduais dotados de independência, daí porque a autoadministração os exclui de vínculo hierárquico com relação à administração direta (embora estejam vinculados às leis estatais e submetidos ao controle jurídico). Dentre esses estatutos estão os editados por universidades, câmaras de indústria e comércio, instituições de previdência, fundações públicas e outras entidades descentralizadas (mesmo estaduais), que não exigem autorização legislativa específica, pois decorrem da concessão geral do direito estatutário. Contudo, disposições estatutárias que interferem na liberdade e na propriedade do cidadão exigem autorização legal especial.

O art. 79 e o art. 81 da Constituição Chinesa de 1982 dispõem sobre o Poder Executivo, conferido ao Presidente e Vice-Presidente da República (eleitos pelo Congresso Nacional do Povo chinês com competências de Chefe de Estado), enquanto o art. 85, o art. 86 e o art. 88 tratam do Conselho de Estado presidido pelo Primeiro-Ministro chinês, com atribuições de Chefe de Governo, a quem compete a administração governamental e a direção superior da administração pública. As competências do Conselho de Estado estão previstas no art. 89 da Constituição chinesa, incluindo a função regulamentar no art. 89, 1, mas o art. 65, o art. 66 e o art. 67, todos da Constituição, permitem que o *"Standing Committee"* do Congresso Nacional do Povo assuma algumas funções em caso de recesso do Congresso, tais como interpretar a Constituição e as leis, rever a aprovar ajustes em planos socioeconômicos, bem como decidir sobre atividades ministeriais. É corrente que o Partido Comunista detém o efetivo poder na China, até porque seu Secretário-Geral é também Presidente da República[3].

Na ordem constitucional espanhola de 1978, regulamentos do Poder Executivo estão previstos no art. 97, segundo o qual cabe ao Governo exercer funções executivas e função regulamentar de acordo com a Constituição e as leis, de modo que a titularidade para tanto é do Presidente, do Vice-Presidente, de Ministros e de membros que a lei estabelecer. Contudo, o art. 62 da Constituição prevê que o Rei pode expedir decretos de acordo com o Conselho de Ministros, repartindo a competência regulamentar com esse órgão colegiado, além do que também Municípios, Províncias e Comunidades Autônomas exercem atribuições regulamentares. No direito positivo espanhol, o conceito de regulamento é complexo e impreciso, tendo em vista que não há forma específica para esses atos normativos, de modo que a expressão "regulamento" abrange uma pluralidade de formas distintas, como decretos, acordos do Conselho de Ministros, ordens de comissões delegadas do Governo e dos Ministros, instruções, circulares etc., com o agravante de que esses atos podem conter tanto normas tipicamente regulamentares quanto providências de natureza diversa. Assim, é possível falar em regulamentos parlamentares (tanto das Cortes Gerais quanto das Assembleias Legislativas de Comunidades Autônomas), regulamento do Tribunal Constitucional e do Conselho Geral do Poder Judiciário, regulamentos dos Governos e Administrações das Comunidades Autônomas (regulamentos autonômicos), e regulamentos de outras entidades e organismos, territoriais (corporações locais) ou não territoriais (universidades, conselhos profissionais etc.)[4]. Em sentido estrito, o conceito espanhol de regulamento está associado a ato da administração pública com características de norma (abstração, generalidade, impessoalidade, inovação e imperatividade), diferenciando-se de estatutos, pois esses atos normativos têm a finalidade de estruturar entes ou órgãos com incidência apenas para o âmbito interno.

Regulamentos do Poder Executivo espanhol alcançam temas como organização e funcionamento, relações da administração com particulares e assuntos econômicos e industriais, e muitas vezes são classificados por conta da matéria que tratam (jurídicos e administrativos). Regulamentos jurídicos, normativos ou *ad extra* criam direito novo ou modificam o direito existente, alcançando cidadãos em virtude de relação comum ou geral com a administração pública (p. ex., política sanitária), daí por que dependem de autorização legal. Regulamentos administrativos ou de organização decorrem das relações de subordinação ou de sujei-

---

3. Conforme *Folha de S. Paulo*, Primeira Página e Mundo A8, de 26.02.2018, o cargo de Presidente da República Chinesa é simbólico porque o comando efetivo do país cabe ao Secretário-Geral do Partido Comunista.
4. Francisco Balaguer Callejón, *Fuentes del Derecho. II. Ordenamiento General del Estado y Ordenamientos Autonómicos*, Madrid, Editorial Tecnos, 1992, p. 97 e seguintes, cuida do assunto, asseverando que todas essas modalidades são distintas entre si, além do que podem não corresponder a regulamentos normativos, afirmando que regulamentos parlamentares na verdade têm força de lei. Eduardo García de Enterría e Tomás-Ramón Fernández, *Curso de derecho administrativo*, 4. ed., Madrid: Ed. Civitas, 1983, p. 209, classifica regulamentos em jurídicos (normativos) e administrativos (de organização), e regulamentos executivos, independentes e de necessidade.

ção especial (p. ex., serviço militar ou estabelecimento penitenciário), de maneira que independem de previsão legal.

Em face da lei, regulamentos espanhóis podem ser classificados em executivos, habilitados, de necessidade e urgência, e independentes. Regulamentos executivos ou *secundum legem* dão cumprimento a uma lei preexistente, detalhando, desenvolvendo ou complementando preceitos legais e aqueles que preparam a execução propriamente dita (dispondo sobre os meios técnicos necessários), sendo subordinados à lei ou a um conjunto de leis. Regulamentos habilitados desenvolvem função complementar aos padrões gerais previstos em lei, operacionalizando preceitos legais que por si mesmo são inaplicáveis aos cidadãos, respeitadas matérias pertinentes à reserva absoluta de lei[5]. Regulamentos de necessidade são marcados pela provisoriedade pois destinam-se a casos de catástrofes ou desgraça pública, de maneira que não demandam revogação expressa pois cessam sua eficácia com o término das condições excepcionais que exigiram sua produção. Os regulamentos independentes são editados diretamente em face da Constituição, porém, enquanto não produzida a lei que cuidará dos temas tratados (que a qualquer tempo poderá ser editada), daí porque esses regulamentos são *praeter legem*, não se confundindo com regulamentos habilitados ou para o desenvolvimento das leis porque atuam nas matérias que ainda não foram objeto de ato legislativo. Mesmo que diretamente expedidos em face da Constituição, regulamentos independentes se subordinam ao bloco de constitucionalidade, ao bloco de legalidade e à lei futura que venha a ser editada sobre o tema, de modo que não podem ser *contra legem*. O ordenamento constitucional espanhol não reserva matérias exclusivas ao regulamento, razão pela qual não se fala em regulamentos autônomos (a despeito de o direito estatutário desfrutar de grande liberdade).

O art. I, seção VIII, da Constituição Americana de 1787 confia ao Congresso Americano fazer regulamentos de organização e disciplina das forças de terra e mar, enquanto o art. II, seção III, atribui ao Presidente Americano velar pela fiel execução de leis, sem mencionar expressamente a competência regulamentar do Poder Executivo, mas é certo que essa função é amplamente reconhecida, sendo exercida mediante delegações de competência normativa atribuídas pelo Poder Legislativo em favor do Presidente ou de departamentos a ele vinculados, e também às agências reguladoras (ou *regulatory comissions*). Lei do Poder Legislativo, ao criar agências reguladoras, também lhes atribui competência normativa (sem embargos de críticas acerca da legitimidade democrática desses entes descentralizados) para exercício de papel normativo com elevada autonomia. Delegações atinentes às funções regulamentares evoluíram desde a aceitação das teorias da *contingented delegatio*, *named delegatio*, passando para a *filling in details* (que têm em comum a possibilidade de o titular da atribuição se limitar a cumprir fins e objetivos fixados pelo Legislador, comportando discricionariedade mínima para preencher lacunas deixadas na lei formal) até a técnica do *delegation with standards* (com conferência de função normativa ao Poder Executivo, inclusive com a edição de normas capazes de criarem direitos e obrigações, embora não importe em abdicação da função legislativa confiada ao Poder Legislativo).

A Lei do Processo Administrativo americano de 1946 (*Administrative Procedure Act*) exige sistema de publicação prévia a partir da qual regulamentos federais propostos são divulgados pela imprensa, viabilizando a interessados participarem do processo de debate, aperfeiçoando decisões dos Poderes Públicos. Para viabilizar a análise de suas atividades, agências reguladoras devem remeter documentos ao Congresso, tendo sido desenvolvido o instituto do *hearing*, pelo qual interessados se manifestam para coibir privações arbitrárias, sendo que essas agências produzem regulamentos denominados *legislative rules* (delegação legislativa para a criação de direitos e obrigações, motivo pelo qual têm força e efeito de lei), *procedural rules* (aprovados por agências para sua organização e funcionamento, tendo objetivos internos), *interpretative rules* (produzidos por agências para explicar e tornar claros preceitos legais, bem como *legislative rules* da própria agência) e *general statement of policy* (declarações gerais de intenções da agência quanto ao desenvolvimento de sua política). A doutrina do *hard look* permite controle judicial pelo qual é possível fazer valoração da razoabilidade do ato da administração e da adoção da decisão final, ao passo em que, em 1990, foi editada a Lei sobre Negociação de Regulamentos (*Negotiated Rulemaking Act*), codificada na Lei do Processo Administrativo, assegurando a interessados participarem da elaboração desses atos normativos (p. ex., redigindo propostas de regulamentos que, após visto da agência reguladora competente, serão publicados para debates até que assumam forma normativa).

Na França, já nos arts. 5º e 6º da Declaração de Direitos do Homem e do Cidadão de 1789, constou que somente lei podia criar direitos e obrigações, ao passo em que, na Constituição de 1791, o Poder Executivo recebeu atribuição para veto suspensivo de projetos de lei (Título III, Capítulo III, Seção I, art. 1º, n. 1, e Seção III, art. 2º), mas não fazia leis (mesmo provisórias), cabendo-lhe a função regulamentar mediante proclamações para ordenar ou lembrar a execução das leis (Título III, Capítulo IV, Seção I, art. 6º). Essa fórmula foi repetida nas ordens constitucionais posteriores mas com a 1ª Guerra Mundial, iniciou-se processo de interferência do Poder Executivo na atividade legislativa a pretexto da necessidade de impor comportamentos inerentes à denominada "economia de guerra", e, em 1914, o Parlamento autorizou o Gabinete a editar decretos com força de lei para enfrentar necessidades emergentes da guerra, o que se prolongou mesmo com o fim do conflito, ante às medidas de reconstrução da economia.

Com a crise econômica que atingiu o mundo capitalista após 1929, houve forte delegação normativa para o Poder Executivo francês, em especial com a 2ª Guerra Mundial, cujo controle jurisdicional de excessos era restrito não só pelas circunstâncias excepcionais mas também porque leis constitucionais de 1875 não previam controle de constitucionalidade. A Constituição francesa de 1946 restabeleceu o equilíbrio entre os poderes, vedou a delegação de função normativa ao Poder Executivo (art. 13), e preservou a atividade legislativa na Assembleia Nacional, conferindo competência ao Presidente do Conselho de Ministros para assegurar a execução das leis (art. 47), mas, mesmo sem previsão expressa na Constituição, a Lei de 17 de agosto de 1948 estabeleceu áreas de domínio da lei e do regulamento a ser editado por decreto do Poder Executivo (permitindo inclusive a revogação de leis por decretos nas áreas que cabiam a eles), bem como criou as leis-quadros (*lois-cadres*) que estabeleceriam *standards* que poderiam ser desdobrados por regulamentos do Governo. Observados princípios ou bases estabelecidas na lei-quadro, bem

---

5. Vimos o sentido de deslegalização ao comentarmos os regulamentos no art. 84, IV.

como objetivos a serem buscados, o Governo editava regulamentos definindo meios e instrumentos para alcançá-los. Em 1953, o sistema das leis-quadros foi substituído pela delegação ampla para Gabinetes do Governo (e não ao Governo de forma impessoal, como na IIIª República), que voltou a editar decretos com imediata força de lei para cuidar de matérias específicas (até mesmo revogando atos legislativos), que deveriam ser ratificados pelo Parlamento em prazo preestabelecido.

Nos termos da Constituição Francesa de 1958, a função regulamentar é exercida pelo Presidente da República (art. 13), pelo Primeiro Ministro (art. 21), por coletividades territoriais (comunas, departamentos e regiões, art. 72) e por autoridades independentes, sendo que Ministros podem também receber competências delegadas do Primeiro Ministro. O ordenamento jurídico francês traz regulamentos de execução, de complementação e autônomo, todos produzidos pela administração pública. O regulamento de execução ou subordinado é editado para dar cumprimento à lei sem desbordar limites estabelecidos, sendo impedido de criar direitos e obrigações novas (p. ex., regime matrimonial, tributação, estado e capacidade de pessoas). Já regulamentos de complementação (ou semiautônomos) "desenvolvem" matérias em relação às quais o Constituinte de 1958 assegurou às leis apenas a definição de princípios fundamentais (na forma do art. 34, p. ex., organização geral da defesa nacional, ensino, regime da propriedade, direito do trabalho e de seguridade), de maneira que há uma situação híbrida pois lei fixa "princípios fundamentais" mas não pode descer a detalhes invadindo a esfera normativa atribuída a regulamentos complementares (especialmente enquanto não for editada lei orgânica a que se refere o último parágrafo desse art. 34), assemelhando-se às leis-quadro do sistema constitucional anterior. Afinal, regulamentos autônomos podem tratar de todos os temas que não estiverem expressamente reservados à lei, segundo os arts. 34 e 37 da Constituição de 1958, razão pela qual o projeto de lei que ofender a reserva regulamentar fica sujeito a questionamento formulado pelo Governo perante a Assembleia interessada (art. 41, no sentido da inadmissibilidade do projeto), cabendo recurso ao Conselho Constitucional (na forma dos arts. 61 e 62 do ordenamento de 1958), apresentado pelo Governo ou pela Assembleia (ao teor do art. 41). A Constituição de 1958, da Vª República, fez arranjo singular na relação entre lei e regulamento autônomo, pois no seu art. 34 traz rol de matérias exclusivas da lei, sendo possível explicitá-lo ou ampliá-lo pela por emendas constitucionais ou por lei orgânica (de maneira que os domínios da lei não podem ser considerados exaustivos), e todas as matérias que não tenham sido expressamente indicadas no rol confiado à lei ficam nos domínios do regulamento autônomo (art. 37 da Constituição). Ao tempo da edição da Constituição, esse arranjo trouxe agitação, mas o tempo se encarregou de mostrar o reequilíbrio de papéis do Poder Legislativo e do Poder Executivo, tendo em vista que nos domínios da lei constam matérias mais relevantes para a sociedade e o Estado, além do que a jurisprudência do Conselho Constitucional tem firmado concepção bastante extensiva dos domínios da lei[6].

A Constituição da República Italiana de 1948, em seu art. 87, § 5º, atribui ao Presidente da República função regulamentar, e, nos arts. 117 e seguintes, cuida dos regulamentos de suas regiões, mas a Lei 400, de 1988, em seu art. 17, dispõe sobre competência ministerial, interministerial e de outras autoridades descentralizadas, permitindo falar em regulamentos de execução de lei e de decretos legislativos, regulamentos de integração de leis e decretos legislativos, regulamentos independentes, regulamentos de organização, regulamentos autorizados, regulamentos de recepção de acordos sindicais e regulamentos de atuação de diretivas comunitárias. O art. 17 da Lei 400 também iniciou deslegalização no direito italiano, seguida por outras leis (especialmente a de n. 59, de 1997), transferindo para regulamentos a normatização da organização da administração pública que anteriormente era tratada pela lei, inclusive admitindo que regulamentos revoguem leis (porque essa Lei n. 400 assim assegura).

Regulamento de execução italiano é ato normativo submetido ou subordinado às fontes primárias de Direito (leis e regulamento comunitário), não podendo regular matéria que a ordem constitucional reserva expressamente à lei ou sobre sanções penais, sendo editados pelo Presidente da República (Chefe de Estado, art. 87 da Constituição italiana), embora a lei possa conferir a outras autoridades a competência para sua edição. Os regulamentos de integração (também chamados de atuação) são editados com a finalidade de completar as disposições de atos normativos primários que tem natureza de disposição de princípio. Já regulamentos independentes estão previstos no § 1º do art. 17 da Lei 400, de 1988, que admite decretos do Conselho de Ministros para dispor sobre matérias em face das quais nenhuma lei tenha sido editada, desde que não se trate de matéria reservada à lei (reserva absoluta). Regulamentos de organização são editados em face de uma lei que dá critérios para disposição e tratamento de atividades públicas, cuidando da organização de ofícios públicos visando bom andamento e imparcialidade da administração. Regulamentos delegados tratam de matéria inicialmente reserva à lei, que, porém, transfere atribuição para o Poder Executivo dispor sobre assuntos de modo discricionário, escorando-se na deslegalização do art. 17 da Lei 400, de 1988. Regulamento de recepção de acordo sindical engloba contratos celebrados em matéria de organização do trabalho e relação de emprego e, por fim, regulamentos de atuação das diretivas comunitárias servem para dar aplicação a comandos normativos gerais da União Europeia.

Quanto à função regulamentar, a ordem constitucional portuguesa de 1976 estabelece primazia ou preferência da lei em relação a regulamentos mediante reserva de lei (reserva horizontal ou reserva formal de lei), congelamento do grau hierárquico (art. 112, n. 6, de maneira que se determinado tema for objeto de lei formal, somente uma outra lei pode incidir sobre o mesmo objeto, embora seja possível a deslegalização na qual a ordem constitucional ou leis transferem determinado tema ao regulamento) e a precedência ou primariedade da lei (reserva vertical da lei, vale dizer, regulamentos serão sempre subordinados à lei, não podendo ser editados sem prévio ato legislativo anterior, art. 112, n. 8).

---

6. A propósito dos 20 anos de vigência da Constituição francesa, foi realizado profícuo colóquio que resultou em obra coordenada por Louis Favoreu, *Le domaine de la loi et du règlement*, 2ª ed., Paris e Aix-en-Provence: Economica et Presses Universitaires d'Aix-Marseille, 1981, oportunidade na qual a conclusão foi de que os regulamentos franceses provocaram a "revolução" que inicialmente se falava, por resistências até de mentalidade (relatório de Jean Rivero, p. 261 e s.).

Assim, no direito português, regulamentos são atos normativos secundários produzidos no âmbito da administração pública, sendo subordinados à lei (legalidade da administração, art. 226, n. 2, da Constituição), cujas competências estão no art. 119, "c" (Governo), art. 227, "d" (regiões autônomas), e art. 241 (assembleias das autarquias locais).

A Constituição portuguesa admite regulamento de execução como ato tipicamente secundário e submetido à lei (art. 119, "c", expedido pelo Governo), e regulamento independente para dar contornos a temas sobre os quais a lei se limita a indicar a autoridade que poderá emanar o ato normativo e a matéria correspondente (art. 112, ns. 7 e 8, também da competência do Governo). Decretos regulamentares são produzidos pelo Governo, mas são promulgados e publicados pelo Presidente da República (órgão de soberania diverso do Governo), nos termos do art. 134, "b", do ordenamento constitucional. Embora regulamentos delegados e autônomos sejam predominantemente negados, o Governo pode editar decreto-lei em matéria de sua competência exclusiva (notadamente sobre sua organização e funcionamento, correspondendo ao que seria o regulamento interno e administrativo), que não será apreciado pela Assembleia da República.

4. Direito internacional

Tratados internacionais celebrados pelo Brasil não cuidam de temas versados nesse preceito constitucional.

5. Remissões constitucionais (outros artigos da Constituição) e legais (leis reguladoras)

Art. 1º, parágrafo único, art. 2º, art. 5º, II e § 3º, art. 21, art. 37, I, art. 43, §§ 2º e 3º, art. 48, X e XI, art. 49, V, art. 51, IV, art. 52, XIII, art. 61, § 1º, II, "a", art. 76, art. 84, *caput*, I, IV e XXV, e parágrafo único, art. 88, art. 169, *caput* e § 4º, e art. 237, todos do corpo permanente, e Lei Complementar 95/1998, Lei Complementar 107/2001, Lei Federal 10.683/2003, Decreto Federal 4.176/2002 e Decreto 9.191/2017.

6. Jurisprudência (STF e STJ): *leading cases*, principais posições e votos divergentes; tendências atuais no sentido da mudança da jurisprudência

Nos termos da Súmula 11, o STF prevê que *"a vitaliciedade não impede a extinção do cargo, ficando o funcionário em disponibilidade, com todos os vencimentos"*, entendimento que merece a ressalva quanto ao fato de o ordenamento atual diferenciar estabilidade (confiada a grande parte dos servidores) e vitaliciedade (reservada a poucos cargos, como membros da Magistratura, de Tribunais de Contas e do Ministério Público). Com a mesma ressalva, a Súmula 12, também do STF, prevê que *"a vitaliciedade do professor catedrático não impede o desdobramento da cátedra"*, valendo destacar que essa vitaliciedade foi reconhecida pelo art. 194 da Constituição de 1967 (com a Emenda 01/1969). Ao teor da Súmula 22 do STF, o estágio probatório não protege o funcionário contra a extinção do cargo.

A Súmula 38 do STF afirma que a *"reclassificação posterior à aposentadoria não aproveita ao servidor aposentado"* (acompanhada pelas Súmulas 04 e 173 do Tribunal de Contas da União), posição questionada na vigência da Constituição de 1988 em razão da redação originária do art. 40, § 4º (já revogada pela Emenda 20/1998).

No RE 577.025, Rel. Min. Ricardo Lewandowski, j. 11.12.2008, Pleno, *DJe* de 06.03.2009, decidido com repercussão geral (Tema 48), o STF concluiu que a Constituição da República não permite que Governador do Distrito Federal crie cargos e reestruture órgãos públicos por meio de simples decreto, matérias submetidas à reserva absoluta de lei.

Na ADI 2.564, Relª. Minª. Ellen Gracie, Pleno, *DJ* de 06.02.2004), o STF afirmou que o Presidente da República, como Chefe supremo da Administração Pública Federal, por sua atribuição hierárquica, tem competência para autorizar previamente a liberação de recursos para pagamento de servidores públicos da Administração Federal, sendo inaplicável a reserva legal diante da nova redação atribuída ao art. 84, VI, da Constituição pela Emenda Constitucional 32/01, que permite expressamente ao Presidente da República dispor, por decreto, sobre a organização e o funcionamento da administração federal, quando isso não implicar aumento de despesa ou criação de órgãos públicos.

Na ADC-MC 12/DF, Rel, Min. Carlos Britto, Pleno, m.v., *DJ* de 01.09.2006, p. 015, analisando, a Resolução n. 07, de 18.10.2005, do Conselho Nacional de Justiça (CNJ), o STF afirmou que esse ato apresenta características de generalidade, de impessoalidade e de abstratividade, razão pela qual se trata de ato normativo primário diretamente fundado no § 4º do art. 103-B da Constituição de 1988 com a finalidade detalhar conteúdos lógicos de princípios constitucionais da atividade administrativa do Estado, especialmente da impessoalidade, da eficiência, da igualdade e da moralidade no que concerne à nomeação e exoneração de cargos em comissão e funções de confiança no Poder Judiciário. Embora resoluções no CNJ não possam ser consideradas como regulamento (pois o conceito adotado em nossos comentários ao art. 84, IV, da Constituição restringe essa modalidade normativa a atos editados pelo Poder Executivo, sem controle ordinário pelo Poder Legislativo), essa decisão do STF ilustra o reconhecimento da possibilidade de Poderes da República terem atos normativos próprios editados diretamente em face da Constituição, caracterizando-se como atos primários (assim como decretos legislativos do art. 49, resoluções do art. 51 e do art. 52, regulamento autônomo do art. 84, VI e regimentos do art. 96, I, todos da Constituição de 1988).

7. Referências bibliográficas

AMARAL JÚNIOR, José Levi Mello do, *Decreto autônomo: questões polêmicas*. In: Maria Sylvia Zanella Di Pietro. (Org.). *Direito regulatório*: temas polêmicos, 2 ed. Belo Horizonte: Fórum, 2004; BONAVIDES, Paulo, *História Constitucional do Brasil*, obra conjunta com Paes de Andrade, 3ª ed., Rio de Janeiro: Ed. Paz e Terra, 1991; BURDEAU, Georges, HAMON, Francis, et TROPER, Michel, *Droit Constitutionnel*, 26ᵉ édition, Paris: Librairie Générale de Droit et de Jurisprudence – L.G.D.J., 1999; CALLEJÓN, Francisco Balaguer, *Fuentes del Derecho. II. Ordenamiento General del Estado y Ordenamientos Autonómicos*, Madrid: Editorial Tecnos, 1992; CANOTILHO, José Joaquim Gomes, *Direito Constitucional e Teoria da Constituição*, 3ª ed., Coimbra: Livraria Almedina, 1999; CARBONELL, Eloísa, e

MUGA, José Luis, *Agencias y Procedimiento Administrativo en Estados Unidos de América*, Madrid: Marcial Pons Ediciones Jurídicas y Sociales S.A., 1996; CASTRO, Carlos Roberto Siqueira, *O Devido Processo Legal e a Razoabilidade das Leis na Nova Constituição do Brasil*, Rio de Janeiro: Ed. Forense, 1989; CHAPUS, René, *Droit Administratif Général*, Tomo I, 12ª édition, Paris: Montchrestien, 1998; DI PIETRO, Maria Sylvia Zanella, *Curso de Direito Administrativo*, 14ª ed., São Paulo: Ed. Atlas, 2002; DORDA, Rosa Comella, *Límites del Poder Reglamentario en el Derecho Administrativo de los Estados Unidos*, Barcelona: Cedecs Editorial s.l., 1997; ENTERRÍA, Eduardo García de, e FERNÁNDEZ, Tomás-Ramón, *Curso de derecho administrativo*, 4ª ed., Madrid: Ed. Civitas, 1983; FAVOREU, Louis, coordonnateur, Patrick Gaïa, Richard Ghevontian, Jean-Louis Mestre, André Roux, Otto Pfersmann et Guy Scoffoni, *Droit Constitucionnel*, Paris: Dalloz, 1998; FAVOREU, Louis, *Le domaine de la loi et du règlement*, 2ª ed., Economica et Presses Universitaires d'Aix-Marseille, Paris e Aix-en-Provence: 1981; FERREIRA FILHO, Manoel Gonçalves, *Do Processo Legislativo*, 4ª ed., São Paulo: Ed. Saraiva, 2001; FRANCISCO, José Carlos, *Função Regulamentar e Regulamentos*, Rio de Janeiro: Ed. Forense, 2009; GASPARINI, Diógenes, *Poder Regulamentar*, São Paulo: Ed. José Bushatsky, 1978; GARCÍA DE ENTERRÍA, Eduardo, e FERNÁNDEZ, Tomás-Ramón, *Curso de derecho administrativo*, 4ª ed., Madrid: Ed. Civitas, 1983; GRAU, Eros Roberto, *O Direito Posto e o Direito Pressuposto*, 4ª edição, São Paulo: Ed. Malheiros, 2002; GUNTHER, Gerald, *Constitutional Law*, 12ª edition, Westbury, New York: The Foundation Press, Inc., 1991; HESSE, Konrad, *Elementos de Direito Constitucional da República Federal da Alemanha*, tradução da 20ª edição alemã por Luís Afonso Heck, Porto Alegre: Sergio Antonio Fabris Editor, 1998; LARICCIA, Sergio, *Diritto Amministrativo*, Padova: Cedam, 2000; LEAL, Víctor Nunes, Lei e Regulamento, in *Problemas de Direito Público*, Rio de Janeiro: Ed. Forense, 1960; LLORENTE, Francisco Rubio de, *La forma del poder (Estudios sobre la Constitución)*, 2ª edición, Madrid: Centro de Estudios Constitucionales, 1997; MARTINES, Temistocle, *Diritto Costituzionale*, 9ª ed., Milano: Giuffrè Editore, 1997; MAURER, Hartmut, *Elementos de Direito Administrativo Alemão*, trad. da edição alemã de Luís Afonso Heck, Porto Alegre: Sérgio Antonio Fabris Editor, 2001; MEDAUAR, Odete, *Direito Administrativo Moderno*, 7ª ed., São Paulo: Ed. Revista dos Tribunais, 2003; MELLO, Celso Antônio Bandeira de, *Regime constitucional dos servidores da administração direta e indireta*. São Paulo: Revista dos Tribunais, 1991; MELLO, Vanessa Vieira de, *Regime Jurídico da Competência Regulamentar*, São Paulo: Ed. Dialética, 2001; MORAND-DEVILLER, Jacqueline. *Cours de Droit Administratif*, 6ª édition, Paris: Montchrestien, 1999; NOWAK, John E., e ROTUNDA, Ronald D., *Constitutional Law*, 5ª edition, St. Paul – Minn.: West Publishing Co., 1995; NUNES, Simone Lahorgue, *Os fundamentos e os limites do poder regulamentar no âmbito do mercado financeiro*, Rio de Janeiro-São Paulo: Ed. Renovar, 2000; OLIVEIRA, Regis Fernandes de, *Servidores públicos*. São Paulo: Malheiros, 2008; OTTO, Ignacio de, *Derecho constitucional. Sistema de fuentes*, 2ª edición, 6ª reimpresión, Barcelona: Ed. Ariel, 1998; PALADIN, Livio, *Diritto Costituzionale*, 3ª edizione, Padova: CEDAM, 1998; RIVERO, Jean, e WALINE, Jean, *Droit Administratif*, 18ª ed., Paris: Éditions Dalloz, 2000; ROCHA, Cármen Lúcia Antunes, *Princípios constitucionais dos servidores públicos*. São Paulo: Saraiva, 1999; SAMPAIO, José Adércio Leite, *A constituição reinventada pela jurisdição constitucional*, Belo Horizonte: Ed. Del Rey, 2002; SCHWARTZ, Bernard, *Direito Constitucional Americano*, trad. de Carlos Nayfeld, Rio de Janeiro: Ed. Forense, 1966; SILVA, Carlos Medeiros da, Poder Regulamentar e sua extensão, *Revista de Direito Administrativo*, v. 20, 1950; SOUSA, Leomar Barros Amorin de, *A produção normativa do Poder Executivo*: medidas provisórias, leis delegadas e regulamentos, Brasília: Ed. Brasília Jurídica, 1999; TREMEAU, Jérôme, *La réserve de loi – Compétence Législative et Constitution*, Paris e Aix-en-Provence: Economica et Presses Universitaires d'Aix-Marseille, 1997; VERGOTTINI, Giuseppe de, A delegificação e a sua incidência no sistema das fontes do Direito, in *Direito Constitucional – Estudos em homenagem a Manoel Gonçalves Ferreira Filho*, coord. Sérgio Resende de Barros e Fernando Aurélio Zilveti, São Paulo: Ed. Dialética, 1999.

8. Comentários

8.1. Funções de Chefe de Governo atinente à administração pública

A competência confiada privativamente ao Presidente da República pelo art. 84, V, "b" da Constituição para, mediante decreto, dispor sobre extinção de funções ou cargos públicos, quando vagos, assenta-se nas atribuições inerentes à chefia de Governo relacionadas com a administração pública. Essa competência é ao mesmo tempo extensível aos demais Chefes do Poder Executivo no Estado Federativo Brasileiro, e delegável para Ministros de Estado (conforme art. 84, parágrafo único, da Constituição).

8.2. Reserva absoluta de lei para extinção de funções ou cargos públicos

Embora ordenamentos constitucionais assegurem a cada ente governamental autonomia para sua organização funcional e administrativa (p. ex., art. 51, IV, art. 52, XIII, art. 84, VI, "a", e art. 96, I, "b", todos da Constituição de 1988), a separação de poderes busca o controle do poder público pelo próprio poder público ("sistema de freios e contrapesos", *checks and balances* ou *le pouvoir arrêt le pouvoir*). Por esse motivo, o art. 48, X, do ordenamento de de 1988 atribuiu apenas à lei a criação, a transformação e a extinção de cargos (efetivos ou em comissão), de empregos ou de funções públicas do Poder Executivo e do Poder Judiciário (respeitadas iniciativas privativas para projetos de lei, p. ex., art. 61, § 1º, II, da Constituição).

A imposição de reserva absoluta de lei feita pelo art. 48, X, da Constituição (refletida no art. 84, XXV, do mesmo ordenamento de 1988) procura dar segurança, lisura e estabilidade na composição dos integrantes da administração pública, bem como controlar gastos e ordenar atividades estatais, dentre outros motivos. Em princípio, somente leis ordinárias, medidas provisórias e leis delegadas podem dispor sobre criação, transformação e extinção de cargos, empregos ou funções públicas do Poder Executivo (com as ressalvas que vimos nos comentários ao art. 48, X, da Constituição).

Empregos públicos têm a mesma lógica em se tratando de administração pública e, por isso, devem ter o mesmo tratamento jurídico conferido a cargos e funções, situando-se no âmbito da reserva absoluta de lei ou no da reserva regulamentar, dependendo do fato de estarem ou não vagos. É verdade que a atribuição do art. 84, VI, "b", deve ser interpretada restritivamente, mas a racionalidade de propósitos e a coerência do sistema jurídico devem orientar essa tarefa.

8.3. Reserva do Poder Executivo, Emenda 32/2001 e deslegalização

O art. 81, VIII, da Carta de 1967 (com a Emenda 01/1969), confiava competência privativa do Presidente da República para, mediante decreto, prover e extinguir cargos públicos federais (independentemente de os mesmos estarem vagos). O Constituinte de 1988 inicialmente procurou controlar as atribuições do Chefe do Poder Executivo, eliminando delegações de competência (art. 25 do ADCT) e impondo limites ao exercício das atribuições do Presidente da República, de maneira que, em sua redação original, a Constituição impunha irrestrito controle do Poder Executivo pelo Poder Legislativo em se tratando de extinção de cargos e funções públicas. A Emenda Constitucional 32/2001 moderou a imposição de lei para a extinção de função ou cargo público, assegurando ao Presidente da República a competência privativa para a extinção dos mesmos quando vagos (art. 84, VI, "b").

Uma vez que a Emenda 32/2001 também abriu expressa exceção à reserva absoluta de lei contida no art. 48, X, da Constituição, com referência literal ao art. 84, VI, "b", que cuida de competências privativas do Presidente da República, fica claro que a extinção de funções ou cargos públicos do Poder Executivo, quando vagos, caracteriza-se como matéria de reserva regulamentar do Chefe do Executivo. Vale dizer, a combinação do disposto no art. 48, X, e no art. 84, VI, "b", do ordenamento de 1988, leva à conclusão de que, ao mesmo tempo, as modificações feitas pela Emenda Constitucional 32/2001 abriram exceção à reserva absoluta de lei (art. 48, da Constituição) e criaram matéria exclusiva de decreto (reserva regulamentar) do Presidente da República (art. 84, VI, "b", do mesmo ordenamento constitucional), daí porque lei não poderá extinguir função ou cargo do Poder Executivo, quando vagos (embora possa extingui-los quando não vagos), sob pena de invadir a matéria privativa de decreto presidencial. Não há paradoxo ou incoerência porque é mais impactante a extinção de função ou cargo quando ocupado por servidor, notadamente em casos de reorganização da Administração Pública (matéria reservada à lei) comparada à desnecessidade constatada ordinariamente pelo Chefe do Poder Executivo quando o cargo ou função estiver vago (reserva regulamentar).

Essa transferência de matéria do campo normativo da lei para o campo normativo do decreto presidencial é exemplo da denominada "deslegalização" feita pelo Constituinte, conforme analisamos no art. 84, IV, da Constituição, flexibilizando a atuação do Poder Legislativo em favor do dinamismo e do tecnicismo na gestão da coisa pública por decisões legítimas do Poder Executivo.

8.4. Discricionariedade do Poder Executivo, funções e cargos "vagos" e controle

O art. 84, VI, "b", da Constituição confia discricionariedade ao Presidente da República para escolher se e quando extinguirá função vaga ou cargo público vago, pois o Constituinte conferiu competência privativa ao Presidente da República sem impor limite ou condicionante ao exercício dessa atribuição. O cargo ou função pode estar vago por diversos fatores, tais como exoneração voluntária (a pedido do servidor) ou em decorrência de punição (demissão), desligamento do cargo em comissão ou não início de atividades, em razão de readaptação por motivo de incapacidade física ou mental, aposentadoria, morte, promoção, e até mesmo por desnecessidade oriunda de reorganização da administração, processada por meio dos regulamentos autônomos previstos no art. 84, VI, "a", da Constituição.

A discricionariedade do Presidente da República para editar decreto extinguindo função ou cargo público quando vago não significa "cheque em branco", pois está limitada por princípios constitucionais que orientam a Administração Pública e que estão voltados ao cumprimento da justiça social do Estado Democrático de Direito. Essa discricionariedade do Poder Executivo está sujeita ao controle do Poder Judiciário, em casos de seus limites (consoante vimos no art. 84, *caput*, da Constituição).

8.5. Decretos, atos administrativos e regulamentos autônomos

Considerando a generalidade, universalidade, precedência ou preferência da lei adotada no sistema constitucional de 1988 (art. 1º, parágrafo único, art. 5º, II, e art. 48, dentre outros), a ressalva contida no art. 48, X, e no art. 84, VI, "b", da Constituição vigente (na redação da Emenda 32/2001) deve ser interpretada restritivamente. Assim, decisões presidenciais fundamentadas no art. 84, VI, "b", do mesmo ordenamento somente podem ser editadas para a extinção de funções públicas vagas ou cargos vagos.

Decretos do Presidente da República, expedidos com amparo no art. 84, VI, "b", do ordenamento constitucional, podem assumir contornos de ato administrativo sem conteúdo normativo (quando cuidarem de situação concreta e específica, p. ex., extinguindo cargo ou função extraordinária ocupada por determinada pessoa) ou de regulamento (extinguindo cargo ou função vaga por critérios abstratos, impessoais, imperativos, inovadores e genéricos). Se o decreto tiver conteúdo normativo, esse ato terá características de regulamento autônomo, assim entendido o preceito normativo editado em face de matéria confiada exclusivamente aos domínios do Poder Executivo, motivo pelo qual lei em sentido formal não poderá tratar do tema. Encontrado por exceção no sistema constitucional de 1988 em razão da primazia ou precedência da lei, o regulamento autônomo é ato normativo primário que dá cumprimento direto a mandamento constitucional que o fundamenta (conforme nossos comentários ao art. 84, IV, da Constituição).

O Decreto 9.191/2017 dispõe sobre limites formais para a elaboração de decretos regulamentares, incluindo regulamentos autônomos, que devem cumprir a ordem de iniciativa, análise política e jurídica, deliberação, promulgação e publicação estabelecidas. O art. 12, I, do Decreto 9.191/2017, acolhe como autônomo o regulamento editado para disciplinar extinção de funções ou cargos públicos, quando vagos, sendo que em seu parágrafo único prevê que o decreto que assim dispuser não disciplinará nenhuma outra matéria.

8.6. Delegação de Competências na exceção à Reserva Legal

Consoante expressa previsão do art. 84, parágrafo único da Constituição, a competência para a extinção de funções ou cargos públicos, quando vagos (art. 84, VI, "b", do ordenamento constitucional, na redação da Emenda 32/2001), pode ser delegada pelo Presidente da República a Ministros de Estado, ao Advogado-Geral da União e ao Procurador-Geral da República. Essa delegação de competência também poderá ser feita a Secretários que têm *status* de Ministros de Estado, que, assim como Ministros terão liberdade ou discricionariedade político-administrativa para extinção de funções vagas e cargos públicos vagos. Nesses casos, Ministros e Secretários, bem como Advogado-Geral da União e Procurador-Geral da República editarão portarias ou atos correlatos com conteúdo da medida administrativa de efeito concreto ou de ato normativo da administração pública, a exemplo do que ocorre com decretos presidenciais (fundados diretamente no art. 84, VI, "b", combinado com o parágrafo único desse mesmo preceito do ordenamento constitucional de 1988).

8.7. Preceito Extensível e Simetria

Ainda que o art. 84, VI, "b", da Constituição, seja expressamente dirigido à União Federal (logo, abrangendo administração direta e indireta), trata-se de preceito também aplicável a Estados-Membros, ao Distrito Federal e a Municípios, uma vez que se configura como preceito extensível sujeito ao critério da simetria. Portanto, Governadores Estaduais e Distrital, bem como Prefeitos Municipais poderão não só editar decretos para a extinção de função ou cargo público, quando vago, mas também poderão delegar tal atribuição a seus assessores diretos, tais como Secretários Estaduais, Distritais ou Municipais, Procuradores-Gerais dos Estados ou dos Municípios, e também a Procuradores Gerais de Justiça (nesse caso, apenas pelos Governadores), nos termos das constituições e leis orgânicas correspondentes.

Todas essas autoridades delegadas terão discricionariedade político-administrativa para definir a melhor maneira de organizar funcionalmente as atividades públicas de suas áreas respectivas, observados preceitos expressos e implícitos na Constituição. Não é possível ampliar as hipóteses de delegação dessa função (mesmo para as agências reguladoras), tendo em vista a indelegabilidade de atribuições implícita no art. 1º, parágrafo único da Constituição vigente.

Art. 84, VII – manter relações com Estados estrangeiros e acreditar seus representantes diplomáticos;

George Rodrigo Bandeira Galindo

---

1. História da norma

Desde a República, as Constituições brasileiras estabeleceram dispositivos outorgando competência ao Presidente da República para conduzir as relações exteriores. Tradicionalmente, a presença de tais dispositivos tem permitido uma leitura generosa acerca dos poderes do Executivo na matéria. A referência à competência para acreditar representantes diplomáticos estrangeiros é inovação da Constituição de 1988, embora desde há muito seja ela considerada como abrangida pela cláusula genérica sobre competência para manter relações com Estados estrangeiros.

2. Constituições brasileiras anteriores

A primeira Constituição brasileira a definir de maneira clara, a competência do Executivo para manter as relações exteriores foi a Constituição de 1891, em seu art. 48, 14. O dispositivo não se referia explicitamente à acreditação de representantes diplomáticos estrangeiros. A mesma fórmula é repetida pelas Constituições de 1934 (art. 56, § 5º), de 1937 (art. 74, *c*), de 1946 (art. 87, VI), de 1967 (art. 83, VII) e de 1969 (art. 81, IX).

3. Constituições estrangeiras (relação ilustrativa)

A maioria das Constituições atribui ao Executivo o poder para conduzir as relações exteriores, disso redundando tanto a competência para manter relações com Estados estrangeiros e outros sujeitos de direito internacional como para acreditar representantes diplomáticos ou de organizações internacionais. Nos sistemas presidencialistas, essa atribuição de competências é alicerce da separação de poderes. Exemplos de Constituições presidencialistas: Constituição dos Estados Unidos: art. 2; Constituição da Argentina: art. 99 (11); Constituição do Paraguai: art. 238 (7); Constituição do Uruguai: art. 168 (15); Constituição do México: art. 89 (X); Constituição do Chile: art. 32 (17); Constituição da Indonésia: art. 13 (10); Constituição da Argélia: 77 (3).

4. Direito internacional

De regra, o direito internacional deixa a cargo dos direitos internos a divisão de competências na condução das relações exteriores. O direito diplomático e o direito consular, tradicionalmente regulados pelo costume, foram objeto de duas importantes convenções da década de 1960. O Brasil ratificou ambos os instrumentos que tratam, entre outros assuntos, da acreditação: Convenção de Viena sobre Relações Diplomáticas, de 1961 (Decreto n. 56.435, de 8.6.1965), e Convenção de Viena sobre Relações Consulares, de 1963 (Decreto n. 61.078, de 26.7.1967).

5. Dispositivos constitucionais relevantes (relação ilustrativa)

Art. 4º (princípios que regem as relações exteriores do Brasil); Art. 21, I (competência da União para manter relações com Estados estrangeiros e participar de organizações internacionais); Art. 49, X (competência do Congresso Nacional para fiscalizar e controlar atos do Poder Executivo); Art. 84, II (competência do Presidente da República para exercer a direção superior da administração pública federal), IV (competência do Presidente da República para expedir decretos e regulamentos para a fiel execução das leis), VIII (competência do Presidente da República para celebrar tratados).

6. Jurisprudência (STF)

Na Extr. 1.008, rel. p./acórdão Min. Sepúlveda Pertence, Pleno, *DJ* de 17.8.2007, o STF expressamente considerou que a concessão de asilo ou refúgio recai no poder privativo do Presidente da República, em virtude de sua competência para conduzir as relações exteriores. Em diversos casos, o STF tem reconhecido a validade de atos emanados de representantes diplomáticos estrangeiros em processos de extradição – como a promessa de reciprocidade ou a apresentação de notas diplomáticas em geral (*v.g.* Extr 1.120, rel. Min. Menezes Direito, Pleno, *DJ* de 6.2.2009, e Extr 1.082, rel. Min. Celso de Mello, Pleno, *DJ* de 8.8.2008). Tal reconhecimento pressupõe a competência para acreditação, pelo Poder Executivo. Em julgamento de 2011, o Plenário, por maioria de ministros, foi peremptório ao sustentar, baseando-se no art. 84, VII, "conferir apenas ao Presidente da República a função de manter relações com Estados estrangeiros". Ext. 1.085 PET-AV, rel. p/acórdão Luiz Fux, Pleno, *DJe* de 3.4.2013 e, também, Rcl 11.243, rel. p/ acórdão Luiz Fux, Pleno, *DJe* de 5.10.2011. Em decisões monocráticas (HC-MC 184.828, rel. Min. Roberto Barroso, *DJ* de 20.5.2020; ADPF 843, rel. Min. Cármen Lúcia, *DJ* de 22.9.2021), o STF já reconheceu recair estritamente na esfera de competência do Presidente da República a desacreditação de diplomatas estrangeiros, inclusive sua declaração como *personae non grata*, sendo o mérito de tal matéria insindicável pelo Poder Judiciário.

7. Literatura selecionada

ARAÚJO, João Hermes Pereira. *A processualística dos atos internacionais*. Rio de Janeiro: MRE, 1958; BARBALHO, João. *Constituição Federal brasileira, 1891*: comentada. Ed. fac-similar. Brasília: Senado Federal, 2002; BEVILÁQUA, Clóvis. Denúncia de tratado e saída do Brasil da Sociedade das Nações. In: CACHAPUZ DE MEDEIROS, Antônio Paulo (org.). *Pareceres dos Consultores Jurídicos do Itamaraty*, v. 2 (1913-1934). Ed. fac-similar. Brasília: Senado Federal, 2000, p. 347-354; CACHAPUZ DE MEDEIROS, Antônio Paulo. *O Poder Legislativo e os tratados internacionais*. Porto Alegre: Instituto dos Advogados do Rio Grande do Sul; L&PM, 1983; GALINDO, George Rodrigo Bandeira Bandeira. A construção do direito internacional público pelas Constituições brasileiras. *Cadernos de Política Exterior*, Brasília, n. 11, p. 101-126, 2022; HENKIN, Louis. *Foreign affairs and the United States Constitution*. 2. ed. New York: Oxford University Press, 1997; LEVIT, Janet Koven. El derecho internacional ocurre (le guste o no le guste al Poder Ejecutivo. In: SABA, Roberto et al. *Poder Ejecutivo*. Buenos Aires: Del Puerto, 2007, p. 71-99; KOSKENNIEMI, Martti. Constitutionalism as mindset: reflections on Kantian themes about international law and globalization. *Theoretical Inquiries in Law*. Tel Aviv, v. 8, n. 1, 2007, p. 9-36; MELLO, Celso de Albuquerque. *Direito Constitucional Internacional*: uma introdução. 2 ed. Rio de Janeiro: Renovar, 2000; TOURARD, Hélène. *L'internationalisation des constitutions nationales*. Paris: LGDJ, 1998.

8. Anotações

O inciso VII do art. 84 é um daqueles dispositivos constitucionais que, embora redigidos economicamente, dão margem a uma gama amplíssima de atribuições. As escolhas (acertadas ou equivocadas) em matéria de política externa, tomadas pelo Poder Executivo, têm sua base reconhecida nessa competência aparentemente singela, mas com repercussões profundas para o Estado brasileiro: "manter relações com Estados estrangeiros" e sua consequência, acreditar seus representantes diplomáticos. Embora a Constituição refira-se somente a Estados, não se pode olvidar que o Brasil mantém relações com outros sujeitos internacionais, como Organizações Internacionais. A literalidade do inciso não impede uma interpretação que o faça aplicável também às relações com outros sujeitos internacionais, até mesmo porque o art. 21, I, da Constituição, ao tratar das competências da União, é explícito nesse sentido.

A primeira dúvida em relação ao dispositivo é: que tipo de relações exteriores o Executivo, representando o Estado brasileiro, pode manter? Até antes da Constituição de 1988 havia quase nenhum limite explícito à condução das relações exteriores. A não ser por pequenas referências à solução pacífica de controvérsias, as escolhas nesse campo ficavam a cargo do Presidente, devendo este obedecer apenas aos limites implícitos constitucionais. O art. 4º da atual Constituição pela primeira vez estabelece que aquela competência oriunda da fórmula "manter relações com Estados estrangeiros" encontra limites materiais claros. Assim, desde 1988, essa competência possui limites explícitos e implícitos, e, desse modo, deve-se compreender o art. 84, VII, não como uma carta branca, mas como um elemento para racionalizar a atividade do Estado (competência) à luz de normas acordadas pela comunidade política (Constituição).

Certo, o Poder Executivo, na condução da política externa, deve, por exemplo, defender os direitos humanos, a autodeterminação dos povos e repudiar o racismo, como estabelece o art. 4º. Porém, quais os limites implícitos dessa competência ampla?

Para alguns setores – especialmente em sistemas presidencialistas ou que contam com um presidente forte – a resposta se liga à questão da defesa mais "eficiente" dos interesses nacionais: o Executivo deve ser menos constrangido, porque é o poder mais bem preparado para atuar no plano internacional e defender os interesses da nação.

Um dos primeiros – e mais importantes – comentadores da Constituição de 1891 já deixava claro o argumento da "eficiência" quando sustentava: "dentre esses poderes é ao executivo que deve ela [a atribuição de manter as relações com Estados estrangeiros] caber como poder de ação e de funcionamento contínuo. O Presidente da República, chefe desse poder, do governo e da administração, é o mais próprio e competente para ser o órgão de comunicação da nação com os governos estrangeiros" (BARBALHO, 2002, p. 195-196).

Anos mais tarde, Clóvis Beviláqua, em um parecer sobre denúncia de tratados, assumia a proeminência do Executivo sobre o Legislativo, adotando uma perspectiva legalista, mas que sem dúvida escondia a "superioridade natural" do primeiro poder sobre o segundo no que se refere às relações exteriores: "o Poder Executivo é o órgão a que a Constituição confere o direito de representar a Nação em suas relações com as outras. E ele exerce essa função representativa, pondo-se em comunicação com os Estados estrangeiros: celebrando tratados, ajustes e convenções; nomeando os membros do corpo diplomático e consular; declarando a guerra diretamente, por si, nos casos de invasão ou agressão estrangeira; enfim dirigindo a vida internacional do país, com a colaboração do Congresso, nos casos em que a Constituição a preceitua. Essa colaboração, porém, é excepcional; somente se faz indispensável nos casos prescritos; quando a Constituição guarda silêncio, deve entender-se que a atribuição do Poder Executivo, no que se refere às relações internacionais, é privativa dele" (BEVILAQUA, 2000, p. 350).

Mais recentemente, Celso de Albuquerque Mello também trouxe o argumento de "eficiência" quando se manifestou, por exemplo, sobre a aceitação exclusiva pelo Poder Executivo de reservas apresentadas por outros Estados a tratados. Dois argumentos justificavam a tese: "a) a lentidão do Congresso na apreciação de atos internacionais; b) o Executivo deve ter as 'mãos livres' na conduta das relações internacionais, que necessitam de solução rápida" (MELLO, 2000, p. 296).

Argumentos como esses não são exclusividade do sistema brasileiro. Pelo contrário, muitos deles são aqui reproduzidos[1]. Ao se referir ao caso americano, Louis Henkin identifica alguns fatores que permitiram aos Presidentes oportunidades e tentações para adquirir e ampliar poderes: "a estrutura do governo federal, os fatos da vida nacional, as realidades e exigências das relações internacionais [...] e as práticas da diplomacia"[2]. É intrigante notar como também naquele país boa parte dos argumentos são baseados em circunstâncias de fato que requerem o recurso à eficiência: o Poder Executivo está mais bem equipado para defender a nação durante a guerra fria ou as práticas diplomáticas requerem medidas céleres.

O problema de tais argumentos voltados para eficiência não é a sua falta de sofisticação ou engenhosidade, mas que não se pode garantir que não serão apresentados contra-argumentos mais sofisticados ou engenhosos para superá-los.

Em essência, esse tipo de pensamento voltado para a eficiência pode ser enquadrado naquilo que Martti Koskenniemi (2007, p. 9-36), em um contexto ligeiramente diferente, chamou de *managerialism*: a substituição da "linguagem jurídica por um idioleto" que pretende fazer valer "as mais variadas orientações, diretivas, padrões de fato e expectativas de modo a garantir efeitos ótimos". Em outros termos, trata-se de um discurso baseado na eficiência.

É verdade que considerações de eficiência não podem ser totalmente esquecidas na aplicação do direito. Porém, essa não é a ideia motriz do discurso jurídico e sim as considerações de justiça – por mais que possam parecer abstratas. Para que certa medida seja aplicada com eficiência, é preciso que antes seja ela justa. E a justiça é o que mulheres e homens decidem todos os dias sobre sua vida em comum, não o que um grupo de iniciados e especialistas, a partir de cálculos complexos, sozinho escolhe.

As competências (e os limites) do Poder Executivo em matéria de condução das relações exteriores devem ser decididas a partir de concepções sobre o justo. A conclusão pode ser uma concentração maior de poderes nas mãos do Presidente, do Congresso ou de outra entidade. A eficiência, porém, não pode ser um único norte.

Tradicionalmente no Brasil, diversos atos de política externa têm recaído na competência do Presidente da República, sendo o art. 84, VII, utilizado como fundamento constitucional para tanto, uma vez que a Constituição é silente em diversos temas de direito internacional. É o caso da denúncia unilateral de tratados internacionais, cuja prática já antiga é no sentido de ser de competência privativa do Presidente – embora esta tese esteja sendo contestada pelos requerentes da ADI 1.680, ainda em julgamento perante o STF. Os atos de reconhecimento de Estados e Governos, do mesmo modo, têm sido sempre entendidos como pertencendo à alçada privativa do Presidente, o mesmo ocorrendo com a mencionada aceitação de reservas a tratados formuladas por Estados estrangeiros e a aceitação (ou não) de diplomatas estrangeiros. A concessão do *status* de refugiado ou asilado que, conforme antes mencionado, foi reconhecido pelo STF como sendo ato que recai na competência privativa do Presidente da República. Também merece ser lembrada a prática dos acordos do executivo, que não são enviados ao Congresso Nacional e têm sido entendidos como possíveis quando envolverem matéria de competência privativa do Presidente[3]. Em 2011, o Supremo Tribunal Federal foi peremptório ao ressaltar que a nenhum outro poder que não o Executivo cabe a competência para manter relações internacionais. Nos termos da ementa da Ext. 1.085 PET-AV, cabe "apenas ao Presidente da República a função de manter relações com Estados estrangeiros".

Outros atos, por sua vez, embora pudessem ser entendidos de maneira diversa, exigem a intervenção do Parlamento. É o caso do envio de tropas brasileiras em missões de paz da ONU e o reconhecimento da jurisdição compulsória de tribunais internacionais – como aconteceu com o reconhecimento da competência contenciosa da Corte Interamericana de Direitos Humanos, autorizado pelo Congresso Nacional por meio do Decreto Legislativo n. 89/1998.

As explicações para tais atos recaírem ou não no âmbito das competências do Presidente da República são muitas vezes escassas e imprecisas. Os argumentos, em sua maioria, não se desviam daqueles já apontados sobre a eficiência e, no caso da necessidade de intervenção do Parlamento, não vão além de leituras rasas acerca do princípio da separação de poderes[4].

É necessário repensar a competência do Executivo para a condução da política externa sobre bases renovadas, em que especialmente a transparência e a possibilidade de contestação possam ser utilizadas como horizonte a ser seguido. E esse repensar não deve se restringir apenas às relações entre Poder Executivo, Poder Legislativo e mesmo Poder Judiciário.

Nos últimos anos, o sistema jurídico internacional vem se diversificando de maneira profunda. Tal diversificação (algumas vezes chamada de fragmentação) se refere ao surgimento de novos regimes no direito internacional (como o direito econômico ou o direito ambiental) com lógicas, regras e atores próprios. No campo dos direitos humanos, por exemplo, é impossível desprezar hoje o papel das organizações não governamentais na confecção de tratados e na pressão exercida sobre os Estados. O

---

1. Por exemplo, o argumento de Beviláqua já foi lançado, com adaptações, nos Estados Unidos, pelo ex-presidente Theodore Roosevelt. Aquilo que ficou conhecido como *stewardship theory* consistia na ideia de que os poderes do Executivo somente estavam limitados por restrições ou proibições estabelecidas na Constituição ou por ato do Congresso praticado no âmbito de suas competências. O sucessor de Roosevelt, William Taft, e a Suprema Corte rejeitaram a posição (HENKIN, 1996, p. 35).

2. Idem, p. 31. Sob uma perspectiva comparada mais abrangente, Tourard (1998) afirma que a preponderância do Executivo nas Constituições modernas se deve à concentração nele das questões referentes à paz e à guerra. Ora, como as relações internacionais giram em torno desses temas, o Executivo seria o poder melhor posicionado para cuidar da matéria. Ademais, o fato de o Executivo contar com meios materiais, pessoais e uma estrutura adaptada para lidar com temas internacionais, justificam, do ponto de vista técnico, a citada preponderância (p. 13).

3. Sobre outros atos de competência do Poder Executivo, ver a clássica obra de ARAÚJO, 1958.

4. Uma exceção a esse estado de coisas é o já antigo, porém extremamente instrutivo estudo de CACHAPUZ DE MEDEIROS, 1983. Tal estudo busca dar conteúdo à leitura tradicional de que, no direito constitucional brasileiro, o Parlamento apenas possui as competências, em matéria de política exterior, que a Constituição expressamente lhe confere (GALINDO, 2022, p. 117).

mesmo pode ser dito em relação a empresas no campo do direito internacional econômico. O direito internacional não é mais apenas construído pelo Poder Executivo, nas chancelarias – um direito *top-won* –, mas também por atores não estatais – um direito *bottom-up*[5].

Diante de tais desenvolvimentos, é possível indagar: até que ponto é privativa a competência do Poder Executivo – e, para ir ainda mais longe, do Estado brasileiro – para conduzir suas relações exteriores ante uma realidade em que diversos atores – para o bem ou para o mal, com senso libertário ou oportunismo – interferem concretamente e diariamente nas escolhas e preferências do Brasil e de outros Estados do mundo?

Tudo isso reforça a necessidade de se repensar o dispositivo constitucional e suas implicações para o futuro do sistema jurídico brasileiro e internacional.

Art. 84, VIII – celebrar tratados, convenções e atos internacionais, sujeitos a referendo do Congresso Nacional;

Valerio de Oliveira Mazzuoli

1. A celebração de tratados internacionais pelo Presidente da República

1.1. A competência constitucional para a celebração de tratados

Dentre as competências privativas do Presidente da República está a de "celebrar tratados, convenções e atos internacionais, sujeitos a referendo do Congresso Nacional" (art. 84, inc. VIII). Já cuidamos do *referendum* congressual dos tratados (levado a efeito pelo Poder Legislativo) nos comentários ao art. 49, inc. I, da Constituição, também de nossa lavra, para onde remetemos o leitor. Cabe, neste momento, analisar a histórica competência do Poder Executivo para participar das relações internacionais, celebrando tratados e outros atos congêneres de natureza internacional.

A *celebração* de tratados, de que cuida o art. 84, inc. VIII, da Constituição, tem sua regulamentação formal na Convenção de Viena sobre o Direito dos Tratados de 1969, que tomou a providência de regulamentar os requisitos para a conclusão e entrada em vigor dos tratados. A referência a *tratados*, *convenções* e *atos internacionais* feita pela Constituição é supérflua, uma vez qualquer denominação que se dê carece de importância à luz do Direito Internacional Público, segundo estabelece o art. 2, § 1º, alínea *a*, da Convenção de Viena de 1969, segundo o qual tratado significa "um acordo internacional concluído por escrito entre Estados e regido pelo Direito Internacional, quer conste de um instrumento único, quer de dois ou mais instrumentos conexos, *qualquer que seja sua denominação específica*" (grifo nosso)[1].

Celebrar tratados significa negociá-los e assiná-los. A assinatura de um acordo internacional, presentemente, significa apenas o *aceite precário* e *formal* ao tratado, não acarretando (salvo a exceção do art. 12 da Convenção de 1969) efeitos jurídicos vinculantes. Trata-se de aceite *precário* por ser provisório, uma vez que poderá jamais vir a ser ratificado e o tratado nunca entrar em vigor, pois é somente a ratificação (troca ou depósito dos seus instrumentos) que exprime o *consensus* efetivo das partes relativamente ao acordado; é ainda *formal* porque atesta tão somente que o texto ali produzido não apresenta vícios de forma e dispõe de todas as condições para prosseguir no seu processo de conclusão.

A obrigação formal que as partes assumem na assinatura é a de continuar no procedimento sobre a base do texto adotado, sem ulteriores alterações em sua estrutura (salvo, é claro, a possibilidade de reserva unilateral). Qualquer modificação posterior anula o acordo celebrado e abre, se assim quiserem as partes, nova rodada de negociações. O valor da assinatura é quase sempre *ad referendum*, necessitando do aval posterior do Estado, que se expressa por meio da ratificação.

1.2. Possibilidade de delegação da competência presidencial para celebrar tratados

A competência do Presidente da República para celebrar tratados é *privativa*. Tal significa que a competência pode ser *delegada* pelo Presidente da República a um plenipotenciário seu, tal como admite a Constituição. No Brasil, qualquer autoridade, segundo a prática do Ministério das Relações Exteriores, pode assinar um ato internacional, desde que possua *carta de plenos poderes*, firmada pelo Presidente da República e referendada pelo Ministro das Relações Exteriores. A elaboração da referida *carta* cabe à Divisão de Atos Internacionais do Itamaraty, que age mediante pedido formal. Mas exceções à regra geral da obrigatória apresentação dos plenos poderes existem, sendo uma delas a que se refere aos atos bilaterais ou multilaterais firmados pelos Embaixadores Plenipotenciários acreditados.

Os plenos poderes têm validade somente até a *conclusão* do acordo, entendendo-se como tal a *assinatura* do mesmo. Por acordo *concluído* deve-se entender acordo *negociado*, nos termos da Convenção de Viena de 1969 (art. 2º, § 1º, alínea *a*). Não podem os representantes do governo, detentores dos plenos poderes, *ratificar* o tratado, sob pena de invalidade do acordo. A ratificação é ato de competência exclusiva do Chefe do Estado e somente ele é quem detém o poder de validá-la. Em outras palavras, não têm os delegados do governo poderes para ultrapassar a fase da adoção ou autenticação do texto do tratado, tendo somente autorização para *negociar* e *adotar* o instrumento convencional, ao qual somente será atribuído valor jurídico com o ato ulterior da ratificação pelo próprio Presidente da República[2].

A Convenção de Viena sobre o Direito dos Tratados (1969) considera, em seu art. 8º, sem efeito qualquer ato relativo à conclusão de um tratado praticado por quem, nos termos do seu art. 7º ("Plenos poderes"), não detém a representação do Estado, a menos que este Estado confirme posteriormente o ato praticado, validando-o.

---

5. Para o uso das expressões no contexto da produção do novo direito internacional, ver LEVIT, 2007, p. 91-98.

1. Para um comentário aprofundado desse dispositivo, ver MAZZUOLI, Valerio de Oliveira. *Curso de direito internacional público*. 11. ed. rev., atual. e ampl. Rio de Janeiro: Forense, 2018, p. 278 e s.

2. Cf. ROUSSEAU, Charles. *Principes généraux du droit international public*, Tome I (Introduction, Sources). Paris: A. Pedone, 1944, p. 164.

2. O processo de formação de tratados

2.1. As negociações e a assinatura do instrumento convencional

Regra geral, o processo de formação dos tratados tem início com os atos de *negociação*, *conclusão* e *assinatura*, que são da competência geralmente do órgão do Poder Executivo (*v.g.*, o Presidente da República ou o Ministro das Relações Exteriores), podendo tal prerrogativa variar de Estado para Estado. No Brasil, toda negociação de ato internacional deve ser acompanhada por um funcionário diplomático. O texto final do ato internacional, ainda no caso brasileiro, deve ser aprovado, do ponto de vista jurídico, pela Consultoria Jurídica do Itamaraty e, sob o aspecto processual, pela sua Divisão de Atos Internacionais.

Concluído o texto do instrumento internacional, e estando as partes contratantes de acordo com os seus termos, tanto substanciais como formais, procede-se à *assinatura*, que, presentemente, significa apenas o aceite precário e provisório ao tratado, não acarretando efeitos jurídicos vinculantes às partes (salvo aplicação do art. 12 da Convenção de Viena sobre o Direito dos Tratados). Seu valor é quase sempre *ad referendum*, necessitando do aval posterior do Estado que se expressa por meio da ratificação. Trata-se, pois, da mera autenticação do texto convencional[3]. É dizer, a assinatura que põe fim às negociações não vincula o Estado, apenas determina o conteúdo de sua vontade, não passando de uma manifestação meramente formal de sua parte. Por ela, o Estado aceita a forma e o conteúdo do tratado negociado, sem manifestar o seu aceite de modo definitivo.

2.2. Aprovação parlamentar e ratificação do tratado

Assinado o tratado pelos plenipotenciários, deve ele ser submetido, no caso brasileiro, à apreciação e aprovação do Poder Legislativo (em cumprimento à regra do art. 49, inc. I da Constituição, por nós já comentada). Uma vez *aprovado* o tratado pelo Parlamento, retorna ele ao Poder Executivo para a sua *ratificação*, ato administrativo unilateral por meio do qual o Estado, sujeito de Direito Internacional, confirmando a assinatura do acordo, aceita definitivamente as obrigações internacionais que assumiu, irradiando, necessariamente, efeitos no plano internacional[4]. Trata-se do último ato jurídico que se manifesta na processualística de celebração de tratados antes da praxe da promulgação e publicação do texto do acordo no *Diário Oficial da União*, correspondendo assim à *sanção* da lei no processo legislativo, a qual também é imediatamente anterior à sua promulgação e publicação na imprensa oficial (à diferença que, neste último caso, a Constituição – art. 84, inc. IV – determina expressamente tal promulgação e publicação legislativa, o que não ocorre no caso dos tratados, em que o texto constitucional nada diz a respeito).

A ratificação é, portanto, ato tipicamente *externo* e *de governo*, levado a efeito pelas estritas regras do Direito Internacional Público, não havendo que se falar, por isso, em ratificação de direito interno ou em ratificação constitucional, como querendo significar a aprovação dada pelo Poder Legislativo ao tratado internacional ou à promulgação do mesmo internamente. A própria Convenção de Viena de 1969, no seu art. 2º, § 1º, alínea *b*, abraça essa tese de que a ratificação é ato *externo* por natureza. Lê-se, no dispositivo, que por "ratificação" entende-se o ato "pelo qual um Estado estabelece *no plano internacional* o seu consentimento em obrigar-se por um tratado". A Convenção foi bastante clara na assertiva de que tais termos se referem a atos jurídicos *internacionais*. O que existe internamente, assim, é tão somente o *referendum* do Parlamento, que não significa ratificação no sentido que lhe dá o Direito Internacional, que é ato próprio dos Chefes de Estado. Portanto, não dizem respeito à ratificação em sentido técnico o referendo parlamentar ou quaisquer outros procedimentos similares estabelecidos pelo direito interno.

É a ratificação a fase mais importante e necessária do processo de conclusão dos tratados, pois é por meio dela que tais acordos se convertem em obrigatórios para os Estados, após a troca ou depósito dos seus instrumentos em Estado ou órgão depositário que assuma a sua custódia. Devido à sua importância, passou a ratificação a ser subentendida nos tratados internacionais. A Convenção de Havana sobre Tratados, de 1928, diz expressamente, no seu art. 5º:

"Os tratados não são obrigatórios *senão depois de ratificados* pelos Estados contratantes, ainda que esta cláusula não conste nos plenos poderes dos negociadores, nem figure no próprio tratado".

Contudo, a multiplicação dos acordos executivos no cenário internacional tem trazido sérios prejuízos para o instituto ratificatório, fato este que levou a Comissão de Direito Internacional da ONU a não mais estabelecer a obrigatoriedade da ratificação para todos os casos, declarando que ela seria necessária apenas em princípio, podendo o texto convencional excepcionar tal regra.

A Convenção de Viena sobre o Direito dos Tratados regula a ratificação, de forma específica, no seu art. 14, §§ 1º e 2º, nesses termos:

"Artigo 14. *Consentimento em Obrigar-se por um Tratado Manifestado pela Ratificação, Aceitação ou Aprovação*. 1. O consentimento de um Estado em obrigar-se por um tratado manifesta-se pela ratificação:

a) quando o tratado disponha que esse consentimento se manifeste pela ratificação;

b) quando, por outra forma, se estabeleça que os Estados negociadores acordaram em que a ratificação seja exigida;

c) quando o representante do Estado tenha assinado o tratado sujeito a ratificação; ou

d) quando a intenção do Estado de assinar o tratado sob reserva de ratificação decorra dos plenos poderes de seu representante ou tenha sido manifestada durante a negociação.

2. O consentimento de um Estado em obrigar-se por um tratado manifesta-se pela aceitação ou aprovação em condições análogas às aplicáveis à ratificação".

Como se percebe, em 1928, ao tempo da Convenção de Havana sobre Tratados ("Os tratados não são obrigatórios *senão depois de ratificados* pelos Estados contratantes..."), a presunção era em favor da ratificação, ao passo que em 1969, com a Conven-

---

3. Cf. RODAS, João Grandino. *Tratados internacionais*. São Paulo: RT, 1991, p. 15.

4. Cf. REZEK, José Francisco. *Direito internacional público*: curso elementar, 8. ed. rev. e atual. São Paulo: Saraiva, 2000, p. 50; e ainda MACIEL TAVARES, Francisco de Assis. *Ratificação de tratados internacionais*. Rio de Janeiro: Lumen Juris, 2003, p. 35-37.

ção de Viena sobre o Direito dos Tratados ("O consentimento de um Estado em obrigar-se por um tratado manifesta-se pela ratificação *quando o tratado disponha que esse consentimento se manifeste pela ratificação...*"), a presunção é em favor da assinatura[5].

Frise-se, por fim, que não é a ratificação propriamente dita, isto é, a expedição da *carta de ratificação*, que torna um tratado obrigatório. Este é um ato interno que não tem o condão de dar vigência ao acordo. A entrada em vigor dos tratados e convenções internacionais dá-se, em verdade, por meio da *troca ou depósito dos instrumentos de ratificação* em Estado ou órgão que assuma a sua custódia (*v.g.*, a ONU e a OEA), cuja notícia o depositário dará aos demais pactuantes. A *troca* dos seus instrumentos se dá nos tratados bilaterais e sua cerimônia é análoga à assinatura. O *depósito*, por sua vez, ocorre nos tratados multilaterais. Somente a partir daí é que as outras partes contratantes manifestam, umas às outras, sua vontade de, efetivamente, aderir ao pactuado. Antes desse ato complementar não se pode exigir vigência aos tratados internacionais. Esta é a última fase do processo de ratificação dos tratados, se a entendermos em sentido lato. Existem, como se vê, duas operações: a ratificação propriamente dita e a sua troca ou depósito[6].

3. As características elementares da ratificação

3.1. A ratificação como fase necessária à conclusão de tratados

A validade de um tratado internacional (bem como das disposições sobre sua vigência) deve ser buscada nas regras do *direito internacional público* e não nas normas constitucionais (ou qualquer outra norma interna) sobre competência para celebrar ou concluir tratados[7]. Portanto, a ratificação não deixa de ser ato internacional por ser precedida de aprovação pelo Poder Legislativo, uma vez que a aprovação parlamentar do ato internacional é questão de direito interno que pode variar de Estado para Estado. Equivoca-se gravemente quem julga desnecessária a ratificação, pelo fato de o Parlamento *já ter se manifestado anteriormente* no processo de celebração de tratados.

Veja-se, a propósito, a seguinte lição de Hildebrando Accioly: "Assinado um tratado, é ele submetido, em cada Estado contratante, aos órgãos que tenham competência para o aprovar. Em geral, tais órgãos são os respectivos congressos nacionais ou parlamentos. Se estes aprovam o ato, a autoridade competente para celebrar tratados, ou seja, comumente, o chefe do Estado, está autorizada a ratificá-lo, isto é, a transformá-lo num ato jurídico obrigatório. Não basta, pois, a assinatura, para que um tratado tenha força obrigatória. Em geral, é indispensável, ainda, a ratificação. Esta é, assim, conforme já tem sido definida, o ato administrativo ou ato de execução, por meio do qual o chefe de Estado declara aceito um tratado. (...) De fato, é princípio assente que, antes da ratificação, o tratado não constitui ato perfeito e acabado; ela é que o completa e lhe dá força obrigatória"[8].

Portanto, sem o ato da ratificação a vontade definitiva do Estado não se exprime e sem ela não se tem como exigir o cumprimento do tratado relativamente aos outros Estados que dele são partes. Desse fato também decorre que a ratificação não está necessariamente implícita em quaisquer tratados, podendo ocorrer (tal como autorizado pela Convenção de Viena de 1969) que um tratado já tenha valor jurídico vinculante a partir da sua assinatura (art. 12).

3.2. A discricionariedade da ratificação

As Constituições, em geral, determinam que a ratificação de tratados deve se dar *após* o referendo do Poder Legislativo. Entretanto, a aprovação do Parlamento em relação ao tratado não obriga o Chefe do Executivo na sua ratificação, podendo este decidir discricionariamente. É dizer, após a aprovação do tratado pelo Parlamento, pode ou não o governo ratificá-lo, segundo o que julgar mais conveniente (característica política), ou ainda, segundo as circunstâncias (característica circunstancial), não significando eventual não-ratificação a prática de ilícito internacional. De seu caráter dúplice decorre a *falta de prazo* para que seja levada a efeito no cenário internacional, a menos que o tratado expressamente fixe um prazo determinado para ela. Neste ponto a doutrina mais moderna e a prática internacional têm sido unânimes. O Presidente da República, quando deixa de ratificar um acordo internacional, aliás, exerce um direito inerente à própria soberania do Estado que lidera, decorrente da *definitividade* de sua decisão político-discricionária.

3.3. Desistência do Presidente da República em prosseguir na celebração do tratado

O Chefe do Executivo pode também "desistir" de prosseguir na conclusão do acordo, mandando arquivá-lo antes mesmo da apreciação pelo Poder Legislativo. Trata-se de outro ponto hoje praticamente unânime entre os internacionalistas. Ora, se a ratificação fosse obrigatória, a participação do Poder Legislativo no processo de conclusão de tratados não teria a menor validade, o que não está em desacordo com a clássica concepção da separação dos poderes.

A não ratificação do tratado, ademais, é ato legítimo e permitido pelo Direito Internacional, que não acarreta a responsabilidade internacional do Estado, sem embargo de poder dar ensejo a retaliações de caráter político. Assim, parece lógico que o Poder Executivo – que poderia jamais ter iniciado as negociações do tratado, ou dela não ter feito parte, se coletiva, ou sequer ter submetido o texto convencional ao Parlamento para fins de aprovação – deva ter também a faculdade de decidir se ratifica ou não (segundo os critérios da oportunidade e conveniência) o acordo que anteriormente firmou[9].

---

5. Cf. MELLO, Celso D. de Albuquerque. *Direito constitucional internacional*: uma introdução. 2. ed., rev. Rio de Janeiro: Renovar, 2000, p. 281.

6. Cf. MELLO, Celso D. de Albuquerque. *Ratificação de tratados*: estudo de direito internacional e constitucional. Rio de Janeiro: Freitas Bastos, 1966, p. 151-154.

7. Cf. BALLADORE PALLIERI, G. "La formation des traités dans la pratique internationale contemporaine", *Recueil des Cours*, v. 74 (1949-I), p. 471-545.

8. ACCIOLY, Hildebrando. *Tratado de direito internacional público*, Tomo II. Rio de Janeiro: Imprensa Nacional, 1934, p. 407-408.

9. Nesse exato sentido, ver REZEK, José Francisco. *Direito dos tratados*. Rio de Janeiro: Forense, 1984, p. 325.

3.4. Materialização da ratificação e depósito do seu instrumento constitutivo

A ratificação é materializada mediante a expedição de um documento chamado *carta de ratificação*, assinada pelo Chefe do Estado e referendada pelo Ministro das Relações Exteriores, por meio do qual o governo comunica a quem possa interessar que o texto do tratado será fielmente cumprido[10]. Se o Estado só se encontra juridicamente obrigado pelo texto do tratado por meio da ratificação, parece claro que é tão somente a partir dela que o tratado produzirá seus efeitos. Trata-se de opinião já consagrada pela doutrina, prática e jurisprudência internacionais[11].

Depositado o instrumento de ratificação junto ao Governo ou organismo responsável pelas funções de depositário, a prática brasileira, seguindo a tradição lusitana, tem exigido deva o Presidente da República expedir um *decreto de execução*, promulgando e publicando no *Diário Oficial da União* o conteúdo dos tratados, materializando-os, assim, internamente. Não há regra na Constituição de 1988, entretanto, que estabeleça esse procedimento, sendo produto de uma *praxe* nascida com o primeiro tratado concluído pelo Império Brasileiro. Com efeito, o Tratado do Reconhecimento da Independência e do Império, assinado com Portugal aos 28 de agosto de 1825, foi promulgado internamente, depois de trocados os instrumentos de ratificação, por um decreto de 10 de abril de 1826[12]. A promulgação executiva e a publicação, no sistema brasileiro, compõem a fase integradora da eficácia da lei, vez que atestam a sua adoção pelo Poder Legislativo, certificam a existência de seu texto e afirmam, finalmente, seu valor imperativo e executório[13]. A partir da publicação, como explica Rezek, passam os tratados em geral a integrar o acervo normativo nacional, "habilitando-se ao cumprimento por particulares e governantes, e à garantia de vigência pelo Judiciário"[14].

O decreto executivo, assinado pelo Presidente da República, é ainda referendado pelo Ministro das Relações Exteriores e acompanhado de cópia do texto do ato. A partir de então, tem o tratado plena vigência na ordem interna, devendo, por isso, ser obedecido tanto pelos particulares, como pelos juízes e tribunais nacionais. O Judiciário, a partir da integração do tratado à ordem jurídica interna, já está apto a aplicá-lo, independentemente de qualquer condição externa àquela vontade do Estado de engajar-se no compromisso internacional, devendo fazê-lo de imediato tal qual quando aplica uma norma constitucional, uma lei complementar, uma lei ordinária, uma lei delegada, e assim por diante. A não-aplicação do compromisso internacional pelo Judiciário pode, inclusive, acarretar a responsabilidade internacional do Estado, que passa então a descumprir (por ato de um dos seus Poderes constituídos) aquilo que se comprometeu a acatar, junto a outros atores internacionais, no plano do Direito Internacional Público.

4. Conclusão

No Brasil, tem o Presidente da República competência para assinar quaisquer tipos de atos internacionais, que ficam, porém, sujeitos à aprovação (*referendum*) do Congresso Nacional (CF, art. 49, inc. I). A assinatura de um tratado internacional é ato *privativo* do Presidente, podendo então ser *delegada* a um plenipotenciário seu (na maioria dos casos, ao Ministro das Relações Exteriores). A ratificação do tratado, por sua vez, é ato presidencial de caráter *exclusivo*, que somente ele (o Presidente da República) pode levar a cabo.

A materialização da ratificação se dá com a *troca* (no caso dos tratados bilaterais) ou com o *depósito* (no caso dos tratados multilaterais) dos seus instrumentos em Estado ou organismo internacional responsável pela sua custódia, momento a partir do qual o Estado (se já estiver em vigor internacional o tratado) passa a ter as obrigações relativas ao conteúdo do compromisso firmado.

5. Bibliografia

ACCIOLY, Hildebrando. *Tratado de direito internacional público*, Tomo II. Rio de Janeiro: Imprensa Nacional, 1934.

ARAÚJO, João Hermes Pereira de. *A processualística dos atos internacionais*. Rio de Janeiro: MRE, 1958.

BALLADORE PALLIERI, G. La formation des traités dans la pratique internationale contemporaine. *Recueil des Cours*, v. 74 (1949-I), p. 471-545.

BAPTISTA, Luiz Olavo. Inserção dos tratados no direito brasileiro. *Revista de Informação Legislativa*, ano 33, n. 132, Brasília: Senado Federal, out./dez. 1996.

CALMON, Pedro. *Curso de direito constitucional brasileiro*. 4. ed. Rio de Janeiro: Freitas Bastos Editora, 1956.

CALSING, Maria de Assis. *O tratado internacional e sua aplicação no Brasil*. Dissertação de Mestrado em Direito. Brasília: Universidade de Brasília/Faculdade de Estudos Sociais Aplicados, 1984.

FRAGA, Mirtô. *O conflito entre tratado internacional e norma de direito interno*: estudo analítico da situação do tratado na ordem jurídica brasileira. Rio de Janeiro: Forense, 1998.

MACIEL TAVARES, Francisco de Assis. *Ratificação de tratados internacionais*. Rio de Janeiro: Lumen Juris, 2003.

MAGALHÃES, José Carlos de. *O Supremo Tribunal Federal e o direito internacional*: uma análise crítica. Porto Alegre: Livraria do Advogado, 2000.

MAZZUOLI, Valerio de Oliveira. *Tratados Internacionais*: com comentários à Convenção de Viena de 1969. 2. ed., rev., ampl. e atual. São Paulo: Juarez de Oliveira, 2004.

MAZZUOLI, Valerio de Oliveira. *Curso de direito internacional público*. 11. ed. rev., atual. e ampl. Rio de Janeiro: Forense, 2018.

MELLO, Celso D. de Albuquerque. *Ratificação de tratados*: estudo de direito cnternacional e constitucional. Rio de Janeiro: Freitas Bastos, 1966.

---

10. Cf. ACCIOLY, Hildebrando. *Tratado de direito internacional público*, t. II, cit., p. 420.
11. Cf. MELLO, Celso D. de Albuquerque. *Ratificação de tratados*: estudo de direito internacional e constitucional, cit., p. 70-71; e MACIEL TAVARES, Francisco de Assis. *Ratificação de tratados internacionais*, cit., p. 51-52.
12. Cf. ARAÚJO, João Hermes Pereira de. *A processualística dos atos internacionais*. Rio de Janeiro: MRE, 1958, p. 249.
13. RODAS, João Grandino. *A publicidade dos tratados internacionais*. São Paulo: RT, 1980, p. 200.
14. REZEK, José Francisco. *Direito dos tratados*, cit., p. 385.

MELLO, Celso D. de Albuquerque. *Direito constitucional internacional*: uma introdução. 2. ed., rev. Rio de Janeiro: Renovar, 2000.

PONTES DE MIRANDA, Francisco Cavalcanti. *Comentários à Constituição de 1967 com a Emenda n. 1 de 1969*, Tomo III, 3. ed. Rio de Janeiro: Forense, 1987.

REZEK, José Francisco. *Direito dos tratados*. Rio de Janeiro: Forense, 1984.

RODAS, João Grandino. *A publicidade dos tratados internacionais*. São Paulo: RT, 1980.

RODAS, João Grandino. *Tratados internacionais*. São Paulo: RT, 1991.

ROUSSEAU, Charles. *Principes généraux du droit international public*, Tome I (*Introduction, Sources*). Paris: A. Pedone, 1944.

Art. 84, IX – decretar o estado de defesa e o estado de sítio;
Walter Claudius Rothenburg

Instituir oficialmente os estados constitucionais de crise – que se caracterizam por regimes jurídicos excepcionais relacionados a situações graves, decorrentes de guerra, golpe de estado, calamidades etc., que afetam o Estado e as instituições democráticas, – e tomar as medidas necessárias à sua suplantação são atribuições típicas do Poder Executivo, sujeitas a maior ou menor controle parlamentar (ver, a propósito, comentários ao art. 49, IV). Ocorre então transferência e concentração de poderes.

A disponibilidade dos meios de execução (força pública, orçamento...), a eventual urgência na adoção de medidas e a natureza política da decretação estão entre as principais justificativas para tal atribuição.

A competência é deferida precipuamente ao Presidente da República (exemplo: França, art. 16; Argentina, art. 23 e 99.16; EUA, art. 2º, seção 2; Portugal, art. 134, "d", e 138) ou ao Primeiro-Ministro ou Governo (exemplo: Alemanha, art. 115.a.1; Espanha, art. 116), conforme o acento presidencialista ou parlamentarista do sistema de governo.

Na história constitucional brasileira, o Presidente da República passou a ter competência para decretar estados de crise somente com a Constituição de 1934, e com ainda mais poderes em 1937; também em 1967/1969 e hoje. Na Constituição de 1824, a despeito dos amplos poderes do Imperador, a competência era do Poder Legislativo, tal como nas Constituições republicanas de 1891 e 1946, ressalvada ao Presidente a adoção de medidas de urgência (1891), quando o Congresso não estivesse reunido (1946).

Essa competência projeta-se por toda a federação, sendo deferida a Governadores (exemplo: Constituição do Estado do Amazonas, art. 54, XVIII) e Prefeitos (exemplo: Lei Orgânica do Município do Rio de Janeiro, art. 107, XXII); nesse sentido, o Decreto federal 5.376/2005, sobre o Sistema Nacional de Defesa Civil – SINDEC.

Ao decretar estado de crise, o Presidente da República apresenta-se como protetor da Constituição e manifesta soberania, mas seus poderes não são despóticos (e sim "consulares"), pois estão disciplinados juridicamente e têm por objetivo preservar a ordem constitucional (ainda que sob regime excepcional) até o restabelecimento da normalidade institucional. Todavia, para que não sejam tolhidas expressões adequadas de crítica e de descontentamento com a ordem instituída, que podem inclusive conduzir ao poder constituinte, o pressuposto é que os estados de sítio e de defesa protejam uma ordem realmente legítima.

A gravidade da crise (que ameaça o Estado e as instituições democráticas, nos termos do Título V da Constituição) é que justifica a decretação e não se confunde com a manutenção da estabilidade do governo, que se insere entre as atribuições ordinárias (e desafia medidas comuns) do Poder Executivo, como o emprego da força pública, a alocação de recursos, a gerência da administração pública. Por conseguinte, a decretação do estado de sítio ou do de defesa devem ser subsidiários em relação a outras medidas ordinárias e menos drásticas.

Na sistemática da Constituição brasileira, interligam-se outras competências. É da União a competência material para "decretar o estado de sítio, o estado de defesa e a intervenção federal" (art. 21, V), sendo que ao Presidente da República cabe "expedir decretos" (art. 84, IV). Possíveis causas da decretação dos estados constitucionais de crise residem em situações que também se situam na esfera de competências da União e do Presidente da República, como a já mencionada intervenção federal (art. 34, I a III; art. 84, X), calamidades públicas (art. 21, XVIII), a defesa nacional e a guerra (art. 21, II e III; art. 84, XIX). Os estados de defesa e de sítio podem ensejar a abertura de créditos extraordinários por medida provisória (art. 167, § 3º). O controle pontual de eventual conteúdo normativo do decreto presidencial pode levar o Congresso a sustá-lo no que exorbitar do poder regulamentar (art. 49, V).

A competência do Presidente é veiculada por intermédio de decreto, que tem de ser devidamente motivado (fundamentação). Deve conter sempre prazo de duração (vinculado às razões justificadoras), sob pena de nulidade; indicar as áreas abrangidas (art. 136, § 1º; art. 138, *caput*); precisar as medidas (inclusive as restrições possíveis a direitos fundamentais: art. 136, § 1º, I e II, e § 3º; art. 139) e nomear o executor. Entretanto, no estado de sítio, o Presidente não precisa designar desde logo o executor das medidas nem as área abrangidas; poderá fazê-lo mais tarde (art. 138, *caput*). Também a prorrogação dos estados de crise demanda edição de novo decreto. Deve haver a publicação oficial do decreto; eventual segredo somente se justifica por razões estritas de segurança da sociedade e do Estado, que devem ser avaliadas oportunamente pelo Congresso.

O decreto, contudo, não pode instituir tributo (pois as hipóteses de tributação extraordinária têm diversa previsão constitucional: art. 148, I, e art. 154, II), nem suspender as imunidades dos congressistas (art. 53, § 8º) ou por o Congresso em recesso (art. 136, § 5º; art. 138, § 3º), nem tampouco restringir determinados direitos fundamentais (art. 5º, VI e XLIX, por exemplo).

O executor das medidas é nomeado pelo Presidente da República e ocupa, assim, um cargo em confiança, de livre provimento e demissão; atua, portanto, como comissário.

Exige-se do Presidente que consulte os Conselhos da República (art. 90, I) e de Defesa Nacional (art. 91, § 1º, II). Tal exigência vem das Cartas de 1967 (consulta ao Conselho de Defesa Nacional) e de 1969 (consulta ao Conselho de Segurança Nacional para o estado de sítio, e ao Conselho Constitucional para o estado de emergência). As consultas são condição de validade da decretação, conquanto os avisos desses órgãos não sejam vinculantes.

O poder do Presidente da República está sujeito a controle (princípio da separação de poderes). A fiscalização do Congresso Nacional é o mais amplo deles, exercido sobre o mérito (pressupostos materiais da decretação) e sobre o procedimento (pressupostos formais). O momento do exercício do controle congressual é fator de maior ou menor liberdade do Presidente da República: em relação ao estado de defesa, o Presidente primeiro decreta-o e ele vale desde logo, para então ser submetido ao Congresso (art. 136, § 4º); já o estado de sítio somente pode ser decretado se obtida autorização prévia do Congresso (art. 137). Contudo, ambos os estados de crise podem ser suspensos pelo Congresso a qualquer tempo; o Congresso deverá, durante todo o período, "acompanhar e fiscalizar a execução das medidas referentes" (art. 140), para o que será designada uma comissão específica; ao final, cessados os estados de crise, o Presidente deverá enviar ao Congresso uma mensagem com o relato das medidas aplicadas (art. 141, parágrafo único).

O controle parlamentar abrange conteúdo e forma da decretação. Não se trata apenas da aplicação de critérios objetivos: está em jogo a própria sustentação política dada pelo Congresso ao Presidente da República. A fiscalização parlamentar não é, porém, ilimitada, pois não pode substituir totalmente a avaliação presidencial, embora possa infirmá-la.

O Presidente está sujeito ainda às demais modalidades de controle previstas na Constituição, como o exercido por comissão parlamentar de inquérito (art. 58, § 3º), pelo Tribunal de Contas (art. 70), pelo povo diretamente (art. 5º, XXXIII e XXXIV, e LXXIII).

Aos poderes presidenciais correspondem, republicanamente, responsabilidades nos diversos âmbitos (político e judicial, este podendo ser tanto civil quanto criminal). Essa responsabilização é de nossa tradição constitucional, porém bastante mitigada na Constituição de 1937, que excluía expressamente da apreciação judicial os atos praticados em estado de emergência ou de guerra (art. 170). A responsabilidade política (art. 85; Lei 1.079/1950) é apurada pelas Casas do Congresso (art. 86; art. 51, I; art. 52, I), em processo presidido pelo Ministro Presidente do Supremo Tribunal Federal, e conduz ao *impeachment*: perda do cargo mais inabilitação para ao exercício de função pública por oito anos (art. 52, parágrafo único). Ainda que o Presidente não tenha cometido nenhuma ilicitude, há responsabilidade objetiva da União (por conta de quem aquela autoridade atua) em relação a eventuais prejuízos causados (art. 37, § 6º; art. 136, § 1º, II).

Não está excluído o controle judicial, tanto em relação à responsabilidade pessoal do Presidente, quanto à validade da decretação. O exame judicial não pode representar uma substituição da avaliação política, mas pode ter por objeto o atendimento dos pressupostos formais e o cometimento de excessos, sobretudo em relação às restrições de direitos fundamentais. A competência é, em princípio, do Supremo Tribunal Federal (art. 102, I, "b" e "d").

A norma derivada do art. 84, IX, é de eficácia jurídica plena (aplicabilidade imediata), pois estabelece um poder-dever (norma atribuidora de competência).

Art. 84, X – decretar e executar a intervenção federal;

• Vide comentários aos arts. 34 a 36.

Art. 84, XI – remeter mensagem e plano de governo ao Congresso Nacional por ocasião da abertura da sessão legislativa, expondo a situação do País e solicitando as providências que julgar necessárias;

José Roberto Rodrigues Afonso
Marcos Nóbrega

1. Constituições brasileiras anteriores

Constituição da República dos Estados Unidos do Brasil de 1891. Art 48 – Compete privativamente ao Presidente da República: 9º) dar conta anualmente da situação do País ao Congresso Nacional, indicando-lhe as providências e reformas urgentes, em mensagem que remeterá ao Secretário do Senado no dia da abertura da Sessão legislativa; **Constituição dos Estados Unidos do Brasil de 1946.** Art 87 – Compete privativamente ao Presidente da República: XVI – enviar à Câmara dos Deputados, dentro dos primeiros dois meses da sessão legislativa, a proposta de orçamento; XVIII – remeter mensagem ao Congresso Nacional por ocasião da abertura da sessão legislativa, dando conta da situação do País e solicitando as providências que julgar necessárias; **Constituição da República Federativa do Brasil de 1967.** Art 83 – Compete privativamente ao Presidente: XVII – enviar proposta de orçamento à Câmara dos Deputados; XIX – remeter mensagem ao Congresso Nacional por ocasião da abertura da sessão legislativa, expondo a situação do País e solicitando as providências que julgar necessárias; **Emenda Constitucional n. 1 de 1969.** Art. 81. Compete privativamente ao Presidente da República: XIX – enviar proposta de orçamento ao Congresso Nacional; XXI – remeter mensagem ao Congresso Nacional por ocasião da abertura da sessão legislativa, expondo a situação do País e solicitando as providências que julgar necessário.

2. Comentários

2.1. O inciso XI reflete a importância da separação e harmonia entre os Poderes

Dessa forma, aberta a sessão legislativa em 15 de fevereiro em reunião conjunta da Câmara e do Senado Federal (art. 57, *caput*, § 3º), o Presidente da República deverá enviar mensagem ao Congresso Nacional expondo a situação do País e solicitando as providências que julgar necessárias. Assim, conforme nos lembra José Afonso da Silva[1], composta a mesa do Congresso sob comando do Presidente do Senado, será lida a referida mensagem que determinara as diretrizes básicas do Poder Executivo para aquele ano – ou seja, seria uma oportunidade para o Executivo apresentar tanto um diagnóstico da realidade nacional, das ações em curso do governo, quanto (e o mais importante) o seu plano de trabalho para o próximo ano. Isso não se confunde com o processo normal de planejamento e orçamentação: é mais um momento político, no qual o Presidente deveria falar para a Nação, em especial para destacar as principais questões da conjuntu-

---

1. SILVA, José Afonso da. *Comentário Contextual à Constituição*. São Paulo, Ed. Malheiros, 2005.

ra e a proposta do governo de atuar para seu equacionamento. Não custa registrar que, em outros países, esse é dos um dos momentos mais marcantes de um ano legislativo e o próprio Chefe do Executivo comparece ao Parlamento, não apenas para apresentar ou ler os tais documentos, como para discutir abertamente sobre ele.

2.2. O inciso XXIII, por sua vez, dispõe sobre a competência privativa do chefe do Executivo para envio das propostas de leis orçamentárias

É um dos pilares clássicos da democracia moderna: através do qual o governo pede ao Parlamento autorização para gastar. É tarefa indelegável do chefe do Poder Executivo elaborar e apresentar os projetos de lei que tratam do ciclo orçamentário. Com a redemocratização do País, os Constituintes de 1988 não apenas repetiram o clássico princípio da independência dos Poderes, como também procuram detalhar o seu rito permitindo que os chefes dos demais Poderes pudessem elaborar suas próprias propostas orçamentárias, tendo por base o pré-fixado na lei das diretrizes, mantendo, no entanto, a regra que tais propostas parciais fossem encaminhadas para o Executivo, para as consolidar e enviar em conjunto ao Congresso Nacional.

Esse modelo se reproduzirá nas outras esferas federais e para tanto a competência privativa nos âmbitos estadual e municipal será do Governador do Estado e do Prefeito, respectivamente. Trata-se, como já sabemos, de uma competência privativa do Chefe do Executivo, portanto não podendo, sob nenhuma hipótese, ser delegada a outrem. Sendo assim, se outro que não o Presidente, um Deputado por exemplo, iniciar processo legislativo e tal proposta acabar sendo aprovada pelo parlamento e depois sancionada pelo Presidente, não há como prosperar a tese que tal sanção presidencial suprimiria o vício de iniciativa original. Tal peça orçamentária seria incontestavelmente inconstitucional por violação formal.

2.3. Há prazos para o envio dessas peças orçamentárias

O artigo 165, § 9º, determina que lei complementar deverá dispor sobre normas gerais de direito financeiro sobremodo sobre prazos de envio das propostas orçamentárias. Essa lei não foi editada até esses dias – foi recepcionada a Lei n. 4.320/64. A Constituição Federal, no art. 35 do ADCT, achou por bem estabelecer prazos provisórios até que a produção normativa infraconstitucional sobre a matéria fosse estabelecida.

À parte, é importante observar sobre um detalhe relativo ao período do plano plurianual: a Constituição federal não explicita que sua duração seja de quatro anos. Ela determina apenas que o PPA terá a mesma quantidade de anos do mandato presidencial. Assim, se porventura emenda constitucional alterar o mandato presidencial para cinco anos, o PPA automaticamente terá essa duração. Também cumpre lembrar que, propositadamente, a duração do PPA se dá de forma descontínua com o mandato presidencial. Assim, no primeiro ano do mandato do chefe do Poder Executivo ainda estará sendo executado o quarto (e último) do PPA do governo anterior. Tal medida tende a vincular a duração da peça orçamentária ao mandado presidencial. Dessa forma, o PPA, no âmbito federal, deverá ser enviado ao Congresso Nacional até 31 de agosto e devolvido para sanção até o dia 22 de dezembro (art 57, CF, EC n. 50).

No caso do projeto de LDO da União, o Presidente da República deverá enviá-lo até oito meses e meio antes do encerramento do exercício financeiro e tal peça deverá ser aprovada e devolvida para sanção até o encerramento do primeiro período da sessão legislativa (CF, art. 35, § 2º, II, do ADCT). No mesmo sentido, o projeto de Lei Orçamentário anual deverá ser enviado pelo Chefe do Executivo ao Congresso Nacional até 4 meses do final do exercício financeiro e devolvido para sanção até o final da sessão legislativa (CF, art. 35, § 2º, I, do ADCT).

É importante investigar o que acontecerá se o Chefe do Poder Executivo não enviar o projeto de lei orçamentária para o Poder Legislativo. Trata-se de falha grave que comprometerá todo o funcionamento da administração pública, sendo tal conduta tipificada como crime de responsabilidade.

2.4. Uma questão polêmica respeita à possibilidade do Parlamento rejeitar in totum a peça orçamentária enviada pelo Executivo.

Embora o texto constitucional não seja claro, há alguns indícios. O art. 35 do ADCT determina que LDO e o PPA devem ser devolvidos para sanção presidencial. Da mesma forma, o art. 57, § 2º, determina que a sessão legislativa não será interrompida antes da aprovação da LDO. Por fim, o art. 166, § 8º, observa que os recursos que restarem disponíveis em razão de veto, rejeição ou emenda no projeto da LOA poderão ser realocados mediante créditos especiais ou suplementares. Dessa forma, parece haver a impossibilidade jurídica da rejeição do projeto por parte do Poder Legislativo. Por outro lado, ocorre que o art. 166, § 7º, observa que, como não há um rito específico para a tramitação das peças orçamentárias, aplicam-se as normas referentes ao processo legislativo e aí, por óbvio, o poder de analisar e rejeitar qualquer proposição é ínsito à função legislativa. Diante da controvérsia, é possível recorrer aos princípios constitucionais que apontam o planejamento com pedra de toque do sistema e obrigatório para o setor público. Sendo assim, corroboramos o entendimento majoritário pela impossibilidade jurídica da rejeição in totum das propostas orçamentárias.

E se houver atraso na aprovação, como se dará a execução das despesas? O tema é tormentoso e se admite quatro possíveis soluções. A primeira delas refere-se à execução em cotas duodecimais do orçamento do ano anterior. Essa prática foi adotada nas Constituições Brasileiras de 1934 e 1946. O grande problema dessa solução é a exata repetição das opções que foram efetivadas no exercício anterior. Entende-se, por óbvio, que o planejamento público é algo dinâmico que não comporta repetições. Dessa forma, em linhas gerais, tal medida parece pouco razoável.

Outra opção seria a autorização para abertura de créditos extraordinários via medida provisória. Essa saída também parece desarrazoada porque qualquer crédito adicional, como sabemos, corresponde a uma reabertura da fase legislativa do orçamento, durante a execução orçamentária. Dessa forma, pressupõe um orçamento vigente. Ora, se o projeto orçamentário ainda não fora aprovado e se a vigência do orçamento já expirara, não haveria fundamento para a abertura desse crédito. Ademais, as situações objeto do crédito extraordinário certamente não serão extraordinárias, mas previsíveis, o que descaracterizaria o uso de tal instrumento. O mesmo ocorre quando se argumenta a necessidade de abertura de créditos especiais e nesse caso a situação se agrava porque o Executivo teria que negociar cada crédito com a Casa Legislativa e diante da demora em aprovar o orçamento isso pode restar uma tarefa de grande dificuldade.

Uma última possibilidade seria a execução da despesa com base no projeto de lei enviado pelo Poder Executivo. Fere o princípio da legalidade. Como autorizar as despesas com base em um simples projeto de lei, sem qualquer validade jurídica. E se a autorização de despesa for modificada quando da aprovação do orçamento, o que acontecerá? Estaria sendo dado chancela jurídica à execução de uma despesa ilegal. No entanto, dado todos esses impasse, tem que ser encontrada uma saída, caso contrário a gestão publica restará inviabilizada com certamente graves prejuízos à população. A União, por exemplo, vem adotando na sua LDO que caso o orçamento não seja aprovado até 22 de dezembro, ficaria autorizado Poder Executivo a executar a programação constante no orçamento ainda não aprovado até um limite de 3/12 de cada ação, sendo essa limitação afastada no caso de despesas que constituam obrigações constitucionais ou legais da União outras despesas relacionadas à educação, contratações temporárias por excepcional interesse público e ações relacionadas com a defesa civil. Trata-se, repetimos, de solução intermediária que resolve parcialmente as dificuldades, muito embora ainda se constitua incongruência lógica de duvidosa legalidade.

Art. 84, XII – conceder indulto e comutar penas, com audiência, se necessário, dos órgãos instituídos em lei;

Wilson Engelmann
Daniele Weber S. Leal

A – REFERÊNCIAS

1. Origem do texto

A importância atribuída, ao longo da história da humanidade, a um chefe – seja Rei, Príncipe, Sacerdote e, guardadas as devidas proporções, ao Presidente da República –, é significativa, pois a ele cabe cuidar do seu povo, da sua nação. Isto provém da antiga Mesopotâmia, a partir de 3500 a.C., com as reformas promovidas por Entemena, Urukagina e Gudea, onde surge aquele espírito de preocupação com o povo.

O *Código de Hamurabi* (Rei Hamurabi 1792-1750 a.C.), a partir da legislação em vigor que foi modificada ou revogada, significou a mais marcante legislação de toda a antiguidade[1]. No Código de Hamurabi verifica-se a preocupação do rei com o seu povo, pois quando um súdito estivesse envolvido num processo deveria escutar as palavras tranquilizadoras de seu coração: "Hamurabi é um senhor que é como um verdadeiro pai para o seu povo"[2]. Este olhar para o cidadão e o povo mostram a origem do indulto.

Outra vertente da história que sinaliza o indulto está retratada, por exemplo, pelo Evangelista Mateus (Mt 27, 15-25) no mo-

mento da manifestação do Presidente do Conselho, formado pelos príncipes dos sacerdotes e os anciãos do povo, Pôncio Pilatos ao soltar (perdoar) Barrabás – preso com outros amotinadores, que tinha num motim cometido uma morte – e determinando a crucificação de Jesus Cristo.

Gustav Radbruch adverte que, neste caso específico, ocorria uma ilegitimidade do poder de conceder o indulto, pois não localizado em pessoa considerada como órgão regulador da vida jurídica. Outro exemplo apontado por este filósofo "era usado na Idade Média, quando determinadas corporações religiosas e mosteiros tinham o direito de pedir anualmente a libertação dum certo número de condenados"[3]. Tem-se, com isto, uma perversão do uso do indulto.

No Direito Romano (período Tardio – Pós-Clássico – do século III d.C. ao fim do Império) também se encontra um resquício da intervenção do príncipe, como um ato de autoridade política, a cruzar-se com uma decisão judicial. Como juiz supremo, o príncipe intervém mediante convite de um magistrado, um funcionário ou mesmo o particular. A sua intervenção se dá por meio de apelo (*supplicatio*), tendo o intuito de reavaliar o trabalho do seu agente.

A intervenção do soberano foi conhecida também no "mundo da inquisição", notadamente na inquisição canônico-medieval. Como era permitida a tortura para obter-se a confissão, ocorreram erros de investigação e excessos de uma punição cruel e antecipada. Por isso, em 1256, uma bula de Alexandre IV determinou: os inquisidores que se excedessem saíam do direito comum e passavam à jurisdição extraordinária, com poderes de absolvição recíproca para os excessos[4].

O Código Teodosiano (*Liber* III, 10, 1), publicado em 438, por ordem de Teodósio II, Imperador do Oriente, faz referência à indulgência e *principis indultum*, *indultorum supplicare*, como uma espécie de ato de ser bom, de ter clemência[5].

A concessão do indulto, no seu percurso histórico, representa um ato de benevolência, atribuída a um chefe ou soberano, tendo em vista o perdão de uma pena, visando atenuar excessos e exteriorizar preocupação com os integrantes do corpo social. Trata-se de um verdadeiro ato de bondade "paterna". O cuidado, no entanto, que o instituto merece está na legitimidade da "figura paterna", responsável pelo ato de "verdadeira caridade" ou magnanimidade à severidade do texto legal. Por isso, a necessidade da observância de determinadas regras e limites, isto é, controle externo. Atualmente, o controle de constitucionalidade.

2. Constituições brasileiras anteriores

A Constituição de 1824 tratou do indulto, sem nominá-lo desta forma, refletindo o horizonte histórico projetado no item anterior. Assim, no art. 101 estava escrito: "O Imperador exerce

---

1. PEINADO, Federico Lara. Estudio preliminar. In: *Código de Hammurabi*. 2. ed. Tradução e notas de Federico Lara Peinado. Madrid: Tecnos, 1992, p. XIII e s.
2. *Código de Hammurabi*, cit., p. XXV, 10-20.
3. RADBRUCH, Gustav. *Filosofia do direito*. Tradução de L. Cabral de Moncada. 6. ed. rev. e acrescida dos últimos pensamentos do autor. Coimbra: Arménio Amado, 1997, p. 338.
4. GONZAGA, João Bernardino. *A inquisição em seu mundo*. São Paulo: Saraiva, 1993, *passim*.
5. LOPES, José Reinaldo de Lima. *O direito na história:* lições introdutórias. São Paulo: Max Limonad, 2000, p. 53 e s.

o Poder Moderador: [...] item 8º: perdoando ou moderando as penas impostas aos réus condenados por sentença".

A Constituição de 1891 trata do assunto em dois momentos: no art. 34, quando previa: "Compete privativamente ao Congresso Nacional: [...] item 28: comutar e perdoar as penas impostas, por crimes de responsabilidade, aos funcionários federais". Aqui não trazia a expressão "indulto", mas buscava este objetivo. Já no art. 48 estabelecia: "Compete privativamente ao Presidente da República: [...] item 6º: indultar e comutar as penas nos crimes sujeitos à jurisdição federal, salvo nos casos a que se referem os arts. 34, n. 28, e 52, § 2º". Portanto, com a Constituição de 24 de fevereiro de 1891 a expressão indulto passa a ser empregada pela primeira vez em texto constitucional no Brasil.

A Carta Constitucional de 1934 voltou a alterar a nomenclatura, pois, em seu art. 56, previa: "Compete privativamente ao Presidente da República: [...] item 3º: perdoar e comutar, mediante proposta dos órgãos competentes, penas criminais".

A redação do art. 75 da Constituição de 1937 refere: "São prerrogativas do Presidente da República: [...] f) exercer o direito de graça". Esta Constituição apresenta um aspecto peculiar: no seu art. 74, são enumerados os atos de competência privativa do Presidente da República; já no art. 75, apresentam-se as prerrogativas do Presidente da República.

A Constituição de 1946, no seu art. 87, previu: "Compete privativamente ao Presidente da República: [...] XIX – conceder indulto e comutar penas, com audiência dos órgãos instituídos em lei". Este dispositivo constitucional volta a utilizar a expressão "indulto".

Em 1967, a Constituição tinha a seguinte redação: "Art. 83. Compete privativamente ao Presidente: [...] XX – conceder indulto e comutar penas, com audiência dos órgãos instituídos em lei". O parágrafo único do art. 83 prevê: "A lei poderá autorizar o Presidente a delegar aos Ministros de Estado, em certos casos, as atribuições mencionadas nos itens [...] XX".

A Constituição de 1967, com a redação dada pela Emenda Constitucional n. 1, de 17-10-1969, e as alterações feitas pelas Emendas Constitucionais ns. 2/72 a 27/85, trouxe em seu art. 81: "Compete privativamente ao Presidente da República: [...] XXII – conceder indulto e comutar penas com audiência, se necessário, dos órgãos instituídos em lei". De acordo com o parágrafo único do art. 81, o Presidente da República poderá outorgar ou delegar esta atribuição aos Ministros de Estado ou a outras autoridades, dentro dos limites fixados nas outorgas ou delegações.

Em 1988 não foi diferente, pois a Constituição da República prevê em seu art. 84: "Compete privativamente ao Presidente da República: [...] XII – conceder indulto e comutar penas, com audiência, se necessário, dos órgãos instituídos em lei". Nos termos do parágrafo único do art. 84, o Presidente da República poderá delegar esta atribuição aos Ministros de Estado, ao Procurador-Geral da República ou ao Advogado-Geral da União, com a observação dos limites fixados na delegação.

3. Direito internacional

Assim como a Constituição da República de 1988, o indulto também está consagrado em outros textos constitucionais, marcando o cruzamento entre o Direito Penal, o Direito Processual Penal e a Constituição Federal.

A Constituição da República portuguesa prevê a figura do indulto quando estabelece em seu art. 134: "(Competência para prática de atos próprios): Compete ao Presidente da República, na prática de atos próprios: [...] f) Indultar e comutar penas, ouvido o Governo".

O Texto Constitucional Italiano de 1947, em seu Título II, quando caracteriza o papel do Presidente da República, regula no art. 87 as funções presidenciais, dentre elas, no item 11 menciona: "Ele tem o poder de conceder perdões e comutar penas".

A Lei Fundamental da República Federal da Alemanha de 1949, no item V, caracteriza a figura do Presidente Federal e no art. 60º, cuja redação foi alterada em 19 de março de 1956, que trata da nomeação e destituição dos juízes federais, funcionários públicos federais e militares, direito de perdão, estabelece: "[...] 2. Ele exerce o poder de perdão em nome da Federação, em casos individuais. 3. Ele pode delegar esses poderes a outras autoridades".

A Constituição espanhola de 1978, ao especificar as funções do Rei, prevê no art. 62: "Compete ao Rei: [...] i) exercer o direito de graça com base na lei, que não poderá autorizar indultos gerais".

A Constituição alemã e a Constituição espanhola estabelecem expressamente a necessidade da individualização do indulto. Verifica-se uma clara preocupação com a pessoa do apenado e, somente após, com o caso concreto. Desta forma, recupera-se a origem histórica do instituto, o qual espelha a preocupação do chefe ou do soberano com a pessoa que sofreu a imposição da pena.

A Assembleia Geral das Nações Unidas, em 16 de dezembro de 1966, adotou dois pactos internacionais de direitos humanos, objetivando aprofundar o conteúdo da Declaração Universal de Direitos Humanos de 1948. O Pacto Internacional sobre Direitos Civis e Políticos consagrou em seu art. 6º: "[...] 4. Qualquer condenado à morte terá o direito de pedir indulto ou comutação da pena. A anistia, o indulto ou a comutação da pena poderão ser concedidos em todos os casos". Há uma clara preocupação em evitar a execução da pena de morte. Cabe observar que em 15 de dezembro de 1989 a Assembleia Geral das Nações Unidas aprovou um Segundo Protocolo Facultativo ao Pacto sobre Direitos Civis e Políticos, visando a abolição da pena de morte.

A Convenção Americana de Direitos Humanos de 1969 prevê no art. 4º que trata do direito à vida, § 6º: "Toda pessoa condenada à morte tem direito a solicitar anistia, indulto ou comutação da pena, os quais podem ser concedidos em todos os casos. Não se pode executar a pena de morte enquanto o pedido estiver pendente de decisão ante a autoridade competente".

4. Direito nacional

4.1. Legislação

Além da previsão no art. 84, XII, da Constituição da República, o indulto está elencado no art. 107, II, do CP, como causa de extinção da punibilidade. Já a Lei de Execução Penal – LEP (Lei n. 7.210/84) regula o indulto no seu art. 188: "O indulto individual poderá ser provocado por petição do condenado, por iniciativa do Ministério Público, do Conselho Penitenciário, ou da autoridade administrativa". O processamento do indulto deverá observar as formalidades previstas nos arts. 189 a 192 da mencionada lei. O art.

193 desta lei apresenta a seguinte redação: "Se o sentenciado for beneficiado por indulto coletivo, o juiz, de ofício, a requerimento do interessado, do Ministério Público, ou por iniciativa do Conselho Penitenciário ou da autoridade administrativa, providenciará de acordo com o disposto no artigo anterior". Verifica-se uma classificação entre o indulto individual e o indulto coletivo, que serão objeto de comentário a seguir. De qualquer forma, seja individual ou coletivo, "o juiz declarará extinta a pena ou ajustará a execução aos termos do decreto, no caso de comutação" (art. 192 da LEP).

A Lei n. 8.072/90, que dispõe sobre os crimes hediondos, nos termos do art. 5º, XLIII, da CF, considerando a nova redação dada pela Lei n. 11.464/2007, estabelece em seu art. 2º, I: "os crimes hediondos, a prática da tortura, o tráfico ilícito de entorpecentes e drogas afins e o terrorismo são insuscetíveis de: I – anistia, graça e indulto; [...]". Tem-se, assim, uma limitação à aplicação do benefício constitucional.

Uma aplicação típica do dispositivo em comento ocorre pela edição de Decreto Presidencial, em época próxima do Natal. Desta forma, serve de exemplo o preâmbulo do Decreto n. 6.706, de 22-12-2008, onde se lê: "Considerando a tradição de conceder perdão ao condenado em condições de merecê-lo, por ocasião das festividades comemorativas do Natal, proporcionando-lhe oportunidades para sua harmônica integração social, objetivo maior da sanção penal". Esta consideração apresenta sintonia com a origem histórica antes examinada, dada a motivação que o Presidente da República utiliza para conceder o indulto, especialmente a época do ano e o objetivo maior buscado pela aplicação da pena.

O Código de Processo Penal, em seu art. 741, disciplina o indulto: "Se o réu for beneficiado por indulto, o juiz, de ofício ou a requerimento do interessado, do Ministério Público ou por iniciativa do Conselho Penitenciário, providenciará de acordo com o disposto no art. 738". Este último dispositivo processual determina as formalidades processuais, destacando-se a extinção da pena ou a adoção dos necessários ajustes à execução, nos termos do decreto presidencial, em caso de redução ou comutação.

4.2. Jurisprudência

O Superior Tribunal de Justiça (STJ) tem enfrentado alguns casos onde se discute o momento em que deve ser aferida a ilicitude do fato para a concessão do indulto. O HC 100.665/RJ, julgado em 16-6-2009, por exemplo, entendeu que "a concessão do indulto é vedada ao condenado pela prática de crime considerado hediondo, mesmo que perpetrado em data anterior a sua adjetivação mais gravosa, porquanto se trata de ato discricionário do Presidente da República, a quem compete a definição e a extensão do benefício, sem que a providência adotada configure violação do princípio constitucional da irretroatividade da lei penal mais gravosa" (rel. Min. Jorge Mussi).

Esse entendimento do STJ também aparece em julgado do Supremo Tribunal Federal (STF): "A natureza dos crimes contemplados pelo decreto presidencial que concede o benefício de indulto e comutação de penas deve ser aferida à época da edição do respectivo ato normativo, pouco importando a data em que tais delitos foram praticados" (HC 94.679-8/SP, rel. Min. Joaquim Barbosa; RE 274.265, rel. Min. Néri da Silveira).

Quanto à classificação da comutação da pena: esta é uma espécie de indulto parcial, pois há apenas a redução da pena; já o indulto é o perdão da pena. Assim, a vedação do indulto àqueles que praticaram crimes hediondos, deve também ser aplicada ao caso da comutação da pena (HC 94.679-8/SP, rel. Min. Joaquim Barbosa, 19-12-2008; HC 96.431-1/RJ, rel. Min. Cezar Peluso, j. em 15-5-2009; HC 81.567, rel. Min. Ilmar Galvão, j. em 5-4-2002). Esta interpretação não é unânime no STF, pois no HC 90.204-9, rel. Min. Marco Aurélio, foi lançado entendimento de que a comutação é instituto diverso do indulto. Portanto, se o decreto presidencial fala apenas na figura do indulto em relação aos crimes hediondos, não se poderá realizar interpretação ampliativa para abranger também a comutação da pena.

A concessão de indulto representa ato discricionário do Presidente da República, não cabendo ao Poder Judiciário avaliar o juízo de conveniência e oportunidade dos decretos que os deferem, os quais podem inserir certas condições e requisitos, observando os limites constitucionais (HC 84.829, rel. Min. Marco Aurélio, j. em 18-3-2005; HC 96.431-1, rel. Min. Cezar Peluso, j. em 15-5-2009 e AgRg no AI 701.673-2/MG, rel. Min. Ricardo Lewandowski, j. em 5-5-2009). Apesar disso, o Poder Judiciário deverá avaliar a (in)constitucionalidade do atos de concessão de indulto, pois eles não estão imunes a este controle.

Esta matéria foi objeto de grande discussão, pois recentemente ocorreu a promulgação de um decreto presidencial sobre indulto que gerou reflexos jurídicos, provocando a análise e manifestação do STF. Mais precisamente no final de dezembro de 2017, tal avaliação sobre a (in)constitucionalidade dos atos de concessão desse instituto foi exercida (ainda que em primeiro momento por decisão liminar, e depois reiterada pelo relator Barroso) pelo Supremo Tribunal Federal (STF) em relação ao Decreto Presidencial n. 9.246/2017[6] de 21 de dezembro desse ano.

Por meio desse decreto seria concedido indulto natalino, e haveria comunação de penas àqueles que atendessem a uma série de requisitos (estabelecidos em seu art. 1º, incisos I a VII, art. 2º, incisos I a IX, §§ 1º e 2º, art. 5º, incisos I a III, alíneas a, b, c, art. 6º, incisos I a IV, art. 7º, inciso I, alíneas a, b e incisos II e III, art. 8º, incisos I a IV, art. 11, incisos I a IV). O inciso I do artigo 1º concede indulto natalino aos condenados que cumpriram um quinto da pena, no caso de não reincidentes, nos crimes praticados sem grave ameaça ou violência. Reduções de penas também estão previstas no artigo 2º. O artigo 8º beneficia réus que cumprem medidas alternativas à prisão ou tenham obtido a suspensão condicional do processo, e o artigo 10º extingue penas de multa e flexibiliza a reparação do dano causado. O artigo 11 prevê a possibilidade da concessão do benefício mesmo quando ainda há recursos em andamento.

Contudo, a Procuradoria-Geral da República (PGR) – por observar ofensa às normas constitucionais e na busca por integridade e respeito à finalidade do instituto do indulto – ajuizou a Ação Direta de Inconstitucionalidade n. 5.874[7] com requerimento de medida cautelar, em 28.12.2017, objetivando assim declaração de inconstitucionalidade do "art. 1º-I, §1º – I do art. 2º, e os

---

6. BRASIL. Decreto n. 9.246 de 21 de dez. de 2017. Concede indulto natalino e comutação de penas e dá outras providências. Brasília, DF, dez. 2017.

7. SUPREMO TRIBUNAL FEDERAL. Ação direta de inconstitucionalidade n. 5874. Relator Min. Roberto Barroso. Disponível em: <http://portal.stf.jus.br/processos/detalhe.asp?incidente=5336271>. Acesso em: 12 maio 2023.

artigos 8º, 10 e 11 do Decreto n. 9.246, de 21 de dezembro de 2017, que concedem indulto", por contrariedade aos arts. 2º, 5º, *caput*, e incs. XLVI, XLII, LIV, e 62, § 1º, "b", da Constituição da República.

Os argumentos apresentados pela Procuradoria-Geral da República revelam que, ao se estabelecer, no art. 1º, inc. I, do Decreto n. 9.246/2017, a concessão do indulto aos condenados que cumpriram *"apenas um quinto de suas penas, inclusive as penas restritivas de direito – após terem sido processados e julgados pelo Poder Judiciário, com base em critérios constitucionais de individualização e dosimetria da pena pela prática de crime previsto em lei penal – viola os princípios constitucionais da separação dos Poderes, da individualização da pena, da vedação constitucional ao Poder Executivo para legislar sobre direito penal e de vedação da proteção insuficiente, porque promove punição desproporcional ao crime praticado, enseja percepção de impunidade e de insegurança jurídica, e desfaz a igualdade na distribuição da justiça"*. Assevera ainda que, *"ao conceder indulto genérico e extremamente abrangente, de forma a extinguir 80% (oitenta por cento) da pena de criminosos devidamente sentenciados e condenados pelo Poder Judiciário segundo os parâmetros constitucionais e legais vigentes, editados pelo Poder Legislativo, o Decreto 9.246/17 não demonstrou a razão de fato e de direito a justificar os benefícios concedidos, que é a modificação pontual de casos específicos e peculiares que apresentam alguma razão humanitária ou de eventual correção de iniquidade da sentença pelo excessivo rigor da norma penal"*[8].

Importante observar que tal indulto gerou questionamentos e mereceu a atenção por parte do Poder Judiciário e PGR, pois tal benefício poderia estar supostamente ligado àqueles condenados (e ainda em sede de recursos) na Lava Jato, e se daria pelo desvio de finalidade, o qual acarreta a nulidade do ato.

Após ser concluso à Presidência do Supremo Tribunal Federal, exercida pela Ministra Cármen Lúcia (nos termos do art. 13, VIII, de seu Regimento Interno), o processo e julgamento da ação direta de inconstitucionalidade, a Lei n. 9.868/99[9] excetua, em seu art. 10, a regra da submissão da medida cautelar ao Plenário deste Supremo Tribunal no recesso forense, período no qual compete ao Presidente decidir questões urgentes. Tendo em vista que a ADI n. 5.874 requeria medida cautelar de suspensão dos artigos e incisos acima elencados, foi analisada a questão, e acabou a Ministra deferindo a liminar, por entender que *"as alegações da Autora da presente ação são demonstradas no sentido de que os dispositivos impugnados (item I do art. 1º; § 1º do art. 2º; arts. 8º, 10 e 11 da Constituição da República) não se coadunam com a finalidade constitucionalmente estatuída a permitir o indulto, pois, conforme posto na peça inicial do processo, esvazia-se a jurisdição penal, nega-se o prosseguimento e finalização de ações penais em curso, privilegia-se situações de benefícios sobre outros antes concedidas a diluir o processo penal, nega-se, enfim, a natureza humanitária do indulto, convertendo-o em benemerência sem causa e, portanto, sem fundamento jurídico válido"*[10].

Ainda fundamenta sua decisão na afronta ao princípio da proporcionalidade, vinculado à proibição da proteção insuficiente e necessária de tutela ao bem jurídico acolhido no sistema para garantia do processo penal, asseverando que também *"o princípio da proporcionalidade consubstanciado na proibição de proteção deficiente parece afrontado pelos dispositivos impugnados na presente ação direta de inconstitucionalidade, porque dão concretude à situação de impunidade, em especial aos denominados 'crimes de colarinho branco', desguarnecendo o erário e a sociedade de providências legais voltadas a coibir a atuação deletéria de sujeitos descompromissados com valores éticos e com o interesse público garantidores pela integridade do sistema jurídico"*[11]. Por fim, afirmou que as circunstâncias que conduziram à edição do decreto, em primeira análise, própria das liminares, demonstraram aparente desvio de finalidade, o qual impõe a concessão de cautelar para a suspensão dessa norma. Justifica ainda que essa medida não importaria em qualquer dano de difícil reparação, pois os seus possíveis beneficiários cumprem pena imposta mediante processo penal regular, não havendo se falar em agravamento de sua situação criminal ou em redução de direitos constitucionalmente assegurados.

Dessa maneira, em sede de juízo provisório, próprio das medidas cautelares, deferiu a medida cautelar (art. 10 da Lei n. 9.868/99), suspendendo os efeitos do inc. I do art. 1º; do inc. I do § 1º do art. 2º, e dos arts. 8º, 10 e 11 do Decreto n. 9.246, de 21-12-2017, até que o competente exame fosse levado a efeito pelo Relator, Ministro Roberto Barroso, ou pelo Plenário deste Supremo Tribunal, na forma da legislação vigente. Em 12 de março de 2018, seguindo o curso da ação, o ministro Relator reiterou a medida cautelar, entendendo que o decreto viola o princípio da separação dos Poderes, diante da impossibilidade de o Poder Executivo dispor sobre matéria penal. Também assinalou violação à efetividade mínima do Direito Penal e aos deveres de proteção do Estado quanto à segurança, justiça, probidade administrativa e direitos fundamentais dos cidadãos, e também violação ao princípio da moralidade administrativa por desvio de finalidade[12].

Aprofundando as características do indulto sob o viés da interpretação constitucional, o STF decidiu pela possibilidade de o Poder Judiciário analisar a constitucionalidade do decreto de indulto: compete ao Presidente da República definir a concessão ou não do indulto, bem como seus requisitos e a extensão desse verdadeiro ato de clemência constitucional, a partir de critérios de conveniência e oportunidade. A concessão de indulto não está vinculada à política criminal estabelecida pelo Poder Legislativo, tampouco adstrita à jurisprudência formada pela aplicação da legislação penal, muito menos ao prévio parecer consultivo do Conselho Nacional de Política Criminal e Penitenciária, sob pena

---

8. SUPREMO TRIBUNAL FEDERAL. Ação direta de inconstitucionalidade n. 5874. Relator Min. Roberto Barroso. Disponível em: <http://portal.stf.jus.br/processos/detalhe.asp?incidente=5336271>. Acesso em: 12 maio 2023.

9. BRASIL. Lei 9.868 de 10 de novembro de 1999. Dispõe sobre o processo e julgamento da ação direta de inconstitucionalidade e da ação declaratória de constitucionalidade perante o Supremo Tribunal Federal. Brasília, DF, nov. 1999. Disponível em: <http://www.planalto.gov.br/ccivil_03/leis/l9868.htm>. Acesso em: 12 maio 2023.

10. SUPREMO TRIBUNAL FEDERAL. Decisão Liminar na ADI 5.874-DF. Disponível em: <http://www.stf.jus.br/arquivo/cms/noticiaNoticiaStf/anexo/ADI5874liminar.pdf>. Acesso em: 12 maio 2023. p.12.

11. SUPREMO TRIBUNAL FEDERAL. Decisão Liminar na ADI 5.874-DF. Disponível em: <http://www.stf.jus.br/arquivo/cms/noticiaNoticiaStf/anexo/ADI5874liminar.pdf>. Acesso em: 12 maio 2023. p.12.

12. SUPREMO TRIBUNAL FEDERAL. Decisão do Ministro Relator na ADI 5.874-DF. mar. 2018. Disponível em: <file:///C:/Users/daniele/Downloads/texto_313902271.pdf>. Acesso em: 12 maio 2023.

de total esvaziamento do instituto, que configura tradicional mecanismo de freios e contrapesos na tripartição de poderes. Possibilidade de o Poder Judiciário analisar somente a constitucionalidade da concessão da *clementia principis*, e não o mérito, que deve ser entendido como juízo de conveniência e oportunidade do Presidente da República, que poderá, entre as hipóteses legais e moralmente admissíveis, escolher aquela que entender como a melhor para o interesse público no âmbito da Justiça Criminal[13].

Se encontra em tramitação a ADI 7.330, na qual se questiona a constitucionalidade da parte final do art. 6º, caput, do Decreto Presidencial n. 11.302/2022 e (ii) o § 3º do art. 7º do mesmo Decreto, vinculados ao indulto dos agentes públicos envolvidos no massacre do Carandiru: o art. 5º, XLIII, da Constituição do Brasil, ao estabelecer delitos insuscetíveis de graça ou anistia, segundo a interpretação conferida pelo STF, vedou a edição de decreto de indulto em relação aos crimes nele descritos, pois o termo "graça" foi empregado pelo legislador constituinte como gênero, não como espécie. O massacre do Carandiru foi objeto de denúncia contra o Brasil, em 22.02.1994, por parte de entidades da sociedade civil perante a Comissão Interamericana de Direitos Humanos, que entendeu: o Brasil violou suas obrigações decorrentes dos artigos 4º (direito à vida), 5º (direito à integridade pessoal), 8º e 25 (garantias e proteção judicial) da Convenção Americana, pela falta de investigação, processamento e punição séria e eficaz dos responsáveis. Com base em tais conclusões, foi recomendado ao Brasil a adoção da seguinte medida: realizar uma investigação completa, imparcial e efetiva a fim de identificar e processar as autoridades e funcionários responsáveis pelas violações dos direitos humanos assinaladas nas conclusões da Comissão. Diante disso, o indulto aos agentes públicos envolvidos no massacre do Carandiru pode, em princípio, configurar transgressão às recomendações da Comissão, no sentido de exortar o Brasil à promoção da investigação, do processamento e da punição séria e eficaz dos responsáveis. Para tanto, além do controle de constitucionalidade, esse caso específico também está exigindo a realização do controle de convencionalidade[14].

Assim, a análise da questão do indulto e cominação de penas pelo STF no recente cenário jurídico brasileiro evidencia a importância do estabelecido pelo art. 84, XII, da Constituição Federal, sendo imprescindível o respeito pelo Poder Executivo à natureza e finalidade instituídas pela Carta Magna, atreladas aos princípios constitucionais balisadores da administração pública.

5. Referências bibliográficas

CÓDIGO DE HAMMURABI. 2. ed. Tradução e notas de Federico Lara Peinado. Madrid: Tecnos, 1992.

COMPARATO, Fábio Konder. *A afirmação histórica dos direitos humanos*. 5. ed. rev. e atual. São Paulo: Saraiva, 2007.

CONSTITUIÇÕES DO BRASIL: de 1824 a 1967 e suas alterações. Brasília: Senado Federal, 1986.

CORREIA, Eduardo. *Direito criminal*. Coimbra: Almedina, 2007.

DELMAS-MARTY, Mireille. *Os grandes sistemas de política criminal*. Tradução de Denise Radanovic Vieira. Barueri: Manole, 2004.

_____. *A imprecisão do direito:* do Código Penal aos direitos humanos. Tradução de Denise Radanovic Vieira. Barueri: Manole, 2005.

DEVESA, Jose Maria Rodriguez; GOMEZ, Alfonso Serrano. *Derecho penal español*: parte general. 18. ed. Madrid: Dykinson, 1995.

DIGESTO DE JUSTINIANO. Tradução de Hélcio Maciel França Madeira. 4. ed. revista da tradução do latim. São Paulo: Revista dos Tribunais, 2009.

FIGUEIREDO DIAS, Jorge de. *Direito penal português*: parte geral – as consequências jurídicas do crime. Coimbra: Coimbra Editora, 2005, t. II.

GONZAGA, João Bernardino. *A Inquisição em seu mundo*. São Paulo: Saraiva, 1993.

JESCHECK, Hans-Heinrich; WEIGEND, Thomas. *Tratado de derecho penal*: parte general. 5. ed. renov. y ampl. Tradução de Miguel Olmedo Cardenete. Granada: Editorial Comares, 2002.

LOPES, José Reinaldo de Lima. *O direito na história:* lições introdutórias. São Paulo: Max Limonad, 2000.

MARQUES, José Frederico. *Tratado de direito penal*. 1. ed. 2. tiragem. Campinas: Millennium, 1999, v. III.

MANZINI, Vincenzo. *Trattato di diritto penale italiano*. Torino: Unione Tipografico Editrice Torinese, 1950, v. III.

_____. *Istituzioni di diritto penale italiano*. 4. edizione, 2ª ristampa. Milano: CEDAM, 1930.

MIR PUIG, Santiago. *Derecho penal*: parte general. 7. ed. Barcelona: Reppertor, 2005.

PEINADO, Federico Lara. Estudio preliminar. In: *Código de Hammurabi*. 2. ed. Tradução e notas de Federico Lara Peinado. Madrid: Tecnos, 1992.

PONTES DE MIRANDA, Francisco Cavalcanti. *Comentários à Constituição de 1967*. São Paulo: Revista dos Tribunais, 1967, t. III.

RADBRUCH, Gustav. *Filosofia do direito*. Tradução de L. Cabral de Moncada. 6. ed. rev. e acrescida dos últimos pensamentos do autor. Coimbra: Armênio Amado Editor, Sucessor, 1997.

SANTOS, Juarez Cirino dos. *Direito penal*: parte geral. 3. ed. Curitiba: ICPC; Lumen Juris, 2008.

SCHELER, Max. *Ética:* nuevo ensayo de fundamentación de un personalismo ético. Tradução de Hilário Rodríguez Sanz. Buenos Aires: Revista de Occidente Argentina, 1948.

STRECK, Lenio Luiz. *Jurisdição constitucional e hermenêutica:* uma nova crítica do direito. 2. ed. rev. e ampl. Rio de Janeiro: Forense, 2004.

B – ANOTAÇÕES

I. O indulto é instituto oriundo da Constituição da República e considerado na legislação infraconstitucional como causa de extinção da pena. Trata-se de verdadeira renúncia do poder estatal do exercício de punir.

---

13. SUPREMO TRIBUNAL FEDERAL. ADI 5.874, Rel. Min. Roberto Barroso; Redator para o Acórdão Ministro Alexandre de Moraes, j. 9-5-2019, *DJE* de 5-11-2020. Disponível em: https://redir.stf.jus.br/paginadorpub/paginador.jsp?docTP=TP&docID=754291421. Acesso em: 12 maio 2023.

14. SUPREMO TRIBUNAL FEDERAL. MC ADI 7.330, Rel. Min. Luiz Fux. Disponível em: https://portal.stf.jus.br/processos/detalhe.asp?incidente=6543644. Acesso em: 12 maio 2023.

O "direito de graça" abrange a anistia, a graça em sentido estrito e o indulto. Estas espécies de indulgência soberana apresentam distinções: a anistia é prerrogativa do Congresso Nacional; já as duas outras espécies são atos privativos do Presidente da República. A graça tem caráter individual e o indulto, em regra, apresenta caráter coletivo. O indulto é espontâneo e não pressupõe solicitação. Apesar disto, o art. 188 da LEP prevê a possibilidade de indulto individual, o qual deverá ser solicitado por petição pelo próprio condenado, por iniciativa do Ministério Público, do Conselho Penitenciário ou da autoridade administrativa.

O indulto pode ser pleno ou parcial. No primeiro caso, extingue totalmente a pena; no segundo, diminui a pena e se chama de comutação, conforme se verificou na jurisprudência. O indulto não poderá ser recusado, salvo quando for parcial ou condicionado. O indulto exige o trânsito em julgado da decisão e não extingue os efeitos penais da condenação (a reincidência e os efeitos civis da sentença condenatória). A comentada indulgência abarca os crimes comuns e apresenta natureza mista, pois avalia, em relação à pena, o *quantum* e a espécie, além do comportamento do apenado.

II. O "poder de graça", especialmente no caso em comento – o indulto, visa a minorar os efeitos e rigores da aplicação da lei punitiva. Aliás, esta característica apareceu em alguns momentos do contexto histórico acima apresentado. No exercício do indulto não se perquire sobre a legalidade da pena, pois foge do âmbito do instituto. No entanto, pretende evitar, em determinados casos, a transformação do *summum jus* em *summa injuria;* tendo em vista que está em jogo a liberdade das pessoas e o próprio exercício da dignidade da pessoa humana. Por isso, o Estado tem o dever de tomar a máxima cautela, abrindo-se a possibilidade da intervenção do Poder Executivo e a ponderação dos princípios constitucionais. Aí a justificativa do indulto: "a apreciação de condenações criminais onde o rigor da lei, além de contrariar os objetivos procurados pela ordem jurídica, vai submeter um homem a restrições desaconselháveis"[15].

III. O indulto não se esgota no conceito definido por Rudolf von Ihering como uma "válvula de segurança do Direito", mas representa o reconhecimento da fragilidade do próprio Direito. Por isso, sempre foi alvo de crítica, especialmente das tendências dogmáticas, que prestavam culto à soberania absoluta e única da razão, representadas principalmente pela Escola Positivista.

Apesar das críticas, o certo é que o indulto procura uma saída para diversos antagonismos no Direito: "as contraditórias exigências formuladas pela ideia de justiça, pelo fim do Direito e pela da sua segurança e certeza – e ainda a impossibilidade de existir um critério superior a estes três lados da ideia de Direito que permita resolver os seus conflitos"[16]. No fundo, o indulto busca amenizar a possibilidade de se cometer a injustiça quando a lei é aplicada ao caso concreto, ante a ausência de uma fórmula capaz de garantir a segurança, especialmente por se tratar do exercício do direito subjetivo de punir, cujo titular é o Estado.

Dentro deste contexto, se renovam as críticas à concessão do indulto, especialmente quando ele se mantém na estrutura do Estado Democrático de Direito, onde prevalece a aplicação igualitária da lei. No entanto, na atualidade, o indulto já não está mais fundamentado na graça divina ou no carisma do chefe. Pelo contrário, busca-se atenuar a desproporcionalidade da aplicação do Direito em confronto com o caso concreto e se considera uma competência excepcional do Poder Executivo, a fim de corrigir pontualmente a decisão judicial[17].

IV. A concessão do indulto carrega consigo a possibilidade de mitigar as incorreções legislativas ou o erro judiciário, apontando a necessidade de reforma legislativa, mas tendo como preocupação maior a (re)inserção social do apenado. Aí se apresenta como um ingrediente de efetiva "política criminal". "A legitimidade das medidas de clemência deve afirmar-se sempre e apenas quando ocorrerem situações em que a defesa da comunidade sociopolítica seja mais bem realizada através clemência que da punição"[18]. Estes os desafios que, na aplicação ao caso concreto, o indulto deverá levar em consideração. Trata-se de um verdadeiro "poder moderador" que deve olhar para o apenado e avaliá-lo, assim como deverá levar em consideração o texto legal que lhe atribuiu esta qualificação.

V. O indulto não deverá ser confundido com a comutação da pena, pois ambos estão no inciso XXII do art. 84 da Constituição da República. O primeiro apaga a pena e a segunda apenas atenua a pena. A comutação não tem o efeito de extinguir a punibilidade, eis que reflete apenas sobre o grau da pena, ou seja, "a comutação é substituição de uma pena por outra, menos dura"[19]. Portanto, os efeitos da comutação da pena são bastante distintos daqueles atribuídos ao indulto, embora estejam reunidos no mesmo dispositivo constitucional.

Antes de autorizar o indulto ou a comutação da pena, o Presidente da República, caso julgue necessário, poderá solicitar audiência com os órgãos instituídos em legislação regulamentadora, não expedida até o momento.

Como decorrência desta não regulamentação, vige em sua plenitude a ideia de que o indulto e a comutação da pena configuram típico ato de governo, que se caracteriza pela discricionariedade. Apesar disto, é necessário observar que este ato está sujeito ao controle de constitucionalidade, pois "enquanto a Constituição é o fundamento de validade (superior) do ordenamento e consubstanciadora da própria atividade político-estatal, a jurisdição constitucional passa a ser a condição de possibilidade do Estado Democrático de Direito"[20].Com isto, o exercício destes atos deverão adequar-se aos princípios constitucionais, cabendo ao Chefe do Poder Executivo Federal a observância, dentre outros, do princípio da razoabilidade, como um modo de temperar o poder discricionário de clemência concedido pelo texto constitucional.

VI. Na Constituição Brasileira o indulto, em regra, tem o caráter geral. Tal é o modelo, por exemplo, adotado na Itália, onde a concessão representa um ato administrativo, isto é, um

---

15. MARQUES, José Frederico. *Tratado de direito penal*. 1. ed. 2. tir. Campinas: Millennium, 1999, v. III, p. 541.
16. RADBRUCH, Gustav. *Filosofia do direito*, cit., p. 335-336.
17. JESCHECK, Hans-Heinrich; WEIGEND, Thomas. *Tratado de derecho penal*: parte general. 5. ed. renov. y ampl. Tradução de Miguel Olmedo Cardenete. Granada: Editorial Comares, 2002, p. 994-995.
18. FIGUEIREDO DIAS, Jorge de. *Direito penal português*: parte geral – as consequências jurídicas do crime. Coimbra: Coimbra Editora, 2005, t. II, p. 685-686.
19. PONTES DE MIRANDA, F.C. *Comentários à Constituição de 1967*. São Paulo: Revista dos Tribunais, 1967, t. III, p. 341.
20. STRECK, Lenio Luiz. *Jurisdição constitucional e hermenêutica:* uma nova crítica do direito. 2. ed. rev. e ampl. Rio de Janeiro: Forense, 2004, p. 13.

decreto geral e impessoal[21]. Constituição alemã e a Constituição espanhola referem expressamente a necessidade da individualização do ato de concessão do indulto. E mais. A Constituição da Espanha proíbe o indulto geral. Segundo constatação trazida por Jose Maria Rodriguez Devesa e Alfonso Serrano Gómez, existe uma relação entre o aumento da criminalidade e os indultos gerais. Além disso, a Constituição de 1931, no seu art. 102, também proibia os indultos gerais. No entanto, estabeleceu-se a seguinte prática: o uso da anistia, que provocava o desaparecimento dos antecedentes penais de delinquentes profissionais e perigosos[22]. Isto mostra que o modo de construir as condições de possibilidade para a eficácia do indulto deverá inserir-se numa política criminal, em condições de avaliar eventuais perigos de sua aplicação, pois se trata de um ato de renúncia da pretensão punitiva por parte do Estado, a qual poderá colocar em risco toda a sociedade.

Jorge de Figueiredo Dias também considera que, no caso do indulto, deverá prevalecer a análise da consequência jurídica sobre o fato ou o crime praticado; ele deve ter o caráter individual, pois dirigido a pessoas concretas[23]. Se bem analisada a situação, a concessão do indulto se origina na aplicação de uma lei geral e abstrata a um caso concreto. Neste percurso, que vai do texto à norma, podem surgir exageros e incorreções que o indulto pretende sanar. Por isso, o indulto deverá ser "o direito de cada caso singular, e não novas normas jurídicas gerais"[24]. Desta forma, está localizada a raiz da necessária individualização do ato de concessão do indulto.

Para a adequada mensuração dos efeitos deste instituto, deverão ser levadas em consideração as características do caso concreto e não simplesmente determinada categoria de delito. Dentro da categoria delituosa que será objeto do indulto, é necessário o exame do apenado e do caso. A partir disto, deverá ser tomada a decisão de conceder ou não o indulto e mesmo a comutação da pena.

É preciso considerar o apenado uma pessoa. Aliás, isto é a regra que está na Declaração Universal dos Direitos Humanos de 1948, quando recomenda, em seu artigo VI: "Todo homem tem direito de ser, em todos os lugares, reconhecido como pessoa perante a lei". Portanto, a concessão do indulto não deverá valorizar somente o delito e a sua categorização, mas o apenado como pessoa e o seu (re)ingresso na sociedade.

Interessa aqui destacar a noção de pessoa, que justamente se mostra como a destinatária da norma, tendo em vista a sua ressocialização. Não é demais lembrar que o próprio Direito Romano considerava a pessoa como o centro do seu Direito: "Os preceitos de direito são estes: viver honestamente, não lesar outrem, dar a cada um o seu"[25]. Estes preceitos de Direito representam as normas jurídico-morais que os romanos consideravam, mostrando claramente o seu endereçamento à pessoa.

Segundo Max Scheler, "a pessoa é a unidade imediatamente convivida do viver, mas não uma coisa simplesmente pensada fora e atrás do imediatamente vivido"[26]. É esta pessoa que, "retornando" aos laços de convivência, precisa ser levada em consideração, avaliando, inclusive, se ela está "preparada" para viver com os outros. Esta "pessoa" é esquecida quando o decreto presidencial concede o indulto para certo tipo de delito. O raciocínio deverá ser invertido: a análise precisa iniciar pelo apenado para chegar até o delito, que também deverá ser considerado.

Dessa forma, se inicia a construção de uma abertura do "Direito Penal às práticas de política criminal", onde se possa equacionar o seguinte paradoxo: "Mundo finito, ou seja, limitado; mas, ao mesmo tempo, mundo fechado, em todos os sentidos do termo: fechamento físico da prisão, constituída como pena principal e quase única a partir do século XIX, fechamento institucional de uma rede judiciária e administrativa de forte autonomia; enfim, fechamento da razão jurídica, que pensa o direito penal como conjunto específico de normas que pouca relação têm com as demais normas do direito"[27].

É no cruzamento destes desafios que deverá ser projetada a pessoa do apenado e avaliado individualmente o pedido de indulto ou de comutação da pena e a sua concessão. Com isto, estará sendo considerada a finitude do humano e a tradição histórica da experiência e aprendizagem amalgamada durante o transcurso dos séculos da história da humanidade e do próprio Direito.

Esse cenário deverá orientar uma efetiva política criminal, projetada dentro de alguns fundamentos que iluminam o Estado Democrático de Direito, a saber: respeitar a dignidade humana e igualdade das pessoas e sua participação na vida social, além de fomentar a efetivação dos Direitos Humanos. A partir desta base uma efetiva preocupação focada na ressocialização do apenado, evitando a reincidência, deverá perspectivar-se a partir do princípio de humanidade das penas; princípio de culpabilidade (projetado nos princípios de personalidade das penas, responsabilidade pelo fato e imputação pessoal); princípio de proporcionalidade e o princípio da ressocialização (não como substituição coativa dos valores da pessoa do apenado, mas um intento de ampliar as possibilidades da participação na vida social, ou seja, uma oferta de alternativas ao comportamento criminal)[28].

Perpassados por estes aspectos, a política criminal estará se fortalecendo e enfrentando "a imprecisão do Direito", tal como já denunciada também por Gustav Radbruch, e abrindo o Direito a um verdadeiro processo de compatibilização de normas jurídicas e sociais, aflorando um novo uso dos Direitos Humanos[29].

---

21. MANZINI, Vincenzo. *Istituzioni di diritto penale italiano*. 4. edizione, 2ª ristampa. Milano: CEDAM, 1930, p. 149.
22. DEVESA, Jose Maria Rodriguez; GOMEZ, Alfonso Serrano. *Derecho penal español*: parte general. 18. ed. Madrid: Dykinson, 1995, p. 674.
23. FIGUEIREDO DIAS, Jorge de. Op. cit., p. 689.
24. RADBRUCH, Gustav. Op. cit., p. 337.
25. DIGESTO DE JUSTINIANO. Tradução de Hélcio Maciel França Madeira. 4. ed. revista da tradução do latim. São Paulo: Revista dos Tribunais, 2009, Digesto, 1, 1, 10,2.
26. SCHELER, Max. *Ética:* nuevo ensayo de fundamentación de un personalismo ético. Tradução de Hilário Rodríguez Sanz. Buenos Aires: Revista de Occidente Argentina, 1948, p. 159.
27. DELMAS-MARTY, Mireille. *Os grandes sistemas de política criminal.* Tradução de Denise Radanovic Vieira. Barueri: Manole, 2004, p. 5.
28. MIR PUIG, Santiago. *Derecho penal*: parte general. 7. ed. Barcelona: Reppertor, 2005, p. 130-138.
29. Para tanto, consultar: DELMAS-MARTY, Mireille. *A imprecisão do direito:* do Código Penal aos direitos humanos. Tradução de Denise Radanovic Vieira. Barueri: Manole, 2005.

Art. 84, XIII – exercer o comando supremo das Forças Armadas, nomear os Comandantes da Marinha, do Exército e da Aeronáutica, promover seus oficiais-generais e nomeá-los para os cargos que lhes são privativos;

José Levi Mello do Amaral Júnior

1. História da norma

É próprio do Presidente da República, enquanto Chefe de Estado, exercer a função de Comandante-em-Chefe das Forças Armadas. A subordinação das Forças Armadas ao Poder Executivo é lição antiga, decorrente da natureza das coisas. Montesquieu já explicava: "O exército, uma vez estabelecido, não deve depender, imediatamente, do corpo legislativo, mas do poder executivo; e isso pela natureza da coisa; seu feito consiste mais na ação do que na deliberação"[1]. Assim tem sido no constitucionalismo brasileiro, desde a Constituição imperial.

2. Constituições brasileiras anteriores

Constituição de 1824, art. 148; Constituição de 1891, art. 48, 4º; Constituição de 1934, art. 56, § 7º; Constituição de 1937, art. 74, "e"; Constituição de 1946, art. 87, XI; Constituição de 1967, art. 83, XII (art. 81, IV, com a redação da Emenda Constitucional n. 1, de 1969).

3. Constituições estrangeiras

A norma segue sentido uniforme no Direito Comparado. O Chefe de Estado é, por definição, o Comandante-em-Chefe das Forças Armadas. A propósito, porque ilustrativo, vale transcrever o Artigo II, Seção 2, da Constituição dos Estados Unidos da América, de 1787: "The President shall be Commander in Chief of the army and navy of the United States, and of the militia of the several states, when called into the actual service of the United States;" ("O Presidente será o chefe supremo do Exército e da Marinha dos Estados Unidos, e também da milícia dos diversos estados, quando convocadas ao serviço ativo dos Estados Unidos").

4. Direito internacional

Não se aplica.

5. Remissões constitucionais e legais

A norma interage, em especial, com os arts. 142 e 143 da Constituição (específicos sobre as Forças Armadas). Também é pertinente o art. 61, § 1º, I, da Constituição, relativo à iniciativa privativa do Presidente da República para leis que fixem ou modifiquem os efetivos das Forças Armadas (o art. 48, III, por sua vez, enuncia a competência da União para legislar sobre fixação e modificação do efetivo das Forças Armadas). A Lei Complementar n. 97, de 9 de junho de 1999, dispõe sobre as normas gerais para a organização, o preparo e o emprego das Forças Armadas. Especificamente no que a norma em causa interage com o art. 142 da Constituição, importa salientar, de pronto, que dele não decorre nenhum pretenso – porque inexistente – "poder moderador". *Vide*, a propósito, os comentários adiante.

6. Jurisprudência

Supremo Tribunal Federal, Mandado de Segurança n. 23.766/DF, Relator o Ministro Nelson Jobim, *DJ* de 21-09-2000. Supremo Tribunal Federal, Ação Direta de Inconstitucionalidade n. 6.457/DF, Relator o Ministro Luiz Fux, parcialmente deferida em 12 de junho de 2020.

7. Referências bibliográficas

AMARAL JÚNIOR, José Levi Mello do. *Concentração de poderes, reeleição e impeachment – Poder Executivo: organização, competências e crises*, in REVISTA JURÍDICA (FURB ONLINE), v. 25, n. 58, p. e10346, 2021. FERREIRA FILHO, Manoel Gonçalves. *Comentários à Constituição brasileira de 1988*, vol. 3, São Paulo: Saraiva, 1990-1994; FERREIRA FILHO, Manoel Gonçalves. *Curso de Direito Constitucional*, 31ª edição, São Paulo: Saraiva, 2005; MONTESQUIEU, Charles Louis de Secondat, baron de la Brède et de. *O espírito das leis*, tradução de Fernando Henrique Cardoso e Leôncio Martins Rodrigues, Brasília: UnB, 1995; SILVA, José Afonso da. *Curso de direito constitucional positivo*, 21ª edição, São Paulo: Malheiros, 2002.

8. Comentários

Conforme antes afirmado, trata-se de competência típica do Presidente da República enquanto Chefe de Estado. A prudência recomenda que assunto tão delicado – a exigir, no limite, decisão rápida, firme e clara – não fique confiado a órgão coletivo. É da natureza das coisas que o comando último das Forças Armadas seja monocrático e confiado à suprema magistratura da Nação.

Do ponto de vista constitucional[2], as Forças Armadas são constituídas pela Marinha, pelo Exército e pela Aeronáutica e destinam-se: (1) à defesa da Pátria; (2) à garantia dos poderes constitucionais; e, por iniciativa de qualquer destes, (3) à garantia da lei e da ordem.

As duas primeiras destinações constitucionais das Forças Armadas refletem a missão elementar delas, qual seja, a proteção do próprio Estado e dos respectivos poderes constitucionais[3] (isto é, dos órgãos que comungam da soberania do Estado), proteção essa levada a efeito contra ameaças externas ou internas (ou, como dizia o Direito constitucional brasileiro pretérito, "grave comoção intestina"[4]).

---

1. MONTESQUIEU, Charles Louis de Secondat, baron de la Brède et de. *O espírito das leis*, tradução de Fernando Henrique Cardoso e Leôncio Martins Rodrigues, Brasília: UnB, 1995, p. 124.

2. *Caput* do art. 142 da Constituição.

3. FERREIRA FILHO, Manoel Gonçalves. *Curso de Direito Constitucional*, 31ª edição, São Paulo: Saraiva, 2005, p. 239.

4. Constituição de 1891, art. 48, n. 15. No mesmo sentido, por exemplo: Constituição de 1946, art. 206, inciso I; Constituição de 1988, art. 137, inciso I.

Nas circunstâncias em causa – ameaças externas ou internas contra o Estado ou contra os respectivos poderes constitucionais – pode e deve ser posto em prática um regime jurídico excepcional "da defesa do Estado e das instituições democráticas"[5], ou seja, um estado em que a própria Constituição permite o emprego de recursos excepcionais para debelar a ameaça. O emprego destes recursos em casos tais enseja, mais cedo ou mais tarde, a decretação: (1) de intervenção federal[6]; (2) de estado de defesa[7]; ou (3) de estado de sítio[8]. Ademais, a depender da gravidade da situação, pode ocorrer, ainda, declaração de guerra ou, ao menos, de mobilização nacional[9].

Conforme esta caracterização, as duas primeiras destinações das Forças Armadas implicam emprego delas em situações extraordinárias. A terceira destinação constitucional das Forças Armadas – garantia da lei e da ordem – não se dá, necessariamente, sob circunstâncias extraordinárias. Isso porque, em regra, não requer decretação de intervenção federal, de estado de defesa ou de sítio. Configura, assim, um emprego típico (porque a própria Constituição também o prevê) e ordinário das Forças Armadas, conquanto submetido ao critério da subsidiariedade.

8.1. Emprego das Forças Armadas na garantia da lei e da ordem

O art. 144 da Constituição dispõe que a segurança pública – cujo fim é "a preservação da ordem pública e da incolumidade das pessoas e do patrimônio" – é exercida pela Polícia Federal, pela Polícia Rodoviária Federal, pela Polícia Ferroviária Federal, pelas Polícias Civis estaduais, pelas Polícias Militares e Corpos de Bombeiros Militares estaduais.

Porém, nesta seara – ou seja, na garantia da lei e da ordem – as Forças Armadas também podem atuar. É o que decorre do art. 142, *caput, in fine*, da Constituição[10]. O critério e a disciplina do emprego das Forças Armadas na garantia da lei e da ordem é dado pela Lei Complementar n. 97, de 1999[11].

Assim, a atuação das Forças Armadas, na garantia da lei e da ordem, por solicitação de qualquer um dos poderes constitucionais – solicitação essa que sempre será submetida ao juízo do Presidente da República[12] – poderá ocorrer a partir do esgotamento dos órgãos ou instrumentos destinados à preservação da segurança pública, relacionados no art. 144 da Constituição[13].

Importa, portanto, saber quando se configura o esgotamento. A própria Lei Complementar n. 97, de 1999, o explica em seu art. 15, § 3º:

"Consideram-se esgotados os instrumentos relacionados no art. 144 da Constituição Federal quando, em determinado momento, forem eles formalmente reconhecidos pelo respectivo Chefe do Poder Executivo Federal ou Estadual como indisponíveis, inexistentes ou insuficientes ao desempenho regular de sua missão constitucional"[14].

Aí estão os princípios fundamentais que norteiam o emprego das Forças Armadas na garantia da lei e da ordem:

(1) a bem da autonomia federativa, como pressuposto elementar do emprego das Forças Armadas na garantia da lei e da ordem, o esgotamento há de ser formalmente reconhecido pelo Chefe do Poder Executivo da respectiva esfera federada a que se vincula o órgão ou instrumento "esgotado", vale afirmar: (a) o Presidente da República, relativamente à Polícia Federal, à Polícia Rodoviária Federal e à Polícia Ferroviária Federal; e (b) os Governadores dos Estados, relativamente às Polícias Civis estaduais, às Polícias Militares e aos Corpos de Bombeiros Militares estaduais;

(2) as Forças Armadas atuam, *in casu*, subsidiariamente, ou seja, somente após "esgotados" os órgãos ou instrumentos destinados à preservação da segurança pública, relacionados no art. 144 da Constituição;

(3) o esgotamento se configura quando os órgãos ou instrumentos relacionados no art. 144 da Constituição são (ou se tornam) inexistentes, indisponíveis ou insuficientes.

8.2. Papel subsidiário das Forças Armadas na garantia da lei e da ordem

O princípio da subsidiariedade pode ser tido como inerente às relações democráticas. Dele decorre que um ente "maior" somente interfere nas coisas de um ente "menor" se e quando esse não consegue desempenhar uma dada tarefa sua.

É interessante observar que a Constituição segue esta lógica em diversos aspectos, mormente no que toca à organização federativa. Isso é bastante claro, por exemplo, na organização da educação[15].

Em matéria de segurança pública, o princípio da subsidiariedade exerce influxo duplo: (a) um primeiro, inerente ao papel último das Forças Armadas relativamente aos demais órgãos ou instrumentos destinados à preservação da segurança pública; (b) um segundo, inerente às relações federativas entre os entes federados, marcadas que são pela autonomia de cada ente.

---

5. Título V da Constituição.
6. Incisos I a V do art. 34 da Constituição.
7. Art. 136 da Constituição.
8. Art. 137 da Constituição.
9. Inciso XIX do art. 84 da Constituição. A mobilização nacional é regulamentada pela Lei n. 11.631, de 27 de dezembro de 2007, cujo art. 2º, inciso I, restringe sua execução a caso de agressão estrangeira.
10. "Este preceito autoriza claramente que as Forças Armadas sejam empregadas no âmbito interno, não só para garantir os poderes constitucionais quando ameaçados, como também para restabelecer a ordem, ainda quando não houver ameaça para os poderes constituídos. Permite, portanto, que as Forças Armadas sejam utilizadas em missão de polícia, se necessário" (FERREIRA FILHO, Manoel Gonçalves. *Comentários à Constituição brasileira de 1988*, v. 3, São Paulo: Saraiva, 1990-1994, p. 78).
11. O art. 144 da Constituição se refere à Polícia Federal, à Polícia Rodoviária Federal, à Polícia Ferroviária Federal, às Polícias Civis estaduais, às Polícias Militares e aos Corpos de Bombeiros Militares estaduais como "órgãos". Por sua vez, o § 2º do art. 15 da Lei Complementar n. 97, de 1999, a eles se refere como "instrumentos". Nestes comentários, utilizar-se-á, preferencialmente, a fórmula genérica "órgãos ou instrumentos destinados à preservação da segurança pública".
12. § 1º do art. 15 da Lei Complementar n. 97, de 1999.
13. § 2º do art. 15 da Lei Complementar n. 97, de 1999.
14. § 3º do art. 15, acrescentado pela Lei Complementar n. 117, de 2 de setembro de 2004.
15. Art. 211 da Constituição.

Primeiro, as Forças Armadas – na garantia da lei e da ordem – somente podem atuar se e quando esgotados os órgãos ou instrumentos destinados à preservação da segurança pública[16]. Isso se dá inclusive no plano federal: o Presidente da República somente pode determinar o emprego das Forças Armadas na garantia da lei e da ordem, em seara própria às Polícias Federal, Rodoviária Federal ou Ferroviária Federal, se e quando esgotada uma das três polícias federais (e, claro, desde que reconheça o esgotamento).

Segundo, a bem da autonomia federativa, o esgotamento dos órgãos ou instrumentos estaduais destinados à preservação da segurança pública há de ser reconhecido pelo respectivo Governador de Estado que, a seguir, solicitará o emprego das Forças Armadas ao Presidente da República. Somente assim poderá o Presidente da República decidir sobre o emprego ou não das Forças Armadas.

Em caso extremo, de falência dos órgãos ou instrumentos estaduais destinados à preservação da segurança pública – falência essa não reconhecida pelo respectivo Governador de Estado – ter-se-á, então, caso de intervenção federal, com eventual emprego das Forças Armadas, inclusive na garantia da lei e da ordem.

Ademais, não se pode desprezar a hipótese de o Governador do Estado não determinar a ação dos órgãos ou instrumentos destinados à preservação da segurança pública, ou não mobilizá-los em quantidade suficiente para produzir os efeitos necessários para debelar a ameaça à lei e à ordem a que se deva fazer frente. Nestas circunstâncias, o pronto emprego das Forças Armadas fica desde logo autorizado, conforme já deixou assente o Supremo Tribunal Federal[17].

Em síntese, o emprego das Forças Armadas na garantia da lei e da ordem tem como pressuposto necessário e indeclinável a convergência de vontades entre União e Estado-membro. Fora daí, estar-se-á diante de provável caso de intervenção federal, medida excepcional contra a autonomia de entidade federada que pode e deve ser evitada ao máximo.

8.3. Gradação do princípio da subsidiariedade

Há evidente gradação entre os critérios da subsidiariedade aplicáveis à espécie: inexistência, indisponibilidade e insuficiência.

São inexistentes os órgãos ou instrumentos de preservação da segurança pública quando, simplesmente, eles são ausentes ou não existem em um determinado momento e em uma determinada região do território nacional. Exemplo evidente é a fronteira brasileira na Região Norte, em que a presença do Estado brasileiro se dá, basicamente, por meio de unidades militares de fronteira, aliás, nos termos de expressa previsão legal[18].

Indisponível é a qualidade do que existe, mas com que não se pode contar. São indisponíveis os órgãos ou instrumentos de preservação da segurança pública em um determinado momento e em uma determinada região do território nacional quando, por exemplo, eles existem, porém, encontram-se em estado de greve. Este estado de coisas já se deu na história brasileira recente. Algumas polícias militares estaduais decretaram greve, mas a segurança pública foi garantida – legalmente – com o emprego das Forças Armadas.

Insuficiente é a qualidade do que existe e está disponível, mas sem capacidade de desempenhar a contento – suficientemente – a sua finalidade. Há, aqui, um juízo de valor quantitativo e qualitativo (e, portanto, de oportunidade e conveniência). Nos dois primeiros casos (inexistência e indisponibilidade), o juízo é meramente quantitativo. Neste terceiro caso, não: o juízo também é qualitativo, porque é preciso determinar a medida e a qualidade da insuficiência, vale afirmar, a partir de que nível e de que tipo de insuficiência se tem o esgotamento. Este juízo é privativo do Chefe do Poder Executivo da respectiva esfera federada a que se vincula o órgão ou instrumento "esgotado". São insuficientes os órgãos ou instrumentos de preservação da segurança pública em um determinado momento e em uma determinada região do território nacional quando eles existem e estão disponíveis, porém não se mostram capazes de preservar – a contento – a segurança pública. É o que se dá, por exemplo (ao menos teoricamente), em áreas urbanas com "bolsões" conflagrados, isto é, com porções territoriais em que os órgãos ou instrumentos de preservação da segurança pública não se fazem efetivos.

Neste contexto, o emprego subsidiário e episódico das Forças Armadas na garantia da lei e da ordem – em caso de esgotamento dos órgãos ou instrumentos de preservação da segurança pública – não caracteriza um emprego excepcional delas. Isso porque não requer decretação de intervenção federal, de estado de defesa ou de sítio, muito menos declaração de guerra. Ao contrário, trata-se de emprego ordinário, conquanto esteja condicionado ao princípio da subsidiariedade.

Enfim, as Forças Armadas possuem, por sua própria natureza, poder de polícia. Ora, dado que os órgãos ou instrumentos a que se refere o art. 144 da Constituição possuem poder de polícia e são "forças auxiliares e reserva do Exército"[19], é evidente que o Exército em particular, e as Forças Armadas em geral, também possuem igual poder de polícia[20].

---

16. "Só subsidiária e eventualmente lhes incumbe a *defesa da lei* e *da ordem*, porque essa defesa é da competência primária das *forças de segurança pública*, que compreendem a polícia federal e as polícias civil e militar dos Estados e do Distrito Federal" (SILVA, José Afonso da. *Curso de direito constitucional positivo*, 21ª edição, São Paulo: Malheiros, 2002, p. 748 – grifos no original).

17. Cf. Mandado de Segurança n. 23.766/DF, Relator o Ministro Nelson Jobim, *DJ* de 21-09-2000, p. 7, de que se extrai o seguinte excerto: "O emprego das Forças Armadas '... é da responsabilidade do Presidente da República' (LC 97/99, art. 15). Quando a questão disser com a 'garantia da lei e da ordem', o emprego das Forças Armadas dar-se-á '... após esgotados os instrumentos ... relacionados no art. 144 da Constituição Federal' (LC 97/99, art. 15, § 2º). A Lei Complementar se refere aos órgãos de segurança pública (Polícias Federal, Rodoviária Federal, Ferroviária Federal, Civil Estadual, Militar Estadual e Corpo de Bombeiros). Ter-se-á como esgotados esses instrumentos, tanto quando a autoridade não determinar a sua utilização, como quando a sua utilização não tiver produzido efeitos".

18. Com efeito, a Lei Complementar n. 97, de 1999, em seu art. 17-A, inciso IV, acrescentado pela Lei Complementar n. 117, de 2004, dispõe que "cabe ao Exército atuar, por meio de ações preventivas e repressivas, na faixa de fronteira terrestre, contra delitos transfronteiriços e ambientais, isoladamente ou em coordenação com outros órgãos do Poder Executivo".

19. § 6º do art. 144 da Constituição.

20. Portanto, é meramente declaratório o art. 6º da Lei n. 10.683, de 28 de maio de 2003, quando assegura poder de polícia ao Gabinete de Segurança Institucional da Presidência da República na "segurança pessoal do Chefe de Estado, do Vice-Presidente da República e respectivos familiares, dos titulares dos órgãos essenciais da Presidência da República, e de outras autoridades ou personalidades quando determinado pelo Presidente da República, bem como pela segurança dos palácios presidenciais e das residências do Presidente e Vice-Presidente da República".

8.4. Procedimento de emprego das Forças Armadas na garantia da lei e da ordem

O primeiro passo é o reconhecimento do esgotamento pelo Chefe do Poder Executivo da respectiva esfera federada a que se vincula o órgão ou instrumento "esgotado"[21].

A seguir, o Chefe do Poder Executivo interessado solicita, formalmente, ao Presidente da República, o emprego das Forças Armadas na garantia da lei e da ordem.

Então, o Presidente da República decidirá sobre o emprego ou não das Forças Armadas[22].

Em havendo decisão do Presidente da República no sentido de empregar as Forças Armadas, ele encaminhará mensagem ao Ministro de Estado da Defesa para ativar os órgãos operacionais daquelas[23], "que desenvolverão, de forma episódica, em área previamente estabelecida e por tempo limitado, as ações de caráter preventivo e repressivo necessárias para assegurar o resultado das operações na garantia da lei e da ordem"[24].

Se acaso houver meios disponíveis – conquanto insuficientes – da respectiva polícia cujo esgotamento foi reconhecido, o emprego das Forças Armadas pressupõe a transferência "do controle operacional dos órgãos de segurança pública necessários ao desenvolvimento das ações para a autoridade encarregada das operações" (em regra, um militar das Forças Armadas), que deverá constituir um centro de coordenação de operações[25]. Esta determinação legal é natural e coerente com a natureza das polícias militares e corpos de bombeiros militares estaduais: são "forças auxiliares e reserva do Exército"[26].

A legislação regulamentar esclarece o que seja controle operacional: "poder conferido à autoridade encarregada das operações, para atribuir e coordenar missões ou tarefas específicas a serem desempenhadas por efetivos dos órgãos de segurança pública, obedecidas as suas competências constitucionais ou legais"[27].

Importa anotar que o emprego das Forças Armadas na garantia da lei e da ordem é atividade militar para o fim de aplicação do Código Penal Militar em tempo de paz relativamente aos crimes militares praticados "por militar em serviço ou atuando em razão da função, em comissão de natureza militar, ou em formatura, ainda que fora do lugar sujeito à administração militar contra militar da reserva, ou reformado, ou civil"[28].

Enfim, vale destacar que o emprego das Forças Armadas também pode se dar em atendimento de solicitação de qualquer um dos poderes constitucionais, federais e estaduais (na garantia desses), hipótese em que a solicitação deve ser feita por intermédio dos Presidentes do Supremo Tribunal Federal, do Senado Federal ou da Câmara dos Deputados[29]. Aqui, o emprego pode ocorrer independentemente da declaração de esgotamento das forças policiais estaduais por parte do Governador do Estado. É o que se dá, por exemplo, no âmbito eleitoral[30]. No limite, poderá haver, inclusive, decretação de intervenção federal.

8.5. Inexistência de um pretenso "poder moderador" das Forças Armadas

As Forças Armadas são instituições subordinadas.

Portanto, não há que cogitar, de nenhum modo, acerca de um pretenso – porque inexistente – "poder moderador" que seria inerente ao art. 142. Não há nenhum espaço para interpretação da espécie.

Aliás, são objetivas sobre o assunto as Informações n. 00165/2020/CGU/AGU, de 08 de julho de 2020, da Consultoria-Geral da União, por mim aprovadas enquanto Advogado-Geral da União, cujo item n. 27 diz: "Acentue-se que não se faz presente, na conformação constitucional brasileira, a possibilidade de as Forças Armadas atuarem como uma espécie de poder moderador, seja porque as eventuais pretensões contrapostas dos respectivos Poderes da República encontram formas e foros próprios de resolução, seja porque uma licença nessa direção dissonaria em muitos tons de todo arranjo de normas constitucionais, de maneira a ferir o princípio da unidade".

As Informações referidas foram encaminhadas pela Presidência da República, em 30 de julho de 2020, ao Supremo Tribunal Federal para instruir o julgamento da Ação Direta de Inconstitucionalidade n. 6.457/DF, Relator o Ministro Luiz Fux, e – em essência – convergem com a medida liminar deferida parcialmente pelo Relator em 12 de junho de 2020[31].

É verdade que muitas normas jurídicas comportam diferentes compreensões. Por outro lado, também é verdade que outras tantas normas, inclusive constitucionais, comportam uma única, correta e verdadeira interpretação. Quanto ao assunto em causa, não há que ter nenhuma dúvida: na medida em que a democracia não é apenas um meio, mas, também, e sobretudo, um

---

21. § 3º do art. 15 da Lei Complementar n. 97, de 1999, acrescentado pela Lei Complementar n. 117, de 2004.

22. Inciso XIII do art. 84 da Constituição combinado com o art. 15, § 1º, da Lei Complementar n. 97, de 1999.

23. *Caput* do art. 15 da Lei Complementar n. 97, de 1999.

24. § 4º art. 15 da Lei Complementar n. 97, de 1999, acrescentado pela Lei Complementar n. 117, de 2004, combinado com o *caput* do art. 5º do Decreto n. 3.897, de 24 de agosto de 2001.

25. § 5º do art. 15 da Lei Complementar n. 97, de 1999, acrescentado pela Lei Complementar n. 117, de 2004, combinado com *caput* do art. 4º do Decreto n. 3.897, de 2001.

26. § 6º do art. 144 da Constituição.

27. § 6º do art. 15 da Lei Complementar n. 97, de 1999, acrescentado pela Lei Complementar n. 117, de 2004.

28. § 7º do art. 15 da Lei Complementar n. 97, de 1999, acrescentado pela Lei Complementar n. 117, de 2004, combinado com o art. 9º, inciso II, alínea *c*, do Decreto-Lei n. 1.001, de 21 de outubro de 1969 – Código Penal Militar.

29. § 1º, *in fine*, do art. 15 da Lei Complementar n. 97, de 1999.

30. Inciso XIV do art. 23 da Lei n. 4.737, de 15 de julho de 1965 – Código Eleitoral. Neste sentido é o entendimento do Supremo Tribunal Federal: "A decisão sobre o emprego das Forças Armadas, em qualquer ponto do território nacional, é da competência do Presidente da República, como seu comandante supremo (CF, art. 84, XIII). Tal decisão não se submete ao juízo de outras autoridades, inclusive as dos Estados Federados. Aliás, é o que se passa na Justiça Eleitoral. É da competência do Tribunal Superior Eleitoral 'requisitar força federal necessária ao cumprimento da lei, de suas próprias decisões ou das decisões dos tribunais Regionais que o solicitarem, e para garantir a votação e a apuração' (Código Eleitoral, art. 23, XIV). A decisão sobre a requisição compete ao TSE, sem consulta necessária às autoridades estaduais. É esse o modelo brasileiro" (MS 23.766/DF, rel. Min. Nelson Jobim, *DJ* de 21-9-2000, p. 7).

31. AMARAL JÚNIOR, José Levi Mello do. *Concentração de poderes, reeleição e impeachment – Poder Executivo*: organização, competências e crises, in REVISTA JURÍDICA (FURB ONLINE), v. 25, n. 58, p. e10346: 26 de 31, 2021.

fim constitucional, não há nenhum espaço para extrair do art. 142 da Constituição um pretenso – porque inexistente – "poder moderador".

Art. 84, XIV – nomear, após aprovação pelo Senado Federal, os Ministros do Supremo Tribunal Federal e dos Tribunais Superiores, os Governadores de Territórios, o Procurador-Geral da República, o presidente e os direitos do banco central e outros servidores, quando determinado em lei;

José Levi Mello do Amaral Júnior

1. História da norma

É da tradição do constitucionalismo confiar ao Chefe de Estado a nomeação das mais altas autoridades do Estado. Em se tratando de sistema parlamentar de Governo, o Chefe de Governo pode ser mais ou menos determinante para a escolha de quem preencherá determinados altos cargos (ainda que a nomeação – ao menos formalmente – seja reservada ao Chefe de Estado).

2. Constituições estrangeiras

O padrão é disseminado, variando quanto ao rol de que altos cargos têm o respectivo provimento confiado ao Chefe de Estado (ou ao Chefe de Governo, em se tratando de sistema parlamentar de Governo).

3. Constituições brasileiras anteriores

Constituição de 1824, art. 102, IV; Constituição de 1891, art. 48, 12º; Constituição de 1934, art. 56, § 14; Constituição de 1937, art. 74, "l"; Constituição de 1946, art. 87, V; Constituição de 1967, art. 83, IV e VI (art. 81, VI e VIII, com a redação da Emenda Constitucional n. 1, de 1969).

4. Direito internacional

Não se aplica.

5. Remissões constitucionais e legais

Relaciona-se com o inciso III do art. 52 da Constituição, que dá ao Senado Federal competência privativa para aprovar, previamente, por voto secreto, após arguição pública (sabatina), a escolha – ou indicação presidencial – de: (a) magistrados, nos casos estabelecidos na Constituição, o que inclui os Ministros do Supremo Tribunal Federal e os Ministros dos Tribunais Superiores; (b) Ministros do Tribunal de Contas da União, relativamente à parcela de um terço que é reservada à indicação do Presidente da República na forma do inciso I do § 2º do art. 73 da Constituição; (c) Governador de Território; (d) presidente e diretores do Banco Central; (e) Procurador-Geral da República; e (f) titulares de outros cargos que a lei determinar (referência essa que expõe o caráter exemplificativo do rol). Os conselheiros do Conselho Administrativo de Defesa Econômica – CADE (art. 6º da Lei n. 12.529, de 30 de novembro de 2011),

bem como diretores de agências reguladoras, são exemplos desta última hipótese.

6. Jurisprudência

Não se aplica.

7. Referências bibliográficas sobre o tema

DWORKIN, Ronald. *The Supreme Court Phalanx. The Court's new right-wing bloc*, New York: New York Review Books, 2008; FERREIRA FILHO, *Comentários à Constituição brasileira de 1988*, v. 2, São Paulo: Saraiva, 1992; Sítio do Supremo Tribunal Federal na Internet (http://www.stf.jus.br).

8. Comentários

Trata-se de mecanismo importante e estratégico para controlar e legitimar o provimento dos mais altos cargos do Estado. Ademais, a arguição pública permite aos cidadãos saber o que pensam aqueles que são indicados para tarefas públicas do mais elevado relevo. É oportunidade única para amadurecer um mínimo de consenso em torno do indicado.

O mecanismo é emblemático no que toca ao Supremo Tribunal Federal, o que se repete no Direito comparado. Vale examinar, mais de perto, o dispositivo no que toca à justiça constitucional.

Nos Estados Unidos há tradição antiga em torno da sabatina pública dos indicados à Suprema Corte. As sabatinas tendem a ser longas e severas. Doze indicações presidenciais à Suprema Corte foram rejeitadas pelo Senado norte-americano desde 1789. Ronald Dworkin anota que as sabatinas são pensadas para dar aos americanos uma oportunidade – a última oportunidade – de avaliar um servidor que, pelo resto de sua vida, terá o poder enorme e não fiscalizável de definir os mais fundamentais direitos políticos. Porém, desde a rejeição de Robert Bork, em 1987, muitos nomeados reduziram as suas sabatinas a um "recital inútil de um *script* preestabelecido" ("pointless recital of an established script"[1]).

No Brasil, apenas cinco indicações ao Supremo Tribunal Federal – todas feitas pelo Marechal Floriano Peixoto – foram rejeitadas pelo Senado Federal. Nenhuma outra, desde então, foi derrubada.

Vale registrar que o médico (inclusive Lente Catedrático) Cândido Barata Ribeiro – Ministro Barata Ribeiro – tomou posse no cargo de Ministro do Supremo Tribunal Federal em 25 de novembro de 1893. O art. 56 da Constituição de 1891 requeria, genericamente, "notável saber" dos cidadãos que viessem a ser indicados ao Supremo Tribunal Federal. Ademais, não havia, àquele tempo, sabatina prévia à nomeação e posse ("sujeitando a nomeação à aprovação do Senado", dispunha o art. 48, 12º, da Constituição de 1891). Submetida a nomeação ao Senado, esse, em sessão secreta de 24 de setembro de 1894, negou aprovação à nomeação com base em Parecer da Comissão de Justiça e Legislação

---

1. DWORKIN, Ronald. *The Supreme Court Phalanx. The Court's new right-wing bloc*, New York: New York Review Books, 2008, p. 21.

que considerou desatendido o requisito de "notável saber jurídico". No mesmo dia, Barata Ribeiro deixou o cargo[2].

A Constituição de 1934, em seu art. 74, foi expressa quanto à natureza jurídica do notável saber requerido, o que se repetiu nas Constituições brasileiras seguintes[3].

Antes de o Presidente da República formalizar a indicação (o que se dá por meio de mensagem presidencial dirigida ao Presidente do Senado Federal), é comum que alguns nomes sejam publicamente cogitados. Para tanto, são lançados ao debate pela própria Presidência da República. "Fontes" da Presidência da República (ou seja, assessores próximos ao Presidente da República) repassam a jornalistas nomes de possíveis candidatos à indicação. Esta prática permite que candidatos sejam "testados" antes da formalização da indicação. Com isso, alguns nomes são descartados e outros são amadurecidos. Tem-se, nisso, uma antecipação da própria sabatina.

Ainda mais importante do que a própria sabatina é a maioria de aprovação. Em regra, exige-se maioria simples. Há casos em que se exige maioria absoluta (por exemplo, Ministros do Supremo Tribunal Federal, a teor do parágrafo único do art. 101 da Constituição). Quanto mais qualificada é a maioria requerida, maior será o consenso necessário para a aprovação do indicado. Com isso, há evidente ganho de legitimidade em favor do indicado (e, no caso do Supremo Tribunal Federal, da própria justiça constitucional), na medida em que o indicado somente será aprovado se vier a contar com a aceitação de diferentes grupos políticos representados no Senado. Na Alemanha, por exemplo, os indicados ao Tribunal Constitucional Federal são aprovados mediante maioria de dois terços.

Art. 84, XV – nomear, observado o disposto no art. 73, os Ministros do Tribunal de Contas da União;

- *Vide* comentários ao art. 73 da Constituição.

Art. 84, XVI – nomear os magistrados, nos casos previstos nesta Constituição, e o Advogado-Geral da União;

José Levi Mello do Amaral Júnior

1. História da norma

Segundo já anotado quando do comentário ao inciso XIV deste mesmo art. 84, trata-se de disposição tradicional no constitucionalismo e que reflete atribuição própria do Chefe de Estado ou do Chefe de Governo (esse, em se tratando de sistema parlamentar de governo, pode ser mais ou menos determinante para a escolha, ainda que a nomeação – meramente formal – seja reservada ao Chefe de Estado). No constitucionalismo brasileiro, a novidade maior do dispositivo está no que toca ao Advogado-Geral da União, cargo inexistente no Direito pretérito, ou melhor, cargo cujas atribuições anteriormente eram desempenhadas pelo Procurador-Geral da República. Com a Constituição de 1988, o Procurador-Geral da República ficou apenas com as atribuições próprias de chefe do Ministério Público Federal (e da União), passando a representação judicial e extrajudicial da União à Advocacia-Geral da União, instituição que tem por chefe o Advogado-Geral da União.

2. Constituições estrangeiras

O padrão se repete em favor do Chefe de Estado ou do Chefe de Governo – para parte dos cargos de maior importância – em se tratando de sistema parlamentar de Governo.

3. Constituições brasileiras anteriores

Constituição de 1824, art. 102, III; Constituição de 1891, art. 48, 11º; Constituição de 1934, art. 56, § 14; Constituição de 1937, art. 74, "l"; Constituição de 1946, art. 87, V; Constituição de 1967, art. 83, VI; (art. 81, VIII, com a redação da Emenda Constitucional n. 1, de 1969).

4. Direito internacional

Não se aplica.

5. Remissões constitucionais e legais

Não se aplica.

6. Jurisprudência

Verbete n. 627 da Súmula do Supremo Tribunal Federal: "No mandado de segurança contra a nomeação de magistrado da competência do Presidente da República, este é considerado autoridade coatora, ainda que o fundamento da impetração seja nulidade ocorrida em fase anterior ao procedimento".

7. Referências bibliográficas sobre o tema:

Não se aplica.

8. Comentários

No que relativo a magistrados, o dispositivo aplica-se apenas aos cargos cujo provimento escapa à manifestação do Senado Federal na forma do inciso XIV deste mesmo art. 84.

Art. 84, XVII – nomear membros do Conselho da República, nos termos do art. 89, VII;

Anna Candida da Cunha Ferraz
Rebecca Groterhorst

A Constituição de 1988 criou, em seu artigo 89, um Conselho da República, com funções de órgão superior de consulta do

---

2. Cf. dados biográficos constantes do *site* do Supremo Tribunal Federal na Internet: http://www.stf.jus.br.
3. FERREIRA FILHO, *Comentários à Constituição brasileira de 1988*, São Paulo: Saraiva, 1992, v. 2, p. 216.

Presidente da República. Trata-se de órgão de composição híbrida, porquanto nele participam membros do Poder Executivo, membros e representantes do Poder Legislativo e seus cidadãos brasileiros natos, com mais de trinta e cinco anos de idade, sendo dois nomeados pelo Presidente da República e os demais eleitos pelas Casas Congressuais, com mandatos de três anos, vedada a recondução. O inciso em exame insere, pois, dentre as competências privativas do Presidente da República, a de nomear tais cidadãos para participarem do Conselho da República. A disposição contida no inciso em exame deve ser examinada a partir dos comentários tecidos ao art. 89, VII, aos quais remetemos o leitor, para evitar desnecessária repetição.

Art. 84, XVIII – convocar e presidir o Conselho da República e o Conselho de Defesa Nacional;

Anna Candida da Cunha Ferraz
Rebecca Groterhorst

A Constituição de 1988 inova no tocante à criação de órgãos constitucionalmente definidos para o exercício de funções consultivas do Presidente da República: O Conselho da República (arts. 89 e 90) e o Conselho de Defesa Nacional (art. 91). O inciso acima estabelece, como parece óbvio, a competência privativa de o Presidente da República convocar e presidir referidos Conselhos. Tal disposição deve ser lida e analisada em conjunto com as disposições contidas nos referidos artigos 89 e 90, pelo que remetemos o leitor aos comentários tecidos.

Art. 84, XIX – declarar guerra, no caso de agressão estrangeira, autorizado pelo Congresso Nacional ou referendado por ele, quando ocorrida no intervalo das sessões legislativas, e, nas mesmas condições, decretar, total ou parcialmente, a mobilização nacional;

Valerio de Oliveira Mazzuoli

1. Generalidades

A matéria deste inciso já foi por nós parcialmente discutida nos comentários ao inc. II do art. 49. O que se tem de acrescentar aqui é que a Constituição agrega ao rol das competências privativas do Presidente da República a de, nas mesmas condições da declaração de guerra em caso de agressão estrangeira, decretar (total ou parcialmente) a chamada *mobilização nacional*.

2. Declaração de guerra em caso de agressão estrangeira

É da competência do Presidente da República declarar *guerra*, em caso de ocorrência de agressão estrangeira. Nos termos do presente art. 84, inc. XIX, o Congresso Nacional poderá *autorizar* ou *referendar* o ato presidencial de declaração de guerra em caso de agressão estrangeira. Estará o Presidente da República "autorizado" pelo Parlamento quando se tratar de manifestação legislativa *prévia* à declaração de guerra. Mas caso a agressão estrangeira ocorra em período de intervalo bras sessões legislativas, deverá o Congresso *referendar* o ato presidencial de declaração de guerra na volta dos trabalhos[1]. Neste último caso, como se percebe, o texto constitucional permite o *referendo* congressual (ato legislativo *a posteriori*) em decorrência da *surpresa* da agressão estrangeira, quando então o Presidente da República *declara desde já* a guerra e solicita depois o pronunciamento do Parlamento Federal[2].

Perceba-se que o art. 49, inc. II, não se refere à possibilidade de *referendo* congressual para a declaração de guerra no caso de agressão estrangeira, em aparente antinomia com o presente art. 84, inc. XIX. Nos termos do art. 49, inc. II, é da competência exclusiva do Congresso Nacional "*autorizar* o Presidente da República a declarar guerra...". Aqui – no inciso XIX do art. 84 – a Constituição já versa a hipótese do *referendo* do Congresso, para além do caso de *autorização*. A antinomia é apenas aparente, pois a referência à possibilidade de referendo congressual no caso de declaração de guerra decorre (apenas) do caso de a agressão estrangeira ter ocorrido "no intervalo das sessões legislativas", hipótese não prevista na redação genérica do inciso II do art. 49.

3. Mobilização nacional

Compete ainda ao Presidente da República decretar, total ou parcialmente, a *mobilização nacional*. A cláusula "nas mesmas condições" significa que a decretação da mobilização total ou parcial deve também ocorrer "no caso de agressão estrangeira", devendo também ser *autorizada* pelo Congresso Nacional ou *referendada* por ele, neste último caso, quando a agressão ocorrer no intervalo das sessões legislativas[3].

O que é a *mobilização nacional*? Trata-se do conjunto de medidas estratégicas organizadas pelo governo em complementação à Logística Nacional, com o escopo de capacitação do poder nacional para empreender a defesa do Estado nos casos de declaração de guerra ou de agressão armada estrangeira. A mobilização nacional visa também preparar o país e a população local para a transição do *estado de paz* ao *estado de guerra*. Findos os motivos que determinaram a mobilização, deverá ela ser revogada (ao que se nomina *desmobilização*), voltando-se à situação de normalidade institucional. A mobilização nacional depende de uma Política Nacional de Mobilização Nacional, destinada a orientar a passagem da situação de normalidade para as situações de emergência nacional, a fim de fazer frente a uma declaração de guerra ou à agressão estrangeira. A Lei n. 11.631, de 27 de dezembro de 2007[4], dispôs sobre a Mobilização Nacional e criou o Sistema Nacional de Mobilização – SINAMOB.

Art. 84, XX – celebrar a paz, autorizado ou com o referendo do Congresso Nacional;

Valerio de Oliveira Mazzuoli

---

1. Cf. SILVA, José Afonso da. *Comentário contextual à Constituição*. 2. ed. São Paulo: Malheiros, 2006, p. 404.
2. Cf. PONTES DE MIRANDA, Francisco Cavalcanti. *Comentários à Constituição de 1946*, vol. I (arts. 1º a 14). 2. ed. rev. e aum. São Paulo: Max Limonad, 1953, p. 334.
3. Cf. SILVA, José Afonso da. *Comentário contextual à Constituição*, cit., p. 488.
4. Publicada no *DOU* de 28.12.2007.

Já discutimos a matéria deste dispositivo nos comentários ao inciso II do art. 49. Aqui também o Presidente da República atua nas funções de Chefe de Estado. O Congresso Nacional, tal como no caso da declaração de guerra, ou *autoriza* ou *referenda* o ato presidencial de celebração da paz.

A Constituição não diz o *modo* pelo qual o Presidente da República procede para celebrar a paz. Deve-se entender que esta celebração da paz, a que faz referência a Constituição, é aquela intimamente ligada a uma *guerra* anterior (como a própria Constituição deixa entrever na redação do inciso II do art. 49), pois é evidente que para pregar a *paz* dentro da Nação não necessita o Presidente de autorização congressual. No caso versado pelo art. 48, inc. XX, em comento, a celebração da paz dá-se normalmente, mas não exclusivamente, por meio dos chamados *acordos de paz*.

Por se revestirem tais *acordos* da natureza jurídica de *tratados internacionais*, a regra é que os mesmos já devem ser referendados pelo Congresso Nacional depois de assinados e antes de ratificados, tudo nos termos do art. 49, inc. II, da Constituição (cujo comentário é também de nossa lavra). Mas aqui (art. 84, inc. XX) o texto constitucional fala também em *referendo* do Congresso Nacional, no que permite que o Presidente da República *celebre a paz* e apenas *depois* do ato consumado o submeta à apreciação do Parlamento. Neste caso, a assinatura do tratado de paz já põe termo ao conflito armado, não servindo o referendo do Congresso para *autorizar* a ratificação do acordo (tal como ocorre ordinariamente, a teor do inciso I do art. 49 da Constituição), se as partes no tratado (*Estados A e B*) convieram em dar à assinatura o *efeito* de ratificação, tal como autorizado pelo art. 12 da Convenção de Viena sobre o Direito dos Tratados de 1969, que assim dispõe:

"Art. 12. *Consentimento em obrigar-se por um tratado manifestado pela assinatura*.

1. O consentimento de um Estado em obrigar-se por um tratado manifesta-se pela assinatura do representante desse Estado:

a) quando o tratado dispõe que a assinatura terá esse efeito;

b) quando se estabeleça, de outra forma, que os Estados negociadores acordaram em dar à assinatura esse efeito; ou

c) quando a intenção do Estado interessado em dar esse efeito à assinatura decorra dos plenos poderes de seu representante ou tenha sido manifestada durante a negociação.

2. Para os efeitos do parágrafo 1:

a) a rubrica de um texto tem o valor de assinatura de tratado, quando ficar estabelecido que os Estados negociadores nisso concordaram;

b) a assinatura *ad referendum* de um tratado pelo representante de um Estado, quando confirmada por esse Estado, vale como assinatura definitiva do tratado".

Tudo o que não pode o Presidente da República fazer é concluir o acordo de paz sem a autorização anterior ou o referendo posterior do Congresso Nacional. Nos termos do dispositivo em comento, de fato, a celebração da paz dá-se por ato do Presidente da República, mas com autorização (prévia) ou referendo (posterior) do Congresso Nacional. O ideal é que o Congresso Nacional se manifeste sempre antes da prática do ato presidencial, não obstante a nobreza de sua atitude.

Art. 84, XXI – conferir condecorações e distinções honoríficas;

Valerio de Oliveira Mazzuoli

É prática comum na maioria das sociedades com identidade histórica e cultural próprias a instituição de condecorações ou distinções (*v.g.*, medalhas de mérito etc.) que agraciem pessoas ou entidades por conta de seus atos e feitos relevantes. No Brasil, compete privativamente ao Presidente da República a concessão de tais condecorações e distinções honoríficas.

O Presidente institui as condecorações e distinções por meio de *decreto*. Tais condecorações e distinções nada mais passam de atos meramente *protocolares* do chefe da Nação, os quais têm por destinatários entidades ou personalidades que o Presidente entendeu por bem homenagear, como instituições humanitárias, líderes de Estados estrangeiros, atletas e desportistas medalhistas, autoridades acadêmicas, pesquisadores, cientistas etc.

São de diversa ordem as condecorações e distinções honoríficas que podem ser conferidas. Para desportistas, existe a *Medalha do Mérito Desportivo*; existe ainda a *Medalha "Heróis de 58"*, criada pelo Decreto n. 6.456, de 13 de maio de 2008, em comemoração aos cinquenta anos (em 2008) da primeira conquista do Brasil na Copa do Mundo de Futebol, realizada na Suécia, em 1958, destinada a laurear os atletas e integrantes da comissão técnica da seleção brasileira que se sagraram campeões mundiais nessa competição. Para pesquisadores e cientistas, tem-se a *Ordem Nacional do Mérito Científico* (e, dentro dela, as classes da *Grã-Cruz* e de *Comendador*). Para brasileiros que prestam relevantes contribuições para o desenvolvimento sustentável da agropecuária, o Decreto n. 5.982, de 6 de dezembro de 2006, instituiu a *Medalha e o Diploma "Iniciativa para o Desenvolvimento Sustentável da Agropecuária"*. Pode ainda o Presidente da República, também por decreto, declarar um brasileiro como *Patrono* de certa atividade, prestando-lhe homenagem etc.

Estes são apenas alguns dos vários tipos de condecorações e distinções honoríficas que podem ser conferidos a entidades ou pessoas pelo Presidente da República.

Art. 84, XXII – permitir, nos casos previstos em lei complementar, que forças estrangeiras transitem pelo território nacional ou nele permaneçam temporariamente;

Valerio de Oliveira Mazzuoli

A matéria constante deste inciso já foi discutida nos comentários (também de nossa lavra) ao inciso II do art. 49, para onde remetemos o leitor. Dela também versa o art. 21, inc. IV, da Constituição, que dispõe ser da competência da União "permitir, nos casos previstos em lei complementar, que forças estrangeiras transitem pelo território nacional ou nele permaneçam temporariamente".

Em regra, a competência do Presidente da República para permitir que forças estrangeiras transitem ou permaneçam temporariamente no território nacional depende de autorização do Congresso Nacional (art. 49, inc. II). Mas o próprio inciso II do art. 49 ressalva "os casos previstos em lei complementar". Daí o inciso XXII do art. 84, em comento, não fazer qualquer referência à participação do Congresso Nacional, uma vez que aqui se trata do caso em que a lei complementar permissiva *já existe*. Assim, havendo lei complementar a respeito, poderá o Presidente da República autorizar o trânsito ou a permanência temporária de forças estrangeiras no território nacional nos estritos casos disciplinados pela norma. Nos casos não versados pela lei dependerá o Presidente da autorização congressual, nos termos do citado art. 49, inc. II, da Constituição.

Atualmente, a lei complementar que disciplina o trânsito ou a permanência temporária de forças estrangeiras pelo território nacional é a Lei Complementar n. 90, de 1º de outubro de 1997. Tal lei conta com seis dispositivos. Os seus arts. 1º a 4º assim dispõem:

"Art. 1º Poderá o Presidente da República permitir que forças estrangeiras transitem pelo território nacional ou nele permaneçam temporariamente, independente da autorização do Congresso Nacional, nos seguintes casos:

I – para a execução de programas de adestramento ou aperfeiçoamento ou de missão militar de transporte, de pessoal, carga ou de apoio logístico do interesse e sob a coordenação de instituição pública nacional;

II – em visita oficial ou não oficial programada pelos órgãos governamentais, inclusive as de finalidade científica e tecnológica;

III – para atendimento técnico, nas situações de abastecimento, reparo ou manutenção de navios ou aeronaves estrangeiras;

IV – em missão de busca e salvamento.

Parágrafo único. À exceção dos casos previstos neste artigo, o Presidente da República dependerá da autorização do Congresso Nacional para permitir que forças estrangeiras transitem ou permaneçam no território nacional, quando será ouvido, sempre, o Conselho de Defesa Nacional.

Art. 2º Em qualquer caso, dependendo ou não da manifestação do Congresso Nacional, a permanência ou trânsito de forças estrangeiras no território nacional só poderá ocorrer observados os seguintes requisitos, à exceção dos casos previstos nos incisos III e IV do artigo anterior, quando caracterizada situação de emergência:

I – que o tempo de permanência ou o trecho a ser transitado tenha sido previamente estabelecido;

II – que o Brasil mantenha relações diplomáticas com o país a que pertençam as forças estrangeiras;

III – que a finalidade do trânsito ou da permanência no território nacional haja sido plenamente declarada;

IV – que o quantitativo do contingente ou grupamento, bem como os veículos e equipamentos bélicos integrantes da força hajam sido previamente especificados;

V – que as forças estrangeiras não provenham de países beligerantes, circunstância a ser prevista em lei especial;

Parágrafo único. Implicará em crime de responsabilidade o ato de autorização do Presidente da República sem que tenham sido preenchidos os requisitos previstos nos incisos deste artigo, bem como quando a permissão não seja precedida da autorização do Congresso Nacional, nos casos em que se fizer necessária.

Art. 3º Verificada hipótese em que seja necessária a autorização do Congresso Nacional para o trânsito ou permanência de forças estrangeiras no território nacional, observar-se-ão os seguintes procedimentos:

I – o Presidente da República encaminhará mensagem ao Congresso Nacional, que tramitará na forma de projeto de decreto legislativo, instruída com o conteúdo das informações de que tratam os incisos I a V do artigo anterior.

II – a matéria tramitará em regime de urgência, com precedência sobre qualquer outra na Ordem do Dia que não tenha preferência constitucional.

Art. 4º Para os efeitos desta Lei Complementar, consideram-se forças estrangeiras o grupamento ou contingente de força armada, bem como o navio, a aeronave e a viatura que pertençam ou estejam a serviço dessas forças".

Os casos estabelecidos pela Lei Complementar n. 90/97, notadamente nos seus arts. 1º a 4º acima transcritos, são *numerus clausus* e não podem ser ampliados por vontade do Presidente da República, por afetarem diretamente a soberania territorial brasileira. A autorização de trânsito ou permanência temporária de forças estrangeiras pelo território nacional nos casos não previstos pela lei está a depender de prévia autorização do Congresso Nacional.

Art. 84, XXIII – enviar ao Congresso Nacional o plano plurianual, o projeto de lei de diretrizes orçamentárias e as propostas de orçamento previstos nesta Constituição;

■ *Vide* comentários ao inciso XI do art. 84.

Art. 84, XXIV – prestar, anualmente, ao Congresso Nacional, dentro de sessenta dias após a abertura da sessão legislativa, as contas referentes ao exercício anterior;

Fernando Facury Scaff
Luma Cavaleiro de Macedo Scaff

1. Origem do texto

Texto originário da Constituição de 1946.

2. Constituições brasileiras anteriores

Arts. 98 a 101 da Constituição de 1824 (Poder Moderador); art. 48 da Constituição de 1891; art. 56 da Constituição de 1934; art. 74 da Constituição de 1937; art. 87, XVII, da Constituição de 1946; art. 83, XVIII, da Constituição de 1967; art. 81, XX, da Constituição de 1967 com a Emenda Constitucional de 1969.

3. Preceitos constitucionais correlacionados da Constituição de 1988

Art. 2º; art. 3º; art. 49, IX.

4. Legislação

Lei Complementar 101/2000. Lei 1.079/50 (Lei dos Crimes de Responsabilidade e regula o processo de julgamento).

5. Jurisprudência

STF: Prestação trimestral de contas à Assembleia Legislativa. Desconformidade com o parâmetro federal (CF, artigo 84, inciso XXIV), que prevê prestação anual de contas do Presidente da República ao Congresso Nacional (ADI 2.472-MC, Rel. Min. Maurício Corrêa, julgamento em 13-3-02, *DJ* de 3-5-02).

6. Anotações

O dispositivo em análise especifica uma das atribuições do Presidente da República, ou seja, o dever de prestar, anualmente, ao Congresso Nacional, dentro de sessenta dias após a abertura da sessão legislativa, as contas referentes ao exercício anterior.

O controle externo é exercido pelo Poder Legislativo, e pode se desdobrar em duas vertentes: o controle político realizado pelo Congresso Nacional e o controle técnico, que envolve o Tribunal de Contas e os órgãos de controle interno. Ao Tribunal de Contas não cabe "julgar" as contas do Chefe do Executivo, mas sim "apreciá-las" – isto porque a competência pertence ao Congresso Nacional. O dispositivo pode ser interpretado pela obrigação constitucional do Chefe do Executivo de prestar contas à sociedade, aqui representada pelo Congresso Nacional.

Embora o legislador tenha determinado o prazo de 60 (sessenta) dias para o Presidente apresentar suas contas, não traçou prazo para a apreciação pelo Congresso Nacional.

O foco do dispositivo é a subordinação dos atos do Presidente da República, enquanto Chefe do Poder Executivo, ao Congresso Nacional, aqui entendido como a casa dos representantes do povo. Há, nesta situação, uma obrigatoriedade de prestação de contas, de informar e de submeter ao crivo político do Congresso Nacional a execução dos planos de governo, dentre eles as normas de planejamento orçamentário (art. 165 da CF), a saber: o PPA – Plano Plurianual (inciso I), a LDO – Lei de Diretrizes Orçamentárias (inciso II) e a LOA – Lei Orçamentária Anual (inciso III).

Os relatórios referentes à execução dos planos de governo devem ser submetidos ao Congresso Nacional que, com o auxílio do Tribunal de Contas (art. 71 da CF), deverá apreciá-los.

Isso permite que o exame da ação governamental anual volte-se à avaliação de desempenho da Administração por meio do julgamento das contas públicas. Caso o Congresso Nacional – com o auxílio do Tribunal de Contas (arts. 71 e seguintes) – rejeite as contas do Presidente da República, pode haver até mesmo seu enquadramento no art. 85 da CF, que estabelece crime de responsabilidade (art. 85).

Este inciso deve ser estudado em conjunto com o art. 49, IX, da CF, que determina a competência exclusiva do Congresso Nacional, bem como com o art. 51, II, da CF, que atribui à Câmara dos Deputados a competência privativa para proceder à tomada de contas do Presidente da República, caso este não o faça no prazo legal.

Art. 84, XXV – prover e extinguir os cargos públicos federais, na forma da lei;

José Carlos Francisco

1. História da norma

A competência do Chefe do Poder Executivo para prover e extinguir cargos públicos (na forma da lei) é recorrente nas constituições brasileiras. Já na Carta Imperial de 1824, o art. 102, IV, que adotava a forma unitária de Estado, previa que o Imperador, como Chefe do Poder Moderador e também como Chefe do Poder Executivo (exercido com o auxílio dos Ministros de Estado) tinha como principais atribuições prover empregos civis, e políticos, ao passo em que o inciso XV do mesmo preceito reconhecia competência para prover a tudo que fosse concernente à segurança interna e externa do Estado, na forma da Constituição.

Na Constituição de 1891, concebida na forma federativa, o art. 48, n. 05, confiava privativamente ao Presidente da República a função de prover cargos civis e militares de caráter federal (com as ressalvas expressas na Constituição), fórmula que foi parcialmente reproduzida no art. 56, § 14 da Constituição de 1934, que dava competência privativa ao Presidente da República para prover cargos federais (também com as exceções previstas na Constituição e nas leis).

Marcado pela autocracia do Poder Executivo Federal (com inspiração na Carta da Polônia de 1935 e na Carta Portuguesa de 1933, dentre outros diplomas constitucionais vigentes à época), o Estado Novo implantado pela Carta de 1937, em seu art. 74, "l", dava atribuição privativa ao Presidente da República para prover cargos federais, salvo exceções previstas na Constituição e nas leis. Com a nova redação dada ao art. 74 da Carta de 1937 pela Lei Constitucional 09/1945, a atribuição do Presidente da República para prover cargos federais (salvo as exceções previstas na Constituição e nas leis) passou a constar do art. 74, "p", dessa Carta.

Com o restabelecimento da ordem democrática pela Constituição de 1946, o art. 87, V, deu competência privativa ao Presidente da República para prover cargos públicos federais, na forma da lei (e com ressalvas estatuídas pelo próprio ordenamento constitucional). No entanto, durante a curta experiência parlamentarista vivida por força da Emenda Constitucional 04/1961, o Poder Executivo foi dividido entre Presidente da República e Conselho de Ministros, sendo que, dentre as competências do Presidente da República estava a atribuição para prover cargos públicos federais na forma da lei e com ressalvas constitucionais (art. 3º, XIV). A Emenda 06/1963 revogou dispositivos da Emenda Constitucional 04/1961 e repristinou o sistema presidencial previsto na Constituição de 1946 (salvo o art. 61 e pequena alteração no art. 79, § 1º), de modo que o art. 87, V retomou sua eficácia, até a ordem constitucional ser maltratada pelos atos institucionais do Regime Militar vivido a partir de 1964.

Na vigência da Carta Constitucional de 1967, o art. 83, VI, confiou privativamente ao Presidente a atribuição para prover cargos públicos federais, na forma da Constituição e das leis, mas o Ato Institucional 12, de 31.08.1969, transferiu temporariamente as funções presidenciais para os Ministros da Marinha de Guerra, do Exército e da Aeronáutica Militar, em razão do impedimento temporário do Presidente da República, Marechal Arthur da Costa e Silva, por motivo de saúde. Com a Emenda Constitucional 01/1969, o tema passou a ser tratado no art. 81, VIII, do sistema constitucional, reconhecendo ao Presidente da

República a competência privativa para prover e extinguir cargos públicos federais, sem fazer referência à lei.

2. Constituições brasileiras anteriores

Art. 102, IV e XV, da Carta de 1824, art. 48, n. 05 da Constituição de 1891, art. 56, § 14 da Constituição de 1934, art. 14 e art. 74, "l", da Carta de 1937 (renumerado para art. 74, "p" pela Lei Constitucional 09/1945), art. 87, V, da Constituição de 1946, art. 3º, XIV da Emenda 04/1961 (ulteriormente revogado pela Emenda 06/1963 que repristinou o sistema presidencial anterior), art. 83, VI, da Carta Constitucional de 1967, Ato Institucional 12/1969, e art. 81, VIII, da redação da ordem dada pela Emenda Constitucional 01/1969.

3. Constituições estrangeiras

O art. 60, 1, da Lei Fundamental de Bonn, aplicável à Alemanha unificada, no contexto parlamentarista e federativo, prevê que o Presidente da República nomeia e demite funcionários federais (salvo disposições legais em contrário). Também nos moldes parlamentaristas, o art. 62, "f", da Constituição Espanhola de 1978, no prevê que o Rei exerce a função de Chefe de Estado, com atribuição para prover cargos civis e militares.

Já a Constituição Chinesa de 1982, com seu centralismo democrático, em seu art. 62, ns. 3 e 6, estabelece que o Congresso Nacional do Povo tem competência para editar leis sobre os órgãos de Estado e outras matérias (inclusive militares), ao passo em que, em seu art. 79 e art. 81, esse mesmo ordenamento constitucional prevê que o Poder Executivo cabe ao Presidente e Vice-Presidente da República (eleitos pelo Congresso Nacional do Povo chinês com competência típicas de Chefe de Estado). Contudo, o art. 85, o art. 86 e o art. 88 cuidam do Conselho de Estado presidido pelo Primeiro-Ministro chinês, com atribuições de Chefe de Governo, a quem cabe a administração governamental e a direção superior da administração pública e, nos termos do art. 89, item 17, dessa Constituição, dentre as competências do Conselho de Estado estão a organização administrativa e a remoção de oficiais administrativos. É corrente que o Partido Comunista detém o efetivo poder na China, até porque seu Secretário-Geral é também Presidente da República[1].

Nos moldes presidencialistas, o art. II, Seção II, 2, da Constituição de 1787, traz previsão da competência do Presidente dos Estados Unidos para, com parecer e acordo do Senado, designar embaixadores e outros representantes diplomáticos e cônsules, juízes do Supremo Tribunal e todos os restantes funcionários dos Estados Unidos que não tenham de ser providos nos cargos por outra forma prevista na Constituição, entendendo-se sempre que os respectivos cargos deverão ser criados por lei. Esse mesmo preceito constitucional permite que o Congresso Nacional, mediante lei, atribua a faculdade de nomear determinados funcionários inferiores ao Presidente unicamente a tribunais de justiça ou a chefes de departamentos de Estado. Finalmente, o art. II, Seção II, 3, prevê que o Presidente dos Estados Unidos poderá preencher todas as vagas que se abrirem no intervalo das seções do Senado, através de nomeações interinas.

No peculiar sistema de governo francês, o art. 13 da Constituição de 1958 estatui que o Presidente da República nomeia funcionários civis e militares, mas esse mesmo preceito constitucional prevê cargos que serão objeto de nomeação por parte do Conselho de Ministros. Nesse mesmo art. 13 da Constituição da V República há previsão de lei orgânica que disporá sobre outros cargos que deverão ser providos pelo Conselho de Ministros, e condições nas quais essas nomeações poderão ser delegadas ao Presidente da República.

A Constituição Italiana de 1948, em seu art. 87, concebido no contexto parlamentarista, prevê que o Presidente da República, com atribuições de Chefe de Estado e de representante da unidade nacional, nomeia funcionários do Estado nos casos indicados na lei. Enfim, conforme art. 199, "e", da Constituição Portuguesa de 1976, também elaborada com o sistema de governo parlamentarista, cabe ao Governo, no exercício de funções administrativas, praticar todos os atos exigidos pelas leis respeitantes a funcionários e agentes do Estado e de outras pessoas coletivas públicas.

4. Direito internacional

Tratados internacionais celebrados pelo Brasil não cuidam de temas versados nesse preceito constitucional.

5. Remissões constitucionais (outros artigos da Constituição) e legais (leis reguladoras)

Art. 5º, II, art. 21, art. 37, I, II, V e IX, art. 39, § 2º, art. 41, §§ 1º e 2º, art. 43, §§ 2º e 3º, art. 48, X, art. 51, IV, art. 52, XIII, art. 61, § 1º, II, "a" e "c", art. 73, §§ 2º e 3º, art. 84, VI, XIV, XV, XVI e XVII, art. 89, VII, art. 94, art. 95, I, e art. 128, § 5º, todos da Constituição de 1988; Lei 8.112/1990, Lei 9.515/1997, Lei 9.986/2000 (com as alterações a Lei 10.871/2004), Lei Federal 10.683/2003; Lei 11.457/2007; Lei 13.502/2017.

6. Jurisprudência (STF e STJ): *leading cases*, principais posições e votos divergentes; tendências atuais no sentido da mudança da jurisprudência

Acerca do provimento em cargo público, a Súmula Vinculante 13 do STF, prevê que viola a Constituição Federal a nomeação de cônjuge, companheiro ou parente em linha reta, colateral ou por afinidade (até o terceiro grau, inclusive) da autoridade nomeante ou de servidor da mesma pessoa jurídica investido em cargo de direção, chefia ou assessoramento, para o exercício de cargo em comissão ou de confiança ou, ainda, de função gratificada na administração pública direta e indireta em qualquer dos poderes da União, dos Estados-Membros, do Distrito Federal e dos Municípios, compreendido o ajuste mediante designações recíprocas.

Em conformidade com a Súmula 685 do STF, é inconstitucional toda modalidade de provimento que propicie ao servidor investir-se, sem prévia aprovação em concurso público destinado ao seu provimento, em cargo que não integra a carreira na qual anteriormente investido. Ainda vale destacar que, segundo posição majoritária, a aprovação em concurso público não dá direito à posse, mas

---

1. Conforme *Folha de S. Paulo*, Primeira Página e Mundo A8, de 26.02.2018, o cargo de Presidente da República Chinesa é simbólico porque o comando efetivo do país cabe ao Secretário-Geral do Partido Comunista.

há precedente da 1ª Turma do STF, m.v., Relª. p/ acórdão Minª. Cármen Lúcia, julgado em 16.09.2008, segundo o qual candidatos aprovados em concurso público têm direito subjetivo à nomeação para a posse que vier a ser dada nos cargos vagos existentes ou nos que vierem a vagar no prazo de validade do concurso, concluindo que a recusa da Administração Pública em prover cargos vagos quando existentes candidatos aprovados em concurso público deve ser motivada, e esta motivação é suscetível de apreciação pelo Poder Judiciário. Já em conformidade com a Súmula 15 do STF, dentro do prazo de validade do concurso, o candidato aprovado tem o direito à nomeação, quando o cargo for preenchido sem observância da classificação, ao passo em que, nos termos da Súmula 16 do mesmo Tribunal, funcionário nomeado por concurso tem direito à posse, mas a nomeação de funcionário sem concurso pode ser desfeita antes da posse, como ocorre em cargos em comissão ou outros que dispensam concurso (Súmula 17 do STF).

Já a Súmula 39 do mesmo STF prevê que à falta de lei, funcionário em disponibilidade não pode exigir, judicialmente, o seu aproveitamento, que fica subordinado ao critério de conveniência da administração. Por sua vez, a Súmula 11 do STF prevê que a vitaliciedade não impede a extinção do cargo, ficando o funcionário em disponibilidade, com todos os vencimentos cabendo lembrar que, diversamente do que ocorria à época da edição dessa súmula, o ordenamento atual diferencia estabilidade (confiada a grande parte dos servidores) e vitaliciedade (reservada a poucos cargos, como membros da Magistratura, de Tribunais de Contas e do Ministério Público). O mesmo pode ser dito com relação à Súmula 12, também do STF, segundo a qual a vitaliciedade do professor catedrático não impede o desdobramento da cátedra, observando que essa vitaliciedade foi a reconhecida pelo art. 194 da Constituição de 1967 (com a Emenda 01/1969). Contudo, ao teor da Súmula 22 do STF, o estágio probatório não protege o funcionário contra a extinção do cargo.

Já a Súmula 38 do STF afirma que a reclassificação posterior à aposentadoria não aproveita ao servidor aposentado (acompanhada pelas Súmulas 4 e 173 do Tribunal de Contas da União), havendo divergências sobre a manutenção desse entendimento na vigência da Constituição de 1988 em razão de redação originária do art. 40, § 4º (já revogada pela Emenda 20/1998). No que concerne à Súmula 39 do STF, cremos que a mesma é aplicável na vigência da Constituição de 1988 em favor do interesse público, de modo que à falta de lei, funcionário em disponibilidade não pode exigir, judicialmente, seu aproveitamento, que fica subordinado ao critério de conveniência da administração. Contudo, tendo em vista que o art. 40, § 3º, da Constituição de 1988, a Súmula 358 do mesmo STF é parcialmente aplicável, tendo em vista que servidor público em disponibilidade tem direito à remuneração proporcional ao tempo de serviço.

Consoante previsto na Súmula 20 do STF, é necessário processo administrativo com ampla defesa para demissão de funcionário admitido por concurso e, no mesmo sentido, a Súmula 21 do mesmo Tribunal prevê que funcionário em estágio probatório não pode ser exonerado nem demitido sem inquérito ou sem as formalidades legais de apuração de sua capacidade. Contudo, a Súmula Vinculante 05 do STF, firmou entendimento no sentido de que não ofende a Constituição a falta de defesa técnica por advogado no processo administrativo disciplinar (contrariando a Súmula 343 do STJ que considerava obrigatória a presença de advogado em todas as fases do processo administrativo disciplinar). Vale também anotar a Súmula 22 do STF estabelecendo que o estágio probatório não protege o funcionário contra a extinção do cargo, enquanto a Súmula 24 desse Tribunal afirma que funcionário interino substituto é demissível mesmo antes de cessar a causa da substituição. Já a Súmula 25 do STF estabelece que a nomeação a termo não impede a livre demissão, pelo Presidente da República, de ocupante de cargo dirigente de autarquia.

Na ADI 51/RJ, Pleno, v.u., Rel. Min. Paulo Brossard, *DJ* de 17.09.1993, p. 18926, o STF declarou a inconstitucionalidade da Resolução 02/1988, do Conselho Universitário da Universidade Federal do Rio de Janeiro, que dispunha sobre a eleição de reitor e vice-reitor dessa universidade federal por voto dos docentes, estudantes e servidores, pois a autonomia universitária prevista no art. 207 da Constituição deve se harmonizar com o art. 48, X e o art. 84, XXV, ambos do mesmo ordenamento constitucional. Também sob essa orientação, note-se o julgamento da ADI 578/RS, Pleno, m.v., Rel. Min. Maurício Corrêa, *DJ* de 18.05.2001, acerca do art. 213, § 1º, da Constituição do Estado do Rio Grande do Sul, e das Leis gaúchas 9.233/1991 e 9.263/1991, cuidando de cargos de diretores de unidade de ensino público. Enfim, na ADI 123, Rel. Min. Carlos Velloso, j. 03.02.1997, Pleno, *DJ* de 12.09.1997, e na ADI 2.997, Rel. Min. Cezar Peluso, j. 12.08.2009, Pleno, *DJe* de 12.03.2010, o STF consolidou entendimento no sentido de ser inconstitucional preceito que estabelece o sistema eletivo, mediante voto direto e secreto, para escolha dos dirigentes dos estabelecimentos de ensino, porque cargos públicos ou são providos mediante concurso público, ou, tratando-se de cargo em comissão, mediante livre nomeação e exoneração do chefe do Poder Executivo, se os cargos estão na órbita deste (art. 37, II, e art. 84, XXV, da Constituição). Na ADI 2.167 (*DJE* de 11.11.2020), o STF considerou inconstitucional (por afronta à separação de poderes) legislação estadual que submetida à aprovação prévia da Assembleia Legislativa a nomeação de dirigentes de autarquias, fundações públicas e presidentes de empresas de economia mista, interventores de municípios, além de titulares de Defensorias Públicas e Procurador Geral do Estado.

Na ADI 291, Rel. Min. Joaquim Barbosa, j. 07.04.2010, Pleno, *DJe* de 10.09.2010, o STF decidiu que a Constituição do Estado de Mato Grosso, ao condicionar a destituição do Procurador-Geral do Estado à autorização da Assembleia Legislativa, ofende o disposto no art. 84, XXV, e no art. 131, § 1º, ambos da Constituição Federal, pois compete ao Chefe do Executivo dispor sobre as matérias exclusivas de sua iniciativa, não podendo tal prerrogativa ser estendida ao Procurador-Geral do Estado.

A competência conferida ao Presidente da República para prover cargos públicos que abrange a de desprovê-los, atribuição que é delegável a Ministro de Estado nos termos do art. 84, parágrafo único, da Constituição, de modo que é válida portaria de Ministro de Estado que, no uso de competência delegada, aplica a pena de demissão a servidor (conforme decidido pelo STF no MS 25.518, Rel. Min. Sepúlveda Pertence, *DJ* de 10.08.2006).

Em razão de o art. 37, II, da Constituição, impor o acesso a cargo ou emprego público mediante concurso, a transferência (passagem de servidor estável de cargo efetivo para outro de igual denominação, pertencente a quadro de pessoal diverso, de órgão ou instituição do mesmo Poder) prevista no art. 23 da Lei 8.112/1990 foi objeto da Resolução 46/1997, do Senado Federal, em razão de ter sido declarada inconstitucional pelo STF, após o que sobreveio revogação pela Lei 9.527/1997. A transposição ou ascensão funcional era admitida no ordenamento constitucional anterior, de modo que era possível uma primeira investidura em cargo público (ainda que em cargos simples) com posterior acesso a cargos superior mediante os famigerados concursos internos, mas o art. 37, II, do ordenamento de 1988, veda essa movimentação por exigir concurso público para cargos (STF, na ADI 1222/AL, Rel. Min. Sydney Sanches, Tribunal Pleno, *DJ* de 11.04.2003, p. 025, tratando da Resolução n. 382, de 14.12.1994, da Assembleia Legislativa do Estado de Alagoas).

E no RE 577.025, Rel. Min. Ricardo Lewandowski, j. 11.12.2008, Pleno, *DJe* de 06.03.2009, decidido com repercussão geral (Tema 48), o STF concluiu que a Constituição da República não permite que Governador do Distrito Federal crie cargos e reestruture órgãos públicos por meio de simples decreto, matérias submetidas à reserva absoluta de lei.

7. Referências bibliográficas

ARAGÃO, Alexandre Santos de. *A autonomia universitária no Estado contemporâneo e no Direito Positivo brasileiro*, Rio de Janeiro: Lumen Juris, 2001; BONAVIDES, Paulo, *História Constitucional do Brasil*, obra conjunta com Paes de Andrade, 3. ed., Rio de Janeiro: Paz e Terra, 1991; BURDEAU, Georges, HAMON, Francis, TROPER, Michel, *Droit Constitutionnel*, 26. ed. Paris: Librairie Générale de Droit et de Jurisprudence – L.G.D.J., 1999; CHAPUS, René, *Droit Administratif Général*, Tomo I, 12. ed. Paris: Montchrestien, 1998; CORWIN, Edward S., *El poder ejecutivo*, Buenos Aires: Editorial Bibliográfica Argentina, 1959; CUÉLLAR, Leil. *As agências Reguladoras e seu Poder Normativo*, São Paulo: Dialética, 2001; DALLARI, Adilson Abreu, *Regime constitucional dos servidores públicos*. São Paulo: Revista dos Tribunais, 1992; DI PIETRO, Maria Sylvia Zanella, *Direito Administrativo*, 14. ed. São Paulo: Ed. Atlas, 2002; FRANCISCO, José Carlos, *Função Regulamentar e Regulamentos*, Rio de Janeiro: Ed. Forense, 2009; GARBAR, Christian. *Le droit applicable au personnel des entreprises publiques*. Paris: L.G.D.J., 1996; LARICCIA, Sergio, *Diritto Amministrativo*, Padova: Cedam, 2000; MAURER, Hartmut, *Elementos de Direito Administrativo Alemão*, trad. da edição alemã de Luís Afonso Heck, Porto Alegre: Sérgio Antonio Fabris Editor, 2001; MEDAUAR, Odete, *Direito Administrativo Moderno*, 7. ed. São Paulo: Revista dos Tribunais, 2003; MELLO, Celso Antônio Bandeira de. *Regime constitucional dos servidores da administração direta e indireta*. São Paulo: Revista dos Tribunais, 1991; MORAND-DEVILLER, Jacqueline. *Cours de Droit Administratif*, 6. ed. Paris: Montchrestien, 1999; OLIVEIRA, Regis Fernandes de, *Servidores públicos*. São Paulo: Malheiros, 2008; RIVERO, Jean, e WALINE, Jean, *Droit Administratif*, 18. ed. Paris: Dalloz, 2000; ROCHA, Cármen Lúcia Antunes, *Princípios constitucionais dos servidores públicos*. São Paulo: Saraiva, 1999; RODRÍGUES, Andrés Betancor, *Las Administraciones Independientes, um reto para el Estado Social y Democratico de Derecho*, Madrid: Editorial Tecnos, 1994; SILVA, José Afonso da, *Comentário Contextual à Constituição*, 3. ed. São Paulo: Malheiros, 2007; THOMPSON, Dennis F., *La ética política y el ejercicio de cargos públicos*. traducción Gabriela Ventureira, Barcelona: Gedisa, 1999; TREMEAU, Jérôme, *La réserve de loi – Compétence Législative et Constitution*, Paris e Aix-en-Provence: Economica et Presses Universitaires d'Aix-Marseille, 1997.

8. Comentários

8.1. Função de Chefe de Governo relacionada com a administração pública

A competência privativa confiada ao Presidente da República, pelo art. 84, XXV, da ordem constitucional de 1988, para prover e extinguir cargos públicos federais, na forma da lei, é atribuição de Chefe de Governo relacionada à administração pública, assim como as previstas nos incisos II, VI, e XXVII, do mesmo preceito constitucional. Essa tarefa tem relação direta com o art. 48, X, e com o art. 84, II, e VI, "b", da Constituição, inerentes à direção superior da administração federal.

Outros preceitos constitucionais também conferem ao Presidente da República competência para nomear membros para outros cargos que não integram o Poder Executivo, p. ex., no mesmo art. 84, o inciso XIV (nomeação, após aprovação pelo Senado Federal, de Ministros do Supremo Tribunal Federal e de Tribunais Superiores, de Governadores de Territórios, de Procuradores-Gerais da República, de Presidentes e os diretores do Banco Central, bem como outros servidores, quando determinado em lei), inciso XV (nomeação de Ministros do Tribunal de Contas da União indicados pelo Presidente da República), inciso XVI (nomeação de Advogados-Gerais da União) e inciso XVII (nomeação de membros do Conselho da República, nós termos do art. 89, VII).

8.2. Reserva absoluta de lei e separação de poderes

Como observamos nos comentários ao art. 48, X, ao art. 76 e ao art. 84, VI, "b", todos da Constituição de 1988, a separação de poderes ao mesmo tempo visa controlar o poder público pelo próprio poder público ("sistema de freios e contrapesos", ou *checks and balances* ou *le pouvoir arrêt le pouvoir*), mas há um núcleo de liberdade assegurado a cada ente governamental em favor de sua autonomia, notadamente em matéria de organização funcional e administrativa (p. ex., art. 51, IV, art. 52, XIII, art. 84, VI, "a", e art. 96, I, "b", todos da Constituição de 1988). Em condições normais, cada um dos poderes tem competência para prover seus cargos sem imposição de limites pela lei, como se pode notar no art. 27, § 3º (prevendo atribuição das Assembleias Legislativas para dispor sobre seu regimento interno, polícia e serviços administrativos de sua secretaria, e prover os respectivos cargos) e no art. 96, I, "c" e "e", ambos da Constituição (mencionado competência privativa dos Tribunais para prover, na forma prevista na Constituição, cargos de juiz de carreira da respectiva jurisdição, bem como para prover, por concurso público de provas, ou de provas e títulos, cargos necessários à administração da Justiça, exceto os de confiança assim definidos em lei).

Na vigência da Carta de 1967 (com a Emenda 01/1969), o art. 81, VIII, confiou privativamente ao Presidente da República a competência para a edição de decreto provendo e extinguindo cargos públicos federais (independentemente de os mesmos estarem vagos). Todavia, o Constituinte de 1988 impôs limites legais para o exercício dessa prerrogativa do Presidente da República, e eliminou anteriores delegações de competência (art. 25 do ADCT). Assim, como ocorre no art. 48, X, o art. 84, XXV, do mesmo ordenamento de 1988, prevê critérios legais para provimento e extinção de cargos do Poder Executivo Federal (além da própria criação e transformação de cargos).

A extinção de cargos pode implicar reordenação de atividades estatais, no desligamento de servidores e de empregados (observados limites constitucionais e legais) e também na transformação de cargos (forma de provimento derivado mediante reenquadramento em novos cargos em decorrência mudança de carreiras, com necessária observância das respectivas atribuições e requisitos de formação profissional, e a correlação entre a situação então existente e a nova situação). Portanto, essa reserva de lei busca segurança, lisura e estabilidade na composição dos integrantes da administração pública, dentre outros motivos, cabendo às leis ordinárias, medidas provisórias e leis delegadas darem a forma para que o Presidente da República exerça a atribuição contida no art. 84, XXV, da ordem de 1988 (mesmo porque essa matéria é de iniciativa privativa do Chefe do Poder Executivo, art. 61, § 1º, II, "a", "c" e "f", da Constituição)².

8.3. Exceção à reserva absoluta de lei e regulamentos executivos

Vimos que o art. 84, VI, "b", da Constituição, criou reserva para decreto do Poder Executivo, pela qual o Presidente da República tem competência privativa para extinguir funções e cargos públicos, desde que vagos, razão pela qual a lei está proibida de dispor sobre esse assunto. Esse decreto presidencial pode assumir conteúdo normativo (se apresentar generalidade, abstração, impessoalidade, imperatividade e inovação) ou de ato administrativo de efeito concreto (se cuidar de uma situação específica), razão pela qual somente no primeiro caso haverá reserva regulamentar e regulamento autônomo.

Já no que concerne ao art. 84, XXV, da Constituição, no caso do provimento ou extinção de cargo público (por óbvio, não vagos), em condições normais, o Presidente da República editará ato administrativo de efeito concreto, mas é possível sejam editados decretos regulamentares que, todavia, terão natureza de regulamento de execução ou executivos (já que esse ato normativo do Poder Executivo é limitado à lei).

8.4. Provimento e extinção cargos, empregos e funções públicas

Ainda que o art. 84, XXV, da Constituição, fale apenas em "cargos" públicos necessariamente ocupados (para se harmonizar com a reserva de decreto prevista no inciso VI, "b", desse mesmo art. 84), a reserva absoluta de lei também delimita competências do Poder Executivo em se tratando de extinção de "empregos" e "funções" públicas, conforme expressamente previsto no art. 48, X, do ordenamento de 1988 (com a redação dada pela Emenda Constitucional 32/2001).

É verdade que o art. 84, XXV, do ordenamento constitucional não se refere expressamente à exigência de lei para o provimento

---

2. A Lei 9.649/1998, revogada pela Lei 10.683/2003, e esta, substituída pela Lei 13.502/2017, promoveram ampla reorganização no Poder Executivo.

de "funções" e de "empregos" públicos, abrindo margem à discussão quanto a se tratar de matéria privativa do Presidente da República (em face da qual a lei não pode versar, pois estaria inserida na organização e funcionamento da administração federal de que trata o art. 84, VI, "a", da Constituição) ou sujeita à precedência ou preferência da lei (art. 48 da ordem de 1988)³. Porque o provimento é ato inerente à chefia da administração pública correspondente (p. ex., art. 27, § 3º e o art. 96, I, "c" e "e", ambos da Constituição, conferem a Assembleias Legislativas e a Tribunais disporem sobre o provimento de cargos em seus regimentos internos), pensamos que a atribuição para o provimento de empregos e funções do Poder Executivo é matéria ínsita à organização e funcionamento da administração federal de que trata o art. 84, VI, "a", da Constituição, de maneira que aspectos normativos poderão ser objeto de regulamento autônomo do Chefe do Poder Executivo.

8.4.1. Provimento e suas modalidades

"Prover" significa preencher cargo, ao passo em que "provimento" é ato pelo qual há investidura no exercício de cargo, emprego ou função, observados pressupostos previstos em lei (p. ex., normalmente nacionalidade brasileira, gozo de direitos políticos, quitação de obrigações militares e eleitorais, nível de escolaridade, idade mínima de 18 anos, e aptidão física e mental). Há várias maneiras de classificar os provimentos relacionados a cargos, dentre elas quanto à existência de vínculo (originário e derivado), quanto à movimentação em cargos (vertical e horizontal), quanto ao motivo (nomeação, promoção, readaptação, reversão, aproveitamento, reintegração e recondução) e quanto à duração (efetivo, vitalício e em comissão).

Provimento originário ou autônomo se verifica quando o cargo é ocupado pela primeira vez ou quando o futuro ocupante não tem vínculo com a administração pública, de modo que esse provimento se efetua mediante ato administrativo denominado nomeação ou contratação (conforme o regime jurídico pelo qual se estabelece o vínculo), que, por sua vez, leva à posse (que consiste na assinatura de termo pelo qual o ocupante do cargo assume atribuições, responsabilidades e direitos do cargo) e ao início do exercício das atribuições do cargo, emprego ou função com lotação do servidor em determinado órgão. Provimento derivado pressupõe a existência de vínculo presente ou passado do servidor com a administração pública, efetivando-se após iniciada a atividade funcional mediante acesso, promoção, readaptação, aproveitamento, reversão, reintegração, e recondução.

No provimento vertical há movimentação a cargo normalmente mais elevado (por merecimento ou antiguidade) dentro da própria carreira para a qual o servidor fez concurso, ao passo em que, no provimento horizontal, a investidura do servidor se dá em cargo de atribuições e responsabilidades compatíveis com outro que ocupava. Nos termos do art. 37, II, da Constituição, o acesso a cargo ou emprego público depende de concurso, tanto de investidura originária quanto de derivada (salvo nomeações para cargo em comissão previsto em lei de livre nomeação e exo-

---

3. Maria Sylvia Zanella Di Pietro, *Direito Administrativo*, 14ª ed., São Paulo: Ed. Atlas, 2002, p. 487, observa que provimento é ato pelo qual servidor público é investido no exercício de cargo, emprego ou função, daí por que prevê que o provimento originário pode se dar por nomeação ou por contratação (dependendo do regime jurídico).

neração), embora não seja exigido concurso em se tratando de função pública (para a qual há nomeações com base em confiança e para serviços temporários, consoante os incisos V e IX do mesmo art. 37). Não mais são admitidos os institutos da readmissão (ato discricionário pelo qual funcionário exonerado ou demitido podia reingressar nos quadros do serviço público), da transposição ou ascensão funcional (ato pelo qual servidor passava de um cargo para outro de conteúdo diverso, ainda que mais elevado, visando a melhor adequação dos recursos humanos, normalmente mediante concursos "internos"), da transferência (passagem de servidor estável de cargo efetivo para outro de igual denominação, pertencente a quadro de pessoal diverso, de órgão ou instituição do mesmo Poder) e de qualquer outro modo pelo qual há provimento sem concurso público.

Nomeação é provimento autônomo ou originário de cargo público (não tem relação com a situação anterior do trabalhador), podendo ser em caráter efetivo (quando se tratar de cargo isolado de provimento efetivo ou de carreira) ou em comissão (inclusive na condição de interino, para cargos de confiança vagos). A nomeação de servidor para cargo de carreira ou cargo isolado de provimento efetivo depende de prévia habilitação em concurso público de provas ou de provas e títulos, obedecida a ordem de classificação e o prazo de sua validade do concurso.

Promoção é modalidade de provimento derivado vertical mediante o qual o servidor é alçado a cargo mais elevado (por merecimento ou antiguidade) dentro da própria carreira para a qual ingressou por concurso (é a movimentação do servidor do último e mais elevado padrão de uma classe para o primeiro padrão da classe seguinte e superior, sempre da mesma carreira, com maiores atribuições e relevância). A promoção se distingue da progressão funcional (movimentação do servidor de um padrão para o seguinte, dentro de uma mesma classe de uma mesma carreira, observado interstício mínimo e avaliação formal de desempenho e demais requisitos previstos em lei) e da transposição (mudança de cargo ocupacional que não tem a mesma natureza de trabalho)[4]. O art. 39, § 2º, da Constituição (na redação dada pela Emenda Constitucional 19/1998) prevê que União, Estados-Membros e Distrito Federal manterão escolas de governo para formação e aperfeiçoamento dos servidores públicos, constituindo-se a participação nos cursos um dos requisitos para a promoção na carreira, facultada a celebração de convênios ou contratos entre os entes federados. Ainda que o art. 39, § 2º, da Constituição silencie sobre Municípios, escolas de governo são instituições muito úteis em razão do nível técnico exigido também dessas esferas governamentais, exigindo providências nesse sentido ao menos em se tratando de capitais[5].

Readaptação é provimento derivado horizontal, pois é a investidura do servidor em cargo de atribuições e responsabilidades compatíveis com a limitação que tenha sofrido em sua capacidade física ou mental verificada em inspeção médica (se julgado incapaz para todo e qualquer serviço público, o servidor deve ser aposentado). A readaptação será efetivada em cargo de atribuições compatíveis e afins, respeitada a habilitação exigida, nível de escolaridade e equivalência de vencimentos e, na hipótese de inexistência de cargo vago, o servidor exercerá suas atribuições como excedente, até a ocorrência de vaga.

Reversão é provimento derivado por reingresso, e consiste no retorno à atividade de servidor para o mesmo cargo ou no cargo resultante de sua transformação. A reversão pode ser *ex officio*, quando junta médica oficial declarar insubsistentes os motivos da aposentadoria por invalidez de servidor (circunstância que impõe o retorno obrigatório), ou no interesse da administração pública (é necessária solicitação do ex-servidor estável aposentado voluntariamente nos cinco anos anteriores à solicitação, e haja cargo vago). É pacífica a possibilidade da reversão *ex officio* se desaparecer a razão que levou o servidor à inatividade, mas a reversão no interesse da administração pública é criticada porque o art. 37, II, da Constituição exige o acesso a cargo ou emprego público mediante concurso (seja na investidura originária ou na derivada)[6].

Reintegração é provimento derivado por reingresso e consiste na reinvestidura do servidor estável no cargo anteriormente ocupado, ou no cargo resultante de sua transformação, quando invalidada a sua demissão por decisão administrativa ou judicial, com ressarcimento de todas as vantagens. O servidor a ser reintegrado ficará em disponibilidade se o cargo por ele tiver sido extinto, ao passo em que se o cargo estiver provido por outro servidor, surgirá a figura da recondução.

Conforme o art. 41, § 2º, da Constituição (na redação dada pela Emenda 19/1998), recondução é provimento derivado que se dá pelo retorno do servidor estável ao cargo anteriormente ocupado por conta da reintegração de outro servidor. Também haverá recondução em caso de inabilitação do servidor em estágio probatório relativo a outro cargo. O servidor estável não terá direito à indenização por conta da recondução, que também poderá ser aproveitado em outro cargo ou posto em disponibilidade com remuneração proporcional ao tempo de serviço.

Aproveitamento também é provimento derivado por reingresso, e consiste na volta à atividade do servidor que se encontrava em disponibilidade. Esse retorno à atividade de servidor em disponibilidade deverá ser feito no mesmo cargo ou em cargo de atribuições e vencimentos compatíveis com o anteriormente ocupado.

Além dessas possibilidades, registramos a transformação pela qual há reenquadramento de cargos efetivos em decorrência mudança de carreiras criadas por lei, com observância das respectivas atribuições e requisitos de formação profissional, e a correlação

---

4. Maria Sylvia Zanella Di Pietro, *Direito Administrativo*, 14. ed., São Paulo: Ed. Atlas, 2002, p. 489, destaca que, nos termos da Lei 8.112/1990 (que cuida do funcionalismo federal) e de várias legislações municipais, promoção equivale a ascensão, mas, nos Estados-Membros (p. ex., Estado de São Paulo), promoção e acesso têm sentidos distintos, de tal modo que a promoção constitui progressão de um grau a outro da mesma referência, sempre dentro do mesmo cargo (daí por que não há provimento, havendo mudança no plano horizontal), ao passo que no acesso há provimento ou mudança vertical.

5. Note-se que o art. 39, § 2º, da Constituição (na redação da Emenda 19/1998), não faz referência a municípios, além do que permite convênios, certamente motivado pelos custos inerentes a essas escolas e pelo impacto orçamentário que pode advir de sua manutenção em níveis desejáveis.

6. A despeito da polêmica acerca da constitucionalidade da reversão no interesse da administração, ainda não pacificada, essa possibilidade consta expressamente prevista no art. 25, II, da Lei 8.112/1990 (com as alterações da Medida Provisória 2.225-45/2001, cujos efeitos se prolongam nos moldes do art. 2º da Emenda Constitucional).

entre a situação existente e a nova situação. Guardamos reservas mas reconhecemos que há firme posição no Poder Judiciário no sentido da inexistência de direito adquirido a regime jurídico determinado, razão pela qual é possível alterar o enquadramento ou posicionamento funcional, bem como regime remuneratório de servidores (vedada a redução nominal de vencimentos).

No tocante à duração, o provimento efetivo se verifica quanto a cargo vinculado a concurso público, e proporciona estabilidade do servidor após decorrido o período probatório de efetivo exercício das atribuições do cargo, de maneira que, nos moldes do art. 41, § 1º, da Constituição, o servidor somente poderá ser compulsoriamente desligado por sentença judicial transitada em julgado, por decisão em processo administrativo (assegurada ampla defesa), ou por decisão em procedimento de avaliação periódica de desempenho, na forma de lei complementar (assegurada ampla defesa)[7]. A estabilidade não é regalia ou privilégio mas instrumento visando a continuidade do serviço público e combate ao nepotismo.

O provimento vitalício também está vinculado a cargo público, mas confere mais segurança ao direito de permanência no cargo, geralmente visando proporcionar independência e imparcialidade no exercício de tarefas públicas, tais como as exercidas por Ministros ou Conselheiros dos Tribunais de Contas (art. 73, § 3º), por membros da Magistratura (art. 95, I, independentemente de ingresso mediante concurso, pelo quinto constitucional ou por indicação do Presidente da República com aprovação pelo Senado Federal) e por membros do Ministério Público (art. 128, § 5º). Vitalícios somente perdem o cargo por decisão transitada em julgado em ação penal ou em ação de improbidade administrativa, mas podem sofrer sanções na via administrativa (incluindo as aplicadas pelo Conselho Nacional de Justiça) que podem chegar até a aposentadoria compulsória (conforme hipóteses previstas em lei, embora não se dê a perda do cargo).

Por fim, o provimento em comissão está relacionado à nomeação para cargo público para o qual não é exigido concurso público, daí porque o titular do cargo o ocupa transitoriamente, conforme previsão constitucional ou legal.

8.4.2. Extinção e discricionariedade

A lei prevista no art. 84, XXV, da Constituição, delimitará a discricionariedade da competência privativa confiada ao Presidente da República para prover e extinguir cargos públicos federais (quando não estiverem vagos). Os motivos que podem levar à extinção de cargos públicos são diversificados, mas em geral estão associados às modificações dos interesses socioeconômicos e seus reflexos naturais nas atividades estatais, bem como no cumprimento de princípios constitucionais como eficiência (art. 37) e economicidade (art. 70).

8.4.3. Provimento e extinção de cargos públicos em autarquias, agências reguladoras e universidades

A descentralização e o grau de autonomia que justificam a criação de entes públicos como autarquias, agências reguladoras e universidades (em especial neutralidade política e qualificação técnica dos membros que as integram) levam à limitação da competência privativa do Presidente da República para prover e extinguir cargos públicos federais desses entes (embora inseridos no Poder Executivo). São comuns previsões normativas em leis ordinárias que criam fundações, agências reguladoras e autarquias prevendo competências para órgãos desses entes proverem ou extinguirem cargos públicos[8].

Tratando do regime geral dos servidores públicos federais, o art. 5º, § 3º, da 8.112/1990, estabelece que universidades e instituições de pesquisa científica e tecnológica federais poderão prover seus cargos com professores, técnicos e cientistas estrangeiros, de acordo com normas e procedimentos dessa lei. Já o art. 6º da Lei 8.112/1990 prevê provimento de cargos públicos mediante ato da "autoridade competente" de cada Poder, em consonância com as atribuições do Presidente da República (e eventuais delegações) e dos demais chefes dos poderes da República brasileira.

8.5. Delegação de competências para provimento de cargos públicos

Nos termos do art. 84, parágrafo único da Constituição, o Presidente da República poderá delegar atribuições privativas para provimento de cargos públicos a Ministros de Estado, ao Procurador-Geral da República ou ao Advogado-Geral da União, que observarão limites traçados nas respectivas delegações. A referência feita pelo art. 84, parágrafo único da Constituição à "primeira parte" do inciso XXV exclui a possibilidade de essa delegação de competências se dar no tocante à extinção do cargo público, cuja relevância e diversificação de motivos justifica a atribuição privativa ao Presidente da República (conforme analisado no art. 48, X, art. 84, VI, "b", e no próprio parágrafo único desse art. 84, todos do ordenamento de 1988). As autoridades delegatárias (que, em nosso entendimento, incluem Secretários com *status* de Ministros de Estado) terão liberdade ou discricionariedade político-administrativa para o provimento de cargos públicos, observados os limites da reserva absoluta de lei do art. 48, X, e desse art. 84, XXV, do ordenamento constitucional de 1988[9].

8.6. Preceito extensível e simetria

A competência do art. 84, XXV, da Constituição é extensível a Estados-Membros, ao Distrito Federal e a Municípios, mediante o critério da simetria, de modo que Governadores Estaduais e Distrital, e Prefeitos Municipais terão atribuições para prover e

---

[7]. Também se dará o desligamento forçado em caso de aposentadoria compulsória.

[8]. Com amparo no art. 52, III, "f", da Constituição, o art. 5º da Lei 9.986/2000 estabelece que os membros superiores das agências reguladoras são escolhidos pelo Presidente da República e por ele nomeados, após aprovação pelo Senado Federal, mas há vários cargos cuja nomeação e exoneração são feitas por órgãos dessa entidade. O art. 12 da Lei 9.986/2000 previa que a investidura nos empregos públicos do quadro de pessoal efetivo das agências dar-se-ia por meio de concurso público de provas ou de provas e títulos, conforme disposto em regulamento próprio de cada Agência, com aprovação e autorização pela instância de deliberação máxima da organização, mas esse preceito foi declarado inconstitucional por decisão liminar na ADI 2.310 do E. STF, que perdeu objeto com a revogação desse preceito pela Lei 10.871/2004. Por consequência, esse tema é regido pelas disposições gerais da Lei 8.112/1990.

[9]. O art. 49, § 2º, da Lei Complementar 73/1993, prevê que o Presidente da República pode delegar ao Advogado-Geral da União competência para prover, nos termos da lei, cargos (efetivos e em comissão) da instituição.

extinguir cargos públicos em suas esferas governamentais. Também com amparo na simetria, a competência para provimento de cargos (mas não para a extinção) poderá ser delegada para assessores diretos, tais como Secretários Estaduais, Distritais ou Municipais, Procuradores-Gerais dos Estados ou dos Municípios, e também a Procuradores-Gerais de Justiça (nesse caso, apenas pelos Governadores), nos termos do art. 84, parágrafo único, do ordenamento constitucional de 1988, observadas disposições das constituições e leis orgânicas correspondentes.

Art. 84, XXVI – editar medidas provisórias com força de lei, nos termos do art. 62;

José Levi Mello do Amaral Júnior

1. História da norma

Conforme a literalidade do próprio dispositivo em causa, ele se aplica em conjunto com o art. 62 da Constituição já comentado. Para evitar repetição, remete-se o leitor àquele dispositivo.

2. Constituições estrangeiras

Veja-se anotação anterior.

3. Constituições brasileiras anteriores

Veja-se anotação constante do primeiro item.

4. Direito internacional

Não se aplica.

5. Remissões constitucionais e legais

Art. 62 da Constituição.

6. Jurisprudência

Veja-se anotação constante do primeiro item.

7. Referências bibliográficas sobre o tema

Veja-se anotação constante do primeiro item.

8. Comentários

Veja-se anotação constante do primeiro item.

Art. 84, XXVII – exercer outras atribuições previstas nesta Constituição;

José Carlos Francisco

1. História da norma

Na história constitucional brasileira, os preceitos constitucionais que cuidaram de competências privativas do Presidente da República predominantemente fizeram referências específicas às atribuições confiadas, não usando cláusulas gerais como a do art. 84, XXVII, da Constituição de 1988, até porque esse dispositivo constitucional faz afirmação evidente. Contudo, há casos de disposições constitucionais com expressões amplas indicando listas exemplificativas ou dando maior elasticidade às tarefas confiadas pelo Constituinte ao Chefe do Poder Executivo.

Na Carta de 1824, o art. 102 faz referência às "principaes attribuições" do Imperador como Chefe do Poder Executivo, sugerindo que a lista que apresentada nesse preceito é exemplificativa. O inciso XV desse mesmo art. 102 observa que o Imperador podia prover a tudo que fosse concernente à segurança interna e externa do Estado, na forma da Constituição. A experiência concreta revelou concentração dos poderes no Imperador, denotando pouca moderação ou neutralidade próprias da mentalidade monárquica que predominou no período anterior ao constitucionalismo da Idade Moderna, sobretudo entre 07.09.1822 e 03.05.1823 (instalação da Assembleia Constituinte e Legislativa), bem como de 12.11.1823 (dissolução da Assembleia) a 06.05.1826 (instalação da primeira legislatura monárquica). Houve ainda centralização de 15.11.1889 a 24.02.1891 (fase do Governo Provisório da República) para evitar a fragmentação do Brasil no início da experiência republicana, até a promulgação da Constituição de 1891.

No art. 48 da Constituição de 1891 constam competências privativas do Presidente da República, mas não há preceito semelhante ao atual art. 84, XXVII, da ordem de 1988. O Governo Provisório de Getúlio Vargas conferiu a si mesmo diversas atribuições no período autocrático de 24.10.1930 (revolução de 1930) a 16.07.1934 (promulgação da nova ordem constitucional), incluindo competências próprias de lei, mas exercidas unilateralmente por decretos (p. ex., editando o ainda hoje vigente Decreto 20.910/1932[1].

Na Constituição de 1934, o art. 56 dispôs sobre competências privativas do Chefe do Executivo, e também não trouxe disposição semelhante ao inciso XXVII do art. 84 da ordem constitucional de 1988. A efêmera vigência desse diploma normativo foi interrompida com a Carta Constitucional outorgada em 1937 (inspirada especialmente na Carta da Polônia de 1935 e na Carta Portuguesa de 1933), que trouxe o Presidente da República como autoridade suprema do Estado (art. 73), com rol de competências privativas (art. 74 e art. 75), que, na verdade, teve pouca importância jurídica em razão da centralização do poder nas mãos de Getúlio Vargas, viabilizada por outros preceitos constitucionais (p. ex., o art. 14 permitia ao Presidente da República expedir livremente decretos-leis sobre a organização do Governo e da administração federal, o comando supremo e a organização das forças armadas, e o art. 180 e o art. 186 da Carta de 1937, confiavam amplos poderes ao Presidente da República para expedir decretos-leis sobre todas as matérias da competência legislativa da União enquanto não se reunia o Parlamento Nacional, bem como a declaração de estado de emergência em todo o país). Somente com a Lei constitucional 09, de 28.02.1945, iniciou-se o processo de redemocrati-

---

1. Sobre o tema, Nelson de Souza Sampaio, *O processo Legislativo*, São Paulo: Ed. Saraiva, 1968.

zação, complementada por outros atos tais como a Lei Constitucional 16, de 30.11.1945 (que revogou o art. 186 dessa Carta Constitucional).

Na Constituição de 1946, o art. 87 não trouxe previsão genérica sobre as atribuições privativas do Presidente da República, e a adoção do parlamentarismo, pela Emenda 04/1961, promoveu a divisão de tarefas da chefia do Poder Executivo entre a Presidência da República (art. 3º) e o Conselho de Ministros (art. 6º), sobre o que o art. 19 permitiu ao Primeiro-Ministro assumir a direção de qualquer Ministério. A Emenda Constitucional 06/1963 pôs fim à curta experiência parlamentarista e repristinou os dispositivos da Constituição de 1946 que dispunham sobre o sistema presidencialista (salvo o art. 61 e pequena alteração no art. 79, § 1º), mas logo a ordem jurídica foi atingida por diversos atos institucionais e normas complementares do regime militar adotado a partir de 1964, não só se sobrepondo ao ordenamento constitucional de 1946 mas também eliminando limites ao exercício de competências pelo Presidente da República.

Formalmente, o art. 83 da Carta de 1967 apresentou rol de competências privativas do Presidente da República, convertido em art. 81 por força das alterações promovidas pela Emenda 01/1969, ambos sem trazer previsão genérica tal como a do atual art. 84, XXVII, da ordem de 1988. Em verdade, desde 09.04.1964 (data do Ato Institucional 01, outorgado pelo Regime Militar), a possibilidade de ordem constitucional legítima esteve solapada pelo regime militar, desestruturando-se ainda mais com o Ato Institucional 05, de 13.12.1968 (que, dentre outras medidas, em seu art. 2º permitiu ao Presidente da República decretar recesso do Congresso Nacional) e com o Ato Institucional 12, de 31.08.1969 (que atribuiu a gestão presidencial a Ministros Militares em razão de problemas de saúde do também militar Presidente da República, excluindo de apreciação jurisdicional todos os atos praticados de acordo com esse Ato Institucional e seus Atos Complementares).

2. Constituições brasileiras anteriores

Art. 101 e art. 102 da Carta de 1824, art. 48 da Constituição de 1891, art. 56 da Constituição de 1934, art. 14, art. 73, art. 74, art. 75, art. 180 e art. 186 da Carta de 1937 (e também Lei constitucional 09, de 28.02.1945 e Lei Constitucional 16, de 30.11.1945), art. 87 da Constituição de 1946 (e ainda art. 3º e art. 6º da Emenda 04/1961, Emenda Constitucional 06/1963, e Ato Institucional 01/1964), art. 83 da Carta de 1967 e art. 81 da mesma (com as alterações promovidas pela Emenda 01/1969), além do Ato Institucional 05/1968 e do Ato Institucional 12/1969.

3. Constituições estrangeiras

As Constituições estrangeiras pesquisadas delimitam expressamente competências do Chefe do Poder Executivo (embora empreguem expressões abertas em alguns casos), mas apenas na Constituição Portuguesa de 1976 encontramos referência genérica como a do art. 84, XXVII, da Constituição Brasileira de 1988.

A Lei Fundamental de Bonn, de 1949, estabelecendo o sistema parlamentarista, cuida de competências do Presidente Federal alemão em seu art. 59 e art. 60, e do Primeiro-Ministro no art. 65 e art. 65a, empregando expressões amplas. No mesmo sentido são os arts. 5º a 19, e os arts. 20 a 23, todos da Constituição Francesa de 1958, tratando das atribuições do Presidente da República e do Primeiro-Ministro no sistema de governo francês da Vª República (híbrido de parlamentarismo e de presidencialismo). Os arts. 79 e seguintes da Constituição Chinesa de 1982 cuidam do Poder Executivo conferido ao Presidente e Vice-Presidente da República (com competências típicas de Chefe de Estado) e do Conselho de Estado presidido pelo Primeiro-Ministro chinês (com atribuições de Chefe de Governo), enquanto os arts. 65 e seguintes desse ordenamento versam sobre o "*Standing Committee*" do Congresso Nacional do Povo (que assume algumas funções em caso de recesso do Congresso no centralizado sistema de governo da China), mas é corrente que o Partido Comunista detém o real poder na China, porque na prática seu Secretário-Geral é também Presidente da República[2].

Os arts. 56 e seguintes da Constituição da Espanha de 1978 dispõem sobre a figura do Rei como Chefe de Estado, enquanto as tarefas do Chefe de Governo estão tratadas entre o art. 97 e art. 107, com função de direção da política interior e exterior, da administração civil e militar e da defesa do Estado. As Seções I e II do art. II da Constituição Americana de 1787 preveem que o Poder Executivo é exercido pelo Presidente dos Estados Unidos da América no modelo presidencialista, e as características semânticas do texto do ordenamento constitucional americano dão elasticidade às atribuições do Presidente Americano, muitas vezes aclarada por decisões da Suprema Corte dos Estados Unidos.

No contexto parlamentarista, os arts. 87 a 91 da Constituição Italiana de 1948 cuidam de competências do Presidente da República (no papel de Chefe de Estado), ao passo em que os arts. 92 a 100 tratam do Conselho de Ministros chefiado pelo Presidente do Conselho investido como Chefe de Governo.

Enfim, os arts. 133 a 140 da Constituição Portuguesa de 1976, também nos moldes parlamentaristas, preveem o Presidente da República como Chefe de Estado, ao passo em que os arts. 197 a 201 tratam das funções do Primeiro-Ministro como Chefe de Governo e, segundo o art. 201, 1, "d", cabe ao Primeiro-Ministro exercer demais funções que lhe sejam atribuídas pela Constituição e pela lei (previsão similar ao art. 84, XXVII da Constituição Brasileira de 1988).

4. Direito internacional

Tratados internacionais celebrados pelo Brasil não cuidam do tema versado nesse preceito constitucional.

5. Remissões constitucionais (outros artigos da Constituição) e legais (leis reguladoras)

Art. 1º, art. 2º, art. 21, art. 52, VI e XI, art. 64, § 1º, art. 68, art. 71, art. 76, art. 87, art. 88, art. 103-B, § 2º, art. 128, §§ 1º e 2º, art. 130-A e art. 142, § 3º, I, do corpo permanente da Constituição, e art. 14, § 3º, e art. 16 do ADCT.

---

2. Conforme *Folha de S. Paulo*, Primeira Página e Mundo A8, de 26.02.2018, o cargo de Presidente da República Chinesa é simbólico porque o comando efetivo do país cabe ao Secretário-Geral do Partido Comunista.

6. Jurisprudência (STF e STJ): *leading cases*, principais posições e votos divergentes; tendências atuais no sentido da mudança da jurisprudência

Remetemos o leitor para os comentários pertinentes a cada uma das outras atribuições privativas do Presidente da República sugeridas pela previsão genérica do art. 84, XXVII, da Constituição de 1988.

7. Referências bibliográficas

BONAVIDES, Paulo, *História Constitucional do Brasil*, obra conjunta com Paes de Andrade, 3ª edição, Rio de Janeiro: Ed. Paz e Terra, 1991; BURDEAU, Georges, HAMON, Francis, et TROPER, Michel, *Droit Constitutionnel*, 26ᵉ édition, Paris: Librairie Générale de Droit et de Jurisprudence – L.G.D.J., 1999; FAVOREU, Louis, coordonnateur, *Droit Constitutionnel*, Paris: Dalloz, 1998; FERREIRA FILHO, Manoel Gonçalves, *Do Processo Legislativo*, 4ª ed., São Paulo: Ed. Saraiva, 2001; MAINWARING, Scott, SHUGART, Matthew Soberg, *Presidentialism and Democracy in Latin America*, Cambridge: Cambridge University Press 1997; MIRANDA, Pontes de, *Comentários à Constituição de 1967 com a emenda n. 1 de 1969*, 3ª ed., Tomo I, Rio de Janeiro: Ed. Forense, 1987; RENAULT, Christiana Noronha, *Os Sistemas de governo na república*, Porto Alegre: Sérgio Antonio Fabris Editor, 2004; SALDANHA, Nelson, *O Estado Moderno e a Separação de Poderes*, São Paulo: Ed. Saraiva, 1987; SCHWARTZ, Bernard, *Direito Constitucional Americano*, trad. de Carlos Nayfeld, Rio de Janeiro: Ed. Forense, 1966; SILVA, José Afonso da, *Comentário Contextual à Constituição*, 3ª ed., São Paulo: Ed. Malheiros, 2007.

8. Comentários

8.1. A utilidade do art. 84, XXVII, da Constituição

Muitas competências privativas arroladas nos incisos do art. 84 da Constituição possuem correspondências diretas com outros preceitos do mesmo diploma constitucional (p. ex., as tarefas do art. 84, III, IV e V refletem, em parte, o previsto no art. 61, § 1º, e no art. 66). Ao dispor que compete privativamente ao Presidente da República exercer outras atribuições previstas na Constituição, o Constituinte não cria qualquer prerrogativa para o Presidente da República, pois não será essa cláusula do art. 84, XXVII que assegurará outras funções privativas, mas sim os preceitos constitucionais que expressamente as estabeleçam.

Se o Constituinte de 1988 não tivesse positivado o contido no art. 84, XXVII, outras atribuições privativas do Presidente da República subsistiriam pela força normativa própria de cada um dos preceitos constitucionais que as trazem, forçando a conciliação do rol previsto nesse art. 84 com os demais dispositivos do mesmo ordenamento constitucional. Assim, a utilidade desse art. 84, XXVII, da Constituição é restrita ao aspecto pedagógico, servindo apenas para lembrar que o rol de atribuições contido no art. 84 não é exaustivo, alertando para a existência de competências privativas do Presidente da República traçadas em outros preceitos constitucionais do corpo permanente ou do ADCT de 1988, bem como em dispositivos contidos apenas em emendas e em tratados internacionais com estatura constitucional.

Para além do que consta do art. 84 da Constituição, somente a análise individual de preceito constitucional pode revelar se essas "outras atribuições" privativas do Presidente da República se caracterizam como função de Chefe de Estado ou de Chefe de Governo.

8.2. Reorganização de atribuições "privativas" previstas "nesta Constituição"

É tarefa das Constituições a fixação de competências confiadas aos poderes constituídos, podendo ser geradas pelo Constituinte Originário (sem limites materiais para suas previsões) e pelo Constituinte Reformador, mas a validade de emendas constitucionais pode ser analisada à luz das restrições formais, circunstanciais e materiais do art. 60 da ordem de 1988, bem como de princípios expressos e implícitos no ordenamento constitucional que também se traduzem em cláusulas limitadoras de modificações do texto constitucional. A separação de poderes permite a reorganização de tarefas privativas entre instituições públicas, desde que o remanejamento justificado seja acompanhado de mecanismo de controle, cabendo à Constituição estabelecer esses novos arranjos por se tratar do desenho essencial do sistema de governo e da organização dos poderes do Estado. Por esses mesmos motivos, apenas no silêncio do ordenamento constitucional é permitido a atos normativos infraconstitucionais primários firmar novas tarefas privativas ao Presidente da República segundo a lógica das atividades inerentes às funções de Chefe de Estado ou de Chefe de Governo, mas esses atos primários não podem retirar atribuições próprias ou estruturais do Poder Legislativo ou do Poder Judiciário (ou de qualquer instituição que desfrute de autonomia definida pela Constituição), transferindo-as privativamente para o Poder Executivo. E ainda pelas mesmas razões, atos normativos infralegais não podem criar novas hipóteses de competências privativas do Presidente da República no silêncio constitucional, o que também representaria invasão à primazia ou à precedência da lei (derivada do princípio democrático, em face do qual a lei é expressão básica de vontade popular manifestada, em conjunto, por representantes do povo investidos no Poder Legislativo e no Poder Executivo). Ademais, a separação de poderes, o republicanismo e o Estado de Direito impedem que competências privativas sejam confiadas ao Presidente da República por atos infralegais do próprio Poder Executivo[3].

8.3. Algumas das "outras atribuições previstas"

Apesar da longa lista de competências de seu art. 84, o ordenamento constitucional de 1988 prevê muitas outras atribuições privativas do Presidente da República, paralelamente a competências comuns ou concorrentes do Presidente da República com outros Poderes da República (p. ex., art. 103, I, da Constituição). Abaixo apresentamos algumas dessas outras atribuições privativas.

Embora o art. 84, XIII, da Constituição (na redação da Emenda 23/1999), tenha registrado competência privativa do Presidente da República para exercer o comando supremo das Forças Armadas, nomear os Comandantes da Marinha, do Exército e da Aeronáutica, promover seus oficiais-generais e nomeá-los para os cargos que lhes são privativos, o art. 142, § 3º, I, do mesmo ordena-

---

3. Sobre o assunto, conferir os comentários ao art. 84, *caput*, da Constituição.

mento constitucional (na redação da emenda 18/1998) prevê que as patentes, com prerrogativas, direitos e deveres a elas inerentes, são conferidas pelo Presidente da República. A redação original do art. 42, § 2º, da Constituição previa que as patentes dos oficiais das Forças Armadas seriam conferidas pelo Presidente da República, mas esse preceito constitucional sofreu alterações (Emendas 18/1998, 20/1998 e 41/2003), eliminando a referência expressa à competência do Presidente da República, que, todavia, consta do art. 142, § 3º, I, da ordem de 1988.

O Presidente da República tem competência privativa para nomear vários integrantes de outros Poderes ou instituições (p. ex., conforme art. 84, XIV, da Constituição). A Emenda 45/2004 criou o Conselho Nacional de Justiça, e, nos parâmetros do art. 103-B, § 2º, do ordenamento de 1988, membros desse Conselho serão nomeados pelo Presidente da República, depois de aprovada a escolha pela maioria absoluta do Senado Federal. Essa mesma Emenda 45/2004 introduziu o art. 130-A na ordem de 1988 e instituiu o Conselho Nacional do Ministério Público, confiando a nomeação de membros ao Presidente da República (depois de aprovada a escolha pela maioria absoluta do Senado Federal).

O art. 84, XIV, da Constituição, também prevê a competência privativa do Presidente da República para nomear, após aprovação pelo Senado Federal, Governadores de Territórios e o Procurador-Geral da República. Os §§ 1º e 2º do art. 128, da Constituição, estabelecem que o Presidente da República tem atribuição para nomear e também para destituir o Procurador-Geral da República (mediante autorização do Senado Federal, nos termos do art. 52, XI).

Nos termos do art. 14, § 3º, do ADCT, os antigos Territórios Federais de Roraima e do Amapá foram transformados em Estados-Federados, e o Presidente da República encaminhou à apreciação do Senado Federal os nomes dos Governadores desses novos Estados-membros para o exercício do Poder Executivo até a instalação das novas unidades e a posse dos Governadores eleitos. Semelhante foi a previsão do art. 16 do ADCT, que confiou ao Presidente da República, com a aprovação do Senado Federal, indicar o Governador e o Vice-Governador do Distrito Federal até que fossem ultimadas as medidas previstas no art. 32, § 2º, da ordem permanente de 1988.

O art. 84, XXIII, da Constituição, assegura a competência privativa do Presidente da República para enviar ao Congresso Nacional o plano plurianual, o projeto de lei de diretrizes orçamentárias e as propostas de orçamento previstas na Constituição, e o art. 52, VI, da mesma ordem de 1988 confia ao Presidente da República apresentar proposta para que o Senado Federal fixe os limites globais para o montante da dívida consolidada da União, dos Estados, do Distrito Federal e dos Municípios (embora essa atribuição, assim como a do art. 155, § 2º, IV, do Presidente da República, possa ser entendida como contemplada no art. 84, III, da Constituição).

Não nos parece que as competências privativas do Presidente da República constantes dos incisos III, IV ou XXVI do art. 84 da Constituição alcancem a atribuição para a edição das leis delegadas previstas no art. 68 do mesmo ordenamento de 1988, dando espaço para outras atribuições lembradas por esse mesmo art. 84. Contudo, reconhecemos que o art. 84, III, da Constituição prevê que o Presidente da República tem competência para iniciar o processo legislativo, na forma e nos casos previstos, sendo que essa forma inclui a possibilidade de imprimir o rito de urgência contido no art. 64, § 1º, para apreciação de projetos de sua iniciativa.

Art. 84, XXVIII – propor ao Congresso Nacional a decretação do estado de calamidade pública de âmbito nacional previsto nos arts. 167-B, 167-C, 167-D, 167-E, 167-F e 167-G desta Constituição.

Carlos Luiz Strapazzon

1. História da norma

A origem deste inciso XXVIII é a PEC n. 186/2019, proposta pelo Senado Federal e que deu origem à EC n. 109/2021. Esta PEC foi editada com três propósitos mais destacados: a) alterar o regime original de teto de gastos estabelecido pela EC n. 95/2016, de modo a permitir a ampliação de despesas correntes acima do critério vigente; b) flexibilizar a gestão de contenção de despesas e renúncias de receitas; e c) estabelecer um regime fiscal extraordinário para situações de calamidade.

2. Constituições brasileiras anteriores

CR 1891, art. 5º; CR 1934, arts. 177, 186; CR 1937, art. 74, m; CR 1946, arts. 18, 75, 198; CR 1967, art. 64.

3. Constituições estrangeiras

Embora mais de 90% das Constituições do mundo tenham regras para emergências, apenas algumas mencionam explicitamente a saúde pública como um motivo para declarar um estado de emergência constitucional. Exemplos podem ser encontrados em: Constituição da República Centro-Africana, art. 19 (2016) (Rep. Centro-Africana); Constituição da República do Azerbaijão, art. 112 (2009); Constituição da República de El Salvador de 1983, art. 29 (1983); Constituição da República Democrática Federal da Etiópia, art. 93 (1994); Constituição Política de Honduras, art. 187 (1982).

4. Direito Internacional

Vide comentário ao item 3.

5. Remissões constitucionais e legais

Ver EC n. 106/2020, que instituiu regime extraordinário fiscal, financeiro e de contratações para enfrentamento de calamidade pública nacional decorrente de pandemia. Ver também art. 21; art. 49, XVIII, art. 148; art. 167, § 3º; art. 167-B; art. 167-C; art. 167-D; art. 167-E; art. 167-F; art. 167-G; ADCT art. 109, § 5º; ADCT art. 119.

6. Jurisprudência

STF ADI 6341/2020, STF ADI 6357/2020.

7. Referências bibliográficas

COUTO, L. F. *A Crise do COVID-19, regras orçamentárias e suas interpretações: mudanças necessárias?* Nota Técnica IPEA, n. 28, 2020.

SENADO – Senado Federal. *Proposta de Emenda à Constituição n. 10, de 2020 – Orçamento de guerra*. Portal Eletrônico do Senado Federal [2020a].

8. Comentários

Este dispositivo confere à Presidência da República a competência privativa e indelegável para propor ao Congresso Nacional a decretação do estado de calamidade pública de âmbito nacional. A mencionada decretação é condição para que o regime extraordinário fiscal, financeiro e contratual estabelecido nos arts. 167-B a 167-G possa ser executado sem violação das regras de responsabilidade fiscal.

Art. 84, parágrafo único. O Presidente da República poderá delegar as atribuições mencionadas nos incisos VI, XII e XXV, primeira parte, aos Ministros de Estado, ao Procurador-Geral da República ou ao Advogado-Geral da União, que observarão os limites traçados nas respectivas delegações[1].

José Carlos Francisco

1. História da norma

Segundo o princípio democrático, o povo (por suas forças materiais formadoras de opinião, e por representações formalmente investidas de função constituinte) possui a titularidade do poder legítimo, cujo exercício é confiado por ordenamentos constitucionais a instituições estatais no interesse social e público. Por isso, o chefe do Poder Executivo exerce atribuições delegadas pelo povo, e, assim, não pode delegá-las sem expressa autorização constitucional (segundo a máxima *delegatus delegare non potest* ou *delegatas potestas delegari non potest*).

Poucos ordenamentos constitucionais brasileiros trouxeram preceitos prevendo delegações de competências privativas do Presidente da República a Ministros de Estado e outras autoridades federais. Fases políticas com Poderes Executivos fortes favoreceram transferências de atribuições a seus subordinados, destacando-se os períodos entre 07.09.1822 e 03.05.1823 (instalação da Assembleia Constituinte e Legislativa), entre 12.11.1823 (dissolução da Assembleia) e 06.05.1826 (instalação da primeira legislatura monárquica), entre 15.11.1889 e 24.02.1891 (Governo Provisório para evitar a fragmentação da República), entre 24.10.1930 (revolução de 1930) e 16.07.1934 (nova ordem constitucional), entre 10.11.1937 (Estado Novo) e 18.09.1946 (Constituição de 1946), entre 09.04.1964 (data do Ato Institucional 01, outorgado pelo Regime Militar) e 15.03.1967 (Constituição de 1967), e entre 13.12.1968 (Ato institucional 05) e 05.10.1988 (Constituição vigente), havendo ainda períodos peculiares como a gestão dos Ministros da Marinha de Guerra, do Exército e da Aeronáutica Militar em razão do impedimento temporário do Presidente da República (Ato Institucional 12, de 31.08.1969)[2].

Nos termos do art. 102 da Carta Constitucional de 1824, competências confiadas ao Imperador eram exemplificativas (como se extrai da expressão "principaes attribuições"), e o inciso XV desse preceito estabelecia que o Chefe do Poder Executivo (e também do Poder moderador) podia prover a tudo que fosse concernente à segurança interna e externa do Estado, na forma da Constituição. Não há preceito equivalente ao art. 84, parágrafo único, da Constituição de 1988 na Carta de 1824, mas considerando que o monarca acumulava Poder Moderador e Poder Executivo (art. 101 e art. 102) e exercia suas atribuições com centralização e com pouca moderação ou neutralidade (p. ex., nomeava Senadores, sancionava decretos e resoluções da Assembleia Geral para que tivessem força de lei, podia dissolver a Câmara dos Deputados em situações excepcionais e até mesmo suspender Magistrados), o Imperador teve facilidades para confiar poderes a seus Ministros de Estado.

Também sem referência expressa à delegação de poderes, o art. 48 da Constituição republicana de 1891 trouxe competências privativas do Chefe do Poder Executivo, auxiliado por Ministros de Estado (agentes de sua confiança que lhe subscrevem atos), cabendo a cada um deles presidir Ministério em que se dividir a administração federal (art. 49) e demais autoridades públicas federais. A Constituição de 1934, em seus arts. 51, 56 e 59, também previu que o Poder Executivo seria exercido pelo Presidente da República, com o auxílio de Ministros de Estado, cujas atribuições seriam fixadas por lei ordinária (art. 60), ao passo em que o art. 3º, § 1º, desse ordenamento, vedava expressamente a delegação de poderes.

A Carta Constitucional de 1937, inspirada em modelos centralizadores europeus da época (especialmente na Carta da Polônia de 1935 e na Carta Portuguesa de 1933), concebeu o Presidente da República como autoridade suprema do Estado (art. 73), com competência para coordenar a atividade dos órgãos representativos, de grau superior, dirigir a política interna e externa, promover ou orientar a política legislativa de interesse nacional, e atuar na direção superior da administração do país. Por sua vez, o art. 74 da Carta de 1937 elencou competências privativas do Presidente da República, que, na prática, foram ao encontro da ampla centralização do poder nas mãos de Getúlio Vargas, uma vez que outros preceitos constitucionais abriram grande espaço ao chefe do Poder Executivo (p. ex., o art. 11 dessa Carta estabelecia que lei, quando de iniciativa do Parlamento, deveria regular a matéria apenas sobre a substância e os princípios, assegurando ao Poder Executivo a expedição de regulamentos complementares). O regime autocrático do Estado Novo deu amplos poderes ao Presidente da República para expedir decretos-leis sobre todas as matérias da competência legislativa da União enquanto não se reunia o Parlamento Nacional, bem como para declarar estado de emergência em todo o país (art. 180 e art. 186 da Carta de 1937). O Presidente da República não encontrou obstáculos para delegar atribuições a seus Ministros de Estado (agentes de sua confiança, art. 88) e demais autoridades federais. A Lei Constitucional 09, de 28.02.1945, iniciou o processo de redemocratização (p. ex., alterando a redação do art. 14 da Carta de 1937 que cuidava da competência para "expedir livremente" decretos-leis), seguida pela Lei Constitucional 16, de 30.11.1945 (que revogou o art. 186 dessa Carta Constitucional, até a redemocratização com a promulgação de novo ordenamento constitucional).

---

1. Considerando referências feitas pelo art. 84, parágrafo único, aos incisos VI, XII e XXV desse mesmo artigo da Constituição, sugerimos ao leitor também consultar esses outros preceitos.

2. Sobre o tema, Nelson de Souza Sampaio, *O Processo Legislativo*, São Paulo: Ed. Saraiva, 1968.

Na ordem constitucional de 1946, inicialmente adotou-se o presidencialismo (art. 78), com rol de competências privativas do Chefe do Executivo Federal (art. 87), auxiliado por Ministros de Estado com tarefas fixadas em lei (art. 90 e art. 91), sendo que o art. 36, § 2º, proibiu qualquer delegação de atribuições. Por conta da crise decorrente da renúncia de Jânio Quadros à Presidência da República e da resistência à posse do Vice-Presidente João Goulart, a Emenda Constitucional 04 (ou Ato Adicional), de 02.09.1961, adotou o parlamentarismo pelo qual o Poder Executivo foi dividido entre Presidência da República e Conselho de Ministros; as competências do Presidente da República estavam descritas no art. 3º dessa Emenda 04/1961 (p. ex., nomear o Primeiro-Ministro e, por indicação desse, os demais Ministros), e as atribuições do Conselho de Ministros foram arroladas nos arts. 6º e seguintes da Emenda (p. ex., conduzir a política de governo e a administração federal), enquanto o art. 19 permitia ao Primeiro-Ministro assumir a direção de qualquer Ministério. A Emenda Constitucional 06, de 23.01.1963, após consulta popular, pôs fim ao parlamentarismo, revogando os dispositivos da Emenda Constitucional 04/1961 e repristinando os preceitos da Constituição de 1946 que dispunham sobre o sistema presidencial (salvo o art. 61 e pequena alteração no art. 79, § 1º). Durante o período autocrático iniciado com o golpe de 1964, o Presidente da República não encontrou dificuldades para quaisquer delegações a Ministros de Estado e a outras autoridades públicas federais, mesmo porque atos institucionais e suas normas complementares, editados pelos governos militares que se sucederam, enfraqueceram a força normativa da Constituição de 1946, o Estado de Direito, a república e a democracia.

A Carta de 1967, em seu art. 6º, parágrafo único, vedou qualquer delegação de atribuições, de modo que o agente investido em um dos poderes da República não podia exercer a de outro, mas ressalvou exceções previstas nesse documento constitucional, redação mantida após a nova ordem outorgada pela Emenda Constitucional 01/1969. O art. 83, parágrafo único, da Carta de 1967 estabelecia que a lei, em certos casos, poderia autorizar o Presidente a delegar aos Ministros de Estado as atribuições mencionadas nos itens VI, XVI e XX (respectivamente, prover os cargos públicos federais, na forma da Constituição e das leis, autorizar brasileiros a aceitar pensão, emprego ou comissão de governo estrangeiro, e conceder indulto e comutar penas, com audiência dos órgãos instituídos em lei). A Emenda Constitucional 01/1969 ampliou as competências do Presidente da República, primeiro porque eliminou a necessidade de lei para dar limites à delegação de funções, e, segundo, porque foram acrescentadas novas matérias passíveis de delegação. O art. 81, parágrafo único, da Carta de 1967, com a redação da Emenda 01/1969, permitiu ao Presidente da República outorgar ou delegar as atribuições mencionadas no art. 81, V, VIII (primeira parte), XVIII e XXII a Ministros de Estado ou outras autoridades, que deveriam observar limites traçados nas outorgas e delegações (e não mais em leis); vale dizer, podiam ser transferidas disposições sobre estruturação, atribuições e funcionamento de órgãos da administração federal, provimento de cargos federais (mas não a extinção desses cargos), concessão de autorização para brasileiros aceitarem pensão, emprego ou comissão de governo estrangeiro, e concessão de indulto e comutação de penas (com audiência, se necessário, de órgãos instituídos em lei). Foi tão grande a delegação de competências da ordem constitucional anterior que o art. 25 do ADCT de 1988 previu que, em 180 dias de sua promulgação, seriam revogados todos os dispositivos legais que atribuíam ou delegavam, a órgão do Poder Executivo, competência assinalada pela Constituição ao Congresso Nacional (salvo exceções que prevê).

2. Constituições brasileiras anteriores

Art. 101, art. 102, art. 131 e art. 132 da Carta de 1824, art. 41, art. 48 e art. 49 da Constituição de 1891, art. 51, art. 56, art. 59 e art. 60 da Constituição de 1934, art. 11, art. 73, art. 74, art. 88, art. 180 e art. 186 da Carta de 1937 (com as alterações da Lei Constitucional 09/1945 e da Lei Constitucional 16/1945), art. 36, § 2º, art. 78, art. 87, art. 90 e art. 91 da Constituição de 1946, art. 6º, parágrafo único, art. 74 e art. 83, e parágrafo único da Carta de 1967, art. 6º, parágrafo único, art. 73, o art. 81, parágrafo único, da mesma Carta, com a redação da Emenda 01/1969, Ato Institucional 05, de 13.12.1968 e o Ato Institucional 12, de 31.08.1969.

3. Constituições estrangeiras

O art. 54 e o art. 59 da Lei Fundamental de Bonn, dando os contornos parlamentaristas da Alemanha unificada, estabelecem que o Poder Executivo será exercido pelo Presidente da República alemã eleito pela Assembleia Federal, com atribuições próprias de Chefe de Estado (sobretudo representando o Estado Alemão nas relações internacionais), ao passo em que os arts. 62 e seguintes dessa Lei Fundamental cuidam do Chanceler ou Primeiro-Ministro (eleito pelo Parlamento Federal) e dos Ministros de Estado Federais. O art. 60, n. 3, da Lei Fundamental de Bonn, dispõe sobre tarefas do Presidente da República alemã, incluindo as que podem ser delegadas a outras autoridades, e o art. 65 estabelece que o Chanceler fixa as grandes orientações da política, e, dentro do quadro dessas orientações, cada Ministro Federal dirige seu departamento de maneira autônoma e sob sua própria responsabilidade. Consoante o art. 64, 1, da Lei Fundamental, o Presidente Federal (sob proposta do Chanceler Federal) nomeia e exonera os Ministros Federais.

Nos termos do art. 79 e art. 81 da Constituição Chinesa de 1982, o Poder Executivo é conferido ao Presidente e Vice-Presidente da República (eleitos pelo Congresso Nacional do Povo chinês com competência de Chefe de Estado). Já o art. 85, o art. 86 e o art. 88 do mesmo ordenamento constitucional cuidam do Conselho de Estado presidido pelo Primeiro-Ministro chinês, que é Chefe de Governo para a gestão da administração governamental e para a direção superior da administração pública. O "*Standing Committee*" do Congresso Nacional do Povo, nos termos do art. 65, do art. 66 e do art. 67, todos da Constituição, assume algumas funções em caso de recesso do Congresso, tais como interpretar a Constituição e as leis, rever e aprovar ajustes em planos socioeconômicos, bem como decidir sobre atividades ministeriais. É corrente que o Partido Comunista detém o real poder na China, porque na prática seu Secretário-Geral é também Presidente da República[3].

---

3. Conforme *Folha de S. Paulo*, Primeira Página e Mundo A8, de 26.02.2018, o cargo de Presidente da República Chinesa é simbólico porque o comando efetivo do país cabe ao Secretário-Geral do Partido Comunista.

Em vista da monarquia e do parlamentarismo espanhol, o art. 98 da Constituição de 1978 estabelece que o Governo é composto pelo Presidente (ou Primeiro-Ministro), pelos Vice-Presidentes, pelos Ministros e pelos demais membros estabelecidos em lei, cabendo ao Presidente do Governo dirigir ações do Governo e coordenar funções dos demais membros, sem prejuízo de competências e de responsabilidades diretas desses em sua gestão. Conforme o art. 62, "e", e art. 100, da Constituição da Espanha de 1978, o Rei exerce a função de Chefe de Estado, e tem atribuição para nomear ou demitir membros do Governo, mediante proposta do Presidente do Governo.

O sistema americano não emprega o termo "Ministro", mas sim "Secretário" quando se refere aos membros de primeiro escalão do Poder Executivo, de modo que o art. II, Seções I e II, da Constituição Americana de 1787, prevê que o Presidente dos Estados Unidos da América pode solicitar a opinião dos principais funcionários de cada departamento executivo que indica e nomeia, sobre qualquer assunto relativo às atribuições dos respectivos serviços. Em razão do espaço normativo aberto pela sintética Constituição Americana de 1787, há várias delegações de competência atribuídas pelo Poder Legislativo em favor do Presidente ou de departamentos a ele vinculados, e especialmente às agências reguladoras (ou *regulatory comissions*). A delimitação das tarefas confiadas às agências reguladoras mostram transformações no tempo, passando pelas teorias da *contingented delegatio*, n*amed delegatio* e da *filling in details* (com pequena discricionariedade para as autoridades delegadas) até chegar à técnica do *delegation with standards* (com ampla margem de discricionariedade mas sem renúncia da função legislativa por parte do Poder Legislativo)[4].

Os arts. 5º, 8º e 10, da Constituição Francesa de 1958 estabelecem que o Presidente da República tem funções de Chefe de Estado (garantindo a independência nacional, p. ex.), mas também atribuição para assegurar o funcionamento regular dos poderes públicos (mediante sua "arbitragem") e para presidir o Conselho de Ministros, podendo ainda nomear e destituir o Primeiro-Ministro, bem como outros membros do Governo (mediante indicação do Primeiro-Ministro). Ao Primeiro-Ministro cabe a função de Chefe de Governo (nos termos dos arts. 20 e seguintes), e o art. 21 prevê que alguns de seus poderes podem ser delegados para Ministros. Em seu art. 13, a Constituição francesa prevê lei orgânica para dispor sobre outros cargos que deverão ser providos pelo Conselho de Ministros, e condições nas quais essas nomeações poderão ser delegadas ao Presidente da República.

No contexto parlamentarista, o art. 87, da Constituição Italiana de 1948, prevê competências do Presidente da República, com tarefas de Chefe de Estado e de representante da unidade nacional, enquanto o art. 95 cuida do Primeiro-Ministro (ou Presidente do Conselho de Ministros), a quem cabe dirigir a política geral do governo (pela qual é responsável), mantendo a unidade política e administrativa, bem como promovendo e coordenando atividades de Ministros (responsáveis por atos do Colegiado e, individualmente, por atos de seu Ministério). Esse mesmo art. 95 da Constituição Italiana prevê que lei determinará o número, as atribuições e a organização dos Ministérios.

O art. 120 da Constituição Portuguesa de 1976 cuida do Presidente da República como Chefe de Estado, ao passo em que os arts. 182 e seguintes dispõem sobre o Governo composto pelo Primeiro-Ministro, pelos Ministros de Estado e pelos Secretários e Subsecretários de Estado. O art. 183, n. 3, da ordem constitucional portuguesa fixa que número, designação e atribuições de Ministérios e Secretarias de Estado, bem como formas de coordenação entre eles. Conforme art. 201, 1, "a" e "b", compete ao Primeiro-Ministro dirigir a política geral e o funcionamento do Governo, coordenando e orientando a ação de todos os Ministros, e conduzindo o Governo e suas relações de caráter geral com demais órgãos do Estado. Por fim, nos termos do art. 201, 2, da mesma Constituição, compete aos Ministros executar a política definida para seus Ministérios, bem como assegurar relações de caráter geral entre Governo e demais órgãos do Estado, no âmbito dos respectivos Ministérios.

4. Direito internacional

Tratados internacionais celebrados pelo Brasil não cuidam de temas versados neste preceito constitucional.

5. Remissões constitucionais (outros artigos da Constituição) e legais (leis reguladoras)

Art. 1º, parágrafo único, art. 21, art. 49, V, art. 52, III, "e" e XI, art. 76, art. 84, I, II, IV, VI, XII e XXV, art. 87, art. 88, art. 127, art. 128, art. 129 e art. 131, todos do corpo permanente da Constituição de 1988, e art. 25 do ADCT do mesmo ordenamento.

6. Jurisprudência (STF e STJ): *leading cases*, principais posições e votos divergentes; tendências atuais no sentido da mudança da jurisprudência

A despeito de a ordem constitucional anterior ter sido marcada por várias delegações de competências, no RE 186623/RS, Pleno, m.v., *DJ* de 12.04.2002, p. 066, Rel. Min. Carlos Velloso, o STF declarou a inconstitucionalidade do art. 1º do Decreto-Lei 1.724/1979, bem como do art. 3º, I, do Decreto-Lei 1.894/1981, por violação à reserva absoluta de lei (ou estrita legalidade) e à indelegabilidade de funções (art. 6º da Constituição de 1967), porque esses atos normativos autorizaram o Ministro de Estado da Fazenda a aumentar, reduzir ou restringir estímulos fiscais concedidos pelos artigos 1º e 5º do Decreto-Lei 491/1969. Mas julgando com repercussão geral o RE 570.680, Rel. Min. Ricardo Lewandowski, Pleno, j. 28.10.2009, *DJe* de 04.12.2009 (Tema 53), o STF afirmou ser válido preceito infraconstitucional que atribui à Câmara de Comércio Exterior (CAMEX, órgão integrante do Poder Executivo da União) a faculdade de estabelecer alíquotas do Imposto de Exportação, porque não é atribuição privativa do Presidente da República, em face do art. 84, *caput*, IV, e parágrafo único, e art. 153, § 1º, da Constituição, e porque a atribuição discricionária se circunscreve ao disposto no Decreto-Lei 1.578/1977 e às demais disposições regulamentares.

No RMS 24.128/DF, Pleno, m.v., *DJ* de 1º.07.2005, p. 07, Rel. Min. Sepúlveda Pertence, o STF decidiu que a competência privativa do Presidente da República para prover cargos públi-

---

4. Tratamos com maiores detalhes do assunto nos comentários ao art. 84, IV, da Constituição.

cos abrange a de desprovê-los e, assim, é susceptível de delegação a Ministro de Estado nos moldes do art. 84, parágrafo único, da Constituição, de modo que foi considerada válida Portaria de Ministro de Estado expedida à luz do Decreto 3.035/1999 para demitir funcionário público ocupante do cargo de Policial Rodoviário Federal (após assegurados ao acusado o devido processo legal, o contraditório e a ampla defesa). No RMS 25.367/DF, *DJ* de 21.10.2005, p. 27, 1ª Turma, v.u., Rel. Min. Carlos Britto, o STF admitiu a validade da delegação promovida pelo Decreto 3.035/1999, escorado no art. 84, parágrafo único, da ordem de 1988, pelo qual o Presidente da República delegou a Ministros de Estado e ao Advogado-Geral da União competência para julgar processos administrativos e aplicar pena de demissão a servidores públicos federais, dentre outras medidas que especifica (facultado ao servidor o exercício da ampla defesa, e inexistente qualquer irregularidade na condução do respectivo processo administrativo disciplinar). Por simetria, também é legítima a delegação para que Secretários Estaduais apliquem penalidade de demissão a servidores do Poder Executivo (STF, RE 633.009 AgR, Rel. Min. Ricardo Lewandowski, j. 13.09.2011, 2ª Turma, *DJe* de 27-9-2011).

O Decreto 5.392/2005 do Presidente da República declarou estado de calamidade pública no setor hospitalar do Sistema Único de Saúde no Município do Rio de Janeiro, sendo requisitados (com base no art. 15 da Lei 8.080/1990), pelo Ministro de Estado da Saúde, bens, serviços e servidores afetos a hospitais indicados nesse decreto. Contudo, o art. 2º, § 1º, desse Decreto 5.392/2005 previu que, se necessário, o Ministério da Saúde poderia também requisitar outros serviços de saúde públicos e privados disponíveis, com vistas ao restabelecimento da normalidade dos atendimentos, o que foi considerado inválido pelo STF no RMS 25295/DF, Pleno, v.u., *DJ* de 05.10.2007, p. 22, Rel. Min. Joaquim Barbosa, por inconstitucionalidade da delegação, pelo Presidente da República ao Ministro da Saúde, das atribuições ali fixadas em face do art. 84, parágrafo único, da Constituição. Nesse mesmo julgamento, o STF também declarou a inconstitucionalidade do art. 2º, § 2º, do decreto impugnado, por ofensa à autonomia municipal e em virtude da impossibilidade de delegação, para o Ministro de Estado da Saúde, da prerrogativa de requisitar todos os recursos financeiros afetos à gestão de serviços e ações que se fizerem necessárias aos hospitais referidos nesse art. 2º do Decreto 5.392/2005.

Com base nas disposições do art. 66 da Lei 6.815/1980 (atualmente revogada pela Lei 13.445/2017) e do art. 1º do Decreto 3.447/2000, foi afirmado que o Presidente da República não renuncia à sua competência quando delega ao Ministro da Justiça (mediante ato administrativo por ele próprio assinado) a expulsão de estrangeiro do território nacional, o que o STF sempre reputou válido (HC 101.269, Relª. Minª. Cármen Lúcia, j. 03.08.2010, 1ª Turma, *DJe* de 20.08.2010, e HC 101.528, Rel. Min. Dias Toffoli, j. 09.12.2010, Pleno, *DJe* de 22.03.2011).

Na ADI 1.397 (*DJe* de 16.08.2022), o STF decidiu que o Presidente da República pode delegar atribuições a seus ministros mediante decreto, mesmo sem lei expressa a esse respeito, pois não há garantia constitucional de competência de ministério em face do Presidente da República (a quem cabe a direção superior da administração federal).

7. Referências bibliográficas

ALMEIDA, Fernanda Dias Menezes de, *Competências na Constituição de 1988*, 4ª ed., São Paulo: Ed. Atlas, 2007; BONAVIDES, Paulo, *História Constitucional do Brasil*, obra conjunta com Paes de Andrade, 3ª edição, Rio de Janeiro: Ed. Paz e Terra, 1991; BURDEAU, Georges, HAMON, Francis, et TROPER, Michel, *Droit Constitutionnel*, 26e édition, Paris: Librairie Générale de Droit et de Jurisprudence – L.G.D.J., 1999; CANOTILHO, José Joaquim Gomes, Legislação Governamental, in *As vertentes do Direito Constitucional contemporâneo*, coord. de Ives Gandra da Silva Martins em homenagem ao Prof. Manoel Gonçalves Ferreira Filho, Rio de Janeiro: Ed. América Jurídica, 2002; CASTRO, Carlos Roberto Siqueira, *O Congresso e as Delegações Legislativas*, Rio de Janeiro: Ed. Forense, 1986; CHAUVIN, Francis *Administration de l'État*, 4ᵉ édition, Paris: Ed. Dalloz, 1994; CLÈVE, Clèmerson Merlin, *Atividade Legislativa do Poder Executivo no Estado Contemporâneo e na Constituição de 1988*, São Paulo: Ed. Revista dos Tribunais, 1993; CORWIN, Edward S., *El poder ejecutivo*, Buenos Aires: Editorial Biliografica Argentina, 1959; FAVOREU, Louis, coordonnateur, *Droit Constitutionnel*, Paris: Dalloz, 1998; FERRAZ, Anna Candida da Cunha, *Conflito entre os poderes – o poder congressual de sustar atos normativos do Poder Executivo*, São Paulo: Ed. Revista dos Tribunais, 1994; FERREIRA FILHO, Manoel Gonçalves, *Do Processo Legislativo*, 4ª ed., São Paulo: Ed. Saraiva, 2001; FRANCISCO, José Carlos, *Função Regulamentar e Regulamentos*, Rio de Janeiro: Ed. Forense, 2009; GASPARINI, Diógenes, *Poder Regulamentar*, São Paulo: Ed. José Bushatsky, 1978; GRANDGUILLAUME, Nicolas, *Théorie générale de la bureaucratie*, Paris: Econômica, 1996; LOEWENSTEIN, Karl, *Teoría de la Constitución*, 2ª edición, Barcelona: Ediciones Ariel, 1970; MIRANDA, Pontes de, *Comentários à Constituição de 1967 com a Emenda n. 1 de 1969*, 3ª ed., Tomo I, Rio de Janeiro: Ed. Forense, 1987; MORAES, Alexandre de, *Presidencialismo*, São Paulo: Atlas, 2004; NUGENT, Neill, *Government and Politics of the European Union*. London: Macmillan, 1999; RÁO, Vicente, *As Delegações Legislativas no Parlamentarismo e no Presidencialismo*, São Paulo: Ed. Max Limonad, 1966; RENAULT, Christiana Noronha, *Os Sistemas de governo na República*, Porto Alegre: Sérgio Antonio Fabris Editor, 2004; SALDANHA, Nelson, *O Estado Moderno e a Separação de Poderes*, São Paulo: Ed. Saraiva, 1987; SAMPAIO, Nelson de Souza, *O processo Legislativo*, São Paulo: Ed. Saraiva, 1968; SARTORI, Giovanni, *Engenharia constitucional: como mudam as constituições*, trad. Sérgio Bath, Brasília: UnB, 1996; SCHWARTZ, Bernard, *Direito Constitucional Americano*, trad. de Carlos Nayfeld, Rio de Janeiro: Ed. Forense, 1966; SILVA, José Afonso da, *Comentário Contextual à Constituição*, 3ª ed., São Paulo: Ed. Malheiros, 2007; TAMER, Sergio Victor, *Fundamentos do Estado democrático e a hipertrofia do executivo no Brasil*, Porto Alegre: Sérgio Antonio Fabris Editor, 2002; TAVARES, André Ramos, *Fronteiras da Hermenêutica Constitucional*, São Paulo: Ed. Método, 2006; VELLOSO, Carlos Mário da Silva, A delegação legislativa – a legislação por associações, in *Temas de Direito Público*, Belo Horizonte: Livraria Del Rey, 1994.

8. Comentários

8.1. Presidencialismo moderno e desconcentração

Em qualquer sistema de governo, o exercício das funções confiadas ao Chefe do Poder Executivo exige auxílio direto por parte de pessoas de sua confiança (Ministros de Estado ou Secretários), aspecto que ganha relevo em face do dinamismo e da complexidade da sociedade contemporânea, notadamente em políticas públicas com conteúdo socioeconômico. Nos sistemas parlamentaristas, Ministros de Estado (geralmente reunidos em Conselhos) podem deter expressiva autonomia em face do Chefe de Governo e do Chefe de Estado, mas nos sistemas presidencialistas, Ministros ocupam posição substancialmente subordinada ao Chefe do Poder Executivo (no caso brasileiro, com nomeação e demissão decidida de modo unilateral pelo Presidente da República).

Além da partilha de tarefas com Ministros de Estado ou Secretários, o exercício de funções confiadas ao Poder Executivo exige ampla desconcentração para vários órgãos da administração direta e também descentralização para entes da administração indireta[5]. O art. 76 da Constituição vigente prevê que o Poder Executivo é exercido pelo Presidente da República, auxiliado pelos Ministros de Estado, mas esse preceito deve ser contextualizado com o restante do ordenamento constitucional que trata de competências da Presidência da República e dos Ministérios (cúpula governamental), bem como da administração civil e militar (estrutura governamental), integrada por servidores estatutários, empregados celetistas e demais prestadores, além de entes da administração indireta. Ministérios, Secretarias e demais órgãos que integram a administração direta do Poder Executivo estão subordinados hierarquicamente ao Presidente da República, de modo que, mediante desconcentração, recebem atribuições para o exercício de atividades de interesse público. A burocracia (ou tecnocracia), desde que adequadamente estruturada segundo dimensões e propósitos estatais, permite que a chefia do Poder Executivo se apoie em estrutura com formação técnica capaz de viabilizar decisões políticas governamentais no complexo e dinâmico ambiente contemporâneo[6].

8.2. Delegação de funções de Chefe de Estado e de Chefe de Governo

O art. 84, parágrafo único, da Constituição permite que as atividades privativas do Presidente da República, previstas nos incisos VI, XII e XXV (primeira parte) desse mesmo art. 84, sejam delegadas a Ministros de Estado, ao Procurador-Geral da República ou ao Advogado-Geral da União, que observarão limites traçados nas respectivas delegações (feitas por lei ou por decreto). Podem ser delegadas atribuições para dispor sobre organização e funcionamento da administração federal (quando não implicarem aumento de despesa nem criação ou extinção de órgãos públicos), para tratar de extinção de funções ou cargos públicos (quando vagos), para conceder indulto e comutar penas (com audiência, se necessário, de órgãos instituídos em lei), e para prover cargos públicos federais (na forma da lei).

As atribuições descritas no art. 84, VI e XXV (primeira parte), da Constituição de 1988 são próprias de Chefe de Governo no tocante à Administração Pública, e as mencionadas no inciso XII do mesmo art. 84 (concessão de indulto e de comutação de penas, com audiência dos órgãos instituídos em lei, se necessário) são tarefas próprias de Chefe de Estado do Presidente da República. A delegação baseada no art. 84, parágrafo único, da Constituição, não muda a natureza do ato jurídico, mas apenas contextualiza o exercício da atribuição no dinâmico contexto contemporâneo, no qual as múltiplas funções confiadas ao Presidente da República impõem a desconcentração para seus auxiliares, mesmo em se tratando de atividades privativas do Chefe do Poder Executivo[7].

8.3. Delegatários: Ministros de Estado, Advogado-Geral da União, Procurador-Geral da República e demais autoridades

Delegações previstas no art. 84, parágrafo único, do ordenamento de 1988, incluem Ministros de Estado como delegatários de atividades pertinentes a seus Ministérios, providência lógica por se tratar de auxiliares diretos do Presidente da República no exercício do Poder Executivo. O Advogado-Geral da União também pode ser delegatário das competências previstas no art. 84, parágrafo único, da Constituição (em relação às atividades da advocacia pública federal), porque, nos termos do art. 131 da Constituição, cabe a ele a chefia de instituição encarregada de representar a União (judicial e extrajudicialmente), bem como prestar consultoria e assessoramento jurídico ao Poder Executivo, agregando diversos órgãos de apoio (incluindo carreiras de Procuradores Federais e de Procuradores da Fazenda Nacional).

Ministros de Estado e o Advogado-Geral da União integram grupo de confiança do Chefe do Presidente da República, e a formatação jurídica do Poder Executivo torna *interna corporis* delegações escoradas no art. 84, parágrafo único, da Constituição[8].

Curiosa é a manutenção do Procurador-Geral da República no rol de possíveis delegatários nesse art. 84, parágrafo único, da ordem de 1988, pois se é verdade que na vigência da Carta de 1967 (com a Emenda 01/1969) o Ministério Público da União era vinculado ao Poder Executivo (p. ex., fazia a defesa em algumas ações judiciais, tarefa agora exercida pela Advocacia-Geral da União), o mesmo não se deu na Constituição de 1988, perante a qual essa instituição obteve ampla e relevante autonomia. De um lado, a ordem constitucional vigente sugere a inclusão do Ministério Público no âmbito do Poder Executivo, p. ex., prevendo três poderes (art. 2º), prosseguindo com iniciativa privativa do Presidente da República para leis que disponham sobre a organi-

---

5. Sobre descentralização e desconcentração na administração do Estado, remetemos o leitor aos nossos comentários ao art. 84, II, da Constituição, bem como a Francis Chauvin, *Administration de l'État*, 4e édition, Paris: Ed. Dalloz, 1994.

6. Estudada desde Max Weber, a burocracia deve ser vista como uma necessidade do corpo social, embora subordinada e controlada. Sobre o tema, Nicolas Grandguillaume, *Théorie générale de la bureaucratie*, Paris: Econômica, 1996, p. 95 e s.

7. Sobre o assunto, conferir nossos comentários ao art. 76 da Constituição.

8. Não é possível falar em desconcentração mas sim em descentralização no caso de delegação de funções do Presidente da República para o Procurador-Geral da República, por conta da autonomia funcional assegurada pelo ordenamento constitucional ao Ministério Público da União.

zação do Ministério Público da União, bem como normas gerais para a organização do Ministério Público dos Estados, do Distrito Federal e dos Territórios (art. 61, § 1º, II, "d"), com delegação de funções do Presidente da República ao Procurador-Geral da República (art. 84, parágrafo único), e com nomeação e destituição do Procurador-Geral da República por iniciativa do Presidente da República, precedida de autorização do Senado Federal (art. 128, §§ 1º a 3º). De outro lado, no art. 62, § 1º, I, "c" (com redação da Emenda 32/2001) e no art. 68, § 1º, o Constituinte de 1988 vedou a edição de medidas provisórias e de leis delegadas sobre a organização do Ministério Público, a carreira e a garantia de seus membros, e no art. 85, II, prevê como crime de responsabilidade os atos do Presidente da República que atentem contra o livre exercício do Ministério Público. Além disso, a Constituição traz disposições que exigem esforço para serem harmonizadas (conclusão inevitável por terem sido positivadas pelo Constituinte Originário), como, p. ex., a atribuição "privativa" do Presidente da República prevista no art. 61, § 1º, II, "d", negada pelas atribuições do Ministério Público do art. 127, § 2º ao § 6º, e do art. 128, § 5º, dispondo que leis complementares da União e dos Estados (cuja iniciativa é facultada aos respectivos Procuradores-Gerais) para tratar da organização, das atribuições e do estatuto de cada Ministério Público. Décadas de eficácia jurídica do sistema constitucional de 1988 provaram que o Ministério Público da União detém importante autonomia funcional em relação ao Presidente da República (cuja escolha do Procurador-Geral em lista tríplice é mecanismo próprio e usual da separação de poderes), razão pela qual a inclusão formal do *parquet* no Poder Executivo (para conciliação com o art. 2º da Constituição) ou alocação como efetivo poder independente dos demais é preocupação menor e sem efeitos relevantes.

Embora improvável, o Procurador-Geral da República, na chefia do Ministério Público da União (integrado pelo Ministério Público Federal, Ministério Público do Trabalho, Ministério Público Militar e Ministério Público do Distrito Federal e Territórios), pode receber delegações previstas no art. 84, parágrafo único, da Constituição, configurando delegação *externa corporis* em razão de seu elevado grau de autonomia funcional.

Secretários de Estado e demais autoridades que se reportam diretamente ao Presidente da República, nas chefias de suas pastas (p. ex., Secretarias com *status* de Ministérios), também podem ser delegatários das tarefas mencionadas no art. 84, parágrafo único, da Constituição, porque desfrutam da mesma relação de confiança e de elevada atribuição funcional, tais quais as de Ministros de Estado.

8.4. Funções e matérias delegáveis

Ao se referir aos incisos VI, XII e XXV (primeira parte) do art. 84 da Constituição, o parágrafo único desse mesmo preceito indica quais atribuições privativas e quais matérias podem ser delegadas pelo Presidente da República a Ministros de Estado, ao Procurador-Geral da República ou ao Advogado-Geral da União. Não há restrições expressas quanto a quem podem ser confiadas essas atribuições e matérias, mas tratando-se de temas privativos a serem destinados a membros do alto escalão do Poder Executivo, deve ser observada pertinência temática da tarefa em relação ao delegatório, além de inerentes parâmetros discricionários e vedações à renúncia da função por parte do Presidente da República.

No que tange à concessão de indulto e comutação de penas, a delegação deve ficar restrita a Ministros de Estado vinculados à área jurídica ou de segurança pública e, quando muito, ao Advogado-Geral da União. Essas medidas são contrárias às tarefas de investigação e de acusação confiadas ao Ministério Público pelo ordenamento constitucional, além de expressarem juízo político que não é inerente ao perfil técnico exigido do Procurador-Geral da República, não bastasse a independência funcional do chefe do *parquet* (obstáculo para tarefas delegadas dessa ordem). A racionalidade e a funcionalidade do sistema normativo impedem que o Chefe do Ministério Público conceda indulto ou comutação de penas derivadas de ações penais que contaram com importante participação (na investigação e na acusação) da infraestrutura de sua própria instituição.

Quanto ao modo ou instrumento de exercício de função normativa delegada, o delegatário o fará mediante ato normativo próprio (p. ex., portarias, uma vez que decreto é ato exclusivo do Presidente da República) para cuidar de organização e funcionamento da administração federal (quando não implicar aumento de despesa nem criação ou extinção de órgãos públicos) e de extinção de funções ou cargos públicos (quando vagos), bem como para prover cargos públicos federais (na forma da lei), sempre com relação a assuntos de seu Ministério ou órgão. A discricionariedade para o mérito dessas medidas será na extensão da delegada pelo Presidente da República (no silêncio, terá a mesma extensão).

Em razão da impessoalidade de ocupantes de cargos públicos e da continuidade da governabilidade, delegações feitas por uma Presidência da República serão automaticamente prorrogadas para o governo que a suceder, mesmo quando o ato de delegação for acompanhado de critérios materiais ou objetivos traçados por Presidentes da República que já deixaram o cargo. E porque o Presidente da República não pode renunciar a suas atribuições privativas (que permanecem em seu âmbito de responsabilidades), delegações podem ser modificadas ou cessadas a qualquer tempo.

8.4.1. Rol taxativo de competências delegáveis e subdelegações

O rol de competências privativas conferidas pelo art. 84 da Constituição ao Presidente da República é taxativo (e não exemplificativo, ainda que essa lista não seja exaustiva), daí porque não é possível ampliar as matérias delegáveis ou as autoridades delegatárias[9]. A impossibilidade de ampliação material e pessoal advém do fato de as competências privativas previstas no art. 84 da ordem de 1988 representarem exceção à regra geral da precedência ou preferência da lei, de maneira que, se as competências privativas do Chefe do Poder Executivo não podem ser ampliadas, com maior razão também não poderão ser delegações dessas mesmas competências.

Essa ampliação material e pessoal é também vedada pela indelegabilidade de funções inerente ao art. 1º, *caput*, I e II, e ao parágrafo único do ordenamento constitucional. O povo (por suas forças materiais formadoras de opinião, e por representa-

---

9. Sobre o assunto, conferir nossos comentários ao art. 84, *caput*, da Constituição.

ções formalmente investidas de função constituinte) possui a titularidade do poder legítimo, cujo exercício é confiado por ordenamentos constitucionais a instituições estatais no interesse social e público, de maneira que, assim, Legislativo, Executivo e Judiciário já exercem competências delegadas pelo povo na forma da Constituição. Subdelegações serão admitidas apenas se expressamente previstas no ordenamento constitucional (*delegatus delegare non potest* ou *delegatas potestas delegari non potest*).

8.4.2. Art. 25 do ADCT e delegações excepcionais

O art. 25 do ADCT previu a revogação, em 180 dias da promulgação da ordem de 1988, de todos os dispositivos legais que atribuíam ou delegavam, a órgão do Poder Executivo, competência assinalada pela nova Constituição ao Congresso Nacional. Com esse comando, o Constituinte procurou estancar a forte delegação de competências feitas pelos sistemas constitucionais pretéritos ao Poder Executivo e seus órgãos, especialmente no que tange a ação normativa e a alocação ou transferência de recursos de qualquer espécie[10]. O art. 25 do ADCT revogou os preceitos que promoviam essas delegações de atribuições, e não atos normativos validamente editados no exercício dessas competências.

Visando restaurar a ordem democrática, o Constituinte de 1988 expurgou de toda e qualquer delegação incompatível com as atribuições do Congresso Nacional determinadas pela nova ordem constitucional, tendo sido prudente ao assegurar vigência temporária às antigas atribuições de competências por até 180 dias da promulgação da Constituição, e ainda a possibilidade de lei nova prorrogando essas delegações (por tempo certo ou indeterminado)[11].

O art. 25 do ADCT trata de delegações de competência *externa corporis*, dirigindo-se a disposições normativas que confiavam atribuições a órgão do Poder Executivo nos sistemas constitucionais anteriores e que, na Constituição de 1988, passaram (ou retornaram) ao âmbito da reserva absoluta de lei (estrita legalidade) ou exclusivo do Congresso Nacional. Não nos parece que esse preceito do ADCT seja aplicável a delegações de competência *interna corporis* (para casos nos quais preceitos delegaram atribuições a órgão do Poder Executivo nos sistemas constitucionais anteriores, e que Constituição de 1988 assegurou privativamente ao Presidente da República). Com conteúdo próprio para período de transição entre estado de exceção substituído por estado de direito (justiça restauradora ou de transição), se o art. 25 do ADCT admitiu prorrogação de delegações de competências que a Constituição de 1988 direcionou ao Congresso Nacional (*externa corporis*), com maior razão admite a prorrogação de competências delegadas no âmbito do próprio Poder Executivo (*interna corporis*).

8.4.3. Controle político e jurídico da delegação

É inerente a qualquer delegação a possibilidade de a autoridade delegante restringir ou limitar as atribuições que delega, de modo que o Presidente da República tem a faculdade de delegar ou não suas competências privativas, mas uma vez feita a delegação, o Chefe do Poder Executivo tem o dever de controlar sistematicamente o exercício de sua função privativa que delegou. O art. 84, parágrafo único, da Constituição, expressamente consignou a exigência de as autoridades delegadas observarem limites traçados nas respectivas delegações, expondo suas atividades ao controle político e jurídico por parte do Presidente da República.

Autoridades delegadas podem receber diferentes extensões de discricionariedade para o exercício das funções transferidas pelo Presidente da República (p. ex., é ampla é liberdade delegada para a edição de regulamentos autônomos de que trata o art. 84, VI, "a", ao passo em que é diminuta a discricionariedade em se tratado do provimento dos cargos, no caso do inciso XXV, do mesmo art. 84 do ordenamento de 1988).

A delegação de que trata o art. 84, parágrafo único, da Constituição pode ter prazo indeterminado sem que isso importe em renúncia de competência, pois o Presidente da República poderá, a qualquer tempo, revogar a delegação. No caso de Ministros de Estado e do Advogado-Geral da União (cargos de livre nomeação pelo Presidente da República), a ofensa aos limites da delegação pode ensejar a perda do cargo da autoridade delegatária (sem prejuízo de outras sanções, como crime de responsabilidade). No que concerne ao Procurador-Geral da República, no caso de violação de limites da delegação, também sem prejuízo de outras sanções, o desligamento por iniciativa do Presidente da República deverá ser precedido de autorização da maioria absoluta do Senado Federal, já que o Procurador-Geral é nomeado para mandato de 02 anos, permitida a recondução (art. 52, III, "e", e XI, e art. 128, §§ 1º e 2º, da Constituição).

A exemplo do que ocorre com atos de competência privativa praticados diretamente pelo Presidente da República, atos das autoridades delegadas também estão sujeitos a controle político e jurídico pelo Congresso Nacional (art. 49, V e X, da Constituição), além do controle preventivo das contas públicas (na elaboração da lei orçamentária) e repressivo (com o auxílio do Tribunal de Contas da União).

Em se tratando de atos vinculados praticados por autoridades delegadas, o controle jurídico pelo Poder Judiciário se ampara na inafastabilidade da apreciação jurisdicional (ou do livre acesso ao Judiciário, art. 5º, XXXV, da Constituição), podendo alcançar vícios formais e de mérito. Contudo, no caso de matéria *interna corporis*, temas confiados à discricionariedade e em questões políticas, o Poder Judiciário pode fazer controle de aspectos formais e, excepcionalmente, de aspectos de mérito (em casos de violação manifesta ou objetiva dos limites confiados às autoridades delegadas).

8.5. Preceito extensível e preceito estabelecido indireto

O art. 84 da Constituição Federal traz tanto disposições que são princípios estabelecidos indiretos (restando como vedações a Governadores e Prefeitos) quanto princípios extensíveis (normas

---

10. A despeito do conteúdo do art. 83, parágrafo único, da Carta de 1967, e do art. 81, parágrafo único, da mesma Carta, com a redação da Emenda 01/1969, registramos as extraordinárias delegações de competência feitas por atos institucionais, por normas complementares e até mesmo por leis e decretos-leis.

11. Com fundamento no art. 25 do ADCT, foram prorrogadas algumas competências delegadas, dentre elas, pela Lei 7.770/1989 (Conselho Interministerial de Preços) e pela Lei 7.763/1989 (competência do Presidente da República para fixar os efetivos das forças armadas). Já o art. 73 da Lei 9.069/1995 prorrogou competências do Conselho Monetário Nacional – CMN até a promulgação da lei complementar referida no *caput* do art. 192 da Constituição vigente (situação inalterada com a nova redação dada pela Emenda 40/2003 ao art. 192, *caput*, da Constituição).

de reprodução obrigatória que devem ser transpostas para o âmbito estadual, distrital e municipal pela simetria)[12].

Competências delegáveis do art. 84, XII, da Constituição, representam princípios estabelecidos indiretos, tendo em vista que a concessão de indulto e a comutação de penas (com audiência dos órgãos instituídos em lei, se necessário) são tarefas próprias de Chefe de Estado do Presidente da República, razão pela qual não são extensíveis a Governadores e Prefeitos, e, por consequência, não há que se falar em delegação nos termos do parágrafo único desse mesmo art. 84. Já competências previstas no art. 84, VI e XXV (primeira parte), da Constituição de 1988, são princípios extensíveis porque compreendem atribuições de Chefe de Governo no tocante à administração pública, de modo que Governadores do Estado ou do Distrito Federal poderão delegar tais funções a Secretários Estaduais, ao Procurador-Geral do Estado e ao Procurador-Geral de Justiça, ao passo que Prefeitos poderão atribuir essas mesmas funções a Secretários Municipais e ao Procurador-Geral do Município.

Caso o Município não tenha Procuradoria Municipal, mas advogados contratados ou colaboradores, a delegação não poderá ser feita pelo Prefeito Municipal a eventual chefe desses advogados que não ocupe cargo público, tendo em vista a excepcionalidade da delegação (que impõe interpretações restritivas) e a natureza típica de função de Estado (o que impõe a delegação para integrante de carreira de Estado), sobretudo no que concerne às matérias previstas no art. 84, VI e XXV (primeira parte), da Constituição.

Em caso de Território, Governador poderá fazer delegação para seus Secretários, bem como para autoridades criadas nos moldes do art. 21, XIII, e do art. 33, § 3º, da Constituição (exatamente por se tratar de função de Estado), ou, em não havendo, ainda, aqueles que atuem nas funções equivalentes à chefia da Advocacia Pública e do Ministério Público vinculados ao Território. Porque atualmente o Ministério Público do Distrito Federal e Territórios integra o Ministério Público da União, cuja chefia é confiada ao Procurador-Geral da República, por certo será válida a eventual (e improvável) delegação de competência feita por Governador de Território ao chefe do *parquet* da União, sendo igualmente válida se assim for feita ao Procurador-Geral do Ministério Público do Distrito Federal e Territórios (por correspondência simétrica com Procurador-Geral de Justiça).

SEÇÃO III
DA RESPONSABILIDADE DO PRESIDENTE DA REPÚBLICA

Art. 85. São crimes de responsabilidade os atos do Presidente da República que atentem contra a Constituição Federal e, especialmente, contra:

I – a existência da União;

II – o livre exercício do Poder Legislativo, do Poder Judiciário, do Ministério Público e dos Poderes constitucionais das unidades da Federação;

III – o exercício dos direitos políticos, individuais e sociais;

IV – a segurança interna do País;

V – a probidade na administração;

VI – a lei orçamentária;

VII – o cumprimento das leis e das decisões judiciais.

Parágrafo único. Esses crimes serão definidos em lei especial, que estabelecerá as normas de processo e julgamento.

Lenio Luiz Streck
Marcelo Andrade Cattoni de Oliveira
Alexandre Bahia
Diogo Bacha e Silva

1. Histórico da norma

Texto original.

2. Constituições anteriores

Constituição de 1824, art.99; Constituição de 1891, art. 54; Constituição de 1934, art. 57; Constituição de 1937, art. 85; Constituição de 1946, art. 89; Constituição de 1967, art. 84; Constituição de 1969, art. 82.

3. Dispositivos constitucionais relacionados

Arts. 51, I, e 52, I e parágrafo único.

4. Constituições estrangeiras

Constituição dos EUA (art. 1º, Sc. 3, VI e VII), Constituição de Portugal (arts. 163, "c", e 190-196); Constituição da Espanha (art. 56, 3 e art. 102); Constituição da Itália (art. 90).

5. Legislação

Lei 1.079/50; Lei 8.038/90, Lei 10.028/2000, Decreto-lei 201/67, Regimento Interno da Câmara dos Deputados (art. 217 e s.) e Regimento Interno do Senado Federal (art. 377 e s.).

6. Jurisprudência

Jurisprudência. Súmula Vinculante 46 – STF: "A definição dos crimes de responsabilidade e o estabelecimento das respectivas normas de processo e julgamento são de competência legislativa privativa da União". Súmula 722 – STF: "São da competência legislativa da União a definição dos crimes de responsabilidade e o estabelecimento das respectivas normas de processo e julgamento". Na mesma linha: ADI 1.628-MC; ADI 834; ADI 2.050-MC, ADI 2.220 e ADI 2.235-MC; MS 21.564 (recepção em parte da Lei 1.079/50); MS 21.564 e MS 21.623 (*Impeachment* do Presidente Collor: na Câmara se dá o juízo político de admissibilidade, verifica-se se a acusação é consistente, se possui alegações plausíveis e fundamentadas e razoáveis; a votação deve ser nominal – recepção do art. 23 da Lei 1.079/50; processamento e o julgamento do *Impeachment* contra o Presidente da República –

---
12. Sobre o assunto, remetemos o leitor aos nossos comentários ao art. 84, *caput*.

foro: Senado Federal; não aplicabilidade aos Senadores, ainda que exercendo função "judicialiforme" das regras de suspeição e impedimento, próprias dos magistrados; o devido processo legal, com a garantia de ampla defesa e contraditório, estão garantidas em todo o processo de *Impeachment*, mais limitado na Câmara, dadas as peculiaridades, mas principalmente no Senado). Rcl 2.138-DF (distinção entre Crime de Responsabilidade de Agentes Políticos e Improbidade Administrativa dos servidores públicos em geral); ADI 976, ADI 1.021 e HC 102.732 (as Constituições dos Estados não podem estender aos Governadores as prerrogativas de Chefe de Estado previstas nos §§ 3º e 4º do art. 86). Ver também: Inq. 392, Inq. 516, Inq. 571, Inq. 567-QO, RTJ 144/136, RTJ 107/15, RTJ 143/710, RDA 156/11, RF 221/55. MS 33.837, decisão monocrática do Relator Ministro Teori Zavascki (procedimento do *impeachment* submete-se à reserva de lei especial, e não só a definição dos crimes); MS 33.838, decisão monocrática da Relatora Ministra Rosa Weber (definição do rito do *impeachment* não é ato de natureza *interna corporis*, visto que apresenta tema de envergadura constitucional); Rcl 22.124, liminar da Relatora Ministra Rosa Weber (a fixação de prazos, procedimentos, legitimidade no processo de *impeachment* por ato da Presidência da Câmara dos Deputados ofende o enunciado 46 da Súmula Vinculante do Supremo Tribunal Federal); MS 20.941 (natureza do *impeachment*, papel do Supremo Tribunal Federal); MS 34.441 (perda de objeto do Mandado de Segurança que busca anular processo de *impeachment* após o término do período mandato); MS 34.193 (impossibilidade do STF substituir o mérito do juízo de admissibilidade da Câmara dos Deputados).

ADPF 378 (Definição do rito do *impeachment*. Não recepção pela Constituição de 1988 de dispositivos da Lei 1.079/50 e interpretação conforme, nos seguintes termos: a) inexistência de defesa prévia ao ato de recebimento do pedido de *impeachment* pelo Presidente da Câmara dos Deputados; b) aplicação subsidiária do Regimento Interno da Câmara dos Deputados e do Senado Federal ao processo de *impeachment*, desde que compatíveis com a Constituição e com os preceitos legais; c) não recepção dos arts. 22, *caput*, § 2º, segunda parte que se inicia com a expressão "No caso contrário....", §§ 1º, 2º, 3º e 4º da Lei 1.079/50, que determinam a dilação probatória e segunda deliberação da Câmara dos Deputados, partindo do pressuposto de que cabe a tal casa pronunciar-se acerca do mérito da acusação; d) a proporcionalidade na Comissão Especial pode ser aferida tanto em relação aos partidos políticos quanto aos blocos parlamentares; e) direito da defesa de se manifestar após a acusação; f) interrogatório deve ser o ato final da instrução; g) o recebimento da denúncia no Senado Federal só ocorrerá após a decisão do plenário, com votação nominal e pela maioria simples; h) aplicação analógica ao processo de *impeachment* contra Presidente da República no Senado Federal dos arts. 44, 45, 46, 47, 48 e 49 da Lei 1.079/50, que definem o rito do processo de *impeachment* dos Ministros do Supremo Tribunal Federal e do Procurador-Geral da República; i) não recepção dos arts. 23, §§ 1º, 4º e 5º; 80, primeira parte; e 81, da Lei 1.079/50, que estabelecem o papel da Câmara dos Deputados e do Senado Federal de modo incompatível com os arts. 51, I; 52, I, e 86, § 1º, II, da CF/88; j) desnecessidade de os senadores se apartarem da função acusatória para julgarem com imparcialidade; k) não aplicação das causas de suspeição e impedimento previstas no Código de Processo Penal relativamente ao presidente da Câmara dos Deputados).

Inq 4.483 AgR e Inq 4.327 AgR-segundo (a imunidade material decorrente do § 4º do art. 86 não é extensível a codenunciados).

ADI 5.540 (a extensão do art. 86, *caput*, e § 1º, I, da CF/88 para Governadores de Estado é inconstitucional por usurpação de prerrogativa exclusiva do Presidente da República).

ADPF 402-MC (os substitutos eventuais do Presidente da República não podem exercer o ofício de Presidente da República caso respondam a processos criminais perante o STF).

Inq. 4.483 QO (o juízo político da Câmara dos Deputados em caso de envolvimento do Presidente da República em crimes comuns precede o juízo jurídico do Supremo Tribunal Federal para decidir qualquer questão, inclusive eventual pedido defensivo).

PET 8875/DF (a denúncia de cidadão de crime de responsabilidade cometido por Ministro de Estado será recebida como notícia-crime pelo PGR, que tem o monopólio para ofertar a denúncia perante o STF por suposto crime de responsabilidade).

7. Seleção de literatura

BACHA E SILVA, Diogo; CATTONI DE OLIVEIRA, Marcelo Andrade. Repensar o Presidencialismo brasileiro desde o Sul: as instabilidades políticas, novo constitucionalismo latino-americano e a "morte cruzada". In BERCOVICI, Gilberto, SICSÚ, João, AGUIAR, Renan (orgs.). *Utopias para reconstruir o Brasil*. São Paulo: Quartier Latin, 2020, p. 313-339. BAHIA, Alexandre Gustavo Melo Franco de Moraes; BACHA E SILVA, Diogo; CATTONI DE OLIVEIRA, Marcelo Andrade (orgs.). *Impeachment e o Supremo Tribunal Federal*. 2. ed. Florianópolis: Empório do Direito, 2017. BAHIA, Alexandre Gustavo Melo Franco de Moraes; BACHA E SILVA, Diogo; CATTONI DE OLIVEIRA, Marcelo Andrade. *Impeachment* no constitucionalismo brasileiro: revisitando as instituições democráticas em busca da legitimidade constitucional. In STRECK, Lenio; NERY JR., Nelson; LEITE, George Salomão. *Crise dos Poderes da República*. São Paulo: Revista dos Tribunais, 2017. BAHIA, Alexandre, CATTONI DE OLIVEIRA, Marcelo Andrade, BACHA E SILVA, Diogo. Os contornos do *Impeachment* no Estado Democrático de Direito: historicidade e natureza da responsabilização jurídico-política no presidencialismo brasileiro. *Anuario de Derecho Constitucional Latinoamericano*, v. 22, p. 17-32, 2016. BAHIA, Alexandre; CATTONI DE OLIVEIRA, Marcelo Andrade; BACHA E SILVA, Diogo. O *Impeachment* e o Supremo. Disponível em: http://emporiododireito.com.br/, acesso em 16 jan. 2016. BAHIA, Alexandre; CATTONI DE OLIVEIRA, Marcelo Andrade; BACHA E SILVA, Diogo. *Impeachment*: apontamentos à decisão do STF na ADPF n. 378. Disponível em: http://emporiododireito.com.br, acesso em 16 jan. 2016. BARBALHO, João. *Comentários à Constituição Federal Brazileira*. Rio de Janeiro: Companhia Litho-Typographia, 1902. BARBOSA, Rui. *Commentarios à Constituição Federal Brasileira*. V. III – arts. 41-54. São Paulo: Saraiva, 1933. BARBOSA, Rui. *Obras completas de Rui Barbosa*, v. XVII, Tomo I. Rio de Janeiro: Ministério da Educação, 1946; BASTOS, Celso Ribeiro. Crime de responsabilidade e *impeachment*. *O Estado de São Paulo*, São Paulo, Caderno Economia & Negócios/Coluna Espaço Aberto, n. 36072, 23/07/1992, p. 2. BERGER, Raoul, *Impeachment*: A Countercritique. *Washington Law Review*, n. 49, p. 845-870, 1974. BIM, Eduardo Fortunato. A possibilidade de cumulação dos crimes de responsabilidade, *impeachment*, e da improbidade administrativa dos agentes políticos por distinção de suas naturezas jurídicas. *Revista de Direito do Estado*, n. 5, p. 197-241, jan./mar. 2007. BROSSARD, Paulo. *O impeachment: aspectos da responsabilidade política do Presidente da República*. 2. ed. São Paulo: Saraiva, 1992. BUENO, José Antonio Pimenta. *Direito publico brazileiro e analyse da Constituição do Imperio*. Rio de Janeiro: Typographia Imperial, 1857. CAMARGO, Margarida. O *Impeachment* em visão comparada Brasil-Estados Unidos. *Novos Estudos Jurídicos*, v. 25, p. 400-416, 2020. CATTONI DE OLIVEIRA, Marcelo Andrade; BAHIA, Alexandre; STRECK, Lenio. Breve Nota Crítica ao Relatório Anastasia: contra a admissibilidade do processo de *impeachment* por crime de responsabilidade da Presidente da República. Disponível em: https://emporiododireito.com.br/leitura/breve-nota-critica-ao-relatorio-anastasia-contra-a-admissibilidade-do-processo-de-impeachment-por-crime-de-responsabilidade-da-presidente-da-republica-por-lenio-luiz-streck-marcelo-andrade-cattoni-de-oliveira-e-alexandre-gustavo-melo-franco-de-moraes. CATTONI DE OLIVEIRA, Marcelo Andrade; BACHA E SILVA, Diogo. As decisões monocráticas em sede dos Mandados de Segurança n. 33.920, n. 33.921 e da ADPF 378 no controle judicial do processo legislativo de *Impeachment*. Disponível em: http://emporiododireito.com.br/, acesso em 16 jan. 2016. COMPARATO, Fábio Konder. Crime de responsabilidade: renúncia do agente; efeitos processuais. *Revista Trimestral de Direito Público*, n. 7, p. 82-96, 1994. CONSELHO FEDERAL DA ORDEM DOS ADVOGADOS DO BRASIL. *A OAB e o impeachment*. Brasília: OAB, 1993. CORWIN, Edward S. *The Constitution and what it means today*. Princeton: Princeton University Press, 1978. CRETELLA, Júnior José. *Do impeachment no direito brasileiro*. São Paulo: Revista dos Tribunais, 1992. CUNHA, Fernando Whitaker da. O Poder Legislativo e o *Impeachment. Revista de Informação Legislativa*, ano 29, n. 116, p. 31-38, out./dez. 1992. CUNHA, Sérgio Sérvulo da. Responsabilidade Administrativa e *Impeachment. Revista Trimestral de Direito Público*, n. 5, p. 225-233, 1994. DALLARI, Adilson Abreu. Crime de Responsabilidade do Prefeito. *Revista de Informação Legislativa*, ano 31, n. 121, p. 55-59, jan./mar. 1994. DWORKIN, Ronald. A Kind of Coup. *The New York Review of Books*, 14 jan. 1999. Disponível em: http://bit.ly/2MDV8Q, acesso em: 7 jul. 2023. ERGER, Raoul. Impeachment: *the constitutional problems*. Cambridge: Harvard University Press, 1973. FERREIRA, Pinto. *Curso de Direito Constitucional*. 9. ed. São Paulo: Saraiva, 1998. FIGUEIREDO, Paulo de. *Impeachment*: sua necessidade no regime presidencial. *Revista de Informação Legislativa*, ano 2, n. 6, p. 31-46, abr./jun. 1965. FRANCO, Ary Azevedo. *Em torno de* Impeachment. 1926. Tese de Cátedra da Faculdade de Direito da USP, São Paulo. GALUPPO, Marcelo Campos. Impeachment: *o que é, como se processa e como se faz*. 2. ed. Belo Horizonte: D`Plácido, 2016. GERHARDT, Michael J. The lessons of *impeachment* history. *The George Washington Law Review*, v. 67, n. 3, 1999. HAMILTON, Alexander; MADISON, James; JAY, John. *O Federalista*. Belo Horizonte: Líder, 2003. HORTA, Raul Machado. Improbidade e corrupção. *Revista de Direito Administrativo*, n. 236, p. 121-128, abr./jun. 2004. KADA, Naoko. The role of investigative committees in the presidential *impeachment* processes in Brazil and Colombia. *Legislative Studies Quarterly*, v. 28, n. 1, p. 29-54, fev. 2003. LIMA, Martonio Mont'Alverne Barreto. O Supremo Tribunal Federal e o delineamento da jurisdição constitucional. In VIEIRA, José Ribas (org.). *20 anos da constituição cidadã de 1988: efetivação ou impasse institucional?* Rio de Janeiro: Forense, 2008, p. 69. MENDES, Gilmar Ferreira; BRANCO, Paulo G. G. *Curso de Direito Constitucional*. 8. ed. São Paulo: Saraiva, 2013. MIRANDA, Pontes. *Comentários à Constituição de 1967*. Tomo III. São Paulo: Revista dos Tribunais, 1967. NETO, Almir Megali. As características distintivas dos crimes de responsabilidade na tradição republicana brasileira do *impeachment*. *Revista de Ciências do Estado*. Belo Horizonte: v. 6, n. 1, 2021. NETO, Almir Megali. *O impeachment de Dilma Rousseff perante o Supremo Tribunal Federal*. Belo Horizonte: Expert Editora, 2021. NOVELINO, Marcelo. *Manual de Direito Constitucional*. 8. ed. Rio de Janeiro: Forense, São Paulo: Método, 2013. NUNES, Diego, ROBBIO, Murilo Aparecido Carvalho da Costa. *Impeachment*: apontamentos para uma pesquisa histórico-jurídica sobre a Lei n. 1.079/1950. *Passagens. Revista Internacional de História Política e Cultura Jurídica*, v. 11, n. 3, p. 406-427, 2019. PÉREZ-LIÑÁN, Aníbal. *Presidential impeachment and the new political instability in Latin America*. Cambridge: Cambridge University Press, 2007. PONTES DE MIRANDA, Francisco Cavalcanti. *Comentários à Constituição da República dos E. U. do Brasil*. Tomo I – arts. 1-103. Rio de Janeiro: Guanabara, 1936-1937. MORAES, Alexandre de. *Direito Constitucional*. 20. ed. São Paulo: Atlas, 2013. RAKOVE, Jack N. Statement on the background and history of *impeachment*. *The George Washington Law Review*, v. 67, p. 682, 1999. RODRIGUES, Leda Boechat. *História do Supremo Tribunal Federal: doutrina brasileira do* habeas corpus. Tomo III, 1910-1926. Rio de Janeiro: Civilização Brasileira, 1991. SILVA, José Afonso da. *Curso de Direito Constitucional Positivo*. 24. ed. São Paulo: Malheiros, 2005. SOUZA, Maria Carmen Castro. *O crime de responsabilidade na legislação comparada:* o impeachment. Brasília: 1992. SUNSTEIN, Cass R. *Impeachment – a citizen's guide*. Cambridge: Harvard University Press, 2017. SUNSTEIN, Cass. Impeaching the President. *University of Pennsylvania Law Review*, v. 147, n. 2, 1998. TOCQUEVILLE, Alexis de. *A Democracia na América*. São Paulo: Martins Fontes, 1992. TRIBE, Laurence. *American Constitutional Law*. 3. ed. Nova York: Nova York Foundation Press, 2000. WHATERHOUSE, Price. *A Constituição do Brasil 1988 – comparada com a Constituição de 1967 e comentada*. São Paulo: Price Whaterhouse, 1989.

8. Comentários

8.1. Antecedentes no constitucionalismo norte-americano

É importante considerar que o instituto do *impeachment* foi adaptado para a tradição republicana a partir da experiência constitucional norte-americana. De um instituto largamente utilizado na experiência inglesa como arma política para afastar oficiais do Rei, inamovível, inclusive na colônia norte-americana, agora tem seu papel transformado de acordo com um sistema presidencialista de governo (SUNSTEIN, Cass R. *Impeachment – a citizen's guide*, cit., p. 2). Ele foi, nos dizeres de Cass Sunstein, o instituto que serviu como chave para o republicanismo e a limitação da concentração de poderes em torno da Presidência da República.

A Constituição dos EUA foi a primeira a dispor sobre o tema dentro da tradição republicana:

"6. Só o Senado poderá julgar os crimes de responsabilidade (*impeachment*). Reunidos para esse fim, os Senadores prestarão juramento ou compromisso. O julgamento do Presidente dos

Estados Unidos será presidido pelo Presidente da Suprema Corte: E nenhuma pessoa será condenada a não ser pelo voto de dois terços dos membros presentes.

7. A pena nos crimes de responsabilidade não excederá a destituição da função e a incapacidade para exercer qualquer função pública, honorífica ou remunerada, nos Estados Unidos. O condenado estará sujeito, no entanto, a ser processado e julgado, de acordo com a lei (art. 1º, Sc. 3, VI e VII)".

E, na Seção 4 do artigo II, "O Presidente, o Vice-Presidente, e todos os funcionários civis dos Estados Unidos serão afastados de suas funções quando indiciados e condenados por traição, suborno, ou outros delitos ou crimes graves".

No capítulo 65 de *O Federalista*, os autores discorrem sobre a importância do instituto, como forma de conter os abusos do Chefe do Executivo Federal. Para Hamilton, o *impeachment* seria um "freio posto nas mãos da legislatura, para conter nos limites dos seus deveres os agentes do Poder Executivo" (HAMILTON et al., *O Federalista*, cit., p. 395). Dentro da discussão Convenção Constitucional de julho de 1787, os convencionais votaram duas vezes a favor de que o presidente poderia ser removido por *malpractice* ou *neglect of duty*. Naquela oportunidade, muitos convencionais lembraram que os funcionários poderiam cometer ofensas que não estavam previstas como crimes por meio do *common law*. Para tanto, empregaram termos como *maladministration* ou *corrupt administration*. Apesar dessas discussões, o relatório do Committee of Eleven, de 4 de setembro de 1787, propôs que o Presidente fosse impedido por condenação de *treason or bribery*. George Mason fez uma moção para que fosse incluída a *maladministration* como terceiro elemento a possibilitar o impedimento, tentando retornar às discussões convencionais. Madison, então, se opôs ao impedimento de um Presidente por qualquer ato que pudesse ser chamado de *misdemeanors*, já que, para ele, qualquer coisa poderia se enquadrar nesse conceito vago. Mason, então, substituiu *maladministration* por *other high crimes and misdemeanors against the State*. A expressão *against the State* foi, posteriormente, suprimida por completo no projeto final da Constituição (RAKOVE, Jack N. Statement on the background and history of impeachment, op. cit., p. 682, 1999).

Portanto, na discussão convencional fica claro a preocupação dos constituintes norte-americanos em não dar um contorno de natureza criminal ao instituto, mas também, ao mesmo tempo, oferecer limitações objetivas para o poder do Senado. É que, dentro do sistema de governo que então se inaugurava, o impedimento era a principal arma para se conter a concentração de poderes em torno da figura do Presidente da República.

Sobre o tema, Alexis de Tocqueville comenta:

"A finalidade principal do julgamento político, nos Estados Unidos, é, portanto, retirar o poder daquele que o utiliza mal e impedir que esse mesmo cidadão volte a possuí-lo no futuro. É, como se vê, um ato administrativo a que se deu a solenidade de uma sentença. Nessa matéria, os americanos criaram algo misto. Deram à destituição administrativa todas as garantias do julgamento político e tiraram do julgamento político seus maiores rigores" (TOCQUEVILLE, *A Democracia na América*, cit., p. 124 [I, Cap. 7]).

Dentro da tradição republicana, o *impeachment* tem por função impedir que o ocupante dos altos cargos políticos acabe por desvirtuar o exercício dessas relevantes funções: do exercício de poder em prol da comunidade política, o agente público atua contra a ordem jurídica e acabaria por minar toda a estrutura institucional de separação de poderes. Por isso é que autores contemporâneos como Laurence Tribe sustentam que o *impeachment* é mecanismo de preservação das fronteiras constitucionais, do relacionamento entre os poderes, e um limite imposto para evitar os abusos de poder praticados pelos agentes públicos (TRIBE, Laurence. *American Constitutional Law*. 3. ed. Nova York: Nova York Foundation Press, 2000. p. 152). Não é, portanto, qualquer má-conduta do Presidente que pode constituir impedimento do exercício do cargo, mas apenas aquelas em que ocasionam um dano severo ao sistema constitucional. Esse foi o objetivo dos *founders* americanos e que anima a interpretação do instituto.

Muito se debateu e se debate acerca do conteúdo e da natureza das expressões utilizadas pelos pais fundadores na seção IV, sobretudo no que diz respeito à utilização de *high crime and misdemeanors*: "traição" (*treason*), "suborno" (*bribery*) e "graves crimes e contravenções" (*high crimes and misdemeanors*). É que, em uma leitura apressada do texto constitucional, a expressão *high crimes* poderia levar a crer que se trata de uma responsabilização de natureza penal. No entanto, na seção 3 do artigo, a Constituição norte-americana define que "a pena nos crimes de responsabilidade não excederá a destituição da função e a incapacidade para exercer qualquer função pública, honorífica ou remunerada, nos Estados Unidos". Daí deflui a sua natureza política.

No entanto, isso não eximiu a preocupação dos constitucionalistas norte-americanos em conhecer o significado e o limite dessa responsabilização, exatamente para evitar usos políticos que o desvirtuem. Se a Constituição norte-americana é sintética para se adequar ao modo de funcionamento do *common law*, Michael Gerhardt lembra que – e essa era a intenção dos fundadores – as condutas puníveis estavam implícitas no texto constitucional e caberia às gerações futuras o esforço de construir, caso a caso, os contornos do impedimento (GERHARDT, Michael, op. cit., p. 613).

Na história norte-americana, o primeiro processo de *impeachment* de um Presidente no exercício do cargo foi o de Andrew Johnson, em 1868. Envolvido em uma relação de tensão entre o Poder Executivo e o Poder Legislativo, a acusação era de que ele havia removido o Secretário de Guerra sem o consentimento do Senado Federal. Ao final do processo, o Senado não alcançou o quórum necessário para a remoção de Andrew Johnson.

Nos Estados Unidos, em razão da expressão contida na Constituição de que só o Senado poderá julgar os crimes de responsabilidade, não houve qualquer tentativa judicial de definir os limites do processo de *impeachment*, relegando o tema para a *political question doctrine*. No entanto, a ausência de *judicial review* sobre a matéria não significa uma licença para o Congresso ignorar os limites e obrigações impostos pelas normas constitucionais do *impeachment* (TRIBE, Laurence, op. cit., p. 153). Assim, o *impeachment* é entendido como o instrumento que tem o Poder Legislativo para a proteção do sistema constitucional contra abusos presidenciais. É, portanto, um julgamento político, mas que não pode ser exercido fora da quadratura constitucional, ou seja, embora o Senado tenha certa margem de discricionariedade quanto às hipóteses que caracterizam "traição", "suborno" ou "graves crimes e contravenções" e a definição desses conceitos, existem certos limites objetivos fornecidos pelo próprio Direito, pois, como alerta Raoul Berger, "um 'tribunal político' agindo puramente em considerações de conveniência política abortaria o projeto constitucional de colocar a remoção além do mero 'prazer' do Senado" (BERGER, Raoul, op. cit., p. 865). Cass Sunstein, por exemplo, adiciona a excepcionalidade com que o instituto foi tratado na história norte-americana. Em virtude de ser uma arma com poder destrutivo sobre a estabilidade nacional, a medida é adequada apenas em caso de abuso extraordinário, até mesmo como salvaguarda do processo eleitoral (SUNSTEIN, Cass. Impeaching the President, cit., p. 313). Foi essa mesma ideia que norteou Dworkin a comparar o *impeachment* como uma arma nuclear, sob pena de transformá-lo em um Golpe de Estado ao se utilizar formas constitucionais para a subversão dos próprios princípios constitucionais (DWORKIN, Ronald, op. cit.).

Tal é a excepcionalidade com que encaram o impedimento do Presidente da República que, após Andrew Johnson, Bill Clinton sofreu processo de *impeachment* e foi também absolvido e, recentemente, Donald Trump sofreu dois processos, sendo absolvido em ambos, mesmo com a sua participação na invasão do Capitólio.

8.2. A história do impeachment no constitucionalismo brasileiro – o contexto, seu surgimento e sua aplicação

Assim, no Brasil, a primeira previsão de crime de responsabilidade é realizada pela Constituição do Império, de 1824, para os Ministros de Estado (art. 133), para os Conselheiros de Estado (art. 143), para os juízes (art. 156), eis que, enquanto Poder Moderador, o Imperador não era sujeito à responsabilização (art. 99). A previsão dos crimes de responsabilidade, dentro da tradição imperial, se assemelhava ao *impeachment* do constitucionalismo inglês. Como apontava José Pimenta Bueno, a responsabilidade dos Ministros decorria do fato de que eram eles quem, de fato, exerciam o poder público (BUENO, José Antonio Pimenta. *Direito publico brazileiro e analyse da Constituição do Imperio*, cit., p. 114). A Lei de 15 de outubro de 1827 regulamentou a responsabilidade dos Ministros, assim como previu o procedimento em que delimitava a competência da Câmara dos Deputados para receber a acusação e do Senado Federal para o julgamento, conforme a previsão nos artigos 38 e 47, II, do texto constitucional. É interessante notar que, no caso da responsabilidade no contexto imperial, há uma natureza propriamente criminal para as condutas ali descritas como delitos. A própria Lei de 1827 tipificava as condutas e estabelecia penas que variavam entre a pena máxima de morte, a inabilitação perpétua para cargos de confiança, a suspensão do exercício de cargo e a pena de deserção. A intenção era punir a autoridade que havia praticado condutas consideradas lesivas à autoridade divina do Imperador. De qualquer sorte, essa previsão na tradição imperial não guarda nenhuma semelhança com os crimes de responsabilidade da tradição republicana.

Naturalmente, dentro da história de nosso constitucionalismo, é com a adoção da forma republicana de governo e do sistema presidencialista, a partir da Constituição de 1891, que se abre o horizonte para compreender os contornos do instituto do *impeachment*, sobretudo sua natureza jurídica e sua função dentro do Estado Democrático de Direito.

Dessa forma, junto com a República, adveio a previsão de responsabilização do Presidente da República nos arts. 53 e 54 da Constituição de 1891, regulamentada pelos Decretos n. 27 e 30, do ano de 1892 (NUNES, Diego; ROBBIO, Murilo Aparecido Carvalho da Costa. *Impeachment*: apontamentos para uma pesquisa histórico-jurídica sobre a Lei n. 1.079/1950, cit., 2019). Nesse primeiro momento, a técnica de responsabilização, de notável influência norte-americana, perdeu seu caráter penal para buscar apenas retirar o governante do cargo (BROSSARD, Paulo, op. cit.), mas mantendo, em alguma medida, a estrutura processual prevista na Lei de 15 de outubro de 1927. No tocante à responsabilidade do Presidente da República, segundo Pontes de Miranda, "não é só extremamente difícil apurar-se a responsabilidade de quem a assume quanto ao conjunto dos actos do Poder Executivo, como também homens experientes, que representaram num determinado momento o mais prestigiado dos nomes políticos, não se deixariam em malhas de delinquências" (PONTES DE MIRANDA, *Comentários à Constituição*, cit., p. 589).

O *impeachment* era, nas penas de Rui Barbosa, o mecanismo que assegura que um regime presidencialista não se transforme em uma ditadura. É a possibilidade de responsabilização pelo Congresso que faz com que, como ensinava a experiência norte-americana ao autor, o Presidente se mantivesse nos parâmetros constitucionalmente delineados para sua função (BARBOSA, Rui, op. cit.). Assim, a incorporação do instituto em nosso constitucionalismo foi feita sob inspiração do regime presidencialista de governo norte-americano, mas devidamente matizado pelo nosso sistema jurídico.

Enquanto na experiência constitucional norte-americana foram empregados termos vagos e genéricos como *high crimes and misdemeanors* para a definição de atos passíveis de remoção do Presidente por expressa vontade dos *founders*, na Constituição de 1891, o art. 54 contemplava um rol significativo de princípios constitucionais que deveriam ser resguardados contra atos do Presidente da República. Assim, disciplinava o artigo: "Art 54 – São crimes de responsabilidade os atos do Presidente que atentarem contra: 1º) a existência política da União; 2º) a Constituição e a forma do Governo federal; 3º) o livre exercício dos Poderes políticos; 4º) o gozo, e exercício legal dos direitos políticos ou individuais; 5º) a segurança interna do País; 6º) a probidade da administração; 7º) a guarda e emprego constitucional dos dinheiros públicos; 8º) as leis orçamentárias votadas pelo Congresso. § 1º – Esses delitos serão definidos em lei especial. § 2º – Outra lei regulará a acusação, o processo e o julgamento. § 3º – Ambas essas leis serão feitas na primeira sessão do Primeiro Congresso". Tal era a importância do instituto para o regime republicano e o sistema presidencialista, que o texto constitucional determinava que o rol deveria ser definido em lei específica para o tema e que referida lei seria feita na primeira sessão do Primeiro Congresso.

A redação final acolhida do texto foi proposta por Rui Barbosa. No projeto do Governo Provisório, o então artigo 62 dispunha que o Presidente da República só poderia ser destituído pelo cometimento dos seguintes crimes: 1) traição; 2) peita, suborno; 3) dissipação de bens públicos; 4) intervenção indevida em eleições de cargo federal ou nos Estados (BARBOSA, Rui. *Obras completas de Rui Barbosa*, v. XVII, Tomo I. Rio de Janeiro: Ministério da Educação, 1946. p. 264).

Ao contrário do instituto no contexto constitucional norte-americano, cujo texto constitucional deixou a definição das condutas passíveis de serem objeto de remoção a cargo do próprio

Senado no julgamento dos casos surgidos, sua primeira institucionalização no constitucionalismo brasileiro, dentro da tradição republicana, exigiu sua adaptação ao direito do sistema *civil law*. A lei, portanto, exerce um papel crucial na definição dos crimes de responsabilidade ao tipificar as condutas passíveis de serem objeto de impedimento. Assim é que, embora sob a inspiração norte-americana, o *impeachment* no constitucionalismo brasileiro é substancialmente distinto de seu congênere estadunidense. Qualquer que seja a interpretação que se faz do instituto do outro lado da Linha do Equador, esta deve ser lida, *cum grano salis*, em nosso contexto.

João Barbalho, comentando o artigo 54 da Constituição de 1891, bem observava que "saindo assim do vago que nesta matéria se expressam outras constituições, a nossa melhor garantiu o poder público e a pessoa do chefe da Nação. Aplicou ao acusado o salutar princípio que se lê em seu art. 72, § 15, e no art. 1º do Código Penal (princípio da legalidade). E tirou, quer à Câmara dos Deputados, quer ao Senado, todo o poder discricionário que nisto de outro modo lhes ficaria pertencendo. Deste feitio, ficou consagrado que o Presidente denunciado deverá ser processado, absolvido ou condenado, não *absque lege* e por meras considerações de ordem política, quaisquer que sejam, mas com procedimento de caráter judiciário, mediante as investigações e provas admitidas em direito, e julgado *secundum acta et probata*. E de outro modo deturpar-se-ia o regime presidencial, podendo as Câmaras sob qualquer pretexto demitir o Presidente; dar-se-ia o incontrastável predomínio delas. A posição do chefe da nação seria cousa instável e precária, sem independência, sem garantias" (BARBALHO, João, op. cit., p. 216). A exigência de tipificação das condutas passíveis de serem objeto de remoção do Presidente, para além de constituir em mecanismo de segurança jurídica para o acusado, supõe uma forma de garantir a estabilidade político-constitucional da relação entre os poderes, conforme bem delimitado por João Barbalho.

O autor, contudo, embora mencione o princípio da legalidade na esfera penal, não diz expressamente que o *impeachment* teria natureza jurídico-penal. O que ele ressalta é, no fundo, a importância do respeito ao princípio da legalidade como forma de limitar a discricionariedade do Poder Legislativo. É que, a utilização do termo "crime" ou "delito" no § 1º do art. 34 do texto constitucional pode ter levado a autores pensarem, ainda com os olhos voltados ao regime imperial, que se tratava de uma responsabilização jurídico-penal.

No Brasil, sobretudo na República Velha – também bem diferente da prática constitucional norte-americana –, o *impeachment* foi instrumentalizado como forma de instabilidade política. Assim é que várias foram as ocasiões em que, nos Estados, a problemática surgiu. E, desde o primeiro momento, o Supremo Tribunal Federal foi chamado a conter as ilegalidades. No julgamento do *habeas corpus* de número 4116, oriundo do Estado de Mato Grosso do Sul, no qual a Assembleia não tinha concedido as garantias processuais ao Governador, o Supremo Tribunal Federal decidiu que "o *impeachment*, na legislação federal, não é um processo exclusivamente político, senão, também, um processo misto, de natureza criminal e de caráter judicial, porquanto só pode ser motivado pela perpetração de um crime definido em lei anterior, dando lugar à destituição do cargo e à incapacidade para o exercício de outro qualquer" (RODRIGUES, Leda Boechat, op. cit., p. 306). Daí se vê que, entre nós, desde o princípio, a prática do *impeachment* contou com a intervenção jurisdicional como forma de garantir o respeito à estrutura constitucionalmente delimitada para a aplicação do instituto. Pontes de Miranda chegou a dizer que "é sem qualquer pertinência invocar-se o direito inglês, ou o direito dos Estados Unidos da América, para se resolverem questões sobre a responsabilidade política no Brasil. Crimes de responsabilidade, no Brasil, são apenas os crimes que a lei apresenta" (MIRANDA, Pontes. *Comentários à Constituição de 1967*, cit., p. 250). Se segue, portanto, que, logo quando aplicado, o instituto do *impeachment* nunca teve uma natureza exclusivamente política. Almir Megali Neto anota que desde o início a jurisprudência do STF se firmou no sentido da possibilidade de controle do processo de *impeachment*, o que confirma, ainda na República Velha, a natureza mista do instituto: em parte política e em parte jurídico-penal (NETO, Almir Megali. As características distintivas dos crimes de responsabilidade na tradição republicana brasileira do *impeachment*, cit., p. 20).

O tratamento do impedimento do Presidente da República na Constituição de 1934 sofreu modificação quanto ao órgão competente para o julgamento do *impeachment*. O artigo 57 definiu quais seriam crimes de responsabilidade do Presidente da República, mantendo, de forma geral, a estrutura da Constituição de 1891. Em um contexto histórico determinado pelo término recente da política vigente na República Velha e de desconfiança nos políticos regionais, em quem se creditava a instabilidade política reinante, o texto constitucional, no art. 58, retirou a competência do Senado para o processo e julgamento dos crimes de responsabilidade praticados pelo Presidente da República. Na forma do art. 58, o crime de responsabilidade seria julgado por um Tribunal Especial composto de juízes da Suprema Corte e membros da Câmara dos Deputados e do Senado Federal, embora ainda mantivesse a necessidade da Câmara dos Deputados realizar um juízo prévio de admissibilidade (art. 58, § 3º), após a realização de uma investigação por uma Junta Especial composta de um membro do Supremo Tribunal Federal, um membro do Senado Federal e um representante da Câmara dos Deputados (art. 58, § 2º). Esse Tribunal, de composição mista, já indicava que ao *impeachment* deveria ser dado um tratamento técnico-jurídico. Além disso, a previsão de um Tribunal Especial de composição mista da Constituição de 1934 para o julgamento de crime de responsabilidade do Presidente da República foi a inspiração para que a Lei n. 1.079/1950 estabelecesse o julgamento por órgão especial, de composição mista, sob a presidência do Presidente do Tribunal de Justiça, para o julgamento de crime de responsabilidade de Governador do Estado, quando a própria Constituição Estadual não dispuser de modo diferente (art. 78 e seus parágrafos), como forma de superar a dificuldade oriunda de um legislativo unicameral na qual o mesmo órgão que realiza o juízo de admissibilidade é o órgão que julgará o mérito.

A Constituição de 1937, por sua vez, previu os crimes de responsabilidade, no art. 85, para quem atentasse contra: a existência da União; a Constituição; o livre exercício dos Poderes políticos; a probidade administrativa e a guarda e emprego dos dinheiros público; e a execução das decisões judiciárias. No art. 86 devolveu à Câmara Alta, a competência para o julgamento, então denominada Conselho Federal, após a admissibilidade da Câmara dos Deputados. Com o Congresso fechado e com a concentração de poderes no Poder Executivo, a previsão constitucional se tornava apenas formal.

A Constituição de 1946, em um contexto democrático, estabeleceu os crimes de responsabilidade no art. 89, mantendo a tipificação na proteção da existência da União, o livre exercício dos poderes públicos, o exercício dos direitos políticos, individuais e sociais, a segurança interna, a probidade, ao orçamento, à guarda do dinheiro público e ao cumprimento das decisões judiciais. Foi na vigência da Constituição de 1946 que houve a promulgação da Lei n. 1.079/1950 que, ainda hoje, com a devida filtragem constitucional pelo STF na ADPF 378, define os crimes de responsabilidade, o processo e o julgamento das autoridades submetidas a ela. Desde 1891, a Constituição exigia uma lei, entendida como um processo de discussão pública parlamentar, para a definição da responsabilidade dos mais altos cargos da República, como forma do próprio parlamento tomar a frente na discussão. É importante lembrar, por outro lado, que os processos que impediram Café Filho e Carlos Luz pela crise instaurada após o suicídio de Getúlio Vargas realizados pelo Congresso Nacional não trataram de aplicação de crime de responsabilidade, mas de definição, à luz da tentativa de golpe eleitoral em curso pela vitória obtida por Juscelino Kubitschek, de sucessão presidencial.

Dessa forma, apenas no contexto democrático da Constituição de 1988 é que a Lei n. 1.079/1950 será, pela primeira vez, aplicada a um Presidente da República.

Na Constituição de 1967 e na Emenda Constitucional 01/69, houve a manutenção dos mesmos tipos definidores de crime de responsabilidade no art. 84, assim como a competência para a admissibilidade pela Câmara dos Deputados e o julgamento pelo Senado Federal. Em um regime ditatorial, cujo poder advinha da força, seria impensável responsabilizar o Presidente da República.

8.3. Da natureza, regime jurídico e espécies do crime de responsabilidade no Estado Democrático de Direito

Como mecanismo de proteção do sistema presidencialista de governo, o *impeachment* guarda, em última instância, íntima conexão com a democracia e a proteção à soberania popular. Dentro desse horizonte, o instituto se afigura como peça central para sustentar toda a dinâmica política-constitucional que leva em consideração o fato de um Presidente da República, eleito pelo voto direto da maioria dos cidadãos e que assume um projeto político para si, não poder ser retirado ou impedido de exercer seu mandato apenas pela vontade ocasional do Poder Legislativo, sob pena de subversão de toda estrutura institucional adotada e, no fundo, da soberania popular expressamente adotada por uma Constituição do Estado Democrático de Direito. No entanto, a par da importância do instituto para o Estado Democrático de Direito, ao menos até o impedimento da Presidente Dilma Rousseff, poucos foram os estudos doutrinários acerca do tema. Isso revela um paradoxo, na medida em que alguns autores chegaram até mesmo a sugerir o abandono de seus estudos, dada a natureza política que lhes queria imputar e a ausência de possibilidade de qualquer controle jurisdicional (NETO, Almir Megali. *O impeachment de Dilma Rousseff perante o Supremo Tribunal Federal*, cit., p. 62-63). A doutrina de Paulo Brossard, cuja primeira edição de sua obra remonta ao ano de 1964, influenciou o debate doutrinário e a jurisprudência do STF – até mesmo pelo fato de Paulo Brossard ter sido Ministro e participado do julgamento de questões relacionadas ao impedimento de José Sarney – nos primeiros anos de vigência do texto constitucional estabelecia a natureza política em analogia ao congênere norte-americano. Em seu livro, Brossard ensina que "Entre nós, porém, como no direito norte-americano e argentino, o *impeachment* tem feição política, não se origina senão de causas políticas, objetiva resultados políticos, é instaurado sob considerações de ordem política e julgado segundo critérios políticos – julgamento que não exclui, antes supõe, é óbvio, a adoção de critérios jurídicos. Isto ocorre mesmo quando o fato que o motive possua iniludível colorido penal e possa, a seu tempo, sujeitar a autoridade por ele responsável a sanções criminais, estas, porém, aplicáveis exclusivamente pelo Poder Judiciário" (BROSSARD, Paulo, op. cit., p. 76). A natureza eminentemente política acarretava, segundo o autor, a inadmissibilidade da intervenção jurisdicional, uma vez que faltava ao órgão jurisdicional aptidão política para aferir se os atos praticados no curso do processo seriam adequados.

A própria prática e o entendimento do STF revelavam que, em nosso constitucionalismo, a natureza jurídica do *impeachment*, ao contrário do propagado pelo autor, era um ato eminentemente jurídico, ainda que não se possa falar em crime no sentido estrito, seja pela ausência de aplicação de sanções eminentemente penais ou pela própria finalidade do instituto, que não é, senão muito indiretamente, punir o responsável pela violação da ordem jurídica. Ou seja, desde o início, o STF, a partir do primeiro julgado sobre o tema sob a ordem democrática, no MS 20.941 admitia que o impedimento poderia atingir direitos e garantias individuais. Nessa hipótese, seria legítima a revisão jurisdicional do processo de impedimento. Portanto, ao contrário do instituto no constitucionalismo norte-americano, cuja Suprema Corte e a compreensão doutrinária, em sua maioria, entendem pela impossibilidade de intervenção jurisdicional e competência exclusiva do Senado, no Brasil, exatamente pela matização do instituto para nosso contexto, sempre prevaleceu o entendimento da possibilidade do controle jurisdicional. Basta lembrar que, tanto no caso Collor, quanto no impedimento de Dilma Rousseff, o STF foi chamado para analisar a compatibilidade dos atos praticados pelo Poder Legislativo.

Dessa forma, não há qualquer razão para entender o instituto como de natureza eminentemente política. Se trata de instituto de natureza eminentemente jurídica, mas com efeitos e consequências políticas (CAMARGO, Margarida, op. cit.) ou, ainda, com natureza mista jurídico-política (NETO, Almir Megali. *O impeachment de Dilma Rousseff perante o Supremo Tribunal Federal*). O que o STF tem afirmado em *obter dicta* – não sem muitas críticas – é que o mérito do julgamento pelo Senado Federal está carreado de discricionariedade, o que impossibilitaria substituição do juízo do órgão jurisdicional pelo órgão legislativo competente. Entretanto, mesmo estabelecendo essa premissa em *obter dicta*, o STF não julgou diretamente o tema, o que nos possibilita compreender que, mesmo diante do entendimento do órgão, é possível o controle da legalidade quanto a eventual desvio de finalidade do instituto ou mesmo ausência de justa causa. No caso Dilma Rousseff, o STF teve a oportunidade de julgar o tema. Entretanto, no MS 34.441 o STF decidiu pela perda superveniente do objeto do Mandado de Segurança quando houvesse o término no mandato do impetrante. No MS 34.193, o que estava em disputa o juízo de admissibilidade da Câmara dos Deputados e não o julgamento do Senado Federal.

Portanto, se o *impeachment* tem natureza eminentemente jurídica, ou ainda que mista, a possibilidade do controle jurisdicional é consequência do próprio Estado de Direito, sobretudo no que tange o respeito aos direitos e garantias fundamentais, assim como os princípios da ordem constitucional-democrática. Eventual entendimento da natureza eminentemente política, transforma o sistema presidencialista de governo em um *arremedo* de sistema parlamentarista, permitindo, assim como os episódios recentes nos mostraram, o uso abusivo do instituto ou, em termos mais claros, colocar a Constituição contra ela mesma. Foi esse entendimento que possibilitou que o instituto fosse usado de maneira abusiva, na América Latina, como forma de provocação de instabilidade política (PÉREZ-LIÑÁN, Aníbal, op. cit.), mormente em desfavor de projetos de governo populares. Experiência constitucional recentes do constitucionalismo latino-americano tal como a da Constituição do Equador de 2008 mostra como é possível adotar, a partir do instituto denominado *morte cruzada*, uma responsabilização eminentemente política no presidencialismo como forma de resolver crises políticas em conjugação com a responsabilização jurídica dos crimes de responsabilidade, evitando a violação constitucional e ao seu modelo de sistema de governo (BACHA E SILVA, Diogo, CATTONI DE OLIVEIRA, Marcelo Andrade. Repensar o Presidencialismo Brasileiro desde o Sul: as instabilidades políticas, novo constitucionalismo latino-americano e a "morte cruzada", cit.).

Na Constituição do Brasil de 1988, a matéria é tratada nos arts. 85 e 86. A regulamentação consta na Lei 1.079/50 – recepcionada em sua maior parte, segundo jurisprudência do STF que se formou a partir do *impeachment* do Presidente Collor de Mello – e alterações produzidas pela Lei 10.028/2000 e também o julgamento do STF na ADPF 378. Na medida em que o sistema de governo é presidencialista, o Presidente da República responde tanto como Chefe de Estado (art. 85, I a IV) como Chefe de Governo (art. 85, V a VII). O *impeachment*, pelo nosso sistema presidencialista de governo, não pode assumir a mesma natureza da moção de desconfiança ou censura dos sistemas parlamentarista, nem o mecanismo da revogação dos mandatos legislativos (*recall*). Vale dizer, muito embora seja uma responsabilização com efeitos políticos, o ato que se pretenda imputar às autoridades públicas deve estar previsto como passível de delito de responsabilidade pela Constituição e expressamente tipificado na Lei 1.079/50. Ademais, de acordo com o art. 86, § 4º, da CF/88, o ato deve ser praticado na vigência do atual mandato presidencial.

Assim, são passíveis de tipificação:

Os incisos I, II e VII visam proteger a integridade nacional da Federação, bem como dos demais Poderes e instituições constitucionais – sendo que o Presidente e seu Vice, ao assumirem, prestam compromisso nesse sentido (art. 78).

O inciso III cria (mais) uma garantia geral aos Direitos Fundamentais, isto é, sua proteção contra atos do Presidente da República e Ministros de Estado.

O inciso IV está diretamente relacionado à posição do Presidente da República como Chefe de Estado.

O inciso V se liga diretamente à probidade administrativa: como Chefe da Administração Pública, também o Presidente está sujeito aos princípios que norteiam a mesma.

O inciso VI remete ao art. 167, que trata do Orçamento, estabelecendo diretrizes para o seu cumprimento, importando em crime de responsabilidade investimentos "cuja execução ultrapasse um exercício financeiro" e seja "iniciado sem prévia inclusão no plano plurianual, ou sem lei que autorize a inclusão" (art. 167, § 1º).

Art. 85, parágrafo único: apenas a União possui competência para legislar quanto à tipificação de crimes de responsabilidade assim como quanto a prazos, legitimidade e procedimento que dizem respeito ao seu processamento (cf. Súmula Vinculante 46; ADI-MC 2.050; ADI 1.628, ADI 2.220 e decisão liminar da Ministra Rosa Weber na Rcl. 22.124).

A responsabilização do Presidente da República, ou *impeachment*, consiste em "medida que tem por fito impedir que a pessoa investida de função pública continue a exercê-las" (PONTES DE MIRANDA, op. cit, p. 592). Cada uma das competências do Presidente da República (art. 84) gera um poder, mas também um dever, de forma que seu descumprimento, ou mesmo omissão, podem ensejar processo por crime de responsabilidade.

Divide-se a responsabilização nos chamados Crimes de Responsabilidade e Crimes Comuns. Os crimes de responsabilidade são infrações político-administrativas (definidas por lei – a Lei 1.079/50, com as alterações da Lei 10.028/2000; é dizer, o previsto nos incisos do art. 85 é meramente exemplificativo) cometidas pelo Presidente da República (e Vice-Presidente) Ministros de Estado, Ministros do STF, Procurador-Geral da República, Ministros de Tribunais Superiores, Comandantes da Marinha, do Exército e da Aeronáutica (ressalvado o disposto no art. 52, I), membros do Tribunal de Contas da União e os chefes de missão diplomática de caráter permanente (arts. 86 e 102, I, "c"). No caso do Presidente da República (e Vice-Presidente), além de Ministros de Estado (nos crimes conexos com aquele), o julgamento ocorrerá perante o Senado Federal (para os demais o julgamento se dá perante o STF, tanto de crimes de responsabilidade quanto de crimes comuns). Em nosso sistema bicameral, após o julgamento da ADPF 378, ficaram bem delimitados os papéis constitucionais definidos nos arts. 51, I, e 52, I, da CF/88. À Câmara dos Deputados competirá a análise preliminar da admissibilidade da denúncia contra o Presidente da República, mediante o *quorum* de dois terços, recebendo ou não a denúncia formulada contra o Presidente e seu vice ou Ministros de Estado nos crimes conexos com estes. Em caso positivo, a denúncia será encaminhada para o Senado Federal, que não ficará vinculado à decisão de recebimento da Câmara dos Deputados, devendo o plenário receber a denúncia por maioria simples. De registrar que, tratando-se de Governadores dos Estados Federados ou do Distrito Federal (e respectivos Vice-Governadores e Secretários de Estado) (art. 74 e s. da Lei 1.079/50), o julgamento por crimes de responsabilidade se dá perante um "tribunal especial", na forma como dispuser a Constituição do Estado – art. 78 da Lei 1.079/50. De qualquer forma, o início do processo por crime de responsabilidade ou crime comum depende de autorização de dois terços da Assembleia. Ainda vale lembrar que, no caso dos Governadores, a sanção da inabilitação por 5 anos não foi alterada, tendo sido recepcionada tal qual disposta na Lei 1.079/50, de acordo com o STF (ADI 1.628), nos mesmos termos. Não há necessidade de prévia autorização da Assembleia Legislativa para que o STJ receba denúncia ou queixa e instaure ação penal contra Governador de Estado, por crime comum. Vale ressaltar que se a Constituição Estadual exigir autorização da Assembleia Legislativa para que o Governador seja processado criminalmente, essa previsão é considerada inconstitucional. É vedado às unidades federativas instituir normas que condicionem a instauração de ação penal contra Governador por crime comum à previa autorização da Casa Legislativa (STF. Plenário. ADI 5540/MG, Rel. Min. Edson Fachin, j. 03.05.2017 (*Informativo* n. 863). STF. Plenário. ADI 4764/AC, ADI 4797/MT e ADI 4798/PI, Rel. Min. Celso de Mello, red. p/ o ac. Min. Roberto Barroso, j. 04.05.2017 (*Informativo* n. 863). Ressalte-se que o foro por prerrogativa de função aplica-se apenas aos crimes cometidos durante o exercício do cargo e relacionados às funções desempenhadas (STF. Plenário. AP 937 QO/RJ, Rel. Min. Roberto Barroso, j. 03.05.2018).

Apesar de as Constituições Estaduais poderem dispor a respeito da necessidade ou não de prévia autorização das Assembleias Legislativas para o início dos processos por crime comum e o processo por crime de responsabilidade, elas não podem: 1) estabelecer outro órgão que não o STJ como competente para julgar os Governadores por crimes comuns; 2) definir os crimes de responsabilidade ou criar outros procedimentos (ADI 1.890 e ADI 1.628); e, 3) conceder aos Governadores a mesma imunidade formal relativa à prisão cautelar que possui o Presidente da República (STF: ADI 976, ADI 1.021 e HC 102.732).

Os Prefeitos, no caso de crimes comuns, são julgados pelo Tribunal de Justiça (art. 29, X, e art. 29-"A" – CF/88, além do Decreto-lei 201/1967); nos crimes eleitorais, pelo Tribunal Regional Eleitoral; se for crime contra bens, serviços ou interesses da União, a competência é do Tribunal Regional Federal (Súmula 702 do STF e Súmulas 208 e 209 do STJ). Para os crimes de responsabilidade dos Prefeitos, eles serão julgados pelas respectivas Câmaras de Vereadores (art. 4º do Decreto-lei 201/67).

Crimes Comuns são aqueles definidos pela lei penal, mas que têm a especificidade de haverem sido cometidos pelo Chefe do Poder Executivo durante e em razão de seu mandato (*in officio* ou *propter officium*) – vide art. 86, § 4º; ver também decisão do STF na AP 305/92 (RTJ 143/710). Como lembra Paulo Brossard: "a expressão crime comum, na linguagem constitucional, é usada em contraposição aos impropriamente chamados crimes de responsabilidade, cuja sanção é política, e abrange, por conseguinte, todo e qualquer delito" (1992, p. 71). Outros crimes somente poderão dar ensejo a ações penais cessado o mandato (suspensa também a prescrição – STF – Inq. 567). Atente-se, outrossim, que tal imunidade do Presidente da República abrange apenas crimes, não se estendendo a responsabilizações civis ou de outra natureza (STF – Inq. 672).

O parágrafo único remete à tipificação dos crimes de responsabilidade para lei especial. De uma forma geral, estar-se-á diante de uma vinculação expressa à Constituição. Vale dizer, pelo princípio da legalidade ou da regra da reserva legal, as hipóteses previstas devem ser respeitadas pelo legislador infraconstitucional. Cabe, então, ao legislador, em lei especial sobre o tema, a definição das condutas passíveis de serem consideradas como crime de responsabilidade. Com efeito, o rol do art. 85, embora seja considerado exemplificativo das condutas descritas como crime de responsabilidade, a segurança jurídica impede a interpretação extensiva e analógica dos atos definidos como crime de responsabilidade na lei de regência (CATTONI DE OLIVEIRA, Marcelo Andrade, BAHIA, Alexandre, STRECK, Lenio. Breve Nota Crítica ao Relatório Anastasia: contra a admissibilidade do processo de impeachment por crime de responsabilidade da Presidente da República).

Art. 86. Admitida a acusação contra o Presidente da República, por dois terços da Câmara dos Deputados, será ele submetido a julgamento perante o Supremo Tribunal Federal, nas infrações penais comuns, ou perante o Senado Federal, nos crimes de responsabilidade.

§ 1º O Presidente ficará suspenso de suas funções:

I – nas infrações penais comuns, se recebida a denúncia ou queixa-crime pelo Supremo Tribunal Federal;

II – nos crimes de responsabilidade, após a instauração do processo pelo Senado Federal.

§ 2º Se, decorrido o prazo de cento e oitenta dias, o julgamento não estiver concluído, cessará o afastamento do Presidente, sem prejuízo do regular prosseguimento do processo.

§ 3º Enquanto não sobrevier sentença condenatória, nas infrações comuns, o Presidente da República não estará sujeito a prisão.

§ 4º O Presidente da República, na vigência de seu mandato, não pode ser responsabilizado por atos estranhos ao exercício de suas funções.

Lenio Luiz Streck
Marcelo Andrade Cattoni de Oliveira
Alexandre Bahia
Diogo Bacha e Silva

1. Histórico da norma

Texto original da CF/88.

2. Constituições anteriores

Constituição de 1824, art. 99; Constituição de 1891, art. 53; Constituição de 1934, art. 58; Constituição de 1937, art. 86; Constituição de 1946, art. 88; Constituição de 1967, art. 85; Constituição de 1969, art. 83.

3. Dispositivos constitucionais relacionados

Arts. 51, I, e 52, I e parágrafo único.

4. Constituições estrangeiras

Constituição dos EUA (art. 1º, Sc. 3, VI e VII), Constituição de Portugal (arts. 163, "c", e 190-196); Constituição da Espanha (art. 56, 3, e art. 102); Constituição da Itália (art. 90).

5. Legislação

Lei 1.079/1950; Lei 8.038/1090, Lei 10.028/2000, Decreto-lei 201/1967, Regimento Interno da Câmara dos Deputados (art. 217 e segs.), Regimento Interno do Senado Federal (arts. 377 e segs.), Regimento Interno do STF, arts. 230-246.

6. Jurisprudência

MS 26.062-AgR (qualquer cidadão pode apresentar denúncia de crime de responsabilidade à Câmara dos Deputados; impulso oficial desde esse momento; prosseguimento é prerrogativa do Parlamento; não há possibilidade de recurso contra decisão que nega seguimento àquela por quem não seja Deputado Federal (cf. art. 218, § 3º, do RI-Câmara); matéria *interna corporis*); MS 20.941-DF (Competência do Presidente da Câmara para a apreciação preliminar da acusação, podendo rejeitá-la; recurso cabível ao plenário; apreciação do judiciário adstrito à verificação do procedimento); MS 25.579-MC e MS 23.885 (manutenção das prerrogativas do parlamentar licenciado para assumir função de Ministro de Estado; atos praticados fora do exercício do mandato: impossibilidade de processo para cassação); RE 159.230 e RE 153.968 (nos Estados, cabe à Assembleia Legislativa autorizar, por votos de 2/3 dos membros, o STJ – art. 105, I, "a", a processar e julgar por crime comum o Governador de Estado); Pet 1.656 e Pet. 1.954 (crimes de responsabilidade praticados por Ministros de Estado quando não conexos com infrações da mesma natureza praticados pelo Presidente da República serão julgados pelo STF (e não pelo Senado), sem passar por juízo de admissibilidade da Câmara – inaplicabilidade dos arts. 51 e 52 – CR/88 e 14 – Lei 1.079/50; exclusividade do Ministério Público Federal para interpor ação penal, sem possibilidade de denúncias diretas por cidadãos); ADI 1.634-MC (aplica-se às Assembleias Legislativas o quórum de 2/3 na deliberação sobre a procedência da acusação contra o Governador do Estado); ADI 1028 e ADI 978 (o disposto nos §§ 3º e 4º do art. 86 é uma prerrogativa exclusiva do Presidente da República como Chefe de Estado, não podendo, pois, ser estendida; em sentido semelhante ADI 1.021); MS 21.689 (*Impeachment* do Presidente Collor: A – as penas de perda do cargo e inabilitação serão sempre aplicadas conjuntamente – art. 52, parágrafo único, da CR/88 e art. 2º da Lei 1.079/50 –, não se admitindo a segunda como meramente "acessória", como o faziam as Leis 27 e 30, de 1892; B – a renúncia ao cargo, apresentada na sessão de julgamento, quando já iniciado este, não paralisa o processo de *impeachment*, isto é, se quando recebida a denúncia o acusado estava no exercício do cargo – art. 15 da Lei 1.079/50 –, o processo deve prosseguir até o final, sem possibilidade do acusado, com a renúncia, extinguir o processo ao perceber que este lhe é desfavorável – princípios da impessoalidade e da moralidade administrativa, art. 37; C – nos crimes de responsabilidade dos Prefeitos Municipais, apresentada a denúncia, estando o Prefeito no exercício do cargo, prosseguirá a ação penal, mesmo após o término do mandato, ou deixando o Prefeito, por qualquer motivo, o exercício do cargo); HC 83.154 (o art. 86, § 4º, prevê caso de "imunidade temporária à persecução penal" – enquanto dure o mandato; os crimes praticados antes da investidura não remetem os processos ao STF – nem, consequentemente, os respectivos *Habeas Corpus*); HC 80.511 (o previsto no art. 86, § 4º, não se aplica a Governadores de Estado que podem ser processados por crimes estranhos às suas funções); Inq 672-QO (A – o art. 86, § 4º, não leva à irresponsabilidade absoluta do Presidente da República, pois que crimes comuns praticados no exercício da função poderão ser julgados pelo STF, após autorização da Câmara; B – esta imunidade é restrita a processos penais, não alcançando responsabilização cível, político-administrativa, fiscal etc.; C – a imunidade alcança infrações penais anteriores à investidura no cargo). Inq. 567-QO (o § 4º do art. 86 não se aplica ao coautor do crime). Ver também: RE n. 234.223 (decisão do STF mantendo a negativa de registro de candidatura do ex-Presidente Fernando Collor de Mello); ADPF 378 (Definição do rito do *impeachment*. Não recepção pela Constituição de 1988 de dispositivos da Lei 1.079/50 e interpretação conforme, nos seguintes termos: a) inexistência de defesa prévia ao ato de recebimento do pedido de *impeachment* pelo Presidente da Câmara dos Deputados; b) aplicação subsidiária do Regimento Interno da Câmara dos Deputados e do Senado Federal ao processo de *impeachment*, desde que compatíveis com a Constituição e com os preceitos legais; c) não recepção dos arts. 22, *caput*, § 2º, segunda parte, que se inicia com a expressão "No caso contrário...", §§ 1º, 2º, 3º e 4º da Lei 1.079/50, que determinam a dilação probatória e segunda deliberação da Câmara dos Deputados, partindo do pressuposto de que cabe a tal casa pronunciar-se acerca do mérito da acusação; d) a proporcionalidade na Comissão Especial pode ser aferida tanto em relação aos partidos políticos quanto aos blocos parlamentares, sem a possibilidade de candidatura avulsa; e) direito da defesa de se manifestar após a acusação; f) interrogatório deve ser o ato final da instrução; g) o recebimento da denúncia no Senado Federal só ocorrerá após a decisão do plenário, com votação nominal e pela maioria simples; h) aplicação analógica ao processo de *impeachment* contra Presidente da República no Senado Federal dos arts. 44, 45, 46, 47, 48 e 49 da Lei 1.079/50, que definem o rito do processo de *impeachment* dos Ministros do Supremo Tribunal Federal e do Procurador-Geral da República; i) não recepção dos arts. 23, §§ 1º, 4º e 5º; 80, primeira parte; e 81 da Lei 1.079/50, que estabelecem o papel da Câmara dos Deputados e do Senado Federal de modo incompatível com os arts. 51, I; 52, I, e 86, § 1º, II, da CF/88; j) desnecessidade dos senadores se apartarem da função acusatória para julgarem com imparcialidade; k) não aplicação das causas de suspeição e impedimento previstas no Código de Processo Penal relativamente ao presidente da Câmara dos Deputados); Inq 4.483 AgR e Inq 4.327 AgR-segundo (a imunidade material decorrente do § 4º do art. 86 não é extensível a codenunciados); ADI 5.540 (A extensão do art. 86, *caput* e § 1º, I, da CF/88 para governadores de Estado é inconstitucional por usurpação de prerrogativa exclusiva do Presidente da República); ADPF 402-MC (os substitutos eventuais do Presidente da República não podem exercer o ofício de Presidente da República caso respondam a processos criminais perante o STF); Inq. 4.483 QO (o juízo político da Câmara dos Deputados em caso de envolvimento do Presidente da República em crimes comuns precede o juízo jurídico do Supremo Tribunal Federal para decidir qualquer questão, inclusive eventual pedido defensivo).

7. Seleção de literatura

BARROSO, Luís Roberto. Aspectos do processo de *impeachment*: Renúncia e exoneração de agente político. Tipicidade constitucional dos crimes de responsabilidade. *Revista Forense*, v. 344, p. 281-291, out./dez. 1998. BASTOS, Celso Ribeiro. Crime de responsabilidade e *impeachment*. *O Estado de São Paulo*, São Paulo, Caderno Economia & Negócios/Coluna Espaço Aberto, n. 36072, 23/07/1992, p. 2. BIM, Eduardo Fortunato. A possibilidade de cumulação dos crimes de responsabilidade, *impeach-*

ment, e da improbidade administrativa dos agentes políticos por distinção de suas naturezas jurídicas. *Revista de Direito do Estado*, n. 5, p. 197-241, jan./mar. 2007. BONAVIDES, Paulo. A Constitucionalidade dos Atos do Presidente da Câmara dos Deputados sobre o Processo de "Impeachment". *Nomos – Revista do Curso de Mestrado de Direito da Universidade Federal do Ceará*, n. 11, 1992. BRITTO, Carlos Ayres. O "Impeachment" na Constituição de 1988. *Revista de Direito Civil, Imobiliário, Agrário e Empresarial*, n. 58, p. 132-141, 1991. BROSSARD, Paulo. *O impeachment*: aspectos da responsabilidade política do Presidente da República. 2ª ed. SP: Saraiva, 1992. COMPARATO, Fábio Konder. Crime de responsabilidade: renúncia do agente; efeitos processuais. *Revista Trimestral de Direito Público*, n. 7, p. 82-96, 1994. CUNHA, Fernando Whitaker da. O Poder Legislativo e o *Impeachment*. *Revista de Informação Legislativa*, a. 29, n. 116, p. 31-38, out./dez. 1992. CUNHA, Sérgio Sérvulo da. Responsabilidade Administrativa e *Impeachment*. *Revista Trimestral de Direito Público*, n. 5, p. 225-233, 1994. CRETELLA, Júnior José. *Do impeachment no direito brasileiro*. São Paulo: Revista dos Tribunais, 1992. DALLARI, Adilson Abreu. Voto aberto no julgamento do chefe do Executivo. *Revista Trimestral de Direito Público*, n. 45, p. 31-34, jan./mar. 2004. FERNANDES, Bernardo Gonçalves. *Curso de Direito Constitucional*. 6ª ed. Salvador: Jus Podivm, 2014. FIGUEIREDO, Paulo de. *Impeachment*: sua necessidade no regime presidencial. *Revista de Informação Legislativa*, a. 2, n. 6, p. 31-46, abr./jun. 1965. FRANCO, Ary Azevedo. *Em Torno de* Impeachment. 1926. Tese de Cátedra da Faculdade de Direito da USP, São Paulo. HORTA, Raul Machado. Improbidade e corrupção. *Revista de Direito Administrativo*, n. 236, p. 121-128, abr./jun. 2004. KADA, Naoko. The role of investigative committees in the presidential impeachment processes in Brazil and Colombia. *Legislative Studies Quarterly*, v. 28, n. 1, p. 29-54, feb. 2003. LIMA, Martonio Mont'Alverne Barreto. O Supremo Tribunal Federal e o delineamento da jurisdição constitucional. In: VIEIRA, José Ribas (org.). *20 anos da constituição cidadã de 1988*: efetivação ou impasse institucional? Rio de Janeiro: Forense, 2008, p. 69-77. MARTINS, Ives Gandra da Silva. Aspectos procedimentais do Instituto Jurídico do "Impeachment" e Conformação da figura da Improbidade Administrativa. *Revista dos Tribunais*, v. 81, n. 685, 1992, p. 286-299. MENDES, Gilmar Ferreira; BRANCO, Paulo G. G. *Curso de Direito Constitucional*. 8ª ed. São Paulo: Saraiva, 2013. MORAES, Alexandre de. *Direito Constitucional*. 20ª ed. São Paulo: Atlas, 2013. PRAZERES, Otto. Responsabilidade do Presidente da República. *Arquivo Judiciário*, n. 80, 1946. REALE JR., Miguel. Natureza Político-Penal do "Impeachment". *Ciência Penal*, n. 2, 1981. ROCHA, Cármen Lúcia A. Processo de Responsabilidade do Presidente da República. Renúncia do Presidente após o recebimento da denúncia pelo Senado Federal. Ininterruptibilidade do Processo. Eficácia da decisão condenatória do Presidente renunciante. In: CONSELHO FEDERAL DA OAB. *A OAB e o* Impeachment. Brasília: OAB, 1993. SOUZA, Maria Carmen Castro. *O Crime de responsabilidade na legislação comparada* o impeachment. Brasília: 1992. TRIBE, Laurence. *American Constitutional Law*. New York: New York Foundation Press, 2000. BAHIA, Alexandre; CATTONI DE OLIVEIRA, Marcelo Andrade; BACHA E SILVA, Diogo. *O Impeachment* e o Supremo. Disponível em: <http://emporiododireito.com.br/>, acesso em 16 de janeiro de 2016. BAHIA, Alexandre; CATTONI DE OLIVEIRA, Marcelo Andrade; BACHA E SILVA, Diogo. As decisões monocráticas em sede dos Mandados de Segurança n. 33.920, n. 33.921 e da ADPF 378 no controle judicial do processo legislativo de *Impeachment*. Disponível em: <http://emporiododireito.com.br/>, acesso em 16 de janeiro de 2016. BAHIA, Alexandre; CATTONI DE OLIVEIRA, Marcelo Andrade; BACHA E SILVA, Diogo. IMPEACHMENT: Apontamentos à decisão do STF na ADPF n. 378. Disponível em: <http://emporiododireito.com.br>, acesso em 16 de janeiro de 2016. BAHIA, Alexandre Gustavo Melo Franco de Moraes; BACHA E SILVA, Diogo; CATTONI DE OLIVEIRA, Marcelo Andrade. Impeachment e o *Supremo Tribunal Federal*. Florianópolis: Emporio do Direito, 2016. BAHIA, Alexandre Gustavo Melo Franco de Moraes; BACHA E SILVA, Diogo; CATTONI DE OLIVEIRA, Marcelo Andrade (orgs.). Impeachment e o *Supremo Tribunal Federal*. 2ª ed. Florianópolis: Emporio do Direito, 2017. BAHIA, Alexandre Gustavo Melo Franco de Moraes; BACHA E SILVA, Diogo; CATTONI DE OLIVEIRA, Marcelo Andrade. *Impeachment* no constitucionalismo brasileiro: revisitando as instituições democráticas em busca da legitimidade constitucional. In: STRECK, Lenio; NERY JR., Nelson; LEITE, George Salomão. *Crise dos Poderes da República*. São Paulo: Revista dos Tribunais, 2017.

8. Comentários

8.1. O impeachment

O procedimento dos Crimes de Responsabilidade do Presidente da República está dividido em 2 fases bem distintas: o recebimento da denúncia pela Câmara dos Deputados (que faz o juízo de admissibilidade, autorizando ou não o processo e julgamento pelo Senado) (em conformidade com o art. 51, I) e o Senado Federal (presidido pelo Presidente do STF), este sim, responsável pelo processamento e julgamento do Chefe do Executivo (em conformidade com o art. 52, I e II). Veja-se que, consoante dispõe o art. 52, I, da Constituição, também serão julgados junto com o Presidente da República os "Ministros de Estado e os Comandantes da Marinha, do Exército e da Aeronáutica nos crimes da mesma natureza conexos com aqueles". Caso o crime de responsabilidade destes não seja conexo com o do Presidente da República, serão eles julgados pelo STF (sem passar pelo juízo de admissibilidade na Câmara, inclusive). O Senado ainda é competente para julgar, por crime de responsabilidade, os "Ministros do Supremo Tribunal Federal, os membros do Conselho Nacional de Justiça e do Conselho Nacional do Ministério Público, o Procurador-Geral da República e o Advogado-Geral da União nos crimes de responsabilidade" (art. 52, II).

O julgamento da ADPF 378, na linha da decisão do STF no MS 21.564 e MS 21.623 do caso Collor, estabeleceu que a Câmara dos Deputados analisará a admissibilidade da denúncia formulada contra o Chefe do Executivo e que ao Senado Federal caberá o juízo de pronúncia e o julgamento, não estando vinculado à decisão da Câmara dos Deputados, já que haverá uma etapa inicial de instauração ou não do processo a ser julgado pelo plenário do Senado Federal, a partir de parecer elaborado por Comissão Especial, por deliberação da maioria simples de seus membros. Tal etapa corresponde ao necessário exercício do devido processo legal no procedimento de *impeachment*, isto é, se cabe o julgamento ao Senado Federal, então caberá também a ele a análise ou não da admissibilidade da denúncia.

Tudo começa com uma representação apresentada à Câmara por qualquer cidadão. De acordo com o Regimento Interno da Câmara dos Deputados, cabe ao Presidente da Câmara "conhecer" ou não (considerando a existência de "tipificação" da conduta alegada e mesmo a plausibilidade das alegações, sendo essa a posição consolidada no STF, por exemplo: MS 23.885, rel. Min. Carlos Velloso, *DJ* 20/09/2002), cabendo, inclusive, recurso de qualquer parlamentar ao Plenário. O ato de recebimento da denúncia deve ser realizado pela Presidência da Câmara dos Deputados, por meio de ato fundamentado, que será lida na sessão legislativa seguinte (art. 19 da Lei 1.079/50). Após o recebimento, a Câmara dos Deputados elegerá Comissão Especial destinada a elaborar parecer prévio acerca da admissibilidade ou não da denúncia a ser submetida ao plenário. A votação para eleição da Comissão Especial deve se dar por votação nominal, assegurada a proporcionalidade da representação por partido político ou por bloco parlamentar, conforme se decidiu na ADPF 378. Constituída a Comissão Especial, esta elegerá seu presidente e seu relator, e poderá realizar todas as diligências necessárias ao esclarecimento da denúncia (art. 20 da Lei 1.079/50). Em qualquer caso, a defesa terá o direito de se manifestar após a acusação, sendo o interrogatório o último ato de instrução do processo, como garantia da ampla defesa e do contraditório, que são aplicáveis ao processo de *impeachment*. A Comissão Especial concederá o prazo de 10 (dez) sessões para que o acusado apresente defesa prévia (conforme definido já no MS 21.564 e reafirmado na ADPF 378). Conhecida a representação, a Comissão Especial levará a plenário que a julgará procedente ou improcedente, considerando a existência ou não de provas mínimas a embasarem o pedido. A denúncia seguirá para o Senado caso obtenha votação favorável de 2/3 dos membros da Casa (votação nominal).

Consoante os §§ 1º e 2º, o Presidente da República ficará suspenso de suas funções (por no máximo 180 dias), desde o recebimento da denúncia pelo STF (se a acusação for de crime comum) ou somente após iniciado o processamento pelo Senado (crime de responsabilidade), ocorridos após a aplicação analógica dos arts. 44, 45, 46, 47, 48 e 49 da Lei 1.079/50, que estabelece uma etapa de admissibilidade da denúncia perante o Senado Federal do processo de *impeachment* dos Ministros do Supremo Tribunal Federal e do Procurador-Geral da República (ADPF 378). Assim, ao receber a denúncia proveniente da Câmara dos Deputados, o Senado Federal constituirá uma Comissão Especial com o objetivo de elaborar parecer prévio para a análise da admissibilidade ou não da denúncia realizada pelo plenário pelo voto da maioria simples, em votação nominal (art. 49 da Lei 1.079/50). No regime da Constituição anterior (art. 83, § 2º, CR/69) o prazo era menor (60 dias) e, uma vez suspenso o Presidente, o processo deveria ser concluído nesse prazo, sob pena de arquivamento. Essa a razão da ressalva expressa na Constituição de que, após os 180 dias do prazo, o Presidente retoma suas funções, sem prejuízo do processo.

Pelo disposto no § 3º do art. 86, apenas com sentença condenatória proferida pelo STF pode o Presidente sofrer prisão, não havendo, assim, possibilidade de prisão temporária ou preventiva. Já o § 4º trata de uma "imunidade temporária à persecução penal" (STF, HC 83.154): para sofrer processo por crime comum, o delito cometido pelo Presidente da República terá de haver sido praticado durante e em razão do mandato (ver comentários ao art. 85, *supra*).

No Senado, é designada Comissão formada por ¼ dos Senadores, para levar adiante o procedimento e realizar o juízo de pronúncia: fazer a instrução, receber petições – inclusive a defesa do Presidente. Ao final, é feito Parecer que é enviado ao Presidente do Senado. Este marca a sessão em que será feita a deliberação sobre o "Impeachment" – sessão esta que será presidida pelo Presidente do STF.

Para haver a condenação, são necessários os votos de dois terços dos membros do Senado, (também por votação nominal). Resolução do Senado formalizará a condenação e a pena, que consistirá na perda do cargo e inabilitação por 8 anos para exercer qualquer função pública (além de outras sanções cabíveis). Durante todo o procedimento, mesmo na Câmara, terá o Presidente direito à ampla defesa e ao contraditório. Essa posição foi corroborada pelo STF, o que, aliás, nada mais fez do que garantir os princípios da ampla defesa e do contraditório, constantes do art. 5º, LV.

Eventual pedido de renúncia do Presidente durante o procedimento não extinguirá o processo, diferentemente do que dispunha o art. 3º da Lei 27/1892, valendo, nesse sentido, lembrar do ocorrido no Impeachment do Presidente Fernando A. Collor de Mello, inscrito nos anais da história brasileira, por ser o primeiro Presidente da República a sofrer esse tipo de processo de impedimento.

Com efeito, no ano de 1992, Barbosa Lima Sobrinho e Marcello Lavarene Machado apresentaram à Câmara dos Deputados denúncia de crime de responsabilidade (e crime comum) contra o então Presidente da República, Fernando Collor de Mello, em coautoria com Paulo César Farias, seu tesoureiro de campanha. Instalada CPI Mista em junho foi o Relatório aprovado em agosto de 1992 e iniciado o procedimento de admissibilidade na Câmara. O STF deferiu pedido de segurança ao acusado no sentido de se lhe garantir o direito ao contraditório e ampla defesa (com apresentação e contestação de provas), tanto na Câmara quanto no Senado – MS 21.564. Encerrado o procedimento na Câmara, passou-se à votação – nominal, por determinação do STF (MS 21.623) – na qual, por ampla maioria, foi aprovada a instauração do processo por crime de responsabilidade no Senado. O Presidente da República foi afastado de suas funções e a Comissão designada no Senado aprovou parecer pela condenação daquele. No dia 29/12 teve início a votação no Senado, quando o Presidente apresentou pedido de renúncia. O Senado recebeu o pedido, mas prosseguiu a votação para efeito de aprovação ou não da outra penalidade (inabilitação por 8 anos), que, afinal, foi confirmada, por uma votação de 76 a 3, sendo expedida a Resolução n. 101/1992, que dispôs:

"Art. 1º É considerado prejudicado o pedido de aplicação da sanção de perda do cargo de Presidente da República, em virtude da renúncia ao mandato apresentada pelo Senhor Fernando Afonso Collor de Mello e formalizada perante o Congresso Nacional, ficando o processo extinto nessa parte.

Art. 2º É julgada procedente a denúncia por crimes de responsabilidade, previstos nos arts. 85, incisos IV e V, da Constituição Federal, e arts. 8º, item 7, e 9º, item 7, da Lei n. 1.079, de 10 de abril de 1950.

Art. 3º Em consequência do disposto no artigo anterior, é imposta ao Senhor Fernando Affonso Collor de Mello, nos termos do art. 52, parágrafo único, da Constituição Federal, a sanção de inabilitação, por oito anos, para o exercício de função pública, sem prejuízo das demais sanções judiciais cabíveis".

Contra a decisão do Senado de haver prosseguido a votação foi impetrado no STF o MS 21.689, no qual o ex-Presidente alegava que a Lei 1.079/50 não teria sido recepcionada pela Constituição, valendo portanto, a legislação anterior que determinava que o processo seria extinto se o ocupante deixasse o cargo, além do que, de toda sorte, se o Senado aceitara a perda do cargo, não havia que se falar mais na aplicação da penalidade "acessória" (inabilitação). Por maioria de votos, o STF manteve a condenação, reafirmando a recepção da Lei 1.079/50, que impossibilita o arquivamento do processo caso o acusado deixasse o cargo.

De acordo com a Ementa do acórdão:

"CONSTITUCIONAL. 'IMPEACHMENT'. CONTROLE JUDICIAL. 'IMPEACHMENT' DO PRESIDENTE DA REPÚBLICA. PENA DE INABILITAÇÃO PARA O EXERCÍCIO DE FUNÇÃO PÚBLICA. C.F., art. 52, parágrafo único. Lei n. 27, de 07.01.1892; Lei n. 30, de 08.01.1892. Lei n. 1.079, de 1950. I. Controle judicial do 'impeachment': possibilidade, desde que se alegue lesão ou ameaça a direito. C.F., art. 5., XXXV. Precedentes do S.T.F.: MS n. 20.941-DF (*RTJ* 142/88); MS n. 21.564-DF e MS n. 21.623-DF. II. O 'impeachment', no Brasil, a partir da Constituição de 1891, segundo o modelo americano, mas com características que o distinguem deste: no Brasil, ao contrário do que ocorre nos Estados Unidos, lei ordinária definirá os crimes de responsabilidade, disciplinará a acusação e estabelecerá o processo e o julgamento. III. Alteração do direito positivo brasileiro: a Lei n. 27, de 1892, art. 3., estabelecia: a) o processo de 'impeachment' somente poderia ser intentado durante o período presidencial; b) intentado, cessaria quando o Presidente, por qualquer motivo, deixasse definitivamente o exercício do cargo. A Lei n. 1.079, de 1950, estabelece, apenas, no seu art. 15, que a denúncia só poderá ser recebida enquanto o denunciado não tiver, por qualquer motivo, deixado definitivamente o cargo. IV. No sistema do direito anterior a Lei 1.079, de 1950, isto é, no sistema das Leis n.s 27 e 30, de 1892, era possível a aplicação tão somente da pena de perda do cargo, podendo esta ser agravada com a pena de inabilitação para exercer qualquer outro cargo (Constituição Federal de 1891, art. 33, par. 3.; Lei n. 30, de 1892, art. 2.), emprestando-se a pena de inabilitação o caráter de pena acessória (Lei n. 27, de 1892, artigos 23 e 24). No sistema atual, da Lei 1.079, de 1950, não é possível a aplicação da pena de perda do cargo, apenas, nem a pena de inabilitação assume caráter de acessoriedade (C.F., 1934, art. 58, par. 7.; C.F., 1946, art. 62, par. 3. C.F., 1967, art. 44, parag. único; EC n. 1/69, art. 42, parágrafo único; C.F., 1988, art. 52, parag. único. Lei n. 1.079, de 1950, artigos 2., 31, 33 e 34). V. A existência, no 'impeachment' brasileiro, segundo a Constituição e o direito comum (C.F., 1988, art. 52, parag. único; Lei n. 1.079, de 1950, artigos 2., 33 e 34), de duas penas: a) perda do cargo; b) inabilitação, por oito anos, para o exercício de função pública. VI. A renúncia ao cargo, apresentada na sessão de julgamento, quando já iniciado este, não paralisa o processo de 'impeachment'. VII. Os princípios constitucionais da impessoalidade e da moralidade administrativa (C.F., art. 37). VIII. A jurisprudência do Supremo Tribunal Federal relativamente aos crimes de responsabilidade dos Prefeitos Municipais, na forma do Decreto-lei 201, de 27.02.1967. Apresentada a denúncia, estando o Prefeito no exercício do cargo, prosseguirá a ação penal, mesmo após o término do mandato, ou deixando o Prefeito, por qualquer motivo, o exercício do cargo. IX. Mandado de segurança indeferido (MS n. 21.689, STF, Pleno, Rel. Min. Carlos Velloso, *RTJ* 167/792)."

Assim, por maioria de votos (no julgamento foram vencidos os Ministros Ilmar Galvão, Celso de Mello, Moreira Alves e Octavio Gallotti), permaneceu válida a decisão do Senado de prosseguir na votação mesmo tendo recebido o pedido de renúncia. Também foi afirmado que as penas de perda do cargo e inabilitação são autônomas e deverão sempre ser aplicadas conjuntamente. Ademais, estabeleceu-se que não cabe recurso contra decisão do Senado, sendo os processos no Senado e no STF autônomos e independentes entre si.

Quanto à acusação por Crime Comum, uma vez aceito o processamento por Crime Comum, o Procurador-Geral da República denunciou o Presidente (e mais 8 pessoas) ao STF pelos crimes de corrupção passiva e formação de quadrilha. Nessa ação, o ex-Presidente foi absolvido por falta de provas (Ação Penal n. 307. *DJ* 13/10/95).

Os processos por crime comum e de responsabilidade, uma vez iniciados no STF e no Senado, respectivamente, prosseguem autonomamente. O Senado funciona como Tribunal político, não cabendo recurso de sua decisão, na esteira do que já preceituava Paulo Brossard: "As decisões do Senado são incontrastáveis, irrecorríveis, irrevisíveis, irrevogáveis, definitivas" (BROSSARD, *O impeachment*, cit., p. 151). Assim, no caso do *Impeachment* do ex-Presidente Fernando Collor de Mello, mesmo tendo sido absolvido no STF, isso não importa em revisão do julgamento político do Senado.

No dia 01.09.2015, Hélio Pereira Bicudo, Janaína Conceição Paschoal e Miguel Reale Júnior apresentaram denúncia de crime de responsabilidade contra a Presidente Dilma Rousseff alegando, em síntese, que ela teria realizado operações financeiras vedadas pela Lei de Responsabilidade Fiscal consistentes nas chamadas "pedaladas fiscais", que é o procedimento em que instituições financeiras públicas utilizam recursos próprios para o pagamento de obrigações do ente federativo. Essa operação, segundo a denúncia ofertada, caracterizaria operação de crédito (empréstimo) entre uma instituição financeira estatal e o ente da Federação, operação essa expressamente proibida pela Lei de Responsabilidade Fiscal em seu art. 36. Tal fato estaria previsto como crime de responsabilidade no art. 85, inc. V e VI, e tipificado no art. 4º, inc. V e VI, da Lei 1.079/50. Ainda, segundo a denúncia apresentada, a Presidente teria infringido a Lei de Diretrizes Orçamentárias ao abrir crédito suplementar, sem autorização do Congresso Nacional, por meio de decreto sem numeração, o que também seria passível de crime de responsabilidade pelos itens 4 e 6 do art. 10 da Lei 1.079/50. No dia 02/12/2015, a Presidência da Câmara dos Deputados recebeu a denúncia ofertada quanto a estes pontos, apontando a existência de indícios de autoria e materialidade da Presidente da República quanto a estes fatos. No mesmo ato, a Presidência da Câmara dos Deputados criou a Comissão Especial composta de 66 (sessenta e seis) membros, com igual número de suplentes.

No dia seguinte, 03.12.2015, o Deputado Rubens Pereira e Silva Junior impetrou mandado de segurança, alegando o recebimento ilegal da denúncia de *impeachment*, sustentando que aquele ato deve ser precedido do exercício da garantia do devido processo legal, da ampla defesa e do contraditório, aplicando-se por analogia os preceitos do Código de Processo Penal, consoante o art. 38 da Lei 1.079/50. Tombado sob o número 33.920 no Supremo Tribunal Federal, o referido Mandado de Segurança foi extinto sem julgamento de mérito pelo relator, Ministro Celso de Mello, com o reconhecimento da ilegitimidade ativa *"ad causam"*, já que, no entendimento do Ministro, falecia ao parlamentar impetrar Mandado de Segurança em defesa de direito alheio, qual seja, buscando a defesa de direito da Presidente da República.

No mesmo dia, ainda, os Deputados Wadih Nemer Damous Filho, Luiz Paulo Teixeira Ferreira e Paulo Roberto Severo Pimenta também impetraram mandado de segurança contra o recebimento da denúncia pela Presidência da Câmara dos Deputados sob o fundamento de que teria sido praticado com desvio de finalidade ou de poder por parte do Presidente da Câmara dos Deputados, que, sendo investigado pelo Conselho de Ética da Casa Legislativa, pretendeu receber a denúncia por crime de responsabilidade na tentativa de forçar o apoio de parlamentares do Partido da Presidente da República na Comissão de Ética, de tal modo que, com base em meras ilações, o ato de recebimento não teria passado de mera chantagem política. Distribuída a ação com o número 33.921, os impetrantes apresentaram pedido de desistência. Tendo em vista a juntada de procurações que conferem ao advogado da causa poderes específicos para desistir da ação, o Ministro Gilmar Mendes homologou o pedido de desistência e extinguiu o processo sem julgamento do mérito (art. 21, VIII, do RISTF).

O Partido Comunista do Brasil (PC do B) utilizou a via do controle concentrado de constitucionalidade, ajuizando Arguição de Descumprimento de Preceito Fundamental, para realizar uma verdadeira filtragem constitucional nas disposições da Lei 1.079/50 acerca do procedimento de *impeachment*. Os dispositivos legais que são objeto de impugnação: o art. 19, que estabelece o recebimento da denúncia, sem que a necessária garantia da ampla defesa e do contraditório seja possibilitada anteriormente a tal ato que, por si só, constitui em grave abalo na esfera jurídica do indivíduo e também do relacionamento entre as instituições; o art. 38, que determina a aplicação subsidiária do regimento interno da Câmara dos Deputados e do Senado Federal, bem como do Código de Processo Penal quando o art. 85 da Constituição prevê expressamente que o procedimento de *impeachment* deve ser previsto em lei específica; o art. 218 do Regimento Interno da Câmara dos Deputados, que se contrapõe ao procedimento estabelecido nos arts. 21 e 22 da Lei 1.079/50 no procedimento adotado pela Comissão Especial, bem como a interpretação segundo a qual os arts. 21 e 22 exigem o quórum qualificado de 2/3 e não maioria absoluta; a necessidade de os arts. 18, § 1º, 22, 27, 28 e 29 permitirem que o acusado se manifeste por último nos atos de instrução probatória e também seja ouvido por último; o art. 24 da Lei, que estabelece um ato protocolar, ao invés de análise profunda, da admissão da denúncia perante o Senado Federal; o § 1º do art. 23, que determina o afastamento do acusado do exercício da função com a mera instauração do processo perante a Câmara dos Deputados quando o art. 86, § 1º, II, da Constituição determina o afastamento apenas quando instaurado o processo no Senado Federal.

Julgando a ADPF, o Supremo Tribunal Federal decidiu, nos termos do dispositivo transcrito:

"O Tribunal, por unanimidade e nos termos do voto do Relator, rejeitou as preliminares e conheceu da ação. O Tribunal, nos termos do voto do Ministro Roberto Barroso, que redigirá o acórdão: quanto ao item A, por unanimidade, indeferiu o pedido para afirmar que não há direito à defesa prévia ao ato do Presidente da Câmara; quanto ao item B, por unanimidade, deferiu parcialmente o pedido para estabelecer, em interpretação conforme à Constituição do art. 38 da Lei n. 1.079/1950, que é possível a aplicação subsidiária dos Regimentos Internos da Câmara e do Senado ao processo de *impeachment*, desde que sejam compatíveis com os preceitos legais e constitucionais pertinentes; quanto ao item C, por maioria, deferiu parcialmente o pedido para (1) declarar recepcionados pela CF/88 os artigos 19, 20 e 21 da Lei n. 1.079/1950, interpretados conforme à Constituição, para que se entenda que as 'diligências' e atividades ali previstas não se destinam a provar a improcedência da acusação, mas apenas a esclarecer a denúncia; e (2) para declarar não recepcionados pela CF/88 os artigos 22, *caput*, 2ª parte [que se inicia com a expressão 'No caso contrário...'], e §§ 1º, 2º, 3º e 4º da Lei n. 1.079/1950, que determinam dilação probatória e segunda deliberação na Câmara dos Deputados, partindo do pressuposto que caberia a tal casa pronunciar-se sobre o mérito da acusação, vencidos os Ministros Edson Fachin (Relator), Dias Toffoli e Gilmar Mendes; quanto ao item D, por unanimidade, indeferiu o pedido, por reconhecer que a proporcionalidade na formação da comissão especial pode ser aferida em relação aos partidos e blocos partidários; quanto ao item E, por maioria, deferiu integralmente o pedido, para estabelecer que a defesa tem o direito de se manifestar após a acusação, vencido o Ministro Marco Aurélio; quanto ao item F, por unanimidade, deferiu integralmente o pedido, para estabelecer que o interrogatório deve ser o ato final da instrução probatória; quanto ao item G, por maioria, deferiu parcialmente o pedido para dar interpretação conforme a Constituição ao art. 24 da Lei n. 1.079/1950, a fim de declarar que, com o advento da CF/88, o recebimento da denúncia no processo de *impeachment* ocorre apenas após a decisão do Plenário do Senado Federal, vencidos, nessa parte, os Ministros Edson Fachin (Relator), Dias Toffoli e Gilmar Mendes, e declarar que a votação nominal deverá ser tomada por maioria simples e presente a maioria absoluta de seus membros, vencidos, nesse ponto, os Ministros Edson Fachin (Relator), Gilmar Mendes e Marco Aurélio; quanto ao item H, por maioria, deferiu parcialmente o pedido para declarar constitucionalmente legítima a aplicação analógica dos arts. 44, 45, 46, 47, 48 e 49 da Lei n. 1.079/1950 – os quais determinam o rito do processo de *impeachment* contra Ministros do Supremo Tribunal Federal e o Procurador-Geral da República – ao processamento no Senado Federal de crime de responsabilidade contra Presidente da República, vencidos os Ministros Edson Fachin (Relator), Dias Toffoli e Gilmar Mendes; quanto ao item I, por maioria, deferiu integralmente o pedido para declarar que não foram recepcionados pela CF/88 os arts. 23, §§ 1º, 4º e 5º; 80, 1ª parte; e 81, todos da Lei n. 1.079/1950, porque estabelecem os papéis da Câmara e do Senado Federal de modo incompatível com os arts. 51, I; 52, I; e 86, § 1º, II, da CF/88, vencidos, em menor extensão, os Ministros Edson Fachin (Relator), Dias Toffoli e Gilmar Mendes; quanto ao item J, por unanimidade, indeferiu o pedido para afirmar que os senadores não precisam se apartar da função acusatória; quanto ao item K, por unanimidade, indeferiu o pedido para reconhecer a impossibilidade de aplicação subsidiária das hipóteses de impedimento e suspeição do CPP relativamente ao Presidente da Câmara dos Deputados.

Quanto à cautelar incidental (candidatura avulsa), por maioria, deferiu integralmente o pedido para declarar que não é possível a formação de comissão especial a partir de candidaturas avulsas, vencidos os Ministros Edson Fachin (Relator), Dias Toffoli, Gilmar Mendes e Celso de Mello. Quanto à cautelar incidental (forma de votação), por maioria, deferiu integralmente o pedido para reconhecer que a eleição da comissão especial somente pode se dar por voto aberto, vencidos os Ministros Edson Fachin (Relator), Teori Zavascki, Dias Toffoli, Gilmar Mendes e Celso de Mello. O Tribunal, por maioria, resolveu questão de ordem suscitada da tribuna para reafirmar o quórum de maioria simples para deliberação do Senado quanto ao juízo de instauração do processo, vencidos os Ministros Edson Fachin e Marco Aurélio, que estabeleciam o quórum de 2/3. Ausente, nesta deliberação, o Ministro Gilmar Mendes. Ao final, o Tribunal, por unanimidade, converteu o julgamento da medida cautelar em julgamento de mérito. Ausente, nesta questão, o Ministro Gilmar Mendes. Presidiu o julgamento o Ministro Ricardo Lewandowski. Plenário, 17.12.2015".

Sumariando o rito do processo de *impeachment* com as definições da Lei 1.079/50 e a construção jurisprudencial do Supremo Tribunal Federal no caso Collor, na ADPF 378 e demais decisões correlatas, tem-se:

1) A Câmara dos Deputados exercerá juízo de admissibilidade da denúncia.

2) É da competência da Presidência da Câmara dos Deputados proceder à análise de admissibilidade inicial da denúncia ofertada por qualquer cidadão por crime de responsabilidade, decisão que analisará não somente os aspectos extrínsecos, mas também um juízo perfunctório acerca da justa causa para o processamento. Não há direito à defesa prévia do denunciado ao ato de recebimento da denúncia. Não se aplicam, ainda, as causas de suspeição e impedimento do Código de Processo Penal ao Presidente da Câmara dos Deputados no processo de *impeachment*.

3) A Presidência criará a Comissão Especial que deverá ser constituída pela representação dos partidos políticos ou dos blocos parlamentares, vedadas *candidaturas avulsas*. A eleição deverá ser realizada por meio de votação aberta, sendo vedado o escrutínio secreto.

4) O acusado terá o prazo de 10 (dez) sessões para o exercício da defesa perante a Comissão Especial ou, caso não se entenda, o prazo de 20 (vinte) dias por aplicação analógica do art. 22 da Lei 1.079/50. A Comissão Especial realizará todas as diligências necessárias para a instrução do processo. Essas diligências deverão ser realizadas com observância de que competirá à defesa se manifestar por último.

5) A denúncia será recebida se aprovada por meio de 2/3 dos membros da Câmara dos Deputados e seguirá para o Senado Federal.

6) O Senado Federal não está vinculado à decisão de recebimento da denúncia da Câmara dos Deputados. Assim, deve a Mesa do Senado constituir comissão especial, por analogia aos arts. 44, 45, 46, 47, 48 e 49 da Lei 1.079/50, que poderá realizar as diligências necessárias e emitirá parecer prévio para que o plenário decida, em votação nominal, por maioria simples se levará a denúncia a julgamento.

7) Os senadores não estão obrigados a se apartarem da função acusatória, já que é o Senado Federal quem realiza o juízo de pronúncia.

8) O interrogatório do acusado será o último ato de instrução.

9) O julgamento será realizado, sob a presidência do Presidente do STF, e restará condenado o presidente pelo voto de 2/3 dos membros do Senado Federal.

Quanto ao rito do *impeachment*, o Supremo Tribunal Federal, no caso Collor, definiu a necessidade de aplicação da garantia da ampla defesa e do contraditório no processo de impedimento, estabelecendo o parâmetro de 10 (dez) sessões para a apresentação de defesa. Ademais, estabeleceu que a votação acerca do recebimento ou não da denúncia na Câmara dos Deputados deveria ser realizada por votação ostensiva e nominal, bem como decidiu que a competência da Câmara dos Deputados no processo de *impeachment* será de admissibilidade da acusação. Na ADPF 378, respeitando a integridade e a coerência, o Supremo Tribunal Federal delimitou aspectos não abordados no caso Collor, tais como a formação da Comissão Especial, a forma de eleição da Comissão, o aprofundamento da garantia da ampla defesa e do contraditório, o papel do Senado Federal e o rito a ser seguido no órgão acusatório.

8.2. O julgamento por crimes comuns

O procedimento dos Crimes Comuns também está dividido em 2 fases: o juízo de admissibilidade na Câmara e o processamento e julgamento pelo STF, em razão do foro privilegiado – art. 102, I, "b" e "c". Aqui não se pode olvidar que a Súmula 394 do STF foi cancelada e declarados inconstitucionais os §§ 1º e 2º do art. 84 do CPP (modificados por lei que intentara restaurar o privilégio). Passou-se a entender, assim, que o foro privilegiado cessa com o fim do mandato, ainda que a infração tenha sido cometida durante ele (cf. Inq-AgR n. 1376 e ADI n. 2797). O procedimento tem início com denúncia apresentada por qualquer cidadão ao STF, que abre Inquérito. Nomeado um dos Ministros do Tribunal como Relator, este avalia se a denúncia está em conformidade com os requisitos legais e constitucionais. Caso positivo, envia ao Procurador-Geral da República – se o crime for de ação penal pública –, para este dizer se oferece ou não denúncia contra o Presidente da República. Sendo o crime de ação penal privada, o Relator irá esperar que o ofendido ou representante legal faça a queixa-crime. Oferecida a Denúncia/Queixa-Crime, segue para a Câmara, que deve aprová-la por 2/3 para que tenha seguimento, sendo, então enviado ao STF. Sendo o parecer do Procurador-Geral pelo arquivamento, não pode o STF emitir decisão de mérito sobre o tema, mas, apenas, determinar o arquivamento (art. 3º, I, da Lei 8.038/90) (STF, Inq. n. 535). Na Câmara, recebido o pedido do STF de instauração do processo (instruído o pedido com cópia integral dos autos), pelo Presidente da Casa, este despachará o caso à Comissão de Constituição e Justiça, que irá dar prazo de 10 sessões para o Presidente da República oferecer sua defesa. Transcorrido o prazo, a Comissão procede à instrução probatória e demais diligências a fim de dar Parecer pelo deferimento ou indeferimento do pedido. Então solicita ao Plenário que decida se recebe ou não a denúncia – isto é, se aprova ou não o parecer e proposta de Resolução. Aprovado o Parecer (por 2/3 do Plenário em votação nominal e aberta), tal decisão é comunicada ao STF. O Ministro Relator, então, no Tribunal, intima o réu quanto à decisão da Câmara, para que promova defesa em 15 dias. Após, o Relator pede ao Plenário que delibere sobre o recebimento ou não da Denúncia/Queixa – sessão na qual cabe sustentação oral das partes. Sendo a decisão pelo recebimento da Denúncia/Queixa e havendo necessidade da Fase Instrutória, segue-se com a produção de provas, interrogatório do Presidente da República, oitiva de testemunhas e produção de outros meios de prova. Finda a instrução, é requerido dia e hora para a sessão de julgamento – também com faculdade de sustentação oral das partes. Durante o processo, o Presidente não pode ser preso cautelarmente.

As prerrogativas previstas nos §§ 3º e 4º do art. 86 não se aplicam a Governadores de Estado, o que se pode ver pela declaração da inconstitucionalidade de tal previsão na Constituição do Estado de São Paulo (ADI n. 1021). Os Governadores de Estado e do Distrito Federal possuem apenas imunidades formais em relação ao processo – isso caso as respectivas Constituições Estaduais (ou a Lei Orgânica do Distrito Federal) o prevejam –, mas não têm (e nem lhes pode ser concedida) imunidade quanto à prisão. Isso tem reflexos, inclusive, sobre a decretação de prisão preventiva, ainda no curso de Inquérito: o STF reviu entendimento anterior (STF, HC. 80.511) para entender que o STJ pode decretar prisão preventiva de Governador durante a fase de Inquérito e que este não precisa de autorização da Assembleia Legislativa para ter dado início. Apenas precisará da autorização quando houver pedido de instauração de ação penal contra ele (STF, HC 102.732).

As penas aplicadas no julgamento de crime comum são as mesmas que seriam aplicáveis a qualquer cidadão que tenha sido condenado pelos mesmos crimes. Anote-se, entretanto, quanto aos efeitos extrapenais: havendo condenação criminal do Presidente da República por crime comum, há perda do cargo por inelegibilidade, isto é, suspensão dos direitos políticos, como ocorre com qualquer um que é condenado a pena privativa de liberdade. No caso do Presidente, com a suspensão de seus direitos políticos (pelo tempo que durar o cumprimento da pena), ele tem suspensa a capacidade eleitoral ativa, perdendo, então, a capacidade eleitoral passiva, ou seja, no caso, seu mandato – art. 15, III, da Constituição.

SEÇÃO IV
DOS MINISTROS DE ESTADO

Art. 87. Os Ministros de Estado serão escolhidos dentre brasileiros maiores de vinte e um anos e no exercício dos direitos políticos.

Parágrafo único. Compete ao Ministro de Estado, além de outras atribuições estabelecidas nesta Constituição e na lei:

I – exercer a orientação, coordenação e supervisão dos órgãos e entidades da administração federal na área de sua competência e referendar os atos e decretos assinados pelo Presidente da República;

II – expedir instruções para a execução das leis, decretos e regulamentos;

III – apresentar ao Presidente da República relatório anual de sua gestão no Ministério;

IV – praticar os atos pertinentes às atribuições que lhe forem outorgadas ou delegadas pelo Presidente da República.

José Carlos Francisco

1. História da norma

Os assessores diretos dos Chefes do Poder Executivo brasileiro sempre foram denominados Ministros de Estado na história constitucional brasileira, independentemente do sistema de governo presidencialista ou parlamentarista. Desde a Carta Constitucional de 1824, marcada pela centralização própria da experiência monárquica brasileira, o art. 131 e o art. 132 previram a existência de Ministros de Estado com atribuição para referendar ou assinar todos os atos do Poder Executivo (sem o que não podiam ter execução), inclusive sob pena de responsabilização expressamente tipificada no art. 133 desse ordenamento.

O art. 49 da ordem constitucional de 1891 estabeleceu que o Presidente da República era auxiliado por Ministros de Estado, agentes de sua confiança, que lhe subscreviam os atos. Cada Ministro de Estado devia presidir um dos Ministérios em que se dividia a administração federal, devendo enviar relatórios anuais ao Presidente da República (que seriam distribuídos a todos os membros do Congresso Nacional). Em conformidade com o art. 50 e o art. 51 da Constituição de 1891, o Ministro de Estado não podia comparecer às sessões do Congresso, mas reportavam-se por escrito ou pessoalmente às Comissões das Câmaras. O art. 52 dessa Constituição republicana previa que os Ministros de Estado não seriam responsáveis perante o Congresso, ou perante os Tribunais, pelos conselhos dados ao Presidente da República, mas respondiam, quanto aos seus atos, pelos crimes previstos em lei. Em respeito ao art. 50 da Constituição de 1891, os Ministros de Estado não podiam acumular o exercício de outro emprego ou função pública, e também não podiam ser eleitos Presidente ou Vice-Presidente da União, Deputado ou Senador, e, se aceitasse cargo de Ministro de Estado, o parlamentar perdia o mandato e seria feita nova eleição na qual ele não podia ser votado.

Na efêmera Constituição de 1934, além de outras atribuições fixadas em lei, os Ministros de Estado auxiliavam o Presidente da República (inclusive subscrevendo os atos do mesmo e apresentando relatório anual dos serviços de seu Ministério), expediam instruções para a boa execução das leis e regulamentos, compareciam à Câmara dos Deputados e ao Senado Federal (nos casos e para os fins especificados na Constituição), e preparavam propostas dos orçamentos respectivos. O art. 60, parágrafo único, desse ordenamento constitucional previa que ao Ministro da Fazenda competia, ainda, organizar a proposta geral do orçamento da receita e da despesa (com os elementos de que dispunha e os fornecidos por outros Ministérios), bem como apresentar o balanço anual definitivo da receita e da despesa do último exercício ao Presidente da República, para ser enviado à Câmara dos Deputados, com o parecer do Tribunal de Contas. O art. 61 da Constituição de 1934 cuidava de crimes de responsabilidade praticados por Ministros de Estado (além do previsto no art. 37, *in fine*, e dos atos definidos em lei, nos termos do art. 57).

O art. 88 da Carta Constitucional de 1937 estabelecia que o Presidente da República seria auxiliado pelos Ministros de Estado, agentes de sua confiança, que lhe subscreviam os atos, enquanto o art. 89 dispunha que os Ministros de Estado não eram responsáveis perante o Parlamento, ou perante os Tribunais, pelos conselhos dados ao Presidente da República, mas respondiam quanto aos seus atos, pelos crimes qualificados em lei. Contudo, embora o art. 76 dessa Carta previsse que os atos oficiais do Presidente da República seriam referendados pelos seus Ministros, esse mesmo preceito (em sua redação original) dispensava essa referenda em casos relativos às prerrogativas especiais do Presidente da República. O excessivo fortalecimento do Presidente da República, expresso na Carta Constitucional de 1937 (inspirada na Carta da Polônia de 1935 e na Carta Portuguesa de 1933, dentre outros diplomas da época), é uma das principais características do Estado Novo, tanto que o art. 73 previu o Chefe do Poder Executivo como autoridade suprema do Estado, a quem cabia coordenar a atividade dos órgãos representativos, de grau superior, dirigir a política interna e externa, promover ou orientar a política legislativa de interesse nacional, e atuar na direção superior da administração do país. Marcando esse período autocrático, o art. 180 da Carta de 1937 deu poderes ao Presidente da República para expedir decretos-leis sobre todas as matérias da competência legislativa da União enquanto não se reunia o Parlamento Nacional, ao mesmo tempo em que o art. 186 desse diploma constitucional declarou estado de emergência em todo o país. Com a Lei constitucional 09, de 28.02.1945, iniciou-se processo de controle das atribuições do Presidente da República, inclusive alterando a redação do art. 76 da Carta de 1937 para prever que os atos oficiais do Presidente da República seriam referendados pelos seus Ministros de Estado, posteriormente sobrevindo a Lei Constitucional 16, de 30.11.1945, que revogou o art. 186 dessa Carta Constitucional.

Na vigência da Constituição de 1946, o art. 78, o art. 90 e o art. 91 estabeleceram que o Poder Executivo era exercido pelo Presidente da República com o auxílio dos Ministros de Estado, cabendo a esses referendar os atos assinados do Chefe do Executivo, expedir instruções para a boa execução das leis, decretos e regulamentos, apresentar ao Presidente da República relatório dos serviços de cada ano realizados no Ministério e comparecer à Câmara dos Deputados e ao Senado Federal nos casos e para os fins indicados na Constituição, além de outras atribuições fixadas em lei. Já o art. 93 desse diploma constitucional previa crimes de responsabilidade praticados ou ordenados pelos Ministros de Estado. Esses dispositivos constitucionais deixaram de ser aplicados em razão da curta experiência parlamentarista implementada pela Emenda 04/1961 (que, em seu art. 19, permitia que o Primeiro-Ministro assumisse a direção de qualquer Ministério), até a publicação da Emenda 06/1963, que revogou os dispositivos da Emenda 04/1961 e restabeleceu o sistema presidencial previsto na Constituição de 1946 (salvo o art. 61 e pequena alteração no art. 79, § 1º). A partir de 1964, a ruptura democrática instaurada pelo regime militar alterou o funcionamento dos poderes constituídos, com extraordinária centralização no Presidente da República.

Na Carta de 1967, o art. 86 manteve os Ministros de Estado como auxiliares do Presidente da República, enquanto o art. 87 descrevia suas atribuições (além de outras previstas na própria Constituição ou em leis), como referendar os atos e decretos assinados pelo Presidente, expedir instruções para a execução das leis, decretos e regulamentos, apresentar ao Presidente da República relatório anual dos serviços realizados no Ministério e comparecer à Câmara dos Deputados e ao Senado Federal, nos casos e para os fins previstos nessa ordem constitucional. Com a Emenda 01/1969 esses preceitos foram renumerados para art. 84 e 85 (respectivamente), mantendo basicamente a mesma configuração, cabendo ao Ministro exercer a orientação, coordenação e supervisão dos órgãos e entidades da administração federal na área de sua competência, referendar os atos e decretos assinados pelo Presidente, expedir instruções para a execução das leis, decretos e regulamentos, apresentar ao Presidente da República relatório anual dos serviços realizados no Ministério, e praticar os atos pertinentes às atribuições que lhe forem outorgadas ou delegadas pelo Presidente da República. Como exemplos da dimensão desse regime autocrático, merecem registro o Ato Institucional 05, de 13.12.1968 (que, dentre outras medidas, em seu art. 2º, permitiu ao Presidente da República decretar recesso do Congresso Nacional) e o Ato Institucional 12, de 31.08.1969 (que atribuiu a chefia do Poder Executivo a Ministros Militares em razão de problemas de saúde do Presidente da República, excluindo de apreciação jurisdicional todos os atos praticados de acordo com esse Ato Institucional e seus Atos Complementares).

2. Constituições brasileiras anteriores

Art. 131, art. 132 e art. 133 da Carta Imperial de 1824, art. 49, art. 50, art. 51 e art. 52 da Constituição de 1891, art. 60, parágrafo único, e art. 61 da Constituição de 1934, art. 73, art. 76, art. 88, art. 89, art. 180 e art. 186 da Carta Constitucional de 1937 (bem como Lei Constitucional 09, de 28.02.1945, e Lei Constitucional 16, de 30.11.1945), art. 78, art. 90, art. 91, art. 92 e art. 93 da Constituição de 1946 (e Emendas 04/1961 e 06/1963), art. 86, art. 87 da Carta de 1967, renumerados para art. 84 e art. 85 pela Emenda 01/1969, o Ato Institucional 05/1968 e Ato Institucional 12/1969.

3. Constituições estrangeiras

Nos termos do sistema parlamentarista implantado pela Lei Fundamental de Bonn, aplicável à Alemanha unificada, o art. 54 e o art. 59 desse ordenamento constitucional preveem que o Poder Executivo será exercido pelo Presidente da República alemã eleito pela Assembleia Federal, com atribuições próprias de Chefe de Estado (sobretudo representando do Estado Alemão nas relações internacionais). Já os arts. 62 e seguintes dessa Lei Fundamental cuidam da figura do Chanceler ou Primeiro-Ministro (eleito pelo Parlamento Federal), bem como dos Ministros de Estado Federais, cabendo ao Chanceler fixar as grandes orientações da política e, dentro do quadro dessas políticas, cada Ministro Federal dirige seu departamento de maneira autônoma e sob sua própria responsabilidade (o Governo Federal decide sobre as divergências entre os Ministros). Consoante o art. 64, n. 1, da Lei Fundamental, o Presidente Federal (sob proposta do Chanceler Federal), nomeia e exonera os Ministros Federais, mas o art. 58 da mesma lei marca a interdependência entre essas autoridades, uma vez que os Ministros Federais têm atribuição para referendar os atos do Presidente da República alemã nas áreas de sua competência. O art. 80 da Lei Fundamental confere ao Governo Federal e a Ministros a edição de regulamentos, sendo necessária a aprovação do Conselho Federal em determinadas matérias previstas nesse mesmo preceito constitucional.

A Constituição Chinesa de 1982, marcada pelo peculiar centralismo democrático, em seu art. 79 e art. 81, estabelece que o Poder Executivo cabe ao Presidente e Vice-Presidente da República (eleitos pelo Congresso Nacional do Povo chinês com competências típicas de Chefe de Estado), ao passo em que o art. 85, o art. 86 e o art. 88 cuidam do Conselho de Estado presidido pelo

Primeiro-Ministro chinês (com atribuições de Chefe de Governo), a quem cabe a administração governamental e a direção superior da administração pública. Segundo o art. 63 desse ordenamento constitucional, o Congresso Nacional do Povo tem plena competência para determinar a perda do cargo do Presidente e do Vice-Presidente da República, do Primeiro-Ministro, dos Vice-Primeiros-Ministros, bem como dos Ministros e outros cargos que prevê. As competências do Conselho de Estado estão previstas no art. 89 e as competências dos Ministérios são tratadas no art. 90 da Constituição de 1982 (dentre elas, atribuições para a administração de seus departamentos, e elaboração de ordens, diretivas e regulamentos). Nos termos do art. 65, art. 66 e art. 67, todos da Constituição, o *Standing Committee* do Congresso Nacional do Povo assume algumas funções em caso de recesso do Congresso, tais como interpretar a Constituição e as leis, rever e aprovar ajustes em planos socioeconômicos, bem como decidir sobre atividades ministeriais. É corrente que o Partido Comunista detém o real poder na China, porque na prática seu Secretário-Geral é também Presidente da república chinesa[1].

Nos moldes do parlamentarismo espanhol adotado pela Constituição de 1978, o art. 98 estabelece que o Governo é composto pelo Presidente (ou Primeiro-Ministro), pelos Vice-Presidentes, pelos Ministros e por membros estabelecidos em lei, sendo que o Presidente dirige as ações do Governo e coordena as funções dos Ministros e membros, sem prejuízo das competências e das responsabilidades diretas desses em sua gestão. Conforme art. 62, "e", art. 64, art. 65 e art. 100, da mesma Constituição, o Rei exerce a função de Chefe de Estado, com atribuição para nomear ou demitir os membros do Governo, mediante proposta do Presidente do Governo, mas os atos do Rei em suas funções públicas (conforme o caso) estão sujeitos a referendo pelo Chefe de Governo, pelo Ministro competente e até mesmo pelo Presidente do Congresso.

As Seções I e II do art. II da Constituição Americana de 1787, preveem que o Poder Executivo competirá ao Presidente dos Estados Unidos da América, que será o comandante supremo do exército e da marinha, bem como das milícias, podendo solicitar a opinião por escrito dos principais funcionários de cada departamento executivo acerca de qualquer assunto relativo às atribuições dos respectivos serviços. No sistema americano não se utiliza a denominação Ministro de Estado para identificar os assessores diretos do Presidente da República, mas sim Secretário[2]. Lembramos que o sistema americano apresenta diversas agências reguladoras dotadas de expressiva autonomia no que concerne a atividades administrativas, normativas e de julgamento, limitando o comando do Presidente Americano e de seus Secretários.

O sistema de governo instituído pela Constituição Francesa de 1958 é peculiar, ficando a meio caminho entre o presidencialismo e o parlamentarismo, especialmente porque o Presidente da República exerce funções de Chefe de Estado mas também divide com o Primeiro-Ministro algumas atribuições próprias de Chefe de Governo. Nos termos do art. 8º da Constituição da Vª República, o Presidente da República nomeia e destitui o Primeiro-Ministro, bem como os outros membros do Governo (mediante indicação do Primeiro-Ministro), cabendo ainda ao Presidente dirigir o Conselho de Ministros. O art. 19 do ordenamento constitucional francês prevê casos de atribuições do Presidente da República que devem ser referendados pelo Primeiro Ministro e pelos Ministros competentes, ao passo em que o art. 22 prevê atos do Primeiro-Ministro que devem ser referendos pelo Ministro competente para lhes dar execução.

Os arts. 83 e 87 da Constituição Italiana de 1948 preveem que o Presidente da República é eleito pelo Parlamento com a participação de delegados de cada Região da Itália, com atribuições de Chefe de Estado e de representante da unidade nacional. Conforme os arts. 92 e 93, o Presidente da República nomeia o Primeiro-Ministro e os Ministros que compõem o Conselho de Ministros (sob indicação do Primeiro-Ministro). Nos moldes do art. 95 da Constituição, lei determinará o número, as atribuições e as organizações dos Ministérios, cabendo ao Presidente do Conselho de Ministros dirigir a política geral do Governo (pela qual é responsável), mantendo a unidade política e administrativa, bem como promovendo e coordenando as atividades dos Ministros (os quais são responsáveis pelos atos do Colegiado e individualmente pelos atos de seu Ministério). Conforme o art. 89 da Constituição, o Ministro deve aprovar ou referendar os atos do Presidente da República correspondentes ao seu Ministério (sendo que os atos legislativos devem ser confirmados também pelo Primeiro-Ministro), firmando interdependência entre o Conselho de Ministros e o Chefe de Estado.

A Constituição Portuguesa de 1976, em seu art. 120, prevê que o Presidente da República é o Chefe de Estado, ao passo em que o art. 133, "f", "g", "h", "l", e art. 187, estatui sua competência para nomear e demitir o Primeiro-Ministro (Chefe de Governo), bem como nomear e exonerar os membros do Governo (sob proposta do Primeiro-Ministro) e os Ministros da República para as Regiões Autônomas, com parecer do Conselho de Estado nos casos previstos na Constituição (art. 145 e art. 146). O art. 182 desse ordenamento constitucional estabelece que o Governo é constituído pelo Primeiro-Ministro (incluindo um ou mais Vice-Primeiros-Ministros), pelos Ministros e pelos Secretários e Subsecretários de Estado, ao passo em que o art. 183, 3 desse, fixa que o número, a designação e as atribuições dos Ministérios e Secretarias de Estado, bem como as formas de coordenação entre eles, mas lei pode criar Conselhos de Ministros especializados em razão da matéria (art. 184, 2). O art. 201, n. 1, "a" e "b", da Constituição, confia ao Primeiro-Ministro a atribuição para dirigir a política geral do Governo, coordenando e orientando a ação de todos os Ministros, bem como conduzindo o funcionamento do Governo e as suas relações de caráter geral com os demais órgãos do Estado, e o art. 201, ns. 2 e 3, do mesmo ordenamento prevê competência para os Ministros executarem a política definida para os seus Ministérios, assegurarem as relações de caráter geral entre o Governo e os demais órgãos do Estado (no âmbito dos respectivos Ministérios, bem como assinarem decretos-leis e os demais decretos do Governo em razão da matéria (juntamente com o Primeiro-Ministro). O art. 140 e o art. 197, 1, "a", da Constituição preveem referenda do Governo em atos do Presidente da República, com dispensa para determinadas matérias (art. 133 e art. 134 do mesmo ordenamento constitucional).

---

1. Conforme *Folha de S.Paulo*, Primeira Página e Mundo A8, de 26/02/2018, o cargo de Presidente da república chinesa é simbólico porque o comando efetivo do país cabe ao Secretário-Geral do Partido Comunista.

2. Segundo a denominação tradicionalmente empregada no Brasil, "Secretário" corresponde ao "segundo escalão" no âmbito Executivo federal, e ao "primeiro escalão" do Poder Executivo nos âmbitos estaduais, distritais e municipais.

4. Direito internacional

Tratados internacionais celebrados pelo Brasil não cuidam de temas versados nesse preceito constitucional.

5. Remissões constitucionais (outros artigos da Constituição) e legais (leis reguladoras)

Art. 12, § 1º a § 3º, V a VII, art. 15, art. 50, art. 48, XI, art. 76, art. 84, I, II, IV, VI, e parágrafo único, art. 88, art. 89, VI, art. 91, IV, V, VI e VII e § 1º, e art. 237, todos da Constituição de 1988; Lei n. 10.683/2003; Lei 11.457/2007; Lei 13.502/2017.

6. Jurisprudência (STF e STJ): *leading cases*, principais posições e votos divergentes; tendências atuais no sentido da mudança da jurisprudência

Visando combater o nepotismo, a Súmula Vinculante 13 do STF prevê que ofende o ordenamento constitucional nomear cônjuge, companheiro ou parente em linha reta, colateral ou por afinidade, até o terceiro grau (inclusive), da autoridade nomeante ou de servidor da mesma pessoa jurídica investido em cargo de direção, chefia ou assessoramento, para o exercício de cargo em comissão ou de confiança ou, ainda, de função gratificada na administração pública direta e indireta em qualquer dos poderes da União, dos Estados, do Distrito Federal e dos Municípios, compreendido o ajuste mediante designações recíprocas. Acreditamos que o teor da Súmula Vinculante 13 abrange a nomeação para Ministros de Estado, uma vez que estes exercem cargo de confiança do Presidente da República dentro da estrutura hierárquica do Poder Executivo (salvo se o cônjuge tiver sido eleito para Vice-Presidente na mesma chapa, pois então inexistirá nepotismo em razão da legitimação dos nomes pela votação popular). Pelas mesmas razões e ainda como modo de bloqueio ou prevenção contra eventual desvio ou fraude na dissolução do laço conjugal, aos Ministros também é aplicável a Súmula Vinculante 18 do STF, segundo a qual *"A dissolução da sociedade ou do vínculo conjugal, no curso do mandato, não afasta a inelegibilidade prevista no § 7º do artigo 14 da Constituição Federal"*. O Ministro de Estado é chefe superior de sua pasta e tem hierarquia em face de seus integrantes, razão pela qual pode declarar a nulidade dos seus próprios atos e de seus subordinados (Súmulas 346 e 473 do STF). Conforme orientações do STF nas manifestações da Minª Ellen Gracie (no MS 23.201, j. 30.06.2005, P, *DJ* de 19-8-2005) e do Min. Eros Grau (no RMS 25.296, j. 9-3-2010, 2ª T., *DJe* de 14.05.2010), diante do previsto no art. 87, I, da Constituição, o Ministro de Estado é a autoridade maior em sua pasta, razão pela qual pareceres previstos nos arts. 1º, XIII, 17 e 29, do Regimento Interno da Consultoria Jurídica do Ministério da Justiça servem, apenas, para orientar o ministro, a quem compete discordar e proferir a decisão que reflita sua convicção pessoal.

Note-se que foi cancelada a Súmula 4 do STF, segundo a qual parlamentar nomeado Ministro de Estado mantinha as imunidades parlamentares. Contudo, no MS-MC 25579/DF, Rel. Min. Sepúlveda Pertence, Rel. p/ acórdão Min. Joaquim Barbosa, Pleno, m.v., *DJ* de 24.08.2007, p. 055, o STF decidiu que o membro do Congresso Nacional que se licencia do mandato para investir-se no cargo de Ministro de Estado não perde os laços que o unem, organicamente, ao Parlamento, daí por que continua a subsistir em seu favor a garantia constitucional da prerrogativa de foro em matéria penal, bem como a faculdade de optar pela remuneração do mandato, e, assim, ainda que licenciado, cumpre-lhe guardar estrita observância às vedações e incompatibilidades inerentes ao estatuto constitucional do congressista, bem como no que concerne às exigências ético-jurídicas que a Constituição e os regimentos internos das casas legislativas estabelecem como elementos caracterizadores do decoro parlamentar. Nesse MS-MC 25579/DF, o STF reconheceu que a separação e independência dos poderes impedem, em princípio, que a Câmara a que pertença o parlamentar o submeta, quando licenciado, a processo de perda do mandato, em virtude de atos por ele praticados que tenham estrita vinculação com a função exercida no Poder Executivo (mesmo porque a Constituição prevê modalidade específica de responsabilização política para os membros do Poder Executivo em seus arts. 85, 86 e 102, I, "c"), mas, no caso concreto, o Ministro de Estado foi acusado de haver usado de sua influência para levantar fundos junto a bancos com a finalidade de pagar parlamentares para que, na Câmara dos Deputados, votassem projetos em favor do Governo, daí por que o STF admitiu que o parlamentar afastado fosse julgado por falta de decoro parlamentar. Esse MS 25579 foi extinto em 18.02.2010, pelo posterior relator, Min. Dias Toffoli, por perda superveniente de objeto diante do fim do mandato por derivação lógica do fim da 52ª Legislatura da Câmara dos Deputados.

Na ADI-MC 1075/DF, Pleno, v.u., *DJ* de 24.11.2006, p. 059, Rel. Min. Celso de Mello, o STF afirmou que a competência normativa deferida aos Ministros de Estado decorre da qualidade de agentes auxiliares do Chefe do Poder Executivo da União, razão pela qual suas instruções normativas são regulamentos executivos necessariamente subordinados aos limites jurídicos definidos na regra legal a cuja implementação elas se destinam. Nesse mesmo julgado o STF lembra a distinção entre poder regulamentar e delegação legislativa, para afirmar que os Ministros de Estado exercem competência regulamentar de caráter meramente secundário. Correlata a essa atribuição, nos termos da Súmula 194 do STF, o Ministro do Trabalho é competente para a especificação das atividades insalubres, por se tratar de matéria afeta à especialidade desse Ministério.

Na Pet. 1.199-AgR, Rel. Min. Sepúlveda Pertence, *DJ* de 25.06.1999, o STF entendeu que, para fins de competência penal originária desse Tribunal, não se consideram Ministros de Estado os titulares de cargos de natureza especial da estrutura orgânica da Presidência da República, ainda que a lei estabeleça certas prerrogativas, garantias, vantagens e direitos equivalentes aos dos titulares de Ministérios (p. ex., Secretário de Comunicação Social da Presidência da República). Já a Súmula 177 do STJ prevê que esse egrégio Tribunal é incompetente para processar e julgar, originariamente, mandado de segurança contra ato de órgão colegiado presidido por Ministro de Estado. No HC 101.528, Rel. Min. Dias Toffoli, j. 09.12.2010, P, *DJe* de 22.03.2011, e no HC 101.269, Rel. Min. Cármen Lúcia, j. 03.08.2010, 1ª T., *DJe* de 20-8-2010, afirmou-se o processamento desses *writs* no STF, argumentando-se que o fato de o presidente da República delegar ao Ministro da Justiça (mediante ato administrativo por ele próprio assinado) o exercício da competência legal de expulsão de estrangeiro não implica disposição da própria competência.

Sobre nomeação para o cargo de Ministro de Estado, nos Mandados de Segurança 34.070 e 34.071, em 18.03.2016, o Min. Gilmar Mendes, do E. STF, deferiu medida liminar para suspender a eficácia da nomeação de Luiz Inácio Lula da Silva para o cargo de Ministro Chefe da Casa Civil, sob o fundamento de o ato de nomeação, pela Presidente Dilma Rousseff, ter ocorrido com desvio de finalidade e intenção de fraudar visando retirar a competência do juízo da 13ª Vara Federal de Curitiba/PR para procedimento criminal contra o ex-presidente (já que Ministros de Estado têm prerrogativa do foro no STF); em 1º.07.2016 essas ações mandamentais foram extintas sem julgamento de mérito diante da perda superveniente de objeto devido ao estágio do processo de *impeachment* contra a Presidente Dilma Rousseff. Em 04.01.2018, o Presidente Michel Temer nomeou a Deputada Federal Cristiane Brasil (PTB/RJ) para exercer o cargo de Ministra do Trabalho (44 anos e advogada), mas decisão proferida na Seção Judiciária do Rio de Janeiro, 4ª Vara Federal de Niterói, na ação popular 0001786-77.2018.4.02.5102 (2018.51.02.001786-0) impediu a posse amparando-se na moralidade administrativa e na impossibilidade de ela exercer o cargo, por ter sido condenada em reclamação trabalhista perante a Justiça do Trabalho; a decisão do Juiz Federal Leonardo da Costa Couceiro foi submetida a recursos sucessivos, primeiro no E. TRF2 (onde foi mantida), depois no E. STJ (lá tendo sido reformada para permitir a posse) e afinal no E. STF (que suspendeu a decisão do E. STJ e manteve a proibição da posse); em 23.02.2018, o Presidente Michel Temer editou decreto desfazendo a nomeação controvertida, induzindo à perda superveniente de objeto da ação popular.

E na ADI 1.397 (*DJe* de 16.08.2022), o Pleno do STF decidiu que não há garantia constitucional de competência de ministério em face do Presidente da República (a quem cabe a direção superior da administração federal).

7. Referências bibliográficas

ACKERMAN, Bruce. The New Separation of Powers, *Harvard Law Review*, Volume 113, January 2000, Number 3, ps. 633-725; ALMEIDA, Fernanda Dias Menezes de, *Competências na Constituição de 1988*, 4ª ed., São Paulo: Ed. Atlas, 2007; ARAGÃO, Alexandre Santos de, *A Autonomia Universitária no Estado Contemporâneo e no Direito Positivo Brasileiro*, Rio de Janeiro: Ed. Lumen Juris, 2001; BONAVIDES, Paulo, *História Constitucional do Brasil*, obra conjunta com Paes de Andrade, 3ª edição, Rio de Janeiro: Ed. Paz e Terra, 1991; BURDEAU, Georges, HAMON, Francis, et TROPER, Michel, *Droit Constitutionnel*, 26ᵉ édition, Paris: Librairie Générale de Droit et de Jurisprudence – L.G.D.J., 1999; CARBONELL, Eloísa, e MUGA, José Luis, *Agencias y Procedimento Administrativo en Estados Unidos de América*, Madrid: Marcial Pons Ediciones Jurídicas y Sociales S.A., 1996; CHAPUS, René, *Droit Administratif Général*, Tomo I, 12ᵉ édition, Paris: Montchrestien, 1998; CHAUVIN, Francis. *Administration de l'État*, 4ᵉ édition, Paris: Ed. Dalloz, 1994; CORWIN, Edward S., *El poder ejecutivo*, Buenos Aires: Editorial Biliografica Argentina, 1959; CUÉLLAR, Leila, *As agências Reguladoras e seu Poder Normativo*, São Paulo: Ed. Dialética, 2001; DI PIETRO, Maria Sylvia Zanella, *Discricionariedade Administrativa na Constituição de 1988*, São Paulo: Ed. Atlas, 1991; DORDA, Rosa Comella, *Limites del Poder Reglamentario en el Derecho Administrativo de los Estados Unidos*, Barcelona: Cedecs Editorial s.l., 1997; FAVOREU, Louis, coordonnateur, *Droit Constitutionnel*, Paris: Dalloz, 1998; FERRAZ, Anna Candida da Cunha, *Conflito entre os poderes – O poder congressual de sustar atos normativos do Poder Executivo*, São Paulo: Ed. Revista dos Tribunais, 1994; FERREIRA FILHO, Manoel Gonçalves, *Do Processo Legislativo*, 4ª ed., São Paulo: Ed. Saraiva, 2001; FRANCISCO, José Carlos. *Função Regulamentar e Regulamentos*. Rio de Janeiro: Ed Forense, 2009; FULBRIGHT, J. William, *Problemas do presidencialismo americano*, trad. Etelvina C. da Silva Porto, Brasília: Câmara dos Deputados, Coordenação de Publicações, 1993; GRANDGUILLAUME, Nicolas, *Théorie générale de la bureaucratie*, Paris: Econômica, 1996; HAGGARD, Stephan, MCCUBBINS, Mathew D., *Presidents, parliaments, and policy*, Cambridge: Cambridge University Press, 2000; HAYES-RENSHAW, Fiona, WALLACE, Helen, *The council of ministers*, New York: Palgrave Macmillam, 2006; LARICCIA, Sergio, *Diritto Amministrativo*, Padova: Cedam, 2000; MAURER, Hartmut, *Elementos de Direito Administrativo Alemão*, trad. da edição alemã de Luís Afonso Heck, Porto Alegre: Sérgio Antonio Fabris Editor, 2001; MEDAUAR, Odete, *Direito Administrativo Moderno*, 7ª ed., São Paulo: Ed. Revista dos Tribunais, 2003; MORAES, Alexandre de, *Presidencialismo*, São Paulo: Atlas, 2004; MORAND-DEVILLER, Jacqueline. *Cours de Droit Administratif*, 6ᵉ édition, Paris: Montchrestien, 1999; NUGENT, Neill, *Government and politics of the european union*. London: Macmillan, 1999; RANIERI, Nina Beatriz Stocco, *Autonomia Universitária*, São Paulo, EDUSP, 1994; RENAULT, Christiana Noronha, *Os Sistemas de governo na república*, Porto Alegre: Sérgio Antonio Fabris Editor, 2004; RIVERO, Jean, e WALINE, Jean, *Droit Administratif*, 18ᵉ ed., Paris: Éditions Dalloz, 2000; RODRÍGUES, Andrés Betancor, *Las Administraciones Independentes, un reto para el Estado Social y Democrático de Derecho*, Madrid, Editorial Tecnos, 1994; SILVA, José Afonso da, *Comentário Contextual à Constituição*, 3ª ed., São Paulo: Ed. Malheiros, 2007; SCHRAMECK, Olivier, *Les cabinets ministeriels*, Paris: Dalloz, 1995; TAMER, Sergio Victor, *Fundamentos do Estado democrático e a hipertrofia do executivo no Brasil*, Porto Alegre: Sérgio Antonio Fabris Editor, 2002; VALLADÃO, Haroldo, Referenda Ministerial e Validade dos Decretos do Presidente da República, *Revista de Direito Público* 19/127, jan.-mar. 1972.

8. Comentários

8.1. Auxiliares diretos nas atribuições de Chefe de Governo e de Chefe de Estado

Sobretudo nos Estados contemporâneos, marcados pela amplitude e complexidade de suas atribuições, os Chefes do Poder Executivo necessitavam de assistência no exercício de suas funções, e, na tradição presidencialista brasileira (refletida no art. 76, no art. 84, I, e no art. 87, todos da Constituição de 1988), os Ministros de Estado exercem elevadas funções públicas como auxiliares diretos do Presidente da República, tanto nas tarefas de Chefia de Governo (quando colaboram na elaboração, execução e controle das políticas governamentais, bem como na condução da direção superior da administração pública federal) quanto de Chefe de Estado (sobretudo no caso do Ministro das Relações Exteriores, p. ex., nas funções descritas nos incisos VII, VIII, XII, XIX, XX e XXII do art. 84 da Constituição Federal, em alguns casos mediante delegação, nos limites do parágrafo único do art. 84).

Acreditamos que as disposições do art. 87 da Constituição são aplicáveis a Secretários de Estado do Poder Executivo Federal que têm *status* de Ministro justamente porque suas funções são de estatura ministerial, além do que esses Secretários se reportam diretamente ao Presidente da República (sem vinculação a Ministérios), mas reconhecemos que plena equiparação é polêmica, especialmente quando se trata de imposição de penalidades e de definição de competência jurisdicional. Mas o art. 87 da Constituição não é aplicável ao Advogado-Geral da União em razão da existência de disposições específicas (art. 131 e art. 132 da Constituição), o mesmo podendo ser dito com relação ao Procurador-Geral da República (art. 127 a art. 130 do ordenamento de 1988, nesse caso, ainda com o acréscimo de o Ministério Público da União ter independência funcional em relação ao Poder Executivo).

8.2. Requisitos para nomeação e manutenção no cargo em comissão

O art. 87 da Constituição impõe requisitos para a nomeação e o exercício das funções de Ministro de Estado, aos quais devem ser acrescidas outras condições formais e materiais.

8.2.1. Nacionalidade, idade, direitos políticos e outras condições formais

O art. 87, *caput*, do ordenamento de 1988, impõe idade mínima de vinte e um anos, nacionalidade brasileira e direitos políticos como requisitos formais para a nomeação de Ministros de Estado. A despeito da vitalidade e da capacidade inovadora como qualidades inerentes à juventude, a experiência é requisito importante para o exercício de elevadas funções públicas, daí por que não nos parece apropriada a idade de vinte e um anos para o exercício da função ministerial (a despeito das idades previstas no art. 14, § 3º, VI, da Constituição). As nomeações ao longo da história brasileira têm revelado que os Ministros de Estado apresentam idades significativamente superiores ao mínimo exigido pela Constituição, com poucas exceções[3]. No que concerne à nacionalidade brasileira, o art. 87 da Constituição não fez distinção entre brasileiro nato e brasileiro naturalizado, de modo que ambos podem ser nomeados Ministros de Estado (art. 12, § 2º, do ordenamento de 1988). Apenas o Ministro de Estado da Defesa deverá ser brasileiro nato por previsão expressa do art. 12, § 3º, VII, da Constituição (incluído pela Emenda 23/1999), e também diante dos elos naturais relacionados à defesa da pátria e ao fato de os oficiais das Forças Armadas (a ele subordinado) serem necessariamente brasileiros natos (art. 12, § 3º, VI, da ordem de 1988). Mas, por ausência de exigência expressa na Constituição, o Ministro das Relações Exteriores poderá ser brasileiro nato ou naturalizado, ainda que os membros da carreira diplomática a ele subordinados necessariamente sejam brasileiros natos (art. 12, § 3º, V, da Constituição). Desde que cumpridos os demais requisitos para o cargo de Ministro e se houver reciprocidade em favor de brasileiros por parte de Portugal, portugueses com residência permanente no Brasil são os únicos estrangeiros que poderão ocupar cargos de Ministros de Estado (salvo da Defesa) pois a eles serão atribuídos os direitos inerentes ao brasileiro naturalizado em razão de laços históricos (art. 12, § 1º, da Constituição), mas o mesmo não se aplica a outros estrangeiros oriundos de outros países que falam a língua portuguesa.

Em sua plenitude, o conceito de direitos políticos compreende a cidadania ativa (em linhas gerais, a condição de ser eleitor) e a cidadania passiva (vale dizer, a possibilidade de se candidatar a cargos políticos em eleição popular). Para ter cidadania passiva é necessário ter cidadania ativa, mas o inverso não é verdadeiro, razão pela qual uma pessoa pode ter feito alistamento eleitoral para votar mas pode ser inelegível por vários motivos. No art. 87 da Constituição, a nomeação para o cargo de Ministro de Estado exige exercício de direitos políticos, sem impor expressamente a cidadania ativa e passiva, razão pela qual é possível argumentar que inelegíveis podem ser nomeados Ministros de Estado (salvo se houver inabilitação para o exercício de função pública ou outra restrição constitucional ou legal), interpretação que permite que analfabetos sejam nomeados, acalentando o princípio democrático. Em outro sentido, é possível dizer que o Constituinte exige cidadania ativa e cidadania passiva ao empregar expressões no plural (no exercício "*dos direitos políticos*"), posição que nos parece mais sustentável notadamente pela relevância das funções confiadas à chefia de Ministérios, para as quais qualificações mínimas são exigências jurídicas intrínsecas.

À evidência, a perda da nacionalidade brasileira ou a perda ou suspensão dos direitos políticos fazem desaparecer as condições formais para o exercício da função de Ministro de Estado, assim como condenações ou impedimentos ao exercício de função pública. Também nos parece vedado pelo Estado de Direito que a chefia de Ministérios seja exercida por pessoa com condenação judicial em ação cível que conflite com o objeto da pasta a ser ocupada e, com maior razão, se houver ação penal em tramitação mas com condenação judicial em primeira ou segunda instância. Motivos como esses são equivalentes ao afirmado na Súmula Vinculante 13 do STF (acima referida), sendo suficientes para impedir, juridicamente, que pessoas ocupem cargos de Ministros de Estado, pois os benefícios dessas proibições são maiores que o descrédito e o desgaste que nomeações maculadas podem gerar às instituições públicas. Certamente existem outras pessoas qualificadas para a função ministerial, ou momentos mais oportunos para indicação de pessoas com histórico ainda controvertido.

8.2.2. Confiança por parte do Presidente da República, coalizão política e outras condições pessoais

Ministros de Estado são pessoas de confiança do Presidente da República, e por isso são nomeados e demitidos por ato unilateral do Chefe do Executivo (art. 76 e art. 84, I, da Constituição), sem qualquer participação de outros poderes. Em termos teóricos, a confiança do Presidente da República na pessoa do Ministro de Estado aparece como uma das principais qualidades para a indicação e permanência no cargo (não sendo exigida sequer filiação partidária), mas a realidade concreta tem revelado que esses cargos em comissão são ocupados em razão de aspectos preponderantemente políticos. Partidos aliados ao Chefe do Poder Executivo são agraciados com nomeações em troca de apoio (por vezes, os próprios partidos indicam o membro que irá ocupar o Ministério), da mesma maneira que, se um partido político deixa a base de apoio do Governo, desligar tanto os Ministros de Esta-

---

3. Nomeado em 03.04.1990 para ocupar a chefia do Ministério da Agricultura quando tinha 29 anos de idade, Antonio Cabrera foi o mais novo Ministro de toda a história política brasileira até então.

do vinculados a esse partido quanto os membros de "2º escalão" (e outros) nomeados pelos Ministros desligados. Esse "loteamento" de cargos pode ser visto de modo negativo na medida em que assessores diretos do Presidente da República são indicados por fatores diversos de sua confiança, mas há também o lado positivo que advém da coalizão entre Poder Executivo e Poder Legislativo, servindo como instrumento de controle mútuo, de interdependência, e de equilíbrio político e harmonia concebidos na separação de poderes.

A nomeação e a permanência nos cargos de Ministro de Estado ainda dependem de compromissos morais e éticos elementares e próprios para a dignidade da função estatal exercida, e, também, da liberdade e da facilidade de trato pessoal. O desejável pluralismo na composição de Ministérios não deve ser mote para abrigar comportamentos que percam de vista o comedimento adequado para a representação do Estado brasileiro exercida por todos os Ministros de Estado. Essas qualificações pessoais básicas podem ser inseridas na ideia ampla de confiança, e são relevantes para a coordenação de um Ministério, permitindo ao titular da pasta compreender e dimensionar o andamento e a eficiência de trabalhos em grupo.

8.2.3. Conhecimento técnico e desempenho nas funções

Embora à primeira vista possa parecer um requisito evidente, o conhecimento técnico acerca dos assuntos do Ministério não é um requisito formal ou material para a indicação ao cargo de Ministro de Estado. Não é exigido curso superior apropriado e sequer experiência concreta na área específica do Ministério que será gerenciado pela pessoa indicada, mas é óbvio que o cargo de Ministro de Estado deve preferencialmente ser ocupado por pessoa dotada de qualidades apropriadas para a compreensão das matérias submetidas à sua pasta. Portanto, é possível que pessoas ocupem Ministérios que tratem de temas diversos de suas experiências e formações, quando então o apoio técnico dependerá de assessores diretos dos próprios Ministros (2º escalão e outros).

Se o mau desempenho no Ministério é fator que pode levar à perda do cargo, o bom desempenho das funções não é garantia da manutenção do cargo, porque cabe ao Presidente da República, por sua livre, exclusiva e consciente decisão, nomear e exonerar os Ministros de Estado, segundo a confiança que neles deposita, ou a conveniência e a oportunidade em manter determinada pessoa na função de seu auxiliar diante da dinâmica política do presidencialismo de coalisão.

8.2.4. Imposição de aprovação pelo Poder Legislativo

Emendas constitucionais não podem impor a nomeação de Ministros de Estado à aprovação do Poder Legislativo, pois essa medida ofenderia a separação de poderes (art. 60, § 4º, III, da Constituição) na medida em que representa restrição excessiva em âmbito confiado ao Chefe do Executivo no presidencialismo brasileiro. É necessário lembrar que o controle do poder (sistema de freios e contrapesos) buscado pela separação de poderes deve ser harmonizado com um campo de autonomia assegurado a cada um dos poderes, daí por que, no sistema presidencialista, a nomeação e a exoneração de Ministros de Estado devem ser reservadas exclusivamente ao Presidente da República em favor da interlocução com seus assessores diretos (a despeito de circunstâncias de fato como o loteamento, fisiologismo ou coalizão acima referida).

Diversa é a situação do Procurador-Geral da República, pois, embora o Ministério Público formalmente esteja inserido no Poder Executivo (diante do fato de o art. 2º da Constituição ter previsto apenas três poderes), sua independência funcional em relação ao Presidente da República justifica a manifestação do Senado Federal para a nomeação e a exoneração de ofício, antes do final do mandato (art. 52, II, "e", e XI, da Constituição), além do que se trata de previsão normativa do Poder Constituinte Originário[4].

A impossibilidade de ingerência do Poder Legislativo em nomeações de Ministros de Estado também é coerente com a imposição legal de aprovação, pelo Senado Federal, de diretores de agências reguladoras, porque essas entidades são criadas como autarquias de regime especial e dotadas de autonomia para que possam cumprir suas funções técnicas com suficiente neutralidade política.

8.2.5. Acumulação de Ministérios e outros cargos

É visível o grande volume de trabalho confiado a cada Ministério, sobretudo em razão das dimensões continentais do Estado Brasileiro e da complexidade da sociedade moderna, razão pela qual é desaconselhável que uma pessoa ocupe mais de um Ministério, mas é possível que isso ocorra (especialmente de modo interino). Também é possível que o Vice-Presidente da República ocupe cargo de Ministro de Estado, sendo certo que manterá a Vice-Presidência, substituindo ou sucedendo o Presidente da República nos termos previstos na Constituição.

Ministros de Estado podem ocupar cargos em conselhos ou instituições públicas e privadas, notadamente em empresas nas quais a União detém participação estatal. A atuação empresarial é um dos instrumentos pelos quais políticas públicas são planejadas e executadas, motivo pelo qual é legítimo que Ministros tenham assento nesses empreendimentos, mas o *accountability* deve ser rigoroso (em especial a transparência) para evitar a captura da atuação do chefe do Ministério, e, pior, as diversas intersecções entre corruptor e corrupto que marcam períodos da história brasileira.

8.2.6. Remuneração dos Ministros de Estado

Nos termos do art. 39, § 4º, da Constituição (na redação dada pela Emenda Constitucional 19/1998), os Ministros de Estado serão remunerados exclusivamente por subsídio fixado em parcela única, vedado o acréscimo de qualquer gratificação, adicional, abono, prêmio, verba de representação ou outra espécie remuneratória, obedecido, em qualquer caso, o disposto no art. 37, X e XI, do ordenamento constitucional. Já nos moldes do art. 49, VIII, da Constituição (também na redação da Emenda 19/1988), cabe ao Congresso Nacional editar decreto legislativo e fixar os subsídios do Presidente e do Vice-Presidente da República, bem como dos Ministros de Estado (observados vários preceitos constitucionais que menciona). Fora os subsídios em par-

---

4. Na Carta de 1967 e na Emenda 1/1969, o Ministério Público da União estava mais atrelado ao Poder Executivo, inclusive atuando na defesa processual da União Federal em matérias cíveis posteriormente confiadas à Advocacia-Geral da União pela ordem de 1988, além de suas atribuições como fiscal da legalidade e da constitucionalidade. Esse histórico tem remanescentes como o art. 84, parágrafo único, da Constituição de 1988.

cela única, importará quebra de confiança o recebimento de qualquer valor ou favor pessoal, oriundo do setor privado ou mesmo do setor público, em razão do exercício das funções ministeriais, sem prejuízo de sanções civis e criminais próprias.

Como Ministros de Estado muitas vezes ocupam cargos em conselhos ou instituições públicas e privadas, há importante controvérsia sobre a possibilidade de serem pagos por essas outras tarefas, porque o art. 39, § 4º, da Constituição Federal determina que sejam *"remunerados exclusivamente por subsídio fixado em parcela única, vedado o acréscimo de qualquer gratificação ou outra espécie remuneratória"*. Entendemos que a restrição do art. 39, § 4º, da Constituição é dirigida às funções exercidas por Ministros na Administração Pública direta, mas, havendo acumulação lícita de atividades em outras pessoas de direito público e de direito privado em razão do cargo de Ministro, serão legítimas as remunerações pagas por essas outras instituições, respeitado o teto constitucional de subsídios na somatória de todas. A racionalidade que deve nortear a interpretação do sistema normativo e a contextualização com a realidade conduzem à conclusão, primeiro, de que a desejável qualificação de Ministros de Estado deva também ser expressa em forma de remuneração apropriada para trabalhos que efetivamente executa em uma ou mais pessoas jurídicas de direito público e de direito privado e, segundo, que seja dada a devida transparência e cumpridas outras exigências de *accountability* para que essa acumulação de pagamentos não dê margem a ilicitudes de toda ordem.

8.2.7. Controle judicial de nomeações e exonerações de Ministros de Estado

Titular de competência discricionária não presta contas apenas à sua própria consciência quanto a escolha que faz, mas também a toda a estruturação do Estado de Direito que lhe atribui exatamente essa possibilidade de escolha. Existe sim um senso comum que parametriza condutas baseadas na boa-fé, em qualitativos éticos e morais e demais modos comportamentais, apesar de esses limites serem constantemente testados na vida política brasileira. Por isso, o sistema normativo deve ser compreendido a partir desses parâmetros de racionalidade, de sinceridade de propósitos e de transparência, elementos que, somados a outros nos quais se apoia o Estado de Direito, sempre impuseram limites a escolhas discricionárias.

Além de casos de vícios formais, o controle judicial de nomeações de Ministros de Estado pode ser feito, excepcionalmente, em caso de violação a requisitos materiais, notadamente a discricionariedade e o significado jurídico de "confiança" da parte do Presidente da República. Somos obrigados a aceitar situações limítrofes entre a legítima composição do Presidencialismo por coalisão e o loteamento barato de cargos de primeiro escalão do Poder Executivo, mas não em casos nos quais a escolha da Presidência da República recai em pessoas que geram expressiva "desconfiança", caracterizando objetiva, manifesta ou indiscutível violação da discricionariedade.

Essa desconfiança que desqualifica uma pessoa para o cargo de Ministro de Estado não tem relação com impopularidade, firmeza de opiniões (tidas como conservadoras ou progressistas) ou alguma outra característica abrigada pelo pluralismo. É descompromisso legal, moral e ético, premissa elementar para a dignidade da função estatal, que o Estado de Direito impõe como excludente, pois não é crível que seja depositário de confiança aquele que mostra desapego pela lei, ou que tenha comportamento para muito além de limites da liberdade e da facilidade de trato pessoal, comedimentos adequados para a representação do Estado brasileiro exercida por todos os Ministros de Estado. Essas qualificações pessoais básicas precisam ser inseridas na ideia ampla de confiança, e são relevantes para a coordenação de um Ministério, permitindo ao titular da pasta compreender e dimensionar o andamento e a eficiência de trabalhos em grupo.

Dentre milhões de brasileiros aptos, não é crível que somente se mostrem viáveis pessoas que tenham contra si volumosa ficha policial ou judicial (especialmente criminal), muito menos casos acintosos de compadrio ou desvio de finalidades para nomeações. Garantias constitucionais como a presunção de não culpabilidade servem a objetivos lícitos, e não para escolter comportamentos evasivos e fugitivos. O custo político de nomeações dessa ordem é o reflexo da fraqueza moral e ética de quem as nomeia, e a transposição ilegítima do limite jurídico é passível de controle em vias processuais próprias, caracterizando abuso de parâmetros discricionários postos pelo sistema normativo que emerge do Estado de Direito, justificando o controle judicial em casos excepcionais. A confiança necessária àquele que ocupa cargo de Ministro não deve ser obtida apenas sob o prisma pessoal do Presidente da República, mas também pela visão de toda a infraestrutura estatal e, sobretudo, da sociedade.

Mas, para que essa extrema intervenção judicial não sirva de instrumento ilegítimo de oposição política, insistimos que o controle judicial seja efetivamente baseado em circunstâncias concretas, não bastando meras conjecturas confrontadas com conceitos jurídicos indeterminados ou princípios jurídicos.

8.3. *Competências exemplificativas do Ministro de Estado e hierarquia*

O art. 87, parágrafo único, da Constituição de 1988 traz rol exemplificativo de competências dos Ministros de Estado, pois o Constituinte lembra expressamente outras atribuições previstas na própria Constituição e em leis. O rol das atribuições de Ministros também pode ser ampliado em razão da delegação de competências facultada ao Presidente da República pelo art. 84, parágrafo único, da Constituição de 1988.

Na ADI 1.397 (*DJe* de 16.08.2022), o Pleno do STF decidiu que as competências dos Ministros são definidas primariamente pela lei e secundariamente por decretos, e que o Presidente da República pode delegar atribuições a eles por decreto (mesmo sem lei antecedente), além do que não há garantia constitucional de competência de ministério em face do Presidente da República (a quem cabe a direção superior da administração federal). Excessivos formalismos são incompatíveis com a necessária eficiência administrativa, mas informalidades não podem chegar ao exagero de macular o controle republicano e o direito à informação.

8.3.1. Outras atribuições estabelecidas na Constituição

Há algumas disposições constitucionais cuidando de competências de Ministérios, no corpo permanente ou no ADCT. No corpo permanente do ordenamento constitucional de 1988, citamos como exemplos as atribuições de quaisquer Ministros de Estado (art. 50, § 1º, e art. 90, § 1º), do Ministro de Estado da Defesa (art. 91, V), do Ministro da Justiça (art. 89, VI, e art. 91,

IV), do Ministro das Relações Exteriores (art. 91, VI), e do Ministro do Planejamento (art. 91, VII). No caso do Ministério da Fazenda, também há referência no art. 237 do corpo permanente e no art. 91, § 4º, do ADCT. Além disso, o art. 84, parágrafo único, da Constituição prevê que o Presidente da República poderá delegar as atribuições mencionadas nos incisos VI, XII e XXV (primeira parte) desse preceito, aos Ministros de Estado, ao Procurador-Geral da República ou ao Advogado-Geral da União.

8.3.2. Outras atribuições estabelecidas na lei e reserva de lei

Nos comentários ao art. 48, XI, e ao art. 88 da Constituição, afirmamos que a criação e a extinção de Ministérios e órgãos da Administração Pública representam um dos indicadores das intenções do Poder Executivo no que tange às políticas públicas que pretende desenvolver, pois a especialização de tarefas que acompanha a desconcentração com a criação desses Ministérios e órgãos do Poder Executivo (bem como a extinção dos mesmos) também reflete os temas considerados relevantes pelos governantes. Em razão disso e também por impactos orçamentários, o Constituinte impõe reserva de lei para criação e extinção de Ministérios, permitindo o controle do Poder Executivo pelo Poder Legislativo concernente às prioridades e às políticas públicas a serem desenvolvidas, e ainda dos correlatos controles de gastos, bem como a lisura e a estabilidade na administração pública.

Caminhando no mesmo sentido de controle do Poder Executivo pela separação dos poderes, o art. 87, parágrafo único, da Constituição, permite que lei ordinária cuide de outras atribuições dos Ministros de Estado. Nossa inclinação é por concluir que a iniciativa dessa lei ordinária é privativa do Presidente da República pois pensamos que a organização e o funcionamento de cada um dos poderes leva à definição das competências de seus órgãos (art. 51, IV, e art. 52, XIII, art. 61, § 1º, II, "e", art. 96, I, art. 96, II, "b", e art. 169, todos da Constituição), mas em sentido contrário é possível argumentar que as disposições pertinentes às iniciativas privativas devem ser interpretadas restritivamente e não há previsão expressa e categórica nesse sentido. Contudo, as competências de Ministros de Estado também poderão ser objeto de medida provisória (presentes os requisitos excepcionais do art. 62 da Constituição) ou de lei delegada, ressalvada ainda a matéria confiada aos decretos previstos no art. 84, VI, do ordenamento de 1988.

8.3.3. Desconcentração e descentralização

Especialmente em razão da pluralidade e complexidade das sociedades e dos Estados contemporâneos, a administração pública se apresenta de modo desconcentrado, assim entendida a distribuição de competências para vários órgãos da administração direta, com manutenção do vínculo hierárquico. Em certos casos também há descentralização mediante transferência de funções para pessoa de direito público que integra a administração indireta, embora ainda remanesça o controle ou a supervisão (minimizando ou fazendo desaparecer a subordinação)[5]. Porém, salvo nos casos admitidos pelo próprio sistema normativo, as funções previstas no art. 87, parágrafo único, da Constituição não podem ser desconcentradas ou descentralizadas, tendo em vista que são competências conferidas expressamente pelo Constituinte aos Ministros de Estado.

8.3.4. Orientação, coordenação e supervisão

O Presidente da República tem competência para "direção superior" da administração federal, de modo que a ele cabe o papel de liderança política, mas não lhe é exigido o conhecimento técnico de todos os segmentos subordinados ao Poder Executivo, sobretudo em se tratando de países com a extensão territorial e o grau de diversidade e de complexidade ostentados pelo Brasil.

Conforme acima analisado, embora desejável, nem mesmo dos Ministros de Estado é formalmente exigido o conhecimento técnico das áreas a ele subordinadas, já que em alguns casos essa qualidade cede espaço para as coalizões políticas no sistema presidencialista brasileiro. Assim, a exemplo da competência para a "direção superior" confiada ao Presidente da República no art. 84, II, da Constituição, o art. 87, parágrafo único, I, do mesmo ordenamento prevê que cabe aos Ministros de Estado a "orientação, coordenação e supervisão" dos órgãos e entidades da administração federal na área de sua competência, de modo que dessas expressões decorre a competência para decisões políticas gerais pertinentes ao Ministério de Estado, amparadas em elementos técnicos fornecidos pela estrutura tecnocrata da administração pública direta e indireta.

8.3.4.1. Complexidade das funções do Estado e burocracia

O elevado conhecimento técnico exigido do Estado para fazer frente à complexidade da sociedade moderna leva à necessidade de profissionais qualificados para diversas áreas, uma vez que esse conhecimento não é exigido formalmente do Presidente da República e nem dos Ministros de Estado (órgãos de Governo ou cúpula governamental). Assim, a aplicação concreta das decisões políticas gerais tomadas pelo Presidente e pelos Ministros passa a depender da administração pública direta e indireta (estrutura governamental), integrada por milhares de servidores estatutários e de empregados celetistas, dos quais se exige conhecimento técnico profundo em muitos casos.

Nos Estados modernos, essa massa de servidores e empregados públicos, dotados de conhecimento (especialmente em áreas socioeconômicas nas quais o Poder Público exerce papel ordinário e permanente de normatização e de regulação, e, excepcionalmente, atua diretamente, nos moldes dos arts. 173 e 174 da Constituição), formam a denominada burocracia (expressão advinda de *bureau*), assim entendida como estrutura organizacional da administração pública com especialização para tarefas técnicas. Ao comentarmos o art. 76 da Constituição, lembramos que esse quadro funcional técnico é muitas vezes criticado (em alguns casos com razão), convertendo burocracia em sinônimo de medidas estéreis e sem eficiência. Desde os estudos de Max Weber, a burocracia não pode ser vista como fim em si mesmo e muito menos pode usurpar a legitimação dos líderes políticos escolhidos pelo povo, mas o Poder Executivo contemporâneo depende desses profissionais técnicos qualificados visando à execução concreta e eficiente des decisões políticas governamentais e à continuidade da gestão pública[6].

---

5. Sobre o tema descentralização e desconcentração na administração do Estado, Francis Chauvin, *Administration de l'État*, 4e édition, Paris: Ed. Dalloz, 1994.

6. Sobre o tema, Nicolas Grandguillaume, *Théorie générale de la bureaucratie*, Paris: Econômica, 1996, p. 95 e s.

8.3.4.2. Função hierárquica e avocação

Porque Ministros de Estado são pessoas subordinadas e de confiança do Presidente da República, é possível que o Chefe do Executivo avoque atos da competência dos Ministérios, da mesma maneira que, também pelo critério hierárquico de organização do Poder Executivo, Ministros de Estado têm atribuições equivalentes em relação às atividades a eles subordinadas (com exceção de entidades que desfrutam de autonomia especial, tais como universidades e agências reguladoras).

As expressões "orientação, coordenação e supervisão" sugerem superioridade do Ministro de Estado em relação aos órgãos e às entidades da administração federal na área de sua competência. Ainda que não conste expressamente na redação do art. 87, parágrafo único, I, do ordenamento de 1988, a estrutura hierarquizada do Poder Executivo leva à conclusão de que o Ministro de Estado tem atribuições de subordinação com relação aos órgãos e entidades da administração federal na área de sua competência, podendo fiscalizar, alterar, revogar, anular e avocar quaisquer tarefas de seus subordinados, possuindo ainda o ônus de disciplinar ou punir integrantes da administração direta, mantendo a unidade político-administrativa da União. Ministros de Estado também não podem ser omissos em relação à administração indireta vinculada à sua pasta, razão pela qual têm o dever de tomar providências adequadas para o funcionamento apropriado da área de interesse público a ele confiada, observado o grau de autonomia da entidade descentralizada.

Os Ministros de Estado têm ainda competências para conhecer de petições (art. 5º, XXXIV, "a", da Constituição) ou recursos em face dos órgãos superiores da administração federal, pois as funções de orientação, de coordenação e de supervisão dos órgãos e entidades da administração federal levam aos denominados recursos hierárquicos (próprios ou impróprios). Contudo, não é exigível que Ministros de Estado tenham ciência ou responsabilidade direta em razão de ato de servidor que se encontra nos graus iniciais das carreiras públicas, justamente porque a competência para esses atos é do órgão superior competente, à luz da hierarquia do Poder Executivo.

8.3.4.3. Órgãos da administração civil e militar, entidades da administração, agências reguladoras e universidades

As decisões políticas gerais pertinentes à administração pública cabem ao Presidente da República e a seus Ministros de Estado, que têm acedência em relação à infraestrutura governamental em favor da unidade político-administrativa da União. Portanto, todos os órgãos da administração direta estão vinculados à orientação, coordenação e supervisão do Ministro de Estado correspondente, assim como entidades da administração federal indireta (autarquias, fundações públicas, empresas públicas, e sociedades de economia mista, dentre outras).

A administração civil direta corresponde a grande parte do setor público (incluindo a Polícia Federal, a Polícia Rodoviária Federal e a Polícia Ferroviária Federal, todas vinculadas ao Ministério da Justiça), enquanto a administração militar é composta pelas Forças Armadas (Exército, a Marinha e a Aeronáutica). Ministros de Estado têm competência para a orientação, coordenação e supervisão dos órgãos e entidades da administração federal na área de sua competência, seja civil ou militar, cabendo a eles as decisões políticas gerais, com apoio em suas áreas burocráticas.

O Presidente da República tem atribuição para o comando supremo das Forças Armadas, nomeação de Comandantes da Marinha, do Exército e da Aeronáutica, promoção de seus oficiais-generais e nomeação para os cargos que lhes são privativos (art. 84, XIII, da Constituição), mas os comandos militares também estão vinculados ao Ministro da Defesa.

Em geral, os Ministérios são integrados por órgãos comuns como Secretaria-Executiva, Gabinete do Ministro e Consultoria Jurídica, e, via de regra, a Secretaria-Executiva cuida de administração de pessoal, de material, de patrimonial, de serviços gerais, de orçamento e finanças, de contabilidade e de tecnologia da informação e informática. Há particularidades, tais como o Ministério das Relações Exteriores, que mantém o Cerimonial, a Secretaria de Planejamento Diplomático, a Inspetoria-Geral do Serviço Exterior, a Secretaria-Geral das Relações Exteriores, a Secretaria de Controle Interno, o Instituto Rio Branco, as missões diplomáticas permanentes, as repartições consulares, o Conselho de Política Externa e a Comissão de Promoções.

Entidades da administração indireta são dotadas de certo grau de autonomia em relação ao Ministro de Estado, mas há vinculação ao Ministério correspondente para fins de orientação, coordenação e supervisão pertinente às linhas gerais definidas pelas decisões políticas governamentais. Na administração indireta há também entidades dotadas de autonomia especial (p. ex., agências reguladoras e universidades), em face das quais haverá sempre vinculação às linhas gerais definidas pelas autoridades políticas competentes, sobretudo fiscalização por parte dos Ministérios, mas a preservação diferenciada de autonomia impede que Ministros de Estado exerçam a plenitude hierárquica (p. ex., não podem avocar, anular, punir etc.)[7].

No tocante às agências reguladoras, normalmente constituídas na forma de autarquias de regime especial, cabe ao Presidente da República e aos Ministros de Estado as decisões políticas superiores (o Presidente da República ainda nomeia dirigentes dessas entidades após aprovação do Poder Legislativo, e a demissão antes do final do mandato depende de hipóteses e processo definidos em lei), mas a execução dessas decisões é confiada às agências visando preservar a qualificação técnica e neutralidade ideológico-partidária na gestão das políticas públicas. As fundações públicas e autarquias universitárias também desfrutam de autonomia nas áreas didático-científica, administrativa e de gestão financeira e patrimonial, em favor da liberdade de ensino assegurada pelo art. 207 da Constituição, limitando as competências de orientação, coordenação e supervisão confiadas pelo art. 87, parágrafo único, I, do ordenamento de 1988.

Há alguns traços atuais no exercício de funções estatais que têm despertado atenções, notadamente na apuração de delitos cometidos no entrelaçamento das relações públicas com segmentos da iniciativa privada de grande porte, bem como na aplicação de sanções cíveis correspondentes. Órgãos da administração direta têm se mostrado capazes pra combater atos ilícitos cometidos por membros de alto escalão da administração (direta e indireta), exibindo amadurecimento republicano e fortalecendo o controle estatal. Somando-se a instituições descentralizadas que já desfrutam de autonomia funcional (como o Ministério Público e o Tribunal

---

7. Sobre o tema, remetemos o leitor para os comentários ao art. 84, II.

de Contas), esses órgãos desconcentrados (sujeitos a contínuos e importantes aprimoramentos) têm reforçado tendência contemporânea que resume o modelo de três poderes (Legislativo, Executivo e Judiciário) a um padrão formal, diante da constatação de difusão ou de pulverização de fontes fortes e independentes de controle da atuação, defendendo-se manipulações por parte de chefias superiores e de modelos ultrapassados de governança. Transparência e acesso à informação são fatores que têm favorecido a multiplicação dessas fontes fortes de controle estatal legítimo.

8.3.5. Referenda ministerial dos atos e dos decretos assinados pelo Presidente da República

O art. 87, parágrafo único, I, da Constituição prevê a "referenda", ato político pelo qual o Ministro de Estado assina decisão ou decreto do Presidente da República, anuindo com o seu significado e assumindo a responsabilidade pela sua execução concreta, no âmbito de seu Ministério. A referenda ministerial pode ser exarada em face de várias formas de manifestação do Presidente da República (tais como despachos e decisões), mas a mais comum são os decretos administrativos e os decretos regulamentares.

Em sistemas parlamentaristas, a referenda ministerial encontra maior relevância, sendo mecanismo de controle entre as atividades de Chefe de Estado, de Chefe de Governo e de Conselho de Ministros (p. ex., art. 58 da Lei Fundamental de Bonn e art. 89 da Constituição Italiana). Apesar de o art. 132 da Carta Constitucional brasileira de 1824 prever que Ministros de Estado deveriam referendar ou assinar todos os atos do Poder Executivo naquele sistema parlamentarista, sem o que não podiam ter execução, os demais ordenamentos constitucionais silenciaram a esse respeito e, à luz do sistema presidencialista adotado pelo ordenamento constitucional de 1988, pensamos que os atos e os decretos do Presidente da República são válidos e exequíveis mesmo sem referenda ministerial. Acreditamos que, no contexto do sistema constitucional de 1988, a referenda ministerial é formalidade que não é da essência do ato ou decreto presidencial (ao menos a ponto de impor a invalidade), pois não é lógico condicionar decisões do Presidente da República à anuência de seu Ministro subordinado, cuja manutenção no cargo depende de confiança por parte do Chefe do Executivo (vale dizer, se o Ministro se negar a exará-la, é provável que seja exonerado em favor da manutenção da unidade político-administrativa e da preservação da direção superior do Poder Executivo atribuída ao Presidente)[8].

Os Ministros de Estado competentes para a referenda serão aqueles relacionados com as matérias versadas no ato ou decreto presidencial, não nos parecendo necessário que todos os decretos sejam referendados também pelo Ministro da Justiça, tendo em vista que, em regra, o auxílio jurídico direto ao Presidente da República é feito pelas consultorias da Casa Civil e pela Advocacia-Geral da União (que também não precisam referendar todos os atos e decretos). É desnecessária a referenda ministerial nos regulamentos produzidos por entes desconcentrados ou descentralizados, pois o art. 87, parágrafo único, I, da Constituição apenas a exige para atos e decretos assinados pelo Presidente da República.

8.3.6. Instruções para a execução das leis, decretos e regulamentos

Inerente à competência para exercer a orientação, coordenação e supervisão dos órgãos e entidades da administração federal na área de sua atribuição, o Ministro de Estado também pode expedir instruções para a execução das leis, decretos e regulamentos, inclusive para limitar a discricionariedade da administração pública no cumprimento das decisões gerais de seu Ministério. Essas instruções podem ter conteúdo variado (p. ex., ato político, ato administrativo de efeito concreto ou ato normativo), na medida em que devem ser expedidas em face de leis, decretos e regulamentos aos quais deve ser dada execução pelo Ministro de Estado. Note-se que o próprio art. 87, parágrafo único, II, da Constituição faz distinção entre decretos e regulamentos, sugerindo que os primeiros podem ter conteúdo de ato político ou de ato administrativo, já que os regulamentos sempre têm natureza normativa (incluindo os editados por decreto).

Convém lembrar que Constituições contemporâneas atribuíram várias atividades normativas diretas ao Poder Executivo, tais como a edição de medidas provisórias, leis delegadas, regulamentos, portarias, etc., revelando um processo de deslegalização ou de delegificação, pelo qual o conteúdo das leis passa a ser mais amplo ou genérico (aumento do grau de abstração pelo emprego de princípios e de conceitos jurídicos indeterminados), ampliando o espaço para atos normativos do Poder Executivo (sobretudo em matéria técnica e sujeita a rápidas transformações) para enfrentar a velocidade e os riscos da modernidade do final do século XX e do início do século XXI. É indisfarçável o crescimento desse papel normativo do Poder Executivo, exigindo maior eficácia social do controle pela separação de poderes (p. ex., art. 49, V, da Constituição), ainda que o Presidente da República ostente legitimidade democrática, pois também é eleito pelo povo (e, talvez, o principal depositário das esperanças populares).

O aumento do grau de abstração de leis e demais atos normativos superiores não representa, necessariamente, ampliação da discricionariedade confiada a titulares da competência regulamentar, pois conceitos jurídicos indeterminados científicos bem como empíricos ou de experiência conduzem a um único caminho (aquele que corresponde ao estágio de conhecimento da ciência ou das constatações empíricas ou de experiência), embora haverá escolhas em se tratando de conceitos jurídicos indeterminados de valor e de princípios empregados por atos normativos superiores a serem regulamentados. Logo, a maior importância de regulamentos no sistema de fontes normativas não é, obrigatoriamente, na mesma extensão da discricionariedade confiada ao titular da função regulamentar. Mas tudo isso realça a importância do conhecimento técnico que se espera de Ministros de Estado e de sua infraestrutura.

No exercício de sua função normativa, geralmente Ministros de Estado editam portarias (atos terciários), cujo papel é detalhar o sentido abstrato dos regulamentos de execução do Presidente da República (atos secundários), que, por sua vez, já detalham as leis (atos primários) amparadas na Constituição. Quando dão execução diretamente às leis, as portarias ministeriais assumem conteúdo normativo de ato secundário, o que é perfeitamente válido se as próprias leis tiverem confiado tal atribuição ao Ministro de Estado ou se a execução do comando legal for inerente ao

---

8. O STF já se manifestou no sentido de que a referenda ministerial não se qualifica como requisito indispensável à validade dos decretos presidenciais (MS 22706-1, *DJ* Seção I, de 05.02.1997, p. 1223).

seu Ministério, mas, por conta da hierarquia no Poder Executivo, é evidente que essa portaria perderá eficácia (em princípio, com efeito *ex nunc*) se sobrevier válido regulamento editado pelo Presidente da República.

Excepcionalmente, é possível que a própria ordem Constitucional confira competência normativa para Ministros de Estado, quando então portarias ministeriais terão natureza de atos normativos primários e um campo exclusivo de normatização (vale dizer, a lei complementar ou ordinária não poderá invadi-lo), quando então poderão criar direitos e obrigações dentro dos limites constitucionais assegurados (p. ex., art. 237 da Constituição). Reconhecemos divergência a respeito, mas aceitamos a validade de portaria ministerial editada para dar execução direta a preceito constitucional de aplicação imediata (denominadas normas de eficácia plena e ainda de eficácia contida) em razão da necessidade de o Ministro de Estado orientar e limitar a discricionariedade da administração pública na aplicação do preceito constitucional, ainda que essas portarias produzam efeitos externos inerentes à atuação da administração[9]. Além dos atos ministeriais editados por delegação do Presidente da República (analisados a seguir), há ainda atos normativos ministeriais autorizados pelas circunstâncias excepcionais do art. 25 do ADCT, admitidos com a força normativa derivada da delegação reconhecida por esse preceito constitucional.

No que tange aos destinatários, acreditamos que atos normativos de Ministros de Estado alcançam efeitos internos ou administrativos, bem como efeitos externos na medida em que os atos da administração pública sejam dirigidos ou praticados em face de terceiros.

8.3.7. Atribuições outorgadas ou delegadas pelo Presidente da República

O art. 87, parágrafo único, inciso IV, da Constituição cuida de atribuições outorgadas ou delegadas pelo Presidente da República a seus Ministros de Estado. As expressões "outorgadas" e "delegadas" encontram significados jurídicos diversos no sistema constitucional vigente, pois outorga compreende imposição em relação a quaisquer tarefas confiadas pelo Presidente da República aos Ministros de Estado, ao passo que delegação relaciona-se com as competências privativas do Chefe do Executivo e que somente podem ser transferidas a Ministros de Estado nos casos admitidos pelo ordenamento constitucional[10]. Assim, é amplo o campo de possibilidades de outorga de atribuições da parte do Presidente da República aos Ministros de Estado (observados os limites temáticos das leis criadoras dos Ministérios), ao passo que as competências delegadas ficam restritas às hipóteses de competências privativas do Chefe do Executivo, em especial as mencionadas no art. 84, parágrafo único, do corpo permanente da Constituição, e as hipóteses excepcionais do art. 25 do ADCT.

___

9. O STF acolheu os efeitos internos de portaria ministerial expedida diretamente em face da Constituição, visando a orientação da administração pública (ADIn-MC 1945-DF, Rel. Min. Sydney Sanches, *DJU* de 14.09.2001, p. 48).
10. Os sentidos de outorga e de delegação que apresentamos da linguagem corrente na doutrina constitucional, bem como de preceitos do ordenamento de 1988, tais como o art. 22, parágrafo único, art. 68, art. 84, parágrafo único, art. 93, XI e XIV.

8.4. Controle das atividades dos Ministros de Estado

Como corolário do princípio republicano e do princípio da separação de poderes, todas as atividades estatais estão sujeitas a controle que, no caso dos Ministros de Estado, é exercido de diversas maneiras.

8.4.1. Apresentação de relatório anual de sua gestão no Ministério e controles internos

Nos termos do art. 87, parágrafo único, III, da Constituição, o Ministro de Estado tem o dever de apresentar, ao Presidente da República, relatório anual de sua gestão no Ministério, que servirá ao controle político da parte do Chefe do Poder Executivo quanto ao desempenho do Ministério. A exigência desse relatório anual não deve ser meramente formal, pois a seriedade de seus dados e a análise detida por parte do Presidente da República e seus assessores vão ao encontro da preocupação do Constituinte e de toda a sociedade com o presidencialismo e com o republicanismo. Além do controle político, e diante das premissas do Estado de Direito e da legalidade, o Presidente da República tem o dever de anular atos de seus Ministros de Estado quando tiverem vícios formais ou materiais (Súmula 473 do STF).

Ministérios ainda estão sujeitos ao controle interno mantido por cada Poder, com a finalidade de avaliar o cumprimento das metas previstas no plano plurianual, a execução dos programas de governo e dos orçamentos da União, comprovar a legalidade e avaliar os resultados (quanto à eficácia e eficiência) da gestão orçamentária, financeira e patrimonial nos órgãos e entidades da administração federal, bem como da aplicação de recursos públicos por entidades de direito privado, e ainda exercer o controle das operações de crédito, avais e garantias, bem como dos direitos e haveres da União.

Não é só, pois o Poder Executivo pode ser provido de órgãos institucionais com a finalidade de controle (tais como corregedorias e controladorias), além da atuação da Polícia Federal em casos de infrações criminais.

8.4.2. Controles externos, crime de responsabilidade e prerrogativas de foro

O Congresso Nacional, com o auxílio do Tribunal de Contas da União, faz o controle externo das contas públicas quanto à legalidade, legitimidade, economicidade, aplicação das subvenções e renúncia de receitas (sem prejuízo do controle interno de cada Poder), alcançando todos os Ministérios do Poder Executivo da União.

Além de avaliar as contas públicas, conforme previsto no art. 50 da Constituição (na redação dada pela Emenda de Revisão 02/1994), a Câmara dos Deputados e o Senado Federal, ou qualquer de suas Comissões, poderão convocar Ministro de Estado ou quaisquer titulares de órgãos diretamente subordinados à Presidência da República, para que compareçam pessoalmente à casa legislativa visando a prestação de informações sobre assunto previamente determinado, importando crime de responsabilidade a ausência sem justificação adequada (embora seja facultado aos Ministros de Estado comparecerem ao Senado Federal, à Câmara dos Deputados, ou a qualquer de suas Comissões, por sua própria iniciativa e mediante entendimentos com a Mesa respectiva, para expor assunto de relevância de seu Ministério). Essas mesmas informações poderão também ser prestadas por escrito, mediante solicitação das Mesas da Câmara dos Deputados e do Senado Federal, configurando crime de responsabilidade a recusa, o não atendimento no prazo de trinta dias, e a prestação de informações falsas.

O art. 58, § 2º, da Constituição apenas reforça esse controle do Congresso Nacional e de suas Casas, prevendo que às comissões cabe convocar Ministros de Estado para prestar informações sobre assuntos inerentes a suas atribuições, ao passo que compete privativamente à Câmara autorizar a instauração de processo contra os Ministros de Estado (art. 51, I, da Constituição), e ao Senado Federal processar e julgar os Ministros de Estado nos crimes de responsabilidade conexos com o Presidente e o Vice-Presidente da República (art. 52, I, da Constituição). Contudo, no crime de responsabilidade praticado apenas pelo Ministro de Estado, a competência para processar e julgar é do STF, em ação proposta pelo Procurador-Geral da República, sendo inexigíveis autorização da Câmara e o obrigatório afastamento das funções, uma vez que não se trata de infração conexa com o Presidente (art. 102, I, c, e art. 129, ambos da ordem de 1988).

O art. 105, I, a, da Constituição prevê que cabe ao Superior Tribunal de Justiça processar e julgar, originariamente, mandados de segurança e *habeas data* contra ato de Ministro de Estado, e a alínea c do mesmo preceito prevê a competência do mesmo tribunal para *habeas corpus*, quando o coator for Ministro de Estado (ressalvada a competência da Justiça Eleitoral). Em razão do mencionado art. 102, I, c e d, do texto constitucional de 1988, compete ao Supremo Tribunal Federal julgar Ministros de Estado nas infrações penais comuns e *habeas corpus* se o paciente ocupar a chefia do Ministério.

Em um primeiro momento, chegamos a cogitar que prerrogativas de foro poderiam ser materialmente legítimas porque bloqueariam a exposição de Ministros de Estado a eventuais fragilidades naturais de julgamentos monocráticos próprios da primeira instância jurisdicional, levando o julgamento diretamente para a prudência de colegiados em tribunais superiores. Essas prerrogativas também colocariam Ministros de Estado (que em regra têm força política) sob julgamentos de tribunais com expressiva força institucional, ao invés expor magistrados ordinários aos riscos de máquinas políticas ou econômicas poderosas. Todavia, diante da notoriedade da avassaladora carga de trabalho imposta ao Supremo Tribunal Federal e ao Superior Tribunal de Justiça, reconhecemos a evidência do fato de foros por prerrogativa de função também servirem à impunidade pelo tempo de duração de ações penais que tramitam nessas cortes extremas, alavancado por complexas estratégias processuais que podem buscar prolongamento no tempo e múltiplas modalidades de prescrições permitidas pela legislação penal e processual penal. Exemplos como a ação penal 470 julgada pelo Supremo Tribunal Federal e diversos procedimentos criminais submetidos às instâncias ordinárias federais na Operação Lava-Jato (ainda que sujeita a revisitação crítica) bastam para mostrar a necessidade de o Constituinte Reformador eliminar o foro por prerrogativa de função para muitos cargos, dentre eles os de Ministro de Estado.

No que tange a ato de improbidade administrativa cometido por Ministro de Estado, ainda há divergências de opiniões que vão desde a impossibilidade de aplicação das sanções da Lei 8.429/1992, havendo também configuração de crime de responsabilidade (entendimento firmado pelo Supremo Tribunal, em 13.06.2007, na Reclamação 2.138/DF, e pelo TRF4 na Apelação Cível 0007807-08.2011.4.01.3400/DF – Processo na Origem: 78070820114013400, em 29.08.2017, nesse último caso mesmo se os réus não mais ocuparem o cargo), até a viabilidade da punição por improbidade (respeitada a prerrogativa de foro, p. exemplo, na Pet 3240, julgada em 19.11.2014 pelo Supremo Tribunal). Por coerência que procuramos no sistema normativo, e em vista de o ordenamento permitir que ocupantes de cargos inferiores na hierarquia administrativa sejam punidos, cumulativamente, na esfera judicial (criminal e cível de improbidade) e na esfera administrativa-funcional, a elevação do nível hierárquico até chegar a Ministros de Estado não pode representar fragilização ou redução de mecanismos de controle e de sanção (ainda que caracterizado crime de responsabilidade próprio ou impróprio, ainda mais se não estiverem mais na chefia do Ministério. Funções superiores na administração pública são acompanhadas de ônus compatíveis com a responsabilidade, nos contornos definidos pelo Estado de Direito. Logo, além da esfera político-administrativa (crime de responsabilidade), da esfera judicial criminal e da esfera administrativo-funcional, a coerência sistêmica do ordenamento atualmente vigente no Brasil impõe o controle de Ministros de Estado também (e cumulativamente) na esfera judicial cível com base na Lei 8.429/1992, contudo, respeitado o foro por prerrogativa de função (enquanto ocuparem o cargo) no Supremo Tribunal Federal em razão da aproximação entre delitos criminais e graves infrações que configurem improbidade. Ao menos nas ações populares, a competência será do órgão judiciário de primeira instância, não havendo controvérsia. Os atos e o desempenho dos Ministros de Estado são objeto, também, de controle político pela sociedade (pela opinião pública, pela imprensa especializada e categorias interessadas, p. ex.).

8.5. Preceito extensível e simetria

As disposições do art. 87 da Constituição devem ser simetricamente cumpridas pelas Constituições Estaduais, bem como pela Lei Orgânica Distrital e pelas Leis Orgânicas Municipais, pois decorrem de mandamento extensível. Assim, os Secretários de Estado, do Distrito Federal e dos Municípios terão competências simétricas aos Ministros de Estado, bem como os mesmos requisitos e obrigações (com as necessárias ressalvas pertinentes às atribuições federativas).

Art. 88. A lei disporá sobre a criação e extinção de Ministérios e órgãos da administração pública.

José Carlos Francisco

1. História da norma

As Constituições brasileiras predominantemente confiaram à lei ordinária a competência para criação e extinção de Ministérios do Poder Executivo e de órgãos da administração pública do mesmo poder, dispondo também sobre suas atribuições (com as ressalvas das áreas próprias do Presidente da República). Na Carta Constitucional de 1824, o art. 131 referia-se a diferentes Secretarias de Estado, e confiava à lei designar os negócios pertencentes a cada uma, bem como seu número, podendo ainda reuni-las ou separá-las (como conviesse). A Constituição de 1891 não trouxe expressamente a mesma previsão, mas a competência da lei para tais disposições decorria das propostas de democracia e de república desse período da história brasileira. O art. 39, n. 8, "a", da Constituição de 1934, atribuiu competência privativa ao Poder Legislativo, com a sanção do Presidente da República, para legislar sobre o exercício dos poderes federais, ao passo em que o art. 60 dispôs sobre competências de Ministros de Estado, além de atribuições confiadas por lei ordinária.

A Carta de 1937 tem traços marcadamente centralizadores (inspirados na ordem constitucional polonesa de 1935 e na portuguesa de 1933, dentre outros diplomas da época), de modo que o art. 14 permitiu ao Presidente da República "expedir livremente" decretos-leis sobre a organização do Governo e da Administração federal, o comando supremo e a organização das forças armadas, observadas as disposições constitucionais e nos limites das respectivas dotações orçamentárias. A autocracia do Estado Novo foi marcada por amplos poderes para o Presidente da República expedir decretos-leis sobre todas as matérias da competência legislativa da União enquanto não se reunia o Parlamento Nacional (art. 180), mesmo porque o art. 186 desse diploma constitucional declarou estado de emergência em todo o país. O início da restauração do regime democrático se deu pela Lei constitucional 09, de 28.02.1945, alterando a redação do art. 14 da Carta de 1937 (embora o Presidente da República tenha mantido atribuição para "expedir livremente" decretos-leis sobre a organização da Administração Federal, bem como acerca do comando supremo e da organização das forças armadas, observadas as disposições constitucionais e nos limites das respectivas dotações orçamentárias), mas a "normalidade" democrática foi restaurada apenas com a Lei Constitucional 16, de 30.11.1945, que revogou o art. 186 dessa Carta Constitucional, até a promulgação de novo ordenamento constitucional.

Com a Constituição de 1946, a lei ordinária recuperou a atribuição para dispor sobre as funções de Ministros de Estado (art. 91), embora a efêmera experiência parlamentarista tenha alterado a organização ministerial (p. ex., o art. 19, da Emenda Constitucional 04/1961, permitia ao Primeiro-Ministro assumir a direção de qualquer Ministério). Todavia, com a restauração do presidencialismo pela Emenda 06, de 23.01.1963, foi confiada a tarefa de dispor sobre a organização ministerial, não obstante atos institucionais e demais normas do Regime Militar (implantado após o "Golpe de Estado" de 1964) tenham abusado da ordem constitucional vigente.

O art. 46 da Carta de 1967 previu que lei cuidaria de todas as matérias de competência da União, trazendo rol exemplificativo no qual não fez referência expressa à criação de Ministérios ou órgãos administrativos do Poder Executivo, e o art. 87 da mesma Carta fixou competências (também exemplificativas) dos Ministros de Estado, alertando sobre outras fixadas por esse mesmo documento constitucional ou por leis. Pela nova ordem dada pela Emenda Constitucional 01/1969 à Carta de 1967, o art. 81, V, cuidou da competência privativa do Presidente da República para dispor sobre a estruturação, atribuições e funcionamento dos órgãos da administração federal, do que decorreu a possibilidade de criação de órgãos por decretos (desde que não implicasse em aumento de despesas), ao passo que, no art. 85, constam competências dos Ministros de Estado, abrindo-se a possibilidade de leis estabelecerem outras atribuições.

2. Constituições brasileiras anteriores

Art. 131, art. 132 e art. 136 da Carta Constitucional Imperial de 1824; art. 39, n. 8, "a", art. 56 e art. 60 da Constituição de 1934; art. 14 (alterado pela Lei Constitucional 09/1945), art. 75, art. 180 e art. 186 (revogados pela Lei Constitucional 16/1945), da Carta do Estado Novo de 1937; art. 87 e art. 91 da Constituição de 1946 (alterados com o parlamentarismo previsto na Emenda Constitucional 04/1961 mas repristinados pela Emenda Constitucional 06/1963), com as rupturas dos atos institucionais e normas complementares editadas a partir de 1964; art. 83 e art. 87 da Constituição de 1967, convertidos em art. 81, V, e art. 85 por força da nova ordem outorgada pela Emenda 01/1969.

3. Constituições estrangeiras

O art. 62, n. 3 e 5, da Constituição Chinesa de 1982, prevê que o Congresso Nacional do Povo tem competência para editar leis sobre os órgãos de Estado e outras matérias, bem como sobre ministérios, comissões e outros órgãos que especifica (inclusive militares).

O art. 103 da Constituição Espanhola de 1978 estabelece que os órgãos da Administração do Estado são criados, regidos e coordenados de acordo com a lei, que também cuidará do estatuto dos funcionários públicos, do acesso à função pública, e outros temas relativos ao exercício de suas funções. Além da Chefia de Estado exercida pelo Rei, o art. 98 da mesma Constituição estabelece que o Governo é composto pelo Presidente (ou Primeiro-Ministro), pelos Vice-Presidentes, pelos Ministros e pelos demais membros estabelecidos em lei.

A Constituição Americana de 1787, em seu art. I, Seção VIII, parte final, estabelece a competência do Congresso Americano para fazer todas as leis necessárias e convenientes ao exercício das atribuições governamentais civis e militares, bem como quanto ao exercício das funções conferidas pela Constituição ao Governo dos Estados Unidos ou a qualquer departamento ou funcionário dele dependente. A Administração Pública americana, desde o final do Século XIX, serve-se de agências executivas e de agências reguladoras (essas últimas com ampla autonomia para a gestão de segmentos de interesse público).

O art. 11 da Constituição Francesa de 1958 prevê que a organização dos poderes públicos está submetida à lei (que inclusive poderá ser levada a referendo popular), ao passo em que o art. 34 da mesma ordem constitucional reserva aos domínios da lei a criação de estabelecimentos públicos, bem como as leis de finanças (nas condições e com as reservas de lei orgânica).

Os arts. 83, 87, 92 e 93 da Constituição Italiana de 1948, dispõem sobre o sistema parlamentarista, no qual o Presidente da República é eleito pelo Parlamento com a participação de delegados de cada Região Italiana (com atribuições de Chefe de Estado e de representante da unidade nacional), sendo que o Primeiro-Ministro e os Ministros que compõem o Conselho de Ministros são indicados pelo Presidente da República (os Ministros com prévio apontamento pelo Primeiro-Ministro). Nos termos do art. 95 dessa Constituição estabelece que lei fixará o número, a atribuição e a organização dos ministérios.

A Constituição Portuguesa de 1976, em seu art. 161, "c", prevê que cabe à Assembleia da República editar leis para cuidar de todas as matérias de interesse da República (salvo as reservadas pela Constituição ao Governo), ao passo em que o art. 164, "m" e "v", dessa Constituição, confere competência exclusiva à Assembleia da República para editar leis sobre os titulares dos órgãos de soberania e do poder local, bem como dos restantes órgãos constitucionais ou eleitos por sufrágio direto e universal, e ainda sobre o regime da autonomia organizativa, administrativa e financeira dos serviços de apoio do Presidente da República. O art. 182 da Constituição estabelece que o Governo é constituído pelo Primeiro-Ministro (incluindo um ou mais Vice-Primeiros-Ministros), pelos Ministros e pelos Secretários e Subsecretários de Estado, e o art. 183, n. 3, fixa que o número, a designação e as atribuições dos Ministérios e Secretarias de Estado, bem como as formas de coordenação entre eles, serão determinados, consoante os casos, pelos decretos de nomeação dos respectivos titulares ou por decreto-lei. Afinal, o art. 184, n. 2, dessa Constituição, prevê que a lei pode criar Conselhos de Ministros especializados em razão da matéria.

4. Direito internacional

Tratados internacionais celebrados pelo Brasil não cuidam de temas versados nesse preceito constitucional.

5. Remissões constitucionais (outros artigos da Constituição) e legais (leis reguladoras)

Art. 12, § 1º, e § 3º, VII, art. 48, XI, art. 51, IV, art. 52, XIII, art. 61, § 1º, II, "e", art. 84, I, parágrafo único, art. 87, art. 89, VI, e art. 91, IV, V, VI e VII, todos da Constituição de 1988; Lei 10.683/2003; Lei 11.457/2007; Lei 13.502/2017.

6. Jurisprudência (STF e STJ): *leading cases*, principais posições e votos divergentes; tendências atuais no sentido da mudança da jurisprudência

Na Representação de Inconstitucionalidade 1.508/MT, Pleno, v.u., Rel. Min. Oscar Corrêa, *DJ* de 27.10.1988, o STF afirmou a possibilidade de criação de órgãos por decreto na vigência da Carta de 1967, pois isso não importa necessariamente em gastos públicos, nem mesmo consectário infalível para criar novos cargos. Nessa oportunidade, o STF cuidou do Decreto 406/1987, do Estado de Mato Grosso, que alterou a estrutura organizacional de órgãos e entidades da administração direta e indireta, amparando sua decisão no art. 81, V, da Constituição de 1967 (com redação dada pela Emenda Constitucional 1/1969).

O STF, na ADI-MC 2415/SP, Pleno, m.v., Rel. Min. Ilmar Galvão, *DJ* de 20.02.2004, concluiu que, não se tratando da criação de novos cargos públicos, os Tribunais de Justiça têm competência para delegar, acumular e desmembrar serviços auxiliares dos juízos, ainda que prestado por particulares, como os desempenhados pelas serventias extrajudiciais. Nesse caso o STF analisou o Provimento 747/2000, do Conselho Superior da Magistratura do Estado de São Paulo (com alterações do Provimento 750/2001), que tratou da reorganização das delegações de registro e notas do interior do Estado, reconhecendo a competência dos Tribunais (com amparo no art. 96, I, "b", da Constituição) para dispor sobre o assunto, sem violação à reserva de lei.

Por sua vez, na ADI 2719/ES, Pleno, v.u., Rel. Min. Carlos Velloso, *DJ* de 25.04.2003, p. 032, tratando da Lei 7.157/2002, do Estado do Espírito Santo, de iniciativa parlamentar, que atribui tarefas ao DETRAN/ES, o STF afirmou que o art. 61, § 1º, II, "e", e o art. 84, II e VI, ambos da Constituição, atribuem iniciativa privativa do Chefe do Poder Executivo para a proposta de lei que vise a criação, estruturação e atribuição de órgãos da administração pública, asseverando que as regras do processo legislativo federal, especialmente as que dizem respeito à iniciativa reservada, são normas de observância obrigatória pelos Estados-membros. No mesmo sentido, há a ADI 2.569/CE, Pleno, v.u., Rel. Min. Carlos Velloso, *DJ* de 02.05.2003, p. 26, cuidando das Leis Cearenses 13.145/2001 e 13.155/2001, na qual restou assentado que o art. 61, § 1º, II, "a", "c" e "e", e o art. 63, I, da Constituição Federal, dispondo sobre as regras do processo legislativo, especialmente as que dizem respeito à iniciativa reservada, são normas de observância obrigatória pelos Estados-membros. Portanto, leis relativas à remuneração do servidor público, que digam respeito ao regime jurídico destes, que criam ou extingam órgãos da administração pública, são de iniciativa privativa do Chefe do Executivo (lembrando ainda as restrições impostas às emendas parlamentares pelo art. 63, I, da Constituição).

7. Referências bibliográficas

BONAVIDES, Paulo, *História Constitucional do Brasil*, obra conjunta com Paes de Andrade, 3ª edição, Rio de Janeiro: Ed. Paz e Terra, 1991; CHAUVIN, Francis, *Administration de l'État*, 4e édition, Paris: Ed. Dalloz, 1994; ELGIE, Robert. *Semi-presidentialism in Europe*. New York: Oxford Univ. Press, 2004; FERREIRA FILHO, Manoel Gonçalves, *Do Processo Legislativo*, 4ª ed., São Paulo: Ed. Saraiva, 2001; FRANCISCO, José Carlos. *Função Regulamentar e Regulamentos*. Rio de Janeiro: Ed Forense, 2009; FULBRIGHT, J. William, *Problemas do presidencialismo americano*, trad. Etelvina C. da Silva Porto, Brasília: Câmara dos Deputados, Coordenação de Publicações, 1993; HAGGARD, Stephan, MCCUBBINS, Mathew D., *Presidents, parliaments, and policy*, Cambridge: Cambridge University Press, 2000; HAYES-RENSHAW, Fiona, WALLACE, Helen, *The council of ministers,* New York: Palgrave Macmillam, 2006; MAINWARING, Scott, SHUGART, Matthew Soberg, *Presidentialism and democracy in latin américa*, Cambridge: Cambridge University Press, 1997; MORAES, Alexandre de, *Presidencialismo*, São Paulo: Atlas, 2004; NUGENT, Neill, *Government and politics of the european union*. London: Macmillan, 1999; RENAULT, Christiana Noronha, *Os Sistemas de governo na república*, Porto Alegre: Sérgio Antonio Fabris Editor, 2004; SALDANHA, Nelson, *O Estado Moderno e a Separação de Poderes*, São Paulo: Ed. Saraiva, 1987; SARTORI, Giovanni, *Engenharia constitucional: como mudam as constituições*, trad. Sérgio Bath, Brasília: UnB, 1996; SCHRAMECK, Olivier, *Les cabinets ministeriels*, Paris: Dalloz, 1995; TAMER, Sergio Victor, *Fundamentos do Estado democrático e a hipertrofia do executivo no Brasil*, Porto Alegre: Sérgio Antonio Fabris Editor, 2002; SUNDFELD, Carlos Ari, *Criação, estruturação, e extinção de órgãos públicos – limites da lei e do decreto regulamentar*, Revista de Direito Público 97, jan. março de 1991; TREMEAU, Jérôme, *La réserve de loi – Compétence Législative et Constitution*, Paris e Aix-en-Provence: Economica et Presses Universitaires d'Aix-Marseille, 1997.

8. Comentários

8.1. Relação entre o art. 48, caput e XI, e o art. 88, ambos da Constituição de 1988

O art. 88 da Constituição reproduz a previsão do art. 48, *caput* e XI, da mesma ordem constitucional (também com redação dada pela Emenda Constitucional 32/2001) sobre a necessidade de lei ordinária para a criação e extinção de Ministérios e órgãos da administração pública. O art. 88 da Constituição é o dispositivo mais indicado para conter essa previsão, uma vez que é a referência para Ministros e Ministérios do Poder Executivo, visto que o art. 48, XI, da ordem de 1988 traz lista exemplificativa de competências do Congresso Nacional. Essa repetição pode ser atribuída a falhas na sistematização da unidade do texto, ou a excessiva preocupação com a limitação do Poder Executivo, que resultam no ordenamento analítico e prolixo em alguns casos, promulgado em 1988.

8.2. A imposição de lei ordinária

A criação e a extinção de Ministérios, bem como de órgãos da administração pública deve ser feita por lei ordinária (uma vez que o Constituinte referiu-se apenas à "lei"), exigência que se estende para Secretarias, Superintendências e demais departamentos do Poder Executivo vinculados a Ministérios ou à própria Presidência da República, caracterizados como órgãos da administração pública. A lei ordinária prevista no art. 48, XI, e no art. 88, ambos da Constituição, é de iniciativa privativa do Presidente da República (art. 61, § 1º, II, "e", da Constituição), e, por isso, também podem ser editadas medidas provisórias (presentes os requisitos excepcionais do art. 62 da Constituição) ou leis delegadas, mas a imposição de reserva absoluta de lei veda que regulamentos do Poder Executivo determinem criação ou extinção de Ministérios e órgãos.

8.3. Ministérios expressamente previstos pela Constituição

O Constituinte de 1988 fez referências expressas a determinados Ministérios ou órgãos em alguns casos, tais como Ministério de Estado da Defesa (art. 12, § 3º, VII, e art. 91, V), Ministério da Justiça (art. 89, VI, e art. 91, IV), Ministério das Relações Exteriores (art. 91, VI) e Ministério do Planejamento (art. 91, VII). Há também expressa menção no art. 237 do corpo permanente, bem como no art. 91, § 4º, do ADCT, ao Ministério da Fazenda, ao passo que o art. 8º, § 5º, do ADCT falava de Ministros Militares, que deixaram de existir com a criação do Ministério de Estado da Defesa (nos termos da Emenda Constitucional 23/1999).

Uma vez que há previsão constitucional acerca de Ministérios e órgãos, faz-se necessária a previsão dos mesmos nas leis ordinárias de que tratam o art. 48, XI, e o art. 88 da Constituição, ainda que as atribuições naturais desses possam estar aglutinadas (p. ex., Ministério da Fazenda e do Planejamento), mesmo porque a referência constitucional a Ministros ou órgãos em regra é acompanhada da atribuição de competências (p. ex., o Ministro da Justiça tem assento no Conselho da República e no Conselho de Defesa Nacional, conforme o art. 89, VI, e o art. 91, IV, da Constituição).

8.4. Razões para o controle da criação e extinção de Ministérios e órgãos

Ministérios e órgãos do Poder Executivo são frações especializadas da administração pública que indicam as linhas básicas das atenções das políticas públicas governamentais (p. ex., criar Ministério do Meio Ambiente significa dar atenção especial a essa área). Há inúmeros outros fatores que também concorrem para a definição das prioridades de ações governamentais (p. ex., planos plurianuais alicerçados em preceitos constitucionais programáticos e em programas de governo exibidos nas campanhas eleitorais), proporcionando descentralização e desconcentração, mas a especialização de tarefas inerente à desconcentração com a criação desses Ministérios e órgãos do Poder Executivo aponta propostas governamentais tidas por relevantes[1].

Uma vez que somente lei ordinária (excepcionalmente, também medida provisória ou lei delegada) pode criar e extinguir Ministérios e órgãos da Administração Pública, viabiliza-se o controle dessas medidas pela separação de poderes, impondo a concordância entre Poder Executivo e Poder Legislativo concernente às prioridades e às políticas públicas a serem desenvolvidas, além do controle de gastos gerados com a criação correspondente (especialmente com novos cargos, empregos e funções públicas, ou transformações desses já existentes, o que remete para o art. 48, X, da Constituição). Além disso, a imposição de reserva absoluta de lei para a criação e extinção de Ministérios e órgãos do Poder Executivo também se sustenta na lisura e na estabilidade na administração pública, realçando a importância dada pelo Constituinte ao controle da iniciativa do Poder Executivo pelo Poder Legislativo.

Lembramos que o art. 88 da Constituição cuida da criação e da extinção de Ministérios e órgãos da administração pública vinculados ao Poder Executivo Federal, seja pela inserção desse preceito nesse contexto normativo (Título IV: Da Organização dos Poderes; Capítulo II: Do Poder Executivo; Seção IV: Dos Ministros de Estado), seja porque somente o Presidente da República possui Ministros como auxiliares (de acordo com a tradição constitucional brasileira e o art. 76, art. 84, I, e art. 87, todos do ordenamento de 1988, dentre outros).

No que concerne a órgãos, entendemos que a competência para organização e funcionamento confiada a cada um dos poderes traz implícita a atribuição para a criação de órgãos administrativos, sendo essa a justificativa da ressalva feita na parte final do art. 84, VI, "a", da Constituição (na redação dada pela Emenda 32/2001)[2]. Desse modo, Câmara dos Deputados e Senado Federal podem criar seus órgãos administrativos por decisão própria, sem a necessidade de lei, em razão da competência privativa que têm para dispor sobre sua organização, funcionamento, polícia, criação, transformação ou extinção dos cargos, empregos e funções de seus serviços (art. 51, IV, e art. 52, XIII, da Constituição).

---

1. Sobre o tema descentralização e desconcentração na administração do Estado, Francis Chauvin, *Administration de l'État*, 4ᵉ édition, Paris: Ed. Dalloz, 1994.

2. Com a Emenda 01/1969, o art. 81, V, da Constituição de 1967, confiava competência privativa do Presidente da República para dispor sobre a estruturação, atribuições e funcionamento dos órgãos da administração federal, daí decorrendo a possibilidade de criação de órgãos por decretos (desde que não implicasse em aumento de despesas), como decidido pelo STF na Representação de Inconstitucionalidade 1.508/MT, Pleno, v.u., Rel. Min. Oscar Corrêa, *DJ* de 27.10.1988.

Também o Poder Judiciário poderá criar seus órgãos administrativos com base em atos normativos por ele editado (ao teor da autonomia confiada pelo art. 96, I, da Constituição), embora algumas medidas dependam necessariamente de lei, tal como fixa o art. 96, II, "b", do ordenamento constitucional de 1988 (na redação dada pela Emenda 41/2003), segundo o qual compete ao Supremo Tribunal Federal, aos Tribunais Superiores e aos Tribunais de Justiça propor ao Poder Legislativo respectivo, observado o disposto no art. 169, a alteração do número de membros dos tribunais inferiores, a criação e a extinção de cargos e a remuneração dos seus serviços auxiliares e dos juízes que lhes forem vinculados, a criação ou extinção dos tribunais inferiores, a alteração da organização e da divisão judiciárias, e outras matérias que indica.

8.5. Alterações da Emenda Constitucional 32/2001 e regulamentos autônomos

Na redação original do art. 88 da Constituição, exigia-se lei para a criação, estruturação e atribuições dos Ministérios (silenciando quanto a órgãos da administração pública), ao passo em que o art. 61, § 1º, II, "e", da Constituição, inicialmente previa iniciativa exclusiva do Presidente da República para criação, estruturação e atribuições dos Ministérios e órgãos da administração pública.

A Emenda 32/2001 deu nova redação ao art. 48, XI, ao art. 88 e ao art. 61, § 1º, II, "e", do ordenamento de 1988, eliminando a reserva absoluta de lei para a estruturação e atribuições de Ministérios e órgãos (ao mesmo tempo em que fez expressa exigência de lei para a extinção deles), bem como ampliou a autonomia do Poder Executivo para dispor a organização e o funcionamento de seus órgãos. Após a Emenda 32/2001, somente lei pode dispor sobre a criação e extinção de Ministérios e órgãos da administração pública do Poder Executivo, mas foi assegurada ao Presidente da República prerrogativa privativa para promover a estruturação e confiar atribuições a Ministérios e órgãos da administração pública, podendo ser editado decreto para cuidar da organização e do funcionamento, quando não implicar aumento de despesa nem criação ou extinção de órgãos públicos (art. 84, VI, "a", da Constituição, com redação incluída pela Emenda 32/2001).

Essa prerrogativa privativa conferida ao Poder Executivo pela Emenda Constitucional 32/2001 abriu autonomia equivalente às já asseguradas aos demais Poderes da República, pois Poder Legislativo e Poder Judiciário têm atribuição para auto-organização sem vinculação à lei (art. 51, IV, pertinente à Câmara dos Deputados, art. 52, XIII, atinente ao Senado Federal e art. 96, I, "b", relativo aos Tribunais do Poder Judiciário, todos da Constituição de 1988). Vale dizer, as modificações promovidas pela Emenda 32/2001 permitem o equilíbrio, em temas *interna corporis*, no que concerne à organização e ao funcionamento dos Poderes da República, sem renunciar à reserva absoluta de lei e ao controle próprio da separação dos poderes na criação e extinção de Ministérios e órgãos da administração do Poder Executivo (pela sua importância).

Essas previsões do art. 48, XI, do art. 61, § 1º, II, "e", do art. 84, VI, "a", e art. 88, todos da Constituição de 1988, permitem ao Presidente da República editar decretos com natureza de regulamentos autônomos de efeito interno, na medida em que preceitos normativos (dotados de abstração, generalidade, imperatividade, inovação e impessoalidade) cuidarão de organização e funcionamento da administração do Poder Executivo (ainda que possam produzir efeitos reflexos ou indiretos para todos cidadãos que venham se dirigir aos Ministérios e órgãos do Poder Executivo). Note-se que o art. 84, VI, "a", da Constituição, exclui expressamente a possibilidade de edição de regulamento autônomo se o mesmo gerar aumento de despesa (o que normalmente ocorre com a criação de novos cargos, empregos e funções públicas), ou determinar criação ou extinção de órgãos públicos, matérias confiadas à reserva absoluta de lei (art. 48, X, e XI, art. 61, § 1º, II, "e", e art. 88 da Constituição).

A competência normativa reservada ao Presidente da República pelo art. 84, VI, "a", do ordenamento constitucional também pode ser delegada a Ministros de Estado (ou a Secretários com *status* de Ministros), ao Advogado-Geral da União e ao Procurador-Geral da República, nos termos do art. 84, parágrafo único, da Constituição, que, assim como o Chefe do Poder Executivo, também terão liberdade ou discricionariedade político-administrativa para organização e funcionamento do seu respectivo ministério.

8.6. Leis ordinárias e medidas provisórias

Demonstrando flexibilidade na criação, transformação e extinção de Ministérios e órgãos do Poder Executivo, há várias leis ordinárias editadas na vigência da Constituição de 1988, tais como a Lei 9.649/1998 e a Lei 10.683/2003. Nos termos da Lei 13.502/2017, a Presidência da República é composta pela Casa Civil, Secretaria de Governo, Secretaria-Geral, Gabinete Pessoal do Presidente da República, Gabinete de Segurança Institucional, e Secretaria Especial da Aquicultura e da Pesca, e, como órgãos de assessoramento imediato ao Presidente da República, há Conselho de Governo, Conselho de Desenvolvimento Econômico e Social, Conselho Nacional de Segurança Alimentar e Nutricional, Conselho Nacional de Política Energética, Conselho Nacional de Integração de Políticas de Transporte, Conselho do Programa de Parcerias de Investimentos da Presidência da República, Câmara de Comércio Exterior (Camex), Advogado-Geral da União, Assessoria Especial do Presidente da República, e Conselho Nacional de Aquicultura e Pesca, além do Conselho da República e do Conselho de Defesa Nacional (órgãos de consulta do Presidente, com previsão nos arts. 89 a 91 da Constituição). Também com base na mesma Lei 13.502/2017, há Ministério da Agricultura, Pecuária e Abastecimento, Ministério das Cidades, Ministério da Ciência, Tecnologia, Inovações e Comunicações, Ministério da Cultura, Ministério da Defesa, Ministério do Desenvolvimento Social, Ministério dos Direitos Humanos, Ministério da Educação, Ministério do Esporte, Ministério Extraordinário da Segurança Pública, Ministério da Fazenda, Ministério da Indústria, Comércio Exterior e Serviços, Ministério da Integração Nacional, Ministério da Justiça, Ministério do Meio Ambiente, Ministério de Minas e Energia, Ministério do Planejamento, Desenvolvimento e Gestão, Ministério do Trabalho, Ministério dos Transportes, Portos e Aviação Civil, Ministério do Turismo, Ministério das Relações Exteriores, Ministério da Saúde, e Ministério da Transparência e Controladoria-Geral da União. Nos termos do art. 22 da Lei 13.502/2017, são Ministros de Estado os titulares dos Ministérios, o Chefe da Casa Civil da Presidência da República, o Chefe da Secretaria de Governo da Presidência da República, o Chefe do

Gabinete de Segurança Institucional da Presidência da República, o Chefe da Secretaria-Geral da Presidência da República, o Advogado-Geral da União e o Presidente do Banco Central do Brasil.

Além das articulações inerentes ao presidencialismo por coalisão brasileiro, os efeitos do capitalismo tardio no Brasil procuram ser minimizados com a maior participação do Estado em várias áreas socioeconômicas, o que coloca a decisão da Lei 13.502/2017 (com 28 Ministérios, incluídas as Secretarias) dentro de legítimo campo discricionário, impedindo controle judicial. Porém, é ainda elevada a soma de 28 Ministérios previstos na Lei 13.502/2017 (40% a mais do que os 15 Secretários para a gestão de pastas e 5 Secretários Executivos do governo federal americano no início de 2018).

8.7. Presidencialismo de coalisão, fisiologismo e controle judicial

O sistema constitucional confia discricionariedade política ao legislador ordinário para criação e extinção de Ministérios e órgãos da administração pública, mas esse mesmo sistema impõe parâmetros para o exercício dessa discricionariedade, tanto condicionantes específicos (p. ex., necessária criação de Ministério da Justiça e Ministério das Relações Exteriores) quanto padrões genéricos (p. ex., boa-fé, qualitativos éticos e morais e demais estruturas comportamentais). Limites jurídicos são imperativos para compreensão racional, sincera e transparente do exercício das escolhas discricionárias.

Havendo limites jurídicos à discricionariedade, é possível o controle judicial de leis editadas com amparo no art. 48, XI, e do art. 88, ambos da Constituição, mas a intervenção judicial nas escolhas políticas deve ser extraordinária. A legítima judicialização da política deve se restringir a aspectos formais e, excepcionalmente, a temas materiais nos quais houver manifesta, inequívoca e objetiva violação da discricionariedade. O respeito ao sistema jurídico e às correspondentes regras de competência exige que aceitemos como válidas situações limítrofes entre a legítima composição do presidencialismo por coalisão e as adequações fisiológicas de apoio político, mas o histórico brasileiro das últimas décadas nos move a registrar a possibilidade de controle judicial (pela via processual própria) como forma de conter fraquezas morais e éticas que configurem abuso aos primados do Estado de Direito. Porém, o controle judicial não pode servir de instrumento ilegítimo de oposição política ou palco impróprio para ativismos de qualquer ordem, porque a análise do problema político judicializado deve ser feita a partir de parâmetros jurídicos. A extraordinária mas legítima judicialização da política não pode desandar para a inaceitável politização do Poder Judiciário.

8.8. Preceito extensível e simetria

Ainda que expressamente dirigido ao Poder Executivo Federal, as disposições do art. 88 da Constituição também são aplicáveis aos Estados-Membros, ao Distrito Federal e aos Municípios, tendo em vista que esse comando constitucional é preceito extensível (representando norma de reprodução obrigatória para as demais unidades pelo critério da simetria), mesmo porque Secretários Estaduais e Municipais estão previstos em outros dispositivos constitucionais (p. ex., art. 28, § 2º, e art. 29, V, do ordenamento de 1988).

SEÇÃO V
DO CONSELHO DA REPÚBLICA E DO CONSELHO DE DEFESA NACIONAL

SUBSEÇÃO I
DO CONSELHO DA REPÚBLICA

Art. 89. O Conselho da República é órgão superior de consulta do Presidente da República, e dele participam:

I – o Vice-Presidente da República;

II – o Presidente da Câmara dos Deputados;

III – o Presidente do Senado Federal;

IV – os líderes da maioria e da minoria na Câmara dos Deputados;

V – os líderes da maioria e da minoria no Senado Federal;

VI – o Ministro da Justiça;

VII – seis cidadãos brasileiros natos, com mais de trinta e cinco anos de idade, sendo dois nomeados pelo Presidente da República, dois eleitos pelo Senado Federal e dois eleitos pela Câmara dos Deputados, todos com mandato de três anos, vedada a recondução.

Anna Candida da Cunha Ferraz
Rebecca Groterhorst

1. História da norma

A fonte mais próxima de inspiração do Conselho da República de que trata a disposição normativa em exame, parece estar no Anteprojeto da Comissão Provisória de Estudos Constitucionais, criado pelo Decreto 91.450, de 18/07/1985. Este Anteprojeto, que trazia proposta parlamentarista de governo, previa um Conselho de Estado como órgão superior da Presidência da República, cuja composição e atribuições se assemelham às do Conselho da República instituído pelo art. 89, CF. Este Conselho de Estado, segundo José Afonso da Silva, membro da Comissão referida, inspirou-se, por sua vez, no Conselho de Estado, instituído pelos arts. 141º a 146º, da Constituição da República Portuguesa. Os vários projetos de Constituição, germinados na Constituinte de 1987-1988, todos dotados de proposta parlamentarista de governo, foram buscar no Anteprojeto referido acima a inspiração para a criação de um Conselho da República, em moldes compatíveis com o sistema parlamentar de governo. O Conselho da República aparece no Projeto de Constituição A, art. 98, exatamente com a redação dada pela Constituição de 1988. Adotado o presidencialismo no seio da Constituinte de 1987-1988 (cf. Bonavides e Paes de Andrade), no Projeto de Constituição B foi mantido o Conselho da República na forma disposta nos projetos anteriores e, nos mesmos moldes, foi adotado pela Constituição de 05 de outubro de 1988.

2. Constituições brasileiras anteriores

Não há precedentes, na história constitucional republicana, de órgão composto nos moldes e com as funções do Conselho da

República. Trata-se de instituição inteiramente nova no sistema constitucional republicano-presidencialista pátrio. A Constituição do Império, de 1824, previa um Conselho de Estado, composto de Conselheiros vitalícios, nomeados pelo Imperador, como órgão consultivo particularmente para o exercício de suas funções de Poder Moderador (arts. 137 a 144). Nas demais constituições brasileiras posteriores, republicanas e presidencialistas, não há órgão equivalente. Lembra Pinto Ferreira (*Comentários à Constituição*, 3º volume, São Paulo: Saraiva, 1992, p. 89) que as funções de Conselheiro do Presidente da República passaram a ser exercidas por um órgão unipessoal: o Consultor-Geral da República. Atualmente a Consultoria-Geral da União, que presta, por intermédio do Advogado da União, consultoria à Presidência é órgão integrante da Advocacia-Geral da União.

3. Constituições estrangeiras

Várias constituições estrangeiras, particularmente de índole parlamentarista ou semipresidencialista, adotam instituição sob o rótulo de Conselho de Estado, como órgão de consulta do Presidente da República, mas com composição e atribuições próprias, não equivalentes às previstas para o Conselho da República brasileiro. Serve de exemplo a Constituição da República Portuguesa, cujo artigo 141º institui um Conselho de Estado como órgão político de consulta do Presidente da República e em cuja composição (art. 142º), guardadas as devidas diferenças de regime de governo, apresentam alguns pontos de semelhança com o Conselho da República instituído na Constituição de 1988. Assim, nele se assentam: o Presidente da Assembleia da República, o Primeiro-Ministro, o Presidente do Tribunal Constitucional, o Provedor da Justiça, os presidentes dos governos regionais, os antigos presidentes da República eleitos na vigência da Constituição que não hajam sido destituídos do cargo, cinco cidadãos designados pelo Presidente da República pelo período correspondente à duração de seu mandato e cinco cidadãos eleitos pela Assembleia da República, de harmonia com o princípio da representação proporcional, pelo período correspondente à duração da legislatura. A Lei Constitucional da República de Angola, que mantém, quanto ao regime de governo, semelhança com a Constituição Portuguesa, institui um Conselho da República como órgão político de consulta do Presidente da República (art. 75º), por ele presidido, e com composição ligeiramente distinta do Conselho de Estado Português (art. 76º). Dele fazem parte o Presidente da Assembleia Nacional, o Primeiro-Ministro, o Presidente do Tribunal Constitucional, o Procurador-Geral da República, os antigos Presidentes da República, os presidentes dos partidos representados na Assembleia Nacional e dez cidadãos designados pelo Presidente da República. De modo igual, a Constituição da República de Cabo Verde, institui um Conselho da República como órgão de consulta do Presidente da República (art. 275º), cujos membros são: o Presidente da Assembleia Nacional, o Primeiro-Ministro, o Presidente do Supremo Tribunal de Justiça, o Procurador-Geral da República, o Presidente do Conselho para os Assuntos Regionais; dois cidadãos escolhidos pelo Presidente da República e dois cidadãos escolhidos pela Assembleia Nacional. A Constituição Francesa também institui um Conselho de Estado, cuja composição e atribuições diferem, por inteiro, do Conselho da República de que trata o art. 89 em exame.

4. Direito internacional

Não há nos documentos internacionais disciplina da matéria *sub examine*.

5. Dispositivos constitucionais e legais relacionados

5.1. Constitucionais

Arts. 34 a 36; art. 51, V; art. 52, XIV; art. 84, XVII; art. 90; arts. 136 a 141.

5.2. Legais

Lei 8.041, de 5 de junho de 1990; Regimento Interno do Senado Federal, art. 384; Regimento Interno da Câmara dos Deputados, art. 17, VI, *b*, art. 188, III, art. 225.

6. Jurisprudência

Questões relativas ao Conselho da República e suas atribuições têm sido enfrentadas raramente no Supremo Tribunal Federal, até porquanto o funcionamento deste Conselho também não tem sido regular. Algumas decisões podem, todavia, ser citadas: **ADI 106/RO, Rel. Min. Carlos Velloso, j. 10.10.2002**: questiona-se nesta ADI, dentre outras matérias, se o Conselho da República é órgão exclusivo da organização do Poder Executivo Federal ou se o constituinte estadual pode criar órgão semelhante na Constituição do Estado. No caso, o Estado de Rondônia instituiu, nos arts. 72 e 73 da respectiva Constituição Estadual, um Conselho de Governo, como órgão superior de consulta do Governador do Estado, do qual participam, além do Governador – seu Presidente – o Vice-Governador do Estado; o Presidente da Assembleia Legislativa; o Presidente do Tribunal de Justiça; o Procurador-Geral de Justiça; o Presidente do Tribunal de Contas; os líderes da maioria e da minoria, na Assembleia Legislativa; seis cidadãos brasileiros natos, com mais de trinta e cinco anos de idade, de reputação ilibada, nomeados pelo Governador do Estado, sendo três de sua livre escolha e três indicados pela Assembleia Legislativa. O Governador do Estado propôs a ADI em pauta, alegando a inconstitucionalidade dos arts. 72 e 73 referidos. O Supremo Tribunal Federal julgou parcialmente procedente a ação para declarar a inconstitucionalidade dos incisos II, IV e V, do art. 72. Fundamentou-se a decisão no princípio da separação de poderes e na competência privativa do Presidente da República para a iniciativa privativa de leis que disponham sobre a criação e a extinção de Ministérios e órgãos da administração pública, normas que são de obrigatória observância pelos Estados. Entendeu-se que os Estados não podem criar Conselho de consulta do Governador dotado de composição e representatividade diversas das previstas no Conselho da República. Por maioria, o STF entendeu constitucional a criação, pelo constituinte estadual, de órgão de consulta do Governador do Estado, nos moldes do Conselho da República, e declarou a inconstitucionalidade dos incisos referidos que inseriam, na composição do órgão, poderes e autoridades não previstas no parâmetro federal. Sobre tema relacionado, que previa a criação de um Conselho de Comunicação Social no Estado do Rio Grande do Sul, em que foram invocados os mesmos fundamentos, ver **ADI 821 MC/RS, Rel. Min. Octavio Galotti, j. 05.02.1993. MS 35.537 MC/DF, Rel. Min. Celso de Mello, j. 19.02.2018**: trata-se de mandado de segurança impetrado pelo Deputado Federal Ivan Valente para questionar o decreto legislativo de intervenção federal no Estado do Rio de Janeiro. Alega o impetrante – dentre outros argumentos – a ausência de consulta prévia aos Conselhos da República e da Defesa Nacional para a decretação da intervenção, o que violaria a Constituição Federal. Isso porque há mandamento constitucional de consulta de ambos os Conselhos para formalização da intervenção. O STF entendeu que a Constituição brasileira não impõe manifestação dos Conselhos *a priori* ou antes do momento de decretação da intervenção, bastando que tal pronunciamento ocorra.

7. Literatura selecionada

BONAVIDES, Paulo e PAES DE ANDRADE. *História Constitucional do Brasil*. 3ª ed. Rio de Janeiro: Paz e Terra, 1991; CANOTILHO, J. J. Gomes e VITAL MOREIRA. *Constituição Anotada*, Coimbra: Coimbra Editora Limitada. 1978; FERRAZ, Anna Candida da Cunha. *Conflito entre Poderes*: o Poder Congressual de sustar atos normativos do Poder Executivo. São Paulo: Editora Revista dos Tribunais, 1994; FERREIRA FILHO, Manoel Gonçalves. *Comentários à Constituição Brasileira de 1988*. Volume 2. São Paulo: Saraiva, 1992; MEIRELLES, Hely Lopes. *Direito Administrativo Brasileiro*. 21ª edição, atualizada por Eurico de Andrade Azevedo, Délcio Balesteiro Aleixo, José Emmanuel Burle Filho. São Paulo: Malheiros Editores, 1996; PINTO FERREIRA, Luís. *Comentários à Constituição Brasileira*. 2º Volume. São Paulo: Saraiva, 1989; PONTES DE MIRANDA, Francisco Cavalcanti. *Comentários à Constituição de 1967 com a Emenda Constitucional de 1969*. São Paulo: Editora Revista dos Tribunais, 1970/1972; PONTES DE MIRANDA, Francisco Cavalcanti. *Comentários à Constituição dos Estados Unidos do Brasil*. Rio de Janeiro: Ed. Guanabara, 1936; SILVA, José Afonso da. *Comentário Textual à Constituição*. São Paulo: Malheiros Editores Ltda., 2006; SILVA, José Afonso da. *Curso de Direito Constitucional Positivo*, 31ª ed. São Paulo: Malheiros Editores, 2008.

8. Comentários

8.1. A posição institucional do Conselho da República

O Conselho da República é órgão vinculado diretamente à Presidência da República. A Lei 8.040/90, regulamentada pelo Decreto 4.118, de 07 de fevereiro de 2002, que dispõe sobre a organização e estrutura da Presidência da República e dos Ministérios, no art. 1º, § 2º, estabelecem que o Conselho da República funciona "junto à Presidência da República como órgão de consulta".

8.2. Natureza do Conselho da República

Trata-se de órgão superior consultivo do Presidente da República, de composição mista, que envolve a participação também do Poder Legislativo. O Conselho da República deverá sempre ser convocado e ouvido, com relação às matérias de sua competência constitucional, para emitir pronunciamentos. A consulta ao Conselho da República deve obrigatoriamente ser formulada – constitui poder-dever do Presidente da República – o que significa dizer que não pode ser tomada decisão a respeito dessas matérias sem essa consulta.

8.3. A composição do Conselho da República

8.3.1. A composição do Conselho da República e o princípio da separação de poderes

A disposição normativa em exame representa mais um dos exemplos de derrogação constitucional do princípio da independência entre os Poderes, assegurado no art. 2º. Isto porque na composição do Conselho da República, órgão de consulta do Chefe do Poder Executivo, participam representantes do Poder Legislativo. As constituições brasileiras anteriores não admitiam a participação de parlamentares em órgãos e conselhos do Executivo, por ofensa ao princípio da independência entre os poderes. A Constituição de 1988 abre evidente exceção à cláusula de poderes independentes sob este aspecto.

8.3.2. A participação majoritária no Conselho de brasileiros natos

Embora não referido no art. 12, § 3º, da CF, que estabelece os cargos privativos de brasileiros natos no País, a participação no Conselho da República, por decorrência do art. 12, citado, ou por disposição expressa no inciso VII, do art. 89, em exame, recai sobre brasileiros natos. Dentre os quinze membros que compõem o Conselho da República, dez são brasileiros natos: o Presidente da República, o Vice-Presidente da República, o Presidente do Senado Federal, o Presidente da Câmara dos Deputados e os seis cidadãos nomeados pelo Presidente da República ou eleitos pelas Casas do Congresso Nacional (cf. inciso VII deste artigo).

8.3.3. A limitação constitucional da composição do Conselho da República

A disposição normativa que estabelece a composição do Conselho da República é *numerus clausus*, o que significa dizer que não há possibilidade de o Presidente da República, nem o Congresso Nacional, mediante lei, alterá-la. Tem o órgão consultivo uma composição mista, inusitada em órgãos de consulta presidencial em sistemas presidencialistas. Dele participam: membros do Executivo, representantes do Legislativo, e representantes do povo. Cabe mencionar que o Presidente da República, conforme estabelece o art. 90, § 1º, poderá convocar Ministro da área da matéria em que a questão a ser examinada se insere. Não se trata, todavia, de membro permanente integrante do órgão.

8.3.3.1. Os membros do Poder Executivo

Além do Chefe do Poder Executivo, que o preside, participam do Conselho da República o Vice-Presidente e o Ministro da Justiça. O Vice-Presidente da República deve ter assento natural em órgão dessa natureza, já que substitui o Presidente da República em seus impedimentos e deve, por isso mesmo, acompanhar diuturnamente os negócios de Estado. O Ministro da Justiça é o chefe do Ministério que cuida da ação jurídica do Governo.

8.3.3.2. Os representantes do Poder Legislativo

Representam o Poder Legislativo no Conselho da República: o Presidente do Senado Federal, o Presidente da Câmara dos Deputados e os líderes da minoria e da maioria de ambas as Casas do Congresso Nacional. Assim, enquanto Poder, o Legislativo, considerados os 6 (seis) membros retro relacionados, mais os 4 (quatro) cidadãos que elege, tem a maioria na representação no Conselho da República (10 membros). A participação do Poder Legislativo neste Conselho, particularmente a dos Presidentes das Casas e dos líderes da maioria, pode suscitar conflitos entre os poderes. Isto porque, devendo o Congresso Nacional aprovar ou autorizar as medidas extraordinárias (intervenção, estado de defesa e estado de sítio) que constituem matéria de atribuição do Conselho da República, pode ocorrer que seus representantes no Conselho opinem contrariamente à posição do Presidente da República relativamente a essas matérias. Essa posição certamente será mantida quando a questão for enviada ao Congresso Nacional e, pela força e importância política desses representantes, talvez seja inevitável manifestação contrária do Congresso Nacional às medidas propostas pelo Chefe do Executivo. De outro lado, se o Presidente da República tiver domínio político sobre o Poder Legislativo, seus representantes, tanto no Conselho da República como no Congresso Nacional tenderão a aprovar as medidas tomadas pelo Poder Executivo, pelo que a participação desses membros será politicamente descartável.

8.3.3.3. Os representantes do povo

A Constituição de 1988, atenta aos princípios da soberania popular e da democracia participativa, que procura prestigiar, em vários dispositivos prevê a participação popular direta nas ações governamentais. Esse é mais um exemplo dessa participação. A participação popular, como representação do Poder Executivo recai sobre dois cidadãos, brasileiros natos e maiores de trinta e cinco anos e se faz mediante nomeação do Presidente da República; a do Legislativo recai sobre quatro cidadãos, maiores de trinta e cinco anos, brasileiros natos e se concretiza mediante eleição pelo Senado Federal e pela Câmara dos Deputados. A forma de eleição desses representantes está prevista no Regimento Interno da Câmara dos Deputados (art. 225) e no Regimento Interno do Senado Federal (art. 384).

8.4. Efeitos e eficácia dos pronunciamentos do Conselho da República

Como órgão de natureza consultiva, as manifestações do Conselho da República não são vinculantes, isto é, não obrigam o Presidente da República a seguir a posição adotada pelo órgão ou as sugestões por ele oferecidas. Cuida-se, pois, de meros pronunciamentos, sem força jurídico-constitucional própria. Todavia, se consultado, o Conselho da República não pode se esquivar de emitir seu parecer. Tem o órgão merecido pouca atenção e sido pouco solicitado pelo Presidente da República. Até 1990, dois anos após sua instituição, o Conselho da República não havia sido consultado sequer uma vez (José Afonso da Silva, *apud* Ferraz, p. 30). Contudo, embora não se trate de parecer vinculante, não há como desprezar a potencial força política e moral dos pronunciamentos desse órgão, se se levar em consideração a relevância das questões que lhe devem ser dirigidas e os membros que nele têm assento.

Todavia, o Conselho da República não tem sido consultado. Exemplo dessa natureza é o que ocorreu com a chamada "intervenção federal" imposta pelo Decreto n. 9.288, de 16/02/2018, da Presidência da República, e que foi limitada à área de Segurança Pública do Rio de Janeiro. Na verdade os Conselhos referidos nos arts. 89 e 91 não foram consultados, como estabelece o texto constitucional. Não obstante, o Decreto referido foi aprovado em sessão do Senado Federal e da Câmara dos Deputados, embora não por unanimidade. (Cf. sobre o tema os comentários ao art. 34 da Constituição de 1988).

Inclusive, o mandado de segurança 35.537 MC/RJ, impetrado pelo Deputado Federal Ivan Valente, com objetivo de paralisar a tramitação do decreto legislativo de intervenção na Câmara dos Deputados em razão da ausência de oitiva dos Conselhos, foi indeferido. O Ministro Celso de Mello mencionou em sua decisão não ser necessário que os Conselhos da República e da Defesa Nacional se manifestem, necessariamente, em momento anterior à decretação formal da intervenção. A exigência constitucional é de que essa manifestação ocorra. Embora o Supremo Tribunal Federal tenha sido questionado sobre a inconstitucionalidade do Decreto n. 9288/18 acima mencionado, já que os Conselhos não foram consultados sobre a intervenção federal na Segurança Pública do Rio de Janeiro, a ação perdeu o objeto por perda superveniente de objeto (ADI 5.915, Min. Ricardo Lewandowski), não sendo possível verificar o posicionamento da jurisprudência.

Assim, uma vez mais se questiona a natureza, impositiva ou não, dessa consulta, no caso prevista pelo inciso I do art. 90 da CF.

Já no caso da intervenção federal no Estado de Roraima (Decreto n. 9.602/18), decretado para pôr termo a grave comprometimento da ordem pública, já que o Estado enfrentava grave crise na segurança pública e sistema carcerário, o procedimento formal foi observado. Assim, o ex-presidente Michel Temer ouviu tanto o Conselho da República quanto o de Defesa Nacional antes da decretação da intervenção. Ambos os Conselhos opinaram pela decretação da intervenção no Estado de Roraima.

> **Art. 90.** Compete ao Conselho da República pronunciar-se sobre:
>
> I – intervenção federal, estado de defesa e estado de sítio;
>
> II – as questões relevantes para a estabilidade das instituições democráticas.
>
> § 1º O Presidente da República poderá convocar Ministro de Estado para participar da reunião do Conselho, quando constar da pauta questão relacionada com o respectivo Ministério.
>
> § 2º A lei regulará a organização e o funcionamento do Conselho da República.

Anna Candida da Cunha Ferraz
Rebecca Groterhorst

1. História da norma

A disposição normativa prevista neste artigo complementa matéria tratada no art. 89, que dispõe sobre o Conselho da República. A fonte mais próxima de inspiração dessa norma, tal como a da que consta no citado art. 89, está no Anteprojeto da Comissão Provisória de Estudos Constitucionais, criado pelo Decreto

91.450, de 18/07/1985. Este Anteprojeto, que trazia proposta parlamentarista de governo, previa um Conselho de Estado no art. 247, cujas atribuições, constantes do art. 251, diferiam, todavia, das ora estabelecidas pelo art. 90, já que voltadas para a atuação do Conselho de Estado no parlamentarismo. Tais atribuições guardam semelhança com as deferidas ao Conselho de Estado da Constituição da República Portuguesa, art. 145º, Constituição que, segundo José Afonso da Silva, inspirou a Comissão de Estudos Constitucionais para a criação de um Conselho de Estado para o Brasil. Os vários projetos de Constituição, germinados na Constituinte de 1987-1988, todos dotados de proposta parlamentarista de governo, foram buscar no Anteprojeto referido acima a inspiração para a criação de um Conselho da República, em moldes compatíveis com o sistema parlamentar de governo. No Projeto de Constituição A, a competência do Conselho da República vem disposta no art. 99, mantendo alguma semelhança com a redação dada ao Conselho de Estado pela Comissão de Estudos Constitucionais. No Projeto de Constituição B, tais atribuições constam do art. 95 e têm a mesma redação que a adotada pela Constituição de 1988, em seu art. 90, em exame.

2. Constituições brasileiras anteriores

Não há precedentes, na história constitucional republicana, de órgão composto nos moldes e com as funções do Conselho da República. Trata-se de instituição inteiramente nova no sistema constitucional republicano-presidencialista pátrio. A Constituição do Império, de 1824, previa um Conselho de Estado, composto de Conselheiros vitalícios, nomeados pelo Imperador, como órgão consultivo particularmente para o exercício de suas funções de Poder Moderador (arts. 137 a 144). Nas demais constituições brasileiras posteriores, republicanas e presidencialistas, não há órgão com atribuições equivalentes.

3. Constituições estrangeiras

Várias constituições estrangeiras, particularmente de índole parlamentarista ou semipresidencialista, adotam, sob o rótulo de Conselho de Estado, um órgão de consulta do Presidente da República. Considerando que tais Conselhos existem particularmente em constituições parlamentaristas, as atribuições que lhe são conferidas divergem das previstas para o Conselho da República, no art. 90. Para exemplo, veja-se o art. 145º da Constituição da República Portuguesa; o art. 75º da Lei Constitucional da República de Angola e o art. 277 da Constituição da República de Cabo Verde.

4. Direito internacional

Tratando-se de matéria de interesse restrito aos Estados nacionais, dela não cogitam os documentos internacionais.

5. Dispositivos constitucionais e legais relacionados

5.1. Constitucionais

Arts. 34 a 36; art. 51, V; art. 52, XIV; art. 84, XVII; art. 90; arts. 136 a 141.

5.2. Legais

Lei 8.041, de 5 de junho de 1990; Regimento Interno do Senado Federal, art. 384; Regimento Interno da Câmara dos Deputados, art. 225.

6. Jurisprudência

Não há, no Supremo Tribunal Federal, decisões específicas relacionadas com o art. 90, em exame.

7. Literatura selecionada

BONAVIDES, Paulo e PAES DE ANDRADE. *História Constitucional do Brasil*. 3ª ed. Rio de Janeiro: Paz e Terra, 1991; CANOTILHO, J. J. Gomes e VITAL MOREIRA. *Constituição Anotada*, Coimbra: Coimbra Editora Limitada. 1978; FERRAZ, Anna Candida da Cunha. *Conflito entre Poderes*: o Poder Congressual de sustar atos normativos do Poder Executivo. São Paulo: Editora Revista dos Tribunais, 1994; FERREIRA FILHO, Manoel Gonçalves. *Comentários à Constituição Brasileira de 1988*. Volume 2. São Paulo: Saraiva, 1992; MEIRELLES, Hely Lopes. *Direito Administrativo Brasileiro*. 21ª edição, atualizada por Eurico de Andrade Azevedo, Délcio Balesteiro Aleixo, José Emmanuel Burle Filho. São Paulo: Malheiros Editores, 1996; PINTO FERREIRA, Luís. *Comentários à Constituição Brasileira*. 2º Volume. São Paulo: Saraiva, 1989; PONTES DE MIRANDA, Francisco Cavalcanti. *Comentários à Constituição de 1967 com a Emenda Constitucional de 1969*. São Paulo: Editora Revista dos Tribunais, 1970/1972; PONTES DE MIRANDA, Francisco Cavalcanti. *Comentários à Constituição dos Estados Unidos do Brasil*. Rio de Janeiro: Ed. Guanabara, 1936; SILVA, José Afonso da. *Comentário Textual à Constituição*. São Paulo: Malheiros Editores Ltda., 2006; SILVA, José Afonso da. *Curso de Direito Constitucional Positivo*, 30ª ed. São Paulo: Malheiros Editores, 2008.

8. Comentários

8.1. A natureza da matéria objeto de manifestação do Conselho da República

A competência atribuída ao Conselho da República envolve duas modalidades de atribuições: a) as relativas ao seu pronunciamento em face de institutos de relevância relativos à proteção e defesa do federalismo brasileiro (intervenção federal) e proteção e defesa da paz e da ordem interna (estado de defesa e estado de sítio), matérias estabelecidas no inciso I do art. 90; e b) as relativas à estabilidade das instituições democráticas (inciso II).

8.2. A matéria objeto de manifestação do Conselho da República

8.2.1. A intervenção federal, o estado de defesa e o estado de sítio

A intervenção federal é instituto que visa assegurar a integridade do Estado Federal e de suas entidades federadas contra ameaças e tendências de secessão ou de desagregação. A intervenção consiste em um ato simples do Presidente da República, veiculado mediante decreto, e está prevista nos arts. 34 a 36 da Constituição Federal. Trata-se de instrumento que possibilita a interferência da União nas entidades federadas dotadas de autonomia, nas hipóteses expressamente fixadas pela Constituição. A intervenção em entidades da federação, que implica restrição às respectivas autonomias, é matéria de crucial importância em um Estado Federal. Daí as cautelas de que a medida se reveste. Uma dessas cautelas é a sua submissão ao controle político do Congresso Nacional, ao qual compete aprová-la (art. 49, IV, CF e art. 36, II, III, IV, CF). Ao Conselho da República compete, conforme a disposição normativa em exame, ser consultado e opinar nas hipóteses em que o Presidente da República, utilizando seus poderes constitucionais, intentar decretar a intervenção em Estado-membro da Federação, qualquer que seja o fundamento por ele invocado e previsto no art. 34 da CF (cf. Decreto n. 9.288, de 16.02.2018). (Cf., também, os artigos sobre intervenção federal, acima referidos).

8.2.2. O estado de defesa e o estado de sítio

O estado de defesa e o estado de sítio constituem medidas extraordinárias de defesa do Estado e das Instituições Democráticas e vêm disciplinados nos arts. 136 a 139 da Constituição. Ambos admitem, em razão do objetivo visado e diante de circunstâncias específicas, a adoção, pela Presidência da República, de medidas excepcionais de restrição de direitos fundamentais, sendo que as autorizadas no estado de sítio revestem-se de rigor maior. Pelo estado de defesa "busca-se preservar ou prontamente restabelecer, em locais restritos e determinados, a ordem e a paz social ameaçadas por grave e iminente instabilidade institucional ou atingidas por calamidades de grandes proporções" (art. 136, *caput*); a decretação do estado de sítio pressupõe comoção de grave repercussão nacional ou declaração de guerra ou resposta a agressão estrangeira (art. 137 e incisos da CF). A decretação dessas medidas depende de manifestação do Conselho da República, conforme previsto no art. 89, *sub examine*, e consoante determinam os arts. 136 e 137 da Constituição Federal. Considerando a posição institucional de órgão superior de consulta do Presidente da República, a manifestação do Conselho da República sobre matérias de tal relevância para o Estado Democrático Brasileiro e a normalidade da ordem constitucional parece não apenas justificável, mas até mesmo necessária. Isto porquanto, com a efetiva participação do Conselho da República, poderá o governante estar mais bem assessorado e informado para decidir sobre matérias tão relevantes e, com isto, evitar-se-á uma decisão unipessoal do Presidente da República sobre assuntos de tão magna importância.

8.2.3. As questões relevantes para a estabilidade das instituições democráticas

Esta disposição normativa constitui uma cláusula aberta, cujo conteúdo factual a ser concretizado será determinado discricionariamente pelo Presidente da República. Diferentemente das matérias previstas no inciso I do art. 90, acima analisadas, que surgem raramente no cenário constitucional, a defesa ou a preservação da estabilidade das instituições democráticas, previstas no inciso II, do art. 90, em exame, comportam um sem número de questões que poderão, a juízo da Presidência da República, ser submetidas à manifestação do Conselho da República. É no exercício dessa atribuição que o Conselho da República poderá atuar mais decisivamente. Assessorado e mediante estudo prévio, diz Pinto Ferreira (*Comentários à Constituição*, p. 639), o Presidente da República poderá tomar providências mais adequadas para a solução dos problemas nacionais. Cabe observar que o Conselho da República não tem sido usualmente convocado para pronunciar-se sobre questões desta ordem.

8.3. A possibilidade de Ministro de Estado participar de reuniões do Conselho da República

O § 1º do art. 90, determina que "o Presidente da República poderá convocar Ministro de Estado para participar da reunião do Conselho, quando constar da pauta questão relacionada com o respectivo Ministério". Na verdade, seria de melhor técnica legislativa, se este parágrafo estivesse inserido no art. 89, que cuida da composição do Conselho da República. Abre-se, aqui, e de modo adequado, espaço para participação de Ministros de Estado em reuniões do Colegiado, quando este tratar de assuntos do interesse da respectiva Pasta. O Ministro convocado não é membro permanente do Conselho e dele participa quando necessário, tendo em vista a matéria em discussão. A Constituição não indica a natureza da participação do Ministro de Estado convidado: se pode ele tomar parte nas discussões de modo amplo, se tem direito de voto etc. Essa matéria ficou relegada à lei que disciplina o órgão.

8.4. A organização e o funcionamento do Conselho da República

O § 2º, do art. 90 da CF, estabelece que "A lei regulará a organização e o funcionamento do Conselho da República".

8.4.1. Natureza da disposição normativa que cria o Conselho

Também esta disposição normativa estaria mais bem enquadrada se colocada como parágrafo do art. 89, que cria o Conselho da República. Ante o disposto no parágrafo 2º em exame, a norma que institui o Conselho da República é de eficácia limitada. O Conselho da República dependia de lei para funcionar e não funcionou até a edição da lei exigida pela Constituição.

8.4.2. A Lei n. 8.041, de 5-6-1990

Mediante referida lei, teve o Conselho estabelecida sua organização e seu funcionamento e, somente a partir de então, estava apto a exercer suas atribuições constitucionais. Esta lei repete as normas constitucionais contidas nos arts. 89 e 90 da CF, e dita algumas poucas regras novas: estabelece normas para suprir impedimentos dos membros titulares; cria a função de "suplente" dos membros nomeados ou eleitos; determina que a participação no Conselho da República é considerada "atividade relevante e não remunerada"; dita normas para a instalação do primeiro Conselho e estabelece que o Ministro convocado não terá direito a voto; estabelece o quórum para a realização das reuniões do colegiado e abre espaço para o Conselho da República requisitar de órgãos e entidades públicas as informações e estudos que se fizerem necessários para o exercício de suas atribuições; incumbe, ainda, a Secretaria Geral da Presidência de dar suporte administrativo ao Conselho da República, cabendo ao Secretário-Geral da Presidência secretariar suas reuniões.

SUBSEÇÃO II
DO CONSELHO DE DEFESA NACIONAL

Art. 91. O Conselho de Defesa Nacional é órgão de consulta do Presidente da República nos assuntos relacionados com a soberania nacional e a defesa do Estado democrático, e dele participam como membros natos:

I – o Vice-Presidente da República;

II – o Presidente da Câmara dos Deputados;

III – o Presidente do Senado Federal;

IV – o Ministro da Justiça;

V – o Ministro de Estado da Defesa;

VI – o Ministro das Relações Exteriores;

VII – o Ministro do Planejamento;

VIII – os Comandantes da Marinha, do Exército e da Aeronáutica.

§ 1º Compete ao Conselho de Defesa Nacional:

I – opinar nas hipóteses de declaração de guerra e de celebração da paz, nos termos desta Constituição;

II – opinar sobre a decretação do estado de defesa, do estado de sítio e da intervenção federal;

III – propor os critérios e condições de utilização de áreas indispensáveis à segurança do território nacional e opinar sobre seu efetivo uso, especialmente na faixa de fronteira e nas relacionadas com a preservação e a exploração dos recursos naturais de qualquer tipo;

IV – estudar, propor e acompanhar o desenvolvimento de iniciativas necessárias a garantir a independência nacional e a defesa do Estado democrático.

§ 2º A lei regulará a organização e o funcionamento do Conselho de Defesa Nacional.

Anna Candida da Cunha Ferraz
Rebecca Groterhorst

1. Origem da norma

Com o rótulo de Conselho de Defesa Nacional aparece no Título VII, "Da Defesa do Estado, da sociedade civil e das instituições democráticas", nos arts. 423 e 424 do Anteprojeto da Comissão de Estudos Constitucionais, criada pelo Decreto n. 91.450, de 18/07/1985. É adotado nos projetos da Constituinte de 1987-1988, já agora integrando o Título referente ao Poder Executivo, sob o mesmo rótulo, porém com atribuições de órgão de consulta do Presidente da República, composição voltada para o regime parlamentarista abrigado nestes projetos. Com a mesma denominação e competências, mas com composição distinta, está presente no art. 91 da Constituição presidencialista de 1988, em exame. Este Conselho sucede, pelas competências gerais que lhe são atribuídas, o Conselho Superior de Segurança Nacional, instituído pelo art. 159 da Constituição de 1934 e mantido sob a denominação de Conselho de Segurança Nacional nas constituições posteriores.

2. Constituições brasileiras anteriores

Desde 1934, as constituições posteriores adotam um Conselho destinado a opinar e a autorizar providências e medidas relacionadas à segurança nacional. Com algumas atribuições semelhantes e outras muito diferentes, estes conselhos constituem antecedentes do Conselho de Defesa Nacional, instituído pela Constituição de 1988. Assim, na **Constituição de 1934**: Conselho Superior de Segurança Nacional, art. 159; **Constituição de 1937**: Conselho de Segurança Nacional, art. 162; **Constituição de 1946**: inserido no Título relativo às Forças Armadas, Conselho de Segurança Nacional, arts. 179 e 180; **Constituição de 1967**: integrando o Título do Poder Executivo, Conselho de Segurança Nacional, arts. 90 e 91; **Emenda constitucional n. 1/69**: Conselho de Segurança Nacional, arts. 87, 88, 89.

3. Constituições estrangeiras

Várias constituições de Estados estrangeiros instituem um Conselho voltado para a defesa nacional. Servem como exemplo: a **Constituição de Portugal**, que no Título X, sob o rótulo "Defesa Nacional", institui no art. 274º, o Conselho Superior de Defesa Nacional, presidido pelo Presidente da República. Este Conselho é constituído como órgão específico de consulta para os assuntos relativos à defesa nacional e à organização, funcionamento e disciplina das Forças Armadas, e tem sua composição estabelecida em lei, devendo dela participar, obrigatoriamente, membros eleitos pela Assembleia da República. Também a **Lei Constitucional da República de Angola**, no Título "Da Defesa Nacional" prevê o Conselho de Defesa Nacional (art. 150º) e define sua composição. Este Conselho, conforme dispõe o item 3 deste artigo, é órgão de consulta para os assuntos relativos à defesa nacional e à organização, funcionamento e disciplina das Forças Armadas, à semelhança do que dispõe a Constituição de Portugal. A **Constituição da República de Cabo Verde** prevê um Conselho Superior de Defesa Nacional (art. 274º), como órgão específico de consulta em matéria de defesa nacional e Forças Armadas. Esta Constituição estabelece o conceito de defesa nacional (art. 168º) e relega à lei fixar a composição do Conselho.

4. Direito internacional

Trata-se de matéria de natureza interna dos Estados Nacionais. Não obstante, proteção da segurança e a manutenção da paz são objetivos cuja realização interessa à humanidade e que, portanto, ultrapassam os limites das fronteiras dos Estados nacionais. Sob este ângulo, no plano internacional, convém citar o Conselho de Segurança da ONU, constituído por quinze estados, sendo cinco permanentes (China, França, Federação Russa, Reino Unido e Estados Unidos da América) e dez eleitos pela Assembleia Geral, por um período de dois anos. Sua principal função, diferentemente da dos Conselhos de Defesa Nacional, é garantir a Segurança Coletiva e a Manutenção da Paz Mundial.

5. Dispositivos constitucionais e legais relacionados

5.1. Constitucionais

Art. 1º, *caput* e I; arts. 34 a 36; art. 84, IX e X, XIX, XX; arts. 136 a 141.

5.2. Legais

Lei n. 8.183, de 11 de abril de 1991; Decreto n. 893, de 12 de agosto de 1993; Regimento Interno do Senado Federal, art. 197; Regimento Interno da Câmara dos Deputados, art. 17, VI, "b".

6. Jurisprudência

MS 25.483/DF, Rel. Min. Carlos Ayres Britto, j. 04.06.2007 – ausência de manifestação do Conselho de Defesa Nacional: Mandado de Segurança impetrado contra o Presidente da República, em que se questionava a constitucionalidade do Decreto Presidencial de 15 de abril de 2005, que homologou a demarcação administrativa da Terra Indígena Raposa Serra do Sol. Os impetrantes postulavam a concessão da segurança para determinar a "suspensão parcial dos efeitos desse Decreto" enquanto não decididas ações judiciais em curso perante a Justiça Federal e os Projetos de Decretos Legislativos que visavam a sustação do Decreto Presidencial, em exame no Congresso Nacional. Dentre os argumentos alegados pelos impetrantes mencionava-se a ausência da análise do Conselho de Defesa Nacional, por abarcar a medida questionada terras fronteiriças com a Venezuela e com a República Cooperativista da Guiana. O Supremo Tribunal Federal decidiu que a demarcação de terras indígenas por decreto presidencial, dada sua especificidade, prescinde de manifestação do Conselho de Defesa Nacional, ainda que a área se situe em faixa de fronteira.

Observe-se que consultas ao Conselho de Defesa Nacional não têm sido formuladas. O decreto de intervenção na segurança pública do Estado do Rio de Janeiro (Decreto n. 9.888, de 16.02.2018) não foi objeto de consulta prévia ao Conselho de Defesa Nacional. A consulta aconteceu dias depois da decretação. Tal fato foi, inclusive, objeto de Mandado de Segurança com pedido de cautelar (MS 35.537 MC/DF, Min. Relator Celso de Mello, j. 19.02.2018) impetrado pelo Deputado Federal Ivan Valente. À época, o Ministro Relator Celso de Mello negou a concessão de medida liminar por entender que tal procedimento não feriu o mandamento constitucional. Um dos argumentos sustentados pelo Supremo Tribunal Federal foi de que não haveria exigência constitucional de que a manifestação do Conselho de Defesa Nacional se faça *a priori*. Assim, concluiu que "a Constituição é clara ao tornar indispensável essa manifestação, que se mostra impregnada de conteúdo meramente opinativo, muito embora o texto constitucional não imponha que tal pronunciamento se faça, necessariamente, em momento que antecede a formal decretação da intervenção federal" (MS 35.537/DF).

O decreto de intervenção na segurança pública do Rio de Janeiro, embora sem consulta prévia aos Conselhos da República e de Defesa Nacional, foi aprovado nas respectivas casas, por expressiva maioria de votos.

7. Literatura selecionada

BONAVIDES, Paulo e PAES DE ANDRADE. *História Constitucional do Brasil*. 3ª ed. Rio de Janeiro: Paz e Terra, 1991; CANOTILHO, J. J. Gomes e VITAL MOREIRA. *Constituição da República Portuguesa Anotada*, Coimbra: Coimbra Editora Limitada. 1978; CANOTILHO, J. J. Gomes e MOREIRA, Vital. *Constituição da República Portuguesa*, 8ª ed. Coimbra: Coimbra Editora, 2005; CRETELLA JÚNIOR, José. *Comentários à Constituição de 1988*. V volume, 2ª ed. Rio de Janeiro: Forense Universitária, 1992; FERRAZ, Anna Candida da Cunha. *Conflito entre Poderes*: o Poder Congressual de sustar atos normativos do Poder Executivo. São Paulo: Editora Revista dos Tribunais, 1994; FERREIRA FILHO, Manoel Gonçalves. *Comentários à Constituição Brasileira de 1988*. Volume 2. São Paulo: Saraiva, 1992; GOUVEIA, Jorge Bacelar. *As Constituições dos Estados Lusófonos*. Lisboa: Aequitas – Editorial Notícias, 1993; MEIRELLES, Hely Lopes. *Direito Administrativo Brasileiro*. 21ª edição, atualizada por Eurico de Andrade Azevedo, Délcio Balesteiro Aleixo, José Emmanuel Burle Filho. São Paulo: Malheiros Editores, 1996; PINTO FERREIRA, Luís. *Comentários à Constituição Brasileira*. 2º Volume. São Paulo: Saraiva, 1989; PONTES DE MIRANDA, Francisco Cavalcanti. *Comentários à Constituição de 1967 com a Emenda Constitucional de 1969*. São Paulo: Editora Revista dos Tribunais, 1970/1972; PONTES DE MIRANDA, Francisco Cavalcanti. *Comentários à Constituição dos Estados Unidos do Brasil*. Rio de Janeiro: Ed. Guanabara, 1936; SILVA, José Afonso da. *Comentário Textual à Constituição*. São Paulo: Malheiros Editores Ltda., 2006; SILVA, José Afonso da. *Curso de Direito Constitucional Positivo*, 31ª ed. São Paulo: Malheiros Editores, 2008.

8. Comentários

8.1. A posição institucional do Conselho de Defesa Nacional

Tal como o Conselho da República, o Conselho de Defesa Nacional é órgão vinculado diretamente à Presidência da República. A Lei 9.649, de 17 de maio de 1998, regulamentada pelo Decreto 4.118, de 07/02/2002, que dispõe sobre a organização e a estrutura da Presidência da República, no art. 1º, inciso II, define a posição institucional do Colegiado que funciona "junto à Presidência da República, como órgão de consulta". O Conselho de Defesa Nacional tem uma Secretaria Geral. A função de Secretário Executivo é exercida pelo Chefe do Gabinete de Segurança Institucional da Presidência da República, conforme estabelece a Lei 10.683, de 20 de maio de 2003.

8.2. Natureza do Conselho de Defesa Nacional

O Conselho de Defesa Nacional, diferentemente do Conselho da República, é classificado pela norma em exame como "órgão de consulta" do Presidente da República, não se alçando à hierarquia de órgão "superior" de consulta como o primeiro. Na prática, não parece existir diferença marcante entre os dois Conselhos em razão dessa característica. É o que se deduz da legislação infraconstitucional que regulamenta esses órgãos.

8.3. A função-base do Conselho de Defesa Nacional

O Conselho é instituído como órgão de consulta do Presidente da República para os assuntos de **soberania nacional** e **defesa do Estado democrático**, conforme explicitado no *caput* do artigo. Estas são suas atribuições genéricas, vez que o desdobramento delas consta no § 1º do art. 91.

8.3.1. Assuntos relativos à soberania

A soberania nacional constitui um dos fundamentos da República Federativa do Brasil (art. 1º, inciso I, CF). Soberania, em seu sentido geral, diz respeito à independência externa (soberania em sentido político) e à autoridade jurídica suprema interna (soberania em sentido jurídico). O termo Soberania, empregado no art. 1º, segundo a doutrina, refere-se ao seu aspecto político (Ferreira Filho, Cretella Júnior). Assim, qualquer atentado ou ingerência em quaisquer assuntos internos do País, por atos externos, ou qualquer atentado ao território nacional por estados estrangeiros, constituem ofensa à soberania nacional. No *caput* do art. 91, a "soberania", como fundamento da atribuição genérica do Conselho de Defesa Nacional, deve ser compreendida em seus dois sentidos: político e jurídico. É o que resulta da inteligência dos desdobramentos da competência do Conselho, tratada no § 1º do artigo em exame.

8.3.2. A Defesa do Estado Democrático

A República Federativa do Brasil é constituída em Estado Democrático de Direito (art. 1º, CF). Daí decorre, no texto constitucional, o estabelecimento de vários institutos e instituições que visam à concretização da democracia formal, da democracia participativa e da ordem jurídica democrática interna: a separação de poderes, a dignidade da pessoa humana, a proteção dos direitos fundamentais, a participação do povo no poder, diretamente ou por meios de representantes etc. Assim, a defesa do Estado democrático visa, particularmente, a estabilidade e a intocabilidade dessas instituições.

8.4. A composição do Conselho de Defesa Nacional

8.4.1. Composição mista interórgãos e o princípio da separação de poderes

Tem este Conselho uma composição mista, que, todavia, difere da composição do Conselho da República. Integram-no membros do Executivo – que constituem a maioria – e membros (limitados) do Poder Legislativo; não há, neste colegiado, participação popular. Em razão dessa composição mista, também o Conselho de Defesa Nacional derroga o princípio da independência entre os poderes, ínsito na cláusula da separação dos poderes. A participação de membros do Poder Legislativo em órgão de consulta do Presidente da República constitui prática extraordinária e inusitada no presidencialismo brasileiro. A Constituição de 1988 abre, neste tópico, mais uma evidente exceção à cláusula de independência dos poderes.

8.4.2. Os membros do Poder Executivo

Integram o Conselho: o Vice-Presidente da República, os Ministros da Justiça, da Defesa, das Relações Exteriores, do Planejamento e os Comandantes da Marinha, do Exército e da Aeronáutica, na redação dada ao texto constitucional pela Emenda Constitucional n. 23, de 2 de setembro de 1999. O Vice-Presidente da República, substituto do Presidente em seus impedimentos, deve ter assento natural em qualquer Colegiado que trate de assuntos e negócios do Estado. Os ministros integrantes do Conselho são chefes dos Ministérios referentes às áreas mais intimamente ligadas à competência do Colegiado.

8.4.3. Os representantes do Poder Legislativo

No Conselho de Defesa Nacional apenas participam os Presidentes das Casas Legislativas, ou seja, o Presidente da Câmara dos Deputados e o Presidente do Senado Federal. Cabe fazer aqui anotação já apontada quando nos comentários ao Conselho da República. Os membros do Poder Legislativo opinarão e decidirão sobre a matéria de competência do Conselho, fixada na Constituição, em duas ocasiões: uma, quando solicitada, pelo Presidente da República, a manifestação prévia do Conselho de Defesa Nacional, por força do que dispõe o artigo em exame; outra, quando solicitada, ao Congresso Nacional, aprovação ou autorização para a efetivação das medidas em causa, por força da disposição constitucional expressa sobre as competências do Poder Legislativo (art. 49, IV). Essa dupla manifestação poderá suscitar conflitos entre poderes, dependendo da posição que os membros do Legislativo assumam. Daí, talvez, a inconveniência da participação consultiva de outros poderes na tomada de decisões de tão alto relevo. É certo que, se os membros do Legislativo opinarem, no Conselho, conforme a pretensão da Presidência, o caminho para a aprovação das medidas, no Legislativo, está certamente aplainado e a decisão do Presidente da República será reforçada com legitimidade maior. Se, todavia, a opinião dos membros do Poder Legislativo for contrária, enfrentará o Presidente um enorme desconforto para tomá-la, pois poderá ter sua pretensão derrubada no Congresso. Daí o cuidado que o Presidente da República certamente terá para levar questões relativas à defesa das instituições democráticas ao exame do Conselho de Defesa Nacional.

8.4.4. A composição aberta do Conselho

Os membros indicados pela Constituição constituem **membros natos** do Conselho, o que leva à conclusão de que a Constituição deixa em aberto a possibilidade de ampliação da composição desse Colegiado. Assim, o órgão poderá ter sua composição complementada por outros conselheiros, permanentes ou não, na forma da lei que o regulamenta. De se ressaltar, todavia, que não cabe a designação de **novos membros natos**. Os membros com essa qualificação devem se resumir àqueles que a Constituição define como tais. A Lei 8.183, de 11/04/1991, que regulamenta o Conselho de Defesa Nacional, em seu art. 2º, todavia, vai além do permissivo constitucional, porquanto acrescenta, ao rol de **membros natos**, dois Ministros de Estado: os Ministros da Fazenda e da Economia (art. 2º, IX); e, já de acordo com a interpretação do mandamento constitucional, permite, ao Presidente da República designar membros **eventuais** para as reuniões do Conselho de Defesa Nacional, conforme a matéria a ser apreciada (art. 2º, § 1º).

8.4.5. A participação no Conselho de brasileiros natos

O Conselho de Defesa Nacional, incluindo o Presidente da República, é composto, de acordo com o texto constitucional, de 11 (onze) integrantes. Com exceção de três – os Ministros da Justiça, do Planejamento e das Relações Exteriores – todos os demais são brasileiros natos, conforme estabelecido no art. 12, § 3º, CF. Observe-se que a Lei 8.183/91 inclui, no rol de integrantes do Conselho, os Ministros da Fazenda e da Economia, que também não estão sujeitos às disposições do art. 12, § 3º, CF. A participação de brasileiros natos em um Conselho com as características e as funções do Conselho de Defesa Nacional se justifica plenamente já que a defesa da soberania nacional e das instituições democráticas é assunto da mais alta relevância do Estado.

8.5. Efeitos e eficácia dos pronunciamentos do Conselho de Defesa Nacional

Tratando-se de órgão opinativo, as manifestações do Conselho de Defesa Nacional, tais como as do Conselho da República, não vinculam a decisão do Presidente da República. Cabe observar que há posições doutrinárias em contrário (Cretella Junior, *Comentários*). Por outro lado, a audiência prévia do Conselho de Defesa Nacional é obrigatória, tanto nos assuntos relativos à soberania nacional e à defesa do Estado Democrático – suas atribuições genéricas –, como nas atribuições especificadas no § 1º do art. 91, para o qual se remete o exame da matéria. Quanto às atribuições genéricas, considerando o amplo espectro de assuntos que a matéria envolve, a convocação do Conselho de Defesa Nacional fica por conta da discricionariedade do Chefe Supremo da República, salvo em casos flagrantes de desrespeito à soberania nacional ou à defesa do Estado Democrático, ou nos casos de enumeração taxativa constantes no § 1º do art. 91.

8.6. Competências específicas do Conselho de Defesa Nacional

8.6.1. Enumeração do rol de competências específicas do Conselho (art. 91, § 1º)

Contém o § 1º do art. 91 uma enumeração extensiva dos assuntos de competência do Conselho Nacional. Não obstante, este rol não esgota a ampla gama de matérias que podem envolver questões relativas à soberania nacional e à defesa do Estado democrático. Assim, ao contrário do que afirma parte da doutrina, parece que o rol de competências enumeradas no § 1º em exame, não é taxativo, admitindo-se que o Presidente da República convoque o Conselho para assuntos que não estejam precisamente enquadrados nas hipóteses constitucionais do § 1º do art. 91, mas que dizem respeito à soberania nacional e à defesa do Estado democrático. De outro lado, cabe mencionar que certas competências do Conselho de Defesa Nacional coincidem com as atribuídas ao Conselho da República, o que pode gerar colisão de manifestações que, "em situações de gravidade, é danosa para o bem público" (Ferreira Filho, *Comentários*, p. 184).

8.6.2. Declaração de guerra e celebração de paz (art. 91, § 1º, I)

Compete à União (art. 21, CF) declarar a guerra e celebrar a paz: essa competência da União é exercida mediante decreto do Presidente da República, no exercício de sua competência privativa (art. 84, XIX e XX, CF), e depende de autorização ou referendo do Congresso Nacional (arts. 49, II e 84, XIX e XX, CF). Antes de tomar qualquer iniciativa relativa às medidas citadas, deve o Presidente da República ouvir o Conselho de Defesa Nacional. Como se acentuou acima, as medidas em causa têm um *iter* previsto constitucionalmente: devem receber, sucessivamente, parecer prévio do Conselho de Defesa Nacional, são tomadas, num segundo momento, pelo Presidente da República e demandam, ao final, autorização ou referendo, conforme o caso, do Congresso Nacional.

8.6.3. Decretação do estado de defesa, do estado de sítio e da intervenção federal (art. 91, § 1º, II)

8.6.3.1. Estado de defesa e de sítio

O estado de defesa e o estado de sítio constituem medidas extraordinárias de defesa do Estado e das Instituições Democráticas e vêm disciplinados nos arts. 136 a 139 da Constituição. Ambos admitem, em razão do objetivo visado e diante de circunstâncias específicas, a adoção, pela Presidência da República, de medidas excepcionais de restrição de direitos fundamentais, sendo que as autorizadas no estado de sítio revestem-se de rigor maior. Pelo estado de defesa "busca-se preservar ou prontamente restabelecer, em locais restritos e determinados, a ordem e a paz social ameaçadas por grave e iminente instabilidade institucional ou atingidas por calamidades de grandes proporções" (art. 136, *caput*); a decretação do estado de sítio pressupõe comoção de grave repercussão nacional ou declaração de guerra ou resposta a agressão estrangeira (art. 137 e incisos da CF). A decretação dessas medidas envolve, como se depreende do texto constitucional mencionado, problemas de segurança interna, pelo que se justifica a audiência do Conselho de Defesa Nacional.

8.6.3.2. Intervenção federal

Trata-se de instituto que visa assegurar a integridade do Estado Federal e de suas entidades federadas contra ameaças e tendências de secessão ou de desagregação. A intervenção de que trata este artigo, consiste em um ato simples do Presidente da República, veiculado mediante decreto, e está prevista nos arts. 34 a 36, da Constituição Federal. Trata-se de instrumento que possibilita a interferência da União em entidades federadas dotadas de autonomia, nas hipóteses expressamente fixadas pela Constituição. A intervenção em entidades da federação, que implica restrição às respectivas autonomias, é matéria de crucial importância em um Estado Federal. Daí as cautelas de que a medida se reveste. Uma dessas cautelas é a sua submissão ao controle político do Congresso Nacional, ao qual compete aprová-la (art. 49, IV, CF e art. 36, II, III, IV, CF). Ao Conselho de Defesa Nacional compete opinar nas hipóteses em que o Presidente da República, utilizando seus poderes constitucionais, intentar decretar a intervenção em Estado-membro da Federação (art. 34), salvo nas previstas no art. 36, incisos I a IV, quando a medida de intervenção decorre de requisição ou decisão judicial (cf. artigos acima mencionados).

8.6.3.3. A duplicação de manifestação dos órgãos de consulta e suas consequências práticas

Observe-se que, como acentuado, sobre estas medidas excepcionais, deve ser ouvido, também, o Conselho da República (art. 90, I), o que, na prática, significa que a tramitação de tais medidas tem *iter* complicado, que pode gerar provável colisão de opiniões e conflito de manifestações, já que demandam audiência prévia do Conselho da República (art. 90, I, CF), do Conselho de Defesa Nacional (§ 1º, do art. 91, em exame), decreto do Presidente da República (art. 84, IX e X, CF) e aprovação ou autorização do Congresso Nacional (art. 49, IV, CF).

8.6.4. Áreas indispensáveis à segurança do território nacional (art. 91, § 1º, III)

Segundo dispõe este inciso, cabe ao Conselho de Defesa Nacional propor critérios e opinar sobre o efetivo uso e as condições de utilização dessas áreas. Assegurar a defesa nacional (art. 21, III, CF) e legislar sobre assuntos relativos tais como: a defesa territorial, a defesa aeroespacial, a defesa marítima (art. 22, XXVIII) é competência da União. Pelo que estabelece o texto constitucional, deve o Conselho de Defesa Nacional propor critérios a respeito da utilização das áreas indispensáveis à segurança do território nacional e apresentá-los ao Presidente da República, **antes** da elaboração da Lei em causa. Embora não seja matéria cuja iniciativa seja de competência privativa do Presidente da República (art. 61, CF), o fato é que, em se tratando de matéria governamental, parece lógico que dele deve ser o projeto de lei que discipline o assunto. Se o projeto de lei tiver origem no Executivo, a consulta ao Conselho de Defesa Nacional deverá ser feita antes da sua elaboração e de sua remessa ao Congresso Nacional, já que a audiência desse órgão de consulta é necessariamente prévia. Considerando a expressa disposição do inciso, embora omissa a Constituição a respeito, é de se entender que o Congresso Nacional não pode tomar a iniciativa de projetos de leis concernente a esta matéria.

8.6.5. Faixa de fronteira (art. 91, § 1º, III)

Refere-se a Constituição, quando trata dos bens da União (art. 20), a terras de fronteira em dois dispositivos: no inciso II, em que determina serem bens da União as terras devolutas indispensáveis à defesa das fronteiras e outras finalidades; e no § 2º do art. 20, ao definir a faixa de fronteira, considerada fundamental para a defesa do território nacional, razão pela qual a sua ocupação e utilização serão reguladas em lei. O inciso III do art. 91, em exame, remete-se especialmente à faixa de fronteira, tal como referido no § 2º do art. 20. A faixa de fronteira, que "compreende porção de terra de até cento e cinquenta quilômetros de largura, ao longo das fronteiras terrestres", tem a sua ocupação e utilização reguladas em lei. Ocorre, neste caso, a mesma hipótese acima referida: cabe ao Conselho de Defesa Nacional propor os critérios e as condições de utilização desse espaço territorial. Se, todavia, o Chefe do Executivo elaborar projeto de lei a esse respeito, deverá antes de encaminhá-lo, ouvir o Conselho de Defesa Nacional. Não cabe, também nessa hipótese, iniciativa de regulação da ocupação e da utilização de terras na faixa de fronteira pelo Congresso Nacional.

8.6.6. Preservação e exploração dos recursos naturais de qualquer tipo nas áreas indispensáveis à segurança do território nacional (art. 91, § 1º, III)

O art. 20 da Constituição estabelece os recursos naturais que integram os bens da União, definindo-os nos incisos II, V, VIII, IX, X e § 1º. Compete ao Conselho de Defesa Nacional propor critérios e condições de utilização para a preservação e a exploração de recursos naturais de qualquer tipo, localizados nas áreas indispensáveis à segurança nacional. Ocorre, no caso, a mesma hipótese citada nos comentários anteriores.

8.7. Independência nacional e Estado democrático (art. 91, § 1º, IV)

8.7.1. Independência nacional

Segundo dispõe o inciso IV em exame, cabe ao Conselho de Defesa Nacional "estudar, propor e acompanhar o desenvolvimento de iniciativas necessárias a garantir a independência nacional". A independência nacional constitui uma das faces da soberania nacional, fundamento do Estado brasileiro, pelo que, como observam Canotilho e Vital Moreira (*Constituição da República Portuguesa Anotada*, p. 42), mesmo no silêncio da Constituição este princípio vincularia o Estado. Dos estudos e do acompanhamento realizados pelo Conselho de Defesa Nacional, determina o texto, deverão surgir propostas de medidas necessárias para garantir a independência nacional. É esta uma função que o Conselho de Defesa Nacional deve exercer permanente e constantemente. Tais medidas deverão ser propostas ao Presidente da República, vez que o Conselho de Defesa Nacional é órgão que o assessora com relação aos assuntos tratados no art. 91. Não é raro, todavia, que o Chefe do Poder Executivo tome a dianteira e discipline matérias relacionadas ao assunto, como ocorreu recentemente, ao estabelecer o Plano Estratégico de Defesa Nacional. Nessa hipótese, cabe-lhe remeter o Plano ao Conselho de Defesa Nacional, antes de adotá-lo definitivamente, como aliás foi feito segundo noticiaram os jornais.

8.7.2. Estado democrático

O mesmo rol de providências e iniciativas deve ser tomado pelo Conselho de Defesa Nacional com vistas à defesa do Estado democrático, assegurado no Brasil pelo art. 1º. Trata-se de uma atuação permanente do Conselho de Defesa Nacional, como se infere do dispositivo constitucional em exame. A expressão "estado democrático", várias vezes utilizadas no texto constitucional, alcança, como mencionado (item 8.3.2), todas as instituições democráticas voltadas para a realização da democracia formal e substancial no País. Assim, ao Conselho de Defesa Nacional cabe estudar e propor iniciativas que visem o desenvolvimento e a garantia dessas instituições democráticas. As propostas do Conselho de Defesa Nacional deverão ser encaminhadas ao Presidente da República que, se com elas concordar, deverá tomar as providências necessárias para tal finalidade. Para exemplo, em 2001 foi o Conselho de Defesa Nacional convocado para discutir a crise internacional aberta com os atentados terroristas de 11 de setembro de 2001, ocorridos nos Estados Unidos, matéria que se poderia considerar, em largos termos, incluída no inciso IV do § 1º em exame. Não tem sido usualmente consultado, todavia, o Conselho de Defesa Nacional.

CAPÍTULO III
DO PODER JUDICIÁRIO

SEÇÃO I
DISPOSIÇÕES GERAIS

Art. 92. São órgãos do Poder Judiciário:

I – o Supremo Tribunal Federal;

I-A – o Conselho Nacional de Justiça;

II – o Superior Tribunal de Justiça;

II-A – o Tribunal Superior do Trabalho;

III – os Tribunais Regionais Federais e Juízes Federais;

IV – os Tribunais e Juízes do Trabalho;

V – os Tribunais e Juízes Eleitorais;
VI – os Tribunais e Juízes Militares;
VII – os Tribunais e Juízes dos Estados e do Distrito Federal e Territórios.

§ 1º O Supremo Tribunal Federal, o Conselho Nacional de Justiça e os Tribunais Superiores têm sede na Capital Federal.

§ 2º O Supremo Tribunal Federal e os Tribunais Superiores têm jurisdição em todo o território nacional.

Gilmar Ferreira Mendes
Lenio Luiz Streck[1]

A – REFERÊNCIAS

1. Histórico da norma

Texto original da CF/88, com os acréscimos da EC n. 45/2004 (inciso I-A do art. 92), que criou o Conselho Nacional de Justiça e o introduziu na estrutura orgânica do Poder Judiciário, e da EC n. 92/2016 (inciso II-A), que expressamente mencionou o Tribunal Superior do Trabalho.

2. Constituições anteriores

Constituição de 1824, arts. 151 e 163; Constituição de 1891, art. 55; Constituição de 1934, arts. 63 e 73; Constituição de 1937, arts. 90 e 97; Constituição de 1946, arts. 94 e 98; Constituição de 1967, arts. 112 e 118; Constituição de 1969, arts. 112 e 118.

3. Dispositivos constitucionais relacionados

Poder Judiciário, arts. 101 e segs.; Conselho Nacional de Justiça, art. 103-B; Superior Tribunal de Justiça, arts. 104 e 105; Tribunais Regionais Federais e Juízes Federais, arts. 106 a 110; Tribunais e Juízes do Trabalho, arts. 111 a 117; Tribunais e Juízes Eleitorais, arts. 118 a 121; Tribunais e Juízes Militares, arts. 122 a 124; Tribunais e Juízes dos Estados e do Distrito Federal e Territórios, arts. 125 e 126.

4. Legislação

Lei Complementar n. 35, de 14 de março de 1979, que dispõe sobre a Lei Orgânica da Magistratura Nacional. Lei n. 9.099, de 26 de setembro de 1995, que dispõe sobre os Juizados Especiais Cíveis e Criminais e dá outras providências. Lei n. 10.259, de 12 de julho de 2001, que dispõe sobre a instituição dos Juizados Especiais Cíveis e Criminais no âmbito da Justiça Federal.

5. Jurisprudência

ADI 3.367/DF, Rel. Min. Cezar Peluso, *DJ* 17.3.2006.

6. Seleção de literatura

BASTOS, Celso Ribeiro; MARTINS, Ives Gandra. *Comentários à Constituição do Brasil*. v. 4. t. III. 2ª ed. São Paulo: Saraiva, 2000. FERREIRA FILHO, Manoel Gonçalves. *Comentários à Constituição Brasileira de 1988*. v. 1. 3ª ed. São Paulo: Saraiva, 2000. FIX-ZAMUDIO, Héctor; VALENCIA CARMONA, Salvador. *Derecho Constitucional Mexicano y Comparado*. México: Porrúa, 2007. FIX-ZAMUDIO, Héctor. *El Consejo de la Judicatura*. México: UNAM, 1996. MENDES, Gilmar Ferreira. A evolução do controle de constitucionalidade no direito brasileiro. In *Direitos fundamentais e controle de constitucionalidade*. 3ª ed. São Paulo: Saraiva, 2004. PINTO FERREIRA, Luís. *Comentários à Constituição Brasileira*. v. 4. São Paulo: Saraiva, 1992. SILVA, José Afonso da. *Comentário Contextual à Constituição*. 2ª ed. São Paulo: Malheiros, 2006. HESSE, Konrad. *Elementos de direito constitucional da República Federal da Alemanha*. 2ª ed. Porto Alegre: Sérgio A. Fabris, Editor, 1998. SILVA, José Afonso da. *Comentário Contextual à Constituição*. 4ª ed. São Paulo: Malheiros, 2007. TAVARES, André Ramos. *Constituição do Brasil Integrada*. 2ª ed. São Paulo: Saraiva, 2007.

B – COMENTÁRIOS

I. O estabelecimento do Judiciário enquanto poder autônomo é resultado de um longo processo de transformações na ordem constitucional brasileira.

O art. 151 da Carta Imperial de 1824 previu o chamado "Poder Judicial" enquanto um poder independente. Em que pese essa previsão formal, tal autonomia não se desenvolvia numa dimensão real. Os magistrados eram nomeados pelo Imperador (art. 102, inciso III) e poderiam também por ele ser suspensos (arts. 101, inciso VII, e 154). O então Supremo Tribunal de Justiça, previsto no art. 163, apresentava estreito rol de competências, não detendo a atribuição de reformar as decisões dos Tribunais da Relação, sediados nas províncias. Também não havia de se cogitar de um controle de constitucionalidade das normas já que o art. 15, inciso VII, do texto constitucional conferia à Assembleia Geral a atribuição de não apenas elaborar as leis, mas também de interpretá-las, suspendê-las e revogá-las.

Contornos mais definitivos de autonomia do Poder Judiciário só vieram a ser previstos na Constituição republicana de 1891. Nesse texto, foram consignadas expressamente as garantias de vitaliciedade e irredutibilidade dos vencimentos (art. 57, *caput* e § 1º), afastando-se o poder antes conferido ao Imperador de suspender sumariamente os magistrados. O art. 59, na sua redação original, confiou pela primeira vez ao Supremo Tribunal Federal a competência para julgar o Presidente da República e os Ministros de Estado nos crimes comuns, prevendo-se também que o julgamento dos membros do STF nos crimes de responsabilidade passaria a ser do Senado Federal (art. 57, § 2º). Os presidentes dos tribunais passaram a ser eleitos pelos próprios juízes dos Tribunais (art. 58), tendo sido instituídas as Justiças Federal e Estadual.

A Constituição de 1891, incorporando as disposições do Decreto n. 848/1890, reconheceu a competência do Supremo Tribunal Federal para rever as sentenças das Justiças dos Estados, em última instância, quando se questionasse a validade ou a apli-

---
[1]. O comentário contou com a colaboração de André Rufino do Vale.

cação de tratados e leis federais e a decisão do Tribunal fosse contra ela, ou quando se contestasse a validade de leis ou de atos dos governos locais, em face da Constituição ou das leis federais, e a decisão do Tribunal considerasse válidos esses atos ou leis impugnadas (art. 59, § 1º, "a" e "b"). Assim, não havia mais dúvida quanto ao poder outorgado aos órgãos jurisdicionais para exercer o controle de constitucionalidade.

A Constituição de 1934, a seu turno, imprimiu mudanças significativas na estrutura do Judiciário. Foi expressamente consignada nesse texto a garantia de inamovibilidade dos juízes (art. 64, "b"). Foram previstos também alguns impedimentos aos magistrados, como a proibição de se exercer qualquer outra função pública, salvo a de magistério e os outros casos previstos na CF (art. 65), a impossibilidade de exercício de atividade político-partidária (art. 66) e a impossibilidade de se conhecer questões exclusivamente políticas (art. 68). O art. 67, alínea "a", garantiu a capacidade de auto-organização dos Tribunais, atribuindo a estes a competência de elaboração dos seus regimentos internos e a possibilidade de se propor ao Poder Legislativo a criação ou supressão de empregos e a fixação dos vencimentos respectivos. Também foram previstas, pela primeira vez, as Justiças Eleitoral e Militar (art. 63) e do Trabalho (art. 139) enquanto estruturas independentes. Os arts. 78 e 79 delegaram à legislação ordinária a criação de Tribunais Federais. Previu-se ainda que a nomeação dos membros da Suprema Corte pelo Presidente da República deveria ser precedida de aprovação do Senado Federal (art. 74). O julgamento dos crimes de responsabilidade do Presidente da República, dos Ministros da Suprema Corte e dos Ministros de Estados, quando conexos com os do Chefe do Executivo, ficou a cargo do recém-criado Tribunal Especial (art. 58, § 7º), composto por juízes, membros da Suprema Corte, senadores e deputados.

O texto constitucional de 1934 também introduziu profundas e significativas alterações no nosso sistema de controle de constitucionalidade. A par de manter, no art. 76, III, "b" e "c", as disposições contidas na Constituição de 1891, o constituinte determinou que a declaração de inconstitucionalidade somente poderia ser realizada pela maioria da totalidade de membros dos tribunais. Por outro lado, a Constituição consagrava a competência do Senado Federal para "suspender a execução, no todo ou em parte, de qualquer lei ou ato, deliberação ou regulamento, quando hajam sido declarados inconstitucionais pelo Poder Judiciário", emprestando efeito *erga omnes* à decisão proferida pelo Supremo Tribunal Federal (arts. 91, IV, e 96). Talvez a mais fecunda e inovadora alteração introduzida pelo Texto Magno de 1934 se refira à "declaração de inconstitucionalidade para evitar a intervenção federal", tal como a denominou Bandeira de Mello, isto é, a representação interventiva, confiada ao Procurador-Geral da República, nas hipóteses de ofensa aos princípios consagrados no art. 7º, I, "a" a "h", da Constituição.

A Carta de 1937 trouxe inequívocos retrocessos. Veja-se o que ocorreu no sistema de controle de constitucionalidade. Embora não tenha introduzido qualquer modificação no modelo difuso de controle (art. 101, III, "b" e "c"), preservando, inclusive, a exigência de quórum especial para a declaração de inconstitucionalidade (art. 96), o constituinte rompeu com a tradição jurídica brasileira, consagrando, no art. 96, parágrafo único, princípio segundo o qual, no caso de ser declarada a inconstitucionalidade de uma lei que, a juízo do Presidente da República, fosse necessária ao bem-estar do povo, à promoção ou defesa de interesse nacional de alta monta, poderia o Chefe do Executivo submetê-la novamente ao Parlamento. Confirmada a validade da lei por 2/3 de votos em cada uma das Câmaras, tornava-se insubsistente a decisão do Tribunal. Cuidava-se da chamada cláusula não obstante. Como sabemos, o Parlamento nunca foi instalado no Estado Novo, e a regra transitória do art. 180 da Carta de 1937 tornou-se permanente, habilitando o Presidente a expedir decretos-leis sobre as matérias de competência do Legislativo. Era assim que, por decreto-lei, se cassava um acórdão do Supremo Tribunal Federal (MENDES, Gilmar Ferreira. *Direitos Fundamentais e Controle de Constitucionalidade*, cit., p. 195-196).

A Constituição de 1946 restaurou o espírito republicano previsto na Carta de 1891 e as conquistas de autonomia do Poder Judiciário previstas na CF/34. Nesse sentido, foi devolvida ao Supremo Tribunal Federal a competência para julgamento do Chefe do Executivo nos crimes comuns (art. 101, "a"). A aprovação da nomeação dos ministros do STF também voltou a ser atribuição do Senado Federal (art. 99). O texto constitucional conferiu especial tratamento à Justiça Eleitoral, tendo sido definidas de forma mais pormenorizada sua composição (art. 112) e competências (art. 119).

O Texto Magno de 1946 restaurou a tradição do controle judicial no Direito brasileiro. A par da competência de julgar os recursos ordinários (art. 101, II, "a", "b" e "c"), disciplinou-se a apreciação dos recursos extraordinários: "a) quando a decisão for contrária a dispositivo desta Constituição ou à letra de tratado ou lei federal; b) quando se questionar sobre a validade de lei federal em face desta Constituição, e a decisão recorrida negar aplicação à lei impugnada; e c) quando se contestar a validade de lei ou ato de governo local em face desta Constituição ou de lei federal, e a decisão recorrida julgar válida a lei ou o ato". Preservou-se a exigência da maioria absoluta dos membros do Tribunal para a eficácia da decisão declaratória de inconstitucionalidade (art. 200). Manteve-se, também, a atribuição do Senado Federal para suspender a execução da lei declarada inconstitucional pelo Supremo Tribunal (art. 64), prevista, inicialmente, na Constituição de 1934.

Também é fundamental destacar que, ainda no contexto da ordem constitucional instaurada em 1946, a Emenda n. 16, de 26-11-1965, instituiu, ao lado da representação interventiva, e nos mesmos moldes, o controle abstrato de normas estaduais e federais[2].

A Constituição de 1967, com as alterações da EC n. 01/69, previu algumas modificações esparsas na estrutura do Poder Judiciário. A Carta alterou a composição do Tribunal Federal de Recursos (art. 116), do Tribunal Superior Eleitoral (art. 124) e dos Tribunais Regionais Eleitorais (126). Houve também um empoderamento do Tribunal Superior do Trabalho, cujas decisões passaram a ser impugnáveis somente perante o STF (art. 135). A Constituição de 1967 não trouxe grandes inovações ao sistema de controle de constitucionalidade. Manteve-se incólume o controle difuso. A ação direta de inconstitucionalidade subsistiu, tal como prevista na Constituição de 1946, com a Emenda n. 16/65.

---

2. A reforma realizada, fruto dos estudos desenvolvidos na Comissão composta por Orozimbo Nonato, Prado Kelly (relator), Dario de Almeida Magalhães, Frederico Marques e Colombo de Souza, visava imprimir novos rumos à estrutura do Poder Judiciário.

Mudanças mais significativas na conformação do Judiciário durante o período Militar foram realizadas no bojo da Emenda Constitucional n. 7/77, o chamado pacote de Abril. Dentre as mudanças realizadas pela Emenda, destaca-se a previsão de regras de promoção de magistrados ainda hoje presentes em nosso texto constitucional, como a que garante a promoção do juiz que figurar pela quinta vez consecutiva em lista de merecimento do Tribunal (art. 144, "a"). Previu-se também que a remoção ou disponibilidade de magistrados somente poderia ocorrer por motivo de interesse público, em escrutínio secreto e pelo voto de dois terços dos membros efetivos do Tribunal ao qual pertence (art. 133, § 3º), fórmula que conferiu maior segurança jurídica à regra de inamovibilidade. Também merece destaque a criação do Conselho Nacional da Magistratura, que exercia função correcional, detendo competência para conhecer de reclamações contra membros de tribunais, podendo determinar a aposentadoria destes, nos termos da Lei Orgânica da Magistratura Nacional (arts. 112, II, e 120).

Em matéria de controle de constitucionalidade, a Emenda n. 7/77 introduziu, ao lado da representação de inconstitucionalidade, a representação para fins de interpretação de lei ou ato normativo federal ou estadual, outorgando ao Procurador-Geral da República a legitimidade para provocar o pronunciamento do Supremo Tribunal Federal (art. 119, I, "e").

A Constituição de 1988 imprimiu mudanças significativas na conformação do Poder Judiciário que havia sido delineada na ordem constitucional anterior. Extinguiu-se o Conselho Nacional da Magistratura, embora não houvesse sido previsto em seu lugar nenhuma outra estrutura que concentrasse o exercício da função correcional dos juízes. Também foi extinto o Tribunal Federal de Recursos, cujas atribuições foram em grande parte transpostas para o Superior Tribunal de Justiça (art. 105). Outra inovação de destaque foi a previsão dos 5 (cinco) Tribunais Regionais Federais enquanto órgãos de segunda instância da Justiça Federal (art. 92, inciso III, da CF/88 e art. 27, § 6º, do ADCT).

II. A Constituição de 1988 confiou ao Judiciário papel até então não outorgado por nenhuma outra Constituição. Conferiu-se autonomia institucional, desconhecida na história de nosso modelo constitucional e que se revela, igualmente, singular ou digna de destaque também no plano do direito comparado. Buscou-se garantir a autonomia administrativa e financeira do Poder Judiciário. Assegurou-se a autonomia funcional dos magistrados.

O princípio da proteção judicial efetiva configura pedra angular do sistema de proteção dos direitos fundamentais. Conceberam-se novas garantias judiciais de proteção da ordem constitucional objetiva e do sistema de direitos subjetivos, a exemplo da ação direta de inconstitucionalidade, da ação declaratória de constitucionalidade, da ação direta de inconstitucionalidade por omissão, do mandado de injunção, do *habeas data* e do mandado de segurança coletivo. A ação civil pública ganhou dimensão constitucional. A ação popular teve seu âmbito de proteção alargado.

A ampliação desses mecanismos de proteção tem influenciado a concepção de um modelo de organização do Judiciário. Daí exigir-se, por exemplo, que se adote, em alguns casos, o recurso ordinário para os Tribunais Superiores, como ocorre com as decisões denegatórias de *habeas corpus*, mandado de segurança ou *habeas data*. Ou, ainda, que se amplie a prestação jurisdicional tendo em vista determinados tipos de causas (juizados especiais para causas de menor complexidade e para os crimes de menor potencial ofensivo).

O modelo presente, no entanto, consagra o livre acesso ao Judiciário. Os princípios da proteção judicial efetiva (art. 5º, XXXV), do juiz natural (art. 5º, XXXVII e LIII) e do devido processo legal (art. 5º, LV) têm influência decisiva no processo organizatório da Justiça, especialmente no que concerne às garantias da magistratura e à estruturação independente dos órgãos.

Destaca-se que, diferentemente do Legislativo e do Executivo, que se encontram em relação de certo entrelaçamento, o Poder Judiciário, ou a Jurisdição, é aquele que de forma mais inequívoca se singulariza com referência aos demais Poderes. Konrad Hesse (HESSE, 1998, p. 411) observa que não é o fato de o Judiciário aplicar o Direito que o distingue, uma vez que se cuida de atividade que, de forma mais ou menos intensa, é exercida, também, pelos demais órgãos estatais, especialmente pelos da Administração. O que caracterizaria a atividade jurisdicional é a prolação de decisão autônoma, de forma autorizada e, por isso, vinculante, em casos de direitos contestados ou lesados.

A atuação independente e eficaz do Poder Judiciário, no entanto, tem sido obstada por limitações inerentes à sua estrutura administrativa. De fato, o crescente número de demandas e o aumento do tempo médio de tramitação dos processos indicam um quadro de deficiências que comprometem a efetividade da prestação jurisdicional.

Nesse cenário, o desenvolvimento de métodos alternativos de resolução de conflitos se afigura fundamental, senão imprescindível, para conter a litigiosidade social e desburocratizar o sistema. A valorização de institutos de mediação, conciliação e arbitragem passa a se mostrar prioritária, devendo a judicialização ser cada vez mais tratada como uma *ultima ratio* da solução de litígios.

Essas formas alternativas, a propósito, já vêm sendo bastante desenvolvidas na experiência comparada. No direito alemão, por exemplo, destacam-se iniciativas de instituições financeiras e de seguradoras que mantêm estruturas de *Ombudsmann* incumbidas de solver conflitos consumeristas. Trata-se de uma via interessante para evitar a provocação do Judiciário em lides de massa que podem ser solucionadas na via negocial.

No Brasil, o Conselho Nacional de Justiça (CNJ) tem incluído iniciativas conciliativas na pauta da Política Judiciária Nacional desde 2010, priorizando a formação e o desenvolvimento dos Núcleos Permanentes de Métodos Consensuais de Solução de Conflitos. Nesse âmbito, o Conselho tem fomentado a realização de sessões de conciliação e mediação que ajudam a aligeirar os processos e a desobstruir o acesso ao Judiciário.

Além dessas reformas judiciárias, ganham destaque soluções endógenas concebidas no âmbito da Administração para prevenir o ajuizamento de demandas em face do Poder Público. Cite-se como exemplo a Câmara de Conciliação e Arbitragem da Administração Federal (CCAF) da Advocacia-Geral da União (AGU), que desde 2007 vem desenvolvendo procedimentos conciliatórios com o objetivo de resolver conflitos entre entes da Administração Pública Federal e entre esses entes e a Administração Pública dos Estados, Municípios e DF.

A valorização desses mecanismos autocompositivos também pode ser sentida em alterações legislativas recentes. Nesse sentido, a Lei n. 13.129/15 ampliou significativamente o âmbito de aplicação da arbitragem, deixando claro que a Administração Direta e Indireta poderá dela se utilizar para dirimir conflitos relativos a direitos patrimoniais disponíveis. Com as transformações desse diploma legal, a instituição da arbitragem também passou a interromper a prescrição, que retroagirá à data de requerimento, mesmo quando a ausência de jurisdição extinguir o procedimento. Outra inovação relevante diz respeito à definição de regras de processamento da carta arbitral, instrumento de que se vale o árbitro para solicitar a um órgão jurisdicional o cumprimento ou a prática de determinado ato. Merece relevo ainda a previsão de tutelas cautelares de urgência, que poderão ser requeridas ao Judiciário antes mesmo de instituída a arbitragem.

Na mesma perspectiva, a legislação processual tem sido reformada para estimular formas de conciliação e mediação. É a partir dessas referências que se deve refletir sobre as possibilidades de concretização do direito constitucional de livre acesso ao Poder Judiciário.

III. O art. 92 define a estrutura do Poder Judiciário no Brasil, e, em mais de uma oportunidade, a jurisprudência do Supremo Tribunal Federal pôde assentar o seu caráter exaustivo. Essa inteligência conduziu a Corte: (i) a não reconhecer as turmas recursais (dos juizados especiais) entre os órgãos do Poder Judiciário (RE 590.409, Rel. Min. Ricardo Lewandowski, j. 26-08-2009, *DJe* 29-10-2009); (ii) a não estender as regras de organização do Poder Judiciário (por exemplo, a eleição da mesa diretora dos tribunais) a órgãos não listados no referido dispositivo (como é o caso dos Tribunais de Contas dos Estados) (ADI 5692/CE, Rel. Min. Rosa Weber, j. 16-11-2021, *DJe* 13-12-2021).

A organização judiciária tem em sua cúpula o Supremo Tribunal Federal, que exerce as funções de Corte Constitucional e de órgão máximo do Poder Judiciário nacional. Logo abaixo, nessa estrutura judiciária hierarquizada, existem os Tribunais Superiores: Superior Tribunal de Justiça (STJ), Tribunal Superior Eleitoral (TSE), Superior Tribunal Militar (STM), Tribunal Superior do Trabalho (TST). Ao Superior Tribunal de Justiça, criado pela Constituição de 1988, compete a função jurisdicional quanto à aplicação do direito objetivo federal. Os demais Tribunais Superiores funcionam como instâncias recursais superiores dos Tribunais e Juízes Eleitorais, Militares e do Trabalho. O Supremo Tribunal Federal e os Tribunais Superiores têm jurisdição em todo território nacional.

A jurisdição brasileira, assim, também está dividida em Justiça Comum e Justiças Especiais. A Justiça Comum compreende as Justiças dos Estados (Tribunais e Juízes dos Estados e do Distrito Federal e Territórios) e a Justiça Federal (Tribunais Regionais Federais e Juízes Federais), cuja instância recursal superior é o Superior Tribunal de Justiça. As Justiças Especiais compreendem as Justiças Eleitoral (Tribunais e Juízes Eleitorais), Militar (Tribunais e Juízes Militares) e do Trabalho (Tribunais e Juízes do Trabalho).

Estão inseridos, igualmente, na estrutura do Poder Judiciário, os juizados especiais, no âmbito das Justiças Estaduais ou da Justiça Federal, compostos por juízes togados ou leigos, competentes para a conciliação, o julgamento e a execução de causas cíveis de menor complexidade e infrações penais de menor potencial ofensivo, mediante procedimentos oral e sumaríssimo, permitidos, nas hipóteses previstas em lei, a transação e o julgamento de recursos por turmas de juízes de primeiro grau, as denominadas Turmas Recursais (art. 98, inciso I).

A estrutura federativa brasileira reflete-se na organização do Poder Judiciário, especificamente na divisão entre Justiça Estadual e Justiça Federal. A Constituição de 1988, seguindo modelo construído desde a adoção, em 1891, do sistema federativo de origem norte-americana, repartiu competências jurisdicionais entre a União e os Estados, reservando, por critério temático, certas competências à Justiça Federal (art. 109). Não obstante, é importante ressaltar que, conforme o entendimento consolidado e também já perfilhado pelo Supremo Tribunal Federal (ADI n. 3.367/DF, Rel. Min. Cezar Peluso, *DJ* 17.3.2006), o Poder Judiciário não é federal, nem estadual, mas um Poder de âmbito nacional, como bem esclarecido pelo seguinte trecho do voto do Ministro Cezar Peluso: "(...) O pacto federativo não se desenha nem expressa, em relação ao Poder Judiciário, de forma normativa idêntica à que atua sobre os demais Poderes da República. Porque a Jurisdição, enquanto manifestação da unidade do poder soberano do Estado, tampouco pode deixar de ser una e indivisível, é doutrina assente que o Poder Judiciário tem caráter nacional, não existindo, senão por metáforas e metonímias, 'Judiciários estaduais' ao lado de um 'Judiciário federal'. A divisão da estrutura judiciária brasileira, sob tradicional, mas equívoca denominação, em Justiças, é só o resultado da repartição racional do trabalho da mesma natureza entre distintos órgãos jurisdicionais. O fenômeno é corriqueiro, de distribuição de competências pela malha de órgãos especializados, que, não obstante portadores de esferas próprias de atribuições jurisdicionais e administrativas, integram um único e mesmo Poder. Nesse sentido fala-se em Justiça Federal e Estadual, tal como se fala em Justiça Comum, Militar, Trabalhista, Eleitoral, etc., sem que com essa nomenclatura ambígua se enganem hoje os operadores jurídicos".

IV. Em relação à redação original de 1988, a inovação no dispositivo do art. 92 está na criação, pela Emenda Constitucional n. 45/2004, do Conselho Nacional de Justiça, órgão cuja especificação consta do art. 103-B, do texto constitucional. Apesar de não exercer qualquer função jurisdicional, o Conselho Nacional de Justiça foi inserido na estrutura do Poder Judiciário brasileiro. Compete ao Conselho Nacional de Justiça controlar a atuação administrativa e financeira do Poder Judiciário e do cumprimento dos deveres funcionais dos juízes.

A título de ilustração, ressalte-se que existem dois grandes sistemas de governo e de administração de tribunais: 1) o de caráter anglo-americano ou do *common law*, baseado em um critério de independência e autonomia dos organismos judiciais, cujo governo e administração fica a cargo dos órgãos judiciais de maior hierarquia; e 2) o de caráter europeu-continental, em que as competências de seleção, nomeação e fiscalização de magistrados são atribuídas a um órgão do Poder Executivo, geralmente os Ministérios de Justiça. Resulta, assim, explicável, o fato de que os Conselhos de Magistratura foram instituídos e desenvolveram-se, principalmente na segunda metade do século XX, em países europeus, com o intuito primordial de limitar as competências tradicionais dos Ministérios da Justiça, as quais funcionavam como mecanismos de interferência do Poder Executivo no Poder Judiciário. Assim é que surgiram o Conselho Superior da Magistratura na França, criado pela Constituição de 1946 e posteriormente modificado pela Constituição de 1958; o Conselho Superior da Magistratura da Itália, instituído por meio da Constituição de 1948; o Conselho Superior da Magistratura de Portugal, criado pelo art. 223 da Constituição de 1976 (atual art. 218) e o "Consejo General del Poder Judicial" da Espanha, estabelecido pela Constituição de 1978. Esses organismos, destinados a asse-

Comentários à Constituição do Brasil

gurar o "autogoverno da magistratura", também foram criados em outros países da Europa continental: Grécia (Constituição de 1975); Bulgária (Constituição de 1991); Romênia (Constituição de 1991) (FIX-ZAMUDIO; 2007, p. 947-1005).

Na América Latina, a maioria dos países adotou sistemas de caráter misto, de influência anglo-americana e europeia, criando os hoje denominados "Consejos de Magistratura ou de Judicatura". Baseados principalmente no modelo espanhol do "Consejo General del Poder Judicial" da Espanha, diversos países da região já introduziram em suas Constituições organismos de governo e administração dos tribunais: Argentina (1853, reforma de 1994, art. 114); Bolívia (1967, reforma de 1994, arts. 122 e 123); Colômbia (1991, arts. 254-257); Equador (1978, reforma de 1992, arts. 99-100 e, posteriormente, arts. 124-125); El Salvador (1983, reforma de outubro de 1991, art. 87); México (1917, reformas de 1994 e 1996, arts. 99-100); Paraguai (1992, arts. 162-264); Peru (1993, arts. 150-157) e Venezuela (1961, art. 217).

O quadro acima descrito revela a ampla disseminação dos organismos de governo e administração dos tribunais, como garantidores da independência judicial. Não obstante a diversidade de modelos de organização adotados em cada país, é possível encontrar um denominador comum, por meio do qual se podem caracterizar os Conselhos de Magistratura como órgãos colegiados, de composição plural, integrados na estrutura do Poder Judiciário, que têm como função exercer a administração dos órgãos jurisdicionais, assegurando sua autonomia e independência.

A evolução dos Conselhos de Magistratura é dinâmica na realidade atual, de modo que são comuns as reformas destinadas ao aperfeiçoamento de suas funções. Apesar das deficiências que ainda podem ser observadas em cada modelo, é certo que os Conselhos de Magistratura têm cumprido um relevante papel na solução dos complicados problemas relacionados à administração eficiente dos órgãos jurisdicionais.

No Brasil, a Reforma do Poder Judiciário, implementada pela Emenda Constitucional n. 45, de 2004, criou o Conselho Nacional de Justiça, com a função primordial de controlar a atuação administrativa e financeira do Poder Judiciário e o cumprimento dos deveres funcionais dos juízes. Em atenção a essa missão institucional, o Supremo Tribunal Federal reconheceu um poder normativo a cargo do CNJ (ADC 12, Rel. Min. Ayres Britto, j. 20-08-2008, *DJe* 18-12-2009).

Assim, ao contrário de outros países, a instituição desse novo organismo no Brasil não ocorreu para responder a anseios da magistratura por maior autonomia e independência, nem para impedir a ingerência de outros Poderes no Poder Judiciário, mas como forma de integração e coordenação dos diversos órgãos jurisdicionais no país, por meio de um organismo central com atribuições de controle e fiscalização de caráter administrativo, financeiro e correicional.

No Brasil, a autonomia e independência do Poder Judiciário já são amplamente asseguradas desde a Constituição de 1988, de forma que a instituição de um Conselho de Magistratura se deve muito mais à necessidade de adoção de mecanismos de controle eficaz da atividade administrativa dos vários órgãos jurisdicionais.

Ressalte-se, ainda, que o Supremo Tribunal Federal rejeitou a tese de afronta ao princípio da separação de Poderes, enfatizando que, tal como concebido, o Conselho Nacional de Justiça configura órgão administrativo interno do Poder Judiciário e não instrumento de controle externo, e que, em sua maioria, os membros que o compõem são integrantes do Poder Judiciário (ADI n. 3.367/DF, Rel. Min. Cezar Peluso, *DJ* 17.3.2006). No mesmo julgamento, o STF assinalou, também, que o Congresso Nacional havia aprovado proposta de emenda que impunha aos membros do Conselho as mesmas restrições e impedimentos constitucionais impostos aos juízes, o que estaria a sinalizar a plena integração do órgão na estrutura do Poder Judiciário. Ademais, por expressa disposição constitucional, os atos do Conselho estão submetidos ao controle judicial do Supremo Tribunal Federal (CF, art. 102, I, "r"). Assim, nesse aspecto, questão relevante refere-se à eventual submissão administrativa do Supremo Tribunal Federal ao Conselho Nacional de Justiça. Também no julgamento da ADI n. 3.367, anotou-se que, como órgão supremo da estrutura judiciária brasileira, o STF não está submetido às deliberações do CNJ. Efetivamente, o regime político-disciplinar dos Ministros do Supremo Tribunal está regido por normas especiais – processo-crime julgado pelo próprio Tribunal (CF, art. 102, I, "b") e crime de responsabilidade perante o Senado Federal (CF, art. 52, II). Assim, o CNJ detém competência relativa apenas aos órgãos e juízes situados, hierarquicamente, abaixo do Supremo Tribunal Federal.

Art. 93. Lei complementar, de iniciativa do Supremo Tribunal Federal, disporá sobre o Estatuto da Magistratura, observados os seguintes princípios:

I – ingresso na carreira, cujo cargo inicial será o de juiz substituto, mediante concurso público de provas e títulos, com a participação da Ordem dos Advogados do Brasil em todas as fases, exigindo-se do bacharel em direito, no mínimo, três anos de atividade jurídica e obedecendo-se, nas nomeações, à ordem de classificação;

II – promoção de entrância para entrância, alternadamente, por antiguidade e merecimento, atendidas as seguintes normas:

a) é obrigatória a promoção do juiz que figure por três vezes consecutivas ou cinco alternadas em lista de merecimento;

b) a promoção por merecimento pressupõe dois anos de exercício na respectiva entrância e integrar o juiz a primeira quinta parte da lista de antiguidade desta, salvo se não houver com tais requisitos quem aceite o lugar vago;

c) aferição do merecimento conforme o desempenho e pelos critérios objetivos de produtividade e presteza no exercício da jurisdição e pela frequência e aproveitamento em cursos oficiais ou reconhecidos de aperfeiçoamento;

d) na apuração de antiguidade, o tribunal somente poderá recusar o juiz mais antigo pelo voto fundamentado de dois terços de seus membros, conforme procedimento próprio, e assegurada ampla defesa, repetindo-se a votação até fixar-se a indicação;

e) não será promovido o juiz que, injustificadamente, retiver autos em seu poder além do prazo legal, não podendo devolvê-los ao cartório sem o devido despacho ou decisão;

III – o acesso aos tribunais de segundo grau far-se-á por antiguidade e merecimento, alternadamente, apurados na última ou única entrância;

IV – previsão de cursos oficiais de preparação, aperfeiçoamento e promoção de magistrados, constituindo etapa obrigatória do processo de vitaliciamento a participação em curso oficial ou reconhecido por escola nacional de formação e aperfeiçoamento de magistrados;

V – o subsídio dos Ministros dos Tribunais Superiores corresponderá a noventa e cinco por cento do subsídio mensal fixado para os Ministros do Supremo Tribunal Federal e os subsídios dos demais magistrados serão fixados em lei e escalonados, em nível federal e estadual, conforme as respectivas categorias da estrutura judiciária nacional, não podendo a diferença entre uma e outra ser superior a dez por cento ou inferior a cinco por cento, nem exceder a noventa e cinco por cento do subsídio mensal dos Ministros dos Tribunais Superiores, obedecido, em qualquer caso, o disposto nos arts. 37, XI, e 39, § 4º;

VI – a aposentadoria dos magistrados e a pensão de seus dependentes observarão o disposto no art. 40;

VII – o juiz titular residirá na respectiva comarca, salvo autorização do tribunal;

VIII – o ato de remoção ou de disponibilidade do magistrado, por interesse público, fundar-se-á em decisão por voto da maioria absoluta do respectivo tribunal ou do Conselho Nacional de Justiça, assegurada ampla defesa;

VIII-A – a remoção a pedido ou a permuta de magistrados de comarca de igual entrância atenderá, no que couber, ao disposto nas alíneas *a*, *b*, *c* e *e* do inciso II;

IX – todos os julgamentos dos órgãos do Poder Judiciário serão públicos, e fundamentadas todas as decisões, sob pena de nulidade, podendo a lei limitar a presença, em determinados atos, às próprias partes e a seus advogados, ou somente a estes, em casos nos quais a preservação do direito à intimidade do interessado no sigilo não prejudique o interesse público à informação;

X – as decisões administrativas dos tribunais serão motivadas e em sessão pública, sendo as disciplinares tomadas pelo voto da maioria absoluta de seus membros;

XI – nos tribunais com número superior a vinte e cinco julgadores, poderá ser constituído órgão especial, com o mínimo de onze e o máximo de vinte e cinco membros, para o exercício das atribuições administrativas e jurisdicionais delegadas da competência do tribunal pleno, provendo-se metade das vagas por antiguidade e a outra metade por eleição pelo tribunal pleno;

XII – a atividade jurisdicional será ininterrupta, sendo vedado férias coletivas nos juízos e tribunais de segundo grau, funcionando, nos dias em que não houver expediente forense normal, juízes em plantão permanente;

XIII – o número de juízes na unidade jurisdicional será proporcional à efetiva demanda judicial e à respectiva população;

XIV – os servidores receberão delegação para a prática de atos de administração e atos de mero expediente sem caráter decisório;

XV – a distribuição de processos será imediata, em todos os graus de jurisdição.

Gilmar Ferreira Mendes
Lenio Luiz Streck[1]

A – REFERÊNCIAS

1. Histórico da norma

Texto original da CF/88, com modificações empreendidas pelas ECs n. 19/1998 e 45/2004. Por meio da EC n. 103/2019, foi dada nova redação ao inciso VIII do art. 93. Posteriormente, foi aprovada a PEC n. 162/2019, que sugere a alteração da redação do inciso VIII-A (incluído pela EC n. 45/2004) e o acréscimo do inciso VIII-B ao art. 93.

2. Constituições anteriores

Constituição de 1946, art. 95, §§ 1º e 2º; Constituição de 1967, arts. 108, §§ 1º e 2º, e 118, *caput*; Constituição de 1969, arts. 112, parágrafo único, 113, §§ 2º e 3º, e 123.

3. Legislação

Lei Complementar n. 35/79, recepcionada, em parte, pela CF/88; Resoluções do Conselho Nacional de Justiça n. 6, de 13-9-2005, n. 8, de 29-11-2005, n. 16, de 2-6-2006, n. 32, de 10-4-2007, n. 37, de 6-6-2007, n. 60, de 19-9-2008, arts. 29-36, n. 64, de 16-12-2008, n. 71, de 31-3-2009, n. 72, de 31-3-2009, arts. 5º e 12, n. 75, de 12-5-2009; Código de Processo Civil/2015, art. 489, § 1º.

4. Jurisprudência

Art. 93, *caput*: ADI 5.310; Inq 2.699-QO; ADI 4.108-REF-MC; ADI 4.042-MC; ADI 3.508; ADI 3.566; ADI 3.976-MC; Rcl 5.158-MC; ADI 1.152-MC; ADI 841-QO; ADI 2.885; ADI 3.227; ADI 2.880-MC; ADI 1.985; ADI 2.580; AO 185; ADI 2.983; ADI 1.422; ADI 575; ADI 1.152-MC; ADI 841-QO; HC 68.210. **Inciso I: MS 32.042; MS 28.226-AgR;** MS 27.165; MS 26.700; MS 26.703, MS 26.705, MS 26.708 e MS 26.714; MS 26.163; ADI 2.983; ADI 2.210-MC; ADI 2.204-MC. **Inciso II: ADI 4.462; MS 26.366;** Rcl 2.772-ED; ADI 2.494; ADI 1.837; ADI 581; ADI 189; AOr 70. **Alínea *a*: MS 31.375; MS 30.585;** MS 23.789; MS 21.571. **Alínea *b*:** SS 3.457-AgR; MS 23.789; MS 24.575; MS 21.631; MS 24.414; MS 23.337; Rcl 5.298-AgR; ADI 1.970-MC; RE 239.595; MS 21.759. **Alínea *c*:** AOr 70; MS **27.960-AgR. Alínea *d*: MS 31.361;** MS 24.499-AgR; MS 24.501; MS 24.305; ADI 1.303-MC. **Inciso III:** SS 3.457-AgR; MS

---

1. O comentário contou com a colaboração de André Rufino do Vale e de Paulo Sávio Peixoto Maia.

31.375; MS 30.585; MS 28.254-AgR; MS 24.008; MS 23.445; ADI 654; MS 20.946; HC 69.601; **AO 1.499**; ADI 189. **Inciso IV**: não há referências. **Inciso V**: AO n. 1.157/PI; AO 1.412; **ADI 509**; ADI 3.854-MC; ADI 2.087-MC; ADI 691-MC. **Inciso VI**: **RMS 25.841**; RMS 24.640; Rcl 4.486-MC-AgR; HC 89.677; AI 321.629-AgR; ADI 1.878. **Inciso VII**: ADI 3.053; ADI 2.753; ADI 3.224. **Inciso VIII**: RMS 21.950. **Inciso VIII-A**: **AO 1.656**; **ADI 4.414**. **Inciso IX**: RHC 99.786; HC 95.706; RHC 95.778; HC 68.742; HC 96.267; HC 98.814; AI 664.641-ED; MS 25.936-ED; HC 86.533; HC 96.660; HC 92.378; RE 435.256; HC 95.494; HC 94.028; RE 456.673; HC 94.243; HC 97.260, Inq 2.424; ADPF 79-AgR; RE 360.037-AgR; MS 25.879; HC 69.419; ADI 2.580; Rcl 3.626-AgR; RE 235.487. **Inciso XI**: HC 94.134-AgR; AO 232. **Inciso XII**: ADI 3.823-MC; ADI 3.085. **Incisos XII a XV**: não há referências.

5. Seleção de literatura

ALVES, Alexandre Henry. *Regime Jurídico da Magistratura*. 2ª ed. Rio de Janeiro: Saraiva, 2014; BAPTISTA DA SILVA, Ovidio. *Processo e Ideologia: o paradigma racionalista*. Rio de Janeiro: Forense, 2004; BASTOS, Celso Ribeiro; MARTINS, Ives Gandra. *Comentários à Constituição do Brasil*. v. 4. t. III. 2ª ed. São Paulo: Saraiva, 2000; DWORKIN, Ronald. *Law's Empire*. Londres, Fontana Press, 1986; FERREIRA FILHO, Manoel Gonçalves. *Comentários à Constituição Brasileira de 1988*. v. 1. 3ª ed. São Paulo: Saraiva, 2000; GADAMER, Hans-Georg. *Wahrheit und Methode I e II*. Tübingen: Mohr, 1987; MENDES, Gilmar Ferreira; COELHO, Inocêncio Mártires; BRANCO, Paulo Gustavo Gonet. *Curso de Direito Constitucional*. 4ª ed. São Paulo: Saraiva, 2009; MOTTA, Francisco José Borges. *Levando o Direito a Sério. Uma crítica hermenêutica ao protagonismo judicial*. Florianópolis: Conceito, 2010; OLIVEIRA, Carlos Alberto Alvaro de. *Do formalismo no processo civil*, 2ª ed. São Paulo: Saraiva, 2003; ORDÓÑEZ SOLÍS, David. *Derecho y Política*. Navarra: Aranzadi, 2004; PINTO FERREIRA, Luís. *Comentários à Constituição Brasileira*. v. 4. São Paulo: Saraiva, 1992; SILVA, José Afonso da. *Comentário Contextual à Constituição*. 2ª ed. São Paulo: Malheiros, 2006; STRECK, Lenio Luiz. *Verdade e Consenso. Constituição, Hermenêutica e Teorias Discursivas*. 6ª ed. São Paulo: Saraiva, 2017; TAVARES, André Ramos. *Constituição do Brasil Integrada*. 2ª ed. São Paulo: Saraiva, 2007; TOMAZ DE OLIVEIRA, Rafael. *Decisão Judicial e o Conceito de Princípio*. Porto Alegre: Livraria do Advogado, 2008; WAMBIER, Tereza Arruda. *Omissão Judicial e embargos de declaração*. São Paulo: Revista dos Tribunais, 2005, p. 350 e s.; ZAFFARONI, Raul. *Poder Judiciário*: crise, acertos e desacertos. São Paulo: Revista dos Tribunais, 1995.

B – COMENTÁRIOS

1. Considerações gerais

A atual denominação de Estatuto da Magistratura não tinha previsão nas Constituições de 1891, 1934, 1937 e 1946. Somente com a EC n. 07/77 o texto constitucional passou a prever a edição de Lei Complementar denominada Lei Orgânica da Magistratura Nacional, que disciplinaria organização, funcionamento, disciplina, vantagens, direitos e deveres da magistratura.

Os critérios republicanos de ingresso, promoção e remuneração, assim como outros direitos e deveres da magistratura, são tratados no art. 93 da CF/88 em quinze incisos, tendo como fulcro o delineamento mínimo a ser observado pelo legislador na conformação do respectivo Estatuto da Magistratura, conhecida até então como Lei Orgânica da Magistratura Nacional. Os critérios consagrados nas alíneas *a* e *b* já se encontravam previstos na Constituição anterior, a partir da EC n. 07/77. Os demais foram incorporados à CF pela EC n. 45/04. Tais garantias são complementadas nos demais dispositivos deste capítulo, como a vitaliciedade, a inamovibilidade e a irredutibilidade de vencimentos.

As garantias do Poder Judiciário, em geral, e do magistrado, em particular, são garantias institucionais e se destinam a emprestar a conformação de independência que a ordem constitucional pretende outorgar à atividade judicial. Ao Poder Judiciário incumbe exercer o último controle da atividade estatal, manifeste-se ela por ato da Administração ou do próprio Poder Legislativo (controle de constitucionalidade). Daí a necessidade de que, na sua organização, materialize-se a clara relação de independência do Poder Judiciário e do próprio juiz em relação aos demais Poderes ou influências externas.

A Constituição de 1988 institucionalizou um modelo democrático de Poder Judiciário, para além de qualquer resquício daquilo que Eugênio Raul Zaffaroni (*Poder Judiciário*, cit., p. 102 e s.) chamou de "modelo tecnoburocrático", que caracterizava os poderes judiciários da América Latina nos anos de autoritarismo. Com efeito, a Constituição do Estado Democrático de Direito proporciona o surgimento de uma nova magistratura, agora revestida de garantias formais e materiais, aptas a transformar os juízes em garantes do processo democrático, circunstância, aliás, repetida pelo constituinte brasileiro na parte em que trata do Ministério Público. As circunstâncias políticas – decorrentes de anos de autoritarismo – haviam forjado as condições para o fortalecimento de "juízes boca da lei", que, embora selecionados tecnicamente – portanto, para além de um Judiciário formado *ad hoc* – guardavam um perfil tendente a uma metodologia dedutivista, modo de resguardar-se, nos casos de não adesão ideológica ao regime político, contra qualquer ação político-autoritária do Estado. Este "modelo" de juiz forjado no *ancién regime* passa, então, por uma transição. De uma Constituição sem qualquer perfil compromissório, a magistratura se encontra, após 5 de outubro de 1988, frente a frente com uma Constituição que alberga, em seu texto, um conjunto de "promessas incumpridas da modernidade". De todo modo, o processo de alteração de perfil da magistratura – fenômeno que pode ser estendido às demais funções que, de um modo ou de outro, estão ligadas às práticas jurídicas – ocorre lentamente, pela falta de uma nova teoria das fontes (vejam-se, até hoje, as dificuldades para a compreensão da dicotomia texto-norma), pela falta das condições para a construção de uma nova teoria da norma, uma vez que a Constituição de 1988 seguiu o nítido perfil principiológico próprio das Constituições do segundo pós-guerra e, por último, pela fragilidade da teoria do direito até então existente, ainda refratária aos novos paradigmas epistemofenomenológicos, em especial, as teorias hermenêuticas e discursivas.

O texto constitucional determina que a organização do Judiciário seja disciplinada pelo Estatuto da Magistratura, estabelecido em lei complementar, de iniciativa do Supremo Tribunal Federal, observados os princípios previstos na Constituição (CF, art. 93). Segundo a jurisprudência pacífica do Supremo Tribunal Federal, "até o advento da lei complementar prevista no artigo 93, *caput*, da Constituição de 1988, o Estatuto da Magistratura será disciplinado pelo texto da Lei Complementar n. 35/79, que foi recebida pela Constituição". Isso, a toda evidência, não implica uma recepção *tabula rasa* do texto da LOMAN, havendo dispositivos que não foram recepcionados, outros recepcionados em parte e ainda alguns cujo texto carece de interpretação conforme (*verfassungskonforme Auslegung*).

Assim, a Constituição de 1988 manteve o sistema da ordem constitucional pretérita (art. 112 da Emenda Constitucional n. 1, de 1969), ao prescrever, no art. 93, *caput*, que somente a lei complementar nacional, de iniciativa do Supremo Tribunal Federal, poderá dispor sobre o Estatuto da Magistratura. Até o advento dessa lei complementar prevista no art. 93, *caput*, da Constituição, o Estatuto da Magistratura continua a ser disciplinado pela Lei Complementar n. 35/79 (LOMAN). Como ressaltado, esse é o entendimento que vem sendo adotado pelo Supremo Tribunal Federal (ADI n. 2.370-5; ADI n. 2.753-1; ADI n. 1.503-6/RJ; AO 185-4; ADI n. 1.422; ADI n. 1.985-6; ADI n. 3.053-1; ADI n. 2.580-5).

As disposições da LOMAN constituem um regime jurídico único para os magistrados brasileiros. Esse sistema normativo nacional está amparado em duas razões. Em primeiro lugar, o Poder Judiciário é um Poder nacional e, assim, seus membros devem estar submetidos a regras uniformes. Em segundo lugar, é possível vislumbrar que a alternativa de caracterização das normas da LOMAN como meramente programáticas ou não vinculantes para o legislador e judiciário estaduais abriria uma via perigosa para a concessão ilimitada de privilégios e, ao fim e ao cabo, poderia dar ensejo a um quadro instável de "troca institucional de boas vontades" entre os poderes locais, incompatível com a independência assegurada constitucionalmente ao Poder Judiciário.

Trata-se de um verdadeiro *bloqueio de competência* levado a efeito pela edição da lei complementar nacional, de modo que o direito estadual em contradição com os limites nela fixados deve ser considerado inconstitucional. Nesse caso, a lei complementar não configura exatamente um parâmetro de controle abstrato, mas simples índice para a aferição da ilegitimidade ou de não observância da ordem de competência estabelecida na Constituição. O Supremo Tribunal Federal tem jurisprudência assentada no sentido da inconstitucionalidade, por violação ao art. 93 da Constituição Federal, de normas estaduais, legais ou constitucionais, que disciplinem matérias próprias do Estatuto da Magistratura, em desacordo ou em caráter inovador em relação à LOMAN (ADI n. 841-2; ADI n. 1.358-8; ADI n. 202-3; ADI n. 2.370-5; ADI n. 2.580-5; ADI n. 2.753-1; ADI n. 2.880-4/MA; ADI n. 1.481-1; ADI n. 3.224-1; ADI n. 3.053-1; ADI n. 2.983; ADI n. 1.985-6; ADI n. 1.152-9; ADI n. 1.422).

2. Princípios a serem observados pelo novo Estatuto

2.1. Do ingresso na carreira

O modelo de judiciário adotado pela Constituição do Brasil de 1988, com o acréscimo da assim denominada Reforma do Judiciário, confirma uma longa tradição de ingresso e promoção por concurso, estabelecida na época do Estado Novo, correspondendo à coerência política desta quanto à criação de uma burocracia judiciária de corte bonapartista, mas que, definitivamente, tem tido como resultado um Judiciário semelhante aos modelos europeus.

O sistema de seleção "forte" (concurso) está constitucionalmente consagrado, enquanto a "carreirização" se encontra apenas atenuada mediante incorporação lateral de um quinto dos juízes provenientes, nos tribunais colegiados, do Ministério Público e dos advogados. A designação política é limitada aos juízes do Supremo Tribunal Federal, embora não faltem delimitações impostas pela tradição.

A não adoção, por parte do Brasil, do modelo dos tribunais *ad hoc* (Tribunais Constitucionais) decorre, fundamentalmente, do sistema de governo presidencialista instaurado em 1891. Afinal, o Supremo Tribunal brasileiro foi inspirado nitidamente na *Supreme Court* norte-americana, criada para ser um tribunal da federação. Do mesmo modo, não há como negar a forte ligação entre o sistema de governo parlamentarista e os Tribunais Constitucionais. A relação entre os Poderes acaba tendo uma dimensão diferente no parlamentarismo, em que as funções de legislativo e executivo restam fundidas. No fundo, a fórmula dos Tribunais Constitucionais resolve, em acentuada medida, o problema decorrente da dicotomia "democracia-constitucionalismo".

A origem do debate está na aurora do constitucionalismo liberal. Os juízes norte-americanos, pela especificidade em que ocorreu o processo de independência e a formação do Estado nacional, não sofreram o desgaste dos magistrados franceses, por ocasião do advento da Revolução de 1789. A decisão de Marshall de 1803 foi uma decisão interventiva, que teve o condão de colocar o Poder Judiciário como moderador de uma querela que tinha como foco de tensão principal o Poder Executivo. Esse poder moderador, que deita raízes nas ideias liberais do francês Benjamin Constant, ganhou considerável relevo na história dos Estados Unidos e dos países latino-americanos. Entretanto, em face da experiência francesa, essa "moderação" não poderia ser feita na Europa pelo Poder Judiciário. Havia que buscar um *tertio genus*, que pudesse intervir nas disputas entre os Poderes do Estado. E, novamente aqui, assume relevância a herança da Revolução Francesa. Com efeito, esse *tertio genus* não poderia ser o Poder Judiciário, porque lhe faltava a legitimidade. Não se deve esquecer, neste ponto, que a Europa continental possui uma estrutura judiciária burocrática na base, ao contrário dos Estados Unidos, que possui um sistema por eleição na base; os juízes europeus são magistrados de carreira – portanto, com ingresso mediante concurso público –, não tendo legitimidade política, devendo interpretar a lei em um sistema onde o Poder Legislativo historicamente tem posição proeminente; já nos Estados Unidos, a separação dos Poderes é um dogma, o juiz tem lugar especial no equilíbrio constitucional, dizendo o direito não com base em princípios abstratos como ocorre com o legislador, mas procurando concretamente as soluções para os litígios. O modelo francês serve, neste contexto, de inspiração para suprir esse *deficit* de legitimidade do Poder Judiciário. Surge, assim, a ideia de um tribunal que, não sendo parte do Poder Judiciário, pudesse assumir a moderação do sistema, a partir do controle acerca da interpretação da Constituição. Mas, por evidente, a composição desse tribunal não poderia ser feita aos moldes dos tribunais que constituem a cúpula do Judiciário, e, sim, buscou-se construí-la apelando à *volonté générale*, ainda que indireta, a partir da efetiva participação do Poder Legislativo na composição desse *tertio genus*. Nesse sentido, a *volonté générale*, que serviu para afastar a figura do juiz e do Judiciário no controle dos atos do Legislativo, vem, a partir do segundo pós-guerra, através dos Tribunais *ad hoc*, revificada, mediante a participação efetiva do Poder Legislativo na escolha dos juízes/membros dos tribunais especialmente encarregados de controlar a constitucionalidade das leis. De certo modo, os Tribunais Constitucionais recuperam a noção de *volonté générale*, através da fórmula de escolha dos juízes, com mandato fixo, não renovável, reservando o Poder Legislativo, para si, a tarefa do controle da legitimidade do Tribunal encarregado de fiscalizar a constitucionalidade dos atos normativos emanados dos Poderes Executivo e Judiciário. Veja-se, de forma exemplificada, a fórmula de escolha dos juízes constitucionais da Alemanha e de Portugal.

O modelo de organização judicial adotado no Brasil desde o Estado Novo, guardadas as diferenças relacionadas à forma de controle de constitucionalidade, aproxima-se do modelo europeu, a partir de um rígido sistema de ingresso na carreira mediante concurso público e específicos requisitos para ascensão dos juízes, tanto na primeira instância como na forma de acesso ao segundo grau de jurisdição e aos tribunais superiores, excetuado, como já se viu, o percentual reservado a membros do Ministério Público e da advocacia. As peculiaridades do modelo de *judicial review* adotado pelo Brasil em 1891 conformaram um modelo que não recepciona nem a forma burocrática de acesso à Corte – ascender ao Supremo Tribunal Federal não é decorrente da carreira de magistrado – e nem a forma de reserva de percentuais às diferentes categorias profissionais (juízes, membros do Ministério Público, advogados, professores etc.), como ocorre no modelo de Tribunais *ad hoc*.

A preocupação com a rigidez na forma de ingresso levou a alteração do dispositivo que trata da matéria (art. 93, I), com o acréscimo da exigência do mínimo de três anos de atividade jurídica, questão que ficou definida pela Resolução do Conselho Nacional de Justiça n. 11, de 31-1-2006, art. 5º, que, entretanto, foi revogada pela Resolução do CNJ n. 75, de 12-5-2009 (revogação expressa da Resolução n. 11 consta no art. 90 da Resolução n. 75/2009). Assim, por "atividade jurídica" entende-se aquela atividade exercida com exclusividade pelo bacharel em Direito, disciplinado pelo art. 59 da Resolução n. 75 do CNJ, contados da data da conclusão do curso de Direito, não da colação de grau (MS 26.682. Rel. Min. Cezar Peluso, *DJe* 27-6-2008). A referida Resolução n. 75 do CNJ, que dispõe sobre os concursos públicos para o ingresso na carreira da magistratura em todos os ramos do Poder Judiciário nacional, já debatida em diversas decisões do STF (*e. g.*: Reclamação 4.906/PA; Reclamação 4.939/PA; Mandado de Segurança 26.690), alterou também a condição dos cursos de pós-graduação, que passaram a não mais computar na soma dos 3 anos de atividade jurídica, exceto para aqueles cursos iniciados antes da Resolução n. 75. Não por último, é de se notar que "o constituinte derivado fixou a necessidade de três anos de atividade jurídica, mas nada determinou quanto a requisitos etários mínimo e máximo para o ingresso na carreira. O regramento da LOMAN não estabelece idade máxima para a Magistratura" (ADI 6.800, Rel. Min. Rosa Weber, j. 4-1-2021, *DJe* 18-10-2021).

A participação da Ordem dos Advogados do Brasil nos concursos públicos para ingresso na magistratura – circunstância que se repete nos concursos do Ministério Público – foi discutida no STF na oportunidade da concessão de medidas cautelares às Ações Diretas de Inconstitucionalidade n. 2.210 e 2.204 (ADI 2.210-MC e 2.204-MC), pelas quais confirmou-se a necessidade da participação da Ordem dos Advogados do Brasil em todas as fases do concurso, inclusive sobre a necessidade da participação na definição dos pontos atribuídos aos títulos e requerimentos relativos à inscrição e seus recursos. Trata-se de uma modalidade de controle externo, que, com a implementação do Conselho Nacional de Justiça, reforça a transparência nos certames.

2.2. Da ascensão na carreira

Tratando-se de uma magistratura inserida nas contemporâneas democracias, geridas por Constituições que fortaleceram sobremodo o Poder Judiciário, a previsão de promoções na carreira a partir da aferição meritocrática e de antiguidade, equitativamente, é princípio basilar da República.

Nesse sentido, a legislação deve estabelecer cláusulas de garantia que impeçam processos excludentes e de desvios na interpretação do sentido da expressão "alternadamente". Daí por que a CF/88, reproduzindo o texto da EC n. 07/77, consagrou a obrigatoriedade de promoção do juiz que figurar por três vezes consecutivas ou cinco alternadas em lista de merecimento. Também se herdou da EC n. 07/77 a regra de que a promoção do magistrado por merecimento pressupõe dois anos de exercício na respectiva entrância, além da exigência de este integrar a primeira quinta parte da lista de antiguidade, salvo se não houver com tais requisitos quem aceite o lugar vago. Até mesmo na apuração da antiguidade a Constituição faz exigências que preservam a isonomia de tratamento entre os magistrados.

Assim, na apuração de antiguidade, o tribunal somente poderá recusar o juiz mais antigo pelo voto fundamentado de dois terços de seus membros, conforme procedimento próprio, e assegurada ampla defesa, repetindo-se a votação até fixar-se a indicação. Trata-se de extraordinário avanço, uma vez que, para além da cláusula de barreira de dois terços, agrega-se o *due process of law* em favor do magistrado recusado indevidamente.

O novo texto trouxe também uma forma de punição para o magistrado que retiver autos de forma injustificada, não podendo, em tais hipóteses, ser promovido. Mas também aqui deve ser aplicada a fórmula do devido processo legal. A simples alusão de que há uma retenção injustificada já pressupõe um procedimento próprio para tal aquilatação, o que implica possibilidade de ampla defesa.

Na medida em que o fulcro do processo de ascensão na carreira é a meritocracia, a Emenda Constitucional n. 45/2004 trouxe novos elementos visando a especificar o *modus* dessa aferição. Com efeito, se antes tal aferição se fazia pelos critérios da presteza e segurança no exercício da jurisdição e pela frequência e aproveitamento em cursos reconhecidos de aperfeiçoamento, agora acrescentou-se a exigência de medição do desempenho, com a utilização de critérios objetivos de produtividade e presteza no exercício da jurisdição, além da frequência e aproveitamento em cursos oficiais ou reconhecidos de aperfeiçoamento.

A fixação de critérios objetivos de produtividade – que podem ser entendidos como "critérios de efetividade quantitativa" – não deve colocar em segundo plano as metas primordiais de um

Poder Judiciário democrático, quais sejam, a da busca de efetividades qualitativas. Caso contrário, não teria razão de ser a exigência de frequência e aproveitamento em cursos que objetivem qualificar a prestação jurisdicional. Nesse sentido, aliás, haverá de ser entendida a extensão da expressão "frequência e aproveitamento em cursos oficiais ou reconhecidos de aperfeiçoamento".

Frise-se que deve haver intrínseca relação entre o curso frequentado e a atividade do magistrado, questão que remete a outro ponto importante, por se tratar de investimento público: a frequência de cursos no Brasil ou no exterior. Não basta o curso ser "reconhecido" pelo Poder Judiciário. Havendo no país um (rígido) sistema de controle e aferição da qualidade e autorização de cursos – além da obrigatoriedade da revalidação de diplomas oriundos do exterior (art. 48, § 3º, da LDB) –, qualquer curso frequentado pelo magistrado deve se adequar a essas exigências. Essa questão também está relacionada com a probidade administrativa, devendo o Poder Judiciário evitar o custeio de cursos no exterior que tenham similar no Brasil, assim como não pode ser permitido o "duplo custeio", por exemplo, a hipótese de "licença para frequência a curso" e o recebimento, por parte do magistrado, de bolsas de custeio de agências oficiais, como CAPES e CNPq.

Por outro lado, é importante frisar que "cursos de aperfeiçoamento" não significa necessariamente exigir do magistrado a frequência a cursos de pós-graduação, *lato* ou *stricto sensu*. A norma constitucional diz com a atividade específica do magistrado. Do mesmo modo, deve a legislação estabelecer critérios que proporcionem acesso universal aos magistrados, preservando-se a própria ratio da alteração constitucional: *a meritocracia e o princípio republicano de iguais oportunidades*. Observe-se que essa questão deve ser interpretada de acordo com o inciso IV deste artigo, acrescentado pela Emenda Constitucional n. 45, de 2004, que trata da previsão de cursos oficiais de preparação, aperfeiçoamento e promoção de magistrados, constituindo etapa obrigatória do processo de vitaliciamento a participação em curso oficial ou reconhecido por escola nacional de formação e aperfeiçoamento de magistrados.

Com a extinção dos tribunais de alçada, acabou-se a polêmica acerca dos critérios para promoção dos integrantes do quinto constitucional. Assim, do mesmo modo que a promoção de entrância para os magistrados de primeiro grau, tem-se que o acesso aos tribunais de segundo grau far-se-á por antiguidade e merecimento, alternadamente, apurados na última ou única entrância. No ponto, convém registrar que "É inaplicável a norma do art. 93, II, *b*, da Constituição Federal à promoção dos juízes federais, por estar sujeita apenas ao requisito do implemento de cinco anos de exercício do art. 107, II, da Carta Magna, incluído o tempo de exercício no cargo de juiz federal substituto" (MS 23.789, Rel. Min. Ellen Gracie, Pleno, j. 30-6-2005, *DJ* 23-9-2005).

2.3. Dos vencimentos

A remuneração em forma de subsídio foi introduzida pela Emenda Constitucional n. 19, de 1998, ficando estabelecido que os Ministros dos Tribunais Superiores terão como teto o percentual de noventa e cinco por cento do valor atribuído aos Ministros do STF, percentual esse que é o teto para os subsídios dos demais magistrados da República. A exemplo do que já ocorria no texto original, a garantia do escalonamento prevê a vedação de diferença superior a dez por cento e inferior a cinco por cento entre as respectivas categorias, tanto no plano federal como no plano estadual, obedecido, em qualquer caso, o disposto nos arts. 37, XI, e 39, § 4º, da Constituição. Pela redação da EC n. 41/2003, nos Estados e no Distrito Federal, o subsídio dos Desembargadores do Tribunal de Justiça, limitado a noventa inteiros e vinte e cinco centésimos por cento do subsídio mensal, em espécie, dos Ministros do Supremo Tribunal Federal, no âmbito do Poder Judiciário, aplicável este limite aos membros do Ministério Público, aos Procuradores e aos Defensores Públicos. Trata-se de inovação com pretensão de transparência, uma vez que as vantagens pessoais, causas de tantas controvérsias em face da existência de salários que ultrapassavam o texto do STF, passaram a estar incluídas na remuneração, explicitação, aliás, constante no art. 39, § 4º, pelo qual o subsídio será fixado em parcela única, vedado o acréscimo de qualquer gratificação, adicional, abono, prêmio, verba de representação ou outra espécie remuneratória, obedecido, em qualquer caso, o disposto no art. 37, X e XI. De todo modo, uma crítica que pode ser feita à opção constitucional pela remuneração do cargo e não do ocupante do cargo, com suas especificidades, é que tal circunstância poderá vir a causar problemas na movimentação dos membros da magistratura. Por outro lado, sendo a magistratura historicamente organizada em carreira, a pequena diferença entre o menor e o maior subsídio provoca um desestímulo à progressão funcional.

2.4. Da aposentadoria

Se, pelo texto original, a aposentadoria dos magistrados se dava com proventos integrais, com a compulsoriedade por invalidez e aos setenta anos e facultativa aos trinta anos de serviço, após cinco anos de exercício efetivo da judicatura, com o advento da Emenda Constitucional n. 19, de 1998, houve uma considerável alteração nesse quadro. Com efeito, a aposentadoria dos magistrados e a pensão de seus dependentes passaram a ser regulados pelo art. 40 da Constituição. Mas há uma questão anterior que não pode ser olvidada. Com efeito, se na redação original da Constituição a aposentadoria dos membros do Poder Judiciário estava disciplinada *stricto sensu* pelo art. 93, inciso VI, sob comento, que estabelecia como requisito o implemento de 30 anos de serviço e 5 anos de judicatura para a inatividade voluntária, a Reforma Previdenciária, iniciada com a EC n. 20/98, introduziu novos parâmetros para a obtenção do jubilamento. Nesse contexto, estão a substituição do tempo de serviço pelo tempo de contribuição e a consequente vedação do cômputo do tempo ficto.

A EC n. 20, a par de assegurar o direito dos que implementaram os requisitos pela legislação anterior, estabeleceu que, para a aposentadoria integral, os magistrados de sexo masculino deveriam cumprir, de forma cumulativa, os seguintes requisitos: 53 anos de idade, 35 anos de contribuição e 5 anos de exercício no cargo, além do acréscimo no tempo de contribuição de 20% do tempo que, em 16 de dezembro de 1998, faltava para atingir o mínimo exigido de contribuição. Foi aí que surgiu o acréscimo de 17% ao tempo de serviço, através do art. 8º, §§ 2º e 3º.

A discussão que se põe, a partir de então, diz respeito à seguinte questão: é possível ou não a aplicação do acréscimo de 17% sobre o tempo de serviço prestado até 16-12-1998, data da publicação da EC n. 20/98, em face do que dispõe o seu art. 8º, quando o magistrado ou membro do Ministério Público se aposentar com fundamento em regra de transição que não preveja expressamente esse acréscimo?

A matéria chegou ao Conselho Nacional de Justiça, remetida pelo Conselho Superior da Justiça do Trabalho, com o objetivo de uniformizar o entendimento da *quaestio juris*. Assim, respondendo ao Pedido de Providência n. 0005125-61.2009.2.00.0000 (Rel. Cons. Marcelo Neves), o CNJ assentou que o art. 8º tratava de norma de transição de efeitos concretos, sendo cabível a incidência do acréscimo de 17% ao tempo de serviço previsto na EC n. 20/98, a título de direito adquirido.

Ainda acerca do regime de aposentadoria dos magistrados, cumpre ressaltar que a EC n. 88/2015 modificou a redação do art. 40, § 1º, II, da CF e do art. 100 do ADCT, definindo novas regras de aposentadoria compulsória do Regime Próprio de Previdência Social (RPPS). Antes da emenda, todos os servidores estatutários eram aposentados compulsoriamente, com proventos proporcionais ao tempo de contribuição, ao completarem 70 (setenta) anos de idade. A EC alterou o texto constitucional para permitir que esses servidores permanecessem no cargo público até completarem 75 (setenta e cinco) anos de idade, desde que assim seja disposto em lei complementar.

A emenda reformulou o art. 100 do ADCT, definindo que, especificamente para os Ministros de Tribunais Superiores, o limite superior de 75 (setenta e cinco) anos passaria a ser válido de imediato, observado o art. 52 do texto constitucional. Portanto, o novo teto de aposentadoria seria válido para os ocupantes dos cargos de Ministros do STF, do TCU e dos demais Tribunais Superiores de forma imediata, isto é, independentemente da edição da lei complementar. Os demais servidores públicos, por outro lado, continuam submetidos ao limite de 70 (setenta) anos, pelo menos até que seja satisfeita a reserva legal.

Destaca-se que, no julgamento de Medida Cautelar na ADI n. 5316, o STF decidiu pela inconstitucionalidade da expressão "nas condições do art. 52 da Constituição Federal" contida no art. 100 do ADCT, com a redação dada pela EC n. 88/2015. A referência ao dispositivo constitucional tornava obrigatório que os Ministros do STF, de Tribunais Superiores e do TCU, ao completarem 70 (setenta) anos, fossem novamente submetidos à sabatina no Senado Federal, para que então pudessem continuar nos seus cargos até os 75 (setenta e cinco) anos. Nos termos do voto condutor de lavra do Min. Luiz Fux, considerou-se que a exigência de uma nova sabatina "vulnera as condições materiais necessárias ao exercício imparcial e independente da função jurisdicional, ultrajando a separação dos Poderes, cláusula pétrea inscrita no art. 60, § 4º, III, da CF".

2.5. Da residência na comarca

O texto original determinava que o juiz titular deveria residir na respectiva Comarca. A Emenda Constitucional n. 45, de 2004, trouxe uma exceção, ao estabelecer a possibilidade de o Tribunal autorizar o juiz a fixar residência em outro local. Por isso, o conceito de residência deve ser aquilatado de acordo com as peculiaridades de cada Estado ou região metropolitana. Resolução do CNJ n. 37, de 6-6-2007, que entrou em vigor na data da publicação, fixou o prazo de 60 (sessenta) dias para que os Tribunais editassem atos normativos regulamentando as autorizações para que Juízes residam fora das respectivas comarcas, afirmando, ainda, que tais autorizações só devem ser concedidas em casos excepcionais e desde que não causem prejuízo à efetiva prestação jurisdicional. Ademais, a referida Resolução fixou que a residência fora da comarca, sem autorização, caracterizará infração funcional, sujeita a procedimento administrativo disciplinar. Ainda assim, tal como acontece com os casos de acumulação de cargo de magistrado e professor, não se podem perder de vista as peculiaridades dos casos concretos, evitando regramentos *tabula rasa*, que, ao fim e ao cabo, venham a proporcionar aplicações desproporcionais ou desarrazoadas.

2.6. Da remoção, disponibilidade e aposentadoria

A Emenda Constitucional n. 45, de 2004, denominada Reforma do Judiciário, trouxe sensíveis alterações a essa temática. Se pelo texto original a remoção, a disponibilidade e a aposentadoria compulsória do magistrado, por interesse público, dependiam do voto de dois terços do respectivo Tribunal, agora esse quórum passou a ser facilitado (maioria absoluta), além de permitir também que o Conselho Nacional de Justiça possa tomar decisão nesse sentido. A alteração reforça visivelmente o poder do Conselho Nacional de Justiça, que tem, inclusive, poder de iniciativa nesses casos.

Com a Emenda Constitucional n. 103/2019, foi suprimido do inciso VIII, que considerava a aposentadoria modalidade de sanção. Os debates legislativos travados quando da tramitação da matéria não deixam dúvidas de que o objetivo perseguido pelo Congresso Nacional foi inequívoco: acabar com a pena de aposentadoria compulsória. Contudo, em razão de ainda persistir, no texto da Lei Orgânica da Magistratura, dispositivo que alude a essa espécie punitiva, as Corregedorias dos Tribunais nacionais têm preferido se manter no estágio anterior à Emenda n. 103/2019. Assim, a aposentadoria compulsória (que permite que o magistrado punido continue a receber remuneração na forma de proventos proporcionais ao tempo de contribuição) continua a ser o "direito vivente". O CNJ parece compartilhar dessa compreensão. Em sessão de 25-4-2023, o Conselho Nacional de Justiça sancionou com a pena de aposentadoria compulsória um juiz federal que, em pleno período eleitoral (2018), gravou vídeo em companhia de deputado federal (filho de candidato à Presidência da República) no qual produziu peça de desinformação (suposta ausência de confiabilidade das urnas eletrônicas). O contexto fático levou o CNJ a compreender que a conduta possuía conteúdo político-partidário (Processo Administrativo Disciplinar – PAD – 0000197-18.2019.2.00.0000, Rel. Conselheiro Mauro Martins, 6ª Sessão Ordinária do CNJ, 25-4-2023).

Em 16-5-2023, o Plenário do Senado Federal aprovou a Proposta de Emenda à Constituição n. 162, de 2019, que altera o inciso VIII-A e acrescenta o inciso VIII-B ao art. 93. Com sua nova redação, o inciso VIII-A passará a dispor apenas sobre a remoção a pedido de magistrados de comarca de igual entrância. O inciso VIII-B, por sua vez, permitirá a "permuta de magistrados de comarca de igual entrância, quando for o caso, e dentro do mesmo segmento de justiça, inclusive entre os juízes de segundo grau, vinculados a diferentes tribunais, na esfera da justiça estadual, federal ou do trabalho", devendo-se observar, no que couber, as alíneas *a*, *b*, *c* e *e* do inciso II do *caput* do art. 93, bem como o art. 94.

2.7. Da necessidade de fundamentação das decisões judiciais e administrativas

Tal como as decisões judiciais devem ser fundamentadas, todas as decisões administrativas devem ser motivadas. A exigência de motivação nas decisões administrativas não afasta a necessidade de fundamentação, uma vez que aquela é um *plus* – pela característica do ato administrativo – em relação a esta. Entretanto, subsiste a previsão para aplicação reservada de pena de advertência para magistrados, em relação a juízes de primeira instância, no caso de negligência no cumprimento dos deveres do cargo. Ainda, a decisão determinante de pena de censura será aplicada reservadamente, por escrito, no caso de reiterada negligência ou no de procedimento incorreto, se a infração não justificar punição mais grave. Essas duas últimas disposições, que excetuam a regra geral da publicidade da decisão, decorrem de previsão da Lei Orgânica da Magistratura Nacional (LC n. 35/79, arts. 43 e 44). Isso não significa que não estejam dispensadas da fundamental exigência do inciso IX do art. 93.

A fundamentação das decisões – o que, repita-se, inclui a motivação – mais do que uma exigência própria do Estado Democrático de Direito, é um direito fundamental do cidadão. Fundamentação significa não apenas explicitar o fundamento legal/constitucional da decisão. Todas as decisões devem estar justificadas e tal justificação deve ser feita a partir da invocação de razões e oferecimento de argumentos de caráter jurídico. O limite mais importante das decisões judiciais reside precisamente na necessidade da motivação/justificação do que foi dito. Trata-se de uma verdadeira "blindagem" contra julgamentos arbitrários. O juiz ou o Tribunal, por exemplo, devem expor as razões que os conduziram a eleger uma solução determinada em sua tarefa de dirimir conflitos. Não é da subjetividade dos juízes ou dos integrantes dos Tribunais que deve advir o sentido a ser atribuído à lei, caindo por terra o antigo aforisma de que "sentença vem de *sentire*", erigido no superado paradigma da filosofia da consciência. De frisar, nesse sentido, que a temática relacionada à discricionariedade e/ou arbitrariedade não parece ter estado na pauta das discussões da doutrina processual-civil no Brasil com a necessária suficiência que o novo paradigma de direito requer. Entretanto, alguns autores, como Ovídio Baptista da Silva (*Processo e Ideologia*, op. cit.) e Carlos Alberto Alvaro de Oliveira (*Do formalismo no processo civil*, op. cit.), mostram-se contundentes contra qualquer possibilidade de decisionismo judicial e arbitrariedades. A discricionariedade, por sua vez, é criticada por Tereza Arruda Wambier (*Omissão Judicial*, op. cit.). As adequadas críticas fundam-se na necessidade de fundamentação/ justificação das decisões judiciais.

O dispositivo do art. 93, IX, deve ser compreendido nos quadros do Estado Democrático de Direito, paradigma no qual o direito assume um grau acentuado de autonomia mediante a política, a economia e a moral, em que há uma (profunda) responsabilidade política nas decisões (Dworkin). A motivação/justificação está vinculada ao direito à efetiva intervenção do juiz, ao direito dos cidadãos a obter uma tutela judicial, sendo que, por esta razão – para se ter uma ideia da dimensão do fenômeno –, o Tribunal Europeu de Direitos Humanos considera que a motivação integra-se ao direito fundamental a um processo equitativo, de modo que as decisões judiciais devem indicar de maneira suficiente os motivos em que se fundam. A extensão deste dever pode variar segundo a natureza da decisão e deve ser analisada à luz das circunstâncias de cada caso particular, conforme se vê das sentenças TEDH 1994, 4, 1998, 3, 1999, 1. Também o Tribunal Constitucional da Espanha, na sentença 20/2003, deixou assentado que as decisões judiciais devem exteriorizar os elementos de juízo que a embasaram, devendo sua fundamentação jurídica ser uma aplicação não irracional, arbitrária ou manifestamente equivocada em sua legalidade. Registra o mesmo Tribunal a preocupação com a transcendência de cada decisão no que tange aos direitos fundamentais (possibilidade de universalização dos efeitos da decisão). Assim, há várias decisões em juízo de *amparo* anulando decisões por falta de motivação. A fundamentação (devidamente motivada) é, antes de tudo, garantia para possibilitar a sua adequada revisão em instância superior ou no plano do controle de constitucionalidade (STC 139/2000).

Há uma decisão do Supremo Tribunal Federal (MS 24.268/04 – Min. Gilmar Mendes) da qual, embora diga respeito ao direito administrativo, é possível retirar uma autêntica homenagem ao preceito/princípio que obriga a fundamentação/motivação das decisões judiciais, com base na jurisprudência do *Bundesverfassungsgericht*, demonstrando que as partes têm os seguintes direitos: (a) direito de informação (*Recht auf Information*), que obriga o órgão julgador a informar a parte contrária dos atos praticados no processo e sobre os elementos dele constantes; (b) direito de manifestação (*Recht auf Äusserung*), que assegura ao defensor a possibilidade de manifestar-se oralmente ou por escrito sobre os elementos fáticos e jurídicos constantes do processo; (c) direito de ver seus argumentos considerados (*Recht auf Berucksichtigung*), que exige do julgador capacidade, apreensão e isenção de ânimo (*Aufnahmefähigkeit und Aufnahmebereitschaft*) para contemplar as razões apresentadas. O acórdão incorpora, ainda, a doutrina de Durig/Assmann, ao sustentar que o dever de conferir atenção ao direito das partes não envolve apenas a obrigação de tomar conhecimento (*Kenntnisnahmeplicht*), mas também a de considerar, séria e detidamente, as razões apresentadas (*Erwägungsplicht*).

Assim, quando o texto constitucional determina no inciso IX do art. 93 que "todas as decisões devem ser fundamentadas", é o mesmo que dizer que o julgador deverá explicitar as razões pelas quais prolatou determinada decisão. Trata-se de um autêntico direito a uma *accountabillity* (Streck, op. cit.), contraposto ao respectivo dever de (*has a duty*) de prestação de contas. Ou seja, essa determinação constitucional se transforma em um autêntico dever fundamental.

A necessidade de fundamentação decorre do problema central da teoria do direito: a constatada impossibilidade de a lei prever todas as hipóteses de aplicação. De uma lei geral é necessário retirar/construir uma decisão particular (uma norma individual). E esse procedimento deve ser controlado, para preservar a democracia, evitando-se, assim, que os juízes e tribunais decidam de forma aleatória. A tese da discricionariedade judicial é um reflexo da constatada impossibilidade de a lei prever todas as possibilidades de sua aplicação e, ao mesmo tempo, da não constatação de que as situações concretas sejam determinantes para a adequação da resposta (decisão). Entretanto, é importante que se diga que a situação concreta não é um álibi para que uma norma não seja aplicada, sendo imprescindível, sob pena de também violar o princípio da fundamentação das decisões, aquela justificação que se limita a dizer que a decisão foi tomada de uma forma e não de outra em "face das peculiaridades do caso concreto". Quais peculiaridades? Quais princípios tais peculiaridades evocam? Em quais casos essa peculiaridade é observada no interior de um sistema complexo que envolve normas e precedentes? Desse modo, assim como os princípios foram alçados à condição de norma para "salvar" a racionalidade moral prática, o caso concreto também é convocado para reduzir ao máximo a discricionariedade, *e jamais o contrário disso*.

Uma questão importante, ainda nesse sentido, diz respeito ao fato de que é a partir da fundamentação das decisões que conquistamos um espaço para acessar os conteúdos determinantes para a construção da integridade e coerência do Direito (Ronald Dworkin). De se consignar que, em uma democracia, é extremamente necessário que as decisões prolatadas pelo Poder Judiciário possam demonstrar *um mútuo comprometimento de modo a repetir os acertos do passado e corrigir, de forma fundamentada, os seus erros.*

Isso quer dizer que a fundamentação possui o ônus de colocar a decisão que se prolata na particularidade no campo mais amplo da cadeia das decisões tomadas anteriormente (pode-se dizer, com algum cuidado, precedentes). Registre-se que essa (re)composição da cadeia de decisões precedentes deve respeitar uma coerência interna, não em um sentido simplesmente lógico (aplicação do princípio da *não contradição*) mas respeitando, também, uma dimensão de equanimidade (*fairness*) nos termos defendidos por Ronald Dworkin.

A disposição constitucional que determina a obrigatoriedade da fundamentação das decisões traz ínsita a tese de que a sentença judicial *é um processo de reconstrução do direito*, questão que está relacionada, por exemplo, com a institucionalização das súmulas vinculantes. Há sempre uma pré-compreensão que conforma a visão do intérprete. Por isso, deve-se perscrutar o modo pelo qual um caso similar vinha sendo decidido até então, confrontando, necessariamente, a jurisprudência com as práticas sociais que, em cada quadra do tempo, surgem estabelecendo novos sentidos às coisas e que provocam um choque de paradigmas, o que sobremodo valoriza o papel da doutrina jurídica e a interdisciplinaridade do direito. Daí a percuciente lição de Hans-Georg Gadamer (*Wahrheit und Methode*, op. cit), segundo a qual a compreensão alcança suas verdadeiras possibilidades quando as opiniões prévias com as que se iniciam não são arbitrárias.

A fundamentação é, em síntese, a justificativa pela qual se decidiu desta ou daquela maneira. É, pois, condição de possibilidade de um elemento fundamental do Estado Democrático de Direito: *a legitimidade da decisão*. É onde se encontram os dois princípios centrais que conformam uma decisão: a integridade e a coerência, que se materializam a partir da tradição filtrada pela reconstrução linguística da cadeia normativa que envolve a querela *sub judice*.

A obrigatoriedade da fundamentação é, assim, corolário do Estado Democrático de Direito. Mais do que uma obrigação do magistrado ou do Tribunal, trata-se de um direito fundamental do cidadão, de onde se pode afirmar que, em determinadas circunstâncias e em certos casos, uma decisão, antes de ser atacada por embargos declaratórios, é nula por violação do inciso IX do art. 93.

O novo Código de Processo Civil (Lei n. 13.105, de 16 de março de 2015) vem a concretizar este dever de fundamentação, sobretudo no que determina seu art. 489, § 1º: "§ 1º Não se considera fundamentada qualquer decisão judicial, seja ela interlocutória, sentença ou acórdão, que: I – se limitar à indicação, à reprodução ou à paráfrase de ato normativo, sem explicar sua relação com a causa ou a questão decidida; II – empregar conceitos jurídicos indeterminados, sem explicar o motivo concreto de sua incidência no caso; III – invocar motivos que se prestariam a justificar qualquer outra decisão; IV – não enfrentar todos os argumentos deduzidos no processo capazes de, em tese, infirmar a conclusão adotada pelo julgador; V – se limitar a invocar precedente ou enunciado de súmula, sem identificar seus fundamentos determinantes nem demonstrar que o caso sob julgamento se ajusta àqueles fundamentos; VI – deixar de seguir enunciado de súmula, jurisprudência ou precedente invocado pela parte, sem demonstrar a existência de distinção no caso em julgamento ou a superação do entendimento". A rigor, isso tudo já seria consequência natural do inciso IX do art. 93 da CF. Contudo, sua explicitação legal é muito relevante em face da práxis jurídica brasileira, que frequentemente desconsidera tais requisitos mínimos da fundamentação. Ocorre que o dever de fundamentação se concretiza para acompanhar um novo direito ao contraditório, que vai além da mera bilateralidade de audiência; ele passa a ser garantia de influência das partes sobre a decisão (NUNES, Dierle José Coelho. *Processo Jurisdicional Democrático*, op. cit.). Nesse sentido, o art. 489, § 1º, deve ser lido combinado com os arts. 10 e 926 do CPC/2015 (STRECK. L.L. Comentários ao artigo 489. In: STRECK, L. L. NUNES, D., CUNHA, L. C. *Comentários ao Código de Processo Civil.* São Paulo: Saraiva, 2016, *passim*). Afinal, cabe uma observação sobre o alcance dessa fundamentação. Além da jurisdição civil (art. 13) e das áreas de aplicação supletiva e subsidiária (art. 15) do CPC/2015, estes novos artigos iluminam a compreensão de normas constitucionais. A par das discussões dogmáticas sobre aplicabilidade, com suas categorias de eficácia, o que está em jogo aqui é uma questão mais originária, do sentido normativo: ora, se tais requisitos da fundamentação podem ser vistos como consequências bastante naturais do inciso IX, art. 93, da CF, eles alcançam *paradigmaticamente* todo o sistema de justiça brasileiro.

2.8. Publicidade dos atos judiciais

A publicidade dos atos processuais é corolário do princípio da proteção judicial efetiva. As garantias da ampla defesa, do contraditório, do devido processo legal apenas são eficazes se o processo pode desenvolver-se sob o controle das partes e da opinião pública. Nesse sentido, Ferrajoli (in: *Direito e Razão*. São Paulo: Revista dos Tribunais, 2009, *passim*) afirma tratar-se de uma *garantia de segundo grau* ou *garantia de garantias*.

Assim, ao lado da motivação, a publicidade é fonte de legitimidade e garantia de controle, pelas partes e pela sociedade, das decisões judiciais.

O texto constitucional consagra a publicidade dos atos processuais, estabelecendo que a lei só poderá restringi-la quando a defesa da intimidade ou o interesse social o exigirem (art. 5º, LX). Essa regra encontra correspondência no art. 93, IX, da Constituição, que consagra a publicidade dos julgamentos dos órgãos do Poder Judiciário, podendo a lei, se o interesse público o exigir, limitar a presença, em determinados atos, às próprias partes e a seus advogados ou somente a estes.

Como se vê, estabelece a Constituição tanto a regra da "publicidade plena ou popular" como a regra da "publicidade restrita ou especial" (cf. SACARANCE FERNANDES, Antonio. *Processo penal constitucional*. 4. ed., São Paulo: Revista dos Tribunais, 2005, p. 72). Assim, a regra da publicidade comporta exceções, tendo em vista o interesse público ou a defesa da intimidade. Por exemplo, o texto constitucional expressamente ressalva do postulado da publicidade o julgamento pelo Tribunal do Júri, ao estabelecer o sigilo das votações (art. 5º, XXXVIII, *b*). A legislação também assegurava o sigilo dos atos processuais nas hipóteses de julgamento dos crimes referidos na antiga Lei de Tóxicos (Lei n. 6.368/76) e de processos da Justiça Militar (arts. 434 e 496 do Código de Processo Penal Militar).

No processo penal, se a publicidade prevalece no procedimento acusatório, na fase inquisitória, o sigilo dos atos deve ser preservado, em prol da própria eficácia das investigações que visam à elucidação dos fatos que, posteriormente, poderão ser objeto de eventual tipificação penal.

Portanto, cuidado especial há de merecer a investigação criminal, tendo em vista o seu caráter inicial ou preliminar e a possibilidade de que ocorram graves danos ao eventual autor e à vítima, em razão da publicidade.

Por isso, prescreve o Código de Processo Penal, em seu art. 20, que a autoridade deve assegurar, no inquérito, "o sigilo necessário à elucidação do fato ou exigido pelo interesse da sociedade". Nesse sentido, a doutrina tem esclarecido que, "sendo o inquérito um conjunto de diligências visando a apurar o fato infringente da norma penal e da respectiva autoria, parece óbvio deva ser cercado do sigilo necessário, sob pena de se tornar uma burla". Assim, pode-se afirmar, seguindo tal entendimento, que "não se concebe investigação sem sigilação" (cf. TOURINHO FILHO, Fernando da Costa. *Código de Processo Penal comentado*. 5. ed., São Paulo: Saraiva, 1999, v. 1, p. 64).

É preciso esclarecer, por outro lado, que o sigilo que reveste a tramitação dos inquéritos não pode ser absoluto, devendo ser estabelecido na medida necessária, de acordo com as circunstâncias específicas de cada investigação, em que os indiciados, os fatos apurados e a conjuntura social são variantes determinantes da sigilação necessária (STF – HC n. 90.232).

Observe-se, oportunamente, que a Constituição de 1988 institui uma ordem democrática fundada no valor da publicidade (*Öffentlichkeit*), substrato axiológico de toda a atividade do Poder Público. No Estado Democrático de Direito, a publicidade é a regra; o sigilo, a exceção, que apenas se faz presente, como impõe a própria Constituição, quando seja imprescindível à segurança da sociedade e do Estado (art. 5º, XXXIII) e quando não prejudique o interesse público à informação (art. 93, IX).

Assim, por meio de cláusula normativa aberta e conceito jurídico indeterminado, o Código de Processo Penal atribui à autoridade judiciária poderes discricionários para definir, em cada caso, qual a medida do sigilo necessário à elucidação dos fatos ou exigido pelo interesse da sociedade (art. 20). Deve a autoridade fazer o sopesamento das razões em prol do segredo das investigações, por um lado, e da sua publicidade, por outro. A autoridade judiciária, de todo modo, não possui poderes ilimitados para definir se há ou não sigilo. O juiz não possui carta branca para isso, devendo fundamentar sua decisão a partir da história institucional do instituto, buscando na doutrina e na jurisprudência os elementos conformadores, para propiciar a necessária *accountability* às partes. Trata-se, enfim, de um exercício de aplicação do direito condicionado pela conformação dos fatos determinantes do caso concreto. A cada caso será aplicada uma medida diferenciada do que seja o sigilo necessário à eficiência das investigações. E, nesse sentido, a mutação das circunstâncias fáticas poderá justificar tanto a ampliação como a restrição, total ou parcial, do sigilo inicialmente decretado, sempre tendo em vista a efetividade das investigações criminais, assim como o interesse social.

Em tema de publicidade dos julgamentos, ressalte-se o importante papel da TV e da Rádio Justiça na transmissão, para todo o país, das sessões plenárias do Supremo Tribunal Federal e do Tribunal Superior Eleitoral. A transmissão, em tempo real, das sessões tem contribuído de forma incomensurável para a plena efetividade do princípio da publicidade previsto no art. 93, IX, da Constituição.

2.9. Da composição do órgão especial

A Emenda Constitucional que instituiu a Reforma do Judiciário alterou a composição do órgão especial dos Tribunais com mais de vinte e cinco membros, passando a estabelecer que a metade das vagas será provida por antiguidade e a outra metade, por eleição pelo Tribunal Pleno e, nos casos de número ímpar de membros, arredondando-se para maior o número a ser removido por antiguidade, conforme a Resolução do Conselho Nacional de Justiça n. 16, de 2-6-2006, que estabeleceu sistema para harmonização dos critérios para composição do órgão especial dos Tribunais.

2.10. Da atividade jurisdicional, a distribuição de processos e a proporcionalidade do número de juízes

Por força da Reforma do Judiciário, visando a estabelecer celeridade à prestação jurisdicional, vedam-se as férias coletivas, devendo a atividade jurisdicional ser ininterrupta, com estabelecimento de plantões nos dias em que não houver expediente forense, regulamentado pela Resolução n. 28, do Conselho Nacional de Justiça, de 18-12-2006, que revogou a Resolução n. 24 do mesmo órgão (matéria ainda em discussão na Ação Direta de Inconstitucionalidade n. 3.823). O inciso XIII pretendeu garantir a devida proporcionalidade do número de juízes à efetiva demanda e ao contingente populacional. À evidência, esse dispositivo não tem o condão de garantir a abertura de concursos públicos na hipótese de falta de magistrados, uma vez que tal circunstância dependerá de outros fatores, como a previsão orçamentária. Na mesma linha de otimização da prestação jurisdicional, a Emenda Constitucional previu a possibilidade de delegar aos servidores a prática de atos de administração e atos de mero expediente sem caráter decisório, além de estabelecer a obrigatoriedade da distribuição imediata dos processos em todos os graus de jurisdição.

2.11. Delegação em favor dos servidores da prática de atos de administração e atos de mero expediente sem caráter decisório

Em regra, essa determinação constitucional destina-se apenas aos atos ordinatórios, conforme disposição dos respectivos tribunais (a exemplo do artigo 57 da Consolidação dos Provimentos da Corregedoria Regional do Tribunal Regional do Trabalho da 19ª Região). Permanece o magistrado com a exclusividade da competência jurisdicional. Pode-se dizer que essa possibilidade de delegação de atos de mero expediente aos servidores do Poder Judiciário é o que permite, hoje, o pleno e regular funcionamento da máquina administrativa no interior dos juízos e tribunais.

2.12. Distribuição de processos será imediata, em todos os graus de jurisdição

A distribuição imediata dos processos veio em consonância com o princípio da "razoável duração do processo" (*v.g.*, Resolução n. 204/2004 do Tribunal de Justiça do Estado de São Paulo). Com o avanço da tecnologia, mormente com a implementação do processo eletrônico, a distribuição tornar-se-á cada vez mais ágil, proporcionando um acesso mais efetivo à prestação jurisdicional.

Art. 94. Um quinto dos lugares dos Tribunais Regionais Federais, dos Tribunais dos Estados, e do Distrito Federal e Territórios será composto de membros do Ministério Público, com mais de dez anos de carreira, e de advogados de notório saber jurídico e de reputação ilibada, com mais de dez anos de efetiva atividade profissional, indicados em lista sêxtupla pelos órgãos de representação das respectivas classes.

Parágrafo único. Recebidas as indicações, o tribunal formará lista tríplice, enviando-a ao Poder Executivo, que, nos vinte dias subsequentes, escolherá um de seus integrantes para nomeação.

Gilmar Ferreira Mendes
Lenio Luiz Streck[1]

A – REFERÊNCIAS

1. Histórico da norma

Texto original da CF/88.

2. Constituições anteriores

Constituição de 1934, art. 104, § 6º; Constituição de 1937, art. 105; Constituição de 1946, art. 124, inciso V; Constituição de 1967, art. 136, inciso IV; Constituição de 1969, art. 144, inciso IV.

3. Dispositivos constitucionais relacionados

Art. 101; art. 104; art. 107; art. 111-A, inserido pela EC n. 45/2004; art. 115; art. 119; art. 123.

4. Legislação

Lei Complementar n. 35, de 14 de março de 1979, que dispõe sobre a Lei Orgânica da Magistratura Nacional; Lei n. 8.625, de 12 de fevereiro de 1993, que institui a Lei Orgânica Nacional do Ministério Público, dispõe sobre normas gerais para a organização do Ministério Público dos Estados e dá outras providências; Lei Complementar n. 75, de 20 de maio de 1993, que dispõe sobre a organização, as atribuições e o Estatuto do Ministério Público da União; Lei n. 8.906, de 4 de julho de 1994, que dispõe sobre o Estatuto da Advocacia e a Ordem dos Advogados do Brasil.

5. Jurisprudência

ADI 4.150, Rel. Min. Marco Aurélio, DJe 19.3.2015; Rcl 5.413, Rel. Min. Menezes Direito, DJe 23.5.2008; MS 25.624, Rel. Min. Sepúlveda Pertence, DJ 7.4.2006; ADI 3.490, Rel. Min. Marco Aurélio, DJ 7.4.2006; MS 32.491, Rel. Min. Ricardo Lewandowski, DJe 10.10.2014; MS 23.769, Rel. Min. Ellen Gracie, DJ 30.4.2004; ADI-EDcl 1.289, Rel. Min. Gilmar Mendes, DJ 27.2.2004; MS 23.972, Rel. Min. Carlos Velloso, DJ 29.8.2003; Rcl 500, Rel. Min. Néri da Silveira, DJ 21.6.2002; Rcl 389, Rel. Min. Néri da Silveira, DJ 9.11.2001; ADI-MC 2.319, Rel. Min. Moreira Alves, DJ 9.11.2001; AO 493, Rel. Min. Octavio Gallotti, DJ 10.11.2000; ADI 160, Rel. Min. Octavio Gallotti, DJ 20.11.1998; ADI 813, Rel. Min. Carlos Velloso, DJ 25.4.1997; MS 31.923-MC, Rel. Min. Celso de Mello, DJe 22.4.2013; MS 27.033-AgR, Rel. Min. Celso de Mello, DJe 27.10.2015; MS 22.323, Rel. Min. Carlos Velloso, DJ 19.4.1996; MS 21.168, Rel. Min. Sepúlveda Pertence, DJ 16.9.1994; ADI-MC 759, Rel. Min. Carlos Velloso, DJ 16.4.1993; MS 21.055, Rel. Min. Sydney Sanches, DJ 22.2.1991; ADI 29, Rel. Min. Aldir Passarinho, DJ 22.6.1990; ADI 27, Rel. Min. Célio Borja, DJ 22.6.1990; RE 678.957-AgR, Rel. Min. Cármen Lúcia, DJe 27.11.2013; RE 484.388, red. p/ acórdão Min. Luiz Fux, DJe 13.3.2012.

6. Seleção de literatura

BARROSO, Luís Roberto. *Constituição da República Federativa do Brasil Anotada*. 5ª ed. São Paulo: Saraiva, 2006. BASTOS, Celso Ribeiro; MARTINS, Ives Gandra. *Comentários à Constituição do Brasil*. v. 4. t. III. 2ª ed. São Paulo: Saraiva, 2000. PINTO FERREIRA, Luís. *Comentários à Constituição Brasileira*. v. 4. São Paulo: Saraiva, 1992. FERREIRA FILHO, Manoel Gonçalves. *Comentários à Constituição Brasileira de 1988*. v. 1. 3ª ed. São Paulo: Saraiva, 2000. MENDES, Gilmar Ferreira; COELHO, Inocêncio Mártires; BRANCO, Paulo Gustavo Gonet. *Curso de Direito Constitucional*. 4ª ed. São Paulo: Saraiva, 2009. MENDES, Gilmar Ferreira; VALE, André Rufino do. *O pensamento de Peter Häberle na jurisprudência do Supremo Tribunal Federal*. In: Observatório da Jurisdição Constitucional, IDP, ano 2, 2008/2009. SILVA, José Afonso da. *Comentário Contextual à Constituição*. 4ª ed. São Paulo: Malheiros, 2007. STRECK, Lenio Luiz. *Jurisdição Constitucional e Decisão Jurídica*. 4ª ed. São Paulo: Revista dos Tribunais, 2014. TAVARES, André Ramos. *Constituição do Brasil Integrada*. 2ª ed. São Paulo: Saraiva, 2007.

B – COMENTÁRIOS

I. O art. 94 estabelece o denominado *quinto constitucional*, que assume relevante valor nas sociedades complexas, na medida em que permite a composição plural dos órgãos judiciais. O texto constitucional igualmente valoriza a experiência profissional de advogados e membros do Ministério Público e sua participação na formação plural e, dessa forma, na legitimação das decisões judiciais.

O assim denominado quinto constitucional foi criado na Constituição de 1934 (art. 104, § 6º) e manteve-se praticamente inalterado nos textos constitucionais posteriores (Constituição de 1937, art. 105; Constituição de 1946, art. 124, inciso V; Constituição de 1967, art. 136, inciso IV; Constituição de 1969, art. 144, inciso IV). A Constituição de 1988 estabeleceu o percentual de um quinto para os Tribunais Regionais Federais e os Tribunais dos Estados e do Distrito Federal, repetindo a exigência de dez anos de carreira para o Ministério Público e dez anos de efetivo exercício da atividade profissional para os advogados.

---

[1]. O comentário contou com a colaboração de André Rufino do Vale e Paulo Sávio Peixoto Maia.

Conforme já ocorria nas Constituições anteriores, o instituto é inaplicável à composição do Supremo Tribunal Federal e de Tribunais Superiores. O acesso ao cargo de Ministro do STF é feito por livre indicação do Presidente da República, com a aprovação do Senado Federal (art. 101). Para o provimento dos cargos de Ministro do Superior Tribunal de Justiça, observa-se a regra segundo a qual um terço desses cargos deve ser preenchido por advogados e membros do Ministério Público Federal, Estadual e do Distrito Federal (art. 104). O Superior Tribunal Militar é composto de três advogados e dois membros do Ministério Público da Justiça Militar ou juízes auditores, escolhidos de forma paritária (art. 123). O Tribunal Superior Eleitoral segue regra diferenciada e compõe-se de três Ministros do STF, dois Ministros do STJ e dois advogados (art. 119). Com a Emenda Constitucional n. 45/2004, o quinto constitucional passou a ser observado para a composição dos Tribunais Regionais do Trabalho (art. 115, I) e para o Tribunal Superior do Trabalho (art. 111-A, I) (constitucionalidade afirmada em: ADI 3.490, Rel. Min. Marco Aurélio, j. 19-12-2005, *DJ* 7-4-2006).

Como se percebe, a Constituição de 1988, de toda forma, mesmo nas hipóteses não abrangidas especificamente pela regra do quinto constitucional, preserva a garantia da pluralidade na composição dos órgãos judiciais, com membros oriundos da advocacia e do Ministério Público.

A limitação que o art. 94 traça quanto ao seu âmbito de incidência material (incidência circunscrita aos Tribunais Regionais Federais e aos Tribunais de Justiça dos Estados e do Distrito Federal) e a especificidade da regra constitucional atinente ao Superior Tribunal de Justiça (art. 104, parágrafo único, CF), levou o Supremo Tribunal Federal a explicar que no provimento de cargo de Ministro do STJ destinada a membro de Tribunal (Estadual ou Regional Federal), "não cabe distinguir entre juiz de TRF, originário da carreira da magistratura federal, ou proveniente do Ministério Público Federal ou da advocacia" (MS 23.445 – AgR, Rel. Min. Néri da Silveira, j. 18-11-1999, *DJ* 24-03-2000). Assim, não importa que o ingresso do candidato no TJ/TRF tenha se dado pelo quinto constitucional: uma vez nomeado, dá-se o ingresso na carreira da magistratura. O Superior Tribunal de Justiça, portanto, pode escolher magistrados dos Tribunais Regionais Federais e dos Tribunais de Justiça independentemente da categoria pela qual neles tenha ingressado" (ADI 4078, Redatora para o acórdão Min. Cármen Lúcia, j. 10-11-2011, *DJ* 13-4-2012).

II. O processo de escolha dos integrantes dos órgãos judiciais tem início com a formação da lista sêxtupla, de caráter corporativo. Cabe aos órgãos de representação das respectivas classes, ou seja, os Conselhos Superiores, no caso do Ministério Público, e os Conselhos Federal e Seccionais da Ordem dos Advogados do Brasil, escolher quais de seus membros comporão a lista. A partir das listas sêxtuplas, os Tribunais formam listas tríplices, que são enviadas ao Presidente da República, ou ao Governador, quando se tratar de vaga em Tribunal de Justiça, os quais escolherão definitivamente um de seus integrantes para a nomeação. Assim, diferentemente do modelo constitucional anterior, a Constituição de 1988 incumbe aos órgãos de representação do Ministério Público e da Advocacia a tarefa de formação das listas, ficando os Tribunais apenas com o poder-dever de composição da lista tríplice, para submetê-la à escolha final por parte do Chefe do Poder Executivo. O ato de nomeação, portanto, é ato complexo, que somente se completa com o decreto do Presidente da República (circunstância que embasou a compreensão do STF acerca de sua competência originária para processar e julgar casos que tais) (MS 23.972, Rel. Min. Carlos Velloso, j. 12-9-2001, *DJe* 29-8-2003), ou do Governador que efetivamente nomeia o magistrado. Cuida-se de nomeação em sentido estrito do termo, porque inaugura-se, com ela, uma relação funcional, o que leva à necessidade de observância de requisitos como idade máxima de ingresso no serviço público (setenta anos de idade, nos termos da Emenda Constitucional n. 122/2022) – diferentemente do que ocorre com os juízes de direito e juízes federais, cujo ingresso nos Tribunais se dá por promoção na carreira – provimento não originário – (MS 33.939 – AgR, Rel. Min. Luiz Fux, j. 13-4-2018, *DJe* 21-5-2018).

O quinto deve ser obtido pela divisão no número de cargos do Tribunal por cinco. Se o número total da composição do Tribunal não for múltiplo de cinco, deve-se arredondar a fração, seja ela superior ou inferior a meio, para cima, de forma a se obter o número inteiro seguinte (MS n. 22.323/SP, Rel. Min. Carlos Velloso, *DJ* 19.4.1996).

Na hipótese de ser ímpar o número de vagas no Tribunal destinadas ao quinto constitucional, uma delas será, alternada e sucessivamente, preenchida por advogado e por membro do Ministério Público, de tal forma que, também sucessiva e alternadamente, os representantes de uma dessas classes superem os da outra em uma unidade, tal como prescreve o § 2º do art. 100 da LOMAN (MS 20.597, Rel. Min. Octavio Gallotti, *DJ* 5.12.1986; MS 23.972, Rel. Min. Carlos Velloso, *DJ* 29.8.2003). Na eventualidade de haver mais de uma vaga, o Supremo Tribunal Federal já se pronunciou pela legitimidade da decisão do Tribunal que confecciona uma lista quádrupla no lugar de duas listas tríplices (MS 23.789, Rel. Min. Ellen Gracie, Pleno, j. 30-6-2005, *DJ* 23-9-2005).

III. Questão que tem sido muito debatida diz respeito à recusa, devolução ou substituição, pelo Tribunal, da lista sêxtupla enviada pelos órgãos de classe.

O Supremo Tribunal Federal tem entendido que podem os Tribunais se recusar a formar a lista tríplice com alguns ou todos os nomes oferecidos pela lista sêxtupla, desde que a recusa esteja fundada em razões objetivas, ante o descumprimento dos requisitos constitucionais do art. 94, devidamente apresentadas e fundamentadas por meio da decisão (Rcl n. 5.413/SP, Rel. Min. Menezes Direito, *DJe* 23.5.2008; MS n. 25.624/SP, Rel. Min. Sepúlveda Pertence, *DJ* 19.2.2006). Há, aqui, uma exigência de fundamentação e de motivação do ato de recusa da lista sêxtupla, até mesmo em razão da possibilidade de sua submissão ao controle jurisdicional. Afinal, por se tratar de um ato administrativo complexo, a exigência de fundamentação é condição de possibilidade da validade da própria decisão.

Por outro lado, não poderão os Tribunais substituir a lista sêxtupla, encaminhada pela respectiva entidade de classe, por outra lista composta pelos próprios órgãos judiciais, no exercício de juízo sobre os requisitos do art. 94 (MS n. 25.624/SP). Decisão desse jaez é absolutamente inconstitucional. A Constituição atribui aos órgãos de representação de classe o poder de emitir o primeiro juízo positivo ou negativo sobre as qualificações pessoais exigidas pelo art. 94 para a formação da lista sêxtupla. Resta aos Tribunais o poder-dever de reduzir a três os seis indicados pelo Ministério Público ou pela Ordem dos Advogados, para formação da lista tríplice a ser enviada à escolha final pelo Chefe do

Poder Executivo. No caso de eventual descumprimento dos requisitos constitucionais do art. 94, pode o Tribunal se recusar, de forma motivada, à formação da lista tríplice e, dessa forma, proceder à devolução da lista sêxtupla ao respectivo órgão de classe, o qual poderá refazer total ou parcialmente a lista ou contestar em juízo o ato de devolução (MS n. 25.624/SP).

IV. No julgamento da ADI-EI n. 1.289, o Supremo Tribunal Federal enfrentou a interessante questão de saber se, ante a inexistência temporária de membros do Ministério Público com mais de dez anos de carreira, poderiam concorrer a vagas em Tribunal Regional do Trabalho outros membros que não cumprissem o mencionado requisito constitucional.

O Tribunal procurou adotar solução que propiciasse, na maior medida possível, a realização dos princípios constitucionais em questão, permitindo a participação de membros do Ministério Público na composição do Tribunal trabalhista. Ao assentar que um dos mandamentos constitucionais para a composição de órgãos judiciais era a observância do denominado "quinto constitucional", o Supremo novamente assentou que a observância ao preceito que estabelece o quinto constitucional rende notória homenagem a princípios estruturantes do regime constitucional vigente (pluralismo, democracia), permitindo que os Tribunais tenham, necessariamente, uma composição diversificada. A não satisfação do dispositivo constitucional configura, portanto, um desvalor que, certamente, não encontra respaldo na estrutura constitucional brasileira, tal como anotado na decisão do STF.

Ademais, cumpre observar que, ao consagrar o critério da lista sêxtupla composta por procuradores que ainda não preenchem o requisito temporal, no caso de falta de membros habilitados, atende-se a outro direito, igualmente importante para o texto constitucional: o respeito à liberdade de escolha por parte do Tribunal e do próprio Poder Executivo. Do contrário, restaria prejudicado o equilíbrio que o texto constitucional pretendeu formular para o sistema de escolha: participação da classe na formação da lista sêxtupla; participação do Tribunal na escolha da lista tríplice e participação do Executivo na escolha de um dos nomes. A formação incompleta da lista sêxtupla ou até mesmo o envio de um ou dois nomes que preenchessem todos os requisitos constitucionais é que poderia afetar o modelo original concebido pelo constituinte, reduzindo ou eliminando a participação do Tribunal e do Executivo no processo de escolha.

Portanto, entre as interpretações cogitáveis, aquela que mais homenageia um "pensamento do possível" (Häberle), na espécie, é exatamente a perfilhada na decisão do STF, que, como se vê, logra realizar os princípios em eventual tensão dialética sem comprometer aspectos fundamentais da complexa decisão constitucional, ou seja, respeita-se o quinto constitucional e a cláusula da lista sêxtupla, que, menos do que a revelação de um número cabalístico, contém uma definição em favor da liberdade relativa de escolha por parte do Tribunal e do Poder Executivo.

Muito mais distante da vontade constitucional seria a composição do Tribunal sem a participação dos integrantes do Ministério Público, significa dizer, sem a observância do princípio do quinto constitucional. Da mesma forma, haveria de revelar-se distante do texto constitucional a composição da lista com número inferior ao estabelecido constitucionalmente, afetando o modelo já restrito de liberdade de escolha. Não há dúvida, pois, de que, entre os caminhos possíveis de serem trilhados, adotou-se aquele que mais se aproxima da integridade da decisão constitucional, respeitando o preceito que institui o quinto constitucional e a liberdade de escolha dos órgãos dos Poderes Judiciário e Executivo.

Por fim, o certo é que a Constituição não regula de forma pormenorizada todas as questões que podem surgir a partir da aplicação do art. 94, de forma que tal interpretação constitucional segundo o "pensamento de possibilidades" (*Möglichkeitsdenken*) (Häberle) pode constituir um mecanismo idôneo para emprestar ao dispositivo a máxima eficácia, preservando seu substrato axiológico, que é a composição plural dos órgãos judiciais.

Art. 95. Os juízes gozam das seguintes garantias:

I – vitaliciedade, que, no primeiro grau, só será adquirida após dois anos de exercício, dependendo a perda do cargo, nesse período, de deliberação do tribunal a que o juiz estiver vinculado, e, nos demais casos, de sentença judicial transitada em julgado;

II – inamovibilidade, salvo por motivo de interesse público, na forma do art. 93, VIII;

III – irredutibilidade de subsídio, ressalvado o disposto nos arts. 37, X e XI, 39, § 4º, 150, II, 153, III, e 153, § 2º, I.

Parágrafo único. Aos juízes é vedado:

I – exercer, ainda que em disponibilidade, outro cargo ou função, salvo uma de magistério;

II – receber, a qualquer título ou pretexto, custas ou participação em processo;

III – dedicar-se à atividade político-partidária;

IV – receber, a qualquer título ou pretexto, auxílios ou contribuições de pessoas físicas, entidades públicas ou privadas, ressalvadas as exceções previstas em lei;

V – exercer a advocacia no juízo ou tribunal do qual se afastou, antes de decorridos três anos do afastamento do cargo por aposentadoria ou exoneração.

Gilmar Ferreira Mendes
Lenio Luiz Streck[1]

A – REFERÊNCIAS

1. Origem da norma

Texto original da CF/88 e EC 45/2004.

2. Constituições anteriores

Constituição de 1824, art. 153 (perpetuidade); Constituição de 1891, art. 59, § 1º; Constituição de 1934, arts. 64, 65 e 66; Constituição de 1937, arts. 91 e 92; Constituição de 1946, arts. 95 e 96; Constituição de 1967, arts. 108 e 109; Constituição de 1969, arts. 113 e 114.

---

1. O comentário contou com as colaborações de André Rufino do Vale.

3. Legislação

Resolução CNJ n. 34, de 24 de abril de 2007.

4. Jurisprudência

ADI 4.638-MC-REF, rel. min. Marco Aurélio, *DJe* de 30-10-2014; ADI 954, rel. min. Gilmar Mendes, julgamento em 24-2-2011, Plenário, *DJe* de 26-5-2011; MS 24.785, rel. min. Sepúlveda Pertence, *DJ* de 6-10-2006; RE 549.560, rel. min. Ricardo Lewandowski, j. 22-3-2012, P, *DJe* de 30-5-2014, tema 453; MS 27.958, rel. min. Ricardo Lewandowski, j. 17-5-2012, P, *DJe* de 29-8-2012; MS 25.938, rel. min. Cármen Lúcia, j. 24-4-2008, P, *DJe* de 12-9-2008; ADI 3.126 MC, rel. min. Gilmar Mendes, j. 17-2-2005, P, *DJ* de 6-5-2005.

5. Seleção de literatura

BASTOS, Celso Ribeiro; MARTINS, Ives Gandra. *Comentários à Constituição do Brasil*. v. 4. t. III. 2ª ed. São Paulo: Saraiva, 2000. FERREIRA FILHO, Manoel Gonçalves. *Comentários à Constituição Brasileira de 1988*. v. 1. 3ª ed. São Paulo: Saraiva, 2000. MENDES, Gilmar Ferreira; COELHO, Inocêncio Mártires; BRANCO, Paulo Gustavo Gonet. *Curso de Direito Constitucional*. 4ª ed. São Paulo: Saraiva, 2009. PINTO FERREIRA, Luís. *Comentários à Constituição Brasileira*. v. 4. São Paulo: Saraiva, 1992. SILVA, José Afonso da. *Comentário Contextual à Constituição*. 4ª ed. São Paulo: Malheiros, 2007.

B – COMENTÁRIOS

I. Esse dispositivo trata das garantias funcionais da magistratura. O conjunto de garantias da magistratura visa, em primeira linha, a assegurar a independência e imparcialidade dos órgãos judiciais. Nesse ponto, ressalte-se que, no Estado Democrático de Direito, a independência judicial é mais importante para a eficácia dos direitos fundamentais do que o próprio catálogo de direitos contido nas Constituições. Assim é que, no intuito de garantir a independência judicial, os diversos ordenamentos constitucionais contêm normas que asseguram e disciplinam o pleno exercício da magistratura.

Como garantias, seguindo a tradição do constitucionalismo brasileiro, tem-se, em primeiro lugar, a vitaliciedade, que assegura que o magistrado somente perderá o cargo mediante sentença judicial transitada em julgado. No caso do juiz de primeiro grau, a vitaliciedade será adquirida após dois anos de exercício, somente podendo o juiz perder o cargo, nesse período, mediante deliberação do tribunal a que estiver vinculado (CF, art. 95, I). Os Ministros do Supremo Tribunal Federal poderão perder o cargo por decisão do Senado Federal, nos casos de crimes de responsabilidade, nos termos do art. 52, II, e parágrafo único, da Constituição de 1988. De toda forma, o magistrado vitalício está sujeito à aposentadoria compulsória, em razão da idade.

A inamovibilidade garante que o juiz não seja removido do cargo *ex officio*. Não se permite, igualmente, que, mediante qualquer mecanismo ou estratagema institucional, seja ele afastado da apreciação de um dado caso ou de determinado processo. A ordem constitucional contempla a possibilidade de efetivar a remoção do juiz – bem como a decretação de sua disponibilidade ou aposentadoria –, por interesse público, mediante decisão da maioria absoluta do respectivo tribunal ou do Conselho Nacional de Justiça, assegurada a ampla defesa (CF, art. 93, VIII).

A irredutibilidade de vencimentos, antes garantia exclusiva dos magistrados e hoje integrante da proteção dos servidores públicos em geral, completa esse elenco de garantias pessoais voltadas a assegurar a independência dos magistrados. Afasta-se, aqui, a possibilidade de qualquer decisão legislativa com o intuito de afetar os subsídios pagos aos juízes. A regra, no entanto, não afasta a incidência do teto constitucional, tal como previsto no art. 37, XI, da Constituição.

II. Em razão da necessidade de resguardar a imparcialidade e o pleno funcionamento dos órgãos judiciais, aos juízes impõem-se vedações específicas, tais como o exercício, ainda que em disponibilidade, de outro cargo ou função, salvo uma função de magistério.

Tendo em vista a garantia da independência e imparcialidade da magistratura, a Constituição é rígida quanto ao sistema de remuneração do juiz, inclusive no que concerne ao exercício de outra atividade remunerada. Admite-se tão somente o exercício de uma função de magistério. Qualquer outra atividade, pública ou privada, fica-lhe expressamente vedada. O Supremo Tribunal Federal já teve a oportunidade de afirmar, por exemplo, que há incompatibilidade constitucional do cargo de juiz com cargo ou função da Justiça Desportiva (MS 25.938, Rel. Min. Cármen Lúcia).

O alcance da vedação foi tema da ADI-MC 3.126, ajuizada contra a Resolução n. 336, do Conselho da Justiça Federal, que dispunha sobre o acúmulo do exercício da magistratura com a atividade de magistério, no âmbito da Justiça Federal, possibilitando ao magistrado apenas o exercício de "um único" cargo de magistério, público ou particular. A referida resolução trazia, ainda, diversas restrições ao exercício, pelo magistrado, do magistério, como a exigência de compatibilidade de horário, salvo quando a docência fosse praticada em escolas de aperfeiçoamento da própria magistratura. Em apreciação cautelar, a maioria do Supremo Tribunal Federal entendeu que não violavam a Constituição as exigências quanto à compatibilidade de horário, mas a restrição quanto ao exercício de "um único" cargo de magistério era incompatível com o art. 95, parágrafo único, inciso I, da Constituição, uma vez que a teleologia da norma constitucional é a de impedir o exercício da atividade de magistério que se revele incompatível com os afazeres da magistratura, razão pela qual cada caso deve ser analisado na sua concretude, para evitar distorções na própria dicção da norma constitucional. Com efeito, mediante a expressão "uma de magistério" tem a Constituição o objetivo de impedir que a cumulação autorizada prejudique, em termos de horas efetivas destinadas ao magistério, o exercício do ofício de magistrado. Não cuida a norma do número de cargos ou funções de magistério que o magistrado poderá exercer. O que importa, de fato, é o tempo utilizado pelo magistrado para o exercício do magistério em face do tempo reservado à atividade judicante. Isso porque poderá ocorrer que o exercício de um único cargo ou função demande quarenta horas ou que o magistrado-docente, mesmo sendo titular de um único cargo de professor, ministre um número de aulas muito superior a outro que cumpra funções em diversos cursos. Na interpretação da norma constitucional, há que se levar em conta as variadas hipóteses de cargas horárias e regimes de trabalho contemplados pelas Faculdades e Universidades brasileiras. Nesse sentido, o acórdão bem explicita que, dessa forma, mesmo um único cargo poderia, dependendo das circunstâncias específicas, burlar a regra constitucional. Ressalte-se que, posteriormente, o Conselho Nacional de Justiça editou a Resolução n. 34, de 24 de abril de 2007, que, na sua motivação, adota a interpretação dada à matéria pela Suprema Corte quando da apreciação da referida medida cautelar.

A Constituição igualmente proíbe o magistrado de exercer atividade político-partidária. Cuida-se de vedação destinada a garantir, institucionalmente, as condições objetivas de imparcialidade do magistrado. Caso, por exemplo, decida pela atividade político-partidária, o juiz terá de afastar-se, definitivamente, da magistratura, mediante aposentadoria ou exoneração. A proibição deve ser observada pelos juízes eleitorais e até com mais razão: "perfeitamente natural que os magistrados, sendo fiscais e árbitros das eleições, sejam impedidos de se candidatar aos pleitos" (AO 2.236 – ED, Rel. Min. Gilmar Mendes, 2ª Turma, j. 22-9-2017, *DJe* 4-10-2017). Em sessão de 25-4-2023, o Conselho Nacional de Justiça sancionou com a pena de aposentadoria compulsória um juiz federal que, em pleno período eleitoral (2018), gravou vídeo em companhia de deputado federal (filho de candidato à Presidência da República) no qual produziu peça de desinformação (suposta ausência de confiabilidade das urnas eletrônicas). O contexto fático levou o CNJ, a compreender que a conduta possuía conteúdo político-partidário (Processo Administrativo Disciplinar – PAD – 0000197-18.2019.2.00.0000, Rel. Conselheiro Mauro Martins, 6ª Sessão Ordinária do CNJ, 25 de abril de 2023).

Também está vedada a percepção, a qualquer título ou pretexto, de custas ou participação em processo, bem como o recebimento de auxílios ou contribuições de pessoas físicas, entidades públicas ou privadas. O sentido da vedação é bastante claro, como garantia da imparcialidade do juiz na condução dos processos; seu âmbito de incidência abarca os juízes de paz (ADI 954, Rel. Min. Gilmar Mendes, j. 24-2-2011, *DJe* 26-5-2011).

A EC n. 45/2004 inovou nas vedações, ao estabelecer a proibição de o ex-ocupante de cargo na magistratura exercer atividade advocatícia perante o juízo ou tribunal do qual se afastou, salvo se decorridos três anos do afastamento. Tem-se, aqui, a aplicação da chamada "quarentena" no âmbito do Poder Judiciário, com o objetivo de evitar situações geradoras de um estado de suspeição quanto ao bom funcionamento do Judiciário. Embora a matéria tenha suscitado alguma polêmica, tendo em vista a restrição que se impõe sobre direitos individuais, a decisão afigura-se plenamente respaldada na ideia de reforço da independência e da imparcialidade dos órgãos judiciais. No fundo, trata-se de criar barreiras ao tráfico de influência.

Eventuais críticas ao modelo adotado centraram-se na limitação ao exercício livre de atividade profissional. Por outro lado, a previsão procura afastar suposto perigo evidenciado pela odiosa prática do *revolving doors*, como se denomina no Direito norte-americano o trânsito entre setores público e privado. Refere-se a profissional que detém segredo e prestígio por conta de determinada atividade e que, em tese, exploraria o *savoir-faire* e o bom nome, em benefício próprio ou de terceiros.

Art. 96. Compete privativamente:

I – aos tribunais:

a) eleger seus órgãos diretivos e elaborar seus regimentos internos, com observância das normas de processo e das garantias processuais das partes, dispondo sobre a competência e o funcionamento dos respectivos órgãos jurisdicionais e administrativos;

b) organizar suas secretarias e serviços auxiliares e os dos juízos que lhes forem vinculados, velando pelo exercício da atividade correicional respectiva;

c) prover, na forma prevista nesta Constituição, os cargos de juiz de carreira da respectiva jurisdição;

d) propor a criação de novas varas judiciárias;

e) prover, por concurso público de provas, ou de provas e títulos, obedecido o disposto no art. 169, parágrafo único, os cargos necessários à administração da Justiça, exceto os de confiança assim definidos em lei;

f) conceder licença, férias e outros afastamentos a seus membros e aos juízes e servidores que lhes forem imediatamente vinculados;

II – ao Supremo Tribunal Federal, aos Tribunais Superiores e aos Tribunais de Justiça propor ao Poder Legislativo respectivo, observado o disposto no art. 169:

a) a alteração do número de membros dos tribunais inferiores;

b) a criação e a extinção de cargos e a remuneração dos seus serviços auxiliares e dos juízes que lhes forem vinculados, bem como a fixação do subsídio de seus membros e dos juízes, inclusive dos tribunais inferiores, onde houver;

c) a criação ou extinção dos tribunais inferiores;

d) a alteração da organização e da divisão judiciárias;

III – aos Tribunais de Justiça julgar os juízes estaduais e do Distrito Federal e Territórios, bem como os membros do Ministério Público, nos crimes comuns e de responsabilidade, ressalvada a competência da Justiça Eleitoral.

Gilmar Ferreira Mendes
Lenio Luiz Streck[1]

A – REFERÊNCIAS

1. Histórico da norma

Texto original da CF/88 e EC n. 19/98 e 41/2003.

2. Constituições anteriores

Constituição de 1891, art. 58; Constituição de 1934, art. 67; Constituição de 1937, art. 93; Constituição de 1946, art. 97; Constituição de 1967, art. 110; Constituição de 1969, art. 115.

---

1. O comentário contou com a colaboração de Paulo Sávio Peixoto Maia.

3. Dispositivos constitucionais relacionados

Arts. 92 a 95, 98, 99, 101 a 126, arts. 163 a 169.

4. Legislação

Lei de Organização da Magistratura Nacional (LOMAN), arts. 15, 16, 21, 48, 60-77, 80-88, 91-107, 112-145.

5. Jurisprudência

ADC 19 (constitucionalidade da criação dos juizados de violência doméstica e familiar contra a mulher); ADI 2.012 (Inconstitucionalidade da participação de juízes vitalícios na escolha da direção do tribunal); MS 27.593 (Inelegibilidade de magistrados por mais dois mandatos consecutivos para cargo de direção); ADI 314 (Provimento de cargo de desembargador por promoção – ato privativo do Tribunal); ADI 4.108-REF-MC; Rcl 8.025; ADI 1.152-MC; ADI 841-QO; Rcl 5.158-MC; ADI 3.566; ADI 2.700-MC; ADI 1.503; ADI 1.152-MC (Procedimento de eleição para cargo de direção – matéria exclusiva de Lei Complementar Federal – mera explicitação em Regimento Interno); HC 96.104; HC 94.146; HC 85.060; HC 96.104; HC 91.024; HC 88.660 (Constitucionalidade da criação de juízos subordinados especializados por deliberação de Tribunal); ADI 2.907 (Exigência de Resolução Colegiada para organização interna dos Tribunais); ADI 2.480 (Revisão jurisprudencial – Possibilidade de criação de Reclamação pelos Tribunais Estaduais com fundamento nas Constituições Estaduais); ADI 2.970 (Julgamento em sessão secreta. Previsão regimental. Violação ao princípio da publicidade); ADI 1.105-MC (Regimento Interno dos Tribunais – Lei em sentido material); AO 232 (Criação de Órgão Especial); HC 74.190 (Não recepção do art. 101, § 3º, c, da LOMAN); AI 177.313-AgR (Decisões juridicamente imputáveis ao próprio Tribunal – possibilidade de normatização interna de competências); ADI 3.773; ADI 2.415-MC; ADI 106 (Iniciativa privativa dos Tribunais para leis que delegarem, desmembrarem, acumularem ou instituírem serviços auxiliares); ADI 2.308-MC (Alteração de horário de funcionamento forense por Resolução de Tribunal que afeta jornada de trabalho de servidores públicos – vício de iniciativa); ADI 3.131 (Lei de Organização Judiciária Estadual. Iniciativa do Tribunal de Justiça); ADI 142; ADI 3.362 (Iniciativa de alteração do número de cadeiras do Tribunal de Justiça – iniativa privativa do Tribunal de Justiça); ADI 662; ADI 2.104; RE 218.874; ADI 2.087-MC; ADI 1.781-MC (Necessidade de Lei de iniciativa do Tribunal para alteração de vencimentos de seus servidores); ADI 965 (Extensão de reajustes gerais – desnecessidade de Lei específica de inciativa dos Tribunais); RMS 22.875 (Criação de cargos e funções por ato administrativo. Impossibilidade. Exigência de Lei de iniciativa do Tribunal); ADI 366; ADI 2.011-MC (Extinção de tribunais inferiores – exigência de Lei de iniciativa dos Tribunais); ADI 3.151 (Instituição de selo de controle administrativo de atos notariais e de registro – iniciativa não privativa do Tribunal); RE 377.356 (Julgamento de crime imputado a membro do MPU que não oficie perante tribunais – competência dos TRFs); HC 86.834; HC 85.240; HC 86.026-QO (Julgamento de crime imputado a integrante de Turma Recursal – competência dos TRFs ou TJs respectivos); RE 398.042 (Juiz em função eleitoral – Competência da Justiça Eleitoral somente para crimes eleitorais); HC 77.558 (Compete aos Tribunais de Justiça julgar os juízes estaduais, mesmo quando acusados de crimes de competência da Justiça Federal); HC 73.801 (Membros do MPU que oficiem perante tribunais – competência do STJ).

6. Seleção de literatura

ALMEIDA, José Maurício Pinto de. *O Poder Judiciário e sua organização*. Curitiba: Juruá, 1996; ARAÚJO, Rosalina Corrêa de. *Estado e Poder Judiciário no Brasil*. 2ª ed. Rio de Janeiro: Lumen Juris, 2004; ARNDT, Klaus Friedrich. A Organização do Poder Judiciário. In: *O Federalismo na Alemanha*. São Paulo: Fundação Konrad-Adenauer-Stiftung, Centro de Estudos, 1995. p. 185-203; COMPARATO, Fábio Konder. Sobre a independência e as garantias da magistratura. In: *Constitucionalismo social*: estudos em homenagem ao ministro Marco Aurélio Mendes de Farias Mello. São Paulo: LTr, 2003. p. 181-188; DALLARI, Dalmo de Abreu. *O Poder dos Juízes*. 3ª ed. São Paulo: Saraiva, 2007; GUERRA, Sérgio (org.). *Transformações do Estado de direito*: novos rumos para o Poder Judiciário. Rio de Janeiro: FGV, 2009; LEITE, George Salomão; TAVARES, André Ramos; SARLET, Ingo Wolfgang (orgs.). *Estado Constitucional e Organização de Poder*. São Paulo: Saraiva, 2010; LOPES, Júlio Aurélio Vianna. *O papel republicano das instituições de Direito*: Judiciário, Defensoria Pública, Ministério Público e Tribunal de Contas. Rio de Janeiro: Casa de Rui Barbosa, 2010; MENDES, Gilmar Ferreira. *Organização do Poder Judiciário*. Palestra proferida em visita oficial à China em 24 de setembro de 2009. Disponível em: http://www.stf.jus.br/arquivo/cms/noticiaArtigoDiscurso/anexo/JudicBrasil.pdf. Acesso em 4 de novembro de 2010; VELLOSO, Carlos Mário da Silva. Do Poder Judiciário: organização e competência. In: *Perspectivas do Direito Público*. Belo Horizonte: Del Rey, 1995. p. 219-244.

B – COMENTÁRIOS

I. A efetiva independência judicial depende de certas garantias de autonomia organizacional, administrativa e financeira dos Tribunais. Pode-se dizer que elas representam *garantias institucionais* da independência judicial e, dessa forma, *garantias fundamentais* da prestação jurisdicional adequada e da tutela judicial efetiva. Assim, ao lado das garantias funcionais da magistratura protegidas pelo art. 95, a Constituição também assegura, em seu art. 96, as garantias institucionais de autonomia orgânico-administrativa dos órgãos judiciais. A autonomia financeira é tratada pelo art. 99 do texto constitucional.

II. A autonomia organizacional e administrativa é garantida por meio de uma série de competências privativas conferidas aos órgãos judiciais. Nomeadamente, em sua alínea *a* do inciso I do art. 96, a Constituição de 1988 dotou os tribunais de um poder de autogoverno consistente na eleição de seus órgãos diretivos e elaboração de seus regimentos internos. Esta última atribuição contempla até mesmo repartição de competência dos respectivos órgãos jurisdicionais. Como disposto pelo eminente Ministro Paulo Brossard, "esse poder, já exercido sob a Constituição de 1891, tornou-se expresso na Constituição de 1934, e desde então vem sendo reafirmado, a despeito dos sucessivos distúrbios institucionais. A Constituição subtraiu ao legislador a competência para dispor sobre a economia dos tribunais e a estes a imputou, em caráter exclusivo. Em relação à economia interna dos tribunais a lei é o seu regimento. O regimento interno dos tribunais é lei material. Na taxinomia das normas jurídicas o regimento interno dos tribunais se equipara à lei. A prevalência de uma ou de outro depende de matéria regulada, pois são normas de igual categoria" (ADI 1.105 – MC, Rel. Min. Paulo Brossard, j. 3-8-1994, *DJe* 27-4-2001). O entendimento traduz jurisprudência constante, que reitera o caráter normativo primário dos Regimentos Internos (HC 143.333, Rel. Min. Edson Fachin, j. 12-4-2018, *DJe* 21-3-2019).

No que se refere à eleição dos órgãos de direção dos Tribunais, a privatividade a estes conferida para o exercício desse mister implica na inconstitucionalidade de leis que incluam juízes de direito no universo de eleitores: apenas desembargadores podem eleger seus pares (ADI 2012, Rel. Min. Ricardo Lewandowski, j. 27-10-2011, *DJe* 28-11-2011). Considerando que a ausência da edição do diploma requerido no *caput* art. 93 da Constituição resulta na continuidade normativa da LC 35/1979 (Lei Orgânica da Magistratura), é necessária especial cautela na recepção do direito pré-constitucional com o marco atual. Nesse sentido, apoiado no pressuposto de que a Carta de 1969 coloca sob o domínio da Loman a conformação normativa dos órgãos diretivos dos Tribunais (art. 112 da Carta de 1969), o Supremo Tribunal Federal, com olhos postos no art. 96 da Constituição Federal de 1988, tem entendido como "não recepcionado o artigo 102, da Lei Orgânica da Magistratura Nacional (LCp 35/1979), na parte em que restringe aos Juízes mais antigos o universo daqueles aptos a concorrer aos cargos de direção" (ADI 3976, Rel. Min. Edson Fachin, j. 25-6-2020, *DJe* 21-9-2020). O afastamento da ratio que informa o art. 102 da Loman também conduziu a Corte a declarar a constitucionalidade de norma regimental que criou a posição de vice-corregedor (MS 37.887 – AgR, Rel. Min. Alexandre de Moraes, j. 13-6-2022, *DJe* 26-8-2022).

A garantia de autogoverno também abarca a organização de suas secretarias e serviços auxiliares e os dos juízos que lhes forem vinculados, no provimento dos cargos de magistrados de carreira da respectiva jurisdição, bem como no provimento dos cargos necessários à administração da Justiça (CF, art. 96, I). Ressalta-se que a previsão contida na alínea *c* do inciso I do art. 96 constitui importante inovação do texto constitucional, que visa a afastar a ingerência do Poder Executivo nas promoções dos magistrados. Não compondo os serviços auxiliares ou administrativos dos Tribunais, as serventias extrajudiciais não se portam no âmbito de proteção da garantia (ADI 4.140, Rel. Min. Ellen Gracie, j. 29-6-2011, *DJe* 20-9-2011). De outra banda,

Nesse contexto, assume igual relevância a competência reconhecida ao Supremo Tribunal Federal, aos Tribunais Superiores e aos Tribunais de Justiça, para propor ao Poder Legislativo respectivo a alteração do número de membros dos tribunais inferiores, a criação e extinção de cargos e a remuneração dos seus serviços auxiliares e dos juízos que lhes forem vinculados, bem como a fixação dos subsídios de seus membros e dos juízos, a criação ou extinção dos tribunais inferiores, a alteração da organização e da divisão judiciárias (CF, art. 96, II). Aqui, a decisão político-fundamental do autogoverno conheceu temperamentos; a Constituição reserva aos Tribunais a iniciativa legislativa, mas não exclui a respectiva Casa Legislativa de colaborar no desenho normativo da matéria sob apreciação. Importante consequência dessa conformação constitucionalmente é que o inciso II fornece parâmetros de controle para o exame da atividade legiferante. Assim, a jurisprudência do Supremo Tribunal Federal tem pronunciado a invalidade de Emenda à Constituição Estadual que veiculou disposição cujo conteúdo se coloque no campo da iniciativa privativa dos Tribunais (p. ex.: estabelecimento de teto, no texto constitucional estadual, para o número de cargos de Desembargador – ADI 3.362, *DJe* 28-3-2008).

III. O inciso III do art. 96 dispõe sobre a competência privativa dos Tribunais de Justiça dos Estados-membros e do Distrito Federal para julgar os juízos estaduais e distritais, assim como os membros do Ministério Público, nos crimes comuns e de responsabilidade, ressalvada a competência da Justiça Eleitoral. O modelo constitucional brasileiro assegura o foro especial por prerrogativa de função aos agentes públicos do Poder Judiciário e do Ministério Público, atribuindo ao Tribunal ao qual estão vinculados o julgamento de seus atos em casos de crimes comuns e de responsabilidade. No caso específico dos integrantes do Ministério Público, opta-se por atribuir jurisdição ao Tribunal que julga os magistrados perante os quais atua o membro do *parquet*. A justificativa para esta determinação constitucional repousa na opção do constituinte em ver os juízos julgados não por seus pares, mas sim por magistrados de superior grau de hierarquia funcional. Essa interpretação deve ser aplicada aos membros do Ministério Público. Nesse sentido, membros do MPU que não oficiem perante os Tribunais federais devem ser julgados pelos respectivos TRFs. Já aqueles que tenham função junto aos Tribunais terão como foro o STJ. Por outro lado, quis o constituinte que os delitos eleitorais – em razão de sua especificidade – ficassem afastados desta competência, devendo os magistrados e membros do Ministério Público ser julgados pelo Tribunal Regional Eleitoral da sua respectiva jurisdição.

Com a apreciação da Questão de Ordem na AP 937 (sessão de 3-5-2018), a questão passou a reclamar um novo olhar. Em tal julgado, concluiu-se, quanto a membros do Congresso Nacional, que o foro por prerrogativa de função inscrito no art. 53, § 1º, da Constituição Federal só ativa a competência penal originária do Supremo Tribunal Federal (art. 102, I, *c*) para crimes praticados durante o exercício do cargo eletivo e, mais, em razão de suas funções. Não tardou para que se tentasse replicar a mesma lógica em outras sedes. Assim tentou-se no Superior Tribunal de Justiça, quando do julgamento da QO na AP 878/DF; a Corte Especial, entretanto, repeliu a pretensão e afirmou sua competência para processar e julgar Desembargadores, independentemente de o fato imputado relacionar-se às atribuições do cargo. A jurisprudência do Supremo Tribunal Federal parece inclinada a rechaçar o experimentalismo de se colocar sob a jurisdição de um juiz de direito a responsabilidade de julgar um desembargador (*vide* ARE 1.419.571/RS, Rel. Min. Alexandre de Moraes, *DJ* 13-2-2023). Quanto a membros do Ministério Público, a Corte já parece mais resoluta e indica o Tribunal de Justiça como foro competente (RHC 220.922/MG, Rel. Min. André Mendonça, *DJe* 13-3-2023). Quanto à definição do Tribunal competente, a jurisprudência tem vocalizado o entendimento de que o critério adotado pelo inciso III é a vinculação funcional do magistrado, e não o lugar em que o crime é cometido. Assim, a prática do ilícito em Estado da federação diverso daquele em que se dá a atuação do magistrado não é suficiente para excetuar a competência do Tribunal ao qual está vinculado o autor do delito (STJ, CC 177.100/CE, Rel. Min. Joel

Ilan Paciornik, 3ª Seção, j. 8-9-2021). Pontue-se, por fim, que a jurisprudência do Supremo Tribunal Federal excetua do campo de incidência do inciso III do art. 96 da competência da Justiça Eleitoral, que será o foro competente para processar e julgar crimes eleitorais (e comuns, se conexos) cometidos por juiz de direito (ARE 1.369.353, Rel. Min. Gilmar Mendes, *DJe* 10-1-2023).

IV. Considerações sobre o Conselho Nacional de Justiça.

A Emenda Constitucional n. 45/2004 criou o Conselho Nacional de Justiça com atribuição de efetivar a supervisão da atuação administrativa e financeira do Poder Judiciário.

A Associação dos Magistrados do Brasil questionou a constitucionalidade da Emenda Constitucional n. 45 no que concerne à criação do Conselho Nacional de Justiça (ADI 3.367/DF). Sustentava-se, fundamentalmente, a violação ao princípio da separação de Poderes e a lesão ao princípio federativo.

O Tribunal rejeitou a tese de afronta ao princípio da separação de Poderes, enfatizando que, tal como concebido, o Conselho Nacional de Justiça configura órgão administrativo interno do Poder Judiciário e não instrumento de controle externo, e que, em sua maioria, os membros que o compõem são integrantes do Poder Judiciário. Assinalou-se, também, que o próprio Congresso Nacional havia aprovado proposta de emenda que impõe aos membros do Conselho as mesmas restrições e impedimentos constitucionais impostos aos juízes, o que estaria a sinalizar a plena integração do órgão na estrutura do Poder Judiciário. Ademais, por expressa disposição constitucional, os atos do Conselho estão submetidos ao controle judicial do Supremo Tribunal Federal (CF, art. 102, I, "r").

Da mesma forma, não se acolheu a impugnação quanto à afronta ao princípio federativo, tendo em vista o perfil nacional do Poder Judiciário, fortemente enraizado na versão original do texto constitucional de 1988.

O Conselho compõe-se de quinze membros, com mais de 35 anos de idade, com mandato de dois anos, admitida uma recondução (art. 103-B, *caput*), sendo um deles o presidente do Supremo Tribunal Federal; um Ministro do Superior Tribunal de Justiça, indicado pelo respectivo Tribunal; um Ministro do Tribunal Superior do Trabalho, indicado pelo respectivo Tribunal; um desembargador de Tribunal de Justiça e um juiz estadual, indicados pelo Supremo Tribunal Federal; um juiz de Tribunal Regional Federal e um juiz federal, indicados pelo Superior Tribunal de Justiça; um juiz de Tribunal Regional do Trabalho e um juiz do trabalho, indicados pelo Tribunal Superior do Trabalho; um membro do Ministério Público da União, indicado pelo Procurador-Geral da República; um membro do Ministério Público estadual, escolhido pelo Procurador-Geral da República dentre os nomes indicados pelo órgão competente de cada instituição estadual; dois advogados, indicados pelo Conselho Federal da Ordem dos Advogados do Brasil; dois cidadãos de notável saber jurídico e reputação ilibada, indicados um pela Câmara dos Deputados e outro pelo Senado Federal.

Os membros do Conselho serão nomeados pelo Presidente da República após aprovada a escolha pela maioria absoluta do Senado Federal, à exceção do presidente do STF. Não efetuadas as indicações no prazo legal, caberá ao Supremo Tribunal fazê-las.

Referido órgão será presidido pelo Presidente do Supremo Tribunal Federal e terá como Corregedor-Geral o Ministro indicado pelo Superior Tribunal de Justiça. Junto ao Conselho oficiarão o Procurador-Geral da República e o presidente do Conselho Federal da Ordem dos Advogados do Brasil.

A disposição expressa do texto constitucional no sentido de que o representante do Supremo Tribunal Federal ficaria excluído da distribuição de processos no tribunal reforçava a convicção de que seu representante no Conselho haveria de ser o presidente. A Emenda Constitucional 61, de 11 de novembro de 2009, assegurou que o Supremo Tribunal Federal será representado no Conselho por seu presidente. Ademais, a necessidade de aprovação dos nomes pelo Senado Federal criou situação singular, que submetia os membros do Supremo e dos Tribunais Superiores a uma nova sabatina e a uma nova votação naquela Casa do Congresso. A referida emenda constitucional isentou apenas o presidente do Supremo Tribunal Federal de nova sabatina.

Outro preceito destituído de qualquer sentido prático era o que previa a idade limite (menos de 66 anos), especialmente se aplicável aos membros do Judiciário que poderão integrar o Conselho Nacional de Justiça na condição de representantes dos órgãos judiciais enquanto durar seu vínculo com o Poder Judiciário (até completar 70 anos).

A Emenda Constitucional n. 61/2009 que se reclamava foi aprovada, retirando a idade limite do texto constitucional; todavia, ao fazê-lo, suprimiu também a referência constitucional à idade mínima (35 anos) para que qualquer cidadão pudesse ser indicado membro do Conselho Nacional de Justiça.

Nesse ponto, a emenda constitucional foi infeliz, uma vez que seria salutar a manutenção da idade mínima de 35 anos para membros do Conselho, que possui competência correcional até mesmo sobre o Superior Tribunal de Justiça e sobre o Tribunal Superior do Trabalho. De qualquer sorte, tendo em vista o próprio *ethos* do CNJ, afigura-se imperiosa a adoção de interpretação que exija, no que concerne ao requisito de idade dos candidatos ao CNJ, os mesmos requisitos estabelecidos para integrar o STJ.

Em síntese, a emenda excluiu do *caput* do art. 103-B da Constituição da República o limite de 66 anos de idade para compor o Conselho Nacional de Justiça.

Note-se, ainda, que o inc. I do art. 103-B, em sua nova redação, estabelece que o Conselho Nacional de Justiça será presidido pelo Presidente do Supremo, sendo substituído, em caso de necessidade, pelo Vice-Presidente do Supremo Tribunal.

Ainda sobre o Presidente do CNJ, cumpre referir que foi suprimida a restrição constante na redação original do § 1º do art. 103-B, segundo a qual o Presidente do Conselho apenas votaria "em caso de empate", ficando a matéria, agora, aberta à disciplina regimental.

Outro avanço importante foi a supressão da exigência de sabatina do membro do Supremo Tribunal Federal, componente do Conselho.

Em linhas gerais, são as seguintes as competências do Conselho:

a) zelar pela autonomia do Poder Judiciário e pelo cumprimento do Estatuto da Magistratura, podendo expedir atos regulamentares, no âmbito de sua competência, ou recomendar providências;

b) zelar pela observância do art. 37 da Constituição e apreciar, de ofício ou mediante provocação, a legalidade dos atos administrativos praticados por membros ou órgãos do Poder Judiciário, podendo desconstituí-los, revê-los ou fixar prazo para que se adotem as providências necessárias ao exato cumprimento da lei, sem prejuízo da competência do Tribunal de Contas da União;

c) receber e conhecer das reclamações contra membros ou órgãos do Poder Judiciário, inclusive contra seus serviços auxiliares, serventias e órgãos prestadores de serviços notariais e de registro que atuem por delegação do Poder Público ou oficializados, sem prejuízo da competência disciplinar e correcional dos tribunais, podendo avocar processos disciplinares em curso e determinar a remoção, a disponibilidade ou a aposentadoria com subsídios ou proventos proporcionais ao tempo de serviço, e aplicar outras sanções administrativas, assegurada ampla defesa;

d) representar ao Ministério Público, no caso de crime contra a Administração Pública ou de abuso de autoridade;

e) rever, de ofício ou mediante provocação, os processos disciplinares de juízes e membros de tribunais julgados há menos de um ano;

f) elaborar semestralmente relatório estatístico sobre processos e sentenças prolatadas, por unidade da federação, nos diferentes órgãos do Poder Judiciário;

g) elaborar relatório anual, propondo as providências que julgar necessárias, sobre a situação do Poder Judiciário no País e as atividades do Conselho, o qual deve integrar mensagem do presidente do Supremo Tribunal Federal a ser remetida ao Congresso Nacional, por ocasião da abertura da sessão legislativa.

Trata-se, como se pode ver, de amplo feixe de atribuições concernentes à supervisão administrativa e financeira das atividades do Judiciário nacional.

Além dessas atribuições, a Lei n. 12.106/2009 criou, no âmbito do CNJ, o Departamento de Monitoramento e Fiscalização do Sistema Carcerário e do Sistema de Execução de Medidas Socioeducativas, que deve acompanhar o desempenho dos sistemas carcerários do país, em parceria com os Tribunais estaduais e com a Corregedoria Nacional do Ministério Público (CNMP). Essa iniciativa tem permitido ao Conselho reparar graves injustiças envolvendo prisões ilegais, bem como trabalhar para aperfeiçoar a execução penal no País.

Competência de grande significado institucional, nesse contexto, é aquela referente à expedição de atos regulamentares. É uma das atribuições que, certamente, tem ensejado maiores contestações e polêmicas (Confira-se, *v.g.*, a Resolução do nepotismo (Res. n. 7, de 18-10-2005, do CNJ), que disciplina o exercício de cargos, empregos e funções por parentes, cônjuges e companheiros de magistrados e de servidores investidos em cargos de direção e assessoramento, no âmbito dos órgãos do Poder Judiciário e dá outras providências).

O tema foi objeto da ADI 4.638-MC, Rel. Min. Marco Aurélio, que questiona a constitucionalidade da Resolução n. 135, de 13 de julho de 2011, que dispõe sobre a uniformização de normas relativas ao procedimento administrativo disciplinar aplicável aos magistrados. Nessa ação, alega-se que a referida resolução incorre em inconstitucionalidade, em razão de extrapolar a competência constitucional do CNJ. A discussão de fundo refere-se ao pleito da Associação dos Magistrados Brasileiros (AMB) no sentido de que a competência do CNJ é subsidiária, ou seja, apenas é inaugurada após o esgotamento da via correcional de cada Tribunal.

O Relator da ADI 4.638, Ministro Marco Aurélio, deferiu, monocraticamente, o pedido de medida cautelar, em 19 de dezembro de 2011, suspendendo a eficácia de diversos dispositivos da Resolução n. 135, citada acima. Essa decisão foi levada a referendo do Plenário do Supremo Tribunal Federal no início de fevereiro de 2012. Após intensas discussões, a Corte referendou apenas parcialmente a cautelar concedida pelo relator. A Corte concluiu que o CNJ possui poder normativo voltado a uniformizar regras que alcancem todo o Judiciário, visto tratar-se de Poder de caráter nacional. Além disso, frisou que o poder normativo do CNJ possui como fonte primária a própria Constituição Federal, com a redação que lhe foi dada pela EC n. 45/2004, o qual deve ser levado a efeito, observando-se as normas constitucionais e as disposições contidas na LOMAN.

A Corte assentou, ainda, que, após a criação do CNJ, era de se esperar que a autonomia dos tribunais locais sofresse um novo tratamento constitucional, tendo em vista a necessidade de compatibilizá-la com as funções de controle financeiro, administrativo e disciplinar, conferidas pelo constituinte derivado ao CNJ.

O debate mais intenso disse respeito ao alcance da competência constitucional do CNJ, se subsidiária ou concorrente, relativamente às atribuições das corregedorias dos tribunais em geral. Nesse ponto, a Corte negou referendo à medida cautelar, fixando entendimento no sentido de que o importante para a aplicação do princípio da subsidiariedade é encontrar a esfera de atuação, seja local, seja central, em melhores condições de agir eficazmente, em cada caso.

Demonstrou-se que o CNJ não edita resoluções sem antes ouvir os tribunais brasileiros. A resolução impugnada havia sido requerida por tribunal local, e a atuação do Conselho deu-se em colaboração com os demais tribunais. A corte deixou claro, portanto, que a atividade do CNJ em matéria correcional pode ocorrer de modo concorrente com a dos tribunais locais, a depender das exigências das situações concretas.

Assim, o Supremo Tribunal Federal, ao assentar a competência constitucional primária do CNJ, afirmou que esse órgão é detentor de poder normativo no âmbito da magistratura, bem como que a ele compete exercer atividade disciplinar e correcional concorrente às dos tribunais em geral.

Por fim, questão relevante refere-se à eventual submissão do Supremo Tribunal Federal ao Conselho Nacional de Justiça.

Na ADI 3.367, anotou-se que, enquanto órgão supremo, o STF não está submetido às deliberações do CNJ. Efetivamente, o regime político-disciplinar dos Ministros do Supremo Tribunal está regido por normas especiais – processo-crime julgado pelo próprio Tribunal (CF, art. 102, I, *b*) e crime de responsabilidade perante o Senado Federal (CF, art. 52, II).

Ademais, compete ao Supremo Tribunal Federal processar e julgar as ações contra o CNJ e contra o CNMP, CF, art. 102, I, "r" (Pet.-QO 3.674, Rel. Min. Sepúlveda Pertence, *DJ* de 19-12-2006). Registre-se que, em 18-12-2008, por ocasião do julgamento do MS 27.160, Rel. Min. Joaquim Barbosa, *DJ* de 6-3-2009, em que se controvertia sobre a competência do CNJ para cancelar edital elaborado por Tribunal de Justiça, o Supremo Tribunal Federal reafirmou a competência do Conselho Nacional de Justiça para "fiscalizar, inclusive de ofício, os atos administrativos praticados por órgãos do Poder Judiciário". Em diversos outros julgados, o Supremo Tribunal Federal vem dando contornos à atuação do Conselho Nacional de Justiça, reafirmando sua competência nas diversas contempladas no texto constitucional, assim, MS 25.393-AgR, Rel. Min. Marco Aurélio, *DJ* de 8-5-2009; MS 27.188-AgR, Rel. Min. Ricardo Lewandowski, *DJ* de 20-2-2009; MS 26.163, Rel. Min. Cármen Lúcia, *DJ* de 5-9-2008; e MS 25.938, Rel. Min. Cármen Lúcia, *DJ* de 12-9-2008.

Recentemente, a Corte decidiu, na AO 1.706 AgR/DF, Rel. Min. Celso de Mello, Plenário, *DJe* de 18-2-2014, que a competência do Supremo Tribunal Federal, cuidando-se de impugnação a deliberações do CNJ, prevista no art. 102, I, "r", da CF/88, deve ser restrita aos casos de impetração de mandado de segurança, *habeas data*, *habeas corpus* ou mandado de injunção, visto que nessas hipóteses o CNJ qualifica-se como órgão coator com legitimidade passiva. Tratando-se, porém, de demanda diversa, tais como as ações ordinárias, deliberou o Plenário no sentido de não se configurar a competência originária do STF, em razão de se cuidar de hipótese não compreendida no art. 102, I, alíneas *d* e "q", da CF/88. Tendo em vista a expressa referência, no mesmo dispositivo constitucional, às ações contra o CNMP, igual entendimento deve ser aplicado, também, em relação às deliberações do referido Conselho.

Art. 97. Somente pelo voto da maioria absoluta de seus membros ou dos membros do respectivo órgão especial poderão os tribunais declarar a inconstitucionalidade de lei ou ato normativo do Poder Público.

Gilmar Ferreira Mendes
Lenio Luiz Streck[1]

A – REFERÊNCIAS

1. Histórico da norma

Texto original da Constituição de 1988.

2. Constituições anteriores

Constituição de 1934, art. 179; Constituição de 1937, art. 96; Constituição de 1946, art. 200; Constituição de 1967, art. 111; Constituição de 1969, art. 116.

3. Dispositivo constitucional relacionado

Art. 52, X.

4. Legislação

Leis n. 9.868/99 e 9.882/99; Código de Processo Civil/2015, arts. 948 a 950 (CPC/1973, arts. 480 a 482).

5. Seleção de literatura

AMARAL JUNIOR, José Levi Mello do. *Incidente de Arguição de Inconstitucionalidade*. Comentários ao art. 97 da Constituição e aos arts. 480 a 482 do Código de Processo Civil. São Paulo: Revista dos Tribunais, 2002. BARACHO, José Alfredo de Oliveira. *Processo Constitucional*. Rio de Janeiro: Forense, 1984. CANOTILHO, J. J. Gomes. *Direito Constitucional e Teoria da Constituição*. 4ª ed. Coimbra: Almedina, 2001. CLÉVE, Clémerson Merlin. *A fiscalização abstrata da constitucionalidade no direito brasileiro*. São Paulo: Revista dos Tribunais, 1995. MEDEIROS, Rui. *A decisão de inconstitucionalidade*. Lisboa: Universidade Católica, 2000. MENDES, Gilmar Ferreira. *Jurisdição Constitucional*. 3ª ed. São Paulo: Saraiva, 1999. MENDES, Gilmar Ferreira; VALE, André Rufino do. Questões atuais sobre as medidas cautelares no controle abstrato de constitucionalidade. In: *Jurisdição Constitucional em 2020*. São Paulo: Saraiva, 2016. STRECK, Lenio Luiz. Do Incidente de Arguição de Inconstitucionalidade – arts. 948 a 950. In: STRECK, Lenio Luiz *et al* (org.). *Comentários ao Código de Processo Civil*. São Paulo: Saraiva, 2016. STRECK, Lenio Luiz. *Jurisdição Constitucional e Decisão Jurídica*. 4ª ed. São Paulo: Revista dos Tribunais, 2014; STRECK, Lenio Luiz. *Verdade e consenso*. 6. ed. São Paulo: Saraiva, 2018.

6. Jurisprudência

ADI 4.066; ARE 914.045 RG; RE 149.478-AgR; ADI 2.010-MC; AI 469.699-AgR; AI 473.019-AgR; RE 432.597-AgR; RE 379.573-AgR; AI 521.797-AgR; RE 433.101-AgR; AI 481.584-AgR; AI 481.584-AgR; AC 930; RE 453.744-AgR; RE 582.280-AgR; AI 417.014-AgR-ED; AI 467.843-4-AgR; AI 651.214-AgR; RE 460.971; RE 463.278-AgR; RE 544.246; RE 486.168-AgR; RE 544.246-ED; AI 591.373-AgR; AI 577.771-AgR; RE 509.849-AgR; AC 930-ED; AI 555.254 – AgR; RE 482.090; AI 744.381-AgR; RE 580.108-QO; HC 92.438; RE 436.155-AgR; Rcl 6.541 e Rcl 6.856; AgR-RE 216.259; RE 179.170; RE 544.246; RE 184.093; RE 460.971; RE 453.744-AgR; ADI 3.833; RE 463.278; Súmula Vinculante 10.

B – COMENTÁRIOS

I. O art. 97 da Constituição de 1988 contém comando peremptório no sentido de exigir que a declaração de inconstitucionalidade de lei ou ato normativo somente ocorra pelo voto da maioria absoluta dos membros do tribunal julgador. O dispositivo, em verdade, incorpora a regra do *full bench*, *full court* ou *en banc* criada pela jurisprudência norte-americana no século XIX como uma exigência de *prudência* e até mesmo de *autorrestrição* (*self restraint*) dos tribunais no enfrentamento de questões constitucionais. Desde a ainda incipiente prática da *judicial review*, os tribunais norte-americanos constataram a importância de seguir essa orientação, que surgiu muito mais como uma regra de conveniência (*rule of propriety*) do que como uma obrigação constitucional. A real possibilidade de que o precedente firmado com "*quorum*" *mínimo* fosse posteriormente revisto com a presença da totalidade dos membros do tribunal, assim como a dificuldade que decisões assim tomadas tinham para formar *stare decisis*, constituíram, inicialmente, razões decisivas para o surgimento dessa orientação jurisprudencial nos tribunais norte-americanos.

II. Ao adotar o sistema de controle difuso de origem norte-americana, o direito brasileiro, inicialmente, não incorporou regra semelhante, que constava apenas na doutrina como "regra

---

1. O comentário contou com a colaboração de André Rufino do Vale.

de bom aviso" (João Barbalho). A regra do *full bench* foi introduzida pela primeira vez no direito positivo brasileiro (em nível constitucional) pela Constituição de 1934, cujo art. 179 dispunha que: *"Só por maioria absoluta de votos da totalidade dos seus Juízes poderão os Tribunais declarar a inconstitucionalidade de lei ou ato do Poder Público".*

Assim, avançando em relação ao direito estadunidense, o direito brasileiro positivou e assim tornou obrigatória a observância, pelos tribunais, do julgamento *en banc*. De registrar que a Constituição do Império não cuidou do controle jurisdicional de constitucionalidade. Já a Constituição de 1891, embora modelada a partir do *judicial review*, não continha previsão de *quorum* para declaração de inconstitucionalidade de lei. A Constituição de 1937 manteve a regra, mas a fez acompanhar de norma curiosa (parágrafo único do art. 96, que dispunha o seguinte: "No caso de ser declarada a inconstitucionalidade de uma lei que, a juízo do Presidente da República, seja necessária ao bem-estar do povo, à promoção ou defesa de interesse nacional de alta monta, poderá o Presidente da República submetê-la novamente ao exame do Parlamento: se este a confirmar por dois terços de votos em cada uma das Câmaras, ficará sem efeito a decisão do Tribunal".

A Constituição de 1946 relativizou a regra, retirando a necessidade da maioria de votos dentre a *totalidade* dos membros do tribunal. Como visto, o art. 179 da Constituição de 1934 dispunha que: "Só por maioria absoluta de votos *da totalidade* dos seus Juízes poderão os Tribunais declarar a inconstitucionalidade de lei ou ato do Poder Público". O art. 200 da Constituição de 1946 trouxe a seguinte redação: "Só pelo voto da maioria absoluta dos seus membros poderão os Tribunais declarar a inconstitucionalidade de lei ou de ato do Poder Público". Passou-se a exigir, portanto, apenas o voto da maioria absoluta dos membros do órgão julgador, e não mais da totalidade dos membros do tribunal, retirando-se, com isso, a necessidade do *quorum* completo.

A Constituição de 1967 e a Emenda Constitucional n. 2 (Constituição de 1969) mantiveram a regra nos termos em que configurada desde 1946. A Emenda Constitucional n. 7, de 1977, possibilitou que *órgão especial* pudesse exercer as funções de órgão plenário, em razão das dificuldades, em muitos tribunais de composição mais numerosa (superior a 25 magistrados), de reunião de todos os membros.

Também a Constituição de 1988 permitiu a criação dos órgãos especiais com competências de órgão plenário, estabelecendo, em seu art. 93, XI, que "nos tribunais com número superior a vinte e cinco julgadores, poderá ser constituído órgão especial, com o mínimo de onze e o máximo de vinte e cinco membros, para o exercício das atribuições administrativas e jurisdicionais delegadas da competência do tribunal pleno, provendo-se metade das vagas por antiguidade e a outra metade por eleição pelo tribunal pleno" (redação atual conferida pela EC n. 45/2004).

III. A Constituição de 1988 positivou a regra no art. 97, a qual, seguindo a mencionada tradição no direito brasileiro, estabelece que apenas pela maioria absoluta dos membros do tribunal poderá ser declarada a inconstitucionalidade de lei ou ato normativo. Por maioria absoluta, entende-se a quantidade de votos igual ou superior ao número inteiro acima da metade da totalidade dos membros do tribunal. Na hipótese de ausência ocasional de membros, por vacância temporária ou por motivos de suspeição ou impedimento, tem-se admitido a convocação excepcional de magistrados de outros órgãos como, por exemplo, prevê o Regimento Interno do Supremo Tribunal Federal em seu art. 40.

IV. A também denominada *cláusula de reserva de plenário* é obrigatória para o controle difuso (art. 97 da CF/88 c/c art. 480 do CPC) e para o controle concentrado de constitucionalidade (art. 97 da CF/88 c/c art. 23 da Lei n. 9.868/99). Na tradição republicana – já que, insista-se, a Constituição do Império, porque inspirada no modelo francês, disso não cuidou –, o judiciário sempre teve a prerrogativa de examinar, ainda que apenas difusamente, a constitucionalidade das leis. É dever do magistrado (e dos Tribunais) examinar, antes de qualquer outra coisa, a compatibilidade do texto normativo infraconstitucional com a Constituição. Nesse sentido, há uma diferença entre o controle difuso exercido pelo juiz singular e o controle exercido pelos tribunais. O comando do art. 97 será, assim, o ponto de ligação entre as duas modalidades de controle exercidas pelos Tribunais. Tanto no controle difuso como no concentrado, o *quorum* deverá ser o de maioria absoluta.

V. Os arts. 948 a 950 do Código de Processo Civil/2015 (arts. 480 a 482 do CPC/1973) disciplinam a aplicação do art. 97 no âmbito do controle difuso de constitucionalidade. Em suma, dizem essas normas que, se o órgão fracionário (turma, câmara ou sessão) do tribunal se deparar com uma arguição de inconstitucionalidade de lei ou ato normativo, seja em ações originárias de sua competência ou em recursos, deverá suspender o julgamento, colher a manifestação do Ministério Público a respeito, para então deliberar sobre a questão constitucional, o que poderá resultar na manifestação pela constitucionalidade da norma impugnada, legitimando a continuidade imediata do julgamento, ou em decisão pela submissão da questão ao tribunal pleno.

Assim, nos Tribunais de Segunda Instância, o controle difuso estabelece-se com a instalação do *incidente de arguição de inconstitucionalidade*, ocasião em que o processo fica suspenso, e a questão constitucional é remetida ao Órgão Especial do Tribunal, acompanhado do respectivo acórdão. De registrar que nem todos os Tribunais de Justiça da federação possuem órgãos especiais, mormente os pequenos Estados, cujo número de Desembargadores (igual ou menor que 25) não demanda tal formação. Nesses casos, o incidente é apreciado pelo Órgão Plenário do Tribunal.

Trata-se, dessa forma, de garantia de exame *per saltum* de qualquer inconstitucionalidade detectada no âmbito dos tribunais. Se é verdade que qualquer juiz sempre pode deixar de aplicar uma lei ou ato normativo, tendo como questão prejudicial a sua inconstitucionalidade, no âmbito dos tribunais essa questão deve passar pelo respectivo incidente. Afinal, se qualquer ato judicial é ato de jurisdição constitucional, é necessário que haja um efetivo controle sobre essa aferição da parametricidade constitucional. E esse controle deve ser feito no modo *full bench*, objeto do art. 97.

Ressalte-se que o STF entende que "não há necessidade de pedido das partes para que haja o deslocamento do incidente de inconstitucionalidade para o Pleno do tribunal. Isso porque, segundo o STF, é dever de ofício do órgão fracionário esse envio, uma vez que não pode declarar expressamente a inconstitucionalidade de lei ou ato normativo do poder público, nem afastar sua incidência, no todo ou em parte" (Rcl 12.275 AgR, rel. min. Ricardo Lewandowski, j. 22-5-2014).

VI. O art. 481, parágrafo único, do Código de Processo Civil/1973 desobrigava os órgãos fracionários dos tribunais a submeter ao plenário ou ao órgão especial a arguição de inconstitucionalidade quando já houver pronunciamento destes ou do plenário do Supremo Tribunal Federal, determinação que foi repetida pelo CPC/2015, no art. 949, parágrafo único. E o próprio Supremo Tribunal firmou jurisprudência (AGRRE 216259-CE) no sentido de que a existência de precedente de seu Plenário autoriza o julgamento imediato de causas que versem o mesmo tema (RISTF, art. 101).

A declaração de constitucionalidade ou de inconstitucionalidade, emanada do Plenário, por maioria qualificada, aplica-se aos novos processos submetidos à apreciação das Turmas ou à deliberação dos juízes que integram a Corte, viabilizando, em consequência, o julgamento imediato das causas com tema idêntico, ainda que o acórdão plenário – que firmara o precedente no *leading case* – não tenha sido público, ou, caso já publicado, não tenha transitado em julgado, ressalvando-se a possibilidade de qualquer dos Ministros, com apoio no que dispõe o art. 103 do RISTF, propor ao Pleno a revisão da jurisprudência assentada em matéria constitucional.

Para que ocorra a incidência da exceção prevista no art. 949, parágrafo único, do CPC/2015 (art. 481, parágrafo único, do CPC/73), é necessário sempre que se trate de uma mesma lei, sendo absolutamente vedada a aplicação da "analogia constitucional". É indispensável que se trate da mesma lei e do mesmo dispositivo cotejado. Caso contrário, se o órgão fracionário não suscitar o incidente de inconstitucionalidade, estará malferido o disposto no art. 97 da Constituição Federal.

É preciso ponderar, não obstante, que essa previsão do Código de Processo Civil pode se tornar problemática, se se entender que o dispositivo vai ao ponto de dispensar o incidente pelos tribunais inferiores na hipótese de pronunciamentos originários deles mesmos, o que proporciona uma vinculação jurisprudencial imprópria. Um olhar constitucional sobre a matéria indica que a dispensa da suscitação do incidente é bem-vinda quando a decisão vem do Plenário do Supremo Tribunal Federal; entretanto, quando a decisão advém de outro tribunal, o incidente não pode ser dispensado, estando presente, aqui, a violação do art. 97 da Constituição. Ou seja, ao se admitir que decisões dos próprios tribunais, que não o Supremo Tribunal Federal, constituam condição suficiente para a dispensa do incidente, estar-se-á "consolidando" interpretação constitucional que pode não ser a do Supremo Tribunal Federal. Nesse sentido, vale referir a lição do direito português, onde somente é vinculante a jurisprudência do Tribunal Constitucional, e isto no controle concentrado, sendo que, na hipótese de os órgãos fracionários do Tribunal Constitucional assim entenderem, depois de três decisões no mesmo sentido, podem eles provocar a intervenção do Pleno do Tribunal, que, ainda assim, não determinará a automaticidade da obrigatoriedade da jurisprudência, pois deverá reexaminar, *in totum*, agora em controle concentrado, aquela questão constitucional. Assim, o CPC/2015 manteve disposição de duvidosa constitucionalidade no art. 949, parágrafo único, até aprofundando-a no art. 927, inciso V. Em todo caso, como registrou-se alhures: "melhor seria se déssemos ao dispositivo uma interpretação conforme a Constituição (*verfassungskonforme Auslegung*), no sentido de lermos que a dispensa do incidente só é viável quando já houver pronunciamento destes (Tribunais que não o STF), desde que tal interpretação não desborde daquela emanada de julgamento do plenário do STF. Isto para evitar o óbvio: se o plenário de um Tribunal tiver posição discrepante da do STF, o órgão fracionário que seguir a decisão do tribunal local estará desrespeitando decisão do STF. Somente é possível entender que a dispensa se dá por decisão do Tribunal quando ainda não houver pronunciamento do STF. Se este já se pronunciou, fica sem sentido a locução 'quando já houver pronunciamento destes'" (STRECK, Lenio Luiz. *Do Incidente de Arguição de Inconstitucionalidade* – arts. 948 a 950, op. cit., p. 1223). Um acesso à questão no próprio CPC se acha no art. 926, com a exigência de coerência e integridade das decisões judiciais, para além da estabilidade.

VII. Qualquer decisão no âmbito do controle difuso de constitucionalidade – que, atente-se, pode ser suscitada pelas partes, pelo Ministério Público ou de ofício pelo juiz ou pelo órgão fracionário – que não se enquadre na exceção ensejará recurso extraordinário por violação do art. 97. O CPC/2015 determina no art. 1.035, § 3º, III: "§ 3º Haverá repercussão geral sempre que o recurso impugnar acórdão que: [...] III – tenha reconhecido a inconstitucionalidade de tratado ou de lei federal, nos termos do art. 97 da Constituição Federal". Ressalte-se, ainda, que controvérsia sobre a inconstitucionalidade deve ter conexão com o objeto da demanda e seu exame deve ser imprescindível ao julgamento da demanda. Ou seja, deve ser, de fato, uma questão prejudicial, verdadeira condição de possibilidade para o deslinde da controvérsia. Observe-se que até mesmo em sede de tribunal pleno ou órgão especial, suscitada a questão de inconstitucionalidade por um dos componentes do colegiado, o Tribunal tem a obrigação, imposta pelo art. 97, de decidir a respeito. A negativa por parte do Tribunal incide na violação não apenas do dispositivo que estabelece o *full bench*, como também do art. 5º, incisos XXXV e LIV, da Constituição.

VIII. O importante é deixar consignado que a questão constitucional não pode ser contornada ou desviada. Mesmo que o órgão fracionário "apenas afaste" a aplicação da norma infraconstitucional, com fundamento em sua inconstitucionalidade, não estará liberado de suscitar o respectivo incidente. Também estará violando o art. 97 decisão que declara a inconstitucionalidade de lei, ainda que parcial, sem que haja declaração anterior proferida por órgão especial ou plenário. Nesse sentido estabelece a Súmula Vinculante n. 10 do Supremo Tribunal Federal, cujo texto expressamente diz que "viola a cláusula de reserva de plenário (CF, artigo 97) a decisão de órgão fracionário de tribunal que, embora não declare expressamente a inconstitucionalidade de lei ou ato normativo do poder público, afasta sua incidência, no todo ou em parte". Não obstante a clareza da Súmula 10 e do próprio artigo 97 da Constituição, ainda assim surgem dúvidas hermenêuticas quanto à sua aplicação. Por vezes, o Tribunal ou órgão fracionário ignora totalmente um dispositivo legal, sem dizer que é inconstitucional. Ocorre que um dispositivo legal não pode ser descartado se a parte pediu a sua incidência diante do caso concreto. Veja-se nesse sentido: "Reputa-se declaratório de inconstitucionalidade o acórdão que – embora sem o explicitar – afasta a incidência da norma ordinária pertinente à lide para decidi-la sob critérios diversos legalmente extraídos da Constituição (RE 482.090, Rel. Min. Joaquim Barbosa). Já no STJ essa questão era motivo de preocupação do Ministro Teori Zavascki na Rcl n. 2.645, Corte Especial, STJ, *DJe* 16-12-2009. Também nessa linha vão as seis hipóteses pelas quais um juiz (ou Tribunal) pode deixar de aplicar uma lei, enquadrando-se a discussão na primeira delas (STRECK, Lenio. *Jurisdição constitucional*. 7. ed. Rio de Janeiro: Forense, 2023). A referida Súmula, entretanto, não se aplica à *inconstitucionalidade superveniente*, isto é, não se pode exigir que os tribunais (órgãos fracionários) suscitem incidente de leis anteriores à Constituição. Em outros termos, a declaração de *não recepção* pela Constituição de uma norma a ela anterior, não exige julgamento *full court*. Neste ponto, é bom lembrar que a ADPF veio para suprir "lacuna" no sistema, ao estabelecer que leis anteriores à Constituição podem ter arguida a sua inconstitucionalidade por intermédio dessa modalidade de controle abstrato/concentrado.

IX. Se a decisão do órgão fracionário ou do Tribunal apenas se restringe à *interpretação* de um determinado dispositivo ou a delimitação de sua incidência a algumas hipóteses, sem qualquer motivo de inconstitucionalidade, não declarará a inconstitucionalidade no sentido da dicção do art. 97, não implicando, portanto, a incidência da Súmula Vinculante n. 10. Essa é a hipótese de quando o órgão fracionário ou o Tribunal aplicar a interpretação conforme a Constituição (*verfassungskonforme Auslegung*). Neste caso, trata-se de uma declaração positiva, ou seja, a interpretação conforme a Constituição é uma decisão interpretativa de rejeição, que ocorre quando uma norma julgada inconstitucional pelo Tribunal *a quo* (decisão positiva) é considerada como constitucional pelo STF, desde que ela seja interpretada num sentido conforme a Constituição (interpretação adequadora). Assim, ela se diferencia nitidamente da inconstitucionalidade parcial sem redução de texto, que é uma decisão interpretativa de acolhimento (ou de acolhimento parcial), ou inconstitucionalidade parcial qualitativa, ideal, ou vertical, ou, ainda, decisão redutiva qualitativa. Na inconstitucionalidade parcial sem redução de texto, ocorre a exclusão, por inconstitucionalidade, de determinada(s) hipótese(s) de aplicação (*Anwendungsfälle*) do programa normativo, *sem que se produza alteração expressa do texto legal*. Trata-se, nestes dois casos, da relação "texto-norma". Altera-se tão somente a norma e não o texto.

Não obstante, é sempre importante ter em mente que a decisão que aplica as técnicas da interpretação conforme a Constituição e a declaração de inconstitucionalidade sem redução de texto pode, em algumas circunstâncias, constituir verdadeira *decisão manipulativa de efeitos aditivos*, o que recomendaria o julgamento *en banc*. Se a prudência – no comportamento dos tribunais – que subjaz à regra do *full bench* justifica-se em razão da atuação do tribunal como *"legislador negativo"* (não obstante a impropriedade dessa expressão), na hipótese de declaração de inconstitucionalidade de lei ou ato normativo, também estará presente essa razão justificadora da regra constitucional do art. 97 nos casos em que o tribunal, ao interpretar o texto da lei, adiciona-lhe, ainda que de forma indireta, novo conteúdo normativo não previsto originariamente pelo legislador. A impossibilidade de previsão, *ex ante*, da ocorrência de tais hipóteses (decisões interpretativas de efeitos aditivos), recomenda que os tribunais estejam atentos, nos casos concretos, à aplicação do art.97 em decisões de conteúdo interpretativo da lei ou ato normativo.

Sobre o assunto, ademais, é importante destacar que o STF já teve a oportunidade de afirmar que a Súmula Vinculante n. 10 "não alcança situações jurídicas em que o órgão julgador tenha dirimido conflito de interesses a partir de interpretação de norma legal" (Rcl 10.865 AgR, rel. min. Marco Aurélio, j. 27-2-2014), assim como tem assegurado a prerrogativa de conferir determinada interpretação à lei como atributo inerente à própria atividade jurisdicional, o que, em consequência, afastaria a equiparação da hipótese de interpretação à de declaração de inconstitucionalidade de lei (Rcl 12.107 AgR, rel. min. Rosa Weber, j. 13-6-2012, P, *DJe* de 1º-8-2012).

X. A institucionalização das Turmas Recursais suscitou discussão a respeito da aplicação da cláusula da reserva de plenário. O Supremo Tribunal Federal entende que a regra é inaplicável (RE 453.744 AgR, voto do rel. min. Cezar Peluso, j. 13-6-2006, 1ª T., *DJ* de 25-8-2006). Igualmente, como já explicitado, não é exigida a suscitação do incidente de inconstitucionalidade nos casos de leis anteriores à Constituição, casos em que a incompatibilidade se resolve pela constatação de que houve revogação pura e simples, isto é, o ato normativo tem-se como não recepcionado. Nesse sentido, o STF também entende que "a discussão em torno da incidência, ou não, do postulado da recepção – precisamente por não envolver qualquer juízo de inconstitucionalidade (mas, sim, quando for o caso, o de simples revogação de diploma pré-constitucional) – dispensa, por tal motivo, a aplicação do princípio da reserva de Plenário (CF, art. 97), legitimando, por isso mesmo, a possibilidade de reconhecimento, por órgão fracionário do Tribunal, de que determinado ato estatal não foi recebido pela nova ordem constitucional" (AI 582.280 AgR, voto do rel. min. Celso de Mello, j. 12-9-2006; Rcl 10.114 AgR, rel. min. Ricardo Lewandowski, j. 18-12-2013; AI 669.872 AgR, rel. min. Luiz Fux, j. 11-12-2012).

XI. Enfim, o que deve ficar claro é que o controle difuso de constitucionalidade, realizado no âmbito dos tribunais, não pode prescindir da suscitação do incidente, salvo as exceções já destacadas. O art. 97 da Constituição, que estabelece a reserva de plenário, funciona como uma *holding*, de onde emana o fundamento que legitima as duas variantes do nosso sistema de controle de constitucionalidade. Embora os efeitos sejam diferentes (no controle concentrado, é *erga omnes*, e no controle difuso, é *inter partes*), há sempre uma declaração de inconstitucionalidade, ou seja, uma decisão que retira a validade da norma jurídica.

Art. 98. A União, no Distrito Federal e nos Territórios, e os Estados criarão:

I – juizados especiais, providos por juízes togados, ou togados e leigos, competentes para a conciliação, o julgamento e a execução de causas cíveis de menor complexidade e infrações penais de menor potencial ofensivo, mediante os procedimentos oral e sumariíssimo, permitidos, nas hipóteses previstas em lei, a transação e o julgamento de recursos por turmas de juízes de primeiro grau;

II – justiça de paz, remunerada, composta de cidadãos eleitos pelo voto direto, universal e secreto, com mandato de quatro anos e competência para, na forma da lei, celebrar casamentos, verificar, de ofício ou em face de impugnação apresentada, o processo de habilitação e exercer atribuições conciliatórias, sem caráter jurisdicional, além de outras previstas na legislação.

§ 1º Lei federal disporá sobre a criação de juizados especiais no âmbito da Justiça Federal.

§ 2º As custas e emolumentos serão destinados exclusivamente ao custeio dos serviços afetos às atividades específicas da Justiça.

Gilmar Ferreira Mendes
Lenio Luiz Streck[1]

---

1. O comentário contou com a colaboração de André Rufino do Vale.

A – REFERÊNCIAS

1. Origem da norma

Texto original da CF/88 e Emendas Constitucionais n. 22/99 e n. 45/2004.

2. Constituições anteriores

CF 1824, art. 162; CF 1934, art. 104, § 4º; CF 1937, art. 104; CF 1946, art. 124, X; CF 1967, art. 136, § 1º, c; CF 1969, art. 144, § 1º, c.

3. Legislação

Lei n. 11.340/2006; Lei n. 11.313/2006; Lei n. 10.259/2001; Lei n. 9.099/95; Lei Estadual, do RJ, n. 838/85; Lei Complementar n. 35/79, arts. 112 e 113.

4. Jurisprudência

ADC 19; ADI 4.161; RE 586.789; HC 106.212; RE 537.427; ADI 954; ARE 648.629; RE 571.572-QO-ED; AI 649.751-AgR; RE 475.920-AgR; AI 633.998-AgR; ADI 4.161-MC; RE 571.572; RE 567.454; AI 700.200-AgR; AI 675.515-AgR; AI 601.530-AgR; AI 711.266-AgR; AI 657.627-AgR; ADI 3.322-MC; MS 26.836-AgR; RE 463.560; AI 644.056-AgR; AC 1.590-MC; HC 88.428; HC 85.652; RE 273.899; AI 210.068-AgR; ADI 1.807-MC; ADI 2.938; ADI 1.051; RE 480.328; RE 590.409; ADI 3.401.

5. Seleção de literatura

BASTOS, Celso Ribeiro; MARTINS, Ives Gandra. *Comentários à Constituição do Brasil*. v. 4. t. III. 2ª ed. São Paulo: Saraiva, 2000. CAPPELLETTI, M. "Accesso alla giustizia come programma di riforma e come metodo di pensiero". *Riv. Dir. Proc.*, abril-junho 1982, pp. 233-245. FERREIRA FILHO, Manoel Gonçalves. *Comentários à Constituição Brasileira de 1988*. v. 1. 3ª ed. São Paulo: Saraiva, 2000. HORBACH, Carlos Bastide. O perfil constitucional do Juiz de Paz: análise da ADI 2.938. In: *O Supremo por seus assessores*. São Paulo: Almedina, 2014. MENDES, Gilmar Ferreira; BRANCO, Paulo Gustavo Gonet. *Curso de Direito Constitucional*. 9ª ed. São Paulo: Saraiva, 2014. MENDES, Gilmar Ferreira. Os juizados especiais federais: um divisor de águas na história da justiça federal. *Revista CEJ*, v. 15, p. 8-14, jul. 2011. PINTO FERREIRA, Luís. *Comentários à Constituição Brasileira*. v. 4. São Paulo: Saraiva, 1992. SILVA, José Afonso da. *Comentário Contextual à Constituição*. 4ª ed. São Paulo: Malheiros, 2007. STRECK, Lenio Luiz. Jurisdição Constitucional e Filtragem Hermenêutica: aplicação da técnica da nulidade parcial sem redução de texto à Lei dos Juizados Especiais. *Caderno Jurídico*, Ano 2, v. 2, n. 5. São Paulo: Escola Superior do Ministério Público, 2002. TAVARES, André Ramos. *Constituição do Brasil Integrada*. 2ª ed. São Paulo: Saraiva, 2007. WATANABE, Kazuo (coord.). *Juizados Especiais de Pequenas Causas*. São Paulo: Revista dos Tribunais, 1985.

B – COMENTÁRIOS

Acesso à Justiça, como ensina Mauro Cappelletti, não significa mero acesso ao Judiciário, mas um programa de reforma e método de pensamento que permitam verdadeiro acesso ao "justo processo". Nesse sentido, o mandamento constitucional de criação de Juizados Especiais pela União – no Distrito Federal e nos Territórios – e pelos Estados não deve ser entendido como mera formulação de um novo tipo de procedimento, mas, sim, como um conjunto de inovações que envolvem desde nova filosofia e estratégia no tratamento de conflitos de interesse até técnicas de abreviação e simplificação procedimental, como bem assevera Watanabe.

Um dos principais fundamentos ideológicos por trás da criação deste instituto foi a preocupação com a proliferação de conflitos não solucionados por meio de mecanismos pacíficos normais, os quais, ou são escoados para o judiciário, devendo ser resolvidos a partir dos procedimentos convencionais previstos no Código de Processo Civil – contribuindo assim para a sobrecarga do Poder Judiciário –, ou ficarão sem qualquer solução, constituindo aquilo que Watanabe denominou "litigiosidade contida".

Antes mesmo da CF/88, já se evidenciava na nossa ordem jurídica uma preocupação com a morosidade do processo judicial. No art. 144, § 1º, "b", da EC n. 07/77, por exemplo, previu-se a figura dos juízes togados com investidura limitada no tempo, que assumiam a competência de julgamento de causas de pequeno valor e de crime não passível de pena de reclusão. A busca pela simplificação do processo também ensejou a edição da Lei n. 7.244/84, que instituiu os juizados especiais de pequenas causas.

A Constituição de 1988 inovou ao prever em seu texto dispositivo que estabelece o dever de criação dos juizados especiais por parte da União e dos Estados, os quais deverão ser orientados pelos princípios (critérios) da oralidade, simplicidade, informalidade, economia processual e celeridade.

Trata-se, assim, de norma constitucional de eficácia limitada, regulamentada no âmbito da Justiça Estadual pela Lei n. 9.099, de 1995. Conforme essa lei, a competência dos Juizados Especiais estaduais na área cível abarca as causas cujo valor não exceda a quarenta salários mínimos, as ações de despejo para uso próprio, as ações possessórias sobre bens imóveis de valor não excedente a quarenta salários mínimos, bem como as causas arroladas no inciso II do art. 275 do CPC/1973, por força do art. 1.063 do Código de Processo Civil/2015.

É importante acentuar que a criação dos Juizados Federais propicia um resultado social louvável ao permitir que causas de pequeno valor – como as previdenciárias e as administrativas –, que afetam camadas significativas da população, sejam decididas e executadas dentro de um prazo socialmente adequado.

Na área criminal, a competência dos Juizados Especiais é para julgar infrações penais de menor potencial ofensivo, a saber, as contravenções penais e os crimes a que a lei comine pena máxima não superior a um ano (Lei n. 9.099 na sua versão original), prevendo esta, nesses casos, a possibilidade de transação penal e suspensão condicional do processo. Em 2006, a Lei n. 11.340 expressamente excluiu do âmbito de atuação dos Juizados Especiais os crimes praticados com violência doméstica e familiar contra a mulher, independentemente da pena prevista (art. 41). Posteriormente, essa lei veio a ter a sua constitucionalidade afirmada pelo

STF, que ressaltou a conveniência de criação dos juizados de violência doméstica e familiar contra a mulher, atestando que ela não implica usurpação da competência normativa dos estados quanto à própria organização judiciária.

Originalmente, não havia no texto constitucional previsão de criação de juizados especiais no âmbito da Justiça Federal. Essa possibilidade passou a existir a partir da introdução, por meio da Emenda Constitucional n. 22 de 1999, do atual § 1º ao art. 98 da Constituição, com base no qual foram criados, pela Lei n. 10.259, de 2001, os Juizados Especiais Federais Cíveis e Criminais. A Lei n. 10.259 alargou sensivelmente a abrangência dos Juizados Criminais, uma vez que a estendeu aos crimes cuja lei comine pena não superior a dois anos. É preciso considerar, não obstante, que a utilização de critérios meramente quantitativos de pena, sem levar em conta as especificidades de determinados tipos penais, parece desconsiderar diversos aspectos da teoria do bem jurídico penal. Delitos como invasão de domicílio praticado durante repouso noturno, abuso de autoridade, maus-tratos à criança e até formas de fraude à licitação, para citarmos apenas alguns tipos penais, passaram a ser classificados como "crimes de menor potencial ofensivo", circunstância que, em tese, levanta questões sobre o acerto da técnica legislativa utilizada e sobre a necessidade de uma redução teleológica da norma.

Os Juizados Especiais Federais são competentes, na área cível, para as causas cujo valor não exceda a sessenta salários mínimos, excluídas aquelas referidas no art. 109, incisos II, III e XI, da Constituição Federal e as ações de mandado de segurança, de desapropriação, de divisão e demarcação, as ações populares, por improbidade administrativa, bem como as que tenham como objeto a impugnação de pena de demissão imposta a servidores públicos civis ou de sanções disciplinares aplicadas a militares, além das execuções fiscais e das demandas sobre direitos ou interesses difusos, coletivos ou individuais homogêneos; para causas sobre bens imóveis da União, autarquias e fundações públicas federais e para a anulação ou cancelamento de ato administrativo federal, salvo o de natureza previdenciária e o de lançamento fiscal. Na área criminal, da mesma forma que os juizados especiais estaduais, sua competência se restringe às infrações penais de menor potencial ofensivo.

Cabe assinalar que o art. 90-A da Lei n. 9.099/95, incluído pela Lei n. 9.839, de 27-9-1999, que dispõe sobre os juizados cíveis e criminais, excluiu expressamente a aplicação da referida lei no âmbito da Justiça Militar. Essa norma foi declarada constitucional pelo Plenário do STF no julgamento do HC 99.743/RJ (*Informativo n. 643 do STF* – Brasília, 3 a 7 de outubro de 2011). Naquela oportunidade, o Rel. Min. Marco Aurélio enfatizou a constitucionalidade do art. 90-A da Lei n. 9.099/1995, acrescido pela Lei n. 9.839/1999, ressaltando que a não incidência dos institutos previstos na Lei dos Juizados Especiais à Justiça castrense amparou-se nos valores preservados no âmbito militar: hierarquia e disciplina.

Em relação ao "*julgamento de recursos por turmas de juízes de primeiro grau*", previsto no inciso I do artigo em análise, o STF decidiu que a Constituição não arrola essas turmas recursais entre os órgãos do Poder Judiciário, os quais são por ela discriminados, em *numerus clausus*, no art. 92. Assentou o STF que a Constituição apenas lhes outorga, no art. 98, I, a incumbência de julgar os recursos provenientes dos Juizados Especiais. Vê-se, assim, que a Carta Magna não conferiu às turmas recursais, sabidamente integradas por juízes de primeiro grau, a natureza de órgãos autárquicos do Poder Judiciário, e nem tampouco a qualidade de tribunais, como também não lhes outorgou qualquer autonomia com relação aos tribunais a que vinculadas. Com base nesse entendimento, lembrou ser por essa razão que, contra suas decisões, não cabe recurso especial ao STJ, mas tão somente recurso extraordinário ao STF, nos termos de sua Súmula 640 (RE 590.409, voto do Rel. Min. Ricardo Lewandowski, julgamento em 26-8-2009, Plenário, *DJe* de 29-10-2009, com repercussão geral).

Ainda sobre as turmas recursais, merece destaque precedente do STF no sentido de que o art. 97 da Constituição, ao subordinar o reconhecimento da inconstitucionalidade de preceito normativo a decisão nesse sentido da 'maioria absoluta de seus membros ou dos membros dos respectivos órgãos especiais' está se dirigindo aos Tribunais indicados no art. 92 e aos respectivos órgãos especiais de que trata o art. 93, XI. A referência, portanto, não atinge juizados de pequenas causas (art. 24, X) e juizados especiais (art. 98, I), que, pela configuração atribuída pelo legislador, não funcionam, na esfera recursal, sob regime de plenário ou de órgão especial. As Turmas Recursais, órgãos colegiados desses juizados, podem, portanto, sem ofensa ao art. 97 da Constituição e à Súmula Vinculante 10, decidir sobre a constitucionalidade ou não de preceitos normativos (ARE 792562 AgR, Rel. Min. Teori Zavascki, Segunda Turma, julgamento em 18.3.2014, *DJ* de 2-4-2014). No mesmo sentido: ARE 868.457 RG, Rel. Min. Teori Zavascki, Tribunal Pleno, julgamento em 16-4-2015, *DJe* de 24-4-2015.

A Constituição de 1988 também consagrou a criação da justiça de paz, que já havia sido prevista entre nós desde a Constituição de 1824 (arts. 161 e 162).

A instituição da justiça de paz também se relaciona aos objetivos gerais de acesso ao justo processo e de pacificação social. Quanto a isso, merece destaque o fato de os juízes de paz, que deverão ser eleitos para mandatos de quatro anos, terem competência não só para celebrar casamentos e verificar o processo de habilitação, mas também para exercer atribuições conciliatórias, as quais, se bem aproveitadas, têm o potencial de contribuir de maneira significativa para redução da necessidade de judicialização de controvérsias e da "litigiosidade contida", ao servir de mecanismo extrajudicial de solução de conflitos.

Ressalte-se que os juízes de paz integram o Poder Judiciário e a eles se impõe a vedação prevista no art. 95, parágrafo único, II, da Constituição, a qual proíbe a percepção, a qualquer título ou pretexto, de custas ou participação em processo pelos membros do Judiciário. Assim decidiu o STF no julgamento da ADI 954.

A Emenda Constitucional n. 45, de 2004, acrescentou o § 2º ao art. 98 para prescrever que as custas e os emolumentos devem ser destinados, exclusivamente, ao custeio dos serviços afetos às atividades específicas da Justiça. A nova norma constitucional consolida entendimento fixado pelo Supremo Tribunal Federal, segundo o qual as custas judiciais e os emolumentos concernentes aos serviços notariais e registrais possuem natureza tributária, qualificando-se como taxas remuneratórias de serviços públicos, e, portanto, sujeitam-se, por consequência, ao regime jurídico-constitucional pertinente a essa específica modalidade de tributo, devendo ser destinados especificamente ao custeio dos serviços. O Tribunal sempre entendeu que são inconstitucionais os atos normativos que prescrevam a destinação do produto da arrecadação de emolumentos e custas judiciais a entidades privadas, como as Caixas de Assistência e as Associações de Magistrados (ADI 948, Rel. Min. Francisco Rezek; ADI 2.059, Rel. Min. Nelson Jobim; ADIn 1709, Rel. Min. Maurício Corrêa; ADI 1.778-MC, Rel. Min. Nelson Jobim; ADI 1.145, Rel. Min. Carlos Velloso; ADI 1.378, Rel. Min. Celso de Mello; ADI 2.040, Rel. Min. Maurício Corrêa).

Art. 99. Ao Poder Judiciário é assegurada autonomia administrativa e financeira.

§ 1º Os tribunais elaborarão suas propostas orçamentárias dentro dos limites estipulados conjuntamente com os demais Poderes na lei de diretrizes orçamentárias.

§ 2º O encaminhamento da proposta, ouvidos os outros tribunais interessados, compete:

I – no âmbito da União, aos Presidentes do Supremo Tribunal Federal e dos Tribunais Superiores, com a aprovação dos respectivos tribunais;

II – no âmbito dos Estados e no do Distrito Federal e Territórios, aos Presidentes dos Tribunais de Justiça, com a aprovação dos respectivos tribunais.

§ 3º Se os órgãos referidos no § 2º não encaminharem as respectivas propostas orçamentárias dentro do prazo estabelecido na lei de diretrizes orçamentárias, o Poder Executivo considerará, para fins de consolidação da proposta orçamentária anual, os valores aprovados na lei orçamentária vigente, ajustados de acordo com os limites estipulados na forma do § 1º deste artigo.

§ 4º Se as propostas orçamentárias de que trata este artigo forem encaminhadas em desacordo com os limites estipulados na forma do § 1º, o Poder Executivo procederá aos ajustes necessários para fins de consolidação da proposta orçamentária anual.

§ 5º Durante a execução orçamentária do exercício, não poderá haver a realização de despesas ou a assunção de obrigações que extrapolem os limites estabelecidos na lei de diretrizes orçamentárias, exceto se previamente autorizadas, mediante a abertura de créditos suplementares ou especiais.

Gilmar Ferreira Mendes
Lenio Luiz Streck[1]

A – REFERÊNCIAS

1. Origem da norma

Texto original da CF/88, alterado pela Emenda Constitucional n. 45/2004.

---
1. O comentário contou com a colaboração de André Rufino do Vale.

2. Constituições anteriores

Constituição de 1934, art. 41, § 2º, e art. 67, *a*; Constituição de 1937, art. 93, *a*; Constituição de 1946, art. 67, § 2º, e art. 97, II; Constituição de 1967, art. 55, par. único, I, art. 70, e art. 110, II; Constituição de 1969, art. 52, par. único, I, art. 68 e art. 115, II.

3. Dispositivos constitucionais relacionados

Arts. 95 e 96; arts. 163 a 169.

4. Legislação

Lei Orgânica da Magistratura Nacional (LOMAN), arts. 32, 61-77 e 98; Lei de Responsabilidade Fiscal (LRF), arts. 1º, 9º e 20.

5. Jurisprudência

ADI 1.933 (Depósito de tributos judiciais na Caixa Econômica Federal não fere autonomia do Poder Judiciário); ADI 3.458 (Cumpre ao Poder Judiciário a administração e os rendimentos referentes à conta única de depósitos judiciais e extrajudiciais); ADI 1.578 (Criação de órgão externo para pagamentos de salários de magistrados fere autonomia do Poder Judiciário); ADI 1.911-MC; ADI 848-MC; ADI 468-MC; ADI 810-MC (Necessidade de participação do Poder Judiciário na fixação do limite de sua proposta orçamentária); ADI 691-MC (Fiscalização dos gastos do Poder Judiciário na forma prevista na Constituição); ADI 1.105-MC (O regimento interno dos Tribunais é lei material, apta a disciplinar sua economia e administração).

6. Seleção de literatura

ASSIS, José de. Fortalecimento do Poder Judiciário: sua autonomia administrativa e financeira, na revisão constitucional de 93. In: *Ciência Jurídica*, v. 7, n. 54, p. 32-41, nov./dez., 1993; AXT, Gunther. Considerações sobre a autonomia do Poder Judiciário na história nacional. In: *Revista da Ajuris*, v. 27, n. 84 t. 1, dez., 2001; COELHO, Sacha Calmon Navarro. Revisão ou reforma constitucional – autonomia do Poder Judiciário. In: *Revista Jurídica Mineira*, v. 10, n. 101; CONTI, José Maurício. *A autonomia financeira do Poder Judiciário*. São Paulo: Editora MP, 2006; DIREITO, Carlos Alberto Menezes. Autonomia financeira e administrativa do Poder Judiciário: mito e realidade. In: *Revista de Direito do Tribunal de Justiça do Estado do Rio de Janeiro*, n. 10, p. 268-272, jan./mar., 1992; DOMINGUES, Paulo Sérgio. A autonomia administrativa e financeira dos serviços dos Tribunais como garantia e reforço da independência do Poder Judiciário: aspectos da realidade brasileira e sua inserção no contexto internacional. In: *Revista da Associação dos Juízes Federais do Brasil*, v. 21, n. 75/76, p. 471-478, jan./jun., 2004; ENZWEILER, Romano José. O princípio da autonomia administrativa e financeira do Poder Judiciário e a Lei de Responsabilidade Fiscal. In: *Revista Forense*, v. 99, n. 368, p. 165-182, jul./ago., 2003; GAROUPA, Nuno. A análise econômica do direito como instrumento de reforço da independência do Judiciário. In: *Revista de Direito Bancário e do Mercado de Capitais*, v. 10, n. 37, p. 81-87, jul./set., 2007; MARTINS, Ives Gandra da Silva.

Autonomia financeira do Poder Judiciário. In: *Revista do Tribunal de Justiça do Estado do Pará*, v. 28, n. 34, p. 45-47, 1984; PEDUZZI, Maria Cristina Irigoyen. O Poder Judiciário: homenagem aos 200 anos da independência do Poder Judiciário Brasileiro. In: *Revista do Tribunal Superior do Trabalho*, v. 73, n. 4, p. 17-34, out./dez., 2007; SILVEIRA, José Néri da. A independência do Poder Judiciário. In: *Curso da Escola de Magistrados*, São Paulo: Tribunal Regional Federal da 3ª Região, Escola de Magistrados, 1995 p. 15-42; SILVEIRA, José Néri da. Aspectos institucionais da independência do Poder Judiciário. In: *Revista Ajufe*, n. 39, p. 8-16, dez., 1993. SILVEIRA, José Néri da. Dimensões da independência do Poder Judiciário. In: *Revista da Faculdade de Direito da Universidade Federal do Rio Grande do Sul*, n. 17, p. 167-187, 1999.

B – COMENTÁRIOS

I. O art. 99 da Constituição dispõe expressamente sobre a garantia da autonomia administrativa e financeira dos órgãos judiciais. Esse artigo assim compõe, em conjunto com os arts. 95 e 96, o plexo de disposições constitucionais que tratam das *garantias institucionais* do Poder Judiciário. Enquanto o art. 95 trata das garantias funcionais da magistratura e o art. 96 dispõe sobre as garantias da autonomia orgânico-administrativa dos órgãos judiciais, o art. 99 cuida das garantias da autonomia financeira dos tribunais. Tais garantias são imprescindíveis para a independência e imparcialidade dos órgãos jurisdicionais e, dessa forma, são pressupostos de efetividade do direito fundamental à tutela judicial efetiva.

Assim, por tratarem das garantias institucionais do Poder Judiciário, os referidos artigos deveriam vir em conjunto e em sequência ao longo do texto constitucional.

Os comentários ao art. 96 já trataram das garantias institucionais de autonomia organizacional e administrativa. A autonomia financeira é objeto deste art. 99.

II. A autonomia financeira materializa-se na outorga aos tribunais do poder de elaborar suas propostas orçamentárias dentro dos limites estabelecidos com os demais Poderes na lei de diretrizes orçamentárias.

É fundamental a participação do Poder Judiciário na fixação, na lei de diretrizes orçamentárias, dos limites de sua proposta orçamentária. O Supremo Tribunal Federal, em mais de uma oportunidade (ADI 468-MC, Rel. Min. Carlos Velloso, e ADI 810-MC, Rel. Min. Francisco Rezek, ADI 1.911-MC, Rel. Min. Ilmar Galvão, ADI 848-MC, Rel. Min. Sepúlveda Pertence), deferiu a suspensão cautelar da vigência de disposições legais que fixaram limite percentual de participação do Poder Judiciário no orçamento do Estado sem a intervenção desse Poder.

O encaminhamento das propostas deverá ser feito, no âmbito da União, pelos Presidentes do Supremo Tribunal Federal e dos demais Tribunais Superiores e, no âmbito dos Estados e do Distrito Federal, pelos Presidentes dos Tribunais de Justiça.

A lei de diretrizes orçamentárias definirá os limites financeiros e o prazo de apresentação das propostas orçamentárias pelos tribunais. Se os tribunais não encaminharem suas propostas dentro do prazo estabelecido na lei de diretrizes orçamentárias, o Poder Executivo considerará, para fins de consolidação da proposta orçamentária anual, os valores aprovados na lei orçamentária vigente, ajustados de acordo com os limites estipulados na forma do § 1º deste art. 99. Se as propostas orçamentárias forem encaminhadas em desacordo com os limites estipulados na forma do § 1º, o Poder Executivo procederá aos ajustes necessários para fins de consolidação da proposta orçamentária anual.

A Constituição consagra, ainda, que os recursos correspondentes às dotações orçamentárias do Judiciário – e também do Legislativo, do Ministério Público e da Defensoria Pública – serão entregues até o dia 20 de cada mês, em duodécimos (CF, art. 168). Durante a execução orçamentária do exercício, não poderá haver a realização de despesas ou a assunção de obrigações que extrapolem os limites estabelecidos na lei de diretrizes orçamentárias, exceto se previamente autorizadas, mediante a abertura de créditos suplementares ou especiais.

Art. 100. Os pagamentos devidos pelas Fazendas Públicas Federal, Estaduais, Distrital e Municipais, em virtude de sentença judiciária, far-se-ão exclusivamente na ordem cronológica de apresentação dos precatórios e à conta dos créditos respectivos, proibida a designação de casos ou de pessoas nas dotações orçamentárias e nos créditos adicionais abertos para este fim.

§ 1º Os débitos de natureza alimentícia compreendem aqueles decorrentes de salários, vencimentos, proventos, pensões e suas complementações, benefícios previdenciários e indenizações por morte ou por invalidez, fundadas em responsabilidade civil, em virtude de sentença judicial transitada em julgado, e serão pagos com preferência sobre todos os demais débitos, exceto sobre aqueles referidos no § 2º deste artigo.

§ 2º Os débitos de natureza alimentícia cujos titulares, originários ou por sucessão hereditária, tenham 60 (sessenta) anos de idade, ou sejam portadores de doença grave, ou pessoas com deficiência, assim definidos na forma da lei, serão pagos com preferência sobre todos os demais débitos, até o valor equivalente ao triplo fixado em lei para os fins do disposto no § 3º deste artigo, admitido o fracionamento para essa finalidade, sendo que o restante será pago na ordem cronológica de apresentação do precatório.

§ 3º O disposto no *caput* deste artigo relativamente à expedição de precatórios não se aplica aos pagamentos de obrigações definidas em leis como de pequeno valor que as Fazendas referidas devam fazer em virtude de sentença judicial transitada em julgado.

§ 4º Para os fins do disposto no § 3º, poderão ser fixados, por leis próprias, valores distintos às entidades de direito público, segundo as diferentes capacidades econômicas, sendo o mínimo igual ao valor do maior benefício do regime geral de previdência social.

§ 5º É obrigatória a inclusão, no orçamento das entidades de direito público, de verba necessária ao pagamento de seus débitos, oriundos de sentenças transitadas em julgado, constantes de precatórios judiciários apresentados até 2 de abril, fazendo-se o pagamento até o final do exercício seguinte, quando terão seus valores atualizados monetariamente.

§ 6º As dotações orçamentárias e os créditos abertos serão consignados diretamente ao Poder Judiciário, cabendo ao Presidente do Tribunal que proferir a decisão exequenda determinar o pagamento integral e autorizar, a requerimento do credor e exclusivamente para os casos de preterimento de seu direito de precedência ou de não alocação orçamentária do valor necessário à satisfação do seu débito, o sequestro da quantia respectiva.

§ 7º O Presidente do Tribunal competente que, por ato comissivo ou omissivo, retardar ou tentar frustrar a liquidação regular de precatórios incorrerá em crime de responsabilidade e responderá, também, perante o Conselho Nacional de Justiça.

§ 8º É vedada a expedição de precatórios complementares ou suplementares de valor pago, bem como o fracionamento, repartição ou quebra do valor da execução para fins de enquadramento de parcela do total ao que dispõe o § 3º deste artigo.

§ 9º Sem que haja interrupção no pagamento do precatório e mediante comunicação da Fazenda Pública ao Tribunal, o valor correspondente aos eventuais débitos inscritos em dívida ativa contra o credor do requisitório e seus substituídos deverá ser depositado à conta do juízo responsável pela ação de cobrança, que decidirá pelo seu destino definitivo.

§ 10. Antes da expedição dos precatórios, o Tribunal solicitará à Fazenda Pública devedora, para resposta em até 30 (trinta) dias, sob pena de perda do direito de abatimento, informação sobre os débitos que preencham as condições estabelecidas no § 9º, para os fins nele previstos.

§ 11. É facultada ao credor, conforme estabelecido em lei do ente federativo devedor, com autoaplicabilidade para a União, a oferta de créditos líquidos e certos que originalmente lhe são próprios ou adquiridos de terceiros reconhecidos pelo ente federativo ou por decisão judicial transitada em julgado para:

I – quitação de débitos parcelados ou débitos inscritos em dívida ativa do ente federativo devedor, inclusive em transação resolutiva de litígio, e, subsidiariamente, débitos com a administração autárquica e fundacional do mesmo ente;

II – compra de imóveis públicos de propriedade do mesmo ente disponibilizados para venda;

III – pagamento de outorga de delegações de serviços públicos e demais espécies de concessão negocial promovidas pelo mesmo ente;

IV – aquisição, inclusive minoritária, de participação societária, disponibilizada para venda, do respectivo ente federativo; ou

V – compra de direitos, disponibilizados para cessão, do respectivo ente federativo, inclusive, no caso da União, da antecipação de valores a serem recebidos a título do excedente em óleo em contratos de partilha de petróleo.

§ 12. A partir da promulgação desta Emenda Constitucional, a atualização de valores de requisitórios, após sua expedição, até o efetivo pagamento, independentemente de sua natureza, será feita pelo índice oficial de remuneração básica da caderneta de poupança, e, para fins de compensação da mora, incidirão juros simples no mesmo percentual de juros incidentes sobre a caderneta de poupança, ficando excluída a incidência de juros compensatórios.

§ 13. O credor poderá ceder, total ou parcialmente, seus créditos em precatórios a terceiros, independentemente da concordância do devedor, não se aplicando ao cessionário o disposto nos §§ 2º e 3º.

§ 14. A cessão de precatórios, observado o disposto no § 9º deste artigo, somente produzirá efeitos após comunicação, por meio de petição protocolizada, ao Tribunal de origem e ao ente federativo devedor.

§ 15. Sem prejuízo do disposto neste artigo, lei complementar a esta Constituição Federal poderá estabelecer regime especial para pagamento de crédito de precatórios de Estados, Distrito Federal e Municípios, dispondo sobre vinculações à receita corrente líquida e forma e prazo de liquidação.

§ 16. A seu critério exclusivo e na forma de lei, a União poderá assumir débitos, oriundos de precatórios, de Estados, Distrito Federal e Municípios, refinanciando-os diretamente.

§ 17. A União, os Estados, o Distrito Federal e os Municípios aferirão mensalmente, em base anual, o comprometimento de suas respectivas receitas correntes líquidas com o pagamento de precatórios e obrigações de pequeno valor.

§ 18. Entende-se como receita corrente líquida, para os fins de que trata o § 17, o somatório das receitas tributárias, patrimoniais, industriais, agropecuárias, de contribuições e de serviços, de transferências correntes e outras receitas correntes, incluindo as oriundas do § 1º do art. 20 da Constituição Federal, verificado no período compreendido pelo segundo mês imediatamente anterior ao de referência e os 11 (onze) meses precedentes, excluídas as duplicidades, e deduzidas:

I – na União, as parcelas entregues aos Estados, ao Distrito Federal e aos Municípios por determinação constitucional;

II – nos Estados, as parcelas entregues aos Municípios por determinação constitucional;

III – na União, nos Estados, no Distrito Federal e nos Municípios, a contribuição dos servidores para custeio de seu sistema de previdência e assistência social e as receitas provenientes da compensação financeira referida no § 9º do art. 201 da Constituição Federal.

§ 19. Caso o montante total de débitos decorrentes de condenações judiciais em precatórios e obrigações de pequeno valor, em período de 12 (doze) meses, ultrapasse a média do comprometimento percentual da receita corrente líquida nos 5 (cinco) anos imediatamente anteriores, a parcela que exceder esse percentual poderá ser financiada, excetuada dos limites de endividamento de que tratam os incisos VI e VII do art. 52 da Constituição Federal e de quaisquer outros limites de endividamento previstos, não se aplicando a esse financiamento a vedação de vinculação de receita prevista no inciso IV do art. 167 da Constituição Federal.

§ 20. Caso haja precatório com valor superior a 15% (quinze por cento) do montante dos precatórios apresentados nos termos do § 5º deste artigo, 15% (quinze por cento) do valor deste precatório serão pagos até o final do exercício seguinte e o restante em parcelas iguais nos cinco exercícios subsequentes, acrescidas de juros de mora e correção monetária, ou mediante acordos diretos, perante Juízos Auxiliares de Conciliação de Precatórios, com redução máxima de 40% (quarenta por cento) do valor do crédito atualizado, desde que em relação ao crédito não penda recurso ou defesa judicial e que sejam observados os requisitos definidos na regulamentação editada pelo ente federado.

§ 21. Ficam a União e os demais entes federativos, nos montantes que lhes são próprios, desde que aceito por ambas as partes, autorizados a utilizar valores objeto de sentenças transitadas em julgado devidos a pessoa jurídica de direito público para amortizar dívidas, vencidas ou vincendas:

I – nos contratos de refinanciamento cujos créditos sejam detidos pelo ente federativo que figure como devedor na sentença de que trata o *caput* deste artigo;

II – nos contratos em que houve prestação de garantia a outro ente federativo;

III – nos parcelamentos de tributos ou de contribuições sociais; e

IV – nas obrigações decorrentes do descumprimento de prestação de contas ou de desvio de recursos.

§ 22. A amortização de que trata o § 21 deste artigo:

I – nas obrigações vencidas, será imputada primeiramente às parcelas mais antigas;

II – nas obrigações vincendas, reduzirá uniformemente o valor de cada parcela devida, mantida a duração original do respectivo contrato ou parcelamento.

Fernando Facury Scaff
Luma Cavaleiro de Macedo Scaff

1. Origem do texto

O texto constitucional permanente vem sofrendo alterações desde a promulgação da Constituição, sendo um dos mais alterados na Carta de 1988. Até mesmo a regra permanente do art. 100, tal qual promulgada, sofreu mitigação inicial, pois o art. 33 do ADCT criou regras excepcionais para a dívida acumulada com precatórios até a data de promulgação da Constituição. Posteriormente, a Emenda Constitucional n. 30, de 2000, a Emenda Constitucional n. 37, de 2002, e a Emenda Constitucional n. 62, de 2009, modificaram o texto constitucional. A Emenda Constitucional n. 94, de 2016, alterou mais uma vez as regras sobre precatórios previstas no art. 100 da Constituição Federal e estabeleceu no ADCT um regime especial de pagamento para os casos em mora. Em 2017, a EC n. 99 alterou os arts. 101, 102, 103 e 105 do ADCT da CF/88 com o objetivo de "instituir novo regime especial de pagamento de precatórios," dificultando, mais uma vez, o recebimento dos créditos. Em 2021, houve ao menos três modificações. A EC n. 109 adiou para 2029 o prazo para pagamento de precatórios que, em 25 de março de 2015, estavam pendentes de quitação por Estados, Distrito Federal e municípios. A EC n. 113 modificou as regras para o recebimento de precatórios, alterando a gestão sob a escusa de adequar o sistema de pagamento de precatórios ao teto de gastos. Por fim, a EC n. 114 alterou o marco temporal de apresentação dos precatórios até 2 de abril, aumentando os prazos em privilégio da Fazenda Pública. A redação transcrita é a que se encontra em vigor.

2. Constituições brasileiras anteriores

Constituição de 1967 com emenda constitucional de 1969: art. 117; Constituição de 1967: art. 112; Constituição de 1946: art. 112; Constituição de 1937: art. 95, parágrafo único; Constituição de 1934: art. 182.

3. Preceitos constitucionais correlacionados da Constituição de 1988

Arts. 33, 78 e 97 do ADCT. Arts. 101, 102, 103 e 105 do ADCT.

4. Legislação

Lei de Responsabilidade Fiscal – Lei Complementar n. 101/2000, art. 30, § 7º. Lei n. 10.099/2000, art. 30, § 7º. Lei n. 12.431/2011. Decreto n. 11.249/2022.

5. Jurisprudência

Súmulas 655 e 729 do STF. ADI-MC 2.356, julgamento em 25-11-2010, Rel. Min. Ayres Britto. ADI 4.372, julgamento em 2-8-2011, Rel. Min. Ayres Britto. ADI 4.400, julgamento em 17-10-2011, Rel. Min. Ayres Britto. ADI 4.357, julgamento em 16-6-2011, Rel. Min. Ayres Britto. ADI 2.362, julgamento em 10-2-2012, Rel. Min. Celso de Mello. ADI-MC 2.535/MT, Rel. Min. Sepúlveda Pertence. ADI-MC 446/SP, julgamento em 9-11-2001, Rel. Min. Maurício Corrêa. IF 164, julgamento em 13-12-2003, Rel. Min. Gilmar Mendes. ADIs 7.047 e 7.064 contra disposições das ECs n. 103 e 104, sob relatoria do Ministro Luiz Fux.

"A CAESB é uma sociedade de economia mista cujo objetivo primordial é a prestação do serviço público essencial de saneamento básico no âmbito do Distrito Federal, onde atua com caráter de exclusividade. A lógica aplicada aos precatórios visa proteger a organização financeira dos órgãos da Administração Pública, de forma a garantir a fiel execução do orçamento e, consequentemente, a efetiva implementação das políticas públicas ali previstas, bem como estabelecer isonomia entre os credores do Estado, promovendo a racionalização do pagamento das condenações judiciais da Fazenda Pública. O reconhecimento da incidência do regime de precatórios à CAESB, além de privilegiar os postulados da legalidade orçamentária (art. 167, III, CF/88) e da continuidade dos serviços públicos, também prestigia a proteção à saúde coletiva e o acesso ao mínimo existencial, visto que a empresa presta serviço público de esgotamento sanitário e de fornecimento de água no Distrito Federal, os quais compõem o núcleo essencial do direito a uma existência digna" [ADPF 890, Rel. Min. Dias Toffoli, j. 29-11-2021, P, *DJe* de 15-3-2022].

"O tratamento orçamentário preconizado aos recursos provenientes dos depósitos judiciais não tributários diverge da sistemática especial de pagamento de débitos judiciais da Fazenda Pública, porquanto não é dado ao Poder Público realizar gastos públicos com ingressos meramente transitórios. Logo, financiam-se despesas correntes e de capital com entradas provisórias as quais, por dever legal, devem ser restituídas aos seus legítimos titulares ao fim de demanda jurisdicional" [ADI 5.409, Rel. Min. Edson Fachin, j. 13-12-2019, P, *DJe* de 12-2-2020].

"Pela primeira vez, estamos a nos defrontar com essa situação: saber se débito de conselho fiscalizador – e fiscalizador, no caso, profissional –, em si, é executável como débito em geral ou como débito da Fazenda. Se não posso incluir os conselhos no grande todo representado por Fazenda Pública, não tenho como dizer aplicável o art. 100 da CF. Por isso, penso sinalizar bem a PGR quando conclui pelo afastamento desse sistema especialíssimo, o de precatório, quanto a pagamentos devidos não pela Fazenda, mas, especificamente, por cada qual dos conselhos corporativistas, como disse, pelos conselhos que consubstanciam – reconheço – autarquias especiais. Numa interpretação sistemática dos dispositivos da Carta da República, concluo que o art. 100 é inaplicável em se tratando de débito de conselho." [**RE 938.837**, voto do rel. p/ o ac. Min. Marco Aurélio, j. 19-4-2017, P, *DJe* de 25-9-2017, Tema 877.]

"Incidem juros da mora entre a data da realização dos cálculos e a da requisição ou do precatório." [**RE 579.431**, Rel. Min. Marco Aurélio, j. 19-4-2017, P, *DJe* de 30-6-2017, Tema 96.]

"Execução. Penhora de bens da extinta Rede Ferroviária Federal S.A. (RFFSA). Sucessão posterior pela União. É válida a penhora em bens de pessoa jurídica de direito privado, realizada anteriormente à sucessão desta pela União, não devendo a execução prosseguir mediante precatório (art. 100, *caput* e § 1º, da CF)." [**RE 693.112**, Rel. Min. Gilmar Mendes, j. 9-2-2017, P, *DJe* de 25-5-2017, Tema 355.]

"(...) nem o caráter alimentar do crédito contra a Fazenda Pública tem força suficiente a afastar o rito dos precatórios, com muito menos razão o teria a circunstância acidental de ser o crédito derivado de sentença concessiva de mandado de segurança. Saliente-se que a finalidade do regime constitucional de precatórios reside em dois objetivos essenciais, quais sejam, possibilitar aos entes federados o adequado planejamento orçamentário para a quitação de seus débitos e a submissão do poder público ao dever de respeitar a preferência jurídica de quem dispuser de precedência cronológica. Verifica-se, desse modo, que o provimento do recurso extraordinário é medida que se impõe, de forma a assentar a necessidade de observância do regime de precatórios previsto no art. 100 da CF para o pagamento dos valores devidos pela Fazenda Pública entre a data da impetração do mandado de segurança e a efetiva implementação da ordem concessiva." [**RE 889.173-RG**, voto do Rel. Min. Luiz Fux, j. 7-8-2015, P, *DJe* de 17-8-2015, Tema 831.]

"Incabível aplicar à empresa pública a regra da execução pela via do precatório." [**RE 1.028.771 AgR**, Rel. Min. Gilmar Mendes, j. 1º-12-2017, 2ª T., *DJe* de 14-12-2017.]

"A jurisprudência da Suprema Corte é no sentido da aplicabilidade do regime de precatório às sociedades de economia mista prestadoras de serviço público próprio do Estado e de natureza não concorrencial. A Casal, sociedade de economia mista prestadora de serviços de abastecimento de água e saneamento no Estado do Alagoas, presta serviço público primário e em regime de exclusividade, o qual corresponde à própria atuação do estado, haja vista não visar à obtenção de lucro e deter capital social majoritariamente estatal." [**RE 852.302 AgR**, Rel. Min. Dias Toffoli, j. 15-12-2015, 2ª T., *DJe* de 29-2-2017.] **ADPF 387**, Rel. Min. Gilmar Mendes, j. 23-3-2017, P, *DJe* de 25-10-2017.

6. Referências bibliográficas

ABRAHAM, Marcus. A compensação de precatórios com créditos da Fazenda Pública na Emenda Constitucional n. 62/2009. *Revista Dialética de Direito Tributário*, São Paulo: Dialética, v. 182, nov. 2010.

ARAUJO, Luiz Alberto David; NUNES JÚNIOR, Vidal Serrano. *Curso de direito constitucional*. 8. ed. São Paulo: Saraiva, 2004.

COÊLHO, Sacha Calmon Navarro. Precatórios: o estado da arte. In: Valdir de Oliveira Rocha (coord.). *Grandes questões atuais de direito tributário*. São Paulo: Dialética, 2010. v. 14, p. 324-347.

COÊLHO, Sacha Calmon Navarro; DERZI, Misabel Abreu Machado. Precatórios. Tributos e a Emenda Constitucional n. 62/2009. *Revista Dialética de Direito Tributário*. São Paulo: Dialética, v. 180, nov. 2010.

CUNHA, Leonardo José Carneiro. *A Fazenda Pública em juízo*. 7. ed. São Paulo: Dialética, 2009.

_____. A execução contra a Fazenda Pública e as alterações impostas pela Emenda Constitucional n. 62/2009. *Revista Dialética de Direito Processual*, São Paulo: Dialética, v. 85, abr. 2010.

FERRAZ, Roberto. O pagamento de tributos com precatórios – Caso de uso de moeda e não de compensação – A inconstitucionalidade dinâmica da vedação à compensação. In: Valdir de Oliveira Rocha (coord.). *Grandes questões atuais de direito tributário*. São Paulo: Dialética, 2009. v. 13, p. 344-356.

GIACOMONI, James. *Orçamento público*. 14. ed. São Paulo: Atlas, 2009.

GRUPENMACHER, Betina Treiger. O uso de precatório no pagamento de tributos. In: ROCHA, Valdir de Oliveira (coord.). *Grandes questões atuais de direito tributário*. São Paulo: Dialética, 2009. v. 13, p. 34 a 55.

MACHADO, Hugo de Brito; MACHADO SEGUNDO, Hugo de Brito. Parecer: Precatório alimentar. Não pagamento. Crédito tributário. Compensação. *Revista Dialética de Direito Processual*, São Paulo: Dialética, v. 59, fev. 2008.

OLIVEIRA, Regis Fernandes de. *Curso de direito financeiro*. São Paulo: Revista dos Tribunais, 2006.

PIMENTA, Paulo Roberto Lyrio. O pagamento de tributos por meio de créditos de precatórios: inovações da Emenda Constitucional n. 62/2009. In: ROCHA, Valdir de Oliveira (coord.). *Grandes questões atuais de direito tributário*. São Paulo: Dialética, 2010. v. 14, p. 283-289.

SCAFF, Fernando Facury. O uso de precatórios para pagamento de tributos. In: ROCHA, Valdir de Oliveira (coord.). *Grandes questões atuais de direito tributário*. São Paulo: Dialética, 2009. v. 13, p. 102-116.

_____. O uso de precatórios para pagamento de tributos após a EC 62. *Revista Dialética de Direito Tributário*, São Paulo: Dialética, v. 175, abr. 2010.

SILVA, José Afonso da. *Curso de direito constitucional positivo*. 20. ed. São Paulo: Malheiros, 2002.

TORRES, Ricardo Lobo. *Curso de direito financeiro e tributário*. Rio de Janeiro: Renovar, 2005.

_____. *Tratado de direito constitucional financeiro e tributário*: o orçamento na Constituição. 3. ed. Rio de Janeiro: Renovar, 2008. v. V.

7. Anotações

1. Este dispositivo é muito importante para a análise das questões orçamentárias e vem passando por inúmeras modificações constitucionais.

Institui o sistema de precatórios requisitórios no direito brasileiro, ou seja, a fórmula adotada para que a Fazenda Pública pague a seus credores quantia certa à qual foi condenada por decisão transitada em julgado. O montante de precatórios se constitui em dívida do Poder Público correspondente.

Já que no Brasil é proibida a penhora de bens públicos, o processo de execução de dívidas contra a Fazenda Pública decorrente de decisão transitada em julgado possui tratamento diferenciado em face da execução das dívidas privadas em geral. Descrito no art. 100 da Constituição Federal, rege as relações de pagamento decorrentes das decisões transitadas em julgado contra o Poder Público, diferenciando-as das relações privadas. A regra é que se trata de uma forma segura de recebimento de dinheiro porque é garantido pelo orçamento público.

A norma constitucional em análise tem como finalidade assegurar a isonomia entre os credores da Fazenda Pública, impedindo qualquer espécie de favorecimento ou de privilégios, por razões políticas ou pessoais, em consonância com o Princípio Republicano, que preside nossa Constituição, bem como com os da Administração Pública, constantes do art. 37 da CF.

O sistema é juridicamente engenhoso, pois permite aos credores a satisfação de seus créditos com base em um procedimento orçamentário que garante o pagamento, inclusive com a possibilidade de cessão de créditos e de sequestro de quantia não paga.

Não obstante as sucessivas modificações pelas quais passa a temática dos precatórios em nosso ordenamento jurídico, o sistema ainda padece de um vício: e se o montante cobrado for superior às disponibilidades orçamentárias, inviabilizando o quotidiano da máquina administrativa? Essas e muitas outras questões têm sido colocadas atualmente, afinal, o precatório é uma ordem judicial de quitação de uma dívida, que, após o regular processamento do feito, transitou em julgado e deve ser pago.

Muitos dos problemas aqui gerados dizem respeito a uma correlação entre política e direito relacionada à intertemporalidade de governos, pois a eventual irregularidade ocorrida em um ano, levada a julgamento perante o Poder Judiciário e transitando em julgado, acarreta a expedição do precatório requisitório muitos anos após – daí que o governante que será responsabilidade pelo pagamento daquele valor não será o que gerou o problema, em face da demora entre o fato e a obrigação de indenizar. O Direito estabelece que o Estado é o garantidor da dívida, mas, muitas vezes, em face da questão intergeracional acima exposta, os precatórios expedidos e não pagos acumulam-se anos após anos, muitas vezes negligenciados pelos governantes que adiam o problema para o seu sucessor, gerando dívidas.

Ainda que algumas entidades federadas estejam em dia com o pagamento dos seus precatórios, outras se financiam às custas de sua inadimplência.

Embora existam instrumentos poderosos de combate ao endividamento, como a Lei de Responsabilidade Fiscal, a trajetória das mudanças constitucionais deste artigo, bem como uma posição de leniência do STF em decidir pela adoção de soluções constitucionais mais rígidas, faz com que o problema da inadimplência no pagamento dos precatórios ainda persista em algumas unidades federadas.

2. O funcionamento do sistema de precatórios requisitórios do art. 100 mantém aspectos daquele existente no texto originário de 1988 sobre o pagamento de sentenças judiciais transitadas em julgado contra a Fazenda Pública, através de exclusiva ordem cronológica de sua apresentação, e que deve ocorrer até o dia 30 de junho de cada ano a ser pago até o final do exercício seguinte, atualizado monetariamente. Foi estabelecida a proibição de indicação de casos ou de pessoas nas dotações orçamentárias.

Os pagamentos devidos pela Fazenda Federal, Estadual, Distrital ou Municipal em virtude de sentença judiciária devem ocorrer:

a) após sentença transitada em julgado em que a Fazenda Pública tenha sido condenada a pagar quantia certa, já devidamente liquidada;

b) na exata ordem cronológica de sua apresentação;

c) cada apresentação deve corresponder a um crédito respectivo;

d) sendo proibida a designação de casos ou de pessoas nas dotações orçamentárias e nos créditos adicionais abertos para este fim.

Esta mesma sistemática foi utilizada para os precatórios de natureza alimentar, embora devessem ser pagos de forma antecipada aos demais precatórios. Deve-se entender créditos de natureza alimentícia como salários, vencimentos, proventos, pensões e suas complementações, benefícios previdenciários e indenizações por morte ou invalidez fundadas na responsabilidade civil, e também os honorários advocatícios.

A requisição do dinheiro é realizada pelo Presidente do Tribunal em que o processo transitou em julgado e o pagamento também é determinado pela mesma Corte.

Caso a ordem cronológica de pagamento fosse violada, o Presidente do Tribunal, a requerimento do credor, poderia determinar o sequestro da quantia necessária à satisfação do débito, conforme determinado durante a vigência de algumas das Emendas Constitucionais referidas.

Caso fosse verificado que o Presidente do Tribunal competente ou algum servidor, por ato comissivo ou omissivo, retardou ou tentou frustrar a liquidação regular de precatório incorreria em crime de responsabilidade. Isto porque o orçamento público era – e ainda o é – o grande garantidor do pagamento dos valores envolvidos.

3. Um dos regimes especiais de precatórios foi disciplinado pela Emenda Constitucional n. 94/2016, que inclui precatórios pendentes até 25 de março de 2015 e aqueles a vencer até 31 de dezembro de 2020.

Todavia, no ano de 2013, o STF decidiu pela inconstitucionalidade do prazo imposto pela sistemática aprovada em 2009 (portanto, anterior à EC n. 94), o qual previu o pagamento em 15 anos (até 2024). Na decisão, o STF reduziu o prazo para cinco, que foi incorporado pela nova emenda.

Como se não bastassem as sucessivas modificações, em 2016, a EC n. 94 limitou o aporte de recursos a 1/12 da receita líquida e reconheceu preferência para pessoas com deficiências, dentre outras mudanças, por exemplo.

4. Como alguns aspectos dessa sistemática foram alterados ao longo do tempo é interessante analisar em ordem cronológica as sucessivas mudanças constitucionais.

Na busca de resolver os impasses do "estoque de precatórios" não pagos, o art. 100, objeto destes comentários, sofreu várias modificações:

a) Art. 33 do ADCT: primeira prorrogação compulsória para precatórios expedidos e não pagos até em 5-10-1988, ressalvados os alimentícios. O parcelamento foi em 8 parcelas anuais, tendo sido permitido que as unidades federadas devedoras obtivessem financiamento no mercado para levantar verbas para pagamento desses valores – o que acarretou inúmeras irregularidades, no que ficou conhecido na época como o escândalo dos precatórios, pois várias dessas unidades levantaram dinheiro e se financiaram, sem pagar essas dívidas.

b) EC n. 30/2000: segunda prorrogação compulsória dos precatórios – art. 2º da referida EC, que não foi incorporada ao corpo permanente da Carta, mas acrescido ao ADCT como art. 78. Os débitos que estivessem pendentes na data de promulgação da EC seriam objeto de parcelamento em 10 parcelas anuais, bem como – e aí se encontram os efeitos futuros desta norma – as ações iniciais ajuizadas até 31 de dezembro de 1999. É importante destacar os efeitos futuros desta norma, pois a data limite estabelecida – "ações propostas antes de 31/12/1999" – ocasiona que incontáveis ações propostas sob a sua égide ainda venham a transitar em julgado. Desta forma, existem ações que transitarão em julgado em data futura, mas os precatórios que forem expedidos seguirão esta regra.

Além disso, esta EC criou a sistemática de RPV – Requisições de Pequeno Valor, que se referem ao pagamento de valores pelo poder público, decorrentes de decisões transitadas em julgado, que não estariam sujeitas ao regime de precatórios, devendo ser pagas de imediato. Os limites para ser considerada um pequeno valor seriam estabelecidos por cada unidade federada. O valor de RPV para os Estados que não tiverem regulamentado em valor superior é de 40 salários mínimos; e para os Municípios que igualmente não tiverem regulamentado em montante superior, é de 30 salários mínimos. Para a União é de 60 salários mínimos por força da Lei n. 10.259/2001, que instituiu os Juizados Especiais Cíveis no âmbito federal e determinou em seu art. 17 que a obrigação de pagar quantia certa, após o trânsito em julgado da decisão, será atendida independentemente de precatório.

Os débitos considerados de pequeno valor estão, portanto, excluídos da sistemática de precatórios prevista no art. 100 da CF, sendo que eventual inadimplência traz como consequência direta o cabimento do sequestro dos valores necessários a seu pagamento, em favor do titular.

Foi estabelecida também a possibilidade de compensação dos precatórios com crédito tributário decorrente de tributos, sem que haja a necessidade de lei do ente subnacional. A norma constitucional é clara ao "permitir a cessão dos créditos" – assim, podem ser usados tanto créditos próprios quanto de terceiros para a compensação, criando uma espécie de "mercado de compra e venda de precatórios". A ADI 2.851, cujo relator foi o Ministro Carlos Mário, permitiu a compensação tributária com base unicamente no art. 78, § 2º, da CF. Alguns julgados do Superior Tribunal de Justiça exigem lei do ente subnacional para a compensação; por exemplo, o AgRg no REsp 901.566/RS, cujo relator foi o Ministro Mauro Campbell Marques, e o REsp 938.113/RS cuja relatora foi a Ministra Eliana Calmon. Merece destaque o RMS 26.500/GO, também do STJ, em que o Ministro Teori Albino Zavascki afasta a necessidade de lei ordinária do ente subnacional para a compensação de tributos com previsão constitucional.

Resta claro que o § 2º do art. 78 do ADCT não estabelece a lei de ente subnacional como requisito para a compensação de tributos. Isto porque (a) não se pode criar na legislação um requisito que não existe na norma constitucional, (b) não se pode condicionar a eficácia da Constituição à edição de leis ordinárias, pois isso seria invalidar a norma constitucional, o que subverte todo o sistema jurídico.

Além disso, vale observar a identificação da entidade devedora. Existem julgados do Superior Tribunal de Justiça no sentido de diferenciar o ente federativo das autarquias, considerando como entidades devedoras distintas. É o caso da RMS 28.406/PR, cuja relatora foi a Ministra Denise Arruda.

Posição contrária e devidamente acertada é a do Supremo Tribunal Federal que pode ser esposada na decisão monocrática do Ministro Eros Grau, RE 550.400, em que o conceito de Fazenda Pública implica um único centro de arrecadação.

O art. 78, § 2º, utiliza-se apenas da expressão "entidade devedora", o que deve ser subsumido ao conceito de "Fazenda Pública" na mesma linha adotada pela Lei n. 6.830/80. Não se pode fracionar os cofres públicos mediante diferenciações entre entes da Federação e/ou autarquias, sob pena de considerar a existência de vários Fiscos, o que não é razoável. Podem existir diferentes ordenadores de despesa, porém apenas um centro arrecadador.

Outro aspecto – não menos importante – é a possibilidade de utilizar esses precatórios para garantir a penhora em caso de Embargos. Veja-se que o art. 11, I, da Lei de Execuções Fiscais estabelece que o oferecimento à penhora se caracteriza como dinheiro, e não como título público. Se a norma constitucional menciona o "poder liberatório para pagamento de tributos", a Constituição fez uma equiparação entre o precatório e o dinheiro.

Foram afastados aqueles precatórios referentes ao parcelamento anterior previsto no art. 33 do ADCT, os de natureza alimentícia, os que já tivessem os seus respectivos recursos liberados ou depositados em juízo, além daqueles considerados de pequeno valor.

Neste item, vale referir a ADI 2.356 (oposta pela Confederação Federal da Indústria – CNI) e ADI 2.362 (oposta pelo Conselho Federal da Ordem dos Advogados do Brasil) cujo relator foi Ministro Néri da Silveira, que deferiu a cautelar, determinando a suspensão do art. 2º da EC n. 30 (art. 78 do ADCT). Ambas as Ações Diretas de Inconstitucionalidade aguardam julgamento de recursos.

c) EC n. 62/2009: esta EC possui sete artigos que modificaram substancialmente a sistemática "transitória" do uso de precatórios mediante a criação de um "regime especial constitucionalizado" para quitação do "estoque" de dívida judicial não paga nas datas anteriormente fixadas pela Constituição. A análise destas normas será feita adiante.

d) EC n. 62/2009: objeto de várias Ações Diretas de Inconstitucionalidade, a destacar: ADI 4.372 proposta pela Associação Nacional dos Magistrados Estaduais; ADI 4.357, pela Ordem dos Advogados do Brasil e, dentre outras, ADI 4.425, pela Confederação Nacional das Indústrias.

Em 16-6-2011, no julgamento das ADI 4.357, 4.372, 4.400 e 4.425 e após o voto do relator Ministro Ayres Britto, que rejeitou as preliminares, conhecendo em parte o requerido na ADI 4.372, o julgamento dos feitos chegou a ser suspenso, levando-se anos à espera de sua resolução definitiva.

As ADIs 7.047 e 7.064, sob relatoria do Ministro Luiz Fux, discutem aspectos referentes a mais uma moratória do pagamento de precatórios, estabelecida pelas ECs n. 103 e 104, no corpo do ADCT.

7.1. Alterações efetuadas pela EC n. 62/2009 na parte permanente da Constituição

Em linhas gerais, o sistema passou a ser organizado da seguinte forma: existindo uma decisão transitada em julgado que condene a Fazenda Pública a pagar certo valor, já tornado líquido, o procedimento deve ser:

a) Expedição de precatório contra a Fazenda Pública devedora (federal, estadual, distrital, municipal ou autárquica), obrigando-a a pagar o valor consignado na decisão transitada em julgado.

b) O pagamento continuará a ser feito exclusivamente na ordem cronológica de apresentação dos precatórios.

c) Permanece proibida a designação de casos ou pessoas nas dotações orçamentárias e nos créditos adicionais.

d) Os precatórios de natureza alimentícia das pessoas que tiverem 60 anos ou mais ou portadoras de doença grave definida em lei na data de sua expedição terão preferência sobre todos os demais, no valor equivalente a três vezes o limite máximo estabelecido pela Fazenda Nacional. É admitido o fracionamento para essa finalidade, sendo que o restante deve ser pago na ordem cronológica de apresentação do precatório.

e) O orçamento permanece como garantidor do débito. A EC n. 114/2021 alterou o marco temporal para apresentação dos precatórios, sendo hoje o dia 2 de abril. É obrigatória a inclusão no orçamento de entidade de direito público, de verba necessária ao pagamento de seus débitos, oriundos de sentenças transitadas em julgado, constantes de precatórios judiciários apresentados até 2 de abril, fazendo-se o pagamento até o final do exercício seguinte, quando terão seus valores atualizados monetariamente. Antes, era 1º de julho, sendo hoje vigente a data de 2 de abril.

f) Os precatórios de natureza alimentícia, bem como o saldo dos precatórios dessa natureza que tiver ultrapassado o valor de três vezes estabelecido como RPV, terão preferência sobre os precatórios "gerais".

g) As dotações orçamentárias permanecerão sendo consignadas diretamente ao Poder Judiciário, cabendo ao Presidente do Tribunal que proferiu a decisão exequenda determinar o pagamento integral do crédito. Cabe ao Presidente do Tribunal ordenar o sequestro da quantia respectiva em duas hipóteses, sempre a requerimento do credor: (1) preterição de seu direito de preferência e (2) não alocação orçamentária do valor necessário à satisfação do débito.

h) O Presidente do Tribunal que não proceder da forma estabelecida na norma poderá incorrer em crime de responsabilidade (art. 85 da CF) e também responder por infração funcional perante o Conselho Nacional de Justiça (art. 92, I-A, e art. 103-B da CF).

A EC n. 62/2009 inovou quanto à introdução de uma sistemática de compensação automática, prévia e obrigatória entre credor e devedor antes mesmo da expedição do precatório. Deste modo, dois pontos merecem ser esclarecidos:

a) Antes da expedição dos precatórios o Tribunal solicitará à Fazenda Pública devedora que informe em até trinta dias o valor de seus créditos fiscais contra o credor originário do precatório, sob pena de perda do direito de compensação.

b) Na expedição do precatório será feita a compensação com todos os créditos fiscais que tiverem sido informados pela Fazenda Pública devedora contra o credor originário do precatório. A exceção são aqueles créditos cuja exigibilidade esteja suspensa em virtude de contestação administrativa ou judicial. Esta norma independe de regulamentação de acordo com o disposto na própria Constituição.

Com isso, haverá uma compensação entre créditos e débitos, que poderá ensejar um contencioso fiscal de monta nesta "fase prévia" dos precatórios. Note-se que o objetivo da norma é que o valor dos precatórios corresponda ao montante líquido de dívidas em relação ao devedor, facilitando sua comercialização com terceiros.

Sobre esta criação de "mercado de precatórios", observa-se ainda que:

a) É permitida a cessão parcial ou total de precatórios, não se aplicando ao novo credor, cessionário, as preferências estabelecidas para pagamento de precatórios alimentícios das pessoas com 60 anos ou mais, além dos outros casos especificados no art. 100, §§ 2º e 3º, conforme anteriormente explicado.

b) A cessão somente produzirá efeitos após protocolizada no Tribunal de origem do precatório e perante a Fazenda Pública devedora.

c) O valor dos precatórios será corrigido e remunerado pelos mesmos índices da caderneta de poupança, usualmente bem mais baixos que o índice dos créditos fiscais, corrigidos pela Selic.

d) Para fins de compensação de mora, incidirão juros simples no mesmo percentual de juros incidentes sobre a caderneta de poupança, ficando excluída a incidência de juros compensatórios.

e) A cessão somente produzirá efeitos após protocolizada no Tribunal de origem do precatório e perante a Fazenda Pública devedora.

Essa alteração modificou substancialmente o parâmetro de cobrança de tributos nesta fase prévia à expedição do precatório mediante a introdução de um sistema de compensação compulsória. Não se trata de uma causa extintiva do direito de a Fazenda Pública cobrar seus créditos, mas ela apenas perderá o direito de compensar caso não informe ao Tribunal o montante que julgue ser credora antes da expedição do precatório. Ainda assim, a cobrança poderá ser efetuada por outros meios jurídicos. A Lei n. 12.431/2011 regulamenta este procedimento no âmbito federal.

7.2. Alterações efetuadas pela EC n. 62/2009 na parte transitória da Constituição

Com esta emenda constitucional foram criadas duas possibilidades de pagamento de precatórios: o regime permanente, acima descrito; e o regime transitório para quitação do saldo pendente de pagamento, que prevê duas alternativas:

a) Parcelar em quinze anos o estoque de precatórios corrigido e remunerado pelo índice das cadernetas de poupança, pagando 1/15 de seu saldo em parcelas anuais. Aqui haverá um valor fixo, disponibilizado pelo poder público, para pagamento dos precatórios em atraso.

b) Parcelar de acordo com percentuais sobre sua receita corrente líquida que deverão ser recolhidos anualmente. Aqui haverá um valor variável, disponibilizado pelo poder público, para pagamento de todos os precatórios em atraso. Todavia, se houver crescimento da receita, este percentual igualmente crescerá – e vice-versa.

Dos valores depositados nas contas correntes criadas com finalidade específica de pagar os precatórios, pelo menos metade dos recursos seguirá a ordem cronológica de apresentação nos moldes do art. 100 da Constituição (regime permanente), sendo que a outra parcela poderá ser aplicada para quitação do saldo acumulado sob três modalidades, a serem escolhidas por ato do Poder Executivo de cada ente federado:

a) Realização de leilões, considerado o critério do deságio.

b) Pagamento à vista por ordem única e crescente do valor do precatório.

c) Por meio de acordo direto com os credores na forma da lei própria de cada ente federativo que poderá, inclusive, prever comissões de conciliação.

Na hipótese de não liberação tempestiva dos recursos pelos entes públicos devedores, o art. 97, § 10, II, prevê sanções, seja pelo parcelamento em 15 anos, seja pelo pagamento de percentual sobre a receita líquida. As sanções são:

a) Sequestro da quantia por ordem do Presidente do Tribunal expedidor dos precatórios até o limite do valor não liberado.

b) Alternativamente, por ordem do Presidente do Tribunal requerido, em favor dos credores, "direito líquido e certo, autoaplicável e independente de regulamentação" de compensar automaticamente débitos lançados pelos entes públicos devedores.

Em caso de saldo em favor do credor, o valor terá automaticamente poder liberatório do pagamento de tributos do ente federativo devedor, até onde se compensarem. Veja-se que o poder liberatório para pagamento de tributos através de "compensação livre" só ocorre com os recursos que sobejarem da "compensação compulsória".

Ademais, esta "compensação compulsória" é limitada até a "data da expedição do precatório", ressalvados aqueles que estejam com sua exigibilidade suspensa ou que já tenham sido objeto do abatimento previsto pelo art. 100, § 9º, na parte permanente.

Duas outras normas merecem destaque em razão das consequências jurídicas.

O art. 5º da EC n. 62/2009 dispõe: "Ficam convalidadas todas as cessões de precatórios efetuadas antes da promulgação desta Emenda Constitucional, independentemente da entidade devedora".

Bastante positiva a redação do texto constitucional porque afasta as dúvidas existentes anteriormente nos tribunais – claro que este procedimento deve obedecer aos ditames vigentes, pois não é válida convalidação contrária ao texto constitucional.

O art. 6º da EC n. 62/2009 estabelece: "Ficam também convalidadas todas as compensações de precatórios com tributos vencidos até 31 de outubro de 2009 da entidade devedora, efetuadas na forma do disposto no § 2º do art. 78 do ADCT, realizadas antes da promulgação desta Emenda Constitucional".

Com isso, a interpretação do art. 100 da Constituição deve levar em consideração o disposto no art. 78, § 2º, do ADCT, especialmente para questionarmos "quais são os créditos alcançados pelo poder liberatório do pagamento de tributos mencionado por este último dispositivo".

Para a correta análise deste preceito, deve-se retornar ao que prescreve o *caput* do art. 78, pois não se pode ler o § 2º sem ler sua cabeça. Daí ser inegável que alcança todos os precatórios pendentes de pagamento na data da promulgação da EC n. 30/2000 (isto é, 13 de setembro de 2000) e os que decorram de ações iniciais ajuizadas até 31 de dezembro de 1999.

E, por força das próprias exceções previstas naquele *caput*, não alcança (a) os créditos definidos em lei como de pequeno valor, (b) os de natureza alimentícia, (c) os de que trata o art. 33 do ADCT e suas complementações e (d) os que já tiverem os seus respectivos recursos liberados ou depositados em juízo.

Trata-se de um tratamento perverso desta norma constitucional, pois a natureza das exceções é diversa entre si. São três situações diferentes:

a) Os RPV's devem ser quitados à vista. Como regra, não estão submetidos à mesma sistemática dos precatórios gerais; hoje são apenas uma das formas de pagamento das decisões judiciais.

b) Os precatórios já liberados ou já depositados em juízo devem ser considerados como pagos, pelo que afastá-los do rol implica uma possibilidade de compensação.

Até aqui, são duas exceções inócuas. A terceira exceção é, todavia, completamente diferente:

c) Os precatórios alimentícios e os que foram parcelados juntamente com a promulgação da Constituição de 1988 na forma do art. 33 do ADCT não merecem o mesmo tratamento legal. Isto por duas razões:

c.1) O afastamento dos alimentícios se justifica porque deveriam ser pagos antes dos demais precatórios. Este pressuposto é falso, pois, na prática, são objetos de sucessivos atrasos a ponto de colocá-los no "fim da fila", impedindo ainda sua utilização para pagamento de tributos. Logo, o que deveria ser um privilégio se revela um malefício.

c.2) O Congresso pressupôs – também de forma equivocada – que os precatórios previstos pelo art. 33 do ADCT já teriam sido regularmente quitados em razão do parcelamento estabelecido de oito anos a partir de 1988. Outro pressuposto falso em razão dos estoques monstruosos de dívidas com precatórios que alguns ainda acumulam.

Logo, para estes dois grupos, a EC n. 62/2009, que deveria ser um benefício, transformou-se, na verdade, em um malefício para os titulares dos precatórios, uma vez que o recebimento de seus créditos tem sido rotineiramente postergado. O tratamento diferenciado estabelecido pelo art. 78, § 2º, do ADCT e o art. 6º da EC n. 62/2009 é inequânime e injusto, e deveria ser declarado inconstitucional pelo Supremo Tribunal Federal por meio de decisão com efeito vinculante e *erga omnes*.

8. Emenda Constitucional n. 99/2017

A Emenda Constitucional n. 99/2017 alterou os arts. 101, 102, 103 e 105 do ADCT da Constituição de 1988 com o objetivo de "instituir novo regime especial de pagamento de precatórios", dificultando, mais uma vez, o recebimento dos créditos.

Vale pontuar a insegurança jurídica presente nesta temática diante das sucessivas modificações, pois esses dispositivos foram também alterados há menos de 01 ano pela Emenda Constitucional n. 94/2016.

No cenário de crise fiscal, esta emenda constitucional encontra um contexto sociopolítico e econômico de declínio na arrecadação de Estados e Municípios. Essa queda nos ingressos públicos dificulta o cumprimento do determinado pelo STF no que se refere à inconstitucionalidade da EC n. 62/2009, além das modificações implementadas pela Emenda Constitucional n. 94/2016, com a quitação dos precatórios até 2020.

Para fins didáticos, vamos observar as principais mudanças nos dispositivos na parte transitória da Constituição Federal:

I. Art. 101 do ADCT

Este dispositivo não apenas estipula um novo prazo para pagamento (já foram três os adiamentos com o atual, promovido pela EC n. 109/2021), como também limita a receita corrente líquida e obriga a criação de um fundo. Vejamos seus principais aspectos.

Este "novo regime" pretende criar mecanismos para o aumento do prazo final de quitação dos precatórios até 2029. Com isso, permitiu que os Estados, o Distrito Federal e os Municípios, que, em 25 de março de 2015, se encontravam em mora no pagamento de seus precatórios, quitem, até 31 de dezembro de 2029, seus débitos vencidos e os que vencerão dentro desse período. Estabeleceu, para tanto, a atualização pelo Índice Nacional de Preços ao Consumidor Amplo Especial (IPCA-E) ou equivalente a substituí-lo. Previu a obrigação de depositar mensalmente em conta especial do Tribunal de Justiça local, sob única e exclusiva administração deste, 1/12 (um doze avos) do valor calculado percentualmente sobre suas receitas correntes líquidas apuradas no segundo mês anterior ao mês de pagamento, em percentual suficiente para a quitação de seus débitos e, ainda que variável, nunca inferior, em cada exercício, ao percentual praticado na data da entrada em vigor do regime especial a que se refere o próprio art. 101 do ADCT, em consonância com o plano de pagamento a ser anualmente apresentado ao Tribunal de Justiça local.

Este "novo regime" pretende não apenas garantir, como efetivar esses pagamentos. O débito de precatórios será pago com recursos orçamentários próprios provenientes das fontes de receita corrente líquida.

Para tanto, autoriza a utilização de até 75% dos depósitos judiciais e administrativos em dinheiro para pagamento dos precatórios, hipótese condicionada à criação de um fundo garantidos equivalente a um terço dos recursos levantados, remunerados através da taxa Selic. A emenda estipula o prazo de até 60 dias para transferência da quantia para conta vinculada ao Tribunal de Justiça local. Segue a mesma lógica, porém reduz o percentual para a utilização de até 30% dos demais depósitos judiciais privados para pagamento dos precatórios, hipótese condicionada à criação de um fundo garantidos equivalente a um terço dos recursos levantados, remunerados através da taxa Selic.

Acrescente-se, ainda, a permissão de utilização dos depósitos realizados em precatórios e requisições de pequeno valor efetuados até 31 de dezembro de 2009, ainda não levantados, preservando a ordem cronológica original.

Também, os entes devedores terão direito à concessão de linha de crédito especial para o pagamento de precatórios, instituída pela União ou por suas instituições financeiras, em até seis meses após a vigência da nova sistemática.

II. Art. 102 do ADCT

O art. 102 do ADCT trata de duas modificações principais. A primeira permite a aplicação dos recursos remanescentes, por ato do respectivo Poder Executivo, mediante as seguintes condições:

a. observar a ordem de preferência dos credores;

b. perante Juízos Auxiliares de Conciliação de Precatórios;

c. com redução máxima de 40% do valor do crédito atualizado;

d. o crédito não esteja pendente de discussão em recurso ou decisão judicial;

e. observar os requisitos definidos na regulamentação editada pelo ente federado.

Veja uma característica do sistema financeiro nacional que ora concentra nas mãos do Executivo ato que permite a aplicação de recursos para pagamento de dívidas dos Estados e Municípios, sem que haja instrumentos diretos de controle neste ato.

Outra novidade é o aumento do teto destinado ao pagamento de credores preferenciais, o que gera mais confusão ao tema, visto que o § 3º do art. 100 permanece em vigor. Estabelece que as preferências relativas à idade, ao estado de saúde e à deficiência serão atendidas até o valor equivalente ao quíntuplo daquele estabelecido pelo § 3º, permitindo o fracionamento e o restante, em ordem cronológica de apresentação do precatório.

III. Art. 103 do ADCT

Para os Estados, Distrito Federal e Municípios que estejam pagando seus precatórios na forma do caput do art. 101 do ADCT, portanto, até 2029, não poderão sofrer sequestro de valores. Prevê como exceção a hipótese de não liberação tempestiva de recursos. Este item engloba as autarquias, fundações e empresas estatais.

Para esses entes, a novidade é: uma restrição aos devedores que possuem precatórios pendentes que superam 70% da receita corrente líquida veda expressamente a realização de novas desapropriações, salvo algumas hipóteses específicas, como aquelas destinadas a educação, segurança pública, transporte, saneamento básico e saúde.

IV. Art. 105 do ADCT

Duas são as novidades que merecem ser pontuadas:

A primeira novidade aqui é uma "nova" regra de compensação – lembrando que a EC n. 62 também trouxe regras de compensação.

Enquanto estiver em vigência este "novo regime de precatórios" previsto no art. 101 do ADCT e ora em comento, fica facultada aos credores dos precatórios – próprios ou de terceiros – a compensação com débitos de natureza tributária ou de outra natureza que até 25 de março de 2015 tenham sido inscritos na dívida ativa dos Estados, do Distrito Federal.

Não é alcançado por essas compensações qualquer tipo de vinculação financeira, a exemplo daquelas destinadas a saúde e educação.

A segunda novidade é a regra temporal. Afinal, os Estados, o Distrito Federal e os Municípios têm a obrigação de regulamentar esse "novo regime" em até 120 dias a partir de 1º de janeiro de 2018.

O tema é complexo, apresentando várias incongruências. Na ADI 5.072, o Ministro Gilmar Mendes, do Supremo Tribunal Federal, convocou a realização de uma audiência pública para discutir a utilização de parcela dos depósitos judiciais para quitação de precatórios, pois, por meio dessa norma, o estado do Rio de Janeiro é autorizado a utilizar os depósitos judiciais para pagamento de precatórios até o limite de 70%. O Tribunal, por unanimidade, julgou procedente o pedido formulado na ação direta para declarar a inconstitucionalidade da Lei Complementar n. 147 do Estado do Rio de Janeiro, nos termos do voto do Relator (Plenário, Sessão Virtual de 12.6.2020 a 19.6.2020).

9. Emenda Constitucional n. 113/2021 e Emenda Constitucional n. 114/2021

Esse "pacote" de mudanças datado do ano de 2021 deve ser comentado de forma pontual, não apenas pelo contexto de pandemia no qual foi aprovado, mas também pelo desequilíbrio fiscal. Enquanto a Fazenda Pública tem o dever de honrar seus compromissos decorrentes de sentenças transitadas em julgado, o credor deveria ter a segurança jurídica do recebimento. Essas medidas foram adotadas em meio à busca por (des)adequação ao Teto de Gastos diante da intenção de trajeto de sustentabilidade da dívida pública.

Essas emendas constitucionais ficaram popularmente conhecidas como "PEC do Calote" ou "PEC Paralela" tendo alterado mais uma vez as regras do jogo para quem tem precatórios a receber. Dentre os principais pontos polêmicos, vale destacar:

(i) Alteração do período de requisição, passando de 1º de julho para 2 de abril de cada ano. Ou seja, apenas os precatórios solicitados até o dia 2 de abril terão seus valores incluídos no orçamento do ano seguinte para início do pagamento. Com isso, o prazo de pagamento de precatórios, que era de 18 meses, passou a ser de 21 meses. Essa medida permite que a Fazenda Pública "ganhe" mais tempo para o pagamento da dívida, realizando nova postergação dos seus compromissos decorrentes de sentença judicial transitada em julgado.

(ii) Estabelecimento do regime especial de pagamento de precatórios federais, com um teto equivalente ao valor pago em 2016, corrigido pelo IPCA.

(iii) Criação de uma faculdade ao credor para a oferta de créditos líquidos e certos que originalmente lhe são próprios ou adquiridos de terceiros reconhecidos pelo ente federativo ou por decisão judicial transitada em julgado. Este mecanismo é autoaplicável para a União, embora venha a exigir lei para cada qual dos demais entes federativos, além de funcionar como se o precatório fosse uma "moeda de troca" para as seguintes áreas, conforme o § 11 do art. 100:

a) quitação de débitos parcelados ou débitos inscritos em dívida ativa do ente federativo devedor, inclusive em transação resolutiva de litígio, e, subsidiariamente, débitos com a administração autárquica e fundacional do mesmo ente;

b) compra de imóveis públicos de propriedade do mesmo ente, disponibilizados para venda;

c) pagamento de outorga de delegações de serviços públicos e demais espécies de concessão negocial promovidas pelo mesmo ente;

d) aquisição, inclusive minoritária, de participação societária, disponibilizada para venda, do respectivo ente federativo; ou

e) compra de direitos, disponibilizados para cessão, do respectivo ente federativo, inclusive, no caso da União, da antecipação de valores a serem recebidos a título do excedente em óleo em contratos de partilha de petróleo.

Observa-se que esse permissivo constitucional amplia o "mercado de precatórios" a partir de uma dinâmica utilitária e negocial entre o contribuinte/usuário e a Fazenda Pública, ampliando a esfera de negociabilidade. Ao mesmo tempo em que essa mudança legislativa amplia o prazo do Poder Público, legitimando a dilação e atrasando o pagamento, permite que o precatório seja utilizado como uma "moeda", desde que tenha lei do ente federativo, exceto para os precatórios federais, para os quais é autoaplicável.

(iv) Cessão de precatórios e a obrigatoriedade de comunicação. Os valores correspondentes aos débitos inscritos em dívida ativa contra o credor do precatório e seus substituídos deverá ser depositado à conta do juízo responsável pela ação de cobrança, que decidirá pelo seu destino definitivo. Este ato possui duas condicionantes: 1) sem interrupção no pagamento do precatório; 2) mediante comunicação da Fazenda Pública ao Tribunal. Esta cessão de precatórios somente produzirá efeitos após comunicação, por meio de petição protocolizada ao Tribunal de origem e ao ente federativo devedor.

Na redação anterior do art. 100, § 9º, da Constituição Federal, a ordem era pela realização da compensação de modo direto, logo, a compensação entre dívidas do credor dos precatórios com a Fazenda Pública devedora, estivessem esses inscritos ou não em Dívida Ativa, salvo se houvesse suspensão da exigibilidade por contestação administrativa ou judicial. A nova redação de 2021 modificou este item. Estabelece a nova emenda constitucional que essa compensação não ocorrerá de modo imediato, pois os valores serão depositados à conta do juízo responsável pela cobrança em favor da Fazenda Pública, que decidirá a respeito. Nesta linha de raciocínio, o juízo da Fazenda Pública poderá examinar a compensação de créditos de modo mais abrangente, reconhecendo, eventualmente, prescrição, decadência, anistia, remissão, ou qualquer outro elemento que possa afetar o montante do *quantum debeatur* ou a própria existência da dívida.

(v) A EC n. 114 criou a possibilidade de acordo direto, em que o credor que pode optar pelo recebimento integral do precatório federal até o final do exercício do ano seguinte, se concordar em renunciar a 40% do valor do precatório.

(vi) Também foram alterados os índices de correção monetária e juros com base no IPCA, devendo as parcelas serem acrescidas pela taxa Selic acumulada mensalmente.

(vii) O § 21 foi acrescido ao art. 100 da Constituição pela EC n. 113 e versa, nas hipóteses elencadas nos incisos I a IV, sobre a possibilidade de qualquer ente da Federação, inclusive a União, quitar eventuais dívidas vencidas ou vincendas. É uma espécie de "encontro de contas" e depende da concordância das duas partes, numa espécie de dimensão consensual de quitação de créditos e débitos. Logo, a União e os demais entes federativos podem, desde que aceito por ambas as partes, utilizar valores objeto de sentenças transitadas em julgado devidos a pessoa jurídica de direito público para amortizar dívidas, vencidas ou vincendas, nos contratos de refinanciamento cujos créditos sejam detidos pelo ente federativo que figure como devedor na sentença; nos contratos em que houve prestação de garantia a outro ente federativo; nos parcelamentos de tributos ou de contribuições sociais e nas obrigações decorrentes do descumprimento de prestação de contas ou de desvio de recursos.

Os credores judiciais da Fazenda Pública Federal foram surpreendidos com as diversas modificações trazidas pelas Emendas Constitucionais n. 113 e 114, promulgadas em dezembro de 2021, que estabeleceram novas regras ao regime de pagamento dos precatórios federais, as quais estão sendo questionadas nas Ações Diretas de Inconstitucionalidade (ADIs) n. 7.047 e 7.064, com pedido liminar no Supremo Tribunal Federal.

Deve-se pontuar, sobre a vigência das alterações do regime de precatórios, que o art. 5º, da própria EC n. 113/2021, estabelece que as alterações relativas ao regime de pagamento dos precatórios aplicam-se a todos os requisitórios já expedidos, inclusive no orçamento fiscal e da seguridade social do exercício de 2022.

Essas modificações geraram alterações no ADCT, acarretando uma sistemática de *bola de neve*, pois passou a existir uma espécie de *subteto* para o pagamento dos precatórios que excederem o limite pago em 2016, corrigido pelo IPCA. O que ultrapassar esse limite será pago no ano posterior, de forma acumulada com os precatórios expedidos para pagamento naquele ano, gerando o mencionado efeito *bola de neve*. Tal sistemática está prevista para ocorrer até 2026. Toda essa dinâmica foi introduzida visando respeitar o Teto de Gastos instituído pela EC n. 95.

SEÇÃO II
DO SUPREMO TRIBUNAL FEDERAL

Art. 101. O Supremo Tribunal Federal compõe-se de onze Ministros, escolhidos dentre cidadãos com mais de trinta e cinco e menos de setenta anos de idade, de notável saber jurídico e reputação ilibada.

Parágrafo único. Os Ministros do Supremo Tribunal Federal serão nomeados pelo Presidente da República, depois de aprovada a escolha pela maioria absoluta do Senado Federal.

Gilmar Ferreira Mendes
Lenio Luiz Streck[1]

A – REFERÊNCIAS

1. Histórico da norma

Texto original da CF/88, alterado pela Emenda Constitucional n. 122/2022.

[1]. O comentário contou com a colaboração de André Rufino do Vale.

2. Constituições anteriores

Constituições de 1824, 1891, 1934, 1937, 1946, 1967, 1969 e 1988.

3. Dispositivos constitucionais relacionados

Arts. 2º; 92, I; 93; 102; 103-A; 103-B, I e § 1º.

4. Legislação

LC n. 35/77 e Leis n. 9.868 e 9.882/99.

5. Jurisprudência

HC 300 (impetrado por Rui Barbosa em favor do Senador Eduardo Wandenkolk – dentre outros, com ele começou a se desenhar a doutrina brasileira do *habeas corpus*); HC 406 (apreciação do caso do navio Júpiter, causa também patrocinada por Rui Barbosa, em favor de militares presos por ordem do então Presidente Floriano Peixoto); HC 415 (impetrado por Rui Barbosa, e também em favor de Eduardo Wandenkolk, o STF apreciou – e indeferiu – pedido que invocava demora na formação da culpa, bem como suposta proteção oferecida por imunidade parlamentar do paciente); HC 1.073 (também impetrado por Rui Barbosa, discutiu-se o desterro para a Ilha de Fernando de Noronha de implicados no atentado ao Presidente Floriano Peixoto; em sessão de 16/4/1898, foi deferida a ordem e o Presidente da República, Prudente de Morais, cogitou de renunciar ao mandato, por considerar que o cumprimento do *habeas corpus* instalaria um quadro de desordem institucional); HC 26.155 (impetrado em favor de Olga Benário, companheira de Luís Carlos Prestes, que não foi conhecido, vencidos os Ministros Carlos Maximiliano, Carvalho Mourão e Eduardo Espínola, que, embora tenham conhecido do pedido, votavam pelo indeferimento); Rp. 93, de 16/7/47 (julgada a primeira ação direta, formulada pelo Procurador-Geral da República, na qual se arguia a inconstitucionalidade de disposições de índole parlamentarista contidas na Constituição do Ceará); MS 1.114 (indeferido o *writ* impetrado por ex-bispo contra ato do Presidente da República que o impediu de realizar cultos em sua Igreja; o voto vencido foi do Min. Hahnehmann Guimarães, forte no argumento de que os delitos espirituais deveriam ser resolvidos "com sanções espirituais dentro das próprias igrejas, não sendo lícito, portanto, o recurso ao poder temporal para resolver cismas ou dominar dissidências"); MS 2.264 (impetrado por João Cabral de Mello Neto, cônsul do Ministério das Relações Exteriores – de 1954, nele se acentuou não constituir ato passível de punição o fato de alguém se declarar adepto da ideologia comunista; o *writ* foi concedido à unanimidade, anulando-se o ato administrativo de disponibilidade); HC 40.910 (processado com base na Lei n. 1.801/53, por crimes contra o Estado e a ordem política e social por distribuição de panfletos, o Professor Sérgio Cidade teve *habeas corpus* concedido à unanimidade pelo STF, sob o argumento de que a questão se situava inteiramente no âmbito da liberdade de expressão e de cátedra); HC 42.108 (o Governo Militar destituiu alguns Governadores de Estado que integravam a oposição; em novembro de 1964, o Supremo Tribunal Federal deferiu ordem de *habeas corpus* em favor de Miguel Arraes); Rcl. 849 (em 1971, o Tribunal discutiu a legitimidade do arquivamento por parte do Procurador-Geral da República de representação de inconstitucionalidade que lhe foi encaminhada pelo MDB contra o Decreto-Lei n. 1.077/70, que estabelecia a censura prévia a livros, jornais e periódicos; por maioria de votos, vencido o Ministro Adaucto Lucio Cardoso, o Tribunal afirmou a ampla liberdade de que dispunha o Procurador-Geral para submeter ou não a representação à Corte).

6. Seleção de literatura

ADORNO, Sérgio. *Os aprendizes do poder*. São Paulo: Paz e Terra, 1998; BARRETO, Plínio. *A cultura jurídica no Brasil*. São Paulo: Biblioteca do Estado de São Paulo, 1922; BASTOS, Celso Ribeiro. *Curso de direito constitucional*. 5. ed. São Paulo: Saraiva, 1982; BITTENCOURT, Carlos Alberto Lúcio. *O controle jurisdicional da constitucionalidade das leis*. 2. ed. Rio de Janeiro: Forense, 1968; CAMPOS, Francisco Luiz da Silva. Diretrizes constitucionais do novo Estado brasileiro, *RF*, 73: 246-9; CAVALCANTI, Themístocles Brandão. *Do controle da constitucionalidade*. Rio de Janeiro: Forense; CORRÊA, Oscar Dias. *O Supremo Tribunal Federal, corte constitucional do Brasil*. Rio de Janeiro: Forense, 1987; COSTA, Edgard. *Os grandes julgamentos do Supremo Tribunal Federal*. Rio de Janeiro: Civilização Brasileira, 1964; COSTA, Emilia Viotti da. *Da Monarquia à República:* momentos decisivos. 7. ed. São Paulo: Unesp, 1999; DUTRA, Pedro. *Literatura jurídica no Império*. Rio de Janeiro: Topbooks, 1992; GONÇALVES, João Felipe. *Rui Barbosa:* pondo as ideias no lugar. São Paulo: FGV, 2000; LACOMBE, Américo Jacobina. *Afonso Pena e sua época*. Rio de Janeiro: José Olympio, 1986; MACHADO, Maria Cristina Gomes. *Rui Barbosa: pensamento e ação*. Rio de Janeiro: Casa de Rui Barbosa, 2002; MARTINS JÚNIOR, Isidoro. *História do direito nacional*. Brasília: Ministério da Justiça, 1979; MEIRELLES, Domingos. *1930:* os órfãos da Revolução. Rio de Janeiro: Record, 2005; MELLO, Celso de. Algumas notas informativas (e curiosas) sobre o Supremo Tribunal (Império e República). *Supremo Tribunal Federal*, Brasília; MENDES, Gilmar Ferreira. Jurisdição Constitucional. São Paulo: Saraiva, 2005; OCTAVIO, Rodrigo. *Minhas memórias dos outros*, 1ª série, Rio de Janeiro: José Olympio, 1934; PORTO, Costa. *Pinheiro Machado e seu tempo*. Brasília: INL, 1995; REALE, Miguel. *100 anos de ciência do direito no Brasil*. São Paulo: Saraiva, 1993; RIBEIRO, José Augusto. *A era Vargas*. Rio de Janeiro: Casa Jorge Editorial, 2002; RODRIGUES, Lêda Boechat. *História do Supremo Tribunal Federal*. Rio de Janeiro: Civilização Brasileira, 1979; SILVA, Hélio. *1889 – a República não esperou o amanhecer*. Porto Alegre: LPM, 2005; STRECK, Lenio L. *Jurisdição Constitucional*. 5. ed. Rio de Janeiro: Forense, 2018; VALE, André Rufino do. *La deliberación en los Tribunales Constitucionales*. Madrid: Centro de Estudios Políticos y Constitucionales, 2017; VALLADÃO, Haroldo. *História do direito, especialmente do direito brasileiro*. Rio de Janeiro: Freitas Bastos, 1993; VIANA FILHO, Luiz. *A vida de Rui Barbosa*. São Paulo: Livraria Martins Editora, s. d.

B – COMENTÁRIOS

O Supremo Tribunal Federal foi criado em 1891, tendo seus antecedentes no Supremo Tribunal de Justiça, instituído no nascedouro do Brasil Independente, no ano de 1828. Trata-se do órgão judicial brasileiro mais antigo (ao lado do Superior Tribunal Militar, de 1808), cumprindo-lhe também a função de órgão de cúpula do Poder Judiciário, ao qual incumbe a iniciativa do Estatuto da Magistratura e, a partir da EC n. 45/04, a Presidência do Conselho Nacional de Justiça. Inicialmente com o nome de Supremo Tribunal de Justiça, sua instalação deu-se em 9/1/1829, sendo formado, então, por dezessete Ministros (Lei de 18/9/1828). Sua competência era limitada, restringindo-se, fundamentalmente, ao conhecimento dos recursos de revista e julgamentos dos conflitos de jurisdição e das ações penais contra os ocupantes de determinados cargos públicos (art. 164). O Tribunal jamais fez uso da competência para proferir decisões com eficácia *erga omnes (assentos)*, que lhe outorgava a faculdade de interpretar, de forma autêntica, o direito civil, comercial e penal (Dec. Legislativo n. 2.684, de 23/10/1875, e Dec. n. 2.142, de 10/3/1876). O conhecimento dos recursos de revista ocupava a maior parte do tempo dos magistrados do Supremo Tribunal. Por exemplo, no Recurso de Revista n. 8.223, reformou-se acórdão relativo à nulidade de escritura de composição e de pagamento, celebrada entre uma devedora de notas promissórias e seu genro, com o objetivo de prejudicar credores. No Recurso de Revista n. 2.141, decidiu-se em instância final que genros poderiam propor ações criminais contra suas sogras. Inúmeras causas célebres foram tratadas pelo Supremo Tribunal de Justiça, a exemplo do processo de responsabilidade do Bispo de Olinda, D. Frei Vital, que instruiu a denúncia n. 163 e que substancializou a chamada *Questão Religiosa*, indicada como uma das causas que colaborou para o movimento que culminou na Proclamação da República, ao lado da chamada *Questão Militar*.

Antes mesmo de iniciarem os trabalhos da Assembleia Constituinte de 1891, o Governo Provisório tratou de organizar a Justiça Federal, mediante a edição do Decreto n. 848, de 11 de outubro de 1890, depois ampliado pelo Decreto n. 1.420-A, de 21 de fevereiro de 1891, e, mais tarde, já sob o regime constitucional, completado por meio da Lei n. 221, de 20 de novembro de 1894. A exposição de motivos que acompanhou o Decreto n. 848 apontava o perfil de um Poder que deveria atuar como remédio contra maiorias e como Tribunal da Federação, com nítida inspiração no *judicial review* norte-americano. Na referida Exposição de Motivos, há inclusive referência ao "poder de interpretar as leis", fazendo alusão ao "sábio e honesto juiz americano" (John Marshall) e à prerrogativa de declarar nulas as leis que contrariem a Constituição. A justiça federal era criada já com a ideia de atuar como remédio contra maiorias parlamentares reacionárias, que, em face do enraizamento das ideias centralistas/monarquistas forjadas durante décadas em uma sociedade que foi uma das últimas a abandonar o modo de produção escravagista, poderiam vir a ocorrer futuramente, por ocasião do processo de feitura das leis e da regulamentação da futura Constituição. A discussão que foi posta dizia respeito ao fato de se o Brasil republicano necessitava ter uma justiça ou duas. Havia a tese de que deveria haver apenas a justiça federal, e que, portanto, os Estados não deveriam ter justiças próprias. Essa tese era defendida pelos juízes que vinham do Império, porque, assim, eles permaneceriam vinculados à União e não aos Estados. De todo modo, é possível perceber que, muito embora a República tenha, desde o início, procurado fortalecer os Estados, como uma forma de derrotar o *Ancien Régime* naquilo que ele tinha de mais forte – o centralismo –, o projeto do novo Regime – com nítida inspiração de Rui Barbosa – aponta para variadas formas de controle de atos provenientes das justiças dos Estados, onde, a toda evidência, havia forte influência dos governantes estaduais nos respectivos juízes.

Mesmo assim, a Constituição de 24 de fevereiro de 1891 não trouxe grandes inovações na organização da justiça, cujos traços principais já haviam sido delineados no Decreto n. 848, que, aliás, explicitava, em linhas gerais, as disposições da Constituição Provisória de 22 de junho de 1890. O exame dos documentos da época demonstra que o Poder Judiciário, do modo como foi concebido no projeto governamental, mereceu o apoio irrestrito do Congresso. A Constituição estabeleceu o sistema de jurisdição única, isto é, o do controle administrativo pela justiça comum, suprimindo-se o contencioso administrativo, circunstância que deixa ainda mais clara a vinculação do modelo brasileiro ao *rule of law* e ao *judicial control* da Federação Americana. Por outro lado, entendeu-se que o sistema republicano-federal, em essência dualista, obrigava à coexistência de uma dupla justiça – a federal e a dos Estados-Membros; reconheceu-se-lhe a competência para aferir a constitucionalidade da aplicação do Direito através de um recurso especial (art. 59, n. 3, § 1º, *a* e *b*), assim como a competência para decisão de causas e conflitos entre a União e os Estados ou entre Estados-membros (Constituição de 1891, art. 59, § 1º, *c*).

O Supremo Tribunal Federal, previsto nos arts. 55 e 56 da Constituição Republicana, foi instalado em 28/2/1891, compondo-se de quinze Ministros nomeados pelo Presidente da República e aprovados pelo Senado Federal (art. 56). O cargo era vitalício e a Constituição não estabelecia limite de idade para o seu exercício, o que permitiu que alguns o exercessem por período extremamente longo (o limite de idade somente foi estabelecido na Constituição de 1934). Durante o Governo Floriano Peixoto (1891 a 1894), o Senado Federal rejeitou cinco indicações presidenciais, negando aprovação a atos de nomeação, para o cargo de Ministro do Supremo Tribunal Federal, de Barata Ribeiro (médico), Innocencio Galvão de Queiroz, Ewerton Quadros, Antonio Sève Navarro e Demosthenes da Silveira Lobo.

Peculiar significado foi atribuído ao *habeas corpus* como instrumento de proteção jurídica contra qualquer ato arbitrário do Poder Público (Constituição de 1891, art. 73, §§ 1º e 2º). Esse remédio jurídico, que, no seu sentido clássico, destinava-se à proteção do direito de ir e vir, foi utilizado, no Brasil, para proteger outros direitos individuais que estivessem vinculados, de forma direta ou indireta, à liberdade pessoal. Esse desenvolvimento foi denominado "doutrina brasileira do *habeas corpus*". As decisões proferidas em alguns processos de *habeas corpus* contribuíram para que o Supremo Tribunal Federal se visse envolvido em sérias crises, já no começo de sua judicatura. Em 1893, o Tribunal declarou, em processo de *habeas corpus*, a inconstitucionalidade do Código Penal da Marinha.

No HC 300, impetrado por Rui Barbosa em favor do Senador Eduardo Wandenkolk, entre outros, começou a se desenhar a doutrina brasileira do *habeas corpus*. No HC 406, o STF apreciou o caso do navio Júpiter, causa também patrocinada por Rui Barbosa, em favor de militares presos por ordem do então Presidente Floriano Peixoto. No HC 415, identicamente impetrado por Rui Barbosa, e também em favor de Eduardo Wandenkolk, o STF apreciou (e indeferiu) pedido que invocava demora na formação da culpa, bem como suposta proteção oferecida por imunidade parlamentar do paciente.

No HC 1.073, do mesmo modo impetrado por Rui Barbosa, discutiu-se o desterro para a Ilha de Fernando de Noronha de implicados no atentado ao Presidente Floriano Peixoto. O Tribunal, em sessão de 16/4/1898, deferiu a ordem e o Presidente da República, Prudente de Morais, cogitou de renunciar ao mandato, por considerar que o cumprimento do *habeas corpus* instalaria um quadro de desordem institucional. O Tribunal acolheu a tese segundo a qual "cessam, com o estado de sítio, todas medidas de repressão durante ele tomadas pelo Executivo".

A Emenda Constitucional de 1926 mudou as disposições sobre o processo de *habeas corpus*, restringindo o seu âmbito de aplicação à proteção do direito de ir e vir contra perigo iminente de violência por meio de prisão ou constrangimento ilegal. Introduziram-se também alterações no modelo brasileiro, desenhando-se o que se convencionou denominar *doutrina brasileira do "habeas corpus"*. Os problemas políticos que se multiplicaram durante a República Velha, e que eram debatidos em âmbito de Judiciário, exigiram reação normativa.

A Revolução de 1930 pôs termo à Primeira República. As funções legislativas e executivas foram confiadas temporariamente ao Governo Provisório (Dec. n. 19.398, de 11/11/1930). O número de Ministros do Supremo Tribunal Federal foi reduzido de quinze para onze, dividindo-se o Tribunal em duas Turmas formadas por cinco Ministros (Dec. n. 19.656, de 3/2/1931). Ainda nesse período, Getúlio Vargas, na chefia do Governo Provisório, baixou o Decreto n. 19.771, de 18/2/1931, aposentando seis Ministros do Supremo Tribunal Federal – Antônio Carvalho Pires e Albuquerque, Edmundo Muniz Barreto, Geminiano da Franca, Godofredo Cunha, Pedro Afonso Mibielli e Pedro dos Santos. A Constituição de 1934, que estabeleceu os fundamentos de uma nova ordem democrática, concebeu o Supremo Tribunal Federal, então chamado *Corte Suprema*, composto por onze membros. As competências básicas definidas na Constituição de 1891 foram mantidas. Diferentemente do que ocorrera sob a Constituição de 1891, o Procurador-Geral da República passou a ser nomeado dentre juristas em geral (e não dentre os Ministros do Supremo Tribunal Federal). Foi introduzido o mandado de segurança para proteger direito líquido e certo não amparado por *habeas corpus* (CF 1934, art. 113, n. 33).

A Constituição de 1934 introduziu significativas alterações a respeito do controle de constitucionalidade: suspensão de execução da lei declarada inconstitucional pelo Supremo, a cargo do Senado Federal (CF 1934, art. 91, II), exigência de maioria absoluta para a declaração de inconstitucionalidade pelos tribunais (art. 179) e proibição de apreciação pelo Judiciário das questões políticas. É provável que a mais significativa alteração nesse campo se constituiu na formulação inicial da representação interventiva, nos casos de afronta aos princípios consagrados no art. 7º, I, *a* a *h*, da Constituição. Caberia ao Supremo Tribunal, provocado pelo Procurador-Geral da República, apreciar a constitucionalidade de lei decretadora da intervenção federal. A intervenção somente seria executada se o Supremo considerasse legítima a lei de intervenção (CF 1934, art. 12, § 2º). Embora não tenha tido relevância prática, aludido instituto configurou o predecessor da representação interventiva, prevista na Constituição de 1946 e nas que a seguiram, e do próprio instituto da representação de inconstitucionalidade, introduzido pela Emenda Constitucional n. 16/65, que consagrou o controle abstrato do direito federal e estadual no Brasil.

As tensões políticas da época materializaram-se em controvérsias judiciais relevantes. Em 1936, julgou-se o HC 26.155, em favor de Maria Prestes (Olga Benário, companheira de Luís Carlos Prestes). O *habeas corpus* não foi conhecido, vencidos os Ministros Carlos Maximiliano, Carvalho Mourão e Eduardo Espínola, que, embora tenham conhecido do pedido, votavam pelo indeferimento.

A Constituição de 1934 foi abolida pela Carta outorgada por Getúlio Vargas, em 1937. A nova Constituição, editada em 10 de novembro, deveria ser aprovada mediante decisão plebiscitária (art. 87), que jamais se realizou. A Carta de 1937, conhecida como "Constituição Polaca", por ter sido desenvolvida com base na Constituição polonesa do regime do General Pilsudski, traduziu uma ruptura com a história constitucional do Brasil. Do seu preâmbulo constava, *v. g.*, que ela haveria de conter meios extraordinários para combater, de forma efetiva, o Comunismo.

A Carta de 1937 traduziu um inequívoco retrocesso também no que concerne ao sistema de controle de constitucionalidade. Embora não tenha introduzido qualquer modificação no modelo difuso de controle (art. 101, III, *b* e *c*), preservando-se, inclusive, a exigência de *quorum* especial para a declaração de inconstitucionalidade (art. 96), o constituinte rompeu com a tradição jurídica brasileira, consagrando, no art. 96, parágrafo único, princípio segundo o qual, no caso de ser declarada a inconstitucionalidade de uma lei que, a juízo do Presidente da República, fosse necessária ao bem-estar do povo, à promoção ou defesa de interesse nacional de alta monta, poderia o Chefe do Executivo submetê-la novamente ao Parlamento. Confirmada a validade da lei por 2/3 de votos em cada uma das Câmaras, tornava-se insubsistente a decisão do Tribunal. No período de 1937 a 1945, multiplicaram-se os pedidos de *habeas corpus* e de outras medidas judiciais com o objetivo de contestar os atos do Governo. Eram muitos os poderes discricionários, como o de decretar a aposentadoria de funcionários civis e militares (CF, art. 177) e o de impedir a concessão de medida judicial contra atos adotados durante o estado de emergência (CF, art. 170). O regime autocrático fundado na Constituição de 1937 teve seu termo com a eleição de uma Constituinte (Lei Constitucional n. 13, de 12/11/1945).

O segundo pós-guerra trouxe alterações na política brasileira. Vargas foi deposto (29/10/1945), e o país ingressa em um processo de redemocratização. Em 30 de novembro de 1945, foi promulgada a Lei Constitucional n. 16, revogando o art. 186 da Constituição de 1937. A nova Constituição manteve os princípios liberais-sociais da Constituição de 1934 e a legislação corporativa fruto da era Vargas. De frisar que o Brasil não aproveitou os debates em torno do constitucionalismo que se realizavam na Europa naquele momento. Os constituintes preferiram seguir a trajetória iniciada em 1891, interrompida em 1937, com pequenas inovações. Não seguiram qualquer projeto inicial, ao contrário do que ocorreu nas constituintes de 1890 e 1933. O texto foi promulgado no dia 18 de setembro de 1946, fixando em onze o número de membros do Supremo Tribunal Federal. Assegurou-se a possibilidade de elevar esse número mediante proposta do próprio Tribunal (art. 98).

De qualquer sorte, é importante ressaltar que a Constituição de 1946 era tão semelhante à de 1934, que se podia ter a impressão de um decalque. Trinta constituintes de 34 participaram da constituinte de 1945/46. No que tange à jurisdição constitucional, não houve alterações substanciais com relação à de 1934. O controle difuso com remessa para o Senado, a partir da declaração de inconstitucionalidade feita pelo Supremo Tribunal Federal mediante *quorum* de maioria absoluta (nos mesmos termos do art. 97 da atual Constituição), seguiu o modelo inaugurado em 1891 e levemente aperfeiçoado em 1934.

Por outro lado, a Constituição de 1946 emprestou à ação interventiva uma configuração que ela, basicamente, mantém até hoje. Assim, pelo art. 8º, parágrafo único, a intervenção era decretada por lei federal nos casos dos incisos VI e VII do art. 7º. No caso do inciso VII, o ato arguido de inconstitucionalidade deveria ser submetido ao exame do STF pelo Procurador-Geral da República, e, em sendo declarado inconstitucional, a intervenção poderia ser decretada. Já o inciso VII do art. 7º enumerava os princípios denominados como sensíveis. Ou seja, a partir de 1946, diferentemente do que ocorria na Constituição de 1934, agora a intervenção deveria fazer-se preceder de um julgamento sobre a inconstitucionalidade do ato estadual. Não se tratava, entretanto, de controle concentrado de constitucionalidade de lei em abstrato, pela singela razão de que a ação direta interventiva dizia respeito sempre a um caso concreto de intervenção federal, e, por consequência, a um conflito envolvendo o princípio federativo. Ou seja, a intervenção do Supremo Tribunal Federal não tinha efeito *erga omnes*, tendo por objetivo tão somente constatar a ocorrência de violação de princípio constitucional sensível, para legitimar o decreto de intervenção da União no Estado. A ação interventiva foi o caminho que culminou na criação, no ano de 1965, da ação direta de inconstitucionalidade, denominada representação contra inconstitucionalidade de lei ou ato de natureza normativa federal ou estadual, a ser encaminhada pelo Procurador-Geral da República (EC n. 16, de 26/11/1965). A primeira ação direta, formulada pelo Procurador-Geral da República, na qual se arguia a inconstitucionalidade de disposições de índole parlamentarista contidas na Constituição do Ceará, tomou o n. 93. Outros casos relevantes foram julgados, como a representação contra normas de caráter parlamentarista da Constituição do Rio Grande do Sul e contra disposições da Constituição de Pernambuco.

A Constituição de 1946 sofreu várias modificações com o golpe militar de março de 1964. Uma sucessão de Atos Institucionais mutilou seu caráter democrático. Através do Ato Institucional n. 1, de 9 de abril de 1964, foram mantidas a Constituição de 1946 e as Constituições Estaduais e respectivas emendas, com as modificações constantes naquele Ato. A eleição do Presidente e do Vice-Presidente da República foi transformada em eleição indireta, a ser realizada pela maioria absoluta dos membros do Congresso Nacional. O *quorum* para emenda constitucional foi reduzido para maioria absoluta, em duas votações, em reunião conjunta do Congresso Nacional. Projetos de lei enviados pelo Presidente da República, não apreciados ou aprovados pelo Congresso no prazo de trinta dias, eram tidos como aprovados. Foram suspensas as garantias constitucionais ou legais de vitaliciedade e de estabilidade, pelo prazo de seis meses. Mediante investigação sumária, os titulares de tais garantias podiam ser demitidos ou dispensados. O controle jurisdicional desses atos ficou limitado ao exame das formalidades extrínsecas, vedada a apreciação de fatos que os motivaram, assim como a sua conveniência e oportunidade. O mesmo AI-1 estabeleceu, ainda, que, no interesse da paz e da honra nacional, e sem os limites previstos na Constituição, os Comandantes em Chefe, responsáveis pelo Ato Institucional, tinham o poder de suspender os direitos políticos pelo prazo de dez anos e cassar mandatos legislativos federais, estaduais e municipais, excluída a apreciação judicial desses atos.

O Ato Institucional n. 2, de 27/10/1965, introduziu profunda reforma na ordem constitucional então vigente, com a previsão da eleição indireta para Presidente e a abolição dos partidos políticos existentes. O número de Ministros do Supremo Tribunal Federal foi elevado de onze para dezesseis (art. 6º), tendo sido suspensas as garantias da magistratura (art. 14). Em seguida, foi promulgada a EC n. 16/65, que, no art. 1º, *k*, consagrava o controle direto de constitucionalidade de lei ou ato estadual em face da Constituição (representação de inconstitucionalidade). Anote-se que a proposta de introdução do controle direto do direito estadual e federal em face da Constituição como um todo parece constituir uma evolução natural da experiência adquirida com a representação interventiva. Adotada, porém, no contexto autoritário dos anos 64/65, assumiu, aparentemente, um caráter de medida centralizadora e antifederativa.

A Constituição de 1967 tentou restabelecer a ordem institucional. Mantiveram-se a composição do Supremo Tribunal (16 membros) e sua competência tradicional. Foram preservadas a representação interventiva e a representação de inconstitucionalidade. Entretanto, em 13/12/1968, o Presidente Costa e Silva editou o Ato Institucional n. 5, que, dentre outras medidas, suspendeu as garantias da magistratura e outorgou ao Presidente da República poder de determinar a cassação de mandatos e direitos políticos de agentes políticos e servidores públicos (arts. 4º, 5º e 6º).

A Emenda n. 1, de 1969, fundamentada no Ato Institucional n. 5, não alterou o sistema de controle estabelecido pelo texto de 1967, a não ser na admissão do controle de constitucionalidade de lei municipal a ser feito pelo Tribunal de Justiça do Estado, em caso de violação de princípios sensíveis, para fins de intervenção do Estado no Município. O novo texto, por muitos considerado como uma nova Constituição, representou a institucionalização do arbítrio. Com base na Constituição (e, portanto, no AI-5), o Brasil mergulhou na segunda fase do golpe militar. O Ato Institucional n. 5 atingiu diretamente 1.577 cidadãos brasileiros: suspendeu 454 pessoas em cargos eletivos; aposentou 548 funcionários civis; reformou 241 militares; demitiu sumariamente 334 servidores públicos; cassou 6 senadores, 110 deputados federais, 161 deputados estaduais, 22 prefeitos, 22 vice-prefeitos, 22 vereadores, 3 ministros do Supremo Tribunal Federal; afastou 23 professores da USP e 10 cientistas do Instituto Oswaldo Cruz; proibiu ou mutilou cerca de 500 filmes de longa-metragem, aproximadamente 450 peças teatrais, mais de 100 revistas, mais de 500 letras de música e mais de 200 livros. Observe-se que, ainda no ano de 1977, o Congresso Nacional foi fechado (mais uma vez), com a cassação de mandatos, o cancelamento de eleições majoritárias (para governadores) e a criação da figura do senador biônico. O art. 11 do AI-5 restabeleceu a redação dos primeiros Atos Institucionais, excluindo de qualquer apreciação judicial todos os atos praticados de acordo com o AI-5 e seus Atos Complementares, bem como os respectivos efeitos.

Em 1º/2/1969, o Presidente da República editou o Ato Institucional n. 6, que reduziu o número de juízes do Supremo de dezesseis para onze. Decretou-se a aposentadoria dos Ministros Victor Nunes Leal, Evandro Lins e Silva e Hermes Lima. A Emenda Constitucional n. 1, de 1969, preservou a composição e competências do Supremo Tribunal. Em 1971, o Tribunal discutiu a legitimidade do arquivamento por parte do Procurador-Geral da República de representação de inconstitucionalidade que lhe foi encaminhada pelo MDB contra o Decreto-Lei n. 1.077/70, que estabelecia a censura prévia a livros, jornais e periódicos. Por maioria de votos, vencido o Ministro Adaucto Lucio Cardoso, o Tribunal afirmou a ampla liberdade de que dispunha o Procurador-Geral para submeter ou não a representação à Corte.

Ainda no que se refere ao controle de constitucionalidade, cabe registrar a Emenda Constitucional n. 7, que introduziu a possibilidade de o Supremo Tribunal Federal conceder medida cautelar em representação de inconstitucionalidade, questão que, aliás, já fazia parte da jurisprudência do STF e do próprio Regimento Interno da Corte Maior. No ano de 1977, foi introduzida a ação de interpretação de direito federal, especificando a Emenda Constitucional n. 7 que "a partir da data da publicação da ementa do acórdão no Diário Oficial da União, a interpretação nele fixada terá força vinculante, implicando sua não observância negativa de vigência do texto interpretado".

O papel político da Corte reduziu-se significativamente a partir de 1969. É muito provável que, afora uma outra questão de algum relevo, a grande contribuição da Corte no período esteja associada ao desenvolvimento do sistema de controle de constitucionalidade, com a consolidação da representação de inconstitucionalidade como instrumento próprio de impugnação de leis estaduais e federais. É claro que o perfil autoritário do Governo acabou por inibir a utilização dessa ação direta contra leis federais, especialmente no Supremo Tribunal, que legitimara o poder discricionário do Procurador-Geral no exercício dessa prerrogativa. Registre-se que, por uma dessas ironias da história, a preservação desse "monopólio" do Procurador-Geral da República foi determinante para a futura ampliação do direito de propositura da ação direta de inconstitucionalidade introduzido pela Constituição e, por que não dizer, para uma radical conversão do modelo brasileiro de controle de constitucionalidade. Em 1978, foi revogado o Ato Institucional n. 5, sendo restabelecidas as garantias do Judiciário. Em 1985, nas últimas eleições presidenciais realizadas sob a Constituição de 1967/69 (eleição indireta), ganhou o candidato de oposição, Tancredo Neves. A Emenda Constitucional n. 26/85 convocou a Assembleia Nacional Constituinte.

O processo constituinte desenvolveu-se no período de 1986 a 1988. O texto resultante desse complexo processo sem dúvida representou o mais avançado texto jurídico-político já produzido no Brasil. Inspirado nas Constituições do segundo pós-guerra, o texto da Constituição de 1988 filia-se ao constitucionalismo dirigente, compromissário e social, que tão bons frutos rendeu nos países em que foi implantado. O catálogo de direitos fundamentais, os direitos sociais, as ações constitucionais, enfim, tudo o que havia sido reivindicado pela sociedade no processo constituinte foi positivado. A Constituição estabelece, já de início, que o Brasil é uma República que se constitui em Estado Democrático de Direito, trazendo explicitamente seus objetivos de construir uma sociedade mais justa, com a erradicação da pobreza, cumprindo com as promessas da modernidade.

A nova Constituição transformou o Judiciário em um Poder independente. Com a criação do Superior Tribunal de Justiça, o Supremo Tribunal Federal ficou com as atribuições de tribunal constitucional, embora sem esse nome e sem as características dos Tribunais *ad hoc* europeus.

Atualmente, o Supremo Tribunal Federal compõe-se de onze Ministros, escolhidos dentre pessoas de notável saber jurídico e reputação ilibada, maiores de 35 anos e com menos de 70 anos (conforme alteração feita pela EC n. 122), nomeados pelo Presidente da República, após a aprovação pela maioria absoluta do Senado Federal. Registre-se que a EC n. 122 também alterou a idade limite para ingresso no Superior Tribunal de Justiça (STJ), nos Tribunais Regionais Federais (TRFs), no Tribunal Superior do Trabalho (TST), nos Tribunais Regionais do Trabalho (TRTs), no Tribunal de Contas da União (TCU) e dos ministros civis do Superior Tribunal Militar (STM).

O processo de nomeação para o cargo vitalício (art. 95 da Constituição Federal c/c art. 16 do Regimento Interno do Supremo Tribunal Federal) de Ministro do Supremo Tribunal Federal, descrito no art. 101 da Constituição Federal, inicia-se com indicação pelo Presidente da República, observada a satisfação dos pré-requisitos constitucionais. Após, o indicado deve ser aprovado pela maioria absoluta do Senado Federal, cuja deliberação é precedida de arguição pública pela Comissão de Constituição, Justiça e Cidadania daquela Casa Legislativa. Uma vez aprovado pelo Senado, o escolhido é nomeado pelo Presidente da República e está habilitado a tomar posse no cargo, em sessão solene do Plenário do Tribunal.

Uma vez empossado, o Ministro só perderá o cargo por renúncia, aposentadoria compulsória (aos 75 anos de idade) ou *impeachment*. A Constituição Federal, em seu art. 52, II, atribui ao Senado Federal a competência para processar e julgar os Ministros do Supremo Tribunal Federal nos crimes de responsabilidade. O mesmo dispositivo, em seu parágrafo único, estabelece que a condenação, que somente será proferida por dois terços dos votos do Senado Federal, limitar-se-á à perda do cargo, com inabilitação, por oito anos, para o exercício de função pública, sem prejuízo das demais sanções judiciais cabíveis.

Embora não exista mandato para o exercício da função de Ministro do Supremo Tribunal Federal, o prazo médio de permanência no cargo, no período 1946-1987, não tem sido superior a oito anos. No período 1989-2006, essa média foi elevada para onze anos. A diferença entre os períodos de exercício efetivo é bastante acentuada, como demonstra pesquisa relativa ao período 1946-2006. Alguns Ministros permaneceram no cargo por mais de vinte anos; outros, não mais do que dez meses. O curto período de exercício permitiu que um mesmo Presidente da República, durante seu mandato, nomeasse até dois Ministros para a mesma vaga. O estabelecimento de idade-limite (70 anos) para designação de magistrado acabou por restringir essa possibilidade.

A Constituição de 1967/69 outorgava força de lei ao Regimento Interno do Supremo Tribunal Federal (art. 119, § 3º). Nos termos dessa disposição, deveria o Regimento Interno conter regras sobre a competência do Pleno, a organização e a competência das Turmas e regras processuais sobre a decisão referente à competência originária ou recursal. Em 16/3/1967, foi editado o Regimento, que continha regras sobre organização e processo. Em virtude da revisão da Constituição de 1967/69, levada a efeito pela Emenda Constitucional n. 7, de 1977, tornou-se obrigatória uma completa revisão do Regimento Interno (27/10/1980).

A Constituição de 1988 não autoriza o Supremo Tribunal Federal a editar normas regimentais sobre processo e decisão. Deve-se admitir, todavia, que até a promulgação das novas leis processuais continuam a ter aplicação os preceitos constantes do Regimento, com base, inclusive, no princípio da continuidade da ordem jurídica.

São órgãos do Supremo Tribunal Federal: o Plenário; as 2 (duas) Turmas; e o Presidente. Com exceção do Presidente do Tribunal, cada Ministro integra, formalmente, uma Turma. As Turmas têm competências idênticas e os processos não são distribuídos, originariamente, a uma ou a outra Turma, mas a determinado Ministro-Relator, que, por sua vez, pertence à Primeira ou à Segunda Turma (RISTF, art. 66).

O Plenário é composto pelos 11 (onze) Ministros e é presidido pelo Presidente do Tribunal. As Turmas são constituídas, cada uma, de 5 (cinco) Ministros. O Presidente de cada Turma é escolhido pelo critério de antiguidade (RISTF, art. 4º, Emenda Regimental n. 25, de 25/6/2008).

Para as matérias mais relevantes, a exemplo de decisão sobre constitucionalidade ou inconstitucionalidade, o Tribunal Pleno somente poderá deliberar se presentes oito dos onze Ministros. Para decisão sobre a constitucionalidade das leis (declaração de constitucionalidade ou de inconstitucionalidade), exige-se sempre maioria de seis votos (RISTF, art. 173 c/c o art. 174).

O Presidente do Supremo Tribunal Federal é eleito diretamente pelos seus pares para um mandato de dois anos (RISTF, art. 12). A reeleição é expressamente vedada. Apesar de não haver qualquer previsão regimental nesse sentido, criou-se a tradição de eleger-se para ocupar o cargo de Presidente do Tribunal sempre o Ministro mais antigo da Corte que ainda não ocupou o cargo. Assim, são eleitos tradicionalmente para os cargos de Presidente e Vice-Presidente do Tribunal os dois Ministros mais antigos que ainda não os exerceram.

Dentre as atribuições do Presidente, estão as de velar pelas prerrogativas do Tribunal; representá-lo perante os demais poderes e autoridades; dirigir-lhe os trabalhos e presidir-lhe as sessões plenárias; executar e fazer executar as ordens e decisões do Tribunal; decidir, nos períodos de recesso ou de férias, as questões de urgência; dar posse aos Ministros etc.

Cabe, ainda, ao Presidente, o exercício da competência privativa do Supremo Tribunal Federal para a propositura de projeto de lei sobre a criação e a extinção de cargos e a fixação da remuneração dos seus membros, bem como sobre a alteração da organização e da divisão judiciária (art. 96, I, *d*, e II, da Constituição Federal). Também é de competência privativa do Supremo Tribunal Federal o projeto de lei complementar sobre o Estatuto da Magistratura (art. 93 da Constituição Federal). Este rol é taxativo, de modo que o Supremo Tribunal Federal só tem competência para propor projeto de lei sobre essas matérias.

Art. 102. Compete ao Supremo Tribunal Federal, precipuamente, a guarda da Constituição, cabendo-lhe:

I – processar e julgar, originariamente:

a) a ação direta de inconstitucionalidade de lei ou ato normativo federal ou estadual e a ação declaratória de constitucionalidade de lei ou ato normativo federal;

Gilmar Ferreira Mendes
Lenio Luiz Streck[1]

---

1. O comentário contou com a colaboração de André Rufino do Vale.

A — REFERÊNCIAS

1. Histórico da norma

Texto original da CF/88 (ação direta de inconstitucionalidade); EC n. 3/93 (ação declaratória de constitucionalidade).

2. Constituições anteriores

Constituição de 1946; EC n. 16/65; Constituição de 1967, art. 114, I, *l*; Constituição de 1969, art. 119, I, *l*.

3. Legislação

Lei n. 9.868/99; Regimento Interno do Supremo Tribunal Federal.

4. Jurisprudência

ADI 3.833 (revogação de norma anterior à Constituição por emenda constitucional a ela posterior); RE ns. 91.740, 92.169 e Repr. n. 1.405 (controle de constitucionalidade de leis municipais pelos Estados); HC n. 18.178 (aferição da constitucionalidade de uma emenda constitucional, em sentido formal e material); MS n. 20.257 (exame da constitucionalidade de proposta de emenda constitucional antes mesmo de sua promulgação); ADI 815 (insindicabilidade do texto originário da Constituição); ADIns 829, 830, 833 e 939 (sindicabilidade de emenda à Constituição e de emenda ao ADTC); ADIns 293 e 427 (suspensão de eficácia de medida provisória); ADIns 298, 300, 525 529 (rejeição de medida provisória e prejudicialidade da ADI); ADI 1.055 (não prejudicialidade de ADI de medida provisória convertida em lei sem alterações); ADI 258 (prejudicialidade de ADI em face de aprovação de medida provisória com alterações); ADI 399 (medida provisória aprovada com alterações que importem na derrogação do dispositivo original impugnado); Repr. 803 (controle de constitucionalidade de decreto legislativo que contém a aprovação do Congresso a tratados); ADI 748 (controle de decreto legislativo do Congresso Nacional que suspende a execução de ato do Executivo); ADI n. 4 (controle de outros atos do Poder Executivo com força normativa, como os pareceres da Consultoria-Geral da República, devidamente aprovados pelo Presidente da República); ADIns 460 e 519 (controle de decreto editado com força de lei); ADIns 611, 665 e 1375 (controle de leis e atos normativos distritais); ADIns 371, 409, 611, 880, 1832, 1472 (não cabimento de ADIn, cujo objeto seja ato normativo editado pelo Distrito Federal, no exercício de competência que a Lei Fundamental reserva aos Municípios); ADI 647, 767 e 842 (controle de atos legislativos de efeito concreto); ADI 2925 (controle de constitucionalidade de dispositivo de Lei Orçamentária Anual da União); Repr. ns. 946, 969; ADIns 438, 1.012 e 3.833 (inconstitucionalidade superveniente); ADIns 949, 1.836, 1.137, 1.907, 1.717, 1.434, 1.946, 1.550, 1.717, 2.055, 2.670 (controle de emendas constitucionais e direito intertemporal); ADIn 466 (impossibilidade de controle da constitucionalidade de projetos de lei); ADI 3.367 (publicação superveniente da norma impugnada como correção do vício de carência de ação direta de inconstitucionalidade); Repr. 1.110 (inadmissibilidade de sindicar ato normativo revogado); ADIns 262, 709, 712 (revogação superveniente e prejuízo do andamento da ADI); Repr. 933, 1.391 (medida cautelar para retardar ou suspender a ratificação de tratados); ADI 1.480 (supremacia da Constituição sobre direito internacional público); ADI 1.423, 3.482 (ADI concomitante com o STF e o Tribunal local); Repr. 1.016 (parâmetro de controle – norma constitucional revogada); Repr. 930; RE 18.831; Repr. 1.077 (princípio da proporcionalidade); RE ns. 466.343, 349.703 (parametricidade dos tratados internacionais); ADI 2.903 (colisão entre direito estadual e lei complementar); Repr. 1.141 (bloqueio de competência); RE 246903, 650898-RS (controle de constitucionalidade em âmbito estadual de norma constitucional de reprodução obrigatória).

5. Seleção de literatura

BARBOSA MOREIRA, José Carlos. "As partes na ação declaratória de constitucionalidade", *Revista de Direito da Procuradoria-Geral do Estado da Guanabara* 13/67 (75-76), 1964; BASTOS, Celso. *Curso de Direito Constitucional*. Saraiva, 1982; BUZAID, Alfredo. *Da Ação Direta de Declaração de Inconstitucionalidade no Direito Brasileiro*, São Paulo, 1958; CANOTILHO, J. J. Gomes. *Direito Constitucional*, 5. ed. Coimbra, 1992, p. 625-6; CARDOSO, Adaucto Lúcio. Recl. n. 849, *RTJ* 50/347-348; CAVALCANTI, Themístocles. "Arquivamento de representação por inconstitucionalidade da lei", *RDP* 16/169; CORREA, Oscar Dias. O 160º aniversário do STF e o novo texto constitucional, *Arquivos do Ministério da Justiça* n. 173, p. 67 (70), 1988; DALLARI, Dalmo de Abreu. "Lei municipal inconstitucional" (p. 120), in *Ação Direta de Controle de Constitucionalidade de Leis Municipais*, 1979; ESPOSITO, Carlo. Decreto-legge, in *Enciclopedia del diritto*, Varese, 1962, v. 11, p. 831 (845); GRINOVER, Ada Pellegrini. "A ação direta de controle da constitucionalidade na Constituição paulista" (p. 55-56); MARINHO, Josaphat. "Inconstitucionalidade de lei – Representação ao STF", *RDP* 12/150; PEREIRA, Caio Mário da Silva. Conselho Federal da OAB, *Arquivos do Ministério da Justiça* 118/25; PESTALOZZA, *Verfassungsprozessrecht*, cit., p. 376-7; PIEROTH e SCHLINK, *Grundrechte – Staatsrecht II*, Heidelberg, 1988, p. 78; RINCK, Hans-Justus. *Initiative für die Verfassungsmässige Prüfung von Rechtsnormen*, EuGRZ 1974, p. 91 (96); SILVA, José Afonso da. "Ação direta de declaração de inconstitucionalidade de lei municipal" (p. 85); STERN, *Kommentar*, cit., art. 100, n. 49; STRECK, Lenio L. *Jurisdição Constitucional*. 5. ed. Rio de Janeiro: Forense, 2018; VALE, André Rufino do. *La deliberación en los Tribunales Constitucionales*. Madrid: Centro de Estudios Políticos y Constitucionales, 2017.

B — COMENTÁRIOS

1. Formação histórica do controle abstrato de normas

A EC n. 16 à Constituição de 1946, de 26.11.1965, instituiu, ao lado da representação interventiva, e nos mesmos moldes, o controle abstrato de normas estaduais e federais. A reforma realizada visava a imprimir novos rumos à estrutura do Poder Judiciário. Parte das mudanças recomendadas já havia sido introduzida pelo Ato Institucional n. 2, de 27.10.65. Nos termos do Projeto de Emenda à Constituição, o art. 101, I, *k*, passava a ter a seguinte redação: *"Art. 101. Ao Supremo Tribunal Federal compete: (...) k) a representação de inconstitucionalidade de lei ou ato de natureza normativa, federal ou estadual, encaminhada pelo Procurador-Geral da República*". A proposta de alteração do disposto no art. 64 da CF, com a atribuição de eficácia *erga omnes* à declaração de inconstitucionalidade proferida pelo STF, foi rejeitada. Consagrou-se, todavia, o modelo abstrato de controle de constitucionalidade. A implantação do sistema de controle de constitucionalidade, com o objetivo precípuo de "preservar o ordenamento jurídico da intromissão de leis com ele inconviventes" (Bastos, p. 65), veio somar, aos mecanismos já existentes, um instrumento destinado a defender diretamente o sistema jurídico objetivo. Finalmente, não se deve olvidar que, no tocante ao controle de constitucionalidade da lei municipal, a EC n. 16 consagrou, no art. 124, XIII, regra que outorgava ao legislador a faculdade para "estabelecer processo de competência originária do Tribunal de Justiça, para declaração de inconstitucionalidade de lei ou ato do Município em conflito com a Constituição do Estado".

A Constituição de 1967 não trouxe grandes inovações no sistema de controle de constitucionalidade. Manteve-se incólume o controle difuso. A ação direta de inconstitucionalidade subsistiu, tal como prevista na Constituição de 1946, com a EC n. 16/65. Não se incorporou a disposição da EC n. 16, que permitia a criação do processo de competência originária dos Tribunais de Justiça dos Estados para declaração de inconstitucionalidade de lei ou ato dos Municípios que contrariassem as Constituições dos Estados. A EC n. 1/69 previu, expressamente, o controle de constitucionalidade de lei municipal em face da Constituição estadual, para fins de intervenção no Município (art. 15, § 3º, *d*). A EC n. 7/77 introduziu, ao lado da representação de inconstitucionalidade, a representação para fins de interpretação de lei ou ato normativo federal ou estadual, outorgando ao Procurador-Geral da República a legitimidade para provocar o pronunciamento do STF (art. 119, I, *e*). E, segundo a *Exposição de Motivos* apresentada ao Congresso Nacional, esse instituto deveria evitar a proliferação de demandas, com a fixação imediata da correta exegese da lei. Finalmente, deve-se assentar que a EC n. 7/77 pôs termo à controvérsia sobre a utilização de liminar em representação de inconstitucionalidade, reconhecendo, expressamente, a competência do STF para deferir pedido de cautelar formulado pelo Procurador-Geral da República (CF 1967/1969, art. 119, I, *p*).

A Constituição de 1988 reduziu o significado do controle de constitucionalidade incidental ou difuso, ao ampliar, de forma marcante, a legitimação para propositura da ação direta de inconstitucionalidade (CF, art. 103), permitindo que, praticamente, todas as controvérsias constitucionais relevantes sejam submetidas ao STF mediante processo de controle abstrato de normas. Tal como já observado por Gehrad Anschutz, ainda no regime de Weimar, toda vez que se outorga a um tribunal especial atribuição para decidir questões constitucionais limita-se, explícita ou implicitamente, a competência da jurisdição ordinária para apreciar tais controvérsias. Parece quase intuitivo, portanto, que ao ampliar, de forma significativa, o círculo de entes e órgãos legitimados a provocar o STF no processo de controle abstrato de normas, acabou o constituinte por restringir, de maneira radical, a amplitude do controle difuso de constitucionalidade. Assim, se se cogitava, no período anterior a 1988, de um *modelo misto* de controle de constitucionalidade, é certo que o forte acento residia, ainda, no amplo e dominante sistema difuso de controle. O controle direto continuava a ser algo acidental e episódico dentro do sistema difuso.

A Constituição de 1988 alterou, de maneira radical, essa situação, conferindo ênfase não mais ao sistema *difuso* ou *incidente*, mas ao modelo *concentrado*, uma vez que as questões constitucionais passam a ser veiculadas, fundamentalmente, mediante ação direta de inconstitucionalidade perante o STF. Entre outubro de 1988 e setembro de 2010, foram distribuídas 4.441 ADIns junto ao STF, das quais 716 foram julgadas procedentes, 187 procedentes em parte, 184 improcedentes, 1801 não foram conhecidas e 1058 aguardam julgamento. Do total, 200 obtiveram deferimento de liminar, 71 tiveram deferimento parcial, 121 não obtiveram êxito e 23 foram julgadas prejudicadas.

A ampla legitimação, a presteza e a celeridade desse modelo processual, dotado inclusive da possibilidade de suspender imediatamente a eficácia do ato normativo questionado, mediante pedido de cautelar, fazem com que as grandes questões constitucionais sejam solvidas, na sua maioria, mediante a utilização da ação direta, típico instrumento do controle concentrado. A particular conformação do processo de controle abstrato de normas confere-lhe, também, novo significado como instrumento federativo, permitindo a aferição da constitucionalidade das leis federais mediante requerimento de um governador de Estado, e a aferição da constitucionalidade das leis estaduais mediante requerimento do Presidente da República. A propositura da ação pelos partidos políticos com representação no Congresso Nacional concretiza, por outro lado, a ideia de defesa das minorias, uma vez que se asseguram até as frações parlamentares menos representativas a possibilidade de arguir a inconstitucionalidade de lei.

Como elemento de consolidação do processo de evolução do controle de constitucionalidade de normas no Brasil, é importante ressaltar a edição de dois relevantes diplomas legais: a Lei n. 9.868 e a Lei n. 9.882. Trata-se de dois textos normativos que disciplinam instrumentos processuais destinados ao controle de constitucionalidade e da legitimidade constitucional em geral. Ao regular o art.102, § 1º, da CF, a Lei n. 9.882 estabeleceu os contornos da ADPF, instituto que confere nova conformação ao controle de constitucionalidade entre nós, especialmente na relação entre o modelo abstrato e o modelo difuso. Já a Lei n. 9.868 – que aqui nos interessa mais diretamente – regulamenta o processamento e o julgamento da ação direta de inconstitucionalidade (ADI) e da ação declaratória de constitucionalidade (ADC), exercendo, agora, um papel que era cumprido, em grande parte, pelo Regimento Interno ou por construções da jurisprudência do STF. Aliás, este diploma legislativo teve, sem dúvida, a preocupação de recolher em seu conteúdo boa parte dessas construções, não renunciando, porém, à introdução de algumas importantes modificações em nosso sistema de controle.

2. Ação direta de inconstitucionalidade

2.1. Objeto

Podem ser impugnados por ação direta de inconstitucionalidade, nos termos do art. 102, I, *a*, primeira parte, leis ou atos normativos federais ou estaduais. Com isso, utilizou-se o constituinte de formulação abrangente de todos os atos normativos da União ou dos Estados. Antes da entrada em vigor da nova Constituição discutiu-se intensamente sobre a possibilidade de se submeter a lei municipal ao juízo de constitucionalidade abstrato. Enquanto algumas vozes na doutrina admitiam que a Constituição tivesse uma *lacuna de formulação* – e, por isso, a referência à *lei estadual* deveria contemplar também as leis municipais (conforme, *v.g.*, os votos vencidos dos Ministros Cunha Peixoto e Rafael Mayer no RE n. 92.169, *RTJ* 103/1.085) –, outras opiniões autorizadas (Ada P. Grinover, Celso Bastos, José Afonso da Silva e Dalmo Dallari) sustentavam que os Estados poderiam, com base na autonomia estadual, instituir o modelo de ação direta com o objetivo de aferir a constitucionalidade da lei municipal.

O STF afastou não só a possibilidade de aferição da constitucionalidade das leis municipais na via direta perante um tribunal estadual (RE n. 91.740-RS, *RTJ* 93(1)/455), como recusou expressamente a ampliação de sua competência para aferir diretamente a constitucionalidade dessas leis (Repr. n. 1.405, Rel. Min. Moreira Alves, *RTJ* 127/394), entendendo que tal faculdade para o controle fora confiada estritamente e destinava-se apenas à aferição de constitucionalidade de *leis federais* ou *estaduais*. A ampliação dessa competência por via de interpretação traduziria uma ruptura com o sistema (idem, Repr. n. 1.405).

A Constituição de 1988 introduziu no art. 125, § 2º, a previsão expressa para que o constituinte estadual adote o controle abstrato de normas destinado à aferição da constitucionalidade de leis estaduais ou municipais em face da Constituição estadual. É possível afirmar que, especialmente depois de 1988, não cabe a tribunais de justiça estaduais exercer o controle de constitucionalidade de leis e demais atos normativos municipais em face da Constituição Federal. (ADI 347; RE 421.256). Importante referir que, mesmo no caso de a Constituição Estadual reproduzir norma da Carta da República, ainda assim a competência será do Tribunal local. Neste caso, caberá recurso extraordinário para o Supremo Tribunal Federal. Tal recurso (muito embora seja instrumento típico do controle difuso) terá efeitos *erga omnes*, uma vez que sua interposição não altera a natureza de controle abstrato da representação de inconstitucionalidade estadual. A competência para julgar a ação direta de inconstitucionalidade é definida pela causa de pedir lançada na inicial. Em relação ao conflito da norma atacada com a Lei Máxima do Estado, impõe-se concluir pela competência do Tribunal de Justiça, pouco importando que o preceito questionado mostre-se como mera repetição de dispositivo, de adoção obrigatória, inserto na Carta da República (Recl. 383 e AgRg na Recl 425). No tocante ao controle de constitucionalidade nos Estados há, ainda, uma peculiaridade: o STF entende que se a representação de inconstitucionalidade estadual for manejada em face de norma da Constituição local que reproduza dispositivo da Constituição da República de observância obrigatória pelos Estados, então será aceita a interposição de recurso extraordinário (RE). Destaca-se que em 2017 (RE 650898-RS, Plenário), através de repercussão geral, o STF fixou o entendimento de que Tribunais de Justiça podem exercer controle abstrato de constitucionalidade de leis municipais (ou estaduais) utilizando como parâmetro a Constituição Federal, desde que se trate de normas de reprodução obrigatória pelos estados.

De todo modo, quanto à incompatibilidade de lei municipal em face da Constituição Federal, cabe lembrar que, com a entrada em vigor da Lei n. 9.882 – que disciplina a arguição de descumprimento de preceito fundamental – este tema ganha novos contornos. Consoante o parágrafo único do art. 1º da citada lei, a arguição de descumprimento poderá ser utilizada para – de forma definitiva e com eficácia geral – solver controvérsia relevante sobre a legitimidade do direito municipal em face da Constituição Federal pelo STF.

Ainda com relação ao objeto da ADI, é relevante registrar que não é possível a impugnação de apenas alguns dos preceitos que integram um determinado texto normativo, deixando de questionar a validade de outros dispositivos com ele relacionados, quando a declaração da inconstitucionalidade, como pretendida na ação direta, tiver o condão de alterar o sistema da Lei (ou do ato normativo *lato sensu*). Quando confrontado com tais situações, o Supremo Tribunal Federal tem determinado o arquivamento das ações diretas de inconstitucionalidade (ADI 2.133). À evidência, tem fundamento esse posicionamento do Supremo Tribunal, uma vez que o processo interpretativo implica sempre a análise do conjunto de um texto normativo. Não se pode interpretar um texto por partes, e, sim, na sua sistematicidade.

Não se pode olvidar, nesse ponto, da denominada declaração de inconstitucionalidade por "arrastamento". Por meio de tal técnica, o Tribunal acaba por declarar a inconstitucionalidade de dispositivos legais não mencionados na ADI, isso na hipótese de a Corte reconhecer dispositivos que logicamente dependam das normas impugnadas declaradas inconstitucionais (ADI 2982 QO/CE, Rel. Min. Gilmar Mendes e voto da Min. Cármen Lúcia na ADI 3236). Ou seja, o Supremo Tribunal Federal tem assentado que, no controle concentrado, fica condicionado ao "princípio do pedido". Todavia, quando a declaração de inconstitucionalidade de uma norma afeta um sistema normativo dela dependente, ou, em virtude de declaração de inconstitucionalidade, normas subsequentes são afetadas pela declaração, a declaração de inconstitucionalidade pode ser estendida a estas, porque ocorre o fenômeno da inconstitucionalidade por "arrastamento" ou "atração" (ADI 2895).

2.1.1. Leis e atos normativos federais

Devemos entender como leis e atos normativos federais passíveis de ser objeto de ação direta de inconstitucionalidade:

1. Disposições da Constituição propriamente ditas. Também entre nós é admissível a aferição de constitucionalidade do chamado *direito constitucional secundário*, uma vez que, segundo a doutrina e a jurisprudência dominantes, a reforma constitucional deve observar não apenas as exigências formais do art. 60, I, II e III, e §§ 1º, 2º e 3º, da CF, como também as *cláusulas pétreas* (art. 60, § 4º). O cabimento da aferição da constitucionalidade de uma emenda constitucional, em sentido formal e material, foi reconhecido já em 1926 (HC n. 18.178, j. 27.9.26, *RF* 47/748-827). Mais recentemente admitiu o STF a possibilidade de examinar a constitucionalidade de proposta de emenda constitucional antes mesmo de sua promulgação (MS n. 20.257, Rel. Min. Moreira Alves, *RTJ* 99/1.040). Já sob o império da Constituição de 1988 foram propostas ações diretas contra normas constitucionais constantes do texto originário (ADI n. 815, Rel. Min. Moreira Alves), contra a EC n. 2, que antecipou a data do plebiscito previsto no art. 2º do ADCT (ADIns 829, 830 e 833), contra as disposições da EC n. 3/93, que instituíram a ação declaratória de constitucionalidade (ADI n. 913) e o imposto provisório sobre movimentações financeiras (IPMF), julgado na ADI n. 939.

2. Leis de todas as formas e conteúdos (observada a especificidade dos atos de efeito concreto), uma vez que o constituinte se vinculou à forma legal. Nesse contexto hão de ser contempladas as leis formais e materiais: 2.1. as leis formais ou atos normativos federais, dentre outros; 2.2 as medidas provisórias, expedidas pelo Presidente da República em caso de relevância ou urgência, com força de lei (art. 62, c/c o art. 84, XXVI). Essas medidas perdem a eficácia se não aprovadas pelo Congresso Nacional no prazo de 60 dias, podendo ser prorrogadas uma única vez, por igual período (CF, art. 62, § 7º). Nenhuma dúvida subsiste sobre a admissibilidade do controle abstrato em relação às medidas provisórias. O Supremo Tribunal Federal tem concedido inúmeras liminares com o propósito de suspender a eficácia dessas medidas como ato dotado de força normativa, ressalvando, porém, a sua validade enquanto proposição legislativa suscetível de ser convertida ou não em lei (ADI 293).

Não se questiona, diante da jurisprudência tradicional do Tribunal que, rejeitada expressamente a medida provisória ou decorrido *in albis* o prazo constitucional para sua apreciação pelo Congresso Nacional, há de se ter por prejudicada a ação direta de inconstitucionalidade (ADIns 525, 529, 298 e 292). Igualmente pacífico se afigura o entendimento segundo o qual "não prejudica a ação direta de inconstitucionalidade material de medida provisória a sua intercorrente conversão em lei sem alterações, dado que a sua aprovação e promulgação integrais apenas lhe tornam definitiva a vigência, com eficácia *ex tunc* e sem solução de continuidade, preservada a identidade originária do seu conteúdo normativo, objeto da arguição de invalidade" (ADI 691).

Não parece, todavia, isenta de dúvida a jurisprudência que entende prejudicada a ação direta de inconstitucionalidade em decorrência da aprovação da medida provisória com alterações, considerando inadmissível até o eventual aditamento da inicial para os fins de adequação do pedido originariamente formulado à nova conformação do texto normativo (ADI 258). As medidas provisórias não se confundem com as leis temporárias exatamente porque suas disposições são dotadas de pretensão de definitividade e destinam-se a ser mantidas sob a forma de lei, circunstância que se pode constatar também no direito italiano (*v.g.*, Carlo Esposito, na *Enciclopedia del Diritto*, 1962, v. 11, p. 831). Em outros termos, *precária é apenas a medida provisória enquanto ato normativo; as disposições dela constantes estão vocacionadas a uma vigência indeterminada*. Relevante, portanto, para o processo de controle de normas, não é saber se determinada medida provisória foi aprovada com alteração, mas sim se essas modificações alteraram, substancialmente, o objeto da ação instaurada, de modo a afetar a sua própria existência.

É fácil ver que a aprovação de medida provisória com simples alteração formal do texto originário não deveria suscitar maiores problemas no juízo abstrato de normas, uma vez que restaria íntegro e plenamente válido o pedido formulado, sendo facultado ao Tribunal, se entender devido, requerer novas informações junto ao Poder Executivo, bem como solicitar informações do Congresso Nacional. As manifestações da Advocacia-Geral da União e do Procurador-Geral da República, se já verificadas, poderiam ser, igualmente, aditadas sem nenhum prejuízo para a ordem processual. Evidentemente, se a medida provisória for aprovada com alterações de tal monta que importem mesmo na derrogação da disposição normativa impugnada (ADI 399), nada mais resta senão proceder-se à extinção do processo. Ao contrário, subsistente, na sua essência, a disposição que deu ensejo à propositura da ação, não deve o feito ser extinto, porque resta íntegra a pretensão formulada legitimamente por um dos titulares do direito de propositura, inexistindo solução de continuidade no plano de vigência das normas. Assim, se o art. 1º da medida provisória *x* continua a vigorar, na sua essência, como art. 1º ou como art. 2º da lei *y*, não há que se cogitar de derrogação ou ab-rogação.

Dúvidas poderiam surgir se o texto impugnado da medida provisória fosse aprovado com significativas alterações de forma ou conteúdo. Como explicitado, as modificações de índole formal não parecem aptas a afetar a existência do processo de controle abstrato, instaurado com o objetivo de aferir a legitimidade de determinada disposição em face da Constituição, não devendo assumir, por isso, maior importância o fato de a disposição ter sido aprovada como art. 4º da lei *y* e não como art. 1º, tal como proposto na medida provisória. Da mesma forma, alterações redacionais não devem levar ao entendimento de que se cuida agora de outra norma, que, por isso, deve ter a sua constitucionalidade aferida em novo processo.

A questão poderia merecer disciplina legislativa específica tendente a superar o problema, com a autorização para que o Tribunal conhecesse da ação em semelhantes casos, sempre que se não pudesse afirmar que, no processo de conversão em lei, a disposição impugnada constante da medida provisória sofreu alterações que afetaram profundamente a sua própria identidade. Assim, ficaria o Tribunal legitimado a aferir a legitimidade e, eventualmente, a declarar a inconstitucionalidade também de disposição incorporada ao texto da lei em que se converteu a medida provisória, desde que houvesse identidade fundamental entre a disposição originalmente impugnada e o texto normativo constante da lei. A propósito, mencione-se que, nos termos do § 78 da Lei do Tribunal Constitucional alemão, está a Corte autorizada a estender a declaração de inconstitucionalidade "a outras disposições da mesma lei", entendida a expressão não apenas como autorizativa de pronúncia de nulidade em relação a outros dispositivos da mesma lei, mas também a disposições semelhantes que alterem ou derroguem o texto impugnado (cf. Ulsamer, in Maunz, dentre outros, *BVerfGG*, § 78, n. 25; Tb. Mendes, *Controle, op. cit*, p. 270 e segs.). Orientação semelhante poderia ser adotada entre nós, tendo em vista, sobretudo, a necessidade de solver o problema – indubitavelmente sério – do controle de constitucionalidade abstrato das medidas provisórias.

3. Decreto legislativo que contém a aprovação do Congresso aos tratados e autoriza o Presidente da República a ratificá-los em nome do Brasil (CF, art. 49, I). O decreto legislativo apenas formaliza, na ordem jurídica brasileira, a concordância definitiva do Parlamento em relação ao tratado (Rezek, 1984). A autorização para aplicação imperativa somente ocorre, após a sua ratificação, com a promulgação através de decreto. O processo do controle abstrato de normas poderia, todavia, ser instaurado após a promulgação do decreto legislativo, uma vez que se trata de ato legislativo que produz consequências para a ordem jurídica, havendo pelo menos um processo no qual o controle abstrato de normas foi instaurado após a entrada em vigor do Tratado (*v.g.*, a Repr. n. 803, Rel. Min. Djaci Falcão).

4. O decreto do Chefe do Executivo que promulga os tratados e convenções.

5. O decreto legislativo do Congresso Nacional que suspende a execução de ato do Executivo, em virtude de incompatibilidade com a lei regulamentada (CF, art. 49, V). De frisar que a Constituição de 1988 incorporou disposição da Constituição que outorgava essa atribuição ao Senado Federal. Tal como reconhecido por Pontes de Miranda, essa competência outorgava ao Senado, ainda que parcialmente, poderes de uma Corte Constitucional, circunstância também referida na ADI 748 (Rel. Min. Celso de Mello).

6. *Os atos normativos editados por pessoas jurídicas de direito público* criadas pela União, bem como os regimentos dos Tribunais Superiores, podem ser objeto do controle abstrato de normas se configurado seu caráter autônomo, não meramente ancilar.

7. *O decreto legislativo aprovado pelo Congresso Nacional* com o escopo de sustar os atos normativos do Poder Executivo que exorbitem do poder regulamentar ou dos limites de delegação legislativa (CF, art. 49, V), matéria enfrentada pelo Supremo Tribunal Federal na ADI 748.

8. *Outros atos do Poder Executivo com força normativa*, como os pareceres da Consultoria-Geral da República, devidamente aprovados pelo Presidente da República (Decreto n. 92.889, de 7.7.86), matéria objeto de debate pela Suprema Corte na ADI 4, nos primeiros anos de existência da atual Constituição.

9. *Resoluções do TSE* (ADI 3.345, rel. Min. Marco Aurélio, Informativo STF 398, 31-8-2005).

10. *Resoluções de tribunais que deferem reajuste de vencimentos* (ADI 662, rel. Min. Eros Grau, *DJ* de 10-11-2006).

2.1.2. Leis e atos normativos estaduais

Devem ser considerados como leis ou atos normativos estaduais, podendo ser objeto somente de ação direta de inconstitucionalidade:

1. *Disposições das Constituições estaduais*, que, embora tenham a mesma natureza das normas da Constituição Federal, devem ser compatíveis com princípios específicos e regras gerais constantes do texto fundamental (CF, art. 25, c/c o art. 34, VII, princípios sensíveis).

2. *Leis estaduais de qualquer espécie ou natureza, independentemente de seu conteúdo.*

3. *Leis estaduais editadas para regulamentar matéria de competência exclusiva da União* (CF, art. 22, parágrafo único).

4. *Decreto editado com força de lei.*

5. *Regimentos internos dos tribunais estaduais, assim como os Regimentos das Assembleias Legislativas.*

6. *Atos normativos expedidos por pessoas jurídicas de direito público estadual podem, igualmente, ser objeto de controle abstrato de normas.*

2.1.3. Leis e atos normativos distritais

Se já não existia razão jurídica para afastar do controle abstrato de constitucionalidade os órgãos superiores do Distrito Federal, com a promulgação da EC n. 45/2004 a questão ficou definitivamente superada. A nova redação conferida ao art. 103 da CF incluiu o Governador do Distrito Federal e a Mesa da Câmara Legislativa no elenco dos entes e órgãos autorizados a propor a ação direta de inconstitucionalidade e a ação declaratória de constitucionalidade. Razões semelhantes já militavam em favor do controle de constitucionalidade na jurisprudência do STF, por via de ação direta de inconstitucionalidade, de ato aprovado pelos Poderes distritais *no exercício da competência tipicamente estadual* (ADIns 611 e 1.375). É que, não obstante as peculiaridades que marcam o Distrito Federal, os atos normativos distritais – leis, decretos etc. – são substancialmente idênticos aos atos normativos estaduais, tal como deflui diretamente do art. 32, § 1º, na parte em que atribui ao Distrito Federal as competências legislativas reservadas aos Estados (ADI 665). Assinale-se, porém, que a própria fórmula constante do art. 32, § 1º, da Constituição está a indicar que o Distrito Federal exerce competências legislativas municipais, editando, por isso, leis e atos normativos materialmente idênticos àqueles editados pelos demais entes comunais. Nessa hipótese, diante da impossibilidade de proceder ao exame direto de constitucionalidade da lei municipal, perante o Supremo Tribunal Federal, em face da Constituição, tem-se de admitir, que descabe "ação direta de inconstitucionalidade, cujo objeto seja ato normativo editado pelo Distrito Federal, no exercício de competência que a Lei Fundamental reserva aos Municípios" (*v.g.*, ADIn-MC 371, 409, 611, 880, 1.375, 1.832, 1.812, 1.472, 1.750, 2.448, 1.706), tal como, por exemplo, "a disciplina e polícia do parcelamento do solo" (ADI 611).

2.1.4. Atos legislativos de efeito concreto

A jurisprudência do STF tem considerado inadmissível a propositura de ação direta de inconstitucionalidade contra atos de efeito concreto. Assim, tem-se afirmado que a ação direta é o meio pelo qual se procede ao controle de constitucionalidade das normas jurídicas *in abstracto*, não se prestando ela "ao controle de atos administrativos que têm objeto determinado e destinatários certos, ainda que esses atos sejam editados sob a forma de lei – as leis meramente formais, porque têm forma de lei, mas seu conteúdo não encerra normas que disciplinam relações em abstrato". Na mesma linha de orientação, afirma-se que *"atos estatais de efeitos concretos, ainda que veiculados em texto de lei formal, não se expõem, em sede de ação direta, à jurisdição constitucional abstrata do Supremo Tribunal Federal"*, porquanto *"a ausência de densidade normativa no conteúdo do preceito legal impugnado desqualifica-o – enquanto objeto juridicamente inidôneo – para o controle normativo abstrato"* (ADIns 842, 647 e 767). Em outro julgado (ADI 283) afirmou-se que disposição constante da lei orçamentária que fixava determinada dotação configuraria ato de efeito concreto, insuscetível de controle jurisdicional de constitucionalidade por via de ação ("Os atos estatais de efeitos concretos – porque despojados de qualquer coeficiente de normatividade ou de generalidade abstrata – não são passíveis de fiscalização, em tese, quanto à sua legitimidade constitucional").

A extensão da jurisprudência sobre o ato de efeito concreto – desenvolvida para afastar do controle abstrato de normas os atos administrativos de efeito concreto –, às chamadas leis formais suscita, sem dúvida, alguma insegurança, porque coloca a salvo do controle de constitucionalidade um sem-número de leis. Não se discute que os atos do Poder Público sem caráter de generalidade não se prestam ao controle abstrato de normas, porquanto a própria Constituição elegeu como objeto desse processo os atos tipicamente normativos, entendidos como aqueles dotados de um mínimo de generalidade e abstração. Ademais, não fosse assim, haveria uma superposição entre a típica jurisdição constitucional e a jurisdição ordinária.

Outra há de ser, todavia, a interpretação, se se cuida de atos editados *sob a forma de lei*. Nesse caso, houve por bem o constituinte não distinguir entre leis dotadas de generalidade e aqueloutras, conformadas sem o atributo da generalidade e abstração. Essas leis formais decorrem ou da vontade do legislador ou do desiderato do próprio constituinte, que exige que determinados atos, ainda que de efeito concreto, sejam editados sob a forma de lei (*v. g.*, lei de orçamento, lei que institui empresa pública, sociedade de economia mista, autarquia e fundação pública).

Ora, se a Constituição submete a lei ao processo de controle abstrato, até por ser este o meio próprio de inovação na ordem jurídica e o instrumento adequado de concretização da ordem constitucional, não parece admissível que o intérprete debilite essa garantia da Constituição, isentando um número elevado de atos aprovados sob a forma de lei do controle abstrato de normas e, muito provavelmente, de qualquer forma de controle. É que muitos desses atos, por não envolverem situações subjetivas, dificilmente poderão ser submetidos a um controle de legitimidade no âmbito da jurisdição ordinária.

Ressalte-se que não se vislumbram razões de índole lógica ou jurídica contra a aferição da legitimidade das leis formais no controle abstrato de normas, até porque *abstrato* – isto é, não vinculado ao caso concreto – há de ser o processo e não o ato legislativo submetido ao controle de constitucionalidade.

Por derradeiro, cumpre observar que o entendimento acima referido do Supremo Tribunal acaba, em muitos casos, por emprestar significado substancial a elementos muitas vezes acidentais: a suposta generalidade, impessoalidade e abstração ou a pretensa concretude e singularidade do ato do Poder Público.

Os estudos e análises no plano da teoria do direito (*v.g.*, Canotilho e Pieroth e Schlink) indicam que tanto se afigura possível formular uma lei de efeito concreto – *lei casuística* – de forma genérica e abstrata quanto seria admissível apresentar como lei de efeito concreto regulação abrangente de um complexo mais ou menos amplo de situações.

Todas essas considerações parecem demonstrar que a jurisprudência do Supremo Tribunal Federal não andou bem ao considerar as leis de efeito concreto como inidôneas para o controle abstrato de normas. Nesse contexto, torna-se relevante lembrar que o não controle de leis de efeitos concretos fornece um grau de blindagem a atos normativos que não divergem, *stricto sensu*, dos assim denominados "atos normativos de efeitos abstratos". No Estado Democrático de Direito, isto é, no Estado Constitucional, não há atos imunes ao controle de constitucionalidade. Além disso, não se pode retroceder em direção aos dualismos metafísicos como "fato e direito", "teoria e prática" ou "abstrato e concreto", como se um ato concreto não contivesse um núcleo generalizável (com efeitos colaterais inexoráveis) e um ato abstrato não dissesse respeito a alguma situação concreta, presente ou futura.

Sem embargo, é importante ressaltar que o STF (ADI 2925) reconheceu o caráter normativo de disposições de Lei Orçamentária Anual da União (Lei n. 10.640/2003, que disciplinou a destinação da receita da CIDE – Contribuição de Intervenção no Domínio Econômico dos Combustíveis). Na espécie, por maioria, acolheu-se a preliminar de cabimento de ação direta de inconstitucionalidade contra lei orçamentária, sob o argumento de que os dispositivos impugnados eram dotados de suficiente abstração e generalidade.

Essa nova orientação parece mais adequada, porque, ao permitir o controle de legitimidade no âmbito da legislação ordinária, garante a efetiva concretização da ordem constitucional.

2.1.5. Direito pré-constitucional

O STF admitiu, inicialmente, a possibilidade de examinar no processo do controle abstrato de normas a questão da derrogação do direito pré-constitucional, em virtude de colisão entre este e a Constituição superveniente. Nesse caso (Repr. 946) julgava-se improcedente a *representação*, mas se reconhecia expressamente a existência da colisão e, portanto, a incompatibilidade entre o Direito ordinário pré-constitucional e a nova Constituição. O Tribunal tratava esse tema como uma questão preliminar, que haveria de ser decidida no processo de controle abstrato de normas.

Essa posição foi posteriormente abandonada, todavia, em favor do entendimento de que o processo do controle abstrato de normas destina-se, fundamentalmente, à aferição da constitucionalidade de normas pós-constitucionais (Repr. 969). Dessa forma, eventual colisão entre o Direito pré-constitucional e a nova Constituição deveria ser simplesmente resolvida segundo os princípios de Direito Intertemporal (Repr. 1.012). Essa é a solução que Kelsen dava ao direito anterior à Constituição: ou há recepção ou não. Uma Constituição recebe o direito anterior ou o rechaça, implícita ou explicitamente. Daí a importância daquilo que vem se denominando filtragem hermenêutico-constitucional.

Assim, caberia à jurisdição ordinária, tanto quanto ao Supremo Tribunal Federal, examinar a vigência e validade do Direito pré-constitucional no âmbito do controle incidente de normas, uma vez que, nesse caso, cuidar-se-ia de simples aplicação do princípio *lex posterior derogat priori*, e não de um exame de constitucionalidade.

A sucessão de Emendas Constitucionais fez surgir outro fenômeno ligado à questão da lei e do direito intertemporal. É que a alteração substancial do parâmetro de controle por Emendas Constitucionais supervenientes vinha levando o Tribunal a considerar prejudicada a ação direta (*v.g.*, ADI [MC] 949, ADIn [QO] 1.836, Adin 1.137, ADIn[QO] 1.907, ADIn[MC] 2.830 e ADI 909). Entendia-se que, nesse caso, não se justificaria o prosseguimento da ação, tendo em vista o caráter objetivo do processo, devendo o tema ser discutido no âmbito do sistema difuso.

Na sessão de 19/12/2006, o Tribunal começou a revisitar o tema, acenando com a possibilidade de resgatar o entendimento jurisprudencial anterior. Cuidava-se de controvérsia sobre a constitucionalidade de Decreto Legislativo que dispunha sobre a remuneração dos membros do Congresso Nacional (Decreto-lei n. 444/2002). Tal disposição havia sido elaborada sob a vigência da EC n. 19/1998. O Tribunal não conheceu da ação, aplicando o entendimento jurisprudencial anterior, mas deixou consignado na parte dispositiva do acórdão que a norma questionada havia sido revogada pela disciplina constitucional adotada pela EC 41/2003 (ADI 3.833, Rel. Min. Carlos Britto). Posteriormente, o tema voltou a ser discutido no julgamento da ADI 307, Rel. Min. Eros Grau (13.2.2008) e ainda pende de decisão na ADI 509, Rel. originário Min. Menezes Direito.

Finalmente, no recente julgamento conjunto das ADI 2158 e 2189, Rel. Dias Toffoli (em 15.9.2010), o STF superou a jurisprudência que fixava o prejuízo da ação direta em razão da alteração substancial do parâmetro de controle, admitindo a possibilidade do controle abstrato da constitucionalidade de norma em face de texto pré-constitucional substancialmente alterado ou revogado por emenda constitucional. No caso, lei estadual que havia criado contribuição previdenciária dos inativos no âmbito do Estado-membro violava claramente o disposto no antigo texto da Constituição Federal ao tempo de sua edição, em 1998, com redação determinada pela EC n. 20/98. O STF chegou a conceder medida cautelar na ação, suspendendo a referida lei estadual. Quando o Tribunal passou a apreciar o mérito da ação, já estava em vigor novo texto constitucional, com redação dada pela EC n. 41/2003, o qual passou a prever a incidência da contribuição previdenciária sobre o provento dos inativos. Colocou-se então a questão de saber se seria possível uma espécie de "constitucionalização superveniente" da lei estadual, tendo em vista o novo parâmetro de controle. A Corte rechaçou essa hipótese de constitucionalização superveniente da norma impugnada e decidiu que ela deveria ser julgada em face do antigo parâmetro de controle.

Com efeito, a anterior orientação merecia ser revista, uma vez que acabava por distorcer a função do modelo abstrato de normas, que é o de criar segurança jurídica mediante decisão dotada de eficácia geral. O reconhecimento da prejudicialidade da ação em razão da alteração substancial do parâmetro de controle, embora refletisse a orientação defensiva que vinha presidindo a jurisprudência do Supremo Tribunal, contribuía, decisivamente, para a indefinição do tema, remetendo a questão, inicialmente submetida ao controle abstrato, para o sistema difuso. Subsistia, porém, a indagação quanto ao exame da norma impugnada em face da norma constitucional superveniente (ADI 2.670). Não parece haver razão que impeça o prosseguimento do feito em relação ao parâmetro alterado ou revogado. Pensamos que a problemática relacionada à recepção (tese constante já na Teoria Pura do Direito) deve ter aplicação no conflito entre leis anteriores a Constituição e uma nova Constituição. Já no âmbito de um novo direito (nova Constituição), não parece aconselhável que não se aplique a parametricidade constitucional em relação ao ato normativo tido como revogado.

Também aqui devemos notar que a Lei n. 9.882, no parágrafo único de seu art. 1º, já havia alterado o rumo das discussões. É que, consoante o teor desse dispositivo, a arguição de descumprimento de preceito fundamental (ADPF) poderá ser utilizada para – de forma definitiva e com eficácia geral – solver controvérsia relevante sobre a legitimidade do direito ordinário pré-constitucional em face da nova Constituição.

2.1.6. Projetos de lei

O controle objetivo de normas (também chamado de abstrato) pressupõe, também na ordem jurídica brasileira, a existência formal da lei ou do ato normativo após a conclusão definitiva do processo legislativo. Não se faz mister, porém, que a lei esteja em vigor. Tal como explicitado em acórdão publicado em 1991, a ação direta de inconstitucionalidade somente pode ter "como objeto juridicamente idôneo leis e atos normativos, federais e estaduais, já promulgados, editados e publicados" (ADIn 466). Essa orientação exclui a possibilidade de propor ação direta de inconstitucionalidade ou ação declaratória de constitucionalidade de caráter preventivo. Entretanto, no julgamento da ADI n. 3.367, o Tribunal, por unanimidade, afastou o vício processual suscitado pela Advocacia-Geral da União – que demandava a extinção do processo pelo fato de a norma impugnada (EC n. 45/2004) ter sido publicada após a propositura da ADI – e entendeu que sua publicação superveniente havia corrigido a carência original da ação (ADI 3.367).

2.1.7. Ato normativo revogado

A jurisprudência do STF considera inadmissível a propositura da ação direta de inconstitucionalidade contra lei ou ato normativo já revogado, conforme se pode ver já nas Repr. 1.034, 1.110 e 1.120. Sob o império da Constituição de 1967/1969 entendia-se que se a revogação ocorresse após a propositura da ação era possível que o Tribunal procedesse à aferição da constitucionalidade da lei questionada, desde que a norma tivesse produzido algum efeito no passado. Caso contrário, proceder-se-ia à extinção do processo por falta de objeto, como nas Repr. 876, 974 e 1.161. Elidia-se, assim, a possibilidade de que o legislador viesse a prejudicar o exame da questão pelo Tribunal através da simples revogação.

Esse entendimento do Tribunal impôs-se contra a resistência de algumas vozes. Sustentou-se a opinião de que se a lei não está mais em vigor, isto é, se ela não mais existe, não haveria razão para que se aferisse a sua validade no âmbito do controle de constitucionalidade, valendo, nesse sentido, conferir o voto vencido do Min. Moreira Alves na Repr. 971. Esse entendimento dominante subsistiu, ainda, sob o regime da Constituição de 1988, consoante as ADIns 434 e 502. Tal orientação sofreria mudança a partir do julgamento da ADI n. 709 (Questão de Ordem), quando o STF passou a admitir que a revogação superveniente da norma impugnada, independentemente da existência ou não de efeitos residuais e concretos, prejudica o andamento da ação direta.

A posição do Tribunal que obsta ao prosseguimento da ação após a revogação da lei pode levar, seguramente, a resultados insatisfatórios. Se o Tribunal não examina a constitucionalidade das leis já revogadas torna-se possível que o legislador consiga isentar do controle abstrato lei de constitucionalidade duvidosa, sem estar obrigado a eliminar as suas consequências inconstitucionais. Não se pode olvidar a relevante questão de que mesmo uma lei revogada configura parâmetro e base legal para os atos de execução praticados durante o período de sua vigência. E não pode haver um vácuo no plano da jurisdição constitucional, isto é, não pode existir um espaço temporal em que uma lei tenha "existido" e seus efeitos fiquem blindados da sindicabilidade constitucional. Nesse sentido também é a doutrina de Hans-Justus Rinck, em sua *Initiative für die Verfassungsmässige Prüfung von Rechtsnormen*). Refira-se, ademais que, com a regulamentação da ADPF pela Lei n. 9.882, o tema do controle abstrato de constitucionalidade dos atos normativos revogados ganha outro contorno. É que, conforme estabelece o art. 1º, parágrafo único, I, da lei citada, a ADPF – ação destinada, basicamente, ao controle abstrato de normas – é cabível em qualquer controvérsia constitucional relevante sobre ato normativo federal, estadual ou municipal.

Atualmente, o STF discute a revisão dessa jurisprudência que entende que a revogação dos atos normativos objeto da ação direta prejudicam o seu seguimento. Está em julgamento a Segunda Questão de Ordem na ADI n. 1.244, Rel. Min. Gilmar Mendes, com a proposta de seguimento do julgamento da ação mesmo ante a revogação do ato normativo impugnado.

De toda forma, nos últimos anos a Corte passou a entender que, configurada a *fraude processual* com a revogação dos atos normativos impugnados na ação direta – isto é, na hipótese de revogação cuja única intenção é tornar prejudicada a ação direta, subtraindo do STF o poder de decidir sobre a constitucionalidade da norma objeto da ação –, o curso procedimental e o julgamento final da ação não ficam prejudicados. Essa jurisprudência foi fixada no conhecido caso, de relatoria do Ministro Cezar Peluso, em que se declarou a inconstitucionalidade de decretos executivos que criavam cargos públicos no Estado do Tocantins (ADI n. 3.232/TO, Rel. Min. Cezar Peluso, *DJ* 3.10.2008).

2.1.8. A problemática dos tratados

O Congresso Nacional aprova o tratado mediante a edição de decreto legislativo (CF, art. 49, I), ato que dispensa sanção ou promulgação por parte do Presidente da República. Tal como observado, o decreto legislativo contém a aprovação do Congresso Nacional ao tratado e simultaneamente a autorização para que o Presidente da República o ratifique em nome da República Federativa do Brasil. Esse ato não contém, todavia, uma ordem de execução do tratado no território nacional, uma vez que somente ao Presidente da República cabe decidir sobre sua ratificação. Com a promulgação do Tratado por meio do decreto do Chefe do Executivo, recebe aquele ato a ordem de execução, passando, assim, a ser aplicado de forma geral e obrigatória (Rezek, p. 383). Esse modelo permite a propositura da ação direta para aferição da constitucionalidade do decreto legislativo, possibilitando que a ratificação e, portanto, a recepção do tratado na ordem jurídica interna ainda sejam obstadas. É dispensável, pois, qualquer esforço com vistas a conferir caráter preventivo ao controle abstrato de normas na hipótese. É possível, igualmente, utilizar-se da medida cautelar para retardar ou suspender a ratificação dos tratados até a decisão final (art. 102, I, *p*, da Constituição). Na verdade, não há clareza na jurisprudência do Supremo Tribunal Federal sobre o significado da medida liminar no controle abstrato de normas. Às vezes se cogita de *suspensão de vigência* ou de *suspensão de eficácia*, ou, ainda, de uma *suspensão de execução* (Repr. 933, 1.391. Essa questão se repete na própria decisão de mérito nas ações diretas de inconstitucionalidade. Releva registrar que, em definitivo, o correto é que uma declaração de inconstitucionalidade retira a validade da norma jurídica. É no plano da validade que o Tribunal atua. A questão da eficácia é de outra ordem, podendo, por vezes, ficar em um mesmo patamar.

Em 1997, o Tribunal teve a oportunidade de apreciar, na ADI n. 1.480, a constitucionalidade dos atos de incorporação, no direito brasileiro, da Convenção n.158 da OIT. A orientação perfilhada pela Corte é a de que é na Constituição da República que se deve buscar a solução normativa para a questão da incorporação dos atos internacionais ao sistema de direito positivo interno brasileiro, pois o primado da Constituição, em nosso sistema jurídico, é oponível ao princípio do *pacta sunt servanda*, inexistindo, portanto, em nosso direito positivo, o problema da concorrência entre tratados internacionais e a Lei Fundamental da República, "cuja suprema autoridade normativa deverá sempre prevalecer sobre os atos de direito internacional público". Questão a ser dirimida pelo Tribunal diz com a necessidade, ou não, da observância de homologia no procedimento de denúncia dos tratados. Na ADI 1625, aponta-se a inconstitucionalidade de Decreto Presidencial (2.100/1996), que conferiu publicidade à denúncia da mesma Convenção n. 158 da OIT. Até a data de redação deste comentário, o julgamento não estava concluído; em grossa síntese, os Ministros dividem-se entre aqueles que, filiados ao entendimento tradicional, compreendem que o Presidente da República exerce a atribuição de denunciar os tratados de modo unilateral, e aqueles outros que reputam necessário submeter o ato a referendo do Congresso Nacional.

Nos termos do art. 5º, § 3º, da Constituição, na versão da EC n. 45/2004 (Reforma do Judiciário), *"os tratados e convenções internacionais sobre direitos humanos que forem aprovados, em cada Casa do Congresso Nacional, em dois turnos, por três quintos dos votos dos respectivos membros, serão equivalentes às emendas constitucionais"*. Independentemente de qualquer outra discussão sobre o tema, afigura-se inequívoco que o tratado de direitos humanos que vier a ser submetido a esse procedimento especial de aprovação configurará, para todos os efeitos, parâmetro de controle das normas infraconstitucionais.

2.1.9. Lei Estadual e Concorrência de Parâmetros de Controle

Convém alertar que a competência concorrente de Tribunais constitucionais estaduais e federal envolve algumas cautelas. Evidentemente, a sentença de rejeição de inconstitucionalidade proferida por uma Corte não afeta o outro processo, pendente perante outro tribunal, que há de decidir com fundamento em parâmetro de controle autônomo. Nesse sentido, o direito alienígena (*BVerfGE, 34*:52(58)). Também a doutrina de Pestalozza e Stern.

Todavia, declarada a inconstitucionalidade de direito local em face da Constituição estadual, com efeito *erga omnes*, há de se reconhecer a *insubsistência* de qualquer processo eventualmente ajuizado perante o Supremo Tribunal Federal que tenha por objeto a mesma disposição. Assim também a declaração de inconstitucionalidade da lei estadual em face da Constituição Federal torna insubsistente (*gegenstandslos*) ou sem objeto eventual arguição, pertinente à mesma norma, requerida perante Corte estadual (Pestalozza, p. 376, e Stern, *Kommentar* ao art. 100, n. 149). Ao contrário, a suspensão cautelar da eficácia de uma norma no juízo abstrato, perante o Tribunal de Justiça ou perante o Supremo Tribunal Federal, não torna inadmissível a instauração de processo de controle abstrato em relação ao mesmo objeto, nem afeta o desenvolvimento válido de processo já instaurado perante outra Corte. Neste caso, parece evidente que, deferida a suspensão cautelar perante uma Corte, inadmissível é a concessão de liminar por outra, uma vez que manifesta a ausência dos pressupostos processuais.

Problemática há de se revelar a questão referente aos processos instaurados simultaneamente perante Tribunal de Justiça estadual e perante o Supremo Tribunal Federal no caso de ações diretas contra determinado ato normativo estadual em face de parâmetros estadual e federal de conteúdo idêntico. Se a Corte federal afirmar a constitucionalidade do ato impugnado em face do parâmetro federal, poderá o Tribunal estadual considerá-lo inconstitucional em face de parâmetro estadual de conteúdo idêntico?

Essa questão dificilmente pode ser solvida com recurso às consequências da coisa julgada e da eficácia *erga omnes*, uma vez que esses institutos, aplicáveis ao juízo abstrato de normas, garantem a eficácia do julgado enquanto tal, isto é, com base no parâmetro constitucional utilizado. Pretensão no sentido de se outorgar eficácia transcendente à decisão equivaleria a atribuir força de interpretação autêntica à decisão do Tribunal federal.

No plano dogmático, pode-se reconhecer essa consequência se se admitir que as decisões do Supremo Tribunal Federal são dotadas de *efeito vinculante* (*Bindungswirkung*), que se não limita à parte dispositiva, mas se estende aos fundamentos determinantes da decisão.

O STF tem entendido que, em caso de propositura de ADI perante a Corte Maior e o TJ contra uma dada lei estadual, com base em direito constitucional federal de reprodução obrigatória pelos Estados-membros, há de se suspender o processo no âmbito da Justiça Estadual até a deliberação definitiva da Suprema Corte. O Supremo Tribunal Federal acabou, portanto, por consagrar uma causa especial de suspensão do processo no âmbito da Justiça local, nos casos de tramitação paralela de ações diretas perante o Tribunal de Justiça e perante a própria Corte relativamente ao mesmo objeto, e com fundamento em norma constitucional de reprodução obrigatória por parte do Estado-membro.

2.2. Parâmetro de controle

O parâmetro do processo de controle objetivo-abstrato-concentrado de normas é, exclusivamente, a Constituição. As constantes mudanças ou revogações de textos constitucionais levaram o Supremo Tribunal Federal a reconhecer a inadmissibilidade do controle abstrato de normas, se se cuida de aferição de legitimidade de ato em face de norma constitucional já revogada. Enquanto instrumento especial de defesa da ordem jurídica, não seria o controle abstrato (concentrado) de normas o instrumento adequado para a aferição de legitimidade de lei em face de norma constitucional já revogada. Nesse caso, o controle somente seria possível na via incidental. Da mesma forma, não seria possível o exame da constitucionalidade de uma lei se o parâmetro de controle foi modificado após a propositura da ação. A única distinção relevante entre as duas situações, do prisma dogmático, diz respeito à forma de extinção do processo: *a*) em caso de ação proposta com objetivo de aferir a constitucionalidade de uma lei em face de parâmetros constitucionais já revogados, reconhece o Tribunal a inadmissibilidade da ação; *b*) em caso de revogação de parâmetro de controle, a ação deverá ser julgada prejudicada.

Porém, como já ressaltado acima, no recente julgamento conjunto das ADI 2158 e 2189, Rel. Dias Toffoli (em 15.9.2010), o STF superou essa jurisprudência que fixava o prejuízo da ação direta em razão da alteração substancial do parâmetro de controle, admitindo a possibilidade do controle abstrato da constitucionalidade de norma em face de texto pré-constitucional substancialmente alterado ou revogado por emenda constitucional (*vide* tópico 2.1.5).

2.2.1. Constituição

O conceito de Constituição abrange todas as normas contidas no texto constitucional, independentemente de seu caráter material ou formal. A Constituição é um conjunto de regras (preceitos) e princípios (implícitos ou explícitos). Assim, o Tribunal já se utilizou do *princípio da proporcionalidade* no contexto das limitações a direitos fundamentais, como a liberdade de exercício profissional (Repr. 930 e Repr. 1.054), o direito de propriedade (RE 18.331) e o direito de proteção judiciária (Repr. 1.077). Nesse sentido, é importante lembrar que entre regra e princípio não há uma distinção (meramente) estrutural. Com isso se quer dizer que atrás de uma regra há sempre um princípio e atrás de um princípio haverá uma regra. Portanto, a própria proporcionalidade – para ficar em um exemplo que se repete à saciedade na cotidianidade das práticas jurídicas e que se caracteriza por um princípio que convoca a aplicação da equanimidade (*fairness*), não será aplicada diretamente. Isso se aplica à razoabilidade, à dignidade da pessoa humana e ao imenso leque de princípios que conformam o ordenamento jurídico-constitucional.

O art. 5º, § 2º, da Constituição, contém cláusula segundo a qual os direitos e garantias constantes da Constituição não excluem outros que derivem do regime e dos princípios por ela adotados ou dos tratados dos quais o Brasil participe (art. 5º, § 2º). Essa disposição, que reproduz, em parte, princípio tradicional do Direito Constitucional brasileiro, contém algo de novo, na medida em que faz referência expressa aos direitos garantidos por tratados internacionais. Seria lícito indagar se esses direitos previstos em tratados estariam dotados de força e hierarquia constitucionais. Segundo a opinião dominante, os tratados internacionais têm, em virtude dos atos de execução e transformação, apenas a força de lei federal (RE 71.154; RE 80.004). Essa questão foi posta em causa a propósito da prisão civil do depositário infiel, situação prevista na Constituição (art. 5º, LXVII) e vedada pelo Pacto de São José da Costa Rica (art. 7º, § 7º, do Pacto), um tratado internacional de direitos humanos (RE n. 466.343 e RE n. 349.703). Dessa forma, os tratados internacionais de direitos humanos de que o Brasil é parte passaram a ter duas possibilidades de *status* normativo: (I) constitucional, quando a aprovação do tratado internacional de direitos humanos ocorrer pelo mesmo quórum exigido para a aprovação das emendas constitucionais ou (II) supralegal, quando aprovados por maioria simples (art. 47). Os demais tratados internacionais que não versem sobre direitos humanos mantêm patamar de lei federal (RE 466.343).

Importa referir que, no que tange aos tratados internacionais, é preciso distinguir aqueles que versam sobre direitos humanos e os demais, ditos ordinários. A tendência dominante é a favor do *status* constitucional dos tratados internacionais de direitos humanos. Com efeito, a redação do § 2º do art. 5º era justamente para atender à tendência constitucional contemporânea de reconhecer o tal "*status* constitucional" a partir de uma cláusula de abertura – *vide* constituições dos demais países ocidentais –, cuja redação é fruto de uma audiência pública da Subcomissão dos Direitos e Garantias Individuais em 29/4/1987 com A. A. Cançado Trindade. Outro argumento importante diz respeito ao conteúdo materialmente constitucional dos tratados internacionais de direitos humanos, que, por fim, estabelecem novos direitos fundamentais e, com isso, não poderiam ter patamar de lei ordinária. Cinco dos onze ministros que votaram na RE 466.343, de 3/12/2008, foram a favor do *status* constitucional de todos os tratados internacionais de direitos humanos de que o Brasil é parte. Os outros seis a favor do *status* de supralegalidade.

De resto, o próprio texto constitucional, ao definir a competência do Superior Tribunal de Justiça, não estabeleceu distinção fundamental entre o tratado e a lei federal, atribuindo àquela Corte o poder genérico de conhecer, mediante recurso especial, das causas decididas pelos Tribunais federais ou estaduais "quando a decisão recorrida contrariar tratado ou lei federal" (CF, art. 105, III, *a*). É certo, por outro lado, que uma solução que viesse a responder afirmativamente à questão colocada teria certamente de admitir que a Constituição concebida como um *texto rígido* tornar-se-ia flexível, pelo menos para o efeito da adição de novos direitos, até porque, como se sabe, o processo constitucional de aprovação dos tratados, entre nós, reforça a ideia de que é de direito ordinário de que se cuida (aprovação de decreto legislativo, mediante decisão da maioria dos membros presentes de cada uma das Casas, presente a maioria absoluta de seus membros – maioria simples; ratificação mediante decreto do Chefe do Poder Executivo) (CF, arts. 49, I, c/c art. 47, e 84, VIII).

É de se indagar, todavia, se a cláusula constante do art. 5º, § 2º, da Constituição, enquanto norma de remissão, permitiria que fossem incorporados ao texto constitucional princípios de direito suprapositivo. Acentue-se que a dimensão do catálogo dos direitos fundamentais previsto na Constituição brasileira torna difícil imaginar um direito fundamental que pudesse ser adicionalmente colocado entre esses direitos basilares com fundamento nessa norma de remissão.

A EC n. 45/2004 acrescentou novos parágrafos ao art. 5º (§§ 3º e 4º), que rezam, respectivamente, que "os tratados e convenções internacionais sobre direitos humanos que forem aprovados, em cada Casa do Congresso Nacional, em dois turnos, por três quintos dos votos dos respectivos membros, serão equivalentes às emendas constitucionais", e "o Brasil se submete à jurisdição de Tribunal Penal Internacional a cuja criação tenha manifestado adesão".

Não obstante, os novos parágrafos do art. 5º já vêm suscitando discussões. Ao ser criado para tentar responder ao dilema sobre o patamar normativo dos tratados internacionais de direitos humanos de que o Brasil seja parte, o § 3º enfrentou intensas críticas, tendo sido inclusive suscitada sua inconstitucionalidade material, decorrente da proibição de retrocesso social, pois, supostamente, não poderia ter exigido procedimento mais rígido para que novos direitos, criados por tratados internacionais de que o Brasil seja parte, incorporem o ordenamento jurídico nacional em patamar constitucional, enquanto a previsão anterior do § 2º não o fazia. De outra banda, para os que entendem o patamar de lei ordinária a todos os tratados internacionais, o § 3º, sobre os tratados e convenções sobre direitos humanos, desperta especulações também sobre a questão do direito intertemporal, ao tentar definir o *status* dos tratados anteriores à própria EC n. 45/2004. Por fim, o § 3º veio a complementar o § 2º do mesmo artigo, que consagrou a abertura constitucional aos tratados internacionais sem estabelecer procedimento específico para que o patamar constitucional fosse definido – todavia, sem resolver o problema dos tratados internacionais de direitos humanos de que o Brasil tornou-se parte antes da referida EC n. 45.

De toda forma, pode-se afirmar que os tratados e convenções internacionais sobre direitos humanos aprovados de acordo com o disposto no § 3º do art. 5º da Constituição serão equivalentes às emendas constitucionais e, portanto, servirão de parâmetro de controle de constitucionalidade de leis e atos normativos.

No que se refere ao parágrafo 4º, que dispõe sobre o Tribunal Penal Internacional, residem algumas dúvidas no campo da aplicação do direito internacional *vis-à-vis* nosso ordenamento jurídico interno, como, por exemplo, sobre a constitucionalidade do Estatuto de Roma no tocante à possibilidade de entrega de nacionais e à aplicação de prisão perpétua. Outra questão relevante: como fazer o controle sobre compatibilidade vertical de lei contrária a tratado internacional de direitos humanos com patamar constitucional? Aqui, tudo está a indicar o uso da ADPF, em face do caráter de subsidiariedade que esse instituto possui.

2.2.2. Direito federal

Ao contrário do direito alemão, não se pode, no sistema brasileiro, invocar o direito federal como parâmetro do controle abstrato de normas. A legislação ordinária federal pode assumir relevância, porém, na aferição de constitucionalidade de leis estaduais, editadas com fundamento na competência concorrente (CF, art. 24, §§ 3º e 4º). É que, existindo lei federal sobre as matérias dispostas no art. 24 (incisos I-XVI), não pode o Estado-membro fazer uso da competência legislativa plena que lhe é assegurada em caso de "vácuo legislativo". A norma federal ordinária limita e condiciona essa faculdade.

Também nos casos de colisão entre normas do direito estadual com as leis complementares, admitiu o Supremo Tribunal Federal a existência de inconstitucionalidade. As duas hipóteses supõem a existência de um *bloqueio de competência* levado a efeito pelo direito federal, de modo que o direito estadual em contradição com esses limites deve ser considerado inconstitucional.

Dito de outro modo, antes de uma aferição acerca da incompatibilidade horizontal, há uma questão vertical ligada à competência, que se coloca como condição de possibilidade. Todavia, nesses casos, o direito federal não configura exatamente um parâmetro de controle abstrato, mas simples índice para aferição da ilegitimidade ou de não observância da ordem de competência estabelecida na Constituição. O constituinte de 1988 entendeu que a referência à lei federal – *lei estadual contestada em face da lei federal* – obrigava a transferência dessa matéria para o âmbito da competência recursal do Superior Tribunal de Justiça, uma vez que o problema envolveria simples *questão legal*, não mais submetida, no novo modelo, à jurisdição do Supremo Tribunal Federal.

Raciocínio semelhante foi desenvolvido em relação à representação para fins de intervenção, no caso de recusa à aplicação do direito federal (art. 36, IV). Um exame mais detido do tema certamente teria demonstrado que essas controvérsias são, em verdade, típicas controvérsias constitucionais, porque envolve discussão sobre a validade de lei local em face da lei federal, contemplando, na sua essência, discussão sobre competências legislativas dos entes políticos. No AI 132.755, explicitou o Ministro Moreira Alves essa orientação, enfatizando que não há, entre leis federais e estaduais, nesse terreno, quando se julga a validade desta contestada em face daquela, vício de ilegalidade, mas sim, vício de inconstitucionalidade. O confronto entre essas leis se faz para verificar se houve, ou não, invasão de competência por parte da lei local, e não para verificar se a lei estadual violou a lei federal (Decisão de 28-9-89). A questão está, todavia, superada. A EC n. 45/2004 conferiu nova redação aos art. 102, III, e 105, III, da Constituição, que transferiu ao STF a competência para julgar válida lei local contestada em face de lei federal (art. 102,III, *d*), restando ao STJ a atribuição de julgar válido ato de governo local contestado em face de lei federal.

3. Ação Declaratória de Constitucionalidade

3.1. Histórico da ação declaratória de constitucionalidade

No bojo da reforma tributária de emergência, introduziu-se no sistema brasileiro de controle de constitucionalidade a ação declaratória de constitucionalidade (ADC). O Deputado Roberto Campos apresentou proposta de Emenda Constitucional (n. 130, de 1992). Parte dessa proposição, com algumas alterações, foi incorporada à Emenda que deu nova redação a alguns dispositivos da ordem constitucional tributária e autorizou a instituição do imposto sobre movimentação ou transmissão de valores e de créditos e direitos de natureza financeira, mediante iniciativa do Deputado Luiz Carlos Hauly.

A EC n. 3, de 17.3.1993, disciplinou o instituto, firmando a competência do STF para conhecer e julgar a ação declaratória de constitucionalidade de lei ou ato normativo federal, processo cuja decisão definitiva de mérito possui eficácia contra todos e efeito vinculante relativamente aos demais órgãos do Executivo e do Judiciário. Conferiu-se, inicialmente, legitimidade ativa ao Presidente da República, à Mesa do Senado Federal, à Mesa da Câmara dos Deputados e ao Procurador-Geral da República. A EC n. 45/2005 ampliou a legitimação da ADC, que passa a ser a mesma da ADI (art. 103 da CF/88).

A despeito de sua repercussão na ordem jurídica, a ADC não parece representar um *novum* no modelo brasileiro de controle de constitucionalidade. Em verdade, o dispositivo não inova. A imprecisão da fórmula adotada na EC n. 16/65 – *representação contra inconstitucionalidade de lei ou ato de natureza normativa, federal ou estadual, encaminhada pelo Procurador-Geral* – não conseguia esconder o propósito inequívoco do legislador constituinte, que era o de permitir, "desde logo, a definição da controvérsia constitucional sobre leis novas". Não se fazia necessário, portanto, que o Procurador-Geral estivesse convencido da inconstitucionalidade da norma. Era suficiente o requisito objetivo relativo à existência de "controvérsia constitucional". Daí ter o constituinte utilizado a fórmula equívoca, que explicitava, pelo menos, que a dúvida ou a eventual convicção sobre a inconstitucionalidade não precisavam ser por ele perfilhadas. Se correta essa orientação, parece legítimo admitir que o Procurador-Geral da República tanto pudesse instaurar o controle abstrato de normas, com o objetivo precípuo de ver declarada a inconstitucionalidade da lei ou ato normativo (*ação direta de inconstitucionalidade* ou *representação de inconstitucionalidade*), como poderia postular, expressa ou tacitamente, a declaração de constitucionalidade da norma questionada (*ação declaratória de constitucionalidade*).

A cláusula sofreu pequena alteração na Constituição de 1967 e na de 1967/1969 (*representação do Procurador-Geral da República, por inconstitucionalidade de lei ou ato normativo federal ou estadual* – CF de 1967, art. 115, I, *l*; CF de 1967/1969, art. 119, I, *l*). O Regimento Interno do STF, na versão de 1970, consagrou expressamente essa ideia (art. 174), a partir do enunciado de que o Procurador-Geral, entendendo improcedente a fundamentação da súplica, poderia encaminhá-la com parecer contrário. Essa disposição, que, como visto, consolidava tradição já velha no Tribunal, permitia ao titular da ação encaminhar a postulação que lhe fora dirigida por terceiros, manifestando-se, porém, em sentido contrário. Assim, se o Procurador-Geral encaminhava pedido ou representação de autoridade ou de terceiro, com parecer contrário, estava simplesmente a postular uma declaração (positiva) de constitucionalidade. O pedido de representação, formulado por terceiro e encaminhado ao Supremo, materializava, apenas, a existência da "controvérsia constitucional" apta a fundamentar uma "necessidade pública de controle".

Essa cláusula foi posteriormente modificada, porém sem alteração da ideia básica que norteava a aplicação desse instituto. Se o titular da iniciativa manifestava-se, afinal, pela constitucionalidade da norma impugnada é porque estava a defender a declaração de constitucionalidade. Na prática, continuou o Procurador-Geral a oferecer *representações de inconstitucionalidade*, ressaltando a relevância da questão e manifestando-se, a final, muitas vezes, em favor da constitucionalidade da norma. A falta de maior desenvolvimento doutrinário e a própria balbúrdia conceitual instaurada em torno da *representação interventiva* – confusão, essa, que contaminou os estudos do novo instituto – não permitiram que essas ideias fossem formuladas com a necessária clareza. Veja-se, novamente, a importância da doutrina. A fragilidade da discussão acerca da jurisdição constitucional nas décadas anteriores à Constituição de 1988 foi decisiva no velamento de uma discussão de tamanha relevância. De todo modo, essa falta de um maior envolvimento doutrinário faz parte daquilo que se pode denominar de "baixa constitucionalidade" (Streck), mormente se considerarmos que somente no ano de 1965 o Brasil passou a adotar o controle abstrato de constitucionalidade.

Sem dúvida, a disciplina específica do tema no Regimento Interno do STF serviria à segurança jurídica, na medida em que afastaria, de uma vez por todas, as controvérsias que marcaram o tema no Direito Constitucional brasileiro.

Em síntese, entendida a *representação de inconstitucionalidade* como instituto de *conteúdo dúplice* ou de *caráter ambivalente*, mediante o qual o Procurador-Geral da República tanto poderia postular a declaração de inconstitucionalidade da norma como defender a sua constitucionalidade, afigurar-se-ia legítimo sustentar, com maior ênfase e razoabilidade, a tese relativa à obrigatoriedade de o Procurador-Geral submeter a questão constitucional ao STF quando isto lhe fosse solicitado.

A controvérsia instaurada em torno da recusa do Procurador-Geral da República em encaminhar ao STF representação de inconstitucionalidade contra o Decreto-lei n. 1.077/70, que instituiu a censura prévia sobre livros e periódicos (Recl 849), não serviu – infelizmente – para realçar esse *outro lado* da representação de inconstitucionalidade. De qualquer sorte, todos aqueles que sustentaram a obrigatoriedade de o Procurador-Geral da República submeter a representação ao STF, ainda quando estivesse convencido da constitucionalidade da norma, somente podem ter partido da ideia de que, nesse caso, o Chefe do Ministério Público deveria, necessária e inevitavelmente, formular uma ação declaratória – positiva – de constitucionalidade.

Já na Repr. n. 1.092, relativa à constitucionalidade do instituto da reclamação, contido no Regimento Interno do antigo TFR, viu-se o Procurador-Geral da República – que instaurou o processo de controle abstrato de normas e se manifestou, no mérito, pela improcedência do pedido – na contingência de ter que opor embargos infringentes da decisão proferida, que julgava procedente a ação proposta, declarando inconstitucional a norma impugnada. Ora, ao admitir o cabimento dos embargos infringentes opostos pelo Procurador-Geral da República contra decisão que acolheu representação de inconstitucionalidade de sua própria iniciativa, o STF contribuiu para realçar esse *caráter ambivalente* da representação de inconstitucionalidade, reconhecendo implicitamente, pelo menos, que ao titular da ação era legítimo tanto postular a declaração de inconstitucionalidade da lei – se disso estivesse convencido – como pedir a declaração de sua constitucionalidade – se, não obstante convencido de sua constitucionalidade, houvesse dúvidas ou controvérsias sobre sua legitimidade que reclamassem um pronunciamento definitivo do STF.

É verdade que a Corte restringiu significativamente essa orientação em acórdão de 8 de setembro de 1988. O Procurador-

-Geral da República encaminhou ao Tribunal petição formulada por grupo de parlamentares que sustentava a inconstitucionalidade de determinadas disposições da Lei de Informática (Lei n. 7.232, de 29.10.84). O Tribunal considerou inepta a representação, entendendo que, como a Constituição previa uma ação de inconstitucionalidade, não poderia o titular da ação demonstrar, de maneira insofismável, que perseguia outros desideratos.

Embora o STF tenha considerado inadmissível representação na qual o Procurador-Geral da República afirmava, de plano, a constitucionalidade da norma (Repr. 1.349), é certo que essa orientação, calcada numa interpretação literal do texto constitucional, não parece condizente, tal como demonstrado, com a natureza do instituto e com a sua *práxis* desde a sua adoção pela EC n. 16/65. Todavia, a Corte continuou a admitir as representações e, mesmo após o advento da Constituição de 1988, as ações diretas de inconstitucionalidade nas quais o Procurador-Geral limitava-se a ressaltar a relevância da questão constitucional, pronunciando-se, a final, pela sua improcedência. Em substância, era indiferente que o Procurador-Geral sustentasse, desde logo, a constitucionalidade da norma ou que encaminhasse o pedido para, posteriormente, manifestar-se pela sua improcedência.

Essa análise demonstra claramente que, a despeito da utilização da expressão "representação de inconstitucionalidade", o controle abstrato de normas foi concebido e desenvolvido como processo de *natureza dúplice* ou *ambivalente*. Se o Procurador-Geral estivesse convencido da inconstitucionalidade poderia provocar o STF para a declaração de inconstitucionalidade. Se, ao revés, estivesse convicto da legitimidade da norma, então poderia instaurar o controle abstrato, com a finalidade de ver confirmada a orientação questionada. Sem dúvida, a falta de um melhor desenvolvimento doutrinário sobre essa face peculiar da representação de inconstitucionalidade e a decisão do STF na Repr. n. 1.349 – que, praticamente, negou a possibilidade de instaurar o controle abstrato com pedido de declaração de constitucionalidade – *tornaram inevitável a positivação de um instituto específico no ordenamento constitucional, consubstanciado na ação declaratória de constitucionalidade.*

3.2. Objeto

A ação declaratória de constitucionalidade, nos termos da segunda parte do mesmo artigo, só poderá versar sobre lei ou ato normativo federal. Por uma dessas ironias do processo legislativo, o legislador constituinte ampliou, na EC 45/2004, o direito de propositura da ADC sem ampliar o seu objeto, que continua a ser o direito federal. É de se esperar que, em um próximo passo, se conclua o aperfeiçoamento dessa ação, com a ampliação do objeto da ADC, que há de abranger também o direito estadual, tal como preconizado na proposta original. Quanto ao objeto de controle na ADC, aplicam-se os comentários sobre o direito federal como objeto da ADI.

Ainda há que se registrar o especial cuidado que o Supremo Tribunal Federal deverá ter nos casos de julgamento de ação direta de inconstitucionalidade em face da ambivalência dos efeitos entre ADI e ADC. Com efeito, não se pode esquecer que há uma diferença entre os requisitos exigidos para a ADI e para a ADC, em especial, no último caso, a exigência de existência de controvérsia relevante acerca da (in)constitucionalidade do ato normativo. Assim, se para a ADI não se exige controvérsia prévia, para a ADC esse requisito é condição de possibilidade, ainda que para a aferição da controvérsia seja mais relevante o aspecto qualitativo do que quantitativo da controvérsia jurídica (ADC 85 – MC-Ref., Rel. Min. Gilmar Mendes, j. 10-3-2023). De toda forma, o exame da ADI exige o especial cuidado para que, no caso de eventualmente mal formulada, não venha a gerar o seu efeito contrário, com prejuízo ao efetivo exame da (in)constitucionalidade de ato assim inquinado.

3.3. Parâmetro de controle

O parâmetro de controle na ADC também é representado pela Constituição em sua totalidade. Assim, sobre parâmetro de controle na ADC, confira-se a orientação desenvolvida a propósito da ADI.

Art. 102, I, *b*) nas infrações penais comuns, o Presidente da República, o Vice-Presidente, os membros do Congresso Nacional, seus próprios Ministros e o Procurador-Geral da República;
c) nas infrações penais comuns e nos crimes de responsabilidade, os Ministros de Estado e os Comandantes da Marinha, do Exército e da Aeronáutica, ressalvado o disposto no art. 52, I, os membros dos Tribunais Superiores, os do Tribunal de Contas da União e os chefes de missão diplomática de caráter permanente;
d) o *habeas corpus*, sendo paciente qualquer das pessoas referidas nas alíneas anteriores; o mandado de segurança e o *habeas data* contra atos do Presidente da República, das Mesas da Câmara dos Deputados e do Senado Federal, do Tribunal de Contas da União, do Procurador-Geral da República e do próprio Supremo Tribunal Federal;
e) o litígio entre Estado estrangeiro ou organismo internacional e a União, o Estado, o Distrito Federal ou o Território;
f) as causas e os conflitos entre a União e os Estados, a União e o Distrito Federal, ou entre uns e outros, inclusive as respectivas entidades da administração indireta;
g) a extradição solicitada por Estado estrangeiro;
h) (*revogada pela Emenda Constitucional n. 45, de 8-12-2004*);
i) o *habeas corpus*, quando o coator for Tribunal Superior ou quando o coator ou o paciente for autoridade ou funcionário cujos atos estejam sujeitos diretamente à jurisdição do Supremo Tribunal Federal, ou se trate de crime sujeito à mesma jurisdição em uma única instância;
j) a revisão criminal e a ação rescisória de seus julgados;
l) a reclamação para a preservação de sua competência e garantia da autoridade de suas decisões;
m) a execução de sentença nas causas de sua competência originária, facultada a delegação de atribuições para a prática de atos processuais;
n) a ação em que todos os membros da magistratura sejam direta ou indiretamente interessados, e aquela em que mais da metade dos membros do tribunal de origem estejam impedidos ou sejam direta ou indiretamente interessados;

o) os conflitos de competência entre o Superior Tribunal de Justiça e quaisquer tribunais, entre Tribunais Superiores, ou entre estes e qualquer outro tribunal;

p) o pedido de medida cautelar das ações diretas de inconstitucionalidade;

q) o mandado de injunção, quando a elaboração da norma regulamentadora for atribuição do Presidente da República, do Congresso Nacional, da Câmara dos Deputados, do Senado Federal, das Mesas de uma dessas Casas Legislativas, do Tribunal de Contas da União, de um dos Tribunais Superiores, ou do próprio Supremo Tribunal Federal;

r) as ações contra o Conselho Nacional de Justiça e contra o Conselho Nacional do Ministério Público;

Gilmar Ferreira Mendes
Lenio Luiz Streck[1]

A – REFERÊNCIAS

1. Origem da norma

Texto original da CF/88 e Emendas Constitucionais 22/1999, 23/1999 e 45/2004.

2. Constituições anteriores

Constituições de 1891, art. 59; 1934, art. 76; 1937, art. 101; 1946, art. 101; 1967, art. 114; e 1969, art. 119.

3. Dispositivos constitucionais relacionados

Art. 5º, inc. LXXI, art. 5º, incs. LXVIII e LXXVII, art. 5º, incs. LI e LII, e art. 103-B.

4. Legislação

Código de Processo Penal; Regimento Interno do Supremo Tribunal Federal; Código de Processo Civil; Lei n. 9.507, de 1997 (habeas data); Lei n. 12.016, de 2009 (mandado de segurança); Lei n. 6.815/80 (Estatuto do Estrangeiro); Lei n. 12.019/2009 (juiz instrutor no STF).

5. Jurisprudência

HC-QO 76.628 (HC contra o próprio STF); Pet. 3.674 (ação popular contra CNMP – incompetência do STF); AO 467 (interpretação restritiva para as causas que envolvam os interesses da magistratura); AO-QO 58 (deslocamento de competência para o STF em matéria eleitoral no impedimento dos integrantes do TRE); AO 587, AO-AGRg 1.122, AO-AgRG 1.292, AO-QO 1.302, AO-AgRg 1.153, AO-AgRg 1.160 (incidência da alínea n do art. 102, I, CF, respectivamente, em casos de: revisão de vencimentos e auxílio-moradia para magistrados; conversões de pecúnia em vantagens, em face da LOMAN; correção monetária de abonos de magistrados; exceção de suspeição contra Desembargador de Tribunal de Justiça; pressupostos de impedimento e de suspeição de juízes; mandado de segurança impetrado contra eleição de Corregedor-Geral de Tribunal Regional Federal); Pet.-AgRg 693 (restrição do foro especial e impossibilidade de extensão às demais ações propostas contra a autoridade); Pet. 3.433 (possibilidade de extensão ou ampliação da competência expressa do STF quando esta resulta implícita no próprio sistema constitucional); MS-AgRg 24.099 (A competência do STF para julgar mandado de segurança contra atos da Mesa da Câmara dos Deputados – art. 102, I, d, 2ª parte – alcança os atos individuais praticados por parlamentar que profere decisão em nome desta); MS-AgRg 24.099 (competência do STF para apreciação de ato do Primeiro Secretário da Câmara dos Deputados – ato proferido em função da Mesa Diretora); MS 24.997 (mandado de segurança contra ato do Presidente da 1ª Câmara do Tribunal de Contas da União); MS 23.452 (mandados de segurança em CPIs); MS 22.494 (mandado de segurança contra ato de Mesa do Senado); MS 24.414 (inadmissibilidade de assistência em processo de mandado de segurança); Rcl. 2.069 (competência do STF nos casos de mandado de segurança contra extradição por ele deferida); MS 23.619, 23.851, 23.868 e 23.964 (competência implícita do STF: mandado de segurança contra ato de Comissão parlamentar de Inquérito); HC 80.923, 82.686, 82.677 (competência implícita do STF: HC contra a Interpol); Rcl. 2.069, 2.040 (competência implícita do STF: MS contra atos que tenham relação com o pedido de extradição); MS-AgRg 24.099 (competência do STF para julgar mandado de segurança contra atos da Mesa da Câmara dos Deputados (art. 102, I, d, 2ª parte) alcança os atos individuais praticados por parlamentar que profere decisão em nome desta; HC-QO 78.897 (competência implícita do STF: HC contra qualquer decisão do STJ, desde que configurado o constrangimento ilegal).

6. Seleção de literatura

ARAÚJO, Luiz Alberto David; NUNES JÚNIOR, Vidal Serrano. Curso de Direito Constitucional. 14ª ed. São Paulo: Saraiva, 2010; BALEEIRO, Aliomar. O Supremo Tribunal Federal, esse outro desconhecido. Rio de Janeiro: Forense, 1968; BONAVIDES, Paulo. Curso de Direito Constitucional. 25ª ed. São Paulo: Malheiros, 2010; BRANCO, Paulo Gustavo Gonet; MENDES, Gilmar Ferreira; COELHO, Inocêncio Mártires. Curso de Direito Constitucional. 4ª ed. São Paulo: Saraiva, 2009; CANOTILHO, José Joaquim Gomes. Direito constitucional e teoria da Constituição, 5ª ed., Coimbra: Almedina, 2002; CRUZ, Álvaro Ricardo de Souza. O Supremo Tribunal Federal Revisitado. Belo Horizonte: Mandamentos, 2003; KARAM, Maria Lúcia. Competência no processo penal. 4ª ed. São Paulo: Revista dos Tribunais, 2005; MELLO, Celso A. D. Curso de direito internacional público, 2º v., 15ª ed., 2004; MENDES, Gilmar. Jurisdição constitucional. 5ª ed. São Paulo: Saraiva, 2005; NERY JR; Nelson. NERY, Rosa Maria de Andrade. Constituição Federal Comentada. 2ª ed. São Paulo: Revista dos Tribunais, 2009; SILVA, José Afonso da. Curso de Direito Constitucional Positivo. 32ª ed. São Paulo: Malheiros, 2010; STRECK, Lenio. Jurisdição constitucional. 7. ed. São Paulo: Gen-Forense, 2023; TAVARES, André Ramos. Curso de Direito Constitucional. 10ª ed. São Paulo: Saraiva,

---

[1]. O comentário contou com a colaboração de André Rufino do Vale.

2010; VALE, André Rufino do. *La deliberación en los Tribunales Constitucionales*. Madrid: Centro de Estudios Políticos y Constitucionales, 2017; VELLOSO, Carlos Mário. O Supremo Tribunal Federal, Corte Constitucional, *Boletim de Direito Administrativo*, ano 10, n. 4, p. 200, abr. 1994.

B – COMENTÁRIOS

I. As alíneas *b* e *c* do inciso I do art. 102 da Constituição tratam do foro especial, no Supremo Tribunal Federal, definido por prerrogativa de função do Presidente da República, do Vice-Presidente da República, dos membros do Congresso Nacional, dos próprios Ministros do STF e do Procurador-Geral da República, nas hipóteses de cometimento de infrações penais comuns; e nos crimes comuns e de responsabilidade, dos Ministros de Estado e dos Comandantes da Marinha, do Exército e da Aeronáutica, ressalvado o disposto no art. 52, I, os membros dos Tribunais Superiores, os do Tribunal de Contas da União e os chefes de missão diplomática de caráter permanente. Trata-se de uma competência especial fixada em razão da função exercida por essas autoridades.

Assim, compete ao STF julgar as infrações penais comuns praticadas pelo Presidente da República, Vice-Presidente da República, membros do Congresso Nacional, pelos próprios Ministros do STF e pelo Procurador-Geral da República. Os crimes de responsabilidade cometidos por esses agentes políticos ficam submetidos ao julgamento pelo Senado Federal (*impeachment*), conforme a competência fixada no art. 52, incisos I e II, da Constituição. Por outro lado, compete ao STF o processo e julgamento dos Ministros de Estado e dos Comandantes da Marinha, do Exército e da Aeronáutica, nos crimes comuns e nos de responsabilidade não conexos com os de igual natureza cometidos pelo Presidente e Vice-Presidente da República (art. 52, I), assim como os crimes comuns e de responsabilidade praticados pelos membros dos Tribunais Superiores, do Tribunal de Contas da União e pelos chefes de missão diplomática de caráter permanente.

A jurisprudência do STF entende que a locução constitucional "infrações penais comuns" constitui uma expressão abrangente de todas as modalidades de infrações penais, estendendo-se aos delitos eleitorais e alcançando, até mesmo, as próprias contravenções penais (Rcl 511, Rel. Min. Celso de Mello, julgamento em 9-2-1995, Plenário, *DJ* de 15-9-1995; Inq 1.872, Rel. Min. Ricardo Lewandowski, julgamento em 4-10-2006, Plenário, *DJ* de 20-4-2007). Os crimes dolosos contra a vida também estão abarcados por essa expressão "infrações penais comuns". Nesse caso, a norma do art. 5º, XXXVIII, da Constituição, que garante a instituição do júri, cede diante do disposto no art. 102, I, *b*, definidor da competência do STF, dada a especialidade deste último (AP 333, Rel. Min. Joaquim Barbosa, julgamento em 5-12-2007, Plenário, *DJe* de 11-4-2008).

As regras constitucionais de fixação do foro *ratione personae* constituem garantias constitucionais do exercício da função pelo agente público, tendo em vista a peculiaridade e importância de suas atividades no sistema democrático. A competência não é determinada em razão do interesse pessoal do ocupante do cargo público, mas no interesse público do bom exercício de suas funções. Nesse sentido, vale enfatizar a argumentação do saudoso Victor Nunes no julgamento da RCL n. 473: "A jurisdição especial, como prerrogativa de certas funções públicas, é, realmente, instituída, não no interesse pessoal do ocupante do cargo, mas no interesse público do seu bom exercício, isto é, do seu exercício com o alto grau de independência que resulta da certeza de que seus atos venham a ser julgados com plenas garantias e completa imparcialidade. Presume o legislador que os tribunais de maior categoria tenham mais isenção para julgar os ocupantes de determinadas funções públicas, por sua capacidade de resistir, seja à eventual influência do próprio acusado, seja às influências que atuarem contra ele. A presumida independência do tribunal de superior hierarquia é, pois, uma garantia bilateral, garantia contra e a favor do acusado".

É preciso enfatizar, ainda, que a garantia constitucional da prerrogativa de foro passa a ser tanto mais importante se se considera que vivemos hoje numa sociedade extremamente complexa e pluralista, na qual a possibilidade de contestação às escolhas públicas é amplíssima. Trata-se do problema da complexidade de que fala Canotilho em relação à Teoria da Constituição. Vivemos em uma sociedade organizada sob bases plurais assentadas em inevitáveis diferenciações funcionais – sistema político, econômico, científico (CANOTILHO, J. J. Gomes. *Direito Constitucional e Teoria da Constituição*. 4ª ed. Coimbra, 2000, p. 1303). "Isto conduz – diz Canotilho – a crescentes graus de especialização, impessoalidade e abstração no conjunto do sistema". Por isso, ensina o mestre português, não se vislumbra a possibilidade de um código unitarizante dos vários sistemas sociais. Não é por acaso também que, em nome dessa hipercomplexidade social, se justifica a oposição a qualquer escolha pública e, sobretudo, às deliberações políticas democráticas (CANOTILHO, J. J. Gomes. *Direito Constitucional e Teoria da Constituição*, cit., p. 1303). Se esse é um dado da nossa sociedade democrática e pluralista, também não deixa de ser um fator de instabilidade. Também é certo que é o próprio sistema democrático que oferece as correções. De fato, as decisões tecnocráticas ou políticas podem e devem ser contestadas. A sua juridicidade deve ser aferida. É a própria Constituição que cria os mecanismos para aferição da legitimidade dos atos do Poder Público. Mas é o próprio sistema que exige, em relação a certos agentes, um tratamento diferenciado, no que toca à impugnação judicial de atos praticados no exercício da função, tendo em vista uma perspectiva de estabilidade que interessa às próprias instituições públicas.

A competência por prerrogativa de função não é, definitivamente, um privilégio, mas uma garantia constitucional do exercício da função pública. É equivocada, portanto, a denominação "foro privilegiado". Como bem ressalta Maria Lúcia Karam, não se trata de "privilégio pessoal para favorecer o réu, como críticas apressadas costumam apontar. Na realidade, a competência originária de tribunais poderá até desfavorecer o réu. Pense-se na possibilidade de recorrer contra o pronunciamento condenatório. Quando atuante o juiz de 1º grau, um tal pronunciamento poderá ser revisto e modificado pelos órgãos superiores. Na hipótese de competência originária destes órgãos superiores, tal possibilidade se estreita ou até mesmo se exclui. A competência por prerrogativa de função não é, pois, um privilégio" (KARAM, Maria Lúcia. *Competência no processo penal*. 4ª ed. São Paulo: Revista dos Tribunais, 2005, p. 38).

A análise das regras constitucionais que estabelecem a competência por prerrogativa de função não prescinde de uma correta compreensão da posição institucional dos agentes políticos. É justamente a peculiar posição desses agentes que justifica o tratamento constitucional diferenciado em relação aos demais agentes públicos. O desconhecimento de tal diferenciação, cabe enfatizar, é que tem justificado equivocadas afirmações no sentido de que a prerrogativa de foro representaria ofensa ao princípio da isonomia. A tentativa de estabelecer tratamento idêntico entre agentes que se encontram em situação de desigualdade é que, isto sim, implicaria inadmissível ofensa ao princípio da isonomia. Não chega a ser uma novidade a constatação de que os agentes políticos encontram-se numa posição institucional absolutamente inconfundível com a dos demais agentes públicos. De fato, tal como ensina Hely Lopes Meirelles, os agentes políticos, dentro de sua área, são as autoridades supremas da Administração Pública. Possuem plena liberdade funcional e estão a salvo de responsabilização civil por seus eventuais erros de atuação, a menos que tenham agido com culpa grosseira, má-fé ou abuso de poder (*Direito Administrativo Brasileiro*, 27ª ed., 2002, p. 76). Observa ainda Hely Lopes que tais prerrogativas têm por escopo garantir o livre exercício da função política. Percebeu o ilustre administrativista, sobretudo, a peculiaridade da situação dos que governam e decidem, em comparação àqueles que apenas administram e executam encargos técnicos e profissionais. Nas palavras de Hely: "Realmente, a situação dos que governam e decidem é bem diversa da dos que simplesmente administram e executam encargos técnicos e profissionais, sem responsabilidade de decisão e opções políticas. Daí por que os agentes políticos precisam de ampla liberdade funcional e maior resguardo para o desempenho de suas funções. As prerrogativas que se concedem aos agentes políticos não são privilégios pessoais; são garantias necessárias ao pleno exercício de suas altas e complexas funções governamentais e decisórias. Sem essas prerrogativas funcionais os agentes políticos ficariam tolhidos na sua liberdade de opção e decisão, ante o temor de responsabilização pelos padrões comuns da culpa civil e do erro técnico a que ficam sujeitos os funcionários profissionalizados" (*Direito administrativo*, cit., p. 77).

Não é outro o *ethos* da prerrogativa de foro entre nós, conforme se extrai da lição de Victor Nunes Leal: "A jurisdição especial, como prerrogativa de certas funções públicas, é, realmente, instituída não no interesse da pessoa do ocupante do cargo, mas no interesse público do seu bom exercício, isto é, do seu exercício com o alto grau de independência que resulta da certeza de que seus atos venham a ser julgados com plenas garantias e completa imparcialidade".

Aspecto importante dentro dessa temática diz respeito à delicada questão de saber se, uma vez encerrado o mandato eletivo ou operada a perda do cargo ou função, permanece a autoridade com a prerrogativa de foro especial perante o STF. Durante muito tempo, vigeu o entendimento consagrado na Súmula 394 do STF, editada sob a égide da Constituição de 1946, segundo o qual "cometido o crime durante o exercício funcional, prevalece a competência especial por prerrogativa de função, ainda que o inquérito ou a ação penal sejam iniciados após a cessação daquele exercício". Em 1999, porém, o STF, no julgamento do INQ 687, Rel. Min. Sydney Sanches, cancelou essa súmula e passou a entender que, uma vez cessado o mandato ou o exercício da função, cessa também o foro especial por prerrogativa da função. Na ocasião, entendeu-se que "a prerrogativa de foro visa a garantir o exercício do cargo ou do mandato, e não a proteger quem o exerce. Menos ainda quem deixa de exercê-lo". A questão voltou a ser discutida no julgamento da ADI 2.797 (Rel. Min. Sepúlveda Pertence, em 19.5.2005), ocasião em que o STF manteve esse mesmo entendimento nos fundamentos de sua decisão.

Importante ressaltar, ainda, que uma vez iniciado o julgamento no STF, a superveniência do término do mandato eletivo não desloca a competência para outra instância (Inq 2.295, Rel. p/ o ac. Min. Menezes Direito, julgamento em 23-10-2008, Plenário, *DJe* de 5-6-2009). O STF também tem entendido que na hipótese de o réu com prerrogativa de foro renunciar ao cargo ou função, após a inclusão do processo na pauta de julgamento, comprovada a fraude processual consistente na tentativa da autoridade de, mediante o ato de renúncia, se substrair ao julgamento do STF, não ocorre o deslocamento da competência para as instâncias ordinárias, devendo o processo ter continuidade e efetivo julgamento perante a Corte Suprema (AP 396, Rel. Min. Cármen Lúcia, 28.10.2010). Na ocasião desse julgamento, alguns Ministros chegaram a defender que, não só após a inclusão do processo na pauta de julgamento, mas logo após o término da instrução processual da ação penal e a conclusão dos autos ao relator, a renúncia ao cargo ou função levada a efeito pela autoridade não deve operar qualquer efeito sobre a competência do STF.

Outra questão, relacionada à interpretação e aplicação da alínea *c* do inciso I do art. 102, diz respeito à competência do STF para julgar os atos de improbidade administrativa praticados pelas autoridades ali definidas. O STF tem entendido que os Ministros de Estado, por estarem regidos por normas especiais de responsabilidade (CF, art. 102, I, *c*; Lei 1.079/50), não se submetem ao modelo de competência previsto no regime comum da Lei de Improbidade Administrativa (Lei 8.429/92) e, dessa forma, os atos de improbidade que praticarem submetem-se à jurisdição especial do próprio STF (Rcl 2.138, Rel. p/ o ac. Min. Gilmar Mendes, julgamento em 13-6-2007, Plenário, *DJe* de 18-4-2008). A Corte tem entendido que a Constituição não admite a concorrência entre dois regimes de responsabilidade político-administrativa para os agentes políticos: o previsto no art. 37, § 4º (regulado pela Lei 8.429/92) e o regime fixado no art. 102, I, *c* (disciplinado pela Lei 1.079/50). Se a competência para processar e julgar a ação de improbidade (CF, art. 37, § 4º) pudesse abranger também atos praticados pelos agentes políticos, submetidos a regime de responsabilidade especial, ter-se-ia uma interpretação ab-rogante do disposto no art. 102, I, *c*, da CF. Portanto, compete exclusivamente ao STF processar e julgar os delitos político-administrativos, na hipótese do art. 102, I, *c*, da Constituição. Somente o STF pode processar e julgar Ministro de Estado no caso de crime de responsabilidade e, assim, eventualmente, determinar a perda do cargo ou a suspensão de direitos políticos. Apesar da existência de diversas críticas a esse entendimento em setores especializados da doutrina, essa é, atualmente, a jurisprudência do Supremo Tribunal Federal.

II. A alínea *d* do inciso I do art. 102 trata das hipóteses de impetração de *habeas corpus*, quando o paciente for qualquer das pessoas referidas nas alíneas anteriores (Presidente da República, Vice-Presidente, membros do Congresso Nacional, Ministros do STF, Procurador-Geral da República, Ministros de Estado, Comandantes da Marinha, do Exército e da Aeronáutica, ressalvado o disposto no art. 52, I, membros dos Tribunais Superiores, do Tribunal de Contas da União e chefes de missão diplomática de caráter permanente). Também disciplina os casos de cabimento de mandado de segurança e o *habeas data* contra atos do Presidente da República, das Mesas da Câmara dos Deputados e do Senado Federal, do Tribunal de Contas da União, do Procurador-Geral da República e do próprio Supremo Tribunal Federal.

Veja-se, nesse sentido, a multiplicidade de situações que se apresentam, tendo o Supremo Tribunal Federal definido que: a circunstância de o Presidente da República estar sujeito à jurisdição da Corte, para os feitos criminais e mandados de segurança, não desloca para esta o exercício da competência originária em relação às demais ações propostas contra ato da referida autoridade; é possível estender ou ampliar a competência expressa do STF, quando esta resulta implícita no próprio sistema constitucional; a competência do STF para julgar mandado de segurança contra atos da Mesa da Câmara dos Deputados – art. 102, I, *d*, 2ª parte – alcança os atos individuais praticados por parlamentar que profere decisão em nome desta; se o ato do Primeiro Secretário da Câmara dos Deputados decorre de sua função na Mesa Diretora da Casa Legislativa, deve ser analisado pelo STF; o Presidente da 1ª Câmara do Tribunal de Contas da União é parte legítima para figurar no polo passivo de mandado de segurança quando o ato impugnado reveste-se de caráter impositivo; compete ao STF processar e julgar mandados de segurança e Comissões Parlamentares de Inquérito constituídas no âmbito do Congresso Nacional ou no de qualquer de suas Casas; considera-se ato da Mesa o provimento de questão de ordem pelo Plenário, em grau de recurso interposto contra decisão do Presidente do Senado; não se admite assistência em processo de mandado de segurança. O Presidente da República é litisconsorte passivo necessário em mandado de segurança contra nomeação de juiz de Tribunal Regional do Trabalho, sendo a causa de competência do STF.

III. A alínea *e* do mesmo artigo em comentário dispõe sobre o litígio entre Estado estrangeiro ou organismo internacional e a União, o Estado, o Distrito Federal ou o Território, cuja apreciação está a cargo do Supremo Tribunal Federal. Assim, verificado o conflito entre pessoa jurídica de direito internacional e alguma das pessoas jurídicas de direito público interno acima relacionadas, fixa-se a competência do STF para processar e julgar a causa. Relacionados a essa hipótese estão os casos em que se discutem os lindes da imunidade de jurisdição do Estado estrangeiro quando litiga a respeito de relação trabalhista estabelecida com cidadão brasileiro.

IV. A alínea *f* trata do julgamento das causas e dos conflitos entre a União e os Estados, a União e o Distrito Federal, ou entre uns e outros, inclusive as respectivas entidades da administração indireta. O dispositivo tem sido interpretado no sentido de que "a Constituição da República, ao prever a competência originária do STF para processar e julgar 'as causas e os conflitos' entre as entidades estatais integrantes da Federação (art. 102, I, *f*), utilizou expressão genérica, cuja latitude revela-se apta a abranger todo e qualquer procedimento judicial, especialmente aquele de jurisdição contenciosa" (MS 21.041, Rel. Min. Celso de Mello, julgamento em 12-6-1991, Plenário, *DJ* de 13-3-1992).

Os conflitos entre a União e os Estados, ou entre os vários Estados, têm ocupado a jurisprudência do STF. O assunto pode emergir em âmbito de isenções heterônomas, por exemplo, quando se discute benefício tributário conferido por ente que não detém o poder de tributar, a exemplo de eventual isenção dada pela União em relação a tributo municipal. No que toca a conflito tributário entre Estados, sumulou-se que "a dúvida, suscitada por particular, sobre o direito de tributar, manifestado por dois Estados, não configura litígio de competência originária do Supremo Tribunal Federal" (Súmula/STF 517).

Muito comuns, na jurisprudência do STF, são os casos em que os Estados-membros contestam o ato de sua inclusão, pela União ou por seus órgãos de administração direta ou indireta, nos cadastros de inadimplência, tais como o SIAFI, CADIN, CAUC etc.

Também com base nesse dispositivo, o STF tem reconhecido sua competência para julgar os conflitos de atribuições entre órgãos do Ministério Público Estadual e do Ministério Público Federal. Ante a ausência de dispositivo constitucional expresso para essa hipótese específica, o Tribunal realiza interpretação do art. 102, I, *f*, da Constituição, encontrando no caso a efetiva possibilidade de conflito federativo entre União e Estado. Assim, o Tribunal identifica a presença de "virtual" conflito de jurisdição entre os juízos federal e estadual perante os quais funcionam os órgãos do Ministério Público (Pet. 3.528/BA, Rel. Min. Marco Aurélio).

Aqui se afirma o nítido papel de Tribunal da federação, vértice inicial da teoria do *judicial review* (lembremos, a propósito, que os grandes debates da jurisdição constitucional norte-americana – inspiradora de nosso *judicial review* incorporado em 1891 – dizia respeito aos debates federativos). Como bem enfatizado pelo Ministro Celso de Mello: "A Constituição da República confere ao STF a posição eminente de Tribunal da Federação (CF, art. 102, I, *f*), atribuindo, a esta Corte, em tal condição institucional, o poder de dirimir as controvérsias, que, ao irromperem no seio do Estado Federal, culminam, perigosamente, por antagonizar as unidades que compõem a Federação. Essa magna função jurídico-institucional da Suprema Corte impõe-lhe o gravíssimo dever de velar pela intangibilidade do vínculo federativo e de zelar pelo equilíbrio harmonioso das relações políticas entre as pessoas estatais que integram a Federação brasileira. A aplicabilidade da norma inscrita no art. 102, I, *f*, da Constituição estende-se aos litígios cuja potencialidade ofensiva revela-se apta a vulnerar os valores que informam o princípio fundamental que rege, em nosso ordenamento jurídico, o pacto da Federação" (ACO 1.048-QO, Rel. Min. Celso de Mello, julgamento em 30-8-2007, Plenário, *DJ* de 31-10-2007). Assim, verificado o conflito federativo em causas que tramitam nas instâncias ordinárias, desloca-se a competência para o STF. Foi o que ocorreu no conhecido caso Raposa Serra do Sol, uma ação popular em que se verificou o conflito federativo entre o Estado de Roraima e a União (Pet 3388, Rel. Min. Carlos Britto).

Ressalte-se, não obstante, que a jurisprudência do STF tem enfatizado o caráter excepcional dessa competência, "restringindo a sua incidência às hipóteses de litígios cuja potencialidade ofensiva revele-se apta a vulnerar os valores que informam o princípio fundamental que rege, em nosso ordenamento jurídico, o pacto da Federação. Ausente qualquer situação que introduza a instabilidade no equilíbrio federativo ou que ocasione a ruptura da harmonia que deve prevalecer nas relações entre as entidades integrantes do Estado Federal, deixa de incidir, ante a inocorrência dos seus pressupostos de atuação, a norma de competência prevista no art. 102, I, *f*, da Constituição" (ACO

359-QO, Rel. Min. Celso de Mello, julgamento em 4-8-1993, Plenário, *DJ* de 11-3-1994).

V. A alínea *g* cuida da competência do STF para o julgamento da solicitação de extradição por Estado estrangeiro. A participação do Poder Judiciário no processo extradicional nem sempre foi a regra. No Brasil Império, o processo de extradição obedecia a um sistema tipicamente administrativo – sem qualquer participação de autoridade judicial –, consagrado na Lei n. 234, de 23 de novembro de 1841, art. 7º, n. 2, e no Regulamento n. 124, de 5 de fevereiro de 1842, arts. 9º e 20, combinados com o Decreto de 9 de setembro de 1842. O processo observado em relação à extradição passiva era o seguinte: recebido o pedido pelo Ministro dos Negócios Estrangeiros, se, de acordo com o Conselho de Ministros, não o recusasse imediatamente, era ouvido o Procurador-Geral da Coroa. Caso este opinasse favoravelmente ao pedido, a extradição era então concedida, mesmo antes da prisão do extraditando. Podia o Procurador-Geral, no entanto, emitir parecer pela rejeição do pedido pelo Conselho de Ministros ou pela audiência da Seção de Negócios Estrangeiros do Conselho de Estado Imperial, órgão consultivo da Coroa, presidido pelo Imperador (Cf. MACIEL, Anor Butler. *Extradição Internacional*. Brasília: Imprensa Nacional; 1957, p. 11). Nesse período imperial, algumas extradições foram concedidas em razão de tratados firmados pelo Brasil com Carlos X, da França (6 de junho de 1826, art. 8º), Grã-Bretanha (17 de agosto de 1827, art. 5º), com Frederico III, da Prússia (18 de abril de 1828, art. 4º), e com Portugal (19 de maio de 1836, art. 7º). Por Ato Circular do Ministro dos Negócios Estrangeiros, de 4 de fevereiro de 1847, dirigido aos agentes diplomáticos e consulares brasileiros, ficaram estabelecidas as condições em que o Brasil entregaria, sob promessa de reciprocidade, criminosos refugiados em seu território.

A Constituição de 1891 não fixou, expressamente, a competência para processar e julgar o pleito extradicional, deixando ao legislador, nos termos do art. 34 (32), a competência para regular, em caráter privativo, o processo de extradição. Na República (até 1911), o sistema administrativo continuou a reger o processo extradicional, com base na Lei n. 221, de 20 de novembro de 1894, art. 38, e Decreto n. 3.084, de 5 de novembro de 1898, 1ª parte, art. 112, § 2º). Com a Lei n. 967, de 2 de janeiro de 1903, a atribuição de informar os pedidos de extradição, antes a cargo do Procurador-Geral da República, passou ao Consultor-Geral da República.

Até então, como abordado, as extradições no Brasil ocorriam com base em tratados firmados com diversos Estados ou em promessas de reciprocidade. Em 1905, o Supremo Tribunal Federal decidiu que a extradição só seria possível se baseada em tratado (HC n. 2.280, decisões de 7, 10 e 14 de junho de 1905). A razão era a de que a Constituição republicana de 1891, ao atribuir ao Congresso Nacional a competência para *"regular os casos de extradição entre os Estados"*, teria abolido a extradição fundada apenas em reciprocidade ou em ato voluntário do Poder Executivo não submetido à prévia disciplina do Poder Legislativo. A decisão fez jurisprudência, e as extradições, a partir de 1905, passaram a ser concedidas apenas com base nos tratados internacionais firmados pelo Brasil. Nessa decisão, conforme nos ensina Lêda Boechat, "o Supremo Tribunal Federal declarou que o Poder Judiciário podia intervir, em matéria de extradição, para verificar se o estrangeiro aqui asilado estava sofrendo ou se achava em iminente perigo de sofrer violência, ou coação, por ilegalidade, ou abuso de poder, nos termos do art. 72, § 22, da Constituição. Requerida uma extradição, cabia-lhe verificar se ela era concedida na forma estabelecida pelo tratado em vigor entre o Brasil e a Nação requerente. E disse ainda: 'Não se concede extradição quando o crime do extraditando está prescrito em face da lei brasileira'" (RODRIGUES, Lêda Boechat. *História do Supremo Tribunal Federal*. Tomo II, 1899-1910. Rio de Janeiro: Civilização Brasileira; 1991, p. 185).

A situação criada pela jurisprudência do Supremo Tribunal levou à promulgação da Lei n. 2.416, de 28 de junho de 1911, que previu novamente a permissão da extradição baseada em promessa de reciprocidade (art. 1º, § 1º). A referida lei, ao regular a extradição, passou a exigir a efetiva participação do Poder Judiciário no processo extradicional. Dizia a lei, em seu art. 10, que *"nenhum pedido de extradição será atendido sem prévio pronunciamento do Supremo Tribunal Federal, de cuja decisão não caberá recurso"*. Desde os primórdios, portanto, tal como referido por Lêda Boechat (acima citada), a participação do Supremo Tribunal Federal na extradição consistiu em verificar se ela era concedida na forma estabelecida pelo tratado em vigor entre o Brasil e a Nação requerente.

Desde então, o processo extradicional no Brasil, fundado em tratado ou em promessa de reciprocidade (atual art. 76 da Lei n. 6.815/80), passou a contar com uma fase jurisdicional, efetuada pela jurisdição do Supremo Tribunal Federal. A Constituição de 1934 consagrou, expressamente, a competência do Supremo para processar e julgar, originariamente, o processo de extradição (art. 54, 1º, *h*). Documentos legislativos posteriores – tais como o Decreto-Lei n. 394, de 28.4.1938 (art. 10), o Decreto-Lei n. 941, de 13.10.1969 (art. 94), e a atual Lei n. 6.815, de 19.8.1980 (art. 83) – mantiveram essa efetiva participação do Poder Judiciário, especificamente do Supremo Tribunal Federal, no "controle de legalidade" do processo extradicional. A Constituição de 1988, ao definir a competência do STF no art. 102, I, *g*, continua essa tradição. Essa fase jurisdicional é imprescindível à garantia dos direitos do indivíduo extraditando e, por isso, representa um verdadeiro avanço em termos de proteção dos direitos humanos nos planos nacional e internacional.

Não obstante a proibição absoluta da extradição de brasileiro, a Constituição de 1988 estabeleceu a possibilidade de extradição do brasileiro naturalizado, em caso de crime comum, praticado antes da naturalização, ou de comprovado envolvimento em tráfico ilícito de entorpecentes e drogas afins, na forma da lei (CF, art. 5º, LI). A jurisprudência encaminhou-se, porém, para considerar que, nesse caso, há de se romper com a orientação que preside o processo de extradição no Brasil (modelo belga de cognoscibilidade limitada) para adotar um modelo de cognição, tendo em vista a exigência de que o envolvimento na prática do crime seja devidamente comprovado.

Por outro lado, a Constituição veda expressamente a extradição de estrangeiro por crime político ou de opinião (CF, art. 5º, LII). Em conformidade com os arts. 77 e 78 da Lei n. 6.815/80 (Estatuto do Estrangeiro), não será concedida extradição quando: o fato que motivar o pedido não for considerado crime no Brasil; a lei brasileira impuser ao crime a pena de prisão igual ou inferior a um ano; o extraditando estiver respondendo a processo pelo qual já foi condenado ou absolvido no Brasil pelo mesmo fato em que se fundar o pedido; estiver extinta a punibilidade pela prescrição da pretensão punitiva; o fato constituir crime político; o extraditando tiver de responder, no Estado requerente, perante Tribunal ou Juízo de Exceção; o crime não for cometido no território do Estado requerente.

Questão complexa diz respeito à identificação de crime político para os fins da não extraditabilidade do estrangeiro. O reconhecimento da hipótese referida no art. 5º, LII, pode dar ensejo a dúvidas, tendo em vista a dificuldade de identificação do chamado crime político ou de sua manifestação em associação com crimes comuns. Na Extradição n. 615, a esse respeito, restou assentado que "não havendo a Constituição definido o crime político, ao Supremo cabe, em face da conceituação da legislação ordinária vigente, dizer se os delitos pelos quais se pede a extradição, constituem infração de natureza política ou não, tendo em vista o sistema da principialidade ou da preponderância" (Extr. 615, Rel. Min. Paulo Brossard, *DJ* de 5-12-1994).

Não raras vezes, o crime por motivação política tem características de crime comum ou assemelha-se a uma ação de caráter terrorista. Daí a necessidade de sua contextualização no âmbito dos objetivos políticos e a possibilidade de fazer uma ponderação entre o caráter comum do delito e a sua inserção em uma ação política mais ampla. Por isso, enfatiza-se na jurisprudência a necessidade de identificação de um critério de definição ou situação de preponderância. (*Para maiores considerações sobre a definição do que seja crime político na jurisprudência do STF*, vide *os comentários ao art. 102, II, "b"*).

Questão mais delicada no contexto da não extraditabilidade do estrangeiro por crime político diz respeito à possibilidade de o pedido de extradição referir-se a pessoa que tenha obtido asilo político no Brasil. Tal como anotado na Extradição n. 524, "não há incompatibilidade absoluta entre o instituto do asilo político e o da extradição passiva, na exata medida em que o Supremo Tribunal Federal não está vinculado ao juízo formulado pelo poder executivo na concessão administrativa daquele benefício regido pelo direito das gentes". É que "o estrangeiro asilado no Brasil só não será passível de extradição quando o fato ensejador do pedido assumir a qualificação de crime político ou de opinião ou as circunstâncias subjacentes à ação do estado requerente demonstrarem a configuração de inaceitável extradição política disfarçada".

O problema se torna ainda mais complexo, quando o que importa é aplicar o mesmo raciocínio ao estrangeiro ao qual se reconheça a condição de refugiado. A propósito, a Lei n. 9.474, de 22-7-1997, que define os mecanismos para a implementação do Estatuto dos Refugiados de 1951, dispõe que "o reconhecimento da condição de refugiado obstará o seguimento de qualquer pedido de extradição baseado nos fatos que fundamentaram a concessão de refúgio" (art. 33). Como restou assentado em voto proferido nos autos da Extradição n. 1008, a distinção entre os dois institutos, asilo e refúgio, não se apresenta livre de dificuldades. Indício dessa assertiva, trecho do excerto doutrinário colacionado então: "A distinção entre refugiado e asilado territorial não é clara e Paul Lagarde fala em asilo territorial dos refugiados. Também tem sido assinalado que as diferenças entre asilado e refugiado dependem muito das práticas internas" (cf. Mello, *Curso de direito internacional público*, op. cit., 2004). Considerando, ademais, que o art. 33 da Lei 9.474/97 não previu, expressamente, a hipótese específica de concessão de refúgio com relação aos "crimes políticos ou de opinião", encaminhou-se proposição no sentido de o Tribunal adotar, naqueles casos em que o "temor" que justifica a concessão do refúgio esteja relacionado com persecução criminal motivada por delitos que se pretendem políticos, a mesma interpretação conferida aos casos de asilo político, na linha da Extradição n. 524. Considerou-se, então, que menos que se perscrutarem as distinções, algo nebulosas, entre asilo e refúgio, cumpriria atentar para o fato de que a ordem jurídica vigente (art. 77, inciso VII, c/c §§ 2º e 3º, da Lei 6.815/80) especifica que, para fins de extraditabilidade, a última palavra compete à Corte Constitucional quanto à configuração, ou não, da natureza política de delito imputado ao extraditando. Em outras palavras, dado não ser possível dissociar o tema do prosseguimento do pedido extradicional da análise, pelo Supremo Tribunal, da ocorrência, ou não, de crimes de natureza política, ressaltou-se não ser constitucionalmente adequado condicionar o prosseguimento da apreciação do pleito extradicional à deliberação administrativa do CONARE. O Tribunal encaminhou-se, no entanto, para considerar, nos termos do voto do Ministro Sepúlveda Pertence, que "a condição de refugiado, enquanto dure, é elisiva, por definição, da extradição que tenha implicações com os motivos de seu deferimento" (Extr. 1.008, Rel. p/ Acórdão Min. Sepúlveda Pertence, *DJ* de 17-8-2007).

Essa premissa, contudo, não resistiu ao julgamento da Extradição n. 1.085 (caso Cesare Battisti). No caso, Battisti havia recebido *status* de refugiado, concedido pelo Ministro da Justiça, contra o parecer do CONARE. Na ocasião, por cinco votos contra quatro, o STF afastou a tese segundo a qual a concessão de refúgio por ato administrativo torna prejudicada a demanda extradicional em curso. Assim, o Plenário do Tribunal, por maioria, acolheu a possibilidade de aferir, em preliminar no julgamento da extradição, a legitimidade do ato administrativo de reconhecimento da situação de refugiado em face dos pressupostos fixados na legislação.

Sobre a necessidade do respeito aos direitos fundamentais do estrangeiro, salientou o Ministro Celso de Mello no julgamento da Extradição n. 897/República Tcheca (*DJ* de 23-9-2004), que a "essencialidade da cooperação internacional na repressão penal aos delitos comuns não exonera o Estado brasileiro – e, em particular, o Supremo Tribunal Federal – de velar pelo respeito aos direitos fundamentais do súdito estrangeiro que venha a sofrer, em nosso País, processo extradicional instaurado por iniciativa de qualquer Estado estrangeiro".

Por fim, cumpre referir a complexa questão da prisão preventiva para a extradição (PPE), a qual também se submete à competência exclusiva do STF. Conforme o disposto no parágrafo único do art. 84 da Lei n. 6.815/80 ("A prisão perdurará até o julgamento final do Supremo Tribunal Federal, não sendo admitidas a liberdade vigiada, a prisão domiciliar, nem a prisão-albergue") e a reiterada jurisprudência do STF, a prisão preventiva é pressuposto indispensável para o regular processamento do pedido de extradição. Não obstante, no julgamento do HC 91.657 (rel. Min. Gilmar Mendes), o Tribunal, por maioria, deferiu o *habeas corpus* impetrado em favor de nacional colombiano, acusado da suposta prática dos crimes de lavagem de dinheiro e associação para o tráfico internacional de entorpecentes, a fim de que aguardasse solto o julgamento da extradição contra ele formulada pelo Governo do Panamá (Extr. 1.091). Considerou-se que, apesar de a Lei n. 6.815/1980 determinar a manutenção da prisão até o julgamento final do Supremo Tribunal Federal, a revisão do tema da prisão preventiva para fins de extradição se impunha, diante do significado ímpar atribuído pela CF/88 aos direitos individuais. Destacou-se que a prisão é medida excepcional em nosso Estado de Direito, e, que, por isso, não poderia ser utilizada como meio generalizado de limitação das liberdades dos cidadãos, não havendo razão, tanto com base na CF/88 quanto nos tratados internacionais com relação ao respeito aos direitos humanos e à dignidade da pessoa humana, para que tal entendimento não fosse também aplicado no que tange às prisões preventivas para fins extradicionais. Isso porque, frequentemente, há grande demora na instrução desses processos e, com isso, o Estado brasileiro acaba, muitas vezes, sendo mais rigoroso com os cidadãos estrangeiros do que com os próprios brasileiros, considerando o que preconiza o Código de Processo Penal para a prisão preventiva.

VI. A alínea *i* diz respeito à competência do Supremo Tribunal para processar e julgar os pedidos de *habeas corpus* quando o coator for Tribunal Superior ou quando o coator ou o paciente for autoridade ou funcionário cujos atos estejam sujeitos diretamente à jurisdição do Supremo Tribunal Federal, ou se trate de crime sujeito à mesma jurisdição em uma única instância.

Após reiteradas decisões, o STF consagrou na Súmula 691 a orientação segundo a qual "não compete ao Supremo Tribunal Federal conhecer de *habeas corpus* impetrado contra decisão de relator que, em *habeas corpus* requerido a Tribunal Superior, indefere a liminar". Os precedentes que ensejaram a edição dessa súmula partiram da premissa de que, em princípio, a concessão, pelo Supremo Tribunal Federal, de medida liminar em *habeas corpus* impetrado contra decisão de relator proferida em outro *habeas corpus*, ainda em curso em Tribunal Superior, geraria consequências que violariam princípios processuais fundamentais, como o da hierarquia dos graus de jurisdição e o da competência deles. Dentre essas consequências, algumas podem parecer óbvias, como, por exemplo, o risco de prejudicialidade do *habeas corpus* perante o Tribunal *a quo*, diante da possibilidade de que esta instância *a quo*, ao analisar o mérito do *writ*, conclua pela denegação da ordem, pelos mesmos fundamentos anteriormente expendidos ao momento do indeferimento monocrático de medida liminar requerida. A análise da prejudicialidade, contudo, carece de maiores temperamentos.

Nesse particular, é pertinente pontuar, inclusive, que algumas decisões monocráticas têm condicionado a eficácia do provimento cautelar com superação da Súmula 691/STF somente até a decisão de mérito do Tribunal Superior apontado como coator. A razão de ser desse condicionamento corresponde ao fato de que, a rigor, é possível que a Corte *a quo* não apenas defira a ordem, mas também possa vir a indeferir o pedido de *habeas corpus* por outros fundamentos jurídicos que não foram submetidos à apreciação do Supremo Tribunal Federal.

Exatamente para o resguardo dessas duas situações mencionadas – a do deferimento da ordem, ou a do indeferimento por novos fundamentos –, é que não faz sentido a afirmação da prejudicialidade absoluta do *habeas corpus* nesses casos em que o ministro relator perante o Supremo Tribunal Federal defere a ordem com superação da Súmula 691/STF.

Ademais, ainda que o Tribunal Superior persista, na decisão de mérito, com os mesmos fundamentos da medida liminar que foi cassada por decisão monocrática de ministro do Supremo Tribunal Federal, abre-se, novamente, o caminho do deferimento, de ofício, da ordem de *habeas corpus* (art. 5º, XXXV, da CF/88 e art. 654, § 2º, do CPP).

Tais mitigações não impedem, todavia, hipóteses em que existem *habeas corpus* sucessivamente impetrados contra decisões liminares em todas as instâncias jurisdicionais. Nesses casos, as possibilidades de transgressão da hierarquia e competência dos graus de jurisdição são ainda mais patentes, porque, muitas vezes, o objeto do *writ* levado à apreciação do Supremo Tribunal Federal será a própria decisão do juiz de primeira instância, abrindo-se a possibilidade de que a decisão monocrática do relator no STF revogue diretamente a decisão do juiz singular. E, também nessas hipóteses, os Tribunais Superiores poderiam ficar impedidos de julgar definitivamente os *habeas corpus*, diante da pendência de decisão concessiva de liminar pelo Supremo Tribunal Federal.

Assim, além dos casos de indeferimento da liminar, não são admitidos pedidos de liminares contra decisões de Tribunais superiores que não conhecem e negam seguimento a *habeas corpus*. O Supremo Tribunal Federal tem jurisprudência consolidada no sentido de que o conhecimento, pelo Superior Tribunal de Justiça, ou ainda, pelo próprio Supremo Tribunal Federal, de questão que não foi posta ou não foi conhecida perante Tribunal *a quo*, configura supressão de instância.

É bem verdade, por outro lado, que, muitas vezes, o indeferimento, ou mesmo o não conhecimento, dos pedidos de liminar nas instâncias inferiores pode conformar um estado de flagrante constrangimento ilegal, gerando premente necessidade do provimento cautelar, mormente nos casos em que há confronto com a jurisprudência do Supremo Tribunal Federal.

Nesses casos, o valor fundamental da liberdade, que constitui o lastro principiológico do sistema normativo penal, sobrepõe-se a qualquer regra processual cujos efeitos práticos e específicos venham a anular o pleno exercício de direitos fundamentais pelo indivíduo. Ao Supremo Tribunal Federal, como guardião das liberdades fundamentais asseguradas pela Constituição, cabe adotar soluções que, traduzindo as especificidades de cada caso concreto, visem reparar as ilegalidades perpetradas por decisões que, em estrito respeito a normas processuais, acabem criando estados de desvalor constitucional.

Nas ocasiões em que tem sido instado a se manifestar, o Supremo Tribunal Federal tem buscado resolver esse conflito aparente entre correção material e segurança formal. No julgamento do HC n. 85.185/SP, da relatoria do Ministro Cezar Peluso (caso em que figurava como paciente Roberto Justus) – impetrado contra decisão monocrática que negou seguimento a *habeas corpus* no Superior Tribunal de Justiça, este por sua vez impetrado contra indeferimento de liminar pelo TRF da 3ª Região –, o Tribunal rejeitou proposta formulada pelo relator com o objetivo de revogar a Súmula 691. Entendeu, porém, de conceder o *habeas corpus* de ofício, uma vez que a decisão estava em flagrante contradição com a jurisprudência predominante do Supremo Tribunal, que considera indispensável (condição de procedibilidade) para a propositura da ação penal nos crimes previstos no art. 1º, I e IV, da Lei n. 8.137/90, a conclusão definitiva do processo administrativo-fiscal correspondente. No HC 86.864/SP, da relatoria do Ministro Carlos Velloso, o tema foi novamente posto, tendo em vista agora a eventual ilegalidade de prisão preventiva decretada e a não apreciação da matéria em sede de liminar pelo STJ. Também aqui o Tribunal houve por bem conceder a liminar, tendo em vista a flagrante ilegalidade na decretação da prisão preventiva, por vício decorrente de fundamentação (art. 93, IX, da CF/88), nos termos dos requisitos exigidos pelo art. 312 do CPP.

Assim, embora não tenha havido a revogação da Súmula 691, o Tribunal tem procedido ao devido *distinguishing* em casos específicos com vistas a elidir a sua aplicação nas hipóteses em que a negativa da liminar pelas instâncias inferiores configura patente afronta ao direito fundamental de liberdade (art. 5º, *caput* e inciso XV, da CF/88).

Outro tema interessante diz respeito ao cabimento de *habeas corpus* contra atos emanados dos órgãos do próprio Supremo Tribunal Federal (Plenário, Turmas e Relatores). A Súmula 606 condensa o entendimento atual da jurisprudência ao dispor que "não cabe *habeas corpus* originário para o Tribunal Pleno de decisão de Turma, ou do Plenário, proferida em *habeas corpus* ou no respectivo recurso". Em julgamento recente, o STF afirmou ser também incabível a impetração de *habeas corpus* em face de decisões monocráticas proferidas pelo Relator do processo na Corte (HC 105959, Rel. Min. Marco Aurélio, Rel. p/ acórdão: Min. Edson Fachin, *DJe* de 15-6-2016).

Merece destaque a recente concessão, em sede de *habeas corpus* coletivo julgado pela Segunda Turma do STF, da substituição da prisão preventiva por prisão domiciliar às mulheres encarceradas que estejam gestantes ou sejam mães de filhos menores de 12 anos, salvo quando: a) o delito investigado se tratar de crime praticado com violência ou grave ameaça à pessoa; b) estejam em causa crimes praticados contra os próprios descendentes da agente; ou c) quando as circunstâncias concretas desautorizarem a substituição prisional (HC 143.641, Rel. Min. Ricardo Lewandowski, julgado em 20-12-2018). O referido precedente, ao reconhecer o cabimento de *habeas corpus* coletivo para combater violações de direitos que atingem a coletividade, estabelece a substituição como regra, devendo a decisão que deixa de substituir a prisão preventiva pela domiciliar ser amplamente fundamentada pelo magistrado.

Importante mencionar, ainda, que, apesar de o STF, por algum tempo, ter reconhecido sua competência para julgar *habeas corpus* contra atos das Turmas Recursais dos Juizados Especiais Criminais (HC 71.713, Rel. Min. Sepúlveda Pertence, *DJ* 23-3-2001; Súmula 690), atualmente a jurisprudência entende que esses atos se submetem à jurisdição dos Tribunais de Justiça dos Estados ou dos Tribunais Regionais Federais, tendo em vista que a competência para o julgamento do *habeas corpus* é definida pelos envolvidos (paciente e impetrante). Assim, estando os integrantes das turmas recursais dos juizados especiais submetidos, nos crimes comuns e nos de responsabilidade, à jurisdição do Tribunal de Justiça ou do TRF, incumbe a cada qual, conforme o caso, julgar os *habeas* impetrados contra ato que tenham praticado (HC 86.834, Rel. Min. Marco Aurélio, *DJ* de 9-3-2007).

VII. A alínea *j* do inciso I do art. 102 dispõe sobre a competência do Supremo Tribunal para julgar a revisão criminal e a ação rescisória de seus julgados. Como está expresso no dispositivo constitucional, a competência do STF para processar e julgar ação rescisória restringe-se aos casos em que ela é ajuizada contra os seus próprios julgados. O Regimento Interno da Corte dispõe que "caberá ação rescisória de decisão proferida pelo Plenário ou por Turma do Tribunal, bem assim pelo Presidente, nos casos previstos na lei processual" (art. 259). O Código de Processo Civil de 2015 estabelece que apenas a "sentença de mérito" poderá ser objeto de ação rescisória (art. 966). Portanto, é pressuposto do cabimento da ação rescisória a existência de coisa julgada material, ou seja, de decisão que efetivamente aprecie o mérito da demanda (art. 487 do CPC). A jurisprudência do STF é firme nesse sentido, exigindo-se que a decisão atacada pela via da ação rescisória tenha enfrentado o mérito da causa, ainda que à ação ou ao recurso se tenha negado seguimento (cf. AR 1.572). É o que dispõe a redação da Súmula 249: "É competente o STF para a ação rescisória, quando, embora não tendo conhecido do recurso extraordinário, ou havendo negado provimento ao agravo, tiver apreciado a questão federal controvertida". Por isso, tem-se entendido que é cabível ação rescisória contra despacho de relator que nega provimento a agravo de instrumento, desde que tenha sido apreciado o mérito da controvérsia (AR 1.352-AgR, Rel. Min. Paulo Brossard, julgamento em 1º-4-1997, Plenário, *DJ* de 7-5-1993).

Assim, ao longo do tempo, a jurisprudência do Tribunal foi delineando a competência para ação rescisória, inclusive mediante a edição de súmulas (ns. 249 – acima citada, 343 e 515): "Não cabe ação rescisória por ofensa a literal disposição de lei, quando a decisão rescindenda se tiver baseado em texto legal de interpretação controvertida nos tribunais" (Súmula 343). "A competência para a ação rescisória não é do STF, quando a questão federal, apreciada no recurso extraordinário ou no agravo de instrumento, seja diversa da que foi suscitada no pedido rescisório" (Súmula 515).

A aplicação de tais entendimentos sumulares, todavia, sofreu temperamentos na jurisprudência mais recente do Supremo Tribunal Federal, tendo-se por oportuno referir o entendimento segundo o qual a Súmula 343 não é aplicável quando esteja em jogo interpretação de norma constitucional, cabível a ação rescisória por ofensa a literal disposição constitucional, ainda que a decisão rescindenda tenha se baseado em interpretação controvertida, ou seja, anterior à orientação fixada pelo Tribunal; ficando assentado, ademais, por ocasião do julgamento do RE 328.821-ED, que "a manutenção de decisões das instâncias ordinárias divergentes da interpretação adotada pelo STF revela-se afrontosa à força normativa da Constituição e ao princípio da máxima efetividade da norma constitucional".

VIII. *A alínea l do inciso I do art. 102 da Constituição trata da competência do STF para o julgamento da reclamação, tema que será abordado em tópico separado.*

IX. A alínea *m* do art. 102, I, atribui ao STF a competência de processar e julgar a execução de sentença nas causas de sua competência originária. No âmbito do STF, até pouco tempo, a execução das decisões transitadas em julgado ficava dentro das atribuições da Presidência da Corte. A Emenda n. 41, de 16 de setembro de 2010, que alterou os artigos 13, VI, 21, II, 340 e 341, do Regimento Interno do Supremo Tribunal Federal, transferiu do Presidente para o Relator a competência para execução e cumprimento das decisões da Corte transitadas em julgado. Assim, conforme a nova disciplina regimental, os incidentes de execução devem ser relatados e levados à apreciação do Plenário do Tribunal pelo Ministro que funcionou como Relator do processo na fase de conhecimento, observadas as regras atinentes às hipóteses de substituição de Relator por aposentadoria, renúncia, morte (art. 38, IV, RISTF) e assunção à Presidência da Corte (art. 75). A modificação regimental é salutar, pois, tendo em vista a última reforma do processo civil brasileiro, a execução deixou de ser um processo distinto para se tornar apenas mais uma fase do processo originário, denominada de cumprimento de sentença. E nada mais natural do que atribuir ao próprio Relator, que atuou durante toda a fase de conhecimento e prolatou a decisão final, a incumbência de fazer cumprir a decisão e resolver eventuais incidentes de execução.

O dispositivo trata também da possibilidade de delegação de atribuições para a prática de atos processuais. No STF, é comum que determinados atos de instrução, como a audiência de testemunhas, inquirição de indiciados e oitiva do réu, nos processos de caráter penal, ou atos relacionados à instrução do processo de extradição (por exemplo, o interrogatório do extraditando), sejam delegados aos juízes de primeira instância, delegação esta que é realizada pelo próprio Relator do processo (art. 21, XIII, do RISTF). Ressalte-se, não obstante, que a Lei n. 12.019/2009 possibilita ao Relator de ações penais da competência originária do STF convocar magistrados para fazer interrogatório e outros atos de instrução processual. No STF, a aplicação da lei foi regulamentada pela Emenda Regimental n. 36/2009, a qual dispõe que "compete ao relator convocar juízes ou desembargadores para a realização do interrogatório e de outros atos da instrução dos inquéritos criminais e ações penais originárias, na sede do tribunal ou no local onde se deva produzir o ato, bem como definir os limites de sua atuação". Assim, compete ao juiz instrutor: I – designar e realizar as audiências de interrogatório, inquirição de testemunhas, acareação, transação, suspensão condicional do processo, admonitórias e outras; II – requisitar testemunhas e determinar condução coercitiva, caso necessário; III – expedir e controlar o cumprimento das cartas de ordem; IV – determinar intimações e notificações; V – decidir questões incidentes durante a realização dos atos sob sua responsabilidade; VI – requisitar documentos ou informações existentes em bancos de dados; VII – fixar ou prorrogar prazos para a prática de atos durante a instrução; VIII – realizar inspeções judiciais; IX – requisitar, junto aos órgãos locais do Poder Judiciário, o apoio de pessoal, equipamentos e instalações adequados para os atos processuais que devam ser produzidos fora da sede do Tribunal; X – exercer outras funções que lhes sejam delegadas pelo relator ou pelo Tribunal e relacionadas à instrução dos inquéritos criminais e das ações penais originárias.

X. A alínea *n* do art. 102 dispõe que compete ao STF processar e julgar a ação em que todos os membros da magistratura sejam direta ou indiretamente interessados, e aquela em que mais da metade dos membros do tribunal de origem estejam impedidos ou sejam direta ou indiretamente interessados. Trata-se de uma competência excepcional que se justifica apenas em situações em que os tribunais inferiores não estejam em condições de julgar a causa com a necessária imparcialidade. O dispositivo constitucional prevê uma causa especial de deslocamento de competência, dos tribunais para o STF, de forma a evitar o julgamento da ação por interessados.

Como se pode depreender do próprio texto desse dispositivo, são duas as hipóteses que justificam o deslocamento de competência.

Em primeiro lugar, deverá o STF assumir a competência para processar e julgar ações em que todos os membros da magistratura sejam direta ou indiretamente interessados. O entendimento assente no STF é no sentido de que, para a aplicação dessa primeira parte do art. 102, inciso I, alínea *n*, da Constituição, é preciso que o interesse em causa seja privativo da magistratura, não incidindo o preceito constitucional quando a questão debatida seja também de interesse de outros servidores públicos (AO-QO 468/CE, Rel. Min. Moreira Alves, *DJ* 15.8.1997; AO n. 467/SP, Rel. Min. Néri da Silveira, *DJ* de 3.10.1997, Pleno, unânime; AO-AgR n. 955/ES, Rel. Min. Ellen Gracie, *DJ* 7.3.2003; AO-QO n. 21, Rel. Min. Ilmar Galvão, *DJ* 6.9.2001; RCL n. 1.952-AgR/MA, Rel. Min. Ellen Gracie, *DJ* de 12.3.2004, Pleno, unânime).

Em segundo lugar, caberá ao STF processar e julgar as ações em que mais da metade dos membros do tribunal de origem estejam impedidos ou sejam direta ou indiretamente interessados. O preceito constitucional é claro ao exigir o impedimento ou o interesse de mais da metade dos membros do tribunal de origem. Assim, não é suficiente para configurar o deslocamento da competência o impedimento ou a suspeição de número de magistrados inferior ao estabelecido nesse dispositivo. Ademais, a jurisprudência do STF está firmada no sentido de que o impedimento, a suspeição ou o interesse que autorizam o julgamento da demanda pelo STF, na forma do art. 102, I, *n*, da CB/1988, pressupõem a *manifestação expressa* (nos autos) dos membros do Tribunal local competente para o julgamento da causa. Portanto, essa competência excepcional se firma, tão somente, quando os impedimentos ou as suspeições dos membros do Tribunal de origem tenham sido reconhecidos, expressamente, nas exceções correspondentes, pelos próprios magistrados em relação aos quais são invocados; ou quando o STF, ao julgar as exceções, após esses magistrados as terem rejeitado, reconhecer situação configuradora de impedimento ou de suspeição, hipótese em que competirá à Suprema Corte julgar, originariamente, o processo principal (AO 1.498-AgR, Rel. Min. Eros Grau, julgamento em 27-11-2008, Plenário, *DJe* de 6-2-2009 AO 1499, Rel. Min. Eros Grau, julgamento em 26-5-2010, Plenário, *DJe* de 6-8-2010; AO 1.046, Rel. Min. Joaquim Barbosa, julgamento em 23-4-2007, Plenário, *DJ* de 22-6-2007; AO 1.402, Rel. Min. Sepúlveda Pertence, julgamento em 19-9-2006, Primeira Turma, *DJ* de 6-10-2006). Dessa forma, mera alegação de imparcialidade, por parte do magistrado, não é suficiente para o deslocamento da competência (AO 1.531-AgR, Rel. Min. Cármen Lúcia, julgamento em 3-6-2009, Plenário, *DJe* de 1º-7-2009). E a mera existência de exceção de suspeição de todos ou da maioria dos membros do tribunal não basta para deslocar a competência para o STF, exigindo-se o efetivo julgamento e a declaração expressa de impedimento ou suspeição de mais da metade dos magistrados do tribunal.

Os vários julgados do STF oscilam em matéria de competência, assunto que tem de ser avaliado topicamente, dado que as discussões transitam em inúmeros assuntos, como concessão de vantagens a magistrados (auxílio-moradia, conversões de pecúnia em vantagens, abonos etc.), suspeição e impedimento de juízes, eleição interna nos tribunais, entre outros.

XI. A alínea *o* trata da competência do STF para julgar os conflitos de competência entre o Superior Tribunal de Justiça e quaisquer tribunais, entre Tribunais Superiores, ou entre estes e qualquer outro tribunal. Essa competência decorre do fato de ser o STF, na estrutura hierárquica de organização do Poder Judiciário, a única Corte acima dos Tribunais Superiores e que, por essa razão, pode deter a natural jurisdição sobre os conflitos de competência (positivos ou negativos) instaurados entre tais tribunais, entre eles ou em relação a qualquer outro tribunal.

Apesar da ausência de qualquer previsão constitucional (vide, *abaixo, tópico sobre competências implícitas*), o STF, a partir da interpretação dessa alínea *o* do inciso I do art. 102, tem reconhecido sua competência para dirimir conflito entre Tribunal Superior e Juízo de primeira instância a ele não vinculado (por exemplo, entre Juiz de Direito da Justiça Comum e Tribunal Superior do Trabalho) (CC 7.013, Rel. Min. Paulo Brossard, *DJ* 17.6.1994; CC 7.025, Rel. Min. Celso de Mello, *DJ* 9.6.1995).

XII. O inciso trata do pedido de medida cautelar das ações diretas de inconstitucionalidade. (*Sobre o tema das medidas cautelares em ação direta de inconstitucionalidade*, vide *também os comentários ao art. 102, § 2º.*) Em um sistema jurídico complexo como o brasileiro, afigura-se de fundamental importância a possibilidade de concessão de medida cautelar em sede de jurisdição constitucional. Em regra, o pedido de medida cautelar somente pode ser apreciado pelo Plenário do STF. A exceção corre por conta dos períodos de recesso e férias do Tribunal, conforme preceitua o art. 10 da Lei 9.868/99, hipótese em que o Presidente da Corte exerce a competência excepcional definida no art. 13, VIII, do RISTF, podendo decidir monocraticamente sobre pedidos de medida cautelar em ação direta de inconstitucionalidade, o que posteriormente (após o término do período de recesso ou de férias) deve ser submetido ao referendo do Plenário. Há casos, porém, em que circunstâncias específicas de especial urgência justificaram decisões cautelares monocráticas, posteriormente referendadas pelo Plenário do STF (ADI 4.451-REF-MC, Rel. Min. Ayres Britto, julg. em 2.9.2010; ADI 4.307-REF-MC, Rel. Min. Cármen Lúcia, julg. em 11-11-2009, Plenário, *DJe* de 5-3-2010; ADI 4.232-MC, Rel. Min. Menezes Direito, *DJ* 22.5.2009; ADI 4.190-MC, Rel. Min. Celso de Mello; ADI 2.849, Rel. Min. Sepúlveda Pertence; *DJ* 22.5.2009).

A liminar poderá ser concedida com ou sem oitiva dos órgãos ou autoridades responsáveis pelo ato impugnado, dependendo do requisito da "excepcional urgência" (art. 10, *caput* e §§ 1º, 2º e 3º, da Lei 9.868/99).

A jurisprudência do STF é pacífica no sentido de que, na ação direta de inconstitucionalidade, além dos requisitos da plausibilidade jurídica do pedido (*fumus boni iuris*) e do *periculum in mora*, exige-se a presença do requisito da *conveniência* para a concessão da medida cautelar. Esse requisito, em alguns casos, chega a substituir o *periculum in mora* como razão justificadora da concessão da liminar. Nesse sentido, citem-se, apenas a título ilustrativo, os seguintes precedentes: ADI MC 2.314, Rel. Min. Moreira Alves, *DJ* 8.6.2001; ADI 568, Rel. Min. Celso de Melo, *DJ* 27.9.1991; ADI 165, Rel. Min. Celso de Melo, *DJ* 26.9.1997; ADI 2.290. Rel. Min. Moreira Alves, *DJe* 31.5.2001; ADI 2.034. Rel. Min. Sydney Sanches, *DJ* 18.2.2000; ADI MC 2.028, Rel. Min. Moreira Alves, *DJ* 23.11.1999; ADI MC 1.942, Rel. Min. Moreira Alves, *DJ* 22.10.1999; ADI MC 1.921, Rel. Min. Marco Aurélio, *DJ* 12.3.1999. ADI MC 1.719, Rel. Min. Moreira Alves, *DJ* 27.2.1998; ADI MC 1.087, Rel. Min. Moreira Alves, *DJ* 7.4.1995.

O efeito da medida será, em regra, *ex nunc*, podendo, entretanto, o Tribunal atribuir-lhe efeito *ex tunc*. A medida cautelar é dotada de efeito repristinatório, fazendo ressurgir a vigência de norma eventualmente revogada pela norma suspensa na decisão liminar (§ 2º do art. 11 da Lei 9.868/99).

XIII. No âmbito da competência originária do Supremo Tribunal Federal está o mandado de injunção, quando a elaboração da norma regulamentadora for atribuição do Presidente da República, do Congresso Nacional, da Câmara dos Deputados, do Senado Federal, das Mesas de uma dessas Casas Legislativas, do Tribunal de Contas da União, de um dos Tribunais Superiores, ou do próprio Supremo Tribunal Federal. (*Sobre o mandado de injunção e suas peculiaridades*, vide *comentários ao art. 5º, inciso LXXI*.)

XIV. Também é o STF competente para o julgamento das ações contra o Conselho Nacional de Justiça e contra o Conselho Nacional do Ministério Público. Não é qualquer ação contra o CNJ ou contra o CNMP que ensejará esse foro especial. Com efeito, o Supremo Tribunal Federal (Pet. 3.674/DF) não conheceu de ação popular ajuizada contra o CNMP, na qual se pretendia a nulidade de decisão – proferida pela maioria de seus membros – que prorrogara o prazo concedido aos membros do Ministério Público ocupantes de outro cargo público, para que retornassem aos órgãos de origem. Entendeu-se que a competência do STF para julgar ações contra o CNJ e o CNMP, introduzida pela EC n. 45/2004, refere-se a ações contra os respectivos colegiados e não àquelas em que se questiona a responsabilidade pessoal de um ou mais conselheiros. O CNMP, por não ser pessoa jurídica, mas órgão colegiado da União, não estaria legitimado a integrar o polo passivo da relação processual da ação popular (Lei n. 4.417/65, art. 6º, § 3º – Lei da Ação Popular). Se se considerasse a menção ao CNMP como válida à propositura da demanda contra a União, seria imprescindível o litisconsórcio passivo de todas as pessoas físicas que, no exercício de suas funções no colegiado, tivessem concorrido para a prática do ato.

XV. Competências implícitas. Por último, cabe analisar uma questão que se torna inexorável no contexto de uma Constituição analítica como a brasileira. *Trata-se das competências implícitas conferidas pela materialidade constitucional à Suprema Corte, enquanto instância originária*. Com efeito, desde a égide da Constituição de 1946 que a jurisprudência do Supremo Tribunal admite a possibilidade de extensão ou ampliação de sua competência expressa quando esta resulte implícita no próprio sistema constitucional. Nesse sentido, o precedente da relatoria do Ministro Luiz Gallotti (Denúncia n. 103, julgada em 5-9-1951).

Trata-se da interpretação extensiva do texto constitucional em matéria de competência, para evitar aporias no sistema, uma vez que deve ser preservado o foro do Tribunal enquanto instância originária. Nesse sentido, o julgamento da Rcl. 2.138/DF, na qual se discutiu a competência plena e exclusiva do STF para processar e julgar, nas infrações penais comuns e nos crimes de responsabilidade, os Ministros de Estado, conforme a hipótese do art. 102, I, *c*, da Constituição. Assim também reconhece o STF a sua competência para processar e julgar todo e qualquer mandado de segurança, qualquer que seja a autoridade coatora, impetrado por quem tem a sua extradição deferida pelo Tribunal Maior.

É certo, igualmente, que, antes de se cogitar de uma interpretação restritiva ou ampliativa, compete ao intérprete verificar se, mediante fórmulas pretensamente alternativas, não se está a violar a própria decisão fundamental do constituinte ou, na afirmação do Ministro Sepúlveda Pertence, se a função do STF é realizar a Constituição e nela a largueza do campo do foro por prerrogativa de função mal permite caracterizá-lo como excepcional, nem cabe restringi-lo, nem cabe negar-lhe a expansão sistemática necessária a dar efetividade às inspirações da Lei Fundamental (Inq.-QO 687/SP).

De igual modo, no que se refere à competência do STF – aqui, é quase inesgotável a pletora de exemplos –, adotou-se a interpretação extensiva ou compreensiva do texto constitucional em mandados de segurança contra ato de Comissão Parlamentar de Inquérito, contra atos individuais praticados por parlamentar que profere decisão em nome da Mesa da Câmara dos Deputados (art. 102, I, *d*, 2ª parte) e contra atos que tenham relação com o pedido de extradição (CF, art. 102, I, *g*); *habeas corpus* contra a Interpol, em face do recebimento de mandado de prisão expedido por magistrado estrangeiro, tendo em vista a competência do STF para processar e julgar, originariamente, a extradição solicitada por Estado estrangeiro (CF, art. 102, I, *g*) e o mesmo *writ* contra qualquer decisão do STJ, desde que configurado o constrangimento ilegal.

Exemplo também digno de menção é a competência trazida no art. 43 do Regimento Interno do Supremo Tribunal Federal para processar e julgar crimes ocorridos "na sede ou dependência do Tribunal, se envolver autoridade ou pessoa sujeita à sua jurisdição". Num contexto de ataques sistemáticos à Corte, o Presidente Ministro Toffoli lavrou Portaria (GP 69/2019) que instaurou o Inquérito 4.781. Instado a se pronunciar sobre o dispositivo regimental e do ato que deflagrou a investigação, o Plenário assentou sua conformidade constitucional (ADPF 572, Rel. Min. Edson Fachin, j. 18-6-2020, *DJe* 7-5-2021). Vê-se, portanto, que, mesmo numa Constituição tão analítica como a brasileira, não há como não adotar a *interpretação compreensiva* do texto constitucional. O sistema constitucional não repudia a ideia de competências implícitas complementares, desde que necessárias para colmatar lacunas constitucionais evidentes. Parece que o argumento da competência estrita do STF não encontra respaldo na práxis jurisprudencial. Afigura-se, pois, incorreta e contrária à jurisprudência pacífica a afirmação, corrente em inúmeros manuais, segundo a qual a competência da Corte há de ser interpretada de forma restritiva. A principiologia constitucional aponta não apenas para a possibilidade, mas, sim, para a necessidade de o Supremo Tribunal Federal solucionar os casos de competências que não estão explicitadas no texto constitucional ou na legislação.

Art. 102, I, *l*) a reclamação para a preservação de sua competência e garantia da autoridade de suas decisões; (ver item VIII, p. 1371).

Gilmar Ferreira Mendes
Lenio Luiz Streck[1]

A – REFERÊNCIAS

1. Origem da norma

Após o julgamento da Rcl. 141, e com esteio no art. 97, II, da CF/1946, o Min. Ribeiro da Costa propôs à Comissão de Regimento Interno, em sessão de 2 de outubro de 1957, emenda ao RISTF de 1940, que foi aprovada para incluir o Capítulo V-A do Título III, a disciplinar o instituto da Reclamação. A emenda foi

[1]. O comentário contou com a colaboração de André Rufino do Vale.

publicada na fl. 12.642 do *DJ* de 3 de outubro de 1957. Confirmou-se a medida na CF/1967, art. 115, parágrafo único, *c* e na CF/1969, art. 120, parágrafo único, *c*, pela possibilidade dos Regimentos Internos darem disciplina processual para os feitos de competência própria dos Tribunais. Depois, houve previsão no RISTF de 1970 – arts. 161 a 167.

2. Legislação

RISTF, arts. 156 a 162; Lei 8.038/90, arts. 13-18.

3. Jurisprudência

Súmula 368/STF; Súmula 734/STF; Rcl 336; Rcl 3.800-AgR; Rcl 909-AgR; Rcl 872-AgR; Rp. 1.092 (Natureza Jurídica da Reclamação); Rcl 3.284-AgR; Rcl 6.483-AgR; MS 27.115-ED; Rcl 3.979-AgR; Rcl 3.084 (Não cabimento em relação à Súmula sem efeito vinculante); Rcl 6.079-AgR (Não cabimento contra decisões que não envolvam as partes); Rcl 1.880-AgR; Rcl 399 (Legitimidade ativa ampla quando o ato suscitado possui eficácia *erga omnes* e efeito vinculante); Rcl 5.017-AgR; Rcl 1.459 (Prejuízo – resolução sem exame de mérito do ato atacado); Rcl 6.638-AgR (Não cabimento contra simples demora); RE 405.031 (Impossibilidade de criação de Reclamação em Regimento Interno no contexto da CF/88); ADI 2.480 (Possibilidade de Criação de Reclamação nas Constituições Estaduais para os TJs); Rcl 6.534-AgR; Rcl 4.364-AgR (Necessidade de ajuste do caso concreto, com exatidão e pertinência, ao julgamento paradigma); Rcl 4.920-MC-AgR (Manutenção dos efeitos da Reclamação com a ratificação da decisão atacada); Rcl 5.411-AgR; Rcl 6.579-AgR (Necessidade do objeto da reclamação não extravasar o disposto no art. 102, I, CF); Rcl 4.903-AgR-AgR (Cabimento para resguardar liminar concedida em processo de controle abstrato); Rcl 3.939 (Não cabimento contra decisão que seja anterior à decisão paradigma do STF); Rcl 5.310 (Impossibilidade da utilização de Reclamação como antecipação de julgamento); Rcl 2.121-AgR-AgR; Rcl 2.912-AgR (Extinção do paradigma e prejudicialidade da Reclamação); Rcl 5.151 (Reclamação e decisão atacada que se funda na coisa julgada); Rcl 4.785-MC-AgR; Rcl 5.381-ED; Rcl 5.261-MC-AgR; Rcl 4.733 (Âmbito estreito de cognição da Reclamação); Rcl 4.174-AgR; Rcl 4.591-AgR; Rcl 3.916-AgR (Cabimento somente contra atos *externa corporis*); Rcl 5.389-AgR; Rcl 4.448-AgR (Inaplicabilidade da teoria dos efeitos transcendentes para conferir ao paradigma eficácia vinculante ou efeito *erga omnes* quando não há similitude fático-jurídica); Rcl 1.987 (possibilidade de declaração incidental de inconstitucionalidade em sede de Reclamação); Rcl 3.982 (Não cabimento de Reclamação contra ato futuro e indeterminado); Rcl 3.424-AgR; Rcl 2.658-AgR, Rcl 2.811-AgR e Rcl 2.821-AgR (Descabimento – decisão denegatória de liminar em controle concentrado não possui efeito vinculante); Rcl 5.159-AgR; Rcl 909-AgR (Não cabimento quando há recurso apropriado e cabível contra a decisão reclamada); Rcl 2.600-AgR (Reclamação e efeitos *ex tunc* da declaração de inconstitucionalidade); Rcl 3.268-AgR (RE retido na origem – art. 542, § 3º, CPC/1973. Fungibilidade da Reclamação com Ação Cautelar); Rcl 3.960-AgR (Não cabimento contra ato sobre o mérito do qual a Corte não se pronunciou); Rcl 1.190-AgR e Rcl 1.197-AgR; Rcl 6.167-AgR; Rcl 5.537-

AgR; Rcl 4.857-AgR; Rcl 3.632-AgR (Ajuizamento independe de publicação do acórdão ou da juntada do teor desse, bastando que a ata tenha sido publicada); Rcl 2.665-AgR; Rcl 3.138 (Não cabimento com fins de uniformização de jurisprudência); Rcl 1.438-QO; Rcl 4.200-AgR; Rcl 4.702-AgR, Rcl 4.793-AgR, Rcl 5.838-AgR e Rcl 7.410-AgR; Rcl 5.718-AgR; Rcl 2.090-AgR; Rcl 4.706-AgR; Rcl 2.017; Rcl 365 (Não cabimento de Reclamação quando já se processou a coisa julgada, por não se tratar de sucedâneo recursal da Ação Rescisória); Rcl 399; Rcl 556 (Cabimento de Reclamação quando o órgão de que emanara a norma declarada inconstitucional persiste na prática de atos concretos que lhe pressuporiam a validade).

4. Seleção de literatura

DANTAS, Marcelo Navarro Ribeiro. *Reclamação constitucional no direito brasileiro*, Porto Alegre: Sérgio A. Fabris, Editor, 2000; DINAMARCO, Cândido Rangel. A reclamação no processo civil brasileiro. In: NERY JUNIOR, Nelson e WAMBIER, Teresa Arruda Alvim, *Aspectos polêmicos e atuais dos recursos cíveis e de outros meios de impugnação às decisões judiciais*. v. 6. São Paulo: Revista dos Tribunais, 2002; GONÇALVES, Marcus Vinicius Rios. *Novo curso de direito processual civil*: processo de conhecimento e procedimentos especiais. v. 2. 4ª ed. rev. São Paulo: Saraiva, 2008; GRECO FILHO, Vicente. *Direito processual civil brasileiro*. v. 2. 20ª ed. rev. e atual. São Paulo: Saraiva, 2009; HOMMERDING, Adalberto Narciso. Reclamação e correição parcial: critérios para distinção. In: COSTA, Eduardo José da Fonseca (org.). *Reclamação*. São Paulo: Revista dos Tribunais, 2010; LIMA, Alcides de Mendonça. *O Poder Judiciário e a nova Constituição*. Rio de Janeiro: Aide, 1989; MARTINS, Ives Gandra da Silva. *Eficácia das decisões do Supremo Tribunal Federal*. Revista de Processo, n. 97, p. 241-250, jan-mar/2005; MEIRELLES, Hely Lopes; MENDES, Gilmar Ferreira e WALD, Arnoldo. *Mandado de segurança e ações constitucionais*. 32ª ed. São Paulo: Malheiros, 2009; MENDES, Gilmar Ferreira. Reclamação constitucional no Supremo Tribunal Federal. In: *Fórum administrativo*, v. 9, n. 100, p. 94-111, jun., 2009. In: *Justiça constitucional*: pressupostos teóricos e análises concretas, Belo Horizonte: Fórum, 2007. p. 267-300; MORATO, Leonardo L. A reclamação constitucional e a sua importância para o Estado Democrático de Direito. In: *Revista de Direito Constitucional e Internacional*, v.13, n.51, p.171-187, abr./jun., 2005; MORATO, Leonardo L. *Reclamação e sua aplicação para o respeito da súmula vinculante*. São Paulo: Revista dos Tribunais, 2007; PINHEIRO, Wesson Alves. Reclamação e correição parcial. In: *Revista dos Tribunais*. n. 21 – Ano VI – janeiro/março de 1981. São Paulo: Revista dos Tribunais, 1981, p. 124-133; PONTES DE MIRANDA, Francisco Cavalcanti. *Comentários ao Código de Processo Civil*. Tomo V. São Paulo: Forense, 1974; SANTOS, Gevany Manoel dos. *Súmula vinculante e reclamação*. São Paulo: LTr, 2008; STRECK, Lenio. *Jurisdição constitucional*. 7. ed. São Paulo: Gen-Forense, 2023; STRECK, L.L. Comentários ao CPC – artigos 988 e segs. In: STRECK, L.L., NUNES, Diele, CUNHA, Leonardo e FREIRE, Alexandre. São Paulo: Saraiva, 2017; VALE, André Rufino do. *La deliberación en los Tribunales Constitucionales*. Madrid: Centro de Estudios Políticos y Constitucionales, 2017.

B – COMENTÁRIOS

I. A reclamação para preservar a competência do Supremo Tribunal Federal ou garantir a autoridade de suas decisões é fruto de criação jurisprudencial. Afirma-se que ela decorreria da ideia dos *implied powers* deferidos ao Tribunal. Com efeito, há no instituto uma marcante influência do que se passou na Suprema Corte dos Estados Unidos, após o célebre caso *MacCulloch x Maryland*. O *Chief Justice* John Marshall, no acórdão referido, sublinhou que "não há frase na Constituição que, como nos artigos da Confederação, exclua poderes incidentais e implícitos, o que requereria que cada competência fosse minuciosamente descrita". Com base nesses poderes implícitos, o nosso STF, seguindo o congênere estadunidense, bem cedo passou a reconhecer implícita a competência para os crimes de moeda falsa, contrabando e peculato dos funcionários federais ou para tomar conhecimento de ação rescisória de seus acórdãos, muito antes de, com a Constituição de 1934, ser criada essa ação.

No Brasil, a falta de contornos definidos sobre o instituto da reclamação fez com que a sua construção inicial repousasse sobre a teoria dos poderes implícitos (Rcl. 141, Rel. Min. Lagoa da Rocha, 21.1.1952). Em 1957, aprovou-se a incorporação da reclamação no Regimento Interno do Supremo Tribunal Federal. A Constituição Federal de 1967 (art. 115), que autorizou o STF a estabelecer a disciplina processual dos feitos sob sua competência, conferindo força de lei federal às disposições do Regimento Interno sobre seus processos, acabou por legitimar definitivamente o instituto da reclamação, agora fundamentada em dispositivo constitucional.

Com o advento da Carta de 1988, o instituto adquiriu, finalmente, *status* de competência constitucional (art. 102, I, *l*). A Constituição consignou ainda o cabimento da reclamação perante o Superior Tribunal de Justiça (art. 105, I, *f*), igualmente destinada à preservação da competência daquela Corte e à garantia da autoridade das decisões por ela exaradas.

Cumpre registrar, também, que é vetado à Corte efetuar revisão da decisão judicial ou do ato administrativo impugnado (vale dizer, não se pode alterar o conteúdo da decisão ou do ato objeto da reclamação). Apenas lhe é permitido *cassar* da decisão judicial ou *anular* o ato administrativo, hipótese em que determinará à administração ou ao órgão jurisdicional que profira outra decisão ou realize outro ato no lugar daqueles que foram cassados ou anulados. Saliente-se, ainda, que, nos casos de reclamação por usurpação de competência, sendo esta procedente, o STF poderá avocar os autos do processo ou do recurso. Trata-se de uma exceção à sistemática brasileira, que adota o modelo de substituição de jurisdição nos casos de recursos e apelações.

II. A definição da natureza jurídica da reclamação não constitui tarefa fácil, por inexistir consenso na doutrina e na jurisprudência. Pacificado está somente o entendimento de se tratar a reclamação de medida jurisdicional, pondo fim à antiga discussão de que a reclamação constituiria mera medida administrativa.

É que o STF ou o STJ, ao julgarem a reclamação, afastam a eficácia do ato do juiz ou tribunal inferior que: a) tenha invadido a competência do STF ou STJ; b) tenha sido em desacordo com anterior julgamento do STF ou STJ. O art. 161 do RISTF, por exemplo, prevê, inclusive, que o Plenário ou a Turma poderá avocar o conhecimento do processo em que se verifique usurpação de sua competência; ordenar que lhe sejam remetidos, com urgência, os autos do recurso para ele interposto; cassar a decisão exorbitante de seu julgado ou determinar medida adequada à observância de sua jurisdição.

Então, quando se derem o decreto de ineficácia ou a determinação de medida adequada à observância da jurisdição dos Tribunais Superiores, fatalmente o mérito será atingido. E se o mérito for atingido – e mesmo que não seja, *v.g.*, nos casos de usurpação de competência do STF ou STJ, o que, por si só, já é assunto jurisdicional – estaremos, evidentemente, diante de atividade jurisdicional.

A posição dominante – e aqui se torna mais evidente a ideia de que a reclamação é medida jurisdicional – parece ser aquela que atribui à reclamação natureza de ação propriamente dita, a despeito de outras vozes autorizadas da doutrina identificarem natureza diversa para o instituto, seja como remédio processual, incidente processual ou recurso. Tal entendimento justifica-se pelo fato de, por meio da reclamação, ser possível a provocação da jurisdição e a formulação de pedido de tutela jurisdicional, além de conter em seu bojo uma lide a ser solvida, decorrente do conflito entre aqueles que persistem na invasão de competência ou no desrespeito das decisões do Tribunal e, por outro lado, aqueles que pretendem ver preservada a competência e a eficácia das decisões exaradas pela Corte.

III. Anote-se ainda que, com o desenvolvimento dos processos de índole objetiva em sede de controle de constitucionalidade no plano federal e estadual (inicialmente representação de inconstitucionalidade e, posteriormente, ADI, ADO, ADC e ADPF), a reclamação, enquanto ação especial, acabou por adquirir contornos diferenciados na garantia da autoridade das decisões do Supremo Tribunal Federal ou na preservação de sua competência. A EC 45/2004 consagrou a súmula vinculante, no âmbito da competência do Supremo Tribunal, e previu que a sua observância seria assegurada pela reclamação (art. 103-A, § 3º).

Finalmente, com a entrada em vigor da Lei 13.105/2016, que instituiu o novo Código de Processo Civil, a reclamação passou a ser cabível também para resguardar a autoridade das decisões proferidas pelo Supremo Tribunal Federal na sistemática da repercussão geral (art. 988, IV), desde que esgotadas as instâncias ordinárias (art. 988, § 5º, II).

IV. O Supremo Tribunal Federal considerava, inicialmente, inadmissível a reclamação em sede de controle abstrato de normas. Em diversas oportunidades, o Tribunal manifestou-se no sentido do não cabimento da reclamação, como confirma a decisão da Rcl.-AgRg 354. Posteriormente, passou o Tribunal a admitir o cabimento da reclamação em sede de ação direta de inconstitucionalidade, desde que ajuizada por legitimado para a propositura da própria ação direta e que tivesse o mesmo objeto (Rcl. – QO 385). Em julgado de 25-11-1992, o Ministro Celso de Mello expressou a necessidade de que o entendimento jurisprudencial no sentido no não cabimento da reclamação em tal sede fosse revisto, *abrindo caminho para a possibilidade de se admitir a reclamação para atacar desobediência às decisões do Supremo Tribunal Federal em sede de controle concentrado*. Nesse caso, reconheceu o Tribunal que estariam legitimados aqueles entes e órgãos que, apesar de não terem sido parte na ADI em cuja decisão se fundamenta a reclamação, fossem titulares de legitimidade concorrente para requerer ação idêntica (RCL-QO 397). Também o julgamento da Rcl. 399, em 7-10-1993, representou importante avanço no uso da reclamação em sede de controle concentrado de constitucionalidade, ao admiti-la sob determinadas condições. Reconheceu-se o cabimento de reclamação quando o próprio órgão responsável pela edição da lei declarada inconstitucional persistisse em prática de atos concretos que pressuporiam a validade da norma declarada inconstitucional.

Com o advento da Emenda Constitucional n. 3/93, que introduziu a ação declaratória de constitucionalidade em nosso ordenamento jurídico, admitiu-se, expressamente, a reclamação para preservar a autoridade da decisão do Supremo Tribunal no julgamento de mérito na ação declaratória. Assim, se havia dúvida sobre o cabimento da reclamação no processo de controle abstrato de normas, a Emenda Constitucional n. 3/93 encarregou-se de espancá-la, pelo menos no que concerne à ADC. Subsistiu, porém, a controvérsia sobre o cabimento de reclamação em sede de ação direta de inconstitucionalidade.

V. A jurisprudência do Supremo Tribunal, no tocante à utilização do instituto da reclamação em sede de controle concentrado de normas, deu sinais de grande evolução no julgamento da questão de ordem em agravo regimental na Rcl. 1.880, em 23-5-2002, quando na Corte restou assente o cabimento da reclamação para todos aqueles que comprovarem prejuízo resultante de decisões contrárias às teses do STF, em reconhecimento à eficácia vinculante *erga omnes* das decisões de mérito proferidas em sede de controle concentrado. É certo, portanto, que qualquer pessoa afetada ou atingida pelo ato contrário à orientação fixada pelo Supremo Tribunal Federal disporá de legitimidade para promover a reclamação. A controvérsia restou definitivamente superada com o advento da EC n. 45/2004, que, expressamente, estabeleceu que "as decisões definitivas de mérito, proferidas pelo Supremo Tribunal Federal, nas ações diretas de inconstitucionalidade e nas ações declaratórias de constitucionalidade produzirão eficácia contra todos e efeito vinculante, relativamente aos demais órgãos do Poder Judiciário e à administração pública direta e indireta, nas esferas federal, estadual e municipal".

VI. Consagrando o texto constitucional de 1988 a possibilidade de concessão de cautelar em ação direta de inconstitucionalidade (CF, art. 102, I, *p*), parece que também essa decisão há de ser dotada de *eficácia geral*. É que se cuida de suspender a vigência de uma norma até o pronunciamento definitivo do Supremo Tribunal Federal. Como consequência direta da natureza objetiva do processo, a decisão concessiva de liminar em sede de ação direta de inconstitucionalidade produz eficácia com relação a todos. Se não subsiste dúvida relativamente à eficácia *erga omnes* da decisão concessiva proferida em sede de cautelar na ação direta de inconstitucionalidade, é lícito indagar se essa decisão seria, igualmente, dotada de efeito vinculante.

Essa indagação tem relevância especialmente porque, como se viu, da qualidade especial do efeito vinculante decorre, no nosso sistema de controle direto, a possibilidade de propositura de reclamação. Aceita a ideia de que a ação declaratória configura uma "ADI com sinal trocado", tendo ambas caráter dúplice ou ambivalente, afigura-se difícil admitir que a decisão proferida em sede de ação direta de inconstitucionalidade seria dotada de efeitos ou consequências diversos daqueles reconhecidos para a ação declaratória de constitucionalidade.

Na Ação Declaratória de Constitucionalidade n. 4, relator Sydney Sanches, *DJ* de 21-5-1999, o Supremo Tribunal acabou por consagrar o cabimento da medida cautelar em sede de ação declaratória, para que os juízes e os Tribunais suspendam o julgamento dos processos que envolvam a aplicação do ato normativo impugnado. Entendeu-se admissível que o Tribunal passasse a exercer, em sede de ação declaratória de constitucionalidade, o poder cautelar que lhe é inerente, "enfatizando-se que a prática da jurisdição cautelar acha-se essencialmente vocacionada a conferir tutela efetiva e garantia plena ao resultado que deverá emanar da decisão final a ser proferida naquele processo objetivo de controle abstrato". É que, como bem observado por Celso de Mello, o Plenário do Supremo Tribunal Federal, ao deferir o pedido de Medida Cautelar na ADC n. 4/DF, expressamente atribuiu, à sua decisão, eficácia vinculante e subordinante, com todas as consequências jurídicas daí decorrentes.

Portanto, considerou o Tribunal que a decisão concessiva da cautelar afetava não apenas os pedidos de tutela antecipada ainda não decididos, mas todo e qualquer efeito futuro da decisão já proferida nesse tipo de procedimento. Em outros termos, o Poder Público Federal ficava desobrigado de observar as decisões judiciais concessivas de tutela fundadas na eventual inconstitucionalidade da Lei n. 9.494/97, a partir da data da decisão concessiva da cautelar em ação declaratória, independentemente de a decisão judicial singular ter sido proferida em período anterior. E, mais, que, em caso de não observância por parte dos órgãos jurisdicionais ordinários, o remédio adequado haveria de ser a reclamação. Assim, hoje se aceita a reclamação para assegurar a autoridade da decisão concessiva de cautelar em ação direta de inconstitucionalidade ou ação declaratória de constitucionalidade.

VII. Os vários óbices à aceitação do instituto da reclamação em sede de controle concentrado parecem ter sido superados, estando agora o Supremo Tribunal Federal em condições de ampliar o uso desse importante e singular instrumento da jurisdição constitucional brasileira. Com o advento da Lei n. 9.882/99, que estendeu o reconhecimento de efeito vinculante aos demais órgãos do Poder Público, a questão assume relevo prático, em razão, especialmente, do objeto amplo da ADPF, que envolve até mesmo o direito municipal. Não há dúvida de que a decisão de mérito proferida em ADPF será dotada de efeito vinculante, dando azo, por isso, à reclamação para assegurar a autoridade da decisão do Supremo Tribunal Federal. Não impressiona, igualmente, o fato de o efeito vinculante ter sido estabelecido em lei (e não estar expressamente previsto na Constituição). *É que, como observado acima, o efeito vinculante configura apanágio da jurisdição constitucional e não depende, por isso, de regra expressa na Constituição.*

VIII. Da mesma forma, cabível a reclamação para assegurar a autoridade da decisão proferida em ADPF, não há razão para não reconhecer também o efeito vinculante da decisão proferida em cautelar na ADPF (art. 5º, § 3º, da Lei n. 9.882/99), o que importa, igualmente, na admissão da reclamação para garantir o cumprimento de decisão adotada pelo Tribunal em sede de cautelar.

Se não parece haver dúvida quanto à legitimidade do efeito vinculante e, portanto, sobre o cabimento de reclamação em sede de decisão de mérito em ADPF, a fórmula um tanto abrangente utilizada pelo legislador no § 3º do art. 10 da Lei n. 9.882/99 pode suscitar alguma apreensão. *É que, levada às últimas consequências, ter-se-ia que admitir também uma vinculação do legislador à decisão proferida em ADPF.* Como se sabe, cuida-se de um tema assaz difícil no âmbito da teoria da jurisdição constitucional, tendo em vista o perigo de um engessamento da ordem jurídica objetiva. Ademais, caberia indagar se a fórmula adotada pelo legislador, no § 3º do art.10 da Lei n. 9.882/99, importaria na possibilidade de abarcar, com efeito vinculante, as leis de teor idêntico àquela declarada inconstitucional.

Em geral, tem-se dado resposta negativa a essa pergunta, com base no argumento relativo a não aplicação do efeito vinculante à atividade legislativa. Além de ser uma resposta sustentada na clássica divisão de poderes, trata-se, fundamentalmente, de uma problemática de feição hermenêutica. Não é possível estender no tempo um sentido que é mutável, sensível que é ao passar do tempo. Nesse sentido, repita-se a fórmula hermenêutica: *tempo é sentido e sentido é temporalidade.*

Assim, lei de teor idêntico àquela declarada inconstitucional somente poderia ser atacada por uma ação autônoma. É possível, porém, que essa controvérsia tenha perfil hoje acentuadamente acadêmico. É que, ainda que não se empreste *eficácia transcendente* (efeito vinculante dos fundamentos determinantes) à decisão (Rcl 1987), o Tribunal, em sede de reclamação *contra aplicação de lei idêntica àquela declarada inconstitucional*, poderá declarar, incidentalmente, a inconstitucionalidade da lei ainda não atingida pelo juízo de inconstitucionalidade. Esse entendimento foi reafirmado na Rcl 4.448-RS que destacou a inaplicabilidade da teoria dos efeitos transcendentes para conferir ao Acórdão paradigma eficácia vinculante ou efeito *erga omnes* quando não há similitude fático-jurídica. Nesse sentido, refira-se uma vez mais à Rcl. 595 (Rel. Sydney Sanches), na qual a Corte declarou a inconstitucionalidade de expressão contida na alínea *c* do inciso I do art. 106 da Constituição do Estado de Sergipe, que outorgava competência ao respectivo Tribunal de Justiça para processar e julgar ação direta de inconstitucionalidade de normas municipais em face da Constituição Federal.

Assim, em relação à lei de teor idêntico àquela declarada inconstitucional – ainda que se afirme o não cabimento de reclamação – poder-se-á impugnar a sua aplicação por parte da Administração ou do Judiciário, requerendo-se a declaração incidental de inconstitucionalidade. Essa solução terá um inegável efeito prático, na medida em que dispensará a utilização da via específica do processo objetivo para (re)afirmar a constitucionalidade de norma já apreciada pela Corte. De fato, não faria muito sentido se o Tribunal tergiversasse, não conhecendo de reclamação por questões meramente formais, e exigisse do interessado a propositura da arguição de descumprimento de preceito fundamental para atestar a constitucionalidade de lei municipal ou estadual de teor idêntico a outra que já teve a legitimidade constitucional reconhecida pela própria Corte. Nessa perspectiva, apesar de, num caso específico, o Supremo Tribunal Federal ter negado essa possibilidade, por maioria de votos (Rcl 3014), parece bastante lógico que, em sede de reclamação, o Tribunal analise a constitucionalidade de leis cujo teor é idêntico, ou mesmo semelhante, a outras leis que já foram objeto do controle concentrado de constitucionalidade perante o Supremo Tribunal Federal.

IX. A reclamação constitucional – sua própria evolução o demonstra – não mais se destina apenas a assegurar a competência e a autoridade de decisões específicas e bem delimitadas do Supremo Tribunal Federal, mas também constitui-se como ação voltada à proteção da ordem constitucional como um todo. A tendência hodierna é, pois, *que a reclamação assuma cada vez mais o papel de ação constitucional voltada à proteção da totalidade da ordem constitucional*. Os vários óbices à aceitação da reclamação em sede de controle concentrado já foram superados, estando agora o Supremo Tribunal Federal em condições de ampliar o uso desse importante e singular instrumento da jurisdição constitucional brasileira.

X. O CPC/2015 alterou substancialmente o regime da reclamação constitucional. De acordo com o art. 988 do Código, caberá reclamação da parte interessada ou do Ministério Público para: I – preservar a competência do tribunal; II – garantir a autoridade das decisões do tribunal; III – garantir a observância de enunciado de súmula vinculante e de decisão do Supremo Tribunal Federal em controle concentrado de constitucionalidade; e IV – garantir a observância de acórdão proferido em julgamento de incidente de resolução de demandas repetitivas ou de incidente de assunção de competência. Nesse último caso, o cabimento da reclamação fica condicionado ao esgotamento das instâncias ordinárias (art. 988, § 5º, II).

Registre-se que essas disposições atuais superaram parcialmente a jurisprudência do Supremo Tribunal Federal, que se orientava no sentido de não ser cabível reclamação contra decisão de juízos de origem que aplicam a sistemática da repercussão geral (Rcls 7.569 e 7.547, Rel. Min. Ellen Gracie, *DJe* de 11-12-2009). O escopo dessa tese era evitar que, a pretexto de correção de equívocos, as questões jurídicas continuassem chegando à Suprema Corte, por meio dessas classes processuais, o que frustraria o instituto da repercussão geral.

Não obstante, a redação originária do art. 988 da Lei n. 13.105/2015 (CPC/2015) previa o cabimento de reclamação para garantir a observância de acórdão de recurso extraordinário com repercussão geral. Ocorre que essa hipótese de cabimento excessivamente abrangente poderia comprometer o funcionamento do Supremo Tribunal Federal e transformar a crise numérica do recurso extraordinário, a qual veio a ser controlada pela repercussão geral, em uma crise numérica decorrente do elevado número de reclamações. Nesse contexto, antes mesmo de sua entrada em vigor, o novo diploma processual foi alterado pela Lei n. 13.256/2016, que restringiu o cabimento da reclamação para garantir a observância de acórdão de recurso extraordinário com repercussão geral apenas às hipóteses em que haja prévio esgotamento das instâncias ordinárias.

Em síntese, essa nova hipótese de cabimento de reclamação constitucional resultou de construção dialógica conformadora da antiga jurisprudência do Supremo Tribunal Federal com vontade do legislador de resguardar a autoridade das decisões da Corte em casos de abuso, como a má-aplicação da tese fixada na repercussão geral.

XI. A estrutura procedimental da reclamação era bastante singela, e coincidia, basicamente, com o procedimento adotado para o mandado de segurança. As regras básicas estavam previstas nos arts. 156-162 do RISTF e nos arts. 13 a 18 da Lei n. 8.038/90. O novo Código de Processo Civil (Lei n. 13.105/2015) disciplinou de forma mais detalhada e introduziu algumas modificações no procedimento da reclamação. A ação poderá ser proposta pelo Procurador-Geral da República ou por qualquer interessado, devendo estar instruída com prova documental (RISTF, art. 156 e parágrafo único; Lei n. 8.038/90, art. 13 e parágrafo único; CPC/2015, art. 988). Quanto à questão da legitimidade para propositura da reclamação, é de se ressaltar a exceção encontrada nos casos de provocação para a aprovação, revisão ou cancelamento de súmulas vinculantes que, nos termos do § 2º do art. 103-A CF, fica *restrita aos legitimados para propositura da ADI* (art. 103 CF). A autoridade reclamada deverá prestar informações no prazo de dez dias (CPC/2015, art. 989, I). O pedido do reclamante poderá ser impugnado por qualquer interessado (CPC/2015, art. 990). Relevante inovação da Lei n. 13.105/2016 é a imposição do dever de citação do beneficiário do ato atacado por meio da reclamação, de modo a integrá-lo no processo. Com efeito, o art. 989, III, determina que o relator, ao despachar a reclamação, determinará a citação do beneficiário da decisão impugnada, que terá o prazo de 15 (quinze) dias para apresentar a sua contestação. Nos termos do Regimento Interno do Supremo Tribunal, poderá o relator determinar a suspensão do curso do processo em que se tenha verificado o ato reclamado ou a remessa dos respectivos autos ao Tribunal (RISTF, art. 158; CPC/2015, art. 989, II). Nas reclamações não formuladas pelo Procurador-Geral da República, será concedida vista ao chefe do Ministério Público (RISTF, art. 160; CPC/2015, art. 991). Das decisões adotadas pelo relator, caberá agravo regimental. Se julgada procedente a reclamação, poderá o Tribunal ou a Turma, se for o caso (RISTF, art. 161): a) avocar o conhecimento do processo em que se verifique usurpação de sua competência; b) ordenar que lhe sejam remetidos, com urgência, os autos do recurso para ele interposto; c) cassar a decisão exorbitante de seu julgado ou determinar medida adequada à observância de sua jurisdição. A Emenda Regimental n. 13, de 2004, autorizou o relator a decidir monocraticamente, em caso de situações repetitivas ou idênticas, objeto de jurisprudência consolidada do Tribunal (art. 161, parágrafo único do RISTF). A ampla legitimação e o rito simples e célere, como características da reclamação, podem consagrá-la, portanto, como mecanismo processual de eficaz proteção da ordem constitucional, tal como interpretada pelo Supremo Tribunal Federal.

XII. Por fim, é preciso ter presente que o fortalecimento do mecanismo da reclamação vem na esteira de uma vertente do direito brasileiro que, desde 1988, tem agregado efeitos vinculantes aos mais variados mecanismos da Jurisdição Constitucional concentrada. Certamente, o caso paradigmático é o das súmulas vinculantes que prevê, expressamente, o manejo deste mecanismo para corrigir os desvios dos órgãos do poder judiciário e da administração pública na aplicação das súmulas. Dá-se, assim, uma notável *verticalização* da jurisprudência constitucional, cujo ápice é o STF. Essa questão transcende, inclusive, o âmbito do controle concentrado e dos problemas advindos dessa nova esfera dogmática que é a aplicação das súmulas vinculantes. Há casos de propositura de reclamação constitucional para fazer cumprir decisões proferidas pelo STF em sede de controle difuso de constitucionalidade (*v.g.* Rcl. 4335-AC, que perdeu o objeto com a promulgação da Lei 11.464/07).

Art. 102, II – julgar, em recurso ordinário:

a) o *habeas corpus*, o mandado de segurança, o *habeas data* e o mandado de injunção decididos em única instância pelos Tribunais Superiores, se denegatória a decisão;

b) o crime político;

III – julgar, mediante recurso extraordinário, as causas decididas em única ou última instância, quando a decisão recorrida:

a) contrariar dispositivo desta Constituição;

b) declarar a inconstitucionalidade de tratado ou lei federal;

c) julgar válida lei ou ato de governo local contestado em face desta Constituição;

d) julgar válida lei local contestada em face de lei federal.

Gilmar Ferreira Mendes
Lenio Luiz Streck[1]

A – REFERÊNCIAS

1. Origem da norma

Texto original da CF/88 e Emendas Constitucionais 22/1999, 23/1999 e 45/2004.

2. Constituições anteriores

Constituições de 1891, art. 59; 1934, art. 76; 1937, art. 101; 1946, art. 101; 1967, art. 114 e 1969, art. 119.

3. Dispositivos constitucionais relacionados

Art. 5º, incisos LXVIII (*habeas corpus*), LXIX e LXX (mandado de segurança), LXXI (mandado de injunção), LXXII (*habeas data*); art. 102, I, alíneas *d*, *i*, *q*; art. 102, § 3º.

4. Legislação

Código de Processo Civil; Código de Processo Penal; Regimento Interno do Supremo Tribunal Federal; Lei n. 10.259, de 2001; Lei 9.507, de 1997 (*habeas data*); Lei n. 12.016, de 2009 (mandado de segurança).

5. Jurisprudência

RHC 94.821, Rel. Min. Joaquim Barbosa, *DJe* de 30-4-2010; RHC 91.691, Rel. Min. Menezes Direito, *DJe* de 25-4-2008 (possibilidade de conhecimento como *habeas corpus* de recurso ordinário em *habeas corpus* que não preencha as formalidades previstas no art. 310 do RI-STF); (RMS 21.328, Rel. Min. Carlos Velloso, *DJ* de 3-5-2002 (fungibilidade entre recurso ordinário e recurso extraordinário); RMS 24.237, Rel. Min. Celso de Mello, *DJ* 3.5.2002; RMS 21586, Rel. Min. Néri da Silveira, *DJ* 1º.10.1993

---
1. O comentário contou com a colaboração de André Rufino do Vale.

(não cabimento de recurso ordinário contra decisão monocrática); RHC 87.449, Rel. Min. Celso de Mello, *DJ* de 3-8-2007 (não cabimento de recurso ordinário contra decisão de Turma Recursal de Juizado Especial); Extr 794, Rel. Min. Maurício Corrêa, *DJ* de 24.05.2002; Extr 694, Rel. Min. Sydney Sanches, *DJ* de 22.08.1997; Extr 615, Rel. Min. Paulo Brossard, *DJ* 5.12.1994; Extr 994, Rel. Min. Marco Aurélio, *DJ* 4.8.2006; Extr 399, rel. Min. Aldir Passarinho, *DJ* de 14.10.1983; Extr 855, Min. Celso de Mello, *DJ* 1º.7.2005; Extr 493, rel. Min. Sepúlveda Pertence, *DJ* de 3.8.1990; Extr 417, relator para o acórdão Min. Oscar Corrêa, *DJ* de 21.9.1984 (definição jurisprudencial do conceito de crime político); RC 1.468; HC 78.855, HC 74.782/RJ, HC 73.451 (competência do STF para julgamento do recurso ordinário dos crimes políticos julgados pela Justiça Federal de primeira instância); MC em AC 272 (concessão, pelo STF, de liminar requerida nos termos do art. 14, § 6º, da Lei n. 10.259/2001, para conferir efeito suspensivo a recurso extraordinário até o seu julgamento final e determinar a suspensão na origem, até o pronunciamento da Corte sobre a matéria, de todos os processos em tramitação perante os Juizados Especiais e Turmas Recursais da Seção Judiciária Federal do Estado do Rio de Janeiro nos quais se discutisse a desconsideração de acordos firmados em decorrência do termo de adesão previsto na LC n. 110/2001); RE 416.827 (admissão de *amicus curiae* em processo proveniente das Turmas Recursais dos Juizados Especiais); ADI 594 (impossibilidade de arguição de inconstitucionalidade de súmula); MS 20.505, Rel. Min. Néri da Silveira, *DJ* 8.11.91; RE 102.553, Rel. Min. Francisco Rezek, *DJ* 13.2.87 (causa de pedir aberta e declaração incidental de inconstitucionalidade no recurso extraordinário); AI-QO 791.292, Rel. Min. Gilmar Mendes, *DJe* 13.8.2010 (necessidade de fundamentação das decisões, art. 93, IX, da Constituição); RE 298.695, Rel. Min. Sepúlveda Pertence, julgamento em 6-8-2003, Plenário, *DJ* de 24-10-2003 (causa de pedir aberta no recurso extraordinário); as Súmulas do STF que dizem respeito diretamente ao recurso extraordinário delineadas na sequência deste comentário.

6. Referências bibliográficas

COOPER, Philip J. *Battles on the Bench*: conflict inside the Supreme Court. Lawrence: University Press of Kansas, 1995; CORRÊA, Oscar Dias. *O Supremo Tribunal Federal*. Rio de Janeiro: Forense, 1987; COX, Archibald. *The Court and the Constitution*. Boston: Houghton Mifflin Company, 1987; DANTAS, Bruno. *Repercussão geral*: perspectivas histórica, dogmática e do direito comparado. São Paulo: RT, 2010; DWORKIN, Ronald. *Domínio da vida*: aborto, eutanásia e liberdades individuais. São Paulo: Martins Fontes, 2003; FRAGA, Mirtô. *O novo Estatuto do Estrangeiro comentado*. Rio de Janeiro: Forense, 1985; HÄBERLE, Peter. O recurso de amparo no sistema germânico. *Sub Judice*, n. 20/21, (49), 2001; HALLER, Walter. *Supreme Court und Politik in den USA*. Berna, 1972; MILLER, Charles A. *The Supreme Court and the Uses of History*. Cambridge: Harvard University Press, 1969; MOREIRA ALVES, José Carlos. Poder Judiciário, *RT*, ano 5, n. 18, p. 269, jan./mar. 1997; NERY JR., Nelson e ANDRADE NERY, Rosa Maria de. *Constituição Federal Comentada*. 2. ed. São Paulo: RT, 2009; O´BRIEN, David, *The Supreme Court in American Politics*. New York: Norton, 1986; REHNQUIST, William H. *The Supreme Court*. New York: Vintage Books, 2001; RUSSOMANO, Gilda Maciel Corrêa Meyer. *A extradição no direito internacional e no direito brasileiro.* 3ª ed. São Paulo: RT, 1981; VALE, André Rufino do. *La deliberación en los Tribunales Constitucionales.* Madrid: Centro de Estudios Políticos y Constitucionales, 2017; VIANA, Ulisses Schwarz. *Repercussão geral sob a ótica da teoria dos sistemas de Niklas Luhmann.* São Paulo: Saraiva, 2010; ARAÚJO, José Henrique Mouta. A repercussão geral e o novo papel do STF. *Revista Dialética de Direito Processual.* n. 50, maio, 2007; FERREIRA, William Santos. *Sistema recursal brasileiro, de onde viemos, onde estamos e para onde (talvez) iremos.* In: COSTA, Hélio Rubens Batista Ribeiro; RIBEIRO, José Horácio Halfeld Rezende; DINAMARCO, Pedro da Silva (coords.). *Linhas mestras do processo civil*: comemoração dos 30 anos de vigência do CPC. São Paulo: Atlas, 2004; MEDINA, José Miguel Garcia. *Prequestionamento e repercussão geral*: e outras questões relativas aos recursos extraordinário e especial; FUCK, Luciano Felício. O Supremo Tribunal Federal e a repercussão geral. *Revista de Processo,* Ano 35, n. 181, março 2010, p. 9-37.

B – COMENTÁRIOS

Os incisos II e III do art. 102 da Constituição tratam da competência recursal do Supremo Tribunal Federal. Assim, ao lado da competência originária conferida pelo inciso I, ao Supremo Tribunal Federal o texto constitucional vigente também outorgou competência para julgar o *recurso ordinário* e o *recurso extraordinário.*

1. O recurso ordinário

O recurso ordinário diferencia-se substancialmente do recurso extraordinário (RE), pois não está submetido aos requisitos especiais de conhecimento próprios do RE (repercussão geral, prequestionamento da matéria constitucional, etc.), e nele é possível o exame de fatos, provas e de matéria atinente a direito constitucional ou infraconstitucional, federal, estadual e municipal. Nesse sentido, o STF tem admitido a fungibilidade entre o recurso ordinário e o recurso extraordinário, nas hipóteses em que a parte utiliza, dentro do prazo recursal, o recurso extremo, quando poderia fazer uso do recurso ordinário, despido de maiores formalidades e dotado de âmbito de conhecimento jurídico e fático mais amplo. Nesse caso, converte-se o recurso extraordinário em recurso ordinário, em benefício da parte (RMS 21.328).

O recurso ordinário devolve ao Supremo Tribunal Federal (1) a apreciação das questões constitucionais versadas em *habeas corpus*, mandado de segurança, *habeas data* e mandado de injunção decididos em única instância pelos tribunais superiores, quando denegatória a decisão, assim como (2) o julgamento do crime político objeto de decisão da Justiça Federal de primeira instância.

1.1. Habeas corpus, *mandado de segurança, o* habeas data *e o mandado de injunção decididos em única instância pelos tribunais superiores, se denegatória a decisão*

As garantias constitucionais do *habeas corpus*, do mandado de segurança, do *habeas data* e do mandado de injunção já foram objeto dos comentários aos incisos LXVIII (*habeas corpus*), LXIX e LXX (mandado de segurança), LXXI (mandado de injunção, LXXII (*habeas data*), todos do artigo 5º da Constituição, e também foram apreciadas nos comentários à competência originária do STF, especificamente às alíneas *d, i, q* do inciso I do art. 102 da Constituição. O inciso II do art. 102 trata apenas da atribuição ao STF de apreciação desses remédios jurídicos nos casos em que houve insucesso nos tribunais superiores. Nesse caso, o STF atua como Corte de revisão, em segunda e última instância, das decisões proferidas pelos tribunais superiores no exercício de sua competência originária para processar e julgar ações constitucionais.

A primeira questão é saber o que se deve entender por decisão "denegatória". Com efeito, tratando-se de remédios constitucionais, a definição deve ser ampla, incluindo nela a extinção do processo sem resolução de mérito. Por outro lado, essa amplitude não abrange a decisão monocrática e, especificamente, a que indefere pedido de liminar. A jurisprudência é firme no sentido de que "para instaurar-se a competência recursal ordinária do Supremo Tribunal Federal (CF, art. 102, II, 'a'), impõe-se que a decisão denegatória do mandado de segurança resulte de julgamento colegiado, proferido, em sede originária, por Tribunal Superior da União (TSE, STM, TST e STJ). Tratando-se de decisão monocrática, emanada de Relator da causa mandamental, torna-se indispensável – para que se viabilize a interposição do recurso ordinário para a Suprema Corte – que esse ato decisório tenha sido previamente submetido, mediante interposição do recurso de agravo ('agravo regimental'), à apreciação de órgão colegiado competente do Tribunal Superior da União" (RMS 24.237; RMS 21.586). Sobre a decisão liminar, especificamente relacionada ao *habeas corpus*, o STF produziu a Súmula 691, com o seguinte enunciado: "Não compete ao STF conhecer de *habeas corpus* impetrado contra decisão do relator que, em *habeas corpus* requerido a tribunal superior, indefere a liminar". O comando da súmula, no entanto, vem sendo relativizado em hipóteses excepcionais. Como explicado anteriormente (*vide* comentários ao art. 102, I, *i*), o Supremo Tribunal tem procedido ao devido *distinguishing* em casos específicos, com vistas a elidir a aplicação da súmula nas hipóteses em que a negativa da liminar pelas instâncias inferiores configura patente afronta ao direito fundamental de liberdade (art. 5º, *caput* e inciso XV, da CF/88) (HC 85.185/PE; HC 86.864/SP).

O *habeas corpus* tem sido o *writ* mais manejado perante a Suprema Corte, por vezes assumindo a feição de verdadeiro recurso extremo. Longe do que ocorre com as formalidades exigidas pelos demais institutos – especialmente o recurso extraordinário que, hoje, pressupõe a existência de repercussão geral da questão constitucional nele debatida – o *habeas corpus*, por tratar do direito fundamental à liberdade, possui reduzidas formalidades. O STF tem jurisprudência pacífica no sentido de que o recurso ordinário em *habeas corpus* que não observar os requisitos formais de regularidade previstos no art. 310 do Regimento Interno pode, excepcionalmente, ser recebido como *habeas corpus* (RHC 94.821; RHC 91.691). Existe, assim, uma fungibilidade lógica entre o recurso ordinário em *habeas corpus* e o próprio *habeas corpus*, de forma que, muitas vezes, seja preferível a utilização do *habeas corpus* em si, despido de formalidades, à do recurso ordinário. O recurso ordinário em *habeas corpus* e o próprio *habeas corpus* permitem ao STF conhecer de relevantes temas constitucionais debatidos na instância inferior. É por meio do *habeas corpus* que o Supremo Tribunal Federal vem declarando inconstitucionais diversos dispositivos de leis penais, como ocorreu no caso da proibição de progressão de regime nos crimes hediondos e da concessão de liberdade nas hipóteses previstas na Lei de Tóxicos.

Também é preciso delimitar a noção de "tribunais superiores", a qual apenas compreende os tribunais superiores da União (TSE, TST, STM, STJ). Nessa expressão não estão incluídas as Turmas Recursais dos Juizados especiais, como tem afirmado o Supremo Tribunal Federal. Assim, entende-se que "não cabe, para o STF, recurso ordinário contra decisão denegatória de *habeas corpus* proferida por Turma Recursal vinculada ao sistema dos Juizados Especiais Criminais, eis que tal órgão judiciário não se subsume à noção constitucional de Tribunal Superior (CF, art. 102, II, *a*)" (RHC 87.449, Rel. Min. Celso de Mello, julgamento em 7-3-2006, Segunda Turma, *DJ* de 3-8-2007). Nessa hipótese, porém, é possível conhecer o recurso como ação originária de *habeas corpus*.

O recurso ordinário em mandado de segurança torna possível ao STF o conhecimento de causas em que se discute a ilegalidade ou o abuso de poder eventualmente praticados por atos de tribunais superiores. Ressalte-se que o STF não dispõe de competência originária para processar e julgar mandado de segurança impetrado contra atos emanados de outros tribunais ou de seus presidentes ou órgãos coletivos parciais. Tal entendimento está expresso na Súmula 330 ("O Supremo Tribunal Federal não é competente para conhecer de mandado de segurança contra atos dos Tribunais de Justiça dos Estados") e na Súmula 624 ("Não compete ao Supremo Tribunal Federal conhecer originariamente de mandado de segurança contra atos de outros Tribunais"). Nessas hipóteses, o mandado de segurança contra ato de tribunal superior deve ser impetrado perante o próprio tribunal que praticou o ato impugnado. Assim, impetrado o mandado de segurança no próprio tribunal superior e uma vez denegada a ordem, caberá recurso ordinário ao STF. Como analisado, a Corte Suprema funciona, nessa hipótese, como tribunal de revisão ou de segunda instância das decisões proferidas pelos tribunais superiores.

1.2. Crimes políticos julgados pela Justiça Federal de primeiro grau

A referência ao "crime político" está tanto na alínea *b* do inciso II do art. 102 da Constituição, como no art. 109, IV, que trata da competência da Justiça Federal para processar e julgar o crime político, assim como no art. 5º, LII, que traduz o princípio da não extradição do estrangeiro por crime político.

A Constituição democrática de 1988 alterou a antiga competência da Justiça Militar (Constituição de 1969, art. 129 e seu parágrafo único) para julgamento dos crimes contra a segurança nacional, substituindo tal denominação pela de crime político, passando-a para o âmbito da Justiça Federal (art. 109, IV). Assim, no julgamento do RC n. 1.468, o Supremo Tribunal Federal fixou posição no sentido de que, se o paciente foi julgado por crime político em primeira instância, é este competente para o exame da apelação, ainda que reconheça inaplicável a Lei de Segurança Nacional.

Inexistente de forma expressa e positiva, seja na legislação internacional (tratados e convenções) ou na legislação interna (constitucional e infraconstitucional), o conceito de crime político tem sido objeto de instigantes controvérsias doutrinárias e jurisprudenciais, principalmente quando está em jogo a aplicação do princípio da não extradição de estrangeiro por crime político (art. 5º, LII, da Constituição).

A doutrina não traz soluções definitivas para a difícil tarefa de definir o conceito de crime político. Alguns autores defendem que os crimes políticos seriam aqueles delitos que representam ameaça à *segurança interna* do Estado. Outros dão amplitude maior a essa noção, abrangendo os atos que atentam contra a *segurança externa*, ou seja, a própria soberania do Estado em sua relação com os demais Estados. Em face dessa indefinição semântica, há, ainda, autores que defendem medidas legislativas de positivação, nos tratados de extradição que celebrem entre si os Estados, de um rol taxativo de infrações que se caracterizem como políticas para fins de não extradição.

Existem na doutrina, também, as denominadas correntes objetivas e subjetivas quanto à definição do crime político. Por um lado, a corrente *objetiva*, baseando-se no bem jurídico protegido, defende que o crime político seria aquele praticado contra a ordem política estatal; por outro lado, a corrente *subjetiva*, fundada na intenção ou motivação do delinquente, afirma que são políticos os crimes praticados com finalidade política, com a intenção de modificação do regime político (móvel do agente). Na prática, ambos os sistemas acabam se conjugando, constituindo a denominada *teoria mista* ou *eclética*.

Ainda na doutrina, divergem também as teses quanto à distinção entre delitos comuns e políticos. Talvez seja essa distinção uma das questões mais tormentosas no tocante à aplicação do princípio de não extradição por crime político, positivado no art. 5º, LII, da Constituição brasileira. A possibilidade da existência simultânea das duas infrações – uma política e outra comum – levou a doutrina a criar as categorias dos *delitos conexos* e dos *delitos complexos*. Os primeiros seriam aqueles em que seria possível verificar a concomitância dos dois delitos (político e comum), unidos por conexidade. Os segundos, por seu turno, seriam aquelas infrações em que, apesar de atingirem, simultaneamente, a ordem política e o direito comum, constituem ato único e inseparável em seus elementos. Alguns autores, rechaçando essa distinção, tratam do tema por meio dos conceitos de *delitos puramente políticos* ou *delitos políticos puros*, cujo aspecto político é estreme de dúvidas, e os *delitos relativamente políticos* ou *delitos políticos relativos*, também conhecidos como *delitos mistos*, nos quais é possível identificar, simultaneamente, aspectos políticos e de direito comum.

Questão difícil diz respeito à aplicação da extradição aos delitos conexos e complexos, também denominados delitos mistos ou delitos políticos relativos, como abordado acima. Também sobre esse ponto a doutrina possui explicações distintas e divergentes. Pelo denominado *sistema da separação*, a identificação de delitos conexos, porém distintos (ou separáveis), torna viável a extradição pelo delito comum. O *sistema do fim e do motivo*, por seu turno, torna possível a extradição quando presentes infrações ao direito comum com *motivação* política, e, por outro lado, nega a extradição se a *finalidade* da infração for eminentemente política. O *sistema da causalidade* estabelece que os delitos mistos só podem ser afastados da extradição quando forem praticados por atos de verdadeira insurreição ou representarem a consequência de um motim. O *sistema da predominância ou do fato principal*, como a própria denominação indica, baseia-se na predominância da infração – a política ou a de direito comum – de forma que, preponderando o viés político, a extradição poderá ser afastada. Por último, o *sistema de atrocidade dos meios* permite a extradição se o crime político relativo constituir infração gravíssima ou hedionda, com emprego de violência.

Ante a ausência de teses doutrinárias definitivas, certo é que o conceito de crime político vem sendo construído, nas diversas ordens jurídicas, pela jurisprudência dos tribunais na solução dos casos concretos, utilizando-se vez ou outra das teses e conceitos definidos em âmbito doutrinário.

O tratamento empírico ou a abordagem caso a caso (*case by case approach*) não impediu que as Cortes adotassem critérios para a análise do conceito de crime político, alguns deles incorporados em tratados e convenções internacionais e nas legislações de diversos países democráticos. Em muitos casos, tais critérios reproduzem algumas teses e conceitos desenvolvidos doutrinariamente, como apresentado acima, destacando-se, entre outros, os *sistemas da predominância* e da *atrocidade dos meios*, as teses objetiva, subjetiva e ecléticas, e os conceitos de *crime político puro*, por um lado, e *relativo* (conexo e complexo), por outro.

Na jurisprudência do Supremo Tribunal Federal, um dos critérios mais presentes encontra fundamento no sistema da preponderância – relacionado ao conceito de delito político relativo – adotado atualmente pela legislação brasileira no § 1º do art. 77 da Lei n. 6.815/80 e, anteriormente, pela Lei de Extradição n. 2.416, de 1911, pelo Decreto-Lei n. 394, de 1938, e pelo Decreto-Lei n. 941, de 1969 (Extr 794, Extr 694, Extr 615, Extr 994, Extr 417, Extr 399).

Outro critério conhecido – baseado no sistema da atrocidade dos meios – é traduzido na regra segundo a qual o conceito de crime político não abrange as atividades terroristas de todo tipo. O art. 77, § 3º, da Lei n. 6.815/80 – o qual dispõe que "o Supremo Tribunal Federal poderá deixar de considerar crimes políticos os atentados contra Chefes de Estado ou quaisquer autoridades, bem assim os atos de anarquismo, terrorismo, sabotagem, sequestro de pessoa, ou que importem propaganda de guerra ou processos violentos para subverter a ordem política ou social" – incorpora, além da denominada "cláusula de atentado" ou "cláusula belga" – que exclui do conceito de crime político os ataques contra a pessoa do chefe de Estado ou autoridades –, o sistema da atrocidade dos meios, especificamente quanto aos atos de anarquismo, terrorismo, sabotagem, sequestro e outros ali mencionados. Não podia ser de outra forma, visto que a Constituição de 1988 estabelece o repúdio ao terrorismo como um dos princípios que regem as relações internacionais (art. 4º, VIII), além de atribuir à atividade terrorista o mesmo tratamento jurídico-penal dos crimes hediondos, inafiançáveis e insuscetíveis de graça ou anistia (art. 5º, XLIII).

Assim, apesar da fluidez e imprecisão do conceito de terrorismo, o Supremo Tribunal Federal o tem descaracterizado como crime político (Extr 855). Por definição, o terrorismo (art. 5º, XLIII) e a ação de grupos armados, civis ou militares, contra a ordem constitucional e o Estado democrático (art. 5º, XLIV), possuem motivação política. No entanto, a Constituição fez questão de acentuar seu caráter especialmente grave para diferenciá-los dos crimes políticos. São exemplos típicos de crimes com motivação política que não constituem crimes políticos. Da mesma forma, outros crimes destacados pela Constituição, como tortura, tráfico ilícito de entorpecentes, racismo e os crimes hediondos, são incompatíveis com os marcos constitucionais do crime político.

Importante observar, ainda, que, na jurisprudência do Supremo Tribunal, destacam-se os casos em que, na solução de difíceis problemas quanto à definição de crime político, conjugam-se os critérios da predominância e da atrocidade dos meios, como, por exemplo, nos conhecidos casos *Falco* (Extr 493) e *Fiermenich* (Extr 417).

Com relação à falta de definição do que seja "crime político" na Constituição, o STF entende, portanto, que cabe ao intérprete fazê-lo diante do caso concreto e da lei vigente. De todo modo, há crime político, em princípio, quando presentes os pressupostos do artigo 2º da Lei de Segurança Nacional (Lei n. 7.170/82), ao qual se integram os do artigo 1º: a materialidade da conduta deve lesar real ou potencialmente ou expor a perigo de lesão a soberania nacional, de forma que, ainda que a conduta esteja tipificada no artigo 12 da LSN, é preciso que se lhe agregue a motivação política. O Plenário do STF decidiu que, para configuração do crime político, previsto no parágrafo único do art. 12 da Lei 7.170/1983, é necessário, além da motivação e os objetivos políticos do agente, que tenha havido lesão real ou potencial aos bens jurídicos indicados no art. 1º da citada Lei 7.170/1983 (nesse sentido, ver RCR n. 1.468 e RC n. 1.470).

Refira-se à necessidade de uma filtragem hermenêutico-constitucional da Lei de Segurança Nacional, para que não se interprete a Constituição de acordo com a lei ordinária.

2. Recurso extraordinário

O recurso extraordinário foi introduzido no contexto da Constituição de 1891 (art. 59, § 1º), destinado a ser um instrumento processual-constitucional apto a assegurar a verificação de eventual afronta à Constituição em decorrência de decisão judicial proferida em última ou única instância. Até a entrada em vigor da Constituição de 1988 era o recurso extraordinário – também quanto ao critério de quantidade – o mais importante processo da competência do Supremo Tribunal Federal. Somente no ano de 1986, ano em que se inicia o processo constituinte, foram interpostos 4.124 recursos extraordinários. Sob a Constituição anterior, o recurso extraordinário destinava-se não só a proteger a ordem constitucional, mas também a ordem do direito federal, de modo que a impugnação poderia alegar afronta direta tanto à Constituição como ao direito federal.

Esse remédio excepcional, desenvolvido segundo o modelo do *writ of error* americano – que foi substituído pelo *appeal* – e introduzido na ordem constitucional brasileira por meio da Constituição de 1891, nos termos de seu art. 59, § 1º, *a*, pode ser interposto pela parte vencida ou por terceiro prejudicado (CPC/2015, art. 996), nos casos de ofensa direta à Constituição, declaração de inconstitucionalidade de tratado ou lei federal ou declaração de constitucionalidade de lei estadual expressamente impugnada em face da Constituição Federal. A EC n. 45/2004 passou a admitir o recurso extraordinário quando a decisão recorrida julgar válida lei ou ato de governo local em face da Constituição.

Impõe-se observar que, sob a Constituição de 1988, agravou-se a crise numérica que, já sob o modelo anterior, incidia sobre o recurso extraordinário. Embora se afigure correta a tese segundo a qual o sistema direto passa a ter precedência ou primazia, é verdade também que é exatamente após 1988 que se acentua o problema quantitativo do Supremo Tribunal Federal. Essa crise manifesta-se de forma radical no sistema difuso, com o aumento vertiginoso de recursos extraordinários (e agravos de instrumento interpostos contra decisões indeferitórias desses recursos).

A explicação para a explosão numérica verificada sob a Constituição de 1988 não é única. É verdade que a massificação das demandas nas relações homogêneas é um fator decisivo para essa crise. As discussões que se encetaram em determinado período sobre planos econômicos, sistema financeiro de habitação, Fundo de Garantia do Tempo de Serviço – FGTS, índices de reajuste do Instituto Nacional do Seguro Social – INSS, podem explicar com certa plausibilidade a multiplicação de demandas, especialmente em um modelo que trata cada controvérsia judicial instaurada como um processo singular. A falta de um mecanismo com caráter minimamente objetivo para solver essas causas de massa permite que uma avalanche de processos sobre um só tema chegue até ao STF pela via do recurso extraordinário. As defesas por parte do Tribunal para essas causas pareciam ainda tímidas.

A Lei n. 8.038, de 1990, previu a possibilidade de o relator deixar de admitir o recurso se a matéria já estivesse pacificada pelo Tribunal. No fundo, levada à sua literalidade, o art. 38 da citada lei conferia à súmula o efeito vinculante. Aliás, embora o Supremo Tribunal Federal não tenha conhecido da ADI n. 594, na qual foi arguida a inconstitucionalidade de uma súmula, no voto vencido do Min. Marco Aurélio já constava que o aludido dispositivo do art. 38 da Lei 8.038/90 conferia uma verdadeira normatividade aos verbetes das súmulas do Supremo Tribunal Federal (e do Superior Tribunal de Justiça). Em síntese, se a matéria objeto do recurso extraordinário conflitasse com súmula, já não deveria ocorrer a admissibilidade.

Mas esse mecanismo processual não se mostrou suficiente. Posteriormente, a Lei n. 9.756, de 1998, acolheu modificação para deferir ao relator, no caso de matéria pacificada, o poder de prover ou desprover o recurso extraordinário por decisão monocrática, cabendo, nessa hipótese, a interposição de agravo, no prazo de cinco dias, para o órgão recursal competente. Também a "jurisprudência dominante" foi alçada ao patamar da súmula, servindo para obstacular a subida não só do recurso extraordinário, mas de qualquer recurso. Essa alteração pode ter sido relevante, mas não suficiente para conter o número de demandas recursais. De todo modo, há que se ter ciência que qualquer mecanismo dessa extirpe somente estará lidando com efetividades quantitativas.

Afinal, essa fórmula legislativa – ou conjunto de fórmulas – pode ensejar a ilusão de que os Tribunais Superiores podem continuar a ser Cortes de Justiça para cada caso concreto, o que é absolutamente impossível aqui ou alhures. De alguma forma, os diversos sistemas jurídicos acabam encontrando mecanismos de racionalização para evitar que as Cortes Superiores se ocupem de causas repetidas.

Refira-se ao *writ of certiorari* do modelo norte-americano, por meio do qual se exerce certo poder discricionário em relação às matérias a serem apreciadas, excluindo-se assuntos atingidos pelos conceitos de *mootness* e de *ripeness*, isto é, problemas abstratos (no primeiro caso) ou mesmo que não contêm ainda o necessário amadurecimento para discussão (no segundo caso). O *writ of certiorari* consiste em peça preliminar encaminhada à Suprema Corte, pela parte interessada, na qual se faz uma resenha dos fatos e uma síntese da relevância da discussão. O *mootness requirement* (cuida-se de instituto que, à semelhança de precedentes similares adotados no âmbito da jurisdição constitucional – compreende *writ of certiorari*, nos EUA, e processos especiais de seleção de ações nas Cortes Constitucionais –, busca introduzir mecanismos de seleção de recurso extraordinário, tendo em vista critério de relevância geral) qualifica que determinada controvérsia ainda estará pendente e suscetível de apreciação judicial, no tempo presumido para que se alcance decisão definitiva. Por causa dessa preliminar, a Suprema Corte norte-americana recusava-se a apreciar questões relativas a aborto, dado que o nascimento da criança já seria um fato quando da prolação da decisão. Exceção é verificada no caso *Roe v. Wade* (410 U.S. 113 – 1973), que lançou o paradigma jurisprudencial para a questão do aborto nos Estados Unidos. Naquela ocasião, a Suprema Corte dos Estados Unidos entendeu que o caso, não obstante não alcançado pelo *mootness requirement*, teria projeções sociais de grande dimensão. A doutrina do *ripeness* consiste na negativa da Suprema Corte em apreciar questões abstratas e hipotéticas. É requisito da Suprema Corte que o problema trazido qualifique um juízo de *justiciability*, isto é, de *justiciabilidade*. Tomando literalmente a expressão, tem-se que o assunto deve estar *maduro*. Evita-se, assim, o julgamento do hipotético, do argumento teórico, da circunstância não evidenciada na vida real (cf. entre outros, William H. Rehnquist. *The Supreme Court*. New York: Vintage Books, 2001; David O'Brien. *The Supreme Court in American Politics*. New York: Norton, 1986).

O recurso extraordinário serve, assim, para dar uniformidade ao controle difuso de constitucionalidade. Isto é, se o controle difuso tem o mérito de permitir que cada juiz ou tribunal – respeitado, nesse último caso, o art. 97, da CF – examine a prejudicial de inconstitucionalidade, isso não implica a (co)existência de múltiplas respostas acerca da constitucionalidade de uma lei.

No plano do controle difuso de constitucionalidade, o recurso extraordinário será o corolário dos princípios da coerência e da integridade do direito. Nesse sentido, afigura-nos correta a advertência de Dworkin, ao lembrar que devemos evitar a armadilha em que têm caído tantos professores de direito: a opinião falaciosa de que, como não existe nenhuma fórmula mecânica para distinguir as boas decisões das más e como os juristas e juízes irão por certo divergir em um caso complexo ou difícil, nenhum argumento é melhor do que o outro e de que o raciocínio jurídico é uma perda de tempo. Em vez disso, devemos insistir em um princípio geral de genuíno poder: a ideia inerente ao conceito de direito em si de que, quaisquer que sejam seus pontos de vista sobre a justiça e a equidade, os juízes também devem aceitar uma restrição independente e superior, que decorre da integridade, nas decisões que tomam (cf. Dworkin, Ronald. *Domínio da vida*, p. 203).

Dito de outro modo, embora o processo de interpretação do direito seja sempre um processo criativo e de atribuição de sentido (*Sinngebung*), isso não significa que o intérprete esteja autorizado a atribuir sentidos de forma arbitrária aos textos, como se texto e norma estivessem separados (e, portanto, tivessem "existência" autônoma). É evidente que a tarefa de adequação da Constituição (e das leis em geral) às necessidades do presente é uma "tarefa prática" (aquilo que Gadamer, a partir de Aristóteles, chama de uma *praktische Wissenschaft*). O que não quer dizer, de modo algum, que sua interpretação da lei seja uma tradução arbitrária, uma invenção, gerando um mundo jurídico multifacetado e fragmentado.

Por isso, o recurso extraordinário não pode se transformar em um instrumento para incentivar a multiplicidade de demandas e de respostas para casos similares, tornando a hermenêutica do Supremo Tribunal Federal uma empreitada meramente casuística que não dialoga com o todo de nossa história.

2.1. Especificidades jurisprudenciais acerca do recurso extraordinário: as súmulas e a jurisprudência que tratam da admissibilidade

O decorrer dos anos fez com que fossem construídos mecanismos de "clausura interpretativa", com o objetivo, ao mesmo tempo, de racionalizar o modo de aplicação do instituto pelo STF e, de outro lado, colocar limitadores ao uso do Recurso Extraordinário, problemática que ficou mais explícita com a introdução da Repercussão Geral, conforme analisado em comentário específico nesta obra (vide comentário ao art. 102, § 3º).

Assim, há um conjunto de súmulas que tratam da matéria, estabelecendo que para simples reexame de prova não cabe recurso extraordinário (Súmula 279); por ofensa a direito local não cabe recurso extraordinário (Súmula 280); é inadmissível o recurso extraordinário quando couber na justiça de origem recurso ordinário da decisão impugnada (Súmula 281); é inadmissível o recurso extraordinário quando não ventilada, na decisão recorrida, a questão federal suscitada (Súmula 282); é inadmissível o recurso extraordinário quando a decisão recorrida assenta em mais de um fundamento suficiente e o recurso não abrange todos eles (Súmula 283); é vedado o recurso extraordinário quando a deficiência na sua fundamentação não permitir a exata compreensão da controvérsia (Súmula 284); nega-se provimento ao agravo quando a deficiência na sua fundamentação, ou na do recurso extraordinário, não permitir a exata compreensão da controvérsia (Súmula 287); nega-se provimento a agravo para subida de recurso extraordinário quando faltar no traslado o despacho agravado, a decisão recorrida, a petição de recurso extraordinário ou qualquer peça essencial à compreensão da controvérsia (Súmula 288); o provimento do agravo por uma das Turmas do STF ainda que sem ressalva, não prejudica a questão do cabimento do recurso extraordinário (Súmula 289); são inadmissíveis embargos infringentes sobre matéria não ventilada, pela Turma, no julgamento do recurso extraordinário (Súmula 296); o ponto omisso da decisão, sobre o qual não foram opostos embargos declaratórios, não pode ser objeto de recurso extraordinário, por faltar o requisito do prequestionamento (Súmula 356); simples interpretação de cláusulas contratuais não dá lugar a recurso extraordinário (Súmula 454); o STF, conhecendo do recurso extraordinário, julgará a causa, aplicando o direito à espécie (Súmula 456); se a decisão contiver partes autônomas, a admissão parcial, pelo Presidente do Tribunal a quo, de recurso extraordinário que, sobre qualquer delas se manifestar, não limitará a apreciação de todas pelo STF, independentemente de interposição de agravo de instrumento (Súmula 528); nas causas criminais, o prazo de interposição de recurso extraordinário é de 10 (dez) dias (Súmula 602); não compete ao STF conceder medida cautelar para dar efeito suspensivo a recurso extraordinário que ainda não foi objeto de juízo de admissibilidade na origem (Súmula 634); cabe ao Presidente do Tribunal de origem decidir o pedido de medida cautelar em recurso extraordinário ainda pendente do seu juízo de admissibilidade (Súmula 635); não cabe recurso extraordinário por contrariedade ao princípio constitucional da legalidade, quando a sua verificação pressuponha rever a interpretação dada a normas infraconstitucionais pela decisão recorrida (Súmula 636); não cabe recurso extraordinário contra acórdão de Tribunal de Justiça que defere pedido de intervenção estadual em Município (Súmula 637); a controvérsia sobre a incidência, ou não, de correção monetária em operações de crédito rural é de natureza infraconstitucional, não viabilizando recurso extraordinário (Súmula 638); aplica-se a Súmula 288 quando não constarem do traslado do agravo de instrumento as cópias das peças necessárias à verificação da tempestividade do recurso extraordinário não admitido pela decisão agravada (Súmula 639); é cabível recurso extraordinário contra decisão proferida por juiz de primeiro grau nas causas de alçada, ou por Turma Recursal de Juizado Especial Cível e Criminal (Súmula 640); não pode o magistrado deixar de encaminhar ao STF o agravo de instrumento interposto da decisão que não admite recurso extraordinário, ainda que referente a causa instaurada no âmbito dos Juizados Especiais (Súmula 727); é de três dias o prazo para a interposição de recurso extraordinário contra decisão do TSE, contado, quando for o caso, a partir da publicação do acórdão, na própria sessão de julgamento, nos termos do art. 12 da Lei 6.055/1974, que não foi revogado pela Lei 8.950/1994 (Súmula 728); não cabe recurso extraordinário contra decisão proferida no processamento de precatórios (Súmula 733); não cabe recurso extraordinário contra acórdão que defere medida liminar (Súmula 735).

Algumas das súmulas restaram inaplicáveis ao recurso extraordinário, como, por exemplo, é o caso das de n. 286 e 400, a primeira tratando da divergência jurisprudencial (Constituição anterior) e a segunda tratando de divergência interpretativa (decisão que deu razoável interpretação à lei, ainda que não seja a melhor, não enseja recurso extraordinário).

É evidente que algumas das súmulas construídas ao longo de décadas devem, hoje, ser reinterpretadas, uma vez que a passagem do tempo e a dinâmica das relações jurídicas podem vir a estabelecer novos modos de atribuição de sentido, tarefa que não somente compete ao Supremo Tribunal Federal, mas à própria doutrina, que tem uma espécie de "dever epistemológico" de propor (novos) sentidos aos (velhos) textos jurídicos.

Ao lado das súmulas referidas, a jurisprudência do STF (lato sensu) é farta em estabelecer especificidades, especialmente no tocante à admissibilidade. Assim, o exame definitivo da admissibilidade do recurso extraordinário compete ao STF, independentemente da análise feita na origem (AI 772.518-AgR); os embargos de declaração manifestamente incabíveis ou intempestivos não interrompem o prazo para a interposição do recurso extraordinário (AI 765.311-AgR); revela-se inadmissível o recurso extraordinário, quando a alegação de ofensa resumir-se ao plano do direito meramente local (ordenamento positivo do Estado-membro ou do Município), sem qualquer repercussão direta sobre o âmbito normativo da Constituição da República (RE 605.977-AgR); ocorre preclusão das questões constitucionais surgidas na decisão de segundo grau que não foram objeto de recurso extraordinário, assim, somente é possível a interposição de recurso extraordinário contra decisão do STJ quando o tema em questão for novo, surgido na instância superior (RE 579.554-AgR); o recurso extraordinário interposto contra decisão interlocutória não terminativa ficará retido nos autos, somente sendo processado se a parte o reiterar no prazo para a interposição do recurso contra a decisão final (AC 1.076-AgR); na apreciação do enquadramento do recurso extraordinário em um dos permissivos constitucionais, parte-se da moldura fática delineada pela Corte de origem. Impossível é pretender substituí-la para, a partir de fundamentos diversos, chegar-se à conclusão sobre a ofensa a dispositivo da Lei Básica Federal (AI 582.579-AgR).

2.2. As hipóteses de cabimento de recurso extraordinário

2.2.1. Quando a decisão recorrida contrariar dispositivo da Constituição

Quando uma decisão de qualquer tribunal afrontar dispositivo da Constituição, o recurso extraordinário afigura-se como o adequado remédio para manter a unidade e a força normativa do texto constitucional.

Neste dispositivo, encontra-se o cerne do controle difuso de constitucionalidade. Na verdade, sempre o recurso extraordinário tratará de matéria constitucional e, portanto, do controle da constitucionalidade. Veja-se, nesse sentido, julgamento da Suprema Corte (Rp. 980) que homenageia o *judicial review*, deixando estampado que o poder de que dispõe qualquer juiz ou tribunal para deixar de aplicar a lei inconstitucional a determinado processo pressupõe a invalidade da lei e, com isso, a sua nulidade. A faculdade de negar aplicação à lei inconstitucional corresponde ao direito do indivíduo de recusar-se a cumprir a lei inconstitucional, assegurando-se-lhe, em última instância, a possibilidade de interpor recurso extraordinário ao STF contra decisão judicial que se apresente, de alguma forma, em contradição com a Constituição.

Nessa linha, tanto o poder do juiz de negar aplicação à lei inconstitucional quanto a faculdade assegurada ao indivíduo de negar observância à lei inconstitucional (mediante interposição de recurso extraordinário) demonstram que o constituinte pressupôs a nulidade da lei inconstitucional. Em certos casos, o efeito necessário e imediato da declaração de nulidade de uma norma, na declaração de inconstitucionalidade pelo STF ou pelos Tribunais de Justiça dos Estados, há de ser a exclusão de toda ultra-atividade da lei inconstitucional. A eventual eliminação dos atos praticados com fundamento na lei inconstitucional terá de ser considerada em face de todo o sistema jurídico, especialmente das chamadas fórmulas de preclusão (RE 348.468).

Veja-se que a jurisdição constitucional ocupa o polo central do recurso extraordinário, a ponto de o STF ter deixado já assentado que é possível dar-se provimento a recurso extraordinário quando a tese constitucional é tratada na peça recursal, ainda que não haja indicação expressa do dispositivo constitucional violado.

O Supremo Tribunal Federal há muito tempo entende que a *causa de pedir* no recurso extraordinário é *aberta*, possibilitando à Corte conhecer de outros fundamentos constitucionais que não aqueles que foram suscitados no recurso (RE 298.695).

Assim, decorrência disso é que mesmo que a inconstitucionalidade de determinada lei não seja condição de possibilidade para a solução da lide, ainda assim o STF tem a obrigação de enfrentar o problema da constitucionalidade suscitado incidentalmente. No julgamento do MS 20.505, Rel. Min. Néri da Silveira, *DJ* 8.11.91, surgiu a alegação de direito líquido e certo em decorrência de ato do Presidente da República que designou prefeito *pro tempore*. A autoridade coatora fundamentou o ato com base na descaracterização do Município de Osório/RS enquanto "Município de interesse da segurança nacional", nos termos do Decreto-Lei n. 2.183/84. O Min. Néri da Silveira votou no sentido de que, tendo em vista a ilegalidade do ato presidencial, não haveria necessidade de se examinar sua inconstitucionalidade, por ser a questão irrelevante para a resolução do caso concreto. Na espécie, porém, o Tribunal abandonou o entendimento clássico da teoria estadunidense do controle difuso (conforme sustentava o Relator), ao interpretar que, uma vez suscitada a inconstitucionalidade de "lei federal" (em sentido amplo), a questão deveria ser apreciada, em razão da tarefa institucional de guardião da Constituição. A demanda foi resolvida, portanto, no sentido de se reconhecer o direito líquido e certo do impetrante, sob duplo fundamento: o da ilegalidade e o da inconstitucionalidade. Nessa mesma linha, no julgamento do RE 102.553, Rel. Min. Francisco Rezek, *DJ* 13.2.87, o Tribunal assumiu a condição de titular da guarda da Constituição, para examinar a constitucionalidade de outras normas, ainda que não interessasse ao recorrente. Tratava-se da apreciação de uma resolução do Senado Federal que versava matéria de alíquota de ICMS. No caso, na terminologia adotada à época, o Tribunal conheceu do recurso extraordinário do contribuinte e negou-lhe provimento, declarando, porém, a inconstitucionalidade da resolução questionada.

Em linha similar – e sempre apontando para o cerne da jurisdição constitucional –, mesmo que o recurso extraordinário não contenha o preceito constitucional autorizador, cabe ao STF conhecer o remédio – entre os casos previstos no art. 102, III, *a*, *b*, *c* e *d* – *se dos fundamentos do acórdão recorrido e das razões recursais for possível identificá-lo*.

Entretanto, estando-se em face da violação de direitos fundamentais, perdem relevo os requisitos esgrimidos nas súmulas 282 e 356, 283 e 636, devendo, neste caso – evidenciada a lesão ou ameaça à lesão de liberdade – ser concedido *habeas corpus* de ofício. Observe-se a complementaridade do uso do *habeas corpus* nestes casos, uma vez que a Suprema Corte o maneja de ofício para evitar o perecimento de direitos relativos à liberdade.

Outra questão relevante diz respeito à hipótese em que o Superior Tribunal de Justiça inadmitir recurso especial, violando, assim, o próprio dispositivo constitucional que dá direito ao remédio especial. Isso ocorre, por exemplo, no caso de o STJ entender não caber recurso especial contra acórdão de Tribunal de Justiça proferido em agravo de instrumento. Como decidiu o STF no RE 153.831, o termo "causa" empregado no art. 105, III, da Constituição, compreende qualquer questão federal resolvida em única ou última instância, pelos TRF ou pelos Tribunais dos Estados, Distrito Federal e Territórios, ainda que mediante decisão interlocutória.

Especial relevância vem assumindo a problemática relacionada à violação do art. 93, IX, da Constituição, que determina a obrigatoriedade da fundamentação das decisões. Conforme já assinalado no comentário específico ao art. 93, IX, a obrigatoriedade da fundamentação das decisões foi alçada a direito fundamental do cidadão e dever fundamental do Poder Judiciário. É nesse dispositivo que encontramos o dever de *accountabillity* hermenêutica. Corroborando essa tese, o Supremo Tribunal Federal, no ano de 2008, proferiu importante julgamento envolvendo a matéria. Na ocasião (RE 540995-RJ), ficou assentado que a garantia estatuída no art. 93, IX, segundo a qual todas as decisões devem ser fundamentadas, é exigência inerente ao Estado Democrático de Direito e, por outro, é instrumento para viabilizar o controle das decisões e assegurar o exercício do direito de defesa. Por isso, diz o acórdão, "a decisão judicial não é um ato autoritário, um ato que nasce do arbítrio do julgador, daí a necessidade de sua apropriada fundamentação". Mais ainda, o STF estabeleceu que "a lavratura do acórdão dá consequência à garantia constitucional da motivação dos julgados". No caso do RE 540995, o Tribunal Militar considerou desnecessário apontar os fundamentos que o levaram a aplicar determinada regra jurídica, pelo fato de o agravo regimental ter ocorrido em sessão pública (de certo modo, isso também ocorre em determinadas situações em que um Tribunal, que não observou a garantia do art. 93, IX, mesmo instado a se manifestar em sede de embargos declaratórios, nega-se a fazê-lo ou o faz de forma inconstitucional). Importa frisar que o *pronunciamento em tela aponta para a clara relação entre o controle das decisões judiciais e a preservação da democracia.* E o modo de efetivar esse controle é a fundamentação das decisões, uma vez que o controle da constitucionalidade (no caso, o difuso, mediante recurso extraordinário) dá-se exatamente pelo exame dos motivos/fundamentos pelos quais o Tribunal decidiu desta ou daquela maneira. Se os fundamentos se mostrarem ao arrepio da garantia prevista no art. 93, IX, abre-se a possibilidade da interposição do recurso extraordinário. Antiga é a jurisprudência do STF segundo a qual o art. 93, IX, da Constituição, exige que o acórdão ou decisão sejam fundamentados, ainda que sucintamente, sem determinar, contudo, o exame pormenorizado de cada uma das alegações ou provas, nem que sejam corretos os fundamentos da decisão. O STF, inclusive, já resolveu questão de ordem (AI-QO 791.292) para reconhecer a repercussão geral e reafirmar a jurisprudência sobre esse tema.

Com relação ao cabimento de medida cautelar em sede de recurso extraordinário (eficácia suspensiva ao RE), a Suprema Corte tem feito as seguintes exigências (*v.g.*, Pet 2.705-QO e AC 2.096-QO2-MC) – cumulativas – para o seu ensejo, quais sejam: (1) instauração da jurisdição cautelar do STF, motivada pela existência de juízo positivo de admissibilidade do recurso extraordinário pelo tribunal *a quo*; (2) viabilidade processual do recurso extraordinário, caracterizada, dentre outros requisitos, pelas notas da tempestividade, do prequestionamento explícito da matéria constitucional e da ocorrência de ofensa direta e imediata ao texto da Constituição; (3) plausibilidade jurídica da pretensão de direito material deduzida pela parte interessada e (4) ocorrência de situação configuradora de *periculum in mora*. A outorga de eficácia suspensiva a recurso extraordinário, em sede de procedimento cautelar, constitui provimento jurisdicional que se exaure em si mesmo, não dependendo, por tal motivo, da ulterior efetivação do ato citatório, visto que incabível, em tal hipótese, o oferecimento de contestação, eis que a providência cautelar em referência não guarda – enquanto mero incidente peculiar ao julgamento do apelo extremo – qualquer vinculação com o litígio subjacente à causa.

É relevante registrar que, em sede de controle difuso de constitucionalidade – e, portanto, no plano da decisão de inconstitucionalidade constante no recurso extraordinário – a modulação dos efeitos é inaplicável quando se tratar de juízo negativo de recepção de atos pré-constitucionais. Como se sabe, a declaração de inconstitucionalidade reveste-se, ordinariamente, de eficácia *ex tunc*, retroagindo ao momento em que editado o ato estatal reconhecido inconstitucional pelo STF. O STF tem reconhecido, excepcionalmente, a possibilidade de proceder à modulação ou limitação temporal dos efeitos da declaração de inconstitucionalidade, mesmo quando proferida, por esta Corte, em sede de controle difuso (RE 197.917).

Por fim, cabe registrar que, historicamente, o Supremo Tribunal Federal não vem admitindo inconstitucionalidade reflexa ou "indireta". Entretanto, o próprio Tribunal já assinalou que não se coaduna com a missão precípua do STF, de guardião maior da Carta Política da República, alçar a dogma a assertiva segundo a qual a violência à Lei Básica, suficiente a impulsionar o extraordinário, há de ser frontal e direta. Dois princípios dos mais caros nas sociedades democráticas, e por isso mesmo contemplados pela Carta de 1988, afastam esse enfoque, no que remetem, sempre, ao exame do caso concreto, considerada a legislação ordinária – os princípios da legalidade e do devido processo legal (RE 398.407). Trata-se de uma decisão com forte conteúdo hermenêutico, uma vez que coloca em pauta a importância do caso concreto, que não pode ser ofuscado por apreciações universalizantes. É evidente que a regra é pautar a exigência de afronta direta; mas as especificidades de determinados casos podem conduzir ao conhecimento de recursos extraordinários fundados na violação de princípios constitucionais que conformam nosso sistema jurídico.

É preciso reconhecer que, para fins de conhecimento do recurso extraordinário, nem sempre será tarefa fácil distinguir questões constitucionais e infraconstitucionais. Embora a doutrina ainda não tenha contemplado a questão com a necessária atenção, é certo que se, de um lado, a transferência para o Superior Tribunal de Justiça da atribuição para conhecer das questões relativas à observância do direito federal acabou por reduzir a competência do Supremo Tribunal Federal às controvérsias de índole constitucional, não subsiste dúvida de que, por outro lado, essa alteração deu ensejo à Excelsa Corte para redimensionar o conceito de *questão constitucional*. O próprio significado do princípio da legalidade, positivado no art. 5º, II, da Constituição, deve ser efetivamente explicitado, para que dele se extraiam relevantes consequências jurídicas já admitidas pela dogmática constitucional. O princípio da legalidade, entendido aqui tanto como princípio da supremacia ou da preeminência da lei (*Vorrang des Gesetzes*), quanto como princípio da reserva legal (*Vorbehalt des Gesetzes*), contém limites não só para o Legislativo, mas também para o Poder Executivo e para o Poder Judiciário. A ideia de supremacia da Constituição, por outro lado, impõe que os órgãos aplicadores do direito não façam tábula rasa das normas constitucionais, ainda quando estiverem ocupados com a aplicação do direito ordinário. Daí por que se cogita, muitas vezes, sobre a necessidade de utilização da interpretação sistemática sob a modalidade da interpretação conforme a Constituição. Nesse âmbito, colocam-se algumas indagações. Uma primeira refere-se ao cabimento de recurso extraordinário contra decisões proferidas pelo Superior Tribunal de Justiça e pelos demais tribunais nas hipóteses em que se discute a legitimidade de aplicação de norma regulamentar (reserva legal). É de se perguntar se, nesses casos, tem-se simples *questão legal*, insuscetível de ser apreciada na via excepcional do recurso extraordinário, ou se o tema pode ter contornos constitucionais e merece, por isso, ser examinado pelo Supremo Tribunal Federal. Ainda nessa linha de reflexão poder-se-ia questionar se a decisão judicial que se ressente de falta de fundamento legal poderia ser considerada contrária à Constituição para os efeitos do art. 102, III, *a*, da Constituição. Na mesma linha de raciocínio seria, igualmente, lícito perguntar se a aplicação errônea ou equivocada do direito ordinário poderia dar ensejo a recurso extraordinário.

2.2.2. Quando a decisão recorrida declarar a inconstitucionalidade de tratado ou lei federal

O recurso extraordinário, na hipótese do art. 102, III, *b*, da Constituição, devolve integralmente ao Supremo Tribunal a questão da constitucionalidade de tratado ou lei federal, negada na decisão recorrida, que pode decidir com base em parâmetro constitucional diverso do invocado nas razões do recorrente (RE 231.462). Reafirma-se, como já acentuado, a *causa de pedir aberta* no recurso extraordinário.

A jurisprudência do STF está firmada no sentido de não ser cabível recurso extraordinário, na modalidade da alínea *b*, contra acórdão que decide pela não recepção de lei em face da Constituição em vigor, uma vez que esse tipo de decisão não declara *stricto sensu* a inconstitucionalidade de lei (*v.g.*, RE 402.287-AgR).

2.2.3. Quando a decisão recorrida julgar válida lei ou ato de governo local contestado em face da Constituição

Nem sempre a discussão de validade de lei ou ato de governo local em face de lei federal se resolve numa questão constitucional de invasão de competência, podendo reduzir-se a interpretação da lei federal e da lei ou ato local para saber de sua recíproca compatibilidade. Se, entre uma lei federal e uma lei estadual ou municipal, a decisão optar pela aplicação da última por entender que a norma central regulou matéria de competência local, é evidente que a terá considerado inconstitucional, o que basta à admissão do recurso extraordinário pela letra *b* do art. 102, III, da Constituição. Ao recurso especial (art. 105, III, *b*), coerentemente com a sua destinação, tocará a outra hipótese, a do cotejo entre lei federal e lei local, sem que se questione a validade da primeira, mas apenas a compatibilidade material com ela, a lei federal, de norma abstrata ou do ato concreto estadual ou municipal. Neste caso, a competência é exclusiva do STF para apreciar o recurso, dado que se afastou a aplicação da lei federal por inconstitucionalidade (RE 117.809-QO).

2.2.4. Quando a decisão recorrida julgar válida lei local contestada em face da lei federal

Até a EC 45/2004, a competência para julgamento do recurso de decisão que julgasse válida lei local em face de lei federal era do Superior Tribunal de Justiça, através de recurso especial. A emenda veio corrigir uma anomalia do texto constitucional originário, uma vez que, nestes casos, sempre se está em face de uma discussão constitucional e não infraconstitucional. Nesse sentido, o STF já sempre dizia que, tanto na época da interposição (CF/1969), como com a alteração constitucional introduzida pela EC 45, compete à Corte Suprema a análise da matéria, conforme redação atual do art. 102, III, *d*, da CF.

Quando se discute a validade de lei local em face de lei federal, estar-se-á em face de uma querela relacionada à competência, cuja matéria está regulada na Constituição Federal. Fora disso, adentra-se no terreno das antinomias. Logo, não se estará diante da hipótese em tela. É que a análise do recurso extraordinário interposto por essa alínea depende da configuração nos autos de conflito de competência legislativa entre os entes da Federação, não sendo cabível, no entanto, quando há mera pretensão de revisão da interpretação dada à norma infraconstitucional (*v.g.*, uma Lei Complementar Municipal ou Estadual). Nesse sentido, no julgamento da Questão de Ordem no Agravo de Instrumento 132.755, o Ministro Marco Aurélio esclareceu que: "Na alínea *d*, não está essa explicitação e, então, em visão primeira, admitir-se-ia recurso extraordinário desde que contestada lei local em face de lei federal, inclusive quanto ao mérito em si. Foi quando imaginamos que o alcance desse preceito não é outro senão submeter ao Supremo a competência legiferante, ou seja, apenas quando em discussão – na Corte de origem e formalizado o acórdão impugnado mediante o extraordinário –, em termos de competência, se cabe ao Poder Legislativo local ou federal disciplinar a matéria, é que se abre a porta para chegar ao Supremo. Fora isso, o Supremo ficará inviabilizado se admitirmos todo e qualquer conflito entre a lei local e a federal". No mesmo sentido, o RE 561.718.

2.3. O recurso extraordinário contra decisão de juizados especiais federais

Questão de grande relevância exsurge da Lei n. 10.259, de 12-7-2001, que estabeleceu as novas regras aplicáveis ao recurso extraordinário interposto contra decisão das turmas recursais dos juizados especiais. Embora referentes ao incidente de uniformização a ser desenvolvido perante o STJ, essas regras (art. 14, §§ 4º a 9º) aplicavam-se também ao recurso extraordinário, por força do art. 15 da aludida lei.

Depreende-se do plexo de normas em referência que o recurso extraordinário das decisões dos juizados especiais federais mereceu um tratamento diferenciado por parte do legislador. A norma regulamentadora admite, expressamente, o encaminhamento de alguns recursos ao Supremo Tribunal e a retenção dos recursos idênticos nas turmas recursais (art. 14, § 6º).

Tendo em vista a possibilidade de reprodução de demandas idênticas, autoriza-se o relator a conceder liminar para suspender, de ofício ou a requerimento do interessado, a tramitação dos processos que versem sobre idêntica controvérsia constitucional (art. 14, § 5º), questão que ficou concretizada no âmbito do STF com o *leading case* representado pela Medida Cautelar deferida na Ação cautelar n. 272. Trata-se de disposição que se assemelha ao estabelecido no art. 21 da Lei n. 9.868/99, que prevê a cautelar na ação declaratória de constitucionalidade, e no art. 5º da Lei n. 9.882/99, que autoriza a cautelar em sede de arguição de descumprimento de preceito fundamental.

Observe-se, ademais, que, afastando-se de uma perspectiva estritamente subjetiva do recurso extraordinário, a Lei n. 10.259/2001, no art. 14, § 7º, autorizou o relator a pedir informações adicionais, se assim entender necessário, ao presidente da turma recursal ou ao coordenador da turma de uniformização, podendo também ouvir o Ministério Público no prazo de cinco dias. Na mesma linha, a aludida disposição permitiu que eventuais interessados, ainda que não sejam partes no processo, se manifestem no prazo de trinta dias (art. 14, § 7º, 2ª parte).

Trata-se de amplo reconhecimento da figura do *amicus curiae*, que, como se sabe, já foi prevista na Lei n. 9.868/99 (arts. 7º e 18, referentes à ADI e à ADC; art. 950 do CPC/2015, relativo ao incidente de inconstitucionalidade) e na Lei n. 9.882/99 (art. 6º, § 1º, a propósito da ADPF). Assinale-se que, na questão de ordem no RE 416.827, o Tribunal admitiu, pela primeira vez, a manifestação de *amici curiae* em processo de competência do Supremo Tribunal Federal proveniente das Turmas Recursais dos Juizados Especiais.

Esse novo modelo legal traduz, sem dúvida, um avanço na concepção vetusta que caracteriza o recurso extraordinário entre nós. Aludido instrumento deixa de ter caráter marcadamente subjetivo ou de defesa de interesse das partes, para assumir, de forma decisiva, a função de defesa da ordem constitucional objetiva. Trata-se de orientação que os modernos sistemas de Corte Constitucional vêm conferindo ao recurso de amparo e ao recurso constitucional. Nesse sentido, destaca-se a observação de Häberle (*O recurso de amparo*, p.33), segundo a qual "a função da Constituição na proteção dos direitos individuais (subjetivos) é apenas uma faceta do recurso de amparo", dotado de uma "dupla função", subjetiva e objetiva, "consistindo esta última em assegurar o Direito Constitucional objetivo".

A fórmula adotada para o recurso extraordinário no âmbito dos juizados especiais federais foi estendida para os recursos extraordinários regulares, nos quais se discutam matérias repetitivas ou os chamados "casos de massa" (Lei n. 11.418/2006). Vê-se, assim, que também o recurso extraordinário regular – especialmente aquele inserido nesse contexto das questões de massa – poderá merecer disciplina idêntica à adotada para o recurso especial dos juizados especiais federais.

É possível que a disciplina abrangente do art. 1.036 do CPC/2015 represente revogação tácita das disposições constantes do art. 14, §§ 4º a 9º, e art. 15 da Lei n. 10.259/2001, no que se refere ao Supremo Tribunal Federal.

Art. 102, § 1º A arguição de descumprimento de preceito fundamental, decorrente desta Constituição, será apreciada pelo Supremo Tribunal Federal, na forma da lei.

Gilmar Ferreira Mendes
Lenio Luiz Streck[1]

A – REFERÊNCIAS

1. Origem da norma

Texto original da CF/88, transformado em § 1º pela EC n. 3/93.

2. Legislação

Lei n. 9.882/99, Lei n. 9.868/99.

---

[1] O comentário contou com a colaboração de André Rufino do Vale.

3. Jurisprudência

ADPF n. 1-QO, rel. Min. Néri da Silveira, *DJ* 15.2.2000 (ADPF: forma de controle concentrado e defesa da Constituição; impossibilidade de controle constitucional de veto do Poder Executivo antes da apreciação do Poder Legislativo); MS 22.427-AgR, rel. Min. Moreira Alves, *DJ* 15.3.1996 (ADPF como ação especial); ADPF n. 33, rel. Min. Gilmar Mendes, *DJ* 27.10.2006 (conceito de controvérsia constitucional); ADPF n. 20, rel. Min. Maurício Corrêa, *DJ* 22.10.2001 e ADPF n. 11-AgR, rel. Min. Sydney Sanches, rel. p/ o Acórdão Min. Gilmar Mendes, *DJ* 5.8.2005 (falta de legitimidade de pessoa física); ADPF n. 113, rel. Min. Celso de Mello, decisão monocrática, *DJ* 14.6.2007 (princípio da subsidiariedade e ações coletivas aptas para suprir a tutela processual); ADPF 72-QO, rel. Min. Ellen Gracie, *DJ* 10.2.2005 (ADPF admitida como ADIn); ADPF n. 130, rel. Min. Ayres Britto, *DJ* 26.2.2010 (liberdade de imprensa, não recepção em bloco e impossibilidade de interpretação conforme); ADPF n. 144, rel. Min. Celso de Mello, *DJ* 26.2.2010 (inelegibilidade, trânsito em julgado e probidade administrativa); ADPF n. 83, rel. Min. Ayres Britto, *DJ* 1º.8.2008 (impossibilidade de manejo da ADPF como sucedâneo recursal); ADPF n. 54-QO, rel. Min. Marco Aurélio, *DJ* 31.8.2007 (aborto de feto anencéfalo. Liminar em ADPF: impossibilidade de afastar incidência de tipo penal); ADPF n. 79-AgR, rel. Min. Cezar Peluso, *DJ* 17.8.2007 (liminar que deferiu suspensão de processos e efeito das sentenças. Impossibilidade de afetar lei superveniente ou coisa julgada material); ADPF n. 80-AgR, rel. Min. Eros Grau, *DJ* 10.8.2006 (impossibilidade de atacar enunciado sumular desta Corte com ADPF); ADPF n. 33-MC, rel. Min. Gilmar Mendes, *DJ* 6.8.2004 (conceito de preceito fundamental); ADPF n. 121-MC, rel. Min. (saúde. Conversão de julgamento em diligência. Recepção de ADPF como ADI); ADPF n. 101, rel. Min. Cármen Lúcia, *DJ* 5.8.2009 (importação de pneus usados). ADPF n. 101-ED, rel. Min. Cármen Lúcia, decisão monocrática, *DJ* 24.8.2009 (impossibilidade de interposição de recurso por *amici curiae*).

4. Seleção de literatura

BARROSO, Luís Roberto. Arguição de descumprimento de preceito fundamental. In: *Direito constitucional contemporâneo*: estudos em homenagem ao Professor Paulo Bonavides. Belo Horizonte: Del Rey, 2005, p. 563-594; BASTOS, Celso Ribeiro. A arguição de descumprimento de preceito fundamental. In: *Revista de Direito Constitucional e Internacional*, v. 8, n. 30, p. 69-77, jan./mar. 2000; MARTINS, Ives Gandra da Silva. Descumprimento de preceito fundamental: eficácia das decisões. In: *Revista da Academia Brasileira de Letras Jurídicas*, v. 17, n. 19/20, p. 177-185, 2001; MAUES, Antonio Gomes Moreira. A arguição de descumprimento de preceito fundamental e o direito anterior à Constituição de 1988. In: *Revista de Direito Constitucional e Internacional*, v. 13, n. 51, p. 9-24, abr./jun. 2005; MENDES, Gilmar Ferreira. Arguição de descumprimento de preceito fundamental: identificação do parâmetro de controle para os fins do art. 103, § 1º, da Constituição Federal. In: *Repertório IOB de Jurisprudência*: Tributário Constitucional e Administrativo, n. 5, p. 145-143, 1ª quinz. mar. 2001; MENDES, Gilmar Ferreira. Arguição de Descumprimento de Preceito Fundamental: parâmetro de controle e objeto. In: *Arguição de Descumprimento de Preceito*

Constitucional Fundamental: análises à luz da Lei n. 9.882/99. São Paulo: Atlas, 2001, p. 128-149; MENDES, Gilmar Ferreira. Controle de constitucionalidade: análise das Leis ns. 9.868/99 e 9.882/99. In: *Consulexis: Revista Jurídica*, v. 5, n. 101, p. 35-41, mar. 2001; MENDES, Gilmar Ferreira. Objeto da arguição de descumprimento de preceito fundamental I e II. In: *Repertório IOB de Jurisprudência*: Tributário Constitucional e Administrativo, n. 11, p. 309-304, 1ª quinz. jun. 2001. In: *Repertório IOB de Jurisprudência*: Tributário Constitucional e Administrativo, n. 12, p. 336-333, 2ª quinz. jun. 2001, Continuação do artigo publicado no mesmo periódico n. 11, p. 309-304, 1ª quinz. jun. 2001; SARLET, Ingo Wolfgang. Arguição de descumprimento de preceito fundamental: alguns aspectos controversos. In: *Revista da Ajuris*: Doutrina e Jurisprudência, v. 27, n. 84 t. 1, p. 117-137, dez. 2001. In: *Direito e Democracia*, v. 2, n. 1, p. 73-95, jan./jun. 2001; SILVEIRA, José Néri da. Aspectos da definição e objeto da arguição de descumprimento de preceito fundamental. In: *Revista Brasileira de Direito Constitucional*, n. 1, p. 181-192, jan./jun. 2003; STRECK, Lenio Luiz. Os meios de acesso do cidadão à jurisdição constitucional, a arguição de descumprimento de preceito fundamental e a crise de efetividade da Constituição brasileira. In: *Revista da Faculdade de Direito da Universidade de Lisboa*, v. 41, n. 2, p. 867-886, 2000; TAVARES, André Ramos; ROTHENBURG, Walter Claudius (orgs.). *Arguição de Descumprimento de Preceito Fundamental*: análises à luz da Lei n. 9.882/99. São Paulo: Saraiva, 2001; STRECK, Lenio Luiz. *Jurisdição Constitucional*. 5. ed. Rio de Janeiro: Forense, 2018; TAVARES, André Ramos. *Tratado da arguição de preceito fundamental*: Lei n. 9.868/99 e Lei n. 9.882/99. São Paulo: Saraiva, 2001; VALE, André Rufino do. *La deliberación en los Tribunales Constitucionales*. Madrid: Centro de Estudios Políticos y Constitucionales, 2017; VELLOSO, Carlos Mário da Silva. A Arguição de Descumprimento de Preceito Fundamental. In: *Direito Contemporâneo*: estudos em homenagem a Oscar Dias Corrêa. Rio de Janeiro: Forense Universitária, 2001, p. 34-43. In: *Fórum Administrativo*, v. 3, n. 24, p. 1849-1853, fev. 2003; VELOSO, Zeno. *Controle jurisdicional de constitucionalidade*: atualizado conforme as Leis 9.868, de 10.11.1999, e 9.882, de 03.12.1999. 3 ed., 2. tiragem rev., atual. e ampl. Belo Horizonte: Del Rey, 2003; WALD, Arnoldo. Arguição de descumprimento de preceito fundamental (ADPF): um novo instrumento constitucional. In: *Revista Magister*: direito civil e processual civil, v. 5, n. 30, p. 5-7, maio/jun. 2009; VALE, André Rufino do. *Estrutura das normas de direitos fundamentais*: repensando a distinção entre regras, princípios e valores. São Paulo: Saraiva, 2009.

B – COMENTÁRIOS

1. Considerações gerais

Embora prevista no texto originário da Constituição, somente no dia 3 de dezembro de 1999 foi editada lei regulamentando esse dispositivo. Por tais razões, desde o advento da Constituição até a edição da lei regulamentadora, a falta de regulamentação foi utilizada como argumento para o não conhecimento, e, portanto, rejeição das arguições de descumprimento intentadas junto ao Supremo Tribunal.

O dispositivo em tela é inovador na história constitucional brasileira, sem qualquer precedente nas Constituições anteriores.

A doutrina brasileira divergiu acerca da origem do instituto, mormente na comparação com o recurso constitucional alemão. O próprio Supremo Tribunal Federal, na apreciação do Agravo Regimental no Mandado de Segurança n. 22.427-5, deu a entender que a arguição de descumprimento de preceito fundamental guarda semelhança com o *Verfassungsbeschwerde* (recurso constitucional) alemão. Na verdade, comparando-se o modelo constitucional alemão com o brasileiro, tem-se que a existência de processos diversos ressalta uma importante diferença entre as duas Cortes de uma perspectiva processual. A ordem constitucional brasileira não conhece processos como o conflito entre órgãos (*Organstreitigkeit*) nem instrumento com múltiplas funções como o recurso constitucional (*Verfassungsbeschwerde*).

Muito embora o recurso constitucional alemão possa estar mais próximo do recurso extraordinário brasileiro, é razoável afirmar que existem alguns elementos comuns entre esse recurso e a arguição de descumprimento de preceito fundamental. Com efeito, observa-se que, assim como ocorre no direito alemão, o recurso extraordinário brasileiro somente admite o exame de questões de direito constitucional. Uma diferença (relevante) entre o recurso extraordinário e o *Verfassungsbeschwerde* decorre do fato de que este admite, por exceção, *que se desconsidere a exigência do esgotamento das vias judiciais*, enquanto aquele exige que a causa tenha sido decidida, definitivamente, em única ou última instância, questão que será examinada adiante, com mais especificidade.

Mesmo que a arguição de descumprimento de preceito fundamental brasileiro não guarde essa similitude *stricto sensu* com o recurso constitucional do direito alemão, é importante que se retirem lições do instituto tedesco. Dito de outro modo, assim como ocorre no direito alemão através do recurso constitucional, a arguição de descumprimento de preceito fundamental prevista na Constituição do Brasil é instrumento relevante de proteção dos direitos fundamentais.

Entra, aqui, a importância da noção de Estado Democrático de Direito, que, por agregar o conjunto de conquistas da modernidade, nas três dimensões que possuem os direitos fundamentais, constitui, na revolução paradigmática proporcionada pelo novo constitucionalismo do pós-guerra, um verdadeiro *plus* normativo, no interior do qual o direito é gerido pelo próprio direito, e onde o Estado deve, na sua organização, respeitar a conformação dos direitos sociais e fundamentais. Esse *plus* normativo, basicamente, ancora-se tanto no conceito "democrático", como na necessidade do respeito aos direitos fundamentais, donde a realização desses direitos tornam-se condição de possibilidade para a própria caracterização da democracia. Os mecanismos de realização dos direitos fundamentais assumem lugar cimeiro no contexto do constitucionalismo do Estado Democrático de Direito.

Por isso, preocupado com a realização dos direitos fundamentais, o constituinte de 1988 estabeleceu um conjunto de mecanismos aptos a garantir a efetivação dos direitos, dentro da perspectiva de que a Constituição é texto constituidor da organização da sociedade, protegendo-se inclusive contra decisões parlamentares de maiorias (eventuais ou não). Isso fica absolutamente visível a partir do exame do § 1º do art. 5º, pelo qual "as normas definidoras dos direitos e garantias fundamentais têm aplicação imediata", além do estabelecimento das cláusulas pétreas no art. 60, § 4º, constituindo, em seguida, um conjunto de institutos aptos a garantir até mesmo a inércia do legislador e dos poderes públicos.

É nesse contexto que deve ser analisado o novo instituto: se o Estado Democrático de Direito é um *plus* normativo em relação às duas formas anteriores de Estado de Direito (Liberal e Social), a arguição de descumprimento de preceito fundamental é um *plus* normativo em relação aos institutos de proteção aos direitos fundamentais previstos pelo texto constitucional.

2. Origens do instituto e da lei sobre a arguição de descumprimento de preceito fundamental

O primeiro projeto oficial relativo à Constituição de 1988, o chamado Projeto "A", não previa a ADPF entre as competências do Supremo Tribunal Federal. Tal fato somente veio a ocorrer com a Emenda Coletiva Substitutiva n. 2P02040-2, apresentada pelo deputado Eraldo Melo Tinoco, que modificava dispositivos do referido Projeto "A". Referida emenda reproduzia os termos do art. 126 do mencionado projeto, acrescentando-lhe, no entanto, parágrafo único com o objetivo de instituir a arguição de descumprimento de preceito fundamental, da competência do STF. Embora rejeitada pelo relator-geral da Constituinte, o então Deputado Bernardo Cabral, antes de ser apreciada pelo plenário da Assembleia Nacional Constituinte, a Emenda n. 2P02040-2 acabou por ser aprovada, restando o seu texto entre aqueles deliberados durante a confecção da Carta Magna de 1988. Posteriormente, quando apresentado o Projeto "B", a ADPF surgiu disposta no art. 108, parágrafo único. Dessa vez o texto foi submetido apenas à Comissão de Redação, para revisão de estrutura textual e apresentação da redação final.

Em maio de 1997, os Professores Celso Ribeiro Bastos e Gilmar Ferreira Mendes começaram a discutir a possibilidade de introdução, no ordenamento jurídico brasileiro, de instrumentos adequados a combater a chamada "guerra de liminares". Chegamos à conclusão de que a própria Constituição oferecia um instrumento adequado pelo menos no que diz respeito às matérias afetas ao Supremo Tribunal Federal ao prever, no art. 102, § 1º, a chamada "arguição de descumprimento de preceito fundamental". Naquela oportunidade, lembramos que a arguição de descumprimento de preceito fundamental poderia contemplar, adequadamente, o incidente de inconstitucionalidade.

O Professor Celso Bastos elaborou o primeiro esboço do anteprojeto que haveria de regular a arguição de descumprimento de preceito fundamental. Tomando por base o texto inaugural, cuidamos nós de elaborar uma segunda versão, introduzindo-se o incidente de inconstitucionalidade. Essa proposta traduziu-se num amálgama consciente das concepções constantes do Projeto Celso Bastos, do Projeto da Comissão Caio Tácito e o do incidente de inconstitucionalidade, contemplado em várias propostas de emenda constitucional sobre o Judiciário.

Afigurava-se recomendável que o tema fosse submetido a uma Comissão de especialistas. A sugestão foi elevada à consideração do Ministro da Justiça Íris Resende, que, em 04.07.97, editou a Portaria n. 572, publicada no *DOU* de 07.07.97, instituindo Comissão destinada a elaborar estudos e anteprojeto de lei que disciplinasse a arguição de descumprimento de preceito fundamental. Foram designados para compor a Comissão os Professores Celso Ribeiro Bastos (Presidente), Arnoldo Wald, Ives Gandra Martins, Oscar Dias Corrêa e o autor deste estudo.

Após intensos debates realizados em São Paulo, a Comissão chegou ao texto final do anteprojeto, que foi encaminhado pelo Professor Celso Bastos, acompanhado de relatório, ao Ministro da Justiça, em 20.11.97. A proposta do anteprojeto de lei cuidou dos principais aspectos do processo e julgamento da arguição de descumprimento de preceito fundamental, nos termos e para os efeitos do disposto no § 1º do art. 102 da CF. Estabeleceram-se o rito perante o STF, o elenco dos entes com legitimidade ativa, os pressupostos para suscitar o incidente e os efeitos da decisão proferida e sua irrecorribilidade.

Talvez caiba destacar que o ponto mais controvertido do projeto de lei, e no âmbito da Comissão, foi aquele referente à legitimação ativa. O Ministro Oscar Corrêa defendeu enfaticamente a ampliação da legitimação para abranger qualquer pessoa afetada por ato do Poder Público. Tendo em vista razões de ordem prática, a Comissão adotou solução de compromisso na qual se afirmava que a pessoa lesada poderia representar ao Procurador-Geral da República. Contra eventual indeferimento caberia representação ao STF (art. 2º, §§ 1º e 2º).

Tendo em vista que o disciplinamento do instituto da arguição de descumprimento de preceito fundamental afetava as atribuições do STF, resolveu-se, ainda, colher a opinião daquela Corte (Aviso/MJ n. 624, de 04.05.98). Em 07.05.98 o Min. Celso de Mello informou ter encaminhado cópia do texto do anteprojeto para todos os Ministros do STF (Ofício n. 076/98). Em 30.06.98 o trabalho realizado pela Comissão Celso Bastos foi divulgado em artigo, sob o título "Preceito fundamental: arguição de descumprimento".

É necessário observar, todavia, que desde março de 1997 tramitava no Congresso Nacional o Projeto de Lei n. 2.872, de autoria da ilustre Deputada Sandra Starling, objetivando, também, disciplinar o instituto da arguição de descumprimento de preceito fundamental, sob o *nomen juris* de "reclamação". A reclamação restringia-se aos casos em que a contrariedade ao texto da Lei Maior fosse resultante de interpretação ou de aplicação dos Regimentos Internos das Casas do Congresso Nacional, ou do Regimento Comum, no processo legislativo de elaboração das normas previstas no art. 59 da CF. Aludida reclamação haveria de ser formulada ao STF por um décimo dos deputados ou dos senadores, devendo observar as regras e os procedimentos instituídos pela Lei n. 8.038, de 28.05.90.

Em 04.05.98 o projeto de lei da Deputada Sandra Starling recebeu parecer favorável do Relator, o ilustre Deputado Prisco Viana, pela aprovação do projeto na forma de substitutivo de sua autoria. Como então se verificou, o substitutivo Prisco Viana ofereceu disciplina que muito se aproximava daquela contida no anteprojeto de lei da Comissão Celso Bastos. Aludido substitutivo, aprovado na Comissão de Constituição e Justiça e de Redação da Câmara dos Deputados, foi referendado pelo Plenário da Câmara dos Deputados e do Senado Federal, tendo sido submetido ao Presidente da República, que o sancionou, com veto ao inciso II do parágrafo único do art. 1º, ao inciso II do art. 2º, ao § 2º do art. 2º, ao § 4º do art. 5º, aos §§ 1º e 2º do art. 8º e ao art. 9º.

3. A noção de preceito fundamental

Especial dificuldade advém da conceituação do que seja o significado da expressão "preceitos fundamentais decorrentes desta Constituição". Levando em conta os objetivos do Estado Democrático de Direito, a atribuição de sentido que se pode fazer à expressão preceitos fundamentais caminha na direção de que tais direitos são aqueles reconhecidos ou outorgados e protegidos pelo direito constitucional interno de cada Estado. Ou, como diz Canotilho (*Direito Constitucional*, cit., p. 177), designam-se por normas de direitos fundamentais todos os preceitos constitucionais destinados ao reconhecimento, garantia ou conformação constitutiva de direitos fundamentais.

O próprio Supremo Tribunal Federal reconhece a dificuldade de definir o que seja "preceito fundamental", conforme pode ser visto na discussão da ADPF–MC n. 33. Reconheceu-se a dificuldade em indicar, *a priori*, os preceitos fundamentais da Constituição passíveis de lesão tão grave que justifique o processo e o julgamento da arguição de descumprimento, não havendo dúvida, entretanto, de que alguns desses preceitos estão enunciados, de forma explícita, no texto constitucional; também não se poderá negar a qualidade de preceitos fundamentais da ordem constitucional aos direitos e garantias individuais (art. 5º, dentre outros). Da mesma forma, não se poderá deixar de atribuir essa qualificação aos demais princípios protegidos pela cláusula pétrea do art. 60, § 4º, da Constituição, quais sejam, a forma federativa de Estado, a separação de Poderes e o voto direto, secreto, universal e periódico. Por outro lado, a própria Constituição explicita os chamados 'princípios sensíveis', cuja violação pode dar ensejo à decretação de intervenção federal nos Estados-membros (art. 34, VII). É fácil ver que a amplitude conferida às cláusulas pétreas e a ideia de unidade da Constituição (*Einheit der Verfassung*) acabam por colocar parte significativa da Constituição sob a proteção dessas garantias. O efetivo conteúdo das 'garantias de eternidade' somente será obtido mediante esforço hermenêutico. Apenas essa atividade poderá revelar os princípios constitucionais que, ainda que não contemplados expressamente nas cláusulas pétreas, guardam estreita vinculação com os princípios por elas protegidos e estão, por isso, cobertos pela garantia de imutabilidade que delas dimana. Os princípios merecedores de proteção, tal como enunciados normalmente nas chamadas 'cláusulas pétreas', parecem despidos de conteúdo específico. Essa orientação, consagrada por esta Corte para os chamados 'princípios sensíveis', há de se aplicar à concretização das cláusulas pétreas e, também, dos chamados 'preceitos fundamentais'. É o estudo da ordem constitucional no seu contexto normativo e nas suas relações de interdependência que permite identificar as disposições essenciais para a preservação dos princípios basilares dos preceitos fundamentais em um determinado sistema. Destarte, um juízo mais ou menos seguro sobre a lesão de preceito fundamental consistente nos princípios da divisão de Poderes, da forma federativa do Estado ou dos direitos e garantias individuais exige, preliminarmente, a identificação do conteúdo dessas categorias na ordem constitucional e, especialmente, das suas relações de interdependência. Nessa linha de entendimento, a lesão a preceito fundamental não se configurará apenas quando se verificar possível afronta a um princípio fundamental, tal como assente na ordem constitucional, mas também a disposições que confiram densidade normativa ou significado específico a esse princípio. Tendo em vista as interconexões e interdependências entre princípios e regras (Cf. VALE, André Rufino do. *Estrutura das normas de direitos fundamentais*: repensando a distinção entre regras, princípios e valores. São Paulo: Saraiva; 2009), talvez não seja recomendável proceder-se a uma distinção entre essas duas categorias, fixando-se um conceito extensivo de preceito fundamental, abrangente das normas básicas contidas no texto constitucional (cf. voto do Min. Gilmar Mendes, julgamento em 29-10-03).

Decisão controversa é a que negou a qualidade de ato normativo à súmula, quando o STF deixou assentado que o enunciado da Súmula daquela Corte, indicado como ato lesivo aos preceitos fundamentais, não consubstancia ato do Poder Público, porém tão somente a expressão de entendimentos reiterados seus. À arguição foi negado seguimento. Os enunciados são passíveis de revisão paulatina. A arguição de descumprimento de preceito fundamental não é adequada a essa finalidade (ADPF 80).

Diante dessa dificuldade de cunho hermenêutico, parece verdadeira a assertiva, constante no julgamento da ADPF n. 33, de que "ninguém poderá negar a qualidade de preceitos fundamentais aos direitos e garantias individuais (art. 5º, entre outros). Da mesma forma, não se poderá deixar de atribuir essa qualificação aos demais princípios protegidos pela cláusula pétrea do art. 60, § 4º, da Constituição: princípio federativo, a separação dos poderes, o voto direto, universal e secreto". De todo modo, é possível dizer que melhor seria que o constituinte, em vez de ter escrito "arguição de descumprimento de preceitos fundamental decorrente desta Constituição", tivesse promulgado o texto com a seguinte redação: "A arguição decorrente de descumprimento de preceito fundamental...". Com isto, teríamos evitado a confusão acerca do que seja "preceito fundamental *decorrente* desta Constituição". De qualquer sorte, não é desarrazoado afirmar que a arguição de descumprimento de preceito fundamental apresenta-se como um *plus* em relação ao modelo de controle de constitucionalidade (concentrado misto com difuso) vigorante em nosso sistema jurídico. Com efeito, enquanto a ação direta de inconstitucionalidade e a ação declaratória de constitucionalidade têm a finalidade de expungir do sistema jurídico qualquer inconstitucionalidade decorrente de lei ou ato normativo que confronte qualquer dispositivo da Constituição, e o recurso extraordinário (RE) apresenta-se como o remédio para levar ao Supremo Tribunal toda e qualquer violação da Constituição em sede de controle difuso e sempre no curso de uma ação, a arguição de descumprimento representa a possibilidade de submeter ao Supremo Tribunal – de forma direta (como ação autônoma, cuja legitimação para propositura é a mesma da ADI) e incidentalmente, no curso de uma ação –, as violações dos preceitos fundamentais previstos na Constituição.

Dito de outro modo, não teria sentido um dispositivo constitucional que tivesse o mesmo objetivo dos demais existentes. Registre-se, por relevante, que o dispositivo que regula a arguição de descumprimento é específico ao falar da violação (descumprimento) de preceitos fundamentais, ao passo que a ação direta de inconstitucionalidade e a ação declaratória de constitucionalidade referem-se às violações genéricas do sistema. Do mesmo modo, o recurso extraordinário igualmente se refere às violações de quaisquer normas constitucionais. Dessa maneira, ao contrário do *Verfassungsbeschwerde* do direito alemão e do próprio recurso de amparo do direito espanhol, que, em regra, decorrem de uma ação judicial, por tratar-se de recursos, a arguição de descumprimento do direito brasileiro vai mais além, ao proporcionar o direito de o cidadão buscar, por intermédio de representação feita ao Procurador-Geral da República, diretamente no Supremo

Tribunal o remédio contra as violações/descumprimentos dos preceitos fundamentais.

Registre-se que o instituto da arguição de descumprimento de preceito fundamental perdeu parcela significativa de seu potencial de efetividade jurídica, em face do veto aposto ao inciso II do art. 2º da Lei 9.882/99, que estabelecia o direito de o cidadão intentar a ADPF junto ao Supremo Tribunal Federal, diretamente e sem intermediários. Não se pode olvidar que a ADPF, fruto do constituinte originário, teve o escopo de ser, desde o início, contrariamente à ação direta de inconstitucionalidade – que tem legitimidade restringida conforme o art. 103 e efeito *erga omnes* –, uma ação de cidadania, de caráter individual, concedendo ao cidadão o direito de pleitear diretamente à Suprema Corte o seu direito, quando este estiver sendo colocado em xeque por violação de algum preceito fundamental.

4. A exigência de controvérsia constitucional

Além do descumprimento de preceito fundamental, a Lei n. 9.882/99, que regulamentou o *writ*, explicita que caberá também a arguição de descumprimento quando for relevante o fundamento da controvérsia constitucional sobre lei ou ato normativo federal, estadual ou municipal, inclusive anteriores à Constituição (leis pré-constitucionais). Vê-se, assim, que a arguição de descumprimento poderá ser manejada para solver controvérsias sobre a constitucionalidade do direito federal, do direito estadual e também do direito municipal.

A arguição de descumprimento vem completar o sistema de controle de constitucionalidade de perfil relativamente concentrado no STF, uma vez que as questões até então não apreciadas no âmbito do controle abstrato de constitucionalidade (ação direta de inconstitucionalidade e ação declaratória de constitucionalidade) poderão ser objeto de exame no âmbito do novo procedimento.

No plano da doutrina, chegou-se a discutir a constitucionalidade desse parágrafo único do art. 1º da Lei, sob o argumento de que o legislador ordinário se utilizou de manobra para ampliar, de forma irregular, a competência do Supremo Tribunal Federal, tese encampada pela Ordem dos Advogados do Brasil, na ADI n. 2231-8. Os argumentos não procedem. O inciso I do parágrafo único do art. 1º apenas estendeu as possibilidades de utilização da arguição de descumprimento de preceito fundamental, circunstância que se enquadra no espaço de conformação do legislador. A ADPF é uma forma de controle preferencialmente concentrado (ADPF n. 1-QO) e instrumento de defesa da Constituição. Na verdade, só o STF pode julgar ADPF, muito embora possa ser arguida incidentalmente, em um caso concreto (por isso, na ADPF n. 33, o STF acentua configurar o *writ* uma modalidade de integração entre os modelos de perfil difuso e concentrado no Supremo Tribunal Federal). Mas isso não afasta seu julgamento exclusivo pelo Supremo. O que ocorre, na espécie, é uma cisão entre a questão constitucional e as demais suscitadas e discutidas no processo pelas partes, subindo ao Tribunal, para sua exclusiva apreciação (concentração em um único órgão), tão só a primeira delas, já que remanesce a competência dos órgãos judiciários ordinários para o julgamento da pretensão deduzida. Por isto, o exame de atos normativos (federais, estaduais ou municipais, inclusive os anteriores à Constituição), que afrontem preceitos fundamentais e sobre os quais exista controvérsia relevante, pode ser objeto do instituto em tela.

O conceito de controvérsia constitucional implica a adição da adjetivação "relevante". No julgamento da ADIn n. 2231, que visava a sindicar a própria constitucionalidade da Lei n. 9.882, o Min. José Néri entendeu de excluir de sua aplicação controvérsia constitucional concretamente já posta em juízo. Caso contrário, a ADPF poderia ser transformada em instrumento de avocação de processos, que nem de longe tem respaldo no sistema constitucional adotado a partir de 1988. Uma interpretação conforme a Constituição aponta para a relevante circunstância de que a arguição será cabível quando houver controvérsia instalada acerca de descumprimento de preceito fundamental, descumprimento este acarretado por uma lei municipal, estadual ou federal, inclusive os anteriores à Constituição. Não é qualquer controvérsia que ensejará a ADPF; somente a que disser respeito ao descumprimento de preceito fundamental. Nesse sentido, no julgamento da ADPF n. 33 ficou explicitado que a possibilidade de incongruências hermenêuticas e confusões jurisprudenciais decorrentes dos pronunciamentos de múltiplos órgãos pode configurar uma ameaça a preceito fundamental (pelo menos, ao da segurança jurídica), o que também está a recomendar uma leitura compreensiva da exigência aposta à lei da arguição, de modo a admitir a propositura da ação especial toda vez que uma definição imediata da controvérsia mostrar-se necessária para afastar aplicações erráticas, tumultuárias ou incongruentes, que comprometam gravemente o princípio da segurança jurídica e a própria ideia de prestação judicial efetiva. Ademais, a ausência de definição da controvérsia – ou a própria decisão prolatada pelas instâncias judiciais – poderá ser a concretização da lesão a preceito fundamental. Em um sistema dotado de órgão de cúpula, que tem a missão de guarda da Constituição, a multiplicidade ou a diversidade de soluções pode constituir-se, por si só, em uma ameaça ao princípio constitucional da segurança jurídica e, por conseguinte, em uma autêntica lesão a preceito fundamental.

5. Legitimidade

Nos termos da Lei n. 9.882, de 3 de dezembro de 1999, podem propor a arguição de descumprimento de preceito fundamental todos os legitimados para a ação direta de inconstitucionalidade (CF, art. 103). A versão aprovada pelo Congresso Nacional admitia expressamente a legitimidade processual de qualquer indivíduo afetado por decisão do Poder Público. A falta de qualquer disciplina ou limitação ao exercício do direito de propositura levou o Chefe do Poder Executivo a vetar o aludido dispositivo. Assim, em face do veto à Lei regulamentadora (inciso II do art. 2º), ficou vedado ao cidadão ingressar diretamente com a arguição junto ao Supremo Tribunal, dependendo de representação ao Procurador-Geral da República, a quem caberá decidir sobre o cabimento do ingresso em juízo do remédio constitucional.

Não há de se negar, porém, que o reconhecimento do direito de propositura aos indivíduos em geral afigura-se recomendável e até mesmo inevitável em muitos casos (tramita na Câmara dos Deputados, atualmente, o Projeto de Lei n. 6.543, de 2006). É que a defesa de preceito fundamental se confunde, em certa medida, com a própria proteção de direitos e garantias individuais. Nessa hipótese, não há dúvida de que a matéria está a reclamar uma disciplina normativa que, a um só tempo, permita ao cidadão a possibilidade de levar o seu pleito ao Supremo Tribunal sem afetar o funcionamento da Corte, pelo excesso de demandas.

Não há dúvida de que, na ausência de mecanismo específico, poderá o cidadão representar ao Procurador-Geral da República. Este não está obrigado, porém, a encaminhar o pedido formulado. *De lege ferenda* poder-se-ia conceber fórmula que associasse o uso da arguição de descumprimento ao manejo do recurso extraordinário. Assim, qualquer um dos legitimados para propor a arguição poderia, *v.g.*, solicitar que o Supremo Tribunal Federal convertesse o julgamento de um recurso extraordinário em julgamento de eventual arguição de descumprimento. Nesse sentido, a proposta do Senador José Jorge, no Projeto de Lei n. 6543, de 2005, que prevê alteração ao art. 2º da Lei n. 9.882/99. Ou, ainda, seria legítimo cogitar-se da possibilidade de se interpor o recurso extraordinário juntamente com a arguição de descumprimento, facultando-se ao STF a decisão necessária para apreciar a controvérsia constitucional posta no recurso individual ou na ação de caráter coletivo.

Afora isso, a legitimidade é a mesma da ação direta de inconstitucionalidade (*vide* comentário ao art. 103), com os mesmos requisitos de pertinência temática.

6. Requisito fundamental: a utilização da arguição de descumprimento de preceito fundamental na ausência de outro meio eficaz

A Lei n. 9.882, de 1999, impõe que a arguição de descumprimento de preceito fundamental somente será admitida se não houver outro meio eficaz de sanar a lesividade (art. 4º, § 1º). À primeira vista, poderia parecer que somente na hipótese de absoluta inexistência de qualquer outro meio eficaz para afastar a eventual lesão poder-se-ia manejar, de forma útil, a arguição de descumprimento de preceito fundamental. É fácil ver que uma leitura excessivamente literal dessa disposição, que tenta introduzir entre nós o princípio da subsidiariedade vigente no direito alemão e no direito espanhol para, respectivamente, o recurso constitucional e o recurso de amparo, acabaria por retirar desse instituto qualquer significado prático. De uma perspectiva estritamente subjetiva, a ação somente poderia ser proposta se já se tivesse verificado a exaustão de todos os meios eficazes de afastar a lesão no âmbito judicial.

Uma leitura mais cuidadosa há de revelar, porém, que, na análise sobre a eficácia da proteção de preceito fundamental nesse processo, deve predominar um enfoque objetivo ou de proteção da ordem constitucional objetiva. Em outros termos, o princípio da subsidiariedade – inexistência de outro meio eficaz de sanar a lesão –, contido no art. 4º, § 1º, da Lei n. 9.882, de 1999, há de ser compreendido no contexto da ordem constitucional global. Nesse sentido, se se considera o caráter enfaticamente objetivo do instituto (o que resulta inclusive da legitimação ativa) meio eficaz de sanar a lesão, parece ser aquele apto a solver a controvérsia constitucional relevante de forma ampla, geral e imediata.

Assim, a Lei 9.882 exige, como condição de possibilidade da ADPF, o esgotamento de todos os meios para o saneamento do ato lesivo (§ 1º do art. 4º). Conforme posição firmada pelo STF na ADPF n. 33, os meios a serem esgotados para que se admita a ADPF são aqueles do controle concentrado. A existência de processos ordinários e recursos extraordinários não deve excluir, *a priori*, a utilização da arguição de descumprimento de preceito fundamental, em virtude da feição marcadamente objetiva dessa ação. Aqui – desconsiderando a discussão acerca das raízes da ADPF –, a lição do direito alemão pode ser aproveitada, mormente em face do que dispõe o § 90, alínea 2, frase 2, da Lei sobre o *Bundesverfassungsgericht*, no qual se permite desconsiderar a exigência do esgotamento das vias judiciais. Ou seja, na Alemanha a exceção surge quando o recurso constitucional é de significado geral ou suceder ao impetrante um prejuízo grave e irreparável, caso ele seja remetido, inicialmente, à via judicial. Frise-se, entretanto, que, na ADPF n. 113-MC, embora por decisão monocrática, admitiu-se condicionar a admissibilidade da ADPF à circunstância – processualmente relevante – de ser possível o ajuizamento de ações coletivas, aptas a viabilizar a efetiva proteção processual buscada (no caso, de relações de consumo). Pensamos, de todo modo, que a melhor solução é a de não colocar obstáculos ao *writ*, a exemplo do que ocorre com o *Verfassungsbeschwerde* e o direito de Amparo.

Assim, em face desse processo hermenêutico, torna-se razoável afirmar, a partir da redação da Lei regulamentadora, que a arguição de descumprimento de preceito fundamental (ADPF) é, efetivamente, um *remédio supletivo* para os casos em que não caiba ação direta de inconstitucionalidade (ADI). Desse modo, em sede de jurisdição constitucional, poderão agora ser questionados atos normativos (regulamentos, resoluções, por exemplo) que, anteriormente, não eram suscetíveis – conforme a jurisprudência predominante do STF – de enquadramento na via da ação direta de inconstitucionalidade (ADI). O mesmo raciocínio vale para as resoluções ou regulamentações expedidas pelas Agências Reguladoras. Não sendo admitida a utilização de ações diretas de constitucionalidade ou de inconstitucionalidade, isto é, não se verificando meio apto para solver a controvérsia constitucional relevante de forma ampla, geral e imediata, há de se entender possível a utilização da ADPF. É o que ocorre, aliás, nos casos relativos ao controle de legitimidade do direito pré-constitucional, do direito municipal em face da Constituição Federal e nas controvérsias sobre direito pós-constitucional já revogado ou cujos efeitos já se exauriram. Nesses casos, em face do não cabimento da ADI, não há como deixar de reconhecer-se a admissibilidade da ADPF. Também será possível à ADPF em pretensão de ver declarada a constitucionalidade de lei estadual ou municipal que tenha sua legitimidade questionada em instâncias inferiores. Tendo em vista o objeto restrito da ação declaratória de constitucionalidade (ADC), não há como cogitar, aqui, de meio eficaz para solver de forma ampla, geral e imediata eventual controvérsia instaurada. Veja-se, ademais, que a Suprema Corte acabou por admitir uma espécie de fungibilidade entre ADPF e ADI, como medida de economia processual, mas desde que preenchidos os requisitos exigidos para a ação direta. Se preponderasse o formalismo em tal questão, bastaria ao legitimado, no dia seguinte, protocolar a antiga ADPF rejeitada como ADI, com simples modificação da nomenclatura. Veja-se, nesse sentido, a ADPF n. 72-QO, em que se esgrimia ADPF contra Portaria de Secretaria da Fazenda de Estado federado. Na medida em que o ato normativo impugnado era passível de controle concentrado de constitucionalidade pela via da ação direta, conforme precedente na ADIn n. 349, o STF fez incidir a subsidiariedade prevista na Lei 9.882, resolvendo a QO com o aproveitamento do feito como ação direta de inconstitucionalidade, ante a perfeita satisfação dos requisitos exigidos à sua propositura (legitimidade ativa, objeto, fundamentação e pedido), bem como a relevância da situação trazida aos autos, relativa a conflito entre dois Estados da Federação.

7. Modulação dos efeitos

Na hipótese prevista pelo art. 11 da Lei 9.882/99, que dispõe que, ao declarar a inconstitucionalidade de lei ou ato normativo, no processo de arguição de descumprimento de preceito fundamental, e tendo em vista razões de segurança jurídica ou de excepcional interesse social, poderá o Supremo Tribunal Federal, por maioria de dois terços de seus membros, restringir os efeitos daquela declaração ou decidir que ela só tenha eficácia a partir de seu trânsito em julgado ou de outro momento que venha a ser fixado. A problemática é similar ao que dispõe o art. 27 da Lei 9.868/99. No exame da constitucionalidade da matéria, embora em julgamento ainda não terminado (ADIn 2.231), o STF aponta para o fato de que, cuidando-se a ADPF de processo de natureza objetiva, não há norma constitucional que impeça o legislador ordinário de autorizar o STF a restringir, em casos excepcionais, por razões de segurança jurídica, os efeitos de suas decisões.

8. Medida cautelar

A possibilidade de concessão de cautelar em sede de ADPF, com o consequente alcance (e suspensão) de todos os processos em andamento que tenham relação com a matéria objeto da arguição, chegou a ser polêmica no Supremo Tribunal Federal, estando *sub judice* a ação de inconstitucionalidade que discute a matéria (ADI 2.231). (Apenas o Min. Néri da Silveira proferiu voto até este momento.) Entretanto, há forte tendência na Corte no sentido da conveniência e aplicabilidade da medida, como se pode verificar na discussão da ADPF n. 33. Ali já se aponta para o fato de que a Lei confere ao Tribunal um poder cautelar expressivo, impeditivo da consolidação de situações contra a possível decisão definitiva que venha a tomar, e que, nesse aspecto, a cautelar da ação de descumprimento de preceito fundamental assemelha-se à disciplina conferida pela Lei n. 9.868, de 1999, à medida liminar na ação declaratória de constitucionalidade (art. 21). Dessa forma, a liminar passa a ser também um instrumento de economia processual e de uniformização da orientação jurisprudencial, a exemplo de outros dispositivos das Leis 9.882/99 e 9.868/99. O STF, embora reconhecendo a pendência de julgamento da ADIn 2.231, que trata da (in)constitucionalidade dessa matéria específica, concedeu cautelar na ADPF n. 10, em face do risco irreparável ou de difícil reparação e o fundado receio de que, antes do julgamento deste processo, ocorresse grave lesão ao direito do requerente, em virtude das ordens de pagamento e de sequestro de verbas públicas, desestabilizando-se as finanças de Estado federativo. Também na ADPF 130, a qual culminou na declaração de não recepção da totalidade da Lei de Imprensa, o STF concedeu a medida cautelar para suspender diversos dispositivos dessa lei. Assim, apesar da pendência da ADI 2.231, o STF tem admitido a medida cautelar em ADPF.

O dispositivo autorizativo da cautelar em ADPF tem redação semelhante ao art. 21 da Lei 9.868/99, pelo qual o Supremo Tribunal Federal, por decisão da maioria absoluta de seus membros, poderá deferir pedido de medida cautelar na ação declaratória de constitucionalidade, consistente na determinação de que os juízes e os Tribunais suspendam o julgamento dos processos que envolvam a aplicação da lei ou do ato normativo objeto da ação até o seu julgamento definitivo. Também esse dispositivo está *sub judice* na Suprema Corte.

Tais dispositivos se assemelham às antigas tentativas do Poder Executivo em instituir a figura do "incidente de inconstitucionalidade *per saltum*", que constava no substitutivo Jairo Carneiro de reforma do Judiciário, pelo qual suscitada, em determinado processo, questão relevante sobre a constitucionalidade de lei ou ato normativo federal, estadual ou municipal, incluídos os anteriores à Constituição, e concorrendo os pressupostos do art. 98, § 1º, o Supremo Tribunal Federal, a requerimento dos órgãos ou entes referidos no *caput* deste artigo, poderá processar o incidente e determinar a suspensão do processo, a fim de proferir decisão com efeito vinculante exclusivamente sobre a matéria constitucional.

Essa novidade no direito constitucional brasileiro não ficou a salvo de críticas, no sentido de que se trata de "avocatória disfarçada" (por todos, Ada Grinover), uma vez que sempre se corre o risco de suprimir instâncias, violando o devido processo legal. Essas preocupações estão presentes no voto do Min. Neri da Silveira, relator da ADIn n. 2.231, que, além de dar interpretação conforme ao art. 1º, parágrafo único, I, da Lei 9.882/99, a fim de excluir as controvérsias constitucionais concretamente já postas em juízo, também votou pelo deferimento da liminar para suspender a eficácia do § 3º do art. 5º, por estar relacionado com a arguição incidental em processos em concreto.

Na verdade, não há que falar de avocação a ser feita pelo Supremo Tribunal Federal. As críticas são dirigidas, por certo, ao eventual efeito avocatório que decorre da ADPF. Ou seja, efeito avocatório não é o mesmo que possibilidade de avocar. É evidente que o STF não tem esse poder; aliás, nenhum tribunal pode iniciar processos ou procedimentos, dependendo sempre de provocação. As únicas "exceções" que se estabelecem são a da suscitação de incidente de inconstitucionalidade por órgão fracionário, que independe da provocação da parte ou do Ministério Público, cujo procedimento fica restrito ao tribunal no qual o processo está tramitando, e o do recurso de ofício (caso, por exemplo, de concessão de mandado de segurança).

De todo modo, trata-se de medida que, a exemplo das súmulas vinculantes, dependerá fundamentalmente de uma mudança na operacionalidade do direito no Brasil e no modo de compreender a jurisdição constitucional. Um sistema jurídico baseado no respeito à coerência e à integridade do direito – e esse é o objetivo dos instrumentos vinculatórios que institucionalizam a obediência *stricto sensu* aos precedentes do Supremo Tribunal Federal – dependerá, em maior ou menor medida, de mecanismos desse jaez, na exata dimensão em que se desenvolve a aplicação do direito.

Registre-se que os mecanismos de vinculação dos precedentes e dos instrumentos para lhes dar eficácia são produtos da multiplicação de demandas e da crescente indeterminabilidade do direito. Não se pode olvidar que a principal característica do positivismo jurídico – e essa característica se evidenciou a partir do debate Ronald Dworkin-Herbert Hart – é a discricionariedade dos juízes nos casos assim denominados "difíceis" (*hard cases*). Isso implica aceitar que o direito admita uma multiplicidade de respostas, formando uma excessiva liberdade hermenêutico-interpretativa. Indubitavelmente, tal questão assumiu contornos mais graves a partir daquilo que hoje denominados de "era dos princípios", em que, a partir de uma equivocada leitura hermenêutica, tem-se pensado que é possível multiplicar as interpretações de cada situação e de cada texto jurídico. Dizer o processo hermenêutico implica o poder de atribuição de sentidos, superando a clássica reprodução silogística da interpretação do modelo formal-burguês, não representa novidade. O que não se apresenta como correto é confundir esse câmbio paradigmático com uma livre adjudicação de sentidos, como que a repetir teses como a Escola do Direito Livre e/ou outras posturas voluntaristas como a aposta voluntarista-decisionista de Hans Kelsen no oitavo capítulo de sua *Teoria Pura do Direito*. Essa postura não se coaduna com o Estado Democrático de Direito, em que o direito assume um acentuado grau de autonomia e no qual se alcançou um altíssimo nível de produção democrática.

Um exame do estado da arte das práticas jurídicas brasileiras aponta para o espantoso aumento da demanda de processos, que fez surgir, em determinados setores da operacionalidade *lato sensu* (doutrina e jurisprudência), uma espécie de ceticismo hermenêutico, gerando respostas multifacetadas. Essa fragmentação decisória fragilizou, sobremodo, aquilo que Ronald Dworkin (Cf. *Law's Empire*, op. cit., p. 213) denomina de integridade do direito, que é duplamente composta: um princípio legislativo, que pede aos legisladores que tentem tornar o conjunto de leis moralmente coerente, e um princípio jurisdicional, que demanda que a lei, tanto quanto o possível, seja visto como coerente nesse sentido. A integridade coloca-se no contraponto do relativismo interpretativo. De registrar que o Código de Processo Civil que entrou em vigor em 2016 albergou as teses da coerência e integridade no art. 926.

A guinada hermenêutica sofrida pelo direito em tempos de efetivo crescimento do papel da jurisdição – mormente a jurisdição constitucional – acentuou a preocupação em torno da necessidade de discutir as condições de possibilidade que o intérprete tem para a atribuição dos sentidos aos textos jurídicos, uma vez fracassadas as experiências exegético-subsuntivas e as tentativas de controlar os sentidos através de operações lógico-analíticas. O direito como integridade é tanto o produto da interpretação abrangente da prática jurídica quanto sua fonte de inspiração.

Destarte, a previsão da medida cautelar e seu efeito transcendental nos demais processos similares (e isso vale para as súmulas vinculantes) quer significar que a interpretação parte sempre de outras interpretações. Da parte para o todo e do todo para a parte (círculo hermenêutico), a interpretação sofre uma contínua transformação, a partir do próprio material que a conformou desde o início (por isso as decisões não podem ser "fundamentadas" mediante a simples citação de ementários, enunciados ou súmulas). Esse "processo" implica a máxima força dos princípios, em que, por vezes, a coerência soçobra diante da integridade, até porque a integridade – que também é um princípio – exige que as normas públicas da comunidade sejam criadas e vistas, na medida do possível, de modo a expressar um sistema único e coerente de justiça e equidade na correta proporção, diante do que, por vezes, a coerência com as decisões anteriores será sacrificada em nome de tais princípios (Cf. Dworkin, *Law's Empire*, op. cit.), circunstância que assume especial relevância nos sistemas jurídicos como o do Brasil, em que os princípios constitucionais transformam em obrigação jurídica um ideal moral da sociedade.

Entenda-se, assim, sobremodo, a importância das decisões em sede de jurisdição constitucional pelo seu papel de proporcionar a aplicação em casos similares. Haverá coerência se os mesmos dispositivos que foram aplicados nas decisões o forem para os casos idênticos; mas, mais do que isto, estará assegurada a integridade do direito a partir da força normativa da Constituição.

Numa palavra, o direito como integridade coloca limites à subjetividade das decisões (e, portanto, da multiplicidade de decisões que tenham objeto casos similares). Não há grau zero na interpretação do direito. O intérprete deve estar atento à tradição (e à sua autoridade), promovendo uma reconstrução do direito, perscrutando de que modo um caso similar vinha sendo decidido até então. Como bem diz Gadamer, a compreensão alcança suas verdadeiras possibilidades quando as opiniões prévias com as que se inicia não são arbitrárias. Há, pois, uma (profunda) responsabilidade política nas decisões. Daí o acerto de Rodolfo Arango (cf. *Hay respuestas correctas en el derecho*, cit., p. 157), ao dizer que os limites da atividade judicial não residem nas virtudes pessoais do juiz, mas, sim, na sujeição às regras do discurso prático geral. Nesse sentido existe um direito fundamental a uma resposta adequada à Constituição (Cf. STRECK, Lenio Luiz. Verbete: Resposta Adequada à Constituição. *Dicionário de Hermenêutica*. 2. ed. Belo Horizonte: Casa do Direito, 2020).

E, nesse contexto, tanto as súmulas vinculantes quanto a decisão em sede de ADPF (art. 5, § 3º, da Lei n. 9.882/99) têm o objetivo de colocar as bases para a formação desse discurso apto a gerar precedência e, consequentemente, preservar a integridade e a coerência discursiva do direito E, com isso, fundamentalmente, preserva-se a força normativa da Constituição.

9. A comunicação do julgamento, a fixação das condições, o modo de interpretação e a aplicação do preceito fundamental

A fixação de condições e o modo de interpretação e aplicação do preceito fundamental de que fala o *caput* do art. 10 da Lei não encontra precedente em nosso sistema de controle de constitucionalidade. Na medida em que a arguição de descumprimento de preceito fundamental é instrumento de controle abstrato e concreto de constitucionalidade, é dentro desse universo jurídico que o instituto deve ser tratado. Consequentemente, julgada a arguição, a interpretação já estará dada à *quaestio juris*. O modo de interpretação e as condições para o cumprimento do preceito fundamental fazem parte, intrinsecamente, da decisão do Supremo Tribunal Federal. Desse modo, antes de a fixação das condições, o modo de interpretação e aplicação serem consequências do julgamento da ação, são a sua condição de possibilidade. Havendo um pleito, no caso, uma ADPF, esta obrigatoriamente versará sobre o descumprimento de um determinado preceito (fundamental) da Constituição. O preceito fundamental será o parâmetro, pois. Caso contrário, a ação não tem objeto. No julgamento da arguição, o STF apreciará o alcance da violação do aludido preceito fundamental. Logo, o julgado não versará sobre as condições e o modo de interpretação e aplicação do preceito fundamental, mas, sim, sobre como um determinado ato do poder público, dispositivo ou determinada lei ocasionaram o descumprimento do preceito fundamental paramétrico.

O dispositivo não transforma o Supremo Tribunal Federal em legislador nem em detentor das funções dos demais Poderes da República. Houve evidente infelicidade na redação deste dispositivo. Não se pode confundir o mandado de injunção, que é remédio supletivo para a falta de regulamentação de dispositivos constitucionais que tratem de garantias de direitos individuais e sociais, com a arguição de descumprimento de preceito fundamental. No primeiro caso, na falta de norma regulamentadora, o STF poderá editar a regulamentação (v., nesse sentido, comentário ao inciso LXXI do art. 5º); no segundo, cabe ao Supremo Tribunal dizer, fazendo controle de constitucionalidade (difuso ou concentrado), se um determinado preceito fundamental está ou não sendo descumprido. As decisões do STF, em sede de ADPF, não podem ser transformadas em atos legislativos *stricto sensu*, com o que estará afrontando o princípio da divisão de poderes da República.

10. A eficácia contra todos e o efeito vinculante da decisão em ADPF

Essa questão está prevista na Lei 9.882/99, devendo ser aferida a sua compatibilidade com o sistema vinculatório estabelecido pela Emenda Constitucional n. 45/04. Nesse sentido, mesmo considerando-se que o atual texto constitucional, modificado pela EC 45/04, somente atribui tal efeito à ADI e à ADC, o Min. Néri da Silveira (na época do voto somente a ADC, por força da EC 3/93, era dotada de efeito vinculante) entendeu não haver afronta à Constituição. Segundo o então relator da ADI 2.231, o efeito vinculante não tem natureza constitucional, podendo o legislador ordinário disciplinar a eficácia das decisões judiciais, especialmente porque a CF remete expressamente à lei a disciplina da ADPF (CF, art. 102, § 1º). Também aqui se está diante de dispositivo que deve ser analisado no contexto de um sistema jurídico complexo que não pode prescindir de coerência e integridade.

Art. 102, § 2º As decisões definitivas de mérito, proferidas pelo Supremo Tribunal Federal, nas ações diretas de inconstitucionalidade e nas ações declaratórias de constitucionalidade produzirão eficácia contra todos e efeito vinculante, relativamente aos demais órgãos do Poder Judiciário e à administração pública direta e indireta, nas esferas federal, estadual e municipal.

Gilmar Ferreira Mendes
Lenio Luiz Streck[1]

A – REFERÊNCIAS

1. Origem da norma

Texto original da CF/88 e Emenda Constitucional n. 45/2004.

2. Legislação

Lei n. 9.868/99 e Lei n. 9.882/99.

3. Jurisprudência

RMS 17.976, Rel. Min. Amaral Santos, *RTJ*, 55/744; RE 86.056, Rel. Min. Rodrigues Alckmin, *DJ* de 1º-7-1977; ADI 907, Rel. Min. Ilmar Galvão, *RTJ*, 150 (2)/726; ADI 864, Rel. Min. Moreira Alves, *RTJ*, 151/416; Rcl. 1.987, Rel. Min. Maurício Corrêa, *DJ* de 21-5-2004; Rcl.-AgRg-QO 1.880, Rel. Min. Maurício Corrêa, *DJ* de 19-3-2004; ADC 4, Rel. Min. Sydney Sanches, *DJ* de 16-2-1998; Pet.-MC 1.416/SP, Rel. Min. Celso de Mello, *DJ* de 1º-4-1998; RE-QO 168.277/RS, Plenário, Rel. Min. Ilmar Galvão, *DJ* de 29-5-1998; Rcl. 2.256, Rel. Min. Gilmar Mendes, *DJ* de 30-4-2004.

4. Seleção de literatura

ABBOUD, Georges. *Sentenças interpretativas, coisa julgada e súmula vinculante: alcance e limites dos efeitos vinculante e erga omnes na jurisdição constitucional.* Dissertação de Mestrado, PUCSP, São Paulo, 2009; BACHOF, Otto. Die Prufungs und Verwerfungskompetenz der Verwaltung gegenuber dem verfassungswidrigen und bundesrechtswidrigen Gesetz, *AöR*, 87/25, 1962; BRANCO, Paulo Gustavo Gonet; MENDES, Gilmar Ferreira; COELHO, Inocêncio Mártires. *Curso de Direito Constitucional*. 4ª ed. São Paulo: Saraiva, 2009; BROX, Hans, Zur Zulässigkeit der erneuten Überprufung einer Norm durch das Bundesverfassungsgericht, in *Festschrift für Willi Geiger zum 65. Geburstag*, Tübingen, 1974; BRUN-OTTO, Bryde, *Verfassungsengsentwicklung, Stabilität und Dynamik im Verfassungsrechf der Bundesrepublik Deutschland*, Baden-Baden, 1982; CARDOSO DA COSTA, José Manuel M. *A Justiça Constitucional no quadro das funções do Estado*. Justiça Constitucional e espécies, conteúdo e efeitos das decisões sobre a constitucionalidade das normas. Lisboa, Tribunal Constitucional, 1987; DWORKIN, Ronald. *Law's Empire*. London, Fontana Press, 1986; FROWEIN, Jochen, Änderungen der Rechtsprechung des Bundesverfassungsgerichts als Rechtsproblem, in *DÖV*, 1971; GADAMER, Hans-Georg. *Wahrheit und Methode I e II*. Tübingen, Mohr, 1987; GIESE, Friedrich. *Grundgesetz für die Bundesrepublik Deutschland Kommentar*, 3ª ed. Frankfurt a.M., 1955; GUSY, Christoph. *Parlamentarischer Gesetzgeber und Bundesverfassungsgericht*, Berlin, 1985; IPSEN, Jörn. *Rechtsfolgen der Verfassungswidrigkeit von Norm und Einzelakt*, Baden-Baden, 1980; KRIELE, Martin. *Theorie der Rechtsgewinnung*, 2. ed., Berlin, Duncker & Humbolt, 1976; LANGE, Klaus. *Rechtskraft, Bindungswirkung und Gesetzeskraft der Entscheidung des Bundesverfassungsgerichts*; LIEBMAN, Enrico Tullio. *Eficácia e autoridade da sentença e outros escritos sobre a coisa julgada*, Rio de Janeiro: Forense, 1984; MAUNZ, Theodor et al., *Bundesverfassungsgerichtsgesetz:* Kommentar. München, C. H. Beck. Okt. 1985; MAUZ/SCHMIDT-BLEIBTREU/F.KLEIN/ULSAMER. *Bundesverfassungsgerichtsgesetz Kommentar 16*. Ergänzungslieferung. Stand: März 1998. München, Verlag C.H. Beck; MACCORMICK, Neil. *Legal Reasoning and Legal Theory*. Oxford: Clarendon Press, 1978; MENDES, Gilmar Ferreira. *Jurisdição Constitucional*. 5ª ed. São Paulo, Saraiva, 2009; MENDES, Gilmar Ferreira. *Direitos Fundamentais e Controle de Constitucionalidade*. São Paulo, Saraiva, 2004; MENDES, Gilmar Ferreira, COELHO, Inocêncio M. e BRANCO, Paulo. *Curso de Direito Constitucional*. São Paulo, Saraiva, 2007; OBENDORFER, Peter. A Justiça Constitucional no quadro das funções estaduais, nomeadamente espécies, conteúdo e efeitos das decisões sobre a inconstitucionalidade de normas jurídicas. In: *Justiça Constitucional e espécies, conteúdo e efeitos das decisões sobre a constitucionalidade das nor-

---

1. O comentário contou com a colaboração de André Rufino do Vale.

mas. Lisboa, Tribunal Constitucional, 1987; PESTALOZZA, Christian. *Verfassungsprozessrecht*, 3. ed., Berlin, C.H. Beck, 1991; RANGEL, Paulo Castro. *Repensar o Poder Judicial. Fundamentos e Fragmentos*. Porto: Publicações Universidade Católica, 2001; SCHÄFFER, Heinz. In: AJA, Eliseo (org.). *Las tensiones entre el Tribunal Constitucional y el legislador em la Europa actual*. Barcelona, Ariel, 1998; SCHÖNKE, Adolf. *Derecho procesal civil*, tradução da 5. ed. alemã. Barcelona, 1950; SÖHN, Hartmut. Die abstrakte Normenkrontrolle. In: *Bundesverfassungsgericht und Grundgesetz*. Tübingen, 1980, v. I; STERN, *Bonner Kommentar*, 2. tir., art. 100, n. 139; STRECK, Lenio L. *Jurisdição Constitucional*. 5. ed. Rio de Janeiro: Forense, 2018; STRECK, Lenio L. *Verdade e Consenso*. 6. ed. São Paulo: Saraiva, 2017; TRIBE, Laurence. *American Constitutional Law*. 3. ed. New York: Foundation Press, 2000; WISCHERMANN, Norbert. *Rechtskraft und Bindungswirkung*, Berlin, 1979, p. 42; VALE, André Rufino do. *La deliberación en los Tribunales Constitucionales*. Madrid: Centro de Estudios Políticos y Constitucionales, 2017; VOGEL, Klaus. Rechtkraft und Gesetzeskraft der Entscheidungen des Bundesverfassungsgerichts, in *Bundesverfassungsgericht und Grundgesetz*, I, Tübingen, 1976.

B – COMENTÁRIOS

1. Eficácia *erga omnes* e declaração de constitucionalidade

O art. 102, § 2º, da CF e o art. 28, parágrafo único, da Lei n. 9.868/99 preveem que as decisões declaratórias de constitucionalidade ou de inconstitucionalidade têm *eficácia contra todos* (*erga omnes*). Também a jurisprudência se utiliza largamente do conceito de "eficácia *erga omnes*". Não obstante, não cuidou a doutrina brasileira, até aqui, de conferir ao termo em questão maior densidade teórica. Parece assente entre nós orientação segundo a qual a eficácia *erga omnes* da decisão do STF refere-se à *parte dispositiva* do julgado. Se o STF chegar à conclusão de que a lei questionada é constitucional, haverá de afirmar expressamente a sua constitucionalidade, julgando procedente a ação declaratória de constitucionalidade proposta. Da mesma forma, se afirmar a improcedência da ação direta de inconstitucionalidade, deverá o Tribunal declarar a constitucionalidade da lei que se queria fosse julgada inconstitucional.

O texto constitucional consagra, igualmente, o *efeito vinculante* das decisões proferidas em ADI e ADC relativamente aos demais órgãos do Poder Judiciário e à Administração Pública direta e indireta, nas esferas federal, estadual e municipal (CF, art. 102, § 2º). Também o art. 28, parágrafo único, da Lei n. 9.868/99 estabelece o efeito vinculante da declaração de constitucionalidade, da declaração de inconstitucionalidade, inclusive da interpretação conforme à Constituição, e da declaração parcial de inconstitucionalidade sem redução de texto.

Questão que tem ocupado os doutrinadores diz respeito, todavia, à eventual vinculação do Tribunal no caso da declaração de constitucionalidade. Poderia ele vir a declarar, posteriormente, a inconstitucionalidade da norma declarada constitucional? Estaria ele vinculado à decisão anterior? O tema suscitou controvérsias na Alemanha (*v.g.*, Brox, op. cit., p. 810 e Lange, op. cit., p. 1 [6 e s.]). A *força de lei* da decisão da Corte Constitucional que confirma a constitucionalidade revelar-se-ia problemática se o efeito vinculante geral, que se lhe reconhece, impedisse que o Tribunal se ocupasse novamente da questão (*BVerfGE*, 33/199 (203 e s.).

Por isso, sustenta Klaus Vogel (op. cit., p. 568) que a aplicação do disposto no § 31-2 da Lei Orgânica do Tribunal às decisões confirmatórias somente tem significado para o dever de publicação, uma vez que a lei não pode atribuir efeitos que não foram previstos pela própria Constituição. Do contrário ter-se-ia a possibilidade de que outras pessoas não vinculadas pela coisa julgada ficassem impedidas de questionar a constitucionalidade da lei, o que acabaria por atribuir à chamada eficácia *erga omnes* (*força de lei*) o significado de autêntica norma constitucional. A Lei Fundamental e a Lei Orgânica da Corte Constitucional não legitimam essa conclusão, seja porque a norma constitucional autoriza expressamente o legislador a definir as decisões da Corte Constitucional que devem ser dotadas de força de lei, seja porque o legislador não restringiu a eficácia *erga omnes* apenas às decisões de índole cassatória. É certo, por outro lado, que a conclusão de Vogel afigurar-se-ia obrigatória se, tal como ressaltado por Bryde (op. cit., p. 408), se conferisse caráter material à *força de lei* prevista no § 31-2 da Lei Orgânica da Corte Constitucional. Se, todavia, se considera a *força de lei*, tal como a doutrina dominante, como *instituto especial de controle de normas* – e, por isso, como um *instituto de índole processual* (Brox, op. cit., p. 809; Bryde, op. cit., p. 409) –, não expressa esse conceito outra ideia senão a de que não pode o Tribunal, num novo processo, proferir decisão discrepante da anteriormente proferida (Lange, op. cit., p. 1; Bride, op. cit., p. 408).

Não se pode cogitar, portanto, de superação ou de convalidação de eventual inconstitucionalidade da lei que não teve a sua impugnação acolhida pelo Tribunal, consoante bem lembra Bryde. A fórmula adotada pelo constituinte brasileiro, e agora pelo legislador ordinário, não deixa dúvida, também, de que a decisão de mérito proferida na ação declaratória de constitucionalidade tem eficácia contra todos (eficácia *erga omnes*) e efeito vinculante para os órgãos do Poder Executivo e do Poder Judiciário. Do prisma estritamente processual a eficácia geral ou a eficácia *erga omnes* obsta, em primeiro plano, a que a questão seja submetida uma vez mais ao STF.

Portanto, não se tem uma *mudança qualitativa* da situação jurídica. Enquanto a declaração de nulidade importa a cassação da lei, não dispõe a declaração de constitucionalidade de efeito análogo. A validade da lei não depende da declaração judicial e a lei vige, após a decisão, tal como vigorava anteriormente (Gusy, op. cit., p. 223). Não fica o legislador, igualmente, impedido de alterar ou, mesmo, de revogar a norma em apreço. É certo, pois, que, declarada a constitucionalidade de uma norma pelo Supremo Tribunal, ficam os órgãos do Poder Judiciário obrigados a seguir essa orientação, uma vez que a questão estaria definitivamente decidida pelo STF.

2. Limites objetivos da eficácia *erga omnes*: a declaração de constitucionalidade da norma e a reapreciação da questão pelo STF

Se o instituto da eficácia *erga omnes*, tal como a *força de lei* no Direito tedesco, constitui categoria de Direito processual específica, afigura-se lícito indagar se seria admissível a submissão de lei que teve a sua constitucionalidade reconhecida a um novo juízo de constitucionalidade do STF. Analisando especificamente o problema da admissibilidade de uma nova aferição de constitucionalidade de norma declarada constitucional pelo *Bundesverfassungsgericht*, Hans Brox (op. cit., p. 809) a considera possível desde que satisfeitos alguns pressupostos. É o que anota na seguinte passagem de seu ensaio sobre o tema: "Se se declarou, na parte dispositiva da decisão, a constitucionalidade da norma, então se admite a instauração de um novo processo para aferição de sua constitucionalidade se o requerente, o tribunal suscitante (controle concreto) ou o recorrente (recurso constitucional = *Verfassungsbeschwerde*), demonstrar que se cuida de uma nova questão. Tem-se tal situação se, após a publicação da decisão, se verificar uma mudança do conteúdo da Constituição ou da norma objeto do controle, de modo a permitir supor que outra poderá ser a conclusão do processo de subsunção. Uma mudança substancial das relações fáticas ou da concepção jurídica geral pode levar a essa alteração".

Em síntese, declarada a constitucionalidade de uma lei, ter-se-á de concluir pela inadmissibilidade de que o Tribunal se ocupe uma vez mais da aferição de sua legitimidade, salvo no caso de significativa mudança das circunstâncias fáticas (*BVerfGE* 33/199 e 39/169) ou de relevante alteração das concepções jurídicas dominantes, na esteira da doutrina de Bryde (op. cit., p. 409), Brox (op. cit., p. 809); Stern (op. cit., *Bonner Kommentar*, 2. tir., art. 100, n. 139) e Gusy (op. cit., p. 228). Também entre nós se reconhece, tal como ensinado por Liebman (op. cit., p. 25-26), com arrimo em Savigny, que as sentenças contêm implicitamente a cláusula *rebus sic stantibus*, de modo que as alterações posteriores que alterem a realidade normativa bem como eventual modificação da orientação jurídica sobre a matéria podem tornar inconstitucional norma anteriormente considerada legítima (*inconstitucionalidade superveniente*). Na mesma linha, a doutrina de Adolf Schönke (op. cit., p. 273 e s.).

Daí parecer-nos plenamente legítimo que se suscite perante o STF a inconstitucionalidade de norma já declarada constitucional, em ação direta ou em ação declaratória de constitucionalidade. Nesse sentido, o STF reconhece expressamente a possibilidade de alteração da coisa julgada provocada por mudança nas circunstâncias fáticas (*v.g.*, RE 105.012, Rel. Min. Néri da Silveira, *DJ* de 1º-7-1988). Trata-se de uma consequência lógica da admissibilidade da (re)discussão da (in)constitucionalidade. Fundamentalmente, é uma questão hermenêutica. De há muito solidificou-se a tese de que texto (jurídico) e norma não são a mesma coisa. A norma (sentido do texto) é sempre o produto da interpretação de um determinado texto. É nesse sentido que os velhos dogmas do direito se fragilizam, uma vez que a temporalidade e a faticidade atravessam os textos jurídicos (legislação), proporcionando uma mudança na atribuição de sentido.

Isso também quer dizer que o efeito vinculante das decisões em ações diretas de inconstitucionalidade (quando improcedentes) e nas ações declaratórias de constitucionalidade *sofre limitações histórico-temporais*. Nesse contexto, Paulo Castro Rangel apresenta o seguinte exemplo desenvolvido para o direito português: admitamos que a Assembleia da República aprove uma lei, e o Tribunal Constitucional vem a declará-la inconstitucional, com força obrigatória geral, um ou dois anos mais tarde. Algum tempo volvido sobre essa declaração, o legislador parlamentar volta a aprovar uma lei milimetricamente igual, e a fiscalização da sua constitucionalidade é requerida, seja preventivamente seja sucessivamente. Que deve fazer o Tribunal Constitucional? Deverá fazer uma nova apreciação substantiva da lei à luz da Constituição ou poderá, pura e simplesmente, invocar a exceção de caso julgado para furtar-se de nova apreciação, não entrando sequer no fundo da questão? É certo que sempre se poderá brandir o argumento de que uma lei com aquele exato conteúdo já havia sido declarada inconstitucional com força obrigatória geral. É indesmentível que sempre se poderá afirmar que não intercedeu nenhuma revisão constitucional e que, por conseguinte, o texto constitucional, a sua formulação normativa, conserva-se intocada. Todavia – e é aqui que bate o ponto – nada nos garante que não tenha havido uma alteração dos valores comunitários ou uma evolução da realidade fática que tenham, por sua vez, induzido a uma alteração do sentido da norma constitucional. Isto é, não se pode afastar, liminar e sumariamente, a possibilidade de se ter operado uma "mutação constitucional", sem que tenha intercorrido uma qualquer modificação do texto. O que nos tempos que correm – e como "correm"! – nem sequer é improvável, tão constrangente revela-se a aceleração do processo histórico e a globalização, com alterações evidentes no plano dos contextos valorativos e das estruturas sociológicas. Mais ainda, assevera o autor português que, a partir do momento em que se aceitar que a norma constitucional que servia de parâmetro de controle se modificou, já não se poderá aceitar a invocação de uma exceção de caso julgado. Ou seja, *o Tribunal, instado a verificar a inconstitucionalidade, não pode fazer um julgamento "de forma", mas, sim, de mérito da questão constitucional* (op. cit., p. 156 e s.).

A propósito dessa problemática, o Tribunal Constitucional de Portugal (Acórdão n. 452/95.) vem acentuando que as únicas decisões capazes de precludirem a possibilidade de nova apreciação judicial da constitucionalidade de uma norma são as que, sendo proferidas em sede de fiscalização *abstracta sucessiva*, declaram a sua inconstitucionalidade (Acórdão n. 66/84) e que, no caso de acórdãos que não se pronunciem pela inconstitucionalidade, o Tribunal não fica impedido de voltar a pronunciar-se sobre a mesma matéria, quer o Acórdão tenha sido produzido em fiscalização preventiva, quer também o tenha sido em fiscalização sucessiva (Acórdão n. 85/85).

Não há, pois, um caráter absoluto na decisão que declara, de forma direta ou indireta, a constitucionalidade de um ato normativo, *uma vez que a mutação do contexto social-histórico pode acarretar uma nova interpretação*. Por isso – como já referido anteriormente – a hermenêutica de matriz fenomenológica pode contribuir para a elucidação dessa problemática, uma vez que o processo de interpretação é sempre produtivo (*Sinngebung*), e não meramente reprodutivo (*Auslegung*). *Uma lei pode ser constitucional em um dado momento histórico e inconstitucional em outro*. Mergulhando no rio da história, o intérprete poderá atribuir outro sentido ao texto. Observe-se, aliás, que essa ideia já faz escola no Direito brasileiro, o que se pode perceber pela decisão do Supremo Tribunal Federal no julgamento do *Habeas Corpus* n. 70.514-RS, onde ficou assentado que uma determinada lei ainda era constitucional, mas que estava a caminho da inconstitucionalidade. Trata-se da chamada inconstitucionalidade progressiva, que pode ser verificada no RE 147776/SP: "Ministério Público. Legitimação para a promoção, no juízo cível, do ressarcimento do dano resultante de crime, pobre o titular do direito à reparação: C. Pr. Pen., art. 68, ainda constitucional (cf. RE 135328): processo de inconstitucionalização das leis. 1. A alternativa radical da jurisdição constitucional ortodoxa entre a constitucionalidade e a inconstitucionalidade plena e a declaração de inconstitucionalidade ou revogação por inconstitucionalidade da lei com fulminante eficácia *ex tunc* faz abstração da evidência de que a implementação de uma nova ordem constitucional não é um fato instantâneo, mas um processo, no qual a possibilidade de realização da norma da Constituição – ainda quando não se cuide de preceito de eficácia limitada – subordina-se muitas vezes a alterações da realidade fática que a viabilizem". Correto, porque, como bem define Heidegger, *ser é tempo e tempo é ser*. O tempo é possibilidade do compreender! Isso mostra, também, a superação da antiga discussão acerca da polêmica *voluntas legis* e *voluntas legislatoris*.

3. Eficácia *erga omnes* na declaração de inconstitucionalidade proferida em ação declaratória de constitucionalidade ou em ação direta de inconstitucionalidade

É possível que o STF venha a reconhecer a improcedência da ação declaratória de constitucionalidade ou a procedência da ação direta de inconstitucionalidade. Nesses casos haverá de declarar a inconstitucionalidade da lei questionada. Em face dos termos expressos do texto constitucional e da Lei n. 9.868/99 não subsiste dúvida de que a decisão de mérito sobre a constitucionalidade ou a inconstitucionalidade é dotada de *eficácia contra todos*. Significa dizer que, declarada a inconstitucionalidade de uma norma na ação declaratória de constitucionalidade, deve-se reconhecer, *ipso jure*, a sua imediata eliminação do ordenamento jurídico, salvo se, por algum fundamento específico, puder o Tribunal restringir os efeitos da declaração de inconstitucionalidade (*v.g.*, declaração de inconstitucionalidade com efeito a partir de um dado momento no futuro). Aceita a ideia de nulidade da lei inconstitucional, sua eventual aplicação após a declaração de inconstitucionalidade equivaleria à aplicação de cláusula juridicamente inexistente. Efeito necessário e imediato da declaração de nulidade há de ser, pois, a exclusão de toda ultra-atividade da lei inconstitucional. A eventual eliminação dos atos praticados com fundamento na lei inconstitucional há de ser considerada em face de todo o sistema jurídico, especialmente das chamadas "fórmulas de preclusão".

4. A eficácia *erga omnes* da declaração de nulidade e os atos singulares praticados com base no ato normativo declarado inconstitucional

A ordem jurídica brasileira não dispõe de preceitos semelhantes aos constantes do § 79 da Lei do *Bundesverfassungsgericht*, que prescreve a intangibilidade dos atos não mais suscetíveis de impugnação. Com efeito, de acordo com o aludido § 79, "(1) É legítimo o pedido de revisão criminal nos termos do Código de Processo Penal contra a sentença condenatória penal que se baseia em uma norma declarada inconstitucional (sem a pronúncia da nulidade) ou nula, ou que se assenta em uma interpretação que o *Bundesverfassungsgericht* considerou incompatível com a Lei Fundamental e (2) No mais, ressalvado o disposto no § 92 (2), da Lei do *Bundesverfassungsgericht* ou uma disciplina legal específica, subsistem íntegras as decisões proferidas com base em uma lei declarada nula, nos termos do § 78. É ilegítima a execução de semelhante decisão. Se a execução forçada tiver de ser realizada nos termos das disposições do Código de Processo Civil, aplica-se o disposto no § 767 do Código de Processo Civil. Excluem pretensões fundadas em enriquecimento sem causa".

Não se deve supor, todavia, que a declaração de inconstitucionalidade afeta todos os atos praticados com fundamento na lei inconstitucional. Embora a ordem jurídica brasileira não contenha regra expressa sobre o assunto e se aceite, genericamente, a ideia de que o ato fundado em lei inconstitucional está eivado, igualmente, de iliceidade (RMS 17.976, Rel. Min. Amaral Santos, *RTJ* 55/744), concede-se proteção ao *ato singular*, procedendo-se à diferenciação entre o efeito da decisão no *plano normativo* e no *plano do ato singular* mediante a utilização das *fórmulas de preclusão* (Jörn Ipsen, op. cit., p. 174 e s.). Os atos praticados com base na lei inconstitucional que não mais se afigurem suscetíveis de revisão não são afetados pela declaração de inconstitucionalidade (*v.g.*, RE 86.056, Rel. Min. Rodrigues Alckmin, *DJ* de 1º-7-1977).

Em outros termos, somente serão afetados pela declaração de inconstitucionalidade com eficácia geral os atos ainda suscetíveis de revisão ou impugnação, valendo lembrar, aqui, o teor do § 12 do art. 525 do CPC/2015 – veja-se também o parágrafo único do art. 741 do CPC/73, na redação da MP n. 2.180-35, de 24-8-2001, transformada na Lei n. 11.232/2005 – mediante o qual se considera inexigível a obrigação reconhecida em título executivo judicial fundado em lei ou ato normativo considerado inconstitucional pelo Supremo Tribunal Federal, ou fundado em aplicação ou interpretação da lei ou do ato normativo tido pelo Supremo Tribunal Federal como incompatível com a Constituição Federal, em controle de constitucionalidade concentrado ou difuso, inexigível o título judicial fundado em lei ou ato normativo declarados inconstitucionais pelo Supremo Tribunal Federal, ou fundado em aplicação ou interpretação da lei ou ato normativo tidos pelo Supremo Tribunal Federal como incompatíveis com a Constituição Federal. Isso para efeito de embargos à execução contra a Fazenda Pública, que verse sobre inexigibilidade de título. Importa, portanto, assinalar que a eficácia *erga omnes* da declaração de inconstitucionalidade não opera uma depuração total do ordenamento jurídico. Ela cria, porém, as condições para a eliminação dos atos singulares suscetíveis de revisão ou de impugnação.

5. A eficácia *erga omnes* da declaração de inconstitucionalidade e a superveniência de lei de teor idêntico

Poder-se-ia indagar se a eficácia *erga omnes* teria o condão de vincular o legislador, de modo a impedi-lo de editar norma de teor idêntico àquela que foi objeto de declaração de inconstitucionalidade. A doutrina tedesca (Bryde, op. cit., p. 407, e Pestalozza, op. cit., p. 333), firme na orientação segundo a qual a eficácia *erga omnes* – tal como a coisa julgada – abrange exclusivamente a parte dispositiva da decisão, responde negativamente à indagação. Uma nova lei, ainda que de teor idêntico ao do texto normativo declarado inconstitucional, não estaria abrangida pela *força de lei*. Também o STF tem entendido que a declaração de inconstitucionalidade não impede o legislador de promulgar lei de conteúdo idêntico ao do texto anteriormente censurado (ADIns 907 e 864). Tanto é assim que, nessas hipóteses, tem o

Tribunal processado e julgado nova ação direta, entendendo legítima a propositura de uma nova ação direta de inconstitucionalidade. Duas questões podem ser apontadas para sustentar o acerto da tese albergada pelo Supremo Tribunal Federal: a uma, em face da problemática hermenêutica, já discutida acima; texto e norma são coisas distintas. Por vezes, a mesma dicção textual produz sentidos bem diferentes, mormente em face das alterações factuais e a passagem do tempo. A duas, em face da separação de Poderes. Se o Poder Legislativo não pudesse aprovar uma (nova) lei com conteúdo idêntico ao de uma já declarada inconstitucional, estar-se-ia impedindo esse Poder de exercer suas funções na plenitude democrática.

6. Conceito de efeito vinculante

A expressão *efeito vinculante* não era de uso comum entre nós. O Regimento Interno do STF, ao disciplinar a chamada representação interpretativa, introduzida pela EC n. 7/77, estabeleceu que a decisão proferida na representação interpretativa seria dotada de efeito vinculante. Conforme o art. 187 do RISTF, a partir da publicação do acórdão, por suas conclusões e ementa, no *Diário da Justiça da União*, a interpretação nele fixada terá força vinculante para todos os efeitos. Em 1992, o efeito vinculante das decisões proferidas em sede de controle abstrato de normas foi referido em Projeto de Emenda Constitucional apresentado pelo deputado Roberto Campos (PEC n. 130/92).

No aludido Projeto, capitaneado pelo Dep. Roberto Campos, distinguia-se nitidamente a *eficácia geral* (*erga omnes*) do *efeito vinculante*. A EC n. 3, promulgada em 16-3-1993, que, no que diz respeito à ação declaratória de constitucionalidade, inspirou-se direta e imediatamente na Emenda Roberto Campos, consagra que "as decisões definitivas de mérito, proferidas pelo Supremo Tribunal Federal, nas ações declaratórias de constitucionalidade de lei ou ato normativo federal, produzirão eficácia contra todos e efeito vinculante, relativamente aos demais órgãos do Poder Judiciário e do Poder Executivo" (art. 102, § 2º). Embora o texto inicialmente aprovado revelasse algumas deficiências técnicas, não parecia subsistir dúvida de que também o legislador constituinte, tal como fizera a Emenda Roberto Campos, procurava distinguir a *eficácia "erga omnes"* (eficácia contra todos) do *efeito vinculante*, pelo menos no que concerne à ação declaratória de constitucionalidade. A Lei n. 9.868/99, por sua vez, em seu art. 28, parágrafo único, conferiu tratamento uniforme e coerente à matéria, prevendo que as declarações de constitucionalidade ou de inconstitucionalidade, inclusive a interpretação conforme à Constituição e a declaração parcial de inconstitucionalidade sem redução de texto, têm eficácia contra todos e efeito vinculante em relação aos demais órgãos do Poder Judiciário e da Administração Pública federal, estadual e municipal.

6.1. Limites objetivos do efeito vinculante

A concepção de *efeito vinculante* consagrada pela EC n. 3/93 está estritamente vinculada ao modelo germânico disciplinado no § 31-2 da Lei Orgânica da Corte Constitucional alemã. A própria justificativa da proposta apresentada pelo deputado Roberto Campos não deixa dúvida de que se pretendia outorgar não só eficácia *erga omnes*, mas também efeito vinculante à decisão, deixando claro que estes não estariam limitados apenas à parte dispositiva. Embora a EC n. 3/93 não tenha incorporado a proposta na sua inteireza, é certo que o *efeito vinculante*, na parte que foi positivada, deve ser estudado à luz dos elementos contidos na proposta original.

Assim, parece legítimo que se recorra à literatura alemã para explicitar o significado efetivo do instituto. A primeira indagação, na espécie, refere-se às decisões que seriam aptas a produzir o efeito vinculante. Afirma-se que, fundamentalmente, são vinculantes as decisões capazes de transitar em julgado (Pestalozza, op. cit., p. 324). Tal como a coisa julgada, o efeito vinculante refere-se ao momento da decisão. Alterações posteriores não são alcançadas (Pestalozza, op. cit., p. 325).

Problema de inegável relevo diz respeito aos limites objetivos do *efeito vinculante*, isto é, à parte da decisão que tem efeito vinculante para os órgãos constitucionais, tribunais e autoridades administrativas. Em suma, indaga-se, tal como em relação à coisa julgada e à força de lei, se o efeito vinculante está adstrito à parte dispositiva da decisão ou se ele se estende também aos chamados "fundamentos determinantes" (Theodor Maunz et al., *Bundesverfassungsgerichtsgesetz:* Kommentar, cit., § 31, I, n. 16). Enquanto em relação à coisa julgada e à força de lei domina a ideia de que elas hão de se limitar à parte dispositiva da decisão, sustenta o Tribunal Constitucional alemão que o efeito vinculante se estende, igualmente, aos fundamentos determinantes da decisão (*v.g.*, *BVerfGE*, 1/14 [37], 4/31 [38], 5/34 [37], 19/377 [392], 20/56 [86], 24/289 [294], 33/199 [203] e 40/88 [93]; tb. Theodor Maunz et al., op. cit., § 31, I, n. 16; Wischermann, op. cit., p. 42). Segundo esse entendimento, a eficácia da decisão do Tribunal *transcende o caso singular*, de modo que os princípios dimanados da parte dispositiva e dos fundamentos determinantes sobre a interpretação da Constituição devem ser observados por todos os tribunais e autoridades nos casos futuros (*BVerfGE*, 19/377). Outras correntes doutrinárias (*v.g.*, Wischermann, op. cit., p. 42.) sustentam que, tal como a coisa julgada, o efeito vinculante *limita-se à parte dispositiva da decisão*, de modo que, do prisma objetivo, não haveria distinção entre a coisa julgada e o efeito vinculante.

A diferença entre as duas posições extremadas não é meramente semântica ou teórica, apresentando profundas consequências também no plano prático. Ou seja, subjacente à discussão sobre a amplitude do efeito vinculante reside uma questão mais profunda, relativa à própria ideia de jurisdição constitucional (*Verfassungsgerichtsbarkeit*), conforme se pode ver, por exemplo, em Wischermann (op. cit., p. 43). Enquanto no entendimento esposado pelo Tribunal Constitucional alemão importa não só a proibição de que se contrarie a decisão proferida no caso concreto em toda a sua dimensão, mas também a obrigação de todos os órgãos constitucionais de adequarem sua conduta, nas situações futuras, à orientação dimanada da decisão, considera a concepção que defende uma interpretação restritiva do § 31-I, da Lei Orgânica do Tribunal Constitucional, que o efeito vinculante há de ficar limitado à parte dispositiva da decisão, realçando, assim, sua qualidade judicial (Wishermann, op. cit., p. 43 e s.). A aproximação dessas duas posições extremadas é feita mediante o desenvolvimento de orientações mediadoras que acabam por fundir elementos das concepções principais.

Assim, propõe Vogel (op. cit.) que a coisa julgada ultrapasse os estritos limites da parte dispositiva, abrangendo também a *norma decisória concreta*. A norma decisória concreta seria aquela "ideia jurídica subjacente à formulação contida na parte dispositiva, que, concebida de forma geral, permite não só a decisão do caso concreto, mas também a decisão de casos semelhantes".

Por seu lado, sustenta Martin Kriele (op. cit., p. 291 e s.) que a força dos precedentes, que presumivelmente vincula os tribunais, é reforçada no Direito alemão pelo disposto no § 31-I da Lei do Tribunal Constitucional alemão. A semelhante resultado chega Otto Bachof (op. cit., p. 87), segundo o qual o papel fundamental do Tribunal Constitucional alemão consiste na extensão de suas decisões aos casos ou situações paralelas. Tal como já anotado, parecia inequívoco o propósito do legislador alemão, ao formular o § 31 da Lei Orgânica do Tribunal, de dotar a decisão de uma eficácia transcendente, como lembra Bryde (op. cit., p. 420). É certo, por outro lado, que a limitação do efeito vinculante à parte dispositiva da decisão tornaria de todo despiciendo esse instituto, uma vez que ele pouco acrescentaria aos institutos da *coisa julgada* e da *força de lei*. Ademais, tal redução diminuiria significativamente a contribuição do Tribunal para a preservação e desenvolvimento da ordem constitucional.

Nessa medida, é importante perceber que os *tragenden Gründe*, obviamente, devem ser entendidos no sentido interpretativo, isto é, a partir daquilo que se consolidou como a Nova Hermenêutica, assentada especialmente nos conceitos de tradição, círculo hermenêutico, pré-compreensão e *applicatio*, cunhados por Gadamer e, de modos distintos e com variações, por autores como Dworkin, Hesse e Müller. Assim, dispositivo e *obiter dicta* não são cindíveis, convocando-se, desse modo, a superação das dicotomias fato e direito, palavra e coisa, interpretação e aplicação. Quando se afirma que o efeito vinculante vai para além do dispositivo, isto é, transcende-o, está-se apenas sustentando que a decisão judicial é um todo em cujo contexto a parte dispositiva não pode – por impossibilidade filosófica – abarcar a complexidade da discussão. Pensar que o dispositivo "contém o mérito" tem ares pandectísticos similares aos postulados de uma Jurisprudência dos Conceitos (*Begriffjurisprudenz*). Por outro lado, há que se ter claro que mesmo no sistema jurídico de precedentes vinculativos (especialmente o direito norte-americano), os fundamentos determinantes para a decisão são incluídos na força vinculante do precedente. Fica de fora o que não estiver relacionado com a causa propriamente dita. Isso quer dizer que na consideração da vinculação dos *tragenden Gründe*, é necessário identificar os elementos que foram relevantes para o desiderato final, isto é, a sentença que vinculará o sistema.

A vinculação dos *tragenden Gründe* vai exigir uma especificação das semelhanças e diferenças dos casos passíveis de serem vinculados. Isso quer dizer que somente pode ser considerado vinculado aquele caso que guarda uma similitude fundamentada a partir de cuidadosa análise judicial. Para além disso, está a problemática contemporânea de se limitar as decisões judiciais aos ementários, vício muito comum nas práticas cotidianas de *terrae brasilis*. Essas ementas podem produzir o risco de uma volta à *Begriffjurisprudenz*, como se a racionalidade do direito pudesse ser "aprisionada" em conceitos. Parece, assim, perfeitamente possível agregar as teses de Vogel e Kriele às teses da contemporânea teoria do direito que reivindicam para os juízes e tribunais uma tarefa de reconstrução narrativa da cadeia de decisões passadas, visando conformar um ideal de *coerência* e *integridade* normativa.

Numa palavra, fundamentos determinantes (motivos, etc.) e o dispositivo fazem parte de um círculo (hermenêutico): somente se compreende a parte dispositiva em toda a sua dimensão quando se tem antecipadamente a (pré)compreensão dos fundamentos determinantes. Do mesmo modo, somente é possível transcender os fundamentos (*tragenden Gründe*) porque estes precisam estar densificados no dispositivo. Um não pode viver sem o outro.

Assim, ao contrário do que possa parecer, o efeito vinculante estendido à transcendência dos fundamentos determinantes, contribui para uma discussão mais aprofundada do DNA que resulta de uma cadeia de casos, passíveis ou não de serem atingidos por esse efeito. Ou seja, é preciso entender que um dos motivos da fragmentação do direito brasileiro é o descolamento – historicamente efetuado – entre o contexto de cada caso, que aqui, *mutatis mutandis*, poderíamos chamar de *tragenden Gründe* e aquilo que foi sendo forjado como *a ementa* do julgamento. As ementas, na medida em que utilizadas sem contexto, foram contribuindo para uma espécie de "relaxamento da obrigação de fundamentação". Não se trata de aproximar ou mixar o *civil law* com o *common law*, mas, antes disso, de se construir possibilidades de o Direito efetivamente ser o produto de uma cadeia coerente e íntegra daquilo que compõe a normatividade da comunidade política.

A parte dispositiva da decisão não pode ser transformada em uma norma abstrata. Ora, se uma decisão judicial tem como resultado uma norma abstrata, e somente essa "abstralidade" vincula, teríamos que admitir que as aplicações seguintes iniciariam uma cadeia de *grau zero* de significação, já que apagados os vínculos significativos que deram azo à decisão. Aceitar essa "abstração normativa" seria dar razão a alguns jusfilósofos como Neil McCormick que afirmam ser a *ratio decidendi* exclusivamente uma proposição de direito, abstraída da "questão de fato" (cf. MacCormick, op. cit., p. 224). É importante dizer que é inevitável que ela (a *ratio decidendi*) seja *inseparável/incindível* dos fatos (enfim, da discussão, dos fundamentos) que lhe deram origem. A "exigência hermenêutica", segundo Gadamer, é justamente a de "compreender o que diz o texto a partir da situação concreta na qual foi produzido". Em sentido contrário a isso, teríamos por aniquilada a historicidade que atravessa o direito. Não há direito sem história simplesmente porque não há linguagem que não seja história (Gadamer, op. cit.). Em sendo o direito linguagem, o seu componente histórico é indepassável. Portanto, qualquer tentativa de afirmação de um "grau zero" de sentido terá que prestar contas a esse tributo que a linguagem tem com a história. Despiciendo lembrar que, mesmo no sistema de precedentes do *Common Law*, uma vez construído um precedente, este não se transforma numa norma abstrata. Nem mesmo sua aplicação é simplesmente dedutivista – realizada através do vetusto modelo de subsunção. A construção do precedente precisa ser reconstruída no caso posterior (*v.g.*, Tribe, op. cit., p. 243 e s.).

Nesse sentido, não tem razão de ser o posicionamento de parte da doutrina brasileira que entende que a vinculação dos motivos determinantes passaria a engessar o sistema constitucional impossibilitando a abertura e "evolução" (*sic*) desse mesmo sistema. Na verdade, a mesma queixa que se faz das Súmulas Vinculantes de que engessariam o sistema, porque aplicadas sem contexto, aqui pode ser utilizado como argumento para contestar essa preocupação. A vinculação dos fundamentos determinantes exige/exigirá uma nova postura do judiciário brasileiro que passa(rá) a ter o ônus de ajustar (*fit*) e justificar (*justification*) sua decisão no contexto da cadeia de decisões passadas de modo que essa interpretação – lançada na decisão do caso – apresente um (melhor) sentido para o direito da comunidade política.

Rebata-se ainda outra preocupação de setores da doutrina contrários à extensão dos efeitos aos motivos determinantes. Com efeito, alguns autores apontam para o fato de que essa extensão colocaria em risco o "princípio da congruência" no processo constitucional. Não calha a preocupação. Pensamos que, se o Supremo decidir alguma questão de ofício, ele o fará para resolver *questões constitucionais*. Esse é um risco que decorre do próprio sistema constitucional. Cada decisão, em sede de controle de constitucionalidade, mesmo que para além do pedido pelas partes, terá efeitos colaterais no sistema jurídico, afinal, está se tratando de jurisdição constitucional.

Nesses termos, resta evidente que o efeito vinculante da decisão não está restrito à parte dispositiva, mas abrange também os próprios fundamentos determinantes, sempre levando em conta, é claro, a discussão hermenêutica, no sentido de que esses "fundamentos determinantes" fazem parte da reconstrução do próprio caso e que dele será possível extrair o DNA para os casos a serem vinculados à referida decisão. Trata-se sempre de uma reconstrução da história institucional do fenômeno em discussão. Ou seja, a parte dispositiva não esgota a discussão, do mesmo modo que uma Súmula não "contém" o direito em causa. Súmulas, ementas ou partes dispositivas de decisões não podem ser entendidas como enunciados assertóricos. A transcendência (dos efeitos) deve ser entendida interpretativa e hermeneuticamente.

Aceita a ideia de uma eficácia transcendente à própria coisa julgada, afigura-se legítimo indagar sobre o significado do *efeito vinculante* para os órgãos estatais que não são partes no processo.

São as seguintes as consequências do efeito vinculante para os não partícipes do processo: "(1) ainda que não tenham integrado o processo os órgãos constitucionais estão obrigados, na medida de suas responsabilidades e atribuições, a tomar as necessárias providências para o desfazimento do estado de ilegitimidade"; "(2) assim, declarada a inconstitucionalidade de uma lei estadual, ficam os órgãos constitucionais de outros Estados, nos quais vigem leis de teor idêntico, obrigados a revogar ou a modificar os referidos textos legislativos" (*BVerfGE*, 40/88; tb. Maunz et al., op. cit., § 31, I, n. 25.); "(3) também os órgãos não partícipes do processo ficam obrigados a observar, nos limites de suas atribuições, a decisão proferida, sendo-lhes vedado adotar conduta ou praticar ato de teor semelhante àquele declarado inconstitucional pelo *Bundesverfassungsgericht* (proibição de reiteração em sentido lato: *Wiederholungsverbot im weiteren Sinne oder Nachahmungsverbot*)" (Pestalozza, op. cit., p. 323). A Lei do Tribunal Constitucional alemão autoriza o Tribunal, no processo de recurso constitucional (*Verfassungsbeschwerde*), a incorporar a proibição de reiteração da medida considerada inconstitucional na parte dispositiva da decisão (§ 95, I, 2)". Refira-se, ainda, que o *Bundesverfassungsgericht* pode estabelecer também que qualquer repetição da providência questionada configura lesão à Lei Fundamental ("... Das Bundesverfassungsgericht kann zugleich aussprechen, dass auch jede Wiederholung der beanstandeten Massnahme das Grundgesetz verletzt").

A posição do STF sobre o tema está bem sintetizada na seguinte passagem do voto do Ministro Maurício Corrêa, relator da Rcl. 1.987 (*DJU* de 21-5-2004): "Não há dúvida, portanto, de que o Tribunal, no julgamento de mérito da ADI 1.662-SP, *decidiu* que a superveniência da EC 30/00 não trouxe qualquer alteração à disciplina dos sequestros no âmbito dos precatórios trabalhistas, reiterando a cautelar que o saque forçado de verbas públicas somente está autorizado pela Constituição Federal no caso de preterição do direito de precedência do credor, sendo inadmissíveis quaisquer outras modalidades. Se assim é, qualquer ato, administrativo ou judicial, que determine o sequestro de verbas públicas, em desacordo com a única hipótese prevista no artigo 100 da Constituição, revela-se contrário ao julgado e desafia a autoridade da *decisão* de mérito tomada na ação direta em referência, sendo passível, pois, de ser impugnado pela via da reclamação. Não vejo como possa o Tribunal afastar-se dessa premissa. No caso, a medida foi proposta por parte legítima e o ato impugnado afronta o que foi decidido de forma definitiva pela Corte, razão pela qual deve ser conhecida e provida, sob pena de incentivo ao descumprimento sistemático das decisões da mais alta Corte do País, em especial essas que detêm eficácia vinculante, o que é inaceitável. (...) A questão fundamental é que o ato impugnado não apenas contrastou a decisão definitiva proferida na ADI 1.662, como, essencialmente, está em confronto com seus motivos determinantes. A propósito, reporto-me à recente decisão do Ministro Gilmar Mendes (Rcl 2.126, *DJ* de 19/08/02), sendo relevante a consideração de importante corrente doutrinária, segundo a qual a 'eficácia da decisão do Tribunal transcende o caso singular, de modo que os princípios dimanados da parte dispositiva e dos fundamentos determinantes sobre a interpretação da Constituição devem ser observados por todos os Tribunais e autoridades nos casos futuros', exegese que fortalece a contribuição do Tribunal para preservação e desenvolvimento da ordem constitucional".

Em síntese, com o *efeito vinculante* pretendeu-se conferir eficácia adicional à decisão do STF, outorgando-lhe amplitude transcendente ao caso concreto. Os órgãos estatais abrangidos pelo efeito vinculante devem observar, pois, não apenas o conteúdo da parte dispositiva da decisão, mas a norma abstrata que dela se extrai, isto é, que determinado tipo de situação, conduta ou regulação – e não apenas aquele objeto do pronunciamento jurisdicional – é constitucional ou inconstitucional e deve, por isso, ser preservado ou eliminado. Cabe ressaltar ainda a decisão na Rcl. 1.880 (AgRg e QO), da relatoria de Maurício Corrêa, que decidiu que todos aqueles que fossem atingidos por decisões contrárias ao entendimento firmado pelo STF no julgamento de mérito proferido em ação direta de inconstitucionalidade seriam considerados partes legítimas para a propositura de reclamação e declarou a constitucionalidade do parágrafo único do art. 28 da Lei n. 9.868/99 (Rcl.-AgRg-QO 1.880). Com a positivação dos institutos da eficácia *erga omnes* e do efeito vinculante das decisões proferidas pelo STF na ação declaratória de constitucionalidade e na ação direta de inconstitucionalidade deu-se um passo significativo no rumo da modernização e racionalização da atividade da jurisdição constitucional.

Agregue-se, ainda, que nem todas as decisões terão efeito vinculante, como é o caso do apelo ao legislador e as decisões que declaram a inconstitucionalidade sem pronunciar a nulidade, declarando a inconstitucionalidade *pro futuro*. Claro que sua eficácia é *erga omnes*. Mas, vinculantes, não. Por exemplo, determinada lei é declarada inconstitucional em controle abstrato de constitucionalidade, contudo o STF entende que a declaração de inconstitucionalidade será *pro futuro;* a inconstitucionalidade será efetivamente concretizada apenas quando alcançada a data fixada pelo Supremo. Obviamente, essa sentença tem eficácia *erga omnes* (a declaração de inconstitucionalidade da lei *pro futuro*) e, como tal, protege interesse difuso. A declaração de inconstitucionalidade alcança toda a coletividade; contudo, durante a *vacatio sententiae,* não se opera o efeito vinculante, é permitido às partes aplicarem da melhor forma a lei objeto da decisão de inconstitucionalidade. Caso no processo particular se entenda que é o caso de suspensão de processo ou de se afastar a aplicação da lei com base na decisão de inconstitucionalidade *erga omnes* do STF, o juiz poderá fazê-lo; entretanto, se no caso concreto o juiz entender que num período de 90 dias, por exemplo, o mais correto consiste em se aplicar a lei considerada inconstitucional mas que não teve a declaração de nulidade, pode o juiz aplicá-la, justamente, porque sobre ela não se operou efeito vinculante (cf. Abboud, op. cit.). Veja-se, assim, que muito embora a eficácia *erga omnes* seja condição de possibilidade da funcionalidade da própria jurisdição constitucional, nem sempre é possível agregar efeito vinculante aos pronunciamentos que possuem eficácia *erga omnes,* sob risco de fossilizar-se a Constituição e ferir o princípio da independência decisória dos juízes.

6.2. Limites subjetivos

A primeira questão relevante no que concerne à dimensão subjetiva do efeito vinculante refere-se à possibilidade de a decisão proferida vincular ou não o próprio STF.

Embora a Lei Orgânica do Tribunal Constitucional alemão não seja explícita a propósito, entende a Corte Constitucional ser inadmissível construir-se, ali, uma autovinculação. Essa orientação conta com o aplauso de parcela significativa da doutrina (*v.g.,* Bryde, op. cit., p. 426, e Maunz et al., op. cit., § 31, I, n. 20), pois, além de contribuir para o congelamento do Direito Constitucional, tal solução obrigaria o Tribunal a sustentar teses que considerasse errôneas ou já superadas.

A fórmula adotada pela EC n. 3/93, e repetida pela Lei n. 9.868/99, parece excluir também o STF do âmbito de aplicação do efeito vinculante. A expressa referência ao efeito vinculante em relação "aos demais órgãos do Poder Judiciário" legitima esse entendimento. De um ponto de vista estritamente material também é de se excluir uma autovinculação do STF aos fundamentos determinantes de uma decisão anterior, pois isto poderia significar uma renúncia ao próprio desenvolvimento da Constituição, tarefa imanente aos órgãos de jurisdição constitucional. Todavia, parece importante, tal como assinalado por Bryde (op. cit., p. 426), que o Tribunal não se limite a mudar uma orientação eventualmente fixada, mas que o faça com base em uma crítica fundada do entendimento anterior, que explicite e justifique a mudança. Vale dizer, a ruptura com a cadeia discursiva impõe a justificativa do rompimento e a construção de uma nova tradição. Quem se dispõe a enfrentar um precedente, fica duplamente onerado pelo dever de justificar-se.

Ao contrário do estabelecido na proposta original, que se referia à vinculação dos órgãos e agentes públicos, o efeito vinculante consagrado na EC n. 3/93 ficou reduzido, no plano subjetivo, aos órgãos do Poder Judiciário e do Poder Executivo. A EC n. 45/2004, objeto deste comentário, passou a estabelecer que "as decisões definitivas de mérito, proferidas pelo Supremo Tribunal Federal, nas ações diretas de inconstitucionalidade e nas ações declaratórias de constitucionalidade produzirão eficácia contra todos e efeito vinculante, relativamente aos demais órgãos do Poder Judiciário e à administração pública direta e indireta, nas esferas federal, estadual e municipal".

Proferida a declaração de constitucionalidade ou inconstitucionalidade de lei objeto da ação declaratória, ficam os tribunais e órgãos do Poder Executivo obrigados a guardar-lhe plena obediência. Tal como acentuado (Bryde, op. cit., p. 428), o *caráter transcendente* do efeito vinculante impõe que sejam considerados não apenas o conteúdo da parte dispositiva da decisão, mas também a norma abstrata que dela se extrai, isto é, a proposição de que determinado tipo de situação, conduta ou regulação – e não apenas aquele objeto do pronunciamento jurisdicional – é constitucional ou inconstitucional e deve, por isso, ser preservado ou eliminado.

É certo, pois, que a não observância da decisão caracteriza grave violação de dever funcional, seja por parte das autoridades administrativas, seja por parte do magistrado (cf., também, CPC/2015, art. 143, I). Em relação aos órgãos do Poder Judiciário convém observar que eventual desrespeito a decisão do STF legitima a propositura de reclamação, pois estará caracterizada, nesse caso, inequívoca lesão à autoridade de seu julgado (CF, art. 102, I, *l*).

6.3. Efeito vinculante da cautelar em ação declaratória de constitucionalidade

O silêncio do texto constitucional quanto à possibilidade de concessão de cautelar em sede de ação declaratória deu ensejo a significativa polêmica quando o Presidente da República e as Mesas da Câmara dos Deputados e do Senado Federal intentaram ação declaratória com objetivo de ver confirmada a constitucionalidade da Lei n. 9.494/97, que proibia a concessão de tutela antecipada para assegurar o pagamento de vantagens ou vencimentos a servidores públicos (ADC 4).

Na Ação Declaratória n. 4, o Supremo Tribunal considerou cabível a medida cautelar em sede de ação declaratória. Entendeu-se admissível que o Supremo Tribunal Federal exerça, em sede de ação declaratória de constitucionalidade, o poder cautelar que lhe é inerente, "*enfatizando,* então, *no contexto daquele julgamento,* que a prática da jurisdição cautelar acha-se essencialmente vocacionada a conferir tutela efetiva e garantia plena ao resultado que deverá emanar da decisão final a ser proferida naquele processo objetivo de controle abstrato".

É que, como bem observado pelo Ministro Celso de Mello, o Plenário do Supremo Tribunal Federal, ao deferir o pedido de medida cautelar na ADC 4, expressamente atribuiu à sua decisão eficácia vinculante e subordinante, com todas as consequências jurídicas daí decorrentes (Pet.-MC 1.416/SP). Portanto, o Supremo Tribunal Federal entendeu que a decisão concessiva da cautelar afetava não apenas os pedidos de tutela antecipada ainda não decididos, mas todo e qualquer efeito futuro da decisão proferida nesse tipo de procedimento. Segundo essa orientação, o efeito vinculante da decisão concessiva da medida cautelar em ação declaratória de constitucionalidade não apenas suspende o julgamento de qualquer processo que envolva a aplicação da lei questionada (suspensão dos processos), mas também retira toda ultra-atividade (suspensão de execução dos efeitos futuros) das decisões judiciais proferidas em desacordo com o entendimento preliminar esposado pelo Supremo Tribunal.

6.4. Efeito vinculante da decisão concessiva de cautelar em ação direta de inconstitucionalidade

No quadro de evolução da nossa jurisdição constitucional, parece difícil aceitar o efeito vinculante em relação à cautelar na ação declaratória de constitucionalidade e deixar de admiti-lo em relação à liminar na ação direta de inconstitucionalidade. Na primeira hipótese, tal como resulta do art. 21 da Lei n. 9.868/99, tem-se a suspensão do julgamento dos processos que envolvam a aplicação da lei ou ato normativo objeto da ação declaratória, até seu término; na segunda, tem-se a suspensão de validade da lei questionada na ação direta e, por isso, do julgamento de todos os processos que envolvam a aplicação da lei discutida. Assim, o sobrestamento dos processos, ou pelo menos das decisões ou julgamentos que envolvam a aplicação da lei que teve a sua vigência suspensa em sede de ação direta de inconstitucionalidade, haverá de ser uma das consequências inevitáveis da liminar em ação direta. Em outras palavras, a suspensão cautelar da norma afeta sua vigência provisória, o que impede que os tribunais, a administração e outros órgãos estatais apliquem a disposição que restou suspensa. Esse foi o entendimento firmado pelo STF no julgamento do RE 168.277.

Estando assente que a liminar deferida opera no plano da validade da lei, podendo ter o condão até mesmo de restaurar provisoriamente a validade de norma eventualmente revogada, não há como deixar de reconhecer que a aplicação da norma suspensa pelos órgãos ordinários da jurisdição implica afronta à decisão do STF. Em absoluta coerência com essa orientação mostra-se a decisão tomada também em Questão de Ordem, na qual se determinou a suspensão de todos os processos que envolvessem a aplicação de determinada vantagem a servidores do TRT da 15ª Região, tendo em vista a liminar concedida na ADI 1.244/SP, contra resolução daquela Corte que havia autorizado o pagamento do benefício. É o que foi afirmado pela Corte na ADI 1.244/SP (Questão de Ordem) (Rel. Néri da Silveira, *DJ* de 28-5-1999). Vê-se, pois, que a decisão concessiva de cautelar em ação direta de inconstitucionalidade é também dotada de efeito vinculante. A concessão da liminar acarreta a necessidade de suspensão dos julgamentos que envolvam a aplicação ou a desaplicação da lei cuja vigência restou suspensa (Rcl. 2.256).

6.5. Efeito vinculante de decisão indeferitória de cautelar em ação direta de inconstitucionalidade

Com alguma frequência apresenta-se ao Tribunal pedido de reclamação contra decisões tomadas pelas instâncias ordinárias que afirmam a inconstitucionalidade de uma ou outra lei federal ou estadual em face da Constituição Federal. Essas reclamações alegam que a competência pode estar sendo usurpada exatamente porque o Supremo Tribunal Federal indeferiu pedido de liminar formulado com objetivo de se suspender a norma impugnada em sede de ADI. Outras vezes alega-se que a matéria pende de apreciação no âmbito do controle abstrato de normas perante o Supremo Tribunal, cabendo a ele conferir orientação uniforme ao tema. Na primeira hipótese, alega-se que já no julgamento da liminar na ADI, o Supremo, ainda que em um juízo preliminar, afastou a inconstitucionalidade da lei. Assim, não poderiam as instâncias ordinárias deliberar em sentido contrário. Esse é o caso da Reclamação n. 2.121.

A questão posta na referida reclamação mostra uma nova faceta da relação entre os dois sistemas de controle de constitucionalidade, agora no que concerne a decisão do Supremo Tribunal Federal que indefere o pedido de cautelar em ADI. Como acentuado na decisão daquela Reclamação, há casos em que, ao indeferir a cautelar, o Tribunal enfatiza, ou quase, a não plausibilidade da impugnação. Em outras hipóteses, o indeferimento assenta-se em razões formais, como o tempo decorrido da edição da lei ou não configuração de urgência. Na primeira hipótese, não se afigura impossível justificar a reclamação sob o argumento de violação da autoridade da decisão do Supremo Tribunal. Claro que essa possibilidade de a decisão indeferitória conter efeitos transcendentes deve ser aferida com o máximo de cautela. A decisão que indefere a cautelar em ADI deve, nestes casos, merecer uma análise *cum granu salis*, para se perquirir o que efetivamente esteve em jogo na decisão. Em outras palavras, embora o controle seja objetivo e abstrato, sempre haverá uma correlação com o mundo da vida, além de que, mesmo nos casos de apreciação de ações de (in)constitucionalidade, há peculiaridades. Na segunda, o argumento é mais tênue, uma vez que sequer houve uma manifestação substancial do Tribunal sobre o assunto. É verdade, porém, que em ambas as situações podem ocorrer conflitos negativos para a segurança jurídica, com pronunciamentos contraditórios por parte de instâncias judiciais diversas. Assim, talvez se pudesse cogitar, em semelhantes casos (indeferimento de liminar na ADI com possibilidade de repercussão nas instâncias ordinárias), de se adotar fórmula semelhante à prevista no art. 21 da Lei 9.868/99, para a ação declaratória de constitucionalidade: determina-se a suspensão dos julgamentos que envolvam a aplicação da lei até a decisão final do Supremo Tribunal sobre a controvérsia constitucional. A vantagem técnica dessa fórmula é a de que ela alcança resultado semelhante, no que concerne à segurança jurídica, sem afirmar, *a priori*, o efeito vinculante da decisão provisória adotada pelo Tribunal em sede de cautelar.

Todavia, do ponto de vista jurisprudencial, a questão restou sem decisão definitiva do STF, porque a Rcl. 2.121 foi julgada prejudicada em 13 de fevereiro de 2008, em face da revogação da Lei Distrital 464/1993, que era o objeto da ADI 1.104 MC/DF (*DJU* de 12.5.95), tida por vulnerada na citada reclamação. O melhor caminho é o STF, na apreciação da cautelar, ter em conta já a possibilidade da ambivalência dos efeitos que poderão advir, para evitar interpretações *ad hoc* e descontextualizações.

7. Efeito vinculante de decisão proferida em ação direta de inconstitucionalidade

Questão interessante dizia respeito à possível extensão do efeito vinculante à decisão proferida em ação direta de inconstitucionalidade. Aceita a ideia de que a ação declaratória configura uma ação direta de inconstitucionalidade com sinal trocado, tendo ambas caráter dúplice ou ambivalente, afigurava-se difícil admitir que a decisão proferida em sede de ação direta de inconstitucionalidade tenha efeitos ou consequências diversos daqueles reconhecidos para a ação declaratória de constitucionalidade. Argumentava-se que ao criar a ação declaratória de constitucionalidade de lei federal estabeleceu o constituinte que a decisão definitiva de mérito nela proferida – incluída aqui, pois, aquela que, julgando improcedente a ação, proclamar a inconstitucionalidade da norma questionada – "produzirá eficácia contra todos e efeito vinculante, relativamente aos demais órgãos do Poder Judiciário e do Poder Executivo".

Portanto, afigurava-se correta a posição de vozes autorizadas do STF, como a do Ministro Sepúlveda Pertence, segundo o qual, "quando cabível em tese a ação declaratória de constitucionalidade, a mesma força vinculante haverá de ser atribuída à decisão definitiva da ação direta de inconstitucionalidade" (Rcl. 167). De certa forma, esse foi o entendimento adotado pelo STF na ADC 4, ao reconhecer efeito vinculante à decisão proferida em sede de cautelar, a despeito do silêncio do texto constitucional. Nos termos dessa orientação, a decisão proferida em ação direta de inconstitucionalidade contra lei ou ato normativo federal haveria de ser dotada de efeito vinculante, tal como ocorre com aquela proferida na ação declaratória de constitucionalidade.

Observe-se, ademais, que, se entendermos que o efeito vinculante da decisão está intimamente ligado à própria natureza da jurisdição constitucional em um dado Estado Democrático e à função de guardião da Constituição desempenhada pelo tribunal, temos de admitir, igualmente, que o legislador ordinário não está impedido de atribuir, como, aliás, o fez por meio do art. 28, parágrafo único, da Lei n. 9.868/99, essa proteção processual especial a outras decisões de controvérsias constitucionais proferidas pela Corte.

Em verdade, o efeito vinculante decorre do particular papel político-institucional desempenhado pela Corte ou pelo Tribunal Constitucional, que deve zelar pela observância estrita da Constituição nos processos especiais concebidos para solver determinadas e específicas controvérsias constitucionais. Na sessão de 7-11-2002, o STF pacificou a discussão sobre a legitimidade da norma contida no parágrafo único do art. 28 da Lei n. 9.868/99, que reconhecia efeito vinculante às decisões de mérito proferidas em sede de ADI. O Tribunal entendeu que "todos aqueles que forem atingidos por decisões contrárias ao entendimento firmado pelo STF, no julgamento do mérito proferido em ação direta de inconstitucionalidade, sejam considerados como parte legítima para a propositura de reclamação" (*Informativo STF* n. 289). O tema está superado em razão do advento da EC 45/2004, que conferiu nova redação ao art. 102, § 2º, da Constituição.

Numa palavra: não deveria causar surpresa um dispositivo atribuindo efeito vinculante às decisões que declaram a inconstitucionalidade de uma lei. Ora, uma decisão em ADI retira a validade da lei. A decisão torna nulo o texto legal. Na medida em que essa decisão advém do Tribunal Maior da República, não se afigura plausível que algum Tribunal ou juiz pudesse aplicar um texto jurídico expungido do sistema, a partir de sua invalidade.

8. Novo Código de Processo Civil e o sistema de provimentos de observância obrigatória

O CPC/2015 parece ir além com a questão da vinculatividade, sobretudo no incidente de resolução de demandas repetitivas e no incidente de assunção de competência. Cria o que se poderia chamar de sistema de provimentos vinculantes. A boa *chave de leitura* para isso tudo deve ser o dever dos Tribu-

nais de uniformizar sua jurisprudência e mantê-la estável, íntegra e coerente (art. 926 – cfe. Streck, *Comentários ao CPC*, op. cit.). Poder-se-ia falar até – para além da mera força "persuasiva" em que se costuma esvaziar a força da jurisprudência – de uma vinculação material. Contudo, o que se torna constitucionalmente discutível é criar, ainda mais por lei ordinária, uma série de vinculações em sentido estrito (formal-procedimentais) a instância superior.

Art. 102, § 3º No recurso extraordinário o recorrente deverá demonstrar a repercussão geral das questões constitucionais discutidas no caso, nos termos da lei, a fim de que o Tribunal examine a admissão do recurso, somente podendo recusá-lo pela manifestação de dois terços de seus membros.

Gilmar Ferreira Mendes
Lenio Luiz Streck[1]

A – REFERÊNCIAS

1. Origem da norma

Texto original da CF/88 e Emenda Constitucional n. 45/2004.

2. Dispositivos constitucionais relacionados

Art. 102, I e III; art. 103-A.

3. Legislação

Lei n. 11.418, de 19-12-2006, que acrescentou os arts. 543-A e 543-B ao Código de Processo Civil; arts. 1.032 a 1.042 do CPC/2015; arts. 322 a 329 do RISTF (redação da Emenda Regimental n. 21/2007).

4. Jurisprudência

AI 664.567-QO; RE 559.607-QO; RE 569.476-AgR; RE 579.431-QO; AI 715.423-QO; RE 540.410-QO; AC 2.168-REF--MC; AC 2.177-QO-MC; RE 559.994-QO; RE 513.473-ED; AI 760.358-QO.

5. Seleção de literatura

ALVIM, Arruda. A Emenda Constitucional 45 e a repercussão geral. In: *Reforma do Judiciário*: primeiros ensaios críticos sobre a EC n. 45/2004. São Paulo: Revista dos Tribunais, 2005, p. 63-99; AMORIM, Aderbal Torres de. *O novo recurso extraordinário*: hipóteses de interposição, repercussão geral, *amicus curiae*, processamento, jurisprudência, súmulas aplicáveis. Porto Alegre: Livraria do Advogado, 2010; AZEM, Guilherme Beux Nassif. *Repercussão geral da questão constitucional no recurso extraordinário*. Porto Alegre: Livraria do Advogado, 2009; BER-

---
1. O comentário contou com a colaboração de André Rufino do Vale.

MAN, José Guilherme. *Repercussão geral no recurso extraordinário*: origens e perspectivas. Curitiba: Juruá, 2009; BRANCO, Paulo Gustavo Gonet. Crônica da jurisprudência do Supremo Tribunal Federal em 2008. In: *Anuario iberoamericano de justicia constitucional*, v. 13, p. 541-562, 2009; COUTO, Mônica Bonetti. Repercussão geral da questão constitucional: algumas notas reflexivas. In: *Direito civil e processo*: estudos em homenagem ao professor Arruda Alvim. São Paulo: Editora RT, 2008, p. 1375-1382; CARVALHO FILHO, José S. *Repercussão geral:* balanço e perspectivas. São Paulo: Almedina, 2015; DANTAS, Bruno. *Repercussão geral*: perspectivas histórica, dogmática e de direito comparado. 2ª ed. São Paulo: Editora RT, 2009; ESTEVES, Heloísa Monteiro de Moura. Repercussão geral da questão constitucional. In: *Estudos de direito constitucional*: homenagem ao professor Ricardo Arnaldo Malheiros Fiuza. Belo Horizonte: Del Rey, 2009, p. 393-403; FUX, Luiz. Repercussão geral e o recurso extraordinário: Lei 11.418/2006 com entrada em vigor em 21.02.2007. In: *Novas perspectivas do direito internacional contemporâneo*: estudos em homenagem ao prof. Celso D. de Albuquerque Mello. Rio de Janeiro: Renovar, 2008, p. 1081-1101; GOMES JÚNIOR, Luiz Manoel. *A arguição de relevância*: a repercussão geral das questões constitucional e federal. Rio de Janeiro: Forense, 2001; LOR, Encarnación Alfonso. *Súmula vinculante e repercussão geral*: novos institutos de direito processual constitucional. São Paulo: Editora RT, 2009; MARINONI, Luiz Guilherme. *Repercussão geral no recurso extraordinário*. 2ª ed. São Paulo: Editora RT, 2008; MARTINS FILHO, Ives Gandra. Racionalização judicial. In: *Controle de constitucionalidade e direitos fundamentais*: estudos em homenagem ao professor Gilmar Mendes. Rio de Janeiro: Lumen Juris, 2010, p. 179-188; MEDINA, José Miguel Garcia. *Prequestionamento, repercussão geral e outras questões relativas aos recursos especial e extraordinário*. 5ª ed. rev. e ampl. São Paulo: Editora RT, 2009; MELLO, Rogério Licastro Torres de, et al. (org.). *Recurso especial e extraordinário*: repercussão geral e atualidades. São Paulo: Método, 2007; NERY JR., Nelson e NERY, Rosa Maria A. *Constituição Federal comentada*. São Paulo, Revista dos Tribunais, 2009; STRECK, Lenio. *Jurisdição constitucional*. 7. ed. São Paulo: Gen-Forense, 2023; TEDESCO, Paulo Camargo. Jurisprudência defensiva de segunda geração. In: *Revista de Processo*, v. 35, n. 182, p. 259-290, abr., 2010; THEODORO JÚNIOR, Humberto. Litigiosidade em massa e repercussão geral no recurso extraordinário. In: *Revista de Processo*, v. 34, n. 177, p. 9-46, nov. 2009; VALE, André Rufino do. *La deliberación en los Tribunales Constitucionales*. Madrid: Centro de Estudios Políticos y Constitucionales, 2017; FUCK, Luciano Felício. O Supremo Tribunal Federal e a repercussão geral. In: *Revista de Processo*, ano 35, n. 181, março 2010, p. 9-37.

B – COMENTÁRIOS

A Emenda Constitucional n. 45/2004 (Reforma do Judiciário) consagrou, no art. 102, § 3º, da Constituição, o instituto da *Repercussão Geral*. A Lei n. 11.418, de 19-12-2006, definiu a disciplina processual desse novo instituto. O recurso extraordinário passa, assim, por uma mudança significativa, havendo de sofrer o crivo da admissibilidade referente à Repercussão Geral. A adoção do instituto maximiza a feição objetiva do recurso extraordinário.

Com a finalidade de regulamentar, no plano interno, o procedimento de análise e julgamento da Repercussão Geral, o Supremo Tribunal Federal editou a Emenda Regimental n. 21, de 30 de abril de 2007. A principal novidade da aludida disciplina foi o estabelecimento de sessão eletrônica de julgamento da Repercussão Geral, dispondo que, quando não for o caso de inadmissibilidade do recurso extraordinário por outro motivo, o Relator submeterá a sua manifestação sobre a existência de Repercussão Geral, por meio eletrônico, aos demais ministros.

Referida Emenda Regimental também previu a Repercussão Geral presumida, que, uma vez caracterizada, dispensa o procedimento de análise eletrônica da Repercussão. Será presumida a Repercussão Geral quando a questão já tiver sido reconhecida ou quando o recurso extraordinário impugnar decisão contrária à súmula ou jurisprudência dominante da Corte. Ademais, veja-se que o CPC/2015 fala no § 3º do seu art. 1.035, com a redação dada pela Lei n. 13.256, de 2016: "Haverá repercussão geral sempre que o recurso impugnar acórdão que: I – contrarie súmula ou jurisprudência dominante do Supremo Tribunal Federal; II – tenha sido proferido em julgamento de casos repetitivos; III – tenha reconhecido a inconstitucionalidade de tratado ou de lei federal, nos termos do art. 97 da Constituição Federal [...]".

De volta ao RISTF, o procedimento para a análise de eventual existência de Repercussão Geral ficou assim estabelecido: a sessão eletrônica tem a duração de vinte dias corridos, passados os quais, o próprio sistema fará a contagem dos votos sobre a existência ou não de Repercussão Geral. Se decorrido o prazo sem manifestações dos Ministros do Supremo Tribunal Federal, considerar-se-á existente a repercussão. Lembre-se que há a necessidade da manifestação expressa de pelo menos 8 (oito) Ministros, recusando a Repercussão Geral, para que seja reputada a sua inexistência.

As decisões pela inexistência da Repercussão Geral são irrecorríveis, valendo para todos os recursos que versem sobre questão idêntica. Uma vez decidida a Repercussão Geral, a Presidência do STF deverá promover ampla e específica divulgação do teor dessas decisões, bem como diligenciar para a formação e atualização de banco de dados eletrônico sobre o assunto.

O instituto da Repercussão Geral é conformado pela prática jurisprudencial do Supremo Tribunal Federal. Em junho de 2007, em julgamento plenário, decidiu o Tribunal que a fundamentação da Repercussão Geral somente pode ser exigida nos recursos extraordinários cujo início do prazo para sua interposição tenha ocorrido após o dia 3 de maio de 2007, data em que foi publicada a Emenda Regimental n. 21 do STF. Decidiu também o STF que a Repercussão Geral deve ser exigida em todos os recursos extraordinários, sejam em matéria cível, criminal, eleitoral ou trabalhista (AI 664.567-QO).

O Supremo Tribunal Federal firmou entendimento, ainda, que cabe exclusivamente ao Tribunal reconhecer a efetiva existência da Repercussão Geral, não obstante tanto o STF quanto os demais tribunais de origem possam verificar a existência da demonstração formal e fundamentada da Repercussão Geral.

O Tribunal tem sido implacável na exigência de fundamentação específica quanto à Repercussão Geral da questão constitucional versada no recurso extraordinário. Assim, todo recurso interposto contra decisão publicada após o dia 3 de maio de 2007 deve apresentar preliminar formal e fundamentada de Repercussão Geral. Nesse caso, não há que se falar em fundamentação implícita, devendo a petição do recurso trazer tópico destacado a respeito da Repercussão Geral da matéria discutida, mesmo nas hipóteses em que essa repercussão deva ser tida como presumida, isto é, quando ela já tenha sido reconhecida em momento anterior pelo STF ou quando haja contrariedade à súmula ou jurisprudência dominante desse Tribunal (RE 569.476-AgR).

Assim, pode-se dizer que o escopo do instituto é a maximização da feição objetiva do recurso extraordinário, característica que bem pode servir ao propósito republicano de dar coerência e integridade ao direito. Em outras palavras, a repercussão geral deve ser assimilada como um instituto que otimiza a aplicação do direito democraticamente produzido, assegurando a sua melhor interpretação na lente da coerência de princípios.

Quanto aos recursos interpostos contra decisões anteriores ao dia 3 de maio de 2007, o STF tem admitido a possibilidade de que também a eles seja aplicada a sistemática da Repercussão Geral, especialmente os procedimentos previstos nos arts. 1.036 e ss. do CPC/2015, tais como o sobrestamento, a retratação e a declaração de prejudicialidade de recursos, na hipótese em que seja reconhecida a relevância constitucional da matéria discutida. Nesse caso, porém, não se exige a presença, na petição do recurso, da preliminar formal e fundamentada de Repercussão Geral (art. 1.039 do CPC/2015), de forma que a ausência desse requisito não se torna causa de inadmissibilidade imediata do recurso (AI 715.423-QO; RE 540.410-QO).

Em setembro de 2007, o Plenário do Supremo Tribunal Federal determinou a suspensão do envio de recursos extraordinários e agravos de instrumento à Corte, que versassem sobre a constitucionalidade de determinados dispositivos de lei, colocando em prática, assim, o novo filtro criado pela Reforma. Na ocasião, o Supremo Tribunal aplicou a disciplina do art. 328 do RISTF, que determina, especificamente em relação aos processos múltiplos, o sobrestamento e/ou devolução dos feitos aos tribunais de origem. Consignou-se que, ao se verificar a subida ou a distribuição de múltiplos recursos com fundamento em idêntica controvérsia, a Presidência do Tribunal ou o relator selecionará um ou mais representativos da questão e determinará a devolução dos demais aos Tribunais ou Turmas do Juizado Especial de origem para aplicação dos arts. 1.036 e ss. do CPC/2015. Com tal medida, o Tribunal deu consecução ao modelo desenvolvido para evitar o acúmulo de processos repetidos na Corte, nos termos do art. 1.036 do CPC/2015. Ressalte-se, ainda, que o Tribunal tem entendido que é irrecorrível a decisão que determina a devolução de recursos às instâncias inferiores, para fins de aplicação da sistemática da repercussão geral (RE 513.473-ED).

Uma vez sobrestado o recurso extraordinário nos órgãos judiciais inferiores, compete a tais órgãos judiciais o julgamento dos pedidos de medida cautelar para concessão de efeito suspensivo ao recurso, mesmo nas hipóteses em que o juízo de admissibilidade já houver sido proferido de forma positiva. Assim, o STF se reconhece como incompetente para a apreciação da ação cautelar que busca a concessão de efeito suspensivo a recurso extraordinário sobrestado na origem, em face do reconhecimento da existência da Repercussão Geral da questão constitucional nele discutida (AC 2.177-QO-MC). Ressalte-se, ainda, que, sobrestado o recurso extraordinário no órgão judicial *a quo*, antes mesmo de exercido o juízo de admissibilidade, o Supremo Tribunal Federal poderá, em caráter excepcional, conceder medida cautelar de efeito suspensivo ao recurso (AC 2.168-REF-MC).

O exercício do juízo de retratação ou a declaração de prejudicialidade do recurso pelo órgão judicial *a quo* não pode ser combatido via agravo perante o Supremo Tribunal Federal. O STF tem entendido que não é cabível agravo de instrumento da decisão do tribunal de origem que, em cumprimento do disposto no art. 1.039 do CPC/2015, aplica decisão de mérito do STF em questão de Repercussão Geral. A Corte entende que, ao decretar o prejuízo de recurso ou exercer o juízo de retratação, no processo em que interposto o recurso extraordinário, o tribunal de origem não está exercendo competência do STF, mas atribuição própria, de forma que a remessa dos autos individualmente ao STF apenas se justificará, nos termos da lei, na hipótese em que houver expressa negativa de retratação (AI 760.358-QO). Com a entrada em vigor do CPC/2015, o art. 1.042 passou a dispor expressamente sobre o não cabimento de agravo ao STF contra a decisão do presidente ou do vice-presidente do tribunal recorrido que inadmitir recurso extraordinário, com base em entendimento firmado em regime de repercussão geral.

O Tribunal tem admitido a possibilidade de que seja reconhecida a Repercussão Geral, e assim aplicado o seu regime especial de regras (arts. 1.035 e ss. do CPC/2015) às matérias objeto de súmula ou jurisprudência consolidada antes mesmo da data marco do dia 3 de maio de 2007. Nessas hipóteses, deve o Tribunal se pronunciar expressamente sobre a existência de Repercussão Geral e a incidência dos efeitos de seu regime nos recursos sobre o mesmo tema presentes nas instâncias inferiores, para que estas possam aplicar as regras desse regime, em especial para fins de retratação ou declaração de prejudicialidade de recursos. Reconhecida a Repercussão Geral e aplicado o seu regime de regras para as instâncias inferiores, o Tribunal poderá seguir duas vias quanto ao mérito do recurso: (a) manifestar-se pela subsistência do entendimento já consolidado em súmula ou jurisprudência; (b) deliberar pela renovação da discussão sobre a questão constitucional suscitada no recurso. Na primeira hipótese, a Presidência do Tribunal poderá negar distribuição e devolver à origem todos os recursos idênticos que chegarem ao STF, para adoção, pelas instâncias inferiores, do procedimento previsto nos arts. 1.036 a 1.042 do CPC/2015. Na segunda hipótese, o recurso será distribuído normalmente a um relator, para que tenha seu mérito rediscutido pelo Plenário (RE 579.431-QO).

Afinal, atente-se para as várias alterações introduzidas pelo CPC/2015, dentre as quais se pode destacar o § 3º do art. 1.029: "O Supremo Tribunal Federal ou o Superior Tribunal de Justiça poderá desconsiderar vício formal de recurso tempestivo ou determinar sua correção, desde que não o repute grave". O prazo do § 9º do art. 1.035: "O recurso que tiver a repercussão geral reconhecida deverá ser julgado no prazo de 1 (um) ano e terá preferência sobre os demais feitos, ressalvados os que envolvam réu preso e os pedidos de *habeas corpus*". E do § 4º do art. 1.037: "Os recursos afetados deverão ser julgados no prazo de 1 (um) ano e terão preferência sobre os demais feitos, ressalvados os que envolvam réu preso e os pedidos de *habeas corpus*".

Ainda, prevê no *caput* do seu art. 1.042: "Cabe agravo contra decisão do presidente ou do vice-presidente do tribunal recorrido que inadmitir recurso extraordinário ou recurso especial, salvo quando fundada na aplicação de entendimento firmado em regime de repercussão geral ou em julgamento de recursos repetitivos (Redação dada pela Lei n. 13.256, de 2016) [...]". E regulamenta-o nos parágrafos que seguem.

O CPC/2015 acabaria com o chamado duplo juízo de admissibilidade nos recursos extraordinário e especial, mas foi revogado nesse ponto (dentre outros), antes mesmo de sua entrada em vigor, pela Lei n. 13.256/2016. Mantém-se, assim, o instituto nesses casos.

A aplicação rigorosa da sistemática da Repercussão Geral tem resultado numa abrupta diminuição da quantidade de recursos no Supremo Tribunal Federal. Levando-se em conta que, na média histórica, os recursos (recursos extraordinários e respectivos agravos) representa(va)m cerca de noventa por cento da quantidade de processos na Corte, pode-se então concluir que o novo regime da Repercussão Geral abre promissoras perspectivas para uma solução definitiva do vetusto problema do acúmulo processual, o que permitirá à Suprema Corte focar seu trabalho nas questões constitucionais relevantes.

Parece não haver dúvida que o instituto da Repercussão Geral – que não estava previsto originalmente na Constituição – representou uma resposta "darwiniana" do sistema jurídico ao modo fragmentário de decidir vigorante no país. O instituto ingressa no ordenamento de modo similar às Súmulas com efeito vinculante. Embora as críticas que possa provocar, parece não restar dúvida que a Repercussão Geral se apresenta como um importante instrumento que pode vir a fortalecer a *integridade* e *coerência* da jurisprudência.

Explique-se. A tarefa do intérprete, para falar com Dworkin, é compreender o instituto na sua *melhor luz* (lembremos da *hipótese estética*). Oferecer uma forma de compreendê-lo que se harmonize, o melhor possível, com o propósito geral da prática do direito democrático. Nessa coordenada, diante da necessidade de produção de decisões coerentes em princípio, e da estruturação constitucional do Poder Judiciário brasileiro, não se nega que medidas de otimização da função do STF devem ser recebidas como um avanço, como uma forma de aproximação do modelo de uma efetiva Corte Constitucional.

Dito de outro modo, a Repercussão Geral pode vir a ser um importante mecanismo para reconstrução histórico-institucional do direito, na medida em que possibilita uma generalização minimamente necessária dos casos, evitando a continuidade do processo de fragmentação das decisões judiciais. É preciso entender que cada decisão judicial contém um *holding*, cujo conteúdo deve conter esse grau de generalização. É como se o direito tivesse um DNA, que, no caso dos recursos extraordinários, deve conter um elevado grau de transcendência.

Nesse sentido, tanto a Repercussão Geral quanto as Súmulas Vinculantes podem ser articuladas como remédio para aquilo que pode ser chamado de *ideologia do caso concreto* (que compreende o direito como um conjunto aleatório de casos julgados), retirando um elemento de generalização dos casos que permite identificar os marcos que compõem a história institucional do direito. Com isso também será possível construir um conceito mais avançado de jurisprudência, que deixará de ser "qualquer conjunto" de casos "arranjados" *ad hoc*, para se transformar em instrumento para a demonstração de uma cadeia discursivo-decisória, cujo fio condutor tem compromissos com o passado, o presente e o futuro do direito em jogo.

Não se pode olvidar que, historicamente, o direito brasileiro criou um imaginário no qual o caso concreto serviu como um álibi teórico para decisões aleatórias. Note-se que isso ajudou a abrir espaço para teses que aposta(ra)m em ativismos judiciais para "corrigir" problemas que a sociedade em constante mutação cria e que a rigidez do direito não consegue acompanhar. De plano, é necessário atentar para o fato de que, na atual quadra da história, *o direito conquistou um elevado grau de autonomia materializado nas Constituições do segundo pós-guerra*. Desse modo, tentar criar uma espécie de "direito livre" num contexto de constitucionalismo democrático representa um retrocesso. De fato, não é mais possível continuar a sufragar teses que, ao fim e ao cabo, colocam a teoria do direito no final do século XIX e início do século XX, quando se cristalizaram as teses sociologistas defendidas pela jurisprudência dos interesses e pelo movimento do direito livre. Aliás, mesmo a jurisprudência dos valores não traz grandes avanços para o debate contemporâneo que está centrado, fundamentalmente, na questão da decisão judicial. No fundo, a jurisprudência dos valores representa, apenas, uma continuação das teses da jurisprudência dos interesses. Há apenas uma alteração de rota; uma alteração no objeto determinante dos estudos de cada uma dessas teorias do direito. No caso da jurisprudência dos interesses têm-se uma ênfase nos interesses sociais em conflito (que deveriam ser analisados pelo jurista para compor as lacunas da lei e do direito); ao passo que na jurisprudência dos valores o objeto passa a ser os valores que sustentam uma determinada cultura e que devem ser "traduzidos" pelo juiz no momento da decisão.

Nessa medida, a Repercussão Geral – se utilizada de maneira correta, respeitando os parâmetros democráticos – pode contribuir para barrar esse processo de "ressurreição" desse tipo de "direito livre", na medida em que contribui para identificação e certificação dos elementos que compõem a integridade e a coerência das decisões.

Por isso, é importante dizer que a própria formação das matérias em que se reconhece Repercussão Geral deve respeitar a integridade e coerência do direito, refletindo, de maneira ampla, os elementos que compõem a história institucional do direito.

De todo modo, se o instituto serve para garantir coerência principiológica e integridade ao direito, não se devem mascarar as incoerências deflagradas pela aplicação corrente do instituto. Veja-se: por um lado, dá-se ao recurso extraordinário contornos "objetivos", exigindo-se que a violação direta a dispositivos constitucionais tenha uma repercussão transcendente; por outro, quando se infringem dispositivos infraconstitucionais, dispensa-se o caso de uma tal coloração. Aqui, tendo em mente que *toda a jurisdição é constitucional*, fica bem presente que se privilegia a *interpretação da Constituição via lei infraconstitucional*, e não da *lei pela Constituição*, como seria o correto.

Seja como for, é necessário chamar a atenção para a necessidade de revisão da aplicação da Súmula 126 do STJ, que, sem maiores reflexões, pode induzir o recorrente a uma espécie de *litigância temerária obrigatória*. Entenda-se: não se pode mais exigir um duplo recurso (extraordinário/especial) contra o acórdão que se assenta, simultaneamente, em fundamento constitucional e infraconstitucional, mesmo quando qualquer deles for suficiente para mantê-lo, na hipótese de questão constitucional sem repercussão geral.

Uma palavra final, agora, sobre o que a lei infraconstitucional disciplina seja uma questão de *repercussão geral*. Lê-se no § 1º do art. 1.035 do CPC/2015 que, "para efeito de repercussão geral, será considerada a existência ou não de questões relevantes do ponto de vista econômico, político, social ou jurídico que ultrapassem os interesses subjetivos do processo" (o § 1º do art.

543-A do CPC/73, que falava "para efeito da repercussão geral, será considerada a existência, ou não, de questões relevantes do ponto de vista econômico, político, social ou jurídico, que ultrapassem os interesses subjetivos da causa", "da causa", no lugar de "do processo"). Nesse sentido, não podemos esquecer que o tribunal (mormente o STF) é *fórum do princípio* (Dworkin) e que, portanto, decisões judiciais (mesmo as que enfrentem a questão sobre o reconhecimento, ou não, da repercussão geral) *devem ser geradas por princípios, e não por políticas.* Quer dizer, por argumentos jurídicos, voltados à defesa de direitos, e não por argumentos *econômicos, políticos, sociais* ou *morais* (teleológicos). Essa ressalva parece necessária para explicitar que a compreensão do que seja *econômica, política* ou *socialmente relevante* somente terá validade quando puder ser traduzida em *relevantes argumentos jurídicos.* Além disso, e para dizer o mínimo, adverte-se que, ainda que uma questão jurídica possa ser relevante do ponto de vista econômico, político ou social, caso ela não configure primeiro uma infração *imediata* a dispositivos constitucionais (lembremos que o STF já não vinha admitindo recursos extraordinários com base em violação dita *reflexa* à Constituição), ela não deverá chegar ao Supremo. Pelo menos não via recurso extraordinário.

Art. 103. Podem propor a ação direta de inconstitucionalidade e a ação declaratória de constitucionalidade:

I – o Presidente da República;

II – a Mesa do Senado Federal;

III – a Mesa da Câmara dos Deputados;

IV – a Mesa de Assembleia Legislativa ou da Câmara Legislativa do Distrito Federal;

V – o Governador de Estado ou do Distrito Federal;

VI – o Procurador-Geral da República;

VII – o Conselho Federal da Ordem dos Advogados do Brasil;

VIII – partido político com representação no Congresso Nacional;

IX – confederação sindical ou entidade de classe de âmbito nacional.

§ 1º O Procurador-Geral da República deverá ser previamente ouvido nas ações de inconstitucionalidade e em todos os processos de competência do Supremo Tribunal Federal.

§ 2º Declarada a inconstitucionalidade por omissão de medida para tornar efetiva norma constitucional, será dada ciência ao Poder competente para a adoção das providências necessárias e, em se tratando de órgão administrativo, para fazê-lo em trinta dias.

§ 3º Quando o Supremo Tribunal Federal apreciar a inconstitucionalidade, em tese, de norma legal ou ato normativo, citará, previamente, o Advogado-Geral da União, que defenderá o ato ou texto impugnado.

§ 4º (*Revogado pela Emenda Constitucional n. 45, de 8-12-2004.*)

Gilmar Ferreira Mendes
Lenio Luiz Streck[1]

---
[1]. O comentário contou com a colaboração de André Rufino do Vale.

A – REFERÊNCIAS

1. Origem da norma

Texto original da CF/88 e Emenda Constitucional n. 45/2004.

2. Legislação

Leis n. 9.868/99, 9.882/99 e 12.063/2009.

3. Jurisprudência

Rp. 1.349; Rp. 512; ADI 902; ADI 1.814-DF; ADI 645; ADI 665; ADI 202-BA; ADI 34-DF; ADI 57-DF; ADI 79-DF; ADI 386, ADI 138, 893, 1.114, 902; ADI-MC 1.626; RE 98.444; ADI 433-DF; ADI 39; ADI 108; ADI 511; ADI 79; ADI 433-DF; ADI 505; ADI n. 526; ADI 530; ADI 433; ADI 705; ADI 511; ADI 108; ADI-AgR 706; ADI 79; ADI 914; ADI 1.814; ADI n. 2.054; ADI 2.159-DF e 2.618-PR; ADI-AgR 3.153; ADI 61-DF; ADI. 67; ADI-QO n. 807; ADI-QO(QO) n. 807; ADI 3.599-DF; ADI 3.818; RMS n. 4.211; RMS n. 5.860; RE n. 55.718; RMS n. 14.557; RMS n. 13.950; AgRg na ADI 2.202.

4. Seleção de literatura

ANHAIA MELLO, José Luiz de. *Os princípios constitucionais e sua proteção*, São Paulo, 1966; BARBI, Celso Agrícola. Evolução do Controle da Constitucionalidade. In: *Revista de Direito Público*. São Paulo, n. 04, p. 34-43, abr.-jun./1968; BARBOSA MOREIRA, José Carlos. As partes na ação declaratória de inconstitucionalidade, *Revista de Direito da Procuradoria Geral do Estado da Guanabara*, 13/67; BASTOS, Celso. O Controle de Constitucionalidade das Leis. In: *Revista de Direito Público*. São Paulo, n. 67, p. 64-72, jul.-set./1983; CAVALCANTI, Themístocles. Arquivamento de representação por inconstitucionalidade da lei, *RDP*, 16/169; FAORO, Raimundo. Conselho Federal da OAB, *Arquivos*, 118/47; FERRAZ, Sérgio. Contencioso constitucional, comentário a acórdão, *Revista de Direito*, 20/218; FERREIRA FILHO, Manoel Gonçalves. O sistema constitucional brasileiro e as recentes inovações no controle de constitucionalidade (Leis n. 9.868, de 10 de novembro e n. 9.982, de 3 de dezembro de 1999). In: *Anuario Iberoamericano de Justicia Constitucional*, v. 5, p. 105-124, 2001; KELSEN, Hans. *Jurisdição constitucional*, São Paulo: Martins Fontes, 2003; LIMA, Alcides de Mendonça. *O Poder Judiciário e a nova Constituição.* Rio de Janeiro: Aide, 1989; MARINHO, Josaphat. Inconstitucionalidade de lei – representação ao STF, *RDP*, 12/150; MENDES, Gilmar Ferreira; MARTINS, Ives Gandra da Silva. *Controle Concentrado de Constitucionalidade.* 3ª ed. São Paulo: Saraiva, 2009; MENDES, Gilmar Ferreira. *Jurisdição Constitucional.* 5ª ed. São Paulo: Saraiva, 2005; MENDES, Gilmar Ferreira; COELHO, Inocêncio Mártires; BRANCO, Paulo Gustavo Gonet. *Curso de Direito Constitucional.* 4ª ed. São Paulo: Saraiva, 2009; PONTES DE MIRANDA, Francisco C. *Comentários à Constituição de 1967, com a Emenda n. 1, de 1969*, 2. ed., Revista dos Tribunais, t. 4; SILVA PEREIRA, Caio Mário da. Conselho Federal da OAB, *Arquivos*, 118/25; STRECK, Lenio Luiz. Os meios de acesso do cidadão à jurisdição constitucional, a arguição de descumprimento de preceito fundamental e a crise de efetividade da Constituição brasileira. In: *Revista da Faculdade de Direito da Universidade de Lisboa*, v. 41, n. 2, p. 867-886, 2000; In: *Hermenêutica e jurisdição constitucional*: estudo em homenagem ao professor José Alfredo de Oliveira Baracho. Belo Horizonte: Del Rey, 2001, p. 249-294; STRECK, Lenio L. *Jurisdição Constitucional*. 5ª ed. Rio de Janeiro: Forense, 2018; *Hermenêutica*. 3ª ed. Rio de Janeiro: Forense, 2004; VALE, André Rufino do. *La deliberación en los Tribunales Constitucionales*. Madrid: Centro de Estudios Políticos e Constitucionales, 2017; VELOSO, Zeno. *Controle jurisdicional de constitucionalidade*: atualizado conforme as Leis 9.868, de 10.11.1999, e 9.882, de 03.12.1999. 3ª ed., 2. tiragem rev., atual. e ampl. Belo Horizonte: Del Rey, 2003.

B – COMENTÁRIOS

1. Legitimidade ativa no controle concentrado de constitucionalidade

A Constituição brasileira de 1988 suprimiu o monopólio de ação conferido ao Procurador-Geral da República no controle concentrado de constitucionalidade. Nos termos da redação originária do art. 103 da CF de 1988, dispõem de legitimidade para propor a ação direta de inconstitucionalidade o Presidente da República, a Mesa do Senado Federal, a Mesa da Câmara dos Deputados, a Mesa de Assembleia Legislativa, o Governador de Estado, o Procurador-Geral da República, o Conselho Federal da OAB, partido político com representação no Congresso Nacional e as confederações sindicais ou entidades de classe de âmbito nacional. A Lei n. 9.868/99 repetiu, quase que integralmente, em seu art. 2º, o conteúdo do dispositivo constitucional. A única diferença que deve ser ressaltada é a menção expressa da legitimidade do Governador do Distrito Federal e da Câmara Legislativa Distrital, decorrente da própria evolução jurisprudencial do tema perante o STF, contida nos incisos IV e V do citado artigo legal, introduzidos posteriormente no texto constitucional pela EC n. 45/04.

A extensa lista de legitimados presentes no texto constitucional e, por via de consequência, no texto legal fortalece a impressão de que o constituinte pretendeu reforçar o controle abstrato de normas no ordenamento jurídico brasileiro, como peculiar instrumento de *correção* do sistema geral incidente.

Quanto à capacidade postulatória, entende o STF que "o Governador do Estado e as demais autoridades e entidades referidas no art. 103, incisos I a VII, da Constituição Federal, além de ativamente legitimados à instauração do controle concentrado de constitucionalidade das leis e atos normativos, federais e estaduais, mediante ajuizamento da ação direta perante o Supremo Tribunal Federal, possuem capacidade processual plena e dispõem, *ex vi* da própria norma constitucional, de "capacidade postulatória", estando autorizados, por conseguinte, enquanto ostentarem aquela condição, a praticar, no processo de ação direta de inconstitucionalidade, quaisquer atos processuais ordinariamente privativos de advogado.

Assim, com exceção das confederações sindicais e entidades de classe de âmbito nacional e dos partidos políticos (CF/88, art. 103, VIII e IX), todos os demais legitimados para a ação direta de inconstitucionalidade dispõem de capacidade postulatória especial.

Vale referir que o § 2º do art. 950 do CPC/2015 (à semelhança do § 2º do art. 482 do CPC/73, incluído pela Lei n. 9.868, de 10.11.1999) dispõe, para o controle difuso, sobre o incidente de arguição de inconstitucionalidade: "A parte legitimada à propositura das ações previstas no art. 103 da Constituição Federal poderá manifestar-se, por escrito, sobre a questão constitucional objeto de apreciação, no prazo previsto pelo regimento interno, sendo-lhe assegurado o direito de apresentar memoriais ou de requerer a juntada de documentos".

2. Presidente da República

O Presidente da República pode exercer, conforme dispõe o texto da Constituição Federal e nos termos do art. 2º, I, da Lei n. 9.868/99, o direito de propositura da ação direta de inconstitucionalidade, autonomamente, não tendo de submeter a proposta inicialmente ao Procurador-Geral da República. O exercício do direito de propositura da ação direta de inconstitucionalidade poderia revelar-se, todavia, problemático em relação às leis federais, uma vez que, nos termos do art. 66, § 1º, da Constituição, dispõe o Chefe do Executivo federal de poder de veto, com fundamento em eventual inconstitucionalidade da lei. Idênticas considerações aplicam-se em relação ao Governador de Estado ou do Distrito Federal em face das leis elaboradas nas unidades federadas.

Se o Presidente da República não exercer o poder de veto, nos termos do art. 66 da CF, é de se indagar se poderia, posteriormente, arguir a inconstitucionalidade da lei perante o STF.

Pode acontecer que a existência de dúvida ou controvérsia sobre a constitucionalidade da lei impeça ou dificulte sua aplicação, sobretudo no modelo do controle de constitucionalidade vigente no Brasil, onde qualquer juiz ou tribunal está autorizado a deixar de aplicar a lei em caso concreto, se esta for considerada inconstitucional. Nesse caso, não poderia ser negado ao Presidente da República o direito de propor ação com o propósito de ver confirmada a constitucionalidade da lei. A não aplicação da lei por juízes ou tribunais diversos ou por outras autoridades é fator indiciário do interesse objetivo de esclarecer questão relativa à sua validade.

Não está, todavia, aqui, respondida a questão sobre a possibilidade de o Presidente da República ajuizar ação direta com o fim de suscitar a declaração de inconstitucionalidade de uma lei federal.

A Constituição não fornece base para limitação do direito de propositura. Por outro lado, não resta dúvida de que, ao assegurar uma amplíssima legitimação, o constituinte buscou evitar, também, que se estabelecessem limitações a esse direito.

Tal como já ressaltado, os titulares do direito de propositura atuam no processo de controle abstrato de normas no interesse da comunidade – ou, se quisermos adotar a formulação de Kelsen, atuam como autênticos *advogados da Constituição*.

É de se acentuar, ainda, que, se o Chefe do Poder Executivo sanciona, por equívoco ou inadvertência, projeto de lei juridicamente viciado, não está ele compelido a persistir no erro, sob pena de, em homenagem a uma suposta coerência, agravar o desrespeito à Constituição.

Nesse sentido, já assinalara Miranda Lima, em conhecido parecer, no qual advogava o descumprimento da lei inconstitucional pelo Executivo à falta de outro meio menos gravoso, que "o Poder Executivo, que deve conferir o projeto com a Constituição, cooperando com o Legislativo no zelo de sua soberania, se o sanciona por inadvertido de que a ela afronta, adiante, alertado do seu erro, no cumprimento de seu dever constitucional de a manter e defender, há de buscar corrigi-lo, e, se outro meio não encontrar para tanto, senão a recusa em a aplicar, deixará de lhe dar aplicação".

O modelo de ampla legitimação consagrado no art. 103 da CF de 1988 e repetido pela Lei n. 9.868/99 não se compatibiliza, certamente, com o recurso a essa medida de quase desforço concernente ao descumprimento pelo Executivo da lei considerada inconstitucional.

Se o Presidente da República – ou, eventualmente, o Governador do Estado ou do Distrito Federal – está legitimado a propor a ação direta de inconstitucionalidade perante o STF, inclusive com pedido de medida cautelar, não se afigura legítimo que deixe de utilizar essa faculdade ordinária para se valer de recurso excepcional, somente concebido e tolerado, à época, pela impossibilidade de um desate imediato e escorreito da controvérsia.

Contudo, é inegável que um juízo seguro sobre a inconstitucionalidade da lei pode vir a se formar somente após sua promulgação, o que legitima a propositura da ação ainda que o Chefe do Poder Executivo tenha aposto a sanção ao projeto de lei aprovado pelas Casas Legislativas.

Eventual sanção da lei questionada não obsta, pois, à admissibilidade da ação direta proposta pelo Chefe do Executivo, mormente se se demonstrar que não era manifesta, ao tempo da sanção, a ilegitimidade suscitada.

Daí parecer-nos equivocada a orientação esposada pelo STF na ADIn n. 807-RS, segundo a qual, "quando (...) o ato normativo impugnado em sede de fiscalização abstrata tiver emanado também do Chefe do Poder Executivo – a lei, sendo ato estatal subjetivamente complexo, emerge da conjugação das vontades autônomas do Legislativo e do Executivo – e este figurar, em consequência, no polo passivo da relação processual, tornar-se-á juridicamente impossível o seu ingresso em condição subjetiva *diversa* daquela que já ostenta no processo".

De plano, deve-se observar que se trata, aqui, de um *processo objetivo* típico, no qual existe autor ou requerente, mas inexiste, propriamente, réu ou requerido. Daí o equívoco da decisão na ADIn n. 807: não se pode cogitar de *relação processual* nessa modalidade de processo constitucional. Trata-se, fundamentalmente, de uma questão de cariz paradigmático, uma vez que a discussão se coloca para além das categorias do processo civil tradicional.

3. Mesas do Senado e da Câmara

O reconhecimento do direito de propositura à Mesa da Câmara dos Deputados e à Mesa do Senado Federal, tal como realizado pelo texto constitucional e pelo art. 2º, II e III, da Lei n. 9.868/99, demonstra que o constituinte não pretendeu assegurar, aqui, uma proteção específica às minorias parlamentares. Como a direção de cada Casa Legislativa é eleita pela maioria dos parlamentares, ainda que observada, tanto quanto possível, a representação proporcional dos partidos ou dos blocos parlamentares que participam da respectiva Casa (CF/88, art. 58, § 1º), concedeu-se, efetivamente, o direito de propositura à maioria nas referidas Casas.

É fácil ver, outrossim, que esses órgãos não estão vocacionados a questionar a constitucionalidade de seus próprios atos. Assim, o direito de propositura a eles deferido pode ganhar significado no âmbito da ação declaratória de constitucionalidade.

4. Governador de Estado/Assembleia Legislativa e relação de pertinência

Consoante o teor do art. 2º, IV e V, da Lei n. 9.868/99 e o disposto no art. 103 da CF, podem propor ação direta de inconstitucionalidade os Governadores de Estado e do Distrito Federal, bem como as Assembleias Legislativas e a Câmara Legislativa Distrital.

A jurisprudência do STF tem identificado a necessidade de que o Governador de um Estado ou a Assembleia Legislativa que impugna ato normativo de outro demonstre a relevância – isto é, a *relação de pertinência* da pretensão formulada – da pretendida declaração de inconstitucionalidade da lei.

A falta de autorização constitucional para que o legislador estabeleça outras limitações ao direito de propositura suscita dúvida sobre a correção do entendimento esposado pelo STF. Tendo em vista a natureza objetiva do processo de controle abstrato de normas, seria mais ortodoxo que, na espécie, fosse admitida a ação direta de inconstitucionalidade independentemente de qualquer juízo sobre a configuração, ou não, de uma relação de pertinência. Não se pode olvidar o caráter federativo da composição da República e a inexorável correlação que existe entre os Estados. A exigência, neste caso, da relação de pertinência, além de se colocar para além dos limites constitucionais, exigiria uma casuística inesgotável ou, por vezes, difícil de demonstrar, fragilizando o caráter objetivo do controle de constitucionalidade.

Outra questão relevante a respeito do direito de propositura do Governador afeta sua *capacidade postulatória*. Conforme já referido, o STF entende que cabe ao próprio Governador firmar a petição inicial, se for o caso, juntamente com o Procurador-Geral do Estado, ou do Distrito Federal, ou outro advogado. Entende o STF que o direito de propositura é atribuído ao Governador do Estado ou do DF, e não à unidade federada. Também seriam ineptas as ações diretas propostas, em nome do Governador, firmadas exclusivamente pelo Procurador-Geral do Estado. Aqui o STF pode correr o risco de fazer uma espécie de transporte indevido das regras do processo civil tradicional para dentro do processo constitucional.

5. Governador do Distrito Federal e Câmara Distrital

Embora o *status* do Distrito Federal no texto constitucional de 1988 seja fundamentalmente diverso dos modelos fixados nas Constituições anteriores, não se pode afirmar, de forma apodítica, que sua situação jurídica é totalmente equivalente à de um Estado-membro.

O texto constitucional, em vários de seus dispositivos, procura distinguir a situação jurídica dos Estados da do Distrito Federal (art. 1º, art. 18, § 3º, art. 19, art. 20, § 1º, art. 21, XIII, XIV, art. 22, XVII, art. 32, § 1º, art. 34). Essas disposições, se não permitem afirmar que o modelo constitucional consagrado para o Distrito Federal é de todo idêntico ao estatuto dos Estados-membros, não autorizam, igualmente, sustentar que as dessemelhanças sejam tão acentuadas que, no caso, menos que uma omissão, haveria um exemplo de silêncio eloquente, que obstaria a extensão do direito de propositura ao Chefe do Poder Executivo e à Mesa da Câmara Legislativa do Distrito Federal. Em síntese, por aplicação da noção de equilíbrio federativo, não há como sustentar a negação do direito de propositura em sede distrital.

Assinale-se que se afigura decisiva para o deslate da questão a disciplina contida no art. 32 da CF, que outorga ao Distrito Federal poder de auto-organização, atribui-lhe as competências legislativas dos Estados e Municípios e define regras para a eleição de Governador, Vice-Governador e Deputados Distritais que em nada diferem do sistema consagrado para os Estados-membros.

Destarte, para os efeitos exclusivos do sistema de controle de constitucionalidade, as posições jurídicas do Governador e da Câmara Legislativa do Distrito Federal não são distintas do *status* jurídico dos Governadores de Estado e das Assembleias Legislativas.

O eventual interesse na preservação da autonomia de suas unidades contra eventual intromissão por parte do legislador federal é em tudo semelhante. Também o interesse genérico na defesa das atribuições específicas dos Poderes Executivo e Legislativo é idêntico.

Portanto, ainda que se possam identificar dessemelhanças significativas entre o Estado-membro e o Distrito Federal e, por isso, também entre seus órgãos executivos e legislativos, é lícito concluir que, para os fins do controle de constitucionalidade abstrato, suas posições jurídicas são, fundamentalmente, idênticas.

Não haveria razão, assim, para deixar de reconhecer o direito de propositura da ação direta de inconstitucionalidade ao Governador do Distrito Federal e à Mesa da Câmara Legislativa, a despeito do silêncio do texto constitucional.

O direito de propositura do Governador do Distrito Federal foi contemplado expressamente pelo STF na ADIn n. 645-DF, reconhecendo-se sua legitimidade ativa "por via de interpretação compreensiva do texto do art. 103, V, da CF/88, c/c o art. 32, § 1º, da mesma Carta".

Na linha dessa jurisprudência, a Lei n. 9.868/99 optou por reconhecer expressamente a legitimação do Governador e da Câmara Legislativa do Distrito Federal para a propositura da ação direta de inconstitucionalidade, de maneira expressa. A questão foi definitivamente superada com a edição da EC n. 45/2004 (Reforma do Judiciário), que conferiu nova redação ao art. 103 da CF, para inserir, textualmente, tais autoridades no seu inciso V.

6. Procurador-Geral da República

Em 1970, o MDB, único partido da oposição representado no Congresso Nacional, solicitou ao Procurador-Geral da República a instauração do controle abstrato de normas contra o decreto-lei que legitimava a censura prévia de livros, jornais e periódicos. Este se negou a submeter a questão ao Supremo Tribunal Federal, uma vez que, na sua opinião, não estava constitucionalmente obrigado a fazê-lo.

O Supremo Tribunal Federal rejeitou a reclamação proposta com o argumento de que apenas o Procurador-Geral poderia decidir *se e quando* deveria ser oferecida representação para a aferição da constitucionalidade de lei. Esse entendimento foi reiterado pelo Tribunal em diversos arestos.

Poucas questões suscitaram tantas e tão intensas discussões quanto a da eventual discricionariedade do Procurador-Geral da República para oferecer ou não a representação de inconstitucionalidade ao Supremo Tribunal Federal.

Autores de renome, como Pontes de Miranda, Josaphat Marinho, Caio Mário da Silva Pereira, Themístocles Cavalcanti e Adaucto Lúcio Cardoso (Rcl. 849), manifestaram-se pela obrigatoriedade de o Procurador-Geral da República submeter a questão constitucional ao Supremo Tribunal Federal, ressaltando-se, univocamente, a impossibilidade de se alçar o chefe do Ministério Público à posição de juiz último da constitucionalidade. Outros, não menos ilustres, como Celso Agrícola Barbi, José Carlos Barbosa Moreira, José Luiz de Anhaia Mello, Sérgio Ferraz e Raimundo Faoro reconheceram a faculdade do exercício da ação pelo Procurador-Geral da República.

Alguns juristas procuraram deslocar a controvérsia para o plano legal, tendo Arnoldo Wald propugnado por fórmula que emprestava a seguinte redação ao art. 2º da Lei n. 4.337, de 1964: "Art. 2º Se o conhecimento da inconstitucionalidade resultar de representação que lhe seja dirigida por qualquer interessado, o Procurador-Geral da República terá o prazo de trinta dias, a contar do recebimento da representação, para apresentar a arguição perante o Supremo Tribunal Federal. § 1º Se a representação for oriunda de pessoa jurídica de direito público, não poderá o Procurador-Geral deixar de encaminhá-la, sob pena de responsabilidade. § 2º Se a representação for oriunda de pessoa física ou de pessoa jurídica de direito privado, o Procurador-Geral deverá, no prazo de trinta dias, encaminhá-la com parecer ao Supremo Tribunal Federal ou arquivá-la. No caso de arquivamento, caberá reclamação ao plenário do Supremo Tribunal Federal, que deverá conhecer da mesma se a representação tiver fundamentação jurídica válida, avocando, em tal hipótese, o processo para julgamento na forma da presente lei".

Enquanto importantes vozes na doutrina reconheceram o direito de o Procurador-Geral submeter ou não a questão ao Supremo Tribunal Federal, consoante a sua própria avaliação e discricionariedade, uma vez que somente ele dispunha de competência constitucional para propor essa ação, sustentavam outros a opinião de que estaria obrigado a oferecer a arguição ao Supremo Tribunal Federal se houvesse pelo menos sérias dúvidas sobre a constitucionalidade da lei.

Posição intermediária foi sustentada por Celso Bastos, segundo a qual o Procurador-Geral da República não poderia negar-se a formular a representação se o requerimento lhe fosse encaminhado por algum órgão público, uma vez que, nesse caso, não se poderia ter dúvida quanto ao interesse público na aferição da constitucionalidade da lei ou do ato normativo.

A partir de 1988 essa problemática deixou de existir. A legitimidade para propor ação direta de inconstitucionalidade e outros remédios constitucionais não é mais exclusiva do Procurador-Geral da República. Deve-se assinalar, no entanto, que esse órgão ganhou nova conformação, passando a atuar, basicamente, como representante do interesse público, e não mais como representante da União. O Procurador-Geral da República, escolhido pelo Presidente da República dentre os membros do Ministério Público da União, para um mandato de dois anos, após aprovação pelo Senado Federal, somente pode ser destituído após autorização da maioria absoluta da mencionada casa parlamentar (art. 128, §§ 1º e 2º).

No processo de controle abstrato de normas, o Procurador-Geral da República atua por motivação autônoma, ou por provocação de interessados que continuam a lhe dirigir representações de inconstitucionalidade.

Detém o Procurador-Geral da República sua posição privilegiada no processo da ação direta de inconstitucionalidade, pois se manifesta como autor nas ações de sua iniciativa e como *custos legis* em todas as ações diretas, nas quais lhe incumbe oferecer um parecer especial (art. 103, § 1º).

7. Conselho Federal da Ordem dos Advogados do Brasil

O art. 2º, VII, da Lei n. 9.868/99 estabelece, em conformidade com o texto constitucional, que o Conselho Federal da OAB é legítimo para a propositura da ação direta de inconstitucionalidade. Trata-se de legitimidade dada em nítida atenção ao relevo jurídico-institucional do qual é dotado a OAB. O STF entende que a Ordem não necessita de demonstração da chamada pertinência temática para a legítima propositura da ação.

8. Partidos políticos

Tal como referido, o constituinte de 1988 concedeu o direito de propositura da ação direta de inconstitucionalidade aos partidos políticos com representação no Congresso Nacional. A partir de tal preferência, rejeitou-se, expressamente, o modelo largamente adotado no Direito Constitucional de outros países, o qual outorga legitimação para instaurar o controle abstrato de normas a um número determinado de parlamentares.

A exigência de que o partido esteja representado no Congresso Nacional acaba por não conter qualquer restrição, uma vez que suficiente afigura-se a presença de uma representação singular para que se satisfaça a exigência constitucional.

Ademais, uma vez que se encontra consolidado o entendimento de que, quanto aos partidos políticos, inexiste qualquer exigência de pertinência temática para o reconhecimento da legitimidade para a propositura da ação direta de inconstitucionalidade, é de se concluir que, apesar das ressalvas feitas quanto ao reconhecimento da legitimidade das Mesas do Senado e da Câmara, o sistema de fiscalização abstrata de normas confere uma amplíssima compreensão da chamada *defesa da minoria* no âmbito da jurisdição constitucional. Está-se diante de um sério risco de banalização da legitimidade de propositura de uma ação que trata da sindicabilidade de leis.

Nesse sentido, é de se indagar se não seria mais adequado, para a preservação da nobreza do instituto do controle abstrato de normas e para o bom desempenho da jurisdição constitucional, que se convertesse o direito de propositura dos partidos políticos com representação no Congresso Nacional em direito de propositura de um determinado número de deputados ou de senadores. Afinal, se para propor CPI no Congresso Nacional é necessário um número mínimo de assinaturas, por que não estabelecer requisitos mais rígidos para o exercício da legitimação de uma ação que é cerne da jurisdição constitucional?

Por outro lado, o STF entende que, para propor ação direta, suficiente se afigura a decisão do Presidente do partido, dispensando, assim, a intervenção do diretório partidário. Essa orientação não se aplica se existir prescrição de caráter legal ou estatutário em sentido diverso. A orientação jurisprudencial encaminhou-se, todavia, no sentido de exigir que da procuração outorgada pelo órgão partidário constem, de maneira detalhada, o número da lei e os dispositivos a serem impugnados.

Caso o partido perdesse a representação no Congresso Nacional no curso da ação direta de inconstitucionalidade, o Tribunal vinha considerando que a ação havia de ser declarada prejudicada, ressalvando-se apenas a hipótese de já se ter iniciado o julgamento. Entretanto, em decisão de 24.8.2004, reconheceu o STF que a perda superveniente de representação parlamentar não afeta a ação direta de inconstitucionalidade já proposta, em reconhecimento ao caráter eminentemente objetivo do processo. O momento de aferição da legitimação passa a ser, assim, o momento da propositura da ação.

9. O direito de propositura das confederações sindicais e das entidades de classe de âmbito nacional

O direito de propositura das confederações sindicais e das organizações de classe de âmbito nacional prepara significativas dificuldades práticas.

A existência de diferentes organizações destinadas à representação de determinadas profissões ou atividades e a não existência de disciplina legal sobre o assunto tornam indispensável que se examine, em cada caso, a legitimação dessas diferentes organizações. Causam dificuldade, sobretudo, a definição e a identificação das chamadas *entidades de classe*, uma vez que inexistia critério preciso que as diferençasse de outras organizações de defesa de interesses diversos. Por isso, está o Tribunal obrigado a verificar especificamente a qualificação das confederações sindicais ou organizações de classe instituídas em âmbito nacional, a fim de estabelecer sua legitimidade ativa para a propositura das ações diretas.

A noção de *entidade de classe* abarca grupo amplo e diferenciado de associações, que não podem ser distinguidas de maneira simples. Essa questão tem ocupado o Tribunal praticamente desde a promulgação da Constituição de 1988.

Por isso, merece especial menção a controvérsia sobre a legitimação das confederações sindicais e das entidades de classe de âmbito nacional, tendo em vista os problemas suscitados, desde então, pela jurisprudência do Supremo Tribunal Federal.

Em decisão de 5.4.1989 (ADIn-MC n. 34-DF) tentou o Tribunal definir a noção de *entidade de classe*, ao explicitar que é apenas a associação de pessoas que representa o interesse comum de uma determinada categoria "intrinsecamente distinta das demais". Nesse mesmo julgamento, firmou-se a tese de que os grupos formados circunstancialmente – como a associação de empregados de uma empresa – não poderiam ser classificados como organizações de classe, nos termos do art. 103, IX, da CF.

Na ADIn n. 52-GO, a discussão avançou um pouco mais. "Não se pode considerar entidade de classe – disse o Tribunal – a sociedade formada meramente por pessoas físicas ou jurídicas que firmem sua assinatura em lista de adesão ou qualquer outro documento idôneo (...), ausente particularidade ou condição, objetiva ou subjetiva, que distingam sócios de não associados".

A ideia de um *interesse comum essencial de diferentes categorias* fornece base para distinção entre a organização de classe, nos termos do art. 103, IX, da CF, e outras associações ou organizações sociais. Dessa forma, deixou assente o STF que o constituinte decidiu por uma legitimação limitada, não permitindo que se convertesse o direito de propositura dessas organizações de classe em autêntica ação popular.

Em outras decisões, o STF deu continuidade ao esforço de desdobrar a definição de *entidade de classe de âmbito nacional*.

Segundo a orientação firmada pelo STF, não configuraria *entidade de classe de âmbito nacional*, para os efeitos do art. 103, IX, organização formada por associados pertencentes a categorias diversas. Ou, tal como formulado pelo Tribunal, "não se configuram como entidades de classe aquelas instituições que são integradas por membros vinculados a extratos sociais, profissionais ou econômicos diversificados, cujos objetivos, individualmente considerados, revelam-se contrastantes". Tampouco se compatibilizam nessa noção as entidades associativas de outros segmentos da sociedade civil, como, por exemplo, a União Nacional dos Estudantes – UNE.

Não se admite, igualmente, a legitimidade de pessoas jurídicas de direito privado que reúnam, como membros integrantes, associações de natureza civil e organismos de caráter sindical, exatamente em decorrência desse hibridismo, porquanto "noção conceitual [de instituições de classe] reclama a participação, nelas, dos próprios indivíduos integrantes de determinada categoria, e não apenas das entidades privadas constituídas para representá-los".

Da mesma forma, como regra geral, não se reconhece natureza de entidade de classe àquelas organizações que, "congregando pessoas jurídicas, apresentam-se como verdadeiras associações de associações", uma vez que, nesse caso, faltar-lhes-ia exatamente a qualidade de entidade de classe.

Entretanto, em decisão de 12.8.2004, o STF proveu o Agravo Regimental na ADIn n. 3.153-DF para dar seguimento à ação direta de inconstitucionalidade ajuizada pela Federação Nacional das Associações dos Produtores de Cachaça de Alambique (FENACA). Por oito votos a dois, o Plenário do Tribunal entendeu que a referida Federação teria legitimidade para a propositura da ação direta porque, apesar de composta por associações estaduais, poderia ser equiparada a uma entidade de classe. Desse modo, com base na peculiaridade de que a FENACA é entidade de classe que atua na defesa de categoria social, a Corte Constitucional reconheceu a legitimação excepcional dessa forma de associação.

Afirmou-se, também, que "não constitui entidade de classe, para legitimar-se à ação direta de inconstitucionalidade (CF, art. 103, IX), associação civil (Associação Brasileira de Defesa do Cidadão), voltada à finalidade altruísta de promoção e defesa de aspirações cívicas de toda a cidadania".

Na noção de *entidade de classe* na jurisprudência do Tribunal não se enquadra, igualmente, a associação que reúne, como associados, órgãos públicos, sem personalidade jurídica e categorias diferenciadas de servidores públicos (*v.g.*, Associação Brasileira de Conselhos de Tribunal de Contas dos Municípios – ABRACCOM).

Quanto ao caráter nacional da entidade, enfatiza-se que não basta simples declaração formal ou manifestação de intenção constante de seus atos constitutivos. Faz-se mister que, além de uma atuação transregional, tenha a entidade membros em pelo menos um terço das Unidades da Federação, ou seja, em 9 dessas unidades (Estados-membros e Distrito Federal) – número que resulta da aplicação analógica da "Lei Orgânica dos Partidos Políticos" (Lei n. 9.096/95, art. 7º, § 1º).

No que diz respeito às confederações, tal como assentado na jurisprudência pacífica do STF, "a legitimação para ação direta de inconstitucionalidade é privativa das confederações cuja inclusão expressa no art. 103, IX, é excludente das entidades sindicais de menor hierarquia, quais as federações e sindicatos, ainda que de âmbito nacional". Simples associação sindical – federação nacional que reúne sindicatos em cinco Estados, por exemplo – não teria legitimidade, segundo essa orientação, para propor ação direta de inconstitucionalidade.

Admitiu-se, inicialmente, a legitimação das federações, porquanto "entidades nacionais de classe".

Essa orientação foi superada por outra, mais restritiva, passando-se a considerar que apenas as organizações sindicais, cuja estrutura vem disciplinada no art. 535 da Consolidação das Leis do Trabalho (CLT – Decreto-Lei n. 5.452/43), são dotadas de direito de propositura. Afasta-se, assim, a possibilidade de que associações, federações ou outras organizações de índole sindical assumam o lugar das confederações para os fins do art. 103, IX, da CF, que, segundo os termos dos arts. 533 e ss. do texto consolidado, devem estar organizadas com um mínimo de três federações e que, nos termos do § 3º do art. 537 da CLT, somente assumem tal condição após reconhecidas por decreto do Presidente da República.

Relativamente à legitimação das *entidades de classe de âmbito nacional* e das *confederações sindicais*, é difícil admitir a juridicidade da exigência quanto à representação da entidade em pelo menos 9 Estados da Federação, como resultado decorrente da aplicação analógica da Lei Orgânica dos Partidos Políticos.

Ainda que se possa reclamar a fixação de um critério preciso sobre tais noções – "entidade de classe de âmbito nacional" e "confederação sindical" –, não há dúvida de que eles devem ser fixados pelo legislador, e não pelo Tribunal, no exercício de sua atividade jurisdicional. O recurso à analogia, aqui, é de duvidosa exatidão.

Tal critério foi proposto por Moreira Alves, quando da apreciação da cautelar na ADIn n. 386-ES. Porém, nesse mesmo precedente, Moreira Alves preconizou que "esse critério cederá nos casos em que haja comprovação de que a categoria dos associados só existe em menos de nove Estados".

Foi com base em tal argumento que, no julgamento da ADIn n. 2.866-RN, o Tribunal reconheceu a legitimidade ativa da Associação Brasileira dos Extratores e Refinadores de Sal (ABERSAL), a qual se enquadrou nessa situação excepcional. Na espécie, constatou-se que, além de a produção nacional de sal ocorrer em apenas alguns Estados da Federação, cuidava-se de atividade econômica de patente relevância nacional, haja vista ser notório que o consumo de sal ocorre em todas as unidades da Federação.

Por fim, merece destaque inovação trazida pela Lei n. 11.648, de 31.3.2008, que alterou a CLT para reconhecer formalmente as "centrais sindicais" e considerá-las como entidades de representação geral dos trabalhadores, constituídas em âmbito nacional (art. 1º). Assim, é de se esperar que a elas seja reconhecida a legitimidade para a propositura de ação direta de inconstitucionalidade e ação declaratória de constitucionalidade, bem como, consequentemente, de arguição de descumprimento de preceito fundamental.

Após essa alteração legislativa, entretanto, o Plenário do STF ainda não se pronunciou de maneira definitiva e específica acerca da revisão da jurisprudência anterior que se firmou no sentido de que seria "privativa das confederações". De toda forma, como a jurisprudência da Suprema Corte desenvolveu a noção de "confederação sindical" a partir do tratamento legislativo infraconstitucional previsto pela CLT, a tendência é a de que ocorra uma extensão interpretativa para abranger as centrais sindicais como legitimadas ativas para o ajuizamento dessas ações.

Segundo a jurisprudência do STF, há de se exigir que o objeto da ação de inconstitucionalidade guarde *relação de pertinência* com a atividade de representação da confederação ou da entidade de classe de âmbito nacional.

A jurisprudência do STF, se, de um lado, revela o salutar propósito de concretizar as noções de "entidade de classe de âmbito nacional" e de "confederação sindical" para os efeitos do art. 103, IX, da CF/88, deixa entrever, de outro, uma concepção assaz restritiva do direito de propositura dessas organizações.

O esforço que o Tribunal desenvolve para restringir o direito de propositura dessas entidades não o isenta de dificuldades, levando-o, às vezes, a reconhecer a legitimidade de determinada organização para negá-la num segundo momento. Foi o que ocorreu com a Federação Nacional das Associações dos Servidores da Justiça do Trabalho, que teve sua legitimidade reconhecida na ADIn n. 37-DF, relativa à Medida Provisória n. 44, de 30.3.1989, acolhendo, inclusive, a liminar requerida. Posteriormente essa entidade veio a ter sua legitimidade infirmada nas ADIn ns. 433-DF, 526-DF e 530-DF.

Afigura-se excessiva, portanto, a exigência de que haja uma *relação de pertinência* entre o objeto da ação e a atividade de representação da entidade de classe ou da confederação sindical.

A relação de pertinência envolve inequívoca restrição ao direito de propositura, que, tratando-se de processo de natureza objetiva, dificilmente poderia ser formulada até mesmo pelo legislador ordinário. A *relação de pertinência* assemelha-se muito ao estabelecimento de uma condição de ação – análoga, talvez, ao interesse de agir do processo civil –, que não decorre dos expressos termos da Constituição e parece ser estranha à natureza do sistema de fiscalização abstrata de normas.

Assinale-se que a necessidade de que se desenvolvam critérios que permitam identificar, precisamente, as entidades de classe de âmbito nacional não deve condicionar o exercício do direito de propositura da ação por parte das organizações de classe à demonstração de um interesse de proteção específico, nem levar a uma radical adulteração do modelo de controle abstrato de normas. Consideração semelhante já seria defeituosa porque, em relação à proteção jurídica dessas organizações e à defesa dos interesses de seus membros, a Constituição assegura o mandado de segurança coletivo (art. 5º, LXX, "b"), o qual pode ser utilizado pelos sindicatos ou organizações de classe ou, ainda, associações devidamente constituídas há pelo menos um ano.

Tal restrição ao direito de propositura não se deixa compatibilizar, igualmente, com a natureza do controle abstrato de normas, e criaria uma injustificada diferenciação entre os entes ou órgãos autorizados a propor a ação – distinção, esta, que não encontra respaldo na Constituição de 1988.

Por isso, a fixação de tal exigência parece ser defesa ao legislador ordinário federal, no exercício de sua competência legislativa típica.

10. Participação obrigatória do Procurador-Geral da República nos processos do STF

O § 1º do art. 103 da Constituição dispõe que o Procurador-Geral da República deverá ser previamente ouvido nas ações de inconstitucionalidade e em todos os processos de competência do Supremo Tribunal Federal. Como enfatizado em comentário acima, essa norma constitucional destaca a posição privilegiada do Procurador-Geral da República no processo das ações do controle abstrato de constitucionalidade, pois se manifesta como autor nas ações de sua iniciativa e ao mesmo como *custos legis* nessas ações e em todos os processos da competência do STF.

O Regimento Interno do Supremo Tribunal Federal, não obstante, estabeleceu exceções a essa norma, fixando que "salvo na ação penal originária e nos inquéritos, poderá o Relator dispensar a vista ao Procurador-Geral quando houver urgência, ou quando sobre a matéria versada no processo já houver o Plenário firmado jurisprudência" (art. 52, parágrafo único).

Também a Lei n. 12.063, de 27 de outubro de 2009, estabeleceu que a participação do Procurador-Geral da República na ação direta de inconstitucionalidade por omissão não será obrigatória na hipótese em que o PGR for o próprio autor da ação (art. 12-E, § 3º). Baseadas na mesma razão legislativa, normas de teor semelhante já constam da Lei n. 9.882/99 (art. 7º, parágrafo único), que trata da Arguição de Descumprimento de Preceito Fundamental (ADPF), e da Lei n. 11.417/2006 (art. 2º, § 2º), a qual dispõe sobre a Súmula Vinculante.

11. O papel do Advogado-Geral da União

No caso da ação direta de inconstitucionalidade, há duas possibilidades regulares de desenvolvimento do *iter* procedimental, que assumirá a feição de um *procedimento ordinário*.

Na primeira, *não há pedido de medida cautelar*. Neste caso, o relator pedirá informações aos órgãos ou às autoridades das quais emanou a lei ou ato normativo impugnado na petição inicial, conforme determina o art. 6º (Lei n. 9.868/99). Os órgãos e as autoridades responsáveis pela edição do ato deverão responder ao pedido de informações no prazo de trinta dias, contados do recebimento do pedido (art. 6º, parágrafo único).

Na segunda hipótese, *há pedido de concessão de medida cautelar*. É de notar que, nesse caso, os órgãos ou autoridades dos quais emanou a lei ou o ato impugnado disporão de cinco dias para manifestar-se sobre o pedido de liminar (art. 10). Após o julgamento da cautelar deve, então, o relator pedir as informações a que se refere o art. 6º.

Decorrido o prazo das informações, serão ouvidos, sucessivamente, o Advogado-Geral da União e o Procurador-Geral da República, que deverão manifestar-se, cada qual, no prazo de quinze dias (Lei n. 9.868/99, art. 8º).

Deve-se observar, ainda, que a lei contém disposição (art. 12) que autoriza o relator, em face da relevância da matéria e de seu especial significado para a ordem social e a segurança jurídica, a submeter o processo diretamente ao Tribunal, que terá a faculdade de julgar definitivamente a ação, após a prestação das informações, no prazo de dez dias, e a manifestação do Advogado-Geral da União e do Procurador-Geral da República, sucessivamente, no prazo de cinco dias.

Assinale-se, quanto à manifestação do Advogado-Geral da União, que, diferentemente do que decorre da literalidade do art. 103, § 3º – citação para defesa do ato impugnado –, não está ele obrigado a fazer defesa do ato questionado quando o Supremo Tribunal Federal já possua jurisprudência no sentido da inconstitucionalidade da norma. Na prática, quando a norma impugnada tem origem estadual, o AGU pode se manifestar (é o que costuma ocorrer) pela sua inconstitucionalidade, se assim entender após análise da controvérsia.

A Lei n. 9.882/99, que rege o processamento da arguição de descumprimento de preceito fundamental, não exige a manifestação do Advogado-Geral da União acerca do ato impugnado, prevendo apenas, caso o relator entenda oportuno, a possibilidade de sua audiência antes do julgamento da medida liminar. Da mesma forma, na ação direta de inconstitucionalidade por omissão não é obrigatória a manifestação do AGU, ficando a critério do Relator o requerimento de seu parecer defensivo (Lei n. 12.063/2009).

12. Controle de constitucionalidade da omissão inconstitucional

O § 2º do art. 103 da Constituição dispõe que "declarada a inconstitucionalidade por omissão de medida para tornar efetiva norma constitucional, será dada ciência ao Poder competente para a adoção das providências necessárias e, em se tratando de órgão administrativo, para fazê-lo em trinta dias".

É possível que a problemática atinente à inconstitucionalidade por omissão constitua um dos mais tormentosos e, ao mesmo tempo, um dos mais fascinantes temas do direito constitucional moderno. Ela envolve não só o problema concernente à concretização da Constituição pelo legislador e todas as questões atinentes à eficácia das normas constitucionais. Ela desafia também a argúcia do jurista na solução do problema sob uma perspectiva estrita do processo constitucional. Quando se pode afirmar a caracterização de uma lacuna inconstitucional? Quais as possibilidades de colmatação dessa lacuna? Qual a eficácia do pronunciamento da Corte Constitucional que afirma a inconstitucionalidade por omissão do legislador? Quais as consequências jurídicas da sentença que afirma a inconstitucionalidade por omissão? Essas e outras indagações desafiam a dogmática jurídica aqui e alhures.

O constituinte de 1988 emprestou significado ímpar ao controle de constitucionalidade da omissão com a instituição dos processos de mandado de injunção e da ação direta da inconstitucionalidade da omissão. Como essas inovações não foram precedidas de estudos criteriosos e de reflexões mais aprofundadas, afigura-se compreensível o clima de insegurança e perplexidade que elas acabaram por suscitar nos primeiros tempos.

É, todavia, salutar o esforço que se vem desenvolvendo, no Brasil, para descobrir o significado, o conteúdo e a natureza desses institutos. Todos os que, tópica ou sistematicamente, já se depararam com uma ou outra questão atinente à omissão inconstitucional, hão de ter percebido que a problemática é de transcendental importância não apenas para a realização de diferenciadas e legítimas pretensões individuais. Ela é fundamental, sobretudo, para a concretização da Constituição como um todo, isto é, para a realização do próprio Estado de Direito democrático, fundado na soberania, na cidadania, na dignidade da pessoa humana, nos valores sociais do trabalho, da iniciativa privada, e no pluralismo político, tal como estabelecido no art. 1º da Carta Magna. Assinale-se, outrossim, que o estudo da omissão inconstitucional é indissociável do estudo sobre a força normativa da Constituição.

Não obstante o hercúleo esforço da doutrina e da jurisprudência, muitas questões sobre a omissão inconstitucional continuam em aberto, ou parecem não ter encontrado, ainda, uma resposta adequada. Sem querer arriscar uma profecia, pode-se afirmar, com certa margem de segurança, que elas hão de continuar sem uma resposta satisfatória ainda por algum tempo. Esse estado de incerteza decorre, em parte, do desenvolvimento relativamente recente de uma "Teoria da omissão inconstitucional". Aqueles que quiserem se aprofundar no exame do tema perceberão que o seu estudo sistemático constituía, até muito pouco tempo, monopólio da dogmática constitucional alemã. Esse aspecto contribuiu, sem dúvida, para que a questão fosse tratada, inicialmente, como quase uma excentricidade do modelo constitucional desenvolvido a partir da promulgação da Lei Fundamental de Bonn.

A adoção de instrumentos especiais, destinados à defesa de direitos subjetivos constitucionalmente assegurados e à proteção da ordem constitucional contra omissão hábil a afetar a efetividade de norma constitucional, está a indicar a existência, em muitos casos, de uma pretensão individual a uma atividade legislativa, emprestando forma jurídica a uma questão até há pouco tratada tradicionalmente como típica questão política.

Tal como a ação direta de inconstitucionalidade (ADI), o processo de controle abstrato da omissão (ADINPO) não tem outro escopo senão o da defesa da ordem fundamental contra condutas com ela incompatíveis. Não se destina, pela própria índole, à proteção de situações individuais ou de relações subjetivadas, mas visa, precipuamente, à defesa da ordem jurídica. Não se pressupõe, portanto, aqui, a configuração de um interesse jurídico específico ou de um interesse de agir. Os órgãos ou entes incumbidos de instaurar esse processo de defesa da ordem jurídica agem não como autores, no sentido estritamente processual, mas como Advogados do Interesse Público ou, para usar a expressão de Kelsen, como um "advogado da Constituição". O direito de instaurar o processo de controle não lhes foi outorgado tendo em vista a defesa de posições subjetivas. Trata-se de uma questão paradigmática e que leva em conta o modelo de constitucionalismo no qual se insere a Constituição do Brasil. Afigura-se suficiente, portanto, a configuração de um interesse público de controle. Tem-se aqui, pois, para usarmos a denominação usada por Triepel e adotada pela Corte Constitucional alemã, típico processo objetivo.

12.1. Legitimação ativa na ação direta de inconstitucionalidade por omissão

Todos hão de concordar que, no tocante à ação direta de inconstitucionalidade por omissão, a fórmula escolhida pelo constituinte, já do ponto de vista estritamente formal, não se afigura isenta de críticas. O art. 102 da Constituição, que contém o elenco das competências do Supremo Tribunal Federal, não contempla a ação direta por omissão, limitando-se a mencionar a ação direta de inconstitucionalidade de lei ou ato normativo federal ou estadual e a ação declaratória de constitucionalidade de lei ou ato normativo federal (art. 102, I, *a*, com redação da EC n. 3/93).

No artigo 103, *caput*, fixam-se os entes ou órgãos legitimados a propor a ação direta de inconstitucionalidade. Parece evidente que essa disposição refere-se à ação direta de inconstitucionalidade de lei ou ato normativo estadual ou federal, prevista no art. 102, I, *a*, já mencionado.

Se tivermos o cuidado de investigar o direito comparado, haveremos de perceber que o constituinte português de 1976 tratou de forma diversa os processos de controle abstrato da ação e da omissão, também no que concerne ao direito de propositura. Enquanto o processo de controle abstrato de normas pode ser instaurado mediante requerimento do Presidente da República, do Presidente da Assembleia, do Primeiro-Ministro, do Provedor da República, de 1/10 dos Deputados à Assembleia da República (art. 201, 1, (a), o processo de controle abstrato de omissão, propriamente dito, somente pode ser instaurado a requerimento do Presidente da República e do Provedor de Justiça (art. 283).

Ressalte-se que a afirmação segundo a qual os órgãos e entes legitimados para propor a ação direta de inconstitucionalidade de lei ou ato normativo, nos termos do art. 103, *caput*, estariam legitimados, igualmente, a propor a ação direta de inconstitucionalidade por omissão prepara algumas dificuldades. Deve-se notar que, naquele elenco, dispõem de direito de iniciativa legislativa, no plano federal, tanto o Presidente da República, como os integrantes da Mesa do Senado Federal e da Mesa da Câmara dos Deputados (CF, art. 61).

Assim, salvo nos casos de iniciativa privativa de órgãos de outros poderes, como é o caso do Supremo Tribunal Federal em relação ao Estatuto da Magistratura (art. 93, *caput*, CF/88), esses órgãos constitucionais não poderiam propor ação de inconstitucionalidade, porque, enquanto responsáveis ou corresponsáveis pelo eventual estado de inconstitucionalidade, seriam eles os destinatários primeiros da ordem judicial de fazer, em caso de procedência da ação. Essa conclusão é lógica, pois.

Todavia, diante da indefinição afigura-se possível admitir, com base mesmo no princípio de hermenêutica que recomenda a adoção da interpretação que assegure maior eficácia possível à norma constitucional, que os entes ou órgãos legitimados a propor a ação direta contra ato normativo – desde que sejam contempladas as peculiaridades e restrições mencionadas – possam instaurar o controle abstrato da omissão.

A questão agora está pacificada com a promulgação da Lei n. 12.063/2009, que no art. 12-A, introduzido na Lei n. 9.868/1999, estabeleceu que "podem propor a ação direta de inconstitucionalidade por omissão os legitimados à propositura da ação direta de inconstitucionalidade e da ação declaratória de constitucionalidade".

12.2. Objeto da ação direta de inconstitucionalidade por omissão

Nos termos do art. 103, § 2º, da Constituição Federal, a ação direta de inconstitucionalidade por omissão visa a tornar efetiva norma constitucional, devendo ser dada ciência ao Poder competente para adoção das providências necessárias. Em se tratando de órgão administrativo, será determinado que empreenda as medidas reclamadas no prazo de trinta dias.

Objeto desse controle abstrato da inconstitucionalidade é a mera inconstitucionalidade morosa dos órgãos competentes para a concretização da norma constitucional. A própria formulação empregada pelo constituinte não deixa dúvida de que se teve em vista aqui não só a atividade legislativa, mas também a atividade tipicamente administrativa que possa, de alguma maneira, afetar a efetividade de norma constitucional.

Questão relevante diz respeito à competência do Supremo Tribunal para apreciar eventual inconstitucionalidade por omissão de órgãos estaduais.

O texto constitucional outorgou ao Supremo Tribunal Federal a competência para julgar a ação direta de inconstitucionalidade de lei ou ato normativo federal ou estadual (art. 102, I, *a*). A função de guardião da Constituição que lhe foi expressamente deferida e a ideia subjacente a inúmeros institutos de controle, visando concentrar a competência das questões constitucionais na Excelsa Corte, parecem favorecer entendimento que estende ao Supremo Tribunal a competência para conhecer de eventuais omissões de órgãos legislativos estaduais em face da Constituição Federal no âmbito dessa peculiar ação direta.

Nos termos do art. 12-B da Lei n. 12.063/2009, a petição inicial indicará "a omissão inconstitucional total ou parcial quanto ao cumprimento de dever constitucional de legislar ou quanto à adoção de providência de índole administrativa". Resta evidente, assim, que o objeto da ADO poderá ser omissão legislativa federal ou estadual, ou ainda omissões administrativas que afetem a efetividade da Constituição. Não fosse assim e teríamos que admitir omissões de primeiro e segundo nível, em que a omissão federal estaria em um âmbito "privilegiado" em relação à omissão decorrente da administração ou legislação de Estados federados.

Não parece subsistir dúvida de que a concretização da Constituição há de ser efetivada, fundamentalmente, mediante a promulgação de lei. Os princípios da democracia e do Estado de Direito (art. 1º) têm na lei instrumento essencial. Não se trata aqui apenas de editar normas reguladoras das mais diversas relações, mas de assegurar a sua legitimidade mediante a aprovação por órgãos democraticamente eleitos.

A Administração Pública está vinculada expressamente, dentre outros, ao princípio da legalidade (art. 37). Toda a organização político-administrativa fundamental, no âmbito federal, estadual e municipal, há de ser realizada mediante lei (cf., *v.g.*, arts. 18, §§ 2º a 4º, 25, *caput*, e § 3º, 29, 32 e 33, 39, 43, 93, 128, § 5º, 131, 142, § 1º, 146). O sistema tributário nacional, o sistema das finanças públicas e o sistema financeiro nacional dependem de lei para sua organização e funcionamento (arts. 146, 163, 165).

O art. 5º, II, reproduz a clássica formulação do Direito Constitucional brasileiro segundo a qual "ninguém será obrigado a fazer ou deixar de fazer alguma coisa senão em virtude de lei", consagrando, de forma ampla, o princípio da reserva legal. O princípio da reserva legal e da anterioridade da lei definidora de crime está constitucionalmente assegurado (art. 5º, XXXIX). As diversas restrições aos direitos fundamentais somente poderão ser estabelecidas mediante lei, que não pode afetar o seu núcleo essencial, como expressão da cláusula pétrea consagrada no art. 60, § 4º, da Constituição.

Todas essas considerações estão a demonstrar que a concretização da ordem fundamental estabelecida na Constituição de 1988 exige, nas linhas essenciais, a edição de lei. Compete às instâncias políticas e, precipuamente, ao legislador a tarefa de construção do Estado constitucional. Como a Constituição não basta em si mesma, têm os órgãos legislativos o poder e o dever de emprestar conformação à realidade social. A omissão legislativa constitui, portanto, objeto fundamental da ação direta de inconstitucionalidade em apreço.

Esta pode ter como objeto todo o ato complexo que forma o processo legislativo, nas suas diferentes fases. Destinatário principal da ordem a ser emanada pelo órgão judiciário é o Poder Legislativo. O sistema de iniciativa reservada, estabelecido na Constituição Federal, faz com que a omissão de outros órgãos, que têm competência para desencadear o processo legislativo, seja também objeto dessa ação direta de inconstitucionalidade.

Nos casos de iniciativa reservada, não há dúvida de que a ação direta de inconstitucionalidade por omissão buscará, em primeira linha, desencadear o processo legislativo.

Questão que ainda está a merecer melhor exame diz respeito à *inertia deliberandi* (discussão e votação) no âmbito das Casas Legislativas (a referência aqui diz respeito às fases de discussão e deliberação do processo legislativo). Enquanto a sanção e o veto estão disciplinados, de forma relativamente precisa, no texto constitucional, inclusive no que concerne a prazos (art. 66), a deliberação não mereceu do constituinte, no tocante a esse aspecto, uma disciplina mais minuciosa. Ressalvada a hipótese de utilização do procedimento abreviado previsto no art. 64, §§ 1º e 2º, da Constituição, não se estabeleceram prazos para a apreciação dos projetos de lei. Observe-se que, mesmo nos casos desse procedimento abreviado, não há garantia quanto à aprovação dentro de determinado prazo, uma vez que o modelo de processo legislativo estabelecido pela Constituição não contempla a aprovação por decurso de prazo.

Quid juris, então, se os órgãos legislativos não deliberarem dentro de um prazo razoável sobre projeto de lei em tramitação? Ter-se-ia aqui uma omissão passível de vir a ser considerada morosa no processo de controle abstrato da omissão?

O Supremo Tribunal Federal vinha considerando que, desencadeado o processo legislativo, não há que se cogitar de omissão inconstitucional do legislador (ADI 2.495, Rel. Min. Ilmar Galvão, julgada em 2-5-2002, *DJ* de 2-8-2002).

Essa orientação haverá de ser adotada com temperamento, sempre levando em conta os limites da atuação do Poder Judiciário em uma democracia. Assim, se a judicialização da política está praticamente institucionalizada por mecanismos como o mandado de injunção e a ação de inconstitucionalidade por omissão, isso não quer dizer que se possa ingressar em um ativismo judicial, cruzando a tênue fronteira que separa aquela deste.

Veja-se que a complexidade de algumas obras legislativas não permite que elas sejam concluídas em prazo exíguo. O próprio constituinte houve por bem excluir do procedimento abreviado os projetos de código (CF, art. 64, § 4º), reconhecendo expressamente que obra dessa envergadura não poderia ser realizada de afogadilho. Haverá trabalhos legislativos de igual ou maior complexidade. Não se deve olvidar, outrossim, que as atividades parlamentares são caracterizadas por veementes discussões e difíceis negociações, que decorrem mesmo do processo democrático e do pluralismo político reconhecido e consagrado pela ordem constitucional (art. 1º *caput*, e inciso I).

Essas peculiaridades da atividade parlamentar, que afetam, inexoravelmente, o processo legislativo, não justificam, todavia, uma conduta manifestamente negligente ou desidiosa das Casas Legislativas, conduta esta que pode pôr em risco a própria ordem constitucional.

Não temos dúvida, portanto, em admitir que também a *inertia deliberandi* das Casas Legislativas pode ser objeto da ação direta de inconstitucionalidade por omissão. Assim, pode o Supremo Tribunal Federal reconhecer a mora do legislador em deliberar sobre questão, declarando, assim, a inconstitucionalidade da omissão.

A questão fulcral que aqui se coloca é a definição do que seja *inertia deliberandi*. Nesse sentido é importante que se convoque, permanentemente, a principiologia constitucional e a hermenêutica jurídica. Parece evidente que é impossível estabelecer conceituações *a priori* acerca da conteudística em tela. Assim como uma lei não prevê as inúmeras possibilidades de aplicação, também a tentativa de conceituação acerca do sentido da lei não tem o privilégio de alcançar as futuras possibilidades aplicativas. A vagueza e ambiguidade de uma lei ou de um conceito demandam uma contínua reconstrução da história institucional daquilo que se deseja definir. Essa reconstrução diz respeito ao auscultamento da tradição jusfilosófica que cerca o instituto, buscando até mesmo no direito comparado elementos que apontem para um sentido adequado. Para além da definição dos casos cujas dificuldades venham a ser solvidas pelos limites semânticos da lei e da Constituição (*v.g.*, se se tratar de uma lei que não se enquadra na exceção da ausência de prazo definida pela Constituição nos casos de feitura de Códigos), os mais complexos deverão ter sua definição a partir do detalhado exame do caso concreto (*v.g.*, a importância da legislação, a conteudística, o ferimento de direitos fundamentais, os prejuízos advindos da *inertia*, etc). É – importante –, a partir de uma construção desse jaez, manter para os casos futuros coerência e integridade, para que a decisão do STF não possa vir a servir de instrumento para querelas políticas entre maiorias e minorias parlamentares.

Nesse sentido, já dispomos de pontos de partida relevantes para a conformação de uma tradição (no sentido hermenêutico da palavra) acerca do sentido do que seja *inertia*. Trata-se do julgamento proferido pelo Supremo Tribunal Federal de 9 de maio de 2007, quando, por unanimidade, julgou procedente a ADI 3.682, ajuizada pela Assembleia Legislativa do Estado de Mato Grosso contra o Congresso Nacional, em razão da mora na elaboração da lei complementar federal a que se refere o art. 18, § 4º, da CF, na redação da EC n. 15/96 ("A criação, a incorporação, a fusão e o desmembramento de Municípios far-se-ão por lei estadual, dentro do período determinado por lei complementar federal...").

Observe-se: não obstante os vários projetos de lei complementar apresentados e discutidos no âmbito das duas Casas Legislativas, entendeu-se que a *inertia deliberandi* (discussão e votação) também poderia configurar omissão passível de ser reputada inconstitucional, no caso de os órgãos legislativos não deliberarem dentro de um prazo razoável sobre o projeto de lei em tramitação. No caso, o lapso temporal de mais de dez anos observado desde a data da publicação da EC n. 15/96 evidenciava a inatividade do legislador. Ademais, a omissão legislativa produziu incontestáveis efeitos durante o longo tempo transcorrido, no qual vários Estados-membros legislaram sobre o tema e diversos municípios foram efetivamente criados com base em requisitos definidos em antigas legislações estaduais, alguns, inclusive, declarados inconstitucionais pelo próprio STF.

12.3. Omissão parcial

A omissão inconstitucional pressupõe a inobservância de um dever constitucional de legislar, que resulta tanto de comandos explícitos da Lei Magna como de decisões fundamentais da Constituição identificadas no processo de interpretação.

Tem-se *omissão absoluta* quando o legislador não empreende, de forma absoluta, a providência legislativa reclamada. Nos casos em que existe um ato normativo, que, todavia, atende apenas de forma parcial a vontade constitucional, tem-se a *omissão parcial*.

Tanto a introdução de uma especial garantia processual para a proteção de direitos subjetivos constitucionalmente assegurados quanto a adoção de um processo abstrato para o controle da inconstitucionalidade por omissão legislativa estão a demonstrar que o constituinte brasileiro partiu de uma nítida diferenciação entre a inconstitucionalidade por ação e a inconstitucionalidade por omissão.

A tentativa de proceder a essa clara diferenciação não se afigura isenta de dificuldades. Se se considera que, atendida a maioria das exigências constitucionais de legislar, não restarão senão os casos de omissão parcial (*Teilunterlassung*), seja porque o legislador promulgou norma que não corresponde, plenamente, ao dever constitucional de legislar, seja porque uma mudança das relações jurídicas ou fáticas impõe-lhe um dever de adequação do complexo existente (*Nachbesserungspflicht*).

Dessarte, decorrido algum tempo da promulgação da Lei Magna, não se logrará identificar, com a ressalva de uma ou de outra exceção, uma omissão pura do legislador. O atendimento insatisfatório ou incompleto de exigência constitucional de legislar configura, sem dúvida, afronta à Constituição. A afirmação de que o legislador não cumpriu, integralmente, dever constitucional de legislar contém, implícita, uma censura da própria normação positiva.

A declaração de inconstitucionalidade da omissão parcial do legislador – mesmo nesses mecanismos especiais como o mandado de injunção e na ação direta de inconstitucionalidade da omissão – contém, portanto, a declaração da inconstitucionalidade da lei.

A imprecisa distinção entre ofensa constitucional por ação ou por omissão leva a uma relativização do significado processual-constitucional desses instrumentos especiais destinados à defesa da ordem constitucional ou de direitos individuais contra a omissão legislativa. De uma perspectiva processual, a principal problemática assenta-se, portanto, menos na necessidade de instituição de determinados processos destinados a controlar essa forma de ofensa constitucional do que na superação do estado de inconstitucionalidade decorrente da omissão legislativa.

Embora a omissão do legislador não possa ser, enquanto tal, objeto do controle abstrato de normas, não se deve excluir a possibilidade de que, como já mencionado, essa omissão venha a ser examinada no controle de normas.

Dado que no caso de uma omissão parcial existe uma conduta positiva, não há como deixar de reconhecer a admissibilidade, em princípio, da aferição da legitimidade do ato defeituoso ou incompleto no processo de controle de normas, ainda que abstrato. Tem-se, pois, aqui, uma relativa, mas inequívoca fungibilidade entre a ação direta de inconstitucionalidade (da lei ou ato normativo) e o processo de controle abstrato da omissão, uma vez que os dois processos – o de controle de normas e o de controle da omissão – acabam por ter – formal e substancialmente – o mesmo objeto, isto é, a inconstitucionalidade da norma em razão de sua incompletude.

É certo que a declaração de nulidade não configura técnica adequada para a eliminação da situação inconstitucional nesses casos de omissão inconstitucional. *Uma cassação aprofundaria o estado de inconstitucionalidade*, tal como já admitido pela Corte Constitucional alemã em algumas decisões.

O Supremo Tribunal Federal, em julgado relativo à suposta exclusão de benefício incompatível com o princípio da igualdade, afirmou que não caberia à Corte converter a ação direta de inconstitucionalidade em ação de inconstitucionalidade por omissão (ADI 986, Rel. Min. Néri da Silveira, *DJ* de 8-4-1994). Fundamentou a Corte: "Configurada hipótese de ação de inconstitucionalidade por omissão, em face dos termos do pedido, com base no § 2º do art. 103 da Lei Magna, o que incumbe ao Tribunal – afirma o Relator, Ministro Néri da Silveira – é negar curso à ação direta de inconstitucionalidade 'ut' art. 102, I, letra 'a', do Estatuto Supremo". Na mesma linha de argumentação, concluiu o Ministro Sepúlveda Pertence que "o pedido da ação direta de inconstitucionalidade de norma é de todo diverso do pedido da ação de inconstitucionalidade por omissão", o que tornaria "inadmissível a conversão da ação de inconstitucionalidade positiva, que se propôs, em ação de inconstitucionalidade por omissão de normas".

Ao contrário do afirmado na referida decisão, o problema não decorre propriamente do pedido, até porque, em um ou em outro caso, tem-se sempre um pedido de declaração de inconstitucionalidade. Em se tratando de omissão, a própria norma incompleta ou defeituosa há de ser suscetível de impugnação na ação direta de inconstitucionalidade, porque é de uma norma alegadamente inconstitucional que se cuida, ainda que a causa da inconstitucionalidade possa residir na sua incompletude. No fundo, está-se diante de uma ambivalência entre a ação direta de inconstitucionalidade e a ação de inconstitucionalidade por omissão. *Mutatis mutandis*, trata-se de similaridade com os efeitos cruzados entre ADI e ADC consagrada na Lei n. 9.868/99.

Evidentemente, a cassação da norma inconstitucional (declaração de nulidade) não se mostra apta, as mais das vezes, para solver os problemas decorrentes da omissão parcial, mormente da chamada exclusão de benefício incompatível com o princípio da igualdade. É que ela haveria de suprimir o benefício concedido, em princípio licitamente, a certos setores, sem permitir a extensão da vantagem aos segmentos discriminados.

A técnica da declaração de nulidade, concebida para eliminar a inconstitucionalidade causada pela intervenção indevida no âmbito de proteção dos direitos individuais, mostra-se insuficiente como meio de superação da inconstitucionalidade decorrente da omissão legislativa.

Portanto, a questão fundamental reside menos na escolha de um processo especial do que na adoção de uma técnica de decisão apropriada para superar as situações inconstitucionais propiciadas pela chamada omissão legislativa. E, nesse sentido, a jurisprudência do Supremo Tribunal tem avançado substancialmente nos últimos anos, principalmente a partir do advento da Lei n. 9.868/99, cujo art. 27 abre um leque extenso de possibilidades de soluções diferenciadas para os mais variados casos.

É certo que, inicialmente, o Supremo Tribunal Federal adotou o entendimento segundo o qual a decisão que declara a inconstitucionalidade por omissão autorizaria o Tribunal apenas a cientificar o órgão inadimplente para que este adotasse as providências necessárias à superação do estado de omissão inconstitucional. Assim, reconhecida a procedência da ação, deveria o órgão legislativo competente ser informado da decisão, para as providências cabíveis. Em julgado de 2007, porém, o Tribunal passou a considerar a possibilidade de, em alguns casos específicos, indicar um prazo razoável para a atuação legislativa, ressaltando as consequências desastrosas para a ordem jurídica da inatividade do legislador no caso concreto (ADI 3.682, Rel. Min. Gilmar Mendes, *DJ* 6.9.2007). O caso referia-se à omissão inconstitucional quanto à edição da lei complementar de que trata o art. 18, § 4º, da Constituição, definidora do período dentro do qual poderão tramitar os procedimentos tendentes à criação, incorporação, desmembramento e fusão de municípios. Na ocasião, a Corte declarou o estado de mora em que se encontrava o Congresso Nacional e determinou que, no prazo de 18 (dezoito) meses, adotasse ele todas as providências legislativas necessárias ao cumprimento do dever constitucional imposto pelo art. 18, § 4º, da Constituição, devendo ser contempladas as situações imperfeitas decorrentes do estado de inconstitucionalidade gerado pela omissão.

Na mesma ocasião, o Tribunal avançou no tema da declaração de inconstitucionalidade sem a pronúncia da nulidade. No julgamento do conhecido caso do Município de Luís Eduardo Magalhães (ADI 2.240, Rel. Min. Gilmar Mendes, *DJ* 3.8.2007), o Tribunal, aplicando o art. 27 da Lei n. 9.868/99, declarou *a inconstitucionalidade sem a pronúncia da nulidade da lei impugnada* (Lei n. 7.619, de 30 de março de 2000, do Estado da Bahia), mantendo sua vigência pelo prazo de 24 (vinte e quatro) meses, lapso temporal razoável dentro do qual pode o legislador estadual reapreciar o tema, tendo como base os parâmetros a serem fixados na lei complementar federal, conforme decisão da Corte na ADI 3.682.

Em tema de omissão inconstitucional, o Tribunal já vem adotando, inclusive, típicas sentenças de perfil aditivo, tal como ocorreu no conhecido caso do direito de greve dos servidores públicos. Em 25 de outubro de 2007, o Supremo Tribunal Federal, em mudança radical de sua jurisprudência, reconheceu a necessidade de uma solução obrigatória da perspectiva constitucional e decidiu no sentido de declarar a inconstitucionalidade da omissão legislativa, com a aplicação, por analogia, da Lei 7.783/89, que dispõe sobre o exercício do direito de greve na iniciativa privada. Afastando-se da orientação inicialmente perfilhada no sentido de estar limitada à declaração da existência da mora legislativa para a edição de norma regulamentadora específica, o Tribunal, sem assumir compromisso com o exercício de uma típica função legislativa, passou a aceitar a possibilidade de uma *regulação provisória do tema pelo próprio Judiciário*. O Tribunal adotou, portanto, uma moderada *sentença de perfil aditivo*, introduzindo modificação substancial na técnica de decisão do mandado de injunção (MI 670, Rel. para o acórdão Min. Gilmar Mendes; MI 708, Rel. Min. Gilmar Mendes e MI 712, Rel. Min. Eros Grau).

A opção por uma técnica diferenciada de decisão pode trazer soluções viáveis para os difíceis casos de omissão parcial. Não se trata mais de saber se as ações são de inconstitucionalidade por ação ou por omissão (parcial), mas de encontrar uma técnica de decisão para superar o alegado estado de inconstitucionalidade decorrente de omissão parcial.

Assim, a distinção rígida entre as ações diretas de inconstitucionalidade por ação e por omissão, como pressuposto de sua infungibilidade, *não se coaduna mais com a própria jurisprudência do Tribunal no tocante ao controle abstrato de normas e às novas técnicas de decisão*. Também não se coaduna com uma doutrina que aponte para a efetiva integração das normas constitucionais e a preservação da força normativa da Constituição.

É preciso reconhecer que, em nosso sistema abstrato de controle de constitucionalidade, deve existir uma natural fungibilidade entre os diversos tipos de ação. A ação direta de inconstitucionalidade (ADI) e a ação declaratória de constitucionalidade (ADC) já possuem um claro caráter dúplice ou ambivalente, que as tornam, praticamente, uma mesma ação com sinal trocado. Quanto à arguição de descumprimento de preceito fundamental (ADPF), o Tribunal tem reconhecido sua fungibilidade com a ação direta de inconstitucionalidade, até mesmo tendo em vista a relação de subsidiariedade entre essas ações (ADPF-QO n. 72, Rel. Min. Ellen Gracie, *DJ* 2.12.2005).

Isso não significa negar a natureza distinta, o rito próprio e as especificidades de cada ação. A Lei n. 9.868/99 possui capítulos específicos para a ação direta de inconstitucionalidade (Capítulo II) e para a ação declaratória de constitucionalidade (Capítulo III). Com a Lei n. 12.063, de 22 de outubro de 2009, a Lei n. 9.868/99 passou a contar com o Capítulo II-A, que estabelece rito procedimental e medidas cautelares específicas para a ação direta de inconstitucionalidade por omissão. A Lei n. 9.882/99, por seu turno, trata da arguição de descumprimento de preceito fundamental. No Supremo Tribunal Federal, atualmente, todas as ações possuem uma classe específica de autuação: Ação Direta de Inconstitucionalidade (ADI); Ação Declaratória de Constitucionalidade (ADC); Ação Direta de Inconstitucionalidade por Omissão (ADO) e Arguição de Descumprimento de Preceito Fundamental (ADPF).

Assim, com base nessas razões, o Supremo Tribunal Federal reviu – corretamente – sua antiga jurisprudência e passou a adotar o entendimento segundo o qual existe uma fungibilidade entre as ações diretas de inconstitucionalidade por ação e por omissão (ADI 875, 1987, 2727, 3243, Rel. Min. Gilmar Mendes, *DJ* 29.4.2010). Na ocasião, o Tribunal reconheceu a omissão parcial quanto à regulamentação do art. 161, II, da Constituição, segundo o qual lei complementar deve estabelecer os critérios de rateio do Fundo de Participação dos Estados, com a finalidade de promover o equilíbrio socioeconômico entre os entes federativos. A Corte então adotou técnica diferenciada de decisão, aplicando o art. 27 da Lei n. 9.868/99, para declarar a inconstitucionalidade, sem a pronúncia da nulidade, do art. 2º, incisos I e II, §§ 1º, 2º e 3º, e do Anexo Único, da Lei Complementar n. 62/1989 (Lei dos Fundos de Participação dos Estados), assegurando a sua aplicação até 31 de dezembro de 2012.

Da mesma forma e na mesma linha, não pode ser desprezada a aplicação, em determinadas circunstâncias, a técnica da interpretação conforme a Constituição (*verfassungskonforme Auslegung*), isto é, nas hipóteses em que a declaração de inconstitucionalidade acarretará maiores prejuízos que a própria omissão original. Nestes casos, determinada lei somente será constitucional se entendida no sentido de que também aqueles setores que ficaram de fora da regulamentação possam ser por ela abrangidos.

12.4. Omissão de providência de índole administrativa

Embora as omissões de providências de índole administrativa não se afigurem adequadas, em princípio, para afetar, primariamente, a efetividade de uma norma constitucional, até porque, como resulta da própria estrutura constitucional, essa tarefa foi confiada, primordialmente, ao legislador, não se pode negar que o constituinte contemplou eventual omissão das autoridades administrativas como objeto dessa modalidade de controle direto de inconstitucionalidade.

É possível que a omissão de ato ou providência administrativa mais relevante, nesse âmbito, se refira ao exercício do poder regulamentar. Não raras vezes fixa a lei prazo para edição de ato regulamentar, estabelecendo uma *conditio* para a sua execução. Nesse caso, cumpre ao Executivo diligenciar a regulamentação no prazo estabelecido ou, se julgá-lo exíguo, postular na Justiça contra a violação do seu direito-função. A sua omissão não tem o condão de paralisar a eficácia do comando legal, devendo ser entendido que, decorrido o lapso de tempo estabelecido pelo legislador para a regulamentação da lei, esta será eficaz em tudo que não depender do regulamento.

Todavia, a omissão do regulamento pode assumir relevância para o controle abstrato da omissão inconstitucional, se, no caso dos chamados regulamentos autorizados, a lei não contiver os elementos mínimos que assegurem a sua plena aplicabilidade. Nesses casos, a ação direta terá por objeto a omissão do poder regulamentar.

Cumpre indagar se a omissão na prática de atos administrativos propriamente ditos – de índole não normativa – poderia ser objeto da ação direta de inconstitucionalidade por omissão.

A exegese literal do disposto no art. 103, § 2º, da CF parece sugerir resposta afirmativa, uma vez que ali se refere a "medidas", "providências necessárias" e a "órgãos administrativos". Por força do próprio princípio do Estado de Direito e de um dos seus postulados básicos – o princípio da legalidade da Administração –, é difícil imaginar ato administrativo indispensável, primariamente, para tornar efetiva norma constitucional. Até mesmo as medidas estatais de índole organizatória, que, na moderna dogmática dos Direitos Fundamentais, são abrangidas pela ampla designação de "direito à organização e ao processo" (*Recht auf Organization und auf Verfahren*), pressupõem a existência de lei autorizadora.

De qualquer forma, não há como deixar de admitir que, a despeito da existência de lei, a omissão das autoridades na adoção de diferentes providências administrativas pode dificultar ou impedir a concretização da vontade constitucional.

Alguns exemplos poderiam ser mencionados: 1) a organização do Poder Judiciário, sem a qual não se pode assegurar a própria garantia da proteção judiciária (art. 5º, XXXV); 2) a organização dos serviços de defensoria pública, imprescindível para assegurar o direito à assistência jurídica dos necessitados (art. 5º, LXXIV, c/c o art. 134); 3) a organização e estruturação dos serviços de assistência social (art. 203); e 4) a organização e estruturação do sistema de ensino (arts. 205 e s.).

No direito comparado, tem-se o clássico exemplo do caso *Brown v. Board of Education of Topeka*, da Suprema Corte americana, de 1955, quando se reiterou a inconstitucionalidade da discriminação racial nas escolas públicas, proferida na decisão de 17-5-1954, determinando-se que as leis federais, estaduais e municipais fossem ajustadas a essa orientação. Confiou-se a execução do julgado aos tribunais de distrito que deveriam guiar-se por princípios de equidade, tradicionalmente caracterizados "pela flexibilidade prática na determinação de remédios e pela facilidade de ajustar e conciliar as necessidades públicas e privadas". Todavia, esses tribunais deveriam exigir das autoridades escolares "um pronto e razoável" início da execução, competindo-lhes verificar a necessidade de que se outorgasse um prazo adicional para a conclusão das reformas exigidas. Essa jurisprudência teve continuidade em outras decisões que exigiam ou determinavam a concretização de reformas em presídios e instituições psiquiátricas.

Na ADI 19, da relatoria do Ministro Aldir Passarinho, asseverou o Supremo Tribunal Federal que a ação direta por omissão "não é de ser proposta para que seja praticado determinado ato administrativo em caráter concreto, mas sim visa a que seja expedido ato normativo que se torne necessário para o cumprimento de preceito constitucional que, sem ele, não poderia ser aplicado" (ADI 19/AL, Rel. Min. Aldir Passarinho, *DJ* de 14-4-1989).

Não se pode, portanto, excluir de plano a possibilidade de que a ação direta de inconstitucionalidade por omissão tenha por objeto a organização de determinado serviço ou a adoção de determinada providência de índole administrativa. A propósito da pandemia de Covid-19, foram várias as ocasiões em que o Supremo Tribunal Federal precisou se debruçar, em sede de controle concentrado de constitucionalidade, acerca de omissões de tal índole. Até mesmo aspectos do plano nacional de vacinação contra a Covid-19 foram objetos de reparos da jurisdição constitucional – e não por capricho do Tribunal, mas em razão da explícita omissão do Ministério da Saúde para levar a sério o dever constitucional de proteção da vida e da saúde (Cf. as várias Tutelas Provisórias Inicidentais adotadas na ADPF 754, Rel. Min. Lewandowski, *DJe* 11-3-2021). A ausência de proteção aos povos indígenas, no curso da referida crise pandêmica, também foi objeto de decisão do Supremo já em agosto de 2020 (ADPF 709 MC-Ref, j. 5-8-2020, *DJe* 7-10-2020).

12.5. A decisão na ação direta de inconstitucionalidade por omissão

O Supremo Tribunal Federal deixou assente, na decisão proferida no Mandado de Injunção n. 107, da relatoria do Ministro Moreira Alves (*DJ* de 28-11-1989), que a Corte deve limitar-se, nesses processos, a declarar a configuração da omissão inconstitucional, determinando, assim, que o legislador empreenda a colmatação da lacuna. Tal como a decisão proferida na ação direta por omissão, a decisão tem, para o legislador, caráter obrigatório. Ambos os instrumentos buscam a expedição de uma ordem judicial ao legislador, configurando o chamado *Anordnungsklagerecht* ("ação mandamental") de que falava Goldschmidt (James Goldschmidt, *Zivilprozessrecht*, 2. ed., Berlin, 1932, § 15a, p. 61). Assim, abstraídos os casos de construção jurisprudencial admissível e de pronúncia de nulidade parcial que amplie o âmbito de aplicação da norma, deveria o Tribunal limitar-se, por razões de ordem jurídico-funcional, a constatar a declaração de inconstitucionalidade da omissão do legislador.

No mesmo sentido, afirmou a Corte Constitucional alemã, já no começo de sua judicatura, que não estava autorizada a proferir, fora do âmbito da regra geral, uma decisão para o caso concreto, ou de determinar qual norma geral haveria de ser editada pelo legislador (*BVerfGE*, 6, 257 (264), 8, 1 (19)). Também o Supremo Tribunal Federal deixou assente, na decisão proferida no Mandado de Injunção n. 107, que a Corte não está autorizada a expedir uma norma para o caso concreto ou a editar norma geral e abstrata, uma vez que tal conduta não se compatibiliza com os princípios constitucionais da democracia e da divisão de Poderes.

Como ressaltado, a ação direta de inconstitucionalidade por omissão – assim como o mandado de injunção – pode ter como objeto tanto a omissão total, absoluta, do legislador, quanto a omissão parcial, ou o cumprimento incompleto ou defeituoso de dever constitucional de legislar. Caso reconheça a existência de omissão morosa do legislador, o Tribunal haverá de declarar a inconstitucionalidade da omissão, devendo, nos termos da Constituição (art. 103, § 2º), dar ciência da decisão ao órgão ou aos órgãos cujo comportamento moroso se censura para que empreendam as medidas necessárias.

Nos casos de omissão dos órgãos administrativos que interfira na efetividade de norma constitucional, determinar-se-á que a Administração empreenda as medidas necessárias ao cumprimento da vontade constitucional, devendo verificar-se a execução da ordem judicial no prazo de trinta dias.

As formas expressas de decisão, seja no caso de omissão legislativa, seja no caso de omissão administrativa, prevista no art. 103, § 2º, da Constituição, parecem insuficientes para abarcar o complexo fenômeno da omissão inconstitucional.

No que concerne à omissão administrativa, deverá o órgão administrativo ser cientificado para atuar em trinta dias. Considerando o quadro diferenciado que envolve a omissão de ato administrativo, afigura-se algo ilusório o prazo fixado.

Se se tratar de edição de ato administrativo de caráter regulamentar, muito provavelmente esse prazo há de revelar-se extremamente exíguo. Em outros casos, que demandem realização de medidas administrativas concretas (construção de escolas, hospitais, presídios, adoção de determinadas políticas complexas etc.), esse prazo mostra-se ainda mais inadequado.

Um dos problemas relevantes da dogmática constitucional refere-se aos efeitos de eventual declaração de inconstitucionalidade da omissão.

Não se pode afirmar, simplesmente, que a decisão que constata a existência da omissão inconstitucional e determina ao legislador que empreenda as medidas necessárias à colmatação da lacuna inconstitucional não produz maiores alterações na ordem jurídica. Em verdade, tem-se aqui sentença de caráter nitidamente mandamental que impõe ao legislador em mora o dever de, dentro de um prazo razoável, proceder à eliminação do estado de inconstitucionalidade.

O dever dos Poderes Constitucionais ou dos órgãos administrativos de proceder à imediata eliminação do estado de inconstitucionalidade parece ser uma das consequências menos controvertidas da decisão que porventura venha a declarar a inconstitucionalidade de uma omissão que afete a efetividade de norma constitucional. O princípio do Estado de Direito (art. 1º), a cláusula que assegura a imediata aplicação dos direitos fundamentais (art. 5º, § 1º) e o disposto no art. 5º, LXXI, que, ao conceder o mandado de injunção para garantir os direitos e liberdades constitucionais, impõe ao legislador o dever de agir para a concretização desses direitos, exigem ação imediata para eliminar o estado de inconstitucionalidade.

Considerando que o estado de inconstitucionalidade decorrente da omissão pode ter produzido efeitos no passado – sobretudo se se tratar de omissão legislativa –, faz-se mister, muitas vezes, que o ato destinado a corrigir a omissão inconstitucional tenha caráter retroativo.

Evidentemente, a amplitude dessa eventual retroatividade somente poderá ser aferida em cada caso. Parece certo, todavia, que, em regra, deve a lei retroagir, pelo menos até a data da decisão judicial em que restou caracterizada a omissão indevida do legislador.

Abstraídos os casos de omissão absoluta, que devem ser cada vez mais raros, com a promulgação da maioria das leis expressamente reclamadas pelo texto constitucional, hão de assumir relevância os casos de omissão parcial, seja porque o legislador atendeu, de forma incompleta, o dever constitucional de legislar, seja porque se identifica a concessão de benefício ao arrepio do princípio da isonomia.

Cumpre indagar se a regra que é considerada inconstitucional, em virtude de sua incompletude, deve continuar a ser aplicada até a implementação das correções reclamadas, ou se ela deve ter a sua aplicação suspensa até a deliberação do legislador.

Como não se verifica aqui a eliminação da norma defeituosa do ordenamento jurídico, poder-se-ia sustentar que a situação jurídica em questão subsiste integralmente. Poder-se-ia invocar, em favor desse entendimento, que, na ação direta de inconstitucionalidade – assim como no mandado de injunção –, limita-se o Tribunal a constatar a inconstitucionalidade da situação jurídica, sem pronunciar a sua cassação. A norma antiga deveria preservar a sua força normativa até a edição da nova disposição.

A concepção que advoga a subsistência da norma inconstitucional até a sua revogação pelo direito superveniente, sob o argumento de que o Supremo Tribunal Federal somente poderia identificar, nesses processos especiais de controle da omissão, a declaração de inconstitucionalidade sem a pronúncia de sua nulidade, não parece compatibilizar-se com o princípio da nulidade da lei inconstitucional dominante entre nós.

Acentue-se que esse entendimento encontra base na própria Constituição. Tanto o princípio do Estado de Direito, constitucionalmente consagrado (art. 1º), a vinculação de todos os órgãos estatais à Constituição, como derivação imediata e inevitável, quanto o processo especial de revisão constitucional (art. 60) e a cláusula pétrea consagrada no art. 60, § 4º, que assegura a intangibilidade dos direitos fundamentais, consagram a pretensão de eficácia e a supremacia da Constituição. A cláusula prevista no art. 5º, LXXI, que assegura o mandado de injunção "sempre que a falta de norma regulamentadora torne inviável o exercício dos direitos e liberdades constitucionais", contém, além de uma garantia processual, princípio de direito material que vincula os órgãos estatais não só aos direitos fundamentais (art. 5º, § 1º), mas a todos os direitos constitucionalmente assegurados.

A faculdade reconhecida a todo juiz de afastar a aplicação da lei inconstitucional, no caso concreto (art. 97, art. 102, III, *a*, *b*, *c* e *d*), pressupõe a invalidade da lei e, com isso, a sua nulidade. A competência do juiz para negar aplicação à norma incompatível com a Constituição encontra correspondência no direito do indivíduo de não se submeter a uma norma inconstitucional, o que lhe é assegurado até com a possibilidade de interpor recurso extraordinário contra decisão de última instância que, de alguma forma, contrarie a Constituição (CF, art. 102, III, *a*). Tanto a competência do juiz singular para negar aplicação à norma inconstitucional quanto o direito do indivíduo de não se submeter a uma norma incompatível com a Constituição demonstram que o constituinte pressupôs a nulidade da lei inconstitucional.

O princípio do Estado de Direito, consagrado no art. 1º da Constituição, e a vinculação dos órgãos estatais aos direitos fundamentais, como uma decorrência do disposto no art. 5º, § 1º, não podem ser atendidos com a simples promulgação da lei. Tal como afirma Ipsen para o direito alemão, a lei exigida não é qualquer lei, mas uma lei compatível com a Constituição[2]. O princípio do Estado de Direito (art. 1º), a vinculação dos Poderes do Estado aos direitos fundamentais (art. 5, § 1º), a proteção aos direitos fundamentais contra a revisão constitucional (art. 60, § 4º), bem como o processo especial de revisão constitucional (art. 60), consagram não só a diferença hierárquica entre a Constituição e a Lei e o princípio da supremacia constitucional, mas também as condições de validade que devem ser satisfeitas na promulgação da lei.

A aplicação irrestrita da lei declarada inconstitucional somente poderia legitimar-se, enquanto regra geral, se se pudesse identificar, no Direito brasileiro, alternativa normativa que, à semelhança do disposto no art. 140, §§ 5 e 7, da Constituição austríaca, legitimasse a continuada aplicação do direito incompatível com a Constituição. A simples afirmação de que, consoante a sistemática consagrada para o controle da omissão, o Tribunal deve limitar-se a *constatar* o estado de inconstitucionalidade não se afigura suficiente para legitimar a aplicação da lei após a declaração de sua inconstitucionalidade. Como se pode depreender da jurisprudência do *Bundesverfassungsgericht* (*BVerfGE*, 6, 257 (264); 8, 1 (19); 30, 292), a declaração de inconstitucionalidade sem a pronúncia da nulidade resulta, nos casos de omissão legislativa, da especialidade dessa forma de inconstitucionalidade, o que exige técnica especial de decisão para sua eliminação, e não do tipo de processo em que é proferida. A simples declaração de inconstitucionalidade sem a pronúncia da nulidade não autoriza a aplicação continuada da lei inconstitucional.

A única conduta condizente com a ordem constitucional é aquela que, no caso da declaração de inconstitucionalidade sem a pronúncia da nulidade no processo de controle abstrato da omissão, admite a suspensão de aplicação da lei censurada. A aplicação geral e irrestrita da lei declarada inconstitucional configuraria ruptura com o princípio da supremacia da Constituição.

Se se deve admitir que a suspensão da aplicação da lei constitui consequência jurídica da decisão que dá pela procedência da ação direta de inconstitucionalidade, nos casos de omissão parcial, afigura-se inevitável considerar que a ordem constitucional exige, em muitos casos, a aplicação do direito anterior. Uma suspensão geral de aplicação – tal como eventual cassação da norma nos processos de controle de norma – haveria de emprestar maior gravidade à ofensa constitucional.

Tal fato poderia ser demonstrado com base no exame de algumas normas constitucionais que requerem, expressamente, a promulgação. Um único exemplo há de explicitar esse entendimento. Nos termos do art. 7º, IV, da Constituição, o trabalhador faz jus a "salário mínimo, fixado em lei, nacionalmente unificado, capaz de atender a suas necessidades vitais básicas e às de sua família, com moradia, alimentação, educação, saúde, vestuário, higiene, transporte e previdência social, com reajustes periódicos que lhe preservem o poder aquisitivo (...)". Essa norma contém expresso dever constitucional de legislar, que obriga o legislador a fixar, legalmente, salário mínimo que corresponda às necessidades básicas dos trabalhadores. Se o Supremo Tribunal Federal chegasse à conclusão, em processo de controle abstrato da omissão – tal como ocorreu com a Corte Constitucional alemã, a propósito da lei de retribuição dos funcionários públicos em processo de recurso constitucional (*Verfassungsbeschwerde*) (*BVerfGE*, 8, 1 (19) –, que a lei que fixa o salário mínimo não corresponde às exigências estabelecidas pelo constituinte, configurando-se, assim, típica inconstitucionalidade em virtude de omissão parcial, a eventual suspensão de aplicação da lei inconstitucional – assim como sua eventual cassação – acabaria por agravar o estado de inconstitucionalidade, uma vez que não haveria lei aplicável à espécie.

Portanto, a suspensão de aplicação da norma constitui consequência fundamental da decisão que, em processo de controle abstrato da inconstitucionalidade por omissão, reconhece a existência de omissão parcial. Todavia, ter-se-á de reconhecer, inevitavelmente, que a aplicação da lei – mesmo após a pronúncia de sua inconstitucionalidade – pode-se justificar inteiramente do prisma constitucional. Trata-se daqueles casos em que a aplicação da lei mostra-se indispensável no período de transição, até a promulgação da nova lei.

Dessarte, se o Tribunal declara a inconstitucionalidade da omissão legislativa, por cumprimento defeituoso ou incompleto de dever constitucional de legislar, pronuncia ele a inconstitucionalidade de todo o complexo normativo em questão com eficácia geral. Com a pronúncia da inconstitucionalidade da lei, por incompleta ou defeituosa, no processo de controle abstrato da omissão, fica vedado aos órgãos estatais, por força dos princípios do Estado de Direito (art. 1º) e da vinculação dos Poderes Públicos aos direitos fundamentais (art. 5º), a prática de qualquer ato fundado na lei inconstitucional. Vê-se, assim, que, nesse caso, a declaração de inconstitucionalidade sem a pronúncia da nulidade importa, também no Direito brasileiro, na suspensão de aplicação da norma defeituosa ou incompleta.

Registre-se que, no julgamento conjunto das ADI 875, 1987, 2727, 3243 (Rel. Min. Gilmar Mendes, *DJ* 29-4-2010), o Supremo Tribunal Federal reconheceu a omissão parcial (da Lei Complementar n. 62/1989) quanto à regulamentação do art. 161, II, da Constituição, segundo o qual lei complementar deve estabelecer os critérios de rateio do Fundo de Participação dos Estados, com a finalidade de promover o equilíbrio socioeconômico entre os entes federativos. Percebeu-se, porém, que a declaração de nulidade criaria um vácuo normativo com graves repercussões sobre todo o sistema de repartição e distribuição de receitas da União para os Estados-membros. A Corte então adotou técnica diferenciada de decisão, aplicando o art. 27 da Lei n. 9.868/99, para declarar a inconstitucionalidade, sem a pronúncia da nulidade, do art. 2º, incisos I e II, §§ 1º, 2º e 3º, e do Anexo Único, da Lei Complementar n. 62/1989 (Lei dos Fundos de Participação dos Estados), assegurando a sua aplicação até 31 de dezembro de 2012, prazo no qual o legislador poderá suprir as omissões apontadas pelo Tribunal. Dessa forma,

---

2. IPSEN, Jörn. *Rechtsfolgen der Verfassungswidrigkeit von Norm und Einzelakt*. Baden-Baden: Nomos, 1980, p. 214.

mesmo reconhecida a inconstitucionalidade por omissão parcial, fica a lei mantida em seus plenos efeitos até o fim do exercício financeiro do ano de 2012.

12.6. Decisão cautelar em ação direta de inconstitucionalidade por omissão

A jurisprudência do Supremo Tribunal Federal, há alguns anos, vinha entendendo que não cabe medida cautelar em sede da ação direta de inconstitucionalidade por omissão, tendo em vista que, no mérito, a decisão que declara a inconstitucionalidade por omissão autorizaria o Tribunal apenas a cientificar o órgão inadimplente para que este adotasse as providências necessárias à superação do estado de omissão inconstitucional. Essa orientação foi inicialmente firmada na ADI 267, da relatoria de Celso de Mello (DJ 19-5-1995), enfatizando-se que "a suspensão liminar de eficácia de atos normativos, questionados em sede de controle concentrado, não se revela compatível com a natureza e finalidade da ação direta de inconstitucionalidade por omissão, eis que, nesta, a única consequência político-jurídica possível, traduz-se na mera comunicação formal, ao órgão estatal inadimplente, de que está em mora constitucional". Na ADI 1.458, deixou-se assente que "não assiste ao Supremo Tribunal Federal, contudo, em face dos próprios limites fixados pela Carta Política em tema de inconstitucionalidade por omissão (CF, art. 103, § 2º), a prerrogativa de expedir provimentos normativos com o objetivo de suprir a inatividade do órgão legislativo inadimplente" (Rel. Min. Celso de Mello, DJ 20-9-1996).

Essa orientação parte da premissa segundo a qual a decisão proferida em sede de ADI por omissão limita-se a reconhecer a inadimplência de dever constitucional de legislar. Parece que essa posição não corresponde à natureza complexa da omissão, especialmente nos casos de omissão parcial.

Se se admite que um dos possíveis efeitos da declaração de inconstitucionalidade sem a pronúncia da nulidade a ser proferida em relação à omissão parcial, no processo de controle abstrato de normas ou na ação direta por omissão, seja a suspensão de aplicação da lei inconstitucional até a deliberação do órgão legislativo, não se afigura despropositado cogitar-se da suspensão prévia da aplicação da norma, em sede de cautelar, permitindo que o Tribunal, desde logo, advirta o legislador sobre os riscos quanto à aplicação da disposição questionada.

Ao revés, tudo está a indicar que sempre que a Corte puder constatar que, no caso de eventual declaração de inconstitucionalidade sem a pronúncia da nulidade, se afigura recomendável a suspensão de aplicação da lei inconstitucional, poderá ela, presentes os requisitos para concessão da cautelar, deferir a medida solicitada.

Portanto, aceita a tese concernente à fungibilidade (relativa) entre a ação direta de inconstitucionalidade e a ação direta por omissão, especialmente no que se relaciona com a chamada "omissão parcial", e admitida a necessidade de adoção de uma técnica de decisão diferenciada (declaração de inconstitucionalidade sem a pronúncia da nulidade), há de se admitir, igualmente, a possibilidade de que o Tribunal possa deferir providências cautelares, desde que essa decisão seja compatível com o pronunciamento que venha eventualmente a proferir (declaração de inconstitucionalidade sem a pronúncia da nulidade, com a suspensão de aplicação da norma, se for o caso).

A Lei n. 12.063, de 27 de outubro de 2009, que regulou a ação direta de inconstitucionalidade por omissão, superou o entendimento jurisprudencial adotado anteriormente pelo Supremo Tribunal. Essa lei previu expressamente a possibilidade de deferimento de cautelar em ADO, em caso de excepcional urgência e relevância da matéria. Nos termos da nova disciplina, a medida cautelar poderá consistir (1) na suspensão de aplicação da norma questionada, nos casos de omissão parcial, (2) na suspensão dos processos judiciais ou dos procedimentos administrativos ou, ainda, (3) em qualquer outra providência a ser fixada pelo Tribunal. A complexidade das questões afetas à omissão inconstitucional parece justificar a fórmula genérica utilizada pelo legislador, confiando ao Supremo Tribunal a tarefa de conceber providência adequada a tutelar a situação jurídica controvertida.

Art. 103-A. O Supremo Tribunal Federal poderá, de ofício ou por provocação, mediante decisão de dois terços dos seus membros, após reiteradas decisões sobre matéria constitucional, aprovar súmula que, a partir de sua publicação na imprensa oficial, terá efeito vinculante em relação aos demais órgãos do Poder Judiciário e à administração pública direta e indireta, nas esferas federal, estadual e municipal, bem como proceder à sua revisão ou cancelamento, na forma estabelecida em lei.

§ 1º A súmula terá por objetivo a validade, a interpretação e a eficácia de normas determinadas, acerca das quais haja controvérsia atual entre órgãos judiciários ou entre esses e a administração pública que acarrete grave insegurança jurídica e relevante multiplicação de processos sobre questão idêntica.

§ 2º Sem prejuízo do que vier a ser estabelecido em lei, a aprovação, revisão ou cancelamento de súmula poderá ser provocada por aqueles que podem propor a ação direta de inconstitucionalidade.

§ 3º Do ato administrativo ou decisão judicial que contrariar a súmula aplicável ou que indevidamente a aplicar, caberá reclamação ao Supremo Tribunal Federal que, julgando-a procedente, anulará o ato administrativo ou cassará a decisão judicial reclamada, e determinará que outra seja proferida com ou sem a aplicação da súmula, conforme o caso.

Lenio Luiz Streck

A – REFERÊNCIAS

1. Origem da norma

Texto original da CF/88 e emenda constitucional n. 45/2004.

2. Legislação

Lei 11.417/2006, Resolução 381/STF, de 29.10.2008, e Resolução/STF 388, de 5.12.2008.

3. Jurisprudência

PSV 1 (Súmula Vinculante 14), PSV 7 (Súmula Vinculante 15), PSV 8 (Súmula Vinculante 16), PSV 21 (Súmula Vinculante

21), PSV 24 (Súmula Vinculante 22), PSV 25 (Súmula Vinculante 23), PSV 29 (Súmula Vinculante 24), PSV 31 (Súmula Vinculante 25), PSV 32 (Súmula Vinculante 17), PSV 34 (Súmula Vinculante 27), PSV 35 (Súmula Vinculante 31), PSV 36 (Súmula Vinculante 18), PSV 37 (Súmula Vinculante 28), PSV 39 (Súmula Vinculante 29), PSV 40 (Súmula Vinculante 19), PSV 41 (Súmula Vinculante 30) e PSV 42 (Súmula Vinculante 20).

4. Seleção de literatura

BRITO, Mário de. Sobre as decisões interpretativas do Tribunal Constitucional. *Revista do RMP*, 1995, n. 62; CADERMATORI, Sérgio. *Estado de Direito e Legitimidade*: uma abordagem garantista. Porto Alegre, Livraria do Advogado, 1999; CANOTILHO, J. J. Gomes. *Direito Constitucional e Teoria da Constituição*. Coimbra, Almedina, 1998; CARDOSO DA COSTA, José Manuel M. *A Justiça Constitucional no quadro das funções do Estado:* Justiça Constitucional e espécies, conteúdo e efeitos das decisões sobre a constitucionalidade das normas. Lisboa, Tribunal Constitucional, 1987; CASTANHEIRA NEVES, Antonio. *O instituto dos assentos e a função jurídica dos supremos tribunais*. Coimbra, 1983; DWORKIN, Ronald. *Law's Empire*. London, Fontana Press, 1986; DWORKIN, Ronald. *Levando os direitos a sério*. São Paulo: Martins Fontes, 2002; FROWEIN, Jochen, Änderungen der Rechtsprechung des Bundesverfassungsgerichts als Rechtsproblem, in *DÖV*, 1971; GADAMER, Hans-Georg. *Wahrheit und Methode I e II*. Tübingen, Mohr, 1987; GIESE, Friedrich. *Grundgesetz für die Bundesrepublik Deutschland Kommentar*, 3ª ed. Frankfurt a.M., 1955; GUSY, Christoph. *Parlamentarischer Gesetzgeber und Bundesverfassungsgericht*, Berlin, 1985; IPSEN, Jörn. *Rechtsfolgen der Verfassungswidrigkeit von Norm und Einzelakt*, Baden-Baden, 1980; JOBIN, Nelson. *Anais da Revisão da Constituição Federal*. Parecer do relator n. 30; KRIELE, Martin. *Theorie der Rechtsgewinnung*, 2. ed., Berlin, Duncker & Humbolt, 1976; LEAL, Victor Nunes. Passado e futuro da Súmula do STF, *Arquivos do Ministério da Justiça. Problemas de direito público e outros problemas*, Brasília: Ministério da Justiça, 1997; LIEBMAN, Enrico Tullio. *Eficácia e autoridade da sentença e outros escritos sobre a coisa julgada*, Rio de Janeiro: Forense, 1984; MAUNZ, Theodor et al. *Bundesverfassungsgerichtsgesetz:* Kommentar. München, C. H. Beck,. Okt. 1985; MAUZ/SCHMIDT-BLEIBTREU/F.KLEIN/ULSAMER. *Bundesverfassungsgerichtsgesetz Kommentar 16. Ergänzungslieferung*. Stand: März 1998. München, Verlag C.H. Beck; MENDES, Gilmar Ferreira. *Jurisdição Constitucional*. 5ª ed. São Paulo: Saraiva, 2009; MENDES, Gilmar Ferreira. *Direitos Fundamentais e Controle de Constitucionalidade*. São Paulo: Saraiva, 2004; MENDES, Gilmar Ferreira; COELHO, Inocêncio M.; BRANCO, Paulo. *Curso de Direito Constitucional*. São Paulo: Saraiva, 2007; NERY JR., Nelson. NERY, Rosa Maria de Andrade. *Constituição Federal Comentada*. 2ª ed. São Paulo: Revista dos Tribunais, 2009; SERRANO, José Luis. *Validez y Vigência*. Madrid: Trotta, 2004; SILVA, José Afonso da. *Aplicabilidade das normas constitucionais*. 6ª ed. São Paulo: Malheiros, 2003; STRECK, Lenio Luiz. *Jurisdição Constitucional*. 5ª ed. Rio de Janeiro: Forense, 2018; VIEIRA, Oscar Vilhena. Que Reforma? *Estudos avançados*, 2004, v. 18, n. 51.

B – COMENTÁRIOS

1. O Supremo Tribunal Federal e as súmulas vinculantes

Desde 1964, o Supremo Tribunal Federal consolida sua jurisprudência dominante em enunciados, chamados súmulas. Diante dessa prática, consolidada no Código de Processo Civil de 2015, parcela significativa da doutrina sempre pretendeu conferir à súmula o que até então somente se conferia à lei: a força obrigatória.

A ideia ganhou muita força nas últimas décadas em razão do quadro crítico enfrentado pelo Poder Judiciário, consistente na avalanche de processos submetidos aos tribunais, na demasiada demora para a solução definitiva dos casos e no consequente custo elevado de sua manutenção.

Por esses motivos, parcela expressiva da comunidade política e jurídica vinha propondo já há alguns anos, como solução para essa "crise de funcionalidade", a vinculação (constitucional) das demais instâncias judiciais e da Administração Pública às súmulas do Supremo Tribunal Federal e dos tribunais superiores.

A polêmica se instaura já na revisão constitucional de 1993. Tamanha é a importância que as súmulas assumiram no imaginário jurídico brasileiro que dezenas de parlamentares (deputados e senadores) assinaram emenda revisional para conferir efeito vinculante aos enunciados.

Depois de várias tentativas fracassadas de dar às súmulas força de lei, sendo a última por ocasião da votação do anteprojeto do Código de Processo Civil de 1973, o tema da vinculatividade da jurisprudência voltou à tona com enorme intensidade. Além de conferir normatividade às súmulas, buscava-se também, na Revisão Constitucional de 1993, aprovação de dispositivo pelo qual era facultada ao Supremo Tribunal Federal iniciativa de lei para outorgar a outras decisões de mérito da Corte *eficácia contra todos*, bem como dispor sobre o *efeito vinculante* dessas decisões para os órgãos e agentes públicos.

Da forma como foi proposto o efeito vinculante, pretenderam os parlamentares conferir eficácia adicional às decisões do STF, outorgando-lhes amplitude transcendente ao caso concreto. Assim, os Poderes Judiciário e Executivo, abrangidos pelo efeito vinculante, deveriam passar a observar não apenas o que dizia a parte dispositiva da decisão, mas a norma abstrata que dela se extrairia.

Desde então, foram feitas várias outras tentativas de implantação das súmulas de efeito vinculante. Nesse particular, cite-se o substitutivo apresentado pelo então Deputado Jairo Carneiro, que resultou do exame conjunto dos projetos de emenda constitucional ns. 96, de autoria do Deputado Helio Bicudo e 112, do Deputado José Genuíno, no âmbito da Comissão Especial da Câmara dos Deputados. O texto do substitutivo propunha ampla reforma do Poder Judiciário e do Ministério Público. Entre outras coisas, a proposta encampada pelo projeto Jairo Carneiro criava o Conselho Nacional de Justiça, com poderes para, inclusive, cassar magistrados de seus cargos (arts. 92, II, e 94, § 2º); estabelecia a vinculariedade das súmulas do Supremo Tribunal Federal e dos Tribunais Superiores (art. 98); e determinava, ainda, que o reiterado descumprimento ou a desobediência às decisões vinculantes configuraria crime de responsabilidade, acarretando a perda do cargo, sem prejuízo de outras sanções (art. 98, § 4º).

Ademais, o referido projeto previa o cabimento de reclamação do ato administrativo ou da decisão judicial que contrariasse a súmula ou que a aplicasse indevidamente; instituía, também, o incidente de inconstitucionalidade *per saltum* diretamente ao Supremo Tribunal Federal, cuja decisão teria efeito vinculante (art. 107, § 5º); e, por fim, previa que as decisões definitivas de mérito do Supremo Tribunal Federal seriam oponíveis a todos, com efeito vinculante (art. 106, § 2º).

A exemplo do substitutivo referido, percebe-se uma continuidade temática nos diversos projetos que tramitaram durante todos esses anos no Congresso, culminando com a aprovação do projeto globalmente denominado de "Reforma do Poder Judiciário" (Emenda Constitucional 45/2004), no qual constaram várias das propostas anteriores, como a instituição do Conselho Nacional de Justiça, o efeito vinculante para as súmulas e para as decisões de mérito em ação direta de inconstitucionalidade, assim como o uso da reclamação em face do descumprimento das decisões vinculantes do Supremo Tribunal Federal por parte dos órgãos do Poder Judiciário e da Administração Pública.

Trata-se da introdução da figura do "precedente" jurisprudencial com caráter vinculativo, que se traduz pela obrigatoriedade de os Tribunais e juízes adotarem a orientação do Supremo Tribunal Federal, sob pena de anulação da decisão. Essa característica, típica de ordenamentos jurídicos filiados à *common law*, como a Inglaterra e os Estados Unidos, nasce da necessidade de dar sistematicidade e coerência ao sistema jurídico. Assim, também os países de tradição romano-germânica desenvolveram mecanismos de vinculação orgânica entre a instância máxima de controle de constitucionalidade e os demais órgãos judiciários.

Vê-se, pois, que, com a EC 45/2004, nasce a súmula vinculante, que obriga diretamente os órgãos dos Poderes Judiciário e Executivo e possibilita a qualquer interessado fazer valer a orientação do Supremo, não mediante simples interposição de recurso, mas por meio de apresentação de uma reclamação por descumprimento de decisão judicial (CF, art. 103-A).

2. A diferença entre as súmulas brasileiras e os precedentes da *common law*

De pronto deve ser dito – e o socorro vem de Castanheira Neves – que há uma diferença entre *caso julgado*, *precedente* e *súmulas* (no caso de Castanheira, assentos). No *caso julgado*, tem-se a resolução de uma demanda considerada em si mesmo, que não possui força para influenciar decisões futuras pelo fato de que a motivação da decisão não produz um novo paradigma, mas apenas reproduz os já existentes no sistema; já no *precedente* – também oriundo de um julgamento concreto – tem-se a instituição de um novo paradigma (um *holding*) que possui uma espécie de força atrativa que irá capilarizar outras decisões. Todavia, essa "aplicação" em outros casos similares, não é feita a partir de um procedimento dedutivo, mas sim a partir de uma aproximação histórica tendo em vista a similaridade dos casos concretos que se encontram *sub judice*.

Agregue-se que a regra do precedente (ou s*tare decisis*) vigente no sistema norte-americano se explica pelo adágio *stare decisis et non quieta movere*, que quer dizer continuar *com as coisas decididas e não mover as "coisas quietas"* (o que se nota na doutrina brasileira é uma confusão feita acerca do significado e alcance dos precedentes no direito norte-americano; a doutrina, ao que parece em sua expressiva parcela, mostra nítida inspiração em René David, o que prejudica a compreensão do direito dos EUA). Na verdade, o precedente possui uma *holding*, que irradia o efeito vinculante para todo o sistema. Isso não está na Constituição, nem na lei, e, sim, na tradição. Para a vinculação, a matéria (o caso) deve ser similar. A aplicação não se dá automaticamente. Nesse sistema, sempre se deve examinar se o princípio que se pode extrair do precedente constitui a fundamentação da decisão ou tão somente um *dictum*. Portanto, também nos EUA – e não poderia ser diferente – texto e norma não são a mesma coisa. Somente os fundamentos da decisão possuem força vinculante. Mas o mais importante a dizer é que os precedentes são "feitos" para decidir casos passados; sua aplicação em casos futuros é incidental. Tudo isso pode ser resumido no seguinte enunciado: precedentes são formados para resolver casos concretos e eventualmente influenciam decisões futuras; as súmulas, ao contrário, são enunciados "gerais e abstratos" – características presentes na lei – que são editados visando à "solução de casos futuros".

Dos traços gerais que foram colacionados acima, a súmula apresenta profundas *dessemelhanças* com os precedentes: 1º) O efeito vinculante está prescrito em um texto normativo (art. 102, § 2º; art. 103-A CF); 2º) a instituição do efeito vinculante tem como finalidade "barrar" novas discussões sobre a matéria (e não atender à solução de uma demanda entre as partes). Em tese, há uma, por assim dizer, incompatibilidade genética entre a regra do precedente e as súmulas postas no interior de um sistema romano-germânico como o brasileiro. Entretanto, essa incompatibilidade não pode ser vista desse modo, uma vez que em nenhum momento a súmula vinculante está desonerada da justificação.

É importante anotar, com Dworkin, que houve no direito inglês e norte-americano um período entre o final do século XIX e início do século XX em que os tribunais tentaram desenvolver *uma técnica canônica de aplicação dos precedentes* de modo que fosse possível extrair de um *case* uma regra específica, abstrata e que pudesse ser aplicada dedutivamente a casos futuros (numa experiência, esta sim, muito próxima daquela experimentada no caso das súmulas brasileiras, quando aplicadas de forma automatizada). Porém, relata Dworkin, *essa tendência foi logo suplantada pela tradição que continuou a olhar para o precedente do modo como ele sempre foi articulado*, ou seja, a partir da decisão concreta do caso, nos termos descritos acima. Em outras palavras, não cabe ao *leading case* determinar sua aplicação aos casos futuros, mas sim os casos futuros é que vão estabelecer qual a medida de relevância do caso que gerou o precedente. Como afirma Dworkin, "em algumas ocasiões um juiz reconhece abertamente que cabe aos casos posteriores determinar as consequências plenas do caso por ele decidido" (*Levando os Direitos a Sério*, cit., p. 172-173).

Tudo isso, pode ser resumido no seguinte enunciado: precedentes são formados para resolver casos concretos e apenas eventualmente influenciam decisões futuras; as súmulas, ao contrário, são enunciados gerais e abstratos – características presentes na lei – que são editados visando a solução de casos futuros.

Entretanto, deve-se assinalar que o modo de se trabalhar com uma súmula é diferente daquele que se emprega no trato com a lei. Em primeiro lugar, a aplicação de uma súmula não pode – em hipótese alguma – desconsiderar seu DNA. Isso significa: a concretização de uma súmula deve recompor, narrativamente, a cadeia de decisões anteriores que lhe deram origem visando compor a solução dos casos num contexto de coerência e integridade do direito da comunidade política. Essa conformação – da coerência e integridade – deve se submeter aos testes de ajuste e justificação. Já no caso da lei – embora também aqui os testes de ajuste e justificação sejam necessários – a recomposição desse contexto originário fica, de certo modo, dispensada, em virtude das características que sustentam o processo de produção legislativa. Num segundo momento, é possível dizer que os mecanismos disponibilizados pelo sistema constitucional para proposição, revisão e cancelamento da súmula é diferente daqueles existentes em relação à lei. Da súmula, cabe reclamação; ao passo que de lei cabe ADIn e ADC (controle concentrado) ou nas chamadas ações constitucionais (HC, MS, MI, ACP) e nos mecanismos existentes no contexto do sistema recursal (controle difuso).

3. Requisitos formais da súmula vinculante, revisão e cancelamento

3.1. Legitimidade e regramento do processo de aprovação, revisão ou cancelamento da súmula vinculante

O instituto da súmula vinculante é regulamentado pela Lei 11.417, de 19-12-2006, e pelas Resoluções 381/2008 e 388/2008, ambas do Supremo Tribunal Federal.

Conforme estabelecido pelo art. 103-A da Constituição, a súmula vinculante pode decorrer de ato de ofício do Supremo Tribunal Federal ou da provocação dos legitimados para a ação direta de inconstitucionalidade (ADI), consoante o explicativo § 2º do referido artigo. A Lei 11.417/2006, em seu art. 3º, acrescentou ao rol de legitimados para a propositura de edição, revisão ou cancelamento de enunciado de súmula vinculante o Defensor Público-Geral da União e os Tribunais Superiores, os Tribunais de Justiça de Estados ou do Distrito Federal e Territórios, os Tribunais Regionais Federais, os Tribunais Regionais do Trabalho, os Tribunais Regionais Eleitorais e os Tribunais Militares. Ademais, o § 1º do mesmo artigo confere aos municípios a legitimidade para a propositura de súmula vinculante, desde que o faça incidentalmente ao curso de processo em que seja parte, o que, ressalte-se, não autoriza a suspensão do processo.

Parece razoável aplicar à proposição de súmula vinculante, assim como no caso da ADI, a tese da pertinência temática. Afinal, tratando-se de jurisprudência (con)firmada no âmbito do Supremo Tribunal Federal, a aprovação, a revisão ou a extinção de uma súmula a partir da provocação, por exemplo, de confederação ou entidades com finalidades específicas, deve guardar relação direta com os objetivos institucionais do respectivo órgão provocador. Não teria sentido permitir que instituições que não possuem legitimidade "universal" para propor ação direta de inconstitucionalidade possam vir a exercer uma espécie de vigilância jurisprudencial sobre o Supremo Tribunal. A aplicação da exigência da pertinência temática evita a utilização político-corporativa do instrumento.

Na mesma linha do que estabelecido pelo legislador para o controle abstrato de constitucionalidade, e ampliado para os instrumentos de controle concreto de constitucionalidade pela jurisprudência do Supremo Tribunal Federal, a proposta de súmula vinculante (PSV) admite a participação de terceiros em seu julgamento. Assim, o § 2º do art. 3º da Lei 11.417/2006 estabelece a possibilidade de admissão, por decisão irrecorrível, da manifestação de terceiros na questão, nos termos do Regimento Interno do Supremo Tribunal Federal. Em complementação a essa norma, os artigos 1º e 3º da Resolução 388/2008 do STF regulamentam a referida participação, que deve ocorrer no prazo de 5 (cinco) dias da publicação do edital de convocação na imprensa oficial. Os interessados poderão também, se for o caso, manifestar-se na sessão plenária de julgamento da PSV, segundo o art. 3º da referida resolução.

A proposta de edição, revisão ou cancelamento de súmula vinculante, ao ser formulada, é direcionada ao Presidente do Supremo Tribunal Federal. Ao ser recebida na Corte, a proposta é registrada e autuada como PSV. Nesse momento, a Secretaria Judiciária, nos termos do art. 1º da Resolução 388/2008, publica na imprensa oficial edital para ciência e manifestação de interessados no prazo de 5 (cinco) dias, encaminhando a seguir os autos à Comissão de Jurisprudência, para apreciação dos integrantes, no prazo sucessivo de 5 (cinco) dias, quanto à adequação formal da proposta.

A Comissão de Jurisprudência é comissão permanente do Supremo Tribunal Federal (art. 27, § 1º, II, RI/STF), composta por três membros, todos ministros da Corte (art. 27, § 3º, RI/STF), com mandato coincidente com o do Presidente do Tribunal (art. 28, RI/STF). À Comissão, presidida pelo mais antigo de seus membros (art. 29, RI/STF), compete, entre outras atribuições, a verificação da adequação formal da PSV. Ressalte-se que o parecer emitido pela Comissão não vincula o Ministro Presidente, que poderá, mesmo com manifestação contrária, submeter a PSV à apreciação do Plenário. Entretanto, não parece adequado afirmar que, diante de parecer favorável da Comissão de Jurisprudência, reconhecendo a adequação formal da PSV, o Presidente possa determinar, monocraticamente, o arquivamento da proposta.

Recebida a PSV com a manifestação dos interessados e o parecer da Comissão de Jurisprudência – cuja cópia deverá ser encaminhada ao Procurador-Geral da República e aos demais ministros da Corte –, o Presidente a submeterá à apreciação do Plenário (art. 2º da Resolução 388/2008 do STF) ou determinará seu arquivamento, quando ausentes os pressupostos formais.

Caso não tenha sido o proponente, o Procurador-Geral da República deverá se manifestar previamente à apreciação da PSV pelo Plenário, nos termos do art. 2º, § 2º, da Lei 11.417/2006.

Submetida ao Plenário, a edição, a revisão e o cancelamento de enunciado de súmula com efeito vinculante dependerão de decisão tomada por 2/3 (dois terços) dos membros do Supremo Tribunal Federal (art. 2º, § 3º, da Lei 11.417/2006).

No prazo de 10 (dez) dias após a sessão em que editar, rever ou cancelar enunciado de súmula com efeito vinculante, o Supremo Tribunal Federal fará publicar, em seção especial do *Diário da Justiça e do Diário Oficial da União*, o enunciado respectivo (art. 2º, § 4º, da Lei 11.417/2006).

A súmula vinculante tem eficácia imediata, mas o Supremo Tribunal Federal, por decisão de 2/3 (dois terços) dos seus membros, poderá restringir os efeitos vinculantes ou decidir que só tenha eficácia a partir de outro momento, tendo em vista razões de segurança jurídica ou de excepcional interesse público, nos termos do art. 4º da Lei 11.417/2006.

Não há, ainda, regulamentação dos efeitos do cancelamento de súmula vinculante, tampouco há manifestação do Supremo Tribunal Federal sobre o tema. Entende-se, portanto, que, a princípio, o cancelamento da súmula vinculante possui eficácia *ex nunc*, produzindo efeitos a partir da publicação da decisão na imprensa oficial.

Quando houver revogação ou modificação da lei em que se fundou a edição de enunciado de súmula vinculante, o Supremo Tribunal Federal, de ofício ou por provocação, procederá à sua revisão ou cancelamento, conforme o caso (art. 5º da Lei 11.417/2006). A possibilidade de revisão ou cancelamento de súmula vinculante é de extrema relevância quando se tem em vista que é da natureza da própria sociedade e do direito estar em constante transformação. Nesse sentido, tal possibilidade faz-se imprescindível para que as súmulas vinculantes possam ser adequadas a essas necessidades, também de índole prática. Todavia, do mesmo modo que a adoção de uma súmula vinculante não ocorre de um momento para o outro, exigindo que a matéria tenha sido objeto de reiteradas decisões sobre o assunto, a sua alteração ou modificação também exige discussão cuidadosa.

À evidência, não procede o argumento de que a súmula vinculante impede mudanças que ocorrem por demanda da sociedade e do próprio sistema jurídico, uma vez que há previsão constitucional da revisão e revogação dos seus enunciados. Isso seria ignorar a diferença hermenêutica que existe entre texto e norma.

Ademais, a revisão da súmula propicia ao eventual requerente maiores oportunidades de superação do entendimento consolidado do que o sistema de recursos em massa, que são respondidos, também, pelas fórmulas massificadas existentes hoje nos tribunais. A solenidade conferida ao procedimento de revisão da súmula vinculante permite e recomenda que o Tribunal confira a atenção devida à proposta de alteração.

É preciso ter presente que, a partir da EC 45/2004, a súmula com efeito vinculante passou a ter conceito próprio, com objetivos, requisitos e condições de emissão. Sem o preenchimento de tais exigências, o enunciado não será uma súmula (no sentido novo que o constituinte derivado estabeleceu). Ao instituir as súmulas vinculantes, o legislador constituinte fez clara opção acerca da matéria a ser tratada pelos verbetes que venham a ter esse efeito. A emissão de súmula vinculante – pelas seríssimas limitações apostas no art. 103-A – apresenta-se como exceção.

Para tanto, ficou estabelecida a reserva da matéria constitucional já no *caput* do art. 103-A; em seguida, há a exigência da reiteração de pronunciamentos do Supremo Tribunal Federal sobre o tema; em apartado, no § 1º, estão explicitados os objetivos do novo instituto (tratar da validade, interpretação e eficácia de normas acerca das quais haja controvérsia atual), além dos requisitos acerca do alcance dessa controvérsia atual, que deve se dar entre órgãos do Poder Judiciário ou entre esses e a administração pública.

Além de tais requisitos, o constituinte fez constar outras duas condições para a edição das súmulas: que essa controvérsia, além de ser atual e se originar de conflito entre órgãos do Poder Judiciário ou desses com órgãos da administração pública, deve, ainda, acarretar grave insegurança jurídica e a possibilidade da ocorrência de "relevante multiplicação de processos sobre questão idêntica". Tudo isso com a condição de que a súmula seja aprovada por dois terços dos ministros da Casa. Há que se registrar que muitas das "atuais" súmulas (a expressão é da Constituição), em muitos casos, até em face da temporalidade, não preenchem nenhum dos objetivos, requisitos ou condições exigidas pelo novel art. 103-A. Assim, a se admitir que a simples agregação do *quorum* de dois terços às atuais súmulas tenha o condão de alçá-las ao mesmo patamar das novas é permitir que o Supremo Tribunal Federal edite súmulas – porque a confirmação equivale à edição de nova súmula – de forma discricionária, na contramão da EC 45/2004, que rejeitou essa tese, colocando rígidos limites e condições para a sua edição.

O novo dispositivo constitucional também coloca como requisito para a edição da súmula vinculante a existência de reiteradas decisões, o que, de imediato, demanda o estabelecimento dos limites da aludida expressão. A expressão "reiteradas" deve ser interpretada a partir da materialidade da Constituição, em especial naquilo que diz com o mais amplo acesso à justiça ao cidadão. Afinal, o fundamento da Reforma do Judiciário e, portanto, da alteração da Constituição, está assentado na melhoria do acesso à justiça e não de sua obstaculização. Portanto, se não há univocidade possível acerca de quantas decisões devem existir para que esteja caracterizada a "reiteração das decisões" que resultarão em uma súmula, também não é qualquer conjunto de processos cujas decisões apontam para o mesmo lado que determinará o significado da expressão.

A reiteração que aqui é exigida é a de que, em diversas ocasiões, o Supremo Tribunal venha decidindo uma matéria com maioria e, em determinado momento, por provocação ou de ofício, resolva editar a súmula, buscando o qualificado *quorum* de dois terços.

Veda-se, desse modo, a possibilidade da edição de uma súmula vinculante com fundamento em decisão judicial isolada, pois é necessário que ela reflita uma jurisprudência do Tribunal, ou seja, reiterados julgados no mesmo sentido, é dizer, com a mesma interpretação.

A súmula vinculante, ao contrário do que ocorre no processo objetivo, como foi visto, decorre de decisões tomadas, em princípio, em casos concretos, no modelo incidental, no qual também existe, não raras vezes, reclamo por solução geral. Ela só pode ser editada depois de decisão do Plenário do Supremo Tribunal Federal ou de decisões repetidas das Turmas.

Esses requisitos acabam por definir o próprio conteúdo das súmulas vinculantes. Em regra, elas serão formuladas a partir das questões processuais de massa ou homogêneas, envolvendo matérias previdenciárias, administrativas, tributárias ou até mesmo processuais, suscetíveis de uniformização e padronização.

Saliente-se, por fim, que a PSV constitui processo eletrônico (art. 4º da Resolução 388/2008 do STF), e que a sua tramitação não autoriza a suspensão dos processos em que se discuta a mesma questão (art. 6º da Lei 11.417/2006).

3.2. Hipóteses de aprovação, objeto e finalidades

O parágrafo primeiro do artigo 103-A estabelece que a súmula com efeito vinculante terá por objetivo a validade, a interpretação e a eficácia de normas determinadas, sobre as quais haja controvérsia atual, ficando estabelecidas, no seguimento do dispositivo, as duas situações de cabimento. O legislador constituinte derivado procedeu a uma cisão entre validade, interpretação e eficácia de normas.

3.2.1. Validade

Uma lei (texto jurídico) somente é válida se estiver em conformidade com a Constituição. Daí que, antes de tudo, é necessário lembrar a diferença entre os âmbitos da *vigência* e o da *validade*. Uma lei pode ser vigente e, no entanto, inválida, nula. Portanto, se se está a falar do âmbito da "validade", é porque está superada a problemática anterior, que é o da "vigência" de uma lei. Com efeito, um juízo de vigência é aquele que se refere à mera constatação da existência de um texto jurídico (lei ou ato normativo) no interior de um sistema jurídico. Existência, nesse sentido, significa terem sido obedecidos o procedimento e a competência para legislador e sancionar. São, enfim, os requisitos formais historicamente exigidos pela teoria do direito. A aferição da validade parte da vigência, a partir do exame paramétrico que envolve o exame da compatibilidade conteudística com a hierarquia do ordenamento.

Desse modo, partindo da base analítica que informou o legislador constituinte derivado, é possível afirmar que uma súmula, para que possa vir a ter efeito vinculante, deverá, primeiro, ter, como pano de fundo, uma discussão sobre a validade de um determinado texto jurídico, o que significa dizer que, nesta hipótese, a discussão do Supremo Tribunal Federal deverá versar sobre os juízos negativos ou positivos feitos pelos tribunais acerca de tal dispositivo. Sendo essa controvérsia atual e possuindo relevância, o Supremo Tribunal Federal *dirá qual a resposta adequada constitucionalmente*. A súmula tem essa função: traduzir a resposta constitucionalmente adequada a uma determinada temática. Como exemplo, refira-se à discussão acerca da (in)constitucionalidade da progressão de regime em sede de execução penal, cuja discussão versou sempre sobre a validade da Lei dos Crimes Hediondos, naquilo que se refere ao tema, culminando com a resposta final do STF, no sentido da invalidade do dispositivo. O STF não editou súmula sobre a matéria, mas a discussão poderia evidenciar a respectiva edição do enunciado vinculante, desde que tivesse o *quorum* mínimo de oito votos.

3.2.2. Interpretação

Já com relação à "interpretação" de que fala o dispositivo ("a súmula terá por objetivo a validade, a interpretação..."), é preciso ter claro que, embora todo juízo de validade tenha como condição de possibilidade uma (prévia) interpretação, parece razoável entender que o dispositivo diz respeito à ocorrência de *interpretações diversas* que estão sendo dadas a determinados dispositivos legais (infraconstitucionais ou constitucionais), já ultrapassada, obviamente, a discussão acerca da validade.

Com efeito, como já referido, a discussão da validade diz respeito aos juízos negativos ou positivos acerca da norma atribuída a um texto jurídico (dispositivo legal), isto é, ou a norma está sendo interpretada como estando de acordo com a Constituição ou está sendo invalidada – em diversos tribunais da República – em sede de controle difuso de constitucionalidade. Por isso, quando o parágrafo primeiro alude à expressão "interpretação de normas sobre as quais haja controvérsia", quer se referir a dispositivos legais que, não interpretados como inconstitucionais (*porque, se assim o fosse, a discussão se restringiria à validade*), receberam de diversos tribunais sentidos diferentes, todos, entretanto, apontando para a *não invalidação* de todo o dispositivo ou de parte do mesmo.

Tendo em vista a competência ampla do Supremo Tribunal Federal, as normas tanto poderão ser federais como estaduais ou municipais. É possível, porém, que a questão envolva tão somente interpretação da Constituição e não de seu eventual contraste com outras normas infraconstitucionais. Nesses casos, em geral submetidos ao Tribunal sob alegação de contrariedade direta à Constituição (art. 103, III, *a*), discute-se a interpretação da Constituição adotada pelos órgãos jurisdicionais.

Em síntese, ao tratar da *validade* de um texto, a discussão versará sobre a polêmica que os tribunais estarão travando sobre a inconstitucionalidade de uma determinada lei ou dispositivo. A lei é válida, dirão alguns tribunais; a lei é inválida (porque inconstitucional), dirão outros. Essa controvérsia, se relevante, poderá ensejar uma súmula (registre-se, de todo modo, que essa polêmica desaparecerá se enfrentada através de ADI ou ADC). No caso de *interpretações* discrepantes – seguindo-se sempre o raciocínio analítico do legislador, que optou por fazer a cisão entre validade, interpretação e eficácia – estar-se-á diante de decisões que envolvam a afirmação da constitucionalidade (lembremos sempre que a súmula, para ser vinculante, *deve ter conteúdo constitucional*). Já não se estará trabalhando com a validade ou invalidade de um texto, porque, neste caso – chamemos de hipóteses de "interpretação controvertida" – a controvérsia sobre a interpretação (sentido atribuído ao texto) necessariamente terá ínsita a questão de que os tribunais, de modos diferentes, *manifestaram-se pela afirmação da constitucionalidade* (de modo parcial ou não). E nisto residirá o espaço para a emissão da súmula.

3.2.3. Eficácia

Por fim, o novo dispositivo constitucional estabelece que a súmula terá por objetivo colocar término às discussões também acerca da eficácia de normas, questão que deve ser analisada igualmente levando em conta a *base analítica* do dispositivo. Dizer que a eficácia de uma norma diz respeito às condições fáticas de sua concretização ou que a eficácia é uma qualidade de uma norma vigente não é suficiente para a compreensão do fenômeno dos âmbitos que conformam uma norma jurídica (que, repita-se, é sempre produto de interpretação de um texto). Na verdade, a eficácia tem como condição de possibilidade a validade do texto jurídico. No plano de uma *perspectiva material* da Constituição e naquilo que contemporaneamente tem sido compreendido como concretização constitucional, a validade da norma pressupõe a possibilidade de produzir eficácia.

Assim, a norma – que é produto da interpretação de um texto – já traz ínsita a questão da validade. Norma válida e ineficaz é norma incompatível com a Constituição. A norma já não é o enunciado geral e abstrato, posto e positivo, em virtude do qual "se é ilícito, então deve ser sancionado", lembra José Serrano: a norma é agora esse elemento, preceito ou proposição promulgada, mas um juízo de coerência com o sistema jurídico, incluídos nos valores positivados em seu plano mais alto: a Constituição histórica, indisponível para qualquer dos três Poderes, incluído o Legislativo. A norma já não é uma unidade dada, mas, sim, uma cadeia de unidades argumentadas dinâmica (competência e procedimento) e estaticamente (coerência). E essa cadeia de argumentação no interior do sistema a que chamamos norma não está previamente dada, mas se constrói para cada caso e por cada intérprete. A norma não é um elemento, é uma relação. A norma válida não existe assim como tal, não está aí, mas se constrói e se desconstrói para cada caso e somente recebe sua existência a partir desta construção (Cf. Serrano, op. cit., pp. 102 e 103).

É preciso entender que a interpretação acerca de um texto, cujo produto será a norma (sentido do texto) a ser aplicada, implica toda uma carga de pré-compreensões, que estão forjadas na faticidade, o que significa dizer que um exame acerca da validade de uma lei será sempre uma análise fenomenológica. Portanto, não parece que o desiderato do constituinte derivado, na sua *cisão analítica* entre validade, interpretação e eficácia, seja a de também aqui isolar o juízo sociológico acerca da eficácia da lei (o que por si já representa um problema, porque a lei não contém um conteúdo em si, porque não alberga todas as hipóteses de aplicação que decorrem da aplicação concreta). Por certo, a acepção da expressão "eficácia" não diz respeito à *análise dos efeitos concretos produzidos pelas normas e tampouco a uma compreensão sociofenomenológica destas*. A preocupação do constituinte derivado, ao estabelecer possibilidade de edição de súmula vinculante para sanar discrepâncias acerca da eficácia de normas, parece restringir-se, de forma até mesmo singela, ao entendimento comumente adotado na doutrina jurídica, *pelo qual a eficácia é considerada como decorrente do efetivo comportamento dos destinatários em relação à norma posta, bem como a sua aplicação pelos tribunais por ocasião de descumprimento*. Numa palavra, a eficácia está relacionada e se restringe, neste caso, ao sentido jurídico de aplicabilidade, isto é, à aferição da possibilidade de ser aplicada, e não se efetivamente ela produz(irá) tais efeitos no mundo da vida.

Eficácia teria relação, assim, com a aplicabilidade, restringindo-se a noção ao sentido jurídico, pelo qual a norma deve ter possibilidade de ser aplicada, isto é, deve ter capacidade de produzir efeitos jurídicos, não se cogitando de saber se ela produz efetivamente esses efeitos, o que remeteria a discussão a uma perspectiva sociológica, que trata da eficácia social.

De todo modo, mesmo que o conceito de eficácia venha sendo reduzido à problemática dos efeitos (*ex nunc e ex tunc*) e mesmo que a discussão sobre a invalidade constitucional de atos normativos seja, por vezes, confundida com o âmbito da vigência, é possível avançar na formulação teorética do problema. Destarte, é necessário empreender esforços para que ela possa vir a servir de instrumento de concretização dos direitos fundamentais-sociais, passando a compreender o problema eficacial *a partir de uma perspectiva de um direito que assume acentuado grau de autonomia no Estado Democrático de Direito*.

Por isso é possível afirmar que as súmulas vinculantes têm também – e primordialmente – a função de *selo jurídico para garantir conquistas sociais relevantes*. Com efeito, não se pode olvidar que as lutas democráticas no campo político-jurídico têm acumulado um razoável conjunto de conquistas e avanços sociais, frutos de pressões de movimentos sociais, que têm recebido o *selo jurídico* a partir da jurisprudência dos tribunais.

3.3. A exigência de controvérsia atual, grave insegurança jurídica e possibilidade de "relevante multiplicação de processos sobre questão idêntica"

O dispositivo introdutor da súmula vinculante estabelece duas situações distintas em que a súmula poderá ser editada, atendendo determinados requisitos: na hipótese de existir controvérsia atual entre órgãos judiciários sobre a validade, a interpretação e a eficácia de normas; e, ainda, quando existir tal controvérsia entre os órgãos judiciários e a administração pública, e essa controvérsia acarrete (isto é, esteja acarretando) grave insegurança jurídica e relevante multiplicação de processos sobre questão idêntica. Portanto, não se pode confundir a simples controvérsia entre diversos tribunais com a controvérsia dos tribunais com os órgãos da administração pública, mormente porque, neste último caso, a preocupação é nitidamente com a multiplicação de ações e com os recursos protelatórios.

Outro entrave à edição de súmulas vinculantes é a demonstração da possibilidade da ocorrência de "relevante multiplicação de processos sobre questão idêntica". Vê-se, assim, mais uma vez, o núcleo central do problema da vinculação sumular: *o da busca da integridade interpretativa do ordenamento*. De todo modo, também nesta hipótese em que a *ratio* da súmula vinculante aponta para a necessidade de se evitar a multiplicação de processos judiciais, afigura-se inegável que, tendo em vista a própria formalidade do processo de aprovação e edição de súmula, o Tribunal não poderá afastar-se da orientação sumulada sem uma decisão formal no sentido da superação do enunciado eventualmente fixado. Aquilo a que Victor Nunes se referiu como instrumento de autodisciplina do Tribunal edifica-se, no contexto da súmula vinculante, em algo associado à própria responsabilidade institucional da Corte de produzir clareza e segurança jurídicas para os demais tribunais e para os próprios jurisdicionados.

A afirmação de que inexistiria uma autovinculação do Supremo Tribunal ao estabelecido nas súmulas há de ser entendida *cum grano salis*. Talvez seja mais preciso afirmar que o Tribunal estará vinculado ao entendimento fixado na súmula enquanto considerá-lo expressão adequada da Constituição e das leis interpretadas. Como já dito, a súmula, assim como a lei, *é um texto do qual se extrai uma norma*. Por isso, a desvinculação há de ser formal, explicitando-se que determinada orientação vinculante não mais deve subsistir. Aqui, como em toda mudança de orientação, o órgão julgador ficará duplamente onerado pelo dever de argumentar. E, não esqueçamos, a própria determinação da fundamentação das decisões (art. 93, IX) se aplica à espécie.

Numa palavra final: a súmula vinculante somente será eficaz para reduzir a crise do Supremo Tribunal Federal e das instâncias ordinárias se puder ser adotada em tempo social e politicamente adequado. Assim, não pode haver um espaço muito largo entre o surgimento da controvérsia com ampla repercussão e a tomada de decisão com efeito vinculante. Do contrário, a súmula vinculante perderá o seu conteúdo pedagógico-institucional, não cumprindo a função de orientação das instâncias ordinárias e da Administração Pública em geral. Nesse caso, sua eficácia ficará restrita aos processos ainda em tramitação.

4. Linguagem das súmulas: o problema das vaguezas e das ambiguidades

Uma das críticas às súmulas vinculantes diz respeito – e essa discussão veio à lume por ocasião da SV 11 (conhecida como a súmula das algemas) – a eventuais termos vagos ou ambíguos utilizados na redação dos respectivos enunciados. De pronto é necessário explicar que as palavras não se dividem em categorias como "vagas" e "não vagas" ("precisas"). Na redação de qualquer texto é impossível escolher termos "precisos" que garantam a inexistência de "dúvidas" quanto à sua aplicação futura. Não há clareza que dispense a interpretação. E, mesmo que quem pense assim tenha razão, faltaria explicar por que motivos a lei deveria ser formulada em termos que (ao contrário do precedente) *favorecessem* o surgimento de dúvidas. Só se fosse para dar discricionariedade ao intérprete, o que também denuncia uma postura positivista (no sentido do debate Dworkin-Hart, evidentemente). Na verdade, o redator de qualquer texto deve procurar evitar o surgimento de dúvidas, embora se saiba, desde Schleiermacher, que "o mal-entendido se produz por si mesmo e a compreensão é algo que temos de querer e de procurar em cada ponto".

Efetivamente, não se deve transportar, da lei para as súmulas, o velho problema da vagueza e da ambiguidade das palavras. Isso não ajuda em nada. Aliás, isso apenas mostra como parcela significativa da doutrina permanece refratária às conquistas filosóficas que o século XX nos legou. Não deveria haver essa preocupação com a "degradação semântica" (*sic*). Esclarecendo melhor: os juristas continuam a tentar encontrar *no próprio texto* uma "essência" que permita dizer qual seu "real significado". É como se o texto contivesse uma "textitude". Ou seja, "fica-se nos domínios do texto". Não podemos esquecer que a isomorfia defendida por Wittgenstein no seu *Tratactus* foi abandonada ao escrever as Investigações Filosóficas. Súmulas, que são pautas gerais, que também são enunciados, assim como a própria legislação, somente adquirem vida no momento de sua aplicação. É nesse exato sentido a lição de Gadamer, comentando a atualidade hermenêutica da filosofia prática aristotélica: um saber geral que não saiba aplicar-se à situação concreta permanece sem sentido, e até ameaça obscurecer as exigências concretas que emanam de uma determinada situação.

Paradoxalmente, uma das súmulas vinculantes mais criticada pode ser o exemplo da importância que o instituto pode ter no âmbito do direito brasileiro. Trata-se da SV 11 (*Só é lícito o uso de algemas em casos de resistência e de fundado receio de fuga ou de perigo à integridade física própria ou alheia, por parte do preso ou de terceiros, justificada a excepcionalidade por escrito, sob pena de responsabilidade disciplinar, civil e penal do agente ou da autoridade e de nulidade da prisão ou do ato processual a que se refere, sem prejuízo da responsabilidade civil do Estado.*). As súmulas, em sentido lato, no modo como foram institucionalizadas, têm pretensão de generalidade e abstração, como a lei [*v.g.*, "Não cabe mandado de segurança contra lei em tese" (n. 266 do STF); "A incompetência relativa não pode ser declarada de ofício" (n. 33 do STJ)]. Quem acha que as súmulas vinculantes são "demasiadamente vagas" deixa a impressão de que as dificuldades de aplicação devem ser solucionadas com "outras súmulas" ou um "comentário sobre as súmulas". Não é temerário afirmar que o "*precedente' não cabe na súmula*". É impossível transformar o problema da aplicação (*Anwendungsdiskurs*) em um problema de validade (prévia) dos discursos jurídicos (discursos de justificação – *Begründungsdiskurs*). O objetivo de qualquer súmula: deixar posto de antemão aquilo que o tribunal estabelece sobre determinado assunto, para que não tenha de analisar cada situação diferente e dizer sobre ela *a posteriori*. Todas as situações têm "peculiaridades concretas" e, se fosse por isso, nada poderia ser "sumulado". Por isso, as súmulas não são um problema ou um "mal em si". Podem ser importantes para colocar o "selo jurídico" em conquistas hermenêuticas. *Também podem contribuir para a formação de uma cultura jurídica que respeite a integridade do direito (Dworkin) e a institucionalização de uma tradição (Gadamer)*. Portanto, o problema não está no fato de o sistema jurídico ter ou não mecanismos vinculatórios. Esta é a contradição secundária do problema. Registre-se: desde a lei 8.038/90 as súmulas servem para obstaculizar recursos. Assim, de algum modo, já vinculavam e continuam vinculando. A diferença é que agora existe, para a SV, criada pela EC 45, o mecanismo da reclamação.

Cada SV possui um histórico, um DNA, que o STF coloca à disposição da comunidade jurídica. O equívoco na compreensão das súmulas pode estar na seguinte questão: pensa-se, cada vez mais, que, com a edição de uma súmula, o enunciado se autonomiza das circunstâncias fático-discursivas que lhe deram origem. É como se, na própria *common law*, a *ratio decidendi* pudesse ser exclusivamente uma proposição de direito, abstraída da "questão de fato" (ou das questões de fato, da cadeia discursiva, da tradição que forjou a formação do enunciado etc.).

A institucionalização das súmulas vinculantes não significa o retorno ao velho dedutivismo. Isso seria voltar ao positivismo exegético-legalista, o que parece não estar no horizonte de nenhum setor da doutrina jurídica. As súmulas (ou a jurisprudência) vinculam tanto mais quanto mais fundamentadas sejam as suas decisões ou razões decisórias, num receptáculo de orientação povoado não por uma lógica matemática, mas por uma justeza hermenêutica tributária da razão prática, num *continuum* de procedência atestado mediante pautas de equanimidade. Veja-se que no caso da "súmula das algemas", o verbete sumular preconizou prudência no manejo de dito "instrumento", contando com o contributo de responsabilidade futura do intérprete que tiver diante de si semelhante impasse. Como se trata de um enunciado, este somente alcançará sentido em face de uma situação concreta ou de uma sucessão de casos concretos, mediante os quais devemos construir uma tradição de casos concretos que darão sentido aos (vazios) enunciados. Dito de outro modo, se a SV n. 11 aponta, de forma geral, para a exigência de prudência no uso das algemas e consequente respeito aos direitos fundamentais – é necessário verificar, em cada "algemação", o cabimento ou não do enunciado. O importante é que, e em cada súmula, exsurgem princípios com o fito de concretizar a Constituição. Para sermos mais claros: de efetivo, a SV n. 11 veio para retirar a "discricionariedade" – para não falar em outra coisa – da subjetividade do "algemador". Da SV n. 11 deve ser extraído o seguinte princípio: "algemas são excepcionais e mesmo o seu uso deve preservar os direitos fundamentais do acusado". É equivocado – para não dizer inútil – tentar conceituar (dar o sentido "exato" de) cada vocábulo do enunciado sumular. *Os casos que exigem (ou não) o uso de algemas definitivamente "não cabem na súmula"*. Assim como as inúmeras hipóteses de agressões injustas não "caberão" no conceito de "injusta agressão" para caracterizar a legítima defesa. Será um longo trabalho para construir uma tradição (no sentido de que fala Gadamer) *sobre como devemos e/ou podemos algemar alguém*. Assim como levamos vários anos para estabelecer algo que não estava no CPP: o prazo para a conclusão da instrução estando o réu preso. E assim por diante. A formação de significados de significantes depende de um existencial que é a temporalidade.

Na verdade, para que uma súmula possa ser editada, haverá uma sucessão de casos, que, reconstruídos, darão azo a uma "coagulação de sentido" (é isso que é uma SV, em síntese). Dizendo de modo diferente, o que não poderá acontecer é que cada juiz, por suas convicções pessoais (argumentos morais, teleológicos, etc. ou até o seu gosto pessoal) atribua, para cada caso, o sentido que lhe convier, a partir de um uso pragmático dos sentidos, como se o caso concreto estabelecesse a possibilidade de um "grau zero de sentido". Numa palavra: não teremos jamais um "método" seguro para a aplicação da SV n. 11 (e, portanto, das algemas). Mas teremos, sim, *um maior respeito aos direitos fundamentais*. E quanto mais faticidade, mais estaremos "apertando" o sentido do que seja "uma aplicação das algemas de forma excepcional" e "a preservação dos direitos fundamentais", a partir da principiologia constitucional. Ainda uma explicação para este ponto: eis a importância da lei, das palavras, dos enunciados, enfim, das súmulas. Se uma lei diz que é proibido transitar com automóveis aos domingos, o máximo que poderemos fazer – se essa lei não for inconstitucional – é discutir as exceções acerca de ambulâncias etc. Mas uma coisa é indiscutível: não poderemos dizer que é permitido transitar com automóveis aos domingos...". São os limites hermenêuticos de cada ato interpretativo. O instituto das súmulas vinculantes pretende colocar esses limites, só que ao modo de uma espécie de "adiantamento dos sentidos mínimos", para verticalizar o processo de interpretação do direito.

Enfim, a indeterminação é inerente ao processo interpretativo, que por sua vez faz parte da experiência humana, cuja humanidade se abre ao mundo por meio da linguagem. Esta é uma concepção politicamente responsável acerca da indeterminação do direito na medida em que recepciona paradigmaticamente a filosofia para tratar da indeterminação; é o caso das teorias interpretativistas acerca do direito como a Crítica Hermenêutica do Direito (Streck) e a teoria de Ronald Dworkin, que rejeitam uma concepção não cognitivista acerca da moral. Ocorre que a indeterminação do direito e da interpretação também pode ser afirmada com base em posturas que não recepcionam paradigmaticamente a filosofia no direito, como o realismo jurídico, que assume ceticismo a respeito da moral. Em resumo, esta linha afirma a impossibilidade de constatar a veracidade de uma afirmação moral, pois não haveria um método apto para tanto, como o científico destinado às ciências naturais. Logo, o direito verdadeiro necessariamente se resumiria ao que o judiciário diz que é, pois este seria o único dado verificável a ser tido como verdade. Este realismo jurídico ampara a noção de precedentes e súmulas vinculantes no Brasil, neles culminando, em verdade, visto que seriam capazes de tornar objetivo o direito, centralizando a sua produção ao definir a autoridade competente para tanto.

Em resumo, os precedentes e súmulas vinculantes no Brasil constituem o ápice da aposta na autoridade para fixar a interpretação válida diante da noção nietzscheana de que "fatos não há; só há interpretações"; contudo, uma teoria acerca do direito politicamente responsável recepciona paradigmaticamente a filosofia deve afirmar: "somente há interpretações porque existem fatos a serem narrados".

5. Súmula vinculante e reclamação constitucional

A comissão de redação dará remissão à alínea *l* do art. 102, I).

O art. 7º da Lei 11.417/2006 estabelece que, da decisão judicial ou do ato administrativo que contrariar enunciado de súmula vinculante, negar-lhe vigência ou aplicá-lo indevidamente, caberá reclamação ao Supremo Tribunal Federal, sem prejuízo dos recursos ou outros meios admissíveis de impugnação. Ressalte-se que, no caso de omissão ou ato da administração pública, é imprescindível esgotamento das vias administrativas para que seja admitida a reclamação, conforme o disposto no art. 7º, § 1º, da Lei 11.417/2006.

A decisão do Supremo Tribunal Federal, na reclamação, anulará o ato administrativo ou cassará a decisão judicial impugnada, determinando que outra seja proferida com ou sem aplicação da súmula, conforme o caso (art. 7º, § 2º, da Lei 11.417/2006).

6. A publicação da súmula e a vinculação de todos os órgãos da administração direta e indireta

O *caput* do art. 103-A estabelece que o efeito vinculante ocorrerá a partir da publicação na imprensa oficial da decisão que aprovou a súmula.

Assim, uma vez publicado, o enunciado passa a ter efeito vinculante em relação aos demais órgãos do Poder Judiciário e da Administração Pública federal, estadual e municipal. O caráter vinculante não abrange o Poder Legislativo. Entretanto, embora obviamente não haja vinculação no exercício de suas atividades típicas de legislar, nas demais funções administrativas essa vinculação ocorrerá (Resoluções, Atos da Mesa, Julgamentos Administrativos etc.).

Veja-se, ainda, a mudança que a alteração constitucional desse jaez acarreta em órgãos públicos com expressas recomendações de recorrer quando houver sucumbência, independentemente da questão jurídica veiculada. A súmula obsta, assim, a interposição de recursos pelos diversos órgãos administrativos. O objetivo é, assim, de evitar a interposição de recursos protelatórios.

Art. 103-B. O Conselho Nacional de Justiça compõe-se de 15 (quinze) membros com mandato de 2 (dois) anos, admitida 1 (uma) recondução, sendo:

I – o Presidente do Supremo Tribunal Federal;

II – um Ministro do Superior Tribunal de Justiça, indicado pelo respectivo tribunal;

III – um Ministro do Tribunal Superior do Trabalho, indicado pelo respectivo tribunal;

IV – um desembargador de Tribunal de Justiça, indicado pelo Supremo Tribunal Federal;

V – um juiz estadual, indicado pelo Supremo Tribunal Federal;

VI – um juiz de Tribunal Regional Federal, indicado pelo Superior Tribunal de Justiça;

VII – um juiz federal, indicado pelo Superior Tribunal de Justiça;

VIII – um juiz de Tribunal Regional do Trabalho, indicado pelo Tribunal Superior do Trabalho;

IX – um juiz do trabalho, indicado pelo Tribunal Superior do Trabalho;

X – um membro do Ministério Público da União, indicado pelo Procurador-Geral da República;

XI – um membro do Ministério Público estadual, escolhido pelo Procurador-Geral da República dentre os nomes indicados pelo órgão competente de cada instituição estadual;

XII – dois advogados, indicados pelo Conselho Federal da Ordem dos Advogados do Brasil;

XIII – dois cidadãos, de notável saber jurídico e reputação ilibada, indicados um pela Câmara dos Deputados e outro pelo Senado Federal.

§ 1º O Conselho será presidido pelo Presidente do Supremo Tribunal Federal e, nas suas ausências e impedimentos, pelo Vice-Presidente do Supremo Tribunal Federal.

§ 2º Os demais membros do Conselho serão nomeados pelo Presidente da República, depois de aprovada a escolha pela maioria absoluta do Senado Federal.

§ 3º Não efetuadas, no prazo legal, as indicações previstas neste artigo, caberá a escolha ao Supremo Tribunal Federal.

§ 4º Compete ao Conselho o controle da atuação administrativa e financeira do Poder Judiciário e do cumprimento dos deveres funcionais dos juízes, cabendo-lhe, além de outras atribuições que lhe forem conferidas pelo Estatuto da Magistratura:

I – zelar pela autonomia do Poder Judiciário e pelo cumprimento do Estatuto da Magistratura, podendo expedir atos regulamentares, no âmbito de sua competência, ou recomendar providências;

II – zelar pela observância do art. 37 e apreciar, de ofício ou mediante provocação, a legalidade dos atos administrativos praticados por membros ou órgãos do Poder Judiciário, podendo desconstituí-los, revê-los ou fixar prazo para que se adotem as providências necessárias ao exato cumprimento da lei, sem prejuízo da competência do Tribunal de Contas da União;

III – receber e conhecer das reclamações contra membros ou órgãos do Poder Judiciário, inclusive contra seus serviços auxiliares, serventias e órgãos prestadores de serviços notariais e de registro que atuem por delegação do poder público ou oficializados, sem prejuízo da competência disciplinar e correicional dos tribunais, podendo avocar processos disciplinares em curso, determinar a remoção ou a disponibilidade e aplicar outras sanções administrativas, assegurada ampla defesa;

IV – representar ao Ministério Público, no caso de crime contra a administração pública ou de abuso de autoridade;

V – rever, de ofício ou mediante provocação, os processos disciplinares de juízes e membros de tribunais julgados há menos de um ano;

VI – elaborar semestralmente relatório estatístico sobre processos e sentenças prolatadas, por unidade da Federação, nos diferentes órgãos do Poder Judiciário;

VII – elaborar relatório anual, propondo as providências que julgar necessárias, sobre a situação do Poder Judiciário no País e as atividades do Conselho, o qual deve integrar mensagem do Presidente do Supremo Tribunal Federal a ser remetida ao Congresso Nacional, por ocasião da abertura da sessão legislativa.

§ 5º O Ministro do Superior Tribunal de Justiça exercerá a função de Ministro-Corregedor e ficará excluído da distribuição de processos no Tribunal, competindo-lhe, além das atribuições que lhe forem conferidas pelo Estatuto da Magistratura, as seguintes:

I – receber as reclamações e denúncias, de qualquer interessado, relativas aos magistrados e aos serviços judiciários;

II – exercer funções executivas do Conselho, de inspeção e de correição geral;

III – requisitar e designar magistrados, delegando-lhes atribuições, e requisitar servidores de juízos ou tribunais, inclusive nos Estados, Distrito Federal e Territórios.

§ 6º Junto ao Conselho oficiarão o Procurador-Geral da República e o Presidente do Conselho Federal da Ordem dos Advogados do Brasil.

§ 7º A União, inclusive no Distrito Federal e nos Territórios, criará ouvidorias de justiça, competentes para receber reclamações e denúncias de qualquer interessado contra membros ou órgãos do Poder Judiciário, ou contra seus serviços auxiliares, representando diretamente ao Conselho Nacional de Justiça.

Flávio Pansieri

A – REFERÊNCIAS

1. Origem do texto

Redação original conferida pela Emenda Constitucional 45 de 2004.

2. Constituições brasileiras anteriores

Como embrião do atual modelo, aparece o Conselho Nacional da Magistratura, instituído pela EC/7 de 1975, inserido no art. 112 da CF/67 e com suas atribuições disciplinadas no art. 120 do mesmo diploma.

3. Preceitos constitucionais relacionados na Constituição de 1988

EC/45 de 2004; art. 52, II, art. 92, I, *a*; art. 102, I, *r*; 103-B da CF/88; EC/61 de 2009.

4. Constituições Estaduais

Em razão de sua natureza federal foi firmado o enunciado da Súmula 649 do Supremo Tribunal Federal, afirmando que as Constituições Estaduais não podem criar órgãos de controle do poder judiciário estadual nos seguintes termos: é inconstitucional a criação, por Constituição Estadual, de órgão de controle administrativo do poder judiciário do qual participem representantes de outros poderes ou entidades.

Os precedentes que deram ensejo a criação da mencionada Súmula 649 foram as ADIs 98/MT, 135/PB e 137/PA. Nestes julgados, o Supremo Tribunal Federal declarou a inconstitucionalidade das legislações que criaram órgãos estaduais de controle do Judiciário, por violação ao princípio da separação dos poderes.

5. Constituições comparadas

O controle do Poder Judiciário, em vários países europeus, é realizado por órgãos conhecidos como Conselhos Superiores da Magistratura. Os referidos conselhos têm sua origem na Constituição francesa de 1946. Notadamente a França nunca contou com uma Magistratura totalmente autônoma em relação ao Poder Político, ao menos institucionalmente e serviu de modelo para outros países Europeus, como: Itália, em 1947, com previsão atual no art. 105 da Constituição e na Lei 195/1958; Portugal, em 1976, com previsão atual no art. 223 da Constituição; Espanha, em 1978, com previsão atual no art. 122 da Constituição; Grécia, em 1975; bem como de outros países do mundo como, Constituição da Turquia, art. 144; Constituição Colombiana, art. 254-257; Constituição da Venezuela, art. 254 etc. O mote inicial para criação dos Conselhos era a necessidade da existência de um órgão de governo da Magistratura para garantir sua autonomia (independência externa) e para exercer as tarefas de nomeação, ascensão, transferência e punição disciplinar dos juízes, cuja independência seria gravemente afetada se fosse o Poder Executivo o encarregado direto destas incumbências. Em suma, trata-se de órgão externo, é dizer, órgão que não pertence ao Poder Judiciário e misto quanto à composição, ou seja, não é composto exclusivamente por juízes. Em outras palavras, é um órgão político não só porque não integra a estrutura judicial, senão também porque é parcialmente composto por pessoas alheias a ela, nomeadas de acordo com critérios políticos, pelo Poder Político. É presidido pelo Presidente da República (Itália, França) ou por quem o Presidente do Governo indica (Espanha) ou, ainda, por um Juiz (Portugal). Seus membros são selecionados e nomeados pelo Poder Político, totalmente (Espanha) ou parcialmente (Itália, Portugal e França). Nesta medida o modelo europeu segue diverso do brasileiro, pois não se encontram constitucionalmente posicionados como órgãos da magistratura, e ainda, tem em regra, conotação política alheia à magistratura. Exemplos de composição: França: Conselho Superior da Magistratura, 11 membros, sendo o presidente do Conselho o próprio Presidente da República, o vice-presidente é o Ministro da Justiça e nove membros designados pelo Presidente da República, seis são juízes, um conselheiro de Estado e dois são personalidades não pertencentes à magistratura, escolhidos em razão de sua competência; Espanha: Conselho Geral do Poder Judiciário: 21 membros, sendo o presidente do Conselho escolhido pelo Primeiro-Ministro e nomeado pelo rei, doze são juízes escolhidos pelo Parlamento e oito são juristas, podendo ou não ser políticos, também escolhidos pelo Parlamento; Japão: Corte de Impeachment, que decide se um juiz deve ser exonerado e recebe denúncias da Corte de Acusação Judicial, cada qual com a seguinte composição: 14 membros na Corte de Impeachment e 20 membros na Corte de Acusação, em ambos os casos os membros pertencem ao Parlamento; Portugal: Conselho Superior de Magistratura, 17 membros, sendo presidente do Conselho o presidente do Supremo Tribunal, dois juristas são escolhidos pelo Presidente da República, sete também juristas, políticos ou não, são indicados pelo Parlamento e sete juízes escolhidos entre seus pares; Itália: Conselho Superior da Magistratura, 33 membros, sendo o presidente do Conselho o próprio Presidente da República, vinte são juízes escolhidos pela própria magistratura e dez são juristas, políticos ou não, são escolhidos pelo Parlamento, uma vaga é ocupada pelo Ministro da Justiça e uma vaga é ocupada pelo procurador-geral da República. Ressaltar que o modelo italiano é o que mais se aproxima do modelo pátrio, pois é composto em sua maioria por magistrados.

6. Direito nacional

Lei Complementar 35, de 14 de março de 1979 (Institui a Lei Orgânica da Magistratura Nacional), Emenda Constitucional 45 de 30 de dezembro de 2004, Código de Ética da Magistratura Nacional (Aprovado na 68ª Sessão Ordinária do Conselho Nacional de Justiça, do dia 06 de agosto de 2008, nos autos do Processo n. 200820000007337); Regimento Interno do CNJ (Emenda Regimental 1, de 9 de março de 2010, que alterou o Regimento Interno do Conselho Nacional de Justiça – Publicado no *DJ-e*, n. 60/2010, de 5 de abril de 2010, p. 2-6); Resoluções do CNJ.

7. Jurisprudência selecionada

STF – Súmula 649; ADI 3.823-MC; ADI 3.367/DF; ADC 12; ADC 12-MC; AO 1706 Agr/DF; AO 1814 QO/MG; MS 25.393-AgR; MS 25.938; MS 26.284; MS 29.314-MC; MS 29.192-MC/DF; MS 29.354; MS 29.476; MS 29.183-MC; MS 29.185-MC; MS 29.314; MS 29.506; MS 29.491; MS 29.462; RE 579951; MS 27.188 AgR; Pet. 3986 AgR; MS 27.154/DF; AC 2390-MC/PB; MS 28.537-MC; MS 26.209/DF; MS 26.710/DF; MS 26.749/DF; MS 28.003/DF; MS 28.150 MC; MS 28.485/SE; MS 26.676/DF; MS 27.222 Agr/DF; MS 25.879-9/DF; MS 28.112/DF; MS 28.775/DF; MS 30.805 Agr/DF.

TSE – PA N. 2533-74.2010.6.00.0000-DF.

8. Bibliografia selecionada

A Constituição Democrática Brasileira e o Poder Judiciário. São Paulo: Fundação Konrad-Adenauer-Stiftung, Centro de Estudos, 1999.

ALBUQUERQUE, Valéria Medeiros de. Controle Externo do PJ: Modelo Português. *Revista Ajufe*, n. 41, p. 18-19, jun. 1994.

BARTOLE, Sergio. *Autonomia e Indipendenza Dell'Ordine Giudiziario*. Padova: CEDAM – Casa Editrice Dott. Antonio Milani, 1964.

BASTOS, Márcio Thomaz. *Estrutura do Poder Judiciário e Controle Externo*. Anais da XIV Conferência da Ordem dos Advogados do Brasil, Vitória: OAB, 1993. p. 107-112.

BRITO, Alejandro Guzman et al. *La Función Judicial*. Buenos Aires: Depalma, 1981.

CENEVIVA, Walter. Controle do Externo do Judiciário Pode Melhorar o Poder que Julga. *Revista da Ordem dos Advogados do Brasil*, v. 25, n. 60, p. 63-78, jan./jun. 1995.

DALLARI, Dalmo de Abreu. Conselhos Nacionais de Justiça: Instrumentos de Controle ou de Gestão? (Entrevista). *Revista Anamatra*, v. 16, n. 46, p. 31-38, 2004.

FILHO, Ilton Norberto Robl. *Conselho Nacional de Justiça*: Estado Democrático de Direito e *Accountability*. São Paulo: Saraiva, 2013.

GEBER, François. *Justice Independante Justice Sur Commande*. Paris: Press Universitaires de France, 1990.

GIACOBRE, Giovanni. *Ordine Giudiziario e Comunità Dermocrática*. Milano: DOTT. A. Giuffrè Editore, 1973.

MARTIN, Nuria Belloso. *El Control Democrático Del Poder Judicial en Espanã*. Curitiba: Universidade de Burgos/Moinho do verbo, 1999.

MELLO FILHO, José Celso de. *Quem Ganha e quem Perde com o Controle Externo do Judiciário?* Pastas dos Ministros, n. CM, Ministro Celso de Mello.

MENDES, Gilmar Ferreira; SILVEIRA, Fabiano Augusto Martins; MARRAFON, Marco Aurélio. *Conselho Nacional de Justiça*: fundamentos, processo e gestão. São Paulo: Saraiva, 2016.

PICOT, Georges. *Reforme Judiciaire*. Paris: Librairie Hachette Et Cie, 1881.

RECERRA. Manuel Jose Terol. *El Consejo Gerenal Del Poder Judiciário*. Madrid: Centro de Estudos Constitucionais, 1990.

RENAULT, Sérgio Rabello Tamm. O Poder Judiciário e os Rumos da Reforma. *Revista do Advogado*, v. 24, n. 75, p. 96-103, abr. 2004.

SAMPAIO, José Adércio Leite. *O Conselho Nacional de Justiça e a Independência do Judiciário*. Belo Horizonte: Del Rey, 2007.

SIFUENTES, Mônica Jacqueline. O Poder Judiciário no Brasil e em Portugal: Reflexões e Perspectivas. *Revista de Informação Legislativa*, v. 36, n. 142, p. 325-340, abr./jun. 1999.

STRECK, Lenio Luiz; SARLET, Ingo Wolfgang; CLÈVE, Clèmerson Merlin. *Os Limites Constitucionais das Resoluções do CNJ e do CNMP*. BuscaLegis. Disponível em: <http://www.egov.ufsc.br/portal/sites/default/files/anexos/15653-15654-1-PB.pdf>. Acesso em 1º jun. 2023.

VELLOSO, Carlos Mário da Silva. *Controle Externo do Poder Judiciário e Controle de Qualidade do Judiciário e da Magistratura*: uma proposta. Temas de direito público. Belo Horizonte: Del Rey, 1997. p. 125-144.

B – COMENTÁRIOS

1. Breve histórico sobre a formação do Conselho Nacional de Justiça

O Conselho Nacional de Justiça teve seu embrião inserido no ordenamento jurídico pátrio com o advento da Emenda Constitucional 7/1975, editada durante o recesso do Congresso Nacional, por iniciativa do então Presidente da República com fundamento no disposto no Ato Institucional 5/1968. A referida emenda inseriu na Constituição, especificamente no art. 112, o Conselho Nacional da Magistratura, dispondo de seus contornos e estrutura no art. 120 da CF/67. O tema em seguida foi objeto de regulamentação pela Lei Orgânica da Magistratura (LOMAN), Lei Complementar 35/1979. Foi criado sob as vestes de um órgão tipicamente correicional, com competência para conhecer das reclamações contra membros de Tribunais e ainda avocar processos disciplinares determinando a disponibilidade dos magistrados. A jurisdição do Conselho abrangia todo o território e era composto por sete Ministros do Supremo Tribunal Federal, escolhidos pelo próprio Tribunal, com mandatos de 2 anos, contando ainda com a participação do Procurador-Geral da República. Pontua-se que desde então se ventilava a tese da interferência na independência do Poder Judiciário, não tendo prosperado tal argumento em razão da composição do Conselho: sendo formado apenas por Ministros do STF, acabava por ser meramente uma corregedoria geral. Já no período da redemocratização, durante a Assembleia Nacional Constituinte, o tema retornou a pauta a partir do projeto da Comissão Afonso Arinos, apoiada pela Ordem dos Advogados do Brasil, que propunha a criação de um "Conselhão" de controle externo com atribuições de fiscalização da atividade administrativa e do desempenho dos deveres funcionais do Poder Judiciário. Todavia, naquele momento, a ideia de criar o Conselho Nacional de Justiça fracassou devido à pressão da magistratura nacional com as seguintes teses: quebra de independência do Judiciário; desrespeito à separação dos poderes dada sua composição híbrida; e também ausência de paralelo quanto à atuação do Executivo e do Legislativo. Em 1992, o debate retomou sua caminhada no Congresso Nacional em conjunto com a Reforma do Judiciário. Após muitos substitutivos, arquivamentos e desarquivamentos, mesmo com forte pressão contrária da magistratura, em 31 de dezembro de 2004 foi aprovada a Emenda Constitucional 45 e instalado o CNJ em 14 de junho de 2005. O Conselho Nacional de Justiça foi criado como órgão do Poder Judiciário brasileiro com função correicional e de planejamento, formado por 15 membros, sendo 9 oriundos da magistratura e 6 externos. Nesta medida o Conselho se converteu em um órgão de composição híbrida e democrática, que tem por objetivo precípuo a proposição de medidas para o aperfeiçoamento da Justiça nacional, além de sua função correicional. Quanto à tese de que o Conselho seria inconstitucional, pois afetaria a independência do Judiciário, o STF decidiu que a "composição híbrida do CNJ não compromete a independência interna ou externa do Judiciário, porquanto não julga causa alguma, nem dispõe de atribuição, de competência, cujo exercício interfira no desempenho da função típica do Judiciário, a jurisdicional" (ADI 3.367).

2. A natureza do Conselho Nacional de Justiça

O Conselho Nacional de Justiça é órgão de natureza constitucional-administrativa do Poder Judiciário brasileiro com autonomia relativa. É órgão interno de controle administrativo, financeiro e disciplinar da magistratura. A natureza meramente administrativa decorre do rol de atribuições previstas no art. 103-B, § 4º, da Constituição da República. Ressalte-se que entre tais atribuições não figura qualquer função legislativa ou jurisdicional, haja vista o quadro constitucional normativo ao qual está submetido não permitir leitura diversa. Assim, é vedada a atuação do CNJ, por intermédio de medidas administrativas/normativas revestidas de abstração e generalidade, que pretendam regulamentar matérias que inovem o ordenamento jurídico (ADI 3.367). Da mesma forma ao Conselho é vedada a atuação como uma Corte de cassação ou de revisão de decisões judiciais, pois suas atribuições não se confundem com a função jurisdicional, típica do Judiciário, e das condições materiais do exercício imparcial e independente dos magistrados (MS 28.537

e ADI 3367). Por esta razão, o CNJ não tem competência para exercer o controle de constitucionalidade (este tema será tratado adiante, no item 5.2). Aliado a sua natureza constitucional, pois está inserido na Constituição, está seu *status* político, que decorre de sua composição plural, formada por juízes, membros do Ministério Público, advogados e cidadãos. Ainda quanto a sua natureza, é necessário ressaltar seu âmbito de atuação nacional, conferindo ao Judiciário unidade nacional, apesar de suas subdivisões em justiças especializadas e desmembradas dentro das unidades federativas. Seu âmbito nacional impõe vedação aos Estados para instituir órgão de controle do Judiciário local com composição de membros externos ao judiciário, posição consolidada perante o Supremo Tribunal Federal (Sumula 649) que veda aos Estados-membros competência legislativa para instituir órgão de controle externo do Judiciário. Por fim, merece destaque o posicionamento imposto ao CNJ pelo Supremo Tribunal Federal, afirmando que a Competência do Conselho está restrita apenas aos órgãos e juízes situados hierarquicamente abaixo do Supremo Tribunal Federal. Nesta medida o STF se firmou como órgão máximo do Poder Judiciário, sendo que os atos e decisões do Conselho estão sujeitos a seu controle jurisdicional conforme previsão Constitucional. Assim o CNJ não tem nenhuma competência sobre o Supremo Tribunal Federal e seus Ministros, sendo esse o órgão máximo do Poder Judiciário nacional (ADI 3.367 e MS 27.222 Agr/DF). Na mesma linha o Tribunal Superior Eleitoral decidiu que o Conselho Nacional de Justiça não tem competência para se imiscuir direta ou indiretamente na administração das eleições em virtude da atribuição exclusiva que o Poder Constituinte Originário confiou, privativamente, aos órgãos da Justiça Eleitoral. Assim matérias que possuem disciplina constitucional específica, como é o caso da eleitoral, não se inserem na competência do CNJ, de modo que não lhe incumbe regulamentá-las nem determinar sua aplicação no âmbito desta Justiça Especializada (PA-TSE N. 2533-74.2010.6.00.0000-DF).

3. A composição do Conselho Nacional de Justiça

O Conselho Nacional de Justiça é composto por 15 membros, com mandatos de dois anos permitida uma recondução, salvo no caso do Presidente e Vice-presidente que são eleitos e tomam posse como decorrência das funções exercidas perante o Supremo Tribunal Federal. Neste ponto é relevante frisar que a experiência do CNJ nestes anos de existência revela a necessidade de se repensar a alternância simultânea de doze conselheiros, pois além da ausência de memória no Conselho se tem ainda baixa previsibilidade de suas decisões. Até o advento da Emenda Constitucional 61/2010, os indicados ao Conselho deveriam ter mais de trinta e cinco e menos de sessenta e seis anos de idade, porém tal exigência foi extirpada pela referida Emenda, restando apenas à exigência de aprovação dos nomes dos membros do Conselho pela maioria absoluta do Senado Federal. A composição do CNJ possui característica extremamente democrática, pois de um lado permite tanto uma pluralidade de atores na composição do Conselho como também torna plural as origens das indicações. Conformando esta participação democrática, participam do Conselho nove magistrados, dois membros do *parquet*, dois advogados, dois cidadãos e ainda oficiam perante o CNJ o Procurador-Geral da República e o Presidente do Conselho Federal da Ordem dos Advogados do Brasil. Nesta composição se garantiu ainda a diversidade de instâncias, sendo três Ministros (STF, STJ e TST), três juízes de segundo graus (indicados cada qual pelo STF, STJ e TST) e três juízes de primeiro graus (indicados cada qual pelo STF, STJ e TST); na mesma linha seguem as duas indicações do Ministério Público (ambos indicados pelo Procurador-Geral da República, sendo um do Ministério Público da União e outro dos Estados). A advocacia, como instituição indispensável à administração da Justiça e imprescindível para garantia do Estado Democrático e representação da sociedade civil, indica dois nomes via votação direta do Conselho Federal da Ordem dos Advogados do Brasil. Note-se que a participação do Procurador-Geral da República e do Presidente da Ordem dos Advogados do Brasil na composição do Conselho, com direito a voz, mas sem direito a voto, possui natureza de política democrática. Contudo, ressalte-se que as suas ausências nas sessões não gerará quaisquer nulidades nos julgamentos proferidos pelo Conselho (STF – Ag. Reg. em MS – 25.879-9/DF). Por fim, completam a composição do Conselho dois cidadãos de notório saber jurídico indicados respectivamente um pela Câmara dos Deputados e outro pelo Senado Federal. Como se nota, salvo a nomeação do Presidente e Vice-Presidente do CNJ que ocorrem por decorrência de suas funções exercidas perante do Supremo Tribunal Federal, todos os demais membros serão nomeados pelo Presidente da República após sabatina e aprovação destes pela maioria absoluta do Senado Federal. Ressalte-se o papel de destaque do Supremo Tribunal Federal, pois além da Presidência e vice do Conselho, cabe a este a escolha dos seus membros caso os poderes ou instituições responsáveis pelas indicações não as façam no prazo legal. Ainda com papel de destaque aparece o Ministro do Superior Tribunal de Justiça que assume na forma constitucional a Corregedoria Nacional de Justiça, e na estrutura do Conselho a função de Ministro-Corregedor, que ficará excluído da distribuição de processos no Tribunal, competindo-lhe, além das atribuições que lhe forem conferidas pelo Estatuto da Magistratura, as seguintes: I – receber as reclamações e denúncias, de qualquer interessado, relativas aos magistrados e aos serviços judiciários; II – exercer funções executivas do Conselho, de inspeção e de correição geral; III – requisitar e designar magistrados, delegando-lhes atribuições, e requisitar servidores de juízos ou tribunais, inclusive nos Estados, Distrito Federal e Territórios.

4. Prerrogativa e impedimentos dos Conselheiros

Aos conselheiros se aplicam as mesmas regras de prerrogativas, impedimentos, incompatibilidades e suspeições gerais dos magistrados, por todo o período que durar o mandato. Assim são garantias constitucionais dos conselheiros, desde a posse: inamovibilidade, neste caso conectada a ideia de preservação do juiz natural para os processos administrativos e irredutibilidade de subsídios. Será vedado constitucionalmente aos conselheiros: i. exercício, ainda que em disponibilidade, de outro cargo ou função, salvo uma de magistério, neste aspecto é relevante afirmar que a regra tem sido flexibilizada para que alguns conselheiros permaneçam em suas funções perante a magistratura, mesmo que contrário à lógica do Conselho; ii. receber, a qualquer título ou pretexto, custas ou participação em processo; iii. dedicar-se à atividade político-partidária; iv. receber, a qualquer título ou pretexto, auxílios ou contribuições de pessoas físicas, entidades públicas ou privadas, ressalvadas as exceções previstas em lei; v. exercer a advocacia perante o Conselho, antes de decorridos três anos do afastamento do cargo, mas contrariando à lógica constitucional o Regimento Interno do CNJ flexibilizou regra, reduzindo o tempo para apenas dois anos. O Regimento Interno do Conselho ainda regulou a matéria impondo aos conselheiros o impedimento de concorrer à vaga do quinto constitucional de que trata o art. 94 da Constituição Federal, ser promovido pelo critério de merecimento na carreira da magistratura ou ser indicado para integrar Tribunal Superior durante o período do mandato e até dois anos após o seu término. De outro modo regulou a matéria sobre a perda dos mandatos dos conselheiros nas seguintes hipóteses: i. em virtude de condenação, pelo Senado Federal, em crime de responsabilidade; ii. em virtude de sentença judicial transitada em julgado; iii. em virtude de declaração, pelo Plenário, de perda do mandato por invalidez; iv. quando o conselheiro perder a condição funcional e institucional de magistrado em atividade, membro do Ministério Público, advogado ou cidadão de notável saber jurídico pela qual tiver sido originariamente indicado, devendo ser sucedido por novo representante a ser indicado pelo respectivo órgão legitimado, nos termos do art. 103-B da Constituição Federal.

5. Competências do Conselho Nacional de Justiça – Aspectos gerais

O Conselho tem competências definidas constitucionalmente, sendo estas ligadas ao controle administrativo e financeiro do Poder Judiciário, bem como a garantia do cumprimento dos deveres funcionais dos juízes. Frise-se que tais atribuições não são exaustivas, podendo o Estatuto da Magistratura estabelecer novas atribuições. Duas consequências decorrem desta afirmativa: i. somente a própria Constituição ou Estatuto da Magistratura podem criar novas atribuições ao Conselho; ii. é vedado ao Conselho por seu poder meramente regulamentar inovar seu próprio rol de atribuições. Tal roupagem constitucional poderia sugerir que o Conselho assumiria uma função de cúpula do Poder Judiciário brasileiro, haja vista, que por ele passaria toda a função e planejamento administrativo e as funções correicionais. No entanto, como já tratado anteriormente, ao decidir a ADI 3.367, o Supremo Tribunal Federal firmou o entendimento contrário ao estabelecer que a competência do CNJ é relativa apenas aos órgãos e juízes situados, hierarquicamente, abaixo do Supremo Tribunal Federal. A preeminência deste, como órgão máximo do Poder Judiciário sobre o Conselho, cujos atos e decisões estão sujeitos a seu controle jurisdicional, funda-se por inteligência dos arts. 102, *caput*, inc. I, letra *r*, e 103-B, § 4º, da CF. Assim, note-se que o Conselho Nacional de Justiça não tem nenhuma competência sobre o Supremo Tribunal Federal e seus Ministros, sendo esse o órgão de cúpula do Poder Judiciário nacional, a que aquele está sujeito (ADI 3.367).

Quanto à característica de um órgão de controle administrativo e financeiro, esta não se confunde com a possibilidade de interferência administrativa e financeira da gestão dos Tribunais, haja vista que em momento algum a Constituição confere esta competência ao Conselho, restando a este apenas a possibilidade de análise dos atos de gestão administrativa e financeira praticados pelos Tribunais, como um garantidor da aplicação do art. 37 da CR/88. Deste modo, respeitados os limites de atuação incumbe ao Conselho:

A – Zelar pela autonomia do Poder Judiciário e pelo cumprimento do Estatuto da Magistratura, podendo expedir atos regulamentares, no âmbito de sua competência, ou recomendar providências. Neste item é de se notar a missão política institucional do Conselho, que por mais tenha sido subjulgada pela decisão na ADI 3.367, é de extrema relevância na medida em que visa defender o respeito as atribuições do Judiciário nacional – especificamente quanto ao seu pode regulamentar do Conselho se tratará a seguir de forma pormenorizada.

B – Zelar pela observância do art. 37 da CR/88 (MS 28.485/SE) e apreciar, de ofício ou mediante provocação, a legalidade dos atos administrativos praticados por membros ou órgãos do Poder Judiciário, podendo desconstituí-los, revê-los ou fixar prazo para que se adotem as providências necessárias ao exato cumprimento da lei, sem prejuízo da competência do Tribunal de Contas da União. Neste item parece clara a missão institucional do Conselho que possui a capacidade de rever atos administrativos. Porém, sobre este tema surge ponto nevrálgico que é o limite temporal para esta atuação. Aqui é preciso dividir o tema em duas partes: i. dos atos administrativos nos quais foi comprovada a má-fé; ii. dos atos administrativos nos quais não há comprovada a má-fé. Neste ponto parece clara que a regra constitucional e legal é a prescritibilidade do poder de revisão de atos no Estado brasileiro, ressalvada as ações de ressarcimento do erário quando o ato praticado for ilícito, conforme previsão constitucional. Considerando a moderna teoria constitucional e os limites impostos pela Lei 9.784/99, o prazo máximo para revisão dos atos administrativos por parte do Conselho será de 5 anos, e ainda, em última análise, considerando o disposto no Código Civil, mesmo que comprovada a má-fé, o prazo não poderá ser superior a 10 anos (neste caso, ressalte-se que os eivados de má-fé demandam a sua necessária comprovação, jamais presunção). Assim, considerando o princípio da segurança jurídica, da boa-fé e da razoabilidade, que se consubstanciam em garantias constitucionais em favor do indivíduo, dentre elas a impossibilidade de revisão de atos praticados pela administração há mais de 5 anos, tal análise também deve ser aplicada no contexto das decisões do CNJ. Os postulados da segurança jurídica, da boa-fé objetiva e da proteção da confiança, enquanto expressões do Estado Democrático de Direito, apresentam-se "impregnados de elevado conteúdo ético, social e jurídico, projetando-se sobre as relações jurídicas, mesmo as de direito público" (RTJ 191/922), e objetivam viabilizar a incidência desses mesmos princípios sobre comportamentos de quaisquer Poderes ou órgãos do Estado, para que se preservem, desse modo, situações administrativas já consolidadas no passado. A fluência de "longo período de tempo culmina por consolidar justas expectativas no espírito do administrado e, também, por incutir, nele, a confiança da plena regularidade dos atos estatais praticados, não se justificando ante a aparência de direito que legitimamente resulta de tais circunstâncias' a ruptura abrupta da situação de estabilidade em que se mantinham, até então, as relações de direito público entre o agente estatal, de um lado, e o Poder Público, de outro" (MS 28.150 MC). Por fim, considerando as exigências resultantes dos princípios de proteção da confiança e da segurança jurídica (direitos dos particulares diretamente interessados, direitos de terceiros), não se vislumbra como faculdade da administração a anulação de atos inválidos.

C – Receber e conhecer das reclamações contra membros ou órgãos do Poder Judiciário, inclusive contra seus serviços auxiliares, serventias e órgãos prestadores de serviços notariais e de registro que atuem por delegação do poder público ou oficializados, sem prejuízo da competência disciplinar e correicional dos tribunais, podendo avocar processos disciplinares em curso e determinar a remoção e a disponibilidade e aplicar outras sanções administrativas, assegurada ampla defesa (MS 28.003/DF). Neste ponto, note-se que a competência do Conselho é concorrente a dos Tribunais. Ao longo de sua atuação, algumas decisões do pleno do CNJ foram suspensas pelo STF, sob o fundamento de que o CNJ não poderia exercer originariamente a ação correicional dos magistrados, devendo antes, exigir das corregedorias locais e/ou de seus órgãos administrativos uma decisão. Por esse raciocínio, decidiu-se que a competência do Conselho era subsidiária e não concorrente. Manifestamo-nos pelo equívoco de tal decisão do Supremo que restringe a atuação disposta na Constituição, pois esta não condiciona a atuação do CNJ, limitando-a a uma modalidade revisional; a razão sistêmica para esta afirmação se dá com simples leitura que inciso IV, parágrafo 4º, do art. 103-B, da Constituição, que prevê, também, e não somente, a possibilidade de revisão dos processos disciplinares, e ainda por exemplo, no momento em que a atividade correicional do Conselho é dirigida contra a cúpula dos Tribunais, pois neste caso estaria em xeque a imparcialidade destes para fazer seu autojulgamento, o que remeteria o caso obrigatoriamente a análise do CNJ. Com efeito, o STF alterou a sua jurisprudência a partir de 2014, reconhecendo que "O Conselho Nacional de Justiça exerce o poder disciplinar que lhe foi outorgado pela Constituição da República de forma originária e concorrente" (ADI 4.638 MC-Ref/DF) de modo que o Conselho exerce sua função correicional da magistratura independentemente de as corregedorias dos Tribunais terem instaurado processo disciplinar.

D – Representar ao Ministério Público, no caso de crime contra a administração pública ou de abuso de autoridade. Neste ponto é relevante frisar que tal atribuição não é facultativa, mas sim vinculante e obrigatória, incorrendo em crime de responsabilidade aquele que se omitir nessa representação.

E – Rever, de ofício ou mediante provocação, os processos disciplinares de juízes e membros de Tribunais julgados há menos de um ano. Este item é extremamente instigante, pois como já tratado acima, sua leitura permite a compreensão de que a atividade correicional, também, e não somente, pode ser realizada nos casos em que os tribunais já tenham decidido sobre o tema, mas o ponto central é o prazo de um ano estabelecido pelo legislador constituinte derivado para a revisão destes processos. O referido prazo, salvo se declarado inconstitucional, constitui garantia fundamental contra a revisão de decisões judiciais que aproveitem aos magistrados. Neste diapasão, surge o debate sobre o poder de revisão sobre atos praticados/consubstanciados pela administração do Judiciário antes da criação do CNJ. Diante de tal questionamento, parte da doutrina tem justificado a possibilidade de revisão ao afirmar que a atividade do Conselho decorre da própria essência da Constituição, o que superaria a ideia do juiz natural, que deve existir e estar previamente definido antes da prática do ato a ser averiguado ou anulado. Contrariando a ideia dos que defendem a possibilidade de atuação temporal livre do Conselho, posiciona-se parcela da doutrina que entende que como o Conselho decorre de regra do constituinte derivado, portanto limitado as garantias estabelecidas em 1988. Assim, com fundamento na garantia fundamental do juiz natural, que visa conter o exercício da atividade estatal quanto à restrição de direitos, seja com a imposição de sanções disciplinares ou de quaisquer outras formas de limitação de exercício de direitos ou liberdades, não parece aceitável, no plano teórico, a atuação do Conselho em atos realizados antes da sua criação, haja vista os ditames do Estado Constitucional Democrático de Direito estabelecido, que por certo não pode se mover de acordo com os interesses da maioria, mas sim deve servir como regra contramajoritária, e nesta medida deve conter a atuação daqueles que mesmo plasmados em objetivos republicanos defensáveis pretendem suplantar as garantias constitucionais. Característica relevante é que das decisões do pleno do Conselho não cabem recursos administrativos, porém mesmo parecendo evidente que caberá embargos de declaração quando a decisão estiver eivada de obscuridade ou contradição, o plenário do Conselho não tem aceito. Porém a ausência de recursos das decisões do plenário do Conselho não instituiu um contencioso administrativo nos moldes do velho sistema francês, cabendo ao Supremo Tribunal Federal conhecer das medidas judiciais propostas contra as decisões do Conselho. No entanto, não se pode imaginar que o Pretório Excelso seja instância recursal de todo o conteúdo das decisões daquele, cabendo ao Supremo analisar se os atos proferidos pelo Conselho ultrapassaram ou não os limites constitucionais, legais ou de razoabilidade de suas atribuições (STF – MS 26.209/DF, MS 26.710/DF e MS 26.749/DF), ressalvadas as ações populares contra o plenário do CNJ (STF – Petição 3674-3/DF). Em razão da posição do Presidente do Conselho também como presidente do STF é relevante ressaltar que não há impedimento do Presidente do CNJ/STF de atuar no julgamento do caso no STF, mesmo que tenha feito a publicação da decisão, ou tenha participado da própria sessão que deu ensejo à prática do ato, ora impugnado (STF – MS 25.938), votando ou não. Todavia, por prudência, é práxis da Corte Suprema que o Presidente não despache nos processos que tem como objeto questionamentos sobre as decisões do CNJ, em especial em sede de mandado de segurança, pois este em aquele figura como autoridade coatora.

F – Elaborar semestralmente relatório estatístico sobre processos e sentenças prolatadas, por unidade da Federação, nos diferentes órgãos do Poder Judiciário.

G – Elaborar relatório anual, propondo as providências que julgar necessárias, sobre a situação do Poder Judiciário no País e as atividades do Conselho, o qual deve integrar mensagem do Presidente do Supremo Tribunal Federal a ser remetida ao Congresso Nacional, por ocasião da abertura da sessão legislativa. Em ambos incisos a atribuição que se depreende é a de coordenação de uma política judiciária nacional, que passa tanto pela gestão dos processos em todo o país como também por uma política de gestão administrativa do Judiciário brasileiro.

5.1. Do Poder Regulamentar do Conselho Nacional de Justiça

Com destaque deve ser tratado o Poder Regulamentar do Conselho Nacional de Justiça, especialmente em razão de posição adotada pelo Supremo Tribunal no julgamento da ADC 12-MC/DF, na qual, a Corte por maioria de votos, decidiu que o Conselho detém competência regular primariamente sobre matérias de que trata o art. 103-B, § 4º, II, da Constituição, entendendo que a competência para zelar pelo art. 37 da Constituição e de baixar atos para sanar condutas eventualmente contrárias a legalidade é poder/dever que traz consigo a dimensão normativa em abstrato. Assim, o Ministro Carlos Britto entendeu que as Resoluções do CNJ revestem-se dos atributos da generalidade "(os dispositivos dela constantes veiculam normas proibitivas de ações administrativas de logo padronizadas), impessoalidade (ausência de indicação nominal ou patronímica de quem quer que seja) e abstratividade (trata-se de um modelo normativo com âmbito temporal de vigência em aberto, pois claramente vocacionado para renovar de forma contínua o liame que prende suas hipóteses de incidência aos respectivos mandamentos). As Resoluções do Conselho possuem caráter normativo primário, "dado que derivam diretamente do § 4º do art. 103-B da Constituição e tem como finalidade debulhar os próprios conteúdos lógicos dos princípios constitucionais de centrada regência de toda a atividade administrativa do Estado, especialmente o da impessoalidade, o da eficiência, o da igualdade e o da moralidade" (ADC 12-MC). Todavia o argumento apresentado não se fixa no próprio texto constitucional, pois é do próprio inciso I, do § 4º do art. 103-B da Constituição que limita a atuação do Conselho na medida que autoriza a este a expedição de atos meramente regulamentares. Nesta linha, Lenio Luiz Streck, Ingo Wolfgang Sarlet e Clèmerson Merlin Clève defendem a tese de que a matéria deve ser enfrentada independentemente de seu mérito das resoluções, partindo da necessária discussão acerca dos limites para a expedição de "atos regulamentares". Para parte da doutrina que segue a mesma linha, parece um equívoco admitir que os Conselhos possam, mediante a expedição de atos regulamentares (na especificidade, resoluções), substituir-se à vontade geral (Poder Legislativo). Ao que parece, ainda que o texto constitucional derivado tenha delegado ao Conselho poder para romper com o princípio da reserva de lei, o que não é possível se extrair do dispositivo da Carta da República, é certo que as resoluções não gozam da mesma hierarquia de uma Lei, pela simples razão de que a Lei emana do Poder Legislativo, essência da Democracia Representativa, enquanto os atos regulamentares ficam restritos às matérias com menor amplitude normativa e não podem inovar o ordenamento jurídico. A tese de que o poder regulamentar do CNJ é decorrência lógica da interpretação dos princípios da administração e que por isto não criam nenhuma regra, mas simplesmente explicitam o já disposto na Constituição, parece equivocada na medida em que a simples ausência de explicitação, em alguns casos, por si, constitui em garantia do indivíduo face ao poder sancionador/restritivo do Estado. Se a própria Constituição alerta para função de que o CNJ deve fazer aplicar as funções da LOMAN, parece inimaginável que o constituinte derivado, "ao aprovar a Reforma do Judiciário, tenha transformado os Conselhos em órgãos com poder equiparado aos do legislador". Firmada a premissa de que o poder regulamentar dos Conselhos está limitado na impossibilidade de inovar, e que as garantias, os deveres e as vedações dos membros órgãos e serviços do Poder Judiciário estão devidamente explicitados no texto constitucional e nas respectivas leis específicas, nota-se que regulamentar é diferente de restringir. Por fim, "está em causa, aqui, a defesa enfática e necessária dos elementos essenciais do nosso Estado Democrático de Direito, que, por certo, não há de ser um Estado governado por atos regulamentares, decretos e resoluções"[1].

Certo é, no entanto, que o CNJ tem editado resoluções que tratam de matérias diretamente importantes para o Judiciário, seus membros e colaboradores. Apenas de modo exemplificativo, citem-se algumas Resoluções de cunho normativo: Res. 07, que veda a prática do nepotismo por violação ao texto constitucional, tema posteriormente objeto da Súmula Vinculante 13; Res. 54, que institui o Cadastro Nacional de Adoção; Res. 63, que institui o SNBA – Sistema Nacional de Bens Apreendidos; Res. 65, que dispõe sobre a uniformização do número dos processos nos órgãos do Poder Judiciário; Res. 75, que dispõe sobre os concursos públicos para ingresso na carreira da magistratura em todos os ramos do Poder Judiciário nacional; Res. 79, que dispõe sobre a transparência na divulgação das atividades do Judiciário no Brasil; Res. 80, que declarou a vacância dos serviços notariais e de registro ocupados em desacordo com as normas constitucionais; Res. 81 que dispõe; Res. 110, que institucionaliza, no âmbito do Conselho Nacional de Justiça, o Fórum de Assuntos Fundiários, de caráter nacional e permanente; Res. 115, que dispõe sobre a Gestão de Precatórios no âmbito do Poder Judiciário; Res. 128, que determina a criação de Coordenadorias Estaduais das Mulheres em Situação de Violência Doméstica e Familiar no âmbito dos Tribunais de Justiça dos Estados e do Distrito Federal; Res. 134, que dispõe sobre o depósito judicial de armas de fogo e munições e a sua destinação; Res. 137, que regulamenta o banco de dados de mandados de prisão em nível nacional; Res. 166, que dispõe sobre o critério de tempo no cargo para efeito de aposentadoria de magistrado; Res. 175, que dispõe sobre a habilitação, celebração de casamento civil, ou de conversão de união estável em casamento, entre pessoas de mesmo sexo; Res. 185, que institui o Sistema Processo Judicial Eletrônico em observância às diretrizes estabelecidas na Lei 11.419/2006; Res. 194, que institui a Política Nacional de Atenção Prioritária ao Primeiro Grau de Jurisdição; Res. 198, que dispõe sobre o Planejamento e a Gestão Estratégica no âmbito do Poder Judiciário; Res. 215, que dispõe, no âmbito do Poder Judiciário, sobre o acesso à informação e a aplicação da Lei 12.527/2011; Res. 225, que dispõe sobre a Política Nacional de Justiça Restaurativa no âmbito do Poder Judiciário; Res. 227, que regulamenta o teletrabalho no âmbito do Poder Judiciário; Res. 231, que institui o Fórum Nacional da Infância e da Juventude; Res. 239, que dispõe sobre a Política Nacional de Segurança do Poder Judiciário; e Res. 240, que dispõe sobre a Política Nacional de Gestão de Pessoas no âmbito do Poder Judiciário.

5.2. Da impossibilidade de atuação jurisdicional e de Controle de Constitucionalidade por parte do Conselho Nacional e Justiça

Em primeiro lugar, é preciso verificar o literal dispositivo constitucional, estampado no artigo 103-B, § 4º, da Constituição, que fixa, de forma inequívoca, a competência do Conselho Nacional de Justiça. Eis o dispositivo, na parte que interessa à presente explanação: "Compete ao Conselho o controle da atua-

---

1. STRECK, Lenio Luiz; SARLET, Ingo Wolfgang; CLÈVE, Clèmerson Merlin. *Os limites constitucionais das resoluções do CNJ e do CNMP*. In: BuscaLegis. Disponível em: http://www.egov.ufsc.br/portal/sites/default/files/anexos/15653-15654-1-PB.pdf. Acesso em: 1º/06/2023.

ção administrativa e financeira do Poder Judiciário e do cumprimento dos deveres funcionais dos juízes, cabendo-lhe, além de outras atribuições que lhe forem conferidas pelo Estatuto da Magistratura". Constata-se, portanto que não está entre as competências do CNJ a capacidade de invalidar decisões judiciais ou declarar a inconstitucionalidade de Lei Estadual ou Federal. O Conselho Nacional de Justiça está limitado a atuar nos campos decisórios não pendentes de decisão judicial. O que entra em debate neste caso é o momento em que se deve observar a judicialização da matéria, ou seja, antes ou após o início do processo administrativo no Conselho. De pronto é necessário perceber que a judicialização da matéria não impede a atuação do CNJ. No entanto, a decisão judicial deverá prevalecer face a decisão do Conselho, de forma evidente no caso de decisões do Supremo Tribunal Federal, mas o mesmo deve ocorrer também das demais instâncias do Poder Judiciário. Todavia tem sido comum o Conselho Nacional de Justiça atuar além da esfera da competência constitucional, com o objetivo de "moralizar" o Judiciário, extrapolando seus limites de atuação, exigindo do Supremo Tribunal Federal decisões judiciais reiteradas que frisam o exorbitar da competência do CNJ, a anulação de decisão judicial, mesmo que cautelar, bem como, a declaração de inconstitucionalidade de Lei ou ato normativo. A Min. Carmen Lúcia, afirmou que mesmo de forma indireta não será possível a declaração de inconstitucionalidade por parte do Conselho. Assim, vícios decorrentes do ato administrativo em si podem ser objeto de análise pelo CNJ, mas quando o vício tiver origem no dispositivo legal que deu origem ao ato, não cabe ao Conselho promover ao controle de constitucionalidade do ato normativo para desconstituir o ato. "Tanto consistiria na substituição de competência que a Constituição confere, com exclusividade, ao Supremo Tribunal" (STF-AC 2.390-MC/PB; MS 29.192-MC/DF). Já no que toca a desconstituição de decisões judiciais é relevante o precedente do Min. Cezar Peluso que decidiu que "é evidente a inconstitucionalidade de qualquer decisão do CNJ, ou de interpretação que se dê a decisões do CNJ, que tenda a controlar, modificar ou inibir a eficácia de decisão jurisdicional. As decisões do Conselho de modo algum podem interferir no exercício da função jurisdicional, pois suas atribuições são meramente administrativas, disciplinares e financeiras, sendo defeso em quaisquer, em nenhuma hipótese, apreciar, cassar ou restringir decisão judicial. Nesta linha, o Min. Cezar Peluso ainda decidiu que é "manifesta inconstitucionalidade do disposto no art. 106 do Regimento Interno do CNJ, que preceitua: *As decisões judiciais que contrariarem as decisões do CNJ não produzirão efeitos em relação a estas, salvo se proferidas pelo Supremo Tribunal Federal*" (STF-MS 28.537-MC). Não se pode confundir a possibilidade que tem o CNJ de dispor dos meios próprios necessários a garantir a exequibilidade das suas decisões, tomadas na seara administrativa e financeira, cuja competência lhe é constitucionalmente cometida, quando o ato do CNJ for impugnado perante outro órgão que não o Supremo Tribunal Federal, porque aí está-se diante de "decisão visceralmente nula, uma vez editada por órgão absolutamente incompetente" (STF-MS 28.537-MC). Outra, porém, é expedir, no Regimento Interno, norma que traduza pretensão de atribuir competência jurisdicional e recursal ao CNJ, ou vedação de exame jurisdicional de alegação de lesão ou ameaça de lesão a direito, em afronta direta ao art. 5º, XXXV, da Constituição da República. Em que pese tais assertivas, em decisão de dezembro de 2016, na Petição 4.656 da Paraíba, relatada pela Min. Carmen Lúcia, o Plenário do Supremo Tribunal Federal, por unanimidade, decidiu que o CNJ não possui competência para declarar a inconstitucionalidade de lei ou ato normativo, mas reconheceu "a possibilidade de afastar, por inconstitucionalidade, a aplicação de lei aproveitada como base de ato administrativo objeto de controle, determinando aos órgãos submetidos a seu espaço de influência a observância desse entendimento, por ato expresso e formal tomado pela maioria absoluta dos membros do Conselho". Sob o fundamento da "sociedade aberta dos intérpretes da Constituição" do jurista alemão Peter Häberle, a relatora apontou que os órgãos administrativos podem se recusar a conferir aplicabilidade a regras incompatíveis com a Constituição, embora não possuam o poder de declarar sua inconstitucionalidade. Tal decisão parece equivocada por retirar a eficácia de uma norma antes da declaração de sua inconstitucionalidade, momento solene em que se extirpa do sistema jurídico a norma que não dialoga, formal ou materialmente, com a Constituição. Por mais que seja uma técnica já utilizada pelo STF, tal lógica argumentativa é contrária aos efeitos práticos aos quais ela se propõe, pois, ao afastar o comando normativo por ofensa à Constituição da República, produz efeitos que atingirão as partes e terceiros afetados pelo ato normativo afastado. Em síntese, o jogo de palavras utilizado pelo Supremo nesta decisão não altera os efeitos práticos de uma decisão de controle de constitucionalidade em âmbito administrativo, o qual, a nosso ver, deveria ocorrer somente em âmbito judicial. Além de criar categoria estranha à jurisdição constitucional, tal entendimento enfraquece a competência de guardião da Constituição depositada no Supremo Tribunal Federal pelo constituinte originário.

5.3. Do foro competente para processar e julgar as ações contra o Conselho Nacional de Justiça

Oportuno ressaltar que a interpretação prevalecente conferida pelo STF ao art. 102, I, letra *r*, tem sido de que não cabe a Corte julgar ações ordinárias contra atos do CNJ. Neste caso, a demanda deve ser processada e julgada na Justiça Federal (AO 1.814 QO/MG). Por outro lado, depreende-se que, através de uma interpretação sistemática do texto constitucional, o Supremo detém a competência originária para processar e julgar o mandado de segurança, o mandado de injunção, o *habeas corpus* e o *habeas data* quando o CNJ for identificado como órgão coator (AO 1.706 Agr/DF, ACO 2.767 Agr/RJ e ACO 2.891 Agr/DF).

SEÇÃO III

DO SUPERIOR TRIBUNAL DE JUSTIÇA

Fátima Nancy Andrighi

1. História da norma

Após prever, em seu art. 92, inciso II, o Superior Tribunal de Justiça como órgão integrante do Poder Judiciário brasileiro, a Constituição Federal dispõe sobre, em seus arts. 104 e 105, sua composição e sua competência.

Para que se possa compreender o papel deste relevante órgão judiciário, deve-se ter em mente que a estrutura federativa brasileira guarda peculiaridades. Embora o Estado se componha da aliança indissolúvel entre União, Estados, Distrito Federal e Municípios, cada qual dotado de competências específicas, é certo que a Constituição reservou à União a atividade legiferante de maior abrangência material. Nesse aspecto, basta lembrar que, conforme o art. 22 da Constituição Federal, compete privativamente à União legislar sobre direito civil, comercial, penal, processual, eleitoral, agrário, marítimo, aeronáutico, espacial, trabalho, telecomunicações, política de crédito, sistema monetário, entre outros.

Como consequência desta distribuição de competências, o Poder Judiciário pouco julga acerca da atividade legislativa estadual e municipal e se torna imperiosa a existência de um órgão julgador que possa unificar a interpretação da legislação federal em todo o território nacional.

Antes do advento da Constituição Federal de 1988, este papel era desempenhado pelo Supremo Tribunal Federal, o que se via refletido no extenso rol de competências que lhe era atribuído e que, consequentemente, resultava em extraordinária demanda por esta instância recursal.

A solução dessa problemática preocupou importantes doutrinadores. Dentre eles, dada a sua importância e abrangência, destaca-se a proposta formulada pelo Prof. José Afonso da Silva em 1963, na sua obra "Do Recurso Extraordinário no Processo Civil Brasileiro"[1]. Mais tarde, em 1965, a Fundação Getulio Vargas organizou uma mesa-redonda, para buscar o consenso entre os juristas acerca da necessidade de alterar a ordem judiciária vigente e, então, propor a criação de um tribunal superior, partilhando a competência do Supremo Tribunal Federal. Merece ênfase a presença, nesta reunião, dos Eminentes Professores Caio Mário da Silva Pereira, Caio Tácito, José Frederico Marques, Miguel Reale, Themístocles Cavalcanti, Seabra Fagundes, Levy Carneiro, entre outros. Neste encontro firmou-se a gênese do que viria a ser o Superior Tribunal de Justiça.

Assim, dividir o ordenamento jurídico, delimitando a competência dos tribunais superiores, foi o meio encontrado pelo constituinte para desafogar o Supremo Tribunal Federal e impor maior efetividade à prestação jurisdicional. Reservou-se ao Superior Tribunal de Justiça a incumbência de ser o "guardião" da ordem jurídica infraconstitucional.

A Constituição Federal de 1988 organizou a competência do novo Tribunal Superior somando as atribuições do extinto Tribunal Federal de Recursos (art. 112, I, b, da Emenda Constitucional n. 1/69) e parte da competência do Supremo Tribunal Federal, redimensionando-a.

Foram destinadas para o Superior Tribunal de Justiça as atribuições disciplinadas no art. 105 em três incisos, que tratam, respectivamente, das competências originária, ordinária e recursal.

Como nota final a essa introdução histórica, é importante que sempre se faça distinção entre o Tribunal Federal de Recursos e o Superior Tribunal de Justiça, porque é comum se ver apontamentos no sentido de que aquele é o ancestral deste. Todavia, apenas um ponto de convergência liga os dois tribunais, isto é, desafogar o excesso de processos que eram interpostos no Supremo Tribunal Federal. A dimensão da competência constitucional do Superior Tribunal de Justiça é infinitamente maior do que era a do extinto Tribunal Federal de Recursos, realçando-se ainda a nova função unificadora de orientação jurisprudencial relativa a todo direito infraconstitucional.

2. As Constituições brasileiras anteriores

Não há previsão de existência do Superior Tribunal de Justiça nas Constituições que antecederam a de 1988, contudo há possibilidade de se observar origens remotas desta Corte em Constituições anteriores. Para tanto, basta considerar o motivo que orientou a sua instituição. O excesso de processos que aportam no Supremo Tribunal Federal tem demonstrado a tônica dos sistemas adotados, que, ciclicamente, introduziram nas Constituições passadas mecanismos de tentativas de diminuição da morosidade do Judiciário, podendo-se identificar nessas atitudes as raízes da criação do Superior Tribunal de Justiça.

A Constituição de 1891, em seu art. 55, permitiu que o Poder Judiciário da União fosse composto por órgãos, sendo um Supremo Tribunal Federal, com sede na Capital da República, e tantos Juízes e "tribunais federais, distribuídos pelo país, quantos o Congresso criar", abrindo caminho ao assoberbamento do Supremo Tribunal Federal, em razão da amplitude de sua competência.

A Reforma Constitucional de 1926, segundo Afonso Arinos[2], fixou expressamente a competência do Supremo Tribunal Federal para uniformizar a jurisprudência dos Estados com a lei federal.

O Constituinte de 1934 alterou a denominação do Supremo para chamá-lo de Corte Suprema. No mais, seguiu a tradição da Constituição de 1891, mas introduziu um dispositivo análogo ao que autorizava a criação de tribunais federais, além de, no art. 79, ter inserido a permissão para criar um Tribunal inominado. No entanto, as iniciativas não foram implementadas por causa do momento político complexo que se avizinhava.

A Constituição de 1937 recebeu forte influência dos eventos pós-Primeira Guerra Mundial e do regime de governo adotado no país, com indiviso enfraquecimento do Poder Judiciário. A Corte Suprema foi transformada em Supremo Tribunal Federal, com a atenuação do princípio dual, decorrente da extinção da Justiça Federal, mas avançou sobremaneira com a criação da Justiça do Trabalho[3].

Sob os ventos democráticos do final da Segunda Guerra, que sopravam em todo o Ocidente, a Constituição de 1946 instituiu um Tribunal Federal de Recursos, que iniciou seus trabalhos com nove membros e que por força da Emenda Constitucional n. 16/80 teve seu quadro elevado para 27 membros.

Conforme anotam os Professores Paulo Bonavides e Paes de Andrade, a Constituição de 1967 desfigurou-se com as mo-

---

1. SILVA, José Afonso da. *Comentário contextual à Constituição*. 4. ed. São Paulo: Malheiros, p. 565.

2. FRANCO, Afonso Arinos de Mello. *Curso de direito constitucional brasileiro*. Rio de Janeiro: Forense, 1960, v. II, p. 166.

3. ARAÚJO, Rosalino Corrêa de. *O Estado e o Poder Judiciário no Brasil*. Rio de Janeiro: Lumen Juris, 2004, p. 194.

dificações nela introduzidas em 1969 pela Emenda Constitucional de n. 1, razão pela qual pode-se falar a partir daí na existência de uma nova Constituição[4]. Note-se, porém, que tanto a Constituição de 1967 quanto a Emenda Constitucional n. 1 não introduziram modificação significativa na estrutura do Poder Judiciário brasileiro.

A Constituição de 1988, promulgada sob a égide das ideias de redemocratização do país, introduziu profundas alterações nas garantias dos direitos individuais, conferindo a muitas dessas garantias *status* constitucional e, por isso, acabou por receber uma conformação de Constituição analítica. Também o Poder Judiciário foi remodelado, extinto o Tribunal Federal de Recursos, criados cinco Tribunais Regionais Federais[5] que atuam como órgãos revisores do primeiro grau da Justiça Federal, bem como o Superior Tribunal de Justiça, com a atribuição de unificar e interpretar a lei federal, função que o qualifica como a legítima Corte da Federação.

3. Constituições estrangeiras e direito internacional

É difícil traçar um quadro comparativo exato entre as instituições judiciais dos diversos países, pois, mesmo entre aqueles cuja origem remonta às tradições romanas, há particularidades que tornam cada sistema único.

Assim, tudo o que se pode fazer nesse campo são generalizações, deixando de lado as especificidades de cada cultura jurídica, para que se viabilize um paralelo entre as instituições.

Com efeito, o Superior Tribunal de Justiça, na forma idealizada pela Constituição brasileira, é um órgão singular. Por outro lado, identifica-se, em praticamente todos os sistemas legais de origem romana, a existência de um órgão que, a grosso modo, detém atribuições semelhantes àquelas assumidas pelo Superior Tribunal de Justiça, que se volta para o controle de leis federais, bem como pelo Supremo Tribunal Federal, que se ocupa, primordialmente, do controle de constitucionalidade.

3.1. França

A França conta com um sistema tripartido, com cortes judiciais, a julgar questões civis, comerciais, trabalhistas e criminais; cortes administrativas, a julgar temas tributários e administrativos, entre outros de índole pública; e com um Conselho Constitucional (*Conseil Constitutionnel*), criado em 1958, que, não sendo judicial e tampouco administrativo, faz o controle prévio de constitucionalidade das leis.

Enquanto as cortes administrativas têm como órgão de cúpula o Conselho de Estado (*Conseil d'Etat*), o órgão superior judicial é a Corte de Cassação (*Cour de Cassation*). A Corte de Cassação é o órgão que mais se assemelha ao Superior Tribunal de Justiça, pois tem a missão de zelar pela fiel observância da lei, não tomando conhecimento dos fatos do processo, conhecendo apenas da alegação de violação do direito pela jurisdição inferior.

Difere, porém, na forma de atuar, uma vez que, constatada a violação, não julga diretamente o caso, limitando-se a anular a decisão recorrida, impondo ao Tribunal *a quo* o rejulgamento. Diz-se que a Corte de Cassação julga os julgamentos, mas não as lides (*juge les jugements et non les affaires*).

3.2. Alemanha

Na Alemanha a Corte Constitucional (*Bundesverfassungsgericht*) é o órgão de cúpula do sistema judicial, incumbindo-lhe o controle de constitucionalidade. Esse sistema conta, ainda, com uma justiça comum, com cortes estaduais e federais julgando temas de direito privado e criminal, bem como órgãos de jurisdição especializada (administrativa, fiscal, laboral e social).

A Corte Federal de Justiça (*Bundesgerichtshof*), órgão alemão que mais se aproxima do Superior Tribunal de Justiça brasileiro, sobrepõe-se somente à justiça comum, havendo outros tribunais superiores responsáveis pelas jurisdições especiais.

3.3. Itália

Na Itália, encontra-se uma Corte Constitucional (*Corte costituzionale*) responsável pelo controle de constitucionalidade, uma Corte de Cassação (*Corte di Cassazione*), que fiscaliza a legalidade das decisões, anulando-as, quando necessário, para que novos julgamentos sejam proferidos pelos órgãos competentes.

Esses dois órgãos sobrepõem-se, em regra, à jurisdição comum e especial (administrativa, de contas e militar). A Corte de Cassação assume, no direito italiano, papel similar ao do nosso Superior Tribunal de Justiça, não lhe sendo dado apreciar matéria de fato, mas agindo para assegurar o cumprimento e a correta interpretação da lei.

3.4. Portugal

Em Portugal, há um Tribunal Constitucional, fruto da revisão constitucional de 1982, atuando no controle preventivo e repressivo, concreto e abstrato, bem como por omissão, e um Supremo Tribunal de Justiça, órgão de cúpula da justiça comum (civil, criminal, trabalhista, menores e família). O sistema conta, ainda, com jurisdições especiais autônomas (administrativa, fiscal, militar e de contas).

O Supremo Tribunal de Justiça português, embora não seja um Tribunal constitucional, aproxima-se do Supremo Tribunal Federal brasileiro, pois julga o Presidente da República, o Presidente da Assembleia da República e o Primeiro-Ministro pelos crimes praticados no exercício das suas funções. Ademais, pode-se considerar que ambos são herdeiros da tradição das Casas de Suplicação que, no regime imperial, eram os órgãos máximos do sistema jurídico luso-brasileiro.

Não se pode deixar de consignar, todavia, que o Supremo Tribunal de Justiça guarda semelhanças com o papel desempenhado, no Brasil, pelo Superior Tribunal de Justiça, uma vez que ambos são responsáveis pela uniformização da jurisprudência, abstendo-se de julgar matéria de fato.

---

4. BONAVIDES, Paulo; ANDRADE, Paes de. *História constitucional do Brasil*. Brasília: OAB, 2004, p. 447.

5. Por meio da Lei n. 14.226/2021 foi criado o Tribunal Regional Federal da 6ª Região, com sede em Belo Horizonte e jurisdição no Estado de Minas Gerais.

Art. 104. O Superior Tribunal de Justiça compõe-se de, no mínimo, trinta e três Ministros.

Fátima Nancy Andrighi

ART. 104, parágrafo único, I e II

A Constituição de 1988 instituiu o Superior Tribunal de Justiça composto por, pelo menos, trinta e três Ministros. A disposição constitucional é uma norma aberta, porque expressamente menciona o número mínimo de Ministros para sua composição, cabendo ao próprio Superior Tribunal de Justiça propor, nos termos do art. 96, inciso I, alínea *a*, a alteração do número de seus membros mediante lei ordinária federal.

Importante registrar a posição adotada pelo Prof. Paulo Roberto de Gouvêa Medina quanto à iniciativa para o aumento do número de Ministros do Superior Tribunal de Justiça. Discordando da assertiva anterior, afirma ser tal iniciativa do Supremo Tribunal Federal, nos termos do mesmo art. 96, contudo calcado no inciso II, alínea *a*, isto porque considera o Superior Tribunal de Justiça hierarquicamente em plano inferior ao Supremo Tribunal Federal.

Art. 104, parágrafo único. Os Ministros do Superior Tribunal de Justiça serão nomeados pelo Presidente da República, dentre brasileiros com mais de trinta e cinco e menos de setenta anos de idade, de notável saber jurídico e reputação ilibada, depois de aprovada a escolha pela maioria absoluta do Senado Federal, sendo:

Fátima Nancy Andrighi

São exigidos pela Constituição Federal requisitos objetivos e subjetivos para o ato de nomeação dos Ministros do Superior Tribunal de Justiça. Os requisitos objetivos para o cargo são: (i) ser brasileiro nato ou naturalizado; e (ii) ter mais de 35 anos e menos de 70 anos de idade. Os requisitos subjetivos, por sua vez, são: (i) notável saber jurídico; e (ii) reputação ilibada.

A EC n. 122/2022 alterou o parágrafo único do art. 104 da CF para elevar de 65 para 70 anos a idade máxima para a escolha e nomeação de membros do Superior Tribunal de Justiça.

Preenchidos os requisitos objetivos e subjetivos, o candidato a Ministro do Superior Tribunal de Justiça é indicado pelo Presidente da República. Após a indicação, o candidato é submetido a uma sabatina diante do Senado Federal, cuja aprovação da escolha dar-se-á pela maioria absoluta do Senado Federal. Somente após a votação do órgão legislativo, o ato de nomeação do Ministro será lavrado pelo Presidente da República.

A escolha e nomeação de Ministros, em razão da participação de órgãos distintos, pode ser classificada como um ato administrativo complexo. Na primeira fase, participam os Tribunais Regionais Federais, Tribunais de Justiça, ou – conforme o caso –, o Ministério Público e a Ordem dos Advogados do Brasil, para a formação das listas sêxtuplas. Após, caberá ao próprio Superior Tribunal de Justiça a formação das listas tríplices e submetê-la à apreciação do Presidente da República, cuja escolha ainda será escrutinada pelo Senado Federal. Portanto, o aperfeiçoamento do ato se encerra somente com a nomeação do integrante da lista para a investidura no cargo.

A necessidade de aprovação por maioria absoluta do Senado Federal foi estabelecida constitucionalmente por meio da Emenda Constitucional n. 45, de 2004, dado que a redação original previa apenas a necessidade de aprovação pela mencionada casa legislativa, sem menção a quórum qualificado.

Art. 104, parágrafo único, I – um terço dentre juízes dos Tribunais Regionais Federais e um terço dentre desembargadores dos Tribunais de Justiça, indicados em lista tríplice elaborada pelo próprio Tribunal;

Fátima Nancy Andrighi

A regra para a escolha dos Ministros do Superior Tribunal de Justiça é comumente denominada de 1/3 (um terço) constitucional por alguns juristas, e seu conteúdo não dá margem a dúvidas: o Superior Tribunal de Justiça será composto por: 1/3 (um terço) de Juízes dos Tribunais Regionais Federais; 1/3 (um terço) de Desembargadores dos Tribunais de Justiça dos Estados; 1/6 (um sexto) de advogados; e 1/6 (um sexto) de membros do Ministério Público. O inciso I do parágrafo único do art. 104 aborda apenas a forma de indicação e seleção dos Juízes e Desembargadores, enquanto o inciso II dispõe sobre o modo de escolha dos advogados e membros do Ministério Público.

Caberá ao próprio Superior Tribunal de Justiça elaborar, livremente, as listas tríplices correspondentes aos candidatos que advenham dos Tribunais Regionais Federais e dos Tribunais de Justiça, para, posteriormente, submetê-las ao Presidente da República para indicação. O Supremo Tribunal Federal decidiu que, para o provimento dos cargos mencionados no art. 104, parágrafo único, inciso I, da Constituição, não caberia distinguir entre juízes federais que ingressaram por meio de concurso público, ou que passaram a compor os Tribunais Regionais Federais em razão do quinto constitucional, previsto no art. 94[1].

Nos termos do art. 26 do Regimento Interno do Superior Tribunal de Justiça, quando se tratar de vaga a ser preenchida por Juiz ou Desembargador, o Presidente do Superior Tribunal de Justiça solicitará aos Tribunais Regionais Federais e aos Tribunais de Justiça que enviem, no prazo de dez dias, relação dos magistrados que preencham os requisitos constitucionais mencionados acima, por meio de lista sêxtupla.

Recebida essa lista sêxtupla, o Tribunal reunir-se-á, em sessão pública mas com votação secreta e com o *quorum* de dois terços de seus membros. Somente constará de lista tríplice o candidato que obtiver a maioria absoluta dos votos dos membros do Superior Tribunal de Justiça.

Art. 104, parágrafo único, II – um terço, em partes iguais, dentre advogados e membros do Ministério Público Federal, Estadual, do Distrito Federal e Territórios, alternadamente, indicados na forma do art. 94.

Fátima Nancy Andrighi

O inciso cuida da escolha do terço, sempre em partes iguais, e alternadamente, dentre advogados e membros do Ministério Público, realçando que a alternância é obrigatória, sem possibilidade de preterição, com o fim de manter a necessária paridade. Cada instituição deverá preparar as respectivas listas sêxtuplas e

---

1. "Para o provimento dos cargos a que se refere o art. 104, parágrafo único, inciso I, primeira parte, não cabe distinguir entre juiz de TRF, originário da carreira da magistratura federal, ou proveniente do Ministério Público Federal ou da Advocacia (CF, art. 107, I e II)" (STF, MS 23.445/DF, Pleno, Rel. Min. Néri da Silveira, *DJ* 17.3.00).

encaminhá-las ao Superior Tribunal de Justiça, devendo para a sua formação também exigir o preenchimento dos requisitos objetivos e subjetivos pelos candidatos.

O art. 94 da Constituição exige mais um requisito objetivo tanto para o membro do Ministério Público quanto para o Advogado, qual seja, que tenham mais de 10 (dez) anos de efetivo exercício de suas atividades profissionais.

Apresentada a lista sêxtupla pelas entidades representativas dos candidatos, esta será submetida ao Plenário do Superior Tribunal de Justiça, que formará uma lista tríplice, em sessão pública com quórum de dois terços dos membros do Tribunal e do Presidente. Para integrar a lista tríplice, o candidato deverá obter a maioria de votos dos membros do Tribunal, em primeiro ou subsequentes escrutínios. Não havendo a obtenção da maioria dos votos de nenhum dos candidatos da lista encaminhada pela Ordem dos Advogados do Brasil, configura-se a recusa da lista pelo Superior Tribunal de Justiça[1].

Particularidade que deve ser anotada pelo silêncio constitucional é que não poderão integrar o Superior Tribunal de Justiça os membros do Ministério Público do Trabalho e Militar.

A presença do membro do Ministério Público e do Advogado, compondo o denominado terço constitucional da composição do tribunal, é de fundamental importância para garantir que os tribunais tenham representatividade democrática, refletindo a opinião de todas as funções essenciais à administração da Justiça.

Art. 105. Compete ao Superior Tribunal de Justiça:
Fátima Nancy Andrighi

A competência do Superior Tribunal de Justiça, conferida pela Constituição de 1988, apresenta-se bem ampla, pois historicamente incorporou as atribuições do extinto Tribunal Federal de Recursos e recebeu parte das competências do Supremo Tribunal Federal. A competência do Tribunal pode receber três classificações: originária (art. 105, inciso I), ordinária (art. 105, inciso II) e recursal (art. 105, inciso III).

A competência originária envolve a atribuição de processar e julgar ações propostas diretamente perante o Superior Tribunal de Justiça. A competência ordinária é exercida pelo Superior Tribunal de Justiça por meio dos recursos ordinários constitucionais. A competência recursal envolve o julgamento de litígios submetidos a seu conhecimento por meio de recursos especiais.

A atribuição constitucional de competência ao Superior Tribunal de Justiça, assim como ocorre em relação aos demais órgãos do Poder Judiciário, é taxativa, não admitindo extensão por normas infraconstitucionais, a não ser por alteração do texto constitucional[1]. Com relação ao Tribunais de Júri, o Supremo Tribunal Federal já afirmou que a alteração da competência entre tribunais populares por resolução de Tribunal de Justiça, em possível afronta ao princípio do juízo natural da causa, deve ser apreciada pelo Superior Tribunal de Justiça[2]. Ademais, interessante ressaltar que, apesar de o art. 105 da Constituição Federal atribuir competência ao Superior Tribunal de Justiça, todas as suas competências poderão ser exercidas por meio dos órgãos fracionários, nos termos de seu regimento interno, e não necessariamente pela Corte Especial ou pelo Plenário[3].

Art. 105, I – processar e julgar, originariamente:

a) nos crimes comuns, os Governadores dos Estados e do Distrito Federal, e, nestes e nos de responsabilidade, os desembargadores dos Tribunais de Justiça dos Estados e do Distrito Federal, os membros dos Tribunais de Contas dos Estados e do Distrito Federal, os dos Tribunais Regionais Federais, dos Tribunais Regionais Eleitorais e do Trabalho, os membros dos Conselhos ou Tribunais de Contas dos Municípios e os do Ministério Público da União que oficiem perante tribunais;
Fátima Nancy Andrighi

A competência originária prevista na alínea *a* do inciso I do art. 105 decorre de prerrogativa de função conferida em atenção ao interesse público e a relevância do cargo. A Constituição procura salvaguardar o exercício do cargo ou do mandato por seu agente. Não se trata, assim, de benefício pessoal, inexistindo qualquer ofensa ao princípio da igualdade.

Note-se que a proteção alcança também os crimes comuns, compreendidos como aqueles estranhos ao exercício da função e, por isso, não caracterizados estritamente como crimes de respon-

---

1. "A Constituição determina que um terço dos Ministros do STJ seja nomeado entre 'advogados e membros do Ministério Público Federal, Estadual, do Distrito Federal e Territórios, alternadamente, indicados na forma do art. 94'. A elaboração da lista tríplice pelo STJ compreende a ponderação de dois requisitos a serem preenchidos pelos advogados incluíveis na terça parte de que se cuida (notório saber jurídico e reputação ilibada) e a verificação de um fato (mais de dez anos de efetiva atividade profissional). Concomitantemente, a escolha de três nomes tirados da lista sêxtupla indicada pela Ordem dos Advogados do Brasil (OAB). O STJ está vinculado pelo dever-poder de escolher três advogados cujos nomes comporão a lista tríplice a ser enviada ao Poder Executivo. Não se trata de simples poder, mas de função, isto é, dever-poder. Detém o poder de proceder a essa escolha apenas na medida em que o exerça a fim de cumprir o dever de a proceder. Pode, então, fazer o quanto deva fazer. Nada mais. Essa escolha não consubstancia mera decisão administrativa, daquelas a que respeita o art. 93, X, da Constituição, devendo ser apurada de modo a prestigiar o juízo dos membros do tribunal quanto aos requisitos acima indicados, no cumprimento do dever-poder que os vincula, atendida inclusive a regra da maioria absoluta. Nenhum dos indicados obteve a maioria absoluta de votos, consubstanciando-se a recusa, pelo STJ, da lista encaminhada pelo Conselho Federal da OAB. Recurso ordinário improvido". (RMS 27.920, Rel. Min. Eros Grau, julgamento em 6-10-2009, Segunda Turma, *DJe* de 4-12-2009).

1. Conforme STF, RHC 79.785/RJ, Pleno, Rel. Min. Sepúlveda Pertence, *DJ* 22-11-02.

2. "Tribunal do Júri. Competência. Alteração de lei estadual por resolução do Tribunal de Justiça. Não conhecimento pela autoridade impetrada. Inadmissibilidade. Ordem concedida de ofício. A ação de *habeas corpus* é adequada para questionar afronta a quaisquer direitos que tenham a liberdade de locomoção como condição ou suporte de seu exercício. A alteração da competência entre tribunais populares por resolução de Tribunal de Justiça, em possível afronta ao princípio do juízo natural da causa, deve ser apreciada pelo STJ." (HC 93.652, Rel. Min. Ricardo Lewandowski, julgamento em 22-4-2008, Primeira Turma, *DJe* de 6-6-2008.)

3. "Embora o art. 105 da CF atribua competências originárias e recursais ao STJ, nem todas, necessariamente, hão de ser exercitadas pelo Plenário ou pela Corte Especial, de que trata o inciso XI do art. 93. O mesmo ocorre, aliás, com as competências originais e recursais do STF (art. 102, I, II, e III, da CF e RISTF). É que a própria Constituição, no art. 96, I, *a*, em norma autoaplicável, estabelece caber, exclusivamente, aos tribunais, 'elaborar seus regimentos internos, dispondo sobre a competência e o funcionamento dos respectivos órgãos jurisdicionais'." (RMS 22.111, Rel. Min. Sydney Sanches, julgamento em 14-11-1996, Plenário, *DJ* de 13-6-1997.)

sabilidade[1]. Ressalte-se, contudo, que o Supremo Tribunal Federal, ao julgar a QO na APn 937[2], restringiu o alcance do foro por prerrogativa de função conferido a parlamentares federais, limitando-o aos crimes cometidos durante o exercício do cargo e relacionados às funções desempenhadas.

O Superior Tribunal de Justiça, por sua vez, interpretando sua própria competência, como autoriza o princípio da *Kompetenz-Kompetenz*, restringiu, outrossim, o foro por prerrogativa de função dos Governadores de Estado[3] e dos membros dos Tribunais de Contas dos Estados e do Distrito Federal[4] aos crimes praticados em razão e durante o exercício do cargo ou função.

Ademais, fixou-se como marco para a prorrogação da competência o fim da instrução, com a publicação do despacho de intimação para a apresentação das alegações finais.

Entretanto, deve-se ressaltar que, na hipótese de crimes comuns e de responsabilidade cometidos por Desembargadores, membros dos Tribunais Regionais Federais, Tribunais Regionais Eleitorais e Tribunais Regionais do Trabalho, a Corte Especial operou uma restrição menos intensa ao foro por prerrogativa de função. Com efeito, permanece a competência do STJ nas hipóteses em que, não fosse o foro especial, o magistrado acusado houvesse de responder à ação penal perante juiz de primeiro grau vinculado ao mesmo Tribunal[5].

Desse modo, se o delito for cometido antes da posse, não há que se falar em foro por prerrogativa de função, sendo certo, ademais, que, encerrando-se o exercício da função pública, cessa, em regra, a prerrogativa existente.

Deve-se destacar, ademais, que a prerrogativa em questão é irrenunciável e inderrogável, razão pela qual a autoridade pública não pode pretender ser julgada por juízo diverso[6]. Admite-se, no entanto, que a autoridade renuncie ao próprio cargo, fazendo cessar a competência privilegiada de foro[7], respeitado o marco temporal acima mencionado.

Além disso, na hipótese dos chamados "mandatos cruzados" – situação verificada na hipótese de eleição sucessiva de um Deputado Federal para o cargo de Senador da República ou vice-versa –, operou-se uma calibragem da restrição, fixando-se o entendimento de que, se não houver solução de continuidade entre os mandatos, a competência não é deslocada para o primeiro grau[8].

No âmbito do Superior Tribunal de Justiça, ao julgar a QO na APn 874, a Corte Especial, em processo envolvendo denúncia contra Governador de Estado, definiu que, como o foro por prerrogativa de função exige contemporaneidade e pertinência temática entre os fatos em apuração e o exercício da função pública, o término de um determinado mandato acarreta, por si só, a cessação do foro por prerrogativa de função em relação ao ato praticado nesse intervalo[9]. A existência de um hiato entre os mandatos afasta o foro especial.

Quanto ao conteúdo propriamente dito da norma, é de se notar que o Superior Tribunal de Justiça julgará os Governadores dos Estados e do Distrito Federal apenas nas infrações penais comuns. Sobre esse tema, o Supremo Tribunal Federal, até 2017, entendia ser constitucional a necessidade de autorização prévia pela Assembleia Legislativa como pressuposto de procedibilidade da ação penal[10]. Nessas hipóteses, enquanto não concedida a au-

---

1. "A responsabilidade dos governantes tipifica-se como uma das pedras angulares essenciais à configuração mesma da ideia republicana (*RTJ* 162/462-464). A consagração do princípio da responsabilidade do Chefe do Poder Executivo, além de refletir uma conquista básica do regime democrático, constitui consequência necessária da forma republicana de governo adotada pela Constituição Federal. O princípio republicano exprime, a partir da ideia central que lhe é subjacente, o dogma de que todos os agentes públicos, os Governadores de Estado e do Distrito Federal, em particular, são igualmente responsáveis perante a lei. Responsabilidade penal do governador do Estado. Os Governadores de Estado, que dispõem de prerrogativa de foro *ratione muneris*, perante o Superior Tribunal de Justiça estão sujeitos, uma vez obtida a necessária licença da respectiva Assembleia Legislativa (*RTJ* 151/978-979 – *RTJ* 158/280 – *RTJ* 170/40-41 – *Lex*/Jurisprudência do STF 210/24-26), a processo penal condenatório, ainda que as infrações penais a eles imputadas sejam estranhas ao exercício das funções governamentais" (STF, HC 80.511/MG, 2ª Turma, Rel. Min. Celso de Mello, *DJ* 14.9.01).
2. STF. AP 937 QO, Rel. Min. Roberto Barroso, Tribunal Pleno, julgado em 3.5.2018. *DJe* de 11.12.2018.
3. STJ. AgRg na APn n. 866/DF, Rel. Min. Luis Felipe Salomão, Corte Especial, julgado em 20.6.2018, *DJe* de 3.8.2018.
4. STJ. QO na APn n. 857/DF, Rel. Min. Mauro Campbell Marques, relator para acórdão Ministro João Otávio de Noronha, Corte Especial, julgado em 20.6.2018, *DJe* de 28.2.2019.
5. STJ. QO na APn n. 878/DF, Rel. Min. Benedito Gonçalves, Corte Especial, julgado em 21.11.2018, *DJe* de 19.12.2018.
6. "A Turma indeferiu *habeas corpus* em que promotor de justiça, sob a alegação de ofensa ao princípio do juiz natural, sustentava a incompetência do STJ para processá-lo e julgá-lo pela suposta prática dos crimes de corrupção passiva e tráfico de influência (...). Tendo em conta que a prerrogativa funcional é instituída no interesse público do bom exercício do cargo, entendeu-se que o paciente não teria interesse, nem a faculdade de renunciar a tal direito, para ser julgado por órgão de menor predicamento, porquanto essa prerrogativa é irrenunciável. Nesse sentido, asseverou-se que outra conclusão tornaria inconstitucionais, por violação à garantia do juízo natural, todas as normas que, com exceção das regras constitucionais originárias ou primárias, previssem foro especial por prerrogativa de função, pois sempre poderiam os titulares dos cargos ou funções alegar que seu juiz natural haveria de ser o órgão que, de menor categoria, seria o competente para julgá-los, se não existissem ou não fossem válidas as normas que lhes assegurassem essa prerrogativa constitucional. Por fim, aduziu-se, ainda, que a denúncia aponta a participação, em coautoria, de desembargador, cuja presença fixaria a competência do STJ, a teor do Enunciado da Súmula 704 do STF (...)" (STF, HC 91.437/PI, 2ª Turma, Rel. Min.Cezar Peluso, *DJ* 19.10.2007).
7. O STF, por maioria, vencidos os Ministros Joaquim Barbosa, Cezar Peluso, Carlos Britto e Cármen Lúcia, declinou da competência em favor de juízo criminal ante a renúncia de parlamentar a seu cargo (APn 333/PB, Pleno, Rel. Min. Joaquim Barbosa, julgado em 5.12.2007).
8. STF. Pet 9189, Rel. Min. Rosa Weber, Rel. p/ Acórdão: Min. Edson Fachin, Tribunal Pleno, julgado em 12.5.2021, *DJe* de 6.7.2021.
9. STJ. QO na APn n. 874/DF, Rel. Min. Nancy Andrighi, Corte Especial, julgado em 15.5.2019, *DJe* de 3.6.2019.
10. "A jurisprudência firmada pelo Supremo Tribunal Federal, atenta ao Princípio da Federação, impõe que a instauração de persecução penal, perante o Superior Tribunal de Justiça, contra Governador de Estado, por supostas práticas delituosas perseguíveis mediante ação penal de iniciativa pública ou de iniciativa privada, seja necessariamente precedida de autorização legislativa, dada pelo Poder Legislativo local, a quem incumbe, com fundamento em juízo de caráter eminentemente discricionário, exercer verdadeiro controle político prévio de qualquer acusação penal deduzida contra o Chefe do Poder Executivo do Estado-membro, compreendidas, na locução constitucional 'crimes comuns', todas as infrações penais (*RTJ* 33/590 – *RTJ* 166/785-786), inclusive as de caráter eleitoral (*RTJ* 63/1 – *RTJ* 148/689 – *RTJ* 150/688-689), e, até mesmo, as de natureza meramente contravencional (*RTJ* 91/423). Essa orientação, que submete, à Assembleia Legislativa local, a avaliação política sobre a conveniência de autorizar-se, ou não, o processamento de acusação penal contra o Governador do Estado, funda-se na circunstância de que, recebida a denúncia ou a queixa-crime pelo Superior Tribunal de Justiça, dar-se-á a suspensão funcional do Chefe do Poder Executivo estadual, que ficará afastado, temporariamente, do exercício do mandato que lhe foi conferido por voto popular, daí resultando

torização ou caso esta venha a ser negada, o prazo prescricional não fluiria[11], sendo possível a adoção de medidas de urgência, como a prisão preventiva de Governador de Estado e outros atos acautelatórios, sem a necessidade de autorização parlamentar[12]. Nesse contexto, quando as Constituições dos Estados não prevejam a manifestação da Assembleia Legislativa para o processamento de infrações penais, o Superior Tribunal de Justiça entendeu pela desnecessidade de prévia autorização legislativa para o processamento e julgamento do Governador de Estado[13].

Contudo, em 2017, o Supremo Tribunal Federal alterou sobremaneira seu entendimento quanto à necessidade de autorização da Assembleia Legislativa para o processamento dos Governadores de Estado por infrações criminais. No julgamento conjunto de três ações diretas de inconstitucionalidade (ADIs 4.798, 4.764 e 4.797), a Corte constitucional julgou que as unidades federativas não possuem competência para editar normas – mesmo no âmbito das constituições estaduais – que exijam autorização da Assembleia Legislativa para que o Superior Tribunal de Justiça realize o devido processamento e julgamento de infrações criminais. Como consequência, as constituições estaduais também não podem prever o afastamento automático dos Governadores de Estado nas hipóteses de recebimento de denúncia ou de queixa-crime pelo Superior Tribunal de Justiça[14].

Além dos Governadores de Estado, o Superior Tribunal de Justiça julgará também as infrações penais comuns e de responsabilidade cometidas pelos seguintes agentes: (i) Desembargadores do Tribunal de Justiça dos Estados e do Distrito Federal; (ii) membros dos Tribunais de Contas dos Estados e do Distrito Federal; (iii) membros dos Tribunais Regionais Federais, Tribunais Regionais Eleitorais e do Trabalho; (iv) membros dos Conselhos ou Tribunais de Contas dos Municípios; (v) membros do Ministério Público da União que oficiem perante os tribunais.

---

verdadeira 'destituição indireta de suas funções', com grave comprometimento da própria autonomia político-institucional da unidade federada que dirige" (STF, HC 80.511/MG, 2ª Turma, Rel. Min. Celso de Mello, *DJ* 14.9.01). No julgamento da Questão de Ordem na Queixa-Crime n. 427, o STF entendeu que, no caso de processo penal iniciado contra Ministro de Estado que se elege Governador, os autos devem mesmo ser remetidos ao STJ, observada a necessidade de autorização prévia da Assembleia Legislativa para o prosseguimento do feito. (Inq-QO 427, Rel. Min. Moreira Alves, julgado em 12/08/1992, publicado em 15/10/1993, Tribunal Pleno). No julgamento da ADI 4.791, o Supremo Tribunal Federal reafirmou, recentemente, a constitucionalidade da exigência de autorização (ADI 4791, Rel. Min. Teori Zavascki, Tribunal Pleno, julgado em 12/02/2015, *DJe*-076 DIVULG 23-04-2015 PUBLIC 24-04-2015).

11. "Agravo regimental. Ação penal. Governador de Estado e outros. Prerrogativa de função. Autorização da Assembleia Legislativa. Prescrição. Suspensão. Desmembramento dos autos. 1. A demora da Assembleia Legislativa em autorizar o curso do processo criminal, perante o Superior Tribunal de Justiça, contra Governador de Estado, enseja a suspensão da prescrição em relação a este desde o recebimento pela Assembleia Legislativa do referido pedido de autorização, bem como impõe o desmembramento do feito criminal para que os codenunciados, que não têm prerrogativa de foro junto a esta Corte Superior, sejam processados e julgados perante a Justiça Estadual competente. 2. O processo-crime contra Governador pode permanecer no arquivo até o momento em que afastado o óbice em relação ao seu curso normal. 3. Encerrado o mandato do Governador ou dada a autorização pela Assembleia Legislativa, o processo retoma o curso normal, devendo o denunciado ser intimado para oferecer resposta à denúncia. Apresentados documentos pelo denunciado, abrir-se-á vista ao Ministério Público Federal (artigos 4º, *caput*, e 5º, *caput*, da Lei n. 8.038/90). 4. Agravos regimentais desprovidos" (STJ, AgRg na APn 364/SC, Corte Especial, Rel. Min. Menezes Direito, *DJ* 01.08.2005). "A necessidade da autorização prévia da Assembleia Legislativa não traz o risco, quando negadas, de propiciar a impunidade dos delitos dos Governadores: a denegação traduz simples obstáculo temporário ao curso de ação penal, que implica, enquanto durar, a suspensão do fluxo do prazo prescricional. Precedentes do Supremo Tribunal (RE 159.230, Pl, 28-3-94, Pertence, *RTJ* 158/280; HC 80.511, 2ª T., 21.8.01, Celso, *RTJ* 180/235; 84.585, Jobim, desp., *DJ* 4-8-04). A autorização da Assembleia Legislativa há de preceder à decisão sobre o recebimento ou não da denúncia ou da queixa. Com relação aos Governadores de Estado, a orientação do Tribunal não é afetada pela superveniência da EC 35/01, que aboliu a exigência da licença prévia antes exigida para o processo contra membros do Congresso Nacional, alteração que, por força do art. 27, § 1º, da Constituição alcança, nas unidades federadas, os Deputados Estaduais ou Distritais, mas não os Governadores" (STF, HC 86.015/PB, 1ª Turma, Rel. Min. Sepúlveda Pertence, julgamento em 16-8-05, *DJ* de 2.9.05). No julgamento da Apn n. 573, o Superior Tribunal de Justiça firmou entendimento no sentido da necessidade de prévia autorização da Assembleia Legislativa para processar o Governador do Estado por infração penal e, havendo inércia, suspende-se o processo e o prazo prescricional. Contudo, é possível a realização de medidas e provas urgentes (AgRg na APn 573/MS, Rel. Ministra NANCY ANDRIGHI, CORTE ESPECIAL, julgado em 29/06/2010, *DJe* 23/08/2010).

12. *Vide*: STF, HC 102732, Rel. Min. Marco Aurélio, Tribunal Pleno, julgado em 04-03-2010, *DJe*-081 DIVULG 06-05-2010 PUBLIC 07-05-2010; e STJ, Inq 650/DF, Rel. Min. Fernando Gonçalves, Corte Especial, julgado em 11-02-2010, *DJe* 15-04-2010.

13. AgRg na APn 836-DF, Corte Especial, Rel. Min. Herman Benjamin, *DJ* 05/10/2016.

14. "Ementa: Direito Constitucional. Ação Direta de Inconstitucionalidade. Governador de Estado. Normas da Constituição Estadual sobre Crimes de Responsabilidade. Licença Prévia da Assembleia Legislativa para Instauração de Processos por Crimes Comuns. 1. 'A definição dos crimes de responsabilidade e o estabelecimento das respectivas normas de processo e julgamento são da competência legislativa privativa da União' (Súmula Vinculante 46, resultado da conversão da Súmula 722/STF). São, portanto, inválidas as normas de Constituição Estadual que atribuam o julgamento de crime de responsabilidade à Assembleia Legislativa, em desacordo com a Lei n. 1.079/1950. Precedentes. 2. A Constituição Estadual não pode condicionar a instauração de processo judicial por crime comum contra Governador à licença prévia da Assembleia Legislativa. A república, que inclui a ideia de responsabilidade dos governantes, é prevista como um princípio constitucional sensível (CRFB/1988, art. 34, VII, *a*), e, portanto, de observância obrigatória, sendo norma de reprodução proibida pelos Estados-membros a exceção prevista no art. 51, I, da Constituição da República. 3. Tendo em vista que as Constituições Estaduais não podem estabelecer a chamada 'licença prévia', também não podem elas autorizar o afastamento automático do Governador de suas funções quando recebida a denúncia ou a queixa-crime pelo Superior Tribunal de Justiça. É que, como não pode haver controle político prévio, não deve haver afastamento automático em razão de ato jurisdicional sem cunho decisório e do qual sequer se exige fundamentação (HC 101.971, Primeira Turma, Rel. Min. Cármen Lúcia, j. em 21.06.2011, *DJe* 02.09.2011; HC 93.056 Rel. Min. Celso de Mello, Segunda Turma, j. em 16.12.2008, *DJe* 14.05.2009; e RHC 118.379 (Rel. Min. Dias Toffoli, Primeira Turma, j. em 11.03.2014, *DJe* 31.03.2014), sob pena de violação ao princípio democrático. 4. Também aos Governadores são aplicáveis as medidas cautelares diversas da prisão previstas no art. 319 do Código de Processo Penal, entre elas 'a suspensão do exercício de função pública', e outras que se mostrarem necessárias e cujo fundamento decorre do poder geral de cautela conferido pelo ordenamento jurídico brasileiro aos juízes. 5. Pedido julgado integralmente procedente, com declaração de inconstitucionalidade por arrastamento da suspensão funcional automática do Governador do Estado pelo mero recebimento da denúncia ou queixa-crime. Afirmação da seguinte tese: 'É vedado às unidades federativas instituírem normas que condicionem a instauração de ação penal contra o Governador, por crime comum, à prévia autorização da casa legislativa, cabendo ao Superior Tribunal de Justiça dispor, fundamentadamente, sobre a aplicação de medidas cautelares penais, inclusive afastamento do cargo'". (ADI 4.764, Rel. Min. Celso de Mello, Rel. p/ acórdão: Min. Roberto Barroso, Tribunal Pleno, julgado em 04-05-2017, *DJe*-178 DIVULG 14-08-2017 PUBLIC 15-08-2017). "Compete ao Superior Tribunal de Justiça, originariamente, nos termos do artigo 105, I, 'a', da CF, processar e julgar, nos crimes comuns e de responsabilidade, os membros dos Tribunais Regionais Federais e, aos juízes federais, as infrações penais praticadas em detrimento de bens, serviços ou interesse da União (art. 109, IV, da CF)" (STJ, HC 243.347/RS, Rel. Min. Rogerio Schietti Cruz, Sexta Turma, julgado em 12-02-2015, *DJe* 28-04-2015).

Ressalte-se que a expressão "crime comum", na linguagem constitucional, foi empregada em contraposição aos impropriamente chamados crimes de responsabilidade, e abrange, por conseguinte, todo e qualquer delito, como os crimes eleitorais e até mesmo as contravenções penais[15], embora os mesmos fatos possam gerar responsabilização por crimes comuns e crimes de responsabilidade[16].

Art. 105, I, b) os mandados de segurança e os *habeas data* contra ato de Ministro de Estado, dos Comandantes da Marinha, do Exército e da Aeronáutica ou do próprio Tribunal;

Fátima Nancy Andrighi

A redação da alínea *b* foi introduzida pela Emenda Constitucional n. 23, de 1999, para incluir na competência do Superior Tribunal de Justiça os atos emanados dos Comandantes da Marinha, do Exército e da Aeronáutica, haja vista a criação do Ministério da Defesa. Assim, considerada a relevância da função dos Comandantes das três Armas da República, manteve a Constituição a competência do Superior Tribunal de Justiça para originariamente processar e julgar mandado de segurança e os *habeas data* impetrados contra atos considerados ilegais, emanados das referidas autoridades, não obstante tenham elas deixado de usufruir do *status* de Ministro de Estado.

O mandado de segurança é um instrumento processual constitucional oferecido àquele que pretende tutelar direito líquido e certo não amparado por *habeas corpus* ou *habeas data*, desde que o ato ilegal ou abusivo advenha de autoridade pública (art. 5º, LXIX, da CF). Por sua vez, o *habeas data* é um instrumento processual constitucional que garante direito individual à obtenção de informações relativas à pessoa do impetrante, inviabilizada por qualquer tipo de óbice, bem como para promover a retificação de dados (art. 5º, LXXII, *a* e *b*, da CF).

A competência para o julgamento de mandado de segurança e *habeas data* é considerada taxativa, isto é, *numerus clausus*, sem a possibilidade de extensão[1]. Portanto, somente em hipóteses em que a autoridade coatora apontada for Ministro de Estado[2], Comandante da Marinha, do Exército e da Aeronáutica, ou do próprio Superior Tribunal de Justiça[3].

Merece destaque o tema sobre a impetração de mandado de segurança contra decisões judiciais. O disposto no art. 5º, incisos II e III, da Lei n. 12.016, de 2009, impõe restrições à concessão de mandado de segurança quando se tratar de decisão judicial da qual caiba recurso com efeito suspensivo e de decisões transitadas em julgado. O Superior Tribunal de Justiça, contudo, vem aceitando a apreciação do *writ* nas hipóteses de decisões teratológicas ou patentemente ilegais. Fora das circunstâncias normais, assim, admite-se o manejo do mandado de segurança contra ato judicial, pelo menos em relação às seguintes hipóteses excepcionais: a) decisão judicial manifestamente ilegal ou teratológica; b) decisão judicial contra a qual não caiba recurso; c) para imprimir efeito suspensivo a recurso desprovido de tal efeito; e d) quando impetrado por terceiro prejudicado por decisão judicial[4].

---

15. *Vide*, nesse sentido, STF, CJ 6.971/DF, Pleno, Rel. Min. Paulo Brossard, *DJ* de 21-2-1992.

16. "Consoante a orientação desta Corte Superior, os mesmos fatos podem dar ensejo a processo por crime comum e, também, por crime de responsabilidade (ou infração político-administrativa), uma vez que a própria Lei n. 1.079/50, no seu artigo 3º, prevê a possibilidade de dupla qualificação jurídico-penal da conduta (cf. Apn 329/PB, Relator Min. HAMILTON CARVALHIDO, Corte Especial, *DJ* de 23/04/2007)" (AgRg no REsp 1196136/RO, Rel. Min. Alderita Ramos de Oliveira (Desembargadora convocada do TJ/PE), Sexta Turma, julgado em 6-8-2013, *DJe* 17-9-2013).

1. "A competência originária do STJ para julgar mandado de segurança está definida, *numerus clausus*, no art. 105, I, *b*, da CB. O STJ não é competente para julgar mandado de segurança impetrado contra atos de outros tribunais ou dos seus respectivos órgãos." (HC 99.010, Rel. Min. Eros Grau, julgamento em 15-9-2009, Segunda Turma, *DJe* de 6-11-2009)."Incompetência do STJ para processar e julgar ato dos presidentes do Superior Tribunal de Justiça Desportiva e da Confederação Brasileira de Futebol. O rol do art. 105, I, alínea *b*, da CR é taxativo e não admite interpretação extensiva" (RMS 26.413-AgR, Rel. Min. Cármen Lúcia, julgamento em 26-4-2011, Primeira Turma, *DJe* de 24-5-2011). "O STJ é incompetente para julgar ato do Conselho Superior da AGU." (RMS 25.479, Rel. Min. Joaquim Barbosa, julgamento em 20-9-2005, Segunda Turma, *DJ* de 25-11-2005). "*Habeas data* requerido contra Ministro de Estado. Competência do STJ. Tendo em vista o disposto no art. 105, I, *b*, da nova Carta Política, a competência para julgar *habeas data* requerido contra o Serviço Nacional de Informações, cujo titular possui o *status* de Ministro de Estado, e contra o Ministro da Marinha é do STJ. Questão de ordem que se resolve, dando-se pela competência do STJ para apreciar e julgar o *habeas data*, como for de direito, sendo-lhe, em consequência, encaminhados os autos." (HD 18-QO, Rel. Min. Aldir Passarinho, julgamento em 27-4-1989, Plenário, *DJ* de 9-6-1989).

2. "Mostra-se irrecusável concluir, desse modo, que a Terceira Seção do E. STJ atuou, no processo mandamental em referência, dentro dos estritos limites de sua própria competência, sem que se possa atribuir, portanto, a essa colenda Corte judiciária, ora apontada como reclamada, a prática de ato usurpador da competência do STF. Na realidade, o ora interessado ajuizou ação de mandado de segurança, perante o STJ, porque nela apontado, como autoridade coatora, o ministro da Justiça, em decorrência de ato compreendido em suas atribuições como agente político auxiliar do presidente da República. (...) Vê-se, daí, que se mostra inviável a alegação de usurpação, pelo STJ, da competência do STF, pois – insista-se – o ora interessado corretamente impetrou, perante aquela alta Corte judiciária, o já referido mandado de segurança, considerada a circunstância de que se tratava de ato emanado de ministro de Estado, o que fazia incidir, na espécie, a regra de competência originária estabelecida no art. 105, I, *b*, da CR." (Rcl 10.707-MC, Rel. Min. Celso de Mello, decisão monocrática, julgamento em 20-10-2010, *DJe* de 4-11-2010). "Recurso em mandado de segurança. Curso de pós-graduação. Expedição de diploma. Curso não credenciado pelo MEC. Ilegitimidade passiva do Ministro de Estado. Mandado de segurança impetrado porque o diploma não foi expedido, em virtude de o curso de pós-graduação não estar credenciado no MEC. Ministro de Estado não é autoridade competente para determinar a expedição de diploma, tendo a universidade autonomia específica para a prática desse ato. Desqualificada a autoridade apontada como coatora, Ministro de Estado da Educação, determina-se a remessa dos autos ao tribunal competente para julgar o mandado de segurança com relação às outras autoridades apontadas como coatoras. Recurso ordinário em mandado de segurança desprovido" (RMS 26.369, Rel. p/ o ac. Min. Menezes Direito, julgamento em 9-9-2008, Primeira Turma, *DJe* de 19-12-2008).

3. "A competência do Superior Tribunal de Justiça e para processar e julgar originariamente mandado de segurança contra ato de Ministro de Estado ou do próprio Tribunal" (CF, ART. 104, I, *B*) (STJ, MS 3.302/SP, Rel. Min. Vicente Leal, Terceira Seção, julgado em 06-04-1995, *DJ* 29-05-1995, p. 15458).

4. "PROCESSUAL PENAL. RECURSO ORDINÁRIO EM MANDADO DE SEGURANÇA IMPETRADO CONTRA ATO JUDICIAL. SEQUESTRO E ARRESTO DE BENS. AUSÊNCIA DE TERATOLOGIA. RECURSO ORDINÁRIO DESPROVIDO. I – Não cabe mandado de segurança contra ato judicial passível de recurso, a teor do disposto no art. 5º, inciso II, da Lei n. 12.016/2009 (Súmula 267/STF). II – A jurisprudência desta eg. Corte, contudo, tem afastado, em hipóteses excepcionais, essa orientação, em casos de decisões judiciais teratológicas ou flagrantemente ilegais. III – Ausência de teratologia da r. decisão que mantém a indisponibilidade de contas bancárias que, segundo a denúncia, seriam destinadas ao depósito de valores advindos do crime de lavagem de dinheiro. (Precedentes). (...) Recurso ordinário desprovido" (STJ, RMS 43.231/RJ, Rel. Min. Felix Fischer, Quinta Turma, julgado em 24-02-2015, *DJe* 06-03-2015). "DI-

No dispositivo em comento não está incluída a competência para conhecer, diretamente, da impetração de mandado de segurança contra ato praticado, seja singular ou colegiadamente, pelos membros dos Tribunais dos Estados ou dos Tribunais Regionais Federais. Essa regra é corolário de outra, segundo a qual cada Tribunal é competente para conhecer dos mandados de segurança impetrados contra os seus próprios órgãos. Nesse sentido é o teor da Súmula 41, a qual afirma que o Superior Tribunal de Justiça não tem competência para processar e julgar, originariamente, mandado de segurança contra ato de outros tribunais ou dos respectivos órgãos[5].

Art. 105, I, c) os *habeas corpus*, quando o coator ou paciente for qualquer das pessoas mencionadas na alínea *a*, ou quando o coator for tribunal sujeito à sua jurisdição, Ministro de Estado ou Comandante da Marinha, do Exército ou da Aeronáutica, ressalvada a competência da Justiça Eleitoral;

Fátima Nancy Andrighi

A competência constitucional do Superior Tribunal de Justiça para o julgamento de *habeas corpus* é determinada em razão do paciente e da autoridade coatora. Assim, é da atribuição do Superior Tribunal de Justiça o julgamento dos *habeas corpus*, quando o coator ou o paciente for Governador de Estado ou do Distrito Federal, Desembargador, membros dos Tribunais de Contas dos Estados e do Distrito Federal, dos Tribunais Regionais Federais, dos Tribunais Regionais Eleitorais e do Trabalho, membros dos Conselhos ou Tribunais de Contas dos Municípios, do Ministério Público da União, que oficiem perante os tribunais[1].

No que concerne aos Ministros de Estado há uma bipartição da competência. Note-se que a alínea *c* refere-se a eles apenas quando for coator. Assim, quando o Ministro de Estado for paciente, a competência originária é do Supremo Tribunal Federal para processar e julgar o *habeas corpus*. Todavia, quando o Ministro de Estado for coator, a competência originária para processar e julgar o *habeas corpus* é do Superior Tribunal de Justiça[2].

A redação da alínea *c*, em comento, foi introduzida pela Emenda Constitucional n. 23, de 1999, que transferiu a competência do Supremo Tribunal Federal para o Superior Tribunal de Justiça nas hipóteses em que o coator for tribunal sujeito à jurisdição deste Tribunal, ressalvando-se, contudo, a competência da Justiça Eleitoral[3].

Art. 105, I, d) os conflitos de competência entre quaisquer tribunais, ressalvado o disposto no art. 102, I, *o*, bem como entre tribunal e juízes a ele não vinculados e entre juízes vinculados a tribunais diversos;

Fátima Nancy Andrighi

O conflito de competência é o incidente processual pelo qual se soluciona divergência entre autoridades judiciárias diversas que, ao mesmo tempo, dizem ser competentes ou incompetentes para o julgamento de determinado litígio ou, ainda, quando divergem elas sobre a reunião ou separação de processos. O

REITO PROCESSUAL CIVIL. EMBARGOS DE DECLARAÇÃO RECEBIDOS COMO AGRAVO REGIMENTAL. RECURSO ORDINÁRIO EM MANDADO DE SEGURANÇA. ATO JURISDICIONAL. ALEGADO CERCEAMENTO DE DEFESA APRECIADO VIA EMBARGOS DE DECLARAÇÃO. NÃO CABIMENTO DO *WRIT*. 1. A decisão recorrida encontra-se em harmonia com a jurisprudência do STF, no sentido de que não cabe mandado de segurança contra ato judicial passível de recurso ou correição (Súmula 267/STF). 2. Embora tal orientação tenha sido abrandada por esta Corte na hipótese de teratologia da decisão, esta não é a situação dos autos. 3. Embargos de declaração recebidos como agravo regimental, a que se nega provimento" (STF, RMS 27401 ED, Rel. Min. Roberto Barroso, Primeira Turma, julgado em 15-12-2015, *DJe*-024 DIVULG 10-02-2016 PUBLIC 11-02-2016).

5. "A Constituição e a Loman desejam que os mandados de segurança impetrados contra atos de Tribunal sejam resolvidos, originariamente, no âmbito do próprio Tribunal, com os recursos cabíveis" (CF, art. 102, I, *d*, art. 105, I, *b*; art. 108, I, *c*; Loman, art. 21, VI)." (STF, MS 20.969-AgR, Rel. Min. Carlos Velloso, julgamento em 9-8-1990, Plenário, *DJ* de 31-8-1990).

1. "STJ é competente para processar e julgar, originariamente, o *habeas corpus* quando o ato de coação emana de decisão colegiada dos demais tribunais do País, ressalvada a competência do TSE (art. 105, I, *c*, da Constituição, com a redação dada pelo art. 3º da EC 22, de 1999) e a do STM (art. 124, parágrafo único, da Constituição)" (STF, HC 78.416-QO, Rel. Min. Maurício Corrêa, julgamento em 22-3-1999, Segunda Turma, *DJ* de 18-5-2001). "A competência do STJ para julgar *habeas corpus* é determinada constitucionalmente em razão do paciente ou da autoridade coatora (art. 105, I, *c*, da CF). Nesse rol constitucionalmente afirmado, não se inclui a atribuição daquele Superior Tribunal para processar e julgar, originariamente, ação de *habeas corpus* na qual figure como autoridade coatora juiz de direito". (STF, HC 94.067-AgR, Rel. Min. Cármen Lúcia, julgamento em 28-10-2008, Primeira Turma, *DJe* de 13-3-2009). "Compete ao Superior Tribunal de Justiça processar e julgar, originariamente, os *habeas corpus*, quando o coator ou paciente for qualquer das pessoas mencionadas no art. 105, inciso I, alínea *a*, da CRFB e, ressalvada a competência da Justiça Eleitoral, quando o coator for tribunal sujeito à sua jurisdição ou Ministro de Estado. Em recurso ordinário, quando for denegatória decisão proferida em única ou última instância pelos Tribunais Regionais Federais, dos Estados e do Distrito Federal e Territórios. O réu não apelou e o tema não foi abordado no recurso interposto pelo corréu, de sorte que a impetração insurge-se, em verdade, contra decisão do Juiz de Direito. *Habeas corpus* não conhecido" (STJ, HC 30.256/SC, Rel. Min. Paulo Medina, Sexta Turma, julgado em 18/05/2004, *DJ* 21/06/2004, p. 260).

2. "Tratando-se de impetração em que não se alega constrangimento causado pelo juízo da execução, por descumprimento da LEP, mas a omissão do chefe do Poder Executivo, na prática de atos de natureza político-administrativa conducentes à normalização ou, pelo menos, à melhoria das condições do serviço judiciário – entre os quais a construção e ampliação de presídios, cujo princípio da separação dos poderes veda intervenção direta do juiz – restringe-se a controvérsia ao âmbito administrativo, de responsabilidade do governador do Estado, razão pela qual, nos termos do art. 105, I, *c*, da CF, é o STJ competente para julgar o feito" (STF, HC 80.503, voto do Rel. Min. Ilmar Galvão, julgamento em 21-11-2000, Primeira Turma, *DJ* de 2-3-2001).

3. "O pedido de *habeas corpus* não pode ser conhecido, por esta Corte, no ponto em que impugna o acórdão condenatório, do TRF 5ª Região, pois, desde o advento da EC 22, de 18-3-1999, a competência originária para o processo e julgamento de impetração com esse objeto é do STJ e não do STF, em face da nova redação, que deu à alínea *i* do inciso I do art. 102 e à alínea *c* do inciso I do art. 105 da CF" (STF, HC 80.283, Rel. Min. Sydney Sanches, julgamento em 7-11-2000, Primeira Turma, *DJ* de 16-2-2001). "A EC 22/1999 excepcionou a regra segundo a qual define a competência para julgamento de *habeas* a qualificação dos envolvidos. Embora os integrantes dos tribunais de alçada, como juízes estaduais, estejam submetidos, nos crimes comuns e de responsabilidade, à jurisdição do tribunal de justiça local, cumpre ao STJ processar e julgar os *habeas* impetrados contra os atos por eles praticados" (STF, HC 77.626, Rel. Min. Marco Aurélio, julgamento em 30-3-1999, Segunda Turma, *DJ* de 25-6-1999). "Competência. *Habeas corpus*. Ato de Tribunal de Justiça. Definem-na os envolvidos. Sendo o paciente cidadão comum, sem prerrogativa de foro, perquire-se a qualificação da autoridade apontada como coatora. Estando os desembargadores submetidos, nos crimes comuns e de responsabilidade, à jurisdição direta do STJ, a este cumpre julgar os *habeas* impetrados contra atos por eles praticados. Inteligência dos arts. 102, I, *i*, e 105, I, *a* e *c*, da CF de 1988, explicitada com a EC 22/1999" (STF, HC 78.418, Rel. Min. Marco Aurélio, julgamento em 23-3-1999, Segunda Turma, *DJ* de 28-5-1999).

conflito denomina-se positivo quando dois ou mais juízes ou órgãos julgadores se consideram competentes e, inversamente, diz-se negativo quando ambos rejeitam a competência.

A alínea *d* expressamente excluiu a competência do Superior Tribunal de Justiça para julgar o conflito cujo julgamento compete ao Supremo Tribunal Federal, nos termos do art. 102, I, *o*, da Constituição Federal. O Superior Tribunal de Justiça não julga, portanto, conflitos de competências entre: (i) o Superior Tribunal de Justiça e quaisquer tribunais estaduais ou federais; (ii) Tribunais Superiores; (iii) Tribunais Superiores e qualquer outro Tribunal.

Assim, a competência originária do Superior Tribunal de Justiça delineada na alínea *d* sob análise compreende diversas hipóteses de conflito entre Tribunais de Justiça[1], Tribunais Regionais Federais, Tribunais Regionais Eleitorais, Tribunais Militares Estaduais[2], Tribunais Regionais do Trabalho, assim como o conflito entre Tribunal e Juiz a ele não vinculado e, enfim, Juízes vinculados a Tribunais diversos. Ressalte-se, contudo, nos termos da Súmula 236/STJ, que não compete ao Superior Tribunal de Justiça dirimir conflitos de competência entre juízes trabalhistas vinculados a Tribunais do Trabalho diversos.

Note-se que foi cancelada a Súmula 348 do STJ, segundo a qual competiria ao Superior Tribunal de Justiça decidir os conflitos de competência entre juizado especial federal e juízo federal, ainda que da mesma seção judiciária.

Em substituição, foi editada a Súmula 428 do STJ, que atribui aos Tribunais Regionais Federais a competência para decidir os conflitos entre juizado especial federal e juízo federal da mesma seção judiciária.

Ademais, embora seja da competência do STJ o julgamento de conflito de competência entre turma recursal do juizado especial criminal e o Tribunal de Justiça do mesmo Estado[3], o mesmo não ocorre no que diz respeito ao conflito existente entre Juizado Especial Estadual e o Juízo Estadual, quando estiverem ambos vinculados ao mesmo Tribunal[4].

Art. 105, I, *e*) as revisões criminais e as ações rescisórias de seus julgados;

Fátima Nancy Andrighi

Trata-se de norma constitucional simétrica com a orientação dada pelo constituinte ao Supremo Tribunal Federal (art. 102, I, *j*, CF), estabelecendo competência originária para processar e julgar as revisões criminais e as ações rescisórias de suas decisões.

O procedimento a ser adotado para o processo e julgamento das revisões criminais e para a ação rescisória dos seus julgados regula-se pelos arts. 233 a 243 do Regimento Interno do Superior Tribunal de Justiça, valendo destacar que, em conformidade com a Súmula 252 do Supremo Tribunal Federal, *"na ação rescisória, não estão impedidos juízes que participaram do julgamento rescindendo"*, mas o relator do acórdão rescindendo não concorrerá à distribuição da rescisória (art. 238, RISTJ).

Como regra geral, pode-se estabelecer que havendo decidido parte do mérito da causa, compete ao Superior Tribunal de Justiça julgar, na integralidade, a ação rescisória subsequente, ainda que o respectivo objeto se estenda a tópicos que ele não decidiu[1]. Da mesma forma, a competência do Superior Tribunal de Justiça para julgar as revisões criminais de seus julgados pressupõe o prévio exame do mérito da questão objeto de pedido revisional por esta Corte antes do trânsito em julgado[2].

---

1. "Eventuais conflitos entre juízos de Estados-membros diversos devem ser dirimidos pelo STJ, nos termos do disposto no art. 105, I, *d*, da CB. A decisão proferida nos autos do CC 39.766 não desacata a medida liminar deferida na ACO 347, eis que não trata da situação de áreas na região, mas unicamente da fixação da competência entre juízes vinculados a tribunais diversos, hipótese em que aquela Corte é competente para dirimir o conflito" (STF, Rcl 4.410-AgR, Rel. Min. Eros Grau, julgamento em 25-6-2009, Plenário, *DJe* de 21-8-2009).

2. "Estado da Federação que possui Tribunal de Justiça Militar. Conflito de jurisdição entre auditor militar e juiz de direito. Compete, nesse caso, ao Superior Tribunal de Justiça dirimir o conflito, a teor do art. 105, I, letra *d*, da Constituição, porque se trata de dissídio entre juízes sujeitos a tribunais diversos. Somente nos Estados onde não houver Tribunal de Justiça Militar os auditores militares estaduais ficam sujeitos ao Tribunal de Justiça do Estado, a quem caberá julgar conflito de jurisdição entre esses magistrados e os juízes de direito" (STF, RE 200.695/MG, 2ª Turma, Rel. Min. Néri da Silveira, *DJ* 21.5.97). "Conflito de competência. Justiça Federal Militar de primeira instância e Justiça Federal de primeira instância. Afastamento. Na dicção da ilustrada maioria, entendimento em relação ao qual divergi, na companhia do Min. Ilmar Galvão, estando ausente, na ocasião, justificadamente, o Min. Celso de Mello, compete ao STJ, e não ao STF, dirimir o conflito, enquanto não envolvido o STM" (STF, CC 7.087, Rel. Min. Marco Aurélio, julgamento em 3-5-2000, Plenário, *DJ* de 31-8-2001).

3. "Conflito negativo de competência, entre a turma recursal do juizado especial criminal da Comarca de Belo Horizonte e o Tribunal de Alçada do Estado de Minas Gerais. Competência do STJ para dirimi-lo (art. 105, I, *d*, da CF). E não do STF (art. 102, I, *o*)" (STF, CC 7.081, Rel. Min. Sydney Sanches, julgamento em 19-8-2002, Plenário, *DJ* de 27-9-2002).

4. "Incompetência do Superior Tribunal de Justiça para processar e julgar conflito negativo de competência entre Juízo de Direito e Juizado Especial Cível e Criminal (art. 105, I, alínea *d*, da CF). Competência do Tribunal de Justiça do Estado do Amazonas. Conflito não conhecido" (CComp 30.137/AM, 3ª Seção, Rel. Min. Felix Fischer, *DJ* 18-2-2002). Mas "compete ao STJ decidir conflito de competência entre Juizados Especiais vinculados a Tribunais diversos (art. 105, I, *d*, da CF)" (CComp 30.692/RS, 2ª Seção, Rel. Min. Pádua Ribeiro, *DJ* 16-12-2002). "A competência do STJ para julgar conflitos dessa natureza circunscreve se àqueles em que estão envolvidos tribunais distintos ou juízes vinculados a tribunais diversos (art. 105, I, *d*, da CF). Os juízes de primeira instância, tal como aqueles que integram os juizados especiais estão vinculados ao respectivo TRF, ao qual cabe dirimir os conflitos de competência que surjam entre eles" (STF, RE 590.409, Rel. Min. Ricardo Lewandowski, julgamento em 26-8-2009, Plenário, *DJe* de 29-10-2009, com repercussão geral).

1. Conforme STJ, AgRg na AR 1.115/SP, 2ª Seção, Rel. Min. Waldemar Zveiter, Rel. p. acórdão Min. Ari Pargendler, *DJ* 19-12-2003.

2. "A competência do STJ para julgar as revisões criminais de seus julgados (art. 105, I, *e*, CFR/88) pressupõe o prévio exame do mérito da questão objeto de pedido revisional por esta Corte antes do trânsito em julgado. Precedentes: RvCr 2.877/PE, Rel. Ministro GURGEL DE FARIA, TERCEIRA SEÇÃO, julgado em 25/02/2016, *DJe* 10/03/2016; RvCr 1.029/PR, Rel. Ministro NAPOLEÃO NUNES MAIA FILHO, TERCEIRA SEÇÃO, julgado em 28-10-2009, *DJe* 10-12-2009 e RvCr 717/SP, Rel. Ministro JOSÉ ARNALDO DA FONSECA, TERCEIRA SEÇÃO, julgado em 10-8-2005, *DJ* 14-9-2005, p. 189). 2. Se o julgado impugnado na revisão criminal não chegou a examinar o mérito das alegações referentes às circunstâncias judiciais que motivaram a fixação da pena-base (ações penais em andamento, condenações não transitadas em julgado, personalidade vocacionada para a prática de delitos e conduta social reprovável), ante a ausência de prequestionamento do art. 59 do CP, esta Corte não detém competência para examinar os pedidos de fixação da pena-base no mínimo legal e de diminuição da pena pelo patamar máximo admissível na tentativa, posto que ambos os pedidos têm como pressuposto a declaração de ausência de circunstâncias judiciais desfavoráveis ao réu" (STJ, RvCr 3.544/SP, Rel. Min. Reynaldo Soares da Fonseca, Terceira Seção, julgado em 26-10-2016, *DJe* 9-11-2016).

Note-se que muitos Recursos Especiais não são admitidos após uma detida análise da legislação federal controvertida e, embora possa se argumentar que aí não houve propriamente uma decisão de mérito, é certo que se reconhece a competência do Superior Tribunal de Justiça para julgar a rescisória, aplicando-se por extensão a Súmula 249 do Supremo Tribunal Federal[3].

No entanto, o julgamento pelo Supremo Tribunal Federal de *habeas corpus* impetrado contra decisão proferida em recurso especial não afasta, por si só, a competência do Superior Tribunal de Justiça para processar e julgar posterior revisão criminal[4]. Ainda quanto às revisões criminais, é controvertida a necessidade de apreciação detalhada prévia do objeto, ou se o julgamento de recurso especial ou *habeas corpus* com base na jurisprudência dominante seria suficiente para atrair a competência do Superior Tribunal de Justiça[5].

Art. 105, I, f) a reclamação para a preservação de sua competência e garantia da autoridade de suas decisões;

Fátima Nancy Andrighi

A reclamação é um instrumento constitucional dirigido ao próprio tribunal interessado para preservar sua competência[1] e, também, para garantir a autoridade das suas decisões[2]. O Código de Processo Civil ainda prevê a possibilidade de reclamação para garantir a observância de enunciado de súmula vinculante e de decisão do Supremo Tribunal Federal em controle concentrado de constitucionalidade (art. 988, inciso III) e para garantir a observância de acórdão proferido em julgamento de incidente de resolução de demandas repetitivas ou de incidente de assunção de competência (art. 988, inciso IV). Para o cabimento da reclamação, é irrelevante se a autoridade que desrespeita o julgado é judiciária ou administrativa. Pairam dúvidas na doutrina acerca da natureza jurídica da reclamação, se é ação ou recurso propriamente dito, mas, de qualquer forma, este instrumento processual não se confunde com a correição parcial[3].

O aludido remédio, cujo procedimento é regulado pelos arts. 187 a 192 do Regimento Interno do Superior Tribunal de Justiça e pelos arts. 988 a 993 do Código de Processo Civil, pode ser iniciado pela parte interessada e pelo Ministério Público, sendo este necessariamente ouvido nas reclamações não ajuizadas pelo *parquet*.

Não se admite, entretanto, a reclamação quando ela servir de sucedâneo do recurso próprio já interposto[4] ou não conhecido, ou quando ajuizada após o trânsito em julgado da decisão reclamada, tampouco para garantir a observância de acórdão de recurso extraordinário com repercussão geral reconhecida ou de acórdão proferido em julgamento de recursos extraordinário ou especial repetitivos, quando não esgotadas as instâncias ordinárias, nos termos do art. 98, § 5º, inciso III, do Código de Processo Civil. Ainda sobre a autoridade dos julgamentos de recursos especiais repetitivos, apesar de ainda ser questão controvertida no Tribunal, a jurisprudência majoritária do Superior Tribunal de Justiça entende que é inadmissível a reclamação contra decisão que sobrestou andamento de processo nos Tribunais de origem[5], tampouco para compelir os

---

3. Súmula 249 do STF: "É competente o Supremo Tribunal Federal para a ação rescisória quando, embora não tendo conhecido do recurso extraordinário, ou havendo negado provimento ao agravo, tiver apreciado a questão federal controvertida".

4. "A análise pelo Supremo Tribunal Federal de determinada questão em sede de *habeas corpus* não afasta a possibilidade de que seja apresentada no Superior Tribunal de Justiça a revisão criminal. Entendimento contrário obstaculizaria por completo a propositura da revisão criminal, já que o Tribunal de origem não mais detém competência e também o STF não a possui. 3. Nos termos do art. 621, I, do Código de Processo Penal, a revisão criminal será admitida 'quando a decisão condenatória for contrária ao texto expresso da lei penal ou à evidência dos autos'" (STJ, RvCr 2.877/PE, Rel. Min. Gurgel de Faria, Terceira Seção, julgado em 25-2-2016, *DJe* 10-3-2016).

5. "Ao negar seguimento a recurso especial da defesa, com amparo no enunciado n. 83 da Súmula/STJ, compara-se o tratamento dado ao mérito da controvérsia pelo Tribunal de segundo grau com o entendimento prevalente nesta Corte sobre o mesmo tema. Nesse sentido, é de se reconhecer a existência de exame de mérito da controvérsia apto a definir a competência deste Tribunal para o exame da revisão criminal. Inteligência do art. 240 do Regimento Interno do STJ". (STJ RvCr 3.900/SP, Rel. Min. Reynaldo Soares da Fonseca, Terceira Seção, julgado em 13-12-2017, *DJe* 15-12-2017). Em sentido contrário: "De acordo com o art. 105, I, alínea e, da Constituição Federal, compete ao Superior Tribunal de Justiça, processar e julgar, originariamente, 'as revisões criminais e as ações rescisórias de seus julgados' II – *In casu*, a revisão criminal não foi conhecida com base em entendimento consolidado na jurisprudência dos Tribunais Superiores de que a expressão 'seus julgados' deve ser interpretada como decisões que enfrentam efetivamente o mérito, não sendo suficiente para fixação de competência, aquela que não conhece ou nega provimento ao recurso" (STJ, AgRg na RvCr 3.992/SP, Rel. Min. Felix Fischer, Terceira Seção, julgado em 22-11-2017, *DJe* 28-11-2017).

1. "A competência para examinar medida tendente a combater suposta usurpação de competência para julgar o agravo de instrumento ou o recurso especial é do STJ (art. 105, I, *f*, da Constituição), sem prejuízo de outras medidas legais cabíveis que a parte poderia tomar, perante os juízos competentes, para corrigir a situação que tem por lesiva ao seu direito à jurisdição especial" (STF, RE 333.942-ED, Rel. Min. Joaquim Barbosa, julgamento em 9-11-2010, Primeira Turma, *DJe* de 30-11-2010). Ver ainda: "Somente caberá reclamação quando um órgão julgador estiver exercendo competência privativa ou exclusiva deste Tribunal ou, ainda, quando as decisões deste não estiverem sendo cumpridas por quem de direito. Não se presta, portanto, para garantir a autoridade de entendimento jurisprudencial tido como sedimentado pela parte recorrente, proferido em julgados de natureza subjetiva, dos quais ela não figurou como parte. 2. 'As orientações emanadas em recursos especiais repetitivos não detêm força vinculante ou efeito *erga omnes*, não autorizando, por si só, o ajuizamento da reclamação constitucional contra decisão judicial que venha a contrariá-las, proferida em processo diverso.' (ut. AgRg na Rcl 8.264/RN, Rel. Ministro ANTONIO CARLOS FERREIRA, SEGUNDA SEÇÃO, julgado em 13/08/2014, *DJe* 26/08/2014) Precedentes do STJ" (ut. AgRg na Rcl 8.264/RN, Rel. Min. Antonio Carlos Ferreira, Segunda Seção, julgado em 13-8-2014, *DJe* 26-8-2014) Precedentes do STJ" (STJ, AgInt na Rcl 34.896/SP, Rel. Min. Marco Buzzi, Segunda Seção, julgado em 13-12-2017, *DJe* 1º-2-2018).

2. "PROCESSUAL CIVIL. RECLAMAÇÃO. DECISÃO DO SUPERIOR TRIBUNAL DE JUSTIÇA. DESCUMPRIMENTO. INEXISTÊNCIA. 1. Destina-se a reclamação a preservar a competência do STJ ou garantir a autoridade das suas decisões (art. 105, I, *f*, da Constituição Federal c/c o art. 187 do RISTJ). Inexistindo comando positivo da Corte cuja eficácia deva ser assegurada por meio da medida correicional, deve ela ser julgada improcedente (...)" (Rcl 2784/SP, 2ª Seção, Rel. Min. João Otávio de Noronha, *DJ* de 22-5-2009).

3. DANTAS, Marcelo Navarro Ribeiro. *Reclamação constitucional no direito brasileiro*. Porto Alegre: Sérgio Antonio Fabris Editor, 2000, p. 438-439.

4. "Não se conhece de reclamação, quando a decisão, que se diz haver descumprido acórdão deste STJ, se acha submetida a recurso regularmente interposto" (STJ, Rcl 175/MG, 2ª Seção, Rel. Min. Dias Trindade, *DJ* 30.08.1993). "Não é cabível o ajuizamento de reclamação contra decisão do Tribunal *a quo* que obsta o seguimento do recurso especial, com fundamento no sistema dos recursos repetitivos, porquanto não é admitida a utilização desta via como sucedâneo recursal" (STJ, AgInt na Rcl 34.660/RS, Rel. Min. Luis Felipe Salomão, Segunda Seção, julgado em 8-11-2017, *DJe* 17-11-2017).

5. "É incabível o manejo da reclamação com o fim de verificar eventual equívoco no sobrestamento do processo na origem – com fundamento em decisão de afetação de recurso especial ao julgamento sob o rito dos repetitivos –,

Tribunais a adotarem as teses fixadas pelo Superior Tribunal de Justiça⁶.

Durante a vigência da Resolução n. 12, de 14 de dezembro de 2009, do Superior Tribunal de Justiça, este Tribunal era competente para julgar as reclamações destinadas a dirimir divergência entre o acórdão prolatado por turma recursal estadual e a jurisprudência do Superior Tribunal de Justiça, suas súmulas ou orientações decorrentes do julgamento de recursos especiais repetitivos. Com a edição da Emenda Regimental n. 22, de 16 de março de 2016, a resolução mencionada acima foi expressamente revogada.

Em seu lugar foi editada a Resolução n. 3, de 7 de abril de 2016, a qual dispõe que caberá às Câmaras Reunidas ou à Seção Especializada dos Tribunais de Justiça a competência para processar e julgar as Reclamações destinadas a dirimir divergência entre acórdão prolatado por Turma Recursal Estadual e do Distrito Federal e a jurisprudência do Superior Tribunal de Justiça, consolidada em incidente de assunção de competência e de resolução de demandas repetitivas, em julgamento de recurso especial repetitivo e em enunciados das Súmulas do Superior Tribunal de Justiça, bem como para garantir a observância de precedentes.

No âmbito dos Juizados Especiais Federais, por sua vez, também não é cabível o ajuizamento de reclamação diretamente perante este Tribunal Superior contra decisão de turma recursal, com a finalidade de discutir a existência de contrariedade com a jurisprudência do STJ, pois há previsão expressa de recurso a ser examinado pela Turma Nacional de Uniformização – TNU, conforme art. 14 da Lei n. 10.259/2001⁷.

Art. 105, I, g) os conflitos de atribuições entre autoridades administrativas e judiciárias da União, ou entre autoridades judiciárias de um Estado e administrativas de outro ou do Distrito Federal, ou entre as deste e da União;

Fátima Nancy Andrighi

O conflito de atribuições é instrumento processual semelhante ao conflito de competência. Há, contudo, uma distinção essencial entre esses dois mecanismos. No conflito de competência, ocorre divergência entre duas ou mais autoridades judiciárias, enquanto nos conflitos de atribuições, a dissonância ocorre entre autoridades judiciárias, de um lado, e administrativas, de outro.

Dessa forma, o STJ tem competência para processar e julgar originariamente os conflitos de atribuições¹ entre: (i) autoridades administrativas e judiciárias da União; (ii) entre as autoridades judiciárias de um Estado e administrativa de outro ou do Distrito Federal; (iii) entre as autoridades judiciárias dos Estados e do Distrito Federal e autoridade administrativa da União; (iv) entre a autoridade administrativa dos Estados e do Distrito Federal e a autoridade judiciária da União. O procedimento dos conflitos de atribuições está disposto nos arts. 193 a 198 do Regimento Interno do Superior Tribunal de Justiça.

Não estão incluídos, portanto, os conflitos eventualmente existentes entre membros de Ministérios Públicos Estaduais diversos, entre Ministério Público Estadual e o Ministério Público Federal, cuja competência é do Supremo Tribunal Federal², bem como entre a Polícia Federal e o *parquet* federal³. Entre essas autoridades não há relação de hierarquia, de modo que, ocorrendo conflito de atribuições, não há previsão constitucional para dirimi-lo. Observe-se que o conflito de atribuições existente entre membros de Ministérios Públicos diversos pode ser encampado por autoridades judiciais, hipótese em que passa a existir conflito de competência.

Art. 105, I, h) o mandado de injunção, quando a elaboração da norma regulamentadora for atribuição de órgão, entidade ou autoridade federal, da administração direta ou indireta, excetuados os casos de competência do Supremo Tribunal Federal e dos órgãos da Justiça Militar, da Justiça Eleitoral, da Justiça do Trabalho e da Justiça Federal;

Fátima Nancy Andrighi

---

tampouco para aferir suposto desrespeito às teses firmadas em recurso representativo da controvérsia" (STJ, AgInt nos EDcl na Rcl 32.682/MG, Rel. Min. Nancy Andrighi, Segunda Seção, julgado em 27-9-2017, *DJe* 29-9-2017).

6. "É cediço que a reclamação constitucional é um remédio destinado a preservar a competência do Superior Tribunal de Justiça ou para garantir a autoridade de suas decisões, sempre que houver indevida usurpação por parte de outros órgãos de sua competência constitucional, nos termos do art. 105, I, *f*, da Constituição Federal. Sendo assim, não se presta para compelir os Tribunais de Apelação a aplicarem, na apreciação de questões semelhantes, eventual tese firmada por esta Corte – mesmo que em recurso repetitivo –, salvo na hipótese de a decisão proferida se referir às mesmas partes envolvidas na lide objeto de reclamação e ter sido desrespeitada na origem, o que não corresponde, nem de longe, ao caso destes autos. Portanto, incabível o pedido de natureza flagrantemente recursal aqui intentado, ainda que sob a roupagem de reclamação" (STJ, AgInt na Rcl 28.688/RJ, Rel. Min. Marco Aurélio Belizze, Segunda Seção, julgado em 24-8-2016, *DJe* 29-8-2016).

7. "Nos termos dos arts. 105, I, *f*, da CF e 187 do RISTJ, a reclamação destina-se a preservar a competência deste Tribunal ou garantir a autoridade das suas decisões. É um meio de impugnação de manejo limitado, que não pode ter seu espectro cognitivo ampliado, sob pena de se tornar um sucedâneo recursal. 2. No âmbito dos Juizados Especiais Federais, não é cabível reclamação diretamente contra decisão de turma recursal com a finalidade de discutir contrariedade à jurisprudência do STJ. 3. Há previsão legal de recurso específico contra acórdão da Turma Recursal do Juizado Especial Federal, qual seja, o incidente de uniformização dirigido à Turma Nacional. 4. Ao STJ somente competirá, em momento posterior, a análise de eventual divergência entre o acórdão da Turma Nacional de Uniformização com a sua jurisprudência dominante ou sumulada, acerca de questões de direito material" (AgInt na Rcl 32.968/SP, Primeira Seção, julgado em 22/02/2017, *DJe* 03/03/2017).

---

1. "Compete ao STJ processar e julgar, originariamente, nos termos do art. 105, I, *g*, da CF: 'os conflitos de atribuições entre autoridades administrativas e judiciárias da União, ou entre autoridades judiciárias de um Estado e administrativas de outro ou do Distrito Federal, ou entre as deste e da União'. Na hipótese, observa-se que o conflito de atribuições se trava entre autoridades administrativas, em que figuram como suscitantes o superintendente e o corregedor da Polícia Federal e, como suscitados, representantes do MPF. Não se trata, portanto, de nenhuma das hipóteses mencionadas no referido dispositivo" (STF, AI 234.073-AgR, voto do Rel. Min. Néri da Silveira, julgamento em 28-3-2000, Segunda Turma, *DJ* de 28-4-2000).

2. "Nos termos da jurisprudência, a competência para julgar conflito de atribuição entre Ministério Público Estadual e Ministério Público Federal recai sobre o Supremo Tribunal Federal. Precedentes do STF e do STJ" (STJ, CAt 237/PA, Rel. Min. Gilson Dipp, Terceira Seção, julgado em 13-12-2010, *DJe* 16-12-2010).

3. STF, AgRg no AI 234.073/PR, 2ª Turma, Rel. Min. Néri da Silveira, *DJ* de 28.4.2000.

O mandado de injunção está previsto no art. 5º, LXXI, da Constituição Federal, e será utilizado sempre que a falta de norma regulamentadora torne inviável o exercício dos direitos e liberdades constitucionais e das prerrogativas inerentes à nacionalidade, à soberania e à cidadania.

Pressupõe-se para admissibilidade do mandado de injunção que exista prévia previsão e proteção constitucional do direito pretendido, bem como a eficácia contida da norma a ser regulamentada. O direito pode ter natureza pública ou privada, como ocorre com os direitos sociais assegurados aos trabalhadores.

Ainda é importante frisar que a ação de inconstitucionalidade por omissão não se confunde com o mandado de injunção, a começar pela competência e, principalmente, pelos seus objetivos. O julgamento da ação direta de inconstitucionalidade por omissão é de competência privativa do Supremo Tribunal Federal e tal medida visa dar incessantemente efetividade à Constituição. Para julgar mandado de injunção, têm competência o Supremo Tribunal Federal, o Superior Tribunal de Justiça e outros Tribunais, sendo seu escopo a tutela de direito subjetivo *stricto sensu* do cidadão.

Note-se que o art. 102, I, *q*, da Constituição Federal, ao regulamentar a competência do Supremo Tribunal Federal, trouxe rol bastante amplo, atribuindo-lhe o julgamento do mandado de injunção, "quando a elaboração da norma regulamentadora for atribuição do Presidente da República, do Congresso Nacional, da Câmara dos Deputados, do Senado Federal, das Mesas de uma dessas Casas Legislativas, do Tribunal de Contas da União, de um dos Tribunais Superiores, ou do próprio Supremo Tribunal Federal".

Diante disso e aliado ao fato de também ter sido excluída da sua competência o conhecimento de mandado de injunção cujo julgamento caiba aos órgãos das Justiças Militar, Eleitoral, Trabalhista e Federal, conclui-se que a atuação do Superior Tribunal de Justiça é residual e, como bem aponta o Prof. Manoel Gonçalves Ferreira Filho, bastante reduzida[4].

Não é, todavia, de todo difícil identificar algumas hipóteses concretas de atuação do Superior Tribunal de Justiça no julgamento de mandados de injunção, como, por exemplo, a omissões imputáveis a Ministros de Estado[5] e ao Tribunal de Justiça do Distrito Federal[6] e a autarquia ou conselho federal[7].

---

4. FERREIRA FILHO, Manoel Gonçalves. *Comentários à Constituição Brasileira de 1988*. São Paulo: Saraiva, 1999, v. 2, p. 4.

5. "Mandado de Injunção. Ministro de Estado. Competência do Superior Tribunal de Justiça (Constituição, art. 105, I, letra h). É inviável substituir, no polo passivo da relação processual, quer do mandado de injunção, quer do mandado de segurança, a autoridade impetrada que o requerente indicou na inicial. Se se entender a hipótese como mandado de segurança, diante dos termos em que se deduz a inicial, ainda aí, a competência seria do STJ (Constituição, art. 105, I, *h*). Não conhecimento do pedido pelo STF, determinando-se a remessa dos autos ao Superior Tribunal de Justiça" (STF, MI 414/SC, Pleno, Rel. Min. Néri da Silveira, *DJ* 6.5.94).

6. "Mandado de Injunção por falta de norma regulamentadora que haveria de constar do Regimento do Tribunal de Justiça do Distrito Federal. Sendo este um órgão ou autoridade federal (Constituição, art. 21, III) compete, originariamente, ao Superior Tribunal de Justiça (art. 105, I, *h*) o julgamento do pedido" (STF, MI 32/DF, Pleno, Rel. Min. Octavio Gallotti, *DJ* 7.12.90).

7. "Mandado de injunção: omissão normativa imputada a autarquia federal (Banco Central do Brasil): competência originária do juiz federal e não do Supremo Tribunal, nem do STJ: inteligência da ressalva final do art. 105, I, *h*,

---

Art. 105, I, *i*) a homologação de sentenças estrangeiras e a concessão de *exequatur* às cartas rogatórias;

Fátima Nancy Andrighi

A alínea *i* do inciso I do art. 105 da Constituição Federal foi introduzida pela Emenda Constitucional n. 45, de 2004, que disciplinou a Reforma do Poder Judiciário e transferiu da competência do Supremo Tribunal Federal para o Superior Tribunal de Justiça a homologação de sentenças estrangeiras e concessão de *exequatur* às cartas rogatórias.

A homologação de sentenças estrangeiras, assim como a concessão de *exequatur* às cartas rogatórias, obedecem o rito estabelecido nos arts. 216-A a 216-X do Regimento Interno do Superior Tribunal de Justiça, incluídos pela Emenda Regimental n. 18, de 2014.

Pode-se dizer, em síntese, que os pedidos de homologação de sentença e de *exequatur* devem ser dirigidos ao Presidente do STJ, que tem competência para apreciar eventual pedido de liminar[1], bem como para determinar a citação dos interessados[2]. Caso não haja contestação, cumpre ao próprio Presidente do STJ homologar sentenças estrangeiras e conceder *exequatur* a cartas rogatórias. Das decisões do Presidente, cabe agravo regimental.

Caso, no entanto, seja ofertada contestação no prazo de quinze dias, defesa essa que somente poderá versar sobre autenticidade dos documentos, inteligência da decisão e observância dos requisitos na mencionada Resolução n. 9, o processo será distribuído para julgamento na Corte Especial, cabendo ao Relator então designado os demais atos relativos ao andamento e à instrução do processo. Ao revel ou incapaz, dar-se-á curador especial que será pessoalmente notificado. O Ministério Público terá, então, vista dos autos pelo prazo de dez dias, apresentando seu parecer.

A decisão estrangeira homologada será executada por carta de sentença, no Juízo Federal competente. A carta rogatória, depois de concedido o *exequatur*, será remetida para cumprimento pelo Juízo Federal competente. Cumprida a carta rogatória, será devolvida ao Presidente do STJ, no prazo de dez dias, e por este remetida, em igual prazo, por meio do Ministério da Justiça ou do Ministério das Relações Exteriores, à autoridade judiciária de origem.

A sentença estrangeira não terá eficácia no Brasil sem a prévia homologação pelo colegiado do Superior Tribunal de

---

da Constituição" (STF, MI 571-QO, Rel. Min. Sepúlveda Pertence, julgamento em 8-10-1998, Plenário, *DJ* de 20-11-1998). "Tratando-se de mandado de injunção diante de omissão apontada em relação à norma emanada do Conselho Nacional de Trânsito – CONTRAN, órgão autônomo vinculado ao Ministério das Cidades e presidido pelo titular do Departamento Nacional de Trânsito, a competência para processar e julgar o mandado de injunção é da Justiça Federal, nos termos do art. 109, I, da Constituição Federal" (STJ, MI 193/DF, Rel. Min. Carlos Alberto Menezes Direito, Corte Especial, julgado em 22-5-2006, *DJ* 14-8-2006, p. 246).

1. Admite-se tutela de urgência nos procedimentos de homologação de sentenças estrangeiras.

2. A medida solicitada por carta rogatória poderá ser realizada sem ouvir a parte interessada quando sua intimação prévia puder resultar na ineficácia da cooperação internacional.

Justiça ou por seu Presidente. Podem ser homologados, total ou parcialmente, quaisquer provimentos jurisdicionais, bem como aqueles provimentos não judiciais que, pela lei brasileira, teriam natureza de sentença, desde que sejam preenchidos os seguintes requisitos: (i) tenha sido a decisão proferida por autoridade competente; (ii) tenham sido as partes citadas ou legalmente tenha havido a revelia; (iii) trate-se de decisão transitada em julgado; (iv) esteja autenticada pelo cônsul brasileiro e acompanhada de tradução por tradutor oficial ou juramentado no Brasil[3]; (v) não haja ofensa à soberania ou à ordem pública[4].

No que concerne às cartas rogatórias, vale destacar que somente receberão *exequatur* aquelas que tenham natureza cientificatória, independentemente de terem por objeto atos decisórios ou não, sendo vedadas pela contínua jurisprudência do Supremo Tribunal Federal as de caráter executório.

Art. 105, II – julgar, em recurso ordinário:

Fátima Nancy Andrighi

A competência recursal ordinária do Superior Tribunal de Justiça é de enumeração taxativa nos termos do inciso II do art. 105 e, em essência, eram da competência do Supremo Tribunal Federal nas Constituições anteriores.

Art. 105, II, *a*) os *habeas corpus* decididos em única ou última instância pelos Tribunais Regionais Federais ou pelos tribunais dos Estados, do Distrito Federal e Territórios, quando a decisão for denegatória;

Fátima Nancy Andrighi

O recurso ordinário constitucional em *habeas corpus* previsto na alínea *a* para ser admitido precisa preencher dois requisitos: (i) a decisão recorrida deve ter sido proferida em única (competência originária) ou última (competência recursal) instância pelos Tribunais Regionais Federais ou pelos Tribunais de Justiça dos Estados e do Distrito Federal e Territórios[1]; e (ii) a decisão proferida deve ser denegatória do pedido, ou seja, a admissibilidade do recurso ordinário constitucional está condicionada ao resultado do julgamento, isto é, *secundum eventum litis*.

A nobreza do recurso ordinário constitucional permite controle exclusivo das decisões denegatórias de *habeas corpus* proferidas por órgãos colegiados dos tribunais locais. Nesta situação se está a analisar o direito constitucional de liberdade do cidadão e, por isso, nada mais justo que permitir a revisão do julgado denegatório. Trata-se, na verdade, de uma garantia constitucional do cidadão.

Todavia esta regra constitucional de competência do Superior Tribunal de Justiça não se aplica às Turmas recursais dos Juizados Especiais, por não constituírem estes "Tribunais" na dicção da norma constitucional.

O procedimento do recurso ordinário em *habeas corpus* é regulado pelos arts. 244 a 246 do Regimento Interno do Superior Tribunal de Justiça.

Anote-se, por fim, que a competência do Superior Tribunal de Justiça também se estende aos *habeas corpus* impetrados em substituição aos recursos ordinários constitucionais[2].

Art. 105, II, *b*) os mandados de segurança decididos em única instância pelos Tribunais Regionais Federais ou pelos tribunais dos Estados, do Distrito Federal e Territórios, quando denegatória a decisão;

Fátima Nancy Andrighi

---

3. "SENTENÇA ESTRANGEIRA CONTESTADA. SUÍÇA. DIVÓRCIO. ATO CONSULAR DE 'LEGALIZAÇÃO' DO DOCUMENTO. ATENDIMENTO DO REQUISITO DA AUTENTICAÇÃO. 1. A exigência de autenticação consular a que se refere o art. 5º, inciso IV, da Resolução STJ n. 9, de 05/05/2005, como requisito para homologação de sentença estrangeira, deve ser interpretada à luz das Normas de Serviço Consular e Jurídico (NSCJ), do Ministério das Relações Exteriores (expedidas nos termos da delegação outorgada pelo Decreto 84.788, de 16/06/1980), que regem as atividades consulares e às quais estão submetidas também as autoridades brasileiras que atuam no exterior. 2. Segundo tais normas, consolidadas no Manual de Serviço Consular e Jurídico – MSCJ (Instrução de Serviço 2/2000, do MRE), o ato de fé pública, representativo da autenticação consular oficial de documentos produzidos no exterior, é denominado genericamente de 'legalização', e se opera (a) mediante reconhecimento da assinatura da autoridade expedidora (que desempenha funções no âmbito da jurisdição consular), quando o documento a ser legalizado estiver assinado (MSCJ – 4.7.5), ou (b) mediante autenticação em sentido estrito, relativamente a documentos não assinados ou em que conste assinatura impressa ou selos secos (MSCJ – 4.7.14). 3. No caso, a sentença estrangeira recebeu ato formal de 'legalização' do Consulado brasileiro mediante o reconhecimento da assinatura da autoridade estrangeira que expediu o documento, com o que fica atendido o requisito de autenticação. 4. Presentes os demais requisitos, inclusive o de inexistência de ofensa à soberania nacional ou à ordem pública (arts. 5º e 6º da Resolução STJ n. 9/2005). 5. Sentença estrangeira homologada" (SEC 587-EX, Corte Especial, Rel. Min. Teori Albino Zavascki, *DJ* 3.3.2008).

4. "Ofende a ordem pública nacional a sentença arbitral emanada de árbitro que tenha, com as partes ou com o litígio, algumas das relações que caracterizam os casos de impedimento ou suspeição de juízes (arts. 14 e 32, II, da Lei n. 9.307/1996)" (STJ, SEC 9.412/EX, Rel. Min. Feliz Fischer, Rel. p/ Acórdão Min. João Otávio de Noronha, Corte Especial, julgado em 19-4-2017, *DJe* 30-5-2017).

"Impossibilidade de homologação de parte da sentença estrangeira que determina a desistência, sob sanção, de ação anulatória movida no Brasil, dada a preservação da concorrência de jurisdição" (STJ, SEC 854/EX, Rel. Min. Massami Uyeda, Rel. p/ Acórdão Min. Sidnei Beneti, Corte Especial, julgado em 16-10-2013, *DJe* 7-11-2013). "O deferimento do *exequatur* à sentença estrangeira quando já existe decisão perante o Judiciário Brasileiro acerca dos alimentos e guarda de menores importaria em ofensa à soberania da jurisdição nacional. A jurisprudência mais recente desta Corte é orientada no sentido de que a existência de decisão no Judiciário brasileiro acerca de guarda e alimentos, ainda que após o trânsito em julgado da sentença estrangeira, impede a sua homologação na parte em que versa sobre os mesmos temas, sob pena de ofensa aos princípios da ordem pública e soberania nacional" (STJ, SEC 6.485/EX, Rel. Min. Gilson Dipp, Corte Especial, julgado em 3-9-2014, *DJe* 23-9-2014).

1. "Decisão denegatória de mandado de segurança, proferida em única ou última instância pelos TRFs e Tribunais de Justiça locais comportam recurso ordinário constitucional, nos termos do art. 105, II, *b*, da CF. Não esgotada esta via, revela-se inadmissível a interposição do apelo extremo" (STF, AI 146.015-AgR-ED, Rel. Min. Maurício Corrêa, julgamento em 27-6-1997, Segunda Turma, *DJ* de 10-10-1997).

2. "Impetração em substituição ao recurso do art. 105, II, letra *a*, da Constituição Federal. Competência. A orientação do Supremo Tribunal Federal é no sentido de que, quando o *habeas corpus* é impetrado em lugar do recurso previsto no art. 105, II, letra *a*, dele não se conhece por se ter como competente, então, para julgá-lo o Superior Tribunal de Justiça, pois, caso contrário, estar-se-ia subtraindo, na verdade, a competência daquela Corte" (STF, HC 68.007/SP, 2ª Turma, Rel. Min. Aldir Passarinho, *DJ* 3.8.90).

Caberá, segundo a norma constitucional, o recurso ordinário em mandado de segurança nas seguintes hipóteses: (i) mandado de segurança impetrado contra ato judicial praticado por Tribunal Regional Federal, sendo denegatória a decisão; e (ii) mandado de segurança decidido em única instância pelos Tribunais dos Estados ou pelo Tribunal de Justiça do Distrito Federal e Territórios[3], quando denegatória a segurança.

O prazo para a interposição do recurso ordinário em mandado de segurança será de 15 dias, de acordo com o art. 33 da Lei n. 8.038/90, e o procedimento está delineado nos arts. 247 e 248 do Regimento Interno do Superior Tribunal de Justiça, aplicando-se, quanto aos requisitos de admissibilidade e ao procedimento no Tribunal recorrido, as regras do Código de Processo Civil relativas à apelação.

A interposição do recurso ordinário define-se em função do caráter negativo do pronunciamento jurisdicional em sede originária do mandado de segurança e não em razão da natureza da questão jurídica discutida na decisão denegatória. Assim, mesmo que no âmbito do mandado de segurança a controvérsia seja de índole constitucional, adequado será o recurso ordinário para o Superior Tribunal de Justiça.

Art. 105, II, c) as causas em que forem partes Estado estrangeiro ou organismo internacional, de um lado, e, do outro, Município ou pessoa residente ou domiciliada no País;

Fátima Nancy Andrighi

Caberá recurso ordinário ao Superior Tribunal de Justiça em litígio instalado entre Estado estrangeiro ou organismo internacional (note-se que a Constituição equiparou o organismo internacional com Estado estrangeiro para fins do recurso ordinário) de um lado, e de outro lado o Município ou pessoa residente ou domiciliada no país[1]. Ressalte-se que a pessoa natural em litígio pode ser brasileira ou estrangeira, desde que tenha, em território nacional, sua residência ou domicílio. Não poderá o Superior Tribunal de Justiça conhecer, porém, do recurso ordinário se brasileiro, integrando um polo da ação, não for residente ou domiciliado no Brasil, isto porque a competência é fixada tendo em consideração tal circunstância, e não a nacionalidade da pessoa.

Esta hipótese de cabimento de recurso ordinário ao Superior Tribunal de Justiça não segue a previsão normativa dos recursos *secundum eventum litis*. Assim, não é causa impeditiva para recebimento do recurso a procedência do pedido.

Art. 105, III – julgar, em recurso especial, as causas decididas, em única ou última instância, pelos Tribunais Regionais Federais ou pelos tribunais dos Estados, do Distrito Federal e Territórios, quando a decisão recorrida:

Fátima Nancy Andrighi

A função de julgar o recurso especial pode ser equiparada à tarefa do Supremo Tribunal Federal no julgamento do recurso extraordinário, porque referidos recursos são típicos e singulares da jurisdição extraordinária que exercem na cúpula da organização do Poder Judiciário, com a nobre incumbência de manter a unidade na aplicação do direito federal, da Constituição, bem como o equilíbrio federativo. Pode-se dizer que tanto o recurso extraordinário como o especial possuem a mesma origem, que é a Constituição, e somente nela está indicado, rigorosamente, *numerus clausus* o seu cabimento.

Julgar, em recurso especial, é a mais importante e significativa competência atribuída ao Superior Tribunal de Justiça, pois atua como guardião da lei federal, garantindo a uniformidade de sua interpretação e sua perfeita vigência. Percebe-se, assim, a nobre finalidade do recurso especial, que é a defesa da autoridade da legislação federal, além de unificar a jurisprudência dos Tribunais brasileiros[1]. Da mesma forma que o próprio Superior Tribunal de Justiça, este dispositivo não encontra precedente nas constituições federais anteriores à de 1988.

Note-se que a expressão "causa" empregada no artigo em questão merece interpretação ampliativa, qual seja, qualquer litígio que envolva dispositivo de lei federal resolvido em única ou última instância, pelos Tribunais Regionais Federais ou pelos Tribunais dos Estados, Distrito Federal e Territórios, ainda que mediante decisão interlocutória[2], ressalvando-se as competências específicas de outros Tribunais superiores[3].

Inicialmente, não é cabível a interposição de recurso especial nas hipóteses de ocorrência de violação de súmula[4], de dispositivo

---

3. "Não é cabível a interposição de recurso ordinário em face de decisão monocrática do relator no tribunal de origem que julgou extinto o mandado de segurança" (STJ, AgRg nos EDcl na MC 19.774/SP, Rel. Min. Paulo de Tarso Sanseverino, Terceira Turma, julgado em 2-10-2012, *DJe* 5-10-2012).

1. "STJ: competência: apelação contra sentença de juiz federal ordinário em causa trabalhista entre empregado domiciliado no Brasil e Estado estrangeiro, ajuizada, porém, antes da atual Constituição (CF/1969, art. 125, II; CF/1988, art. 105, II, c, e art. 114 c/c ADCT, art. 27, § 10)" (STF, ACi 9.712-QO, Rel. Min. Sepúlveda Pertence, julgamento em 30-8-1989, Plenário, *DJ* de 22-9-1989). No mesmo sentido: "Compete ao STJ julgar, em recurso ordinário, os litígios trabalhistas em que forem partes Estado estrangeiro ou organismo internacional, de um lado, e de outro, município ou pessoa residente ou domiciliado no país (CF, art. 105, II, c), competência prorrogada por vinculação a recurso oriundo de sentença trabalhista proferida por juiz federal antes da nova Carta, que prevê a competência do TST, no seu art. 114, *caput*, c/c o art. 113, parágrafo 3. Competência anterior do STF, pela CF/67, art. 119, II, a, nos termos combinados dos arts. 539, CPC, e 318, RISTF" (STJ, AC 4/SP, Rel. Min. Gueiros Leite, Terceira Turma, julgado em 6-2-1990, *DJ* 19-3-1990, p. 1947).

1. "O recurso especial, por sua vez, está vocacionado, no campo de sua específica atuação temática, à tutela do direito objetivo infraconstitucional da União. A sua apreciação jurisdicional compete ao STJ, que detém, *ope constitutionis*, a qualidade de guardião do direito federal comum. O legislador constituinte, ao criar o STJ, atribuiu-lhe, dentre outras eminentes funções de índole jurisdicional, a prerrogativa de uniformizar a interpretação das leis e das normas infraconstitucionais emanadas da União Federal (CF, art. 105, III, c). Refoge, assim, ao domínio temático do recurso especial, o dissídio pretoriano, que, instaurado entre tribunais diversos, tenha por fundamento questões de direito constitucional positivo. A existência de fundamento constitucional inatacado revela-se bastante, só por si, para manter, em face de seu caráter autônomo e subordinante, a decisão proferida por tribunal inferior." (STF, AI 162.245-AgR, Rel. Min. Celso de Mello, julgamento em 30-8-1994, Primeira Turma, *DJ* de 24-11-2000.) No mesmo sentido: AI 603.866-AgR, Rel. Min. Marco Aurélio, julgamento em 9-6-2009, Primeira Turma, *DJe* de 21-8-2009. Vide: STF, HC 94.337, Rel. Min. Cármen Lúcia, julgamento em 3-6-2008, Primeira Turma, *DJe* de 31-10-2008.

2. STF, RE 153.831/SP, 1ª Turma, Rel. Min. Ellen Gracie, *DJ* de 14.3.03.

3. "Não cabe recurso especial para o STJ, em matéria trabalhista, de decisão de TRF, no exercício da competência residual prevista no § 10 do art. 27 do ADCT da Constituição de 1988" (STF, RE 170.802, Rel. Min. Néri da Silveira, julgamento em 18-4-1995, Segunda Turma, *DJ* de 19-12-1996).

4. "Descabe recurso especial em que se alega violação a súmula, pois esta não se enquadra no conceito de lei federal previsto no artigo 105 da Carta da Re-

constitucional ou de qualquer ato normativo que não se enquadre no conceito de lei federal. Além disso, para o cabimento ou admissibilidade do recurso especial, exige-se, como pressuposto indispensável, que tenham sido esgotadas as vias recursais ordinárias no Tribunal de origem. A dicção do inciso III do art. 105 da Constituição é expressa: "as causas decididas, em *única* ou *última* instância, pelos Tribunais Regionais Federais ou pelos tribunais dos Estados, do Distrito Federal e Territórios" (grifo nosso).

Ainda nesse contexto, exige-se, para a admissibilidade do recurso especial, que haja se esgotado o processamento no Tribunal de origem. Não preencherá esse requisito essencial, por exemplo, a decisão proferida monocraticamente por Desembargador, pois ainda cabível o agravo interno. Na vigência do Código de Processo Civil de 1973, o Superior Tribunal de Justiça entendia inadmissível o recurso especial contra acórdão resultante de julgamento por maioria, pois ainda cabíveis os embargos infringentes, editando inclusive súmula a respeito (Súmula 207, "É inadmissível recurso especial quando cabíveis embargos infringentes contra acórdão proferido no tribunal de origem").

Como última decorrência desta exigência, pode-se apontar que a decisão tenha sido proferida por "Tribunal" no conceito constitucional do termo. Exsurge desse ponto a inadmissibilidade de recurso especial interposto contra decisão proferida por Turma Recursal dos Juizados Especiais[5].

O prequestionamento é o segundo requisito indispensável para admissão do recurso especial. Entende-se por prequestionamento o fato de a matéria jurídica que se questiona ter sido tratada ou discutida na instância ordinária[6]. A doutrina e a jurisprudência reconhecem dois tipos de prequestionamento: explícito e o implícito. Exige o prequestionamento explícito que haja no acórdão hostilizado a referência expressa aos dispositivos legais pretensamente ofendidos; o prequestionamento implícito reclama apenas que a questão tenha sido ventilada ou cogitada no acórdão, sem indicação expressa do dispositivo da lei federal. O Superior Tribunal de Justiça vem flexibilizando sua posição para admitir até mesmo o recurso especial que só demonstre haver prequestionamento implícito.

O Código de Processo Civil de 2015, nesse contexto, prevê, no art. 1.025, que se consideram incluídos no acórdão recorrido os elementos que o embargante suscitou, para fins de pré-questionamento, ainda que os embargos de declaração sejam inadmitidos ou rejeitados, caso o tribunal superior considere existentes erro, omissão, contradição ou obscuridade. Trata-se do denominado prequestionamento ficto.

No entanto, sobre o tema, a jurisprudência do Superior Tribunal de Justiça consolidou-se no sentido de que a admissão de prequestionamento ficto (art. 1.025 do CPC/2015), em recurso especial, exige que no mesmo recurso seja indicada violação ao art. 1.022 do CPC/2015, para que se possibilite ao Órgão julgador verificar a existência do vício inquinado ao acórdão, que uma vez constatado, poderá dar ensejo à supressão de grau facultada pelo dispositivo de lei[7].

Admite-se, outrossim, que o recorrente provoque, por via de embargos de declaração, o prequestionamento. Contudo, pelo teor da Súmula 211 do Superior Tribunal de Justiça, o recurso especial será inadmissível se, a despeito da oposição de embargos declaratórios, a questão da legislação federal não foi apreciada pelo Tribunal de origem[8]. Isso será possível quando houver omissão do Tribunal a respeito de matéria federal anteriormente ventilada ou quando tal questão surgir de forma espontânea, sem prévia provocação das partes, no corpo do acórdão recorrido.

Importante entendimento firmado à luz do Código de Processo Civil de 1973 foi sintetizado na Súmula 320/STJ, segundo a qual "a questão federal somente ventilada no voto vencido não atende ao requisito do prequestionamento". Todavia, se os votos vencedores se pronunciarem sobre o conteúdo do voto vencido, ainda que para refutá-lo, reconhece-se a presença do requisito do prequestionamento.

Com o advento do Código de Processo Civil de 2015, no entanto, o cenário foi alterado, pois o art. 941, § 3º, do novo Diploma Processual preceitua que o voto vencido será necessariamente declarado e considerado parte integrante do acórdão para todos os fins legais, inclusive de prequestionamento[9].

Desse modo, a Súmula 320 do Superior Tribunal de Justiça não se aplica aos recursos especiais interpostos na vigência do novo Código de Processo Civil[10].

Ademais, após longa discussão no Congresso Nacional, a Emenda Constitucional n. 125, de 2022, incluiu os §§ 2º e 3º ao art. 105 da Constituição Federal, exigindo que o recorrente, no recurso especial, demonstre a relevância das questões de direito federal infraconstitucional discutidas na hipótese concreta, nos termos da lei, a fim de que a admissão do recurso seja examinada pelo Tribunal, o qual somente pode dele não conhecer com base nesse motivo pela manifestação de 2/3 (dois terços) dos membros do órgão competente para o julgamento.

Assim, não é mais suficiente que seja detectada a violação a dispositivo de lei federal, revelando imprescindível a existência de relevância da matéria debatida.

---

pública" (STJ, REsp 1180479/RJ, Rel. Min. Luis Felipe Salomão, Quarta Turma, julgado em 3-8-2010, *DJe* 6-10-2010).

5. Súmula 203 do STJ: "Não cabe recurso especial contra decisão proferida por órgão de segundo grau dos Juizados Especiais".

6. Conforme a Súmula 282, STF, aplicável ao STJ, "é inadmissível o recurso extraordinário, quando não ventilada, na decisão recorrida, a questão federal suscitada".

7. STJ. REsp 1.639.314/MG, Rel. Min. Nancy Andrighi, 3ª Turma, julgado em 4-4-2017, *DJe* de 10-4-2017.

8. Súmula 98 do STJ: "Embargos de declaração manifestados com notório propósito de prequestionamento não têm caráter protelatório". Súmula 211 do STJ: "Inadmissível recurso especial quanto à questão que, a despeito da oposição de embargos declaratórios, não foi apreciada pelo Tribunal *a quo*".

9. "À luz do disposto no art. 941, § 3º, do CPC, as descrições de fato expostas no voto vencedor ou vencido podem ser tomadas em conta para o julgamento do recurso especial, sendo certo que o enfrentamento da questão federal sob a perspectiva do voto vencido prequestiona a matéria e viabiliza sua análise nas instâncias especiais" (STJ. AgInt no REsp 1.837.435/SP, Rel. Min. Luis Felipe Salomão, 4ª Turma, julgado em 10-5-2022, *DJe* de 7-6-2022).

10. "O disposto na Súmula 320 do STJ não se aplica à espécie (a questão federal somente ventilada no voto vencido não atende ao requisito do prequestionamento), visto que o recurso especial foi interposto na vigência do CPC/2015, devendo ser exigidos os requisitos de admissibilidade na forma prevista no atual Estatuto Processual, consoante Enunciado Administrativo n. 3 desta Corte" (STJ. AgInt no REsp 1.856.890/SP, Rel. Min. Gurgel de Faria, 1ª Turma, julgado em 25-10-2021, *DJe* de 24-11-2021).

Na linha do escopo maior de dar uniformidade ao direito federal, excluem-se da competência do Superior Tribunal de Justiça a análise de questões de fato e também simplesmente relacionadas a cláusulas contratuais. Nesse sentido, foram editadas as Súmulas 5 e 7 do Superior Tribunal de Justiça, que estabelecem, respectivamente, que "a simples interpretação de cláusula contratual não enseja recurso especial" e que "a pretensão de simples reexame de prova não enseja recurso especial".

Nesse sentido, a Súmula 283 do Supremo Tribunal Federal, aplicável ao Superior Tribunal de Justiça, estabelece que "é inadmissível o recurso extraordinário, quando a decisão recorrida assenta em mais de um fundamento suficiente e o recurso não abrange todos eles"[11].

A Súmula 284 do Supremo Tribunal de Federal complementa esse entendimento, reconhecendo ser "inadmissível o recurso extraordinário, quando a deficiência na sua fundamentação não permitir a exata compreensão da controvérsia".

A Súmula 126 do Superior Tribunal de Justiça, por sua vez, afirmou ser "inadmissível recurso especial, quando o acórdão recorrido assenta em fundamentos constitucional e infraconstitucional, qualquer deles suficiente, por si só, para mantê-lo, e a parte vencida não manifesta recurso extraordinário". Ressalte-se que, exceto quando o Superior Tribunal de Justiça se valer de fundamentos constitucionais, não é cabível recurso extraordinário contra julgamento que nega a existência dos requisitos de admissibilidade de recurso especial[12]. Nas hipóteses em que ocorrer a interposição conjunta dos recursos extraordinário e especial, ressalte-se que ocorre o prejuízo do extraordinário quando o recorrente haja logrado êxito no julgamento do especial[13]. Além disso, quando houver reconhecimento de repercussão geral no recurso extraordinário, o Superior Tribunal de Justiça não está obstado de julgar o recurso especial[14].

No âmbito dos requisitos de admissibilidade extrínsecos do recurso especial, no julgamento do REsp 1.813.684/SP, a Corte Especial do Superior Tribunal de Justiça, superando a jurisprudência que havia se formado à luz do CPC/1973, fixou o entendimento de que, na vigência do Código de Processo Civil de 2015, o recorrente deve comprovar a ocorrência de feriado local ou de suspensão dos prazos processuais no ato de interposição do recurso, não sendo possível fazê-lo posteriormente[15].

Note-se que a conjugação de tais requisitos de admissibilidade recursal dá à atuação do Superior Tribunal de Justiça uma conotação especial, impedindo-o de se transformar em um mero terceiro grau de jurisdição. A admissibilidade do recurso especial está condicionada à demonstração, pela parte interessada, de que a hipótese concreta recebeu, na origem, julgamento que destoa frontalmente do texto de lei infraconstitucional ou que contraria o entendimento jurisprudencial assentado no próprio Superior Tribunal de Justiça ou nos demais Tribunais pátrios. Com isso, o recurso especial toma a controvérsia para dar-lhe resultado que transcenderá o litígio concreto. A correção do *error in judicando*, fará com que a aplicação da legislação federal passa a ser uniforme daí para frente em todo o território nacional.

Deve-se destacar, ainda, que a função constitucionalmente atribuída ao Superior Tribunal de Justiça não se limita a discutir o direito em tese. Sua atuação volta-se essencialmente a unificar o direito nacional, rejulgando hipóteses concretas levadas ao seu conhecimento[16], à luz de fatos que tenham sido reconhecidos pelo Tribunal *a quo*. O recurso especial deve-se revelar, assim, idôneo à reforma do acórdão atacado, questionando todas as premissas legais sobre as quais se assentou o julgado. Dessa forma, em aplicação analógica da Súmula 456 do Supremo Tribunal Federal, preenchidos todos os requisitos de admissibilidade, o Superior Tribunal de Justiça julgará o litígio, aplicando o direito à espécie. Em outras palavras, superado o juízo de admissibilidade, o recurso especial comporta efeito devolutivo amplo, o que implica o julgamento da causa e a aplicação do direito à espécie, nos termos do art. 257 do Regimento Interno do Superior Tribunal de Justiça. Nessa aplicação, o Tribunal poderá mitigar o requisito do prequestionamento, valendo-se de questões não apreciadas diretamente pelo primeiro e segundo graus de jurisdição, tampouco ventiladas no recurso especial. Não há como limitar as funções

---

11. "O recurso extraordinário e o recurso especial são institutos de direito processual constitucional. Trata-se de modalidades excepcionais de impugnação recursal, com domínios temáticos próprios que lhes foram constitucionalmente reservados. Assentando-se o acórdão emanado de tribunal inferior, em duplo fundamento, e tendo em vista a plena autonomia e a inteira suficiência daquele de caráter infraconstitucional, mostra-se inadmissível o recurso extraordinário em tal contexto (Súmula 283/STF), eis que a decisão contra a qual se insurge o apelo extremo revela-se impregnada de condições suficientes para subsistir autonomamente, considerada, de um lado, a preclusão que se operou em relação ao fundamento de índole meramente legal e, de outro, a irreversibilidade que resulta dessa específica situação processual." (STF, RE 589.896-AgR, Rel. Min. Celso de Mello, julgamento em 16-9-2008, Segunda Turma, *DJe* de 24-10-2008.) No mesmo sentido: STF, RE 415.840-AgR, Rel. Min. Cármen Lúcia, julgamento em 3-2-2009, Primeira Turma, *DJe* de 13-3-2009.

12. "A jurisprudência do STF firmou entendimento no sentido de que a discussão em torno dos requisitos de admissibilidade do recurso especial, dirigido ao STJ, não viabiliza o acesso à via recursal extraordinária, por tratar-se de tema de caráter eminentemente infraconstitucional, exceto se o julgamento emanado dessa Alta Corte judiciária apoiar-se em premissas que conflitem, diretamente, com o que dispõe o art. 105, III, da Carta Política" (STF, AI 442.654-AgR, Rel. Min. Celso de Mello, julgamento em 23-3-2004, Segunda Turma, *DJ* de 11-6-2004.) No mesmo sentido: STF AI 741.876-AgR, Rel. Min. Joaquim Barbosa, julgamento em 14-4-2009, Segunda Turma, *DJe* de 5-6-2009; STF, AI 691.898-AgR, Rel. Min. Ricardo Lewandowski, julgamento em 17-3-2009, Primeira Turma, *DJe* de 17-4-2009; STF, AI 708.772-AgR, Rel. Min. Eros Grau, julgamento em 10-2-2009, Segunda Turma, *DJe* de 13-3-2009.

13. STF, RE 495.560-AgR, Rel. Min. Marco Aurélio, julgamento em 17-3-2009, Primeira Turma, *DJe* de 24-4-2009. No mesmo sentido: STF, AI 262.581-AgR, Rel. Min. Ayres Britto, julgamento em 17-8-2010, Segunda Turma, *DJe* de 17-9-2010; e STF, RE 376.687-AgR, Rel. Min. Cármen Lúcia, julgamento em 15-12-2009, Primeira Turma, *DJe* de 5-2-2010.

14. "O reconhecimento de repercussão geral no recurso extraordinário (...) não significa que o STJ está impedido de julgar, observando os limites de sua competência, o recurso especial interposto simultaneamente ao recurso extraordinário" (STF, Rcl 6.882-AgR, Rel. Min. Cármen Lúcia, julgamento em 24-3-2011, Plenário, *DJe* de 12-4-2011).

15. STJ. REsp 1.813.684/SP, Rel. Min. Raul Araújo, relator para acórdão Ministro Luis Felipe Salomão, Corte Especial, julgado em 2-10-2019, *DJe* de 18-11-2019.

16. "O STJ, uma vez ultrapassada a barreira de conhecimento do recurso especial, julga a lide, cabendo-lhe, como ocorre em relação a todo e qualquer órgão investido do ofício judicante, o controle difuso de constitucionalidade. (...) Deixando o órgão de examinar questão versada pela parte, isso após conhecido recurso com o qual se defrontou, verifica-se o vício de procedimento e, portanto, a abertura de via à arguição pertinente." (STF, AI 217.753-AgR, Rel. Min. Marco Aurélio, julgamento em 1º-12-1998, Segunda Turma, *DJ* de 23-4-1999.) No mesmo sentido: STF, Rcl 6.882-AgR, Rel. Min. Cármen Lúcia, julgamento em 24-3-2011, Plenário, *DJe* de 12-4-2011.

deste Tribunal aos termos de um modelo restritivo de prestação jurisdicional, compatível apenas com uma eventual Corte de Cassação[17]. Essa característica afasta o Superior Tribunal de Justiça dos Tribunais de Cassação, existentes em muitos ordenamentos jurídicos estrangeiros, pois no Brasil a Corte Superior realiza um verdadeiro juízo de revisão, não se bastando a apreciar apenas o julgamento impugnado.

Reforçando sua vocação de Tribunal de precedentes, o Superior Tribunal de Justiça também poderá julgar recursos especiais de forma repetitiva. Assim, quando houver uma multiplicidade de recursos especiais que possuam fundamento em questão idêntica de direito, poderá haver julgamento de apenas um ou alguns que representam a controvérsia e, fixada a tese do julgamento, haverá aplicação da mesma tese a todos os recursos pendentes de julgamento. A seleção dos recursos representativos de controvérsia compete aos Tribunais de Justiça ou Regionais Federais ou pelo próprio Superior Tribunal de Justiça.

Com a seleção dos recursos, será proferida uma decisão de sua afetação para julgamento sob o rito dos recursos repetitivos, a qual determinará a suspensão do processamento de todos os processos pendentes sobre a mesma questão que tramitem no território nacional. Após a afetação, poderá ser permitida a manifestação de pessoas ou entidades com interesse na controvérsia, considerando a relevância da matéria, sendo facultada, ainda, a realização de audiência pública, bem como a prestação de informações pelos Tribunais inferiores.

Após o julgamento, fixa-se um acórdão paradigma, o qual deverá ser obrigatoriamente observado em todos os recursos pendentes de julgamento. Essa forma de julgamento encontra-se disposta nos arts. 256-A a 256-X do Regimento Interno do Superior Tribunal de Justiça e nos arts. 1.036 a 1.041 do Código de Processo Civil.

Ao lado dos recursos especiais repetitivos e formando o microssistema de formação concentrada de precedentes obrigatórios, deve-se mencionar, ainda, o incidente de assunção de competência, disposto no art. 947 do Código de Processo Civil e nos arts. 271-B a 271-G do Regimento Interno do Superior Tribunal de Justiça. Cuida-se de instrumento que causa o deslocamento do julgamento de um recurso, remessa necessária ou processo de competência originária de um órgão fracionário para outro do mesmo Tribunal, a fim de eliminar divergências de entendimento em seu interior. Desse modo, no âmbito do Superior Tribunal de Justiça, esse incidente pode deslocar o julgamento para a Corte Especial ou para uma das três Seções do Tribunal, a depender da situação.

Nos termos do art. 271-B do RISTJ, o incidente poderá ser instaurado pelo Ministro relator ou Presidente, de ofício ou após provocação das partes, do Ministério Público ou da Defensoria Pública. Entre os requisitos para a instauração do incidente de assunção de competência estão: (i) a existência de relevante questão de direito, cuja divergência de entendimento se pretende evitar ou resolver; (ii) a grande repercussão social associada ao julgamento da questão de direito; e (iii) a ausência de repetição em múltiplos processos, isto é, não se aplica o incidente quando for cabível o rito de julgamento dos recursos repetitivos. Na instrução desse incidente, à semelhança dos recursos repetitivos, também é permitida a participação de *amici curiae* e a realização de audiências públicas.

O principal objetivo do incidente de assunção de competência é a constituição de um precedente vinculante no âmbito do Superior Tribunal de Justiça, ou do Tribunal que efetuar seu julgamento. Desse modo, proferido o acórdão em incidente de assunção de competência, se o julgamento foi realizado pela Corte Especial, ele se torna vinculante a todos os órgãos fracionários do Tribunal ou, se conduzido pelas Seções, ele vinculará as Turmas que as compuserem.

Art. 105, III, *a*) contrariar tratado ou lei federal, ou negar-lhes vigência;

Fátima Nancy Andrighi

Segundo este preceito o Superior Tribunal de Justiça é competente para processar e julgar o recurso especial nas seguintes hipóteses: (i) decisão contrária a tratado; (ii) decisão contrária a Lei Federal; (iii) decisão que nega vigência a tratado (ou que deixa de aplicá-lo); e (iv) decisão que nega vigência a Lei Federal (ou que deixa de aplicá-la).

Ao julgar o recurso especial interposto contra as mais diversas decisões proferidas por Tribunais em segundo grau de jurisdição, o Superior Tribunal de Justiça assume sua função de maior relevância, zelando para que o direito nacional tenha uma aplicação unívoca em todos os Estados que compõem a federação brasileira.

Exige-se que a petição recursal seja expressa e precisa, demonstrando de forma inequívoca a frontal violação ao texto infraconstitucional. A simples referência ao artigo de Lei Federal, desacompanhada das razões que evidenciam a violação, não permitem o conhecimento do recurso especial.

Art. 105, III, *b*) julgar válido ato de governo local contestado em face de lei federal;

Fátima Nancy Andrighi

Originalmente a Constituição Federal atribuía competência ao Superior Tribunal de Justiça para analisar o recurso especial interposto contra acórdão que julgasse "válida **lei** ou ato de governo local contestado em face de lei federal" (destaque nosso).

---

[17]. "DIREITO PROCESSUAL CIVIL. APLICAÇÃO DO DIREITO À ESPÉCIE. ART. 257 DO RISTJ. CELERIDADE DA PRESTAÇÃO JURISDICIONAL. INEXISTÊNCIA DE SUPRESSÃO DE INSTÂNCIA. PREQUESTIONAMENTO. MITIGAÇÃO. EMBARGOS DE DIVERGÊNCIA NO RECURSO ESPECIAL. HARMONIA ENTRE DECISÃO EMBARGADA E ACÓRDÃOS PARADIGMAS. NÃO CONHECIMENTO. – Superado o juízo de admissibilidade, o recurso especial comporta efeito devolutivo amplo, o que implica o julgamento da causa e a aplicação do direito à espécie, nos termos do art. 257 do RISTJ, que procura dar efetividade à prestação jurisdicional, sem deixar de atender para o devido processo legal. – Na aplicação do direito à espécie o STJ poderá mitigar o requisito do prequestionamento, valendo-se de questões não apreciadas diretamente pelo 1º e 2º grau de jurisdição, tampouco ventiladas no recurso especial. Não há como limitar as funções deste Tribunal aos termos de um modelo restritivo de prestação jurisdicional, compatível apenas com uma eventual Corte de Cassação. – A aplicação do direito à espécie também atende os ditames do art. 5º, LXXVIII, da CF, acelerando a outorga da tutela jurisdicional. – Não há como conhecer dos embargos de divergência quando a decisão embargada encontra-se em harmonia com o entendimento contido nos acórdãos alçados a paradigma. Embargos de divergência não conhecidos." (STJ, EREsp 41.614/SP, Rel. Min. Nancy Andrighi, Segunda Seção, julgado em 28-10-2009, *DJe* 30-11-2009).

Na vigência desta norma, entendia-se que, em inúmeras circunstâncias, a delimitação das esferas normativas atribuídas a entes diversos da federação envolvia diretamente a análise da Constituição Federal. O Superior Tribunal de Justiça deixava de julgar a matéria federal ventilada porque vislumbrava resquícios de natureza constitucional e o Supremo Tribunal Federal, por sua vez, com base na Súmula 280[1], não admitia o recurso extraordinário por se tratar de lei local. Fixou-se, então, o entendimento segundo o qual "cabe recurso especial para resolver conflito entre lei local e lei federal (alínea *b*), quando a solução se possa obter sem declaração de inconstitucionalidade. Isto somente ocorre quando os diplomas em confronto foram gerados em áreas onde concorrem a competência local e a federal (CF/1988, art. 24)"[2].

A Emenda Constitucional n. 45/2004 buscou simplificar a sistemática recursal e resolver o impasse até então existente. Para tanto, alterou referido dispositivo constitucional de modo a suprimir a expressão "lei". Com isso, o Superior Tribunal de Justiça passou a ter exclusivamente competência para rever decisão que considerar "válido ato de governo local contestado em face de lei federal". O Supremo Tribunal Federal, por sua vez, encampou a competência de revisar o acórdão que "julgar válida lei local contestada em face de lei federal", nos termos do art. 102, III, *d*, da Constituição Federal.

Art. 105, III, *c*) der a lei federal interpretação divergente da que lhe haja atribuído outro tribunal.

Fátima Nancy Andrighi

Compete ao Superior Tribunal de Justiça processar e julgar em recurso especial as causas decididas em única ou última instância, quando a decisão proferida pelos Tribunais Regionais Federais, pelos Tribunais de Estado e pelo Tribunal do Distrito Federal der à lei federal interpretação divergente da que lhe haja dado outro Tribunal.

Com o disposto na alínea *c* do art. 105, III, fica mais uma vez evidenciada a missão constitucional do Superior Tribunal de Justiça que é zelar pela uniformidade de interpretação do direito pátrio, fazendo valer a vontade da lei federal em todo o território brasileiro.

Para poder ser conhecido o recurso especial com base na alínea *c* se exige que a divergência não tenha por base acórdão paradigma do mesmo tribunal[1]. Não se conhecerá, também, de recurso especial interposto com base em divergência quando a orientação do Tribunal se firmou no mesmo sentido da decisão recorrida[2].

---

1. Súmula 280 do STF: "Por ofensa a direito local não cabe recurso extraordinário".
2. STJ, REsp 89.120/SP, 1ª Turma, Rel. Min. Humberto Gomes de Barros, *DJ* 21-10-1996. Nesse sentido: "Competência para análise de recurso em que se discute validade de lei local em face de lei federal. Tanto na época da interposição – CF/1969, como com a alteração constitucional introduzida pela EC 45, compete ao STF a análise da matéria, conforme redação atual do art. 102, III, *d*, da CF." (STF, AI 132.755-QO, Rel. p/ o ac. Min. Dias Toffoli, julgamento em 19-11-2009, Plenário, *DJe* de 11-6-2010.)
1. Súmula 13 do STJ: "A divergência entre julgados do mesmo Tribunal não enseja recurso especial".
2. Súmula 83 do STJ: "Não se conhece do recurso especial pela divergência, quando a orientação do tribunal se firmou no mesmo sentido da decisão recorrida". Vale lembrar que a jurisprudência do Superior Tribunal de Justiça é uni-

Também não se conhece do recurso especial, com fundamento na alínea *c*, quando o paradigma indicado como divergente for uma decisão monocrática. Tampouco merece conhecimento o recurso especial pela alínea *c* quando o acórdão for oriundo de Turma Recursal dos Juizados Especiais.

É requisito essencial da petição do recurso especial, interposto com base na alínea *c*, a demonstração do cotejo analítico entre os acórdãos recorrido e o paradigma no qual se funda a divergência[3]. O entendimento pacificado do Superior Tribunal de Justiça é no sentido de que não basta a transcrição das duas ementas, é necessário o embate analítico entre os fundamentos que ensejam o recurso, demonstrando a existência do dissídio. Todavia, será dispensado o cotejo dos trechos do acórdão, caso as ementas contenham elementos suficientes para identificar a divergência[4].

Art. 105, § 1º Funcionarão junto ao Superior Tribunal de Justiça:

I – a Escola Nacional de Formação e Aperfeiçoamento de Magistrados, cabendo-lhe, dentre outras funções, regulamentar os cursos oficiais para o ingresso e promoção na carreira;

Fátima Nancy Andrighi

A Escola Nacional de Formação e Aperfeiçoamento de Magistrados – ENFAM – foi criada e aprovada pelo Plenário do Superior Tribunal de Justiça, por meio da Resolução n. 3, de 30 de novembro de 2006.

Seu objetivo é regulamentar, autorizar e fiscalizar os cursos oficiais para ingresso e promoção na carreira da Magistratura.

Nesse mister, compreendem-se as seguintes atribuições: (i) definir as diretrizes básicas para a formação e o aperfeiçoamento de Magistrados; (ii) fomentar pesquisas, estudos e debates sobre temas relevantes para o aprimoramento dos serviços judiciários e da prestação jurisdicional; (iii) promover a cooperação com entidades nacionais e estrangeiras ligadas ao ensino, pesquisa e extensão; (iv) incentivar o intercâmbio entre a Justiça brasileira e a de outros países; (v) estimular, diretamente ou mediante convênio, a realização de cursos relacionados com o ob-

---

forme ao estabelecer que "embora se refira apenas ao recurso especial fincado na divergência jurisprudencial, a Súmula 83 aplica-se ao recurso especial arrimado na alínea *a* quando o acórdão recorrido se afinar à jurisprudência do Superior Tribunal de Justiça" (AgRg no Ag 723.758/SP, 3ª Turma, Rel. Min. Humberto Gomes de Barros, *DJ* 02.05.2006; no mesmo sentido AgRg no Ag 653.123/RS, 3ª Turma, minha relatoria, *DJ* 18.04.2005).

3. O art. 255, § 2º, Regimento Interno do **STJ**, determina que "em qualquer caso, o recorrente deverá **transcrever os trechos dos acórdãos** que configurem o dissídio, **mencionando as circunstâncias que identifiquem ou assemelhem os casos confrontados**". No mesmo sentido, o art. 541, parágrafo único, Código de Processo Civil, estabelece que "quando o recurso fundar-se em dissídio jurisprudencial, o recorrente fará a prova da divergência mediante certidão, cópia autenticada ou pela citação do repositório de jurisprudência, oficial ou credenciado, inclusive em mídia eletrônica, em que tiver sido publicada a decisão divergente, ou ainda pela reprodução de julgado disponível na Internet, com indicação da respectiva fonte, mencionando, em qualquer caso, as circunstâncias que identifiquem ou assemelhem os casos confrontados".

4. "A ementa do acórdão paradigma pode servir de demonstração da divergência, quando nela se expresse inequivocamente a dissonância acerca da questão federal objeto do recurso" (STF, Inq 1.070/TO, Pleno, Rel. Min. Sepúlveda Pertence, *DJ* 1º.7.2005). No mesmo sentido: STF, HC 94.337, Rel. Min. Cármen Lúcia, julgamento em 3-6-2010, Primeira Turma, *DJe* de 31-10-2010.

jetivo da ENFAM, dando ênfase à formação humanística; (vi) habilitar, para os efeitos do art. 93, inciso II, alínea c, e inciso IV, da Constituição da República, cursos de formação e aperfeiçoamento de magistrados oferecidos por instituições públicas ou privadas; e (vii) formular sugestões para aperfeiçoar o ordenamento jurídico.

Art. 105, § 1º, II – o Conselho da Justiça Federal, cabendo-lhe exercer, na forma da lei, a supervisão administrativa e orçamentária da Justiça Federal de primeiro e segundo graus, como órgão central do sistema e com poderes correicionais, cujas decisões terão caráter vinculante.

Fátima Nancy Andrighi

Não obstante a Emenda Constitucional n. 45/2004 tenha criado o Conselho Nacional de Justiça (art. 103-B), com jurisdição sobre todos os órgãos do Poder Judiciário existentes no território nacional, manteve-se o Conselho da Justiça Federal vinculado ao Superior Tribunal de Justiça.

O funcionamento do Conselho da Justiça Federal é regulado pela Lei n. 11.798/2008, que revogou a Lei n. 8.472, de 14-10-1992, com igual atuação em todo o território nacional, cabendo-lhe, no entanto, apenas o exercício da supervisão administrativa e orçamentária da Justiça Federal de primeiro e segundo graus, conforme a competência que lhe é atribuída nos arts. 1º e 5º da mencionada Lei n. 11.798/2008.

O Conselho da Justiça Federal é integrado pelo Presidente, Vice-Presidente e quatro Ministros do Superior Tribunal de Justiça, eleitos por dois anos e pelos Presidentes dos Tribunais Regionais Federais, que serão substituídos na sua falta ou impedimento pelos Vice-Presidentes.

A Corregedoria-Geral da Justiça Federal será dirigida pelo Ministro do Superior Tribunal de Justiça eleito Corregedor-Geral conforme o Regimento Interno do Superior Tribunal de Justiça. Ademais, o Corregedor-Geral será substituído pelo Ministro do Superior Tribunal de Justiça eleito Vice-Corregedor-Geral nas faltas e impedimentos daquele, ou, ainda, por delegação, nos termos do § 7º do art. 2º da Lei n. 11.798/2008 com a redação dada pela Lei n. 13.788/2018.

Integra a estrutura organizacional do Conselho da Justiça Federal, o Centro de Estudos Judiciários ao qual compete: a) realizar e fomentar estudos, pesquisas, serviços editoriais e de informação, com vistas na modernização da Justiça Federal; b) planejar, coordenar e executar atividades de formação e aperfeiçoamento de magistrados e servidores, em articulação com as escolas de magistratura dos Tribunais Regionais Federais, segundo normas a serem editadas pela Escola Nacional de Formação e Aperfeiçoamento de Magistrados; e c) elaborar e encaminhar à Escola Nacional de Formação e Aperfeiçoamento de Magistrados o Plano Nacional de Aperfeiçoamento e Pesquisa para os Juízes Federais.

Note-se, portanto, que as atribuições do Conselho da Justiça Federal sofrem duas limitações[1]: (i) sua função é somente a supervisão administrativa[2], não dispondo ele de atribuições propriamente judiciais; e (ii) somente a Justiça Federal está sujeita ao seu poder fiscalizatório[3].

Art. 105, § 2º No recurso especial, o recorrente deve demonstrar a relevância das questões de direito federal infraconstitucional discutidas no caso, nos termos da lei, a fim de que a admissão do recurso seja examinada pelo Tribunal, o qual somente pode dele não conhecer com base nesse motivo pela manifestação de 2/3 (dois terços) dos membros do órgão competente para o julgamento. (*Incluído pela Emenda Constitucional n. 125, de 2022.*)

Fátima Nancy Andrighi

Nesse contexto, assim como já ocorre com a repercussão geral no recurso extraordinário, em princípio, não se deve conhecer do recurso especial quando já houver manifestação do Superior Tribunal de Justiça no sentido da ausência de relevância da questão federal debatida, salvo a existência de circunstâncias peculiares, sobretudo supervenientes, que justifiquem a reapreciação do tema.

---

1. "Ação direta de inconstitucionalidade ajuizada contra a Resolução 336, de 2003, do presidente do CJF, que dispõe sobre o acúmulo do exercício da magistratura com o exercício do magistério, no âmbito da Justiça Federal de primeiro e segundo graus. Alegação no sentido de que a matéria em análise já encontra tratamento na CF (art. 95, parágrafo único, I), e caso comportasse regulamentação, esta deveria vir sob a forma de lei complementar, no próprio Estatuto da Magistratura. Suposta incompetência do CJF para editar o referido ato, porquanto fora de suas atribuições definidas no art. 105, parágrafo único, da Carta Magna. Considerou-se, no caso, que o objetivo da restrição constitucional é o de impedir o exercício da atividade de magistério que se revele incompatível com os afazeres da magistratura. Necessidade de se avaliar, no caso concreto, se a atividade de magistério inviabiliza o ofício judicante. Referendada a liminar, nos termos em que foi concedida pelo Ministro em exercício da Presidência do STF, tão somente para suspender a vigência da expressão 'único (a)', constante da redação do art. 1º da Resolução 336/2003 do CJF". (STF, ADI 3.126-MC, Rel. Min. Gilmar Mendes, julgamento em 17-2-2005, Plenário, *DJ* de 6-5-2005).

2. "Na repetição do indébito tributário, a correção monetária é calculada segundo os índices indicados no Manual de Orientação de Procedimentos para os Cálculos da Justiça Federal, aprovado pela Resolução 561/CJF, de 02.07.2007, do Conselho da Justiça Federal, a saber: (a) a ORTN de 1964 a fevereiro/86; (b) a OTN de março/86 a dezembro/88; (c) pelo IPC, nos períodos de janeiro e fevereiro/1989 e março/1990 a fevereiro/1991; (d) o INPC de março a novembro/1991; (e) o IPCA – série especial – em dezembro/1991; (f) a UFIR de janeiro/1992 a dezembro/1995; (g) a Taxa SELIC a partir de janeiro/1996 (ERESP 912.359/MG, 1ª Seção, *DJ* de 03.12.07)" (STJ, REsp 1012903/RJ, Rel. Min. Teori Albino Zavascki, Primeira Seção, julgado em 8-10-2008, *DJe* 13-10-2008).

3. "MANDADO DE SEGURANÇA. JUIZ DO TRIBUNAL REGIONAL FEDERAL DA 1ª REGIÃO. PROCESSO DISCIPLINAR. APOSENTADORIA COMPULSÓRIA. PEDIDO DE REVISÃO. INDEFERIMENTO. RECURSO AO CONSELHO DA JUSTIÇA FEDERAL. POSSIBILIDADE. PODER HIERÁRQUICO E CORREICIONAL. PRINCÍPIO DO DUPLO GRAU DE JURISDIÇÃO. ORDEM CONCEDIDA. 1. Sendo o Conselho da Justiça Federal hierarquicamente superior aos Tribunais Regionais Federais em sede administrativa (poder hierárquico), com previsão de recurso àquele órgão das decisões disciplinares (artigo 5º, XI, da Lei n. 11.798/2008), considerando, ainda, que o pedido de revisão é intrínseco ao processo disciplinar e à luz do princípio do duplo grau de jurisdição, garantido também aos litigantes em processo administrativo (artigo 5º, inciso LV, da Constituição Federal), é de rigor o reconhecimento do direito líquido e certo do impetrante em ter o seu recurso em pedido de revisão regularmente processado. 2. Ordem concedida para reconhecer a competência do Conselho da Justiça Federal para julgar o recurso interposto contra a decisão proferida em revisão disciplinar". (STJ, MS 20.816/DF, Rel. Min. Jorge Mussi, Corte Especial, julgado em 3-5-2017, *DJe* 11-5-2017).

Importante mencionar que o requisito da relevância deverá estar presente em todas as hipóteses de cabimento do recurso especial. Assim, tanto no recurso interposto com fundamento na violação de tratado ou lei federal (alínea *a*), quanto no recurso interposto com fundamento na divergência jurisprudencial (alínea *c*) ou na existência de declaração de validade de ato de governo local contestado em face de lei federal (alínea *b*), deverá a parte recorrente demonstrar a relevância da questão de direito federal infraconstitucional.

Ademais, o art. 2º da Emenda Constitucional n. 125/2022, preceitua que "a relevância de que trata o § 2º do art. 105 da Constituição Federal será exigida nos recursos especiais interpostos após a entrada em vigor desta Emenda Constitucional, ocasião em que a parte poderá atualizar o valor da causa para os fins de que trata o inciso III do § 3º do referido artigo".

Todavia, a despeito da inexistência de *vacatio legis* (art. 3º), observa-se que o dispositivo em comento é norma constitucional de eficácia limitada, pois condiciona a aplicação do novo instituto à edição de lei.

De fato, o texto constitucional não estabelece, desde logo, critérios para o exame da relevância, atribuindo ao legislador infraconstitucional a competência para regulamentar a matéria. Será preciso a edição de lei específica e a alteração do próprio Regimento Interno do Superior Tribunal de Justiça para delimitar o regramento da arguição de relevância, com destaque para seus limites, alcance e efeitos.

Nesse sentido, o Superior Tribunal de Justiça aprovou o Enunciado Administrativo n. 8/2022, estabelecendo que o critério da relevância do recurso especial só será exigido após a vigência da futura lei regulamentadora: "a indicação, no recurso especial, dos fundamentos de relevância da questão de direito federal infraconstitucional somente será exigida em recursos interpostos contra acórdãos publicados após a data de entrada em vigor da lei regulamentadora prevista no artigo 105, § 2º, da Constituição Federal".

Desse modo, em atenção ao princípio basilar do *tempus regit actum*, só estarão submetidos ao requisito da relevância os recursos especiais interpostos contra decisões prolatadas após a entrada em vigor dos §§ 2º e 3º do art. 105 da Constituição Federal e da lei regulamentadora.

O acréscimo introduzido no texto constitucional tem demandado reflexões e a doutrina está longe de ser homogênea.

Em uma aproximação preliminar, no entanto, é possível apontar que será relevante a questão federal que se revista, "do ponto de vista institucional, de significado econômico, político, jurídico ou social, a merecer julgamento por duas instâncias e, ainda, pelo STJ"[1].

O objetivo declarado da Emenda Constitucional foi criar mecanismo capaz de enfrentar o assoberbante número de processos que aportam diariamente no Superior Tribunal de Justiça, possibilitando uma gestão eficiente do acervo do Tribunal.

Com efeito, extrai-se do Parecer à Proposta de Emenda Constitucional, apresentado à Comissão de Constituição e Justiça e de Cidadania da Câmara dos Deputados, que o constituinte derivado fundamentou a alteração constitucional na consideração de que "a sistemática da relevância permitirá ao STJ superar a atuação como mero tribunal de revisão para assumir as feições de uma verdadeira corte de precedentes".

Em tese, a nova conformação do recurso especial, com a exigência da comprovação da relevância da questão federal, permitiria reduzir a taxa de congestionamento do Tribunal, conferindo celeridade à atuação da Corte, garantindo que esta não atue como mera terceira instância do Poder Judiciário.

Busca-se, dessa forma, acelerar e racionalizar a prestação jurisdicional, direcionando a atuação do Superior Tribunal de Justiça para processos que veiculem matéria relevante do ponto de vista econômico, político, social ou jurídico, que ultrapasse o interesse subjetivo das partes litigantes[2]. Dessa forma, foi instituído um novo "filtro", reforçando a posição do Tribunal como Corte de cúpula responsável por fixar teses jurídicas que norteiam a atividade dos demais órgãos do Poder Judiciário.

Importa mencionar, nesse contexto, que alguns doutrinadores sustentam que os §§ 2º e 3º não exigiriam, propriamente, a repercussão geral da questão de direito federal infraconstitucional, na medida em que não seria necessário que a questão ultrapassasse os interesses subjetivos do processo, bastando que fosse relevante em si mesma, isto é, para a hipótese concreta[3].

Deve-se ponderar, no entanto, em que medida o filtro da relevância poderá representar obstáculo ao acesso dos cidadãos – sobretudo daqueles mais humildes – ao Tribunal da Cidadania, aprofundando as desigualdades sociais que marcam, historicamente, o desenvolvimento do Brasil. Em uma quadra histórica com trabalho incessante na criação e na busca de efetividade de mecanismos para enfrentar e eliminar os obstáculos ao acesso à justiça, é imperativo que o requisito da relevância não represente retrocesso, notadamente tendo em vista que o Superior Tribunal de Justiça é o tribunal competente para apreciar as mais diversas demandas relacionadas à vida em sociedade, das mais complexas às mais comezinhas, representando a última trincheira na luta pelo Direito, para utilizar a expressão cunhada por Rudolf von Ihering.

Ademais, não se pode olvidar que o Superior Tribunal de Justiça possui como função precípua a uniformização da interpretação da legislação infraconstitucional, encargo que não foi alterado pela Emenda Constitucional n. 125/2022.

Nesse sentido, será imprescindível enfrentar o desafio – suscitado pelo requisito da relevância – de evitar a criação de diversos direitos locais – no que se convencionou chamar de "estadualização do direito" –, enfraquecendo o controle sobre a atuação das instâncias inferiores do Poder Judiciário e promovendo insegurança jurídica. Se as normas jurídicas são o resultado da interpretação dos textos normativos, a manutenção de um sistema

---

1. BRUSCHI, Gilberto Gomes; COUTO, Mônica Bonetti. Critérios a serem seguidos para a interposição do Recurso Especial após a Emenda Constitucional 125, de 2022. In: *Relevância no REsp*: pontos e contrapontos. São Paulo: RT, 2022.

2. MITIDIERO, Daniel. *Relevância no Recurso Especial*. São Paulo: RT, 2022; MARINONI, Luiz Guilherme. *O filtro da relevância*. São Paulo: RT, 2023.

3. MEDINA, José Miguel Garcia. O novo recurso especial e a tipologia da relevância da questão federal infraconstitucional: possíveis impactos no modelo federativo brasileiro. In: *Relevância no REsp*: pontos e contrapontos. São Paulo: RT, 2022.

jurídico íntegro e coerente impõe que a legislação federal possua sentido e alcance unívocos em todo o território nacional.

Não há dúvida de que a sociedade merece uma Justiça célere e eficiente, mas a aferição da relevância da questão federal, por representar, em certa medida, mitigação do próprio direito ao recurso, corolário do devido processo legal, não pode desaguar em pura e simples discricionariedade do julgador, em prejuízo da segurança jurídica e do acesso à justiça.

Eventual déficit democrático causado pelo novo sistema, todavia, poderia ser enfrentado pela admissão de *amicus curiae* e a implementação de audiências públicas, de modo a permitir a participação social na formação do precedente[4].

Além disso, debate-se qual seria o órgão do Superior Tribunal de Justiça competente para examinar a caracterização da relevância da questão de direito federal controvertida, havendo, de um lado, quem sustente que tal responsabilidade deva ficar adstrita às Seções e à Corte Especial[5] e, de outro, aqueles que propugnam pela manutenção também da competência das Turmas[6]. É possível, ainda, que a lei regulamentadora autorize o referido exame pelo próprio relator, monocraticamente, assegurando o acesso ao órgão colegiado competente, de forma semelhante ao que hoje se verifica no art. 326, § 1º, do RISTF, que atribui ao relator o poder de negar repercussão geral ao recurso extraordinário com eficácia apenas para o caso concreto.

Desse modo, no âmbito das Turmas, compostas por 5 (cinco) Ministros, seria preciso que 4 (quatro) membros se manifestassem pela inexistência de relevância para que o recurso não fosse conhecido por esse motivo. Em contrapartida, no âmbito das Seções, compostas por 10 (dez) Ministros, seria preciso a manifestação de, ao menos, 7 (sete) membros e, na Corte Especial, de, pelo menos, 10 (dez) integrantes.

Outra questão importante acerca da matéria diz respeito à impossibilidade de, após o reconhecimento da relevância da questão de direito federal infraconstitucional, impedir-se o julgamento do recurso por meio de pedido de desistência formulado pelas partes. Com efeito, "a vontade das partes não pode privar a Corte do exercício da sua função de decidir para todos. Caso a desistência do recurso impusesse a paralisação da atividade da Corte, estar-se-ia numa situação incompatível com a premissa que conduz uma Corte de precedentes, exatamente a de que o caso e o recurso servem apenas para retirar a Corte da sua posição de inércia, legitimando o exercício do seu poder"[7].

A suspensão dos processos como consequência do reconhecimento da relevância também é tema atualmente debatido. De um lado, existem aqueles que sustentam que, "como a relevância é um sinal de que a questão pode gerar precedente, o seu reconhecimento determina a suspensão de todos os processos versando idêntica controvérsia"[8]; de outro, há aqueles que apontam a desnecessidade de suspensão, pois tal procedimento retiraria da parte o direito à tutela jurisdicional do juiz ou Tribunal, em prejuízo da razoável duração do processo[9].

Os contornos do instituto deverão ser traçados, dia a dia, pelo Superior Tribunal de Justiça na busca de conferir a indispensável segurança jurídica aos jurisdicionados, mas é possível conjecturar que, a despeito de alguns efeitos imediatos, o verdadeiro impacto da introdução do requisito da relevância – para o bem e para o mal – somente será sentido no longo prazo.

Art. 105, § 3º Haverá a relevância de que trata o § 2º deste artigo nos seguintes casos: (*Incluído pela Emenda Constitucional n. 125, de 2022.*)

I – ações penais; (*Incluído pela Emenda Constitucional n. 125, de 2022.*)

II – ações de improbidade administrativa; (*Incluído pela Emenda Constitucional n. 125, de 2022.*)

III – ações cujo valor da causa ultrapasse 500 (quinhentos) salários mínimos; (*Incluído pela Emenda Constitucional n. 125, de 2022.*)

IV – ações que possam gerar inelegibilidade; (*Incluído pela Emenda Constitucional n. 125, de 2022.*)

V – hipóteses em que o acórdão recorrido contrariar jurisprudência dominante do Superior Tribunal de Justiça; (*Incluído pela Emenda Constitucional n. 125, de 2022.*)

VI – outras hipóteses previstas em lei. (*Incluído pela Emenda Constitucional n. 125, de 2022.*)

Fátima Nancy Andrighi

Um dos pontos centrais da análise do requisito da relevância consiste em determinar o que seria, verdadeiramente, a "relevância da questão de direito federal infraconstitucional" apta a permitir o conhecimento do recurso especial.

Como qualquer outro conceito jurídico indeterminado, a previsão no texto constitucional desse genérico e novo requisito de admissibilidade do recurso especial tem o potencial de gerar insegurança jurídica, exigindo um processo de decantação permanente.

Nesse contexto, o constituinte derivado, no § 3º, do art. 105 da Constituição Federal, passou a prever algumas hipóteses em que a relevância da questão federal é presumida.

A previsão expressa dessas presunções atende a uma demanda da advocacia com o objetivo de mitigar a insegurança jurídica e eventual discricionariedade judicial no exame da matéria.

Trata-se de presunção absoluta e rol exemplificativo, na medida em que o inciso VI preceitua que também poderá haver relevância em outras hipóteses previstas em lei, além daquelas constantes do texto constitucional.

Ademais, impõe-se ressaltar que os requisitos previstos nos §§ 2º e 3º não são cumulativos. Em outras palavras, é possível que se configure a relevância da questão de direito federal infraconstitucional mesmo fora das hipóteses elencadas no § 3º, do art. 105, da Constituição[1].

---

4. MITIDIERO, Daniel. *Relevância no Recurso Especial*. São Paulo: RT, 2022.
5. MARINONI, Luiz Guilherme. *O filtro da relevância*. São Paulo: RT, 2023; BRUSCHI, Gilberto Gomes; COUTO, Mônica Bonetti. Critérios a serem seguidos para a interposição do Recurso Especial após a Emenda Constitucional 125, de 2022. In: *Relevância no REsp*: pontos e contrapontos. São Paulo: RT, 2022.
6. MEDINA, José Miguel Garcia. O novo recurso especial e a tipologia da relevância da questão federal infraconstitucional: possíveis impactos no modelo federativo brasileiro. In: *Relevância no REsp*: pontos e contrapontos. São Paulo: RT, 2022; MITIDIERO, Daniel. *Relevância no Recurso Especial*. São Paulo: RT, 2022.
7. MARINONI, Luiz Guilherme. *O filtro da relevância*. São Paulo: RT, 2023.
8. MITIDIERO, Daniel. *Relevância no Recurso Especial*. São Paulo: RT, 2022.
9. MARINONI, Luiz Guilherme. *O filtro da relevância*. São Paulo: RT, 2023.
1. Merece menção a opinião, aparentemente minoritária, de Luiz Guilherme Marinoni no sentido de que, mesmo nas hipóteses elencadas no § 3º, do art. 105, deverá o recorrente demonstrar, concretamente, a relevância da questão federal:

No entanto, a previsão do § 3º não dispensa o recorrente de demonstrar em capítulo preambular das razões do recurso especial a relevância da questão federal, apontando de que forma o seu recurso se amolda a uma das hipóteses previstas no referido parágrafo.

As hipóteses constitucionais explícitas de relevância podem ser classificadas em três espécies principais, a saber: a) relevância em razão da matéria; b) relevância em razão do valor da causa; e c) relevância por contrariedade à jurisprudência dominante do Superior Tribunal de Justiça[2].

Nesse sentido, presume-se a relevância nas ações penais (inciso I), nas ações de improbidade administrativa (inciso II) e nas ações que possam gerar inelegibilidade (inciso IV) em virtude das matérias nelas veiculadas, que possuem peculiaridades e relacionam-se a bens jurídicos sensíveis. Com efeito, nessas hipóteses, a ingerência estatal tem a potencialidade de atingir as liberdades individuais, afetar os direitos políticos dos cidadãos e de impor graves sanções administrativas à parte, justificando-se a relevância presumida.

Haverá, outrossim, relevância da questão federal nas hipóteses de ações cujo valor da causa ultrapasse 500 (quinhentos) salários mínimos, previsão que busca resguardar, por meio da reapreciação da demanda pelo Superior Tribunal de Justiça, os interesses dos cidadãos naquelas ações que envolvam vultosas quantias e que, portanto, possuem a potencialidade de gerar efeitos negativos para a própria sociedade. Nesse contexto, o art. 2º da Emenda Constitucional n. 125/2022, preceitua que, ao interpor o recurso especial, poderá a parte *"atualizar o valor da causa para os fins de que trata o inciso III do § 3º do referido artigo"*.

Debate-se se o verbo "atualizar" refere-se tão somente à correção monetária do valor já atribuído à causa ou se abarcaria, ainda, a possibilidade de revisão ou ajuste naquelas hipóteses em que o valor encontra-se equivocado, muitas vezes tendo sido atribuído – como se observa com frequência na prática – "meramente para fins fiscais".

Além disso, há vozes na doutrina que sustentam que a expressão "valor da causa" deve ser interpretada de maneira ampla, abarcando aquelas situações em que o proveito econômico debatido seja de grande monta, ao argumento de que nem sempre o valor da causa pode ser imediatamente quantificável e que, em muitas situações, este não reflete, com fidelidade, o valor econômico subjacente à demanda[3].

Deve-se advertir, ainda, acerca da importância de se coibir eventuais abusos processuais caso o recorrente realize acréscimos indevidos no valor da causa tão somente para enquadrar o seu recurso na hipótese de relevância presumida ora examinada.

Presume-se, ainda, a relevância nas hipóteses em que o acórdão recorrido contrariar jurisprudência dominante do Superior Tribunal de Justiça (inciso V).

Trata-se de previsão que tem por objetivo permitir ao Superior Tribunal de Justiça tutelar os seus próprios precedentes por meio do recurso especial, garantindo a integridade do sistema jurídico[4].

O conceito de jurisprudência dominante para efeitos de relevância da questão federal ainda está por construir. No entanto, a referida expressão não é estranha à atuação do Superior Tribunal de Justiça.

O art. 557 do CPC/1973 preceituava que o relator poderia negar "seguimento a recurso manifestamente inadmissível, improcedente, prejudicado ou em confronto com súmula ou com *jurisprudência dominante* do respectivo tribunal, do Supremo Tribunal Federal, ou de Tribunal Superior".

A Súmula 568 do STJ, por seu turno, prevê que "o relator, monocraticamente e no Superior Tribunal de Justiça, poderá dar ou negar provimento ao recurso quando houver *entendimento dominante* acerca do tema".

O art. 34, XVIII, *b*, do RISTJ dispõe que são atribuições do relator, distribuídos os autos, negar provimento ao recurso ou pedido que for contrário à tese fixada em julgamento de recurso repetitivo ou de repercussão geral, a entendimento firmado em incidente de assunção de competência, a súmula do Supremo Tribunal Federal ou do Superior Tribunal de Justiça ou, ainda, a *jurisprudência dominante* acerca do tema. Em geral, no âmbito do regimento, entende-se existir jurisprudência dominante quando há tese consolidada no âmbito da Seção, isto é, quando há precedentes de ambas as Turmas, no mesmo sentido, sobre a mesma matéria.

O CPC/2015, ao tratar dos poderes do relator, abandonou a expressão, criando um sistema de precedentes vinculantes, o que não impediu a utilização do conceito, seja através do recurso à Súmula 568 do STJ ou ao próprio RISTJ.

Nesse sentido, sem prejuízo de desenvolvimentos posteriores, parece seguro afirmar, a partir da atuação atual do Superior Tribunal de Justiça, que uma única decisão ou acórdão de órgãos fracionários da Corte, em regra, não podem ser considerados jurisprudência dominante acerca de determinada matéria.

Ademais, poderá a legislação infraconstitucional prever outras hipóteses de relevância da questão de direito federal infraconstitucional (inciso VI), o que, como já afirmado, demonstra que o rol do § 3º é meramente exemplificativo, incrementando a responsabilidade do legislador ordinário[5].

---

[1] "Isso quer dizer que não basta uma decisão proferida em causa de valor excedente a 500 salários mínimos ou uma decisão em processo penal, por exemplo, como se poderia supor ao se ler, rapidamente, o § 3º, I e III, do art. 105 da Constituição, introduzido mediante a Emenda Constitucional n. 125 de 2022. Tais decisões, embora devam ser vistas como relevantes, somente concretizam 'questão federal relevante', ou seja, questão que pode dar origem a um precedente geral e vinculante, quando também revelam interesse geral, ou seja, quando transcendem ao interesse das partes. Uma questão desperta interesse geral quando é importante para orientar as pessoas ou o modo de viver em sociedade e, além disso, os Juízes e os Tribunais na solução dos casos semelhantes que estão por vir. Fora daí, quando a questão é particular ao processo entre partes, pouco importa o valor da causa ou a natureza da discussão travada no processo" (MARINONI, Luiz Guilherme. *O filtro da relevância*. São Paulo: RT, 2023).

[2] MEDINA, José Miguel Garcia. O novo recurso especial e a tipologia da relevância da questão federal infraconstitucional: possíveis impactos no modelo federativo brasileiro. In: *Relevância no REsp*: pontos e contrapontos. São Paulo: RT, 2022.

[3] ALVIM, Teresa Arruda; UZEDA, Carolina; MEYER, Ernani. A relevância no recurso especial em meio a seus "parentes": a repercussão geral e a antiga arguição de relevância da questão federal. In: *Relevância no REsp*: pontos e contrapontos. São Paulo: RT, 2022.

[4] MARINONI, Luiz Guilherme. *O filtro da relevância*. São Paulo: RT, 2023.

[5] José Miguel Garcia Medina entende que a existência de divergência jurisprudencial seria uma hipótese implícita de relevância *in re ipsa*, tendo em vista a função do Superior Tribunal de Justiça de uniformizar a interpretação da legislação federal infraconstitucional, evitando-se a pulverização do sistema jurídico, *in verbis*: "Demonstrada essa divergência jurisprudencial, e tendo lugar o recurso especial com base no artigo 105, inciso III, alínea *c*, da Constituição Federal, a relevância da questão de direito federal infraconstitucional está *in re ipsa*. Afinal, permitir que se propaguem entendimentos diferentes sobre a mesma regra de direito federal acaba por permitir, ao logo do tempo, que se perpetuem e se

A referida disposição constitucional, no entanto, deve ser interpretada sistematicamente com o § 2º do art. 105 da Constituição, de modo que eventuais novas hipóteses de relevância presumida deverão se referir a matérias ou questões que se revelem significativas do ponto de vista econômico, político, social ou jurídico.

Por fim, importa destacar que, muito embora o inciso VI do § 3º faculte a atuação do legislador ordinário, a este não é dado restringir o alcance das hipóteses previstas nos demais incisos, tendo em vista a supremacia da Constituição, que foi peremptória ao estabelecer que "haverá a relevância" nas hipóteses ali elencadas.

Art. 105, §§ 2º e 3º (Relevância da questão federal)
Lenio Luiz Streck

1. Histórico da norma

Trata-se de mudança implementada pela Emenda Constitucional n. 125, de 2022, cujo teor adveio de longa tramitação no Congresso a partir da Proposta de Emenda à Constituição n. 209/2012. A Emenda passou a contar com amplo apoio entre o colegiado do Superior Tribunal de Justiça, como se pôde notar no discurso de posse da então Presidente da Corte em 2016, Ministra Laurita Vaz, fazendo um apelo aos demais ministros, membros do Ministério Público e da Ordem dos Advogados do Brasil para que sensibilizassem os congressistas a respeito da necessidade de se "racionalizar" a via recursal superior. A Ministra, em seu discurso, afirmou haver uma "crucial e inadiável" necessidade de se evitar que o Tribunal da Cidadania fosse utilizado como uma "terceira instância revisora", sob pena de que os "julgamentos indiscriminados" causariam perdas sociais irreparáveis. Assim se deu a aprovação da Emenda n. 125/2022, moldada pelo forte apelo do judiciário superior em favor de uma suposta racionalização, fazendo com que o filtro da relevância incorporado ao Recurso Especial aproxime a via recursal à repercussão geral já adotada em sede de Recurso Extraordinário, no âmbito do Supremo Tribunal Federal.

2. Jurisprudência

Acerca do tema, relativo a ambos os parágrafos 2º e 3º adicionados pela Emenda n. 125/2022, por tratar-se de norma constitucional nova, o pronunciamento mais significativo para sua interpretação veio a partir do Enunciado Administrativo n. 8, de 7.11.2022 (*DJe* 8.11.2022), cujo teor estabelece que a exigência de comprovação de relevância processual da violação de dispositivo de lei federal infraconstitucional somente será exigida em recursos interpostos contra acórdãos publicados após a data de entrada em vigor de lei regulamentadora prevista no § 2º do art. 105 da Constituição Federal. Sobre a previsão de cálculo da relevância a partir do salário mínimo e possível violação do art. 7º, IV, da CRFB, o Supremo Tribunal Federal entende ser possível a utilização do salário mínimo como valor de referência (ADI 2.672; cf. também ADI 4.637). Já no que toca a admissibilidade do filtro da relevância, a doutrina e jurisprudência dominantes vêm referindo analogamente os julgados da Corte Suprema que decidiu sobre o recurso extraordinário, em relação à necessidade de se comprovar a repercussão geral (cf. AI 664.557). Nesses termos, destaca-se novamente a eficácia limitada do enunciado normativo até que se cumpra o determinado pelo dispositivo, que exige aprovação de lei regulamentadora (Enunciado Administrativo n. 8/2022).

3. Bibliografia

BRUSCHI, Gilberto Gomes et al. *Relevância no Resp*: pontos e contrapontos. São Paulo: Thomson Reuters, 2023; DWORKIN, Ronald. *O Império do Direito*. Trad. Jeferson Luiz Camargo. 3. ed. São Paulo: Martins Fontes, 2014; FROTA, Pablo Malheiros da Cunha. Precedente vinculativo e persuasivo e a *ratio decidendi*. *Revista Eletrônica Consultor Jurídico*, São Paulo, 13 fev. 2021. Disponível em: https://www.conjur.com.br/2021-fev-13/diario-classe-precedente-vinculativo-persuasivo-ratio-decidendi. Acesso em: 15 maio 2023; FUGA, Bruno; TESOLIN, Fabiano da Rosa; MARQUES, Mauro Campbell; LEMOS, Vinicius Silva (coords.). *Relevância da questão federal no Recurso Especial*. Londrina: Toth, 2022; LOPES FILHO, Juraci Mourão. *Os Precedentes Judiciais no Constitucionalismo Brasileiro Contemporâneo*. Rio de Janeiro: Lumen Juris, 2016; NEVES, Daniel Amorim Assumpção. *Novo Código de Processo Civil Comentado*. 4. ed. Salvador: JusPodivm, 2019; STRECK, Lenio Luiz. *Precedentes Judiciais e Hermenêutica*: o sentido da vinculação no CPC/2015. 4. ed. Salvador: JusPodivm, 2023; STRECK, Lenio Luiz. Precisamos falar sobre os precedentes à brasileira. *Revista Consultor Jurídico*, 15 out. 2022. Disponível em: https://www.conjur.com.br/2022-out-15/observatorio-constitucional-precisamos-falar-precedentes-brasileira#_ftnref. Acesso em: 16 maio 2023.

4. Comentários

4.1. Art. 105, § 2º, CF

Como já foi mencionado alhures, nesta quadra da história de Constitucionalismo Contemporâneo, só há uma forma de fato democrática de se controlar o poder: o controle da decisão. Nesse sentido é que surge o processo como condição de possibilidade. A partir do procedimento se garante, se celebra o contrato social e se prestam contas, no sentido de que o Estado, em sua face jurisdicional, pode prestar uma jurisdição democraticamente adequada e transparente, assumindo um compromisso com o cidadão jurisdicionado. Aí reside o conceito de *accountability*.

Com a Emenda Constitucional n. 125/2022 a *accountability* jurisdicional está ameaçada, pois o constituinte derivado estipulou mais um filtro que deprime o acesso à justiça pelo jurisdicionado. Em um contexto de tentativa de constituição de um "sistema de precedentes" no Brasil, o "filtro" da relevância apresenta uma série de problemas, como a transformação do Poder Judiciário em um poder legiferante.

Registre-se que parcela da doutrina caudatária da construção de uma justiça (ou sistemas de precedentes) defende que a rele-

---

sedimentem normas diferentes (isto é, sentidos diferentes atribuídos ao mesmo texto de lei) em cada um dos Estados respectivos" (MEDINA, José Miguel Garcia. O novo recurso especial e a tipologia da relevância da questão federal infraconstitucional: possíveis impactos no modelo federativo brasileiro. In: *Relevância no REsp*: pontos e contrapontos. São Paulo: RT, 2022).

vância seria um fator determinante para a superação da noção do Superior Tribunal de Justiça como mera "instância de revisão para assumir as feições de uma verdadeira Corte de precedentes" (Parecer à Proposta de Emenda Constitucional, apresentado à Comissão de Constituição e Justiça e de Cidadania da Câmara dos Deputados). Essa ideia vem ladeada da peculiar ideia de que o Brasil está num processo de transição para um sistema jurídico "híbrido", unindo o *civil law* ao *common law*.

A corrente crítica, à qual me filio, vê a inclusão desse filtro da relevância no texto magno pelo constituinte derivado com muita preocupação. Como a proposta neste excerto é comentar o texto constitucional, façamos uma anamnese da norma. Lembremos, sempre que o Direito nasce na interpretação/aplicação da norma, que nunca devem ser cindidos. Diz o texto que o recorrente deverá *"demonstrar a relevância das questões de direito federal infraconstitucional discutidas no caso, nos termos da lei (...)"*. Aqui, já poderíamos solicitar uma primeira parada, pois percebemos o quanto a hermenêutica se revela importante. Temos um texto abstrato, amplo – ainda que uma norma constitucional. Trata-se de uma proposição com uma regra: *deverá demonstrar a relevância*. Nesse caso, a regra constitucional deverá vir sempre acompanhada de um princípio.

O dever de demonstrar a relevância será interpretado, então, a partir do princípio de que todo cidadão tem o direito a uma resposta constitucionalmente adequada. O dilema – que nos leva à preocupação – é que o texto inserido na Constituição colide com esse princípio – e seus consequentes subprincípios. Temos a problemática do sentido da relevância. Pergunta-se: qual interpretação de lei federal seria considerada *irrelevante*? E, ademais, quem fará esse juízo? O restante da redação, em uma leitura deficitária e literalista, assevera que compete ao Tribunal da Cidadania realizar esse juízo *"(...) a fim de que a admissão do recurso seja examinada pelo Tribunal, o qual somente pode dele não conhecer com base nesse motivo pela manifestação de 2/3 (dois terços) dos membros do órgão competente para o julgamento"*. E, mais uma vez, cabe a pergunta: qual é o grau de legitimidade que dois terços dos membros do órgão competente têm para decidir sobre um conceito abstrato como "relevância"? Ou melhor, o que é isto – a relevância? Não é preciso realizarmos uma epistemologia da relevância para concluir que temas de direito federal controvertidos devem ter no STJ uma guarida para se encontrar uma resposta adequada ao devido processo legal.

Por tudo isso não parece razoável que se crie mais um obstáculo ao acesso jurisdicional quando já temos o filtro da Súmula 7 do mesmo Tribunal – e toda a sua problemática da cisão metafísica na questão de fato/questão de direito –, a insistência na noção antiquada de um "livre convencimento (motivado)" por parte dos juízes e a evidente tendência pragmatista, que permeia o judiciário de arquétipos gerencialistas, fazendo com que a prestação jurisdicional seja tomada por um discurso de "menos (processos) é mais (efetividade)".

Todas essas pré-condicionantes criaram uma "tempestade perfeita" para que os tribunais superiores fossem alçando a condição de cortes de vértice e o precedentalismo à brasileira fosse se tornando uma regra na jurisprudência e na doutrina. O Código de Processo Civil foi um *locus* histórico por meio do qual se percebeu (e ainda se percebe, observando sua aplicação) o travamento de uma batalha interpretativa. Os críticos da existência de uma "cultura de precedentes" não acreditam na possibilidade de uma implementação "forçada" de um sistema de precedentes, justamente porque precedentes são *parte* do direito, *não* o próprio direito. Por isso a necessidade de se compreender a história e a teoria dos precedentes, assim como eles funcionam no *common law*, como decisões que, a partir de sua importância histórica, passam a valer como base da construção em cadeia da qual fala Dworkin. Tudo a partir da tradição, e nunca se sobrepondo ao estatuto. No Brasil, precedentes se tornam *maiores* que a legislação escrita (e quiçá da própria Constituição). A relevância surge, assim, como um "aguilhão semântico" irreversível, pois – ainda que texto constitucional fruto de emenda – se volta contra o direito fundamental do cidadão de obter uma resposta adequada; contra a transparência na administração pública (*accountability*); e contra a isonomia (esta última violação a ser mais bem elaborada ao comentarmos o parágrafo seguinte).

Há evidências empíricas que o filtro da relevância merece cuidado. O próprio STJ reconheceu isso ao publicar o Enunciado Administrativo n. 8/2022, estabelecendo que o critério da relevância do recurso especial só será exigido após a vigência da futura lei regulamentadora: "a indicação, no recurso especial, dos fundamentos de relevância da questão de direito federal infraconstitucional somente será exigida em recursos interpostos contra acórdãos publicados após a data de entrada em vigor da lei regulamentadora prevista no art. 105, § 2º, da Constituição Federal".

É preciso que o legislador tenha muita destreza sobre o conceito que irá introduzir no ordenamento jurídico a regular a emenda em comento. Atente-se que a EC n. 125/2022, pela interpretação do Tribunal da Cidadania, é norma constitucional de eficácia limitada, mormente pela inexistência de *vacatio legis*. Outro tema acerca da segunda parte da redação analisada que merecerá criterioso juízo do legislador será o tema do sentido do vocábulo "um terço", por conta do número dos órgãos colegiados dos tribunais: se o legislador compreender que a análise da relevância merece a guarida já nas Turmas, "um terço" significa quatro dos cinco ministros integrantes do colegiado, ou seja, praticamente sua totalidade. Já no âmbito das Seções, compostas por 10 Ministros, seria preciso a manifestação de, ao menos, 7 membros e, na Corte Especial, de, pelo menos, 10 integrantes.

Quanto à finalidade de se obter maior efetividade judicial nos tribunais, há também evidência do próprio STJ para que vejamos a relevância com, no mínimo, ceticismo. Segundo o seu Relatório Estatístico de 2021, a ação judicial mais ajuizada no Tribunal é o agravo em recurso especial, justamente o recurso que impugna as decisões de inadmissibilidade de recursos especiais, proferidas pelos tribunais *a quo*. No mesmo relatório consta que, dos 223.355 agravos em recurso especial interpostos, apenas 4,2% (9.342) foram providos. Os que não foram conhecidos corresponderam a 57% (128.943), sendo desprovidos 34% (76.751) dos recursos analisados. Comparemos agora o AResp com a segunda ação mais ajuizada perante o STJ, o *habeas corpus*, com um total de 84.678 impetrados.

A efetividade quantitativa não parece ser o maior dos problemas nesse cenário, isso porque parece autoevidente que já exista no sistema processual pátrio uma "relevância embutida" na análise dos recursos e ações destinados ao Tribunal da Cidadania. A relevância pode tornar mais grave algo que já está problemático. Se antes da EC n. 125 um número ínfimo (4,2%) de agravos em recurso especial – para usar apenas essa ação – eram providos, parece não haver dúvidas de que o número de recursos não conhecidos irá aumentar. Talvez tivesse sido melhor focar na efetivação de dispositivos como os arts. 489 e 926 do CPC.

Debater o sistema recursal no País só fará sentido quando a prestação jurisdicional levar os direitos fundamentais à sério, deixando de lado qualquer voluntarismo ou pragmatismo e apostando na integridade e isonomia da prestação jurisdicional. Em resumo: a preocupação da comunidade jurídica em relação à quantidade de processos é legítima. A efetividade na prestação jurisdicional é fundamental. A questão é, qual efetividade queremos? Somente a efetividade quantitativa importa? Estamos dando atenção devida ao seu viés qualitativo? Relevância para que(m)?

4.2. Art. 105, § 3º, CF

Chega-se, então, ao parágrafo terceiro, também incluído pela referida Emenda n. 125/2022, cujo teor disciplina em seus incisos os casos em que dever-se-ão dar relevância obrigatória. Primeiramente, há de se notar a opção do constituinte derivado por indicar o rol do § 3º como exemplificativo, prevendo desde já a inclusão de *outras hipóteses previstas em lei* (inciso VI).

Também merece os cumprimentos da doutrina o constituinte derivado por indicar no rol do referido parágrafo *todas* as ações penais, ações de improbidade administrativa e que possam gerar inelegibilidade (incisos I, II e IV, respectivamente). Não teria sentido atribuir relevância ou irrelevância para ações penais e de improbidade. Tratando-se de direito penal e direito administrativo sancionador, o que está em jogo é a liberdade, que não pode ser aferida em termos de (ir)relevância.

A problemática mais severa do dispositivo se inicia a partir do inciso III, que prevê o que chamamos de "relevância censitária". A redação fala em *ações cujo valor da causa ultrapasse 500 (quinhentos) salários mínimos*. Em valores atualizados de acordo com a última correção, isso constitui 660 mil reais. A atenção, aqui, volta-se a questões abaixo desse montante, e a sua condição apriorística de irrelevância. Nesse contexto, é possível observar um abalo aos princípios da igualdade e da isonomia. Lembremos da máxima do Constitucionalismo Contemporâneo: não há interpretação/aplicação de uma regra (mesmo que esta regra seja um enunciado normativo constitucional) desacompanhada de um princípio. Regras nascem de princípios. Para isso eles "servem". Quando um enunciado normativo constitucional "nasce viciado", o correto seria a jurisdição constitucional intervir ainda antes de sua promulgação pelo Congresso, dentro do próprio procedimento realizado pelo poder constituinte derivado. Propostas de emendas constitucionais podem ser inconstitucionais, por eventual violação de cláusulas pétreas ou princípios "imutáveis" da Constituição (ADI 1.946-MC, Rel. Min. Sydney Sanches, j. 29-4-1999, Plenário, *DJ* de 14-9-2001; ADI 2.356-MC e ADI 2.362-MC, Rel. p/ o ac. Min. Ayres Britto, j. 25-11-2010, Plenário, *DJe* de 19-5-2011). Mas esse não foi o destino da Emenda e, como não foi provocada a Corte Suprema, a EC n. 125 veio a ser promulgada, ainda com o criticável dispositivo do inciso III.

Por fim, aflige também o inciso V. Isso porque a Corte utiliza um sistema de precedentes – chamado de "cultura de precedentes" – constitutivo de teses que funcionam "para o futuro". Como se sabe, precedentes feitos para o futuro, em forma de teses abstratas e gerais, transformam o Poder Judiciário em legislador positivo.

O referido inciso V vem como uma espécie de "reclamação infraconstitucional" (sem a força normativa que possui o instituto da reclamação, é claro), para que o STJ tutele seus "precedentes/teses", que, a partir do CPC/2015, possuem caráter vinculante do ponto de vista infralegal. Por isso é possível afirmar que o juiz no Brasil foi ou está sendo transformado em "juiz boca-do-enunciado" (o que se estende para os Tribunais "inferiores"), pois os precedentes em sua acepção brasileira têm um cariz (quase) legislativo. Enquanto no Supremo Tribunal Federal há a Reclamação Constitucional pela qual o jurisdicionado tem o direito de fazer valer a garantia de Súmula Vinculante, a interposição de Recurso Especial, fundamentado em sua relevância pela violação por parte do juízo *a quo* de "jurisprudência dominante do STJ", possui todos os predicados de uma reclamação sobre matéria infraconstitucional. Na doutrina regimental do Tribunal, entende-se como "jurisprudência dominante" quando a matéria em comento é pacífica na Seção, isto é, quando há precedentes de ambas as Turmas sobre o mesmo tema.

Parte da doutrina aponta que o termo "jurisprudência dominante" não exige *necessariamente* a demonstração de precedente obrigatório, embora seja evidente que precedentes obrigatórios estejam necessariamente inseridos dentro do tipo "jurisprudência dominante". Ou seja, a Constituição ampliou a presunção de relevância nesses casos, dando claro indicativo do prestígio que se dá ao papel uniformizador do STJ (DIDIER, JR., Fredie; CUNHA, Leonardo Carneiro da. *Curso de direito processual civil* – v. 3. 20. ed. São Paulo: JusPodivm, 2023, p. 471).

Indaga-se: se o objetivo era ressaltar o prestígio do papel uniformizador do STJ, ao invés de criar uma Emenda Constitucional com texto posto no referido inciso V do § 3º do art. 105 da CF/88, não seria mais constitucionalmente e infraconstitucionalmente adequado efetivar, de verdade, os arts. 489, § 1º, I-VI, e o art. 926 do CPC/2015?

Além disso, o próprio STJ, nos casos de Incidente de Uniformização dirigido ao Tribunal, afirma: "Segundo o entendimento jurisprudencial desta Corte, decisão monocrática não serve como paradigma, para fins de demonstração da existência do dissídio jurisprudencial, porquanto se trata de manifestação unipessoal do relator, que não compreende o conceito de "jurisprudência dominante". Nesse sentido: STJ, AgInt nos EDcl no PUIL 932/RS; STJ – AgInt no PUIL 3460.

Ora, pode um(a) Ministro(a) do STJ decidir monocraticamente ou colegiadamente contra "jurisprudência dominante" ou não dominante do STJ? E se o(a) Ministro(a) decidir, monocraticamente, a favor da "jurisprudência dominante" do STJ, qual a razão de sua decisão não valer de demonstração da existência do dissídio jurisprudencial?

Indaga-se: o que mais importa é a holding, a estabilidade, a coerência e a integridade que se extrai da decisão monocrática ou colegiada do STJ ou se ela foi proferida de maneira monocrática ou colegiada nos casos de Incidente de Uniformização dirigido ao STJ? Será que é tão importante mesmo para o STJ a chamada "jurisprudência dominante"?

Observemos o seguinte julgado do STJ: 1. A conformidade do acórdão recorrido com a orientação jurisprudencial desta Corte Superior atrai o óbice de conhecimento do recurso especial estampado na sua Súmula 83. 2. Hipótese em que a posição firmada no aresto combatido não destoa da jurisprudência dominante do STJ de que os efeitos financeiros do direito subjetivo à promoção/progressão funcional devem vigorar a partir da data em que preenchidos todos os requisitos legais, independentemente da data de sua verificação pela Administração ou da publicação da respectiva portaria. 3. Agravo interno desprovido (STJ – AgInt no Resp 1.945.986. 1ª T.). Desse modo, se em um caso de Incidente de Uniformização dirigido ao STJ houver uma decisão monocrática, que siga o entendimento dominante sobre o tema acima, não servirá "para fins de demonstração da existência do dissídio jurisprudencial, porquanto se trata de manifestação unipessoal do relator"?

Sim, não se desconhece o art. 14, § 4º, da Lei n. 10.259/2001, que tratou do Incidente de Uniformização de Interpretação de Lei Federal dirigido ao STJ, que entende o cabimento do instituto somente contra decisão colegiada da Turma Nacional de Uniformização.

Permanece, todavia, a indagação: não seria o princípio que se extrai da decisão monocrática ou colegiada aquilo que mais importa, a fim de que esse seja aplicado em casos concretos semelhantes? Não seria esse o verdadeiro prestígio ao papel uniformizador judicativo do STJ? De novo: a plena aplicação dos artigos 926 e 489 já não apontam para a uniformização aplicativa?

Na especificidade do recurso especial, se a decisão recorrida estiver acorde com a "jurisprudência dominante" do STJ, tal circunstância não impede que haja relevância da questão fático-jurídica posta a julgamento no STJ, pois, como assevera parte da doutrina, "o recorrente deve demonstrar a existência da relevância, provocando a manifestação do STJ, que poderá, até mesmo, modificar seu entendimento, seja porque o contexto do momento impõe a mudança da orientação anteriormente firmada (superação), seja porque o caso contém peculiaridade que exige o afastamento ou não a não aplicação do entendimento já assentado (distinção)" (DIDIER JR.; CUNHA, op. cit).

No fundo, a discussão sobre o sentido de "jurisprudência dominante" está ligada à jurisprudência defensiva, porque o mesmo STJ tem como baliza que o "julgamento monocrático encontra previsão no art. 253, parágrafo único, inciso II, alínea b, do RISTJ, que permite ao relator negar provimento ao recurso quando a pretensão recursal esbarrar em súmula do STJ ou do STF, ou ainda, em jurisprudência dominante acerca do tema, inexistindo, portanto, ofensa ao princípio da colegialidade" (AgRg no AREsp n. 1.249.385. 6ª T.).

Recentemente o próprio Superior Tribunal de Justiça redefiniu o sentido do inciso VI do § 1º do art. 489 do CPC. Criou-se, assim, a distinção entre precedentes vinculativos e precedentes persuasivos, questão que impactará, inexoravelmente, a definição do sentido da expressão "jurisprudência dominante". A começar pela contradição no uso da palavra precedente. Se ele é apenas persuasivo, precedente não pode ser. Um precedente é ou não é. O problema é que, como bem assinala Pablo Malheiros, "esse dispositivo do CPC (inciso VI do parágrafo primeiro do artigo 489) explicita que, se a parte traz em suas manifestações jurídicas um enunciado de súmula ou um julgado tido como precedente, tem o direito de vê-lo aplicado. A não aplicação se justifica – e se somente se – a decisão judicial realizar a distinção (*distinguishing*) e fundamentar que o enunciado de súmula ou o julgado tido como precedente é incabível para o caso concreto ou que adveio a superação (*overruling* ou *overriding*) do entendimento que sufragava o enunciado de súmula, jurisprudência e precedente colacionado e cotejado pela parte em suas manifestações processuais" (In: FROTA, Pablo Malheiros da Cunha. Precedente vinculativo e persuasivo e a *ratio decidendi*. *Consultor Jurídico*). Portanto, de que maneira se poderá falar de "cultura de precedentes" se, acima ou para além do "precedente", estará (ou não) a "jurisprudência dominante" do Tribunal? Como definir esses dois conceitos?

Observemos que no Recurso Especial n. 1.698.774 ficou estabelecido que "o artigo 489, § 1º, VI, do CPC/2015, possui, em sua essência, uma indissociável relação com o sistema de precedentes tonificado pela nova legislação processual, razão pela qual a interpretação sobre o conteúdo e a abrangência daquele dispositivo deve levar em consideração que o dever de fundamentação analítica do julgador, no que se refere à obrigatoriedade de demonstrar a existência de distinção ou de superação, limita-se às súmulas e aos precedentes de natureza vinculante, mas não às súmulas e aos precedentes apenas persuasivos". Registre-se, nesse aspecto, o modo como se estabeleceu no país uma espécie de "para legalidade", bastando, para tanto, examinar o Enunciado 11 da ENFAM: "Os precedentes a que se referem os incisos V e VI do § 1º do artigo 489 do CPC/2015 são apenas os mencionados no artigo 927 e no inciso IV do artigo 332, porque, nesse caso, o juiz pode simplesmente deixar de aplicá-los por discordar de seu conteúdo, não cabendo exigir-se qualquer distinção ou superação que justifique a sua decisão". Nessa linha, aliás, posiciona-se parte considerável da doutrina[1].

Em síntese, a Emenda Constitucional n. 125 é mais um elemento de contenção de um sistema que fez a opção pelo controle de efetividade quantitativa, deixando em segundo plano a efetividade qualitativa. Na especificidade, apresenta-se como um problema "aberto" o conceito de "jurisprudência dominante", que se torna mais complexo se examinarmos o conjunto de enunciações emanadas do Tribunal com caráter "precedentalístico". Assim, em que medida uma decisão do sistema estará em confronto com a jurisprudência dominante do Superior Tribunal de Justiça? Uma decisão importante em sede de *habeas corpus*, isolada, não pode ser considerado um precedente? Afinal, se o Brasil pretende imitar o *common law* e aqui institucionalizar um *stare decisis* (como dizem muitos componentes dos tribunais superiores, em especial o Ministro Edson Fachin no RE 655.265), qual é a razão de se exigir que essa decisão se transforma em tese ou súmula, para, só então, servir como "parametricidade estrutural"? Como se sabe, no *common law*, em que se institucionalizou o *stare decisis non quieta movere* ("respeitar as coisas decididas e não mexer no que está estabelecido" – o que configura a ética dos precedentes) não existe sistemática semelhante à existente no Brasil (transformação de julgamentos em teses ou súmulas).

Veja-se mais uma vez o grau de complexidade. Na doutrina regimental do Tribunal, entende-se como "jurisprudência dominante" quando a matéria em comento é pacífica na Seção, isto é, quando há precedentes de ambas as Turmas sobre o mesmo tema. E no Tribunal como um todo, qual seria o sentido e alcance do termo "jurisprudência dominante da Corte"? Não seria conveniente que, em vez de se fixar em fazer "teses", a Corte

---

1. Por todos, NEVES, Daniel Amorim Assumpção. *Novo Código de Processo Civil comentado*. 4. ed. Salvador: JusPodivm, 2019, p. 883-884.

lançasse mão daquilo que a tradição da teoria do direito nos lega, representada pelo conceito de precedente como *qualquer decisão que tem o condão de vincular o sistema a partir não de sua razão externa, mas de sua* holding, que é o princípio que comanda a decisão e dele emana o caráter vinculante? Isso vale tanto para o *common law* como para a *civil law*. Seguir decidindo como nos casos anteriores parece ser uma exigência da racionalidade do direito. O CPC cuidou disso nos artigos 489 e 926. O que vale em um precedente, seja ele súmula ou tese, é a sua *holding*, chamada também de *ratio decidendi* ou princípio que dele se extrai. Na Inglaterra há precedentes criados há quase um século e ainda são válidos, como é *Donoghue v. Stevenson*, também conhecido como o caso da lesma no refrigerante, de 1932. A *holding*: dever de cuidado e dever de indenizar danos. Isto é: o princípio que dele se tira trata da responsabilidade civil. É como se um precedente sobre carruagem pudesse ser aplicado a automóvel ou motocicleta. O que permanece é o princípio. Considere-se o famoso caso *Brady v. Maryland*, nos EUA, cuja *holding* é aplicada a inúmeras situações em que estão envolvidas provas não apresentadas pela acusação (a acusação deve colocar à mesa todas as provas, inclusive as que favoreçam à defesa). Não fosse assim e o caso *Marbury v. Madison* jamais seria aplicado novamente. Ao contrário, milhões de vezes se repete. Não é o caso em si que é relevante. É a sua *ratio decidendi*. Assim o é quando se trata de precedentes. Se um Tema do STJ (*v.g.*, Temas 115 e 333) trata do direito da parte vencedora, em sede de liquidação, de juntar documentos comprobatórios de seu crédito (p. ex., REsp 980.831/DF), o fato de o Tema tratar de créditos de IPI não significa que o mesmo não se aplique a casos de juntada de documentos em ação que trate de cobrança de contratos outros, isto porque o que foi decidido (a *holding*, o princípio) é que se mostra suficiente a juntada de apenas um comprovante com a inicial, sendo possível a juntada da prova demonstrativa do *quantum debeatur* em liquidação de sentença.

Não importa o tipo de processo (embora o Tribunal não veja os seus precedentes desse modo, ignorando, por vezes, a *holding* e exigindo similitude externa dos casos, com o que *Marbury v. Madison*, *Brady v. Maryland* ou ainda o caso *Donoghue v. Stevenson* não seria aplicado em milhares de casos e durante séculos, como é o caso *Marbury v. Madison*). O objeto pode ser diferente. Se o precedente (ou Tema) trata de crustáceos e o caso a ser confrontado trata de peixes, tem-se que o que vale, em termos "precedentais", é o que há de substância: são animais e vivem no mar. O que vale é que o direito processual discutido seja o mesmo. Mas sempre haverá um caso concreto. Disso se extrai que, levando em conta a tradição acerca do tema (em uma espécie de história dos conceitos), precedente é uma decisão paradigmática, que é reconhecida como tal pelo próprio tribunal e pelos tribunais subsequentes, a partir dos fatos que a engendraram e dos princípios que embasaram uma *holding*, *ratio*, a **"razão de decidir"**. O ponto é: razão de decidir. Vejamos o interessante caso em que a 6ª Turma do STJ decidiu, no RHC 170.175, que **a existência de dúvida razoável sobre se uma pessoa flagrada com drogas é traficante ou usuário deve ser resolvida pela adoção de interpretação mais favorável ao réu**, mesmo que a ação penal ainda esteja em andamento. Assim, deu provimento ao recurso em *habeas corpus* para desclassificar a conduta imputada a um homem que estava sendo processado por tráfico de drogas. Ele agora responde por consumo pessoal. De que modo se chega a um resultado de julgamento? Parece evidente que, em circunstâncias similares, poder-se-á invocar o precedente acima na forma dos artigos 489 e 315. A *holding* (o princípio) é: **a dúvida na aferição da tipificação em casos de crime de entorpecentes em face da quantidade deve favorecer o indiciado-réu. Simples assim. Se levarmos a sério o sentido de precedente, o julgado antes elencado pode ser invocado no caso seguinte**. E o próprio tribunal terá de aplicá-lo, a não ser se fizer um *distinguishing*.

Na mesma linha: quando se decide, em sede de HC, sobre decisão que deveria ter garantido a liberdade do paciente (HC 780.947), isso não configura um precedente no genuíno sentido para ser invocado no caso seguinte? E se o precedente sobre HC for da Suprema Corte? E quando o STJ decide que não cabe condenação baseado em fotografia da arma, isso não é precedente per se? E quando o STJ decide que o *habeas corpus* pode ser usado para averiguar se há excesso de prazo na etapa de formação da culpa, e, consequentemente, na manutenção de medidas cautelares contra a pessoa que é alvo de investigação criminal (RHC 147.043), isso não é precedente válido? Cidadãos (réus, pacientes, indiciados), em situações similares, não podem ter a seu favor as razões de decidir desses precedentes? Não há multiplicidade de decisões que antecederam *Marbury v. Madison* (1803). Pelos critérios brasileiros, não seria precedente? Não se trata de dizer que lá é *common law* e, aqui, *civil law*. Nos dois sistemas, precedente não é feito para o futuro. Só no Brasil.

Para se constatar mais ainda a complexidade da temática, tomemos o seguinte exemplo: um acórdão do STJ para dizer que não basta mencionar um julgamento para ser precedente nos termos do inciso VI do artigo 489 possui como parâmetro o AgInt no AREsp n. 2.028.275/MS que, até prova em contrário, não é nem "precedente" e nem jurisprudência (naquilo que o STJ entende por precedente).

Ademais, continua obscuro – nos julgados e nos enunciados de Súmula, como, por exemplo, o da Súmula 568 do STJ, em que usa o termo "jurisprudência dominante" ou "entendimento dominante" acerca do tema em questão – a maneira como a dominância se forma, sabendo-se somente que a decisão deva ser colegiada, porém quantas dessas decisões colegiadas podem formar a chamada dominância, não se sabe.

Mais ainda, o inciso V do § 3º do art. 105 da CF/88 pode gerar um efeito contrário ao pretendido: ao invés de reduzir o quantitativo de recursos, poderá majorar o número de recursos para se travar o seguinte debate: se o caso em questão está dentro ou fora da "jurisprudência dominante" e, mesmo que esteja dentro, se a relevância existe (ou não) para fins de cabimento do recurso especial. Isso pode gerar mais recursos de embargos de declaração e/ou de agravos internos se as decisões forem monocráticas pelo cabimento do recurso especial ou por seu descabimento no caso concreto.

A preocupação das mudanças legislativas constitucionais e infraconstitucionais deveria focar primeiro na qualidade do que se decide e não, privilegiadamente, na quantidade do que se decide, mas esta parece ser uma quimera no Direito brasileiro.

Por fim, cabe o registro da Resolução n. 134/2022 do Conselho Nacional de Justiça sobre o tema "precedentes", com a qual visa reforçar a relevância dos precedentes judiciais para a promoção da segurança jurídica, da estabilidade e do ambiente de negócios no Brasil. Trata-se de uma resolução de 50 artigos. Uma lei dificilmente desceria a tais detalhes. A resolução recomenda. Ocorre que uma resolução do CNJ funciona, na prática, como uma súmula de tribunal.

Nessa Recomendação, o CNJ pontua que o *distinguishing* "não pode servir para negar a legislação vigente ou estabelecer nova tese jurídica". Das duas uma: (1) ou a recomendação coloca o precedente como fim em si mesmo, recomendando que não se faça *distinguishing* quando for o caso; ou (2) no mínimo, é tautológica. Ora, *distinguishing* é uma coisa; *overruling* é outra.

No cotidiano do mundo da vida jurídica, o advogado, lidando com teses (chamadas precedentes – e agora complexizada pela exigência de "jurisprudência dominante" pela EC n. 125) – muitas vezes nem tem um caso diante do qual pode fazer *distinguishing*. *Distinguishing* de quê? Como fazer *overruling* se o STJ, por sua Corte Especial (AgInt no RE nos EDcl no AgInt no Agravo em Recurso Especial n. 1.730.036/SP), reafirmou o Tema 339 do STF, repetindo sua "tese" e parte de seu acórdão: *"embora as decisões judiciais devam ser fundamentadas, ainda que de forma sucinta, não se exige, no entanto, análise pormenorizada de cada prova ou alegação das partes, nem que sejam corretos os seus fundamentos"*.

O artigo 14 da Resolução do CNJ trata de *distinguishing*. Examinando a resolução, *distinguishing* ocorre quando o intérprete compara os pressupostos de fato e de direito que levaram à formação de um precedente, em relação a um determinado caso concreto que esteja em julgamento. Na prática, se não houver identidade desses pressupostos, o juiz pode superar o precedente vinculante e decidir a causa como entender de direito. Para o CNJ – e nunca deixemos de levar em conta a força gravitacional de uma Resolução de sua lavra –, isso pode ser feito, mas é preciso explicar, de maneira clara, a situação material relevante e diversa capaz de afastar a tese.

Pergunta-se: quando "não há identidade" entre os "pressupostos de fato e de direito" na formação do precedente, "o juiz pode superar o precedente e decidir a causa como entender de direito" – isto quer dizer o quê? Com certeza, temos aí problemas. Primeiro: a própria distinção entre "pressupostos de fato e de direito" é artificial. Castanheira Neves mostra bem isso. Segundo: se não há identidade entre pressupostos jurídicos, *é porque não há um precedente operando no caso*. Nada há a ser "afastado". E o que significa "decidir a causa como entender de direito"?

Por maiores que sejam as pretensões dos tribunais, nenhum deles consegue prever as hipóteses de aplicação de um suposto princípio subjacente a uma decisão, mesmo àquelas que alteram entendimentos jurisprudenciais. Não porque seja questão discricionária, como quer o positivismo. Nenhuma mudança de jurisprudência dispensa a tal exigência de adequabilidade, como exigia Dworkin, num contexto de maior integridade do Direito: a força "gravitacional" é testada a cada caso concreto.

Por fim, resta claro que o precedente, ainda que seja importante aliado no fortalecimento de uma interpretação coerente e íntegra, não se sobrepõe à legislação. E aí a coisa se torna ainda mais delicada por estarmos em *civil law*, em que a lei está acima do precedente, e não o contrário. O que vincula não é *o precedente*, é a lei a que o precedente diz respeito.

SEÇÃO IV
DOS TRIBUNAIS REGIONAIS FEDERAIS E DOS JUÍZES FEDERAIS

Art. 106. São órgãos da Justiça Federal:

I – os Tribunais Regionais Federais;
II – os Juízes Federais.

Vladimir Passos de Freitas
Ney de Barros Bello Filho

1. História da Justiça Federal

Ao tempo do Império, a Justiça do Brasil era nacional. Atuava no primeiro grau através de Juízes de Direito, Jurados, Juízes Municipais e Juízes de Paz. A segunda instância era exercida pelos Tribunais da Relação. No ápice do Poder Judiciário estava o Supremo Tribunal de Justiça, localizado na capital do Império, ou seja, no Rio de Janeiro. Todavia, a Constituição de 1824, no artigo 98, atribuía ao Imperador o chamado Poder Moderador, através do qual podia suspender os magistrados, conceder anistia e perdoar ou moderar as penas impostas aos réus.

Proclamada a República, instalada a Federação, procurou-se dar às Províncias maior autonomia. O Decreto 25, de 30.11.1889, dispôs que a magistratura teria a independência necessária ao exercício de suas funções e os juízes poderiam passar os documentos judiciários sem necessidade de invocar poder estranho à magistratura judicial. Posteriormente, o Decreto 510, de 22.06.1890, deixou explícita a importância da magistratura, que inclusive deveria declarar nulas as leis contrárias à Constituição. Além disto, a Constituição de 1891 omitiu qualquer referência à Justiça dos Estados, deixando a cada um a organização do seu Poder Judiciário no corpo da Constituição Estadual.

Em 11.10.1890, antes mesmo de editada a nova Constituição, foi promulgado o Decreto 848, de 11.10.1890, que organizava a Justiça Federal. O então Ministro da Justiça, M. Ferraz de Campos Salles, observou na Exposição de Motivos que "não se trata de tribunais ordinários de justiça, com uma jurisdição pura e simplesmente restrita à aplicação das leis nas múltiplas relações de direito privado. A magistratura que agora se instala no país, graças ao regime republicano, não é um instrumento cego ou mero intérprete dos atos do poder legislativo. Antes de aplicar a lei cabe-lhe o direito de exame, podendo dar-lhe ou recusar-lhe sanção, se ela lhe parecer conforme ou contrária à lei orgânica"[1]. No início, cada Estado, assim como o Distrito Federal, formavam uma Seção Judiciária, em um total de 21 Seções, sempre com sede na capital. Em cada uma havia um Juiz Seccional e um Juiz Substituto, este com um mandato temporário. Assim foi no princípio, criando-se, posteriormente, novas Varas, mas sempre nas capitais.

A Justiça Federal de primeira instância foi extinta na Carta de 1937 e recriada através da Lei 5.010, de 30.05.1966. Referido diploma legal, muito embora alterado por textos posteriores (*v.g.* De-

---

1. CAMPOS SALLES, M. Ferraz. *Justiça Federal – Legislação*. Brasília: Conselho da Justiça Federal, 1993, p. 13.

creto-lei 30, de 17.11.1966 e Decreto-lei 253, de 28.02.1967), foi e ainda é a espinha dorsal da Justiça Federal brasileira. Quando editada a Constituição de 1967, a Justiça Federal foi mantida, com explícita previsão no art. 107, inc. II, e sua competência reafirmada no art. 118. O art. 73 da lei referida ordenava ao Tribunal Federal de Recursos a criação, em 120 dias, de um Conselho da Justiça Federal. O art. 74 previa a primeira nomeação de juízes através da indicação pelo Presidente da República, precedida de assentimento do Senado Federal. Já o parágrafo segundo deste dispositivo facultava o aproveitamento dos servidores estáveis da União, inclusive das Varas da Fazenda Nacional da Justiça dos Estados.

As indicações dos novos magistrados, titulares e substitutos, foram feitas pela Presidência da República e, segundo Victor Nunes Leal[2], o Senado Federal não aprovou alguns nomes. As escolhas, evidentemente, eram políticas, e variavam muito de uma para outra unidade da Federação. A implantação das Seções Judiciárias não foi feita simultaneamente. A primeira a ser instalada foi a do Distrito Federal, em 23.05.1967. O Conselho da Justiça Federal expedia Provimentos, atribuindo competências, deliberando sobre a distribuição dos processos, dividindo as atribuições dos titulares e dos substitutos, disciplinando as substituições e padronizando o uso de Livros pelas Secretarias das Varas.

Em setembro de 1972, o Tribunal Federal de Recursos, através do seu Conselho da Justiça Federal abriu o primeiro concurso para Juiz Federal Substituto. Apresentaram-se 524 candidatos, conforme Diário da Justiça da União, de 20.12.1972, p. 8.872. Restaram aprovados apenas 18 que tomaram posse em 13.09.1974. Posteriormente, o TFR realizou mais seis concursos nacionais. Mas, a partir da criação dos Tribunais Regionais Federais, os Juízes Federais Substitutos passaram a ser aprovados em concurso público de provas e títulos realizado por cada TRF. Atualmente, o quadro de juízes federais de primeira instância é superior a 1.000 e, na segunda instância, são 138.

Não seria adequado terminar o capítulo sem falar nos Juizados Especiais Federais, nova realidade da Justiça Federal. A Lei 9.099, de 26.09.1995, introduziu no Brasil os Juizados Especiais Cíveis e Criminais. Rompeu-se, com ela, dogmas, como o princípio da obrigatoriedade da ação penal e com a visão antiga do magistrado equidistante das partes, preocupado apenas com a aplicação da lei ao caso concreto. No âmbito da Justiça Federal, cumprindo a previsão do art. 98 da Constituição Federal, que desde a Emenda 22, de 18.03.1988, previa a existência de Juizados, sobreveio a Lei 10.256, de 12.07.2001, criando os Juizados Especiais Federais. Para o julgamento dos recursos, o art. 41, par. 1º, previu a atuação de três juízes togados, em exercício no primeiro grau de jurisdição. Todavia, o inchaço da primeira instância fez com que estas Turmas Recursais acabassem recebendo um volume de processos enorme, já que a transação não é a regra, vindo a constituir-se uma segunda instância sem qualquer estrutura para tanto. De qualquer forma, cumpre registrar que os JEFs possibilitam e possibilitaram, a milhares de autores, a maioria absoluta em ações relacionadas com a Previdência Social, receber seus direitos rapidamente, através de Requisições de Pequeno Valor (RPVs), dispensada a expedição dos precatórios, cujo cumprimento era muito mais demorado.

1.1. As Constituições Federais e a Justiça Federal

A Justiça Federal não foi criada pela Constituição de 1891, pois, antes mesmo de nossa primeira Carta Magna, o Decreto n. 848, de 11.10.1890, organizou a Justiça Federal do Brasil. Por certo havia um interesse político em estabelecer-se a dualidade de Justiça e isto levou à antecipação de uma medida que, normalmente, viria com a Constituição Republicana. Pouco tempo mais tarde, o Congresso promulgou a Lei 221, de 20.11.1894, destinada a completar a organização da Justiça Federal. Em um passo seguinte foi aprovada a *Consolidação das Leis Referentes à Justiça Federal*, através do Decreto 3.084, de 05.11.1918.

A Justiça Federal era composta do Supremo Tribunal Federal e juízes inferiores, chamados ora de Juízes de Seção (art. 1º), ora de Juízes Federais (art. 2º). Os Juízes Seccionais eram nomeados pelo Presidente da República, com um mínimo de quatro anos de prática de advocacia ou magistratura, e gozavam de vitaliciedade e inamovibilidade. Havia também Juízes Substitutos, estes com mandato de seis anos. A competência dos Juízes de Seção estava delimitada no art. 15 e, de certa forma, assemelhava-se à atual. Muito interessante era a prorrogação de competência da Justiça Federal para a Justiça Estadual, quando a causa fosse proposta nesta Justiça e as partes não apresentassem exceção (art. 16). Era medida prática que evitava constantes declarações de nulidade de processos.

Os crimes sujeitos à jurisdição federal eram julgados pelo júri (art. 40). Não apenas os crimes contra a vida, mas sim todos os delitos federais. É possível imaginar a complexidade processual para alguém ser submetido a julgamento. A lei continha um autêntico Código de Processo Penal e outro de Processo Civil. Havia um recesso judiciário de 21 de dezembro a 10 de janeiro. Certamente este foi o fato que ensejou a manutenção do recesso, agora de 20 de dezembro a 06 de janeiro.

Pouco se escrevia, à época, sobre a Justiça Federal. Uma das únicas edições foi feita em Porto Alegre, no ano de 1895[3], e se limitava à legislação, sem comentários. Também Cândido de Oliveira Filho, advogado e professor no Rio de Janeiro, preocupou-se em publicar a legislação da Justiça Federal. Em gigantesco trabalho de compilação, reuniu toda a legislação da Justiça Federal e matérias de interesse correlato, iniciando pelas Ordenações Philippinas de 1603 e terminando com a Lei 4.632, de 06.01.1923, que fixou a despesa para o exercício daquele ano[4].

O certo é que na chamada República Velha poucas foram as alterações legislativas envolvendo a Justiça Federal. Entre elas, pelo ineditismo, merece referência o Decreto-Lei 4.381, de 05.12.1921, que autorizou o Poder Executivo a criar três Tribunais Regionais Federais, que nunca foram instalados.

Após a Revolução de 30, vários Decretos alteraram os rumos da Justiça Federal, certamente influenciados pelos novos destinos políticos que se dava ao Brasil. Assim, o Decreto 20.034, de 25.05.1931, exigiu (este era o verbo) que o Tribunal de Apelação procedesse a correições em todos os cartórios, tabelionatos e ofícios da Justiça local do Distrito Federal, e que o Supremo Tribunal se procedesse da mesma forma nos juízos federais (art. 9º). O De-

---

2. LEAL, Victor Nunes. Justiça Ordinária Federal, *Revista Brasileira de Estudos Políticos*, v. 34, p. 61.

3. *Legislação Orgânica da Justiça Federal*. Porto Alegre: Carlos Pinto & C., Suc., 1895.

4. OLIVEIRA FILHO, Cândido. *Nova Consolidação das Leis referentes à Justiça Federal*.

creto 20.656, de 14.11.1931, transferia para a Justiça Militar a competência para processar e julgar todos, inclusive civis, que atentassem contra a ordem pública ou contra os governos da União e dos Estados. Foi também na década de trinta que se extinguiu a Justiça Federal. A Carta imposta em 10.11.1937, criadora do chamado Estado Novo, pôs fim, sem qualquer referência ou justificativa, à Justiça Federal. Ela foi simplesmente excluída dos dispositivos que tratavam do Poder Judiciário, em especial o art. 90. Os seus juízes foram postos em disponibilidade, com vencimentos proporcionais. Alguns foram reaproveitados na Justiça de seus Estados.

No sistema de Carta de 1937, extinta a Justiça Federal, os Juízes de Direito da Justiça dos Estados julgavam as ações envolvendo interesses da União. Tais causas deveriam ser propostas nas capitais dos estados (art. 108) que, em sua absoluta maioria, criaram as chamadas Varas Privativas dos Feitos das Fazendas Públicas. Os recursos eram dirigidos ao Supremo Tribunal (art. 101, inc. II, 2, "a", c.c. art. 109). Isto significava que a Corte Suprema passava a ser a segunda instância nos processos de interesse da União. Mas nos casos criminais, como, por exemplo, o contrabando, o recurso de apelação era julgado pelos Tribunais de Apelação, nome que à época se dava aos Tribunais Estaduais (art. 107).

Todavia, o Supremo Tribunal Federal não conseguia dar vazão ao enorme volume de processos que lhe eram encaminhados. Decidiu, então, o constituinte de 1946, criar uma Corte intermediária entre o Supremo Tribunal Federal e os Tribunais de Justiça dos estados, ou seja, o Tribunal Federal de Recursos. A Constituição de 1946, no art. 94, inc. II, previa a existência de uma nova Corte, ou seja, o Tribunal Federal de Recursos. A competência, basicamente, era a de julgar recursos contra sentenças cíveis e criminais em casos do interesse da União. Posteriormente, a Lei Orgânica 33, de 13.05.1947, e a Lei 87, de 9 de setembro do mesmo ano, dispuseram sobre a nova Corte de Justiça e a forma de tratamento dos seus juízes, que passaram a denominar-se Ministros.

O seu fim deu-se em 1989, com a criação do Superior Tribunal de Justiça, tudo conforme os ditames da Constituição de 1988. Um dos poucos testemunhos vem da respeitada opinião de Pontes de Miranda, para quem "em mais de vinte anos de atividade, os serviços, que ao país tem prestado o Tribunal Federal de Recursos, são enormes. Parte desse êxito deve-se à estruturação, à criação mesma; porém grande parte, à composição inicial do tribunal"[5].

1.2. A Justiça Federal nas Constituições estrangeiras

O estudo deve, obrigatoriamente, iniciar-se pelos Estados Unidos da América, uma vez que naquele país teve início o federalismo e, consequentemente, a dualidade de Justiças. A Justiça Federal tem no seu ápice a Corte Suprema, com 09 *Justices*, título este equivalente ao de Ministro, no Brasil. A Suprema Corte tem o poder de escolher os casos que decide e o faz atentando para a relevância e as consequências da tese em discussão para o destino da nação. Isso significa que muito raramente uma questão chega à Suprema Corte, sendo a regra geral que decida no primeiro ou no segundo grau de jurisdição.

A administração do Poder Judiciário Federal é feita através da Conferência Judicial, que é composta pelo Presidente da Suprema Corte, pelos Presidentes das Cortes de Apelação e por 13 Juízes Federais de primeira instância. É de grande importância também o Centro Judicial Federal (*Federal Judicial Center*), com sede em Washington, D.C., que tem por finalidade a formação e capacitação dos Juízes Federais, servidores dos Tribunais e estudos para o aprimoramento do Judiciário Federal. O FJC foi criado pelo Congresso em 1967 e é presidido pelo Presidente da Suprema Corte.

Os Tribunais de Apelação (*U.S. Courts of Appeals*) são em número de 13. As divisões são chamadas de Circuitos e têm 179 Juízes. As Cortes de Apelação têm sede em Washington, D.C. (2, U.S. and District of Columbia), Boston (MA), New York (NY), Philadelphia (PA), Richmond (VA), New Orleans (LA), Cincinnati (OH), Chicago (IL), St. Louis (MO), San Francisco (CA), Denver (CO) e Atlanta (GA). Os Juízes Federais, que lá são chamados também de Tribunais (*U.S. District Courts*), são compostos por 94 divisões, conhecidas como Distritos, e possuem 649 Juízes Federais. Todos são nomeados por indicação do Presidente dos Estados Unidos ao Senado. Já os Juízes Estaduais, regra geral, são eleitos por um mandato de 04 ou 06 anos. Os Juízes Federais são vitalícios e os cargos são isolados, ou seja, não existe carreira. Não há aposentadoria forçada por atingir-se o limite de idade, sendo famoso o caso de Hugo Black, da Suprema Corte, que exerceu suas funções até os 83 anos de idade.

A competência da Justiça norte-americana, regra geral, é ditada pela natureza da lei. Assim, as causas em que se discute lei federal são da competência da Justiça Federal. É, por exemplo, o caso das falências. Eventualmente os Tribunais Federais decidem questões baseadas em leis estaduais. É o caso de litigantes domiciliados em estados diferentes.

Na Argentina, a situação assemelha-se à do Brasil. Ela se tornou independente da Espanha em 1816 e, como o Brasil, também é um Estado Federal. A Constituição de 1860, no art. 94, estabeleceu que o Poder Judicial da Nação seria exercido por uma Corte Suprema de Justiça e por Tribunais inferiores que o Congresso estabelecesse no território da Nação. Por sua vez o art. 67, inc. 17, reiterava expressamente este poder do Legislativo. Com base em tais dispositivos constitucionais foi editada a Lei 27, de 13.10.1862, criando um Juizado Federal de Seção na capital de cada uma das províncias argentinas. Anos mais tarde, face à necessidade de serem criadas instâncias intermediárias entre a primeira instância e a Corte Suprema, a Lei 4.055, de 08.01.1902, criou quatro Câmaras Federais de Apelação, nas cidades de Buenos Aires, Córdoba, La Plata e Paraná. Posteriormente, muitos outros Juizados Federais foram implantados, inclusive no interior das províncias, além de outras tantas Câmaras de Apelação.

A Justiça Federal argentina, que inclui a Corte Suprema, Tribunais de Apelação e Juizados de primeira instância, é mais antiga do que a brasileira. Em verdade, ela é chamada Justiça Nacional e nos seus quadros incluem-se os Juízes do Distrito Federal, mesmo exercendo funções típicas de Juízes de província. Em outras palavras, ao contrário do Brasil, que possui a Justiça Federal e a Justiça do Distrito Federal, na Argentina há apenas uma, que é a Justiça Nacional. Os Juízes de segunda instância são chamados Juízes de Câmaras (ou Camaristas) e os de primeira instância, Juízes Federais.

A competência jurisdicional da Justiça Federal da Argentina é muito semelhante à brasileira. Abrange, entre outras, as questões envolvendo a cidadania, crimes contra a ordem econômica, tráfico de entorpecentes, inclusive de âmbito interno, e mandado

---

5. *Comentários à Constituição de 1967 com a Emenda n. 1, de 1969*, v. 1, p. 565.

de segurança (amparo) contra autoridade federal. Cumpre observar que a competência federal tem natureza constitucional e como lembra o professor e juiz camarista Ricardo Haro, citando decisão da Corte Suprema, "as leis que dite o Congresso não podem outorgar aos tribunais federais uma jurisdição mais extensa que a conferida pela Constituição..."[6]. Portanto, dá-se no país vizinho o mesmo que no Brasil.

De resto, cumpre lembrar que na Argentina as províncias (que correspondem aos nossos estados) possuem maior autonomia para editar leis. As ações relacionadas com as leis provinciais são julgadas pela Justiça respectiva e não pela Federal. Além disto, as províncias têm independência para definir o formato do Judiciário local, inclusive criando Cortes Superiores (equivalentes a um Supremo Tribunal de nível estadual) e estabelecendo regras para a administração da sua Justiça (o Conselho da Magistratura alcança apenas a Justiça Federal).

A Austrália também é um estado federal. Colonizada pela Inglaterra, ao tornar-se independente editou a sua Constituição e nela traçou os rumos do Poder Judiciário. Segundo Michael K. Meek, "a origem das cortes federais pode ser encontrada na Constituição australiana. Entre os oito capítulos da Constituição, o capítulo 3 prevê a criação dos Tribunais Federais. Há apenas um Tribunal criado pela própria Constituição, que é a Suprema Corte da Austrália, e o único modo de criar outro Tribunal Federal é por uma lei do Parlamento"[7].

Em 1975, foi criada por lei a Corte de Família da Austrália, Tribunal Federal destinado a uniformizar o Direito de Família australiano. Ele é composto por 40 juízes e julga recursos de sentenças de juízes estaduais no exercício de jurisdição abrangida pelo *Familiar Law Act*. Em 1976, foi criada por lei a Corte Federal da Austrália, com 31 juízes, e dividida em duas seções: divisão geral e divisão industrial. Ela conhece dos recursos de apelação contra sentenças proferidas em primeira instância, contra decisões da Suprema Corte dos Territórios e de decisões da Suprema Corte dos Estados, exercendo jurisdição federal em questões como falência e propriedade intelectual. Há, ainda, Tribunais sem poderes judiciais, ou seja, de natureza administrativa, como o *Imigration Review Tribunal* e a *Australian Conciliation and Arbitration Commission*.

É importante observar que não existe Justiça Federal de primeira instância na Austrália, e as causas de interesse federal são julgadas pelos Juízes Estaduais, com possibilidade de revisão pelos Tribunais Federais. Todavia, quando a matéria for de interesse exclusivo estadual, os Tribunais Federais não podem exercer qualquer espécie de jurisdição.

Vejamos a Justiça Federal do México. A Constituição dos Estados Unidos Mexicanos é de 1917, sendo que em 1994 os artigos 94 e 100, que tratam do Poder Judiciário, sofreram forte modificação, criando-se o Conselho da Judicatura Federal. Posteriormente, na Lei Orgânica publicada no *Diário Oficial* de 26.05.96, foi regulamentada a composição e atribuições do referido Conselho. Como ensina Vera Lúcia R. S. Jucovsky, "o território mexicano foi subdividido em determinado número de circuitos pelo Conselho da Judicatura Federal, para que, em cada qual deles, fossem fixados os Tribunais Colegiados e Unitários de Circuito e de Juizados de Distritos, bem como suas especializações e limites territoriais (art. 144 lei cit.)"[8].

O Conselho da Judicatura Federal é um órgão administrativo com poderes de administração, fiscalização e disciplina da magistratura federal mexicana. Os Conselheiros são em número de sete e contam com órgãos auxiliares, entre eles a Visitadoria Judicial, cujas funções assemelham-se às das nossas Corregedorias. No aspecto jurisdicional, comparando ao Brasil, é possível dizer que os Juizados dos Distritos equivalem à Justiça Federal de primeira instância, ou seja, às Varas Federais. Já os Tribunais de Circuito são os nossos Tribunais Regionais Federais. Nos Juizados dos Distritos atuam os Juízes Federais e, nos Tribunais de Circuito, o título dado aos julgadores é de Magistrados. Os Tribunais de Circuito dividem-se em unitários e colegiados, estes com um número maior de servidores e com poderes, inclusive, de rever decisões dos Tribunais Unitários.

A Alemanha, a Suíça e o Canadá também são Estados Federais. Contudo, possuem sistemas judiciários muito diferentes do brasileiro. Na Alemanha, a jurisdição federal é exercida pelo Tribunal Constitucional Federal e Tribunais Federais com alto grau de especialização, como Tribunal Federal de Finanças, Tribunal Federal do Trabalho, Tribunal Federal Social e outros. Na Suíça, há um Tribunal Federal, com sede em Lausanne, cuja competência principal é julgar os conflitos entre a Confederação e os Cantões (Estados-membros) e entre a Confederação e as pessoas naturais ou jurídicas. Interessante também é a observação de Vera Lúcia R. S. Jucovski, de que "há, de outra parte, a jurisdição administrativa federal para questões desse âmbito, inclusive, processos disciplinares de servidores (CD, art. 114)"[9]. No Canadá, a Justiça Federal assemelha-se ao modelo norte-americano.

Art. 107. Os Tribunais Regionais Federais compõem-se de, no mínimo, sete juízes, recrutados, quando possível, na respectiva região e nomeados pelo Presidente da República dentre brasileiros com mais de trinta e menos de setenta anos de idade, sendo:

Vladimir Passos de Freitas
Ney de Barros Bello Filho

Nos termos do art. 107, *caput*, da Constituição de 1988, os Tribunais Regionais Federais compõe-se de, no mínimo, sete juízes. O enorme volume de processos na Justiça Federal fez com que todos os Regionais fossem implantados com número superior ao mínimo mencionado. A nomeação, quando possível, deve ser feita na respectiva região. Assim foi quando da instalação, salvo uma ou outra exceção, e posteriormente, nas nomeações seguintes. A exigência de ser brasileiro não distingue nato ou naturalizado, daí por que todos podem ser membros de Cortes Regionais. A idade mínima é de trinta anos, que pode ser considerada pouca para a relevância e responsabilidade das funções. Não foram feitas, contudo, nomeações de pessoas que essa idade ou pouco mais, prestigiando-se o amadurecimento. A idade máxima é de sessenta e cinco anos, porque do nomeado se exige que fique, pelo menos, cinco anos no exercício de suas funções, para poder aposentar-se. A boa hermenêutica deve ser no sentido de que esta exigência não

---

6. *La Competência Federal*, p. 77.
7. *The Australian Legal System*, p. 122.
8. *Justiça Federal nos Países que a Adotam*, p. 38.
9. Idem, p. 65.

se aplica aos juízes de carreira, porque estes, com o tempo anterior, já possuem naturalmente o tempo mínimo de serviço.

O TRF da 1ª Região, com sede em Brasília e jurisdição sobre 13 Estados, foi implantado com 14 juízes. O TRF da 2ª. Região, com sede no Rio de Janeiro e jurisdição nos Estados do RJ e ES, foi instalado com 18 juízes. O TRF da 3ª Região, com sede em São Paulo e jurisdição em SP e MS, com 18 juízes. O TRF da 4ª Região, com sede em Porto Alegre e jurisdição sobre os três Estados do sul do Brasil, RS, SC e PR, recebeu 14 juízes. Finalmente o TRF da 5ª Região, localizado no Recife e com jurisdição sobre parte dos Estados do Nordeste, SE, AL, PR, PB, RN e CE, foi instalado com 10 juízes. Os TRFs, com o passar dos anos, tiveram sua composição original aumentada, face ao excessivo volume de serviço. Todavia, não de forma proporcional, eis que algumas regiões revelaram maior crescimento que outras, o que motivou o abandono da ideia original.

Por força da Lei n. 14.226, de 20 de outubro de 2021, foi criado o Tribunal Regional Federal da 6ª Região, com jurisdição sobre o Estado de Minas Gerais e sede em Belo Horizonte. Já a Lei n. 14.253, de 30 de novembro de 2021, ampliou o número de desembargadores federais do TRF1 com mais 16 cargos de desembargador.

Vale salientar que a redação do *caput* do art. 107 da Constituição da República foi modificada pela Emenda Constitucional 122, de 17 de maio de 2022, ampliando a idade-limite de nomeação dos desembargadores (de menos de 65 anos para menos de 70 anos).

Art. 107, I – um quinto dentre advogados com mais de dez anos de efetiva atividade profissional e membros do Ministério Público Federal com mais de dez anos de carreira;

Vladimir Passos de Freitas
Ney de Barros Bello Filho

A Constituição de 1937 introduziu, no art. 105, a obrigatoriedade de que no prenchimento de cargos nos tribunais superiores da Justiça dos Estados, um quinto seria reservado aos advogados ou aos representantes do Ministério Público, de notório conhecimento e reputação ilibada. Tal medida, que é praticada apenas no Poder Judiciário do Brasil, foi mantida nas Constituições posteriores. Com a criação dos Tribunais Regionais Federais, tomou-se idêntica iniciativa. Exige-se, atualmente, que os candidatos às vagas do chamado *quinto constitucional* tenham mais de dez anos de atividade profissional. O que se quer com isto é que tais pessoas possam dar aos Tribunais uma contribuição efetiva, fruto de sua cultura e também de sua experiência profissional.

Art. 107, II – os demais, mediante promoção de juízes federais com mais de cinco anos de exercício, por antiguidade e merecimento, alternadamente.

Vladimir Passos de Freitas
Ney de Barros Bello Filho

Aos juízes federais de carreira exige-se cinco anos para ascenderem aos TRFs, objetivo este ligado à necessidade de um mínimo de experiência para decidir as causas em segunda instância. Atualmente, a própria carreira dificulta, torna mesmo quase impossível, que alguém com menos de cinco anos tenha possibilidade de ser promovido. As vagas abrem-se, alternativamente, por antiguidade e merecimento. No acesso por antiguidade, a recusa exige que o Tribunal delibere por voto fundamentado de dois terços de seus membros, assegurada ampla defesa (Constituição, art. 93, inc. II, alínea *d*). Estes requisitos tornam, na realidade forense, praticamente impossível a recusa. Na promoção por merecimento, o magistrado deverá ter dois anos de exercício na respectiva entrância, o que na Justiça Federal equivale a ser titular de Vara, e integrar a primeira quinta parte da lista de antiguidade (Constituição, art. 93, inc. II, alínea *b*). Como se vê, mesmo na promoção por mérito exige-se um mínimo de antiguidade. Trata-se de medida salutar, pois evita que magistrados bem relacionados sejam alçados de colocações distantes na lista de antiguidade para os Tribunais, com prejuízo aos juízes mais antigos. A propósito da apuração do merecimento, vale ressaltar que o Conselho Nacional de Justiça, através da Resolução 6, de 13.09.2005, estabeleceu que os votos serão dados em sessão pública, abertos e fundamentados.

Art. 107, § 1º A lei disciplinará a remoção ou a permuta de juízes dos Tribunais Regionais Federais e determinará sua jurisdição e sede.

Vladimir Passos de Freitas
Ney de Barros Bello Filho

Este dispositivo não foi, até o presente momento, objeto de lei. Consequentemente, não houve, em quase vinte anos de Tribunais Regionais Federais, uma só remoção ou permuta entre seus juízes. Já na primeira instância, mesmo inexistindo previsão constitucional ou legal, as remoções e permutas ocorrem sem maiores dificuldades.

Art. 107, § 2º Os Tribunais Regionais Federais instalarão a justiça itinerante, com a realização de audiências e demais funções da atividade jurisdicional, nos limites territoriais da respectiva jurisdição, servindo-se de equipamentos públicos e comunitários.

Vladimir Passos de Freitas
Ney de Barros Bello Filho

O constituinte teve por objetivo conduzir a política dos TRFs, no sentido de criarem uma justiça mais próxima da população. Obviamente, a iniciativa é direcionada também aos Tribunais de Justiça. É itinerante porque, não sendo fixa, poderá dirigir-se e atender a população mais carente e que habita em locais mais distantes, como a periferia das grandes cidades ou a zona rural afastada dos grandes centros. A proposta é boa e visa, em última análise, tornar efetiva a garantia constitucional de assistência jurídica e do acesso à Justiça, conforme os incisos XXXV e LXXIV da Constituição Federal de 1988. A Justiça itinerante já vem sendo aplicada, com sucesso, pela Justiça Federal da 1ª Região e a de vários Estados.

Ainda que o inciso só fale em Juizados itinerantes, ou seja, os que não são fixos, é preciso registrar que há, da mesma forma, práticas de sucesso com a instalação de postos avançados da Justiça. Assim, o TRF da 4ª Região criou Juizados Federais Especiais Avançados, utilizando estrutura fornecida pela comunidade local, com o apoio do município ou de universidades, mantendo, todavia, um funcionário dos seus quadros para registrar a presença do Judiciário (*v.g.* em Pitanga, PR). Uma vez por semana um Juiz Federal da subseção mais próxima vai ao Juizado Avançado e realiza as audiências.

Art. 107, § 3º Os Tribunais Regionais Federais poderão funcionar descentralizadamente, constituindo Câmaras regionais, a fim de assegurar o pleno acesso do jurisdicionado à justiça em todas as fases do processo.

Vladimir Passos de Freitas
Ney de Barros Bello Filho

O terceiro parágrafo traz para os Tribunais o que já vem sendo feito na primeira instância, ou seja, a criação de Câmaras fora de sua sede, mais próximas do jurisdicionado. Ao que parece houve equívoco na denominação, pois os Tribunais atuam em segundo grau através de Turmas, sendo que Câmaras é a denominação dada pelos Tribunais de Justiça. O Brasil é um país de dimensões continentais. A distância entre um Tribunal e a população, por vezes, é enorme. A descentralização visa possibilitar o julgamento mais rápido de um recurso e facilitar a sustentação oral pelo advogado da parte. Mas, evidentemente, esta iniciativa é muito mais complexa do que a criação de Juizado itinerante na primeira instância.

Art. 108. Compete aos Tribunais Regionais Federais:

I – processar e julgar, originariamente:
a) os juízes federais da área de sua jurisdição, incluídos os da Justiça Militar e da Justiça do Trabalho, nos crimes comuns e de responsabilidade, e os membros do Ministério Público da União, ressalvada a competência da Justiça Eleitoral;

Vladimir Passos de Freitas
Ney de Barros Bello Filho

O Brasil adota o sistema de foro privilegiado para determinadas autoridades. Sustenta-se que, pelo cargo que exercem, não podem elas ser julgadas por um juiz de igual ou inferior hierarquia. No Brasil, o foro privilegiado para os Juízes não foi previsto na Constituição de 1891. Apenas na Carta Magna de 1934, que no art. 76, n. 1, alínea *c*, atribuía ao Supremo Tribunal Federal julgar os Juízes Federais e os seus substitutos nos crimes de responsabilidade, abriu-se a exceção. Na verdade, os resultados, regra geral, revelam a ineficiência dos Tribunais no julgamento das ações penais originárias, visto que sua estrutura e servidores não são preparados para esta missão excepcional.

Atualmente os magistrados de primeira instância do Poder Judiciário da União (Juízes Federais, do Trabalho e Militares) e os Procuradores da República, se incorrerem na prática de crimes comuns (*v.g.* lesões corporais culposas) ou de responsabilidade (*v.g.* abuso de autoridade), serão processados e julgados pelo Tribunal Regional Federal da região à qual estiverem subordinados. Os Juízes Eleitorais, todavia, serão julgados pelo Tribunal Regional Eleitoral, por expressa ressalva constitucional. Ressalte-se que os Juízes de Direito, mesmo quando investidos de jurisdição federal por delegação (*v.g.*, em ações previdenciárias em comarca que não é sede de Vara Federal), responderão perante o Tribunal de Justiça ao qual estão vinculados, porque prevalece a regra especial do art. 96, III, sobre a geral do art. 10, IV, ambos da Constituição Federal.

Art. 108, I, *b*) as revisões criminais e as ações rescisórias de julgados seus ou dos juízes federais da região;

Vladimir Passos de Freitas
Ney de Barros Bello Filho

A alínea *b* explicita regra comum a todos os Tribunais do país, qual seja, a competência para julgar as revisões criminais e as ações rescisórias de seus próprios julgados ou dos juízes federais que lhe estão afetos.

Art. 108, I, *c*) os mandados de segurança e os *habeas data* contra ato do próprio Tribunal ou de juiz federal;

Vladimir Passos de Freitas
Ney de Barros Bello Filho

A alínea *c* dá aos TRFs competência para julgar os mandados de segurança e os *habeas data* contra atos do próprio Tribunal ou de juiz de primeira instância. Por vezes, imagina-se que o mandado de segurança contra ato administrativo do TRF deva ser impetrado perante o Superior Tribunal de Justiça. Assim não é por expressa disposição constitucional. Neste sentido, a Súmula 41 do Superior Tribunal de Justiça, que diz: "O Superior Tribunal de Justiça não tem competência para processar e julgar, originariamente, mandado de segurança contra ato de outros tribunais ou de respectivos órgãos". Portanto, qualquer decisão tomada na esfera administrativa (eventualmente também jurisdicional) só poderá ser atacada perante o próprio Tribunal (*v.g.*, o indeferimento, pelo Presidente, de uma inscrição em concurso público). Se denegada a ordem, aí sim caberá recurso ordinário para o STJ, nos termos do art. 105, II, *b*, da Lei Maior. Já com relação aos *mandamus* contra atos de Juiz Federal, a matéria não desperta maiores indagações, a competência será do TRF. Todavia, se os juízes estiverem em exercício nos Juizados Especiais Federais, caberá à correspondente Turma Recursal conhecer da segurança impetrada.

Art. 108, I, *d*) os *habeas corpus*, quando a autoridade coatora for juiz federal;

Vladimir Passos de Freitas
Ney de Barros Bello Filho

A competência do TRF para conhecer de *habeas corpus* por ato ou omissão de Juiz Federal não apresenta maior complexidade. Faz parte do sistema que a autoridade superior possa rever os atos da que lhe está subordinada, ainda que esta seja, à toda evidência, independente para decidir. O que pode suscitar alguma dúvida é quando o coator for Procurador da República, já que a Constituição é omissa a respeito. Neste caso, é pacífica a jurisprudência no sentido de que o julgamento cabe, da mesma forma, ao TRF, por simetria. Com efeito, se o agente do Ministério Público Federal responde ação penal perante a segunda instância, em conformidade com o art. 108, inc. I, alínea *a*, da Constituição, por óbvio o *habeas corpus* contra seus atos não pode processar-se na primeira instância. Suscita-se, ainda, a questão do Juiz de Direito quando no exercício de atividade delegada. Por exemplo, em execução fiscal proposta pela Fazenda Nacional em Comarca do interior de um estado, o magistrado estadual decreta a prisão do devedor por ser depositário infiel. Nesta hipótese a competência será do TRF, da mesma forma que, na esfera cível, o é para conhecer de mandado de segurança.

Art. 108, I, e) os conflitos de competência entre juízes federais vinculados ao Tribunal;

Vladimir Passos de Freitas
Ney de Barros Bello Filho

O disposto na alínea *e* não traduz maior complexidade. Todos os Tribunais decidem os conflitos de competência dos juízes de primeira instância que lhes estão afetos. Todavia, observe-se que, nos termos da Súmula 3 do Superior Tribunal de Justiça: "Compete ao Tribunal Regional Federal dirimir conflito de competência verificado, na respectiva Região, entre juiz federal e juiz estadual investido de jurisdição federal". Finalmente, há aspecto novo e não menos relevante, que é o referente a conflitos entre Juízes Federais das Varas e Juízes Federais dos Juizados Especiais Federais. Estes, como se sabe, têm os seus atos jurisdicionais afetos às Turmas Recursais e não ao Tribunal Regional Federal. Assim, se surge conflito positivo ou negativo com seus colegas das Varas Federais, cria-se séria dúvida, pois não há norma constitucional que atribua competência para decidir o impasse. A meu ver, em tal hipótese caberá ao TRF decidir o conflito, vez que os juízes a ele estão vinculados, muito embora o do Juizado Especial Federal tenha seus atos jurisdicionais revistos por uma Turma Recursal. Não tem sentido levar a um Tribunal Superior um conflito local, doméstico, com ofensa aos princípios da celeridade e da economia processual.

Art. 108, II – julgar, em grau de recurso, as causas decididas pelos juízes federais e pelos juízes estaduais no exercício da competência federal da área de sua jurisdição.

Vladimir Passos de Freitas
Ney de Barros Bello Filho

O inciso II repete, de certa forma, o afirmado nos incisos anteriores. Os TRFs julgarão os recursos dos juízes federais que lhe estão afetos ou dos juízes estaduais, quando no exercício de competência federal delegada. Como é evidente, a competência é ampla e abrange não apenas as apelações, mas também os demais recursos existentes na esfera cível (*v.g.* agravo de instrumento) e na criminal (*v.g.* recurso em sentido estrito). Não será demais lembrar que os recursos contra as decisões dos Juízes Federais dos Juizados Especiais Federais não são da competência do TRF, mas sim das Turmas Recursais.

Art. 109. Aos juízes federais compete processar e julgar:

Vladimir Passos de Freitas
Ney de Barros Bello Filho

O artigo 109 da Carta Magna disciplina a regra de competência jurisdicional do Brasil. Inspirado no Direito norte-americano, desde a proclamação da República e a edição do Decreto n. 848, de 11.10.1890, ele segue, mais ou menos, a mesma orientação. Em linhas gerais, a competência da Justiça Federal rege-se pelo interesse da União Federal, suas autarquias ou empresas públicas. O mesmo se dá na Argentina, onde a partilha de competência entre a Federação e as Províncias trilha a mesma linha. Evidentemente, cada país, com o passar do tempo, vai adaptando esta posição inicial à sua realidade política, social e econômica. Mas a essência, em todos os Estados Federais, é a mesma, ou seja, dualidade de Justiça e fixação da competência federal como exceção e da Justiça dos Estados (ou Províncias) como regra geral.

Art. 109, I – as causas em que a União, entidade autárquica ou empresa pública federal forem interessadas na condição de autoras, rés, assistentes ou oponentes, exceto as de falência, as de acidentes de trabalho e as sujeitas à Justiça Eleitoral e à Justiça do Trabalho;

Vladimir Passos de Freitas
Ney de Barros Bello Filho

O inciso I, ao mencionar causas, está se referindo às ações de natureza cível, ou seja, não criminal. Portanto, sempre que as pessoas jurídicas de Direito Público que ela menciona sejam interessadas na ação, a competência será da Justiça Federal. O raciocínio está em que não teria cabimento a Justiça de um estado-membro dizer sobre o Direito quando o interesse é da União e das outras entidades de Direito Público por ela criadas. O interesse local poderia sobrepor-se ao nacional, com manifesto prejuízo ao poder central. A União é a pessoa jurídica de Direito Público formada pela junção indissolúvel dos Estados, Municípios e Distrito Federal, conforme artigo 1º da Constituição Federal. As autarquias também são pessoas jurídicas de direito público, criadas por lei com personalidade jurídica, patrimônio e receita própria, para executar atividades típicas da Administração Pública, que requeiram, para seu melhor funcionamento, gestão administrativa e financeira descentralizada. As empresas públicas são entidades dotadas de personalidade jurídica de direito privado, com patrimônio próprio e capital exclusivo da União, criadas por lei para a exploração de atividade econômica que o Governo seja levado a exercer por força de contingência ou de conveniência administrativa, podendo revestir-se de qualquer das formas admitidas em direito.

Além destas pessoas jurídicas de Direito Público, outra há que, por construção pretoriana, tem competência na Justiça Federal. Refiro-me às Fundações Públicas, que mesmo não sendo arroladas no inciso I, são consideradas verdadeiras autarquias. Nesta linha, há muito tempo decide o Supremo Tribunal Federal[1] e o Superior Tribunal de Justiça[2].

Referência especial merecem os Conselhos de Fiscalização Profissional, considerados autarquias federais pela doutrina de Ricardo Teixeira do Valle Pereira[3] e que, na forma da jurisprudência consolidada pelo Superior Tribunal de Justiça na Súmula 66: *Compete à Justiça Federal processar e julgar execução fiscal promovida por conselho de fiscalização profissional.* Por outro lado, é oportuno lembrar que as sociedades de economia mista são entidades dotadas de personalidade jurídica de direito privado, criadas por lei para a exploração de atividade econômica, sob a forma de sociedade anônima, cujas ações com direito a voto pertencem em sua maioria à União ou a entidade da Administração Indireta. A Súmula 517 do Supremo Tribunal Federal é expressa, ao dizer: *As sociedades de economia mista só têm foro na Justiça Federal quando a União intervém como assistente ou oponente.*

A posição na relação jurídica processual, de modo a justificar a atração da causa para a Justiça Federal, pode dar-se em quatro hipóteses. Como autora, quando ingressa com uma ação de qualquer

---

1. *RTJ* 126/103.
2. CComp 14.748/SE, rel. Min. Adhemar Maciel, *DJU*-I, 27.5.1996, p. 17806.
3. Pereira, Ricardo Teixeira do Valle. *Conselhos de Fiscalização Profissional*, p. 53.

natureza contra alguém. Como réu, quando responde a qualquer tipo de ação judicial. Como assistente, atuando na qualidade de terceiro, quando tiver interesse jurídico em que a sentença seja favorável a uma das partes litigantes. Como oponente, quando pretender, no todo ou em parte, a coisa ou o direito disputado em juízo.

Todavia, a própria Carta Magna apresenta algumas exceções a retirar da Justiça Federal a competência exclusiva. Duas delas em razão da matéria. A primeira são as ações envolvendo a falência. Ao contrário dos Estados Unidos da América, onde estas ações, por serem objeto de lei federal, tramitam na Justiça Federal, no Brasil elas têm andamento na Justiça dos estados. É que se entende que todos os pleitos envolvendo a massa falida devem ser decididos em um único Juízo. Atualmente a Lei n. 11.101, de 09 de fevereiro de 2005, disciplina a Recuperação Judicial, a Extrajudicial e a Falência e o sistema continua o mesmo, ou seja, a competência é exclusiva da Justiça Estadual.

Da mesma forma, as ações de Acidente do Trabalho. Estas sempre tramitaram na Justiça Estadual e eram propostas contra as companhias seguradoras, com base no antigo Decreto-lei n. 7.036, de 10.11.1944. No ano de 1967, através da Lei n. 5.316, o seguro passou a ser público e a cargo do Instituto Nacional da Previdência Social. Mas as ações contra o INSS continuaram a tramitar na Justiça Estadual por uma razão de fato, ou seja, a Justiça dos Estados tinha estrutura para processar as milhares de ações acidentárias. E assim ficou, como está até hoje, a competência da Justiça Estadual para decidir estes conflitos, de resto, prestigiada pela Súmula 501 do Supremo Tribunal Federal.

Finalmente, o inciso ressalva a competência da Justiça Eleitoral e da Justiça do Trabalho, ambas pertencentes ao Poder Judiciário da União. Com toda razão, pois sendo estas Justiças especiais, obviamente sua competência prevalece sobre a da Justiça Federal, que é ordinária. A competência da Justiça Eleitoral está prevista nos artigos 118 a 121 da Carta Magna e, a da Trabalhista, nos artigos 111 a 116 da mesma Carta.

Art. 109, II – as causas entre Estado estrangeiro ou organismo internacional e Município ou pessoa domiciliada ou residente no País;

Vladimir Passos de Freitas
Ney de Barros Bello Filho

O inciso atribui à Justiça Federal competência para julgar as causas cíveis entre Estado estrangeiro ou organismos internacionais, como, por exemplo, a Organização das Nações Unidas – ONU, em que figurem como parte contrária Municípios ou pessoas (físicas ou jurídicas), com domicílio ou residência no Brasil. O objetivo é simples, evitar que a Justiça de um estado-membro venha a decidir conflito que possa afetar as relações internacionais do Brasil com outros países ou com organismos internacionais.

Art. 109, III – as causas fundadas em tratado ou contrato da União com Estado estrangeiro ou organismo internacional;

Vladimir Passos de Freitas
Ney de Barros Bello Filho

O inciso III prevê, novamente, a presença de Estado estrangeiro ou organismo internacional em um polo da demanda, figurando do outro, ainda que não seja explícita a redação, os Municípios e as pessoas, de forma genérica. A diferença aqui é que o litígio baseia-se em um tratado ou contrato internacional. Nas palavras de Schmidt e Freitas, tratado "é um termo genérico que inclui as convenções, os pactos, os acordos, os protocolos, a troca de instrumentos"[1]. Por sua vez, contrato internacional pode ser conceituado como manifestações de vontade livre das partes, objetivando relações patrimoniais ou de serviços, cujos elementos sejam vinculantes de dois ou mais sistemas jurídicos extraterritoriais.

Art. 109, IV – os crimes políticos e as infrações penais praticadas em detrimento de bens, serviços ou interesse da União ou de suas entidades autárquicas ou empresas públicas, excluídas as contravenções e ressalvada a competência da Justiça Militar e da Justiça Eleitoral;

Vladimir Passos de Freitas
Ney de Barros Bello Filho

Os crimes políticos são os previstos na legislação que trata da segurança do Estado, atualmente prevista na Lei n. 7.170/83, sobre a Segurança Nacional, artigos 8º a 29. Não devem ser confundidos com os crimes eleitorais, estes previstos no Código Eleitoral e da competência desta Justiça especializada. O inciso, em continuidade, prevê a atração para a Justiça Federal quando as infrações atingirem bens, serviços ou interesses da União ou de suas entidades autárquicas ou empresas públicas. A elas se acrescem as fundações públicas, conforme pacífica jurisprudência.

Bens, aqui, têm o significado de patrimônio. Os bens da União estão previstos no artigo 20 da Constituição Federal e, ainda, em leis esparsas, como a Lei n. 5.197, de 1967, art. 1º (a fauna pertence ao Estado) ou no Decreto-lei n. 9.760, de 1946, que dispõe sobre os bens imóveis da União e dá outras providências. Serviços são todas as atividades que os entes federais realizam para alcançar seus objetivos. A expressão é ampla e vai desde uma atividade rotineira (*v.g.*, a expedição de passaportes pelo Departamento de Polícia Federal) até a juntada de uma certidão falsa em um processo de licitação feito por uma autarquia federal. Já interesse significa tudo que possa dar vantagem, lucro, proveito a alguém. Para que a competência seja da Justiça Federal, será preciso que fique demonstrado o efetivo interesse do ofendido e não apenas um interesse genérico.

Aqui se enquadram também os crimes de natureza ambiental. A despeito de a Constituição de 1988 determinar a competência comum da União, dos Estados, do Distrito Federal e dos Municípios no que tange à preservação e proteção do meio ambiente, este inciso IV do art. 109 determina a competência da Justiça Federal no caso de crimes e infrações praticadas em detrimento de bens ou serviços da União. Cotejando tal dispositivo com o art. 20 da Constituição da República, verifica-se que dentre os bens da União encontram-se os lagos, os rios e quaisquer correntes de água em terrenos de seu domínio ou que banham mais de um Estado (art. 20, III), assim como os terrenos de marinha e seus acrescidos (art. 20, VII), os recursos minerais, incluindo os do subsolo (art. 20, IX) e as terras tradicionalmente ocupadas pelos índios (art. 20, XI).

---

1. SCHMIDT, Carolina Assunta e FREITAS, Mariana Almeida P. de. *Tratados Internacionais de Direito Ambiental*, p. 17.

Para a caracterização da competência da Justiça Federal, há a necessidade de que a ofensa contra os bens e serviços da União seja direta, como no caso de crimes ambientais praticados em terrenos de marinha ou em reserva ambiental, compreendida como unidade de conservação da União. Em caso de ofensas secundárias ou indiretas, a competência é da justiça comum estadual.

Importante diferenciar "bens da União" e "patrimônio nacional", este último disciplinado pelo art. 225, § 4º, da Constituição da República, incluídos aqui a Mata Atlântica, a Serra do Mar, o Pantanal mato-grossense e a zona costeira, cuja utilização depende de Lei, de forma a garantir e assegurar a preservação do meio ambiente.

Importante trazer o entendimento do STF sobre o tema no julgamento da ADI 4.529:

Da interpretação do art. 225 da Constituição Federal, fundamento normativo do Estado de Direito e governança ambiental, infere-se estrutura jurídica complexa decomposta em duas direções normativas. A primeira voltada ao reconhecimento do direito fundamental ao meio ambiente ecologicamente equilibrado, em uma perspectiva intergeracional. A segunda relacionada aos deveres de proteção e responsabilidades atribuídos aos poderes constituídos, aos atores públicos e à sociedade civil em conjunto. A preservação da ordem constitucional vigente de proteção do meio ambiente, densificada nos seus deveres fundamentais de proteção, impõe-se, pois, como limite substantivo ao agir legislativo e administrativo. O que significa dizer que tanto a Política Nacional do Meio Ambiente, em todas as suas dimensões, quanto o sistema organizacional e administrativo responsável pela sua implementação, a exemplo do Sistema Nacional do Meio Ambiente, dos Conselhos Nacionais, Estaduais e Municipais, devem traduzir os vetores normativos do constitucionalismo ecológico e do federalismo cooperativo (ADI 4.757, rel. min. Rosa Weber, j. 13-12-2022, P, *DJE* de 17-3-2023).

Em temas mais específicos, relacionados ao uso do amianto, o entendimento sobre a competência dos entes federativos foi assim fixado:

O consenso dos órgãos oficiais de saúde geral e de saúde do trabalhador em torno da natureza altamente cancerígena do amianto crisotila, a existência de materiais alternativos à fibra de amianto e a ausência de revisão da legislação federal revelam a inconstitucionalidade superveniente (sob a óptica material) da Lei Federal n. 9.055/1995, por ofensa ao direito à saúde (arts. 6º e 196, CF/88), ao dever estatal de redução dos riscos inerentes ao trabalho por meio de normas de saúde, higiene e segurança (art. 7º, inciso XXII, CF/88), e à proteção do meio ambiente (art. 225, CF/88). Diante da invalidade da norma geral federal, os estados-membros passam a ter competência legislativa plena sobre a matéria, nos termos do art. 24, § 3º, da CF/88. Tendo em vista que a Lei n. 12.684/2007 do Estado de São Paulo proíbe a utilização do amianto crisotila nas atividades que menciona, em consonância com os preceitos constitucionais (em especial, os arts. 6º, 7º, inciso XXII; 196 e 225 da CF/88) e com os compromissos internacionais subscritos pelo Estado brasileiro, não incide ela no mesmo vício de inconstitucionalidade material da legislação federal (ADI 3.937, rel. p/ o ac. Min. Dias Toffoli, j. 24-8-2017, P, *DJe* de 1º-2-2019; sobre o tema, conferir também ADI 3.406 e ADI 3.470, rel. Min. Rosa Weber, j. 29-11-2017, P, *DJe* de 1º-2-2019).

Art. 109, V – os crimes previstos em tratado ou convenção internacional, quando, iniciada a execução no País, o resultado tenha ou devesse ter ocorrido no estrangeiro, ou reciprocamente;

Vladimir Passos de Freitas
Ney de Barros Bello Filho

O Brasil pode comprometer-se, mediante tratados ou convenções internacionais (e também por protocolos de intenções), a reprimir com legislação penal a prática de determinadas condutas. Por exemplo, o Brasil aderiu à "Convenção sobre o comércio internacional das espécies da fauna e flora selvagens em perigo de extinção", concluída em Washington, EUA, em 03.03.1973 e promulgada pelo Decreto n. 76.623, de 17.11.1975. Pois bem, a legislação brasileira (Lei n. 9.605, de 12.02.1998, art. 29, § 1º, inc. III) tem como crime a exportação de espécimes da fauna silvestre nativa sem a devida permissão da autoridade competente. Assim, a prática deste delito com resultado que tenha ou devesse ter ocorrido no estrangeiro, ou vice-versa, atrai a competência para a Justiça Federal. A razão da competência federal, que é exceção à regra geral em tal tipo de crime, dá-se em respeito ao acordo de vontade firmado pelo Brasil na órbita internacional. Mas um alerta aqui é necessário. Não basta que o crime esteja previsto em tratado ou convenção internacional. É preciso, ainda, que a sua execução tenha se iniciado no Brasil e venha, ou devesse vir, a consumar-se no estrangeiro, ou que, ao inverso, lá tenha se iniciado e aqui se consume, ou pudesse consumar-se.

Nos crimes de exportação de espécimes da fauna silvestre para o exterior, persistiu dúvida na jurisprudência sobre a competência jurisdicional. Todavia, o Supremo Tribunal Federal, no julgamento do Acórdão n. 835.558/SP, em exame de repercussão geral, decidiu que a competência é da Justiça Federal, uma vez que, para tanto, basta que haja tratado ou convenção internacional que genericamente proteja a fauna[1]. Ou seja, o STF, no julgamento do Tema 648, a decisão do STF em repercussão geral abrange todos os crimes ambientais transnacionais, da seguinte forma:

Tema 648 – Competência da Justiça Federal para processar e julgar crimes ambientais transnacionais. Tese: Compete à Justiça Federal processar e julgar o crime ambiental de caráter transnacional que envolva animais silvestres, ameaçados de extinção e espécimes exóticas ou protegidas por compromissos internacionais assumidos pelo Brasil. Ementa: DIREITO CONSTITUCIONAL. PENAL E PROCESSUAL PENAL. EXPORTAÇÃO ILEGAL DE ANIMAIS SILVESTRES. CRIME AMBIENTAL. TRANSNACIONALIDADE DO DELITO. DEFINIÇÃO DE COMPETÊNCIA. REPERCUSSÃO GERAL RECONHECIDA. (STF, Tema 648, ARE 737.977 RG, Relator(a): Min. LUIZ FUX Julgamento: 2-5-2013. Órgão Julgador: Tribunal Pleno – meio eletrônico, julgado em 02-05-2013, ACÓRDÃO ELETRÔNICO *DJe*-088 DIVULG 10-5-2013 PUBLIC 13-5-2013).

Outra situação que merece destaque é a proteção aos Direitos Autorais, regulados por três instrumentos normativos inter-

---

1. FREITAS, V. P. Competência para o julgamento de crime contra espécimes da fauna silvestre com reflexos internacionais. In: BENJAMIN, Antônio Herman de Vasconcelos; FREITAS, Vladimir Passos de; SOARES JR., Jarbas. (Org.). *Comentários aos acórdãos ambientais*: paradigmas do Supremo Tribunal Federal. 2. ed. Belo Horizonte: Fórum, 2021, p. 272.

nacionais ao longo do Século XX: a) a Convenção Interamericana de 1946; b) a Convenção Internacional dos Direitos do Autor, de 1952; e c) Convenção de Berna, dedicada à proteção a obras literárias e artísticas, de 1886, revista em Paris, em 24 de julho de 1971 e ratificada pelo Estado brasileiro pelo Decreto n. 75.699, de 6 de maio de 1975.

Desenvolvendo a linha de raciocínio estampada na jurisprudência do STF sobre a matéria, parece clara a necessidade de dois requisitos para que tenhamos a caracterização da competência da Justiça Federal. Esses requisitos são concomitantes e devem estar presentes para a caracterização da competência da Justiça Federal sobre a matéria. Ei-los:

1) A existência de tratado ou convenção internacional do qual o Estado brasileiro seja signatário;

2) A transnacionalidade da conduta, caracterizada quando a execução de determinado delito inicia-se no país e o resultado que deveria ocorrer, em caso de crime tentado, ou ocorreu no estrangeiro, ou de forma recíproca.

Caracterizados tais requisitos, temos a atração da competência para processar e julgar o feito no âmbito da competência constitucionalmente atribuída à Justiça Federal. Portanto, a mera previsão do delito em tratado internacional não é por si só suficiente para atrair a competência da Justiça Federal, haja vista a necessidade de caracterização da transnacionalidade da conduta.

Art. 109, V-A – as causas relativas a direitos humanos a que se refere o § 5º deste artigo;

Vladimir Passos de Freitas
Ney de Barros Bello Filho

O inciso V-A foi introduzido neste artigo por força da Emenda Constitucional n. 45, de 2004. O motivo foi a ocorrência de chacinas praticadas em confrontos com a Polícia dos Estados-membros, que tiveram repercussão internacional. Entre eles podem ser citados o massacre da Candelária (Rio de janeiro, 1993), a chacina da Casa de Detenção (São Paulo, 1992) e o caso do conflito de Carajás (Pará, 1996). O Brasil, acossado pela pressão de organismos internacionais de defesa dos direitos humanos, não dispunha de meios para investigar os crimes, nem a sua Justiça, que é a Federal, tinha competência para processar os denunciados. A investigação ficava por conta da Polícia Civil dos estados-membros, e o processo e julgamento pela respectiva Justiça. Compreensível, pois, sob a ótica das relações internacionais, atribuir competência ao Poder Judiciário Federal.

Art. 109, VI – os crimes contra a organização do trabalho e, nos casos determinados por lei, contra o sistema financeiro e a ordem econômico-financeira;

Vladimir Passos de Freitas
Ney de Barros Bello Filho

Os crimes contra a organização do trabalho são aqueles que ofendem os órgãos ou instituições protetoras do Direito do Trabalho como um todo, ou seja, os que repercutem nos direitos coletivos dos trabalhadores. O respeito e a obediência aos direitos trabalhistas e às normas de segurança do trabalho são do interesse de todos e não apenas de alguém individualmente. Aí está a justificativa para que a competência seja da Justiça Federal e não da Estadual, inclusive para que as decisões sejam uniformes em todo o território nacional. Contudo, é necessário deixar claro que a jurisprudência se consolidou no sentido de que a competência federal só se justifica nos casos com repercussão em um número elevado de pessoas e não em uma ofensa individual ou de efeitos limitados.

Com a promulgação da Emenda Constitucional n. 45, de 2004, suscitou-se discussão sobre a competência em tais crimes permanecer na Justiça Federal ou ter passado à competência da Justiça do Trabalho, face à nova redação do art. 114 da Lei Maior. Decidiu o Supremo Tribunal Federal, recentemente, que quaisquer condutas que violem não só o sistema de órgãos e instituições que preservam, coletivamente, os direitos e deveres dos trabalhadores, mas também o homem trabalhador, atingindo-o nas esferas em que a Constituição lhe confere proteção máxima, enquadram-se na categoria dos crimes contra a organização do trabalho, se praticadas no contexto de relações de trabalho[1].

No que toca aos crimes contra o sistema financeiro e a ordem econômica financeira, é preciso, antes de tudo, registrar que, nas palavras de Vladimir de Souza Carvalho, "ao mencionar um e outro, o constituinte deixou o recado bem claro ao legislador ordinário no sentido de que tanto os crimes contra a ordem econômica-financeira como as infrações contra o sistema financeiro devem ser da alçada da Justiça Federal, de forma a não suscitar nenhuma dúvida"[2].

Art. 109, VII – os *habeas corpus*, em matéria criminal de sua competência ou quando o constrangimento provier de autoridade cujos atos não estejam diretamente sujeitos a outra jurisdição;

Vladimir Passos de Freitas
Ney de Barros Bello Filho

Os *habeas corpus* em matéria criminal sujeitam-se ao exame do juiz federal, se for ele competente ou se o constrangimento provier de autoridade cujos atos não estejam sujeitos a outra jurisdição. A redação é clara e a interpretação singela. Matéria de sua competência é aquela que lhe cabe por disposição constitucional. Por exemplo, se o ato atacado for de Delegado de Polícia Federal, em investigação de crime da competência da Justiça Federal (p. ex., contrabando), óbvio que ao juiz federal caberá conhecer do *habeas corpus*. Se o ato provier de autoridade federal sujeita a outra jurisdição, como, por exemplo, um Juiz do Trabalho, a competência será do Tribunal Regional Federal e não do Juiz Federal.

Art. 109, VIII – os mandados de segurança e os *habeas data* contra ato de autoridade federal, excetuados os casos de competência dos tribunais federais;

Vladimir Passos de Freitas
Ney de Barros Bello Filho

Este inciso, tal qual o anterior, visa manter a coerência do sistema judiciário, ou seja, deixar aos magistrados federais a compe-

---

1. RE 398.041/PA, rel. Min. Joaquim Barbosa, j. em 30.11.2006, *DJ* 12.12.2006.
2. CARVALHO, Vladimir de Souza. *Competência da Justiça Federal*, 6. ed., p. 450.

tência para o julgamento de mandados de segurança e *habeas data* contra atos de autoridades federais. Não seria razoável que magistrados estaduais decidissem atos administrativos de autoridades federais, da mesma forma como a estas não se admite que decidam sobre atos oriundos de autoridades estaduais ou municipais. Ressalte-se que, nestes casos, não há delegação de competência. Por exemplo, o cidadão pode acionar o órgão previdenciário federal no foro do seu domicílio, estadual inclusive, se não houver Justiça Federal. Todavia, no exame da mesma relação jurídica, não lhe será permitido impetrar mandado de segurança contra a autoridade previdenciária federal perante o Juiz de Direito (estadual). Neste sentido, é pacífica a jurisprudência no sentido de que a delegação de competência inserta no art. 109, § 3º, da Constituição Federal, não incide em mandado de segurança no qual é discutida matéria previdenciária, sendo ainda aplicável o verbete da Súmula n. 216 do extinto Tribunal Federal de Recursos[1].

Algumas situações especiais merecem referência. Mandado de segurança impetrado por empresa pública ou autarquia federais contra ato de Juiz Estadual são, na visão do Superior Tribunal de Justiça, da competência da Justiça Federal[2]. A propósito, o Supremo Tribunal Federal editou a Súmula n. 511, que diz: "Compete à Justiça Federal, em ambas as instâncias, processar e julgar as causas entre autarquias federais e entidades públicas locais, inclusive mandados de segurança, ressalvadas a ação fiscal, nos termos da Constituição Federal de 1967, art. 199, § 3º".

Art. 109, IX – os crimes cometidos a bordo de navios ou aeronaves, ressalvada a competência da Justiça Militar;

Vladimir Passos de Freitas
Ney de Barros Bello Filho

As Constituições brasileiras, desde 1891, sempre atribuíram à Justiça Federal o julgamento das questões de direito marítimo e navegação. Todavia, somente a Carta de 1967, no seu artigo 119, inciso V, deu à Justiça Federal competência para julgar os crimes cometidos a bordo de navios e aeronaves, ressalvada a competência da Justiça Militar.

O objetivo está ligado diretamente ao comércio internacional e às relações do Brasil com outros países. Pretende-se que a Justiça Federal, que é da União e não dos estados membros, conheça das ocorrências praticadas em navios e aeronaves e lhes dê um tratamento uniforme em todo território nacional.

Algumas observações devem ser feitas. A primeira delas é que, em razão da globalização e da intensificação do turismo marítimo, há uma tendência de aumentar a prática de crimes a bordo, principalmente de navios. A segunda é que todos os tipos de delitos passam à competência da Justiça Federal, ou seja, mesmo os que atinjam interesses meramente individuais, como, por exemplo, um furto praticado em um transatlântico. A terceira é que o conceito de navio é o popular, ou seja, embarcações de grande porte e não as de pequeno calado, como barcos pesqueiros, iates ou veleiros. Quarta, é que a competência será do Juízo Federal do primeiro porto em que o navio vier a atracar. Quinta, que aeronave tem conceito legal no art. 8º do Decreto-lei 32, de 1966, como todo aparelho manobrável em voo, apto a se sustentar, a circular no espaço aéreo mediante reações aerodinâmicas e capaz de transportar pessoas ou coisas. Mas, por simetria com as embarcações, para fins de fixação de competência, interessam apenas as de tamanho e autonomia considerável e não as de pequeno porte. Estas, normalmente, locomovem-se dentro do território nacional e por isso escapam do objetivo da norma constitucional, que é o de controlar as ocorrências que possam afetar a União nas suas relações internacionais.

Art. 109, X – os crimes de ingresso ou permanência irregular de estrangeiro, a execução de carta rogatória, após o *exequatur*, e de sentença estrangeira, após a homologação, as causas referentes à nacionalidade, inclusive a respectiva opção, e à naturalização;

Vladimir Passos de Freitas
Ney de Barros Bello Filho

Cabe à União manter relações com Estado estrangeiro, valendo-se do seu Ministério das Relações Exteriores para traçar as linhas de sua política internacional. Esta, como é evidente, é complexa e relevante, envolvendo a liberdade, interesses econômicos, políticos, sociais e ambientais. Quando a ordem jurídica é afetada pelo descumprimento de uma norma, naturalmente cabe à Justiça Federal, que é da União, examinar e decidir a matéria. Cabe à Justiça Federal processar e julgar os crimes de ingresso e permanência irregular de estrangeiro, cujas ações típicas deverão ser previstas no Código Penal ou no Estatuto do Estrangeiro, Lei 6.814, de 19.08.1980. Na parte cível, encontram-se as cartas rogatórias (*v.g.*, para citação de um devedor de alimentos), as sentenças estrangeiras e as causas referentes à nacionalidade, cujo exemplo clássico é a Opção de Nacionalidade. Mas é preciso atentar para as peculiaridades do caso. Assim, por exemplo, uma ação visando anular um título de naturalização concedido, será da competência da Justiça Federal. Mas um pedido de retificação de registro do nome de um brasileiro naturalizado, por não envolver interesse da União, é da competência da Justiça Estadual (*vide* Súmula 51 do extinto Tribunal Federal de Recursos).

Art. 109, XI – a disputa sobre direitos indígenas.

Vladimir Passos de Freitas
Ney de Barros Bello Filho

A Constituição de 1988 veio a dar um tratamento novo à questão indígena no Brasil. A começar pelo Capítulo VIII, art. 231, dedicado exclusivamente aos índios. No âmbito cível, como os direitos indígenas interessam à União, nada mais natural do que a sua Justiça Federal processar e julgar as ações envolvendo direitos indígenas. Mas ressalte-se que nem todos os conflitos são de competência da Justiça Federal. Por exemplo, um contrato celebrado por um indígena com um terceiro não é propriamente direito indígena e, por isso, deverá ser conhecido pela Justiça Estadual. Já uma disputa pela posse de terras habitadas pelos silvícolas será da competência da Justiça Federal. A propósito, convém lembrar que é da União o domínio das terras dos indígenas, por força do art. 20, inc. XI, da Lei Maior. Além deste caso, evidentemente, serão sempre da competên-

---

1. STJ, CComp 31.437/MG, rel. Min. Laurita Vaz, j. em 26.02.2003, *DJ* 31.03.2003, p. 146.
2. STJ, AgRg no CComp 58.229/RJ, 1ª Seção, rel. Min. João Otávio Noronha, j. em 26.04.2006, *DJ* 5.6.2006, p. 235.

cia da Justiça Federal as ações em que a Fundação Nacional do Índio – FUNAI, intervier como autora, ré, assistente ou opoente, valendo aí a regra geral do art. 109, inc. I, da Constituição Federal.

No âmbito penal, o Superior Tribunal de Justiça consolidou a sua jurisprudência na Súmula 140, que diz: *"Compete à justiça comum estadual processar e julgar crime em que o indígena figure como autor ou vítima"*. O raciocínio para chegar-se a esta conclusão consiste no fato de que, sendo o autor ou vítima de crime um indígena, nem por isso existirá interesse da União no caso. Esta jurisprudência baseia-se em casos de lesões corporais, homicídio e casos semelhantes. Todavia, a própria Súmula não pode ser aplicada indistintamente. É que existem casos em que o delito está, sim, relacionado com os direitos dos indígenas. Imagine-se, por exemplo, um conflito pela posse de terras, no qual policiais e indígenas troquem tiros, vindo alguns a falecer. Estará presente aí o interesse direto da União, por sinal, a proprietária das terras, nos termos do artigo 20, inciso XI, da Carta Magna. Mencione-se, por derradeiro, a existência de previsão no art. 57 da Lei 6.001, de 1973, conhecida como Estatuto do Índio, da possibilidade de julgamento tribal. Este dispositivo, regra geral ignorado pela comunidade jurídica, permite aos indígenas que solucionem seus conflitos sem necessidade de buscarem o Poder Judiciário. O direito costumeiro indígena tem sido utilizado, reservando-se a Justiça comum para os casos mais graves.

Art. 109, § 1º As causas em que a União for autora serão aforadas na seção judiciária onde tiver domicílio a outra parte.

Vladimir Passos de Freitas
Ney de Barros Bello Filho

O § 1º não desperta indagações. Obrigando a União a propor ações na seção judiciária onde tiver domicílio a outra parte, dá ao réu o direito de ser acionado onde resida com propósito permanente. Ao falar em seção judiciária, está a referir-se à Justiça Federal de um Estado-membro. Por exemplo, Seção Judiciária da Bahia significa a Justiça Federal daquele Estado. Ocorre que a maioria dos Estados da Federação, atualmente, possuem unidades da Justiça Federal descentralizadas em cidades do interior. Em sendo assim, eventual ação a ser proposta pela União deverá sê-lo não apenas na sede da seção judiciária, localizada na capital, mas também na subseção judiciária quando o réu tiver domicílio em cidade interiorana que tenha instalada a Justiça Federal.

Art. 109, § 2º As causas intentadas contra a União poderão ser aforadas na seção judiciária em que for domiciliado o autor, naquela onde houver ocorrido o ato ou fato que deu origem à demanda ou onde esteja situada a coisa, ou ainda, no Distrito Federal.

Vladimir Passos de Freitas
Ney de Barros Bello Filho

O § 2º dá ao autor o direito de escolher o foro de sua preferência que pretender acionar a União. Poderá fazê-lo no local de seu domicílio (por exemplo, discussão sobre direito à aposentadoria integral pode ser proposta na sede da subseção judiciária), naquele em que tiver ocorrido o ato ou fato (por exemplo, acidente de trânsito com danos materiais e morais), onde esteja situada a coisa (por exemplo, ação envolvendo disputa sobre bem imóvel) ou, ainda, no Distrito Federal, em Brasília (por exemplo, discussão sobre uma sanção administrativa ocorrida em qualquer parte do território nacional). Com relação à possibilidade de propor determinada demanda onde esteja situada a coisa, tratando-se de bem imóvel, é necessário mencionar a regra estabelecida pelo Superior Tribunal de Justiça na Súmula 11, que diz: "A presença da União ou de qualquer de seus entes, na ação de usucapião especial, não afasta a competência do foro da situação do imóvel". Desta forma, o foro da ação de usucapião especial é o da situação do imóvel, sendo que se este estiver localizado no interior do Estado, em Comarca que não seja sede de vara federal, a competência para processar e julgar a referida demanda é da Justiça Estadual.

Art. 109, § 3º Lei poderá autorizar que as causas de competência da Justiça Federal em que forem parte instituição de previdência social e segurado possam ser processadas e julgadas na justiça estadual quando a comarca do domicílio do segurado não for sede de vara federal.

Vladimir Passos de Freitas
Ney de Barros Bello Filho

A Constituição Republicana de 24.02.1891, no seu artigo 60, § 1º, dispunha que *é vedado ao Congresso cometer qualquer jurisdição federal às justiças dos Estados*. A Constituição de 24 de janeiro de 1967, no artigo 119, § 3º, admitia que a ação fiscal, ou seja, a cobrança da dívida ativa da União, fosse proposta no foro estadual, atribuindo ao Ministério Público dos Estados a legitimidade para representá-la. Neste particular, é bom lembrar que isto já ocorria antes de 1967, porque não havia Justiça Federal, extinta que foi em 1937. A previsão constitucional veio dar legitimidade ao que já ocorria, face à nova situação de existência de uma Justiça Federal. Com a Emenda Constitucional n. 1, de 1969, esta competência foi ampliada no artigo 126, que fez referência a ação fiscal e outras, estas evidentemente, dependentes de lei ordinária. Vale aqui lembrar decisões do Superior Tribunal de Justiça, a respeito de dúvidas sobre competência em execuções fiscais. Assim, proposta a execução, eventual mudança do devedor não desloca a competência já fixada (Súmula 58). A execução fiscal promovida por município contra empresa pública federal deve ser proposta na Justiça Federal, não podendo ser impetrada na Justiça Estadual sob a justificativa de delegação de competência[1]. Esta permissão constitucional, chamada de competência delegada, tem sido usada com parcimônia. A uma, porque importa em ônus para a Justiça dos Estados. A outra, porque a Justiça Federal vem se interiorizando velozmente, fazendo com que o exercício da jurisdição federal pela Justiça Estadual venha, aos poucos, se limitando às comarcas de menor porte.

A nova redação do § 3º do art. 109 foi dada pela Emenda Constitucional n. 103, de 12 de novembro de 2019. Tal alteração permite delegação de competência da Justiça Federal à Justiça Estadual nas ações cujas partes sejam instituto de previdência social e segurado, mas apenas quando não houver sede de Vara Federal na comarca do município onde o segurado tem domicílio.

---

1. STJ, CComp 47.779/SP, 1ª Seção, rel. Min. Teori Zavascki, *DJ* 10.04.2006, p. 108.

Art. 109, § 4º Na hipótese do parágrafo anterior, o recurso cabível será sempre para o Tribunal Regional Federal na área de jurisdição do juiz de primeiro grau.

Vladimir Passos de Freitas
Ney de Barros Bello Filho

O quarto parágrafo traduz a coerência do sistema, ou seja, eventuais recursos deverão ser examinados pelo Tribunal Regional Federal da área de jurisdição do Juiz de Direito (Estadual) que proferiu a decisão ou sentença judicial. Portanto, se um magistrado estadual julgou embargos à execução fiscal promovida pelo Instituto Nacional do Seguro Social – INSS, autarquia federal, sua sentença será reexaminada pelo Tribunal Regional Federal competente. Da mesma forma eventuais recursos de agravo de instrumento, que deverão sempre ser interpostos na Corte Federal. De resto, como dispõe a Súmula 254 do STJ, *a decisão de Juiz Federal que exclui da relação processual ente federal não pode ser reexaminada no juízo estadual.*

Art. 109, § 5º Nas hipóteses de grave violação de direitos humanos, o Procurador-Geral da República, com a finalidade de assegurar o cumprimento de obrigações decorrentes de tratados internacionais de direitos humanos dos quais o Brasil seja parte, poderá suscitar, perante o Superior Tribunal de Justiça, em qualquer fase do inquérito ou processo, incidente de deslocamento de competência para a Justiça Federal.

Vladimir Passos de Freitas
Ney de Barros Bello Filho

Este parágrafo tem ligação direta com o inciso V do artigo 109 e foi, da mesma forma, introduzido pela Emenda Constitucional n. 45, de 2004. Vale aqui reiterar o afirmado nos comentários ao inciso V, ou seja, que a finalidade foi a de permitir que a União pudesse investigar (através do Departamento de Polícia Federal) e processar (através da Justiça Federal) os casos de violação dos direitos humanos que o Brasil se comprometeu a cumprir em tratados internacionais de direitos humanos, em especial a Convenção Americana sobre Direitos Humanos, da qual o Brasil é signatário por força do Decreto 678, de 06.11.1992. No entanto, o deslocamento de competência suscitou reação, com base em dois argumentos principais: a dificuldade de definir o que vem a ser uma ofensa aos direitos humanos e a atribuição dada ao Procurador-Geral da República de suscitar o incidente de desaforamento para a Justiça Federal. O primeiro caso julgado foi o do assassinato da irmã Dorothy Stang, em 2004, missionária católica norte-americana que, no Estado do Pará, defendia os interesses das minorias e do meio ambiente. Formulado o pedido de Incidente de Deslocamento de Competência perante o Superior Tribunal de Justiça, decidiu a Corte que a inovação constitucional se destinava aos casos em que se evidenciasse negligência, falta de vontade política ou de condições de o Estado-membro promover a apuração dos fatos e submeter os denunciados a julgamento e que, no caso em análise, tais requisitos não estavam presentes[1].

---

1. STJ, IDC 1/PA, 3ª Seção, rel. Min. Arnaldo Lima, j. em 8.6.2005, *DJ* 10.10.2005, p. 217.

Art. 110. Cada Estado, bem como o Distrito Federal, constituirá uma seção judiciária que terá por sede a respectiva Capital, e varas localizadas segundo o estabelecido em lei.

Parágrafo único. Nos Territórios Federais, a jurisdição e as atribuições cometidas aos juízes federais caberão aos juízes da justiça local, na forma da lei.

Vladimir Passos de Freitas
Ney de Barros Bello Filho

O art. 110 da Carta Magna trata da divisão administrativa da Justiça Federal que, tal quando de sua criação através do Decreto 25, de 30.11.1889, será em Seções Judiciárias, cada uma correspondendo ao território de um estado-membro. As Varas são criadas por lei e distribuem-se pelo território ao sabor das necessidades. Estas unidades existentes no âmbito de cada Seção Judiciária chamam-se Subseções Judiciárias. Portanto, não se adotou na Justiça Federal a denominação de comarca, tradicional na Justiça dos Estados e oriunda do sistema judiciário de Portugal.

O parágrafo único cuida da jurisdição dos juízes federais nos territórios. Na verdade, inexistem atualmente territórios no Brasil. Mas nada impede que venham a ser criados, desmembrando-se os estados de grande extensão territorial. Se isto vier a ocorrer, não haverá nomeação de Juízes Federais para essas unidades administrativas, cabendo a jurisdição federal aos Juízes de Direito do Distrito Federal e territórios, subordinados ao Tribunal de Justiça respectivo, cuja sede é em Brasília, capital federal.

Referências bibliográficas

BRASIL. *Legislação Orgânica da Justiça Federal*. Porto Alegre: Carlos Pinto & C., Suc., 1895.

CAMPOS SALLES, M. Ferraz. In: *Justiça Federal – Legislação*. Brasília: Conselho da Justiça Federal, 1993.

CARVALHO, Vladimir de Souza. *Competência da Justiça Federal*. 6. ed. Curitiba: Juruá Editora, 2006.

FREITAS, Vladimir Passos de. *Justiça Federal. Histórico e Evolução no Brasil*. Curitiba: Juruá Ed., 2003.

_____. Competência para o julgamento de crime contra espécimes da fauna silvestre com reflexos internacionais. In: BENJAMIN, Antônio Herman Vasconcelos; FREITAS, Vladimir Passos de; SOARES JR., Jarbas. (Org.). *Comentários aos acórdãos ambientais*: paradigmas do Supremo Tribunal Federal. Belo Horizonte: Fórum, 2021, p. 263-273.

HARO, Ricardo. *La Competencia Federal*. Buenos Aires: Ed. Depalma, 1989.

JUCOVSKY, Vera Lúcia R. S. *Justiça Federal nos Países que a Adotam*. Curitiba: Juruá Ed., 1997.

LEAL, Victor Nunes. Justiça Ordinária Federal. *Revista Brasileira de Estudos Políticos*, v. 34, jul./72.

MEEK, Michael K. *The Australian Legal System*. 2. ed. North Ryde: The Law Book Company Limited, 1994.

NEQUETE, Lenine. *O Poder Judiciário no Brasil a partir da Independência*, v. II. Porto Alegre: Sulina Ed., 1973.

PONTES DE MIRANDA, Francisco Cavalcanti. *Comentários à Constituição de 1967 com a Emenda n. 1, de 1969*, v. 1. 2ª ed. São Paulo: Revista dos Tribunais, 1973.

OLIVEIRA FILHO, Cândido. *Nova Consolidação das Leis referentes à Justiça Federal.* Rio de Janeiro: Liv. Editora Dr. Cândido de Oliveira Filho, 1923.

PEREIRA, Milton Luiz. *Justiça Federal – Primeira Instância.* São Paulo: Ed. Sugestões Literárias, 1969.

PEREIRA, Ricardo Teixeira do Valle. *Conselhos de Fiscalização Profissional.* São Paulo: Ed. Revista dos Tribunais, 2001.

SCHMIDT, Carolina Assunta e FREITAS, Mariana Almeida P. de. *Tratados Internacionais de Direito Ambiental.* Curitiba: Juruá Ed., 2005.

TOURINHO NETO, Fernando da Costa; FIGUEIRA JÚNIOR, Joel Dias. *Juizados Especiais Federais Cíveis e Criminais.* São Paulo: Ed. Revista dos Tribunais, 2002.

WOODWARD, Bob; ARMSTRONG, Scott. *Por detrás da Suprema Corte.* São Paulo: Ed. Saraiva, 1985.

SEÇÃO V

DO TRIBUNAL SUPERIOR DO TRABALHO, DOS TRIBUNAIS REGIONAIS DO TRABALHO E DOS JUÍZES DO TRABALHO

Art. 111. São órgãos da Justiça do Trabalho:

I – o Tribunal Superior do Trabalho;
II – os Tribunais Regionais do Trabalho;
III – Juízes do Trabalho.
§§ 1º a 3º (*Revogados pela Emenda Constitucional n. 45, de 8-12-2004.*)

Art. 111-A. O Tribunal Superior do Trabalho compõe-se de vinte e sete Ministros, escolhidos dentre brasileiros com mais de trinta e cinco e menos de setenta anos de idade, de notável saber jurídico e reputação ilibada, nomeados pelo Presidente da República após aprovação pela maioria absoluta do Senado Federal, sendo:

I – um quinto dentre advogados com mais de dez anos de efetiva atividade profissional e membros do Ministério Público do Trabalho com mais de dez anos de efetivo exercício, observado o disposto no art. 94;

II – os demais dentre juízes dos Tribunais Regionais do Trabalho, oriundos da magistratura da carreira, indicados pelo próprio Tribunal Superior.

§ 1º A lei disporá sobre a competência do Tribunal Superior do Trabalho.

§ 2º Funcionarão junto ao Tribunal Superior do Trabalho:

I – a Escola Nacional de Formação e Aperfeiçoamento de Magistrados do Trabalho, cabendo-lhe, dentre outras funções, regulamentar os cursos oficiais para o ingresso e promoção na carreira;

II – o Conselho Superior da Justiça do Trabalho, cabendo-lhe exercer, na forma da lei, a supervisão administrativa, orçamentária, financeira e patrimonial da Justiça do Trabalho de primeiro e segundo graus, como órgão central do sistema, cujas decisões terão efeito vinculante.

§ 3º Compete ao Tribunal Superior do Trabalho processar e julgar, originariamente, a reclamação para a preservação de sua competência e garantia da autoridade de suas decisões.

Art. 112. A lei criará varas da Justiça do Trabalho, podendo, nas comarcas não abrangidas por sua jurisdição, atribuí-la aos juízes de direito, com recurso para o respectivo Tribunal Regional do Trabalho.

Art. 113. A lei disporá sobre a constituição, investidura, jurisdição, competência, garantias e condições de exercício dos órgãos da Justiça do Trabalho.

Ives Gandra da Silva Martins Filho

A – AS CONSTITUIÇÕES ESTRANGEIRAS E O DIREITO COMPARADO

Poucos são os países que possuem uma Justiça do Trabalho como ramo totalmente especializado do Poder Judiciário. O volume da demanda judicial trabalhista no Brasil, representando cerca de 30% de todo o volume processual brasileiro, a par da realidade econômica nacional, de mais de 50% da população economicamente ativa na informalidade, sem seus direitos trabalhistas reconhecidos e prestigiados, tem justificado a existência desse ramo autônomo da Justiça, cujos princípios e normas especiais, quer de Direito Material, quer de Direito Processual, conciliativos dos conflitos e protetivos do trabalhador, tendem a pacificar a sociedade e tornar melhores as relações entre patrões e empregados, em prol do desenvolvimento social e econômico nacional.

A maioria dos países tem órgãos judiciais de primeira instância especializados em questões trabalhistas, mas não um sistema judiciário trabalhista, com instâncias recursais independentes plasmadas em tribunais de apelação e cassação trabalhistas, uma vez que, em muitos países que antes possuíam representação classista na Justiça do Trabalho, sua eliminação representou a reinserção na Justiça Comum. Nesse sentido, os exemplos que se podem citar que guardam **semelhança** com o nosso, numa Justiça Laboral (ou mesmo com certo grau de especialização dentro da Justiça Comum), seriam:

1. Alemanha

Possui uma **Justiça do Trabalho autônoma**, nas suas três instâncias decisórias (o Tribunal Federal do Trabalho tem assento constitucional no art. 95 da Constituição Alemã):

a) *Arbeitgericht* (tribunais do trabalho locais);
b) *Landarbeitgericht* (tribunais regionais do trabalho);
c) *Bundesarbeitgericht* (Tribunal Federal do Trabalho).

2. Espanha

A Justiça Laboral, que antes era independente e com representação classista, passou, ultimamente, a constituir um **ramo** especializado da **Justiça Comum**, sem juízes classistas (o art. 117 da Constituição Espanhola só trata genericamente da estrutura do Poder Judiciário). Os 3 graus de jurisdição são:

a) *Juez de lo Social*;

b) *Sala de lo Social del Tribunal Superior de Justicia de la Comunidad Autónoma*;

c) *Sala de lo Social de la Audiencia Nacional*.

3. Itália

A *"Magistratura del Lavoro"*, que existia desde 1893 (*Probiviri*), com representação paritária classista para dirimir as questões trabalhistas, voltou, ultimamente, a compor a Justiça Comum, como um ramo seu especializado e sem representação classista (o art. 108 da Constituição Italiana só trata genericamente da estrutura do Poder Judiciário). Os 3 graus de jurisdição são:

a) *Pretore*;

b) *Tribunale Comune di Apelazione*;

c) *Corte di Cassazione*.

4. Inglaterra

A Justiça do Trabalho inglesa foi criada em 1964 e com competência ampliada pelos *Acts* de 1968 e 1971. Possui representação paritária (juízes conhecedores dos problemas laborais), informalidade processual (sem necessidade de advogados), celeridade decisória (uma ou duas audiências), mas um **sistema recursal intrincado** (instâncias):

a) *Industrial Tribunals*;

b) *Employment Appeals Tribunals*;

c) *Civil Division – Court of Appeals*;

d) *Privy Concil – House of Lords*;

e) Corte Europeia de Justiça.

5. Argentina

Na Argentina, a Justiça do Trabalho é apenas um **setor especializado da Justiça Comum**. Possui três instâncias (o art. 108 da Constituição Argentina trata genericamente da estrutura do Poder Judiciário):

a) *Juez del Trabajo*;

b) *Sala Social de la Corte Distrital*;

c) *Sala Social de la Corte Suprema de Justicia*.

6. Uruguai

Possui uma Justiça do Trabalho sem representação classista e como **setor especializado da Justiça Comum**, admitindo três instâncias de julgamento:

a) *Juzgado Letrado de Primera Instancia del Trabajo*;

b) *Tribunal de Apelación del Trabajo*;

c) *Suprema Corte de Justicia*.

7. Paraguai

Também o Paraguai possui uma Justiça do Trabalho sem representação classista e como **setor especializado da Justiça Comum**. Admite três graus de jurisdição (o art. 247 da Constituição Paraguaia só trata genericamente da estrutura do Poder Judiciário):

a) *Juez de Primera Instancia en lo Laboral*;

b) *Tribunal de Apelación del Trabajo*;

c) *Corte Suprema de Justicia*.

8. Chile

Possui uma Justiça do Trabalho sem representação classista e como **setor especializado da Justiça Comum**. Prevê 3 graus de jurisdição:

a) *Juzgado de Letras del Trabajo*;

b) *Corte de Apelación*;

c) *Suprema Corte de Justicia*.

9. Costa Rica

Possui uma Justiça do Trabalho sem representação classista e como **setor especializado da Justiça Comum**. Prevê 3 graus de jurisdição (o art. 152 da Constituição Espanhola só trata genericamente da estrutura do Poder Judiciário):

a) *Juzgado del Trabajo*;

b) *Tribunal Superior del Trabajo*;

c) *Sala de Casación de la Corte Suprema*.

10. Benin

Na República do Benin (antigo Daomé), o Código do Trabalho (1998) prevê a **Estrutura Judiciária Laboral** (arts. 242-257), com:

a) *Tribunal do Trabalho com representação classista (2 assessores, um representando cada categoria)*;

b) *Corte de Apelação com Conselho de Arbitragem para os conflitos coletivos*;

c) *Corte Suprema, que aprecia os recursos de cassação contra as decisões da Corte de Apelação*.

B – HISTÓRICO DA JUSTIÇA DO TRABALHO E AS CONSTITUIÇÕES BRASILEIRAS ANTERIORES

1. Origens da Justiça do Trabalho

Historicamente, as Juntas de Conciliação e Julgamento foram instituídas no Governo Provisório de Getúlio Vargas pelo Decreto n. 22.132, de 25 de novembro de 1932, para a solução dos conflitos individuais de trabalho.

Originariamente, as JCJs eram órgãos administrativos, sem caráter jurisdicional, mas podendo impor a solução do conflito sobre as partes litigantes. A única coisa que não podiam fazer era executar suas decisões. Para tanto, os procuradores do Departamento Nacional do Trabalho (do Ministério do Trabalho) deveriam iniciar perante a Justiça Comum a execução das decisões das Juntas. O problema que surgia era o da rediscussão da questão na esfera civil.

Nos seus primórdios, as Juntas eram instância única para a solução dos conflitos trabalhistas. No entanto, havia a possibilidade de revisão administrativa do caso pela avocatória da causa pelo Ministro do Trabalho, quando alguma das partes invocava "flagrante parcialidade dos julgadores ou violação expressa de direito". O recurso reiterado à avocatória acabou por criar verdadeira instância recursal no âmbito do Ministério do Trabalho para a solução definitiva dessas questões.

As JCJs eram compostas por um presidente "estranho aos interesses profissionais" (advogado, magistrado ou funcionário, nomeado pelo Ministro do Trabalho) e dois vogais, representando os empregados e os empregadores (nomeados pelo Diretor-Geral do DNT, dentre os nomes que lhe eram encaminhados pelos sindicatos), tendo, portanto, nas suas origens, **representação classista paritária**. Visando estimular a sindicalização dos trabalhadores, era reconhecido apenas aos empregados sindicalizados o *jus postulandi* perante as Juntas. Os demais trabalhadores deveriam recorrer à Justiça Comum, para a solução de suas demandas, com os sacrifícios próprios de uma Justiça lenta e onerosa. O Supremo Tribunal Federal veio a rejeitar tal orientação discriminatória do órgão, por ferir os arts. 122 da Constituição de 1934 e 139 da Carta Política de 1937.

Até 1937, haviam sido instaladas 75 Juntas em todo o território nacional, que dependiam, para sua criação, de solicitação de sindicato e eram instaladas por município. Também foram criadas as JCJs anexas às Delegacias de Trabalho Marítimo (Decreto n. 24.743, de 14-7-1934), que poderiam dirimir os conflitos do trabalho no porto, na navegação e na pesca, quer individuais, quer coletivos.

2. A Constituição de 1934

A Revolução Constitucionalista Paulista de 1932 levou à convocação de uma Assembleia Nacional Constituinte por Getúlio Vargas em 1934, na qual o deputado Abelardo Marinho formulou a proposta de que fosse instituída a Justiça do Trabalho, uma vez que o sistema administrativo que vinha sendo seguido, com as decisões das JCJs sendo alteradas a seu talante pelo Ministro do Trabalho ou revistas integralmente pela Justiça Comum, tornavam ineficazes as decisões proferidas pelos órgãos existentes.

Foram apresentadas emendas pelos Deputados Waldemar Falcão (futuro Ministro do Trabalho), Medeiros Neto e Prado Kelly, sustentando que a Justiça do Trabalho deveria ser inserida no quadro do Poder Judiciário. No entanto, acabou prevalecendo, nesse aspecto, a tese do deputado Levi Carneiro, que considerava que a mentalidade judiciária era inadequada à solução dos conflitos trabalhistas. Considerava o parlamentar que **juízes leigos**, despidos de senso jurídico e de formalismos, decidiriam mais prontamente as controvérsias laborais. E assim, surgia uma Justiça do Trabalho de **caráter administrativo**, tal como desenhada no art. 122 da Constituição de 1934, cuja redação era a seguinte:

"Art. 122. Para dirimir questões entre empregadores e empregados, regidas pela legislação social, fica instituída a Justiça do Trabalho, à qual não se aplica o disposto no Capítulo IV do Título I.

Parágrafo único. A constituição dos Tribunais do Trabalho e das Comissões de Conciliação obedecerá sempre ao princípio da eleição de seus membros, metade pelas associações representativas dos empregados, e metade pelas dos empregadores, sendo o presidente de livre nomeação do governo, escolhido dentre pessoas de experiência e notória capacidade moral e intelectual".

Tal como prevista na nova Constituição, a Justiça do Trabalho **não seria independente**, já que ligada ao Poder Executivo, com seus juízes não gozando das garantias da magistratura nacional (conforme estabelecido no final do *caput* do artigo em tela). Ademais, nascia a Justiça do Trabalho com a marca da representação classista paritária.

Antecipando-se à promulgação da nova Constituição, que se deu a 16 de julho, o Presidente Getúlio Vargas editava, em 14 de julho, o Decreto 24.784, para já adaptar os órgãos judicantes trabalhistas ao novo modelo previsto na Constituição de 1934. Assim, o Conselho Nacional do Trabalho (órgão vinculado ao Ministério do Trabalho) passava a funcionar como órgão deliberativo de cúpula do sistema judicante laboral.

Faltava, no entanto, a legislação infraconstitucional que desse estrutura efetiva à nova Justiça do Trabalho que surgia. Assim, em dezembro de 1935, o Presidente Getúlio Vargas encaminhava ao Congresso Nacional anteprojeto de lei, elaborado sob a supervisão de Francisco José Oliveira Viana, quando era Ministro do Trabalho o pernambucano Agamenon Magalhães, tendo sido designado relator na Comissão de Constituição e Justiça o deputado e professor paulista Waldemar Ferreira.

Travaram-se, então, os célebres debates entre Waldemar Ferreira, de tendências neoliberais e formação jurídica, e Oliveira Viana, sociólogo e defensor do corporativismo, sendo aquele contrário à representação classista e à outorga de poder normativo à Justiça do Trabalho, teses defendidas no projeto deste.

Sustentava Waldemar Ferreira que o fato de a Constituição de 1934 falar em Tribunais do Trabalho e Comissões de Conciliação não impedia que existissem juízes singulares em primeira instância, de formação técnico-jurídica, para preparar e julgar as causas trabalhistas. Dava como uma das razões da exclusão da representação classista a onerosidade excessiva que traria aos cofres públicos o pagamento de 3 juízes para apreciarem em 1ª instância as causas laborais. E se a participação fosse em caráter gratuito, não haveria interesse dos sindicatos em colocar empregados à disposição da Justiça. Os representantes classistas funcionariam apenas nas Comissões de Conciliação, para a composição dos conflitos coletivos, e nos Tribunais do Trabalho, de instância superior.

Quanto ao poder normativo, sustentava Waldemar Ferreira que o Poder Legislativo não poderia delegar competência ao Judiciário para estabelecer normas de caráter geral, dada a tripartição clássica dos Poderes do Estado, não estando o Judiciário Trabalhista em condições de funcionar com poder legiferante. Entendia o eminente mestre paulista que a Constituição de 1934 só havia dado à Justiça do Trabalho brasileira, diferentemente da italiana, **poder jurisdicional** e não legislativo.

Oliveira Vianna rebateu as críticas do relator ao seu projeto, numa série de seis artigos publicados no *Jornal do Commercio* do Rio de Janeiro, que deram origem à sua obra *Problemas de Direito Corporativo*.

3. A Constituição de 1937

O motivo principal do retardamento na tramitação do projeto governamental de 1935 no Congresso foi justamente a previsão da competência normativa da Justiça do Trabalho. Tendo sido aprovado em 8 de junho de 1937 pela Comissão de Constituição e Justiça da Câmara dos Deputados, com várias emendas, que tornavam inviável o modelo pretendido pelo governo, o projeto foi encaminhado à Comissão de Legislação Social quando, em 10 de novembro desse mesmo ano, com o apoio das Forças Armadas, Getúlio Vargas dava o golpe que criava o **Estado Novo**, outorgando a Constituição de 1937. Em sua mensagem à Nação, para justificar o fechamento do Congresso e a adoção das medidas de exceção, dava, entre outros argumentos, o da resistência do Poder Legislativo à aprovação do projeto de lei referente à Justiça do Trabalho.

O art. 139 da Constituição de 1937, que manteve a Justiça do Trabalho como instituição responsável pela solução dos conflitos trabalhistas no Brasil, silenciou sobre a representação classista, mas conservou a privação de garantias da magistratura para os juízes trabalhistas. O dispositivo ficou assim redigido:

"Art. 139. Para dirimir os conflitos oriundos das relações entre empregadores e empregados, reguladas na legislação social, é instituída a Justiça do Trabalho, que será regulada em lei e à qual não se aplicam as disposições desta Constituição relativas à competência, ao recrutamento e às prerrogativas da Justiça Comum".

Acirrada polêmica se travou, então, sobre se o dispositivo constitucional retirava, ou não, o caráter jurisdicional da instituição. Os que defenderam a função judicante da Justiça do Trabalho argumentaram que as garantias poderiam ser outorgadas pela lei, ainda que distintas da magistratura comum, já que constituiria uma Justiça Especializada, com suas características próprias, dentre as quais não deixaria de ser a menor o fato de dirimir controvérsias, aplicando o direito ao caso concreto. O Supremo Tribunal Federal viria a reconhecer o caráter jurisdicional das cortes trabalhistas ao admitir recurso extraordinário contra decisão do CNT que estaria ferindo preceito constitucional, considerando-o órgão judicante (STF, RE 6.310, *DJU* de 30-9-43).

A estrutura da Justiça do Trabalho, tal como prevista no Decreto-Lei 1.237, de 2 de maio de 1939, restou assim definida:

a) Juntas de Conciliação e Julgamento – 1 juiz presidente (nomeado pelo Presidente da República por 2 anos, dentre juízes de direito ou bacharéis, podendo ser reconduzido) e 2 vogais (escolhidos pelos Presidentes dos CRTs, dentre os nomes constantes das listas fornecidas pelos sindicatos obreiros e patronais, para mandato de 2 anos, com garantias próprias de jurado);

b) Conselhos Regionais do Trabalho – 1 juiz presidente (nomeado pelo Presidente da República por 2 anos, dentre desembargadores ou juristas trabalhistas, podendo ser reconduzido) e 4 vogais (1 representante dos empregados, 1 representante dos empregadores, e 2 especialistas em questões sociais e econômicas, alheios aos interesses profissionais, todos nomeados pelo Presidente da República, sendo os 2 primeiros dentre os nomes constantes das listas oferecidas pelas federações, para mandato de 2 anos); e

c) Conselho Nacional do Trabalho – composto de 19 membros (4 bacharéis em Direito, 4 representantes dos empregados, 4 representantes dos empregadores, 3 pessoas de reconhecido saber, 2 funcionários do Ministério do Trabalho e 2 funcionários de Instituições de Seguro Social), dividido numa Câmara de Justiça do Trabalho e numa Câmara de Previdência Social (cada uma com 9 membros, presidida por 1 vice-presidente), havendo o Pleno como órgão consultivo e de uniformização de jurisprudência (presidido pelo Presidente do Conselho).

Para a instalação da novel Justiça do Trabalho, foi designada comissão presidida pelo Presidente do CNT, Dr. Francisco Barbosa de Rezende e coordenada efetivamente pelo procurador Faria Baptista, cujo trabalho permitiu que no dia 1º de maio de 1941, quando o Presidente Vargas, em pleno campo de futebol do Vasco da Gama na então Capital Federal, declarava instalada a Justiça do Trabalho, esta já pudesse, no dia seguinte, estar efetivamente funcionando, com seu Conselho Nacional do Trabalho, seus 8 Conselhos Regionais do Trabalho e suas 36 Juntas de Conciliação e Julgamento, compostas por magistrados idealistas cuja média etária não atingia os 30 anos.

Instalada a Justiça do Trabalho, verificou-se a necessidade de que houvesse uma consolidação da legislação laboral, que se avolumava de forma desordenada. Para tanto, o então Ministro do Trabalho Alexandre Marcondes Filho nomeou comissão presidida pelo Consultor Jurídico do Ministério, Dr. Oscar Saraiva e composta por 4 Procuradores do Trabalho: Arnaldo Sussekind, Rego Monteiro, Segadas Vianna e Dorval Lacerda. O projeto final foi preparado apenas pelos procuradores, uma vez que o consultor jurídico havia sido deslocado para imprimir maior rapidez ao projeto de idêntico objetivo levado a cabo em relação às leis da Previdência Social. Getúlio Vargas escolheu o dia 1º de maio de 1943, celebração da data mundial do trabalho, para editar a CLT, através do Decreto-Lei 5.452, que, no tocante à Justiça do Trabalho, aproveitou basicamente a legislação de 1939.

A ausência, nos alvores da Justiça do Trabalho, de qualquer processo seletivo de caráter técnico para a escolha dos magistrados do trabalho comprometia sobremaneira a qualidade das sentenças e acórdãos prolatados, em comparação com as decisões da Justiça Comum, ao ponto de ter havido sugestão de edição de normas regulamentadoras da forma de **redação das decisões trabalhistas**, pois sequer traziam os nomes dos juízes que haviam participado dos julgamentos nos colegiados e as posições sustentadas (se vencidos ou vencedores).

4. A Constituição de 1946

Com o final da 2ª Guerra Mundial em 1945 e a consequente derrocada dos regimes totalitários de direita e fortalecimento das democracias ocidentais, houve a queda da ditadura de Getúlio Vargas e a convocação da Assembleia Constituinte de 1946, que representou, para a Justiça do Trabalho, sua oficial e definitiva **incorporação ao Poder Judiciário**, uma vez que expressamente incluída entre os órgãos deste (art. 94, V).

Antes mesmo da promulgação da nova Constituição, que se deu a 18 de setembro de 1946, dois diplomas legais eram editados antecipando as alterações que seriam introduzidas pela Constituição vindoura:

a) Decreto-Lei 8.737, de 19 de janeiro de 1946, editado pelo então presidente interino José Linhares (que, como Presidente do Supremo Tribunal Federal, substituíra Vargas, deposto pelos militares), que excluía do CNT as questões previdenciárias, permitindo a criação do Conselho Superior da Previdência Social, vinculado ao Ministério, mas separado do CNT, o que tornava este um órgão eminentemente judicante; e

b) Decreto-Lei 9.797, de 9 de setembro de 1946, editado pelo Presidente eleito Eurico Gaspar Dutra, que já dava à Justiça do Trabalho sua estrutura judicial, tal como seria consagrada na Constituição de 1946, o que o tornava inconstitucional em face da Carta de 1937.

Para essa transformação, empenhou-se de especial maneira o então presidente do CNT, Ministro Geraldo Montedônio Bezerra de Menezes, que deixou registro de suas conversas com o Presidente Dutra e com o Senador Atílio Viváqua na defesa da juridicização da Justiça do Trabalho, obtendo o deslocamento dos dispositivos relativos à Justiça do Trabalho, do capítulo relativo à "Ordem Social e Econômica" para o relativo ao "Poder Judiciário" da nova Carta Magna.

Assim, a estrutura da Justiça do Trabalho contemplada na Constituição de 1946 sofria as seguintes transformações:

a) Conversão do Conselho Nacional do Trabalho em Tribunal Superior do Trabalho, com redução de seus membros de 18 para 11 juízes, em face do desmembramento da Câmara de Previdência Social, convertida que foi no Conselho Superior de Previdência Social (CSPS);

b) Conversão dos Conselhos Regionais do Trabalho em Tribunais Regionais do Trabalho, com autonomia administrativa e poder de elaboração de seus próprios regimentos internos (que antes eram elaborados pelo CNT);

c) Formação de uma carreira dentro da judicatura togada da Justiça Trabalhista, com o estabelecimento do concurso público como forma de provimento dos cargos iniciais e promoção pelos critérios de antiguidade e merecimento;

d) Outorga das garantias próprias da magistratura, consistentes na vitaliciedade, inamovibilidade e irredutibilidade de vencimento para os juízes togados; e

e) Elevação para 3 anos do mandato dos juízes classistas.

O Decreto-Lei 9.797/46, a par de instituir a carreira da magistratura trabalhista, provida inicialmente por concurso, previu a existência, fora do âmbito da 1ª e 2ª Regiões, da figura do suplente de Presidente de Junta (redação dada ao § 1º do art. 654 da CLT), que não necessitaria de fazer concurso público, mas que, em contrapartida, não teria acesso à promoção na carreira. Seriam nomeados diretamente pelo Presidente da República, dentre advogados militantes no foro trabalhista, para substituírem os presidentes de Juntas em seus afastamentos e impedimentos.

Ora, se o suplente fosse reconduzido, passava a integrar o quadro da Magistratura Trabalhista em caráter permanente, mesmo sem concurso público. No entanto, se não reconduzidos, voltavam à advocacia, o que constituía uma **forma anômala de exercício de judicatura**, pois o suplente, muitas vezes, mantinha sua banca advocatícia, o que é incompatível com o exercício da função de juiz. Tal figura só veio a ser extinta com a Lei 7.221/84, que estabeleceu a disjuntiva para os juízes suplentes permanentes: fazer concurso para ingresso na carreira ou, caso contrário, permanecerem nessa função sem acesso aos graus hierárquicos superiores, extinguindo-se tais cargos à medida em que fossem vagando.

Mesmo com a inserção expressa dos juízes e tribunais do trabalho no capítulo relativo ao Poder Judiciário, houve quem sustentasse, com base no § 5º do art. 122 da Constituição de 46, que os magistrados trabalhistas não gozavam das mesmas garantias dos magistrados da Justiça Comum. Isto porque o referido dispositivo constitucional remetia à regulação através de lei, da constituição, investidura, jurisdição, competência, garantias e condições do exercício dos órgãos da Justiça Especializada. Foi necessário que os Ministros togados do TST recorressem ao STF para dirimir a questão, tendo a Suprema Corte reconhecido os direitos e garantias outorgados aos magistrados brasileiros aos juízes togados da Justiça do Trabalho.

Em relação aos **juízes classistas**, problema que se colocava então era o da sua recondução. O fato de serem representantes classistas não os despia da condição de juízes, cuja característica básica deve ser a imparcialidade. Se a função do classista é a de trazer a sua experiência prática para os órgãos judicantes da Justiça do Trabalho, não pode ser, concomitantemente, a de favorecer, nas demandas que lhe são submetidas à apreciação, as categorias profissional ou econômica que representam. Assim, o fato de serem eleitos pelas referidas categorias representava perigo de, visando à recondução, pautarem seus julgamentos não tanto pela consciência do justo quanto pelos interesses da categoria da qual provinham. Propôs-se, à época, restrições legais à sua recondução, o que acabou não vingando.

Desde os seus começos, a Justiça do Trabalho viu-se assoberbada pela quantidade enorme de demandas que lhe eram trazidas para solução. A **sobrecarga de trabalho** tanto nas Juntas como nos TRTs e especialmente no TST levavam a que o modelo idealizado, de uma Justiça célere e simples, com a concentração da instrução e julgamento numa única audiência e a redução das vias recursais se tornasse um ideal nunca atingido.

A situação mais difícil era a enfrentada pelo TST, que, funcionando apenas em plenário de 11 ministros, tornava extremamente lenta a apreciação dos recursos que lhe eram oferecidos, a par de afunilar a solução dos processos nas sessões de julgamento do colegiado. Já no ano de 1952 chegou a ter 4.000 processos aguardando pauta para julgamento, com mais de 700 processos só de um dos ministros esperando ser relatados, o que ocasionava o inconformismo das partes e de seus advogados contra a morosidade do sistema.

Diante de tal quadro, o Deputado Lúcio Bittencourt apresentou, em 1953, o Projeto de Emenda Constitucional n. 10, propondo a extinção do TST, uma vez que estava se mostrando incapaz de atender às finalidades pelas quais existia. Argumentava-se que a função uniformizadora da interpretação da legislação federal já era mister do Supremo Tribunal Federal, não se justificando uma etapa intermediária, com idêntica finalidade, que só contribuía para a delonga na solução final das questões trabalhistas. A proposta, no entanto, não vingou, diante da atuação do TST também em dissídios coletivos, como instância originária ou recursal, e pelo fato de que a extinção do Tribunal só contribuiria para fazer desaguar diretamente no Supremo Tribunal Federal toda essa avalanche de recursos em processos trabalhistas.

A Lei 2.244/54 veio dar solução em parte ao problema, ao permitir a divisão em Turmas do Tribunal Superior do Trabalho, para fazer frente ao crescimento do número de processos que chegavam à última instância trabalhista. Com a Emenda Constitucional 16/65, que alterou o § 1º do art. 122 da Constituição de 1946, estabeleceu-se a irrecorribilidade das decisões do TST, salvo as que contrariassem a Constituição da República, o que representava o reconhecimento do TST como intérprete máximo do ordenamento jurídico-laboral infraconstitucional, evitando-

-se, dessarte, a duplicidade de funções entre TST e STF na conformação exegética da ordem legal trabalhista.

Já em 1943, diante da inexistência de previsão expressa de recurso extraordinário da Justiça do Trabalho para o STF, a Suprema Corte reconhecia a necessidade de se admitir o recurso, pois do contrário poderia haver afronta a dispositivo constitucional sem que o Supremo Tribunal Federal pudesse exercer o controle de constitucionalidade das decisões judiciais trabalhistas. Com isso, criou-se a duplicidade terminológica em relação aos recursos para o TST e para o STF, de vez que o apelo dos TRTs para o TST era o **recurso extraordinário**.

O problema veio a ser resolvido com a instituição do **recurso de revista** como apelo próprio dos TRTs para o TST, através da Lei 861, de 13 de outubro de 1949, fazendo ressurgir a nomenclatura de velha tradição colonial e imperial da "revista" prevista nas Ordenações Afonsinas como apelo que se interpunha ao Príncipe, em relação às sentenças de maior alçada do Reino, como também na Constituição Imperial, que previa o recurso de revista das decisões de segunda instância para o Supremo Tribunal de Justiça (arts. 163-164). Seus pressupostos específicos e limitados de admissibilidade seriam fixados pelo Decreto-Lei 229/67, deixando clara a natureza extraordinária do mesmo.

Se, por um lado, as medidas legais adotadas permitiram um certo desafogo no órgão de cúpula da Justiça Laboral, por outro, o problema crucial do excesso de demandas trabalhistas continuava a se verificar nos órgãos de base da instituição. A tentativa de solução, pela elaboração de pautas incluindo até 20 audiências de conciliação e julgamento no mesmo dia, na ilusão de dar vazão às reclamatórias que iam sendo ajuizadas, mostrou-se contraproducente, uma vez que, a partir de então, passou a audiência a ser **fragmentada**, fugindo do modelo idealizado pela CLT, de composição do conflito em audiência única.

Assim, ao invés de incluir em pauta número de processos que poderiam, efetivamente, ser apreciados integralmente na mesma audiência, optou-se pela acumulação de processos num mesmo dia, limitando-se a audiência inaugural ao **recebimento da defesa e imediato adiamento da fase instrutória**, uma vez rejeitada a proposta conciliatória. Isso só obrigava o trabalhador a ter de voltar várias vezes a juízo, não proporcionando a pretendida celeridade processual.

5. A Constituição de 1967

Com a Revolução de 1964, seguida da Constituição de 1967 e da Emenda Constitucional 1/69, previa-se expressamente na Carta Constitucional o número de juízes do TST, que passava a contar com 17 membros, denominados agora de **ministros**. Previa-se na nova Carta Política a necessidade de aprovação do Senado Federal para a nomeação dos ministros do TST. Previa-se, outrossim, a integração de membros do Ministério Público e da Advocacia nos quadros da Magistratura Laboral, através do que se denominou ser o quinto constitucional.

Em 1º de maio de 1971, cumprindo preceito constitucional que determinava ser sede do Tribunal Superior do Trabalho a capital da República, era instalada em Brasília a mais alta Corte Trabalhista do país, em cerimônia que contou com a presença do Ministro da Justiça Alfredo Buzaid, do Presidente do Supremo Tribunal Federal, Ministro Aliomar Baleeiro, e do Bispo de Brasília, D. José Newton, que fez a entronização, no Plenário da Corte, da imagem do Cristo Crucificado, oferecida pelo então Presidente do TRT baiano, Carlos Coqueijo Costa, em nome de todos os Tribunais Regionais do Trabalho.

Com a edição da Lei Orgânica da Magistratura Nacional (Lei Complementar 35/79), fruto mediato do Pacote de Abril de 1977, quando o Presidente Ernesto Geisel fechou o Congresso Nacional e editou a Emenda Constitucional 7/77, criaram-se sérios empecilhos ao pleno funcionamento dos **Tribunais Regionais**: as convocações de juízes para substituírem os membros dos Tribunais não se poderiam fazer senão para composição do *quorum* dos tribunais, impedidos, no entanto, de funcionarem como relatores e revisores de processos. Com isso, o entulhamento de processos continuaria nos TRTs, mormente pelo fato de a Lei Orgânica só não prever para os Tribunais Regionais do Trabalho as férias coletivas. Assim, com os afastamentos de seus membros para férias individuais ou licenças, os processos deveriam ser redistribuídos entre os próprios integrantes do Tribunal, complicando ainda mais seu funcionamento.

Na tentativa de ultrapassar os sérios inconvenientes que a LOMAN trazia para os TRTs, para efeito do gozo de férias de seus membros, os TRTs de São Paulo e Rio de Janeiro, seguindo na esteira da interpretação dada pelo depois Ministro Antonio Lamarca aos dispositivos da lei complementar atinentes às férias, substituições e funcionamento das Turmas, passaram a convocar, durante as férias de seus titulares, juízes do trabalho de primeira instância, com possibilidade de atuarem como relatores e revisores. O TST acabou editando a Resolução 46/80, em sentido contrário à interpretação dada aos arts. 66, § 1º, e 67, § 1º, da LOMAN pelos 1º e 2º TRTs, sendo considerados nulos os julgamentos proferidos pelas Turmas Regionais com a composição integrada de juízes de primeira instância. Assim se explica que até a promulgação da EC 45/04 tenham sido os **TRTs** os únicos tribunais no país a **funcionarem normalmente nos meses de janeiro e julho**, dada a ausência de férias coletivas de seus membros nesse período.

Em 1983, com o aumento assustador de recursos, tanto para os TRTs como para o TST, recomendando a limitação de recursos no âmbito do TST e o aumento de magistrados nos TRTs, levou à edição da Lei 7.119/83, ampliando as Turmas dos TRTs carioca, paulista, mineiro, gaúcho e pernambucano. A partir de então, sucessivas leis vêm ampliando, periodicamente, a composição dos TRTs, para fazer frente ao aumento de recursos que vêm assolando a Justiça do Trabalho desde o seu nascedouro.

6. A Constituição de 1988

Com o fim do Regime Militar instalado em 1964 e início da **Nova República**, uma das plataformas do Presidente eleito Tancredo Neves (que faleceu antes de assumir o cargo) era a da convocação de uma nova Assembleia Nacional Constituinte. Para facilitar seus trabalhos, foi elaborado um anteprojeto pela Comissão Affonso Arinos, que, em relação à Justiça do Trabalho, previa a extinção dos classistas nos TRTs e TST, figurando apenas nas Juntas de Conciliação e Julgamento. O projeto, no entanto, foi rejeitado em bloco pela Constituinte, que decidiu começar do zero seus trabalhos, o que deu à Constituição de 1988 seu caráter de colcha de retalhos, pela falta de uma sistematização global de seus vários capítulos e divisões, albergando, assim, contradições tópicas entre suas centenas de dispositivos.

Na Subcomissão temática referente ao Poder Judiciário e Ministério Público, o anteprojeto aprovado em maio de 1987, cujo relator foi o Deputado Plínio de Arruda Sampaio, mantinha a representação classista, cujo *lobby* foi dos mais fortes de toda a Constituinte, como também o número de 17 ministros para o TST. Debate que se travou, com forte pressão sindical nesse sentido, foi o da extinção do TST como instância uniformizadora dos TRTs. Pretendia-se esvaziar sua competência, para que não houvesse revisão das decisões dos TRTs, ao argumento de que havia se tornado uma Instância "procrastinatória" nos dissídios individuais e "conservadora" nos dissídios coletivos. Tal tendência extintiva, no entanto, acabou por não prevalecer, deixando a Carta Política de tratar especificamente da competência hierárquica das Cortes e juízes trabalhistas.

O impasse criado em plenário, com a formação do chamado "Centrão" (bloco de partidos de direita), enfrentando-se com os partidos de esquerda, mormente em questões relativas à **estabilidade no emprego** e **reforma agrária**, conjugada à incompatibilidade de dispositivos tópicos, numa Constituição em que se enfrentavam as tendências parlamentaristas e presidencialistas, ocasionou o oferecimento, por parte do sistematizador e relator em Plenário, Deputado Bernardo Cabral, de um **substitutivo** do Projeto geral, em setembro de 1987, que aumentava para 23 o número de ministros do TST, afastava os acidentes do trabalho da competência da Justiça do Trabalho, mas incluía os **litígios da administração pública direta** em matéria trabalhista, além de retirar a remissão à lei como instituidora das hipóteses de exercício do poder normativo da Justiça do Trabalho. Após um ano de debates em torno desse projeto, com destaques, emendas e subemendas, era promulgada, em 5 de outubro de 1988 a **Constituição Cidadã**, no dizer do presidente da Constituinte, Deputado Ulysses Guimarães. O democratismo próprio de uma Nação que acabava de sair de um regime ditatorial militar ensejou a Constituição prolixa que ora temos, trazendo, no âmbito trabalhista, verdadeira constitucionalização da legislação ordinária.

A Nova Carta Política previa a existência de pelo menos um TRT por Estado (art. 112), o que resultou na criação e instalação dos TRTs do Espírito Santo (17ª Região), Maranhão (18ª Região), Alagoas (19ª Região), Sergipe (20ª Região), Rio Grande do Norte (21ª Região), Piauí (22ª Região), Mato Grosso (23ª Região) e Mato Grosso do Sul (24ª Região) entre os anos de 1989 e 1992, pelo empenho do então Presidente do Tribunal Superior do Trabalho, Ministro Luiz José Guimarães Falcão.

A experiência de se ter um TRT por Estado, no entanto, não se mostrou salutar, uma vez que vários dos Estados pequenos não possuem um número de demandas trabalhistas que justifique a manutenção de um aparelho estatal tão dispendioso como é um Tribunal. Nesse sentido, deixou-se de implementar integralmente o dispositivo constitucional em tela, com a não aprovação, pelo Órgão Especial do TST, da criação do TRT do Acre, postulada por seu governador. Também os Estados recém-criados do Amapá, Roraima e Tocantins estariam a reclamar seus TRTs.

Fato que levou o TST a cogitar, inclusive, sobre a possibilidade de reduzir o número de TRTs, ao ensejo da reforma do Poder Judiciário que ora tramita no Congresso foi o dos escândalos de corrupção e nepotismo verificados no TRT da Paraíba, que levaram ao afastamento de todos os juízes do Tribunal, por disposição do Corregedor-Geral da Justiça do Trabalho, Min. Almir Pazzianotto Pinto, com respaldo do próprio STF, que reconheceu poderes ao TST para exercer supervisão administrativa sobre os regionais.

Nesse campo, a evolução que se viu foi da orientação inicial do TST no sentido de preservar a total autonomia em matéria administrativa (Súmula 302), passando para a admissão do controle de legalidade dos atos administrativos dos tribunais regionais (Súmula 321) até o recente reconhecimento da necessidade de uma supervisão administrativa do TST sobre os TRTs, que é exercida especialmente com a indispensável ajuda do Ministério Público, órgão que tem levado ao conhecimento do TST alguns desmandos ocorridos nos TRTs, possibilitando, através dos recursos em matéria administrativa, a preservação da legalidade e moralidade das Cortes trabalhistas.

Com a Lei 7.701/88, o Pleno do TST viu-se dividido em duas **seções especializadas**, uma para apreciação de dissídios coletivos (**SDC**) e outra para dissídios individuais (**SDI**). A mesma lei permitiu que os Tribunais Regionais de maior porte se subdividissem também, com a criação dos Grupos de Turmas para dissídios individuais e o Grupo Normativo, para os dissídios coletivos.

A Constituição de 1988 previa, no art. 3º do ADCT, a sua **revisão** após transcorridos 5 anos de sua vigência, com a realização prévia de um plebiscito para a definição da forma (república ou monarquia) e do sistema (presidencialismo ou parlamentarismo) de governo. Em 1993, instalou-se o **Congresso Revisor**, onde não se avançou quase nada na reformulação do modelo que, reconhecidamente, não estava mostrando sua eficácia. A ausência de acordo entre as tendências conflitantes no Congresso levou à aprovação de pouquíssimas emendas à Constituição. No que tange à Justiça do Trabalho, o parecer do Relator da Revisão Constitucional, o então Deputado Nelson Jobim, previa a supressão da representação classista, passando os Tribunais do Trabalho a serem compostos de 2/3 de juízes provenientes da magistratura trabalhista e 1/3 de membros do Ministério Público e advogados (arts. 111, parágrafo único, I e II; 115), e a primeira instância composta apenas pelos juízes do trabalho, sem a atuação em colegiados (art. 111, III). Tais alterações, no entanto, não chegaram a ser implementadas, uma vez que a parte relativa à reforma do Judiciário não chegou a ser apreciada dentro dos prazos em que o Congresso Revisional poderia funcionar.

Com a continuidade do sistema de representação classista, o que se verificava era a atuação efetiva, nos Tribunais Regionais e também no TST, dos assessores dos juízes classistas, que lhes preparavam os votos e dos quais os classistas acabavam sendo dependentes, segundo a antiga tradição lusitana de exigir o assessoramento de um bacharel aos juízes leigos (Lei de 13 de janeiro de 1539 e Decreto de 31 de agosto de 1723). Na realidade, a experiência de relações do trabalho dos juízes classistas não era suficiente para auxiliá-los nas lides processuais. Isto porque, para se adentrar na matéria propriamente de mérito das demandas laborais, ligadas ao direito material em disputa, é necessário verificar se a causa atende aos pressupostos processuais. E matéria processual exige profundo conhecimento técnico-jurídico, não exigido aos juízes classistas.

O crescimento excepcional de recursos que chegam ao TST levou o órgão a adotar duas medidas para fazer frente a esse aumento de demandas judiciais: a) divisão da SDI em 2 subseções, com a redução de ministros em cada uma delas, possibilitando a duplicação da eficiência nas sessões de julgamento: uma para apreciar os embargos em recurso de revista (SDI-II) e outra para as ações rescisórias, mandados de segurança e conexos (SDI-I); e b) convocação extraordinária de juízes de TRTs, promovida pelo Presidente do TST, Ministro Ermes Pedro Pedrassani, convocando, em caráter quase permanente, 10 juízes de TRTs, para julgarem os agravos de instrumento que existem no TST. A medida excepcional chegou a ser contestada judicialmente, por sua duvidosa constitucionalidade, em face do aumento inconstitucional do número de magistrados da Corte Superior Trabalhista, a par da duplicidade de jurisdição que estariam exercendo, pois alguns permaneciam participando das sessões administrativas de seus tribunais durante a convocação.

7. A Emenda Constitucional n. 24/99

A Justiça do Trabalho sempre se caracterizou pela **simplificação e celeridade processual**, responsável pela maior procura do trabalhador pelos seus direitos, sendo, dos ramos do Judiciário Brasileiro, aquele que representa **mais da metade de toda a demanda judicial**.

No entanto, nos últimos anos, a evolução do Processo Civil não foi acompanhada pelo Processo do Trabalho, fazendo com que aquele passasse à frente deste, com inovações que modernizaram a Justiça Comum, equipando-a com procedimentos próprios da Justiça do Trabalho. Essa paralisação evolutiva temporária do Processo Laboral, fazendo com que o Processo Comum o alcançasse e com ele se assemelhasse, foi uma das responsáveis pela proposta do Dep. Aloysio Nunes Ferreira, na Reforma do Judiciário, da extinção da Justiça do Trabalho, com sua assimilação pela Justiça Federal.

Sustentou o então relator da Reforma, no início de 1999, que a extinção da representação classista e do poder normativo da Justiça do Trabalho retirariam desta as notas distintivas próprias que justificassem sua existência como ramo especializado e autônomo do Poder Judiciário. No entanto, o que se verificou, no debate parlamentar que ocasionou a extinção dos juízes classistas, foi a articulação de um poderosíssimo *lobbye* dos representantes classistas, que não descartou esgrimir a extinção da Justiça do Trabalho se seus próprios interesses corporativos fossem contrariados: *après moi, le deluge!*

No entanto, prevaleceu a razão frente à pressão, tendo sido aprovada a Emenda Constitucional n. 24/99, que **extinguiu a representação classista**, sem que isso representasse a extinção da Justiça do Trabalho, uma vez que foi mantida na proposta de Reforma do Judiciário, já então sob a relatoria da Dep. Zulaiê Cobra.

A grande mudança ocorrida com a Justiça do Trabalho nos últimos dias de 1999 foi a extinção da representação classista.

A necessidade de se terminar com a representação paritária das categorias na Justiça do Trabalho, através de juízes leigos, já era um consenso social, só não logrando êxito antes em face da pressão extraordinária exercida pelos juízes classistas sobre parlamentares, impedindo e retardando a votação da matéria pelo Congresso Nacional.

A instituição da representação classista, que prestou seus serviços nos primórdios da Justiça do Trabalho, mostrou-se, ao longo do tempo, incapaz de plasmar na realidade cotidiana das lides trabalhistas o ideal pelo qual foi instituída, permitindo que nela se alojassem distorções que terminaram por desfigurá-la e mostrar suas deficiências e limitações:

a) o fato de o juiz classista ser leigo, sem ter necessidade de formação acadêmica jurídica, faz com que, principalmente nos Tribunais, não tenha os conhecimentos jurídicos necessários para enfrentar as questões processuais, antecedentes às questões de direito material do trabalho, às quais estariam mais afeitos, ficando à mercê de suas assessorias, que lhes preparam os votos, dos quais, salvo honrosas exceções, são apenas locutores em sessão;

b) a propalada contribuição da experiência profissional de seu ramo produtivo, que o classista traria para auxiliar na conciliação e solução dos conflitos trabalhistas, na verdade acaba sendo mínima, uma vez que, em relação aos demais setores produtivos, sua experiência não difere da que o juiz togado possa ter adquirido ao longo de sua carreira (ex.: Qual o conhecimento prático e específico que um comerciário poderá trazer para a solução de questões próprias de portuários, marítimos, aeronautas, bancários, petroleiros, rurícolas ou metalúrgicos?);

c) a deficiência jurídica dos classistas, aliada à carência de aportação prática específica, colocavam em xeque a manutenção de instituição que representava um elevado custo para a Justiça do Trabalho, consumindo mais de R$ 200.000.000,00 por ano, o que não se justificava, num contexto global de enxugamento da máquina estatal;

d) o atrativo dos cargos de juízes classistas, especialmente na primeira instância, pela elevada remuneração em face da reduzida carga de trabalho e desnecessidade de preparação técnica específica, levou a **proliferação de sindicatos fantasmas**, criados exclusivamente com o fito de permitir a nomeação de representante classista dessas agremiações, o que veio a distorcer a realidade sindical brasileira.

Por essas distorções e deficiências congênitas, a representação classista foi reconhecida como indesejável pela Magistratura togada e pela sociedade, cujos representantes no Senado Federal, sob a presidência do Senador Antônio Carlos Magalhães, decretaram o seu fim. O Presidente do Senado já havia manifestado sua posição firme pela extinção dos classistas, ao negar-se a constituir comissão especial para apreciar 4 indicações de Ministros classistas para o TST, feitas pela Presidência da República no final de 1998, para serem sabatinadas pelo Senado.

Uma prévia da batalha titânica que seria travada no Congresso Nacional pela extinção dos classistas foi a relativa à fixação dos subsídios da magistratura, após a aprovação da Reforma Administrativa com a EC 19/98. A proposta governamental, substitutiva das propostas encaminhadas pelo STJ, TST e STM, era no sentido de reduzir de 10% para 5% a diferença entre os subsídios dos ministros do STF e o dos demais tribunais superiores, o que provocaria uma elevação global de salários da magistratura, desde que o aumento não se estendesse à gratificação percebida pelos juízes classistas de primeira instância. Devido à unificação das 3 propostas, os membros da Justiça Federal e da Justiça Militar quase deixaram de se beneficiar do aumento, tão forte foi o *lobbye* dos classistas para que o projeto não fosse aprovado. Mas acabou se transformando em lei, o que demonstrou que tal *lobbye*, sempre vencedor nas tentativas anteriores de extinção (Constituinte de 1988 e Revisão de 1994), poderia, um dia, ser vencido.

A batalha final na Câmara dos Deputados para se conseguir o objetivo da extinção dos classistas foi de extrema dificuldade. O referido *lobbye* buscou reinserir a discussão no bojo da Reforma do Judiciário, o que teria exigido a volta da matéria para ser reexaminada pelo Senado Federal. No entanto, conseguiu-se, graças ao empenho pessoal do Ministro do Trabalho Francisco Dornelles e ao apoio das bancadas de oposição (que nessa matéria comungavam do mesmo ponto de vista do governo a respeito do anacronismo da representação classista), que fosse constituída Comissão Especial para examinar a PEC 33/99, cujo relator foi o Dep. Paulo Magalhães.

Desde o início de 1999, o Presidente Fernando Henrique Cardoso, para enfraquecer esse *lobbye*, decidiu não nomear mais nenhum juiz classista para os TRTs, nem indicar nenhum novo nome para o TST. Anteriormente, já havia sido editada e aprovada pelo Congresso Nacional a medida provisória que acabava com o direito dos classistas se aposentarem com 5 anos de exercício de judicatura, com proventos integrais, o que gerava uma cobiçada procura pelos cargos.

No entanto, em relação aos juízes classistas das Juntas de Conciliação e Julgamento, a sua nomeação cabia aos Presidentes dos TRTs, tendo-se notícia de desmandos em determinados Regionais, que, nessa fase final de tramitação da PEC 33/99, promoveram inumeráveis nomeações, com o fito de garantir a colocação de amigos e conhecidos pelos próximos 3 anos.

Para coibir essas nomeações de última hora, que somente iriam onerar os cofres públicos, o Ministro Ursulino Santos Filho, Corregedor-Geral da Justiça do Trabalho, editou Provimento, posteriormente referendado pelo Plenário da Corte, vedando qualquer nomeação ou posse de classistas de primeira instância a partir da aprovação da PEC 33/99 em 1º turno na Câmara dos Deputados.

Assim, votada em 1º turno no Plenário da Câmara dos Deputados em 17 de novembro, foi a PEC 33/99 aprovada em 2º turno no dia 1º de dezembro, sendo promulgada como Emenda Constitucional 24/99 no dia 9 de dezembro. No dia 10 de dezembro era publicada a emenda e realizada a primeira sessão do Tribunal Pleno do TST, onde se aprovou a Resolução 665/99, disciplinando a atuação dos classistas remanescentes, até sua completa extinção, pelo término dos mandatos em curso.

O problema que a EC 24/99 trouxe, pelo seu laconismo na regra de transição, foi o de se saber como funcionariam os órgãos da Justiça do Trabalho na medida em que os mandatos dos representantes classistas fossem se encerrando.

O art. 2º da EC 24/99, ao estabelecer que seriam garantidos, aos atuais ministros e juízes classistas, o término de seus mandatos, sem qualquer outra especificação de forma ou modo, impôs a necessidade da interpretação integrativa do texto, para se verificar como proceder à transição do sistema da representação classista, para uma Justiça do Trabalho com feição inteiramente técnica. Isto porque os mandatos, não sendo coincidentes em suas datas de conclusão, gerariam, fatalmente, quebra da paridade pela conclusão de mandato de representante de empregador, sem a correspondente conclusão do mandato do correspondente representante do trabalhador. As soluções que se propuseram para o problema, nos debates *interna corporis* do TST, foram as mais variadas:

a) Colocar em imediata disponibilidade remunerada todos os representantes classistas com mandato a concluir;

b) Garantir jurisdição ampla aos classistas onde fosse possível manter a paridade de representação, adotando a jurisdição restrita, limitada a matéria administrativa nos Tribunais e a atividade conciliatória nas Juntas, quando quebrada a paridade pelo término do mandato do correspondente representante da categoria oposta;

c) Garantir jurisdição integral aos classistas, onde fosse possível manter a paridade de representação, e colocar em disponibilidade os classistas, onde essa paridade estivesse quebrada.

Como a EC 24/99 não adotou regra de transição semelhante à do parecer do então Dep. Nelson Jobim, referente à Revisão Constitucional de 1994, que previa a prorrogação de mandato de representante de uma categoria, até o término do mandato do representante da categoria oposta, de forma a preservar a paridade de representação, verificou-se, já no momento da promulgação da emenda, a disparidade em muitas Juntas, Tribunais Regionais e no próprio TST, que só possuía 2 ministros classistas, representantes dos empregados.

Se, por um lado, o art. 1º da EC 24/99, ao modificar os dispositivos da Constituição de 1988, extinguindo a representação classista e criando as **varas do trabalho** como órgãos de primeira instância, acabou com o conceito de **paridade** nos órgãos judiciários trabalhistas, por outro, não há como esquecer que a preservação dos mandatos dos atuais juízes classistas não os transformou, por isso, em togados, remanescendo sua **origem classista**, cuja atuação é, naturalmente, **parcial**.

Assim, a solução adotada pelo TST na supracitada resolução administrativa teve em conta a inviabilidade da preservação da função judicante do classista no órgão em que não pudesse haver a paridade de representação. Nesses casos, para evitar o desequilíbrio que haveria nos órgãos judicantes trabalhistas, com a permanência de um juiz já tendencialmente favorável a uma das partes, optou-se por considerar em disponibilidade remunerada os juízes classistas dos órgãos em que, pelo término dos mandatos de parte dos representantes classistas, não fosse possível restabelecer, através de remanejamento, a paridade de representação das categorias profissional e econômica.

Discutiu-se, na ocasião, se a disponibilidade seria com proventos integrais ou proporcionais, tendo em vista que a EC 19/98 admite apenas a disponibilidade com remuneração proporcional ao tempo de serviço. Ocorre, no entanto, que o § 3º do art. 41 da Constituição Federal, quando fala em disponibilidade, admite-a apenas para as hipóteses de extinção do cargo ou declaração de sua desnecessidade. Ora, a hipótese concreta da EC 24/99 não era de extinção imediata dos cargos, nem de declaração de desnecessidade dos mesmos, o que afastava o enquadramento da hipótese no referido parágrafo. A situação concreta é a da impossibilidade da atuação do classista em regime não paritário, por quebra da imparcialidade que deve nortear a atuação do Poder Judiciário em todos os seus órgãos. Assim, a disponibilidade com proventos integrais, que lhes foi assegurada pela Resolução 665/99 do TST, decorreu do direito assegurado de forma simples e categórica aos juízes classistas, de término de seus mandatos, ainda que sem poder exercê-los, por circunstâncias aleatórias, decorrentes da disparidade cronológica na conclusão do mandato dos vários representantes classistas ainda em atividade.

Outra questão que se levantou, em face da reunião do Colégio de Presidentes dos TRTs, em Belém, dias antes da promulgação da EC 24/99, foi a relativa à possibilidade de preenchimento das vagas dos classistas por juízes togados nos tribunais, reivindicação incisiva dos Presidentes dos TRTs. Ora, a proposta inicial da emenda dos classistas previa, efetivamente, a extinção pura e simples dos classistas nas Juntas e a substituição dos mesmos por juízes togados nos tribunais. No entanto, tal proposta acabou sendo alterada quando aprovada pelo Senado Federal, estabelecendo a pura e simples extinção dos cargos de juízes classistas, sem substituição por togados, como contributo para a redução de despesas estatais.

Nesse sentido, num primeiro momento, através da Resolução 665/98, entendeu o TST que a EC 24/98, ao extinguir os cargos de juízes classistas, não permitiria preencher com juízes togados cargos que já não existiriam, quando terminados os mandatos de seus atuais ocupantes. No entanto, diante do elevado número de processos que restavam para serem julgados nos TRTs e a ausência de menção expressa da EC 24/98 sobre a extinção dos cargos, uma vez terminados os mandatos dos juízes classistas, o TST editou a Resolução Administrativa 752, em 7 de dezembro de 2000, admitindo a nomeação de togados em vagas de classistas cujos mandatos fossem terminando, o que começou a ocorrer a partir do final de 2000.

8. A Emenda Constitucional n. 45/04

Aprovada na Câmara dos Deputados a PEC da **Reforma do Judiciário**, foi a mesma submetida ao Senado Federal, onde teve como relator, inicialmente, o Sen. Bernardo Cabral e, na fase final de aprovação, o Sen. José Jorge. Por proposta do então Presidente do TST, Min. Wagner Pimenta, a Suprema Corte Trabalhista voltaria a contar com 27 ministros, recompondo-se seu quadro, que havia ficado defasado com a extinção de 10 vagas de ministros classistas. À época, nos manifestamos contrários ao aumento, na medida em que não é a majoração do número de magistrados da Corte que resolverá o problema do incremento de processos que chegam ao Tribunal, mas racionalizando e simplificando o sistema recursal trabalhista. Nessa esteira, editada, em 2001, a Medida Provisória 2.226, que instituía o critério de transcendência para a pré-análise do recurso de revista, a redução natural de recursos tornaria desnecessário o aumento de julgadores.

A promulgação da Emenda Constitucional 45, em 8 de dezembro de 2004, deu o perfil atual do Judiciário brasileiro em geral e da Justiça do Trabalho em particular, trazendo como efeitos práticos, sob o prisma da estrutura organizacional, a desnecessidade de um TRT por Estado (como previsto na redação original do art. 112 da CF/88), uma vez que se autorizava a criação de Câmaras Regionais dos TRTs atuais (CF, art. 115, § 2º). Dificilmente serão transformados em câmaras regionais dos TRTs de onde foram desmembrados os TRTs de pequeno porte. Mas, ao menos não serão criadas novas estruturas administrativas volumosas para os poucos Estados que hoje não contam com seu Regional próprio, mas cuja demanda judicial não justifica um Tribunal independente.

Ampliado o número de ministros do TST de 17 para 27, o preenchimento das novas vagas se fez de modo progressivo, ficando a Corte com sua composição plena apenas em 2008.

9. A Emenda Constitucional 92/16

A Emenda Constitucional 92, de 12 de julho de 2016, a par de colocar expressamente o **Tribunal Superior do Trabalho** no rol dos órgãos do Poder Judiciário (art. 92, II-A), destacando sua identidade funcional com o Superior Tribunal de Justiça, de uniformizador de jurisprudência em torno da legislação federal, também explicitou que os requisitos do **notável saber jurídico e reputação ilibada**, exigidos aos indicados como ministros do STF (art. 101) e do STJ (art. 104, parágrafo único), também se aplicam aos ministros do TST (art. 111-A, *caput*), igualmente prevendo para o TST o instituto processual da **reclamação**, que já existia para o STF (art. 102, I, *l*) e STJ (art. 105, I, *f*), com a finalidade de *"preservação de sua competência e garantia da autoridade de suas decisões"* (art. 111-A, § 3º).

A referida emenda teve por escopo colocar o TST no mesmo esquadro do STF e STJ não apenas quanto à sua relevância, mas especialmente em relação aos instrumentos jurídicos de que dispõe para cumprir a sua missão constitucional. Se de um lado os efeitos práticos das mudanças referentes aos arts. 92, II-A, e 111-A dizem respeito à ordem de precedência que passam a ter os ministros do TST frente aos do TSE (que não sejam oriundos do Supremo ou do STJ) e do STM, e o maior cuidado na seleção e aprovação dos nomes que integrarão a Corte Suprema Trabalhista, de outro, a mais significativa adição ao texto constitucional, com a EC 92/16, foi dotar o TST da reclamação constitucional, que não lhe era reconhecida até então, em que pese a simetria de atuação que possui em relação ao STJ.

Com efeito, lastreado nessa simetria, o TST, em seu Regimento Interno de 2008, previu especificamente o instituto da reclamação, nos mesmos moldes do STF e STJ, de acesso direto à Corte, de demandas contra decisões judiciais que atentassem contra sua competência ou a autoridade de suas decisões (RITST 2008, arts. 196-200). No entanto, o Supremo, ao apreciar o RE 405.031-5/AL (Rel. Min. **Marco Aurélio**, *DJU* de 17/04/09), assentou que *"a criação de instrumento processual mediante regimento interno discrepa da Constituição Federal"*, provendo o recurso extraordinário que atacava decisão do TST acolhedora de reclamação, o que levou o TST a revogar o capítulo que tratava da reclamação em seu regimento interno, pelo Ato Regimental 2, de 2011.

Assim, em boa hora, veio a EC 92/16 corrigir a deficiência de nossa Carta Magna no que concerne aos instrumentos processuais de que dispõem o STF e o STJ, reconhecendo-os ao TST, para fazer respeitar sua competência e o império de suas decisões no que diz respeito à interpretação da Constituição Federal e das leis da República.

Com o reconhecimento constitucional do instituto para o TST, o novel Regimento Interno da Corte (2017) voltou a prever a reclamação, em seus arts. 210-217, dos quais merecem especial destaque dois deles, que deixam clara a natureza da reclamação:

a) Art. 210 – por dizer *para que serve* a reclamação, buscando não apenas preservar a competência do TST, mas especialmente garantir o respeito a suas decisões, sobretudo aquelas tomadas nos incidentes de recursos repetitivos, que, pela Lei 13.015/14, passaram a ser processados na SDI-1 e com decisões de caráter vinculante para toda a magistratura trabalhista;

b) Art. 212 – por dizer *para que não serve* a reclamação, assentando seu descabimento contra decisões do próprio TST, ou seja, serve apenas para o controle do TST quanto às decisões das instâncias inferiores da Justiça do Trabalho, não para o controle judicial das decisões dos órgãos fracionários do próprio TST.

Ademais, tanto a Carta Política quanto o Regimento Interno do TST deixam claro que a reclamação visa à garantia da autoridade das **decisões** da Corte, não aos enunciados de sua jurisprudência sumulada. Como se sabe, as **súmulas** dos tribunais espelham a jurisprudência sedimentada em **precedentes**, esses, sim, decisões judiciais concretas. Fossem aceitas reclamações com base em contrariedade a súmulas ou orientações jurisprudenciais do TST, o Pleno da Corte, que seria o órgão competente para apreciá-las, nos termos do art. 211, já que as aprova em resoluções administrativas, estaria abarrotado de processos. Definitivamente, a reclamação não é sucedâneo do recurso de revista por contrariedade a súmulas, até porque essa circunstância, quando demonstrada, é daquelas em que a revista tem sua transcendência política reconhecida, por desrespeito, por parte de TRT, do princípio federativo (CLT, art. 896-A, § 1º, II), já que a última palavra quanto ao ordenamento jurídico trabalhista cabe ao TST. Não bastasse tanto, o descabimento da reclamação contra decisões transitadas em julgado deixa claro que a reclamação serve para garantir o respeito das decisões do TST **no curso do processo** em que são exaradas. Não tem, portanto, a reclamação feitio recursal ou rescisório.

10. A Emenda Constitucional 122/22

A maior longevidade do ser humano a que se chegou no século XXI, cuja expectativa de vida no Brasil, para o ano de 2022, medida pelo IBGE, subiu para 77 anos, levou naturalmente à discussão da elevação do teto de permanência dos servidores públicos e magistrados em atividade. A aposentadoria compulsória aos 70 anos de idade, quando se verificava que a maioria dos jubilados estava em pleno vigor intelectual, fez com que fosse aprovada a Emenda Constitucional 88/2015, elevando para **75 anos** a idade limite de **permanência no serviço público** (art. 40, § 1º, II) e na **magistratura** (arts. 100 do ADCT e 2º, II, da LC n. 152/2015).

A Proposta de Emenda Constitucional que deu origem a essa alteração constitucional foi apelidada de "**PEC da Bengala**" pela parcela majoritária da magistratura, que aguardava a jubilação dos ocupantes dos cargos de ministros do STF e dos Tribunais Superiores para ascensão na carreira e arejamento dessas Cortes com os ideários de magistrados mais jovens. Prevaleceu a visão sistêmica de que, sendo a **vitaliciedade**, ainda que relativa (pois sujeita a limite de idade), uma das garantias da magistratura (CF, art. 95, I), a elevação da expectativa de vida da população induzia a que se desse ao termo "vitalício" um sentido mais aproximado da realidade, coincidindo com a vitalidade produtiva do servidor e do magistrado.

Em decorrência dessa alteração constitucional, surgiu outra pressão congressual, agora oriunda daqueles que nutriam esperança na ascensão às Cortes Superiores e à Suprema Magistratura: que fosse também elevada a idade máxima para ingresso nesses Sodalícios, uma vez que, no regime então vigente, de jubilação compulsória aos 70 anos, a idade máxima para ser nomeado para o STF e Tribunais Superiores era de 65 anos. O argumento é que o tempo mínimo de permanência nessas Cortes deveria continuar o mesmo, ou seja, de 5 anos. Daí a aprovação da **Emenda Constitucional 122/2022**, que elevou para **70 anos** a idade máxima para ingresso no **Tribunal Superior do Trabalho**, alterando nesse sentido o art. 111-A da CF, com seus similares para o STF (art. 101), STJ (104, parágrafo único), TRFs (art. 107), TRTs (art. 115) e STM (art. 123, parágrafo único). O ingresso originário em tribunais em idade tão longeva faz vislumbrar, pela pressão difusa dos ocupantes de assentos em colegiados judiciários, futuras PECs visando a ampliação ainda maior da idade-limite de permanência em atividade, naquilo que já se trata, jocosamente, como "PEC do Andador".

C – A ESTRUTURA ORGANIZATIVA DA JUSTIÇA DO TRABALHO

1. A estrutura básica da Justiça do Trabalho

O art. 111 da Constituição Federal estabelece a estrutura organizacional da Justiça do Trabalho, hierarquizada em três instâncias: a 1ª julgadora, a 2ª revisora e a 3ª uniformizadora. Assim, da decisão prolatada pelo juiz singular cabe recurso ao colegiado regional, que reexaminará a causa por inteiro (fatos e direito), podendo a parte vencida recorrer ao TST para obter aplicação unívoca do direito trabalhista, caso o TRT tenha divergido de outro Regional ou do próprio TST.

A Emenda Constitucional 24, de 9 de dezembro de 1999, transformou substancialmente a Justiça do Trabalho, ao promover a extinção da representação classista. Antes dela, o inciso III do art. 111 previa como órgão de piso da Justiça do Trabalho as Juntas de Conciliação e Julgamento. Tratava-se de colegiados compostos por um juiz do trabalho togado e vitalício, como seu presidente, e 2 juízes classistas temporários, representando um a categoria profissional e outro a categoria econômica.

2. A carreira da Magistratura Trabalhista

A partir do ano 2000, passaram os órgãos de 1ª instância da Justiça do Trabalho a serem denominados Varas do Trabalho (CF, art. 112), integradas por um Juiz do Trabalho Titular e ao menos um Juiz do Trabalho Substituto. A própria carreira passou a ter ao menos 3 graus: o inicial, de Juiz do Trabalho Substituto; o intermediário, de Juiz do Trabalho; e o final, de Juiz de TRT.

Sobre a carreira da Magistratura Trabalhista, duas questões surgem: a de se saber se o cargo de Ministro do TST integra, ou não, a carreira; e qual a denominação dos juízes dos TRTs – se devem ser chamados de desembargadores.

Quanto a integrarem, ou não, a carreira da magistratura trabalhista os Ministros do TST, já tivemos oportunidade de sustentar sua integração (parecer no processo de aposentadoria do Min. Manoel Mendes de Freitas, na Casa Civil da Presidência da República), na medida em que, 21 dos 27 ministros que compõem a Corte devem provir dos TRTs (CF, art. 111-A, II) e o fato de 6 ministros serem oriundos da advocacia ou do Ministério Público (CF, art. 111-A, I) não infirma a tese, na medida em que o quinto constitucional também existe para preenchimento de cargos nos TRTs (CF, art. 115, I). O fato de não haver promoção por "antiguidade" para o TST, como previsto para os TRTs (CF, art. 115, II) também não compromete a tese, na medida em que a nomeação tanto de juízes do TRT como ministros do TST, fora da hipótese de promoção por Antiguidade, tem caráter político, uma vez que feita pelo Presidente da República (CF, arts. 111-A e 115), com base em listas tríplices elaboradas pelos respectivos tribunais (LOMAN, art. 86). Portanto, a "promoção por merecimento" no âmbito dos TRTs não deixa de se revestir da mesma discricionariedade existente para a escolha de ministros do TST oriundos da carreira. Ademais, a própria LOMAN (LC 35/79) prevê como cargos integrantes da magistratura do trabalho os de ministro do TST, juízes dos TRTs, das antigas JCJs e substitutos (art. 91, I a IV).

Quanto à designação dos juízes do trabalho que integram os TRTs, a PEC da Reforma do Judiciário aprovada pelo Senado Federal, mas cuja parte modificada nessa Casa teve que voltar para a Câmara dos Deputados, prevê, em seu art. 115, a designação dos juízes dos TRTs como "desembargadores federais do trabalho", em correlação com os juízes de segunda instância dos Estados, que gozam de tal título, já integrado como diferenciador na cultura jurídica e popular brasileira. Vários Regionais já adotaram essa designação, antecipando-se à mudança, mas, a rigor, sob o prisma constitucional, continuam tais magistrados sendo tratados como juízes do trabalho.

No que concerne ao preenchimento de vagas do **quinto constitucional**, também duas questões se colocam: saber da conveniência da forma de provimento, com inclusão de advogados e procuradores nos tribunais; e como proceder ao provimento quando não há interessados suficientes que preencham os requisitos dos arts. 111-A, I, e 115, I, da CF.

Em que pese eventual falta de total isenção sobre a matéria, de vez que oriundo do Ministério Público, a experiência que tenho a respeito da participação de advogados e procuradores nas decisões dos Tribunais Trabalhistas mostrou-me a importância dessa integração. Cada um dos 3 segmentos que trabalham para a consecução da prestação jurisdicional (Magistratura, Advocacia e Ministério Público) possui uma visão própria dos problemas jurídicos a serem resolvidos: a absoluta neutralidade do magistrado; o drama das partes que clamam por justiça, vivenciado pelo advogado; e o interesse público, especialmente nas demandas de massa, defendido pelo procurador. Ora, essa vivência prática tem enriquecido os Tribunais quando, além de passadas difusamente por advogados e procuradores que atuam perante as Cortes, são trazidas ao debate *interna corporis* dos Tribunais, fazendo com que não se fechem na sua absoluta neutralidade, muitas vezes distante do mundo real, mas reflitam na importância de efetivamente compor os conflitos individuais e coletivos, respeitando e valorizando as prerrogativas e instrumentos de que dispõem advogados e procuradores no exercício de seus misteres. Ademais, no caso do Ministério Público, o ingresso na carreira também se faz mediante concurso público, de igual dificuldade que o da magistratura.

Em relação justamente ao Ministério Público do Trabalho, surgiram vários casos de listas sêxtuplas (exigidas pelo art. 94 da CF) integradas por procuradores que ainda não tinham 10 anos de carreira, como exigido pelos arts. 111-A, I, e 115, I, da CF. Esperar o implemento da condição, com convocação de juízes de carreira para preencher temporariamente a vaga, desvirtuaria a ideia da participação advocatícia-ministerial nas Cortes. Assim, acabaram sendo nomeados para vários TRTs procuradores que não implementavam a referida condição. O STF, chamado a dirimir a questão, acabou legitimando as nomeações, uma vez que não se poderia nomear quem não quisesse compor a lista ou, mesmo tendo 10 anos de carreira, figurasse na lista apenas para torná-la sêxtupla (STF-ADIn-EI-1289-DF, Rel. Min. Gilmar Mendes, *DJ* de 27-2-04).

3. A competência do Tribunal Superior do Trabalho

Diferentemente do que se fez com o STJ, que, por ter sido criado como tribunal que receberia parte da competência originariamente atribuída ao STF, necessitava de explicitação do que lhe caberia de atividade judicante (CF, art. 105), o TST não teve sua competência esmiuçada pela Constituição, remetendo-se à lei a fixação de sua competência (CF, art. 111-A, § 1º), no caso, a CLT.

O fato de a Carta Magna não fixar de imediato a competência do TST não impede que, pela interpretação sistemática da Constituição Federal se possa chegar a extrair o perfil constitucional da Suprema Corte Trabalhista.

O Sistema Judiciário Brasileiro contempla, atualmente, quatro instâncias decisórias, duas de caráter ordinário (que representam a concretização do direito do cidadão ao duplo grau de jurisdição) e duas de caráter extraordinário (que representam a necessidade da uniformização e garantia de respeito da Constituição e do direito federal em todo o território nacional).

As **instâncias ordinárias** correspondem ao direito do cidadão de ver sua causa apreciada por um juiz singular (juiz de direito, juiz federal ou juiz do trabalho) e reexaminada por um colegiado (Tribunal de Justiça, Tribunal Regional Federal ou Tribunal Regional do Trabalho), tanto nos seus aspectos de direito quanto nos seus aspectos fáticos.

Já as **instâncias extraordinárias** dizem respeito ao direito do Estado Federado ter suas normas aplicadas e interpretadas de modo uniforme em todo o território nacional, quer se trate de lei federal (cujos guardiães são o Superior Tribunal de Justiça e o Tribunal Superior do Trabalho), quer se trate da própria Constituição Federal (que tem o Supremo Tribunal Federal como guardião máximo).

A criação das Cortes Superiores derivou de um processo paulatino, levado a cabo pelas Constituições Federais de 1934 (quanto ao TSE), 1946 (quanto ao TST) e 1988 (quanto ao STJ), de transferência de parte da competência recursal do STF para essas Cortes, de modo a que o STF pudesse ser substancialmente (ainda que não o seja nos moldes atuais) uma Corte Constitucional.

Assim, pode-se dizer que o Supremo Tribunal Federal e os Tribunais Superiores (excluído o Superior Tribunal Militar, que, na verdade, é uma Corte de 2ª instância) têm uma comum natureza de instância extraordinária. Daí o parentesco entre o recurso extraordinário para o STF (CF, art. 102, III), o recurso especial para o STJ (CF, art. 105, III) e o recurso de revista para o TST (CLT, art. 896), possuindo os três, em comum:

a) vedação de reexame de matéria fático-probatória (só se discute matéria de direito);

b) necessidade de demonstração do requisito do prequestionamento (manifestação explícita da Corte inferior sobre a matéria que se pretende ver reexaminada); e

c) preenchimento de pressupostos especiais de admissibilidade (ofensa direta à Constituição ou à lei federal, ou divergência jurisprudencial).

Em face dessa natureza comum, a sistemática de apreciação e julgamento dos recursos de natureza extraordinária dirigidos a essas Cortes não pode ser fundamentalmente distinto. Daí que os problemas que atualmente enfrentam essas Cortes, em relação ao número de processos que lhes chegam diariamente para serem apreciados devam ter tratamento e solução semelhante.

Pode-se dizer que, atualmente, com a avalanche de processos que chegam ao STF, STJ e TST, em face da facilidade que têm as partes de recorrer e pela necessidade de um pronunciamento obrigatório sobre todas elas, o extraordinário se transformou em ordinário: vulgarizou-se a via de acesso às Cortes Superiores.

Daí que a EC 45/04 tenha instituído para o recurso extraordinário um critério de seleção dos recursos que efetivamente serão apreciados, denominado repercussão geral da questão constitucional (CF, art. 102, § 3º), atualmente regulamentado pela Lei 11.418/06. Nesse mesmo diapasão, antes mesmo da EC 45/04, foi editada a Medida Provisória 2.226/01, adotando semelhante critério de seleção para o recurso de revista, denominado critério de transcendência, ligado à transcendência política, econômica, jurídica e social que a causa poderia oferecer, justificando sua apreciação pelo TST (CLT, art. 896-A). A MP remeteu a regulamentação do critério ao TST, que não respondeu ao seu mister. Foi necessária a **reforma trabalhista** levada a cabo pela Lei 13.467/17 para se dar concretude e densificar o **critério de transcendência** para o recurso de revista, de modo a que pudesse ser aplicado aos recursos novos, interpostos sob sua égide.

Com efeito, há que se reconhecer que a crise por que passa o Judiciário representa o que Thomas Kuhn descrevia em sua obra clássica *A Estrutura das Revoluções Científicas* (1963). Os "paradigmas", como modelos de soluções aceitáveis para os problemas colocados pela Ciência, não são imutáveis, devendo ser substituídos quando insuficientes para explicar ou resolver uma realidade cambiante e mais complexa.

Admitir um critério de seleção baseado na discricionariedade do julgador nas instâncias superiores significa desmistificar o paradigma da plena capacidade de controle, pela Corte Suprema e Tribunais Superiores, das lesões perpetradas ao ordenamento jurídico na sociedade.

Com efeito, em relação aos fatos, admite-se, sem qualquer contestação ao modelo atual, que sua discussão fica jungida ao duplo grau de jurisdição. Ora, ninguém nega que pode haver erro de julgamento na 2ª instância, por má apreciação da prova, e nem por isso se pretende que a causa possa ser rediscutida uma 3ª vez. Nem a ação rescisória comporta reexame da prova. Ou seja, o sistema não está infenso à injustiça na aplicação da lei ao caso concreto, por erro na captação dos fatos.

Do mesmo modo, o erro de julgamento pode se dar sob o prisma não da compreensão do caso concreto em sua dimensão fática, mas na interpretação da norma jurídica, alargando-a ou restringindo-a contrariamente ao seu texto expresso.

O que se espera de um sistema judicial racional, no que diz respeito à missão cometida aos seus órgãos de cúpula, encarregados da uniformização da jurisprudência e do respeito geral às normas de caráter nacional, é que dêem a interpretação final das normas jurídicas que compõem o ordenamento constitucional e legal do país. Missão impossível a ser acometida pela Suprema Corte e Tribunais Superiores é a da garantia de corrigir todos os erros e divergências na interpretação do direito ocorridas no território nacional por parte das instâncias inferiores.

Assim, nem quanto aos fatos, nem quanto ao direito, é possível garantir para todos a correta adequação entre fato e norma, gerando uma decisão que atinja o ideal de justiça. O que sim, se garante, através do acesso às Cortes Superiores, é a sinalização unívoca do que deve ser a interpretação da norma jurídica de caráter nacional.

Do contrário, transforma-se a Corte Superior em mero cartório de verificação sobre a adequação de cada decisão judicial gerada pelo sistema ao direito federal ou à interpretação que lhe dá a Corte Superior ou Suprema. E tal atividade inviabiliza o cumprimento da missão que efetivamente deve desempenhar.

A mudança de paradigma começou com a edição da **Lei 13.015/14**, que introduziu na sistemática recursal trabalhista o **incidente de recurso repetitivo** (CLT, arts. 896-B e 896-C), já vigente em relação ao recurso especial no STJ, de modo a focar a atuação do TST no julgamento de **temas** e não de casos.

A mesma Lei 13.015/14 havia imposto aos TRTs a obrigatoriedade de uniformização de jurisprudência de suas Turmas (CLT, art. 896, §§ 3º a 6º), com determinação de retorno dos autos aos Regionais quando verificado no TST que o recurso de revista vinha calcado em divergência jurisprudencial de Turmas de TRTs, sem a fixação de um entendimento único dentro de cada Regional. A Lei 13.467/17 veio a suprimir tal obrigatoriedade, que só retirava celeridade ao sistema, terceirizava atividade-fim do TST, que é a uniformização da jurisprudência, e acabava criando um processo "bumerangue", de idas e vindas dos recursos entre TST e TRTs.

A Lei 13.467/17 teve o mérito de **conjugar** as duas sistemáticas do **incidente de recursos repetitivos** (CLT, arts. 896-B e 896-C) com o **critério de transcendência** (CLT, art. 896-A), de tal forma que o **descarte** dos recursos intranscendentes se faz nas **Turmas**, selecionando as matérias que merecem maior atenção, e a **pacificação da jurisprudência**, com fixação de teses jurídicas de observância vinculante por toda a magistratura trabalhista, se faz na **Subseção I Especializada em Dissídios Individuais**, pelo IRR, com eventual remessa da questão ao Pleno, quando em discussão a revisão ou edição de súmulas.

Por um lado, no **incidente de recursos repetitivos**, há a possibilidade de se realizarem **audiências públicas** para melhor conhecimento de todas as circunstâncias fáticas e jurídicas que envolvem cada macro questão trabalhista, enquanto a **seleção** de matérias relevantes, realizada pelas Turmas, de forma **irrecorrível**, desafoga o Tribunal de recursos em que apenas se busca uma nova revisão da causa, como se a Corte fosse uma 3ª instância ordinária de administração de justiça.

Assim, conclui-se que a *"transcendência"*, que apenas significa, etimologicamente, o que *"está acima"*, constitui-se em atributo passível de utilização como requisito processual, para descrever as causas que "transcendem" o interesse meramente individual, para repercutir na sociedade como um todo, exigindo um posicionamento claro dos órgãos de cúpula do Poder Judiciário.

Mas como o novo sempre traz consigo o receio do desconhecido, é natural que houvesse resistência à alteração do paradigma. No entanto, sua plena implementação trará não só o desafogamento do TST, mas a celeridade almejada por toda a Justiça do Trabalho, pois de nada adianta a rapidez de julgamentos nas instâncias inferiores, se a demora no TST compromete a solução final das demandas.

Assim, a partir da Lei 13.467/17, que, em matéria processual, e especificamente quanto ao TST, regulamentou o critério de transcendência para o recurso de revista, a natureza de instância extraordinária do TST ficou superlativamente grifada.

Em primeiro lugar, está claro que o critério de transcendência constitui um juízo de delibação do recurso de revista, de caráter discricionário, que não afasta a aplicação integral dos pressupostos de admissibilidade elencados no art. 896 da CLT para os recursos reputados transcendentes.

A transcendência do recurso de revista apenas poderá ser apreciada pelo juízo de admissibilidade *ad quem* do TST, e não pela Presidência dos TRTs, pois a norma é clara ao atribuir exclusivamente ao TST a discricionariedade na seleção das causas que julgará em recurso de revista.

Em termos de disciplinamento do procedimento de análise da transcendência do recurso de revista, a regulamentação do art. 896-A da CLT pela Lei 13.467/17 assim se expressou:

Art. 896-A. O Tribunal Superior do Trabalho, no recurso de revista, examinará previamente se a causa oferece transcendência com relação aos reflexos gerais de natureza econômica, política, social ou jurídica.

§ 1º São indicadores de transcendência, entre outros:

I – econômica, o elevado valor da causa;

II – política, o desrespeito da instância recorrida à jurisprudência sumulada do Tribunal Superior do Trabalho ou do Supremo Tribunal Federal;

III – social, a postulação, por reclamante-recorrente, de direito social constitucionalmente assegurado;

IV – jurídica, a existência de questão nova em torno da interpretação da legislação trabalhista.

§ 2º Poderá o relator, monocraticamente, denegar seguimento ao recurso de revista que não demonstrar transcendência, cabendo agravo desta decisão para o colegiado.

§ 3º Em relação ao recurso que o relator considerou não ter transcendência, o recorrente poderá realizar sustentação oral sobre a questão da transcendência, durante cinco minutos em sessão.

§ 4º Mantido o voto do relator quanto à não transcendência do recurso, será lavrado acórdão com fundamentação sucinta, que constituirá decisão irrecorrível no âmbito do tribunal.

§ 5º É irrecorrível a decisão monocrática do relator que, em agravo de instrumento em recurso de revista, considerar ausente a transcendência da matéria.

§ 6º O juízo de admissibilidade do recurso de revista exercido pela Presidência dos Tribunais Regionais do Trabalho limita-se à análise dos pressupostos intrínsecos e extrínsecos do apelo, não abrangendo o critério da transcendência das questões nele veiculadas.

Tal regulamentação foi por nós proposta ao relator da reforma trabalhista na Câmara dos Deputados, Dep. Rogério Marinho, conforme consta dos 1º e 2º Cadernos de Pesquisas Trabalhistas (IDP e Lex-Magister & IDP e Paixão Editores, 2017), nos artigos "Reflexões com Vistas à Modernização da Legislação Trabalhista por Ocasião dos 75 Anos da Justiça do Trabalho no Brasil" (pgs. 9-88) e "A Reforma Trabalhista no Brasil" (pgs. 12-32), e por ele acolhida, transformando-se em lei a partir de 13 de julho de 2017, com entrada em vigor 120 dias depois.

A par de prepararmos a MP 2.226/01 e defendermos sua constitucionalidade no artigo "O Critério de Transcendência no Recurso de Revista na Justiça do Trabalho – Constitucionalidade da MP 2.226/01" (*in As Vertentes do Direito Constitucional Contemporâneo*, Coordenação de Ives Gandra da Silva Martins, América Jurídica, Rio, 2002, pgs. 379-417), reconhecida pelo STF na ADIn 2.527-9 (Rel. Min. **Ellen Gracie Northfleet**), comentamos ultimamente o *modus operandi* do instituto no artigo "O Critério de Transcendência do Recurso de Revista" (*Revista LTr*, janeiro de 2018, n. 82, pgs. 7-18).

Enfim, como os arts. 111-A, § 1º, e 113 da CF remeteram à **lei** a disposição sobre a competência do TST, bem como hoje temos como a constituição, investidura, jurisdição, competência, garantias e condições de exercício dos órgãos da Justiça do Trabalho, temos que os dois principais diplomas legais regulamentando os referidos dispositivos constitucionais são a **CLT** (especialmente alterada, em relação aos recursos de revista e embargos, pelas Leis 11.496/07, 13.015/14 e 13.467/17) e a **Lei 7.701/88** (que estabelece as competências internas do TST, criando suas Subseções).

D – A ESCOLA NACIONAL DE FORMAÇÃO E APERFEIÇOAMENTO DOS MAGISTRADOS DO TRABALHO

A **Reforma do Judiciário**, veiculada pela Emenda Constitucional 45, de 2004, buscou, através dos variados mecanismos por ela introduzidos, **modernizar o Poder Judiciário**, tornando a Justiça:

a) territorialmente mais acessível;

b) juridicamente mais segura;

c) temporalmente mais célere;

d) economicamente mais barata;

e) tecnicamente mais qualificada.

Justamente esta última meta – a da qualidade da prestação jurisdicional – tem seu instrumento maior na previsão das duas Escolas Nacionais de Magistratura a funcionarem uma junto ao STJ e outra junto ao TST (CF, arts. 105, parágrafo único, I, e 111-A, § 2º, I).

As Escolas Judiciais para formação de magistrados já existiam no âmbito dos Estados, tanto aquelas ligadas aos Tribunais de Justiça, Tribunais Regionais Federais e Tribunais Regionais do Trabalho, quanto as ligadas às Associações de Magistrados. A ideia de uma Escola Nacional de Magistratura oficial, que não a dependente da Associação dos Magistrados Brasileiros (AMB), surgiu durante as discussões sobre a Reforma do Judiciário.

O natural seria que estivesse, como o Conselho Nacional de Justiça (CNJ), ligada ao Supremo Tribunal Federal. No entanto, os integrantes da Suprema Corte, à época, não se entusiasmaram com ter mais esse encargo, passando a Escola para a esfera do STJ. No entanto, em face da especialização da Justiça do Trabalho, viu-se como conveniente a criação de escola própria para a magistratura trabalhista, sonho acalentado e defendido pelo Min. Francisco Fausto Paula de Medeiros, então Presidente do TST, durante os debates da PEC da Reforma do Judiciário.

A redação que se deu ao inciso I do § 2º do art. 111-A da CF foi a mais ampliativa possível, sem limitar a gama de atividades que poderia desenvolver a Escola Nacional, mas, ao mesmo tempo, deixando claro entre suas atribuições, inclui-se necessariamente *regulamentar os cursos oficiais para o ingresso e promoção na carreira*. Ou seja, a Escola Nacional funciona como órgão central de regulamentação da atividade formativa das Escolas Regionais, à semelhança do que faz o Conselho Federal da Educação em relação a escolas e universidades, estabelecendo parâmetros mínimos para seu funcionamento e aprovação. Mas não se limita a órgão coordenador e regulamentador. É, também, órgão agente de formação de magistrados. Nesse sentido interpretou o comando constitucional o TST ao criar a Escola Nacional Trabalhista.

Com efeito, no dia 1º de junho de 2006 foi instituída pelo Tribunal Superior do Trabalho, por meio da Resolução Administrativa 1.140/2006 do Tribunal Pleno, a Escola Nacional de Formação e Aperfeiçoamento de Magistrados do Trabalho (ENAMAT).

A Resolução previu as vigas mestras da Escola, remetendo ao seu Estatuto (aprovado pela Resolução Administrativa 1.158, de 14 de setembro de 2006) o detalhamento e implementação do funcionamento, administração, cursos e treinamentos ofertados pela Escola.

A Resolução decorreu dos trabalhos realizados por três Comissões de Ministros do TST, a saber:

1ª Comissão, criada pela Resolução 1.045, de 07/04/05, composta pelos Ministros João Oreste Dalazen (presidente), Gelson de Azevedo e Ives Gandra Martins Filho;

2ª Comissão, criada pela Resolução 1.080, de 04/08/05, composta pelos Ministros Gelson de Azevedo (presidente), Carlos Alberto Reis de Paula e Ives Gandra Martins Filho;

3ª Comissão, criada pela Resolução 1.125, de 06/04/06, composta pelos Ministros Ríder Nogueira de Brito, Carlos Alberto Reis de Paula, Antônio José de Barros Levenhagen, Ives Gandra Martins Filho e Luiz Phillippe Vieira de Mello Filho.

Como fruto do estudo da 1ª Comissão, foi apresentado um quadro de alternativas para os Ministros da Corte, que, em reunião de 17/05/05, formularam suas opções fundamentais quanto aos seguintes aspectos:

a) reconhecer à ENAMAT o caráter de órgão autônomo do TST (e não o de fundação), seguindo na esteira de escolas nacionais similares, que são o Instituto Rio Branco e a Escola Superior do Ministério Público da União;

b) caráter nacional do concurso público para ingresso na magistratura trabalhista, com periodicidade semestral;

c) nomeação imediata dos aprovados no concurso como juízes do trabalho substitutos, os quais, nessa qualidade, ingressarão no curso de formação inicial (diferentemente do modelo do Itamarati, de curso para formação de diplomatas);

d) existência de um curso de formação inicial centralizado em Brasília (ainda que se admita a continuação dessa formação nas Escolas Regionais);

e) duração máxima do curso de formação inicial de um semestre letivo, com 5 meses úteis;

f) os cursos ministrados pelas Escolas Regionais deveriam ser reconhecidos pela ENAMAT;

g) os cursos atualmente ministrados no TST pelo CEFAST para assessores deveriam ser integrados à ENAMAT;

h) a implantação da ENAMAT se faria mediante resolução do próprio TST (independentemente de projeto de lei).

Coube à 2ª Comissão elaborar a 1ª minuta de Resolução de criação da Escola, seguindo as opções fundamentais aprovadas na reunião de Ministros, após o comparecimento dos Ministros Gelson de Azevedo ao "Curso de Formação de Formadores" realizado em Belo Horizonte (MG) em 16-17/08/05 (já antes havia participado do mesmo curso na Escola Nacional da Magistratura Francesa, realizado em Paris e Bordeaux em setembro de 2004) e dos Ministros Carlos Alberto Reis de Paula e Ives Gandra Martins Filho ao "Encontro Nacional de Diretores de Escolas de Magistratura" realizado em Mangaratiba (RJ) de 18-21/08/05, onde essas diretrizes básicas foram muito bem recebidas pelos diretores das Escolas Regionais de Magistratura Trabalhista e elogiadas pelos diretores de outras escolas, sendo a minuta de resolução remetida aos Ministros em 11/10/05 e discutida em reunião na Presidência da Corte em 29/03/06.

A 3ª Comissão, constituída para aperfeiçoar o trabalho inicial da comissão anterior, apresenta esta 2ª minuta de Resolução, aproveitando os subsídios trazidos pela participação dos Ministros Ives Gandra Martins Filho e Maria Cristina Irigoyen Peduzzi no "Curso de Formação de Formadores", ministrado em Brasília pelos professores da Escola da Magistratura Francesa, de 6-10/02/06 (onde se focou principalmente o modelo ideal para uma Escola Nacional de Magistratura Trabalhista, contando com as sugestões de diretores de 15 Escolas Regionais de Magistratura Trabalhista) e as sugestões formuladas pelo Ministro João Oreste Dalazen.

A proposta finalmente aprovada pelo Pleno do TST em 01/06/06, optou por uma via intermediária entre as distintas correntes que visualizam os fins e os meios a serem buscados pela futura ENAMAT, adotando as seguintes diretrizes básicas:

a) uma resolução ofertando apenas a estrutura básica da Escola, com os elementos essenciais para o seu funcionamento imediato, deixando para os Estatutos o detalhamento administrativo-pedagógico do órgão, uma vez que o mais importante era o ato de criação da Escola, para dar cumprimento ao mandamento constitucional (CF, art. 111-A, § 2º, I), tendo em vista que o Conselho Superior da Justiça do Trabalho, previsto pela mesma EC 45/04, já se encontra instalado e em funcionamento desde 15/06/05;

b) atribuir à Escola não só a formação dos novos magistrados, mas também a sua seleção, de vez que, dentre os dois novos organismos previstos pela EC 45/04 para funcionarem junto ao TST, aquele cujo perfil melhor se amolda à tarefa é justamente a Escola, já que o processo seletivo inicial se insere no contexto do processo formativo global do magistrado (com provas antes e depois do ingresso na magistratura), até porque o único dispositivo que trata de "ingresso" na magistratura é o relativo à Escola (a supervisão administrativa de que cogita o inciso II do art. 111-A, § 2º, da CF como atribuição do Conselho Superior da Justiça do Trabalho não tem a abrangência de quem ainda não é magistrado);

c) utilizar a expressão *implantar o concurso público de âmbito nacional* ao invés de *promover* ou *realizar*, como portadora da ideia de processo visando à unificação do concurso, já que a Escola, uma vez criada, não teria condições de promover, de imediato, o concurso de âmbito nacional, a par de existirem vários concursos em andamento (a Escola adotaria as medidas necessárias para implantar, a curto ou médio prazo, o referido concurso nacional);

d) instituir o curso de formação inicial de âmbito nacional a ser ministrado em Brasília (seguindo o modelo consagrado pelas Escolas Nacionais de Magistratura no mundo, como as francesa, espanhola e portuguesa), com os novos magistrados tomando posse nos Regionais para os quais manifestaram sua preferência (segundo a ordem de classificação no concurso) e sendo lotados inicialmente como alunos da Escola (para evitar as despesas com transporte e diárias, que inviabilizariam a adoção do curso de âmbito nacional), havendo módulo regional posterior, para contato e conhecimento das peculiaridades locais;

e) o rol das disciplinas a serem ministradas foi selecionado como o quadro didático mínimo, tendo em vista que as matérias nele elencadas foram apenas aquelas não ministradas nos cursos de graduação em Direito, constituindo o núcleo do que se entende por instrumental básico para o bom exercício da magistratura ("*El Saber de la Justicia*" de que fala a Profª Silvana Stanga, La Ley – 1996 – Buenos Aires), o que não descarta, de modo algum, a integração, em curso ampliado temporalmente, de disciplinas tradicionais (Direito Constitucional, Direito do Trabalho e Processo do Trabalho, Sociologia Jurídica etc.), com enfoques voltados especificamente para questões concretas enfrentadas pelo magistrado trabalhista;

f) a duração mínima do curso de formação inicial foi fixada em 4 semanas, tendo em vista a necessidade de uma estruturação paulatina da Escola, sob o prisma didático-pedagógico, recomendando a prudência que só se amplie o tempo do curso com a experiência das necessidades surgidas e deficiências percebidas (a par da carência atual de magistrados na maioria das Regiões, recomendando o encurtamento do tempo de formação, enquanto não reequilibrado o alarmante quadro de cargos não preenchidos, com déficit atual de 540 juízes);

g) a estruturação administrativa da Escola atendeu a sugestões dos Diretores das Escolas Regionais (com os quais se teve contato nos cursos e encontros dos quais participaram os integrantes da Comissão), de se criar um Conselho Consultivo que assessorasse a Direção da Escola, integrado também por juízes dos TRTs e de Varas, ressaltando a participação e integração das Escolas Regionais na ENAMAT, a par de trazer a experiência vivenciada pelos diretores das escolas já existentes;

h) a fórmula de transição encontrada até a efetiva implantação do concurso de âmbito nacional para ingresso na magistratura trabalhista foi a de se criarem turmas conjugadas de candidatos aprovados em concursos com término previsto para datas próximas (de 15 a 30 juízes), fazendo coincidir a posse, com entrada em exercício em Brasília, para participação do curso de formação inicial como alunos da Escola, pelo período de 4 semanas (criada a Escola, a sua Direção já organizaria o primeiro curso com os que tomarem posse em futuro próximo, segundo a tabela em anexo, referente aos concursos atualmente em andamento, com suas respectivas previsões de término e perspectivas de aprovados).

A aprovação se fez por maioria, vencido parcialmente o Min. João Batista Brito Pereira, que considerava inconstitucional o concurso público de âmbito nacional para ingresso na magistratura do trabalho e realizado pela ENAMAT. Os Ministros João Oreste Dalazen e Rosa Maria Weber Candiota da Rosa registraram apenas suas ressalvas quanto ao concurso ser realizado pela Escola, quanto à duração reduzida do curso de formação inicial e às disciplinas a serem ministradas no referido curso.

Assim, pode-se dizer que a criação e instalação da ENAMAT só foi possível pelo fato de a nova Escola ter sido moldada conjuntamente com as Escolas Regionais, desde os encontros preliminares capitaneados pelo Min. Gelson de Azevedo, passando pelas diversas comissões instituídas no âmbito do TST, até sua configuração matricial fundamental desenvolvida no "Curso de Formação de Formadores" realizado na Escola do 10º Regional, concebendo-se um sistema integrado de formação, a começar na Escola Nacional e prosseguir nas Escolas Regionais.

Mas quais seriam os fins e os meios de uma Escola Nacional de Magistratura? O ideal de juiz que se quer, na feliz síntese recolhida nos Estatutos da Enamat e proposta pela Dra. Doris Castro Neves, Conselheira da Escola, é o do magistrado:

a) tecnicamente correto;

b) eticamente justo;

c) temporalmente célere.

Para isso, o meio fundamental é a formação contínua, calcada numa postura existencial de humildade, caracterizada pela ambição de aprender sempre, de melhorar continuamente, de não se contentar com o que já se sabe ou já se faz, se tudo é para servir melhor e pacificar a sociedade. É preciso ser revolucionários, não se conformando com as deficiências da prestação jurisdicional tal como se entrega atualmente.

O ideal da Escola Nacional da Magistratura Trabalhista é, portanto, a formação continuada do magistrado, desde que ingressa na carreira e durante todo o tempo em que nela estiver, pois o ideal formativo não termina nunca: o magistrado, como administrador de justiça, necessita de uma reciclagem e aperfeiçoamento contínuo, dada a relevância da função estatal que exerce.

No entanto, a formação inicial se destaca como a de primordial importância, pois marcará o modelo de magistrado que se espera da Justiça do Trabalho. Daí a importância da definição do currículo mínimo desse programa, explicitado no art. 4º da Resolução, que tem o seguinte teor:

"Art. 4º O Curso de Formação Inicial de Magistrados terá o módulo nacional ministrado em Brasília, com duração mínima de 4 (quatro) semanas, abrangendo, entre outras, as seguintes disciplinas e respectivo conteúdo mínimo:

I – Deontologia Jurídica – estudo dos aspectos éticos que envolvem a atividade judicante, a postura do magistrado e os fundamentos jusfilosóficos da ordem jurídica;

II – Lógica Jurídica – estudo do procedimento lógico-jurídico para tomada de decisão, em suas várias vertentes (lógica formal, tópica, dialética, retórica e filosofia da linguagem);

III – Sistema Judiciário – aprofundamento na estrutura judiciária e processual trabalhista, visando a proporcionar ao magistrado uma visão de conjunto apta a inseri-lo no contexto maior do Judiciário Trabalhista;

IV – Linguagem Jurídica – curso de língua portuguesa voltado para a elaboração de atos judiciais e administrativos;

V – Administração Judiciária – estudo dos aspectos gerenciais da atividade judiciária (administração e economia);

VI – Técnica de Juízo Conciliatório – estudo dos procedimentos, posturas, condutas e mecanismos aptos a obterem a solução conciliada dos conflitos trabalhistas;

VII – Psicologia e Comunicação – estudo do relacionamento interpessoal, dos meios de comunicação social e do relacionamento do magistrado com a sociedade e a mídia".

A figura do magistrado em qualquer sociedade, sempre se revestiu de uma áurea quase divina, uma vez que a atividade de julgar, em última instância, é atributo da divindade, sendo os juízos humanos uma participação da Justiça Divina. Quando se diz que a Justiça dos homens é sempre falha, pela imperfeição natural do ser humano, isso não significa que não haja a busca da perfeição e da solução que, da melhor forma, cumpra o sentido da Justiça, que é o *suum cuique tribuere* (dar a cada um o seu direito). Mais ainda: na Sagrada Escritura, as palavras "santo" e "justo" são utilizadas como sinônimas, quando adjetivando a conduta de qualquer pessoa, sendo o seu conteúdo o mesmo: perfeito cumpridor dos deveres para com Deus e para com os homens ("Dai a César o que é de César e a Deus o que é de Deus" – Mt 22, 21).

Obviamente que não se exige do juiz essa perfeição própria do divino, bem retratada pelo jusfilósofo norte-americano Ronald Dworkin, ao conceber a figura do "Juiz Hércules", dotado de capacidade, sabedoria, paciência e sagacidade sobre-humanas (cf. *Levando os Direitos a Sério*, Martins Fontes, 2002, São Paulo, p. 165-203), mas não se pode deixar de reconhecer que o magistrado, pela função que exerce, deve ter o sentido ético mais apurado dentre todas as demais profissões ou ofícios a que o ser humano possa se dedicar, excetuando-se apenas a do sacerdócio.

Do mesmo modo, tendo em vista os bens alheios sobre os quais o magistrado exerce a sua função social – a vida, a liberdade e a propriedade –, necessita de uma competência profissional especialmente apurada, assemelhando-se, nesse aspecto, ao médico, cujo erro profissional coloca em jogo bens de tão elevada importância: a vida e a saúde da pessoa.

Além do mais, em se tratando de um magistrado do trabalho, que tem por missão a composição dos conflitos entre o capital e o trabalho, entre trabalhadores e empregadores, quanto à dimensão definidora da própria pessoa humana, conhecida socialmente pela profissão que exerce, é necessário que tenha desenvolvido um aguçado sentido social, calcado na conscientização de que a pedra angular de toda a Doutrina Social Cristã é a da *"primazia do trabalho sobre o capital"*, uma vez que todo trabalho tem o homem como fim: o trabalho é para o homem e não o homem para o trabalho (o homem não pode ser considerado simplesmente como um dos fatores da produção, como mão de obra que merece remuneração, tanto quanto o capital investido, os equipamentos alugados ou as terras arrendadas).

Com efeito, desde os primórdios da "Questão Social", a Igreja Católica esteve atenta aos problemas e vicissitudes pelos quais passavam os trabalhadores, tendo o Papa Leão XIII escrito a Encíclica *Rerum Novarum* (1891), que se constituiu num marco da Doutrina Social Cristã, verdadeira *Carta Magna do trabalhador*. Em sua esteira, foram editadas outras encíclicas sociais que atualizaram a mensagem original, enfrentando os novos problemas que surgiam com o avanço histórico da sociedade industrial: *Quadragesimo Anno* (1931) de Pio XI, *Mater et Magistra* (1961) de João XXIII, *Octogesima Adveniens* (1971) de Paulo VI, *Laborem Exercens* (1981) e *Centesimus Annus* (1991) de João Paulo II. Esses documentos do Magistério da Igreja, desde a *Rerum Novarum*, sempre serviram de norte para as sucessivas Constituições dos mais diversos países do mundo, nutrindo a parte social dessas Cartas Políticas no que diz respeito aos direitos básicos do trabalhador, em face da dignidade da pessoa humana.

A própria CLT teve sua origem nos debates travados no 1º Congresso Brasileiro de Direito Social, iniciado em 15 de maio de 1941, em São Paulo, justamente no dia em que se comemorava o cinquentenário da Encíclica *Rerum Novarum*, para celebrar a data. Presidido pelo Prof. Antonio Cesarino Júnior e tendo como um de seus nomes de destaque o Min. Arnaldo Sussekind, o Congresso contou com a presença de mais de 500 participantes e a colaboração de mais de 100 especialistas em suas 8 subcomissões, nas quais se debateram e aprovaram 115 teses. A própria *Revista LTr* foi fundada nessa época (mais precisamente em maio de 1936), com o intuito de promover o estudo do Direito do Trabalho à luz da Doutrina Social Cristã.

Vê-se, pois, que o perfil do magistrado trabalhista deve ser diferenciado, fundando-se num arraigado sentido ético, numa primorosa formação jurídico-humanística e especialmente vocacionado para composição dos conflitos sociais, sabendo-se que a missão do juiz é nem mais e nem menos do que fazer justiça, distribuindo os bens da terra com equidade.

Caberá, numa divisão de tarefas no já referido sistema integrado de formação:

a) às Escolas Regionais associativas preparar os candidatos à magistratura, organizando, como já o fazem, cursos preparatórios para ingresso na magistratura;

b) à Escola Nacional da Magistratura Trabalhista a organização do módulo nacional de formação inicial e a regulamentação dos cursos de formação inicial e aperfeiçoamento ministrados pelas Escolas Regionais oficiais;

c) às Escolas Regionais oficiais a organização dos módulos regionais de formação inicial e dos cursos de aperfeiçoamento de magistrados do trabalho, isoladamente ou conjuntamente com o TST ou com outros Regionais.

Essa a exegese que se tem dado ao art. 111-A, § 2º, I, da CF, de modo a lhe extrair todas as potencialidades.

Avanço substancial no campo da seleção de quadros para a magistratura brasileira foi **unificação do concurso público para juiz do trabalho**, realizado em âmbito nacional pela ENAMAT (Resolução Administrativa 1861/16), administrado, a partir de 2018, pelo Conselho Superior da Justiça do Trabalho (Resolução Administrativa 1973/18 do TST). As vantagens são notórias, à semelhança do que já ocorria com os concursos do Ministério Público do Trabalho, com bancas examinadoras de 5 juristas, provas realizadas simultaneamente em todo o território nacional e com a escolha prévia, pelos candidatos, dos TRTs para os quais têm preferência de ingressar, segundo sua classificação no concurso.

E – O CONSELHO SUPERIOR DA JUSTIÇA DO TRABALHO

Diante das várias denúncias, veiculadas pela imprensa, de desmandos nos Tribunais Regionais do Trabalho, e da pressão social em relação a um maior controle dessa situação, decidiu o TST, em consonância com o Colégio de Presidentes e Corregedores dos Tribunais Regionais do Trabalho (Coleprecor), instituir, como órgão consultivo e de apoio para o TST na supervisão financeira, orçamentária, operacional e patrimonial dos TRTs, o Conselho Superior da Justiça do Trabalho, antecipando-se à Reforma do Judiciário, que o contemplava expressamente (PEC 29/00, art. 26, alterando o art. 111, II, da Constituição Federal).

Assim, a Resolução Administrativa 724, de 24 de agosto de 2000, dispôs sobre o Conselho Superior, integrado por 6 ministros do TST e 3 presidentes de TRTs, cuja primeira composição foi: Min. Almir Pazzianotto Pinto (Presidente), Min. José Luiz Vasconcellos (Vice-Presidente), Min. Francisco Fausto Paula de Medeiros, Min. Vantuil Abdala, Min. Ronaldo José Lopes Leal, Min. Ríder Nogueira de Brito, Dr. Francisco Antônio de Oliveira (2º TRT), Dr. Darcy Carlos Mahle (4º TRT) e Dra. Maria da Conceição Manta Dantas Martinelli Braga (5º TRT).

A importância da instalação desse Conselho, como resposta aos reclamos da sociedade, pode ser aquilatada pela presença, na posse dos membros do Conselho, dos Presidentes do STF, Min. Carlos Mário da Silva Velloso; do STJ, Min. Paulo Roberto Saraiva da Costa Leite; e do TCU, Min. Iram de Almeida Saraiva, que se pronunciaram em sessão favoravelmente à sua criação e funcionamento.

Tendo em vista, igualmente, denúncias veiculadas na imprensa, relativas à conduta pouco ética de alguns magistrados trabalhistas, a partir dos casos do fórum trabalhista de S. Paulo e do afastamento de juízes do TRT da Paraíba, foi instituído no âmbito do Conselho Superior a Comissão de Ética da Magistratura Trabalhista, com o intuito de apreciar as questões ligadas à conduta dos magistrados trabalhistas, zelando pela lisura não apenas da atividade administrativa, mas especialmente na atividade judicante, ligada à imparcialidade do magistrado e à sua conduta moral.

Quedou a Comissão de Ética composta, originariamente (a partir de 4 de dezembro de 2000), pelos Ministros Antônio José de Barros Levenhagen (Presidente), Ives Gandra da Silva Martins Filho (Vice-Presidente) e João Batista Brito Pereira (Secretário-Executivo), além dos Drs. Vicente José Malheiros da Fonseca (8º TRT), Dárcio Guimarães de Andrade (3º TRT) e Adriana Nucci Paes Cruz (9º TRT).

Apesar dos bons frutos que o Conselho Superior e a Comissão de Ética colheram na supervisão dos órgãos que compõem a Justiça do Trabalho, sinalizando para a desnecessidade de qualquer controle externo do Poder Judiciário, a ANAMATRA decidiu opor-se à sua existência, ajuizando, através da AMB, ação direta de inconstitucionalidade perante o Supremo Tribunal Federal, em face da ausência de previsão legal ou constitucional para o funcionamento de tal órgão junto ao TST, a qual foi acolhida pela Suprema Corte, encerrando essa fase embrionária do CSJT (ADIn 2.608-9-DF, Rel. Min. Celso de Mello).

Aprovada a Emenda Constitucional 45/04, ganhou legitimidade o Conselho Superior da Justiça do Trabalho para funcionar oficialmente (CF, art. 111-A, § 2º, II). Coube-nos fazer a saudação, em nome da Corte, aos seus integrantes, quando da instalação e posse dos membros do CSJT. Na ocasião, em cerimônia prestigiada pelo então Presidente do Supremo Tribunal Federal, Min. Nelson Jobim, destacamos que:

1) O momento da instalação do Conselho era o coroamento de uma ideia que teve:

a) sua semente na decisão do Supremo Tribunal Federal (P 1193-7-DF, Rel. Min. Moreira Alves, de 28/05/97), reconhecendo, em matéria administrativa, ao Tribunal Superior do Trabalho o "poder de supervisão" sobre os Tribunais Regionais do Trabalho, como órgão de cúpula do sistema para toda a Justiça do Trabalho;

b) seu projeto piloto no Conselho Superior instituído pelo TST (Resoluções Administrativas 724/2000 e 892/2002), para desempenhar, de forma mais democrática e participativa, em sua versão final, o assessoramento desta Corte, na tarefa de supervisão dos órgãos da Justiça do Trabalho, com sua anexa Comissão de Ética (Resolução Administrativa 894/2002);

c) seu reconhecimento constitucional na Emenda Constitucional 45, de 2004, que o instituiu pelo art. 111-A, § 2º, II, como órgão central do sistema, funcionando junto ao Tribunal Superior do Trabalho.

2) Quanto à natureza jurídica do Conselho e o que dele se espera:

a) o fato de a Carta Magna dispor que funcionará junto do TST parece não deixar dúvida de que se trata de um órgão autônomo, mas vinculado à cúpula do Judiciário Trabalhista;

b) sendo sua missão a supervisão administrativa, orçamentária, financeira e patrimonial dos órgãos de primeira e segunda instâncias da Justiça do Trabalho, assume a responsabilidade não só pela fiscalização dos atos administrativos praticados (visão "sobre", para baixo), mas, principalmente, pela prospecção dos caminhos a serem trilhados pela Justiça do Trabalho como instrumento de administração de Justiça (visão "supra", para cima), formulando uma política judiciária que a torne mais célere e eficiente;

c) não se pode ficar esperando sempre por soluções constitucionais ou legislativas para resolver os problemas que a administração da Justiça apresenta: cabe ao magistrado lançar mão, desassombradamente, dos instrumentos que o constituinte e o legislador já lhe ofertaram e desentranhar deles todas as suas potencialidades (como tem sustentado, com tanto realismo, o Prof. Joaquim Falcão, da FGV).

3) Quando se diz que o juiz é um administrador de justiça, verifica-se hoje que a expressão deve ter os seus dois polos definidores devidamente valorizados:

a) a diferença específica, concernente à Justiça, faz dele um pacificador social, distribuindo o direito a cada um ("*Opus Iustitiae Pax*" – Isaías 32, 17 – como não nos deixa esquecer a própria bandeira do TST);

b) o gênero de administrador não deve ser menos valorizado no século XXI, marcado pelas demandas coletivas e dos processos de massa (ou a massa de processos), exigindo do magistrado, além do senso de justiça, a capacidade de gerenciamento dos recursos escassos (humanos e materiais) para se atingir os ideais de uma justiça célere e confiável (como propugnado por Ronald Dworkin em seu *Império do Direito*).

4) Pode-se vislumbrar nitidamente uma dupla vertente da supervisão que o Conselho Superior desempenhará sobre a Justiça do Trabalho:

a) supervisão orçamentária, financeira e patrimonial (vertente negativa) – para evitar eventuais desperdícios e otimizar os recursos financeiros de que dispõe o Judiciário laboral;

b) supervisão administrativa (vertente positiva) – para implementar os melhores e mais modernos modelos de gestão que permitam diagnosticar os problemas da administração judiciária e propor soluções que aproveitem o que de melhor se tem feito ou adotado nos diversos Tribunais e Varas que compõem a Justiça do Trabalho.

5) O Conselho Superior da Justiça do Trabalho, como órgão central do sistema (cujas decisões têm caráter vinculante), será o promotor da harmonização e uniformização dos serviços e procedimentos da administração judiciária, nas várias áreas (segundo seu Regimento Interno: informática, recursos humanos, planejamento e orçamento, administração financeira e patrimonial), sendo paradigmáticos, nesse sentido, os setores de:

a) orçamento – uma vez que já funciona de forma integrada para toda a Justiça do Trabalho, propiciando a realocação dos recursos conforme as necessidades reais dos vários tribunais e varas (cabendo sempre o seu aperfeiçoamento);

b) informática – em face de se tornar instrumento de acesso ao Judiciário (informações unificadas sobre andamento de processos em nível nacional e implementação futura do "processo virtual") e elemento vital de tomada de decisões (pelos dados estatísticos indicando os "gargalos" ou "pontos de estrangulamento" do sistema).

6) O Conselho, composto por representantes de todas as regiões geográficas do país (prestigiando o princípio federativo), deverá ter sempre uma visão de futuro, que propicie a integração de toda a Justiça do Trabalho e permita que esta atinja mais fácil e rapidamente os seus fins, partindo de uma concepção gerencial da administração da Justiça.

Assim, o CSJT, tal como o idealizou o constituinte derivado, tem muito a contribuir para a otimização do funcionamento da Justiça do Trabalho, transformando, no dizer do Min. Ríder Nogueira de Brito, o arquipélago de ilhas formado pelo TST e TRTs num continente, onde os recursos humanos e materiais serão padronizados, racionalizados e otimizados, para mais rápida, eficiente e qualificada prestação jurisdicional.

Nestes poucos anos de funcionamento, com o norte de seu Regimento Interno, publicado em 25/05/05, tem conseguido dar resposta às mais relevantes questões administrativas surgidas no âmbito dos TRTs, que afetam à Justiça do Trabalho como um todo, exercendo, ao mesmo tempo o controle de legalidade das decisões administrativas dos TRTs (RICSJT, art. 5º, IV), sem, no entanto, se perder em casuísticas, uma vez que o filtro para a apreciação dos expedientes que chegam ao Conselho é a extrapolação do interesse individual de magistrados e servidores da Justiça do Trabalho (RICSJT, art. 5º, VIII).

Mais recentemente, sob nossa presidência e contando com o dinamismo da Secretária-Geral Marcia Lovane Sott, conseguiu o Conselho defender a Justiça do Trabalho dos cortes orçamentários discriminatórios que sofreu em 2016, recompondo-se seu orçamento pela MP 740/16, além de negociar nacionalmente e em bases melhores a remuneração dos depósitos judiciais da Justiça do Trabalho, nos bancos oficiais (BB e CEF) e editar as Resoluções 174, sobre a política nacional de conciliação da Justiça do Trabalho, com seus núcleos em todos os TRTs, a 175, sobre a segurança institucional de todo o Judiciário Trabalhista, e a 200, criando o Centro de Educação Corporativa para os servidores da Justiça do Trabalho, à semelhança da ENAMAT para os magistrados. Com a passagem da condução do concurso nacional para ingresso na magistratura do trabalho para o CSJT, o Conselho Superior e a Escola Nacional se irmanam na tarefa de selecionar e preparar juízes do trabalho cada vez melhor capacitados para a difícil tarefa de harmonizar as relações de trabalho, compondo os conflitos sociais e pacificando a sociedade, na esteira da bandeira do TST, cujo dístico reza: "*Opus Justitiae Pax*" (Isaias, 32, 17).

F – REFERÊNCIAS BIBLIOGRÁFICAS

ALBUQUERQUE, Francisca Rita Alencar. *A Justiça do Trabalho na Ordem Judiciária Brasileira*. LTr, 1993, São Paulo.

BATALHA, Wilson de Souza Campos. *Tratado de Direito Judiciário do Trabalho*, LTr, 1995, São Paulo, v. III.

FERREIRA, Waldemar Martins, *Princípios de Legislação Social e Direito Judiciário do Trabalho*. São Paulo, 1938.

MARTINS FILHO, Ives Gandra da Silva. Reflexões com Vistas à Modernização da Legislação Trabalhista por Ocasião dos 75 Anos da Justiça do Trabalho no Brasil, in *1º Caderno de Pesquisas Trabalhistas*, IDP e Lex-Magister, Porto Alegre, 2017.

_____. A Reforma Trabalhista no Brasil, in *2º Caderno de Pesquisas Trabalhistas*, IDP e Paixão Editores, Porto Alegre, 2017.

_____. O Critério de Transcendência no Recurso de Revista na Justiça do Trabalho – Constitucionalidade da MP n. 2.226/01, in *As Vertentes do Direito Constitucional Contemporâneo*, Coordenação de Ives Gandra da Silva Martins, América Jurídica, Rio de Janeiro, 2002.

_____. O Critério de Transcendência do Recurso de Revista, in *Revista LTr*, janeiro de 2018, n. 82, pgs. 7-18.

_____. *História do Trabalho, do Direito do Trabalho e da Justiça do Trabalho*. 2. ed. (em coautoria com Amauri Mascaro Nascimento e Irany Ferrari) LTr, São Paulo, 2002.

MENEZES, Geraldo Bezerra de. Conferência Inaugural do Seminário Comemorativo dos 40 anos do TST. *Revista do TST*, LTr, São Paulo, 1986.

NASCIMENTO, Amauri Mascaro. Conceito e modelos de jurisdição trabalhista. *LTr* 61-08/1017-25.

OLIVEIRA VIANA, José. *Problemas de Direito Corporativo*. José Olímpio Editor, Rio de Janeiro, 1938.

PONTES DE MIRANDA, F. C. *Comentários à Constituição de 1967 com a Emenda n. 1, de 1969*. Forense, 1987, Rio de Janeiro, t. IV.

PUECH, Luiz Roberto de Rezende. A Justiça do Trabalho: breve análise de sua evolução no Brasil, *Revista do Tribunal Regional do Trabalho da 2ª Região*, LTr, São Paulo.

SUSSEKIND, Arnaldo Lopes. A Justiça do Trabalho 55 Anos Depois, *LTr* 60-07/875-882.

_____. O cinquentenário da Justiça do Trabalho, *Revista do TST*, LTr, 1991, São Paulo.

Art. 114. Compete à Justiça do Trabalho processar e julgar:

I – as ações oriundas da relação de trabalho, abrangidos os entes de direito público externo e da administração pública direta e indireta da União, dos Estados, do Distrito Federal e dos Municípios;

II – as ações que envolvam exercício do direito de greve;

III – as ações sobre representação sindical, entre sindicatos, entre sindicatos e trabalhadores, e entre sindicatos e empregadores;

IV – os mandados de segurança, *habeas corpus* e *habeas data*, quando o ato questionado envolver matéria sujeita à sua jurisdição;

V – os conflitos de competência entre órgãos com jurisdição trabalhista, ressalvado o disposto no art. 102, I, *o*;

VI – as ações de indenização por dano moral ou patrimonial, decorrentes da relação de trabalho;

VII – as ações relativas às penalidades administrativas impostas aos empregadores pelos órgãos de fiscalização das relações de trabalho;

VIII – a execução, de ofício, das contribuições sociais previstas no art. 195, I, *a*, e II, e seus acréscimos legais, decorrentes das sentenças que proferir;

IX – outras controvérsias decorrentes da relação de trabalho, na forma da lei.

§ 1º Frustrada a negociação coletiva, as partes poderão eleger árbitros.

§ 2º Recusando-se qualquer das partes à negociação coletiva ou à arbitragem, é facultado às mesmas, de comum acordo, ajuizar dissídio coletivo de natureza econômica, podendo a Justiça do Trabalho decidir o conflito, respeitadas as disposições mínimas legais de proteção ao trabalho, bem como as convencionadas anteriormente.

§ 3º Em caso de greve em atividade essencial, com possibilidade de lesão do interesse público, o Ministério Público do Trabalho poderá ajuizar dissídio coletivo, competindo à Justiça do Trabalho decidir o conflito.

Art. 115. Os Tribunais Regionais do Trabalho compõem-se de, no mínimo, sete juízes, recrutados, quando possível, na respectiva região e nomeados pelo Presidente da República dentre brasileiros com mais de trinta e menos de setenta anos de idade, sendo:

I – um quinto dentre advogados com mais de dez anos de efetiva atividade profissional e membros do Ministério Público do Trabalho com mais de dez anos de efetivo exercício, observado o disposto no art. 94;

II – os demais, mediante promoção de juízes do trabalho por antiguidade e merecimento, alternadamente.

§ 1º Os Tribunais Regionais do Trabalho instalarão a justiça itinerante, com a realização de audiências e demais funções de atividade jurisdicional, nos limites territoriais da respectiva jurisdição, servindo-se de equipamentos públicos e comunitários.

§ 2º Os Tribunais Regionais do Trabalho poderão funcionar descentralizadamente, constituindo Câmaras regionais, a fim de assegurar o pleno acesso do jurisdicionado à justiça em todas as fases do processo.

Art. 116. Nas Varas do Trabalho, a jurisdição será exercida por um juiz singular.

Parágrafo único. (*Revogado pela Emenda Constitucional n. 24, de 9-12-1999.*)

Art. 117. (*Revogado pela Emenda Constitucional n. 24, de 9-12-1999.*)

Carlos Alberto Molinaro
Teresinha M. D. S. Correia

A – REFERÊNCIAS

1. Origem do texto

Redação original do constituinte de 1988, com as Emendas Constitucionais n. 24, de 10 de dezembro de 1999, e n. 45, de 8 de dezembro de 2004.

2. Constituições brasileiras anteriores

Constituição de 1824, omissa. Constituição de 1891, omissa. Constituição de 1934, art. 122. Constituição de 1937, art. 139. Constituição de 1946, art. 94, V (Constitucionalização da Justiça do Trabalho como integrante do Poder de Estado), art. 122. Constituição de 1967, art. 133. Emenda Constitucional n. 1/69, art. 142.

3. Constituições comparadas

Lei Fundamental da República Federal da Alemanha de 23 de maio de 1949, art. 95, 1 (com a última redação da Lei de 21 de julho de 2010) c/c §§ 2,3; §§ 14/31; §§ 33/39; §§ 40/45 da *Arbeitsgerichtsgesetz (ArbGG)* de 2 de julho de 1979 com as modificações de 14 de junho de 2011. Constituição espanhola de 29 de dezembro de 1978, arts. 117 e 122 (c/c Lei Orgânica do Poder Judicial 6/1985, de 1º de julho de 1985). Constituição portuguesa de 2 de abril de 1976, art. 202 (c/c Lei n. 58/2008, Lei de organização e funcionamento dos Tribunais Judiciais, de 28 de agosto de 2008, especialmente arts. 118 e s.).

4. Direito internacional

Organização Internacional do Trabalho (*International Labour Organization*), criada pelo Tratado de Versalhes em 1919. Atualmente constitui-se em um organismo especializado e autônomo das Nações Unidas, ademais é a fonte principal do Direito Internacional do Trabalho. Todas as Convenções e Tratados Internacionais do Trabalho podem ser consultados na WEB, em inglês, francês ou espanhol em: <http://www.ilo.org/global/lang-en/index.htm>. No *site* da OIT encontram-se quatro grandes bases de dados: APPLIS (aplicação das normas internacionais do trabalho); LIBSYND (matéria sindical); NATLEX (legislação nacional sobre trabalho e conexos); ILOLEX (normas internacionais do trabalho). Constituem fontes, ainda, entre outras, as convenções e tratados dos blocos econômicos, como: NAFTA, UE, ALCA, CAN, ALADI, MERCOSUL, ademais de organizações como: OMC, OMS etc.

5. Direito nacional

Legislação: Decreto-Lei n. 5.452 de 1º-5-1943, principal lei ordinária voltada para os direitos individuais e coletivos do trabalho. Além da CLT (com a redação dada pela Lei n. 13.467/2017 e a Medida Provisória n. 808/2017) existem várias outras leis esparsas que tratam do direito laboral, como: Lei n. 605, de 5 de janeiro de 1949. Lei n. 4.090, de 13 de julho de 1962. Lei n. 4.725, de 13 de julho de 1965. Lei n. 4.749, de 12 de agosto de 1965. Lei n. 4.886, de 9 de dezembro de 1965. Lei n. 5.584, de 26 de junho de 1970. Lei n. 5.764, de 16 de dezembro de 1971. Lei n. 5.811, de 11 de outubro de 1972. Lei n. 5.859, de 11 de dezembro de 1972. Lei n. 5.889, de 8 de junho de 1973. Lei n. 6.019, de 3 de janeiro de 1974. Lei n. 7.064, de 6 de dezembro de 1982. Lei n. 7.369, de 20 de setembro de 1985. Lei n. 7.783, de 28 de junho de 1989. Lei n. 7.859, de 25 de outubro de 1989. Lei n 7.998, de 11 de janeiro de 1990. Lei n. 8.019, de 11 de abril de 1990. Lei n. 8.036, de 11 de maio de 1990. Lei n. 8.112, de 1º de dezembro de 1990. Lei n. 8.716, de 11 de outubro 1993. Lei n. 8.900, de 30 de junho de 1994. Lei n. 9.029, de 13 de abril de 1995. Lei n. 9.055, de 1º de junho de 1995. Lei n. 9.601, de 21 de janeiro de 1998. Lei n. 9.608, de 18 de fevereiro de 1998. Lei n. 9.719, de 27 de novembro de 1998. Lei n. 10.101, de 19 de dezembro de 2000. Lei n. 10.593, de 6 de dezembro de 2002. Lei n. 11.442, de 5 de janeiro de 2007. Lei n. 11.648, de 31 de março de 2008. Lei n. 11.788, de 25 de setembro de 2008. Lei n. 12.023, de 27 de agosto de 2009. Lei n. 12.255, de 15 de junho de 2010. Lei n. 12.467, de 26 de agosto de 2011. Lei n. 12.468, de 26 de agosto de 2011. Lei n. 13.115, de 16 de março de 2015. Lei n. 13.352, de 27 de outubro de 2016. Lei n. 13.429, de 31 de março de 2017. Lei n. 13.467, de 13 de julho de 2017. Lei n. 14.206, de 27 de setembro de 2021. Medida Provisória n. 516, de 30 de dezembro de 2010. Medida Provisória n. 808, de 14 de novembro de 2017. Decreto-Lei n. 368, de 19 de dezembro de 1968. Decreto n. 4.552, de 27 de dezembro de 2002. Decreto n. 5.598, de 1º de dezembro de 2005. O MTE possui ampla base legislativa, que pode ser consultada em: http://portal.mte.gov.br/legislacao/.

Jurisprudência: STF – Súmulas vinculantes n. 22, 23 e 53. Súmulas: 222, 227, 234, 315, 338, 349, 401, 432, 433, 457, 478, 505, 628, 736. Recursos: ADC 26/DF-MC. ADC48-DF. ADI 3.684-MC. ADI 3.684/DF. ADI 3.395/DF. ADI 6.021/DF. ADI 5.625/DF. ADI 3.961/DF. ADPF 524/DF. Rcl 4.351/PE. Rcl 31.026/RO. Rcl 43.213/SC. Rcl 46.356/RS. AI 176.277-AgRg. AI 62.141/BA. AI 804.954/SP. AI 812.771/MG. CC 7.061-7/CE. CC 7.204-1/MG. Rcl 10.132/PR-MC. Rcl 10.330/MG-MC. Rcl 7.450-AgRg. Rcl 7.035/SP. RE 405.031. RE 448.093/SP. RE 560.930/SC. AgRg RE 563.495/SP. RE 589.402/RS. RE 592.982/RS. RE 398.041/PA. RE 583.050/RS. RE 586.453/SE. RE 705.140/RS. RE 606.003/RS. REP. GERAL TEMA: 550. RE-ED 482.797/SP. **STJ** – AgRg no AgRg no CC 107.155/MT. AgRg no REsp 1060212/DF. CC 115.572/SP. REsp 1170238/RN. REsp 1185894/AP. CC n. 164.544-MG. **TST** – Súmulas: 425, 392, 368, 300. TST. 5ª T. RR 1000123.89.2017.5.02.0038. TST 4ª T. AI RR 1057588.2019.5.03.0003. TST 3ª T. RR 100353-02.2017.5.01.0066. TST 4ª T. AI RR 10555-54.2019.5.03.0003.

6. Preceitos constitucionais relacionados

Arts. 1º, IV; 5º, XIII; 6º/8º; 22, I; 92, IV; 93, I; 103-B, III, VIII e IX; 128, I, b; 170; 186, III; 191; 193; 201, §§ 2º, 10; 218, §§ 3º, 4º.

7. Bibliografia selecionada

AFONSO, José Roberto Rodrigues; PINTO, Vilma da Conceição; LUKIC, Melina Rocha. O trabalho pela pessoa jurídica: muito além da reforma trabalhista. *Revista dos Tribunais*, São Paulo, v. 106, n. 985, p. 187-210, nov. 2017.

ALMEIDA, Dayse Coelho de. 60 anos da Justiça do Trabalho no Brasil. *Jornal Trabalhista Consulex*, v. 24, n. 1156, p. 5-7, fev. 2007.

ALMEIDA, Renato Rua de. Eficácia dos direitos fundamentais e seus impactos teóricos e práticos nas relações de trabalho à luz de questões trazidas pela Lei n. 13.467, de 13 de julho de 2017, sobre a reforma trabalhista. *Revista LTr*: Legislação do Trabalho, São Paulo, v. 81, n. 08, p. 909-914, ago. 2017.

ARAUJO, Marcella Pereira de. *A competência trabalhista no século XXI Indústria 4.0*. Curitiba: CRV, 2022.

ARRUDA, Hélio Mário de. A Justiça do Trabalho no Brasil. *Jurídica: Revista do Curso de Direito da Universidade Federal do Espírito Santo*, n. 1, n. 69-76, dez. 1999.

ASSIS, Rubiane Solange Gassen. Terceirização da atividade-fim: uma nova realidade? *Revista Fórum Justiça do Trabalho*, Belo Horizonte, v. 34, n. 408, p. 89-101, dez. 2017.

BEZERRA LEITE, Carlos Henrique. *Curso de Direito Processual do Trabalho*. 21. ed. São Paulo: Saraiva, 2023.

BIAVASCHI, Magda Barros. *O direito do trabalho no Brasil*: 1930-1942: a construção do sujeito de direitos trabalhistas. São Paulo: LTr, 2007.

BRITO, Rildo Albuquerque Mousinho de. *Mediação e arbitragem de conflitos trabalhistas no Brasil e no Canadá*. São Paulo: LTr, 2010.

BURGOS, Leonardo. Do processo de jurisdição voluntária para homologação de acordo extrajudicial: uma análise crítica. In: SEVERO, Valdete Souto et al (Coord.). *Comentários à Lei 13.467/17*: contribuições para um enfrentamento crítico. Porto Alegre: HS, 2017. p. 203-207.

CARAJELESCOV, Paula Corina Santone. *Arbitragem nos conflitos individuais do trabalho*. Curitiba: Juruá, 2010.

CARVALHO FILHO, Antônio; SAMPAIO JUNIOR, Herval (Org.). *Os juízes e o novo CPC*. Salvador: JusPodivm, 2017.

CARVALHO, Fábio Lopes de. A reforma trabalhista e a Justiça do Trabalho: breves comentários à Lei 13.467/2017. *Revista do Tribunal Regional do Trabalho da 10ª Região*, Brasília, v. 21, n. 2, p. 43-52, nov. 2017. Disponível em: <http://revista.trt10.jus.br/index.php/revista10/article/view/194>.

CASTELO, Jorge Pinheiro. Panorama geral da reforma trabalhista: aspectos de direito processual/material. *Revista LTr*: Legislação do Trabalho, São Paulo, v. 81, n. 12, p. 1415-1445, dez. 2017.

COLLOR, Lindolfo. *Origens da legislação trabalhista brasileira*. Porto Alegre: Fundação Paulo do Couto e Silva, 1990. 280 p.

DELGADO, Gabriela Neves; DIAS, Valéria de Oliveira; DI ASSIS, Carolina. *Plataformas Digitais de Consumo* – Perspectivas e Desafios de Proteção Justrabalhista para o Divulgador Digital. Salvador: JusPodivm, 2022.

DELGADO, Mauricio Godinho. *Curso de direito do trabalho*. São Paulo: LTr, 2009.

DÓRO JÚNIOR, Nivaldo. A reforma trabalhista e a restrição da edição de súmulas pelos Tribunais do Trabalho. *Revista do Tribunal Regional do Trabalho da 10ª Região*, Brasília, v. 21, n. 2, p. 89-104, nov. 2017. Disponível em: <http://revista.trt10.jus.br/index.php/revista10/article/view/194>.

FERRARI, Irany; NASCIMENTO, Amauri Mascaro; MARTINS FILHO, Ives Gandra da Silva. *História do trabalho, do direito do trabalho e da Justiça do Trabalho*. 2. ed. São Paulo: LTr, 2002. 262 p.

FRANCO, Raquel Veras. *O pensamento de Oliveira Viana e as origens políticas da Justiça do Trabalho*. 2007. 72 f. Monografia (especialização) – Curso de Especialização em Ciência Política, Universidade de Brasília, 2007.

GANDRA, Ives. *Manual de Direito e Processo do Trabalho* – Série IDP. 28. ed. São Paulo: Saraiva, 2023.

GARCIA, Gustavo Filipe Barbosa. *Novo CPC e processo do trabalho*. Salvador: JusPodivm, 2017.

GARCIA, Pedro Carlos Sampaio. Limites do poder normativo da Justiça do Trabalho. *Síntese Trabalhista*, v. 16, n. 181, p. 22-39, jul. 2004.

GUIMARÃES, Estácio Bahia. *Justiça do Trabalho*: evolução histórica no Brasil e em Sergipe. Aracaju: [s.n.], 2008. 258 p.

IVO, Jasiel. Esvaziamento da Competência Material da Justiça do Trabalho. Direito, Processo e Cidadania. Recife, v. 1, n. 2, p. 56-79, maio-ago., 2022. Disponível em: https://www1.unicap.br/ojs/index.php/dpc/article/view/2175/1976. Acesso em: 27 jul. 2023.

LEDUR, José Felipe. Barreiras constitucionais à erosão dos direitos dos trabalhadores e a reforma trabalhista. *Revista LTr: Legislação do Trabalho*, São Paulo, v. 81, n. 10, p. 1217-1230, out. 2017.

LOURENÇO FILHO, Ricardo Machado; SOUZA FILHO, Pedro Robério de. Direito fundamental à limitação da jornada: a disciplina do teletrabalho à luz dos princípios constitucionais. *Revista Trabalhista: Direito e Processo*, Brasília, v. 15, n. 57, p. 164-177, jul./dez. 2017.

MAIOR, Jorge Luiz Souto; SEVERO, Valdete Souto. O acesso à justiça sob a mira da reforma trabalhista: ou como garantir o acesso à justiça diante da reforma trabalhista. *Revista Síntese: Trabalhista e Previdenciária*, São Paulo, v. 29, n. 339, p. 65-103, set. 2017.

MARTINS, Sergio Pinto. *Direito Processual do Trabalho*. 45. ed. São Paulo: Saraiva, 2022/2023.

MENEZES, Geraldo Bezerra de. Quarenta anos do Tribunal Superior do Trabalho e da integração da Justiça do Trabalho no Poder Judiciário. *Revista do Tribunal Regional do Trabalho da 1ª Região*, n. 11, p. 35-53, out. 1998.

_____. *A Justiça do Trabalho e sua significação na história jurídica e social do Brasil*. Rio de Janeiro: Imprensa Nacional, 1947. 42 p.

MIZIARA, Raphael. O novo regime jurídico do teletrabalho no Brasil. *LTr Suplemento Trabalhista*, São Paulo, v. 53, n. 086, p. 443-448, jan. 2018.

MORAES FILHO, Evaristo de. Há 40 anos inaugurava-se a Justiça do Trabalho. Revista *LTr*: legislação do trabalho, v. 45, n. 4, p. 389-394, abr. 1981.

MOREIRA, Adriano Jannuzzi. A mediação e a arbitragem como meios extrajudiciais de resolução de conflitos trabalhistas na vigência da Lei n. 13.467/2017: reforma trabalhista. *Revista LTr: Legislação do Trabalho*, São Paulo, v. 81, n. 9, p. 1131-1135, set. 2017.

MOREL, Regina Lucia M.; PESSANHA, Elina G. da Fonte. A Justiça do Trabalho. *Tempo Social*: revista de sociologia da USP, v. 19, n. 2, p. 87-109, nov. 2007.

NASCIMENTO, Amauri Mascaro. *Curso de direito do trabalho*. 24. ed. São Paulo: Saraiva, 2009.

OLIVEIRA, Edson Mendes de. Uma visão crítica do direito e da Justiça do Trabalho na atualidade. *Revista do Tribunal Regional do Trabalho da 7ª Região*, v. 30, n. 30, p. 99-104, jan./dez. 2007.

PEREIRA, José Luciano de Castilho. 60 anos da Justiça do Trabalho. *Revista do Tribunal Regional do Trabalho da 16ª Região*, v. 16, p. 19-29, jan./dez. 2006.

PINTO, Almir Pazzianotto. 60º aniversário da Justiça do Trabalho. *Jornal Trabalhista Consulex*, v. 23, n. 1151, p. 5-7, dez. 2006.

PITAS, José Severina da Silva. História da Justiça do Trabalho: competência. *Revista Nacional de Direito do Trabalho*, v. 10, n. 108, p. 26-40, abr.2007.

PLÁ RODRIGUEZ, Américo. *Princípios de direito do trabalho*. Tradução de Wagner Giglio. 3. ed. São Paulo: LTr, 2004.

PUECH, Luiz Roberto de Rezende. A Justiça do Trabalho: breve análise de sua evolução no Brasil. *Revista do Tribunal Regional do Trabalho da 2ª Região*, v. 1, p. 11-18, 1977.

ROCHA, Círlia Natasha Lucena da. Acesso à justiça e exceção de incompetência em razão do lugar na Justiça do Trabalho: (des)venturas refletidas pelo novo Código de Processo Civil. *Revista LTr*: Legislação do Trabalho, São Paulo, v. 81, n. 11, p. 1343-1349, nov. 2017.

SÜSSEKIND, Arnaldo. *Direito constitucional do trabalho*. 22. ed. Rio de Janeiro: Renovar, 2005.

_____. Entre o passado e o futuro: apontamentos sobre a história da justiça do trabalho e o impacto da Emenda Constitucional n. 45. *Revista do Ministério Público do Trabalho*, v. 15, n. 30, p. 82-89, set. 2005.

_____. História e perspectivas da Justiça do Trabalho. *Revista do Tribunal Superior do Trabalho*, v. 67, n. 4, p. 15-27, out./dez. 2001.

B – COMENTÁRIOS

1. Considerações preliminares

O trabalho guarda relação imediata com o ser humano mediante um grande número de atividades dedicadas ao suprimento das necessidades básicas, sejam fisiológicas (alimentação), de segurança (proteção contra a violência, recursos financeiros, família, saúde), sociais (*status*), ou de autorrealização (capacitação, moralidade, enfrentamento de desafios), necessidades em permanente desenvolvimento impondo novos métodos e enfrentamentos na ambiência do trabalho. O percurso da atividade humana e a consequente do trabalho percorre longa história. Esta pode ser contada par a par com a narrativa das mais diferentes formas pelas quais as relações sociais foram construídas, da dominação mais cruenta de apropriação servil até as formas mais cooperativas de desenvolvimento sociocultural. De igual modo, a proteção ao trabalho também evoluiu para alcançar sempre maiores níveis de simetria entre capital e trabalho, hoje constitucionalmente afirmada como princípio fundamental da República brasileira (inciso IV do art. 1º da CF/1988). É desta sempre buscada proporção que surgem os mecanismos protetivos das relações laborais, num primeiro momento mediante processos emancipatórios cujas conquistas vão sendo cristalizadas em processos regulatórios de matriz privada ou pública e, até mesmo, da reunião destas, em sofisticadas formas de solução de conflitos, pela conciliação dos interesses envolvidos, mediante métodos e técnicas de inclusão e compensação para as disfunções ocasionadas pelas dissimetrias socioeconômicas e políticas. A proteção ao trabalho e a derivada proteção ao trabalhador está cientificada e arquitetada pelo aporte das mais distintas articulações produzidas em um grande espaço multidisciplinar do conhecimento que flui dos dogmas deístas das religiões, da condução do olhar revelado pela estética, da convergência objetiva das escolhas (valores) amalgamadas na moralidade pública, da oposição e luta entre interesses diferenciados e antagônicos refletidos na política, da tensão permanente entre escassez e abundância segundo os critérios econômicos, das conquistas da ciência e da tecnologia e, finalmente, da matriz do legal e do ilegal que constrói o direito (bem-entendido, dos sete principais processos de adaptação ou corrigenda dos processos de adaptação das relações sociais que sempre arrazoava Pontes de Miranda, no seu labor científico). O conjunto destes saberes tem informado a construção dos mais diversos espaços de conciliação de interesses políticos que acabam por materializar-se nas Constituições dos Estados contemporâneos ou, pelo menos, nas mais respeitadas e hierarquizadas proposições normativas dos sistemas jurídicos estatais. Uma reflexão deste matiz no caso brasileiro é bem ilustrativa, e fornece ao pesquisador ampla margem de atuação no sensível e por vezes frágil terreno das relações socioeconômicas balizadas pela Constituição.

2. As Constituições brasileiras, arquitetura e proteção do trabalho, na perspectiva da prestação jurisdicional

O Brasil já experimentou, em pouco mais de cento e oitenta anos, sete grandes períodos constitutivos de juridicidade estatal (aqui entendida como conformidade com os princípios ou com as formas do Direito do Estado).

2.1. Constituição de 1824

O primeiro período constitucional ocorre com a inauguração de um Estado Confessional (preâmbulo e art. 103) pelo Império, na outorgada Carta de 1824, sendo o catolicismo a religião oficial do Estado (art. 5º), nada obstante, é de ressaltar que essa Carta até 1888 abrigou a escravidão no país. Entre outros predicados, a Carta Imperial desenhou um sistema baseado em eleições indiretas e censitárias, assim, para votar e ser votado anotava pré-requisitos quanto à renda, o que o denotava um *modal* de exclusão na sociedade imperial, pois ampla parcela da população era composta por homens livres e pobres e por escravos, acrescendo ainda os portugueses residentes do país aderentes ao Império. Ícone da proposição normativa constitucional era o Poder Moderador atribuído ao monarca que de sua posse acabava por controlar a organização política do Império. Do ponto de vista da economia, sua matriz de modo eminente liberal recebeu forte influência do ideário da revolução francesa de 1789, motivo pelo qual sagrava as mais amplas liberdades. Nela não havia qualquer previsão de proteção ao trabalho, contudo, declarava a inviolabilidade dos direitos civis, e políticos da cidadania com as garantias da liberdade, da segurança e da propriedade (art. 179). Com respeito à economia, proclamava a liberdade de trabalho, de cultura, indústria ou comércio, na condição que não contrariassem os costumes públicos, a segurança e saúde da cidadania (art. 179, XXIV), e nada aí conforma proteção ao trabalho, mas o início da promoção da livre-iniciativa indispensável para o liberalismo, o que pode ser visto também com a extinção das Corporações de Ofício que poderiam se constituir em entrave, pela monopolização do mercado, ao livre desenvolvimento da iniciativa privada. Observe-se que foi a Constituição mais longeva da história constitucional brasileira, tendo vigido por mais de sessenta anos.

2.2. Constituição de 1891

Em um segundo período, a Constituição de 1891, de matriz liberal e individualista, inspirada no modelo norte-americano (até no nome "Republica dos Estados Unidos do Brazil"), acaba com o Estado confessional, estabelece a forma federativa de Estado, e a república como forma de governo, produzindo a ascensão política dos interesses da oligarquia latifundiária (notadamente a cafeicultura). O Estado federativo e republicano fixa a tripartição dos poderes, denominando-os órgãos da soberania nacional. Ao cuidar do Poder Judiciário implanta uma estrutura binária, instituindo a Justiça da União e as Justiças dos Estados, a Justiça da União estava constituída pelo Supremo Tribunal Federal, na realidade o herdeiro do Supremo Tribunal de Justiça que já existia no Império, ademais de tribunais e juízes federais; relativamente às Justiças Estaduais simplesmente vedou-lhes a intervenção em questões submetidas aos Tribunais Federais (art. 62). Marco importante da Carta da Primeira República firma-se com a inauguração do sistema de controle da constitucionalidade das leis, também de inspiração norte-americana, no modelo difuso, atribuindo-se a todos os tribunais e juízos o poder de arredar a incidência de regra considerada inconstitucional, concretizando-se o controle como incidente de processo (arts. 59 e 60). Relativamente à cidadania, a Carta Republicana, ao contrário da Imperial, inova promovendo ampla nacionalização, o que viria, inclusive, a satisfazer os imigrantes chegados em terras brasileiras já no final do Império, além daqueles que começavam a chegar da Europa, especialmente, dadas adversas condições políticas (art. 69). A Carta incorporava, ainda, uma Declaração de Direitos, resguardando-se, assim, os direitos e liberdades individuais, principalmente com os proclamados princípios da legalidade e outras essenciais regras e princípios garantidores dos direitos individuais, como a inviolabilidade do domicílio (art. 72, § 11), a liberdade de imprensa (art. 72, § 12), o sigilo das correspondências (art. 72, § 18), a liberdade para o exercício de profissões (art. 72, § 24), ademais da importante garantia constitucional do instituto do *Habeas Corpus* (art. 72, § 22). A despeito destas conquistas a Carta mantém a exclusão de parte da cidadania pela vedação do voto aos mendigos e analfabetos, e silencia sobre a proteção ao trabalho e ao trabalhador, nada obstante ter afirmado a liberdade do exercício de "qualquer profissão, moral, intelectual e industrial" (art. 72, n. 24) como baliza para a livre-iniciativa já prevista na Carta de 1824. Remanescendo ônus do trabalhador a defesa de seus interesses. Revisão importante foi operada em 1926, atinente à intervenção federal nos Estados, bem como às atribuições do Poder Legislativo e ao Processo Legislativo e aquelas relativas à competência da Justiça Federal aos direitos individuais.

2.3. Constituição de 1934

Em um terceiro período notável tem-se com a derrota da revolução de 1932 e a consequente constituinte de 1933, que acaba por produzir a Carta de 1934, a de menor duração no cenário constitucional brasileiro (em 1935 são suspensas garantias previstas no texto constitucional, com a declaração do estado de sítio), mas das mais importantes, em nosso juízo, pelos avanços que introduziu. Está inspirada nos ideais da Carta Mexicana de 1917 e de Weimar de 1919 (ademais das ideias do florescente fascismo), com densidade nos direitos de igualdade forte na ideia de um Estado Social de Direito. Quanto à cidadania, consagrou o voto secreto, e também o feminino. Para proteção do trabalho e do trabalhador, em seu Título IV (ordem econômica e social) dispôs, no art. 121, sobre a proteção legal e amparo à produção e as condições de trabalho (nas cidades e no campo), aliando a proteção social dos trabalhadores com os interesses econômicos do País. Delimitou, em seu texto, preceito mínimo, ou modelos observados pela legislação do trabalho (e.g., proibição de diferença de salários, salário mínimo, jornada, proibição de trabalho a menores de 14 anos, 16 e 18 anos em condições que estabelece o que atinge também a mulheres), repouso e férias, indenização pela despedida injusta, assistência e proteção médica e sanitária, direito a gestantes, previdência, proteção acidentária, regulação de profissão, reconhecimento das convenções coletivas, etc. (art. 121 e apêndices). Para a concretização destes direitos e garantias, instituiu a Justiça do Trabalho (art. 122), tendo o texto constitucional previsto (parágrafo único do art. 121) participação paritária entre Tribunais e Comissões de Conciliação (observe-se que a solução dos conflitos trabalhistas era objeto das Comissões Mistas de Conciliação e Juntas de Conciliação e Julgamento instituídas em 1932. Às Comissões era reservada a solução de conflitos coletivos exclusivamente através de conciliação, enquanto às Juntas, sempre no caráter administrativo, era reservada a conciliação de conflitos individuais. A execução das decisões ficava a cargo dos Procuradores do Departamento Nacional do Trabalho). De qualquer modo, com a Carta de 1934, inaugurou-se a constitucionalização dos direitos mínimos do trabalhador e criou-se em sede constitucional órgão próprio para a solução dos conflitos decorrentes das relações entre o capital e o trabalho, ainda que tal órgão estivesse ao abrigo do Poder Executivo. Observe-se, contudo, que a Justiça do Trabalho só veio a ser implantada em 1º de maio de 1941.

2.4. Constituição de 1937

Em um quarto período da evolução do constitucionalismo brasileiro, implanta-se a terceira Constituição da República em 1937. Outorgada e autoritária, foi o resultado da pretensão de Vargas de consolidar o seu poder que nascera "provisoriamente" em 1930. De inspiração nitidamente fascista, redigida, surpreendentemente, por um extraordinário jurista brasileiro (Francisco Campos), Ministro de Vargas, concentrava grandes poderes ao Chefe do Executivo. A principal característica no que diz com o trabalho está em que este pela vez primeira aparece como um "dever", um "dever social", sendo o direito, o correspondente a subsistência "mediante o seu trabalho honesto". Portanto, ao trabalho como meio de subsistência tem direito o trabalhador a uma especial proteção (dever do Estado), assegurando-lhe "condições favoráveis e meios de defesa" (art. 136). Assim, como a anterior Carta, assegura direitos mínimos ao trabalhador, e mantém, no mesmo formato, a previsão da Justiça do Trabalho. Acrescente-se, foram criadas 79 Juntas de Conciliação e Julgamento, as quais, contudo, restritas aos trabalhadores sindicalizados, devendo os demais buscar, na Justiça comum, a solução dos suas pretensões. Pelo Decreto-Lei n. 1.237 de 2 de maio de 1939, foi instituída a Justiça do Trabalho e instalada, publicamente, pelo Chefe do Governo em 1º de maio de 1941. O mandamento presidencial estrutura a Justiça do Trabalho em três instâncias: juntas de conciliação e julgamento, conselhos regionais e conselho nacional do trabalho.

2.5. Constituição de 1946

Com a redemocratização do País, quinto período, inaugura-se a quarta Carta da República promulgada em 18 de setembro de 1946. Pela primeira vez tem-se constitucionalizada a Justiça do Trabalho como Poder do Estado (integrante do Poder Judiciário), também pela primeira vez se lhe atribui "competência": conciliar e julgar os dissídios individuais e coletivos entre empregados e empregadores, e as demais controvérsias geradas de relações de trabalho, excluídos expressamente os litígios decorrentes dos acidentes do trabalho. Observe-se que na Carta de 1946 podemos encontrar o gérmen do atual e importantíssimo princípio fundamental de simetria entre capital e trabalho firmado pela Constituição Federal de 1988 (art. 1º, IV); ali estava no art. 145, que dispunha: "a ordem econômica deve ser organizada conforme os princípios da justiça social, conciliando a liberdade de iniciativa com a valorização do trabalho humano". O parágrafo único do mesmo dispositivo constitucional também atribuía a característica de dever social ao trabalho, cujo fim último revelava-se na possibilidade de existência digna. O Capítulo V, dedicado ao Poder Judiciário, na Seção VI, pelos arts. 122 e 123, fixa os órgãos e a competência do novo perfilhamento constitucional da Justiça do Trabalho, mantendo-se a representação classista. Como integrante do Poder Judiciário (federal), o cargo de juiz do trabalho passava a incorporar o modelo da carreira da magistratura brasileira, em três segmentos: Juiz Presidente de Junta de Conciliação e Julgamento, Juiz de Tribunal Regional, e Ministro de Tribunal Superior (TST). Por inserida na ambiência da Justiça Federal, daí que menos vinculada aos interesses locais, a Justiça do Trabalho vai identificar-se pela densa natureza intervencionista do Estado na tentativa de melhor proteção ao trabalhador, polo mais débil da relação de trabalho; por este objetivo, o próprio processo do trabalho vai ser marcado por signos muito especiais, como a gratuidade, a informalidade e a oralidade, ademais da dispensa de advogados. Observe-se que sob a égide da Carta de 1946, ademais da legislação especial no que contém o Decreto-Lei n. 5.452, de 1º de maio de 1943, e demais legislação esparsa constrói-se, como ciência, como tecnologia e práxis o direito do trabalho que até o presente vem ganhando novos espaços nos contextos socioeconômicos e político.

2.6. Constituição de 1967 e Emenda Constitucional n. 1/69

Com a quinta Carta da República (1967) e sua Emenda n. 1/1969, o País novamente retrocede politicamente aos níveis autocratas de 1937. O caudilhismo é substituído pelo militarismo, aliás, já bem demarcado pela revolução tenentista de 1922 que deu abertura à de 1930, sendo que, em 1964, os comandantes militares eram tenentes em 1930, como Cordeiro de Farias, Ernesto Geisel, Eduardo Gomes, Castelo Branco, Médici, Juraci Magalhães e Juarez Távora entre outros. Salvo a questão política, nenhuma alteração substancial é introduzida na Constituição da época em relação à Justiça do Trabalho no que era pertinente a sua estrutura e competência. Relativamente ao Direito do Trabalho, a par de assegurar os direitos já conquistados, com exceção do direito de greve que deles são excluídos os trabalhadores do serviço público e das atividades essenciais, estende a legislação trabalhista aos servidores admitidos pelo Poder Público para serviços temporários, ou funções de natureza técnica ou especializada (art. 104), é claro, excluindo-se aqueles em que for parte a União, dado que foi recriada a Justiça Federal. Observe-se – surpreendentemente – que a Carta estabeleceu a "valorização do trabalho como condição da dignidade humana" (art. 157, II), dignidade esta tantas vezes violada pelo autoritarismo do regime então dominante.

2.7. Constituição de 1988

Finalmente, um sétimo período, atual, novamente redemocratizado o País, surge a "Constituição Cidadã" de 5 de outubro de 1988. Com importantes avanços, como o direito de voto para os analfabetos, o voto facultativo por idade, a redução do mandato presidencial, eleição em dois turnos (para os cargos de presidente, governadores e prefeitos de cidades com mais de 200 mil habitantes), os direitos trabalhistas passaram a incidir ademais dos trabalhadores urbanos e rurais, também aos domésticos; readquire-se o direito a greve, a liberdade sindical, reformata-se a jornada de trabalho de 48 para 44 horas semanais, amplia-se a licença-maternidade de 120 dias, afirma-se a licença paternidade de 5 dias, institui-se o abono de férias, o décimo terceiro salário para os aposentados, introduz-se o seguro-desemprego, bem como as férias remuneradas com acréscimo de 1/3 do salário. De outro modo, firma-se importante garantia relativamente às alterações do texto constitucional que somente podem ser articuladas por meio de Emenda Constitucional cujo modelo e limites estão grafados na própria Constituição (art. 60). Elenca, no art. 7º, os direitos mínimos do trabalhador, e no art. 8º consagra a liberdade sindical, mantendo, todavia, a unicidade estabelecendo o Município como base territorial mínima para as entidades de primeiro grau. No tocante ao direito de greve, importa consignar que a Carta é expressa no sentido de atribuir ao trabalhador a decisão sobre a oportunidade de exercê-lo, bem como os interesses de que objeto.

3. Estrutura da Justiça do Trabalho

O Poder Judiciário (fração e função do Poder do Estado) é único na missão da prestação jurisdicional, nada obstante seja múltipla a gestão administrativa do Poder. O Poder Judiciário exerce com exclusividade a função jurisdicional mediante o articulado sistema judiciário do Estado, sendo o regente máximo do sistema o Supremo Tribunal Federal, a quem estão afeitas especialíssimas atribuições, como bem definidas nos arts. 92, I, 101, 103-A e 103-B (aos quais remetemos o leitor). Portanto, a tônica é a unicidade do sistema compartido, no interior do federalismo,

na competência funcional determinada pela Constituição (âmbito federal, âmbito estadual) comum e especial. Com razão, pois, o Min. Cezar Peluso já afirmou: "O pacto federativo não se desenha nem expressa, em relação ao Poder Judiciário, de forma normativa idêntica à que atua sobre os demais Poderes da República. Porque a Jurisdição, enquanto manifestação da unidade do poder soberano do Estado, tampouco pode deixar de ser una e indivisível, é doutrina assente que o Poder Judiciário tem caráter nacional, não existindo, senão por metáforas e metonímias, 'Judiciários estaduais' ao lado de um 'Judiciário federal'" (voto proferido na ADI 3.367, da qual foi relator). Observe-se, contudo, que a unicidade não se estende para alcançar as funções de gestão, o que se revela na máxima de que a "hierarquia jurisdicional não implica hierarquia de gestão", desde é claro que atos de gestão não sejam objeto de questão jurisdicional.

A divisão orgânica do Poder Judiciário, prevista na Constituição, tem por objetivo a racionalização da prestação jurisdicional, atribuindo-se a cada um dos segmentos funcionais abrigo aos mais diversos conflitos ou pretensões processados no País, daí firmar critérios para dividir as competências no exame das relações jurídicas controvertidas, desde a matéria, qualificação das partes, objeto, valor, etc., tudo com a finalidade de atender o interesse público primário da sociedade e do próprio Estado. Neste sentido, a previsão constitucional prevista nos arts. 111, 111-A, 112 e 113, bem definidos os órgãos da Justiça do Trabalho: o Tribunal Superior do Trabalho, os Tribunais Regionais do Trabalho e os Juízes do Trabalho.

3.1. O Tribunal Superior do Trabalho

Com sede na Capital Federal, o TST tem sua origem marcada pelo Conselho Nacional do Trabalho (Decreto n. 16.027/1923) vinculado ao então Ministério da Agricultura, Indústria e Reforma Agrária, e recebe sua atual denominação mediante a edição do Decreto-Lei n. 9.797/1946, e com a edição da Carta de 1946, passa a integrar o Poder Judiciário. O TST é o órgão de cúpula da jurisdição trabalhista com alcance em todo o território nacional. Composto por 27 Ministros, brasileiros com idade mínima de 35 e menor de 65 anos, nomeados pelo Presidente da República (art. 84, XIV), previamente aprovados pela maioria absoluta do Senado Federal (art. 114-A). Está integrado por magistrados de carreira provenientes dos Tribunais Regionais do Trabalho, indicados pelo próprio TST (art. 111-A, II) e por representantes do Ministério Público e da Classe dos Advogados, o denominado quinto constitucional, com mais de dez anos de atividades jurídicas, de elevado saber e reputação ilibada, indicados, em lista sêxtupla, pelos órgãos de representação das respectivas classes (art. 111-A, I c/c art. 94). Assim está estruturado: Tribunal Pleno, que atualmente possui apenas algumas funções administrativas, como investidura e posse aos membros eleitos para os cargos de direção e aos Ministros nomeados para o Tribunal. Ademais, no Pleno são votadas as súmulas do TST; Órgão Especial (Criado pela Resolução Administrativa n. 1.276/2007), ápice da Corte para a maioria das decisões, integrado por quatorze Ministros, sendo os sete mais antigos, ademais de sete eleitos; Seção Administrativa; Seção Especializada em Dissídios Coletivos (SDC), integrada por nove Ministros; Seção Especializada em Dissídios Individuais: Subseção 1 (SDI1), integrada por 14 Ministros, e Subseção 2 (SDI2) integrada por onze Ministros; e oito Turmas (isto é, unidades judicantes do Tribunal), com três Ministros cada uma. Ainda funcionam juntos o Conselho Superior da Justiça do Trabalho (CSJT), órgão de supervisão administrativa, orçamentária, financeira e patrimonial da Justiça do Trabalho (art. 111-A, § 2º, II), integrado pelo Presidente e Vice-Presidente do TST e Corregedor-Geral da Justiça do Trabalho como membros natos, e por três Ministros Conselheiros eleitos pelo Pleno do TST, e por cinco Conselheiros Presidentes de Tribunais Regionais do Trabalho de cada uma das cinco Regiões geopolíticas do país (sul, sudeste, centro-oeste, nordeste e norte); e a Escola Nacional de Formação e Aperfeiçoamento dos Magistrados (ENFAM), órgão autônomo, instituída pela Resolução Administrativa n. 1.140 do Tribunal Pleno, de 1º de junho de 2006, tendo a Resolução Administrativa n. 1.158/2006 formatado o estatuto da escola. O órgão tem a missão de regulamentar, autorizar e fiscalizar os cursos oficiais para ingresso, vitaliciamento e promoção na carreira da magistratura trabalhista (art. 111-A, § 2º, I).

A competência funcional do TST tem como encargo fundamental uniformizar a jurisprudência trabalhista, competindo-lhe ainda julgar os recursos de revista, os ordinários e agravos contra as decisões dos Tribunais Regionais do Trabalho, bem como os dissídios de categorias organizadas em nível nacional, além de outras decisões, em mandados de segurança, embargos opostos de suas decisões, ações rescisórias e demais (confiram-se a Lei n. 7.701/88 e a Resolução Administrativa do TST n. 908/2002). O Tribunal conta ainda com Comissões Permanentes instituídas pelas Resoluções Administrativas n. 1.440 e n. 1.454/2011, que são: Comissão Permanente de Regimento Interno, a Comissão Permanente de Jurisprudência e Precedentes Normativos, e a Comissão Permanente de Documentação. O Tribunal tem Portal na WEB no endereço: <http://www.tst.gov.br/>.

3.2. Tribunais Regionais do Trabalho

Órgãos de segundo grau de jurisdição, os Tribunais Regionais do Trabalho estão organizados em 24 regiões do País, assim distribuídos: 1ª Região – Rio de Janeiro/RJ; 2ª Região – São Paulo/SP; 3ª Região – Belo Horizonte/MG; 4ª Região – Porto Alegre/RS; 5ª Região – Salvador/BA; 6ª Região – Recife/PE; 7ª Região – Fortaleza/CE; 8ª Região – Belém/PA – AP; 9ª Região – Curitiba/PR; 10ª Região – Brasília/DF/TO; 11ª Região – Manaus/AM/RR; 12ª Região – Florianópolis/SC; 13ª Região – João Pessoa/PB; 14ª Região – Porto Velho/RO/AC; 15ª Região – Campinas/SP; 16ª Região – São Luís/MA; 17ª Região – Vitória/ES; 18ª Região – Goiânia/GO; 19ª Região – Maceió/AL; 20ª Região – Aracaju/SE; 21ª Região – Natal/RN; 22ª Região – Teresina/PI; 23ª Região – Cuiabá/MT; 24ª Região – Campo Grande/MS. Observe-se que a redação original do art. 112 da Carta determinava que em cada Estado da Federação e no Distrito Federal deveria haver um TRT, todavia, a disposição foi suprimida com o advento da publicação da Emenda Constitucional n. 45/2004. Atualmente, temos quatro Estados federados que não possuem um TRT, que são Tocantins, Acre, Roraima e Amapá, deferida jurisdição à 10ª Região ao primeiro, 14ª Região ao segundo, 11ª Região ao terceiro, e à 8ª Região ao quarto Estado da Federação. Note-se que o Estado de São Paulo possui dois Tribunais Regionais do Trabalho, o da 2ª Região na Capital do Estado e o da 15ª Região com sede em Campinas. Os Tribunais Regionais do Trabalho têm um número mínimo na sua composição de sete juízes (art. 115), todavia, todos contam com mais Juízes, apenas nove Regiões têm oito juízes (13ª, 14ª, 16ª, 19ª, 20ª, 21ª, 22ª, 23ª, 24ª), sendo que o maior em número de magistrados é o da 2ª Região (São Paulo, Capital) com noventa e quatro juízes.

Os membros dos Tribunais Regionais do Trabalho – hoje autodenominados Desembargadores Federais do Trabalho, nada obstante a Carta os denomine de Juízes dos Tribunais – todos nomeados pelo Presidente da República (art. 84, XVI), dentre brasileiros com mais de trinta e menos de setenta anos de idade, sendo 1/5 reservado aos advogados e membros do MPT e 2/5 a serem preenchidos por promoção de Juízes do Trabalho, por antiguidade e merecimento alternadamente (art. 115). Inovação trazida pela Emenda Constitucional n. 45/2004 diz com a instalação, pelos Tribunais Regionais do Trabalho, da justiça itinerante (art. 115, § 1º, simétrico ao art. 107, § 2º, no âmbito da Justiça Federal e ao art. 115, § 1º, no âmbito da Justiça Estadual, aos quais remetemos o leitor).

Observe-se que a descentralização é desconcentração da jurisdição, é técnica de redistribuição da justiça, pois descentralizar a jurisdição se revela como indutor eficiente da ampliação do acesso à justiça (aliás, direito e garantia fundamental prevista no inciso XXXV do art. 5º, ao qual remetemos o leitor) na sua maior amplitude, isto é, compreende a efetivação dos direitos fundamentais, na dimensão individual ou plural (social) alcançando efetiva concretude da prestação jurisdicional, incluídos o procedimento e a organização dos meios necessários devidos pelo direito por juízes ajustados à realidade social, portanto comprometidos com a entrega efetiva da jurisdição, removendo impedimentos factuais gerados pela concentração da prestação e que se anteponham ao acesso à justiça, mais e principalmente é eficaz forma de aproximar a Justiça da cidadania, o que se obtém pela dilatação dos métodos e técnicas de conciliação, por permitirem a desopressão do Judiciário mediante mais simplificado, rápido e economicamente apreciável modelo de prestação com o objetivo de suprimir, ou conflitos, ou restaurar direitos, oportunizando as partes a interagir na sua efetiva solução. Ademais, descentralização comporta a concepção de câmaras progredidas dos tribunais, e também pode se reproduzir na instalação da Justiça Itinerante nos limites geopolíticos de cada um dos Tribunais Regionais do Trabalho, dado inclusive ao expressivo âmbito territorial de algumas regiões.

3.3. Juízes do Trabalho

Na redação original da Carta, órgãos de base da Justiça do Trabalho eram as Juntas de Conciliação e Julgamento. Com a Emenda Constitucional n. 24/99, foram substituídas pelos Juízes do Trabalho. São, pois, os Juízes do Trabalho que incorporam diretamente a função jurisdicional mediante a condução das Varas do Trabalho (art. 116), em alargado juízo monocrático, onde decidem dissídios (lato sensu) individuais, com jurisdição local bem definida, ainda que possa, em alguns casos, abranger mais de um município, ou em comarcas onde a Justiça do Trabalho não esteja instalada ser deferidas funções ao juiz de direito (art. 112). A investidura no Poder se dá por concurso público na forma em que preceitua o art. 93, I (ao qual remetemos o leitor). Importa consignar que os juízes de primeiro grau têm um papel destacado nas relações trabalhistas e mesmo na política trabalhista, pois é o juiz o gestor da serenidade e da equidade, condições indispensáveis nos conflitos em que interage. Sua atividade maior não induz a construção da ciência do direito com base em formulações abstratas, mas sim edificar prudência na realização do direito. No âmbito processual, seus pronunciamentos sentenciais são fonte primária do direito do trabalho que dão respostas concretas às situações que se vão projetando no cotidiano dos foros. As sentenças que produzem de algum modo sinalizam o "mercado" e contribuem para ações preventivas, sancionatórias e dissuasivas de pautas antissociais.

4. Competência

A articulação contida no art. 114 (*caput*), com a redação que lhe deu a Emenda n. 45/2004, atribuiu à Justiça do Trabalho competência para "processar e julgar", não mais como era expresso desde 1946, competência para "conciliar e julgar". Esta alteração compatibiliza não só o dispositivo relativo à competência com as disposições da Emenda n. 24/99 (que extinguiu a representação classista e denominou Vara do Trabalho o órgão de primeiro grau) como busca contemplar a amplitude da competência que passou a ser atribuída à Justiça do Trabalho. A conciliação, contudo, não está afastada, permanece como fase do processo (CLT, arts. 846 e 850).

4.1. Relações de trabalho

O inciso I do art. 114 caracteriza nítida mudança de modelo, tendo em vista que o dispositivo traz à competência da Justiça do Trabalho os dissídios decorrentes da relação de trabalho (não só da relação de emprego). Note-se, não se trata mais da limitação de conciliar e julgar os dissídios entre empregado e empregador, e sim de processar e julgar aqueles decorrentes da "relação de trabalho". A competência subjetiva dá lugar à competência em razão da matéria. Pelos seus termos, a competência se apresenta com amplitude, abarcando todas as relações em que uma pessoa física – prestador – coloca à disposição de outrem – o tomador – sua força de trabalho independentemente da natureza existente entre o prestador e o tomador dos serviços, envolvendo, assim, todo e qualquer conflito decorrente de uma relação de trabalho. Analisado o dispositivo em seu sentido literal, excluídos da Justiça do Trabalho restariam apenas os dissídios decorrentes das relações de consumo. A amplitude, contudo, de imediato foi mitigada. Ao apreciar a ADI 3.395 o Supremo Tribunal Federal firmou o entendimento no sentido de que, no conteúdo da expressão "relação de trabalho" não se encontravam incluídos os servidores públicos enquanto sujeitos de relações jurídico-administrativas, mantendo, assim, o entendimento antecedente a própria Emenda n. 45/2004, no sentido de que somente os servidores públicos regidos por relações contratuais celetistas permaneciam ao abrigo da Justiça do Trabalho. Esta interpretação foi ainda mais ampliada quando o Supremo Tribunal Federal excluiu, também, da competência da Justiça do Trabalho as irregulares relações mantidas pelos entes públicos. Afastadas, ainda, da competência da Justiça do Trabalho, em decorrência da Súmula 363 do Superior Tribunal de Justiça, as ações de cobrança de honorários promovidas por profissionais liberais. Observe-se que parece haver uma zona gris entre relações de consumo e relações de trabalho, contudo, tal estado é afastado quando pensamos que a relação de trabalho diz com a prestação conecta com os meios e fatores de produção de bens ainda que sem natureza econômica direta ou lucro, isto é, quando a atividade do prestador produz ao tomador um proveito, econômico ou de utilidade, direto sem o qual o seu negócio não seria possível. Ao contrário, nas relações de consumo (de serviços) o que vemos diz com uma necessidade do prestador para o seu benefício econômico, social ou simplesmente voluptuário. Por isso, fácil fica demarcar o âmbito relacional trabalhista, do âmbito relacional do consumo. E, não se diga que há aí déficit de interpretação em se tratando de relação de emprego doméstico. Na economia familiar, o trabalho realizado pelo prestador aproveita a própria estabilidade doméstica na conformação de sua unidade social, econômica ou utilitária, seja atribuindo ao tomador uma posição mais favorável, isto é, sua melhor posição no mercado do trabalho, seja atribuindo uma posição de destaque social ou simplesmente facilitando a sua vida com a apropriação dos resultados da prestação, o que reproduz substrato econômico, no contexto onde está inserido. De qualquer forma, parece-nos que o *telos* do comando normativo do art. 114, I, está na inclusão de tradicionais trabalhadores que se encontravam excluídos da proteção da Justiça do Trabalho; vamos lembrar que a Carta de 1988 tem forte conteúdo inclusivo como está bem adaptado aos objetivos da República (art. 3º e apêndices).

4.2. Direito de greve

Assegurado pelo art. 9º da Carta, o direito de greve (ademais de constituir um direito humano, implícito na Declaração Universal dos Direitos Humanos de 1948, no seu art. XX, n. 1, Resolução n. 2.200-A, de 16-12-1966, adotada na XXI Assembleia Geral da ONU, que instituiu o PIDESC – Pacto Internacional dos Direitos Econômicos, Sociais e Culturais, art. 8, n. 1, bem como na Carta Social Europeia de 1961, art. 6º, 4) constitui um direito fundamental. Até o advento da Emenda n. 45/2004, a regulação existente para definir a competência para o exame das questões pertinentes ao exercício do direito de greve estava contida na Lei n. 7.783/1989 (art. 8º), atribuindo à Justiça do Trabalho a decisão sobre a procedência ou improcedência da greve; todavia, toda matéria que suplantava a procedência ou não do próprio movimento grevista era examinada pela Justiça comum. Com a redação dada à Carta, pela Emenda n. 45/2004, foi ampliada a competência da Justiça do Trabalho que passou a decidir não só as questões estritamente relativas à greve, mas todas aquelas que possam decorrer do movimento dos trabalhadores no exercício deste direito. Entre estas demandas laborais encontram-se as que dizem, em processo, com os "interditos proibitórios", que inclusive foram objeto da Súmula Vinculante n. 23 do Supremo Tribunal Federal (competência para apreciação de ação possessória ajuizada em razão de cerceamento de posse em razão do exercício do direito de greve pelos trabalhadores da iniciativa privada). Tal decisão veio a ser proferida dado que o manejo deste instituto, com fundamento no art. 554 do Código de Processo Civil, poderia se constituir em obstáculo ao exercício do direito fundamental de greve; assim, com intuito de alcançar solução para eventual conformação da matéria processual, a Confederação Nacional dos Metalúrgicos da Central Única dos Trabalhadores interpôs, junto ao Supremo Tribunal Federal, a Ação de Descumprimento de Preceito Fundamental n. 123 com o objetivo de que a Corte Suprema conferisse interpretação conforme a Constituição sem redução de texto ao art. 567 do CPC (interdito proibitório), para declarar inconstitucional com eficácia contra todos e com efeito vinculante, a aplicação do art. 567 do CPC quando se tratar de manifestação dos trabalhadores devidamente aprovada e deflagrada para o exercício pleno do direito subjetivo de greve. Observe-se que, seguindo a interpretação dada ao inciso I da art. 114, as ações decorrentes do exercício do direito de greve dos servidores públicos não estão alcançadas pela Justiça do Trabalho, sendo objeto de competência da Justiça Federal ou Estadual.

4.3. Representação sindical

Assegura o art. 8º da Carta a livre associação sindical, a liberdade e a autonomia dos sindicatos, a participação nas negociações coletivas, mantendo o princípio da unicidade e estabelecendo o município como base territorial mínima das entidades. Assegura, ainda, de forma ampla "a defesa dos direitos e interesses coletivos ou individuais da categoria, inclusive em questões judiciais e administrativas"; esta prerrogativa caracteriza hipótese de substituição processual que não se confunde com a atuação do sindicato quando age como titular de direito no âmbito do Direito do Trabalho. O agir da entidade sindical, enquanto na defesa dos direitos dos trabalhadores quer individual quer coletivamente considerados ou, ainda, enquanto categoria, sempre se processou perante a Justiça do Trabalho. A inovação introduzida pela Emenda n. 45/2004 repousa na atribuição de competência à Justiça do Trabalho para aquelas ações que dizem respeito à representação sindical outrora examinada pela Justiça comum (remanescendo a competência quando se tratar de servidores públicos). As ações de representação sindical são ações em que a entidade sindical atua em nome próprio na defesa de direito do qual é titular e abrangem, entre outras, aquelas relativas às questões de desmembramento, fusão ou eleições; ademais, podem ser intersindicais, entre sindicatos e órgãos da administração pública ou, ainda, sindicatos e integrantes da categoria.

4.4. Remédios constitucionais

São de competência da Justiça do Trabalho processar e julgar os mandados de segurança, *habeas corpus* e *habeas data* sempre que o ato questionado envolver matéria sujeita à sua jurisdição. Relativamente ao mandado de segurança e *habeas data*, matéria que não oferece dificuldade para o desenho da competência da Justiça do Trabalho, pois afastadas as causas impeditivas do alcance da jurisdição trabalhista prevista no inciso I, o processamento desses remédios constitucionais é amplamente conhecido das Cortes e dos Juízos[1], contudo, o mesmo não ocorre com o *habeas corpus*, principalmente com o advento da Súmula Vinculante n. 25, de 2009. A hipótese mais comum ou evidente, em sede de jurisdição trabalhista, era a do depositário infiel que restou afastada pela decisão da Corte Constitucional; todavia, ainda persiste certa perplexidade, e não sem razão, entre os cultores dos direitos sociais com o tema. Ocorre que, no caso de depósito judicial (e mesmo contratual) em sede de direito do trabalho, tem-se imediata conexão com crédito de natureza alimentar (art. 100, § 1º), portanto, ao abrigo da proposição inicial, não afastada pela Súmula Vinculante 25, prevista no art. 5º, LXVII (inadimplemento voluntário e inescusável de obrigação alimentícia), isto é, o depositário (infiel) é depositário de obrigação alimentícia, circunstância pela qual possível admitir-se sanção pelo incumprimento da obrigação, e não pela forma pela qual se manteve como devedor. Contudo o tema merecia maiores explanações que aqui não têm espaço para o seu desenvolvimento[2].

4.5. Conflitos de competência entre órgãos com jurisdição trabalhista

A redação do inciso V do art. 114 (introduzido pela Emenda n. 45/2004) dá à Justiça do Trabalho competência para julgar e processar conflitos entre seus órgãos judicantes, ressalvada a competência do Supremo Tribunal Federal. Em decorrência do modelo constitucional os conflitos serão julgados: (a) pelos Tribunais Regionais do Trabalho quando suscitado entre Varas do Trabalho ou entre Vara do Trabalho e Juiz de Direito investido na jurisdição trabalhista, desde que situados na mesma Região (art. 808 da CLT); observe-se que, como esclarecido na Súmula 420 do Superior Tribunal do Trabalho, não há conflito entre as Varas do Trabalho e o respectivo Tribunal Regional do Trabalho; (b) pelo Tribunal Superior do Trabalho quando suscitado entre Vara do Trabalho e Juiz de Direito situados em Regiões diferentes (art. 808 da CLT); (c) pelo Superior Tribunal de Justiça quando suscitado entre Vara do Trabalho e Juiz de Direito não investido na jurisdição trabalhista (art. 105, I, *d*); (d) pelo Supremo Tribunal Federal quando suscitado entre o TST e qualquer órgão judiciário não integrante da Justiça do Trabalho (art. 102, I, *o*).

4.6. Indenizações devidas por relação de trabalho

Promulgada a Emenda n. 45/2004, ao lado das disposições do inciso I, foi o inciso V do artigo em comento o que maior controvérsia ensejou, especialmente por ter-se vinculado, em um primeiro momento, ao acidente do trabalho, sem ter sido observado que não é o infortúnio o único fato ensejador de reparação de dano passível de ocorrer no curso da relação de trabalho. Por outro lado, não trata o dispositivo de ação de indenização referida no inciso XXVIII do art. 7º (ao qual remetemos o leitor), que tem por destinatário o trabalhador e órgão da Previdência Social, cuja apreciação permanece na competência da justiça comum. Relativamente ao acidente do trabalho, o reconhecimento da competência da Justiça do Trabalho se deu pela Suprema Corte quando do julgamento do Conflito de Competência n. 7.204 (Rel. Min. Carlos Brito, julgado em 29-6-2005). Na memorável decisão dispôs, ainda, o Pretório Excelso, por razões de política judiciária, que o termo inicial da competência é o da vigência da Emenda n. 45/2004, devendo permanecer na justiça comum os feitos já ajuizados até aquela data. Observe-

---

1. Quanto ao *Habeas Data*, sustenta a doutrina seu cabimento ao empregado, ao empregador e ao tomador dos serviços para conhecer e retificar dados em entidades governamentais ou de caráter público, como o Ministério do Trabalho e Emprego.

2. Ainda com relação ao *Habeas Corpus*, o TST tem acolhido a medida quando se propõe a efetuar mandamento constitucional do livre exercício da profissão no caso de atleta profissional (*v.g.*, TST/HC 175529420165000000, *DEJT* 25/8/2016).

-se, ainda, que a competência da Justiça do Trabalho abrange a cobertura de todos os danos morais, estéticos e patrimoniais que decorram da prestação de trabalho, por ação ou omissão do tomador dos serviços prestados, bem como os sofridos pela pessoa jurídica na forma do art. 223-A da CLT, com a redação dada pela Lei n. 13.407/2017.

4.7. Penalidades administrativas

A imputação de penalidades administrativas, como multa (*e.g.*, art. 29, § 5º; art. 47, 47-A e art. 201, todos da CLT), perda de cargo de dirigente sindical (art. 553, *c*, da CLT), não são estranhas ao Direito do Trabalho, e se encontram previstas na legislação laboral. Assim, imputadas penalidades era a justiça comum competente para o exame das ações delas decorrentes, fato que veio a ser modificado com a edição da Emenda n. 45/2004, atribuindo à Justiça do Trabalho a competência para processar e julgar essas ações. Observe-se que este entendimento é pacífico na doutrina e na jurisprudência.

4.8. Execução de ofício de contribuições

A competência da Justiça do Trabalho para a execução das contribuições previstas no art. 195, I, *a*, e II, da Carta de 1988 foi introduzida pela Emenda Constitucional n. 20/98, que a acrescentou o § 3º ao art. 114, mais tarde com nova redação disciplinando matéria diversa, tendo o que ali se continha inscrito como inciso VIII do artigo ora em comento pela Emenda n. 45/2004. O alcance da norma foi delimitado pelo direito pretoriano que produziu a Súmula 368 do Tribunal Superior do Trabalho, segundo a qual a execução das contribuições previdenciárias deveria limitar-se apenas às sentenças condenatórias em pecúnia que forem proferidas pela jurisdição trabalhista, ou aos valores que integrem o salário de contribuição, decorrente de acordo homologado. Todavia, com a edição da Lei n. 11.457/2007, uma nova situação passa a ter a atenção da Justiça do Trabalho, pois o art. 42 da lei, entre outros, alterou o art. 876 da CLT, e no seu parágrafo único ficou assentado que as contribuições serão apuradas considerando o montante "resultante de condenação ou homologação de acordo, inclusive sobre os salários pagos durante o período contratual reconhecido". Deste modo, a execução *ex officio* nas condenações e na homologação de acordo passou a incidir também sobre todo o período reconhecido de trabalho pelo que a jurisdição passou a ter o dever de executar, no entendimento, especialmente, dos órgãos da administração da seguridade social. Dado a resistência no contexto trabalhista, o Instituto Nacional de Previdência Social provocou a manifestação do Supremo Tribunal Federal, o que se deu no RE 569.056, relator o Min. Menezes Direito, no sentido que a "competência da Justiça Federal alcança apenas a execução das contribuições previdenciárias relativas ao objeto da condenação constante das sentenças que proferir". Na mesma assentada ficou decidido pela edição de Súmula Vinculante 53.

4.9. Extensão da competência para outras controvérsias

A redação contida no inciso IX do art. 114 (introduzida pela Emenda n. 45/2004) fazia parte da cabeça do artigo originalmente articulado: "Art. 114. Compete à Justiça do Trabalho conciliar e julgar os dissídios individuais e coletivos entre trabalhadores e empregadores, abrangidos os entes de direito público externo e da administração pública direta e indireta dos Municípios, do Distrito Federal, dos Estados e da União, e, na forma da lei, *outras controvérsias decorrentes da relação de trabalho*, bem como os litígios que tenham origem no cumprimento de suas próprias sentenças, inclusive coletivas" (itálico nosso). Ao ampliar a competência para a totalidade das relações de trabalho desnecessária a inserção de tal regra. A própria CLT, *exempli gratia*, já previa a competência para os conflitos decorrentes da pequena empreitada (art. 652, *a*, III). O Tribunal Superior do Trabalho, mediante as Súmulas 19 e 300, firmara já o entendimento da competência para julgar ações ajuizadas pelos empregados em face do empregador referentes ao cadastramento no PIS, para apreciar reclamação de empregado com base em Quadro de Carreira, para autorizar levantamento de depósitos do FGTS quando existente dissídio entre empregado e empregador sobre a matéria; ademais, mediante a OJ 26 da SDI-1, definiu a competência da Justiça do Trabalho para apreciar pedido de complementação de pensão postulado por viúva de trabalhador por se tratar de pedido que deriva do contrato de trabalho.

4.10. Direito coletivo

Os §§ 1º, 2º e 3º do art. 114 tratam da negociação coletiva que se insere no âmbito do Direito Coletivo do Trabalho. Os conflitos coletivos podem ser objeto de autocomposição mediante acordos ou convenções coletivas ou de heterocomposição mediante arbitragem ou sentença normativa. O método da arbitragem (art. 114, § 1º) é inovação, no âmbito do Direito Coletivo do Trabalho, trazida para Constituição pela Emenda n. 45/2004. Eleita a arbitragem para a solução do conflito, o regime jurídico é o estabelecido pela Lei n. 9.307, de 23 de setembro de 1996; também a Lei de Greve, Lei n. 7.783, de 28 de junho de 1989, em seus arts. 3º e 7º, e a Lei de Participação nos Lucros, Lei n. 10.101, de 19 de dezembro de 2000, em seu art. 4º, anteveem o emprego da arbitragem caso fracassada a tentativa de negociação coletiva. Na doutrina e nas cortes trabalhistas ainda são controvertidos os entendimentos sobre o cabimento da arbitragem nos dissídios individuais. Em todo caso, observe-se que nem todos os direitos trabalhistas são indisponíveis, o que pode viabilizar a aplicação da arbitragem, também aos dissídios individuais, argumentos que aqui não podem ser desenvolvidos. O que deve ser consignado, por importante, é que a arbitragem unicamente pode ser instituída por mútuo acordo, com fundamento no princípio da liberdade de se eleger o melhor modo de resolver um conflito, pois as partes nomeiam um terceiro espontaneamente com o poder de decisão. Não optando as partes pelo modelo da arbitragem, quando frustradas as negociações, é facultado a elas "de comum acordo, ajuizar dissídio coletivo de natureza econômica, podendo a Justiça do Trabalho decidir o conflito, respeitadas as disposições mínimas legais de proteção do trabalho, bem como as convencionadas anteriormente". Duas inovações podemos observar no § 2º do art. 114. A primeira, a que exige o comum acordo para a instauração do dissídio coletivo; a segunda, a que determina, quando do julgamento, o respeito às disposições legais de proteção do trabalho, bem como para as condições anteriormente ajustadas. A primeira condição – comum acordo – encontra-se com sua constitucionalidade questionada, objeto da ADI 3.392, da ADI 3.423, da ADI 3.432 e da ADI 3.520. A questão tem sido enfrentada pelos Tribunais Regionais do Trabalho e pelo Tribunal Superior do Trabalho; com relação aos primeiros, alguns Regionais (caso da 4ª Região) têm entendido pela inconstitucionalidade, pela via difusa, fundamentando tal entendimento na própria Constituição, afirmando que condicionar a propositura da ação à concordância da parte adversa equivaleria a tornar letra morta o disposto no inciso XXXV do art. 5º do estatuto constitucional. O Tribunal Superior do Trabalho tem acolhido a previsão constitucional partindo da premissa que ao estipular a exigência de comum acordo não expressou o texto constitucional a forma como deveria se caracterizar, deu ao dispositivo interpretação ampliativa. O comum acordo poderá ser expresso por petição conjunta de instauração de dissídio, simples petição, ou até mesmo correspondência de uma das partes declarando a não oposição e, ainda, tacitamente caracterizada esta pela não oposição expressa. Havendo oposição, deve ser fundamentada ademais de relevantes os argumentos. Acolher simplesmente a oposição seria *propiciar* à parte que causou o dano, dizer se o Poder Judiciário pode ou não resolver a lide. Observe-se que, em se tratando de atividade essencial e se encontrando a categoria em greve, é atribuída ao Ministério Público do Trabalho a legitimidade para a instauração do dissídio. Quanto à segunda condição – limites – a atuação do Judiciário do Trabalho quanto à decisão, tem por limites a fundamentalidade dos direitos atribuídos pelo art. 7º, bem como a irrenunciabilidade das normas de proteção do trabalho, consagrando-se, desta forma, no âmbito do Direito Coletivo do Trabalho, o princípio de proibição da regressividade.

5. Redução de alcance da Competência da Justiça do Trabalho

Recentes decisões do STF, do STJ e do TST têm retirado da competência da Justiça do Trabalho a análise de processos envolvendo reconhecimento de vínculo de emprego entre motoristas e empresas de transporte rodoviário de cargas, bem como entre motoristas de aplicativo e as plataformas digitais com suas inúmeras hipóteses de trabalho, que podem ser retiradas da competência material da Justiça do Trabalho, como os contratos híbridos de consumo, *day trade*, controle de fluxo e de parceria de trabalhadores com salões de beleza, entre outros.

Outra restrição para a competência da Justiça do Trabalho está na "universalidade" do entendimento relativo ao motorista na área do transporte de cargas. O transporte de cargas é uma atividade essencial para a economia do país, e muitos profissionais autônomos e outros, travestidos de autonomia, atuam nesse setor. No entanto, quando surgem conflitos entre esses transportadores e as empresas tomadoras de serviços, a questão da competência para julgar as ações pode gerar dúvidas. De acordo com o § 3º do art. 5º da Lei n. 11.442/2007, compete à Justiça Comum o julgamento de ações oriundas dos contratos de transportes de cargas. Isso significa que a Justiça do Trabalho não é competente para julgar ações promovidas por transportadores autônomos de cargas em face da empresa tomadora dos serviços. Essa decisão se aplica a todos os casos envolvendo transportadores autônomos de cargas, mesmo nos casos em que a discussão verse sobre fraude a direitos trabalhistas. A incompetência absoluta da Justiça do Trabalho para julgar esses casos tem sido declarada de ofício em muitas decisões no âmbito da Justiça do Trabalho. Caso os transportadores autônomos de cargas tenham uma ação trabalhista em andamento na Justiça do Trabalho, eles podem alegar a incompetência absoluta da Justiça do Trabalho para julgar o caso, com base no § 3º do art. 5º da Lei n. 11.442/2007. Essa questão pode ser alegada em qualquer tempo e grau de jurisdição, conforme disciplina o art. 64, § 1º, do Código de Processo Civil. Portanto, é importante que os transportadores autônomos de cargas estejam cientes da competência da Justiça Comum para julgar ações envolvendo contratos de transporte de cargas. Dessa forma, eles poderão buscar a tutela jurisdicional adequada e garantir seus direitos, mas se pensarmos naqueles travestidos de autonomia como fica a questão?

O surgimento de aplicativos de transporte, como a Uber, Cabify, 99 e outros, trouxe consigo uma série de questionamentos acerca do vínculo empregatício entre os motoristas e as plataformas. Após decisões favoráveis aos motoristas, as ações se tornaram cada vez mais frequentes. Assim, é importante esclarecer que o vínculo empregatício é estabelecido quando estão presentes os elementos da pessoalidade, subordinação, onerosidade e não eventualidade, que foram estabelecidos pela CLT. O desafio reside em determinar se esses elementos estão ou não presentes na relação. Existe uma linha tênue entre o trabalho autônomo e o exercido por empregado celetista, dependendo também da interpretação do julgador sobre o tema. Um dos argumentos da Uber é que os motoristas são autônomos e têm flexibilidade para escolher seus horários, bem como podem recusar a demanda, inativando o aplicativo. Considerando que um empregado celetista não pode recusar trabalho, esse é um argumento forte para afastar a caracterização da subordinação, uma vez que, se o empregado celetista rejeitar o trabalho, ele pode ser punido nos termos da legislação vigente. Em contrapartida, em que pese o motorista ter autonomia sobre o aceite das corridas, horário de trabalho, a Uber possui um controle significativo sobre seus motoristas, por meio de políticas, diretrizes e avaliações. A empresa também pode desativar o acesso à plataforma em casos de baixa avaliação, o que sugere um grau de subordinação, já que configuram a subordinação a possibilidade do empregador fiscalizar, direcionar e punir o empregado. A problemática central das discussões sobre essa modalidade de contratação é o fato dos motoristas não terem direitos trabalhistas garantidos, já que a forma da contratação é autônoma, então não possuem direito a férias remuneradas, décimo terceiro salário, seguro-desemprego, entre outros benefícios trabalhistas assegurados aos empregados. A jurisprudência, até então, não era unânime no Brasil, tendo decisões favoráveis aos motoristas e ao aplicativo. No entanto, em recente decisão, o STF cassou a decisão da justiça do trabalho sobre o vínculo empregatício do motorista de aplicativo. Conforme decisão proferida pelo Ministro Alexandre de Moraes, que ao avaliar a Reclamação (RCL) 59.795, considerou que a decisão do Tribunal Regional do Trabalho da 3ª Região desrespeitou o entendimento do STF, firmado em diversos precedentes, que permite outros tipos de contratos distintos da estrutura tradicional da relação de emprego regida pela CLT. Os precedentes citados pelo Ministro foram sobre a Ação Declaratória de Constitucionalidade (ADC) 48, na Arguição de Descumprimento de Preceito Fundamental (ADPF) 324, na Ação Direta de Inconstitucionalidade (ADI) 5.835 e nos Recursos Extraordinários (REs) 958.252 e 688.223, com repercussão geral. Assim, a conclusão da decisão do Ministro foi no sentido de que a decisão do TRT3 desrespeita o entendimento do STF, já que, de acordo com seus argumentos, a relação entre o motorista de aplicativo e as plataformas se assemelha com a situação prevista na Lei n. 11.442/74, que regulamenta o transportador autônomo. Recentemente (14-12-2022), na decisão da 4ª Turma do TST, que negou a existência de vínculo de emprego entre Uber e motorista, parece que se consolida o entendimento.

Além disso, outras hipóteses podem ser retiradas da competência material da Justiça do Trabalho, como os contratos de parceria de trabalhadores com salões de beleza, assim como contratos fluentes de plataformas digitais, seja por parceria ou *adventure*, ou ainda por inflexão, contudo aqui não há espaço para tratarmos deles.

A subordinação algorítmica é uma das características da uberização do trabalho. Os aplicativos eletrônicos não fazem apenas a ligação entre o consumidor e o prestador de serviço, mas também precificam o serviço, fiscalizam a execução da tarefa e avaliam o "colaborador", podendo inclusive descredenciá-lo. Essa situação se assemelha a uma demissão, mas ainda é objeto de controvérsia quanto à configuração ou não da subordinação. A questão da subordinação algorítmica é um dos principais desafios enfrentados pela Justiça do Trabalho na era da economia digital. A subordinação é um dos elementos que caracterizam a relação de emprego, mas sua configuração em casos de trabalho por aplicativo ainda é objeto de controvérsia[3].

SEÇÃO VI
DOS TRIBUNAIS E JUÍZES ELEITORAIS

Art. 118. São órgãos da Justiça Eleitoral:

I – o Tribunal Superior Eleitoral;
II – os Tribunais Regionais Eleitorais;
III – os Juízes Eleitorais;
IV – as Juntas Eleitorais.

Fernando Neves da Silva

No mundo antigo, como registra Pinto Ferreira[1], não existiam os tribunais e os juízes eleitorais, nem qualquer estrutura semelhante a que hoje conhecemos como Justiça Eleitoral. A competência para proceder às eleições, apurar os votos, decidir sobre as nulidades e as inelegibilidades, bem como para proclamar o resultado, era atribuída ao presidente da Assembleia Popular.

Na primeira Constituição escrita do mundo, a dos Estados Unidos da América, de 1787, também não constou a figura da Justiça Eleitoral.

Attilio Lomagro informa que a origem da Justiça Eleitoral remonta à Inglaterra, no século XIX, onde, por influência de Disraeli, transferiu-se, da Câmara dos Comuns para juízes profissionais, a competência para o julgamento das eleições contestadas.

Grosso modo, pode-se dizer que são três os sistemas de controle das eleições: (a) aquele que é exercido pelo parlamento, que conserva, excepcionalmente, o poder jurisdicional; (b) aquele exercido por um tribunal especial, composto por representantes dos partidos políticos ou do parlamento e por juízes togados; e (c) o da Justiça Eleitoral, exercida unicamente por juízes togados, totalmente desvinculados de interesses partidários, que é o adotado no Brasil[2], com a particularidade de haver um determinado grupo de magistrados com atribuições específicas, ainda que temporárias. Na Venezuela, as eleições são controladas por um órgão específico, com o executivo, legislativo e judiciário e em diversos países as atividades administrativas são realizadas por órgãos ou agências do Poder Executivo.

No direito comparado prevalece o sistema clássico de verificação de poderes, onde o controle da eleição é confiado ao próprio parlamento, e o sistema do tribunal misto ou especial, existindo, entretanto, uma tendência de entregar a jurisdição eleitoral apenas a magistrados, de modo a afastar do controle das eleições as paixões e os interesses partidários, inegavelmente presentes nos dois outros sistemas.

A Justiça Eleitoral autônoma foi instituída efetivamente no Brasil em 1932, com a edição do Código Eleitoral, embora Walter Costa Porto[3] indique antecedentes embrionários desde a Monarquia, quando a Lei do Terço (outubro de 1875) prescrevia que o juiz de paz mais votado presidiria a eleição das Juntas paroquiais e municipais, e também na República, pois o Decreto n. 200-A, de fevereiro de 1890, e as Leis n. 3.139 e n. 3.208, de 1916, confiaram diversas atribuições relacionadas ao processo das eleições às autoridades judiciárias, entre elas a de elaboração das listas definitivas de eleitores e a participação nas juntas apuradoras.

A Justiça Eleitoral foi incluída entre os órgãos do Poder Judiciário pela Constituição de 1934, mas não constou da Carta seguinte, a de 1937, tendo, todavia, retornado no texto de 1946, e sido mantida, com algumas alterações pontuais, nas Constituições seguintes.

Sua criação, nas palavras de José Afonso da Silva[4], visou substituir o então sistema político de aferição de poderes, que até então era atribuído aos órgãos legislativos, pelo sistema jurisdicional, no qual se incluiriam todas as atribuições referentes ao processo político eleitoral.

A entrega do controle das eleições a uma magistratura própria, atuante desde a identificação permanente dos eleitores até a apuração dos votos, conforme constou da Exposição de Motivos da Subcomissão que elaborou os anteprojetos, teve por objetivo atender o que seria uma aspiração nacional: "arrancar-se o pro-

---

3. Sobre o tema, cf. ARAUJO, Marcella Pereira de. *A competência trabalhista no século XXI Indústria 4.0*. Curitiba: CRV, 2022; e também, IVO, Jasiel. *Esvaziamento da Competência Material da Justiça do Trabalho. Direito, Processo e Cidadania*. Recife, v. 1, n. 2, p. 56-79, maio-ago., 2022. Disponível em: https://www1.unicap.br/ojs/index.php/dpc/article/view/2175/1976. Acesso em: 27 jul. 2023.

1. *Comentários à Constituição Brasileira*, Saraiva, 1992, v. 4.

2. Cf. Celso Ribeiro Bastos, *Comentários à Constituição do Brasil*, Saraiva, 1997, v. 4, t. II.

3. *O Voto no Brasil*, Topbooks, 2002.

4. *Comentário Contextual à Constituição*, Malheiros Editores, 2007.

cesso eleitoral, ao mesmo tempo, do arbítrio dos governos e da influência conspurcadora do caciquismo local"[5].

O sistema adotado no Código de 1932 foi inspirado pela Constituição tcheco-eslovaca de 1918 (art. 18) e pela lei eleitoral daquele mesmo Estado, de 1920, que, por influência de Kelsen, haviam previsto um tribunal específico com a finalidade de dirimir, objetiva e imparcialmente, os litígios eleitorais, reprimindo as deturpações e propiciando a pureza do voto, como anotou Manoel Gonçalves Ferreira Filho[6], uma vez que, segundo Victor Nunes Leal, a legislação anterior "não conseguiu pôr termo às fraudes"[7].

À Justiça Eleitoral brasileira, porém, não se atribuiu apenas competência para dirimir os litígios, mas, ainda e principalmente, competência para organizar as eleições, detalhando as regras e os procedimentos que devem ser observados pelos eleitores e pelos candidatos, bem como pelas agremiações políticas, às quais estes últimos e eventualmente os primeiros estão vinculados.

Assim, pode-se dizer que a Justiça Eleitoral brasileira é um órgão do Poder Judiciário *sui generis*, pois, além de suas responsabilidades jurisdicionais, possui relevantes funções administrativas, inclusive com a atribuição de expedir Resoluções – atos normativos que se assemelham aos decretos expedidos pelo Poder Executivo para regulamentar leis –, e a possibilidade de responder, em tese, consultas sobre questões de direito eleitoral.

Essas características, importantes e peculiares, mostram que as responsabilidades e obrigações desse ramo do Poder Judiciário brasileiro vão além da solução dos casos concretos que lhe são apresentados. À Justiça Eleitoral do Brasil cumpre o dever de orientar a realização de eleições, não só buscando meios que assegurem transparência, eficiência e segurança, mas também impedindo abusos de qualquer tipo que possam interferir indevidamente na formação da vontade do eleitor, especialmente o uso da máquina estatal, tentação que constantemente ronda os administradores da coisa pública e à qual alguns infelizmente não conseguem resistir.

Ou seja, as características da Justiça Eleitoral do Brasil dão-lhe uma significativa atividade administrativa e a possibilidade concreta de uma atuação proativa, que resulta da imperiosa necessidade de fixar, antes do início de cada processo eleitoral, a orientação que considera pertinente em face do ordenamento jurídico em vigor. Essa é, sem dúvida, sua principal competência, que deve ser exercida com respeito à segurança jurídica, evitando surpresas no curso do período eleitoral.

Estrutura da Justiça Eleitoral

A estrutura da Justiça Eleitoral é, ainda hoje, a mesma prevista na Constituição de 1934 e segue o modelo dos demais órgãos do Poder Judiciário, onde as decisões dos Juízes locais são submetidas ao exame dos Tribunais estaduais e, estas, ao do Tribunal Nacional, com a particularidade de que todos os magistrados que a integram são considerados Juízes Federais, ou da União, mesmo que, originariamente, alguns pertençam à magistratura estadual e outros sejam advogados no exercício da profissão.

---

5. João C. da Rocha Cabral, *Sistemas Eleitorais*.
6. *Comentários à Constituição Brasileira de 1988*, Saraiva, v. 2.
7. *Coronelismo, Enxada e Voto*, Nova Fronteira, 1997.

O Tribunal Superior Eleitoral, com sede na capital da República e jurisdição em todo o País, é o órgão máximo da Justiça Eleitoral, atuando como colegiado revisor de decisões de tribunais regionais e, nas eleições presidenciais, como instância originária, competindo-lhe dirimir todas as questões pertinentes a tal disputa. A par dessas obrigações jurisdicionais, compete-lhe, também, a adoção das providências administrativas relacionadas com a organização, logística e material, das eleições em geral, expedindo as Resoluções que se façam necessárias, visando à correta e efetiva aplicação das leis eleitorais.

Algumas críticas têm sido dirigidas ao Tribunal Superior Eleitoral em razão de Resoluções por ele editadas, que iriam além do que estabelecido pela lei. Entretanto é necessário ter em conta a impossibilidade de as normas legais preverem todas as situações que podem ocorrer em um processo eleitoral, principalmente quando se considera a velocidade no desenvolvimento da tecnologia, cada dia mais utilizada em todas as fases do processo eleitoral, e a demorada tramitação do processo legislativo.

Exemplo dessa circunstância e da constante necessidade de aprimoramento das regras contidas nas Resoluções, assim como a evolução da jurisprudência, são as notícias falsas ou enganosas, as chamadas *fake news*, cuja veiculação pelas redes sociais, que cresce assustadoramente, confunde os eleitores e tumultua o processo eleitoral, com potencial, inclusive, para viciar o resultado das urnas. É imprescindível reprimir, rápida e efetivamente, essa deplorável prática pois, como reiteradamente dito, liberdade de expressão não se confunde com liberdade de agressão, de mentir ou de indevidamente influenciar o resultado das eleições, que sempre deve ser confiável.

Além disso, é de suma importância que antes do início de cada período eleitoral, o Tribunal explicite seu entendimento sobre os procedimentos e rotinas que devem ser seguidos pelos partidos políticos e seus candidatos, de modo a evitar questões e litígios desnecessários. Ao invés de se limitar a solucionar controvérsias, a Justiça Eleitoral deve buscar formas de evitá-las, contribuindo para que as eleições transcorram sem maiores percalços. A proteção da lisura e da tranquilidade dos pleitos é o objetivo maior a ser atingido.

Desse modo, perfeitamente legítimo o avanço na regulação das eleições, desde que presentes e respeitados os princípios e as normas estabelecidos no ordenamento jurídico, a partir da Constituição da República. Na verdade, as Resoluções do Tribunal não devem modificar o previsto na legislação em vigor, mas sim completar as lacunas, com base nos princípios pertinentes, de modo a simplificar e assegurar sua aplicação.

Outra peculiaridade do Tribunal Superior Eleitoral, que não encontra correspondência nos demais órgãos do Poder Judiciário, é a de responder consultas sobre matéria eleitoral, desde que formuladas em tese, por autoridade com jurisdição federal. Trata-se de importante competência, que confirma caber à Justiça Eleitoral orientar, previamente, como os diversos participantes do processo eleitoral devem proceder. Cuidando-se de indagação sobre como atuar, é conveniente que, uma vez iniciada a etapa do processo eleitoral a que se refere o objeto da consulta, ela não seja respondida. O Supremo Tribunal Federal já entendeu que tais respostas, uma vez que dadas *em tese*, não são passíveis de questionamento pela via da ação direta de inconstitucionalidade[8]. Ainda em relação ao instituto da consulta, anota-se que a circunstância de a resposta não ser vinculativa, ou seja, não obrigar que as decisões jurisdicionais sejam no sentido da resposta, aliada à transitoriedade dos mandatos dos juízes eleitorais, acaba por não trazer certeza absoluta sobre a situação consultada. Por isso o Tribunal Superior Eleitoral costuma ser extremamente econômico e cuidadoso em suas respostas. Anote-se, por oportuno, que a questão do caráter vinculativo das Consultas respondidas pelo Tribunal Superior Eleitoral (e só por ele) pode surgir com o novo Código Eleitoral que está sendo discutido no Congresso Nacional.

Os Tribunais Regionais Eleitorais, localizados nas capitais dos Estados e no Distrito Federal, julgam originariamente as causas relativas às eleições estaduais e os recursos interpostos contra as decisões dos Juízes Eleitorais, bem como organizam, em suas respectivas circunscrições, as eleições suplementares que se fazem necessárias quando a nulidade atinge mais da metade dos votos. São, também, competentes para processar e julgar, originariamente, por crimes eleitorais e conexos, as autoridades estaduais que, em crimes comuns, tenham foro especial no Tribunal de Justiça, por prerrogativa de função[9].

Os Juízes Eleitorais, aos quais incumbe a titularidade das Zonas Eleitorais, são Juízes especialmente designados para essa função pelo critério de antiguidade na Comarca[10], mesmo que ainda não vitaliciados[11], pelo prazo certo de dois anos e sem prejuízo de suas obrigações normais. Podem ser reconduzidos por iguais períodos, desde que não existam outros juízes disponíveis. Havendo mais de um juiz em condições de exercer a função eleitoral, deverá haver rodízio. Os Juízes Eleitorais de primeiro grau são os magistrados encarregados de julgar os litígios relativos às eleições municipais e exercer o poder de polícia sobre as atividades eleitorais, inclusive a propaganda.

As Juntas Eleitorais são órgãos temporários, criados para atuar na apuração das eleições realizadas em cada Zona Eleitoral, sob o comando do Juiz Eleitoral. A utilização dos sistemas informatizados de captação e apuração de votos (a urna eletrônica criada e desenvolvida pela Justiça Eleitoral brasileira) reduziu, significativamente, os trabalhos das Juntas Eleitorais, na medida em que a soma dos votos e os cálculos que indicam os vitoriosos por partido político ou coligação são realizados automaticamente, sendo que praticamente não são mais apresentados recursos contra a apuração, em face do alto grau de segurança e confiabilidade atingido. A implementação do voto impresso poderá fazer com que as Juntas Eleitorais retomem algumas atividades, como a de conferência de comprovantes, com a possibilidade de retornarem deploráveis e antigas práticas.

A propósito da urna de votação e apuração das eleições brasileiras, cumpre destacar que a mesma, vez por outra, é objeto de ataques por quem não quer que exista um instrumento seguro e efetivo de colheita da vontade do eleitor ou por quem deseja apenas criar confusão para obter destaque na mídia. Porém a maioria da sociedade brasileira deposita total confiança no sistema automatizado utilizado pela Justiça Eleitoral do Brasil, que superou com louvor os mais rigorosos testes, internos e externos.

---

8. ADI 1.805 (Liminar), *DJ* 14.11.2003.
9. STF, RHC 69.773, *DJ* 12.2.1993.
10. TSE, Pet. 1.043, *DJ* 8.4.2003.
11. STF, HC 79.395, *DJ* de 1.9.2006.

Art. 119. O Tribunal Superior Eleitoral compor-se-á, no mínimo, de sete membros, escolhidos:

I – mediante eleição, pelo voto secreto:

a) três juízes dentre os Ministros do Supremo Tribunal Federal;

b) dois juízes dentre os Ministros do Superior Tribunal de Justiça;

II – por nomeação do Presidente da República, dois juízes dentre seis advogados de notável saber jurídico e idoneidade moral, indicados pelo Supremo Tribunal Federal.

Fernando Neves da Silva

A composição do Tribunal Superior Eleitoral é *sui generis*, pois reúne Ministros do Supremo Tribunal Federal e do Superior Tribunal de Justiça, ou seja, magistrados no exercício de suas funções jurisdicionais, e advogados no exercício da profissão, sendo que nenhum deles se afasta de suas obrigações, isto é, os Magistrados continuam atuando em seus tribunais de origem e os advogados mantêm suas inscrições na Ordem dos Advogados, anotando-se apenas o impedimento para postularem, como tais, perante a Justiça Eleitoral. Essa composição mista permite que o exame das questões apresentadas ao Tribunal se faça a partir de experiências recolhidas no exercício de atividades específicas, sob prismas diversos. Pelo exercício das funções eleitorais os membros do Tribunal recebem apenas gratificação correspondente ao número de sessões às quais comparecem, observado o limite máximo, que geralmente é de oito sessões por mês ou até quinze sessões no período eleitoral.

A escolha dos três Ministros oriundos do Supremo Tribunal Federal, assim como a dos dois Ministros do Superior Tribunal de Justiça, embora seja feita mediante eleição secreta naquelas Cortes, costuma respeitar a ordem de antiguidade nos respectivos tribunais.

Os advogados são indicados pelo Supremo Tribunal Federal em lista tríplice encaminhada ao Presidente da República e por este nomeados, sem nenhuma participação da Ordem dos Advogados do Brasil e sem aprovação pelo Senado Federal, particularidades que indicam a intenção do legislador constituinte de assegurar total independência aos juízes eleitorais. Os requisitos a serem observados pelo Supremo Tribunal na indicação dos advogados são o notável saber jurídico e a idoneidade moral, ambos de nítido caráter subjetivo. As Constituições de 1934 e 1946 faziam referência a cidadãos e não a advogados o que, em tese, permitiria a indicação e a nomeação de quem não fosse sequer bacharel em direito, a exemplo do que já aconteceu no Supremo Tribunal Federal. A partir da Constituição de 1967 isso não é mais possível, pois a expressão cidadãos foi substituída por advogados.

Questão interessante é a possibilidade de o Supremo Tribunal indicar e o Presidente da República escolher quem, embora formado em direito, não exerça a profissão de advogado. Isso, porém, não parece ser possível, na medida em que o título de Advogado é privativo dos inscritos na Ordem dos Advogados do Brasil. Assim, um membro do Ministério Público ou um professor de direito que não esteja inscrito como Advogado não deverá compor o Tribunal Superior Eleitoral, mesmo sendo notório e notável o seu saber jurídico.

Outra questão é a que diz com a limitação de idade. Deve o juiz escolhido entre os advogados se afastar da Corte quando completar setenta e cinco anos? Quando o limite era setenta anos entendeu-se que não. Embora os juízes oriundos da magistratura nacional percam tal qualidade pela aposentadoria compulsória em seus cargos e, por reflexo, se afastem da função eleitoral, o mesmo não acontece com os advogados, que não perdem a condição de advogado em razão do adimplemento de determinada idade.

Ainda a propósito do juiz oriundo da classe dos Advogados, merece registro a controvérsia que surge, de tempos em tempos, acerca da conveniência do sistema de composição dos tribunais eleitorais. A preocupação, entretanto, não procede pois a mistura das experiências trazidas das diversas áreas de atuação dos integrantes desses tribunais tem se mostrado extremamente útil e colaborado, sensivelmente, para a confiabilidade e a eficácia desse ramo do Poder Judiciário.

Art. 119, parágrafo único. O Tribunal Superior Eleitoral elegerá seu Presidente e o Vice-Presidente dentre os Ministros do Supremo Tribunal Federal, e o Corregedor Eleitoral dentre os Ministros do Superior Tribunal de Justiça.

Fernando Neves da Silva

Embora a Constituição fale em eleição e essa efetivamente se proceda com as cautelas que lhe são próprias, inclusive o voto secreto, tem sido respeitada a tradição de ser eleito para o exercício da Presidência o membro mais antigo no Tribunal, na classe correspondente, isto é, o Presidente e o Vice-Presidente são eleitos entre os juízes oriundos do Supremo Tribunal Federal e o Corregedor entre os juízes do Superior Tribunal de Justiça.

Art. 120. Haverá um Tribunal Regional Eleitoral na Capital de cada Estado e no Distrito Federal.

Fernando Neves da Silva

A determinação da existência de um tribunal em cada Estado e no Distrito Federal evidencia a preocupação com a efetiva descentralização da Justiça Eleitoral, que deve estar presente em cada unidade da Federação e não apenas em regiões, como, em princípio, a utilização da expressão "regional" levaria a supor.

Do mesmo modo, a expressa orientação para que a sede de cada tribunal fique localizada na Capital do Estado significa que a Corte deve estar ao lado dos poderes constituídos na esfera estadual, permitindo a um só tempo facilitar as relações institucionais e exercer ampla vigilância sobre os atos dos demais poderes, a fim de evitar que sejam usados para influenciar indevidamente o resultado das eleições.

Art. 120, § 1º Os Tribunais Regionais Eleitorais compor-se-ão:
I – mediante eleição, pelo voto secreto:

a) de dois juízes dentre os desembargadores do Tribunal de Justiça;

b) de dois juízes, dentre juízes de direito, escolhidos pelo Tribunal de Justiça;

II – de um juiz do Tribunal Regional Federal com sede na Capital do Estado ou no Distrito Federal, ou, não havendo, de juiz federal, escolhido, em qualquer caso, pelo Tribunal Regional Federal respectivo;

III – por nomeação, pelo Presidente da República, de dois juízes dentre seis advogados de notável saber jurídico e idoneidade moral, indicados pelo Tribunal de Justiça.

Fernando Neves da Silva

Assim como o Tribunal Superior Eleitoral, os Tribunais Regionais Eleitorais também são integrados por sete juízes, cinco recrutados em diversos órgãos da magistratura estadual e federal e dois entre os advogados.

Dos cinco membros oriundos da magistratura permanente, quatro vêm dos quadros estaduais e um do quadro federal. Dois dos juízes estaduais são eleitos em votação secreta[1], entre os desembargadores do Tribunal de Justiça que não ocupem cargo de direção naquela Corte[2] e os outros dois são escolhidos, também pelo Tribunal de Justiça, dentre juízes de direito. O último representante da magistratura é da Justiça Federal, indicado entre os Juízes do Tribunal Regional Federal se este tiver sua sede na Capital do Estado ou do Distrito Federal ou, no caso disso não acontecer, por um Juiz Federal. A escolha de um ou de outro compete, sempre, ao Tribunal Regional Federal respectivo, isto é, àquele que possui jurisdição no Estado.

O fato de os membros oriundos da justiça estadual formarem a maioria (quatro entre sete) dos juízes do Tribunal Regional Eleitoral vez por outra causa reação, principalmente por parte dos juízes federais, que em diversas oportunidades tentaram alterar a regra para ocuparem mais uma cadeira, substituindo um dos juízes de direito ou um dos advogados. Essa pretensão foi discutida por ocasião da tramitação, no Congresso Nacional, da Emenda n. 45 (Reforma do Judiciário), mas não obteve êxito. Todavia, a discussão permanece viva.

A nomeação dos juízes oriundos da classe dos advogados pelo Presidente da República reafirma o caráter federal da Justiça Eleitoral. Os nomes devem ser indicados pelo Tribunal de Justiça, sem necessidade de participação da Ordem dos Advogados[3], embora isso aconteça em algumas unidades da Federação, e são encaminhados à Presidência da República via Tribunal Superior Eleitoral, que examina a inexistência de impedimentos e a eventual existência de ações judiciais contra os indicados que possa comprometer o conceito de reputação ilibada, bem como o exercício da advocacia por, pelo menos, dez anos, em face da regra geral do artigo 94 da Constituição[4]. A Resolução TSE 23.517/2017 dispõe sobre o preenchimento dessas vagas. Ao julgar o RMS 23.123, o Supremo Tribunal Federal entendeu, por maioria, que a vaga destinada a advogado não pode ser ocupada por magistrado aposentado[5]. Pela mesma razão a cadeira também não deve ser ocupada por membro do Ministério Público, instituição que atua como *custos legis* e que pode atuar como parte. O Tribunal Superior Eleitoral admitiu que o desempenho da atividade de árbitro por advogado ou advogada, nos termos da Lei n. 9.307/1996, é considerado para fins de comprovação do tempo de exercício da advocacia[6].

1. STF, ADI 2.763, *RTJ* 194/498.
2. TSE, Consulta 391, *DJ* 16.4.1998.
3. STF, MS 21.060, *RTJ* 137/189; STF MS 21.073, *RTJ* 135/61.
4. STF, RMS 24.334, *DJ* de 26.8.2005, RMS 24.232, *DJ* 26.5.2006.
5. *DJ* 12.3.2004.
6. LT 0600792-43, em 9.2.2003

Art. 120, § 2º O Tribunal Regional Eleitoral elegerá seu Presidente e o Vice-Presidente dentre os desembargadores.

Fernando Neves da Silva

Nos tribunais regionais eleitorais não impera a tradição de eleger para o exercício da Presidência o Desembargador mais antigo no Tribunal. Em razão do que dispõe o artigo 102 da LOMAN, não é admissível a reeleição do Presidente ou do Vice, embora seja possível que determinado Magistrado, após o exercício de um dos cargos, venha a exercer o outro, pois o Tribunal Superior Eleitoral admite a renovação da investidura bienal.

Ante o silêncio da Constituição acerca da eleição para a função de Corregedor Regional, a matéria tem sido disciplinada pelos regimentos de cada tribunal, com as mais variadas soluções.

Art. 121. Lei complementar disporá sobre a organização e competência dos tribunais, dos juízes de direito e das juntas eleitorais.

Fernando Neves da Silva

Pontes de Miranda[1] indica que tão profundamente o Código Eleitoral de 1932 buscou atender às necessidades peculiares do ambiente brasileiro, que quase toda a matéria eleitoral foi constitucionalizada. Na verdade, o que se tinha detalhado era o cerne da competência da Justiça Eleitoral, assim resumido por José Afonso da Silva: I – o registro e a cassação de registro dos partidos políticos; assim como a fiscalização de suas finanças, II – a divisão eleitoral do país; III – o alistamento eleitoral; IV – a fixação das datas das eleições, quando não determinadas por disposição constitucional ou legal; V – o processamento e apuração das eleições e a expedição dos diplomas; VI – a decisão das arguições de inelegibilidade; VII – o processo e o julgamento dos crimes eleitorais e os que lhes são conexos, bem como os *habeas corpus* e mandados de segurança em matéria eleitoral; VIII – o julgamento das reclamações relativas a obrigações impostas por lei aos partidos políticos[2].

Na Constituição da República de 1988, entretanto, salvo a explicitação de que compete à Justiça Eleitoral examinar a prestação de contas dos partidos políticos (art. 17, III) e decidir sobre a perda de mandato (arts. 14, § 10, e 55, V), optou-se por deixar à lei complementar dispor sobre a competência dos tribunais, juízes e juntas eleitorais, bem como sobre sua organização. Até que essa lei seja editada, a matéria continua disciplinada pelo Código Eleitoral, Lei n. 4.737, de 1965, manifestamente defasado em muitos aspectos, mas atual em relação aos temas competência e organização, sendo que em relação a esses tópicos passou a ter força de lei complementar, por ter sido recepcionado.

O Congresso Nacional examina atualmente (abril de 2023), projeto de um novo Código Eleitoral, tratado como Lei Complementar, para regular a competência da Justiça Eleitoral

Discutiu-se acerca da constitucionalidade do artigo 96, § 3º, da Lei n. 9.504, de 1997 (Lei das Eleições), que determina aos tribunais eleitorais designar três juízes auxiliares para a apreciação de reclamações ou representações referentes às eleições sob sua responsabilidade direta. O debate se encerrou quando o Tribunal Superior Eleitoral dispôs que tais juízes auxiliares deveriam ser designados dentre os juízes substitutos de cada Corte, evitando, assim, a criação de uma eventual nova instância.

No processo eleitoral de 2022 o Tribunal Superior Eleitoral inovou e durante curto período manteve quatro juízes, escolhidos entre os Ministros substitutos da Corte, atuando concomitantemente como juízes auxiliares encarregados de solucionar reclamações e representações originárias.

Art. 121, § 1º Os membros dos tribunais, os juízes de direito e os integrantes das juntas eleitorais, no exercício de suas funções, e no que lhes for aplicável, gozarão de plenas garantias e serão inamovíveis.

Fernando Neves da Silva

As garantias asseguradas aos juízes eleitorais, entre elas a inamovibilidade, são inerentes ao exercício das funções jurisdicionais e administrativas que lhes foram atribuídas, na medida em que impedem sejam os magistrados pressionados ou perseguidos em razão de suas decisões. A independência, jurídica e política, é pressuposto essencial de julgamentos isentos, subordinados apenas às normas, aos princípios e aos comandos existentes na Constituição e nas leis pertinentes. Todavia, já se decidiu que o serviço eleitoral de primeiro grau pode ser transferido, no caso de efetivo interesse público.

A vitaliciedade, outra garantia própria dos magistrados, se aplica em termos aos juízes eleitorais, uma vez que estes exercem funções temporárias, com prazo certo, ou, em outras palavras, eles não podem ser afastados de suas funções no curso do mandato, salvo, é claro, se perderem a condição em razão da qual foram escolhidos, como, por exemplo, pela aposentadoria no Tribunal de origem. A irredutibilidade de vencimentos deve ser entendida como irredutibilidade da gratificação paga pelo exercício da função eleitoral.

Embora a Constituição, no capítulo relativo à Justiça Eleitoral, faça referência apenas às garantias dos magistrados, parece evidente que a eles se aplicam, também, as vedações previstas no parágrafo único de seu artigo 95, no que couber. A ressalva há que ser feita em razão da peculiaridade de os tribunais eleitorais contarem com juízes temporários oriundos da classe dos advogados, que devem compatibilizar a atividade profissional permanente com a judicatura temporária. Não é razoável a aplicação da proibição de exercer a advocacia no tribunal do qual se afaste, antes de decorridos três anos da saída do cargo por aposentadoria, pois os advogados que integram as Cortes eleitorais não se aposentam, apenas concluem o mandato, que, inclusive, pode se limitar a dois anos. Por outro lado, não é admissível que quem exerça função de juiz eleitoral possa estar subordinado a alguma autoridade pública em razão de cargo ou função de confiança que eventualmente exerça, que receba custas ou participação em processo sob sua responsabilidade, que se dedique a atividades político-partidárias ou que receba auxílio ou contribuições de outras pessoas, públicas ou privadas, sem previsão legal.

---

1. *Comentários à Constituição de 1967 com a Emenda n. 1, de 1969.*
2. *Comentário Contextual à Constituição*, Malheiros, 2007.

Art. 121, § 2º Os juízes dos tribunais eleitorais, salvo motivo justificado, servirão por dois anos, no mínimo, e nunca por mais de dois biênios consecutivos, sendo os substitutos escolhidos na mesma ocasião e pelo mesmo processo, em número igual para cada categoria.

Fernando Neves da Silva

A Constituição assegurou aos juízes dos tribunais eleitorais a garantia da vitaliciedade, garantindo-lhes a permanência, salvo motivo justificado, por um tempo mínimo: dois anos[1]. A expressão "salvo motivo justificado" deve ser compreendida a favor do magistrado, ou seja, é a possibilidade de ele decidir encerrar sua judicatura eleitoral antes de completar o biênio por motivo de saúde ou, ainda como exemplo, em razão de sua posse em cargo incompatível com a continuidade de sua presença no tribunal. Nos casos em que se pretender encerrar o mandato antes de seu término contra a vontade do magistrado, é necessário haver sentença judicial transitada em julgado, em face do que estabelecido no artigo 95, inciso I, da Constituição de 1988.

A limitação de servir à Justiça Eleitoral, como Juiz de um mesmo tribunal por, no máximo, dois biênios consecutivos – quatro anos[2] – assegura a rotatividade nas funções eleitorais, particularidade extremamente importante, na medida em que impede não só o acomodamento das ideias como, ainda, eventual politização do magistrado eleitoral, que sempre deve permanecer acima das paixões e dos interesses políticos partidários.

A transitoriedade dos juízes de tribunais, com a consequente e inevitável alteração na interpretação das normas aplicáveis ao processo eleitoral, não pode, entretanto, ser motivo para insegurança nos pleitos. É sempre salutar o avanço na interpretação e aplicação do direito posto, mas as modificações na orientação da Justiça Eleitoral, salvo raríssimas e específicas decisões, devem ocorrer antes do início das campanhas eleitorais, de modo a que seus principais atores, que são os partidos políticos e seus candidatos, saibam, antecipadamente, como devem proceder. Esse é o princípio que resulta do artigo 16 da Constituição, específico para o direito eleitoral. Se a lei que altera o processo eleitoral não se aplica à eleição que ocorra até um ano da data de sua vigência, não deve haver aplicação imediata de nova orientação estabelecida pelo Tribunal se já iniciado o processo eleitoral propriamente dito, que se inaugura com a realização do período das convenções para escolha de candidatos. Essa é a razão, aliás, para a fixação de uma data limite para o Tribunal Superior Eleitoral expedir as Resoluções que servirão de instruções para o pleito específico. Regras bem definidas e constantes são fundamentais para garantir a lisura e a tranquilidade das eleições. A alternância na composição dos tribunais eleitorais não deve levar instabilidade ao processo eleitoral, mas sim, a partir de experiências do passado, possibilitar aperfeiçoamentos futuros, sem desconsiderar a imprescindível segurança jurídica.

---

1. A origem da vaga – término de mandato ou afastamento em face de investidura em cargo administrativo do Tribunal de Justiça – não repercute na duração do mandato, conflitando com o preceito constitucional restringir a permanência do eleito à complementação do mandato do antecessor (STF, MS 21.272, *DJ* 31.5.1991).
2. O Supremo Tribunal Federal considerou inconstitucional norma de regimento interno de Tribunal Regional Eleitoral segundo a qual nenhum juiz poderia voltar a integrar o Tribunal na mesma classe ou em classe diversa salvo se transcorrerem dois anos do término do biênio (ADI 2.993, *DJ* 12.3.2004).

Ainda no campo das peculiaridades da Justiça Eleitoral, a Constituição determina que cada juiz de tribunal deva ter um substituto, escolhido na mesma ocasião e pelo mesmo processo, em número igual para cada categoria. Essa é mais uma das regras exclusivas da Justiça Eleitoral, sem correspondente nos outros órgãos do Poder Judiciário. Confirma a necessidade de pronta solução para as questões eleitorais, assim como a conveniência de as Cortes Eleitorais funcionarem com sua composição completa, respeitando a paridade estabelecida. O Regimento Interno do Tribunal Superior determina que as providências urgentes, quando ausente o relator, deverão ser examinadas e determinadas por seu substituto e não pelo juiz efetivo que lhe seguir na antiguidade. A Resolução TSE 23.481/2016 admitiu a convocação dos juízes substitutos para exame de processos de registro, como relatores, em razão do volume dos pedidos e da celeridade necessária, porém essa faculdade não constou das Resoluções relativas às eleições que se seguiram.

A escolha dos juízes substitutos, embora prevista para ocorrer na mesma ocasião em que escolhidos os titulares, conforme ditado pelo comando constitucional, tem sido feita em momento distinto. Isso decorre, certamente, da circunstância de que na atualidade os mandatos não mais são coincidentes. A vantagem que essa aparente falta de sintonia apresenta é que as cadeiras não permanecem vazias quando ocorre demora na nomeação de algum titular, vez que nesse período o substituto atua como se efetivo fosse, recebendo distribuição de processos e compondo regularmente a Corte.

Art. 121, § 3º São irrecorríveis as decisões do Tribunal Superior Eleitoral, salvo as que contrariarem esta Constituição e as denegatórias de *habeas corpus* ou mandado de segurança.

Fernando Neves da Silva

Como órgão máximo da Justiça Eleitoral, as decisões do Tribunal Superior Eleitoral são, em regra, definitivas. A Constituição prevê apenas três situações em que aquelas decisões podem ser submetidas ao crivo do Supremo Tribunal Federal: quando contrariarem a própria Constituição, quando denegarem *habeas corpus* e quando denegarem mandado de segurança.

Por decisão contrária à Constituição há que se entender aquela que a atinge frontalmente, aplicando erroneamente suas normas ou seus princípios e, ainda, deixando de os aplicar ou de os observar quando pertinentes. Nesse caso o recurso cabível é o extraordinário, previsto no seu artigo 102, inciso III, sujeito aos requisitos e às demonstrações exigidos pelo Supremo Tribunal Federal[1] e que não se presta para examinar eventual injustiça da decisão recorrida. O prazo para interposição desse recurso é de três dias, por força da legislação eleitoral.

Nas duas outras situações, vinculadas à liberdade de locomoção e à prevalência de direito líquido e certo de indivíduo, o recurso cabível é o ordinário, conforme o que contido no inciso II do mesmo artigo 102[2], que também se refere a duas outras situações não previstas no comando ora comentado, que são as relativas a decisões denegatórias de *habeas data* e de mandado de injun-

---

1. STF, RE 254.948, *DJ* 14.8.2001.
2. STF, MS 20.891, *DJ* 14.4.1989.

ção, o que significa que nesses casos a decisão do Tribunal Superior Eleitoral será definitiva, salvo se contrariar à Constituição.

Desse modo, salvo nas hipóteses já indicadas, a interpretação da legislação eleitoral infraconstitucional é fixada de modo terminativo pelo Tribunal Superior Eleitoral, o que é extremamente conveniente, pois além da necessidade de as questões eleitorais chegarem ao seu final, é importante que elas terminem rapidamente, inclusive para que os eleitos possam exercer seus mandatos com tranquilidade e a população saiba, com segurança, quem efetivamente são os legítimos ocupantes dos cargos disputados. A demora na solução dos conflitos relativos às eleições, com sucessivas trocas no exercício da função pública, o que em determinadas situações acaba por acontecer, é tanto ou mais perniciosa que os vícios que pretendem corrigir. Por isso mesmo, a existência de recurso extraordinário (salvo se lhe for concedido expressamente efeito suspensivo) não impede a realização de novas eleições, quando determinadas ou confirmadas pelo Tribunal Superior Eleitoral.

No campo do direito processual eleitoral existem instrumentos que permitem procedimentos céleres e decisões eficazes. Já o mesmo não acontece no processo comum, ao qual se adaptam os processos eleitorais quando chegam ao Supremo Tribunal Federal, notoriamente inviabilizado pelo atual quadro das obrigações que são impostas aos seus integrantes. Assim, plenamente justificável a limitação de acesso à Corte Constitucional, a ser preservada para sua atribuição maior, que é a de interpretar e guardar a Constituição da República.

Ainda a propósito das decisões do Tribunal Superior Eleitoral, cabe destacar que a maior parte delas tem sido proferida de forma monocrática, inclusive se a controvérsia envolve apenas questões de mérito, só chegando ao exame do Colegiado após a interposição de agravo, quando a Corte não tem admitido sustentação oral pelos advogados das partes, circunstância que prejudica a ampla defesa. Além disso, a maior parte dos agravos tem sido julgada em sessões virtuais, nas quais o debate, com a possibilidade de esclarecimentos pelos patronos[3], fica condicionado a eventual destaque por algum dos integrantes do Tribunal, quando, então, o julgamento é retomado pelo Plenário presencial ou híbrido.

Art. 121, § 4º Das decisões dos Tribunais Regionais Eleitorais somente caberá recurso quando:

I – forem proferidas contra disposição expressa desta Constituição ou de lei;

II – ocorrer divergência na interpretação de lei entre dois ou mais tribunais eleitorais;

III – versarem sobre inelegibilidade ou expedição de diplomas nas eleições federais ou estaduais;

IV – anularem diplomas ou decretarem a perda de mandatos eletivos federais ou estaduais;

V – denegarem *habeas corpus*, mandado de segurança, *habeas data* ou mandado de injunção.

Fernando Neves da Silva

A Constituição da República de 1988, assim como as anteriores, teve o cuidado de regular, também, as hipóteses de cabimento de recursos contra decisões proferidas por tribunais regionais eleitorais, de modo a não permitir que toda e qualquer matéria possa ser automaticamente submetida ao exame da terceira instância eleitoral, prorrogando o término das demandas e o encerramento dos pleitos. Além disso, restringir a quantidade de processos que podem chegar à última instância eleitoral permite que ela tenha melhores condições de examinar e julgar aqueles que atenderem os requisitos estabelecidos para justificar sua análise pelo Tribunal Superior.

São cinco as hipóteses ou situações indicadas pela Constituição da República em que se admite recurso contra decisão de tribunal regional[1].

A primeira é quando a decisão regional for proferida contra disposição expressa da Constituição[2] ou de lei. É o caso clássico de recurso especial, a exigir a efetiva demonstração da norma diretamente violada, ainda que por não ter sido aplicada em situação na qual deveria ter sido. Para tal finalidade, isto é, para fundamentar recurso especial, as Resoluções do TSE se equiparam à lei. Por se tratar de recurso especial, é necessário que o tema tenha sido examinado pela decisão recorrida, sendo dispensável, todavia, o prequestionamento numérico da regra apontada como violada. Admite-se, ainda, que o prequestionamento esteja contido apenas nos votos vencidos. Embora o recurso especial não seja caminho hábil para o exame de fatos e provas, ele se presta para a qualificação jurídica de fato incontroverso[3], bem como a verificação do valor jurídico atribuído a determinada prova. A ação do Tribunal Superior Eleitoral, mais do que dar solução a um caso concreto, tem por finalidade fixar a melhor interpretação das normas eleitorais.

A segunda hipótese em que se admite recurso para o Tribunal Superior Eleitoral é nos casos em que ocorre divergência na interpretação de lei entre dois ou mais tribunais eleitorais, sendo que para tal fim as decisões do Supremo Tribunal Federal em matéria eleitoral são consideradas como decisões de tribunais eleitorais[4]. Acórdãos do mesmo tribunal prolator da decisão impugnada não se prestam para comprovar divergência, pois a norma constitucional exige que o conflito ocorra entre dois ou mais tribunais, nos termos da Súmula 29/TSE. Para comprovação da divergência, além da indicação do artigo de lei que recebeu interpretações diferentes por tribunais diversos, é necessário que se demonstre haver semelhança nos casos confrontados e disparidade nas soluções adotadas, o que deve ser feito mediante a transcrição das partes relevantes do voto ou dos votos vencedores nos paradigmas, de acordo com a Súmula 28/TSE. Em certos casos, todavia, a mera transcrição da ementa do julgado divergente pode ser suficiente, se bastante para possibilitar o

---

3. Lei n. 8.906, de 1994, art. 7º, X.

1. Admite-se, ante determinadas e especiais circunstâncias, mandado de segurança, no TSE, contra decisão de TRE, em matéria eleitoral (STF, RE 163.727).

2. A expressa referência, no texto de 1988, à Constituição, que não existia nos textos anteriores, confirmou o não cabimento de recurso extraordinário, ao Supremo Tribunal Federal, contra decisão de tribunal regional eleitoral, mesmo que nela se discuta matéria constitucional (STF, AgRg no AI 164.491, *DJ* 22.3.1996; AI 250.029, *DJ* 3.9.1999).

3. STF, AgRg no AI 133.468, *DJ* 9.3.1990.

4. TSE, REsp 6.215, *Boletim Eleitoral* 412/570.

cotejo. A intervenção do Tribunal Superior Eleitoral busca unificar o entendimento dos tribunais eleitorais, evitando posições diversas, em unidades da Federação diferentes, a partir da aplicação de um determinado artigo de lei a uma mesma situação fática. Por isso mesmo, não se conhece do recurso por divergência jurisprudencial quando a decisão recorrida estiver em conformidade com a jurisprudência do Tribunal Superior Eleitoral (Súmula 30/TSE).

A terceira hipótese é quando as decisões dos tribunais regionais versarem sobre inelegibilidade ou expedição de diplomas nas eleições federais ou estaduais. A primeira indagação que se apresenta é saber se o recurso é especial ou ordinário. A jurisprudência variou. Até as eleições de 2006, prevaleceu o entendimento de que o recurso era ordinário, ainda que o Tribunal Regional tivesse afastado a inelegibilidade. Em seguida, alguns julgados concluíram pela adequação do recurso especial quando, embora pleiteada, não tenha havido declaração de inelegibilidade. Logo depois, voltou a prevalecer a posição de que, acolhida ou não a inelegibilidade, o recurso deveria ser apreciado como ordinário. Como a Constituição se refere a decisões que versem sobre inelegibilidade e não sobre decisões que tenham reconhecido ou afirmado hipótese de inelegibilidade, o recurso interposto contra tal decisão deve efetivamente ser interposto e examinado como ordinário, o que permite ampla análise das provas trazidas aos autos.

Quando se discute condição de elegibilidade, o entendimento que tem prevalecido no Tribunal Superior Eleitoral é que o recurso cabível é o especial, sendo que a interposição de recurso ordinário tem sido considerada como erro grosseiro, a impedir a aplicação do princípio da fungibilidade, posição extremamente rigorosa que privilegia a forma em detrimento de um direito fundamental, como é o de ser votado para o exercício de relevantes funções públicas.

Quanto à segunda situação prevista no inciso III do artigo 121, § 4º – recurso contra decisão de tribunal regional que versar sobre expedição de diploma nas eleições federais ou estaduais –, são outras as indagações. Uma delas é definir o caráter da decisão que expede diploma em eleições estaduais ou federais. Trata-se de decisão jurisdicional ou administrativa?

Na sistemática atual, os contornos administrativos prevalecem, uma vez que a decisão decorre automaticamente do resultado da eleição, independentemente dos eventuais questionamentos que estejam em discussão nos feitos ainda sem solução. Mas há, também, na decisão que expede diploma, um componente jurisdicional, resultado da consideração das decisões até então proferidas. Tanto é assim que a impugnação dessa decisão, impropriamente rotulada como recurso, tem seu exame originário realizado pelo Tribunal Superior Eleitoral, em procedimento que, inclusive, admite instrução[5].

Para uma adequada aplicação do comando constitucional seria melhor, como sustentam alguns especialistas, que, uma vez tendo o Tribunal Regional Eleitoral expedido diploma em eleições estaduais ou federais, todas as pendências relacionadas com o candidato proclamado vencedor fossem reunidas e enviadas ao Tribunal Superior Eleitoral, que as examinaria em um único processo, confirmando, ou não, o diploma expedido. Mas, como não é esse o procedimento observado, deve ser assegurado, então, o amplo exame, próprio do recurso ordinário, das questões reunidas em ação que tenha por finalidade desconstituir o diploma, ainda quando genericamente rotulada de recurso.

Examinando o RO 8-84, pertinente às eleições de 2010, o Tribunal Superior Eleitoral, em apertada votação (quatro votos contra três), resolveu que a hipótese do recurso contra expedição do diploma descrita no art. 262, inciso IV, do Código Eleitoral (concessão ou denegação do diploma em manifesta contradição com a prova dos autos) não foi recepcionada pela Constituição de 1988 no que toca às situações previstas no artigo 222 do referido Código, e que a situação prevista no art. 41-A da Lei n. 9.504, de 1997, seria incompatível com o art. 14, § 10, da Constituição de 1988. Face ao princípio da Segurança Jurídica, o TSE resolveu, ainda, determinar que os autos fossem encaminhados ao Tribunal competente para examinar originariamente as questões pertinentes às eleições em causa, onde deveriam ser processados como Ação de Impugnação do Mandato Eletivo.

Após a conclusão desse julgamento, foi sancionada a Lei n. 12.891, de 2013, revogando os incisos do art. 262 do Código Eleitoral e dispondo que o recurso contra expedição de diploma caberá somente nos casos de inelegibilidade superveniente ou de natureza constitucional e de falta de condição de elegibilidade. Posteriormente, em 2019, foram acrescidos, pela Lei n. 13.877, parágrafos ao citado art. 262 para dispor que a inelegibilidade superveniente formulada em processo de registro de candidatura não poderá ser deduzida no recurso contra expedição de diploma; que a inelegibilidade superveniente que viabiliza tal recurso deverá ocorrer até a data limite para apresentação dos pedidos de registro; e que o prazo para a interposição desse recurso é de três dias após a data limite para diplomação, não ocorrendo entre os dias 20 de dezembro e 20 de janeiro.

Essas regras, sem dúvida, limitam severamente o recurso contra a expedição de diploma.

A quarta hipótese em que é cabível recurso contra decisão de tribunal regional eleitoral não constava das Constituições anteriores e, sendo inovação, merece especial atenção e eventual avanço em sua interpretação, até em razão de sua aparente ligação com a hipótese do inciso anterior. Ela diz respeito a decisões que anularem diplomas, sem esclarecer a que eleição possam se referir, e a decisões que decretarem a perda de mandatos federais ou estaduais. São hipóteses, portanto, em que a decisão do tribunal regional confronta a vontade majoritária dos eleitores. Nessas situações também o recurso cabível deve ser o ordinário, a permitir amplo exame dos autos e das provas neles existente. Se caracterizada qualquer das circunstâncias indicadas, que implicam alteração do resultado das urnas, há que se permitir tratamento diferenciado e cuidado especial. Todavia esse entendimento ainda não se consolidou no âmbito do Tribunal Superior Eleitoral.

A quinta e última hipótese em que cabe recurso de decisão de tribunal regional é quando for denegado *habeas corpus*, mandado de segurança, *habeas data* ou mandado de injunção. Mais uma vez o constituinte realçou a proteção das liberdades e dos direitos dos indivíduos, pois afastou o tratamento de recurso especial, que exige demonstração de ofensa à lei ou de divergência jurisprudencial, quando não tiver sido reprimida ameaça ou manifesta restrição ao direito de locomoção, bem como quando não restaurados direitos ou garantias individuais, assegurando, ainda nesses casos, o amplo exame das questões levadas ao Estado-Juiz.

---

5. TSE, REsp 19.506, *DJ* 1.2.2002; STF, AC 34-MC, *DJ* 28.5.2004.

SEÇÃO VII
DOS TRIBUNAIS E JUÍZES MILITARES

Art. 122. São órgãos da Justiça Militar:

I – o Superior Tribunal Militar;
II – os Tribunais e Juízes Militares instituídos por lei.

José Levi Mello do Amaral Júnior
Ana Paula Zavarize Carvalhal

1. História da norma

O Supremo Tribunal Militar foi criado em 1º de abril de 1808, por Alvará do então Príncipe Regente, futuro Rei Dom João VI, com a denominação de Conselho Supremo Militar e de Justiça, integrante do Poder Executivo. A Constituição Republicana de 1891 o transformou em Supremo Tribunal Militar, ainda vinculado ao Poder Executivo. Só com a Constituição de 1934 veio a integrar o Poder Judiciário. A Constituição de 1946 deu a denominação atual de Superior Tribunal Militar.

2. Constituições estrangeiras

Ordens jurídicas estrangeiras, inclusive democráticas, costumam prever uma justiça militar. A Associação Internacional das Justiças Militares é integrada atualmente por representantes de 24 países: Brasil, Angola, Peru, Equador, Bolívia, Chile, Uruguai, Espanha, Estados Unidos da América, África do Sul, Eslováquia, Inglaterra, Congo Brazaville, Colômbia, Nicarágua, Bélgica, Chipre, Eslovênia, Luxemburgo, Polônia, República Checa, Turquia, México e Paraguai. Nos EUA, a Constituição deixou a cargo do Congresso estabelecê-la, sendo composta pelas Cortes Marciais (jurisdição de primeiro grau) e pela Corte de Apelação Militar (jurisdição de segundo grau), sempre garantido recurso à Suprema Corte. A Constituição Espanhola de 1978 prevê a existência da jurisdição militar em seu art. 117.5. A Constituição Peruana de 1993 estrutura a jurisdição militar em seu art. 173. Já na França, a justiça militar só existe em tempo de guerra. Em Portugal, o Supremo Tribunal Militar, instituído em 1875, foi extinto pela revisão constitucional de 1997, passando o art. 213 da Constituição Portuguesa também a permitir o estabelecimento dos Tribunais militares apenas durante a vigência do estado de guerra.

3. Constituições brasileiras anteriores

Art. 77, § 1º, da Constituição de 1891. Art. 86 da Constituição de 1934. Art. 112 da Constituição de 1937. Art. 106 da Constituição de 1946. Art. 120 da Constituição de 1967. Art. 127 da Emenda Constitucional n. 1, de 1969.

4. Direito internacional

Direito Internacional dos Conflitos Armados (DICA). Convenções de Genebra de 1949 e conjunto de normas internacionais sobre os métodos e os meios para a condução das hostilidades e proteção das vítimas de conflitos armados (membros das forças armadas fora de combate; feridos; doentes; náufragos; prisioneiros de guerra; população civil e todas as pessoas que não participem das hostilidades). Convenções de Haia, que proíbem ou regulam a utilização de armas. O Tribunal Penal Internacional tem entre suas atribuições a de julgar os crimes de guerra e crimes de agressão no âmbito internacional.

5. Remissões constitucionais e legais

O art. 92 enumera os tribunais e juízes militares entre os órgãos do Poder Judiciário. Os arts. 122, 123 e 124 da Constituição se referem à Justiça Militar Federal. O art. 125, § 3º, trata da Justiça Militar Estadual. A Lei Federal n. 8.457, de 4-9-1992, organiza a Justiça Militar da União e regulamenta o funcionamento de seus Serviços Auxiliares.

6. Jurisprudência

HC 67.931, Rel. Min. Moreira Alves, *DJ* 31-8-1990 (Composição dos Conselhos de Justiça).

7. Referências bibliográficas

BARBOSA, Gen. Raymundo Rodrigues. *História do Superior Tribunal Militar*. Departamento de Imprensa Nacional, 1952. PEIXOTO, Antônio Geraldo. A Justiça Militar na nova Constituição brasileira. *Revista de Informação Legislativa*, Brasília: Senado Federal, ano 26, n. 101, jan./mar. 1989. SILVA, José Afonso da. Notícias sobre Jurisdição Militar no Brasil. In: *Coletânea de Estudos Jurídicos*: bicentenário da Justiça Militar no Brasil. Brasília: Superior Tribunal Militar, 2008. BIERRENBACH, Flávio Flores da Cunha. A Justiça Militar e o Estado de Direito Democrático. In: *Direito militar*: doutrina e aplicações. Rio de Janeiro: Elsevier, 2011. CHAVES JÚNIOR, Edgard de Brito. A Justiça Militar em outros países. Revista *Estudos e Informações*, Justiça Militar do Estado de Minas Gerias, 2001, n. 7.

8. Comentários

A Constituição deixou para a Lei Ordinária a organização da Justiça Militar, fixando, apenas, o Superior Tribunal Militar como órgão de cúpula. A Lei Federal n. 8.457, de 4-9-1992, instituiu os Tribunais e Juízes Militares da Justiça Militar da União, regulamentando o inciso II do art. 122 da Constituição. Nos termos da Lei, são órgãos da Justiça Militar Federal: o Superior Tribunal Militar, a Auditoria de Correição, os Conselhos da Justiça, os Juízes-Auditores e Juízes-Auditores Substitutos. A primeira instância é composta por 12 circunscrições judiciárias militares por todo o país. Em cada circunscrição há, ao menos, uma Auditoria Militar, onde funcionam os Conselhos de Justiça. Os Conselhos da Justiça são de duas espécies: o Conselho Especial de Justiça, competente para processar e julgar os oficiais, e o Conselho Permanente de Justiça, competente para processar e julgar os praças (soldados, cabos, sargentos, subtenentes e aspirantes a oficial). Os Conselhos de Justiça são compostos pelos Juízes Auditores e Juízes Auditores substitutos. Sendo composto por um colegiado, a primeira instância da Justiça Militar da União é chamada de escabinado. A Auditoria de Correição é sediada em Brasília e a ela compete o processamento das correições gerais. O funcionamento da Justiça Militar da União é um em tempo de paz e outro na vigência de guerra, nos termos especificados na legislação. Importa destacar que o Superior Tribunal Militar não atua como tribunal superior da Justiça Militar dos Estados. Esse papel é realizado pelo Superior Tribunal de Justiça, por meio de recurso especial.

> **Art. 123.** O Superior Tribunal Militar compor-se-á de quinze Ministros vitalícios, nomeados pelo Presidente da República, depois de aprovada a indicação pelo Senado Federal, sendo três dentre oficiais-generais da Marinha, quatro dentre oficiais-generais do Exército, três dentre oficiais-generais da Aeronáutica, todos da ativa e do posto mais elevado da carreira, e cinco dentre civis.

Parágrafo único. Os Ministros civis serão escolhidos pelo Presidente da República dentre brasileiros com mais de trinta e cinco e menos de setenta anos de idade, sendo:

I – três dentre advogados de notório saber jurídico e conduta ilibada, com mais de dez anos de efetiva atividade profissional;

II – dois, por escolha paritária, dentre juízes auditores e membros do Ministério Público da Justiça Militar.

José Levi Mello do Amaral Júnior
Ana Paula Zavarize Carvalhal

1. História da norma

Historicamente o Superior Tribunal Militar apresentou uma composição mista, sendo composto por militares e civis desde sua instauração em 1808. O número de magistrados variou muito ao longo da sua história: 13 quando da criação do Conselho Supremo Militar e de Justiça, passou para 15 em 1850, diminuiu para 10 em 1926, aumentou para 11 com a Constituição de 1934 e voltou a 15 em 1965.

2. Constituições estrangeiras

Não se aplica.

3. Constituições brasileiras anteriores

Art. 77, § 2º, da Constituição de 1891. Art. 87 da Constituição de 1934. Art. 113 da Constituição de 1937. Art. 106, parágrafo único, e art. 107 da Constituição de 1946. Art. 121 da Constituição de 1967. Art. 127 da Emenda Constitucional n. 1, de 1969.

4. Direito internacional

Não se aplica.

5. Remissões constitucionais e legais

Art. 52, III, *a* (aprovação do Senado). Art. 12, § 3º, VI (oficial-general deve ser brasileiro nato).

6. Jurisprudência

MS 20.930, Rel. Min. Carlos Madeira, *DJ* de 28-6-1991 (requisitos para a investidura no cargo de Ministro do STM). MS 23.138, Rel. Min. Marco Aurélio, *DJ* de 19-4-2002 (inconstitucionalidade da indicação de oficial da reserva para vaga de civil).

7. Referências bibliográficas

ROTH, Ronaldo João. Organização Judiciária da Justiça Militar. In: *Direito militar*: doutrina e aplicações. Rio de Janeiro: Elsevier, 2011. BIERRENBACH, Flávio Flores da Cunha. A Justiça Militar e o Estado de Direito Democrático. In: *Direito militar*: doutrina e aplicações. Rio de Janeiro: Elsevier, 2011.

8. Comentários

Os Ministros serão escolhidos livremente pelo Presidente da República, não havendo a necessidade de elaboração de lista, devendo apenas ser respeitada a proporção constitucional (princípio da composição mista). Os dez Ministros Militares são divididos entre três oficiais-generais da Marinha, três oficiais-generais da Aeronáutica e quatro oficiais-generais do Exército, todos da ativa e do posto mais elevado da carreira. Os Ministros Civis devem ser brasileiros no gozo dos direitos políticos e com mais de trinta e cinco anos de idade. Dentre eles, três devem ser oriundos da advocacia – advogados "de notório saber jurídico e conduta ilibada, com mais de dez anos de efetiva atividade" – e dois devem ser escolhidos dentre juízes auditores e membros do Ministério Público da Justiça Militar. Originalmente, e ao contrário da exigência então estabelecida para os Ministros do STF, STJ, TST e para os Desembargadores dos Tribunais Regionais Federais, a Constituição não previa a idade máxima de 65 anos para os Ministros do STM. Isso porque os oficiais-generais mais antigos do posto mais elevado da carreira (sobre os quais recai a indicação) podiam contar até 66 anos de idade (hoje, 70 anos, cf. limites etários constantes do art. 98 do Estatuto dos Militares, com a redação da Lei n. 13.954, de 16 de dezembro de 2019). Com a Emenda Constitucional n. 122, de 17 de maio de 2022, a idade limite para os referidos Tribunais foi fixada em 70 anos, inclusive para o STM. Trata-se de modificação que veio a complementar, de modo coerente, a elevação – para 75 anos de idade – do implemento da aposentadoria compulsória dos servidores públicos nos termos do art. 40, § 1º, inciso II, da Constituição, com a redação da Emenda Constitucional n. 88, de 07 de maio de 2015. Por fim, vale registrar que o Supremo Tribunal Federal já deixou assente que, nas vagas destinadas à advocacia, não pode ser indicado "oficial da reserva para ocupar vaga destinada a civil, sendo irrelevante o fato de o escolhido manter dupla qualificação – militar reformado na patente de coronel e advogado" (STF, MS 23.138/DF).

> **Art. 124.** À Justiça Militar compete processar e julgar os crimes militares definidos em lei.

Parágrafo único. A lei disporá sobre a organização, o funcionamento e a competência da Justiça Militar.

José Levi Mello do Amaral Júnior
Ana Paula Zavarize Carvalhal

1. História da norma

O STM não é um tribunal para julgar militares, mas para julgar crimes militares. A competência da justiça militar já foi objeto de intensa polêmica doutrinária e jurisprudencial. A Constituição de 1824, que não previu a justiça militar, estabelecia que os Oficiais do Exército e da Armada só poderiam ser privados das suas patentes por sentença de juízo competente. Quando da criação do Conselho Supremo Militar e de Justiça, estabeleceu-se sua competência para julgar, em última instância, os processos criminais em que os réus estivessem sujeitos ao foro militar, surgindo a ideia do "delito militar". Ruy Barbosa, inclusive, defendeu a tese da inaplicabilidade da justiça militar a civis em *habeas corpus* julgado perante o STF, tendo a Suprema Corte firmado jurisprudência pela incompetência do foro militar para julgar civis em tempos de paz. Só que a Constituição de 1934 admitiu a competência da justiça militar também para julgar civis, nas hipóteses que especificou. A Constituição de 1967 ampliou a competência da justiça militar para julgar civis, tendo a Emenda Constitucional n. 1, de 1969, excluído a possibilidade de recurso para o STF. A Constituição de 1988 fixou a competência da justiça militar para o processamento e julgamento dos crimes militares, deixando para a lei sua definição.

2. Constituições estrangeiras

Não se aplica.

3. Constituições brasileiras anteriores

Art. 77 da Constituição de 1891. Arts. 84 e 85 da Constituição de 1934. Arts. 111 e 113 da Constituição de 1937. Art. 108 da Constituição de 1946. Art. 122 da Constituição de 1967. Art. 127 da Emenda Constitucional n. 1, de 1969.

4. Direito internacional

Não se aplica.

5. Remissões constitucionais e legais

Art. 5º, inciso XLVII, da Constituição (pena de morte). Decreto-Lei n. 1.001/69 (Código Penal Militar). Decreto-Lei n. 1.002/69 (Código de Processo Penal Militar). Lei n. 8.457/92 (Organização da Justiça Militar da União e funcionamento de seus Serviços Auxiliares).

6. Jurisprudência

RHC 119.188, Rel. Min. Luiz Fux, *DJe* 23-10-2013 (aplicação do art. 400 do CPP ao processo penal militar). HC 99.541, Rel. Min. Luiz Fux, *DJe* 25-5-2011 (Diferença entre crime militar e crime praticado por militar). RMS 27.872, Rel. Min. Ellen Gracie, *DJ* 2-3-2010 (Incompetência do STM para determinar o trancamento de IPM instaurado pelo Ministério Público Militar). RHC 92.746, Rel. Min. Cármen Lúcia, *DJe* 9-5-2008 (perda de estado de militar para cumprimento da pena no regime prisional aberto). HC 92.912, Rel. Min. Cármen Lúcia, *DJe* 19-12-2007 (Competência da Justiça Comum para julgamento do crime de abuso de autoridade). HC 89.592, Rel. Min. Carlos Britto, *DJ* de 27-4-2007 (Competência da Vara de Acidentes de Trânsito para julgamento de soldado do Exército envolvido em acidente com motocicleta). RHC 86.805, Rel. Min. Carlos Britto, *DJ* 30-6-2006 e HC 85.720, Rel. Min. Sepúlveda Pertence, *DJ* 2-2-2007 (crime de estupro). HC 86.430, Rel. Min. Gilmar Mendes, *DJ* de 16-12-2005 (Crime militar praticado por civil). HC 83.003, Rel. Min. Celso de Mello, *DJe* 25-4-2008 (Crime militar em sentido impróprio). HC 81.963, Rel. Min. Celso de Mello, *DJ* 28-10-2004 (Caráter anômalo da jurisdição militar sobre civis). RE 260.404, Rel. Min. Moreira Alves, *DJ* de 21-11-2003 (crimes dolosos contra a vida e competência da justiça comum). RHC 81.467, Rel. Min. Ellen Gracie, *DJ* de 15-3-2002 (Crime praticado por militar contra militar). HC 80.249, Rel. Min. Celso de Mello, *DJ* de 7-12-2000 (delito de calúnia). HC 75.988, Rel. Min. Moreira Alves, *DJ* de 27-3-1998 (incompetência da Justiça Militar para processo e julgamento de militar reformado). CComp 7.030, Rel. Min. Marco Aurélio, *DJ* de 31-5-1996 (Incompetência da Justiça Militar para processo e julgamento de crime praticado por civil contra militares no exercício de função civil). HC 72.022, Rel. Min. Néri da Silveira, 28-4-1995 (princípio da reserva legal). HC 92.961, Rel. Min. Eros Grau, *DJe* 22-2-2008 (princípio da insignificância). HC 91.767, Rel. Min. Cármen Lúcia, *DJ* de 11-10-2007 (princípio da especialidade). HC 91.003, Rel. Min. Cármen Lúcia, *DJ* de 3-8-2007, e RE 122.706, Rel. Min. Sepúlveda Pertence, *DJ* de 3-4-1992 (Justiça Militar e Tribunal do Júri). HC 73.602, Rel. Min. Sydney Sanches, *DJ* de 18-4-1997 (competência da justiça militar para processo e julgamento de civil no exercício de função de secretário de junta de alistamento militar).

7. Referências bibliográficas

CASSEB, Paulo Adib. A Competência Constitucional da Justiça Militar e a Criação dos Tribunais Militares no Brasil. In: *Direito militar*: doutrina e aplicações. Rio de Janeiro: Elsevier, 2011. MAGIOLI, Renaldo Quintas. Uma Justiça Especializada, muito especial. In: *Coletânea de Estudos Jurídicos*; bicentenário da Justiça Militar no Brasil. Brasília: Superior Tribunal Militar, 2008.

8. Comentários

O art. 124 da Constituição fixa a competência da justiça militar como uma justiça especializada para o julgamento dos crimes militares, ou seja, uma justiça criminal. Adotou o princípio *ratione lege* ao delegar para o legislador a tarefa de definir os crimes militares. Atualmente, o Código Penal Militar, Decreto-Lei n. 1.001, de 21-10-1969, é o dispositivo legal que define os crimes militares. Estabelece de forma genérica os crimes militares praticados em tempo de paz (art. 9º) e em tempo de guerra (art. 10), prevendo que possam ser praticados tanto por militares da ativa, da reserva, reformados ou por civis. Os crimes militares praticados por civis são denominados pela doutrina e pela jurisprudência de crimes militares impróprios. Ao Superior Tribunal Militar, nos termos do art. 6º da Lei n. 8.457, de 1992, cabe processar e julgar, originariamente, entre outros, os oficiais-generais das Forças Armadas nas ações penais, as representações para decretação de indignidade de oficial (art. 142, § 3º, VI, da CF) ou de sua incompatibilidade para com o oficialato (art. 142, § 3º, VII, da CF). Em 2017, a Lei n. 13.491 alterou o art. 9º do Decreto-Lei n. 1.001, passando a estabelecer entre os crimes militares de competência da Justiça Militar da União os crimes ali tipificados, quando dolosos contra a vida e cometidos por militares das Forças Armadas contra civil, no contexto do cumprimento de atribuições que lhes forem estabelecidas pelo Presidente da República ou pelo Ministro de Estado da Defesa; de ação que envolva a segurança de instituição militar ou de missão militar, mesmo que não beligerante; e de atividade de natureza militar, de operação de paz, de garantia da lei e da ordem ou de atribuição subsidiária, realizadas em conformidade com o disposto no art. 142 da Constituição.

SEÇÃO VIII
DOS TRIBUNAIS E JUÍZES DOS ESTADOS

Art. 125. Os Estados organizarão sua Justiça, observados os princípios estabelecidos nesta Constituição.

Rogério Gesta Leal
Lenio Luiz Streck
Rafael Fonseca Ferreira

1. História da norma

Pode-se dizer que, historicamente, o processo de evolução do Poder Judiciário brasileiro, decorrente matricialmente do modelo português, esteve vinculado, ao menos nos seus primórdios a grandes episódios políticos, a começar pelo fato de que, durante muito tempo, não foi prioridade do Império e mesmo da República uma estruturação e desenvolvimento do Poder Judiciário nacional.

A própria identidade nacional do Estado-Juiz no país foi algo que se prolongou no tempo, em razão do apego demasiado que nossos momentos históricos mantiveram com a matriz portuguesa, em especial com as Ordenações (Afonsinas, publicadas em 1446, Manuelinas, publicadas em 1513, e as Filipinas, publicadas em 1595, todavia, vigorando no Brasil por mais de 312 anos, 58 anos a mais que em Portugal) (MARTINS JR., 1968, p. 82). Tais circunstâncias traziam igualmente os vícios que a Coroa portuguesa imprimia na concepção e operacionalização do Poder Judiciário local, caracterizada por ser iníqua e parcial, o que pode ser apreendido das queixas dos chamados Procuradores dos Povos, de 1481, contra a espoliação feita pelos nobres ao povo, as perseguições que este sofria e o favorecimento dos juízes aos ladrões, matadores e outros malfeitores. Sobre o tema, em 1922, Platão de Andrade escrevera:

Sujeito depois á prepotencia dos Governadores Geraes e da nobreza, que aportára á opulenta terra descoberta para lograr fortuna e usurpar a posse dos naturaes colonizadores, não era possivel admitir uma instituição judiciaria autonoma, que, por natural phenomeno de seleção de raças, de interesses, de actividades crescentes, só principiou a co-existir com a ideia de nacionalidade, cujos fundamentos fôram incontestavelmente lançados por D. João VI (ANDRADE, 1922, p. 220).

No período dos chamados Governos Gerais (segunda fase do período colonial, que vai de 1549 a 1808), são as Ordenações Filipinas que, em seu livro I, vão especificar a estrutura preliminar do Poder Judiciário brasileiro, bem como sua competência, tendo na cúpula as Relações da Bahia e do Rio de Janeiro, sendo estes tribunais constituídos de um governador, um chanceler, dois ouvidores gerais e cinco desembargadores; funcionava em cada um destes tribunais um Procurador da Coroa e um Promotor da Justiça (ANDRADE, 1972, p. 6). Por óbvio que tais tribunais operavam a vontade da Coroa no país, mesmo após a vinda da família real em 1808. O que se tinha, então, era um Poder Judiciário como extensão do Império, ao menos no que tange aos temas de interesse da monarquia, indicando a seu bel prazer pessoas que detinham perfil mais alinhado com a Coroa para assumirem os cargos de magistratura.

Em termos territoriais, a Colônia era dividida em distritos de Relação, enquanto que estes distritos eram subdivididos em comarcas, e estas em Termos; os Termos, eram divididos em Vintenas. Estas Relações, por sua vez, exerciam jurisdição de segundo grau ou de recurso, funcionando de forma colegiada e composta por um Governador, dois Ouvidores-Gerais e cinco Desembargadores nomeados pelo Rei, tendo na Relação de Lisboa a chamada Casa de Suplicação, que exercia jurisdição superior às das demais, em face de sua competência para dar às leis interpretação chamada autêntica, gerando assentos que tinham força de lei, vinculando todos os demais tribunais na Coroa e na Colônia, o que vinha disposto na Ordenação Filipina, Livro 1, Título 5.

Nas comarcas, as autoridades eram os Corregedores, que conheciam dos recursos das decisões dos juízes de fora e ordinários, nos termos da Ordenação, Livro 1, Título 58. Junto destes Corregedores, havia igualmente nas comarcas os chamados Ouvidores e Chanceleres, com semelhantes funções, selando as cartas emitidas pelos Corregedores e decidindo as suspeições opostas a elas.

Ao lado desta estrutura, havia ainda uma outra condizente aos diversos tipos de tribunais do período, a saber: (a) Conselho da Fazenda, exercendo jurisdição contenciosa no âmbito fiscal; (b) Mesa de Consciência e Ordens, decidindo questões que envolviam negócios militares, arrecadação de heranças ultramarinas; (c) Mesa Censória, decidindo questões atinentes à liberdade de imprensa, notadamente bibliográfica; (d) Junta de Comércio, responsável pela avaliação de questões comerciais; (e) Conselho Geral do Santo Ofício, cuidando de delitos de heresia e apostasia, vinculado às práticas inquisitoriais; (f) Ministério Público, que ainda não tinha conformação institucional, mas pela via da representação, nos tribunais, de um Procurador da Coroa e Promotor de Justiça, sendo que perante os juízes de primeiro grau, havia os chamados solicitadores da fazenda e Procuradores Especiais.

Já em termos de estrutura de pessoal, a Jurisdição estava constituída dos seguintes cargos: (a) Juízes Provedores, com jurisdição em uma ou mais comarcas, responsável por testamentos, tutela, administradores de capela e confrarias; (b) Juízes de Fora, igualmente nomeados pelo Rei, com mandato de três anos, devendo ser obrigatoriamente formado em Direito (letrado), exercendo jurisdição civil, criminal e orfanológica; (c) Juízes Ordinários, eram os Juízes de Fora que atuavam nos Termos, eleitos pelo povo para um mandato de um ano, com atribuições delimitadas pelo Título 65, da Ordenação Filipina; (d) Juízes Almotacés, eleitos pelo povo, com funções administrativas e judiciárias, notadamente em infrações de posturas municipais, multas impostas pela Fazenda e de casos de embargos de obra nova; (e) Juízes Pedâneos ou de Vintenas, que operavam em povoações que distavam a mais de uma légua do Termo a que pertenciam, eleitos pelo povo, decidindo verbal e sumariamente as causas de pequeno valor (CARVALHO, 1972).

Os juízes de direito, eram nomeados pelo Imperador dentre bacharéis em direito maiores de 22 anos, com, pelo menos, um ano de prática forense, enquanto que os juízes municipais eram escolhidos pelo Presidente da Província em lista tríplice organizada pelas Câmaras Municipais, sendo que os juízes de paz eram providos mediante eleição popular.

Mesmo com a vinda da família real para o país, em 1808, esta situação não se alterou drasticamente, resultando, por certo, uma ampliação nas estruturas do Poder Judiciário, muito especialmente com a elevação da Relação do Rio de Janeiro para Casa de Suplicação e da Mesa do Desembargo do Paço, Consciência e Ordens[1] (através do Alvará de 10/05/1808), e de mais dois tribunais de relação, um no Maranhão e outro no Pernambuco, bem como pela criação de Juntas Judiciais, nas capitais dos governadores e capitais dos domínios ultramarinos, cuja missão era resolver aqueles negócios que antes tinham de ser levados à Mesa do Desembargo do Paço (através do Alvará de 10/10/1811) (FONTAINHA, 1922, p. 215).

Mesmo com esta descentralização do Poder Judiciário, os magistrados não se viram em condições de explorar mais suas capacidades criativas e autônomas de dar solução aos casos concretos, haja vista que a Casa de Suplicação anteriormente referida tinha por incumbência fundamental, ao decidir casos concretos, estabelecer parâmetros bastante rígidos de sentido e significado das Ordenações e leis extravagantes para serem aplicados no país, resultando daí Assentos de força vinculativa obrigatória aos demais órgãos judiciais (uma espécie de súmula vinculante contemporânea).

É na Constituição outorgada de 25/03/1824 que o Primeiro Reinado (1822 a 1831) vai se ocupar de delimitar, de forma mais clara, a questão da separação dos poderes (art. 9º), fortalecendo o debate sobre um Judiciário mais independente, seguindo a vertente liberal que inspirou a Assembleia Constituinte de 1823, ao menos no aspecto formal.

Veja-se que dispunha esta Constituição, em seu Título 6º, sobre a organização do Poder Judiciário, a garantia aos magistrados da vitaliciedade (nominada de perpetuidade, nos termos dos arts. 153 e seguintes, todavia, podendo ser removidos de acordo com as disposições de leis que, em verdade, eram feitas por ocasião das deliberações do império). No mais, concentrada a regulação da magistratura pelos ditames da Constituição, o instrumento de sua regência viu-se unificado pelas disposições da Carta Política de 1824, de forma ainda precária, percebendo-se a nítida intenção de controle e monitoramento das atividades dos magistrados, facilmente expostos à manipulação governamental (pela via da suspensão de seus ofícios pelo Imperador, consoante o disposto no art. 154, por exemplo).

É de se registrar que a Constituição Republicana de 1891 não se ocupou de tratar da justiça dos Estados, seja de sua organização, seja das garantias de seus magistrados, pressupondo-os tão somente pela dicção do art. 59, n. 1, e; §§ 1º e 2º. Tais dispositivos referiam-se ao Supremo Tribunal Federal e suas competências jurisdicionais, dentre as quais destacavam-se, na ordem dos dispositivos referidos: o processamento e julgamento originário e privativo de conflitos envolvendo tribunais federais e estaduais, e de juízes de um Estado com outro; rever os processos findos das justiças estaduais em última instância. De outro lado, determinavam que as justiças federais consultassem a jurisprudência dos tribunais locais quando decidissem questões que envolvessem legislação estadual, devendo da mesma forma os tribunais estaduais consultar a jurisprudência federal quando estivessem interpretando a legislação federal. O art. 61, do mesmo Estatuto, dispunha que as decisões dos tribunais dos Estados, nas matérias de suas competências, poriam termo aos processos, salvo quanto ao *habeas corpus* e ao espólio de estrangeiros. Já o art. 62, explicitava que os tribunais Federais e os Estaduais não poderiam interferir de qualquer maneira nas decisões que cada qual tomava.

Há certo consenso sobre o fato de que foi a Constituição de 1934 que deu uma disciplina mais orgânica ao Poder Judiciário Estadual, a começar pelo reconhecimento do Poder Judiciário como órgão independente da soberania nacional, nos termos do seu art. 3º, e organizando-o em termos de juízes e tribunais federais, juízes e tribunais eleitorais e juízes e tribunais militares (art. 63); garantindo aos juízes a vitaliciedade, a inamovibilidade e a irredutibilidade de vencimentos (art. 64); delegando aos Tribunais a organização da carreira e de sua estrutura administrativa e de gestão (art. 67). A partir do art. 104, a norma constitucional criou um título específico para a justiça estadual, do distrito federal e dos territórios, instituindo uma verdadeira carreira da magistratura, tornando obrigatório o concurso público para o provimento de tais cargos; estabeleceu hierarquia judiciária, dispondo quanto ao acesso dos magistrados às entrâncias e instâncias superiores; conferiu ao Tribunal, com exclusividade, a faculdade de propor a alteração do número de seus membros; facultou a criação de cargos de magistrados com investidura limitada a certo tempo e com competência para julgamento de causas de pequeno valor, bem como para substituir juízes vitalícios[2].

Na Carta de 1937, a despeito das circunstâncias autoritárias de sua instituição pelo governo Vargas, viu-se o Poder Judiciário, em geral e como um todo, resguardado em suas prerrogativas e competências, tendo inclusive ampliado-as quando, em decorrência da extinção da justiça federal, agregou estas, desde que não reservadas ao Supremo Tribunal Federal (art. 107). Um dos pontos negativos deste período encontra-se regulado pelas disposições do parágrafo único do art. 96, ao prever que, *no caso de ser declarada a inconstitucionalidade de uma lei que, a juízo do Presidente da República, seja necessária ao bem estar do povo, à promulgação ou defesa de interesse nacional de alta monta, poderá o Presidente da República submetê-la novamente ao exame do Parlamento; se este a confirmar por dois terços de votos, em cada uma das Câmaras, ficará sem efeito a decisão do Tribunal.*

Na Constituição de 1946 manteve praticamente inalterado o quadro institucional do Poder Judiciário Estadual, assegurando-lhe as mesmas particularidades da anterior, e ampliando as exigências para o ingresso na carreira, já que exigia dos candidatos à magistratura o processo do concurso público com provas (art. 124, III), demandando a participação, como órgão colaborador, do Conselho Seccional da Ordem dos Advogados, sem aludir, todavia, à prova de títulos, o que só vai acontecer na Constituição de 1967, em seu art. 136, I), critério mantido pela Emenda de 1969, explicitando que tal recrutamento seria público (art. 144, I).

A Constituição de 1967, por sua vez, a partir de seu art.136, confirmou os ditames normativos das constituições anteriores,

---

1. O Supremo Tribunal de Justiça, substituindo a Casa de Súplica, só foi efetivamente criado pela Lei de 18/09/1828, com posse de seu primeiro membro somente em 07/01/1829. Era composto de 17 juízes com formação jurídica extraídos, por antiguidade, das Relações. Por óbvio que com tal critério de composição, este Tribunal ainda mantinha profundos compromissos com o Império.

2. Faz-se inexorável o registro de que, a despeito destes aspectos positivos da Carta de 1934, ainda havia uma previsão normativa cujo intento era exatamente o de afastar o Judiciário de qualquer análise política envolvendo temas legislativos ou mesmo de interesse do Poder Executivo, ao vedar ao Judiciário o conhecimento de *questões exclusivamente políticas*, nos termos do seu art. 68.

ampliando, todavia, a regulamentação da Justiça Estadual, por exemplo, no que tange à modificação do critério de preenchimento do quinto constitucional, ao determinar que os lugares no Tribunal reservados a advogados ou membros do Ministério Público fossem preenchidos, respectivamente, por advogados e membros do Ministério Público (art. 136, IV, CF 67, repetida pela Emenda Constitucional de 1969, em seu art. 144, IV)[3].

A despeito da organização da justiça comum, ainda tratou a Constituição de 1967 (art. 136) e a manteve a Emenda de 1969 (art. 144), da possibilidade dos tribunais estaduais criarem, no âmbito de suas circunscrições, outros órgãos de auxílio da jurisdição, a saber: os tribunais de alçada, juízes temporários (togados ou de paz), e justiça militar de primeira instância.

De se lembrar aqui também ter a Constituição de 1967 (art. 133, § 2º) e a Emenda de 1969 (art. 141, § 2º), assim como havia feito a Constituição de 1946 (art. 122, § 2º), facultado que, nas comarcas em que não estivessem instituídas Juntas de Conciliação e Julgamento na área trabalhista, fosse atribuída jurisdição aos magistrados estaduais para decidir questões atinentes a tais competências.

Esta experiência dos Estados em organizar suas estruturas administrativas, legislativas, executivas e judiciárias, tem oportunizado um aprimoramento mais racional de gestão de suas demandas, por óbvio que se fazendo sentir mais junto aos Poderes Executivo e Legislativo do que no Judiciário.

De forma acertada lembra Manoel Gonçalves Ferreira Filho que, quando a norma constitucional dispõe que os Estados, ao organizarem sua justiça, o façam observando os princípios insertos no Texto Político, isto se dá no sentido de fazer com que sejam levadas em conta disposições tais como as inscritas no art. 95, que versam sobre as prerrogativas da magistratura (vitaliciedade, inamovibilidade, irredutibilidade de vencimentos), e as proibições a ela impostas; as do art. 96, tratando sobre as competências dos tribunais; as do art. 97, estabelecendo quórum à decretação de inconstitucionalidade; as do art. 99, demandando autonomia administrativa e financeira; as do art. 100, prevendo a ordem de pagamento pela Fazenda Pública (FERREIRA FILHO, 2002, p. 35).

Por certo que as disposições do art. 93 da Constituição Federal, dão uma dimensão relativa da autonomia dos Tribunais de Justiça, uma vez que os comandos normativos ali dispostos estão catalogados como princípios obrigatoriamente informativos da Lei da Magistratura Nacional – LOMAN, sobre os quais não há a possibilidade de disponibilidade ou regência.

Lembre-se que a Emenda Constitucional n. 45/04, em seu art. 4º, extinguiu os Tribunais de Alçada, passando seus membros a integrar os Tribunais de Justiça dos respectivos Estados, observadas a antiguidade e a classe de origem, reconhecendo aos Tribunais de Justiça a competência para fazê-lo imediatamente, independente de regulamentação legislativa para tanto.

Portanto, o que resta claro é que, mesmo diante de relativa autonomia, ou de autonomia limitada por parâmetros constitucionais, os Estados devem procurar organizar sua Justiça buscando preservar a racionalidade da prestação jurisdicional a partir de uma eficiente organização judiciária, podendo, inclusive, no âmbito de sua competência, criar varas especializadas em razão da matéria, cível ou penal[4]. Trata-se de salutar reserva de competência estadual, pois não haveria melhor forma de adequar a prestação jurisdicional às necessidades, carências e vicissitudes apresentadas em cada região[5].

Quando se buscou afirmar a constitucionalidade da Resolução n. 07/2005 do CNJ (vedação ao nepotismo), o STF afirmou na decisão da ADC que [o] Poder Judiciário tem uma singular compostura de âmbito nacional, perfeitamente compatibilizada com o caráter estadualizado de uma parte dele e que o art. 125 da Lei Magna defere aos Estados a competência de organizar a sua própria Justiça, mas não é menos certo que esse mesmo art. 125, *caput*, junge essa organização aos princípios "estabelecidos" por ela, Carta Maior, neles incluídos os constantes do art. 37, *caput*. Deste modo, os condicionamentos impostos pela Resolução n. 07/05, do CNJ, não atentam contra a liberdade de prover e desprover cargos em comissão e funções de confiança. As restrições constantes do ato resolutivo são, no rigor dos termos, as mesmas já impostas pela Constituição de 1988, dedutíveis dos republicanos princípios da impessoalidade, da eficiência, da igualdade e da moralidade[6].

Art. 125, § 1º A competência dos tribunais será definida na Constituição do Estado, sendo a lei de organização judiciária de iniciativa do Tribunal de Justiça.

Rogério Gesta Leal
Lenio Luiz Streck
Rafael Fonseca Ferreira

1. História da norma

Historicamente, como já se viu anteriormente, a justiça estadual não era provida de autonomia para definir suas competências e organização judiciária, tampouco os Estados detinham tal atribuição. Foi com a Constituição de 1934 que vai se ter disposição expressa neste sentido (art. 67), outorgando aos Tribunais competências administrativas, sendo que a Constituição de 1937 vai, de forma explícita (art. 103), prever a competência dos Estados para legislar sobre divisão e organização judiciária, bem como a provisão de cargos. Tal se manteve na Constituição de 1946 (art. 124), e na Constituição de 1967 (art. 136) e Emenda de 1969.

Assim é que todos os Tribunais de Justiça Estaduais tiveram na Constituição Estadual respectiva a norma matriz definidora de suas competências, estas, por certo, sendo compatíveis com as estabelecidas às demais Cortes do país (como Supremo Tribunal Federal, Superior Tribunal de Justiça, Justiça Federal e Especializada). A par disto, tiveram igualmente chancelada sua

---

3. Instituto criado já na Constituição de 1934, na forma de um terço das composições dos Tribunais.

4. Cf. p. ex. o art. 74 da CPP e o art. 126 da CF/88; veja também a competência reservada da União (art. 22, I, CF/88).

5. STF, ADI n. 1218 e ADI n. 4414.

6. STF, ADC n. 12.

competência exclusiva à iniciativa legislativa à sua organização judiciária, ratificando assim a independência administrativa e funcional.

Mas o que se entende por *organização judiciária* aqui? Com Pinto Ferreira (2000, p. 536), podemos dizer que se trata de estatuto próprio regulando questões como a divisão judiciária territorial, a criação e o desdobramento de comarcas, categorias jurisdicionais, hierarquia, competência e funções dos juízes, de seus tribunais e seus auxiliares, regulando destarte todo o aparelho que forma a administração da justiça.

Sendo da competência do Tribunal de Justiça a iniciativa de projeto de lei versando sobre a matéria acima referida, há limites de emendas e veto por parte do Legislativo e do Executivo estaduais? Quais?

Já há bastante tempo que o Poder Judiciário brasileiro entendeu serem inconstitucionais as emendas oferecidas pelos deputados estaduais ao projeto de lei do Tribunal de Justiça sobre divisão ou organização judiciária do Estado, seja inovando com aumento de despesa, ou ainda versando matéria estranha ao aumento de despesa, limitando tal atuação a questões extremamente pequenas[1].

O próprio Supremo Tribunal Federal teve oportunidade de declarar a inconstitucionalidade de emendas propostas por deputado estadual, objetivando a criação de comarca e vara em locais diferentes daqueles opostos no projeto enviado pelo Tribunal de Justiça ao Parlamento estadual do Maranhão (Rep. 1.043-MA). Na mesma linha, também decidiu ser inconstitucional disposição que atribui iniciativa do governador para lei de organização judiciária[2].

Importa destacar, todavia, que a exclusividade da titularidade de iniciativa garantida pela Constituição não afasta de forma absoluta o poder de emenda do Legislativo, que vem limitado em sua extensão, tampouco o poder de veto do Executivo, consoante se pode ver de decisão judicial.

Insere-se nesta mesma senda a questão que envolve o número de magistrados dos Tribunais estaduais e a criação/extinção de cargos dos seus membros, eis que ele só pode ser ampliado e reduzido diante de processo legislativo próprio e de titularidade exclusiva do Tribunal de Justiça do Estado, consoante as disposições do art. 96, II, *a* e *b*, da Constituição de 1988, sob pena de configurar qualquer tentativa de usurpação de tal mister inconstitucionalidade latente[3].

Pinto Ferreira (2000, p. 541), por outro lado, lembra que o Supremo Tribunal Federal, no passado, teve oportunidade de sustentar que *independe de proposta do Tribunal de Justiça local o aumento do número de seus juízes pela Constituição Estadual. Tal requisito só tem lugar em relação às alterações através de lei ordinária.*

Uma outra questão igualmente importante levantada por aquele constitucionalista, diz com a possibilidade ou não do Constituinte Originário Estadual poder versar sobre esta matéria no âmbito do Texto Político estadual. Sua resposta afigura-se sensata pode ser sustentada ainda na atual quadra histórica em que vivemos, aduzindo que o Poder Constituinte Estadual é um poder derivado, organizando uma ordem constitucional nova, inclusive no que diz com o Poder Judiciário, todavia, tem na Constituição Federal o parâmetro fundamental e vinculante (PINTO FERREIRA, 2000, p. 542). Daqui extrai o autor que o Poder Constituinte do Estado poderia deliberar sobre a ampliação do número de desembargadores do Tribunal de Justiça sem a sua anuência, eis que somente a partir da promulgação da Constituição do Estado é que se instituiria a titularidade exclusiva do Tribunal de Justiça para tal mister.

Com razão o tratadista, pois, se é verdade que não se pode ler o § 1º sem a necessária integração com o *caput* a que ele pertence (art. 125), e este define que são os Estados que organizarão sua justiça, o que se dá, inexoravelmente, pela via da Constituição do Estado, que, por sua vez, tem na Constituinte Estadual sua matriz fundacional, afigura-se da mesma forma inevitável reconhecer que a Constituição Federal estabelece parâmetros objetivos para algumas questões atinentes mesmo ao Poder Judiciário, tanto em termos de competências, como a que lhes atribuem o julgamento dos Prefeitos dos Municípios, nos crimes de que sejam acusados (art. 29, VIII), e a que lhes dão igual atribuição em face aos juízes estaduais e aos membros do ministério público do Estado (art. 96, III), como em termos de composição mesmo, *ex vi* os quantitativos delimitados pelo art. 93, XI (versando sobre o órgão especial), e o art. 94 (que trata do quinto constitucional). Observadas tais disposições normativas e cogentes, poderá o Poder Constituinte Estadual alterar situação anterior vigente em termos de competências e composição dos Tribunais de Justiça estaduais, ressalvadas aquelas dispostas pela própria Carta Política Federal, *ex vi* a situação que envolve a competência do Tribunal do Júri para o julgamento dos crimes dolosos contra a vida, nos termos do art. 5º, XXXVIII, *d*, a qual não pode ser afastada por disposição contrária à Constituição Estadual, a não ser em relação aos agentes políticos correspondentes àqueles a que a Constituição Federal outorga tal privilégio[4]. Também, de acordo com a Súmula Vinculante 27, compete à Justiça estadual julgar causas entre consumidor e concessionária de serviço público de telefonia, quando a Anatel não seja litisconsorte passiva necessária, assistente, nem opoente[5].

Importante anotar aqui que, decorrente da combinação deste dispositivo com a alínea *d* do inciso II do art. 96 da CF/88, a competência para a criação, extinção ou modificação de unidades do serviço notarial e de registro (serventias extrajudiciais), além de pertencer aos Estados-membros, há de se formalizar por lei de iniciativa do respectivo Tribunal de Justiça, com exclusividade, por se tratar de "alteração da organização e da divisão judiciárias"[6].

---

1. Nesta mesma direção, o STF teve oportunidade de dizer que *é inconstitucional a criação, por Constituição estadual, de órgão de controle administrativo do Poder Judiciário do qual participem representantes de outros Poderes ou entidades*, protegendo a autonomia da instituição, conforme a Súmula desta Corte de n. 649.

2. STF, ADI n. 197.

3. Neste sentido ver: MELLO FILHO, 1970, p. 373; CAVALCANTI, 1979, p. 399; NUNES, 1943, p. 469.

4. V. STF, Súmulas 45 e 721.

5. Sobre outras competências da Justiça Estadual, *vide* Súmulas 556, 516 e 508 do STF.

6. STF, ADI n. 2415, rel. Min. Ayres Britto (*DJ* 09.02.2012) e ADI n. 4657 MC, rel. Min. Marco Aurélio (*DJe* 25.04.2012).

De maneira correlata, complementarmente, por ora, também pode-se enumerar, no âmbito das decisões do STF, em sede de Repercussão Geral, alguns Temas (p. ex. n. 17, 149, 190, 550 e 1092), os quais, em casos concretos, afirmam a competência da justiça comum.

Art. 125, § 2º Cabe aos Estados a instituição de representação de inconstitucionalidade de leis ou atos normativos estaduais ou municipais em face da Constituição Estadual, vedada a atribuição da legitimação para agir a um único órgão.

Rogério Gesta Leal
Lenio Luiz Streck
Rafael Fonseca Ferreira

1. História da norma

Este dispositivo constitucional traz uma inovação no âmbito do controle de constitucionalidade no país, ensejando o controle de leis ou atos normativos estaduais ou municipais em face da Constituição do Estado, autorizando aos Estados a instituição, por lei, necessariamente, da chamada representação de inconstitucionalidade de leis ou atos normativos inconstitucionais, com similitude ao que as constituições anteriores adotavam para os efeitos de controle de constitucionalidade de leis e atos normativos federais ou estaduais, e que a Constituição de 1988 substituiu pela ação de inconstitucionalidade do art. 102, I, e art. 103.

I. A representação de inconstitucionalidade deverá ser ajuizada perante o Tribunal de Justiça do Estado, não podendo ser privativa de um só autor, como o Procurador-Geral de Justiça, mas se estende a outras autoridades e órgãos que atuem na órbita do Estado-membro, matéria a ser regulada por cada entidade federativa. Trata-se da possibilidade, amplamente instituída no âmbito dos Estados-membros, da jurisdição constitucional concentrada, ao menos, para a declaração de inconstitucionalidade nos limites do artigo em comento.

De uma certa forma, o art. 103, da Constituição de 1988, estabelece o parâmetro de legitimados ativos para tal mister, reconhecendo como tais o Governador do Estado, a Mesa da Assembleia Legislativa, a Mesa da Câmara Municipal, o Prefeito Municipal, o Procurador-Geral de Justiça, o Conselho Estadual da Ordem dos Advogados do Brasil, Partido Político com representação na Assembleia Legislativa ou Câmara Municipal, Federação Sindical ou entidade de classe de âmbito estadual[1].

II. Em tese, não previu a Carta de 1988, em termos expressos, competência para ação direta de inconstitucionalidade de lei ou ato normativo municipal em face da Constituição Federal perante o STF, outorgando-se ao Estado a legitimidade para instituir ação direta de inconstitucionalidade de lei ou ato normativo municipal, seja em face da Constituição Estadual, seja em face da Constituição Federal. Todavia, já se manifestou há bastante tempo o Supremo Tribunal Federal sustentando que o nosso sistema constitucional não admite o controle concentrado de constitucionalidade de lei ou ato normativo municipal em face da Constituição Federal[2]. Nesta mesma oportunidade o Pretório Excelso alertava para o fato de que o único controle de constitucionalidade de lei e de ato normativo municipal em face da Constituição Federal admitido é o difuso, exercido *incidenter tantum* por todos os órgãos do Poder Judiciário, quando do julgamento de cada caso concreto. Com o advento da Lei 9.882/1999, tornou-se possível, por ADPF, em situações específicas e muito restritas, o controle de constitucionalidade concentrado pelo STF de leis municipais em face da Constituição Federal.

III. O Supremo Tribunal Federal também já assentou que se afigura inconstitucional disposição de Constituição Estadual que atribui ao Tribunal de Justiça do Estado competência para processar e julgar originariamente representação de inconstitucionalidade de lei ou ato normativo municipal em face da Constituição Federal, usurpando papel do Supremo Tribunal Federal de guarda da Carta Política[3].

Em verdade, considerou o STF que o controle concentrado de constitucionalidade no âmbito dos Estados-membros tem como parâmetro a Constituição Estadual, nos termos do disposto no § 2º do art. 125 da Constituição Federal de 1988. Na mesma lógica, nos casos em que a Constituição Estadual reproduz, por estrita deliberação de sua Constituinte, preceito da Constituição Federal (situações em que os Estados já estariam obrigados a cumprir a norma), afiguraria-se razoável a compreensão de que não caberia insurgência contra ela perante o Tribunal de Justiça, pois, como afirmava Celso Bastos, *o fato da Constituição do Estado ter reproduzido a norma federal a que já estava sujeito, é um incidente desprezível para o efeito de configurar-se uma trasladação de competência do Supremo Tribunal Federal para os Tribunais de Justiça dos Estados* (BASTOS, 2001, p. 510).

---

1. No § 2º do art. 125 da Constituição da República se veda seja atribuída a um único órgão a legitimidade para a representação de inconstitucionalidade de leis ou atos normativos estaduais ou municipais em face da Constituição Estadual. Os Estados detêm autonomia para ampliar os legitimados para além do previsto no art. 103 da Constituição da República. Não ofende os arts. 132 e 134 da Constituição da República a atribuição ao Procurador-Geral do Estado, ao Defensor Público Geral do Estado, à Comissão Permanente da Assembleia Legislativa e aos membros da Assembleia Legislativa para ajuizarem ação de controle abstrato no Tribunal de Justiça estadual (STF, ADI n. 558, Rel. Min. Cármen Lúcia, *DJe* 22-9-2021). Não é inconstitucional norma da Constituição do Estado que atribui ao procurador da assembleia legislativa ou, alternativamente, ao procurador-geral do Estado, a incumbência de defender a constitucionalidade de ato normativo estadual questionado em controle abstrato de constitucionalidade na esfera de competência do tribunal de justiça. Previsão que não afronta a CF, já que ausente o dever de simetria para com o modelo federal, que impõe apenas a pluralidade de legitimados para a propositura da ação (art. 125, § 2º, CF/1988). Ausência de ofensa ao art. 132 da Carta Política, que fixa a exclusividade de representação do ente federado pela procuradoria-geral do Estado, uma vez que nos feitos de controle abstrato de constitucionalidade sequer há partes processuais propriamente ditas, inexistindo litígio na acepção técnica do termo (STF, ADI n. 119, Rel. Min. Dias Toffoli, *DJe* 28-3-2014).

2. STF, Reclamação 337/DF, 1994, p. 35.178. *Vide* também, STF, ADIs n. 409 e 374.

3. STF, ADI 409, Rel. Min. Celso de Mello, publicado na *Revista de Direito Administrativo*, v. 181. São Paulo: Revista dos Tribunais, 1995, p. 271. Da mesma forma a decisão no REsp 251.470-5-RJ, da relatoria do Min. Marco Aurélio, publicado no *DJU* de 18-8-2000, p. 96. Depois, em caso envolvendo a Constituição Estadual do Rio Grande do Sul, o STF da mesma forma ratificou sua posição, eis que declarou a inconstitucionalidade de expressão que reconhecia competência ao Tribunal de Justiça do Rio Grande do Sul, processar e julgar ação direta de inconstitucionalidade de lei ou ato normativo municipal perante a Constituição Federal, contida no inciso XII do art. 95 da Constituição Estadual (STF, Pleno, ADI 409/RS, Rel. Min. Sepúlveda Pertence, *Informativo STF* n. 260, de março de 2002, p. 1).

Nos primeiros anos de vigência das Constituições Estaduais, estabeleceu-se a polêmica, mormente a partir de preliminares de incompetência dos Tribunais arguidas pelos Governos Estaduais e pelos Municípios. Isso porque, se havia matéria nas Constituições Estaduais que era de repetição obrigatória, então não precisaria sequer ter sido repetida e, logo, qualquer afronta deveria ser, sempre, em face da Constituição Federal. Antes de o Supremo Tribunal Federal fixar posição (Rcl 383) sobre a matéria, discutia-se a diferença entre normas repetidas pela Constituição Estadual, por imitação (a expressão é do Min. Sepúlveda Pertence), cuja competência decorre da autonomia dos Estados, e normas de repetição obrigatória, cuja eficácia decorreria independentemente de sua reprodução ou não nas Constituições Estaduais. Porém, na mesma reclamação, o Min. Moreira Alves argumentou que a Constituição Federal, no § 2º do art. 125, estabelece, sem restrições, que o parâmetro de aferição da inconstitucionalidade ali é a Constituição Estadual e eventual restrição, dada a amplitude da abrangência das normas constitucionais federais obrigatórias aos diversos níveis de governo da Federação, o reduziria a nada[4].

IV. Diante desse quadro, surgem como hipóteses do controle de constitucionalidade no âmbito dos Estados-membros: 1) Lei Estadual incompatível com a Constituição do Estado; 2) Lei Municipal incompatível com a Constituição Estadual; 3) Lei Municipal incompatível com preceitos da Constituição Federal.

Na primeira hipótese, a partir das próprias Constituições e do conjunto de competências estaduais estabelecido na Constituição Federal, a probabilidade de incompatibilidade é mais representativa em termos de possibilidades. Assim, ocorrendo hipótese de lei estadual que se confronte com o texto constitucional estadual, competente será o Pleno ou órgão especial do Tribunal de Justiça, que, mediante *quorum* de maioria absoluta, poderá declarar a inconstitucionalidade da lei ou do ato normativo. Advirta-se, por outro lado, que podem existir dispositivos das Constituições dos Estados-membros e de leis estaduais incompatíveis somente com a Constituição Federal, quando competente será o STF.

Na segunda hipótese, sendo a lei municipal incompatível com a Constituição Estadual, arguição de inconstitucionalidade será perante o Tribunal de Justiça do Estado-membro.

Na última hipótese, sendo a lei municipal incompatível com a Constituição Federal, ocorre a impossibilidade de solução no plano do controle concentrado através de ADIn, em face da impossibilidade de o STF apreciar esse tipo de inconstitucionalidade, seja por ausência de previsão constitucional, seja pela doutrina, seja pela jurisprudência do STF, neste caso, restando o caminho do controle difuso, concreto ou incidental de constitucionalidade.

Entretanto, quando a lei municipal confrontar matéria de repetição/obediência da Constituição Federal pelos Estados-membros, é possível o manejo da ação direta de inconstitucionalidade junto ao Tribunal de Justiça local. A razão é que, se a norma é de repetição obrigatória e se os Estados-membros devem obediência aos princípios da Constituição Federal, sua reprodução ou não nas Constituições Estaduais é irrelevante, o que, entretanto, não retira a possibilidade da apreciação pelo Tribunal de Justiça, uma vez que a violação também se estabelece em face das cartas estaduais, daí o porquê de a Rcl 383 ser paradigmática[5]. Neste caso, fica reservada a possibilidade de Recurso Extraordinário para o Supremo Tribunal Federal[6], que dará a palavra definitiva acerca da interpretação da Constituição Federal.

A questão, neste momento, encontra-se resolvida no STF por ocasião do Tema 484, em Repercussão Geral (RE n. 650898/RS), onde restou fixado o entendimento de que Tribunais de Justiça podem exercer controle abstrato de constitucionalidade de leis municipais (ou estaduais) utilizando como parâmetro a Constituição Federal, desde que se trate de normas de reprodução obrigatória pelos Estados.

Por fim, em matéria de repetição obrigatória, a decisão tomada em recurso extraordinário interposto contra acórdão de Tribunal de Justiça em representação de inconstitucionalidade de lei municipal frente à Constituição Estadual terá eficácia *erga omnes*, por se tratar de controle concentrado, ainda que a via do recurso extraordinário seja própria do controle difuso, estendendo-se tal eficácia, pois, a todo o território nacional[7]. Oportuno consignar também que o STF tem assentada a possibilidade de modulação de efeitos (*ex tunc, ex nunc, pro futuro*) neste âmbito de decisão (STF, Pet-MC segunda 2859-7/SP).

V. Em termos de consequências das decisões proferidas pelos Tribunais de Justiça dos Estados-membros em sede de representação de inconstitucionalidade, podemos afirmar que: a) no caso de decisão, procedente ou improcedente, envolvendo matéria de repetição obrigatória, sempre caberá Recurso Extraordinário; b) no caso de trânsito em julgado da decisão de improcedência da ADIn estadual, sem interposição do Recurso Extraordinário, a decisão, embora tenha eficácia *erga omnes* no plano do Estado-membro, não produz efeito vinculante ao Supremo Tribunal Federal, sendo possível o reexame da questão pelo STF em sede de controle difuso ou até mesmo em sede de controle concentrado de constitucionalidade, na hipótese de lei estadual, inclusive com base nos mesmos princípios que serviram para a reprodução; c) a decisão de procedência da ação direta de inconstitucionalidade de lei municipal ou estadual, sem a interposição de recurso extraordinário ao Supremo Tribunal Federal, implicará a retirada do texto normativo do ordenamento estadual ou municipal, com efeito *ex tunc* e *erga omnes*, no âmbito do Estado-membro, sem a possi-

---

4. Cfr. STF, Rcl 383/SP, 1993; consulte também STRECK, 2003 (A ação direta de inconstitucionalidade nos Estados-membros).

5. O tema voltou a ser enfrentado pelo STF nos autos da Rcl 4.432, mantendo-se o posicionamento da Rcl 383. *Vide*, também, o julgamento STF, Rcl 10.500-AgRg/SP, 2011.

6. Em matéria de interposição de RE de acórdão do TJ se observou a seguinte decisão: a procuradoria jurídica estadual ou municipal possui legitimidade para interpor recurso em face de acórdão de tribunal de justiça proferido em representação de inconstitucionalidade. Em que pese existirem alguns paradigmas em sentido contrário ao da decisão ora agravada, a decisão embargada é no sentido da orientação fixada pelo Plenário desta Corte, de modo que não subsiste a alegada divergência jurisprudencial. Nesse contexto, prevalece o entendimento de que a ausência de assinatura do chefe do Poder Executivo na petição recursal não constitui óbice para a análise do recurso, sendo suficiente que a peça seja subscrita pelo procurador, que também detém legitimidade recursal em ações de controle de constitucionalidade. STF, ARE 873.804 AgR-segundo-ED-EDv-AgR, Rel. Min. Cármen Lúcia, j. 13-10-2022, *Informativo n. 1.072/STF*.

7. Cfr. STF, *Informativo* 118, p. 3.

bilidade de reapreciação STF, nem em sede de controle difuso, nem no controle concentrado (no caso de lei estadual).

A ressalva é a de que, na hipótese de declaração de inconstitucionalidade de um ato normativo estadual ou municipal, cuja competência não seja do tribunal estadual, uma vez transitada em julgado essa decisão, sempre haverá a possibilidade de interposição de reclamação ou de arguição de descumprimento de preceito fundamental.

VI. Caso estejam tramitando, simultaneamente, duas ações diretas de inconstitucionalidade – uma no Tribunal de Justiça do Estado e outra no Supremo Tribunal Federal –, com o mesmo objeto em face de lei estadual impugnada, dever-se-á suspender o curso da ação junto ao Tribunal de Justiça, aguardando a decisão do Supremo Tribunal Federal[8]. Nesse cenário, se a lei estadual for declarada inconstitucional pelo STF, a eficácia *erga omnes* impor-se-á ao Tribunal local, perdendo lá a ação seu objeto, mas, se a norma estadual for declarada constitucional pelo STF, a ação proposta no Tribunal não perde seu objeto e o exame de constitucionalidade por parte daquele Tribunal fica restrito, apenas, aos preceitos constitucionais estaduais que não são reproduzidos obrigatoriamente na Constituição Federal[9].

VII. Um apontamento final em termos de controle concentrado é o de que não se poderá ter, ao menos na atual sistemática jurídica vigente, ação de inconstitucionalidade por lesão à lei orgânica do município, em nome de eventual simetria desta para com a Constituição Estadual e Federal, visto que sua natureza é de lei e não constitucional, caracterizando eventual vício mera ilegalidade e não inconstitucionalidade. Neste sentido já decidiu o Supremo Tribunal Federal, sustentando que, tendo em vista que o controle abstrato de lei ou ato normativo municipal somente é admitido em face da Constituição Estadual, perante o Tribunal de Justiça, afigura-se, o Prefeito Municipal, carecedor de ação direta de inconstitucionalidade interposta contra lei municipal em face da lei orgânica do mesmo município[10].

VIII. Ao lado do controle jurisdicional concentrado comentado até aqui, não deve ser esquecida a interface que o presente dispositivo repercute no controle jurisdicional difuso, pois, embora não apenas aos tribunais dos Estados-membros (aos outros tribunais também, p. ex. TRFs, STJ etc.), é afeta a organização judiciária e a competência. O incidente de inconstitucionalidade é questão prejudicial de mérito, ou melhor, condição de possibilidade de definição de uma controvérsia judicial, de modo que seu cabimento precisa guardar relação com o objeto da demanda. A arguição do incidente pode ser formulada pelas partes, pelo Ministério Público ou de ofício pelo juiz ou pelo órgão fracionário.

Importa é que o incidente de inconstitucionalidade previsto em sede processual reserva a competência da declaração de inconstitucionalidade ao plenário do Tribunal ou seu órgão especial, quando existente, observada a cláusula de reserva de plenário do art. 97 da CF/88. Logo, em regras, os órgãos fracionários dos Tribunais não têm competência para declaração de inconstitucionalidade, senão apenas aplicar a lei ou ato normativo ou cumprir o entendimento já fixado pelo Pleno ou pelo órgão especial (STRECK, 2023). Destaque aqui para a Súmula Vinculante 10 do STF, que estabeleceu que "Viola a cláusula de reserva de plenário (CF, artigo 97) a decisão de órgão fracionário de tribunal que, embora não declare expressamente a inconstitucionalidade de lei ou ato normativo do Poder Público, afasta sua incidência, no todo ou em parte". Um apontamento particular é no que diz respeito ao juiz de primeiro grau quando diante de uma alegação de inconstitucionalidade de parte do interessado processual, caso em que, não estando diante da possibilidade de instauração do incidente típico e não tendo competência para declaração de inconstitucionalidade, deve apenas aplicar ou deixar a lei ou ato normativo, fundamentadamente, àquela relação jurídica. Isso porque, *a priori*, é a relação jurídica que está em jogo e não o texto da lei ou do ato, diferentemente do que acontece no incidente de inconstitucionalidade nos tribunais.

No entanto, é possível dizer que, se a decisão do órgão fracionário apenas se restringir à interpretação de um determinado dispositivo ou à delimitação de sua incidência a algumas hipóteses, sem pronunciar inconstitucionalidade do texto (p. ex., através das técnicas da nulidade parcial sem redução de texto e da interpretação conforme a Constituição), não incorrerá violação da cláusula de reserva de plenário, nem da Súmula Vinculante 10. Trata-se de uma compreensão que resulta da dialética entre texto-norma: muda-se a norma, mas o texto permanece (STRECK, 2023).

Em regra, aos órgãos fracionários incumbe o julgamento dos processos no tribunal; contudo, diante da arguição de incidente de inconstitucionalidade poderá, em decisão irrecorrível, reconhecer ou afastar sua pertinência. Reconhecendo a pertinência da arguição, dá-se a cisão de competência com a suspensão do julgamento no órgão fracionário e a formação do incidente para encaminhamento ao Pleno ou órgão especial onde será decidido sobre a inconstitucionalidade da lei ou ato normativo em questão. Eventual decisão declaratória de inconstitucionalidade deverá observar o art. 97 da CF e, no mérito, essa decisão é irrecorrível e vinculante ao órgão fracionário, que, após isso, tomando conhecimento dela poderá dar continuidade ao julgamento de mérito do processo suspenso. Dessa decisão é que caberá recurso extraordinário ao STF, considerada a eventual declaração de inconstitucionalidade *incidenter tantum* que integra àquele julgamento.

A partir daí os requisitos, a admissão, o processamento e julgamento do recurso extraordinário, bem como outras questões jurídicas que envolvem a particularidade desse recurso no STF enquanto *locus* privilegiado da jurisdição constitucional difusa, fogem do âmbito de comentário desse dispositivo e/ou se encontram noutros comentários[11].

Art. 125, § 3º A lei estadual poderá criar, mediante proposta do Tribunal de Justiça, a Justiça Militar estadual, constituída, em primeiro grau, pelos juízes de direito e pelos Conselhos de Justiça e, em segundo grau, pelo próprio Tribunal de Justiça, ou por Tribunal de Justiça Militar nos Estados em que o efetivo militar seja superior a vinte mil integrantes.

Rogério Gesta Leal

---

8. V. STF, ADI n. 1.423/SP, p. 45684.
9. STF, Pet n. 701 AgR/SP e Rcl AgR n. 425/RJ.
10. Cfr. STF, *Informativo*, n. 261, p. 3.
11. Cfr. STRECK, 2023, Capítulo 3.

1. História da norma e seu evolver

Em termos históricos, antecederam o Superior Tribunal Militar o Conselho Supremo Militar e de Justiça, criado em 1808, para cuidar dos interesses atinentes à segurança interna e externa do país, ligado diretamente à coroa e, a partir da instauração da República, passou a chamar-se de Supremo Tribunal Militar que, em 1946, recebeu a denominação atual (art.122, da Constituição Federal de 1988)[1]. De outro lado, importa destacar que, na Constituição de 1946, a criação da Justiça Militar não dependia do Tribunal de Justiça, o que veio a ocorrer somente a partir da constituição de 1967.

Veja-se que, em face do art.162, da Constituição Brasileira de 1967, e sua Emenda em 1969, somente três Estados da Federação tiveram mantidos os Tribunais de Justiça Militar, razão pela qual não são atingidos pelo quantitativo de efetivo perquirido aqui (superior a vinte mil integrantes), a saber: São Paulo, Minas Gerais e Rio Grande do Sul.

Relevante fazer notar que a Constituição de 1988, em seu art. 122, II, previu a possibilidade de criação de outros tribunais militares, sendo que, em tempo de guerra, para o julgamento, em segundo grau de jurisdição, de crimes praticados nas zonas de operações ou em território estrangeiro militarmente ocupado por forças brasileiras, está previsto o funcionamento dos chamados Conselhos Superiores da Justiça Militar[2], cuja instituição está amparada no citado dispositivo constitucional.

Inova também o texto em face da Emenda Constitucional n. 45, de 8 de outubro de 2004, ao determinar que integre a Justiça Estadual Militar juízes de direito togados, oriundos da jurisdição estadual de carreira, imprimindo a preocupação de qualificação ainda maior destas cortes especiais.

É de se atentar para o fato de que a competência exclusiva para dispor normativamente sobre a existência e composição do Tribunal Militar de cada Estado é de cada Tribunal de Justiça consectário, bem como sobre sua extinção, não podendo tal mister ser posto na Carta Política Estadual, ou ser deliberado por qualquer dos outros Poderes instituídos[3].

Apresentam-se como órgãos da Justiça Militar, os Conselhos da Justiça Militar e os Auditores, sendo os primeiros constituídos por três categorias: Conselho Especial de Justiça, competente para processar e julgar oficiais, exceto generais (eis que julgados pelo Superior Tribunal Militar); Conselho Permanente de Justiça, competente para processar e julgar sargentos, cabos e soldados, ou civis que cometam crimes militares; Conselho de Justiça, competente para o julgamento de processos disciplinares de deserção de praças e insubmissões[4].

Os dois primeiros Conselhos, que exercem verdadeira função jurisdicional, são compostos de quatro oficiais e de um Juiz togado, de carreira, denominado auditor. Presididos por um oficial superior, esses Conselhos têm no auditor um Juiz com função especial, já que lhe cabe, além de proferir despachos nos processos (atuando como juiz singular), dar o enquadramento legal dos casos e orientar juridicamente as sessões de instrução e julgamento, não se esquecendo que a competência da Justiça Militar foi restringida pela Carta de 1988 aos processos por crimes militares definidos em lei.

Já os crimes contra a segurança nacional, que antes eram de sua competência, passam, nesta Constituição, a ser julgados como crimes políticos, pela Justiça Federal Ordinária de primeiro grau, nos termos do art.109, IV, deste Documento.

Em termos de direitos, vantagens, vencimentos e proibições, os juízes do Tribunal de Justiça Militar e os juízes auditores gozam das mesmas prerrogativas asseguradas aos magistrados do Tribunal de Justiça respectivo.

Art. 125, § 4º Compete à Justiça Militar estadual processar e julgar os militares dos Estados, nos crimes militares definidos em lei e as ações judiciais contra atos disciplinares militares, ressalvada a competência do júri quando a vítima for civil, cabendo ao tribunal competente decidir sobre a perda do posto e da patente dos oficiais e da graduação das praças.

Rogério Gesta Leal
Lenio Luiz Streck
Rafael Fonseca Ferreira

1. História da norma

Resta estabelecida aqui a competência da Justiça Militar Estadual para processar e julgar os policiais militares e os bombeiros nos crimes militares definidos em lei, lembrando-se que é competente a Justiça Militar do Estado a que pertence a corporação do policial militar acusado de crime militar, não obstante tenha sido o delito praticado no território de outro Estado, assim como o fato desta justiça especializada não ter competência para processar e julgar os civis pela prática de crimes militares[1].

Pelo fato de os oficiais da Polícia Militar gozarem da garantia constitucional de vitaliciedade no cargo, só perderão este em decorrência de decisão judicial proferida pelo Tribunal Militar (em caso de prática de delito militar, estando prevista tal penalidade), ou pelo Tribunal de Justiça (em caso de prática de crime comum, estando prevista tal penalidade).

Inovação deste Texto Político é o que diz respeito à subordinação da perda de graduação das praças das polícias militares à decisão do Tribunal competente, mediante procedimento específico, deixando de subsistir, assim, o disposto no art. 102, do Código Penal Militar, em face dos graduados, impondo a pena de perda da graduação como pena acessória da condenação criminal a prisão superior a dois anos. Veja-se que o Supremo Tribunal Federal, em aresto da relatoria do Min. Sepúlveda Pertence, em sede de Recurso Extraordinário n. 121.533-MG, consignou que a perda da graduação da praça condenada a pena privativa de liber-

---

1. Neste sentido ver o texto de LESSA, Pedro. *Do Poder Judiciário*. Rio de Janeiro: Forense, 1915.

2. Neste sentido, ver o estabelecido no Decreto-Lei n. 1003, de 21-10-1969, especialmente seus arts. 87 e 88.

3. Neste sentido, ver a decisão do STF, por seu Pleno, na ADI 725-4/RS, da relatoria do Min. Moreira Alves, publicado no *DJ* de 4-9-1998, Seção I, p. 3.

4. Decreto-Lei n. 1003, de 21-10-1969, art. 13.

---

1. O Supremo Tribunal Federal já teve oportunidade de dispor que *a competência da Justiça Militar dos Estados continua mais restrita, em comparação com a da União, porquanto, diversamente desta última, a primeira não comporta o julgamento de civis, mesmo pela prática de crimes militares* (RECrim 135.195-DF, 1ª Turma, por unanimidade, relatoria do Min. Octávio Gallotti).

dade superior a dois anos dependerá de processo especial a ser instaurado, após o trânsito em julgado da sentença perante o tribunal competente, similarmente com o que ocorre com os oficiais, nos termos do art. 42, § 8º, da Constituição Federal, sendo que o tribunal tido como competente aqui seria o órgão de segundo grau da Justiça Militar.

A competência para decretar a indignidade ou a incompatibilidade é exclusiva do Tribunal Militar, sendo que, em tempo de paz, a competência é específica do Tribunal de Justiça Militar, e, em tempo de guerra, dos Tribunais Especiais. Decretada a perda do posto e da patente, a demissão do militar se dá *ex officio*[2].

O Superior Tribunal de Justiça tem contribuído em muito na delimitação casuística destas competências, haja vista o conjunto já significativo de súmulas que tem editado sobre a matéria, dando conta, por exemplo, que: (a) compete à Justiça Militar processar e julgar delito decorrente de acidente de trânsito envolvendo viatura de Polícia Militar, salvo se autor e vítima forem policiais militares em situação de atividade (Súmula 6); (b) compete à Justiça Militar processar e julgar crime cometido por militar contra civil, com emprego de arma pertencente à corporação, mesmo não estando em serviço (Súmula 47); (c) compete à Justiça Comum Estadual processar e julgar civil acusado de prática de crime contra instituições militares estaduais (Súmula 53); (d) compete à Justiça Comum Estadual processar e julgar o policial militar por crime de promover ou facilitar a fuga de preso de estabelecimento penal (Súmula 78); (e) compete à Justiça Estadual Militar processar e julgar o policial militar pela prática do crime militar, e à Comum pela prática do crime comum simultâneo àquele (Súmula 90); (f) compete à Justiça Comum processar e julgar militar por crime de abuso de autoridade, ainda que praticado em serviço (Súmula 172).

Importante destacar que, independentemente da competência da jurisdição castrense para o processo por corrupção passiva do policial militar, compete à Justiça Comum estadual o processo pela corrupção ativa praticada por civil.

Da mesma forma o Supremo Tribunal Federal vem dispondo sobre a matéria, quando teve oportunidade de asseverar que: (a) a Justiça Penal Militar estadual não dispõe de competência penal para processar e julgar civil que tenha sido denunciado pela prática de crime contra a Polícia Militar do Estado, sob pena de quebra do princípio do juiz natural, afigurando-se como nulos os atos praticados em tal situação; (b) a Constituição Federal, ao definir a competência penal da Justiça Militar dos Estados-membros, delimitou o âmbito de incidência do seu exercício, impondo, para efeito de sua configuração, o concurso necessário de dois requisitos: um, de ordem objetiva (a prática de crime militar definido em lei), e outro, de índole subjetiva (a qualificação do agente como policial militar ou como bombeiro militar)[3]; (c) a prática de ato incompatível com a função policial militar pode implicar a perda da graduação como sanção administrativa, assegurando-se à praça o direito de defesa e o contraditório, situação a qual não demanda, previamente, julgamento pela Justiça Militar estadual, haja vista que a este compete decidir sobre a perda da graduação das praças, como pena acessória do crime que à Justiça Militar coube decidir – não subsistindo, pois, relativamente aos graduados, o art. 102 do Código Penal Militar, que impunha como pena acessória da condenação criminal a prisão superior a dois anos[4].

A Emenda Constitucional n. 45/2004, como bem lembra Alexandre Moraes, estabeleceu competências diversas à primeira instância da jurisdição militar estadual, eis que outorgou aos juízes de direito do juízo militar processar e julgar, singularmente, os crimes militares cometidos contra civis e as ações judiciais contra atos disciplinares militares, cabendo ao Conselho de Justiça, sob a presidência de um juiz de direito, processar e julgar os demais crimes militares (MORAES, 2006, p. 1663).

O Supremo Tribunal Federal sedimentou, através de sua Súmula 673, que o art. 125, § 4º, da Constituição Federal não impede a perda da graduação de militar mediante procedimento administrativo próprio. Para o STF, a competência conferida à Justiça Militar pelo art. 125, § 4º, da Constituição é relativa à perda de graduação como pena acessória criminal, e não à sanção disciplinar, que pode decorrer de processo administrativo (Súmula 673). Não há óbice à aplicação de sanção disciplinar administrativa antes do trânsito em julgado da ação penal, pois são relativamente independentes as instâncias jurisdicional e administrativa[5].

Art. 125, § 5º Compete aos juízes de direito do juízo militar processar e julgar, singularmente, os crimes militares cometidos contra civis e as ações judiciais contra atos disciplinares militares, cabendo ao Conselho de Justiça, sob a presidência de juiz de direito, processar e julgar os demais crimes militares.

Rogério Gesta Leal

A matéria é nova, em face de ter sido agregada ao Texto Político tão somente com a Emenda Constitucional n. 45/2004.

Apesar disto, o Supremo Tribunal Federal já teve oportunidade de decidir que Lei de Organização Judiciária de Estado – no caso concreto, o de Rondônia – não ofende a Constituição Federal ao atribuir a Juiz de Direito, excepcionalmente no exercício da função de juiz auditor, a competência para processar e julgar feitos criminais genéricos, nos termos de decisões inclusive anteriores[1]. Neste feito em particular, o Min. Sepúlveda

---

2. Cfr. BASTOS; MARTINS, 2002, p. 522.
3. STF, HC 70.604/SP, rel. Min. Celso de Mello, 1ª Turma, decisão de 10-5-1994, *DJU* de 1º-7-1994, p. 17497.
4. STF, Pleno, ADI 1.494-3/DF, rel. Min. Celso de Mello, publicado no *DJ*-I, de 18-6-2001, p. 2; STF, Pleno, RHC 8.718/RS, rel. Min. Ilmar Galvão, publicado no *Informativo STF* n. 221, de 22-3-2001.
5. STF, ARE 691.306 RG, voto do rel. Min. Cezar Peluso, j. 23-8-2012, P, *DJe* de 11-9-2012, Tema 565. Cfr. ainda: Inteligência do artigo 125, § 4º, da Constituição Federal, pela redação conferida após o advento da EC 45/2004. Alcance da competência da Justiça Militar para decretar a perda do posto, patente ou graduação de militar que teve contra si uma sentença condenatória, independentemente da natureza do crime por ele cometido. STF, RE 1.320.744 RG, rel. Min. Alexandre de Moraes (*DJe* de 8-3-2022), Tema 1.200, **com mérito pendente.**
1. RHC 85.025, 1ª T., Ministro Sepúlveda Pertence, *Informativo STF* n. 379; 84.944, 1ª T., 15.03.05, Ministro Eros Grau, *DJ* 06.05.05; 86.805, 1ª T., 21.02.06, Ministro Carlos Ayres Britto, *Informativo STF* n. 417; HC 85720/RO, rel. Min. Sepúlveda Pertence, j. em 14-6-2006. Órgão Julgador: Tribunal Pleno. Aliás, um dos argumentos fortes para tanto é o de que tratava-se, na espécie, de imperativo de racionalização da Justiça Estadual, isto porque, no caso de Rondônia, evitar-se-ia o dispêndio de recursos financeiros e humanos estaduais com uma Justiça (Militar) que, pela quantidade ínfima de processos, tornar-se-ia invariavelmente ociosa caso fosse exercida por Juízes de Direito destinados unicamente para o julgamento de feitos militares.

Pertence registrou que *o titular da chamada Vara de Auditoria Militar da Comarca de Porto Velho é um Juiz de Direito do Estado. Acumular-lhe ou não as funções de juiz da Justiça Comum com as de Auditor da Justiça Militar é objeto de um juízo de conveniência, que a Constituição deixou ao legislador local na Lei de Organização Judiciária.*

É importante frisarmos esta decisão da Corte Suprema porque ela deixa bem claro que a definição constitucional das competências jurisdicionais se dá em relação ao órgão, e não ao agente. A Constituição delimita as competências da Justiça Comum e da Justiça Militar, mas em nenhum momento proíbe que um mesmo agente, no caso, o Juiz de Direito, possa exercer ora as funções de Auditor Militar, ora as funções de Juiz de Direito da Justiça Comum estadual (sendo isto exatamente o que ocorre no âmbito dos Tribunais de Justiça dos Estados, que constituem instâncias de revisão tanto da Justiça Comum como da Justiça Militar estadual). Na verdade, pois, a Emenda Constitucional n. 45/2004, que modificou o § 4º e inseriu o § 5º no art. 125, em nada alterou esse entendimento; apenas deu nova conformação às competências da Justiça Militar estadual.

Art. 125, § 6º O Tribunal de Justiça poderá funcionar descentralizadamente, constituindo Câmaras Regionais, a fim de assegurar o pleno acesso do jurisdicionado à justiça em todas as fases do processo.

Rogério Gesta Leal

De igual sorte este dispositivo decorreu da Emenda Constitucional n. 45/2004, não sendo devidamente explorado pela jurisdição estadual brasileira a contento, haja vista que ele implica uma verdadeira mudança de paradigma cultural, estrutural e funcional, para os fins de promover, efetivamente, uma descentralização da jurisdição de segundo grau, levando determinadas Câmaras Regionais para determinadas partes do Estado respectivo, tanto em face de especialidades conjunturais (Câmaras especializadas em questões agrárias, comerciais, industriais, societárias, criminais, etc.).

É de se atentar para o fato de que o objeto da norma é exatamente o de facilitar o acesso à jurisdição. Imagina-se que em Estados com comarcas muito longínquas da sede do Tribunal, afigura-se de bom alvitre instalar Câmaras Regionais para os fins de enfrentamento das matérias jurisdicionais nas quais se envolvem as pessoas daquelas comunidades, assegurando um acesso mais rápido e menos oneroso ao segundo grau de jurisdição.

De outro lado, isto implica descentralização também de poder decisional, haja vista que não será mais a capital dos Estados-membros o *locus* privilegiado das deliberações finalísticas da jurisdição, implicando a necessidade de mudança inclusive de paradigma conceitual envolvendo o Poder Judiciário enquanto instituição.

Art. 125, § 7º O Tribunal de Justiça instalará a justiça itinerante, com a realização de audiências e demais funções da atividade jurisdicional, nos limites territoriais da respectiva jurisdição, servindo-se de equipamentos públicos e comunitários.

Rogério Gesta Leal

Sem sombra de dúvidas, trata-se de uma disposição constitucional – igualmente decorrente da Emenda Constitucional n. 45/2004 – que vem ao encontro da maior agilidade e acesso do Poder Judiciário, como serviço público que também é, às populações com dificuldades das mais diversas ordens de locomoção e acesso à justiça, eis que ela implica a realização de políticas públicas migratórias de distribuição da justiça no plano territorial em que a jurisdição de cada comarca tem competência para atuar, utilizando-se, para tanto, de equipamentos públicos e ou comunitários.

Mas como se pode dar tal mister?

Imaginamos que através de iniciativas oriundas do setor público e privado, com parcerias público-privadas, termos de cooperação e convênios para os efeitos de se instalar a justiça itinerante e fazê-la funcionar em todo o território de sua competência.

Boas práticas no Brasil já vêm se desenvolvendo nos últimos anos, inclusive paralelamente ao Estado-Juiz, tais como cursos de promotoras legais populares, atuando em comunidades carentes, assessoria jurídica a familiares de presidiários, intercâmbio entre faculdades de direito do país, principalmente no âmbito das atividades de extensão dos núcleos de prática jurídica; palestras sobre drogas; minicursos sobre direitos humanos para agentes de ONGS[1].

Ao lado disto, também há as experiências dos Juizados Itinerantes[2] e dos Centros Integrados de Cidadania[3], que efetivamente vêm descentralizando a prestação da tutela judicial no país. Novamente está em jogo uma mudança de paradigma do conceito de jurisdição e de acesso a ela.

Referências bibliográficas

ALMEIDA JR., João Mendes de. *Direito Judiciário Brasileiro*. Rio de Janeiro: Forense, 1960.

ANDRADE, Luiz Antônio de. A Justiça no tempo de D. João e de D. Pedro I. *Revista Forense*, v. 240, ano 68, fascículo 834. Rio de Janeiro: Forense, 1972.

ANDRADE, Platão de. O Poder Judiciário no Brasil. *Revista do Supremo Tribunal Federal*, v. XLIII, Rio de Janeiro, ago. 1922.

BASTOS, Celso Ribeiro. *Comentários à Constituição do Brasil*. 4º volume, t. III. São Paulo: Saraiva, 2001.

BASTOS, Celso Ribeiro & MARTINS, Ives Gandra. *Comentários à Constituição do Brasil*. São Paulo: Saraiva, 2002.

CARVALHO, Luis Antonio da Costa. Breve histórico da justiça colonial e da justiça imperial brasileiras. *Revista Jurídica*, ano XVII, v. 116. São Paulo: DJIAA, 1972.

CAVALCANTI, Themístocles Brandão. *A Constituição Federal*. Rio de Janeiro: Forense, 1979.

---

1. Conforme informações colhidas junto ao documento JUSTIÇA COMUNITÁRIA. Brasília: Imprensa Oficial, 2006, publicado pelo Ministério da Justiça do Brasil.

2. Experiência de São Paulo, através da Lei Estadual n. 9.099/2005, com altos índices de acordos. Belém do Pará tem uma experiência semelhante chamada JUSTIÇA NA PRAÇA, ocorrendo nos finais de semana, em locais públicos, com altos índices de acordos, conforme o relatório do Prêmio Inovare, da Fundação Getulio Vargas, 2006.

3. A experiência vem de São Paulo, pelo Decreto Estadual n. 46.000/2001, constituindo postos de atendimento multidisciplinares nas periferias.

CLÈVE, Clèmerson Merlin. *A fiscalização abstrata de constitucionalidade no direito brasileiro*. São Paulo: Saraiva, 2002.

FERREIRA FILHO, Manoel Gonçalves. *Comentários à Constituição Brasileira de 1988*. São Paulo: Saraiva, 2002.

FONTAINHA, Murilo. O Poder Judiciário no Brasil. *Revista do Supremo Tribunal Federal*, v. XLIII, Rio de Janeiro, ago. 1922.

LESSA, Pedro. *Do Poder Judiciário*. Rio de Janeiro: Forense, 1915.

MARTINS JR., José. *História do Direito Nacional*. Rio de Janeiro: Imprensa Nacional, 1968.

MEDINA, Paulo Roberto de Gouvêa. O Poder Judiciário na Constituição de 1988. *Revista Forense*, v. 305, jan./mar. 1989. Rio de Janeiro: Forense.

MELLO FILHO, José Celso de. *Constituição Federal Anotada*. São Paulo: Saraiva, 1970.

NUNES, Castro. *Teoria e Prática do Poder Judiciário*. Rio de Janeiro: Forense, 1943.

PINTO FERREIRA, Luís. *Comentários à Constituição Brasileira*. 4º Volume. São Paulo: Saraiva, 2000.

STRECK, L. L. *Jurisdição Constitucional*. 7. ed. Rio de Janeiro: Forense, 2023.

Art. 126. Para dirimir conflitos fundiários, o Tribunal de Justiça proporá a criação de varas especializadas, com competência exclusiva para questões agrárias.

Parágrafo único. Sempre que necessário à eficiente prestação jurisdicional, o juiz far-se-á presente no local do litígio.

Rogério Gesta Leal
Lenio Luiz Streck
Rafael Fonseca Ferreira

1. História da norma

Desde há muito vem se discutindo no país a necessidade ou não de se criar uma jurisdição especializada em questões agrárias, haja vista tanto as características geográficas e físicas do país, como também os sérios problemas que se tem tido no particular, principalmente diante da organização de movimentos sociais significativos em torno da matéria.

Otávio de Souza (1947, p. 261) lembra que Diogo Antônio Feijó, em relatório ao Rei prestado na condição de Ministro da Justiça, em 1832, dissera que *a administração da justiça civil é desgraçada: um grito uníssono se ouve de todos os cantos do Império. Os magistrados, em grande parte ignorantes, frouxos e omissos, deixam que as demandas se eternizem; e um processo decretado em vista de tudo acautelar envolve nas traves da chicana as causas ainda as mais simples. A propriedade do cidadão depende do capricho do julgador; e se a prudência presidisse ao desejo das partes, mais útil lhes seria abandonar o pretendido direito do que intentar reivindicá-lo à custa de tantos sacrifícios quase sempre inúteis... Este talvez seja o maior flagelo do Brasil.*

Com tal quadro histórico, podem-se ver claramente as dificuldades que sempre acompanharam temas da grandeza deste que é o agrário, aliado às mazelas da falta de estrutura e profissionalismo da magistratura por longo tempo, permitindo que os conflitos fundiários no país fossem resolvidos pela violência, generalizando-se o banditismo e as guerras entre famílias[1].

Em verdade, a hipótese de se ter uma jurisdição especializada nesta seara remonta à década de 1930, em especial no Governo Getúlio Vargas, quando chegou o Presidente a propor a institucionalização de varas especiais – federais – para abordar problemas desta natureza, não logrando êxito, todavia, sequer para os fins de imprimir nas Cartas Constitucionais de 1934 e 1937, disposições neste sentido[2].

Mesmo sem ter êxito outras tentativas que se fizeram à criação de jurisdição especializada em questões agrárias, houve por bem o constituinte de 1988 versar tal previsão de estatura constitucional, visando exatamente dar maior especialidade à atividade judicial que demanda sensibilidade também dirigida aos nódulos históricos que acompanham os desafios agrários nacionais, objeto de tantas tensões sociais e conflitos civis e militares.

Veja-se que é a lei de organização judiciária de cada Estado, de iniciativa exclusiva do seu Tribunal de Justiça, que poderá instituir estas varas especializadas. De outro lado, mesmo que inexista previsão de entrâncias especializadas no estatuto organizativo, nada obsta que sejam designados juízes para tal mister.

Exatamente para oportunizar tratamento qualificado ao tema é que esta norma tem de ser compreendida de forma extensiva, no sentido de entender-se que os juízes competentes para ele – ou designados especialmente para dele tratar – quando necessário, deslocar-se-ão até o local do litígio, para promover tanto inspeções judiciais, como para realizar audiências de instrução, conciliação e julgamento.

Por outro lado, como adverte Paulo Medina, se pensarmos que a Constituição dá aos Estados-membros competência concorrente com a União para legislarem sobre procedimentos em matéria processual, nos termos do art. 24, XI, é possível deduzir daí que estes Estados, notadamente os que possuem maiores problemas agrários, podem e devem estabelecer procedimentos especiais às ações respectivas, podendo inclusive prever atos processuais *in loco* (MEDINA, 1989, p. 367).

Em levantamento do Ministério do Desenvolvimento Agrário (CNJ, 2013), observou-se que 11 dos 27 Tribunais de Justiça estaduais e dois dos cinco Tribunais Regionais Federais contavam com varas agrárias, especializadas em dirimir conflitos fundiários. As varas agrárias são responsáveis, por exemplo, pelo julgamento das ações possessórias coletivas e das ações de desapropriação por interesse social, para fins de reforma agrária. Na Justiça estadual, já possuem varas agrárias os Tribunais de Justiça de Alagoas (TJAL), Amazonas (TJAM), Bahia (TJBA), Distrito Federal (TJDFT), Minas Gerais (TJMG), Mato Grosso (TJMT), Pará (TJPA), Piauí (TJPI), Paraíba (TJPB), Rondônia (TJRO) e Santa Catarina (TJSC). Na Justiça federal, instalaram varas agrárias as seções judiciárias do Amazonas, Bahia, Maranhão, Minas Gerais,

---

1. Ver PINTO FERREIRA, 2000, p. 556.
2. Cfr. ALMEIDA JR., 1960, p. 14 e s.

Mato Grosso, Pará e Rondônia, todas do Tribunal Regional Federal da 1ª Região (TRF1), e a seção judiciária do Rio Grande do Sul, que integra o Tribunal Regional Federal da 4ª Região (TRF4).

Em recente decisão o plenário do STF na ADI 3433/PA assentou que as varas especializadas em matéria agrária (art. 126 da CF/88) não possuem, necessariamente, competência restrita apenas à matéria de sua especialização. Com efeito, não ofende a Constituição Federal a legislação estadual que atribui competência aos juízes agrários, ambientais e minerários para a apreciação de causas penais, cujos delitos tenham sido cometidos em razão de motivação predominantemente agrária, minerária, fundiária e ambiental[3].

2. Referências bibliográficas

ALMEIDA JR., João Mendes de. *Direito Judiciário Brasileiro*. Rio de Janeiro: Forense, 1960.

ANDRADE, Luiz Antônio de. *A Justiça no tempo de D. João e de D. Pedro I. Revista Forense*, v. 240, ano 68, fascículo 834. Rio de Janeiro: Forense, 1972.

ANDRADE, Platão de. O Poder Judiciário no Brasil. *Revista do Supremo Tribunal Federal*, v. XLIII, Rio de Janeiro, ago. 1922.

BASTOS, Celso Ribeiro. *Comentários à Constituição do Brasil*. 4º volume, t. III. São Paulo: Saraiva, 2001.

BASTOS, Celso Ribeiro & MARTINS, Ives Gandra. *Comentários à Constituição do Brasil*. São Paulo: Saraiva, 2002.

CARVALHO, Luis Antonio da Costa. Breve histórico da justiça colonial e da justiça imperial brasileiras. *Revista Jurídica*, ano XVII, v.116. São Paulo: DJIAA, 1972.

CAVALCANTI, Themístocles Brandão. *A Constituição Federal*. Rio de Janeiro: Forense, 1979.

CLÈVE, Clèmerson Merlin. *A fiscalização abstrata de constitucionalidade no direito brasileiro*. São Paulo: Saraiva, 2002.

FERREIRA FILHO, Manoel Gonçalves. *Comentários à Constituição Brasileira de 1988*. São Paulo: Saraiva, 2002.

FONTAINHA, Murilo. O Poder Judiciário no Brasil. *Revista do Supremo Tribunal Federal*, v. XLIII, Rio de Janeiro, ago. 1922.

LESSA, Pedro. *Do Poder Judiciário*. Rio de Janeiro: Forense, 1915.

MARTINS JR., José. *História do Direito Nacional*. Rio de Janeiro: Imprensa Nacional, 1968.

MEDINA, Paulo Roberto de Gouvêa. O Poder Judiciário na Constituição de 1988. *Revista Forense*, v. 305, jan./mar. 1989. Rio de Janeiro: Forense.

MELLO FILHO, José Celso de. *Constituição Federal Anotada*. São Paulo: Saraiva, 1970.

NUNES, Castro. *Teoria e Prática do Poder Judiciário*. Rio de Janeiro: Forense, 1943.

PINTO FERREIRA, Luís. *Comentários à Constituição Brasileira*. 4º Volume. São Paulo: Saraiva, 2000.

---

3. STF, ADI n. 3433/PA, 2021; *vide* também STF, *Informativo n. 1032*.

CAPÍTULO IV
DAS FUNÇÕES ESSENCIAIS À JUSTIÇA

SEÇÃO I
DO MINISTÉRIO PÚBLICO

Art. 127. O Ministério Público é instituição permanente, essencial à função jurisdicional do Estado, incumbindo-lhe a defesa da ordem jurídica, do regime democrático e dos interesses sociais e individuais indisponíveis.

§ 1º São princípios institucionais do Ministério Público a unidade, a indivisibilidade e a independência funcional.

§ 2º Ao Ministério Público é assegurada autonomia funcional e administrativa, podendo, observado o disposto no art. 169, propor ao Poder Legislativo a criação e extinção de seus cargos e serviços auxiliares, provendo-os por concurso público de provas ou de provas e títulos, a política remuneratória e os planos de carreira; a lei disporá sobre sua organização e funcionamento.

§ 3º O Ministério Público elaborará sua proposta orçamentária dentro dos limites estabelecidos na lei de diretrizes orçamentárias.

§ 4º Se o Ministério Público não encaminhar a respectiva proposta orçamentária dentro do prazo estabelecido na lei de diretrizes orçamentárias, o Poder Executivo considerará, para fins de consolidação da proposta orçamentária anual, os valores aprovados na lei orçamentária vigente, ajustados de acordo com os limites estipulados na forma do § 3º.

§ 5º Se a proposta orçamentária de que trata este artigo for encaminhada em desacordo com os limites estipulados na forma do § 3º, o Poder Executivo procederá aos ajustes necessários para fins de consolidação da proposta orçamentária anual.

§ 6º Durante a execução orçamentária do exercício, não poderá haver a realização de despesas ou a assunção de obrigações que extrapolem os limites estabelecidos na lei de diretrizes orçamentárias, exceto se previamente autorizadas, mediante a abertura de créditos suplementares ou especiais.

José Adércio Leite Sampaio

1. Constituições estrangeiras

Argentina (art. 120); Bolívia (art. 124); Equador (art. 217); Espanha (art. 124); Itália (art. 108), Paraguai (art. 266).

2. Retrospecto constitucional do Ministério Público

No Império, cabia à legislação infraconstitucional estabelecer as diretrizes sobre a organização do Ministério Público. A Carta Imperial limitava-se a dispor, em seu artigo 48, que competia ao Procurador da Coroa a acusação no Juízo dos crimes, falecida a atribuição à Câmara dos Deputados. Seu vínculo institucional era com o Senado, carecendo de um detalhamento funcional maior que só apareceria com a aprovação do Código de Processo Penal de 1932, a definir o Promotor de Justiça como órgão da sociedade e titular da ação penal. A denominada "Lei do Ventre Livre" (Lei n. 2.040 de 1871), por sua vez, atribuiu ao Promotor a função de zelar para que os filhos de escravas fossem devidamente registrados. A Constituição de 1891 também foi econômica sobre o tema. Limitava-se a prever a forma de nomeação do Procurador-Geral da República (PGR), à época, escolhido pelo Presidente da República dentre os membros do Supremo Tribunal Federal, deixando para o legislador definir as atribuições ministeriais (art. 58, § 2º), embora antecipasse para dar poder ao PGR para ingressar com pedido de revisão criminal perante o Supremo Tribunal Federal em benefício dos condenados (art. 81, § 1º).

Foi o Texto de 1934 o primeiro a dar tratamento magno e sistemático ao Ministério Público no Título I, Capítulo VI, sob a designação "Dos órgãos de cooperação nas atividades governamentais" (arts. 95 a 98). O MP era, assim, posto fora dos esquadros normativos dos três clássicos poderes, embora a sua leitura institucional, pela doutrina especialmente, ainda desse conta de teses, especialmente nos Estados, que o vinculavam ora ao Judiciário, ora ao Executivo, senão o definisse como mero auxiliar da administração.

O § 3º do artigo 95 determinava a nomeação dos membros do Ministério Público Federal que servissem nos Juízos comuns, mediante concurso e garantia-lhes a estabilidade nos cargos, só os perdendo por sentença judiciária ou processo administrativo, no qual era assegurada ampla defesa. Referida garantia era elevada a limite ao poder constituinte decorrente pelo artigo 7º, I, *e*. Dizia ainda o § 1º que o Chefe do Ministério Público Federal nos Juízos comuns seria o Procurador-Geral da República, de nomeação do Presidente da República, com aprovação do Senado Federal, dentre cidadãos com os requisitos estabelecidos para os Ministros da Corte Suprema. Teria os mesmos vencimentos desses Ministros, sendo, porém, demissível *ad nutum*. Os Chefes do Ministério Público no Distrito Federal e nos Territórios, prescrevia o § 2º, eram, entretanto, de livre nomeação do Presidente da República dentre juristas de notável saber e reputação ilibada, alistados eleitores e maiores de 30 anos, com os vencimentos dos Desembargadores.

Como notamos, a disciplina institucional era expressamente prevista para o Ministério Público na União, no Distrito Federal e nos Territórios, a servir de parâmetro aos Estados na definição que viessem a atribuir aos seus respectivos órgãos ministeriais (art. 95, *caput*). Sem embargo, como sucedera após 1891 com o Judiciário estadual, as leis de organização judiciária de cada ente federado (era, como dissemos, o pensamento dominante da natureza judiciária do MP) passaram a prever de maneira particular e diferente a organização, a forma de provimento de cargos (em alguns lugares, de livre nomeação), bem como as garantias e atribuições de seu Ministério Público.

A Carta de 1937 substituiu o capítulo dedicado à estruturação do órgão por uma simples menção em seu artigo 99: "O Ministério Público Federal terá por Chefe o Procurador-Geral da República, que funcionará junto ao Supremo Tribunal Federal, e será de livre nomeação e demissão do Presidente da República, devendo recair a escolha em pessoa que reúna os requisitos exigidos para Ministro do Supremo Tribunal Federal". Diga-se, por oportuno, que a representação dos interesses da União em juízo era entregue ao Ministério Público Federal, cabendo ao legislador regular a competência e os recursos nas ações para a cobrança da dívida ativa da União, podendo cometer ao Ministério Público dos Estados a função de representar em Juízo a Fazenda Nacional (art. 109, parágrafo único). Foi ali que se introduziu a reserva do quinto constitucional aos advogados e membros do MP (art. 105). A prescrição seria mantida pelos textos subsequentes com pequenas nuanças (art. 125, VI, CF/1946; 136, IV, CF/1967; 144, IV, EC n. 1/1969; art. 94, CF/1988).

A Constituição de 1946 resgatou o perfil constitucional do Ministério Público, dedicando-lhe Título próprio e afastando-o dos demais poderes. Cabia à lei organizar o Ministério Público da União, junto a Justiça Comum, a Militar, a Eleitoral e a do Trabalho (art. 125). Os membros do Ministério Público da União, do Distrito Federal e dos Territórios, impunha o artigo 127, ingressariam nos cargos iniciais da carreira mediante concurso. Após dois anos de exercício, não poderiam ser demitidos senão por sentença judiciária ou mediante processo administrativo em que se lhes facultasse ampla defesa; nem podiam ser removidos a não ser mediante representação motivada do Chefe do Ministério Público, com fundamento em conveniência do serviço. Nos Estados, determinava o artigo seguinte, o órgão seria também organizado em carreira, observados os mesmos preceitos e mais o princípio de promoção de entrância a entrância. O Ministério Público Federal teria por Chefe o Procurador-Geral da República, nomeado pelo Presidente da República, depois de aprovada a escolha pelo Senado Federal, dentre cidadãos com os requisitos exigidos para ser Ministro do STF (brasileiros maiores de trinta e cinco anos, de notável saber jurídico e reputação ilibada), demissível, todavia, *ad nutum* (art. 126). O parágrafo único desse artigo dispunha que a União seria representada em Juízo pelos Procuradores da República, podendo a lei cometer esse encargo, nas Comarcas do interior, ao Ministério Público local.

O Regime Militar, com a Constituição de 1967, inseriu o Ministério Público dentro do Capítulo destinado ao Poder Judiciário, enquadrando-o depois, por meio da EC n. 1/1969, no Poder Executivo. As garantias continuaram basicamente as mesmas do sistema anterior, assim como a forma de escolha do Procurador-Geral da República. Sutil, mas importante mudança ocorreu em 1977, com a Emenda Constitucional n. 7, que admitiu a existência de Lei Complementar, de iniciativa do Presidente da República, a fim de estabelecer normas gerais para a organização do Ministério Público Estadual.

3. Definição institucional

O Ministério Público é definido como órgão constitucional autônomo caracterizado por sua permanência e essencialidade. A autonomia o retira da órbita estrutural e hierárquica dos três Poderes tradicionais. Suas qualidades constitucionais dão a ele *status* de instituição com relevância política e jurídica de alta magistratura. Pela permanência, garante-se que a instituição não pode sofrer solução de continuidade institucional, seja por inexistência de suporte material (estrutura física, humana e logística mínima ao desempenho de suas funções), seja por inexistência de substrato jurídico (quadro normativo de configuração orgânico-funcional). Pela essencialidade, é reconhecida (e justificada) a sua existência por desempenhar função essencial ao sistema de justiça. Notemos que a dicção constitucional, ao dizer que o MP exerce atividade essencial à função jurisdicional nem diz que toda ação ou medida judicial depende da intervenção do *Parquet*, nem a restringe apenas ao âmbito judiciário, antes localiza o órgão na rede institucional que se destina, juridicamente, a promover a justiça em suas múltiplas manifestações.

Tenha-se, em primeiro plano, a defesa objetiva da integridade da ordem jurídica, do Estado federal e do regime democrático, bem como a proteção dos interesses sociais e individuais indisponíveis. Nesse sentido, ele é, primeiramente, uma instituição guardiã da justiça legal, em vista do poder-dever de lutar pela existência da ordem jurídica, pela integridade de seus princípios estruturantes (como o da hierarquia das normas) e ainda por sua efetividade. É também garante da justiça política, pugnando pelo devido processo democrático. Vale dizer, resumidamente, pela ocorrência de um processo político que seja, simultaneamente, competitivo, justo e plural. A integridade do Estado federal é atribuição difusa que vincula a todos os membros do *Parquet*, mas que tem na figura do Procurador-Geral da República o papel central em vista da legitimidade que possui para ativar o Supremo Tribunal Federal nas representações interventivas que se destinam a reconhecer o descumprimento pelos Estados dos princípios sensíveis à federação (arts. 34, VII, e 36, § 3º) e do dever de cumprimento das leis federais (arts. 34, VI, e 36, § 3º). Por simetria, o mesmo quadro se repete em relação aos Procuradores-Gerais de Justiça para ajuizar representação, perante o respectivo Tribunal de Justiça, em face dos Municípios, com vistas a assegurar a observância de princípios indicados na Constituição Estadual ou para prover a execução de lei estadual (art. 35, IV).

Está encarregado, ademais, da justiça social, na medida em que promove a defesa dos interesses sociais e dos individuais indisponíveis. Os primeiros se referem à gama de posições, situações ou qualidades jurídico-políticas que interessam à sociedade como um todo ou a parcela representativa dela, com destaque para as que são vocacionadas a políticas redistributivas (tome-se, por exemplo, a desapropriação para fins de reforma agrária – arts. 5º, XXIV, e 184), e para a proteção de direitos massificados, de titularidade difusa e coletiva. Os interesses individuais indisponíveis recaem sobre objetos que não se encontram à disposição de seus titulares, seja pela especial necessidade de tutela que requerem (como os incapazes), seja por se apresentarem como grupos ou classes de relevância social ou comunitária que se vinculam pela convergência de origem ou causa, o que tem recebido a denominação no Brasil de "interesses individuais homogêneos"; seja ainda porque possuem objeto indisponível, incluindo-se nesse domínio expressão significativa dos direitos fundamentais.

Não podemos deixar de concluir que os interesses individuais indisponíveis são espécies dos interesses sociais, pois deve estar sempre presente na missão do *Parquet* uma atividade de relevância social ou comunitária. Nesse sentido, a Constituição ainda atribui ao Procurador-Geral da República a legitimidade para provocar, perante o Superior Tribunal de Justiça, o incidente de deslocamento de competência para a Justiça Federal nas hipóteses de grave violação de direitos humanos que importe violação a obrigações decorrentes de tratados internacionais dos quais o Brasil seja parte (art. 109, § 5º).

4. Princípios institucionais

O Ministério Público é informado pelos princípios da unidade, da indivisibilidade e da independência funcional. Qual o significado de cada um deles? A convergência de divisão de trabalho e federalismo tem levado a confusões. O MP deve ser considerado uno não porque tenha um só chefe dentro de cada um dos seus ramos ou espécies federativas, como se encontra caracterizado na literatura maioritária, mas porque compõe um só corpo institucional orientado para o interesse público e bem comum, da nação *pro populo* e não do Estado *pro domo sua* (Dinamarco). Daí decorre a sua indivisibilidade ou substituição de seus membros uns pelos outros. Quando atua um integrante da instituição é a instituição inteira que se manifesta.

Não quer isso dizer que haja uma unidade e indivisibilidade arbitrária e negadora do Estado federal. Bem ao contrário, há repartição de atribuições que qualificam cada uma de suas espécies, estabelecida pela divisão de competências jurisdicionais e federativas. É o respeito a essa divisão constitucional de tarefas que permite falar de um Ministério Público da União, em seus diversos ramos, e dos Ministérios Públicos estaduais, aos que se unem os Ministérios Públicos especiais (junto aos tribunais de contas) com as peculiaridades que a Constituição os atribuiu.

Há sem dúvida um MP nacional que é a reunião do MP da União e dos Estados como paralelo não apenas de um Judiciário nacional composto pelos órgãos jurisdicionais da União e dos Estados, mas pela própria definição da República Federativa do Brasil (arts. 1º e 18). Não podemos confundir essa unidade institucional com a unidade de estrutura organizacional, garantida pela autonomia da cada unidade federada. Não é pelo fato de a União representar o Estado federal que se tem por negado o autogoverno dos Estados. As investiduras são próprias a cada ente, assim como os demais atributos de sua autonomia administrativa, orçamentária, financeira e funcional.

Por essa mesma razão, a indivisibilidade se mantém nos esquadros de competências federativas, sem que isso importe hierarquias. Não há um MP superior a outro, mas sim um só MP com funções diversas e complementares dentro das unidades federativas e dos respectivos graus de jurisdição, sempre em conformidade com a Constituição e as leis.

A independência funcional, por sua vez, refere-se à instituição como um todo (independência externa ou orgânica) e a cada membro individualmente (independência interna).

No espaço de atribuições que lhe são próprias, o MP não pode sofrer interferência de nenhum outro órgão ou poder constitucional (tampouco obviamente extraconstitucional). Não há ordens a serem cumpridas nem senhores a serem obedecidos, senão aquelas oriundas da senhora Constituição. Não significa dizer com isso que seja uma instituição sem controle, um *outsider* da democracia. Não o é porque, vimos, tem por incumbência a defesa da própria democracia. Não o é porque, veremos, deve prestar contas de suas tarefas difusamente à sociedade e aos cidadãos, e organicamente às estruturas de controle interno, externo e misto. Não está, porém, a serviço de um ou outro Poder de Estado no desempenho de suas funções, segundo a vontade ou entendimento daquele Poder, pois sua atuação deve estar sempre e umbilicalmente vinculada à busca existencial do bem comum, tanto no atendimento do interesse social, quanto na proteção dos direitos fundamentais.

Não pode ser, por outro lado, um órgão em concha ou dominado pela inércia corporativista, mas sempre (auto)compreendido como um complexo dinâmico de poderes-deveres constitucionais, sem peias de qualquer espécie, que estejam além do que a própria Constituição estabelece. O pleonasmo e a repetição são exigências de ênfases necessárias num País com histórias de personificação do poder. E de advocacia político-administrativa.

Há ainda a independência funcional interna que é corolário da autonomia externa: não há como falar de uma independência institucional sem que seja garantida internamente a independência de cada membro em face de outros membros, órgãos e instâncias ministeriais no desempenho de suas funções. Nesse sentido, a chefia do *Parquet* é sobremodo administrativa, de maneira que seus integrantes se acham vinculados somente aos deveres funcionais próprios segundo a consciência que desenvolvem a partir do complexo fático-normativo que os regula, não recebendo, por conseguinte, ordens de quem quer que seja, nem mesmo do Procurador-Geral.

A independência funcional, como vemos, obriga que a indivisibilidade não seja arbitrária, requerendo que haja regras preestabelecidas para as substituições de membros, de maneira a evitar formas oblíquas de interferências na atividade legítima de cada um deles. Trata-se de garantia de garantia. Tem-se admitido a figura de designações específicas: o Procurador-Geral ou órgão superior de coordenação (Câmaras, Conselho Superior, etc.) podem afetar atribuições a um ou mais membros de forma indeclinável. Ocorre com frequência no caso de discordância do arquivamento de inquérito civil ou penal. As leis preveem, a prática consagra. Mas há dúvida se o núcleo essencial da independência funcional não seria atingido. Contra o entendimento próprio e ainda que falando em nome de terceiro, pode ser obrigado o órgão ministerial a praticar tal e qual ato contra o seu entendimento? Dizem que sim. Penso diferente da maioria também nesse ponto. Não significa afirmar que a independência funcional seja absoluta.

Pelo menos *normativamente*, a consciência para o agir não pode ser monológica ou produto de um querer extraordinariamente autossuficiente. É (deve ser) antes uma construção intersubjetiva da verdade e correção possível de acordo com os elementos de informação de que dispõem. A intersubjetividade tem compromisso com a instituição e com a cidadania, segundo as pautas do discurso constitucional. Se empiricamente se constatarem excessos ou equívocos, haverá sempre instrumentos de controle interno e judicial a repará-los. Mas ilícito de interpretação não haverá. Por isso deve ser afastada a responsabilidade civil direta ou pessoal pelos atos ministeriais praticados.

Eventual ação que postule indenização deve ser ajuizada contra a Fazenda Pública. Será sempre hipótese a ser analisada com cautela. Não porque se trate de irresponsabilidade civil objetiva à semelhança dos atos judiciários, na linha do que o Supremo Tribunal Federal já chegou a afirmar com base na doutrina quase uníssona a respeito (Pleno, RE-Embs 69568-SP, j. 12/8/1971; 1ª Turma, RE 111.609-AM, j. 11/12/1992; 219.117-PR, j. 3/8/1999; 2ª Turma, 31.518-RS, j. 21/6/1966), mas porque deve ser perquirida a razoabilidade, especialidade e excepcionalidade do dano alegado para não inviabilizar a atividade institucional de controle e persecução dos ilícitos e de promoção dos direitos fundamentais. Claro está que o papel opinativo de *custus juris*, por não vincular a autoridade decisora, não dá ensejo à reparação, a menos que haja provado conluio entre eles. Ainda assim, a ação deverá ser intentada contra a Fazenda a quem cabe a ação regressiva contra o agente ministerial (art. 37, § 6º). Somente esse entendimento consagra adequadamente a independência funcional (ver analogamente STF, 2ª Turma, RE 228.977-SP).

5. O autogoverno

O autogoverno do Ministério Público é assegurado constitucionalmente pela autonomia administrativa, orçamentária, financeira e funcional. Autogoverno, sem embargo, que se sujeita a controles interorgânicos, como a investidura do Procurador-Geral, a possibilidade de sua destituição, a relativa discricionariedade legislativa de concretização das normas constitucionais que definem sua feição institucional, o controle externo previsto pelo artigo constitucional 71 e o de caráter misto realizado pelo Conselho Nacional do Ministério Público (art. 130-A, § 2º).

A investidura do Procurador-Geral se dá por meio de um ato complexo que, no caso dos Estados e do Distrito Federal e Territórios, passa pela formação de uma lista tríplice dentre os integrantes da carreira para escolha pelo Chefe do Poder Executivo na forma definida pela respectiva lei. No Plano federal, impõe-se a aprovação por maioria absoluta e voto secreto do Senado do nome indicado pelo Presidente da República dentre os integrantes da carreira com mais de 35 anos de idade. A integração de vontade executiva e legislativa (senatorial) não é extensível aos Estados (ADI-MC 202-BA; 1.228-AP). É preciso notar, a propósito, que os requisitos de investidura são exaustivos, não podendo o legislador infraconstitucional modificá-los para mais ou para menos.

A chefia do Ministério Público da União pelo Procurador-Geral da República não impede a existência de chefia própria dos demais ramos do MPU. Certo que a Constituição apenas prevê expressamente o Procurador-Geral da Justiça do Distrito Federal. Mas a descentralização administrativa e funcional de comando é requisito de inspiração democrática e de efetividade da instituição. A direção geral e representação institucional, todavia, é atribuição exclusiva do Procurador-Geral da República. Assim já se manifestou o Plenário do Supremo Tribunal Federal no MS 21.239-DF.

O mandato, em qualquer caso, é de dois anos, permitindo-se, nos Estados e no Distrito Federal e Territórios apenas uma recondução (art. 128, § 1º). No âmbito federal, o texto da Constituição permite a recondução. Tem-se entendido que o artigo definido autorizaria a recondução indefinidamente. A exegese não é das melhores para a democracia. Certo que a Constituição pretendeu dar tratamento diferenciado para os respectivos níveis da federação. Mas daí a entender-se que confere uma franquia a renovações de mandato sem limite vai uma longa distância. Ficaria por saber qual limite seria de ter-se por razoável. A vontade plebiscitária manifestada nas urnas para renovação do Presidente da República haveria de servir como extensão analógica para o Procurador-Geral da República.

A destituição do Procurador-Geral da República antes do término de seu mandato deve atender a dois requisitos: a) motivo relevante e de interesse público que permita ou determine a abreviação do mandato ou destituição do cargo; b) a autorização da maioria absoluta do Senado Federal, tomada em votação secreta (art. 52, XI, CRFB) e c) o decreto do Presidente da República. O primeiro requisito não aparece no texto constitucional, mas não é compatível com o Estado democrático de Direito que a vontade arbitrária ou sem fundamento público tenha a força de destituição de alto dignatário da República. O cometimento de falta funcional grave que não esteja tipificada como crime de responsabilidade obedece ao mesmo rito. Para os Procuradores-Gerais de Justiça, a presença desse requisito implícito também é exigida, além da deliberação da maioria absoluta do Poder Legislativo, na forma da lei complementar respectiva.

O Procurador-Geral pode ainda ser afastado por crime de responsabilidade. A Constituição não enumera os tipos criminais, apenas determina que o foro próprio é o Senado Federal, exigindo-se para a condenação o quórum de dois terços dos senadores. Lei federal deve tratar do assunto.

Os demais membros do Ministério Público ingressam na carreira por meio de concurso público de provas e títulos, realizado com a participação da Ordem dos Advogados do Brasil, devendo atender aos seguintes requisitos: a) ser bacharel em Direito e b) ter exercido atividade jurídica por três ou mais anos (art. 129, § 3º). Que se deve entender por "atividade jurídica"? Boa parte da doutrina e dos órgãos de cúpula do MP, inclusive o seu Conselho Nacional, tem-na assimilado à prática jurídica e, especialmente, forense. Espera-se que o postulante ao cargo denote maturidade psicológica, intelectual e causídica, além de um vasto conhecimento teórico. Legítima a expectativa, mas será que o texto constitucional tem o enfoque prático-forense como querem? Rigorosamente, atividade jurídica deve compreender ação que pode ser advocatícia, de consultoria, assessoria, magistério no campo do Direito e mesmo frequência com aprovação a cursos jurídicos de pós-graduação de reconhecida idoneidade. Quis mais o constituinte? Pode ser, mas não disse. E até empregou a expressão "jurídica", gênero, em lugar de "jurisdicional", espécie. O que parece fora de propósito é admitir-se que eventuais estágios ainda durante o curso de graduação sejam contados para esse fim. Letra e espírito normativos são violados por essa compreensão. É assente que a prova de título, seguindo critérios razoáveis, deve ter caráter classificatório, nunca eliminatório. As nomeações dos aprovados, claro, devem observar a ordem de classificação.

5.1. Autonomia administrativa

O artigo 127, § 2º, da Constituição faculta ao Ministério Público, por meio de seu Chefe, a proposição de projetos de lei criando e extinguindo seus cargos e serviços auxiliares, a política remuneratória e os planos de carreira, observando as três restrições orçamentárias-financeiras e uma de natureza ético-política, todas constitucionais. As três se referem designadamente às exigências de: a) respeito aos limites com despesa de pessoal previstos em lei complementar conforme disposto no artigo constitucional 169; b) prévia e suficiente dotação orçamentária para atender às projeções de despesa de pessoal e aos acréscimos dela decorrentes; e c) autorização específica na lei de diretrizes orçamentárias. A restrição de índole ético-política decorre no teto fixado pelo subsídio mensal, em espécie, dos Ministros do Supremo Tribunal Federal (art. 37, XI).

Assim também o artigo 128, § 5º, reserva à lei complementar, de iniciativa do respectivo Procurador-Geral, a organização, as atribuições e o estatuto de cada Ministério. Esse poder de ativação do procedimento legislativo se mostra elemento importante para o perfil da autonomia da instituição, em que pese um resquício de competência do Presidente da República para apresentar projetos de lei sobre a organização do Ministério Público da União, bem como normas gerais para a organização do Ministério Público dos Estados (art. 61, § 1º, II, d), extensível ao Governador de Estado.

A combinação dos preceitos nos indica uma exclusividade do Chefe da instituição para encaminhar projetos de lei ao Congresso dispondo sobre política remuneratória, planos de carreira, o estatuto, direitos e prerrogativas dos seus membros e as atribuições do órgão, restando ao Presidente ou Governador, em concorrência com o Procurador-Geral da República ou com o Procurador-Geral de Justiça, respectivamente, a apresentação de projetos sobre organização, em sentido estrito: estrutura física ou de apoio. Ainda assim, ao Chefe do Executivo é dada a disciplina por normas gerais e, neste caso, em caráter privativo, como forma de assegurar, no caso do Presidente da República, a uniformidade normativa a todos os Ministérios Públicos, reforçando o princípio da unidade, e, para todos – Presidente e Governadores – de promover a autonomia das instituições. Seria um contrassenso compreender que, de um lado, o constituinte quisesse conferir independência a uma instituição de controle do Executivo para melhor desempenhar suas funções e, de outro, deixasse-a sob uma espécie de tutela executiva que, na prática, poderia funcionar como uma espada de vindita.

Um exame da jurisprudência do Supremo Tribunal confirma a linha interpretativa favorável à ampliação da autonomia ministerial, nas constantes afirmações da competência reservada do Procurador-Geral e de sua ampliação, como bem denotam várias decisões tomadas antes de a Emenda Constitucional n. 19/1998 especificar a competência do Chefe do Ministério Público para propor ao Legislativo a política remuneratória dos seus membros e dos serviços auxiliares, por decorrência implícita da competência para propor a criação e extinção de seus cargos e serviços auxiliares (Pleno, ADI 63-AL; 126-RO; 127-AL; 145-CE; 153-MG). Na definição da competência de proposição legislativa entre o Chefe do *Parquet* e o Chefe do Executivo, foi recusado a este o encaminhamento de projeto de lei que fixava o teto de remuneração dos membros da instituição (Pleno, ADI-MC n. 865-MA). Também em relação ao Legislativo, já se decidiu que o poder parlamentar de emenda não pode promover modificação substancial do projeto inicialmente encaminhado pelo Procurador-Geral (Pleno, ADI-MC 3.946-MG).

A sequência do repertório jurisprudencial daquele Tribunal ainda nos aponta violação do poder de iniciativa reservado ao Chefe do Ministério Público efetivada por norma constitucional do Estado que regule concurso público para preenchimento de cargos da carreira (Pleno, ADI-MC 1.080-PR), crie um ofício especializado para defesa de certos direitos e interesses (Pleno, ADI-MC 1.499-PA) ou discipline a parâmetro remuneratório da aposentadoria (Pleno, ADI 575-PI; ADI-MC 126-RO; ADI-MC 595-ES).

5.2. Autonomia orçamentário-financeira

A autonomia orçamentário-financeira do Ministério Público autoriza o órgão a elaborar sua proposta orçamentária, dentro dos limites e prazos estabelecidos na lei de diretrizes orçamentárias, não podendo, todavia, a lei prever que o próprio órgão elabore o seu orçamento. Se, sem motivo justificado, o Ministério Público não enviar a respectiva proposta orçamentária dentro do prazo legalmente previsto ou enviá-la em desacordo com os limites fixados na LDO, o Executivo deverá ter em conta os valores aprovados na lei orçamentária vigente, procedendo aos ajustes necessários nos termos daquelas diretrizes para fins de consolidação da proposta orçamentária anual.

A autonomia financeira é garantida pela norma inscrita no artigo 168 da Constituição, a determinar que o repasse das dotações orçamentárias aos órgãos do Ministério Público seja realizado até o dia 20 de cada mês. Alguns Estados tentaram contornar essa garantia, mas o STF a definiu como nuclear ao efetivo exercício do autogoverno e da independência (Pleno ADI-MC 732-RJ). Evidentemente que a execução orçamentária deve atender aos princípios financeiros: com a legalidade da despesa e o limite da previsão orçamentária.

Art. 128. O Ministério Público abrange:

I – o Ministério Público da União, que compreende:

a) o Ministério Público Federal;

b) o Ministério Público do Trabalho;

c) o Ministério Público Militar;

d) o Ministério Público do Distrito Federal e Territórios;

II – os Ministérios Públicos dos Estados.

§ 1º O Ministério Público da União tem por chefe o Procurador-Geral da República, nomeado pelo Presidente da República dentre integrantes da carreira, maiores de trinta e cinco anos, após a aprovação de seu nome pela maioria absoluta dos membros do Senado Federal, para mandato de dois anos, permitida a recondução.

§ 2º A destituição do Procurador-Geral da República, por iniciativa do Presidente da República, deverá ser precedida de autorização da maioria absoluta do Senado Federal.

§ 3º Os Ministérios Públicos dos Estados e do Distrito Federal e Territórios formarão lista tríplice dentre integrantes da carreira, na forma da lei respectiva, para escolha de seu Procurador-Geral, que será nomeado pelo Chefe do Poder Executivo, para mandato de dois anos, permitida uma recondução.

§ 4º Os Procuradores-Gerais nos Estados e no Distrito Federal e Territórios poderão ser destituídos por deliberação da maioria absoluta do Poder Legislativo, na forma da lei complementar respectiva.

§ 5º Leis complementares da União e dos Estados, cuja iniciativa é facultada aos respectivos Procuradores-Gerais, estabelecerão a organização, as atribuições e o estatuto de cada Ministério Público, observadas, relativamente a seus membros:

I – as seguintes garantias:

a) vitaliciedade, após dois anos de exercício, não podendo perder o cargo senão por sentença judicial transitada em julgado;

b) inamovibilidade, salvo por motivo de interesse público, mediante decisão do órgão colegiado competente do Ministério Público, pelo voto da maioria absoluta de seus membros, assegurada ampla defesa;

c) irredutibilidade de subsídio, fixado na forma do art. 39, § 4º, e ressalvado o disposto nos arts. 37, X e XI, 150, II, 153, III, 153, § 2º, I;

II – as seguintes vedações:

a) receber, a qualquer título e sob qualquer pretexto, honorários, percentagens ou custas processuais;

b) exercer a advocacia;

c) participar de sociedade comercial, na forma da lei;

d) exercer, ainda que em disponibilidade, qualquer outra função pública, salvo uma de magistério;

e) exercer atividade político-partidária;

f) receber, a qualquer título ou pretexto, auxílios ou contribuições de pessoas físicas, entidades públicas ou privadas, ressalvadas as exceções previstas em lei.

§ 6º Aplica-se aos membros do Ministério Público o disposto no art. 95, parágrafo único, V.

José Adércio Leite Sampaio

1. Constituições estrangeiras

Argentina (art. 120); Bolívia (arts. 125 e 126); Chile (art. 80); Colômbia (arts. 275 a 280); Equador (arts. 218 e 219); Espanha (art. 124); Itália (arts. 107 e 112); Panamá (arts. 216 a 221); Paraguai (arts. 267 a 269 e 271); Peru (arts. 158 e 159); Portugal (arts. 219 e 220); Venezuela (arts. 284 a 286).

2. A composição do Ministério Público

Integram o Ministério Público do Brasil o Ministério Público da União, os Ministérios Públicos dos Estados e, com uma diferença institucional importante, o Ministério Público que oficia perante os Tribunais de Contas. Aqueles compõem o Ministério Público Comum; este, o Ministério Público Especial. Já tratamos sobre essa diversidade na unidade institucional e federativa no item precedente. Interessa-nos agora a abrangência orgânica da divisão que promove o texto constitucional. Tenhamos, por um lado, a compreensão ampla do Ministério Público da União que, sob a chefia do Procurador-Geral da República, compõe-se do: a) Ministério Público Federal, orientado para as atribuições ministeriais que podem ser atraídas pela competência da Justiça Federal comum e dos "órgãos judiciários de superposição", no dizer do ex-Ministro do Supremo, Sepúlveda Pertence (ADI 2.794-DF), a compreender os tribunais da jurisdição nacional de cimeira de conflitos federativos, orgânicos e constitucionais (Supremo Tribunal Federal), da justiça comum (Superior Tribunal de Justiça) e a eleitoral (Tribunais Regionais e Superior Eleitorais); b) Ministério Público do Trabalho, com as atribuições ministeriais que podem desaguar na Justiça do Trabalho em todos os seus níveis, embora, pela atual configuração, atue somente a partir da segunda instância; c) Ministério Público Militar, por igual, detentor das atribuições do *Parquet* cuja conflituosidade exige solução por parte da Justiça Militar federal de primeira e segunda instância ou pelo Superior Tribunal Militar; e d) Ministério Público do Distrito Federal e Territórios, que funciona ou, em função de suas atribuições, pode vir a funcionar na Justiça Comum Distrital e Territorial. O MPDFT é o correlato distrital e territorial dos Ministérios Públicos estaduais, estando na órbita da União pela posição peculiar do Distrito Federal no quadro dos entes federativos sob a parcial "tutela federal". E, no caso dos Territórios, por serem tais sujeitos públicos autarquias territoriais federais.

Cada Estado-membro tem o seu Ministério Público, organizado nos termos da respectiva lei complementar. A lei complementar federal de que trata o § 5º deste artigo deve servir de parâmetro normativo obrigatório para as leis estaduais? Não. Cuida-se de lei estatutário-administrativa que deve atender às peculiaridades de cada ente federado. Eis por que a Constituição faculta aos respectivos Procuradores-Gerais (da República e de Justiça nos Estados) a sua iniciativa, exercida evidentemente perante o Poder Legislativo próprio, definindo a organização, as atribuições e o estatuto de cada Ministério Público. Não há, então, possibilidade de normas gerais federais de organização ministerial? Há, já dissemos, mas não em vista do presente dispositivo. Teremos para tanto que recorrer ao artigo 61, § 1º, d, que estabelece como atribuição privativa do Presidente da República a iniciativa de lei sobre a organização do Ministério Público da União, bem como sobre normas gerais para a organização do Ministério Público dos Estados, do Distrito Federal e dos Territórios. Compreenda-se que mesmo para a União, essa competência do PR deve ser entendida também como disciplina de normas gerais. Reportamos o leitor aos comentários feitos ao artigo precedente.

Quanto ao Ministério Público que oficia junto aos Tribunais de Contas, entende-se que o artigo 130 da Constituição só assegura os direitos, vedações e forma de investidura do "Ministério Público comum", diferençando-o necessariamente desse e não lhe garantindo autonomia funcional (STF, Pleno, ADI-MC 2.068-DF; ADI 789-DF; ADI-MC n. 1.858-GO).

3. O estatuto do Ministério Público

O estatuto do Ministério Público, previsto na Constituição, é similar ao dos Juízes, na equivalência das duas magistraturas primeiramente delineada pelo constituinte de 1988, tanto no plano institucional, com o reconhecimento da sua independência administrativa e orçamentário-financeira, unidade e indivisibilidade, tratadas anteriormente; quanto no plano funcional, com a previsão das garantias de vitaliciedade, de inamovibilidade e de irredutibilidade de subsídio ou no estabelecimento de um quadro de vedações. O constituinte reformador ampliou essa tendência. A EC n. 19/1998 incluiu expressamente na órbita do poder de iniciativa legislativa dos Procuradores-Gerais "a política remuneratória e os planos de carreira" dos membros e serviços auxiliares (art. 127, § 2º), reforçando, diretamente, a autonomia externa e, indiretamente, a autonomia interna ao estilo das iniciativas judiciárias. Subjetivamente, a EC n. 45/2004 assimilou ainda mais o sistema de garantias e vedações das duas carreiras. Compare-se, por exemplo, a proibição de atividade político-partidária que deixou de admitir exceções legais e a equivalência de vedações introduzidas para ambas as carreiras (art. 128, § 5º, II, e § 6º com o art. 95, parágrafo único, IV e V). E o que é mais decisivo, a remissão feita pelo artigo 129, § 4º, à aplicação do disposto no artigo 93, no que couber, ao Ministério Público. Nada mais se fez do que seguir o "modelo europeu de magistraturas", especialmente o italiano, que nivela, estatutariamente, juízes e Parquet.

O estatuto do MP, já dissemos, deve ser previsto em lei complementar federal e dos Estados. Em vista da fonte legal constitucionalmente prevista, não há de ser tratada pelo constituinte decorrente (STF. Pleno ADIMC 2.622; 2.436). É preciso atenção, contudo, para não ir longe na definição do que deva estar ou não sujeito à reserva de lei complementar, pois, como veremos, o artigo 129, IX, autoriza o legislador a prever outras funções ministeriais, desde que compatíveis com sua finalidade e vedada a representação judicial e a consultoria jurídica de entidades públicas. Materialmente, deve respeitar estritamente as garantias constitucionais da ação ministerial, tanto no sentido de vedações ou incompatibilidades, quanto no sentido das prerrogativas conferidas e ainda de princípios institucionais estruturantes.

4. Princípios institucionais estruturantes

Assim como faz para o Judiciário, a Constituição estabelece princípios que devem nortear, orgânica e funcionalmente, o estatuto do Ministério Público. Enuncia declaradamente uma série de dispositivos definidores das garantias constitucionais de seus membros e as vedações que lhes são opostas, além de uma remissão geral ao estatuto constitucional do Judiciário. O artigo 129, § 4º, manda aplicar-lhe, no que couber, o disposto no artigo 93. Podemos, assim, distinguir as garantias constitucionais expressas, a garantia implícita do promotor natural e as garantias por remissão. Todas elas são de feição institucional (garantias institucionais), sobressaindo em algumas seu caráter subjetivo, noutras sua natureza objetiva. Há ainda o plexo de vedações funcionais expressas. Prerrogativas, garantias institucionais, deveres e vedações que compõem o estatuto constitucional do Ministério Público.

4.1. As garantias constitucionais expressas

A maioria é voltada para proteger a independência de atuação e estímulo à carreira como, designadamente, a vitaliciedade, a inamovibilidade, a irredutibilidade de subsídio, a aposentadoria e a prerrogativa de foro. Outra se volta mais para a atribuição do caráter plural à composição dos órgãos judiciários colegiados, com a reserva de algumas de suas vagas aos membros ministeriais.

4.1.1. A vitaliciedade

Trata-se de uma garantia de permanência no cargo, condicionada em primeira instância e relativa em qualquer caso. É condicionada porque depende de aprovação em estágio probatório de dois anos de exercício no cargo. É relativa pois expira compulsoriamente aos 70 anos de idade (Súmula n. 36/STF). Designadamente, constitui-se no vínculo ao cargo que só finda por vontade própria, aos 70 anos ou por sentença judicial transitada em julgado que decrete, como objeto principal ou acessório, a sua extinção.

4.1.2. A inamovibilidade

Cuida-se de permanência no local e ofício de atuação, excepcionada pela vontade expressa do membro ministerial à remoção e à promoção ou quando haja motivo de interesse público, reconhecido por decisão do órgão colegiado interno, definido em lei como competente para tanto, e tomada pelo voto da maioria absoluta de seus membros, sendo assegurada ampla defesa. O interesse público, que se pode identificar com o interesse institucional primário, mas nunca com pena ou perseguição, deve ser manifesto e submetido à contradita, não bastando o simples querer do colegiado.

4.1.3. A irredutibilidade de subsídio

Os integrantes do Ministério Público são remunerados por meio de subsídio, fixado na forma do art. 39, § 4º, insuscetível de sofrer decréscimo. A irredutibilidade é nominal ou real, vale dizer, refere-se à expressão numérica da moeda ou ao seu poder aquisitivo? Historicamente a sua afirmação esteve associada com o apanágio francês "le besoin d'argent est la pire de la servitude", procurando-se, com ela, assegurar a independência e a paz do espírito de promotores e procuradores contra as cooptações externas[1]. Se levarmos a sério essa inspiração, a garantia há de ser admitida em sentido real. Contra essa interpretação, reputada simplista, diz-se que há necessidade de considerações adicionais sobre a situação orçamentário-financeira do Estado e do próprio órgão e da necessidade de previsão legal de nova despesa e subsídio, o que exige as vontades concorrentes do Procurador-Geral, do Parlamento e do Chefe do Executivo. São argumentos impressionantes.

Realmente, a alteração do subsídio depende de lei específica, mesmo no caso de haver uma elevação do teto remuneratório (art. 37, X e XI). Além do mais, se o Estado – ou o próprio MP – não tem condições financeiras de conceder aumentos, ainda que meros reajustes, não há como exigir o impossível. Sem embargo, tais notas não podem assumir feição de verdade absoluta. É imperioso que se analise o contexto existencial de sua aplicação.

Os efeitos corrosivos da inflação sobre o poder de compra da moeda de pouca expressividade não são bastantes para infirmar a força da proteção da carreira. Se, por outro lado, houver uma escalada inflacionária que ponha em risco seriamente a finalidade da garantia, é de ser admitida a reparação judicial contra eventual inércia legislativa, a menos que o quadro seja de notória falência do Estado. Assim também na hipótese de reajuste geral de vencimentos dos servidores públicos, decorrente de mera atualização monetária, a extensão aos membros do MP prescinde de lei formal.

O aumento da carga tributária que leve à diminuição da renda líquida do promotor pode ser considerado inconstitucional? Pelo simples fato do aumento, não. A Constituição proíbe qualquer tipo de tratamento diferenciado em razão da atividade profissional (art. 150, II), havendo ademais remissão expressa no artigo em análise não apenas a esse dispositivo, mas também ao que trata do imposto sobre renda progressivo (arts. 153, III, 153, § 2º, I).

4.1.4. A aposentadoria

As sucessivas mudanças nas regras previdenciárias trouxeram algumas complexidades à situação jurídica dos membros do *Parquet*, como, aliás, dos servidores públicos de maneira geral. Há entendimentos os mais variados, sem uma definição do que venha a prevalecer. Atentos à literalidade dos dispositivos, podemos resumir a disciplina de aposentadoria no seguinte quadro:

a) integrantes da carreira aposentados ou que reuniam condições de aposentadoria ao tempo da publicação da EC n. 41/2003 (arts. 3º e 7º, EC n. 41/2003): aposentadoria regida pelos artigos 3º e 7º da EC n. 41/2003; proventos integrais e paridade assegurada entre subsídios e proventos, significa dizer que deverão estender-se aos aposentados os reajustes e aumentos concedidos aos ativos no mesmo posto ou cargo; abono de permanência para os que queiram permanecer nos quadros e contribuição previdenciária para os inativos;

b) aqueles que ingressaram regularmente até 16 de dezembro de 1998, data de publicação da EC n. 20/1998: há quatro regras de transição aplicáveis: (b.1) Regência pelo artigo 3º da EC n. 47/2005: idade mínima: resultante da redução da idade mínima, prevista pelo artigo 40, § 1º, III, *a* e *b*, da Constituição (60 e 55 anos para homem e mulher, respectivamente), de um ano de idade para cada ano de contribuição superior ao mínimo previsto, segundo a fórmula, para o homem $IM = 60 - (TC - 35)$; para mulher: $IM = 55 - (TC - 30)$; tempo de contribuição: 35 anos para homem e 30, para mulher; tempo de efetivo exercício no serviço público: 25 anos; tempo na carreira: 15 anos; tempo no cargo: 5 anos; proventos integrais e paridade com o pessoal da atividade; (b.2) regência pelo artigo 8º, *caput*, da EC n. 20/1998 e artigo 3º, EC n. 41/2003 para quem completou todos os requisitos de aposentadoria até 31 de dezembro de 2003: idade mínima: 53 anos para os homens e 48, para as mulheres; tempo de contribuição: 35 anos para os homens e 30 para as mulheres; tempo mínimo no cargo: 5 anos. "Pedágio": acréscimo de 20% sobre o tempo que faltava para completar o tempo mínimo de contribuição para aposentadoria; abono de permanência correspondente ao valor da contribuição até atingirem a idade da aposentadoria compulsória, que é de 70 anos; proventos integrais e paridade integral com os integrantes da carreira em atividade; (b.3) regência pelo artigo 8º, § 1º, da EC n. 20/1998 e artigo 3º, EC n. 41/2003, para quem completou todos os requisitos de aposentadoria até 31 de dezembro de 2003. Sublinhamos o que se distingue da anterior: idade mínima: 53 anos para os homens e 48, para as mulheres; tempo de contribuição: 30 anos para os homens e 25 para as mulheres; tempo no cargo: 5 anos; "pedágio": acréscimo de 40% sobre o tempo que faltava para completar o mínimo previsto de tempo de contribuição; abono de permanência correspondente ao valor da contribuição até atingirem a idade da aposentadoria compulsória. Proventos proporcionais: 70% dos vencimentos ou subsídios, somados de 5% para cada ano que o servidor trabalhar além do tempo mínimo de contribuição previsto para se aposentar, não podendo superar os 100%; e paridade integral com os membros do *Parquet* da atividade; (b.4) regência pelo artigo 2º da EC n. 41/2003: os que não completaram os requisitos para aposentar-se até 31 de dezembro de 2003; idade mínima: igual a anterior, 53 e 48 para homem e mulher respectivamente; tempo de contribuição: idem, 35 e 30 respectivamente; tempo no cargo: idem, 5 anos; com pedágio idêntico ao (b.1) e acréscimo de 20% sobre o tempo que faltava para completar o tempo mínimo de contribuição para aposentadoria; abono de permanência igual ao valor da contribuição até completarem 70 anos de idade. Redutor de Proventos para cada ano que faltar para atingir a idade mínima de 60 anos, homem, e 55, mulher. O cálculo dos proventos de aposentadoria deve considerar as remunerações utilizadas como base para as contribuições aos regimes próprios e geral de previdência social (art. 40, § 3º, CRFB), devendo todos os valores de remuneração, considerados para o cálculo do benefício, ser devidamente atualizados, na forma que dispuser a lei (art. 40, § 17, CRFB). Não há paridade com os da atividade. Os proventos serão reajustados de forma a preservar o valor real, nos termos da lei (§ 8º, art. 40, da CRFB);

---

1. SAMPAIO, José Adércio Leite. *O Conselho Nacional de Justiça e a Independência do Judiciário*. Belo Horizonte: Del Rey, 2007, p. 141.

c) membros do MP que ingressaram no serviço público até 31 de dezembro de 2003: regência pelo artigo 6º da EC n. 41/2003; idade mínima: 60 e 55 para homem e mulher respectivamente; tempo de contribuição: 35, homem, e 30, mulher; tempo de efetivo exercício no serviço público: 20 anos; tempo na carreira, 10 anos, e, no cargo, 5 anos; com proventos integrais e paridade plena com os membros do *Parquet* da atividade, não extensível às pensões por morte concedidas aos beneficiários de aposentados (art. 2º, EC n. 47/2005).

É o primeiro ingresso no serviço público que definirá as regras e o regime de aposentadoria do servidor, independentemente do fato de ele servidor vir, depois, a tomar posse em outros cargos, do mesmo ou diferente sujeito federativo, desde que não haja solução de continuidade na prestação do serviço público. Dois argumentos básicos dão força à tese. Em primeiro lugar, os dispositivos constitucionais se referem a ingresso no serviço público e não à investidura no cargo em que ocorrer a aposentadoria. Depois o § 9º, do artigo 40, da Constituição Federal, assegura a contagem do tempo federal, estadual e municipal para efeito de aposentadoria.

Como dissemos, o emaranhado de dispositivos tem dado margem a todo tipo de interpretação, inclusive no âmbito da Administração Pública. Não raramente, os entendimentos dos órgãos administrativos, incluindo o Tribunal de Contas da União, chocam-se uns com os outros. Em se tratando de um direito previdenciário, mesmo que direito de modalidade condicional, diante da existência de duas interpretações igualmente razoáveis, deve-se aplicar aquela mais benéfica ao seu titular.

4.1.5. As prerrogativas de foro

Os membros do Ministério Público possuem foro especial. O Procurador-Geral da República é processado e julgado pelo Senado Federal nos crimes de responsabilidade (art. 52, II) e pelo Supremo Tribunal nas infrações penais comuns (art. 102, I, *b*). É ainda no STF que deve ser ajuizado o *habeas corpus*, quando for o Chefe do MPU o paciente; ou quando for autoridade coatora também no *habeas corpus*, no mandado de segurança e no *habeas data* (art. 102, I, *d* e *i*). O Superior Tribunal de Justiça é o juiz natural dos integrantes do Ministério Público da União que oficiem perante tribunais em crimes comuns e de responsabilidade, bem como no caso de *habeas corpus* como paciente ou coator, ressalvada, no caso dos remédios constitucionais, a competência da Justiça Eleitoral (art. 105, I, *a* e *c*). O Tribunal Regional Federal, por sua vez, julga nos crimes comuns e de responsabilidade os membros do Ministério Público da União, também com a ressalva da competência da Justiça Eleitoral (art. 108, I, *a*). Os Promotores e Procuradores de Justiça nos Estados, por simetria, devem responder perante o Tribunal de Justiça. O ideal seria que os que oficiam perante esse colegiado estadual fossem julgados pelo Superior Tribunal de Justiça, havendo de se dar o mesmo com o Procurador-Geral de Justiça. Este, porém, está submetido a processo e julgamento perante a Assembleia Legislativa na hipótese de crime de responsabilidade e no Tribunal de Justiça nos crimes comuns. Aqui é outra vez decorrência da simetria federativa.

4.1.6. A reserva de vagas nos tribunais

O Ministério Público tem uma reserva de assentos judiciais nas cortes judiciárias. No âmbito da Justiça comum, federal e estadual, concorrem os membros do Ministério Público Federal e estadual, respectivamente, com mais de dez anos de carreira, a um quinto de seus lugares. Nos Tribunais Superiores, ressalvado o Supremo Tribunal Federal, e na Justiça especializada, exceção feita à eleitoral, também possui semelhante prerrogativa, exigindo-se idade mínima de 35 anos.

Dispõe o artigo constitucional 94 que um quinto dos lugares dos Tribunais Regionais Federais, dos Tribunais dos Estados, e do Distrito Federal e Territórios será composto de membros do Ministério Público, com mais de dez anos de carreira, e de advogados de notório saber jurídico e de reputação ilibada, com mais de dez anos de efetiva atividade profissional, indicados em lista sêxtupla pelos órgãos de representação das respectivas classes. Ao fim, há uma reserva de um décimo das vagas das cortes de segunda instância da Justiça comum. Das indicações, o tribunal formará lista tríplice, enviando-a ao Poder Executivo, que, nos vinte dias subsequentes, escolherá um de seus integrantes para nomeação. Esse percentual é o mínimo da reserva para composição dos colegiados judiciários indicados. De maneira que, se a divisão por cinco do número de vagas existentes no tribunal resultar em número fracionado, não importando que a fração seja inferior a meio, o arredondamento ocorrerá para cima (STF, Pleno, MS 22.323-SP).

No Superior Tribunal de Justiça, um terço dos Ministros é oriundo, em partes iguais, de advogados e membros do Ministério Público Federal, Estadual, do Distrito Federal e Territórios, alternadamente (art. 104, parágrafo único, II). A igualdade se refere tanto à representação de advogados e MP, quanto aos MPs entre si. Não há menção declarada dos requisitos de tempo de serviço, embora se fale que eles serão "indicados na forma" do artigo 94. Mas a remissão também é feita para outros tribunais acompanhada da exigência textual de efetivo exercício. A forma de indicação está a indicar a lista sêxtupla a ser formada em cada um dos MPs (federal, estadual e distrital) e tríplice pelo tribunal. Não propriamente ao requisito da experiência profissional. De toda sorte, o STJ tem usado o critério da antiguidade e da ocupação do último estádio da carreira para elaboração de sua lista. É requisito não admitido expressamente, diga-se, mas referido à conveniência do Tribunal e, portanto, passível de mudança ou exceção a depender da oportunidade e entendimento de seus Ministros. A experiência na atuação perante órgãos colegiados é importante, mas não pode ser o único critério capacitório. Assim também aquela Corte não se tem atentado para a necessidade de adequada representação dos diversos ramos do MP (estaduais, federal e distrital), tratando a instituição como unidade. Não parece a melhor exegese para esse fim. As diferentes atribuições e vivências institucionais tenderiam a conferir maior riqueza de percepção das questões a serem julgadas. É essa a própria teleologia do quinto constitucional.

No caso do Tribunal Superior do Trabalho, retoma-se ao quinto entre advogados e membros do MPT com mais de dez anos de efetivo exercício (art. 111-A, I). No Superior Tribunal Militar, duas vagas das quinze de Ministros vitalícios estão destacadas, por escolha paritária, aos juízes auditores e membros do Ministério Público da Justiça Militar (art. 123, parágrafo único, II). Uma, na verdade, fica nas mãos do MPM, não havendo exigência de atividade profissional mínima.

Na Justiça especializada de segunda instância apenas os Tribunais Regionais do Trabalho têm previsão constitucional expressa, afetando-se um décimo das vagas aos membros do Ministério Público do Trabalho também com mais de dez anos de efetivo exercício (art. 115, I). A forma de indicação dos integrantes do Ministério Público, em todos esses casos, faz-se como no quinto constitucional: a instituição elabora lista sêxtupla, o tribunal reduz à tríplice, cabendo ao Presidente da República a escolha.

4.2. Garantia constitucional implícita – o promotor/procurador natural

Majoritariamente, o Supremo Tribunal Federal tem reconhecido a garantia do promotor natural, embora haja divergência quanto à sua natureza: seria de ordem legal, para o ex-Ministro *Sydney Sanches*; seria de natureza constitucional para os atuais Ministros *Celso de Mello* e *Marco Aurélio*, bem como para *Sepúlveda Pertence* e *Carlos Velloso*, recentemente aposentados. Para estes, o postulado seria imanente ao sistema constitucional brasileiro, decorrendo do Estado de Direito que repulsa o "acusador de exceção", das cláusulas de independência funcional e da inamovibilidade dos membros da Instituição. Seu objetivo seria duplo: ao membro ministerial, asseguraria o exercício pleno e independente de seu ofício; à coletividade garantiria o prévio conhecimento do promotor que atuará na causa, segundo critérios abstratos e predeterminados pela lei (Pleno, HC 70.290-RJ; HC 67.759).

Por tais razões, não pode haver previsão de nomeação de representante do Ministério Público *ad hoc* (Pleno, ADI-MC 1.748-RJ). No entanto, a garantia não veda a designação de grupos especializados por matéria ou para o acompanhamento, desde as investigações policiais, da repressão penal de certos fatos, considerando-se que "a atribuição aos seus componentes da condução dos processos respectivos implica a prévia subtração deles da esfera de atuação do Promotor genericamente incumbido de atuar perante determinado juízo"(Pleno, HC 70.290-RJ). Por motivo idêntico e posto em destaque a incolumidade da independência funcional, não se reprovaram dispositivos legais que disciplinavam a competência de vários órgãos do Ministério Público local para regulamentar, promover e arquivar inquéritos civis (Pleno, ADI-MC 1.285-SP; HC 69.599, 67.759, 84.492).

Lembremos da situação especial do Procurador-Geral da República no quadro institucional. A ele cabem papéis de representação geral da instituição e de competências político-jurídicas de âmbito nacional. Pensemos na presidência do Conselho Nacional do Ministério Público (art. 130-A, I) na legitimidade para ativação do Supremo Tribunal Federal no controle concentrado de constitucionalidade (art. 103, VI) e em determinados conflitos federativos (art. 36, III), em sua atuação como Procurador-Geral Eleitoral, bem como para provocar, perante o Superior Tribunal de Justiça, o incidente de deslocamento de competência para a Justiça Federal nas hipóteses de grave violação de direitos humanos e com a finalidade de assegurar o cumprimento de obrigações decorrentes de tratados internacionais de direitos humanos dos quais o Brasil seja parte (art. 104, § 5º). Assim também é ele o promotor natural das ações penais da competência originária do Supremo Tribunal e do Superior Tribunal de Justiça, podendo, entretanto, delegar tais atribuições a Subprocuradores-Gerais da República (STF, 1ª Turma, HC 84.630-RJ).

4.3. Garantias constitucionais por remissão

Vimos que o artigo 129, § 4º, da Constituição manda aplicar ao Ministério Público, no que couber, o disposto no artigo constitucional 93. "No que couber" deve ser entendido em vista das particularidades de estrutura e funcionamento das duas magistraturas, requerendo adaptações. É óbvio, por exemplo, que não se aplica o disposto no inciso XI a autorizar a constituição de órgão especial nos tribunais com número superior a vinte e cinco julgadores. Por outro lado, há algumas garantias e princípios constantes do artigo remitido que já se encontram expressos para o MP de maneira exaustiva (arts. 128, §§ 5º, I, *a*, *b* e *c*; II, *a* a *f*; e 6º; 129, §§ 2º e 5º). Outros admitem conjugação sistemática (art. 129, § 3º, com art. 93, I). Em linha de síntese e fazendo as adequações devidas, podemos distinguir a política de carreira e as características da atividade ministerial, de acordo com o seguinte esquema de diretrizes aplicáveis à instituição, além daquelas já discutidas em itens precedentes:

4.3.1. Ingresso na carreira

Mediante concurso público de provas e títulos, com a participação da Ordem dos Advogados do Brasil, exigindo-se do bacharel em direito, no mínimo, três anos de atividade jurídica e obedecendo-se, nas nomeações, à ordem de classificação. Já tratamos do assunto precedentemente. A comparação entre o artigo 129, § 3º, e o artigo 93, I, leva a duas distinções. Uma relativa ao título do primeiro cargo da carreira: juiz substituto, promotor substituto. Não é de repetição obrigatória, ainda que o paralelismo de carreira seja desejável. A outra diz respeito à participação da OAB, que se deve dar em todas as fases do concurso como determina o artigo 93 e silencia o artigo 129. A finalidade do dispositivo é que comanda a adequação.

4.3.2. Política de aperfeiçoamento profissional

Devem existir cursos oficiais de preparação, aperfeiçoamento e promoção de membros do *Parquet*, constituindo etapa obrigatória do processo de vitaliciamento a participação em curso oficial ou reconhecido por escola nacional de formação e aperfeiçoamento de integrantes da carreira.

4.3.3. Política de promoção

A promoção dos membros do MP de entrância para entrância ou de graus da carreira, conforme o caso, deve-se dar, alternadamente, por antiguidade e merecimento, atendidas as seguintes normas: (i) a obrigatoriedade da promoção do membro do MP que figure por três vezes consecutivas ou cinco alternadas em lista de merecimento; (ii) a promoção por merecimento pressupõe dois anos de exercício na respectiva entrância e integrar o membro do MP a primeira quinta parte da lista de antiguidade desta, salvo se não houver com tais requisitos quem aceite o lugar vago. Entrância é própria da organização judiciária dos Estados. No âmbito federal, há unidades territoriais de lotação sem hierarquias. A promoção se opera por graus ou etapas sucessivas da carreira; (iii) aferição do merecimento deve levar em conta desempenho segundo critérios objetivos de produtividade e presteza no exercício da atividade ministerial e pela frequência e aproveitamento em cursos oficiais ou reconhecidos de aperfeiçoamento; (iv) na apuração de antiguidade, o órgão superior de administração somente poderá recusar o membro do MP mais antigo pelo voto fundamentado de dois terços de seus integrantes, conforme procedimento próprio, e assegurada ampla defesa, repetindo-se a votação até fixar-se a indicação; (v) o acesso ao cargo de Procurador de Justiça nos Estados, Distrito Federal e Territórios far-se-á por antiguidade e merecimento, alternadamente, apurados na última ou única entrância. No caso federal, os Procuradores Regionais são promovidos com a mesma alternância para o cargo de Subprocuradores; e (vi) não será promovido o promotor ou procurador que, injustificadamente, retiver autos de processo ou procedimento em seu poder além do prazo legal ou de tempo suficiente para adoção de providências, não podendo devolvê-los ao cartório sem o devido despacho ou decisão.

4.3.4. Política de movimentação

A remoção a pedido ou a permuta de membros do *Parquet* de comarca de igual entrância ou de mesmo nível de carreira atenderá, no que couber, às regras para a promoção, afastando a possibilidade de recusa pelo órgão superior de administração. A remoção *ex officio*, como vimos, requer interesse público e deliberação daquele órgão por maioria absoluta, assegurada a ampla defesa.

4.3.5. Política de remuneração

Já dissemos que a remuneração dos membros do Ministério Público se faz por meio de subsídio. Há uma paridade decorrente do sistema de garantias e da história constitucional entre o que recebe os Ministros do Supremo Tribunal Federal e o Procurador-Geral da República. A remissão constitucional, promovida pelo artigo 129, § 4º, conduz ao paralelismo entre as carreiras, de modo que o subsídio dos Subprocuradores-Gerais deve corresponder a noventa e cinco por cento do subsídio mensal fixado para o PGR e, consequentemente, para os Ministros do STF e os subsídios dos demais integrantes são fixados em lei e escalonados, em nível federal e estadual, conforme as respectivas categorias da estrutura do MP, não podendo a diferença entre uma e outra ser superior a dez por cento ou inferior a cinco por cento, nem exceder a noventa e cinco por cento do subsídio mensal dos Ministros dos Tribunais Superiores, obedecido, em qualquer caso, o disposto nos artigos constitucionais 37, XI, e 39, § 4º.

4.3.6. Características das atividades ministeriais

A atividade ministerial deve ser ininterrupta e ágil, manifestando-se por meio de atos de caráter público: (i) ininterrupção da atividade: vedam-se férias coletivas. Nos dias em que não houver expediente normal, devem ser escalados promotores ou procuradores em plantão permanente; (ii) agilidade: a unidade de lotação territorial deve possuir número de membros do MP que seja proporcional à efetiva demanda judicial e à respectiva população. Assim também a distribuição de processos deve ser imediata, admitindo-se, sem embargo, a delegação da prática de atos de administração e de mero expediente sem caráter decisório aos servidores da instituição; e (iii) publicidade: serão públicas as reuniões dos órgãos superiores de administração, devendo ser fundamentadas todas as decisões e requisições proferidas ou feitas, sob pena de nulidade. No caso das que possuam caráter disciplinar, é exigido o quórum mínimo de maioria absoluta dos membros do colegiado. Os atos e reuniões, que, pela natureza, destinem-se à coleta legítima de dados e informações acerca de fatos ou pessoas sob investigação, cuja publicidade, dentro do razoável, possa comprometer a efetividade dos trabalhos, devem ser protegidos pela reserva inclusive em relação ao investigado e seu eventual defensor. Imagine-se que, no caso de interceptação telefônica, autorizada judicialmente para apurar o envolvimento de políticos num esquema de fraude à licitação, o procedimento tivesse que ser comunicado aos investigados e seus advogados. Cuida-se, como vemos, de sigilo imprescindível à segurança da sociedade e do Estado (arts. 5º, XXXIII e LX; 93, IX). É óbvio que deve existir razoabilidade na adequação dos interesses da sociedade e do Estado de persecução com as exigências democráticas de publicidade. Não se pode impedir que o advogado do investigado ou este próprio tenha acesso ao que consta dos autos do procedimento investigatório. Os atos documentados passam a compor o repertório de informações que devem integrar a garantia da assistência técnica de um patrono (art. 5º, LXIII). Não quer isso dizer que tenha ele acesso irrestrito à existência ou ao conteúdo das diligências em curso. Mas uma vez concluída a providência, o seu resultado deve ser, contudo, devidamente documentado, tornando-se insubsistente a razão de ser da reserva (HC 82.354; 2ª Turma, HC 88.190-RJ).

4.4. Vedações e limitações funcionais

Além das prerrogativas, a Constituição traçou algumas vedações destinadas a assegurar uma atuação livre de coações e da influência sobranceira de interesses privados sobre a finalidade institucional. Embora se trate de normas de contenção a direitos, não se pode aplicar a elas automaticamente a interpretação restritiva, senão combiná-la com o escopo da vedação. Se a literalidade deve prevalecer em algumas hipóteses, a teleologia se impõe em outras. Listam-se, assim, proibições remuneratórias e profissionais, além de restrição de domicílio, com a indicação de sua adequada leitura:

4.4.1. Vedações remuneratórias adicionais

São de duas formas:

a) de recebimento, a qualquer título e sob qualquer pretexto, de honorários, percentagens ou custas processuais. O subsídio e as vantagens instituídas com base no texto da Constituição são as únicas formas de remuneração pelo trabalho prestado; e

b) de percepção, a qualquer título ou pretexto, de auxílios ou contribuições de pessoas físicas, entidades públicas ou privadas, ressalvadas as exceções previstas em lei. Se não pode participar de empresa, tampouco o membro do MP pode ser destinatário de benefício pecuniário e custeio de despesas sem natureza de contrapartida de atividade lícita e autorizada à sua qualidade jurídica nem de doações que, direta ou indiretamente, sejam oriundas de pessoas físicas ou jurídicas que tenham interesse em feito ou procedimento sob sua condução.

A literalidade dos dispositivos não pode ser o único guia hermenêutico para definição do alcance das restrições. Objetiva-se com elas garantir a autonomia e imparcialidade do membro do Ministério Público. Nem mais, nem menos. A retribuição pelo trabalho prestado como membro do *Parquet* está constitucionalmente prevista, não há espaços para analogia. Assim também, proíbe-se o recebimento de auxílios e contribuições de terceiros. Entretanto, deve-se dar ao dispositivo intelecção razoável. Alguns entendimentos partem da compreensão de que até mesmo doações feitas dentro do núcleo familiar estariam vedadas pela Constituição. Um excesso. Há vicissitudes na vida que podem exigir o apoio inclusive financeiro de familiares e amigos. Não é esse tipo de auxílio a que se visa com o dispositivo. Pode haver a percepção de valores relativos ao exercício de outra atividade permitida pela Constituição ou de prestações pecuniárias comprovadamente de caráter humanitário ou desinteressado.

O texto constitucional tenta evitar as interferências do poder econômico no exercício ministerial, o tráfico de influência, a corrupção (em sentido moral e jurídico). Há uma presunção, por óbvios motivos, de que auxílios e contribuições sejam instrumentos dessa interferência. Trata-se, porém, de uma presunção relativa, ainda que "a qualquer título ou pretexto" pareça dizer o contrário. Não é a letra que finda a interpretação, senão apenas o seu princípio. A finalidade da norma deve ser a matriz do entendimento normativo, sobretudo quando o apego gramatical leva ao exagero e ao absurdo. Nem mesmo a lei, referida pelo último dispositivo, pode criar exceção à exceção, permitindo formas de percepções que contrariem os propósitos da vedação. Estamos no campo de domínio da garantia da moralidade, da impessoalidade e da autonomia de atuação institucional. É uma garantia social antes de prerrogativa da instituição. E é com esse objetivo em mente que o intérprete mais cuidadoso deve compreender tais vedações.

4.4.2. Vedações profissionais relativas

a) ao exercício da advocacia. Por se tratar de atividade incompatível com a nova posição institucional de magistrado assumida pelo MP, não podem seus integrantes advogar. Se fosse admitida a cumulação, haveria um campo extenso de possibilidades de conflitos de interesses. É de notar-se que se proíbe o exercício de qualquer atividade exclusiva do advogado, contemplando, evidentemente, a burla da atuação por interposta pessoa. O artigo 29, § 3º, do ADCT previu, no entanto, o direito de o membro ministerial, admitido antes da promulgação da Constituição, optar pelo regime anterior, no respeitante às garantias e vantagens, desde que fossem observadas as vedações constantes da respectiva situação jurídica naquela data. Até então era admitida a advocacia, o que importou, na prática, a existência de dois regimes jurídicos no âmbito do Ministério Público: uma dos que ingressaram antes da Constituição de 1988 com direito à acumulação, embora, em tese, com garantias e vantagens menores, se optassem pela manutenção do regime anterior; outra dos que vieram a ser admitidos depois da Constituição, incidindo sobre eles o novo estatuto constitucional sem qualquer direito à opção;

b) à participação em sociedade comercial, na forma da lei. A terminologia está associada ao modelo francês e do Código Civil pretérito que acolhia a teoria dos atos de comércio. Mas há de ser lida com as lentes italianas que inspiraram o novo Código civilista. Caberá ao legislador, em vista da finalidade da instituição e das exigências de disponibilidade de atuação de promotores e procuradores, definir os tipos e o alcance da vedação, seja no que tange à sociedade empresária (em nome coletivo, em comandita simples, limitada, anônima e em comandita por ações); seja em relação à não empresária ou sociedade simples *lato sensu* (em nome coletivo, em comandita simples e limitada ou sociedade simples *stricto sensu*, prevista nos artigos 997 a 1.038 do CCB, incluindo as cooperativas, artigo 1.093 do CCB), entendidas ambas por sua finalidade de lucro e distanciadas por promover uma de forma organizada – e a outra não – a exploração do objeto econômico, bem assim as sociedades de fato;

c) ao exercício, ainda que em disponibilidade, de qualquer outra função pública, salvo uma de magistério. Proíbe-se a acumulação da função ministerial com outra de natureza pública, seja em confiança ou comissionada (de recrutamento amplo), seja efetiva, ressalvada, nos dois casos, uma de professor. Cargo ou função públicos, bem-entendidos, de magistério. De qualquer nível, acrescente-se. Pela finalidade da norma, estão fora da proibição aquelas funções que se destinam à administração superior da entidade (a exemplo de secretário-geral ou executivo do órgão e coordenador de Escola, instituída e custeada pelo MP), bem como o exercício de atividades exercidas em entidades de representação de classe. Afirmou-se que cargos como os de Ministro, Secretário de Estado ou do Distrito Federal, Secretário de Município da Capital ou Chefe de Missão Diplomática ensejam "indesejável vínculo de subordinação de seus ocupantes com o Executivo" (STF, Pleno, ADI 3.574-SE); e

d) ao exercício de atividade político-partidária. Não há mais possibilidade de o legislador criar exceções a essa vedação. Cortou-a o constituinte derivado da EC n. 45/2004. Antes mesmo da mudança, já se entendia que a filiação partidária de membro do Ministério Público somente podia efetivar-se nas hipóteses de afastamento de suas funções institucionais, mediante licença, nos termos que dispusesse a lei (STF, Pleno, ADI 1.371-DF). Tenho que a disciplina continua a aplicar-se, não podendo impor-se restrição ao seu afastamento para tal finalidade (STF, Pleno. ADI-MC 2.534-MG). Afastado, não há que se cogitar de interferência de uma em outra atividade. É a finalidade da vedação que conduz ao entendimento. Se o filiado quiser retornar à atividade, deve cancelar a sua filiação antes de assumir a função ministerial, não podendo vir, de imediato (e por ética não mais), exercer as atribuições do Ministério Público Eleitoral. A EC n. 45/2004 não pode, todavia, atingir a continuidade de atuação dos que já se encontram no exercício de mandatos, mesmo que se trate de renovação. É forma de garantir não tanto o direito adquirido, mas principalmente a vontade soberana das urnas.

4.4.3. Restrição à liberdade de domicílio

O membro do *Parquet* deve ter residência na comarca da respectiva lotação, salvo autorização do chefe da instituição. Comarca é termo empregado na Justiça do Estado e Distrito Federal. No âmbito federal, fala-se em Seção ou Subseção Judiciárias. Entende-se por Comarca ou Seção Judiciária o limite territorial da competência do juiz de primeira instância. Por analogia, independente do grau ou nível de carreira, requer-se que o MP resida na respectiva unidade de lotação. Residir é morar com habitualidade, não exigindo, por outro lado, que possa de lá se ausentar eventual ou frequentemente. A teleologia da restrição aponta tanto para o pronto atendimento do jurisdicionado e cidadão, quanto para uma visão de resultado e efetividade.

5. Bibliografia

ARANTES, Roberto B. Direito e Política: o Ministério Público e a defesa dos direitos coletivos. *Revista Brasileira de Ciências Sociais*, v. 14, n. 39, 1999, p. 83-102.

CAVALCANTI, Rosangela B. The effectiveness of law: civil society and public prosecution in Brazil. In: PERUZZOTTI, Enrique; SLUMOVITZ, Catalina (eds.). *Enforcing the rule of law:*

social accountability in the new Latin American democracies. Pittsburgh: University of Pittsburgh Press, 2006.

CONSEIL DE L'EUROPE. *Quel ministère public en Europe au XXIème siècle* – Actes, Conférence paneuropéenne, Strasbourg, mai. 2000. Strasbourg: Conseil de l'Europe, 2000.

COUNCIL OF EUROPE. *The role of the public prosecution office in a democratic society.* A Multilateral Meeting Organised by the Council of Europe in Co-operation with INTERCENTER, Messina (Sicily), 5-7 June 1996. Strasbourg: Council of Europe Publishing, 1998.

D'ÁVILA, F. Maya. Garantias constitucionais do Ministério Público. *Revista Jurídica,* v. 7, n. 41, p. 45-52, set./out., 1959.

DINAMARCO, Cândido R. *Fundamentos do Processo Civil Moderno.* 5ª ed. São Paulo: Malheiros Editores, tomo I, 2002.

FIONDA, Julia. *Public Prosecutors and Discretion: A Comparative Study.* Oxford: Clarendon Press, 1995.

GARCIA, Emerson. *Ministério Público: organização, atribuições e regime jurídico.* Rio de Janeiro: Lumen Juris, 2000.

GUARNIERI, Carlo. *Pubblico Ministero e sistema politico.* Padova: A. Milani, 1984.

GUSMÃO, Pedro N. O Ministério Público e o 4º poder constitucional. *Revista dos Tribunais,* v. 41, n. 202, p. 36-38, ago. 1952.

INACARATO, Márcio A. O Ministério Público na ordem jurídico-constitucional. *Revista de Informação Legislativa,* v. 8, n. 29, p. 35-86, jan./mar., 1971.

LANZI, Alessio; RUGGIERI, Francesca; CAMALDO, Lucio (a cura di). *Il difensore e il pubblico ministero europeo.* Padova: Cedam, 2002.

LYRA, Roberto. *Theoria e pratica da promotoria pública.* Rio de Janeiro: Liv. Ed. Jacintho, 1937.

MAZZILLI, Hugo N. *Introdução ao Ministério Público – à luz da Reforma do Judiciário (Emenda Constitucional n. 45/2004).* 5ª ed. São Paulo: Saraiva, 2005.

PERRODET, Antoinette. *Étude pour un ministère public européen.* Paris: LGDJ, 2001.

RIBEIRO, Diaulas C. *Ministério Público. Dimensão constitucional e repercussão no processo penal.* São Paulo: Saraiva, 2003.

SADEK, Maria T. (org). *O Ministério Público e a justiça no Brasil.* São Paulo: Idesp/Sumaré, 1997.

SAMPAIO, José Adércio Leite. *O Conselho Nacional de Justiça e a Independência do Judiciário.* Belo Horizonte: Del Rey, 2007.

VILCHEZ, Ana Isabel G. (dir). *Ministerio Público en América Latina.* San José: Ilanud, 1991.

VIVAS, Pedro Osmán M. *Doctrina del Ministerio Público.* Caracas: Fiscalía General de la Republica, 1977.

Art. 129. São funções institucionais do Ministério Público:

I – promover, privativamente, a ação penal pública, na forma da lei;

II – zelar pelo efetivo respeito dos Poderes Públicos e dos serviços de relevância pública aos direitos assegurados nesta Constituição, promovendo as medidas necessárias a sua garantia;

III – promover o inquérito civil e a ação civil pública, para a proteção do patrimônio público e social, do meio ambiente e de outros interesses difusos e coletivos;

IV – promover a ação de inconstitucionalidade ou representação para fins de intervenção da União e dos Estados, nos casos previstos nesta Constituição;

V – defender judicialmente os direitos e interesses das populações indígenas;

VI – expedir notificações nos procedimentos administrativos de sua competência, requisitando informações e documentos para instruí-los, na forma da lei complementar respectiva;

VII – exercer o controle externo da atividade policial, na forma da lei complementar mencionada no artigo anterior;

VIII – requisitar diligências investigatórias e a instauração de inquérito policial, indicados os fundamentos jurídicos de suas manifestações processuais;

IX – exercer outras funções que lhe forem conferidas, desde que compatíveis com sua finalidade, sendo-lhe vedada a representação judicial e a consultoria jurídica de entidades públicas.

§ 1º A legitimação do Ministério Público para as ações civis previstas neste artigo não impede a de terceiros, nas mesmas hipóteses, segundo o disposto nesta Constituição e na lei.

§ 2º As funções do Ministério Público só podem ser exercidas por integrantes da carreira, que deverão residir na comarca da respectiva lotação, salvo autorização do chefe da instituição.

§ 3º O ingresso na carreira do Ministério Público far-se-á mediante concurso público de provas e títulos, assegurada a participação da Ordem dos Advogados do Brasil em sua realização, exigindo-se do bacharel em direito, no mínimo, três anos de atividade jurídica e observando-se, nas nomeações, a ordem de classificação.

§ 4º Aplica-se ao Ministério Público, no que couber, o disposto no art. 93.

§ 5º A distribuição de processos no Ministério Público será imediata.

José Adércio Leite Sampaio

1. Constituições estrangeiras

Chile (art. 80); Colômbia (arts. 277 a 279); Equador (art. 219); Espanha (art. 126); Itália (art. 112); Panamá (arts. 217 e 219); Paraguai (art. 268); Peru (art. 159); Portuguesa (art. 219); Venezuela (art. 285).

2. As funções institucionais do Ministério Público

O extenso rol de funções descritas pelos incisos do artigo 129 dá ao Ministério Público um papel importante na conformação do regime político brasileiro, pois a ele defere o *dominus litis* da ação penal pública, o zelo pelo efetivo respeito dos poderes públicos e dos serviços de relevância pública e aos direitos assegurados na Constituição, fazendo uso das medidas necessárias a sua garantia; a promoção do inquérito civil e da ação civil pública para proteção do patrimônio público e social, do meio ambiente e de outros interesses difusos e coletivos; bem assim ainda lhe atribui legitimidade para, concorrentemente, propor ação de inconstitucionalidade e, privativamente, no plano federal, a representação e ação executória para fins de intervenção da União nos Estados. O papel de *custos societatis* se completa com a defesa dos direitos e interesses das populações indígenas e o controle externo da atividade policial, submetida esta à disciplina da lei complementar.

Esse conjunto de atribuições pode exigir tanto uma atuação ativa, como parte, como uma atuação imparcial, de magistratura, pura e simples, na fiscalização da certa aplicação da lei em conformidade com a Constituição. Essa característica última bem demonstra a particularidade da função ministerial. Como *custos legis* (*juris*, na verdade), tem entendido o Supremo Tribunal Federal, o Ministério Público ocupa "posição de grande eminência no contexto da relação processual, incumbindo-lhe o desempenho imparcial da atividade fiscalizadora pertinente à correta aplicação do Direito objetivo", possibilitando tratamento processual diferenciado, a exemplo da conferência de prerrogativa de prazo ilimitado para sustentação oral (Pleno. ADI-MC 758-RJ).

Como parte, o Ministério Público executa tarefas de grande relevância social e política. À sua tradicional função de titular da ação penal pública, alia-se a missão de salvaguarda dos direitos difusos e coletivos numa síntese constitucional elogiável.

A titularidade privativa da ação penal pública não recepcionou disposições legais que conferiam a legitimidade ativa da ação penal pública a outras pessoas como magistrados, autoridades policiais e demais agentes administrativos (STF, Pleno, HC 67.931-RS; 1ª Turma, RE 134.515-RJ; 2ª Turma, HC 72.073-SP). Essa exclusividade não alcança, porém, todos os poderes de ativação e desenvolvimento da relação jurídico-processual penal de terceiros. Lembremos, pelos primeiros, a legitimação subsidiária do ofendido para ajuizamento da ação penal pública (art. 5º, LIX) e, pelos segundos, a apelação supletiva prevista pelo CPP no artigo 598 combinado com o 31. É de se ver, sem embargo, que a ocorrência de tais poderes só incide no caso de inércia do *Parquet*, de modo que não pode haver modificação, ampliação ou correção da atividade do titular da ação penal (STF, Pleno, HC 68.413-DF; Pet 1030-SE). Interessante ainda observar nesse campo que a promoção de arquivamento de inquérito policial pelo Procurador-Geral da República, dada a sua peculiar situação de chefe da instituição, é acolhida pelo Supremo Tribunal Federal sem mais (STF, Pleno, Inq 510-DF; 719-AC; 851/SP; 1.608-PA; 1.884-RS; 2.044-SC).

As questões de direito coletivo, temário indispensável do Direito do século XXI, surgem das complexidades de estruturas sociais heterogêneas de nosso tempo e desafiam uma proteção efetiva, não só por meio de políticas públicas, mas também de instrumentos processuais de tutela, sendo necessária a adaptação dos convencionais mecanismos do processo, sobretudo por meio de uma legitimidade ativa alargada, como reconhece expressamente o § 1º.

A função do Ministério Público nesse domínio matiza seu caráter de órgão estatal, para situá-lo em uma zona de comunicação entre o sistema do Estado e o sistema social. É visto, assim, numa relação conflitual, ora em relação à sociedade, na realização de valores objetivos; ora em relação ao Estado, em face de omissões e de ações que violem direitos constitucionais e legais. Nessa linha é que o Supremo Tribunal reconheceu a legitimidade do Ministério Público para ajuizamento de ação civil pública destinada a adequar as mensalidades escolares às normas de reajuste, fixadas pelo Conselho Estadual de Educação, dada a natureza coletiva do interesse em jogo, afastando a tese de haver, no caso, uma tutela estatal de interesses privados ou usurpação das atribuições do advogado. A matéria está hoje sumulada (Súmula 643/STF).

O Supremo Tribunal não reconhece, no entanto, a tutela de todo e qualquer interesse individual homogêneo. Requer a existência de uma situação ou condição de consumidor, de relação de consumo ou da presença de direitos coletivos, interesses sociais ou individuais indisponíveis (Pleno, RE 195.056-PR). Admite-a, por exemplo, em relação aos mutuários de contratos de financiamento pelo Sistema Financeiro da Habitação (2ª Turma, RE-AgRg-ED 470.135-MT), aos titulares de cartões de crédito (1ª Turma, RE 441.318-DF) e aos passageiros de transporte coletivo (1ª Turma, RE 379.495-SP). Mas a recusa no campo dos tributos, afirmando não haver aqui relação de consumo nem interesses sociais e individuais indisponíveis, mas apenas interesses de grupo ou classe de pessoas, sujeitos passivos de exigência tributária que, podem, individual ou coletivamente, ser por eles impugnada (Pleno, RE 195.056-PR; 213.631-MG; 2ª Turma, RE-AgRg 559.985-DF).

No tocante àqueles direitos ou interesses de repercussão social, tem-se afirmado a possibilidade de ajuizamento de ação civil pública que tenha por objeto prevenir ou reprimir lesão ao patrimônio público (Pleno, RE 208.790-SP; 1ª Turma, RE-AgRg 244.217-MA; 2ª Turma, RE-AgRg 285.137-MA). Não poderia ser diferente. A Constituição é expressa nesse sentido.

Seja como autor ou fiscal do direito, ele pode exercer outras funções além das mencionadas expressamente na Constituição, como dispõe o artigo 129, IX, não se tendo reconhecido, por isso, excessos de poder ou cerceamento da liberdade sindical em dispositivo da Lei Complementar n. 75/1993 que autoriza o Ministério Público do Trabalho a propor as ações cabíveis para declaração de nulidade de cláusula de contrato, acordo coletivo ou convenção coletiva que viole as liberdades individuais ou coletivas ou os direitos individuais indisponíveis dos trabalhadores (Pleno, ADI-MC 1.852-DF).

Dado que o rol de competências (constitucionais) aplica-se ao Ministério Público como um todo, a definição das atribuições de cada espécie ou ramo é dada pela pertinência ao juízo competente (Justiça comum ou especializada, federal, estadual ou distrital, e ainda por razão funcional). Em caso extrajudicial, mantém a ideia da pertinência em vista de possível judicialização, acompanhada da repartição constitucional de competência das entidades federativas. Na edição anterior destes Comentários, afirmávamos que o "árbitro de conflitos de atribuições entre os diferentes órgãos do MP deveria estar a cargo do Procurador-Geral da República, em razão de sua peculiar situação no quadro unitário do *Parquet* brasileiro, não ferindo, por isso apenas, o princípio federativo. Não se pode acolher a tese da unidade, para uns efeitos, e negá-las a outros. Uno o Judiciário, em paralelismo, uno o Ministério Público. Mas há um silêncio misterioso a esse respeito em muitos fóruns. O Supremo Tribunal atraía para si a solução das contendas, argumentando que, contrariamente ao exposto, haveria comprometimento da ordem federal, se ao PGR fosse dada a atribuição" (STF, Pleno, Pet 3528-BA; MS-QO 22.042-RR).

Acolhendo esse entendimento, o STF modificou sua jurisprudência: "Tratando-se de divergência interna entre órgãos do Ministério Público, instituição que a Carta da República subordina aos princípios institucionais da unidade e da indivisibilidade (CF, art. 127, parágrafo 1º), cumpre ao próprio Ministério Público identificar e afirmar as atribuições investigativas de cada um dos seus órgãos em face do caso concreto, devendo prevalecer, à luz do princípio federativo, a manifestação do Procurador-Geral da República" (ACO 1394/RN; 924-PR; PET 4706/DF; 4863/RN). Em nova alteração, o Tribunal passou a atribuir a solução de conflitos ao Conselho Nacional do Ministério Público (CNMP), por considerar o PGR parte interessada na solução da demanda administrativa. Como ele acumula a chefia do Ministério Público da União com a chefia de um de seus ramos, o Ministério Público Federal, a ele faltaria a devida imparcialidade. Ademais, não existiria hierarquia entre o Ministério Público Federal e os dos Estados, entre o de um Estado e o de outro, ou entre os diversos ramos do Ministério Público da União (ACO 843-SP).

2.1. As competências do Procurador-Geral da República

A Constituição afeta ao Procurador-Geral da República atribuições privativas. A maioria é própria, raras são delegadas. Entre as atribuições próprias, citem-se, de caráter processual: a) a guarda da Constituição Federal, mediante a ativação do controle concentrado de constitucionalidade perante o Supremo Tribunal Federal (art. 103, VI); b) a fiscalização da regularidade do processo político-eleitoral em sua atuação ativa ou como *custos iuris* perante o Tribunal Superior Eleitoral; c) a proteção dos direitos humanos e fundamentais, por meio tanto de sua legitimidade para ajuizamento das ações constitucionais de proteção aos direitos fundamentais de natureza transindividual e de resguardo do estatuto das comunidades indígenas no âmbito das competências do Supremo Tribunal Federal, do Tribunal Superior Eleitoral e do Superior Tribunal de Justiça, como de ativar o incidente de deslocamento de competência para a Justiça Federal na hipótese de grave violação dos direitos humanos a configurar descumprimento de obrigações assumidas pelo País em tratados internacionais sobre tais direitos (art. 109, § 5º); d) a promoção da integridade federativa, com a legitimidade ativa para ajuizar a representação interventiva por violação aos princípios sensíveis à federação e em virtude de recusa pelo Estado de execução de lei federal (art. 36, III); e) a garantia da competência originária e da autoridade das decisões do Supremo Tribunal Federal, do Tribunal Superior Eleitoral e do Superior Tribunal de Justiça, mediante ajuizamento de reclamação; f) o exercício da titularidade das ações penais públicas nos processos de competência originária do Supremo Tribunal Federal, do Tribunal Superior Eleitoral e do Superior Tribunal de Justiça; e g) a função de *custos iuris*, pela obrigatoriedade de sua manifestação nas ações de inconstitucionalidade e em todos os processos de competência do Supremo Tribunal Federal (art. 103, § 1º).

No caso do "autogoverno" ministerial, destacam-se seus poderes-deveres de: a) iniciativa de projetos de lei sobre organização e funcionamento, criação de cargos e fixação de remuneração de membros e servidores do Ministério Público da União, bem como dos que tratem do estatuto do *Parquet* (arts. 61 e 108, § 5º); e b) representação institucional do Ministério Público do Brasil (arts. 103-B, X e XI, § 6º; 130-A, I).

As competências delegadas, talvez resquícios do sistema anterior de vinculação do MP ao Executivo, estão previstas no parágrafo único do artigo 84. É preciso, portanto, leitura cuidadosa da previsão constitucional para não se incorrer em erro. Não cabe a delegação, por exemplo, para que disponha sobre a organização e funcionamento da administração federal, nem para extinguir funções ou cargos públicos, quando vagos, ou, na forma da lei, para provê-los ou também extingui-los (VI e XXV). Não há nexo funcional ou hierárquico que autorize o traspasse de competência presidencial para que o Procurador-Geral da República exerça o gerenciamento da Administração Pública federal ou de segmento dela. Por outro lado, a gestão de recursos humanos, logísticos e materiais do Ministério Público da União é atribuição própria do Procurador-Geral por expressa determinação constitucional. Mais não fosse, tais poderes decorreriam do autogoverno do *Parquet*. Assim, dentre outros assuntos, compete-lhe prover e extinguir os cargos públicos do MPU, na forma da lei.

Em vista da autonomia do Ministério Público e de suas funções institucionais, é de se admitir, todavia, a delegação presidencial para que o Procurador-Geral da República conceda indulto e comute penas, com audiência, se necessário, dos órgãos instituídos em lei (art. 84, XII). Trata-se de uma delegação externa e, como toda delegação, limitada. Externa, porque se faz do Executivo a um órgão constitucional autônomo. Limitada, porque o decreto presidencial deverá especificar as diretrizes das medidas de perdão.

3. Os poderes do Ministério Público

É a própria Constituição que defere à instituição ministerial um amplo poder de requisição de informações e documentos e de providências de investigação e instrução como forma de criar os meios necessários à realização das tarefas que a ela atribui. Todavia, o alcance desses poderes, talvez por motivações corporativas, tem despertado uma polêmica muito intensa, fazendo o Supremo Tribunal oscilar entre uma posição restritiva, que tende a negar a amplitude insinuada pelo texto constitucional e pelas leis de desenvolvimento das disposições constitucionais, e uma posição ampliadora, em sentido oposto. Dois pontos bastam para demonstrar essa orientação pendular: o poder de investigação independente e a quebra do sigilo bancário.

3.1. Poder de investigação criminal

Ao analisar o artigo 83, da Lei n. 9.430/1996, que impõe o encaminhamento, ao Ministério Público, da representação fiscal para fins penais relativa aos crimes contra a ordem tributária, definidos nos artigos 1º e 2º da Lei n. 8.137/1990, somente após proferida decisão final, na esfera administrativa, sobre a exigência fiscal do crédito tributário correspondente, a 1ª Turma do STF chegou à conclusão de que esse artigo não impedia a instauração da ação penal pública pelo órgão ministerial antes de concluído o processo administrativo fiscal (RHC 77.258-SP). A jurisprudência acabou por se firmar em sentido de que o prévio exaurimento da via administrativa era condição objetiva de punibilidade (Pleno, HC 61.811/DF; RHC 90.532/CE). Os debates que foram travados em torno do dispositivo, no entanto, trouxeram à tona toda discussão sobre os poderes ministeriais para realização de diligências e investigação no curso de procedimentos administrativos criminais, instaurados no âmbito do próprio órgão. Na ação direta de inconstitucionalidade em que se debateu a legitimidade constitucional desse dispositivo, o voto condutor da negativa de cautelar foi peremptório na admissibilidade desses poderes:

"É de observar, ademais, que, para promover a ação penal pública, ut art. 129, I, da Lei Magna da República, pode o MP proceder às averiguações cabíveis, requisitando informações e documentos para instruir seus procedimentos administrativos preparatórios da ação penal (CF, art. 129, VI), requisitando também diligências investigatórias e instauração de inquérito policial (CF, art. 129, VIII). (...) com apoio [nesse artigo] da Constituição, poderá proceder, de forma ampla, na pesquisa da verdade, na averiguação de fatos e na promoção imediata da ação penal pública, sempre que assim entender configurado ilícito, inclusive no plano tributário"(ADI-MC 1.571-DF).

Solução igual havia sido dada à adoção de medidas e procedimentos de instrução dos inquéritos civis instaurados e, por correlata, à exigência de comunicação imediata ao órgão sobre a prisão de qualquer pessoa (art. 10, LC n. 75/93) (STF, Pleno, ADI-MC 1.142-DF); assim como à instituição, por resolução do Procurador-Geral, da promotoria de investigação criminal, com poderes para realizar diligências e procedimentos investigatórios (STF, Pleno, ADI-MC 1.136-PR). O tema parecia, assim, resolvido não fosse a decisão no RE 205.473-AL, proferida pela Segunda Turma, em que não se reconheceu ofensa ao mesmo artigo 129, VIII, no fato de a autoridade administrativa deixar de atender à requisição de membro do Ministério Público no sentido da realização de investigações tendentes à apuração de infrações penais, sob o argumento de que não cabia ao membro da instituição realizar, diretamente, tais investigações, mas requisitá-las à autoridade policial, competente para tal (art. 144, §§ 1º e 4º, CRFB).

A Turma manteve por algum tempo a orientação, afirmando que o MP não teria competência para conduzir inquérito penal (RE 233.072-RJ), mas acabou por reconhecer que, embora sujeito a restrições e controle, era decorrência da condição de *dominus litis*, segundo a configuração que o Código de Processo Penal lhe atribuía, sobretudo a dispensabilidade do inquérito conduzido pela Polícia para ajuizamento da ação penal (HC 84.965/MG). Em mesma direção, o Plenário ressalvou o poder da coleta de depoimentos, "quando, tendo conhecimento fático do indício de autoria e da materialidade do crime, [o membro do MP] tiver notícia, diretamente, de algum fato que merecesse ser elucidado" (Inq 1.957-PR).

Enfim, afirmou, em repercussão geral, que o "Ministério Público dispõe de competência para promover, por autoridade própria, e por prazo razoável, investigações de natureza penal, desde que respeitados os direitos e garantias que assistem a qualquer indiciado ou a qualquer pessoa sob investigação do Estado, observadas, sempre, por seus agentes, as hipóteses de reserva constitucional de jurisdição e, também, as prerrogativas profissionais de que se acham investidos, em nosso País, os Advogados (Lei n. 8.906/94, artigo 7º, notadamente os incisos I, II, III, XI, XIII, XIV e XIX), sem prejuízo da possibilidade – sempre presente no Estado democrático de Direito – do permanente controle jurisdicional dos atos, necessariamente documentados (Súmula Vinculante 14), praticados pelos membros dessa instituição" (STF, Pleno, RE 593.727-MG).

3.2. Quebra de sigilos legais

A possibilidade de quebra direta do sigilo legal pelo Ministério Público é outro palco de intensa controvérsia, dentro e fora do Judiciário. Em geral, considera-se o sigilo manifestação do direito fundamental à intimidade e à vida privada (art. 5º, X e XII). O segredo das comunicações telefônicas é de natureza constitucional, sendo franqueado apenas por ordem judicial nas hipóteses e na forma legais para fins de investigação criminal ou instrução processual penal como determina o artigo 5º, XXII. Mas e os demais sigilos? Ninguém discute que sejam absolutamente invioláveis, submetendo-se a um juízo de adequação prática com direito, garantia ou princípio constitucional que visem a devassá-los. Juízo de adequação que exige fundamentação bastante em um ou outro sentido.

A dúvida é se a autoridade do *Parquet* é legítima para fazê-lo. E se, em caso afirmativo, a força dos poderes constitucionais requisitórios é suficiente, vale dizer, sem necessidade de desenvolvimento legislativo. Filio-me à compreensão deferitória dessa competência ao MP desde que haja uma disciplina legal que estabeleça formas, prazos e ritos de seu exercício, inibindo o arbítrio e o desvio de poder. A doutrina e a jurisprudência maioritárias pensam diferente.

No caso do sigilo bancário (ou financeiro), exige-se, em geral, reserva de jurisdição para obtenção dos dados protegidos (STF, Pleno, Pet-QO 577-DF; Pet-AgRg 1.564-RJ; RE 418.416-SC). Ressalvam-se, todavia, os casos de operações financeiras, lastreadas, ainda que parcialmente, em recursos públicos (STF, Pleno, MS 21.729-DF).

A tendência restritiva se estende a outros domínios como o sigilo profissional em gênero e o fiscal, em especial. Os tribunais, por exemplo, têm refutado o poder ministerial para requisitar diretamente dados fiscais (STF, Pleno, Pet-AgRg 2.805-DF; 1ª Turma, HC 86094-PE; 2ª Turma, AI-AgRg 541.265-SC). A 2ª Turma do STF, entretanto, já decidiu, acertadamente, que "o Código Tributário Nacional não veda a divulgação de informações relativas a representações fiscais para fins penais (art. 198, § 3º, inciso I)" (HC 87.654-PR).

O mesmo tratamento jurisprudencial tende a ser dispensado a outras modalidades de sigilo profissional, a atentar-se para a razão que os move e à força dos precedentes. Mesmo em relação ao Judiciário, há necessidade de específica previsão em lei e justa causa. Diz-se assim em relação ao segredo médico (STF, Pleno, HC 39.308-SP, j. 19-9-1962; 2ª Turma; RE 91.218-SP; j. 10-11-1981; 3ª Turma, RE 60.176, Guanabara, j. 17-6-1966; STJ, 2ª Turma, RMS 14.134-CE; 5ª Turma, RMS 11.453-SP), contábil (STF, 1ª Turma, RE 86.420-RS, j. 16-5-1978; STJ, 4ª Turma, RMS 9.612-SP) ou advocatício (STF, 2ª Turma, RHC 66.278-PR; STJ, Corte Especial, APn-AgRg 206-RJ; 6ª Turma, AgRg-HC 48.843-MS).

Parece excessivo o regime de proteção do sigilo nesses termos. O poder requisitório, tendo previsão legal e não afrontando reserva de jurisdição constitucionalmente imposta, não pode ser freado pela exceção do sigilo. Se houver atuação desmedida do *Parquet*, cabe o controle jurisdicional, no entanto.

Art. 130. Aos membros do Ministério Público junto aos Tribunais de Contas aplicam-se as disposições desta seção pertinentes a direitos, vedações e forma de investidura.

- *Vide* comentários ao art. 128.

Art. 130-A. O Conselho Nacional do Ministério Público compõe-se de quatorze membros nomeados pelo Presidente da República, depois de aprovada a escolha pela maioria absoluta do Senado Federal, para um mandato de dois anos, admitida uma recondução, sendo:

I – o Procurador-Geral da República, que o preside;

II – quatro membros do Ministério Público da União, assegurada a representação de cada uma de suas carreiras;

III – três membros do Ministério Público dos Estados;

IV – dois juízes, indicados um pelo Supremo Tribunal Federal e outro pelo Superior Tribunal de Justiça;

V – dois advogados, indicados pelo Conselho Federal da Ordem dos Advogados do Brasil;

VI – dois cidadãos de notável saber jurídico e reputação ilibada, indicados um pela Câmara dos Deputados e outro pelo Senado Federal.

§ 1º Os membros do Conselho oriundos do Ministério Público serão indicados pelos respectivos Ministérios Públicos, na forma da lei.

§ 2º Compete ao Conselho Nacional do Ministério Público o controle da atuação administrativa e financeira do Ministério Público e do cumprimento dos deveres funcionais de seus membros, cabendo-lhe:

I – zelar pela autonomia funcional e administrativa do Ministério Público, podendo expedir atos regulamentares, no âmbito de sua competência, ou recomendar providências;

II – zelar pela observância do art. 37 e apreciar, de ofício ou mediante provocação, a legalidade dos atos administrativos praticados por membros ou órgãos do Ministério Público da União e dos Estados, podendo desconstituí-los, revê-los ou fixar prazo para que se adotem as providências necessárias ao exato cumprimento da lei, sem prejuízo da competência dos Tribunais de Contas;

III – receber e conhecer das reclamações contra membros ou órgãos do Ministério Público da União ou dos Estados, inclusive contra seus serviços auxiliares, sem prejuízo da competência disciplinar e correicional da instituição, podendo avocar processos disciplinares em curso, determinar a remoção ou a disponibilidade e aplicar outras sanções administrativas, assegurada ampla defesa; *(Redação dada pela Emenda Constitucional n. 103, de 2019.)*

IV – rever, de ofício ou mediante provocação, os processos disciplinares de membros do Ministério Público da União ou dos Estados julgados há menos de um ano;

V – elaborar relatório anual, propondo as providências que julgar necessárias sobre a situação do Ministério Público no País e as atividades do Conselho, o qual deve integrar a mensagem prevista no art. 84, XI.

§ 3º O Conselho escolherá, em votação secreta, um Corregedor nacional, dentre os membros do Ministério Público que o integram, vedada a recondução, competindo-lhe, além das atribuições que lhe forem conferidas pela lei, as seguintes:

I – receber reclamações e denúncias, de qualquer interessado, relativas aos membros do Ministério Público e dos seus serviços auxiliares;

II – exercer funções executivas do Conselho, de inspeção e correição geral;

III – requisitar e designar membros do Ministério Público, delegando-lhes atribuições, e requisitar servidores de órgãos do Ministério Público.

§ 4º O Presidente do Conselho Federal da Ordem dos Advogados do Brasil oficiará junto ao Conselho.

§ 5º Leis da União e dos Estados criarão ouvidorias do Ministério Público, competentes para receber reclamações e denúncias de qualquer interessado contra membros ou órgãos do Ministério Público, inclusive contra seus serviços auxiliares, representando diretamente ao Conselho Nacional do Ministério Público.

Flávio Pansieri

A – REFERÊNCIAS

1. Origem do texto

Redação dada pela Emenda Constitucional n. 45 de 2004.

2. Constituições brasileiras anteriores

Nenhuma das Constituições brasileiras anteriores à de 1988 se referiram à criação do Conselho Nacional do Ministério Público.

3. Preceitos constitucionais relacionados na Constituição de 1988

Artigo 102, I, *r* – Competência do Supremo Tribunal Federal para julgar ações contra o CNMP.

4. Constituições Estaduais

Sem precedentes, seguindo a linha adotada pelo Supremo Tribunal Federal quanto à criação de Conselhos da Magistratura em âmbito estadual, com representantes externos à carreira, é possível afirmar sua impossibilidade.

5. Constituições comparadas

Sem precedentes.

6. Direito nacional

Lei n. 11.372, de 28 de novembro de 2006. (Regulamenta o § 1º do art. 130-A da Constituição Federal, para dispor sobre a forma de indicação dos membros do Conselho Nacional do Ministério Público oriundos do Ministério Público e criar sua estrutura organizacional e funcional, e dá outras providências). Lei n. 8.625, de 12 de fevereiro de 1993. (Institui a Lei Orgânica Nacional do Ministério Público, dispõe sobre normas gerais para a organização do Ministério Público dos Estados e dá outras providências). Resolução n. 31, de 1º de setembro de 2008 (Aprova novo Regimento Interno do Conselho Nacional do Ministério Público e dá outras providências).

7. Jurisprudência selecionada

STF: ADI 3.831 MC; ADI 3.831; ADI 3.472 MC; MS 26.595/DF; MS 27.606/DF; MS 27.339/DF; MS 26.682/DF; MS 26.204 AgR/DF; MS 26.264/DF; MS 31.143 AgR/SP; MS 29.269 Agr/CE; MS 33.410 AgR/DF; MS 27.744/DF; Pet 3674; AO 1706 AgR/DF; AO 1679 AgR/DF.

8. Bibliografia selecionada

SILVA NETO, Manoel Jorge e. Controle da atividade de juízes e promotores de justiça pelo CNJ e CNMP. *Revista Brasileira de Direito Público RBDP*, v. 7, n. 24, p. 49-62, jan./mar 2009.

BITENCOURT, Cezar Roberto. A inconstitucionalidade da Resolução n. 13 do Conselho Nacional do Ministério Público. *Boletim IBCCRIM*, v. 14, n. 170, p. 11-12, 2007.

OSÓRIO, Fábio Medina. Conselhos Nacionais de Justiça e do Ministério Público: divisão ou concentração de poderes? *Revista de Direito Administrativo*, Rio de Janeiro: Renovar n. 221, jul./set. 2000, p. 95-126.

GARCIA, Emerson. Integração de eficácia da Emenda Constitucional n. 45/2004: a iniciativa legislativa na regulamentação do Conselho Nacional do Ministério Público. *Revista de Direito Administrativo*, Rio de Janeiro: Renovar n. 240, abr./jun. 2005, p. 217-224.

MAZZILLI, Hugo Nigro. O controle externo do Ministério Público. *Revista do Ministério Público do Estado do Rio de Janeiro*, n. 24, p. 127-130, jul./dez. 2006.

OLIVEIRA, Hélder Risler de. Artigo 130-A: o Conselho Nacional do Ministério Público compõe-se de quatorze membros nomeados pelo Presidente da República. In: *Comentários à Constituição Federal de 1988*. Rio de Janeiro: Revista dos Tribunais, 2009, p. 1643-1652.

QUEIROZ, Aryanne Vieira. A representatividade da sociedade civil no Conselho Nacional do Ministério Público. *Consulex: Revista Jurídica*, v. 12, n. 266, p. 36-37, fev. 2008.

GENNARINI, Juliana Caramigo. Controle externo da atividade policial e a resolução n. 20/07 do Conselho Nacional do Ministério Público. *Revista Criminal: Ensaios Sobre a Atividade Policial*, v. 1, n. 1, p. 137-152, out./dez. 2007.

STRECK, Lenio Luiz; SARLET, Ingo Wolfgang; CLÈVE, Clèmerson Merlin. Os limites constitucionais das resoluções do CNJ e do CNMP. *BuscaLegis*. Disponível em: http://www.egov.ufsc.br/portal/sites/default/files/anexos/15653-15654-1-PB.pdf. Acesso em: 1º/06/2023. *Revista Direito Militar*, v. 9, n. 57, p. 13-18, jan./fev. 2006.

B – COMENTÁRIOS

1. Breve histórico sobre a formação do Conselho Nacional do Ministério Público

O Conselho Nacional do Ministério Público teve seu embrião inserido no ordenamento jurídico pátrio com o advento da Emenda Constitucional n. 45, pois diferentemente da Magistratura o Ministério Público nunca teve um órgão de Controle/Correição Nacional. A referida Emenda foi editada como forma de garantir à coletividade a participação no controle da gestão financeira e planejamento das atividades do *Parquet*, apesar da existência de previsão expressa no art. 4º, § 2º, da Lei n. 8.625/93, de que esta fiscalização financeira e orçamentária do Ministério Público deveria ser exercida pelo Poder Legislativo. Mesmo com forte resistência de seus membros, em 31 de dezembro de 2004 foi aprovada a Emenda Constitucional n. 45 e instalado o CNMP em junho de 2005. Criado como órgão do Ministério Público brasileiro com função de planejamento e correição, formado por 14 membros, sendo 8 oriundos do Ministério Público e 6 externos. Nesta medida o Conselho se converteu em um órgão de composição híbrida e democrática, que tem por objetivo precípuo a proposição de medidas para o aperfeiçoamento e cumprimento da missão institucional Ministério Público no Brasil, além de sua função correcional. Quanto à tese de que o Conselho seria inconstitucional, pois afetaria a independência do órgão e de seus membros, parece que a composição híbrida não compromete a independência interna ou externa da instituição, porquanto não interfere no campo de discricionariedade de atuação de seus membros, nem dispõe de atribuição, de competência, para interferir no desempenho da função típica dos membros do Ministério Público.

2. A natureza do Conselho Nacional do Ministério Público

O Conselho Nacional do Ministério Público é órgão de controle administrativo, financeiro e disciplinar do Ministério Público. A natureza meramente administrativa decorre do rol de atribuições previstas no art. 130-A, § 2º, da Constituição da República. Ressalte-se que entre as atribuições não figura qualquer função legislativa, haja vista o quadro constitucional normativo ao qual está submetido e que não permite leitura diversa. Assim é vedada a atuação do CNMP por intermédio de medidas administrativas/normativas revestidas de abstração e generalidade que pretendam regulamentar matérias, inovando o ordenamento jurídico[1]. Da mesma forma ao Conselho é vedada a atuação como uma Corte de cassação ou revisão das posições adotadas pelos membros do Ministério Público em qualquer medida judicial, pois suas atribuições não se confundem com a função dos seus membros, haja vista que esta é condição material para o exercício imparcial e independente dos membros do Ministério Público. Aliado a sua natureza constitucional, pois está inserido na Constituição, está seu *status* político, que decorre de sua composição plural, formada por membros do Ministério Público da União, garantida a representação de cada uma das carreiras do Ministério

---

1. MS 26595.

Público, de magistrados, advogados e cidadãos. Ainda quanto a sua natureza é necessário ressaltar seu âmbito de atuação nacional, conferindo ao Conselho unidade nacional, apesar de suas subdivisões em diversas carreiras e ainda em atuações especializadas dentro das unidades federativas. Seu âmbito nacional impõe vedação aos Estados para instituir órgão de controle do Ministério Público com composição de membros externos, posição consolidada perante o Supremo Tribunal Federal[2] no que toca ao CNJ e que se aplica analogicamente ao CNMP.

3. A composição do Conselho Nacional do Ministério Público

O Conselho Nacional do Ministério Público é composto por 14 membros, com mandatos de dois anos permitida uma recondução, salvo no caso do Presidente que é eleito e toma posse como decorrência das funções exercidas na Procuradoria-Geral da República. Neste ponto é relevante frisar que a experiência do Conselho nestes anos de existência revela a necessidade de se repensar a alternância simultânea dos seus conselheiros, pois além da ausência de memória no Conselho se tem ainda baixa previsibilidade de suas decisões. Ressalte-se que mesmo sem previsão constitucional, a Lei n. 11.372/2006 disciplinou que os indicados ao Conselho deveriam ter mais de trinta e cinco e menos de sessenta e cinco anos de idade e no mínimo dez anos de carreira no Ministério Público, restando ainda à exigência de aprovação dos nomes dos membros do Conselho pela maioria absoluta do Senado Federal. A composição do CNMP possui característica democrática, pois de um lado permite tanto uma pluralidade de atores em sua composição e origem das indicações. Conformando esta participação democrática participam do Conselho oito membros do Ministério Público, dois da magistratura, dois advogados, dois cidadãos e ainda oficiando perante o Conselho o Presidente do Conselho Federal da Ordem dos Advogados do Brasil. Nesta composição se garantiu ainda a diversidade de instâncias, com a Presidência exercida pelo Procurador-Geral da República e como membros: quatro do Ministério Público da União a partir de listas tríplices elaboradas pelos respectivos Colégios de Procuradores do Ministério Público Federal, do Ministério Público do Trabalho e do Ministério Público Militar, e pelo Colégio de Procuradores e Promotores de Justiça do Ministério Público do Distrito Federal e Territórios; três membros do Ministério Público dos Estados indicados pelos respectivos Procuradores-Gerais de Justiça, a partir de lista tríplice elaborada pelos integrantes da Carreira de cada instituição, que por decisão dos Procuradores-Gerais de Justiça dos Estados, em reunião conjunta especialmente convocada e realizada para esse fim, formarão lista com os 3 (três) nomes indicados para as vagas destinadas a membros do Ministério Público dos Estados, dois juízes, sendo um indicado pelo Supremo Tribunal Federal e outro pelo Superior Tribunal de Justiça. A advocacia, como instituição indispensável à administração da Justiça e imprescindível para garantia do Estado Democrático e representação da Sociedade Civil, indica dois nomes via votação direta do Conselho Federal da Ordem dos Advogados do Brasil. Por fim, dois cidadãos de notório saber jurídico indicados respectivamente um pela Câmara dos Deputados e outro pelo Senado Federal. Note-se ainda a participação do Presidente da Ordem dos Advogados do Brasil na composição do Conselho, com direito a voz, mas sem direito a voto, possui natureza de política democrática. Consignou-se, porém, que a sua ausência nas sessões não gerará quaisquer nulidades nos julgamentos proferidos pelo Conselho[3]. Como se nota, salvo a nomeação do Presidente do Conselho que ocorre por decorrência de suas funções exercidas perante a Procuradoria-Geral da República, todos os demais membros serão nomeados pelo Presidente da República após sabatina e aprovação dos nomes pela maioria absoluta do Senado Federal. Com papel de destaque no Conselho está a Corregedoria Nacional do Ministério Público, que tem seu Corregedor escolhido entre os membros do Ministério Público que integram o Conselho, vedada sua recondução, competindo-lhe, além das atribuições que lhe forem conferidas pela Lei, as seguintes: i. receber reclamações e denúncias, de qualquer interessado, relativas aos membros do Ministério Público e dos seus serviços auxiliares; ii. exercer funções executivas do Conselho, de inspeção e correição geral; iii. requisitar e designar membros do Ministério Público, delegando-lhes atribuições, e requisitar servidores de órgãos do Ministério Público.

4. Prerrogativa e impedimentos dos Conselheiros do CNMP

Os conselheiros membros do Ministério Público e magistrados estão sujeitos às regras gerais de impedimentos, suspeições e incompatibilidades que regem as respectivas carreiras. Os demais conselheiros observarão, no particular, as regras que regem a carreira do Ministério Público, salvo quanto à vedação ao exercício da advocacia, que será regulada, quanto aos membros oriundos da advocacia, segundo os impedimentos e incompatibilidades que estão dispostos na Lei n. 8.906, de 1994, observado o disposto no artigo 8º do Regulamento Geral do Estatuto da Advocacia e da OAB e o que dispuser o seu Conselho Federal. Nesta linha se observe o tratamento diferenciado conferido pelo regimento interno do CNMP ao advogado que não estará impedido de exercer a advocacia durante o período de mandato, salvo perante o próprio Conselho.

5. Competências do Conselho Nacional do Ministério Público

O Conselho tem competências definidas constitucionalmente, sendo estas ligadas ao controle administrativo e financeiro do Ministério Público, bem como a garantia do cumprimento dos deveres funcionais dos seus membros. Frise-se que tais atribuições não são exaustivas, podendo a Lei, estabelecer novas atribuições. Desta afirmativa decorrem duas consequências: i. somente a própria Constituição ou a Lei podem criar novas atribuições ao Conselho; ii. é vedado ao Conselho por seu poder meramente regulamentar inovar seu rol de atribuições. Esta roupagem constitucional sugere ao CNMP uma função de cúpula do Ministério Público brasileiro, haja vista por ele passar toda a função e

---

2. Súmula STF 649.

3. Por analogia – STF – Ag. Reg. em MS – 25879-9/DF Rel. Min. Sepúlveda Pertence, *DJ* 8/9/2006.

planejamento administrativo e as funções correicionais do MP. Quanto à característica de um órgão de controle administrativo e financeiro, esta não se confunde com a possibilidade de interferência administrativa e financeira da gestão das diversas carreiras do Ministério Público ou mesmo Ministério Público dos Estados, pois em momento algum a Constituição confere esta competência ao Conselho, restando a este apenas a possibilidade de análise dos atos de gestão administrativa e financeira já praticados, como um garantidor da aplicação do art. 37 da CR/88.

Deste modo, respeitados os limites de atuação, incumbe ao Conselho:

A. Zelar pela autonomia funcional e administrativa do Ministério Público, podendo expedir atos regulamentares, no âmbito de sua competência, ou recomendar providências. Neste item é de se notar a missão política institucional do Conselho de extrema relevância na medida em que visa defender o respeito às atribuições e a autonomia do Ministério Público em todo território nacional. Frise-se que o poder regulamentar do Conselho se tratará a seguir de forma pormenorizada;

B. Zelar pela observância do art. 37 e apreciar, de ofício ou mediante provocação, a legalidade dos atos administrativos praticados por membros ou órgãos do Ministério Público da União e dos Estados, podendo desconstituí-los, revê-los ou fixar prazo para que se adotem as providências necessárias ao exato cumprimento da lei, sem prejuízo da competência dos Tribunais de Contas. Neste item parece clara a missão institucional do Conselho que possui a capacidade de rever atos administrativos. Porém, sobre este tema surge ponto nevrálgico que é o limite temporal para esta atuação. Aqui é preciso dividir o tema em duas partes: i. dos atos administrativos nos quais foi comprovada a má-fé; ii. dos atos administrativos nos quais não há comprovada a má-fé. Neste ponto parece clara que a regra constitucional e legal é a prescritibilidade do poder de revisão de atos no Estado brasileiro, ressalvada as ações de ressarcimento do erário quando o ato praticado for ilícito, conforme previsão Constitucional. Considerando, a moderna teoria constitucional, e os limites impostos pela Lei n. 9.784/99, o prazo máximo para revisão dos atos administrativos por parte do Conselho será de 5 anos, e ainda, em última análise, considerando o disposto no Código Civil, mesmo que comprovada a má-fé o prazo não poderá ser superior a 10 anos (neste caso, ressalte-se que os eivados de má-fé demandam a sua necessária comprovação, jamais presunção). Assim, considerando o princípio da segurança jurídica, da boa-fé e da razoabilidade, que se consubstanciam em garantias constitucionais a favor do indivíduo, dentre elas a impossibilidade de revisão de atos praticados pela administração há mais de 5 anos. Os postulados da segurança jurídica, da boa-fé objetiva e da proteção da confiança, enquanto expressões do Estado Democrático de Direito, apresentam-se "impregnados de elevado conteúdo ético, social e jurídico, projetando-se sobre as relações jurídicas, mesmo as de direito público" (*RTJ* 191/922) com o objetivo de viabilizar a incidência desses mesmos princípios sobre comportamentos de quaisquer Poderes ou órgãos do Estado, para que se preservem, desse modo, situações administrativas já consolidadas no passado. A fluência de "longo período de tempo culmina por consolidar justas expectativas no espírito do administrado e, também, por incutir, nele, a confiança da plena regularidade dos atos estatais praticados, não se justificando ante a aparência de direito que legitimamente resulta de tais circunstâncias' a ruptura abrupta da situação de estabilidade em que se mantinham, até então, as relações de direito público entre o agente estatal, de um lado, e o Poder Público, de outro" (MS 28.150 MC). Por fim, considerando as exigências resultantes dos princípios de proteção da confiança e da segurança jurídica (direitos dos particulares diretamente interessados, direitos de terceiros) não se vislumbra como faculdade da administração a anulação de atos inválidos.

C. Receber e conhecer das reclamações contra membros ou órgãos do Ministério Público da União ou dos Estados, inclusive contra seus serviços auxiliares, sem prejuízo da competência disciplinar e correicional da instituição, podendo avocar processos disciplinares em curso, determinar a remoção ou a disponibilidade e aplicar outras sanções administrativas, assegurada ampla defesa. Neste ponto, note-se que a competência do Conselho é concorrente a das corregedorias, porém algumas decisões do pleno do CNJ, analisadas aqui analogamente, foram suspensas pelo STF, sob o fundamento de que o Conselho não poderia exercer originariamente a ação correcional, devendo antes, exigir das corregedorias locais e/ou de seus órgãos administrativos uma decisão. Por esse raciocínio, decidiu-se que a competência do Conselho seria subsidiária e não concorrente. Manifestamo-nos pelo equívoco de tal decisão do Supremo que restringe a atuação disposta na Constituição, pois esta não condiciona a atuação do Conselho, limitando-a a uma modalidade revisional; as razões sistêmicas para esta lógica, justifica-se, pela simples leitura que inciso III, § 2º, do art. 130-A que prevê, também, e não somente, a possibilidade de revisão dos processos disciplinares. Com efeito, desde 2014, o STF alterou a sua jurisprudência no que toca ao Conselho Nacional de Justiça, aplicando-se também ao Conselho Nacional do Ministério Público, por uma lógica sistêmica, reconhecendo o seu poder disciplinar de forma originária e concorrente (ADI 4.638 MC-Ref/DF).

D. Rever, de ofício ou mediante provocação, os processos disciplinares de membros do Ministério Público da União ou dos Estados julgados há menos de um ano. Este item é extremamente instigante, pois como já tratado acima permite a compreensão de que a atividade correicional, também, e não somente, pode ser realizada nos casos em que os Tribunais já tenham decido sobre o tema. Mas o ponto central em discussão é o prazo de um ano estabelecido pelo legislador constituinte derivado para a revisão destes processos. O referido prazo, salvo se declarado inconstitucional, constitui garantia fundamental contra a revisão de administrativas que aproveitem aos membros do Ministério Público. Neste diapasão, surge o debate sobre o poder do CNMP de rever atos praticados/consubstanciados pela administração do Ministério Público, antes da sua criação. Diante de tal questionamento parte da doutrina tem justificado a possibilidade de revisão ao afirmar que a atividade do Conselho decorre da própria essência da Constituição, o que superaria a ideia do juiz natural (que deve existir e estar previamente definido antes da prática do ato a ser averiguado ou anulado). Contrariando a ideia dos que defendem a possibilidade de atuação temporal livre do Conselho, posiciona-se parcela da doutrina que entende que como o Conselho decorre de regra do constituinte derivado, portanto limitado as garantias estabelecidas em 1988. Assim, com fundamento na garantia fundamental do juiz natural, que visa conter o exercício da atividade estatal quanto à restrição de direitos, seja com a imposição de sanções disciplinares ou de quaisquer outras formas de limitação de exercício de direitos ou liberdades, não parece aceitável, no plano teórico, a atuação do Conselho em atos realizados antes da sua criação, haja vista os ditames do Estado Constitucional Democrático de Direito estabelecido, que por certo não pode se mover de acordo com os interesses da maioria, mas sim deve servir como regra contramajoritária, e nesta medida deve conter a atuação daqueles que mesmo plasmados em objetivos republicanos defensáveis, pretendem suplantar as garantias constitucionais. Característica relevante é que das decisões do pleno do Conselho não cabem recursos administrativos, porém por dispositivo regimental cabe embargos de declaração quando a decisão estiver eivada de obscuridade ou contradição. Porém a ausência de recursos das decisões do plenário do Conselho não instituiu um contencioso administrativo nos moldes do velho sistema francês, cabendo ao Supremo Tribunal Federal conhecer das medidas judiciais propostas contra as decisões do Conselho. No entanto, não se pode imaginar que o Pretório Excelso seja instância recursal de todo o conteúdo das decisões daquele, cabendo ao Supremo, analisar se os atos proferidos pelo Conselho que ultrapassaram os limites constitucionais, legais ou de razoabilidade de suas atribuições (STF – MS 26.209/DF, MS 26.710/DF e MS 26.749/DF), ressalvadas as ações populares contra o plenário do CNMP.

E. Elaborar relatório anual, propondo as providências que julgar necessárias sobre a situação do Ministério Público no País e as atividades do Conselho, o qual deve integrar a mensagem prevista no art. 84, XI. Esta atribuição se depreende da necessidade de uma coordenação política nacional do Ministério Público, que passa pela uma gestão política e administrativa do Ministério Público em todo território nacional.

5.1. Do Poder Regulamentar do Conselho Nacional do Ministério Público

Com destaque deve ser tratado o Poder Regulamentar do Conselho Nacional do Ministério Público, a que citar a posição adotada pelo Supremo Tribunal no julgamento da ADC 12-MC/DF, julgando o tema no quanto ao CNJ, na qual, a corte por maioria de votos, decidiu que o Conselho detém competência regular primariamente sobre matérias de que trata o art. 103-B, § 4º, II, CR/88, entendendo que a competência para zelar pelo art. 37 da Constituição, e de baixar atos para sanar condutas eventualmente contrárias a legalidade, é poder/dever que traz consigo a dimensão normativa em abstrato. Assim, o Min Carlos Britto entendeu que as Resoluções do CNJ revestem-se dos atributos da generalidade "(os dispositivos dela constantes veiculam normas proibitivas de ações administrativas de logo padronizadas), impessoalidade (ausência de indicação nominal ou patronímica de quem quer que seja) e abstratividade (trata-se de um modelo normativo com âmbito temporal de vigência em aberto, pois claramente vocacionado para renovar de forma contínua o liame que prende suas hipóteses de incidência aos respectivos mandamentos). Deste modo decidiu o Supremo que as resoluções do Conselho possuem caráter normativo primário, "dado que derivam diretamente do § 4º do art. 103-B da Constituição e tem como finalidade debulhar os próprios conteúdos lógicos dos princípios constitucionais de centrada regência de toda a atividade administrativa do Estado, especialmente o da impessoalidade, o da eficiência, o da igualdade e o da moralidade" (ADC 12-MC). Todavia o argumento apresentado não se fixa na própria Constituição, pois é do próprio inciso I, do § 4º do art. 103-B, da Constituição que limita a atuação do Conselho na medida que autoriza/determina a expedição de atos meramente regulamentares. Nesta linha Lenio Luiz Streck, Ingo Wolfgang Sarlet e Clèmerson Merlin Clève defendem a tese de que a matéria deve ser enfrentada independentemente do mérito das resoluções, partindo da necessária discussão acerca dos limites para a expedição de "atos regulamentares". Para parte da doutrina que segue a mesma linha parece um equívoco admitir que os Conselhos possam, mediante a expedição de atos regulamentares (na especificidade, resoluções), substituir-se à vontade geral (Poder Legislativo). Ao que parece, ainda que o texto constitucional derivado, tenha delegado ao Conselho poder para romper com o princípio da reserva de lei, o que não é possível se extrair do dispositivo da Carta da República, é certo que as resoluções não gozam da mesma hierarquia de uma Lei, pela simples razão de que a Lei emana do Poder Legislativo, essência da Democracia Representativa, enquanto os atos regulamentares ficam restritos às matérias com menor amplitude normativa, que não podem inovar o ordenamento jurídico. A tese de que o poder regulamentar do CNMP é decorrência lógica da interpretação dos princípios da administração e que por isto não criam nenhuma regra, mas simplesmente explicitam o já disposto na Constituição, parece equivocada na medida em que a simples ausência de explicitação, em alguns casos, por si, constitui em garantia do indivíduo face ao poder sancionador/restritivo do Estado. Se a própria Constituição alerta que o Conselho deve aplicar as funções que a Constituição e a Lei determinam, parece inimaginável que o constituinte derivado, "ao aprovar a Reforma do Judiciário, tenha transformado os Conselhos em órgãos com poder equiparado aos do legislador". Firmada a premissa de que o poder regulamentar dos Conselhos está limitado a impossibilidade de inovar, e que as garantias, os deveres e as vedações dos membros/órgãos do Ministério Público estão devidamente explicitados no texto constitucional e nas respectivas leis específicas, é preciso lembrar que o ato de regulamentar é diferente do ato de restringir. Por fim, "está em causa, aqui, a defesa enfática e necessária dos elementos essenciais do nosso Estado Democrático de Direito, que, por certo, não há de ser um Estado governado por atos regulamentares, decretos e resoluções"[4]. Todavia nesta linha o Supremo já decidiu, ao julgar o Mandado de Segurança 26.264/DF (rel. Min. Marco Aurélio, decisão do Plenário), "que é defeso ao CNMP adentrar no campo normativo atribuído ao Ministério Público pela Constituição Federal, sob pena de incorrer em afronta à autonomia funcional e administrativa ministerial, que a ele caberia zelar". No caso específico do julgamento, a Constituição previu reserva de lei em sentido estrito para disciplinar a formação da lista tríplice para a escolha do Procurador-Geral de Justiça. Tal circunstância torna

---

[4]. STRECK, Lenio Luiz; SARLET, Ingo Wolfgang; CLÈVE, Clèmerson Merlin. Os limites constitucionais das resoluções do CNJ e do CNMP. In BuscaLegis. Disponível em: http://www.egov.ufsc.br/portal/sites/default/files/anexos/15653-15654-1-PB.pdf. Acesso em: 1º/06/2023.

inviável, a princípio, a edição de resolução, por parte do Conselho Nacional do Ministério Público, para estabelecer a inelegibilidade do Corregedor-Geral para fins de candidatura àquele cargo. De toda forma, a função normativa atribuída ao CNMP, assim como ao CNJ, restringe-se ao caráter de organização da própria classe. Dentre todas as resoluções editadas pelo Conselho do Ministério Público, destacam-se: Res. 1 e 7, que disciplina o exercício de cargos, empregos e funções por parentes, cônjuges e companheiros de membros do Ministério Público e dá outras providências; Res. 4, que regulamenta o conceito de atividade jurídica para fins de inscrição em concurso público de ingresso na carreira do Ministério Público e dá outras providências; Res. 8, que dispõe sobre impedimentos e vedações ao exercício de advocacia por membros do Ministério Público; Res. 14, que dispõe sobre Regras Gerais Regulamentares para o concurso de ingresso na carreira do Ministério Público brasileiro; Res. 25, que cria o NAE, Núcleo de Ação Estratégica do Ministério Público; Res. 36, que dispõe sobre o pedido e a utilização das interceptações telefônicas, no âmbito do Ministério Público, nos termos da Lei n. 9.296, de 24 de julho de 1996; Res. 43, que institui a obrigatoriedade de realização periódica de inspeções e correições no âmbito do Ministério Público da União e dos Estados; Res. 54, que altera o regimento para permitir a participação de membros da diretoria do Conselho Federal da OAB nas sessões do CNMP; Res. 64, que determina a implantação das Ouvidorias no Ministério Público dos Estados, da União e no âmbito do Conselho Nacional do Ministério Público; Res. 66, que dispõe sobre o "Portal da Transparência do Ministério Público"; Res. 67, que dispõe sobre a uniformização das fiscalizações em unidades para cumprimento de medidas socioeducativas de internação e de semiliberdade pelos membros do Ministério Público e sobre a situação dos adolescentes que se encontrem privados de liberdade em cadeias públicas; Res. 69, que dispõe sobre a atuação dos membros do Ministério Público como órgão interveniente nos processos judiciais em que se requer autorização para trabalho de crianças e adolescentes menores de 16 anos; Res. 71, que dispõe sobre a atuação dos membros do Ministério Público na defesa do direito fundamental à convivência familiar e comunitária de crianças e adolescentes em acolhimento e dá outras providências; Res. 76, que dispõe sobre o Programa Adolescente Aprendiz no âmbito do Ministério Público da União e dos Estados; Res. 81, que dispõe sobre a criação da Comissão Temporária de Acessibilidade, adequação das edificações e serviços do Ministério Público da União e dos Estados às normas de acessibilidade e dá outras providências; Res. 82, que dispõe sobre as audiências públicas no âmbito do Ministério Público da União e dos Estados.

5.2. Da impossibilidade de atuação do Conselho Nacional do Ministério Público quanto a matéria judicializada, e da sua impossibilidade quanto ao Controle de Constitucionalidade de Lei

Em primeiro lugar, é preciso verificar o literal dispositivo constitucional, estampado no artigo 130-A, § 2º, da Constituição, que fixa, de forma inequívoca, a competência do Conselho Nacional do Ministério Público. Eis o dispositivo, na parte que interessa à presente explanação: "Compete ao Conselho Nacional do Ministério Público o controle da atuação administrativa e financeira do Ministério Público e do cumprimento dos deveres funcionais de seus membros, cabendo-lhe". Constata-se, portanto que não está entre as competências do CNMP a capacidade de invalidar decisões judiciais ou declarar a inconstitucionalidade de Lei Estadual ou Federal. O Conselho Nacional do Ministério Público está limitado a atuar nos campos decisórios não pendentes de decisão judicial. O que entra em debate neste caso é o momento em que se deve observar a judicialização da matéria, ou seja, antes ou após o início do processo administrativo no Conselho. De pronto é necessário perceber que a judicialização da matéria não impede a atuação do CNMP, no entanto, a decisão judicial deverá prevalecer face à decisão do Conselho, de forma evidente no caso de decisões do Supremo Tribunal Federal, mas o mesmo deve ocorrer também das demais instâncias do Poder Judiciário. Esta prática não tem sido comum ao CNMP, todavia o CNJ tem atuado com frequência além da esfera da competência constitucional, com o objetivo de "moralizar" o sistema, extrapolando seus limites de atuação, exigindo do Supremo Tribunal Federal decisões judiciais reiteradas que frisam este exorbitar da competência. Nesta linha frise-se que anulação de decisão judicial, mesmo que cautelar, por parte do Conselho, bem como, a declaração de inconstitucionalidade de Lei ou ato normativo, exorbita as atribuições do Conselho. A Min. Carmen Lúcia, afirmou que mesmo de forma indireta não é possível a declaração de inconstitucionalidade por parte do Conselho. Assim, vícios decorrentes do ato administrativo em si podem ser objeto de análise do Conselho, mas quando o vício tiver origem no dispositivo legal que deu origem ao ato, não cabe ao Conselho promover ao controle de constitucionalidade do ato normativo para desconstituir o ato. "Tanto consistiria na substituição de competência que a Constituição confere, com exclusividade, ao Supremo Tribunal" (STF STF-AC 2.390-MC/PB; MS 29.192-MC/DF; MS 27.744/DF). Já no que toca a desconstituição de decisões judiciais é relevante o precedente do Min. Cezar Peluso que decidiu que "é evidente a inconstitucionalidade de qualquer decisão do CNJ, ou de interpretação que se dê a decisões do CNJ, que tenda a controlar, modificar ou inibir a eficácia de decisão jurisdicional. As decisões do Conselho de modo algum podem interferir no exercício da função jurisdicional, pois suas atribuições são meramente administrativas, disciplinares e financeiras, sendo defeso em quaisquer, em nenhuma hipótese, apreciar, cassar ou restringir decisão judicial. (STF-MS 28.537-MC).

5.3. Do foro competente para processar e julgar as ações contra o Conselho Nacional do Ministério Público

Por interpretação do artigo 102, I, letra *r*, o Plenário do STF fixou entendimento de que a Corte possui competência para processar e julgar somente mandado de segurança, mandado de injunção, *habeas data* e *habeas corpus* contra o CNMP (ACO 1936 AgR/DF; AO 1706 AgR/DF; AO 1679 AgR/DF). As ações ordinárias deverão ser propostas na Justiça Federal. Do mesmo modo, por meio de uma interpretação autorrestritiva do dispositivo mencionado, o STF declarou a sua incompetência originária para a revisão de decisões administrativas adotadas pelo Conselho ante a inexistência de interesse de agir quando não caracterizada a necessidade do controle jurisdicional (MS 31.143 AgR/SP; MS 29.269 Agr/CE; MS 33.410 AgR/DF).

SEÇÃO II

DA ADVOCACIA PÚBLICA

Art. 131. A Advocacia-Geral da União é a instituição que, diretamente ou através de órgão vinculado, representa a União, judicial e extrajudicialmente, cabendo-lhe, nos termos da lei complementar que dispuser sobre sua organização e funcionamento, as atividades de consultoria e assessoramento jurídico do Poder Executivo.

§ 1º A Advocacia-Geral da União tem por chefe o Advogado-Geral da União, de livre nomeação pelo Presidente da República dentre cidadãos maiores de trinta e cinco anos, de notável saber jurídico e reputação ilibada.

§ 2º O ingresso nas classes iniciais da carreira da instituição de que trata este artigo far-se-á mediante concurso público de provas e títulos.

§ 3º Na execução da dívida ativa de natureza tributária, a representação da União cabe à Procuradoria-Geral da Fazenda Nacional, observado o disposto em lei.

Fredie Didier Jr.
Leonardo Carneiro da Cunha

1. A advocacia pública[1]

As pessoas jurídicas de direito público contam com o assessoramento jurídico de seus advogados, aos quais se confere igualmente sua representação judicial. Na verdade, tais pessoas jurídicas, que são conhecidas pelo gênero *Fazenda Pública*[2], são representadas, judicial e extrajudicialmente, por seus advogados.

Rigorosamente, a Fazenda Pública *não é representada*, pois a representação, como se sabe, consiste na supressão ou complementação de uma incapacidade. As pessoas jurídicas de direito público são capazes de adquirir direitos e contrair obrigações; ostentam, portanto, capacidade de agir. Vale dizer que os advogados públicos, nas palavras de Pontes de Miranda[3], *presentam* as pessoas jurídicas de direito público, sendo órgãos integrantes da estrutura administrativa de cada uma delas. Nesse contexto, é certo que o advogado público *presenta* a pessoa jurídica de direito público, significando dizer que esta se faz *presente* em juízo ou em outros atos jurídicos na pessoa de um advogado público, integrante de sua organização administrativa.

Uma vez investido no cargo ou função, o advogado público adquire a representação (leia-se *presentação*) da Fazenda Pública, aí incluídos os poderes gerais para o foro.

Muito embora seja mais adequado referir-se ao termo *presentação*, convencionou-se afirmar que os advogados públicos *representam*, judicial e extrajudicialmente, a respectiva Fazenda Pública. Assim, e em razão do vezo da tradição, os presentes comentários, feitos aos arts. 131 e 132 da Constituição Federal, utilizam a expressão *representação judicial*, por ser habitual no âmbito doutrinário e jurisprudencial.

A Fazenda Pública é representada em juízo pela Advocacia Pública, instituição reconhecida nos arts. 131 e 132 da Constituição Federal. Nos termos do art. 182 do Código de Processo Civil, incumbe à Advocacia Pública, na forma da lei, defender e promover os interesses públicos da União, dos Estados, do Distrito Federal e dos Municípios, por meio da representação judicial, em todos os âmbitos federativos, das pessoas jurídicas de direito público que integram a Administração direta e indireta.

O advogado público, além de ter a função de representar a Fazenda Pública judicial e extrajudicialmente, exerce o assessoramento jurídico e as atribuições próprias de advogado. Quer isso dizer que o advogado público cumula as duas funções: além de advogado, é também representante judicial e extrajudicial da respectiva pessoa jurídica de direito público. Geralmente, uma pessoa de direito privado tem seu representante, que não se confunde com o advogado contratado para assessorá-la e defender seus interesses em juízo ou fora dele. O advogado público cumula as duas funções.

Como se sabe, para postular em juízo, é preciso ostentar capacidade postulatória. Detém essa capacidade, no processo civil brasileiro, em regra, os advogados regularmente inscritos na OAB[4], ressalvadas algumas situações excepcionais, nas quais se atribui capacidade postulatória ao leigo, como, por exemplo, nas causas de até 20 (vinte) salários mínimos que tenham curso nos Juizados Especiais Cíveis[5], ao Governador, para a propositura de ADI/ADC, à mulher que se alega vítima de violência doméstica ou familiar (art. 27 da Lei 11.340/2006). Daí por que, não sendo a parte advogado, deverá estar representada em juízo por advogado legalmente constituído, mediante apresentação do instrumento de representação judicial, conhecido como "procuração". Faltando esse pressuposto, e não estando a parte devidamente representada por advogado, deverá o juiz aplicar o art. 76 do CPC, suspendendo o processo e assinando prazo para a correção do vício. Não sanado o vício pelo autor, será extinto o processo sem resolução do mérito. Caso a correção deva ser feita pelo réu e este não a promova, será reputado revel. Sendo a correção atribuída a um terceiro, e quedando este inerte, haverá de ser excluído do processo ou considerado revel, a depender do polo em que se encontre. Essa é, ao menos, a interpretação mais tradicional da regra, que já existia no sistema do CPC de 1973[6].

---

1. Este e os próximos itens são extraídos, com adaptação, atualização e revisão, de CUNHA, Leonardo Carneiro da. *A Fazenda Pública em juízo*. 15ª ed. Rio de Janeiro: Forense, 2018.

2. Conferir, a propósito, CUNHA, Leonardo Carneiro da. *A Fazenda Pública em juízo*. 15ª ed. Rio de Janeiro: Forense, 2018, *passim*.

3. PONTES DE MIRANDA, Francisco Cavalcanti. *Comentários ao Código de Processo Civil*. 5ª ed. Rio de Janeiro: Forense, 1997, t. 1, p. 219-220.

4. Também dispõe da capacidade postulatória o membro do Ministério Público, pois, embora não seja inscrito na OAB e ostente a incompatibilidade com a advocacia, dispõe de atribuições constitucionais (CF, art. 129) que o habilitam a postular um juízo, conferindo-lhe capacidade postulatória. O defensor público também possui capacidade postulatória.

5. Nesse caso, a capacidade postulatória é conferida à própria parte (Lei n. 9.099/1995, art. 9º). Há outras, no processo penal (*habeas corpus* e revisão criminal) e no processo do trabalho.

6. Isso porque, atualmente, vem sendo discutida, por alguma doutrina, a possibilidade de aplicar, ao exame dos requisitos processuais, de que a capacidade postulatória é exemplo, o sistema de invalidades do CPC, que não permite a invalidação do ato sem que tenha havido prejuízo. Parte-se da premissa de que

Tratando-se da Fazenda Pública, sua representação é feita, via de regra, por procuradores judiciais, que são titulares de cargos públicos privativos de advogados regularmente inscritos na OAB, detendo, portanto, *capacidade postulatória*. Como a representação decorre da lei, é *prescindível* a juntada de procuração, de forma que os procuradores representam a Fazenda Pública sem necessidade de haver instrumento de mandato, eis que este decorre do vínculo legal mantido entre a Administração Pública e o procurador. Vale dizer que os membros da *advocacia pública* são advogados, a quem se confere a *capacidade postulatória*, ou seja, a possibilidade de postulação a qualquer órgão do Poder Judiciário. Uma vez investidos no cargo ou função, os advogados públicos adquirem o poder de representação judicial, que decorre diretamente da lei.

O art. 9º da Lei 9.469/1997 ratifica o que se disse: "A representação judicial das autarquias e fundações públicas por seus procuradores ou advogados, ocupantes de cargos efetivos dos respectivos quadros, independe da apresentação do instrumento de mandato"[7].

Ao advogado público são conferidas todas as prerrogativas, vantagens e direitos da advocacia, aplicando-se-lhes as regras contidas na Lei Federal n. 8.906, de 4 de julho de 1994, que dispõe sobre o Estatuto da Advocacia e a Ordem dos Advogados do Brasil – OAB. Além do regime de tal lei, os integrantes da Advocacia-Geral da União, da Procuradoria da Fazenda Nacional, enfim, os advogados públicos submetem-se ao regime jurídico da respectiva categoria e, de resto, ao estatuto de servidores públicos.

2. União e sua representação judicial

A União, antes do advento da Constituição Federal de 1988, era representada em juízo pelo Ministério Público Federal. Com a superveniência do atual texto constitucional, corrigiu-se o equívoco de atribuir ao Ministério Público a representação judicial da União[8]. A Procuradoria-Geral da República, na representação da União em juízo, contava com o auxílio do Ministério Público Estadual, a quem se conferiam poderes para representar a Fazenda Federal na cobrança de sua dívida ativa.

Atualmente, ao Ministério Público é vedada a representação judicial e a consultoria jurídica de entidades públicas, a teor do que estabelece a parte final do inciso IX do art. 129 da Constituição Federal de 1988.

A Advocacia-Geral da União é a instituição que, diretamente ou mediante algum órgão vinculado, representa judicialmente a União. Cabem à Advocacia-Geral da União as atividades de consultoria e assessoramento jurídico ao Poder Executivo, nos termos da Lei Complementar n. 73, de 10 de fevereiro de 1993.

A Advocacia-Geral da União compreende (a) o Advogado-Geral da União, (b) a Procuradoria-Geral da União e a da Fazenda Nacional, (c) a Consultoria-Geral da União, (d) o Conselho Superior da Advocacia-Geral da União, (e) a Corregedoria-Geral da Advocacia da União, (f) as Procuradorias Regionais da União e as da Fazenda Nacional, e (g) as Procuradorias da União e as da Fazenda Nacional nos Estados e no Distrito Federal e as Procuradorias Seccionais destas[9].

Subordina-se diretamente ao Advogado-Geral da União, além do seu gabinete e dos órgãos consultivos, a Procuradoria-Geral da União. A Procuradoria-Geral da Fazenda Nacional subordina-se, técnica e juridicamente, ao Advogado-Geral da União. Desse modo, são membros da Advocacia-Geral da União: o Advogado-Geral da União, o Procurador-Geral da União, o Procurador-Geral da Fazenda Nacional, os Procuradores Regionais, os Procuradores-Chefes, os Procuradores Seccionais, os Advogados da União, os Procuradores da Fazenda Nacional, os Assistentes Jurídicos e os demais membros previstos no § 5º do art. 2º da Lei Complementar n. 73, de 10 de fevereiro de 1993.

À Procuradoria-Geral Federal, que também está vinculada à Advocacia-Geral da União, compete a representação judicial e extrajudicial das autarquias e fundações públicas federais.

Ao Advogado-Geral da União compete representar a União perante o Supremo Tribunal Federal, cabendo-lhe, ainda, desistir, transigir, acordar e firmar compromisso nas ações de interesse da União, nos termos da Lei n. 9.469, de 10 de julho de 1997. Essas incumbências de desistir e praticar demais atos de disposição de vontade podem ser delegadas pelo Advogado-Geral da União ao Procurador-Geral da União.

Muito embora o Advogado-Geral tenha a atribuição específica de representar a União perante o Supremo Tribunal Federal,

---

a exigência de representação processual por profissional habilitado (advogado), titular de capacidade postulatória, é uma técnica para proteger as pessoas juridicamente leigas, permitindo que defendam os seus direitos em juízo de modo mais efetivo e adequado. Assim, se a parte autora, sem estar representada por advogado, e, pois, sem capacidade postulatória, formula demanda que pode ser acolhida pelo magistrado, nada justifica a extinção do processo sem exame do mérito por falta do requisito processual, já que a sua não observância não causou prejuízo à parte que se beneficia com a exigência (que é a parte autora). A inexistência de prejuízo é facilmente constatável: não obstante sem a participação do advogado, a parte conseguiu demonstrar a juridicidade do seu pleito. Não se pode prejudicar o autor, não acolhendo o pedido que se mostra justo, a pretexto de ajudá-lo, protegendo por estar desacompanhado de advogado. Do mesmo modo, se o réu se apresenta sem advogado, não deve o juiz indeferir a contestação, por falta de um requisito de validade (capacidade de postulatória) e considerar o demandado revel. Deveria o magistrado nomear um advogado dativo, que pode ser um defensor público, para ratificar a peça de defesa. É que uma norma de proteção, como aquela que exige a capacidade postulatória, não pode ser utilizada contra o seu beneficiário: a pretexto de proteger o réu, o juiz não recebe a sua defesa e o considera revel. Trata-se de aplicação da exigência formal de suprimento da incapacidade contra aquele que é protegido por ela, o incapaz, o que não se pode admitir. Sobre o tema, DIDIER JR., Fredie. *Curso de direito processual civil*. 10ª ed. Salvador: Editora Jus Podivm, 2018, v. 1; *Pressupostos processuais e condições da ação*. São Paulo: Saraiva, 2005.

7. A referência a "instrumento de mandato", como se fosse "procuração", é indevida. O instrumento do mandato é o contrato de mandato; a procuração é o instrumento do negócio jurídico "representação voluntária". Nem toda procuração deriva de um contrato de mandato, assim como nem todo contrato de mandato implica o poder de representação. Assim, GOMES, Orlando. *Introdução ao Direito Civil*. 17ª ed. Rio de Janeiro: Forense, 2000, p. 449-452; Maria Cândida do Amaral Kroetz. *A representação voluntária no direito privado*. São Paulo: Revista dos Tribunais, 1998, p. 46-47; PONTES DE MIRANDA, Francisco Cavalcanti. *Tratado de Direito Privado*. Campinas: Bookseller, 2000, t. 3, p. 267-352.

8. SOUTO, João Carlos. *A União Federal em Juízo*. 2ª ed. São Paulo: Saraiva, 2000, p. 25

9. Sobre a estrutura e organização da Advocacia-Geral da União, vista com detalhes e com profundidade, consultar: SOUTO, João Carlos. *A União Federal em Juízo*. São Paulo: Saraiva, p. 34-147.

é-lhe facultado representá-la junto a qualquer juízo ou tribunal.

A Procuradoria-Geral da União, que está subordinada direta e imediatamente ao Advogado-Geral, tem a incumbência de representar judicialmente a União perante os tribunais superiores. Vale dizer que o Advogado-Geral representa judicialmente a União junto ao STF, ficando essa representação conferida ao Procurador-Geral perante os demais tribunais superiores. Nos demais tribunais – que não sejam superiores – a representação judicial da União é conferida às Procuradorias Regionais da União, reservando-se às Procuradorias da União, organizadas em cada Estado e no Distrito Federal, sua representação judicial perante a primeira instância da Justiça Federal, comum e especializada, e também perante a Justiça estadual, nas hipóteses do § 3º do art. 109 da CF.

Conquanto o Procurador-Geral represente judicialmente a União perante os Tribunais Superiores, a lei lhe franqueia tal representação perante os demais tribunais e, igualmente, perante a primeira instância da Justiça Federal. De igual modo, embora as Procuradorias Regionais atuem perante os demais tribunais que não sejam superiores, é-lhes facultado representar a União igualmente junto à primeira instância da Justiça Federal ou Estadual (art. 109, § 3º, CF).

A União é citada nas causas em que seja interessada, na pessoa do Advogado-Geral da União, privativamente, nas hipóteses de competência do Supremo Tribunal Federal. Nos casos de competência dos Tribunais Superiores, sua citação há de ser feita na pessoa do Procurador-Geral da União. Nas hipóteses de competência dos demais tribunais, a citação é feita na pessoa do Procurador-Regional da União, devendo a citação ser procedida na pessoa do Procurador-Chefe ou do Procurador-Seccional da União, nos casos de competência dos juízos de primeiro grau.

A representação da União compete, privativamente, aos seus procuradores ou advogados públicos, não sendo possível cometer essa representação ao Presidente da República, ainda que ostente a condição de advogado regularmente inscrito na OAB. É que, além de tal função ser privativa dos advogados públicos, a atividade de chefe do Poder Executivo é incompatível com o exercício da advocacia (Estatuto da OAB, art. 28, I). Assim, o advogado que vier a ocupar o cargo de Presidente da República passa, enquanto estiver cumprindo o mandato, a exercer atividade incompatível com a advocacia.

3. A representação da União na execução da dívida ativa de natureza tributária

Na execução de sua dívida ativa de caráter tributário e nas demais causas de natureza fiscal, a União é representada pela Procuradoria-Geral da Fazenda Nacional. São consideradas causas de natureza fiscal as relativas a: a) tributos de competência da União, inclusive infrações à legislação tributária; b) empréstimos compulsórios; c) apreensão de mercadorias, nacionais ou estrangeiras; d) decisões de órgãos do contencioso administrativo fiscal; e) benefícios e isenções fiscais; f) créditos e estímulos fiscais à exportação; g) responsabilidade tributária de transportadores e agentes marítimos; h) incidentes processuais suscitados em ações de natureza fiscal.

Demais disso, cabe à Procuradoria-Geral da Fazenda Nacional executar as dívidas do FGTS, as multas por infração à CLT, questões relativas ao Imposto Territorial Rural – ITR e multas penais não pagas.

Na verdade, das inscrições em dívida ativa surgem as respectivas certidões de dívida ativa, que constituem o título executivo que lastreia a execução fiscal. À Procuradoria da Fazenda Nacional incumbe inscrever os créditos fiscais em dívida ativa, cabendo-lhe igualmente promover a execução de tais créditos[10].

As decisões do Tribunal de Contas da União que condenem algum administrador público ou ordenador de despesa ao pagamento de multas ou ressarcimento de valores públicos constituem título executivo, a embasar execução proposta pela Advocacia-Geral da União, e não pela Procuradoria da Fazenda Nacional. É que tal título executivo não é objeto de inscrição em dívida, nem se confunde com a certidão de dívida ativa, não viabilizando a propositura de execução fiscal. Com efeito, a Constituição Federal, em seu art. 71, § 3º, confere eficácia de título executivo às decisões do Tribunal de Contas, sendo prescindível sua inscrição em dívida ativa, pois certificam obrigação certa, líquida e exigível, enquadrando-se na moldura delineada no art. 784, XII, do Código de Processo Civil.

É bem verdade que os créditos da Fazenda Pública devem ser escriturados e inscritos em dívida ativa, possibilitando, assim, o ajuizamento da execução fiscal. Ocorre que tal inscrição em dívida ativa tem por escopo constituir o título executivo que haverá de aparelhar o executivo fiscal. Então, já dispondo a Fazenda Pública do título executivo, é desnecessário inscrevê-lo em dívida ativa para obter o que já dispõe. De fato, se a Fazenda Pública já dispõe de título executivo, não haveria, como não há, razão para inscrevê-lo em dívida ativa para conferir-lhe força executiva. É que o título já contém tal força executiva, não carecendo ser dotado do que já é. Ora, sendo a decisão do Tribunal de Contas dotada de força de título executivo, não há razão para ser inscrita em dívida ativa. Realmente, segundo dispõe o art. 784, IX, do CPC, é título executivo "a certidão de dívida ativa da Fazenda Pública da União, dos Estados, do Distrito Federal e dos Municípios, *correspondente aos créditos inscritos na forma da lei*".

Resulta do dispositivo que os créditos havidos pela Fazenda Pública somente poderão ser executados caso sejam devidamente inscritos em dívida ativa, servindo a respectiva certidão de título executivo extrajudicial. Contudo, já dispondo o ente público de título executivo, não haverá razão para inscrevê-lo em dívida ativa.

À Advocacia-Geral da União compete, em suma, cobrar judicialmente as condenações contidas em decisões do Tribunal de Contas da União, não sendo esta uma atribuição da Procuradoria da Fazenda Nacional.

Enfim, a União será representada judicialmente pela Procuradoria da Fazenda Nacional se a causa ostentar natureza tributária ou fiscal, ou se se tratar de execução fiscal. Nos outros tipos de demanda, sua representação é confiada à Advocacia-Geral da União.

Tratando-se de demanda tributária, a União será citada na pessoa do Procurador-Regional da Fazenda Nacional, nas hipóteses de competência dos tribunais que não sejam superiores. E, nos casos de competência dos juízes de primeiro grau, a citação

---

10. SOUTO, João Carlos. *A União Federal em Juízo*, cit., p. 96.

opera-se na pessoa do Procurador-Chefe ou do Procurador-Seccional da Fazenda Nacional.

Se a demanda tributária tiver que ser processada e julgada perante o STF, a citação e consequente representação da União competem ao Advogado-Geral[11]. Sendo tal tipo de demanda processada e julgada num Tribunal Superior, a citação e representação da União deveriam caber, nos termos da Lei Complementar n. 73/1993, ao Procurador-Geral da União, não havendo, nesses casos, interferência da Procuradoria da Fazenda Nacional.

Sem embargo da deficiência legislativa, cumpre perfilhar a orientação segundo a qual, havendo uma demanda tributária num Tribunal Superior, a citação e representação da União cabem ao Procurador-Geral da Fazenda Nacional[12].

Em suma, sendo a causa originária do STF, a representação da União cabe privativamente ao Advogado-Geral. Nos demais órgãos do Poder Judiciário, se a causa for tributária, a representação será confiada à Procuradoria da Fazenda Nacional; não sendo tributária, à Advocacia-Geral da União, obedecidas as gradações e divisões já expostas.

4. Autarquias e fundações federais. Sua representação judicial

No âmbito federal, as autarquias e fundações dispõem de quadro próprio de procuradores federais. Só que o art. 11-A da Lei n. 9.028, de 12 de abril de 1995, acrescido pela Medida Provisória n. 2.180-35/2001, autorizou a Advocacia Geral da União a assumir, por suas Procuradorias, temporária e excepcionalmente, a representação judicial de autarquias ou fundações públicas nas hipóteses de (a) ausência de procurador ou advogado e (b) impedimento dos integrantes do órgão jurídico. Tal representação judicial extraordinária poderá ocorrer por solicitação do dirigente da entidade ou por iniciativa do Advogado-Geral da União.

A ausência de procurador ou advogado – situação que gera a assunção da representação da autarquia ou fundação pela Advocacia-Geral da União – configura-se também na hipótese de não haver órgão jurídico integrante da respectiva Procuradoria ou Departamento Jurídico, em cidade sede de órgão judiciário perante o qual tramite o processo de interesse da autarquia ou fundação.

A Medida Provisória n. 2.180-35/2001 acrescentou um anexo V à referida Lei n. 9.028/1995, contendo a relação de várias autarquias e fundações federais, cuja representação judicial passou a ser feita, diretamente, pelos órgãos próprios da Advocacia Geral da União, permanecendo os órgãos jurídicos daquelas entidades responsáveis pelas respectivas atividades de consultoria e assessoramento jurídicos. Significa que, no caso de tais entidades, a Advocacia Geral da União absorveu sua representação judicial, a quem devem ser dirigidas, inclusive, as citações, intimações e notificações destinadas àquelas autarquias e fundações.

Pela Lei n. 10.480, de 2 de julho de 2002, foi criada a Procuradoria Geral Federal, à qual se assegurou autonomia administrativa e financeira, vinculada à Advocacia Geral da União, incumbindo a esta última a sua supervisão. À Procuradoria Geral Federal compete a representação judicial e extrajudicial das autarquias e fundações públicas federais, as respectivas atividades de consultoria e assessoramento jurídicos, a apuração da liquidez e certeza dos créditos, de qualquer natureza, inerentes às suas atividades, inscrevendo-se em dívida ativa, para fins de cobrança amigável ou judicial.

Integram a Procuradoria Geral Federal as Procuradorias, Departamentos Jurídicos, Consultorias Jurídicas ou Assessorias Jurídicas das autarquias e fundações federais, como órgãos de execução desta, mantidas as suas atuais competências.

Ao Procurador-Geral Federal, nomeado pelo Presidente da República, mediante indicação do Advogado-Geral da União, compete exercer a representação das autarquias e fundações federais junto ao Supremo Tribunal Federal e aos Tribunais Superiores, nada impedindo, contudo, que atue perante qualquer outro juízo ou tribunal. O Procurador-Geral pode delegar essa representação junto ao STF e aos tribunais superiores aos Procuradores-Gerais ou Chefes de Procuradorias, Departamentos, Consultorias ou Assessorias Jurídicas de autarquias e fundações federais.

A representação judicial exercida pela Advocacia-Geral da União na forma dos arts. 11-A e 11-B da Lei n. 9.028/1995, acrescentados pela Medida Provisória n. 2.180-35/2001, poderá ser gradualmente assumida pela Procuradoria-Geral Federal, conforme ato do Advogado-Geral da União.

Significa, então, que as autarquias e fundações federais devem, gradativamente, ser representadas pelos procuradores federais, que integram a Procuradoria-Geral Federal, vinculada à Advocacia Geral da União.

O Banco Central do Brasil, diante da legislação própria, ficou de fora dessa regra, mantendo quadro próprio de procuradores autárquicos, não se confundindo nem pertencendo à categoria dos procuradores federais.

De igual modo, a Procuradoria Geral da Fundação Nacional do Índio permanece responsável pelas atividades judiciais que, de interesse individual ou coletivo dos índios, não se confundam com a representação judicial da União. Na hipótese de coexistirem, em determinada demanda, interesses da União e de índios, a Procuradoria Geral da Fundação Nacional do Índio ingressará no feito juntamente com a Procuradoria da Advocacia-Geral da União.

As agências executivas ou reguladoras ostentam natureza de *autarquias especiais,* aplicando-se-lhes, portanto, todas essas regras pertinentes às autarquias. São, portanto, representadas pelos procuradores federais.

5. Jurisprudência selecionada

Representação judicial da União no STF. Atribuição do Advogado-Geral da União (LC 73/93, art. 4º, III), que abrange as "causas de natureza fiscal" não confiadas privativamente à Procuradoria-Geral da Fazenda Nacional (LC 73/93, art. 12, II e V): vício de ilegitimidade *ad processum* do Procurador-Geral da Fazenda Nacional suprido, no caso, pela adoção do pedido de suspensão de segurança pelo Procurador-Geral da República. (Acórdão não unânime do Pleno do STF, SS n. 1.015-AgR/SP, rel. Min. Carlos Velloso, j. em 3.6.1996, publicado no *DJ* de 24.9.1999, p. 40).

---

11. Assim já decidiu o STF.
12. SOUTO, João Carlos. *A União Federal em Juízo,* cit., p. 107.

> **Art. 132.** Os Procuradores dos Estados e do Distrito Federal, organizados em carreira, na qual o ingresso dependerá de concurso público de provas e títulos, com a participação da Ordem dos Advogados do Brasil em todas as suas fases, exercerão a representação judicial e a consultoria jurídica das respectivas unidades federadas.
>
> **Parágrafo único.** Aos procuradores referidos neste artigo é assegurada estabilidade após três anos de efetivo exercício, mediante avaliação de desempenho perante os órgãos próprios, após relatório circunstanciado das corregedorias.

Fredie Didier Jr.
Leonardo Carneiro da Cunha

1. Estados e sua representação judicial[1]

Os Estados-membros são representados judicialmente pelos procuradores dos Estados, organizados em carreira, na qual o ingresso depende de concurso público de provas e títulos, com a participação da OAB em todas as suas fases. Os procuradores do Estado integram a Procuradoria-Geral do Estado, órgão componente da Administração Pública direta estadual.

Nas ações propostas em face do Estado, não se afigura correto requerer sua citação na pessoa do Governador, como se este fosse o seu representante judicial. A citação do Estado deve operar-se na pessoa do Procurador-Geral do Estado.

Diferentemente do que sucede com a União, os Estados não têm sua representação dividida entre advogados e procuradores da Fazenda. A representação dos Estados é cometida aos procuradores de Estado, cabendo a divisão, por matérias ou tarefas, ao âmbito interno de organização administrativa das Procuradorias, sem que tal divisão repercuta na representação judicial do Estado. Desse modo, um procurador que, internamente, no âmbito da Procuradoria, exerça a função específica de emitir pareceres ou examinar contratos, pode representar judicialmente a Fazenda Estadual em juízo, justamente por ser procurador do Estado. Um procurador que esteja lotado no setor de execuções fiscais pode representar judicialmente o Estado numa demanda não tributária ou, até mesmo, trabalhista. O simples fato de ser procurador do Estado, independentemente da função *interna* que exerça, permite-lhe representar judicialmente a Fazenda Estadual, sem que isso traga alguma implicação para o processo.

A Fazenda Estadual dispõe de legitimidade para requerer a abertura de inventários (CPC, art. 616, VIII), devendo ser ouvida sobre a declaração e avaliação de bens nesses processos (CPC, arts. 626, § 4º, 629, 633, 634), com a finalidade de fiscalizar o recolhimento do imposto de transmissão *causa mortis* (CPC, art. 638). A representação dos Estados, nessas demandas, é feita igualmente pelos procuradores de Estado, mesmo que a causa esteja sendo processada em comarca do interior.

Celso Agrícola Barbi entende que, nos processos de inventário que tramitem nas comarcas do interior, a audiência da Fazenda Estadual poderia ser feita na pessoa dos "coletores de impostos" ou de órgãos equivalentes, sendo dispensável a oitiva de procuradores judiciais[2]. Com o advento da Constituição Federal de 1988, que atribui, no seu art. 132, a representação dos Estados aos seus procuradores, essa prática, adotada com frequência nas comarcas do interior deixou de ser possível, devendo o Estado ser ouvido na pessoa de seus procuradores, ainda que se trate de comarca situada no interior do Estado.

2. Distrito Federal e sua representação judicial

O Distrito Federal é representado em juízo por sua Procuradoria Geral, que é equiparada, para todos os efeitos, às Secretarias de Estado, tendo por finalidade exercer a advocacia pública, cabendo-lhe, ainda, prestar a orientação normativa e a supervisão técnica do sistema jurídico do Distrito Federal.

A Procuradoria Geral do Distrito Federal – PRG/DF – é uma instituição de natureza permanente, essencial à Justiça e à Administração, competindo-lhe a representação judicial e a consultoria jurídica do Distrito Federal, como atribuições privativas dos respectivos procuradores, na forma do art. 132 da Constituição Federal.

Nos termos da Lei Orgânica do Distrito Federal, a Procuradoria Geral é o órgão central do sistema jurídico do Poder Executivo, tendo como funções institucionais, dentre outras, representar o Distrito Federal judicial e extrajudicialmente, além de representar a Fazenda Pública perante os Tribunais de Contas da União, do Distrito Federal e Juntas de Recursos Fiscais, bem como prestar orientação jurídico-normativa para a Administração Pública direta, indireta e fundacional e, bem ainda, efetuar a cobrança judicial da dívida ativa do Distrito Federal.

Segundo estabelece a Lei Complementar distrital n. 395, de 31 de julho de 2001, em seu art. 6º, III, as citações, intimações e notificações judiciais endereçadas ao Distrito Federal são recebidas pelo Procurador-Geral do Distrito Federal, a quem se confere a possibilidade de delegar essa atribuição aos titulares dos órgãos subordinados.

3. Autarquias, fundações públicas e sua representação judicial

A representação judicial das autarquias e fundações públicas é feita, respectivamente, nos termos da lei que as criar e da lei que autorize sua criação. Aliás, nos termos do art. 75, IV, do CPC, as autarquias e fundações de direito público são representadas em juízo, ativa e passivamente, "por quem a lei do ente federado designar". Desse modo, conforme estabelecido pelas normas criadoras, a representação pode ser confiada ao seu dirigente máximo ou a procuradores (chamados de procuradores autárquicos ou de procuradores de fundações, respectivamente), caso sejam criados tais cargos no âmbito interno das autarquias e fundações, com a função expressa de representá-las em juízo.

Se, na lei criadora da autarquia ou fundação, não houver regra expressa nem se tiver criado, respectivamente, o cargo de pro-

---

[1] Este e os próximos itens são extraídos, com adaptação, atualização e revisão, de CUNHA, Leonardo Carneiro da. *A Fazenda Pública em juízo*. 15ª ed. Rio de Janeiro: Forense, 2018, p. 12-16.

[2] BARBI, Celso Agrícola. *Comentários ao Código de Processo Civil*. 8ª ed. Rio de Janeiro: Forense, 1993, v. 1, n. 137, p. 90-91.

curador autárquico ou de procurador da fundação, deve-se entender que a representação foi atribuída ao dirigente máximo, a quem se deve dirigir a citação inicial para que constitua, por procuração, advogado para acompanhar a demanda.

É frequente, contudo, que, no caso de autarquias ou fundações estaduais, seja atribuída sua representação aos procuradores do Estado, os quais, além de representar o Estado, detêm igualmente a representação das autarquias e/ou fundações estaduais.

4. Municípios e sua representação judicial

A Constituição Federal prevê que a consultoria jurídica e a representação judicial da União seja feita pela Advocacia Geral da União, sendo, nas demandas tributárias, feita pela Procuradoria Geral da Fazenda Nacional. Por sua vez, o texto constitucional atribui aos Procuradores dos Estados e do Distrito Federal a função de prestar consultoria jurídica e de exercer a representação judicial das respectivas unidades federadas.

Quanto aos Municípios, não há previsão constitucional de sua representação judicial, nem se estabelece a quem deve ser atribuída sua consultoria jurídica. Não há, enfim, carreira, constitucionalmente definida, de procuradores municipais.

Os Municípios, nos termos do art. 182 do CPC, são representados em juízo pela Advocacia Pública. Apesar dos termos de tal art. 182, o art. 75, III, do CPC mantém uma regra antiga no sistema brasileiro, segundo a qual o Município será representado em juízo, ativa e passivamente, por seu prefeito ou procurador. Bem se poderia ter, seguindo o disposto no art. 182 do CPC, adotado a mesma regra existente para a União e para os Estados, cometendo aos procuradores a representação dos Municípios. Só que, ao lado dos procuradores, se conferiu igualmente aos prefeitos a *presentação* dos Municípios em juízo.

Em princípio, a representação do Município em juízo é atribuída ao prefeito. Tal representação somente se fará por procurador se a lei local criar esse cargo, com função expressa de representação do ente político. Assim, não havendo o cargo de Procurador, a citação será feita na pessoa do Prefeito, que terá de constituir advogado para defender os interesses do município. Se houver o cargo de Procurador do Município, a citação será feita na pessoa do procurador, que não precisa de procuração para atuar em defesa do município[3].

Em alguns Municípios de pequeno porte, não há o cargo de procurador judicial, devendo, nessas hipóteses, a representação ser confiada ao prefeito, que poderá constituir advogado, outorgando-lhe poderes mediante instrumento de mandato a ser exigido em juízo.

Há quem defenda a possibilidade de, sendo o prefeito advogado regularmente inscrito na OAB, a defesa da Fazenda Municipal ser feita por ele mesmo, comparecendo em juízo na sua pessoa[4]. Não é, porém, possível ao prefeito, ainda que seja advogado regularmente inscrito na OAB, promover, ele mesmo, a defesa

---
3. BARBI, Celso Agrícola. *Comentários ao Código de Processo Civil*, ob. cit., p. 91.
4. SILVA, Ovídio A. Baptista da. *Comentários ao Código de Processo Civil*. São Paulo: Revista dos Tribunais, 2000, v. 1, p. 97.

dos interesses do Município. É que, segundo o art. 28, I, do Estatuto da OAB, a função de Chefe do Poder Executivo é *incompatível* com o exercício da advocacia, estando suprimida, enquanto durar o mandato eletivo, a capacidade postulatória. Logo, o prefeito pode receber citação, mas deverá constituir advogado para representar o Município, caso não haja cargo próprio de procurador judicial.

A exemplo do que sucede com os Procuradores dos Estados, é possível atribuir aos procuradores municipais a função de representar judicial e extrajudicialmente as autarquias e fundações municipais, prestando-lhes assessoramento jurídico.

SEÇÃO III
DA ADVOCACIA

Art. 133. O advogado é indispensável à administração da justiça, sendo inviolável por seus atos e manifestações no exercício da profissão, nos limites da lei.

Flávio Pansieri

A – REFERÊNCIAS

1. Origem do texto

Redação original do Constituinte de 1988.

2. Constituições brasileiras anteriores

Nenhuma das Constituições brasileiras anteriores à de 1988 se referiram expressamente à indispensabilidade e inviolabilidade do advogado, nem ao papel da Ordem dos Advogados do Brasil.

3. Preceitos constitucionais relacionados na Constituição de 1988

3.1. Quinto Constitucional

Art. 94; Art. 101 – Supremo Tribunal Federal; Art. 104, inciso II – Superior Tribunal de Justiça; Art. 107, inc. I – Tribunais Regionais Federais; Art. 111-A, inciso I – Tribunal Superior do Trabalho; Art. 115, inciso I – Tribunais Regionais Federais; Art. 119, inciso II – Tribunal Superior Eleitoral; Art. 120, inciso III – Tribunais Regionais Eleitorais; Art. 123, parágrafo único, inciso I – Superior Tribunal Militar.

3.2. Assegura a participação em Concursos Públicos

Arts. 93, inciso I – Magistratura; Art. 129, § 3º – Ministério Público; Art. 132 – Procuradoria do Estados e do Distrito Federal.

3.3. Assegura assento nos Conselhos de Controle externo da Magistratura e do Ministério Público

Art. 103-B, inciso XII (Conselho Nacional de Justiça); Art. 130-A, inciso V (Conselho Nacional do Ministério Público).

3.4. Assegura legitimidade para propositura de ADI, ADC e ADPF

Art. 103, inciso VII.

4. Constituições Estaduais

Apesar de ser dispositivo de repetição obrigatória, nem todos os Estados da Federação inseriram a indispensabilidade do advogado em seus textos Constitucionais, porém os que o fizeram elasteceram ainda mais o conteúdo conferido pela Constituição da República. – Constituição Estadual do Alagoas – art. 161. §§ 1º, 2º, 3º; Constituição do Amapá, art. 159, §§ 1º, 2º, 3º; Constituição do Mato Grosso do Sul – art. 138, §§ 1º, 2º, 3º, e art. 139; Constituição de Minas Gerais – art. 132, parágrafo único; Constituição do Pará, arts. 189; Constituição da Paraíba, art. 149 a 155; Constituição do Piauí – art. 155; Constituição de São Paulo, arts. 104 a 109; Constituição de Sergipe – art. 122.

5. Constituições comparadas

Não há manifestação constitucional expressa sobre a indispensabilidade ou a inviolabilidade da advocacia em outros ordenamentos jurídicos. Isto não significa dizer que o papel do advogado não seja indispensável para a garantia da Ordem Democrática. Alguns dispositivos remetem ao sentido da necessidade de defesa técnica como garantia do contraditório e da ampla defesa, como exemplo: *Constituição Italiana de 1947/48*, art. 24 "todos podem recorrer em juízo para a tutela dos próprios direitos e interesses legítimos. A defesa é um direito inviolável em cada condição e grau de procedimento. São assegurados aos desprovidos de recursos, mediante instituições apropriadas, **os meios para agir e defender-se diante de qualquer jurisdição.** (...)". *Constituição Portuguesa* de 1976, art. 20º (Acesso ao direito e aos tribunais) "A todos é assegurado o acesso ao direito e aos tribunais para defesa dos seus interesses legítimos, não podendo a justiça ser denegada por insuficiência de meios econômicos. Todos têm direito, nos termos da lei, **à informação e consultas jurídicas e ao patrocínio judiciário.**

6. Direito nacional

Lei 11.767, de 07 de agosto de 2008 (*Dispõe sobre direito à inviolabilidade do local e instrumentos de trabalho do advogado, bem como de sua correspondência*); Lei 10.679, de 23 de maio de 2003 (*Dispõe sobre a atuação de advogado durante depoimento perante Comissão Parlamentar de Inquérito*); Regulamento Geral do Estatuto da Advocacia, publicado no *Diário da Justiça* de 16/11/1994, seção I, págs. 31210/21220; Lei 8.906, de 4 de julho de 1994 (*Estatuto da Advocacia*); Lei 4.215, de 27 de abril de 1963 (*Dispõe sobre o Estatuto da Ordem dos Advogados do Brasil*); Decreto, 22.478, de 20 de fevereiro de 1933 (*Aprova e manda observar a consolidação dos dispositivos regulamentares da Ordem dos Advogados do Brasil*); Decreto n. 19.408, de 18 de novembro de 1930 (*Reorganiza a Corte de Apelação e da outras providências, dentre elas cria a Ordem dos Advogados Brasileiros*).

7. Legislação internacional

Convenção Americana de Direitos Humanos (Pacto de San José da Costa Rica), instrumento adotado em 22 de novembro de 1969 e ratificado pelo Estado brasileiro em 25 de setembro de 1992.

8. Jurisprudência selecionada

STF: ADI 3.168/DF; **ADI 3026/DF**; ADI 2652/DF; **ADI 2522/DF**; ADI 1194/DF; ADI 1127/DF; ADI 1105/DF; ADI 1127/DF; HC 91.501; HC 91.501; HC 94.387; HC 74.471; Inq. 2424/RJ; HC 74.309; RE 387.945; RE 603583/RS. Súmulas Vinculantes: 05 e 14.

STJ: RHC 560/DF; REsp 883.411-RJ; Súmula: 343.

TST: Súmulas: 219, 329 e 425.

9. Bibliografia selecionada

BERRYER, Pierre Nicolas. *Souvenirs de m. Berryer, doyen des avocats de paris, de 1774 a 1938*. Paris: Bruxelles Societe Belge de Librairie, 1839.

BIELSA, Rafael. *La abogacia caractres generales de su institucion. Su tecnica profesional y su regimen legal. El abogado y la justicia. Los colégios de abogados Rafael Bielsa*. Buenos Aires: Buenos Aires S., 1934.

BUSATO, Roberto. *Questão de Ordem*. Brasília: Editado pelo CFOAB, 2006.

BUTEAU, Henry. *L´odre des avocats sés rapports avec la magistrature: histoire, legislation, jurisprudence Par Henry Buteau*. Paris: Paris L. Lorase, 1895.

CORRÊA, Alexandre Augusto de Castro. Breve apanhado sobre a história da Advocacia em Roma. *Revista do Instituto dos Advogados Brasileiros*, Rio de Janeiro, n. 67 e 68, p. 1-24, 1986.

COUTURE, Eduardo J. *Los mandamientos del abogado*. Depalma: Buenos Aires. 1951.

CRUZ, Luis. *Estágio profissional do Advogado*. Ceará: Edição da Universidade Federal do Ceará, 1980.

DOTTI, René Ariel. Manifesto em defesa das liberdades de convicção e julgamento. HC n. 109.205. texto transcrito às fls. 19-22 da ata da 39ª Sessão Ordinária da Sexta Turma do STJ de 23/09/2008.

FERNANDES, Paulo Sérgio Leite Fernandes. *Na defesa das prerrogativas do advogado*. Brasília: Edição do Conselho Federal da OAB, 2004.

FERREIRA, Gilberto. A advocacia como função indispensável à administração da Justiça. *Revista da Associação dos Magistrados do Paraná*, Curitiba, n. 52, Ano XVIII, p. 103-114, 1993.

FOUCHIER, Charles de. *Recles de la profession d´avocat a rome et das Láncienne legislation française jusquá la loi des 2-11 septembre 1970*. Paris: Paris V. Giard e Briere, 1895.

GRELLET-DUMAZEAU, Etienne André Theodore. *Lê barreu romain recherchers et studes sur lê barreau de rome, depuis son origine jusqu'a justinien, et particulierement au temps de Cicero*. 2. ed. Paris: Paris Durand, 1858.

LIMA, Ernando Uchoa. *Liberdade e o Advogado*. Brasília: Edição do Conselho Federal da OAB, 1997.

LOBO, Paulo Luiz Netto. *Comentários ao Estatuto da Advocacia e da OAB*. 3. ed. São Paulo: Saraiva. 2002.

LIMA, Herotides da Silva. *O ministério da Advocacia*. São Paulo: Empresa Graphica e Industrial "A Palavra", 1925.

MADEIRA, Hélcio Maciel França. *História da Advocacia: origens da profissão de advogado no Direito Romano*. São Paulo: Revista dos Tribunais, 2002.

MALTA, José Antonio Macedo. O Instituto e a Ordem dos Advogados Brasileiros. *Revista da Escola da Magistratura Federal da 5ª Região*, Recife, n. 3, p. 83-90, 2002.

SILVEIRA, Alfredo Balthazar da. *Instituto da Ordem dos Advogados Brasileiros*: memória histórica da sua fundação e da sua vida: um século de gloriosa existência, cem anos pelo direito, pela liberdade e pela justiça, 7 de agosto de 1843 – 7 de agosto de 1943: os seus 25 Presidentes. Rio de Janeiro: Jornal do Comércio, 1944.

B – COMENTÁRIOS

1. Considerações preliminares

A advocacia tem sua origem no nascer da civilização ocidental, na Grécia Antiga, onde cada indivíduo, obrigado pela legislação de Sólon, era responsável por sua defesa.[1] À época se pensava que aquele que não era capaz por si próprio de se defender, não tinha uma boa causa, inclusive era considerado indigno receber dinheiro se redigir discursos de defesa para outrem. A figura do advogado não existia nesta época, para se conhecer o atual sentido do vocábulo foi preciso o transcorrer da história até o século XIII.

Com o passar do tempo e a expressão utilizada para designar a função de advogado, defensor, foi sendo modulada pelos momentos históricos[2]. A fonte etimológica da palavra *advogado* vem de *advocatus*, expressão latina, resultante da justaposição de *ad vocare*, ou seja, chamar para junto. Na Roma Antiga nasceu o termo *advocati causidici*, porém no início deste período histórico o termo utilizado para aquele que exercia a função de defesa era *patronus*, agregando este à função de defesa em juízo dos interesses dos seus clientes, embora também se utilizassem os termos *orator*, *cognitores* e *procuradores*, cada qual com funções específicas, funções estas que na atualidade podem ser todas exercidas pelos advogados[3].

Na atualidade o sentido nacional do termo advogado/advocacia se fixou na garantia de representação argumentativa capaz de comprovar fatos, atos ou posições que permitam o exercício de direitos ou que impeçam o Estado de impor força contra o indivíduo representado, no caso brasileiro, em regra, quando em juízo, representado por um advogado habilitado.

Foi na França, em 1327, que surgiu a primeira regulamentação, em forma de lei, tratando a advocacia de modo semelhante ao atual modelo constitucional pátrio, inclusive com dispositivo que proibia o acesso ao Poder Judiciário sem a representação por um advogado previamente habilitado e que tivesse prestado juramento. No entanto, em 1302 já havia sido instituída a chamada *Ordre des Advocats*, instituição que em 1602 passou a ter seu chefe oficial chamado de *bastonnier*. Ressalte-se que nessa época a instituição era responsável pela aplicação de sanções de repreensão, suspensão, destituição e/ou cancelamento das inscrições daqueles "advogados" que praticavam atos contrários aos limites éticos estabelecidos, sendo exigido dos interessados em ingressar nesta a comprovação de estágio e a submissão à prova oral. Durante a Revolução Francesa em 1790 foi extinta a *Ordre des Advocats*, instituindo um sistema de "defensores públicos". Contudo, o sistema se tornou inviável e, logo em seguida, restabeleceu-se o quadro de advogados. Todavia, Somente em 1810 que a *Ordre des Advocats* foi recriada e em 1830 reconquistou os direitos e prerrogativas institucionais que outrora lhe eram conferidos[4].

No Brasil as ordenações Filipinas já disciplinavam a existência dos *solicitadores*, como auxiliares de defesa, a quem se conferia competência para a prática de atos no processo, ora como defensor, ora como defensor do réu sem mandato, *o ajudador*. Todavia, foi a partir 1827, com a criação dos primeiros cursos jurídicos do país e, posteriormente, a partir da criação do Instituto dos Advogados Brasileiros, em 1843, inspirado nos modelos francês e português, que iniciaram os debates visando o estabelecimento de parâmetros efetivos para a criação de uma instituição que congregasse e regulasse todos os advogados brasileiros[5]. Apesar de datar de 1843 a criação do Instituto dos Advogados Brasileiros foi somente em 1930 com o Decreto 19.409 é que se criou oficialmente a Ordem dos Advogados do Brasil, instituição que hoje representa a advocacia no Brasil e que tem tratamento constitucional diferenciado em razão do seu importante papel no processo de republicanização do Estado brasileiro, com principal destaque na luta pela redemocratização, representada pelos combates diuturnos desta instituição e de seus membros contra o regime militar.

Ressalte-se que a natureza jurídica da Ordem dos Advogados do Brasil é de autarquia especial e os debates sobre o tema não são recentes. Em 1946, ainda sobre a vigência do Decreto 22.478 de 15/02/33, o Tribunal de Contas da União, arrimado no disposto no art. 77, n. 2 da Constituição de 1946, pretendeu que a Ordem dos Advogados do Brasil lhe submetesse as contas para julgamento. Levado a discussão no Tribunal Federal de Recursos, por via de mandado de segurança, decidiu este Colegiado superior que: "A Ordem dos Advogados do Brasil, como corporação que é, *não constitui parte da administração*, embora seja pessoa de direito público. Tão somente administra o patrimônio moral da própria classe dos advogados". Reconheceu-se assim a plena autonomia da Ordem, negando-lhe natureza jurídica da autarquia.

---

1. LIMA, Herotides da Silva. *O ministério da Advocacia*. São Paulo: Empresa Graphica e Industrial "A Palavra", 1925. p. 21.

2. Id.

3. GRELLET-DUMAZEAU, Etienne André Theodore. *Lê barreu romain recherchers et studes sur lê barreau de rome, depuis son origine jusqu'a justinien, et particulierement au temps de ciceron*. 2. ed. Paris: Paris Durand, 1858. p. 73.

4. BUTEAU, Henry. *L'odre des avocats sés rapports avec la magistrature: histoire, legislation, jurisprudence Par Henry Buteau*. Paris: Paris L. Lorase, 1895. p. 198.

5. MADEIRA, Hélcio Maciel França. *História da Advocacia*: Origens da profissão de advogado no Direito Romano. São Paulo: Editora Revista dos Tribunais, 2002. p. 39.

Posteriormente em 1967, por meio dos decretos 74.000 e 74.296, o Poder Executivo federal prescreveu a vinculação da Ordem dos Advogados do Brasil ao Ministério do Trabalho e Previdência Social, vinculação que foi combatida pelo próprio Consultor Geral da República, na época o Prof. Adroaldo Mesquita da Costa, que asseverou: "Não se aplica à Ordem dos Advogados do Brasil a legislação referente às autarquias, em obediência ao disposto no parágrafo 1º do art. 139 da Lei 4215/63. O decreto 60.900/67, ao vincular a Ordem ao Ministério do trabalho, em atenção ao que dispõe a reforma administrativa relativamente às autarquias, viola o precitado dispositivo no seu Estatuto". O referido parecer foi aprovado pelo Presidente da República à época, reconhecendo a administração e a autonomia da Ordem dos Advogados do Brasil[6].

Na introdução do livro *As Razões da Autonomia da OAB*, editado pelo Conselho Federal em 1975, José Ribeiro de Castro Filho, então Presidente da entidade, afirma que a Ordem dos Advogados do Brasil integra a própria estrutura do Estado de Direito, com atribuições que só podem ser exercidas, precisamente, sob a condição de não sujeição e não vinculação a qualquer dos Poderes. "Até porque da lição da História", ele acrescenta, "deflui necessariamente que, em todas as épocas de colapso do Direito, a Ordem esteve sempre em crise perante o Poder". A independência e a autonomia da Ordem dos Advogados do Brasil são pressupostos fundamentais para a consecução da finalidade expressa em seu Estatuto, qual seja: defesa da Constituição, do Estado Democrático de Direito, dos direitos humanos, da justiça social, da boa aplicação das leis e da rápida administração da Justiça, além do aperfeiçoamento da cultura e instituições jurídicas.

Nesta medida, o STF, no julgamento da ADI 3026/DF, a **definiu mais uma vez como autarquia especial prestadora de serviço público independente, de categoria ímpar no elenco das personalidades jurídicas existentes no direito brasileiro e que por estas características goza de autonomia e independência do poder público e de suas regras de contratação.** Afirmou o Pretório Excelso que "não procede a alegação de que a OAB sujeita-se aos ditames impostos à Administração Pública Direta e Indireta", a OAB não é uma entidade da Administração Indireta da União. A OAB não está incluída na categoria na qual se inserem essas que se tem referido como "autarquias especiais" para se pretender afirmar equivocada independência das hoje chamadas "agências". Por não consubstanciar uma entidade da Administração Indireta, a OAB não está sujeita a controle da Administração, nem a qualquer das suas partes está vinculada. A ausência de vinculação à administração formal e materialmente é necessária, pois a OAB ocupa-se de atividades atinentes aos advogados, "que exercem função constitucionalmente privilegiada, na medida em que são indispensáveis à administração da Justiça." É entidade cuja finalidade é afeta a atribuições, interesses e seleção de advogados. Não há ordem de relação ou dependência entre a OAB e qualquer órgão público, em razão da finalidade institucional (**ADI 3026/DF**).

No Brasil, a advocacia, a figura do advogado e sua instituição de representação se misturam como função essencial administração da justiça, seja na garantia da democracia consubstanciada na liberdade e igualdade por intermédio da máxima amplitude do contraditório e da ampla defesa ou do acesso ao Judiciário, seja como ente fiscalizador dos concursos de ingresso na magistratura e no Ministério Público ou ainda como agente oxigenador dos Tribunais por intermédio das vagas reservadas aos advogados em sua para a composição dos tribunais, ou como ente legitimado universal para a participação do controle de constitucionalidade no Brasil.

Assim a "advocacia é uma árdua fatiga posta a serviço da justiça"[7]. Mais do que uma profissão a advocacia é um *munus* indispensável à administração da justiça, revestida de prerrogativas que assistem diretamente à sociedade, permitindo que esta possa se sentir segura por intermédio da atuação do advogado que dê guarida à liberdade e seus direitos, seja administrativa, judicialmente ou pelo simples e fiel patrocínio dos negócios jurídicos onde a figura do advogado se torna imprescindível.

2. A indispensabilidade do advogado

A Constituição da República ao estabelecer a indispensabilidade do advogado, esculpindo no art. 133 da CF a expressão *nos limites da Lei*, conferiu ao legislador a capacidade para, analisando as peculiaridades das atividades em questão, estabelecer exceções à regra da indispensabilidade. Deste dispositivo se depreende a competência do Poder Legislativo para estabelecer as hipóteses excepcionais à regra, porém esta competência conferida aos Legislativo legisladores deve ainda ser compreendida como uma garantia para a própria sociedade, pois as exceções só poderão ser adotadas quando garantido o debate democrático perante o Legislativo, não sendo possível que outro órgão ou poder estabeleça novas exceções à regra da indispensabilidade.

Dentre as hipóteses já regulamentadas e pacificadas pela jurisprudência pátria referente à dispensabilidade do Advogado (*jus postulandi*), é relevante tratar:

a) Impetração de *habeas corpus*: hipótese excepcionada pelo art. 1º, § 1º, da Lei 8.904/94 (Estatuto da Advocacia), atendendo a própria lógica do sistema processual penal brasileiro que dispõe no art. 654 CPP, que o *habeas corpus* poderá ser impetrado por qualquer pessoa, em seu favor ou de outrem, bem como pelo Ministério Público. Neste sentido a doutrina e a jurisprudência são uníssonas ao afirmar que se trata de uma ação popular de índole essencial, indispensável o exercício da liberdade e que, portanto é remédio que pode ser manejado por qualquer indivíduo, seja ele cidadão, estrangeiro (*RT* 718/318), servidor (*RT* 545/438 e 527/45), em favor de paciente recluso, mesmo sem procuração (*RT* 631/38) ou mesmo pelo próprio paciente.

b) Revisão Criminal: seguindo a linha de raciocínio já apresentada no *habeas corpus*, também na revisão criminal, o STF tem entendido que a indispensabilidade da intervenção do advogado não possui um caráter absoluto em si mesmo, e, portanto tem conhecido de Revisão Criminal ajuizada pelo próprio condenado, compreendendo que a capacidade postulatória outorgada pelo art. 623 do CPP não foi revogada pelo art. 133 da Constituição, nem mesmo pelo art. 1º da Lei 8.904/94. Ressaltando a Corte constitucional brasileira que o referido art. 623 do CPP foi obje-

---

6. *As razões da autonomia da Ordem dos Advogados do Brasil*. Rio de Janeiro: Conselho Federal da OAB – GB, 1975. p. 16-17.

7. COUTURE, Eduardo J. *Los mandamientos del abogado*. Buenos Aires: Depalma, 1951. p. 11.

to de recepção pela nova ordem constitucional, legitimando, em consequência, a iniciativa do próprio sentenciado, que pode ajuizar, ele mesmo, independentemente de representação por advogado, a ação de revisão criminal (HC 74.309). Neste ponto, relevante se faz a ressalva que a capacidade postulatória é exclusiva do condenado e não de qualquer pessoa.

c) Juizados Especiais: com o objeto de ampliar o acesso ao Judiciário, em 1995 foi editada a Lei 9.099 que tinha como meta permitir o acesso à justiça a parcela desfavorecida da sociedade brasileira, simplificando os procedimentos, isentando de custas e criando exceção à regra da indispensabilidade do advogado. A constitucionalidade da referida lei foi declarada de forma reflexa, quando do julgamento da ADI 1.127, o STF julgou prejudicado o pedido de declaração de inconstitucionalidade do art. 1º, I, parte final, da Lei 8.904/94, que afirmava a indispensabilidade de advogado junto aos juizados especiais, e que após a edição da Lei 9.099/95 perdera seu objeto, pois o dispositivo da nova lei revogara a parte final do referido inciso que pretendia firmar a indispensabilidade do advogado nos juizados especiais.

Na mesma linha o STF julgando a ADI 3.168 que discutia a constitucionalidade do art. 10 da Lei 10.259/2001 (Lei dos Juizados Especiais Federais), decidiu pela constitucionalidade da dispensabilidade de advogado nas causas cíveis e pela inconstitucionalidade da imprescindibilidade da presença de advogado nas causas criminais.

Assim a Egrégia Corte afirmou a constitucionalidade do art. 10 da Lei 10.259/2001, que faculta às partes a designação de representantes para a causa, advogados ou não, no âmbito dos juizados especiais federais, em processos de natureza cível, desde que a causa não ultrapasse o valor de sessenta salários mínimos (art. 3º da Lei 10.259/2001), sem prejuízo da aplicação subsidiária integral dos parágrafos do art. 9º da Lei 9.099/1995, como forma de garantia de amplo acesso à justiça. No que toca ao processo de natureza criminal, em homenagem ao princípio da ampla defesa, é imperativo que o réu compareça ao processo devidamente acompanhado de profissional habilitado a oferecer-lhe defesa técnica de qualidade, ou seja, de advogado regularmente inscrito na Ordem dos Advogados do Brasil ou defensor público habilitado (ADI 3.168/DF).

d) Justiça do Trabalho: a dispensabilidade do advogado na Justiça do Trabalho tem sua origem nos arts. 791 e 839 da CLT, os quais autorizaram tanto o empregador como o empregado a ingressar em juízo independente de patrocínio por advogados (Súmulas 219 e 329 do TST). Entretanto, esta regra insculpida originalmente na CLT precisou ser paulatinamente alterada dada a própria democratização do acesso à justiça, o crescente rigorismo quanto ao preenchimento de requisitos para a aceitação de ações e recursos e a técnica jurídica apurada necessária a algumas demandas. Por conta disto, o próprio TST limitou o *jus postulandi* com a Súmula 425, dispondo que "o *jus postulandi* das partes, estabelecido no art. 791 da CLT, limita-se às Varas do Trabalho e aos Tribunais Regionais do Trabalho, não alcançando a ação rescisória, a ação cautelar, o mandado de segurança e os recursos de competência do Tribunal Superior do Trabalho". Esta regra não sofreu alterações com a reforma da CLT trazida pela Lei 13.467/2017.

Oportuno lembrar que o alcance da Súmula 425 está adstrito exclusivamente à Justiça do Trabalho. Isto significa que em caso de recurso ao STF ou ao STJ o interessado será compelido a constituir um advogado sob pena de não conhecimento deste.

Apesar de posições doutrinárias contrárias à validade do referido dispositivo, após a edição da Lei 8.904/94, o STF pacificou o tema ao decidir na ADIN 1127 que o art. 1º, inciso I, da mesma Lei, era inconstitucional na parte que determina que fosse privativa da advocacia a postulação a *qualquer* órgão do Poder Judiciário, e assim excluía os dispositivos da CLT do âmbito de incidência da nova lei, não permitindo sua revogação (ADI 1127/DF).

Apresentada de forma detalhada as principais exceções à regra de indispensabilidade do advogado consolidadas pela legislação e pela jurisprudência, se faz necessário ao menos se lembrar das outras hipóteses dispostas em Lei, dentre elas: no caso de retificações no Registro Civil – art. 109 da Lei 6.015/77; no caso de declaração judicial da nacionalidade brasileira – art. 6º. da Lei 818/49.

Assim, é relevante frisar que em todos os demais casos de acessibilidade ao Judiciário, indispensável será a participação de advogado regulamente inscrito nos quadros da Ordem dos Advogados do Brasil. Nesta linha a indispensabilidade é uma garantia da sociedade civil, e seu desrespeito mesmo que indireto, gera a nulidade dos atos judiciais praticados com prejuízo da participação do advogado, não sendo admitida a ausência de defesa técnica adequada, pois a defesa técnica não pode ser apenas formal, mas sim, deve ser eficiente como garantia da inafastabilidade do contraditório e da ampla defesa (HC-STF 91.501).

Tratando do tema no que toca a indispensabilidade de advogado no âmbito administrativo, o Pretório Excelso editou a Súmula Vinculante 5 firmando posição de que "a falta de defesa técnica por advogado no processo administrativo disciplinar não ofende a constituição", decisão derivada do recurso extraordinário RE 434.059[8]. Ressalte-se que o STF na edição da Súmula Vinculante não decidiu pela simples dispensabilidade da defesa técnica ou de advogado nos processos administrativos, mas apenas pela constitucionalidade da faculdade conferida pela legislação ao administrado, para que este possa optar pela autodefesa ou a contratação de um advogado.

Os fundamentos que levaram a edição da referida Súmula Vinculante, são: a) a completa informação ao administrado dos fatos que lhe são imputados; b) a manifestação do administrado; e por fim, c) a consideração dos argumentos manifestada pelo interessado, deste modo garantida a ampla defesa na sua plenitude inexistira ofensa à Constituição Federal. Todavia, se faz necessário pontuar a importante manifestação da Min. Cármem Lúcia Antunes Rocha, que enfatizou ser possível se falar de ausência de defesa técnica em processo administrativo quando realizado sem a presença de advogado, ou com sua presença mitigada nos seguintes casos: a) quando alegada e comprovada a complexidade da questão, complexidade que exige certo conhecimento que escapa as possibilidades de exercício de autodefesa; e ainda, b) nos casos em que essa facultatividade não seria bastante para não se ter mais do que um simulacro de defesa.

Portanto, é necessário perceber que a Súmula Vinculante 5 não determina a dispensabilidade do advogado ou da defesa técnica, mas apenas permite esta faculdade ao administrado, e ressalta ainda que em algumas hipóteses deva ser analisado o caso concreto para se determinar ou não sua aplicação. Com postura mais garantista, poucos meses antes da edição da Súmula Vinculante 5 do STF, o STJ editou a Súmula 343, que disciplinava: "é obrigató-

---

8. Rel. Min. Gilmar Mendes, julgamento em 7-5-08, *DJe* de 12-9-08.

ria a presença de advogado em todas as fases do processo administrativo disciplinar". A fundamentação trazida pelo STJ se baseia nas célebres lições de Pontes de Miranda, afirmando que tanto o contraditório como a ampla defesa se constroem a partir da máxima amplitude da defesa. Porém é de se ressaltar que os precedentes que levaram a edição da Súmula 343 têm como escopo a análise de casos concretos que ensejaram a ausência ou a defesa técnica deficitária em razão de atos praticados pela administração, inclusive com a participação de advogados. Neste diapasão não se pode falar em contradição nas Súmulas, ao que parece permanecem válidas ambas as manifestações judiciais, desde que o caso concreto contemple a adequação dos precedentes tanto do STF como do STJ que levaram a edição destas.

3. A inviolabilidade do advogado

A inviolabilidade do Advogado é prerrogativa da sociedade civil que conforme o art. 133 da Constituição estabelece, poderá se submeter aos limites impostos pela legislação infraconstitucional, desde que os limites impostos não impeçam o próprio exercício da atividade da advocacia de forma plena e independente, sob pena de retrocesso social incompatível com Estado Democrático Contemporâneo.

Assim, a inviolabilidade foi concebida a partir de prerrogativas que colocam a sociedade civil, a partir de seus advogados, a salvo das ações autoritárias que possam ser realizadas pelo Estado contra qualquer indivíduo, o que comumente se observa na sociedade civil e que "muitos confundem a defesa das prerrogativas com privilégios corporativos, quando, na verdade, trata-se da defesa da cidadania"[9]. Em reforço a estes preceitos, a Lei n. 13.869/2019 (*dispõe sobre os crimes de abuso de autoridade*) criminalizou a violação das prerrogativas da advocacia cometidas por agente público, servidor ou não, no exercício de suas funções ou a pretexto de exercê-las. Caso se configure a conduta prevista, o Conselho Federal ou Seccional da OAB prestará assistência aos advogados e às advogadas violadas em seus direitos, consistindo em comunicação ou representação ao Ministério Público para o ajuizamento da ação penal pública incondicionada ou, ainda, no ajuizamento de ação penal privada subsidiária (Provimento n. 201/2020 do Conselho Federal da OAB).

Dentro do arcabouço de prerrogativas ligadas à inviolabilidade do advogado, é relevante citar:

a) Inviolabilidade quanto aos seus atos, manifestações no exercício da atividade profissional: esta imunidade está conectada a qualquer manifestação ou ato praticado pelo advogado para garantir o fiel cumprimento da defesa do seu cliente. Neste sentido o STF possui entendimento pacífico de que não é absoluta a inviolabilidade do advogado, por seus atos e manifestações, o que não restringe a abrangência que a Carta de Outubro de 88 conferiu ao instituto. Para a Colenda Corte, do manto protetor somente se excluem atos, gestos ou palavras que manifestamente desbordem do exercício da profissão, como a agressão (física ou moral), o insulto pessoal e a humilhação pública (AO 933; AO 1.300; HC 88.164; ADI 1.127).

Nesta linha a Corte firmou entendimento de que a imunidade não alcança ofensa que seja caracterizada como calúnia (HC 81.517). No entanto, quando no estrito cumprimento do dever legal e estando adstrito aos fatos e atos relativos à causa em questão, pode o advogado se utilizar de todas as formas argumentativas para garantir a amplitude da defesa de seu cliente, assegurando o contraditório em sua plenitude.

Deste modo, a "crítica a atitudes do juiz constante da defesa prévia, pelas circunstâncias e no contexto em que foi escrita, não entremostra, *prima facie*, o *animus* de ofender. O advogado deve atuar como um guardião da Constituição e defensor da ordem jurídica, exercer a profissão com zelo e probidade; 'velar pela dignidade da magistratura, tratando as autoridades e funcionários com respeito e independência, não prescindindo de igual tratamento', pois, tanto quanto o juiz, a sua missão é a busca incessante de eficaz e justa distribuição da justiça" (STJ, 5ª T., RHC 560/DF). Ressalte-se que a imunidade no exercício da advocacia está condicionada ao exercício regular da profissão, o que significa dizer que não protege aqueles que exercem a profissão ilegalmente em razão de inabilitação ou então por estar suspenso dos quadros da Ordem dos Advogados do Brasil (HC-STF 74.471).

De outro modo, a inviolabilidade quanto aos atos e manifestações no exercício da atividade profissional, também tutelados aos membros da Ordem dos Advogados do Brasil, quando na defesa das prerrogativas dos Advogados ou da Entidade, supostamente praticam o tipo calúnia.

Por exemplo: o caso em que o Presidente da entidade que foi acusado de cometer crime contra a honra (calúnia), por promover, perante a corregedoria do Tribunal Regional Federal representação contra juíza federal que determinara, mediante portaria, a atualização das procurações dos advogados para que lhes fosse possível receber precatórios em favor de seus clientes. Note-se que nessa representação foi atribuída à referida magistrada a prática do crime de abuso de autoridade. O Superior Tribunal de Justiça entendeu, que, na hipótese, o acusado atuou na defesa da sua classe profissional e utilizou o instrumento cabível, qual seja, representação junto à corregedoria do referido Tribunal, "com base em argumentos que, embora exacerbados, não extrapolaram os limites legais para o exercício do direito de petição, o que conduz à atipicidade das condutas ante a inexistência de justa causa para a ação penal. Ademais, os recorridos agiram no exercício de suas atribuições conforme previsto nos arts. 5º, § 2º, e 49 da Lei n. 8.906/1994" (REsp – STJ 883.411-RJ).

b) Inviolabilidade da liberdade de convencimento. Nesta hipótese a imunidade busca a tutela do agir em defesa do cliente sem que esta possa ser considerada contrária à ordem jurídica. Tal prerrogativa constitui a garantia da sociedade para que na liberdade de seu advogado possa expressar suas posições e convicções sem que o Estado o puna em razão de suas manifestações. Ressalte-se que ao agir do advogado estará limitado pelo Código de Ética da Advocacia sendo vedado a este a litigância de má fé, ou qualquer outro ato contrário a ordem jurídica tipificado como crime ou infrações disciplinar.

Neste diapasão, não há permissão para que o advogado se associe a outrem ou com seu cliente com finalidade ilícita, ou seja, não pode o advogado praticar atos que constituam crimes supostamente em cumprimento ao exercício do mandato a ele conferido, pois neste caso estará o advogado passando a função de coautor da prática criminosa. Nesta linha o STF decidiu: a

---

9. BUSATO, Roberto. *Questão de Ordem*. Brasília: Editado pelo CFOAB. 2006. p. 103.

imunidade judiciária conferida pelo art. 133 da CF "não compreende os atos relacionados a questões pessoais. A imunidade do advogado além de condicionada aos 'limites da lei', o que, obviamente, não dispensa o respeito ao núcleo essencial da garantia da *libertas conviciandi* – não alcança as relações do profissional com o seu próprio cliente" (RE 387.945).

c) Inviolabilidade de acessibilidade aos autos de processo judicial ou administrativo. Esta medida é corolário da própria sociedade livre e democrática, que garante o exercício do direito fundamental ao contraditório. Em momento algum está sendo utilizada para salvaguarda a advocacia, mas sim o ideal de liberdade que a profissão representa. Neste sentido, o STF editou Súmula Vinculante, disciplinando que "é direito do defensor, no interesse do representado, ter acesso amplo aos elementos de prova que, já documentados em procedimento investigatório realizado por órgão com competência de polícia judiciária, digam respeito ao exercício do direito de defesa" (HC 94.387). Observe-se que a referida Súmula decorre de um pleito da Ordem dos Advogados do Brasil que busca conter a tentativa recente de instalação do Estado policialesco no Brasil, mas que foi contido com a atuação intransigente do STF. No entanto, parece que o Pretório Excelso tem se omitido na extensão da referida Súmula, que poderia abranger ainda o termo *quaisquer processos administrativos*, como forma de coibir os abusos praticados pela administração em todo território nacional no que toca a acessibilidade aos autos de processo administrativo, sejam estes disciplinares ou não. Observe-se que tanto o STF como o STJ possuem inúmeras decisões declarando a nulidade de atos processuais judiciais ou administrativos quando ao impedimento da defesa técnica adequada (HC 91.501).

d) Inviolabilidade dos escritórios de advocacia. A referida prerrogativa tem como escopo garantir o sigilo profissional das informações necessárias à representação do cliente. O Estatuto do advogado no seu art. 7º, II, estabelece como direito do advogado – "ter respeitada em nome da liberdade de defesa e do sigilo profissional, a inviolabilidade de seu escritório ou local de trabalho, seus arquivos e dados, de sua correspondência e de suas comunicações inclusive telefônicas ou afins, salvo caso de busca e apreensão determinada por magistrado e acompanhada de representante da OAB".

A Lei 11.767/2008 deu nova configuração a esta prerrogativa estendendo a inviolabilidade ao seu escritório ou local de trabalho, bem como de seus instrumentos de trabalho, de sua correspondência escrita, eletrônica, telefônica e telemática, desde que relativas ao exercício da advocacia, mantendo a necessidade da determinação judicial para a realização da referida busca e apreensão.

A lei referida, conformando esta prerrogativa, determina que no seu § 6º – "Presentes indícios de autoria e materialidade da prática de crime por parte de advogado, a autoridade judiciária competente poderá decretar a quebra da inviolabilidade de que trata o inciso II do *caput* deste artigo, em decisão motivada, expedindo mandado de busca e apreensão, específico e pormenorizado, a ser cumprido na presença de representante da OAB, sendo, em qualquer hipótese, vedada a utilização dos documentos, das mídias e dos objetos pertencentes a clientes do advogado averiguado, bem como dos demais instrumentos de trabalho que contenham informações sobre clientes. A necessidade de tais requisitos foi confirmada quando do julgamento da ADI 1127/DF, analisada pelo Plenário.

Relevante ainda frisar que a extensão da inviolabilidade encontra limite apenas quando o próprio advogado é partícipe do crime investigado, fato que deve ser demonstrado pormenorizadamente. Nesta linha o STF por maioria, ressalvas aos Ministros Eros Grau, Celso de Mello e Marco Aurélio, entende que não afronta o disposto no art. 5º, XI da CF, a escuta ambiental com fundamento na Lei 10.217/2001, inclusive sua instalação no período noturno, pois se trata de meio de investigação especial (STF – Inq. 2424/RJ).

4. A constitucionalidade do Exame de Ordem

Importante lembrar ainda que a aprovação no Exame de Ordem como requisito para o exercício da advocacia (art. 8º, IV, da Lei 8.906/94) foi declarado constitucional pelo Plenário do Supremo Tribunal Federal. Tal certame foi instituído pela Lei 4.215/63, em seu art. 48, III, e mantido no novo Estatuto da Advocacia, de 1994. No julgamento do Recurso Extraordinário 603.583 do Estado do Rio Grande do Sul, o Plenário declarou que a restrição imposta pelo Exame não contraria o valor social do trabalho, que constitui um dos fundamentos da República (art. 1º, IV), e, sobretudo, não há violação à liberdade de exercício de qualquer trabalho, ofício ou profissões, consoante dispõe o art. 5º, XIII, da Constituição Federal. Em seu voto, o Ministro Marco Aurélio destacou: "Há de entender-se a aprovação no exame, sem equívocos, um elemento que qualifica alguém para o exercício de determinada profissão. Qualificar-se não é apenas se submeter a sessões de ensino de teorias e técnicas de determinado ramo do conhecimento, mas sujeitar-se ao teste relativamente à ciência adquirida. O argumento do recorrente não se sustenta: se o exame da Ordem "não qualifica", também não teriam o mesmo efeito as provas aplicadas pelas próprias universidades, as quais são condições essenciais à obtenção do bacharelado. Também elas seriam inconstitucionais? A resposta é desenganadamente negativa. O exame da Ordem serve perfeitamente ao propósito de avaliar se estão presentes as condições mínimas para o exercício escorreito da advocacia, almejando-se sempre oferecer à coletividade profissionais razoavelmente capacitados".

O bem jurídico tutelado em questão, a devida prestação jurisdicional *pelo advogado*, não admite que qualquer portador de diploma de ensino superior na área jurídica possa exercer esta profissão, embora o habilitado pela instituição de ensino superior tenha a prerrogativa ao exercício de diversas outras atividades na área jurídica que dispensam a inscrição nos quadros da OAB. Por outro lado, a revogação do Exame de Ordem que culminaria na inexistência de um critério para a aferição da qualificação técnica necessária ao desempenho da atividade geraria a inconstitucionalidade decorrente da vedação da proteção deficiente ao bem jurídico que é a adequada prestação jurisdicional. Nesta toada, o Ministro Marco Aurélio lembrou que "enquanto o bom advogado contribui para a realização da Justiça, o mau advogado traz embaraços para toda a sociedade, não apenas para o cliente".

Em sentido formal, a restrição ao exercício da atividade profissional é admitida pelo legislador constituinte, pois o mencionado art. 5º, XIII, classifica-se como uma norma de eficácia contida na célebre classificação de José Afonso da Silva. Deste modo, o exercício da advocacia passa pelo preenchimento dos requisitos do art. 8º da Lei 8.906/94, dentre eles a aprovação no Exame de Ordem. Frise-se também que a Ordem dos Advogados do Brasil dispõe do poder de polícia administrativa para promover a representação, defesa, seleção e disciplina dos advogados, segundo art. 44 do referido diploma normativo.

> **Art. 134.** A Defensoria Pública é instituição permanente, essencial à função jurisdicional do Estado, incumbindo-lhe, como expressão e instrumento do regime democrático, fundamentalmente, a orientação jurídica, a promoção dos direitos humanos e a defesa, em todos os graus, judicial e extrajudicial, dos direitos individuais e coletivos, de forma integral e gratuita, aos necessitados, na forma do inciso LXXIV do art. 5º desta Constituição Federal.

§ 1º Lei complementar organizará a Defensoria Pública da União e do Distrito Federal e dos Territórios e prescreverá normas gerais para sua organização nos Estados, em cargos de carreira, providos, na classe inicial, mediante concurso público de provas e títulos, assegurada a seus integrantes a garantia da inamovibilidade e vedado o exercício da advocacia fora das atribuições institucionais.

§ 2º Às Defensorias Públicas Estaduais são asseguradas autonomia funcional e administrativa e a iniciativa de sua proposta orçamentária dentro dos limites estabelecidos na lei de diretrizes orçamentárias e subordinação ao disposto no art. 99, § 2º.

§ 3º Aplica-se o disposto no § 2º às Defensorias Públicas da União e do Distrito Federal.

§ 4º São princípios institucionais da Defensoria Pública a unidade, a indivisibilidade e a independência funcional, aplicando-se também, no que couber, o disposto no art. 93 e no inciso II do art. 96 desta Constituição Federal.

Fredie Didier Jr.
Leonardo Carneiro da Cunha

1. Noções iniciais: as garantias constitucionais do acesso à justiça e da assistência jurídica integral[1]

O acesso à justiça, a garantia fundamental prevista no art. 5º, XXXV, da Constituição Federal, significa, segundo as palavras de Luiz Guilherme Marinoni, "acesso a um processo justo, a garantia de acesso a uma justiça imparcial, que não só possibilite a participação efetiva e adequada das partes no processo jurisdicional, mas que também permita a efetividade da tutela dos direitos, consideradas as diferentes posições sociais e as específicas situações de direito substancial". E completa o processualista, afirmando que "significa, ainda, acesso à informação e à orientação jurídicas e a todos os meios alternativos de composição de conflitos"[2].

Sucede que há inúmeros óbices que dificultam, senão efetivamente impedem, o livre acesso do cidadão à "ordem jurídica justa", conforme célebre expressão de Kazuo Watanabe. A duração do processo, as formas de tutela jurisdicional dos direitos, as questões sociais, culturais e psicológicas são apenas exemplos de fatores que representam verdadeiro empecilho para que ao cidadão se reconheça a garantia do acesso à justiça. Também o custo do processo é, nesse sentido, um obstáculo sério, que cotidianamente impede o acesso à ordem jurídica, na medida em que segrega aqueles que não têm recursos financeiros suficientes para arcar com os custos de um processo judicial, tampouco têm como contratar profissional habilitado a postular em juízo, em seu nome[3].

Para transpor esse óbice financeiro, o Estado, que ainda detém o monopólio da jurisdição (ressalvada a arbitragem convencional), teve que garantir ao cidadão carente de recursos econômicos os meios necessários para o livre acesso à justiça. Nesse intuito, a Constituição Federal de 1988 previu, em seu art. 5º, LXXIV, o direito à assistência jurídica integral e gratuita.

No nível infraconstitucional, a matéria é regulada pela Lei n. 1.060/1950, a chamada Lei de Assistência Judiciária (LAJ), bem como pelo Código de Processo Civil, que contém diversas normas a esse respeito. A Lei n. 1.060/1950 e o CPC aplicam-se não só ao processo civil, mas também ao trabalhista, ao penal e ao administrativo.

2. Justiça gratuita, assistência judiciária e assistência jurídica: conceitos

A despeito de serem constantemente utilizados como sinônimos, os conceitos de justiça gratuita, de assistência judiciária e de assistência jurídica são distintos[4]: a) justiça gratuita, ou benefício da gratuidade, ou ainda gratuidade judiciária, consiste na dispensa da parte do adiantamento de todas as despesas, judiciais ou não, diretamente vinculadas ao processo; b) assistência judiciária é o patrocínio gratuito da causa por advogado público (ex.: defensor público) ou particular (entidades conveniadas ou não com o Poder Público, como, por exemplo, os núcleos de prática jurídica das faculdades de direito); c) assistência jurídica compreende, além do que já foi dito, a prestação de serviços jurídicos extrajudiciais (como, por exemplo, a distribuição, por órgão do Estado, de cartilha contendo os direitos básicos do consumidor)[5] – trata-se, como se vê, de direito bem abrangente. Não é por outro motivo, aliás, que a EC 88/2014 alterou o texto do art. 134 da CF para fazer constar a prestação de serviços jurídicos extrajudiciais pela Defensoria Pública.

Daí se vê que, em se tratando de institutos distintos, o deferimento de um deles não condiciona nem está condicionado ao

---

1. Os itens 1 e 2 destes comentários foram extraídos, com adaptações, de DIDIER JR., Fredie, e OLIVEIRA, Rafael. *Benefício da justiça gratuita*. 3ª ed. Salvador: Editora Jus Podivm, 2008.
2. *Novas linhas do processo civil*. 3. ed. São Paulo: Malheiros, 1999, p. 28.
3. Para aprofundar o estudo do tema e conhecer os programas adotados por diversos países para resolver o problema, consultar: CAPPELLETTI, Mauro; GARTH, Bryant. *Acesso à justiça*. Ellen Gracie Northfleet (trad.). Porto Alegre: Sergio Antonio Fabris Editor, 1988, p. 31 e s.
4. Ver, dentre outros, MARCACINI, Augusto Rosa Tavares. *Assistência jurídica, assistência judiciária e justiça gratuita*. Rio de Janeiro: Forense, 2001, p. 29-35; ASSIS, Araken de. *Garantia de acesso à justiça: benefício da gratuidade*, cit., p. 75-76; MOREIRA, José Carlos Barbosa. O direito à assistência jurídica: evolução no ordenamento brasileiro de nosso tempo. *Temas de Direito Processual – Quinta Série*. São Paulo: Saraiva, 1994, p. 57-59.
5. PONTES DE MIRANDA já tratou do assunto: "*Assistência judiciária e benefício da justiça gratuita não são a mesma coisa*. O benefício da justiça gratuita é direito à dispensa provisória de despesas, exercível em relação jurídica processual, perante o juiz que promete a prestação jurisdicional. É instituto de direto pré-processual. A assistência judiciária é a organização estatal, ou paraestatal, que tem por fim, ao lado da dispensa provisória das despesas, a indicação de advogado. É instituto de direito administrativo" (*Comentários à Constituição de 1967 com a Emenda n. 1, de 1969*. 3. ed. Rio de Janeiro: Forense, 1987, t. 5, p. 642). Assim, também, MOREIRA, José Carlos Barbosa. O direito à assistência jurídica: evolução no ordenamento brasileiro de nosso tempo. *Temas de Direito Processual – Quinta Série*. São Paulo: Saraiva, 1994, p. 50 e 58.

deferimento do outro. Por exemplo: o fato de a parte não estar assistida por defensor público não a impede de pleitear e ter deferido o benefício da gratuidade. Por isso, a representação por advogado particular não pode ser tomada como prova da capacidade financeira da parte, a impedir a concessão do mencionado benefício. Basta pensar na possibilidade de o advogado ter sido contratado para receber remuneração apenas em caso de êxito na demanda, ou mesmo de estar atuando na causa por caridade.

O estudo do art. 134 da Constituição diz respeito à "assistência judiciária" e à "assistência jurídica", prestações devidas pelo Estado às pessoas carentes.

3. A assistência judiciária como função a ser exercida primordialmente pela Defensoria Pública

A garantia de acesso à justiça acarretou a instituição de programas de assistência judiciária disponíveis para muitos dos que não podiam custear os serviços de advogados. Aí está o derradeiro momento do *acesso à justiça*, que diz com a "representação legal e com a efetividade de direitos de indivíduos e grupos que, durante muito tempo, estiveram privados dos benefícios da justiça igualitária"[6].

Com efeito, se o acesso à justiça constitui uma garantia fundamental (CF, art. 5º, XXXV), cumpre ao Estado prestar assistência judiciária integral e gratuita aos que comprovarem insuficiência de recursos (CF, art. 5º, LXXIV).

Eis o contexto em que se insere a Defensoria Pública.

Os defensores públicos são, exatamente, os advogados públicos oferecidos pelo Estado a pessoas carentes. Eles integram esse importante órgão estatal: a Defensoria Pública.

A Defensoria Pública é, então, instituição essencial à Justiça, com a mesma dignidade e importância que o Ministério Público, a Advocacia Pública e a Advocacia. A atuação em favor dos necessitados é determinação constitucional, sendo que a Lei Complementar n. 80, de 12 de janeiro de 1994, é a norma regente das Defensorias Públicas da União, do Distrito Federal e dos Territórios, prescrevendo normas gerais para a organização das defensorias dos Estados. Sua função é a orientação jurídica e a defesa, em todos os graus, dos necessitados, na forma do art. 5º, LXXIV (acesso formal à justiça).

A Defensoria Pública abrange (a) a Defensoria Pública da União, (b) a Defensoria Pública do Distrito Federal e dos Territórios e (c) as Defensorias Públicas dos Estados. Seus princípios institucionais são a unidade, a indivisibilidade e a independência funcional.

4. A assistência jurídica como a função exercida pela Defensoria Pública

Como se viu, a Defensoria Pública presta não só assistência judiciária, mas também assistência jurídica.

A Defensoria Pública deve prestar atendimento a quem não pode custear os serviços de advogados não só em processos judiciais, mas também na celebração de atos e negócios jurídicos. O Estado fornece gratuitamente o serviço de advogados também para quem precisa de assessoria jurídica extrajudicial. E tais serviços devem ser prestados pela Defensoria Pública.

A Defensoria Pública expressa o regime democrático, sendo um dos instrumentos de sua concretização. Por meio dela, o Estado oferece orientação jurídica a quem não tem condições de arcar com os custos de um advogado para assessorá-lo extrajudicialmente, de forma integral, em todos os graus, recomendando, elaborando instrumentos negociais e auxiliando na sua execução.

Cabe à Defensoria Pública auxiliar quem dela precisa na busca de solução consensual dos conflitos. O § 2º do art. 3º do Código de Processo Civil ratifica a Resolução n. 125, de 2010, do CNJ, que dispõe sobre a *política judiciária nacional de tratamento adequado dos conflitos de interesses no âmbito do Poder Judiciário*. Nos termos da citada resolução, cabe aos órgãos judiciários oferecer mecanismos de solução de controvérsias, em especial os chamados meios consensuais, como a mediação e conciliação, além de prestar atendimento e orientação ao cidadão. Na implementação dessa política judiciária nacional, serão observadas a centralização das estruturas judiciárias, a adequada formação e treinamento de servidores, conciliadores e mediadores, bem como o acompanhamento estatístico específico. A disciplina contida na Resolução n. 125, de 2010, do CNJ denota que a conciliação e mediação devem ser organizadas com a finalidade não de solucionar a crise de morosidade da Justiça, mas como um método para dar tratamento mais adequado aos conflitos de interesses que ocorrem na sociedade[7].

O § 2º do art. 3º do CPC dispõe que *"o Estado promoverá, sempre que possível, a solução consensual dos conflitos"*. É possível construir daí a existência de um princípio do estímulo da solução por autocomposição, a orientar a atividade estatal na solução das disputas. Nem sempre será possível ou adequada a solução consensual. Daí o texto normativo valer-se da expressão "sempre que possível". Sendo possível, adequada ou recomendável, cumpre construir regras que contribuam para a obtenção da autocomposição.

Por sua vez, o § 3º do art. 3º do CPC é uma norma promocional, aplicando-se tanto no âmbito judicial como no extrajudicial. Caberá aos magistrados, advogados e membros do Ministério Público, inclusive no curso do processo judicial, estimular o uso da conciliação, mediação e demais mecanismos consensuais de resolução de conflitos (a exemplo da negociação direta), sendo dever do Estado promover a solução consensual dos conflitos. O Estado deverá *promover* o uso das *ADRs* e os profissionais da área jurídica deverão *estimular* o seu uso. Isso inclui um esforço de capacitação de pessoal, criação de estrutura física, esclarecimento da população e treinamento dos servidores e dos profissionais do meio jurídico em geral. A Defensoria Pública também deve contribuir para isso. Não é sem razão, aliás, que o

---

6. GOMES NETO, José Mário Wanderley. *O acesso à justiça em Mauro Cappelletti*: análise teórica desta concepção como "movimento" de transformação das estruturas do processo civil brasileiro. Porto Alegre: Sérgio Antonio Fabris Editor, 2005, n. 3.4, p. 92.

7. WATANABE, Kazuo. Política judiciária nacional de tratamento adequado dos conflitos de interesses: utilização dos meios alternativos de resolução de controvérsias. *O processo em perspectiva*: jornadas brasileiras de direito processual. São Paulo: RT, 2013, p. 243.

art. 784, IV, do CPC atribui a natureza de título executivo extrajudicial ao instrumento de acordo celebrado pela Defensoria Pública. É função institucional da Defensoria Pública, nos termos do art. 4º, II, da LC n. 80/1994, a promoção, em caráter prioritário, da solução extrajudicial dos litígios, visando à composição entre as pessoas em conflito de interesses, por meio de mediação, conciliação, arbitragem e demais técnicas de composição e administração de conflitos.

5. Formas de ingresso na carreira de defensor público

Antes da atual Constituição Federal de 1988, não existia a Defensoria Pública, nem os cargos de defensor público. Em alguns Estados, havia a figura do Assessor Jurídico, que exercia a função de assessoramento interno de Secretarias de Estado e, com o tempo, passava a exercer a defesa de pessoas carentes, desprovidas de recursos para custear os honorários de advogado privado.

Tais assessores jurídicos, com o advento da Constituição Federal de 1988, puderam ser transformados em defensores públicos, passando a integrar a Defensoria Pública. Para isso, era preciso que o assessor jurídico estivesse, quando da instalação da Assembleia Nacional Constituinte, ou seja, em 1º de fevereiro de 1987, exercendo a *função* própria de defensor público. E, para exercer tal função, é curial que o assessor jurídico estivesse, naquela época, devidamente inscrito nos quadros da OAB.

Realmente, assim dispõe o art. 22 do ADCT da vigente Constituição da República: "É assegurado aos defensores públicos investidos na função até a data de instalação da Assembleia Nacional Constituinte o direito de opção pela carreira, com a observância das garantias e vedações previstas no art. 134, parágrafo único, da Constituição".

O conceito de "defensor público" dado pela Constituição Federal pressupõe o exercício da advocacia (art. 134). Logo, essa exigência estende-se aos então ocupantes de outros cargos na *função* de defensor público referidos no art. 22 do ADCT, notadamente porque se trata de norma de exceção ao provimento de cargos mediante prévia aprovação em concurso público (CF, art. 37, II).

Não importa a forma de investidura originária do servidor na *função* de defensor público. É suficiente que ele estivesse nela investido *até* a data em que foi instalada a Assembleia Nacional Constituinte.

Para que fosse possível exercer a opção pela carreira, era preciso que o servidor estivesse, na data da instalação da Assembleia Nacional Constituinte, exercendo, *efetivamente*, a função correlata de defensor público. O fato de estar cedido ou exercendo outra atividade diversa lhe subtraiu tal direito. Em outras palavras, para que o servidor pudesse ser enquadrado como Defensor Público, deveria estar no *exercício* de tal função na data da instalação da Assembleia Nacional Constituinte, ou seja, em fevereiro de 1987.

Abstraída a hipótese de quem se encontrava em tal situação, o ingresso na carreira de defensor público submete-se à exigência do concurso público de provas e títulos. Aprovado no concurso, o candidato, uma vez nomeado e empossado, passa a ostentar a condição de defensor público, podendo ser promovido a outras classes dentro da carreira.

6. A unidade e a indivisibilidade da Defensoria Pública

A Defensoria Pública é regida pelos princípios institucionais da unidade e indivisibilidade. Significa que a Defensoria Pública, não obstante as divisões administrativas, é uma só; quando um Defensor Público atua ou se manifesta é a Defensoria Pública que está a agir. Independentemente de quem seja o Defensor Público, é a Defensoria Pública que age. Isso, porém, não elimina do Defensor Público sua independência funcional, cabendo-lhe tomar as decisões que considerar adequadas, a partir de seu convencimento e de sua formação técnica.

As normas previstas no art. 93 da Constituição Federal aplicam-se a toda e qualquer Defensoria Pública, seja ela da União, do Distrito Federal ou dos Estados.

Também se aplicam à Defensoria Pública as normas contidas no inciso II do art. 96 da Constituição, cabendo-lhe propor reestruturação na carreira e criação de cargos, desde que, neste último caso, a iniciativa legislativa seja do Chefe do Poder Executivo, em razão do disposto no art. 61, § 1º, da Constituição Federal.

7. A Defensoria Pública da União e do Distrito Federal

A Defensoria Pública abrange, dentre outras, a Defensoria Pública da União, que compreende (a) a Defensoria Pública-Geral da União, (b) a Subdefensoria Pública-Geral da União, (c) o Conselho Superior da Defensoria Pública da União, (d) a Corregedoria-Geral da Defensoria Pública da União, (e) as Defensorias Públicas da União nos Estados, no Distrito Federal e nos Territórios, (f) os Núcleos da Defensoria Pública da União e (g) os Defensores Públicos da União nos Estados, no Distrito Federal e nos Territórios.

A Defensoria Pública da União tem por chefe o Defensor Público-Geral, nomeado pelo Presidente da República, dentre integrantes da carreira maiores de trinta e cinco anos, após a aprovação de seu nome pela maioria absoluta dos membros do Senado Federal, para mandato de dois anos, permitida uma recondução, precedida de nova aprovação do Senado Federal.

Em suas faltas, impedimentos, licenças e férias, o Defensor Público-Geral será substituído pelo Subdefensor Público-Geral, nomeado pelo Presidente da República, dentre os integrantes da Categoria Especial da carreira, escolhidos pelo Conselho Superior, para mandato de dois anos. É possível, de acordo com as necessidades, haver mais de um Subdefensor Público-Geral.

A Defensoria Pública da União atua nos Estados e no Distrito Federal junto às Justiças Federal, do Trabalho, Eleitoral, Militar, bem como aos Tribunais Superiores e instâncias administrativas da União. Se, por exemplo, alguém demanda na Justiça do Trabalho, mas não dispõe de condições de contratar advogado particular, poderá ser representado por um Defensor Público da União. Tome-se, ainda, como exemplo um inquérito administrativo instaurado contra um servidor federal. Caso este não reúna condições para contratar um advogado particular, poderá contar com o apoio técnico da Defensoria Pública da União, que irá apresentar sua defesa e acompanhar os atos instrutórios, podendo, ainda, interpor recursos em seu favor.

À Defensoria Pública da União se confere o poder de firmar convênios com as Defensorias Públicas dos Estados e do Distrito Federal, para que estas, em seu nome, atuem junto aos órgãos de primeiro e segundo graus de jurisdição, no desempenho de suas funções. Trata-se de uma delegação de competência, que reforça a unidade e indivisibilidade da Defensoria Pública.

A prestação de assistência judiciária pelos órgãos próprios da Defensoria Pública da União realiza-se, preferencialmente, perante o Supremo Tribunal Federal e os Tribunais superiores.

Em cada Estado e no Distrito Federal, os órgãos de atuação da Defensoria Pública da União são dirigidos por Defensor Público-Chefe, designado pelo Defensor Público-Geral, dentre os integrantes da carreira.

Os Defensores Públicos da União desempenham as funções de orientação, postulação e defesa dos direitos e interesses dos necessitados, cabendo-lhes não somente a atuação em juízo, com o acompanhamento da causa e a interposição de recursos para qualquer grau de jurisdição, mas também promover a revisão criminal, quando cabível, bem como defender os acusados em processo disciplinar.

A Defensoria Pública da União é integrada pela carreira de Defensor Público da União, composta de três categorias de cargos efetivos: (a) Defensor Público da União de 2ª Categoria (classe inicial); (b) Defensor Público da União de 1ª Categoria (classe intermediária); e, (c) Defensor Público da União de Categoria Especial (classe final). Os de 2ª Categoria atuam junto aos Juízos Federais, do Trabalho, Eleitorais, aos Juízes Militares, ao Tribunal Marítimo e às instâncias administrativas. Por sua vez, os de 1ª Categoria atuam junto aos Tribunais Regionais Federais, aos Tribunais Regionais do Trabalho e aos Tribunais Regionais Eleitorais. Já os de Categoria Especial atuam junto ao Superior Tribunal de Justiça, ao Tribunal Superior do Trabalho, ao Tribunal Superior Eleitoral e ao Superior Tribunal Militar.

Ao Defensor Público-Geral compete atuar junto ao Supremo Tribunal Federal. Seguindo a mesma estrutura organizacional da Defensoria Pública da União, a Defensoria Pública do Distrito Federal e Territórios, que é mantida pela União, compreende (a) a Defensoria Pública-Geral do Distrito Federal e dos Territórios, (b) a Subdefensoria Pública-Geral do Distrito Federal e dos Territórios, (c) o Conselho Superior da Defensoria Pública do Distrito Federal e dos Territórios, (d) a Corregedoria-Geral da Defensoria Pública do Distrito Federal e dos Territórios, (e) as Defensorias Públicas do Distrito Federal e dos Territórios, (f) os Núcleos da Defensoria Pública do Distrito Federal e dos Territórios e (g) os Defensores Públicos do Distrito Federal e dos Territórios.

Os Defensores Públicos do Distrito Federal e dos Territórios desempenham as funções de orientação, postulação e defesa dos direitos e interesses dos necessitados, em todos os graus de jurisdição e instâncias administrativas, ressalvada a competência dos Defensores Públicos da União.

8. A autonomia funcional e administrativa das Defensorias Públicas

Com o advento da Emenda Constitucional n. 45/2004, ao art. 134 da CF foi acrescentado o § 2º, em razão do qual as Defensorias Públicas Estaduais passaram a ostentar autonomia funcional e administrativa. Significa que a Defensoria Pública estadual deve dispor de quadro funcional próprio, com administração própria, detendo, ademais, iniciativa para propositura de sua proposta orçamentária.

Tal disposição, que é de eficácia plena e aplicabilidade imediata, revogou todas as regras em contrário, sobretudo as que estabeleciam ser a Defensoria Pública Estadual vinculada a alguma Secretaria de Estado (STF, ADI 3.569/PE). Seguindo o voto do relator, Ministro Sepúlveda Pertence, a unanimidade do Plenário reconheceu a inconstitucionalidade do dispositivo impugnado. Restou, contudo, *ressalvada* a iniciativa legislativa para criação de cargos, que se manteve com o Poder Executivo estadual, nos termos do art. 61, § 1º, da CF, aplicada a simetria. Com efeito, o relator, em seu voto, seguido que foi pela unanimidade do Plenário, asseverou que "a EC 45/04 *não* conferiu à Defensoria Pública a iniciativa legislativa para criação de cargos, outorgada ao Ministério Público: neste ponto, segue a Defensoria Pública vinculada ao Poder Executivo estadual (Constituição, art. 61, § 1º)".

A Defensoria Pública estadual é, nos termos da Constituição Federal e do quanto decidido pelo STF, *desvinculada* de qualquer Secretaria de Estado, ostentando autonomia funcional e administrativa. Significa que a Defensoria Pública Estadual deve dispor de quadro funcional próprio, com administração própria, detendo, ademais, iniciativa para propositura de sua proposta orçamentária. A criação de cargos, contudo, depende de lei de iniciativa do Chefe do Poder Executivo estadual. É apenas neste ponto que a Defensoria Pública Estadual não tem autonomia, estando vinculada ao Governador do Estado.

A Defensoria Pública do Estado tem por chefe o Defensor Público-Geral, nomeado pelo Governador do Estado, dentre integrantes da carreira maiores de trinta e cinco anos, na forma disciplinada pela legislação estadual. Ao Subdefensor Público-Geral, nomeado pelo Governador, dentre os integrantes da carreira, na forma da legislação estadual, compete substituir o Defensor Público-Geral em suas faltas, licenças, férias e impedimentos. É possível, de acordo com as necessidades dos Estados, haver mais de um Subdefensor Público-Geral.

Seguindo a mesma estrutura organizacional da Defensoria Pública da União, a Defensoria Pública dos Estados compreende (a) a Defensoria Pública Geral do Estado, (b) a Subdefensoria Pública-Geral do Estado, (c) o Conselho Superior da Defensoria Pública do Estado, (d) a Corregedoria Geral da Defensoria Pública do Estado, (e) as Defensorias Públicas do Estado, (f) os Núcleos da Defensoria Pública do Estado e (g) os Defensores Públicos do Estado.

A Defensoria Pública do Estado, que poderá atuar por Núcleos, prestará assistência jurídica aos necessitados, em todos os graus de jurisdição e instâncias administrativas do Estado, cabendo-lhe interpor recursos aos Tribunais Superiores, quando cabíveis. Incumbe, enfim, aos defensores públicos do Estado, dentre outras atribuições estabelecidas pela lei estadual, o desempenho da função de orientação e defesa dos necessitados, no âmbito judicial, extrajudicial e administrativo do respectivo Estado.

A regra do § 2º do art. 134 aplica-se também à Defensoria Pública da União e à Defensoria Pública do Distrito Federal. De fato, em razão da Emenda Constitucional n. 74/2013, foi acrescido ao art. 134 um § 3º para que se aplique tudo quanto está dito no § 2º às Defensorias da União e do Distrito Federal. E nem poderia ser diferente, seja pela unidade da Defensoria Pública, seja em homenagem à igualdade entre as diversas Defensorias, pois, no caso, não há qualquer sentido em um tratamento dessemelhante.

9. Funções típicas e atípicas da Defensoria Pública

A Defensoria Pública tem a *função típica* de prestar assistência jurídica aos necessitados, representando-os em processos judiciais e administrativos.

Ao lado disso, tem a *função atípica* de promover, extrajudicialmente, a conciliação entre as partes em conflito de interesses. E a transação que for referendada pela Defensoria Pública constitui título executivo extrajudicial (CPC, art. 784, IV), podendo lastrear uma ação de execução. A Defensoria Pública tem, igualmente, a *função atípica* de atuar como *curador especial*, nos casos previstos em lei (art. 72, parágrafo único, CPC). Neste último caso, a Defensoria Pública atuará *independentemente* da condição de necessitado do assistido.

Outra hipótese de função *atípica* é a atribuição de legitimidade ao Defensor Público-Geral da União para pedir a edição, a revisão ou o cancelamento de enunciado de súmula vinculante (art. 3º, VI, Lei n. 11.417/2006).

À Defensoria Pública da União compete, como visto, atuar nos Tribunais Superiores. Assim, num procedimento de homologação de sentença estrangeira, que tramite no Superior Tribunal de Justiça, havendo necessidade de curador especial, tal função será exercida pela Defensoria Pública da União.

10. A inconstitucionalidade progressiva da legitimidade ativa do Ministério Público nas ações civis *ex delicto*; gradativa assunção da legitimidade pela Defensoria Pública

Praticado um crime, a vítima tem direito a uma indenização, podendo propor a correlata ação civil em face do autor do ilícito, conhecida como ação civil *ex delicto*. Nos termos do art. 68 do Código de Processo Penal, quando o titular do direito à reparação do dano for pobre, a ação civil será promovida, a seu requerimento, pelo Ministério Público. Eis uma modalidade de assistência judiciária exercida pelo *Parquet*.

Com o advento da atual Constituição Federal de 1988, é vedado ao Ministério Público o exercício da advocacia (art. 128, § 5º, II, *b*). Por sua vez, atribuiu-se à Defensoria Pública a função de prestar assistência jurídica e judiciária aos necessitados (art. 134).

Significa que o Ministério Público, a partir da atual Constituição Federal de 1988, perdeu a legitimidade que lhe era conferida pelo art. 68 do Código de Processo Penal, passando tal legitimidade a ser da Defensoria Pública.

Acontece, porém, que, em muitos Estados e, até mesmo no âmbito da União, a Defensoria Pública ainda não ostenta uma organização adequada. Há lugares onde ainda não existe Defensoria Pública efetivamente instalada. Nessas hipóteses, o Ministério Público ainda mantém legitimidade. Onde, diversamente, já há instalação e devida organização da Defensoria Pública, não há mais legitimidade do Ministério Público para o ajuizamento das ações civis *ex delicto*.

É o que o Supremo Tribunal Federal chama de *inconstitucionalidade progressiva*: à medida que forem sendo instaladas e organizadas as Defensorias Públicas, o Ministério Público vai perdendo sua legitimidade. Enquanto não instalada e organizada a Defensoria Pública, o Ministério Público mantém a legitimidade ativa para a ação civil *ex delicto*.

11. O exercício das funções de defensor público mesmo contra pessoas jurídicas de direito público

O Defensor Público, nos termos do § 2º do art. 4º da Lei Complementar n. 80/1994, exerce suas funções inclusive contra as pessoas jurídicas de direito público. Ao representar alguém desprovido de recursos, o Defensor Público pode intentar qualquer demanda judicial, ainda que o réu seja uma pessoa jurídica de direito público.

A circunstância de o defensor ser um servidor público não o impede de exercer suas funções em demanda intentada em face de entes públicos ou, até mesmo, da pessoa jurídica da qual faz parte. Um Defensor Público da União pode representar alguém numa demanda proposta em face da União, da mesma forma que um Defensor Público do Estado pode representar alguém em demanda intentada em face do respectivo Estado.

Nesses casos, não há limitação na atividade do Defensor Público. Apenas, porque ocorre confusão[8], não é possível, quando a parte vencedora estiver representada pela Defensoria Pública estadual, haver a condenação do Estado ao pagamento da verba advocatícia. De igual modo, estando a parte vencedora representada pela Defensoria Pública da União, não é possível haver a condenação da União ao pagamento da verba advocatícia.

Sendo a Defensoria Pública um órgão da respectiva pessoa jurídica de direito público, esta não deve ser condenada a pagar a si mesma, sendo impossível impor-lhe o pagamento das verbas de sucumbência.

Ainda que haja um fundo específico de sucumbência ou uma conta própria para gerir tais recursos ou, ainda, um fundo orçamentário com finalidade específica, não se afigura possível condenar a pessoa jurídica de direito público da qual faz parte a Defensoria Pública em honorários de sucumbência.

O Superior Tribunal de Justiça manteve seu entendimento, mesmo com o advento da Emenda Constitucional n. 45/2004, que inseriu um § 2º ao art. 134 da Constituição Federal, para conferir autonomia orçamentária à Defensoria Pública Estadual. A circunstância de a Defensoria Pública Estadual gozar de autonomia administrativa, funcional e orçamentária não lhe confere personalidade jurídica própria e distinta da do Estado, não sendo possível a condenação deste a pagar-lhe honorários de sucumbência, dada a confusão entre credor e devedor, eis que a Defensoria constitui simples órgão integrante da estrutura do Estado.

12. Legitimidade da Defensoria Pública para a propositura de ações coletivas[9]

A Defensoria Pública, pelo que já se pôde perceber dos comentários até aqui desenvolvidos, desempenha funções típicas e atípicas. *Função típica* é a que pressupõe hipossuficiência econômica, aqui há o necessitado econômico (*v.g.*, defesa em ação civil ou ação civil para investigação de paternidade para pessoas de

---

8. Código Civil, art. 381: "Extingue-se a obrigação, desde que na mesma pessoa se confundam as qualidades de credor e devedor".

9. O presente item é extraído, com adaptações e revisões, de DIDIER JR., Fredie; ZANETI JR., Hermes. *Curso de Direito Processual Civil*: processo coletivo. 11ª ed. Salvador: JusPodivm, 2017, v. 4, p. 212-220.

baixa renda). *Função atípica* não pressupõe hipossuficiência econômica, seu destinatário não é o necessitado econômico, mas sim o *necessitado jurídico*, *v.g.*, curador especial no processo civil (CPC, art. 72, parágrafo único) e defensor dativo no processo penal (CPP, art. 265).

Até a edição da Lei Federal n. 11.448/2007, o quadro geral, na doutrina e na jurisprudência, não era favorável ao ajuizamento de ações coletivas pela Defensoria Pública, excetuadas duas possibilidades.

Alguns autores entendiam que a Defensoria Pública poderia promover ação coletiva, independentemente de legislação que expressamente assim determinasse. Isto ocorreria em dois casos. Por exemplo, quando a associação de moradores procurasse a Defensoria Pública para o ajuizamento de uma ação com a finalidade de coibir um dano ambiental, o art. 5º da Lei Federal n. 7.347/1985 autoriza a impetração pela associação. Nessa situação, o Defensor Público atuaria apenas como *representante judicial*, quer dizer, a parte autora seria a associação, legalmente constituída há mais de um ano, que por ser hipossuficiente economicamente, daria ensejo à representação pela Defensoria. A petição inicial terá a associação de moradores como representada em juízo pelo Defensor Público subscritor da peça. Essa hipótese já é bastante conhecida.

Existia, contudo, uma outra possibilidade de ajuizamento de ações coletivas, dependendo da *previsão expressa de um órgão da defensoria pública* para atuar na tutela dos direitos difusos, coletivos e individuais homogêneos. Decorre esta possibilidade do art. 82, III, da Lei Federal n. 8.078/1990 (Código de Proteção e Defesa do Consumidor – CDC), que prevê a legitimação de órgãos de defesa do consumidor, mesmo que despersonalizados, para a defesa dos direitos e interesses de que trata o Código. O autor desta ação seria um órgão da Defensoria Pública. O Núcleo de Defesa do Consumidor da Defensoria Pública do Estado do RJ foi o precursor destas ações, explicitando na petição inicial que o Núcleo da Defensoria Pública de Defesa do Consumidor move a ação civil coletiva com base no art. 82, III, do CDC. Importante referir que esta premissa se insere no conjunto dos microssistemas da tutela coletiva, podendo ser estendida para todas as demais possibilidades de ajuizamento de ações civis públicas (art. 21 da ACP c/c art. 90 do CDC), portanto, para além do direito do consumidor.

A nova redação do art. 5º da Lei de Ação Civil Pública – LACP (Lei Federal n. 7.347/1985), determinada pela citada Lei Federal n. 11.448/2007, prevê expressamente a *Defensoria Pública* (art. 5º, II, LACP) entre os legitimados para a propositura da ação civil pública. Atende, assim: *a)* a evolução da matéria, democratizando a legitimação, conforme posicionamento aqui defendido; *b)* a tendência jurisprudencial que se anunciava. Além disso, a redação do dispositivo ficou mais clara. É norma louvável, que, além de prestigiar essa importantíssima instituição, estimula a tutela de direitos coletivos, imprescindível para o correto equacionamento da crise que assola do Poder Judiciário.

O legislador, contudo, perdeu a oportunidade de introduzir um mais amplo controle judicial da legitimação adequada, inclusive permitindo a legitimação do indivíduo, nos termos do que vem sendo pugnado pelos Projetos de Código Processual Coletivo. E essa crítica se justifica ainda mais, quando se vê na jurisprudência decisões que interpretam equivocadamente esse novo dispositivo.

Seguem alguns exemplos.

Para que a Defensoria seja considerada como "legitimada adequada" para conduzir o processo coletivo, é preciso que seja demonstrado o nexo entre a demanda coletiva e o interesse de uma coletividade composta por pessoas "necessitadas", conforme locução tradicional. Assim, por exemplo, não poderia a Defensoria Pública promover ação coletiva para a tutela de direitos de um grupo de consumidores de PlayStation III ou de Mercedes Benz. Não é necessário, porém, que a coletividade seja composta *exclusivamente* por pessoas necessitadas. Fosse assim, praticamente estaria excluída a legitimação da Defensoria para a tutela de direitos difusos, que pertencem a uma coletividade de pessoas indeterminadas. Ainda neste sentido, não seria possível a promoção de ação coletiva pela Defensoria quando o interesse protegido fosse comum a todas as pessoas, carentes ou não.

Constatada a legitimação da Defensoria, de acordo com o critério aqui defendido, a decisão poderá beneficiar a todos, indistintamente, necessitados ou não. Qualquer indivíduo poderá valer-se da sentença coletiva para promover a sua liquidação e execução individual. Não se pode confundir o critério para a aferição da capacidade de conduzir o processo coletivo, com a eficácia subjetiva da coisa julgada coletiva. A tutela coletiva é sempre indivisível: tutela-se o direito da coletividade, beneficiando-se, por consequência, *todos* os seus membros. Não se pode confundir a legitimação extraordinária para a tutela de direitos coletivos (pertencente sempre a uma coletividade) com a legitimação extraordinária para a tutela de direitos individuais. Não foi atribuída à Defensoria Pública a legitimação extraordinária para pedir a tutela de direitos individuais. O alerta é importantíssimo, tendo em vista o *obiter dictum* constante do voto-vista do Min. Teori Zavascki, no REsp n. 912.849/RS, no qual ficou consignado que a decisão coletiva, nestes casos, somente pode beneficiar as que comprovarem ser necessitadas, demonstração essa que ocorrerá na fase de liquidação e execução. Não parece adequada tal orientação, por partir do pressuposto de que o direito coletivo objeto da ação proposta pela Defensoria Pública somente beneficia pessoas necessitadas, o que, como visto, não ocorre. É claro que somente remanesce legitimação coletiva para a Defensoria Pública promover a execução individual da sentença genérica (direitos individuais homogêneos, CDC, art. 98), se as vítimas já identificadas forem pessoas necessitadas. Mas qualquer vítima, necessitada ou não, poderá promover *individualmente* a liquidação e execução da sentença coletiva (CDC, art. 97). A interpretação sugerida apequena o sistema de tutela dos direitos coletivos, além de ofender claramente o princípio da igualdade.

Finalmente, não há qualquer sentido na alegação da CONAMP, deduzida na petição inicial da Ação Direta de Inconstitucionalidade n. 3.943, intentada no STF, de que a Lei Federal n. 11.448/2007 seria inconstitucional. A legitimação para a tutela coletiva é conferida para a proteção dos interesses da coletividade, e não para dar mais prestígio a essa ou aquela instituição. A ampliação dos legitimados à tutela coletiva é uma tendência no direito brasileiro, que se iniciou em 1985, com a permissão de que associações pudessem promover ações coletivas, e terminará com a aprovação do projeto de codificação da legislação coletiva, que prevê a legitimação do cidadão. Por outro lado, a tese clássica de Mauro Cappelletti é no sentido da *legitimação plúrima* como forma mais coerente de fortalecer a efetividade dos "novos direitos" pela jurisprudência. Esta tese foi aprovada e referendada pelo constituinte, no § 1º do art. 129, que trata das funções institucionais do Ministério Público, dispondo expressamente: "a legitimação do Ministério Público para as ações civis previstas neste artigo não impede a de terceiros, nas mesmas hipóteses, segundo o disposto nesta Constituição e na lei". Incide, no caso, o princípio da *proibição de retrocesso* toda vez que a lei legitime mais de um representante adequado para o ajuizamento da ação coletiva. Esta é a vontade da Constituição, esta é a sua direção. Inconstitucional, ao contrário, é a interpretação que restringe a legitimação conferida de maneira adequada. Vale aqui, para finalizar, o brocardo latino que determina ser na teoria dos direitos fundamentais *odiosa restringenda, favorabilia amplianda*.

É triste e lamentável, para dizer o mínimo, ler, na petição inicial da ADI n. 3.943, que a legitimação dada à Defensoria Pública "afeta diretamente" as atribuições do Ministério Público. O Supremo Tribunal Federal deveria ser provocado para resolver outros tipos de questão. O curioso é que não consta que a mesma CONAMP tenha alegado a não recepção pela Constituição dos velhos dispositivos da Lei de Ação Civil Pública, que conferem a órgãos despersonalizados e a associações privadas; não estariam eles "afetando diretamente" as atribuições do Ministério Público?

Tudo indica que essa discussão deve ser encerrada, pois o art. 134, ora comentado, passou a prever, a partir da EC 80/2014, que à Defensoria Pública cabe a defesa de direitos individuais e coletivos. A matéria, que estava prevista em norma infraconstitucional, passou a receber tratamento constitucional.

Há ainda três considerações a serem feitas.

É possível o litisconsórcio facultativo entre Defensorias Públicas colegitimadas à propositura da mesma ação coletiva.

A Defensoria Pública pode celebrar compromisso de ajustamento de conduta, já que é um "órgão público" (art. 5º, § 6º, Lei Federal n. 7.347/1985).

Não tem a Defensoria Pública legitimidade para a instauração do *inquérito civil público*, procedimento investigatório exclusivo do Ministério Público.

13. Jurisprudência selecionada

Art. 22 do ADCT. Opção pela carreira de defensor público. "RECURSO EXTRAORDINÁRIO. DEFENSORES PÚBLICOS. INTERPRETAÇÃO DO ARTIGO 22 DO ADCT. Servidor investido na função de defensor público até a data em que foi instalada a Assembleia Nacional Constituinte tem direito à opção pela carreira, independentemente da forma da investidura originária. Interpretação do artigo 22 do ADCT. Recurso Extraordinário não conhecido" (Acórdão do Pleno do STF, RE 161.712/RS, rel. Min. Paulo Brossard, j. 1º/12/1994, *DJ* de 19/12/1994, p. 35185, ement., v. 1772-04, p. 752).

Art. 134, § 2º, CF/88. Norma de eficácia plena e imediata. "EMENTA: I. Ação direta de inconstitucionalidade: art. 2º, inciso IV, alínea *c*, da L. est. 12.755, de 22 de março de 2005, do Estado de Pernambuco, que estabelece a vinculação da Defensoria Pública estadual à Secretaria de Justiça e Direitos Humanos: violação do art. 134, § 2º, da Constituição Federal, com a redação da EC 45/04: inconstitucionalidade declarada. 1. A EC 45/04 outorgou expressamente autonomia funcional e administrativa às defensorias públicas estaduais, além da iniciativa para a propositura de seus orçamentos (art. 134, § 2º): donde, ser inconstitucional a norma local que estabelece a vinculação da Defensoria Pública a Secretaria de Estado. 2. A norma de autonomia inscrita no art. 134, § 2º, da Constituição Federal pela EC 45/04 é de eficácia plena e aplicabilidade imediata, dado ser a Defensoria Pública um instrumento de efetivação dos direitos humanos. II. Defensoria Pública: vinculação à Secretaria de Justiça, por força da LC est (PE) 20/98: revogação, dada a incompatibilidade com o novo texto constitucional. 1. É da jurisprudência do Supremo Tribunal – malgrado o dissenso do Relator – que a antinomia entre norma ordinária anterior e a Constituição superveniente se resolve em mera revogação da primeira, a cuja declaração não se presta a ação direta. 2. O mesmo raciocínio é aplicado quando, por força de emenda à Constituição, a lei ordinária ou complementar anterior se torna incompatível com o texto constitucional modificado: precedentes" (Acórdão unânime do Pleno do STF, ADI 3.569/PE, rel. Min. Sepúlveda Pertence, j. 2.4.2007, publicado no *DJ* de 11.5.2007, p. 47).

Defensoria Pública da União. Função atípica de curatela especial. "PROCESSUAL CIVIL. HOMOLOGAÇÃO DE SENTENÇA ALIENÍGENA. DIVÓRCIO. CURADOR ESPECIAL. HONORÁRIOS. 1. A sentença de divórcio, cumpridos os requisitos legais, revela-se apta à homologação. 2. O curador especial que atua no processo de homologação de sentença estrangeira somente faz jus aos honorários acaso sucumbente o autor via oposição oferecido pelo exercente de múnus público. 3. A criação da Defensoria Pública da União (Lei 9.020/95, alterada pela Lei 10.212/01) faz incidir nos seus integrantes a função de curador especial. 4. Divórcio homologado. Despesas *ex lege*" (Acórdão não unânime da Corte Especial do STJ, SEC 820/EX, rel. Min. Laurita Vaz, rel. p/ acórdão Min. Luiz Fux, j. em 6/12/2006, publicado no *DJ* de 28.2.2008, p. 68).

Inconstitucionalidade do art. 225, § 1º, CP, que atribui ao Ministério Público legitimidade para agir em favor de interesse de pessoas carentes. No sentido do que foi dito no texto desses comentários, interessante examinar a decisão da 1ª T. do STF, que, acolhendo proposta do Min. Menezes Direito, remeteu ao Plenário julgamento de *habeas corpus* em que condenados em regime integralmente fechado pela prática de estupro (CP, art. 213, c/c os artigos 29 e 71) alegam: a) ilegitimidade ativa do Ministério Público, dado que a pretensa vítima não ostentaria a condição de pobre, motivo pelo qual a ação deveria ser de iniciativa privada; b) inconstitucionalidade do art. 225, § 1º, I, do CP, visto que a legitimidade para agir em nome de vítimas pobres seria da Defensoria Pública; c) cerceamento de defesa em face do indeferimento de diligências requeridas na fase do art. 499 do CPP; d) inobservância, pelo STJ, do princípio do *in dubio pro reo*, porquanto determinado o cumprimento da pena não transitada em julgado; e) inocorrência do estado de flagrância; e f) ofensa ao princípio da isonomia, pois outros acusados obtiveram os benefícios processuais nesta Corte requeridos (HC n. 92.932/SP, rel. Min. Ricardo Lewandowski, j. em 13.5.2008, publicado no *Informativo do STF* n. 506).

Inconstitucionalidade progressiva do art. 68 do CPP. "LEGITIMIDADE – AÇÃO 'EX DELICTO' – MINISTÉRIO PÚBLICO – DEFENSORIA PÚBLICA – ARTIGO 68 DO CÓDIGO DE PROCESSO PENAL – CARTA DA REPÚBLI-

CA DE 1988. A teor do disposto no artigo 134 da Constituição Federal, cabe à Defensoria Pública, instituição essencial à função jurisdicional do Estado, a orientação e a defesa, em todos os graus, dos necessitados, na forma do artigo 5º, LXXIV, da Carta, estando restrita a atuação do Ministério Público, no campo dos interesses sociais e individuais, àqueles indisponíveis (parte final do artigo 127 da Constituição Federal). INCONSTITUCIONALIDADE PROGRESSIVA – VIABILIZAÇÃO DO EXERCÍCIO DE DIREITO ASSEGURADO CONSTITUCIONALMENTE – ASSISTÊNCIA JURÍDICA E JUDICIÁRIA DOS NECESSITADOS – SUBSISTÊNCIA TEMPORÁRIA DA LEGITIMAÇÃO DO MINISTÉRIO PÚBLICO. Ao Estado, no que assegurado constitucionalmente certo direito, cumpre viabilizar o respectivo exercício. Enquanto não criada por lei, organizada – e, portanto, preenchidos os cargos próprios, na unidade da Federação – a Defensoria Pública, permanece em vigor o artigo 68 do Código de Processo Penal, estando o Ministério Público legitimado para a ação de ressarcimento nele prevista. Irrelevância de a assistência vir sendo prestada por órgão da Procuradoria Geral do Estado, em face de não lhe competir, constitucionalmente, a defesa daqueles que não possam demandar, contratando diretamente profissional da advocacia, sem prejuízo do próprio sustento" (Acórdão unânime do Pleno do STF, RE n. 135.328/SP, rel. Min. Marco Aurélio, j. em 29.6.1994, publicado no *DJ* de 20.4.2001, p. 137).

Inconstitucionalidade progressiva do art. 68 do CPP. "EMENTA: Ministério Público. Legitimação prevista no art. 68 do Código de Processo Penal. Estado de São Paulo. – Esta Primeira Turma, em 19.05.98, ao julgar o RE 147.776, em caso análogo ao presente, em que o recorrente era também o Estado de São Paulo, assim decidiu: 'No contexto da Constituição de 1988, a atribuição anteriormente dada ao Ministério Público pelo art. 68 C. Pr. Penal – constituindo modalidade de assistência judiciária – deve reputar-se transferida para a Defensoria Pública: essa, porém, para esse fim, só se pode considerar existente, onde e quando organizada, de direito e de fato, nos moldes do art. 134 da própria Constituição e da lei complementar por ela ordenada: até que – na União ou em cada Estado considerado –, se implemente essa condição de viabilização da cogitada transferência constitucional de atribuições, o art. 68 C. Pr. Pen. será considerado ainda vigente: é o caso do Estado de São Paulo, como decidiu o plenário no RE 135.328'. – Ora, no Estado de São Paulo, como é notório, persiste a mesma situação levada em conta, tanto no RE 135.328 quanto no RE 147.776. Recurso extraordinário não conhecido" (Acórdão unânime da 1ª Turma do STF, RE n. 213.514/SP, rel. Min. Moreira Alves, j. em 13.3.2001, publicado no *DJ* de 4.5.2001, p. 36).

Honorários advocatícios de sucumbência. Causa patrocinada pela Defensoria Pública contra a Fazenda Pública. "A Defensoria Pública é órgão do Estado, por isso que não pode recolher honorários sucumbenciais decorrentes de condenação contra a fazenda em causa patrocinada por Defensor Público. Confusão" (Acórdão unânime da 1ª Turma do STJ, AgRg no REsp n. 784.205/RJ, rel. Min. Luiz Fux, j. em 1º.6.2006, publicado em *DJ* 19.6.2006, p. 117.) "O Estado não paga honorários advocatícios nas demandas em que a parte contrária for representada pela Defensoria Pública" (Acórdão unânime da 2ª Turma do STJ, REsp 577.834/RS, rel. Min. João Otávio de Noronha, j. em 21.9.2006, publicado no *DJ* de 30.10.2006, p. 265). Assim, também, Acórdão unânime da 1ª Turma do STJ, REsp n. 809.404/RJ, rel. Min. José Delgado, j. em 23.5.2006, publicado no *DJ* de 1º.8.2006, p. 384).

Art. 135. Os servidores integrantes das carreiras disciplinadas nas Seções II e III deste Capítulo serão remunerados na forma do art. 39, § 4º.

Fredie Didier Jr.
Leonardo Carneiro da Cunha

Aos advogados públicos e aos Defensores Públicos aplica-se, por força do disposto no art. 135, a norma inscrita no § 4º do art. 39 da Constituição Federal, segundo a qual "O membro de Poder, o detentor de mandato eletivo, os Ministros de Estado e os Secretários Estaduais e Municipais serão remunerados exclusivamente por subsídio fixado em parcela única, vedado o acréscimo de qualquer gratificação, adicional, abono, prêmio, verba de representação ou outra espécie remuneratória, obedecido, em qualquer caso, o disposto no art. 37, X e XI".

A redação atual do art. 135 foi determinada pela Emenda Constitucional n. 19/1998, resultando do reconhecimento, pelo Poder Constituinte Derivado, da importância de tais categorias como agentes políticos e integrantes das chamadas "carreiras jurídicas", que foram, assim, erigidas às chamadas carreiras típicas de Estado.

Os advogados e defensores públicos devem ser, então, remunerados por subsídio, que consiste em parcela única, sem qualquer acréscimo de vantagens, gratificações, adicionais, abonos ou quejandos. A remuneração deixa de ter parcelas variáveis, excluindo adicionais, gratificações e outras verbas que integram, tradicionalmente, a remuneração mantida no serviço público.

Com isso, a remuneração ostenta maior transparência, evitando os chamados "penduricalhos", que acarretam o conhecido "efeito cascata", de sorte que, majorado o vencimento base, os percentuais que sobre ele incidiriam seriam igualmente aumentados, resultando num acréscimo maior ou, até mesmo, dando ensejo a discussões judiciais em torno do valor correto da remuneração do servidor ou agente público.

Cabe à lei fixar a remuneração dos cargos de Advogado da União, de Procurador da Fazenda Nacional, de Procurador do Estado e de Defensor Público, observado o disposto no art. 135 da Constituição Federal.

Além da remuneração por subsídio, os advogados públicos percebem honorários de sucumbência. O valor dos honorários é pago pela parte adversária, que deu causa ao processo ou que veio a ser derrotada na disputa judicial. Não se trata de valor integrante da remuneração pelos cofres públicos. Os honorários de sucumbência constituem direito autônomo dos advogados. Tal direito também pertence ao advogado público. O § 19 do art. 85 do Código de Processo Civil dispõe que "Os advogados públicos perceberão honorários de sucumbência, na forma da lei".

Para que os advogados públicos percebam honorários de sucumbência, é preciso que haja uma lei regulamentando a divisão, os valores, os detalhes do recebimento por cada um deles no âmbito da respectiva procuradoria. A simples previsão do § 19 do art. 85 do CPC não é suficiente para que os advogados públicos percebam os honorários. É necessária a edição de lei própria regulamentando sua percepção pelos advogados públicos. A lei a ser editada não pode, todavia, suprimir esse direito nem subtrair sua titularidade. Nesse sentido, o enunciado 384 do Fórum Permanente de Processualistas Civis: "A lei regulamentadora não poderá suprimir a titularidade e o direito à percepção dos honorários de sucumbência dos advogados públicos".

Cada Estado e cada Município deve editar sua correspondente lei. No âmbito federal, a Lei n. 13.327, de 2016, regulamentou o direito dos advogados públicos aos honorários de sucumbência.

TÍTULO V
DA DEFESA DO ESTADO E DAS INSTITUIÇÕES DEMOCRÁTICAS

CAPÍTULO I
DO ESTADO DE DEFESA E DO ESTADO DE SÍTIO

SEÇÃO I
DO ESTADO DE DEFESA

Art. 136. O Presidente da República pode, ouvidos o Conselho da República e o Conselho de Defesa Nacional, decretar estado de defesa para preservar ou prontamente restabelecer, em locais restritos e determinados, a ordem pública ou a paz social ameaçadas por grave e iminente instabilidade institucional ou atingidas por calamidades de grandes proporções na natureza.

§ 1º O decreto que instituir o estado de defesa determinará o tempo de sua duração, especificará as áreas a serem abrangidas e indicará, nos termos e limites da lei, as medidas coercitivas a vigorarem, dentre as seguintes:

I – restrições aos direitos de:

a) reunião, ainda que exercida no seio das associações;

b) sigilo de correspondência;

c) sigilo de comunicação telegráfica e telefônica;

II – ocupação e uso temporário de bens e serviços públicos, na hipótese de calamidade pública, respondendo a União pelos danos e custos decorrentes.

§ 2º O tempo de duração do estado de defesa não será superior a trinta dias, podendo ser prorrogado uma vez, por igual período, se persistirem as razões que justificaram a sua decretação.

§ 3º Na vigência do estado de defesa:

I – a prisão por crime contra o Estado, determinada pelo executor da medida, será por este comunicada imediatamente ao juiz competente, que a relaxará, se não for legal, facultado ao preso requerer exame de corpo de delito à autoridade policial;

II – a comunicação será acompanhada de declaração, pela autoridade, do estado físico e mental do detido no momento de sua autuação;

III – a prisão ou detenção de qualquer pessoa não poderá ser superior a dez dias, salvo quando autorizada pelo Poder Judiciário;

IV – é vedada a incomunicabilidade do preso.

§ 4º Decretado o estado de defesa ou sua prorrogação, o Presidente da República, dentro de vinte e quatro horas, submeterá o ato com a respectiva justificação ao Congresso Nacional, que decidirá por maioria absoluta.

§ 5º Se o Congresso Nacional estiver em recesso, será convocado, extraordinariamente, no prazo de cinco dias.

§ 6º O Congresso Nacional apreciará o decreto dentro de dez dias contados de seu recebimento, devendo continuar funcionando enquanto vigorar o estado de defesa.

§ 7º Rejeitado o decreto, cessa imediatamente o estado de defesa.

SEÇÃO II
DO ESTADO DE SÍTIO

Art. 137. O Presidente da República pode, ouvidos o Conselho da República e o Conselho de Defesa Nacional, solicitar ao Congresso Nacional autorização para decretar o estado de sítio nos casos de:

I – comoção grave de repercussão nacional ou ocorrência de fatos que comprovem a ineficácia de medida tomada durante o estado de defesa;

II – declaração de estado de guerra ou resposta a agressão armada estrangeira.

Parágrafo único. O Presidente da República, ao solicitar autorização para decretar o estado de sítio ou sua prorrogação, relatará os motivos determinantes do pedido, devendo o Congresso Nacional decidir por maioria absoluta.

Art. 138. O decreto do estado de sítio indicará sua duração, as normas necessárias a sua execução e as garantias constitucionais que ficarão suspensas, e, depois de publicado, o Presidente da República designará o executor das medidas específicas e as áreas abrangidas.

§ 1º O estado de sítio, no caso do art. 137, I, não poderá ser decretado por mais de trinta dias, nem prorrogado, de cada vez, por prazo superior; no do inciso II, poderá ser decretado por todo o tempo que perdurar a guerra ou a agressão armada estrangeira.

§ 2º Solicitada autorização para decretar o estado de sítio durante o recesso parlamentar, o Presidente do Senado Federal, de imediato, convocará extraordinariamente o Congresso Nacional para se reunir dentro de cinco dias, a fim de apreciar o ato.

§ 3º O Congresso Nacional permanecerá em funcionamento até o término das medidas coercitivas.

Art. 139. Na vigência do estado de sítio decretado com fundamento no art. 137, I, só poderão ser tomadas contra as pessoas as seguintes medidas:

I – obrigação de permanência em localidade determinada;

II – detenção em edifício não destinado a acusados ou condenados por crimes comuns;

III – restrições relativas à inviolabilidade da correspondência, ao sigilo das comunicações, à prestação de informações e à liberdade de imprensa, radiodifusão e televisão, na forma da lei;

IV – suspensão da liberdade de reunião;

V – busca e apreensão em domicílio;

VI – intervenção nas empresas de serviços públicos;

VII – requisição de bens.

Parágrafo único. Não se inclui nas restrições do inciso III a difusão de pronunciamentos de parlamentares efetuados em suas Casas Legislativas, desde que liberada pela respectiva Mesa.

SEÇÃO III
DISPOSIÇÕES GERAIS

Art. 140. A Mesa do Congresso Nacional, ouvidos os líderes partidários, designará Comissão composta de cinco de seus membros para acompanhar e fiscalizar a execução das medidas referentes ao estado de defesa e ao estado de sítio.

Art. 141. Cessado o estado de defesa ou o estado de sítio, cessarão também seus efeitos, sem prejuízo da responsabilidade pelos ilícitos cometidos por seus executores ou agentes.

Parágrafo único. Logo que cesse o estado de defesa ou o estado de sítio, as medidas aplicadas em sua vigência serão relatadas pelo Presidente da República, em mensagem ao Congresso Nacional, com especificação e justificação das providências adotadas, com relação nominal dos atingidos, e indicação das restrições aplicadas.

Walter Claudius Rothenburg

"... uma ordem legal efetiva é uma precondição essencial para uma vida civilizada" (Bruce Ackerman, *Before the next attack*, p. 51).

1. Introdução

O estado de defesa e o estado de sítio são regimes jurídicos para situações de crise grave (decorrentes de guerra, golpe de estado, calamidades...) que afetam o Estado e as instituições democráticas. Ao prever uma disciplina jurídica para tais momentos excepcionais, a Constituição institui mecanismos de autopreservação, a fim de evitar, seja a falta de regulação jurídica (que abriria espaço para a utilização arbitrária do poder público ou mesmo da força bruta, sem limites jurídicos predefinidos), seja o afastamento (suspensão) indiscriminado e episódico da Constituição ou de importantes normas suas, seja a quebra (abandono, ruptura) definitiva da Constituição. Assim, um tratamento diferenciado previsto pela própria Constituição para situações excepcionais é, em certa medida, uma resposta jurídico-institucional para evitar a exceção à própria Constituição. Dito de outra maneira: quando a Constituição consegue atravessar situações de crise grave sem ser abandonada – e para isso prevê ela mesma medidas extremas de "salvação pública" –, essa é a prova de sua estabilidade: ela consegue, tem força normativa suficiente para regular não apenas a normalidade, mas também as exceções.

As expressões utilizadas para a disciplina normativa das situações de crise grave revelam muito de seu sentido: "estado (ou direito) de necessidade constitucional", "sistema constitucional de crises", "direito de crise", "legalidade constitucional extraordinária (ou excepcional)", "estado de exceção", "estado de salvaguarda", "Estado de Direito Democrático excepcional", "sistemas (ou situação) de emergência", "Constituição de emergência", "direito de síncope" (!)...

A preocupação autocentrada da Constituição com sua estabilidade tem base na experiência: crises graves serviram e servem de pretexto para o rompimento da ordem constitucional, o abandono da Constituição, a instalação da ditadura e do arbítrio. É preciso, contudo, saber reconhecer quando uma ordem constitucional legítima está em perigo e requer a decretação de medidas drásticas de salvação, diferentemente de quando uma ordem constitucional não é – ou não é mais – legítima e requer-se a manifestação autêntica do poder constituinte para o estabelecimento de uma nova Constituição. Nesta hipótese, que também é de quebra (abandono) definitiva da ordem constitucional vigente, a utilização espúria de medidas como o estado de defesa ou de sítio representa um obstáculo reacionário indevido à manifestação legítima do poder constituinte. Em menor escala, o recurso a estados de exceção não deve servir de pretexto para ameaçar ou tolher o direito de crítica e de oposição, imprescindível a uma democracia, em que as divergências devem ser livres e protegidas. Feita a advertência, supõe-se que a disciplina constitucional das situações de crise grave garanta a vigência de uma ordem constitucional legítima.

O poder de decretar o estado de exceção é dos mais fortes, a ponto de se ter afirmado que soberano é "aquele que decide sobre o estado de exceção" (Carl Schmitt)[1].

Se os estados de defesa e de sítio estão vocacionados a proteger a Constituição de modo geral, têm eles o objetivo de defender diretamente o Estado e as instituições democráticas, como diz o Título V da Constituição. Daí aludir-se ao Estado como titular de um direito de existência, de autopreservação, de soberania. Contudo, não se deve confundir a defesa do Estado (preocupação permanente objetivada pela disciplina das situações constitucionais de crise) com a defesa de determinado Governo (preocupação política conjuntural, a ser adequadamente resolvida com o funcionamento normal das instituições), embora seja essa uma distinção muito relativa; não se sustenta constitucionalmente o emprego do estado de defesa ou de sítio com base numa

---

1. Giorgio Agamben, *Estado de exceção*, p. 11.

espúria "doutrina de segurança nacional", cara a regimes de força (especialmente de matriz militar). Contudo, todas as pessoas são titulares do direito de preservação da Constituição, do Estado e das instituições democráticas.

Somente a agressão (potencial ou efetiva) à ordem constitucional, e de modo grave, ou seja, com fortíssima intensidade, é que autoriza a decretação dos estados de defesa ou de sítio. Violações pontuais e de gravidade relativa devem encontrar resposta adequada nos mecanismos ordinários de proteção da Constituição, do Estado e das instituições democráticas (controle de constitucionalidade, intervenção, emprego das forças armadas ou dos órgãos de segurança pública etc.). Há uma nota de subsidiariedade: os estados de exceção somente podem ser sacados quando os meios coercitivos normais não derem conta da situação.

O avanço do Direito Internacional faz com que a regulação jurídica das situações de crise grave ultrapasse as fronteiras dos Estados e de suas Constituições, e tenha em perspectiva a salvaguarda da ordem jurídica internacional. Nesse sentido, o Pacto Internacional de Direitos Civis e Políticos (ONU, 1966), que permite aos Estados-partes adotar medidas que suspendam as obrigações decorrentes do Pacto, se oficialmente proclamadas e na estrita medida em que o exigir uma situação excepcional que ameace a existência da nação, desde que tais medidas não sejam incompatíveis com as demais obrigações que sejam impostas aos Estados pelo Direito Internacional e não acarretem discriminação alguma apenas por motivo de raça, cor, sexo, língua, religião ou origem social" (art. 4º, 1)[2].

A franca previsão de estados de exceção nas Constituições parece revelar o acerto de se procurar disciplinar as situações de crise grave por meio de um regime jurídico peculiar. Todavia, nem sempre ocorre a instauração oficial. É legítimo, assim, lançar a reflexão sobre se uma Constituição efetiva não consegue, com a disciplina normal de organização e funcionamento do Estado e das instituições democráticas (o exercício das competências usuais em matéria de segurança pública), enfrentar situações de crise grave, sem necessidade de medidas de exceção. Essa tese era defendida por Benjamin Constant e inspirou, por exemplo, a Constituição da Bélgica, de 1831, que, de modo expresso, proibia sua suspensão em qualquer circunstância[3].

Eis a definição normativa dada pelo texto da Constituição brasileira de 1988 ao estado de defesa: "para preservar ou prontamente restabelecer, em locais restritos e determinados, a ordem pública ou a paz social ameaçadas por grave e iminente instabilidade institucional ou atingidas por calamidades de grandes proporções na natureza" (art. 136, *caput*).

O estado de sítio cabe, nos termos do art. 137, I e II, nos casos de "comoção grave de repercussão nacional ou ocorrência de fatos que comprovem a ineficácia de medida tomada durante o estado de defesa" (*estado de sítio simples*), bem como nos de "declaração de estado de guerra ou resposta a agressão armada estrangeira" (*estado de sítio qualificado*). As hipóteses previstas no art. 137, I, são de "sítio fictício" ou "sítio atenuado", pois não há, de fato, "sítio" (no sentido de efeito de cerco, de assédio), mas sim situação de crise grave equiparada.

Nenhuma diferença essencial entre os estados de defesa e de sítio, visto que se trata de espécies de um mesmo gênero, que diferem, basicamente, quanto à intensidade da crise, pelo que as medidas adotadas no estado de sítio podem ser mais amplas e severas: diz-se do estado de defesa que seria um "estado de sítio mitigado".

Não há, necessariamente, subsidiariedade do estado de sítio em relação ao de defesa, ou seja, cada qual atende a seus próprios pressupostos e podem, inclusive, ser decretados simultaneamente (hipótese pouco provável – por exemplo, uma calamidade enorme provocada por chuvas torrenciais, que enseja a decretação de estado de defesa, ao mesmo tempo de uma agressão armada estrangeira, que enseja a decretação de estado de sítio), embora o estado de sítio tenda a absorver o de defesa. A independência entre eles é excetuada em relação ao estado de sítio decretado justamente com base na "ocorrência de fatos que comprovem a ineficácia de medida tomada durante o estado de defesa" (art. 137, I): ele pressupõe a decretação anterior de estado de defesa e, pelo menos quanto à causa específica, substitui-o, caso a situação que gerou o estado de defesa não debelado persista. É possível, portanto, decretar estado de sítio diretamente, sem prévia decretação de estado de defesa, pois há hipóteses que são exclusivas do estado de sítio (como a guerra). Também é possível convolar o estado de sítio em estado de defesa, quando se verificar que a situação específica é de menor gravidade e extensão.

Mesmo a localização da causa (interior ou exterior) talvez já não seja critério seguro para distinguir o estado de defesa do de sítio: dizia-se que o estado de defesa destinava-se a proteger o Estado de crise interna, enquanto o estado de sítio destinava-se tanto a proteger o Estado de crise interna não debelada pelo estado de defesa, quanto de crise externa. Todavia, se é certo que o estado de sítio esteja previsto para os conflitos bélicos internacionais, também pode ser utilizado para debelar desordens internas, como visto, e o estado de defesa pode prevenir ou combater instabilidades institucionais decorrentes de fatores internos ou externos (por exemplo, vicissitudes do mercado internacional), bem como calamidades naturais ocorridas no Brasil ou no exterior.

Quanto ao momento, os estados de defesa e de sítio podem ser classificados em preventivos (quando pretendem evitar a crise) ou repressivos (quando pretendem debelar a crise já deflagrada), sempre tendo em conta a restauração da normalidade abalada. Embora o estado de sítio, mais grave, seja mais provável na modalidade repressiva, tendo em mira uma crise atual (tanto que a Constituição alude a "preservar ou prontamente restabelecer... a ordem pública ou a paz social ameaçadas" apenas quando trata do estado de defesa – no art. 136, *caput*, limitando-se a dizer "nos casos de...", quando trata do estado de sítio – art. 137, *caput*), não está excluída a possibilidade de decretação preventiva, inclusive porque pode ter a mesma causa do estado de defesa (art. 137, I); em outra hipótese, para ilustrar, a declaração de estado de guerra pode ainda não estar acompanhada de atos efetivos (art. 137, II).

2. História

Estados de exceção e concentração de poderes eram conhecidos dos hebreus, cartaginenses, gauleses e gregos[4], e há o prece-

---

2. Ratificação pelo Brasil em 1992.
3. Gilberto Bercovici, *Soberania e Constituição*: poder constituinte, estado de exceção e os limites da teoria constitucional.
4. Pinto Ferreira, *Comentários à Constituição brasileira*, p. 191.

dente do Direito Romano, com a ditadura consular e o *iustititum* (suspensão do Direito) – proclamado quando o Senado editava um *senatus consultum ultimum*, em situação de emergência em Roma, provocada por guerra externa, insurreição ou guerra civil (*tumultus*)[5]. Em 1714, na Inglaterra, o *Riot Act* incriminava "a participação em tumultos com desobediência às ordens de dissolução por parte das autoridades" e eram isentas de responsabilidade as autoridades encarregadas de restabelecer a ordem[6]. Em 1791, na França, um decreto da Assembleia Constituinte previu a possibilidade de suspensão temporária e localizada de determinados direitos em circunstâncias de crise grave. Porém a previsão em sede constitucional ocorreu com a Constituição francesa de 1799 (que estabelecia a possibilidade de suspensão da Constituição, por meio de lei, em caso de revolta armada ou de agitações que ameaçassem a segurança do Estado) e com a Carta de 1814 (onde aparece pela vez primeira a expressão "estado de sítio").

No Brasil, afora as vezes em que se excepcionou o próprio Estado de Direito, houve diversas decretações formais de estado de exceção, como em 25/09/1893 (decretado estado de sítio em quatro Estados e no Distrito Federal), em 1914 (Hermes da Fonseca solicita estado de sítio para o Rio de Janeiro), em 1956, mas nenhuma desde 1988.

Progressivamente, a causa do estado de sítio (dos estados de exceção em geral) ultrapassou e descolou-se de situações de guerra e conflitos armados, para abranger inclusive crises econômicas.

3. Nas Constituições

3.1. Nas Constituições brasileiras

O estado de exceção veio previsto já na Constituição Política do Império do Brasil (25/03/1824), outorgada, embora não se desse nome ao instituto. A partir da Constituição da República dos Estados Unidos do Brasil (24/02/1891), foi designado "estado de sítio", modalidade única também prevista pela seguinte Constituição da República dos Estados Unidos do Brasil (16/07/1934). A Constituição dos Estados Unidos do Brasil (10/11/1937), outorgada, abriu uma rubrica própria para a defesa do Estado e previu dois institutos de exceção: o estado de emergência e o estado de guerra. A Constituição dos Estados Unidos do Brasil (18/09/1946) voltava a prever apenas o estado de sítio nas disposições gerais, e a próxima Constituição do Brasil (24/01/1967, outorgada), em capítulo próprio. A Emenda Constitucional n. 1 (17/10/1969, outorgada, que instituiu a Constituição da República Federativa do Brasil) acrescentou mais tarde, por meio da Emenda Constitucional n. 11/1978, ao estado de sítio, as figuras das medidas de emergência e do estado de emergência. A atual Constituição da República Federativa do Brasil (05/10/1988) prevê o estado de defesa e o estado de sítio.

Em 1824, a decretação era restrita às causas internas de rebelião ou invasão de inimigos, conquanto causas externas pudessem estar compreendidas nas expressões genéricas "segurança" e "salvação" do Estado (art. 179). A partir de 1891, foram previstas ambas as hipóteses de âmbito interno ("comoção intestina") e externo ("agressão estrangeira") – art. 80; veja-se também o art. 175 da Constituição de 1934. Em 1937, o estado de emergência supunha "ameaça externa ou iminência de perturbações internas ou existências de concerto, plano ou conspiração, tendente a perturbar a paz pública ou pôr em perigo a estrutura das instituições, a segurança do Estado ou dos cidadãos", enquanto o estado de guerra supunha a necessidade do "emprego das forças armadas para a defesa do Estado" (art. 166). A Constituição de 1967 manteve a dualidade (arts. 152 e 153). A Emenda Constitucional n. 1/1969 dispunha que as medidas de emergência fossem adotadas "para preservar ou, prontamente, restabelecer... a ordem pública ou a paz social, ameaçadas ou atingidas por calamidades ou graves perturbações que não justifiquem a decretação dos estados de sítio ou de emergência" (art. 155); o estado de emergência, quando fossem exigidas providências imediatas, em caso de guerra, bem como para impedir ou repelir atividades subversivas (art. 158); finalmente, o estado de sítio: em "caso de guerra ou a fim de preservar a integridade e a independência do País, o livre funcionamento dos Poderes e de suas instituições, quando gravemente ameaçados ou atingidos por fatores de subversão" (art. 156). A Constituição de 1988 baseia o estado de defesa nas causas das medidas de emergência da Constituição anterior e o estado de sítio, em comoção nacional grave ou guerra.

Inicialmente (1824, 1891), a decretação incumbia ao Poder Legislativo, embora pudesse o Presidente da República adotar medidas de urgência (1891). A partir de 1934, a decretação passou a competir ao Presidente, porém sob aprovação anterior do Congresso Nacional ou "aquiescência prévia da Seção Permanente do Senado Federal", se as Casas não estivessem reunidas. Em 1937, ao Presidente da República cabia a decretação, que seria submetida ao Parlamento Nacional, mas este sequer poderia suspender o estado de emergência ou o estado de guerra! Em 1946, a competência voltou ao Congresso Nacional, por meio de lei, sendo que ao Presidente cabia a decretação ou prorrogação no intervalo das sessões legislativas, e ao Congresso, em sessão secreta, revogar ou manter o decreto, autorizar a prorrogação da medida (quando necessária) e apreciar as providências adotadas pelo Governo (art. 211). Em 1967 e 1969, a competência privativa para a decretação retornou ao Presidente da República, com posterior submissão ao Congresso. Também em 1988; porém, enquanto no estado de defesa a submissão ao Congresso é posterior, o estado de sítio demanda autorização prévia ("solicitação").

O controle parlamentar era muito enfraquecido em 1824, pois o Imperador, que exercia o Poder Moderador, podia, "nos casos, em que o exigir a salvação do Estado", prorrogar ou adiar a Assembleia Geral e dissolver a Câmara dos Deputados, convocando imediatamente outra (art. 101, V). Mais ainda em 1937, pois, embora o Presidente da República devesse comunicar à Câmara dos Deputados as medidas tomadas durante o estado de emergência ou o estado de guerra, uma vez cessados os motivos que determinaram a declaração, a Câmara até poderia não aprovar as medidas e promover a responsabilidade do Presidente, mas então este – num desvirtuamento do instituto parlamentarista – poderia dissolvê-la e realizar novas eleições, apelando "da deliberação da Câmara para o pronunciamento do País" (art. 167).

A partir de 1967, passou-se a exigir consulta, pelo Presidente da República: ao Conselho de Defesa Nacional, sobre outras medidas restritivas previstas em lei, que poderiam ser adotadas pelo

---

5. Giorgio Agamben, *Estado de exceção*, p. 67.
6. J. J. Gomes Canotilho, *Direito constitucional*, p. 1147-8.

Presidente (1967); ao Conselho de Segurança Nacional, sobre o estão de sítio, e ao Conselho Constitucional – órgão cuja composição era definida no próprio capítulo: presidido pelo Presidente da República e composto pelo "Vice-Presidente da República, os do Senado Federal e da Câmara dos Deputados, o Ministro responsável pelos negócios da Justiça e um Ministro representante das Forças Armadas": art. 159 –, sobre o estado de emergência (1969); aos Conselhos da República e de Defesa Nacional, sobre os estados de defesa e de sítio (1988).

Não se estabeleceu prazo de duração em 1824 e 1891, embora se dispusesse que a suspensão de garantias constitucionais ocorresse por tempo determinado. Em 1934, o estado de sítio foi limitado a noventa dias, admitida uma prorrogação. Na Carta de 1937, não havia limitação temporal para o estado de emergência e o estado de guerra! Em 1946, havia prazos distintos, conforme a causa do estado de sítio: para a comoção intestina grave, o prazo máximo era de trinta dias, que valia também para cada prorrogação; para a guerra externa, não havia prazo predeterminado (art. 210). Em 1967, o prazo de duração do estado de sítio e de suas prorrogações aumentou para, no máximo, sessenta dias, salvo em caso de guerra (art. 153). Segundo a Emenda n. 1/1969, as medidas de emergência não poderiam exceder sessenta dias, admitida uma prorrogação por igual período (art. 155); o estado de emergência não poderia exceder noventa dias, também admitida uma prorrogação por igual período (art. 158); o estado de sítio não poderia exceder cento e oitenta dias (prazo que valia também para as prorrogações), salvo em caso de guerra, quando não valia tal limitação (art. 156). A Constituição de 1988 estabelece um tempo de duração máxima de trinta dias e uma só prorrogação por igual período, para o estado de defesa; mesmo limite para o estado de sítio por comoção nacional grave, embora seja admitida mais de uma prorrogação.

Com exceção da Constituição imperial, é de nossa tradição especificar as medidas coercitivas que poderiam ser adotadas em estado de exceção. Em 1891, havia a previsão modesta das medidas que poderiam ser adotadas imediatamente pelo Presidente da República (detenção em lugar não destinado aos réus de crimes comuns e desterro para outros sítios do território nacional: art. 80, § 2º), o que não excluía outras não elencadas, que poderiam ser adotadas pelo Congresso. Em 1934, embora tenha sido ampliado o número de medidas que o Presidente poderia adotar, havia limitações específicas: a conservação sob custódia somente se daria "por necessidade da defesa nacional, em caso de agressão estrangeira, ou por autoria ou cumplicidade de insurreição, ou fundados motivos de vir a participar nela", e a ninguém se imporia a "permanência em lugar deserto ou insalubre do território nacional, nem desterro para tal lugar, ou para qualquer outro, distante mais de mil quilômetros daquele em que se achava ao ser atingida pela determinação"; além disso, "[e]m todos os casos, as pessoas atingidas pelas medidas restritivas da liberdade de locomoção devem ser, dentro de cinco dias, apresentadas pelas autoridades que decretaram as medidas com a declaração sumária de seus motivos ao Juiz comissionado para esse fim, que as ouvirá, tomando-lhes, por escrito, as declarações"; por fim, não poderiam ser atingidas pelas medidas restritivas da liberdade de locomoção "os membros da Câmara dos Deputados, do Senado Federal, da Corte Suprema, do Supremo Tribunal Militar, do Tribunal Superior de Justiça Eleitoral, do Tribunal de Contas e, nos territórios das respectivas circunscrições, os Governadores e Secretários de Estado, os membros das Assembleias Legislativas e dos Tribunais superiores"). Poderia ainda haver censura de correspondência de qualquer natureza, e das publicações em geral (a circulação de livros, jornais ou outras publicações estava liberada, "desde que os seus autores, diretores ou editores os submetam à censura", e a censura não alcançava "a publicação dos atos de qualquer dos Poderes federais, salvo os que respeitem as medidas de caráter militar"); suspensão da liberdade de reunião e de tribuna; busca e apreensão em domicílio. Eram semelhantes as medidas que poderiam ser adotadas, na Carta de 1937 (art. 168), sem, no entanto, tantas restrições. A inovação estava em que o Presidente poderia pedir a suspensão das imunidades de qualquer dos membros da Câmara dos Deputados ou do Conselho Federal, "que se haja envolvido no concerto, plano ou conspiração contra a estrutura das instituições, e segurança do Estado ou dos cidadãos", e poderia chegar a detê-los "independentemente de comunicação a qualquer das Câmaras" (art. 169). Em 1946, eram previstas as medidas que poderiam ser tomadas contra as pessoas apenas em caso de comoção intestina grave (art. 209); em caso de guerra externa (art. 206), não havia limitação às restrições. O elenco mais reduzido (obrigação de permanência em localidade determinada; detenção em edifício não destinado a réus de crimes comuns; desterro para qualquer localidade, povoada e salubre, do território nacional) poderia ser estendido pelo Presidente da República (a censura de correspondência ou de publicidade, inclusive a de radiodifusão, cinema e teatro; a suspensão da liberdade de reunião, inclusive a exercida no seio das associações; a busca e apreensão em domicílio; a suspensão do exercício do cargo ou função a funcionário público ou empregado de autarquia, de entidade de economia mista ou de empresa concessionária de serviço público; a intervenção nas empresas de serviços públicos) – art. 209. Garantiam-se as imunidades dos membros do Congresso Nacional, exceto quando sua "liberdade se torne manifestamente incompatível com a defesa da Nação ou com a segurança das instituições políticas ou sociais", caso em que as imunidades poderiam ser suspensas pelo voto de dois terços dos membros da respectiva Casa (art. 213). A Carta de 1967 acresceu às restrições o uso ou ocupação temporária de bens das autarquias, empresas públicas, sociedades de economia mista ou concessionárias de serviços públicos, mas outras medidas previstas em lei poderiam ser adotadas pelo Presidente, com a novidade de que deveria ser ouvido o Conselho de Defesa Nacional (art. 152); e as garantias constitucionais poderiam ainda ser suspensas pelo Congresso por meio de lei, assim como as imunidades dos Deputados e Senadores, pelo voto secreto de dois terços dos membros da respectiva Casa (art. 154). Em 1969, acrescentou-se às medidas coercitivas que poderiam ser tomadas em estado de sítio – e que valiam para as medidas e o estado de emergência – a intervenção em entidades representativas de classes ou categorias profissionais, além de outras garantias constitucionais cuja suspensão o Congresso Nacional poderia determinar por meio de lei. Poderiam, ainda, ser suspensas as imunidades dos deputados federais e senadores, por deliberação da Casa a que pertencem, sem exigência constitucional de determinado quórum. Na Constituição de 1988, o rol de medidas é mais restrito para o estado de defesa do que para o de sítio.

As Constituições brasileiras sempre previram a responsabilidade pelas medidas adotadas (1824, art. 179, XXXV; 1891, art. 80, § 4º; 1934, art. 175, § 13; 1946, art. 215; 1967, art. 156; 1969, art.

157; 1988, art. 141), com expressa referência ao controle judicial em 1934 (em que havia uma preocupação especial, pois o Presidente deveria designar "um ou mais magistrados" para tomar por escrito as declarações das pessoas atingidas pelas medidas restritivas da liberdade de locomoção), 1946, 1967 e 1969; em 1988, há a cláusula de irrestrita inafastabilidade (art. 5º, XXXV). A exceção fica por conta da Carta de 1937, em que os atos praticados em estado de emergência ou de guerra ficavam subtraídos à apreciação do Judiciário (art. 170) e, para os crimes cometidos contra a segurança do Estado e a estrutura das instituições, eram previstos "justiça e processo especiais que a lei prescreverá", podendo a lei determinar "a aplicação das penas da legislação militar e a jurisdição dos Tribunais militares na zona de operações durante grave comoção intestina" (art. 172); a jurisdição militar era imposta se o estado de guerra fosse motivado por conflito com país estrangeiro (art. 173).

3.2. Em Constituições estrangeiras

Os regimes estrangeiros podem ser agrupados em quatro grupos, segundo Canotilho: 1) "simples indicação dos órgãos de soberania competentes para a adopção das medidas necessárias e apropriadas ao restabelecimento da normalidade constitucional" (ex.: EUA); 2) "uma 'cláusula de plenos poderes' ou 'cláusula de ditadura'" (ex.: França); 3) "[r]egulamentação jurídico-constitucional das situações de necessidade, dispondo-se no texto constitucional sobre a competência, pressupostos, formas, limites e efeitos dos regimes de anormalidade" (ex.: Portugal, Alemanha, Espanha, Brasil); 4) "[f]ixação de 'prerrogativas' a favor do Executivo, com posterior "*bill*" de indemnidade', pelo Parlamento" (ex.: Inglaterra)[7].

A Constituição espanhola (1978) prevê os estados de alarme, de exceção e de sítio, a serem regulados por uma lei orgânica. O estado de alarma pode ser decretado pelo Governo por no máximo quinze dias, em princípio, e deve ser submetido ao Congresso dos Deputados; o estado de exceção pode ser decretado pelo Governo por no máximo trinta dias, em princípio, sob prévia autorização do Congresso; o estado de sítio pode ser decretado pela maioria absoluta do Congresso dos Deputados, por proposta exclusiva do Governo. O Congresso dos Deputados não poderá ser dissolvido, nem o funcionamento dos demais poderes constitucionais do Estado poderá ser interrompido durante a vigência dos estados de exceção (art. 116). Também não pode iniciar-se a reforma da Constituição (art. 169). Mantém-se a responsabilidade do Governo e de seus agentes. Apenas se declarados o estado de exceção ou o de sítio, podem ser suspensos os direitos fundamentais indicados (art. 55; há indicação ainda mais limitada para restrições relacionadas à atuação de "grupos armados ou elementos terroristas").

A Constituição portuguesa (1976) prevê o estado de sítio e o estado de emergência (art. 19), sob os mesmo pressupostos "de agressão efectiva ou iminente por forças estrangeiras, de grave ameaça ou perturbação da ordem constitucional democrática ou de calamidade pública", havendo apenas uma diferença de gravidade: no estado de emergência pode-se determinar "a suspensão de alguns dos direitos, liberdades e garantias susceptíveis de serem suspensos", enquanto o estado de sítio permite a suspensão de todos esses. São disciplinadas as condições de decretação e execução, e elencados os direitos que não podem ser suprimidos: "à vida, à integridade pessoal, à identidade pessoal, à capacidade civil e à cidadania, a não retroactividade da lei criminal, o direito de defesa dos arguidos e a liberdade de consciência e de religião"; também não podem ser afetadas a competência e o funcionamento "dos órgãos de soberania e de governo próprio das regiões autónomas ou os direitos e imunidades dos respectivos titulares". Muito interessante a exigência expressa de respeito ao princípio da proporcionalidade. A competência para a decretação é do Presidente da República (arts. 134, "d", e 138), que precisa antes ouvir o Governo (197.1 "f"), obter autorização e confirmação da Assembleia da República (art. 161, "l") e submeter o decreto à referenda do Governo (art. 140.1). A Assembleia da República não pode ser dissolvida durante o estado de emergência ou de sítio (art. 172.1).

A Constituição francesa (1958) permite que, quando as instituições da República, a independência da Nação, a integridade de seu território ou a execução de seus compromissos internacionais forem ameaçadas grave e imediatamente, a ponto de ser interrompido o funcionamento regular dos poderes públicos constitucionais, o Presidente da República adote as medidas necessárias (art. 16). Ele dispõe então "da plenitude do poder executivo e do poder legislativo" (podendo criar jurisdições de exceção), no "exercício de uma ditadura no sentido romano"[8]. O Presidente da República deve ouvir o Primeiro-Ministro, os presidentes da Assembleia Nacional e do Senado, bem como – uma peculiaridade – o Conselho Constitucional (que também deverá ser ouvido sobre as medidas adotadas), e decretar o estado de sítio em Conselho de Ministros; o Presidente deve também pronunciar uma mensagem em que informa à Nação. A prorrogação por mais de doze dias requer autorização do Parlamento (art. 36). Durante a exceção, a Assembleia Nacional não pode ser dissolvida, nem a Constituição pode ser revisada[9]. Entende-se que não cabe controle judicial (pelo Conselho de Estado) da decretação, mas sim das medidas de aplicação. Os poderes excepcionais foram utilizados uma só vez, pelo General de Gaulle, por ocasião do golpe de estado na Argélia (1961).

A Constituição alemã (1949) contém diversos dispositivos dispersos sobre exceção. Há um capítulo sobre o estado de defesa, especificamente para o caso de agressão armada atual ou iminente, e cuja decretação cabe à Câmara dos Deputados, desde que pedida pelo Governo federal e dependente de aprovação do Senado (art. 115a). São transferidas ao Primeiro-Ministro (Chanceler federal) a autoridade e o comando sobre as forças armadas (art. 115b). Interessante o reflexo na federação: a União passa a ter competência concorrente mesmo em relação às competências dos Estados-membros e a lei federal pode alterar a disciplina constitucional de administração e finanças da União e dos Estados-membros (art. 115c); o Governo federal pode dar instruções e delegar atribuições aos Governos estaduais (art. 115f), bem como podem estes adotar medidas de salvaguarda das fronteiras nacionais, se os órgãos federais não estiverem em condições (art.

---

7. *Direito constitucional*, p. 1153-4.

8. Pierre Pactet, *Institutions politiques. Droit constitutionnel*, p. 388-389.

9. Esta limitação é acatada pela jurisprudência do Conselho Constitucional, segundo Louis Favoreu et al. *Droit constitutionnel*, p. 568.

115i). Os direitos fundamentais admitem apenas as restrições previstas (indenização por desapropriação e medidas privativas de liberdade: art. 115c; prestação de serviço militar e civil obrigatório: art. 12a) e devem ser estabelecidas por lei federal. Também é previsto um procedimento legislativo simplificado para os projetos de lei que tenham urgência (art. 115d), mas há limites relativos à reforma da Constituição e à edição de leis (art. 115e). A Câmara dos Deputados não pode ser dissolvida e se a legislatura da Câmara dos Deputados e dos representantes populares estaduais, bem como o mandato do Presidente da República e os dos Juízes do Tribunal Constitucional, termina durante o estado de defesa, será estendido (art. 115h). Câmara dos Deputado e Senados podem a qualquer momento suspender as medidas adotadas e determinar a cessação do estado de defesa (art. 115l). Não pode ser afastado o controle pelo Tribunal Constitucional Federal (art. 115g). Já para o caso de manter ou restaurar a segurança ou a ordem pública, os Estados-membros podem pedir socorro à União; em caso de catástrofe natural ou acidente particularmente grave (art. 35), assim como para afastar um perigo à existência ou à ordem constitucional liberal e democrática da Federação ou de um Estado-membro, este pode pedir socorro a outros ou às forças federais (art. 91); em todas essas situações, não podem ser adotadas medidas que restrinjam a liberdade de associação em relação aos conflitos de trabalho iniciados pelas associações para a proteção e melhora das condições de trabalho e econômicas (art. 9º.3), mas se admitem restrições legais à liberdade de circulação e de residência (art. 11). É expressamente previsto o direito fundamental de resistência contra a derrubada da ordem constitucional, "se não houver outro remédio possível" (art. 20.4).

A Constituição estadunidense (1787) não prevê expressamente o estado de sítio, mas o instituto é conhecido do Direito Constitucional norte-americano, que o extrai dos poderes atribuídos ao Congresso para suprir a defesa comum e o bem-estar geral do país (art. 8º, seção 8), e dos poderes do Presidente como comandante das Forças Armadas (art. 2º, seção 2). Portanto, o poder para decretar a "lei marcial" (*Martial law*) é compartilhado e, embora esteja sob controle do Congresso, tem sido utilizado largamente pelo Presidente[10]. Supõe guerra, invasão, guerra civil, desordem interna grave, enfim, situações de crise grave (inclusive econômica). Garantias constitucionais podem ser parcialmente suspensas – em casos de rebelião ou invasão, apenas a detenção preventiva (suspensão do *habeas corpus*: art. 1º, seção 9.2) – e ficam sujeitos à jurisdição militar inclusive os transgressores civis.

A Constituição argentina (1853, com reformas até 1994) prevê o estado de sítio em caso de comoção interior ou de ataque exterior que ponham em perigo o exercício da Constituição e das autoridades por ela instituídas, ficando suspensas as garantias constitucionais. Nesse período, o Presidente da República poderá apenas, com relação às pessoas, detê-las ou transferi-las de um lugar a outro da Nação, se elas não preferirem sair do território argentino (art. 23). A atribuição para a decretação é dividida: cabe ao Congresso declarar o estado de sítio em caso de comoção interior, e aprová-lo ou suspendê-lo, quando declarado durante o recesso pelo Poder Executivo (art. 75, 29); cabe ao Executivo (ao Presidente da Nação) declará-lo em caso de ataque exterior, com a autorização do Senado, bem como em caso de comoção interior, quando o Congresso estiver em recesso (art. 99, 16). Há um interessante dispositivo que consagra a vigência da Constituição ainda que sua eficácia seja afastada: "Esta Constituição manterá seu império mesmo quando sua observância for interrompida por atos de força contra a ordem constitucional e o sistema democrático. Estes atos serão irremediavelmente nulos" (art. 36).

4. Características

Informam o regime jurídico dos estados de exceção constitucional as seguintes características:

4.1. Excepcionalidade

Os estados de defesa e de sítio são regimes jurídicos que autorizam um tratamento restritivo em relação a certas competências (que são, em alguma medida, transferidas e concentradas na autoridade com poder de decretação) e direitos. Os regimes jurídicos são diferenciados em relação à normalidade, mas estão previstos na própria Constituição, de forma que correspondem sim ao padrão: não ao padrão normativo das situações ordinárias, mas ao padrão normativo das situações de crise grave. Ligam-se à excepcionalidade as características da taxatividade e da temporariedade; enfim, as limitações em geral.

Tão excepcionais são os estados de defesa e de sítio, que é vedado reforma constitucional em sua vigência. Trata-se de uma limitação circunstancial ao poder de reforma da Constituição (art. 60, § 1º) e significa que, durante tais situações de crise grave, não há tranquilidade suficiente para se alterar a Constituição. Como o próprio procedimento de reforma é considerado um limite implícito à alteração da Constituição, não seria aceitável uma reforma que visasse suprimir ou enfraquecer essa limitação circunstancial. Mas a disciplina constitucional dos estados de defesa e de sítio pode ser alterada, desde que se observe o procedimento constitucionalmente previsto (por exemplo, não poderá haver reforma das normas constitucionais relativas aos estados de defesa e de sítio na vigência de estado de defesa ou de sítio). As normas constitucionais relativas aos estados de defesa e de sítio não constituem cláusulas pétreas (aquelas que não admitem amesquinhamento por reforma: art. 60, § 4º), salvo naquilo em que comprometam seriamente esses limites materiais (forma federativa de Estado; voto direto, secreto, universal e periódico; separação dos Poderes; direitos e garantias individuais).

O caráter excepcional dos estados de defesa e de sítio é revelado particularmente pela natureza das causas que os autorizam: "grave e iminente instabilidade institucional ou... calamidades de grandes proporções na natureza", para o estado de defesa (art. 136, *caput*); "comoção grave de repercussão nacional ou ocorrência de fatos que comprovem a ineficácia de medida tomada durante o estado de defesa", e "declaração de estado de guerra ou resposta a agressão armada estrangeira", para o estado de sítio (art. 137, I e II). A excepcionalidade das situações de crise grave exige que não haja outros meios mais adequados, menos gravosos, para debelar a crise, e que são preferíveis em relação às medi-

---

10. Vejam-se a "ordem militar" (*military order*) promulgada pelo Presidente e o *USA Patriot Act*, promulgado pelo Congresso e concedendo amplos poderes ao Presidente, em consequência dos atentados de 11/09/2001 (Giorgio Agamben, *Estado de exceção*, p. 14; Bruce Ackerman, *Before the next attack. Preserving civil liberties in an age of terrorism*). A libertação dos escravos, em 1862, foi determinada pelo Presidente Lincoln no contexto de poderes excepcionais por causa da Guerra de Secessão.

das de exceção: trata-se da *necessidade*, que implica em *subsidiariedade*, ou seja, somente deve haver decretação de estado de defesa ou de sítio em último caso: outras medidas não devem ter-se mostrado suficientes ou exigíveis.

4.2. Taxatividade

As causas que autorizam a decretação de estado de defesa e de sítio, ou *pressupostos materiais*, devem estar previstas claramente na Constituição e não podem ser outras senão aquelas taxativamente elencadas. São expressas em termos relativamente vagos, pois não é possível uma definição minuciosa de hipóteses cuja configuração fática não é rigorosamente determinável. Portanto, uma vez acertado que a causa aconteceu (para o que pesa a interpretação dada pelas autoridades a quem a Constituição atribuiu participação: o Presidente da República, os Conselhos da República e de Defesa Nacional, o Congresso Nacional), a decretação é cabível; se, no entanto, a causa não se verifica, não deve haver decretação ou, havida, deverá ser tida por descabida. No geral, não apenas os pressupostos materiais, mas igualmente os *pressupostos formais* (forma de instauração: por decreto; procedimento: necessidade de oitiva dos Conselhos da República e de Defesa Nacional, aprovação ou autorização do Congresso Nacional, fundamentação do decreto, conteúdo básico do decreto etc.), são precisamente aqueles e somente aqueles exaustivamente previstos na Constituição. A propósito, essas exigências formais refletem a tendência à "procedimentalização" na formação dos principais atos de poder público.

A taxatividade não caracteriza apenas os pressupostos materiais e formais: informa ainda as restrições aos direitos, sendo cabíveis somente aquelas expressamente estabelecidas na Constituição.

4.3. Temporariedade (transitoriedade)

Os estados de defesa e de sítio são, por definição, limitados no tempo, porque carregam um sentido contrário ao da normalidade constitucional (esta sim sem duração predefinida, na expectativa da longevidade). Mais que temporários, eles devem ter curta duração (transitoriedade), o estritamente necessário para arrostar a crise grave e, eventualmente, ainda o tempo imprescindível para restaurar a normalidade. Se as causas da decretação de estado de defesa ou de sítio permanecessem por tempo excessivo, isso significaria, de fato, o desaparecimento (quebra) da Constituição, sua perda de vigência, e a necessidade de instalação de uma nova ordem constitucional. Deve-se atentar também para a *imediatidade*: uma vinculação imediata da decretação à crise, ou seja, tão logo deflagrada esta, poderá ser decretado estado de defesa ou de sítio, e, assim que cessada, as medidas de exceção deverão ser ultimadas.

O prazo máximo de duração do estado de defesa é de trinta dias, sendo possível uma única prorrogação por igual período, o que perfaz um total máximo de sessenta dias. A fixação da duração constitui um elemento imprescindível do decreto, sem o qual este é inválido (nulo). A duração não fica, no entanto, ao inteiro alvedrio do Presidente da República, que precisa lastrear-se na exata duração das "razões que justificaram" a decretação da medida (art. 136, § 2º). Caso o prazo previsto escoe sem que o motivo da decretação desapareça (por exemplo, uma inundação com previsão meteorológica de volta à normalidade em vinte dias, sem que as chuvas tenham cessado nesse período), é necessária a prorrogação; se, findo o prazo desta (que, no exemplo, também é de vinte dias), persistir o motivo, não se poderá decretar novamente (nem prorrogar) o estado de defesa, mesmo que o prazo total das medidas anteriores não tenha ultrapassado sessenta dias (pois já terá havido decretação e uma prorrogação). Resta então decretar estado de sítio (art. 137, I).

A rigor, de prorrogação não se trata, mas de nova decretação, por meio da edição de novo decreto ("prorrogação" significa, assim, nova decretação sem interrupção de tempo), que deverá atender às exigências do primeiro, inclusive a oitiva prévia dos Conselhos da República e de Defesa Nacional.

O levantamento (cessação) do estado de defesa poderá dar-se (a) pelo término do prazo estipulado, (b) pelo desaparecimento do motivo ensejador ou (c) pela rejeição do Congresso Nacional (se conseguir fazer a apreciação ainda durante a vigência do decreto). Se o Congresso Nacional houver rejeitado o decreto (art. 136, § 7º), não será possível prorrogar o estado de defesa, que não mais subsiste, por ter cessado imediatamente (*ex nunc*) com a rejeição congressual. Há ainda a pouco provável hipótese de o Presidente decretar estado de defesa com duração inferior a dez dias (ou quinze, se o Congresso estiver em recesso: art. 136, § 5º) e, enquanto o Congresso delibera, o Presidente, cessado aquele prazo, prorrogar a decretação: seria a prorrogação sem aprovação (mas também sem rejeição) do decreto original, prorrogação que deverá ser apreciada junto com este pelo Congresso.

O estado de sítio terá um máximo de trinta dias, no caso de "comoção grave de repercussão nacional ou ocorrência de fatos que comprovem a ineficácia de medida tomada durante o estado de defesa" (art. 137, I) – hipótese em que, diferentemente do estado de defesa, admitem-se sucessivas prorrogações sem limitação de número, mas, à semelhança do estado de defesa, nunca "por mais de trinta dias" de cada vez, ou seja, a prorrogação é limitada no prazo, mas não no número de vezes (art. 138, § 1º), e, também à semelhança do estado de defesa, as prorrogações devem ser sempre pautadas pela duração da causa que justificou a decretação. Já o estado de sítio no caso de "declaração de estado de guerra ou resposta a agressão armada estrangeira" (art. 137, II) não tem duração máxima predefinida na Constituição, mas, também nessa hipótese, o decreto deverá estabelecer uma duração (definitivamente, não se admite decretação de estado de crise grave por tempo indeterminado), vinculada a "todo o tempo que perdurar a guerra ou a agressão armada estrangeira", e poderá ser prorrogado por tantas vezes quantas necessárias. Cada prorrogação (melhor: nova decretação sucessiva) deverá atender às exigências constitucionais.

4.4. Determinação geográfica

O decreto que instaurar estado de defesa ou de sítio deverá especificar, não apenas a duração das medidas (limitação no tempo), mas também as áreas a serem abrangidas (determinação no espaço): art. 136, § 1º; art. 138, *caput*. Requer-se uma rigorosa especificação local para a vigência das medidas, especialmente as restritivas de direitos. O estado de defesa é necessariamente limitado no espaço, pois a Constituição fala "em locais restritos e determinados" (art. 136, *caput*). Já o estado de sítio é decretado em todo o território nacional, mas as medidas adotadas devem circunscrever-se às "áreas abrangidas" (art. 138, *caput*).

4.5. Sujeição a controles

Os estados de defesa e de sítio estão submetidos a diversos tipos de controle, e o simples fato de as situações de crise grave serem expressamente previstas na Constituição ensejaria, por si só, a possibilidade de fiscalização. O controle decorre do caráter excepcional das medidas, da proteção aos direitos afetados e do inter-relacionamento dos Poderes de Estado (separação de poderes). Diversos órgãos têm competência para realizar diferentes modalidades de controle, mas, tendo em vista que a decretação e execução das medidas de exceção cabem ao Poder Executivo, avulta a fiscalização parlamentar, de onde falar-se em uma "parlamentarização" do controle sobre os estados de defesa e de sítio. Tendo em vista a restrição de direitos, importante enfatizar também o inafastável controle judicial das medidas, se acionado o Poder Judiciário. Ainda, em razão da relevância que assume na Constituição brasileira de 1988, é preciso apontar a atuação fiscalizatória do Ministério Público. E há outros controles possíveis.

4.5.1. Controle pelo Executivo: edição de decreto e consulta aos Conselhos da República e de Defesa Nacional

É o chefe do Poder Executivo (Presidente da República) quem tem atribuição para decretar os estados de defesa e de sítio (art. 84, IX). Verifica-se aqui um "natural" fortalecimento do Presidente, com concentração de competências e afrouxamento de limites, porém não a atribuição de "plenos poderes". Todavia, ele deve atuar por meio de instrumento jurídico típico (o decreto), segundo o procedimento regular de edição, que inclui a publicação; essa exigência formal já é modalidade de controle.

Deve o Presidente consultar previamente os Conselhos da República (art. 90, I) e de Defesa Nacional (art. 91, § 1º, II), cuja manifestação é obrigatória, porém não vinculante (art. 136, *caput*, e 137, *caput*). Verifica-se aqui outra modalidade de controle prévio, inarredável: a falta de consulta inquina de nulidade o decreto e acarreta a responsabilidade do Presidente da República (art. 85, especialmente incisos IV e V), e o eventual não acatamento dos pareceres é importante elemento para a apreciação dessa responsabilidade pelo Congresso Nacional e da lesão a direitos pelo Judiciário. Por isso mesmo, a necessária fundamentação do decreto de instauração do estado de defesa ou de sítio deverá aludir às consultas aos Conselhos e justificar o não acolhimento, se for o caso. É relativa a utilidade dessas consultas, seja porque esses Conselhos são órgãos da estrutura do próprio Poder Executivo, em cuja composição há forte – conquanto não exclusiva – participação do Governo (especialmente no Conselho de Defesa Nacional: art. 91); seja porque se trata de meros pareceres opinativos. Mais importante é a manifestação do Conselho da República, que tem uma significativa participação de congressistas (art. 89), e menos provavelmente o Congresso aprovaria a decretação do estado de defesa (art. 136, §§ 4º a 7º) ou autorizaria a do estado de sítio (art. 137), se aquela manifestação não fosse favorável.

Sendo o decreto de estado de defesa necessariamente fundamentado, seu conteúdo deve referir a(s) causa(s) (dentre as hipóteses constitucionalmente estipuladas), "o tempo de sua duração", "as áreas a serem abrangidas", "as medidas coercitivas a vigorarem" (tanto as que restrinjam diretamente direitos fundamentais – dentre aquelas expressamente permitidas pela Constituição e pela lei prevista no art. 136, § 1º –, quanto as que tenham outro objeto – por exemplo, a alocação emergencial de recursos, com abertura de créditos extraordinários por meio de medida provisória: art. 167, § 3º, ou a prorrogação dos mandatos parlamentares, se não houver condições para a realização de eleição), a designação do(s) executor(es) das medidas, além de outras disposições eventuais (por exemplo, a fixação de pagamento pela ocupação e uso temporário de bens e serviços públicos: art. 136, § 1º, II, e art. 5º, XXV).

Também o decreto de estado de sítio deve ser fundamentado e tem um conteúdo básico (art. 138): duração (embora não esteja predeterminado o prazo máximo, em caso de "declaração de estado de guerra ou resposta a agressão armada estrangeira"), "as normas necessárias a sua execução" e a indicação das "garantias constitucionais que ficarão suspensas" (dentre as expressamente previstas na Constituição ou outras – neste caso somente para o estado de sítio com base naquelas situações de beligerância). Curiosamente – provavelmente por razões de segurança e porque nem sempre seria possível prevê-lo com exatidão –, o decreto original de estado de sítio não precisará designar o executor das medidas específicas nem as áreas de abrangência: o Presidente da República poderá fazê-lo depois de publicado aquele decreto (art. 138, *caput*), se não houver preferido fazê-lo desde logo, mas sempre por (outro e posterior) decreto.

Há uma limitação negativa ao conteúdo do decreto de estado de defesa ou de sítio, de caráter tributário: fora das previsões constitucionais de tributação extraordinária (empréstimo compulsório em caso "de calamidade pública, de guerra externa ou sua iminência" – art. 148, I – e impostos extraordinários em caso de guerra externa atual ou iminente – art. 154, II), ele não pode instituir tributo. As despesas extraordinárias decorrentes dos estados de exceção autorizam, no entanto, outros modos de obtenção de recursos, como a requisição de bens (art. 139, VII) e a abertura de créditos extraordinários (inclusive por meio de medida provisória: art. 167, § 3º).

Outro limite negativo (conteúdo vedado) ao decreto de intervenção diz com as imunidades dos deputados ou senadores, que poderão ser suspensas apenas excepcionalmente, no estado de sítio (o estado de defesa não permite a suspensão das imunidades parlamentares), nas seguintes condições: a) "nos casos de atos praticados fora do recinto do Congresso Nacional"; b) "que sejam incompatíveis com a execução da medida"; c) desde que autorizada a suspensão pela Casa respectiva, pelo quórum qualificado de dois terços dos votos de seus membros" (art. 53, § 8º). Entendemos que a autorização da Casa para a suspensão de imunidade deva ser específica e que a votação deva ser aberta (com identificação dos votantes e do teor de seus votos).

Há direitos fundamentais que não toleram restrições (exemplo: liberdade de consciência e de crença – art. 5º, VI), certas restrições não são toleradas (exemplo: prisão em condições degradantes – art. 5º, XLIX), e as restrições não devem ser desproporcionadas. Trata-se de mais uma limitação de conteúdo ao decreto de estado de defesa ou de sítio.

O(s) executor(es) das medidas havidas em estado de defesa ou de sítio é (são) livremente nomeado(s) e destituído(s) pelo Presidente da República, detentor(es), portanto, de cargo(s) em comissão: um (ou diversos) comissário(s) presidencial(is). Ele(s) engaja(m) tanto a responsabilidade individual (criminal, civil – inclusive por improbidade administrativa: Lei 8.429/1992 –, administrativa), quanto institucional (da União: art. 37, § 6º, e art. 136, § 1º, II), mas não pode(m) – tal como também não o interventor federal (art. 36, § 1º) – ser sujeito(s) ativo(s) de crime de responsabilidade, por falta de previsão legal (Lei 1.079/1950): não tem (têm) uma investidura que lhe(s) confira tanta autonomia. A nomeação poderá recair em civil ou militar; é natural, conquanto não necessário, que recaia sobre alguém das Forças Armadas, sobretudo em estado de sítio, respondendo o executor nomeado diretamente ao Presidente da República (independentemente da hierarquia militar).

Existe um outro ato do Presidente da República, relacionado ao estado de defesa ou de sítio, com conteúdo predefinido na Constituição, sujeito a controle: trata-se da mensagem que ele deve encaminhar ao Congresso Nacional tão logo cesse a situação de crise grave. Essa mensagem deve conter o relato das medidas, "com especificação e justificação das providências adotadas, com relação nominal dos atingidos e indicação das restrições aplicadas" (art. 141, parágrafo único). Tanto a mensagem depois do término do estado de defesa ou de sítio, quanto o decreto que instaura a situação de crise grave, são elementos importantes para a aferição da responsabilidade do Presidente da República e do(s) executor(es) das medidas.

4.5.2. Controle pelo Congresso Nacional

O mais relevante dos controles é aquele exercido pelo Congresso Nacional, pois alcança a dimensão eminentemente política. O controle parlamentar é inafastável, tanto que a Constituição preocupa-se até com o prazo (breve) em que essa fiscalização deverá ser realizada.

O Congresso terá dez dias para apreciar o decreto de estado de defesa, a contar do recebimento deste (art. 136, § 6º), que ocorrerá em até vinte e quatro horas da edição (art. 136, § 4º); se o Congresso estiver em recesso no momento da decretação, deverá ser convocado por seu presidente, que é o Presidente do Senado Federal (embora, quando discipline o estado de defesa, a Constituição não especifique que a convocação deva ser realizada pelo Presidente do Senado Federal, tal como o faz em relação ao estado de sítio – art. 138, § 2º –, essa especificação é feita no art. 57, § 6º, I), convocação essa que deverá ocorrer "no prazo de cinco dias" (art. 136, § 5º). Sistematizando: a) o decreto de estado de defesa deverá ser encaminhado pelo Presidente da República ao Congresso Nacional em vinte e quatro horas, esteja este reunido ou em recesso; a partir do recebimento, já começa a contar o prazo para apreciação, pois, mesmo durante o recesso parlamentar, funciona uma Comissão representativa (art. 58, § 4º); b) o Congresso terá dez dias para apreciar o decreto; c) se o Congresso estiver em recesso, será convocado em até cinco dias e terá o restante do prazo de dez dias para a apreciação, ou seja, se em recesso, o Congresso terá prazo menor para deliberar sobre o decreto, pois devem ser descontados os dias gastos na convocação extraordinária, entre o recebimento do decreto e a reunião. Rege aqui o princípio da urgência, mesmo porque o decreto de estado de defesa já estará em vigor. Ressalte-se que, no estado de defesa, o Presidente da República pode editar desde logo o decreto, que fica sujeito à condição resolutiva de apreciação (rejeição) pelo Congresso Nacional, controle que é posterior, portanto. Se não houver apreciação congressual nesses dez dias, decai a vigência da decretação.

No estado de sítio, por outro lado, o controle congressual é anterior (sob condição suspensiva de autorização do Congresso Nacional: art. 137, *caput*). A sequência é a seguinte: a) o Presidente da República encaminha a solicitação de decretação (o projeto de decreto) ao Congresso Nacional, sem prazo previsto, mas obviamente pautado pela premência da situação de emergência; b) se reunido, o Congresso Nacional aprecia o projeto de decreto, também sem prazo previsto; c) se em recesso, o Congresso deverá ser convocado imediatamente pelo Presidente do Senado Federal e terá cinco dias para reunir-se (art. 138, § 2º), embora também não esteja previsto prazo para a deliberação. No estado de defesa, diferentemente, a convocação não precisa ser imediata, tendo prazo de cinco dias, mas há prazo para a apreciação, de dez dias. Se é certo que a diferença básica reside no fato de o estado de sítio somente poder ser decretado após a autorização do Congresso, não parece acertada a opção constitucional por um tratamento diferenciado quanto aos prazos: enquanto, no estado de sítio, adequadamente, a convocação extraordinária do Congresso deve dar-se imediatamente, no estado de defesa, em que o decreto já está em vigor, a convocação extraordinária do Congresso pode ocorrer em até cinco dias. O argumento da maior urgência, em razão da maior gravidade, no estado de sítio, não responderia à fixação de prazo para apreciação do Congresso somente em relação ao estado de defesa.

Uma urgência excepcional autoriza o Presidente a tomar medidas imediatas em função de estado de sítio, antes mesmo de obtida a autorização do Congresso (veja-se que o art. 84, XIX, também autoriza o Presidente a declarar guerra "referendado pelo Congresso Nacional, "quando ocorrida no intervalo das sessões legislativas"), mas isso não equivale à decretação formal, que não prescinde daquela autorização. Se não obtida ela, as medidas tomadas carecem, em princípio, de validade (*ex tunc*). É possível a responsabilização do Presidente.

O veículo jurídico de apreciação ou autorização congressual é o decreto legislativo, instrumento por meio do qual o Congresso Nacional exerce sua competência exclusiva e ordinariamente aprecia atos (decretos) do Presidente da República: por exemplo, a decretação de intervenção (art. 36, § 1º, e art. 49, IV), a suspensão de atos normativos "que exorbitem do poder regulamentar ou dos limites de delegação legislativa" (art. 49, V) etc. Há, porém, um regime mais gravoso para esse decreto legislativo. Com efeito, a Constituição determina que a deliberação do Congresso Nacional, seja de aprovação posterior do decreto de estado de defesa, seja de autorização prévia do estado de sítio, dê-se por maioria absoluta (art. 136, § 4º; art. 137, parágrafo único), ao passo que, ordinariamente, os decretos legislativos são aprovados por maioria simples. O quórum qualificado reforça o poder do Presidente da República quanto ao estado de defesa, visto que é mais difícil ao Congresso desautorizá-lo, mas dificulta a obtenção de autorização, quanto ao estado de sítio; de todo modo, reforça a legitimidade das medidas, em caso de aprovação ou autorização. Sustentamos que a votação deva ser aberta (pública), por ser esse o princípio numa democracia; por se tratar de assunto da maior importância, a exigir transparência (determinadas medidas a serem adotadas é que poderão, justificadamente, manter-se sob reserva relativa); porque o próprio decreto de instauração de estado de defesa ou de sítio deverá ser publicado. De ordinário, os decretos legislativos são votados em separado por cada Casa do Congresso, mas a urgência da situação de crise grave recomenda a deliberação conjunta[11].

---

11. Celso Ribeiro Bastos e Ives Gandra Martins, *Comentários à Constituição do Brasil (promulgada em 5 de outubro de 1988)*, p. 61.

Poderia o Congresso alterar os termos da decretação? É o princípio do inter-relacionamento harmônico dos Poderes de Estado (separação de poderes), temperado pelo critério da proporcionalidade, que dá o tom da resposta. Uma intervenção parlamentar exagerada desconsideraria o espaço de atribuição constitucionalmente reservado ao Presidente da República e poderia levar à desfiguração das medidas. Por outro lado, parece desproposital que o Congresso possa o mais, que é aprovar/autorizar ou rejeitar totalmente o decreto de estado de defesa ou de sítio, e não possa o menos, que é aprovar/autorizar ou rejeitar parcialmente, ou com alterações razoáveis. Essa parece ser a melhor interpretação: cabem alterações pelo Congresso Nacional, ao editar o decreto legislativo por meio do qual aprecia a decretação de estado de defesa ou autoriza o estado de sítio, desde que não desfigurem essencialmente as medidas adotadas ou propostas pelo Chefe do Executivo, caso contrário em que ao Congresso não restará senão rejeitar totalmente a decretação ou autorização.

Por mais amplo que seja o controle político deferido ao Congresso Nacional, ele não pode substituir integralmente a avaliação do Presidente da República, pois, senão, o Congresso estaria a usurpar-lhe competência reservada. Por exemplo, pode o Congresso desaprovar a designação do(s) executor(es) das medidas, mas não nomear outra(s) pessoa(s); como pode o Congresso desaprovar as medidas e até legislar sobre os efeitos delas decorrentes, mas não pode adotar outras medidas muito diferentes em substituição.

A desaprovação do decreto de exceção do Presidente da República, pelo Congresso Nacional, não tem, em princípio, eficácia retroativa (*ex tunc*), mas nada impede que o Congresso determine a nulidade de certos atos praticados. No estado de defesa, sendo posterior a apreciação parlamentar, pode o Congresso, por exemplo, rejeitar parcialmente o decreto, mas manter algumas medidas tomadas ou seus efeitos; ou aprovar parcialmente o decreto, mas anular alguma medida ou seus efeitos. No estado de sítio, em que a autorização parlamentar é prévia, é mais remota a possibilidade de produção de efeitos não desejados pelo Congresso Nacional. Contudo, de modo geral, a determinação constitucional de acompanhamento das medidas pelo Congresso e o poder congressual de avaliação posterior (mediante inclusive o exercício do poder legislativo, se for o caso) sinalizam para a possibilidade excepcional de sustação (na vigência) ou de anulação (posterior) de medidas tomadas (nessa linha, equiparável é o poder geral de sustação, pelo Congresso Nacional, dos "atos normativos do Poder Executivo que exorbitem do poder regulamentar ou dos limites de delegação legislativa": art. 49, V).

Como superar eventual omissão do Congresso Nacional? Se seu presidente não proceder à convocação extraordinária, essa competência deve ser deferida excepcionalmente a outro órgão representativo do Congresso Nacional (por exemplo, a Comissão mista que funciona durante o recesso; ou os demais componentes da Mesa do Congresso Nacional: art. 57, § 5º; ou o líder da minoria), para possibilitar a autoconvocação, ou senão a outro Poder, como o próprio Presidente da República, depois ao Supremo Tribunal Federal, em último caso à iniciativa popular (podendo utilizar-se o parâmetro exigente da iniciativa legislativa: art. 61, § 2º). Se, no estado de defesa, o Congresso não apreciar o decreto no prazo, quando se tornar insuportável a permanência da exceção, caberá controle pelo Supremo Tribunal Federal, inclusive por meio de ação direta de inconstitucionalidade por omissão (art. 103, § 2º; consideramos o decreto legislativo como ato normativo, mas entendemos cabível essa ação inclusive em relação a atos não normativos, contrariamente ao entendimento majoritário) ou arguição de descumprimento de preceito fundamental (art. 102, § 1º; consideramos cabível essa ação em caso de omissão inconstitucional), dentre outras alternativas e sujeitos. Se, no estado de sítio, o Congresso Nacional simplesmente não deliberar sobre a autorização, dever-se-á presumir a discordância, pois o silêncio responde negativamente ao pressuposto de urgência.

Afora o controle parlamentar posterior, de aprovação do estado de defesa, ou anterior, de autorização do estado de sítio, haverá fiscalização congressual em outros dois momentos. A fiscalização será *concomitante*, durante toda a vigência da situação excepcional. Deverá ser designada uma Comissão parlamentar mista específica, composta de cinco membros do Congresso, "para acompanhar e fiscalizar a execução das medidas referentes" aos estados de exceção (art. 140), o que não exclui a fiscalização permanente e simultânea do próprio Congresso. A composição dessa pequena comissão deverá ser a mais representativa (democrática) possível, seguindo a linha das comissões parlamentares em geral, que deverão contemplar, "tanto quanto possível, a representação proporcional dos partidos ou dos blocos parlamentares" (art. 58, § 1º); por isso mesmo, a Constituição manda que a Mesa do Congresso ouça os líderes partidários para compor essa comissão mista. A Comissão especial não delibera (aprova, modifica ou rejeita) a respeito dos decretos: essa atribuição é do Congresso inteiro, por maioria absoluta. O Presidente da República não poderá decretar o recesso do Congresso, mas este poderá entrar em recesso ordinário (art. 57) durante o estado de defesa, não durante o estado de sítio (quando o Congresso deverá permanecer "em funcionamento até o término das medidas coercitivas": art. 137, § 3º).

Haverá, por fim, uma fiscalização *posterior* à cessação dos estados de defesa ou de sítio, para cujo fim exige-se um relatório pormenorizado do Presidente da República, que o encaminhará por meio de "mensagem ao Congresso Nacional" (art. 141, parágrafo único); a falta desse relatório não afasta o controle parlamentar, que deverá basear-se em outras informações, e essa falta implica por si responsabilização do Presidente da República.

O Presidente da República pode praticar, pelos atos que cometer por conta de medidas de exceção, crimes de responsabilidade (art. 85; Lei 1.079/1950, art. 7º, 10), infrações de forte acento político, que são apuradas e julgadas pelas Casas do Congresso Nacional (art. 51, I, e art. 52, I). O parlamento exerce, então, atividade jurisdicional, porém de conotação política.

4.5.3. Controle judicial e pelo Ministério Público

Não pode ser afastado o controle judicial (art. 5º, XXXV), destacadamente aquele exercido em concreto, quando o Poder Judiciário é acionado em função da violação atual ou iminente de direitos. Superada que se encontra a teoria da insuscetibilidade absoluta de determinados atos – eminentemente políticos, como é o decreto de estado de defesa ou de sítio – a controle judicial, importa precisar o alcance desse controle. Certo que há uma avaliação política da decretação que constitui reserva de discricionariedade de outros órgãos constitucionais (os Conselhos da República e de Defesa Nacional, o Presidente da República, o Congresso Nacional) e que não compete ao Poder Judiciário. Por exemplo, se a declaração de estado de guerra – ela própria da competência discricionária do Presidente da República (art. 84, XIX) – situa-se num contexto de tal gravidade que recomenda também a decretação do estado de sítio, é algo que cabe ao Presidente avaliar e ao Congresso autorizar, não ao Judiciário. Contudo, a dimensão política de um ato é mais um fator de intensidade do que de essência. Poderá haver excessos que deverão ser combatidos e há formalidades que precisam ser atendidas. Suponha-se, no exemplo da guerra, que não tenha havido regular declaração (pois esta é condição de validade de eventual decretação de estado de sítio com base no art. 137, II), ou que ela não passe de pretexto formal, sem vir seguida de atos concretos (como a mobilização e o envio de tropas): terá sim, o Judiciário, competência para controlar a decretação do estado de sítio. Sem excluir-se a possibilidade-limite de exame, pelo Judiciário, da causa da decretação de estado de defesa ou de sítio, essa avaliação realiza-se mais confortavelmente, contudo, sobre os efeitos concretos da decretação e sobre o atendimento dos pressupostos formais, bem como sobre as medidas adotadas.

Na história brasileira, entretanto, houve mais de uma tentativa de afastar – seja por força de interpretação política e judicial, seja por força de dispositivo da própria Constituição ou de ato equiparado a norma constitucional – o controle judicial dos atos praticados em estado de exceção: a jurisprudência do Supremo Tribunal Federal no início da República (fim do século XIX e começo do século XX) e mesmo depois, considerando-o incompetente para apreciar questões eminentemente políticas[12]; o texto expresso da Carta de 1937 (art. 170: "Durante o estado de emergência ou o estado de guerra, dos atos praticados em virtude deles não poderão conhecer os juízes e tribunais."); o art. 11 do Ato Institucional 5/1968 ("Excluem-se de qualquer apreciação judicial todos os atos praticados de acordo com este Ato Institucional e seus Atos Complementares, bem como os respectivos efeitos"), o art. 181 da Emenda Constitucional n. 1/1969, entre outros.

Três são os parâmetros normativos do controle judicial: os dispositivos da Constituição, a legislação infraconstitucional pertinente e as normas de execução contidas no próprio decreto.

Onde se revela mais imprescindível o controle judicial é em relação às medidas de restrição a direitos fundamentais, estando assegurado o acesso ao Judiciário, com as inafastáveis garantias do devido processo legal (art. 5º, LIV e LV), por via de *habeas corpus* (art. 5º, LXVIII) e de mandado de segurança (art. 5º, LXIX e LXX), por exemplo. O próprio texto constitucional é claro ao afirmar, exemplificativamente, quanto ao estado de defesa, que a prisão por crime contra o Estado poderá ser decretada pelo executor da medida, mas deverá ser "comunicada imediatamente ao juiz competente" (art. 136, § 3º, I). A intervenção judicial pode, portanto, ser preventiva ou repressiva. Esta, de modo mais amplo, é referida no final do *caput* do art. 141, que menciona a apuração da "responsabilidade pelos ilícitos cometidos" pelos executores ou agentes, tanto em relação ao estado de defesa quanto ao estado de sítio.

A responsabilização judicial por atos cometidos por conta de estado de defesa ou de sítio pode ocorrer em qualquer dos âmbitos judiciais criminal ou civil (inclusive por improbidade administrativa: art. 37, § 4º, e art. 85, V; Lei 8.429/1992), e não exclui a responsabilização nas esferas administrativa e política (crimes de responsabilidade). Podem arcar com a responsabilidade tanto os indivíduos responsáveis, quanto as pessoas jurídicas de Direito Público interno representadas pelas autoridades implicadas (art. 37, § 6º): é o que diz, por exemplo, a parte final do art. 136, § 1º, II, da Constituição: no estado de defesa, a União responde "pelos danos e custos decorrentes" da "ocupação e uso temporário de bens e serviços públicos, na hipótese de calamidade pública".

Uma palavra quanto ao controle judicial de constitucionalidade em tese, concentrado, por via principal. O decreto de estado de defesa ou de sítio pode ser objeto de ação direta de inconstitucionalidade (inclusive por omissão), pois apresenta suficiente conteúdo normativo (norma abstrata, geral, impessoal); ainda que assim não fosse, o mesmo órgão judicial (o Supremo Tribunal Federal) pode apreciar esse ato da mesma alta autoridade (o Presidente da República), de modo semelhante (diretamente), por meio de controle concreto: um mandado de segurança, por exemplo (art. 102, I, "d"). Se o decreto não fosse considerado suficientemente genérico, caberia o controle concentrado por meio de arguição de descumprimento de preceito fundamental (art. 102, § 1º), se não "houver qualquer outro meio eficaz de sanar a lesividade" (Lei 9.882/1999, art. 4º, § 1º).

O Ministério Público é outra instituição encarregada de fiscalizar medidas tomadas em situações de crise grave, com atuação quer na esfera judicial, quer na extrajudicial, porquanto lhe cabe "a defesa da ordem jurídica, do regime democrático e dos interesses sociais e individuais indisponíveis" (art. 127, *caput*).

4.5.4. Controle por outros órgãos e instrumentos: Tribunal de Contas, Comissão Parlamentar de Inquérito, direito de informação e ação popular...

As diversas modalidades de controle sobre o Poder Público previstas ordinariamente na Constituição não ficam afastadas: prestam-se à fiscalização das medidas excepcionais adotadas em situação de crise grave. É assim quanto aos Tribunais de Contas, órgãos técnicos organicamente vinculados ao Poder Legislativo, aos quais cabe a "fiscalização contábil, financeira, orçamentária, operacional e patrimonial" dos diversos órgãos da Administração Pública direta e indireta (art. 70), ou seja, os agentes e executores das medidas de estado de defesa ou de sítio devem, sim, prestar as devidas contas.

O Congresso Nacional ou cada uma de suas Casas pode instalar comissão parlamentar de inquérito (art. 58, § 3º) para investigar fatos relevantes ocorridos em estado de defesa ou de sítio, com o que se estabelece uma modalidade eventual e específica de fiscalização parlamentar, além do controle geral que ao Congresso cabe em relação aos estados de defesa e de sítio.

---

12. Jurisprudência referida por José Adércio Leite Sampaio, *A constituição reinventada pela jurisdição constitucional*, p. 320-323 e p. 359-361 (Caso Café Filho, de 1955, em que o STF aceita lei do Congresso "que decretava o estado de sítio, restringindo o uso de mandado de segurança e de *habeas corpus* contra atos do Presidente da República, dos Ministros, do executor do estado de sítio e atos das Mesas do Parlamento"). Veja-se também Manoel Gonçalves Ferreira Filho, *Comentários à Constituição brasileira de 1988*, p. 68.

Até mesmo qualquer cidadão (a rigor, entendemos que qualquer pessoa) pode solicitar informações e, mais amplamente, providências do Poder Público, inclusive nas situações excepcionais de estado de defesa ou de sítio, eis que a Constituição assegura o direito de petição em sentido amplo (art. 5º, XXXIII e XXXIV), embora ela autorize o segredo por razões de "segurança da sociedade e do Estado". Na esfera judicial, o cidadão pode manejar ação popular contra ilegalidades praticadas em estado de defesa ou de sítio, pois a Constituição lhe defere este mecanismo para, amplamente, "anular ato lesivo ao patrimônio público..., à moralidade administrativa...", entre outros bens jurídicos (art. 5º, LXXIII).

4.6. Publicidade (proclamação oficial)

A decretação do estado de defesa ou de sítio deve ser pública e oficial, tanto que o respectivo decreto precisa ser publicado no Diário Oficial da União para que produza efeitos. As medidas adotadas também deverão ser dadas a conhecimento público, salvo quando a reserva for importante para o sucesso das medidas, tendo em vista a segurança da sociedade e do Estado (por exemplo, o sigilo das autoridades em relação à interceptação de comunicação e as buscas e apreensões domiciliares). Garantias mínimas como a da comunicação imediata da prisão ao juiz competente (art. 136, § 3º, I) e a da comunicação do detido com seus familiares e advogado (art. 5º, LXII e LXIII) não poderão ser afastadas. Há, portanto, um princípio de publicidade, o que não exclui a possibilidade excepcional e devidamente fundamentada de medidas reservadas ("secretas"), apenas pelo tempo absolutamente necessário para debelar as consequências da crise grave e restabelecer a normalidade, tanto que a própria Constituição determina a cessação dos efeitos do estado de defesa ou de sítio e o imediato encaminhamento, pelo Presidente da República, de relatório circunstanciado ao Congresso Nacional (art. 141), o que significa a revelação de eventual sigilo (a menos que alguma informação ainda comprometa a segurança da sociedade e do Estado, mesmo após o término do estado de exceção).

A comunicação oficial da instauração de medidas excepcionais é hoje uma exigência da comunidade internacional, prevista, por exemplo, no Pacto Internacional de Direitos Civis e Políticos (ONU, 1966), art. 4º.3: "Os Estados-partes no presente Pacto que fizerem uso do direito de suspensão [das obrigações decorrentes do próprio Pacto] devem comunicar imediatamente aos outros Estados-partes... as disposições que tenham suspenso, bem como os motivos de tal suspensão. Os Estados-partes deverão fazer uma nova comunicação... na data em que terminar tal suspensão".

4.7. Regramento constitucional

Trata-se de aspecto formal: a previsão dos estados de defesa e de sítio na própria Constituição, com o detalhamento adequado, a fim de que integrem o sistema normativo constitucional e gozem das características de supremacia e rigidez próprias das normas constitucionais. Essa característica é uma qualificação especial (em nível constitucional) do princípio da legalidade. A mera previsão normativa, entretanto, não basta: é preciso que consista em um regramento satisfatório, que limite claramente os poderes excepcionais. A simples atribuição jurídica de poderes excepcionais mais ou menos incondicionais representa a pré-história do Direito Constitucional de Crise, de que são ilustração as tiranias e ditaduras "eletivas" ou "conferidas", na Grécia e Roma antigas.

4.8. Proporcionalidade

Uma característica instrumental, na verdade um critério de interpretação/aplicação das medidas que compõem o estado de defesa ou de sítio. Essas situações de crise grave justificam-se apenas excepcionalmente, na proporção justamente necessária para debelar as causas e restabelecer a normalidade: quanto maior a gravidade e urgência, mais restritivas as medidas; quanto mais duradoura a crise, mais longas as restrições. Devem verificar-se aqui os aspectos da proporcionalidade, segundo a análise da doutrina e jurisprudência alemãs: adequação (as medidas restritivas devem ser capazes de alcançar os objetivos previstos), necessidade ou exigibilidade (não deve haver outro meio que atinja, com menor sacrifício e maior eficácia, os objetivos previstos) e proporcionalidade em sentido estrito (deve ser razoável, proporcionada, a restrição imposta, em relação aos objetivos previstos).

5. Restrições a direitos

A previsão expressa das possíveis restrições a direitos – especialmente os fundamentais – é uma das razões da disciplina constitucional dos estados de exceção. Ademais, os direitos não podem ser suprimidos (suspensos inteiramente), apenas restringidos. Assim, nem todos os direitos podem ser restringidos, nem todo ele. Admitem-se apenas restrições genéricas e não limitações individuais (particularizadas), no decreto de exceção (embora, é claro, haverá necessidade de especificação quando da aplicação em concreto). As restrições aplicam-se também às pessoas jurídicas, no que couber[13].

Para o estado de defesa, estão arroladas restrições aos direitos de liberdade, reunião, sigilo de correspondência, sigilo de comunicação telegráfica e telefônica, bem como ocupação e uso temporário de bens e serviços públicos (art. 136, § 1º, I e II, e § 3º). A restrição à liberdade de locomoção (art. 5º, XV) por meio de prisão em condições diferenciadas somente poderá ocorrer por crime contra o Estado (necessariamente definido em lei específica) e poderá ser determinada pelo executor da medida (exceção à competência jurisdicional: art. 5º, LXI) pelo prazo máximo de dez dias; o desrespeito a essas condições desafia *habeas corpus* (art. 5º, LXVIII), garantia constitucional que não pode ser afastada. Embora expressamente vedada a incomunicabilidade do preso (art. 136, § 3º, IV), a comunicação de sua prisão é exigida apenas ao juiz e não à sua família ou à pessoa por ele indicada (art. 5º, LXII), mas não são previstas restrições à assistência da família e de advogado (art. 5º, LXIII). A liberdade de reunião (art. 5º, XVI) pode ser restringida inclusive quanto ao direito de associação (art. 5º, XVII). A inviolabilidade do sigilo de correspondência e das comunicações telegráfica e telefônica (art. 5º, XII) pode ser restringida inclusive quanto às diversas modalidades, como o correio eletrônico. O direito de propriedade (art. 5º, XXII) é restringido pela permis-

---

13. Celso Ribeiro Bastos e Ives Gandra Martins, *Comentários à Constituição do Brasil (promulgada em 5 de outubro de 1988)*, p. 114.

são de requisição (art. 5º, XXV), embora não esteja excluído o eventual direito à indenização; aqui, uma suposta redução textual indevida aos bens e serviços "públicos" contorna-se com três argumentos: se até os bens e serviços públicos podem ser requisitados, com muito maior razão os particulares; em relação ao estado de sítio, o texto refere-se amplamente à requisição de bens, sem qualificar; o adjetivo "públicos" refere-se aos serviços apenas, não aos bens.

Para o estado de sítio por causa de "comoção grave de repercussão nacional ou ocorrência de fatos que comprovem a ineficácia de medida tomada durante o estado de defesa" (art. 137, I), é prevista (art. 139) a obrigação de permanência em localidade determinada ("menagem" ou residência forçada, em que a pessoa fica no local onde estiver – diferentemente do desterro – e que não é específico para a segregação – diferentemente da detenção)[14], bem como a detenção em edifício não destinado a acusados ou condenados por crimes comuns, ambas restrições ao direito de locomoção (art. 5º, XV); também então é possível a impetração de *habeas corpus* (art. 5º, LXVIII) se as condições de restrição não forem observadas. Restrições relativas à inviolabilidade da correspondência e ao sigilo das comunicações (que afetam a inviolabilidade do art. 5º, XII), à prestação de informações (cujo acesso é assegurado no art. 5º, XIV) e à liberdade de imprensa, radiodifusão e televisão (que afeta o direito de expressão em sua dimensão institucional: art. 220) dependem de prévia regulação em lei; a "censura" aos meios de comunicação dificilmente justificaria a interdição de funcionamento, pois a restrição não pode descambar para a supressão dos direitos. O único direito que permite uma "restrição" total – embora, como todas, temporária – é a liberdade de reunião (art. 5º, XVI), que pode chegar a ser "suspensa". A busca e apreensão em domicílio afeta a inviolabilidade deste e pode dispensar as limitações ordinárias (art. 5º, XI). Pode haver intervenção nas empresas de serviços públicos (inclusive aqueles prestados por Estados, Distrito Federal e Municípios), principalmente para garantir-lhes a continuidade. A requisição de bens afeta o direito de propriedade (art. 5º, XXII), mas não afasta eventual indenização. Por fim, são passíveis de restrição a "difusão de pronunciamentos de parlamentares efetuados em suas Casas Legislativas", não liberados pela respectiva Mesa (art. 139, parágrafo único), e de suspensão as imunidades parlamentares, "nos casos de atos praticados fora do recinto do Congresso Nacional, que sejam incompatíveis com a execução da medida", desde que aprovada pelo "voto de dois terços dos membros da Casa respectiva" (art. 53, § 8º); tais restrições alcançam os parlamentares estaduais (art. 27, § 1º), distritais (art. 32, § 3º) e municipais (art. 29, IX).

Para o estado de sítio por causa de "declaração de estado de guerra ou resposta a agressão armada estrangeira" (art. 137, II), a Constituição não prevê quais restrições a direitos fundamentais podem ser decretadas, com o que elas podem incidir sobre quase todos eles (haverá direitos fundamentais invioláveis, pelo que nunca se poderá, por exemplo, impor as penas vedadas no art. 5º, XLVII, nem restringir o acesso à jurisdição – art. 5º, XXXV), mas o decreto deverá estabelecer exatamente quais as restrições. A mais ampla possibilidade de restrição de direitos no estado de sítio previsto no art. 137, II, faz com que seja designado "estado de sítio pleno"; a limitação às restrições no estado de sítio previsto no art. 137, I, faz com que seja designado "estado de sítio restrito" (ou "atenuado").

Onde há exigência de lei para disciplinar restrições, exige-se lei em sentido estrito, não servindo para tanto a medida provisória (art. 62, § 1º, I, "a", e art. 68, § 1º, II).

Em âmbito internacional, o Pacto Internacional de Direitos Civis e Políticos (ONU, 1966) prevê que não poderão ser suspensos os direitos especificados (art. 4º.2).

O importante esforço normativo de previsão das restrições a direitos não substitui a necessidade de ponderação em concreto, orientada sempre pelo critério da proporcionalidade.

6. Institutos afins: intervenção, medidas provisórias e tributação excepcional

Uma modalidade de exceção constitucional por causa de desordem interna que comprometa especificamente a federação é prevista autonomamente sob o instituto da intervenção (art. 34 a 36) e promove uma concentração limitada de poderes no Executivo interveniente (federal ou estadual).

Também a possibilidade limitada de edição de atos com força de lei (medidas provisórias: art. 62) pelo Presidente da República (e pelos Governadores e Prefeitos), sob os pressupostos de relevância e urgência, caracteriza modalidade de estado de emergência legislativa[15]. Aliás, justamente uma das mais importantes consequências dos estados de exceção é a atribuição (concentração) de poderes legislativos ao Executivo.

No campo tributário, a Constituição prevê, em caso de guerra externa atual ou iminente, a possibilidade de a União instituir "impostos extraordinários, compreendidos ou não em sua competência", e que deverão ser gradativamente suprimidos, quando "cessadas as causas de sua criação" (art. 154, II). Embora o veículo normal seja a lei ordinária, pode ser editada medida provisória pelo Presidente da República (art. 62, § 2º).

Em situações "de calamidade pública, de guerra externa ou sua iminência" (as mesmas causas do estado de defesa – a primeira – e do estado de sítio – ambas), é possível a instituição de empréstimo compulsório (art. 148, I), por meio de lei complementar federal (reserva de lei, competência exclusiva do Congresso Nacional: art. 68, § 1º; vedação de medida provisória: art. 62, § 1º, III). A principal característica dessa espécie tributária é a restituição.

Ambas as exceções tributárias não estão vinculadas à decretação do estado de sítio ou de defesa (um pode dar-se sem o outro e vice-versa), embora seja natural a ligação, em razão da mesma causa. Ambas afastam a exigência da anterioridade (art. 150, § 1º) e têm o produto de sua arrecadação vinculado à finalidade específica de prover às despesas decorrentes da respectiva causa (exceção ao princípio do art. 167, IV). As competências tributárias excepcionais permitem o afastamento temporário da distribuição constitucional de competências entre os entes da federação e deixam que a União institua tributos que, de ordinário, ca-

---

14. Manoel Gonçalves Ferreira Filho, *Comentários à Constituição brasileira de 1988*, p. 71.

15. A propósito, na Constituição da Alemanha, art. 81, onde não se prescinde ao menos do consentimento do Senado.

beriam aos Estados, Distrito Federal e Municípios; mas estes não perdem sua competência tributária normal, ou seja, os tributos extraordinários podem concorrer com os ordinários (bitributação)[16].

7. Natureza dos atos (medidas) praticados por conta dos estados de defesa ou de sítio

A decretação dos estados de defesa ou de sítio tem a natureza de ato político (ou complexo de atos políticos), entendido como aquele tomado discricionariamente por detentor de mandato eletivo, no contexto da direção política do Estado. A natureza política da decretação é reforçada por dois outros aspectos: a) a sujeição a controle parlamentar, segundo critérios políticos, ou seja, o Congresso Nacional pode apreciar a decretação não apenas a partir da existência objetiva das causas (pressupostos materiais) e da observância das formalidades (pressupostos formais), mas a partir de uma avaliação política: se faltar sustentação política, o Presidente da República pode ver rejeitado o decreto de estado de defesa ou não autorizado o decreto de estado de sítio; b) a responsabilidade política do Presidente da República, que está sujeito a crime de responsabilidade.

Tratando-se de ato discricionário, a decretação não é obrigatória, mesmo presentes causas que justificariam a instauração do estado de defesa ou de sítio. Pode o Presidente da República entender que as situações de crise grave consigam ser debeladas sem a necessidade de decretação de medidas excepcionais, quer dizer, que seja possível debelar a crise com os meios e modos oferecidos normalmente pela Constituição. Essa opção por decretar ou não estado de defesa ou de sítio já é uma importante tomada de posição, pela qual responde o Presidente da República.

É natural deferir-se a competência (poder-dever) de decretar os estados de sítio e de defesa ao Chefe de Estado, a quem se costuma atribuir a importante função de manter a estabilidade do país, em condições adequadas de governo. Em sistema presidencialista como o nosso, em que o Presidente da República associa as chefias de Estado e de Governo, a observação é de somenos importância, mas, nos sistemas parlamentaristas, é frequente e destacada essa atribuição ao Presidente da República (Chefe de Estado), não ao Primeiro-Ministro (Chefe de Governo), do que dão exemplo França (art. 16 da respectiva Constituição) e Portugal (art. 137, "d", da respectiva Constituição).

8. Natureza das normas constitucionais sobre estado de defesa e estado de sítio (garantias institucionais)

A disciplina das situações de crise grave incorporou-se às Constituições modernas e pode hoje ser considerada "natural", ou melhor, integrante da Constituição em sentido material: normas sobre estado de sítio e quejandos fazem parte do conteúdo básico da Constituição. Essa disciplina é arrolada entre os "elementos" das Constituições, na categoria dos "elementos de estabilização constitucional", traduzidos por normas que preveem meios e técnicas de proteção da própria Constituição, do Estado e das instituições democráticas. Trata-se, justamente, de uma concepção sistemática e autorreferencial, em que a própria Constituição consagra normas que regulam regimes jurídicos excepcionais, cuja função é de autossustentação da ordem constitucional: garantir o cumprimento "global" ou "essencial" da Constituição em situações de crise grave. Nesse sentido, fala-se em garantias institucionais: normas constitucionais que contemplam mecanismos institucionais (meios e modos) de proteção.

Também são normas de estabilização constitucional, que consagram garantias institucionais de proteção da própria Constituição, aquelas que tratam do controle de constitucionalidade (art. 102, I, "a"; III, e §§, e outras), da reforma constitucional (CR, art. 60, e outras) e da intervenção federativa (CR, arts. 34 a 36), por exemplo.

Quanto à possibilidade de alteração, os dispositivos relativos aos estados de defesa e de sítio são dotados de rigidez como quaisquer normas da Constituição brasileira, e são também passíveis de reforma (não constituem cláusulas pétreas), como já visto, desde que não se acabe por atingir os limites materiais de alteração constitucional. O que constitui limite implícito ao poder de reforma constitucional (norma dotada de super-rigidez, portanto) é a limitação circunstancial de não se poder alterar a Constituição na vigência de estado de defesa ou de sítio (art. 60, § 1º).

9. Aplicabilidade (eficácia jurídica) das normas constitucionais sobre estado de defesa e estado de sítio

As normas da Constituição que definem as situações de exceção, como em princípio os "elementos de estabilização constitucional", devem ter uma tendencial eficácia jurídica plena e aplicabilidade imediata, pois, para serem eficazes em momentos de crise e urgência, os mecanismos de autopreservação da Constituição não devem estar condicionados a mais nenhuma exigência de integração normativa. As normas da Constituição devem já disciplinar suficientemente os estados de sítio e de defesa, ou seja, não se deve relegar à atividade legislativa a regulamentação dos dispositivos constitucionais concernentes.

Isso não quer dizer que se prescinda de atividades às quais está condicionada a regularidade do procedimento de decretação dos estados de sítio e de defesa, e que estão previstas nas próprias normas constitucionais a respeito dessas situações. É o caso, por exemplo, da oitiva prévia dos Conselhos da República e de Defesa Nacional, e, para o estado de sítio, da autorização do Congresso Nacional. Ou seja: a decretação dos estados de sítio e de defesa não pode ser imediata, pois carece de medidas antecedentes. Sob o prisma normativo, no entanto, as normas da Constituição que regulamentam os estados de sítio e de defesa, e que estabelecem aquelas condições, são de aplicabilidade direta, imediata.

Ilustre-se com a norma constante do *caput* do art. 136: "O Presidente da República pode, ouvidos o Conselho da República e o Conselho de Defesa Nacional, decretar estado de defesa para preservar ou prontamente restabelecer, em locais restritos e determinados, a ordem pública ou a paz social ameaçadas por grave e iminente instabilidade institucional ou atingidas por calamidades de grandes proporções na natureza". É norma que, do ponto

---

16. Roque Antonio Carrazza, *Curso de direito constitucional tributário*, p. 563-564. O autor não inclui os empréstimos compulsórios, que, para ele, apenas poderiam incidir sobre o campo tributário reservado à própria União (p. 558-559). Divirjo, inclusive sob o argumento topográfico: os empréstimos compulsórios, ao contrário dos impostos extraordinários, não estão previstos na seção dos impostos da União.

de vista jurídico, está perfeita, não carece de integração, pode desde logo produzir efeitos, assim que verificada a situação de fato. Está atribuída a competência (que embute um dever) à pessoa do Presidente da República. A decretação fica condicionada à consulta prévia dos Conselhos. Definida a finalidade da decretação: preservar ou prontamente restabelecer a ordem pública ou a paz social. Previstos os pressupostos fáticos: grave e iminente instabilidade institucional ou calamidades de grandes proporções na natureza. Nem sequer estão sujeitos a uma definição legal pormenorizada esses pressupostos fáticos, vazados em conceitos vagos que somente a situação concreta saberá especificar. A legislação ou regulamentação poderá, quando muito, retomar e desenvolver algum aspecto (por exemplo, a organização e o funcionamento dos Conselhos da República e de Defesa Nacional deverá ser feita por lei ordinária federal: art. 90, § 2º, e art. 91, § 2º), mas a aplicabilidade dos dispositivos relativos aos estados de defesa e de sítio não fica a isso condicionada.

De modo parecido, a norma do art. 139, II, a respeito das medidas que poderão ser tomadas contra as pessoas, no estado de sítio decretado por comoção grave de repercussão nacional ou por ineficácia de medida tomada durante estado de defesa, medidas essas que incluem a "detenção em edifício não destinado a acusados ou condenados por crimes comuns". Conquanto caiba ordinariamente à lei determinar onde deve ser cumprida a pena privativa de liberdade por crimes comuns, assim como cabe a lei definir os crimes comuns, e a norma constitucional em referência vá apoiar-se nessa legislação "ordinária", a restrição à liberdade tolerada em estado de sítio está desde logo suficientemente regulamentada: a "detenção em edifício não destinado a acusados ou condenados por crimes comuns" não depende de integração normativa.

Carecem, porém, de definição legal, certos aspectos relacionados à restrição de direitos, previstos pontualmente na Constituição. Assim, por exemplo, é norma de eficácia contida a previsão do art. 136, § 1º, sobre o estado de defesa, que remete aos "termos e limites da lei" a definição das medidas coercitivas a vigorarem, dentre aquelas expressamente arroladas (art. 136, § 1º, I e II), que deverão ser indicadas no decreto de instauração. Trata-se, pois, de norma de aplicabilidade imediata, que contém normatividade suficiente para sua aplicação integral enquanto não for editada a lei de integração: se ocorrer uma dessas causas que justifique a decretação de estado de defesa, o Presidente da República poderá, desde logo, indicar no decreto as medidas coercitivas, dentre aquelas previstas na Constituição; o que a lei poderá fazer, se vier a ser editada, é especificar e limitar as medidas possíveis. Reforça essa interpretação o princípio da urgência e o fato de a disciplina do estado de sítio, que é mais grave e restritiva, não conter remissão à lei em relação às medidas que podem ser adotadas (art. 139). Bastará uma lei ordinária federal, mas não se poderá adotar aqui medida provisória, em razão das limitações de conteúdo e de duração dessa espécie normativa (art. 62, § 1º, I, "a"); além disso, a legislação prevista deve conter a atuação – já bastante ampla – do próprio Presidente da República, e não teria sentido que ele mesmo estabelecesse limites a uma atuação sua.

É de aplicabilidade diferida e eficácia limitada a norma que condiciona as "restrições relativas à inviolabilidade da correspondência, ao sigilo das comunicações, à prestação de informações e à liberdade de imprensa, radiodifusão e televisão" – que podem ser adotadas no estado de sítio – à "forma da lei" (art. 139, III), ou seja, requer-se aqui a interposição legislativa: é preciso uma lei prévia, lei em sentido formal (reserva do Poder Legislativo), para que se possa, em cada decreto que venha a ser editado por força de estado de sítio, especificar restrições àqueles direitos fundamentais de privacidade, de expressão, de comunicação e de informação. A Constituição apresenta aqui uma incoerência: medidas restritivas semelhantes ou idênticas referentes ao sigilo de correspondência e ao sigilo de comunicação telegráfica e telefônica, que podem ser adotadas nas hipóteses menos graves de estado de defesa, não estão condicionadas à integração legislativa (art. 136, § 1º, I, "b" e "c").

A tendencial aplicabilidade direta da disciplina constitucional dos estados de defesa e de sítio foi uma opção do poder constituinte brasileiro em 1988. Não foi a opção do constituinte português, por exemplo: a Constituição da República Portuguesa, de 1976, condicionou a disciplina dos estados de sítio e de emergência à definição por lei orgânica (art. 169.2), de competência legislativa sob reserva absoluta da Assembleia da República (art. 167, "e").

10. Estados de exceção constitucional na federação: União, Estados, Distrito Federal e Municípios

Os estados de defesa e de sítio, previstos na Constituição brasileira de 1988, são situações de repercussão nacional e, como tais, relacionados à esfera federal. Por isso, a competência material expressa da União para decretá-los (art. 21, V), por intermédio do Presidente da República (art. 84, IX), e a competência exclusiva do Congresso Nacional para apreciá-los (art. 49, IV); questões judiciais decorrentes serão da competência da Justiça Federal e assim por diante. Portanto, nem as Constituições estaduais, nem as Leis Orgânicas do Distrito Federal e dos Municípios, podem prever as medidas típicas de estado de defesa e de sítio.

O assunto "estado de exceção" não é, contudo, exclusivamente federal, pois é claro que situações de crise grave podem ter repercussão apenas local e, assim, dizerem respeito mais diretamente a outras esferas da federação. Nessa hipótese, a competência constitucional será do respectivo Estado, Distrito Federal ou Município, conforme o princípio federativo (art. 1º, caput, e art. 18).

Algumas Constituições estaduais lembram-se de dispor expressamente (mas isso nem seria necessário) que ao Governador do Estado compete, privativamente, "decretar as situações de emergência e estado de calamidade pública" (por exemplo, Constituição do Ceará, art. 88, XIX). De modo semelhante, Leis Orgânicas municipais atribuem tal competência privativa aos respectivos Prefeitos: por exemplo, a de Vitória-ES (art. 113, XVI) e a de Blumenau-SC (art. 59, XVIII). Há certa uniformidade nas previsões normativas, refletida na nomenclatura das situações locais de crise grave: "situação (ou estado) de emergência" e "calamidade pública". Nesse contexto, o Decreto federal 5.376/2005, que "[d]ispõe sobre o Sistema Nacional de Defesa Civil – SINDEC", define situação de emergência como "o reconhecimento pelo poder público de situação anormal, provocada por desastres, causando danos superáveis pela comunidade afetada"; e estado de calamidade pública como "o reconhecimento pelo poder público de situação anormal, provocada por desastres, causando sérios danos à comunidade afetada, inclusive à incolumidade pública ou à vida de seus integrantes", numa evidente gradação de gravidade; esse Decreto alude à competência dos Governadores e Prefeitos para decretá-los.

Lembre-se que existem outras medidas ordinariamente previstas na própria Constituição da República, fora dos estados de exceção, para que o Governo federal possa enfrentar o comprometimento da tranquilidade e segurança das instituições democráticas e dos direitos fundamentais, como a intervenção (art. 34), o emprego da Polícia Federal (art. 144, I a III) ou das Forças Armadas (art. 142), a edição de medida provisória (art. 62). Em nível local, as Constituições estaduais e Leis Orgânicas também preveem instrumentos para enfrentar ordinariamente os problemas surgidos.

11. Referências bibliográficas

11.1. Obras específicas

ACKERMAN, Bruce. *Before the next attack. Preserving civil liberties in an age of terrorism*. Yale University Press: New Haven, 2006.

AGAMBEN, Giorgio. *Estado de exceção*. São Paulo: Boitempo, 2004.

BERCOVICI, Gilberto. *Soberania e Constituição: poder constituinte, estado de exceção e os limites da teoria constitucional*. São Paulo, 2005, 356 f. Tese (Concurso para Professor Titular do Departamento de Direito do Estado – Área de Direito Constitucional) – Faculdade de Direito, Universidade de São Paulo.

_____. *Constituição e estado de exceção permanente. Atualidade de Weimar*. Rio de Janeiro: Azougue Editorial, 2004.

FERRAZ, Anna Cândida da Cunha. *Conflito entre poderes. O poder congressual de sustar atos normativos do Poder Executivo*. São Paulo: Revista dos Tribunais, 1994, p. 32-33.

FERREIRA FILHO, Manoel Gonçalves. *O estado de sítio na Constituição brasileira de 1946 e na sistemática das medidas extraordinárias de defesa da ordem constitucional*. São Paulo, 1964. Tese (Livre-docência de Direito Constitucional) – Faculdade de Direito, Universidade de São Paulo.

GARCIA, Maria da Glória F. P. Dias. Constituição *ex machina*. *Direito e Justiça – Revista da Faculdade de Direito da Universidade Católica Portuguesa*, Lisboa, v. XIII, t. 1, p. 177-198, 1999.

SANTOS, Aricê Moacyr Amaral. *O estado de emergência*. São Paulo: Sugestões Literárias, 1981.

SCALQUETTE, Ana Cláudia Silva. *Sistema constitucional das crises. Os direitos fundamentais face a situações extremas*. Porto Alegre: Sergio Antonio Fabris, 2004.

SCHMITT, Carl. *La defensa de la constitución*. 2. ed. Madrid: Tecnos, 1998.

SILVA, Alfredo Canellas Guilherme da. Direito de crise na Constituição de 1988. O emprego do estado de defesa e do estado de sítio na defesa do Estado Democrático de Direito excepcional. Disponível em: <http://www.advogado.adv.br/artigos/2003/alfredocanellas/estadodesalvaguarda.htm>. Acesso em: 13/12/2006.

11.2. Obras genéricas

ARAUJO, Luiz Alberto David; NUNES JÚNIOR, Vidal Serrano. *Curso de direito constitucional*. 9. ed. São Paulo: Saraiva, 2005.

BAIGÚN, David. El delito de atentado al orden constitucional y a la vida democrática. In:

BASTOS, Celso Ribeiro; MARTINS, Ives Gandra. *Comentários à Constituição do Brasil (promulgada em 5 de outubro de 1988)*. v. 5. São Paulo: Saraiva, 1997.

BIDART CAMPOS, G. J.; SANDLER, H. R. (coord.). *Estudios sobre la reforma constitucional de 1994*. Buenos Aires: Depalma, 1995, p. 43-56.

BONAVIDES, Paulo. *Curso de direito constitucional*. 6. ed. São Paulo: Malheiros, 1996.

CANOTILHO, José Joaquim Gomes. *Direito constitucional*. 6. ed. Coimbra: Almedina, 1993.

CARRAZZA, Roque Antonio. *Curso de direito constitucional tributário*. 23. ed. São Paulo: Malheiros, 2007.

DENNINGER, Erardo. Democracia militante y defensa de la Constitución. In: BENDA, E. et al. *Manual de derecho constitucional*. Madrid: Marcial Pons, 1996, p. 445-485.

FAVOREU, Louis et al. *Droit constitutionnel*. 4. ed. Paris: Dalloz, 2001.

FERREIRA FILHO, Manoel Gonçalves. *Comentários à Constituição brasileira de 1988*. v. 3. São Paulo: Saraiva, 1994.

_____. *Curso de direito constitucional*. 25. ed. São Paulo: Saraiva, 1999.

GONÇALVES, Luiz Carlos dos Santos. *Comissões parlamentares de inquérito. Poderes de investigação*. São Paulo: Juarez de Oliveira, 2001.

HAMON, Francis; TROPER, Michel; BURDEAU, Georges. *Direito constitucional*. 27. ed. Barueri: Manole, 2005.

HESSE, Konrad. *Elementos de direito constitucional da República Federal da Alemanha*. Porto Alegre: Sergio Antonio Fabris, 1998.

LOEWENSTEIN, Karl. *Teoría de la constitución*. 2. ed. Barcelona: Ariel, 1983.

MAQUIAVEL. *Comentários sobre a primeira década de Tito Lívio*. 3. ed. Brasília: Universidade de Brasília, 1994.

MELLO FILHO, José Celso de. *Constituição Federal anotada*. 2. ed. São Paulo: Saraiva, 1986.

MIRANDA, Jorge. *Manual de direito constitucional*. t. II. 3. ed. Coimbra: Coimbra, 1996.

MORAES, Alexandre de. *Direito constitucional*. 10. ed. São Paulo: Atlas, 2001.

PACTET, Pierre. *Institutions politiques. Droit constitutionnel*. 10. ed. Paris: Masson, 1991.

PINTO FERREIRA, Luís. *Comentários à Constituição brasileira*. v. 5. São Paulo: Saraiva, 1992.

_____. *Curso de direito constitucional*. 5. ed. São Paulo: Saraiva, 1991.

PULIDO QUECEDO, Manuel. *La constitución española. Con la jurisprudencia del Tribunal Constitucional*. Pamplona: Aranzadi, 1993.

SAMPAIO, José Adércio Leite. *A Constituição reinventada pela jurisdição constitucional.* Belo Horizonte: Del Rey, 2002.

SARLET, Ingo Wolfgang. *A eficácia dos direitos fundamentais.* 5. ed. Porto Alegre: Livraria do Advogado, 2005.

SCHMITT, Carl. *Teoría de la constitución.* 3. reimp. Madrid: Alianza, 2001.

SILVA, José Afonso da. *Curso de direito constitucional positivo.* 16. ed. São Paulo: Malheiros, 1999.

_____. *Aplicabilidade das normas constitucionais.* 2. ed. São Paulo: Revista dos Tribunais, 1982.

SILVA, Paulo Napoleão Nogueira da. *A chefia do Estado.* São Paulo: Revista dos Tribunais, 1994.

TAVARES, André Ramos. *Curso de direito constitucional.* 3. ed. São Paulo: Saraiva, 2006.

TEIXEIRA, J. H. Meirelles. *Curso de direito constitucional.* Rio de Janeiro: Forense Universitária, 1991.

CAPÍTULO II

DAS FORÇAS ARMADAS

Art. 142. As Forças Armadas, constituídas pela Marinha, pelo Exército e pela Aeronáutica, são instituições nacionais permanentes e regulares, organizadas com base na hierarquia e na disciplina, sob a autoridade suprema do Presidente da República, e destinam-se à defesa da Pátria, à garantia dos poderes constitucionais e, por iniciativa de qualquer destes, da lei e da ordem.

§ 1º Lei complementar estabelecerá as normas gerais a serem adotadas na organização, no preparo e no emprego das Forças Armadas.

§ 2º Não caberá *habeas corpus* em relação a punições disciplinares militares.

§ 3º Os membros das Forças Armadas são denominados militares, aplicando-se-lhes, além das que vierem a ser fixadas em lei, as seguintes disposições:

I – as patentes, com prerrogativas, direitos e deveres a elas inerentes, são conferidas pelo Presidente da República e asseguradas em plenitude aos oficiais da ativa, da reserva ou reformados, sendo-lhes privativos os títulos e postos militares e, juntamente com os demais membros, o uso dos uniformes das Forças Armadas;

II – o militar em atividade que tomar posse em cargo ou emprego público civil permanente, ressalvada a hipótese prevista no art. 37, inciso XVI, alínea "c", será transferido para a reserva, nos termos da lei;

III – o militar da ativa que, de acordo com a lei, tomar posse em cargo, emprego ou função pública civil temporária, não eletiva, ainda que da administração indireta, ressalvada a hipótese prevista no art. 37, inciso XVI, alínea "c", ficará agregado ao respectivo quadro e somente poderá, enquanto permanecer nessa situação, ser promovido por antiguidade, contando-se-lhe o tempo de serviço apenas para aquela promoção e transferência para a reserva, sendo depois de dois anos de afastamento, contínuos ou não, transferido para a reserva, nos termos da lei;

IV – ao militar são proibidas a sindicalização e a greve;

V – o militar, enquanto em serviço ativo, não pode estar filiado a partidos políticos;

VI – o oficial só perderá o posto e a patente se for julgado indigno do oficialato ou com ele incompatível, por decisão de tribunal militar de caráter permanente, em tempo de paz, ou de tribunal especial, em tempo de guerra;

VII – o oficial condenado na justiça comum ou militar a pena privativa de liberdade superior a dois anos, por sentença transitada em julgado, será submetido ao julgamento previsto no inciso anterior;

VIII – aplica-se aos militares o disposto no art. 7º, incisos VIII, XII, XVII, XVIII, XIX e XXV, e no art. 37, incisos XI, XIII, XIV e XV, bem como, na forma da lei e com prevalência da atividade militar, no art. 37, inciso XVI, alínea "c";

IX – (*revogado*);

X – a lei disporá sobre o ingresso nas Forças Armadas, os limites de idade, a estabilidade e outras condições de transferência do militar para a inatividade, os direitos, os deveres, a remuneração, as prerrogativas e outras situações especiais dos militares, consideradas as peculiaridades de suas atividades, inclusive aquelas cumpridas por força de compromissos internacionais e de guerra.

Art. 143. O serviço militar é obrigatório nos termos da lei.

§ 1º Às Forças Armadas compete, na forma da lei, atribuir serviço alternativo aos que, em tempo de paz, após alistados, alegarem imperativo de consciência, entendendo-se como tal o decorrente de crença religiosa e de convicção filosófica ou política, para se eximirem de atividades de caráter essencialmente militar.

§ 2º As mulheres e os eclesiásticos ficam isentos do serviço militar obrigatório em tempo de paz, sujeitos, porém, a outros encargos que a lei lhes atribuir.

Cláudio Pereira de Souza Neto[1]

1. História da norma

As cartas constitucionais brasileiras, de forma mais ou menos sistemática, sempre contiveram preceitos sobre as Forças Armadas. Tais preceitos foram objeto de polêmicas recorrentes quanto à possibilidade de as Forças Armadas intervirem na vida política nacional, rompendo com a normalidade democrática sob o pretexto de garantirem a ordem. Referências abertas à seguran-

---

1. Na elaboração deste comentário, especialmente na coleta das referências ao direito constitucional anterior, ao direito comparado e à jurisprudência, contamos com a colaboração de Siddharta Legale Ferreira (discente e monitor de Direito Constitucional da Universidade Federal Fluminense).

ça nacional, à subordinação ao poder civil apenas dentro dos limites da lei, ao emprego das Forças Armadas na manutenção da ordem e na garantia dos poderes constituídos, entre outras menos polêmicas, deram frequentemente espaço para interpretações obtusas. A Constituição de 1988 buscou superar as ambiguidades que caracterizavam os textos anteriores. Para isso, inseriu o Capítulo sobre as Forças Armadas no Título da "Defesa do Estado e das instituições democráticas", superando a denominação "Segurança Nacional"; conferiu às Forças Armadas a função de garantir os "poderes constitucionais", não os "poderes constituídos"; excluiu da subordinação ao poder civil a ressalva de que esta se daria somente "nos limites da lei". Contudo, manteve a atribuição às Forças Armadas da função de manter a "lei e a ordem", o que não é ideal no que toca à pretensão de superar definitivamente o passado autoritário. Mas a interpretação do art. 142 em conjunto com os preceitos constitucionais fundamentais (república, democracia, estado de direito) não deixa dúvidas de que a "ordem" que as Forças Armadas devem preservar é a ordem republicana do estado democrático de direito.

2. Constituições brasileiras anteriores

Constituição Política do Império do Brasil de 1824 (arts. 145-150): art. 147: A Força Militar é essencialmente obediente; jamais se poderá reunir, sem que lhe seja ordenado pela Autoridade legítima; art. 148: Ao Poder Executivo compete privativamente empregar a Força Armada de Mar, e Terra, como bem lhe parecer conveniente à Segurança, e defesa do Império; **Constituição da República dos Estados Unidos do Brasil de 1891** (art. 14, 86-88): art. 14: As forças de terra e mar são instituições nacionais permanentes, destinadas à defesa da Pátria no exterior e à manutenção das leis no interior. A força armada é essencialmente obediente, dentro dos limites da lei, aos seus superiores hierárquicos e obrigada a sustentar as instituições constitucionais; **Constituição da República dos Estados Unidos do Brasil de 1934** (art. 159-165): art. 162: As forças armadas são instituições nacionais permanentes, e, dentro da lei, essencialmente obedientes aos seus superiores hierárquicos. Destinam-se a defender a Pátria e garantir os Poderes constitucionais, e ordem e a lei; **Constituição dos Estados Unidos do Brasil de 1937** (arts. 160-164): art. 161: As forças armadas são instituições nacionais permanentes, organizadas sobre a base da disciplina hierárquica e da fiel obediência à autoridade do Presidente da República; **Constituição dos Estados Unidos do Brasil de 1946** (arts. 14, §§ 8º e 9º, 176-179): art. 176: As forças armadas, constituídas essencialmente pelo Exército, Marinha e Aeronáutica, são instituições nacionais permanentes, organizadas com base na hierarquia e na disciplina, sob a autoridade suprema do Presidente da República e dentro dos limites da lei; art. 177: Destinam-se as forças armadas a defender a Pátria e a garantir os poderes constitucionais, a lei e a ordem; **Constituição da República Federativa do Brasil de 1967** (arts. 92-94): art. 92: As forças armadas, constituídas pela Marinha de Guerra, Exército e Aeronáutica Militar, são instituições nacionais, permanentes e regulares, organizadas com base na hierarquia e na disciplina, sob autoridade suprema do Presidente da República e dentro dos limites da lei; art. 92, § 1º: Destinam-se as forças armadas a defender a Pátria e a garantir os Poderes constituídos, a lei e a ordem; **Emenda Constitucional n. 1, de 1969** (arts. 90-93): art. 90: As Forças Armadas, constituídas pela Marinha, pelo Exército e pela Aeronáutica, são instituições nacionais, permanentes e regulares, organizadas com base na hierarquia e na disciplina, sob a autoridade suprema do Presidente da República e dentro dos limites da lei; art. 91: As Forças Armadas, essenciais à execução da política de segurança nacional, destinam-se à defesa da Pátria e à garantia dos poderes constituídos, da lei e da ordem.

3. Constituições estrangeiras

Constituição Argentina: art. 99; Constituição Colombiana: arts. 216-222; Constituição Boliviana: arts. 97, 207-213; Constituição da Venezuela: arts. 328-331; Constituição do Paraguai: arts. 129, 172-173; Constituição Portuguesa: arts. 275-276; Constituição Alemã: art. 115; Constituição Belga: arts. 182-186; Constituição dos Estados Unidos: arts. I, 8, e II, 2.

4. Direito internacional

Carta da ONU: Preâmbulo, arts. 2, 41-47; Carta da Organização dos Estados Americanos: arts. 2, 19-21, 66, 67; Tratado de Assistência Recíproca: arts. 8º, 9º.

5. Dispositivos constitucionais relevantes (relação ilustrativa)

Constituição de 1988: art. 12, § 3º, VI (oficial das forças armadas: cargo privativo de brasileiro nato); art. 14, 8º, II (exercício de mandato eletivo e inatividade); art. 22, XXI (competência privativa da União para legislar sobre normas gerais de organização, efetivos, material bélico, garantias, convocação e mobilização das polícias militares e corpos de bombeiros militares); art. 27, § 1º (regras relativas à incorporação de deputados estaduais às Forças Armadas); art. 48, III (competência do Congresso Nacional para fixar e modificar o efetivo das Forças Armadas); art. 53, § 7º (incorporação de deputados e senadores às Forças Armadas condicionada a autorização da respectiva casa); art. 61, § 1º, I (iniciativa do Presidente da República quanto a projetos de lei que disponham sobre a fixação e a modificação de efetivo das Forças Armadas); art. 61, § 1º, II, "f" (iniciativa do Presidente da República quanto a projetos de lei que disponham sobre militares das Forças Armadas); art. 84, XIII (competências do Presidente da República relativas às Forças Armadas); art. 84, XIX (competência do Presidente da República para declarar guerra e decretar a mobilização nacional).

6. Jurisprudência selecionada

STF: RE 186.166/ES. *DJU* 03 set. 1999 (a perda do posto e da patente tem natureza jurisdicional, caracterizando, assim, causa que pode dar margem à interposição de recurso extraordinário); **HC 70.894/DF.** *DJU* 15. abr. 1994 (o procedimento administrativo de perda do posto ou patente, a que se submete o militar, em consequência de condenação criminal, não se sujeita a controle jurisdicional mediante *habeas corpus*, mas, sim, por outros instrumentos adequados); **RE 358961/MS,** *DJU* 12-03-2004: (A EC 18/98, ao cuidar exclusivamente da perda do posto e da patente do oficial [CF, art. 142, VII], não revogou o art. 125, § 4º, do texto constitucional originário, regra especial nela atinente à situação das praças); **Súmula Vinculante 6,** *DJe* 16-05-2008 (não viola a Constituição o estabelecimento de remuneração inferior ao salário mínimo para as praças prestadoras de serviço militar inicial); **STJ: AgRg no REsp 969708/RS**, *DJU* 10-03-2008 (Impossibilidade de convocação, após a conclusão de cursos superior, de profissionais de saúde anteriormente dispensados do serviço militar por excesso de contingente); **TRF1: AC 2001.39.00.010435-0/PA**, *DJU* 11-09-2006 (A ausência da lei prevista no art. 142, § 3º, X, da Constituição não significa a possibilidade de ingresso de pessoa de qualquer idade nas Forças Armadas, pois esse é um dos casos em que a Administração deve aplicar diretamente as normas e princípios constitucionais); **AC 2002.38.00.009622-9/MG**, *DJU* 14-06-2007 (Praça não estável não faz jus à reforma *ex officio* por moléstia preexistente à sua incorporação e sem relação de causa e efeito com o serviço militar); **TRF2: AC 2001.02.01.046220-0**, *DJ* de 23-05-2006 (a visão monocular não é fator que incapacite o militar de forma definitiva para todo e qualquer trabalho, e inexistindo impossibilidade total e permanente para qualquer trabalho, é incabível o acolhimento do pedido de reforma); **AResc 2001.02.01.019762-0**, *DJ* 25-08-2003 (considera-se como tempo de serviço, para fins de aquisição de estabilidade, conforme disposto no art. 50, IV, "a", da Lei 6.880/80, o somatório dos períodos prestados em cada Força Armada, posto que o Estatuto dos Militares se aplica igualmente às Três Armas); **AC 96.02. 42551-2**, *DJ* 30-10-2001 (o militar que ingressar no serviço das Forças Armadas na qualidade de praça só atingirá a estabilidade quando contar com mais de 10 anos de efetivo serviço); **MI 7311**, *DJe* 15-6-2020; **ADI 6.457 MC**, *DJe* 16-6-2020.

7. Literatura selecionada

ALCÂNTARA, Fernando Cesar Diogo de. *Direito constitucional: defesa do Estado*. As Forças Armadas nas Constituições brasileiras (1822/2004). Rio de Janeiro: s. ed., 2007; BARROSO, Luís Roberto. Forças Armadas e ações de segurança pública: possibilidades e limites à luz da constituição. *Revista de Direito do Estado*, n. 7, jul./set., 2007; CORRÊA, Sergio Feltrin. A integridade das forças armadas: hierarquia e disciplina e a utilização da via judicial. *Revista Marítima Brasileira*, v. 122, n. 10/12, out./dez., 2002; CARVALHO, José Murilo de. *Forças Armadas e política no Brasil*. Rio de Janeiro: Jorge Zahar, 2005; ELIA, Rui da Fonseca. Forças Armadas: os garantes matérios do estado democrático. *Revista Marítima Brasileira*, v. 122, n. 04/06, abr./jun. 2002; FLORES, Mário Cesar. *Constituinte e Constituição*: Segurança Nacional. Rio de Janeiro: Escola Superior de Guerra, 1986; SAMPAIO, Gustavo. *Notas sobre o tratamento constitucional das Forças Armadas* (do papel do Estado na ordem internacional). Conferência proferida no VI Encontro Nacional de Estudos estratégicos. Disponível em: <www.egn.mar.mil>. SEABRA FAGUNDES, Miguel. *O poder de polícia, o desenvolvimento e a segurança nacional*. Rio de Janeiro: Escola Superior de Guerra, 1974; idem, *As Forças Armadas na Constituição*. Rio de Janeiro: Biblioteca do Exército, 1955; VIEIRA, Jose Ribas. *O autoritarismo e a ordem constitucional no Brasil*. Rio de Janeiro: Renovar, 1988; ZAVERUCHA, Jorge. *FHC, Forças Armadas e polícia*: entre o autoritarismo e a democracia (1999-2002). Rio de Janeiro: Record, 2005; SOUZA CRUZ, Álvaro Ricardo de; SILVA, Diogo Bacha e. Poder Moderador, Forças Armadas e a Constituição Federal: uma leitura constitucionalmente adequada. *Revista da Faculdade Mineira de Direito*, v. 23, n. 46, 2020; SANTA CRUZ OLIVEIRA SCALETSKY, Felipe; FURTADO COÊLHO, Marcus Vinicius; BINENBOJM, Gustavo. Inconstitucionalidade das propostas de intervenção militar constitucional. Forças Armadas não exercem papel de Poder Moderador. *Revista de Direito Administrativo*, v. 280, n. 1, p. 235–248, 2021.

8. Anotações

8.1. Reconhecido o território como a extensão espacial terrestre, marítima e aérea sobre a qual um povo exerce sua soberania, entende-se o motivo por que as Forças Armadas são formadas por Exército, Marinha e Aeronáutica. Cuida-se de proteger o Estado em suas diversas dimensões. No caso brasileiro, não se trata da defesa de uma espécie qualquer de Estado, mas do Estado Democrático de Direito. É o que se depreende de as Forças Armadas estarem disciplinadas no Título V da Constituição Federal, referente à "Defesa do Estado e das Instituições Democráticas". A Constituição Federal de 1988 proscreve que, sob o pretexto de proteger o Estado, sejam perpetradas ofensas aos direitos fundamentais e à estrutura político-governamental do estado de direito, do sufrágio universal, do pluripartidarismo, da separação de poderes e do federalismo. Receosos de novas irrupções autoritárias, os constituintes subordinaram o emprego das Forças Armadas à iniciativa dos "poderes constitucionais", e não dos "poderes constituídos", como ocorria na ordem constitucional anterior. Na presente ordem constitucional, as Forças Armadas se subordinam ao poder de direito, não ao poder de fato: ao poder civil eleito em conformidade com as regras do regime democrático. Para realçar a subordinação das Forças Armadas ao poder civil, foi criado o Ministério da Defesa, em substituição aos extintos ministérios militares da Marinha, do Exército e da Aeronáutica (Emenda Constitucional n. 23, de 1999). Como o STF já teve ocasião de decidir (MI 7.311), não se coaduna com o texto constitucional a caracterização das Forças Armadas como "poder moderador", superior aos Poderes constitucionais. As Forças Armadas devem ser empregadas, sob o comando supremo do Presidente da República, nunca em detrimento dos mencionados Poderes constitucionais (ADI 6.457-MC).

8.2. Organizadas com base na hierarquia e na disciplina, as Forças Armadas possuem como autoridade suprema o Presidente da República (CF, art. 84, XIII). Hierarquia pressupõe a organização escalonada das funções individualizadas. A disciplina denota a subordinação funcional. Esses princípios de organização se justificam por sua destinação à defesa da pátria e à garantia da independência nacional (art. 1º, I e art. 4º, I), dos poderes constitucionais e, excepcionalmente, por iniciativa destes, da lei e da ordem (art.142 da CRFB/88). Lei Complementar deve estabelecer as normas gerais sobre organização, preparo e emprego das Forças Armadas (art. 61, § 1º, I), conformando o quadro estruturante da hierarquia e disciplina.

8.3. As Forças Armadas brasileiras são instituições nacionais, regulares e permanentes. Não se admite a existência de forças temporárias, nem tampouco a criação de grupos paramilitares (art. 5º, XVI e XVII). A Constituição prevê a subdivisão das Forças Armadas em Exército, Marinha e Aeronáutica. O *Exército* brasileiro tem como missão institucional aparelhar e preparar as forças terrestres para, de forma regular e permanente, zelar pela defesa do País contra inimigos externos. A *Marinha* deve aparelhar e adestrar as forças navais, cabendo-lhe preparar o Corpo de Fuzileiros Navais e propor diretrizes para polícia marítima nacional. Como força militar permanente que atua no mar e em rios e lagoas, deve, ainda, promover a segurança da navegação, controlando a Marinha Mercante Nacional. A *Aeronáutica*, de formação mais recente (Decreto 3.302 de 1941), tem como tarefa preparar a Força Aérea, propor diretrizes para política aérea nacional e, subsidiariamente, supervisionar o desempenho das atividades aeronáuticas civis, comerciais, privadas e desportivas. A opção por dividir em três ramos as Forças Armadas, para além de responder a aspectos de conveniência funcional, revela também a preocupação em evitar a concentração de poder militar. Trata-se de técnica de controle civil sobre o poder militar assentada no princípio da separação de poderes, em favor da defesa do Estado e das instituições democráticas.

8.4. Os membros das Forças Armadas são chamados "militares". O termo também é empregado para designar policiais militar e bombeiros militares (art. 42). No tocante ao regime jurídico a que se vinculam os membros das Forças Armadas, a Emenda Constitucional n. 18 transferiu a matéria do art. 42 para o § 3º do art.142, retirando o qualificativo "servidores militares", para denominá-los tão somente "militares". As modificações topográficas e terminológicas, contudo, não alteraram a sua condição de servidores públicos. São-lhes estendidos direitos sociais (art. 142, VIII) como o 13º salário, o salário-família, as férias anuais remuneradas, a licença gestante, a licença paternidade, a assistência gratuita aos filhos e dependentes em creches e pré-escolas (art. 7º, VIII, XII, XVII, XVIII, XIX e XXV). A sindicalização e a greve estão proibidas aos militares (art. 142, § 3º, IV).

8.5. As patentes, com prerrogativas, direitos e deveres a elas inerentes, são conferidas pelo Presidente da República e asseguradas em plenitude aos oficiais da ativa, da reserva ou reformados, sendo-lhes privativos os títulos e postos militares e o uso dos uniformes das Forças Armadas (art. 142, § 3º, I). Os militares dividem-se em *oficiais* e *não oficiais*, sendo os últimos chamados também de "praças". Ambos recebem cartas reconhecendo a condição de membros das Forças Armadas. Os *oficiais* recebem *patentes* que designam o *posto*. As *patentes* são exclusivas dos oficiais. Os não oficiais detêm apenas o documento de nomeação e graduação na hierarquia militar. O *título* é a designação do *status* do oficial titular do posto. Um militar que ocupe o posto de capitão de fragata e seja designado para dirigir o Departamento de Logística Naval terá o *título* de Diretor de Depósito Naval.

8.6. No Brasil, o serviço militar é *obrigatório* (CF, art. 143; Lei 4.375/1964). O serviço militar consiste no treinamento e instrução militares por determinado tempo. Em regra, em tempos de paz, a prestação do serviço militar ocorre a partir de 1º de janeiro do ano em que o cidadão completa 18 anos (Lei 4.376 de 1964). A duração normal é de doze meses. Mas esse tempo pode ser aumentado em período de guerra. Após o término desse lapso inicial de um ano, em que o serviço militar é obrigatório, o militar pode voluntariamente requerer a prorrogação de seu serviço nas Forças Armadas (Lei 4375 de 1964, Decreto 57.654 de 1966, Lei 7150 de 1983). A avaliação do requerimento dependerá da conveniência da Administração. O serviço militar obrigatório é excepcionado para três grupos: mulheres, eclesiásticos e indivíduos que invoquem objeção de consciência (art. 143, §§ 1º e 2º). Os que invocam objeção de consciência (art. 143, § 1º, e art. 5º, VIII) sujeitam-se ao serviço alternativo que lhes for atribuído, na forma da lei. Este serviço consiste em atividades de caráter administrativo, assistencial, filantrópico ou produtivo (**Lei n. 8.239/1991**). Pode ser prestado nas organizações militares ou, mediante convênio, nos ministérios civis.

8.7. Os militares ativos ou inativos podem ocupar cargos, empregos ou funções civis.

No entanto, isso desencadeia efeitos peculiares. Se um militar da ativa for empossado em cargo público civil permanente, de provimento efetivo, será transposto para reserva (art. 142, § 3º). Caso ocupe cargo, emprego ou função temporária não eletiva, ficará agregado ao respectivo quadro e, após dois anos de afastamento, contínuos ou não, será definitivamente considerado inativo. Os militares, que estiverem em serviço ativo, não podem se filiar a partidos políticos (art.142, § 3º, V). No entanto, os militares podem ser eleitos (art. 14, § 8º): se tiver menos de 10 anos de serviço, deverá se afastar da atividade (art.14, § 8º, I); se tiver mais de 10 anos de serviço e for eleito, passará para inatividade (art.14, § 8º, II); se não for eleito, deverá se desligar do partido e voltar ao serviço ativo. Os conscritos não podem votar ou se alistar (art. 14, § 2º).

8.8. A garantia constitucional do *habeas corpus* não é aplicável à hipótese de prisão administrativa disciplinar dos militares (art. 142, § 2º). O STF, contudo, têm interpretado restritivamente a exceção. Descabe ao Judiciário, ao julgar *habeas corpus*, apenas o exame do mérito da punição disciplinar. Todavia, o Judiciário pode analisar aspectos relativos à legalidade do ato (RO em HC 88.543-8/SP, *DJU* 27-04-2007): a hierarquia, o poder disciplinar, o ato ligado à função, a pena susceptível de ser aplicada disciplinarmente (STF, RE 338.840-1/RS, *DJU* 12-09-2003). Como a ordem pode ser concedida apenas na hipótese de afronta à liberdade de locomoção (art. 5º, LXVIII), não cabe *habeas corpus* para pedir que o Judiciário examine a perda de posto e patente (STF, HC 70.894-3/DF, *DJU* 15-04-1994).

8.9. A missão constitucional das Forças Armadas consiste em afiançar a defesa nacional, preservar a paz e garantir os poderes constitucionais. Contudo, no próprio *caput* do art. 142 da Constituição Federal, há a previsão de que as Forças Armadas atuem também na garantia "da lei e da ordem". Esse é o fundamento constitucional para execução pelas Forças Armadas de operações no campo da segurança pública. No entanto, a execução, pelas Forças Armadas, de operações de segurança está reservada a momentos excepcionais, quando tenha lugar a decretação de (a) estado de defesa, (b) estado de sítio ou (c) intervenção federal. Essas três possibilidades de emprego das Forças Armadas em operações de segurança pública decorrem de previsões específicas presentes no texto constitucional (arts. 34, III, 136 e 137). Como, nessas três hipóteses, há restrição a direitos fundamentais e relativização da autonomia estadual, a Constituição submete as medidas aplicáveis a forte controle legislativo e jurisdicional. Fora dos contextos de excepcionalidade constitucional, há ainda duas outras possibilidades de as Forças Armadas serem empregadas na segurança pública: (d) a realização de investigações criminais no âmbito de inquérito policial militar (CF, art. 144, § 4º, CPPM, art. 7º e 8º, *b*); e (e) a execução de operações de policiamento ostensivo em contextos em que predomine o interesse nacional, em especial em visitas de chefes de estados estrangeiros (Decreto n. 3.897/2001, art. 5º). São, portanto, cinco as possibilidades de as Forças Armadas executarem ações de segurança pública. A Lei n. 97/1999 ainda prevê uma sexta possibilidade: (f) a realização de ações de policiamento ostensivo por solicitação do Governador de Estado, quando os meios disponíveis na esfera estadual se mostrarem insuficientes.

CAPÍTULO III

DA SEGURANÇA PÚBLICA

Art. 144. A segurança pública, dever do Estado, direito e responsabilidade de todos, é exercida para a preservação da ordem pública e da incolumidade das pessoas e do patrimônio, através dos seguintes órgãos:

I – polícia federal;

II – polícia rodoviária federal;

III – polícia ferroviária federal;

IV – polícias civis;

V – polícias militares e corpos de bombeiros militares;

VI – polícias penais federal, estaduais e distrital.

§ 1º A polícia federal, instituída por lei como órgão permanente, organizado e mantido pela União e estruturado em carreira, destina-se a:

I – apurar infrações penais contra a ordem política e social ou em detrimento de bens, serviços e interesses da União ou de suas entidades autárquicas e empresas públicas, assim como outras infrações cuja prática tenha repercussão interestadual ou internacional e exija repressão uniforme, segundo se dispuser em lei;

II – prevenir e reprimir o tráfico ilícito de entorpecentes e drogas afins, o contrabando e o descaminho, sem prejuízo da ação fazendária e de outros órgãos públicos nas respectivas áreas de competência;

III – exercer as funções de polícia marítima, aeroportuária e de fronteiras;

IV – exercer, com exclusividade, as funções de polícia judiciária da União.

§ 2º A polícia rodoviária federal, órgão permanente, organizado e mantido pela União e estruturado em carreira, destina-se, na forma da lei, ao patrulhamento ostensivo das rodovias federais.

§ 3º A polícia ferroviária federal, órgão permanente, organizado e mantido pela União e estruturado em carreira, destina-se, na forma da lei, ao patrulhamento ostensivo das ferrovias federais.

§ 4º Às polícias civis, dirigidas por delegados de polícia de carreira, incumbem, ressalvada a competência da União, as funções de polícia judiciária e a apuração de infrações penais, exceto as militares.

§ 5º Às polícias militares cabem a polícia ostensiva e a preservação da ordem pública; aos corpos de bombeiros militares, além das atribuições definidas em lei, incumbe a execução de atividades de defesa civil.

§ 5º-A. Às polícias penais, vinculadas ao órgão administrador do sistema penal da unidade federativa a que pertencem, cabe a segurança dos estabelecimentos penais.

§ 6º As polícias militares e corpos de bombeiros militares, forças auxiliares e reserva do Exército, subordinam-se, juntamente com as polícias civis, aos Governadores dos Estados, do Distrito Federal e dos Territórios.

§ 7º A lei disciplinará a organização e o funcionamento dos órgãos responsáveis pela segurança pública, de maneira a garantir a eficiência de suas atividades.

§ 8º Os Municípios poderão constituir guardas municipais destinadas à proteção de seus bens, serviços e instalações, conforme dispuser a lei.

§ 9º A remuneração dos servidores policiais integrantes dos órgãos relacionados neste artigo será fixada na forma do § 4º do art. 39.

§ 10. A segurança viária, exercida para a preservação da ordem pública e da incolumidade das pessoas e do seu patrimônio nas vias públicas:

I – compreende a educação, engenharia e fiscalização de trânsito, além de outras atividades previstas em lei, que assegurem ao cidadão o direito à mobilidade urbana eficiente; e

II – compete, no âmbito dos Estados, do Distrito Federal e dos Municípios, aos respectivos órgãos ou entidades executivos e seus agentes de trânsito, estruturados em Carreira, na forma da lei.

Cláudio Pereira de Souza Neto[1]

1. História da norma

A história constitucional brasileira está repleta de referências difusas à segurança pública. Mas até a Constituição de 1988, não havia capítulo próprio, nem previsão constitucional mais detalhada, como agora se verifica. As Constituições anteriores não disciplinavam a segurança pública em um único preceito. Por ter "constitucionalizado", em detalhe, a segurança pública, a Constituição de 1988 se individualiza ainda no direito comparado, em que também predominam referências pontuais.

2. Constituições brasileiras anteriores

Constituição Política do Império do Brasil de 1824: arts. 21, 34, 89 e 102; **Constituição da República dos Estados Unidos do Brasil de 1891:** arts. 34, 6º, e 20; **Constituição da República dos Estados Unidos do Brasil de 1934:** art. 5º, V e IX, e art. 167: As polícias militares são consideradas reservas do Exército, e gozarão das mesmas vantagens a este atribuídas, quando mobilizadas ou a serviço da União; **Constituição dos Estados Unidos do Brasil de 1937:** arts. 15, IV, VIII, e 16, V; **Constituição dos Estados Unidos do Brasil de 1946:** arts. 5º, VII, 183: As polícias militares instituídas para a segurança interna e a manutenção da ordem nos Estados, nos Territórios e no Distrito Federal, são consideradas, como forças auxiliares, reservas do Exército; **Constituição da República Federativa do Brasil de 1967:** art. 183, § 4º: As polícias militares, instituídas para a manutenção da ordem e segurança interna nos Estados, nos Territórios e no Distrito Federal, e os corpos de bombeiros militares são considerados forças auxiliares reserva do Exército, não podendo os respectivos inte-

---

1. Na elaboração deste comentário, especialmente na coleta das referências ao direito constitucional anterior e ao direito comparado, contamos com a colaboração de Naira Senna Gomes Guaranho, discente e monitora de Direito Constitucional da Universidade Federal Fluminense.

grantes perceber retribuição superior à fixada para o correspondente posto ou graduação do Exército, absorvidas por ocasião dos futuros aumentos, as diferenças a mais, acaso existentes; **Emenda Constitucional n. 1, de 1969:** art. 8º, VIII: Compete à União (...) organizar e manter a polícia federal com a finalidade de: a) executar os serviços de política marítima, aérea e de fronteiras; b) prevenir e reprimir o tráfico de entorpecentes e drogas afins; c) apurar infrações penais contra a segurança nacional, a ordem política e social ou em detrimento de bens, serviços e interesses da União, assim como outras infrações cuja prática tenha repercussão interestadual e exija repressão uniforme, segundo se dispuser em lei; e d) prover a censura de diversões públicas; art. 13, § 4º: As polícias militares, instituídas para a manutenção da ordem pública nos Estados, nos Territórios e no Distrito Federal, e os corpos de bombeiros militares são considerados forças auxiliares, reserva do Exército, não podendo seus postos ou graduações ter remuneração superior à fixada para os postos e graduações correspondentes no Exército.

3. Constituições estrangeiras

Constituição Portuguesa: art. 172; Constituição Italiana: arts. 170 (1) e 120 (1); Constituição Espanhola: arts. 104 e 148 (1), (22), e art. 149 (1), (29); Constituição Austríaca: arts. 10 e 102 (2); Constituição da Bolívia: arts. 215 a 217; Constituição do Chile: arts. 19, n.3, 90, 91, 93, 94 e 95; Constituição da Colômbia: arts. 216 e 218; Constituição da Costa Rica: arts. 12 e 120; Constituição de El Salvador: arts. 159, 162 e 168, n. 17 e n. 19; Constituição do Equador: arts. 183 a 187 e 189; Constituição do Haiti: arts. 263 e 269 a 274; Constituição Mexicana: arts. 21, 115, III, h, 122, base segunda, II, 122, base quinta, G, e 273; Constituição da Nicarágua: arts. 92 e 97; Constituição do Panamá: arts. 305 e 306; Constituição do Paraguai: arts. 172 e 175; Constituição do Peru: arts. 59, 166 e 174; Constituição do Uruguai: art. 173; Constituição da Venezuela: arts. 15 e 332.

4. Direito internacional

Declaração Universal dos Direitos do Homem, arts. 3º, 5º, 9º e 11º; Declaração Americana dos Direitos e Deveres do Homem, arts.1º e 28; Pacto Internacional dos Direitos Civis e Políticos, art. 9º e 10º; Convenção Americana de Direitos Humanos (Pacto de San José da Costa Rica), arts. 7º e 8º.

5. Dispositivos constitucionais relevantes (relação ilustrativa)

Art. 5º, *caput* (direito à segurança); art. 5º, XXXIII (direito a receber informações dos órgãos públicos); art. 5º, LXIV (direito do preso de ter a identificação dos responsáveis por sua prisão ou por seu interrogatório policial); art. 21, XIV (competência da União para organizar e manter a polícia civil, a polícia militar e o corpo de bombeiros militar do Distrito Federal, bem como prestar assistência financeira ao Distrito Federal para a execução de serviços públicos, por meio de fundo próprio); art. 21, XXII (competência da União para executar os serviços de polícia marítima, aeroportuária e de fronteiras); art. 22 (competência privativa da União para legislar sobre normas gerais de organização, efetivos, material bélico, garantias, convocação e mobilização das polícias militares e corpos de bombeiros militares; competência da polícia federal e das polícias rodoviária e ferroviária federais; defesa territorial, defesa aeroespacial, defesa marítima, defesa civil e mobilização nacional); art. 32, § 4º (previsão de que Lei federal disporá sobre a utilização, pelo Governo do Distrito Federal, das polícias civil e militar e do corpo de bombeiros militar); art. 42 (atribuição aos membros das Polícias Militares e Corpos de Bombeiros Militares, instituições organizadas com base na hierarquia e disciplina, a condição de militares dos Estados, do Distrito Federal e dos Territórios); art. 42, § 1º (aplicação aos militares dos Estados, do Distrito Federal e dos Territórios, além do que vier a ser fixado em lei, das disposições do art. 14, § 8º; do art. 40, § 9º; e do art. 142, §§ 2º e 3º, cabendo a lei estadual específica dispor sobre as matérias do art. 142, § 3º, inciso X, sendo as patentes dos oficiais conferidas pelos respectivos governadores); art. 42, § 2º (aplicação aos pensionistas dos militares dos Estados, do Distrito Federal e dos Territórios o que for fixado em lei específica do respectivo ente estatal); art. 129, VII e VIII (atribuição ao Ministério Público das funções institucionais de exercer o controle externo da atividade policial, na forma da lei complementar mencionada no artigo anterior; e de requisitar diligências investigatórias e a instauração de inquérito policial, indicados os fundamentos jurídicos de suas manifestações processuais); art. 136 (dispõe sobre o estado de defesa); art. 137 (dispõe sobre estado de sítio); art. 142 (dispõe sobre as Forças Armadas); ADCT, art. 89 (dispõe sobre os integrantes da carreira policial militar do ex-Território Federal de Rondônia).

6. Jurisprudência

STF: ADI 3.441, *DJU* 09-03-2007, e ADI 2.427, *DJU* 10-11-2006: Decisão que determina que a direção das investigações criminais só pode ser exercida por delegados de carreira; Rcl-AgRg 2.617, *DJU* 20-05-2005; ADI 2.424, *DJU* 18-06-2004; ADI-MC 1.942, *DJU* 22-10-1999: Caracterização da segurança pública como serviço público inespecífico e indivisível, devendo, por essa razão, ser mantido através de *impostos*, não de taxas; AI-AgRg 239.107, j. 19-10-1999: Responsabilização de estabelecimento bancário por crime praticado no estabelecimento bancário; ADI 132, *DJU* 30-05-2003: Constitucionalidade da atribuição à Polícia Militar da função de realizar radiopatrulha aérea; ADI 882, *DJU* 23-04-2004: Inconstitucionalidade da atribuição, por lei estadual, de autonomia administrativa, funcional e financeira à Polícia Judiciária Civil; ADI 2.710, *DJU* 13-06-2003: Inconstitucionalidade de norma constitucional estadual que restringe a escolha de delegado-chefe da polícia civil pelo Governador do Estado aos indicados em lista tríplice formada pelo órgão de representação da respectiva carreira; ADI 1.854, *DJU* 04-05-2001: Vedação de que delegados e agentes de polícia civil estadual componham a mesma carreira, do que resulta a impossibilidade de progressão vertical; ADI 1.182, *DJU* 10-03-2006, e ADI 2.827, *DJe* 06-04-2011: Definição do rol do art. 144 como taxativo, vedando-se aos Estados--membros atribuir função policial ao departamento de trânsito; ADI 236, *DJU* 01-06-2001: Inconstitucionalidade da instituição de "polícia penitenciária", encarregada da vigilância dos estabelecimentos penais; ADI-MC 2.227, *DJU* 07-11-2003: Possibilidade da criação de órgãos com o propósito de coordenar as políticas de segurança e de integrá-las com outras ações de governo (Secretaria Nacional Antidrogas); ADI 1.570, *DJU* 22-10-2004: Inconstitucionalidade da realização, por magistrados, de diligências de busca e apreensão de documentos; ADI 244, *DJU* 31-10-2002: Inconstitucionalidade de eleição de delegado pela população local; **ADI 2.819**, *DJe* 02-12-2005: A gestão da segurança pública, como parte integrante da administração pública, é atribuição privativa do governador de Estado; **Rcl 6.568/SP**, *DJ* 25-09-2009: Assim como os servidores militares, aos integrantes das carreiras policiais, por prestarem serviços públicos relacionados à manutenção da ordem e da segurança públicas, está proibido o exercício do direito de greve; ADPF 635 MC, *DJe* 02-06-2022; **STJ**: REsp 571.924, *DJU* 10-11-2006: O uso de algemas pela força policial deve ficar adstrito a garantir a efetividade da operação e a segurança de todos os envolvidos; REsp 505.080, *DJU* 17-10-2003: A prática de ilícito por agentes do Estado incumbidos da Segurança Pública impõe a exacerbação da condenação do Estado a reparar os danos causados. **TJRS**: AI 70.020.195.616, j. 17-10-2007: Decisão que condena o ente municipal a implementar programa permanente de atendimento a adolescentes autores de atos infracionais que devem cumprir medida socioeducativa em meio aberto.

7. Literatura selecionada

BARROSO, Luís Roberto. Forças Armadas e ações de segurança pública: possibilidades e limites à luz da Constituição, *Revista de Direito do Estado*, n. 7, 2007; BICUDO, Helio. A unificação das polícias no Brasil. *Estudos Avançados*, n. 40, 2000; CERQUEIRA, Carlos M. N. A polícia comunitária: uma nova visão de política de segurança pública. *Discursos Sediciosos*, n. 4, 1997; _____. Remilitarização da segurança pública: a operação Rio. *Discursos Sediciosos*, n. 1, 1996; _____. *O futuro de uma ilusão*: o sonho de uma nova polícia. Freitas Bastos, 2001; COSTA, Paula Bajer Fernandes Martins da. Sobre a posição da polícia judiciária na estrutura do direito processual penal brasileiro da atualidade. *Revista Brasileira de Ciências Criminais*, n. 26, 1999; DALLARI, Adilson de Abreu. Competência constitucional da Polícia Rodoviária Federal. *Revista de Informação Legislativa*, n. 135, 1997; DIAS NETO, Theodomiro. *Segurança urbana*: o modelo da nova prevenção. São Paulo: FGV/RT, 2005; DORNELLES, João Ricardo Wanderley. Violência urbana, direitos da cidadania e políticas de segurança no contexto de consolidação das instituições democráticas e das reformas econômicas neoliberais. *Discursos Sediciosos*, n. 4, 1997; HAGEN, Acácia Maduro. As classificações do trabalho policial. *Revista de Estudos Criminais*, n. 22, 2006; MUNIZ, Jacqueline e PROENÇA JUNIOR, Domínio. Os rumos da construção da polícia democrática. *Boletim IBCCrim*, n. 164, 2006; QUITO, Carina e MALAN, Diogo Rudge. Resolução CJF n. 507/06 e direitos fundamentais do investigado. *Boletim IBCCrim*, n. 165, 2006; SANTIN, Valter Foleto. *Controle judicial da segurança pública*: eficiência do serviço na prevenção e repressão ao crime. São Paulo: RT, 2004; SOUZA NETO, Cláudio Pereira de. A segurança pública na Constituição Federal de 1988: conceituação constitucionalmente adequada, competências federativas e órgãos de execução das políticas. *Revista de Direito do Estado*, n. 8, 2007; RATTON, José Luiz; BARROS, Marcelo (coords.). *Polícia, democracia e sociedade*. Rio de Janeiro: Lumen Juris, 2007; SILVA, Jorge da. *Segurança pública e polícia*: criminologia crítica aplicada. Rio de Janeiro: Forense, 2003; SOUZA, Luis Antonio Francisco de. Polícia, Direito e poder de polícia. A polícia brasileira entre a ordem pública e a lei. *Revista Brasileira de Ciências Criminais*, n. 43, abr./jun. 2003; SULOCKI, Vitória Amélia de B. C. G. *Segurança pública e democracia*: aspectos constitucionais das políticas públicas de segurança. Rio de Janeiro: Lumen Juris, 2007; WACQUANT, Loïc. A ascensão do Estado penal nos EUA. *Discursos Sediciosos*: crime, direito e sociedade, n. 11, 2002; ZAVERUCHA, Jorge. *FHC, Forças Armadas e polícia*: entre o autoritarismo e a democracia (1999-2002). Rio de Janeiro: Record, 2005.

8. Anotações

8.1. A Constituição de 1988 reservou à segurança pública capítulo específico (art. 144), em que a caracteriza como "dever do Estado" e como "direito e responsabilidade de todos", devendo ser exercida para a "preservação da ordem pública e da incolumidade das pessoas e do patrimônio". A Constituição estabelece ainda os órgãos responsáveis pela segurança pública: a Polícia Federal, a Polícia Rodoviária Federal, a Polícia Ferroviária Federal, as polícias civis estaduais, as polícias militares e os corpos de bombeiros. A constitucionalização traz importantes consequências para a legitimação da atuação estatal na formulação e na execução de políticas de segurança. As leis sobre segurança, nos três planos federativos de governo, devem estar em conformidade com a Constituição Federal, assim como as respectivas estruturas administrativas e as próprias ações concretas das autoridades policiais. O fundamento último de uma diligência investigatória ou de uma ação de policiamento ostensivo é o que dispõe a Constituição. E o é não apenas no tocante ao art. 144, que concerne especificamente à segurança pública, mas também no que se refere ao todo do sistema constitucional.

8.2. Há duas grandes concepções de segurança pública que rivalizam desde a reabertura democrática e até o presente, passando pela Assembleia Nacional Constituinte: uma centrada na ideia de *combate*; outra, na de *prestação de serviço público*. A primeira concebe a missão institucional das polícias em termos bélicos: seu papel é "combater" os criminosos, que são convertidos em "inimigos internos". As favelas são "territórios hostis", que precisam ser "ocupados" através da utilização do "poder militar". A política de segurança é formulada como "estratégia de guerra". E, na "guerra", medidas excepcionais se justificam. A segunda concepção está centrada na ideia de que a segurança é um "serviço público" a ser prestado pelo Estado. O cidadão é o destinatário desse serviço. Não há mais "inimigo" a combater, mas cidadão para servir. Para ela, a função da atividade policial é gerar "coesão social", não pronunciar antagonismos; é propiciar um contexto adequado à cooperação entre cidadãos livres e iguais. O combate militar é substituído pela prevenção, pela integração com políticas sociais, por medidas administrativas de redução dos riscos e pela ênfase na investigação criminal.

8.3. Quando, no art. 144, tratou especificamente da segurança pública, a Constituição não optou, com a precisão desejável, nem por um nem por outro modelo. Por um lado, concebeu como finalidade das políticas de segurança a preservação da "incolumidade das pessoas e do patrimônio". Por outro lado, manteve parte importante da polícia militarizada. Embora subordinadas aos governadores dos estados, as polícias militares continuam previstas como "forças auxiliares e reservas do Exército" (art. 144, § 5º). A Constituição Federal, no capítulo específico sobre a segurança pública, está repleta de conceitos imprecisos. É o caso do de "ordem pública", que pode ser mobilizado, de acordo com as circunstâncias, para justificar um ou outro tipo de intervenção policial. É passível de incorporações autoritárias, como a realizada pelas políticas de "lei e ordem", de "tolerância zero". Mas também pode habitar o discurso democrático, ao ser concebida como ordem republicana do estado democrático de direito. Contudo, apenas uma interpretação apressada poderia concluir que, por conta da ambiguidade que exibe no capítulo específico sobre segurança pública (art. 144), a Constituição pode justificar tanto políticas autoritárias quanto políticas democráticas. Um conceito de segurança pública adequado à Constituição de 1988 é um conceito que se harmonize com o princípio democrático, com os direitos fundamentais e com a dignidade da pessoa humana. Por essa razão, apenas as políticas de segurança pública alicerçadas em concepções democráticas, comprometidas com a observância efetiva desses princípios, são compatíveis com a Constituição Federal. Essa concepção de segurança pública é subjacente às decisões cautelares proferidas pelo STF no âmbito da ADPF 635, as quais, dentre outras providências, suspenderam a realização de megaoperações policiais em comunidades pobres do Rio de Janeiro durante a pandemia de Coronavírus; e determinaram o imediato cumprimento de disposições legais que versam sobre a instalação de câmaras e de GPS nas fardas dos policiais e em suas viaturas.

8.4. A segurança pública é um serviço público que deve ser universalizado de maneira igual. Ademais de resultar dos princípios fundamentais acima mencionados, é a compreensão extraída do fato de o *caput* do art. 144 afirmar que a segurança pública é "dever do estado" e "direito de todos". O tema da universalização igual da segurança pública foi enfrentado pelo STF ao examinar uma questão específica de direito tributário. O STF tem entendido *não* ser válida a cobrança de "taxa de segurança pública". A *taxa* é um tipo de tributo que só pode ser exigido em razão do "exercício do poder de polícia" e da prestação de "serviço público específico e divisível" (CF, art. 145, I). A instituição de taxa faz com que a tributação incida mais intensamente sobre os particulares que efetivamente demandam a atuação governamental. Mas a segurança pública não é um serviço público que possua beneficiários juridicamente individualizáveis e que possa ser compartimentada de tal modo que se identifique em que medida cada cidadão se beneficia. O STF tem entendido que, tanto por sua natureza quanto por imposição constitucional ("*a segurança pública, dever do Estado, direito e responsabilidade de todos [...]*"), se trata de serviço público inespecífico e indivisível, devendo, por essa razão, ser mantido através de *impostos*, não de taxas.

8.5. A Constituição não veda que sejam constituídas empresas especializadas na prestação de serviço de *segurança privada*. Em alguns casos, o STF vem entendendo, até mesmo, ser responsabilidade do particular prover a segurança. É o que ocorre com os estabelecimentos bancários, cuja função fundamental é justamente garantir a segurança do patrimônio dos correntistas (STF, j. 19 out. 1999, AI-AgRg n. 239.107, Rel. Min. Moreira Alves). Não é por outra razão que a lei veda "o funcionamento de qualquer estabelecimento financeiro onde haja guarda de valores ou movimentação de numerário, que não possua sistema de segurança" (art. 1º da Lei 7.102/83). Tais atividades devem, contudo, se circunscrever à prestação do serviço de segurança privada, que não se confunde com o estabelecimento de associação de caráter paramilitar. A hipótese é expressamente vedada pela Constituição Federal, que, ao garantir a "plena liberdade de associação", proscreve a de "caráter paramilitar" (art. 5º, XVII), e determina constituir "crime inafiançável e imprescritível a ação de grupos armados, civis ou militares, contra a ordem constitucional e o Estado Democrático" (art. 5º, XLIV).

8.6. O texto constitucional de 1988 faz referência a sete modalidades de atividade policial: (a) A *polícia ostensiva* exerce as funções de prevenir e de reprimir de forma imediata a prática de delitos. O policiamento ostensivo é feito por policiais uniformizados, ou que possam ser imediatamente identificados por equipamento ou viatura (art. 2º, n. 27, do Decreto n. 88.777/83). O objetivo é explicitar a presença policial nas ruas, criando a percepção de que a prática de delitos será prontamente reprimida – o que exerceria efeito preventivo. (b) A *polícia de investigação* realiza o trabalho de investigação criminal. Para investigar a prática de delitos, pode ouvir testemunhas, requisitar documentos, realizar perícias, interceptar comunicações telefônicas, entre outras medidas. Em sua maioria, tais medidas dependem de autorização judicial. (c) O texto constitucional distingue as funções de *polícia judiciária* e de investigação criminal. O já mencionado § 1º do art. 144 atribui às polícias civis estaduais não só a função de "polícia judiciária", mas também a de "apuração de infrações penais". Em relação à Polícia Federal, a Constituição chega a prevê-las em preceitos distintos. No inciso I do § 4º, encarrega a PF de "apurar infrações penais". Já no inciso IV, confere-lhe, "com exclusividade, as funções de polícia judiciária da União". Cabe-lhes, portanto, além de investigar delitos, executar as diligências solicitadas pelos órgãos judiciais. (d) A *polícia de fronteiras* controla a entrada e a saída de pessoas e mercadorias do território nacional. A tarefa é atribuída à Polícia Federal. Compete-lhe, genericamente, "exercer as funções de polícia (...) de fronteiras" (art. 144, § 1º, III), e, em especial, "prevenir e reprimir o tráfico ilícito de entorpecentes e drogas afins, o contrabando e o descaminho" (art. 144, § 1º, II). No que se refere ao tráfico de entorpecentes, a Polícia Federal concentra-se na repressão ao que opera através das fronteiras do País: o tráfico internacional (STF, *DJU* 22 jun. 2007, HC n. 89.437). O contrabando e o descaminho, como se sabe, caracterizam-se pelas ações de "importar ou exportar mercadoria proibida ou iludir, no todo ou em parte, o pagamento de direito ou imposto devido pela entrada, pela saída ou pelo consumo de mercadoria" (Código Penal, art. 334). Em ambos os casos, portanto, controla-se o fluxo de mercadorias pelas fronteiras nacionais. (e) A *polícia marítima*, que também é exercida pela Polícia Federal, em grande parte se identifica com a polícia de fronteiras. Por atuar em portos, igualmente se presta ao controle da entrada e da saída de pessoas e bens do País, concentrando-se, por exemplo, na repressão ao tráfico de drogas e de armas. Além disso, contudo, a polícia marítima é responsável também pela repressão aos crimes praticados em detrimento da normalidade das navegações, em especial aos "atos de pirataria". (f) A Constituição menciona ainda a atividade de *polícia aeroportuária* – atividade também exercida pela Polícia Federal, que se identifica, igualmente, com a de polícia de fronteiras. Não se trata de policiamento ostensivo do espaço aéreo, mas de controle do fluxo de pessoas e de bens que se dá através de aeroportos. (g) Por fim, a Constituição, a partir da Emenda Constitucional n. 104, de 2019, passou a incorporar também as polícias penais, em substituição aos antigos guardas penitenciários, cabendo-lhes zelar pela segurança dos estabelecimentos que integram o sistema prisional.

8.7. Tais atividades se distribuem entre diferentes órgãos policiais, que atuam ora no plano estadual, ora no plano federal. No plano estadual, há dois órgãos que exercem funções policiais: a Polícia Civil e a Polícia Militar. (a) A *Polícia Civil* tem suas atribuições previstas no art. 144, § 4º, da Constituição Federal. São-lhe conferidas as funções de polícia judiciária e de apuração de infrações penais, ressalvando-se a competência da União e a investigação de crimes militares. As polícias civis devem ser dirigidas por delegados de carreira e se subordinam aos governadores de estado. Sua atuação é predominantemente repressiva: tem lugar quando o crime já foi praticado e deve ser investigado. É a Polícia Civil que realiza ainda as diligências determinadas pelas autoridades judiciárias. As carreiras são instituídas por leis estaduais. Na verdade, a Constituição Federal, no art. 24, estabelece ser *competência concorrente* da União e dos estados legislar sobre "organização, garantias, direitos e deveres das polícias civis". Contudo, a lei federal pertinente nunca foi editada, razão pela qual os estados têm exercido competência legislativa plena. Veda-se, por exemplo, que delegados e agentes componham a mesma carreira, do que resulta a impossibilidade de progressão vertical (STF, *DJU* 4 maio 2001, ADI n. 1.854). (b) A *Polícia Militar* está disciplinada no § 5º do art. 144. A Constituição lhe incumbiu do policiamento ostensivo e da preservação da ordem pública. As polícias militares estaduais organizam-se em conformidade com os princípios da hierarquia e da disciplina, e possuem sistema de patentes análogo ao que vigora nas Forças Armadas. O regime jurídico a que se submetem é semelhante ao das Forças Armadas, assim como a forma de organização e a estrutura hierárquica. Também no que toca às polícias estaduais, os crimes militares são investigados por membros das próprias corporações e julgados pela justiça militar estadual, em conformidade com o Código Penal Militar e o Código de Processo Penal Militar.

8.8. No plano do governo da União, há três órgãos que desempenham atividades policiais: (a) A Polícia Federal exerce, em nível federal, as atividades de polícia de *investigação*, de polícia *judiciária* e de polícia *marítima*, *aeroportuária* e de *fronteiras* (art. 144, § 1º). (b) A *Polícia Rodoviária Federal* é o outro órgão policial que atua no plano do Governo da União (art. 144, § 2º). A Polícia Rodoviária Federal tem, assim, como missão institucional, ostentar a presença policial nas estradas federais e reprimir, de modo imediato, os delitos que ali sejam cometidos. Trata-se de polícia civil, não militar, embora atue uniformizada, como deve ocorrer no policiamento ostensivo. Suas competências estão detalhadas no Código de Trânsito Brasileiro (art. 20 da Lei n. 9.503/97), no Decreto n. 1.655/95 e no Regimento Interno, estabelecido pela Portaria Ministerial n. 122/97, posteriormente revogada pela Portaria Ministerial n. 06/2018, que conferiu nova redação ao Regimento. (c) De acordo com o § 3º do art. 144, a *Polícia Ferroviária Federal* é órgão permanente, organizado e mantido pela União e estruturado em carreira. Sua destinação é o patrulhamento ostensivo das ferrovias federais. Apesar da previsão constitucional, o órgão nunca foi objeto de criação efetiva, muito em razão da decadência do sistema ferroviário nacional. O que há, na prática, é apenas a segurança patrimonial exercida pelas próprias empresas concessionárias de serviço ferroviário.

8.9. Apenas esses órgãos, expressamente previstos pela Constituição Federal, poderão ser instituídos como corporações policiais. É o que decidiu o STF ao definir o rol do art. 144 como taxativo. Com isso, veda-se aos estados-membros, por exemplo, atribuir função policial ao departamento de trânsito (STF, *DJU* 10 mar. 2006, ADI n. 1.182) . O STF possuía ainda jurisprudência anterior à Emenda Constitucional n. 104, de 2019, vendando a instituição, pelos estados de "polícia penitenciária", encarregada da vigilância dos estabelecimentos penais (STF, *DJU* 1º jun. 2001, ADI n. 236). Dessa taxatividade, contudo, não decorre a impossibilidade de se criarem órgãos com o propósito de coordenar as políticas de segurança e de integrá-las com outras ações de governo, como as que têm lugar nas áreas de saúde e educação. Quando o Governo da União cria, por exemplo, a Secretaria Nacional Antidrogas, para integrar e coordenar diversos órgãos governamentais, não viola a Constituição pela simples circunstância de cuidar de assuntos também atinentes à atuação policial.

TÍTULO VI
DA TRIBUTAÇÃO E DO ORÇAMENTO

CAPÍTULO I
DO SISTEMA TRIBUTÁRIO NACIONAL

SEÇÃO I
DOS PRINCÍPIOS GERAIS

Art. 145. A União, os Estados, o Distrito Federal e os Municípios poderão instituir os seguintes tributos:

I – impostos;

II – taxas, em razão do exercício do poder de polícia ou pela utilização, efetiva ou potencial, de serviços públicos específicos e divisíveis, prestados ao contribuinte ou postos a sua disposição;

III – contribuição de melhoria, decorrente de obras públicas.

§ 1º Sempre que possível, os impostos terão caráter pessoal e serão graduados segundo a capacidade econômica do contribuinte, facultado à administração tributária, especialmente para conferir efetividade a esses objetivos, identificar, respeitados os direitos individuais e nos termos da lei, o patrimônio, os rendimentos e as atividades econômicas do contribuinte.

§ 2º As taxas não poderão ter base de cálculo própria de impostos.

Heleno Torres

1. História da norma

Desde a origem do nosso Estado de Direito, constrói-se no Brasil a prática de indicação constitucional dos tipos de tributos a serem arrecadados. Inicialmente, este modelo consistiu numa simples regra genérica, presente na Constituição de 1824, o que era perfeitamente justificável, pela condição de Estado unitário de então. Mais tarde, com a introdução da República e do Federalismo, tem-se aprimorada essa medida de rigor e segurança jurídica, para contemplar a discriminação das competências, quanto às taxas e os impostos, entre a União e estados. Este modelo foi ampliado nas constituições de 1934 e de 1937, acrescidas da *autonomia tributária dos municípios*, além do aparecimento da *contribuição de melhoria* na Constituição de 1934. Em seguida, nas Constituições de 1946, de 1967, na Emenda Constitucional n. 1/69 e na de 1988, surge, então, a regra geral de indicação dos tributos cobrados por todas as pessoas do federalismo, acompanhadas geralmente dos critérios a serem observados por cada uma das pessoas políticas, como no caso das taxas e contribuições de melhoria. Esta modalidade de regramento genérico sobre os tipos de tributos que são de competência das pessoas do federalismo não se confunde com qualquer espécie de "competência comum" em matéria tributária, mesmo ao tempo da Constituição de 1946, quando havia, no máximo, ao lado das competências "exclusivas" (que hoje são a regra), competências do tipo das "concorrentes". Na forma atual, o art. 145, ademais de estabelecer os principais requisitos para instituição das taxas e contribuição de melhoria, designa os princípios da pessoalidade e da capacidade econômica como requisitos a serem observados pelos impostos, bem como prescreve o impedimento de que as taxas possam ter fato gerador (art. 145, II) ou base de cálculo (art. 145, § 2º) idênticos aos dos impostos. Trata-se, portanto, de regra de grande importância e que funciona, ao mesmo tempo, como atributiva de competências para as unidades do federalismo e delimitadora das tipologias das espécies tributárias e suas competências materiais, mormente para taxas e contribuições de melhoria, que não possuem atribuição prévia de materialidades impositivas, mas dependem da designação de competências administrativas das pessoas políticas do federalismo para a prestação de *serviços públicos*, exercício do *poder de polícia* ou construção de *obras públicas*. Com relação ao *princípio de capacidade contributiva*, apesar de contemplada sua forma originária no art. 179, n. 15, da Constituição de 1824, este somente foi assumido pelo art. 202, da Constituição de 1946 e, mais tarde, por ter sido revogado pela Emenda à Constituição n. 18/65, contemplado pelo art. 145, § 1º, da Constituição de 1988. O impedimento de que as taxas possam ter base de cálculo idêntica a de impostos, mesmo que redundante dizê-lo, somente assumiu o patamar constitucional com a Constituição de 1967, como modo de impedir a criação de impostos a título de taxas, em evidente bitributação, e, ao mesmo tempo, afastamento dos limites para o exercício de competências remanescentes (para a União – art. 154, I), ou mesmo o seu impedimento (para Estados e Municípios).

2. Constituições brasileiras anteriores

Constituição Política do Império do Brazil de 1824: Art. 15 – "É da atribuição da Assembleia Geral: X. Fixar annualmente as despezas publicas, e repartir a contribuição directa". Art. 36, I – "É privativa da Camara dos Deputados a Iniciativa: I. Sobre Impostos". "Art. 179. A inviolabilidade dos Direitos Civis, e Politicos dos Cidadãos Braziliros, que tem por base a liberdade, a segurança individual, e a propriedade, é garantida pela Constituição do Imperio, pela maneira seguinte. XV. Ninguem será exempto de contribuir pera as despezas do Estado em proporção dos seus haveres". **Constituição da República dos Estados Unidos do Brasil de 1891:** Art. 7º – "É da competência exclusiva da União decretar": (impostos e taxas); Art. 9º – "É da competência exclusiva dos Estados decretar impostos" (e taxas). **Constituição da República dos Estados Unidos do Brasil de 1934:** "Art. 6º – Compete, também, privativamente à União:" (impostos e taxas); "Art. 8º – Também compete privativamente aos Estados" (impostos e taxas); "Art. 13 – (Os Municípios) "lhes fique assegurada a autonomia em tudo quanto respeite ao seu peculiar interesse; e especialmente": (...) "II – a decretação dos seus impostos e taxas, a arrecadação e aplicação das suas rendas". "Art. 124 – Provada a valorização do imóvel por motivo de obras públicas, a administração, que as tiver efetuado, poderá cobrar dos beneficiados contribuição de melhoria." **Constituição dos Estados Unidos do Brasil de 1937:** "Art. 20 – É da competência privativa da União (impostos e taxas); "Art. 23 – É da competência exclusiva dos Estados" (impostos e taxas); "Art. 26 – Os Municípios (...): b) a decretação dos impostos e taxas"; **Constituição dos Estados Unidos do Brasil de 1946:** Art. 15 – Compete à União decretar impostos sobre; Art. 19 – Compete aos Estados decretar impostos sobre; Art. 28. – A autonomia dos Municípios será assegurada; Art. 30 – Compete à União, aos Estados, ao Distrito Federal e aos Municípios cobrar: I – contribuição de melhoria, quando se verificar valorização do imóvel, em consequência de obras públicas; II – taxas; III – quaisquer outras rendas que possam provir do exercício de suas atribuições e da utilização de seus bens e serviços. Parágrafo único – A contribuição de melhoria não poderá ser exigida em limites superiores à despesa realizada, nem ao acréscimo de valor que da obra decorrer para o imóvel beneficiado. "Art. 202 – Os tributos terão caráter pessoal, sempre que isso for possível, e serão graduados conforme a capacidade econômica do contribuinte". **Constituição da República Federativa do Brasil de 1967:** "Art. 18 – sistema tributário nacional compõe-se de impostos, taxas e contribuições de melhoria e é regido pelo disposto neste Capítulo em leis complementares, em resoluções do Senado e, nos limites das respectivas competências, em leis federais, estaduais e municipais"; "Art. 19 – Compete à União, aos Estados, ao Distrito Federal e aos Municípios arrecadar: I – os impostos previstos nesta Constituição; II – taxas pelo exercício regular do poder de polícia ou pela utilização de serviços públicos de sua atribuição, específicos e divisíveis, prestados ao contribuinte ou postos à sua disposição; III – contribuição de melhoria dos proprietários de imóveis valorizados pelas obras públicas que os beneficiaram. § 2º – Para cobrança das taxas não se poderá tomar como base de cálculo a que tenha servido para a incidência dos impostos. § 3º – A lei fixará os critérios, os limites e a forma de cobrança, da contribuição de melhoria a ser exigida sobre cada imóvel, sendo que o total da sua arrecadação não poderá exceder o custo da obra pública que lhe der causa". **Emenda Constitucional n. 1, de 1969:** "Art. 18. Além dos impostos previstos nesta Constituição, compete à União, aos Estados, ao Distrito Federal e aos Municípios instituir: I – taxas, arrecadadas em razão do exercício do poder de polícia ou pela utilização efetiva ou potencial de serviços públicos específicos e divisíveis, prestados ao contribuinte ou postos à sua disposição; e II – contribuição de melhoria, arrecadada dos proprietários de imóveis valorizados por obras públicas, que terá como limite total a despesa realizada e como limite individual o acréscimo de valor que da obra resultar para cada imóvel beneficiado. § 2º Para cobrança de taxas não se poderá tomar como base de cálculo a que tenha servido para a incidência dos impostos".

3. Constituições estrangeiras

Constituição da Colômbia: arts. 95, 300, 317, 338 e 364. **Constituição da Nação Argentina:** arts. 16 e 75; **Constituição**

da Espanha: art. 31; **Constituição Política da República do Chile**: art. 19 n. 20; **Constituição da República Italiana**: art. 53; **Constituição da República Federal da Alemanha**: arts. 105 e 106; **Constituição da Coreia do Sul**: art. 59; **Constituição Política dos Estados Unidos Mexicanos**: arts. 28, 31 e 73; **Constituição da República Portuguesa**: arts. 103, 104; **Constituição da República do Uruguai**: art. 297; **Constituição da África do Sul**: arts. 155 e 156. **Constituição da Índia**: arts. 27, 243-H e 265; **Constituição do Egito**: arts. 38 e 11); **Constituição da Turquia**: art. 7); **Constituição da Suíça**: arts. 85, 86 e 12); **Constituição da Venezuela**: arts. 133, 31); **Constituição do Paraguai**: arts. 164 e 181; **Constituição da Bulgária**: art. 6); **Constituição das Filipinas**: Sec. 5, **Constituição da Finlândia**: art. 81; **Consiuição da Hungria**: art. 28/C; **Constituição da Bolívia**: art. 120; **Constituição do Equador**: art. 130; **Constituição do Sri Lanka**: List I--Reserved List e List II-Regional List.

4. Dispositivos constitucionais relevantes

Art. 5º, II (princípio da legalidade); Art. 30, III (autonomia tributária dos municípios); Art. 61, § 2º (iniciativa de leis em matéria tributária do Presidente da República); Art. 146, III, "a" (matéria de norma geral por Lei Complementar); Art. 150, I (princípio da legalidade tributária); Art. 147 (competências do Distrito Federal); Art. 153 (competência da União em matéria de impostos); Art. 154 (competências remanescente e extraordinária da União); Art. 155 (competência dos Estados em matéria de impostos); Art. 156 (competência dos Municípios em matéria de impostos); Arts. 3º, II, 5º, XXVI, 6º, 7º, IV, 23, X, 43, § 3º, 226, § 7º, e 230 (mínimo existencial); Arts. 5º, XXXIV, LXXIII e LXXVII, 206, IV, e 208, § 1º (imunidade a taxas).

5. Jurisprudência (STF)

RE 394010 AgR/RS; RE 238671/SP; RE 248892; RE 153171; RE 166772; RE 204827; RE 177835; RE 112947; RE 232393/SP; RE 227033/SP; AI 397743 AgR/SP; RE 233984; RE 216259 AgR/CE. ADIMC 1948; RE 116121; RE 220316; RE 234105; RE 236604; RE 236310; RE 74467; RE 84543; RE 98408; RE 86830; RE 76278; RE 116147; RE 116148; RE 92209; RE 115863; RE 97251; RE 71010; RE 150507; RE 93320; RE 86420; RE 219780; RE 588322; RE 789218; RE 643247; RE 1018911; RE 1055941; MS 23960; MS 23669; MS 23991; ADIn 2.386; ADIn 2.389; ADIn 2.390; ADIn 2.551; SV 19; SV 41; S 545; S 665.

"O texto constitucional diferencia as taxas decorrentes do exercício do poder de polícia daquelas de utilização de serviços específicos e divisíveis, facultando apenas a estas a prestação potencial do serviço público. A regularidade do exercício do poder de polícia é imprescindível para a cobrança da taxa de localização e fiscalização. À luz da jurisprudência deste STF, a existência do órgão administrativo não é condição para o reconhecimento da constitucionalidade da cobrança da taxa de localização e fiscalização, mas constitui um dos elementos admitidos para se inferir o efetivo exercício do poder de polícia, exigido constitucionalmente. (...) É constitucional taxa de renovação de funcionamento e localização municipal, desde que efetivo o exercício do poder de polícia, demonstrado pela existência de órgão e estrutura competentes para o respectivo exercício, tal como verificado na espécie quanto ao Município de Porto Velho/RO (...)." [RE 588.322, rel. Min. Gilmar Mendes, j. 16-6-2010, P, DJe de 3-9-2010, Tema 217.]

"A segurança pública, presentes a prevenção e o combate a incêndios, faz-se, no campo da atividade precípua, pela unidade da Federação e, porque serviço essencial, tem como a viabilizá-la a arrecadação de impostos, não cabendo ao Município a criação de taxa para tal fim." [RE 643.247, voto do rel. Min. Marco Aurélio, j. 1º-8-2017, P, DJe de 19-12-2017, Tema 16.]

"Taxa de expediente. (...) Inconstitucionalidade. A emissão de guia de recolhimento de tributos é de interesse exclusivo da administração, sendo mero instrumento de arrecadação, não envolvendo a prestação de um serviço público ao contribuinte. Possui repercussão geral a questão constitucional suscitada no apelo extremo. Ratifica-se, no caso, a jurisprudência da Corte consolidada no sentido de ser inconstitucional a instituição e a cobrança de taxas por emissão ou remessa de carnês/guias de recolhimento de tributos." [RE 789.218 RG, rel. Min. Dias Toffoli, j. 17-4-2014, P, DJe de 1º-8-2014, Tema 721.]

ADI 2.551 MC-QO, rel. Min. Celso de Mello, j. 2-4-2003, P, DJ de 20-4-2006. "Taxa: correspondência entre o valor exigido e o custo da atividade estatal. A taxa, enquanto contraprestação a uma atividade do poder público, não pode superar a relação de razoável equivalência que deve existir entre o custo real da atuação estatal referida ao contribuinte e o valor que o Estado pode exigir de cada contribuinte, considerados, para esse efeito, os elementos pertinentes às alíquotas e à base de cálculo fixadas em lei. Se o valor da taxa, no entanto, ultrapassar o custo do serviço prestado ou posto à disposição do contribuinte, dando causa, assim, a uma situação de onerosidade excessiva, que descaracterize essa relação de equivalência entre os fatores referidos (o custo real do serviço, de um lado, e o valor exigido do contribuinte, de outro), configurar-se-á, então, quanto a essa modalidade de tributo, hipótese de ofensa à cláusula vedatória inscrita no art. 150, IV, da CF."

SV. n. 41. "O serviço de iluminação pública não pode ser remunerado mediante taxa."

SV. n. 19. "A taxa cobrada exclusivamente em razão dos serviços públicos de coleta, remoção e tratamento ou destinação de lixo ou resíduos provenientes de imóveis não viola o art. 145, II, da CF."

S. 665. "É constitucional a taxa de fiscalização dos mercados de títulos e valores mobiliários instiuída pela Lei 7.940/1989."

S. 545. "Preços de serviços públicos e taxas não se confundem, porque estas, diferentemente daqueles, são compulsórias e têm sua cobrança condicionada à prévia autorização orçamentária, em relação à lei que as instituiu."

6. Literatura selecionada

ATALIBA, Geraldo. *Hipótese de incidência tributária*, 6ª ed., SP: Malheiros, 2001; BALEEIRO, Aliomar. *Limitações constitucionais ao poder de tributar* (Anotado por Misabel de Abreu Machado Derzi). RJ: Forense, 1997; CARRAZZA, Roque A. *Curso de Direito Constitucional Tributário*, 18ª ed., São Paulo: Ed. Malheiros, 2008. CARVALHO, Paulo de Barros. *Curso de direito tributário*, 18ª ed., São Paulo: Saraiva, 2006; COELHO, Sacha Calmon Navarro. *Comentários à Constituição de 1988. Sistema Tributário*. Rio de Janeiro: Forense, 2005; CONTI, José Mauricio. *Princípios tributários da capacidade contributiva e da progressividade*. SP: Dialética, 1997; COSTA, Regina Helena. *Princípio da capacidade contributiva*. São Paulo: Malheiros, 1996; GODOI, Marciano Seabra de (coord.). *Sistema Tributário Nacional na Jurisprudência do STF*. São Paulo: Dialética, 2002; MARTINS, Ives Gandra da Silva. *Sistema Tributário na Constituição de 1988*. São Paulo: Saraiva, 1991; GRUPENMACHER, Betina Treiger. Justiça Fiscal e Mínimo Existencial. In: Adilson Rodrigues Pires; Heleno Taveira Tôrres (org.). *Princípios de direito financeiro e tributário: estudos em homenagem ao Professor Ricardo Lobo Torres*. Rio de Janeiro: Renovar, 2006, p. 99-114; MOREIRA, João Baptista. *Contribuição de melhoria*. Rio de Janeiro: Forense, 1981; NOVELLI, Flávio Bauer. Taxa – apontamentos sobre o seu conceito jurídico. *Revista de Direito Tributário*. São Paulo: Malheiros, 1995, n. 59, p. 95 e s.; PONTES DE MIRANDA, F. C. *Comentários à Constituição Federal de 1967 com a Emenda n. 1, de 1969*, 2ª ed., São Paulo: RT, 1970, t. II, p. 361; TÔRRES, Heleno. *Direito Tributário e Direito Privado*, São Paulo: RT, 2003; TORRES, Ricardo Lobo. *Tratado de direito constitucional financeiro e tributário*, v. IV – *Os tributos na Constituição*. Rio de Janeiro: Renovar, 2007; _____. *Tratado de Direito Constitucional Financeiro e Tributário*, v. 2. *Valores e Princípios Constitucionais Tributários*. Rio de Janeiro: Renovar, 2005; _____. *O Direito ao Mínimo Existencial*. Rio de Janeiro: Renovar, 2009, 352 p.

7. Anotações

7.1. Classificação dos tributos

No Brasil, o modelo teórico que informa a Constituição e o Código Tributário sobre as espécies tributárias é aquele baseado na diferenciação entre o fato gerador dos tributos, no mesmo sentido formulado por Giannini, ao promover a distinção entre os tributos em vinculados e não vinculados à atuação do Estado[1], e que, mais tarde, foi continuado, no Brasil, pelas mãos seguras de Geraldo Ataliba. Assim, os *impostos* seriam os tributos cujo *fato gerador* da obrigação não possuísse relação com alguma atuação estatal específica, relativa ao contribuinte; as *taxas*, aqueles tributos cujo fato gerador mantivesse relação com alguma atuação do Estado, na forma de prestação de serviços públicos ou do exercício de poder de polícia.

A determinação precisa das espécies de tributos, na nossa Constituição, depende da combinação entre a descrição material do fato jurídico tributário e a base de cálculo, como aludido pela primeira vez em nossa doutrina por Alfredo Augusto Becker, e mais tarde continuado por Geraldo Ataliba e sua Escola, com preponderância da base de cálculo para a afirmação das espécies tributárias, por ser esta a proporção dimensível definidora do objeto da obrigação tributária[2]. A par dessa arguta elaboração, *impostos* seriam aqueles tributos cuja base de cálculo fosse indicativa de um fato lícito qualquer; e *taxas*, quando a base de cálculo representasse contraprestação pela prestação de um serviço estatal específico e divisível ou qualquer ato de poder de polícia. Por isso, corretamente, o § 2º, do art. 145, da CF, explicita que as taxas não podem ter fato gerador idêntico ao de impostos. Pudessem as taxas assumir base de cálculo idêntica às dos impostos, a um só tempo, o legislador estaria por superar os regimes das espécies tributárias, os limites da discriminação de competências (arts. 153, 155 e 156, da CF) e, principalmente, as exigências da competência remanescente (art. 154, I, da CF).

Diferentemente do que sugere, o art. 145 da CF não é uma norma que classifica os tributos na Constituição, porque a atitude de classificação não é elemento do direito positivo, mas um método dogmático, predisposto para a separação de objetos por classes, segundo um determinado critério previamente eleito, segundo o interesse de quem classifica. No direito positivo, por outro lado, toda "classificação" tem finalidades prescritivas de regime jurídico ou de condutas. Trata-se de *norma de estrutura* por natureza, na acepção dada por Norberto Bobbio, ao servir à composição dos elementos das competências, mais precisamente, para determinar os conteúdos e os limites a serem observados na instituição dos tributos pelos legisladores do nosso federalismo.

A classificação doutrinária dos tributos encontrou em Geraldo Ataliba a mais completa elaboração científica, ao operar sua concepção a partir dos elementos da "Hipótese de Incidência Tributária"[3], pondo ênfase nos critérios definidores da materialidade da referida hipótese de incidência, para distinção classificatória dos tributos entre *vinculados* ou *não vinculados* a uma atuação estatal. E assim, na primeira classe, estariam as *taxas* e as *contribuições*[4] (de melhoria e as contribuições especiais); e na segunda, os *impostos*. As *contribuições* seriam tributos vinculados porque afetados em vista da situação intermediária, como a valorização imobiliária (*situação provocante*), para a contribuição de melhoria, ou alguma situação de fato ou de direito (*situação provocada*), para as demais contribuições[5]. Nestes casos, haveria, assim, uma atuação estatal mediatamente referida ao obrigado.

Para uma aplicação segura das espécies de tributos em nosso ordenamento, o intérprete deve tomar em conta essas distinções fundamentais e, em particular, o exame seguro e objetivo dos efeitos decorrentes da compreensão material das taxas e das contribuições de melhoria, como estabelecido no art. 145, da CF.

Entendimento assente na doutrina, as espécies de tributos não podem ser distinguidas umas das outras pela denominação, pelas características formais ou pela destinação legal do produto da sua arrecadação. Para a distinção dos tributos deve-se recorrer à descrição material do fato gerador e da base de cálculo, mas também aos princípios e limitações a eles aplicados, ou seja, ao regime jurídico genérico de cada tipo, todos predispostos a orientar sua exata conformação no ordenamento. Essa combinação de princípios, imunidades, limitações de competências e regras dispositivas do fato gerador e da base de cálculo permitem separar as modalidades de tributos em *impostos*, *taxas* e *contribuições* (das quais *contribuição de melhoria* é espécie). Exemplos

---

1. GIANNINI, A. D. *Istituzioni di Diritto Tributario*. 8ª ed., Milano: Giuffrè, 1960, p. 35 e s. Cf. ATALIBA, Geraldo. *Hipótese de incidência tributária*, 6ª ed., SP: Malheiros, 2001, p. 134.

2. BECKER, Alfredo Augusto. *Teoria geral do direito tributário*. 3ª ed., SP: Lejus, 1999, p. 365-80.

3. ATALIBA, Geraldo. *Hipótese de incidência tributária*, 6ª ed., SP: Malheiros, 2001, p. 130.

4. Idem, ibidem, p. 132 e 183.

5. Corrobora o mesmo entendimento tripartite: PONTES DE MIRANDA, Francisco Cavalcanti. *Comentários à Constituição Federal de 1967 com a Emenda n. 1, de 1969*, 2ª ed., SP: RT, 1970, t. II, p. 362-3.

marcantes do que afirmado acima são os casos dos *preços públicos*, que têm o mesmo fato gerador e base de cálculo de serviços públicos, mas não se confundem com as taxas e, por conseguinte, com espécie de tributo; e, como modalidade de tributo, do *empréstimo compulsório*, que não pode ter autonomia em relação aos demais, apesar da indicação constitucional, pela falta de regime autônomo de normas de definição do fato jurídico tributário e base de cálculo, mas também por carência de critérios principiológicos que permitam delimitar, com rigor, o seu exato regime jurídico, razão pela qual ou será sempre um imposto ou uma taxa, a depender da base de cálculo que possa ser eleita.

Esse entendimento leva à conclusão da impossibilidade de existir alguma espécie de tributo com *critério quantitativo* fixo no direito brasileiro, com valores prefixados, portanto. A exigência de base de cálculo é um rigoroso teste constitucional sobre a correta determinação das espécies tributárias. Daí a Constituição exigir sempre a presença da base de cálculo[6] (art. 145, § 2º; art. 154, I).

Atente-se. Quando digo que a finalidade é relevante, não estou me referindo ao "destino" da receita, à finalidade do atendimento efetivo da necessidade pública pelo emprego da arrecadação, mas sim ao "motivo" constitucionalmente admitido para o exercício da competência, que só a um tributo isso foi posto como vinculante para informar, também, os critérios normativos (materialidade, base de cálculo e contribuinte): às *contribuições*. Fala-se, pois, de *tributos dependentes de finalidade específica*, como motivo constitucional para o exercício da competência – ou *situação provocada*, como preferia Geraldo Ataliba.

"Contribuições" e "tributos com destinação específica" são coisas distintas, portanto. Impostos, taxas e Contribuições podem ter destinação "geral" ou "específica", a depender do quanto a Constituição tenha indicado ou a respectiva lei que a houver instituído ou modificado. Com razão. Não se pode admitir que uma teoria finalística, baseada na "causa" do tributo, sirva como critério para demarcar as espécies tributárias. A prudência científica cobra dos seus fautores coerência de premissas e conclusões.

A "destinação" é elemento de *afetação constitucional da receita* obtida a partir do tributo já instituído, o que é feito para *impostos* (arts. 157-159, 167, IV, Constituição Federal) e *contribuições*, em vista dos orçamentos das diversas pessoas políticas ou autarquias e órgãos próprios, como forma de alimentação dos respectivos créditos orçamentários, no regime de parafiscalidade. Com isso, o *Constituinte retirou do legislador orçamentário a disponibilidade sobre tais receitas*, de modo a impedir quaisquer desvios. E assim também a receita de *contribuições de melhoria* e de *taxas*, além dos impostos excluídos pelo art. 167, IV, da CF, posto serem receitas previamente afetadas às respectivas despesas. Resumindo, todo tributo é finalístico, quando visto sob a ótica do destino da receita auferida com sua instituição.

Coisa muito diferente, entretanto, é a *finalidade* vista como "motivo constitucional" para o exercício da "competência" legislativa[7] em matéria tributária. Como nenhuma norma pode ser instituída sem que antes tenhamos por atendido tal requisito de validade (exercício de *competência*), podemos identificar em determinadas formulações de categorias de receitas públicas, no caso, nas contribuições, exigência constitucional de influência entre o exercício de tal competência e os critérios acomodados na *materialidade da hipótese* normativa e na *base de cálculo* e definição de *contribuinte*, presentes no consequente da norma jurídica tributária. Destarte, em se tratando de matéria tributária, a correlação lógica entre o fundamento constitucionalmente prescrito e o exercício da atividade legiferante presta-se como *conditio sine qua non* para a validade do ato normativo de criação de tributos ou modificação do regime impositivo de tributo já instituído. Harmoniza-se a classificação, fundada no equilíbrio entre função da competência e a designação da espécie de tributo. E só no caso das *contribuições*, que podem ter materialidade de imposto ou taxa, i.e., de tributo vinculado ou não vinculado, dá-se essa particularidade, de exigência de adequado equilíbrio entre o "motivo constitucional" e os elementos da norma tributária (materialidade, base de cálculo e contribuinte). Sendo a competência um dos elementos de validade da norma[8], prévio à sua existência, não saímos do critério eleito, que é tipicamente normativo.

No Direito brasileiro, diferentemente de outros ordenamentos, pode-se falar da existência de um conceito constitucional de tributo. E, assim, o conceito constitucional de tributo vê-se então qualificado a partir da identificação dos regimes jurídicos de cada uma das espécies impositivas, por indução, e não por dedução de um gênero para suas espécies. Chega-se, assim, ao conceito constitucional de tributo, do particular para o geral, e não no sentido inverso. São os regimes das taxas, dos impostos e das contribuições que permitirão delimitar as notas necessárias para a definição do tributo, com clara distinção das demais modalidades de obrigações assumidas pelos particulares perante o Estado. Se uma espécie de "entrada pública" não se enquadra no respectivo conceito de "tributo", em qualquer espécie (imposto, taxa ou contribuição), de imediato, a consequência será a não aplicabilidade do regime constitucional tributário, por não se subsumir ao respectivo conceito de tributo. Tributo como *norma de conduta* que é, vincula, numa dada relação jurídica, Estado e contribuinte, sob o manto de um certo regime jurídico, não ou-

---

6. Em sentido diverso, cf.: COELHO, Sacha Calmon; NAVARRO DERZI, Misabel Abreu Machado. A Emenda Constitucional n. 33/01 e a alíquota específica no ICMS. *Revista Dialética de Direito Tributário*. SP: Dialética, 2003, n. 90, p. 114-23; MARTINS, Ives Gandra da Silva. A função da lei complementar tributária – legalidade do Decreto n. 3.070/99 e da IN-SRF 060/99 – possibilidade de adoção de imposto fixo no direito tributário brasileiro. *Revista Dialética de Direito Tributário*. SP: Dialética, n. 65, p. 46 e s.

7. Nesse sentido, veja-se o Voto do Ministro Moreira Alves, da maior precisão: "Assim, é da essência do regime jurídico específico da contribuição para a seguridade social a sua destinação constitucional. Não a destinação legal do produto de sua arrecadação, mas a destinação constitucional, vale dizer, o vínculo estabelecido pela própria Constituição entre a Constituição e o sistema de seguridade social, como instrumento de seu financiamento direto pela sociedade, vale dizer, pelos contribuintes" (RE 146.733, Ac. do Pleno, julgado em 29/6/1992, *RTJ* 143/691).

8. Como diz Celso Antônio Bandeira de Mello, "quando se trata de aplicar uma regra de direito, ela tem de ser compreendida em seu todo, como unidade que é, na qual os vários 'elementos' se apresentam correlacionados, pois cada um deles se articula com os demais. Por isso a *competência* só é validamente exercida quando houver sido manejada para satisfazer a *finalidade* que a lei visou, obedecidos os *requisitos procedimentais* normativamente estabelecidos, presentes os *motivos* aptos para justificar o ato, adotada a *forma* instrumental prevista e através de conteúdo juridicamente idôneo" (MELLO, Celso Antônio Bandeira de. Legalidade, motivo e motivação do ato administrativo. *RDP* 90/57-69, grifou-se). Mesmo que essa afirmação tenha sido feita em atenção à elaboração dos atos administrativos, aplica-se na sua plenitude aos demais atos estatais, como a produção legislativa.

tro. Se a título de criar uma taxa, por exemplo, o legislador atribuir regime jurídico destoante das notas exigidas pela Constituição para compor o regime desse tributo, ela será qualquer outra coisa, menos tributo, não se lhe aplicando o regime tributário, de nenhum modo. Por isso não poderia ser outra a conclusão: são as qualificações de cada uma das espécies de tributos, dentro do "regime tributário único", que irão fornecer a tipologia do tributo no nosso sistema.

Vê-se, pois, de todo incabível misturar critérios distintos na ação classificatória, sem que isso inviabilize a coerência e a racionalidade esperada de qualquer classificação, como alguns promovem a confusão monumental de fazer coincidir critérios endógenos, pertinentes à estrutura do tributo (fato gerador e base de cálculo); e com critérios exógenos, como *destinação* ou *devolução* do tributo. De qualquer sorte, isso só revela que a classificação de tributos não é algo matematicamente exato, pois depende do tratamento jurídico que se queira empregar a cada espécie impositiva, como seu regime jurídico, resultado da cultura de um povo na arte de aplicação dos seus tributos.

De qualquer modo, na própria Constituição, poderemos observar distintas classificações dos tributos. Assim, poderemos adotar distintas classificações, a saber: i) **impostos**: a) quanto à *competência*: federais (art. 153), distritais (art. 147), estaduais (art. 155) e municipais (art. 156); b) quanto ao *exercício da competência*: ordinários (arts. 153, 147, 155 e 156), remanescentes (art. 154, I) e extraordinários (art. 154, II); c) quanto à *afetação da receita*: sem destino previamente indicado (art. 167, IV) e com destinação própria (arts. 167, IV; 157-159, 154, II); **taxas**: quanto à *tipologia*: serviços em geral, exercício de poder de polícia (atos de fiscalização) ou utilização de vias públicas conservadas pelo poder público (pedágio); **contribuições**: interventivas, de categorias profissionais ou econômicas, sociais, previdenciárias ou afetadas a órgãos, como o salário educação e a de servidores públicos; **empréstimos compulsórios**: quanto às *finalidades*: ordinários e extraordinários. São formulações possíveis, além de outras.

Em um sistema constitucionalmente analítico como o brasileiro, quanto à matéria tributária, não há, para o legislador, qualquer discricionariedade na formulação de leis instituidoras de tributos ou pertinentes aos procedimentos de arrecadação e fiscalização. A própria Constituição Federal já demarcou, previamente, em angustas fronteiras, os limites da ação legiferante, formal e materialmente, porque os motivos para a instituição de um ou outro tributo já estão objetivamente definidos com os critérios necessários para a qualificação da tipologia do tributo que se queira instituir, dentre os tantos possíveis no elenco constitucional (imposto, taxa e contribuição).

Por fim, cumpre assinalar que as *imunidades tributárias* protetivas de direitos fundamentais, estas aplicam-se indistintamente a impostos, taxas ou contribuições. Assim, no caso das *imunidades propriamente ditas*, a Constituição reservou para os *impostos* as disposições do art. 150, VI, e §§ 2º a 4º, da CF; para as *contribuições previdenciárias*, o teor do art. 195, § 7º; e para as *taxas*, na proteção dos direitos fundamentais, os arts. 5º, XXXIV, LXXVI e LXXVII; 208, I e § 1º; 226, § 1º, da CF). E no que concerne às *imunidades impróprias*, que são simples casos de desoneração previstos na Constituição, estas veem-se também distribuídas por distintos *impostos* (ex.: arts. 153, § 3º, III e § 4º, II; 155, § 2º, X; 156, § 3º, II; 184, § 5º, da CF), *contribuições* (ex.: arts. 149, § 2º; 195, II, e 201, da CF) ou *taxas* (ex.: art. 230, § 2º, da CF).

7.2. Taxas

Na tradicional classificação dos tributos, a "taxa de serviço" se apresenta como a espécie de maior dificuldade de qualificação. Se nas taxas cobradas pelo exercício do poder de polícia, problemas severos não se põem, o mesmo não ocorre com as taxas cobradas em função da prestação de serviços públicos, específicos e divisíveis, que podem ser remunerados, a depender do tipo de serviço, mediante "preço público".

As construções doutrinárias, nacionais e estrangeiras, seguem debatendo a definição dos serviços públicos. Entre *subjetivistas*, para quem serviço público é tudo o que vier efetuado diretamente pelo Estado, *objetivistas*, que buscam uma definição essencialista da noção de serviço público, pelo conteúdo, e aqueles de orientação *formalista*, segundo a qual o serviço público será sempre aquele prestado sob regime de direito público, em detrimento dos regimes de direito privado, ao fim e ao cabo, sem que tenhamos resultados objetivos palpáveis.

Todas as questões relativas ao conceito de serviço público são da maior importância para a definição dos critérios remuneratórios, prestando-se a diferençar taxas de preços públicos (arts. 145, 150, § 3º, e 175). Como sempre lembrava o saudoso Professor Geraldo Ataliba, o Direito Tributário é um Direito de superposição, pois reclama a incidência e aplicação de outros ramos do Direito, como é o caso do Direito Administrativo, com especial emprego aos serviços públicos. Daí a constante dificuldade sentida por ambos os seguimentos jurídicos envolvidos, na análise dos problemas que o contemplam: o Tributário, pela falta de uma clareza sobre os fundamentos científicos e técnicos que devem nortear a adequada compreensão dos conceitos e institutos envolvidos; e o Administrativo, pelas razões inversas, ou seja, de nem sempre mensurar o encontro entre suas construções teóricas e o impacto disso sobre as questões de ordem tributária, no financiamento do Estado e sobre os contribuintes, quanto ao pagamento de tributos eventualmente incompatíveis com o regime constitucional reservado a estes.

Outro aspecto a considerar consiste na recepção conceitual. Do mesmo modo que os conceitos de direito privado devem ser conservados, com suas propriedades, quando usados na Constituição para atribuir competências ou definir limitações ao poder de tributar, os conceitos dos diversos serviços públicos, segundo suas particularidades, devem ser mantidos, na interpretação e aplicação das normas tributárias, não podendo sofrer modificações por parte da legislação tributária, unicamente para efeitos arrecadatórios. Não há especialidade do Direito Tributário que justifique qualquer preeminência de aplicação. Nesses termos, poderemos falar de uma *função positiva* de serviço público, quando usado este conceito como medida para autorizar a tributação; e de uma *função negativa*, quando empregado para aplicar limitações ao poder de tributar.

Na *função positiva*, diversos serviços públicos encontram-se discriminados constitucionalmente, nas distintas competências, da União, dos Estados ou dos Municípios, além do vínculo material que resguarda aos direitos fundamentais envolvidos. Ademais, conforme nossa Constituição, o Estado participa da ordem econômica do País mediante *prestação de serviços públicos* (art. 175), como *agente de regulação* e de *planejamento* (art. 174) e, em caráter excepcional, pela substituição de agentes econômicos (art. 173), nos estreitos limites das garantias de segurança nacional e imperativos de relevante interesse coletivo, com igualdade de tratamento, à semelhança do regime jurídico próprio das empresas privadas, inclusive quanto aos direitos e obrigações civis, comerciais, trabalhistas e tributários. Daí que, diferentemente de outras nações, tratando-se de conceito constitucionalizado, queda-se o legislador desde logo limitado às suas nuanças. Por conseguinte, cumpre ao intérprete verificar qual o regime jurídico consagrado constitucionalmente para demarcar a noção exata de "serviço público", bem como o reflexo que os distintos regimes tributários[9] promovem ou colaboram para esse fim. Com isso, vão sendo definidos os tipos aos quais podem ser aplicadas taxas, contribuições ou impostos, segundo a natureza típica.

Na *função negativa*, a primeira, e mais importante a considerar, é o § 3º, do art. 150, da CF, segundo o qual "as vedações do inciso VI, 'a' (*imunidade recíproca*), e do parágrafo anterior (pertinente às autarquias e fundações públicas[10], desde que vinculado a suas finalidades essenciais ou às delas decorrentes) não se aplicam ao patrimônio, à renda e aos *serviços* (...) em que haja *contraprestação ou pagamento de preços ou tarifas pelo usuário* (...)". Quer dizer, na espécie de serviço público remunerado por "preço" ou "tarifa", não há que prevalecer o regime da chamada *imunidade recíproca*, cabendo a incidência tributária por meio de impostos e remuneração exclusiva por preços públicos. Dito de outro modo, mesmo sendo "serviço público", a pessoa política poderá decidir sobre remunerá-lo por *preço* ou *tarifa*, perdendo o direito à imunidade recíproca; ou mediante *taxas*, mantendo o direito à *imunidade recíproca*. É o caso dos Correios, cuja venda de selos somente pode acompanhar o regime de taxa, na medida que prefere, a União, manter seu tratamento tributário com base na imunidade recíproca.

Assim, a necessária remuneração dos serviços públicos por "taxa", reclamada no art. 145, II, da Constituição, queda-se mitigada pelo referido dispositivo, do capítulo das "Limitações Constitucionais ao Poder de Tributar", que identifica três hipóteses cabíveis para o tratamento dos serviços e patrimônio públicos, sempre que:

1. relacionados com exploração de atividades econômicas regidas pelas normas aplicáveis a empreendimentos privados – atividades de serviços públicos prestados na função de atuação excepcional do Estado na ordem econômica (art. 173, da CF).

2. em que haja contraprestação ou pagamento de preços ou tarifas pelo usuário – facultado ao legislador decidir sobre a modalidade da sua remuneração correspondente (art. 175, da CF).

3. o promitente comprador da obrigação de pagar imposto relativamente ao bem imóvel – nas aquisições de patrimônio imobiliário do Estado.

Justamente a segunda das modalidades excepcionais permite ao legislador decidir sobre a espécie de remuneração de serviços públicos, sobre cobrar taxa ou preço público (tarifa). Feita a opção expressa, já não mais se pode cogitar da aplicação do regime de direito tributário (por taxas), nas hipóteses de remuneração dos serviços concedidos ou permitidos. Sendo assim, deixa-se de remunerar o serviço por "taxa" e passa-se a uma remuneração mediante o pagamento de "preço" ou de "tarifa", sem que isso o possa desqualificar da sua natureza de "serviço público". Não havendo referência expressa, é de se entender que fora mantido o regime de remuneração mediante "taxa", exclusivamente. Corolário dessa conclusão, não se verifica impedimento para que incida algum imposto sobre a materialidade dos serviços públicos. Isso demonstra ser, a chamada "imunidade recíproca", espécie de imunidade "condicionada" pela disposição legal de eleição do modelo remuneratório a ser adotado.

Quanto ao *serviço público* que possa permitir a cobrança de taxa como sua remuneração, vale assinalar que as taxas somente podem ser exigidas nos casos de serviços públicos *específicos* (nunca em função de prestações de serviços gerais), *divisíveis* (com exclusão dos serviços indivisíveis), que podem ser tanto os *obrigatórios* (quando não importa se há tomada do serviço *efetiva ou potencial*, podendo ser cobrado o tributo mesmo no caso na disponibilidade do serviço ao usuário) ou *facultativos* (caso em que somente com o uso efetivo do serviço poderá haver cobrança da taxa), seja este prestado diretamente pelo Estado ou por meio de concessionárias, permissionária ou autorizada de serviço público, em regime de parafiscalidade ou de simples arrecadação.

Passemos aos pressupostos para as taxas sobre exercício – sempre efetivo – do poder de polícia[11]. O poder de polícia[12], ou administração ordenadora[13], é a atividade interventiva da Administração Pública, a ser exercida nos termos da lei e observados os direitos fundamentais, disposta para condicionar ou restringir o exercício de liberdades ou de direitos, propriedade ou atividades individuais em favor do interesse público, mediante regulação ou atos executivos próprios.

Assim, este poder será tido como *regular* quando desempenhado nos limites legais e com respeito dos direitos individuais, aplicado pelo órgão legalmente competente, com observância de devido procedimento legal, e, cabendo a discricionariedade, sem abuso ou desvio de poder. Daí a acurada observação de Celso Antonio Bandeira de Melo ter perfeita oportunidade, ao dizer que tal poder de polícia deveria ser compreendido como limitações ao exercício do direito de propriedade que correspondem à sua natural área de manifestação legítima, i.e., à "esfera jurídica da liberdade e da propriedade tuteladas pelo sistema"[14].

Neste grupo de atividades, excetuadas as faculdades de *editar regulamentos* em matéria de direito à liberdade e à propriedade, remanescem basicamente as funções de *fiscalização* das atividades, bens e sujeitos passíveis de controle administrativo.

---

9. Entendendo que qualquer serviço público somente possa ser tributável por taxa, veja-se: GIARDINO, Cléber; BARRETO, Aires. Serviço público: intributabilidade por meio de imposto – serviços de transportes urbanos e ISS. *Revista de Direito Tributário*. SP: Malheiros, 1994, n. 62, p. 105 e s.

10. Para uma sopesada análise, cf. COELHO, Sacha Calmon Navarro. ISS sobre serviços prestados em regime de delegação de serviço público. In: TORRES, Heleno Taveira (Coord.). *Imposto sobre Serviços – ISS na Lei Complementar n. 116/03 e na Constituição*. SP: Manole, 2004, p. 369-96.

11. Estas são condutas esperadas de uma Administração democrática de um estado social de direito. Para ampla considerações a respeito, veja-se: FREITAS, Juarez. Proposta de revisão conceitual do "poder de polícia administrativa" e o primado dos direitos fundamentais. In: TORRES, Heleno Taveira (coord.). *Serviços públicos e direito tributário*. São Paulo: Quartier Latin, 2005, p. 80-102; SCHMIDT-ASSMANN, Eberhard. *La teoría general del derecho administrativo como sistema*. Madrid: Marcial Pons, 2003, 475 p.

12. Para uma oportuna diferenciação entre poder de polícia e poder sancionador, veja-se a obra: OSÓRIO, Fábio Medina. *Direito Administrativo Sancionador*. 2ª ed., SP: RT, 2005, p. 105 e s.

13. Assim, SUNDFELD, Carlos Ari. *Direito Administrativo ordenador*. SP: Malheiros, 1993, p. 19.

14. MELLO, Celso Antônio Bandeira de. *Curso de direito administrativo*. 13ª ed., SP: Malheiros, 2001, p. 686.

Conforme o § 2º, do art. 145, taxas não poderão ter base de cálculo idêntica ao dos impostos, o que se exige para evitar conflitos de competência e prejuízos aos limites para instituição de novos impostos, na competência remanescente, bem como à própria separação entre os regimes de impostos e taxas. Como exemplo, a própria exclusão do regime destas de atendimento ao princípio de *capacidade econômica* do contribuinte, cuja aplicação restringe-se unicamente aos impostos, nos termos do § 1º, do art. 145.

Por fim, cabe assinalar que às taxas aplicam-se os princípios de legalidade, anterioridade, isonomia, impedimento de efeito confiscatório, de liberdade de circulação no território, contidos no art. 150 da CF, além de sujeitar-se aos mesmos limites do § 6º, quanto às concessões de isenções, igualmente sujeitas à legalidade e especificidade.

7.3. Contribuições de melhoria

A contribuição de melhoria é típico e perfeito "tributo especial" no sentido de que não é nem imposto, porque seu critério informativo não é o princípio da capacidade contributiva, e não é taxa, porque não é forma de repartir o custo da obra. É contribuição especial, porque só são obrigados a pagá-los os proprietários que receberam o "especial" benefício consistente na valorização dos seus imóveis, causada por obra pública.

Admitimos como materialidade tributável das contribuições de melhoria o fato de o contribuinte *ser proprietário de bem imóvel valorizado pela construção de obra pública*. Nesse passo, o proprietário será necessariamente o "contribuinte" da contribuição de melhoria e a "base de cálculo" será apurada pelo montante da *valorização imobiliária* (apurada entre as avaliações anteriores e posteriores à construção da obra pública) em face do valor total da obra e, igualmente, do somatório das *valorizações individuais*, pois, apesar de o limite máximo da base de cálculo ser a valorização auferida, a relação entre o custo total e o montante das demais valorizações poderá justificar o decréscimo da base de cálculo ou de alíquotas.

A competência para sua criação fica a depender da titularidade da obra (União, Estado, DF ou Município). Por isso, a contribuição de melhoria será cobrada por uma ou outra pessoa política, conforme a devida repartição de competência quanto ao tipo de obra a realizar.

À contribuição de melhoria não se aplica o princípio de capacidade contributiva, porquanto a apuração dos limites de valorização individual e do custo da obra são os determinantes dos seus limites quantitativos. Diversamente, aplicam-se os princípios de legalidade, anterioridade, isonomia, impedimento de efeito confiscatório, de liberdade de circulação no território, contidos no art. 150, da CF, além de sujeitar-se aos mesmos limites do § 6º, quanto às concessões de isenções, igualmente sujeitas à legalidade e especificidade.

7.4. Contribuições

Prescreve o artigo 149 vigente: *Compete exclusivamente à União instituir contribuições sociais, de intervenção no domínio econômico e de interesse das categorias profissionais ou econômicas, como instrumento de sua atuação nas respectivas áreas, observado o disposto nos arts. 146, III, e 150, I e III, e sem prejuízo do previsto no art. 195, § 6º, relativamente às contribuições a que alude o dispositivo*.

Guardando vistas a este artigo, é comum ouvir-se dizer que *contribuições são tributos sem hipótese de incidência previamente definida*, mas essa proposição não é de todo coerente com a Constituição Federal porque o art. 195 traz hipóteses de incidência previamente definidas para as contribuições previdenciárias e o próprio art. 149 define o arquétipo dos fatos jurídicos tributários típicos, para a criação de contribuições: i) sociais, ii) de intervenção no domínio econômico ou de iii) relações associativas com categorias profissionais ou econômicas, porquanto os fatos que se possam eleger como materialidades não se podem afastar desse quadro-fim.

As materialidades das contribuições já se encontram, em grande medida, pressupostas constitucionalmente, ao exigir, o art. 149, a *atuação da União nas respectivas áreas*. Logo, a materialidade da hipótese normativa deverá estar vinculada, não bem ao destino da receita, diretamente, porque isso não interfere na constituição da obrigação tributária, mas a uma situação que reflita essa *atuação da União*. Isso é o que impede, por exemplo, a União de pretender criar um adicional de imposto sobre a renda, justificando-se pelo art. 149, no seu inteiro teor, como espécie de "contribuição". Para alguns, em desprezo à história constitucional, seriam exceções, as referências que o art. 149 tece à aplicação restrita aos princípios da isonomia, legalidade e anterioridade, que justificaria considerar as contribuições como espécies submetidas a regime tributário especial, salvo para as contribuições previdenciárias, quando não para dizer que tais não seriam sequer modalidades de tributos, ao não compartilharem de toda a principiologia tributária. Uma e outra são equívocos. Primeiro, porque não se pode esquecer que um dos maiores debates teóricos travados em matéria tributária no País girava em torno das contribuições; haviam aqueles que as consideravam como espécies de tributos e havia aqueles que lhe negavam natureza de tributo, para que não se lhe aplicassem o CTN, fosse admitida a liberdade de o Executivo editar decretos, para dispor sobre seus elementos, porque não estariam sob reserva constitucional de lei[15], e que não se submeteriam à anterioridade. Quis o Constituinte de 1988 erradicar esse tipo de entendimento, reafirmando, de modo peremptório, que às Contribuições aplicar-se-iam, sim, os princípios de legalidade (art. 150, I), anterioridade e irretroatividade (art. 150, III), além de todas as regras típicas das normas gerais em matéria de legislação tributária (art. 146, III). Eis porque o art. 149 reporta-se apenas a estes princípios, que não o faz por exceção, mas por reforço e consolidação do regime jurídico tributário das contribuições, espécies que são do conceito constitucional de tributo.

Deveras, nenhum *tributo* (seja ele imposto, taxa ou contribuição), como indica o *caput* do art. 150, poderá ser instituído contra a liberdade de circulação (art. 150, V), em caráter discriminatório, tratando distintamente sujeitos que se encontrem em situações idênticas (art. 150, II, CF), ou contra a propriedade (art. 150, IV), com efeito de confisco, posto não ser sanção (art. 5º, XLVI, "b"; LIV). Tampouco poderia, a União, instituir tribuição que não fosse uniforme em todo o território nacional ou que implicasse distinção ou preferência em relação a Estado, ao Distrito Federal ou a Município, em detrimento de outro (art.

---

15. Nesse grupo, ver o interessante estudo: MACHADO, Brandão. São tributos as contribuições sociais? In: *Princípios tributários no direito brasileiro e comparado. Estudos jurídicos em homenagem a Gilberto de Ulhôa Canto*. RJ: Forense, 1988, p. 62-95.

151, I, da CF) ou que pudesse atentar contra qualquer outro valor constitucionalmente positivado. Todas essas limitações materiais aplicam-se às contribuições, de modo indiscutível, salvo quando sejam referidas exclusivamente a determinada espécie de tributo, como taxas ou impostos. Eis porque as imunidades não são abrangidas por essa proteção, como as do art. 150, VI, consequência da sua diferenciação de impostos e taxas[16].

Sobre os limites formais à exigência de contribuições, alguns referem-se à presença de lei complementar para quaisquer uma delas como algo inafastável. Nada mais infundado. Ao que nos afigura, a Constituição reserva a exigência de lei complementar, salvo algumas exceções (art. 150, VII), para todos os casos em que não se tenha a definição da materialidade do tributo previamente determinada, como no caso do art. 148 – empréstimo compulsório; ou do art. 154, I, no exercício da competência residual para impostos ou contribuições sociais (art. 195, § 4º). Como reconhecemos que o art. 149 faz referência a materialidade pressuposta, com fatos determináveis a partir da intervenção do Estado na ordem econômica ou de associação em entidades corporativas, não nos parece que seja exigível o procedimento de lei complementar para a respectiva instituição dessas contribuições. Basta-se com lei ordinária, sua instituição.

Algo híbrido, entre requisito formal e material, é saber se a referência que o art. 149 faz ao art. 146, III, diz respeito ao processo legislativo ou aos pressupostos materiais das leis institutivas, ao atender à função segundo a qual cabe à lei complementar *estabelecer normas gerais em matéria de legislação tributária, especialmente sobre: a) definição de tributos e de suas espécies* (...), cobraria do legislador prévio pronunciamento legislativo, mediante lei complementar, definindo o tipo genérico, o arquétipo do conceito de "contribuição de intervenção no domínio econômico". Neste ponto vale assinalar que essa regra cumpre uma função muito específica no ordenamento, qual seja: prestar-se como meio de eliminar conflitos de competência (art. 146, I, CF). Como essas contribuições são de competência exclusiva da União, dilui-se a utilidade de uma lei complementar para resolver "conflito de competência" (lembro aqui a função dicotômica das chamadas normas gerais de direito tributário). Eis porque descabe falar em uma pretensa "norma geral" necessária e imprescindível à instituição de tais contribuições. A remessa que faz o art. 149 ao art. 146 está diretamente relacionada com o dispositivo da alínea "b", quanto aos procedimentos de constituição e exigibilidade, fiscalização e prazos de decadência e prescrição do crédito tributário. Ou seja, visa a afirmar a aplicação das normas gerais, presentes no CTN, às contribuições, o que foi alvo de grandes celeumas no passado e agora dá-se por superado o discurso.

7.5. Impostos e capacidade contributiva

A Constituição Federal, mediante o princípio de capacidade econômica, insculpido no § 1º do art 145, institui o dever de o legislador garantir a observância, na edição de leis sobre impostos, dos princípios de pessoalidade e de capacidade contributiva,

---

16. Assim também já entendeu o próprio STF: "Legal, pois, a exigência desta contribuição, a qual, porque não constitui imposto, pode ser cobrada mesmo daqueles que gozam da imunidade a que se refere o art. 19, III, *d*, da Carta" (RE 77.530-SP. Ac. – 2ª Turma. Rel. Min. Thompson Flores. Julgado em 27/11/1973. *RTJ* 73/842).

como proteções do direito de propriedade e dos limites da ação fiscal exclusivamente à pessoa do contribuinte sobre o qual recai a exigibilidade, e segundo suas circunstâncias.

Para alguns, o art. 145, § 1º, da CF, permitiria um controle sobre o fenômeno elusivo, nesses moldes, servindo de garantia ao princípio da isonomia em matéria tributária, na medida que preservaria a "generalidade"[17], isto é, a sujeição de todos à tributação, em respeito ao princípio de capacidade contributiva. Entendem estes que com a fuga de alguns sujeitos do mecanismo ordinário de tributação, dar-se-ia uma hipótese de *discriminação*, correspondente ao privilégio que poderia ser mantido para aqueles que reduzem o tributável com formas insólitas e fins elusivos, em face dos que continuariam submetidos a este dever. Isto quebraria a garantia de *generalidade* e consequentemente a igualdade.

No âmbito da dinâmica de *criação de tributos*, o reconhecimento do *princípio de capacidade contributiva* oferta aos contribuintes uma previsibilidade forte sobre a seleção dos fatos passíveis de serem alcançados por normas gerais e abstratas constitutivas de obrigações tributárias, na medida que tal seleção, efetuada exclusivamente pelo *legislador*, somente poderá recair sobre fatos que tenham alguma relevância econômica, o suficiente para demonstrar capacidade de suportar o encargo da prestação tributo. Fala-se, neste caso, de *capacidade contributiva objetiva*.

A capacidade contributiva, nos termos do art. 145, § 1º, da CF, porém, não é, por si só, um *motivo* para instituição de tributos, pois a constituição qualificou as espécies e discriminou as competências materiais em seus limites. No plano *legislativo*, o princípio da *capacidade contributiva* tem a função de servir como limite à escolha da matéria factual para compor a hipótese de incidência de normas tributárias, porquanto o fato escolhido deverá ser revelador, com certa precisão, da capacidade econômica do sujeito passivo para suportar o encargo fiscal. Escolhido o fato imponível (revelador de capacidade contributiva), e definida a base de cálculo e alíquota aplicáveis (graduação da carga tributária individual), exaure-se, assim, o papel do princípio de capacidade contributiva (na sua feição *objetiva*)[18].

Reserva-se a disposição do art. 145, § 1º, da CF, primordialmente para o plano da aplicação (*capacidade contributiva subjetiva*), para servir como critério de atendimento à tipicidade da quantificação[19] legalmente prevista, nos atos de apuração do tributo devido[20]. Nessa função, o princípio de capacidade contribu-

---

17. É de conhecimento universal que as normas de isonomia presentes no sistema tributário brasileiro não dizem apenas sobre a relação Estado-contribuinte (individualizado), quando se aplica o critério da *isonomia* (art. 150, II, CF) como corolário do art. 5.º, I; mas dispõem, também, sobre a relação firmada entre os próprios contribuintes, em face do mecanismo fiscal do Estado. Neste caso, a isonomia revela-se sob a forma da *generalidade*, que veda toda e qualquer forma de discriminação ou de concessão de privilégios (art. 150, II, CF), pelo qual devem, todos os cidadãos, submeter-se ao poder de tributar do Estado, pagando tributos na medida da capacidade econômica que demonstrem possuir.

18. Por tudo, veja-se: GIARDINA, Emilio. *Le basi teoriche del principio della capacita contributiva*. Milano: Giuffrè, 1961, 477 p.

19. Para um estudo do critério quantitativo da obrigação tributária, veja-se: CALVO, RAFAEL. *La determinazione dell'aliquota tributaria*. Milano: Giuffrè, 1969, 123 p.; BARRETO, Aires Fernandino. *Base de Cálculo, Alíquota e Princípios Constitucionais*. São Paulo: RT, 1987.

20. Cf. GIARDINA, Emilio. *Le basi teoriche del principio della capacita contributiva*. Milano: Giuffrè, 1961, 477 p.; MOSCHETTI, Francesco. *Il principio della capacità contributiva*, Padova: CEDAM, 1974. HERRERA MOLINA,

tiva não é mais do que um critério de graduação individual do quanto pode o contribuinte suportar, em termos de carga fiscal, sem qualquer eficácia para alargamentos dos tipos legais tributários ou mesmo das funções vinculadas dos agentes administrativos, na apuração dos fatos tributários[21]. É um princípio de proteção da propriedade privada, não mais do que isso.

A partir do *leading case* RE 1.018.911[22], o STF reforçou essa perspectiva ao apontar que "*[é] imune ao pagamento de taxas para registro da regularização migratória o estrangeiro que demonstre sua condição de hipossuficiente, nos termos da legislação de regência*" (Tema 988).

A razão pela qual vige no processo administrativo o princípio da *verdade material*[23], que há de prevalecer sobre a vontade formal, está exatamente na necessidade de orientar a atividade administrativa, concernente à fiscalização e controle do cumprimento das obrigações tributárias, à melhor maneira de se identificar a capacidade contributiva dos contribuintes. Todavia, o conceito de "verdade material" é também, ele, um conceito assaz relativo, um ideal ao qual, o homem, na sua reconhecida limitação racional, propõe-se a alcançar, ao menos conceitualmente, posto ser o real inacessível. E como as atividades de fiscalização reportam-se sempre ao passado, manejam apenas a linguagem das provas, para obter a tal verdade material[24], como expressão da capacidade contributiva efetiva ou real.

Cumpre à Administração carrear esforços para produzir elementos de prova necessários e suficientes à demonstração da efetiva ocorrência do fato jurídico tributário; e, agindo assim, identificar, i) respeitados os *direitos individuais* e ii) *nos termos da lei*, o patrimônio, os rendimentos e as atividades econômicas do contribuinte. A Administração não se limita pelas provas apresentadas pelo contribuinte, tampouco lhe são oponíveis os princípios que garantem a força obrigatória dos contratos, cabendo-lhe o uso do poder investigativo, inquisitório, de diligências probatórias previstas na lei, como necessárias ao pleno conhecimento dos fatos[25].

Eis porque o princípio de capacidade contributiva não justifica nenhuma função extensiva ou teleológica da atividade de interpretação das normas tributárias[26]. O desempenho dessa atividade investigativa não remete a qualquer espécie de recurso à interpretação econômica, ao *business purpose test* ou ao conceito de "abuso de direito", de tal modo que a verdade material deverá respeitar *os direitos individuais* e efetivar-se *nos termos da lei*. Ora, *respeitar direitos fundamentais* é respeitar as garantias constitucionais de legalidade e igualdade, dentre outras; é assegurar certeza e segurança jurídica à organização dos atos e negócios praticados no exercício da autonomia privada. E tudo segundo um devido procedimento (ou processo) legal, pois a legalidade, em matéria tributária, não pode encontrar exceção – decorrência do princípio do consentimento legislativo que o primado republicano[27] impõe. É, a lei, o *limite positivo* de atribuição dos campos de ação das competências administrativas; e, ao mesmo tempo, *limite negativo* para o agir de qualquer autoridade pública, no cumprimento de suas funções.

Merece destaque, nesse sentido, o julgamento do RE 1.055.941 no qual o STF decidiu pela constitucionalidade compartilhamento de relatórios de inteligência financeira da UIF e da íntegra e dos procedimentos fiscalizatórios da RFB que definam o lançamento tributário, com órgãos de persecução penal, sem que seja necessária a prévia autorização judicial, desde que seja feito exclusivamente por meio de comunicações formais e munido de garantia de sigilo, certificação de destinatário e estabelecimento de mecanismos de apuração de eventuais desvios. Sabe-se, nem os efeitos e nem mesmo a validade dos negócios jurídicos são oponíveis contra o Fisco, na determinação do fato jurídico tributário. Contudo, para autorizar alguma forma de desconsideração de ato, negócio ou pessoa jurídica, a autoridade administrativa há de promover, nos limites legais, a devida qualificação dos "meios" adotados (formas e tipicidade) e da "intenção" dos agentes (causa do negócio). E como este é um procedimento agressivo de *direitos individuais*, limites formais e materiais deverão ser instituídos mui solidamente pelo legislador, acompanhando os vetores axiológicos do sistema, como o princípio do não confisco, legalidade, tipicidade, direito à propriedade, à livre-iniciativa, à liberdade contratual, dentre outros. E estes, sim, são os efeitos que decorrem do art. 145, § 1º, da CF.

Pedro M. *Capacidade económica y sistema fiscal*. Madrid: Marcial Pons, 1998; BALEEIRO, Aliomar. *Limitações constitucionais ao poder de tributar* (Anotado por Misabel de Abreu Machado Derzi), RJ: Forense, 1997, p. 687 e ss.; NABAIS, José Casalta. *O dever fundamental de pagar impostos*. Coimbra: Almedina, 1997; HORVATH, Estevão. *O princípio do não confisco no direito tributário*, São Paulo: Dialética, 2002. CONTI, José Mauricio. *Princípios tributários da capacidade contributiva e da progressividade*. SP: Dialética, 1997; GODOI, Marciano Seabra de. *Justiça, igualdade e direito tributário*. SP: Dialética, 1999, 271 p.; NAVEIRA DE CASANOVA, Gustavo. *El principio de no confiscatoriedad*. Madrid: MacGraw-Hill, 1996, 508 p.

21. Como salienta Klaus Tipke: "Una tributación basada en el principio de igualdad según la capacidad económica no supone que el fisco pueda recaudar algo allí donde aún quede algo por recaudar; se trata más bien de gravar a todos los titulares de capacidad económica *con arreglo a las exigencias de igualdad*" (TIPKE, Klaus. *Moral Tributaria del Estado y de los Contribuyentes*. Marcial Pons, 2002, p. 35).

22. BRASIL. Supremo Tribunal Federal – STF. Recurso Extraordinário 1.018.911/RR. Relator Ministro Luiz Fux, Tribunal Pleno, j. 11/11/2021, *DJe* 02/12/2021.

23. GIANNINI, Massimo Severo. *L'interpretazione dell'atto amministrativo e la teoria giuridica generale dell'interpretazione*. Milano: Giuffrè, 1939, p. 37 e s.

24. Como explicita muito bem Diego Marin-Barnuevo, em matéria de provas, "la Administración está vinculada en su actuación probatoria en los procedimentos tributarios a las mismas reglas que rigen para el proceso. (...) es preciso realizar un esfuerzo interpretativo que permita adecuar aquellas normas a los principios del ámbito en que deberán ser aplicadas, cuyo resultado será *la regulación de la prueba en los procedimentos tributarios*" (MARIN-BARNUEVO FABO, Diego. *Presunciones y técnicas presuntivas en Derecho Tributario*. Madrid: McGraw-Hill, 1996, p. 17).

25. Cf. XAVIER, Alberto. *Do lançamento*: teoria geral do ato, do procedimento e do processo tributário, RJ: Forense, 1997, p. 123.

26. Para um estudo atual da hermenêutica de princípios, ver: GRAU, Eros Roberto. *Ensaio e discurso sobre a interpretação/aplicação do direito*. SP: Malheiros, 2002, 226 p.

27. Nas palavras de Geraldo Ataliba, "sistematicamente considerados a partir do princípio republicano – surgem a representatividade, o consentimento dos tributos, a segurança dos direitos, a exclusão do arbítrio, a legalidade, a relação de administração, a previsibilidade da ação estatal e a lealdade informadora da ação pública, como expressões de princípios básicos lastreadores necessários e modeladores de todas as manifestações estatais" (ATALIBA, Geraldo. Anterioridade da lei tributária, segurança do direito e iniciativa privada. *Revista de Direito Mercantil, Industrial, Econômico e Financeiro*. SP: RT, 1983, a. XXII, n. 50, abr.-jun., p. 7).

Art. 146. Cabe à lei complementar:

I – dispor sobre conflitos de competência, em matéria tributária, entre a União, os Estados, o Distrito Federal e os Municípios;

II – regular as limitações constitucionais ao poder de tributar;

III – estabelecer normas gerais em matéria de legislação tributária, especialmente sobre:

a) definição de tributos e de suas espécies, bem como, em relação aos impostos discriminados nesta Constituição, a dos respectivos fatos geradores, bases de cálculo e contribuintes;

b) obrigação, lançamento, crédito, prescrição e decadência tributários;

c) adequado tratamento tributário ao ato cooperativo praticado pelas sociedades cooperativas;

d) definição de tratamento diferenciado e favorecido para as microempresas e para as empresas de pequeno porte, inclusive regimes especiais ou simplificados no caso do imposto previsto no art. 155, II, das contribuições previstas no art. 195, I e §§ 12 e 13, e da contribuição a que se refere o art. 239.

Parágrafo único. A lei complementar de que trata o inciso III, d, também poderá instituir um regime único de arrecadação dos impostos e contribuições da União, dos Estados, do Distrito Federal e dos Municípios, observado que:

I – será opcional para o contribuinte;

II – poderão ser estabelecidas condições de enquadramento diferenciadas por Estado;

III – o recolhimento será unificado e centralizado e a distribuição da parcela de recursos pertencentes aos respectivos entes federados será imediata, vedada qualquer retenção ou condicionamento;

IV – a arrecadação, a fiscalização e a cobrança poderão ser compartilhadas pelos entes federados, adotado cadastro nacional único de contribuintes.

Art. 146-A. Lei complementar poderá estabelecer critérios especiais de tributação, com o objetivo de prevenir desequilíbrios da concorrência, sem prejuízo da competência de a União, por lei, estabelecer normas de igual objetivo.

Heleno Torres

1. História da norma

1. As chamadas "normas gerais" surgiram na Constituição Federal de 1946, na competência da União, e, dentre as funções a serem exercidas, estava aquela de tratar sobre "direito financeiro", no seu art. 5º, XV, "b", sem menção ao seu exato conteúdo. Está evidente, porém, que o gérmen da sua existência encontra-se no art. 9º, da Constituição de 1934. Quanto à definição do que sejam as chamadas "normas gerais", o certo é que, até o presente, nenhuma doutrina foi suficientemente rigorosa a ponto de colocá-la no devido lugar do sistema jurídico. Lembraria, no limiar desses esforços, o trabalho pioneiro de Carvalho Pinto, que ensaiou uma delimitação pela negativa, isto é, do que não seriam normas gerais, ontologicamente, nos seguintes termos: "a) não são normas gerais as que objetivem especialmente uma ou algumas dentre várias pessoas congêneres de direito público, participantes de determinadas relações jurídicas; b) não são normas gerais as que visem, particularizadamente, determinadas situações ou institutos jurídicos, com exclusão de outros, da mesma condição ou espécie; c) não são normas gerais as que se afastem dos aspectos fundamentais ou básicos, descendo a pormenores ou detalhes"[1]. Em geral, servem às matérias de competências concorrentes, em favor do princípio de *subsidiariedade*, como modo de garantir a competência de Estados e Municípios, limitando-se a competência da União a estabelecer *normas gerais*. 2. As *normas gerais de direito financeiro* teriam como função dispor sobre receitas, despesas e o orçamento público, dentre os quais estariam os tributos. A Lei n. 5.172, de 25 de outubro de 1966, como resultado da reforma operada pela Emenda Constitucional n. 18/65, justamente com a natureza de norma geral. Com base na competência para a criação de normas gerais de direito financeiro, desde 1953, por ordem do então Ministro da Fazenda, Osvaldo Aranha, encontravam-se instalados os trabalhos para realizar a codificação do direito tributário brasileiro. Para esta tarefa, foi nomeado Rubens Gomes de Sousa, que ficou encarregado da preparação de um anteprojeto, o qual foi apresentado em 1954. Este projeto não logrou conversão em lei. Somente mais tarde, ao ensejo da Emenda n. 18/65, a partir do anteprojeto redigido pela Comissão composta dos Professores Gilberto de Ulhôa Canto, Rubens Gomes de Sousa e Gerson Augusto da Silva, que contavam ainda com a ajuda de Aliomar Baleeiro, tal desiderato chegou a bom termo. 3. Em seguida, foram introduzidas as chamadas *normas gerais de direito tributário*, pelo § 1º do art. 19 da Constituição de 1967, a serem veiculadas por meio de lei complementar, a saber: "Lei complementar estabelecerá normas gerais de direito tributário, disporá sobre os conflitos de competência tributária entre a União, os Estados, o Distrito Federal e os Municípios, e regulará as limitações constitucionais do poder tributário". Em seguida, o Ato Complementar n. 36, de 13/03/1967, em decorrência dos efeitos de recepção e reconhecendo naquela Lei n. 5.172/66 as funções exigidas para lei complementar, atribuiu-lhe a denominação com a qual atualmente a reconhecemos, de "Código Tributário Nacional". A seguir, a Emenda Constitucional n. 1, de 1969, manteve, no seu art. 18, § 1º, a mesma redação do § 1º do art. 18. E assim, em face do *princípio da recepção constitucional* (art. 34, § 5º, do ADCT), o Código Tributário Nacional foi mantido também pela Constituição de 1988, em tudo o que não seja com ela incompatível[2], em consonância com as exigências do art. 146 da CF.

2. Constituições brasileiras anteriores

Constituição da República dos Estados Unidos do Brasil de 1934: "Art. 9º É facultado à União e aos Estados celebrar acordos para a melhor coordenação e desenvolvimento dos respectivos serviços, e, especialmente, para a uniformização de leis, regras ou práticas, arrecadação de impostos, prevenção e repressão da crimina-

---

1. CARVALHO PINTO. *Normas gerais de direito financeiro*. SP: Ed. Prefeitura do Município de São Paulo, 1949, p. 24; cf. TORRES, Heleno Taveira. Funções das leis complementares no sistema tributário nacional – hierarquia de normas – papel do CTN no ordenamento. *Revista de Direito Tributário*, SP: Malheiros, 2002, n. 84, p. 50-69.
2. BORGES, José Souto Maior. *Lei complementar tributária*. SP: RT, 1975, p. 80-81; CARVALHO, Paulo de Barros. *Curso de direito tributário*. 12ª ed. SP: Saraiva, 1999, p. 206.

lidade e permuta de informações". **Constituição dos Estados Unidos do Brasil de 1946**: "Art. 5º Compete à União: (...) XV – legislar sobre: (...) b) normas gerais de direito financeiro; de seguro e previdência social; de defesa e proteção da saúde; e de regime penitenciário". **Constituição da República Federativa do Brasil de 1967**: "Art. 19. Compete à União, aos Estados, ao Distrito Federal e aos Municípios arrecadar: (...)Lei complementar estabelecerá normas gerais de direito tributário, disporá sobre os conflitos de competência tributária entre a União, os Estados, o Distrito Federal e os Municípios, e regulará as limitações constitucionais do poder tributário". **Emenda Constitucional n. 1 de 1969**: "Art. 18. Além dos impostos previstos nesta Constituição, compete à União, aos Estados, ao Distrito Federal e aos Municípios instituir: (...) Lei complementar estabelecerá normas gerais de direito tributário, disporá sobre os conflitos de competência nesta matéria entre a União, os Estados, o Distrito Federal e os Municípios, e regulará as limitações constitucionais do poder de tributar".

3. Constituições estrangeiras

Constituição da Nação Argentina: art. 75 (*ley convenio*).

4. Dispositivos constitucionais relevantes

Art. 5º, II (princípio da legalidade); art. 30, III (autonomia tributária dos municípios); art. 61, § 2º (iniciativa de leis em matéria tributária do Presidente da República); art. 150 e seu inciso I (princípio da legalidade tributária); art. 147 (competências do Distrito Federal); art. 153 (competência da União em matéria de impostos); art. 154 (competências remanescente e extraordinária da União); art. 155 (competência dos Estados em matéria de impostos); art. 156 (competência dos Municípios em matéria de impostos); art. 174 (apoio e estímulo ao cooperativismo) e art. 179 (micro e pequenas empresas).

5. Jurisprudência (STF)

ADI 1624/MG; ADC 8 MC/DF; ADI 2010 MC/DF; ADI 429; ADIN 1089; ADI 1600; ADI 1102; ADI 1417; ADC 1; RE 225602; RE 161428; RE 141800; RE 146733; RE 138284; 166772; RE 236604; RE 433352; RE 627543; RE 599362; RE 566622; RE 917285; RE 636562; RE 1287019; RE 1053574; RE 602917.

"O Simples Nacional surgiu da premente necessidade de se fazer com que o sistema tributário nacional concretizasse as diretrizes constitucionais do favorecimento às microempresas e às empresas de pequeno porte. A LC 123, de 14-12-2006, em consonância com as diretrizes traçadas pelos arts. 146, III, *d*, e parágrafo único; 170, IX; e 179 da CF, visa à simplificação e à redução das obrigações dessas empresas, conferindo a elas um tratamento jurídico diferenciado, o qual guarda, ainda, perfeita consonância com os princípios da capacidade contributiva e da isonomia. Ausência de afronta ao princípio da isonomia tributária. O regime foi criado para diferenciar, em iguais condições, os empreendedores com menor capacidade contributiva e menor poder econômico, sendo desarrazoado que, nesse universo de contribuintes, se favoreçam aqueles em débito com os fiscos pertinentes, os quais participariam do mercado com uma vantagem competitiva em relação àqueles que cumprem pontualmente com suas obrigações. A condicionante do inciso V do art. 17 da LC n. 123/2006 não se caracteriza, *a priori*, como fator de desequilíbrio concorrencial, pois se constitui em exigência imposta a todas as pequenas e microempresas (MPE), bem como a todos os microempreendedores individuais (MEI), devendo ser contextualizada, por representar, também, forma indireta de se reprovar a infração das leis fiscais e de se garantir a neutralidade, com enfoque na livre concorrência. A presente hipótese não se confunde com aquelas fixadas nas Súmulas 70, 323 e 547 do STF, porquanto a espécie não se caracteriza como meio ilícito de coação a pagamento de tributo, nem como restrição desproporcional e desarrazoada ao exercício da atividade econômica. Não se trata, na espécie, de forma de cobrança indireta de tributo, mas de requisito para fins de fruição a regime tributário diferenciado e facultativo." [RE 627.543, rel. Min. Dias Toffoli, j. 30-10-2013, P, *DJe* de 29-10-2014, Tema 363.]

"O adequado tratamento tributário referido no art. 146, III, *c*, CF, é dirigido ao ato cooperativo. A norma constitucional concerne à tributação do ato cooperativo, e não aos tributos dos quais as cooperativas possam vir a ser contribuintes. O art. 146, III, *c*, da CF pressupõe a possibilidade de tributação do ato cooperativo ao dispor que a lei complementar estabelecerá a forma adequada para tanto. O Texto Constitucional a ele não garante imunidade ou mesmo não incidência de tributos, tampouco decorre diretamente da Constituição direito subjetivo das cooperativas à isenção. A definição do adequado tratamento tributário ao ato cooperativo se insere na órbita da opção política do legislador. Até que sobrevenha a lei complementar que definirá esse adequado tratamento, a legislação ordinária relativa a cada espécie tributária deve, com relação a ele, garantir a neutralidade e a transparência, evitando tratamento gravoso ou prejudicial ao ato cooperativo e respeitando, ademais, as peculiaridades das cooperativas com relação às demais sociedades de pessoas e de capitais. A Lei 5.764/1971 foi recepcionada pela Constituição de 1988 com natureza de lei ordinária e o seu art. 79 apenas define o que é ato cooperativo, sem nada referir quanto ao regime de tributação. Se essa definição repercutirá ou não na materialidade de cada espécie tributária, só a análise da subsunção do fato na norma de incidência específica, em cada caso concreto, dirá. Na hipótese dos autos, a cooperativa de trabalho, na operação com terceiros – contratação de serviços ou vendas de produtos – não surge como mera intermediária de trabalhadores autônomos, mas, sim, como entidade autônoma, com personalidade jurídica própria, distinta da dos trabalhadores associados. Cooperativa é pessoa jurídica que, nas suas relações com terceiros, tem faturamento, constituindo seus resultados positivos receita tributável. Não se pode inferir, no que tange ao financiamento da seguridade social, que tinha o constituinte a intenção de conferir às cooperativas de trabalho tratamento tributário privilegiado, uma vez que está expressamente consignado na Constituição que a seguridade social 'será financiada por toda a sociedade, de forma direta e indireta, nos termos da lei' (art. 195, *caput*, da CF/1988). Inexiste ofensa ao postulado da isonomia na sistemática de créditos conferida pelo art. 15 da MP 2.158-35/2001. Eventual insuficiência de normas concedendo exclusões e deduções de receitas da base de cálculo da contribuição ao PIS não pode ser tida como violadora do mínimo garantido pelo Texto Constitucional. É possível, senão necessário, estabelecerem-se diferenciações entre as cooperativas, de acordo com as características de cada segmento do cooperativismo e com a maior ou a menor necessidade de fomento dessa ou daquela atividade econômica. O que não se admite são as diferenciações arbitrárias, o que não ocorreu no caso concreto. Recurso extraordinário ao qual o STF dá provimento para declarar a incidência da contribuição ao PIS/Pasep sobre os atos (negócios jurídicos) praticados pela impetrante com terceiros tomadores de serviço, objeto da impetração." [RE 599.362, rel. Min. Dias Toffoli, j. 6-11-2014, P, DJe de 10-2-2015, Tema 323.]

"A observância de normas gerais em matéria tributária é imperativo de segurança jurídica, na medida em que é necessário assegurar tratamento centralizado a alguns temas para que seja possível estabilizar legitimamente expectativas. Neste contexto, 'gerais' não significa 'genéricas', mas sim 'aptas a vincular todos os entes federados e os administrados.'" [RE 433.352 AgR, rel. Min. Joaquim Barbosa, j. 20-4-2010, 2ª T., DJe de 28-5-2010.]

"(...) o art. 55 da Lei 8.212, de 1991, prevê requisitos para o exercício da imunidade tributária, versada no § 7º do art. 195 da Carta da República, que revelam verdadeiras condições prévias ao aludido direito e, por isso, deve ser reconhecida a inconstitucionalidade formal desse dispositivo no que extrapola o definido no art. 14 do CTN, por violação ao art. 146, II, da CF. Os requisitos legais exigidos na parte final do mencionado § 7º, enquanto não editada nova lei complementar sobre a matéria, são somente aqueles do aludido artigo 14 do Código." [RE 566.622, voto do rel. Min. Marco Aurélio, j. 23-2-2017, P, DJe de 1º-3-2017, Tema 32.]

6. Literatura selecionada

ATALIBA, Geraldo. *Lei Complementar na Constituição*, SP: RT, 1971; BALEEIRO, Aliomar. *Limitações constitucionais ao poder de tributar* (Anotado por Misabel de Abreu Machado Derzi). RJ: Forense, 1997; CARRAZZA, Roque A. *Curso de Direito Constitucional Tributário*, 18ª ed., São Paulo: Ed. Malheiros, 2008; BORGES, José Souto Maior. *Lei complementar tributária*. SP: RT, 1975; CARVALHO, Paulo de Barros. *Curso de direito tributário*, 18ª ed., SP: Saraiva, 2007, p. 206; COELHO, Sacha Calmon Navarro. *Comentários à Constituição de 1988. Sistema Tributário*. Rio de Janeiro: Forense, 2005; GRUPENMACHER, Betina Treiger (Org.). *Cooperativas e Tributação*. Curitiba: Juruá, 2001, 343 p.; MARTINS, Ives Gandra da Silva. *Sistema Tributário na Constituição de 1988*. São Paulo: Saraiva, 1991; TORRES, Heleno Taveira. Funções das leis complementares no sistema tributário nacional – hierarquia de normas – papel do CTN no ordenamento. *Revista de Direito Tributário*, SP: Malheiros, 2002, n. 84, p. 50-69; TORRES, Heleno Taveira. As sociedades cooperativas no novo Código Civil e suas implicações com o Direito Tributário. In: GRUPENMACHER, Betina Treiger (Org.). *Direito tributário e o novo Código Civil*. SP: Quartier Latin, 2004, p. 83-121; TORRES, Ricardo Lobo. *Curso de Direito Financeiro e Tributário*. Rio de Janeiro: Renovar, 2008.

7. Anotações

7.1. Leis complementares em matéria tributária

O Congresso Nacional é órgão que concentra tríplice função, e os processos exigidos para o exercício de cada uma delas são distintos, não apenas por uma questão de rigidez constitucional, para o exercício das mutações constitucionais, operados pelo Constituinte derivado, mas pelo exercício de cada uma dessas funções. Ao tríplice exercício de funções do órgão, diferentes processos legislativos.

No Brasil, o Congresso Nacional exerce ao menos três funções legislativas distintas: i) como *constituinte derivado*, ao discutir e votar Emendas à Constituição, e como legislador ordinário da União, sob duas modalidades: ii) *legislador federal*, ao exercer as competências típicas da União, na qualidade de pessoa de direito público interno, plenamente autônoma; e iii) *legislador nacional*, ao dispor sobre normas gerais aplicáveis às quatro pessoas políticas, nas matérias previstas no art. 24 da CF e em outras previstas no corpo da Constituição.

A Constituição, ao atribuir funções distintas a um mesmo órgão legislativo, sob a forma de competências típicas: ao exercer o *poder de reforma*, com poderes para alterar a fisionomia constitucional, criando ou modificando inclusive suas próprias competências e das demais pessoas políticas, desde que não afete as chamadas cláusulas pétreas do art. 60, IV, CF; e como legislador ordinário, a partir das atribuições materiais de competência, estabelecendo as tipificações das condutas, por lei específica, bipartindo-se em *legislador federal* e *legislador nacional*[3].

As leis complementares são figuras do ordenamento que se diferenciam dos demais atos legislativos tanto pela matéria (competência), quanto pelo processo de formação (*quorum* qualificado de maioria absoluta[4], art. 69, da CF). Diferenciação ontológico-formal, no dizer de José Souto Maior Borges. É dizer, as leis complementares encontram no sistema constitucional o respectivo campo material predefinido (competência), sob a forma de matérias sujeitas ao *princípio de reserva de lei complementar* (pressuposto material) e são aprovadas por maioria absoluta (pressuposto formal, art. 69, CF). Eis o quanto as diferem das leis ordinárias.

Assim, as leis complementares encontram no sistema constitucional o respectivo campo material predefinido (competência), sob a forma de matérias sujeitas ao *princípio de reserva de lei complementar* (pressuposto material) e são aprovadas por maioria absoluta (pressuposto formal, art. 69, CF). Eis o quanto as diferem das leis ordinárias.

No Brasil, a Constituição, como corolário do federalismo (arts. 1º e 18, CF) e da autonomia dos municípios (arts. 18 e 29, CF), fixou todas as *competências*, inclusive as que versam sobre matéria tributária, autorizando os legisladores das pessoas de direito público interno a criarem, por meio de leis próprias, os tributos que lhes foram reservados, privativamente, de forma a concretizar o federalismo fiscal.

Nas atividades típicas de legislador ordinário "federal", o Congresso Nacional poderá usar tanto de lei ordinária, como de lei complementar, a depender da exigência constitucional para o respectivo exercício de competência. É dizer, na Constituição encontramos matérias com reserva de lei complementar, sendo esta exigida expressa ou implicitamente. Por conta disso, torna-se, o

---

3. "O processo crescente de complexidade da evolução social impõe a divisão do trabalho, a especialização de funções. Já as funções F', F'', F''', não são comportáveis num único órgão O. Fragmenta-se o exclusivo órgão, destacando-se outros, cada um com função específica" (VILANOVA, Lourival. *Causalidade e relação no direito*. Recife: OAB, 1985, p. 192).

4. BORGES, José Souto Maior. *Lei complementar tributária*. SP: RT, 1975, p. 80-81; CARVALHO, Paulo de Barros. *Curso de direito tributário*, 15ª ed. SP: Saraiva, 2003, p. 206.

procedimento do artigo 69, da CF, pressuposto de validade inafastável para legitimar, em termos formais, o exercício do poder legislativo. Salvo estas hipóteses, todas as demais matérias, submetidas à reserva de lei, poderão ser objeto de leis ordinárias, como é o caso das competências dos artigos 21, 22, 23; 153, I-VI, da CF, dentre outros.

Retomando a ideia anterior sobre as funções do legislador ordinário, temos que a lei complementar tanto é exigida pela Constituição para servir ao legislador federal (efetivando competências da União), quanto ao legislador nacional, na função de criar as chamadas "normas gerais". É dizer, faz parte da demarcação de competências, também, a definição daquelas que só poderão ser exercidas exclusivamente pelo *legislador federal* (União) mediante lei complementar, assim como a competência do *legislador nacional*, também mediante lei complementar, para criar as chamadas *normas gerais em matéria de legislação tributária*.

A função das leis complementares no sistema tributário da União presta-se como forma para a criação de alguns dos seus tributos, porquanto tenha recebido competências materiais que somente podem ser exercidas mediante o uso de leis complementares, como é o caso do empréstimo compulsório (art. 148, CF) e do imposto sobre grandes fortunas (art. 153, VII); além da chamada *competência residual* (arts. 154, I, e 195, § 6º, da CF), para criar novos *impostos*, desde que sejam não cumulativos e não tenham fato gerador ou base de cálculo próprios dos já existentes.

Assim, exercida a competência, quer dizer, instituído o tributo, sua função cessa, ingressando no sistema jurídico nacional no mesmo plano das leis ordinárias e mantendo-se, assim, em relação de coordenação com estas, na medida que instituir ou aumentar tributo somente poderá ser feito mediante "lei", mas não necessariamente "lei complementar", que fica reservada apenas para a "instituição" de algumas modalidades. O mesmo não se pode exigir para *modificação* da legislação introduzida, quer aumentando quer reduzindo o tributo já instituído.

Por isso, no RE 1053574[5] (Tema 415), o STF definiu que "*[n]ão há reserva de lei complementar para o repasse do PIS e COFINS ao usuário de serviços públicos concedidos, tais como telefonia e energia elétrica, cobrado nas respectivas faturas*", uma vez que tais espécies são reguladas por via ordinária. Nada obstante no RE 1287019[6] (Tema 1093), entendeu a Corte que "*[a] cobrança do diferencial de alíquota alusivo ao ICMS, conforme introduzido pela Emenda Constitucional n. 87/2015, pressupõe edição de lei complementar veiculando normas gerais*", pois o tributo em questão é veiculado por norma complementar.

Por conseguinte, não cabe falar, pois, em *hierarquia* entre a lei complementar e os demais atos legislativos, porquanto sua função exaure-se com a instituição do tributo, cessando com o próprio exercício de competência. Eis porque nada impede que lei ordinária modifique ou mesmo ab-rogue lei complementar com tais funções.

Diante desse quadro, apreciando as hipóteses de cabimento de lei complementar em matéria tributária, temos que, no ordenamento constitucional vigente, são matérias de *reserva de lei complementar*, em duas das funções legislativas do Congresso Nacional:

1) O exercício de competência da União (legislação federal), a qual se subdivide em:

i) competências privativas específicas: arts. 148; 153, VII, CF; e

ii) competências residuais – arts. 154, I; 195, § 6º, CF.

2) A instituição das *normas gerais de Direito Tributário* (lei nacional – art. 24, I, da CF), para tratar de:

i) legislação tributária, quanto aos efeitos e regimes das leis, tratados internacionais, decretos e demais atos complementares de regulamentação;

ii) regular as limitações constitucionais ao poder de tributar, restritamente àquelas normas que exigem lei específica para surtir seus efeitos (ex. arts. 150, VI, "c"; 155, § 2º, X e XII; 156, § 3º; 195, § 7º, CF);

iii) evitar conflitos de competência entre as pessoas tributantes, quando deverá dispor especialmente sobre:

a) conceito de tributo e suas espécies (art. 146, III, "a", CF);

b) fatos geradores, bases de cálculo e contribuintes dos "impostos" já identificados na Constituição (ex. art. 146, I e III, "a"), e só dos impostos, por serem estes os únicos tributos passíveis de conflitos de competências, nos limites do quanto seja suficiente para eliminar tais possibilidades de conflitos;

c) regime especial dos impostos estaduais ou municipais que incidem sobre circulação de bens, serviços ou patrimônios (cf. art. 155, § 1º, III; e § 2º, XII; art. 156, III, CF);

iv) uniformizar os procedimentos de cobrança e fiscalização dos tributos, a partir da definição dos elementos comuns à obrigação, lançamento e crédito (arts. 146, III, "b"; 155, § 2º, XII, CF), bem como os prazos de decadência e prescrição (art. 146, III, "b", CF);

v) promover a garantia de tratamento adequado e estímulos:

a) ao ato cooperativo praticado pelas sociedades cooperativas, na regulação do quanto possa ser necessário para manter sua integridade e uniformidade de regimes tributários;

b) às microempresas e para as empresas de pequeno porte, inclusive regimes especiais ou simplificados no caso do ICMS, das contribuições previdenciárias do empregador, ou do PIS, podendo criar regime único de arrecadação dos impostos e contribuições da União, dos Estados, do Distrito Federal e dos Municípios;

c) critérios especiais de tributação, com o objetivo de prevenir desequilíbrios da concorrência, sem prejuízo da competência de a União, por lei, estabelecer normas de igual objetivo (art. 146-A).

Passemos agora ao estudo das normas gerais de Direito Tributário, que são todas aquelas veiculadas por leis complementares nacionais, incluídas nestas as chamadas "normas gerais de legislação tributária, como subespécies.

7.2. Normas gerais de direito tributário e normas gerais de legislação tributária

O desdobramento das competências tributárias entre os poderes legislativo e executivo da União e das demais unidades da

---

5. BRASIL. Supremo Tribunal Federal – STF. Recurso Extraordinário 1.053.574/RS. Relator Ministro Gilmar Mendes, Tribunal Pleno, j. 25/10/2019, *DJe* 22/11/2019.

6. BRASIL. Supremo Tribunal Federal – STF. Recurso Extraordinário 1.287.019/DF. Relator Ministro Marco Aurélio, Tribunal Pleno, j. 24/02/2021, *DJe* 25/05/2021.

federação (estados e municípios), não se faz sob a forma de competência concorrente. Apenas as normas gerais podem dispor sobre o regime comum que se deva aplicar às unidades do federalismo, reservando-se à União os poderes para edição dessas normas gerais (arts. 24, § 1º, e 146, da CF). Em vista disso, no exercício desta competência, não justifica qualquer invasão de competências de estados ou municípios, ou redução destas, pela União, que deverá manter observância ao *princípio da subsidiariedade*, com preservação das competências das autonomias das unidades periféricas do federalismo. À União, como ente central do federalismo, cabe o exercício legislativo para edição de normas gerais, mas sem que isso possa causar prejuízos ao espaço de competências das demais unidades.

A Constituição Federal (art. 24, I, c/c art. 146, III, CF) exige que as legislações das unidades do federalismo (União, Estados, Distrito Federal e Municípios) submetam-se às chamadas "normas gerais de direito tributário", como forma de: *regular as limitações constitucionais ao poder de tributar*, aplicando-se estritamente àquelas que exigem lei específica para surtir efeitos (arts. 146, II; 150, VI, "c"; 195, § 7º, 156, § 3º, CF); ii) evitar *conflitos de competência* entre as pessoas tributantes, quando deverá dispor sobre *fatos geradores, bases de cálculo e contribuintes* dos impostos já identificados na Constituição (arts. 146, I e III, "a"; 155, § 2º, XII, CF); e, na forma de *normas gerais sobre legislação tributária*, iii) tratar das condições gerais dos efeitos decorrentes dos instrumentos de "legislação tributária" (tratados internacionais, decretos e outros atos administrativos normativos), iv) definir os *tributos e suas espécies* (art. 146, III, "a", CF); v) harmonizar os procedimentos de cobrança e fiscalização dos tributos, tratando de *obrigação, lançamento e crédito* – art. 146, III, "b", CF; vi) uniformizar os prazos de *decadência e prescrição* – art. 146, III, "b", além de vii) fomentar adequado tratamento tributário ao ato cooperativo praticado pelas sociedades cooperativas – art. 146, III, "c", garantir regime único de tributação à micro e pequena empresa – art. 146, III, "d", e prevenir desequilíbrios da concorrência. Desde a sua origem, na Constituição de 1967, esta regra deu ensejo a duas correntes distintas, a disputar espaço acadêmico. Uma primeira, entendendo que tal dispositivo manifestaria três distintas funções para a lei complementar: a) emitir normas gerais de direito tributário; b) dispor sobre conflitos de competência entre a União, os Estados, o Distrito Federal e os Municípios; e c) regular as limitações constitucionais ao poder de tributar. É a chamada corrente "tricotômica". Outra vertente de pensamento, todavia, e a que mais prosperou doutrinariamente, deu orientação diversa à questão, alegando que aquela visão tricotômica pecaria por praticar uma hermenêutica literal, ao não delimitar o conteúdo das *normas gerais de direito tributário*, o que possibilitaria ao legislador da União cometer agressões ao sistema federativo e ao princípio da autonomia dos municípios, na medida que ficaria permitido à legislação complementar produzir, indiscriminadamente, regras jurídicas que perpetrassem o recinto das competências outorgadas aos Estados-membros, atingindo o pacto federativo, e invadissem as prerrogativas constitucionais de que usufruem os Municípios, maculando o princípio da autonomia dos municípios. Ademais, porque os direitos fundamentais dos contribuintes não poderiam ser reduzidos no respectivo alcance e conteúdo, a título de "dispor sobre limitações constitucionais ao poder de tributar". Como visto, a prevalecer tal entendimento, aquele da corrente tricotômica, tudo estaria permitido ao legislador complementar, o que decerto não se compatibilizaria com toda a estrutura do sistema implantado pela própria Constituição.

Esta orientação, chamada de "dicotômica", pautando-se numa compreensão sistemática, dizia que o dispositivo em análise teria apenas uma finalidade: as leis complementares serviriam para veicular unicamente *normas gerais de direito tributário*, que exerceriam duas funções: i) dispor sobre conflitos de competência entre as entidades tributantes e ii) regular as limitações constitucionais ao poder de tributar. Com isso, ficariam resguardados os princípios do federalismo e da autonomia dos Municípios[7]. Mas como as competências são todas privativas, e já estão distribuídas, e os direitos e garantias constitucionais não poderiam sofrer coarctações pelo legislador infraconstitucional, então sobraria muito pouco espaço para ser regulado pelas chamadas "*normas gerais de direito tributário*"[8]. Melhor dizendo, nenhum espaço, na opinião de Geraldo Ataliba.

Pensamos que esse diálogo entre tais correntes já não pode prosperar, mas não deixamos de admitir sua importância, especialmente como inspiração para análise do art. 146, da CF. É certo que na maioria dos grandes autores que se dedicaram ao estudo das "normas gerais", sempre prevaleceu uma visão mais analítica, estrutural, e menos funcional na sua descrição, destes excetuando-se Sacha Calmon, quando afirma: "*as normas gerais de direito tributário veiculadas pelas leis complementares são eficazes em todo o território nacional, acompanhado o âmbito de validade espacial destas, e se endereçam aos legisladores das três ordens de governo da Federação, em verdade, seus destinatários. A norma geral articula o sistema tributário da Constituição às legislações fiscais das pessoas políticas (ordens jurídicas parciais). São normas sobre como fazer normas em sede de tributação*"[9]. A nossa proposta, decerto, é partir da estrutura para chegar à função, privilegiando ambos os modos de abordagem.

Nesse particular, a lei complementar deverá ser adotada pela União como instrumento hábil para exercer suas competências na criação de "normas gerais". Numa leitura sistemática do art. 146, que é regra típica de *Constituição Nacional*, "normas gerais" somente serão aquelas que venham a ser criadas seguindo tal espírito; quando o legislativo da União, revestindo-se das magnas funções de *legislador nacional*, as introduzirá no ordenamento para: *regular as limitações constitucionais ao poder de tributar*, aplicando-se estritamente àquelas que exigem lei específica para surtir efeitos (arts. 146, II; 150, VI, "c"; 195, § 7º, 156, § 3º, CF); ii) evitar *conflitos de competência* entre as pessoas tributantes, quan-

---

7. BORGES, José Souto Maior. *Lei complementar tributária*. SP: RT, 1975; Ataliba, Geraldo. Lei Complementar em Matéria Tributária. *Revista de Direito Tributário*. SP: RT, 1989, n. 48; CARVALHO (1999, p. 205); CARRAZZA, Roque Antonio. *Curso de Direito Constitucional Tributário*, 18ª ed., SP: Malheiros, 2006, p. 474-95.

8. Na visão de Paulo de Barros Carvalho, normas gerais: "(...) são aquelas que dispõem sobre conflitos de competência entre as entidades tributantes e também que regulam as limitações constitucionais ao poder de tributar. Pronto: o conteúdo está firmado. Quanto mais não seja, indica, denotativamente, o campo material, fixando-lhe limites. E como fica a dicção constitucional, que desprendeu tanto verbo para dizer algo bem mais amplo? Perde-se no âmago de rotunda formulação pleonástica, que nada acrescenta" (CARVALHO, Paulo de Barros. *Curso de direito tributário*, 13ª ed., SP: Saraiva, 2000, p. 208).

9. COELHO, Sacha Calmon Navarro. *Curso de direito tributário brasileiro*. 2ª ed., RJ: Forense, 1999, p. 109.

do deverá dispor sobre *fatos geradores, bases de cálculo e contribuintes* dos impostos já identificados na Constituição (arts. 146, I e III, "a"; 155, § 2º, XII, CF); iii) definir os *tributos e suas espécies* (art. 146, III, "a", CF); iv) harmonizar os procedimentos de cobrança e fiscalização dos tributos, tratando de *obrigação, lançamento e crédito* – art. 146, III, "b", CF; e v) uniformizar os prazos de *decadência* e *prescrição* – art. 146, III, "b", além de vi) fomentar adequado tratamento tributário ao ato cooperativo praticado pelas sociedades cooperativas – art. 146, III, "c", garantir regime único de tributação à micro e pequena empresa – art. 146, III, "d", e prevenir desequilíbrios da concorrência (art. 146-A).

Primeiramente, a competência da União para criar normas gerais com a função de *regular limitações constitucionais ao poder de tributar*, somente poderá ser exercida nos casos que exigem lei específica para surtir os efeitos que lhe são próprios, como se verifica no art. 150, VI, "c" ou do art. 195, § 7º. Nenhuma redução poderá ser intrudida nas limitações principiológicas cujo exercício a Constituição não condiciona a qualquer ato do legislador, como o princípio da capacidade contributiva, da vedação de confisco, isonomia e outros.

Poderá a União instituir normas gerais para evitar eventuais *conflitos de competência* entre as pessoas tributantes. Mas nesse caso, jamais poderá agredir a repartição constitucional de competências, pertinente ao federalismo e à autonomia dos municípios. Por isso mesmo, o art. 146, III, "a", ao prever a criação de normas gerais para dispor sobre *fatos geradores, bases de cálculo e contribuintes* dos *impostos* já identificados na Constituição, estas somente serão constitucionais se comparecerem no sistema para especificar os limites do inciso I, i. e., para prevenir *conflitos de competência* entre as pessoas políticas. E vice-versa, pois a título de evitar conflitos de competência, não poderá a União dispor sobre outros aspectos além daqueles. Esse é o caso dos arts. 146, I e III, "a"; 156, III; 155, § 2º, XII, todos da CF. É evidente que a limitação de que se fala aqui não aparece apenas nas relações entre pessoas políticas distintas, podendo ocorrer entre Estados (ICMS: 155, § 2º, XII; ITCMD: 155, III) ou entre municípios (ISS: 156, III), daí a exigência de lei complementar para esses casos, insulando-se aos casos expressos na Constituição, ou quando não expresso nos dispositivos próprios; naqueles acima referidos, no art. 146, III, "a", para dispor sobre *fatos geradores, bases de cálculo e contribuintes*. Por fim, não é demais lembrar, essa é hipótese que se aplica apenas aos impostos já previstos na Constituição originária.

7.3. A hierarquia da lei complementar na função de veículo de normas gerais – posição do CTN no sistema de fontes

Mencionadas as funções que a lei complementar poderá desempenhar para os fins de introduzir normas gerais no sistema tributário vigente, passamos a cuidar da posição hierárquica que essas normas devem ocupar na escala normativa. E como já salientamos, a relação hierárquica que eventualmente possa existir entre lei complementar e as leis ordinárias, ou mesmo outras leis complementares, dependerá, tão só, da função que ela venha a exercer no sistema, i.e., das competências constitucionais de cada pessoa política.

Como dito acima, às normas gerais em matéria tributária aplica-se o primado da *reserva de lei complementar*, e pelas funções pertinentes à "Constituição Nacional", impõe-se a necessária preeminência dessas leis complementares em relação às demais leis, mesmo que complementares, quando tenham por objeto o exercício de competência para instituição de tributos. Por conseguinte, prevalecerão, sempre, sobre a legislação federal, estadual distrital ou municipal.

Corolário dessa conclusão, somente lei complementar, na função de "norma geral", poderá revogar uma outra "norma geral". Não basta ser lei complementar, portanto. É preciso que esteja dirigida para o fim de modificar a norma com essa função no ordenamento. Como exemplo, mesmo que o imposto sobre grandes fortunas seja instituído, reserva de lei complementar, caso esta traga prazos próprios de decadência e prescrição, diversos, portanto, do quanto se encontra no CTN, será inconstitucional nesse particular, por não comportar a função de "norma geral", mesmo sendo "lei complementar".

Tomando em conta a natural submissão do Código aos preceitos constitucionais, independentemente de se tratar de uma lei ordinária[10], a Lei n. 5.172/66, enquanto "lei nacional"[11], não há relevância para a discussão sobre ser o CTN uma lei ordinária, e não complementar, como exigido por esse artigo, na medida que o art. 34, § 5º, dos Atos das Disposições Constitucionais Transitórias, lhe garantiu força de recepção, alçando-a ao patamar funcional de sobrenorma, em matéria de legislação tributária, somente podendo ser revogada, a partir de então, por lei complementar, nos moldes do art. 146, quando instituída exclusivamente para essa função.

Não por outra razão, o RE 917285[12] (Tema 874) determinou a inconstitucionalidade da expressão "*parcelados ou sem garantia*", que abria possibilidade de o Fisco, ao se aproveitar do ensejo da restituição ou do ressarcimento de tributos administrados pela Secretaria da Receita Federal do Brasil, procedesse a compensação, de ofício, com débitos não parcelados ou parcelados sem garantia. Isto porque retiraria, na prática, os efeitos da suspensão de exigibilidade prevista no CTN.

7.4. Normas gerais de direito tributário e cooperativismo

Em função dos altos valores que envolvem tal mutualismo[13] típico do cooperativismo, é que a Constituição motiva o legisla-

---

10. BORGES, José Souto Maior. *Lei complementar tributária*, p. 54 e s.; AMARO, Luciano. *Direito Tributário Brasileiro*, SP: Saraiva, 1997, p. 163.

11. No dizer de Geraldo Ataliba, "basta deixar afirmado que o Código Tributário Nacional é uma lei nacional e não uma expressão do Poder Legislativo da União, enquanto ordem jurídica parcial – central, mas sim expressão da ordem jurídica nacional – global. Portanto, é uma lei que não cria tributos, que não está comprometida com os poderes da União, é uma lei que não cria tributos, que não está comprometida com os interesses da União, é uma lei de interesse nacional, acima das esferas parciais federal, estadual e municipal" (SOUSA, Rubens Gomes; ATALIBA, Geraldo; CARVALHO, Paulo de Barros. *Comentários ao Código Tributário Nacional (parte geral)*, 2ª ed., SP: RT, 1984, p. 78).

12. BRASIL. Supremo Tribunal Federal – STF. Recurso Extraordinário 917.285/SC. Relator Ministro Dias Toffoli, Tribunal Pleno, j. 18/06/2020, *DJe* 06/10/2020.

13. Assim entendeu também NAMORADO, Rui. *Introdução ao Direito Cooperativo – para uma expressão jurídica da cooperatividade*. Coimbra: Almedina, 2000, p. 171: "Para se compreender todo o sentido do normativo constitucional com incidência cooperativa, há que valorizar-se a existência de vários setores de propriedade dos meios de produção, por ela ter como significado jurídico o fato de o legislador constitucional ter encarado cada um desses setores como potencial gerador de uma área normativa diferenciada".

dor a conferir uma *indução positiva* às suas atividades[14], como se vê especialmente nos arts. 174, § 2º, e 146, III, "c", ambos da CF. Esse estímulo jurídico ao cooperativismo pode ser patrocinado mediante criação de uma legislação típica, com tratamento distinto das demais formas societárias, sem qualquer afetação ao princípio de não discriminação, previsto no inciso II, do art. 150, que guarde respeito e atenção à forma e valores que lhes são próprios.

Não se trata de norma de "competência", portanto, que poderia ser modificada diretamente pelo Constituinte derivado; tem-se *in casu*, *limitação constitucional ao poder de tributar*, impedindo, por leitura inversa, qualquer espécie de tratamento menos favorável ou mais gravoso do que o que se aplique às demais pessoas, na medida que postura diversa não se aproveitaria da redação do art. 146, III, "c", da CF, ao exigir *adequado tratamento tributário ao ato cooperativo praticado pelas sociedades cooperativas*. E mesmo sem lei complementar que o diga, isso não é um programa, mas sim um dever que se impõe ao Estado, de garantia à manutenção do "mínimo existencial" das cooperativas, que é o tratamento de acordo com a natureza do tipo societário específico.

Neste sentido, como mínimo, as cooperativas não podem suportar uma pressão fiscal maior do que aquela aplicável às formas de organização societária, o que decorre das regras constitucionais aplicáveis, na medida que as exigências de tratamento adequado projetam uma limitação inequívoca para tal "máximo" impositivo, urdido dentro dos cancelos do conceito de "ato cooperativo", mediante reconhecimento da especificidade das suas notas distintivas e a impossibilidade de qualquer discriminação mais gravosa (*ex vi* dos arts. 174, § 2º, e 146, III, "c", ambos da CF).

Nenhuma imunidade, isenção ou benefício vê-se outorgado às cooperativas, pelo art. 146, III, "c", da CF. Apenas a garanta de uniformidade de tratamento, acompanhando as diferenças inerentes aos respectivos conceitos assinalados. Eis a função do art. 146, na alínea "c" do inciso III, da CF. E assim, qualquer mudança em relação ao regime ordinário aplicável, em matéria tributária, há de vir mediante "lei complementar" (pressuposto formal), vinculante para todas as pessoas políticas, com uniformidade de tratamento e sem qualquer espaço para discriminação das espécies de cooperativas, salvo aquelas que a Constituição expressamente antecipou. Esse é o fundamento do *princípio de proteção ao cooperativismo*, em matéria tributária, amparado pela Constituição como limitação ao poder de tributar.

> **Art. 147.** Competem à União, em Território Federal, os impostos estaduais e, se o Território não for dividido em Municípios, cumulativamente, os impostos municipais; ao Distrito Federal cabem os impostos municipais.
>
> *Paulo Caliendo*

1. História da norma

A criação de territórios federais reflete uma história nacional de ocupação territorial e de afirmação da identidade nacional. Este processo tem sido realizado desde o período colonial, passando pelo surgimento das capitanias hereditárias, pela formação de uma nação independente e criação da República Federativa do Brasil. Este processo não foi nem um pouco tranquilo ou linear, sendo que pelo contrário diversos interesses estratégicos e militares regionais e continentais estiveram em jogo.

O surgimento de Territórios Federais dá-se na primeira metade do Século XX como reflexo de uma ideologia resultante de pressões militares, defesa territorial, pressões demográficas, disputas de fronteira, concentração administrativa e política e circulação de modelos estrangeiros, especialmente o modelo norte-americano[1]. O surgimento de Territórios Federais reflete uma preocupação histórica com a ocupação territorial do Brasil, especialmente pela característica nacional das gigantescas dimensões territoriais, da diversidade e desequilíbrio entre regiões e pela necessidade em divisão de pequenos territórios que fossem a base administrativa e política do Estado nacional.

O principal argumento utilizado para a criação de Territórios Federais era o de defesa da integridade nacional e de proteção das fronteiras internacionais[2]. Muitas vezes este argumento era superado pelo desinteresse dos Estados em manter uma custosa manutenção de áreas de fronteira que interessavam mais à nação do que à precária economia dos Estados[3].

2. Constituições brasileiras anteriores

A referência aos Territórios Nacionais aparece na Constituição de 1934, submetida à União. O modelo territorial do Brasil evoluiu da divisão em províncias na Constituição de 1824 (art. 2º) para a criação de Estados subnacionais a partir da Constituição de 1891. Assim, cada uma das antigas províncias deu origem a um novo Estado e o antigo Município Neutro se transformou no Distrito Federal, com *status* de capital nacional.

A Constituição de 1934 manteve a forma federativa sob a união indissolúvel da União, Estados e Territórios. Os territórios teriam a organização da sua administração, bem como os serviços reservados privativamente à União. Competia ainda à União a instituição dos impostos estaduais nos Territórios. Foi instituído o Território do Acre (art. 16) além de outros que fossem criados conforme o procedimento previsto constitucionalmente.

A Constituição de 1937 manteve a estrutura territorial prevista na Carta de 1934 (art. 3º), mantida a estrutura da divisão em territórios dos Estados e os diretamente administrados pela

---

14. Nesse particular, são precisas as palabras de Tulio Rosembuj, quando afirma: "Los poderes públicos, entonces, no pueden eludir el mandato constitucional de favorecimiento y tratamiento privilegiado de la sociedad cooperativa, mediante una legislación adecuada. Es obvio que el primer destinatario del precepto constitucional es el poder legislativo, las Cortes; pero no es menos evidente que la locución empleada, una vez que el legislador ha actuado, también comprende al gobierno y a la administración del Estado" (ROSEMBUJ, Tulio. *La empresa cooperativa*. Barcelona: Ediciones CEAC, 1982, p. 102).

1. Cf. Aimberê Freitas. *Políticas Públicas e Administrativas de Territórios Federais*, p. 2.

2. Nesse sentido veja-se a interessante observação de *Michel Temer* uma das provas que a defesa nacional está na base da criação de alguns territórios federais pode ser confirmada pelo fato que durante os governos militares do regime de 1964 eram áreas de segurança máxima nacional, de tal forma que três territórios tinham a sua administração dividida entre as forças armadas Aeronáutica (Roraima); Marinha e Exército (Rondônia); ver *in* Aimberê Freitas. Políticas Públicas e Administrativas de Territórios Federais, p. 45.

3. Cf. Michel Temer. *Território Federal nas Constituições Brasileiras*, p. 30.

União, permitida a aquisição de novos territórios, conforme as regras do direito internacional. A Constituição de 1946 manteve a estrutura territorial dividida entre União, Estados, o Distrito Federal e os Territórios (art. 1º, § 1º), sendo que os Territórios poderiam, mediante lei especial, constituir-se em Estados, subdividir-se em novos Territórios ou voltar a participar dos Estados de que tenham sido desmembrados. Permaneceu com a União a competência para instituir impostos estaduais nos Territórios (art. 16).

A Constituição de 1967 acrescentou a exigência de lei complementar a criação de novos Estados e Territórios, bem como a possibilidade dos Territórios em instituírem os impostos municipais se o Território não fosse dividido em Municípios.

3. Fundamentos constitucionais

A Constituição Federal de 1988 (CF/88) determinou que os Territórios Federais integram a União e a sua criação, transformação em Estado ou reintegração ao Estado de origem devem ser reguladas em lei complementar (art. 18, § 2º). Conforme o texto constitucional compete à União a organização administrativa, a manutenção do Poder Judiciário, o Ministério Público e a Defensoria Pública do Distrito Federal e dos Territórios.

Determina a CF/88 que as contas do Governo do Território deverão ser submetidas ao Congresso Nacional, com parecer prévio do Tribunal de Contas da União. Compete à União a instituição, arrecadação e cobrança dos impostos estaduais e se o Território não for dividido em municípios compete cumulativamente a cobrança dos impostos municipais.

Os Territórios Federais foram extintos com a CF/88, conforme disposto no art. 14 do Ato das Disposições Constitucionais Transitórias, eliminando as indagações mais urgentes sobre esta figura administrativa. Igualmente o Território Federal de Fernando de Noronha passou a integrar o Estado de Pernambuco, por força do art. 15 do ADCT. Algumas questões ainda exigiram a devida atenção pelo regime de transição estabelecido pelo art. 235 da CF/88, que determinou que a transferência de encargos financeiros da União para pagamento dos servidores optantes que pertenciam à Administração Federal nos novos Estados deveria obedecer a um regime especial[4].

A proposta de criação de novos Territórios Federais esbarra, contudo, nas indagações sobre a possibilidade dessas novas unidades territoriais em possuir sustentabilidade financeira, visto que grande parte dos recursos hoje utilizados em investimentos sociais deveria ser direcionado para a criação de todo um aparato burocrático e administrativo (Governador, Câmara Territorial, órgãos judiciais de primeira e segunda instância, Ministério Público, Defensoria, entre outros). Esta considerável estrutura administrativa deveria ser suportada por recursos próprios, bem como por transferências constitucionais do Fundo de Participação dos Estados (FPE) e Fundo de Participação dos Municípios (FPM). Entretanto, não existiria um considerável incremento de transferência de recursos, o que implicaria em uma redução nos gastos sociais que seriam direcionados novamente para o financiamento da máquina pública. Desse modo, todas as propostas de criação de novos territórios deve necessariamente responder a indagação sobre as vantagens para a região e para a população envolvida na proposição de novas unidades territoriais.

Igualmente aumentariam os custos para União, visto que mais uma unidade federada seria criada. De outro lado, o tradicional argumento da gigantesca dimensão territorial brasileira não pode ser oposta às exigências de uma atuação estatal em regiões mais afastadas, visto que o fortalecimento dos Municípios pode resolver o problema da descentralização administrativa e racionaliza às ações governamentais no espaço nacional. Assim, a descentralização administrativa e política passa antes pelo fortalecimento dos Municípios existentes nessas regiões do que pela criação de novas estruturas administrativas sem sustentabilidade financeira.

4. Jurisprudência

A jurisprudência nacional não versou muito sobre os problemas da tributação nos territórios, dentre as poucas decisões no Supremo Tribunal Federal, podemos destacar o ADI-MC 2.464/AP, tendo por Relatora a Min. Ellen Gracie, em julgamento em 12/06/2002, em que se decidiu que em Ação Direta de inconstitucionalidade dirigida contra a Lei n. 553/2000, do Estado do Amapá, que a concessão de benefícios tributários se não ofendia o artigo 61, § 1º, II, b, da CF/88, pois as regras insertas nesse dispositivo se referem tão somente a Territórios Federais, não sendo de observância obrigatória por parte dos Estados-membros. Precedentes: ADIns ns. 352/DF e 2.304/RS. Decidiu o STF que o artigo 61, § 1º, II, b, da CF/88, por aludir a normas relativas a diretrizes orçamentárias, não se aplica a normas que dizem respeito a direito tributário, como o são aquelas que concedem benefícios fiscais. Precedente: ADIn n. 724/RS. Medida liminar indeferida.

5. Literatura (brasileira)

ANDRADE, Manuel Correia de. *A federação brasileira*: uma análise geopolítico e geossocial. São Paulo: Contexto, 1999.

CALIENDO, Paulo. *Curso de Direito Tributário*. São Paulo: Saraiva, 2017.

CASTRO, Iná Elias de; GOMES, Paulo Cesar da Costa; CORRÊA, Roberto Lobato. *Brasil*: questões atuais da reorganização do território. Rio de Janeiro: Bertrand Brasil, 1996.

COSTA, Craveiro. *A conquista do deserto Ocidental*: subsídios para a história do território do Acre. São Paulo: Nacional, 1940.

COSTA, Wanderley Messias da. *O Estado e as políticas territoriais no Brasil*. São Paulo: Contexto, 2001.

FREITAS, A. F. de Oliveira. *Direito e território*. Porto Alegre: Globo, 1938.

FREITAS, Aimberê. *Políticas Públicas e Administrativas de Territórios Federais do Brasil*. Tese de Mestrado apresentada à Escola de Administração de Empresas da Fundação Getulio Vargas de São Paulo. Boa Vista: Editora Boa Vista, 1991.

---

4. "Art. 235. (...) IX – se o novo Estado for resultado de transformação de Território Federal, a transferência de encargos financeiros da União para pagamento dos servidores optantes que pertencem à Administração Federal ocorrerá da seguinte forma: a) no sexto ano de instalação, o Estado assumirá vinte por cento dos encargos financeiros para fazer face ao pagamento dos servidores públicos, ficando ainda o restante sob a responsabilidade da União; b) no sétimo ano, os encargos do Estado serão acrescidos de trinta por cento e, no oitavo, dos restantes cinquenta por cento."

GUERRA, Antônio Teixeira. *Estudo geográfico do território do Acre*. Rio de Janeiro: IBGE, 1955.

_____. *Estudo geográfico do território do Amapá*. Rio de Janeiro: IBGE, 1954.

MEDEIROS, Océlio de. *Administração Territorial*. Rio de Janeiro: Imprensa Nacional, 1946.

SANTOS, Fernando Rodrigues dos. *História do Amapá*. Macapá: Imprensa Oficial, 1994.

TAVARES, A. de Lyra. *Território nacional*: soberania e domínio do estado. Rio de Janeiro: Americana, 1955.

TEMER, Michel. *Território Federal nas Constituições Brasileiras*. São Paulo: Editora Revista dos Tribunais, 1975.

VIANA, Henrique de Brito. *Teoria Jurídica do Território*. São Paulo: Saraiva, 1957.

Art. 148. A União, mediante lei complementar, poderá instituir empréstimos compulsórios:

Paulo Caliendo

1. História da norma

A história dos empréstimos compulsórios é marcada pelo seu uso por governo falidos ou autoritários, bem como uma reação da doutrina ao uso desse instituto. Este instrumento foi utilizado com menor e mais limitada eficácia em diversos outros momentos históricos, tais como no período napoleônico, no período de guerra mundiais e na experiência da Itália fascista. Trata-se, contudo, de um instrumento de utilização altamente questionado na ciência das finanças contemporânea.

1.1. Evolução histórica no direito brasileiro

Os empréstimos compulsórios foram regulados no texto constitucional tão somente a partir da Emenda Constitucional n. 18, de 1º de dezembro de 1965, sob a égide da CF de 1946. Determinou o artigo 4º desta emenda que "somente a União, em casos excepcionais definidos em lei complementar, poderá instituir empréstimos compulsórios".

Trata-se de um instrumento de direito financeiro muito questionado, geralmente demonstrativo de um estado de pouco crédito, conforme Aliomar Baleeiro[1]. O CTN passou a listar os casos de possibilidade de instituição de empréstimos compulsórios (art. 15). A CF de 1967 manteve o instituto no § 3º, do art. 18, permitindo à União a instituição de empréstimos compulsórios. Posteriormente, a Emenda Constitucional n. 1/69 inovou na abordagem do tema ao estabelecer regramento em dois dispositivos. A Fazenda defendeu que o regime do art. 18, § 3º, estaria submetido ao regime extraordinário, enquanto o disposto no art. 21, § 2º, inc. II, teria natureza tributária.

Até a Constituição de 1988 pairava a dúvida sobre a natureza jurídica do empréstimo compulsório, sendo que o STF tinha se declinado por considerá-lo uma espécie de contrato coativo, por meio da Súmula n. 418, que entendeu que "o empréstimo compulsório não é tributo, e sua arrecadação não está sujeita à exigência constitucional da prévia autorização orçamentária".

2. Natureza jurídica do empréstimo compulsório

Duas grandes correntes se dividiram quanto à natureza dos empréstimos compulsórios: i) natureza contratual, ii) requisição de dinheiro; iii) natureza mista e iv) natureza tributária.

2.1. Natureza contratual dos empréstimos compulsórios

Defenderam este ponto de vista San Tiago Dantas[2] em que o autor busca identificar a natureza destes com os contratos coativos, por meio de uma adequação dos princípios clássicos dos contratos com as transformações sociais, em uma superação do individualismo clássico e da autonomia da vontade[3]. Defendem esta posição, também, Afonso da Silva e José Maurício Conti[4].

2.2. Requisição de dinheiro

A noção de que o empréstimo compulsório possui a natureza de uma requisição de dinheiro foi defendida por *Gaston Jèze*, comparando este instituto com as requisições militares. Esta doutrina foi extremamente criticada, conforme relata *Ricardo Lobo Tôrres*, devido a fato de que as requisições não possuem por objeto as prestações monetárias, independem de autorização legal e não podem ser impostas em tempos de paz[5].

2.3. Natureza mista dos empréstimos compulsórios

O empréstimo compulsório foi considerado um misto de *contrato* (empréstimo) e *tributo* (imposto), na opinião de Maurice Duverger[6] e H. Laufenburger[7]. Tratar-se-ia de um empréstimo

---

1. BALEEIRO, Aliomar. *Direito Tributário Brasileiro*. 11. ed. Atualizada por Mizabel Abreu Derzi. Rio de Janeiro, Forense, 1999, p. 183. Segundo o autor foi a partir de 1951 que surgiram os empréstimos forçados, quando o crédito nacional se arruinou por efeito da inflação. Os Estados imitaram logo a União e disso se originou a disposição limitativa do art. 4º da Emenda Constitucional n. 18/65, reproduzido no § 3º do art. 18 da Emenda n. 1/69.

2. Cf. DANTAS, San Tiago. *Problemas de Direito Positivo*. Rio de Janeiro: Forense, 1953, p. 22.

3. Na alteração constitucional alemã o "adicional conjuntural restituível" (*ruckzahlbare Konjunturzuschlag*) não foi considerado pela doutrina como sendo uma espécie tributária; ver TÔRRES, Ricardo Lobo. *Tratado de Direito Constitucional, Financeiro e Tributário*: tributos na Constituição. Rio de Janeiro: Renovar, 2007, v. IV, p. 672.

4. Segundo Maurício Conti: "Ademais, verifica-se que o inciso I, que prevê a instituição de empréstimo compulsório destinado a atender despesas extraordinárias, decorrentes de calamidade pública, guerra externa ou sua iminência, não excepciona este instituto do princípio da anterioridade, previsto no art. 150, III, *b*. No entanto, é absolutamente evidente que a observância ao princípio da anterioridade não pode ser exigida nesta hipótese, sob pena de tornar imprestável esta forma de a União financiar despesas absolutamente urgentes, como é o caso das mencionadas no art. 148. I. E não é de admitir-se que a Constituição contenha institutos inúteis. Portanto, a única conclusão possível é a de que os empréstimos compulsórios não são tributos, não ficando, assim, sujeitos ao regime jurídico tributário, razão pela qual não constou expressamente a exceção ao princípio da anterioridade" (CONTI, José Maurício. *Sistema Constitucional Tributário* – interpretado pelos tribunais. São Paulo: Editora Oliveira Mendes, 1997, p. 48-49).

5. Cf. TÔRRES, Ricardo Lobo. *Tratado de Direito Constitucional, Financeiro e Tributário*, cit., p. 663.

6. Cf. DUVERGER, Maurice. *Instituitions financières*. Paris. 1945, t. 2, p. 8.

7. Cf. LAUFENBURGER, H. *Précis d'économie et de législation financière*. Paris. 1945, t. 2, p. 8.

pela sua forma e restitutibilidade e imposto pela forma coercitiva da sua incidência de modo unilateral.

2.4. Natureza tributária dos empréstimos compulsórios

Para Alcides Jorge Costa a defesa deste dirigismo estatal pode implicar uma ofensa à liberdade de contratar e ao princípio da autonomia da vontade. Em um célebre trabalho o autor irá afirmar que o empréstimo compulsório irá se revestir da natureza tributária sempre que se constituir em uma prestação pecuniária instituída em lei e que difere radicalmente do contrato de mútuo, onde o acordo de vontades faz nascer uma relação jurídica de correspectividade. No empréstimo compulsório esta correspectividade não existe, dado que a ocorrência de um fato jurídico faz nascer duas relações diversas: de um lado, uma de natureza tributária que é a prestação do particular e de outro, uma prestação do poder público[8].

Os autores divergem, contudo, sobre a natureza desse tipo tributário, assim são defendidas as seguintes teses:

i) *imposto restituível:* Sacha Calmon Navarro Coelho, Bernardo Ribeiro de Moraes e Ruy Barbosa Nogueira. Para Sacha Calmon Navarro Coelho[9] os empréstimos compulsórios podem surgir como taxas ou como impostos, mas geralmente tem se apresentados como tendo por fato gerador uma atividade independente de qualquer atividade estatal;

ii) *espécie restituível de tributo:* Roque Antonio Carrazza, José Eduardo Soares de Melo, Luiz Egydio da Rosa Jr.[10] e Paulo de Barros Carvalho. Para estes autores trata-se de tributo restituível, podendo assumir a forma de qualquer outro tipo de tributo (imposto ou taxa), dependendo de sua hipótese de incidência e de sua vinculação ou não a uma atividade estatal específica;

iii) *espécie autônoma de tributo:* Ives Gandra da Silva Martins, Eduardo Marcial Ferreira Jardim e Márcio Severo Gomes, defendem ser a quinta das espécies tributárias, ao lado de impostos, taxas, contribuições de melhoria e contribuições especiais;

iv) *não é tributo, mas está sujeito ao regime tributário.* Uma análise mais detida da natureza do empréstimo compulsório irá demonstrar que não possui verdadeiramente a natureza de um tributo, mas simplesmente de uma antecipação de receita e, portanto, não transfere recursos a título definitivo para o Estado. Tampouco o seu retorno ocorre sob a forma de uma atividade estatal como serviços e bens, mas tão somente como a restituição de recursos antecipados. Encontramos em Hugo de Brito Machado uma defesa vigorosa deste ponto de vista que comungamos[11]. Não se trata de tributo, mas se sujeita ao *regime tributário* como *garantia* do cidadão e do contribuinte contra os abusos do poder.

3. Pressupostos para instituição dos empréstimos compulsórios

Os pressupostos para instituição dos empréstimos compulsórios estão estabelecidos no art. 148. São critérios formais para a instituição dos empréstimos compulsórios: i) a competência exclusiva da União e ii) a instituição por meio de lei complementar.

3.1. Da competência

A União não pode instituir empréstimos compulsórios sob atribuições reservadas constitucionalmente à competência dos Estados, Distrito Federal e Municípios. Antes da Emenda Constitucional n. 18/65 os Estados-membros poderiam instituir empréstimos compulsórios. Lembra Ricardo Lobo Tôrres que o Paraná[12] e Minas Gerais[13] fizeram uso de tal instituto.

3.2. Instituição por meio de lei complementar

A exigência de uma *legalidade qualificada* na instituição dos empréstimos compulsórios encontra-se disposta no art. 148, *caput,* da CF/88, assim, os empréstimos compulsórios somente podem ser instituídos por meio de lei complementar Esta determinação constitucional diferencia-se da ordem constitucional anterior que somente exigia lei ordinária, o que deu ensejo a uma enxurrada abusiva de Decretos-Lei sobre a matéria[14]. Uma execrável exceção ocorreu por meio da Medida Provisória n. 168/90, de 15/03/90, convertida com aprovação no Congresso na Lei ordinária n. 8.024/90, por meio da qual Fernando Collor de Melo instituiu o *Plano Brasil Novo,* denominado de *Plano Collor I.* Neste caso ocorreu o *confisco* da poupança popular como forma de combate ao excesso de liquidez na economia, que gerava a hiperinflação.

De forma direta, para impedir novas aventuras na seara financeira o legislador constituinte deriva acrescentou o disposto no art. 62, § 1º, da CF/88 para barrar novas tentativas similares, dispondo, conforme redação dada pela Emenda Constitucional n. 32, de 2001, da seguinte forma: "Art. 62.(...) § 1º É vedada a edição de medidas provisórias sobre matéria: (...) II – que vise a detenção ou sequestro de bens, de poupança popular ou qualquer outro ativo financeiro; III – reservada a lei complementar".

3.3. Restituição dos empréstimos compulsórios

Talvez a maior característica dos empréstimos compulsórios seja a sua restituição e, portanto, a preocupação com os critérios para a sua devolução seja um dos pontos mais importantes de estudo dessa espécie tributária. A devolução deve ser *exata,* ou seja, integral nos valores e idêntica na espécie. Esta deve obedecer aos seguintes critérios: i) restituição na mesma quantidade (*devolução integral*) e ii) mesma qualidade (*Devolução idêntica*). Se ocorrer a devolução da coisa emprestada em valor ou quantidade menor ou diferenciada do que no momento do empréstimo teríamos a presença de outro instituto diverso do empréstimo. Assim, se devolvido em valor menor teremos o fenômeno da doação ou

---

8. Uma interessante crítica à tese da natureza contratual do empréstimo compulsório é dada por João Mangabeira, em que afirma que se o empréstimo compulsório é um contrato coativo, o ladrão que assalta uma pessoa, obrigando-a a entregar seus pertences estaria na verdade praticando um contrato de doação "compulsória" (MANGABEIRA, João. Parecer. *Revista de Direito Público,* v. 19, p. 311).

9. Cf. COELHO, Sacha Calmon Navarro. *Manual de Direito Tributário.* Rio de Janeiro: Forense, 2000, p. 264.

10. Cf. ROSA JUNIOR, Luiz Egydio F. *Manual de Direito Financeiro & Direito Tributário.* 18ª Ed. Rio de Janeiro/São Paulo/Recife: Renovar, 2005, p. 423.

11. Cf. MACHADO, Hugo de Brito. *Comentários ao Código Tributário Nacional.* V. I. São Paulo: Atlas, 2003, p. 242 e ss.

12. Cf. Lei 4.529, de 15.01.1962. RMS n. 111.252.

13. Cf. Leis 3.214/64 e 5.754/79; RE 88.241-MG.

14. Cf. ROSA JUNIOR, Luiz Egydio F. *Manual de Direito Financeiro & Direito Tributário,* cit., p. 424.

confisco na parte não devolvida e se for devolvida em bem de espécie diversa, teremos o caso da permuta por bem diverso.

3.3.1. Devolução integral

A devolução deve ocorrer na mesma quantidade tomada emprestada, sob pena em se converter em uma espécie de confisco forçado ou de imposto disfarçado. Algumas regras, portanto, devem ser respeitadas:

a. o pagamento de empréstimo compulsório gera o *direito adquirido*[15] e constitucional à devolução, sob pena de ofensa do art. 5º, inc. XXXVI (direito adquirido) e do art. 150, inc. IV, da CF/88 (vedação de confisco);

b. a *promessa de devolução* não pode ser revogada por outra lei, sob pena de ofensa aos princípios anteriormente citados[16];

c. *ação de cobrança* é o instrumento processual cabível para pleitear a restituição do empréstimo compulsório corretamente cobrado, sendo reservada a *ação de repetição de indébito* tão somente para os casos de devolução de empréstimo compulsório viciados por violações constitucionais;

d. o *prazo e as condições de resgate*, conforme o disposto no parágrafo único do art. 15 do CTN, será fixado em lei, que cremos deva ser de estatura de lei complementar, visto que uma das características essenciais do empréstimo compulsório é a sua restituição em dinheiro. O dispositivo do parágrafo único permanece em vigor por estar em consonância com o texto da CF/88;

e. a *correção monetária* deve ocorrer na sua integralidade, sob pena de configurar o instituto do confisco. Dessa forma, todos os casos de índices oficiais que impliquem em expurgo de valores significam a perda de valor da moeda e ofendem a natureza do empréstimo compulsório[17];

f. o pagamento de *juros remuneratórios* não constitui parte da natureza do empréstimo compulsório e, portanto, estes podem ou não vir acompanhados de sua instituição. No Brasil relata *Ricardo Lobo Tôrres* que a tradição histórica tem sempre acrescentado a sua instituição[18].

3.3.2. Devolução idêntica

A devolução do empréstimo compulsório deve ocorrer na mesma qualidade do bem tomado emprestado, ou seja, no mesmo gênero e espécie, sob pena de ofensa à natureza do empréstimo compulsório, caso contrário teríamos o fenômeno da permuta. As seguintes regras devem vigorar sobre este requisito:

a. a devolução deve ser em *moeda*, sendo inconstitucional sua devolução em outra forma. Tal entendimento ficou consagrado no Recurso Extraordinário n. 121.336/CE, tendo por Relator o Ministro Sepúlveda Pertence, em julgamento em 11.10.1990;

b. são vedadas *outras formas de devolução* dos empréstimos compulsórios, tais como: em títulos do governo, bônus públicos, ações, fundos, quotas, letras ou outros títulos representativos de direitos;

c. *outras formas de devolução*, infelizmente, foram recepcionadas em caráter excepcional pelo STF, em decisões que ferem a coerência sistemática do sistema constitucional, em uma recaída casuísta. Foram admitidas exceções no caso do Empréstimo da Eletrobrás, conforme o Ag-RE n. 193.798/PR.

4. Bibliografia

AMARO, Luciano. *Direito tributário brasileiro*. 22ª ed. São Paulo: Saraiva, 2017.

ÁVILA, Humberto. *Sistema constitucional tributário*. 5ª ed. São Paulo: Saraiva, 2012.

BALEEIRO, Aliomar. *Limitações constitucionais ao poder de tributar*. Rio de Janeiro: Forense, 2010.

CALIENDO, Paulo. *Curso de direito tributário*. São Paulo: Saraiva, 2017.

CARRAZZA, Roque Antonio. *Curso de direito constitucional tributário*. 31ª ed. rev., ampl. e atual. São Paulo: Malheiros, 2017.

CARVALHO, Paulo de Barros. *Curso de direito tributário*. 28ª ed. São Paulo: Saraiva, 2017.

COÊLHO, Sacha Calmon Navarro. *Curso de direito tributário brasileiro*. 15ª ed. Rio de Janeiro: Forense, 2016.

DERZI, Misabel Abreu Machado. *Construindo o direito tributário na Constituição*: uma análise da obra do ministro Carlos Mário Velloso. Belo Horizonte: Del Rey, 2004.

ICHIHARA, Yoshiaki. *Direito tributário*. 19ª ed. São Paulo: Atlas, 2015.

_____; Hugo de Brito. *Curso de direito constitucional tributário*. São Paulo: Malheiros, 2015.

TORRES, Ricardo Lobo. *Tratado de direito constitucional financeiro e tributário*. Rio de Janeiro: Renovar, 2005.

Art. 148, I – para atender a despesas extraordinárias, decorrentes de calamidade pública, de guerra externa ou sua iminência;

Paulo Caliendo

---

1. Despesas extraordinárias

Trata-se de uma permissão constitucional para situações absolutamente extraordinárias, sob pena em se converter em uma autorização para os contínuos desastres e fenômenos naturais que se sucedem naturalmente ano após ano. A calamidade deve ser realmente avassaladora e inusitada. A ausência de previsibilidade nacional deve ser comprovada perante um fenômeno inesperado tal como uma seca, maremoto, terremoto, furacões e outros fenômenos naturais.

Não seria motivação constitucional autorizada o empréstimo compulsório para fazer frente à seca no nordeste do país, por

---

15. Cf. PAULSEN, Leandro. *Direito Tributário. Constituição e Código Tributário à luz da doutrina e da jurisprudência*. Porto Alegre: Livraria do Advogado, 2007, p. 112.

16. Cf. PAULSEN, Leandro. *Direito Tributário. Constituição e Código Tributário à luz da doutrina e da jurisprudência*, cit., p. 112. Em sentido contrário, MORAES, Bernardo Ribeiro de. *Compêndio*. Primeiro Volume. Rio de Janeiro: Forense, 1995, p. 457.

17. Ver RE 88241, tendo por relator o Min. Cordeiro Guerra, publicado em 23.02.1979. Assim: "(...) em se tratando de dívida de valor injusto (isto não se pode negar) seria não restituir-se integralmente, aquilo que compulsoriamente o Estado tomou ao particular, sem nenhuma contraprestação (...)".

18. Cita o autor a exceção do depósito compulsório do Decreto-Lei n. 9.159, de 10.04.1946. TÔRRES, Ricardo Lobo. *Tratado de Direito Constitucional, Financeiro e Tributário*, cit., v. IV, p. 654.

exemplo, visto que se trata de fenômeno conhecido e que deveria constar da previsibilidade nacional no combate de seus efeitos.

2. Calamidade pública

A calamidade pública deve ser entendida em sentido amplo abarcando não somente fenômenos naturais, mas também econômicos e sociais. Tal extensão, contudo, deve depender exclusivamente da noção da extrema gravidade do fenômeno, tal como uma epidemia incontida de uma nova doença que não possa ser incorporada no sentido de investimento público urgente, do inciso II do art. 148. Assim, uma epidemia de sarampo ou cólera não poderia ser incorporada nesta espécie de conceito de calamidade pública, nem tampouco o caso do aumento desenfreado da criminalidade. O inciso I do art. 148 é reservado para os casos extremos e limites de ameaça à integridade nacional.

3. Guerra externa

A *guerra externa* significa o conflito entre sujeitos de direito internacional público, especialmente os Estados. Cabe ressaltar que a designação *"guerra externa"* é regida pelo direito internacional, que disciplina o *jus ad bellum*, ou seja, o direito à guerra justa. O conceito de guerra justa (*bellum justum*) depende do subjetivismo dos Estados nacionais e de sua legitimação pela ordem internacional ou pela comunidade das nações. O *Pacto Briand-Kellogg* (1928) procedeu à condenação do uso da guerra no direito internacional e se constitui em fonte formal do direito nacional por força da Carta da ONU que em seu art. 2º, § 4º, determina a renúncia à guerra de agressão[1].

Não admite, contudo, a possibilidade do recurso aos empréstimos compulsórios para o financiamento do combate à convulsões sociais e políticas internas, da guerra civil, de guerrilha, terrorismo, de secessão ou outros conflitos armados internos.

Entendemos, contudo, que o combate a formas extremas de incursões em território nacional por forças paramilitares de grande vulto ou guerrilhas estrangeiras que ponham em risco a integridade territorial nacional poderia em casos extremos e em face da inanição financeira do tesouro nacional, justificar a cobrança de empréstimos compulsórios temporários.

4. Bibliografia

ATALIBA, Geraldo. *Empréstimos públicos e seu regime jurídico.* São Paulo: Revista dos Tribunais, 1973.

AMARO, Luciano. *Direito tributário brasileiro.* 22ª ed. São Paulo: Saraiva, 2017.

ÁVILA, Humberto. *Sistema constitucional tributário.* 5ª ed. São Paulo: Saraiva, 2012.

BALEEIRO, Aliomar. *Limitações constitucionais ao poder de tributar.* Rio de Janeiro: Forense, 2010.

CALIENDO, Paulo. *Curso de direito tributário.* São Paulo: Saraiva, 2017.

CASTRO, Augusto Olympio Viveiros de. *Tratado dos Impostos* (estudo theorico e pratico). 2ª ed. Rio de Janeiro: Imprensa Nacional, 1910.

CARRAZZA, Roque Antonio. *Curso de direito constitucional tributário.* 31ª ed. rev., ampl. e atual. São Paulo: Malheiros, 2017.

CARVALHO, Paulo de Barros. *Curso de direito tributário.* 28ª ed. São Paulo: Saraiva, 2017.

COÊLHO, Sacha Calmon Navarro. *Curso de direito tributário brasileiro.* 15ª ed. Rio de Janeiro: Forense, 2016.

COSTA, Alcides Jorge. Natureza jurídica dos empréstimos compulsórios. *Revista de Direito Tributário*, São Paulo, v. 70, out.-dez. 62.

DERZI, Misabel Abreu Machado. *Construindo o direito tributário na constituição:* uma análise da obra do Ministro Carlos Mário Velloso. Belo Horizonte: Del Rey, 2004.

FALCÃO, Amílcar de Araújo. *Natureza jurídica do empréstimo Compulsório* (Tese para o Concurso para a Cátedra da Faculdade Nacional de Direito). Rio de Janeiro: tese mim., 1964.

_____. Empréstimo compulsório. Direito comparado e experiência brasileira. *RDP*, 6/7-2.

_____. Empréstimo compulsório e tributo restituível. *RDP*, 6/22-47.

_____. Conceito e espécies de empréstimo compulsório. *RDP*, 14/38-46.

_____. Natureza do empréstimo compulsório no sistema constitucional brasileiro. In: *Os empréstimos compulsórios.* Rio de Janeiro: IBDF, 1965, p. 7-27.

INSTITUTO BRASILEIRO DE DIREITO FINANCEIRO. *Os empréstimos compulsórios.* Publicação n. 13. Conferências em 1963.

MACHADO, Hugo de Brito. *Curso de direito constitucional tributário.* São Paulo: Malheiros, 2015.

MARQUES, Márcio Severo. Empréstimos compulsórios na Constituição Federal. *Revista de Direito Tributário*, São Paulo, n. 65.

MARTINS, Ives Gandra da Silva. Os empréstimos compulsórios e as contribuições especiais. In: MARTINS, Ives Gandra da Silva (Coord.). *Curso de direito tributário.* v. 1, 5. ed. Belém: Cejup; Centro de Estudos de Extensão Universitária, 1997.

TÔRRES, Ricardo Lobo. *Tratado de direito constitucional financeiro e tributário.* Rio de Janeiro: Renovar, 2005.

Art. 148, II – no caso de investimento público de caráter urgente e de relevante interesse nacional, observado o disposto no art. 150, III, *b*.

Paulo Caliendo

1. Investimento público de relevante interesse nacional

A Lei n. 4.320/64 em seu art. 12 classifica a despesa em despesas correntes, que por sua vez se dividem em i) despesas *de custeio e transferências correntes* e ii) despesas *de capital*. As despesas de capital se dividem em investimentos, as inversões financeiras e as transferências de capital.

---

1. Art. 2º, § 4º, da Carta da ONU: "All Members shall refrain in their international relations from the threat or use of force against the territorial integrity or political independence of any state, or in any other manner inconsistent with the Purposes of the United Nations".

Os *investimentos* são caracterizados pelo art. 12, em seu § 4º, da Lei n. 4.320/64 como "as dotações para o planejamento e execução de obras, inclusive as destinadas à aquisição de imóveis considerados necessários à realização destas últimas, bem como programas especiais de trabalho, aquisição de instalações, equipamentos e material permanente e constituição ou aumento do capital de empresas que não sejam de caráter comercial ou financeiro".

Estes investimentos devem ser de relevante interesse nacional, não podendo se restringir a um resultado de interesse local ou mesmo regional.

2. Experiências nacionais

Dentre os casos de empréstimos compulsórios instituídos na história nacional podemos citar: i) empréstimo compulsório da Eletrobrás; ii) sobre a gasolina e iii) confisco da poupança popular.

2.1. Empréstimo compulsório da Eletrobrás

O Empréstimo Compulsório da Eletrobrás foi criado por meio da Lei n. 4.156/62, que instituiu o *Fundo Federal de Eletrificação* a ser cobrado mensalmente nas contas de consumo de energia elétrica pelas concessionárias. Este valor seria repassado à ELETROBRÁS com a finalidade de estimular o setor elétrico nacional[1]. Este empréstimo foi recepcionado pela CF/88 pelo art. 34, § 12, do ADCT[2] e sua constitucionalidade confirmada pelo STF no RE 146.615, tendo por relator o Ministro Maurício Cardoso, em abril de 1995.

A cobrança deste empréstimo compulsório passou por diferentes *fases*, diferenciando-se sobre a classe de consumidores afetados, assim sobre:

i) os consumidores residenciais, comerciais e industriais (1964-1970);

ii) consumidores comerciais e industriais (1971-1973);

iii) os consumidores industriais (1974-1976) e;

iv) os consumidores industriais, com consumo superior à 2.000 kwh mensais (1977 até 1993).

Conforme a Eletrobrás[3], o montante anual das contribuições, a partir de 1977, passou a constituir crédito escritural, nominal e intransferível, a ser determinado a partir de 1º de janeiro do ano seguinte ao do recolhimento, sendo o contribuinte identificado pelo *Código de Identificação do Contribuinte do Empréstimo Compulsório – CICE*.

A sua correção ocorreu por meio do *Índice de Preços ao Consumidor Amplo Especial – IPCA-E* e com remuneração de 6% ao ano e pagos por meio das concessionárias distribuidoras de energia elétrica, mediante compensação nas contas de consumo de energia.

Estes créditos forma convertidos em ações, por deliberação da Assembleia de Acionistas da ELETROBRÁS, em três operações de conversão distintas:

i) pela 72ª AGE realizada em 20/04/1988, para os créditos constituídos no período de 1978 a 1985;

ii) pela 82ª AGE de 26/04/1990, para os créditos constituídos de 1986 a 1987; e

iii) pela 142ª AGE, de 28/04/2005, para todos os créditos constituídos a partir de 1988.

Algumas questões importantes devem ser observadas em relação ao empréstimo compulsório, tais como:

i) o pagamento dos juros por compensação, previstos no art. 2º, § 2º, do Decreto-Lei n. 1.512/76 deverão ser pagos anualmente aos consumidores pelos concessionários por meio de compensação com as contas de energia elétrica[4]. Este direito persiste mesmo depois da extinção do empréstimo compulsório;

ii) Prescrição quinquenal: entende *Leandro Paulsen* que nas ações em que não se discute a constitucionalidade do empréstimo compulsório não cabe aplicar o prazo para ação de repetição de indébito tributário, previsto no art. 168 do CTN, mas sim o prazo previsto no art. 1º do Decreto n. 20.910/32[5];

*iii) prazo a quo d*eve ser considerado a partir do momento do vencimento de cada parcela devida. Assim, se o prazo fosse de 20 anos, sua prescrição ocorreria em 25 anos. O prazo para resgate tem sido entendido de modo geral pelos tribunais como sendo quinquenal e assim, por exemplo, para as obrigações nascidas em 1977 o prazo esgotaria após o resgate em 1997 e prescrição em 2002. Por outro lado, caso as obrigações tenham sido convertidas em ações preferenciais teria sido extinto o direito de resgate, visto que ocorreu o seu pagamento por meio de dação em pagamento de bens móveis (ações). Não caberia falar-se aqui, portanto, em possibilidade de opor à União os valores devidos pela Eletrobrás. Seriam somente oponíveis à União os valores decorrentes de empréstimo a partir de 1988, os quais serão contudo resgatáveis somente a partir de 2008, prazo antes do qual não se pode falar em responsabilidade subsidiária da União e;

iv) litisconsórcio passivo da União decorre da responsabilidade subsidiária da União, por força do disposto no art. 4º, § 3º, da Lei

---

1. Lei n. 4.156/62: "Art. 4º (...) § 5º Do total do empréstimo compulsório arrecadado em cada Estado, a Eletrobrás aplicará em cada exercício: I – 50% em subscrição de ações, tomada de obrigações, empréstimos e financiamentos de ou empresas que produzam, transmitam ou distribuam energia elétrica, e das quais o Poder Público Estadual for acionista majoritário, no capital social com direito a voto, observado o disposto no artigo 8º da Lei n. 4.156, de 28 de novembro de 1962. II – 10%, em obras no setor de energia elétrica nas quais tenha interesse o Estado onde o empréstimo for arrecadado, sendo o percentual aplicado em participação societária ou financiamentos; III – as modalidades de aplicação referidas no inciso I deste parágrafo ficam à opção do Poder Executivo Estadual" (*parágrafo revogado pela Lei n. 5.824, de 14-11-1972*).

2. "Art. 34. O sistema tributário nacional entrará em vigor a partir do primeiro dia do quinto mês seguinte ao da promulgação da Constituição, mantido, até então, o da Constituição de 1967, com a redação dada pela Emenda n. 1, de 1969, e pelas posteriores. (...) § 12 – A urgência prevista no art. 148, II, não prejudica a cobrança do empréstimo compulsório instituído, em benefício das Centrais Elétricas Brasileiras S.A. (Eletrobrás), pela Lei n. 4.156, de 28 de novembro de 1962, com as alterações posteriores."

3. Disponível em: <http://www.eletrobras.gov.br/elb/portal/data/Pages/LUMIS1B4B12EDPTBRIE.htm>. Acesso em 6 jun. 2007.

4. Art. 2º, § 2º, do Decreto-Lei n. 1.512/76: "Os juros serão pagos anualmente, no mês de julho aos consumidores industriais contribuintes, pelos concessionários distribuidores, mediante compensação nas contas de fornecimento de energia elétrica, com recursos que a ELETROBRÁS lhes creditará".

5. "Art. 1º As Dívidas Passivas da União, dos Estados e dos Municípios, bem assim todo e qualquer direito ou ação contra a Fazenda federal, estadual ou municipal, seja qual for a sua natureza, prescrevem em cinco anos contados da data do ato ou fato do qual se originarem."

n. 4.156/62[6], devendo por isso serem processadas e julgadas conforme a Justiça Federal[7]. Cabe ressaltar que a responsabilidade solidária da União somente surge com o vencimento do prazo para resgate das obrigações da Eletrobrás, antes do qual não se pode falar em responsabilidade da União. Deve-se, portanto, ter o cuidado em verificar qual foi o prazo de vencimento e qual o regime aplicável à estas obrigações que se estenderam por mais de 30 anos.

2.2. Empréstimo compulsório sobre combustíveis

O empréstimo compulsório sobre os combustíveis foi instituído por meio do Decreto-Lei n. 2.288, de 23 de julho de 1986 – *DOU* de 24/07/86, que criou o Fundo Nacional de Desenvolvimento, para absorção temporária de excesso de poder aquisitivo, com base no artigo 15, item III, do CTN.

O Fundo possuía natureza autárquica e tinha por objetivo fornecer recursos para realização de investimentos necessários à dinamização do desenvolvimento nacional e apoio à iniciativa privada na organização e ampliação de suas atividades econômicas.

O sobre o consumo de combustível era cobrado, junto com o preço do produto, pelas empresas refinadoras, distribuidoras e varejistas de gasolina e álcool e recolhido pelas refinadoras, enquanto que nas aquisições de automóveis de passeio e utilitários, o empréstimo será devido no momento da aquisição antes do licenciamento ou da transferência de propriedade. Este valor ficava indisponível no Banco Central do Brasil.

A forma de instituição deste empréstimo compulsório, combinada com o seu resgate em ações e não em dinheiro foi declarada inconstitucional pelo STF nos Recursos Extraordinários n. 121.336[8] e 175.385 e em numerosos outros julgados. Foram declarados inconstitucionais os artigos 11 em seus incisos II, III e IV, 13 e os §§ 15 e 16, bem como o § 2º e a expressão *"bem como dos adquirentes de automóveis de passeio e utilitários"* do parágrafo único do artigo 10. Posteriormente, estes dispositivos tiveram sua execução suspensa pela Resolução do Senado Federal n. 50, publicada no *DOFC* de 10.10.95.

Decidiu o STJ que o termo inicial do prazo prescricional para a restituição ou para a compensação do empréstimo compulsório sobre aquisição de automóveis de passeio e utilitários deveria ser contado da data da publicação da Resolução do Senado Federal n. 50/95.

2.3. Empréstimo compulsório sobre a poupança popular

O *Plano Collor I* ou *Plano Brasil Novo* foi instituído por Fernando Collor de Melo em 15.03.1990, por meio da Medida Provisória n. 168/90, convertida pelo Congresso na Lei n. 8.024/90 e foi anunciado em 16.03.1990 um dia depois da posse do primeiro presidente eleito diretamente pelas urnas populares depois de um longo período de regime militar.

O *Plano Collor I* bloqueou todos os saldos dos depósitos à vista superiores à quantia de NCz$ 50 mil (cruzados novos), transferindo-os para a custódia do Banco Central e os convertendo em cruzeiros. Estes valores seriam convertidos a partir de 16 de setembro de 1991 em doze parcelas mensais iguais e sucessivas. A correção desses valores seria feita monetariamente com base no BTN Fiscal, acrescidos os juros de 6% (seis por cento) ao ano ou fração *pro rata*.

A Justiça Federal declarou o bloqueio de liquidez inconstitucional porque: i) feriu o princípio da anterioridade; ii) não foi instituído por lei complementar; iii) foi instituído por medida provisória; iv) faltava requisito da urgência da medida; v) feriu o princípio da capacidade contributiva (sua alíquota era de 100% sobre qualquer base de cálculo acima do limite de isenção de NCz$ 50.000,00) e vi) não se constituía em nenhum caso extraordinário expressamente previsto no texto constitucional[9].

O STF inicialmente não se pronunciou pela concessão de liminar[10] no ADI-MC n. 534/DF, vindo a julgar a matéria somente muitos anos depois. Alguns ministros se insurgiram contra a medida, dentre os quais se destaca O Ministro Celso de Mello, por exemplo, disse na ADI-MC n. 534/DF: "O poder normativo reconhecido à União Federal para atuar, legislativamente, sobre a disciplina da moeda, quer para adaptar o volume dos meios de pagamento às reais necessidades da economia nacional, quer para regular o seu valor intrínseco, prevenindo ou corrigindo os surtos inflacionários ou deflacionários (...), quer para impedir situações de anormalidade e outros desequilíbrios oriundos de fenômenos conjunturais, **não dispensa e nem exonera o Estado,** na formulação e na execução de sua política econômico-financeira, inclusive monetária, **de observar e de respeitar os limites impostos pela Constituição**".

2.4. Do prazo para a repetição de indébito

O empréstimo compulsório é considerado uma espécie de tributo por *percussão*, ou seja, contribuinte de direito e contribuinte de fato se confundem e, portanto, não ocorre a transferência do encargo econômico, desse modo torna-se inaplicável o art. 166 do CTN[11]. Dessa forma, torna-se inquestionável que o contribuinte do empréstimo compulsório possui legitimidade para exigir a repetição de indébito.

O STJ havia decidido que nos termos do art. 150, § 4º, do CTN, os tributos sujeitos o lançamento por homologação teriam

---

6. Art. 4º da Lei n. 4.156/62: "(...) § 3º É assegurada a responsabilidade solidária da União, em qualquer hipótese, pelo valor nominal dos títulos de que trata este artigo".

7. REsp 39.919/PR, tendo por relator o Ministro Ari Pargendler, publicado em 18.11.1996. "PC. Litisconsórcio. Empréstimo compulsório Instituído em favor da Eletrobrás. A União Federal é litisconsorte nas causas em que se discute o empréstimo compulsório instituído pela Lei n. 4.156, de 1962, que por isso devem ser processadas e julgadas perante a Justiça Federal. Precedentes do STJ. Recurso especial conhecido e provido".

8. STF, RE n. 121.336/CE, Rel. Min. Sepúlveda Pertence, *DJ* de 26.06.92.

9. Sobre o assunto veja-se o texto de LACOMBE, Américo Lourenço Masset. Comentários ao art. 15 do CTN. In: PEIXOTO, Marcelo Magalhães. *Comentários ao CTN*. São Paulo: MP, p. 124-146.

10. ADI-MC 534/DF, Relator Ministro Celso de Mello: "ADIN – LEI N. 8.024/90 – PLANO COLLOR – BLOQUEIO DOS CRUZADOS – AUSÊNCIA DO *PERICULUM IN MORA* – LIMINAR INDEFERIDA. – O tardio ajuizamento da ação direta de inconstitucionalidade, quando já decorrido lapso temporal considerável desde a edição do ato normativo impugnado, desautoriza – não obstante o relevo jurídico da tese deduzida – o reconhecimento da situação configuradora do *periculum in mora*, o que inviabiliza a concessão da medida cautelar postulada. – (...)".

11. Entendeu o STJ: "Empréstimo compulsório. O consumidor de gasolina ou álcool para veículos automotores é contribuinte, de fato e de direito, e tem, assim, legitimidade para pedir restituição do indébito, não se podendo cogitar da incidência do art. 166 do CTN"; ver in *RSTJ* 78/113.

o prazo para homologação tácita de cinco anos, a contar do fato gerador. A repetição do indébito estaria sujeito ao prazo de cinco anos a contar da homologação ficta, ou seja, do da data da extinção do crédito tributário. Por outro lado, declarada a inconstitucionalidade da lei irá nascer o direito para a repetição do indébito, sendo que o prazo prescricional irá ser contado a partir da data do trânsito em julgado da decisão do STF[12].

Art. 148, parágrafo único. A aplicação dos recursos provenientes de empréstimo compulsório será vinculada à despesa que fundamentou sua instituição.

Paulo Caliendo

Este preceito não estava previsto no art. 15 do CTN, nem tampouco no ordenamento constitucional anterior (Emenda Constitucional n. 1, de 17 de outubro de 1969), demonstrando a irresignação com os abusos praticados na utilização deste instituto no passado. A sua utilização por órgãos não estatais ou paraestatais, lembra Ricardo Lobo Tôrres, implica em desvio de finalidade e em responsabilidade pública e fere o princípio da igualdade[1].

Art. 149. Compete exclusivamente à União instituir contribuições sociais, de intervenção no domínio econômico e de interesse das categorias profissionais ou econômicas, como instrumento de sua atuação nas respectivas áreas, observado o disposto nos arts. 146, III, e 150, I e III, e sem prejuízo do previsto no art. 195, § 6º, relativamente às contribuições a que alude o dispositivo.

Celso de Barros Correia Neto
Liziane Angelotti Meira[1]

1. História da norma

O art. 149 já constava na redação originária da Constituição Federal de 1988, mas passou por alterações relevantes, por meio das Emendas Constitucionais nos 33, de 2001; 41, de 2003; 42, de 2003, e 103, de 2019.

2. Constituições brasileiras anteriores

As contribuições de que trata o art. 149 da Constituição já existiam na ordem jurídica brasileira antes da Constituição Federal de 1988, ainda que a definição de sua natureza tributária tenha estado envolta em controvérsia em certos períodos.

Na Constituição de 1891, não havia menção a contribuições como modalidade tributária no sentido atual. Havia apenas, no art. 9º, § 1º, 2º, a previsão de competência exclusiva dos Estados para decretarem "contribuições concernentes aos seus telégrafos e correios".

A Constituição de 1934 previa, no art. 121, § 1º, "h", a "instituição de previdência, mediante contribuição igual da União, do empregador e do empregado, a favor da velhice, da invalidez, da maternidade e nos casos de acidentes de trabalho ou de morte".

Na Constituição de 1937, encontramos somente a previsão da contribuição sindical, prevista originalmente no art. 138. Contudo, esse artigo foi suspenso pelo Decreto n. 10.358, de 1942.

Na Constituição de 1946, o panorama não muda. Há previsão de contribuição de melhoria, art. 30, I e parágrafo único. O tributo, no entanto, não se confunde com as contribuições em comento. O art. 157, XVI, ao dispor sobre legislação do trabalho e a da previdência social, previa a exigência de "contribuição da União, do empregador e do empregado, em favor da maternidade e contra as consequências da doença, da velhice, da invalidez e da morte".

A Emenda Constitucional n. 18, de 1965, não incluiu as contribuições – sociais, interventivas ou coorporativas – entre as espécies tributárias. O art.1º menciona apenas impostos, taxas e contribuições de melhoria.

Na Constituição de 1967, o art. 18 especifica as modalidades de tributos como: "impostos, taxas e contribuições de melhoria". O dispositivo não menciona contribuições especiais – sociais, interventivas ou coorporativas –, como as que hoje se encontram no art. 149 da Constituição em vigor. Há, no entanto, previsão de contribuições, com perfil constitucional diferente do que hoje vigora, em outros dispositivos daquela Constituição. No art. 157, § 9º, encontramos um primeiro desenho constitucional das contribuições de intervenção no domínio econômico, nos seguintes termos: "Para atender à intervenção no domínio econômico, de que trata o parágrafo anterior, poderá a União instituir contribuições destinadas ao custeio dos respectivos serviços e encargos, na forma que a lei estabelecer." No art. 158, XVI e § 2º, constam as contribuições previdenciária e de seguridade social. No art. 159, § 1º, está prevista a contribuição sindical.

A diferença de tratamento constitucional que se observa na Constituição de 1967 entre contribuições – sociais, interventivas ou coorporativas – e demais espécies tributárias – impostos, taxas e contribuições de melhoria – não é de todo diversa da que existe também hoje no texto constitucional vigente. Mesmo na Constituição de 1988, as contribuições do art. 149 estão apartadas dos demais tributos previstos no art. 145. Falta-lhes, ademais, o mesmo grau de organização que a Constituição aplicou aos impostos, como veremos a seguir.

O regime atual das contribuições teve parte de sua redação original alterada, adquirindo a feição atual por meio de Emenda Constitucional, especialmente a Emenda Constitucional n. 33, de 2001, combinada com o trabalho de interpretação do Supremo Tribunal Federal.

3. Direito Internacional

A matéria regulada no art. 149 e seus parágrafos não compõe temário clássico do direito internacional nem é objeto de atos internacionais de que a República Federativa do Brasil seja parte.

---

12. "A 1ª Seção do Superior Tribunal de Justiça firmou entendimento de que, por ser sujeito a lançamento por homologação o empréstimo compulsório sobre combustíveis, seu prazo decadencial só se inicial quando decorridos 05 (cinco) anos da ocorrência do fato gerador, acrescidos de 05 (cinco) anos, a contar-se da homologação tácita do lançamento. Já o prazo prescricional inicia-se a partir da data em que foi declarada a inconstitucionalidade do diploma legal e que se fundou a citada exação. Estando o tributo em apreço sujeito o lançamento por homologação, há que serem aplicadas a decadência e a prescrição nos moldes acima delineados" (STJ, REsp 234.984/RS, Rel. Min. José Delgado, publicado em 13.03.00).

1. Cf. TÔRRES, Ricardo Lobo. *Tratado de Direito Constitucional, Financeiro e Tributário*, cit., v. IV, p. 663.

1. Os autores agradecem o competente trabalho de pesquisa realizado pela mestranda Isadora Cardoso para elaboração desses comentários.

4. Remissões constitucionais e legais

O art. 145 da Constituição Federal de 1988 não incluiu as contribuições entre as espécies tributárias que lista. Nesse dispositivo, está prevista a competência da União, dos Estados, do Distrito Federal e dos Municípios para instituir impostos, taxas, em razão do exercício do poder de polícia ou pela utilização, efetiva ou potencial, de serviços públicos específicos e divisíveis, prestados ao contribuinte ou postos a sua disposição, e contribuição de melhoria, decorrente de obras públicas. Os empréstimos compulsórios constam no art. 148, e as contribuições sociais, interventivas ou coorporativas, nos arts. 149, 177, § 4º e 195, da Constituição Federal.

O Código Tributário Nacional (CTN) também não incluiu as contribuições entre as espécies de tributo do art. 5º. Tal disposição menciona apenas três espécies tributárias: impostos, taxas e contribuições de melhoria. E mais, o art. 4º afasta expressamente a destinação legal do produto dos tributos como elemento a ser considerado para definição da "natureza jurídica específica do tributo", a ser determinada "pelo fato gerador da respectiva obrigação".

No entanto, o próprio Código, no art. 217, ressalvou da revogação as diversas contribuições então vigentes, que não deveriam ter sua "incidência nem sua exigibilidade excluídas". As contribuições listadas no art. 217 são: a contribuição sindical, de que tratam os arts. 578 e seguintes, da Consolidação das Leis do Trabalho; as denominadas "quotas de previdência, que integram a contribuição da União para a previdência social; a contribuição destinada a constituir o "Fundo de Assistência" e "Previdência do Trabalhador Rural"; a contribuição destinada ao Fundo de Garantia do Tempo de Serviço, criada pelo art. 2º da Lei 5.107, de 13 de setembro de 1966, e as contribuições enumeradas no § 2º do art. 34 da Lei 4.863, de 29 de novembro de 1965, com as alterações decorrentes do disposto nos arts. 22 e 23 da Lei 5.107, de 13 de setembro de 1966, e outras de fins sociais criadas por lei.

O art. 217 foi incluído no Código Tributário Nacional antes de sua entrega em vigor, pelo Decreto-lei n. 27, de 1966, com o declarado propósito "deixar estreme de dúvidas a continuação da incidência e exigibilidade das contribuições para fins sociais, paralelamente ao Sistema Tributário Nacional, a que se refere a Lei número 5.172, de 25 de outubro de 1966", conforme se verifica dos seus considerandos.

Na perspectiva atual, nem todas as exações listadas pelo art. 217 do código são consideradas de natureza tributária. É o caso da contribuição para o FGTS, por exemplo. De todo modo, a preocupação que motivou a edição do Decreto-lei n. 27, de 1966, é um bom indicativo as controvérsias existentes em torno da natureza jurídica das contribuições especiais, que perduraram, em alguma medida, inclusive depois da promulgação da Constituição Federal em vigor, como veremos a seguir.

5. Jurisprudência

Diversos julgados do Supremo Tribunal Federal, após a promulgação da Constituição de 1988, versam sobre a competência e sobre os limites a instituição de contribuições sociais, interventivas e corporativas. À medida que se ampliou o uso das contribuições pela União, ao longo dos anos 90, como forma de escapar às regras de partilha do produto da arrecadação tributária previstas nos arts. 157 e 158 da Constituição, cresceu também o número e a importância das demandas que galgaram o STF, seja por meio de recurso, seja pela via da ação direta.

A controvérsia a respeito da natureza tributária é anterior à própria Constituição Federal de 1988 e não é destituída de importância prática ainda hoje. Determinar se estamos diante de um tributo e de qual espécie tributária se trata traz implicações para que se defina o regime jurídico aplicável. É dizer, o regime das taxas não é o mesmo dos preços públicos. As limitações constitucionais ao poder de tributar aplicáveis aos impostos não são rigorosamente as mesmas que se aplicam as contribuições previdenciárias (Cf. MEIRA, 2012, p. 156/161).

No RE 138.284, de relatoria do Min. Carlos Velloso, julgado em 1º/7/1992, o Tribunal declarou a inconstitucionalidade do art. 8º da Lei 7.689, de 1988, que instituiu a contribuição social sobre o lucro das pessoas jurídicas (CSLL), por ofender o princípio da irretroatividade (C.F./88, art., 150, III, "a"). Na decisão, além reconhecer a validade do tributo em questão, o Tribunal reconheceu também sua natureza tributária, como espécie tributária autônoma, distinta das demais previstas no texto constitucional. Lê-se no voto do relator: "As contribuições parafiscais têm caráter tributário. Sustento que constituem essas contribuições uma espécie própria de tributo ao lado dos impostos e das taxas [...]. Quer dizer, as contribuições não são somente as de melhoria. Estas são uma espécie do gênero contribuição; ou uma subespécie da espécie contribuição."

Mais adiante, em seu voto, o Min. Carlos Velloso esclarece que "O citado art. 149 institui três tipos de contribuições: a) contribuições sociais, b) de intervenção e c) coorporativas. As primeiras, as contribuições sociais, desdobram se, por sua vez, em a.1) contribuições de seguridade social, a.2) outras de seguridade social e a.3) contribuições sociais gerais".

O julgado é especialmente importante para a definição do regime jurídico tributário aplicável às contribuições do art. 149, importante também pela maneira como procura sistematizar as diferentes espécies de contribuições previstas na Constituição de 1988. A decisão assenta que "As contribuições do art. 195, I, II, III, da Constituição, não exigem, para a sua instituição, lei complementar. Apenas a contribuição do parag. 4º. do mesmo art. 195 e que exige, para a sua instituição, lei complementar". Não sendo imposto, ainda que as contribuições estejam sujeitas à lei complementar do art. 146, III, da Constituição, não há necessidade de que a lei complementar defina o seu fato gerador, base de cálculo e contribuintes. A falta de lei complementar não impede sua exigência. Na mesma linha, vale mencionar o RE 146.733, de relatoria do Min. Moreira Alves, julgado em 29/06/1992, e RE 148331, Rel. Min. Celso de Mello, Primeira Turma, julgado em 13/10/1992.

Decisões importantes para a compreensão do regime jurídico aplicável aos tributos previstos no art. 149 também foram tomadas no julgamento da cautelar e do mérito das ADIs 2.556 e 2.568, ajuizadas contra a Lei Complementar n. 110, de 2001. Discutia-se, a constitucionalidade das contribuições instituídas pelos arts. 1º e 2º da Lei Complementar n. 110, de 2001, destinadas a custear dispêndios da União acarretados pela decisão proferida no RE 226.855.

No julgamento da Medida Cautelar, datado de 09/10/2002, o Tribunal considerou que a denominada "contribuição social devida pelos empregadores em caso de despedida de empregado sem justa causa", prevista no art. 1º da Lei Complementar n. 110, de 2001, enquadrava-se na categoria das contribuições sociais gerais (art. 149, *caput*), não entre novos impostos estabelecidos com base na competência residual (art. 154, I), nem entre novas contribuições para a seguridade social (art. 195). A contribuição prevista no art. 1º da Lei Complementar n. 110, de 2001, não seria destinada à seguridade social, como devem ser as que têm fundamento no art. 195, mas ao custeio dos dispêndios da União decorrentes da decisão proferida pelo STF, no RE 226.855 (ADI 2.556 MC, rel. Min. Moreira Alves, Tribunal Pleno, julgado em 09/10/2002).

A mesma orientação foi mantida pelo STF no julgamento do mérito das ações diretas – ADIs 2.556 e 2.568 – ajuizadas contra a Lei Complementar n. 110, de 2001. As ações foram julgadas, por maioria, parcialmente procedentes para declarar a inconstitucionalidade do art. 14, *caput*, no que se refere à expressão "produzindo efeitos", bem como de seus incisos I e II (ADI 2.556, Relator(a): Joaquim Barbosa, Tribunal Pleno, julgado em 13/06/2012).

A decisão tomada pelo Tribunal deixou claro que o art. 149 da Constituição é fundamento constitucional suficiente para a instituição de contribuições sociais gerais, com destinação constitucional diversa das previstas no art. 195 da Constituição. Ademais, também assenta a desnecessidade de lei complementar na hipótese.

Com efeito, a regra do *caput* do art. 149 da Constituição que reserva à União a competência para "instituir contribuições sociais, de intervenção no domínio econômico e de interesse das categorias profissionais ou econômicas" expressamente determina a observância do disposto nos arts. 146, III (submissão às normas gerais), e 150, I (legalidade tributária) e III (anterioridades e irretroatividade), mas não exige instituição por lei complementar. Fosse a contribuição do art. 1º da Lei Complementar n. 110, de 2001, nova contribuição – "outra fonte" – para a seguridade social, nos termos do § 4º do art. 195 da CF/88, seria exigível lei complementar (art. 195, § 4º, c/c 154, I) e aplicável a anterioridade mitigada (art. 195, § 6º).

Em suma, novas contribuições sociais gerais, que não se confundem com as contribuições sociais destinadas à seguridade social, podem ser instituídas com fundamento no art. 149 da Constituição, por lei ordinária, segundo a leitura atual do STF.

Outro aspecto que merece destaque é a maneira como a jurisprudência do STF distingue a destinação legal da destinação fática, para o fim de assentar que o descompasso entre regra de vinculação de receitas e a efetiva aplicação dessas receitas tributárias não desnatura a relação jurídica nem implica a inconstitucionalidade da lei instituidora.

No julgamento do RE 566.007, rel. Min. Cármen Lúcia, processo-paradigma da repercussão geral, o Tribunal rechaçou o argumento de inconstitucionalidade de tributo em decorrência de destinação indevida de suas receitas, ao fundamento de que, ainda que houvesse destinação indevida dos recursos arrecadados, a relação tributária não seria afetada. "Não é possível concluir que, eventual inconstitucionalidade da desvinculação parcial da receita das contribuições sociais, teria como consequência a devolução ao contribuinte do montante correspondente ao percentual desvinculado, pois a tributação não seria inconstitucional ou ilegal, única hipótese autorizadora da repetição do indébito tributário ou o reconhecimento de inexistência de relação jurídico-tributária". A Corte também reconheceu a constitucionalidade da desvinculação do produto da arrecadação das contribuições sociais instituídas pelo art. 76 do ADCT, seja em sua redação original, seja naquela resultante das Emendas Constitucionais 27/2000, 42/2003, 56/2007, 59/2009 e 68/2011 (RE 566.007, rel. Min. Cármen Lúcia, Tribunal Pleno, em 13/11/2014, Tema 277 da repercussão geral).

Segundo o Tribunal, a Contribuição para o financiamento Serviço Nacional de Aprendizagem do Cooperativismo (SESCOOP) "tem natureza jurídica de contribuição de intervenção no domínio econômico (art. 149 da Constituição) destinada a incentivar o cooperativismo como forma de organização da atividade econômica, com amparo no § 2º do art. 174 da Carta Política" (ADI 1.924, rel. min. Rosa Weber, j. 16-9-2020, P, *DJE* de 5-10-2020). A contribuição de intervenção no domínio econômico destinada ao Serviço Brasileiro de Apoio às Micro e Pequenas Empresas (Sebrae) possui natureza de contribuição de intervenção no domínio econômico e, em consequência, não necessita de edição de lei complementar para ser instituída (RE 635.682, rel. Min. Gilmar Mendes, Tribunal Pleno, julgado em 25/04/2013, Tema 227 da repercussão geral).

Aliás, o STF decidiu que contribuições devidas ao SEBRAE, à APEX e à ABDI previstas na Lei 8.029/1990 foram recepcionadas pela EC 33/2001, ao fundamento de que "O acréscimo realizado pela EC 33/2001 no art. 149, § 2º, III, da Constituição Federal não operou uma delimitação exaustiva das bases econômicas passíveis de tributação por toda e qualquer contribuição social e de intervenção no domínio econômico." (RE 603.624, rel. Min. Rosa Weber, Relator p/ Acórdão: Alexandre de Moraes, Tribunal Pleno, julgado em 23/09/2020).

Para o STF, as anuidades cobradas pelos conselhos profissionais caracterizarem-se como tributos da espécie "contribuições de interesse das categorias profissionais", nos termos do art. 149 da Constituição da República (MS 21.797, Rel. Min. Carlos Velloso, Tribunal Pleno, *DJ* 18.05.2001; (ADI 4.697, Rel. Min. Edson Fachin, Tribunal Pleno, julgado em 06/10/2016).

No julgamento da ADI 4.697, Rel. Min. Edson Fachin, o STF reputou constitucional a Lei n. 12.514, de 2011, que dispõe sobre os valores devidos a conselhos profissionais, a título de anuidade. O Tribunal entendeu válida a disposição legal que atribuiu aos conselhos profissionais a fixação do valor exato das anuidades devidas, observados apenas os limites máximos – tetos – previstos na referida lei.

Segundo o entendimento assentando pelo Plenário, "Não ocorre violação ao princípio da reserva legal, uma vez que o diploma impugnado é justamente a lei em sentido formal que disciplina a matéria referente à instituição das contribuições sociais de interesse profissional para aqueles conselhos previstos no art. 3º da Lei 12.514/11". Consta também da ementa: "No tocante à legalidade tributária estrita, reputa-se ser adequada e suficiente a determinação do mandamento tributário no bojo da lei impugnada, por meio da fixação de tetos aos critérios materiais das hipóteses de incidência das contribuições profissionais, à luz da chave analítica formada pelas categorias da praticabilidade e da parafiscalidade." (ADI 4.697, Rel. Min. Edson Fachin, Tribunal Pleno, julgado em 06/10/2016).

6. Referências bibliográficas

ATALIBA, Geraldo. *Hipótese de Incidência Tributária*. 6ª ed. São Paulo: Malheiros, 2004.

FAVACHO, Fernando Gomes. *Definição do conceito de tributo*. São Paulo: Quartier Latin, 2011.

CORREIA NETO, Celso de Barros. *Os Impostos e o Estado de Direito*. 1. ed. São Paulo: Almedina, 2017.

GAMA, Tácio Lacerda. *Contribuição de Intervenção no Domínio Econômico*. São Paulo: Quartier Latin, 2003.

MEIRA, Liziane Angelotti. *Tributos sobre o Comércio Exterior*. 1. ed. São Paulo: Editora Saraiva, 2012.

PAULSEN, Leandro; VELLOSO, Andrei Pitten. *Contribuições no Sistema Tributário Brasileiro*. 4ª ed. São Paulo: Saraiva, 2019.

7. Comentários

O conceito de tributo é um dado fundamental para o estudo de qualquer tema de Direito Tributário e serve, inclusive, para demarcar os limites dessa disciplina jurídica, separando-a de outros ramos jurídicos, especialmente o Direito Financeiro. Trata-se, podemos assim dizer, de um conceito estruturante para o pensamento jurídico-tributário, com evidente aplicação prática para a fixação do regime jurídico aplicável.

Afirmar que certa cobrança tem natureza tributária significa que o regime jurídico aplicável é o dos tributos: legalidade, anterioridade, não confisco e demais regras e princípios que formam esse regime jurídico. A afirmação parece uma obviedade, mas tem evidente sentido prático, pois determina o regime jurídico aplicado à exação.

Definir a espécie tributária também é essencial para apontar o regime jurídico-tributário aplicável, uma vez que o regime aplicável aos impostos ou às taxas não é o mesmo das contribuições do art. 149. Quais seriam as espécies de tributo? Essa pergunta encontra na doutrina quatro respostas diferentes: duas espécies – "Teoria" binária, bipartida ou dualista: impostos e taxas; três espécies – "Teoria" trinária, tripartida ou tripartite: impostos, taxas e contribuição de melhoria; quatro espécies – "Teoria" quaternária, quadripartida ou quadripartite: impostos, taxas, contribuições e empréstimos compulsórios; cinco espécies – "Teoria" quinária, pentapartida ou pentapartite: impostos, taxas, contribuição de melhoria, empréstimo compulsório e contribuições especiais.

Os partidários da "Teoria" binária usam apenas um critério, que é a existência ou não de vinculação (a uma atividade estatal) no fato gerador ou critério material da hipótese de incidência. Os tributos são assim vinculados (taxas) ou não vinculados (impostos).

Já quem encontra não duas, mas três espécies tributárias, considera também o grau de vinculação. Assim, além dos tributos não vinculados, que são os impostos, há também os vinculados diretamente, que são as taxas, e os indiretamente, classe em que se inclui a contribuição de melhoria. Qualquer exação estaria enquadrada em uma dessas classes.

Entre os vinculados, há duas subespécies: taxas e contribuição de melhoria. A diferença é que, nas taxas, há uma atividade diretamente referida ao contribuinte, que pode ser a prestação de serviço público ou exercício de poder de polícia. No caso da contribuição de melhoria, também há uma atuação estatal, mas ela se refere ao contribuinte apenas indiretamente. Trata-se da realização de uma obra pública que implica valorização dos imóveis particulares.

É essa também a linha adotada pelo Código Tributário Nacional. O que se verifica da leitura do art. 5º, que determina: "Os tributos são impostos, taxas e contribuições de melhoria" e do art. 4º, segundo o qual, a natureza jurídica específica do tributo é determinada pelo fato gerador da respectiva obrigação, sendo irrelevante para qualificá-la a destinação legal do produto da sua arrecadação. Não é, contudo, a posição majoritária da doutrina, nem do Supremo Tribunal Federal, que considera cinco espécies tributárias atualmente.

Para considerar que são quatro as espécies tributárias, incluindo o empréstimo compulsório (art. 148) como espécie autônoma, é preciso levar em conta mais do que o fato gerador da exação ou mesmo o binômio fato gerador-base de cálculo. A rigor, o texto constitucional nem mesmo define no art. 148 qual o fato gerador desse tributo. Essa tarefa é deixada ao legislador complementar, quando da sua instituição.

O que caracteriza essa exação são as circunstâncias estritas da sua criação – calamidade pública, guerra externa e investimento público de caráter urgente e de relevante interesse nacional – e, particularmente, a obrigação de devolver os valores assim arrecadados, como é próprio do sentido de empréstimo (art. 15, parágrafo único, CTN).

Assim, para distinguir um imposto de um empréstimo compulsório instituído, não basta verificar o fato jurídico previsto como critério material da hipótese de incidência (fato gerador abstrato). Isso não seria suficiente. É preciso ver algo mais: a devolutibilidade das receitas arrecadadas.

Conforme se mencionou anteriormente, a classificação mais usual e parece também ser a adotada pelo Supremo Tribunal Federal é a que considera cinco espécies tributárias: impostos, taxas, contribuição de melhoria, contribuições especiais e empréstimo compulsório. Para tanto, consideram-se três critérios: (1) o fato gerador ou critério material da hipótese de incidência, (2) a destinação legal das receitas e (3) a obrigação de devolver os valores arrecadados.

As contribuições especiais – isto é, as do art. 149 da Constituição Federal – têm como sua nota típica a destinação vinculada das suas receitas. Ao contrário dos impostos, para o quais há regra expressa no art. 167, IV, da Constituição Federal, vedando a vinculação de receitas, nas contribuições o mandamento constitucional do art. 149, *caput*, deixa claro que as espécies de contribuição ali previstas serão "instrumento de sua atuação nas respectivas áreas". Isso significa que os valores com elas arrecadadas têm sempre destino legal certo e impositivo.

O ponto fundamental é precisamente este: a destinação vinculada das receitas. Por isso, há quem afirme que as contribuições especiais não passam de "impostos vinculados", embora essa não seja uma afirmação rigorosa. Tampouco se pode aplicar a todas as contribuições especiais, uma vez que há entre elas exemplos nas quais o fato gerador inclui uma atividade estatal, como é típico dos tributos vinculados. É o caso da contribuição de iluminação pública, prevista no art. 149-A da Constituição Federal. Os demais tributos se definem em função de critérios lógico-jurídicos, anteriores à Constituição, sendo pressupostos adotados pelo Constituinte – vinculação (direta ou indireta) a uma atividade estatal, destinação de receitas, devolutibilidade, base de cálculo – as contribuições somente se delineiam e se distinguem das outras modalidades de tributos em virtude de determinação expressa e específica da Constituição, ou seja, o critério é a previsão constitucional (MEIRA, 2012, 161).

Quanto às contribuições, a jurisprudência é assente no sentido de que não se deve confundir destinação legal e destinação fática. O que é essencial para a caracterização de certo tributo como contribuição especial é a existência de destinação legal preestabelecida para as receitas arrecadadas com a cobrança do tributo.

A CIDE-combustíveis – contribuição de intervenção no domínio econômico relativa às atividades de importação ou comercialização de petróleo e seus derivados, gás natural e seus derivados e álcool combustível –, por exemplo, deve ser destinada a um destes três objetivos: (1) pagamento de subsídios a preços ou transporte de álcool combustível, gás natural e seus derivados e derivados de petróleo; (2) financiamento de projetos ambientais relacionados com a indústria do petróleo e do gás; e (3) financiamento de programas de infraestrutura de transportes.

E se os valores arrecadados com esse tributo forem gastos com outro objetivo? Nesse caso, há infração à lei, mas o tributo não se descaracteriza como contribuição especial (art.149), tampouco surge para o contribuinte o direito de repetir – ou seja, pedir de volta – os valores pagos.

7.1. Contribuições Especiais do art. 149

As contribuições previstas nos arts. 149 e 195 da Constituição Federal são tributos que têm como sua nota mais típica a destinação preestabelecida de sua arrecadação para o custeio de uma atuação específica do Estado. Ou seja, a receita das contribuições tem destino certo, obrigatório, vinculado. O critério material de sua regra matriz de incidência tributária pode ou não consistir de uma atuação estatal, suas receitas não são restituídas ao contribuinte, mas sempre são arrecadadas com objetivo previamente estabelecido.

As três contribuições previstas no art. 149, *caput*, têm natureza tributária, entendimento confirmado pela jurisprudência. Basta lei ordinária, exceto para as novas contribuições para a seguridade social previstas no art. 195, § 4º. São estas as subespécies de contribuição previstas no art. 149: (1) Contribuições sociais, (2) Contribuições de intervenção no domínio econômico e (3) Contribuições de interesse das categorias profissionais ou econômicas.

7.2. Contribuições sociais

Quanto às contribuições sociais, é importante destacar que o STF tem precedentes no sentido de distinguir as Contribuições Sociais Gerais, instituídas com base no art. 149, *caput*, das Contribuição para Seguridade Social, estabelecidas com base no art. 149 e no 195. Na prática, isso significa afirmar que nem todas as contribuições sociais têm como destino a seguridade social, apenas as do art. 195.

As contribuições sociais gerais têm como destinação de receitas o financiamento de despesas específicas com a efetivação de direitos sociais. Qualquer das matérias previstas no título da Ordem Social na Constituição, tais como: Desporto, Educação, Ciência e Tecnologia, Cultura e Meio Ambiente, por exemplo. É exemplo de contribuição social geral a Contribuição ao Salário-Educação (art. 212, § 5º CF).

Já as contribuições para a seguridade social, têm fundamento no art. 195 e sua finalidade é o financiamento da seguridade social. São instituídas por lei ordinária, exceto as novas contribuições do art. 195, § 4º, e devem incidir sobre as materialidades listadas nos incisos daquele artigo: lucro, receita, folha de salário, entre outras. A disposição do § 4º do art. 195, na leitura atual do STF, deixa aberta a possibilidade de se instituírem ainda outras contribuições, desde que se observe o disposto no art. 154, I, da Constituição: (1) mediante lei complementar; (2) não-cumulativas e (3) com fato gerador ou base de cálculo próprios das contribuições discriminadas na Constituição.

Um aspecto importante das contribuições para a seguridade social é ser exceção à anterioridade em relação ao exercício financeiro. Aplica-se somente a anterioridade nonagesimal (art. 195, § 6º).

7.3. Contribuições de Intervenção no Domínio Econômico

As contribuições de intervenção no domínio econômico (CIDE) também encontram fundamento de validade no art. 149, *caput*. São instituídas para custear uma específica atuação da União em dado segmento econômico, mediante lei ordinária.

A expressão "intervenção no domínio econômico" é usualmente empregada para designar o gênero formado pelas diversas estratégias de ação do Estado diante do processo produtivo. Usa-se o verbo "intervir", para designar a ação do Estado, seguido da expressão "no domínio econômico", designando plano em que se situa essa ação. A escolha desse verbo expressa uma tomada de posição em relação à participação e o papel do Estado no mercado. "Intervenção" sugere agir em área a outrem atribuída; neste caso, no campo que seria reservado aos particulares: o domínio econômico. Dá ideia de interferência, de excepcionalidade. As diferentes formas que a intervenção estatal assume podem ser entendidas como estratégias a serem empregadas pelo Poder Público para relacionar-se com os agentes econômicos privados e, assim, guiar o processo produtivo na direção das metas e dos valores positivados.

No texto da Constituição Federal de 1988, aos princípios que orientam a ação interventiva do Estado estão arrolados principalmente nos incisos do art. 170: soberania nacional, propriedade privada, função social da propriedade, livre concorrência, defesa do consumidor, proteção ambiental, redução das desigualdades regionais, busca do pleno emprego e favorecimento das empresas de pequeno porte. A lista não é taxativa. De certo modo, pode-se dizer que todos os valores e princípios constitucionais que se refiram à atividade economia são diretrizes a serem seguidas pelo Estado em sua atuação diante do processo produtivo, inclusive as competências materiais de que trata o art. 23, da Constituição Federal e os objetivos fundamentais da República Federativa do Brasil, previstos no art. 3º.

As diferentes modalidades de intervenção não passariam, por conseguinte, de ferramentas ou estratégias que o Estado está autorizado a utilizar na busca da realização desses objetivos. Cada uma delas como requisitos de utilização e potencialidades econômicas diversas, certamente.

No caso das CIDE, as receitas arrecadadas por meio da cobrança do tributo devem ter como destinação financiar a atuação do estado à guisa de intervenção no domínio econômico. Em outras palavras, não é que a norma tributária em si, diretamente, promova por si só a intervenção desejada. O tributo serve à intervenção porque ele é assegura o necessário financiamento público.

É o caso da CIDE-combustíveis, prevista no art. 177, § 4º, relativa às atividades de importação ou comercialização de petróleo e seus derivados, gás natural e seus derivados e álcool combustível. A destinação dos recursos arrecadas está prevista no inciso II do § 4º. Tal contribuição foi efetivamente instituída pela Lei n. 10.336, de 19 de dezembro de 2001.

Outro exemplo de CIDE está na Lei n. 10.168/2000, que cria a chamada CIDE-Royalties. A Contribuição é devida pela pessoa jurídica detentora de licença de uso ou adquirente de conhecimentos tecnológicos, bem como aquela signatária de contratos que impliquem transferência de tecnologia, firmados com residentes ou domiciliados no exterior (art. 2º). Sua finalidade é financiar o Programa de Estímulo à Interação Universidade-Empresa para o Apoio à Inovação, cujo objetivo principal é estimular o desenvolvimento tecnológico brasileiro, mediante programas de pesquisa científica e tecnológica cooperativa entre universidades, centros de pesquisa e o setor produtivo (art. 1º).

7.4. Contribuições de Interesse das Categorias Profissionais e Econômicas

O art. 149, *caput*, prevê ainda Contribuições de Interesse das Categorias Profissionais e Econômicas. Nesse caso, estaríamos diante de verdadeiras contribuições parafiscais, uma vez que instituídas pela União, mas arrecadadas por outro ente, que também é titular das receitas auferidas.

Dois exemplos dessa contribuição são a Contribuição-Anuidade, destinada para Conselhos Regionais de Fiscalização, tais como CRM, CREA, entre outros, e a Contribuição Sindical, prevista nos arts. 578 e 579 da CLT.

A Lei n. 12.514, de 2011, lista essa cobrança no art. 4º, II, e define, no art. 5º, como fato gerador das anuidades a "existência de inscrição no conselho, ainda que por tempo limitado, ao longo do exercício". O valor do tributo está previsto no art. 6º, por meio de uma fórmula jurídica cuja validade foi objeto de questionamento no âmbito do Supremo Tribunal Federal. A lei estabelece o valor máximo da anuidade devida, considerando o nível de escolaridade, e permite que o conselho fixar o valor devido, observados os limites legais.

Como visto, o STF já reconheceu a constitucionalidade da lei em questão e assentou que há inconstitucionalidade somente nos casos em que a delegação se faz sem parâmetro, como no caso da Lei 11.000/04, que, no art. 2º, autorizava "fixar, cobrar e executar as contribuições anuais, devidas por pessoas físicas ou jurídicas", na forma de uma ampla delegação. No julgamento do STF, fixou-se a seguinte tese: "É inconstitucional, por ofensa ao princípio da legalidade tributária, lei que delega aos conselhos de fiscalização de profissões regulamentadas a competência de fixar ou majorar, sem parâmetro legal, o valor das contribuições de interesse das categorias profissionais e econômicas, usualmente cobradas sob o título de anuidades, vedada, ademais, a atualização desse valor pelos conselhos em percentual superior aos índices legalmente previstos". (RE 704292, rel. Min. Dias Toffoli, Julgamento: 19/10/2016 Tribunal Pleno)

No entanto, no julgamento da ADI 4.697, Rel. Min. Esdon Fachin, o STF julgou constitucional a Lei n. 12.514, de 2011, que dispõe sobre os valores devidos a conselhos profissionais, a título de anuidade, por entender válida disposição legal que atribuiu aos conselhos profissionais da fixação do valor exato das anuidades devidas, observados apenas os limites máximos – tetos – previstos na referida lei. Ou seja, o tribunal considerou inconstitucional a delegação prevista na Lei n. 11.000, de 2004, mas não a fixação de teto para as contribuições, deixando certa margem para decisão dos Conselhos, como na Lei n. 12.514, de 2011.

Também é exemplo de Contribuições de Interesse das Categorias Profissionais e Econômicas a contribuição sindical, prevista nos arts. 578 e 579 da Consolidação das Leis do Trabalho. Essa contribuição é recolhida, de uma só vez, anualmente, e consiste na importância correspondente à remuneração de um dia de trabalho dos empregados, qualquer que seja a forma da referida remuneração (art. 580, CLT). Contudo, a Lei n. 13.467, de 2017, que trata da reforma trabalhista, alterou a redação da Consolidação das Leis do Trabalho, retirando a nota de compulsoriedade dessa cobrança. E, desse modo, alterou sua natureza jurídica, que deixa de ter caráter tributário.

A matéria foi objeto de análise pelo STF, na ADI 5.794, rel. Min. Edson Fachin, Relator p/ Acórdão Min. Luiz Fux, Tribunal Pleno, julgado em 29/06/2018. A matéria foi objeto de análise pelo STF, na ADI 5794, rel. Min. Edson Fachin, Relator p/ Acórdão Min. Luiz Fux, Tribunal Pleno, julgado em 29/06/2018, que decidiu pela compatibilidade da Lei n. 13.467/2017 com a Constituição. Prevaleceu a orientação de que "A supressão do caráter compulsório das contribuições sindicais não vulnera o princípio constitucional da autonomia da organização sindical, previsto no art. 8º, I, da Carta Magna, nem configura retrocesso social e violação aos direitos básicos de proteção ao trabalhador insculpidos nos arts. 1º, III e IV, 5º, XXXV, LV e LXXIV, 6º e 7º da Constituição".

Por outro lado, é importante não confundir Contribuição Sindical com contribuição confederativa, mencionada no art. 8º, IV, da Constituição, esta não tem natureza tributária, é fixada em assembleia geral e só devida pelos filiados. Vale mencionar o teor da Súmula 666 do STF: "A contribuição confederativa de que trata o art. 8º, IV, da Constituição, só é exigível dos filiados ao sindicato respectivo."

No julgamento do ARE 1018459 RG, de relatoria do Ministro Gilmar Mendes, processo-paradigma do tema 935 da repercussão geral, o Tribunal decidiu que "É inconstitucional a instituição, por acordo, convenção coletiva ou sentença normativa, de contribuições que se imponham compulsoriamente a empregados da categoria não sindicalizados". (ARE 1018459 RG, rel. Min. Gilmar Mendes, Tribunal Pleno, julgado em 23/02/2017). Contudo, até o fechamento dessa edição, ainda não havia sido concluído o julgamento dos embargos de declaração, nos quais se postulavam efeitos infringentes, para o fim de retificar a tese firmada, de modo a reconhecer a constitucionalidade da instituição, por acordo ou convenção coletivos, de contribuições assistenciais a serem impostas a todos os empregados da categoria, ainda que não sindicalizados, desde que assegurado o direito de oposição.

7.5. Competência, instrumento legislativo e fato gerador

Quanto à competência, embora seja comum se afirmar simplesmente que as contribuições especiais sejam de competência exclusiva da União, isso só é correto de forma absoluta para as previstas no *caput* do art. 149. Sim, porque o 149, § 1º, prevê uma contribuição que pode ser estabelecida por Estados, DF e Municípios, além da contribuição de iluminação pública do art. 149-A, que é de competência municipal.

A contribuição do 149, § 1º, tem destino certo: custeio do regime próprio de previdência. Qualquer outra forma de contribuição, com outro objetivo, estabelecida por Estados, DF e Municípios é inconstitucional. A exceção, quanto aos municípios, é a competência para cobrar contribuição de iluminação pública, estabelecida pela Emenda Constitucional 39/2002.

Quanto ao instrumento legislativo aplicável, para instituir ou majorar quaisquer das contribuições previstas no art. 149 da Constituição Federal, exige-se a edição de lei ordinárias. Não é necessária edição de lei complementar.

Ainda quanto à instituição dos tributos previstos no artigo em comento, importante destacar que o constituinte não discriminou, ao menos na redação originária da Constituição, fato gerador e base de cálculo das exações previstas no art. 149, caput. Deixou a tarefa ao legislador, para que o fizesse por meio de lei ordinária, como visto. Foi um caminho diferente daquele que se adotou em relação aos impostos, para os quais a discriminação constitucional de competência, com indicação de fato gerador e base de cálculo aplicáveis. A competência impositiva para a tributação da renda ficou com a União, ao passo que a cobrança de imposto sobre serviço de qualquer natureza, com municípios, por exemplo. Para as contribuições, não foi essa técnica adotada. Afora algumas hipóteses especificadas no próprio texto da Constituição, como é o caso contribuições nominadas nos incisos I a IV do art. 195 e da CIDE-Combustíveis prevista no art. 177, § 4º, por exemplo, a definição de todos os elementos da regra-matriz de incidência tributária, inclusive o critério material da hipótese e a base de cálculo ficam a cargo do legislador ordinário.

A esse respeito, não se pode passar despercebida a mudança realizada pela Emenda Constitucional n. 33, de 2011, que incluiu o § 2º, III, no art. 149 da Constituição, para dispor que as contribuições do art. 149 "poderão ter alíquotas: a) *ad valorem*, tendo por base o faturamento, a receita bruta ou o valor da operação e, no caso de importação, o valor aduaneiro; b) específica, tendo por base a unidade de medida adotada".

Para muitos, a alteração teria introduzido rol taxativo de materialidades na alínea "a" do inciso III do § 2º do art. 149 da Constituição. Assim, a partir da EC n. 33, de 2001, as contribuições sociais gerais, de intervenção no domínio econômico e de interesse de categorias profissionais e econômicas só poderiam incidir sobre faturamento, receita bruta, valor da operação e valor aduaneiro. Não seria dado ao legislador colher outras materialidades para as quais falte previsão constitucional específica.

Não foi essa a orientação que prevaleceu no Supremo Tribunal Federal. Como vimos no julgamento do RE 603.624, Relator p/ Acórdão: Alexandre de Moraes, 23/09/2020, prevaleceu no Tribunal o entendimento no sentido de que a EC n. 33, de 2001 teria introduzido rol meramente exemplificativo de bases econômicas passíveis de tributação, com fundamento no art. 149, caput. Caberia, portanto, legislador ordinário adotar, se necessário, outras materialidades, além das que constam no inciso III do § 2º do artigo em análise da Constituição.

Art. 149, § 1º A União, os Estados, o Distrito Federal e os Municípios instituirão, por meio de lei, contribuições para custeio de regime próprio de previdência social, cobradas dos servidores ativos, dos aposentados e dos pensionistas, que poderão ter alíquotas progressivas de acordo com o valor da base de contribuição ou dos proventos de aposentadoria e de pensões. (*Redação dada pela Emenda Constitucional n. 103, de 2019.*)

§ 1º-A. Quando houver deficit atuarial, a contribuição ordinária dos aposentados e pensionistas poderá incidir sobre o valor dos proventos de aposentadoria e de pensões que supere o salário mínimo. (*Incluído pela Emenda Constitucional n. 103, de 2019.*)

§ 1º-B. Demonstrada a insuficiência da medida prevista no § 1º-A para equacionar o deficit atuarial, é facultada a instituição de contribuição extraordinária, no âmbito da União, dos servidores públicos ativos, dos aposentados e dos pensionistas. (*Incluído pela Emenda Constitucional n. 103, de 2019.*)

§ 1º-C. A contribuição extraordinária de que trata o § 1º-B deverá ser instituída simultaneamente com outras medidas para equacionamento do deficit e vigorará por período determinado, contado da data de sua instituição. (*Incluído pela Emenda Constitucional n. 103, de 2019.*)

§ 2º As contribuições sociais e de intervenção no domínio econômico de que trata o *caput* deste artigo:

I – não incidirão sobre as receitas decorrentes de exportação;

II – incidirão também sobre a importação de produtos estrangeiros ou serviços;

III – poderão ter alíquotas:

***a) ad valorem*, tendo por base o faturamento, a receita bruta ou o valor da operação e, no caso de importação, o valor aduaneiro;**

***b)* específica, tendo por base a unidade de medida adotada.**

§ 3º A pessoa natural destinatária das operações de importação poderá ser equiparada a pessoa jurídica, na forma da lei.

Celso de Barros Correia Neto
Liziane Angelotti Meira

1. Comentários

O art. 149 sofreu alterações importantes por meio da Emenda Constitucional n. 103, de 2019. A emenda modificou a redação do § 1º e introduziu no artigo os §§ 1º-A, 1º-B e 1º-C. A EC n. 103, de 2019, resultou da aprovação da Proposta de Emenda Constitucional (PEC) n. 6, de 2011. Segundo a Exposição de Motivos que acompanhou a Proposta, seu objetivo foi de estabelecer "nova lógica mais sustentável e justa de funcionamento para a previdência social", evitando "custos excessivos para as futuras gerações e comprometimento do pagamento dos benefícios dos aposentados e pensionistas, e permitindo a construção de um novo modelo que fortaleça a poupança e o desenvolvimento no futuro".

Nessas circunstâncias, houve alterações relativas às contribuições para o sistema previdenciário por meio da Emenda Constitucional n. 103, de 2019, ou seja, a Constituição autorizou a instituição e aumento de contribuições previdenciárias visando ao equilíbrio das contas previdenciárias.

A primeira alteração foi na redação, do § 1º do art. 149, que autoriza os entes da Federação a instituir alíquotas progressivas para custeio de regime próprio de previdência social, cobradas dos servidores ativos, dos aposentados e dos pensionistas. O art. 14 da Emenda Constitucional n. 103, de 2019 estabelece as alíquotas progressivas enquanto não for veiculada lei específica. Anote-se, contudo, que essas alíquotas progressivas ainda não valem para Estados, Distrito Federal e Municípios, até que eles aprovarem suas próprias leis específicas.

O § 1º-A, introduzido ao art. 149, somente se aplica no caso de déficit, e autoriza a instituição de contribuição dos aposentados e pensionistas incidente sobre os valores que superem o salário-mínimo.

O § 1º-B, também introduzido ao art. 149, somente pode ser utilizado no caso de déficit e de insuficiência das medidas adotadas previstas no § 1º-A para resolução do problema. Esse preceito permite a instituição de contribuição extraordinária, no âmbito da União, dos servidores públicos ativos, dos aposentados e dos pensionistas.

Por fim, o § 1º-C determina que, no caso de criação da contribuição extraordinária, também sejam instituídas, de forma simultânea, outras medidas para equacionamento do déficit, que devem vigorar por período determinado.

Dessa forma, verifica-se que a alteração do § 1º e a introdução dos §§ 1º-A, 1º-B e 1º-C vieram no bojo da reforma da previdência, com o visível intuito de estabelecer novos mecanismos para que os entes da Federação possam buscar mais recursos da contribuição previdenciária e assim promover o equilíbrio atuarial da previdência.

O inciso I do § 2º do art. 149 prevê imunidade das contribuições sociais e das contribuições de intervenção no domínio econômico em relação às receitas da exportação. Note-se que não foi estabelecida imunidade para contribuição de interesse de categorias profissionais e econômicas. Nesse sentido, o STF decidiu pela constitucionalidade da exigência da contribuição ao Serviço Nacional de Aprendizagem Rural (Senar) exigida na exportação (RE 816830, 2023, Tema 801 da repercussão geral).

O inciso II do § 2º prevê a possibilidade de cobrança das contribuições sociais e das contribuições de intervenção no domínio econômico na importação. Com fulcro nesse dispositivo constitucional, são exigidas as Contribuição para o PIS/Cofins na importação e a Cide-Combustíveis na importação.

O inciso III do § 2º do art. 149 trata das alíquotas e bases de cálculo das contribuições sociais e das contribuições de intervenção no domínio econômico. Conforme a alínea "a" do inciso desse inciso III, na importação a alíquota, se for *ad valorem*, deve ter por base, na importação, o valor aduaneiro. Considerando esse preceito constitucional, o STF julgou inconstitucional o dispositivo legal que acrescia à base de cálculo (somando-se ao valor aduaneiro) das contribuições para o PIS/COFINS-Importação o valor do ICMS incidente no desembaraço aduaneiro e o valor das próprias contribuições.

O § 3º, por sua vez, tratou da importação realizada por pessoas físicas, com o intuito de esclarecer que também estão sujeitas às contribuições sociais e às contribuições de intervenção no domínio econômico incidentes nessa operação.

O § 4º, por fim, determina que a lei pode estabelecer as hipóteses em que as contribuições serão monofásicas, ou seja, incidirão apenas uma vez.

> **Art. 149-A.** Os Municípios e o Distrito Federal poderão instituir contribuição, na forma das respectivas leis, para o custeio do serviço de iluminação pública, observado o disposto no art. 150, I e III.
>
> **Parágrafo único.** É facultada a cobrança da contribuição a que se refere o *caput*, na fatura de consumo de energia elétrica.

Celso de Barros Correia Neto
Liziane Angelotti Meira[1]

1. História da norma

O art. 149-A não constava da redação ordinária da Constituição Federal. Foi incluído pela Emenda Constitucional n. 39, de 2002, que resultou da aprovação da Proposta de Emenda à Constituição n. 3, de 2002, originariamente apresentada no Senado Federal, tendo como primeiro signatário o Senador Alvaro Dias. Na Câmara dos Deputados, a proposição legislativa tramitou como PEC n. 559, de 2002.

Na justificação da proposição, no Senado Federal, afirma-se que as taxas de iluminação pública, instituídas por diversos municípios brasileiros para o custeio do serviço, de competência municipal (art. 30, V, da Constituição), foram objeto de diversas ações ajuizadas nos mais diferentes estados para questionar a constitucionalidade do uso de taxas para o financiamento desse tipo de serviço. Registra-se ainda que o entendimento do Supremo Tribunal Federal se pacificou no sentido da inconstitucionalidade da taxa, por não se tratar de serviço específico e divisível. Mas, segundo a justificativa da PEC do Senado, "os municípios não têm condições efetivas de custear a iluminação pública po[r] meio de seus impostos e, também, não podem permanecer inadimplentes com as empresas concessionárias ou distribuidoras de energia elétrica".

É importante lembrar que, antes da PEC n. 3, de 2002, do Senado Federal, a matéria já havia sido submetida à deliberação no Congresso Nacional, como PEC n. 222, de 2000, na Câmara dos Deputados, e PEC n. 53, de 2002, no Senado Federal. A PEC da Câmara dos Deputados chegou a ser aprovada nessa casa, mas não alcançou o quórum de três quintos dos votos no Senado Federal.

A redação originária da PEC n. 3, de 2002, era praticamente idêntica à redação final aprovada na EC n. 39, de 2002, a não ser pela ausência da referência à limitação constitucional ao poder de tributar do inciso I do art. 150 (legalidade tributária). A redação original esta: "*Art. 149-A. Os Municípios e o Distrito Federal poderão instituir contribuição, na forma das respectivas leis, para o custeio do serviço de iluminação pública, observado o disposto no art. 150, III. Parágrafo único. É facultada a cobrança da contribuição a que se refere o* caput *na fatura de consumo de energia elétrica.*"

A alteração na redação da proposição, para incluir também o inciso I do art. 150, foi objeto da seguinte consideração pelo relator da matéria no Senado Federal, Senador Luiz Otávio: "Todavia, a proposta merece aperfeiçoamento. No *caput* do artigo cujo

---

1. Os autores agradecem o competente trabalho de pesquisa realizado pela mestranda Isadora Cardoso para elaboração desses comentários.

acréscimo deverá ser feito ao texto constitucional, consta a obrigatoriedade de observância do inciso III do art. 150, que diz respeito aos princípios da anterioridade do não confisco. Considerando que o princípio da legalidade insculpido no inciso I do mesmo art. 150 é considerado (em pé de igualdade com os demais) como garantia individual dos contribuintes, arrolado, portanto, entre as cláusulas pétreas, é de toda a conveniência até para prevenir futura inquietação de inconstitucionalidade, que também ele seja mencionado para observância obrigatória. Com isso, aliás, estar-se-á seguindo o padrão do art. 149, em relação às demais contribuições especiais" (Parecer n. 303, de 2002).

A respeito da inclusão da referência ao inciso I do art. 150 no texto do *caput* do art. 149-A, que resultou da aprovação da Emenda n. 1 à PEC n. 3, de 2002, no Senado Federal, lê-se no parecer do relator, na Câmara dos Deputados, Deputado Custódio Mattos: "*O inciso I refere-se genericamente ao estrito princípio da legalidade: não se pode exigir ou aumentar tributo sem lei que o estabeleça. Este princípio está expresso na Constituição, é uma cláusula pétrea, e a sua inclusão explícita na presente proposta de emenda constitucional não é nociva, mas poderia ser dispensada, porque o princípio é óbvio, e está inscrito no próprio* caput *da PEC*".

2. Constituições brasileiras anteriores

Não há previsão semelhante à do art. 149-A nas Constituições anteriores. A controvérsia jurídica que motivou a edição da EC n. 39/2002, no entanto, é anterior à Constituição Federal de 1988. À medida que a instituição de taxa de iluminação pública tornou-se comum em diferentes municípios brasileiros, cresceu também a judicialização do tema. Consolidada a jurisprudência do STF contra a constitucionalidade desse tributo, veio então a reação legislativa.

3. Direito Internacional

A matéria regulada pelo art. 149-A não compõe temário clássico do direito internacional nem é objeto de atos internacionais de que a República Federativa do Brasil seja parte.

4. Remissões constitucionais e legais

O Código Tributário Nacional não regulamenta a instituição da contribuição de iluminação pública. O tributo não existia na ordem jurídica brasileira, ao tempo da edição do Código, nem foi objeto leis complementares posteriores sobre a matéria. O tributo em análise é, portanto, disciplinado pela norma do art. 149-A e pelos dispositivos constitucionais correlatos, especialmente o catálogo de limitações constitucionais ao poder de tributar, e pela legislação municipal editada para disciplinar sua cobrança.

É importante chamar atenção para a referência expressa no final do *caput* do art. 149-A aos incisos I e III do art. 150, da Constituição, que estabelecem o princípio da legalidade tributária (inciso I), da irretroatividade tributária (inciso III, *a*), anterioridade em relação ao exercício financeiro (inciso III, *b*) e anterioridade nonagesimal ou noventena (inciso III, *c*).

Há, inicialmente, ao menos duas formas de ler esse dispositivo nesse ponto. Uma é tomar a menção do *caput* do art. 149 no sentido de exclusividade, para supor que somente essas limitações ao poder de tributar do art. 150 seriam aplicáveis às contribuições de iluminação pública. Outra – a que nos parece mais adequada – é tomar a referência que consta no *caput* do art. 149 como mera técnica de reforço. Ou seja, a referência aos incisos I e III do art. 150 apenas esclarece que os Municípios e o Distrito Federal não podem instituir a contribuição senão por meio de lei, nem a exigir em relação a fatos geradores ocorridos antes do início da vigência da lei instituidora, nem que os houver instituído no mesmo exercício financeiro, tampouco antes de decorridos noventa dias da data em que haja sido publicada a lei. Do contrário, caminharíamos para uma exegese absurda, segundo a qual não seriam aplicáveis à contribuição de iluminação pública princípios constitucionais tributários como o da isonomia ou da capacidade, por exemplo.

Nesse sentido, a remissão aos incisos I e III do art. 150 da Constituição eram, portanto, desnecessárias. Parece explicar-se como reprodução da redação do *caput* do art. 149 da Constituição, que manda observar "o disposto nos arts. 146, III, e 150, I e III" da Constituição. Nada acrescentam, portanto, à eficácia jurídica da regra de competência do art. 149-A, como, aliás, já indicavam os pareceres que constam da tramitação legislativa da proposição na Câmara dos Deputados e no Senado Federal.

A interpretação conferida pelo STF ao dispositivo é também nesse mesmo sentido, como se pode verificar da leitura do RE 573.675, Rel. Min. Ricardo Lewandowski, *DJ* 22.5.2009, Tema 44 da sistemática da repercussão geral, que se refere à aplicação do princípio da isonomia à contribuição de iluminação pública.

5. Jurisprudência

Julgando recursos extraordinários que questionavam taxas de iluminação pública instituídas por diferentes municípios brasileiros, o Tribunal adotou posição favorável ao contribuinte, ao reconhecer que serviço de iluminação pública não pode ser remunerado mediante taxa.

A decisão estava fundamentada no art. 145, II, da Constituição, que prevê cobrança de "taxas, em razão do exercício do poder de polícia ou pela utilização, efetiva ou potencial, de serviços públicos específicos e divisíveis, prestados ao contribuinte ou postos a sua disposição". Não sendo a iluminação pública serviço público específico e divisível, não estaria justificada a cobrança do tributo. Diversos julgados adoraram essa mesma interpretação, posteriormente, reafirmada em duas súmulas (Súmula n. 670 e Súmula Vinculante n. 41).

Em 2002, o texto constitucional foi alterado. A Emenda Constitucional n. 39, de 2002, acrescentou o art. 149-A à Constituição Federal para permitir a instituição de um novo tributo, a Contribuição para Custeio do Serviço de Iluminação Pública pelos Municípios e pelo Distrito Federal. O novo tributo tem precisamente a mesma destinação das taxas julgadas inconstitucionais pelo STF.

Em 2009, o STF reconheceu a validade da nova exação, no julgamento do RE 573.675, Rel. Min. Ricardo Lewandowski, *DJ* 22.5.2009, Tema 44 da sistemática da repercussão geral. Nessa mesma decisão, o Tribunal assentou a natureza de "tributo *sui generis*", da contribuição de iluminação pública, visto que "não se confunde com um imposto, porque sua receita se destina a finalidade específica, nem com uma taxa, por não exigir a contraprestação individualizada de um serviço ao contribuinte", como se pode ler na ementa da decisão. No recurso, estava em debate a constitucionalidade de lei municipal que instituía a contribuição para o custeio dos serviços de iluminação pública (COSIP), devida pelos consumidores residenciais e não residenciais de energia elétrica, destinada ao custeio do serviço de iluminação pública, e estabelecia uma forma de progressividade em função da faixa de consumo.

O Plenário do Tribunal decidiu no sentido da validade da exação, com o fundamento de que "Lei que restringe os contribuintes da COSIP aos consumidores de energia elétrica do município não ofende o princípio da isonomia, ante a impossibilidade de se identificar e tributar todos os beneficiários do serviço de iluminação pública". Admitiu também expressamente a constitucionalidade do uso de alíquotas progressivas, com base no "rateio do custo da iluminação pública entre os consumidores de energia elétrica", com lastro no princípio da capacidade contributiva.

Ao aceitar a progressividade tributária, em matéria de contribuição de iluminação pública, sem autorização constitucional expressa, o Tribunal dava mostras de se afastar de sua orientação tradicional, que era no sentido de rechaçar o cabimento do instituto em tributos ditos "reais", sem previsão constitucional expressa. É exemplo desse entendimento a decisão proferida no Recurso Extraordinário n. 153.771, relator para o acórdão Ministro Moreira Alves, em 20.11.1996.

O Tribunal também já decidiu, em sede de repercussão geral, a respeito da destinação dos recursos arrecadados por meio da contribuição de iluminação pública. No julgamento do RE 666.404, de relatoria do Ministro Marco Aurélio, entendeu constitucional que "a contribuição destinada ao seu custeio inclua também as despesas relativas à expansão da rede, a fim de atender as novas demandas oriundas do crescimento urbano, bem como o seu melhoramento, para ajustar-se às necessidades da população local". Fixou-se a seguinte tese: "É constitucional a aplicação dos recursos arrecadados por meio de contribuição para o custeio da iluminação pública na expansão e aprimoramento da rede" (RE 666.404, rel. p/ o ac. Min. Alexandre de Moraes, j. 18-8-2020, P, *DJe* de 4-9-2020, Tema 696).

6. Referências bibliográficas

PAULSEN, Leandro; VELLOSO, Andrei Pitten. *Contribuições no Sistema Tributário brasileiro*. 4. ed. São Paulo: Saraiva, 2019.

CORREIA NETO, Celso de Barros. Controle de Constitucionalidade e reações legislativas em matéria tributária: a quem cabe a última palavra. In: TAVARES FILHO, Newton (org.). *A Democracia: entre representação e jurisdição*. Brasília: Câmara dos Deputados, Edições Câmara, 2022.

7. Comentários

A inclusão da contribuição para custeio do serviço de iluminação pública no texto da Constituição Federal foi essencialmente uma reação legislativa à jurisprudência do Supremo Tribunal Federal que considerava inconstitucional a instituição de taxas municipais para esse propósito. A contribuição do art. 149-A é de competência dos municípios e do Distrito Federal e deve observar todas as limitações constitucionais ao poder de tributar aplicáveis, ainda que o *caput* do artigo se refira apenas ao art. 150, I e III, da Constituição.

Trata-se, segundo o STF, de tributo *sui generis*, que não se amolda ao conceito de imposto tampouco ao de taxa. A exação aproxima-se – não só pelo nome – das contribuições especiais a que se refere o art. 149, *caput*, da Constituição. É tributo que tem no critério material de sua hipótese de incidência a prestação de um serviço público, o serviço de iluminação pública. Este é um ponto que merece destaque: a ação descrita no critério material da hipótese de incidência – ou simplesmente o fato gerador do tributo – não é o consumo de energia elétrica por parte do contribuinte. Estamos diante de um tributo vinculado, no que se refere à hipótese de incidência. Há, portanto, uma ação estatal, consubstanciada na prestação do serviço de iluminação pública, da qual exsurge o dever de pagar o tributo.

A base de cálculo da contribuição do art. 149-A deve levar em conta o custo do serviço, a ser repartido entre os diversos contribuintes, ainda que não se exija a contraprestação individualizada, como haveria de ser, na hipótese de exigência de taxa (art. 145, II e § 2º).

Os serviços custeados por taxas devem ser específicos e divisíveis, na forma do art. 145, II: "Municípios poderão instituir [...] taxas, em razão do exercício do poder de polícia ou pela utilização, efetiva ou potencial, de serviços públicos específicos e divisíveis, prestados ao contribuinte ou postos a sua disposição". Os mesmos critérios não se aplicam à contribuição de iluminação pública, que tem natureza jurídica diversa.

As receitas da contribuição do art. 149-A arrecadadas têm destinação específica: o financiamento do serviço de iluminação pública. O STF deu leitura ampla ao disposto no artigo, para alcançar não apenas a manutenção do serviço, senão também a expansão e o aprimoramento da rede de iluminação pública.

SEÇÃO II

DAS LIMITAÇÕES DO PODER DE TRIBUTAR

Art. 150. Sem prejuízo de outras garantias asseguradas ao contribuinte, é vedado à União, aos Estados, ao Distrito Federal e aos Municípios:

I – exigir ou aumentar tributo sem lei que o estabeleça;

Celso de Barros Correia Neto
Liziane Angelotti Meira[1]

1. História da norma

O art. 150, *caput* e inciso I, constava da redação originária da Constituição de 1988 e, até o momento, não foi objeto de emen-

---

[1]. Os autores agradecem o competente trabalho de pesquisa realizado pela mestranda Isadora Cardoso para elaboração desses comentários.

da constitucional. As alterações efetuadas nos incisos e parágrafos do art. 150 foram: (1) modificação da redação do § 6º pela Emenda Constitucional n. 3, de 1993, para definir o conceito de lei específica exigida para a concessão de benefícios fiscais; (2) inclusão do § 7º pela Emenda Constitucional n. 3, de 1993, para autorizar a chamada substituição tributária "para frente"; (3) inclusão da alínea a no inciso III pela Emenda Constitucional n. 42, de 2003, para estabelecer o princípio da anterioridade nonagesimal; (4) a alteração redacional no § 1º também realizada pela Emenda Constitucional n. 42, de 2003, para disciplinar os casos de aplicação mitigada do referido princípio; e (5) inclusão da alínea e no inciso IV do artigo para instituir a imunidade dos fonogramas e videofonogramas musicais produzidos no Brasil.

2. Constituições brasileiras anteriores

As constituições brasileiras, desde a Constituição do Império, trouxeram limitações ao poder de tributar, isto é, disposições destinadas a demarcar as fronteiras da competência para cobrar tributos e regular seu exercício, na forma de imunidades tributárias, que demarcam negativamente o espaço de competência impositiva, e na forma de princípios, que orientam a forma, o momento e a intensidade de seu exercício.

A origem de algumas dessas limitações remonta a princípios formulados pela Ciência das Finanças para o bom funcionamento da tributação, como destaca Aliomar Baleeiro (2005). Progressivamente, foram incorporados às constituições rígidas dos Estados democráticos. Positivadas, passaram a vigorar como regras jurídicas, instituídas para impor limites à cobrança de tributos pelo Poder Público.

A Constituição do Império de 1824 não contava com um capítulo específico para o sistema tributário nacional. Mas o art. 15, X, daquele texto já instituía as raízes da legalidade tributária, ao dispor que cabe à Assembleia Geral "fixar annualmente as despezas publicas, e repartir a contribuição directa". Estabelecia também o princípio da capacidade contributiva, no art. 179, XV: "Ninguem será exempto de contribuir pera as despezas do Estado em proporção dos seus haveres".

Na Carta de 1967, o texto constitucional passa a contar com um capítulo dedicado ao "Sistema Tributário Nacional" – arts. 18 ao 28 – no qual se encontram as normas constitucionais que disciplinam espécies tributárias (art. 18), divisão de competência tributária (arts. 19, 20, 22, 23, 24 e 25), partilha do produto da arrecadação (arts. 26, 27 e 28) e algumas limitações ao poder de tributar (art. 21).

As garantias individuais do contribuinte inseriam-se no rol dos parágrafos do art. 150, entre os "Direitos e Garantias Individuais". O princípio da legalidade tributária consta no § 29, juntamente com o princípio da anualidade: "Nenhum tributo será exigido ou aumentado sem que a lei o estabeleça; nenhum será cobrado em cada exercício sem prévia autorização orçamentária, ressalvados a tarifa aduaneira e o imposto lançado por motivo de guerra".

No texto alterado pela Emenda Constitucional n. 1, de 1969, o capítulo relativo ao sistema tributário estende-se do art. 18 ao art. 26. Não há rol de limitações constitucionais ao poder de tributar nesses dispositivos. Também no texto de 1969, os princípios tributários da legalidade e da anterioridade incluíam-se no capítulo dos "Direitos e Garantias Individuais" do Título da "Declaração de Direitos". A redação do § 29 do art. 153 dispunha: "Nenhum tributo será exigido ou aumentado sem que a lei o estabeleça, nem cobrado, em cada exercício, sem que a lei o houver instituído ou aumentado esteja em vigor antes do início do exercício financeiro, ressalvados a tarifa alfandegária e a de transporte, o impôsto sôbre produtos industrializados e o imposto lançado por motivo de guerra e demais casos previstos nesta Constituição". A redação do dispositivo foi posteriormente alterada pela Emenda Constitucional n. 8, de 1977.

O texto da Constituição de 1988 traz o rol de garantias individuais do contribuinte, inclusive a legalidade tributária, fora do rol direitos fundamentais do art. 5º. O texto constitucional em vigor é especialmente detalhado em matéria tributária. Traz um capítulo dedicado ao "Sistema Tributário Nacional" (arts. 145 a 162), a partir do Título VI, "Da Tributação e do Orçamento" (arts. 145 a 169), dividido em seis seções, a segunda delas denominada "Das limitações ao poder de tributar" (arts. 150, 151 e 152), na qual se encontram as principais disposições que hoje servem de base para defesa do contribuinte, inclusive a legalidade tributária, erigida pelo Supremo Tribunal Federal à condição de direito fundamental do contribuinte.

3. Direito Internacional

Historicamente, as limitações ao poder de tributar figuram ao lado de garantias individuais dos cidadãos. Afinal, umas e outras têm a mesma natureza: representam uma limitação do poder estatal em defesa do cidadão (contribuinte). Veja-se, por exemplo, a Declaração dos Direitos do Homem e do Cidadão, de 1789, que estabelece no art. 13: "Para a manutenção da força pública e para as despesas de administração é indispensável uma contribuição comum, que deve ser repartida entre os cidadãos de acordo com as suas possibilidades", que enuncia o princípio da capacidade contributiva. É o caso também do art. 14, que prevê o princípio da legalidade tributária, nos seguintes termos: "Todos os cidadãos têm o direito de verificar, por si ou pelos seus representantes, a necessidade da contribuição pública, de consenti-la livremente, de observar o seu emprego e de lhe fixar a repartição, a coleta, a cobrança e a duração".

Como é cediço, o rol de direitos fundamentais do art. 5º não é exaustivo, é aberto. Admite expressamente a possibilidade de sua ampliação tanto pela via das emendas constitucionais quanto pela incorporação de tratados internacionais à ordem jurídica brasileira, inclusive aqueles que versam sobre matéria tributária. O art. 5º, § 2º, prescreve: "Os direitos e garantias expressos nesta Constituição não excluem outros decorrentes do regime e dos princípios por ela adotados, ou dos tratados internacionais em que a República Federativa do Brasil seja parte". O § 3º do mesmo artigo, incluído pela Emenda Constitucional n. 45, de 2004, passou a prever expressamente que os tratados e convenções internacionais sobre direitos humanos "serão equivalentes às emendas constitucionais", desde que aprovados, em cada Casa do Congresso Nacional, em dois turnos, por três quintos dos votos dos respectivos membros. A previsão é de se aplicar também às disposições que versem sobre direitos fundamentais dos contribuintes.

4. Remissões constitucionais e legais

O rol de limitações ao poder de tributar previsto no art. 150 da Constituição não é exaustivo. Não deixa dúvida a esse respeito a redação do *caput* do art. 150, ao dispor que "Sem prejuízo de outras garantias asseguradas ao contribuinte, é vedado (...)". A norma vai ao encontro do que prevê o § 2º do art. 5º, prescreve que "Os direitos e garantias expressos nesta Constituição não excluem outros decorrentes do regime e dos princípios por ela adotados". Os dois comandos constitucionais dialogam. As limitações ao poder de tributar – e os direitos fundamentais do contribuinte – não são apenas as que constam no art. 150: espalham-se por todo o texto constitucional, inclusive no art. 5º.

No que se refere à legalidade, além da previsão do art. 150, I, que trata especificamente da legalidade tributária, outros dispositivos constitucionais estruturam esse princípio na Constituição Federal, como é o caso, por exemplo, dos arts. 5º, II, 21 e 37 da Constituição Federal. Além desses, vale mencionar outros dispositivos constitucionais em que se exige lei específica, como para a hipótese de concessão de benefícios fiscais (art. 150, § 6º), ou lei complementar, como para a criação de novos impostos (art. 154, I) e empréstimos compulsórios (art. 148).

Abaixo da Constituição, o Código Tributário Nacional refere-se também às limitações constitucionais ao poder de tributar, como "Limitações da Competência Tributária", especialmente nos arts. 9º a 15. Antes, no art. 6º, ao dispor sobre competência tributária, o Código prescreve: "Art. 6º A atribuição constitucional de competência tributária compreende a competência legislativa plena, ressalvadas as limitações contidas na Constituição Federal, nas Constituições dos Estados e nas Leis Orgânicas do Distrito Federal e dos Municípios, e observado o disposto nesta Lei".

A legalidade tributária é disciplinada nos arts. 97 a 99 do Código. Ressalvadas as exceções constitucionais, somente a lei pode estabelecer: (1) a instituição de tributos, ou a sua extinção; (2) a majoração de tributos, ou sua redução; (3) a definição do fato gerador da obrigação tributária principal e do seu sujeito passivo; (4) a fixação de alíquota do tributo e da sua base de cálculo; (5) a cominação de penalidades para as ações ou omissões contrárias a seus dispositivos, ou para outras infrações nela definidas; e (6) as hipóteses de exclusão, suspensão e extinção de créditos tributários, ou de dispensa ou redução de penalidades. O § 2º do art. 97, no entanto, afasta a exigência de lei para "a atualização do valor monetário da respectiva base de cálculo", que não se considera como majoração de tributo.

É bom lembrar que o CTN distingue os conceitos de "lei" e "legislação". Na linguagem do Código, "legislação tributária" é conceito mais amplo, que não abarca apenas a lei em sentido estrito. Segundo o art. 96 do Código, "compreende as leis, os tratados e as convenções internacionais, os decretos e as normas complementares que versem, no todo ou em parte, sobre tributos e relações jurídicas a eles pertinentes".

5. Jurisprudência

Diversos julgados do Supremo Tribunal Federal fundamentam-se no art. 150, *caput*, e nos seus diversos incisos. A ADI 939 está entre os que merecem maior destaque, tanto pelo seu objeto, uma emenda constitucional, quanto pelos fundamentos adotados na decisão, que estendeu às limitações constitucionais ao poder de tributar o manto de imutabilidade (irredutibilidade), previsto no art. 60, § 4º, IV, da Constituição Federal de 1988. Foi o primeiro caso no qual o Supremo Tribunal Federal declarou a inconstitucionalidade de uma emenda ao texto constitucional.

A ação foi proposta pela Confederação Nacional dos Trabalhadores do Comércio (CNTC) contra o Imposto sobre Movimentações Financeiras (IPMF), previsto na Emenda Constitucional n. 3, de 17 março de 1993, e instituído pela Lei Complementar n. 77, de 13 de julho de 1993. O art. 2º da Emenda atribuiu à União competência para instituição, por lei complementar, com vigência até 31 de dezembro de 1994, de imposto sobre movimentação ou transmissão de valores e de créditos e direitos de natureza financeira. O tributo foi instituído pela Lei Complementar n. 77/93.

A redação do art. 2º, § 2º, estabelecia, todavia, que ao novo imposto não se aplicavam as disposições do art. 150, III, *b*, e VI, tampouco o disposto no § 5º do art. 153 da Constituição. Em outras palavras, não alcançariam o novo imposto, o IPMF, as seguintes limitações ao poder de tributar: o princípio da anterioridade e as imunidades recíprocas, de templos de qualquer culto, de partidos políticos e suas fundações, de entidades educacionais e de assistência social, bem como de livros, jornais, periódicos e do papel destinado a sua impressão.

Em 15-9-1993, o Supremo Tribunal Federal concedeu a cautelar para suspender, até 31-12-1993, os efeitos do art. 2º, e seus parágrafos, da EC n. 03/93, bem como da Lei Complementar n. 77/93. A mesma orientação foi adotada, na decisão de mérito em 15-12-1993, quando o Tribunal julgou procedente, em parte, a ação, para declarar a inconstitucionalidade da expressão "o art. 150, III, *b*, e VI, nem" contida no § 2º do art. 2º de EC n. 03/93.

Para fundamentar essa decisão e, portanto, declarar a inconstitucionalidade da emenda, o Tribunal reconheceu que o princípio da anterioridade e as imunidades previstas no inciso IV, *b*, *c* e *d* do art. 150 são garantias individuais do contribuinte e, portanto, cláusulas pétreas, na ordem constitucional de 1988. A imunidade prevista no art. 150, VI, *a* (a imunidade recíproca), é exceção, uma vez que está protegida pela hipótese do inciso I do § 4º do art. 60 (forma federativa de Estado), e não pela do inciso IV do mesmo artigo (direitos e garantias individuais).

Tomar a anterioridade e as imunidades tributárias como direitos individuais do contribuinte tinha evidente sentido prático no contexto do julgamento. Significou reconhecer que tais prescrições não podem ser afastadas nem mesmo por força de emenda constitucional, como pretendido pelo art. 2º, § 2º, da Emenda. Assim, o reconhecimento das limitações constitucionais ao poder de tributar como direito do contribuinte representou uma etapa necessária do raciocínio – isto é, da *ratio decidendi* –, que conduziu à declaração de inconstitucionalidade da EC n. 03/93.

É importante também destacar, do mesmo julgamento, a relação entre as imunidades – das entidades sindicais, dos templos, dos partidos políticos, das instituições de educação e assistência social e dos livros – e os valores que lhe são subjacentes – liberdade de associação, liberdade de consciência e liberdade de manifestação do pensamento. Por isso, suprimi-las acabaria por comprometer os "valores em função dos quais essa prerrogativa de índole tributária foi conferida", aduz o Ministro Celso de Mello em seu voto.

A orientação firmada nesse julgamento – de que as vedações previstas no art. 150 da Constituição conferem direitos fundamentais aos contribuintes – influenciou decisivamente a jurisprudência do Supremo Tribunal Federal e foi, posteriormente, aplicada em outros casos decididos pela Corte. Citem-se, como exemplo, o Recurso Extraordinário 587.008, de relatoria do Ministro Dias Toffoli, julgado em 6-5-2011, e a Medida Cautelar na Ação Direta de Inconstitucionalidade n. 4.661, de relatoria do Ministro Marco Aurélio, julgada em 20-10-2011.

É longa a lista de julgados do STF que se refere à legalidade tributária. O Tribunal há muito já assentou a orientação no sentido da inconstitucionalidade de leis tributárias que não definem suficientemente os critérios ou elementos necessários à incidência tributária. Nessa linha, julgou inconstitucional "o art. 1º da Lei n. 9.960/2000, que instituiu a Taxa de Serviços Administrativos (TSA) [em favor da Superintendência da Zona Franca de Manaus – Suframa], por não definir de forma específica o fato gerador da exação" (ARE 957.650 RG, rel. Min. Teori Zavascki, j. 5-5-2016, Tribunal Pleno, Tema 891).

Todos os critérios atinentes à regra do tributo devem ser veiculados por lei. "Respeita o princípio da legalidade a lei que disciplina os elementos essenciais determinantes para o reconhecimento da contribuição de interesse de categoria econômica como tal e deixa um espaço de complementação para o regulamento. A lei autorizadora, em todo caso, deve ser legitimamente justificada e o diálogo com o regulamento deve-se dar em termos de subordinação, desenvolvimento e complementariedade" (RE 704.292, rel. Min. Dias Toffoli, Tribunal Pleno, julgado em 19-10-2016).

Na orientação tradicional do STF, não se admitia sequer o aumento *per relationem*, atrelando-se a alíquota do imposto outro ato normativo, a fim de promover aumentos automáticos. Nesse sentido, o Tribunal já julgou inconstitucional lei pernambucana que atrelava a alíquota do imposto sobre transmissão *causa mortis* e doação, de quaisquer bens ou direitos, à resolução do Senado Federal que lhe fixa o patamar máximo (RE 218.182, rel. Min. Moreira Alves, Primeira Turma, julgado em 23-3-1999).

A mesma linha de entendimento aplica-se também aos casos de majoração de tributo, que também não prescinde de lei. A simples atualização do valor monetário é admitida por ato infralegal, desde que observado os índices oficiais de correção aplicáveis. "É inconstitucional a majoração do IPTU sem edição de lei em sentido formal, vedada a atualização, por ato do Executivo, em percentual superior aos índices oficiais" (RE 648.245, rel. Min. Gilmar Mendes, j. 1º-8-2013, P, *DJe* de 24-2-2014, Tema 211). No mesmo sentido, afirmando que a simples atualização monetária que não se confunde com majoração do tributo: RE 200.844 AgR, rel. Min. Celso de Mello, j. 25-6-2002, Segunda Turma, *DJ* de 16-8-2002, e AI 626.759 AgR, rel. Min. Cármen Lúcia, j. 30-6-2009, Primeira Turma, *DJe* de 21-8-2009.

Em relação à Taxa Siscomex, prevista no art. 3º da Lei n. 9.716, de 1998, cobrada nas importações brasileiras, questionou-se aumento realizado por ato infralegal, Portaria do Ministério da Fazenda n. 257, de 2011, e Instrução Normativa da Receita Federal do Brasil n. 1.158, de 24 de maio de 2011. O argumento era de que o aumento seria abusivo e em desconformidade com o princípio da legalidade tributária.

O STF adotou solução intermediária, não considerou inconstitucional a delegação constante do art. 3º, § 2º, da Lei n. 9.716, que delegou ao Ministério da Fazenda a competência para reajustar a taxa, mas decidiu que o aumento era inconstitucional na medida em que não se baseava em índices oficiais de reajuste, nos seguintes termos: "A inconstitucionalidade de majoração excessiva de taxa tributária fixada em ato infralegal a partir de delegação legislativa defeituosa não conduz à invalidade do tributo nem impede que o Poder Executivo atualize os valores previamente fixados em lei de acordo com percentual não superior aos índices oficiais de correção monetária". A decisão foi em repercussão geral e sem modulação de efeitos (RE 1.258.934, Tema 1085 de Repercussão Geral).

Então foram editados novos atos normativos fixando os valores nos lindes determinados pela decisão da Corte Suprema: Portaria ME n. 4.131, de 2021, e Instrução Normativa n. 2.024, de 2021.

Por sua vez, segundo a jurisprudência do STF, aspectos menores da relação fisco-contribuinte, que não integram a regra-matriz de incidência tributária – i.e. não dizem respeito a definição do fato gerador nem da obrigação tributária – prescindem da edição de lei em sentido formal. É o caso, por exemplo, a fixação da data do recolhimento de imposto (AI 339.528 AgR, rel. min. Ilmar Galvão, j. 20-11-2001, 1ª T., *DJ* de 22-2-2002). Já os que dizem respeito a regra-matriz do tributo só podem ser estabelecidos por lei, vedada a delegação.

Veja-se, por exemplo: "É inconstitucional, por ofensa ao princípio da legalidade tributária, lei que delega aos conselhos de fiscalização de profissões regulamentadas a competência de fixar ou majorar, sem parâmetro legal, o valor das contribuições de interesse das categorias profissionais e econômicas, usualmente cobradas sob o título de anuidades, vedada, ademais, a atualização desse valor pelos conselhos em percentual superior aos índices legalmente previstos" (RE 704.292, voto do rel. Min. Dias Toffoli, j. 19-10-2016, P, *DJe* de 3-8-2017, Tema 540, com mérito julgado).

Assim em julgamentos recentes, o entendimento do STF parece caminhar no sentido de relativizar ou mitigar a exigência de lei em sentido formal tanto para admitir que a regra tributária seja complementada por elementos estabelecidos pelo Poder Executivo quanto para aceitar verdadeiras hipóteses de delegações do Legislador ao Executivo para fixação da carga tributária.

No julgamento do RE 343.446, de relatoria do Ministro Carlos Velloso, o Tribunal reconheceu a constitucionalidade da Contribuição para o custeio do Seguro de Acidente do Trabalho – SAT (Lei n. 7.787/89, art. 3º, II; Lei n. 8.212/91, art. 22, II), ao fundamento de que as leis "definem, satisfatoriamente, todos os elementos capazes de fazer nascer a obrigação tributária válida. O fato de a lei deixar para o regulamento a complementação dos conceitos de "atividade preponderante" e "grau de risco leve, médio e grave", não implica ofensa ao princípio da legalidade genérica" (RE 343.446, rel. Min. Carlos Velloso, Tribunal Pleno, julgado em 20-3-2003).

No caso, estava em debate a graduação do valor a ser pago a título de contribuição, prevista no art. 22 da Lei n. 8.212, era graduado em função do grau de riscos ambientais do trabalho, sendo a alíquota aplicável de 1% para as empresas em cuja atividade preponderante o risco de acidentes do trabalho seja considerado leve; 2% para as empresas em cuja atividade preponderante esse risco seja considerado médio; ou 3% para as empresas em cuja atividade preponderante esse risco seja considerado grave. O Tribunal considerou que não haveria ofensa à legalidade porque o ato infralegal não estaria propriamente definindo elemento essencial da regra tributária, mas apenas complementando a lei.

Dessa forma verifica-se em julgamentos mais recentes que a jurisprudência do STF caminha no sentido de flexibilizar o princípio da legalidade tributária, relativizando a exigência de lei para instituição e majoração, ao admitir a constitucionalidade de fórmulas legislativas que delegam ao Poder Executivo a escolha da alíquota aplicável, dentro da faixa fixada pelo Legislador.

No julgamento da ADI 4.697, de relatoria do Min. Edson Fachin, o STF reputou constitucional a Lei n. 12.514, de 2011, que dispõe sobre os valores devidos a conselhos profissionais, a título de anuidade. O Tribunal entendeu válida disposição legal que atribuiu aos conselhos profissionais da fixação do valor exato das anuidades devidas, observados apenas os limites máximos – tetos – previstos na referida lei.

Segundo o entendimento assentando pelo Plenário, "Não ocorre violação ao princípio da reserva legal, uma vez que o diploma impugnado é justamente a lei em sentido formal que disciplina a matéria referente à instituição das contribuições sociais de interesse profissional para aqueles conselhos previstos no art. 3º da Lei n. 12.514/2011". Consta também da ementa: "No tocante à legalidade tributária estrita, reputa-se ser adequada e suficiente a determinação do mandamento tributário no bojo da lei impugnada, por meio da fixação de tetos aos critérios materiais das hipóteses de incidência das contribuições profissionais, à luz da chave analítica formada pelas categorias da praticabilidade e da parafiscalidade" (ADI 4.697, rel. Min. Edson Fachin, Tribunal Pleno, julgado em 6-10-2016).

Na ADI 5.277, de relatoria do Min. Dias Toffoli, julgada em 10-12-2020, o Tribunal, reconheceu a validade dos parágrafos 8º a 11 do art. 5º da Lei n. 9.718/98, incluídos pela Lei n. 11.727/2008. Os dispositivos referem às alíquotas aplicáveis à contribuição para o PIS/Pasep e a Cofins incidentes sobre a receita bruta auferida na venda de álcool, inclusive para fins carburantes. O § 8º, em especial, autoriza o Poder Executivo a "fixar coeficientes para redução das alíquotas" ali previstas, "as quais poderão ser alteradas, para mais ou para menos, em relação a classe de produtores, produtos ou sua utilização".

Segundo a decisão, a "lei estabeleceu os tetos e as condições a serem observados pelo Poder Executivo. Ademais, a medida em tela está intimamente conectada à otimização da função extrafiscal presente nas exações em questão. Verifica-se, ainda, que o diálogo entre a lei tributária e o regulamento se dá em termos de subordinação, desenvolvimento e complementariedade". Admitiu-se, assim, a majoração da contribuição ao PIS/Pasep ou da Cofins por meio de decreto autorizado, desde que observado a anterioridade nonagesimal (art. 195, § 6º, c/c art. 150, III, c).

O mesmo entendimento também foi adotado no julgamento do RE 1.043.313, de relatoria do Min. Dias Toffoli, Tribunal Pleno, julgado em 10-12-2020, Tema 939 da sistemática de repercussão geral. No caso, discutia-se a validade do § 2º do art. 27 da Lei n. 10.865/2004, que permite ao Poder Executivo reduzir e restabelecer alíquotas da contribuição ao PIS/PASEP e da COFINS incidentes sobre as receitas financeiras auferidas pelas pessoas jurídicas sujeitas ao regime de não cumulatividade das referidas contribuições.

A decisão foi no sentido da validade da delegação estabelecida no dispositivo, ao fundamento de que, segundo se lê na ementa do julgado, "A observância do princípio da legalidade tributária é verificada de acordo com cada espécie tributária e à luz de cada caso concreto". Como requisitos para a delegação legislativa, o Tribunal aponta "Para que a lei autorize o Poder Executivo a reduzir e restabelecer as alíquotas da contribuição ao PIS/Pasep e da Cofins, é imprescindível que o valor máximo dessas exações e as condições a serem observadas sejam prescritos em lei em sentido estrito, bem como exista em tais tributos função extrafiscal a ser desenvolvida pelo regulamento autorizado".

Em concreto, no que se refere ao § 2º do art. 27 da Lei n. 10.865/2004, "Além da fixação de tetos, houve, na lei, o estabelecimento das condições para que o Poder Executivo possa alterar essas alíquotas. Ademais, a medida em tela está intimamente conectada à otimização da função extrafiscal presente nas exações em questão. Verifica-se, ainda, que o diálogo entre a lei tributária e o regulamento se dá em termos de subordinação, desenvolvimento e complementariedade".

A tese fixada na sistemática de repercussão geral foi esta: "É constitucional a flexibilização da legalidade tributária constante do § 2º do art. 27 da Lei n. 10.865/2004, no que permitiu ao Poder Executivo, prevendo as condições e fixando os tetos, reduzir e restabelecer as alíquotas da contribuição ao PIS e da COFINS incidentes sobre as receitas financeiras auferidas por pessoas jurídicas sujeitas ao regime não cumulativo, estando presente o desenvolvimento de função extrafiscal" (RE 1.043.313, rel. Min. Dias Toffoli, Tribunal Pleno, julgado em 10-12-2020).

6. Referências bibliográficas

ÁVILA, Humberto. Estatuto do Contribuinte: conteúdo e alcance. *Revista Eletrônica de Direito Administrativo Econômico* (REDAE). Salvador: Instituto Brasileiro de Direito Público, n. 12, novembro/dezembro/janeiro, 2008.

BALEEIRO, Aliomar. *Limitações constitucionais ao poder de tributar*. 7ª ed. Atual. por Misabel Abreu Machado Derzi. Rio de Janeiro: Forense, 2005.

BRANCO, Paulo Gonet; MEIRA, Liziane A.; CORREIA NETO, Celso de Barros. *Tributação e direitos fundamentais* – Conforme a jurisprudência do STF e do STJ. São Paulo: Saraiva, 2012.

CORREIA NETO, Celso de Barros. *Os impostos e o Estado de Direito*. São Paulo: Almedina, 2017.

LIMA NETO, Manoel Cavalcante de. *Direitos fundamentais dos contribuintes*. Recife: Nossa Livraria, 2005.

MACHADO, Hugo de Brito. *Direitos fundamentais do contribuinte e a efetividade da jurisdição*. São Paulo: Atlas, 2009.

NABAIS, José Casalta. *O dever fundamental de pagar impostos*. Coimbra: Almedina, 2004.

OLIVEIRA, Gustavo da Gama Vital de. *Cláusulas pétreas financeiras e tributárias*. Rio de Janeiro: Gramma, 2019.

RIBEIRO, Ricardo Lodi. As Cláusulas Pétreas Tributárias. *Revista de Direito do Estado* (RDE), v. 21, p. 625-647, 2011.

7. Comentários

O art. 150 traz o rol não exaustivo das chamadas "limitações ao poder de tributar", expressão que compreende essencialmente imunidades e princípios. Com algum esforço de simplificação, é possível afirmar que essas "limitações" dão forma à competência tributária (demarcam). Estabelecem os casos em que não podem ser exercidas – isto é, as imunidades – e o modo, a forma, o procedimento, a intensidade e o momento do seu exercício – isto é, os princípios. As imunidades compõem a definição da competência tributária, indicando situações em que não pode ser exercida. São, grosso modo, normas de *incompetência*. Os princípios, por sua vez, regulam a maneira como essa competência, o poder legiferante concedidos aos entes federativos, pode ser exercida: a forma (lei), a intensidade, (não confisco), o momento (não para fatos anteriores, não no mesmo exercício e não antes de noventa dias) etc.

Do ponto de vista do contribuinte, tais limitações atribuem direitos subjetivos e configuram garantias individuais e foram erigidas à condição de cláusula pétrea por força do disposto no art. 60, § 4º, IV, da Constituição Federal. Em se tratando da imunidade recíproca, o fundamento estaria no art. 60, § 4º, I, da Constituição Federal, que se refere à forma federativa do Estado, embora não nos pareça desproposital afirmar a existência de um direito subjetivo em favor do contribuinte, ainda que como direito reflexo, também nessa hipótese.

A falta de uma menção textual na Constituição de 1988 a "direitos fundamentais dos contribuintes" não impediu que o tema ganhasse cada vez mais espaço no discurso jurídico contemporâneo, tanto na literatura jurídica quanto nas decisões judiciais, extraindo das tradicionais limitações constitucionais ao poder de tributar verdadeiros direitos subjetivos em favor do cidadão. A tendência de aproximação entre estes dois discursos – o dos direitos fundamentais e o do Direito Tributário – é relativamente recente e parece encontrar sua razão na centralidade do discurso dos direitos humanos no contexto jurídico atual, bem como na maneira como eles, em maior ou menor grau, irradiam seus efeitos por todo o ordenamento jurídico e influenciam o modo de interpretar e aplicar toda e qualquer norma jurídica.

Posicionando-se como conceito central do ordenamento jurídico, os direitos fundamentais operam verdadeiro deslocamento no Direito Público. Vale dizer, se antes se via o direito essencialmente a partir do Estado, a sedimentação do discurso dos direitos fundamentais, muda o ponto de vista. Tem-se o direito, seja ele público ou privado, pensado do ponto de vista do cidadão, como protagonista, titular de direitos contra o Poder Público.

Tal mudança de perspectiva abarca também a tributação. Em vez de apenas "limitações constitucionais ao poder de tributar", torna-se cada vez mais frequente da expressão "direitos fundamentais dos contribuintes". Em lugar de se tomar a norma constitucional simplesmente do ponto de vista do Estado, representada como limite (ao poder de tributar), passa-se a enxergá-la da perspectiva do contribuinte, a quem confere direitos.

Não afirmarmos, é claro, que ambas as expressões – "limitações ao poder de tributar" e "direitos fundamentais do contribuinte" – tenham significado e alcance idênticos. Certamente não têm. Nem todas as limitações constitucionais ao poder de tributar têm como fundamento a proteção do contribuinte. A imunidade recíproca, por exemplo, está fundamentada no princípio federativo, não se destina propriamente ao cidadão-contribuinte, como visto. Ademais, há direitos do contribuinte que resultam simplesmente da aplicação das disposições do art. 5º da Constituição em matéria fiscal, como direitos do cidadão-contribuinte – por exemplo, a inviolabilidade de domicílio (fiscal) –, e não decorrem das vedações do art. 150 do texto constitucional. Ou seja, não seriam, ao menos originariamente, limitações ao poder de tributar no sentido tradicional dessa expressão.

De toda sorte, a comparação entre as duas expressões – "limites" e "direitos" – serve para destacar essa mudança de enfoque, que chama a atenção para a posição do contribuinte e sobretudo para a importância do respeito aos seus direitos e garantias individuais em matéria fiscal.

7.1. Direitos fundamentais do contribuinte

A mudança de enfoque e a ênfase no chamado "Estatuto do Contribuinte" não têm apenas valor simbólico. Trazem implicações essencialmente práticas, no plano da eficácia jurídica, e parecem ter relação estreita com a evolução operada no sistema tributário nas últimas décadas.

No caso do Brasil, é provável que, pelo menos, três razões tenham influenciado essa mudança de atitude: (1) o movimento de "publicização", de afirmação dos direitos fundamentais e de "constitucionalização" de todo o Direito e também do Direito Tributário; (2) o intento de renovação e reforço do discurso das limitações ao poder de tributar, em face do crescimento da carga tributária, especialmente a partir da década de 1990; e (3) as variadas mudanças operadas no texto constitucional em matéria tributária, que levaram os contribuintes a se utilizar do único parâmetro material admissível para enfrentá-las: a violação às cláusulas pétreas, especialmente as do inciso IV, § 4º, do art. 60, da Constituição ("os direitos e garantias individuais").

A atenção conferida às relações entre direitos fundamentais e legislação tributária ganha destaque no contexto de reafirmação do valor e da força das normas constitucionais que se opera no Brasil, mormente após a promulgação da Constituição Federal de 1988. Como é cediço, a constituinte de 1988 caracteriza-se como culminância do processo democrático, interrompido em 1964, e pela reconstrução e expansão das garantias do cidadão, assinalados como a pedra de toque não só do ordenamento constitucional como também de todo o sistema jurídico. Daí em diante, o desafio central do direito público está não mais propriamente na declaração dos direitos, mas em assegurar meios de lhes conferir efetividade.

A ideia de "publicização" e constitucionalização a que nos referimos, obviamente, não se limita à positivação constitucional, isto é, à inserção no próprio texto da Constituição de novos direitos, novos programas e de outras funções para o Poder Público. Diz também com a atitude do intérprete/aplicador diante do texto constitucional, que procura conferir-lhe a máxima eficácia possível – inclusive por meio da intervenção do Poder Judiciário, quando preciso –, e com a influência que o texto constitucional irradia por todos os setores do ordenamento jurídico. Nesse sentido, a aproximação entre o capítulo dos direitos fundamentais e o dos tributos é inevitável, seja pelo fato de que a centralidade do discurso dos direitos humanos afeta todos os seguimentos do discurso jurídico, seja pelo ganho de eficácia que implica em relação às normas protetivas do contribuinte contra o fisco.

No plano do discurso político, o efeito de sentido que se obtém pelo uso da expressão "direitos fundamentais" ou "direitos humanos" não é idêntico ao que se observa no uso da expressão "limites", "limitações" ou "restrições" ao poder de tributar. Ainda que o fundamento constitucional possa ser exatamente o mesmo dispositivo, violar um "direito fundamental do contribuinte" apresenta-se como algo mais grave do que afrontar uma "limitação" à competência tributária.

Demais disso, a afirmação dos direitos e garantias individuais em matéria tributária implica reforçar as restrições impostas pelo constituinte ao legislador, no que se refere ao exercício da competência tributária, na medida lhes confere outro *status* jurídico. Eleva as limitações ao poder de tributar à categoria de norma, hierárquica e axiologicamente, mais importante do ordenamento jurídico, protegida pelo manto da imutabilidade, nos termos do art. 60, § 4º, IV, da Constituição.

Há, portanto, também ganho em termos de eficácia jurídica na passagem das limitações ao poder de tributar aos direitos fundamentais do contribuinte, que se mostrou especialmente importante no correr das duas décadas que sucedem à promulgação da Constituição de 1988, período marcado pela majoração da carga fiscal, notadamente por meio dos tributos de destinação constitucional vinculada, as contribuições sociais. Em outras palavras, à medida que se elevaram os tributos cobrados e aperfeiçoaram-se os mecanismos de fiscalização, aumentaram também a resistência do contribuinte e o desejo de exonerar-se, no todo ou em parte, da carga fiscal que sobre si recaía.

Além disso, há outro aspecto a considerar. O incremento da carga fiscal, no Brasil, nos anos que se seguiram à promulgação da Constituição, demandou diversas reformas – ainda que parciais e insuficientes – no sistema tributário brasileiro, muitas delas por meio de emendas constitucionais. Mudou-se a Constituição para criar novos tributos, como o Imposto Provisório sobre Movimentação Financeira (IPMF), pela Emenda Constitucional n. 3/93, a Contribuição Provisória sobre Movimentação Financeira (CPMF), pela Emenda Constitucional n. 12/96 e, anos mais tarde, a Contribuição para o Custeio do Serviço de Iluminação Pública (CONSIP), pela Emenda Constitucional n. 39/2002. Foram também ampliadas competências tributárias já estabelecidas, como no caso da alteração procedida no art. 195 pela EC n. 20/98, para o fim de ampliar a base de cálculo da contribuição para a seguridade social ali disciplinada.

Nesse quadro, a violação de cláusulas pétreas era o argumento – e o parâmetro – que restava ao contribuinte para questionar a validade das novas exações impostas com fundamento em emendas constitucionais. Pode-se dizer, então, que a elevação das limitações ao poder de tributar ao patamar de direitos fundamentais do contribuinte e, por conseguinte, de cláusulas pétreas na ordem constitucional de 1988 justificou-se mais por razões práticas do que por elucubrações teóricas. Ganhou espaço diante da urgência de se discutir a validade de normas introduzidas no sistema tributário nacional por força de emendas constitucionais.

7.2. Dos limites ao poder aos direitos do contribuinte

Como se sabe, os direitos fundamentais não são apenas aqueles listados no art. 5º da Constituição Federal. O catálogo é aberto. Existem outros no texto constitucional e há permissão para que novos sejam incorporados. A disposição do § 2º do art. 5º não deixa dúvidas a esse respeito. Nesse quadro normativo, haveria, então, pelo menos, dois fundamentos para os direitos e garantias do contribuinte na Constituição Federal de 1988: (1) os que decorrem da aplicação, no campo tributário, dos direitos fundamentais genéricos, previstos no texto constitucional, principalmente no art. 5º da Constituição e (2) os que resultam de limitações constitucionais ao poder de tributar. No primeiro grupo, incluem-se, por exemplo, o sigilo fiscal (art. 5º, XII) e a inviolabilidade de domicílio (art. 5º, XIII), por exemplo, e, no segundo, a proibição do confisco (art. 150, IV) e a anterioridade (art. 150, III, *b*).

A classificação vem aqui a título ilustrativo. Não é rigorosa. A bem da verdade, mesmo os direitos fundamentais do contribuinte, que se baseiam em disposições específicas do sistema tributário, não raro podem ser tomados como especificações de outros já previstos no texto constitucional. Isonomia e legalidade *e.g.* têm previsão genérica na Constituição (art. 5º, *caput*, e incisos I e II) e específica no campo tributário (art. 150, II e I, entre outros). Em outros casos, a norma tributária constitucional assume a forma de meio ou garantia a serviço de um direito previsto fora do capítulo tributário: por exemplo, a imunidade dos templos religiosos (art. 150, VI, *b*) em relação à liberdade de culto (art. 5º, VI) ou a imunidade do livro em relação à liberdade de expressão (art. 5º, IX) e ao direito à cultura (art. 215).

Ainda que não seja precisa, essa forma de apresentar o tema é importante para mostrar que a influência dos direitos fundamentais em matéria de tributação não se reduz à função de limite à legislação tributária. A relação entre direitos e tributos é mais ampla e pode assumir diferentes contornos. Há, pelo menos, três interfaces possíveis entre direitos fundamentais e tributos, considerando a aplicação da legislação tributária e a efetivação dos direitos envolvidos. São elas: (1) os direitos fundamentais como limites à cobrança de tributos e à edição de normas tributárias; (2) a tributação como fonte de recursos para custeio de políticas públicas voltada à implementação de direitos fundamentais e (3) as normas tributárias como instrumentos extrafiscais de efetivação de direitos fundamentais.

A primeira interface toma os direitos fundamentais como típicos direitos de defesa. Essa abordagem refere-se especialmente aos ditos direitos de primeira geração ou dimensão, isto é, aqueles que se identificam com as liberdades públicas e impõem fundamentalmente limites negativos à atuação estatal. É o caso, por exemplo, da legalidade, da anterioridade (segurança jurídica) e do não confisco, utilizados pelo contribuinte contra a exigência de tributo indevido, extemporâneo ou desproporcional.

Entender certos direitos fundamentais como direitos do contribuinte é a forma mais usual de relacioná-los com o sistema tributário. Nessa acepção, os direitos fundamentais do contribuinte podem ser descritos essencialmente como direitos de defesa, isto é, garantias do Cidadão-Contribuinte, pessoa física ou jurídica, contra o Estado-Fisco, destinados a assegurar-lhe espaço à margem da intervenção estatal. Operam, assim, como normas de competência negativa e impõem ao Poder Público obrigações de abstenção. Seus fundamentos encontram-se nas disposições que formam o sistema tributário nacional, no rol do art. 5º, e espalham-se por todo o texto constitucional, especialmente nas disposições dos arts. 150 a 152 da Constituição Federal.

As vedações previstas nos arts. 150 a 152 da Constituição, ao mesmo tempo em que estabelecem limites à competência impositiva estatal, resguardam a esfera da autonomia individual do cidadão (função defensiva). Ou seja, conferem a todos os contribuintes – ou a algumas categorias em especial – típicos direitos de defesa. Tais disposições *e.g.* garantem ao contribuinte que a cobrança de tributos não lhe tolha a liberdade, não se dê sem lei, não lhe confisque o patrimônio, não afete o mínimo necessário à subsistência e não se faça senão a partir do próximo exercício financeiro, nem antes de decorridos noventa dias.

A segunda forma de relacionamento a que nos referimos é a que enxerga nas normas tributárias meios de financiamento –

fonte de custeio – de medidas voltadas à efetivação de direitos fundamentais. Nessa hipótese, já não se trata de opor vedações ao Estado nem de impor abstenções. O tributo é instrumento de financiamento da ação estatal voltada à realização dos direitos fundamentais.

A bem da verdade, essa relação ocorre de forma indireta. Dá-se pelo gasto público, não pela norma tributária em si. Ou seja, os recursos públicos arrecadados por meio do sistema tributário são, ao depois, direcionados pelo orçamento para o financiamento de diversas formas. Sob esse viés, cabe considerar a vinculação entre direitos e seus custos, seja de forma genérica, no dever geral de pagar impostos, seja de forma específica, nas formas de vinculação de receitas tributárias previstas na legislação em vigor. A efetivação dos direitos do homem – todos eles, qualquer que seja sua geração ou natureza (defesa, participação ou prestação) – tem custos econômicos, e a cobrança de tributos é a principal forma de obtenção dos recursos necessários para supri-los. Mesmo as liberdades públicas, o direito de votar e o direito de ir e vir, por exemplo, demandam prestações públicas e exigem o estabelecimento de um aparato institucional para que possam ser exercidos e assegurados.

Ganham especial destaque, nesse contexto, os ditos direitos de segunda geração/dimensão, como saúde, educação, previdência e assistência social, que demandam prestações positivas por parte do Poder Público, em geral, bastante dispendiosas. Para financiá-los, a Constituição Federal de 1988 (art. 149) estabeleceu tributos específicos que se caracterizam pela destinação vinculada de sua arrecadação. É o caso do art. 195 da Constituição Federal, que prescreve que a seguridade social será financiada por meio de contribuições sociais, deixando clara a relação entre os direitos que compõem o conceito de seguridade social – saúde, assistência e previdência – e o tributo encarregado de financiá-los, as contribuições.

A terceira possibilidade a que nos referimos é a que diz respeito às próprias normas tributárias como instrumentos para efetivação de direitos fundamentais, notadamente os ditos de terceira geração/dimensão. Nessa acepção, já não há confronto entre tributos e direitos fundamentais, tampouco a tributação serve apenas como meio de financiamento. A legislação tributária, na verdade, contribui diretamente para a concretização dos direitos fundamentais, tomados agora como objetivos a serem perseguidos. A título de exemplo, cite-se o uso de "normas tributárias indutoras" – na forma de agravamentos ou desonerações – voltadas à proteção do meio ambiente (art. 225 da Constituição).

7.3. Legalidade tributária

A legalidade é um princípio estruturante do direito tributário e, pode-se dizer, da própria noção de Estado de Direito. A exigência de lei, como pressupostos para cobrança de tributos, traz consigo diferentes dimensões ou significados que devem ser considerados.

O primeiro deles tem relação com a ideia de legitimidade da tributação calcada no consentimento dos contribuintes. Vale dizer: o tributo há de ser consentido pelo povo para ser cobrado. A aceitação, que no regime representativo ganha forma do consentimento expresso pelos parlamentos, está no fundamento da legalidade e remonta à Idade Média. A cobrança de impostos só é legítima se aceita pelos contribuintes. Existe, portanto, detrás da legalidade a ideia de autotributação.

No quadro institucional vigente, dizer que os tributos só se instituem por lei também indica o órgão – *sujeito* – a quem cabe decidir sobre a matéria. Não é do Poder Executivo, mas do Parlamento a competência para deliberar sobre criação, majoração e redução dos tributos. Em outras palavras, o tributo é ato legislativo, aprovado pelo Parlamento: Câmara de Vereadores, Assembleia Legislativa e Congresso Nacional.

A adoção do instrumento da *lei* evoca também forma e ritos que devem ser respeitados. Não basta qualquer ato do Poder Legislativo – é preciso *lei*. O instrumento normativo necessário à veiculação de tributos deve ser aprovado pelo Poder Legislativo – nas duas Casas do Congresso Nacional (art. 65), em se tratando de tributos federais – e submete-se à sanção do Chefe do Executivo (art. 66).

Do ponto de vista do contribuinte, a legalidade representa uma garantia individual para o contribuinte e, por conseguinte, um limite à administração. Não pode o fisco exigir nenhuma prestação pecuniária, à guisa de tributo, senão aquela que a lei fixa. O contribuinte tem o dever direito de pagar apenas o tributo que a lei determina. Trata-se de uma garantia individual que não pode ser afastada nem mesmo por emenda constitucional, em razão da disposição prevista no art. 60, § 4º, IV, da Constituição Federal, como vimos.

Diversos dispositivos constitucionais servem de base para a legalidade na Constituição Federal, tais como os arts. 5º, II, 21 e 37 da Constituição Federal. No art. 150, I, da Constituição Federal, veda-se a exigência e aumento de tributo sem lei que o estabeleça. O texto constitucional do art. 150, I, menciona "exigir" e "aumentar", mas rigorosamente não é apenas disso que se trata. Todos os elementos da regra-matriz de incidência tributária – isto é, da norma que institui o tributo – devem estar previstos em lei em sentido formal.

No entanto, é bom lembrar que mesmo a exigência de lei para os elementos essenciais da regra tributária conta com exceções previstas na própria Constituição à exigência de lei. É o caso do art. 153, § 1º, da Constituição, que faculta ao Poder Executivo, atendidas as condições e os limites estabelecidos em lei, alterar as alíquotas dos impostos de importação (II), exportação (IE), sobre produtos industrializados (IPI) e sobre operações de crédito, câmbio e seguro, ou relativas a títulos ou valores mobiliários (IOF).

Também entre as exceções está a contribuição de intervenção no domínio econômico de que trata o art. 177, § 4º, da Constituição, isto é, a CIDE relativa às atividades de importação ou comercialização de petróleo e seus derivados, gás natural e seus derivados e álcool combustível. De acordo com o art. 177, § 4º, I, b, a alíquota da referida contribuição poderá ser "reduzida e restabelecida por ato do Poder Executivo".

Há ainda o caso do ICMS. O art. 155, § 4º, incluído pela EC n. 33/2001, permite que as alíquotas do ICMS monofásico incidente sobre combustíveis sejam definidas mediante deliberação dos Estados e Distrito Federal, nos termos do § 2º, XII, g, ou seja no âmbito do Conselho Nacional de Política Fazendária.

Afirmar que a legalidade impõe a adoção do instrumento formal da lei como forma jurídica para instituição de tributos significa que todos os elementos essenciais da exação devem ser fixados pelo legislador, o que inclui todos os elementos ou critérios atinentes ao fato gerador e à relação jurídico-tributária. Em outras palavras, ressalvados os casos previstos na Constituição Federal, todos os critérios da regra-matriz de incidência tributária devem estar previstos na lei. Os demais podem ser relegados ao plano infralegal, como é o caso do prazo para pagamento do tributo.

Há neste ponto um debate importante. O que dizer das regras tributárias que exigem complementos ou incluem conceitos com considerável grau de indeterminação? Com alguma simplificação didática, parece correto afirmar que a regra do tributo não pode ser completada por elementos infralegais, a não ser nos casos em que a Constituição assim o permitiu. Deve estar completa no nível da lei. Pode, no entanto, ser complementada por instrumentos normativos de hierarquia inferior. Sim, porque não raro é impossível fixar de antemão, por ato legislativo, todos os pormenores necessários a exigência do tributo. O que não se pode admitir, por outro lado, é a delegação pura e simples para o Poder Legislativo de critérios que deveriam estar previstos em lei.

Como vimos, o STF admitiu a validade de lei tributária que atribuiu a ato infralegal a complementação de conceito utilizado como critério para quantificação de tributo (RE 343.446, rel. Min. Carlos Velloso, 4-4-2003). Em outros julgados, o Tribunal foi mais adiante e reconheceu a constitucionalidade de leis que promoveram verdadeira delegação legislativa em favor do Poder Executivo, lançando mão de fórmulas que autorizam o Poder Executivo a fixar o valor devido pelo contribuinte, observando limites máximos previstos em lei, ou que autorizam o Poder Executivo reduzir e reestabelecer a alíquota de tributo.

O caminho adotado para afastar ou atenuar a exigência de lei prevista no art. 150, I, da Constituição Federal, nos julgados mais recentes, vale-se das noções de extrafiscalidade e parafiscalidade e das diferenças entre as espécies tributárias para diferenciar a eficácia e o alcance da legalidade. Passou-se a admitir delegações legislativas para fixação de alíquotas, observados tetos, critérios ou parâmetros estabelecidos na lei.

Não consta no texto constitucional uma legalidade para os impostos e outra para as contribuições ou taxas. A norma do art. 150, I, veda "exigir ou aumentar *tributo* sem lei que o estabeleça". O texto menciona tributo como gênero, o que abarca todas as suas espécies. Tampouco a norma constitucional estabelece, quanto à legalidade, tratamento diferenciado para as hipóteses de extrafiscalidade e parafiscalidade. Os tributos ditos *extrafiscais* contam com regime diferenciado quanto à legalidade – por exemplo, II IE, IPI e IOF – na própria Constituição. Não é dado ao legislador criar outras exceções. Extrafiscalidade e parafiscalidade não afastam o regime tributário.

Por outro lado, não representam formas de majoração de tributo medidas voltadas à simples atualização do valor monetário. É o que determina expressamente o art. 97, § 2º, do Código Tributário Nacional. Daí a orientação firmada pelo STF e pelo STJ no sentido de que o Prefeito pode atualizar, por decreto, base de cálculo do IPTU, desde que não exceda os índices inflacionários do período. Vejam a Súmula 160 do STJ.

Exige-se lei também para a redução de tributo. Um ato infralegal não poderia modificar o comando da lei. Um decreto, por exemplo, não poderia contrariar a lei, prevendo outra alíquota, ainda que inferior. Além disso, afora exigir lei para instituir e majorar o tributo, a Constituição traz idêntica exigência para as renúncias fiscais no art. 150, § 6º.

Por lei, para efeitos do art. 150, I, da Constituição entenda-se lei como ato proveniente do Poder Legislativo federal, estadual, distrital ou municipal. A lista de espécies legislativas está prevista no art. 59 da Constituição Federal: (1) emendas à Constituição; (2) leis complementares; (3) leis ordinárias; (4) leis delegadas; (5) medidas provisórias; (6) decretos legislativos; (7) resoluções. Em matéria tributária, o veículo essencial para introdução dos elementos relativos às regras tributárias é a lei ordinária, embora exija-se, em certos casos, lei complementar, como nos novos impostos (art. 154, I), no imposto sobre grandes fortunas (art. 153, VII) e no empréstimo compulsório (art. 148).

As medidas provisórias também se prestam à instituição e à majoração de tributos. A autorização para o uso de medida provisória, no tocante aos impostos, consta expressamente da redação atual do art. 62, § 2º. Naturalmente, o instrumento não será cabível para os tributos para os quais se exige lei complementar, em face da vedação contida no art. 62, § 1º, III, da Constituição.

Art. 150, II – instituir tratamento desigual entre contribuintes que se encontrem em situação equivalente, proibida qualquer distinção em razão de ocupação profissional ou função por eles exercida, independentemente da denominação jurídica dos rendimentos, títulos ou direitos;

Heleno Torres

1. História da norma

O princípio de não discriminação tributária surge pela primeira vez na atual Constituição de 1988. Trata-se de uma norma jurídica que contempla duas disposições autônomas. A primeira, para estabelecer a proibição de tratamento desigual entre contribuintes que se encontrem em situação equivalente, inovadora em todos os seus elementos; e a segunda, para vedar qualquer distinção em razão de ocupação profissional ou função por eles exercida, independentemente da denominação jurídica dos rendimentos, títulos ou direitos, que é uma forma renovada e especializada da vedação geral de privilégios. No primeiro caso, podemos falar do *princípio de não discriminação* propriamente dito, enquanto é o segundo reserva-se como *princípio de vedação de privilégios em matéria tributária*.

2. Constituições brasileiras anteriores

Constituição Política do Império do Brazil de 1824: "Art. 179. (...) XVI. Ficam abolidos todos os Privilegios, que não forem essenciais, e inteiramente ligados aos Cargos, por utilidade publica". Constituição da República dos Estados Unidos do Brasil de 1891: "Art. 72. A Constituição assegura a brasileiros e a estrangeiros residentes no País a inviolabilidade dos direitos concernentes à liberdade, à segurança individual e à propriedade, nos termos seguintes: (...) § 2º Todos são iguais perante a lei. A República não admite privilégios de nascimento, desconhece foros de nobreza e extingue as ordens honoríficas existentes e todas as suas prerrogativas e regalias, bem como os títulos nobiliárquicos e de conselho". Constituição da República dos Estados Unidos do Brasil de 1934: "Art. 113. A Constituição assegura a brasileiros e a estrangeiros residentes no País a inviolabilidade dos direitos concernentes à liberdade, à subsistência, à segurança individual e à propriedade, nos termos seguintes: 1) Todos são iguais perante a lei. Não haverá privilégios, nem distinções, por motivo de nascimento, sexo, raça, profissões próprias ou dos pais, classe social, riqueza, crenças religiosas ou ideias políticas". Constituição dos Estados Unidos do Brasil de 1946: "Art. 95. Salvo as restrições expressas nesta Constituição, os Juízes gozarão das garantias seguintes: (...) III – irredutibilidade dos vencimentos, que, todavia, ficarão sujeitos aos impostos gerais" e "Art. 203. Nenhum imposto gravará diretamente os direitos de autor, nem a remuneração de professores e jornalistas". Constituição da República Federativa do Brasil de 1967: "Art. 22. Compete à União decretar impostos sobre: (...) IV – rendas e proventos de qualquer natureza, salvo ajuda de custo e diárias pagas pelos cofres públicos"; Emenda Constitucional n. 1, de 1969: "Art. 21. Compete à União instituir imposto sobre: (...) IV – renda e proventos de qualquer natureza, salvo ajuda de custo e diárias pagas pelos cofres públicos na forma da lei; Art. 113. Salvo as restrições expressas nesta Constituição, os juízes gozarão das seguintes garantias: III – irredutibilidade de vencimentos, sujeitos, entretanto, aos impostos gerais, inclusive o de renda, e os impostos extraordinários previstos no artigo 22".

3. Constituições estrangeiras

Constituição da Nação Argentina: art. 16. Constituição de Luxemburgo: art. 101. Constituição da Colômbia: arts. 294 e 363. Constituição da Espanha: art. 31. Constituição da Itália: art. 53. Constituição do Chile: art. 19, n. 20. Constituição do Egito: art. 119. Constituição da África do Sul: art. 156. Constituição do México: art. 117. Constituição da Tunísia: art. 16. Constituição de Angola: art. 14. Constituição da Bélgica: art. 172. Constituição do Equador: art. 256. Constituição da Bolívia: art. 27. Constituição do Peru: art. 74. Constituição do Paraguai: art. 181.

4. Dispositivos constitucionais relevantes

Art. 5º, II (princípio da legalidade); art. 145, § 1º (princípio da pessoalidade e princípio da capacidade contributiva); art. 150, V (princípio da vedação de uso de tributo com efeito de confisco); art. 153, § 3º (princípio da generalidade do imposto sobre a renda); art. 195, § 9º (não cumulatividade das contribuições sobre faturamento).

5. Jurisprudência (STF)

ADI 4.276; RE 559.937; RE 640.905.

"Concessão de isenção à operação de aquisição de automóveis por oficiais de justiça estaduais. (...) A isonomia tributária (CF, art. 150, II) torna inválidas as distinções entre contribuintes 'em razão de ocupação profissional ou função por eles exercida', máxime nas hipóteses nas quais, sem qualquer base axiológica no postulado da razoabilidade, engendra-se tratamento discriminatório em benefício da categoria dos oficiais de justiça estaduais." [ADI 4.276, rel. min. Luiz Fux, j. 20-8-2014, P, DJe de 18-9-2014.]

"Pis/Cofins-Importação. Lei n. 10.865/2004. (...) O fato de não se admitir o crédito senão para as empresas sujeitas à apuração do Pis e da Cofins pelo regime não cumulativo não chega a implicar ofensa à isonomia, de modo a fulminar todo o tributo. A sujeição ao regime do lucro presumido, que implica submissão ao regime cumulativo, é opcional, de modo que não se vislumbra, igualmente, violação do art. 150, II, da CF." [RE 559.937, rel. p/ o ac. min. Dias Toffoli, j. 20-3-2013, P, DJe de 17-10-2013, Tema 1.]

"Não viola o princípio da isonomia e o livre acesso à jurisdição a restrição de ingresso no parcelamento de dívida relativa à Cofins, instituída pela Portaria n. 655/1993 do Ministério da Fazenda, dos contribuintes que questionaram o tributo em juízo com depósito judicial dos débitos tributários. Esse é o entendimento do Plenário, que, por decisão majoritária, deu provimento a recurso extraordinário que debatia eventual ofensa aos aludidos postulados em face da edição da mencionada portaria, que, ao dispor sobre o parcelamento de débitos inerentes à Cofins, vedá-o aos contribuintes que ingressaram em juízo e implementaram o depósito judicial do montante controvertido. O Colegiado entendeu que o princípio da isonomia, refletido no sistema constitucional tributário (CF/1988, arts. 5º e 150, II), não se resume ao tratamento igualitário em toda e qualquer situação jurídica. Refere-se, também, à implementação de medidas com o escopo de minorar os fatores discriminatórios existentes, com a imposição, por vezes, em prol da igualdade, de tratamento desigual em circunstâncias específicas. (...) O Tribunal concluiu que o texto da Portaria n. 655/1993 do Ministério da Fazenda não configura violação ao princípio da isonomia. Afinal, distingue duas situações completamente diferentes: a do contribuinte que se quedou inerte em relação aos seus débitos com o Fisco e a do contribuinte que voluntariamente efetuou o depósito judicial do débito e fica, portanto, imune aos consectários legais decorrentes da mora. Não há que se falar, igualmente, em ofensa ao livre acesso à Justiça, porque não se impõe o depósito judicial para o ingresso em juízo." [RE 640.905, rel. min. Luiz Fux, j. 15-12-2016, P, Informativo 851, Tema 573.]

"A previsão de incentivos fiscais para atenuar situações caracterizadoras de vulnerabilidades, como ocorre com os portadores de doenças graves, não agride o princípio da isonomia tributária. Função extrafiscal, sem desbordar do princípio da proporcionalidade. Previsão abstrata e impessoal. Precedentes. Ausência de inconstitucionalidade material. (...)." [ADI 6.074/RR, rel. min. Rosa Weber, Tribunal Pleno, j. 21-12-2020, DJe de 8-3-2021.]

"A isonomia tributária e a vedação constitucional à discriminação segundo a procedência ou o destino de bens e serviços (artigos 150, II, e 152 da CRFB/88) tornam inválidas as distinções em razão do local em que se situa o estabelecimento do contribuinte ou em que produzida a mercadoria, máxime nas hipóteses nas quais, sem qualquer base axiológica no postulado da razoabilidade, se engendra tratamento diferenciado." [ADI 3.984/SC, rel. min. Luiz Fux, Tribunal Pleno, j. 30-8-2019, DJe de 23-9-2019.].

6. Literatura selecionada

ÁVILA, Humberto. *Sistema Constitucional Tributário*. SP: Saraiva, 2006; BALEEIRO, Aliomar. *Limitações constitucionais ao poder de tributar* (Anotado por Misabel de Abreu Machado Derzi). RJ: Forense, 1997; CARRAZZA, Roque A. *Curso de Direito Constitucional Tributário*, 18ª ed., São Paulo: Ed. Malheiros, 2008; CARVALHO, Paulo de Barros. *Curso de direito tributário*, 18ª ed.

SP: Saraiva, 2007, p. 206; COELHO, Sacha Calmon Navarro. *Comentários à Constituição de 1988. Sistema Tributário.* Rio de Janeiro: Forense, 2005; MARTINS, Ives Gandra da Silva. *Sistema Tributário na Constituição de 1988.* São Paulo: Saraiva, 1991; PONTES DE MIRANDA, F. C. *Comentários à Constituição Federal de 1967 com a Emenda 1 de 1969*, 2ª ed., SP: RT, 1970, t. II; TORRES, Heleno Taveira. Funções das leis complementares no sistema tributário nacional – hierarquia de normas – papel do CTN no ordenamento. *Revista de Direito Tributário*, SP: Malheiros, 2002, n. 84, p. 50-69; TORRES, Ricardo Lobo. *Tratado de direito constitucional financeiro e tributário*, v. 2. *Valores e Princípios Constitucionais Tributários.* Rio de Janeiro: Renovar, 2005; ____. *O Direito ao Mínimo Existencial.* Rio de Janeiro: Renovar, 2009, 352 p.

7. Anotações

7.1. O princípio de não discriminação em matéria tributária

Encontram-se na Constituição brasileira disposições que garantem um *princípio de uniformidade de tratamento* tributário como meio de evitar discriminações injustificadas, em vista de situações análogas. E o principal desses dispositivos encontra-se no art. 150, II, ao prescrever o impedimento, para qualquer uma das pessoas políticas, de *instituir tratamento desigual entre contribuintes que se encontrem em situação equivalente.*

Esta disposição veda que possa haver discriminação de tratamento sobre "contribuintes" estejam em situações equivalentes. Daí ser fundamental identificar quem pode ser "contribuinte", aos fins do art. 150, II, da CF. Deveras que esta disposição encontra-se posta em uma acepção ampla e significa qualquer uma das modalidades de sujeição passiva, como sujeito passivo de obrigação tributária. Do mesmo modo, é imprescindível determinar ainda que tais sujeitos encontram-se em "situação equivalente". Para esse propósito, faz-se mister promover análise fundada na comparação das situações existentes, para que se possa determinar se há, ou não, tratamento desigual entre tais hipóteses. Esse procedimento deve ser acompanhado de sobejas cautelas, pois há muitas variáveis a serem consideradas.

A *interdição ao tratamento discriminatório*, como previsto na Constituição, não é uma decorrência da adoção do *princípio da capacidade contributiva*, mas este, em matéria de impostos, vê-se assumido como o único critério para permitir diferenciação de tratamento entre "contribuintes". E isso é um evidente limite à liberdade legislativa para dispor sobre tratamento tributário dos tributos, mormente no caso dos *impostos*, no qual só o princípio da *capacidade contributiva* confere autorização democrática para diferençar o regime tributário aplicável a cada contribuinte. E assim a *valorização imobiliária*, para as *contribuições de melhoria*; o efeito de *intervenção* na ordem econômica, para as *contribuições de intervenção na ordem econômica*; o ato de controle, para as taxas de poder de polícia ou a prestação de serviços públicos, para as taxas; o caso das contribuições sociais gerais ou especiais, porém, guardam nuanças muito específicas, a exemplo das contribuições de interesse de categorias profissionais ou econômicas, variáveis segundo o âmbito da motivação constitucional.

Por ser o princípio da capacidade contributiva (art. 145, § 1º, da CF) o único critério admitido pela Constituição para distinções de tratamentos entre contribuintes, quando estes se encontrem em condições análogas, o recurso a regimes de organização ou de reorganização societária para fundamentar tratamentos divergentes somente poderá ser validamente admitido quando adstrito ao cumprimento eficiente do princípio de capacidade contributiva.

Nos últimos tempos, devido à intensa complexidade das legislações, as preocupações quanto à *interdição de tratamento discriminatório* na tributação têm crescido em importância[1]. Segregar contribuintes em categorias, como pequenas empresas, grandes contribuintes ou grandes devedores, para que a estes sejam empregados tratamentos diferenciados, por exemplo, requerem estudos adensados e os critérios de comparação não são em nada coincidentes.

Por isso, não existe uma definição única para a *discriminação fiscal*, no âmbito do direito tributário. Trata-se de um conceito que corresponde, nas devidas proporções, ao de tratamento da *desigualdade*[2], o que pressupõe o reconhecimento do princípio da *igualdade*[3], como pressuposto necessário, mas que com este não se confunde. De qualquer modo, um tratamento fiscal poderá ser qualificado como "discriminatório" quando sejam aplicáveis condições mais severas das que seriam aplicadas ordinariamente a sujeitos que se encontrem em situações equivalentes e sem que esteja presente um fundamento concreto para o tratamento mais gravoso, amparado em regra constitucional. Esta noção supõe que se aplique a mesma regulamentação a duas relações que possuam simétricas características, considerando como injustificável qualquer diferença de tratamento, salvo os casos constitucionalmente reconhecidos.

Decerto que não será suficiente a identificação de qualquer diferença de tratamento para justificar e existência de um tratamento discriminatório. Sendo a situação de tratamento desigual "justificada", não existirá *discriminação*[4]. Deve-se ter em conta, fundamentalmente, como diz García Prats, o contexto geral do ordenamento no qual esteja inserido esse princípio e os objetivos perseguidos[5]. Serão, pois, as condições formal e material da restrição ou discriminação proveniente de uma norma criada pelo legislador ou de um ato administrativo praticado

---

1. Cf. SANTA-BÁRBARA RUPÉREZ, Jesús. *La no discriminación fiscal.* Madrid: EDERSA, 2001, p. 543; VANISTENDAEL, Frans. Tax revolution in Europe: the impact of non-discrimination. *European taxation.* IBFD, 2000, jan.-feb., p. 3-7.

2. Para Adonnino, "o conceito de discriminação só pode ser determinado baseando-se no sentido geral do termo e nos conceitos gerais que compreende e, no que respeita à discriminação proibida, fundando-se em situações e características proporcionadas com vista a esta proibição. O conceito de discriminação faz recordar aquele de igualdade, sendo o seu oposto e, por conseguinte, corresponde, em princípio, ao conceito de desigualdade" (ADONNINO, Pietro. Non-discrimination rules in international taxation. *Cahiers de droit fiscal international*, Amsterdam: IFA, 1993, v. LXXVIIIb, t. II, p. 211-2).

3. As regras de não discriminação diferem do princípio de igualdade, que dispõe uma "obrigação positiva", na forma de um princípio geral. As normas de não discriminação, ao invés de se apresentarem sob a forma de uma cláusula geral, são definidas em modo o suficiente para explicitar os casos de discriminação vedados pelo ordenamento, indicando uma "obrigação negativa" (não fazer).

4. Assim, ADONNINO. Op. cit., p. 199.

5. GARCÍA PRATS, Francisco Alfredo. *Imposición directa, no discriminación y derecho comunitario.* Madrid: Tecnos, 1998, p. 27.

por autoridade fiscal, à luz do respectivo ordenamento, que servirão para determinar a comparação do tratamento entre duas situações ou sujeitos e, assim, os contornos de uma ação qualificável como "discriminatória" em relação ao nacional do outro Estado contratante.

Proclama, nossa Constituição, os princípios da interdição de tratamento discriminatório ou da garantia de uniformidade de tratamento entre contribuintes que se encontrem em situações equivalentes (art. 3º, IV; art. 5º e art. 150, II, da CF), o que afasta o emprego de regimes tributários mais gravosos. Por isso, somente com a análise da situação concreta e do regime aplicável à espécie do tributo é que se poderá estabelecer o cabimento ou a rejeição do regime tributário mais gravoso.

A declaração de desigualdade exige, portanto, critérios de comparabilidade efetivos para admitir alguma espécie de separação entre sujeitos, quanto aos regimes tributários aplicáveis. É preciso ter algum *critério*, mui objetivamente definido, para dizer quando pessoas encontram-se em "situação equivalente".

No caso dos impostos, em virtude do princípio da *capacidade contributiva*, e, ao mesmo tempo, por garantir os direitos à igualdade e à propriedade, impõe-se aos legisladores, com exclusividade, o dever de observância de um critério fundamental de graduação e discriminação na incidência tributária, como meio de justiça fiscal. É como se lê no art. 145, § 1º: "(...) os impostos terão caráter pessoal e serão *graduados* segundo a capacidade econômica do contribuinte (...)". Com isso, o princípio da *capacidade contributiva* assume papel importante para marcar as distinções de regimes e tratamentos entre contribuintes, por servir a designar quando estes se encontram em condições análogas.

7.2. O princípio de uniformidade de tratamento tributário

O *princípio de uniformidade de tratamento tributário* busca evitar discriminações injustificadas entre contribuintes, quando diante de situações análogas. E qualquer tentativa de emprego de *extrafiscalidade* há de ser antecipada de largo exame de compatibilidade com os princípios do sistema constitucional tributário. O uso da *extrafiscalidade agravante*, geralmente criadora de efeitos discriminatórios, torna-se, assim, como que vedada na Constituição de 1988, pelo art. 150, II, quando se *instituir tratamento desigual entre contribuintes que se encontrem em situação equivalente*.

Do mesmo modo, em uma república, não se pode conviver com privilégios, sendo proibida qualquer distinção de natureza tributária *em razão de ocupação profissional ou função por eles exercida*, independentemente da denominação jurídica dos rendimentos, títulos ou direitos.

Não sendo a oportunidade para uma aturada descrição das possibilidades eficaciais desse preceito, vale ressaltar duas particularidades que esse princípio da não discriminação realça e às quais muitos não se deram conta, especialmente para diferençá-lo do conteúdo da isonomia prescrita no art. 5º, da Constituição, aproximando-o mais do princípio fundamental de não discriminação do art. 3º, IV, da CF, segundo o qual "Constituem *objetivos fundamentais* da República Federativa do Brasil: (...) IV – promover o *bem de todos*, sem preconceitos de *origem*, raça, sexo, cor, idade e *quaisquer outras formas de discriminação*" (g.n.). Não que se encontre aqui o desígnio de uma absoluta igualdade. Não que tenhamos por afastadas todas as hipóteses de tratamento diferenciado, porquanto isso sempre será possível. O que não admite o referido dispositivo é que possa haver discriminação de tratamento quando pessoas estejam em situações equivalentes ou segundo a atividade que possam exercer.

Como é de conhecimento ordinário, as normas de isonomia tributária não dizem apenas sobre a relação Estado-contribuinte (individualizado); mas dispõem, também, sobre a própria relação entre pessoas, físicas ou jurídicas (contribuintes), onde a isonomia (nesse caso) revela-se sob a forma do *princípio da generalidade*, a vedar toda e qualquer forma de *discriminação* ou de *concessão de privilégios*. Em vista da *generalidade*, devem todos os cidadãos submeterem-se ao poder de tributar do Estado, pagando tributos na medida da capacidade econômica que demonstrem possuir.

Do mesmo modo, aplica-se o *princípio da interdição ao tratamento discriminatório*, presente no art. 150, II, da Constituição, nas relações entre brasileiros e estrangeiros, quando diante de situações equivalentes, calcadas em duas premissas bem evidentes, uma de ordem subjetiva e outra de natureza objetiva. A de ordem *subjetiva*, porque o art. 5º aplica-se às relações que envolvam brasileiros ou estrangeiros e o art. 150, II, não faz diferença entre brasileiros (residentes) e estrangeiros (não residentes), ao se reportar a tratamento desigual entre "contribuintes", bastando que estes se encontrarem em *situação equivalente*. E a de ordem *objetiva*, em vista a parte final do inciso II e corolário da anterior, quando diz que estará garantida a uniformidade de tratamento tributário ao contribuinte *independentemente da denominação jurídica dos rendimentos, títulos ou direitos*.

Art. 150, III – cobrar tributos:

***a*) em relação a fatos geradores ocorridos antes do início da vigência da lei que os houver instituído ou aumentado;**

***b*) no mesmo exercício financeiro em que haja sido publicada a lei que os instituiu ou aumentou;**

***c*) antes de decorridos noventa dias da data em que haja sido publicada a lei que os instituiu ou aumentou, observado o disposto na alínea *b*;**

Heleno Torres

1. História da norma

O princípio de *proibição da retroatividade das leis tributárias* que instituem ou aumentam tributos, em termos específicos, antes da Constituição de 1988, só havia aparecido na Constituição de 1934. A irretroatividade das leis (em termos gerais), porém, veio expressa unicamente nas Constituições de 1824 e de 1891, tornando-se princípio expresso, nas posteriores, apenas para a lei penal, e implícito para as demais matérias. A *anterioridade tributária*, diversamente, mesmo que se encontre atualmente, na Constituição, sensivelmente modificada em relação à forma originária da Constituição de 1988, experimentou considerável evolução ao longo da nossa história constitucional. Na sua base, está o princípio da *anualidade orçamentária*, segundo a qual os tributos a serem cobrados no exercício posterior deveriam ser autorizados pela lei orçamentária, como ficou assentado nas constituições de 1824, 1934, 1946 e de 1967. Era a fórmula decorrente da noção de orçamento visto como "ato-condição" (Duguit e Gastón Jèze). Esta prática somente foi modificada com a Emenda n. 1, de 1969, ao afastamento da autorização orçamentária, para contemplar, pela primeira vez, a anterioridade da lei tributária em vigor, de tal modo que, uma vez instituído, a partir do exercício financeiro seguinte, o tributo poderia ser cobrado, sem necessitar de sucessivas autorizações orçamentárias para obtenção das suas receitas. Uma evolução que se viu claramente inspirada na Súmula n. 66, do STF. Na Constituição vigente, a anualidade orçamentária aplica-se unicamente às despesas e, para vigência das leis tributárias que instituem ou majoram tributos, com aprimorados critérios de segurança jurídica alçados ao patamar constitucional, temos quatro diferentes modalidades de preservação do direito à não surpresa, como será visto logo mais.

2. Constituições brasileiras anteriores

Irretroatividade: **Constituição Política do Império do Brazil de 1824**: "Art. 171. Todas as contribuições directas, á excepção daquellas, que estiverem applicadas aos juros, e amortisação da Divida Publica, serão annualmente estabelecidas pela Assembléa Geral, mas continuarão, até que se publique a sua derogação, ou sejam substituidas por outras". "Art. 179. A inviolabilidade dos Direitos Civis, e Politicos dos Cidadãos Brazileiros, que tem por base a liberdade, a segurança individual, e a propriedade, é garantida pela Constituição do Imperio, pela maneira seguinte. (...) III. A sua disposição não terá effeito retroactivo". **Constituição da República dos Estados Unidos do Brasil de 1891**: "Art. 11 – É vedado aos Estados, como à União: (...) 3º – prescrever leis retroativas". **Constituição da República dos Estados Unidos do Brasil de 1934**: "Art. 17 – É vedado à União, aos Estados, ao Distrito Federal e aos Municípios: (...) VII – cobrar quaisquer tributos sem lei especial que os autorize, ou fazê-lo incidir sobre efeitos já produzidos por atos jurídicos perfeitos". *Anterioridade*: **Constituição dos Estados Unidos do Brasil de 1937**: "Art. 68 – O orçamento será uno, incorporando-se obrigatoriamente à receita todos os tributos, rendas e suprimentos de fundos, incluídas na despesa todas as dotações necessárias ao custeio dos serviços públicos". **Constituição dos Estados Unidos do Brasil de 1946**: "Art. 141 – A Constituição assegura aos brasileiros e aos estrangeiros residentes no País a inviolabilidade dos direitos concernentes à vida, à liberdade, a segurança individual e à propriedade, nos termos seguintes: (...) § 34 – Nenhum tributo será exigido ou aumentado sem que a lei o estabeleça; nenhum será cobrado em cada exercício sem prévia autorização orçamentária, ressalvada, porém, a tarifa aduaneira e o imposto lançado por motivo de guerra". **Constituição da República Federativa do Brasil de 1967**: "Art. 150 – A Constituição assegura aos brasileiros e aos estrangeiros residentes no País a inviolabilidade dos direitos concernentes à vida, à liberdade, à segurança e à propriedade, nos termos seguintes: (...) § 29 – Nenhum tributo será exigido ou aumentado sem que a lei o estabeleça; nenhum será cobrado em cada exercício sem prévia autorização orçamentária, ressalvados a tarifa aduaneira e o imposto lançado por motivo de guerra". **Emenda Constitucional n. 1, de 1969**: "Art. 153. A Constituição assegura aos brasileiros e aos estrangeiros residentes no País a inviolabilidade dos direitos concernentes à vida, à liberdade, à segurança e à propriedade, nos termos seguintes: (...) § 29. Nenhum tributo será exigido ou aumentado sem que a lei o estabeleça, nem cobrado, em cada exercício, sem que a lei o houver instituído ou aumentado esteja em vigor antes do início do exercício financeiro, ressalvados a tarifa alfandegária e a de transporte, o imposto sobre produtos industrializados e o imposto lançado por motivo de guerra e demais casos previstos nesta Constituição". Mais tarde modificado, nos seguintes termos: "§ 29 Nenhum tributo será exigido ou aumentado sem que a lei o estabeleça, em cobrado, em cada exercício, sem que a lei que o houver instituído ou aumentado esteja em vigor antes do início do exercício financeiro, ressalvados a tarifa alfandegária e a de transporte, o imposto sobre produtos industrializados e outros especialmente indicados em lei complementar, além do imposto lançado por motivo de guerra e demais casos previstos nesta Constituição" (Redação dada pela Emenda Constitucional n. 8, de 1977).

3. Dispositivos constitucionais relevantes

Art. 5º, II, XXXVI e XL; art. 62, § 2º (efeitos temporais das medidas provisórias); art. 150, I (princípio da legalidade tributária); art. 165, § 8º (anualidade orçamentária); arts. 149 e 195, § 6º (contribuições).

4. Jurisprudência (STF)

Súmula Vinculante 50 – *Norma legal que altera o prazo de recolhimento de obrigação tributária não se sujeita ao princípio da anterioridade*. Súmula 289 – *Decisão que declara indevida a cobrança do imposto em determinado exercício não faz coisa julgada em relação aos posteriores*. Súmula 584 – *Ao imposto de renda calculado sobre os rendimentos do ano-base, aplica-se a lei vigente no exercício financeiro em que deve ser apresentada a declaração*. 15/12/1976; Súmula 418 – *O empréstimo compulsório não é tributo, e sua arrecadação não está sujeita à exigência constitucional da prévia autorização orçamentária (vide observação)*. 01/06/1964; Súmula 66 – *É legítima a cobrança do tributo que houver sido aumentado após o orçamento, mas antes do início do respectivo exercício financeiro*. 13/12/1963. ADI-MC 605; ADC 1; ADI 939; ADI 2.556; ADI 4.661 MC; ADI 2.588; RE 181664; RE 182191; RMS 11099; RE 21425; RE 85373; RE 96000; RE 112563; RE 120343; RE 250021; RE 232084; RE 104259; RE 111954; RE 115167; RE 103553; RE 194612; RE 197790; RE 197790; RE 232896; RE 181832; RE 205686; RE 219878; RE 193349; RE 218160; RE 169880; RE 182971; RE 228796; RE 240266; RE 204062; RE 564.225 AgR; RE 592396.

"Mostra-se relevante pedido de concessão de medida acauteladora objetivando afastar a exigibilidade da majoração do IPI, promovida mediante decreto, antes de decorridos os noventa dias previstos no art. 150, III, *c*, da Carta da República." [ADI 4.661 MC, rel. min. Marco Aurélio, j. 20-10-2011, P, *DJe* de 23-3-2012.]

"Imposto de renda e proventos de qualquer natureza. Participação de empresa controladora ou coligada nacional nos lucros auferidos por pessoa jurídica controlada ou coligada sediada no exterior. Legislação que considera disponibilizados os lucros na data do balanço em que tiverem sido apurados ('31 de dezembro de cada ano'). (...) 2.3. A inconstitucionalidade do art. 74, parágrafo único, da MP 2.158-35/2001, de modo que o texto impugnado não pode ser aplicado em relação aos lucros apurados até 31 de dezembro de 2001. Ação direta de inconstitucionalidade conhecida e julgada parcialmente procedente, para dar interpretação conforme ao art. 74 da MP 2.158-35/2001, bem como para declarar a inconstitucionalidade da cláusula de retroatividade prevista no art. 74, parágrafo único, da MP 2.158/2001." [ADI 2.588, rel. p/ o ac. min. Joaquim Barbosa, j. 10-4-2013, P, DJe de 11-2-2014.]

"IMPOSTO SOBRE CIRCULAÇÃO DE MERCADORIAS E SERVIÇOS – DECRETOS N. 39.596 E N. 39.697, DE 1999, DO ESTADO DO RIO GRANDE DO SUL – REVOGAÇÃO DE BENEFÍCIO FISCAL – PRINCÍPIO DA ANTERIORIDADE – DEVER DE OBSERVÂNCIA – PRECEDENTES. Promovido aumento indireto do Imposto Sobre Circulação de Mercadorias e Serviços – ICMS por meio da revogação de benefício fiscal, surge o dever de observância ao princípio da anterioridade, geral e nonagesimal, constante das alíneas 'b' e 'c' do inciso III do artigo 150, da Carta. Precedente – Medida Cautelar na Ação Direta de Inconstitucionalidade n. 2.325/DF, de minha relatoria, julgada em 23 de setembro de 2004. MULTA – AGRAVO – ARTIGO 557, § 2º, DO CÓDIGO DE PROCESSO CIVIL. Surgindo do exame do agravo o caráter manifestamente infundado, impõe-se a aplicação da multa prevista no § 2º do artigo 557 do Código de Processo Civil." [RE 564225 AgR, rel. min. Marco Aurélio, Primeira Turma, julgado em 2-9-2014.]

"Recurso extraordinário a que se dá provimento, reafirmando a jurisprudência desta Corte, em sede de repercussão geral, para reformar o acórdão recorrido e declarar a inconstitucionalidade, incidental e com os efeitos da repercussão geral, do art. 1º, I, da Lei 7.988/1989, uma vez que a majoração de alíquota de 6% para 18%, a qual se reflete na base de cálculo do Imposto de Renda pessoa jurídica incidente sobre o lucro das operações incentivadas no ano-base de 1989, ofende os princípios da irretroatividade e da segurança jurídica." [RE 592.396, rel. min. Edson Fachin, j. 3-12-2015, P, DJe de 28-3-2016, Tema 168.]

"A postergação do direito do contribuinte do ICMS de usufruir de novas hipóteses de creditamento, por não representar aumento do tributo, não se sujeita à anterioridade nonagesimal prevista no art. 150, III, c, da Constituição." [RE 603.917/SC, rel. min. Rosa Weber, Tribunal Pleno, j. 25-10-2019, DJe de 18-11-2019, Tema 382.]

"Conforme o art. 150, III, c, da CF/1988, o princípio da anterioridade nonagesimal aplica-se somente para leis que instituem ou majoram tributos, não incidindo relativamente às normas que prorrogam a data de início da compensação de crédito tributário." [RE 601.967/RS, Redator do Acórdão Ministro Alexandre de Moraes, Tribunal Pleno, j. 18-8-2020, DJe de 4-9-2020, Tema 346.]

"[P]artindo-se do caráter tributário dos emolumentos e das custas judiciais, impõe-se, como consequência, a observância das limitações constitucionais ao poder de tributar, nomeadamente aquelas atinentes à anterioridade de exercício e à anterioridade nonagesimal, contempladas no art. 150, III, b e c, da Constituição Federal (...)." [ADI 6.330/MT, rel. min. Alexandre de Morais, Tribunal Pleno, j. 16-6-2020, DJe de 6-7-2020, p. 12.]

5. Literatura selecionada

AMARO, Luciano da Silva. O imposto de renda e os princípios da irretroatividade e da anterioridade. *Revista de Direito Tributário*. São Paulo: 1983, n. 25/6, p. 151; AMARO, Luciano da Silva. Irretroatividade e anterioridade da lei tributária. *Justiça Tributária*. São Paulo: Max Limonad, 1998, p. 567-584; ATALIBA, Geraldo. Anterioridade da lei tributária, segurança do direito e iniciativa privada. *Revista de direito mercantil, industrial, econômico e financeiro*. SP: RT, 1983, ano XXII, n. 50, abr.-jun., p. 7; BALEEIRO, Aliomar. *Limitações constitucionais ao poder de tributar* (Anotado por Misabel de Abreu Machado Derzi). RJ: Forense, 1997; CARRAZZA, Roque A. *Curso de Direito Constitucional Tributário*, 18ª ed., São Paulo: Ed. Malheiros, 2008; CARVALHO, Paulo de Barros. *Curso de direito tributário*, 18ª ed. SP: Saraiva, 2007, p. 206; COELHO, Sacha Calmon Navarro. *Comentários à Constituição de 1988. Sistema Tributário*. Rio de Janeiro: Forense, 2005; FERRAZ JUNIOR, Tercio Sampaio; CARRAZZA, Roque Antonio; NERY JUNIOR, Nelson. Irretroatividade e Jurisprudência Judicial. In: *Efeito EX NUNC e as decisões do STJ*. Barueri: Editora Manole, 2007; FERRAZ JUNIOR, Tercio Sampaio. Anterioridade e irretroatividade da lei tributária sobre imposto de renda na Constituição de 1988. In: GRAU, Eros Roberto; FIOCCA, Demian. *Debate sobre a Constituição de 1988*. São Paulo: Paz e Terra, 2001, p. 155; MARTINS, Ives Gandra da Silva. *Sistema Tributário na Constituição de 1988*. São Paulo: Saraiva, 1991; MENDONÇA, Maria Luiza Vianna Pessoa de. *O princípio constitucional da irretroatividade da lei*. Belo Horizonte: Del Rey, 1996; PONTES DE MIRANDA, F. C. *Comentários à Constituição Federal de 1967 com a Emenda 1, de 1969*, 2ª ed., SP: RT, 1970, t. II; TORRES, Ricardo Lobo. *Tratado de direito constitucional financeiro e tributário*, v. 2. *Valores e Princípios Constitucionais Tributários*. Rio de Janeiro: Renovar, 2005; FRANÇA, R. Limongi. *Direito intertemporal brasileiro – doutrina da irretroatividade das leis e do direito adquirido*. 2ª ed., SP: Revista dos Tribunais, 1968, 583 p.; MAXIMILIANO, Carlos. *Direito intertemporal ou teoria da irretroatividade das leis*. SP: Freitas Bastos, 1946, 423 p.; VELLOSO, Andrei Pitten. *Constituição tributária interpretada*. SP: Atlas, 2007.

6. Anotações

A vigência é uma "qualidade normativa", como aduz Paulo de Barros Carvalho. Qualidade de poder surtir efeitos, regendo fatos jurídicos. Vigência, pois, é uma condição que geralmente acompanha a norma durante o período cronológico de capacidade de atuação da norma, que vai da *publicação* (ou do termo final da *vacatio legis*) até sua *revogação* (ab-rogação ou derrogação), expressa ou tácita[1]. Assim, a *vigência* é "condição de aplicabilidade", sendo esta, a *aplicabilidade*, entendida como atividade do sujeito competente para promover a "constituição, desconstituição ou modificação de situações ou fatos jurídicos", na medida que só com a aplicação da norma é que surgirão efeitos jurídicos, pela incidência[2].

O início da vigência das leis tributárias depende do seu conteúdo, não sendo, pois, uniforme o início da respectiva vigência.

---

1. Cf. BOBBIO, Norberto. *Teoria do ordenamento jurídico*, 5ª ed., Brasília: UnB, 1994; PONTES DE MIRANDA, F. C. *Tratado de Direito Privado*, 3ª ed., SP: RT, 1984, v. I; VILANOVA, Lourival. *As estruturas lógicas e o sistema de direito positivo*, SP: Max Limonad, 1998.

2. Cf. CARVALHO, Paulo de Barros. *Curso de direito tributário*, 18ª ed. SP: Saraiva, 2006, p. 88 e s.

Regras tributárias que tratam de isenções, de reduções de tributos, introdução de procedimentos ou qualquer outra situação que implique redução do tributo ou que não incorra em criação ou aumento de tributo não dependerá dos limites previstos na Constituição para o início da vigência.

Somente aquelas regras legais que dispõem sobre elementos da regra-matriz de incidência dos tributos e que tragam, como consequência, a instituição ou aumento do tributo, estarão sujeitas ao princípio da anterioridade. Nestes termos, as leis tributárias impositivas somente entrarão em vigor atendidos os critérios de anterioridade previstos na Constituição, salvo a previsão, na lei, de prazo mais favorável ao contribuinte.

Para todas as demais matérias que não impliquem criação, modificação ou aumento de tributos, as leis tributárias entram em vigor como qualquer outra, respeitando o dispositivo que fizer menção expressa à sua vigência, a partir da publicação, de imediato ou com contagem de prazo definido; e bem assim, na ausência de tal ordem expressa, nos moldes previstos na Lei de Introdução às Normas do Direito Brasileiro – LINDB ou na Lei Complementar n. 95/98, respeitando o período de *vacatio legis*.

Vigorou nas Constituições de 1934, 1946 e 1967 o princípio da *anualidade orçamentária*, pelo qual o tributo deveria vir previsto no orçamento para que sua aprovação permitisse a respectiva cobrança. Uma preservação da máxima *no taxation without representation*, renovada a cada ano. Mesmo que nas Constituições posteriores tenham sido eleitos novos modelos de tratamento, foi este que remanesceu no CTN, apesar de derrogado pela Constituição de 1988. Na sua feição atual, o exercício financeiro é *anual* e, nestes termos, o que importa é verificar-se a publicação da lei que institui ou aumenta tributo antes do início do exercício financeiro (anual) seguinte.

Errôneo, pois, afirmar que a anualidade não mais persiste como princípio vinculante para os fins tributários. É por força da *anualidade* que as cobranças dos impostos não se repetem no mesmo exercício financeiro, especialmente os que incidem sobre patrimônio, que são demarcados os prazos de anterioridade ou que são estabelecidos os critérios de alteração legislativa[3], como bem assinala Misabel Derzi, trata-se de princípio complementar àquele da anterioridade e que segue seus desígnios, mesmo que com funções renovadas, de garantia de segurança jurídica no tempo, em matéria tributária, pela periodização anual de exigibilidade dos tributos, mediante autorização implícita da sua renovação de cobrança a cada exercício financeiro. *Legalidade* das normas que instituem ou majoram tributos, associada à *anualidade* do exercício financeiro, depende do atendimento da *anterioridade* para o início de sua vigência.

Na Constituição, estão presentes os critérios de determinação da vigência e eficácia das leis tributárias, a partir da combinação dos princípios de irretroatividade e anterioridade. E diz-se sobre uma *combinação* porque a *irretroatividade* depende da *vigência*, é dizer, da possibilidade de surtir efeitos (eficácia), que somente exsurge a partir do momento da publicação da lei ou do cumprimento do prazo de anterioridade, conforme os conteúdos das regras aplicáveis. Basicamente, para todo o direito tributário, exceto para as leis que instituírem ou aumentarem tributos, prevalecem as regras ordinárias de vigência, a partir da publicação ou segundo os critérios previstos para a *vacatio legis*.

A partir da Emenda Constitucional n. 42, de 19.12.2003, temos novo regime de vigência para as leis tributárias que modifiquem o arquétipo de incidência dos tributos, e disso resulte algum aumento ou do qual decorra a criação de nova espécie tributária, ou mesmo a inovação do quadro impositivo sobre dada matéria ou para um dado grupo de contribuintes que dantes não se viam alcançados pela incidência do tributo. E, assim, na atualidade, convivemos com: *i)* a nova regra geral de anterioridade, com *ii)* a anterioridade pura, com *iii)* a aplicação exclusiva do prazo nonagesimal e com *iv)* exclusão de anterioridade (pura ou nonagesimal). Estas são as possibilidades vigentes, aplicáveis segundo as espécies tributárias.

O *regime geral de anterioridade* é aplicável a todos os tributos, inclusive às taxas e à contribuição para o custeio do serviço de iluminação pública. Nestes, a anterioridade ordinária (150, III, "b") passa a conviver, cumulativamente, com o regime especial dos 90 dias (150, III, "c"). E, assim, os noventa dias assinalados ("c") deverão ser contados antes do final do exercício financeiro ("b"), tal como se dessome da redação da parte final da citada alínea: "observado o disposto na alínea 'b'". Há quem entenda que editada a lei antes do fim do exercício financeiro, isso já seria suficiente, contando-se os 90 dias a partir do momento da publicação, mesmo que ingressando no exercício seguinte. Na prática, para obter vigência no exercício seguinte, a lei deverá ser publicada até 90 dias antes do término de cada exercício financeiro, haja vista a previsão do § 2º do art. 165, segundo a qual cabe à lei de diretrizes orçamentárias dispor sobre as alterações na legislação tributária. Dos tributos da União, apenas o ITR encontra-se sujeito a essa regra, além do "imposto sobre grandes fortunas".

A *aplicação exclusiva da anterioridade* (pura) far-se-á nos termos do § 1º do art. 150, segundo a qual a regra de anterioridade dantes vigente segue aplicável unicamente para o Imposto sobre a Renda (União) e nos casos de *fixação* da *base de cálculo* do IPVA (Estados) e do IPTU (Municípios). Nestes casos, deve-se observar o início do exercício financeiro seguinte para qualquer modalidade de aumento dos referidos tributos.

A *aplicação exclusiva do prazo nonagesimal*, como previsto no § 1º do art. 150, queda-se como única medida de "anterioridade", aplicável a qualquer majoração de IPI, bem como à instituição ou aumento das contribuições sociais dos arts. 149 e 195. Por fim, em reconhecimento da necessária urgência em casos excepcionais, a Constituição contempla regras típicas de *exclusão da anterioridade*, como prevista no § 1º do art. 150, na medida em que não será aplicada a anterioridade, em nenhuma das suas modalidades, ao empréstimo compulsório extraordinário (art. 148, I), impostos de importação, de exportação, sobre operações de crédito, câmbio e seguro, ou relativas a títulos ou valores mobiliários (art. 153, I, II e V) e impostos extraordinários (art. 154, II). Basta, nesses casos, a publicação do ato normativo para que possa surtir seus efeitos.

A partir desse quadro normativo de possibilidades para a anterioridade tributária, postos em louvor ao princípio de não surpresa em matéria tributária, pode-se então dizer dos termos exatos da *irretroatividade tributária*, que é uma conquista de direito

---

3. Para um estudo mais abrangente, veja-se: BALEEIRO, Aliomar. *Direito Tributário Brasileiro* (Anotado por Misabel de Abreu Machado Derzi). RJ: Forense, 11ª ed., 1999, p. 1034.

fundamental por demais expressiva, decorrente do princípio de segurança jurídica, que veda a retroação de efeitos ao não benigno. E o impedimento de retroação dos efeitos das normas tributárias impositivas retira do legislador a possibilidade de alcançar fatos anteriores ao início da vigência das leis tributárias que instituam ou aumentem os tributos já existentes.

Vê-se, pois, que não se trata de um impedimento absoluto de retroatividade das leis tributárias. A vedação constitucional limita-se *em relação a fatos geradores ocorridos antes do início da vigência da lei* que houver *instituído ou aumentado* qualquer tributo. Diante disso, nada impede que a lei possa retroagir para a aplicação de remissões, regras interpretativas excludentes da exigência de tributos ou modificações que sejam mais benignas ao contribuinte. Em outros casos, a própria aplicação da norma deverá necessariamente retroagir em todos os casos, como aqueles de sanções administrativas ou capitulações de ilícitos que sejam abrandados ou extintos.

Questão controvertida põe-se para as isenções tributárias. Em geral, estas deverão ser sempre prospectivas, nunca retroativas. Qualquer isenção para o passado assumiria o caráter de típica remissão ou de anistia. Por isso, quando não atendidos os pressupostos para remissão ou anistia, esta retroatividade pode ser vista como espécie de privilégio odioso e inconstitucional, mesmo que seja algo, individualmente considerado, passível de ser considerado como benigno.

No sentido oposto, no que concerne à anterioridade, a revogação de isenções dependerá de uma série de aspectos a serem verificados. Caso concedida com prazo certo, ao término deste, o tributo deve voltar a ser cobrado, sem qualquer restrição. Não há qualquer surpresa. Diferentemente, na revogação de isenções sem prazo certo ou sob qualquer outra condição que permita ao beneficiário reconhecer sua cessação, ou, igualmente, no caso da revogação de isenções com prazo certo, mas antes que este seja esgotado, haverá sempre o efeito equivalente à "instituição" ou "majoração" de tributo, razão pela qual o princípio da anterioridade, segundo a espécie de tributo, deverá ser observado integralmente, como garantia de segurança jurídica.

Art. 150, IV – utilizar tributo com efeito de confisco;

Heleno Torres

1. História da norma

Apesar de haver uma limitação à proporção dos tributos na Constituição de 1934, o *princípio de vedação à utilização do tributo com efeito de confisco* foi elevado à condição de regra constitucional somente na vigente Constituição de 1988. Antes, porém, era recorrente sua aplicação no STF aos casos de sanções políticas, como proteção dos contribuintes nos casos de apreensão de mercadorias, fechamento de estabelecimentos e outras medidas semelhantes voltadas para favorecer ou motivar a arrecadação tributária. Essa atitude sempre foi muito coerente com nossa história constitucional, pois a proibição de pena de *confisco* de bens aparece nas Constituições de 1824 (art. 179, XX), 1934 (art. 113, § 29), 1946 (art. 141, § 31), 1967 (art. 150, § 11) e Emenda n. 1/69 (art. 153, § 11). Na Constituição de 1988, essa proibição dá ensejo a uma autorização para que a lei adote a "perda de bens" como sanção, além da forma expedita de perda de bens relacionados à produção ou circulação de psicotrópicos. Por conseguinte, é perfeitamente compreensível que onde não houver lei que estabeleça expressamente a perda de bens, como sanção, esta não se pode adotar de nenhum modo. Em matéria tributária, sob a égide daquelas constituições, o confisco por meio de normas tributárias encontrava-se igualmente contemplado, segundo entendemos, inclusive nos casos de sanções tributárias, haja vista a vedação genérica de penas de confisco. À luz da Constituição de 1988, com a designação expressa da utilização de tributo com efeito de confisco, esse está vedado tanto para a exigibilidade de tributos quanto para qualquer outro recurso ou sanção que possam levar o contribuinte à perda dos seus bens, em vista da proibição de excesso que essa regra contempla, logo, em qualquer forma de aplicação da legislação tributária.

2. Constituições brasileiras anteriores

Constituição da República dos Estados Unidos do Brasil de 1934: "Art. 185. Nenhum imposto poderá ser elevado além de vinte por cento do seu valor ao tempo do aumento". Vedação à pena de *confisco*: Constituições de 1824 (art. 179, XX), 1934 (art. 113, § 29), 1946 (art. 141, § 31), 1967 (art. 150, § 11), Emenda n. 1/69 (art. 153, § 11).

3. Constituições estrangeiras

Constituição da Espanha: Artículo 31. 1. Todos contribuirán al sostenimiento de los gastos públicos de acuerdo con su capacidad económica mediante un sistema tributario justo inspirado en los principios de igualdad y progresividad que, en ningún caso, tendrá alcance confiscatorio. *Constituição da Argentina*: Artículo 17 – La propiedad es inviolable, y ningún habitante de la Nación puede ser privado de ella, sino en virtud de sentencia fundada en ley. La expropiación por causa de utilidad pública, debe ser calificada por ley y previamente indemnizada. Sólo el Congreso impone las contribuciones que se expresan en el art. 4º. Ningún servicio personal es exigible, sino en virtud de ley o de sentencia fundada en ley. Todo autor o inventor es propietario exclusivo de su obra, invento o descubrimiento, por el término que le acuerde la ley. La confiscación de bienes queda borrada para siempre del Código Penal Argentino. Ningún cuerpo armado puede hacer requisiciones, ni exigir auxilios de ninguna especie. *Constituição da Islândia*: Article 77 – Matters concerning taxes shall be regulated by law. The power to decide whether to levy a tax, change a tax or abolish a tax may not be vested in administrative authorities. *Constituição da Turquia*: Article 73. Everyone is under obligation to pay taxes according to his financial resources, in order to meet public expenditure. An equitable and balanced distribution of the tax burden is the social objective of fiscal policy. Taxes, fees, duties, and other such financial impositions shall be imposed, amended, or revoked by law. *Constituição do Chile*: Artículo 19. La Constitución asegura a todas las personas: (…) 20. La igual repartición de los tributos en proporción a las rentas o en la progresión o forma que fije la ley, y la igual repartición de las demás cargas públicas. *En ningún caso la ley podrá establecer tributos manifiestamente desproporcionados o injustos.*

4. Dispositivos constitucionais relevantes

Art. 5º, XLVI, "b" (pena de perda de bens); art. 145, § 1º (princípio da pessoalidade e princípio da capacidade contributiva); art. 243, parágrafo único (princípio da vedação de uso de tributo com efeito de confisco); art. 153, § 3º (princípio da generalidade do imposto sobre a renda).

5. Jurisprudência (STF)

"Contribuição provisória sobre movimentação financeira (CPMF) – ADCT, art. 75 e parágrafos (EC n. 21/99) – reconhecimento definitivo de sua constitucionalidade – recurso improvido. O Plenário do Supremo Tribunal Federal reconheceu a plena legitimidade constitucional da CPMF, tal como prevista no art. 75 do ADCT, na redação que lhe deu a EC n. 21/99, vindo a rejeitar as alegações de confisco de rendimentos, de redução de salários, de bitributação e de ofensa aos postulados da isonomia e da legalidade em matéria tributária. Precedente: ADI 2.031/DF, Rel. Min. Ellen Gracie (julgamento definitivo)" (RE 389.423-AgR, Rel. Min. Celso de Mello, *DJ* 05/11/04). "Tributos de efeito confiscatório: considerações não conclusivas acerca do alcance da vedação do art. 150, IV, da Constituição" (ADI 2.087-MC, Rel. Min. Sepúlveda Pertence, *DJ* 19/09/03). "A jurisprudência do Supremo Tribunal Federal entende cabível, em sede de controle normativo abstrato, a possibilidade de a Corte examinar se determinado tributo ofende, ou não, o princípio constitucional da não confiscatoriedade, consagrado no art. 150, IV, da Constituição. Precedente: ADI 2.010-MC/DF, Rel. Min. Celso de Mello. A proibição constitucional do confisco em matéria tributária nada mais representa senão a interdição, pela Carta Política, de qualquer pretensão governamental que possa conduzir, no campo da fiscalidade, à injusta apropriação estatal, no todo ou em parte, do patrimônio ou dos rendimentos dos contribuintes, comprometendo-lhes, pela insuportabilidade da carga tributária, o exercício do direito a uma existência digna, ou a prática de atividade profissional lícita ou, ainda, a regular satisfação de suas necessidades vitais (educação, saúde e habitação, por exemplo). A identificação do efeito confiscatório deve ser feita em função da totalidade da carga tributária, mediante verificação da capacidade de que dispõe o contribuinte considerado o montante de sua riqueza (renda e capital) – para suportar e sofrer a incidência de todos os tributos que ele deverá pagar, dentro de determinado período, à mesma pessoa política que os houver instituído (a União Federal, no caso), condicionando-se, ainda, a aferição do grau de insuportabilidade econômico-financeira, à observância, pelo legislador, de padrões de razoabilidade destinados a neutralizar excessos de ordem fiscal eventualmente praticados pelo Poder Público. Resulta configurado o caráter confiscatório de determinado tributo, sempre que o efeito cumulativo – resultante das múltiplas incidências tributárias estabelecidas pela mesma entidade estatal – afetar, substancialmente, de maneira irrazoável, o patrimônio e/ou os rendimentos do contribuinte. O Poder Público, especialmente em sede de tributação (as contribuições de seguridade social revestem-se de caráter tributário), não pode agir imoderadamente, pois a atividade estatal acha-se essencialmente condicionada pelo princípio da razoabilidade" (ADC 8-MC, Rel. Min. Celso de Mello, *DJ* 04/04/03). "Fixação de valores mínimos para multas pelo não recolhimento e sonegação de tributos estaduais. Violação ao inciso IV do art. 150 da Carta da República. A desproporção entre o desrespeito à norma tributária e sua consequência jurídica, a multa, evidencia o caráter confiscatório desta, atentando contra o patrimônio do contribuinte, em contrariedade ao mencionado dispositivo do texto constitucional federal" (ADI 551, Rel. Min. Ilmar Galvão, *DJ* 14/02/03). "Em juízo cautelar, não é de ter-se como possível asseverar que o valor das custas judiciais, estabelecido em lei local, no exercício de sua competência legislativa, esteja a constituir confisco ou a tornar inacessível a justiça aos cidadãos" (ADI 2.078-MC, Rel. Min. Néri da Silveira, *DJ* 18/05/01). "É constitucional o regime de substituição tributária 'para frente', em que se exige do industrial, do atacadista, ou de outra categoria de contribuinte, na qualidade de substituto, o recolhimento antecipado do ICMS incidente sobre o valor final do produto cobrado ao consumidor, retirando-se do revendedor ou varejista, substituído, a responsabilidade tributária. Precedente: RE 213.396/SP, julgado em sessão plenária, a 2/8/99. Não há, assim, ofensa ao direito de propriedade, ou mesmo a ocorrência de confisco, ut art. 150, IV, da Constituição Federal" (AI 207.377 AgR, Rel. Min. Néri da Silveira, *DJ* 09/06/00). "O Tribunal deferiu, com eficácia *ex nunc*, medida cautelar em ação direta ajuizada pela Confederação Nacional do Comércio – CNC, para suspender, até decisão final da ação, a execução e aplicabilidade do art. 3º, parágrafo único, da Lei n. 8.846/94, que prevê, na hipótese de o contribuinte não haver emitido a nota fiscal relativa a venda de mercadorias, prestação de serviços ou operações de alienação de bens móveis, a aplicação de multa pecuniária de 300% sobre o valor do bem objeto da operação ou do serviço prestado. Considerou-se juridicamente relevante a tese de ofensa ao art. 150, IV, da CF ('Art. 150. Sem prejuízo de outras garantias asseguradas ao contribuinte, é vedado à União, aos Estados, ao Distrito Federal e aos Municípios: (...) IV – utilizar tributo com efeito de confisco')" (ADI 1.075-MC, Rel. Min. Celso de Mello, Informativo 115). "Importação – Regularização fiscal – Confisco. Longe fica de configurar concessão, a tributo, de efeito que implique confisco decisão que, a partir de normas estritamente legais, aplicáveis a espécie, resultou na perda de bem móvel importado" (AI 173.689-AgR, Rel. Min. Marco Aurélio, *DJ* 26/04/96). RE-AgR 340883/MG; AI-AgR 685380/RS; RE 241074/RS; RE 582461; ARE 712285 AgR; AI 851038 AgR.

"A aplicação da multa moratória tem o objetivo de sancionar o contribuinte que não cumpre suas obrigações tributárias, prestigiando a conduta daqueles que pagam em dia seus tributos aos cofres públicos. Assim, para que a multa moratória cumpra sua função de desencorajar a elisão fiscal, de um lado não pode ser pífia, mas, de outro, não pode ter um importe que lhe confira característica confiscatória, inviabilizando inclusive o recolhimento de futuros tributos. O acórdão recorrido encontra amparo na jurisprudência desta Suprema Corte, segundo a qual não é confiscatória a multa moratória no importe de 20%." [RE 582.461, rel. min. Gilmar Mendes, j. 18-5-2011, P, *DJe* de 18-8-2011, Tema 214.]

"(...) a norma inscrita no art. 150, IV, da Constituição encerra uma cláusula aberta, veiculadora de conceito jurídico indeterminado, reclamando, em consequência, que os Tribunais, na ausência de 'uma diretriz objetiva e genérica, aplicável a todas as circunstâncias' (DÓRIA, Antônio Roberto Sampaio. *Direito constitucional tributário e due process of law*. 2. ed. Forense, 1986. p. 196, item 62) – e tendo em consideração as limitações que derivam do princípio da proporcionalidade –, procedam à avaliação dos excessos eventualmente praticados pelo Estado. (...) não há uma definição constitucional de confisco em matéria tributária.

Trata-se, na realidade, de um conceito aberto, a ser utilizado pelo juiz, com apoio em seu prudente critério, quando chamado a resolver os conflitos entre o poder público e os contribuintes." [ARE 712.285 AgR, voto do rel. min. Celso de Mello, j. 23-4-2013, 2ª T., *DJe* de 28-6-2013.]

"O entendimento desta Corte é no sentido de que a abusividade da multa punitiva apenas se revela naquelas arbitradas acima do montante de 100% (cem por cento) do valor do tributo." [AI 851.038 AgR, rel. min. Roberto Barroso, j. 10-2-2015, 1ª T., *DJe* de 12-3-2015.]

"A ausência de estudo atuarial específico e prévio à edição de lei que aumente a contribuição previdenciária dos servidores públicos não implica vício de inconstitucionalidade, mas mera irregularidade que pode ser sanada pela demonstração do déficit financeiro ou atuarial que justificava a medida; II – A majoração da alíquota da contribuição previdenciária do servidor público para 13,25% não afronta os princípios da razoabilidade e da vedação ao confisco." [ARE 875.958/GO, rel. min. Roberto Barroso, Tribunal Pleno, j. 19-10-2021, *DJe* de 11-2-2022.]

"Não caracteriza ofensa aos princípios da equivalência (art. 145, II, da Constituição), da vedação ao confisco (art. 150, IV, da Constituição) e da capacidade contributiva (art. 145, § 1º, da Constituição) a alteração no valor das custas extrajudiciais que visa apenas a recomposição inflacionária dos emolumentos, desde que os critérios de atualização guardem relação com as atividades específicas e objetivos do tributo." [ADI 6.671/PR, rel. min. Cármen Lúcia, Tribunal Pleno, j. 15-9-2021, *DJe* de 22-9-2021.]

"O STF possui orientação de que as multas de ofício que não extrapolem 100% do valor do débito não importam em afronta ao art. 150, IV, da Constituição Federal." [ARE 1272600 AgR-segundo, rel. min. Dias Toffoli, Tribunal Pleno, j. 17-5-2021, *DJe* de 17-6-2021.]

"Nos termos da vedação contida no art. 150, IV, da Constituição da República, o efeito confiscatório é conceito relativamente indeterminado no altiplano constitucional, assim se torna imprescindível perquirir heuristicamente os elementos fático-normativos essenciais à constatação ou não do caráter de confisco tributário." [ADI 4.785/MG, rel. min. Edson Fachin, Tribunal Pleno, j. 1º-8-2022, *DJe* de 14-10-2022.]

6. Literatura selecionada

BALEEIRO, Aliomar. *Limitações constitucionais ao poder de tributar* (Anotado por Misabel de Abreu Machado Derzi). RJ: Forense, 1997; CARRAZZA, Roque A. *Curso de Direito Constitucional Tributário*, 18ª ed., São Paulo: Ed. Malheiros, 2008; CARVALHO, Paulo de Barros. *Curso de direito tributário*, 18ª ed. SP: Saraiva, 2007, p. 206; COELHO, Sacha Calmon Navarro. *Comentários à Constituição de 1988. Sistema Tributário*. Rio de Janeiro: Forense, 2005; DALLAZEM, Dalton Luiz. O princípio constitucional tributário do não confisco e as multas tributárias. In: FISCHER, Octavio Campos (Coord.) et al. *Tributos e direitos fundamentais*. São Paulo: Dialética, 2004, p. 19/29; GOLDSCHMIDT, Fabio Brun. *O princípio do não confisco no direito tributário*. São Paulo: Revista dos Tribunais, 2003; HORVATH, Estevão. *O princípio do não confisco no direito tributário*. São Paulo: Dialética, 2002; MARTINS, Ives Gandra da Silva. *Sistema Tributário na Constituição de 1988*. São Paulo: Saraiva, 1991; MENDES, Gilmar Ferreira. O princípio da proporcionalidade na jurisprudência do Supremo Tribunal Federal: novas leituras. In: *Repertório IOB de Jurisprudência*, n. 14, caderno 2, 2ª quinzena de julho de 2000, p. 361/372; NAVEIRA DE CASANOVA, Gustavo J. *El Principio de No Confiscatoriedad en España y Argentina*. Madrid: Mc Graw-Hill, 1997; PAULSEN, Leandro. *Direito tributário – Constituição e Código Tributário à luz da doutrina e da jurisprudência*. 5. ed. Porto Alegre: Livraria do Advogado, 2003; TORRES, Heleno Taveira. Funções das leis complementares no sistema tributário nacional – hierarquia de normas – papel do CTN no ordenamento. *Revista de Direito Tributário*, SP: Malheiros, 2002, n. 84, p. 50-69; TORRES, Ricardo Lobo. *Tratado de direito constitucional financeiro e tributário*, v. 2. *Valores e Princípios Constitucionais Tributários*. Rio de Janeiro: Renovar, 2005; TORRES, Ricardo Lobo. *O Direito ao Mínimo Existencial*. Rio de Janeiro: Renovar, 2009, 352 p.

7. Anotações

O *princípio da segurança jurídica* ganhou, nos últimos tempos, contornos mais precisos e hoje, já não mais limitado a simples reflexo de legalidade, ou mesmo a algum resultado da combinação de outros princípios formais, efetiva-se tanto pela ideia de estabilidade ou permanência, mediante garantia de não intervenção sobre a esfera jurídica do particular, a livre-iniciativa ou a autonomia privada, quanto pela *concretização da justiça*[1], nas suas várias manifestações, especialmente naquela da confiança, da previsibilidade e da boa-fé.

O princípio de proibição de excesso é corolário do princípio de segurança jurídica como forma de expressão de justiça quanto ao exercício dos direitos de propriedade e de liberdade. O confisco é sempre algo que supera os limites do suportável e do razoável. A utilização de tributos com finalidade confiscatória é apenas uma das suas manifestações.

Dentre os princípios que melhor evidenciam as novas funções da segurança jurídica, certamente o da *proporcionalidade* é o mais representativo. E, no âmbito deste, a *proibição de excesso* comparece como medida de vedação ao arbítrio ou aos excessos perpetrados nos atos de aplicação das normas jurídicas. Isso requer, no entanto, ponderação dos valores envolvidos, o que decorre da proporcionalidade que a Constituição ordena. Como resume muito bem Ingo Sarlet, em preciosa monografia:

"Em rigor, o mandamento da *ponderação* corresponde ao terceiro subprincípio derivado do *princípio da proporcionalidade* do direito constitucional alemão: o primeiro subprincípio é o da *idoneidade* do meio empregado para o alcance do resultado com ele pretendido; o segundo, o da *necessidade* desse meio (que inexiste havendo meio mais ameno, menos interventor); o terceiro, o princípio da *proporcionalidade em sentido estrito*, formula-se por uma máxima, 'quanto mais intensiva é uma intervenção em um direito fundamental tanto mais graves devem ser as razões que a justificam'. Essa intervenção se sucede em três fases. Na primeira, deve-se determinar a *intensidade* da intervenção; na segunda, trata-se da *importância das razões* que justificam a intervenção; somente na terceira é que ocorre a *ponderação* no sentido estrito e próprio (no caso-padeiro, a proibição de produzir doces

---

1. Veja-se: COUTO E SILVA, Almiro. Princípios da legalidade da Administração Pública e da Segurança Jurídica no Estado de Direito Contemporâneo. *Revista de Direito Público*, São Paulo, n. 84, out./dez. 1987.

intervém de forma muito intensa na liberdade de profissão; impedir adoecimento dentário, se não é insignificante, tem peso apenas mediano, assim a restrição é inconstitucional)"[2].

Conforme observa Canotilho, o princípio de *proibição de excesso* aplica-se às *leis restritivas* de direito, liberdades e garantias, de modo que qualquer limitação criada por lei deve vir sempre de forma adequada (apropriada), necessária (exigível) e proporcional (com justa medida).

Ou seja, o uso de medida de restrição deve ser apropriado para atingir aos fins pretendidos, sem carga excessiva ou desmedida. E assim, fins e meios devem servir ao valor pretendido, mas sem prejudicar o *núcleo do direito protegido*, que no resultado da ponderação constitui aquela parte que prevalece em qualquer colisão de princípios (conteúdo dos direitos fundamentais).

É imperioso estabelecer, portanto, até onde o legislador poderá ir sem que, com seu agir material ou normativo, possa incorrer na constrição da esfera privada sem ultrapassar a linha do *sacrifício do direito* que lhe é interditada, mediante aplicação de restrição ou extinção de direito[3], no caso, pelo princípio de vedação de uso de efeito confiscatório na aplicação dos tributos.

Mesmo que parte da doutrina nacional ainda não mostre segurança quanto à exata extensão eficacial do princípio de *vedação ao uso de tributo com efeito de confisco* (art. 150, IV, da CF), o certo é que ele não é apenas uma regra programática restritiva de excesso de exação, aplicável unicamente às exigências de tributos que exorbitem a capacidade contributiva, aos excessos, individuais ou globais, de carga tributária, talvez esta seja sua função mais fraca no sistema constitucional. É que hipóteses de efeitos confiscatórios podem decorrer do emprego de *obrigações acessórias* exageradas, dos excessos de regimes tributários sancionatórios, bem como da própria técnica do tributo, como se vê, por exemplo, na resistência à devolução das diferenças positivas de base de cálculo quando da aplicação do regime de substituição tributária; das restrições à devolução dos créditos acumulados em face da exportação (ICMS, PIS/COFINS), nos casos de antecipação de impostos em fronteira, e muitos outros. Todos estes sempre enfrentados pelo STF com o vigor necessário, para erradicar do nosso ordenamento essa prática tão nociva, mesmo quando ainda não era regra positivada na Constituição.

O que se proíbe é o uso de atitudes estatais que conduzam ao excesso de exigências tributárias, mediante indevida apropriação estatal, total ou parcial, do patrimônio ou dos rendimentos dos contribuintes, como forma de garantir o equilíbrio de carga tributária, individual ou sistêmica, o exercício dos direitos patrimoniais e de livre-iniciativa, bem como a correta aplicação dos tributos, segundo os critérios estabelecidos em lei e conforme a Constituição. A *aferição do grau de insuportabilidade econômico-financeira*, portanto, é apenas uma das facetas do referido princípio, e não o seu fundamento exclusivo[4].

As infrações tributárias podem ter como *elemento objetivo do tipo*, separada ou conjuntamente, tanto uma ação relacionada com o descumprimento de *obrigações principais*, de cunho patrimonial, quanto de *obrigações acessórias*, na forma de deveres formais em favor da arrecadação ou da fiscalização de tributos. As consequências sancionatórias podem ser distintas, mas o pressuposto não se modifica, cabendo uma avaliação conjunta, entre pressuposto e consequências, ao que chamamos de *princípio da homogeneidade da valoração do ilícito*, para evitar contradições no ordenamento, garantir uma uniformidade de qualificação desses ilícitos e evitar excessos na sua aplicação. E assim, no espaço das sanções administrativas em matéria tributária cumpre distinguir as seguintes modalidades: i) *sanções patrimoniais*[5] (multas) e ii) *sanções não patrimoniais de caráter interventivo*, mais conhecidas como "sanções políticas" (restrições de direitos, perdimento, imputações de deveres formais mais gravosos, perda de benefícios). As *sanções patrimoniais* equivalem a espécie de obrigação tributária como "gênero", como as qualifica o art. 113 do CTN. Tais sanções administrativas (multas[6]) serão cobradas sob a égide do mesmo regime procedimental que se aplica aos tributos, no âmbito administrativo, inclusive, com idênticas garantias. Diversamente, as normas tributárias que veiculam *sanções administrativas de caráter interventivo*, estas têm um caráter típico de "garantias do crédito tributário", ao pretenderem, mediante coercitividade ou coatividade, atingir aos resultados projetados pelas normas tributárias que culminam em obrigações patrimoniais ou formais. Não adotamos a expressão "sanção política"[7] para dizer das modalidades de *sanções administrativas não patrimoniais de caráter interventivo*, por entendermos que aquelas somente serviriam para identificar sanções cujo procedimento de aplicação superasse limites constitucionais ou legais ou não fosse contemplada em lei prévia, o que não é o caso.

As hipóteses de sanções administrativas de caráter interventivo são múltiplas. Porém, é importante não formar qualquer juízo *a priori* de plena aceitação ou mesmo de negação sobre todas elas, porquanto a situação presente em cada caso é que determinará seu cabimento e legitimidade ou mesmo sua refutação imediata. É o caso, por exemplo, da *apreensão de mercadorias*, que se pode revestir de medida odiosa, quando aplicável visando a fatos futuros ou mesmo a constrição oblíqua para satisfação de obrigações tributárias, mas que tem seu cabimento admitido em diversas hipóteses, inclusive no âmbito tributário. Diga-se o mesmo sobre certos regimes especiais, como exigências de certidão nega-

---

2. SARLET, Ingo Wolfgang. Constituição e proporcionalidade: o direito penal e os direitos fundamentais entre proibição de excesso e de insuficiência. *Revista da AJURIS*. Porto Alegre: AJURIS, 2005, a. XXXII, n. 98, p. 144.

3. Cf. SUNDFELD, Carlos Ari. *Direito Administrativo ordenador*, SP: Malheiros, 1993, p. 86 e ss.; para considerações aplicadas ao Direito Tributário, veja-se ainda: PONTES, Helenilson Cunha. *O princípio da proporcionalidade e o Direito Tributário*. SP: Dialética, 2000, p. 129-151.

4. Veja-se a ADI-MC 2.010-2/DF, rel. Min. Celso de Mello, j. em 30-9-1999.

5. Cf. SANDULI, Maria Alessandra. *Le sanzioni amministrative pecuniarie – principi sostanziali e procedimentali*. Napoli: Jovene, 1983, 266 p.; também: OLIVEIRA, Régis Fernandes de. *Infrações e sanções administrativas*. SP: RT, 1985, p. 114.

6. Acompanhamos aqui as conclusões de Sacha Calmon, para quem "multa é prestação pecuniária compulsória instituída em lei ou contrato em favor de particular ou do Estado, tendo por causa a prática de um ilícito" (COELHO, Sacha Calmon Navarro. *Teoria e prática das multas tributárias – infrações tributárias e sanções tributárias*. RJ: Forense, 2ª ed., 1993, p. 41 e 50). Sobre sanções, vide: CARVALHO, Paulo de Barros. *Curso de direito tributário*, 15ª ed. SP: Saraiva, 2003, p. 501 e s.

7. Veja-se ainda o importante estudo: ZORNOZA PEREZ, Juan J. *El sistema de infracciones tributarias (los princípios constitucionales del derecho sancionador)*. Madrid: Civitas, 1992, p. 42; para diversas posições a respeito, cf. MACHADO, Hugo de Brito (org.). *Sanções administrativas tributárias*. SP: Dialética – ICET, 2004, 511 p.; cf. PACHECO, Angela Maria da Motta. *Sanções tributárias e sanções penais tributárias*. SP: Max Limonad, 1997, 352 p.

tiva para a prática de atos, cancelamento de inscrição em cadastros de contribuintes ou de inscrição estadual ou municipal, perda de benefícios fiscais, declaração de devedor remisso, proibições de despachar mercadorias em repartições aduaneiras, proibição de emitir notas fiscais, adquirir selos ou cupons obrigatórios, ou mesmo o recurso ao *fechamento de estabelecimento*.

No Brasil, entretanto, essas modalidades de sanções, mesmo que encontráveis em outros ordenamentos, alcançaram elevado grau de refutação[8], em favor dos contribuintes, especialmente a partir da jurisprudência consolidada no Plenário do STF[9], a exemplo:

"1. Esta Corte orientou-se no sentido de que o regime especial do ICMS, mesmo quando autorizado em lei, impõe limitações à atividade comercial do contribuinte, com violação aos princípios da liberdade de trabalho e de comércio e ao da livre concorrência, constituindo-se forma oblíqua de cobrança do tributo e, por conseguinte, execução política, repelida pela jurisprudência sumulada deste Supremo Tribunal (Súmulas STF 70, 323 e 547). 2. Agravo regimental improvido"[10].

Esta decisão acompanha integralmente os princípios colimados na Jurisprudência uniformizada em súmulas por este Tribunal, bem como do Superior Tribunal de Justiça – STJ, sucessivamente reafirmadas no tempo, que são as seguintes: Súmula 70: "É inadmissível a interdição de estabelecimento como meio coercitivo para cobrança de tributo". Súmula 323: "É inadmissível a apreensão de mercadorias como meio coercitivo para pagamento de tributo", e a Súmula 547: "Não é lícito à autoridade proibir que o contribuinte em débito adquira estampilhas, despache mercadorias nas alfândegas e exerça suas atividades profissionais".

Tal concepção quanto ao papel do tributo não é recente. O pagar tributo de há muito perdeu o sentido de dever moral, tal como propugnava São Tomás de Aquino e os escolásticos. A relação tributária é relação jurídica fundada em preceitos constitucionais, logo, espécie de relação jurídica, não se revestindo como relação de poder. Por conseguinte, o estado fiscal, amparado pelos preceitos democráticos, não pode conviver com o efeito de confisco, como regra; há de ser exceção, sempre no limite daquilo que possa ser tido como intolerável pelo ordenamento.

Como bem asseverou o Ministro Barros Barreto, do STF, no RE n. 18.976-SP, "atualmente o poder de tributar é o poder de conservar, de manter, conciliando-se, assim, as necessidades do Estado e os direitos assegurados ao indivíduo", o que diz com o firme propósito de retrucar a opinião de Marshall, nunca acolhida na Corte Constitucional americana, de que *o poder de tributar envolve o poder de destruir*. E concluía o Ministro, no seu brilhante voto, que a Constituição, apesar de não contemplar, à época (1968), dispositivo que vedasse, de maneira expressa, a tributação excessiva, esta possuía dispositivos fundamentais que assegurariam as liberdades individuais, entre os quais incluir-se-ia o exercício de qualquer profissão, comércio e indústria, os quais "constituem uma implícita limitação ao poder do Estado, no concernente à criação de impostos exagerados". Afastava-se, destarte, de modo objetivo, o recurso ao "tributo proibitivo"[11] no direito brasileiro, pelo arranjo constitucional que este contemplava, como equivalente do efeito de confisco[12].

Como bem lembra Sacha Calmon que não pode o legislador "a título de sancionar descumprimento de obrigação tributária principal ou acessória, impedir ou mesmo restringir as atividades dos contribuintes, interditando estabelecimentos, negócios ou instrumentos de trabalho. Tais atos só serão possíveis e legítimos quando exercidos com base no poder de polícia da administração pública, havendo *motivo real* para a interferência estatal e o poder seja exercitado regularmente, sem excesso, abuso ou desvio, conforme o direito administrativo"[13].

Examine-se, por exemplo, o teor da Súmula 323, ao prever que "é inadmissível a apreensão de mercadorias como meio coercitivo para pagamento de tributo". Ora, se a Corte não aceita a *apreensão* de mercadorias (cuja devolução é possível) como meio coercitivo, diga-se o mesmo para o uso de *perdimento* (sem devolução), declarado com o único propósito de coibir o contribuinte a usar de prática que entende a Fazenda Pública ser a mais adequada para efetuar importações, por exemplo. Para

---

8. Cf. MARTINS, Ives Gandra da Silva. *Da sanção tributária*. SP: Saraiva, 1998, p. 36-39.

9. DÉBITO FISCAL. IMPRESSÃO DE NOTAS FISCAIS. PROIBIÇÃO. INSUBSISTÊNCIA. Surge conflitante com a Carta da República legislação estadual que proíbe a impressão de notas fiscais em bloco, subordinando o contribuinte, quando este se encontra em débito para com o fisco, ao requerimento de expedição, negócio a negócio, de nota fiscal avulsa" (RE 413.782-SC, j. em 17-3-2005).
"CONSTITUCIONAL. TRIBUTÁRIO. ICMS: REGIME ESPECIAL. RESTRIÇÕES DE CARÁTER PUNITIVO. LIBERDADE DE TRABALHO. CF/67, art. 153, § 23; CF/88, art. 5º, XIII. I – Regime especial de ICM, autorizado em lei estadual: restrições e limitações, nele constantes, à atividade comercial do contribuinte, ofensivas à garantia constitucional da liberdade de trabalho (CF/67, art. 153, § 23; CF/88, art. 5º, XIII), constituindo forma oblíqua de cobrança do tributo, assim execução política, que a jurisprudência do Supremo Tribunal Federal sempre repeliu (Súmulas 70, 323 e 547). II – Precedente do STF: ERE 115.452-SP, Velloso, Plenário, 04.10.90, *DJ* de 16.11.90. III – Recurso extraordinário não admitido. Agravo não provido" (RE-AgRg 216.983-SP, j. em 6-10-1998).
"MANDADO DE SEGURANÇA. Contribuinte em débito com o icm. Medida adotada pelo Fisco negando-se a fornecer talonário referente a dito tributo. Inviabilidade da pretensão da Fazenda, face ao disposto no art. 153, par 23 da Constituição, no sentido que lhe tem atribuído a Jurisprudência do stf (Súmula 547)" (RE 88.838, j. em 27-3-1979).
"É inadmissível a interdição de estabelecimento comercial como meio coercitivo para cobrança do tributo. Aplicação das Súmulas 70 e 547. Recurso extraordinário não conhecido" (RE 62.047-SP, j. em 8-5-1970).
"*Solve et repete*. Não é lícito à autoridade proibir o contribuinte em débito de adquirir estampilhas, despachar mercadorias nas alfândegas e exercer as suas atividades profissionais" (RE 63.026-SP, j. em 25-4-1968).

10. AI-AgRg 529.106-MG, Rel. Min. Ellen Gracie, j. em 29-11-2005.

11. Cf. DÓRIA, Antonio Roberto Sampaio. *Direito Constitucional Tributário e "due process of law"*. 2ª ed., Rio de Janeiro: Forense, 1986, 4º cap.

12. Veja-se, por exemplo, a decisão do STF, relatada pelo Ministro Celso de Mello: "(...) A proibição constitucional do confisco em matéria tributária nada mais representa senão a interdição, pela Carta Política, de qualquer pretensão governamental que possa conduzir, no campo da fiscalidade, à injusta apropriação estatal, no todo ou em parte, do patrimônio ou dos rendimentos dos contribuintes, comprometendo-lhes, pela insuportabilidade da carga tributária, o exercício do direito a uma existência digna, ou a prática de atividade profissional lícita ou, ainda, a regular satisfação de suas necessidades vitais (educação, saúde e habitação, por exemplo)" (ADI-MC 2.010-DF, j. em 30-9-1999).

13. COELHO, Sacha Calmon Navarro. *Teoria e prática das multas tributárias – infrações tributárias e sanções tributárias*. RJ: Forense, 2ª ed., 1993, p. 63; ver ainda: RIBAS, Lídia Maria Lopes Rodrigues. *Questões relevantes de direito penal tributário*. SP: Malheiros, 1997, 133 p.

cobrar tributos devidos há toda uma série de meios outros à disposição do Fisco, como é o caso do lançamento tributário e eventual auto de infração e imposição de multas, até eventual execução fiscal. O recurso a penas de perdimento de forma desarrazoada, é, sem qualquer sombra de dúvida, uma grave forma de aplicação de tributo com efeito confiscatório, quando não se vê precedido de elementos seguros de confirmação da prática delituosa que o justifique. Evidentemente, ao ter-se uma série de garantias ao crédito tributário e outras medidas sancionatórias, tanto penais quanto administrativas, o recurso a tais expedientes deve ser sempre evitado.

Art. 150, V – estabelecer limitações ao tráfego de pessoas ou bens, por meio de tributos interestaduais ou intermunicipais, ressalvada a cobrança de pedágio pela utilização de vias conservadas pelo Poder Público;

Paulo Caliendo

1. Evolução histórica

O *pedágio* [do *latim vulgar Pedaticu*, pelo it. *Pedaggio*] é uma das prestações coativas mais antigas que temos conhecimento, remontando a sua utilização à antiguidade e ao direito feudal de passagem nas terras do senhorio. No Brasil Império está ligado aos *direitos de barcagem* e aos direitos de pedágio. Sua origem moderna está vinculada às primeiras companhias de estradas de barreira (*Turnpikes Companies*), que detinham os direitos para construir estradas, interditá-las, fechar e abrir caminhos, desapropriar terras, entre outros. O primeiro pedágio organizado é citado como existindo em 1792 na Pensilvânia, restaurado posteriormente em 1940 (*Pensylvania Turnpike*)[1].

O *pedágio* recebeu um tratamento vacilante nos textos constitucionais brasileiros, com uma relativa desatenção a sua importância e com a normal aceitação de sua cobrança.

Cabe ressaltar que o termo *pedágio* consagrou-se mesmo perante a demonstração de sua impropriedade terminológica e de sua alternativa vernacular sugerida por Aliomar Baleeiro (*rodágio*). A doutrina e a legislação nacional consagraram este termo como referência vernacular consensual, mais do que uma aceitação conceitual[2].

Cabe recordar o instituto do *selo-pedágio* instituído pela Lei n. 7.712, de 22.12.1988[3] declarado inconstitucional[4] pela sua estrutura próxima a um imposto sobre a propriedade de veículos automotores. Sua base de cálculo tinha como elementos características do veículo e seu ano de fabricação, o que o aproximava claramente do IPVA. Dessa forma a sua declaração de inconstitucionalidade decorria da ofensa ao art. 145, § 2º, da CF e do art. 154, II, da CF/88 que tratava a da competência residual.

Não poderia ser considerado como taxa, visto que não poderia ser apresentada nenhuma atividade específica em relação ao contribuinte, que seria impelido a pagar este tributo mesmo que não viesse a utilizar o veículo, de outra parte o valor era utilizado não apenas para a manutenção de vias, mas também para a construção de estradas.

Para Sacha Calmon Navarro Coêlho o pedágio não pode ser instituído para o mero uso de via pública, visto que não existe nenhuma atuação estatal, bem como não pode servir para a construção de estradas[5], dado que o pedágio somente pode ser cobrado em contrapartida à prestação de serviços públicos. Em sentido contrário encontramos a Lei n. 8.987, de 13 de fevereiro de 1995, que determina em seu art. 2º, inciso III:

"III – concessão de serviço público precedida da execução de obra pública: a construção, total ou parcial, conservação, reforma, ampliação ou melhoramento de quaisquer obras de interesse público, delegada pelo poder concedente, mediante licitação, na modalidade de concorrência, à pessoa jurídica ou consórcio de empresas que demonstre capacidade para a sua realização, por sua conta e risco, de forma que o investimento da concessionária seja remunerado e amortizado mediante a exploração do serviço ou da obra por prazo determinado".

Nesse caso, o concessionário realiza a construção da obra e a disponibiliza para a sociedade que irá remunerar este investimento no tempo com o pagamento da amortização do investimento e, geralmente, com as despesas de manutenção do empreendimento e dos serviços adicionais ofertados com a obra. Conforme demonstraram diversos autores nada impede que exista no direito brasileiro a realização de obras públicas com o uso de investimentos privados remunerados por meio de concessões de uso e do fornecimento de serviços públicos. Dessa forma teríamos a possibilidade de financiamento de novas obras públicas por meio da utilização de contribuições de melhoria ou mesmo de preços públicos em regime de concessão. Teríamos assim tanto a *concessão de uso de bem público*, bem como a *concessão de obra pública*[6].

A doutrina se divide claramente sobre a natureza dos pedágios como taxas, preços públicos ou prestação coativa de direito público que pode assumir a forma de taxa ou pedágio, conforme a situação e elementos caracterizadores. Assim defendem que o pedágio possui a natureza de:

i) *taxa*: para os defensores deste ponto de vista o pedágio deve ser considerado como taxa pelo fato de que existe um serviço de manutenção ou conservação sendo prestado, esse serviço possui o caráter essencial de um serviço *stricto senso* e não há pos-

---

1. Cf. VERLI, Fabiano. *Taxas e preços públicos*. São Paulo: Revista dos Tribunais, 2005, p. 232.
2. Idem, ibidem, p. 235.
3. Lei n. 7.712, de 22.12.1988: "Art. 1º Esta Lei disciplina a cobrança de pedágio pela utilização de rodovias federais, pontes e obras de arte especiais que as integram. Art. 2º Contribuinte do pedágio é o usuário de rodovia federal sob jurisdição do Departamento Nacional de Estradas de Rodagem – DNER. Art. 3º O montante calculado para ser arrecadado com o pedágio não poderá ultrapassar ao necessário para conservar as rodovias federais, tendo em vista o desgaste que os veículos automotores, utilizados no tráfego, nelas provocam, bem como a adequação dessas rodovias às necessidades de segurança do trânsito".
4. STF, RE 81.475/RS, rel. Min. Carlos Velloso, publicado em 25-6-1999: "Constitucional. Tributário. Pedágio. Lei 7.712, de 22.12.88. I. Pedágio: natureza jurídica: taxa: CF, art. 145, II, art. 150, V. II. Legitimidade constitucional do pedágio instituído pela Lei 7.712, de 1988. III. Recurso extraordinário não conhecido".
5. Cf. COÊLHO, Sacha Calmon Navarro. *Comentários à Constituição de 1988 – Sistema Tributário*. Rio de Janeiro: Forense, 1995, p. 248.
6. Cf. MELLO, Celso Antônio Bandeira de. Obras públicas a custo zero. *Revista Trimestral de Direito Público*, n. 03, p. 32-41. Verli, Fabiano. *Taxas e preços públicos*. São Paulo: Revista dos Tribunais, 2005, p. 253.

sibilidade de escolha por parte do usuário, especialmente, no caso de ausência de via alternativa. Defendem este ponto de vista José Eduardo Soares de Melo[7] e Roque Volkweiss. Os argumentos contrários a esta tese podem ser citados para demonstrar que pode existir e mesmo a lei autoriza a presença de pedágios que remunerem a amortização do custo do investimento em uma obra pública. De outra parte, mesmo serviços essenciais, como o fornecimento de energia elétrica podem ser prestados sob o regime de concessão por particulares sob a forma de preços públicos, sem existir ofensa à natureza essencial destes serviços. Por fim, nada impede que determinado serviço possa ser prestado sob a forma monopolística por inviabilidade técnica ou econômica, como no caso do fornecimento de energia elétrica ou água por um concessionário, sem a presença de um fornecedor alternativo ou de uma via alternativa de suprimento. Em nenhum destes casos se questiona a natureza de preço público de serviços públicos essenciais prestados por concessionário privado;

ii) *preço público*: para aqueles que defendem a natureza contratual do pedágio argumenta-se que a prestação realiza-se no entorno à utilização de um bem público e nunca na utilização de um serviço. Assim, caberia ao viajante escolher qual o meio de transporte a utilizar e se faria uso deste bem (estrada) ou não, independentemente da presença de uma via alternativa. Partilham deste entendimento Bernardo Ribeiro de Moraes[8] e Ricardo Lobo Tôrres[9]. Entendemos, contudo, que nada impede que o pedágio venha configurado sob a forma de taxa para a conservação de vias pela utilização efetiva de uma estrada conservada;

iii) *instituto autônomo*: para Luciano Amaro a natureza jurídica do pedágio é irredutível às figuras do preço público e da taxa, devendo ser caracterizado como um instituto autônomo e dotado de características próprias: o *pedágio*. Esta figura tem seu fundamento normativo no texto constitucional que fala no art. 150, V, da CF/88 em pedágio pela utilização de vias conservadas pelo Poder Público[10]. O pedágio seria irredutível tanto às taxas de serviço, quanto de fiscalização (exercício do poder de polícia);

iv) *prestação coativa de direito público*: para Sacha Calmon Navarro Coêlho[11], em opinião que concordamos, o pedágio pode assumir tanto a forma de taxa, quanto de preço público. Nada impediria inclusive que houvesse a cobrança de pedágio sob a forma de taxas e como a cobrança de preços públicos pela utilização de serviços prestados ao longo do trecho da rodovia (conservação, banheiros, refúgio, iluminação, socorro, segurança, estacionamento, entre outros). Um seria estabelecido pelo uso da via e o outro pela fruição dos serviços ofertados, cada vez que um cidadão adentrasse na via estaria sujeito a um pagamento duplo, na hipótese formulada por Fabiano Verli[12]. Nenhuma dificuldade jurídica surgiria desta situação, mas tão somente problemas de ordem gerencial que indicam geralmente a aplicação de um regime único de gestão. A remuneração do serviço de pedágio por meio de taxas ou preços públicos não importa em maior ou menor respeito aos direitos fundamentais do contribuinte ou menor respeito aos direitos do usuário, se demonstrando como técnicas distintas de financiamento da construção, conservação e prestação de serviços rodoviário, que devem ser pautados pela eficiência e promoção dos direitos fundamentais, especialmente da dignidade da pessoa humana. Conforme este respeitado jurista a natureza comum de ambos os institutos (taxas e preços públicos) como formas de prestação coativas de direito público não pode ser escondida sob a artificial alegação da existência de uma facultatividade na fruição de determinados serviços remunerados por meio da cobrança de tarifas[13]. Não há uma verdadeira distinção quanto ao vínculo de subordinação (contratual ou compulsório), mas tão somente pelo tipo de objeto que está sendo prestado (taxas – *serviços públicos em sentido estrito*).

Cabe ressaltar que a exigência da presença de via alternativa decorre da redação da Lei n. 8.987/95, que dispõe sobre o Regime de Concessões de Serviços Públicos e regulamenta o art. 175 da CF, dispondo que *"a tarifa não será subordinada à legislação específica anterior e somente nos casos expressamente previstos em lei, sua cobrança poderá ser condicionada à existência de um serviço público alternativo e gratuito ao usuário"* (grifado).

Art. 150, VI – instituir impostos sobre:
a) **patrimônio, renda ou serviços, uns dos outros;**

Celso de Barros Correia Neto
Liziane Angelotti Meira

1. História da norma

O art. 150, VI, "a" da Constituição Federal proíbe à União, aos Estados, ao Distrito Federal e aos Municípios de instituir im-

---

7. Cf. MELO, José Eduardo Soares de. *Curso de Direito Tributário*. São Paulo: Dialética, 1995, p. 55.

8. Cf. MORAES, Bernardo Ribeiro de. A transferência do *"pedágio"* – uma injusta e ilegítima concessão. *Revista Dialética de Direito Tributário*, n. 12. São Paulo: Dialética, 1997, p. 12.

9. Segundo o autor, "a CF/88 coartou as dúvidas porventura existentes com autorizar expressamente a cobrança de pedágio, que a rigor, não é tributo, mas preço público. É devido como contraprestação financeira pela utilização de bens pertencentes aos órgãos estatais; destina-se a remunerar as despesas provocadas pelo contribuinte com a conservação e o custo da construção das estradas ou pontes, tornando-se um instrumento de justiça na divisão das despesas públicas. Em razão da ressalva constitucional poderia ser cobrada ainda que a lei que o instituísse lhe desse impropriamente o apelido de taxa" (TÔRRES, Ricardo Lobo. *Direitos Humanos e a Tributação*: imunidades e isonomia. Rio de Janeiro: Renovar, 1995, p. 87-88).

10. Cf. AMARO, Luciano. *Direito Tributário Brasileiro*. São Paulo: Saraiva, 1998, p. 259.

11. COÊLHO, Sacha Calmon Navarro. *Comentários à Constituição de 1988 – Sistema Tributário*. 5ª ed. Rio de Janeiro: Forense, 1985, p. 69.

12. Cf. VERLI, Fabiano. *Taxas e preços públicos*. São Paulo: Revista dos Tribunais, 2005, p. 261.

13. Assim: "Dizer que certos serviços prestados pelo Estado através de instrumentalidades suas, concessionárias ou permissionárias, em regime de monopólio regional, são de utilização facultativa, é no mínimo enunciar uma meia verdade. Examinemos ocorre entre nós (...) A energia, a telefonia, a água e o transporte coletivo são prestados por concessionárias de serviços públicos que se remuneram através de tarifas (preços) e a única maneira de o contribuinte (homem do povo) voluntariamente negar-se ao pagamento de contraprestação é privar-se da água, da energia, do telefone, e, além de viver às escuras, andar a pé... A tanto poderia chegar também, na área dos tributos: abster-se de ter renda para não pagar imposto de renda; negar-se a ser proprietário para não pagar IPTU; jamais transacionar com imóveis ou direito a eles relativos, para não pagar o imposto de transmissão; não solicitar atestado de bons antecedentes criminais e, pois, furtar-se à taxa de expediente" (COÊLHO, Sacha Calmon Navarro. Preços Públicos e Taxas. *Revista do Curso de Direito da Universidade Federal de Uberlândia*, n. 15. Uberlândia, 1986, p. 143).

posto sobre o patrimônio, renda ou serviços, uns dos outros. Trata-se da imunidade recíproca das pessoas políticas. Esse preceito já constava da redação original da Constituição de 1988 e não foi objeto de emenda constitucional.

2. Constituições brasileiras anteriores

Na Constituição de 1891, art. 10, havia a proibição aos Estados de tributar bens e rendas federais ou serviços a cargo da União, e desta em relação a eles.

Na Constituição de 1934, art. 17, X, a proibição de tributar estava um pouco mais delineada, direcionando-se à União, aos Estados e aos Municípios. Estendia-se "às concessões de serviços públicos, quanto aos próprios serviços concedidos e ao respectivo aparelhamento instalado e utilizado exclusivamente para o objeto da concessão". Ademais, o parágrafo único do artigo mencionado prescrevia que a imunidade recíproca prevista no inciso X não impedia a cobrança de taxas remuneratórias devidas pelos concessionários de serviços públicos.

No mesmo passo da sua predecessora, a Constituição de 1937, art. 32, "c" e parágrafo único, manteve a imunidade recíproca, mas agora com proibição expressa: "Os serviços públicos concedidos não gozam de isenção tributária, salvo a que lhes for outorgada, no interesse comum, por lei especial". Em relação a esses serviços, determinava o mesmo dispositivo constitucional que poderia ser outorgada isenção no interesse comum por lei especial. Nesse artigo, não constou menção às taxas, como havia na Constituição anterior. A Lei Constitucional n. 9, de 1945, alterou a redação do art. 32 da Constituição de 1937 para incluir o Distrito Federal nessa limitação constitucional ao poder de tributar.

Com a Constituição de 1946, o desenho da imunidade é circunscrito aos impostos. O texto de 1946 proibia "lançar impostos sobre: bens, rendas e serviços uns dos outros, sem prejuízo da tributação dos serviços públicos concedidos", em vez de prever ser vedado "tributar bens, renda e serviços uns dos outros", como na Carta anterior. Costa (1951) anotou que esse preceito veio para resolver discussões sobre a inclusão das taxas na imunidade[1]. Assim, na Constituição de 1946, art. 31, V, "a", e parágrafo único, a previsão da imunidade, além de restringir-se a impostos, trouxe, no parágrafo único, especificações concernentes aos serviços públicos concedidos. Determinou que não havia imunidade, mas que a isenção tanto poderia ser deferida pelos entes concessores dos serviços, em relação a seus próprios tributos, quanto pela União por lei especial, também em relação aos seus serviços, podendo neste caso, atingir tributos dos outros entes da Federação, no sentido do interesse público.

Na Emenda Constitucional n. 18, de 1965, art. 2º, IV, "a", veda-se "cobrar impostos sobre o patrimônio, a renda ou os serviços uns dos outros". O § 1º estendeu expressamente essa imunidade às autarquias, no que se refere ao patrimônio, à renda ou aos serviços vinculados às suas finalidades essenciais. O § 2º continuou tratando dos serviços públicos, cuja isenção manteve restrita às mesmas condições já postas na redação da Constituição de 1946.

Na Constituição de 1967, art. 20, III, "a", manteve-se o mesmo texto com a previsão geral da imunidade recíproca. No § 1º, foi mantida disposição sobre as autarquias e sobre os serviços públicos concedidos de forma similar à da Constituição anterior. No § 2º, contudo, foi prevista competência para a União, por meio de lei complementar e atendendo a relevante interesse social ou econômico nacional, conceder de forma geral isenções de impostos federais, estaduais e municipais. Dessa forma, a competência para a União que era, nas Constituições anteriores, de isentar os tributos estaduais e municipais incidentes serviços públicos federais concedidos, transformou-se no poder geral de conceder isenções de impostos de forma heterônoma por meio de lei complementar.

Na Emenda Constitucional n. 1, de 1969, art. 19, III, "a", foi mantido o texto geral da imunidade recíproca constante da Constituição anterior. No § 1º também não houve mudanças, mas, no final deste dispositivo, houve acréscimo no texto constitucional do entendimento do STF de que essa imunidade não exonera o promitente comprador da obrigação de pagar imposto que incidir sobre imóvel objeto de promessa de compra e venda[2]. No parágrafo § 2º, foi mantida a competência da União para instituir isenções heterônomas.

Assim se configurou o iter da evolução constitucional para chegarmos ao texto constante do art. 150, VI, "a" e §§ 2º e 3º. Interessante mencionar que, ao passo que na Constituição de 1967, art. 20, § 2º, e na Emenda Constitucional n. 1, de 1969, art. 19, § 2º, estava concedida à União a isenção heterônoma, na Constituição de 1988, art. 151, III, a União está expressamente proibida de conceder isenções de tributos estaduais, do Distrito Federal e municipais.

3. Direito Internacional

A matéria, regulada pelo art. 150, VI, "a", não compõe temário clássico do direito internacional.

4. Remissões constitucionais e legais

O preceito constitucional em análise, art. 150, VI, "a", tem estreita relação com a forma federativa do Estado brasileiro, prevista nos arts. 1º, 4º, 60, § 4º, I, entre muitos outros da Constituição Federal. Relaciona-se também com os artigos da Constituição que tratam da competência para instituir impostos: arts. 153 e 154 (impostos federais), 155 (impostos estaduais e do Distrito Federal) e 156 (impostos municipais). Tendo em conta que na Constituição de 1967 e na Emenda Constitucional n. 1, de 1969, havia previsão de isenção heterônoma por parte da União, cumpre mencionar o art. 151, III, da Constituição Federal, que proíbe expressamente a União de conceder isenções de tributos estaduais, do Distrito Federal e municipais.

O Código Tributário Nacional trata das imunidades nos arts. 9º a 15. Contudo, cumpre lembrar que o CTN é anterior à

---

1. Em 1963, o STF editou sua Súmula 324, que afirmava que a imunidade recíproca não compreendia as taxas.

2. Súmula 75 do STF, 1963: "Sendo vendedora uma autarquia, a sua imunidade fiscal não compreende o impôsto de transmissão inter vivos, que é encargo do comprador". A Súmula 583 do STF, 1977, determinava que "Promitente comprador de imóvel residencial transcrito em nome de autarquia é contribuinte do imposto predial territorial urbano".

atual Constituição e, em relação às imunidades em pauta, não teve sua redação alterada.

Vale mencionar ainda o art. 12 do Decreto-lei n. 509, de 1969, que estabelece que "A ECT gozará de isenção de direitos de importação de materiais e equipamentos destinados aos seus serviços, dos privilégios concedidos à Fazenda Pública, quer em relação à imunidade tributária, direta ou indireta, impenhorabilidade de seus bens, rendas e serviços, quer no concernente a foro, prazos e custas processuais".

A matéria será examinada com mais vagar no tópico relativo à jurisprudência, na medida em que se relaciona com o decidido no RE 407.099, Relator Carlos Velloso, Segunda Turma, julgado em 22-6-2004, entre outros julgados do STF.

5. Jurisprudência

Conforme verificamos na evolução temporal do desenho constitucional da imunidade recíproca nas Constituições brasileiras, essa limitação ao poder de tributar está expressamente circunscrita aos impostos desde a Constituição de 1946[3]. Assim, consta da Súmula 324 do STF, 1963, que a imunidade recíproca não compreende taxas. No mesmo sentido, o STF concluiu que a imunidade recíproca não alcança as contribuições previdenciárias nem as contribuições sociais em geral (ADI 2.024, 2007; RE 831.381 AgR-AgR, 2018).

No julgamento da ADI 939, em que se discutia a constitucionalidade do Imposto Provisório sobre a Movimentação ou a Transmissão de Valores e de Créditos e Direitos de Natureza Financeira (I.P.M.F.), o STF elevou a imunidade recíproca à condição de cláusula pétrea, com fundamento no 60, § 4º, I, da Constituição. A ação acabou julgada parcialmente procedente para o fim de afastar as regras que recepcionavam limitações constitucionais ao poder de tributar, inclusive a imunidade recíproca (ADI 939, Rel. Min. Sydney Sanches, Tribunal Pleno, julgado em 15-12-1993).

Quanto ao alcance da norma de imunidade recíproca, o Tribunal já reconheceu, em sede de repercussão geral, que incide a imunidade prevista no art. 150, inciso VI, "a", da Constituição Federal, em se tratando de contrato de alienação fiduciária em que pessoa jurídica de direito público surge como devedora. Assim, "Não incide IPVA sobre veículo automotor adquirido, mediante alienação fiduciária, por pessoa jurídica de direito público", segundo a tese fixada no julgamento (RE 727851, Rel. Min. Marco Aurélio, Tribunal Pleno, j. 22-6-2020, Tema 685 da repercussão geral).

Segundo o STF, incide o Imposto Predial e Territorial Urbano considerado bem público cedido a pessoa jurídica de direito privado, sendo esta a devedora (RE 601720, Rel. Min. Edson Fachin, Relator p/ Acórdão: Marco Aurélio, Tribunal Pleno, j. 19-4-2017, Tema 437 da repercussão geral). A imunidade recíproca, na mesma linha, não se estende à empresa privada arrendatária de imóvel público, quando seja ela exploradora de atividade econômica com fins lucrativos (RE 594015, rel. Min. Marco Aurélio, Tribunal Pleno, j. 6-4-2017, Tema 385 da repercussão geral).

No entanto, em julgados anteriores em que se discutia a incidência de IPTU em imóveis situados no Porto de Santos, a decisão foi em sentido diverso. Reconheceu, naquela oportunidade, que não poderiam ser tributados pelo município (IPTU) os imóveis que compõem o acervo patrimonial do Porto de Santos integrantes do domínio da União, independentemente de encontrarem-se tais bens ocupados pela empresa delegatária dos serviços portuários (AI 738.332 AgR, 2010).

Na sistemática da repercussão geral, o Tribunal assentou o entendimento de que a imunidade tributária recíproca não exonera o sucessor das obrigações tributárias relativas aos fatos jurídicos tributários ocorridos antes da sucessão (RE 599.176, 2019, Repercussão Geral, Tema 224).

Em relação aos tributos indiretos, a posição consolidada é que a imunidade recíproca não beneficia o contribuinte de fato (AI 671.412 AgR, 2008; AI 736.607 AgR, 2011)

Vale ainda mencionar que o STF concluiu que a imunidade tributária recíproca não veda a imposição de obrigações acessórias, inclusive por meio de atos infralegais (ACO 1.098, 2020).

6. Referências bibliográficas

BALEEIRO, Aliomar. *Direito Tributário brasileiro*. 12. ed. atualizada por Misabel de Abreu Machado Derzi. Rio de Janeiro: Forense, 2013.

COSTA, Milton Doyle. Imunidade e Isenção Tributárias das Autarquias e Sociedades de Economia Mista. *Revista do Serviço Público*, ano 1951, v. 4, n. 2, p. 39/46. Disponível em: https://revista.enap.gov.br/index.php/RSP/article/view/6797/3946. Acesso em: 19 mai. 2023.

MEIRA, Liziane Angelotti. *Tributos sobre o Comércio Exterior*. São Paulo: Saraiva, 2012.

PAULSEN, Leandro. *Curso de direito tributário completo*. 13. ed. São Paulo: Saraiva, 2022.

7. Comentários

O constituinte cuidou de distribuir a competência tributária entre cada um dos entes políticos – União, Estados, Distrito Federal e Municípios –, regulando a faixa de competência de cada um e o modo de exercê-la. Deu, portanto, capacidade de instituir tributos a cada um deles. Mas outras normas existem também no contexto constitucional que funcionam de maneira inversa. São normas que prescrevem justamente o contrário: elas indicam a impossibilidade de se criarem tributos que onerem certos objetos ou sujeitos, afastando deles a competência tributária. É o que se chama imunidade tributária.

Tradicionalmente, as imunidades são concebidas como uma forma de "limitação ao poder de tributar", ao lado dos princípios. A diferença é que, enquanto os princípios, disciplinam o exercício da competência tributária, aquelas (as imunidades) estabelecem hipóteses em que a competência não pode ser exercida de forma alguma. A imunidade, nesse sentido, é uma norma de "incompetência".

---

3. Na Constituição de 1934, art. 17, parágrafo único, determinava-se que a imunidade recíproca não impedia a cobrança de taxas remuneratórias devidas pelos concessionários de serviços públicos.

As imunidades limitam o âmbito de atuação do legislador infraconstitucional, colaborando na definição das competências para instituir tributos. Está prevista na Constituição, que delimita expressa e negativamente a competência tributária, determinando que ao legislador infraconstitucional não foi atribuída competência para tributar determinadas pessoas, atividades ou bens (MEIRA 2012, p. 130/131).

No que se refere à imunidade recíproca, vale destacar que o Estado brasileiro, ao estabelecer o Federalismo, comprometeu-se com a igualdade político-jurídica e com a autonomia dos entes da Federação. Assim, a Constituição garante à União, aos Estados, Distrito Federal e Municípios capacidade de auto-organização, autoadministração e autogoverno. Inerente a essa autonomia, é o estabelecimento de fórmulas para partilha de recursos e, entre elas, de partilha da competência tributária.

Os impostos, por definição, resultam do exercício do poder de império estatal sobre a vontade dos administrados. Retiram compulsoriamente de pessoas que tenham capacidade econômica ou contributiva os valores necessários para a consecução das finalidades estatais em prol da sociedade.

O pacto federativo representa, nesse sentido, um limite necessário à competência impositiva, na medida em que a forma federativa de Estado pressupõe isonomia entre suas partes constituintes e, por conseguinte, a impossibilidade de os entes federados tributarem-se uns aos outros.

Para boa parte da doutrina, a regra de imunidade que existiria ainda que não fosse prevista expressamente, já que a tributação, sobretudo por meio de impostos, pressupõe a supremacia daquele que cobra a exação em relação a quem a paga, e não há hierarquia entre os entes federados: União, Estados, Distrito Federal e Municípios. O tributo, além disso, representaria um obstáculo indesejável à atividade estatal, e não é dado a uma pessoa política criar embaraços a atuação de outra.

Nesse sentido, a limitação natural da competência tributária de cada um dos entes em favor de uma Federação é concernente aos impostos, pois é com este tributo que, conforme Baleeiro (2010, p. 125), o ente estatal exerce seu poder de império máximo. Ou, nas palavras de Carrazza (2015, p. 859), "a tributação por meio de impostos – justamente por independer de uma atuação estatal – pressupõe uma supremacia de quem tributa em relação a quem é tributado".

Assim, apesar de continuarem sendo tributos exigidos de forma compulsória, não têm o mesmo grau de subordinação a exigência de taxas ou de empréstimos compulsórios. Isso porque nestes tributos, o contribuinte recebe uma contraprestação direta. Em relação às contribuições, a jurisprudência firmou o entendimento de que seriam uma modalidade tributária diversa de impostos e taxas (RE 146.733-9/SP, 1992), e isso levou à conclusão de que a regra constitucional que estabelece a imunidade recíproca em relação a impostos não alcança as contribuições, como a CPMF (ADI 1.497-8/DF, 1996).

A doutrina costuma ainda fundamentar a imunidade recíproca na falta de capacidade contributiva (BALEEIRO, 2010, p. 127), pois os recursos financeiros do Estado, em grande maioria fruto da cobrança de impostos ou outros tributos, não revelam capacidade contributiva do próprio Estado, pois são naturalmente afetados à prestação de serviços públicos e outras atividades desenvolvidas pelo ente público no interesse social. Portanto, nesta perspectiva, também não é adequado para uma Federação que um dos entes federativos sobrepuje os demais com seu poder e lhes imponha pagamento de imposto.

Art. 150, VI, *b*) templos de qualquer culto;

Heleno Torres

1. História da norma

A imunidade a templos de qualquer culto somente aparece na Constituição de 1946 e, desde então, foi mantida pelos sucessivos textos constitucionais, como um modo de garantir a expressão da fé religiosa, a crença, em todas as suas dimensões. A partir da Constituição de 1891, com a separação entre estado e igreja, essa liberdade tornou-se um patrimônio dos cidadãos livres que não poderia ser violado por ações do poder de tributar.

2. Constituições brasileiras anteriores

Constituição Política do Império do Brazil de 1824: "Art. 5. A Religião Catholica Apostolica Romana continuará a ser a Religião do Imperio. Todas as outras Religiões serão permitidas com seu culto domestico, ou particular em casas para isso destinadas, sem fórma alguma exterior do Templo". Art. 179. A inviolabilidade dos Direitos Civis, e Politicos dos Cidadãos Brazileiros, que tem por base a liberdade, a segurança individual, e a propriedade, é garantida pela Constituição do Imperio, pela maneira seguinte. (...) V. Ninguem póde ser perseguido por motivo de Religião, uma vez que respeite a do Estado, e não offenda a Moral Publica. **Constituição da República dos Estados Unidos do Brasil de 1891:** "Art. 11 – É vedado aos Estados, como à União: (...) § 2º – estabelecer, subvencionar ou embaraçar o exercício de cultos religiosos; Art. 72 – A Constituição assegura a brasileiros e a estrangeiros residentes no País a inviolabilidade dos direitos concernentes à liberdade, à segurança individual e à propriedade, nos termos seguintes: (...) § 3º – Todos os indivíduos e confissões religiosas podem exercer pública e livremente o seu culto, associando-se para esse fim e adquirindo bens, observadas as disposições do direito comum. § 5º – Os cemiterios terão caráter secular e serão administrados pela autoridade municipal, ficando livre a todos os cultos religiosos a prática dos respectivos ritos em relação aos seus crentes, desde que não ofendam a moral pública e as leis. § 7º – Nenhum culto ou igreja gozará de subvenção oficial, nem terá relações de dependência ou aliança com o Governo da União ou dos Estados. § 28 – Por motivo de crença ou de função religiosa, nenhum cidadão brasileiro poderá ser privado de seus direitos civis e políticos nem eximir-se do cumprimento de qualquer dever cívico. § 29 – Os que alegarem motivo de crença religiosa com o fim de se isentarem de qualquer ônus que as leis da República imponham aos cidadãos, e os que aceitarem condecoração ou títulos nobiliárquicos estrangeiros perderão todos os direitos políticos". **Constituição da República dos Estados Unidos do Brasil de 1934:** Art. 17 – É vedado à União, aos Estados, ao Distrito Federal e aos Municípios: I – criar distinções entre brasileiros natos ou preferências em favor de uns contra outros Estados; II – estabelecer, subvencionar ou embaraçar o exercício de cultos religiosos; III – ter relação de aliança ou dependência com qualquer culto, ou igreja sem prejuízo da colaboração recíproca em prol do interesse coletivo; Art. 111 – Perdem-se os direitos políticos: b) pela isenção do ônus ou serviço que a lei imponha aos brasileiros, quando obtida por motivo de convicção religiosa, filosófica ou política; Art. 113 – A Constituição assegura a brasileiros e a estrangeiros residentes no País a inviolabilidade dos direitos concernentes à liberdade, à subsistência, à segurança individual e à propriedade, nos termos seguintes: 1) Todos são iguais perante a lei. Não haverá privilégios, nem distinções, por motivo de nascimento, sexo, raça, profissões próprias ou dos pais, classe social, riqueza, crenças religiosas ou ideias políticas. 4) Por motivo de convicções filosófica, políticas ou religiosas, ninguém será privado de qualquer dos seus direitos, salvo o caso do art. 111, letra *b* . 5) É inviolável a liberdade de consciência e de crença e garantido o livre exercício dos cultos religiosos, desde que não contravenham à ordem pública e aos bons costumes. As associações religiosas adquirem personalidade jurídica nos termos da lei civil. 6) Sempre que solicitada, será permitida a assistência religiosa nas expedições militares, nos hospitais, nas penitenciárias e em outros estabelecimentos oficiais, sem ônus para os cofres públicos, nem constrangimento ou coação dos assistidos. Nas expedições militares a assistência religiosa só poderá ser exercida por sacerdotes brasileiros natos. 7) Os cemitérios terão caráter secular e serão administrados pela autoridade municipal, sendo livre a todos os cultos religiosos a prática dos respectivos ritos em relação aos seus crentes. As associações religiosas poderão manter cemitérios particulares, sujeitos, porém, à fiscalização das autoridades competentes. É lhes proibida a recusa de sepultura onde não houver cemitério secular. **Constituição dos Estados Unidos do Brasil de 1937:** Art. 32 – É vedado à União, aos Estados e aos Municípios: b) estabelecer, subvencionar ou embaraçar o exercício de cultos religiosos; Art. 122 – A Constituição assegura aos brasileiros e estrangeiros residentes no País o direito à liberdade, à segurança individual e à propriedade, nos termos seguintes: 4º) todos os indivíduos e confissões religiosas podem exercer pública e livremente o seu culto, associando-se para esse fim e adquirindo bens, observadas as disposições do direito comum, as exigências da ordem pública e dos bons costumes; 5º) os cemitérios terão caráter secular e serão administrados pela autoridade municipal; **Constituição dos Estados Unidos do Brasil de 1946:** Art. 31 – A União, aos Estados, ao Distrito Federal e aos Municípios é vedado: II – estabelecer ou subvencionar cultos religiosos, ou embaraçar-lhes o exercício; III – ter relação de aliança ou dependência com qualquer culto ou igreja, sem prejuízo da colaboração recíproca em prol do interesse coletivo; V – *lançar impostos sobre:* b) *templos de qualquer culto bens e serviços de Partidos Políticos, instituições de educação e de assistência social, desde que as suas rendas sejam aplicadas integralmente no País para os respectivos fins*; Art. 141 – A Constituição assegura aos brasileiros e aos estrangeiros residentes no País a inviolabilidade dos direitos concernentes à vida, à liberdade, à segurança individual e à propriedade, nos termos seguintes: § 7º – É inviolável a liberdade de consciência e de crença e assegurado o livre exercício dos cultos religiosos, salvo o dos que contrariem a ordem pública ou os bons costumes. As associações religiosas adquirirão personalidade jurídica na forma da lei civil. § 8º – Por motivo de convicção religiosa, filosófica ou política, ninguém será privado de nenhum dos seus direitos, salvo se a invocar para se eximir de obrigação, encargo ou serviço impostos pela lei aos brasileiros em geral, ou recusar os que ela estabelecer em substituição daqueles deveres, a fim de atender escusa de consciência. § 10 – Os cemitérios terão caráter secular e serão administrados pela autoridade municipal. É permitido a todas as confissões religiosas praticar neles os seus ritos. As associações religiosas poderão, na forma da lei, manter cemitérios particulares. **Constituição da República Federativa do Brasil de 1967:** Art. 9º – A União, aos Estados, ao Distrito Federal e aos Municípios é vedado: II – estabelecer cultos religiosos ou igrejas; subvencioná-los; embaraçar-lhes o exercício; ou manter com eles ou seus representantes relações de dependência ou aliança, ressalvada a colaboração de Interesse público, notadamente nos setores educacional, assistencial e hospitalar; Art. 20 – É vedado à União, aos Estados, ao Distrito Federal e aos Municípios: III – *criar imposto sobre:* b) *templos de qualquer culto;* Art. 150 – A Constituição assegura aos brasileiros e aos estrangeiros residentes no País a inviolabilidade dos direitos concernentes à vida, à liberdade, à segurança e à propriedade, nos termos seguintes: § 5º – É plena a liberdade de consciência e fica assegurado aos crentes o exercício dos cultos religiosos, que não contrariem a ordem pública e os bons costumes. § 6º – Por motivo de crença religiosa, ou de convicção filosófica ou política, ninguém será privado de qualquer dos seus direitos, salvo se a invocar para eximir-se de obrigação legal imposta a todos, caso em que a lei poderá determinar a perda dos direitos incompatíveis com a escusa de consciência. **Emenda Constitucional n. 1, de 1969:** Art. 9º – À União, aos Estados, ao Distrito Federal, aos Territórios e aos Municípios é vedado: II – estabelecer cultos religiosos ou igrejas, subvencioná-los, embaraçar-lhes o exercício ou manter com eles ou seus representantes relações de dependência ou aliança, ressalvada a colaboração de interesse público, na forma e nos limites da lei federal, notadamente no setor educacional, no assistencial e no hospitalar; Art. 19. É vedado à União, aos Estados, ao Distrito Federal e aos Municípios: III – instituir impôsto sôbre: b) os templos de qualquer culto; Art. 153. A Constituição assegura aos brasileiros e aos estrangeiros residentes no País a inviolabilidade dos direitos concernentes à vida, à liberdade, à segurança e à propriedade, nos têrmos seguintes: § 5º É plena a liberdade de consciência e fica assegurado ao crentes o exercício dos cultos religiosos, que não contrariem a ordem pública e os bons costumes. § 6º Por motivo de crença religiosa ou de convicção filosófica ou política, ninguém será privado de qualquer de seus direitos, salvo se o invocar para eximir-se de obrigação legal a todos imposta, caso em a lei poderá determinar a perda dos direitos incompatíveis com escusa de consciência.

3. Dispositivos constitucionais relevantes

Art. 3º, IV (não discriminação); Art. 5º, VI, VII e VIII (liberdades de culto e crenças); Art. 19, I (separação entre Estado e Igreja); Art. 150, VI, "b" e § 4º.

4. Jurisprudência (STF)

RE 325822; ADI n. 1.758-4/DF; ADI n. 939/DF; RE n. 249.980-AgR; RE 241.090; RE 232.080-AgR; RE 206.169; RE 243.807; RE 21.286; RE 237.718; RE 562.351; RE 257.700; ARE 658080 AgR, RE 221.395.

"A imunidade tributária conferida pelo art. 150, VI, *b*, é restrita aos templos de qualquer culto religioso, não se aplicando à maçonaria, em cujas lojas não se professa qualquer religião". [RE 562.351, rel. min. Ricardo Lewandowski, j. 4-9-2012, 1ª T., *DJe* de 14-12-2012.]

5. Literatura selecionada

BALEEIRO, Aliomar. *Limitações constitucionais ao poder de tributar* (Anotado por Misabel de Abreu Machado Derzi). RJ: Forense, 1997; CARRAZZA, Roque A. *Curso de Direito Constitucional Tributário*, 18ª ed., São Paulo: Ed. Malheiros, 2008; CARVALHO, Paulo de Barros. *Curso de direito tributário*, 18ª ed. SP: Saraiva, 2007, p. 206; COELHO, Sacha Calmon Navarro. *Comentários à Constituição de 1988. Sistema Tributário*. Rio de Janeiro: Forense, 2005; MARTINS, Ives Gandra da Silva. *Sistema Tributário na Constituição de 1988.* São Paulo: Saraiva, 1991; MIRANDA, Pontes de. *Comentários à Constituição Federal de 1967 com a Emenda 1 de 1969*, 2ª ed., SP: RT, 1970, t. II; TORRES, Ricardo Lobo. *Tratado de direito constitucional financeiro e tributário*, v. 3. *Valores e Princípios Constitucionais Tributários*. Rio de Janeiro: Renovar, 2005; OLIVEIRA, Yonne Dolacio de. *Imunidades tributárias na Constituição de 1988.* São Paulo: Resenha Tributária, 1992. GARCIA, Vanessa Nobel. *A norma de imunidade tributária e seus efeitos jurídicos.* SP: PUCSP, 2001, Dissertação de Mestrado, 375 p.; PESTANA, Márcio. *O princípio da imunidade tributária.* São Paulo: RT, 2001; SOUSA, Leandro Marins de. *Imunidade tributária: entidades de educação & assistência social.* Curitiba: Juruá, 2001; FALCÃO, Amílcar de Araújo. "Imunidade e isenção tributária – instituição de assistência social". *Revista de direito administrativo.* Rio de Janeiro: Fundação Getúlio Vargas, n. 66, p. 367-375, 1961; COSTA, Regina Helena. *Imunidades tributárias: teoria e análise da jurisprudência do STF.* São Paulo: Malheiros Editores, 2001.

6. Notas

6.1. O caráter normativo e de direito público subjetivo das imunidades tributárias

As *imunidades tributárias* são garantias constitucionais dirigidas imediatamente à regulação das condutas dos legisladores, estabelecendo proibição de exercício da competência tributária no âmbito material autorizado pela Constituição, e, em contrapartida, destinadas mediatamente aos respectivos beneficiários, atribuindo a estes direito público subjetivo de não tributação sobre os bens, as pessoas, serviços ou situações declarados imunes.

Apenas *mediatamente* as regras imunitárias reportam-se aos beneficiários, garantindo a estes os seus efeitos, quando eventualmente possam ser descumpridas pelos destinatários imediatos. Por conseguinte, não é cabível, como sói afirmar-se, uma classificação das imunidades entre *subjetivas* e *objetivas*, porque tais normas não "incidem" sobre coisas (ditas objetivas). Todas são *subjetivas* e dirigidas, ao mesmo tempo, mediata e imediatamente, aos sujeitos indicados nas regras constitucionais. Toda imunidade é *subjetiva*, portanto, mesmo aquelas que alcançam bens (livros, jornais), pois somente os beneficiários correlatos podem usufruir da sua eficácia.

Quanto aos seus aspectos *formais*, é mister reconhecermos a "imunidade tributária" como *norma jurídica de estrutura*, de limitação da competência tributária sobre campo de possibilidade material desta, a servir como medida da sua própria demarcação.

Nessa sua feição formal e normativa, a imunidade representa típico *comando prescritivo* capaz de estabelecer uma incompetência legislativa tributária, ao mesmo tempo que serve para assegurar um *direito público subjetivo* de não tributação aos sujeitos imunes, exercido na hipótese de qualquer caso de restrição na criação ou aplicação de tributo afetado. Nessa hipótese, os entes federados (órgãos legislativos) encontram-se limitados por regra jurídica de "proibição" para alcançar, por meio de normas jurídicas tributárias gerais e abstratas, as pessoas, situações ou bens discriminados na Constituição como hipóteses de não tributação.

Em termos *materiais*, a norma de imunidade tributária desempenha importante papel dentro do contexto do sistema tributário, como *garantia de direitos fundamentais* (i) ou proteção da autonomia das unidades do federalismo (ii), ambos amparados por cláusula pétrea; bem como de situações específicas, não protegidas pela cláusula de perenidade, (iii), em favor dos beneficiários, haja vista a incompetência para instituir ou cobrar impostos, taxas ou contribuições sobre certas pessoas, bens ou situações definidas.

Dessa análise, chega-se à seguinte síntese sobre a imunidade como norma jurídica:

I – Quanto ao seu aspecto formal, *a imunidade apresenta-se como "norma de estrutura", por concorrer em favor da demarcação das competências tributárias.*

II – Com relação ao seu aspecto material, no que concerne à matéria protegida, qualificam-se as imunidades:

a) como verdadeira garantia constitucional: *(i) aos direitos individuais protegidos; ou (ii) às autonomias das unidades do federalismo; ou*

b) como modalidade de simples determinação de hipótese de não tributação sobre sujeitos ou situações previamente indicados, mesmo que sem revestir-se de proteção a direitos individuais ou ao federalismo, estes resguardados por cláusula pétrea.

III – E sobre os efeitos, *como verdadeiro direito público subjetivo, na efetivação in concreto dos direitos protegidos.*

Dentre outras possibilidades classificatórias, as normas imunitárias podem ser distinguidas entre *imunidades propriamente ditas* e *imunidades impróprias*, conforme sirvam à proteção de direitos amparados por cláusulas pétreas, como a autonomia federativa ou direitos humanos (*imunidades propriamente ditas*), ou prestam-se unicamente a formular uma norma de evitação ao tributo, sem qualquer amparo por cláusulas de eternização (*imunidades impróprias*).

As imunidades *propriamente ditas* são aquelas protegidas por *cláusula pétrea* (art. 60, IV, "b" e "d", da CF), por servirem como garantias materiais do federalismo e dos direitos fundamentais. Nessas modalidades, toda regra de imunidade, por ser espécie de *garantia material* a *direitos fundamentais* (i) ou de *autonomia federativa* (ii), concentra sobre si intensa carga axiológica, ao acompanhar os valores constitucionalmente albergados em favor do federalismo (imunidade recíproca) ou dos direitos fundamentais. A atividade *interpretativa* dessas imunidades deve ser sobremodo coerente com tais valores, na busca do efetivo caráter teleológico que elas desejam preservar, como realização de justiça, da liberdade¹ ou da segurança, mediante ato de aplicação que os reconheça com efetividade plena.

Ao lado destas encontram-se as *imunidades impróprias*, as quais, mesmo sendo regra de estrutura constitucional, determinantes de competências tributárias, não passam de uma simples limitação material, a ser apreciada nos limites técnicos de cada domínio de aplicação (ICMS, PIS/Cofins na exportação etc.), não protegidas contra eventuais mudanças da Constituição, podendo vir a ser modificadas ou suprimidas a qualquer tempo², por serem *garantias*³ de não tributação aplicáveis a sujeitos ou situações, mas que não se prestam à função de preservar direitos individuais ou ao federalismo, como ocorre naquelas propriamente ditas.

No que concerne à *eficácia*, atribui-se aos sujeitos garantidos pela imunidade um direito subjetivo de defesa, com caráter instrumental em favor dos direitos que se destina a proteger, oponível contra a atuação ilegítima do poder público, mediante instituição ou cobrança de tributos sujeitos a imunidade.

Este *direito público subjetivo* materializa-se em favor do seu titular como típica garantia constitucional (formal). Para a reação do sujeito passivo, a Constituição oferece o "direito de ação", na proteção do seu interesse legítimo, além de outros instrumentos, como o direito de petição e medidas de diversos modos.

O problema das imunidades, em face dos direitos de liberdade, não é o de garantir a fundamentação destes, mas de efetivar a concretização e realização dos seus propósitos, o que permite delimitar materialmente o seu conteúdo. Esse é um caso emblemático, pois os direitos fundamentais é que se prestam a ofertar o conteúdo das imunidades, nos limites do que essa garantia os protege, e não o contrário. Nesse particular, a imunidade tributária não se equipara apenas a um direito de pretensão, de liberdade ou de permissão. Diversamente, como forma de *imunidade*, isto é, como direito de não sujeição à mudança da própria situação jurídica por iniciativa unilateral de outrem, manifesta-se como típica modalidade de direito público subjetivo.

Não é suficiente o reconhecimento de direitos fundamentais numa Constituição se estes não vierem acompanhados de garantias bem marcadas, com todos os instrumentos necessários à sua efetividade, e que somente em casos absolutamente excepcionais, nos limites da utilidade que possa servir a tanto, possam ser suspensas, como ocorre com o Estado de Sítio, com seus pressupostos procedimentais e limites materiais reconhecidos na Constituição (art. 139).

O que caracteriza as imunidades, portanto, sob a forma de garantia a direitos fundamentais, é a atribuição de *"interesse legítimo"*, como meio de direito de defesa, oponível pelo direito de ação e justificador de acesso ao judiciário contra a Administração, por ser fruto do direito subjetivo que a Constituição promove e preserva em todos os seus termos. Como diz Pontes de Miranda: "O interesse só é direito subjetivo, só se assegura 'subjetivamente', porque o direito objetivo tornou assegurável, realizável, o interesse"; e comentando Rudolf von Jhering, sintetiza: "Gozo (substância) e proteção jurídica (forma) perfazem o direito subjetivo"⁴.

Dentre as várias classificações feitas sobre as imunidades, a mais usual e de maior evidência certamente é aquela que separa as imunidades entre *condicionadas* e *incondicionadas*, a considerar a presença de requisitos a serem mantidos para obtenção do gozo do respectivo direito. Como exemplo das espécies "condicionadas", cita-se apenas a que se aplica às instituições sem fins lucra-

---

1. Uma das melhores expressões da noção de liberdades individuais nos foi legada por Maurice Hauriou: "*Las libertades individuales son derechos* que se realizan como un poder propio del individuo humano, y no son facultades que no se realizarían más que por concesión o por permisión revocable de la autoridad pública. Además, el individuo reivindica las libertades como una pretensión de derecho, con toda la susceptibilidad y todo el amor propio que esto entraña, y, en caso de oposición o de disputa, si le falta la protección de la sociedad, se arroga el derecho de tomarse la justicia por sí mismo, retrotrayéndose al viejo estado de derecho primitivo" (HAURIOU, Maurice. *Principios de Derecho Público y Constitucional*. Granada: Comares, 2003, p. 113). Sobre a possibilidade de identificar esses valores, superando o mito da *certeza do direito*, vide: VOLPE, Giuseppe. *L'ingiustizia delle leggi – studi sui modelli di giustizia costituzionale*. Milano: Giuffrè, 1977, 318 p.; RUGGERI, Antonio. Giurisprudenza costituzionale e valori. *Diritto Pubblico*. Padova: CEDAM, 1988, I, p. 1-PALOMBELLA, Gianluigi. Si possono conoscere i valori nel diritto? Per um modello epistemológico e pratico. *Rivista Critica del Diritto Privato*. Napoli: Jovene, 1998, XVI, n. 1-2, giu., p. 7-36. Para algumas questões relevantes sobre a proteção dos direitos fundamentais, veja-se: MALBERG, R. Carré de. *Teoría General del Estado*. México: Fondo de Cultura, 2001, 1327 p.; FERRAJOLI, Luigi (Coord.). *Los fundamentos de los derechos fundamentales*. Madrid: Trotta, 2001, 391 p.; POUND, Roscoe. *Evolución de la libertad – el desarrollo de las garantías constitucionales de la libertad*. Granada: Colmares, 2004, 218 p.; ALEXY, Robert. *Teoría de los Derechos Fundamentales*. Madrid, Centro de Estúdios Políticos y Constitucionales, 2001; PALOMBELLA, Gianluigi. Dai diritti umani ai diritti fondamentali: sulle conseguenze di una distinzione concettuale. *Sociologia del Diritto*, Milano, 2004, v. 31, n. 2, p. 61-107; GÓMEZ MONTORO, Ángel J. La titularidad de derechos fundamentales por personas jurídicas: análisis de la jurisprudencia del Tribunal Constitucional espanol. *Cuestiones Constitucionales*, México: 2000, n. 2, ene.-jun., p. 23-71; FREITAS, Juarez. O poder de polícia administrativa e o primado dos direitos fundamentais no sistema brasileiro. *Scientia Ivridica: revista de direito comparado português e brasileiro*. Braga: 2005, v. 54, n. 301, mar.-abr., p. 7-29; POZZOLO, Susanna. La libertà della povertà come diritto fondamentale. *Materiali per una Storia della Cultura Giuridica*, Bologna, 2004, v. 34, n. 2, p. 467-99; STRECK, Lenio Luiz. A baixa constitucionalidade e inefetividade dos direitos fundamentais-sociais em *terrae brasilis*. *Revista Brasileira de Direito Constitucional*, São Paulo, 2004, n. 4, jul.-dez., p. 272-308.

2. E nesses termos já decidiu o STF: "IMUNIDADE. ART. 153, § 2º, II, DA CF/88. REVOGAÇÃO PELA EC N. 20/98. POSSIBILIDADE. 1. Mostra-se impertinente a alegação de que a norma art. 153, § 2º, II, da Constituição Federal não poderia ter sido revogada pela EC n. 20/98 por se tratar de cláusula pétrea. 2. *Esta norma não consagrava direito ou garantia fundamental, apenas previa a imunidade do imposto sobre a renda a um determinado grupo social. Sua supressão do texto constitucional, portanto, não representou a cassação ou o tolhimento de um direito fundamental e, tampouco, um rompimento da ordem constitucional vigente*. 3. Recurso extraordinário conhecido e improvido" (RE 372.600-SP, 2ª Turma, rel. Min. Ellen Gracie, j. em 16-12-2003, *DJ* 23-4-2004, p. 40).

3. Como bem distingue Pontes de Miranda: "Os direitos constitucionais dizem-se *assegurados*, quando há a inserção na Constituição e alguma sanção; *garantidos*, quando se lhes dão meios técnicos que protejam o seu exercício. Daí falar-se em assegurarem-se e garantirem-se direitos constitucionais. Não são, evidentemente, a mesma coisa" (PONTES DE MIRANDA, F. C., *Democracia, Liberdade, Igualdade (os três caminhos)*. 2ª ed., SP: Saraiva, 1979, p. 376, g.n.). E sobre as modalidades de "garantias", assinala Maurice Hauriou: "Las garantías generales son, a su vez, de dos clases: *garantías constitucionales*, que proceden de la organización misma del gobierno y especialmente de la separación de poderes, y *garantías mutuas de las diferentes libertades*. (...) Las garantías constitucionales. No se trata aquí de las cláusulas contenidas en las Constituciones escritas y que se denominan *garantías de derechos;* tales cláusulas, que declaran que la Constitución garantiza estos o los otros derechos individuales, tienen una significación especial: tratan de garantizar los derechos contra el poder legislativo" (HAURIOU, Maurice. *Princípios de Derecho Público y Constitucional*. Granada: Comares, 2003, p. 113).

4. PONTES DE MIRANDA, F. C. *Comentários à Constituição Federal de 1967*, 2ª ed., SP: RT, 1970, t. I, p. 130.

tivos, pela exigência de "lei" (*complementar* – art. 146, I, CF) para dispor sobre seus critérios de qualificação.

Somos cônscios da utilidade dessa medida de distinção e respeitamos a pacificidade alcançada, mas esta doutrina, com a licença necessária, merece ser revista nos seus termos, pois praticamente todas as imunidades a impostos são dependentes de alguma condição (subjetiva, finalística, material ou formal). Destas, excetua-se apenas a imunidade recíproca da administração direta (i) e aquela dos *livros, jornais, periódicos e o papel destinado a sua impressão* (ii), como modalidades mais próximas da noção de imunidade incondicionada, posto limitarem-se ao seu simples reconhecimento, para sua aplicação, mas sequer nestes casos pode-se dizer que não exista alguma condição a satisfazer, como veremos mais adiante.

A *imunidade* aplicada às instituições de assistência social[5], nos termos do art. 150, inciso VI, alínea "c" e § 4º, e do art. 195, § 7º, encontra-se assim definida:

"Art. 150. Sem prejuízo de outras garantias asseguradas ao contribuinte, é *vedado* à União, aos Estados, ao Distrito Federal e aos Municípios:

(...)

c) *patrimônio, renda ou serviços dos partidos políticos, inclusive suas fundações, das entidades sindicais dos trabalhadores, das instituições de educação e de assistência social, sem fins lucrativos, atendidos os requisitos da lei;*

(...)

§ 4º As vedações expressas no inciso VI, alíneas *b* e *c*, compreendem somente o *patrimônio, a renda e os serviços relacionados com as finalidades essenciais das entidades nelas mencionadas*".

"Art. 195. § 7º – São isentas de contribuição para a seguridade social as entidades beneficentes de assistência social que atendam às exigências estabelecidas em lei".

Entendemos que a Constituição prescreve, no caso dos *impostos*, cinco pressupostos para o reconhecimento da aplicação das imunidades, cumulativos ou não, como condições exigidas por lei ou pela Constituição para autorizar a proteção do direito imunitário, a saber:

a) **Subjetivo**: a entidade deve ser qualificada conforme a designação constitucional (cf. art. 150, VI, "a", "b" e "c", §§ 2º e 4º, da CF).

b) **Finalístico**: seu emprego limitar-se-á unicamente aos casos de atendimento às *finalidades essenciais* dessas entidades (ver art. 150, §§ 2º e 4º, da CF).

c) **Material**: requisitos lógicos de determinação semântica do âmbito de aplicação das regras imunitárias (conceito de "livro", "periódico" etc.).

d) **Campo impositivo**: o alcance das imunidades pode aplicar-se a todos os tributos (cf. art. 150, VI, "d", da CF) ou restringir-se aos *impostos* incidentes sobre *patrimônio, a renda e os serviços* relacionados com as atividades essenciais da entidade (cf. art. 150, VI, "a", "b" e "c", §§ 2º e 4º, da CF).

e) **Formal**: requisitos de natureza formal a serem atendidos, como vê-se no caso da *imunidade recíproca* (federalismo), no qual a imunidade somente poderá ser mantida para os casos de prestações de serviços públicos que sejam remunerados por taxas; e no caso da imunidade de *entidades educacionais ou assistenciais* (direitos fundamentais), o direito à imunidade somente poderá ser exercido caso esta promova suas atividades *sem fins lucrativos*, atendidos os *requisitos da lei* (veja-se o art. 150, VI, "a", § 3º; e "b" e "c", e § 4º, da CF).

Somente a presença conjunta desses requisitos poderá permitir o atendimento à imunidade tributária, tendo como consequência o afastamento da cobrança de impostos sobre *patrimônio*, a *renda* e os *serviços* vinculados às atividades de instituição assistencial, quando desempenhem suas finalidades essenciais sem fins lucrativos, o que se verifica quando estas *comprovem finalidade não lucrativa e apliquem seus excedentes financeiros* na atividade. E, ao mesmo tempo, no sentido oposto, quando atendidos os requisitos constitucionais, não pode a Administração recusar respeito à manutenção dos efeitos da imunidade em favor dos interessados.

6.2. Imunidade a templos de qualquer culto

A imunidade a impostos sobre *templos de qualquer culto* manifesta-se como evidente garantia material em favor da liberdade de culto e crenças religiosas, no espaço da separação entre igreja e Estado, preservada que está a laicidade estatal no art. 18 do texto supremo, como forma de evitar qualquer desestímulo ou ação estatal sobre as manifestações de fé e opções religiosas. A imunidade assinalada é, pois, uma típica *garantia material* ao art. 5º, incisos VI, VII e VIII, que resguardam a liberdade de consciência e de crença e o livre exercício dos cultos religiosos, com proteção aos locais de culto e suas liturgias, sem discriminação de nenhuma espécie, como prescreve o inciso IV do art. 3º da CF.

As hipóteses de *imunidades* constitucionais aplicadas aos templos de qualquer culto, nos termos do art. 150, inciso VI, alínea "b" e § 4º, *compreendem somente o patrimônio, a renda e os serviços, relacionados com as finalidades essenciais das entidades nelas mencionadas*. Por isso, no que concerne aos limites da sua aplicação, a expressão "templo de qualquer culto" deve ser interpretada de modo extensivo, como designativo do lugar para onde os membros da religião acorrem para seus atos de espiritualidade. Que se trate por igreja, terreiro, sinagoga, mesquita ou templo, simplesmente, não importa. Prevalecerá sempre a situação fática que se demonstre apta à realização dos atos de culto religioso, ou seja, sua exata finalidade.

Em se tratando de imóvel, nada impede que suas extensões sejam usadas para residência do pároco, bispo, rabino ou líder, ou mesmo para depósitos de bens do culto, desde que se prestem claramente a servir como continuidade dos eventos ocorridos no espaço de realização do culto, em atendimento à sua finalidade, portanto.

É possível que prestações de serviços, como uso de estacionamentos, ou vendas de objetos, como santos, imagens de reverência ou amuletos de qualquer espécie deem-se no exercício do culto. Nestes casos, o pressuposto da regra imunitária estará sempre atendido, para qualificar o regime de patrimônio, bens e serviços alcançados, sempre que as atividades e atos estejam relacionados com as finalidades essenciais das entida-

---

5. Cf. BALEEIRO, Aliomar. Imunidades e isenções tributárias. *Revista de Direito Tributário*. São Paulo: Revista dos Tribunais, n. 1, julho-setembro de 1977, p. 67-100.

des religiosas. É o caso, por exemplo, do alcance sobre caminhões ou ônibus utilizados no exercício do culto, que devem ser imunes do respectivo imposto sobre propriedade de veículos automotores – IPVA. Como se vê, não se trata de imunidade que se possa justificar com base na existência ou não de capacidade econômica. O que justifica a imunidade é o exercício da liberdade religiosa.

Diga-se o mesmo quanto ao emprego das rendas auferidas[6]. Caso o patrimônio ou as rendas sejam empregadas nas suas atividades essenciais, a imunidade será sempre atendida nos seus pressupostos[7]. E como já se pronunciou o STF, no Recurso Extraordinário n. 206.169-SP, a prova da finalidade incumbe ao beneficiário da imunidade, e não ao Fisco.

Quanto ao âmbito material, esta imunidade limita-se aos impostos, incidentes sobre renda, patrimônio ou serviços, mas nada impede que ao templo aplique-se a imunidade às contribuições, do art. 195, § 7º, naqueles casos em que o templo realize atividades próprias de entidade assistencial.

Como observou Aliomar Baleeiro: "A imunidade, para alcançar os efeitos de preservação, proteção e estímulo, inspiradores do constituinte, pelo fato de serem os fins das instituições beneficiadas também atribuições, interesses e deveres do Estado, deve abranger os impostos que, por seus efeitos econômicos, segundo as circunstâncias, desfalcariam o patrimônio, diminuiriam a eficácia dos serviços ou a integral aplicação das rendas aos objetivos específicos daquelas entidades presumidamente desinteressadas, por sua própria natureza"[8].

Firme nesse entendimento, o STF, em toda a sua Jurisprudência, faz questão de assinalar que qualquer interpretação que se faça do art. 150, VI, "b", deverá vir acompanhada da obrigatória compreensão do § 4º, das *finalidades essenciais* da entidade que reclama o cumprimento da garantia imunitária, como se vê na Súmula n. 724: "Ainda quando alugado a terceiros permanece imune ao IPTU o imóvel pertencente a qualquer das entidades referidas pelo art. 150, VI, 'c', da Constituição, *desde que o valor dos aluguéis seja aplicado nas atividades essenciais de tais entidades*".

Como se vê, o que deve ser identificado e qualificado adequadamente limita-se ao cumprimento das *finalidades essenciais* das *entidades nelas mencionadas*, para atendimento do amparo constitucional da garantia da imunidade prevista na Constituição. Este nexo causal precisa vir necessariamente demonstrado.

De igual sentir, nos Recursos Extraordinários 257.700 e 221.395, o STF já havia decidido que a imunidade tributária dos templos de qualquer culto recai, também, sobre o IPTU devido sobre imóveis locados ou utilizados para residência ou escritório de seus membros.

Na doutrina, com o propósito de proteger o direito fundamental à liberdade religiosa, Roque Antonio Carrazza passou a defender que se os ganhos ou dispêndios econômicos fossem totalmente aplicados nas atividades essenciais do culto, não haveria razão para pleitear o afastamento da imunidade[9]. No mesmo sentido, Paulo de Barros Carvalho entende que a expressão contida no art. 150, VI, "b", da CF, contempla todas as circunstâncias que possam auxiliar na consecução dos ritos religiosos[10].

O esforço doutrinário, em diálogo com a jurisprudência do STF, tinha em mente rechaçar a incidência do IPTU para o caso de templos que utilizavam espaços alugados. No ARE 658080 AgR, restou decidido que a revogação da imunidade sobre os bens imóveis das entidades assistenciais ou religiosas somente poderia vir empregada mediante comprovação de utilização para fins outros. Em complemento, o ARE 1142499 AgR não apenas atestou que a Administração Tributária deve provar o desvio de finalidade, como fixou que o fato de a instituição religiosa ter a posse direta do imóvel pode ensejar a manifestação da imunidade; sem, todavia, adentrar na discussão se a existência ou não de *animus* poderia apresentar conclusão diversa.

Deveras, o RE 325822 havia demarcado que o art. 150, § 4º, da CF, abarca qualquer patrimônio, renda ou serviços dos "tempos de qualquer culto". Como acentua Regina Helena Costa, os templos não possuem qualquer patrimônio, mas a pessoa jurídica que os detém[11]. Logo, visto que a imunidade de caráter subjetivo é sempre orientada aos parâmetros objetivos, necessário perquirir se o imóvel locado sirva à liberdade religiosa para afastar o IPTU.

Diante da Súmula 724, que registra a possibilidade de se beneficiarem da regra imunitária os imóveis de propriedade das instituições de assistência social sem fins lucrativos, mesmo que alugados a terceiros, conquanto o valor dos aluguéis seja aplicado em suas atividades essenciais, não há óbice para reconhecer sua *ratio essendi* para os templos de qualquer culto. Nestes, em franca aplicação do princípio *a maiori ad minus*, seria desarrazoado reconhecer que os imóveis locados pela pessoa jurídica que detém os templos de qualquer culto possa se beneficiar da regra imunitária, mas não o imóvel de propriedade de outrem, mas utilizado pelos templos de qualquer culto.

---

6. "(...) 2. Imunidade tributária de templos de qualquer culto. Vedação de instituição de impostos sobre o patrimônio, renda e serviços relacionados com as finalidades essenciais das entidades. Art. 150, VI, *b* e § 4º, da Constituição. 3. Instituição religiosa. IPTU sobre imóveis de sua propriedade que se encontram alugados. 4. A imunidade prevista no art. 150, VI, *b*, CF, deve abranger não somente os prédios destinados ao culto, mas, também, o patrimônio, a renda e os serviços 'relacionados com as finalidades essenciais das entidades nelas mencionadas'. 5. O § 4º do dispositivo constitucional serve de vetor interpretativo das alíneas *b* e *c* do inciso VI do art. 150 da Constituição Federal. Equiparação entre as hipóteses das alíneas referidas. 6. Recurso extraordinário provido." (RE 325.822-2/SP).

7. "Os atos do culto estão incluídos na expressão 'templo'. Está incluído, também, o avião só usado para a catequese, ou os serviços do culto (Aliomar Baleeiro, *Limitações Constitucionais ao Poder de Tributar*, p. 113). O que é vendido, sem intuito mercantil, e não constitui renda desviável do templo, não é tributável. *Aliter*, se desviável, porque a renda só é imune por ser pertença do templo. Os alugueres e mais rendas dos conventos e outras instituições religiosas, fora dos templos, são tributáveis. Só são imunes os templos. A Constituição de 1967 foi explícita; não criemos, com interpretações criminosas, problemas graves, que, em vez de servirem à espiritualidade, a porão em xeque e risco. Não há imunidade às taxas" (PONTES DE MIRANDA, F. C. *Comentários à Constituição de 1967*, 3ª ed., RJ: Forense, 1987, t. II, p. 425).

8. BALEEIRO, Aliomar. *Limitações constitucionais ao poder de tributar*. Anotado por Misabel de Abreu Machado Derzi. RJ: Forense, 1997, p. 313.

9. CARRAZZA, Roque Antonio. *Imunidades Tributárias dos Templos e Instituições Religiosas*. São Paulo: Noeses, 2015, p. 51.

10. CARVALHO, Paulo de Barros. O valor da "liberdade religiosa" e sua conformação na imunidade do art. 150, VI, *b*, da Constituição da República. In: MARTINS, Ives Gandra da Silva; CARVALHO, Paulo de Barros (Coords.). *Imunidade das Instituições Religiosas*. São Paulo: Noeses, 2015, p. 41.

11. COSTA, Regina Helena. *Imunidades Tributárias: Teoria e Análise da Jurisprudência do STF*. 2. ed. rev. e atual. São Paulo: Malheiros, 2006, p. 157.

De outra banda, o lançamento do IPTU ocorre em face do proprietário do imóvel, enquanto o locatário é apenas, quando muito, contribuinte de fato. Por não ostentar as qualidades de sujeito passivo e titular do direito real, os templos de qualquer culto locatários findavam impotentes para discutir temas afeitos ao IPTU, por força da Súmula 614 do STJ.

Desse modo, o constituinte derivado acertou ao incluir no art. 156 o § 1º-A (EC n. 116/2022), que o IPTU *"não incide sobre os templos de qualquer culto, ainda que as entidades abrangidas pela imunidade de que trata a alínea 'b' do inciso VI do caput do art. 150 desta Constituição sejam apenas locatárias do bem imóvel"*. Trata-se de previsão instituída para afastar dúvidas doutrinárias e proteger o direito fundamental à liberdade religiosa, sem implicar em qualquer alteração da matriz tributária do imposto. Em verdade, criou uma exceção relativa à competência para o lançamento, de modo que a qualidade do locatário queda-se como elemento de conexão decisivo para a incidência.

A clareza do texto, entretanto, merece melhor conformidade com a jurisprudência consolidada do STF, que equipara as entidades das alíneas "b" e "c", do art. 150, VI, da CF, como se verifica no Tema 336: *"entidades religiosas podem se caracterizar como instituições de assistência social a fim de se beneficiarem da imunidade tributária prevista ano art. 150, VI, c, da Constituição"*. Leitura desatenta poderia sugerir que o constituinte derivado e o STF traçaram parâmetros distintos, visto que a EC n. 116/2022 criou distinção apenas quanto as entidades da alínea "b" que sejam locatárias do bem imóvel, o que impediria seu reconhecimento para as entidades de assistência social, segundo a máxima *ubi eadem ratio, ibi eadem legis dispositio*.

O voto do Ministro Luís Roberto Barroso no Tema 336 presta-se a afastar contradições, ao apontar que o STF tem firme posicionamento para ampliar o alcance das normas imunizantes contidas no art. 150, VI, "b" e "c", *"de modo a afastar a cobrança de impostos que possam reduzir o patrimônio ou comprometer a renda dessas instituições"*. A interpretação das imunidades é, portanto, teleológica, e deve prestigiar o beneplácito constitucional sem distinção estrita entre as entidades previstas nas alíneas "b" e "c". A disciplina inserida no art. 156, § 1º-A, da CF, não deve criar cenário de insegurança para as entidades de assistência social. Ao revés, sua redação reforça que a qualidade de proprietário ou locatário é indiferente, porquanto a destinação às finalidades essenciais resta como o único aspecto relevante para a correta hermenêutica constitucional das normas de imunidade tributária.

Art. 150, VI, c) patrimônio, renda ou serviços dos partidos políticos, inclusive suas fundações, das entidades sindicais dos trabalhadores, das instituições de educação e de assistência social, sem fins lucrativos, atendidos os requisitos da lei;

Heleno Torres

1. História da norma

A imunidade tributária dos partidos políticos, das instituições de educação e de assistência social, sem fins lucrativos, surgiu a partir da Constituição de 1946, mantendo-se, com poucas variações, até o regime atual. A novidade da Constituição de 1988 ficou por conta das fundações dos partidos políticos e das entidades sindicais dos trabalhadores, que foram incluídos pela primeira vez na lista das entidades contempladas pela imunidade; bem como pela determinação material dos tipos tributários, limitados aos que tenham alguma relação direta ou indireta com o patrimônio, a renda ou o serviço.

2. Constituições brasileiras anteriores

Constituição Politica do Imperio do Brazil de 1824: "Art. 179. A inviolabilidade dos Direitos Civis, e Politicos dos Cidadãos Brazileiros, que tem por base a liberdade, a segurança individual, e a propriedade, é garantida pela Constituição do Imperio, pela maneira seguinte. (...) XXXI. A Constituição tambem garante os soccorros publicos. XXXII. A Instrucção primaria, e gratuita a todos os Cidadãos. XXXIII. Collegios, e Universidades, aonde serão ensinados os elementos das Sciencias, Bellas Letras, e Artes". **Constituição dos Estados Unidos do Brasil de 1946:** Art. 31 – A União, aos Estados, ao Distrito Federal e aos Municípios é vedado: V – lançar impostos sobre: (...) b) templos de qualquer culto bens e serviços de Partidos Políticos, instituições de educação e de assistência social, desde que as suas rendas sejam aplicadas integralmente no País para os respectivos fins; **Constituição da República Federativa do Brasil de 1967:** Art. 20 – É vedado à União, aos Estados, ao Distrito Federal e aos Municípios: III – criar imposto sobre: (...) c) o patrimônio, a renda ou os serviços de Partidos Políticos e de instituições de educação ou de assistência social, observados os requisitos fixados em lei; **Emenda Constitucional n. 1 de 1969:** Art. 19. É vedado à União, aos Estados, ao Distrito Federal e aos Municípios: III – instituir impôsto sôbre: c) o patrimônio, a renda ou os serviços dos partidos políticos e de instituições de educação ou de assistência social, observados os requisitos da lei.

3. Dispositivos constitucionais relevantes

Art. 5º, IV e IX; art. 8º; arts. 14 e 17; art. 150, VI, "c" e § 4º; art. 60, IV, "b" e "d"; art. 195, § 7º; arts. 203 e 204; arts. 205 e 213.

4. Jurisprudência (STF)

Súmula Vinculante 52 – Ainda quando alugado a terceiros, permanece imune ao IPTU o imóvel pertencente a qualquer das entidades referidas pelo art. 150, VI, c, da CF, desde que o valor dos aluguéis seja aplicado nas atividades para as quais tais entidades foram constituídas. Súmula 730 – A imunidade tributária conferida a instituições de assistência social sem fins lucrativos pelo art. 150, VI, c, da Constituição, somente alcança as entidades fechadas de previdência social privada se não houver contribuição dos beneficiários. RE 325822; RE 251772/SP; RE 58691/SP; ADI 1.802 MC/DF; RE 93.770; RE 108737/SP; RE 93463/RJ; RE 108796/SP; RE 608.872.

"Imunidade do art. 150, VI, c, CF. Entidade beneficente de assistência social. ICMS. Aquisição de insumos e produtos no mercado interno na qualidade de contribuinte de fato. Beneplácito reconhecido ao contribuinte de direito. Repercussão econômica. Irrelevância. (...) 'A imunidade tributária subjetiva aplica-se a seus beneficiários na posição de contribuinte de direito, mas não na de simples contribuinte de fato, sendo irrelevante para a verificação da existência do beneplácito constitucional a repercussão econômica do tributo envolvido'." [RE 608.872, rel. min. Dias Toffoli, j. 23-2-2017, P, *DJe* de 27-9-2017, Tema 342.]

"As entidades religiosas podem se caracterizar como instituições de assistência social a fim de se beneficiarem da imunidade tributária prevista no art. 150, VI, *c*, da Constituição, que abrangerá não só os impostos sobre o seu patrimônio, renda e serviços, mas também os impostos sobre a importação de bens a serem utilizados na consecução de seus objetivos estatutários." [RE 630790, rel. min. Roberto Barroso, Tribunal Pleno, j. 21-2-2022, *DJe* de 29-3-2022, Tema 336.]

"A imunidade assegurada pelo art. 150, VI, *c*, da Constituição da República aos partidos políticos, inclusive suas fundações, às entidades sindicais dos trabalhadores e às instituições de educação e de assistência social, sem fins lucrativos, que atendam aos requisitos da lei, alcança o IOF, inclusive o incidente sobre aplicações financeiras." [RE 611510, rel. min. Rosa Weber, Tribunal Pleno, j. 13-4-2021, *DJe* de 7-5-2021, Tema 328.]

"Goza da imunidade tributária prevista no art. 150, VI, *c*, da Constituição Federal, para fins de incidência de Imposto sobre Circulação de Mercadorias e Serviços (ICMS), entidade sem fins lucrativos que importa equipamentos médicos destinados às próprias atividades (...)." [RE 1.242.187/RS AgR, rel. min. Roberto Barroso, Segunda Turma, j. 21-2-2022, *DJe* de 3-3-2022.]

"[A] diretriz jurisprudencial desta Corte é firme no sentido de que não cabe à entidade demonstrar que utiliza o bem de acordo com suas finalidades institucionais. Ao contrário, compete à Administração tributária demonstrar a eventual tredestinação do bem gravado pela imunidade. Precedentes. (...)." [RE 1.242.187/RS, rel. min. Roberto Barroso, Segunda Turma, j. 21-2-2022, *DJe* de 3-3-2022.]

5. Literatura selecionada

BALEEIRO, Aliomar. *Limitações constitucionais ao poder de tributar* (Anotado por Misabel de Abreu Machado Derzi). RJ: Forense, 1997; CARRAZZA, Roque A. *Curso de Direito Constitucional Tributário*, 18ª ed., São Paulo: Ed. Malheiros, 2008; CARVALHO, Paulo de Barros. *Curso de direito tributário*, 18ª ed. SP: Saraiva, 2007, p. 206; COELHO, Sacha Calmon Navarro. *Comentários à Constituição de 1988. Sistema Tributário*. Rio de Janeiro: Forense, 2005; FALCÃO, Amílcar de Araújo. "Imunidade e isenção tributária – instituição de assistência social". *Revista de direito administrativo*. Rio de Janeiro: Fundação Getúlio Vargas, 1961, n. 66, p. 367-375; GRUPENMACHER, Betina Treiger. Imunidade Tributária – Reflexões acerca de seu conceito e perfil constitucional. In: Heleno Taveira Tôrres. (Org.). Teoria Geral da Obrigação Tributária: estudos em homenagem ao Professor José Souto Maior Borges. 1. ed. São Paulo: Malheiros, 2005, p. 840-856; MARTINS, Ives Gandra da Silva. *Sistema Tributário na Constituição de 1988*. São Paulo: Saraiva, 1991; PONTES DE MIRANDA, F. C. *Comentários à Constituição Federal de 1967 com a Emenda 1 de 1969*, 2ª ed., SP: RT, 1970, t. II; TORRES, Ricardo Lobo. *Tratado de direito constitucional financeiro e tributário*, v. 3. *Valores e Princípios Constitucionais Tributários*. Rio de Janeiro: Renovar, 2005; OLIVEIRA, Yonne Dolacio de. *Imunidades tributárias na Constituição de 1988*. São Paulo: Resenha Tributária, 1992; GARCIA, Vanessa Nobel. *A norma de imunidade tributária e seus efeitos jurídicos*. SP: PUC/SP, 2001, Dissertação de Mestrado, 375 p.; PESTANA, Márcio. *O princípio da imunidade tributária*. São Paulo: RT, 2001; SOUSA, Leandro Marins de. *Imunidade tributária*: entidades de educação & assistência social. Curitiba: Juruá, 2001; FALCÃO, Amílcar de Araújo. "Imunidade e isenção tributária – instituição de assistência social". *Revista de direito administrativo*. Rio de Janeiro: Fundação Getulio Vargas, n. 66, p. 367-375, 1961; COSTA, Regina Helena. *Imunidades tributárias*: teoria e análise da jurisprudência do STF. São Paulo: Malheiros Editores, 2001.

6. Notas

6.1. *As condições subjetivas das imunidades das instituições de educação*

A imunidade das instituições educacionais, nos termos do art. 150, inciso VI, alínea "c", da CF, é típica modalidade de imunidade concedida em razão da pessoa, daí ser comumente referida como espécie de *imunidade subjetiva*. Prevalece a finalidade da pessoa beneficiária e das atividades que esta desempenha sobre a base material e objetiva da incidência dos impostos, como ocorre com livros e periódicos, a única das imunidades aos impostos que não se sujeita a qualquer condição.

Por isso, para que as *imunidades* constitucionais possam ser aplicadas às instituições educacionais, nos termos do art. 150, inciso VI, alínea "c" e § 4º, pela exigência de virem *relacionadas com as finalidades essenciais das instituições*, faz-se mister qualificar as atividades das entidades como típicas modalidades de ensino ou educação[1], inclusive aquelas que se dedicam ao aprimoramento profissional[2], indistintamente, pois, nos termos da Lei de Diretrizes de Bases da Educação Nacional (Lei n. 9.394/96), não se faz qualquer distinção entre tais vocábulos.

Vale recordar que o fundamento dessa imunidade é sempre aquele de fomento às atividades de educação, em todos os seus

---

1. Para um estudo profundo do regime jurídico da educação, com especial dedicação ao ensino universitário, veja-se o importante estudo: RANIERI, Nina Beatriz. *Educação superior, Direito e Estado*. SP: FAPESP/EDUSP, 2000, 403 p.

2. Nesse sentido, a seguinte decisão: "TRIBUTÁRIO – IMUNIDADE – IPTU – ENTIDADE EDUCACIONAL ESTRANGEIRA. 1. O artigo 150, VI, 'c', da CF deve ser interpretado em combinação com o art. 14 do CTN, expressamente recepcionado no ADCT (art. 34, § 5º). 2. A imunidade, como espécie de não incidência, por supressão constitucional, segundo a doutrina, deve ser interpretada de forma ampla, diferentemente da isenção, cuja interpretação é restrita, por imposição do próprio CTN (art. 111). 3. *Ensino é forma de transmissão de conhecimentos, de informações e de esclarecimentos*, entendendo-se educacional a entidade que desenvolve atividade para o preparo, desenvolvimento e qualificação para o trabalho (art. 205 CF). 4. *A cobrança de mensalidades não descaracteriza a entidade imune se não há distribuição de rendas, lucro ou participação nos resultados empresariais*. 5. *Entidade que, gozando da imunidade há mais de quarenta anos, não está obrigada a recadastrar-se, ano a ano, para fazer jus ao benefício constitucional*. 6. Recurso ordinário improvido" (RO 31-BA. STJ, 2ª Turma, Ministra Eliana Calmon, *DJ* de 2-8-2004 p. 337, g.n.).

termos, visando à sua expansão, como proclamado no art. 208, da Constituição, que o "dever do Estado com a educação será efetivado mediante a garantia de (dentre outras): II – progressiva universalização do ensino médio gratuito; (Redação dada pela Emenda Constitucional n. 14, de 1996); ou V – acesso aos níveis mais elevados do ensino, da pesquisa e da criação artística, segundo a capacidade de cada um". São exemplos, apenas, do campo subjetivo de possibilidades do emprego da regra imunitária.

Ricardo Lobo Torres bem o identificou: "O fundamento da imunidade das instituições de educação e de assistência social é a *proteção da liberdade*. Pouco tem que ver com a capacidade contributiva, que é princípio de justiça"[3]. Não é, portanto, a ausência de *capacidade contributiva*, o que justifica a aplicação da imunidade pessoal em questão. O que prevalece como fundamento é o cumprimento das finalidades essenciais e a reversão de todo o lucro em favor destas. Em muitos casos, teremos entidades expressivamente lucrativas, logo, dotadas de capacidade econômica para suportar os impostos incidentes sobre o patrimônio, a renda ou os serviços, mas, por estarem atendidos os requisitos de não distribuição dos lucros[4] e do reinvestimento obrigatório, restam integralmente garantidas pela imunidade.

A propósito, veja-se o seguinte julgado:

"Para gozar da imunidade prevista no art. 31, v, letra *b*, da Constituição, não e necessário que a sociedade de objetivo educacional ministre o ensino gratuito totalmente. Recurso Extraordinário conhecido e provido"[5].

Refutando a tese da gratuidade das atividades e serviços prestados, diz Sacha Calmon Navarro Coelho: "É admissível a instituição cobrar pelos serviços que presta, desnecessária a 'gratuidade', desde que reaplique no *munus* institucional o que arrecadou ou lucrou *(animus lucrandi sem animus distribuendi)*"[6]. Fazemos coro com esta afirmação, pois este requisito não concorre com os pressupostos referidos no texto constitucional, restrito apenas aos fins não lucrativos.

E se a finalidade do ensino gratuito[7] não é limite, tampouco a forma de organização societária poderia sê-lo, como bem adverte Pontes de Miranda: "personificada, ou não, desde que haja separação do patrimônio dela e das outras entidades não imunes, ou das pessoas físicas; e serem as suas rendas aplicadas integralmente no país para os fins de educação ou de assistência, ou de uns e outros"[8], a imunidade estará atendida. Também Misabel Derzi, em síntese doutrinária sobre o tema, confirma: "quer se trate de uma sociedade, uma associação ou uma fundação, a instituição – não importa a forma jurídica específica – deve colimar a prestação de serviços educacionais ou de assistência social, sem intuito de lucro e com o cumprimento integral dos requisitos arrolados no art. 14 do Código Tributário Nacional"[9].

6.2. As condições materiais e finalísticas para o cumprimento das imunidades pelas instituições de educação

As hipóteses de *imunidades* constitucionais aplicadas às instituições educacionais e de assistência social, nos termos do art. 150, inciso VI, alínea "c" e § 4º, *compreendem somente o patrimônio, a renda e os serviços, relacionados com as finalidades essenciais das entidades nelas mencionadas*, desde que reconhecidas juridicamente como entidades sem fins lucrativos (arts. 150, VI[10], e 146, II[11], da CF).

Assim, no que concerne às condições materiais, a imunidade das entidades de educação limita-se aos *impostos* incidentes sobre o *patrimônio*, a *renda* auferida ou aos *serviços* prestados pelas entidades educacionais ou dirigidos para as finalidades essenciais destas, e desde que se possam aperfeiçoar vínculos entre essas atividades desempenhadas, *in casu*, de educação de qualquer natureza, como exigido pelo § 4º, do art. 150, da Constituição, e a instituição[12].

Colecionamos aqui algumas ementas do STF que tratam do vínculo direto entre a imunidade e a finalidade:

"RECURSO EXTRAORDINÁRIO. IMUNIDADE. ENTIDADE ASSISTENCIAL. IPTU. *O caráter benemérito da re-*

---

3. TORRES, Ricardo Lobo. *Tratado de Direito Constitucional Financeiro e Tributário – os direitos humanos e a tributação: imunidade e isonomia*. 3ª ed., RJ: Renovar, 2005, v. III, p. 267.

4. "TRIBUTÁRIO. IMUNIDADE TRIBUTÁRIA DE ENTIDADE PRIVADA DE EDUCAÇÃO. HIPÓTESE EM QUE ELA NÃO SE CONFIGURA. EXIGÊNCIA DO ART. 14, I, DO CTN NÃO ATENDIDA. Se resulta do estatuto da entidade educacional que o lucro obtido, ou parte dele, e, de alguma forma, distribuído aos sócios, ao invés de ser aplicado em benefício da própria instituição e para atendimento de suas finalidades, não há como ter se como satisfeita a exigência contida no inciso i e, por via de consequência, no inciso ii, ambos do art. 14 do ctn. Assim, se ao retirar-se, pode o sócio receber a sua cota acrescida não apenas do resultado da aplicação monetária, mas também de parcela correspondente a lucros, não há como reconhecer a entidade o benefício da imunidade tributária" (RE 108.737-SP, STF, 2ª T., rel. Min. Aldir Passarinho, j. em 25-10-1988, *DJ* de 27-10-1989, p. 16392).

5. RE 58.691-SP, STF, 1ª Turma, rel. Min. Evandro Lins e Silva. j. em 9-5-1966. *RTJ* 38-01/182.

6. COÊLHO, Sacha Calmon Navarro. *Comentários à Constituição de 1988 – Sistema Tributário*. 8ª ed., Rio de Janeiro: Forense, 1999, p. 294.

7. Para um estudo das relações jurídicas da gratuidade, veja-se: MOROZZO DELLA ROCCA, Paolo. *Gratuita, liberalità e solidarietà: contributo allo studio della prestazione non onerosa*. Milano: Giuffrè, 1998, 235 p.

8. PONTES DE MIRANDA, F. C. *Comentários à Constituição Federal de 1967*, 2ª ed., SP: RT, 1970, t. II, p. 427.

9. BALEEIRO, Aliomar. *Limitações constitucionais ao poder de tributar*. Anotado por Misabel de Abreu Machado Derzi. RJ: Forense, 1997, p. 320. Nesse sentido, veja-se ainda: TORRES, Ricardo Lobo. *Tratado de Direito Constitucional Financeiro e Tributário – os direitos humanos e a tributação*: imunidade e isonomia. 3ª ed., RJ: Renovar, 2005, v. III, p. 269.

10. "Art. 150. (...) VI – (...) *c*) patrimônio, renda ou serviços dos partidos políticos, inclusive suas fundações, das entidades sindicais dos trabalhadores, das instituições de educação e de assistência social, sem fins lucrativos, atendidos os requisitos da lei."

11. "Art. 146. Cabe à lei complementar: (...) II – regular as limitações constitucionais ao poder de tributar."

12. Nesse sentido, veja-se a decisão do STF: "AGRAVO REGIMENTAL EM RECURSO EXTRAORDINÁRIO. CONSTITUCIONAL. TRIBUTÁRIO. IMUNIDADE. ENTIDADE ASSISTENCIAL. *Não incide sobre os valores pertencentes à entidade assistencial, bem assim sobre a renda advinda de sua aplicação, porque destinada aos seus fins essenciais*. Agravo regimental não provido" (RE 206832 – AgRg/RS, STF, 2ª Turma, rel. Min. Maurício Corrêa, j. em 29-10-2002, *DJ* de 19-12-2002, p. 117). E ainda: "SESI: IMUNIDADE TRIBUTÁRIA DAS INSTITUIÇÕES DE ASSISTÊNCIA SOCIAL (CF, ART. 19, III, LETRA C). *A palavra 'patrimônio' empregada na norma constitucional não leva ao entendimento de excetuar o Imposto de Importação e o Imposto sobre Produtos Industrializados*. Recurso Extraordinário conhecido e provido" (RE 89.590/RJ, STF, 1ª Turma, rel. Min. Rafael Mayer, j. em 21-8-1979, *DJ* de 10-9-1979, p. 6680).

corrida jamais foi questionado pelo recorrente, devendo-se presumir que todo seu patrimônio, bem como o produto de seus serviços está destinado ao cumprimento de seu mister estatutário. As instâncias ordinárias assentaram que *os imóveis em questão encontram-se vagos*, em razão de a recorrida ainda não ter arrecadado recursos suficientes para construir prédios *destinados ao cumprimento de sua função institucional*, descartando a hipótese de desvirtuamento de seus fins. Premissa que não pode ser desconstituída, nesta sede extraordinária, ante a necessidade do reexame de fatos e provas (Súmula STF 279)"[13].

"Recurso Extraordinário. 2. Imunidade tributária de templos de qualquer culto. Vedação de instituição de impostos sobre o patrimônio, renda e serviços relacionados com as finalidades essenciais das entidades. Artigo 150, VI, *b* e § 4º, da Constituição. 3. Instituição religiosa. IPTU sobre imóveis de sua propriedade que se encontram alugados. 4. A *imunidade* prevista no art. 150, VI, *b*, CF, *deve abranger* não somente os prédios destinados ao culto, mas, também, o *patrimônio, a renda e os serviços 'relacionados com as finalidades essenciais das entidades nelas mencionadas'*. 5. O § 4º do dispositivo constitucional serve de vetor interpretativo das alíneas *b* e *c* do inciso VI do art. 150 da Constituição Federal. Equiparação entre as hipóteses das alíneas referidas. 6. Recurso extraordinário provido"[14].

Como se vê, o que deve ser identificado e qualificado adequadamente não é outro senão o cumprimento das *finalidades essenciais* das *entidades nelas mencionadas*, para atendimento do amparo constitucional da garantia da imunidade prevista na Constituição. Este nexo causal precisa vir necessariamente demonstrado.

O descumprimento dos pressupostos *subjetivo* e *finalístico* implicam necessariamente o afastamento da imunidade tributária, porquanto não se aperfeiçoam os critérios de qualificação material necessários à implementação da sua vocação. Aqui, o efeito é o afastamento permanente do seu regime, pois não se aperfeiçoa o *tatbestand* constitucional de garantia ao direito fundamental protegido.

6.3. As condições formais para o cumprimento das imunidades

Esta imunidade é do tipo das *condicionadas*, ou seja, depende do atendimento das condições previstas em *lei complementar*, cuja reserva de matérias é expressa na Constituição. E isso porque a competência da União para editar "normas gerais" com a função de *regular limitações constitucionais ao poder de tributar* somente poderá ser exercida mediante o recurso ao procedimento de Lei Complementar (art. 146, II, CF), nos casos que exigem lei específica para surtir os efeitos que lhe são próprios, como se verifica no art. 150, VI, "c". É competência de norma geral que excepciona o uso de lei ordinária para edição de "normas gerais"[15], tal como previsto no art. 24 da CF.

Nesse caso, a lei complementar, para *regular limitações constitucionais ao poder de tributar*, galga a condição de "norma geral", com hierarquia sobre todas as demais leis do sistema e prevalência de aplicabilidade, em virtude da exigência formal de definição dos requisitos definidores da qualificação da entidade como sendo da espécie das "sem fins lucrativos", cujo texto atual limita-se ao teor do art. 14, do CTN, que segue compatível com o art. 213, da CF. Segundo este, *escolas comunitárias, confessionais ou filantrópicas*, afora outros requisitos previstos em lei, são aquelas que "comprovem finalidade não lucrativa e apliquem seus excedentes financeiros em educação". Nenhuma lei ordinária, portanto, poderá inovar o catálogo de critérios justificativos da suspensão dos efeitos imunitários. Ao admitir, a Constituição, que tais entidades possam dispor de *excedentes financeiros*, está reconhecido no texto constitucional o direito ao desempenho de atividade econômica rentável pelas *escolas comunitárias, confessionais ou filantrópicas*, espancando qualquer dúvida a respeito.

Cumpre, pois, às *instituições de educação*, desde que atendidos aos requisitos materiais e formais, da imunidade, a cada exercício financeiro, desenvolver suas atividades típicas, sejam estas ofertadas em caráter de gratuidade ou mediante remuneração, não importa, pois o que interessa é o destino que se dê às suas receitas e como realize suas despesas, para saber se se trata de uma entidade sem fins lucrativos (*nonprofit*) ou não.

E assim, diante de algum resultado econômico positivo no desempenho das funções, com obtenção de lucros, duas regras hão de ser observadas, vinculantes para a própria entidade e para seus sócios e administradores, para que se mantenha em compatibilidade com a exigência acima, conforme as atitudes da entidade, dos sócios e administradores:

a) *A instituição*

Deverá aplicar seus excedentes financeiros em educação (*princípio do reinvestimento obrigatório em educação*);

---

13. RE 251.772/SP, rel. Min. Ellen Gracie. 2ª Turma, j. em 24-6-2003, *DJ* de 29-8-2003, p. 37.
14. RE 325.822/SP, Tribunal Pleno. rel. Min. Ilmar Galvão, j. em 18-12-2002.
15. E nesse sentido, farta jurisprudência do STF, como pode-se ver na decisão seguinte: "I – Ação direta de inconstitucionalidade: Confederação Nacional de Saúde: qualificação reconhecida, uma vez adaptados os seus estatutos ao molde legal das confederações sindicais; pertinência temática concorrente no caso, uma vez que a categoria econômica representada pela autora abrange entidades *de fins não lucrativos, pois sua característica não é a ausência de atividade econômica, mas o fato de não destinarem os seus resultados positivos à distribuição de lucros*. II – Imunidade tributária (CF, arts. 150, VI, *c*, e 146, II): 'instituições de educação e de assistência social, sem fins lucrativos, atendidos os requisitos da lei': delimitação dos âmbitos da matéria reservada, no ponto, à *intermediação da lei complementar e da lei ordinária: análise, a partir daí, dos preceitos impugnados* (L. 9.532/97, arts. 12 a 14): cautelar parcialmente deferida. 1. Conforme precedente no STF (RE 93.770, Muñoz, *RTJ* 102/304) e na linha da melhor doutrina, *o que a Constituição remete à lei ordinária, no tocante à imunidade tributária considerada, é a fixação de normas sobre a constituição e o funcionamento da entidade educacional ou assistencial imune; não, o que diga respeito aos lindes da imunidade, que, quando suscetíveis de disciplina infraconstitucional, ficou reservado à lei complementar.* 2. À luz desse critério distintivo, parece ficarem incólumes à eiva da inconstitucionalidade formal arguida o art. 12 e §§ 2º (salvo a alínea *f*) e 3º, assim como o parágrafo único do art. 13; ao contrário, é densa a plausibilidade da alegação de invalidez dos arts. 12, § 2º, *f*, 13, *caput*, e 14 e, finalmente, se afigura chapada a inconstitucionalidade não só formal mas também material do § 1º do art. 12 da lei questionada. 3. Reserva à decisão definitiva de controvérsias acerca do conceito da entidade de assistência social, para o fim da declaração da imunidade discutida – como as relativas à exigência ou não da gratuidade dos serviços prestados ou à compreensão ou não das instituições beneficentes de clientelas restritas e das organizações de previdência privada: matérias que, embora não suscitadas pela requerente, dizem com a validade do art. 12, *caput*, da Lei 9.532/97 e, por isso, devem ser consideradas na decisão definitiva, mas cuja delibação não é necessária à decisão cautelar da ação direta" (ADI 1.802-MC/DF, STF, Tribunal Pleno, rel. Min. Sepúlveda Pertence. j. em 27-8-1998, *DJ* de 13-2-2004, p. 10, g.n.).

b) *Os sócios ou administradores*

A entidade deve comprovar finalidade não lucrativa, mediante demonstração de ausência de qualquer distribuição de lucros, direta ou indireta, efetiva ou disfarçada (*princípio da vedação de distribuição de lucros*).

Para o gozo da imunidade, não se justifica qualquer outra limitação, além das que são definidas pela Constituição e assinaladas em lei complementar, para identificação da *finalidade não lucrativa* e da aplicação dos *seus excedentes financeiros em educação*. E como não poderia ser diferente, por serem, as imunidades tributárias, medidas constitucionais que implicam a incompetência das pessoas de direito público interno para expedirem regras jurídicas sobre tributo de sua competência, nas situações expressamente designadas na Constituição, o conteúdo dos critérios formais entabulados na lei complementar não pode destoar dos pressupostos materiais, na qualificação dos elementos de identificação dos fins lucrativos dessas instituições.

Como dissemos acima, os efeitos típicos de entidade *nonprofit* advêm do destino que se dê ao patrimônio e receitas da entidade. Por isso, como medida para qualificar as entidades educacionais como sendo do tipo "sem fins lucrativos", conforme o inciso I do art. 14, do CTN, estas se encontram proibidas de *distribuírem qualquer parcela de seu patrimônio ou de suas rendas, a qualquer título*.

Ora, na medida que o propósito constitucional visa a preservar os valores da expansão do ensino, na complementaridade das funções do público, a lucratividade das entidades dedicadas à tal propósito seria certamente incompatível, por reduzir a capacidade de crescimento e de benemerência justificadora da imunidade. Dito isso, conclui-se que almejar rentabilidade é um dever da administração dessas instituições privadas, certos de que esta disposição coincide plenamente com os fundamentos da regra imunitária. Por esse motivo, o destino do patrimônio e das rendas é que será determinante para a manutenção do regime benéfico, afastando-se qualquer modalidade de distribuição de lucros, mesmo que a instituição seja economicamente rentável e apresente expansão patrimonial e econômica. Como bem resume Sacha Calmon Navarro Coelho:

"Em suma, vedado pelo CTN e pela jurisprudência era o *animus distribuendi* e não o *animus lucrandi*, tanto que o CTN veda ainda hoje a sua distribuição ou sua remessa para o exterior, preconizando seja reinvestido nos fins a que se propuseram as instituições. A Constituição atual expressamente diz que imunes são apenas as instituições de educação e assistência sem fins lucrativos. Mudou a redação mas ficou o espírito. Por 'sem fins lucrativos' deve-se entender aquelas que não se apropriam dos resultados operacionais, ou seja, que não distribuem resultados entre sócios ou mantenedores ou associados, reinvestindo tudo o que ganham e, cada vez mais, em atividades-meios capazes de sustentar os planos educacionais e assistenciais próprios dessas entidades. Caso contrário, a imunidade em tela ficaria reduzida à caridade e a filantropia, o que não esteve nos cálculos do constituinte que dá à sociedade a possibilidade de cooperar com o governo nas esferas da educação e da assistência e previdência sociais (paraestatalidade) com organismos fortes, autossuficientes e progressistas, certo que sem atividade econômica própria não poderiam tais entes desenvolver as funções educacionais e assistenciais a que se propuserem"[16].

Diga-se o mesmo para o pagamento de remuneração aos seus funcionários e diretores pelos serviços prestados, que tampouco constitui empecilho ao gozo e fruição da imunidade tributária. O desenvolvimento de trabalho profissional regular, acompanhado de contraprestação financeira, não se presta, isoladamente, a configurar hipótese justificadora do afastamento da imunidade, sob alegação de distribuição de lucros ou participação nos resultados ou no patrimônio da entidade.

Como bem analisa Roque Carrazza:

"(...) a ausência de fins lucrativos existe tanto a não distribuição de seu patrimônio ou se suas rendas como o investimento na própria entidade dos resultados econômicos positivos obtidos. A remuneração dos funcionários e administradores não afasta a imunidade, desde que seja equivalente aos serviços por eles prestados. O que afasta a imunidade é a remuneração exorbitante, que mal consegue esconder a distribuição do patrimônio ou das rendas da entidade"[17].

Correta opinião, porquanto o CTN, ao condicionar a imunidade ao impedimento de distribuição de lucros[18], não veda pagamento de remuneração aos diretores que exerçam funções executivas ou administrativas na entidade, em se tratando de remuneração por trabalho profissional prestado. Fundamental recordar que pela separação patrimonial necessária entre bens dos sócios e administradores e rendas ou patrimônio da entidade, a Constituição garante e estimula a lucratividade e aplicação dos resultados nas finalidades essenciais da entidade, vedando apenas o ânimo de lucro dos sócios ou administradores.

Nesse propósito especificador, o art. 213, da CF, não poderia ser mais esclarecedor: "Os recursos públicos serão destinados às escolas públicas, podendo ser dirigidos a *escolas comunitárias, confessionais ou filantrópicas*, definidas em lei, que: I – *comprovem finalidade não lucrativa e apliquem seus excedentes financeiros em educação*". Veja-se que a própria Constituição já antecipou o conteúdo material do que pode prestar-se para definir os requisitos materiais para que *instituições de educação* quedem-se protegidas pela imunidade, enquanto requisito a ser observado por todos os destinatários desta norma de garantia (legislativo e administração).

Destarte, toda a lucratividade auferida pela entidade, ao invés de ser destinada aos sócios ou administradores, deve reverter-se em favor da instituição, em cumprimento ao objetivo de estímulo ao caráter complementar da educação ou do ensino patrocinado por entidades particulares, no emprego dos *excedentes financeiros*.

---

16. COÊLHO, Sacha Calmon Navarro. *Comentários à Constituição de 1988 – Sistema Tributário*. 8ª ed., Rio de Janeiro: Forense, 1999, p. 286.

17. CARRAZZA, Roque Antonio. *Curso de direito constitucional tributário*. 18ª ed., São Paulo: Malheiros, 2004, p. 508. No mesmo sentido, com diversos estudos a respeito: MARTINS, Ives Gandra da Silva. Educação e imunidades tributárias. *Revista Dialética de Direito Tributário*. SP: Dialética, 2004, n. 109, p. 44.

18. "Imunidade tributÁria dos estabelecimentos de educação. *Não a perdem as instituições de ensino pela remuneração de seus serviços*, desde que observem os pressupostos dos incisos i, ii e iii do Art-14 do ctn. Na expressão 'instituições de educação' se incluem os estabelecimentos de ensino, que não proporcionem percentagens, participação em lucros ou comissões a diretores e administradores" (RE 93463/RJ, STF, 2ª Turma, rel. Min. Cordeiro Guerra. j. em 16-4-1982, *DJ* de 14-5-1982, p. 4568).

Com isso, o controle sobre o exercício da imunidade tributária cobra dos seus beneficiários o emprego integral dos recursos auferidos nos seus objetivos institucionais, afastando qualquer possibilidade de desvio de finalidade (i) ou transferência para atividades localizadas em outros países (ii)[19]. Como ressalva Pontes de Miranda: "Qualquer aplicação de rendas no exterior ou qualquer remessa de renda, a título gratuito, ou para fundo comum, ou complementar, é elemento suficiente para a perda, *ipso iure*, da imunidade"[20]. O que importa é que a imunidade alcance seus fins no território nacional, como esforço nacional em favor da promoção do ensino.

Importa unicamente que ao final de cada período financeiro, qualquer que seja o resultado patrimonial, em havendo lucros, que estes sejam reinvestidos nas atividades institucionais de educação, como garantia de atendimento ao disposto nos arts. 150, V, "c", e 213, da Constituição. Destarte, qualquer forma de tredestinação das rendas ou do patrimônio da entidade, portanto, implicará o afastamento *ex tunc* do direito imunitário, em relação ao período no qual se tenha comprovado tal hipótese.

6.4. As imunidades das entidades de assistência social

Passamos agora ao estudo do caráter filantrópico-assistencial da entidade (art. 204, da CF) e, consequentemente, da aplicação de "imunidade tributária" de entidade de assistência social sem fins lucrativos relativamente *impostos* (art. 150, VI, da CF) e *contribuições previdenciárias* (art. 195, § 7º, da CF).

A Constituição de 1988 introduziu um novo direcionamento às políticas assistenciais brasileiras, de forma a possibilitar que essas sejam implementadas também pelos segmentos da sociedade civil. São os princípios da solidariedade, descentralização e a universalização da assistência social no Brasil, para possibilitar o acesso de todos às ações disponíveis.

Prescreve o art. 194 que a "*seguridade social* compreende um *conjunto integrado de ações* de iniciativa dos *Poderes Públicos* e da *sociedade*", e que todas essas atividades deverão servir a "assegurar os direitos relativos à saúde, à previdência e à *assistência social*". De se ver, pois, o âmbito determinado pela Constituição para ações do poder público, que se deve circunscrever, no que tange à "assistência social", aos domínios da seguridade social. E só os órgãos deste podem dispor sobre as ações necessárias à condução dos regimes a serem atendidos.

A assistência social é formada por um conjunto de ações definidas no artigo 203, da Constituição e que tem por objetivo, na sua síntese, a promoção da *dignidade da pessoa humana*, como fundamento do próprio estado brasileiro, conforme o art. 1º, III, da Constituição.

Confirma-o o art. 204, da Constituição, ao estabelecer como diretriz da ação governamental na "assistência social" o cumprimento de uma necessária *descentralização político-administrativa*, cabendo à esfera federal a edição de normas gerais e igualmente a *coordenação* das atividades. E quanto à *execução* dos programas assistenciais, esta há de ser feita inclusive pelas "entidades beneficentes e de assistência social".

Certo que, em vista dessas disposições, se reservam aos órgãos da Seguridade Social, e somente a estes, a competência material para regular a ação governamental na "assistência social" (i), estabelecer a coordenação das atividades (ii) e reconhecer, enquanto meios de *descentralização político-administrativa*, as "entidades beneficentes e de assistência social" (iii). Diante disso, queda-se defeso a qualquer outro órgão exercer competência sobre tais matérias, mormente quanto ao reconhecimento das entidades que partilham da *descentralização político-administrativa*. Fazê-lo seria incorrer em típico caso de desvio de poder.

As hipóteses de imunidade constitucional aplicadas às instituições de assistência social, nos termos do art. 150, inciso VI, alínea "c" e § 4º, compreendem somente o patrimônio, a renda e os serviços relacionados com as finalidades essenciais das entidades nelas mencionadas.

Isso igualmente vale para *impostos* e *contribuições*, no que tange às entidades beneficentes. Contudo, neste caso, o exame da "finalidade" é passado integralmente para a *Seguridade Social*, não se limitando ao requisito de ausência de fim lucrativo, mas a exigir a própria apuração sobre ser uma típica "entidade beneficente de assistência social". Urge, portanto, vir interpretado, na espécie, o conteúdo do art. 203, em paralelo aos arts. 194 e 204 da Constituição.

Como previsto na Constituição, os serviços de Assistência Social podem ser complementados e prestados por entidades privadas, sejam estas de caráter filantrópico ou não. Assim, a iniciativa privada pode participar do sistema assistencial com atividades típicas de *filantropia* (i), com ou sem gratuidade, total ou proporcional, sem limite ou proporção previamente definida; como também poderá manter-se integralmente em regime de atendimento remunerado (ii).

Neste caso, a execução das *ações no âmbito da assistência social* poderá ser feita *através de terceiros e, também, por pessoa física ou jurídica de direito privado*, haja vista tratar-se de atividade *livre à iniciativa privada*. Desse modo, vê-se garantido na Constituição o acesso de entidades privadas às prestações de serviços de assistência social, sem qualquer limitação à exigência de gratuidade dos atendimentos realizados, que pode ser total ou simplesmente parcial, segundo os regimes adotados para ordenação das atividades.

Entidade de assistência social deve servir à *universalidade* dos destinatários necessitados dos seus préstimos, como determina o art. 203: "A assistência social *será prestada a quem dela necessitar*". Assim, pelo regime de *descentralização administrativa*, na prestação desse atendimento universal, a execução caberá a *entidades beneficentes e de assistência social* (art. 204, I), que poderão cumprir seus objetivos nos seguintes âmbitos:

"I – a proteção à família, à maternidade, à infância, à adolescência e à *velhice*;

II – o amparo às crianças e adolescentes carentes;

III – a promoção da integração ao mercado de trabalho;

IV – a habilitação e reabilitação das pessoas portadoras de deficiência e a promoção de sua integração à vida comunitária".

---

19. E assim já decidiu o STF: "IMUNIDADE TRIBUTÁRIA. Instituição de ensino que aplica a totalidade de suas rendas no Brasil, para consecução de seus fins. Pouco importa que a intensidade de estudo seja de língua estrangeira ou que a maioria de corpo discente não seja de brasileiros, para gozar da imunidade tributaria do art. 31, *V*, letra *b*, da Constituição. Recurso extraordinário indeferido e agravo não provido" (AI 38.802-SP, STF, 1ª Turma, rel. Min. Evandro Lins e Silva, j. em 7-11-1966, *DJ* de 16-3-1967).

20. PONTES DE MIRANDA, F. C. *Comentários à Constituição Federal de 1967*, 2ª ed., SP: RT, 1970, t. II, p. 427.

Diversamente de outros casos, as instituições de assistência social devem obter o reconhecimento público, a partir da demonstração de dados reveladores do atendimento de algum desses objetivos. Isso é o que justificará a motivação que permita aceder ao *Certificado de Entidade Beneficente de Assistência Social*, concedido pelo Conselho Nacional de Assistência Social (CNAS), dentre outros.

Firme nesse entendimento, o STF, em toda a sua Jurisprudência, assinalou que qualquer interpretação que se faça do art. 150, VI, "c", o que vale igualmente ao § 7º do art. 195, da CF, deve vir acompanhada da obrigatória compreensão sobre as *finalidades essenciais da entidade*, ao cumprimento da garantia imunitária, e nada mais.

Em se tratando de imunidades relacionadas diretamente com o exercício de *atividades assistenciais*, cumpre, pois, ao intérprete, concentrar esforços sobre a efetividade destas. Daí por que, cuidando-se de *finalidades essenciais das entidades* (art. 150, § 4º, da CF), exercidas pela entidade, e atendida essa condição para o gozo da imunidade, descabe a qualquer autoridade motivação para pretender superar o direito subjetivo de não tributação que dessa garantia emana.

Como admitido pelo STF:

"IMUNIDADE TRIBUTÁRIA. FUNDAÇÃO DE ASSISTÊNCIA SOCIAL. Não sendo mantida com a contribuição dos beneficiários, nem tendo finalidade lucrativa, a fundação tem a característica de instituição de assistência social, destinada a propiciar bem estar ao grupo de pessoas vinculadas às empresas patrocinadoras. *A natureza pública da instituição não provem da generalidade de seus participantes e beneficiários, mas dos fins sociais a que atende.* Recurso conhecido e provido"[21].

Como se demonstra, as *finalidades essenciais* das *entidades nelas mencionadas* devem ser atendidas, para atendimento do amparo constitucional da garantia da imunidade prevista na Constituição.

Ademais disso, é fundamental diferençar o regime do art. 150, VI, "c", da CF, pelo qual são imunes a "impostos" o *patrimônio, renda ou serviços das instituições* de assistência social, *sem fins lucrativos*, "atendidos os requisitos da lei", exclusivamente naquilo que seja *relacionado com as finalidades essenciais das entidades nelas mencionadas* (§ 4º); daquilo que consta do art. 195, "§ 7º, segundo o qual são isentas de *contribuição para a seguridade social* as entidades beneficentes de assistência social *que atendam às exigências estabelecidas em lei*".

Essa referência a "exigências estabelecidas em lei" não se vincula de nenhum modo à qualificação de "entidade sem fim lucrativo", que exige atendimento a "requisitos da lei", na medida em que tal referência já compõe o arquétipo condicional da alínea "c" do inciso VI, do art. 150, da CF, e corresponde às exigências de lei complementar sobre o que se deva admitir como critério para dizer se uma instituição detém ou não o requisito de ser desprovida de fim lucrativo, exclusivamente. Dito de outro modo, os requisitos legais do § 7º do art. 195 são de ordem *material* sobre a verificação do atendimento de "assistência social", em correspondência direta com a missão da "seguri-

dade social" (art. 194), universalidade e *descentralização* no atendimento das necessidades típicas de assistência social (arts. 203 e 204 da CF), nas suas distintas possibilidades. Por outra banda, aquele é de ordem meramente "formal", por não concorrer com a matéria que justifica a própria modalidade de imunidade em si mesma considerada, mas se restringir a uma verificação sobre a forma como os administradores lidam com as receitas e despesas da entidade ou mesmo com o emprego do respectivo patrimônio.

Por *condição material* da imunidade do art. 195, § 7º, da CF, deve-se entender mais o atendimento aos requisitos que definem uma entidade como sendo de "assistência social" do que qualquer referência a regime de apuração de eventual lucratividade. Enquanto aquele diz respeito a pressupostos para conceder ou manter o benefício; este existe para definir sobre sua manutenção ou suspensão em relação a algum período do passado, mediante provas fundamentadas sobre o campo patrimonial da entidade.

Com relação aos *partidos políticos, inclusive suas fundações*, e *entidades sindicais dos trabalhadores*, "*mutatis mutandis*", aplicam-se as regras imunitárias acima descritas segundo o atendimento das finalidades, conforme o § 4º do art. 150.

Art. 150, VI, *d*) livros, jornais, periódicos e o papel destinado a sua impressão;

Paulo Caliendo

1. História da norma

A imunidade dos livros, jornais e periódicos inicia a sua história com a isenção de direitos de entrada no Brasil para os livros estrangeiros de ciência, das artes e das letras, datada de 26 de janeiro de 1819, por meio de uma instrução do Rei entregue ao Desembargador do Paço, João Severiano Maciel da Costa.

2. Constituições brasileiras anteriores

A primeira Constituição brasileira a acrescentar a imunidade dos livros foi a Constituição de 1946 ao estabelecer a imunidade sobre o papel destinado exclusivamente à impressão de jornais, periódicos e livros, conforme determinado pelo art. 31, inciso V, alínea "c". A Constituição de 1967 irá ampliar a proteção constitucional para o livro, os jornais e os periódicos, assim como o papel destinado à sua impressão. Esta redação foi mantida pela Emenda Constitucional n. 1, de 17 de outubro de 1969 e pela Constituição de 1988.

3. Fundamento constitucional

3.1. O Conceito de livro e sua acepção frente ao fenômeno constitucional da imunidade

A imunidade dos livros, jornais e periódicos visa à proteção de valores fundamentais e a promoção de direitos fundamentais do contribuinte. Não se trata da mera proteção de um objeto físico denominado de "*livro*", mas de um bem jurídico maior: "*direito fundamental à educação, à cultura, ao conhecimento ou a in-

---

21. RE 108.796-SP, STF, 2ª Turma, rel. Min. Carlos Madeira, j. em 30-6-1986, *DJ* 12-9-1986, p. 16426.

formação". O livro em si é mero instrumento que veicula, carrega e porta um conteúdo a ser transmitido ao receptor.

Protege-se um bem corpóreo para atingir-se a proteção de um direito subjetivo público ao conhecimento. A compreensão do alcance do disposto no dispositivo somente pode ocorrer analisando o seu conteúdo finalístico e na apenas literal ou gramatical. A interpretação dada ao argumento deve ser extensiva e não simplesmente restritiva.

Trata-se de uma norma concretizadora de outras normas constitucionais, especialmente o direito fundamental de acesso à cultura, educação e ciência disposto no art. 23, inc. V[1]; por outro lado, não pode o poder público proceder a uma análise e verificação subjetiva do sentido e alcance do conteúdo difundido, em respeito ao direito fundamental de livre manifestação do pensamento previsto no art. 5º, inc. IV[2], da CF/88. A retirada de tributos significa uma forma proteção e uma promoção destes direitos fundamentais. Trata-se de uma proteção contra a utilização indevida dos impostos como uma forma de perseguição política, partidária, ideológica ou moral de conteúdos adversos ao pensamento dominante[3]. De outro lado, é uma forma de promoção ao acesso, visto que torna menos onerosa a aquisição de bens culturais à população.

3.2. Características da imunidade

Trata-se de uma forma de imunidade objetiva e incondicionada.

3.3. Alcance da Imunidade: a questão do conteúdo protegido

Uma das questões mais relevantes, referentes à imunidade tributária dos livros, jornais e periódicos e sobre o conteúdo protegido. Será que todo e qualquer conteúdo pode ser protegido pela imunidade constitucional? Será que esta imunidade se estende aos materiais de conteúdo moral controverso, restrito, ou que fazem apologia a crimes ou sentimentos odiosos?

Nesse caso, entende a jurisprudência e a doutrina que não é possível que exista uma classificação moral do conteúdo dos livros, por meio de uma interpretação do fiscal da receita, nem tão pouco por parte do próprio judiciário, que ficam limitados ao cumprimento deste direito constitucional. A única ressalva a ser realizada é que é que se o livro ou material encontra-se permitido para a circulação, então não é possível que seja submetido à limitações ou restrições de direito à liberdade de expressão. Se por outro lado, o livro ou periódico for considerado ilegal ou impróprio para a circulação teremos nesse caso a possibilidade da incidência de um ato ilícito: circulação de material proibido e, nesse caso, não será possível se albergar da proteção constitucional da imunidade tributária.

---

1. "Art. 23. É competência comum da União, dos Estados, do Distrito Federal e dos Municípios: (...) V – proporcionar os meios de acesso à cultura, à educação e à ciência."
2. "Art. 5º Todos são iguais perante a lei, sem distinção de qualquer natureza, garantindo-se aos brasileiros e aos estrangeiros residentes no País a inviolabilidade do direito à vida, à liberdade, à igualdade, à segurança e à propriedade, nos termos seguintes: (...) IV – é livre a manifestação do pensamento, sendo vedado o anonimato."
3. RE 174.476, rel. Min. Marco Aurélio, j. em 26-9-1996, *DJ* de 12-12-1997.

3.4. Das espécies de materiais protegidos em razão do conteúdo

Tem se entendido que a proteção constitucional dirige-se ao conteúdo divulgado e não ao formato que este possui. Desse modo, alguns casos merecem atenção:

a) *livros diários, cadernos, blocos de notas, livros ponto e o livro de atas*: não possuem imunidade, apesar do formato de livro, visto que são destituídos de conteúdo, sendo mera coleção de folhas em branco à espera de conteúdo. Sua natureza já exige a ausência e não a presença de conteúdo e, visto que a norma protege o conteúdo estes não estão abarcados pela norma de exclusão de competência tributária;

b) *apostilas*: mesmo que não possuam a forma de livro podem ser abrangidos pela imunidade em função de seu conteúdo educativo, mesmo que possuam uma estrutura simplificada de transmissão do conteúdo[4];

c) *catálogos telefônicos*: apesar da ausência de conteúdo educativo, científico ou cultural, devem ser protegidos pela imunidade dos periódicos, porque possuem a natureza informativa de divulgação de dados de interesse público. Sua periodicidade geralmente é anual[5] e mesmo que possuam material de propaganda não podem ter afastada a proteção constitucional[6];

d) *livro de figurinhas*: estende-se a imunidade constitucional aos álbuns de figurinhas destinados ao público infanto juvenil, não cabendo ao fisco questionar o conteúdo transmitido, sob pena de ofensa ao direito de acesso da população à democracia da cultura, à informação e à educação[7];

e) *capas*: possuem imunidade, dado que integram os livros-atlas e, portanto, são partes integrantes destas[8];

f) *encartes de propaganda*: por possuírem natureza comercial não estão protegidos pela proteção constitucional imunitória[9].

---

4. RE 183.403, rel. Min. Marco Aurélio, j. em 7-11-2000, *DJ* 4-5-2001.
5. Assim: "TRIBUTÁRIO. MUNICÍPIO DE SÃO PAULO. EXIGÊNCIA DE IMPOSTO SOBRE SERVIÇOS (ISS) SOBRE A EDITORAÇÃO, COMERCIALIZAÇÃO, PRODUÇÃO INDUSTRIAL E DISTRIBUIÇÃO DE LISTAS TELEFÔNICAS. INQUINADA OFENSA AO ART. 19, III, D, DA CARTA DE 1969. Orientação jurisprudencial do STF, no sentido de que não estão excluídos da imunidade constitucional as publicações 'que cuidam de informações genéricas ou específicas, sem caráter noticioso, discursivo, literário, poético ou filosófico, mas de inegável utilidade pública, como e o caso das listas telefônicas'. Recurso provido" (RE 134.071, rel. Min. Ilmar Galvão, j. em 15-9-1992, *DJ* 30-10-1992).
6. "O fato de as edições das listas telefônicas veicularem anúncios e publicidade não afasta o benefício constitucional da imunidade. A inserção visa a permitir a divulgação das informações necessárias ao serviço público a custo zero para os assinantes, consubstanciando acessório que segue a sorte do principal. Precedentes: Recurso Extraordinário n. 101.441/RS, Pleno, Relator Ministro Sydney Sanches, *RTJ* n. 126, p. 216 a 257, Recurso Extraordinário n. 118.228/SP, Primeira Turma, Relator Ministro Moreira Alves, *RTJ* n. 131, p. 1328 a 1335, e Recurso Extraordinário n. 134.071-1/SP, Primeira Turma, Relator Ministro Ilmar Galvão, *Diário da Justiça* de 30 de outubro de 1992" (RE 199.183, rel. Min. Marco Aurélio, j. em 17-4-1998, *DJ* de 12-6-1998).
7. RE 221239, rel. Min. Ellen Gracie, j. em 25-5-2004, *DJ* 6-8-2004.
8. TRF-4, AMS, Processo n. 96.04.49636-0, 2ª Turma, rel. Fernando Quadros da Silva, publicado em 8-11-2000.
9. "Encartes de propaganda distribuídos com jornais e periódicos. ISS. Art. 150, VI, 'd', da Constituição. Veículo publicitário que, em face de sua natureza propagandística, de exclusiva índole comercial, não pode ser considerado como destinado à cultura e à educação, razão pela qual não está abrangido pela imunidade de impostos prevista no dispositivo constitucional sob referência,

3.5. Das espécies de materiais protegidos em razão da forma

Conforme já elucidado anteriormente a proteção constitucional do art. 150, VI, "d", decorre do conteúdo transmitido e de sua finalidade, contudo, legislador constituinte resolveu reforçar esta proteção ao eleger alguns elementos materiais que merecem a imunidade constitucional por serem formas para a transmissão de conteúdo valorado constitucionalmente, especialmente: "(...) *o papel destinado a sua impressão*". O texto constitucional objetiva proteger um valor superior pela proteção de objetos necessários à fabricação de determinados objetos. A pergunta que pode ser realizada é qual o alcance do dispositivo constitucional? Será que o texto apresentou de modo exemplificativo ou exaustivo todas as espécies de insumos protegidos pela norma imunitória (papel)?

Existem duas compreensões sobre este caso:

a) Da interpretação restritiva

O legislador constituinte deliberada e intencionalmente restringiu o sentido do texto constitucional ao determinar o alcance da imunidade tributária tão somente ao "*papel*", retirando do seu alcance todos os demais insumos utilizados na produção de livros, jornais e periódicos.

Em algumas decisões do STF tem se entendido pela impossibilidade de ser estendida a imunidade a outros insumos não compreendidos no significado da expressão "*papel*[10] *destinado à sua impressão*"[11]. Não estaria abrangida, nesse sentido, a tinta para impressão de livros[12], as empresas gráficas[13] e nem tampouco aos veículos de radiodifusão[14].

Esta imunidade, também, se dirige tão somente aos impostos cobrados sobre os livros, jornais e periódicos, não alcançando as outras espécies tributárias, tais como as contribuições[15], taxas ou empréstimos compulsórios.

b) Da interpretação extensiva

Segundo este entendimento tanto o papel como todos os insumos utilizados para a fabricação do livro estão protegidos pela regra da imunidade. Tal compreensão parte da noção de que a proteção dirige-se ao valor constitucional ou finalidade protegida e não ao bem eleito como suficiente para esta proteção. São argumentos apresentados por esta corrente.

Existem decisões do STF que estendem o benefício constitucional não apenas ao papel diretamente utilizado na produção de livros, jornais e periódicos, mas também os insumos consumidos na produção destes, tais como: filmes e papéis fotográficos[16]; filmes destinados a produção de capas de livro[17], filmes não impressionáveis (papel fotográfico)[18] e papel para artes gráficas[19].

De modo geral, podemos considerar que os tribunais estão adotando uma postura mais restritiva à interpretação do sentido da proteção dos insumos utilizados à fabricação de livros, jornais e periódicos tão somente ao papel destinado à impressão.

3.6. Da imunidade do "livro eletrônico"

Existia grande polêmica doutrinária e jurisprudencial sobre o alcance da imunidade dos livros ao denominado "*livro eletrônico*". Duas correntes disputavam o apoio do STF: a interpretação restritiva e a interpretação extensiva.

Para a *interpretação extensiva* o suporte do livro importa menos do que o seu conteúdo (divulgação de ideias) ou a sua finalidade (livre acesso) e, portanto, tanto o CD-Rom, como os disquetes, as páginas de internet e os DVDs deveriam ser protegidos. Não se trata de proteger todos os produtos de informática (*softwares* ou *hardwares*), mas tão somente aqueles conteúdos que são transmitidos pelo suporte físico diverso do papel[20]. Ou-

---

a qual, ademais, não se estenderia, de qualquer forma, às empresas por eles responsáveis, no que concerne à renda bruta auferida pelo serviço prestado e ao lucro líquido obtido" (RE 213.094, rel. Min. Ilmar Galvão, j. em 3-8-1999, *DJ* de 15-10-1999).

10. RE 178.863, rel. Min. Carlos Velloso, j. em 25-3-1997, *DJ* de 30-5-1997.

11. RE-AgRg 324.600, rel. Min. Ellen Gracie, j. em 3-9-2002, *DJ* 25-10-2002.

12. RE 267690, rel. Min. Ilmar Galvão, j. em 25-4-2000, *DJ* 20-8-2000.

13. "Anistia do art. 150, VI, *d*, da Constituição Federal. IPMF. Empresa dedicada à edição, distribuição e comercialização de livros, jornais, revistas e periódicos. Imunidade que contempla, exclusivamente, veículos de comunicação e informação escrita, e o papel destinado a sua impressão, sendo, portanto, de natureza objetiva, razão pela qual não se estende às editoras, autores, empresas jornalísticas ou de publicidade – que permanecem sujeitas à tributação pelas receitas e pelos lucros auferidos. Consequentemente, não há falar em imunidade ao tributo sob enfoque, que incide sobre atos subjetivados (movimentação ou transmissão de valores e de créditos e direitos de natureza financeira)" (RE 206.774, rel. Min. Ilmar Galvão, j. em 3-8-1999, *DJ* de 29-10-1999).

14. ADI 773-MC, rel. Min. Néri da Silveira, j. em 9-9-1992, *DJ* de 30-4-1993.

15. RE 141.715, rel. Min. Moreira Alves, j. em 18-4-1995, *DJ* de 25-8-1995.

16. RE 174.476, rel. Min. Maurício Corrêa, j. em 26-9-1996, *DJ* 12-12-1997. Ver, também, "A imunidade prevista no art. 150, VI, 'd', da CF abrange os filmes e papéis fotográficos necessários à publicação de jornais e periódicos" (Súmula 657). No mesmo sentido: AI 597.746-AgRg, rel. Min. Sepúlveda Pertence, *DJ* 7-12-2006.

17. "CONSTITUCIONAL. TRIBUTÁRIO. IMUNIDADE TRIBUTÁRIA. PAPEL: FILMES DESTINADOS À PRODUÇÃO DE CAPAS DE LIVROS. CF, art. 150, VI, *d*. I – Material assimilável a papel, utilizado no processo de impressão de livros e que se integra no produto final – capas de livros sem capa-dura – está abrangido pela imunidade do art. 150, VI, *d*. Interpretação dos precedentes do Supremo Tribunal Federal, pelo seu Plenário, nos RREE 174.476/SP, 190.761/SP, Ministro Francisco Rezek, e 203.859/SP e 204.234/RS, Ministro Maurício Corrêa. II – Recurso extraordinário conhecido e improvido" (RE 392.221, rel. Min. Carlos Velloso, j. em 18-5-2004, *DJ* 11-6-2004).

18. RE 273.308, rel. Min. Moreira Alves, j. em 22-8-2000, *DJ* de 15-9-2000.

19. RE 190.761-SP, RE 174.476-SP e RE 276.842-ED, rel. Min. Carlos Velloso, *DJ* 15-3-2002.

20. "IMUNIDADE. LIVROS. *QUICKITIONARY*. CF/88, ART. 150, INC. VI, ALÍNEA *D*. Hoje, o livro ainda é conhecido por ser impresso e ter como suporte material o papel. Rapidamente, porém, o suporte material vem sendo substituído por componentes eletrônicos, cada vez mais sofisticados, de modo que, em breve, o papel será tão primitivo, quanto são hoje a pele de animal, a madeira e a pedra. A imunidade, assim, não se limita ao livro como objeto, mas transcende a sua materialidade, tingindo o próprio valor imanente ao seu conceito. A Constituição não tornou imune a impostos o livro-objeto, mas o livro-valor. E o valor do livro está justamente em ser um instrumento do saber, do ensino, da cultura, da pesquisa, da divulgação de ideias e difusão de ideais, e meio de manifestação do pensamento e da própria personalidade do ser humano. É por tudo isso que representa, que o livro está imune a impostos, e não porque apresenta o formato de algumas centenas de olhas impressas e encadernadas. Diante disso, qualquer suporte físico, não importa a aparência que tenha, desde que revele os valores que são imanentes ao livro, é livro, e como livro, estará imune a impostos, por força do art. 150, VI, *d*, da Constituição. O denominado *quickitionary*, embora não se apresente no formato tradicional do livro, tem conteúdo de livro e desempenha exclusivamente a função de um livro. Não há razão alguma para que seja excluído da imunidade que a Constituição reserva para o livro, pois tudo que desempenha a função de livro, afastados os preconceitos, só pode

tro argumento é o de que o suporte físico para o que denominamos de livro mudou com o tempo, evoluindo do uso da argila, para pergaminho, papel, CD-Rom etc.

Para a corrente *restritiva* o legislador constitucional entendeu por bem restringir diretamente a regra de exceção de competência tributária tão somente ao livro, ao não mencionar o CD-Rom e os outros casos de suporte eletrônico para veicular ideias. Outro argumento apresentado por *Heleno Tavares Torres* é o de que a imunidade dos livros deve ser entendida de modo restritivo em função do respeito ao princípio da *isonomia fiscal*, visto que do contrário estaríamos retirando do universo de contribuintes aqueles que possuem capacidade contributiva para usufruir de bens de consumo com conteúdo econômico.

Outro argumento interessante trazido por *Ricardo Lobo Tôrres* é pela prudência fiscal, ou seja, ainda não sabemos o impacto que a imunidade à cultura *"cultura eletrônica"* irá produzir, ou seja, não sabemos ainda quais os serviços e produtos que deverão ser incluídos do âmbito de proteção constitucional. O STF decidiu que a imunidade tributária a livros, jornais, periódicos e ao papel destinado a sua impressão deve abranger os livros eletrônicos, os suportes exclusivos para leitura e armazenamento, além de componentes eletrônicos que acompanhem material didático, no julgamento dos REs 330817 e 595676.

4. Bibliografia

AMARO, Luciano. *Direito tributário brasileiro*. 22ª ed. São Paulo: Saraiva, 2017.

ÁVILA, Humberto. *Sistema constitucional tributário*. 5ª ed. São Paulo: Saraiva, 2012.

_____. Argumentação jurídica e a imunidade do livro eletrônico. Salvador: *Revista Diálogo Jurídico*, 2001. Disponível em: <http://www.direitopublico.com.br/pdf_5/DIALOGO-JURIDICO-05-AGOSTO-2001-HUMBERTO-AVILA.Pdf>.

BALEEIRO, Aliomar. *Limitações constitucionais ao poder de tributar*. Rio de Janeiro: Forense, 2010.

CALIENDO, Paulo. *Curso de Direito Tributário*. São Paulo: Saraiva, 2017.

CARRAZZA, Roque Antonio. *Curso de direito constitucional tributário*. 31ª ed. rev., ampl. e atual. São Paulo: Malheiros, 2017.

_____. Importação de bíblias em fitas – sua imunidade – exegese do art. 150, VI, "d", da Constituição Federal parecer publicado da *Revista Dialética de Direito Tributário*, n. 26, p. 117. Ver Hugo de Britto – imunidade tributária do livro eletrônico.

CARVALHO, Paulo de Barros. *Curso de direito tributário*. 28ª ed. São Paulo: Saraiva, 2017.

COÊLHO, Sacha Calmon Navarro. *Curso de direito tributário brasileiro*. 15ª ed. Rio de Janeiro: Forense, 2016.

DERZI, Misabel Abreu Machado. *Construindo o direito tributário na Constituição*: uma análise da obra do ministro Carlos Mário Velloso. Belo Horizonte: Del Rey, 2004.

FARIA, Maria Cristina Neubern de. A interpretação das normas de imunidade tributária: conteúdo e alcance. *Revista Tributária*. São Paulo: Revista dos Tribunais, ano 9, n. 36, Coordenação Dejalma Campos.

ICHIHARA, Yoshiaki. *Direito tributário*. 19ª ed. São Paulo: Atlas, 2015.

MACHADO, Hugo de Brito. *Imunidade tributária do livro eletrônico*. 2ª ed. São Paulo: Atlas, 2003.

_____. Hugo de Brito. *Curso de Direito Constitucional Tributário*. São Paulo: Malheiros, 2015.

MARTINS, Ives Gandra. Imunidades tributárias. In: MACHADO, Hugo de Britto (coordenador). *Imunidade tributária do livro eletrônico*. 2ª ed. São Paulo: Atlas, 2003.

MORAES, Bernardo Ribeiro de. *Imunidades tributárias*. Coordenador Ives Gandra da Silva Martins. São Paulo: Revista dos Tribunais, Pesquisas Tributárias, Nova Série – 4, 2001.

TORRES, Ricardo Lobo. *Tratado de direito constitucional financeiro e tributário*. Rio de Janeiro: Renovar, 2005.

Art. 150, VI, *e*) fonogramas e videofonogramas musicais produzidos no Brasil contendo obras musicais ou literomusicais de autores brasileiros e/ou obras em geral interpretadas por artistas brasileiros bem como os suportes materiais ou arquivos digitais que os contenham, salvo na etapa de replicação industrial de mídias ópticas de leitura a *laser*.

Paulo Caliendo

1. História da norma

A norma é resultado da aprovação da Emenda Constitucional n. 75, de 15.10.2013, originária da PEC n. 98/2007 e da PEC n. 123/2011, ambas da Câmara dos Deputados, apelidadas de "*PEC da Música*".

2. Constituições anteriores

Não existem dispositivos similares.

3. Conteúdo normativo

Trata-se de uma norma de exclusão de competência tributária sobre os suportes físicos *"fonogramas e videofonogramas"*, que portam produções musicais específicas, ou seja, aquelas produzidas no Brasil ou interpretadas por artistas brasileiros.

A imunidade aludida pretende proteger a produção musical nacional, por meio da proteção de determinado meio físico. Esta pode ser entendida como uma proteção econômica à indústria musical local ou como proteção cultural, aos produtores musicais nacionais. Foi considerada como uma forma de valorização dos músicos nacionais, na justificativa da PEC n. 123/2011 e encontraria como paralelo a imunidade dos livros, jornais e periódicos. As principais formas de manifestação cultural estariam abrangidas por proteção contra a tributação indevida.

---

ser livro" (AMS 2000.70.00.002338-5/PR, 2ª Turma, rel. Juiz Vilson Darós, v. u., *DJU* de 3-10-2001, p. 727).

Pode ser considerada uma imunidade objetiva, mas qualificada pelos sujeitos envolvidos. A imunidade é somente dos impostos, não se aplicando às demais espécies tributárias (contribuições sociais, taxas, empréstimos compulsórios e contribuições de melhoria). Afasta-se a tributação sobre as operações com o bem corpóreo: II, IPI e ICMS, mas não sobre a receita da operação (PIS/COFINS); o lucro obtido (CSLL) ou a renda tributável (IR).

A definição de fonograma e videofonograma deve ser buscada na legislação ordinária, especialmente na Lei de Direitos Autorais, que determina que: "*art. 5º Para os efeitos desta Lei, considera-se: (...) IX – fonograma – toda fixação de sons de uma execução ou interpretação ou de outros sons, ou de uma representação de sons que não seja uma fixação incluída em uma obra audiovisual;*". Os videofonogramas podem ser entendidos como uma espécie de obra audiovisual, mas sem configurar obra cinematográfica, não protegida pela imunidade musical.

Essa nova imunidade, de índole musical, gerou questionamentos de diversas ordens. O Estado do Amazonas ajuizou a ADI 5.058, alegando a inconstitucionalidade da Emenda n. 75/2013, por prejudicar diretamente a Zona Franca de Manaus e, assim, o estatuto privilegiado que ela possui, por força do art. 40 do ADCT.

A sua compatibilidade com o ordenamento jurídico internacional foi objeto de vivaz análise pela doutrina[1]. A sua compatibilidade com Acordo Geral de Tarifas e Comércio (GATT), com Acordo sobre Aspectos dos Direitos de Propriedade Intelectual Relacionados ao Comércio (TRIPS) e com os Acordos da Organização Mundial da Propriedade Intelectual (OMPI) foi posta em xeque. O respeito aos tratados internacionais se aprofundou com a ratificação pelo Brasil da Convenção de Viena sobre o Direito dos Tratados, a partir do Decreto de Promulgação n. 7.030, de 14 de dezembro de 2009.

O texto do dispositivo da imunidade musical provoca um tratamento fiscal favorecido aos bens culturais e à produção autoral nacional, que se choca diretamente com os dispositivos de proteção do tratamento nacional no comércio internacional no Acordo Gatt ("*art. III. Item 2. Os produtos do território de qualquer Parte Contratante, importados por outra Parte Contratante, não estão sujeitos, direta ou indiretamente, a impostos ou outros tributos internos de qualquer espécie superiores aos que incidem, direta ou indiretamente, sobre produtos nacionais. Além disso nenhuma Parte Contratante aplicará de outro modo, impostos ou outros encargos internos a produtos nacionais ou importados, contrariamente aos princípios estabelecidos no parágrafo 1.*" Acordo Gatt) e no TRIPS ("*Art. 3. (...) 1. Cada Membro concederá aos nacionais dos demais Membros tratamento não menos favorável que o outorgado a seus próprios nacionais com relação à proteção da propriedade intelectual, salvo as exceções já previstas, respectivamente, na Convenção de Paris (1967), na Convenção de Berna (1971), na Convenção de Roma e no Tratado sobre Propriedade Intelectual em Matéria de Circuitos Integrados. No que concerne a artistas-intérpretes, produtores de fonogramas e organizações de radiodifusão, essa obrigação se aplica apenas aos direitos previstos neste Acordo. Todo Membro que faça uso das possibilidades previstas no Artigo 6 da Convenção de Berna e no parágrafo 1 (b) do Artigo 16 da Convenção de Roma fará uma notificação, de acordo com aquelas disposições, ao Conselho para TRIPS*").

Por último, poder-se-ia questionar a teleologia da norma, que protege tão somente uma forma de produção autoral (música nacional), olvidando-se de outras manifestações artísticas (por exemplo teatro, cinema, dança etc). O meio escolhido de proteção é, igualmente, posto em xeque. A proteção de fonogramas e videofonogramas em suporte físico ou arquivos digitais apresenta um estado tecnológico demasiadamente datado, incapaz de permitir com plenitude a adequada evolução ou adaptação constitucional dos conceitos técnicos utilizados. Aqui a técnica legislativa não logrou o maior respeito à dignidade exigida ao texto constitucional, que se orienta a um horizonte axiológico-normativo mais largo.

4. Remissões legais

Art. 40 do ADCT; Lei n. 9.610, de 19 de fevereiro de 1998 (Lei de Direitos Autorais); Acordo GATT (Decreto n. 7.030, de 14 de dezembro de 2009) e TRIPS (Decreto n. 1.355, de 30 de dezembro de 1994).

5. Jurisprudência

ADI 5.058.

6. Referências bibliográficas

ACCIOLY, Hildebrando; G. E. do Nascimento e Silva; CASELLA, Paulo Borba. *Manual de direito internacional público*. 22. ed. São Paulo: Saraiva, 2016.

BOMTEMPO, Eugênio Pacceli de Morais; VALADÃO, Marcos Aurélio Pereira. Análise juseconômica da imunidade musical: o caso do *e-music* no Brasil. *Economic Analysis of Law Review*. EALR, v. 7, n. 2, p. 679-713, jul.-dez. 2016.

CARVALHO, Lucas de Lima. A imunidade musical. *Revista Fórum de Direito Tributário – RFDT*, Belo Horizonte, ano 12, n. 71, p. 63-105, set./out. 2014.

_____. A Imunidade Musical (The Brazilian Tax Immunity for Music. *Revista Tributária e de Finanças Públicas*, São Paulo: RT, v. 116, 2014, p. 15-61.

CARRAZZA, Roque Antonio. *Curso de direito constitucional tributário*. 26. ed. São Paulo: Malheiros, 2010.

COSTA, Regina Helena. *Imunidades tirbutárias:* teoria e análise da jurisprudência do STF. 3. ed. São Paulo: Malheiros, 2015.

PAULSEN, Leandro. *Curso de direito tributário:* completo. Porto Alegre: Livraria do Advogado, 2015.

SABBAG, Eduardo. *Manual de direito tributário*. São Paulo: Saraiva, 2016.

SCHOUERI, Luís Eduardo. *Direito tributário*. 6. ed. São Paulo: Saraiva, 2016.

TORRES, Ricardo Lobo. *Os direitos humanos e a tributação:* imunidades e isonomia. Rio de Janeiro: Renovar, 1995.

---

1. CARVALHO, Lucas de Lima. A Imunidade Musical (The Brazilian Tax Immunity for Music. *Revista Tributária e de Finanças Públicas*, Volume 116. São Paulo: RT, 2014, pp. 15-61.

Art. 150, § 1º A vedação do inciso III, *b*, não se aplica aos tributos previstos nos arts. 148, I, 153, I, II, IV e V, e 154, II; e a vedação do inciso III, *c*, não se aplica aos tributos previstos nos arts. 148, I, 153, I, II, III e V, e 154, II, nem à fixação da base de cálculo dos impostos previstos nos arts. 155, III, e 156, I.

■ O § 1º foi apreciado no comentário ao art. 150, III.

Art. 150, § 2º A vedação do inciso VI, *a*, é extensiva às autarquias e às fundações instituídas e mantidas pelo Poder Público, no que se refere ao patrimônio, à renda e aos serviços, vinculados a suas finalidades essenciais ou às delas decorrentes.

§ 3º As vedações do inciso VI, *a*, e do parágrafo anterior não se aplicam ao patrimônio, à renda e aos serviços, relacionados com exploração de atividades econômicas regidas pelas normas aplicáveis a empreendimentos privados, ou em que haja contraprestação ou pagamento de preços ou tarifas pelo usuário, nem exonera o promitente comprador da obrigação de pagar imposto relativamente do bem imóvel.

Celso de Barros Correia Neto
Liziane Angelotti Meira

1. História da norma

O art. 150, § 2º, da Constituição Federal determina que a imunidade recíproca entre os entes da Federação prevista no inciso VI, "a", do mesmo artigo se estende às autarquias e fundações instituídas e mantidas pelo Poder Público. O § 3º do artigo mencionado indica que essa imunidade não se aplica ao patrimônio, à renda e aos serviços, relacionados com exploração de atividades econômicas regidas pelas normas aplicáveis a empreendimentos privados, ou em que haja contraprestação ou pagamento de preços ou tarifas pelo usuário, nem exonera o promitente comprador da obrigação de pagar imposto relativamente ao bem imóvel.

Esses dispositivos já constavam da redação original da Constituição de 1988 e não foram objeto de emenda constitucional.

2. Constituições brasileiras anteriores

Na Constituição de 1891, art. 10, havia somente a proibição aos Estados de tributar bens e rendas federais ou serviços a cargo da União, e desta em relação a eles. Não existia previsão específica sobre a situação das autarquias e fundações mantidas pelo Poder Público nem dispositivo tratando das atividades econômicas prestadas pelo Estado, ou dos casos em que houvesse contraprestação ou ainda da situação do promitente comprador.

Costa (1951), em exegese histórica sobre a extensão da imunidade recíproca, observou que a interpretação jurisprudencial quanto aos serviços costumava ser muito ampla e se entendia, tanto na doutrina quanto na jurisprudência da época, que a imunidade alcançava serviços públicos concedidos e, inclusive os vencimentos dos servidores públicos. O autor comenta que o Decreto n. 20.094, de 1934, remetendo-se ao art. 10 da Constituição e à legislação da época, reconheceu isenção para o Banco do Brasil, em razão de ser um serviço federal[1].

Conforme Costa (1951), a maior especificação da imunidade recíproca encontrada na Constituição de 1934 foi justamente para "evitar os excessos do art. 10 referido". Dessa forma, na Constituição de 1934, art. 17, X, a proibição de tributar estava um pouco mais delineada, direcionando-se à União, aos Estados e aos Municípios, e estendendo a imunidade "às concessões de serviços públicos, quanto aos próprios serviços concedidos e ao respectivo aparelhamento instalado e utilizado exclusivamente para o objeto da concessão". Ademais, o parágrafo único do artigo mencionado prescrevia que a imunidade recíproca prevista no inciso X não impedia a cobrança de taxas remuneratórias devidas pelos concessionários de serviços públicos.

No mesmo passo da sua predecessora e ainda com a preocupação de "evitar os excessos", na Constituição de 1937, art. 32, "c" e parágrafo único, o desenho ficou mais estreito, agora com proibição expressa no sentido de que os serviços públicos concedidos não gozavam da imunidade, mas que poderia ser outorgada (isenção) no interesse comum por lei especial. Nesse artigo, não constou menção às taxas, como havia na Constituição anterior. A Lei Constitucional n. 9, de 1945, alterou a redação do art. 32 da Constituição de 1937 para incluir o Distrito Federal nessa proibição de tributar.

Contudo, como nos mostrou Costa (1951), proliferaram discussões e houve farta jurisprudência na época sobre a aplicação do preceito constitucional mencionado. Os debates se iniciavam no próprio poder da União de isentar tributos estaduais e municipais, chegando ao conceito de autarquia como pessoa jurídica de direito público, que na época ainda não era pacífico.

Com o intuito de resolver essas querelas, foi nomeada uma Comissão para regulamentar a imunidade tributária das autarquias, a qual apresentou o projeto convertido no Decreto-lei n. 6.016, de 1943. O art. 1º desse Decreto-lei interpretou o texto constitucional no sentido de que a imunidade alcançava as autarquias dos entes da Federação, bem como bens, rendas e serviços dessas entidades.

O art. 3º do mesmo Decreto-lei esclarece que a imunidade não alcançava as sociedades de economia mista, e, informa-nos Costa (1951), que a Comissão encarregada da elaboração do Decreto-lei manifestou-se no sentido de que a imunidade não deveria beneficiar essas sociedades porque são reguladas pelo direito privado.

Com a Constituição de 1946, o desenho da imunidade em pauta é circunscrito somente aos impostos. Costa (1951) anotou que esse preceito veio para resolver discussões sobre a inclusão das taxas na imunidade. Dessa forma, na Constituição de 1946, art. 31, V, "a" e parágrafo único, a previsão da imunidade, além de restringir-se a impostos[2], trouxe, no parágrafo único, especificações concernentes aos serviços públicos concedidos, determi-

---

1. A título ilustrativo, a discussão sobre aplicação da imunidade recíproca ao Banco Regional de Desenvolvimento do Extremo Sul (BRDE) foi submetida ao STF e adentrou este milênio. A decisão da Corte foi no sentido de que o banco não tinha a natureza jurídica de autarquia, mas de empresa com personalidade jurídica de direito privado (RE 120.932, 1992; ACO 503, 2003).

2. Em 1963, o STF editou sua Súmula 324, que afirmava que a imunidade recíproca não compreendia as taxas.

nando que não havia imunidade, mas que a isenção tanto poderia ser concedida pelos entes concessores do serviços em relação a seus próprios tributos, quanto pela União por lei especial, também em relação aos seus serviços e podendo atingir tributos dos outros entes da Federação, no sentido do interesse público. Dessa forma, abriu-se expressamente a possibilidade de a União desonerar tributos de outros entes da Federação, deste que no sentido do interesse comum. Note-se que ainda não se tratou expressamente das autarquias.

Na Emenda Constitucional n. 18, de 1965, art. 2º, IV, "a", observa-se a vedação de "cobrar impostos sobre o patrimônio, a renda ou os serviços uns dos outros". O § 1º do artigo mencionado trouxe uma novidade: estendeu expressamente essa imunidade às autarquias, no que se refere ao patrimônio, à renda ou aos serviços vinculados às suas finalidades essenciais. Portanto, com essa mudança, caminha-se no sentido da redação atual. O § 2º do mesmo parágrafo continuou tratando dos serviços públicos, cuja isenção manteve-se restrita às mesmas condições já postas na redação da Constituição de 1967.

Na Constituição de 1967, art. 20, III, "a", preservou-se o mesmo texto com a previsão geral da imunidade recíproca. No §1º, foi mantida disposição sobre as autarquias e sobre os serviços públicos concedidos de forma similar à da Constituição anterior. No § 2º, contudo, foi prevista competência para a União, por meio de lei complementar e atendendo a relevante interesse social ou econômico nacional, conceder de forma geral isenções de impostos federais, estaduais e municipais. Dessa forma, a competência para a União que era – nas Constituições anteriores – a de isentar os tributos estaduais e municipais sobre serviços públicos federais concedidos, transformou-se no poder geral de conceder isenções de impostos de forma heterônoma por meio de lei complementar.

Na Emenda Constitucional n. 1, de 1969, art. 19, III, "a", foi mantido o texto geral da imunidade recíproca constante da Constituição anterior. No § 1º também não se percebem mudanças, senão pelo acréscimo no final deste dispositivo da previsão de que essa imunidade não exonerava o promitente comprador da obrigação de pagar imposto que incidir sobre imóvel objeto de promessa de compra e venda[3]. No parágrafo § 2º, foi mantida a competência da União para instituir isenções heterônomas.

Assim se configurou o iter da evolução constitucional para chegarmos ao texto constante do art. 150, VI, "a" e §§ 2º e 3º.

3. Direito Internacional

A matéria regulada pelo art. 150, §§ 2º e 3º, não compõe temário clássico do direito internacional.

4. Remissões constitucionais e legais

Os preceitos constitucionais em análise, art. 150, §§ 2º e 3º, além da relação natural com o inciso VI, "a", relacionam-se com os artigos da Constituição que tratam da competência para instituir impostos: arts. 153 e 154 (impostos federais), 155 (impostos estaduais e do Distrito Federal) e 156 (impostos municipais).

O Código Tributário Nacional trata das imunidades nos arts. 9º a 15. Contudo, cumpre lembrar que o CTN é anterior à atual Constituição e, em relação às imunidades em pauta, não tivemos alteração no Código.

Vale mencionar ainda o art. 12 do Decreto-lei n. 509, de 1969, que estabelece que "A ECT gozará de isenção de direitos de importação de materiais e equipamentos destinados aos seus serviços, dos privilégios concedidos à Fazenda Pública, quer em relação à imunidade tributária, direta ou indireta, impenhorabilidade de seus bens, rendas e serviços, quer no concernente a foro, prazos e custas processuais".

A matéria será examinada com mais vagar no tópico relativo à jurisprudência, na medida em que se relaciona com o decidido no RE 407.099, Relator Carlos Velloso, Segunda Turma, julgado em 22-6-2004, entre outros julgados do STF.

Nesse contexto, como se pode verificar no item seguinte, a jurisprudência tem tido um papel muito importante e definidor na interpretação do 150, §§ 2º e 3º, da Constituição Federal.

5. Jurisprudência

A jurisprudência concernente à imunidade recíproca no âmbito do STF tem sido em grande medida guiada pela proteção dos valores federativos, seguindo, muitas vezes, bem além da letra da Constituição. A imunidade prevista no § 2º do art. 150 da Constituição, literalmente voltada para as autarquias e fundações mantidas pelo Poder Público, tem servido de fundamento para a não oneração de empresas públicas e sociedades de economia mista, inclusive daquelas que cobram preços ou tarifas dos usuários, esvaziando em certa medida o âmbito de eficácia do § 3º do mesmo artigo.

De fato, está-se diante de um processo de ampliação da imunidade recíproca para empresas públicas e empresas de economia mista que prestem serviços públicos considerados relevantes. Nesta análise, traremos vários julgados que consolidaram esse entendimento. Ao final, examinaremos também alguns casos em que essa tendência não se confirmou.

A Súmula 75 do STF, 1963, determina que, no caso de venda de imóvel por uma autarquia, a imunidade não compreenderia o ITBI, por ser devido pelo comprador. Por sua vez, de acordo com a Súmula 583 do STF, 1977, o promitente comprador de imóvel residencial transcrito em nome de autarquia é contribuinte do IPTU. Vale lembrar que foi com a Emenda Constitucional n. 1, de 1969, art. 19, § 1º, que passou a constar explicitamente do texto constitucional que a imunidade não alcançava o promitente comprador da obrigação de pagar imposto que incidir sobre imóvel objeto de promessa de compra e venda. Essa disposição encontra-se no final do § 3º do art. 150 da Constituição atual.

Pela Súmula 76 do STF, 1963, as sociedades de economia mista não estariam protegidas pela imunidade fiscal do art. 31, V, a, Constituição Federal (artigo da Constituição de 1946 que veiculava a imunidade recíproca).

---

[3]. A Súmula 75 do STF, 1963, determinava que "Sendo vendedora uma autarquia, a sua imunidade fiscal não compreende o impôsto de transmissão inter vivos, que é encargo do comprador."
A Súmula 583 do STF, 1977, determinava que "Promitente comprador de imóvel residencial transcrito em nome de autarquia é contribuinte do imposto predial territorial urbano."

A Súmula 591 do STF, de 1976, consignou que, no caso do IPI, a imunidade do comprador (contribuinte de fato) não se estende ao produtor (contribuinte de direito).

Na ordem constitucional de 1988, a aplicação da imunidade recíproca às empresas públicas e sociedades de economia mista foi objeto de diversas controvérsias no âmbito do STF. O texto constitucional não é exatamente claro a respeito do tema, e o STF tem se afastado da sua literalidade, ao julgar casos relativos à matéria.

No art. 150, VI, "a", após vedar que os entes políticos estabeleçam impostos sobre "patrimônio, renda ou serviços, uns dos outros", dispõe no § 3º que a imunidade não se aplica "ao patrimônio, à renda e aos serviços, relacionados com exploração de atividades econômicas regidas pelas normas aplicáveis a empreendimentos privados" nem quando houver "contraprestação ou pagamento de preços ou tarifas pelo usuário". Além dessa disposição, o art. 173, § 2º, proíbe as empresas públicas e as sociedades de economia mista de obterem "privilégios fiscais" não extensíveis às do setor privado.

Há diversos julgados do STF a propósito do tema da imunidade recíproca.

No primeiro julgado selecionado, discute-se se uma autarquia federal estaria dentro de suas finalidades essenciais na utilização do imóvel. Tratava-se do Incra na exploração de atividade agroindustrial desapropriada. A conclusão foi de que a atividade se enquadrava na destinação social da autarquia, em setor relevante para a vida nacional. Conforme verificaremos adiante, há muitas querelas sobre os limites da aplicação da imunidade recíproca a atividades descentralizadas da administração pública, mas a maioria difere deste caso pois normalmente as questões se relacionam a empresas públicas e sociedades de economia mista, como se pode verificar adiante (RE 242.827, 2008).

Alguns dos julgados mais importante do STF na matéria têm a Empresa Brasileira de Correios e Telégrafos (ECT) como parte vencedora. O Tribunal já reconheceu ampla aplicação da imunidade recíproca à ECT, inclusive às atividades que não se sujeitam ao monopólio legal, como é o caso da entrega de encomendas. Foi o que se decidiu no RE 601392, Rel. Joaquim Barbosa, Relator p/ Acórdão: Gilmar Mendes, Tribunal Pleno, julgado em 28-2-2013, Tema 235 da repercussão geral.

Assim, os Correios, que se caracterizam como empresa pública, conseguiram por meio de sucessivas decisões do STF ampliar sua imunidade para todas as suas atividades, mesmo para aquelas em concorrência com a iniciativa privada. Segundo o entendimento que prevaleceu na Corte Suprema, é irrelevante o exercício simultâneo de atividades em regime de exclusividade e em concorrência com a iniciativa privada. Segundo o STF, a imunidade subsiste em relação a todas as atividades dos Correios, incluídos os serviços não exclusivos, os quais se prestam, via subsídio cruzado, ao financiamento do serviço postal deficitário (RE 407.0995-5/RS, 2004; ACO 803, 2008; ACO 765, 2009; RE 601392, 2013; RE 627051, 2014; RE 601392, 2013; ACO 811 AgR, 2016).

Fundamenta a orientação do Tribunal a distinção entre as empresas públicas que exercem atividade econômica em sentido estrito e as empresas públicas prestadoras de serviço público, entre as quais se inclui a Empresa Brasileira de Correios e Telégrafos (ECT), bem como as peculiaridades do regime jurídico dessa empresa. Na prática, isso significa que a Empresa Brasileira de Correios e Telégrafos (ECT) não se sujeita ao pagamento de IPTU sobre os imóveis de sua própria propriedade e por ela utilizados (RE 773992, Rel. Min. Dias Toffoli, julgado em 15-10-2014, 2016, Tribunal Pleno) nem ao pagamento de IPVA sobre os veículos de sua propriedade (ACO 790 AgR, Rel. Min. Rosa Weber, julgado em 15-3-2016, Primeira Turma), tampouco ICMS (ACO 2654 AgR, Rel. Min. Celso de Mello, julgado em 3-3-2016, Tribunal Pleno).

Com base em fundamentos semelhantes, o Tribunal também reconheceu a imunidade da Empresa Brasileira de Infraestrutura Aeroportuária – INFRAERO, na qualidade de empresa pública prestadora de serviço público. O tema já foi objeto de diversos julgamentos do STF, inclusive em repercussão geral (ARE 638.315, Rel. Min. Cezar Peluso, julgamento em 9-6-2011). Tratava-se de uma empresa pública vocacionada a executar como atividade fim, em função de específica distinção institucional, serviços de infraestrutura aeroportuária, matéria considerada sob reserva constitucional de monopólio estatal (RE 363412 AgR, 2008)

A Casa da Moeda, outra empresa pública, teve reconhecida a imunidade recíproca porque prestava serviços públicos, com exclusividade, em regime de monopólio tais como a fabricação de papel moeda e moeda metálica, a impressão de selos postais e fiscais federais e títulos da dívida pública federal (RE 610517, 2014; ACO 2179 TA-AgR, 2016; ARE 1269422; AgR, 2020; RE 1262684 AgR-segundo, 2021).

Além das empresas públicas, a jurisprudência também avançou para permitir que sociedades de economia mista fossem albergadas com a imunidade recíproca. O Hospital Nossa Senhora da Conceição S/A, sociedade de economia mista, cujas ações pertenciam quase exclusivamente à União, teve sua imunidade reconhecida em razão de prestar serviço público de saúde, sem finalidade de lucro e ter capital social majoritariamente estatal (RE 580.264/RS, 2010). Mais recentemente, a imunidade foi reconhecida para a Fundação Hospital de Clínicas de São Leopoldo (Bem. Decl. no AGReg RE 377.024/RS, 2019).

A Companhia Docas de São Paulo (Codesp), sociedade de economia mista, teve sua imunidade reconhecida pelo STF em relação ao IPTU. Os fundamentos foram de que a exploração de portos marítimos, fluviais e lacustres é um serviço público, que a União tinha com 99,97% das ações e também que não havia quebra do princípio da livre concorrência (RE 265749, 2003; RE 253.472/SP, 2010; RE 253.472, 2011; AI 351888 AgR, 2011; AG.Reg AR 1.949/SP, 2016; AR 1950 AgR, 2014; AI 458856 AgR-ED, 2016; RE 371180 AgR-segundo, 2020; AR 1950 AgR, 2014).

A Companhia de Saneamento de Alagoas (Casal), sociedade de economia mista, garantiu seu direito à imunidade de IPTU e IOF com base no art. 150, § 2º. O reconhecimento considerou o fato de que 99,96% das ações eram do Estado de Alagoas e que se tratava de empresa de capital fechado (ACO 2243 AgR-segundo, 2016).

A Companhia Brasileira de Trens Urbanos, também sociedade de economia mista, conseguiu ter reconhecida sua imunidade recíproca em razão de prestar serviço público reservado pela Constituição Federal à União (RE 966050 AgR, 2016). Na mesma linha, a sucessora da Rede Ferroviária Federal S/A, sociedade de economia mista, obteve reconhecimento da sua imunidade recíproca (AG.REG. RE 911.498/SP, 2015). Mais recentemente, foi reconhecida igualmente a imunidade recíproca para a Companhia Paulista de Trens Metropolitanos (ARE 1080256 AgR, 2020).

Em 2021, o STF, ao reconhecer a imunidade recíproca da Companhia do Metropolitano de São Paulo Metro, consolidou seu entendimento na seguinte tese de repercussão geral: "As empresas públicas e as sociedades de economia mista delegatárias de serviços públicos essenciais, que não distribuam lucros a acionistas privados nem ofereçam risco ao equilíbrio concorrencial, são beneficiárias da imunidade tributária recíproca prevista no art. 150, VI, "a", da Constituição Federal, independentemente de cobrança de tarifa como contraprestação do serviço." (RE 1.320.054 Repercussão Geral, Tema 1140, 2021).

Diante desse cenário, cabe destacar que, a despeito das determinações constitucionais expressas no art. 150, § 3º, da Constituição, no sentido de que a imunidade não se aplica nos casos em que haja contraprestação ou pagamento de preços ou tarifas pelo usuário, o STF reconheceu a imunidade a sociedades de economia mista que prestam serviços de transporte, saneamento, infraestrutura e outros que exigem dos usuários como contraprestação tarifa ou preço público.

Por sua vez, houve decisões da Corte Suprema no sentido de que não é ônus do beneficiário da imunidade informar sobre o destino do imóvel de acordo com as finalidades essenciais da entidade. Ao contrário, inferiu-se que era do fisco o ônus de verificar e comprovar eventual desvirtuamento. Também há precedentes no sentido de que a imunidade prevalece no caso da entidade imune alugar o imóvel a terceiro (AgRg no AREsp 236545/MG, 2012; AgRg no AREsp 304126/RJ, 2013; REsp 1360819 RJ, 2013; AgRg no AREsp n. 493.525/MG, 2014).

Conforme se comentou no início deste tópico, não houve somente avanços na abrangência da imunidade recíproca, houve também decisões judiciais denegatórias.

O Banco Regional de Desenvolvimento do Extremo Sul (BRDE), conforme decisão da Corte Suprema, não tinha a natureza jurídica de autarquia, mas de empresa com personalidade jurídica de direito privado e, em consequência, teve negada a aplicação da imunidade recíproca (RE 120.932, 1992; ACO 503, 2003).

A OAB teve sua imunidade reconhecida com base no art. 150, § 2º, da Constituição, mas a imunidade recíproca não se estendeu à Caixa de Assistência dos Advogados, porque esta se dedicava a prover benefícios pecuniários e assistências exclusivamente aos seus associados (RE 233843, Rel. 2009).

A Petrobras teve negativa ao seu pleito de imunidade em relação ao IPTU incidente sobre a propriedade de bens utilizados pela empresa para a instalação de oleodutos (RE 285716 AgR, 2010; RE 258967 AgR, 2013; RE 594.015/SP, 2017).

A Companhia de Saneamento Básico do Estado de São Paulo (SABESP) também é uma sociedade de economia mista. Nesse caso, verificou-se que a participação acionária era efetivamente negociada em Bolsas de Valores (Bovespa e New York Stock Exchange, e.g.) e que, à época, as ações estavam dispersas entre o Estado de São Paulo (50,3%), investidores privados em mercado nacional (22,6% – Bovespa) e investidores privados em mercado internacional (27,1% – NYSE). Dessa forma, quase a metade do capital social pertencia a investidores. O STF, nessas circunstâncias, entendeu que essas ações, "inequivocamente, estão voltadas à remuneração do capital de seus controladores ou acionistas" e denegou a imunidade recíproca pleiteada.

A tese fixada na sistemática da repercussão geral foi esta: "Sociedade de economia mista, cuja participação acionária é negociada em Bolsas de Valores, e que, inequivocamente, está voltada à remuneração do capital de seus controladores ou acionistas, não está abrangida pela regra de imunidade tributária prevista no art. 150, VI, 'a', da Constituição, unicamente em razão das atividades desempenhadas" (RE 600.867, Repercussão Geral, Tema 508, 2020).

6. Referências bibliográficas

BALEEIRO, Aliomar. *Direito Tributário brasileiro*. 12. ed. atualizada por Misabel de Abreu Machado Derzi. Rio de Janeiro: Forense, 2013.

COSTA, Milton Doyle. Imunidade e Isenção Tributárias das Autarquias e Sociedades de Economia Mista. *Revista do Serviço Público*, ano 1951, v. 4, n. 2, p. 39/46. Disponível em: https://revista.enap.gov.br/index.php/RSP/article/view/6797/3946. Acesso em: 26 jan. 2007.

MEIRA, Liziane Angelotti. *Tributos sobre o Comércio Exterior*. São Paulo: Saraiva, 2012.

PAULSEN, Leandro. *Constituição e código tributário comentados à luz da doutrina e da jurisprudência*. São Paulo: Saraiva, 2017.

7. Comentários

Os preceitos constantes do art. 150, §§ 2º e 3º, da Constituição Federal tentam trazer os lindes da imunidade recíproca quando se trata da administração pública indireta.

No estudo da cronologia das disposições constitucionais sobre essa matéria, pode-se observar avanços e retrocessos no sentido de desonerar de tributos os serviços públicos concedidos pelos entes federativos. A previsão específica de imunidade para autarquias veio somente com a Emenda Constitucional n. 18, de 1965.

A proteção constitucional da imunidade recíproca é estendida, pelo § 2º, às autarquias e às fundações instituídas e mantidas pelo Poder Público, no que se refere ao patrimônio, à renda e aos serviços, vinculados a suas finalidades essenciais ou às delas decorrentes. São, portanto, alcançados pela imunidade recíproca os Conselhos de Fiscalização Profissional e a Ordem dos Advogados do Brasil (OAB). Os Conselhos são autarquias dotadas de poder de polícia para fiscalização do exercício de atividades profissionais regulamentadas, por exemplo, Conselho Regional de Medicina (CRM) e Conselho Regional de Engenharia e Agronomia (CREA). A OAB desempenha funções ainda mais amplas, atividades próprias de Estado, que transcendem, portanto, o interesse exclusivo dos advogados. Tanto os Conselhos quanto a OAB são autarquias e gozam de imunidade recíproca.

O STF, no entanto, já decidiu que o reconhecimento da imunidade não impede que a entidade seja fiscalizada para verificação de eventual ocorrência de desvio de finalidade (RE 259.976 AgR, Rel. Min. Joaquim Barbosa, julgado em 23-3-2010, 2ª Turma, *DJe* 30-4-2010).

O § 2º do art. 150 da Constituição Federal parece restringir a imunidade recíproca às autarquias e às fundações instituídas pelo

Poder Público, vinculando-a, inclusive às atividades essenciais (ou decorrente das essenciais) destas entidades. O § 3º parece indicar que a imunidade não se aplicaria a pessoas jurídicas regidas pelo direito privado ou que cobrem preços ou tarifas dos usuários.

Combinando os dois, numa interpretação mais próxima da literalidade do texto constitucional, seria possível, em princípio, inferir que a imunidade recíproca seria extensível somente às autarquias e às fundações mantidas pelo Poder Público e somente em relação a suas atividades essenciais ou destas decorrentes. Mas a jurisprudência caminhou em sentido bem diverso. Garantiu a imunidade para empresas públicas, inclusive em atividades exercidas em concorrência com o setor privado, como no caso dos Correios (RE 407.0995-5/RS, 2004; ACO 803, 2008; ACO 765, 2009; RE 601392, 2013; RE 627051, 2014; RE 601392, 2013; ACO 811 AgR, 2016). Também garantiu a imunidade para empresas públicas que cobram tarifas de seus usuários, como no caso da Companhia de Saneamento de Alagoas (ACO 2243 AgR-segundo, 2016), da Companhia Brasileira de Trens Urbanos (RE 966050 AgR, 2016), da sucessora da Rede Ferroviária Federal S/A (AG. REG. RE 911.498/SP, 2015), da Companhia do Metropolitano de São Paulo Metrô (RE 1320054 Repercussão Geral, Tema 1140, 2021) e da Companhia Paulista de Trens Metropolitanos (ARE 1080256 AgR, 2020).

Por outro lado, em julgados mais recentes, é possível identificar um esforço para a construção de critérios que permitam limitar o alcance da imunidade em análise, como na definição da tese para o Tema 5808, que afastou a imunidade recíproca para empresas com participação acionária negociada em bolsas de valores (RE 600.867, Repercussão Geral, Tema 508, 2020).

Art. 150, § 4º As vedações expressas no inciso VI, alíneas *b* e *c*, compreendem somente o patrimônio, a renda e os serviços, relacionados com as finalidades essenciais das entidades nelas mencionadas.

▪ O § 4º foi apreciado nos comentários ao art. 150, VI, *b* e *c*.

Art. 150, § 5º A lei determinará medidas para que os consumidores sejam esclarecidos acerca dos impostos que incidam sobre mercadorias e serviços.

Celso de Barros Correia Neto
Liziane Angelotti Meira

1. História da norma

O art. 150, § 5º, da Constituição Federal alberga regra de transparência fiscal, prescrevendo que deve ser editada lei determinando que "os consumidores sejam esclarecidos acerca dos impostos que incidam sobre mercadorias e serviços". Esse preceito já constava da redação originária da Constituição de 1988 e não foi objeto de emenda constitucional.

2. Constituições brasileiras anteriores

O art. 150, § 5º, da Constituição Federal não tem precedentes em constituições anteriores.

3. Direito Internacional

A matéria, regulada pelo art. 150, § 5º, não compõe temário clássico do direito internacional. Na verdade, a transparência fiscal que interessa aos foros e organismos internacionais é aquela que permite a troca de informações entre os países[1].

4. Remissões constitucionais e legais

A transparência fiscal, como princípio decorrente dos princípios republicano e democrático encontra fundamento em diferentes dispositivos constitucionais, como *e.g.* art. 5º, IV, XIV, XXXIII, XXXIV, "b", LX, e, especialmente, no art. 37, *caput*, § 1º e § 3º, II, da Constituição Federal.

Em matéria tributária, a transparência é também o valor fundamental detrás da regra do arts. 150, § 6º, e 165, § 6º, da Constituição Federal, e do art. 113 do ADCT, que se referem às perdas implicadas pela concessão de benefícios fiscais, tema regulado pelas disposições dos arts. 150, § 6º, e 165, § 6º, da Constituição Federal. Nesse caso, a questão não é propriamente o quanto se cobra ou o quanto se paga de tributo, mas antes o contrário: aquilo que se deixa de cobrar, ou melhor, as implicações financeiro-orçamentárias da concessão de renúncias ou benefícios fiscais.

O dispositivo do arts. 150, § 6º, exige lei específica para concessão de "qualquer subsídio ou isenção, redução de base de cálculo, concessão de crédito presumido, anistia ou remissão, relativos a impostos, taxas ou contribuições". O art. 165, § 6º, determina que o "projeto de lei orçamentária será acompanhado de demonstrativo regionalizado do efeito, sobre as receitas e despesas, decorrente de isenções, anistias, remissões, subsídios e benefícios de natureza financeira, tributária e creditícia". Nos dois casos, trata-se de garantir transparência ao processo legislativo de concessão de benefícios ou renúncia fiscais e assegurar que seus impactos para as receitas públicas possam ser, em alguma medida, quantificados e levados em conta na elaboração do orçamento público. O art. 113 do ADCT exige que a proposição legislativa que crie ou altere renúncia de receita seja acompanhada da estimativa do seu impacto orçamentário e financeiro.

A razão para o tratamento diferenciado dos incentivos fiscais e figuras afins está na dificuldade de controle e na falta de transparência de que padecem essas medidas. Apesar de afetarem significativamente a arrecadação e de promoverem subvenções ou gastos indiretos, por meio do sistema tributário, aos benefícios fiscais não se aplicam as mesmas restrições aplicáveis às despesas diretas. Não carecem de autorização orçamentária, não se submetem ao princípio da anualidade, nem são prévia e rigidamente limitados como devem ser as despesas públicas, nos termos do art. 167 da Constituição Federal. Por isso, é preciso estabelecer mecanismos jurídicos diferenciados, especialmente destinados ao seu controle, como é o caso dos previstos nos arts. 150, § 6º, e 165, § 6º, da Constituição Federal, bem como dos constantes do art. 14 da Lei de Responsabilidade Fiscal, que também trata do tema.

---

1. Nesse sentido, o texto "Transparencia Fiscal en América Latina 2022: Informe de Progreso de la Declaración de Punta del Este" (OCDE, 2022). O Brasil é signatário de vários acordos sobre transparência fiscal e troca de informações, mas eles não dizem respeito ao preceito constitucional sob análise.

No nível infraconstitucional, a principal lei atinente a essa matéria é a Lei n. 12.741, 2012, que efetivamente é a aquela indicada no § 5º do art. 150 da Constituição e veio especificamente dispor sobre medidas de esclarecimento ao consumidor exigidas por esse preceito constitucional. A mesma lei alterou o inciso III do art. 6º do Código de Defesa do Consumidor, incluindo entre os direitos do consumidor a informação sobre os tributos incidentes.

Ademais, em 2015, foi aprovada a Lei n. 13.111, que veicula regras específicas para o mercado de veículos automotores. No que interessa à presente disquisição, a Lei obriga aos vendedores a informar ao comprador o valor dos tributos incidentes sobre a venda e a situação de regularidade do veículo quanto a multas e tributos. A Lei também determinou que, se descumprirem esse dever, os vendedores arcam com o valor correspondente omitido.

Na Lei de Responsabilidade Fiscal, Lei Complementar n. 101, de 2000, a relação entre transparência e responsabilidade fiscal é intrínseca: a gestão responsável é também transparente. O princípio compõe, juntamente com o planejamento e o equilíbrio nas contas públicas, o próprio cerne do conceito de "responsabilidade na gestão fiscal" e encontra na lei diferentes instrumentos para sua realização. De acordo com a previsão do § 1º do art. 1º: "A responsabilidade na gestão fiscal pressupõe a ação planejada e transparente, em que se previnem riscos e corrigem desvios capazes de afetar o equilíbrio das contas públicas". A transparência opera, portanto, como meio para resguardar a manutenção do equilíbrio das contas públicas e ampliar a participação e o controle social na gestão fiscal.

A previsão de todos os tributos de competência do ente federativo está incluída entre os requisitos essenciais da gestão fiscal responsável, de acordo com o art. 11 da Lei de Responsabilidade Fiscal. Sua elaboração deverá observar as normas técnicas e legais aplicáveis e considerar os efeitos das alterações na legislação, da variação do índice de preços, do crescimento econômico ou de qualquer outro fator relevante, nos termos do art. 12 da Lei. Além de levar em conta a sua evolução nos últimos três anos, como já previa o art. 30 da Lei n. 4.320, de 1964, deve se fazer acompanhar de projeção para os dois anos seguintes àquele a que se referir, e da metodologia de cálculo e premissas utilizadas. A reestimativa só se admite em casos excepcionais, se comprovado erro ou omissão de ordem legal ou técnica.

5. Jurisprudência

O art. 150, § 5º, da Constituição Federal prescreve a necessidade de uma lei (lei ordinária) determinando medidas para que os consumidores sejam esclarecidos acerca dos impostos que incidentes sobre mercadorias e serviços. Isso ocorreu em 1988, e a Lei n. 12.471 veio somente em 2012.

Nesse ínterim, conforme informações disponibilizadas pela Câmara Legislativa (2023), houve outros 24 projetos de lei sobre o assunto (Projetos de Lei n. 3.488/97, 2.544/00, 4.033/04, 4.684/04, 4.854/05, 338/07, 3.474/08, 5.749/05, 6.013/05, 6.730/06, 6.732/06, 7.242/06, 7.421/06, 7.454/06, 693/07, 7.685/10, 553/11, 1.489/11, 1.795/11, 2.195/11, 2.695/11, 3.935/12, 4.335/12 e 4.569/12), os quais foram prejudicados pela aprovação do PL 1.472/07.

Em fevereiro de 2009, o Mandado de Injunção 1.004/DF, 2013, foi impetrado pela Federação das Indústrias no Estado de Mato Grosso, em virtude da falta de regulamentação do art. 150, § 5º, da Constituição, o que impedia a transparência fiscal e inviabilizava o exercício pleno do direito dos consumidores.

Em março de 2009, foi solicitado regime de urgência para o PL 1.472/07, em junho do mesmo ano foi apresentado e aprovado novo pedido de urgência. Somente em dezembro de 2012 foi aprovada e sancionada a Lei n. 12.471, de 2012. Em fevereiro de 2013, foi publicada decisão do STF de que o Mandado de Injunção 1.004/DF, 2013, tinha perdido o objeto. Em março de 2015 foi aprovada a Lei n. 13.111, que veicula regras específicas para o mercado de veículos automotores.

6. Referências bibliográficas

BRASIL. CÂMARA DOS DEPUTADOS. Propostas Legislativas, 2023. Disponível em: https://www.camara.leg.br/propostas-legislativas/358066. Acesso em: 19 maio 2023.

CORREIA NETO, Celso de Barros; MENDES, Gilmar Ferreira. Transparência Fiscal. In: MARTINS, Ives Gandra da Silva; MENDES, Gilmar Ferreira; NASCIMENTO, Carlos Valder do (Orgs.). Tratado de Direito Financeiro. V. 1. São Paulo: Saraiva, 2013.

OCDE. Transparencia Fiscal en América Latina 2022: Informe de Progreso de la Declaración de Punta del Este, 2022. Disponível em: https://www.oecd.org/tax/transparency/documents/transparencia-fiscal-en-america-latina-2022.htm. Acesso em: 19 maio 2023.

PAULSEN, Leandro. Curso de direito tributário completo. 13. ed. São Paulo: Saraiva, 2022.

RUBINSTEIN, Flávio. Notas sobre a transparência fiscal no Direito Financeiro. In: CONTI, José Maurício; SCAFF, Fernando Facury. Orçamentos Públicos e Direito Financeiro. São Paulo: Revista dos Tribunais, 2011.

7. Comentários

A ideia de transparência está estreitamente relacionada com as próprias bases do Estado Democrático de Direito. Tem um pé no princípio republicano e outro na democracia, duas diretrizes elementares do Estado brasileiro, delineado na Constituição Federal de 1988, especialmente nos arts. 1º e 3º. É princípio que orienta a relação entre Estado e sociedade, determina um modo de ser da atuação pública e um horizonte a alcançar. Faz lembrar que a razão da existência do Estado é externa, que o Poder Público serve ao povo.

O acesso à informação, inclusive em matéria fiscal, guarda estreita ligação com o fortalecimento democrático. Constitui fator de legitimação e aperfeiçoamento da atuação do Poder Público, seja pela garantia da visibilidade à atuação estatal, seja pela abertura à participação e ao controle popular. Coligado à liberdade informacional, a transparência caracteriza-se como via de mão dupla: a publicidade fortalece a democracia, tanto quanto a participação popular subsidia e aperfeiçoa a atuação do Estado, especialmente no tocante às políticas públicas.

A transparência não se limita à publicidade meramente formal, nem simplesmente ao dever do Poder Público de dar a conhecer seus atos, como condição de sua validade ou eficácia. Significa lisura, clareza e abertura. Não apenas o segredo ou a falta de dados que prejudicam a transparência. A maneira como são divulgados, o excesso de informação, a opacidade e, em certos casos, também confundem e desinformam. Mais do que pública, a informação publicada deve ser transparente: clara, adequada, verdadeira e acessível. Do contrário, não servirá aos fins e interesses que justificam esse princípio constitucional: não permitirá a participação democrática, nem a fiscalização e o controle republicano.

Do ponto de vista do indivíduo, a transparência traduz-se fundamentalmente na chamada "liberdade de informação", que compreende o livre fluxo de informações e o direito à informação e à verdade, expressamente incorporados à Declaração Universal dos Direito Humanos e à Constituição Federal de 1988. Como direito fundamental, o direito à informação e à verdade apresenta-se estreitamente ligado à liberdade de expressão e pensamento e à proibição da censura. Informação e expressão são liberdades intimamente conectadas: o direito de acesso a informações oficiais implica o direito de expressá-las, de transmiti-las e de discuti-las. Salvo nas hipóteses constitucionais de sigilo, conhecer e divulgar são como duas faces da mesma medalha.

Como mandamento constitucional, o dever de transparência alcança os três Poderes do Estado, em todos os níveis do governo e nos diferentes aspectos da atividade financeira do Poder Público. Perpassa a atividade financeira do Estado, de ponta a ponta, e abarca cada um dos seus níveis ou elementos, inclusive a arrecadação tributária.

No que se refere às receitas públicas, especialmente às tributárias, a diretriz de transparência projeta seus efeitos desde a formulação da legislação tributária até sua efetiva execução. A transparência deve afetar por completo as relações mantidas entre fisco e contribuinte, atravessa todas as etapas desse iter e afeta tanto na norma abstrata, quanto na prática fiscal concreta.

É possível apontar pelo menos quatro aspectos fundamentais da transparência em relação à arrecadação tributária: (1) definição clara e prévia de competências e da legislação tributária aplicável, (2) determinação da carga fiscal incidente sobre setores econômicos e contribuintes, (3) previsão adequada de toda a receita pública a que faz jus o ente federativo, juntamente com a identificação e quantificação das renúncias fiscais concedidas, e (4) elaboração e divulgação de informações exatas acerca da arrecadação tributária efetivada. Cada um desses aspectos representa uma etapa diferente da atividade tributária, que vai desde a criação do tributo, mediante exercício da competência constitucional, até a efetiva arrecadação.

O primeiro diz respeito à clareza e simplificação do sistema fiscal em relação à competência e legislação tributária. A transparência fiscal exige definição clara de atribuições e responsabilidades, o que inclui a discriminação constitucional de rendas e competências, passa pelo estabelecimento de normas gerais capazes de coibir conflitos de competências (art. 146 da CF/88) e abarca os elementos que compõem a regra de cada tributo.

A exigência de clareza na definição das regras tributárias abarca também, no regime constitucional em vigor, o conhecimento prévio das exações e do sacrifício fiscal que será imposto ao contribuinte. O cidadão, como contribuinte, tem o direito constitucional de saber, com razoável antecedência, quais os tributos que lhe serão exigidos e em que importância. A garantia escora-se especialmente na segurança jurídica, na necessidade de assegurar estabilidade às relações econômicas e evitar que o contribuinte seja surpreendido pela mudança abrupta na legislação tributária. É essa a diretriz que está subjacente, por exemplo, ao disposto nas alíneas "a", "b" e "c" do inciso III do art. 150 da Constituição Federal.

Outro aspecto importante do princípio da transparência fiscal, em relação aos tributos, diz respeito à percepção do sacrifício fiscal imposto aos contribuintes. É precisamente esse o sentido da norma do art. 150, § 5º, que cuida de assegurar visibilidade aos tributos indiretos e pretende dar concretude à transparência e ao direito à informação em matéria tributária. A regra estabelece, assim, objetivo a ser perseguido pelo legislador – o esclarecimento do contribuinte acerca dos impostos que recaem sobre as relações de consumo –, cabendo-lhe estabelecer as medidas jurídicas necessárias para atingi-lo. Em contrapartida, ao contribuinte a previsão confere o direito de ser informado sobre os impostos que suporta nas relações de consumo.

O art. 150, § 5º, preceito constitucional sob análise, veiculou uma garantia fundamental do contribuinte: saber a carga tributária, o valor dos tributos e quais tributos está desembolsando em cada uma de suas aquisições. O Estado, no exercício do *ius imperii*, impõe aos cidadãos tributos, ou seja, sobrepõe-se aos cidadãos e exige deles de forma compulsória o pagamento. Agindo o Estado dentro de sua competência constitucional e do processo legislativo, ao cidadão cabe se submeter à imposição estatal.

Contudo, a instituição, fiscalização, cobrança e aplicação dos tributos devem ser realizadas dentro do processo democrático. O cidadão tem direito de saber quanto deve pagar, para quem deve pagar e como esse dinheiro é investido. Isso permite o exercício da própria cidadania, que é entender e questionar. Dessa forma, pode ser objeto de debate a tributação no que concerne aos aspectos de isonomia, justiça, capacidade contributiva, legalidade, equidade etc. Ademais, mesmo que a cobrança revele sintonia com as normas legais e constitucionais, o cidadão pode discutir as leis e provocar o poder legislativo a alterá-las. Pode, até mesmo, questionar a Constituição, dando azo para iniciativas de emenda constitucional.

Bem informado, o cidadão pode também perscrutar se os valores arrecadados estão sendo investidos adequadamente, se há efetivo retorno para a sociedade. A transparência permite, por um lado, a defesa dos direitos individuais e, por outro, a participação e o controle por parte dos cidadãos na atuação do fisco e na própria definição e implementação de políticas públicas tributárias. É assim, com mais conhecimento e participação dos cidadãos que seria possível alcançar maior aceitação e eficácia à lei tributária, desestimulando evasão e sonegação. Portanto, informação aos contribuintes, consumidores e cidadãos é essencial à própria democracia.

A norma do art. 150, § 5º, não é autoaplicável. Sua regulamentação veio apenas com a Lei n. 12.741, 2012, que dispõe sobre as medidas de esclarecimento ao consumidor, de que trata o § 5º do art. 150 da Constituição Federal, mais de 20 anos após sua promulgação, em 1988.

A redação do art.150, § 5º, é menos ampla do que seu escopo. O § 5º refere-se apenas a impostos, quando o desejável é que incluísse os tributos em geral. Não são apenas impostos que gravam bens e serviços e repercutem no consumidor final, contribuinte de fato. Mais adequado seria dar sentido amplo ao mandamento para incluir também as demais espécies tributárias, especialmente as contribuições sociais. Aliás, foi o que fez a Lei n. 12.741/2012, determinar que fossem computados para os fins da informação do art. 1º não apenas impostos, mas também: Contribuição Social para o Programa de Integração Social (PIS) e para o Programa de Formação do Patrimônio do Servidor Público (Pasep) – (PIS/Pasep); Contribuição para o Financiamento da Seguridade Social (Cofins); e Contribuição de Intervenção no Domínio Econômico (Cide), incidente sobre a importação e a comercialização de petróleo e seus derivados, gás natural e seus derivados, e álcool etílico combustível.

A preocupação específica do constituinte, no § 5º, com "mercadorias e serviços" explica-se, porque os impostos que sobre elas incidem estão incluídos entre os chamados "tributos indiretos" e podem ter seu encargo facilmente embutido no preço pago pelo consumidor final. Assim, nessas exações, por conta do fenômeno da repercussão tributária, é o consumidor, afinal, quem arca com o peso dos impostos cobrados do comerciante. Daí a importância de informá-lo sobre a carga fiscal suportada na operação, que, de outra forma, poderia passar despercebida. Em rigor, nesse caso, o que está em questão é menos a "transparência fiscal" do que a "transparência tributária". Quer-se, em última análise, combater a "anestesia fiscal", que caracteriza os impostos de consumo, e fomentar a chamada "consciência fiscal".

Em termos de eficácia, a transparência fiscal é ainda um horizonte a ser perseguido no Brasil. Com um sistema complexo e muito concentrado na tributação do consumo, mesmo após a edição da Lei n. 12.741/2012, informações claras, simples e suficientes não são ainda a regra no sistema tributário brasileiro.

Art. 150, § 6º Qualquer subsídio ou isenção, redução de base de cálculo, concessão de crédito presumido, anistia ou remissão, relativos a impostos, taxas ou contribuições, só poderá ser concedido mediante lei específica, federal, estadual ou municipal, que regule exclusivamente as matérias acima enumeradas ou o correspondente tributo ou contribuição, sem prejuízo do disposto no art. 155, § 2º, XII, g.

Paulo Caliendo

1. História da norma

A história constitucional não apresenta muitas referências à questão dos incentivos fiscais, durante sua evolução histórica. Um dispositivo antecedente pode ser encontrado nos artigos 19 e 20 da Constituição Federal de 1967. O art. 19, § 8º, dispunha expressamente que a União, os Estados e os Municípios poderiam criar incentivos fiscais à industrialização dos produtos do solo e do subsolo, realizada no imóvel de origem. Por outro lado, poderia, também, a União, mediante lei complementar, atendendo, a relevante interesse social ou econômico nacional, conceder isenções de impostos federais, estaduais e municipais.

O texto da CF/88 procurou restringir a concessão de benefícios fiscais mediante a limitação a sua introdução normativa por meio de lei específica. Assim versava o dispositivo anterior: "§ 6º Qualquer anistia ou remissão que envolva matéria tributária ou previdenciária só poderá ser concedida através de lei específica, federal, estadual ou municipal". A Emenda Constitucional n. 3, de 1993, alterou significativamente a redação deste dispositivo, clarificando a sua aplicação aos casos concretos.

2. Conteúdo do dispositivo

Os incentivos fiscais fazem parte dos instrumentos de política fiscal indutores de determinada conduta. A norma tributária age dessa forma como se fosse uma *"norma premial"*, estimulando determinados comportamentos e desestimulando outros. Sua ação não seria exatamente punitiva, mas desestimuladora por inibir determinadas condutas não pelo uso de sanção, mas pela minimização de determinados ganhos comparados a outras condutas possíveis permissíveis no seio do ordenamento jurídico.

A Constituição brasileira admite a criação de isenções fiscais, que deverão respeitar procedimento constitucional adequado dentro do sistema tributário brasileiro. As isenções e outros benefícios fiscais (subsídios, reduções de base de cálculo, concessão de crédito presumido, anistia, remissão, relativos a impostos, taxas ou contribuições) somente podem ser concedidos mediante lei específica, sendo que cabe a lei complementar regular, mediante deliberação dos Estados e do Distrito Federal, como estes serão concedidos e revogados.

De um modo geral a Constituição brasileira segue a tendência de outros textos constitucionais estrangeiros, que ao invés de pura e simplesmente proibirem as isenções tributárias permitem que estas sejam estabelecidas, desde que respeitado o princípio da legalidade na sua instituição, este é o caso da Constituição Mexicana[1] (art. 28) e da Constituição Belga[2] (art. 117), por exemplo. Aponta-se, contudo, no Direito norte-americano a origem do dispositivo da CF/88. Atribui-se ao estudo de Stanley Surrey e Paul R. McDaniel[3] o entendimento de que os incentivos fiscais produzem o mesmo efeito financeiro das subvenções, devendo constar da legislação orçamentária como despesa tributária (*tax expeditures*)[4]. Para os autores o governo pode apropriar recursos para particulares usando de mecanismos fiscais de isenção ou dedução, ao invés de mecanismos diretos de subvenção.

A peculiaridade do texto constitucional brasileiro é que este possui uma redação mais analítica dos que os similares estrangeiros, ao descrever minuciosamente os casos de benefícios fiscais abrangidos, bem como o alcance do dispositivo.

a) Objetivo do dispositivo

O objetivo do presente dispositivo é claramente impedir o uso indiscriminado e casuístico de isenções e benefícios fiscais.

---

1. "Artículo 28. En los Estados Unidos Mexicanos quedan prohibidos los monopolios, las prácticas monopólicas, los estancos y las exenciones de impuestos en los términos y condiciones que fijan las leyes. El mismo tratamiento se dará a las prohibiciones a título de protección a la industria."

2. "Article 172 [No Privileges]: (1) No privileges with regard to taxes can be established. (2) No exemption or reduction of taxes can be established except by a law."

3. Cf. SURREY, Stanley; MCDANIEL, Paul R. *Tax Expenditures*. Cambridge, MA: Harvard, 1985.

4. Cf. TÔRRES, Ricardo. Lôbo. A Anulação de Incentivos Fiscais – Efeitos no Tempo. *Revista Dialética de Direito Tributário*, São Paulo, v. 121, p. 127-146, 2005.

Trata-se de um limite formal ao poder de isentar. O constituinte entendeu que não apenas o poder de tributar pode ter o poder de destruir atividades econômicas, mas também o poder de isentar e, por isso, necessita de limites claros, como proteção do sistema de direitos fundamentais. O mal uso e o uso abusivo do poder de isentar distorce o mercado, a concorrência e cria uma rede de clientelismos e artificialismos que somente afetam a eficiência econômica em geral e a justiça fiscal em particular.

Dessa forma, este dispositivo pretende se inserir em conjunto de outros dispositivos espalhados pelo texto constitucional que determinam os limites ao poder de isentar. O texto original da constituição Federal pretendia estabelecer justamente um controle contra os abusos praticados por parlamentares que se utilizavam do recurso de legislações genéricas (*lex omnibus*) contendo diversos dispositivos diferentes e no interior do texto se introduzia uma isenção ou benefício fiscal. Tal procedimento permitia a concessão de benefícios descontrolados e em absoluto desconhecimento pela maioria da população.

2.1. Relação com outros princípios

Os limites ao poder de isentar se relacionam com o regime geral dos direitos fundamentais do contribuinte, visto que a concessão de incentivos fiscais pode representar uma violação direta ou indireta do princípio da igualdade, da capacidade contributiva, da concorrência efetiva, da legalidade, da neutralidade fiscal, dentre tantos outros. Um caso especial a ser citado é o da contradição entre o princípio da igualdade e isenções fiscais, visto que o dever de pagar tributos se estende a todos os contribuintes e toda forma de exoneração deve ser claramente justificada, sob pena de ofensa à divisão equitativa do dever de financiar os encargos públicos.

2.2. Da exigência de lei específica

O texto constitucional fala expressamente em lei específica, ou seja, instrumento normativo que possua todos os elementos suficientes e necessários para a correta identificação do seu âmbito de abrangência (sujeito isentante, sujeitos beneficiados, hipóteses de isenção, quantificação da desoneração, momento e território do benefício). Igualmente devem estas normas obedecer ao disposto na LC 95/98, quais sejam: Nesse sentido, as principais orientações traçadas pelo Decreto, em consonância com a Lei Complementar n. 95/98, são as seguintes: i) evitar casuísmos legais; ii) evitar meras remissões normativas, sem descrição do efeito ou conteúdo; iii) expressa menção às normas revogadas; iv) cuidado na utilização de técnica de redação legislativa e v) exigência de republicação de lei alterada.

3. Do alcance do dispositivo

O presente dispositivo pretende alcançar todas as formas de benefícios fiscais, que procedam a uma desoneração do contribuinte do dever de financiar o Estado. Tal situação abrange desde as isenções fiscais, onde não há a incidência de tributos, até os subsídios financeiros. Desta forma, limita-se tanto o uso de mecanismos de desoneração da exigência de receita (isenções, redução de base de cálculo, crédito presumido, anistia ou remissão), mas também os casos de oneração da despesa (subsídios). Tanto as desonerações na receita, quanto as onerações dirigidas nas despesas produzem o mesmo resultado: diminuição da capacidade fiscal do Estado.

Esse entendimento parte da constatação de que todas as formas de incentivos fiscais enquadram-se na mesma situação de redução da capacidade fiscal do Estado e devem receber um tratamento coerente por parte das finanças públicas. Do mesmo modo procede o direito alemão[5] a uma identificação[6] entre as "*subvenções diretas e indiretas*" (*Leistungssubventionen* e *indirekte Subvention*)[7] pela sua finalidade[8] (*Zweck: Befreiung von Steuer und öffentlichen Abgaben*[9]). As denominações indicadas pela doutrina alemã refletem exatamente este entendimento, são consideradas como "*subvenções tributárias*" (*Steuersubventioner*)[10] as "*subvenções ocultas*" (*verdeckte Subventionen*) ou "*subvenções invisíveis*" (*verschleierte oder unsichtbare Subventioner*)[11].

4. Aplicação do dispositivo

i) *Diferimento:* o regime do diferimento não pode ser confundido com a isenção ou com a imunidade e, dessa forma, pode ser disciplinado por lei estadual sem a prévia celebração de convênio. O diferimento é o regime pelo qual se transfere o momento do recolhimento do tributo cujo fato gerador já ocorreu, não sendo confundido com as desonerações fiscais[12];

ii) *Isenção pagamento obrigatório da contribuição sindical (OAB):* constitui violação dos artigos 5º, incisos I e XVII; 8º, incisos I e IV; 149; 150; § 6º; e 151 da CF/88[13];

iii) *Beneficiário inadimplente, impossibilidade de fruição de benefício:* entende-se que o Poder Público detém a faculdade de instituir benefícios fiscais, desde que observados determinados requisitos ou condições já definidos no texto constitucional e em legislação complementar, entendeu o STF que carece de congruência lógica exigir-se o comprometimento da Administração Estadual em conceder benefício fiscal presumido, quando a requerente encontra-se inadimplente com suas obrigações tributárias[14];

iv) *Moratória e transação:* não podem ser consideradas como ofensas aos artigos 150, § 6º, e 155, § 2º, XII, g, da CF/88, por não se tratarem de favores fiscais, mas de causas de extinção do crédito tributário[15];

---

5. Idem, ibidem.

6. *BVerGE* 84, 239 [269] (*Zinsbesteuerung*); *BVerGE* 93, 121 [146f] (*Vermögensteuer*); *BverGE* 96, 1 [6f] (*Arbeitnehmerfreibetrag*) e *BverGE* 98, 106 [117] (*Verpackungsteuer*).

7. Cf. KAREHNKE, Kontrolle der Subventionen. *DÖV*, 1975.

8. Cf. *Tipke* são normas de finalidade social (*Sozialzwecknormen*), ver TIPKE, K.; Lang, J. *Steuerrecht*. 17ª ed. Köln: O. Schmidt, 2002, p. 27.

9. Cf. HAVERKATE, Görg. *Rechtsfragen des Leistungsstaats*: Verhältnismässigkeitsgebot. Tübingen: Mohr, 1983, p. 145.

10. Cf. KIRCHHOF, Paul. *Besteuerung im Verfassungsstaat*. Tübingen: Mohr, 2000, p. 70; RODI, Michael. *Die Subventionsrechtsordnung*: Die Subvention als Instrument öffentlicher Zweckverwirklichung nach Völkerrecht, Europarecht und deutschem innerstaatlichem Recht. Tübingen: Mohr, 2000.

11. Cf. TÔRRES, Ricardo Lôbo. A Anulação de Incentivos Fiscais – Efeitos no Tempo, cit., p. 127-146, 2005.

12. ADI 2.056, rel. Min. Gilmar Mendes, j. em 30-5-07, *DJ* de 17-8-07.

13. ADI 2.522, rel. Min. Eros Grau, j. em 8-6-06, *DJ* de 18-8-0.

14. RE 403.205, rel. Min. Ellen Gracie, j. em 28-3-06, *DJ* de 19-5-06.

15. ADI 2.405-MC, rel. Min. Carlos Britto, j. em 6-11-02, *DJ* de 17-2-06.

v) *Multas*: as multas possuem natureza administrativa[16] e, portanto, não é cabível a alegação de afronta ao art. 150, § 6º, da CF/88. Determina a Súmula 565 do STF que: *"a multa fiscal moratória constitui pena administrativa, não se incluindo no crédito habilitado em falência"*;

vi) *Inconstitucionalidade de benefício de ICMS sem a prévia celebração de convênio*: viola os arts. 150, § 6º; e 155, § 2º, XII, g, da CF/88 a concessão de benefícios ficais, por ato normativo estadual, sem a celebração entre os Estados[17];

vii) *Guerra fiscal*: constitui modalidade de competição fiscal danosa a ofensa ao disposto no art. 150, § 6º, da CF/88[18];

viii) *Alteração de prazo de recolhimento de tributo*: norma legal que simplesmente altera o prazo de recolhimento de tributo não se sujeita ao princípio da anterioridade especial (CF, art. 195, § 6º). "Não há falar em 'direito adquirido' ao prazo de recolhimento anteriormente previsto, pois, como se sabe, o STF não reconhece a existência de direito adquirido a regime jurídico"[19].

ix) *Extrafiscalidade e legislador positivo*: a concessão desse benefício isencional é ato discricionário que, fundado em juízo de conveniência e oportunidade do Poder Público, que se orienta pelos critérios da extrafiscalidade. Não pode o Poder Judiciário atuar como legislador positivo e estender benefícios para categorias de contribuintes[20].

5. Bibliografia recomendada

5.1. Literatura nacional

CALIENDO, Paulo. *Curso de Direito Tributário*. São Paulo: Saraiva, 2017.

CATAO, Marcos Andre Vinhas. *Regime Jurídico dos Incentivos Fiscais*. Biblioteca de Teses. Rio de Janeiro: Renovar, 2004.

TÔRRES, Ricardo Lôbo. A Anulação de Incentivos Fiscais – Efeitos no Tempo. *Revista Dialética de Direito Tributário*, São Paulo, v. 121, p. 127-146, 2005.

5.2. Literatura estrangeira

HAVERKATE, Görg. *Rechtsfragen des Leistungsstaats*: Verhältnismässigkeitsgebot. Tübingen: Mohr, 1983, p. 145.

KAREHNKE. Kontrolle der Subventionen. *DÖV*, 1975.

KIRCHHOF, Paul. *Besteuerung im Verfassungsstaat*. Tübingen: Mohr, 2000.

RODI, Michael. *Die Subventionsrechtsordnung*: Die Subvention als Instrument öffentlicher Zweckverwirklichung nach Völkerrecht, Europarecht und deutschem innerstaatlichem Recht. Tübingen: Mohr, 2000.

---

16. AI 388.247-AgR, rel. Min. Ilmar Galvão, j. em 25-2-03, *DJ* de 11-4-03, e AI-AgR 197.625, rel. Min. Moreira Alves, j. em 9-9-97, *DJ* de 17-10-97. Em sentido contrário ver ADI 155-MC, rel. Min. Sepúlveda Pertence, *DJ* 23/02/90.
17. ADI 2.439, rel. Min. Ilmar Galvão, j. em 13-11-02, *DJ* de 21-2-03.
18. ADI 2.155-MC, rel. Min. Sydney Sanches, j. em 15-2-01, *DJ* de 1º-6-01.
19. RE 219.878, Rel. Min. Sepúlveda Pertence, j. em 13-6-00, *DJ* de 4-8-00.
20. AI 142.348-AgR, rel. Min. Celso de Mello, j. em 2-8-94, *DJ* de 24-3-95.

SURREY, Stanley; MCDANIEL, Paul R. *Tax Expenditures*. Cambridge, MA: Harvard, 1985.

TIPKE, K.; LANG, J. *Steuerrecht*. 17ª ed. Köln: O. Schmidt, 2002, p. 27.

Art. 150, § 7º A lei poderá atribuir a sujeito passivo de obrigação tributária a condição de responsável pelo pagamento de imposto ou contribuição, cujo fato gerador deva ocorrer posteriormente, assegurada a imediata e preferencial restituição da quantia paga, caso não se realize o fato gerador presumido.

Celso de Barros Correia Neto
Liziane Angelotti Meira

1. História da norma

O art. 150, § 7º, da Constituição Federal trata da substituição tributária progressiva, não constava da redação original, mas foi incluído pela Emenda Constitucional n. 3, de 1993, resultante da aprovação da Proposta de Emenda Constitucional n. 48, de 1991, na Câmara dos Deputados.

A inclusão do § 7º no art. 150 pela Emenda Constitucional n. 3, de 1993, veio em meio a diversas modificações realizas nos arts. 40, 42, 102, 103, 155, 156, 160, 167 da Constituição Federal. Foi a Emenda Constitucional n. 3, de 1993, que introduziu o instrumento da ação declaratória de constitucionalidade no texto constitucional e criou o imposto sobre movimentação ou transmissão de valores e de créditos e direitos de natureza financeira – IPMF (art. 2º).

2. Constituições brasileiras anteriores

O art. 150, § 7º, da Constituição Federal não tem precedentes em constituições anteriores.

3. Direito Internacional

A matéria, regulada pelo art. 150, § 7º, não compõe temário clássico do direito internacional. Segundo Carvalho (2022, p. 262), trata-se de um fenômeno típico do direito brasileiro, que não encontra a mesma acolhida em outros ordenamentos jurídicos.

4. Remissões constitucionais e legais

O art. 128 do Código Tributário Nacional prevê a responsabilidade tributária de forma geral, determinando que a lei pode atribuir de modo expresso a responsabilidade pelo crédito tributário a terceira pessoa, vinculada ao fato gerador da respectiva obrigação, excluindo a responsabilidade do contribuinte ou atribuindo-a a este em caráter supletivo do cumprimento total ou parcial da referida obrigação.

A substituição tributária de que trata § 7º do art. 150 é progressiva ou para frente. A disposição constitucional é ampla, aplicando-se indistintamente a quaisquer tributos com os quais seja compatível, notadamente as hipóteses de tributação plurifásica. Não é exclusiva do ICMS, mas é em relação a esse tributo que tem sido utilizada mais intensamente, nessa seara que surgiram as maiores controvérsias e ainda nela que se pode verificar a evolução legislativa.

O desenho original da substituição tributária progressiva para o ICMS foi introduzido pela Lei Complementar n. 44, de 7 de dezembro de 1983, que alterou o Decreto-lei n. 406, de 1968. Atualmente, a responsabilidade tributária progressiva do ICMS consta da Lei Complementar n. 87, de 1996. Na verdade, o art. 6º, § 1º, veicula a responsabilidade tributária progressiva, mas também traz a regressiva e a concomitante. Da redação atual do § 2º desse artigo, pode-se observar que a atribuição da responsabilidade deve se dar pela lei de cada Estado ou do Distrito Federal.

O Convênio ICMS n. 142, de 2018, dispõe sobre os regimes de substituição tributária e de antecipação de recolhimento do ICMS. Nele, são indicadas as mercadorias passíveis de substituição tributária progressiva e veiculadas regras sobre cálculo do imposto, pagamento, ressarcimento, obrigações acessórias.

Com base no art. 150, § 7º, da Constituição Federal, na Lei Complementar n. 87, de 1996, e no Convênio ICMS n. 142, de 2018, cada Estado veicula sua própria legislação acerca da substituição tributária progressiva do tributo estadual. Inclusive, há entendimento do STF no sentido de que a lei a que se refere o § 7º do art. 150 da Constituição não é lei complementar federal, mas sim lei ordinária do titular da competência tributária (ADI 5.702, 2022).

O art. 6º da Lei Complementar n. 116, de 2003, dispõe sobre a substituição tributária no ISS, mas, na verdade, trata-se da substituição tributária concomitante: "Art. 6º Os Municípios e o Distrito Federal, mediante lei, poderão atribuir de modo expresso a responsabilidade pelo crédito tributário a terceira pessoa, vinculada ao fato gerador da respectiva obrigação, excluindo a responsabilidade do contribuinte ou atribuindo-a a este em caráter supletivo do cumprimento total ou parcial da referida obrigação, inclusive no que se refere à multa e aos acréscimos legais".

A substituição tributária no IPI, inclusive progressiva, está prevista no art. 35, II, "c", da Lei n. 4.502, de 1964 (inciso incluído pela Lei n. 9.430, de 1996), e regulamentada pelo art. 26 do Decreto n. 7.212, de 2010.

A substituição tributária progressiva é aplicada também na Contribuição para o PIS/Pasep e na Cofins. As normas sobre essas contribuições estão consolidadas na Instrução Normativa da Receita Federal do Brasil (IN RFB) n. 2.121, de 2022 (que faz as vezes de um Regulamento), mas importante lembrar que, nos termos do § 7º do art. 150 da Constituição Federal, é indispensável que as regras sobre responsabilidade tributária estejam previstas em lei. Vejamos.

Na IN RFB n. 2.121, de 2022, há previsão de substituição tributária do produtor fabricante ou importador nas vendas de produtos com tributação concentrada para revenda, consumo ou industrialização na Zona Franca de Manaus ou em Área de Livre Comércio (arts. 14). Essa disposição, conforme indicado na IN, encontra base na Lei n. 11.196, de 2005, art. 65, §§ 2º e 8º.

O fabricante e o importador de motocicletas, da mesma forma, são indicados como substitutos tributários dos comerciantes atacadistas e varejistas (arts. 15 da IN RFB). Essa disposição, conforme indicado na IN RFB, tem base na Medida Provisória n. 2.158-35, de 2001, art. 43.

O importador de cigarros e cigarrilhas é colocado na condição de substituto tributário dos comerciantes atacadistas e varejistas (art. 16 da IN RFB). Essa disposição, conforme indicado na IN RFB, tem base na Lei Complementar n. 70, de 1991, art. 3º; Lei n. 9.532, de 1997, art. 53; Lei n. 9.715, art. 5º; Lei n. 10.865, de 2004, art. 29; Lei n. 12.402, de 2011, art. 6º, II; e Lei n. 12.402, de 2011, art. 6º, *caput* e II.

Por sua vez, o artigo mais interessante sob o ponto de vista do estudo do art. 150, § 7º, da Constituição Federal, é o art. 506 da IN RFB n. 2.121, de 2022. Esse artigo da IN veicula as regras aplicáveis para o caso de não ocorrência do fato gerador presumido na substituição tributária progressiva das contribuições e indica como fulcro exatamente o preceito constitucional sob análise.

Apesar de não ser um tributo incidente de forma plurifásica na cadeia produtiva, há substituição tributária progressiva da Contribuição sobre a Folha de Salários no caso de empresa contratante de serviços executados mediante cessão de mão de obra. Segundo o art. 31 da Lei n. 8.212, de 1991, com redação dada pela Lei n. 11.933, de 2009, a empresa contratante deve reter 11% do valor bruto da nota fiscal ou fatura de prestação de serviços e recolher esse valor, em nome da empresa cedente da mão de obra. No mesmo artigo, há previsão de que a empresa cedente pode compensar o valor retido com as contribuições destinadas à Seguridade Social devidas sobre a folha de pagamento dos seus segurados. Não sendo possível a compensação integral, a Lei assegura à empresa cedente restituição[1].

Vale mencionar ainda a substituição tributária progressiva no recolhimento do Imposto sobre a Renda na Fonte pelo pagador no Brasil quando há transferência de renda ou provento para pessoa física ou jurídica no exterior (art. 741 do Decreto n. 9.480, de 2018, com fundamento nos arts. 15, 17, 97 e 100 do Decreto-lei n. 5.844, de 1943).

5. Jurisprudência

As contendas sobre a substituição tributária progressiva não se iniciaram com a inclusão do § 7º no art. 150 da Constituição Federal pela Emenda Constitucional n. 3, de 1993. São anteriores e, em certa medida, explicam a própria inclusão do § 7º no art. 150 da Constituição.

Examinamos um julgado anterior, que envolve o setor automotivo de São Paulo. Questionou-se a substituição tributária progressiva estabelecida por lei estadual de 1989. O STF entendeu que se tratava de um instituto presente no sistema tributário brasileiro desde o Decreto-lei n. 406/1968 (este com base no art. 128 do CTN), regulado também por Convênio Confaz. Segundo o STF, essa legislação foi recepcionada pela Constituição de 1988 e, assim, decidiu que a lei paulista de 1989, que veiculava substituição tributária progressiva de ICMS para veículos novos, não estava eivada de inconstitucionalidade (RE 213.396, 2000).

---

1. Vale lembrar que essa substituição tributária progressiva, em redação anterior do 31 da Lei n. 8.212, de 1991 (redação dada pela Lei n. 9.711, de 1998) foi considerada constitucional (RE 603.191, 2011, Repercussão Geral, Tema 302). Apesar das alterações promovidas no art. 31 da Lei, a substituição tributária continua atualmente com as mesmas características daquela julgada constitucional pelo STF. Aborda-se esse julgado no item que trata da jurisprudência.

Apesar de o § 7º no art. 150 da Constituição ter sido aprovado em uma tentativa de trazer solução ao problema, as controvérsias não foram totalmente eliminadas. Nas primeiras decisões do STF sobre o novo preceito constitucional, adotou-se o entendimento de que a substituição tributária progressiva já era possível no sistema jurídico brasileiro. A inserção do § 7º do art. 150 veio, portanto, para confirmar essa conclusão.

A interpretação adotada pelo STF, a respeito do dispositivo, era no sentido de que não se tratava de uma presunção legal absoluta. Ou seja, garantia-se ao sujeito passivo a imediata e preferencial restituição do valor pago caso o fato presumido não se realizasse. E mais importante: nesse primeiro momento, concluiu-se que não era devida restituição caso o fato ocorresse em proporções econômicas menores do que as presumidas. Assim, posicionou-se o STF no sentido de que "O fato gerador presumido, por isso mesmo, não é provisório, mas definitivo, não dando ensejo à restituição ou complementação do imposto pago, senão, no primeiro caso, na hipótese de sua não realização final. Admitir o contrário valeria por despojar-se o instituto das vantagens que determinaram a sua concepção e adoção, como a redução, a um só tempo, da máquina-fiscal e da evasão fiscal a dimensões mínimas, propiciando, portanto, maior comodidade, economia, eficiência e celeridade às atividades de tributação e arrecadação" (ADI 1.851, 2002; Rcl 5.639, 2014; RE 453.125 AgR, 2011).

Anos mais tarde, no entanto, a matéria acabou revisitada pelo STF, em face do uso intensivo pelos Estados da substituição tributária progressiva, para uma gama de produtos e, muitas vezes, com base de cálculo presumida em valor superior ao efetivo valor de venda. Superando a orientação antes adotada pelo Tribunal, emergiu o posicionamento de que é devida a restituição da diferença do ICMS pago a mais, no regime de substituição tributária progressiva, se a base de cálculo efetiva da operação for inferior à presumida. "É devida a restituição da diferença do Imposto sobre Circulação de Mercadorias e Serviços – ICMS pago a mais no regime de substituição tributária para a frente se a base de cálculo efetiva da operação for inferior à presumida", foi a tese adotada no julgamento do RE 593.849, de relatoria do Ministro Edson Fachin, processo paradigma da sistemática da repercussão geral.

O Tribunal expressamente reconheceu a superação parcial do precedente firmado na ADI 1.851, de relatoria do Ministro Ilmar Galvão, "de modo que os efeitos jurídicos desse novo entendimento orientam apenas os litígios judiciais futuros e os pendentes" (RE 593.849, 2016, Repercussão Geral, Tema 201). A mudança de entendimento passou a ser aplicável a litígios judiciais futuros e os pendentes submetidos à sistemática da repercussão geral. No mesmo sentido, é a decisão na ADI 2.777/SP, de relatoria do Ministro Cezar Peluso, redator do acórdão Min. Ricardo Lewandoski. Lê-se na ementa: "[...] Com base no § 7º do art. 150 da Constituição Federal, é constitucional exigir-se a restituição de quantia cobrada a maior, nas hipóteses de substituição tributária para frente em que a operação final resultou em valores inferiores àqueles utilizados para efeito de incidência do ICMS [...] (ADI 2.777, Relator Cezar Peluso, Relator p/ Acórdão Ricardo Lewandoski, Tribunal Pleno, julgado em 19-10-2016).

Outros aspectos da substituição tributária progressiva foram levados à Corte Suprema e merecem atenção. Em 2022, o STF decidiu que a lei mencionada no § 7º do art. 150 da Constituição não se tratava de lei complementar federal, mas de lei ordinária do ente competente. Assim, em relação ao ICMS, lei estadual poderia estabelecer a substituição tributária progressiva e esta não dependia de prévio Convênio do Confaz. Dessa forma, entendeu o STF que o Estado pode editar lei ordinária sobre a responsabilidade tributária progressiva no ICMS, estabelecendo suas hipóteses, respeitadas as disposições gerais da Lei Complementar n. 87, de 1996, e as disposições do art. 150, § 7º, da Constituição (ADI 5.702, Rel. Min. André Mendonça, julgada 24-10-2022, em que se discutira a constitucionalidade de lei do Estado do Rio Grande do Sul).

Houve mais um caso concernente à legislação do Rio Grande do Sul, que estabelecia a substituição tributária progressiva para estoque de profusa distribuição dentro dos Estados como discos, lâminas de barbear, isqueiros, pilhas, baterias elétricas e sorvetes. O STF confirmou nesse caso o entendimento de que considera válida a cobrança antecipada de ICMS no regime de substituição tributária mensurada segundo o estoque de mercadorias (ADI 2.044, 2019).

O setor farmacêutico questionou uma lei que o obrigava a conceder descontos a idosos na compra de medicamentos. Contudo, a decisão do STF foi desfavorável, porque se concluiu que o § 7º do art. 150 da Constituição albergava mecanismo de restituição do tributo eventualmente pago a maior, em decorrência da concessão do desconto ao consumidor final (ADI 2.435 MC, 2003).

O setor farmacêutico foi um dos que mais demonstrou insatisfação com a substituição tributária progressiva. Houve também decisão do STF reafirmando a constitucionalidade da medida adotada pelos Estados. Afirmou o STF que "Esta Corte firmou precedentes no sentido da constitucionalidade do regime de substituição tributária. A circunstância de as operações envolverem produtos farmacêuticos não afasta a constatação" (RE 216.835 AgR, 2009; RE 706.224 AgR, 2012).

Além dos casos que dizem respeito à substituição tributária progressiva em matéria de ICMS, vale mencionar também mais dois julgados do STF, um deles sobre IPI, outro sobre Contribuição sobre Folha de Salários. O primeiro é relativo ao IPI incidente sobre a venda de veículos por fabricantes ou importadores. Questionou-se a inclusão na base de cálculo presumida deste imposto dos valores, também presumidos, de contribuições para o PIS e da Cofins devidas pelos comerciantes varejistas. O STF entendeu que a previsão legal dessa inclusão é constitucional (RE 605.506, Rel. Min. Rosa Weber, 2021, Tema 303).

A tese fixada na sistemática da repercussão geral foi a seguinte: "É constitucional a inclusão do valor do IPI incidente nas operações de venda feitas por fabricantes ou importadores de veículos na base de cálculo presumida fixada para propiciar, em regime de substituição tributária, a cobrança e o recolhimento antecipados, na forma do art. 43 da Medida Provisória n. 2.158-35/2001, de contribuições para o PIS e da Cofins devidas pelos comerciantes varejistas".

O último julgado aqui examinado é sobre Contribuição sobre a Folha de Salários. Tratava-se da substituição tributária progressiva da Contribuição sobre a Folha de Salários, no caso de empresa contratante de serviços executados mediante cessão de mão de obra. Dispunha o art. 31 da Lei n. 8.212, de 1991, em redação anterior (na redação dada pela Lei n. 9.711, de 1998), que a empresa contratante deveria reter 11% do valor bruto da nota fiscal ou fatura de prestação de serviços e recolher esse valor, em nome da empresa cedente da mão de obra. No mesmo artigo, havia previsão de que a empresa cedente pode compensar o valor retido com as contribuições destinadas à Seguridade Social devidas sobre a folha de pagamento dos seus segurados. Não sendo possível a compensação integral, a Lei assegura à empresa cedente restituição.

Entendeu o STF que a substituição tributária não descaracterizava o tributo na medida em que a antecipação pode ser em seguida compensada pelo contribuinte com os valores por ele apurados como efetivamente devidos na base de cálculo real. Um ponto levando em conta para a decisão foi que restava assegurada a restituição de eventuais recolhimentos feitos a maior (RE 603.191, Min. Ellen Gracie, julgado 1º-8-2011, Tema 302 da repercussão geral). Cumpre anotar que o art. 31 da Lei n. 8.212, de 1991, sofreu algumas alterações (a redação atual dada pela Lei n. 11.933, de 2009), mas a substituição tributária prevista continua nos mesmos moldes daquela julgada constitucional pelo STF.

6. Referências bibliográficas

CALIENDO, Paulo. *Curso de direito tributário*. 4. ed. São Paulo: Saraiva, 2022.

BRASIL. CÂMARA DOS DEPUTADOS. *Proposta de Emenda Constitucional n. 48, de 1991*. Brasília, 2023.

CARVALHO, Ricardo Siqueira D. *Substituição Tributária: estrutura e função*. Lisboa: Grupo Almedina, 2021.

MANEIRA, Eduardo. Da Substituição Tributária "para a frente" no ICMS. *Revista Dialética de Direito Tributário*. n. 95, 2003.

MOREIRA, André Mendes. *Não cumulatividade dos Tributos*. 4. ed. São Paulo: Noeses, 2019.

PAULSEN, Leandro. *Curso de direito tributário completo*. 13. ed. São Paulo: Saraiva, 2022.

7. Comentários

No quadro normativo do Estado Democrático de Direito, as relações tributárias, ainda que marcadas pelo traço de compulsoriedade, são essencialmente relações jurídicas, não meras relações de poder. Há limites e garantias individuais que precisam ser respeitados. Mas a eficiência na arrecadação é também um aspecto importante no desenho e na execução de qualquer política tributária, uma diretriz a ser observada.

Conforme observação de Paulsen (2022, p. 97), as leis tributárias devem ser aplicáveis, de modo que a apuração dos créditos seja possível e que o Fisco disponha de instrumentos que sirvam para reduzir o inadimplemento e a sonegação, bem como para facilitar e assegurar a fiscalização e a cobrança. Nesse sentido, emergiu na doutrina o princípio da praticabilidade ou praticidade da tributação.

Em termos de tributação, a praticabilidade se manifesta em técnicas de fiscalização e arrecadação que, amparadas em presunções, tornam possível a tributação em massa de modo célere e menos oneroso (CARVALHO, 2021, p. 317).

É nesse contexto de preocupação em tornar a arrecadação menos custosa, mais célere e mais simples, inclusive por meio de presunções, que se insere o instituto da substituição tributária. A ideia é permitir que a lei atribua o dever de pagar o tributo a pessoa diversa do contribuinte, mas que participe da operação ou esteja presente em outro estágio da cadeia produtiva ou de comercialização.

A substituição tributária regressiva e a progressiva, em regra, ocorrem dentro de uma cadeia de produção ou circulação de bens, portanto têm sua aplicação nos tributos plurifásicos (MANEIRA, 2003), como ICMS, IPI e a contribuição para o PIS/Pasep e a Cofins. Mas no exame da legislação brasileira, pudemos observar que há também substituição tributária progressiva na Contribuição sobre a Folha de Salários e no Imposto sobre a Renda.

A substituição tributária concomitante ocorre quando a lei atribui o dever de pagar a alguém diverso do contribuinte, mas que está presente na operação econômica tributada. Um exemplo é a responsabilidade tributária, atribuída por substituição, ao importador de serviços, quem deve recolher o ISS incidente na operação (Lei Complementar n. 116, de 2002, art. 6º, § 2º, I).

A substituição regressiva ou "para trás" é a atribuição a um determinado sujeito, integrante de uma cadeia de produção ou circulação, do dever de efetuar o pagamento das prestações tributárias relativas às operações realizadas em etapa anterior. Como se trata de uma carga tributária que se transfere na cadeia, em princípio, não significa uma oneração extra ao responsável. Ao contrário, do ponto de vista do sujeito passivo, implica uma postergação ou diferimento do pagamento.

De regra, há substituição tributária regressiva quando se verifica um grande número de agentes na etapa ou nas etapas iniciais da cadeia produtiva e um número reduzido em etapa subsequente. Ou seja, é mais fácil e barato para o fisco fiscalizar e cobrar o tributo de um universo menor de sujeitos passivos, situados na fase final da cadeia produtiva. A substituição regressiva também é utilizada diante da informalização do mercado em certas etapas do processo produtivo. Por exemplo, alguns Estados cobram os tributos, em substituição tributária regressiva, dos adquirentes de produtos reciclados ou de alguns produtos agropecuários, como o leite, em razão da atuação na informalidade dos produtores.

Usada criteriosamente e sem exageros, a substituição regressiva não gera muita controvérsia. Em regra, além de ser conveniente e prática para o fisco – princípio da praticabilidade – corresponde aos interesses do contribuinte, que se livra das chamadas obrigações acessórias e posterga o pagamento para uma fase mais adiantada da cadeia produtiva.

A substituição tributária progressiva ou "para frente" ocorre quando se atribui ao agente situado no início da cadeia produtiva plurifásica o dever de recolher tributos devidos em relação a operação subsequente. Nessa modalidade, não se tem ainda segurança sobre a efetiva ocorrência do fato previsto na hipótese de incidência, tampouco seu valor é conhecido. Ou seja, cria-se uma presunção relativa ao fato jurídico, à base de cálculo e ao valor devido. Conforme verificamos na análise da legislação, existe substituição tributária progressiva no Imposto sobre a Renda – i.e. exigência na fonte no caso de pagamento a beneficiário no exterior – e na contribuição sobre a folha de salários – i.e. no caso de cessão de serviço.

Segundo Carvalho (2022, p. 262), trata-se de um fenômeno típico do direito brasileiro, que não encontra a mesma acolhida em outros ordenamentos. Essa técnica não é exclusiva do ICMS, mas foi em relação a esse tributo que ela mais foi utilizada e levou a controvérsias judiciais e determinação de interpretação mais estreita do art. 150, § 7º. Aliás, o § 7º foi incluído pela Emenda Constitucional n. 3, de 1993, justamente para afastar questionamentos sobre a constitucionalidade da substituição tributária progressiva. Mas, conforme se pode verificar no exame da jurisprudência, a alteração constitucional gerou muita controvérsia e demandou do STF várias decisões importantes.

Art. 151. É vedado à União:

I – instituir tributo que não seja uniforme em todo o território nacional ou que implique distinção ou preferência em relação a Estado, ao Distrito Federal ou a Município, em detrimento de outro, admitida a concessão de incentivos fiscais destinados a promover o equilíbrio do desenvolvimento socioeconômico entre as diferentes regiões do País;

Paulo Caliendo

1. História da norma

O *princípio da uniformidade geográfica* aparece especificamente pela primeira vez em um texto constitucional no art. 7º, § 2º, da Constituição de 1891 ("Art. 7º (...) § 2º Os impostos decretados pela União devem ser uniformes para todos os Estados"). Anteriormente a sua aplicação decorria da extensão do princípio da isonomia fiscal previsto no art. 179, 13, da Constituição Política do Império (*igualdade perante a lei*). O princípio da igualdade, contudo, não traduz toda a carga de significação exigida pelo princípio da uniformidade geográfica, visto que este reapresenta como uma clara norma de limitação de competência da União[1].

A Constituição de 1934[2] irá prever o princípio no seu art. 18, acrescentando a expressão "ou que importem distinção em favor dos portos de uns contra os de outros Estados". É a primeira menção expressa à noção de que os tributos não podem fornecer um tratamento discriminatório ou distintivo entre membros da Federação. Inicialmente limitado ao benefício e favorecimento ilegítimo de portos, esta diretriz irá abranger todos os tipos de tributos e setores de atividade econômica.

A Constituição de 1937 manteve a redação da Constituição de 1934, somente alterando o termo neutro "distinção" pelo denso em significado negativo "discriminação"[3]. A Constituição de 1946 irá, por sua vez, estender o princípio da uniformidade geográfica aos Estados, Distrito Federal e Municípios, situação que não irá se repetir nos textos constitucionais posteriores, visto que a proibição deve se dirigir diretamente à União, dado que os Estados e os Municípios não legislam sobre fatos geradores realizados no território de outros Estados e municípios[4].

A Constituição de 1967 irá apresentar o *princípio da uniformidade geográfica* como a composição de dois elementos essenciais: i) vedação de tributo que não seja uniforme e ii) vedação de discriminação (distinção ou preferência) entre Estados e Municípios[5].

Posteriormente o dispositivo foi incluído novamente na Emenda n. 1 de 1969[6], com a inclusão da expressão "em relação a qualquer Estado ou Município em prejuízo de outro". Não existem menções diretas ao princípio na literatura nacional nos textos anteriores, apesar deste princípio ser considerado uma decorrência lógica da proteção do federalismo. A ideia de proteção da unidade do mercado nacional visa justamente promover um mercado interno sem barreiras ou fronteiras fiscais. A Emenda n. 1 da Constituição de 1967 irá manter a redação da Constituição de 1967, acrescentando, contudo, a expressão "em prejuízo de outro". Tal acréscimo se demonstrou desnecessário e nefasto, visto que implicava na difícil demonstração concreta do prejuízo realizado, para se afastar determinado tributo discriminatório entre unidades federadas[7].

2. Fundamento constitucional

Este princípio visa concretizar o objetivo fundamental da República Federativa do Brasil previsto no art. 3º, inciso II: "Art. 3º Constituem objetivos fundamentais da República Federativa do Brasil: (...) II – garantir o desenvolvimento nacional".

2.1. Limitação ratione personae da União

O dispositivo do art. 151, inc. I, da CF/88 se dirige exclusivamente à União ("É vedado à União"), dado que os Estados e os Municípios não legislam sobre os tributos incidentes no território nacional ("uniforme em todo o território nacional"). Diferentemente legislava a Constituição de 1946 que estendia a vedação aos Estados e Municípios e igualmente sob a vigência da Constituição de 1891 se utilizava do princípio da igualdade para se limitar a vedação a outros entes federados.

Entendeu por bem o legislador constituinte em limitar o dispositivo à União, visto que as limitações para os Estados e Muni-

---

1. CALIENDO, Paulo. *Curso de Direito Tributário*. São Paulo: Saraiva, 2017.
2. "Art. 18. É vedado à União decretar impostos que não sejam uniformes em todo o território nacional, ou que importem distinção em favor dos portos de uns contra os de outros Estados". A proteção contra a discriminação aos portos já aparecia na Constituição de 1891 no art. 8º: "É vedado ao Governo federal criar, de qualquer modo, distinções e preferências em favor dos portos de uns contra os de outros Estados."
3. "Art. 34. É vedado à União decretar impostos que não sejam uniformes em todo território nacional, ou que importem **discriminação** em favor dos portos de uns contra os de outros, Estado."
4. "Art. 31. A União, aos Estados, ao Distrito Federal e aos Municípios é vedado: I – criar distinções entre brasileiros ou preferências em favor de uns contra outros Estados ou Municípios."
5. "Art. 21. É vedado: I – a União instituir tributo que não seja uniforme em todo o território nacional, eu que importe distinção ou preferência em relação a determinado Estado ou Município."
6. "Art. 20. I – à União instituir tributo que não seja uniforme em todo o território nacional ou implique distinção ou preferência em relação a qualquer Estado ou Município em prejuízo de outro."
7. "Art. 20. É vedado: I – à União instituir tributo que não seja uniforme em todo o território nacional ou implique distinção ou preferência em relação a qualquer Estado ou Município em prejuízo de outro."

cípios decorrem do art. 152[8] e 150, inc. V[9], da CF/88. Por outro lado, logicamente os tributos devem ser uniforme no interior de sua unidade federada, ou seja, deve ser claramente aplicado de modo isonômico para os fatos jurídicos produzidos no interior de determinada unidade territorial (Município, Estado e Distrito Federal). Desse modo, é melhor utilizar o recurso ao princípio da isonomia fiscal para descrever o dever de respeito ao tratamento igualitário entre contribuintes e bens no mesmo território e reservar a terminologia "uniformidade geográfica" para as regras de competência sobre os casos de tributos que se relacionam à competência de outros entes federados.

Assim, melhor do que afirmar que o IPTU deve ser uniforme no território municipal e afirmar que será aplicado de modo isonômico para todas as classes de imóveis e contribuintes. A identidade para o IPTU, ITBI ou IPVA decorre expressamente da eleição realizada pela Constituição (regras de competência) dos fatos jurídicos tributáveis, com a consequente determinação da regra-matriz de cada tributo.

Não se pode confundir identidade de hipóteses de incidência, com isonomia e uniformidade. A identidade das bases de cálculo decorre de previsão legal ou constitucional da regra-matriz de cada tributo, assim o ISS deve ter por base de cálculo o serviço prestado, contudo, cada Município poderá listar os serviços a serem tributados. A uniformidade estabelece regras de limitação de competência, enquanto que o princípio da igualdade estabelece limitações materiais de tratamento diferenciado entre contribuintes.

O princípio da uniformidade geográfica se aplica tanto aos Estados, Municípios, quanto ao Distrito Federal e Territórios Federais. Por outro lado, somente se aplica a União no âmbito interno das relações federativas, não se aplicando à ação da União como sujeito de Direito Público Internacional na ordem externa[10].

2.2. Incentivos fiscais destinados a promover o equilíbrio do desenvolvimento socioeconômico entre as diferentes regiões do País

O texto constitucional permite que existam diferenças de tratamento fiscal entre Estados e Municípios, em busca do equilíbrio socioeconômico do país. Não basta que exista a diferença tributária, esta deve ser orientada por incentivos ao crescimento econômico e social.

a) *Controle do incentivo fiscal:* a concessão do incentivo fiscal, bem como a oportunidade e conveniência de seu ato é discricionário, sendo o seu controle vedado ao Poder Judiciário[11];

b) *Incentivos fiscais e o princípio da igualdade:* não é possível ao Poder Judiciário estender isenção a contribuintes não contemplados pela lei, a título de isonomia[12];

c) *Extensão do benefício aos impostos, contribuições e taxas:* o benefício previsto no art. 151, inc. I, se estende à concessão de benefícios fiscais de impostos, taxas, contribuições[13] e inclusive os preços públicos;

d) *Direito adquirido à concessão do benefício:* decidiu o STF que a mudança de sistemática de benefícios não gera direito adquirido à sua fruição, mas mera expectativa de direito[14].

3. Zona Franca de Manaus

A CF/88 é manteve região com regime tributário favorecido, por força do art. 40 do ADCT da CF/88[15], com as seguintes características:

a) Natureza de zona de livre comércio, equiparada à zona de exportação remetida ao exterior: índole eminentemente constitucional: esta equiparação se dá por força do Decreto-lei n. 356/68. Não há extensão, contudo, à Amazônia Central[16];

b) Direito a crédito fiscal: os produtos remetidos para a ZFM mantém o direito ao crédito fiscal[17];

c) Remessa de produtos mediante intermediação de filial ou agência comercial: o caso da remessa de produtos, mediante a intermediação de filial, para a ZFB beneficiando-se de isenção le-

---

8. "Art. 152. É vedado aos Estados, ao Distrito Federal e aos Municípios estabelecer diferença tributária entre bens e serviços, de qualquer natureza, em razão de sua procedência ou destino."

9. "Art. 150. (...) V – estabelecer limitações ao tráfego de pessoas ou bens, por meio de tributos interestaduais ou intermunicipais, ressalvada a cobrança de pedágio pela utilização de vias conservadas pelo Poder Público."

10. "Âmbito de aplicação do art. 151, CF é o das relações das entidades federadas entre si. Não tem por objeto a União quando esta se apresenta na ordem externa. Não incidência sobre a prestação de serviços de transporte aéreo, de passageiros – intermunicipal, interestadual e internacional" (ADI 1.600, rel. Min. Sydney Sanches, j. em 26-11-01, *DJ* de 20-6-03).

11. "Decreto n. 420/92. Lei n. 8.393/91. IPI. Alíquota regionalizada incidente sobre o açúcar. Alegada ofensa ao disposto nos arts. 150, I, II e § 3º, e 151, I, da Constituição do Brasil. Constitucionalidade. O decreto n. 420/92 estabeleceu alíquotas diferenciadas – incentivo fiscal – visando dar concreção ao preceito veiculado pelo artigo 3º da Constituição, ao objetivo da redução das desigualdades regionais e de desenvolvimento nacional. Autoriza-o o art. 151, I da Constituição. A alíquota de 18% para o açúcar de cana não afronta o princípio da essencialidade. Precedente. A concessão do benefício da isenção fiscal é ato discricionário, fundado em juízo de conveniência e oportunidade do Poder Público, cujo controle é vedado ao Judiciário. Precedentes" (AI 630.997-AgR, rel. Min. Eros Grau, j. em 24-4-07, *DJ* de 18-5-07). Ver, também, RE 149.659; AI 138.344-AgRg; RE 344.331, rel. Min. Ellen Gracie, *DJ* de 14-3-03.

12. RE 159.026 e RE 344.331, rel. Min. Ellen Gracie, j. em 11-2-03, *DJ* de 14-3-03.

13. "Isenção de impostos e taxas. Importação de máquinas e equipamentos destinados a Amazônia, para execução de empreendimentos declarados pela SUDAM 'prioritários para o desenvolvimento da região'. Interpretação do decreto-lei 756/69, art. 26, '*caput*'. Não exclui esse preceito legal da isenção nele prevista somente as capatazias, mas também as contribuições especiais e preços públicos ou subpreços. Recurso extraordinário conhecido e provido, em parte" (RE 82226, rel. Min. Leitão de Abreu, j. em 14-12-1976). Ver, também, RE 80.606.

14. "Tributário. Imposto de Renda. Prorrogação de prazo de isenção. SUDENE. Direito adquirido. A Lei 7.450/85 revogou a possibilidade de aumento do prazo de isenção do IRPJ de dez para quinze anos prevista no art. 3º do Decreto-Lei n. 1.564/77. No momento de sua publicação, as recorridas possuíam mera expectativa de direito à prorrogação do benefício, que restou frustrada, com a mudança na sistemática da concessão do incentivo. Recurso extraordinário conhecido e provido" (RE 226.749/PE, rel. Min. Ellen Gracie, j. em 11-6-2002, *DJ* 2-8-2002).

15. "Art. 40. É mantida a Zona Franca de Manaus, com suas características de área livre de comércio, de exportação e importação, e de incentivos fiscais, pelo prazo de vinte e cinco anos, a partir da promulgação da Constituição. Parágrafo único. Somente por lei federal podem ser modificados os critérios que disciplinaram ou venham a disciplinar a aprovação dos projetos na Zona Franca de Manaus."

16. AgRg no REsp 937.054, rel. Min. Francisco Falcão, j. em 7-8-2007.

17. AI-AgRg 105.345, rel. Min. Cordeiro Guerra, j. em 18-2-1986, e RE 97.219.

gal configura mera transferência do produto físico em que se deve manter o direito de manutenção do crédito do imposto[18];

d) Benefício extensivo a todos os tributos: o benefício para o desenvolvimento da região amazônica é amplo e abrange todos os tipos de tributos (impostos, taxas, contribuições e preços públicos, salvo taxas portuárias)[19]. Há ilegitimidade da taxa de serviços da Superintendência da Zona Franca de Manaus (Suframa);

e) Transferência interestadual de bens do ativo fixo e de materiais: aplica-se ao caso a no sentido a Súmula 166 do STJ, em que: "não constitui fato gerador de ICMS o simples deslocamento de mercadoria de um para outro estabelecimento do mesmo contribuinte"[20];

f) Equiparação com exportação para o estrangeiro: a destinação de mercadorias para a Zona Franca de Manaus equivale à exportação de produto brasileiro para o estrangeiro, segundo interpretação do Decreto-lei n. 288/67[21].

Art. 151, II – tributar a renda das obrigações da dívida pública dos Estados, do Distrito Federal e dos Municípios, bem como a remuneração e os proventos dos respectivos agentes públicos, em níveis superiores aos que fixar para suas obrigações e para seus agentes;

Paulo Caliendo

1. História da norma

O primeiro dispositivo constitucional a tratar indiretamente do tema da dívida pública foi o art. 10 da Constituição Federal de 1891, que impedia tão somente aos Estados e a União tributarem as rendas e serviços recíprocos[1]. A Constituição de 1934 não teria igualmente um dispositivo específico para a vedação da tributação das obrigações da dívida pública dos Estados, do Distrito Federal e dos Municípios, utilizando para tanto da regra de exceção de competência tributária da imunidade recíproca[2]. Novamente a Constituição de 1937 não terá nenhum dispositivo específico, utilizando-se da vedação da tributação recíproca da renda dos entes federados[3].

A primeira Constituição a tratar especificamente da tributação das obrigações da dívida pública dos Estados, do Distrito Federal e dos Municípios, foi a CF/46. Contrariamente aos dispositivos anteriores esta Constituição irá permitir que a União tribute a renda das obrigações da dívida pública estadual ou municipal e os proventos dos agentes dos Estados e dos Municípios, desde que o faço até o limite que fixar para as suas próprias obrigações e para os proventos dos seus próprios agentes[4]. O sentido deste dispositivo será reproduzido na CF de 1967, que igualmente irá permitir a tributação da renda das obrigações decorrentes de dívida pública, desde que ultrapasse os limites fixados pela União para as suas próprias em níveis superiores aos que fixar para as suas próprias obrigações e para os proventos dos seus próprios agentes[5]. A CF de 1988 irá manter o sentido dos dispositivos anteriores.

2. Fundamento constitucional

A União por este dispositivo poderá tributar as rendas decorrentes das obrigações da dívida pública estadual ou municipal e os proventos dos agentes dos Estados e dos Municípios, desde que não o faça em limite superior ao que fixar para as suas próprias obrigações e os proventos de seus agentes. A ideia de que deve existir um respeito à igualdade de carga fiscal entre os entes federados é um dos pilares de proteção do federalismo fiscal, de outro modo haveria um favorecimento dos títulos federais perante o dos outros entes subnacionais, que se tornariam mais baratos para os investidores. Tal proteção resulta inicialmente do respeito ao princípio da isonomia em tratar igualmente os rendimentos dos títulos federais, estaduais e municipais e suas respectivas dívidas públicas.

De outro lado, se caracteriza como uma aplicação do princípio da neutralidade fiscal, visto que o nível de tributação dos títulos existentes no mercado de capital influencia a conduta e as escolhas dos investidores e captadores de recursos. Claramente a tributação não é neutra e o investidor aprecia as suas decisões conforme o retorno líquido esperado dos seus investimentos em títulos públicos.

Por outro lado, sob a ótica do governo federal a impossibilidade de tributar os demais entes subnacionais implica na exigência de oferecimento de uma taxa de juros competitiva, em relação às demais forças de mercado. A tributação funciona como uma redutora do ganho líquido almejado pelo aplicador e por outro lado como um amortecedor do dispêndio do Estado com o pagamento dos títulos. Tal situação, contudo, não gera um resultado imediatamente satisfatório para o poder público, visto que ele deve repartir este rendimento com os demais entes federados, por força dos dispositivos constitucionais.

3. Literatura

CALIENDO, Paulo. *Curso de Direito Tributário*. São Paulo: Saraiva, 2017.

---

18. RE 100892, rel. Min. Djaci Falcão, j. em 26-3-1985.
19. RE 87215, rel. Min. Thompson Flores, j. em 27-3-1979.
20. "*In casu*, os autos retratam hipótese de transferência interestadual de bens do ativo fixo e de materiais de uso e consumo da filial da empresa, situada no Estado do Rio de Janeiro, para sua sede localizada na Zona Franca de Manaus (saída da filial e entrada na matriz), fato que refoge à regra-matriz de incidência do ICMS, razão pela qual não merece prosperar a pretensão recursal fazendária, no particular" (REsp 772891, rel. Min. Luiz Fux, j. em 15-3-2007).
21. REsp 653.975, rel. Min. Eliana Calmon, j. em 5-10-2006.
1. "Art. 10. É proibido aos Estados tributar bens e rendas federais ou serviços a cargo da União, e reciprocamente."
2. "Art. 17. É vedado à União, aos Estados, ao Distrito Federal e aos Municípios: (...) X – tributar bens, rendas e serviços uns dos outros, estendendo-se a mesma proibição às concessões de serviços públicos, quanto aos próprios serviços concedidos e ao respectivo aparelhamento instalado e utilizado exclusivamente para o objeto da concessão."
3. "Art. 32. É vedado à União, aos Estados e aos Municípios: (...) c) tributar bens, rendas e serviços uns dos outros."
4. "Art. 15, § 3º A União poderá tributar a renda das obrigações da dívida pública estadual ou municipal e os proventos dos agentes dos Estados e dos Municípios; mas não poderá fazê-lo em limites superiores aos que fixar para as suas próprias obrigações e para os proventos dos seus próprios agentes."
5. "Art. 21. É vedado: (...) II – à União tributar a renda das obrigações da dívida pública estadual ou municipal e os proventos dos agentes dos Estados e Municípios, em níveis superiores aos que fixar para as suas próprias obrigações e para os proventos dos seus próprios agentes."

GIAMBIAGI, F.; MORA, M. *Federalismo e endividamento subnacional*: uma discussão sobre a sustentabilidade da dívida estadual e municipal. Rio de Janeiro: IPEA, 2005 (Texto para discussão n. 1142).

PONTES DE MIRANDA, F. C. *Comentários à Constituição de 1967*. Tomo II, Rio de Janeiro: Forense, 1987.

Art. 151, III – instituir isenções de tributos da competência dos Estados, do Distrito Federal ou dos Municípios.

Paulo Caliendo

1. Constituições anteriores

A possibilidade de a União estabelecer isenções de tributos de competência dos Estados, do Distrito Federal ou dos Municípios existia tanto na Constituição Federal de 1967 ("*Art. 20. (...) § 2º – A União, mediante lei complementar, atendendo a relevante interesse social ou econômico nacional, poderá conceder isenções de impostos federais, estaduais e municipais*") quanto na Emenda Constitucional n. 01 de 1969 EMC ("*Art. 19, § 2º A União, mediante lei complementar e atendendo a relevante interêsse social ou econômico nacional, poderá conceder isenções de impostos estaduais e municipais*"). Diferentemente dos textos anteriores, a Constituição Federal de 1988 proibiu a União de instituir isenções dos Estados, do Distrito Federal ou dos Municípios. Outra diferença está na vedação à concessão de isenções de tributos em geral e não apenas de impostos.

2. Fundamento constitucional

A vedação prevista no art. 151, inc. III, se caracteriza como uma verdadeira limitação ao poder de não tributar ou isentar[1]. Trata-se de uma expressa vedação da concessão de isenções heterônomas por parte da União dos tributos de competência dos Estados, Distrito Federal e Municípios. O poder de tributar ou não tributar (isentar) é determinado de modo rígido pela distribuição de competências estabelecido na CF/88, sendo que o exercício deste poder somente pode ser realizado de modo expresso no texto constitucional. A isenção heterônoma caracteriza-se como o exercício do poder de isentar por ente federado diverso daquele que possui o poder constitucional de instituir tributos.

O fundamento desta vedação decorre da proteção do federalismo fiscal, previsto como um dos elementos nucleares da CF/88. O objetivo desta vedação é manter a repartição constitucional de receitas entre os membros da Federação, impedindo que a União utilize de subterfúgios fiscais para erodir a autonomia financeira dos demais entes federados.

O STF tem entendido que:

– *Convênios entre Estados:* a isenção concedida mediante convênio celebrado pelo Estado-Membro não constitui ofensa ao art. 151, III, da Constituição Federal (RE 206.397-AgR);

– *Art. 41 do ADCT*: o artigo 41 do ADCT estabeleceu que a União, os Estados, o Distrito Federal e os Municípios reavaliariam todos os incentivos fiscais de natureza setorial em vigor, propondo aos Poderes Legislativos respectivos as medidas cabíveis, e declarou que se considerariam revogados após dois anos, a partir da data da promulgação da Constituição, os incentivos que não fossem confirmados por lei, esclarecendo que essa revogação não prejudicaria os direitos que já tivessem sido adquiridos, àquela data, em relação a incentivos concedidos sob condição e com prazo certo (RE 148.453);

– *Multa fiscal moratória*: constitui pena administrativa e por isso não se submete ao art. 151, inc. III, da CF/88, visto que este diz respeito aos tributos (RE 148.453);

– *Programa de Exportação – BEFIEX*: a concessão de isenção de tributos estaduais e municipais concedidas pela União na vigência da Constituição anterior deve observar a sistemática do art. 41, §§ 1º e 2º do ADCT. Se concedida por prazo certo e mediante condições, deve-se respeitar o direito adquirido do Contribuinte (RE 185.862);

– *Não incluir imposto na base de cálculo*: não incluir o IPI na base de cálculo do ICMS não é isentar do ICMS, a isenção "(...) consiste em dispensar o contribuinte do pagamento do imposto", dado que a isenção tributária "*subtrai bens ou pessoas ao princípio da generalidade da tributação*" (RE 170.412);

– *Exclusão de Serviços da Lista de Serviços, em lei complementar*: se a Lei Complementar retirar da lista de serviços ou não mencioná-lo, tal situação não se caracteriza como isenção heterônoma de tributo municipal. A exclusão de materialidade para a incidência do ISS revela-se como mera hipótese legal de não incidência do imposto, em exercício, pela União Federal, de competência constitucional.

3. Tratados internacionais

A aplicação da vedação do art. 151, inc. III, da CF/88 aos tratados internacionais tem recebido duas interpretações diferentes por parte da doutrina. De um lado, há uma interpretação restritiva e outra extensiva. A interpretação restritiva limita a vedação do art. 151, inc. III, tão somente aos tributos internos, enquanto que a interpretação extensiva impõe à União a vedação de celebrar tratados que impliquem isenções de tributos estaduais ou municipais.

Para a interpretação *restritiva* prevalecem os seguintes argumentos:

i) *Estatuto da União nos tratados internacionais*: a União atua nos acordos internacionais como sujeito de direito internacional e não como sujeito de direito interno e, portanto, sua atuação não ocorre como ente federado, mas como ente nacional em prol de toda a federação;

ii) *Poderes do Presidente da República*: deste dispositivo que afirma que quando o Presidente da República exerce a competência a ele conferida, por força do art. 84, VIII, da CF/88, estará agindo como órgão de uma pessoa de Direito Internacional Público e não como chefe de governo. Dessa maneira, nessa compreensão as limitações ao poder de tributar e isentar, como as do art. 151, III, somente devem operar no âmbito das relações internas. Desse modo, a União estaria au-

---

1. BALEEIRO, Aliomar. *Limitações Constitucionais ao Poder de Tributar*. 8. ed., atualizada por Misabel Machado Derzi. Rio de Janeiro: Forense, 2010.

torizada a atuar por via de tratados na competência dos Estados e Municípios[2];

iii) *Lei nacional e lei federal*: segundo *Geraldo Ataliba* e *José Souto Maior Borges* as leis ordinárias federais, estaduais e municipais não possuem hierarquia entre si, em razão dos fundamentos federativos de nosso sistema. De outro lado, deve-se diferenciar a lei nacional da lei federal, visto que apesar de ambas serem editadas pelo Congresso Nacional, produzem resultados normativos diversos. De um lado teremos uma norma dirigida a um Ente federado (União) e de outro uma lei dirigida a todos os entes federados (Estados, União, Distrito Federal e Municípios). As leis nacionais se diferenciam pela hierarquia e pela matéria, visto que são superiores hierarquicamente às leis federais e regulam matérias de interesse de toda a Nação, tal como exemplo os acordos internacionais;

iv) *Reforço à diplomacia comercial*: muitos dos acordos internacionais versam sobre isenções de importações e exportações, por meio da integração comercial e regional e, deste modo, a proibição da União conceder isenções heterônomas poderia acarretar uma "*imobilização do Estado brasileiro*" no plano internacional[3];

Para a interpretação *extensiva* prevalecem os seguintes argumentos:

i) *Limitação Formal*: trata-se limitação formal, sem distinção entre a União como pessoa jurídica de direito público e como pessoa jurídica de Direito Internacional Público. Onde o legislador constitucional não procedeu diferenciação não poderia o intérprete assim fazê-lo; e

ii) *Exceções expressas*: o legislador constituinte estabeleceu duas exceções expressas ao princípio supracitado, nos artigos 155, § 2º, XII, "e", e 156, § 3º, II, da CF/88, para o ICMS e ISS, nos demais casos não há autorização constitucional. Poderia muito bem a Constituição afirmar que cabe a União isentar tributos estaduais e municipais para a atração de investimentos estrangeiros, mas não o fez. Tratou tão somente dos impostos incidentes sobre a exportação. Poder tê-lo feito incentivando as importações de parceiros regionais de integração, mas novamente não o fez. Entendemos que não cabe no caso uma interpretação extensiva, sob pena de violação da Constituição.

O STF decidiu pela possibilidade de concessão de isenções, concedidas sob o âmbito de aplicação do art. 151, inc. III, da CF/88, quando a União apresenta o país na ordem externa (RE 543.943). O tratado que autoriza a instituição pela União de isenção de tributo estadual ou municipal será incorporado pela ordem interna, sem ofensa à vedação das isenções heterônomas em nosso sistema federativo. Decidiu o STF que somente a República Federativa do Brasil possui competência para firmar tratados internacionais, em conformidade com o art. 52, § 2º. Não possuem essa competência a União, os Estados-membros ou os Municípios. Consagrou-se o entendimento de que o Presidente da República não subscreve tratados como Chefe de Governo, mas como Chefe de Estado, o que descaracteriza a existência de uma isenção heterônoma, vedada pelo art. 151, inc. III (RE 229.096).

O STJ se manifestou igualmente sobre a matéria, ao interpretar a aplicação do art. 98 do CTN. Entendeu-se que as isenções tributárias, que contemplam o similar nacional, devem ser estendidas ao produto importado de países signatários do Acordo GATT e devem respeitar os tratados internacionais, sob pena de ofensa do CTN (REsp 4143).

4. Jurisprudência

RE 543.943, RE 229.096 e RE 464.844 AgR.

5. Remissões normativas

Art. 49, I, da CF; art. 98 do CTN.

6. Referências

CALIENDO, Paulo. *Curso de direito tributário*. São Paulo: Saraiva, 2017.

CAMINHA, Maria do Carmo Puccini. Os Tratados internacionais tributários e a eficácia de suas normas no ordenamento jurídico brasileiro. *Revista Tributária e de Finanças Públicas*, v. 41, p. 29-52, nov./dez. 2001.

CARRAZZA, Roque Antonio. Mercosul e tributos estaduais, municipais e distritais. *Revista de Direito Tributário*, São Paulo, n. 64, p. 185.

COELHO, Sacha Calmon Navarro. Tratados internacionais em matéria tributária: perante a Constituição Federal do Brasil de 1988. *Revista de Direito Tributário*, São Paulo, n. 59, p. 180-191, 1993.

GRUPENMACHER, Betina Treiger; CAVALCANTE, Denise Lucena; RIBEIRO, Maria de Fátima et QUEIROZ, Mary Elbe. Novos horizontes da tributação: um diálogo luso-brasileiro. *Cadernos do IDEFF Internacional*. Coimbra: Almedina, 2012.

MARTINS, Natanael. Tratados internacionais em matéria tributária. *Caderno de Direito Tributário e Finanças Públicas*, v. 3, n. 12, p. 193-209, jul./set. 1995.

PAULSEN, Leandro. *Direito tributário*: Constituição e Código Tributário à luz da doutrina e da jurisprudência. 13. ed. Porto Alegre: Livraria do Advogado, 2011.

ROCHA, Valdir de Oliveira. Tratados Internacionais e vigência das isenções por eles concedidas, em face da Constituição de 1988. *Repertório IOB de Jurisprudência*, n. 5, 1991.

Art. 152. É vedado aos Estados, ao Distrito Federal e aos Municípios estabelecer diferença tributária entre bens e serviços, de qualquer natureza, em razão de sua procedência ou destino.

Paulo Caliendo

---

1. História da norma

A proteção do mercado nacional unificado, da igualdade no tratamento no comércio interestadual de mercadorias, da neu-

---

2. XAVIER, Alberto. *Direito Tributário Internacional do Brasil*. 8. ed. Rio de Janeiro: Forense, 2015.

3. GRUPENMACHER, Betina Treiger; CAVALCANTE, Denise Lucena; RIBEIRO, Maria de Fátima et QUEIROZ, Mary Elbe. Novos horizontes da tributação: um diálogo luso-brasileiro. *Cadernos do IDEFF Internacional*. Coimbra: Almedina, 2012.

tralidade fiscal e do federalismo brasileiro foi objeto de proteção pelas diversas Constituições nacionais. A primeira Constituição a tratar diretamente do tema foi a de 1934 que expressamente determinou que o imposto sobre as vendas seria uniforme, sem distinção entre produtos em razão da sua procedência ou destino[1]. Anteriormente a defesa do mercado nacional integrado somente poderia ser realizada com o recurso aos princípios constitucionais, tais como da igualdade, da uniformidade geográfica e do federalismo nacional. O dispositivo da Constituição dirigia-se inicialmente apenas ao imposto sobre vendas e não para todos os tributos. Esta regra foi repetida na Constituição de 1937[2] e ampliada na Constituição de 1946 para todas as espécies de tributos e mesmo de tratamento tributário ("... não poderão estabelecer diferença tributária ...")[3]. A Constituição de 1967 irá novamente restringir o sentido da norma tão somente para um tipo de tributo (*Imposto sobre Venda e Consignações*)[4].

2. Fundamento constitucional

Este dispositivo visa concretizar os princípios constitucionais de federalismo (art. 60, § 4º, inc. I) e da igualdade de tratamento em matéria tributaria (art. 150, inc. I). O federalismo é protegido pela noção de que o mercado interno nacional deve ser unificado, sem a presença de fronteiras ou de barreiras alfandegárias. O princípio da igualdade de tratamento deve ser protegido de distorções tarifárias decorrentes de incentivos ou barreiras fiscais.

2.1. Neutralidade fiscal

O princípio da neutralidade fiscal deve em sua aplicação tentar alcançar os preceitos de eficiência e menor onerosidade e influência possível nas decisões dos agentes econômicos.

O conceito de neutralidade pode ser entendido em dois aspectos principais: interno e externo. Em sentido interno, a neutralidade fiscal significa que produtos em condições similares devem estar submetidos a mesma carga fiscal. Tal exigência não pode, contudo, ser assegurada no caso dos impostos em cascata, tal dispositivo pretende assegurar a neutralidade econômica, ou seja, estará assegurada a neutralidade quando não forem produzidas distorções competitivas ou com a alocação ótima dos meios de produção. A neutralidade externa relaciona-se, por sua vez, com os aspectos federativos da tributação sobre o consumo e com o tratamento das *"fronteiras fiscais"* (*"tax frontiers"*).

2.2. Igualdade de tratamento

O princípio da igualdade possui um sentido bastante ligado à noção instrumental de garantia da eficiência de mercado, da proteção das condições de concorrência efetiva e livre circulação de bens. Possui, assim, uma semelhança o sentido presente nas legislações nacionais que entendem o princípio como uma forma de *"limitação de competência"* e *"proteção contra o arbítrio"* e é considerado um direito fundamental.

O tratamento discriminatório foi objeto de variada jurisprudência europeia que caracterizou a discriminação como *"tratamento diferenciado para situações comparáveis"* (*dissimilar treatment of comparable situations*), no caso *Société des Fonderies de Pont-à-Mousson*, 1959. Por sua vez, no caso *Klöckner* (1962) considerou esta como sendo a diferenciação injustificada pela inexistência de diferenças objetivas (*without such differentiation being justified by the existence of substantial objective differences*). Contudo, desde o caso *Ruckdeschel* (1977) tem sido adotada a fórmula de que o princípio da igualdade de tratamento *"requer que situações similares não devem ser tratadas diferentemente, salvo se a diferenciação for objetivamente justificada"* (*requires that similar situations shall notbe treated differently unless differentiation is objectively justified*).

Esta caracterização formal do princípio da igualdade de tratamento foi gradativamente sendo superado por um conceito substantivo (*Italian Refrigerators Case – 1963*). Nesse caso entendeu-se que o *"tratamento diferenciado de situações não comparáveis não implica automaticamente a conclusão de que houve discriminação"* (*the different treatment of non-comparable situations does not lead automatically to the conclusion that there is discrimination*). Assim, uma aparente discriminação pode na verdade apresentar uma substantiva ausência de discriminação.

2.3. Destinatário da norma: Estados, Distrito Federal ou Municipal

A presente norma se destina a vedar Estados, Distrito Federal ou Municipal de proceder distinções tributarias ilegítimas em razão da procedência ou destino. Não se destina a norma a limitar expressamente a ação da união e assim as distinções que a União venha a proceder de bens e serviços devem respeitar ao princípio da igualdade (art.150, inc. I) ou da uniformidade (art. 151, inc. I).

2.4. Diferença tributária de qualquer natureza

Não será admitida a aplicação de qualquer medida que implique em barreira ao comércio intranacional, incluindo-se exigências administrativas ou fiscais não tarifárias.

O Direito Internacional já tratou do tema nos casos: "*Couro e peles na Argentina*" (*Argentina – Hides and Leather*) e "*Bananas na União Europeia*" (*EC – Bananas III*). No caso "*Couro e peles na Argentina*" (*Argentina – Hides and Leather*), a OMC tratou do caso de medidas de pré-pagamento de IVA no momento de sua importação e de sua consistência com o dispositivo do Artigo III (2). Considerou-se, nesse caso, que tal situação seria considerada como uma medida interna dado que é aplicável somente nos casos de revenda no mercado doméstico[5].

---

1. "Art. 8º, § 1º O imposto de vendas será uniforme, sem distinção de procedência, destino ou espécie dos produtos."

2. "Art. 23, § 1º O imposto de venda será uniforme, sem distinção de procedência, destino ou espécie de produtos."

3. "Art. 32. Os Estados, o Distrito Federal e os Municípios não poderão estabelecer diferença tributária, em razão da procedência, entre bens de qualquer natureza."

4. "Art. 8º, § 5º O imposto sobre vendas e consignações será uniforme, sem distinção de procedência ou destino."

5. "RG 3431 [the value-added tax measure applicable to imported goods] applies to definitive import transactions, but only if the products imported are subsequently re-sold in the internal Argentinean market. In other words, RG 3431 provides for the pre-payment of the IVA chargeable to an internal transaction. It should also be pointed out that the fact that RG 3431 is collected at the time and point of importation does not preclude it from qualifying as an internal tax measure"; ver in *Panel Report on Argentina – Hides and Leather*, para. 11.145.

Igualmente, no caso das "*Bananas na União Europeia*" (*EC – Bananas III*), o Corpo de Apelação (*Appellate Body*) ao tratar do caso das licenças de importação de bananas, considerou estas medidas inconsistentes com o artigo III (4). Alegava a União Europeia que estas medidas eram medidas de fronteira (*border measure*) e não medidas internas, tal argumentação não foi aceita, contudo, pela OMC[6].

2.5. Procedência

O dispositivo se direciona a procedência espacial e não aos demais casos de procedência (temporal, subjetiva ou objetiva). A procedência espacial diz respeito ao local de produção de determinado bem, ou seja, não se pode discriminar o produto oriundo do município A em relação ao município B. Nenhuma justificativa pode ser apresentada para tanto, tal como: proteção da indústria, da cultura, do mercado de trabalho ou da receita local.

A regra expressa neste dispositivo sobrepuja o princípio da proteção do mercado de trabalho ou da cultura ou receita local, dado que o constituinte claramente escolheu a defesa do federalismo e da igualdade como superior aos outros princípios acima citados, em uma escolha valorativa clara. A existência de razões necessárias para a mudança valorativa deve ser apreciada com base no cotejo com outros dispositivos constitucionais. Não se pode alegar a diferença de tratamento tributário para um bem produzido no Estado A em razão do fato que este é mais rico ou desenvolvido e esta seria uma medida de justiça redistributiva, por exemplo, visto que existe a previsão constitucional de que cabe a União por meio de incentivos fiscais proceder a adoção de medidas de redução das desigualdades regionais.

A vedação do presente dispositivo se dirige a toda e qualquer diferença de tratamento tributário, incluindo-se neste conceito também a vedação de tratamento diferenciado entre produto nacional e produto estrangeiro[7]. É entendimento que se torna inconstitucional a edição de pautas fiscais diferenciadas para produtos em operações interestaduais e intermunicipais. Entendeu-se da possibilidade da Antecipação diferenciada.

3. Referências bibliográficas

CALIENDO, Paulo. *Curso de direito tributário*. São Paulo: Saraiva, 2017.

PAULSEN, Leandro. *Direito tributário*: Constituição e Código Tributário à luz da doutrina e da jurisprudência. Porto Alegre: Livraria do Advogado, 1998.

PONTES DE MIRANDA, F. C. *Comentários à Constituição de 1967*. Tomo II, Rio de Janeiro: Forense, 1987.

SILVEIRA, Paulo A. Caliendo V da. Princípio da igualdade de tratamento entre nacionais e estrangeiros em direito tributário. In: TÔRRES, Heleno Taveira (Org.). *Direito tributário internacional aplicado*. São Paulo: Quartier Latin, 2005, v. III, p. 25-60.

VELLOSO, Andrei Pithen. *Constituição tributária interpretada*. 2. ed. São Paulo: Atlas, 2012.

SEÇÃO III
DOS IMPOSTOS DA UNIÃO

Art. 153. Compete à União instituir impostos sobre:

I – importação de produtos estrangeiros;
II – exportação, para o exterior, de produtos nacionais ou nacionalizados;

Heleno Torres

1. Constituições brasileiras anteriores

Constituição da República dos Estados Unidos do Brasil de 1891: Art. 9º – É da competência exclusiva dos Estados decretar impostos: § 1º – sobre a exportação de mercadorias de sua própria produção; § 2º – É isenta de impostos, no Estado por onde se exportar, a produção dos outros Estados. § 3º – Só é lícito a um Estado tributar a importação de mercadorias estrangeiras, quando destinadas ao consumo no seu território, revertendo, porém, o produto do imposto para o Tesouro federal. Art. 7º – É da competência exclusiva da União decretar: § 1º) impostos sobre a importação de procedência estrangeira; § 2º) direitos de entrada, saída e estadia de navios, sendo livre o comércio de cabotagem às mercadorias nacionais, bem como às estrangeiras que já tenham pago impostos de importação. **Constituição da República dos Estados Unidos do Brasil de 1934:** Art. 6º – Compete, também, privativamente à União: I – decretar impostos: a) sobre a importação de mercadorias de procedência estrangeira; Art. 8º – Também compete privativamente aos Estados: I – decretar impostos sobre: f) exportação das mercadorias de sua produção até o máximo de dez por cento *ad valorem*, vedados quaisquer adicionais; § 3º – Em casos excepcionais, o Senado Federal poderá autorizar, por tempo determinado, o aumento do imposto de exportação, além do limite fixado na letra "f" do n. I. DISPOSIÇÕES TRANSITÓ-

---

6. "These rules go far beyond the mere import licence requirements needed to administer the tariff quota for third-country and non-traditional ACP bananas or Lomé Convention requirements for the importation of bananas. These rules are intended, among other things, to cross-subsidize distributors of EC (and ACP) bananas and to ensure that EC banana ripeners obtain a share of the quota rents. As such, these rules affect 'the internal sale, offering for sale, purchase, ...' within the meaning of Article III:4, and therefore fall within the scope of this provision. Therefore, we agree with the conclusion of the Panel on this point" (*Appellate Body Report on EC – Bananas III*, para. 211).

7. REsp 480.563 – RS (2002/0146332-5). "Tributário. Icms. Isenção. Importação de leite de país membro de tratado firmado com o Mercosul. Possibilidade. Lei estadual isencional. 1. Pacto de tratamento paritário de produto oriundo do país alienígena em confronto com o produto nacional, com 'isenção de impostos, taxas e outros gravames internos' (art. 7º do Decreto n. 350/91, que deu validade ao Tratado do Mercosul). 2. Pretensão de isenção de ICMS concedida ao leite pelo Estado com competência tributária para fazê-la. 3. A exegese do tratado, considerado lei interna, à luz do art. 98 do CTN, ao estabelecer que a isenção deve ser obedecida quanto aos gravames internos, confirma a jurisprudência do STJ, no sentido de que 'embora o ICMS seja tributo de competência dos Estados e do Distrito Federal, é lícito à União, por tratado ou convenção internacional, garantir que o produto estrangeiro tenha a mesma tributação do similar nacional'. Como os tratados internacionais têm força de lei federal, nem os regulamentos do ICMS nem os convênios interestaduais têm poder para revogá-los. Colocadas essas premissas, verifica-se que a Súmula 575 do Supremo Tribunal Federal, bem como as Súmulas 20 e 71 do Superior Tribunal de Justiça continuam com plena força" (AgRg no Ag 438.449/RJ, rel. Min. Franciulli Netto, *DJ* de 7-4-2003).

RIAS. Art. 6º – A discriminação de rendas estabelecidas nos arts. 6º, 8º e 13, § 2º, só entrará em vigor a 1º de janeiro de 1936. § 1º – O excesso do imposto de exportação, cobrado atualmente pelos Estados, será reduzido automaticamente, a partir de 1º de janeiro de 1936, e à razão de dez por cento ao ano, até atingir aquele limite. **Constituição dos Estados Unidos do Brasil de 1937:** Art. 20 – É da competência privativa da União: I – decretar impostos: a) sobre a importação de mercadorias de procedência estrangeira; Art. 23 – É da competência exclusiva dos Estados: I – a decretação de impostos sobre: e) exportação de mercadorias de sua produção até o máximo de dez por cento *ad valorem*, vedados quaisquer adicionais; § 3º – Em casos excepcionais, e com o consentimento do Conselho Federal, o imposto de exportação poderá ser aumentado temporariamente além do limite de que trata a letra e do n. I. **Constituição dos Estados Unidos do Brasil de 1946:** Art. 15 – Compete à União decretar impostos sobre: I – importação de mercadorias de procedência estrangeira; III – produção, comércio, distribuição e consumo, e bem assim importação e exportação de lubrificantes e de combustíveis líquidos ou gasosos de qualquer origem ou natureza, estendendo-se esse regime, no que for aplicável, aos minerais do País e à energia elétrica; Art. 19 – Compete aos Estados decretar impostos sobre: V – exportação de mercadorias de sua produção para o estrangeiro, até o máximo de cinco por cento *ad valorem*, vedados quaisquer adicionais; § 6º – Em casos excepcionais, o Senado Federal poderá autorizar o aumento, por determinado tempo, do imposto de exportação até o máximo de dez por cento *ad valorem*. Art. 20 – Quando a arrecadação estadual de impostos, salvo a do imposto de exportação, exceder, em Município que não seja o da Capital, o total das rendas locais de qualquer natureza, o Estado dar-lhe-á anualmente trinta por cento do excesso arrecadado. ATO DAS DISPOSIÇÕES CONSTITUCIONAIS TRANSITÓRIAS. Art. 13 – A discriminação de rendas estabelecidas nos arts. 19 a 21 e 29 da Constituição Federal entrará em vigor a 1º de janeiro de 1948, na parte em que modifica o regime anterior. § 1º – Os Estados, que cobrarem impostos de exportação acima do limite previsto no art. 19, n. V, reduzirão gradativamente o excesso dentro no prazo de quatro anos, salvo o disposto no § 5º daquele dispositivo. **Constituição da República Federativa do Brasil de 1967:** Art. 22 – Compete à União decretar impostos sobre: I – importação de produtos estrangeiros; II – exportação, para o estrangeiro, de produtos nacionais ou nacionalizados; VIII – produção, importação, circulação, distribuição ou consumo de lubrificantes e combustíveis líquidos e gasosos; Art. 24 – Compete aos Estados e ao Distrito Federal decretar impostos sobre: II – operações relativas à circulação de mercadorias, realizadas por produtores, industriais e comerciantes. § 4º – A alíquota do imposto a que se refere o n. II será uniforme para todas as mercadorias; o Senado Federal, através de resolução tomada por iniciativa do Presidente da República, fixará as alíquotas máximas para as operações internas, para as operações interestaduais e para as operações de exportação para o estrangeiro. **Emenda Constitucional n. 1, de 1969:** Art. 21. Compete à União instituir imposto sôbre: I – importação de produtos estrangeiros, facultado ao Poder Executivo, nas condições e nos limites estabelecidos em lei, alterar-lhe as alíquotas ou as bases de cálculo; II – exportação, para o estrangeiro, de produtos nacionais ou nacionalizados, observado o disposto no final do item anterior; VIII – produção, importação, circulação, distribuição ou consumo de lubrificantes e combustíveis líquidos ou gasosos e de energia elétrica, imposto que incidirá uma só vez sobre qualquer dessas operações, excluída a incidência de outro tributo sobre elas; e Art. 23. Compete aos Estados e ao Distrito Federal instituir impostos sobre: II – operações relativas à circulação de mercadorias realizadas por produtores, industriais e comerciantes, imposto que não será cumulativo e do qual se abaterá, nos termos do disposto em lei complementar, o montante cobrado nas anteriores pelo mesmo ou por outro Estado. A isenção ou não incidência, salvo determinação em contrário da legislação, não implicará crédito de imposto para abatimento daquele incidente nas operações seguintes. § 11 – O imposto a que se refere o item II incidirá, também, sobre a entrada, em estabelecimento comercial, industrial ou produtor, de mercadoria importada do exterior por seu titular, inclusive quando se tratar de bens destinados a consumo ou ativo fixo do estabelecimento.

2. Dispositivos constitucionais relevantes

Art. 150, I (princípio da legalidade tributária).

3. Jurisprudência (STF)

"Importação de automóveis usados. Proibição ditada pela portaria n. 08, de 13/5/91, do Ministério da Fazenda. Alegada afronta ao princípio constitucional da legalidade. Entendimento do Supremo Tribunal Federal no sentido da legalidade da Portaria que editou lista dos bens de consumo passíveis de importação e, ao mesmo tempo, proibiu a importação de bens de consumo usados (RE 203.954-3)" (RE 187.321, Rel. Min. Ilmar Galvão, *DJ* 30/05/97).

"Imposto de importação. Automóveis de passeio. Aumento da alíquota (CF, art. 153, I e § 1º). Incidência sobre mercadorias já adquiridas, quando da edição do decreto. Pedido de suspensão de liminar em mandado de segurança impetrado sob a alegação de ofensa ao ato jurídico perfeito. Deferimento da suspensão, com base na relevância da tese contrária da União e da necessidade de salvaguardar os efeitos extrafiscais da medida: suspensão que se mantém, dado que ditos efeitos não foram definitivamente prejudicados pela remessa das divisas correspondentes à aquisição de mercadoria, dadas as providências governamentais tomadas para viabilizar a reexportação" (SS 775-AgR, Rel. Min. Sepúlveda Pertence, *DJ* 23/2/96).

"Exportação. Registro no sistema integrado de comércio exterior – SISCOMEX. Fato gerador. Ocorrência antes da edição das Resoluções 2112/94 e 2136/94, que majoraram a alíquota do tributo. Impossível a retroatividade desses diplomas normativos para alcançar as operações de exportação já registradas. Precedentes. Controvérsia acerca da existência de distinção entre Registro de Venda e Registro de Exportação. Erro material. Inexistência" (RE 234.954-AgR-ED, Rel. Min. Maurício Corrêa, *DJ* 24/10/03).

"1. Há repercussão geral da discussão acerca da caracterização de atividade filantrópica executada à luz de preceitos religiosos (ensino, caridade e divulgação dogmática) como assistência social, nos termos dos arts. 194 e 203 da Constituição. 2. Igualmente, há repercussão geral da discussão sobre a aplicabilidade da imunidade tributária ao Imposto de Importação, na medida em que o tributo não grava literalmente patrimônio, renda ou o resultado de serviços das entidades candidatas ao benefício" (RE 630790 RG, Rel. Min. Joaquim Barbosa, *DJ* 21/10/2010).

"CONSTITUCIONAL. TRIBUTÁRIO. IMPOSTO DE IMPORTAÇÃO. IMPOSTO SOBRE PRODUTOS INDUSTRIALIZADOS. IMPORTAÇÃO. ARRENDAMENTO MERCANTIL (*LEASING*). INCIDÊNCIA. 1. Recurso extraordinário em que se argumenta a não incidência do II e do IPI sobre operação de importação de sistema de tomografia computadorizada, amparada por contrato de arrendamento mercantil. 2. Alegada insubmissão do arrendamento mercantil, que seria um serviço, ao fato gerador do imposto de importação (art. 153, I, da Constituição). Inconsistência. Por se tratar de tributos diferentes, com hipóteses de incidência específicas (prestação de serviços e importação, entendida como a entrada de bem em território nacional – art. 19 do CTN), a incidência concomitante do II e do ISS não implica bitributação ou de violação de pretensa exclusividade e preferência de cobrança do ISS. 3. Violação do princípio da isonomia (art. 150, II, da Constituição), na medida em que o art. 17 da Lei 6.099/1974 proíbe a adoção do regime de admissão temporária para as operações amparadas por arrendamento mercantil. Improcedência. A exclusão do arrendamento mercantil do campo de aplicação do regime de admissão temporária atende aos valores e objetivos já antevistos no projeto de lei do arrendamento mercantil, para evitar que o *leasing* se torne opção por excelência devido às virtudes tributárias e não em razão da função social e do escopo empresarial que a avença tem. 4. Contrariedade à regra da legalidade (art. 150, I, da Constituição), porque a alíquota do imposto de importação foi definida por decreto, e não por lei em sentido estrito. O art. 153, § 1º, da Constituição estabelece expressamente que o Poder Executivo pode definir as alíquotas do II e do IPI, observados os limites estabelecidos em lei. 5. Vilipêndio do dever fundamental de prestação de serviços de saúde (art. 196 da Constituição), pois o bem tributado é equipamento médico (sistema de tomografia computadorizada). Impossibilidade. Não há imunidade à tributação de operações ou bens relacionados à saúde. Leitura do princípio da seletividade. Recurso extraordinário conhecido, mas ao qual se nega provimento" (RE 429306, Rel. Min. Joaquim Barbosa, *DJ* 01/02/2011).

"I – É compatível com a Carta Magna a norma infraconstitucional que atribui a órgão integrante do Poder Executivo da União a faculdade de estabelecer as alíquotas do Imposto de Exportação. II – Competência que não é privativa do Presidente da República. III – Inocorrência de ofensa aos arts. 84, *caput*, IV e parágrafo único, e 153, § 1º, da Constituição Federal ou ao princípio de reserva legal. Precedentes. IV – Faculdade discricionária atribuída à Câmara de Comércio Exterior – CAMEX, que se circunscreve ao disposto no Decreto-Lei 1.578/1977 e às demais normas regulamentares" (RE 570680, Rel. Min. Ricardo Lewandowski, *DJ* 28/10/2009).

4. Literatura selecionada

CARRAZZA, Roque Antonio. *O Regulamento no Direito Tributário Brasileiro*. SP: RT, 1981, p. 137; LEAL, Victor Nunes. *Problemas de direito público e outros problemas*. Brasília: Imprensa Nacional, 1999, p. 56-91; PONTES DE MIRANDA, F. Cavalcanti. *Comentários à Constituição de 1967*. 2ª ed., SP: RT, 1973, t. II, p. 458-9; BALEEIRO, Aliomar. *Direito Tributário brasileiro* (Anotado por Misabel de Abreu Machado Derzi). RJ: Forense, 11ª ed., 1999, p. 211-4; MACHADO, Hugo de Brito. O IPI e a importação de produtos industrializados. In: *Revista Dialética de Direito Tributário*. n. 69, São Paulo: Dialética, 2001, p. 77-85. TÔRRES, Heleno Taveira. Base de cálculo do imposto de importação e o acordo de valoração aduaneira. In: TÔRRES, Heleno Taveira (Org.). *Comércio internacional e tributação*. São Paulo: Quartier Latin, 2005, p. 223-257. Tratados e convenções internacionais em matéria tributária. GATT. Isonomia de tratamento. In: DERZI, Misabel Abreu Machado. *Construindo o direito tributário na Constituição – uma análise da obra do Min. Carlos Mário Velloso*. BH: Del Rey, 2004, p. 423-442. SOUZA, Hamilton Dias de. *Estrutura do Imposto de Importação no Código Tributário Nacional*. SP: IBDT, 1980; LACOMBE, Américo Masset. *Imposto de Importação*. SP: RT, 1979; MELO, José Eduardo Soares de. *A importação no direito tributário*. SP: RT, 2003, MEIRA, Liziane Angelotti. *Regimes aduaneiros especiais*. SP: Síntese, 2002, p. 113 e ss.; LOPES FILHO, Osíris de Azevedo Lopes. *Regimes aduaneiros especiais*. SP: RT, 1984; UCKMAR, Victor; ALTAMIRANO, Alejandro; TAVEIRA TORRES, Heleno (Coord.). *Impuestos sobre el comercio internacional*. Buenos Aires: Editorial Ábaco, 2003.

5. Anotações

Para as *exportações*, o texto constitucional vigente afirma o princípio do *país de destino* para a tributação de produtos no comércio internacional, ao prescrever que não incidirá impostos sobre *produtos* destinados ao exterior, a título de IPI (art. 153, § 3º, III) ou ICMS (art. 155, § 2º, X, "a"), bem como contribuições sociais e de intervenção no domínio econômico (art. 149, § 2º, I); e, na hipótese dos serviços, não se aplicando o ISS (art. 156, § 3º, II) e o ICMS (art. 155, § 2º, X, "a"), nos casos em que este pode incidir, além das contribuições acima indicadas, quanto às receitas decorrentes de exportação. E em paralelo a tais imunidades, emerge o regime de crédito como método complementar da não cumulatividade, na medida que a plurifasia não se encerra num ato de consumo interno. Remanesce, assim, o imposto de exportação à disposição da União para que esta possa, em caráter regulatório, aplicar sua exigibilidade em determinados casos, quando necessário.

Diversamente, no que concerne às importações, há um exercício de competência amparado no princípio de destino, cujas alíquotas dependem de modificação, por decreto do Executivo, como também ao imposto de exportação.

Nos termos do art. 153, § 1º, da CF/88, ao Poder Executivo compete, nos limites entabulados por lei, atribuir as respectivas *alíquotas* aos "produtos estrangeiros", e esta é a única licença que recebeu o Executivo para promover mudanças na regra-matriz de incidência do Imposto sobre Importação[1], bem assim para o Imposto de Exportação.

---

1. Na Constituição de 1967, porque a "Definição do Valor de Bruxelas – DVB" informava o regime aduaneiro vigente e conferia competência para alterar a base de cálculo, mediante identificação do chamado "valor teórico", o art. 21, I, previa competência para alterar, também a própria base de cálculo do imposto, *in verbis*: "Compete à União instituir imposto sobre: I – importação de produtos estrangeiros, facultado ao Poder Executivo, nas condições e nos limites estabelecidos em lei, alterar-lhe as alíquotas ou as bases de cálculo".

Quando a Constituição atribui essa competência normativa ao Poder Executivo, limita-se à indicação de poucos instrumentos de introdução de regras, afora aqueles que compõem o processo legislativo (medida provisória e leis delegadas – vide art. 59, CF), a saber: i) quando atribui ao Presidente da República, no art. 84, IV, competência para expedir decretos e regulamentos para a fiel execução das leis, referendados, sempre, pelos ministros competentes da respectiva área de atuação (art. 87, parágrafo único, I, da CF); e nos limites da legalidade, sob pena de serem sustados pelo Congresso Nacional (art. 49, V), quando exorbitem tal poder regulamentar. E, ademais, ii) quando prescreve que compete ao Ministro de Estado "expedir instruções para a execução das leis, decretos e regulamentos" (art. 84, parágrafo único, II, da CF).

Decretos e Instruções ministeriais, apenas. Os "Decretos", expedidos pelo Presidente da República, para a fiel execução das leis, e sempre acompanhados dos referendos dos Ministros competentes, sujeitos ao controle posterior do Congresso Nacional; e as "Instruções" (ministeriais) para a execução das leis, decretos e regulamentos", formam o grupo dos únicos instrumentos normativos previstos pela Constituição em favor da competência normativa do Poder Executivo, afora as Medidas Provisórias e Leis Delegadas.

Desse modo, o art. 153, § 1º, ao se referir, em sentido lato, ao *Poder Executivo*, parece admitir que Decretos ou Instruções (ministeriais) possam dispor a respeito das alíquotas; ainda mais pela outorga de poderes conferida pelo inciso IV, do parágrafo único, do art. 87, da CF, para "praticar os atos pertinentes às atribuições que lhe forem outorgadas ou delegadas pelo Presidente da República". Presente o ato de outorga de poderes, então, não haveria razão para justificar a impossibilidade de que tais alíquotas não pudessem ser veiculadas por instruções ministeriais. Entretanto, assim não pensamos. Postulamos o entendimento segundo o qual sempre que a Constituição se reporta ao Poder Executivo, em sentido amplo, está a exigir a edição de "Decretos", porquanto devam ser editados pelo Presidente, sempre passíveis de referendo pelo Ministro da respectiva pasta competente; a *Instrução* (ministerial), apesar de depender de ato do outorga de poderes, não se vê subjugada a um controle prévio para sua edição. Suplantaria a colaboração exigida para o Decreto, contra a vontade constitucional, portanto, a *Instrução* ministerial que dispusesse sobre aumento de alíquotas dos impostos relacionados pelo art. 153, § 1º, da CF.

Outro aspecto importante consiste em verificar a relação entre as regras do Acordo GATT com as leis internas e a Constituição.

Situando a questão, em 1983, o Supremo Tribunal Federal mantinha-se fiel ao entendimento segundo o qual os tratados internacionais teriam similar estatura de lei ordinária, podendo, assim, serem derrogados nas suas disposições a qualquer tempo. Essa posição foi firmada por ocasião do RE 80.004-SE, relatado pelo Min. Cunha Peixoto[2], quando se decidiu que a Convenção de Genebra, que instituíra a Lei Uniforme sobre letras de câmbio e notas promissórias, mesmo que dispusesse de aplicabilidade interna, não se sobreporia às leis vigentes no País. E somente em data recente, essa orientação havia encontrado alguma resistência, justamente em matéria tributária, no RE 90.824-SP, relator o Min. Moreira Alves, ao ficar assentado que o art. 98 do CTN garantia, na função de "norma geral", o primado do direito internacional sobre o direito interno.

No que concerne ao princípio do "tratamento nacional", ou cláusula de não discriminação, o próprio STF já dera início à sua confirmação de plena compatibilidade com o direito interno, como se pode ver no RE 83.428-SP, relatado pelo Min. Cordeiro Guerra[3], ao admitir que tal princípio seria um "prolongamento da cláusula de nação mais favorecida", visando a impedir eventuais condutas protecionistas ao produto nacional, colocando no mesmo plano o produto importado e o produto interno.

Desse modo, consolidava-se a posição dos tribunais nacionais a respeito do regime de "tratamento nacional", constante do GATT, a saber: se o produto nacional for beneficiado com um regime de isenção fiscal, o mesmo tratamento deve ser dispensado ao produto estrangeiro. Mas se for tributado, que a incidência seja estendida também ao produto estrangeiro. Esse foi sempre o entendimento do Supremo Tribunal Federal sobre o tema, como fica patente no RE-84768/SP: "ICM. Em se tratando de produto importado a que se aplicam as vantagens asseguradas pelo GATT, não se admite a cobrança de ICM pela sua entrada no estabelecimento do importador, se o similar nacional gozar de isenção desse tributo. Recurso extraordinário não conhecido"[4] (g.n.). E assim também no RE-85092/RS, de modo semelhante: "Mercadoria importada. Acordo do GATT. Isenção do IPI. Igualdade de tratamento fiscal, na liberação de máquinas agrícolas importadas da Bélgica. Recurso extraordinário não conhecido, a míngua dos seus pressupostos legais"[5]. E, do mesmo modo, o RE-84545/SP: "I.C.M. mercadoria importada do exterior. Isenção reconhecida com base no Acordo Geral de Tarifas e Comércio, por ser igualmente isento o similar nacional. precedentes do Supremo Tribunal Federal. Recurso extraordinário conhecido e provido"[6].

O então Ministro do Tribunal Federal de Recursos – TFR, Carlos Mário da Silva Velloso, partindo dessas premissas, procede ao seu brilhante voto que mais tarde serviria para consolidar a jurisprudência deste Tribunal, bem como do seu sucessor, o Superior Tribunal de Justiça – STJ, firmando, assim, a garantia de plena compatibilidade com a ordem interna, pela identificação dos pressupostos necessários à aplicação da respectiva cláusula de não discriminação. Nesse aspecto, demonstra bastar provada a existência de similar nacional, para que seu regime possa surtir efeitos. Nas suas palavras: "É que, não existindo similar nacional, não ocorre aquilo que é escopo do Tratado: evitar o tratamento protecionista ao produto nacional; noutras palavras: em caso assim, o pagamento do imposto não representa tratamento menos favorável ao produto importado, por isso que inexiste produto nacional paradigma". E assim ficou assentado na ementa:

"TRIBUTÁRIO. I.D. F./CÂMBIO. GATT. PRIMADO DO DIREITO INTERNACIONAL. C.T.N., ART. 98. DE-

---

2. *RTJ* 83/809.
3. *RTJ* 77/985.
4. RE 84.768/SP, rel. Min. Moreira Alves, j. em 18/07/1976.
5. RE 85.092/RS. 2ª T., rel. Min. Djacir Falcão, *DJ* 01-07-77, j. em 31/05/1977.
6. RE 84.545/SP. 1ª T., rel. Min. Rodrigues Alckmin. *DJ* 17-09-76, j. em 17/08/1976.

CRETO-LEI N. 1.783, DE 1980. DECRETO-LEI N. 1.844, DE 1980. TRATADO DO GATT. LEI N. 313, DE 30-6-48; DECRETOS N. 31.307, DE 1952, E 32.600, DE 1953. LEI N. 3.244, DE 14-8-57. DECRETO LEGISLATIVO N. 14, DE 25-8-60. DECRETO N. 48.911, DE 31-8-60. LEI N. 4.138, DE 17-9-62.

I – No que se refere à legislação tributária, face ao disposto no art. 98 do CTN, lei complementar, no ponto (Constituição, artigo 18, § 1º), vigora o princípio do primado do direito internacional sobre o direito interno.

II – A aplicação da cláusula de igualdade de tratamento com o produto similar brasileiro, impeditiva do protecionismo ao produto nacional, que coloca, assim, no mesmo pé de igualdade, o produto interno e o produto importado (GATT, artigo III), exige prova da existência do produto similar nacional.

III – Inaplicabilidade, tratando-se de IOF, da regra do artigo VIII, do GATT, que se dirige tão só a emolumentos referentes a importação e a exportação, ou a tributos vinculados e não a impostos.

IV – recurso desprovido"[7].

Em seguida, com a entrada em vigor da Emenda Constitucional n. 23/83, que ampliou a competência dos Estados em matéria de ICM[8], veio à baila a discussão a respeito da compatibilidade entre o regime de tributação do ICM sobre mercadorias importadas e o referido art. III, do GATT, mormente quanto às isenções concedidas, questionando-se, ademais, sobre a própria permanência em vigor do Acordo, após a vigência da referida Emenda. Nessa oportunidade, mais uma vez, tem-se a confirmação do seu regime jurídico pelas mãos do Min. Carlos Velloso, seguindo o entendimento já bem sedimentado no STF (RE 114.784-9/SP, Rel. Min. Carlos Madeira, *DJU* de 12.02.88; RE 115.209-5/SP, Rel. Min. Moreira Alves, *DJU*, de 24.06.88; RE 116.123-0/SP, Rel. Min. Francisco Rezek, *DJU*, de 14.04.89), reconhecendo que as isenções concedidas ao similar nacional deveriam ser estendidas ao produto importado de país signatário do GATT[9]. Eis as origens da Súmula 20 do STJ: "A mercadoria importada de país signatário do GATT é isenta do ICM, quando contemplado com esse favor o similar nacional", que hoje é fundamental para resguardar a posição do mercado brasileiro na economia mundial.

---

7. AMS 96.768-SP, TFR, 4ª T., rel. Min. Carlos Mario Velloso, *DJ* 03-02-83.
8. § 11. "O imposto a que se refere o item II incidirá, também, sobre a entrada, em estabelecimento comercial, industrial ou produtor, de mercadoria importada do exterior por seu titular, inclusive quando se tratar de bens destinados a consumo ou ativo fixo do estabelecimento". Acrescentado pela EC n. 23, de 1º-12-1983.
9. Veja-se: "CONSTITUCIONAL. TRIBUTÁRIO. ICM. GATT. ISENÇÃO. EMENDA CONSTITUCIONAL N. 23, de 1983. ISENÇÃO DE SIMILAR NACIONAL. SUM. 275/STF. A incidência inscrita no § 11 do art. 23 da Constituição (Emenda Constitucional n. 23, de 1983) não interfere com a isenção do icm ao produto importado de País signatário do gatt, quando isento o similar nacional" (REsp 1.309/SP, STJ, 2ª T., rel. Min. Carlos Velloso, *DJ* 28/05/1990, p. 04729).
"CONSTITUCIONAL. TRIBUTÁRIO. ICM. GATT. ISENÇÃO. IGUALDADE QUANTO AO TRATAMENTO TRIBUTÁRIO. EMENDA CONSTITUCIONAL N. 23, de 1983. A EC n. 23, de 1983, ao acrescentar o § 11 do art. 23 da cf/67, não revogou o tratado do gatt pelo qual o Brasil aderiu a cláusula de igualdade entre as partes contratantes, inclusive quanto ao tratamento tributário" (REsp 2.812/SP, STJ, 2ª T., rel. Min. Carlos Velloso, *DJ* 25-6-1990, p. 06032).

Art. 153, III – renda e proventos de qualquer natureza;

Heleno Torres

1. Constituições brasileiras anteriores

Constituição de 1934: Art. 6º – Compete, também, privativamente à União: I – decretar impostos: (...) c) de renda e proventos de qualquer natureza, excetuada a renda cedular de imóveis. **Constituição de 1937:** Art. 20 – É da competência privativa da União: I – decretar impostos: (...) c) de renda e proventos de qualquer natureza. **Constituição dos Estados Unidos do Brasil de 1946:** Art. 15 – Compete à União decretar impostos sobre: IV – renda e proventos de qualquer natureza. **Constituição da República Federativa do Brasil de 1967:** Art. 22 – Compete à União decretar impostos sobre: (...) IV – rendas e proventos de qualquer natureza, salvo ajuda de custo e diárias pagas pelos cofres públicos. **Emenda Constitucional n. 1, de 1969:** Art. 21. Compete à União instituir imposto sobre: (...) IV – renda e proventos de qualquer natureza, salvo ajuda de custo e diárias pagas pelos cofres públicos na forma da lei.

2. Dispositivos constitucionais relevantes

Art. 5º, XXII; art. 145, § 1º.

3. Jurisprudência (STF)

Súmula 584. RREE 146.733, 92.253, 104.259, 232.084, 250.521, 173.490-6, 181.077-7, 582.525 e ARE 986.252 AgR.

"O valor pago a título de CSLL não perde a característica de corresponder a parte dos lucros ou da renda do contribuinte pela circunstância de ser utilizado para solver obrigação tributária. É constitucional o art. 1º e parágrafo único da Lei 9.316/1996, que proíbe a dedução do valor da CSLL para fins de apuração do lucro real, base de cálculo do Imposto sobre a Renda das Pessoas Jurídicas." [RE 582.525, rel. min. Joaquim Barbosa, j. 9-5-2013, P, *DJe* de 7-2-2014, Tema 75.]

"Imposto de renda. Contribuinte pessoa física. Impossibilidade de o Judiciário, atuando como legislador positivo, estabelecer, de modo inovador, mediante utilização de critério próprio, índice de correção monetária da tabela progressiva de incidência do tributo." [ARE 986.252 AgR, rel. min. Celso de Mello, j. 9-12-2016, 2ª T., *DJe* de 21-2-2017.]

"Não incide imposto de renda sobre os juros de mora devidos pelo atraso no pagamento de remuneração por exercício de emprego, cargo ou função." [RE 855091, rel. min. Dias Toffoli, Tribunal Pleno, j. 15-3-2021, *DJe* de 8-4-2021, Tema 808.]

"É constitucional a cobrança, em face das entidades fechadas de previdência complementar não imunes, do imposto de renda retido na fonte (IRRF) e da contribuição social sobre o lucro líquido (CSLL)." [RE 612.686/SC, rel. min. Dias Toffoli, Tribunal Pleno, j. 3-11-2022, *DJe* de 28-11-2022, Tema 699.]

"É constitucional a limitação do direito de compensação de prejuízos fiscais do IRPJ e da base de cálculo negativa da CSLL." [RE 591340, rel. min. Marco Aurélio, Tribunal Pleno, j. 27-6-2019, *DJe* de 3-2-2020, Tema 117.]

"Violação do conceito constitucional de renda e da capacidade contributiva (arts. 153, III, e 145, § 1º, da CF/1988). Ao adotar como critério para a perda da dependência a capacidade para o trabalho, a norma questionada presume o que normalmente acontece: o então dependente passa a arcar com as suas próprias despesas, sem mais representar um ônus financeiro para os seus genitores ou responsáveis. Todavia, não é o que ocorre, como regra, com aqueles que possuem alguém com deficiência, sobretudo grave, na família. Nesse caso, justifica-se a diminuição da base de cálculo do imposto, para que não incida sobre valores que não representam verdadeiro acréscimo patrimonial." [ADI 5.583/DF, rel. min. Marco Aurélio, Redator do Acórdão Ministro Roberto Barroso, Tribunal Pleno, j. 17-5-2021, *DJe* de 28-6-2021.]

4. Literatura selecionada

COSTA, Alcides Jorge. Conceito de renda tributável. MARTINS, Ives Gandra da Silva (coord.). *Imposto de renda: conceitos, princípios, comentários*. 2ª ed., SP: Atlas, 1996, p. 27; CANTO, Gilberto de Ulhôa. A aquisição de disponibilidade e o acréscimo patrimonial no imposto sobre a renda. In: MARTINS, Ives Gandra da Silva (coord.). *Imposto de renda: conceitos, princípios, comentários*. 2ª ed., SP: Atlas, 1996, p. 34-40; DERZI, Misabel de Abreu Machado. *Os conceitos de renda e de patrimônio (efeitos da correção monetária insuficiente no imposto de renda)*, Belo Horizonte: Del Rey, 1992, p. 21; DÓRIA, R. Sampaio. *Distribuição disfarçada de lucros e imposto de renda*, 2ª ed., SP: Resenha Tributária, 1977; GONÇALVES, J. Arthur Lima, *Pressupostos constitucionais para o estudo do imposto sobre a renda*, SP: Malheiros, 1997, 231 p.; MARIZ, Ricardo. *Imposto sobre a renda*, SP: IOB, 2001; MACHADO, Brandão. Breve exame crítico do art. 43 do CTN. In: MARTINS, Ives Gandra da Silva (coord.). *Imposto de renda: conceitos, princípios, comentários*. 2ª ed., SP: Atlas, 1996; MARTINS, Ives Gandra da Silva (Coord.). *Curso de Direito Tributário*, SP: CEJUP, 1993, V. 2, 445 p.; ____. *Imposto de Renda*, SP: Atlas/ABDT, 1995, 256 p.; TILBERY, Henry. Imposto de renda – pessoas jurídicas: integração entre sociedades e sócios, SP: Atlas/IBDT, 1985, 187 p.; SOUSA, Rubens Gomes de. O fato gerador do imposto de renda. In: ____. *Estudos de Direito Tributário*. SP: Saraiva, 1950; TORRES, Ricardo Lobo. *Tratado de direito constitucional financeiro e tributário*, v. IV. *Os tributos na Constituição*. Rio de Janeiro: Renovar, 2007.

5. Anotações

O artigo 153, inciso III, da CF, atribuiu competência exclusiva à União para instituir um imposto sobre "renda e proventos de qualquer natureza". E dando precisão aos contornos conceituais, o § 2º do mesmo artigo determinou que o referido imposto "será informado pelos critérios da generalidade, da universalidade e da progressividade". Por conseguinte, a Constituição Federal ao indicar como materialidade tributável "renda e proventos de qualquer natureza" adotou, demiurgicamente, em relação às demais modalidades de matérias definidoras de competências, como a "propriedade", o "serviço", a "transmissão" ou o "consumo", uma qualificação bem definida no seu âmbito de abrangência, não podendo coincidir com estas, sob pena de invasão de competências legislativas, ao que a União encontra-se desautorizada, em favor dos magnos princípios de certeza e segurança jurídica.

A definição de "renda", no Brasil, tem supedâneo constitucional, patamar normativo onde se encontram estabelecidos os seus pressupostos, mediante indicação genérica de contornos para qualificar seus critérios material (art. 153, III, CF) e quantitativo. Nesse particular, o trabalho do intérprete da Constituição, em parte, encontra-se facilitado, na busca de um significado mais preciso para o problema da correta qualificação do conceito sob análise. Contudo, ainda não é o bastante, pois faz-se ainda mister identificar, com rigor, qual das teorias que definem a noção de "renda" fora efetivamente reconhecida e recepcionada para esse efeito.

Prevalece, no direito brasileiro, a teoria segundo a qual o que interessa é o aumento do patrimônio e não o resultado da exploração da fonte produtora, considerando-se, assim, no caso de pessoas jurídicas, como lucro tributável, todo acréscimo líquido (bens materiais, imateriais ou serviços avaliáveis em dinheiro) verificado num certo período, independentemente da origem das diferentes parcelas, cujo total constitua este acréscimo, o lucro líquido, base para a determinação do lucro real (teoria do acréscimo patrimonial). Conforme esta corrente, o *critério material da hipótese de incidência da norma de tributação* da "renda" consistirá na aquisição de aumento patrimonial, verificável pela variação de entradas e saídas num dado período de tempo. Nesse sentido, imperioso destacar o posicionamento do Supremo Tribunal Federal que ao exercer o controle de constitucionalidade de leis ordinárias que faziam ver "renda" onde não havia "acréscimo patrimonial", confirmou a natureza constitucional deste conceito, restringindo o alcance da atuação do legislador ordinário[1].

Como dizia Rubens Gomes de Sousa, "o fato gerador do imposto de renda será sempre, com efeito, o aparecimento de uma relação de propriedade ou de posse entre um rendimento e o contribuinte, seja este de fato ou de direito, isto é, quer esteja o contribuinte em relação pessoal com a matéria tributável, quer se trate simplesmente de um contribuinte por força de designação legal"[2].

O conceito de "renda", assim, não se oferece ao arbítrio do legislador ou do doutrinador. É conceito bem demarcado constitucionalmente. Destarte, "renda" não pode ser nem *patrimônio*, nem *capital*, nem *lucro*, nem *faturamento*, nem expectativa de lucro, porque, nada obstante existirem divergências doutrinárias quanto à conceituação do fato gerador do Imposto sobre a Renda, um ponto é inequívoco: a "renda" sempre será representada por um acréscimo no patrimônio da pessoa, sem o qual inexistirá o fato gerador da obrigação tributária, e consequentemente, o pagamento do imposto.

Nesse percurso, em qualquer interpretação que se venha a fazer de regras do Código Tributário Nacional em face da Constituição, não será esta que deverá ceder a qualquer mutação episó-

---

1. "CONSTITUCIONAL. TRIBUTÁRIO. IMPOSTO DE RENDA. CONCEITO. LEI N. 4.506, DE 30.11.64, ART. 38; CF/46, ART. 15, IV, CF/67, ART. 22, IV; EC 1/69, ART. 21, IV. CTN, ART. 43. I – Rendas e proventos de qualquer natureza: o conceito implica reconhecer a existência de receita, lucro, proveito, ganho, acréscimo patrimonial que ocorrem mediante o ingresso ou auferimento de algo, a título oneroso. CF/46, art. 15, IV; CF/67, art. 22, IV; EC 1/69, art. 21, IV. CTN, art. 43. II – Inconstitucionalidade do art. 38 da Lei n. 4.506/64, que institui adicional de 7% de imposto de renda sobre lucros distribuídos. III – RE conhecido e provido" (RE 117.887-6-SP, STF, Pleno, rel. Min. Carlos Velloso, j. em 11.02.93, *DJU*-I, 23.04.93, p. 6923).

2. SOUSA, Rubens Gomes de. O fato gerador do imposto de renda. In: ____. *Estudos de Direito Tributário*. SP: Saraiva, 1950, p. 174.

dica perpetrada pelo Legislador, mas, como ocorre no conceito de renda, a leitura daquele deverá buscar sempre, no altiplano hierárquico da Constituição, sua força e seus limites, sabendo reconhecer o papel demarcatório de competências que usa em suas regras. É que na disposição do art. 146, III, "a", da CF, que atribui ao legislador, competência para dispor sobre o "fato gerador" dos impostos, mediante lei complementar, o faz sempre nos contornos do conteúdo que consta na competência para a criação daqueles constantes do catálogo constitucional, como no caso do imposto sobre a renda, previsto no art. 153, III e seu § 3º.

Corroborando tudo o que acima foi assinalado, para que se considere realizado o fato gerador do imposto sobre a renda, faz-se mister que concorram os seguintes elementos: **a)** realização do núcleo: *adquirir renda ou provento*, como produto do emprego do capital, do trabalho ou da combinação de ambos ou outra modalidade que implique *acréscimo patrimonial*; **b)** que se caracterize tal "produto" como *riqueza nova*, isto é, como típico acréscimo ao patrimônio preexistente; **c)** e que se configure sua *disponibilidade* para o beneficiário de modo certo e determinado.

Disso resulta que a noção de renda tributável, como resultado obtido sob a forma de *acréscimo patrimonial* (i), na condição de *riqueza nova* (ii) e aperfeiçoado quando *disponível* (iii), deve estabelecer-se em função da *origem* de tal *produto*, mas não exclusivamente sobre este, que serve apenas para delimitar o regime aplicável.

O Código Tributário Nacional determina que o imposto sobre a renda incidirá sobre a *aquisição da disponibilidade econômica ou jurídica de renda ou proventos de qualquer natureza*. Daí resulta que a expressão *renda e proventos de qualquer natureza* só pode significar o *resultado positivo* decorrente da combinação entre receitas e despesas, de acordo com a capacidade contributiva. Esse é o critério da renda líquida, que a maioria dos países adotam.

Disponibilidade econômica e *disponibilidade jurídica* da renda são *pressupostos* reconhecidos pelo CTN como medidas para determinação do conceito de renda (i), cujo aperfeiçoamento marca, ademais, o *critério temporal* da constituição do fato jurídico tributário, pelo seu aperfeiçoamento. Dizer que a renda encontra-se "disponível" equivale a admitir sua constituição jurídica (i), em termos temporais e materiais, bastando que a esta acomodem-se, ainda, os requisitos de ser *riqueza nova* (ii) e ser acréscimo patrimonial que resulte do trabalho, do emprego do capital ou da combinação de ambos, ou ainda de qualquer outra fonte (iii). Cumpre, então, saber se há distinção entre disponibilidade econômica e jurídica da renda, para os fins da caracterização temporal de ocorrência do respectivo fato jurídico tributário.

Como dizia Rubens Gomes de Sousa: "A expressão '*disponibilidade econômica*' (...) deve assim ser entendida em contraste com o conceito de '*disponibilidade jurídica*': compreende-se que não haja diferença dogmática entre devedor' (do imposto, ou seja, contribuinte) 'em razão do título sobre o rendimento', e devedor em razão da simples disponibilidade do rendimento... não teria sentido esta distinção porque, se somente o título fosse critério de atribuição, não seria devedor do imposto aquele que tivesse a simples disponibilidade; e se, ao contrário, a disponibilidade do rendimento é o critério da atribuição, o título também o é, porém somente enquanto se identifique com o seu conteúdo principal, que é exatamente a disponibilidade do rendimento. A não ser assim, não se poderia considerar a simples disponibilidade como um critério de atribuição: desde que se a considera como tal, isso significa que o título jurídico tem o efeito tão somente de uma presunção de disponibilidade, e que não há diferença entre as duas categorias de sujeitos (passivos), 'devedores do imposto por efeito do título ao rendimento, uns, e por efeito da sua disponibilidade, outros'.

Sob um certo aspecto, ao conceito da disponibilidade econômica do rendimento pelo seu titular poderia ser oposto o conceito da disponibilidade jurídica, porém considerado este em seu aspecto negativo, isto é, em relação à circunstância de que o rendimento se tenha tornado juridicamente indisponível por parte da fonte pagadora por ter passado, efetiva ou economicamente, para a disponibilidade do recebedor do rendimento. Assim entendido, o conceito confunde-se com aquele (econômico) da *realização* do rendimento, que, como é sabido, é independente do outro conceito (igualmente econômico) da *separação*, sendo que este último é que se confundiria com o conceito jurídico da transmissão da propriedade pela passagem do título (jurídico) de uma para outra pessoa"[3]. E será esse título, pensamos, a justificar a propriedade da renda, que firmará as condições mínimas para a *disponibilidade*, mesmo quando esta seja mera disponibilidade econômica, posto que o patrimônio não é mais do que um somatório de direitos sobre disponibilidades presentes ou futuras.

A *patrimonialidade* chama o *econômico*, porque está intimamente vinculada ao valor econômico. Mas no Direito, ele somente tem sentido quando vinculado ao conceito de "direitos" (subjetivos), sobre coisas (reais) ou contra pessoas (pessoais). Daí que, sendo o patrimônio composto não de bens materiais, mas de direitos, qualquer acréscimo patrimonial há de ser de direitos (reais ou pessoais). Daí poder-se afirmar, como faz Brandão Machado[4], que rendas e proventos são sempre objetos de direito real ou pessoal. Destarte, o direito subjetivo patrimonial decorrente do direito de créditos, bens ou valores que acresce ao patrimônio de um dado sujeito, define sua disponibilidade jurídica, que poderá vir acompanhada da sua posse imediata (*disponibilidade econômica*) ou ficar pendente de evento futuro, restando como simples *disponibilidade jurídica*.

Bulhões Pedreira[5] versando sobre o conceito de disponibilidade da renda, observara que "*disponibilidade econômica* é o poder de dispor efetivo e atual, de quem tem a posse direta da renda. Em regra, a renda consiste em moeda) quem aufere renda adquire dinheiro, que é o domínio de moeda; e o fato que caracteriza a aquisição da *disponibilidade econômica* da renda é a aquisição da posse da moeda". Ao mesmo tempo, descrevia a disponibilidade jurídica como sendo aquela "presumida por força de lei, que define como fato gerador do imposto a aquisição virtual, e não efetiva, do poder de dispor de renda. A disponibilidade é virtual quando já ocorreram todas as condições necessárias para que se torne efetiva".

Pouparemos o ilustre leitor das querelas doutrinárias sobre tal diferenciação, antecipando de imediato nossa opinião a respeito. E, ao fazê-lo, pensamos que o melhor tratamento que se possa ofertar consiste no reconhecimento da unidade material de ambos

---

3. SOUSA, Rubens Gomes de. O fato gerador do imposto de renda. In: _____. *Estudos de Direito Tributário*. SP: Saraiva, 1950, p. 178.

4. MACHADO, Brandão. Breve exame crítico do art. 43 do CTN. In: MARTINS, Ives Gandra da Silva (coord.). *Imposto de renda*: conceitos, princípios, comentários. 2ª ed., SP: Atlas, 1996, p. 101.

5. PEDREIRA, Bulhões. *Imposto sobre a Renda – Pessoas Jurídicas*. RJ: Justec, 1979, v. I, p. 196-197.

os qualificativos, porquanto toda "renda" somente constituir-se-á como tal na condição típica de um certo direito subjetivo decorrente de específico fato jurídico, devidamente qualificado pelo direito, a partir do título que a justifique; logo, toda "renda" exige conformação em termos jurídicos, posto que sempre deve possuir *disponibilidade jurídica*. Ocorre, todavia, que essa disponibilidade jurídica pode confundir-se com a obtenção imediata do seu benefício econômico, mediante a percepção dos bens, créditos ou valores, e, assim, incorporando-se, a riqueza nova, ao patrimônio do contribuinte, é dizer, confundindo-se com a *disponibilidade econômica*; mas nada impede que a renda quede-se pendente de condição ou evento futuro, remanescendo apenas a disponibilidade jurídica, apesar de carente da vantagem patrimonial imediata. Nesse caso, fala-se apenas de "disponibilidade jurídica" como suficiente para determinar a formação do fato jurídico tributário. O legislador poderá, assim, escolher um ou outro momento, como faz nos regimes de caixa e de competência[6], como critérios temporais de realização do fato jurídico tributário, daí o art. 43, do CTN, dizer que o Imposto sobre a Renda incidirá na *aquisição da disponibilidade econômica ou jurídica de renda ou proventos de qualquer natureza*. De outro modo, como na simples entrada ou receita, a título temporário, sem caráter de riqueza nova, onde há disponibilidade econômica carente de disponibilidade jurídica, tais valores ou bens não se poderiam qualificar como típica "renda", para efeitos da incidência do referido imposto. Toda disponibilidade econômica somente justifica tal incidência se acompanhada do título jurídico que assim a possa configurar.

Art. 153, IV – produtos industrializados;

Celso de Barros Correia Neto
Liziane Angelotti Meira

1. História da norma

O art. 153, IV, constava da redação originária da Constituição de 1988 e não foi objeto de emenda constitucional.

2. Constituições brasileiras anteriores

O precursor do Imposto sobre Produtos Industrializados (IPI) é o imposto federal sobre o consumo, previsto pelo art. 6º, I, "b", da Constituição de 1934.

Na Constituição de 1937, o imposto federal de "consumo de quaisquer mercadorias" constava do art. 20, I, "b".

Na Constituição de 1946, art. 15, II, continuou abrigada a competência para a União instituir o imposto sobre consumo. O § 1º do mesmo artigo trouxe isenção (imunidade) para os artigos que a lei classificasse como o "mínimo indispensável à habitação, vestuário, alimentação e tratamento médico das pessoas de restrita capacidade econômica". Note-se que essa disposição parece ser o embrião do princípio da seletividade em função da essencialidade, vigente na Carta de 1988. Cabe ainda observar que a competência para tributar o consumo não se limitava aos produtos industrializados, e o imposto tinha caráter cumulativo.

A Emenda Constitucional n. 18, de 1965, alterou a nomenclatura do tributo federal, determinando, em seu art. 11, a competência da União para o "impôsto sôbre produtos industrializados". Conforme observou Baleeiro (2010, p. 469), deu-se um novo nome para o velho tributo, que passou a ser designado pela coisa tributada. Mas esse tributo continuava, mediante repercussão tributária, onerando o consumidor.

Por meio do mesmo art. 11 da Emenda Constitucional n. 18, de 1965, introduziu-se o caráter de seletividade em função da essencialidade para o IPI. A não cumulatividade, que tinha respaldo na Lei n. 3.520, de 1958, foi elevada a nível constitucional e ampliada pelo mesmo dispositivo da Emenda Constitucional (BONILHA, 1979, p. 57-72).

A substituição do imposto estadual de vendas mercantis pelo Imposto sobre Circulação de Mercadorias (ICM) foi também implementada pela Emenda Constitucional n. 18, de 1965, no seu art. 12, e, assim, esse imposto estadual sobre o consumo passou a conviver com o imposto federal sobre o consumo.

Destarte, desde 1965, o IPI tem desenho constitucional híbrido. Carrega características de imposto federal sobre o consumo, com vocação arrecadatória, e, ao mesmo tempo, cumpre a função de imposto seletivo, com a finalidade extrafiscal de desestimular o consumo de certos produtos, como cigarros, bebidas e armas.

Na Constituição de 1967, art. 22, V, o IPI continuou da mesma forma, com a previsão expressa, no § 4º, de seletividade em função da essencialidade e da não cumulatividade.

Na Emenda Constitucional n. 1, de 1969, art. 21, V e § 3º, o IPI continuou previsto nos mesmos moldes, mas com uma importante novidade: o Poder Executivo recebeu a competência para, nas condições e nos limites estabelecidos em lei, alterar tanto a alíquota quanto a base de cálculo do IPI (art. 21, VI c/c I). Ressalte-se que essa mitigação da legalidade era mais ampla do que a atual por compreender, além da alíquota, a base de cálculo do imposto.

3. Direito Internacional

A matéria regulada pelo art. 153, IV, não compõe temário clássico do direito internacional. Todavia, cabe consignar que a regra do tratamento nacional, constante do art. III do Acordo Geral sobre Tarifas e Comércio 1994 (GATT 1994), do qual o Brasil é signatário, tem impacto sobre o imposto previsto nesse dispositivo constitucional.

Em termos tributários, a regra do tratamento nacional prescreve que os valores exigidos pelo Estado, em função de tributos sobre a circulação, a industrialização ou qualquer outra operação interna com bens importados, não podem ser superiores àqueles

---

6. Como dizia Rubens Gomes de Sousa: "A disponibilidade adquirida pode, nos termos da definição, ser 'econômica' ou 'jurídica' (CTN, art. 43, '*caput*'). A aquisição de 'disponibilidade econômica' corresponde ao que os economistas chamam 'separação' de renda: é a sua efetiva percepção em dinheiro ou outros valores (RIR, art. 498)" (SOUSA, Rubens Gomes de. *Pareceres – III Imposto de Renda*. SP: Ed. Resenha Tributária, 1975, p. 277). Sendo o *regime de caixa* referido ao efetivo ingresso do elemento positivo de renda, o *regime de competência*, na abalizada opinião de Ricardo Mariz de Oliveira, "consideram-se as receitas de acordo com a sua integração definitiva ao patrimônio da pessoa ou empresa, independentemente do ingresso dos respectivos recursos financeiros (...) uma vez que as receitas e os custos ou despesas são apropriados no exercício competente, isto é, no exercício a que correspondem, e não naquele em que são efetivamente recebidos ou pagos" (OLIVEIRA, Ricardo Mariz de. *Fundamentos do Imposto de Renda*. SP: RT, 1977, p. 80).

exigidos em relação ao bem nacional (MEIRA, 2012, p. 264). Dessa forma, o IPI vinculado, que incide na importação de produtos industrializados, tem como parâmetro e limite o IPI interno, incidente sobre os produtos nacionais similares.

4. Remissões constitucionais e legais

O preceito constitucional em análise, art. 153, IV, prevê a competência da União para instituir o Imposto sobre Produtos Industrializados. Essa conformação de competência é determinada também pelo § 1º do art. 153, que traz a mitigação do princípio da legalidade para o IPI, e pelo § 1º do art. 150, que afasta a regra da anterioridade geral para o IPI.

Ainda no delineamento constitucional da competência tributária, mister mencionar os incisos I, II e III e IV do § 3º do art. 153, os quais prescrevem que o tributo está adstrito à seletividade em função da essencialidade do produto, à não cumulatividade e também que o IPI não alcança a exportação, bem como deve ter oneração reduzida na aquisição de bens de capital.

O Código Tributário Nacional – na sua função de lei complementar, estabelece as normas gerais do imposto, conforme prescreve o art. 146, III, da Constituição – regula o IPI no Capítulo IV (intitulado Impostos sobre a Produção e a Circulação), nos arts. 46 a 51. O art. 46 do CTN trata da hipótese de incidência do IPI; o art. 47, da base de cálculo do imposto; o art. 48 trata da seletividade em função da essencialidade; art. 49 é dedicado à não cumulatividade; o art. 50 trata de aspectos procedimentais e de controle; e o art. 51 dispõe sobre o contribuinte do IPI.

A Lei n. 4.502, de 1964, que regulava o imposto federal sobre o consumo, teve seus dispositivos recepcionados pelas novas ordens constitucionais. Essa Lei, com algumas alterações e derrogações, ainda é a principal lei de regência do IPI.

Válido lembrar que as alíquotas do IPI, em razão da mitigação do princípio da legalidade, são estabelecidas por Ato do Poder Executivo, nos limites legais. O Decreto-lei n. 1.199, de 1971, no seu art. 4º, consigna esses limites, ao passo que as alíquotas efetivas são fixadas por Decreto.

De fato, as alíquotas do IPI constam da Tabela de Incidência do Imposto sobre Produtos Industrializados (TIPI), cuja versão vigente é a veiculada pelo Decreto n. 11.158, de 29 de julho de 2022, alterado pelo Decreto n. 11.182, de 24 de agosto de 2022.

O Decreto n. 7.212, de 2010, alterado pelos Decretos n. 7.435, de 2011, 7.990, de 2013, e 10.668, de 2021, é denominado Regulamento do IPI (RIPI) e tem a função de regulamentar a cobrança, fiscalização, arrecadação e administração do IPI.

5. Jurisprudência

Diversas controvérsias galgaram o Poder Judiciário e, especialmente, o Supremo Tribunal Federal, em matéria de IPI. Os questionamentos envolvem aspectos dos mais elementares do tributo, como a própria hipótese de incidência. Discutiu-se a possibilidade de base de cálculo pré-fixada para o imposto. Houve debates envolvendo o contribuinte de fato e de direito e a aplicação de imunidade ou de isenção tributária, bem como acerca da seletividade em função da essencialidade, da não cumulatividade e da anterioridade nonagesimal.

Diante da falta de previsão expressa de incidência de IPI na importação, ao contrário do que ocorre com o ICMS, esse aspecto foi objeto de considerável controvérsia. As principais questões estavam em saber: se o IPI poderia onerar os produtos industrializados importados; se a impossibilidade de se tomar créditos em relação aos produtos industrializados importados inviabilizaria a não cumulatividade e se caracterizaria como uma vedação indireta da incidência na importação; se é constitucional a incidência de IPI na importação de produtos industrializados para uso próprio; se a competência constitucional não estaria sendo extrapolada quando a lei equiparou a revenda de produtos industrializados importados por não industrial à industrialização para exigir o IPI.

Cada uma dessas controvérsias foi objeto de intensos e profundos debates, tanto na doutrina quanto na jurisprudência. Destacamos, na sequência, o entendimento que prevaleceu no âmbito dos tribunais superiores.

Como o imposto em pauta incide sobre operações com produtos industrializados, o Tribunal foi chamado a definir o conceito de "industrializado" e, nesse sentido, fixou-se o entendimento que se considera industrializado o produto que tenha sido submetido a qualquer operação que lhe modifique a natureza ou a finalidade, ou o aperfeiçoe para o consumo (AgRg nos EDcl no REsp 1.190.282/RS, 2010). Na mesma linha, "O Imposto sobre Produtos Industrializados, previsto nos arts. 153, IV e § 3º, da Constituição Federal, e 46 a 51 do CTN, é de competência da União e incide sobre o produto que tenha sido submetido a qualquer operação que lhe modifique a natureza ou a finalidade, ou o aperfeiçoe para o consumo (art. 46, parágrafo único, do CTN)" (RE 602.917, Rel. Min. Rosa Weber, Relator p/ Acórdão Alexandre de Moraes, Tribunal Pleno, julgado em 29-6-2020, Tema 324 da repercussão geral).

Emergiram dúvidas se a industrialização por encomenda tinha o condão de provocar a incidência do IPI e, nesse passo, o STJ pacificou o entendimento de que a industrialização por encomenda caracteriza prestação de serviço sujeita à incidência de ISS e não ao IPI (AgRg no AREsp 60.091/RS, 2015).

Ainda sobre o conceito de industrialização, houve debates sobre se a operação de construção de casas e edifícios seria industrialização e se haveria direito ao creditamento de IPI. O entendimento foi que não se tratava de industrialização e, portanto, sem direito a crédito (AgRg nos EREsp 993.767, 2016).

O texto constitucional prescreve que o IPI incide sobre produtos industrializados, mas o tracejamento da hipótese de incidência teve que passar por decisões do STF para restar pacificado que o imposto não incide sobre a industrialização, mas sobre operações com produtos industrializados. Nesse sentido, o STJ decidiu que a incidência no IPI é no momento de saída da mercadoria do estabelecimento do fabricante (REsp 435575/SP, 2002).

No que concerne à base de cálculo, merece atenção o julgado do STF sobre a utilização das "pautas fiscais" na definição da base de cálculo do IPI. O Supremo, com base no art. 153, IV, da Constituição Federal, nos arts. 46 a 51 do CTN e no art. 146, III, da Constituição, decidiu que o Poder Executivo pode estabelecer valores de referência para o cálculo do imposto com o propósito de facilitar a tributação e evitar a evasão fiscal (RE 602.917, Rel. Min. Rosa Weber, Relator p/ Acórdão Alexandre de Moraes, Tribunal Pleno, julgado em 29-6-2020, Tema 324 da repercussão geral). Consta na ementa: "As chamadas 'pautas fiscais' estabelecem valores de referência para a base de cálculo do imposto e têm como escopo facilitar a tributação e evitar a evasão fiscal. O Fisco utiliza valores pré-fixados para enquadramento do produto, buscando eliminar a possibilidade de manipulação dos preços da operação. [...] Tal mecanismo, enfim, facilita a fiscalização tributária e evita a sonegação fiscal". E mais: "A legislação aplicável ao IPI cuidou de trazer todos os aspectos da regra matriz de incidência tributária, de forma que ao Poder Executivo foi delegada apenas a possibilidade de esmiuçar o conceito de valor da operação para fins de se determinar o valor de IPI a ser pago. 10. Não houve qualquer alteração da base de cálculo; apenas se instituiu uma técnica de tributação que leva em consideração o próprio valor da operação comumente verificada no mercado, em respeito, portanto, ao que determina o CTN".

O entendimento adotado pela Corte foi no sentido de que "A Lei n. 7.798/1989 tratou apenas de regulamentar o que já estava disposto no CTN, conceituando, portanto, o que seria valor da operação para fins de definição da base de cálculo do IPI. A legislação aplicável ao IPI cuidou de trazer todos os aspectos da regra matriz de incidência tributária, de forma que ao Poder Executivo foi delegada apenas a possibilidade de esmiuçar o conceito de valor da operação para fins de se determinar o valor de IPI a ser pago. Não houve qualquer alteração da base de cálculo; apenas se instituiu uma técnica de tributação que leva em consideração o próprio valor da operação comumente verificada no mercado, em respeito, portanto, ao que determina o CTN. [...] Assim, a instituição de classes de valores utiliza como parâmetro o preço convencional do produto (valor médio costumeiramente cobrado). Logo, é evidente que o preço do produto não perdeu seu caráter essencial na definição do valor a ser cobrado, o que demonstra a compatibilização da Lei n. 7.798/1989 com a sistemática do CTN". A tese fixada no julgamento, foi esta "É constitucional o art. 3º da Lei n. 7.798/1989, que estabelece valores pré-fixados para o IPI" (RE 602917, Relator Rosa Weber, Relator p/ Acórdão Alexandre de Moraes, Tribunal Pleno, julgado em 29-6-2020).

Outro aspecto essencial do IPI é sua característica de tributo real e indireto; o contribuinte de direito não se confunde com o contribuinte de fato. Nesse sentido, vale lembrar a Súmula 591 do STF, de 1976, segundo a qual a imunidade ou a isenção tributária do comprador não se estende ao produtor, contribuinte do imposto sobre produtos industrializados. Mesmo sendo um tributo indireto, com repercussão tributária sobre o consumidor dos produtos industrializados, o contribuinte de fato não possui legitimidade ativa para pleitear a repetição do indébito de IPI (REsp 903.394/AL, 2010; REsp 960.984, 2011). Por sua vez, é inaplicável ao IPI a restrição veiculada pelo art. 166 do CTN para solicitação de restituição por contribuinte de direito quando se tratar de direito ao creditamento (REsp 1260020, 2011).

A respeito da seletividade, há o curioso caso dos garrafões, garrafas e tampas plásticas destinadas a acondicionar água mineral, para os quais se pleiteava alíquota zero de IPI. O entendimento do STF foi de que a observância à seletividade e a atribuição de alíquota zero a produtos essenciais são fenômenos que não se confundem e que, no caso, a aplicação de alíquotas de 10 a 15% não seria inconstitucional. "O princípio da seletividade não implica imunidade ou completa desoneração de determinado bem, ainda que seja essencial. Desse modo, os produtos em análise podem ser tributados a alíquotas superiores a zero, sem que isso configure desrespeito ao preceito constitucional. [...] Não há ofensa à vedação ao confisco, uma vez que as alíquotas pretendidas pelo Poder Executivo, de 10% e 15%, não geram expropriação patrimonial dos consumidores. Os produtos destinados ao acondicionamento de bens essenciais não devem necessariamente ter as mesmas alíquotas desses últimos, sob pena de se desconsiderarem as características técnicas que os distinguem e as políticas fiscais que os Poderes Legislativo e Executivo pretendem implementar. A tese fixada no julgamento foi esta: "É constitucional a fixação de alíquotas de IPI superiores a zero sobre garrafões, garrafas e tampas plásticas, ainda que utilizados para o acondicionamento de produtos essenciais" (RE 606.314, Rel. Min. Roberto Barroso, Tribunal Pleno, julgado em 12-5-2021).

No mesmo sentido, o STF fixou a tese de repercussão de que não era inconstitucional a alíquota de 18% de IPI para o açúcar de cana. Também foi considerada constitucional a isenção desse imposto para os contribuintes situados na área de atuação da SUDENE e da SUDAM, bem como a autorização para redução de até 50% da alíquota para os contribuintes situados nos Estados do Espírito Santo e do Rio de Janeiro" (RE 592145, Rel. Marco Aurélio, Tribunal Pleno, julgado em 5-4-2017).

Interessante lembrar que, no que concerne ao ICMS, a decisão da Corte Suprema foi no sentido da inconstitucionalidade da incidência sobre energia elétrica e telecomunicações por ferir a regra da seletividade ao estabelecer alíquotas em patamar superior ao das operações em geral (RE 714139, com repercussão geral – Tema 745; há várias Ações Diretas de Inconstitucionalidade sobre as leis dos Estados e Distrito Federal, por exemplo: ADI 7.109, de 2023; ADI 7.111, de 2022; ADI 7.112, de 2022; ADI 7.113, de 2022; ADI 7.123, de 2022; ADI 7.124, de 2022; ADI 7.130, de 2022; ADI 7.132, de 2022; ADI 7.144, de 2022; ADI 7.191, de 2022).

Vale chamar atenção também para a Súmula Vinculante 58 do STF, no sentido de que "Inexiste direito a crédito presumido de IPI relativamente à entrada de insumos isentos, sujeitos à alíquota zero ou não tributáveis, o que não contraria o princípio da não cumulatividade. No mesmo sentido, é a tese fixada no RE 398.365, de relatoria do Ministro Gilmar Mendes, Tribunal Pleno, julgado em 27-8-2015, processo-paradigma da sistemática da repercussão geral, Tema 844.

Em sentido oposto ao entendimento fixado na Súmula Vinculante n. 58 do STF, o Supremo se respaldou na proteção constitucional conferida à Zona Franca de Manaus (arts. 40 e 92 dos ADCT) e também nos valores intrínsecos resguardados (realização da igualdade, do pacto federativo, dos objetivos fundamentais da República Federativa do Brasil e da soberania nacional) para reconhecer uma particularidade nesses incentivos fiscais e determinar o aproveitamento de créditos de IPI decorrentes de aquisição de insumos, matéria-prima e material de embalagem, sob o regime de isenção, oriunda da Zona Franca de Manaus, no julgamento do RE 592.891, Rel. Min. Rosa Weber, Tribunal Pleno, julgado em 25-4-2019, Tema 322 da repercussão geral.

Em relação às operações com empresas optantes pelo Simples, ainda que o IPI leve ao acréscimo de 0,5% no valor dos tributos pagos, o STF decidiu que o princípio da não cumulatividade somente garante o crédito na operação subsequente se na anterior também for devido imposto, o que não acontece na aquisição de produtos de optantes pelo Simples (AgRg no RE 491.287, 2012).

Quanto ao princípio da não cumulatividade, prevaleceu o entendimento de que em regra não incide correção monetária sobre os créditos. Contudo, é devida a correção monetária quando o Fisco se opõe de forma ilegítima ao aproveitamento do crédito do IPI (Súmula 411 do STF, 2009; RE 707220 AgR, 2016).

Ainda sobre os créditos, consolidou-se o entendimento de que aquisição de bens do ativo permanente ou de insumos que não se incorporam ao produto final ou cujo desgaste não ocorra de forma imediata e integral durante o processo de industrialização não gera direito ao creditamento de IPI (RE 352.856 AgR, 2011; Súmula 495 do STJ, 2012).

No que concerne à anterioridade nonagesimal (na ADI 4.661/MC/DF, 2011), restou confirmado que o IPI está adstrito a essa limitação constitucional, inclusive na operação de importação de produtos industrializados.

Na importação de produtos industrializados, consolidou-se o entendimento de que incide IPI, afastando controvérsias antes existentes em relação à matéria. Trata-se de uma operação com produtos industrializados, cujo contribuinte é o importador. Decidiu-se também que o IPI pode ser exigido na importação e também na venda interna realizada pelo estabelecimento importador, ainda que este não seja industrial (RE 946648/SC, 2020, Tema 906 da repercussão geral).

A não concessão de crédito na revenda de produtos industrializados importados com IPI no caso de importação para consumo próprio também gerou celeuma. Nessa situação, há incidência de IPI na importação de produtos industrializados, mas não há na revenda, o que naturalmente inviabiliza o crédito do valor pago na importação. Depois de um posicionamento pela inconstitucionalidade ter primado no STJ (RE 191.346/RS, 1998), o STF, de forma contrária, decidiu pela constitucionalidade da cobrança de IPI nessa operação (RE 723.651/PR, 2016, repercussão geral, 2016; RE 643.525 AgR, 2013).

Vale ter presente que a discussão concernente à incidência do IPI sobre produtos industrializados importados tem estreita relação com o entendimento de que era inconstitucional a exigência de ICMS na importação, especialmente de veículos e de bens do ativo imobilizado, pelos próprios consumidores. Isso porque não se tratava de mercadoria – bem destinado à revenda. Em relação ao ICMS, fez-se necessária a introdução de previsão expressa de incidência do imposto por meio da Emenda Constitucional n. 33, de 2001, que alterou o art. 155, § 2º, IX, "a", da CF, afastando a inteligência constante da redação original da Súmula 660 do STF.

6. Referências bibliográficas

BALEEIRO, Aliomar. *Direito Tributário brasileiro*. 12. ed. atualizada por Misabel de Abreu Machado Derzi. Rio de Janeiro: Forense, 2013.

BONILHA, Paulo Celso Bergstrom. *IPI e ICM. Fundamentos da Técnica Não Cumulativa*. São Paulo: Resenha Tributária/IBDT – Instituto Brasileiro de Direito Tributário, 1979.

CARVALHO, Paulo de Barros. *Curso de Direito Tributário*. 32. ed. São Paulo: Noeses, 2022.

MEIRA, Liziane Angelotti. *Tributos sobre o Comércio Exterior*. São Paulo: Saraiva, 2012.

PAULSEN, Leandro; MELO, José Eduardo Soares de. *Impostos federais, estaduais e municipais*. 12. ed. São Paulo: Saraiva, 2022.

TOLEDO, José Eduardo Tellini. *O Imposto sobre Produtos Industrializados: incidência tributária e princípios constitucionais*. São Paulo: Quartier Latin, 2006.

VIEIRA, José Roberto. *A Regra-matriz de Incidência do IPI: texto e contexto*. Curitiba: Juruá, 1993.

7. Comentários

A Constituição Federal, no seu art. 153, IV, atribui à União a competência legislativa para criar e disciplinar o IPI. No art. 150, § 1º, é dispensada a observância do limite da anterioridade geral, mas se mantém o limite da anterioridade nonagesimal, inclusive no caso de incidência do IPI na importação (vide ADI 4.661). O art. 153, § 1º, permite ao Poder Executivo alterar as alíquotas dentro de limites estabelecidos em lei, mitigando o princípio da legalidade.

Assim, se estabeleceu competência constitucional da União para instituir o IPI, um tributo híbrido, ou seja, com forte caráter arrecadatório, mas também com função de desestimular a produção e o consumo de certos produtos em prol de valores caros à sociedade, como a saúde, o meio ambiente e a segurança. Ademais, trata-se de um imposto real e indireto.

Nesse contexto, cabe anotar que o IPI assumiu relevante papel de instrumento de definição da política industrial brasileira. Isso se deve ao desenho constitucional do imposto, especialmente sua relativa flexibilidade, decorrente do afastamento da anterioridade geral e da mitigação da legalidade. Ainda vetor dessa vocação é o preceito constante do inciso do art. 153, § 3º, IV, segundo o qual, o IPI "(...) terá reduzido seu impacto sobre a aquisição de bens de capital pelo contribuinte do imposto, na forma da lei".

Observemos a expressão literal do art. 153, IV, da Constituição Federal, que se refere ao "imposto sobre produtos industrializados". Nesse aspecto, a expressão "produto" deve ser compreendida no sentido de toda coisa extraída de outra coisa (VIEIRA, 1993, p. 72/73). Há produtos naturais, agrícolas, pecuários, minerais, fabris, industriais, intelectuais etc. Apesar de a expressão "produto" ter uma acepção mais ampla, como estamos na seara da tributação, o contexto nos permite inferir que se trata de produtos conectados ao sentido de utilidades patrimoniais ou econômicas (MEIRA, 2012, p. 319/324).

Importante ter presente – conforme depreendido do próprio texto constitucional e também pacificado na jurisprudência (REsp 435575/SP, 2002) – que a Constituição não concedeu à União competência para tributar a operação de industrialização, mas para tributar operações com produtos industrializados. O estudo da gênese histórica do IPI corrobora essa esteira de pensamento, pois o predecessor do IPI é o imposto federal sobre o consumo, previsto nas Constituições de 1934 e 1937.

Nesse sentido, a Lei n. 4.502, de 1964, com base na competência atribuída pelo art. 15, II, da Constituição de 1946, tratou do imposto sobre "consumo de mercadorias". Em um processo peculiar de recepção, o Decreto-lei n. 34, de 1966, simplesmente dispôs que o imposto sobre o consumo, regulado pela Lei n. 4.502, de 1964, passava a ser denominado Imposto sobre Produtos Industrializados, adequando, assim, a Lei à nova regra de competência veiculada pela Emenda Constitucional n. 18, de 1965.

Conforme verificamos na análise da jurisprudência, o IPI incide somente sobre operações com produtos industrializados, e a jurisprudência definiu a característica de produto "industrializado" como aquele que tenha sido submetido a qualquer operação que lhe modifique a natureza ou a finalidade, ou o aperfeiçoe para o consumo (AgRg nos EDcl no REsp 1.190.282/RS, 2010).

Dessa forma, adotando as observações de Vieira (1993, p. 73), na verdade, da mesma forma que o imposto sobre consumo não onerava os produtos, o IPI não tem o condão de gravar os produtos industrializados em si, mas as operações com produtos industrializados. Segundo Paulsen e Melo (2022, p. 39), a base econômica indicada pela Constituição como passível de tributação são os negócios jurídicos cujos objetos sejam os produtos industrializados, mas não necessariamente a transferência desses bens. Nessa esteira de pensamento, confirma-se consentânea a previsão legal da operação de importação de produtos industrializados como hipótese de incidência do IPI.

Art. 153, V – operações de crédito, câmbio e seguro, ou relativas a títulos ou valores mobiliários;

Celso de Barros Correia Neto
Liziane Angelotti Meira

1. História da norma

O art. 153, V, constava da redação originária da Constituição de 1988 e não foi objeto de emenda constitucional.

2. Constituições brasileiras anteriores

O antecessor do imposto sobre operações de crédito, câmbio e seguro, ou relativas a títulos ou valores mobiliários constava da Constituição de 1891, art. 7º, inciso 3º, como taxa de selo, de competência da União e dos Estados.

Baleeiro (2013, p. 693) anotou que o imposto teve origem na aplicação de um selo que trazia a solenidade ao ato jurídico e ao mesmo tempo provava a quitação do emolumento. Ainda, indica o autor que a cobrança do tributo era justificada pela segurança jurídica que as autoridades conferiam, já que a assinatura sobre selos fazia parte da formalidade dos atos ou contratos jurídicos.

Na Constituição de 1934, art. 6º, I, "e", o tributo passa a ser denominado imposto "sobre atos emanados do seu governo, negócios de sua economia e instrumentos de contratos regulados por lei federal" para a União e, no art. 8º, I, "h", como imposto "sobre atos emanados do seu governo, negócios de sua economia e instrumentos de contratos regulados por lei estadual" para os Estados.

Na Constituição de 1937, o imposto federal é mantido, sem alterações, no art. 20, I, "e"; da mesma forma, continua o imposto estadual, no art. 23, I, "g".

A Constituição de 1946 então discriminou o tributo federal como imposto sobre "negócios de sua economia, atos e instrumentos regulados por lei federal", no art. 15, VI; e o estadual como imposto sobre os "atos regulados por lei estadual, os do serviço de sua Justiça e os negócios de sua economia", no art. 19, VI[1]. Essa Constituição ainda inovou, ao estabelecer no inciso V do seu art. 15, a competência para criação de um imposto federal sobre a transferência de fundos para o exterior.

A Emenda Constitucional n. 18, de 1965, delineou a sistemática constitucional do imposto em pauta hoje vigente em suas vigas mestras, ao restringir o amplo alcance da competência outorgada pela Constituição de 1946 (GANDRA, 1991, p. 190). Assim o art. 14, I, da Emenda introduziu a nomenclatura "imposto sôbre operações de crédito, câmbio e seguro, e sôbre operações relativas a títulos e valôres imobiliários", limitando também a competência somente para a União.

A Constituição de 1967, no art. 22, VI, mantém a competência federal para tributar "operações de crédito, câmbio, seguro, ou relativas a títulos ou valores mobiliários". A Emenda Constitucional n. 1, de 1969, conservou, no seu art. 21, VI, a previsão do imposto nos mesmos termos. Baleeiro (2013, p. 692) ressalta o caráter excepcional e extrafiscal determinado pelo seu delineamento constitucional e alerta que o imposto "não deve ser usado como receita fiscal propriamente dita".

A Constituição Federal de 1988, art. 153, V, conservou a competência da União para instituir imposto "sobre operações de crédito, câmbio e seguro, ou relativas a títulos ou valores mobiliários". Considerando o desenho constitucional, infere-se que foi atribuído poder para tributar quatro hipóteses distintas: a operação de crédito, a operação de câmbio, a operação de seguro e a operação com títulos ou valores mobiliários.

3. Direito Internacional

A matéria regulada pelo art. 153, V, não compõe temário clássico do direito internacional. Todavia, cabe mencionar que, em janeiro de 2022, o Brasil foi formalmente convidado a negociar a entrada na Organização para Cooperação e Desenvolvimento Econômico (OCDE). A redução do IOF sobre o câmbio é um dos requisitos a serem cumpridos pelo Brasil para adesão aos Códigos de Liberalização de Movimentação de Capitais e de Operações Invisíveis, tratando-se de condição obrigatória para a entrada na organização internacional (MINISTÉRIO DA ECONOMIA, 2022). Nessas circunstâncias, o Brasil está efetivamente implementando a exigência da OCDE, por meio do Decreto n. 11.153, de 28 de julho de 2022, que determina a desoneração gradativa do imposto sobre o câmbio, zerando-o a partir de 2 de janeiro de 2028.

4. Remissões constitucionais e legais

O preceito constitucional em análise, art. 153, V, prevê a competência da União para instituir o IOF. Essa conformação de competência é determinada também pelo § 1º do art. 153, que traz a mitigação do princípio da legalidade; pelo § 1º do art. 150, que afasta a regra da anterioridade geral e nonagesimal; e ainda pelo § 5º do art. 153, que estabelece incidência única e alíquota mínima de 1% nas operações com ouro como ativo financeiro ou instrumento cambial.

---

1. O art. 19 da Constituição de 1946 sofreu alterações pela Emenda Constitucional n. 5, de 1961, mas em relação ao imposto em pauta permaneceu idêntico o conteúdo (apenas passou para o inciso IV do mesmo artigo).

O Código Tributário Nacional, na sua função de lei complementar estabelece as normas gerais do imposto, conforme prescreve o art. 146, III, da Constituição, regula o IOF no seu Capítulo IV, intitulado "Impostos sobre a Produção e Circulação", nos seus arts. 63 a 66, dentre os quais, merecem menção o art. 63, que traz as quatro das hipóteses de incidência do IOF, o art. 64, que trata a base de cálculo do imposto, e o art. 66, que dispõe sobre o contribuinte.

As leis que instituem e regulam o IOF são as seguintes: Lei n. 5.143, de 1966; Lei n. 8.894, de 1994; Decreto-lei n. 1.783, de 1989; Lei n. 7.766, de 1989; Lei n. 8.033, de 1990; Lei n. 9.532, art. 58, de 1997; Lei n. 9.718, art. 15; Lei n. 9.799, art. 13, de 1999; e Lei n. 12.543, art. 3º.

As alíquotas do IOF, em razão da mitigação do princípio da legalidade, são estabelecidas por Ato do Poder Executivo, nos limites de lei. Os dispositivos legais que estabelecem os limites são: Lei n. 8.894, arts. 1º e 5º, de 1994; Lei n. 9.718, art. 15, de 1998. Vale lembrar que o limite mínimo da alíquota do IOF nas operações com ouro ativo financeiro ou instrumento cambial, apesar de previsto na Lei n. 7.766, art. 4º e parágrafo único, de 1989, na verdade, é determinado pelo art. 153, § 5º, da Constituição Federal.

O Decreto n. 6.306, de 2007, e suas alterações, tem a função de regulamentar o IOF. Tal Regulamento estabelece, inclusive, as alíquotas das quatro modalidades do IOF. Convém recordar que as alíquotas relativas ao câmbio estão sendo reduzidas gradativamente pelo Decreto n. 11.153, de 28 de julho de 2022, devendo ser zeradas em janeiro de 2028.

5. Jurisprudência

No IOF, está-se diante de quatro hipóteses de incidência reunidas em um preceito constitucional de competência, um conjunto de tributos enfeixados numa mesma regra de competência. A diversidade de casos e temas submetidos ao deslinde judicial

No RE 223.144, de relatoria do Ministro Carlos Velloso, o STF discutiu a validade inciso I do art. 1º da Lei n. 8.033, de 1990, lei de conversão das Medidas provisórias 160, de 15-3-1990, e 171, de 17-3-1990, ao fundamento de que a alteração normativa teria inserido na ordem jurídica verdadeiro imposto sobre patrimônio, à guisa de dispor sobre incidências do imposto sobre operações de crédito, câmbio e seguro, ou relativas a títulos ou valores mobiliários. Questionava-se a incidência do IOF sobre a "transmissão ou resgate de títulos e valores mobiliários, públicos e privados, inclusive de aplicações de curto prazo". O STF não acolheu o argumento de que haveria tributação do patrimônio, ou seja, dos títulos; mas concluiu que se tratava de tributação "sobre operações praticadas" com tais títulos e, portanto, a incidência estava em conformidade com a competência atribuída à União. Dessa maneira, o STF também repeliu a alegação de que o dispositivo legal seria inconstitucional por ser retroativo, justamente porque não se trata da tributação dos títulos e sim de operações realizadas após o início de vigência da Lei (RE 223144, Relator Carlos Velloso, Tribunal Pleno, julgado em 17-6-2002).

Em caso mais recente, também concernente ao IOF sobre operações relativas a títulos ou valores mobiliários, foi questionada a constitucionalidade da incidência do imposto sobre o negócio jurídico de transmissão de títulos e valores mobiliários, tais como ações de companhias abertas e respectivas bonificações. O entendimento do STF foi de que se tratava de tributação da operação de transferência, compatível com a competência constitucional. "Não há incompatibilidade material entre os arts. 1º, IV, da Lei n. 8.033/90, e 153, V, da Constituição Federal, pois a tributação de um negócio jurídico que tenha por objeto ações e respectivas bonificações insere-se na competência tributária atribuída à União no âmbito do Sistema Tributário Nacional, para fins de instituir imposto sobre operações relativas a títulos ou valores mobiliários" (RE 583712, Rel. Min. Edson Fachin, Tribunal Pleno, julgado em 4-2-2016, Tema 102 da repercussão geral).

Restaram afastados os argumentos de inconstitucionalidade por infringência ao princípio da anterioridade, da irretroatividade, ou por falta de lei complementar. "A instituição do IOF-Títulos e Valores Mobiliários não ofende o princípio da anterioridade, dada expressa previsão no art. 150, III, "b" e § 1º, do Texto Constitucional, ao passo que também não viola o princípio da irretroatividade, porquanto tem por fato gerador futura operação de transmissão de títulos ou valores mobiliários". Fixou-se a seguinte tese no julgamento: "É constitucional o art. 1º, IV, da Lei n. 8.033/90, uma vez que a incidência de IOF sobre o negócio jurídico de transmissão de títulos e valores mobiliários, tais como ações de companhias abertas e respectivas bonificações, encontra respaldo no art. 153, V, da Constituição Federal, sem ofender os princípios tributários da anterioridade e da irretroatividade, nem demandar a reserva de lei complementar" (RE 583712, Rel. Min. Edson Fachin, Tribunal Pleno, julgado em 4-2-2016, Tema 102 da repercussão geral).

No julgamento da ADI 1.763, de relatoria do Ministro Dias Toffoli, o STF discutiu a incidência do imposto sobre alienação de direitos creditórios resultantes de vendas a prazo às empresas de *factoring*. O argumento pela inconstitucionalidade amparava-se no fato de que as empresas de *factoring* são distintas das instituições financeiras, não integrando o Sistema Financeiro Nacional, e que não há atividade bancária no *factoring* nem vinculação entre o contrato de *factoring* e as atividades desenvolvidas pelas instituições financeiras. O STF, contudo, entendeu que nem a Constituição Federal nem o Código Tributário Nacional restringiram a incidência do IOF às operações de crédito realizadas por instituições financeiras (ADI 1.763, Rel. Min. Dias Toffoli, Tribunal Pleno, julgado em 16-6-2020). O entendimento adotado pelo STF veio em sentido oposto ao acolhido anteriormente pelo Superior Tribunal de Justiça, que já havia decidido que o IOF não incide na cessão de créditos de empresa de mineração, por não se tratar de instituição financeira nem seguradora (REsp 366.672, 2002).

Outra decisão relevante tomada pelo STF é a que diz respeito à incidência do IOF sobre saques efetuados em caderneta de poupança. O tribunal afastou a cobrança do tributo sobre operação de saque em caderneta de poupança, ao fundamento de que não configurava nem operação de crédito, nem operação com títulos e valores mobiliários (Súmula 664 do STF, 2003). "O saque em conta de poupança, por não conter promessa de prestação futura e, ainda, porque não se reveste de propriedade circulatória, tampouco configurando título destinado a assegurar a disponibilidade de valores mobiliários, não pode ser tido por compreendido no conceito de operação de crédito ou de operação relativa a títulos ou valores mobiliários, não se prestando, por isso, para ser definido como hipótese de incidência do IOF, previsto no art. 153, V, da Carta

Magna" (RE 232.467, Rel. Min. Ilmar Galvão, julgamento em 29-9-1999, Plenário, *DJ* de 12-5-2000). A jurisprudência também se pacificou no sentido de que não incide o IOF sobre depósitos judiciais (Súmula 185 do STJ, 1997; RE 225.272/SP, 1998).

Acerca do adiantamento sobre contrato de câmbio (ACC), o Superior Tribunal de Justiça decidiu que a "instituição financeira se obriga a pagar, em reais e no momento estabelecido na avença, pela moeda estrangeira comprada a termo, ou seja, paga-se antecipadamente, de forma total ou parcial, pelo valor correspondente ao câmbio, que se efetivará no futuro". Dessa forma, essa operação "não representa uma operação de crédito, embora não se negue a antecipação de numerário que ele representa, cuidando, na verdade, de uma operação de câmbio de forma antecipada, e assim deve ser tributada, pois vinculada a compra a termo de moeda estrangeira, de modo que se apresenta incabível a pretensão de que incida IOF sobre crédito no momento da formalização desse contrato" (REsp 1452963, 2021).

Há julgados importantes no âmbito do STF em relação ao alcance das imunidades tributárias em relação ao imposto sobre operações de crédito, câmbio e seguro, ou relativas a títulos ou valores mobiliários. O entendimento acolhido no julgamento do RE 192888, de relatoria do Ministro Carlos Velloso, Segunda Turma, julgado em 11-6-1996, foi no sentido de que não incide IOF sobre os ativos financeiros dos Municípios, tendo em vista a imunidade recíproca (CF, art. 150, VI, "a"). A mesma orientação foi adotada nos seguintes julgados: ACO 502, de relatoria do Ministro Gilmar Mendes, Tribunal Pleno, julgado em 17-3-2016; RE 627450 AgR, de relatoria da Ministra Cármen Lúcia, Primeira Turma, julgado em 26-4-2011.

O STF também decidiu que a imunidade prevista no art. 150, VI, "c", da Constituição Federal para os partidos políticos, inclusive suas fundações, às entidades sindicais dos trabalhadores e às instituições de educação e de assistência social, sem fins lucrativos, alcança o IOF, inclusive o incidente sobre aplicações financeiras (RE 611510, 2021, repercussão geral, Tema 328; AI 508.567/AM, 2009; RE 192.899/MG, 2021).

6. Referências bibliográficas

BALEEIRO, Aliomar. *Direito Tributário brasileiro*. 12. ed. atualizada por Misabel de Abreu Machado Derzi. Rio de Janeiro: Forense, 2013.

CARVALHO, Paulo de Barros. *Curso de Direito Tributário*. 32. ed. São Paulo: Noeses, 2022.

MARTINS, Ives Gandra. IOF. In: MARTINS, Ives Gandra. (Coord.). *Caderno de Pesquisas Tributárias*, v. 16. São Paulo: Resenha Tributária, 1991.

MINISTÉRIO DA ECONOMIA. Brasil acelera processo de adesão à OCDE e vai zerar o IOF cambial até 2029, 2022. Disponível em: https://www.gov.br/economia/pt-br/assuntos/noticias/2022/janeiro/brasil-acelera-processo-de-adesao-a-ocde-e-vai-zerar-o-iof-cambial-ate-2029. Acesso em: 16 maio 2023.

MOSQUERA, Roberto Quiroga. *Tributação no Mercado Financeiro e de Capitais*. São Paulo: Dialética, 1999.

PAULSEN, Leandro; MELO, José Eduardo Soares de. *Impostos federais, estaduais e municipais*. 10. ed. Porto Alegre: Livraria do Advogado, 2016.

VITA, Jonathan Barros. *Tributação do Câmbio*. São Paulo: Quartier Latin, 2008.

7. Comentários

A Constituição, no seu art. 153, V, atribui à União a competência legislativa para criar e disciplinar o IOF. No art. 150, § 1º, "b" e "c", é dispensada a observância do limite da anterioridade geral e nonagesimal. O art. 153, § 1º, permite ao Poder Executivo alterar as alíquotas dentro de limites estabelecidos em lei, mitigando o princípio da legalidade; e o § 5º do art. 153 estabelece a incidência única e alíquota mínima de 1% nas operações com ouro como ativo financeiro ou instrumento cambial. Trata-se de um tributo real, direto e com forte caráter extrafiscal.

Diante do desenho constitucional da competência da União para instituir o IOF, inferimos, na companhia de Mosquera (1999, p. 102/104) e Paulsen e Melo (2016, p. 177), que a Constituição não estabeleceu uma base econômica única para incidência do imposto. Trata-se, em verdade, de quatro bases econômicas autônomas e diversas: operações de crédito; operações de câmbio; operações de seguro; e operações relativas a títulos ou valores mobiliários. Ou seja, competência atribuída pelo art. 153, V, foi para criar quatro impostos, cada um com sua própria e diversa hipótese de incidência.

Seguindo nessa esteira, com os autores mencionados, observamos que, ainda que seja corrente a utilização da expressão "Imposto sobre Operações Financeiras – IOF", não se trata da nomenclatura mais adequada. Não há um tributo sobre operações financeiras, o arquétipo constitucional é de quatro tributos que incidem sobre as quatro bases constitucionais distintas.

Consignada a impropriedade lógico-jurídica, mesmo assim, tendo em conta o propósito deste texto, utilizamos a expressão IOF e, quando queremos tratar de uma das modalidades, indicamos especificamente: IOF sobre operações de crédito, IOF sobre operações de câmbio, IOF sobre operações de seguro, e IOF sobre operações relativas a títulos ou valores mobiliários.

Conforme depreendido do próprio texto constitucional e da jurisprudência examinada, a Constituição não concedeu competência para a União tributar o crédito, o câmbio, o seguro e os títulos ou valores mobiliários, mas sim as operações realizadas com os negócios que têm por objeto esses bens ou valores.

Art. 153, VI – propriedade territorial rural;

Paulo Caliendo

1. Evolução histórica

O Imposto Territorial Rural foi previsto no texto da Constituição de 1891, sendo de competência estadual e unificada para os imóveis rurais e urbanos[1]. A Constituição de 1934 manteve a competência estadual somente para o imposto rural[2], atribuindo

---

1. "Art. 9º É da competência exclusiva dos Estados decretar impostos: (...) 2º sobre Imóveis rurais e urbanos."

2. "Art. 8º Também compete privativamente aos Estados: I – decretar impostos sobre: a) propriedade territorial, exceto a urbana."

aos Municípios a tributação da propriedade urbana[3]. Por sua vez, a Constituição de 1937[4] e a de 1946[5] mantiveram o sentido da Constituição de 1934 com a competência estadual somente para o imposto rural. A Constituição de 1967 passou a competência para instituir o imposto territorial rural para a União[6], sendo esta orientação seguida pela Constituição de 1988.

2. Aspecto material

O Imposto Territorial Rural tem como hipótese de incidência, conforme o art. 29 do CTN, a propriedade, o domínio útil ou a posse de imóvel por natureza, como definido na lei civil, localizada fora da zona urbana do Município. Igualmente, esta definição é reproduzida na Lei n. 9.393, de 19 de dezembro de 1996[7]. Imóvel rural é considerado a área contínua[8], formada de uma ou mais parcelas de terras, localizada na zona rural do município[9]. Muito se discute sobre a constitucionalidade do art. 29 do CTN e de sua recepção pela CF/88, visto que o texto constitucional se dirige tão somente à tributação sobre a propriedade territorial rural, excluindo de sua hipótese de incidência qualquer outro fato jurídico, tal como a posse ou o domínio útil.

2.1. Natureza rural do imóvel

A definição de imóveis rurais é realizada a *contrario sensu* ou por exclusão, considera-se área rural aquela que se localiza fora de zona urbana. Desse modo, devemos verificar em que casos estamos perante zonas urbanas para partirmos para a definição de quais situações teremos uma zona rural.

A definição de zona urbana pode ser realizada por meio de três critérios: i) *legal*; ii) *benefício* e iii) *destinação ou finalidade econômica*.

Pelo critério legal zona urbana é a região municipal que a lei determina como sendo urbana. Não importa para este critério se verdadeiramente o imóvel está localizado em uma região urbana. O critério do benefício irá definir a zona urbana como sendo a área que possua um número mínimo de melhoramentos e facilidades urbanas. Determina o art. 32, §§ 1º e 2º, do CTN é a área definida em lei municipal, observando-se o requisito mínimo da existência de pelo menos dois dos seguintes melhoramentos: a) meio-fio ou calçamento, com canalização de águas pluviais; b) abastecimento de água; c) sistema de esgotos sanitários; d) rede de iluminação pública, com ou sem posteamento para distribuição domiciliar e e) escola primária ou posto de saúde a uma distância máxima de 3 (três) quilômetros do imóvel considerado.

Conforme o *critério da destinação ou finalidade econômica* a definição do imposto aplicável (IPTU ou ITR) depende da comprovação econômica do imóvel, assim, estarão excluídos da incidência do IPTU os imóveis cuja destinação seja, comprovadamente a de exploração agrícola, pecuária ou industrial, sobre os quais incidirá o ITR. Desse modo, irá prevalecer a destinação do imóvel sobre a sua localização legal[10]. Se, contudo, imóvel estiver em zoneamento urbano inapropriado para a destinação primária, então nesse caso deverá prevalecer o IPTU como imposto incidente[11].

Aspecto temporal

A incidência do ITR surge no primeiro dia de cada ano e, consequentemente, a obrigação tributária. Caso ocorra a desapropriação do imóvel em determinado mês do ano esta não desconstitui a incidência do imposto e o surgimento da obrigação tributária, visto que a obrigação tributária surge para o proprietário no primeiro dia útil de cada mês, independentemente de quem se torne o proprietário durante o ano por qualquer motivo (venda, sucessão, desapropriação etc.)[12].

Aspecto espacial

O ITR é incidente sobre todo imóvel rural localizado no território nacional. Considera-se imóvel rural a área contínua, formada de uma ou mais parcelas de terras, localizada na zona rural do município e se o imóvel pertencer a mais de um município deverá ser enquadrado no município onde fique a sede do imóvel e, se esta não existir, será enquadrado no município onde se localize a maior parte do imóvel.

3. Literatura

AMARO, Luciano. *Direito tributário brasileiro*. 22ª ed. São Paulo: Saraiva, 2017.

ANCELES, Pedro Einstein Santos. *Manual de tributos da atividade rural*. São Paulo: Atlas.

ÁVILA, Humberto. *Sistema constitucional tributário*. 5ª ed. São Paulo: Saraiva, 2012.

BALEEIRO, Aliomar. *Limitações constitucionais ao poder de tributar*. Rio de Janeiro: Forense, 2010.

BARRETO, Aires F. A progressividade nos impostos sobre propriedade imobiliária. *Suplemento Tributário 58*, LTr.

---

3. "Art. 13. Os Municípios serão organizados de forma que lhes fique assegurada a autonomia em tudo quanto respeite ao seu peculiar interesse; e especialmente:
(...) § 2º – Além daqueles de que participam, *ex vi* dos arts. 8º, § 2º, e 10, parágrafo único, e dos que lhes forem transferidos pelo Estado, pertencem aos Municípios: (...) II – os impostos predial e territorial urbanos, cobrado o primeiro sob a forma de décima ou de cédula de renda."

4. "Art. 23 – É da competência exclusiva dos Estados: I – a decretação de impostos sobre: a) a propriedade territorial, exceto a urbana."

5. "Art. 19 – Compete aos Estados decretar impostos sobre: I – propriedade territorial, exceto a urbana."

6. "Art. 22 – Compete à União decretar impostos sobre: (...) III – propriedade territorial, rural."

7. "Art. 1º O Imposto sobre a Propriedade Territorial Rural – ITR, de apuração anual, tem como fato gerador a propriedade, o domínio útil ou a posse de imóvel por natureza, localizado fora da zona urbana do município, em 1º de janeiro de cada ano."

8. Ver arts. 79 a 81 do CC.

9. Art. 32 do CTN e art. 1º, § 2º, da Lei 9.393/96.

10. REsp 738.628/SP.

11. Nesse sentido: "O critério da localização do imóvel é insuficiente para que se decida sobre a incidência do IPTU ou ITR, sendo necessário observar-se o critério da destinação econômica, conforme já decidiu a egrégia 2ª Turma, com base em posicionamento do STF sobre a vigência do DL n. 57/66. Agravo regimental improvido" (AgRg no Ag 498.512/RS, rel. Min. Francisco Peçanha Martins, j. em 22-3-2005).

12. REsp 673.901/PR, rel. Min. José Delgado, j. em 2-12-2004.

CALIENDO, Paulo. *Curso de direito tributário*. São Paulo: Saraiva, 2017.

CARRAZZA, Roque Antonio. *Curso de direito constitucional tributário*. 31ª ed. rev., ampl. e atual. São Paulo: Malheiros, 2017.

CARVALHO, Paulo de Barros. *Curso de direito tributário*. 28ª ed. São Paulo: Saraiva, 2017.

COÊLHO, Sacha Calmon Navarro. *Curso de direito Tributário Brasileiro*. 15ª ed. Rio de Janeiro: Forense, 2016.

DERZI, Misabel Abreu Machado. *Construindo o direito tributário na Constituição*: uma análise da obra do Ministro Carlos Mário Velloso. Belo Horizonte: Del Rey, 2004.

ICHIHARA, Yoshiaki. *Direito tributário*. 19ª ed. São Paulo: Atlas, 2015.

MACHADO, Hugo de Brito. *Curso de direito constitucional tributário*. São Paulo: Malheiros, 2015.

MELO, José Eduardo Soares de. *IPTU e ITR*: teoria e prática. São Paulo: Dialética, 2015.

TÔRRES, Ricardo Lobo. *Tratado de direito constitucional financeiro e tributário*. Rio de Janeiro: Renovar, 2005.

Art. 153, VII – grandes fortunas, nos termos de lei complementar.

Paulo Caliendo

1. Introdução

O imposto sobre as grandes fortunas foi criado pela CF/88, mas nunca foi instituído no sistema tributário nacional. Dentre as justificativas para a criação está a ideia de justiça fiscal, de redistribuição de renda, de aplicação do princípio da capacidade contributiva e da inclusão econômica.

2. Direito comparado

A existência de tributos sobre o patrimônio remonta a antiguidade e precede a existência de tributos sobre a renda. A doutrina tem apresentado a evolução da tributação geralmente em cinco fases, incidentes sobre fenômenos distintos da manifestação de riqueza, ou seja, sobre: i) o indivíduo (capitação); ii) o patrimônio; iii) a despesa individual; iv) o produto do capital e, finalmente, sobre o v) rendimento[1]. Apesar desta consideração sobre o retrocesso no modelo impositivo, esta forma de tributação tem sido considerada exatamente como um instrumento moderno de redistribuição de renda, impermeável aos planejamentos sobre a renda e a elisão do dever de pagar tributos pelas classes mais ricas da sociedade.

Estes tributos foram criados em diversos países europeus e posteriormente revogados pelo efeito adverso que provocaram na economia ou na arrecadação. Apesar dos apelos por justiça fiscal e eficiência econômica o tributo foi taxado de mal sucedido economicamente. Vejamos a experiência internacional:

i) não instituíram o tributo: Inglaterra, Estados Unidos, Canadá e Austrália;

ii) possuem e há debates para a supressão: Espanha;

iii) países que suprimiram: Japão (1950); Itália (1992); Áustria (1994); Dinamarca (1997); Irlanda (1997), Alemanha (1997); Países Baixos (2001); Luxemburgo (2006), Finlândia (2006);

iv) permanece: França e Suíça (*Vermögensteuer*).

Na França o *Impôt sur les grandes fortunes* (ISF) é denominado como um imposto de solidariedade social (*solidarité*), sendo proporcional ao patrimônio do contribuinte. É cobrado daqueles que detêm um patrimônio superior a 770.000 euros, tendo sido criado em 1981 entrado vigor em 1982, durante o governo *Mitterand*. Posteriormente, foi extinto em 1987 durante o governo de Jacques Chirac e recriado em 1988, novamente por Mitterand.

3. Fundamentos constitucionais

Este imposto nunca foi instituído no Brasil[2] por ausência de consenso político sobre a sua conveniência, validade e modo de implementação. Diversas são as razões em extraídas da experiência internacional que tem desaconselhado a sua implementação, tais como: dificuldades administrativas, redução da poupança nacional interna, evasão de divisas, possibilidade de confisco e conflitos com os tributos sobre a renda e patrimônio existentes. Tanto o patrimônio, quanto a renda já foram tributados no processo produtivo em diversas ocasiões, durante o ciclo produtivo, dessa forma a possibilidade de ocorrer uma situação de dupla ou tripla tributação econômica do patrimônio e da renda, com consequente efeito de confisco é uma possibilidade concreta[3].

3.1. Aspecto material

O IGF tem como hipótese de incidência a titularidade de "*grandes fortunas*", conforme definição legal. Note-se que a definição de grande fortuna é um tema absolutamente controverso em um país altamente desigual como o Brasil, visto que qualquer patrimônio um pouco superior a média de miserabilidade que vigora em nosso país poderia ser considerada como "*fortuna*" e do mesmo modo integrantes da classe média alta poderiam ser considerados como ricos, em comparação com outros compatriotas menos afortunados.

Estão abrangidos no conceito de grandes fortunas todos os bens situados no país ou no exterior, incluindo-se: o imóvel residencial, instrumentos de trabalho, os objetos de antiguidade, arte ou coleção e investimentos. Um grande ponto de discórdia é o limite financeiro ou econômico que ultrapassado gera a imposição do tributo, pela configuração da presença de "*fortuna*".

---

1. Cf. CORRÊA, Walter Barbosa. História Legislativa do Imposto de Renda no Brasil. In: MARTINS, Ives Gandra da Silva. *Imposto de Renda – Conceitos, Princípios e Comentários*. São Paulo: Atlas, 1996.

2. São projetos em tramitação no Congresso Nacional: PLP 162/89, do Senador Fernando Henrique Cardoso (23-6-89), atual n. 202/89. A este processo foram apensados os seguintes: PLP 108/89, do Deputado Juarez Marques Batista (6-6-89); PLP 208/89, do Deputado Antônio Mariz (11-12-89); PLP 218/90, do Poder Executivo (Mensagem 315/90, E.M. 063, de 15-3-90) e PLP 268/90, do Deputado Ivo Cersósimo (28-11-90).

3. São tributos incidentes sobre a renda e propriedade: Imposto de Renda, ITBI, IPTU, ITR, ITCD e IPVA.

3.2. Aspecto pessoal

O texto constitucional não elege o sujeito passivo, mas tão somente o seu sujeito ativo do imposto que é a União. Cabe a lei complementar determinar se e em que medida o sujeito passivo possam ser as pessoas físicas ou jurídicas que sejam residentes no Brasil ou que residentes no exterior possuam *"fortuna"* no Brasil. Igualmente deverá determinar a presença de responsáveis para o pagamento de imposto devido no país por não residente detentor de fortuna no país.

3.3. Aspecto quantitativo

A base de cálculo do imposto deve ser considerado o valor em moeda nacional do patrimônio estimado como *"fortuna"*, cabendo a lei determinar as devidas exclusões das obrigações do contribuinte e dos impostos pagos sobre o patrimônio. Igualmente a norma deverá determinar as alíquotas aplicáveis ao imposto.

4. Referências bibliográficas

CALIENDO, Paulo. *Curso de Direito Tributário*. São Paulo: Saraiva, 2017.

CORSATTO, Olavo Nery, Imposto sobre grandes fortunas. *Revista de Informação Legislativa*, v. 37, n. 146, abr./jun. 2000.

GIFFONI, Francisco de Paula. Memorando para anteprojeto da regulamentação de imposto sobre o patrimônio líquido pessoal ou grandes fortunas. In: *Revista de Finanças Públicas*. Brasília: [s.n.], jul./ago./set. 1987. p. 31-38.

GIFFONI, Francisco de Paula & VILLELA, Luiz A. Tributação da Renda e do Patrimônio. *Estudos para a Reforma Tributária*, Tomo 2. Rio de Janeiro: IPEA/INPES, março. 1987.

MACHADO, Hugo de Brito. Imposto sobre grandes fortunas. In: *O Sistema Tributário na Nova Constituição do Brasil*. São Paulo: Ed. Resenha Tributária, 1988. p. 241-269.

QUEIROZ, Cid Heráclito. Liberdade e patrimônio: o imposto sobre grandes fortunas. In: *Carta Mensal*. [S.l.: s.n.], v. 39, n. 467, fev. 1994. p. 13-23.

SZKLAROWSKY, Leon Frejda, 1933, Imposto sobre grandes fortunas, *Boletim de Direito Administrativo*, v. 6, n. 2.

TILBURY, Henry. Reflexões sobre a tributação do patrimônio. In: *Imposto de renda – estudos* 4. São Paulo: Ed. Resenha Tributária, 1987. p. 283-347.

Art. 153, § 1º É facultado ao Poder Executivo, atendidas as condições e os limites estabelecidos em lei, alterar as alíquotas dos impostos enumeradas nos incisos I, II, IV e V.

■ O § 1º foi apreciado no comentário ao art. 153, I e II.

§ 2º O imposto previsto no inciso III:

I – será informado pelos critérios da generalidade, da universalidade e da progressividade, na forma da lei;

II – (revogado pela Emenda Constitucional n. 20, de 15-12-1998).

■ O § 2º foi apreciado no comentário ao art. 153, III.

§ 3º O imposto previsto no inciso IV:

I – será seletivo, em função da essencialidade do produto;

II – será não cumulativo, compensando-se o que for devido em cada operação com o montante cobrado nas anteriores;

III – não incidirá sobre produtos industrializados destinados ao exterior;

IV – terá reduzido seu impacto sobre a aquisição de bens de capital pelo contribuinte do imposto, na forma da lei.

■ O § 3º foi apreciado no comentário ao art. 153, IV.

§ 4º O imposto previsto no inciso VI do *caput*:

I – será progressivo e terá suas alíquotas fixadas de forma a desestimular a manutenção de propriedades improdutivas;

II – não incidirá sobre pequenas glebas rurais, definidas em lei, quando as explore o proprietário que não possua outro imóvel;

III – será fiscalizado e cobrado pelos Municípios que assim optarem, na forma da lei, desde que não implique redução do imposto ou qualquer outra forma de renúncia fiscal.

Paulo Caliendo

1. Aspecto quantitativo

1.1. Base de cálculo

A base de cálculo do ITR é o valor fundiário do imóvel rural, conforme art. 30 do CTN. Decidiu o STJ que a retificação de dados cadastrais do imóvel, após a constituição do crédito tributário, autoriza a revisão do lançamento pela autoridade administrativa, no curso do prazo decadencial[1].

Algumas observações:

i) *Áreas de Preservação Permanente*: a base de cálculo do ITR irá excluir[2] de seu cálculo as áreas de preservação permanente, não havendo necessidade de Ato Declaratório do IBAMA[3];

ii) *Taxa de conservação de estradas de rodagem*: não há identidade entre a base de cálculo do ITR e da taxa, dado que esta tem por base o custo de manutenção de estradas de rodagem, independente da área do imóvel, resultante, sim, da divisão do número de propriedades rurais[4].

1.2. Alíquota

A alíquota do ITR será progressiva e terá a função extrafiscal de desestimular a manutenção de propriedades improdutivas. Com o objetivo de implementar o desígnio constitucional o art. 11 da Lei n. 9.393/96 estabeleceu cinco faixas de alíquotas dependendo do grau de utilização da terra. O grau de utilização corres-

---

1. REsp 1130545/RJ, tema 387 do STJ.
2. REsp 587.429/AL.
3. MP 2.166-67, de 24-8-2001.
4. REsp 180.717/SP, rel. Min. Demócrito Reinaldo, j. em 27-4-1999, e REsp 15.640/SP.

ponde ao percentual da área efetivamente utilizada na atividade rural e a área aproveitável do imóvel, demonstrando o cumprimento da função social do imóvel rural.

2. Aspecto pessoal

A União possui competência para instituir o imposto, por outro lado, a capacidade tributária ativa pode ser exercida pela União e pelos Municípios. O *sujeito ativo* do ITR é originalmente a União, podendo ser exercida pelos Municípios da CF/88. A competência da União foi delegada à RFB, nos termos do art. 15 da Lei n. 9.393/1996. As execuções fiscais do ITR podem ser processadas pela Fazenda Pública Federal e não pelo INCRA[5] perante a Justiça Federal. A apuração, inscrição e cobrança competem à Procuradoria da Fazenda Nacional, não se admitindo a execução por parte da Procuradoria do Incra. O ITR poderá ser cobrado pelos Municípios nos termos do art. 153, § 4º, inc. III, da CF/88[6], conforme redação dada pela Emenda Constitucional n. 42/03[7].

2.1. Sujeito passivo

São sujeitos passivos do ITR os proprietários de imóvel rural. Por outro lado, conforme o art. 30 do CTN são contribuintes os proprietários e os titulares do domínio ou da posse de imóvel rural. Considerando que a CF/88 instituiu como hipótese de incidência tão somente a propriedade, não podemos considerar que este dispositivo tenha sido recepcionado pelo texto constitucional[8].

O STJ decidiu, sob a égide do regime de recursos repetitivos, que o fato gerador de ITR decorre da ocorrência de fato imponível, configurando-se como obrigações *propter rem*, oponíveis a todos os sucessores do imóvel[9].

Incide o ITR e não o IPTU sobre os imóveis localizados na área urbana do Município, desde que comprovadamente utilizado em exploração extrativa, vegetal, agrícola, pecuária ou agroindustrial (art. 15 do DL 57/1966)[10].

São imóveis imunes:

i) *imunidade recíproca*: os imóveis de propriedade da União, aos Estados, ao Distrito Federal ou aos Municípios;

ii) *imunidades específica de determinados sujeitos de direito*: imunidade das igrejas, autarquia ou fundação instituída e mantida pelo Poder Público, desde que objetivando a realização de suas finalidades essenciais;

iii) *imunidades das instituições de assistência social ou educacional, sem fins lucrativos, na realização de suas finalidades essenciais*: respeitados os requisitos do art. 14 do CTN e do art. 12 da Lei 9.532/97;

iv) *imunidade agrária*: O ITR não incidirá sobre pequenas glebas rurais, definidas em lei, quando as explore o proprietário que não possua outro imóvel[11].

Art. 153, § 5º O ouro, quando definido em lei como ativo financeiro ou instrumento cambial, sujeita-se exclusivamente à incidência do imposto de que trata o inciso V do *caput* deste artigo, devido na operação de origem; a alíquota mínima será de um por cento, assegurada a transferência do montante da arrecadação nos seguintes termos:

I – trinta por cento para o Estado, o Distrito Federal ou o Território, conforme a origem;

II – setenta por cento para o Município de origem.

Fernando Facury Scaff
Luma Cavaleiro de Macedo Scaff

1. Origem do texto

Texto originário da Constituição Federal de 1988.

2. Constituições brasileiras anteriores

Art. 8º, XVIII, *h*; art. 21, IX; art. 26, II; art. 26, § 2º; art. 168 na Constituição de 1967 com emenda constitucional de 1969 (Imposto Único sobre Minerais). Art. 15, III, da Constituição de 1946.

3. Preceitos constitucionais correlacionados da Constituição de 1988

Art. 22, XII; art. 155, § 2º, X, *c*; art. 74, § 2º, do ADCT; art. 72, § 3º, do ADCT.

4. Legislação

Lei 7.766/1989 (Ouro como ativo financeiro). Lei 8.033/90. Lei 8.076/90.

5. Jurisprudência

RE 190.363, Rel. Min. Carlos Velloso, julgamento em 13-5-98, *DJ* de 12-6-98; REsp 633169/MT. RECURSO ESPECIAL. 2004/0019544-0. Rel. Min. Francisco Falcão. Primeira Turma.

---

5. Nesse sentido: REsp 163.186/RJ e Súmula 139 do STJ.

6. "Art. 153. (...) § 4º O imposto previsto no inciso VI do *caput*: (...) III – será fiscalizado e cobrado pelos Municípios que assim optarem, na forma da lei, desde que não implique redução do imposto ou qualquer outra forma de renúncia fiscal."

7. Ver Lei n. 11.250, de 27-12-2005.

8. Em sentido contrário, REsp 238.959/PE, que entendeu que "constatado que foi lavrada escritura pública de compra e venda da propriedade rural em 22 de maio de 1985, ainda que não tenha ocorrido a efetiva transferência da propriedade de bem imóvel, que somente se dá por meio da transcrição, despicienda a manifestação da Corte de origem acerca da questão, já que o próprio possuidor a qualquer título tem legitimidade passiva para a execução fiscal, nos termos do artigo 31 do CTN: 'contribuinte do imposto é o proprietário do imóvel, o titular de seu domínio útil, ou o seu possuidor a qualquer título'. Precedente da Segunda Turma: REsp n. 354.176/SP, rel. Min. Eliana Calmon, *DJU* 10.03.2003, v. u. Recurso especial não provido".

9. REsp 1073846/SP, tema 209 do STJ.

10. REsp 1112646/SP, tema 174 do STJ.

11. Art. 153, § 4º, II, da CF/88 e art. 2º da Lei n. 9.393. É considerada pequena gleba rural o imóvel com área igual ou inferior a: a) 100 ha, se localizado em município compreendido na Amazônia Ocidental ou no Pantanal mato-grossense e sul-mato-grossense; b) 50 ha, se localizado em município compreendido no Polígono das Secas ou na Amazônia Ocidental; e c) 30 ha, se localizado em qualquer outro município.

Data do Julgamento 25/05/2004, *DJ* 14.06.2004 p. 184; REsp 841/PR. RECURSO ESPECIAL. 1989/0010250-8. Rel. Min. Peçanha Martins. Segunda Turma; 21/03/1996; *DJ* 29.04.1996 p. 13401.

6. Anotações

A Constituição de 1988 criou nova sistemática de tributação do ouro, que antes estava submetido à incidência do Imposto Único sobre Minerais – IUM, imposto especial único de competência da União. O § 5º determina que o ouro, quando utilizado como ativo financeiro ou instrumento cambial, sofrerá apenas a incidência do imposto da União denominado IOF, que incide sobre operações de câmbio ou relativas a títulos ou valores mobiliários. Assim, se adquirido para especulação e/ou reserva é considerado ativo financeiro ou instrumento cambial, submetendo-se exclusivamente à incidência do IOF devido apenas na operação de origem, conforme dispõe o art. 153, V, § 5º, da CF/88. Este contexto afasta a incidência de outros impostos, tais como o ICMS, estadual, e o imposto sobre a renda, federal.

A diferenciação com este mineral decorre de sua usual utilização como instrumento de reserva de valor, especialmente durante o período inflacionário que ocorreu no Brasil ao longo da década de 80 e parte dos anos 90. Quando caracterizado seu uso como *reserva de valor* não pode ser enquadrado como mercadoria, pois não circula materialmente, o que afasta a incidência tributária do ICMS – Imposto sobre Operações Relativas à Circulação de Mercadorias e Serviços de Transporte Interestadual e Intermunicipal e de Comunicações, típica da circulação de bens; permitindo apenas as incidências fiscais que implicam em operações financeiras, foco do IOF – Imposto sobre Operações Financeiras.

A norma se submete às regras do federalismo fiscal cooperativo, pois do montante arrecadado pela União, nenhum cêntimo ficará em seus cofres, devendo a arrecadação ser rateada entre o Estado ou Distrito Federal (na proporção de 30%) e o Município de origem (na proporção de 70%).

Observa-se que este rateio deve ocorrer de forma direta, e não através dos Fundos de Participação, que se configuram em outra forma de implementação do referido federalismo fiscal cooperativo.

Art. 154. A União poderá instituir:

I – mediante lei complementar, impostos não previstos no artigo anterior, desde que sejam não cumulativos e não tenham fato gerador ou base de cálculo próprios dos discriminados nesta Constituição;

Paulo Caliendo

1. Competência residual da União

O presente dispositivo trata da competência residual da União, que permite que sejam criados outros impostos não previstos no texto constitucional. Trata-se de uma competência exclusiva da União, não se estendendo para os Estados, Distrito Federal e Municípios. A listagem de impostos no sistema constitucional brasileiro é taxativa, *numerus clausus*, onde estão discriminados no texto constitucional os impostos, a competência federativa e os pressupostos constitucionais da composição da regra-matriz (sujeito ativo, passivo, hipótese de incidência, base de cálculo etc.).

2. Bitributação e *bis in idem*

A *bitributação* diferencia-se do *bis in idem* pelo critério das três identidades: mesmo sujeito passivo, mesmo fato imponível e mesmo momento. Neste caso um mesmo fato jurídico é tributado por dois entes tributantes diversos, gerando um conflito positivo de incidências. Difere a bitributação do fenômeno do *bis in idem* em que existem quatro identidades: mesmo sujeito passivo, mesmo fato imponível, mesmo momento e mesmo *sujeito ativo*. Trata-se de um fato jurídico que é duplamente tributado pelo mesmo ente tributante por meio de dois dispositivos legais diversos.

A bitributação é vedada no sistema de repartição rígido de competências tributárias da CF/88, salvo pela presença expressa de exceções (art. 155, § 3º, da CF/88). O *bis in idem* por sua vez não possui limitação expressa no sistema constitucional tributário, existindo dúvidas sobre a constitucionalidade da edição de duas normas pelo mesmo ente tributante sobre fatos geradores idênticos. Assim, a duplicidade de tributação pode ser considerada como um adicional do tributo existente e se realizada a sua instituição conforme o procedimento constitucional não importará em nenhuma espécie de ilegalidade ou inconstitucionalidade. O adicional poderá ser considerado como uma forma de majoração do tributo existente e como uma manifestação do exercício do poder de tributar do poder que instituiu o primeiro tributo[1].

3. Limites materiais à criação de novos tributos

O dispositivo constitucional determina que o instrumento normativo para alteração do sistema constitucional será a lei complementar, vedando a criação de novos tributos por outro instrumento: lei ordinária ou mesmo lei complementar. Decidiu o STF no caso do IPMF que a limitação do art. 154, inc. I não é dirigida às emendas constitucionais. Assim decidiu que a exigência de não cumulatividade e de não *bis in idem* não se dirigem aos novos impostos criados por meio de Emenda Constitucional.

O dispositivo dirige-se tão somente à limitação de novos impostos, não havendo restrição específica para a criação de outras formas de tributos, cumulativos e com mesma base de cálculo, tais como as contribuições sociais. Entendeu o STF que:

i) *Contribuição Social sobre o Lucro:* não viola o disposto no art. 154, inc. I, da CF/88 a criação de contribuições sociais que tenham mesmo fato gerador e mesma base de cálculo de impostos já existentes no texto constitucional, no caso o Imposto sobre a Renda[2].

ii) O tratamento dispensado à contribuição social do *Seguro de Acidente de Trabalho* (SAT) não exige a edição de lei comple-

---

1. Cf. MORAES, Bernardo Ribeiro de. *Compêndio*. Primeiro Volume. 4. ed. Forense, 1995, p. 283-284, e PAULSEN, Leandro. *Direito Tributário*. 9. ed., Porto Alegre: Livraria do Advogado/Esmafe, 2007, p. 328-329; CALIENDO, Paulo. *Curso de Direito Tributário*. São Paulo: Saraiva, 2017.

2. RE 146.733-SP, *RTJ* 143/701.

mentar, por não estar entre as hipóteses previstas no art. 195, § 4º, da CF/88, podendo ser disciplinadas por meio de lei ordinária[3].

iii) *Contribuições para o fundo de manutenção e desenvolvimento do ensino fundamental* e de valorização do magistério não estão submetidas ao disposto no art. 154, I, da CF[4].

iv) *Adicional de Indenização do Trabalhador Portuário* (AITP) criado por meio do Decreto 1.035/93 violou o art. 154, I, da CF e os limites do poder regulamentar[5].

v) *Contribuições sobre a Folha:* a criação das contribuições incidentes sobre o valor da nota fiscal ou fatura de prestação de serviços executados mediante cessão de mão de obra não constituem violação ao art. 154, inc. I, da CF/88[6].

4. Propostas de novos tributos

Diversos tributos novos têm sido cogitados e mesmo impostos novos têm sido propostos para incorporarem-se ao rol de impostos já existentes. Dentre os novos impostos citados podemos listar: contribuições e impostos sobre intangíveis, imposto ou CIDE ecológica ou contra a poluição, dentre outros.

Art. 154, II – na iminência ou no caso de guerra externa, impostos extraordinários, compreendidos ou não em sua competência tributária, os quais serão suprimidos, gradativamente, cessadas as causas de sua criação.

Paulo Caliendo

1. Evolução histórica

A proposta de impostos extraordinários foi prevista pela primeira vez na CF de 1946[1], logo após o término da Segunda Grande Guerra Mundial, exatamente no espírito de prevenção contra novas ameaças futuras. Cabe lembrar que o mundo tinha assistido a Primeira Grande Guerra com as promessas de que seria a guerra para acabar com as guerras e em seguida surge uma nova e devastadora confrontação mundial. A criação de um mecanismo ágil de organização de recursos para a situação limite de confronto bélico.

O CTN manteve o espírito do texto da Constituição de 1946, inclusive quanto ao prazo de cinco anos para a eliminação[2]. Posteriormente, tanto a CF de 1967[3] quanto a Emenda Constitucional de 1969[4] mantiveram a previsão de impostos extraordinários, excluindo, contudo o prazo de cinco anos para a sua supressão, contados da assinatura da paz. Igualmente o texto constitucional evitou qualquer menção a possibilidade de ocorrer a partilha constitucional dos valores arrecadados.

2. Hipótese de incidência

O imposto extraordinário somente pode ser instituído no caso de estar presente a sua motivação constitucional: iminência ou existência de guerra externa. Outras formas de conflitos armados não poderão justificar esta forma extraordinária de tributação: guerra interna, de secessão, de guerrilha, revolução, sedição militar ou dissensões religiosas.

Os impostos extraordinários não estão limitados aos requisitos do art. 154, inc. I, da CF/88 que exigem que estes obedeçam a edição mediante lei complementar, a obrigatoriedade de serem não cumulativos e não tenham fato gerador ou base de cálculo próprios dos outros impostos discriminados na Constituição. Igualmente, não se exige deste tipo de imposto o respeito à rígida repartição de competências tributárias entre a União, Estados, Distrito Federal e Municípios, de tal forma que a União poderá instituir um Imposto Extraordinário sobre a Circulação de determinadas Mercadorias, por exemplo, ao lado do ICMS dos Estados.

Esta forma de tributo não está submetida ao princípio da anterioridade[5] ou da periodicidade nonagesimal, visto que a situação desastrosa que objetiva impedir não pode aguardar o transcurso destes prazos.

O imposto extraordinário por suas características essenciais é um imposto temporário ou provisório e somente poderá cobrado em situações-limites da vida nacional e, portanto, deverá ser extinto depois de determinado prazo. Não há, contudo, no texto constitucional nenhuma vedação para que este se estenda para além dos cinco anos previstos no art. 76 do CTN, dado que o texto somente menciona que: "(...) *suprimidos, gradativamente, cessadas as causas de sua criação*".

SEÇÃO IV

DOS IMPOSTOS DOS ESTADOS E DO DISTRITO FEDERAL

Art. 155. Compete aos Estados e ao Distrito Federal instituir impostos sobre:

I – transmissão *causa mortis* e doação, de quaisquer bens ou direitos;

Celso de Barros Correia Neto
Liziane Angelotti Meira

---

3. AI 439.713-AgRg, rel. Min. Celso de Mello, j. em 9-9-03, *DJ* de 14-11-03.
4. ADC 3, rel. Min. Nelson Jobim, j. em 1º-12-99, *DJ* de 9-5-03.
5. AI 333.820-AgRg, rel. Min. Nelson Jobim, j. em 18-6-02, *DJ* de 23-8-02.
6. RE 393.946, rel. Min. Carlos Velloso, j. em 3-11-04, *DJ* de 1º-4-05.
1. "Art. 15. (...) § 6º Na iminência, ou no caso de guerra externa, é facultado à União decretar impostos extraordinários, que não serão partilhados na forma do art. 21 e que deverão suprimir-se gradualmente, dentro em cinco anos, contados da data da assinatura da paz."
2. "Art. 76. Na iminência ou no caso de guerra externa, a União pode instituir, temporariamente, impostos extraordinários compreendidos ou não entre os referidos nesta Lei, suprimidos, gradativamente, no prazo máximo de cinco anos, contados da celebração da paz."
3. "Art. 23. Compete à União, na iminência, ou no caso de guerra externa, instituir, temporariamente, impostos extraordinários compreendidos, ou não, na sua competência, tributária, que serão suprimidos gradativamente, cessadas; as causas que determinaram a cobrança."

4. "Art. 22. Compete à União, na iminência ou no caso de guerra externa, instituir, temporariamente, impostos extraordinários compreendidos, ou não, em sua competência tributária, os quais serão suprimidos gradativamente, cessadas as causas de sua criação."
5. "Art. 150: (...) § 1º A vedação do inciso III, *b*, não se aplica aos tributos previstos nos arts. 148, I, 153, I, II, IV e V, e 154, II; e a vedação do inciso III, *c*, não se aplica aos tributos previstos nos arts. 148, I, 153, I, II, III e V, e 154, II, nem à fixação da base de cálculo dos impostos previstos nos arts. 155, III, e 156, I."

1. História da norma

O art. 155, *caput* e I, constavam da redação original da Constituição de 1988 e não foram objeto de mudanças quanto ao seu conteúdo. A Emenda Constitucional n. 3, de 1993, alterou a redação do art. 155 especificamente para retirar a competência estadual relativa ao adicional do Imposto sobre a renda. Ou seja, no que concerne ao Imposto sobre Transmissão *causa mortis* e Doação, de quaisquer bens ou direitos (ITCMD) e ao ICMS, a nova redação somente promoveu adequação, em termos gramaticais, à retirada do item sobre o adicional do IR.

Mais recentemente, a Emenda Constitucional n. 126, de 2022, incluiu o inciso V no § 1º do art. 155, para afastar a possibilidade de incidência do imposto sobre "as doações destinadas, no âmbito do Poder Executivo da União, a projetos socioambientais ou destinados a mitigar os efeitos das mudanças climáticas e às instituições federais de ensino".

2. Constituições brasileiras anteriores

Na Constituição de 1891, art. 9º, inciso 3º, havia a previsão do "imposto sobre a transmissão da propriedade", de forma ampla e unificada, que competia aos Estados.

A Constituição de 1934, art. 8º, "b" e "c", trouxe a divisão, prevendo dois impostos distintos, ambos de competência estadual, a saber: "imposto sobre transmissão de propriedade *causa mortis*" e "imposto sobre transmissão de propriedade imobiliária *inter vivos*, inclusive a sua incorporação ao capital da sociedade". O delineamento do preceito se especificou, com previsão (no § 4º do art. 8º) de divisão de atribuição de competência aos Estados com base na localização dos bens ou de abertura da sucessão, inclusive no caso de sucessão aberta no exterior. Além disso, a Constituição, no seu art. 128, tinha previsão expressa de progressividade para o imposto sobre herança ou legado.

Na Constituição de 1937, art. 23, "b" e "c" e § 4º, bem como na Constituição de 1946, art. 19, II e III, e §§ 2º e 3º, o imposto continuou delineado da mesma forma, contudo, a progressividade não era mais prevista expressamente.

A Emenda Constitucional n. 5, de 1961, deixou o imposto sobre transmissão de propriedade *causa mortis* com os Estados, mas transferiu o imposto sobre transmissão *inter vivos* para os Municípios.

Com a Emenda Constitucional n. 18, de 1965, art. 9º, o imposto foi reunificado, ficando na seara de competência dos Estados como imposto sobre transmissão de bens imóveis. Nessa ocasião, também foi introduzida a previsão de alíquota máxima, que deveria ser veiculada por Resolução do Senado com base em lei complementar. O mesmo artigo veiculava uma previsão específica de dedução do valor do imposto sobre o imposto sobre a renda decorrente da mesma transmissão.

Na Constituição de 1967, art. 24, I, § 2º, e na Emenda Constitucional n. 1, art. 23, I, de 1969, não houve mudança no regramento geral da competência para instituir o imposto, mas deixaram de constar a previsão de alíquota máxima definida pelo Senado e também a possibilidade de dedução no cálculo do imposto sobre a renda.

Na Constituição Federal de 1988, novamente emergiu a divisão do imposto, em ITCMD, de competência dos Estados (art. 155, I) e em ITBI, de competência dos Municípios (art. 156, II). Ainda, foi introduzida a exigência de lei complementar para incidência do ITR sobre situação relacionada ao exterior (art. 155, § 1º, III) e voltou para o texto constitucional a previsão de alíquota máxima a ser definida pelo Senado (art. 155, § 1º, IV). A progressividade não aparece expressamente, mas foi introduzida pela Resolução do Senado n. 9, de 1992, que veiculou a alíquota máxima. Conforme consta do item sobre jurisprudência, esse ato normativo foi considerado constitucional pelo STF.

3. Direito Internacional

A matéria regulada pelo art. 155, *caput* e inciso I, não compõe temário clássico do direito internacional.

A título ilustrativo, é de referir que a OCDE (2021), organismo internacional com o qual o Brasil negocia entrada, defende a tributação da herança por considerá-la um instrumento eficiente para enfrentar as desigualdades sociais e colaborar no crescimento econômico dos países em desenvolvimento. Não há um acordo sobre o tema, mas o organismo internacional faz recomendações para uma tributação adequada da herança como instrumento de distribuição de riqueza.

Vale mencionar ainda que o art. 153, III, ao prever a necessidade de lei complementar para regular a competência para instituir o ITCMD em casos de conexão com o exterior, revela preocupação do constituinte com o fenômeno da bitributação internacional.

4. Remissões constitucionais e legais

O art. 155, *caput* e I, prevê a competência dos Estados para instituir o ITCMD. Essa conformação de competência é determinada também pelo § 1º, I, II, III, "a" e "b", IV e V. Os incisos I e II tratam da divisão de competência entre os Estados em função da situação do imóvel ou do processamento do inventário; o inciso III prescreve a necessidade de lei complementar no caso de bens ou doador no exterior; o inciso IV dispõe sobre as alíquotas máximas; e o novel inciso V veicula imunidade para doações a projetos socioambientais ou destinados a mitigar os efeitos das mudanças climáticas e às instituições federais de ensino. Sobre o § 1º, seus incisos e alíneas, discorreremos adiante, quando abordaremos especificamente esses preceitos.

O Código Tributário Nacional entrou em vigor ainda sob égide da Emenda Constitucional n. 18, de 1965, que previa um imposto unificado, por essa razão, não consta do CTN nem o ITCMD nem o ITBI com suas características atuais. Assim, encontramos no seu art. 35 somente o imposto sobre transmissão de bens imóveis e de direitos a eles relativos.

Não se editou, após a promulgação da Constituição Federal de 1988, lei complementar voltada à instituição de normas gerais relativas ao ITCMS. Aliás, a ausência tem consequências práticas que não são desprezíveis, especialmente no que se refere aos inventários processados no exterior e às doações realizadas por doador com domicílio ou residência no exterior. Apesar da determinação expressa do art. 155, § 1º, III, da Constituição, sobre necessidade de lei complementar para regular o imposto incidente sobre bens ou doador no exterior, o ITCMD segue sem essa lei específica e sem suas regras gerais.

Por sua vez, a Resolução do Senado n. 9, de 1992, estabeleceu a alíquota máxima de 8% e também determinou que as alíquotas do ITCMD podem ser progressivas em função do quinhão de cada herdeiro. Dessa forma, os Estados instituem o ITCMD por lei estadual, com respaldo direto no texto constitucional e, quanto às alíquotas, com fulcro também na Resolução do Senado.

5. Jurisprudência

O ITCMD, conforme se observou nos itens anteriores, surgiu com passo claudicante, ora tragado pelo imposto único sobre transmissão de propriedade, ora com vida independente. Além disso, ainda não se dispõe de regulação – nem no CTN (justamente devido à claudicância), nem em lei complementar específica, que estabeleça normas gerais para o imposto. Não se dispõe também de lei complementar que regule a incidência no caso de doador ou sucessão no exterior. Nessa conjuntura, restou à jurisprudência definir aspectos fundamentais do ITCMD, inclusive por meio de numerosas Súmulas do STF.

Assim, houve intensos debates acerca dos elementos da hipótese de incidência do imposto – alíquota e base de cálculo em face do elemento temporal – e também sobre o momento da possível exigência do tributo. Tais debates resultaram na edição das Súmulas 112, 113, 114 e 115, do STF, todas aprovadas no ano de 1963.

Em proteção ao princípio da segurança jurídica do contribuinte, a Súmula 112 estabeleceu que o ITCMD seria devido pela alíquota prevista na lei vigente ao tempo da abertura da sucessão (Súmula 112: "O imposto de transmissão *causa mortis* é devido pela alíquota vigente ao tempo da abertura da sucessão"). Por sua vez, segundo a Súmula 113, o imposto de transmissão *causa mortis* deveria ser calculado sobre o valor dos bens na data da avaliação. Dessa forma, estabeleceu-se um descompasso dentro do elemento temporal da hipótese de incidência: a alíquota era a vigente na abertura da sucessão, porém a base de cálculo era aquela estabelecida na data da avaliação. Isso ocorreu porque a Súmula 114 foi aprovada com o objetivo de evitar a corrosão causada pela inflação. Esse problema, contudo, foi resolvido mediante a introdução da correção monetária pela Lei n. 4.380, de 1964.

Nesse cenário, a jurisprudência, a despeito da Súmula 114 do STF, evoluiu e passou a entender que a fixação da base de cálculo deve ser feita na data da transmissão dos bens (RE 97.459/AL, 1982; RE 102.903-0/RJ, 1989; e REsp 15.071/RJ, 1994).

Quanto ao pagamento, conforme a Súmula 114, o ITCMD não é exigível antes da homologação judicial da avaliação.

Na Súmula 115 do STF, encontramos consolidada a solução para uma hipótese suscetível de bitributação. Se o ITCMD incidisse sobre todo o valor transmitido, incluindo os honorários advocatícios, haveria dupla incidência, pois estes estão sujeitos ao imposto sobre a renda. Assim, decidiu-se que não incide o ITCMD sobre os honorários do advogado contratado pelo inventariante, com a homologação do juiz. Note-se que não se trata de todo advogado envolvido na situação, mas exclusivamente o advogado contratado pelo inventariante e com homologação judicial.

Também de 1963, é a Súmula 331 do STF: "É legítima a incidência do imposto de transmissão *causa mortis* no inventário por morte presumida". A morte presumida, nos termos do art. 6º do atual Código Civil, é determinada pela lei e autoriza a abertura da sucessão definitiva. Aberta a sucessão definitiva, ocorre o inventário e, ao final, a partilha de bens. Nessas circunstâncias, o STF entendeu que é legítima a incidência do imposto de transmissão *causa mortis* no inventário por morte presumida e consolidou essa posição na Súmula mencionada.

No caso de promessa de compra e venda de imóveis em que o vendedor venha a falecer antes da conclusão do pagamento e transferência do imóvel, houve dúvidas e debates se o tributo incidente deveria ser o ITBI, porque se tratava de uma transferência onerosa pactuada durante a vida do transmitente, ou ITCMD porque a transferência somente se concretizou após a morte, mediante abertura da sucessão. Diante desse conflito de competência, com possibilidade de bitributação, a solução adotada pelo Judiciário foi de admitir a incidência do ITCMD sobre o saldo credor da promessa de compra e venda de imóveis, no momento da abertura da sucessão do promitente vendedor. Nesse sentido, a Súmula 590 do STF, aprovada em 1976.

Vale chamar atenção também para alguns posicionamentos do STJ sobre os lindes da incidência do ITCMD. A primeira nota refere-se à decisão de que, na separação judicial, a legalização dos bens da meação não está sujeita à tributação. Contudo, havendo entrega a um dos cônjuges de bens superiores à meação, sem indícios de compensação pecuniária, infere-se que houve doação, incidindo o ITCMD sobre o valor que ultrapassar a meação (REsp 723.587/RJ, julgado em 5-5-2005, *DJU* de 6-6-2005).

Um segundo julgado que merece menção é aquele que decidiu que não é devido o imposto em pauta na extinção do fideicomisso, sob pena de bitributação, pois na extinção do fideicomisso não há transmissão da propriedade. No fideicomisso, conforme o art. 1.951 do Código Civil, o testador atribui ao fiduciário a herança ou legado na ocasião da sua morte, mas sob condição resolutiva, que extingue o fideicomisso em favor de outrem, o fideicomissário (REsp 1004707/RJ, 2008).

Passemos à análise de jurisprudência do STF mais recente.

O STF reconheceu que é constitucional a fixação de alíquota progressiva para o ITCMD (RE 562045/RS, 2013, Repercussão Geral, Tema 21). Por sua vez, foi considerada inconstitucional a progressividade baseada no grau de parentesco entre o transmitente ou doador e o beneficiário dos bens e direitos (RE 958709 AgR/PE, 2016; RE 602.256, 2016). Abordamos com um pouco mais de detalhes essas decisões adiante, na análise do inciso IV do § 1º do art. 155 da Constituição Federal.

Outra questão importante é a competência dos Estados para instituir e cobrar ITCMD quando houver elementos de conexão com o exterior em face da falta da lei complementar exigida pela Constituição no art. 155, § 1º, III. Entendeu o STF ser vedado aos Estados e ao Distrito Federal instituir o ITCMD para as hipóteses em que o doador tinha domicílio ou residência no exterior, bem como nas hipóteses em que o *de cujus* era residente, tinha bens ou teve seu inventário processado no exterior. Isso se deu justamente pela falta da lei complementar exigida pelo texto constitucional (RE 851108, 2021, Repercussão Geral, Tema 825). No mesmo sentido, é o entendimento consubstanciado nos seguintes julgados: ADI 6.836/AM, ADI 6.819/PA, ADI 6.818/PR, ADI 6.822/PA, ADI 6.839/MG, ADI 6.820/TO, ADI 6.823/SC, ADI 6828/AL, ADI 6.830/SP, ADI 6.844/DF e ADI 6.840/MS. Voltaremos a tratar dessa questão adiante, na análise específica do inciso III do § 1º do art. 155 da Constituição Federal.

6. Referências bibliográficas

PAULSEN, Leandro; MELO, José Eduardo Soares de. *Impostos federais, estaduais e municipais*. 10. ed. Porto Alegre: Livraria do Advogado, 2016.

OECD. Inheritance Taxation in OECD Countries. *OECD Tax Policy Studies*, n. 28, 2021. Disponível em: https://www.oecd.org/tax/tax-policy/inheritance-taxation-in-oecd-countries-e2879a7d-en.htm. Acesso em: 7 maio 2023.

TEODOROVICZ, Jeferson; MORATO, Victor Augusto Faria. Imposto sobre Heranças e Doações: relevância econômica de um tributo marcado pelo desinteresse estatal. *Revista Ius Gentium*, v. 11, p. 104-131, 2020.

FERNANDES, Regina C. P. Vespero. *Imposto sobre transmissão causa mortis e doações – ITCMD*. São Paulo: Revista dos Tribunais, 2002.

VALADÃO, Marcos Aurélio Pereira (Coord.). *Fórum Fiscal dos Estados Brasileiros: programa de estudos 2014*. Brasília: Esaf, 2014. Disponível em: https://repositorio.enap.gov.br/bitstream/1/3917/1/FFEB%202014.pdf#page=15. Acesso em: 7 maio 2023.

7. Comentários

A Constituição Federal, no seu art. 155, I, atribuiu aos Estados e ao Distrito Federal a competência para instituir o imposto sobre transmissão *causa mortis* e doação, de quaisquer bens ou direitos. No art. 155, § 1º, I e II, são veiculados critérios para delimitar a competência de cada ente, com o visível intuito de evitar conflitos ou bitributação; no inciso III do mesmo parágrafo, delega-se à lei complementar a atribuição de definir elementos de conexão com o exterior.

Não é incomum afirmar que o critério material da hipótese do ITCMD é composto, então, pelo verbo transmitir, acompanhado pela expressão "quaisquer bens ou direitos", que faria as vezes de complemento (objeto direto), sendo a transmissão operada por causa do falecimento do *de cujus* ou pelo ato da doação.

Por transmissão, entenda-se a transferência de bens ou direitos do patrimônio de um sujeito para o de outro, ou melhor, a mudança de titularidade de bem ou direito, por ato entre vivos ou por força da morte. Nesta segunda hipótese, a palavra transmissão poderia mesmo ser substituída por sucessão, em sentido restrito, significando: a inserção dos sucessores, herdeiros ou legatários, nas relações jurídicas patrimoniais de que antes fazia parte o falecido.

No texto do art. 155, I, o verbo transmitir aparece com sua significação completada pela expressão "quaisquer bens ou direitos", fazendo às vezes de objeto direto. A palavra "quaisquer" dá sentido amplo à locução, indicando que tudo que pode ser transmitido deve ser tributado. No entanto, nem tudo pode ser transmitido. Há direitos e obrigações que, por sua própria natureza, ficam excluídos da sucessão hereditária, assim os direitos personalíssimos, os direitos políticos, as faculdades pessoais e mesmo alguns direitos de cunho patrimonial também não o são.

Ademais, entre os direitos transmissíveis, a norma do art. 35 do Código Tributário Nacional cuida de afastar da incidência do ITCM os direitos reais de garantia sobre imóveis, restrição essa que não se aplica aos móveis, porque não abrangidos pela aplicação do CTN.

Ainda segundo o texto do art. 155, I, da Constituição, o objeto da transmissão seriam "bens" e "direitos". Tomando os vocábulos em sentido amplo, o texto constitucional parece considerar a distinção civilista tradicional dos direitos em reais e pessoais, sendo que aqueles teriam por objeto um bem corpóreo ou imaterial e estes uma conduta humana, uma prestação. A palavra "bem" seria então uma referência aos direitos reais transmitidos (v.g., propriedade e usufruto), ao passo que "direitos" referir-se-ia aos direitos pessoais ou de crédito (v.g., os derivados de contratos firmados pelo finado). Sim, porque, do contrário, a expressão torna-se redundante: o Direito não cuida de bens que não sejam bens jurídicos, e estes só o são por serem objeto de tutela do ordenamento, isto é, porque uma norma os coloca como conteúdo (mediato) de um dever, sendo ilógico, pois, cogitar de transferência de bens sem que seja também transferência de direitos, e vice-versa.

Ao tratar de transmissão, no contexto ora versado, não se está referindo à mera passagem física ou fática de um bem das mãos de um sujeito para outro. O termo aparece aqui de acordo com o sentido que lhe confere o Direito: como alteração subjetiva num dos polos da relação jurídica. E aí é que se vê que a transmissão não é propriamente um fato jurídico, mas o efeito de certo ato ou fato juridicamente qualificado

O ITCMD, imposto sobre a transmissão não onerosa de bens, convive atualmente com o ITBI, sendo este de competência municipal e incidente sobre a transferência onerosa de bens.

No item anterior, concernente à jurisprudência, sublinhamos que o ITCMD continua na carência de lei complementar que lhe trace os aspectos gerais, como determina o art. 146, III, da CF, e também de lei complementar que lhe defina especificamente os elementos de conexão com o exterior, como expressamente exige o art. 155, § 1º, III.

Seguindo trilha desbravada e definida pela jurisprudência, o ITCMD continua sendo exigido à revelia da norma geral. No entanto, a incidência do imposto sobre situações que envolvam bens, doador ou sucessão no exterior foi considerada inconstitucional por falta da lei complementar específica.

Art. 155, II – operações relativas à circulação de mercadorias e sobre prestações de serviços de transporte interestadual e intermunicipal e de comunicação, ainda que as operações e as prestações se iniciem no exterior;

Heleno Torres

1. História da norma

A presente disposição do art. 155 e seus parágrafos consiste em uma consolidação de distintas competências, algumas provenientes da União e outras escandidas no espaço da competência estadual sobre a própria tributação de mercadorias, conforme constava de constituições passadas. Daí na sua extensão virem-se acomodadas as hipóteses de incidência das operações mercantis, prestações de serviços de comunicações e de transportes, dos tributos incidentes sobre petróleo, combustíveis, gás, minerais e energia elétrica, além da importação de mercadorias. Não é pouco. Por conseguinte, a história dessa norma é a história de cada uma dessas hipóteses e seus desdobramentos, nas sucessivas constituições, na tentativa de compor a separação do poder de tributar entre Estados e a União.

Na origem, pela Constituição de 1891, os estados, afora a competência para a instituição do Imposto do Selo, estes dispunham de uma competência para os estados tributarem "indústrias e profissões" (art. 9º, § 4º). Estas duas modalidades de tributos foram a base de incidência de uma tributação sobre atos e negócios jurídicos e sobre a produção e prestação de serviços, de caráter *monofásico* e, portanto, *cumulativo*.

Com a Constituição de 1934 foi atribuído aos Estados o "Imposto de Vendas Mercantis", que logo em seguida viu-se substituído pelo "Imposto sobre Vendas e Consignações – IVC", posteriormente mantido pelas Constituições de 1937 e de 1946. Este era um imposto *plurifásico* e *cumulativo*, o qual incidia sobre cada venda realizada com a mesma alíquota, sem possibilidade de deduções dos valores pagos nas operações anteriores.

Em 1965, acompanhando os reflexos das reformas ocorridas nos sistemas dos diversos países europeus, a Emenda Constitucional n. 18/65 extinguiu o referido imposto, substituindo-o pelo "Imposto sobre Circulação de Mercadorias – ICM", com a característica de ser *plurifásico* e *não cumulativo*. Ao lado deste, o Imposto sobre Produtos Industrializados – IPI, de competência da União, seguia similar destino, o qual originava-se como uma evolução do "Imposto de Consumo", na origem era *monofásico*, mas que passou a ser *plurifásico* e *não cumulativo*, a partir da Lei n. 3.520, de 20 de dezembro de 1958.

Ainda nos dias de hoje, é importante refletir sobre o conteúdo da exposição de motivos da proposta de reforma tributária, presente na EC n. 18/65, amparada numa pretensão de atualização dos novos modelos de tributação, baseados no valor acrescido, em prejuízo dos regimes de tributação monofásica ou cumulativa, para alcançar um modelo que permitisse evitar integração vertical de empresas e garantisse uniformidade de carga tributária, independentemente da extensão do circuito econômico, e que eliminasse os efeitos econômicos danosos da cumulatividade nas cadeias plurifásicas. O regime previsto na Constituição de 1988, em certa medida, corresponde à fase mais adiantada de todas essas tentativas de acomodação entre incidência tributária e suas repercussões econômicas.

No caso das *comunicações*, mesmo que tenhamos registros constitucionais de alguns tributos sobre telégrafos ou correios em constituições anteriores, a competência para tributar os *serviços de comunicação "stricto sensu"* foi atribuída à União pelo inciso II, do art. 14, da Emenda Constitucional n. 18/65, seguida pelo art. 68, do CTN, que demarcava seu campo material de incidência como a "prestação do serviço de comunicações, ou seja, a transmissão e o recebimento, por qualquer processo, de mensagens escritas, faladas ou visuais, salvo quando os pontos de transmissão e de recebimento se situem no território de um mesmo Município e a mensagem em curso não possa ser captada fora desse território". A seguir, esta competência foi mantida com a União na Constituição de 1967, *verbis*: "Art. 22. Compete à União decretar impostos sobre: (...) VII – serviços de transporte e comunicações, salvo os de natureza estritamente municipal". Esse regime durou até 05 de outubro de 1988, quando então adveio a nova Constituição, determinando novas atribuições de competência e transferindo esse Imposto para os Estados, nos moldes do supracitado artigo 155.

No que concerne aos serviços de *transportes*, a história constitucional é semelhante à dos serviços de *comunicações*, igualmente atribuído à competência da União pelo inciso II, do art. 14, da EC n. 18/65, mantida como sendo de competência da União pela Constituição de 1967 e pela EC n. 01/69, mas transferida aos estados, conjuntamente com aquela de comunicações, pela Constituição de 1988.

O ICMS incide ainda sobre *petróleo, gás, combustíveis, lubrificantes, energia elétrica* e *minerais*, todas estas hipóteses consolidadas como espécies de "mercadorias", mesmo que ainda guarde peculiaridades que autonomizam o seu tratamento no âmbito constitucional vigente. Trata-se, na verdade, de uma competência herdada do chamado "imposto único", ou "impostos especiais", na dicção do art. 16, da EC n. 18/65, e que passou, com a Constituição de 1988, da União para a competência dos Estados, por meio do ICMS, o que tem gerado grandes polêmicas, mormente quanto à atribuição do direito de cobrança do tributo, entre origem e destino. A Constituição Federal de 1934 foi a primeira Constituição a cuidar dessa matéria, atribuindo competência aos Estados para decretar o Imposto sobre o "consumo de combustíveis de motor de explosão" (art. 8º, I, "d"). Em seguida, a Constituição Federal de 1937 alterou essa competência, passando-a para a União, ao atribuir a esta poderes para criar o imposto de "consumo de quaisquer mercadorias", o que abrangia o consumo de combustíveis. E foi assim que a Lei Constitucional n. 04, de 20.09.1940, criou o *imposto único* sobre combustíveis e lubrificantes, no âmbito da competência da União, a incidir sobre a "produção, o comércio, a distribuição, o consumo, inclusive a importação e exportação de carvão mineral nacional e dos combustíveis e lubrificantes líquidos de qualquer origem" com a União. Com a Constituição Federal de 1946, adveio a competência da União para cobrar o *imposto único* sobre combustíveis e lubrificantes. E com a Emenda Constitucional n. 18/65, foi adicionado ao seu bojo o imposto único sobre minerais e sobre energia elétrica (incisos II e III do art. 16, da referida Emenda), sempre como parcelas da competência da União. A Constituição Federal de 1967, por sua vez, mantendo a competência da União, tripartiu novamente o tributo acima nos seguintes *impostos únicos*: i) sobre produção, importação, circulação, distribuição, ou consumo, de *lubrificantes e combustíveis líquidos ou gasosos*; ii) sobre produção, importação, distribuição ou consumo de *energia elétrica*; e iii) sobre a extração, circulação, distribuição ou consumo de *minerais do País* (art. 22, VIII, IX e X da Constituição Federal de 1967); Mas isso não durou muito, pois a Emenda Constitucional n. 1/69 reuniu estes impostos únicos em um só, salvo o de minerais (art. 21, VIII e IX). E assim, atualmente, o § 3º, do art. 155, prescreve: "à exceção dos impostos de que tratam o inciso II do "*caput*" deste artigo (ICMS) e o art. 153, I e II (Impostos de Importação e de Exportação), nenhum outro *imposto* poderá incidir sobre operações relativas à energia elétrica, *serviços de telecomunicações*, derivados de petróleo, combustíveis e minerais do País" (redação dada pela EC n. 33, de 11/12/2001). Esta disposição coincide com os fundamentos do extinto "imposto único" sobre as hipóteses discriminadas, limitadamente aos tributos referidos. A interpretação que se faça na atualidade sobre essas disposições não pode deixar de considerar este propósito de consolidação unitária da imposição em cada uma das modalidades referidas.

2. Constituições brasileiras anteriores

Constituição da República dos Estados Unidos do Brasil de 1891: "Art. 8º – É vedado ao Governo federal criar, de qualquer modo, distinções e preferências em favor dos portos de uns contra os de outros Estados. Art. 9º – É da competência exclusiva dos Estados decretar impostos: (...) 4º) sobre indústrias e profissões. § 1º – Também compete exclusivamente aos Estados decretar: (...) 2º) contribuições concernentes aos seus telégrafos e correios. § 2º – É isenta de impostos, no Estado por onde se exportar, a produção dos outros Estados. § 3º – Só é lícito a um Estado tributar a importação de mercadorias estrangeiras, quando destinadas ao consumo no seu território, revertendo, porém, o produto do imposto para o Tesouro federal". **Constituição da República dos Estados Unidos do Brasil de 1934:** "Art. 6º – Compete, também, privativamente à União: I – decretar impostos: b) de consumo de quaisquer mercadorias, exceto os combustíveis de motor de explosão; II – cobrar taxas telegráficas, postais e de outros serviços federais; de entrada, saída e estadia de navios e aeronaves, sendo livre o comércio de cabotagem às mercadorias nacionais, e às estrangeiras que já tenham pago imposto de importação. Art. 8º – Também compete privativamente aos Estados: I – decretar impostos sobre: d) consumo de combustíveis de motor de explosão; e) vendas e consignações efetuadas por comerciantes e produtores, inclusive os industriais, ficando isenta a primeira operação do pequeno produtor, como tal definido na lei estadual; g) indústrias e profissões; § 1º – O imposto de vendas será uniforme, sem distinção de procedência, destino ou espécie dos produtos. § 2º – O imposto de indústrias e profissões será lançado pelo Estado e arrecadado por este e pelo Município em partes iguais". **Constituição dos Estados Unidos do Brasil de 1937:** "Art. 20 – É da competência privativa da União: I – decretar impostos: b) de consume de quaisquer mercadorias; Art. 23 – É da competência exclusiva dos Estados: I – a decretação de impostos sobre: d) vendas e consignações efetuadas por comerciantes e produtores, isenta a primeira operação do pequeno produtor, como tal definido em lei estadual; f) indústrias e profissões; § 1º – O imposto de venda será uniforme, sem distinção de procedência, destino ou espécie de produtos. § 2º – O imposto de indústrias e profissões será lançado pelo Estado e arrecadado por este e, pelo Município em partes iguais". **Constituição dos Estados Unidos do Brasil de 1946:** "Art. 15 – Compete à União decretar impostos sobre: (...) II – consumo de mercadorias; III – produção, comércio, distribuição e consumo, e bem assim importação e exportação de lubrificantes e de combustíveis líquidos ou gasosos de qualquer origem ou natureza, estendendo-se esse regime, no que for aplicável, aos minerais do País e à energia elétrica. Art. 19 – Compete aos Estados decretar impostos sobre: (...) IV – vendas e consignações efetuadas por comerciantes e produtores, inclusive industriais, isenta, porém, a primeira operação do pequeno produtor, conforme o definir a lei estadual". **Constituição da República Federativa do Brasil de 1967:** "Art. 22 – Compete à União decretar impostos sobre: (...) V – produtos industrializados; VII – serviços de transporte e comunicações, salvo os de natureza estritamente municipal; VIII – produção, importação, circulação, distribuição ou consumo de lubrificantes e combustíveis líquidos e gasosos; IX – produção, importação, distribuição ou consumo de energia elétrica; X – extração, circulação, distribuição ou consumo de minerais do País. § 5º – Os impostos a que se referem os n. VIII, IX, e X incidem, uma só vez, sobre uma dentre as operações ali previstas e excluem quaisquer outros tributos, sejam quais forem a sua natureza e competência, relativos às mesmas operações. Art. 24 – Compete aos Estados e ao Distrito Federal decretar impostos sobre: II – operações relativas à circulação de mercadorias, realizadas por produtores, industriais e comerciantes. (Redação dada pelo Ato Complementar n. 40, de 1968); § 4º – A alíquota do imposto a que se refere o n. II será uniforme para todas as mercadorias; o Senado Federal, através de resolução tomada por iniciativa do Presidente da República, fixará as alíquotas máximas para as operações internas, para as operações interestaduais e para as operações de exportação para o estrangeiro. (Redação dada pelo Ato Complementar n. 40, de 1968). § 5º – O imposto sobre circulação de mercadorias é não cumulativo, abatendo-se, em cada operação, nos termos do disposto em lei, o montante cobrado nas anteriores, pelo mesmo ou outro Estado, e não incidirá sobre produtos industrializados e outros que a lei determinar, destinados ao exterior. § 6º – Os Estados isentarão do imposto sobre circulação de mercadorias a venda a varejo, diretamente ao consumidor, dos gêneros de primeira necessidade que especificarem, não podendo estabelecer diferença em função dos que participam da operação tributada". **Emenda Constitucional n. 1, de 1969:** "Art. 21. Compete à União instituir imposto sobre: (...) VII – serviços de comunicações, salvo os de natureza estritamente municipal; (Redação dada pela Emenda Constitucional n. 27, de 1985) VIII – produção, importação, circulação, distribuição ou consumo de lubrificantes e combustíveis líquidos ou gasosos e de energia elétrica, imposto que incidirá uma só vez sobre qualquer dessas operações, excluída a incidência de outro tributo sôbre elas; IX – a extração, a circulação, a distribuição ou o consumo dos minerais do País enumerados em lei, imposto que incidirá uma só vez sobre qualquer dessas operações, observado o disposto no final do item anterior; X – transportes, salvo os de natureza estritamente municipal. (Incluído pela Emenda Constitucional n. 27, de 1985). Art. 23. Compete aos Estados e ao Distrito Federal instituir impostos sobre: (...) II – operações relativas à circulação de mercadorias realizadas por produtores, industriais e comerciantes, imposto que não será cumulativo e do qual se abaterá, nos termos do disposto em lei complementar, o montante cobrado nas anteriores pelo mesmo ou por outro Estado. A isenção ou não incidência, salvo determinação em contrário da legislação, não implicará crédito de imposto para abatimento daquele incidente nas operações seguintes. (Redação dada pela Emenda Constitucional n. 23, de 1983). § 4º Lei complementar poderá instituir, além das mencionadas no item II, outras categorias de contribuintes daquele imposto. § 5º – A alíquota do imposto a que se refere o item II será uniforme para todas as mercadorias nas operações internas e interestaduais, bem como nas interestaduais realizadas com consumidor final; o Senado Federal, mediante resolução tomada por iniciativa do Presidente da República, fixará as alíquotas máximas para cada uma dessas operações e para as de exportação. (Redação dada pela Emenda Constitucional n. 23, de 1983). § 6º As isenções do imposto sobre operações relativas à circulação de mercadorias serão concedidas ou revogadas nos termos fixados em convênios, celebrados e ratificados pelos Estados, segundo o disposto em lei complementar. § 7º O imposto de que trata o item II não incidirá sôbre as operações que destinem ao exterior produtos industrializados e outros que a lei indicar".

3. Constituições estrangeiras

Constituição da República Portuguesa: art. 104; Constituição da Suíça: arts. 130 e 131; Constituição da África do Sul: art. 156. Constituição da Alemanha: arts. 105 e 106.

4. Dispositivos constitucionais relevantes

Art. 5º, II (princípio da legalidade); art. 22, IV, IX, X, XI e XII (competência da União para legislar sobre águas, energia, informática, telecomunicações e radiodifusão, política nacional de transportes, transporte, regime dos portos, navegação lacustre, fluvial, marítima, aérea e aeroespacial, jazidas, minas, outros recursos minerais e metalurgia); art. 34 (cabimento de intervenção federal nos estados); art. 146, III, "a" (matéria de norma geral por Lei Complementar); art. 150, I (princípio da legalidade tributária); art. 150, § 6º (tratamento jurídico das isenções e outros benefícios fiscais); art. 153 (competência da União em matéria de impostos); art. 154 (competências remanescente e extraordinária da União); art. 156, III (competência dos municípios em matéria de impostos sobre serviços, excetuados aqueles previstos para o ICMS); arts. 158, 160, 161 e 162 (repartição das receitas arrecadadas com o imposto); art. 167, IV (proibição de tredestinação do produto arrecadado dos impostos); art. 167, § 4º (permissão para vinculação de receitas próprias geradas); arts. 174, 176, 177, 178 e (implicações decorrentes da ordem econômica); arts. 146, III, "d", 179 (tratamento favorecido à micro e pequena empresa); art. 238 (ordenação da venda e revenda de combustíveis de petróleo, álcool carburante e outros combustíveis derivados de matérias-primas renováveis).

5. Jurisprudência (STF)

Súmula Vinculante 32: O ICMS não incide sobre alienação de salvados de sinistro pelas seguradoras. Súmulas: 546, 571, 574, 659, 661, 662 e 573. Acórdãos: RE 158.834; RE 240.186; AC 457-MC; RE 144.971-DF; RE 227.832; RE 191.732; RE 179.560; RE 176.626; AI 445.278-AgR; RE 282.120; RE 325.623; AI 319.670-AgR; AI 487.396-AgR; RE 118.049-AgR; RE 195.902; RE 161.031; RE 172.394; ADI 286; RE 174.478/SP; AI 497.755-ED; ADI 2.320; ACO 541; RE 200.799; RE 145.491; RE 203.075; RE 193.817-RJ; RE 192.711; RE 206.069; RE 299.079; RE 268.586; RE 205.634; RE 212.637; RE 145.491; ADI 3.103; RE 358.956; RE 198.088; RE 190.992-AgR; RE 190.363; RE 213.396; RE 912.888; ADI 3.246; ACO 541; RE 403.205; ADIn 84-MG; ADInMC 128-AL; ADI 2.377-MC; ADI 1.247-MC; ADI 2.357-MC; ADInMC 902; ADInMC 1.296-PI; ADInMC 1.247-PA; ADInMC 1.179-RJ; ADInMC 2.021-SP; ADInMC 1.999; ADInMC 2.352; ADIMCs 2.736-PR; ADI 2.376-MC; ADI 1.600; ADI 4.565 MC.

"O perfil constitucional do ICMS exige a ocorrência de operação de circulação de mercadorias (ou serviços) para que ocorra a incidência e, portanto, o tributo não pode ser cobrado sobre operações apenas porque elas têm por objeto 'bens', ou nas quais fique descaracterizada atividade mercantil-comercial." [ADI 4.565 MC, rel. min. Joaquim Barbosa, j. 7-4-2011, P, *DJe* de 27-6-2011.]

"O ICMS incide sobre a tarifa de assinatura básica mensal cobrada pelas prestadoras de serviço de telefonia, independentemente da franquia de minutos conferida ou não ao usuário." [RE 912.888, rel. min. Teori Zavascki, j. 13-10-2016, P, *DJe* de 10-5-2017, Tema 827.]

"Não incide ICMS no deslocamento de bens de um estabelecimento para outro do mesmo contribuinte localizados em estados distintos, visto não haver a transferência da titularidade ou a realização de ato de mercancia." [ARE 125588/MS, rel. min. Dias Toffoli, Tribunal Pleno, j. 15-8-2020, *DJe* de 15-9-2020, Tema 1099.]

"Observadas as balizas da Lei Complementar n. 87/1996, é constitucional o creditamento de Imposto sobre Operações relativas à Circulação de Mercadorias – ICMS cobrado na entrada, por prestadora de serviço de telefonia móvel, considerado aparelho celular posteriormente cedido, mediante comodato." [RE 1141756, rel. min. Marco Aurélio, Redator do Acórdão Ministro Alexandre de Moraes, Tribunal Pleno, j. 5-8-2020, *DJe* de 10-9-2020, Tema 1052.]

"A demanda de potência elétrica não é passível, por si só, de tributação via ICMS, porquanto somente integram a base de cálculo desse imposto os valores referentes àquelas operações em que haja efetivo consumo de energia elétrica pelo consumidor." [RE 593824, rel. min. Edson Fachin, Tribunal Pleno, j. 27-4-2020, *DJe* de 19-5-2020, Tema 176.]

6. Referências bibliográficas

BORGES, José Souto Maior. *A reforma do Sistema Tributário Nacional (Emenda Constitucional n. 18)*. Recife: CRAM – Imprensa Universitária, 1967, 267 p.; COELHO, Sacha Calmon Navarro. *Comentários à Constituição de 1988. Sistema Tributário*. Rio de Janeiro: Forense, 2005; MARTINS, Ives Gandra da Silva. *Sistema Tributário na Constituição de 1988*. São Paulo: Saraiva, 1991; PONTES DE MIRANDA, F. C. *Comentários à Constituição Federal de 1967 com a Emenda 1 de 1969*, 2ª ed., SP: RT, 1970, t. II, p. 361; TORRES, Ricardo Lobo. *Tratado de direito constitucional financeiro e tributário*, v. IV – *Os tributos na Constituição*. Rio de Janeiro: Renovar, 2007; ATALIBA, Geraldo; GIARDINO, Cleber. ICM e circulação jurídica. *Revista de Direito Administrativo*. RJ: FGV, n. 144. Veja-se ainda: *Revista de Direito Tributário*, Malheiros, 11-99; 15-96; 17-77; 19-7; 23-118; 25-101; 29-110; 32-136; 34-204; 36-73; 40-44; CARRAZZA, Roque Antonio. *ICMS*. 12ª ed., SP: Malheiros, 2007; COSTA, Alcides Jorge. *ICM na Constituição e na lei complementar*, Resenha Tributária, SP, 1978, 184 p.; CARVALHO, Paulo de. *A regra matriz do ICM*. SP: PUC/SP, Tese de Livre-Docência, 1981, p. 210 e s.; MATTOS, Aroldo Gomes de. *ICMS – comentários à legislação nacional*. SP: Dialética, 2006; MACHADO, Hugo de Brito. *Aspectos fundamentais do ICMS*. SP: Dialética, 1997; MELO, José Eduardo Soares de. *ICMS – Teoria e Prática*, Dialética. São Paulo, 2006; MOREIRA, André Mendes. *A tributação dos serviços de comunicação*. SP: Dialética, 2006; MENDRONI, Fernando Batlouni. A prestação de serviço de comunicação como hipótese de incidência do ICMS. *Revista Tributária e de Finanças Públicas*. SP: RT, n. 38, p. 63; COSTA, Alcides Jorge. *ICM na Constituição e na lei complementar*, Resenha Tributária, SP, 1978, p. 88; ATALIBA, Geraldo. ICM sobre a importação de bens de capital para uso do importador. *Revista Forense*. RJ: Forense, 1975, v. 250, ano 71, abr.-jun., p. 114-120; BORGES, José Souto Maior. ICM sobre a importação de bens de capital para uso do importador. *Revista Forense*. RJ: Forense, 1975, v. 250, ano 71, abr.-jun., p. 120-131; BALEEIRO, Aliomar. ICM sobre a importação de bens de capital para uso do importador. *Revista Forense*. RJ: Forense, 1975, v. 250, ano 71, abr.-jun., p. 138-150; COÊLHO, Sacha Calmon Navarro. ICMS – Combustíveis e lubrificantes – operações e prestações de serviços de transporte. *Revista Dialética de Direito Tributário*. SP: Dialética, 2000, n. 64, p. 150; TORRES, Heleno Taveira.

Direito tributário das telecomunicações e satélites. São Paulo: Quartier Latin, 2007, 473 p.; SILVA, Paulo Roberto Coimbra; BERNARDES, Flávio Couto; FONSECA, Maria Juliana. (orgs.). *Tributação sobre o Consumo*. São Paulo: Quartier Latin, 2008.

7. Comentários

7.1. Fato jurídico tributário do ICMS – operação, circulação e mercadoria

O fato jurídico tributário eleito pelo Constituinte de 1988 como hipótese de incidência do ICMS deve ser apreendido de modo integral, pois não basta a "circulação", o deslocamento físico ou econômico de um determinado bem; não é suficiente que esse bem seja "mercadoria"; tampouco é em si bastante a ocorrência de "operação", como ato jurídico que enseja a formação negocial. Somente quando a *operação* praticada envolva *mercadorias*, e quando estas sejam postas em *circulação*, é que se terá a efetiva ocorrência do fato jurídico tributário do ICMS. Essa incindível unidade do fato jurídico tributário reclama uma análise não apenas calcada em seus aspectos estruturais e semânticos, mas precipuamente composta a partir da unidade negocial que enseja a transferência de bens entre distintos atores dos atos de produção, industrialização e comercialização.

Não assiste razão, pois, à doutrina episódica que busca acentuar preponderância de um sobre outro elemento da frase deôntica contida na distribuição constitucional de competência do art. 155, II, na medida que só haverá hipótese de incidência possível para o ICMS quando *mercadorias* sejam postas em *circulação* por meio de certas e determinadas *operações*, aqui entendidas, pois, como atos juridicamente qualificados que só interessam aos fins de incidência do imposto na medida que tenham como "finalidade" promover *circulação* de bens qualificados como *mercadorias*, que lhe sirva de "objeto". Nestes moldes, na designação da Competência tributária relativa ao ICMS, o termo "operação" é usado pela Constituição para afastar restrições a respeito do regime jurídico que possa envolver a atividade realizada entre as partes. Qualquer negócio jurídico, típico ou atípico, direto ou indireto, formal ou não formal, poderá ser colhido como fato jurídico tributário do ICMS.

Não se obscurece, pois, a exigência de alguma titularidade jurídica e, igualmente, da formulação de algum negócio jurídico entre as partes, para o surgimento da "operação", que deve ter como "objeto" *mercadorias* e como "finalidade" a *circulação* destas, pela transferência do domínio jurídico da mercadoria entre as partes. A transferência de titularidade entre as partes de bens disponíveis, em mercancia, na forma de "mercadorias", portanto, deve ser feita de modo definitivo e sob certo regime jurídico. É da dinâmica do comércio que as mercadorias transfiram-se de produtor a consumidor, passando por intermediários, em sucessiva cadeia de atos jurídicos, nas suas múltiplas possibilidades, como compra e venda, consignação, encomenda *et caterva*. Sem mercadoria posta em circulação, seja qual for o tipo de negócio jurídico, nenhuma obrigação tributária poderá surgir. E tanto que o STF já decidiu que comodato não pode gerar incidência do ICMS[1].

Mercadorias são modalidades de bens jurídicos quando estes são destinados ao comércio, avaliados segundo a finalidade que desempenham numa atividade econômica, no ciclo de produção-circulação-consumo. Assim, ao tempo que circulam é porque servem de objeto às operações entabuladas entre as partes, nas mudanças de titularidade. A finalidade define, pois, sua diferença específica em relação ao conceito geral de "bens" para o direito. Tratando-se de *mercadoria*, basta para sua qualificação que sejam bens objeto de atos mercantis, transferidos mediante valor de troca, independentemente do título jurídico que a ampare no ato de circulação[2]. *Mercadoria*, portanto, é todo e qualquer produto sujeito a mercancia.

Bens ou mercadorias adquiridos por uma entidade empresária podem ter como destino a mercancia, o consumo ou o ativo permanente. Quando dada destinação mercantil, então teremos "mercadoria" e, com a operação e respectiva circulação, a oportunidade para a incidência do ICMS, com a saída da mercadoria do estabelecimento. Contudo, nada impede que ela possa preferir integrar o bem ao seu ativo ou mesmo destiná-lo a consumo. Em um e outro caso, não há que se falar na incidência do ICMS. Se há mercadoria no patrimônio de uma empresa, das três, uma: ou será consumida (i), ou será devolvida, quando seu ingresso é temporário (ii) ou será transformada em bens industrializados ou revendida (iii). Não importa o negócio jurídico que possa gerar uma das possibilidades desta última situação, na medida que nas anteriores não se opera cabimento para incidência do imposto.

A *circulação* jurídica decorrente da *operação*, como acentuado por Ataliba[3], deve ser o enfoque prestigiado, para bem compreender que só haverá circulação como efeito de operações praticadas entre partes distintas, e desde que estas tenham por objeto *mercadorias*, para ocorrência do fato jurídico tributário do ICMS. E, assim, como sempre recordava o saudoso mestre, "circulação" e "mercadorias" seriam adjetivos, de qualificação, da "operação" tributada, que serviriam para demarcar os limites da incidência do imposto situada rigorosa e estritamente nestes domínios assinalados.

Os negócios jurídicos de circulação aos quais vinculam-se operações com o ICMS serão todos aqueles que as possam justificar, sejam os de compra e venda ou quaisquer outros, pois não se pré-excluem modalidades negociais possíveis, nas palavras de Pontes: "O imposto sobre circulação é o imposto sobre negócio

---

1. RE 70.538-GB, de 25-3-1971; RE 72.263, *RTJ* 63/165.

2. Paulo de Barros Carvalho assim se pronunciou a respeito, demonstrando perfeitamente a localização da questão semântica: "A primeira hipótese supõe que a variedade das operações praticadas pelas pessoas inicialmente concebidas, em conjunto com as equiparadas, dobrem o conceito de '*mercadorias*', premido a explicar situações díspares e até conflitantes. A segunda postula que o termo dominante seja este último, tomando-se como equipolentes a mercadoria outras vozes, como '*gênero*', '*produtos*', '*artefatos*', '*bens*' etc. É óbvio que optamos pela derradeira alternativa, já porque é muito mais fácil equiparar as operações indicadas a negócios jurídicos mercantis, e o direito positivo pode perfeitamente fazê-lo, já porque o raciocínio oposto nos levaria, senão ao absurdo, quem sabe a situação complicadíssima, carente de elaborações de doutrina que modelassem uma figura híbrida e desajeitada, sem qualquer garantia de solução para o problema colocado" (CARVALHO, Paulo de. *A regra matriz do ICM*. SP: PUC/SP, Tese de Livre-Docência, 1981, p. 210).

3. ATALIBA, Geraldo; GIARDINO, Cleber. ICM e circulação jurídica. *Revista de Direito Administrativo*. RJ: FGV, n. 144. Veja-se ainda: *Revista de Direito Tributário*, Malheiros, 11-99; 15-96; 17-77; 19-7; 23-118; 25-101; 29-110; 32-136; 34-204; 36-73; 40-44.

jurídico bilateral, consensual, da *compra e venda*, e sobre qualquer *outro* negócio jurídico bilateral, ou unilateral, de que se irradie circulação"[4]. E não poderia ser diverso, afinal, surge a partir do chamado "Imposto sobre Vendas e Consignações – IVC" e tem como fundamento, indicado na sua exposição de motivos, alcançar "operações" enquanto atividades dos comerciantes, industriais ou produtores, independentemente do tipo contratual existente ou da forma por estes revestidas.

O destino dado ao bem o define quanto ao regime jurídico que se lhe possa empregar. Assim, ele pode destinar-se ao "consumo", ao "ativo permanente", a "estoque", a "comodato", à "circulação" etc. Varia, no patrimônio das entidades empresariais, segundo o destino consignado. Não mais do que isso. Por isso, quando um bem destina-se a operações mercantis, enquanto objeto dos atos jurídicos de comprar, vender, consignar e outros, bilateralmente assumidos, no espaço próprio da juridicidade negocial que os envolve, ele passa a ser qualificado como "mercadoria".

Ou seja, como o viu Pontes de Miranda, "paga o imposto quem os utiliza (produtos) para produtos da sua indústria e os vende, ou apenas, como comerciante, os revende"[5]. Assim, o ICMS será um imposto sobre "consumo", exclusivamente se entendermos "consumo" como o ato que justifica a "venda" ou qualquer outra oportunidade de transferência jurídica entre partes, sobre a qual recai a incidência do tributo. Este é o limite do seu cabimento. Para que haja incidência do ICMS é fundamental verificar a presença de operações que tenham por objeto "mercadorias", assim entendidos os bens sujeitos a circulação mercantil. Não basta o uso ou consumo de bens, a temporária permanência, tampouco o emprego de material em prestações de serviços ou o destino de tais bens ao ativo fixo da entidade. Faz-se mister que o bem seja projetado a etapa seguinte, mediante ato jurídico que permita identificar a definitividade da transferência mercantil, a qualquer título.

A mudança de titular é requisito para a qualificação dos atos de circulação. Quem detém a disponibilidade jurídica sobre um determinado bem pode decidir por conservá-lo em seu poder ou transferi-lo a terceiros. "A mutação patrimonial há de operar-se sob o pálio de um título jurídico", assevera Paulo de Barros Carvalho[6]. Assim, pela transferência da disponibilidade é que se promove a circulação, como efeito de uma operação verificada entre as partes, qualquer que seja a espécie de negócio jurídico praticado entre estas. No âmbito das obrigações tributárias do ICMS, a "circulação" deverá ter por objeto "mercadorias", razão pela qual cumpre determinar o que seja "circulação", mas, ao mesmo tempo, esta vê-se limitada pelo conceito de "mercadoria".

A saída ou a entrada indicam apenas fases da operação e tanto uma quanto a outra podem ser assumidas pelo direito positivo como determinantes para o surgimento do fato jurídico tributário. No caso, tem-se na saída a exteriorização do fato jurídico tributário do ICMS, a marcar, de modo efetivo, o surgimento da obrigação tributária. Saída física que deve coincidir com nexo de causalidade proveniente da combinação entre operação jurídica e a circulação (jurídica) da mercadoria.

Deveras, nesta construção, separam-se duas modalidades de incidência do ICMS, uma sobre "saídas", como "vendas" ou outras espécies negociais que as permitam, seja qual for o negócio jurídico, típico ou atípico, bastando que se configure numa espécie de "operação" (i), enquanto conjunto de atividades que tenha por objeto (relativa a) transferir "mercadorias", que são bens qualificados pelo destino à mercancia, e que estas sejam postas em "circulação", mediante quaisquer atos jurídicos; e, ao lado destas, outra incidência tributária sobre "entradas" (ii) de bem ou mercadoria importados, sem qualquer compromisso com o seu destino ou finalidade, ou seja, consumo ou mercancia, independente do negócio jurídico firmado entre as partes. Não quer dizer que sejam impostos diversos, mas sim modelos distintos de incidência tributária e de requisitos a serem atendidos. Fixemos nossa atenção sobre a primeira modalidade, mas sem perder de vista essa diferença fundamental, na medida que a tributação sobre "entrada" só é admissível como exceção e nos limites autorizados pela Constituição, porquanto a regra geral é a tributação baseada na operação de circulação que enseja "saída", como "venda" ou qualquer outra modalidade negocial diversa do ato de consumo.

Estamos de acordo com outros autores sobre a relativa importância da "saída" para tipificação do fato jurídico tributário do ICMS. O STF, em jurisprudência assentada, exige a transferência de titularidade, não admitindo que a "saída" pudesse justificar que simples transferência entre estabelecimentos do mesmo titular desse origem a fato jurídico tributário, ou na síntese da precisa Ementa, o ICMS: "*não incide* sobre o deslocamento de mercadoria de um estabelecimento para outro da mesma empresa, *sem a transferência de propriedade*". A "saída" deve, pois, coincidir com a transferência jurídica, passando de uma dada entidade patrimonial a outra, segundo o conceito constitucional de "circulação". Pensar em contrário seria contemplar espaço para a ficção jurídica na formação de obrigações tributárias.

Fôssemos aceitar como tributáveis saídas desprovidas de vínculo com operações, estas, sim, hipótese de incidência do ICMS, estaríamos por admitir como possíveis, a recordar Aliomar Baleeiro, fatos como "furto", remoção de bens por bombeiros, em casos de incêndios, mudança de endereço, qualquer um destes, como fato jurídico tributário do imposto. E bem sabemos que isso não enseja tal possibilidade, haja vista a ausência de operação jurídica mediante a qual ato de circulação possa transferir mercadoria a terceiro.

Como bem viu o arguto Geraldo Ataliba: "Disso resulta que, inexistindo operação (...) a simples saída ou entrada em determinado estabelecimento nada significam, são fatos juridicamente irrelevantes (para efeito de causar o nascimento de obrigação tributária). Não tendo havido operação anterior que determine a saída (ou entrada etc.) não há fato imponível: em consequência, não cabe falar em seu aspecto material ou temporal. Partindo-se do pressuposto de que a lei não pode alterar a Constituição e dada a exigência de ocorrência da operação (...) contida no próprio texto constitucional, qualquer momento escolhido pela lei, para reconhecer sua ocorrência, será fato absolutamente irrelevante – como decorrência inafastável da lógica jurídica – se não

---

4. PONTES DE MIRANDA, Francisco Cavalcanti. *Comentários à Constituição de 1967*. 2ª ed., SP: RT, 1973, t. II, p. 507.

5. Idem, ibidem, p. 505.

6. CARVALHO, Paulo de. *A regra matriz do ICM*. SP: PUC/SP, Tese de Livre--Docência, 1981, p. 65.

há operação. Nesse caso, nenhum momento é próprio para dá-la por consumada, já que ela (operação) não existiu"[7].

Como sempre entendeu o próprio STF, "O simples deslocamento físico da mercadoria pelo seu proprietário, sem circulação econômica ou jurídica, não legitima a incidência do ICM. Reconhecido e provido"[8]. E outras decisões semelhantes poderão ser colhidas na jurisprudência deste colendo Tribunal. Como aditado pelo Ministro Marco Aurélio, no seu Voto no AI 271.528-AgR-PA, jamais o STF potencializou o vocábulo "saída" para definir os casos concretos, preferindo manter-se adstrito ao fato jurídico tributário alusivo a operações de circulação de mercadorias.

7.2. Princípio da não cumulatividade

No modelo de IVA, fundado no "consumo", a não cumulatividade decorre da coincidência do princípio do dever de *repercussão* àquele do dever de *dedução* do imposto pago nas operações anteriores, como crédito, para garantir o princípio de não cumulatividade em favor do último sujeito da cadeia plurifásica. Nesta fórmula, o tributo a pagar deve ser a soma relativa a todas as operações de vendas ou prestações de serviços da empresa, na proporção das suas *atividades*, com a base de cálculo correspondendo ao "valor agregado" do bem (o aumento de valor dos produtos consumidos), seguida de liquidação mediante a dedução, autorizada por lei, dos *créditos* (haja vista a translação dos tributos pagos para a operação seguinte), a considerar exclusivamente a) créditos decorrentes de matérias primas ou insumos em geral ou b) todos os créditos obtidos no período, pelo somatório de impostos pagos sobre operações ou tomadas de serviços anteriores.

Segundo os requisitos constitucionais que informam o citado princípio, como se verifica a partir do art. 155, § 2º:

"§ 2º O imposto previsto no inciso II atenderá ao seguinte:

I – será *não cumulativo*, compensando-se o que for devido em cada operação relativa à circulação de mercadorias ou prestação de serviços com o montante cobrado nas anteriores pelo mesmo ou outro Estado ou pelo Distrito Federal;

II – a *isenção ou não incidência*, salvo determinação em contrário da legislação:

a) não implicará crédito para compensação com o montante devido nas operações ou prestações seguintes;

b) acarretará a anulação do crédito relativo às operações anteriores".

Quer dizer, o imposto que for devido em virtude de operação anterior gera crédito para a operação seguinte, mesmo que interestadual, atendidos os requisitos constitucionais, bem como as previsões das leis complementares e dos convênios.

A par deste dever de *dedução obrigatória dos créditos*, insere-se o princípio da *repercussão obrigatória*, para permitir encerrar a cadeia plurifásica que justifica o emprego da referida técnica, de sorte que, seja qual for a quantidade de sujeitos intervenientes no circuito, ao final, haja uma única proporção de incidência tributária, nos exatos limites da alíquota indicada, sem resíduos, a título de custos decorrentes do tributo.

Para apurar o *direito de crédito*, os ordenamentos geralmente elegem um dos seguintes modelos, o de "base contra base" ou o de "imposto contra imposto". O primeiro, considera a soma dos valores relativos às vendas em um certo período para confrontar com o resultado da soma dos produtos adquiridos no mesmo período, a compor a base de cálculo, pela diferença positiva que eventualmente seja encontrada, para então incidir a alíquota correspondente. Ao lado deste, o modelo de "imposto contra imposto", que consiste em aplicar a alíquota sobre todas as vendas produtos ou prestações de serviços de um dado período; calculando-se, ao mesmo tempo, a totalidade do imposto pago por terceiros nas aquisições de produtos ou serviços que sejam custos de tais vendas. O imposto a pagar, nesse caso, será a diferença positiva eventualmente encontrada.

O modelo de *não cumulatividade* eleito pela Constituição brasileira, no caso do ICMS, é uniforme quanto ao tratamento da *plurifasia*, ao exigir que seja compensado *o que for devido em cada operação com o montante cobrado nas anteriores* (art. 155, § 2º, I). Vê-se, a Constituição fez a opção pelo método a aplicar no caso dos referidos impostos. Esta escolha do método de *imposto contra imposto* é vinculante e não admite a inovação na escolha dos critérios de apuração, em virtude da determinação constitucional em favor daquela formulação, ao que o legislador queda-se plenamente vinculado.

O direito ao crédito, na hipótese de tributos não cumulativos, no caso brasileiro, não se vê restringido pela Constituição a um necessário e efetivo "pagamento" do tributo por ocasião das operações anteriores, ao que descabe qualquer limitação a respeito. Isso significa que o direito ao crédito manter-se-á íntegro, ainda que o contribuinte não o tenha aproveitado oportunamente. O abatimento é direito constitucional, portanto, cujo aproveitamento de créditos não perece pelo não aproveitamento tempestivo, mantendo-se com idêntica característica para que possa ser usado posteriormente, até o limite da prescrição para repetir o indébito, segundo a modalidade de lançamento tributário efetuado.

Em síntese, quando a Constituição prescreve que a *não cumulatividade* realiza-se *compensando-se o que for devido em cada operação com o montante cobrado nas anteriores*, outra não pode ser a assertiva, está a exigir a aplicação de um eficiente sistema de abatimentos, de deduções dos créditos apurados nas operações anteriores para compensação com as seguintes. E isso requer aquele somatório do dever de *repercussão* (a reclamar destaque em nota fiscal) com aquele dever de *dedução* do imposto pago nas operações anteriores, para garantir o princípio de não cumulatividade em toda a cadeia plurifásica.

No caso de isenção ou imunidade no meio ou no final da cadeia, há de prevalecer sempre o princípio do tratamento plurifásico mediante o critério da não cumulatividade, nos tributos que assim sejam conceituados pela Constituição, respeitando-se o direito de crédito e preservando-se o princípio de tributação fundada no consumo, pelo dever de translação do tributo incidente. No caso do ICMS e do IPI, necessariamente, deve haver sempre observância do dever de reconhecimento de créditos nas operações posteriores àquelas isentas ou não tributa-

---

7. ATALIBA, Geraldo. ICMS – competência impositiva na Constituição de 1988. *Revista de Direito Administrativo*. RJ: FGV, 1994, n. 195, p. 24-36.

8. RE 93.523-AM, STF, 2ª T., rel. Min. Cordeiro Guerra, j. em 24-8-1982.

das⁹ (a exemplo do art. 155, § 2º, I e II, da CF), bem como devolução nas hipóteses de exportações, como medida fundamental para garantir o princípio fundamental dos tributos plurifásicos não cumulativos.

7.3. Sujeito passivo: contribuintes do ICMS

Para evitar conflitos de competência em função da designação material do contribuinte, a Constituição reclama que Lei Complementar disponha expressamente sobre estes, no caso dos impostos em geral (art. 146, III, "a", da CF) e do próprio ICMS em particular (art. 155, § 2º, XII, "a", da CF), ao exigir que cabe à lei complementar *definir seus contribuintes*.

No sistema brasileiro, o sujeito passivo tributário encontra-se designado a partir da própria distribuição constitucional de competências, segundo a materialidade que se vê ressaltada a cada caso, do qual pode-se perfeitamente extrair que pode ser o contribuinte ou o responsável tributário de cada imposto. A opção legislativa, nesse caso, limita-se a eleger qual das possibilidades oferecidas atenderá melhor à técnica que pretenda adotar a cada caso.

A sujeição passiva do ICMS depende da destinação mercantil dos bens que ingressam no estabelecimento. Salvo os casos expressamente autorizados pela Constituição ou pela Lei Complementar, somente a "saída" justifica a incidência do ICMS sobre as operações realizadas pelo contribuinte. Responde pelo tributo, no ICMS, aquele que promove o ato de *circulação de mercadorias*, que não é o consumidor direto, mas sempre o sujeito que dá ensejo à sua execução. Esqueçamos o ICMS na importação. Afora este e as hipóteses de serviços, ou o sujeito é o *produtor* da mercadoria (na venda ou troca), *industrial* (que modifique a natureza, o funcionamento, o acabamento, a apresentação ou a finalidade de produto, ou o aperfeiçoe para o consumo), *atacadista* (mercadoria destinada à revenda ou à industrialização) ou *comerciante* (mercadoria destinada a uso ou consumo do próprio destinatário). É a destinação ao comércio que gera a aplicação desse tributo¹⁰, não a aquisição, a qualquer título, na forma de mercadoria, do bem posto em circulação.

Outro caso para assumir a condição de "contribuinte" é aquele da hipótese em virtude do *volume que caracterize intuito comercial*. Nesta, provadas as práticas de "operações de circulação de mercadoria", ou seja, a colocação dos bens em comércio (i) e que isso possa caracterizar-se a partir de um certo volume, e volume este que *caracterize intuito comercial* (ii), teríamos condições de determinar a sujeição passiva evidenciada.

Simples entradas de bens destinados a consumo ou em admissão temporária não se prestam a definir a ocorrência do fato jurídico tributário do ICMS, que exige a prática de "operação de circulação de mercadoria", que é a situação necessária e suficiente a ser realizada pelo sujeito passivo, o qual somente poderá ser considerado como "contribuinte" pela *habitualidade* ou quando as práticas de "operações de circulação de mercadoria" sejam promovidas em *volume que caracterize intuito comercial*.

Volume que caracterize intuito comercial não pode ser presumido ou bastar-se com simples inscrição em cadastros de contribuintes do ICMS. Antes, requer demonstração substantiva, na medida que se presta a permitir a alteração do regime jurídico ao qual se vê submetido o contribuinte. Desse modo, requer prova fundamentada por meio da qual se possa qualificar o contribuintes do ICMS.

7.3.1. Sujeito passivo: a substituição tributária no ICMS

Com a Emenda Constitucional n. 3/93, que acrescentou o parágrafo 7º ao art. 150 da Constituição Federal, adveio o regime da substituição tributária em nosso País, com o seguinte texto, muito claro e bem assentado quanto aos seus pressupostos e efeitos decorrentes, a saber: "A lei poderá atribuir a sujeito passivo de obrigação tributária a condição de responsável pelo pagamento de imposto ou contribuição, cujo fato gerador deva ocorrer posteriormente, assegurada a imediata e preferencial restituição da quantia paga, caso não se realize o fato gerador presumido".

"Substituto tributário" é aquele que, submetido a uma obrigação típica e pessoal (a do substituto), antecipa o dever atribuído ao *contribuinte* (substituído), pagando o tributo que virá a ser devido por este, mas em seu nome (do substituto), porque assim dispôs a lei. Trata-se de um "intermediário" legalmente interposto, para os fins de *arrecadação* tributária, mas com obrigação patrimonial própria.

Diversamente do que acontece com os agentes de retenção ou com o diferimento, o *substituído* não fica como se fosse um estranho à sistemática de arrecadação, porquanto esta não se opera exclusivamente em face do *substituto*, na medida em que será a situação jurídica do *substituído* que servirá como base para a incidência da norma tributária impositiva (no substituto), pela respectiva demonstração de capacidade contributiva, além de se operar necessariamente o regime de compensação entre o substituto e o substituído, de modo a retirar deste o impacto da incidência tributária, e ter-se, ainda, ao final, a possibilidade de acertamento de eventual diferenciação. Tudo, porém, acompanhado de um regime de presunção sobre o fato jurídico e suas consequências patrimoniais.

O regime jurídico aplicável ao substituto será sempre o do substituído, de tal sorte a termos, assim, pelo menos duas normas distintas incidindo: uma que define a obrigação tributária patrimonial do substituto; e outra tomando o *substituído* como sujeito passivo de obrigação própria, quando da ocorrência do respectivo fato gerador constitucionalmente pressuposto para confirmar os efeitos de definitividade da arrecadação.

A própria relação entre substituto e substituído, nos moldes das relações de não cumulatividade, deve prestar-se ao adequado reembolso das quantias pagas antecipadamente ao substituto, que se perfaz plenamente numa relação de ordem tributária, estipulada por lei, como forma de ressarcimento do tributo antecipado a partir da obrigação tributária anterior (substituto) em face da obrigação tributária posterior (substituído).

Desse modo, no mecanismo da substituição identificamos três *relações jurídicas* tributárias típicas (i. Fisco e substituto, ii. substituto e substituído, iii. Fisco e substituído), decorrentes de três *fatos jurídicos* distintos (*a.* sobre a operação do substituto – *antecipação*, *b.* a operação verificada entre o substituto substituído – *ressarcimento*, *c.* e sobre a operação do substituído – *presu-*

---

9. Cf. COSTA, Alcides Jorge. *ICM na Constituição e na lei complementar*, Resenha Tributária, SP, 1978, 184 p.; FERRAZ JÚNIOR, Tercio Sampaio. *Interpretação e estudos da Constituição de 1988*. SP: Atlas, 1990, p. 59-69.
10. PONTES DE MIRANDA, Francisco Cavalcanti. *Comentários à Constituição de 1967*. 2ª ed., SP: RT, 1973, t. II, p. 504.

mida), decorrentes de três ordens de *normas jurídicas* também distintas, 1) a definidora do regime de substituição, que constitui o fato jurídico do substituto; 2) a que estabelece o regime de não cumulatividade; e 3) a que constitui a obrigação tributária material, constitucionalmente pressuposta, do substituído, sendo esta a única com o poder de conferir definitividade ao pagamento efetuado na primeira, ou garantir o afastamento daquele regime, fomentando a devolução dos valores antecipados, caso não se verifique o fato jurídico presumido.

Mas é claro que o direito ao ressarcimento, pura e simplesmente, não determina a presença de um modelo de substituição tributária. Mister que o sujeito com o direito de crédito encontre-se submetido a uma tributação própria (substituto), com o fim de antecipação, e o sujeito devedor esteja numa etapa seguinte do ciclo plurifásico, definido como efetivo contribuinte do imposto devido. Eis porque o direito de compensação ou restituição é pressuposto inafastável para manutenção do terceiro vínculo obrigatório – primeiro, em ordem lógica, o único que garante a definitividade da tributação.

A tributação sobre o substituto apenas antecipa o pagamento do tributo, que ficará nos cofres públicos sob condição suspensiva de ocorrência do fato jurídico tributário no substituído, mediante presunção. Com a ocorrência deste, reconhecido em ato de lançamento, extinguir-se-á o crédito tributário, na proporção do quanto foi antecipado pelo substituto. E isso deve ser assim porque o substituto sempre deve ter um meio de receber ou cobrar do substituído o que recolheu. É por essa razão que se exige tenha o substituto vínculo com o substituído ou com a situação que constitui o respectivo fato jurídico tributário. Isto porque, sendo o substituto um terceiro (que não realiza o fato jurídico tributário), parece evidente que este deve ter a possibilidade de ressarcir-se do imposto de quem seria o natural sujeito passivo da obrigação tributária, de sorte a ser observado o princípio da capacidade contributiva.

7.4. ICMS na venda de mercadorias acompanhada de prestações de serviços

Na leitura da Constituição, para prevenir conflitos entre ICMS e ISS, como acima descrito, encontramos regra cuja hermenêutica esclarece os pontos aqui versados. Trata-se da alínea "b", do inciso IX, do § 2º, do art. 155, a saber:

"§ 2º O imposto previsto no inciso II atenderá ao seguinte:

(...)

IX – incidirá também:

(...)

b) sobre o *valor total da operação*, quando *mercadorias* forem fornecidas com *serviços não compreendidos na competência tributária dos Municípios*".

Dessa disposição, algumas conclusões são imediatas, no que concerne à distribuição constitucional de competências entre estados e municípios:

1. Sempre que houver serviço prestado e que este se encontre previsto *na competência tributária dos Municípios*, mesmo que acompanhado do fornecimento de mercadorias, não haverá incidência de ICMS.

2. *Serviços não compreendidos na competência tributária dos Municípios* não são aqueles alheios à "lista de serviços", porquanto seriam típicas hipóteses de "não incidência tributária", mas sim os expressamente excluídos da "competência" dos municípios, ou seja, os serviços do próprio inciso II, do art. 155, ou ainda a exportação de serviços[11].

O primeiro critério é, sem dúvida alguma, a clara demarcação material de competências operada pela própria Constituição, para que estados e municípios possam exigir seus impostos (ICMS e ISS, respectivamente). Como já explicitado acima, o ICMS deve restringir-se à incidência sobre "*operações* relativas à *circulação* de *mercadorias*"; e o ISS, aos "*serviços de qualquer natureza*, não compreendidos no art. 155, II, *definidos em lei complementar*". Esta exclusão material de poderes legislativos em matéria impositiva consiste no que chamamos de "norma de exclusão material expressa", no estudo das *incompetências*, como reflexo da reserva de poder normativo que elas operam. São limites intransponíveis, que se implicam para evitar o vício da *incompetência*.

Na solução de potenciais conflitos de competência, a materialidade constitucional deverá prevalecer sempre, para afirmar a titularidade da capacidade tributária ativa. Salvo exceção constitucional expressa ou exclusão admitida pela Lei Complementar, esta será sempre a regra. Vi-o argutamente Aires Barreto, "não há competência 'residual' dos estados para tributar serviços"[12], o que complementamos, inclusive sob o pálio de supostas presunções de "saídas" de bens, não qualificados como mercadorias.

Quanto ao emprego de materiais e fornecimento de mercadorias, os serviços são por nós classificados em *exclusivos*, quando desprovidos do emprego de qualquer material na sua realização (i), *adicionados*, quando aqueles envolvam o emprego de materiais, a utilização de máquinas ou equipamentos (ii), ou *combinados*, quando são prestados juntamente com o fornecimento de "mercadorias" (iii). Somente diante dessas duas últimas hipóteses poderá haver alguma incidência do ICMS sobre o emprego de materiais (ii) ou fornecimentos de mercadorias (iii). Somente o *destino* conferido ao bem poderá determinar se se trata de mercadoria ou de "material" empregado na prestação de serviços. Destinado que seja à circulação e mercancia, será necessariamente objeto de tributação pelo ICMS, haja vista a condição de "mercadoria" que adquire. Diversamente, se o bem adquirido tem como propósito facilitar ou permitir a prestação de serviço, de "mercadoria" já não se trata, mas de simples "material" empregado, o que é bem outra coisa e somente poderá ser tributo pelo ISS, no valor total da operação. De fato, a distinção entre "bens" qualificados como fornecimento de materiais, na prestação de serviços, sobre as quais recai o ISS; e "bens" oferecidos à circulação, sob a forma de mercadorias, nas operações sujeitas ao ICMS, é da maior importância. Observa Aires Barreto, a coisa é objeto de contrato e sua entrega é a finalidade da operação; naquela, a coisa é simples meio para a prestação do serviço[13].

Como visto, na medida em que compete aos municípios instituir impostos sobre "serviços de qualquer natureza, não compreendidos no art. 155, II, definidos em lei complementar", con-

---

11. Com equivalente opinião, veja-se: BARRETO, Aires F. *ISS na Constituição e na Lei.* SP: Dialética, 2003, p. 50.

12. BARRETO, Aires F. *ISS na Constituição e na Lei.* SP: Dialética, 2003, p. 185.

13. Idem, ibidem, p. 188.

forme o art. 156, III, da Constituição, somente estes detêm a competência material para tributar as prestações de serviços, sancionar seus eventuais descumprimentos de obrigações principais ou acessórias, determinar seus sujeitos passivos e regular suas presunções, tudo nos limites autorizados pela lei complementar[14]. E isso, mormente quando se trata de serviço expressamente previsto em Lei complementar, como se verá.

Ao combinar as regras acima referidas, chega-se às seguintes conclusões, formuladas a partir da regra Constitucional, na discriminação de competências e na alínea "b", do inciso IX, do § 2º, do art. 155:

1. O ICMS não pode incidir sobre fornecimento de "mercadorias" (materiais) com prestação de serviços sujeitos ao imposto sobre serviços, de competência dos Municípios;

2. O ICMS não pode ser exigido sobre os serviços mencionados na Lista sequer quando sua prestação envolva fornecimento de "mercadorias" (materiais), salvo exceção expressa;

3. O ICMS somente poderá incidir sobre as exceções expressas da lista, no que a lei complementar admite a tributação do fornecimento de "mercadorias" vinculadas às prestações de serviços.

Desse modo, conforme regra expressa da Constituição, que define o único caso em que tal incidência poderá ocorrer, serviços expressamente consagrados na competência tributária dos municípios, e tanto mais quando previstos taxativamente na respectiva lista de serviços, em nenhuma hipótese, poderão ser objeto de incidência tributária do ICMS, a justificar o exercício de competência administrativa das autoridades estaduais no lançamento de tributos ou aplicação de sanções pecuniárias.

7.5. ICMS na importação

A Constituição da República outorgou aos Estados competência para instituir imposto sobre "*operações relativas à circulação de mercadorias*" (art. 155, II, da CF), inclusive sobre "*a entrada de bem ou mercadoria importados do exterior por pessoa física ou jurídica, ainda que não seja contribuinte habitual do imposto, qualquer que seja a sua finalidade* (...)", conforme o inciso IX, do § 2º, do mesmo artigo, com modificação introduzida pela Emenda Constitucional n. 33, de 2001. Neste passo, o *ICMS* incide também sobre a importação de mercadorias, mas guarda peculiaridades distintas do ICMS que alcança a circulação (interna) de mercadorias. A primeira diferenciação é que este é um tributo que incide sobre "entrada" e não sobre "saída" de mercadorias, e a segunda, é que o crédito gerado será assumido pelo estabelecimento da entrada "física" da mercadoria importada, seja qual for o regime jurídico entre as partes nos contratos firmados.

O *fato imponível* do ICMS-importação ocorre, pois, com a entrada "física" da mercadoria importada do exterior. De fato, por força do *critério territorial de repartição de competências impositivas*, o ICMS é devido à Unidade Federativa onde a importação se consuma, pela realização do desembaraço aduaneiro, à vista da localizado do "*estabelecimento onde ocorrer a entrada física*" da mercadoria. Convém lembrar que o critério adotado pela Constituição, na partilha das competências impositivas dos Estados, foi, além do material, o *territorial*. Noutros termos, levou em conta, para a solução de possíveis conflitos, o âmbito de aplicação territorial das leis que criam os impostos estaduais. Este critério exige que a única lei tributária aplicável seja a do Estado-membro onde o *fato imponível* ocorreu.

Assim, em decorrência da alínea "d", do inciso XII, do § 2º, do art. 155, da Constituição, tem-se, em síntese, o quanto segue:

i) o critério espacial do fato gerador do ICMS-Importação é o local das operações, admitido este como o "*estabelecimento onde ocorrer a entrada física*";

ii) a condição para aperfeiçoamento do fato acima descrito, para permitir a exigibilidade do ICMS, é que se verifique um ato de importação, identificado no momento do desembaraço aduaneiro;

iii) o Estado competente para exigência do tributo é aquele onde se verifique a ocorrência das operações de importação, este entendido o local onde se verifique a entrada física e onde se realiza o desembaraço aduaneiro das mercadorias importadas;

iv) o sujeito passivo será aquele "*estabelecimento onde ocorrer a entrada física*" da mercadoria;

v) o direito de crédito, inerente à não cumulatividade, deverá ser reconhecido em favor do adquirente das mercadorias.

Como se verifica, o regime geral do ICMS-Importação constitui-se de modo inteiramente harmônico com os pressupostos de distribuição constitucional de competências entre as unidades federadas e de determinação do sujeito passivo das obrigações tributárias e bem assim com os valores da não cumulatividade.

Para as *exportações*, conforme o texto constitucional vigente, como modo de afirmar o princípio da não cumulatividade, encontra-se previsto que não incidirá impostos sobre *produtos* destinados ao exterior, a título de ICMS (art. 155, § 2º, X, "a"), numa franca aplicação do princípio do país de destino para a tributação de produtos no comércio internacional. Neste diapasão, a devolução dos créditos acumulados é um dever que se impõe a todos os Estados, para todos os atos de exportação.

7.6. A competência constitucional dos serviços de comunicações no ICMS

A Constituição prescreve, no seu art. 155, II, competência material para Estados e Distrito Federal para instituir imposto *sobre prestações de serviços de comunicação*. E ao lado dessa disposição, o § 3º, do art. 155, estabelece regra de exclusão e imunidade, ao prever que à exceção do ICMS, nenhum outro imposto poderá incidir sobre operações relativas à *serviços de telecomunicações*.

Desse modo, a Constituição usa dos termos "comunicação" e "telecomunicação", e sobre estes põe-se o intérprete no desafio de identificar e qualificar, com precisão, quais os limites do conceito de "comunicação", usado na demarcação constitucional da competência tributária, em face daquela cláusula de exclusão, a qual se reporta aos serviços de "telecomunicações".

A "comunicação", como aspecto material da hipótese, serve unicamente à delimitação finalística da prestação de serviço. O que importa é verificar a concretização da atividade-fim de comu-

---

14. Ou, como aduz Aires Barreto: "É-lhe vedado dizer que aquilo que não é mercadoria tem o regime tributário desta. É-lhe impossível dispor que serviço possa ser tributado pelo Estado" (BARRETO, Aires F. *ISS na Constituição e na Lei*. SP: Dialética, 2003, p. 187).

nicação entre os interlocutores, a partir das atividades-meios colocadas à disposição dos usuários pelo prestador do serviço. Neste aspecto, faço questão de referir-me ao importante estudo de Fernando Mendroni, no qual conclui que a expressão "comunicação" abrange qualquer conteúdo, não se podendo restringir previamente suas possibilidades[15].

Esse é exatamente o sentido que nos cabe assumir. O ICMS incide sobre "prestações de serviços de comunicação", e não sobre uma multifacetada noção de "comunicação", como muitos pensam. O que temos a fazer é compreender melhor as múltiplas possibilidades do conceito de "serviço", para seu adequado emprego no âmbito das telecomunicações, a cada etapa ou "prestação".

O que efetivamente deve-se identificar, para os fins de incidência do ICMS-comunicação, como motivo para justificar algum ato de aplicação, é a presença da "prestação onerosa de serviço de comunicação", quer dizer, de mensagem de qualquer espécie e veiculada por quaisquer meios que tenham condições efetivas para o provimento daquela finalidade. Faz-se mister, portanto, que se opere um negócio jurídico que tenha por objeto a prestação de serviço de comunicação, de caráter sinalagmático e oneroso. Assim, não basta a simples colocação de meios à disposição ou qualquer outro ato preparatório ou acessório da comunicação. O que permitirá a incidência será sempre a "prestação do serviço", ou seja, o "fazer" mediante um conjunto de meios e infraestrutura disponíveis e em funcionamento que permita concluir algum ato de comunicação entre emissor e receptor, efetivamente concretizado.

Para os desígnios da competência, não importa o ato natural de comunicação, entre pessoas presentes; mas o ato comunicacional entre ausentes, mediado por negócio jurídico que deve ter como "causa" jurídica a prestação de serviços que permitam a concretização de tal propósito, seja qual for o meio ou o conteúdo da mensagem. A simples circunstância de uma pessoa comunicar-se com outra não faz nascer obrigação tributária, sem que antes se tenha a prestação onerosa de meios, de modo a tornar efetiva e concreta a comunicação que serve de motivo para a incidência tributária. Tampouco a colocação de meios que não coincidam com o aperfeiçoamento efetivo da relação comunicacional pelos utentes interessados. Meios e fins hão de coincidir na efetiva prestação de serviços.

Como diz Roque Carrazza, "note-se que o ICMS não incide sobre a comunicação propriamente dita, mas sobre a 'relação comunicativa', isto é, a atividade de, em caráter negocial, alguém fornecer, a terceiro, condições materiais para que a comunicação ocorra. Mas não apenas isso: é mister, ainda, que a mensagem seja captada pelo destinatário (fruidor) do serviço. (...) Noutras palavras, o serviço de comunicação tributável por meio de ICMS exige, preliminarmente, a colocação, à disposição do usuário, dos meios e modos necessários à transmissão e recepção de mensagens. E, depois, é claro, que a comunicação se complete (ou, pelo menos, que esteja potencialmente apta a completar-se) porque, afinal, o que se tributa, no caso, não é a simples contratação do serviço"[16]. A brilhante e já clássica síntese manifesta o que pensamos.

Desse modo, somente os serviços prestados a qualquer título, mediante contraprestação onerosa, para permitir a comunicação entre interlocutores, poderá ser objeto da incidência do ICMS, como expressão da competência constitucional que autoriza a tributação sobre *prestações de serviços de comunicação*.

Como se pode perceber, o conceito de "serviço de comunicação" quedava-se restrito àqueles serviços (i) que servissem de meios da prestação ou fossem espécie de "transmissão" ou "recebimento", que (ii) veiculassem mensagens "escritas", "faladas" ou "visuais", como modalidades de "comunicação" e (iii) não se limitassem tais atos ao território dos municípios (como critério de eliminação de conflito de competência em relação aos municípios, com competência para cobrar ISS sobre prestações de serviços limitadas ao território destes).

Vê-se, a simples circunstância de uma pessoa comunicar-se com outra não faz nascer obrigação tributária, sem que antes se tenha a *prestação onerosa*, por um terceiro que coloca meios e infraestrutura adequada para tornar efetiva e concreta a comunicação que serve de motivo para a incidência tributária. A colocação de meios que não coincidam com o aperfeiçoamento de efetivação da relação comunicacional pelos utentes interessados não coincide com o conceito constitucional de prestação de serviços de comunicação. Meios e fins hão de coincidir na efetiva prestação de serviços. E, do mesmo modo, os serviços complementares ou de valor adicionado. Em qualquer caso, sem prestação efetiva de serviço de comunicação não se aperfeiçoa o suporte fático de incidência do ICMS em nenhuma hipótese.

O vocábulo "telecomunicação", como utilizado de há muito, e etimologicamente não é mais do que "comunicação à distância", cuja particularidade define-se apenas em função dos meios utilizados, de sinais de fumaça, telefonia, telegrafia, radiocomunicação ou outro. Por razões óbvias, interessa-nos aqui apenas a *telefonia comutada*.

As *telecomunicações* prestam-se ao "como permitir a comunicação entre ausentes", superando distâncias, o que exige "meios" próprios para tal fim, porque, como é sabido, toda a *comunicação* pressupõe os mesmos elementos de um ato de conhecimento: emissor, receptor, mensagem e canal de transmissão. Mas a garantia de êxito da comunicação precisa ainda que a mensagem seja emitida em um código comum ao emissor e receptor; e que a transmissão seja feita sem interferências, i.e., sem ruídos.

Entre *presentes*, bastam as condições naturais de meios (fala e gestual), transmissão e recepção, mas a *comunicação* pode também ser *à distância*, o que reclamará intermediários ou terceiros que promovam o transporte da informação. No primeiro caso, tem-se uma relação comunicativa *individual* (os que intervêm no processo comunicativo estão *determinados* – emissor e receptor), *imediata* (comunicação em tempo real), direta (sem uma *interferência ativa* de terceiro), e de recíproca troca de informações. Entre *ausentes*, quando não há comunicação direta e imediata, a relação comunicativa exige meios que superem a distância e contem com a intermediação de terceiros prestadores de serviços,

---

15. MENDRONI, Fernando Batlouni. A prestação de serviço de comunicação como hipótese de incidência do ICMS. *Revista Tributária e de Finanças Públicas*. SP: RT, n. 38, p. 63.

16. *ICMS*. 12. ed. São Paulo: Malheiros, 2007.

que se ocupam unicamente da viabilidade do contato entre os polos comunicantes. Exemplos disso são os correios, como também outros meios de telecomunicações (telégrafos e telefones). Tais meios garantem a possibilidade comunicativa, mediante o fornecimento de condições satisfatórias para propiciar a intercomunicação à distância, superando os limites dos meios naturais, em comunicação direta.

Desse modo, para que um determinado utente possa alcançar seu destinatário, transmitindo uma mensagem em código comum, à distância, faz-se necessário providenciar a prestação de serviços de um terceiro e seu meios, i.e., um canal de transmissão, e que tal sirva a permitir uma comunicação eficiente, sem interferência ou ruídos e preservada no seu conteúdo, com respeito aos valores constitucionais que garantam seu conteúdo (difusão ou reserva).

Por conseguinte, tudo o que não for serviço oneroso de *comunicação*, mesmo que se tratando de serviço de telecomunicação, tampouco será passível de tributação pelos municípios, mediante aplicação do Imposto sobre Serviços. E isso em virtude da imunidade contida no § 3º, do art. 155, da CF. Em realidade, quando o art. 156, III, identifica a competência dos municípios para tributar "serviços de qualquer natureza", à ressalva "não compreendidos no art. 155, II" deve-se acrescer o § 3º, do mesmo artigo, pela vedação expressa a qualquer outro "imposto" sobre *telecomunicações*.

Extensões indevidas que possam ser feitas pelos Estados, no seio de convênios, a tal respeito, desbordaria do espaço que lhe foi reservado pela Constituição, em nítido conflito com regra imunitária. Em resumo, nem todas as atividades de telecomunicações constituem "prestações onerosas de serviços de comunicação", e o que remanesce no espaço das *telecomunicações*, mas fora do conceito de serviço de *comunicação*, encontra-se em induvidoso espaço de imunidade. Dito de outro modo, *serviços de comunicação* podem ser prestados mediante serviços de telecomunicações, mas nem todos os serviços de telecomunicações constituem serviços de comunicação[17], para os efeitos da aplicação do ICMS.

Em resumo, os serviços de telecomunicações somente coincidirão com o âmbito de incidência do ICMS quando se prestem à efetiva concretização de um ato de *comunicação* entre os utentes, a partir de alguma "prestação onerosa de serviços de telecomunicação", nos termos autorizados pela Constituição e por lei complementar. Na presença de qualquer ato oneroso de prestação de serviços de *telecomunicações*, para que se aperfeiçoe a incidência do ICMS, urge, pois, que tal serviço coincida com algum ato que concretize a relação fim, não se bastando a instrumentalização inerente às telecomunicações. Para todos os demais, contudo, vigora a imunidade assinalada no § 3º, do art. 155, da CF, seja qual for a modalidade ou meios.

7.7. O fato jurídico tributário do ICMS-transporte: prestação, deslocamento de bens e remuneração

Segundo a Constituição Federal, artigo 155, II, compete aos Estados e ao Distrito Federal instituir impostos sobre operações relativas à circulação de mercadorias e sobre prestação de *serviços de transporte interestadual e intermunicipal*, ainda que as operações e as prestações se iniciem no exterior.

Como limites materiais do ICMS-Transporte, a Constituição prescreve, no seu art. 155, II, competência material dos Estados e Distrito Federal para instituírem imposto "sobre prestações de serviços de transporte interestadual e intermunicipal" (art. 155, II, da CF). Esta é a materialidade admitida pela Constituição para a tributação dos serviços de transporte entre estados ou entre municípios, no que remanescem em espaço de não incidência os transportes municipais, as *prestações de serviços de transportes internacionais iniciados no Brasil* e concluídos no exterior (prevalece o regime de destino, portanto) e os serviços de transporte realizados entre as *águas territoriais da União*. De se ver, pois, que serviços prestados integralmente no exterior não poderiam ser colhidos pela tributação estadual, a título de ICMS-transportes, em virtude da exigência contemplada no art. 155, § 2º, IX, "a", da Constituição, i.e., pela carência do requisito de sua conclusão no País[18]. São espécies, portanto, de exclusão lógica do campo material de competência dos Estados.

Do mesmo modo que, salvo as modalidades de *serviços públicos* de transportes *prestados diretamente pelo Estado* (art. 175, da CF), com contraprestação eventual de taxa (art. 145, II, da CF) e reconhecimento da imunidade tributária recíproca (art. 150, VI, "a", da CF); nas hipóteses de *concessão, permissão ou autorização do serviço público* (art. 175, da CF), com transferência aos particulares dos direitos de exploração das atividades pertinentes à modalidade de transporte em questão, havendo cobrança de preço público ou tarifa, afasta-se a imunidade recíproca (art. 150, § 3º, da CF) e passam a ser justificados os impostos cobrados em virtude de tais prestações, não se podendo perquirir de contraste com a Constituição a superação da imunidade e afastamento da cobrança de taxa.

A legislação estadual do ICMS-Transporte somente poderá alcançar a *prestação de serviços de transporte interestadual e intermunicipal*, prestado por qualquer via, cuja ocorrência temporal do fato gerador do imposto coincida com o *"início da prestação de serviços de transporte* interestadual e intermunicipal, de qualquer natureza", e que tenha como *local da prestação* aquele onde se tenha início a prestação. E para os fins de cobrança do tributo, a base de cálculo do imposto deverá ser o *respectivo preço* do serviço.

Em face destas regras de qualificação material e de ordem temporal, é inequívoco que somente justificam incidência tributária, no exercício de competências dos Estados, os atos de "prestações", a título oneroso, de *serviços de transporte*, quer dizer, de operações negociais que tenham o "preço" do serviço como contraprestação, para colocação de quaisquer meios à disposição, entre transportador e remetente, com vistas a garantir o deslocamento de pessoas, bens, mercadorias e valores entre pontos distintos interestaduais ou intermunicipais.

---

17. "Os dois conceitos não se encontram, portanto, numa relação de gênero e espécie, mas numa relação de mera interseção ou sobreposição parcial. Trata-se de realidades secantes pois, por um lado, só a comunicação entre dois sujeitos que, para se realizar, careça da prestação, por terceiro de serviços de transmissão, emissão e recepção envolve uma prestação de serviços de comunicação; e, por outro lado, simetricamente, só as atividades de telecomunicações que assegurem e se esgotem na transmissão, emissão e recepção, têm por escopo o estabelecimento de uma relação comunicativa, e constituem pois a prestação de um serviço de comunicação" (Xavier, Helena de Araújo Lopes. O conceito de comunicação e telecomunicação na hipótese de incidência do ICMS. *RDDT*, SP, 2001, n. 72, p. 81).

18. "IX – incidirá também: a) (...) sobre o serviço prestado no exterior, *cabendo o imposto ao Estado onde estiver situado o domicílio ou o estabelecimento do destinatário da mercadoria, bem ou serviço.*"

Quanto aos meios, não fez o Constituinte qualquer distinção, podendo ser ferroviário, lacustre, fluvial, marítimo, aeroviário ou rodoviário; e, do mesmo modo, quanto às modalidades dos transportes, se de cargas ou de passageiros, público ou privado, quanto ao uso destinado ao atendimento de necessidades públicas (interesse coletivo) ou de sujeitos isolados (privado).

E para prestigiar os contornos dessa delimitação, a Constituição exige do legislador nacional a edição de normas gerais (sentido amplo), nos termos do art. 146, III, "a", da CF, mediante Lei Complementar, a definir o "fato gerador" do imposto; e, em norma geral especial, igualmente a ser introduzida por meio de Lei Complementar (art. 155, § 2º, XII, "d"), que esta venha a fixar o local das operações relativas às prestações de serviços.

O "serviço de transporte" tributado será aquele que se presta ao deslocamento de bens, mercadorias, valores ou pessoas entre pontos situados em estados ou municípios diversos, quando aperfeiçoado mediante determinada *prestação*, como efeito de operações praticadas entre partes distintas, mediante atos onerosos. Eis a unidade incindível do fático que autoriza a incidência do ICMS-Transporte, pois não basta o "transporte", o deslocamento físico ou econômico de um determinado bem; tampouco é em si bastante a ocorrência de "prestação", como ato jurídico que enseja a formação negocial. Somente quando essa *prestação* envolva efetivo *transporte*, na forma de *serviço* prestado, mediante determinado *preço*, entre mais de um sujeito de direito, é que se terá a efetiva ocorrência do fato jurídico tributário do ICMS-transporte aqui aludido.

Neste diapasão, observa Roque Antonio Carrazza: "Reiteramos, pois, que este imposto deve ter por *hipótese de incidência* o fato de uma pessoa (física ou jurídica) prestar, a terceiro, em caráter negocial, um serviço de transporte intermunicipal ou interestadual"[19].

É mister, pois, que exista entre as partes uma *prestação de serviço*. A incidência tributária do ICMS-Transporte não se contenta com a "forma", mas requer evidências da ocorrência efetiva do ato de prestação de serviço, o que é mesmo que dizer sobre ausência das impossibilidades de consumação da prestação do serviço. Ou seja, se é de prestação de serviço que se trata, exige-se a realização efetiva de um dado "fazer", entre prestador e tomador de serviços, partes diferentes, e, ainda, que a prestação desvele certo "conteúdo econômico", patrimonialmente quantificável.

Destarte, para que se perfaça legítima exigência do ICMS-Transporte, urge ocorrer o fato jurídico tributário. É preciso existir uma "prestação de serviço", ou seja, qualquer ato ou negócio jurídico que, a título oneroso, entre partes distintas, tenha como objeto a transferência de bens, mercadorias, valores ou pessoas de um ponto a outro.

7.8. Isenções previstas em convênio

Da leitura dos preceitos constitucionais aplicáveis, depreende-se que somente lei específica poderá servir à instituição de qualquer benefício ou isenção (art. 150, § 6º, CF), salvo no caso excepcionado, do art. 155, § 2º, XII, "g", pelo qual as isenções, apenas em matéria de ICMS, ficam subordinadas à Lei Complementar típica para decidir sobre a *forma como, mediante deliberação dos Estados e do Distrito Federal, isenções, incentivos e benefícios fiscais serão concedidos e revogados*. É o mesmo que dizer de uma proibição expressa aos legislativos estaduais para criarem isenções. Somente mediante convênios firmados e ratificados isenções poderão ser concedidas em matéria de ICMS.

A instituição de isenções do ICMS, nos termos do art. 155, § 2º, XII, "g", da CF, somente poderá ser efetivada por meio de convênio, e não por lei estadual. Esta é a regra constitucional. A legalidade viu-se integralmente excepcionada no âmbito do ICMS, tanto para conceder quanto para revogar quaisquer isenções em vigor fundadas em convênios.

Nesse particular, cabe verificar em que medida os convênios podem ser vinculantes para os estados signatários, impositivos, ou simplesmente autorizativos, para que possam, cada um dos estados, internamente, recepcionar o mencionado instrumento. É dizer, busca-se saber se os estados mantêm em seu favor liberdade de escolha sobre a aplicação do convênio, para, eventualmente, afastar a concessão da isenção autorizada, ou se, uma vez deliberada, por unanimidade, a "criação" de uma dada isenção, seria ela aplicável a todos ou aos interessados.

Quando os estados firmam convênios o fazem como expressão da autonomia que lhe reserva a *competência tributária*. O acordo de vontade firmado entre os estados não é manifestação para o interior, mas uma forma de manifestação entre iguais, com efeitos para o exterior, nas relações entre unidades autônomas que, conjugadas entre si, constituem o pacto federativo do País, ou como preferia Baleeiro, a *unidade econômica do federalismo*. A competência dos estados esgota-se, pois, na manifestação de vontade sobre aderir ou não aderir a um dado convênio. Uma vez procedida a adesão, esta torna-se vinculante em todos os seus termos, caso seja incorporado ao direito interno.

Conforme o regime vigente, ao firmar o Convênio e ratificá-lo internamente, queda-se o estado integralmente obrigado ao seu cumprimento, não podendo criar restrições de direitos, sob pena de se gerar discriminação contra contribuintes em face daqueles localizados nos outros estados que igualmente tenham aderido ao Convênio.

Neste sentido, realmente, todo Convênio é "impositivo", quanto ao dever de incorporação do seu inteiro teor, apesar de "autorizativos" ante à disponibilidade para ratificar ou não o seu inteiro teor. Já critiquei essa diferenciação, com relação às *isenções*, por entender que os convênios *autorizativos* não poderiam ser *vinculantes*, pela afetação sobre as receitas orçamentárias. Aplicam-se aqui as devidas reservas da responsabilidade fiscal. Passada a *ratificação*, porém, não assiste qualquer razão para dizer-se de convênios mantidos sob a égide de alguma disponibilidade por parte dos estados. Com a ratificação, expressa ou tácita, o convênio torna-se vinculante e a isenção por ele garantida deve ser observada pelo direito de todos os estados signatários e que ratificaram o seu inteiro teor.

É o mínimo de proteção constitucional à *segurança jurídica* a que o Estado obriga-se a preservar. Na sua feição de Estado Democrático de Direito, a reserva da proteção à confiança, é um mínimo inatacável. E como se isso não bastasse, com qualquer resistência à aplicação do convênio em vigor violam-se, ademais, os princípios de moralidade e de impessoalidade.

---

19. CARRAZZA, Roque Antonio. *ICMS*, 12ª ed., SP: 2007, p. 152.

Nenhuma lei interna pode promover, unilateralmente, regime diverso da isenção autorizada em convênio. Em vista disso, qualquer convênio que cria isenção não poderá ser objeto de modificação interna, sequer por lei ordinária, salvo naquilo que o Convênio autoriza.

Nunca se pode esquecer que a concessão de isenções é matéria sob reserva expressa de lei. Conforme o art. 150, § 6º, *qualquer isenção a impostos só poderá ser concedida mediante lei estadual específica*. Portanto, em qualquer matéria, os estados só podem isentar de impostos situações ou contribuintes mediante exercício de legalidade. Esta reserva de legalidade, porém, foi excepcionada na mesma disposição pela Constituição em matéria de ICMS, pelo aposto "sem prejuízo do disposto no art. 155, § 2º, XII, "g", exclusivamente em favor dos convênios. Diante disso, a legalidade estadual há de ceder à forma estabelecida em convênio firmado e ratificado internamente, até que sobrevenha sua revogação.

Conclui-se, assim, da leitura dos preceitos constitucionais aplicáveis, que lei específica estadual não pode revogar qualquer benefício ou isenção em matéria de ICMS, em virtude da excepcionalidade prevista no art. 150, § 6º, CF, por aplicação expressa do art. 155, § 2º, XII, "g", pelo qual as isenções em matéria de ICMS ficam subordinadas unicamente ao regime da Lei Complementar, sobre a *forma como, mediante deliberação dos Estados e do Distrito Federal, isenções, incentivos e benefícios fiscais serão concedidos e revogados*. A revogação de isenções, portanto, é igualmente matéria reservada constitucionalmente à Lei Complementar.

Art. 155, III – propriedade de veículos automotores.

Paulo Caliendo

1. Evolução histórica

O IPVA é um imposto relativamente recente no sistema tributário nacional, visto que somente ingressou no ordenamento constitucional por meio da EC 27/85, que acrescentou o inc. III no art. 23 da CF/67. Posteriormente, este tributo foi revisto no art. 155, inc. II, da CF/88.

A *Taxa Rodoviária Única* é considerada um antecedente ao IPVA, tendo sido cobrada pela União como taxa de licenciamento de veículos automotores. Esta taxa, por sua vez, foi instituída em substituição a imposição de taxas federais, estaduais e municipais que grassavam no território nacional, sob a égide da CF/46 e da CF/67. A competência para instituir taxas rodoviárias municipais, estaduais e federais decorria da competência dos entes federados em custear os serviços de manutenção e conservação de rodovias.

2. Estacionamento rotativo (área azul) e sua distinção do IPVA

O regime de estacionamento rotativo foi instituído no sistema de trânsito brasileiro por meio do art. 24 do Código Nacional de Trânsito, que determinou que compete às autoridades municipais a implantação, operação e manutenção do sistema de estacionamento rotativo pago nas vias públicas.

Diversos questionamentos surgiram sobre a natureza da cobrança em estacionamento rotativo. Existem três hipóteses: i) imposto; ii) taxa ou iii) preço público. Para alguns autores, trata-se de *imposto*, visto que cujo fato gerador é a parada de veículo em meio fio, em zonas delimitadas pela administração[1]. Em nosso entender, essa compreensão não se sustenta, visto que não se pode afirmar de modo algum a presença de uma hipótese de incidência característica de imposto, dado que não há fato imponível de natureza econômica sobre a qual incida imposto. Para diversas legislações municipais o valor devido pelo uso do estacionamento rotativo tem natureza de *taxa*, visto que se trata de cobrança por exercício de serviço privativo do poder público municipal de conservação e gerenciamento da malha viária.

A possibilidade da cobrança de tarifas em regime de preços públicos para o estacionamento rotativo implica a existência de serviço público delegável, mediante concessão ou permissão. A tarifa representa, desta forma, a remuneração através de preço em contrapartida a determinado serviço, assim a mera disponibilização de espaços públicos junto ao meio-fio para estacionamento não tem a natureza de serviço, nem tampouco a fiscalização ou o policiamento do uso de vagas em regime de rotatividade. Tal entendimento, contudo, não pode prevalecer, visto que implicaria na sujeição deste serviço aos ditames do Código de Defesa do Consumidor, à responsabilização pelo furto ou dano aos veículos e o respeito aos deveres de proteção e confiança. Igualmente, cabe observar que somente as autoridades municipais de trânsito é que podem proceder a imposição de multas e penalidades (pontuação na carteira) pelo descumprimento das normas regulamentadoras do uso da área azul, tais como a obediência aos limites de tempo de uso.

3. Hipótese de incidência tributária

A hipótese de incidência do IPVA é a propriedade de veículo automotor. O texto constitucional não descreve de modo minucioso este fato jurídico, mas apenas delimita a competência constitucional dos Estados da federação em instituir este tributo. Não há óbice, contudo, para que este tributo incida sobre o titular de domínio útil ou sobre a posse legítima de veículo automotor. O domínio útil é juridicamente vinculado foreiro no contrato de enfiteuse de bem imóvel, mas tem sido utilizado na legislação do IPVA para delimitar a posse legítima nos casos de locação, arrendamento mercantil (*leasing*), na alienação fiduciária (devedor fiduciário) ou nos contratos com cláusula de reserva de domínio.

No caso de perda da propriedade não será admitida a incidência do tributo, por ausência de fato tributável. Assim, nos casos de furto, roubo ou perda total do veículo em acidentes ou sinistros não poderá o IPVA ser cobrado por inexistência de fato gerador do imposto, independentemente de notificação à autoridade administrativa de trânsito.

3.1. Conceito de veículo automotor

O termo *veículo* (lat. *vehiculo*) denomina o instrumento de transporte para coisas e pessoas. Por sua vez, o termo automotor denota a classe de veículos autopropulsados, ou seja, que são movimentados por motor próprio.

---

1. Dentre eles, Nascimento, Carlos Valder. *Crédito tributário*. Rio de Janeiro: Forense, 1986.

Um tema bastante polêmico é relacionado à definição do tipo de veículos abrangidos pela hipótese de incidência do IPVA. Existem duas compreensões sobre o tema, uma restritiva e outra mais extensiva. Para aqueles que possuem uma interpretação restritiva o IPVA somente deve incidir sobre veículos automotores de tração terrestre, para outros este imposto poderá incidir sobre aeronaves e embarcações, inclusive. Entendeu o STF que o IPVA somente incide sobre automotores de tração terrestre, excluindo a incidência sobre estas outras formas de veículos[2].

4. Aspecto pessoal

O sujeito ativo para cobrança do IPVA é o Estado, enquanto o sujeito passivo é o proprietário do veículo automotor. Alguns casos têm chamado a atenção na jurisprudência, tais como:

i) *terceiro condutor de veículo de portador de deficiência física:* o fato de o veículo ser conduzido por terceira pessoa, que não o portador de deficiência física, não impede o exercício do benefício da isenção fiscal de IPVA[3];

ii) *perda da posse sobre o veículo:* exclusão da responsabilidade: tem entendido a jurisprudência que constatada a perda da posse do veículo pela apreensão por agentes da Administração, desaparece a responsabilidade do antigo possuidor pelo pagamento do IPVA, este fato igualmente autoriza o cancelamento do registro de propriedade junto ao DETRAN[4];

iii) *arrendamento mercantil:* neste caso o credor arrendante, que detém a posse indireta e o domínio resolúvel é o sujeito passivo da obrigação tributária e não o arrendatário, enquanto não concretizada a opção de compra e não promovida a alteração de propriedade perante o Órgão de Trânsito competente[5];

iv) *alienação fiduciária:* neste caso realizada a venda efetuada de forma livre e desembaraçada de ônus e sendo que o adquirente assume a obrigação de pagamento do IPVA, então não há como transferir o IPVA devido à vendedora[6];

v) *seguradora:* possui responsabilidade passiva após o recebimento do veículo, pela seguradora, como salvado recuperável[7];

vi) *competência estadual para determinar sanções administrativas:* não fere a Constituição e a repartição de competências constitucionais a lei estadual que determina a sanção política de vedação de renovação de licença de trânsito pelo inadimplemento do dever de pagar o IPVA[8];

vii) *competência estadual para determinar benefícios fiscais:* o Estado possui competência para dispor sobre desconto do IPVA, como benefício fiscal pela ausência de infração de trânsito do contribuinte[9].

5. Aspecto quantitativo

Entendeu o STF que a correção da tabela de valores no ano da cobrança do tributo não implica violência aos princípios constitucionais, desde que não sejam alterados o fato gerador, a base de cálculo e as alíquotas previstas na legislação estadual[10]. Vejamos algumas características do aspecto quantitativo:

i) *impossibilidade de alíquota diferenciada para carros importados:* em face do princípio da igualdade e da impossibilidade de se constituir em bitributação pelo fato gerador da importação[11];

ii) *inconstitucionalidade da alíquota progressiva:* não se admite a progressividade do IPVA em função do valor do veículo, não se impede, contudo, que o imposto possua alíquotas diferenciadas e ascendentes em função do tipo e da utilização do veículo.

O IPVA se constitui em uma forma de imposto lançado por ofício[12], apesar de entendimentos diversos sobre o assunto[13] e conforme determinado em lei estadual.

6. Referências bibliográficas

ALVARENGA, Ricardo. O IPVA na propriedade de aeronaves. *Revista Dialética de Direito Tributário* 29/65-70, São Paulo, fev. 1998.

CALIENDO, Paulo. *Curso de Direito Tributário*. São Paulo: Saraiva, 2017.

FONSECA, Carlos Henrique da. Imposto sobre a propriedade de veículos automotores e a problemática das alíquotas diferenciadas quanto à procedência. *Revista Dialética de Direito Tributário* 30/21-29, São Paulo, mar. 1998.

SALOMÃO, Marcelo Viana. Das inconstitucionalidades do IPVA SOBRE a propriedade de veículos automotores – proibição de discriminar produtos estrangeiros – critérios de sua progressividade. *Revista Dialética de Direito Tributário* 39/22-26, São Paulo, dez. 1998.

---

2. "Embarcações e Aeronaves. IPVA – Imposto sobre Propriedade de Veículos Automotores (CF, art. 155, III; CF 69, art. 23, III e § 13, cf. EC 27/85): campo de incidência que não inclui embarcações e aeronaves" (RE 255.111/SP, rel. Min. Marco Aurélio, rel. p/ acórdão Min. Sepúlveda Pertence, j. em 29-5-2002).

3. AI 70015819261, 21ª Câmara Cível, TJRS, rel. Liselena Schifino Robles Ribeiro, j. em 26-6-2006.

4. ApCv 70014220958, 21ª Câmara Cível, TJRS, rel. Marco Aurélio Heinz, j. em 7-6-2006.

5. ApCv 70012541009, 21ª Câmara Cível, TJRS.

6. AI 70015415318, 10ª Câmara Cível, TJRS, rel. Paulo Roberto Lessa Franz, j. em 24-5-2006.

7. AI 70013878509, 6ª Câmara Cível, TJRS, rel. Ubirajara Mach de Oliveira, j. em 18-5-2006.

8. ADI 1.654/AP, rel. Min. Maurício Corrêa, j. em 3-3-2004, STF.

9. ADI-MC 2.301/RS, rel. Min. Marco Aurélio, j. em 27-9-2003, Tribunal Pleno, STF.

10. AI-AgRg 169370/SP, rel. Min. Marco Aurélio, j. em 27-10-1995, 2ª Turma, STF.

11. STF, RE-AgRg 367.785/RJ, rel. Min. Eros Grau, j. em 9-5-2006.

12. "Tributário. IPVA. Forma de Lançamento. 1. O crédito tributário do Imposto sobre a Propriedade de Veículos Automotores constitui-se de ofício, sujeitando-se às prescrições legais dessa modalidade de lançamento. 2. Recurso ordinário conhecido e provido" (RMS 12.970/RJ, rel. Min. Francisco Peçanha Martins, 2ª Turma, j. em 21-8-2003).

13. "TRIBUTÁRIO. IPVA. LANÇAMENTO. SUPOSTO PAGAMENTO ANTECIPADO. O IPVA é tributo cujo lançamento se faz por homologação: o contribuinte recolhe o tributo, sem prévio exame do Fisco. Tal recolhimento opera a extinção condicional do crédito tributário. A extinção definitiva somente acontece após a homologação do pagamento" (RMS 12.384/RJ, rel. Ministro Humberto Gomes de Barros, 1ª Turma, j. em 4-6-2002).

SEIXAS FILHO, Aurélio Pitanga. Imposto sobre a Propriedade de Veículos Automotores – proibição de discriminar produtos estrangeiros – critério de sua progressividade. *Revista Dialética de Direito Tributário* 39/22-26, São Paulo, dez. 1998.

MAMEDE, Gladson. *IPVA*. São Paulo: RT, 2002.

7. Bibliografia

ATALIBA, Geraldo. *Empréstimos Públicos e seu regime jurídico*. São Paulo: Revista dos Tribunais, 1973.

AMARO, Luciano. *Direito Tributário Brasileiro*. 22ª ed. São Paulo: Saraiva, 2017.

ÁVILA, Humberto. *Sistema Constitucional Tributário*. 5ª ed. São Paulo: Saraiva, 2012.

BALEEIRO, Aliomar. *Limitações Constitucionais ao Poder de Tributar*. Rio de Janeiro: Forense, 2010.

CARRAZZA, Roque Antonio. *Curso de Direito Constitucional Tributário*. 31ª ed. rev., ampl. e atual. São Paulo: Malheiros, 2017.

CARVALHO, Paulo de Barros. *Curso de Direito Tributário*. 28ª ed. São Paulo: Saraiva, 2017.

COÊLHO, Sacha Calmon Navarro. *Curso de Direito Tributário Brasileiro*. 15ª ed. Rio de Janeiro: Forense, 2016.

TÔRRES, Ricardo Lobo. *Tratado de Direito Constitucional Financeiro e Tributário*. Rio de Janeiro: Renovar, 2005.

Art. 155, § 1º O imposto previsto no inciso I:

I – relativamente a bens imóveis e respectivos direitos, compete ao Estado da situação do bem, ou ao Distrito Federal;

II – relativamente a bens móveis, títulos e créditos, compete ao Estado onde se processar o inventário ou arrolamento, ou tiver domicílio o doador, ou ao Distrito Federal;

Celso de Barros Correia Neto
Liziane Angelotti Meira

1. História da norma

Os incisos I e II do § 1º do art. 155, assim como o *caput* e o inciso I deste artigo, constavam da redação original da Constituição de 1988 e não foram objeto de mudanças quanto ao seu conteúdo. A Emenda Constitucional n. 3, de 1993, alterou a redação somente para retirar do art. 155 a competência estadual relativa ao adicional do Imposto sobre a Renda.

Mais recentemente, a Emenda Constitucional n. 126, de 2022, incluiu o inciso V no § 1º do art. 155, para afastar a possibilidade de incidência do imposto sobre "as doações destinadas, no âmbito do Poder Executivo da União, a projetos socioambientais ou destinados a mitigar os efeitos das mudanças climáticas e às instituições federais de ensino".

2. Constituições brasileiras anteriores

Ao tratar do art. 155 *caput* e inciso I, apresentamos histórico relativo a constituições anteriores que se aplica também aos incisos I e II do § 1º. Por isso, indicaremos neste item apenas algumas particularidades.

Na Constituição de 1891, a previsão do imposto estadual sobre a transmissão da propriedade era genérica, sem especificações, como a que encontramos nos incisos I e II do § 1º do art. 155.

Na Constituição de 1934, há regra sobre a divisão da competência para instituir os impostos sobre a transferência de propriedade, no § 4º do art. 8º, nos seguintes termos: "O imposto sobre transmissão de bens corpóreos, cabe ao Estado em cujo território se acham situados; e o de transmissão *causa mortis*, de bens incorpóreos, inclusive de títulos e créditos, ao Estado onde se tiver aberto a sucessão". Continuou da mesma forma na Constituição de 1937, art. 23, § 4º. Na Constituição de 1946, art. 19, §§ 2º e 3º, houve mudança de redação, mas foi mantida a estrutura da prescrição.

A Emenda Constitucional n. 5, de 1961, deixou o imposto sobre transmissão de propriedade *causa mortis* com os Estados e transferiu o imposto sobre transmissão *inter vivos* para os Municípios. Nesta Constituição, havia previsão da competência do Estado de localização do bem imóvel.

Com a Emenda Constitucional n. 18, de 1965, deu-se a reunificação do imposto com os Estados, e nela se consigna a previsão de competência para o Estado de situação do imóvel, art. 9º, § 3º. Da mesma forma, permaneceu na Constituição de 1967, art. 24, § 2º, e na Emenda Constitucional n. 1, de 1969, art. 23, § 2º.

3. Direito Internacional

Não há nada alusivo ao direito internacional a agregar especificamente acerca dos incisos I e II do § 1º do art. 155. Recomenda-se a leitura do item anterior similar concernente ao *caput* e inciso I do mesmo artigo.

4. Remissões constitucionais e legais

Recomenda-se leitura do item anterior similar concernente ao *caput* e inciso I do mesmo art. 155.

5. Jurisprudência

Concernentes aos preceitos analisados neste item, cabe apenas menção à Súmula 435 do STF, segundo a qual, o ITCMD sobre transferência de ações seria devido ao Estado em que tivesse sede a companhia. Tal Súmula, de 1964, está superada, isso porque foi aprovada sob a égide da Constituição Federal de 1946 e do Decreto-lei n. 2.627, de 1940, ambos revogados. Atualmente, a letra da Constituição Federal, art. 155, § 1º, II, é cristalina no sentido de que, no caso de bens móveis, títulos e créditos, o imposto compete ao Estado onde se processar o inventário ou arrolamento, ou tiver domicílio o doador.

6. Referências bibliográficas

PAULSEN, Leandro; MELO, José Eduardo Soares de. *Impostos federais, estaduais e municipais*. 10. ed. Porto Alegre: Livraria do Advogado, 2016.

OECD. Inheritance Taxation in OECD Countries. *OECD Tax Policy Studies*, n. 28, 2021. Disponível em: https://www.oecd.org/tax/tax-policy/inheritance-taxation-in-oecd-countries-e2879a7d-en.htm. Acesso em: 7 maio 2023.

VALADÃO, Marcos Aurélio Pereira (Coord.). *Fórum Fiscal dos Estados Brasileiros: programa de estudos 2014*. Brasília: Esaf, 2014. Disponível em: https://repositorio.enap.gov.br/bitstream/1/3917/1/FFEB%202014.pdf#page=15. Acesso em: 7 maio 2023.

TEODOROVICZ, Jeferson; MORATO, Victor Augusto Faria. Imposto sobre Heranças e Doações: relevância econômica de um tributo marcado pelo desinteresse estatal. *Revista Ius Gentium*, v. 11, p. 104-131, 2020.

7. Comentários

A Carta Magna, no seu art. 155, § 1º, bem como nos seus incisos I e II, trouxe critério para distribuir a competência para instituir o ITCMD entre os entes tributantes. Vislumbra-se nesses preceitos a preocupação do constituinte em evitar conflitos entre os Estados e, da mesma forma, evitar a bitributação.

Art. 155, § 1º, III – terá a competência para sua instituição regulada por lei complementar:

***a*) se o doador tiver domicílio ou residência no exterior;**

***b*) se o de cujus possuía bens, era residente ou domiciliado ou teve o seu inventário processado no exterior;**

Celso de Barros Correia Neto
Liziane Angelotti Meira

---

1. História da norma

As alíneas "a" e "b" do inciso III do § 1º do art. 155 constavam da redação originária da Constituição de 1988 e não foram alteradas por emenda constitucional.

2. Constituições brasileiras anteriores

A previsão de incidência do imposto sobre operações relacionadas ao exterior foi introduzida pela Constituição de 1934, art. 8º, § 4º, *in fine*, no sentido de que, quando a sucessão fosse aberta no exterior, o imposto seria devido ao Estado em cujo território os valores da herança fossem liquidados ou transferidos aos herdeiros. Continuou da mesma forma na Constituição de 1937, art. 23, § 4º, *in fine*, e também na Constituição de 1946, art. 19, § 2º.

A Emenda Constitucional n. 5, de 1961, trouxe alterações para o imposto, mas em relação à hipótese de sucessão aberta no exterior, não mudou seu conteúdo, art. 19, § 2º, *in fine*.

Na Emenda Constitucional n. 18, de 1965, o imposto podia incidir somente sobre bens imóveis, e seu art. 9º, § 3º, previu, no caso de sucessão aberta no exterior, a competência para o Estado da situação do imóvel. Da mesma forma permaneceu na Constituição de 1967, art. 24, § 2º, e na Emenda Constitucional n. 1, de 1969, art. 23, § 2º.

3. Direito Internacional

A matéria regulada pelo art. 153, § 1º, III, da Constituição não compõe temário clássico do direito internacional.

Na verdade, o constituinte se preocupou tanto com a possibilidade de bitributação internacional quanto com a possibilidade de não tributação dos fatos geradores conexos com o exterior. Assim, à falta de um acordo internacional que estabelecesse as regras, exigiu-se lei complementar para definir de forma unilateral os lindes da competência tributária nessas situações. Exigência inafastável, conforme entendimento do Supremo Tribunal Federal: RE 851108, 2021, Repercussão Geral, Tema 825; ADI 6.836/AM; ADI 6.819/PA; ADI 6.818/PR; ADI 6.822/PA; ADI 6.839/MG; ADI 6.820/TO; ADI 6.823/SC; ADI 6.828/AL; ADI 6.830/SP; ADI 6.844/DF e ADI 6.840/MS.

4. Remissões constitucionais e legais

Além do ITCMD não ter abrigo no Código Tributário Nacional, não conta com norma geral que lhe dê os contornos. Ou seja, o problema do preceito constitucional em análise é especificamente a falta de lei complementar que regule a competência no caso em que doador tenha domicílio ou residência no exterior e no caso em que o *de cujus* possuía bens, era residente ou domiciliado ou teve o seu inventário processado no exterior.

As leis dos Estados e do Distrito Federal (ADI 6.836/AM, ADI 6.819/PA, ADI 6.818/PR, ADI 6.822/PA, ADI 6.839/MG, ADI 6.820/TO, ADI 6.823/SC, ADI 6.828/AL, ADI 6.830/SP, ADI 6.844/DF e ADI 6.840/MS), que determinavam a competência para instituir o imposto em casos de conexão com o exterior, foram declaradas inconstitucionais.

5. Jurisprudência

Segundo o art. 155, § 1º, III, da Constituição, a competência para instituir o ITCMD será regulada por lei complementar "se o doador tiver domicílio ou residência no exterior" ou "se o *de cujus* possuía bens, era residente ou domiciliado ou teve o seu inventário processado no exterior".

No entanto, a Lei Complementar indicada, até o presente momento não foi editada. À falta da regulamentação federal, os Estados exerceram competência plena para tributar doações, quando o doador tem domicílio ou residência no exterior, e sucessões, quando o *de cujus* possuía bens, era residente ou domiciliado ou teve o seu inventário processado no exterior.

O entendimento do STF, no entanto, é no sentido de que é vedado aos Estados e ao Distrito Federal instituir o ITCMD nas hipóteses referidas no art. 155, § 1º, III, "a" e "b", da Constituição da República, antes da edição da lei complementar prevista no inciso III do referido dispositivo. Foi essa a tese fixada no julgamento do RE 851.108, de relatoria do Ministro Dias Toffoli, Tribunal Pleno, julgado em 1º-3-2021. Entendeu o Tribunal que não é dado aos Estados e ao Distrito Federal "legislarem supletivamente na ausência da lei complementar definidora da competência tributária das unidades federativas", na hipótese. Não seria, portanto, aplicável o art. 24, § 3º, da Constituição Federal. Sim, porque "nas hipóteses em que há um elemento relevante de conexão com o exterior, a

Constituição exige lei complementar para se estabelecerem os elementos de conexão e fixar a qual unidade federada caberá o imposto". Houve, todavia, modulação dos efeitos da decisão, atribuindo a eles eficácia *ex nunc*, a contar da publicação do acórdão em questão, ressalvando as ações judiciais pendentes de conclusão até o mesmo momento, nas quais se discuta: (1) a qual estado o contribuinte deve efetuar o pagamento do ITCMD, considerando a ocorrência de bitributação; e (2) a validade da cobrança desse imposto, não tendo sido pago anteriormente. O mesmo entendimento serviu para afastar as leis dos Estados e do Distrito Federal sobre o tema, em ações diretas de inconstitucionalidade (ADI 6.836/AM, ADI 6.819/PA, ADI 6.818/PR, ADI 6.822/PA, ADI 6.839/MG, ADI 6.820/TO, ADI 6.823/SC, ADI 6.828/AL, ADI 6.830/SP, ADI 6.844/DF e ADI 6.840/MS).

Dessa forma, as leis dos Estados e do DF que instituíram o ITCMD nas situações conexas com o exterior foram julgadas inconstitucionais e os Estados e Distrito Federal não possuem competência plena para regular essa situação até que seja editada lei complementar federal sobre o assunto, com base no art. 155, § 1º, III, da Constituição Federal.

6. Referências bibliográficas

PAULSEN, Leandro; MELO, José Eduardo Soares de. *Impostos federais, estaduais e municipais*. 10. ed. Porto Alegre: Livraria do Advogado, 2016.

OECD. Inheritance Taxation in OECD Countries. *OECD Tax Policy Studies*, n. 28, 2021. Disponível em: https://www.oecd.org/tax/tax-policy/inheritance-taxation-in-oecd-countries-e2879a7d-en.htm. Acesso em: 7 maio 2023.

TEODOROVICZ, Jeferson; MORATO, Victor Augusto Faria. Imposto sobre Heranças e Doações: relevância econômica de um tributo marcado pelo desinteresse estatal. *Revista Ius Gentium*, v. 11, p. 104-131, 2020.

VALADÃO, Marcos Aurélio Pereira (Coord.). *Fórum Fiscal dos Estados Brasileiros: programa de estudos 2014*. Brasília: Esaf, 2014. Disponível em: https://repositorio.enap.gov.br/bitstream/1/3917/1/FFEB%202014.pdf#page=15. Acesso em: 7 maio 2023.

8. Comentários

A previsão de incidência do ITCMD em fatos conexos ao exterior já existia nas Constituições de 1934, 1937 e 1946. Contudo não era exigida pelo texto constitucional a edição de lei complementar para regular a situação, esta foi uma novidade da Constituição de 1988.

Vale chamar atenção para a redação do dispositivo constitucional em vigor. O imposto sobre transmissão *causa mortis* e doação, de quaisquer bens ou direitos "terá competência para sua instituição regulada por lei complementar". A redação da lei complementar prevista não se confunde com a do art. 146 da Constituição. Seria verdadeira condição para o exercício da competência tributária ou, mais precisamente, para definir o ente federado competente, na linha do entendimento do STF. Somente pode ser exercida essa competência depois da edição de lei complementar federal regulando a matéria.

De todo modo, cumpre destacar que o entendimento vai de encontro à posição adotada pelo próprio STF em diversos outros julgados, nos quais reconheceu aos Estados competência legislativa plena, ante a ausência de normas gerais sobre a matéria.

Art. 155, § 1º, IV – terá suas alíquotas máximas fixadas pelo Senado Federal.

Celso de Barros Correia Neto
Liziane Angelotti Meira

1. História da norma

O inciso IV do § 1º do art. 155, assim como os demais incisos deste parágrafo, constava da redação original da Constituição de 1988 e não foi submetido a alterações.

2. Constituições brasileiras anteriores

Tanto a menção a alíquotas máximas quanto a atribuição ao Senado da competência de estabelecê-las é tema novo introduzido pela Constituição Federal de 1988.

Cabe mencionar, contudo, que a Constituição de 1934, no art. 128, tinha previsão expressa de progressividade para o imposto sobre herança ou legado. Essa disposição não constou das constituições posteriores, nem mesmo da atual.

3. Direito Internacional

Neste ponto, vale a pena comentar que, apesar de o inciso IV do § 1º do art. 155 não fazer menção à progressividade da alíquota do ITCMD, foi no exercício da competência prevista nesse preceito que o Senado Federal trouxe para o sistema jurídico brasileiro a progressividade desse tributo, aproximando o Brasil das recomendações do OCDE e da prática adotada por países desenvolvidos.

4. Remissões constitucionais e legais

A legislação diretamente relacionada ao inciso IV do § 1º do art. 155 da Constituição Federal é a Resolução do Senado n. 9, de 1992, a qual estabeleceu a alíquota máxima de 8% e também determinou que as alíquotas do ITCMD podem ser progressivas em função do quinhão de cada herdeiro.

5. Jurisprudência

O inciso IV do § 1º do art. 155, sendo um preceito novo, introduzido pela Constituição Federal de 1988, demorou a ser implementado. Por sua vez, o Senado, nessa implementação, além de estabelecer a alíquota máxima, conforme preceituado pela Constituição, trouxe também a possibilidade de progressividade na alíquota, respeitado o limite de 8% estabelecido.

A progressividade não passou incólume a controvérsias. Assim, foram necessários mais de 20 anos para que prevalecesse o entendimento de que a Resolução do Senado n. 9, de 1992, não estava eivada de inconstitucionalidade ao estabelecer a progressividade, ao contrário, além do inciso IV do § 1º, do art. 155, ela encontrou respaldo nos princípios constitucionais da capacidade contributiva da igualdade material tributária (RE 562045, Rel. Min. Ricardo Lewandowski, rel. p/ Acórdão Cármen Lúcia, Tribunal Pleno, julgado em 6-2-2013, Tema 21 da repercussão geral).

A decisão, aliás, sinalizou uma importante alteração a respeito da maneira de ler os princípios da isonomia e da capacidade contribuinte. A orientação tradicional do STF era no sentido de rechaçar o cabimento do instituto em tributos ditos "reais", sem previsão constitucional expressa, como se vê na decisão proferida no Recurso Extraordinário n. 153.771, relator para o acórdão Ministro Moreira Alves, em 20-11-1996.

6. Referências bibliográficas

PAULSEN, Leandro; MELO, José Eduardo Soares de. *Impostos federais, estaduais e municipais*. 10. ed. Porto Alegre: Livraria do Advogado, 2016.

OECD. Inheritance Taxation in OECD Countries. *OECD Tax Policy Studies*, n. 28, 2021. Disponível em: https://www.oecd.org/tax/tax-policy/inheritance-taxation-in-oecd-countries-e2879a7d-en.htm. Acesso em: 7 maio 2023.

TEODOROVICZ, Jeferson; MORATO, Victor Augusto Faria. Imposto sobre Heranças e Doações: relevância econômica de um tributo marcado pelo desinteresse estatal. *Revista Ius Gentium*, v. 11, p. 104-131, 2020.

VALADÃO, Marcos Aurélio Pereira (Coord.). *Fórum Fiscal dos Estados Brasileiros: programa de estudos 2014*. Brasília: Esaf, 2014. Disponível em: https://repositorio.enap.gov.br/bitstream/1/3917/1/FFEB%202014.pdf#page=15. Acesso em: 7 maio 2023.

7. Comentários

A Constituição Federal, no inciso IV do § 1º do art. 155, atribuiu ao Senado Federal a competência para definir as alíquotas máximas do ITCMD. Dessa forma, a Câmara Alta do Poder Legislativo, composta de forma equânime por representantes dos Estados e do Distrito Federal, recebeu o poder de atuar, segundo sua vocação constitucional, na adequada composição das forças e interesses desses entes da Federação.

A Constituição não prevê especificamente no preceito em pauta a possibilidade de se estabelecer alíquota máxima. Mas, diante da expressão no plural "terá suas alíquotas fixadas pelo Senado Federal", a hermenêutica, que também encontrou apoio nos princípios da capacidade contributiva e da igualdade tributária, autorizou essa medida, linha de entendimento à qual se alinhou a jurisprudência do STF.

Art. 155, § 1º, V – não incidirá sobre as doações destinadas, no âmbito do Poder Executivo da União, a projetos socioambientais ou destinados a mitigar os efeitos das mudanças climáticas e às instituições federais de ensino.

Celso de Barros Correia Neto
Liziane Angelotti Meira

1. Comentários

Tendo em conta que esse preceito constitucional é muito recente, não o abordaremos sob a mesma estrutura dos demais. Assim, não trataremos do histórico das constituições brasileiras anteriores, da jurisprudência e de outros aspectos que não se aplicam nesse contexto. De fato, passamos, de forma direta, aos comentários.

A Proposta de Emenda Constitucional (PEC) n. 32/2022 foi aprovada com o objetivo de aumentar o limite ou teto de gastos do Poder Executivo (previsto no art. 107, I, do ADCT) e viabilizar o pagamento do bolsa família. A PEC adicionou o parágrafo § 6º-A no art. 107 do ADCT. Esse novo texto passou a excluir do teto de gastos a partir de 2023 os seguintes itens: *I – despesas com projetos socioambientais ou relativos às mudanças climáticas custeadas com recursos de doações, bem como despesas com projetos custeados com recursos decorrentes de acordos judiciais ou extrajudiciais firmados em função de desastres ambientais; II – despesas das instituições federais de ensino e das Instituições Científicas, Tecnológicas e de Inovação (ICTs) custeadas com receitas próprias, de doações ou de convênios, contratos ou outras fontes, celebrados com os demais entes da Federação ou entidades privadas; III – despesas custeadas com recursos oriundos de transferências dos demais entes da Federação para a União destinados à execução direta de obras e serviços de engenharia.*

Nessa conjuntura, a imunidade ao ITCMD introduzida em 2022, foi concebida com o intuito de estimular as doações para projetos socioambientais ou relativos às mudanças climáticas, em um momento em que há crescente preocupação com a proteção do meio ambiente e a ocupação ordenada do solo.

Questão diversa, mas de grau de importância paralelo, é necessidade de aprimorar e melhorar o ensino público. Dessarte, aproveitou-se a oportunidade para incentivar doações às instituições federais de ensino mediante imunidade de ITCMD.

Ainda nesse ensejo, a última hipótese, de desoneração de despesas concernentes à execução direta de obras e serviços de engenharia, alinha-se à visão de que há enorme e urgente necessidade de investimentos para melhorar a infraestrutura e a qualidade dos serviços públicos prestados ao Estado.

Portanto, as imunidades de ITCMD vieram no bojo da PEC n. 32/2022, que se destinava prioritariamente a questões orçamentárias e à viabilização do bolsa família, tendo por escopo valores específicos distintos, como preservação ambiental, a educação e o aprimoramento da infraestrutura do Estado para prestação de serviços públicos mais adequados.

---

§ 2º O imposto previsto no inciso II atenderá ao seguinte:
I – será não cumulativo, compensando-se o que for devido em cada operação relativa à circulação de mercadorias ou prestação de serviços com o montante cobrado nas anteriores pelo mesmo ou outro Estado ou pelo Distrito Federal;

II – a isenção ou não incidência, salvo determinação em contrário da legislação:

a) não implicará crédito para compensação com o montante devido nas operações ou prestações seguintes;

b) acarretará a anulação do crédito relativo às operações anteriores;

III – poderá ser seletivo, em função da essencialidade das mercadorias e dos serviços;

IV – resolução do Senado Federal, de iniciativa do Presidente da República ou de um terço dos Senadores, aprovada pela maioria absoluta de seus membros, estabelecerá as alíquotas aplicáveis às operações e prestações, interestaduais e de exportação;

V – é facultado ao Senado Federal:

a) estabelecer alíquotas mínimas nas operações internas, mediante resolução de iniciativa de um terço e aprovada pela maioria absoluta de seus membros;

b) fixar alíquotas máximas nas mesmas operações para resolver conflito específico que envolva interesse de Estados, mediante resolução de iniciativa da maioria absoluta e aprovada por dois terços de seus membros;

VI – salvo deliberação em contrário dos Estados e do Distrito Federal, nos termos do disposto no inciso XII, g, as alíquotas internas, nas operações relativas à circulação de mercadorias e nas prestações de serviços, não poderão ser inferiores às previstas para as operações interestaduais;

VII – em relação às operações e prestações que destinem bens e serviços a consumidor final localizado em outro Estado, adotar-se-á:

a) a alíquota interestadual, quando o destinatário for contribuinte do imposto;

b) a alíquota interna, quando o destinatário não for contribuinte dele;

VIII – na hipótese da alínea a do inciso anterior, caberá ao Estado da localização do destinatário o imposto correspondente à diferença entre a alíquota interna e a interestadual;

IX – incidirá também:

a) sobre a entrada de bem ou mercadoria importados do exterior por pessoa física ou jurídica, ainda que não seja contribuinte habitual do imposto, qualquer que seja a sua finalidade, assim como sobre o serviço prestado no exterior, cabendo o imposto ao Estado onde estiver situado o domicílio ou o estabelecimento do destinatário da mercadoria, bem ou serviço;

b) sobre o valor total da operação, quando mercadorias forem fornecidas com serviços não compreendidos na competência tributária dos Municípios;

X – não incidirá:

a) sobre operações que destinem mercadorias para o exterior, nem sobre serviços prestados a destinatários no exterior, assegurada a manutenção e o aproveitamento do montante do imposto cobrado nas operações e prestações anteriores;

b) sobre operações que destinem a outros Estados petróleo, inclusive lubrificantes, combustíveis líquidos e gasosos dele derivados, e energia elétrica;

c) sobre o ouro, nas hipóteses definidas no art. 153, § 5º;

d) nas prestações de serviço de comunicação nas modalidades de radiodifusão sonora e de sons e imagens de recepção livre e gratuita;

XI – não compreenderá, em sua base de cálculo, o montante do imposto sobre produtos industrializados, quando a operação, realizada entre contribuintes e relativa a produto destinado à industrialização ou à comercialização, configure fato gerador dos dois impostos;

XII – cabe à lei complementar:

a) definir seus contribuintes;

b) dispor sobre substituição tributária;

c) disciplinar o regime de compensação do imposto;

d) fixar, para efeito de sua cobrança e definição do estabelecimento responsável, o local das operações relativas à circulação de mercadorias e das prestações de serviços;

e) excluir da incidência do imposto, nas exportações para o exterior, serviços e outros produtos além dos mencionados no inciso X, a;

f) prever casos de manutenção de crédito, relativamente à remessa para outro Estado e exportação para o exterior, de serviços e de mercadorias;

g) regular a forma como, mediante deliberação dos Estados e do Distrito Federal, isenções, incentivos e benefícios fiscais serão concedidos e revogados;

h) definir os combustíveis e lubrificantes sobre os quais o imposto incidirá uma única vez, qualquer que seja a sua finalidade, hipótese em que não se aplicará o disposto no inciso X, b;

i) fixar a base de cálculo, de modo que o montante do imposto a integre, também na importação do exterior de bem, mercadoria ou serviço.

▪ O § 2º foi apreciado no comentário ao art. 155, II.

§ 3º À exceção dos impostos de que tratam o inciso II do *caput* deste artigo e o art. 153, I e II, nenhum outro imposto poderá incidir sobre operações relativas a energia elétrica, serviços de telecomunicações, derivados de petróleo, combustíveis e minerais do País.

▪ O § 3º foi apreciado no comentário ao art. 155, II.

§ 4º Na hipótese do inciso XII, h, observar-se-á o seguinte:

I – nas operações com os lubrificantes e combustíveis derivados de petróleo, o imposto caberá ao Estado onde ocorrer o consumo;

II – nas operações interestaduais, entre contribuintes, com gás natural e seus derivados, e lubrificantes e combustíveis não incluídos no inciso I deste parágrafo, o imposto será repartido entre os Estados de origem e de destino, mantendo-se a mesma proporcionalidade que ocorre nas operações com as demais mercadorias;

III – nas operações interestaduais com gás natural e seus derivados, e lubrificantes e combustíveis não incluídos no inciso I deste parágrafo, destinadas a não contribuinte, o imposto caberá ao Estado de origem;

IV – as alíquotas do imposto serão definidas mediante deliberação dos Estados e Distrito Federal, nos termos do § 2º, XII, g, observando-se o seguinte:

a) serão uniformes em todo o território nacional, podendo ser diferenciadas por produto;

b) poderão ser específicas, por unidade de medida adotada, ou ad valorem, incidindo sobre o valor da operação ou sobre o preço que o produto ou seu similar alcançaria em uma venda em condições de livre concorrência;

c) poderão ser reduzidas e restabelecidas, não se lhes aplicando o disposto no art. 150, III, b.

■ Vide comentário ao art. 155, II.

§ 5º As regras necessárias à aplicação do disposto no § 4º, inclusive as relativas à apuração e à destinação do imposto, serão estabelecidas mediante deliberação dos Estados e do Distrito Federal, nos termos do § 2º, XII, g.

■ Vide comentário ao art. 155, II.

§ 6º O imposto previsto no inciso III:
I – terá alíquotas mínimas fixadas pelo Senado Federal;
II – poderá ter alíquotas diferenciadas em função do tipo e utilização.

■ Vide comentário ao art. 155, III.

SEÇÃO V
DOS IMPOSTOS DOS MUNICÍPIOS

Art. 156. Compete aos Municípios instituir impostos sobre:

I – propriedade predial e territorial urbana;

Celso de Barros Correia Neto
Liziane Angelotti Meira

1. História da norma

O art. 156, I, constava da redação originária da Constituição de 1988 e não foi objeto de emenda constitucional. Cumpre anotar que houve alteração do § 1º e que o § 1º-A foi introduzido por emenda constitucional.

2. Constituições brasileiras anteriores

A Constituição de 1891, art. 9º, inciso 2º, atribuiu aos Estados a competência para instituir o imposto sobre imóveis rurais e urbanos. Assim, esse antecessor do IPTU era um imposto estadual e incidia sobre os imóveis urbanos e também sobre os rurais, edificados ou não.

Na Constituição de 1934, o imposto urbano se destacou do imposto rural. Este ficou com os Estados, art. 8ª, I, "a"; e o urbano passou para a seara de competência dos Municípios, com a denominação "impostos predial e territorial urbanos, cobrado o primeiro sob a forma de décima ou de cédula de renda", art. 13, § 2º, II.

Na Constituição de 1937, a competência tributária sobre a propriedade territorial rural continuou com os Estados, art. 23, I, "a", e a predial urbana com os Municípios, art. 28, II.

Na Constituição de 1946, art. 29, I, da mesma forma foi delineado o imposto. Contudo, a Emenda Constitucional n. 5, de 1961, art. 29, I e II, alarga a competência dos Municípios, prevendo dois tributos: o imposto predial e o imposto sobre a propriedade territorial urbana e rural. A Emenda n. 10, de 1964, não alterou o imposto predial, mas trouxe contornos mais estreitos ao outro, restringindo-o à propriedade territorial urbana somente. Nessa ocasião, o imposto sobre a propriedade territorial rural passou para a União, com a qual continuou nas Constituições posteriores.

A Constituição de 1967, art. 25, I, continuou a tratar de um imposto municipal sobre propriedade predial e territorial urbana, que não mudou na Emenda Constitucional n. 1, de 1969, art. 24, I.

3. Direito Internacional

A matéria regulada pelo art. 156, I, não compõe temário clássico do direito internacional. Cabe mencionar, contudo, que o STJ entendeu que os Estados estrangeiros são titulares de imunidade tributária e de jurisdição segundo os preceitos das Convenções de Viena de 1961 (art. 23) e de 1963 (art. 21). Essa imunidade alcança o IPTU (RO 138/RJ, 2014).

4. Remissões constitucionais e legais

O preceito constitucional em análise, o art. 156, I, prevê a competência dos Municípios para instituírem o imposto sobre a propriedade predial e territorial urbana. Essa conformação de competência é determinada também pelo § 1º do art. 156, que permite a progressividade em razão do valor do imóvel e também permite variação de alíquotas em razão da localização. O § 1º-A visa garantir a imunidade para os templos religiosos, mesmo que locados. Cumpre ainda menção ao art. 182, § 4º, II, que autoriza a adoção de IPTU progressivo no tempo diante da inobservância da função social da propriedade.

O Código Tributário Nacional, na sua função de lei complementar que estabelece as normas gerais do imposto, conforme o art. 146, III, da Constituição, regula o IPTU no Capítulo III, intitulado "Impostos sobre o Patrimônio e a Renda", nos arts. 32 a 34. O art. 32 do CTN trata da hipótese de incidência do IPTU e define zona urbana para efeito de cobrança do imposto;

o art. 33 traz a base de cálculo; o art. 48 trata da seletividade em função da essencialidade; art. 49 é dedicado à não cumulatividade; o art. 34 dispõe sobre o contribuinte do IPI.

Cabe mencionar a Lei n. 10.257, de 2001 (Estatuto da Cidade), que estabelece diretrizes de política urbana, nos seus arts. 4º, III, "a", e 7º, trata do IPTU progressivo no tempo, como instrumento coercitivo na implantação de políticas concernentes ao uso da propriedade urbana.

O IPTU é imposto direto e real[1]. Esse imposto tem em regra caráter arrecadatório, mas adquire perfil extrafiscal quando pode ter progressividade com o escopo de coibir o descumprimento da função social da propriedade.

5. Jurisprudência

O IPTU se configura como um importante tributo em termos de receitas municipais e atinge grande parte dos cidadãos brasileiros. Em consequência, a jurisprudência concernente é numerosa, com muitas Súmulas do STF e do STJ. Muitas são as discussões sobre a progressividade da alíquota e sobre as imunidades. Também são importantes as decisões sobre o sujeito passivo, o conceito de propriedade e de imóvel urbano, sobre possibilidade de atualização monetária do tributo diante do princípio constitucional da legalidade tributária e sobre a possibilidade de redução em função da situação do contribuinte.

Quanto à progressividade, deixaremos para examinar os julgados quando tratarmos especificamente na análise do art. 156, § 1º, que especificamente disciplina o tema.

Iniciemos com alguns julgados que tratam do elemento material do tributo combinado com o elemento pessoal.

A Constituição determina a possibilidade de incidência sobre a propriedade predial e territorial urbana. O STJ entendeu que o possuidor de servidão, embora detenha o direito de usar e gozar do imóvel, dele não pode dispor e, por isso, não pode ser sujeito passivo do imposto (REsp 1.115.599/SP, 2010).

Por sua vez, no caso de cessão de imóvel público para pessoa jurídica de direito privado, incide o imposto, sendo esta pessoa responsável (RE 601720/RJ, 2017, Repercussão Geral, Tema 437; RE 594015/SP, 2017, Repercussão Geral, Tema 385).

Por meio da Súmula 614 do STJ, de 2018, consolidou-se o entendimento de que o locatário não é o contribuinte do imposto e não tem legitimidade para pleitear a repetição do indébito.

---

[1]. Há autores que questionam a característica de ser real do IPTU (nesse sentido, SACHA, 2022, p. 268). Tal crítica nos parece reforçada depois que a progressividade foi expressa no art. 156, § 1º, I, da Constituição. Contudo, diante do posicionamento constitucional atual do imposto, continuamos alinhados à doutrina segundo a qual se trata de um tributo real. Agregamos, a título de curiosidade, que esse imposto pode adquirir perfil ainda mais pessoal, como, por exemplo, em Taiwan, onde os contribuintes entregam uma declaração com informações sobre todos seus imóveis e os municípios têm competência para fixar a alíquota de forma progressiva considerando o número de propriedades do contribuinte e também se ele habita no imóvel (TAIWAN). Anote-se que a alíquota relacionada ao número de imóveis do contribuinte já foi adotada por municípios brasileiros, mas a Súmula 589 do STF consignou ser inconstitucional a fixação de adicional progressivo IPTU em função do número de imóveis do contribuinte. Por outro lado, na Súmula 539 do STF, entendeu-se ser constitucional a lei municipal que reduza o IPTU sobre imóvel ocupado pela residência do proprietário que não possua outro.

Na Súmula 583 do STF, de 1977, entendeu-se que o promitente-comprador de imóvel residencial transcrito em nome de autarquia é contribuinte do imposto predial territorial urbano. Note-se que na Constituição atual, art. 150, § 3º, *in fine*, consta vedação expresso à aplicação da imunidade a este caso.

Em relação ao conceito de imóvel urbano, a Súmula 626 do STJ, de 2018, autoriza a tributação pelo IPTU de imóveis situados nas zonas de expansão urbana ou áreas urbanizáveis, ainda que não estejam preenchidos os requisitos estabelecidos no art. 32, § 1º, do CTN. Ou seja, trata-se de uma área em processo de urbanização que já pode ser onerada com o IPTU.

Ainda sobre os lindes urbanos para efeito do imposto, os tribunais superiores entenderam que não é definido apenas pelo critério da localização ou geográfico, mas também pelo critério da utilização, podendo prevalecer este. Ou seja, o IPTU incide em regra sobre imóvel localizado dentro da zona urbana de um município. Todavia, se esse imóvel tiver como destinação a exploração vegetal, agrícola, pecuária ou agroindustrial, estará sujeito ao ITR e não ao IPTU (RE 140.773/SP, 1998, e REsp 679.617/SP, 2006).

Quanto à base de cálculo do IPTU, em função do princípio da legalidade tributária, nos termos da Súmula 160 do STJ, de 2010, é defeso, ao Município, atualizar o IPTU, mediante decreto, em percentual superior ao índice oficial de correção monetária.

No que concerne à situação pessoal do contribuinte, há duas Súmulas quase contraditórias, mas que convivem e ajudam na definição dos traços do IPTU. Nos termos da Súmula 539 do STF, de 1969, é constitucional a lei do Município que reduz o IPTU incidente sobre imóvel ocupado pela residência do proprietário, que não possua outro. Por sua vez, conforme a Súmula 589 do STF, de 1976, é inconstitucional a fixação de adicional progressivo do imposto predial e territorial urbano em função do número de imóveis do contribuinte.

Sobre imunidade, destacaremos alguns julgados e Súmulas.

O imóvel pertencente a partidos políticos, entidades sindicais dos trabalhadores, instituições de educação e de assistência social, sem fins lucrativos, quando alugado, permanece imune ao IPTU desde que o valor dos aluguéis seja aplicado nas atividades essenciais de tais entidades (Súmula 724 do STF, 2003, Súmula Vinculante 52, 2015).

Segundo a Súmula 730 do STF, de 2014, a imunidade tributária conferida a instituições de assistência social sem fins lucrativos somente alcança as entidades fechadas de previdência social privada se não houver contribuição dos beneficiários.

O STJ entendeu que os Estados estrangeiros são titulares de imunidade tributária e de jurisdição segundo os preceitos das Convenções de Viena de 1961 (art. 23) e de 1963 (art. 21). Essa imunidade alcança o IPTU (RO 138/RJ, 2014).

A imunidade tributária prevista para partidos políticos, entidades sindicais dos trabalhadores, instituições de educação e de assistência social sem fins lucrativos se aplica aos bens imóveis temporariamente ociosos de propriedade dessas instituições (RE 767332/MG, 2013, Repercussão Geral, Tema 693).

Vale mencionar ainda que as discussões foram tão intensas que foi necessária veiculação, por Emenda Constitucional, do § 1º-A do art. 156, para determinar a imunidade para os templos quando a entidade imune for locatária do bem imóvel.

A rica jurisprudência sobre progressividade da alíquota do IPTU será tratada no item seguinte, quando discorrermos especificamente sobre o artigo que dispõe sobre a matéria, o § 1º do art. 156.

6. Referências bibliográficas

CARNEIRO, Claudio. *Impostos Federais, Estaduais e Municipais*. 7. ed. São Paulo: Saraiva, 2019.

COÊLHO, Sacha Calmon N. *Curso de Direito Tributário brasileiro*. 18. ed. Rio de Janeiro: Forense, 2022.

PAULSEN, Leandro; MELO, José Eduardo Soares de. *Impostos federais, estaduais e municipais*. 12. ed. São Paulo: Saraiva, 2022.

TAIWAN. *Invest Taiwan. House Tax*. Disponível em: https://investtaiwan.nat.gov.tw/showPage?lang=eng&search=69. Acesso em: 12 maio 2023.

TEODOROVICZ, Jeferson; STEMBERG, Paula. T. C; BORGES, Antonio Moura. O IPTU na crise arrecadatória decorrente da Pandemia (Covid-19). *Direito da Cidade*, v. 13, p. 631-661, 2021.

7. Comentários

A Carta Magna, no seu art. 156, I, atribuiu aos Municípios a competência para instituir o imposto sobre propriedade predial e territorial urbana. O § 1º, I e II, do art. 155 trata da alíquota, permitindo a progressividade e uma seletividade em função da localização e do uso do imóvel.

O IPTU convive atualmente com o ITR, Imposto sobre a Propriedade Territorial Rural, este de competência federal. Ambos são considerados tributos reais. O critério que define os dois impostos e evita a bitributação é geográfico, o IPTU incide sobre imóveis na zona urbana, ao passo que o ITR, na zona rural. Contudo, a jurisprudência firmou-se no sentido de que há também o critério da finalidade e, se um imóvel urbano for utilizado para exploração vegetal, agrícola, pecuária ou agroindustrial, estará sujeito somente ao ITR.

Art. 156, II – transmissão *inter vivos*, a qualquer título, por ato oneroso, de bens imóveis, por natureza ou acessão física, e de direitos reais sobre imóveis, exceto os de garantia, bem como cessão de direitos a sua aquisição;

Paulo Caliendo

1. Evolução histórica

O ITBI tem como antecedente histórico o Alvará 03 datado de 1809, conhecido como o *Imposto da Sisa*. A primeira inclusão deste tributo no texto constitucional ocorreu na Constituição de 1891[1], em que competia aos Estados a tributação sobre a transmissão de propriedade. Nesse período tanto o imposto sobre a transmissão *causa mortis*, quanto o imposto sobre a transmissão *inter vivos* estavam unificados em um único tipo tributário. A Constituição de 1934 irá dividir os impostos em duas novas espécies, ambos de competência dos Estados, quais sejam: o imposto de transmissão de propriedade *causa mortis* e o imposto sobre a transmissão de propriedade imobiliária *inter vivos*[2].

A competência para instituir o ITBI passou a ser municipal com a EC n. 5, de 1961 e, posteriormente, retornou a união entre os dois impostos por meio da EC n. 18 de 1965[3]. Finalmente a CF/88 irá proceder à divisão dos impostos em duas espécies: ITBI e ITCD[4].

2. Aspecto material

O ITBI possui duas condutas descritas como capazes de implicar na incidência do tributo: a transmissão de bens imóveis e a cessão de direitos e sua aquisição.

2.1. Da conduta tributada: transmitir bens imóveis

O ITBI possui como hipótese de incidência a transmissão *inter vivos* da propriedade de bens imóveis, que se caracteriza conforme o art. 1.245 do Código Civil mediante o registro do título translativo no Registro de Imóveis. Assim, enquanto não se registrar o título translativo mantém o alienante como proprietário do imóvel.

Desse modo, o modelo de transmissão da propriedade no Brasil segue um sistema misto onde dois elementos são fundamentais para a transmissão da propriedade: i) um negócio causal que objetive a transmissão da propriedade e ii) a transcrição no Registro de Imóveis do título translativo. Assim, a mera promessa[5] ou compromisso[6] de compra e venda de imóvel sem o respectivo registro não se constitui em hipótese de incidência do ITBI. Igualmente, não se constituem hipótese de incidência do ITBI o comodato e a locação.

Título causal de qualquer natureza

Determina o art. 156, inc. II, da CF/88 que o título causal que der origem a transmissão da propriedade pode possuir a natureza de qualquer ato ou negócio jurídico. Desse modo, mantém o nosso sistema fidelidade ao modelo intermediário de separação dos planos dos negócios jurídicos na transferência da propriedade do imóvel, de tal sorte que a eficácia da tradição fica relacionada à eficácia do negócio jurídico antecedente. Modelo diverso é o germânico que adota a teoria da abstração de planos, que torna o negócio causal antecedente irrelevante e o modelo francês que torna a formalidade do registro irrelevante, de tal sorte que a própria compra e venda transfere a propriedade antes do registro, com eficácia *inter partes*[7].

---

1. "Art. 9º É da competência exclusiva dos Estados decretar impostos: (...) 3º) sobre transmissão de propriedade."
2. Art. 8º, I, c.
3. Art. 29, III.
4. "Art. 24. Compete aos Estados e ao Distrito Federal decretar impostos sobre: I – transmissão, a qualquer título, de bens imóveis por natureza e acessão física, e de direitos reais sobre imóveis, exceto os de garantia, bem como sobre direitos à aquisição de imóveis."
5. REsp 264.064, Min. Rel. Garcia Vieira, julgado em 14/11/2000.
6. RE 260.670, Min. Rel. Sepúlveda Pertence, julgado em 18/04/2000. Ver, também, REsp 1.066/RJ; REsp 57.641/PE; STF Rep. 1.211/RJ.
7. Cf. COUTO E SILVA, Clóvis do. *A obrigação como processo*. São Paulo: José Bushatsky, 1976, p. 52.

Ato oneroso

O ITBI é incidente sobre atos onerosos de transmissão da propriedade e não sobre a transmissão a título gratuito que pode dar origem ao ITCD, por força da ocorrência do negócio jurídico da doação.

Bens imóveis por natureza ou acessão física

Este dispositivo possui fundamento tanto no antigo Código Civil[8] quanto no novo Código Civil, que determina que são bens imóveis o solo e tudo que se incorporar natural ("*por natureza*") ou artificialmente ("*acessão física*")[9].

Direitos reais sobre coisa alheia, exceto os de garantia

Os direitos reais sobre coisa alheia estão previstos no art. 1.225 do Código Civil. São direitos reais sobre coisa alheia: i) a propriedade; ii) a superfície; iii) as servidões; iv) o usufruto; v) o uso; vi) a habitação; vii) o direito do promitente comprador do imóvel; viii) o penhor; ix) a hipoteca; x) a anticrese; xi) a concessão de uso especial para fins de moradia; e xii) a concessão de direito real de uso. Destes, o penhor, a hipoteca e a anticrese são modalidades de direitos reais de garantia e, portanto, não são fato gerador do ITBI. Os direitos reais sobre imóveis só se adquirem com o respectivo registro no Cartório de Registro de Imóveis dos referidos títulos[10].

Da conduta tributada: cessão de direitos à sua aquisição

As cessões de direitos à aquisição de bens imóveis não são formas translativas da propriedade e, portanto, foram levadas ao âmbito de incidência do ITBI como forma de evitar-se a utilização desse subterfúgio como modo de elisão à incidência do ITBI. Salvo contrário poder-se-ia utilizar do expediente de sucessivas cessões sem a incidência do ITBI sobre a transmissão final. São exemplos de cessão de direitos: as de posse; de direitos hereditários; de compromisso de compra e venda, entre outros.

3. Aspecto temporal

O ITBI incide no momento da transcrição no respectivo Registro de Imóveis, visto que a sua hipótese de incidência é a transmissão da propriedade e esta ocorre com o respectivo registro. A jurisprudência tem se deparado com o problema da incidência no momento da assinatura da Escritura Pública de Compra e Venda, sendo que o STJ já decidiu pela sua incidência no momento do registro[11].

A escritura pública teria somente o condão de gerar efeitos contra terceiros (*erga omnes*) e não de proceder a transferência da propriedade, que somente pode ocorrer com o registro, de tal forma a evitarem-se os fenômenos da sobreposição de títulos de propriedade. Igualmente não se justifica a antecipação do momento temporal de incidência do ITBI por força da expressão: "(...) *a qualquer título* (...)", como sendo capaz de alcançar todos os negócios jurídicos causais de transferência da propriedade (promessa ou compromisso de compra e venda). Esta expressão, conforme já explicitado anteriormente, somente tem o condão de afastar a aplicação completa da teoria da abstração da transferência da propriedade no direito nacional.

4. Aspecto espacial

O ITBI incide sobre os negócios jurídicos que transmitem a propriedade no âmbito do território do município, pouco importando se esta ocorre sobre imóveis urbanos ou rurais. Assim, compete ao Município da situação do bem cobrar o tributo, conforme o art. 156, § 2°, inc. II, da CF/88.

5. Aspecto pessoal

O sujeito ativo do ITBI é o Município, enquanto que o seu contribuinte[12] será:

i) o adquirente na transmissão de bens imóveis ou direitos reais adquiridos;

ii) o cedente na cessão de direitos à sua aquisição.

São responsáveis solidariamente os tabeliães, escrivães, notários, oficiais de Registro de Imóveis e demais serventuários, pelo cumprimento da obrigação tributária principal devida sobre os atos por eles praticados em razão de seu ofício, por força do art. 135, VI, do CTN.

São imunes as instituições religiosas, os partidos políticos, os sindicatos e suas fundações e a União, Estados, Distrito Federal e Municípios, nos termos do art. 150, inc. IV, da CF/88. As instituições de educação[13] e assistência social mantêm a sua imunidade, condicionada às exigências de respeito ao art. 14 do CTN.

5.1. Da imunidade do ITBI na integralização de capital das pessoas jurídicas

A CF/88 estabeleceu de modo genérico a proteção às operações de capitalização de empresas por meio da integralização de

---

8. "Art. 43. São bens imóveis: I – o solo com a sua superfície, os seus acessórios e adjacências naturais, compreendendo as árvores e frutos pendentes, o espaço aéreo e o subsolo; II – tudo quanto o homem incorporar permanentemente ao solo, como a semente lançada à terra, os edifícios e construções, de modo que se não possa retirar sem destruição, modificação, fratura, ou dano; III – tudo quanto no imóvel o proprietário mantiver intencionalmente empregado em sua exploração industrial, aformoseamento ou comodidade."
9. "Art. 79. São bens imóveis o solo e tudo quanto se lhe incorporar natural ou artificialmente (...) Art. 81. Não perdem o caráter de imóveis: I – as edificações que, separadas do solo, mas conservando a sua unidade, forem removidas para outro local; II – os materiais provisoriamente separados de um prédio, para nele se reempregarem."
10. CC, art. 1.227.
11. REsp 863893/PR, rel. Min. Francisco Falcão, julgado em 17/10/2006.
12. Art. 42 do CTN.
13. RE 235737/SP, rel. Min. Moreira Alves, julgado em 13/11/2001. Assim: "Recurso extraordinário. SENAC. Instituição de educação sem finalidade lucrativa. ITBI. Imunidade. – Falta de prequestionamento da questão relativa ao princípio constitucional da isonomia. – Esta Corte, por seu Plenário, ao julgar o RE 237.718, firmou o entendimento de que a imunidade tributária do patrimônio das instituições de assistência social (artigo 150, VI, 'c', da Constituição) se aplica para afastar a incidência do IPTU sobre imóveis de propriedade dessas instituições, ainda quando alugados a terceiros, desde que os aluguéis sejam aplicados em suas finalidades institucionais. – Por identidade de razão, a mesma fundamentação em que se baseou esse precedente se aplica a instituições de educação, como a presente, sem fins lucrativos, para ver reconhecida, em seu favor, a imunidade relativamente ao ITBI referente à aquisição por ela de imóvel locado a terceiro, destinando-se os aluguéis a ser aplicados em suas finalidades institucionais. Recurso extraordinário não conhecido."

ativos com a utilização de patrimônio imobiliário e com a regra de não incidência do ITBI nas suas operações. Dessa forma, a imunidade alcançará tanto as operações de integralização de capital, quanto à transmissão de direitos decorrentes de fusão, incorporação, cisão ou extinção de pessoa jurídica. Trata-se de um verdadeiro estímulo à criação e reorganização empresarial, visto que a empresa poderá desta forma dispor de bens para a procura de crédito, financiamento ou contratos tendo uma garantia real para a busca de comprometimento.

O uso deste tipo de imunidade como forma de planejamento tributário tem sido reafirmado por meio de diversos trabalhos, que ressaltam o uso da forma de pessoas jurídicas como meio de escapar da tributação da pessoa física que aliena um imóvel. Para obstar este uso diversas prefeituras condicionaram ao uso do benefício às integralizações que revertessem a propriedade, em caso de cisão, fusão ou incorporação, ao proprietário original, sob pena de impossibilidade de utilização da imunidade constitucional do ITBI. Não há, contudo, no texto constitucional a possibilidade de limitação da utilização desta regra de imunidade, contudo, tal situação não permite a utilização protegida do abuso de formas ou da simulação com o objetivo de fraudar ou prejudicar terceiros ou a coletividade.

6. Aspecto quantitativo

6.1. Base de cálculo

A base de cálculo do ITBI é o valor venal do bem imóvel ou dos direitos transferidos. No caso de cessão de bens imóveis a base de cálculo será o valor dos direitos cedidos e não do valor do imóvel em referência.

O valor venal pode ser considerado o valor de mercado do bem, ou seja, o preço de mercado em condições normais. Dessa forma, este valor não corresponde necessariamente ao valor objeto da transação ou que consta no negócio jurídico translativo. Cabe ressalvar que se tem discutido da unidade valorativa deste valor em relação ao IPTU e mesmo a legislação de alguns municípios se referem explicitamente esta planta de valores como referência. Entendemos, no entanto, que a legislação fala do preço de mercado que é dinâmico em relação ao cadastro do imóvel na planta de valores municipal que é um componente estático e sujeito a desatualizações e, logo, deve prevalecer o critério dinâmico de aferição da base de cálculo do ITBI, com a preponderância do valor real sobre o formal. O que não se pode considerar é a imposição de uma tributação superior ao valor normal de mercado. Conforme a Súmula 108 do STF o valor do imóvel deve ser aquele do tempo da alienação e não da promessa de compra e venda.

6.2. Alíquota

A alíquota do ITBI é proporcional ao valor do bem imóvel, não se admitindo a sua incidência progressiva sobre o valor do imóvel, conforme já decidiu o STF[14].

7. Referências bibliográficas

BARRETO, Aires F. Imposto sobre a transmissão de bens imóveis – ITBI. In: MARTINS, Ives (org.). *Curso de Direito Tributário*. Belém: CEJUP–CEEU, 1993, v. II, pp. 331/344.

_____. Progressividade dos impostos e o ITBI. In: *Repertório IOB de Jurisprudência* 1/10246.

CALIENDO, Paulo. *Curso de Direito Tributário*. São Paulo: Saraiva, 2017.

CARRAZZA, Roque Antonio. *Curso de Direito Constitucional Tributário*. 31. ed. rev., ampl. e atual. São Paulo: Malheiros, 2017.

CARVALHO, Paulo de Barros. *Curso de Direito Tributário*. 28. ed. São Paulo: Saraiva, 2017.

COÊLHO, Sacha Calmon Navarro. *Curso de Direito Tributário Brasileiro*. 15. ed. Rio de Janeiro: Forense, 2016.

COLOMA, Teófilo D. *Imposto de transmissão de bens imóveis inter vivos na Constituição Federal de 1988 e na lei complementar*. São Paulo, USP (dissertação de mestrado), 1990.

HARADA, Kiyoshi. ITBI progressivo. *Repertório IOB de Jurisprudência* 1/10245.

_____. ITBI progressivo. *RIOBJ* 1/10245, n. 18/96, p. 434.

MARTINS, Ives Gandra da Silva (coord.). Imposto de transmissão de bens imóveis – ITBI. In: *Curso de Direito Tributário*. 4. ed. Cejup-Ceeu, 1995.

SAMPAIO, Alcides F. ITBI: momento de incidência na compra e venda de imóveis. *Revista Dialética de Direito Tributário* n. 25, pp. 14/36.

SILVA, Edgard Neves. Aspecto temporal do fato gerador do ITBI – aspectos tributário e civil do tema. *Revista Dialética de Direito Tributário* n. 12, pp. 98/100.

VESPERO, Regina Celi Pedrotti Fernandes. *Imposto sobre Transmissão Causa Mortis e Doação – ITCMD*, SP, RT, 2002.

Art. 156, III – serviços de qualquer natureza, não compreendidos no art. 155, II, definidos em lei complementar;

Fernando Facury Scaff
Luma Cavaleiro de Macedo Scaff

1. Origem do texto

O texto originário da Constituição de 1988 previa um inciso IV que também se referia aos serviços de qualquer natureza: "IV – serviços de qualquer natureza, não compreendidos no art. 155, I, *b*, definidos em lei complementar". A Emenda Constitucional n. 3, de 1993, revogou o inciso IV e concedeu a atual redação do inciso III.

---

14. RE 259339/SP, rel. Min. Sepúlveda Pertence, julgado em 09/05/2000. Assim: "ITBI: progressividade: L. 11.154/91, do Município de São Paulo: inconstitucionalidade. A inconstitucionalidade, reconhecida pelo STF (RE 234.105), do sistema de alíquotas progressivas do ITBI do Município de São Paulo (L. 11.154/91, art. 10, II), atinge esse sistema como um todo, devendo o imposto ser calculado, não pela menor das alíquotas progressivas, mas na forma da legislação anterior, cuja eficácia, em relação às partes, se restabelece com o trânsito em julgado da decisão proferida neste feito". Ver, também, RE 227033/SP e RE 234105/SP.

2. Constituições brasileiras anteriores

Constituição de 1891: art. 68; Constituição de 1934: art. 6º; Constituição de 1937: arts. 20, 21, 23, 26 e 28; Constituição de 1946: arts. 26, 29, 30; Constituição de 1967: arts. 13, 14, 15 e 16.

3. Preceitos constitucionais correlacionados da Constituição de 1988

Art. 146; art. 150; art. 155; art. 156; art. 157; art. 158; art. 159; art. 160; art. 161; art. 162.

4. Legislação

Lei Complementar n. 116/2003; Decreto-lei n. 406/1968.

5. Jurisprudência

AI 533.202-AgR, Rel. Min. Gilmar Mendes, julgamento em 30-9-08, *DJe* de 21-11-08; ADI 3.089, Rel. p/ o ac. Min. Joaquim Barbosa, julgamento em 13-2-08, *DJe* de 1º-8-08; RE 557.643-AgR, Rel. Min. Eros Grau, julgamento em 10-2-09, 2ª Turma, *DJe* de 13-3-09; AI 521.470-AgR, Rel. Min. Carlos Britto, julgamento em 7-4-09, 1ª Turma, *DJe* de 8-5-09; RE 415.840-AgR, Rel. Min. Cármen Lúcia, julgamento em 3-2-09, 1ª Turma, *DJe* de 13-3-09; RE 262.598, Rel. p/ o ac. Min. Cármen Lúcia, julgamento em 14-8-07, *DJ* de 28-9-07; AI 571.353-AgR, Rel. Min. Sepúlveda Pertence, julgamento em 21-6-07, *DJ* de 10-8-07; AI 590.329-AgR, Rel. Min. Eros Grau, julgamento em 8-8-06, *DJ* de 8-9-06; RE 361.829, voto do Min. Carlos Velloso, julgamento em 13-12-05, *DJ* de 24-2-06; AI 546.588-AgR, Rel. Min. Sepúlveda Pertence, julgamento em 23-8-05, *DJ* de 16-9-05; AI 702.957-AgR, Rel. Min. Carlos Britto, julgamento em 17-3-09, 1ª Turma, *DJe* de 24-4-09; AI 636.274-AgR, Rel. Min. Joaquim Barbosa, julgamento em 10-3-09, 2ª Turma, *DJe* de 17-4-09; AI 697.696-AgR, Rel. Min. Celso de Mello, julgamento em 10-3-09, 2ª Turma, *DJe* de 24-4-09; AI 711.348, Rel. Ricardo Lewandowski, julgamento em 17-3-09, 1ª Turma, *DJe* de 3-4-08; AI 677.414-AgR, Rel. Min. Eros Grau, julgamento em 27-11-07, *DJe* de 1º-2-08; RE 116.121, Rel. Min. Octavio Gallotti, julgamento em 11-11-00, *DJ* de 25-5-01; AI 721.711-AgR, Rel. Min. Celso de Mello, julgamento em 10-3-09, 2ª Turma, *DJe* de 3-4-09; RE 464.477-AgR, Rel. Min. Carlos Britto, julgamento em 16-5-06, *DJ* de 29-9-06; RE 465.817, Rel. Min. Carlos Britto, julgamento em 11-10-00, *DJ* de 29-9-06; RE 163.725, Rel. Min. Marco Aurélio, julgamento em 15-6-99, *DJ* de 27-8-99.

6. Bibliografia

BARRETO, Aires Fernandino. *ISS na lei e na Constituição*. São Paulo: Dialética, 2003.

CARRAZZA, Roque Antonio. *Curso de Direito Constitucional Tributário*. 23. ed. São Paulo: Malheiros, 2007.

MACHADO, Hugo de Brito. *Curso de Direito Tributário*. 28. ed. São Paulo: Malheiros, 2007.

MORAES, Bernardo Ribeiro de. *Compêndio de Direito Tributário*. São Paulo: Forense, 1996. v. I e II.

_____. *Doutrina e Prática do Imposto sobre Serviços*. São Paulo: Revista dos Tribunais, 1984.

ROCHA, Valdir de Oliveira (Coord.). *O ISS e a LC 116*. São Paulo: Dialética, 2003.

SCAFF, Fernando Facury. O ISS e a Lei Complementar n. 116/03: aspectos polêmicos da lista de serviços. In: *O ISS e a Lei Complementar 116*. São Paulo: Dialética, 2003.

_____. A tributação das sociedades uniprofissionais mudou com a nova lei complementar do ISS? In: MARTINS, Ives Gandra; PEIXOTO, Marcelo Magalhães (Coord.). *ISS e LC 116/2003 à luz da doutrina e da jurisprudência*. 2. ed. São Paulo: MP Editora, 2008.

TORRES, Ricardo Lobo. *Curso de Direito Financeiro e Tributário*. Rio de Janeiro: Renovar, 2005.

TORRES, Heleno Taveira (Coord.). *Tratado de Direito Constitucional Tributário*. São Paulo: Saraiva, 2005.

7. Anotações

01. Na estrutura da Federação brasileira, o sistema tributário está organizado de acordo com as repartições de competências para os três níveis federativos, União, Estados ou Distrito Federal e Municípios como uma maneira de limitação ao "poder de tributar".

Os arts. 145 a 162 especificam justamente a repartição das competências tributárias para os impostos correspondentes a cada um dos entes da federação. Desnecessário reiterar que essas competências devem observar estritamente a norma constitucional, não havendo nenhuma margem de discricionariedade para o legislador nacional ou para o aplicador da norma.

A distribuição dessas competências orienta-se por critérios políticos estabelecidos na Constituição. Como são competências originariamente atribuídas aos Municípios, não dependem da delegação estadual ou federal.

A partir da repartição de competências, o ente federativo tem o dever de editar normas jurídicas para instituir e arrecadar os tributos que a Constituição lhe atribuiu. Caso o ente tributante titular deixe de exercer a competência, a inércia não transforma o campo reservado à sua prerrogativa em zona aberta à intromissão de outro ente tributante.

02. O dispositivo em comento integra o sistema de divisão de competências tributárias adotado pelo modelo federativo da Constituição de 1988. Trata-se da atribuição de competência constitucional aos Municípios para a instituição de imposto sobre serviços de qualquer natureza.

A Constituição não cria tributo, apenas autoriza o legislador infraconstitucional a criá-lo, determinando o arquétipo da exação, núcleo essencial que orienta e vincula os entes federativos competentes. Dessa forma, é necessário que esses entes exerçam a competência constitucional atribuída na forma de leis ordinárias instituidoras impositivas de sua cobrança.

O artigo em estudo concede aos Municípios a competência para criar o imposto sobre serviços de qualquer natureza, afastando de seu âmbito de incidência os serviços que estiverem contidos na competência delimitada pelo art. 155, II, aos Estados, na forma de lei complementar. Na verdade, o que a Constituição estabelece é a atribuição aos Estados de competências específicas para a criação de tributos que abranjam os serviços de transporte interestadual e intermunicipal e de comunicação, ainda que essas operações e prestações se iniciem no exterior, conforme estabelece a norma inserta no art. 155, II, da CF, e regulamentada por diversas normas, com destaque para a Lei Complementar n. 87/96. Logo, a competência atribuída pela Constituição aos Municípios na norma sob comento, art. 156, III, é ampla, pois é afastada apenas aquela atribuída aos Estados (art. 155, II, da CF). Por tal motivo, é usual denominar o tributo inserido nessa competência ISSQN – Imposto sobre Serviços de Qualquer Natureza, o que já indica sua abrangência ampla e residual.

03. Uma vez que a Federação brasileira é composta por mais de 5.000 Municípios, a Constituição determina ser necessária a instituição de uma lei complementar para estabelecer normas gerais a respeito do fato gerador desse imposto. A Lei Complementar n. 116/2003 cumpre esta função.

04. O ISSQN possui função predominantemente fiscal, sendo uma das principais fontes de arrecadação dos municípios. Sua função extrafiscal é residual.

Os municípios possuem autonomia para fixar suas alíquotas, porém a União poderá, através de lei complementar, fixar alíquotas máximas ou mínimas para esse imposto nos moldes do art. 156, § 3º, I, da Constituição.

Segundo a Lei Complementar n. 116/2003, o ISS tem como fato gerador a prestação de serviços constante na Lista anexa à referida lei, ainda que tais serviços não constituam a atividade preponderante do prestador (art. 1º).

05. Um debate que acendeu a doutrina e a jurisprudência durante muitos anos, hoje pacificado, diz respeito à natureza exemplificativa ou exaustiva dessa Lista. Atualmente está pacificado o caráter exaustivo da Lista, sendo impossível a cobrança de ISSQN sobre atividades que nela não estejam inseridas.

Art. 156, IV – (*revogado pela Emenda Constitucional n. 3, de 17-3-1993*).

§ 1º Sem prejuízo da progressividade no tempo a que se refere o art. 182, § 4º, II, o imposto previsto no inciso I poderá:

I – ser progressivo em razão do valor do imóvel; e

II – ter alíquotas diferentes de acordo com a localização e o uso do imóvel.

Celso de Barros Correia Neto
Liziane Angelotti Meira

1. Comentários

O § 1º e os incisos I e II do art. 156 da Constituição Federal não constavam das constituições anteriores e vieram como uma reação legislativa à jurisprudência do STF, que se consolidou inicialmente no sentido de que o IPTU não poderia ser progressivo em razão da capacidade contributiva do contribuinte, por se tratar de tributo real.

Em razão do contexto específico desses preceitos constitucionais, não os examinaremos na estrutura estabelecida para outros dispositivos, iremos de forma mais direta aos comentários sobre as questões relacionadas à introdução, à interpretação e à aplicação dessas regras constitucionais e também discorreremos sobre a jurisprudência.

A orientação do STF caminhou no sentido de que o IPTU somente poderia ter as alíquotas progressivas com base na função social da propriedade, art. 182, §§ 2º e 4º, da Constituição. Nessa linha, o entendimento era de que, por ser um imposto real, não era possível estabelecer a progressividade em função da capacidade contributiva, nos termos do art. 145, § 1º, da Constituição (RE 228735, 1999; RE 210586, 1999; RE 175535, 1999; RE 232063, 1999; RE 199281, 1999; RTJ 169, 667; RE 179273, 1998; RTJ 174/283; RE 199969, 1998; RE 153771, 1997; RTJ 162/726; RE 194183, 1997; RE 198506, 1997; RE 167654, 1997; AI 712743, 2009, Repercussão Geral, Tema 155).

A redação originária do dispositivo estabelecia: "§ 1º O imposto previsto no inciso I [IPTU] poderá ser progressivo, nos termos de lei municipal, de forma a assegurar o cumprimento da função social da propriedade". Com base nesse parâmetro e na premissa de que se cuidava de um imposto "real", o STF rechaçou o cabimento de progressividade fiscal em matéria de IPTU. No julgamento do Recurso Extraordinário n. 153.771, relator para o acórdão Ministro Moreira Alves, em 20-11-1996, o STF decidiu: "Sob o império da atual Constituição, não é admitida a progressividade fiscal do IPTU, quer com base exclusivamente no seu artigo 145, § 1º, porque esse imposto tem caráter real que é incompatível com a progressividade decorrente da capacidade econômica do contribuinte, quer com arrimo na conjugação desse dispositivo constitucional (genérico) com o artigo 156, § 1º (específico)". Na mesma linha, vale mencionar a Súmula 656, do STF, que afasta a progressividade da alíquota do ITBI com base no valor venal do imóvel.

A Emenda Constitucional n. 29, de 13 de setembro de 2000, alterou, então, a redação do § 1º do art. 156 da Constituição para admitir expressamente a utilização de alíquotas progressivas. O texto alterado prevê que, o imposto poderá "ser progressivo em razão do valor do imóvel" e "ter alíquotas diferentes de acordo com a localização e o uso do imóvel".

A mudança é uma óbvia reação legislativa à interpretação restritiva adotada pelo Tribunal e dialoga inclusive com os fundamentos adotados na decisão proferida, que rejeitava o cabimento de progressividade diante da ausência de previsão constitucional expressa. Modificado o texto da Constituição, o STF passou a admitir a progressividade do IPTU, mantendo sua posição quanto ao período anterior. O entendimento foi, inclusive, consolidado na Súmula 668, com o seguinte enunciado "É inconstitucional a lei municipal que tenha estabelecido, antes da Emenda Constitucional 29/2000, alíquotas progressivas para o IPTU, salvo se destinada a assegurar o cumprimento da função social da propriedade urbana".

Note-se que, apesar da ausência de respaldo constitucional expresso, as alíquotas seletivas já existiam e não tinham sido afastadas pela jurisprudência. O problema eram as alíquotas progressivas. A previsão constitucional específica não afastou o questionamento sobre a constitucionalidade da Emenda Constitucional, sob o argumento que ela trazia características que desvirtuavam o IPTU como imposto real. Ademais, também havia dúvidas se as leis anteriores à Emenda que veiculavam essa progressividade poderiam ser recepcionadas.

Nesse sentido veio a Súmula 668 do STF, de 2003, determinando a inconstitucionalidade de lei municipal que estabelecesse, antes da Emenda Constitucional 29/2000, alíquotas progressivas para o IPTU, salvo se destinada a assegurar o cumprimento da função social da propriedade urbana. *Contrario sensu*, ficou também definido que, após a Emenda, a progressividade é constitucional (RE 586693/SP, 2011, Repercussão Geral, Tema 94; RE 666156/RJ, 2020, Repercussão Geral, Tema 523).

Também se estabeleceu que, declarada inconstitucional a progressividade de alíquota, continua devido o tributo calculado pela alíquota mínima correspondente, de acordo com a destinação do imóvel (RE 602347/MG, 2009, Repercussão Geral, Tema 226).

A orientação atual do STF parece caminhar para uma leitura menos restritiva da progressividade fiscal, admitindo sua utilização com fundamentos nos princípios da isonomia e da capacidade contributiva. (RE 562045/RS, 2013, Repercussão Geral, Tema 21).

2. Referências bibliográficas

CARNEIRO, Claudio. *Impostos Federais, Estaduais e Municipais*. 7. ed. São Paulo: Saraiva, 2019.

COÊLHO, Sacha Calmon N. *Curso de Direito Tributário brasileiro*. 18. ed. Rio de Janeiro: Forense, 2022.

PAULSEN, Leandro; MELO, José Eduardo Soares de. *Impostos federais, estaduais e municipais*. 12. ed. São Paulo: Saraiva, 2022.

TAIWAN. *Invest Taiwan. House Tax*. Disponível em: https://investtaiwan.nat.gov.tw/showPage?lang=eng&search=69. Acesso em: 12 maio 2023.

TEODOROVICZ, Jeferson; STEMBERG, Paula. T. C; BORGES, Antonio Moura. O IPTU na crise arrecadatória decorrente da Pandemia (Covid-19). *Direito da Cidade*, v. 13, p. 631-661, 2021.

Art. 156, § 1º-A O imposto previsto no inciso I do *caput* deste artigo não incide sobre templos de qualquer culto, ainda que as entidades abrangidas pela imunidade de que trata a alínea "b" do inciso VI do *caput* do art. 150 desta Constituição sejam apenas locatárias do bem imóvel.

■ *Vide* comentários ao art. 150, IV, *b*, da Constituição.

Art. 156, IV – (*revogado pela Emenda Constitucional n. 3, de 17-3-1993*).

§ 1º Sem prejuízo da progressividade no tempo a que se refere o art. 182, § 4º, II, o imposto previsto no inciso I poderá:
I – ser progressivo em razão do valor do imóvel; e
II – ter alíquotas diferentes de acordo com a localização e o uso do imóvel.

■ O § 1º foi apreciado no comentário ao art. 156, I, da Constituição.

Art. 156, § 2º O imposto previsto no inciso II:
I – não incide sobre a transmissão de bens ou direitos incorporados ao patrimônio de pessoa jurídica em realização de capital, nem sobre a transmissão de bens ou direitos decorrentes de fusão, incorporação, cisão ou extinção de pessoa jurídica, salvo se, nesses casos, a atividade preponderante do adquirente for a compra e venda desses bens ou direitos, locação de bens imóveis ou arrendamento mercantil;
II – compete ao Município da situação do bem.

■ O § 2º foi apreciado no comentário ao art. 156, II, da Constituição.

Art. 156, § 3º Em relação ao imposto previsto no inciso III do *caput* deste artigo, cabe à lei complementar:
I – fixar as suas alíquotas máximas e mínimas;
II – excluir da sua incidência exportações de serviços para o exterior;
III – regular a forma e as condições como isenções, incentivos e benefícios fiscais serão concedidos e revogados.

Fernando Facury Scaff
Luma Cavaleiro de Macedo Scaff

1. Origem do texto

A redação originária da Constituição de 1988 era: "§ 3º O imposto previsto no inciso III não exclui a incidência do imposto estadual previsto no art. 155, I, *b*, sobre a mesma operação". Em 1993, a Emenda Constitucional n. 3 não apenas alterou esse texto do *caput*, mas também incluiu o inciso I, que passou a vigorar da seguinte maneira: "§ 3º Em relação ao imposto previsto no inciso III, cabe à lei complementar: I – fixar alíquotas máximas". Em 2002, com a Emenda Constitucional n. 37, houve nova modificação, cujo texto legal vige até os dias atuais.

2. Constituições brasileiras anteriores

Constituição de 1891: art. 68; Constituição de 1934: art. 8º, § 2º; Constituição de 1937: art. 23, § 2º, art. 25, art. 26; Constituição de 1946: art. 15, § 3º, art. 30; Constituição de 1967: art. 19, art. 25; Constituição de 1967 com EC 69: art. 18, art. 21, art. 24.

3. Preceitos constitucionais correlacionados da Constituição de 1988

Art. 146; art. 150; art. 155; art. 156; art. 157; art. 158; art. 159; art. 160; art. 161; art. 162.

4. Legislação

Lei n. 116/2003; Decreto-Lei n. 406/1968.

5. Jurisprudência

RE 450.342-AgR, Rel. Min. Celso de Mello, julgamento em 5-9-06, *DJ* de 03-08-07.

6. Bibliografia

BARRETO, Aires Fernandino. *ISS na lei e na Constituição*. São Paulo: Dialética, 2003.

CARRAZZA, Roque Antonio. *Curso de Direito Constitucional Tributário*. 23. ed. São Paulo: Malheiros, 2007.

MACHADO, Hugo de Brito. *Curso de Direito Tributário*. 28. ed. São Paulo: Malheiros, 2007.

MORAES, Bernardo Ribeiro de. *Compêndio de Direito Tributário*. São Paulo: Forense, 1996. v. I e II.

_____. *Doutrina e Prática do Imposto sobre Serviços*. São Paulo: Revista dos Tribunais, 1984.

ROCHA, Valdir de Oliveira (Coord.). *O ISS e a LC 116*. São Paulo: Dialética, 2003.

SCAFF, Fernando Facury. O ISS e a Lei Complementar n. 116/03: aspectos polêmicos da lista de serviços. In: *O ISS e a Lei Complementar 116*. São Paulo: Dialética, 2003.

_____. A tributação das sociedades uniprofissionais mudou com a nova lei complementar do ISS? In: MARTINS, Ives Gandra; PEIXOTO, Marcelo Magalhães (Coord.). *ISS e LC 116/2003 à luz da doutrina e da jurisprudência*. 2. ed. São Paulo: MP Editora, 2008.

TORRES, Ricardo Lobo. *Curso de Direito Financeiro e Tributário*. Rio de Janeiro: Renovar, 2005.

TORRES, Heleno Taveira (Coord.). *Tratado de Direito Constitucional Tributário*. São Paulo: Saraiva, 2005.

7. Anotações

01. O legislador constituinte determina que algumas matérias devem ser regulamentadas através de lei complementar ao longo do texto constitucional. No caso do direito tributário, o texto constitucional outorga à lei complementar a função descrita no art. 24, I, e no art. 146, entre outras.

No caso em análise, o legislador exige a lei complementar para:

a. fixar as suas alíquotas máximas e mínimas;

b. excluir da sua incidência exportações de serviços para o exterior;

c. regular a forma e as condições como isenções, incentivos e benefícios fiscais serão concedidos e revogados.

O artigo em comento se refere especificamente ao ISS, regulamentado pela Lei Complementar n. 116/2003.

02. A função da lei complementar é a de reduzir a possibilidade de existir uma verdadeira *guerra fiscal* entre os Municípios brasileiros, em especial entre aqueles que se encontram na mesma região metropolitana.

É notória a disputa entre alguns Municípios da região metropolitana de São Paulo, através da redução de alíquotas ou de base de cálculo para algumas atividades, em especial as que envolviam os serviços de *leasing* bancário. Tal fato é que justifica a imposição de alíquotas mínimas por parte de lei complementar.

Esse é o mesmo sentido para a exigência constante do inciso III dessa norma, comentário ao qual remetemos o leitor.

Art. 156, § 4º (*Revogado pela Emenda Constitucional n. 3, de 17-3-1993.*)

SEÇÃO VI
DA REPARTIÇÃO DAS RECEITAS TRIBUTÁRIAS

Art. 157. Pertencem aos Estados e ao Distrito Federal:

I – o produto da arrecadação do imposto da União sobre renda e proventos de qualquer natureza, incidente na fonte, sobre rendimentos pagos, a qualquer título, por eles, suas autarquias e pelas fundações que instituírem e mantiverem;

II – vinte por cento do produto da arrecadação do imposto que a União instituir no exercício da competência que lhe é atribuída pelo art. 154, I.

Fernando Facury Scaff
Luma Cavaleiro de Macedo Scaff

1. Origem do texto

Texto originário da Constituição de 1988.

2. Constituições brasileiras anteriores

Constituição de 1967 com a Emenda Constitucional de 1969: art. 23; Constituição de 1967: art. 23, art. 24; Constituição de 1946: art. 20, art. 21.

3. Preceitos constitucionais correlacionados da Constituição de 1988

Art. 153, III; art. 154, I; art. 155; art. 159, § 1º; art. 167, § 4º; ADCT, art. 72, § 3º.

4. Jurisprudência

"Pretensão de assegurar ao Estado, na condição de pagante, o produto da arrecadação de imposto de renda retido na fonte relativo ao pagamento de complementações de aposentadorias e pensões a aposentados e pensionistas de suas empresas públicas. (...) O art. 157, I, da CF, que dispõe acerca da destinação aos Estados do produto de arrecadação do IRPF, não contempla os pagamentos originados das estatais, integrantes da administração pública indireta, não cabendo interpretação ampliativa." [**ACO 571 AgR**, rel. min. Dias Toffoli, j. 7-3-2017, P, *DJe* de 3-4-2017.]

"A *vexata quaestio*, desta feita, cinge-se à definição da competência para julgar a controvérsia quanto ao imposto de renda retido na fonte, a teor do disposto no art. 157, I, da CF, que preconiza pertencer 'aos Estados e ao Distrito Federal o produto da arrecadação do imposto da União sobre renda e proventos de qualquer natureza, incidente na fonte, sobre os rendimentos pagos, a qualquer título, por eles, suas autarquias e pelas fundações que instituírem e mantiverem'. Registro que a jurisprudência desta Corte alinha-se no sentido de que, no caso, não há interesse da União, motivo pelo qual prevalece a competência da justiça comum." [**RE 684.169 RG**, voto do rel. min. Luiz Fux, j. 30-8-2012, P, *DJe* de 23-10-2012, Tema 572.]

5. Bibliografia

ARAUJO, Luiz Alberto David e NUNES JÚNIOR, Vidal Serrano. *Curso de Direito Constitucional*, 8ª ed. São Paulo: Saraiva, 2004.

ATALIBA, Geraldo. *Apontamentos de Ciência das Finanças – Direito Financeiro e Tributário*. São Paulo: Revista dos Tribunais, 1969.

BALEEIRO, Aliomar. *Uma Introdução à Ciência das Finanças*. 16ª ed. Rio de Janeiro: Forense, 2004.

BONAVIDES, Paulo. *Curso de Direito Constitucional*. 12ª ed. São Paulo: Malheiros, 2002.

DEODATO, Alberto. *Manual de Ciência das Finanças*. 20ª ed. São Paulo: Saraiva, 1984.

NÓBREGA, Manoel. *Lei de Responsabilidade Fiscal e Leis Orçamentárias*. São Paulo: Editora Juarez de Oliveira, 2002.

OLIVEIRA, Regis Fernandes de. *Curso de Direito Financeiro*. São Paulo: Revista dos Tribunais, 2006.

PEREIRA, José Matias. *Finanças Públicas*: A Política Orçamentária no Brasil. São Paulo: Atlas, 2003.

REZENDE, Fernando. *Finanças Públicas*. 2ª ed. São Paulo: Atlas, 2002.

ROSA JÚNIOR, Luiz Emygdio F. *Manual de Direito Financeiro & Tributário*. 14ª ed. Rio de Janeiro: Renovar, 2000.

SCAFF, Fernando Facury. As Contribuições Sociais e o Princípio da Afetação. *Revista Dialética de Direito Tributário*. SP, Ed. Dialética, v. 98, 2003. p. 44-62.

_____. Para além dos direitos fundamentais do contribuinte: o STF e a vinculação das contribuições. In: SCHUERI, Luís Eduardo (org.). *Direito Tributário – Homenagem a Alcides Jorge Costa*. São Paulo: Quartier Latin, 2003, v. 2, p. 1125-1146.

_____. Como a Sociedade Financia o Estado para a Implementação dos Direitos Humanos? In: COUTINHO, Jacinto N. M.; MORAIS, J. L. Bolzan e STRECK, Lenio L. (orgs.). *Estudos Constitucionais*. Rio de Janeiro: Renovar, 2007.

_____. Aspectos Financeiros do Sistema de Organização Territorial do Brasil. In: MAUÉS, Antônio Gomes Moreira e FERNÁNDEZ, Itziar Gómes (Org.). *Ordenamiento Territorial en Brasil y España*. Valencia: Tirant Lo Blanch, 2005, v. 1, p. 211-237.

SILVA, José Afonso da. *Curso de Direito Constitucional Positivo*. 20ª ed. São Paulo: Malheiros, 2002.

TORRES, Heleno Taveira. *Direito constitucional financeiro – Teoria da Constituição financeira*. São Paulo: Revista dos Tribunais, 2014.

TORRES, Ricardo Lobo. *Curso de Direito Financeiro e Tributário*. Rio de Janeiro: Renovar, 2005.

6. Anotações

01. Este artigo inicia a parte referente ao Federalismo Fiscal, aspecto do modelo federal brasileiro, caracterizado por ser um Federalismo Participativo ou Cooperativo. O presente artigo trata da repartição das receitas tributárias, especificamente da parcela que recebem os Estados e o Distrito Federal das receitas arrecadadas pela União.

O sistema tributário constitucional fundamenta-se na técnica da discriminação das rendas entre as entidades autônomas da Federação. No caso brasileiro, os arts. 153 a 156 da Constituição estabelecem uma competência tributária específica para que cada ente subnacional crie impostos sobre fatos imponíveis. Esta competência não pode ser modificada por lei ordinária, nem por lei complementar, pois se trata de atribuição constitucional intransferível.

A Constituição delimita as competências político-administrativas, as quais, para serem cumpridas pelos entes federativos, requerem a obtenção de recursos. Para tanto, as competências tributárias e a repartição de receitas pretendem o equilíbrio da distribuição das receitas entre os entes federativos.

02. A Constituição de 1988 estabeleceu um sistema tributário com tributos causais e não causais.

São causais (a) as *taxas*, que podem ser cobradas pela União, pelos Estados, pelo Distrito Federal ou pelos Municípios, no âmbito de suas respectivas atribuições e que têm como fato gerador o exercício regular do poder de polícia, ou a utilização, efetiva ou potencial, de serviço público específico e divisível, prestado ao contribuinte ou posto à sua disposição; (b) as *contribuições de melhoria*, que também podem ser cobradas pelos entes federativos no âmbito de sua respectiva competência, além de decorrer da realização de obra pública que ocasione valorização imobiliária, tendo como limite total a despesa realizada e como limite individual o acréscimo de valor que a obra resultar a cada imóvel beneficiado; e (c) *contribuições gerais*, subdivididas em (c.1) *contribuições previdenciárias*, instituídas para o custeio do sistema público de previdência, que podem ser cobradas dos trabalhadores da iniciativa privada, ou de servidores públicos; (c.2) *contribuições sociais*, que são instituídas visando à realização de certas finalidades sociais; (c.3) *contribuições de intervenção no domínio econômico*, que podem ser instituídas para viabilizar a atuação da União na economia de determinado setor; e (c.4) *contribuições no interesse de categorias profissionais ou econômicas*, instituídas como instrumento de atuação da União junto a estas corporações. São também causais (d) os *empréstimos compulsórios*, que podem ser instituídos apenas pela União, por meio de lei complementar, para atender despesas extraordinárias decorrentes de calamidade pública, de guerra externa ou de sua iminência ou no caso de investimento público de caráter urgente e de relevante interesse nacional. O único tributo não causal é o *imposto*, cuja cobrança decorre das delimitações constitucionais estabelecidas ao poder de império do Estado. Este é o principal motivo pelo qual é discriminada na própria Constituição a *competência impositiva* de cada ente federado, pois, caso contrário, poderiam ser criados impostos sobre todo e qualquer fato econômico. É modalidade de tributo cuja obrigação tem por fato gerador uma situação independente de qualquer atividade estatal específica, relativa ao contribuinte.

03. Portanto, em face da Constituição brasileira, todos os entes federativos (União, Estados, Distrito Federal e Municípios) podem criar e arrecadar:

– taxas

– contribuições de melhoria

– contribuições previdenciárias de seus servidores para a constituição de seus próprios regimes de previdência pública.

04. Somente a União pode instituir:

– contribuições sociais;

– contribuições de intervenção no domínio econômico;

– contribuições no interesse de categorias profissionais ou econômicas;

– contribuições previdenciárias a serem pagas pelos trabalhadores da iniciativa privada para custeio do sistema público de previdência;

– empréstimos compulsórios.

05. A competência para instituir *impostos* é assim dividida:

Compete à *União* instituir impostos sobre:

Comércio Exterior.

– imposto sobre importação de produtos estrangeiros (II);

– imposto sobre exportação, para o exterior, de produtos nacionais ou nacionalizados (IExp).

Renda:

– imposto sobre a renda e proventos de qualquer natureza, alcançando pessoas físicas (IRPF) e jurídicas (IRPJ).

Circulação/Produção de Bens e Direitos:

– imposto sobre produtos industrializados (IPI);

– imposto sobre operações de crédito, câmbio e seguro, ou relativas a títulos ou valores mobiliários (IOF).

Propriedade:

– imposto sobre a propriedade territorial rural (ITR);

– imposto sobre grandes fortunas, nos termos de lei complementar (até hoje não implementado) (IGF).

Compete aos *Estados e ao Distrito Federal* instituir impostos sobre:

Circulação de Bens e Direitos:

– imposto sobre operações relativas à circulação de mercadorias e sobre prestações de serviços de transporte interestadual e intermunicipal e de comunicação (ICMS);

– imposto sobre transmissão *causa mortis* e doação, de quaisquer bens ou direitos (ITCM).

Propriedade:

– imposto sobre a propriedade de veículos automotores (IPVA).

Compete aos *Municípios* instituir impostos sobre:

Circulação de Bens e Direitos:

– imposto sobre serviços de qualquer natureza (ISS);

– imposto sobre a transmissão "inter vivos", a qualquer título, por ato oneroso, de bens imóveis, por natureza ou acessão física, e de direitos reais sobre imóveis, exceto os de garantia, bem como cessão de direitos à sua aquisição (ITBI).

Propriedade:

– imposto sobre propriedade predial e territorial urbana (IPTU).

06. A União ainda possui com exclusividade duas outras possibilidades para a criação de impostos, quais sejam:

a) a *competência residual*, a qual permite que sejam criados outros impostos, desde que sejam não cumulativos e não tenham fato gerador ou base de cálculo próprios dos discriminados na Constituição. Estes, uma vez criados, deverão ser partilhados em 20% com os Estados-membros;

b) na iminência ou no caso de guerra externa, impostos extraordinários, compreendidos ou não em sua competência tributária, os quais serão suprimidos, gradativamente, cessadas as causas de sua criação.

07. Muito embora existam competências tributárias próprias de cada ente federativo, a liberdade para a criação das incidências nas unidades subnacionais não é plena, uma vez que a Constituição Federal, em seu art. 146 estabelece a necessidade de Lei Complementar para várias situações, sempre visando harmonizar a cobrança desses tributos. Esta norma é o Código Tributário Nacional[1].

Além de determinação geral, a própria Constituição estabelece para o ICMS, tributo estadual, a necessidade de uma lei complementar específica, que crie os vários parâmetros para sua cobrança[2].

No mesmo sentido, o ISS, tributo municipal, necessita de lei complementar para sua harmonização, em face das incontáveis possibilidades de diversidade entre os mais de 5.500 municípios brasileiros[3].

08. A discriminação de rendas referida acima constitui um dos aspectos nucleares do federalismo fiscal, parcela do federalismo cooperativo do Estado brasileiro, pois envolve a distribuição da competência material tributária de natureza federativa.

Outro aspecto desta técnica se refere à repartição das receitas entre os entes federativos, de tal modo que a riqueza possa ser mais bem distribuída no país. A partir da consideração de que alguns fatos econômicos geram a arrecadação de mais receita para um ente subnacional do que para outro, a Constituição estabelece critérios de rateio dessas receitas entre os entes subnacionais, a fim de melhor distribuir a arrecadação obtida.

09. O artigo em comento estabelece as regras de repartição das receitas tributárias para os Estados e para o Distrito Federal a partir da arrecadação efetuada pela União.

Pode-se distinguir três espécies de técnicas de repartição:

a) a primeira, que se refere à *retenção* (art. 157, inciso I);

b) a segunda, que trata de *transferências por rateio* (art. 157, inciso II); e ainda

---

1. O Código Tributário Nacional é a Lei 5.172/66, que foi votado como lei ordinária sob a Constituição de 1946 (com alterações), a qual não previa a necessidade de lei complementar para essa matéria. Após forte debate jurisprudencial, foi reconhecido pelo Supremo Tribunal Federal como possuindo *status* de lei complementar.

2. Lei Complementar 87/96, que regula o ICMS.

3. Lei Complementar 116/03, que regula o ISS.

c) a terceira, que se refere às *transferências diretamente relacionadas a cada ente subnacional* (art. 158, inciso II, e também no inciso III). Como será visto, no art. 157 apenas as duas primeiras são encontradas.

Esta é uma classificação importante sob o ponto de vista financeiro, pois enquanto as *retenções* se caracterizam como *receita própria*, as duas outras, que são *transferências*, se caracterizam como *receita transferida*. Esta é uma distinção importante para a gestão financeira dos entes subnacionais.

10. Existe *retenção* quando a Constituição estabelece que "pertencem aos Estados e ao Distrito Federal" o produto da arrecadação do imposto sobre renda e proventos de qualquer natureza, incidente na fonte, sobre rendimentos pagos, a qualquer título, por eles, suas autarquias e pelas fundações que instituírem e mantiverem.

Observe-se que se trata de uma regra de retenção, pois são estes entes subnacionais (Estados e Distrito Federal) que irão reter os valores devidos a título de Imposto sobre a Renda incidente na fonte, quando forem realizados pagamentos em que esta hipótese de incidência fiscal esteja presente. Os valores retidos não devem ser repassados à União, mas permanecer com os Estados e o Distrito Federal. Trata-se de uma exceção à regra geral pois, a despeito de se tratar de imposto de competência da União e cuja receita é da União, os valores retidos devem permanecer nos cofres estaduais e distritais toda vez que a fonte pagadora for o Estado e o Distrito Federal, suas autarquias e fundações que instituírem e mantiverem.

Esta exceção tem por escopo criar uma fonte de receita para os entes subnacionais (no artigo seguinte, 158, I, a mesma técnica será aplicada aos Municípios) e evitar disputas federativas com a União sobre o montante a ser recolhido, fruto da retenção realizada. Há quem entenda que este tipo de técnica de *retenção* se correlaciona com a questão da *imunidade recíproca*, pois impede que haja a cobrança de impostos de um ente público sobre as atividades de outro.

Esta norma, a despeito de ser bastante operacional, ainda traz em si algumas dificuldades na sua implementação, tal como ocorre quando o Estado cobra a menor o Imposto de Renda na fonte; a quem cabe cobrar a diferença? À União ou ao Estado? No caso, entende-se que a cobrança deve ser feita pela União, mas o montante arrecadado é do Estado, por força desta norma constitucional.

11. Outra situação é verificada no inciso II, pois neste caso estar-se-á presente a uma hipótese de transferência por rateio.

Toda vez que a União exercer a competência residual prevista no art. 154, I, da Constituição, que lhe é exclusiva, e cujo escopo é de "instituir mediante lei complementar, impostos não previstos no artigo anterior, desde que sejam não cumulativos e não tenham fato gerador ou base de cálculo próprios dos discriminados" na Constituição, deverá ratear entre os Estados e o Distrito Federal 20% do que tiver sido arrecadado.

Observe-se que não se trata de ratear com um ou outro Estado, ou mesmo de forma proporcional ao que tiver sido arrecadado em cada unidade federativa e nem mesmo de retenção, como mencionado acerca do inciso I, acima comentado. Neste caso, dever-se-á efetuar o rateio do mesmo modo previsto para o Fundo de Participação dos Estados (arts. 159, I, "a", CF), pois esta é a regra do Federalismo Participativo nesta hipótese.

Art. 158. Pertencem aos Municípios:

I – o produto da arrecadação do imposto da União sobre renda e proventos de qualquer natureza, incidente na fonte, sobre rendimentos pagos, a qualquer título, por eles, suas autarquias e pelas fundações que instituírem e mantiverem;

II – cinquenta por cento do produto da arrecadação do imposto da União sobre a propriedade territorial rural, relativamente aos imóveis neles situados, cabendo a totalidade na hipótese da opção a que se refere o art. 153, § 4º, III;

III – cinquenta por cento do produto da arrecadação do imposto do Estado sobre a propriedade de veículos automotores licenciados em seus territórios;

IV – vinte e cinco por cento do produto da arrecadação do imposto do Estado sobre operações relativas à circulação de mercadorias e sobre prestações de serviços de transporte interestadual e intermunicipal e de comunicação.

Parágrafo único. As parcelas de receita pertencentes aos Municípios, mencionadas no inciso IV, serão creditadas conforme os seguintes critérios:

I – sessenta e cinco por cento, no mínimo, na proporção do valor adicionado nas operações relativas à circulação de mercadorias e nas prestações de serviços, realizadas em seus territórios; (*Redação dada pela Emenda Constitucional n. 108, de 2020.*)

II – trinta e cinco por cento, de acordo com o que dispuser lei estadual, observada, obrigatoriamente, a distribuição de, no mínimo, 10 (dez) pontos percentuais com base em indicadores de melhoria nos resultados de aprendizagem e de aumento da equidade, considerado o nível socioeconômico dos educandos.

Fernando Facury Scaff
Luma Cavaleiro de Macedo Scaff

1. Origem do texto

Texto originário da Constituição de 1988. Porém, o inciso II do dispositivo em comento vigorava com a seguinte redação: "II – cinquenta por cento do produto da arrecadação do imposto da União sobre a propriedade territorial rural, relativamente aos imóveis neles situados", sendo que este texto foi alterado pela Emenda Constitucional n. 42/2003. A Emenda Constitucional n. 108/2020 alterou o parágrafo único do art. 158 da Constituição Federal no que se refere a repartição de receitas do percentual recebido pelos Municípios provenientes do ICMS utilizando dois critérios: o valor adicionado nas operações de ICMS e indicadores de melhorias de aprendizagem.

2. Constituições brasileiras anteriores

Constituição de 1967 com a emenda constitucional de 1969: art. 21; art. 23; art. 24; art. 25; art. 26; Constituição de 1967: art. 24, art. 25; art. 26; art. 27; art. 28; Constituição de 1946: arts. 15; 18; 19; 20; 21; 22; 29.

3. Preceitos constitucionais correlacionados da Constituição de 1988

Art. 34, § 2º, II; art. 153; art. 156; art. 157; art. 159.

4. Jurisprudência

ADI 2.405-MC, Rel. Min. Carlos Britto, julgamento em 6-11-02, *DJ* de 17-2-06; RE 572.762, Rel. Min. Ricardo Lewandowski, julgamento 18-6-08, *DJe* de 5-9-08; RE 401.953, Rel. Min. Joaquim Barbosa, julgamento em 16-5-07, *DJ* de 21-9-07; AC 1.669-MC, Rel. Min. Ricardo Lewandowski, julgamento em 20-11-07, *DJ* de 7-12-07; ADI 2.405-MC, Rel. Min. Carlos Britto, julgamento em 6-11-02, *DJ* de 17-2-06; RE 253.906, Rel. Min. Ellen Gracie, julgamento em 23-9-04, *DJ* de 18-2-05; ADI 2.728, Rel. Min. Maurício Corrêa, julgamento em 28-5-03, *DJ* de 20-2-04; ADI 2.728-ED, Rel. Min. Marco Aurélio, julgamento em 19-10-06, *DJ* de 5-10-07; ADI 95, Rel. Min. Ilmar Galvão, julgamento em 18-10-95, *DJ* de 7-12-95; RE 401.953, Rel. Min. Joaquim Barbosa, julgamento em 16-5-07, *DJ* de 21-9-07.

O produto da arrecadação do adicional de alíquota de ICMS destinado ao fundo de combate à pobreza não é objeto da repartição estabelecida no art. 158, inciso IV, da Constituição Federal, sendo tal medida constitucional. [ARE 1.308.578 ED-AgR, rel. min. Dias Toffoli, j. 2-3-2022, 1ª T., *DJe* de 21-3-2022.]

Em sede de repercussão geral, os programas de diferimento ou postergação de pagamento de ICMS – a exemplo do FOMENTAR e do PRODUZIR, do Estado de Goiás – não violam o sistema constitucional de repartição de receitas tributárias previsto no art. 158, IV, da Constituição Federal, desde que seja preservado o repasse da parcela pertencente aos Municípios quando do efetivo ingresso do tributo nos cofres públicos estaduais. [RE 1.288.634, rel. min. Gilmar Mendes, j. 17-12-2022, P, *DJe* de 9-2-2023, Tema 1.172, com mérito julgado.]

5. Bibliografia

ARAUJO, Luiz Alberto David e NUNES JÚNIOR, Vidal Serrano. *Curso de Direito Constitucional*. 8ª ed. São Paulo: Saraiva, 2004.

ATALIBA, Geraldo. *Apontamentos de Ciência das Finanças – Direito Financeiro e Tributário*. São Paulo: Revista dos Tribunais, 1969.

BALEEIRO, Aliomar. *Uma Introdução à Ciência das Finanças*. 16ª ed. Rio de Janeiro: Forense, 2004.

BONAVIDES, Paulo. *Curso de Direito Constitucional*. 12ª ed. São Paulo: Malheiros, 2002.

CONTI, José Mauricio. *A Autonomia Financeira do Poder Judiciário*. São Paulo: MP, 2006.

CONTI, José Mauricio (org.). *Federalismo Fiscal*. São Paulo: Manole, 2003.

DEODATO, Alberto. *Manual de Ciência das Finanças*. 20ª ed. São Paulo: Saraiva, 1984.

NÓBREGA, Manoel. *Lei de Responsabilidade Fiscal e Leis Orçamentárias*. São Paulo: Juarez de Oliveira, 2002.

OLIVEIRA, Regis Fernandes de. *Curso de Direito Financeiro*. São Paulo: Revista dos Tribunais, 2006.

PEREIRA, José Matias. *Finanças Públicas*: A Política Orçamentária no Brasil. São Paulo: Atlas, 2003.

REZENDE, Fernando. *Finanças Públicas*. 2ª ed. São Paulo: Atlas, 2002.

ROSA JÚNIOR, Luiz Emygdio F. *Manual de Direito Financeiro & Tributário*. 14ª ed. Rio de Janeiro: Renovar, 2000.

SCAFF, Fernando Facury. As Contribuições Sociais e o Princípio da Afetação. *Revista Dialética de Direito Tributário*. SP, Ed. Dialética, v. 98, 2003, p. 44-62.

_____. Para além dos direitos fundamentais do contribuinte: o STF e a vinculação das contribuições In: SCHUERI, Luís Eduardo (org.). *Direito Tributário – Homenagem a Alcides Jorge Costa*. São Paulo: Quartier Latin, 2003, v. 2, p. 1125-1146.

_____ (Org.). *Constitucionalizando Direitos – 15 anos da Constituição Brasileira de 1988*. Renovar: Rio de Janeiro e São Paulo, 2003.

_____. Como a Sociedade Financia o Estado para a Implementação dos Direitos Humanos? In: COUTINHO, Jacinto N. M.; MORAIS, J. L. Bolzan; STRECK, Lenio L. (orgs.). *Estudos Constitucionais*. Rio de Janeiro: Renovar, 2007.

_____. *Constitucionalismo, Tributação e Direitos Humanos*. Rio de Janeiro: Renovar, 2007.

_____. Aspectos Financeiros do Sistema de Organização Territorial do Brasil. In: MAUÉS, Antônio Gomes Moreira e FERNÁNDEZ, Itziar Gómes (Org.). *Ordenamiento Territorial en Brasil y España*. Valencia: Tirant Lo Blanch, 2005, v. 1, p. 211-237.

SCAFF, Fernando Facury; TUPIASSU, L. V. C. Tributação e Políticas Públicas: O ICMS Ecológico. *Revista de Direito Ambiental*, São Paulo, v. 38, abril/junho, p. 99-120, 2005.

SILVA, José Afonso da. *Curso de Direito Constitucional Positivo*. 20ª ed. São Paulo: Malheiros, 2002.

TORRES, Ricardo Lobo. *Curso de Direito Financeiro e Tributário*. Rio de Janeiro: Renovar, 2005.

6. Anotações

1. Este dispositivo estabelece as regras de discriminação de receitas tributárias para os Municípios, de modo que seu estudo dissociado do art. 157 comentado anteriormente seria um equívoco. Por este motivo, remete-se o leitor às considerações expendidas no art. 157 como leitura prévia do que será comentado neste artigo.

2. Trata-se de um artigo que está intimamente relacionado com o federalismo fiscal, em que uma entidade da federação arrecada determinado tributo de acordo com sua competência constitucional tributária, e tem o dever constitucional de repassar uma parcela deste tributo à outra entidade da federação, no caso do art. 158, os Municípios.

3. O inciso I prevê hipótese de *retenção* idêntica à que se encontra prevista no inciso I do art. 157, possuindo as mesmas características e fundamentos.

4. No inciso II verifica-se um caso de *transferência diretamente relacionada à cada ente subnacional,* no caso, os Municípios onde estiver localizada a propriedade territorial sobre a qual for cobrado o ITR – Imposto Territorial Rural, cuja competência é da União. Não se trata nesta hipótese de *rateio entre entes federativos*, mas de *transferência direta* de parcela do montante arrecadado para o específico Município onde estiver localizada a propriedade territorial sujeita à tributação pelo ITR. Os recursos devem ser dirigidos

àquele específico Município, e não à um Fundo em que os valores seriam rateados, tal como ocorre no artigo 159, I.

A Emenda Constitucional n. 42, de 19-12-2003, estabeleceu a possibilidade de o percentual da receita do ITR vir a ser transferido pela União aos Municípios em 100%. Não se trata de um *intervalo*, pois não está escrito "entre 50% e 100%". A norma estabelece duas possibilidades: ou o mínimo de 50%, ou 100% de transferência. Esta variação pode ocorrer de acordo com a hipótese criada pela referida Emenda Constitucional, a qual também acrescentou o inciso III ao § 4º do art. 153, que permitiu aos Municípios que optarem, na forma da lei, fiscalizarem e cobrarem este imposto, ficando assim com 100% do valor de sua arrecadação. A Constituição estabeleceu uma condicionante para que o valor arrecadado com o ITR passe a pertencer integralmente ao Município: que este procedimento não gere redução de imposto ou qualquer outra forma de renúncia fiscal.

Observa-se que esta é, na verdade, uma hipótese de muito difícil implantação, pois os Municípios brasileiros onde existe a real possibilidade de arrecadação substancial do ITR, terão que organizar máquinas arrecadatórias para majorar a receita desse imposto em 50%, sem poder realizar nenhum tipo de redução ou renúncia fiscal. Contudo, como a competência tributária permanece com a União – o que está sendo transferido é apenas o produto da arrecadação, e não a competência, que é indelegável, como visto no comentário ao art. 157 – torna-se inexistente a possibilidade de os Municípios realizarem política fiscal com o ITR. Logo, será pequena a possibilidade de majoração efetiva da arrecadação, em face do aumento do custo com a adequação da máquina arrecadatória. Tudo indica, nos tempos que correm, ser uma opção mais econômica para os Municípios que possuem grandes áreas subsumíveis ao ITR, os quais são geralmente paupérrimos, receber 50% de transferência sem custos, do que receber 100% da transferência com custos de adequação da máquina arrecadatória – ainda mais sem poder legislar sobre o referido imposto.

5. No inciso III consta outra hipótese de *transferência diretamente relacionada à cada ente subnacional*, pois obriga os Estados a transferirem 50% do que tiver sido arrecadado de IPVA – Imposto sobre a Propriedade de Veículos Automotores para os Municípios onde aquele veículo tiver sido licenciado. Assim, o proprietário de um automóvel que tiver sido plaqueado em um determinado Município, ao pagar o IPVA para o Estado, estará *ipso facto* contribuindo para aquele Município com metade do valor pago.

6. O inciso IV trata da possibilidade de rateio de 25% do ICMS arrecadado pelos Estados com os Municípios. É válido pontuar que o parágrafo único do art. 158, o qual se refere a repartição desse percentual de 25% do ICMS previsto no inciso IV, foi alterado pela Emenda Constitucional n. 108/2020.

Antes da EC n. 108/2020, o parágrafo único trata de *transferência diretamente relacionada à cada ente subnacional*. Estabelece expressamente que no mínimo ¾ dos 25% de ICMS pertencentes aos municípios devem ser repassados conforme o valor adicionado fiscal das operações realizadas por cada ente municipal. A Constituição define, então, um critério de medição econômica, simplificadamente decorrente da diferença entre as notas fiscais de venda e as notas fiscais de compra do município. Nos termos dispostos pelo mandamento constitucional, portanto, a lógica de repartição das receitas do ICMS privilegia os municípios que mais produzem, ou seja, os mais desenvolvidos economicamente, capazes de gerar maiores receitas tributárias provenientes da circulação de mercadorias e serviços.

No entanto, deixa o constituinte originário a cargo dos Estados a definição dos critérios de repasse de ¼ do valor cabível aos municípios. Tal faculdade permite uma interferência direta da administração estadual no processo de desenvolvimento municipal, tendo em vista que os critérios de repasse de verbas influem fundamentalmente sobre as políticas públicas adotadas, podendo, caso sejam bem planejados, constituir-se em um amplo fator de indução econômica.

Tradicionalmente, porém, os Estados pouco se utilizam do poder economicamente indutivo contido no permissivo constitucional, repetindo normalmente o mesmo critério adotado para os demais ¾.

Na realidade atual, entretanto, os municípios mais populosos ou que mais geram circulação de mercadorias são os que têm, em seu território, mais condições de desenvolver atividades economicamente produtivas, que culminam, no mais das vezes, em externalidades negativas através do desenvolvimento de uma estrutura predatória em relação aos bens ambientais.

Assim, incluindo este quadro no raciocínio da repartição de receitas do ICMS, verificamos que os municípios que se dedicam ao desenvolvimento econômico em detrimento da preservação ambiental são aquilatados com maior quantidade de repasses financeiros, pois têm mais possibilidade de gerar receitas em função da circulação de mercadorias. Por outro lado, aqueles que arcam com a responsabilidade de preservar o bem natural, trazendo externalidades positivas que beneficiam a todos, têm restrições em sua capacidade de desenvolvimento econômico e, consequentemente, recebem menos repasses financeiros por contarem com uma menor circulação de mercadorias e serviços. Esta lógica não dá conta da dinâmica da realidade e, principalmente, não se conforma com a proteção constitucional conferida ao meio ambiente, tampouco com o Princípio do Poluidor-Pagador, também constitucionalmente previsto.

Dentro dessa perspectiva, inúmeras foram as reivindicações dos municípios detentores de áreas de preservação ambiental, mananciais hídricos, reservas indígenas, etc., tendo em vista que sofrem historicamente uma dupla penalização, seja pela restrição da utilização economicamente produtiva de parte do seu território em face da afetação ambiental, seja pela consequência economicamente nefasta de tal restrição, que implica num menor nível de repasse orçamentário, sem que recebam qualquer recompensa pelas externalidades positivas que proporcionam à sociedade.

Necessário se fez aos Estados conciliarem os ditames constitucionais de modo a também incentivarem a conservação dos recursos naturais, proporcionando, ao menos, algum meio de compensação financeira aos municípios que sofrem limitações de ordem física para o desenvolvimento produtivo, em razão de seu comprometimento territorial com áreas ambientalmente protegidas.

Diante disso, aproveitando a faculdade que lhes foi constitucionalmente conferida, relativa ao estabelecimento de critérios próprios para o repasse de ¼ da parcela de ICMS pertencente aos municípios, vem sendo criada, em alguns Estados, uma nova política, cujos parâmetros estabelecidos para o repasse financeiro são de ordem notadamente ambiental. Usualmente esta técnica de repartição financeira do ICMS passou a ser denominada de *ICMS Ecológico* ou *Ambiental*. Como se pode perceber, não se trata da criação de um novo imposto, mas de uma técnica financeira de aumentar a arrecadação dos Municípios a partir de critérios ambientais.

Percebe-se, neste contexto, o início de uma clara e simples forma de compatibilizar a sistemática financeira com a preservação ambiental, fornecendo incentivos para que os municípios mantenham as áreas de conservação ambiental sem sofrerem demasiadamente as perdas decorrentes do limitado desenvolvimento econômico.

Após a EC n. 108/2022, as mudanças ocorreram com o objetivo de corrigir desequilíbrios verticais e horizontais em matéria tributária, que podem suscitar descompassos entre a capacidade tributária (em sentido amplo, a obtenção de receitas) e as responsabilidades atribuídas a cada ente federado de prover as necessidades públicas (realização de despesas), espelhando na repartição das receitas tributárias e sua relação com o federalismo.

Uma mudança pouco comentada é a modificação do parágrafo único do artigo 158. No caso, o percentual de repasse de ICMS aos municípios conforme o valor adicionado fiscal (VAF) foi reduzido de 75% para 65%, repassando esses 10% destacados para a distribuição "com base em indicadores de melhoria nos resultados de aprendizagem e de aumento da equidade, considerado o nível socioeconômico dos educandos". A partir da Emenda n. 108/2020, portanto, passa a ser obrigatória a distribuição de receita de ICMS conforme critérios educacionais, o que foi apelidado de ICMS Educacional.

A nova redação atualizada passa a consignar a partilha a seguir exposta.

Quanto ao inciso I, as parcelas de receita pertencentes aos Municípios mencionadas no inciso IV serão creditadas conforme os seguintes critérios: 65%, no mínimo, na proporção do valor adicionado nas operações relativas à circulação de mercadorias e nas prestações de serviços realizadas em seus territórios. Logo, a cota-parte prevista no art. 158, parágrafo único, inciso I, da Constituição Federal se fará na proporção do valor adicional nas operações relativas à circulação de mercadorias e serviços.

Nos moldes do art. 161, I, da Constituição Federal, deve ser exigida Lei Complementar para definir e conceituar o "valor adicionado fiscal" (VAF) para os fins da repartição de receitas ora em comento. Nesta linha, foi editada a Lei Complementar n. 63/1990 que dispõe sobre os critérios para o crédito de 65%, no mínimo, do produto da arrecadação do ICMS que cabe aos Municípios. Em outras palavras, o desenho institucional normativo fiscal determina que 25% do produto da arrecadação do ICMS, imposto de competência dos Estados e do Distrito Federal, deve descolar uma quota-parte destinada aos Municípios, dos quais 65%, no mínimo, serão repartidos com base na proporção do valor adicionado fiscal (VAF).

Esta discussão é de fundamental importância aos 5.568 Municípios do Brasil no intuito de compreender de forma objetiva em que consiste o "valor adicionado fiscal", ônus disciplinado pela Lei Complementar n. 63/1990.

Nesse sentido, o RESP 35.667-9/SP que trata o "valor adicionado como o resultado da singela operação aritmética de saídas menos entradas em cada estabelecimento contribuinte, decorrente de operações tributáveis, não está relacionado ao montante do ICMS arrecadado pelo respectivo território. Com entendimento similar, o RESP 6.161/SP em que se destaca a questão "deixando claro tratar que não é o valor adicionado de natureza tributária, mas sim um conceito econômico de natureza financeira, prestando tão somente a compor um índice de melhor distribuição de riqueza na partição de receitas de ICMS aos municípios, em que havida a circulação de riquezas.

Logo, questão controvertida que vale a pena pontuar é a natureza jurídica do valor adicionado fiscal, aqui se entende que não se trata de tributo (também, não se confunde com o ICMS), mas sim é receita transferida como uma forma de distribuição de rendas, não se podendo confundir base de cálculo de tributo com valor de referência para o cálculo do valor adicional fiscal. Uma solução apresentada pela jurisprudência, com base legal, é que o valor da mercadoria especificado na nota fiscal deve ser levado como referência para o valor adicional fiscal.

Portanto, o valor adicionado fiscal é um critério econômico de natureza financeira que se propõe a compor um critério de distribuição de receitas do ICMS aos municípios, uma quota-parte destacada como receita transferida.

Feitas essas considerações sobre o primeiro inciso, passamos ao inciso II consubstanciado no ICMS Educacional.

Quanto ao inciso II, as parcelas de receita pertencentes aos Municípios mencionadas no inciso IV serão creditadas conforme os seguintes critérios, até 35% (trinta e cinco por cento), de acordo com o que dispuser lei estadual, observada, obrigatoriamente, a distribuição de, no mínimo, 10 (dez) pontos percentuais com base em indicadores de melhoria nos resultados de aprendizagem e de aumento da equidade, considerado o nível socioeconômico dos educandos.

Da leitura do dispositivo, observa-se que 10% daquele recurso deve ser destinado, conforme dispuser lei estadual, aos municípios, com base em indicadores de melhoria nos resultados de aprendizagem e de aumento da equidade, considerado o nível socioeconômico dos educandos. É o denominado ICMS Educacional, cuja intenção do legislador é a destinação de recursos para a educação, voltando a garantia financeira dos Municípios. Porém, este dispositivo apresenta eficácia limitada porque de princípio institutivo, de modo que o legislador ordinário deve complementar a eficácia a serem desenhados os critérios, os requisitos, as condições, as circunstâncias e demais critérios objetivos.

Aspecto interessante e crucial para a implementação desta quota-parte municipal educacional decorre da competência legislativa dos Estados, de maneira que exige lei estadual. Consequentemente, a omissão estatal impede o repasse de recursos à educação dos municípios, o que pode ser tratado em ação direta de inconstitucionalidade por omissão. Em caso de ente estadual, fica impossibilitado o recebimento de receitas por parte dos municípios, conforme disposição constitucional, cujo comportamento absenteísta pode ser capaz de ensejar responsabilização administrativa.

Art. 159. A União entregará:

I – do produto da arrecadação dos impostos sobre renda e proventos de qualquer natureza e sobre produtos industrializados, 50% (cinquenta por cento), da seguinte forma: (*Redação dada pela Emenda Constitucional n. 112, de 2021.*)

a) vinte e um inteiros e cinco décimos por cento ao Fundo de Participação dos Estados e do Distrito Federal; (**Vide** Lei Complementar n. 62, de 1989) *b*) vinte e dois inteiros e cinco décimos por cento ao Fundo de Participação dos Municípios; (*Vide* Lei Complementar n. 62, de 1989)

c) três por cento, para aplicação em programas de financiamento ao setor produtivo das Regiões Norte, Nordeste e Centro-Oeste, através de suas instituições financeiras de caráter regional, de acordo com os planos regionais de desenvolvimento, ficando assegurada ao semiárido do Nordeste a metade dos recursos destinados à Região, na forma que a lei estabelecer;

d) um por cento ao Fundo de Participação dos Municípios, que será entregue no primeiro decêndio do mês de dezembro de cada ano;

e) 1% (um por cento) ao Fundo de Participação dos Municípios, que será entregue no primeiro decêndio do mês de julho de cada ano;

f) 1% (um por cento) ao Fundo de Participação dos Municípios, que será entregue no primeiro decêndio do mês de setembro de cada ano; (*Incluída pela Emenda Constitucional n. 112, de 2021.*)

II – do produto da arrecadação do imposto sobre produtos industrializados, dez por cento aos Estados e ao Distrito Federal, proporcionalmente ao valor das respectivas exportações de produtos industrializados;

III – do produto da arrecadação da contribuição de intervenção no domínio econômico prevista no art. 177, § 4º, 29% (vinte e nove por cento) para os Estados e o Distrito Federal, distribuídos na forma da lei, observada a destinação a que se refere o inciso II, *c*, do referido parágrafo.

§ 1º Para efeito de cálculo da entrega a ser efetuada de acordo com o previsto no inciso I, excluir-se-á a parcela da arrecadação do imposto de renda e proventos de qualquer natureza pertencente aos Estados, ao Distrito Federal e aos Municípios, nos termos do disposto nos arts. 157, I, e 158, I.

§ 2º A nenhuma unidade federada poderá ser destinada parcela superior a vinte por cento do montante a que se refere o inciso II, devendo o eventual excedente ser distribuído entre os demais participantes, mantido, em relação a esses, o critério de partilha nele estabelecido.

§ 3º Os Estados entregarão aos respectivos Municípios vinte e cinco por cento dos recursos que receberem nos termos do inciso II, observados os critérios estabelecidos no art. 158, parágrafo único, I e II.

§ 4º Do montante de recursos de que trata o inciso III que cabe a cada Estado, vinte e cinco por cento serão destinados aos seus Municípios, na forma da lei a que se refere o mencionado inciso.

Fernando Facury Scaff
Luma Cavaleiro de Macedo Scaff

1. Origem do texto

Texto originário da Constituição de 1988. Porém, ao longo dos anos esta redação sofreu várias reformas pontuais através de emendas constitucionais, quais sejam:

a) O inciso I do art. 159 vigorava com a seguinte redação antes da alteração da Emenda Constitucional n. 55/2007: "*I – do produto da arrecadação dos impostos sobre renda e proventos de qualquer natureza e sobre produtos industrializados, quarenta e sete por cento na seguinte forma*". Na Constituição de 1988, em vigor o texto: "*I – do produto da arrecadação dos impostos sobre renda e proventos de qualquer natureza e sobre produtos industrializados quarenta e oito por cento na seguinte forma*".

b) A Emenda Constitucional n. 55/2007 também acrescentou a alínea *d* no item I do art. 159 com a seguinte redação em vigor até os nossos dias: "*d) um por cento ao Fundo de Participação dos Municípios, que será entregue no primeiro decêndio do mês de dezembro de cada ano*".

c) O inciso III do referido dispositivo foi incluído em 2003 pela Emenda Constitucional n. 42, com a seguinte redação: "*II – do produto da arrecadação da contribuição de intervenção no domínio econômico prevista no art. 177, § 4º, vinte e cinco por cento para os Estados e o Distrito Federal, distribuídos na forma da lei, observada a destinação a que refere o inciso II, c, do referido parágrafo*". Contudo, este texto foi alterado pela Emenda Constitucional n. 44/2004, passando a vigorar da seguinte maneira: "*III – do produto da arrecadação da contribuição de intervenção no domínio econômico prevista no art. 177, § 4º, 29% para os Estados e o Distrito Federal, distribuídos na forma da lei, observada a destinação a que se refere o inciso II, c, do referido parágrafo*".

d) O § 4º foi incluído no texto constitucional pela Emenda Constitucional n. 42/2003 e vigora com a seguinte redação: "*§ 4º Do montante de recursos de que trata o inciso III que cabe a cada Estado, vinte e cinco por cento serão destinados aos seus Municípios, na forma da lei a que se refere o mencionado inciso*".

e) A Emenda Constitucional n. 112/2021 modificou o art. 159, I, especificamente no que se refere ao percentual, bem como incluiu a alínea *f*. Com a mudança, o inciso I passou a determinar: que a União entregará: "*I. Do produto da arrecadação dos impostos sobre renda e proventos de qualquer natureza e sobre produtos industrializados, 50% da seguinte forma:*", tendo incluído a alínea *f* com a seguinte redação: "*f. 1% ao Fundo de Participação dos Municípios que será entregue no primeiro decênio do mês de setembro de cada ano*".

2. Constituições brasileiras anteriores

Constituição de 1967 com a emenda constitucional de 1969: art. 21; art. 23; art. 24; art. 25; art. 26; Constituição de 1967: art. 24, art. 25; art. 26; art. 27; art. 28; Constituição de 1946: arts. 15; 18; 19; 20; 21; 22; 29.

3. Preceitos constitucionais correlacionados da Constituição de 1988

Art. 34, § 2º, II; art. 60, § 2º; art. 153; art. 154; art. 155; art. 156; art. 157; art. 158; art. 193; art. 72, § 2º e § 4º, ADCT.

4. Legislação

Lei Complementar n. 62/1989; Lei Complementar n. 63/1990; Lei Complementar n. 61/1989; Lei n. 7.827/1989; Lei n. 8.016/1990.

5. Jurisprudência

MS 23.632, Rel. Min. Carlos Britto, julgamento em 18-9-08, DJe de 14-11-08.

6. Bibliografia

ARAUJO, Luiz Alberto David e NUNES JÚNIOR, Vidal Serrano. *Curso de Direito Constitucional*. 8ª ed. São Paulo: Saraiva, 2004.

ATALIBA, Geraldo. *Apontamentos de Ciência das Finanças – Direito Financeiro e Tributário*. São Paulo: Revista dos Tribunais, 1969.

BALEEIRO, Aliomar. *Uma Introdução à Ciência das Finanças*. 16ª ed. Rio de Janeiro: Forense, 2004.

BONAVIDES, Paulo. *Curso de Direito Constitucional*. 12ª ed. São Paulo: Malheiros, 2002.

CONTI, José Mauricio. *A Autonomia Financeira do Poder Judiciário*. São Paulo: MP, 2006.

CONTI, José Mauricio (org.). *Federalismo Fiscal*. São Paulo: Manole, 2003.

DEODATO, Alberto. *Manual de Ciência das Finanças*. 20ª ed. São Paulo: Saraiva, 1984.

NÓBREGA, Manoel. *Lei de Responsabilidade Fiscal e Leis Orçamentárias*. São Paulo: Juarez de Oliveira, 2002.

OLIVEIRA, Regis Fernandes de. *Curso de Direito Financeiro*. São Paulo: Revista dos Tribunais, 2006.

PEREIRA, José Matias. *Finanças Públicas*: A Política Orçamentária no Brasil. São Paulo: Atlas, 2003.

REZENDE, Fernando. *Finanças Públicas*. 2ª ed. São Paulo: Atlas, 2002.

ROSA JÚNIOR, Luiz Emygdio F. *Manual de Direito Financeiro & Tributário*. 14ª ed. Rio de Janeiro: Renovar, 2000.

SCAFF, Fernando Facury. As Contribuições Sociais e o Princípio da Afetação. *Revista Dialética de Direito Tributário*. SP, Ed. Dialética, v. 98, 2003, p. 44-62.

_____. Para além dos direitos fundamentais do contribuinte: o STF e a vinculação das contribuições. In: SCHOUERI, Luís Eduardo (org.). *Direito Tributário – Homenagem a Alcides Jorge Costa*. São Paulo: Quartier Latin, 2003, v. 2, p. 1125-1146.

_____ (org.). *Constitucionalizando Direitos – 15 anos da Constituição Brasileira de 1988*. Rio de Janeiro e São Paulo: Renovar, 2003.

_____. Como a Sociedade Financia o Estado para a Implementação dos Direitos Humanos? In: COUTINHO, Jacinto N. M.; MORAIS, J. L. Bolzan e STRECK, Lenio L. (orgs.). *Estudos Constitucionais*. Rio de Janeiro: Renovar, 2007.

_____. *Constitucionalismo, Tributação e Direitos Humanos*. Rio de Janeiro: Renovar, 2007.

_____. Aspectos Financeiros do Sistema de Organização Territorial do Brasil. In: MAUÉS, Antônio Gomes Moreira; GÓMES, Fernández, Itziar (Org.). *Ordenamiento Territorial en Brasil y España*. Valencia: Tirant Lo Blanch, 2005, v. 1, p. 211-237.

SILVA, José Afonso da. *Curso de Direito Constitucional Positivo*. 20ª ed. São Paulo: Malheiros, 2002.

TORRES, Ricardo Lobo. *Curso de Direito Financeiro e Tributário*. Rio de Janeiro: Renovar, 2005.

7. Anotações

1. Este artigo também trata de Federalismo Fiscal, dentro do sistema de Federalismo Participativo adotado pela Constituição brasileira, e que foi resenhado nos comentários ao art. 157 desta obra, aos quais remetemos o leitor.

2. No presente artigo verifica-se um sistema de repartição das receitas tributárias arrecadadas pela União por meio das técnicas de (1) *transferências por rateio* através de Fundos de Participação (inciso I, "a", "b" e "d" e inciso III), bem como (2) *diretamente relacionadas à cada ente subnacional (inciso II)*.

Existe ainda o direcionamento de parcela dos recursos fiscais para o desenvolvimento das regiões Norte, Nordeste e Centro-Oeste do Brasil que não se configura como parte do sistema de Federalismo Fiscal, pois não se trata de transferência entre entes federais, mas que possui o intuito de reduzir as desigualdades regionais, cumprindo o que determina o art. 3º, III, da Constituição.

3. O inciso I estabelece que 50% do que a União tiver arrecadado a título de Imposto sobre a Renda e de Imposto sobre Produtos Industrializados deve ser rateado:

a) Com os Estados e o Distrito Federal, através do sistema de Fundo de Participação dos Estados – FPE, na proporção de 21,5%.

b) Com os Municípios, através do sistema de Fundo de Participação dos Municípios, na proporção de 22,5%. Foi acrescida pela Emenda Constitucional n. 55, de 2007, a alínea "d", que destinou a este Fundo mais 1%, a ser entregue no primeiro decêndio do mês de dezembro de cada ano, e que decorre de uma reivindicação dos governantes municipais para fazer frente aos gastos extraordinários com o 13º salário de seu funcionalismo – a despeito de nada existir na norma constitucional que obrigue esta vinculação.

c) Aplicado em programas de financiamento do setor produtivo, na proporção de 3%, sendo[1]:

– 0,6 pontos percentuais para aplicação na região Norte, através do Banco da Amazônia;

– 0,6 pontos percentuais para aplicação na região Centro-Oeste, através do Banco do Brasil;

– 1,8 pontos percentuais para aplicação na região Nordeste, através do Banco do Nordeste, considerando-se ainda que metade destes recursos deve ser aplicado no semiárido desta região.

d) 1% ao Fundo de Participação dos Municípios que será entregue no primeiro decênio do mês de dezembro de cada ano.

e) 1% ao Fundo de Participação dos Municípios que será entregue no primeiro decênio do mês de julho de cada ano.

---

[1]. Esta aplicação dos Fundos Constitucionais, como passou a ser denominado o direcionamento estabelecido neste item III, foi regulamentada provisoriamente pelo art. 34, § 10, do ADCT, tendo sido mantida pela legislação que se lhe seguiu.

f) 1% ao Fundo de Participação dos Municípios, que será entregue no primeiro decênio do mês de setembro de cada ano.

Para apuração da base de cálculo do rateio previsto no inciso I, afastar-se-á o montante que tiver sido *retido* a título de Imposto de Renda na fonte pelos Estados, pelo Distrito Federal e pelos Municípios, na forma do que estabelecem os artigos 157, I, e 158, I (§ 1º do art. 159).

4. O inciso II estabelece um rateio direto correspondente a 10% do que tiver sido arrecadado de Imposto sobre Produtos Industrializados pela União, proporcional ao valor que tiver sido exportado de produtos industrializados através de cada Estado e do Distrito Federal.

Existe uma limitação individualizada a este rateio prevista no § 2º. Nenhum Estado, ou o Distrito Federal, poderá receber mais do que 20% do montante estabelecido no inciso II. O que exceder a este percentual, deverá ser rateado entre os demais Estados, mantido o mesmo critério de partilha.

O § 3º ainda estabelece um sobrerrateio dos valores previstos no inciso II, com os Municípios. Do montante que cada Estado receber, 25% deverá ser dividido com os Municípios, adotado o mesmo critério de repartição previsto para o rateio estabelecido no art. 158, parágrafo único, incisos I e II.

O escopo da norma é o de incentivar os entes subnacionais a estimular o setor produtivo a exportar cada vez maior quantidade de produtos industrializados, acabando de uma vez por todas com a exportação de produtos *in natura*, sem valor acrescido. Isto é de suma importância para regiões onde o setor primário da economia possui grande peso econômico. É melhor para o país a exportação de carne enlatada do que boi em pé; do mesmo modo que é melhor a exportação de panelas de alumínio do que minério de ferro em bruto, em face do valor agregado que cada qual destes produtos industrializados possui.

5. Existe ainda o rateio previsto no inciso III, deste artigo, acrescido pela Emenda n. 44, de 2004, que decorreu de reivindicação dos Estados e Municípios, que se refere à partilha dos recursos arrecadados com a CIDE – Contribuição de Intervenção sobre o Domínio Econômico relativa às atividades de comercialização e importação de petróleo e seus derivados, gás natural e seus derivados, e álcool combustível, prevista no art. 177, § 4º, da CF.

Do montante que vier a ser arrecadado em decorrência desta contribuição, 29% será destinada aos Estados e ao Distrito Federal, na forma que vier a ser estabelecida por lei ordinária, respeitada por estes entes federativos a vinculação no uso destes recursos às atividades de financiamento aos programas de infraestrutura de transportes, a que se refere o art. 177, § 4º, II, "c", da Constituição.

O § 4º do artigo sob comento procede a outro sobrerrateio, obrigando os Estados a partilhar 25% do que receberem desta fonte de recursos com os Municípios, na forma que vier a ser estabelecida pela referida lei ordinária que regular a matéria. Embora a norma constitucional não esteja expressa, entende-se que os recursos aqui partilhados com os Municípios encontram-se igualmente vinculados às finalidades constitucionalmente previstas no art. 177, § 4º, II, "c".

Art. 160. É vedada a retenção ou qualquer restrição à entrega e ao emprego dos recursos atribuídos, nesta seção, aos Estados, ao Distrito Federal e aos Municípios, neles compreendidos adicionais e acréscimos relativos a impostos.

§ 1º A vedação prevista neste artigo não impede a União e os Estados de condicionarem a entrega de recursos: (Renumerado do Parágrafo único pela Emenda Constitucional n. 113, de 2021)

I – ao pagamento de seus créditos, inclusive de suas autarquias;

II – ao cumprimento do disposto no art. 198, § 2º, incisos II e III.

§ 2º Os contratos, os acordos, os ajustes, os convênios, os parcelamentos ou as renegociações de débitos de qualquer espécie, inclusive tributários, firmados pela União com os entes federativos conterão cláusulas para autorizar a dedução dos valores devidos dos montantes a serem repassados relacionados às respectivas cotas nos Fundos de Participação ou aos precatórios federais. (*Incluído pela Emenda Constitucional n. 113, de 2021.*)

Fernando Facury Scaff
Luma Cavaleiro de Macedo Scaff

1. Origem do texto

Texto originário da Constituição de 1988. A redação do parágrafo único e incisos do presente artigo foram incluídos pela Emenda Constitucional n. 29/2000.

2. Constituições brasileiras anteriores

Constituição de 1967 com a emenda constitucional de 1969: art. 21; art. 23; art. 24; art. 25; art. 26; Constituição de 1967: art. 24, art. 25; art. 26; art. 27; art. 28; Constituição de 1946: arts. 15; 18; 19; 20; 21; 22; 29.

3. Preceitos constitucionais correlacionados da Constituição de 1988

Art. 157, art. 158, art. 159, art. 161, art. 162; art. 198.

4. Jurisprudência

AC 2.197-REF-MC, Rel. Min. Celso de Mello, julgamento em 13-11-08, Informativo 528; SL 158-AgR, Rel. Min. Ellen Gracie, julgamento em 11-10-07, *DJ* de 9-11-07; ADI 2.238-MC, Rel. p/ o ac. Min. Carlos Britto, julgamento em 9-8-07, *DJe* de 12-9-08; RE 446.536, Rel. Min. Eros Grau, julgamento em 24-6-08, *DJe* de 15-8-08; MS 24.269, Rel. Min. Carlos Velloso, julgamento em 14-11-02, *DJ* de 13-12-02; ADI 1.106, Rel. Min. Maurício Corrêa, julgamento em 5-9-02, *DJ* de 13-12-02; RE 396.989, Rel. Min. Marco Aurélio, julgamento em 4-10-05, *DJ* de 3-3-06.

"A publicação da Portaria PGFN 708/2009 importa em reconhecimento do pedido por parte da União e alcança o pleito do Estado do Rio de Janeiro, porquanto impede que o ente central deixe de repassar as quotas do FPE [Fundo de Participação dos Estados], quando pendente discussão quanto à exigibilidade dos créditos ainda não constituídos ou contestados em processos administrativos e judiciais de índole fiscal." [ACO 1.357 AgR, rel. Min. Edson Fachin, j. 1º-9-2017, P, *DJe* de 12-9-2017.]

A inscrição de entes federados em cadastro de inadimplentes (ou outro que dê causa à negativa de realização de convênios, acordos, ajustes ou outros instrumentos congêneres que impliquem transferência voluntária de recursos) pressupõe o respeito aos princípios do contraditório, da ampla defesa e do devido processo legal, somente reconhecido: a) após o julgamento de tomada de contas especial ou procedimento análogo perante o Tribunal de Contas, nos casos de descumprimento parcial ou total de convênio, prestação de contas rejeitada, ou existência de débito decorrente de ressarcimento de recursos de natureza contratual (salvo os de conta não prestada) e; b) após a devida notificação do ente faltoso e o decurso do prazo nela previsto (conforme constante em lei, regras infralegais ou em contrato), independentemente de tomada de contas especial, nos casos de não prestação de contas, não fornecimento de informações, débito decorrente de conta não prestada, ou quaisquer outras hipóteses em que incabível a tomada de contas especial. [RE 1.067.086, rel. min. Rosa Weber, j. 16-9-2020, P, *DJe* de 21-10-2020, Tema 327, com mérito julgado.]

O texto constitucional, ao tratar da participação dos municípios no produto da arrecadação do ICMS, referiu-se à arrecadação efetiva, cuja apuração compete ao próprio estado-membro. Nessa toada, podem ser realizadas certas deduções da arrecadação bruta, como restituições, retificações e compensações, se existirem. É à luz da arrecadação efetiva que se chega aos montantes a serem entregues aos municípios a título de participação. Esse procedimento faz parte da própria apuração do produto da efetiva arrecadação do ICMS, estando intimamente conectada com a autoadministração do estado-membro, não sendo, dessa forma, necessária a prévia notificação dos municípios para que ele seja realizado. Evidentemente, podem os municípios discutir, na esfera administrativa ou judicialmente, o eventual equívoco no cálculo realizado pelo estado-membro. (...) Na espécie, o Estado de Goiás, amparado em parecer do Tribunal de Contas Estadual, entendeu que, em períodos anteriores, houve entrega de recursos a maior aos municípios, uma vez que foram incluídos valores no produto da arrecadação do ICMS indevidamente. [RE 1.373.653 AgR, rel. min. Cármen Lúcia, red. do ac. min. Dias Toffoli, j. 14-9-2022, 1ª T., *DJe* de 3-10-2022.]

5. Bibliografia

ARAUJO, Luiz Alberto David e NUNES JÚNIOR, Vidal Serrano. *Curso de Direito Constitucional*. 8ª ed. São Paulo: Saraiva, 2004.

ATALIBA, Geraldo. *Apontamentos de Ciência das Finanças – Direito Financeiro e Tributário*. São Paulo: Revista dos Tribunais, 1969.

BALEEIRO, Aliomar. *Uma Introdução à Ciência das Finanças*. 16ª ed. Rio de Janeiro: Forense, 2004.

BONAVIDES, Paulo. *Curso de Direito Constitucional*. 12ª ed. São Paulo: Malheiros, 2002.

DEODATO, Alberto. *Manual de Ciência das Finanças*. 20ª ed. São Paulo: Saraiva, 1984.

NÓBREGA, Manoel. *Lei de Responsabilidade Fiscal e Leis Orçamentárias*. São Paulo: Juarez de Oliveira, 2002.

OLIVEIRA, Regis Fernandes de. *Curso de Direito Financeiro*. São Paulo: Revista dos Tribunais, 2006.

PEREIRA, José Matias. *Finanças Públicas*: A Política Orçamentária no Brasil. São Paulo: Atlas, 2003.

REZENDE, Fernando. *Finanças Públicas*. 2ª ed. São Paulo: Atlas, 2002.

ROSA JÚNIOR, Luiz Emygdio F. *Manual de Direito Financeiro & Tributário*. 14ª ed. Rio de Janeiro: Renovar, 2000.

SCAFF, Fernando Facury. Para além dos direitos fundamentais do contribuinte: o STF e a vinculação das contribuições In: SCHUERI, Luís Eduardo (org.). *Direito Tributário – Homenagem a Alcides Jorge Costa*. São Paulo: Quartier Latin, 2003, v. 2, p. 1125-1146.

_____. Como a Sociedade Financia o Estado para a Implementação dos Direitos Humanos? In: COUTINHO, Jacinto N. M.; MORAIS, J. L. Bolzan; STRECK, Lenio L. (orgs.). *Estudos Constitucionais*. Rio de Janeiro: Renovar, 2007.

_____. Aspectos Financeiros do Sistema de Organização Territorial do Brasil. In: MAUÉS, Antônio Gomes Moreira; FERNÁNDEZ, Itziar Gómes (org.). *Ordenamiento Territorial en Brasil y España*. Valencia: Tirant Lo Blanch, 2005, v. 1, p. 211-237.

SILVA, José Afonso da. *Curso de Direito Constitucional Positivo*. 20ª ed. São Paulo: Malheiros, 2002.

TORRES, Heleno Taveira. *Direito constitucional financeiro – Teoria da Constituição financeira*. São Paulo: Revista dos Tribunais, 2014.

TORRES, Ricardo Lobo. *Curso de Direito Financeiro e Tributário*. Rio de Janeiro: Renovar, 2005.

6. Anotações

1. Este artigo encontra-se vinculado ao princípio básico da autonomia entre os entes federados, pois não existe entre eles nenhuma relação hierárquica ou de subordinação. Portanto, o dispositivo encontra-se alinhado à ideia de federalismo fiscal. Embora a República Federativa do Brasil seja formada pela União, pelos Estados, pelo Distrito Federal e pelos Municípios, são todos autônomos entre si. Mesmo assim, a Constituição estabelece um sistema federativo fiscal, ou seja, estabelece as competências tributárias, as repartições referentes ao produto da arrecadação, o sistema de fundos e, dentre outros mecanismos, a proibição de retenção de parcelas pecuniárias, com as exceções mencionadas.

Dentro desta linha de raciocínio, a norma sob comento veda a retenção de qualquer parcela dos valores referidos nesta seção, seja quanto aos rateios entre a União com os Estados, o Distrito Federal e os Municípios, seja dos Estados para com estes últimos.

2. São estabelecidas duas exceções.

A primeira diz respeito à possibilidade de ser realizada retenção para a compensação de créditos entre os entes federados, incluindo suas autarquias. O escopo deste preceito é o de compensar valores referentes ao pagamento de dívidas contraídas por um ente federativo junto a outro, ou em relação a uma autarquia, como o Banco Central do Brasil.

E a segunda, para exigir o cumprimento do patamar mínimo de recursos para o financiamento das ações sociais na área da saúde por parte dos Estados e do Distrito Federal (art. 198, § 2º, II) e dos Municípios (art. 198, § 2º, III).

Estas duas exceções não nulificam a autonomia entre os entes federados. A primeira se trata de retenção em razão de relações de crédito e débito, típicas de direito privado, embora entre pessoas de direito público (inciso I). E a segunda surge para atender ao cumprimento de um direito fundamental, na área dos direitos sociais, que é a aplicação de percentuais mínimos em ações de saúde (inciso II), estabelecido pela Constituição.

3. A EC n. 113/2021 inovou sobre a possibilidade de inserir cláusulas que autorizem a dedução dos valores devidos dos montantes a serem repassados entre os entes federativos. Os contratos, os acordos, os parcelamentos ou as renegociações de débitos de qualquer espécie, inclusive tributários, firmados pela União com os entes federativos, conterão cláusulas para autorizar a dedução dos valores devidos dos montantes a serem repassados relacionados às respectivas cotas nos Fundos de Participação ou aos precatórios federais.

> **Art. 161.** Cabe à lei complementar:

I – definir valor adicionado para fins do disposto no art. 158, parágrafo único, I;

II – estabelecer normas sobre a entrega dos recursos de que trata o art. 159, especialmente sobre os critérios de rateio dos fundos previstos em seu inciso I, objetivando promover o equilíbrio socioeconômico entre Estados e entre Municípios;

III – dispor sobre o acompanhamento, pelos beneficiários, do cálculo das quotas e da liberação das participações previstas nos arts. 157, 158 e 159.

Parágrafo único. O Tribunal de Contas da União efetuará o cálculo das quotas referentes aos fundos de participação a que alude o inciso II.

Fernando Facury Scaff
Luma Cavaleiro de Macedo Scaff

1. Origem do texto

Texto originário da Constituição de 1988.

2. Constituições brasileiras anteriores

Constituição de 1967 com a emenda constitucional de 1969: art. 21; art. 23; art. 24; art. 25; art. 26; Constituição de 1967: art. 24, art. 25; art. 26; art. 27; art. 28; Constituição de 1946: arts. 15; 18; 19; 20; 21; 22; 29.

3. Preceitos constitucionais correlacionados da Constituição de 1988

Art. 72; art. 73; art. 74; art. 157, art. 158, I; art. 159, I; art. 161, art. 162; art. 198; art. 34, § 2º, ADCT.

4. Legislação

Lei Complementar 62/1989; Lei Complementar 63/1990.

5. Jurisprudência

ADI 1.423, Rel. Min. Joaquim Barbosa, julgamento em 16-5-07, *DJ* de 8-6-07; ADI 3.262-MC, Rel. Min. Carlos Britto, julgamento em 2-9-04, *DJ* de 4-3-05; ADI 95, Rel. Min. Ilmar Galvão, julgamento em 18-10-05, *DJ* de 7-12-95; MS 26.469, Rel. Min. Eros Grau, julgamento 22-11-07, *DJe* de 28-3-08; MS 26.471-AgR; MS 26.491-AgR, Rel. Min. Ricardo Lewandowski, julgamento em 25-6-08, *DJe* de 8-8-08; MS 24.014, Rel. Min. Néri da Silveira, julgamento em 22-4-05, *DJ* de 14-6-02.

6. Bibliografia

ARAUJO, Luiz Alberto David e NUNES JÚNIOR, Vidal Serrano. *Curso de Direito Constitucional*. 8ª ed. São Paulo: Saraiva, 2004.

ATALIBA, Geraldo. *Apontamentos de Ciência das Finanças – Direito Financeiro e Tributário*. São Paulo: Revista dos Tribunais, 1969.

BALEEIRO, Aliomar. *Uma Introdução à Ciência das Finanças*. 16ª ed. Rio de Janeiro: Forense, 2004.

BONAVIDES, Paulo. *Curso de Direito Constitucional*. 12ª ed. São Paulo: Malheiros, 2002.

DEODATO, Alberto. *Manual de Ciência das Finanças*. 20ª ed. São Paulo: Saraiva, 1984.

NÓBREGA, Manoel. *Lei de Responsabilidade Fiscal e Leis Orçamentárias*. São Paulo: Juarez de Oliveira, 2002.

OLIVEIRA, Regis Fernandes de. *Curso de Direito Financeiro*. São Paulo: Revista dos Tribunais, 2006.

PEREIRA, José Matias. *Finanças Públicas*: A Política Orçamentária no Brasil. São Paulo: Atlas, 2003.

REZENDE, Fernando. *Finanças Públicas*. 2ª ed. São Paulo: Atlas, 2002.

ROSA JÚNIOR, Luiz Emygdio F. *Manual de Direito Financeiro & Tributário*. 14ª ed. Rio de Janeiro: Renovar, 2000.

SCAFF, Fernando Facury. Para além dos direitos fundamentais do contribuinte: o STF e a vinculação das contribuições In: SCHUERI, Luís Eduardo (org.). *Direito Tributário – Homenagem a Alcides Jorge Costa*. São Paulo: Quartier Latin, 2003, v. 2, p. 1125-1146.

_____. Como a Sociedade Financia o Estado para a Implementação dos Direitos Humanos? In: COUTINHO, Jacinto N. M.; MORAIS, J. L. Bolzan; STRECK, Lenio L. (orgs.). *Estudos Constitucionais*. Rio de Janeiro: Renovar, 2007.

_____. Aspectos Financeiros do Sistema de Organização Territorial do Brasil. In: MAUÉS, Antônio Gomes Moreira; FERNÁNDEZ, Itziar Gómes (org.). *Ordenamiento Territorial en Brasil y España*. Valencia: Tirant Lo Blanch, 2005, v. 1, p. 211-237.

SILVA, José Afonso da. *Curso de Direito Constitucional Positivo*. 20ª ed. São Paulo: Malheiros, 2002.

TORRES, Heleno Taveira. *Direito constitucional financeiro – Teoria da Constituição financeira*. São Paulo: Revista dos Tribunais, 2014.

TORRES, Ricardo Lobo. *Curso de Direito Financeiro e Tributário*. Rio de Janeiro: Renovar, 2005.

7. Anotações

1. Este artigo define algumas das matérias que devem obrigatoriamente ser veiculadas através de Leis Complementares, todas referidas à disciplina financeira.

As leis complementares possuem quórum diferenciado para sua aprovação (art. 69), e só podem ser exigidas caso a própria Constituição estabeleça sua necessidade para disciplinar uma referida matéria. Ou seja, só haverá regulação de uma matéria através de Lei Complementar se a Constituição assim definir, tal como no presente caso. Em geral, para as matérias relacionadas ao direito financeiro e ao direito tributário, exige-se lei complementar.

Breves notas sobre as leis complementares podem ser encontradas nos comentários ao art. 163.

2. O conceito de valor adicionado, exigido no inciso I, possui relação de pertinência com o rateio do ICMS – Imposto sobre a Circulação de Mercadorias e os Serviços de Transporte Interestadual e Intermunicipal e de Comunicações com os Municípios, na forma estabelecida pelo art. 158, parágrafo único, I.

3. Também deverão ser reguladas através de lei complementar as normas sobre a entrega dos recursos dos Fundos de Participação dos Estados e de Participação dos Municípios, previstos no inciso I do art. 159, bem como do Fundo Constitucional. Estes critérios de rateio terão por objetivo a promoção do equilíbrio socioeconômico entre Estados e Municípios.

É importante anotar a seguinte diferença: primeiro, é exigida a lei complementar para o estabelecimento dos critérios de rateio dos fundos previstos no art. 159, I, da CF, objetivando promover o equilíbrio socioeconômico entre Estados e Municípios. Segundo, é função do Tribunal de Contas da União proceder aos cálculos das quotas referentes aos fundos acima referidos, de acordo com o parágrafo único ora em comento.

4. É igualmente matéria de lei complementar o estabelecimento de critérios para que haja o acompanhamento do cálculo das quotas-parte, e de suas liberações, por parte dos beneficiários dos recursos mencionados nos arts. 157, 158 e 159. Aqui se consagra mais uma vez o Princípio da Publicidade, previsto no art. 37.

Art. 162. A União, os Estados, o Distrito Federal e os Municípios divulgarão, até o último dia do mês subsequente ao da arrecadação, os montantes de cada um dos tributos arrecadados, os recursos recebidos, os valores de origem tributária entregues e a entregar e a expressão numérica dos critérios de rateio.

Parágrafo único. Os dados divulgados pela União serão discriminados por Estado e por Município; os dos Estados, por Município.

Fernando Facury Scaff
Luma Cavaleiro de Macedo Scaff

1. Origem do texto

Texto originário da Constituição de 1988.

2. Constituições brasileiras anteriores

Constituição de 1967 com a emenda constitucional de 1969: art. 21, § 7º; art. 23, § 14º; Constituição de 1967: art. 15, § 5º; art. 16; art. 25, § 2º; art. 26, § 1º, d.

3. Preceitos constitucionais correlacionados da Constituição de 1988

Art. 37; art. 157; art. 158; art. 159; art. 160; art. 161.

4. Legislação

Lei Complementar 101/2000. Lei 12.537/2012. Lei 9.755/1998.

5. Bibliografia

ARAUJO, Luiz Alberto David e NUNES JÚNIOR, Vidal Serrano. *Curso de Direito Constitucional*. 8ª ed. São Paulo: Saraiva, 2004.

ATALIBA, Geraldo. *Apontamentos de Ciência das Finanças – Direito Financeiro e Tributário*. São Paulo: Revista dos Tribunais, 1969.

BALEEIRO, Aliomar. *Uma Introdução à Ciência das Finanças*. 16ª ed. Rio de Janeiro: Forense, 2004.

BONAVIDES, Paulo. *Curso de Direito Constitucional*. 12ª ed. São Paulo: Malheiros, 2002.

DEODATO, Alberto. *Manual de Ciência das Finanças*. 20ª ed. São Paulo: Saraiva, 1984.

NÓBREGA, Manoel. *Lei de Responsabilidade Fiscal e Leis Orçamentárias*. São Paulo: Juarez de Oliveira, 2002.

OLIVEIRA, Regis Fernandes de. *Curso de Direito Financeiro*. São Paulo: Revista dos Tribunais, 2006.

PEREIRA, José Matias. *Finanças Públicas*: A Política Orçamentária no Brasil. São Paulo: Atlas, 2003.

REZENDE, Fernando. *Finanças Públicas*. 2ª ed. São Paulo: Atlas, 2002.

ROSA JÚNIOR, Luiz Emygdio F. *Manual de Direito Financeiro & Tributário*. 14ª ed. Rio de Janeiro: Renovar, 2000.

SCAFF, Fernando Facury. As Contribuições Sociais e o Princípio da Afetação. *Revista Dialética de Direito Tributário*. São Paulo: Ed. Dialética, v. 98, 2003. p. 44-62.

_____. Para além dos direitos fundamentais do contribuinte: o STF e a vinculação das contribuições In: SCHUERI, Luís Eduardo (org.). *Direito Tributário – Homenagem a Alcides Jorge Costa*. São Paulo: Quartier Latin, 2003, v. 2, p. 1125-1146.

_____. Como a Sociedade Financia o Estado para a Implementação dos Direitos Humanos? In: COUTINHO, Jacinto N. M.; MORAIS, J. L. Bolzan; STRECK, Lenio L. (orgs.). *Estudos Constitucionais*. Rio de Janeiro: Renovar, 2007.

_____. Aspectos Financeiros do Sistema de Organização Territorial do Brasil. In: MAUÉS, Antônio Gomes Moreira; FERNÁNDEZ, Itziar Gómes (org.). *Ordenamiento Territorial en Brasil y España*. Valencia: Tirant Lo Blanch, 2005, v. 1, p. 211-237.

SILVA, José Afonso da. *Curso de Direito Constitucional Positivo*. 20ª ed. São Paulo: Malheiros, 2002.

TORRES, Heleno Taveira. *Direito constitucional financeiro – Teoria da Constituição financeira*. São Paulo: Revista dos Tribunais, 2014.

TORRES, Ricardo Lobo. *Curso de Direito Financeiro e Tributário*. Rio de Janeiro: Renovar, 2005.

6. Anotações

O artigo encontra-se alinhado às exigências de publicidade e de máxima transparência por meio da divulgação eficaz dos atos da Administração Pública. São conceitos complementares. Usando uma metáfora, a publicidade equivale ao uso de um megafone, através do qual o poder público deve alardear as ações necessárias, respeitando as normas referentes à impessoalidade e moralidade administrativas, dentre outras. A transparência equivale a uma vitrine através da qual se pode ver o interior dos recintos.

Esta norma obriga os entes federativos a tornar públicas suas receitas, seja a própria, seja a transferida. Desta forma, apresentarão à sociedade o montante arrecadado com cada qual dos tributos e quanto foi repassado entre as unidades federativas. Para tanto, a norma impõe como prazo o último dia do mês subsequente ao da arrecadação.

A partir da LRF, da Lei 12.537/2012 e da Lei 9.755/98, ganham destaque outras formas de publicar as informações sobre a gestão fiscal, a exemplo da internet, dos sítios eletrônicos e dos aplicativos de celular. Esses mecanismos não apenas permitem o controle social, como favorecem o exercício da democracia em prol de uma gestão fiscal responsável.

CAPÍTULO II

DAS FINANÇAS PÚBLICAS

SEÇÃO I

NORMAS GERAIS

Art. 163. Lei complementar disporá sobre:

I – finanças públicas;

II – dívida pública externa e interna, incluída a das autarquias, fundações e demais entidades controladas pelo Poder Público;

III – concessão de garantias pelas entidades públicas;

IV – emissão e resgate de títulos da dívida pública;

V – fiscalização financeira da administração pública direta e indireta;

VI – operações de câmbio realizadas por órgãos e entidades da União, dos Estados, do Distrito Federal e dos Municípios;

VII – compatibilização das funções das instituições oficiais de crédito da União, resguardadas as características e condições operacionais plenas das voltadas ao desenvolvimento regional;

VIII – sustentabilidade da dívida, especificando:

a) indicadores de sua apuração;

b) níveis de compatibilidade dos resultados fiscais com a trajetória da dívida;

c) trajetória de convergência do montante da dívida com os limites definidos em legislação;

d) medidas de ajuste, suspensões e vedações;

e) planejamento de alienação de ativos com vistas à redução do montante da dívida.

Parágrafo único. A lei complementar de que trata o inciso VIII do *caput* deste artigo pode autorizar a aplicação das vedações previstas no art. 167-A desta Constituição.

Fernando Facury Scaff
Luma Cavaleiro de Macedo Scaff

1. Origem do texto

A redação do dispositivo é originária da Constituição de 1988. A Emenda Constitucional 40 de 2003 alterou o inciso V, cuja redação anterior era "V – fiscalização das instituições financeiras".

2. Constituições brasileiras anteriores

Art. 165 da Constituição de 1824; art. 4º; art. 34, §§ 2º e 3º e 7º; art. 65, § 2º, da Constituição de 1891; art. 12, VI; art. 13, § 3º; art. 5º, XIX, "i"; art. 39, III; art. 101, § 3º, da Constituição de 1934; art. 9º, "d"; art. 16, VI e VII; art. 167, "c", da Constituição de 1937; art. 7º, VI; art. 5º, XV, "k"; art. 7º, VI; art. 15, § 3º; art. 19, § 4º; art. 65, III; art. 5º, IX, da Constituição de 1946; art. 13, VII; art. 20, II; art. 8º, XVII, "l"; art. 30, "c"; art. 70 da Constituição de 1967 com Emenda Constitucional de 1969.

3. Preceitos constitucionais correlacionados na Constituição de 1988

Art. 30 (EC 19/1998); art. 3º, II; art. 21, VIII; art. 22, VII; art. 34, V, "a"; art. 35, I; art. 37; art. 38; art. 43; art. 48, II e XIII; art. 49, X; art. 52; art. 164; art. 165; art. 166; art. 167; art. 168; art. 169; art. 193; art. 234; art. 13, § 6º, ADCT; art. 34, § 2º, I, ADCT.

4. Legislação

Lei 4.320/1964 (Normas gerais de direito financeiro para elaboração e controle dos orçamentos e balanços da União, dos Estados, dos Municípios e do Distrito Federal); Lei 6.830/1980 (Lei de Execução Fiscal); Decreto-Lei 1.833/1980 (Extingue a vinculação a categorias econômicas, na aplicação dos Estados, Distrito Federal, Territórios e Municípios, de recursos tributários transferidos pela União); LC 101/2000 (Estabelece normas de finanças públicas voltadas para a responsabilidade na gestão fiscal); Lei 8.388/1991 (Diretrizes para o reescalonamento, pela União, de dívidas das administrações direta e indireta dos Estados, do Distrito Federal e dos Municípios); Decreto 456/1992 (Regulamenta a Lei 8.388/1991); Lei 4.595/1964 (Conselho Monetário Nacional); Decreto-Lei 9.025/1946 (Operações de câmbio); Decreto-Lei 9.602/1946 (Operações de câmbio); Lei 1.807/1953 (Operações de câmbio); Lei 4.131/1962 (Aplicação do capital estrangeiro e as remessas de valores para o exterior).

5. Jurisprudência

STF: ADI 2.238-MC, Rel. Min. Ilmar Galvão, julgamento em 28-9-00, Informativo 204; ADI 2.238-MC, Rel. p/ o ac. Min. Carlos Britto, julgamento em 8-8-07, Informativo 475; ADI 686-MC, Rel. Min. Ilmar Galvão, julgamento em 26-3-92, *DJ* de 6-4-01.

6. Bibliografia

ARAUJO, Luiz Alberto David e NUNES JÚNIOR, Vidal Serrano. *Curso de Direito Constitucional*. 8ª ed. São Paulo: Saraiva, 2004.

ATALIBA, Geraldo. *Apontamentos de Ciência das Finanças – Direito Financeiro e Tributário*. São Paulo: Revista dos Tribunais, 1969.

ATALIBA, Geraldo. *Normas Gerais de Direito Financeiro e Tributário e a Autonomia dos Estados e Municípios*. Disponível em: <https://edisciplinas.usp.br/pluginfile.php/1894565/mod_resource/content/0/03%20ATALIBA.%20Normas%20gerais%20de%20direito%20financeiro%20e%20tributario.pdf>. Acesso em: 10 de março de 2018.

BALEEIRO, Aliomar. *Uma Introdução à Ciência das Finanças*. 16ª ed. Rio de Janeiro: Forense, 2004.

BONAVIDES, Paulo. *Curso de Direito Constitucional*. 12ª ed. São Paulo: Malheiros, 2002.

DEODATO, Alberto. *Manual de Ciência das Finanças*. 20ª ed. São Paulo: Saraiva, 1984.

NÓBREGA, Manoel. *Lei de Responsabilidade Fiscal e Leis Orçamentárias*. São Paulo: Juarez de Oliveira, 2002.

OLIVEIRA, Regis Fernandes de. *Curso de Direito Financeiro*. São Paulo: Revista dos Tribunais, 2006.

PEREIRA, José Matias. *Finanças Públicas*: A Política Orçamentária no Brasil. São Paulo: Atlas, 2003.

REZENDE, Fernando. *Finanças Públicas*. 2ª ed. São Paulo: Atlas, 2002.

ROSA JÚNIOR, Luiz Emygdio F. *Manual de Direito Financeiro & Tributário*. 14ª ed. Rio de Janeiro: Renovar, 2000.

SCAFF, Fernando Facury. Para além dos direitos fundamentais do contribuinte: o STF e a vinculação das contribuições In: SCHUERI, Luís Eduardo (org.). *Direito Tributário – Homenagem a Alcides Jorge Costa*. São Paulo: Quartier Latin, 2003, v. 2, p. 1125-1146.

_____. Como a Sociedade Financia o Estado para a Implementação dos Direitos Humanos? In: COUTINHO, Jacinto N. M.; MORAIS, J. L. Bolzan; STRECK, Lenio L. (orgs.). *Estudos Constitucionais*. Rio de Janeiro: Renovar, 2007.

_____. Aspectos Financeiros do Sistema de Organização Territorial do Brasil. In: MAUÉS, Antônio Gomes Moreira; FERNÁNDEZ, Itziar Gómes (org.). *Ordenamiento Territorial en Brasil y España*. Valencia: Tirant Lo Blanch, 2005, v. 1, p. 211-237.

SILVA, José Afonso da. *Curso de Direito Constitucional Positivo*. 20ª ed. São Paulo: Malheiros, 2002.

TORRES, Heleno Taveira. *Direito constitucional financeiro – Teoria da Constituição financeira*. São Paulo: Revista dos Tribunais, 2014.

TORRES, Ricardo Lobo. *Curso de Direito Financeiro e Tributário*. Rio de Janeiro: Renovar, 2005.

7. Anotações

1. A Constituição de 1967 com a emenda constitucional de 1969 introduziu as leis complementares com o objetivo de unificar e, com isso, centralizar eventuais decisões para a matéria financeira constitucional. Por isso, é frequente afirmar que elas têm a função de "complementar" algumas matérias específicas no texto constitucional – justamente quando este a requer. São normas cujo tratamento normativo é diferenciado.

Estas leis exigem um procedimento legislativo especial previsto no art. 59 da Constituição, à medida que necessitam de *quorum* de maioria absoluta dos votos de cada Casa congressual para sua aprovação (art. 69). As matérias a serem disciplinadas pelas leis complementares estão expressas no texto constitucional.

O legislador se preocupou em uniformizar a disciplina de direito financeiro por meio da exigência de lei complementar. As matérias relacionadas ao direito financeiro – receita, despesa, crédito, federalismo fiscal, orçamento e controle, p. ex. – não estão codificadas. Assim, discute-se sobre a codificação e sistematização das esparsas normas de direito financeiro para fixar conceitos, elidir distorções e, dentre outros, dispor sobre o direito penal financeiro. De acordo com o art. 5º, XV, *b*, da Constituição Federal, compete à União legislar sobre normas gerais de direito financeiro.

A Lei 4.320/64 dispõe sobre as normas gerais de direito financeiro para a elaboração e controle dos orçamentos e balanços das pessoas políticas nos diversos níveis federativos. Embora esta normativa seja anterior à Constituição Federal, foi recepcionada com *status* de lei complementar.

Uma importante contribuição do tratamento especial concedido ao direito financeiro em razão da exigência da lei complementar é a Lei de Responsabilidade Fiscal (LC 101/2000), pois, alcançando todos os níveis federativos a Administração Pública, estabelece normas financeiras voltadas à responsabilidade na gestão fiscal, com foco especial na questão do gasto público com pessoal e no endividamento. A gestão fiscal planejada e transparente implica na prevenção e na correção de desvios que possam desequilibrar as contas públicas. Estabelece, para tanto, mecanismos tais como o cumprimento de metas, limites de gastos, além de critérios para a renúncia de receitas e, dentre outros, critérios para as operações de crédito e concessão de garantias.

Da simples leitura do artigo em estudo, é fácil observar que se trata de uma norma que elenca um rol de matérias que requerem sua regulamentação através de lei complementar.

2. A expressão "lei complementar disporá" é alvo de discussões na doutrina e na jurisprudência, pois não esclarece quantas leis complementares devem disciplinar as situações descritas no artigo em estudo. Daí o debate sobre a exigência de uma única lei complementar para regulamentar cada qual das matérias ou se seria possível existir outras leis para tratar de aspectos não referidos na lei anterior. Conclui-se que pode haver mais de uma lei complementar tratando das matérias referidas no artigo em comento, desde que seja necessário. Isto porque o comando normativo não determina que uma única lei complementar deva dispor sobre todas as matérias elencadas. Um exemplo deste posicionamento diz respeito ao item I "finanças públicas", sobre o qual existem concomitantemente diversas leis. Complementares.

3. A expressão "finanças públicas" adotada pelo art. 163, I, possui conotação bastante abrangente, entendida como todas as transações necessárias ao funcionamento do aparelho estatal, isto

é, relações que se refiram ao crédito público, orçamento, despesa e receita públicas (Lei 4.320/64).

A Lei 4.320/64 é uma lei ordinária, porém foi reconhecida por diversas decisões do Supremo Tribunal Federal como sendo uma lei complementar. Tem *status* de lei complementar. Isto ocorre porque em 1964, data da sua promulgação, não havia previsão sobre lei complementar no ordenamento jurídico brasileiro.

Assim, a amplitude da expressão "finanças públicas" é de tamanha grandeza que todos os demais incisos podem ser considerados como desdobramentos dela, uma vez que todos estão intimamente relacionados com a receita, a despesa, o orçamento e o crédito públicos.

4. O art. 163, II, exige lei complementar para dispor sobre a dívida pública externa e interna do Brasil, incluindo as autarquias, fundações e demais entidades controladas pelo Poder Público.

Estudar este inciso dissociado do art. 52 que dispõe sobre as competências do Senado Federal é um equívoco, uma vez que este possui responsabilidade nestas transações. É da competência privativa do Senado (art. 52) autorizar as operações externas de natureza financeira (V), fixar, por proposta do Presidente da República, limites globais para o montante da dívida pública consolidada (inciso VI) e dispor sobre limites globais e condições para as operações de crédito externo e interno que envolvam o Poder Público (inciso VII).

5. No mesmo sentido o art. 163, III que também exige lei complementar para dispor sobre a concessão de garantias por parte do poder público. E, mais uma vez, o Senado Federal possui uma função importante, pois é da sua competência dispor sobre limites e condições para a concessão de garantia da União em operações de crédito externo e interno (art. 52, VIII).

6. Também sobre o crédito público, o art. 163, inciso IV, requer lei complementar para dispor sobre emissão e resgate de títulos da dívida pública. Novamente o papel do Senado Federal ganha relevância, pois cabe a este órgão político estabelecer limites globais e condições para o montante da dívida mobiliária dos entes subnacionais brasileiros (art. 52, VII).

7. O art. 163, V modifica o enfoque legal para a despesa pública ao prever "a fiscalização financeira da administração pública direta e indireta", sendo regulada por diversas normas, dentre elas a Lei de Responsabilidade Fiscal (Lei Complementar 101/2000).

A Lei 101/2000 disciplina os gastos e o nível de endividamento da administração pública brasileira. Neste ponto, é importante a correlação do art. 163, V, com os arts. 70 e seguintes da Constituição, que estabelecem o sistema de controle interno (art. 74, CF) e externo dos Poderes, o qual cabe ao Congresso Nacional, com o auxílio do Tribunal de Contas (art. 71, CF).

8. Retornando ao crédito público, o art. 163, VI, trata das operações cambiais a serem realizadas pelo poder público. Deve ser estudado em conjunto com o inciso II do dispositivo em comento que se refere ao endividamento público no exterior e com o inciso IV que prevê a emissão e resgate de títulos da dívida pública.

9. Diferente dos demais, o último inciso do art. 163, VIII, exige lei complementar para a compatibilização das funções das organizações oficiais de crédito da União, conservando as características daquelas voltadas para o desenvolvimento regional.

Nos dias atuais, dentre diversas outras, são instituições oficiais de crédito neste país, o BNDES, o Banco do Brasil, a Caixa Econômica Federal, o Banco da Amazônia e o Banco do Nordeste.

10. A Emenda Constitucional n. 109/2021 inovou no texto constitucional ao exigir lei complementar para disciplinar a sustentabilidade da dívida, sendo preciso especificar: a. indicadores de sua apuração; b. níveis de compatibilidade dos resultados fiscais com trajetória da dívida; c. trajetória de convergência do montante da dívida com os limites definidos em legislação; d. medidas de ajuste, suspensões e vedações; e e. planejamento de alienação de ativos com vistas à redução do montante da dívida.

Esta alteração constitucional foi realizada no afogadilho diante da crise fiscal, contendo múltiplos temas afetos ao direito financeiro de forma não sistemática tais como gatilhos atrelados à regra de ouro, retirada da possibilidade de redução da remuneração e carga horária de servidores, bem como promoções e progressões.

Mais comumente utilizada no direito ambiental, a ideia de sustentabilidade é emprestada pelo direito financeiro de modo adequado, embora restrito às questões da dívida pública, que possui um caráter intergeracional. Tal como na proteção do bem ambiental seu uso pode ser autorizado com base na preservação das próximas gerações – ideia semelhante passa a ser transformada ao financiamento de direitos pelo Estado. A dinâmica de sustentabilidade da dívida envolve a qualidade e a eficiência do gasto público de tal modo que seja possível o aproveitamento do seu uso tanto no presente quanto nas futuras gerações. Esta ideia é impregnada de confiança porque o empréstimo pugna pelo elemento subjetivo entre credor e devedor, de modo que o acompanhamento da trajetória da dívida permitirá identificar períodos de maior e de menor gasto na intenção de contribuir para a gestão fiscal responsável.

Com a crise fiscal gerada pela pandemia, o custeio dos direitos foi intensificado no mecanismo da dívida pública. O endividamento público consiste em um instrumento fundamental para a distribuição intertemporal ótima das políticas públicas. É por meio dele que a provisão dos bens públicos pode ser temporalmente dissociada da arrecadação dos recursos para lhe fazer face. A alteração constitucional passa a exigir lei complementar sobre a sustentabilidade da dívida, conceito ainda em construção de forma controvertida. Em outras palavras, pode ser dita sustentável quando o valor presente do fluxo futuro de receitas menos despesas do devedor é suficiente para pagar tudo o que está contratualmente definido.

A dívida pública deve ser considerada sustentável quando a restrição orçamentária possa ser satisfeita sem ruptura nas políticas monetária e fiscal. A relação direta entre sustentabilidade e o valor presente dos resultados fiscais do governo deixa a impressão de que a determinação da sustentabilidade pode ser feita de forma objetiva. O problema é que, em termos práticos, as receitas são estimadas, não sendo possível determinar quais serão os resultados primários futuros ou, até mesmo, a taxa por que esses resultados serão descontados.

Ademais, na intenção de definir padrões, a lei complementar deve regulamentar os seguintes tópicos: a. indicadores de apuração; b. níveis de compatibilidade dos resultados fiscais com a trajetória da dívida; c. trajetória de convergência do montante da dívida com os limites definidos em legislação; d. medidas de ajustes, suspensões e vedações; e. planejamento de alienação de ativos com vistas à redução do montante de dívida. Considerando que o objetivo normativo é desenhar um modelo básico para garantir a sustentabilidade da dívida pública, com a possibilidade de minimização de custos dados níveis prudentes de risco. Em consequência, uma vez delineadas essas metas, passa-se à elaboração dos meios, instrumentos e estratégias para efetivamente realizá-los, a exemplo da trajetória sustentável da dívida pelo efeito do gasto presente para o custeio futuro.

Esta mudança evidencia a intenção da legislação de traçar critérios que sejam capazes de monitorar e de acompanhar a dívida, se aumenta ou se diminui. Vale dizer que esta lei complementar, ainda não implementada, ainda pode, de forma facultativa, aplicar as vedações previstas no art. 167-A da Constituição Federal.

Deve-se pugnar pelo bom uso do crédito público como instrumento que viabiliza a alavancagem de investimentos em busca de um salto qualitativo de níveis civilizatórios. A cautela reside no "calote", afinal, o crédito obtido hoje deve ser pago amanhã, com juros e demais acréscimos. O monitoramento e a sustentabilidade com transparência e responsabilidade na implementação de políticas públicas servem para que a dívida seja capaz de financiar direitos. O redirecionamento do gasto público e do sistema de financiamento do Estado – seja por tributos, seja pelo endividamento – deve ter por diretriz a redução das desigualdades contemporâneas e futuras.

11. Observa-se um movimento constitucional progressivo em relação à ampliação de mecanismos fiscais de transparência e de publicidade em dois formatos, sendo o primeiro o sentido de divulgação geral dos dados e o segundo, no sentido de inteligibilidade das informações. A intenção do legislador é repassar à sociedade informações sobre as contas públicas que estejam disponíveis e transparentes e que tenham linguagem fácil, viabilizando a rastreabilidade e o controle social.

12. Registra-se, por fim, que a EC n. 126/2022, em seu art. 6º, estabeleceu que o Presidente da República deverá encaminhar ao Congresso Nacional, até 31 de agosto de 2023, projeto de lei complementar com o objetivo de instituir regime fiscal sustentável para garantir a estabilidade macroeconômica do País e criar as condições adequadas ao crescimento socioeconômico, inclusive quanto à regra estabelecida no inciso III do *caput* do art. 167 da Constituição Federal, o que foi efetuado, tendo tal projeto sido conhecido oficialmente como *novo regime fiscal sustentável*, e informalmente por *novo arcabouço fiscal*.

Art. 163, VIII – sustentabilidade da dívida, especificando:
a) indicadores de sua apuração;
b) níveis de compatibilidade dos resultados fiscais com a trajetória da dívida;
c) trajetória de convergência do montante da dívida com os limites definidos em legislação;
d) medidas de ajuste, suspensões e vedações;
e) planejamento de alienação de ativos com vistas à redução do montante da dívida.
Parágrafo único. A lei complementar de que trata o inciso VIII do *caput* deste artigo pode autorizar a aplicação das vedações previstas no art. 167-A desta Constituição.

Andressa Guimarães Torquato Fernandes

1. História da norma

O dispositivo foi inserido por meio da Emenda Constitucional n. 109, de 2021, que cria uma vasta gama de mecanismos direcionados à proteção do princípio da sustentabilidade fiscal. Isso ocorre em um contexto pós-pandemia, que impulsionou a necessidade de reconduzir a dívida pública a patamares sustentáveis, sobretudo em razão do aumento dos gastos necessários para o enfrentamento desta situação excepcional. Tal cenário encontra-se bem delineado na Exposição de Motivos da Proposta de Emenda à Constituição n. 186, de 2019 (que originou a EC n. 109/2021).

Até então, a Constituição previa apenas a necessidade de se estabelecer limites à dívida, consolidada e mobiliária (Art. 52, VI e IX; e Art. 48, XIV)[1] ou ao endividamento (Art. 167, III). Os novos comandos, portanto, funcionam como um reforço aos já existentes, visando um melhor acompanhamento da evolução da dívida pública, prevendo, inclusive, mecanismos que podem ser acionados caso os patamares estabelecidos não venham a ser observados.

2. Constituições brasileiras anteriores

Não há paralelo a esta norma nas Constituições anteriores, embora se verifique, desde a Constituição de 1891, o estabelecimento de algum tipo de limite à dívida pública ou ao endividamento. Contudo, a previsão de critérios para aferir a sustentabilidade da dívida pública é uma inovação introduzida pela Emenda Constitucional n. 109, de 2021, conforme será detalhado nos comentários abaixo.

3. Remissões constitucionais e legais

Constituição de 1988: art. 52, VI e IX (atribui ao Senado Federal legislar privativamente sobre limites globais para o montante da dívida consolidada da União, dos Estados, do Distrito Federal e dos Municípios, bem como para estabelecer limites globais e condições para o montante da dívida mobiliária dos Estados, do Distrito Federal e dos Municípios); art. 48, XIV (atribui ao Congresso Nacional, com a sanção do Presidente da República, competência para legislar sobre moeda, seus limites de emissão, e montante da dívida mobiliária federal); art. 167, III (impõe a observância à regra de ouro das finanças públicas, estabelecendo ser vedada a realização de operação de crédito que exceda o montante das despesas de capital, salvo as exceções permitidas no texto constitucional); art. 164-A (determina o alinhamento entre a política fiscal dos três entes federativos e a trajetória da sua dívida pública); art. 165, § 2º (dispõe sobre o conteúdo da Lei de Diretrizes Orçamentárias); art. 167-A (institui o mecanismo de ajuste fiscal).

4. Jurisprudência

Não há, até o momento, jurisprudência acerca dos dispositivos analisados nos tribunais superiores.

---

1. Vale ressaltar, contudo, que embora a necessidade estabelecer um limite para a dívida consolidada constasse desde o texto original da Constituição Federal, o limite da dívida consolidada da União nunca foi estabelecido; apenas os limites das dívidas consolidadas dos Estados e Municípios constam fixados pela Resolução n. 40, de 2001, do Senado Federal.

5. Referências bibliográficas

COSTA, Carlos Eugênio Ellery Lustosa da. Sustentabilidade da dívida pública. In: Dívida Pública: a experiência brasileira. SILVA, Anderson Caputo; CARVALHO, Lena Oliveira de; MEDEIROS, Otavio Ladeira de (organizadores). Brasília: Secretaria do Tesouro Nacional: Banco Mundial, 2009.

FERNANDES, Andressa Guimarães Torquato. The Constitutional Principle of Fiscal Sustainability: Considerations Regarding its Application in Judicial Decisions Involving Budgetary Issues. In: Theodor Baums, Hermann Remsperger, Michael Sachs e Volker W. Wieland. (Org.). Zentralbanken, Wahrungsunion und stabiles Finanzsystem. Festschrift für Helmut Siekmann. 1ed. Berlin: Duncker & Humblot, 2019, v. 1, p. 439-462.

6. Comentários

Os mecanismos previstos nas alíneas do inciso VIII, do artigo 163, assim como o seu parágrafo único, e no artigo 164-A, *caput* e parágrafo único, têm um mesmo objetivo: promover a sustentabilidade da dívida pública. São instrumentos, considerados essenciais pelo constituinte derivado, a serem utilizados no sentido de manter a dívida pública dos três entes federativos brasileiros em patamares sustentáveis.

Zelar pela sustentabilidade da dívida consiste em proteger a capacidade de endividamento do ente público, sem o que se perde uma fonte de recursos essencial para que o Estado possa cumprir suas competências constitucionais, especialmente a realização de investimentos públicos. Carlos Eugênio Lustosa da Costa explica essa relação, ao aduzir que: "o endividamento público é um instrumento fundamental para a distribuição intertemporal ótima das políticas públicas. É por meio dele que a provisão dos bens públicos pode ser temporalmente dissociada da arrecadação dos recursos para lhe fazer face. Para que o instrumento do endividamento possa cumprir de forma adequada seu papel, faz-se necessário que o emissor adote uma política crível, em que os valores contratualmente estipulados sejam honrados. Em outras palavras, a política fiscal tem de ser sustentável" (2009, p. 81).

Nesse quadro, vale destacar que a proteção constitucional à capacidade de endividamento público insere-se em um contexto mais amplo, de proteção da sustentabilidade fiscal do Estado. Conforme ensina Andressa G. Torquato Fernandes, "o princípio da sustentabilidade fiscal constitui-se em uma decorrência lógica da força normativa da Constituição, propugnada por Konrad Hesse [...]. Isso porque, tendo em vista que a Constituição Federal impõe ao Estado o cumprimento de um conjunto de deveres (competências), cujo cumprimento depende necessariamente da existência de recursos financeiros para tanto, apenas se pode falar em eficácia do texto constitucional caso o Estado tenha capacidade financeira para cumprir as atribuições que lhe foram conferidas" (2019, 446, tradução nossa). A partir deste raciocínio, a autora define o princípio da sustentabilidade fiscal (do qual a sustentabilidade da dívida pública é corolário) da seguinte maneira: "o princípio da sustentabilidade fiscal visa um estado ideal de coisas por meio do qual se preserve a capacidade do Estado de financiar o cumprimento das prestações que lhe foram atribuídas pela Constituição Federal, assegurando, de maneira progressiva e sustentável, a concretização dos direitos fundamentais" (2019, p. 447, tradução nossa).

Conforme analisado acima, no campo dedicado à história da norma, a Constituição brasileira de 1988 já continha uma série de dispositivos visando proteger a capacidade de endividamento público, os quais impõem a fixação de limites globais para a dívida pública consolidada e mobiliária de todos os entes federativos. Isso posto, qual o sentido de incluir no seu texto a inovação em comento? Note-se que a aferição do cumprimento dos limites da dívida pública constitui-se em uma foto do momento presente. Caso o limite tenha sido extrapolado naquele dado momento, impõem-se as restrições estipuladas na legislação para que retorne aos patamares estabelecidos. Contudo, embora esta seja uma fórmula essencial para manter a capacidade de endividamento do ente, sozinha, é insuficiente para alcançar esse objetivo, pois a manutenção da dívida pública em patamares sustentáveis requer uma avaliação continuada dos seus indicadores e da compatibilidade da sua trajetória com a situação fiscal do ente. Nesse contexto, a Lei Complementar a ser estabelecida por determinação do artigo 163, VIII, terá o condão de garantir uma visão mais completa e detalhada do fenômeno da dívida, prevendo instrumentos que possibilitam uma aferição dinâmica do estado da arte e a correção de rumos de maneira mais rápida e efetiva.

Outro ponto de especial relevância trazido pela EC n. 119/2021 sobre o tema da sustentabilidade da dívida pública consiste na alteração do conteúdo da Lei de Diretrizes Orçamentárias (LDO), disciplinado por meio do artigo 165, § 2º, da CF. A nova dicção impõe que as diretrizes da política fiscal e respectivas metas, que já eram objeto da LDO, passarão a ser estabelecidas em consonância com a trajetória sustentável da dívida pública. Essa necessidade de alinhamento entre a política fiscal e a trajetória da dívida foi reforçada pelo artigo 164-A e seu parágrafo único ao dispor que os entes federativos "devem conduzir suas políticas fiscais de forma a manter a dívida pública em níveis sustentáveis, na forma da lei complementar referida no inciso VIII do *caput* do art. 163" e que a "elaboração e a execução de planos e orçamentos devem refletir a compatibilidade dos indicadores fiscais com a sustentabilidade da dívida".

Por fim, vale mencionar que o parágrafo único do inciso VIII, do artigo 163, estabelece nova hipótese apta a ensejar a aplicação do mecanismo de ajuste fiscal previsto no artigo 167-A, para além das situações especificadas no próprio dispositivo, isto é, ainda que a relação entre receita e despesa corrente não tenha necessariamente ultrapassado os patamares de 95% (Art. 167-A, *caput*) ou 85% (Art. 167-A, § 2º). Assim, para garantir a sustentabilidade da dívida pública, a Lei Complementar poderá prever situações outras que, uma vez descumpridas, ensejem a aplicação das vedações contidas no mecanismo de ajuste fiscal, por exemplo, caso se verifique que os resultados fiscais do ente são incompatíveis com a trajetória da sua dívida. Contudo, tal previsão não tem aplicação imediata e depende da criação de lei complementar, ao contrário das situações previstas no próprio artigo 167-A, que são normas constitucionais de aplicação imediata.

Art. 163-A. A União, os Estados, o Distrito Federal e os Municípios disponibilizarão suas informações e dados contábeis, orçamentários e fiscais, conforme periodicidade, formato e sistema estabelecidos pelo órgão central de contabilidade da União, de forma a garantir a rastreabilidade, a comparabilidade e a publicidade dos dados coletados, os quais deverão ser divulgados em meio eletrônico de amplo acesso público. (*Incluído pela Emenda Constitucional n. 108, de 2020.*)

Diogo Luiz Cordeiro Rodrigues

1. História da norma

A inclusão do art. 163-A pela Emenda Constitucional n. 108, de 2020, representa o ápice, até o momento, do processo histórico de amadurecimento institucional da Secretaria do Tesouro Nacional (STN), na condição de órgão central de contabilidade da União e principal regulador das contas públicas em nível nacional, incluindo os entes federativos subnacionais.

Por força do art. 163 e do art. 165, § 9º, da Constituição republicana, as normas gerais de finanças públicas são largamente reservadas ao domínio da lei complementar. Esse papel tem sido cumprido principalmente pela Lei Complementar n. 101, de 2000 (Lei de Responsabilidade Fiscal ou LRF) e pela Lei n. 4.320, de 1964, recepcionada com *status* de lei complementar. Contudo, não é possível compreender o alcance do Direito Financeiro brasileiro contemporâneo sem o estudo das competências, dos regulamentos e dos manuais editados pela STN.

Embora o primeiro órgão responsável pelo controle do Erário brasileiro tenha sido estabelecido ainda em 1808 por D. João VI, o país permaneceu largo período sem uma estrutura administrativa dessa natureza. A atual STN surgiu apenas em meados dos anos 80 do século XX, em meio ao processo de reorganização financeira do Estado brasileiro nos anos iniciais da redemocratização.

Nesse período, observou-se uma necessidade de mudança na organização administrativa do Estado. Durante o regime militar, permitiu-se a concentração do poder em poucos órgãos da Administração Direta do Poder Executivo, notadamente o Conselho Monetário Nacional (CMN), e em instituições financeiras públicas, como o Banco do Brasil e o Banco Central, sem necessidade de prestação de contas ao Poder Legislativo e à sociedade civil. Os problemas se tornaram evidentes quando, a partir de 1983, o Brasil foi obrigado a renegociar dívidas com o Fundo Monetário Internacional e com todos os credores privados, ocasião em que foi evidenciada a deficiente administração das finanças públicas brasileiras, bem como seu déficit democrático.

No ano de 1984, por meio do voto 283/1984 do Conselho Monetário Nacional (CMN), foi criada a "Comissão para o Reordenamento das Finanças", com o objetivo de propor linhas de ação para o reordenamento institucional. Porém, os técnicos que integravam esta Comissão sofreram grandes dificuldades, pois, em decorrência da desorganização da execução orçamentária, não tinham acesso sequer aos dados para apurar a estrutura de receitas e despesas.

Portanto, uma das primeiras observações realizadas pela Comissão foi a necessidade de centralização das atividades em um único órgão, que deveria produzir informações e estatísticas precisas para possibilitar o controle das finanças públicas. Um dos resultados do trabalho desta Comissão foi a criação da Secretaria do Tesouro Nacional (STN), por meio do Decreto n. 92.452, de 10 de março de 1986, passando o órgão a centralizar a programação financeira, bem como as operações de tesouraria, a gestão da dívida pública e os registros contábeis da União. No mesmo Decreto também seriam previstos o desenvolvimento do Sistema Integrado de Administração Financeira – SIAFI, verdadeira revolução tecnológica na gestão das finanças do Brasil, bem como a unificação dos recursos de caixa do Tesouro Nacional, detalhada ao final do ano pelo Decreto n. 93.872, de 23 de dezembro de 1986.

A edição da LRF, no bojo do processo de estabilização fiscal do país durante o governo Fernando Henrique Cardoso, proporcionou uma "janela de oportunidade" para o fortalecimento institucional da STN, a qual, na condição de órgão central de contabilidade da União, passou a deter competência temporária para editar normas gerais sobre consolidação de contas públicas até o advento do Conselho de Gestão Fiscal (CGF), órgão colegiado e plural, que, no entanto, nunca chegou a ser criado (cf. artigos 50, § 2º, e 67 da LRF). Além disso, em virtude do art. 32 da LRF, que atribui ao Ministério da Fazenda a competência para autorizar operações de crédito dos entes federados, a STN passou a desempenhar um papel importante no controle e no monitoramento do endividamento de Estados e Municípios.

Desde então, e por diversos outros motivos que não somente a edição da LRF, a STN vem consolidando essas competências, elastecendo-as com a edição de atos infralegais e manuais que dispõem sobre virtualmente todos os assuntos relacionados ao Direito Financeiro, algumas vezes em contradição até mesmo com normas previstas em lei, especialmente aquelas contidas na antiquada Lei n. 4.320, de 1964.

A partir de 2008, a STN estabelece parceria com o Conselho Federal de Contabilidade (CFC) para a recepção dos *International Public Sector Accounting Standards* (IPSAS), inaugurando um novo capítulo em sua trajetória de afirmação institucional ao trazer para o país um conjunto de padrões contábeis anglo-saxões voltados para a chamada contabilidade patrimonial, própria do setor privado.

O processo de convergência aos IPSAS promovido pela STN, sua competência para consolidar contas em nível nacional, bem como sua importância estratégica no controle do endividamento dos entes subnacionais, especialmente em tempos de crise fiscal, foram fatores determinantes para que a STN entrasse em rota de colisão com Estados e Municípios, os quais, por meio de seus Tribunais de Contas, muitas vezes buscavam expansão fiscal por meio de entendimentos diversos sobre o alcance de conceitos sensíveis para as contas públicas, como o de despesa com pessoal. Com alguma frequência, a STN viu-se fragilizada em sua posição perante os Estados e Municípios por não ostentar competência legal perene na LRF para editar normas sobre contas públicas.

O aprofundamento da crise fiscal a partir de meados da década de 2010 viria a mudar esse panorama normativo ao possibilitar à União impor condições ao socorro oferecido aos endividados Estados mediante sucessivos pacotes legislativos. Nesse contexto, já em 2016, a Lei Complementar n. 156 incluiria o § 2º no art. 48 da LRF com teor semelhante ao do art. 163-A da Constituição ("Art. 48, § 2º A União, os Estados, o Distrito Federal e os Municípios disponibilizarão suas informações e dados contábeis, orçamentários e fiscais conforme periodicidade, formato e sistema estabelecidos pelo órgão central de contabilidade da União, os quais deverão ser divulgados em meio eletrônico de amplo acesso público").

A competência da STN para editar normas de contabilidade pública viria a ser explicitamente prevista no art. 3º, § 4º, da Lei Complementar n. 178, de 13 de janeiro de 2021, embora restrita ao Regime de Recuperação Fiscal instituído na Lei Complementar n. 159, de 19 de maio de 2017 ("Art. 3º, § 4º O Estado que aderir ao Regime de Recuperação Fiscal deverá observar as normas de contabilidade editadas pelo órgão central de contabilidade da União – Redação dada pela Lei Complementar n. 178, de 2021"). De toda sorte, a previsão constante da Lei Complementar n. 156/2016 já havia sido constitucionalizada meses antes por força da Emenda

Constitucional n. 108, de 26 de agosto de 2020, que incluiu no corpo da Constituição o art. 163-A, ora comentado.

2. Constituições brasileiras anteriores

2.1. Constituição de 1824

Art. 170. A Receita, e despeza da Fazenda Nacional será encarregada a um Tribunal, debaixo de nome de "Thesouro Nacional" aonde em diversas Estações, devidamente estabelecidas por Lei, se regulará a sua administração, arrecadação e contabilidade, em reciproca correspondencia com as Thesourarias, e Autoridades das Provincias do Imperio.

Art. 172. O Ministro de Estado da Fazenda, havendo recebido dos outros Ministros os orçamentos relativos ás despezas das suas Repartições, apresentará na Camara dos Deputados annualmente, logo que esta estiver reunida, um Balanço geral da receita e despeza do Thesouro Nacional do anno antecedente, e igualmente o orçamento geral de todas as despezas publicas do anno futuro, e da importancia de todas as contribuições, e rendas publicas.

2.2. Constituição de 1934

Art. 101, § 1º – Será sujeito ao registro prévio do Tribunal de Contas qualquer ato de Administração Pública, de que resulte obrigação de pagamento pelo Tesouro Nacional, ou por conta deste.

Art. 183 – Nenhum encargo se criará ao Tesouro sem atribuição de recursos suficientes para lhe custear a despesa.

2.3. Constituição de 1946

Art. 77, § 2º – Será sujeito a registro no Tribunal de Contas, prévio ou posterior, conforme a lei o estabelecer, qualquer ato de Administração Pública de que resulte obrigação de pagamento pelo Tesouro nacional ou por conta deste.

3. Constituições estrangeiras

Constituição do Canadá (Ato da América do Norte Britânica de 1867): "102 All Duties and Revenues over which the respective Legislatures of Canada, Nova Scotia, and New Brunswick before and at the Union had and have Power of Appropriation, except such Portions thereof as are by this Act reserved to the respective Legislatures of the Provinces, or are raised by them in accordance with the special Powers conferred on them by this Act, shall form One Consolidated Revenue Fund, to be appropriated for the Public Service of Canada in the Manner and subject to the Charges in this Act provided".

"103 The Consolidated Revenue Fund of Canada shall be permanently charged with the Costs, Charges, and Expenses incident to the Collection, Management, and Receipt thereof, and the same shall form the First Charge thereon, subject to be reviewed and audited in such Manner as shall be ordered by the Governor General in Council until the Parliament otherwise provides".

Constituição dos Estados Unidos da América. "Article I, Section 9, Clause 7: No Money shall be drawn from the Treasury, but in Consequence of Appropriations made by Law; and a regular Statement and Account of the Receipts and Expenditures of all public Money shall be published from time to time".

4. Direito Internacional

Muitas fontes do Direito Financeiro encontram-se no plano internacional, embora não necessariamente em tratados e convenções formais, mas sim em manuais de boas práticas e outros instrumentos de *soft law* não vinculantes, editados por organizações internacionais públicas ou mesmo privadas.

No campo da contabilidade pública, merecem destaque os International Public Sector Accounting Standards (IPSAS), editados pelo IPSAS Board, que fundamentam as Normas Brasileiras de Contabilidade do Setor Público, editadas pelo CFC, bem como as diretrizes para a contabilidade patrimonial presentes no Manual de Contabilidade Aplicada ao Setor Público (MCASP), editado pela STN.

Outras publicações pertinentes são o Manual de Transparência Fiscal, de 2007, e o Manual de Estatísticas de Finanças Governamentais, de 2014, ambos editados pelo Fundo Monetário Internacional (FMI).

5. Dispositivos constitucionais correlatos relevantes

Art. 163 (reserva de lei complementar para temas de finanças públicas, inclusive sustentabilidade da dívida pública); Art. 164 (Banco Central e suas relações com o Tesouro); Art. 164-A (condução da política fiscal dos entes federados de forma a manter a dívida pública em níveis sustentáveis); Art. 165 (leis orçamentárias).

6. Jurisprudência (STF)

"AÇÃO DE DESCUMPRIMENTO DE PRECEITO FUNDAMENTAL. DIREITO FINANCEIRO. TRANSPARÊNCIA FISCAL. DECRETO N. 10.540, DE 06 DE NOVEMBRO DE 2020. PADRÃO MÍNIMO DE QUALIDADE DO SISTEMA ÚNICO E INTEGRADO DE EXECUÇÃO ORÇAMENTÁRIA, ADMINISTRAÇÃO FINANCEIRA E CONTROLE. REVOGAÇÃO DO ATO ANTERIOR E *VACATIO LEGIS* DO ATO REVOGADOR. CONSTITUCIONALIDADE. 1. É cabível arguição de descumprimento de preceito fundamental que impugne decreto regulamentador de lei, por ser este caracterizado como ato do Poder Público, quando, da leitura da petição inicial, for possível depreender controvérsia constitucional suscitada em abstrato, cuja ofensa se mostra direta à Constituição da República. 2. No caso dos autos, não há ofensa aos princípios da legalidade, da separação dos poderes ou da reserva de lei complementar. O Poder Legislativo da União exerceu legítima atuação legiferante no sentido da deslegalização da matéria atinente às normas gerais de contabilidade pública. Por se tratar de escolha informada e explícita do Congresso Nacional, não há vício de inconstitucionalidade nessa questão. Art. 48, § 2º, da Lei de Responsabilidade Fiscal, e art. 163-A da CRFB. 3. A partir da abertura do controle direto de constitucionalidade ao universo factual, verifica-se que, em sentido diverso do que ocorrido na Lei Complementar n. 131, de 2009, ao editar a Lei Complementar n. 153, de 2016, o Legislador optou pela deslegalização da matéria pertinente ao regime de transição reputado necessário para adaptação de todos os entes federados aos novos deveres e padrões contábeis exigidos pelo último diploma legal. Caso não houvesse um hiato funcionalizado à transição dessas orientações normativas, certamente estaria ofendido o princípio da segurança jurídica. Na esteira da gestão prudencial do tempo no Direito e da necessidade de resolver problemas diversos dos enfrentados pela Lei Complementar n. 131, de 2009, revela-se razoável a escolha realizada no Decreto n. 10.540, de 2020, no sentido de estabelecer novo regime de transição, de 5 de novembro de 2020 a 31 de dezembro de 2022. 4. Diante dos subsídios fáticos extraídos do Balanço do Setor Público Nacional referentes ao Sistema de Informações Contábeis e Fiscais do Setor Público, verifica-se que, ao longo do regime de transição do objeto atacado, não existiu descontinuidade nos padrões de transparência fiscal, mas, sim, aprofundamento desses. Para além do Decreto n. 10.540, de 2020, sobressai uma robusta base normativa atinente ao dever de prestação de contas de índole legal e infralegal, bem como padronizações editadas pelo Conselho Federal de Contabilidade, Secretaria do Tesouro Nacional e International Public Sector Accounting Standards Board. Portanto, a prognose realizada pelo autor não guarda compatibilidade com a realidade. Não há, na espécie, violação aos princípios da publicidade, da eficiência e da impessoalidade ou ao dever de publicidade e transparência. 5. Arguição de descumprimento de preceito fundamental conhecida e, no mérito, julgada improcedente" (ADPF 763, rel. André Mendonça, Tribunal Pleno, *DJ* de 18-11-2022).

7. Literatura selecionada

ABRAHAM, Marcus. *Constitucionalização da transparência fiscal*. Jota, 08 de out. 2020. Disponível em: https://www.jota.info/opiniao-e-analise/colunas/coluna-fiscal/direito-financeiro-constitucionalizacao-transparencia-fiscal-08102020. BRASIL. Ministério da Fazenda. Secretaria do Tesouro Nacional. *Manual de Contabilidade Aplicada ao Setor Público*. 9ª ed. Brasília: 2022, 563 p. DE AQUINO, André Carlos Busanelli et al. Legitimating the standard-setter of public sector accounting reforms. *Public Money & Management*, v. 40, n. 7, p. 499-508, 2020. FARIA, Rodrigo de Oliveira. Reflexões do endividamento nas relações federativas brasileiras. In: CONTI, José Mauricio; SCAFF, Fernando Facury; BRAGA, Carlos Eduardo Faraco (orgs.). *Federalismo fiscal: questões contemporâneas*. Florianópolis: Conceito Editorial, 2010, p. 437-460. LIMA, Rodrigo Medeiros. Adoção de uma contabilidade pública uniforme em âmbito nacional como instrumento de aperfeiçoamento do controle do endividamento subnacional e a questão federativa. In: CONTI, José Mauricio (Ed.). *Dívida Pública*. São Paulo: Blucher, 2019, p. 187-217. LUZ DE LIMA, Raquel; VAZ DE LIMA, Diana. Experiência do Brasil na implementação das IPSAS. *Revista Contemporânea de Contabilidade*, v. 16, n. 38, 2019. RODRIGUES, Diogo Luiz Cordeiro. Dívida pública e Padrões Internacionais de Contabilidade aplicados ao Setor Público (IPSAS). In: CONTI, José Mauricio (Ed.). *Dívida Pública*. São Paulo: Blucher, 2019, p. 163-186. RODRIGUES, Diogo Luiz Cordeiro. *Direito e contabilidade pública no Brasil: o advento dos Padrões Internacionais de Contabilidade do Setor Público (IPSAS)*. Tese de Doutorado. Universidade de São Paulo: São Paulo, 2022, 248 p.

8. Anotações

O art. 163-A da Constituição, incluído pela Emenda n. 108, de 2020, constitucionaliza e aperfeiçoa a redação do § 2º do art. 48 da Lei Complementar n. 101, de 2000, incluído pela Lei Complementar n. 156, de 2016.

Em relação ao dispositivo legal, o art. 163-A é mais cuidadoso ao prever as finalidades que justificam a exigência de que todos os entes federados disponibilizem suas informações e dados contábeis, orçamentários e fiscais, conforme periodicidade, formato e sistema estabelecidos pelo órgão central de contabilidade da União. Nesse contexto, afirma-se no art. 163-A que essa obrigação constitucional imposta aos entes federados justifica-se para que haja a rastreabilidade, a comparabilidade e a publicidade dos dados coletados.

Vale registrar que, à luz do texto constitucional, o exercício dessas atribuições pela STN dispensa a edição de lei. Convém lembrar que o STF, ao julgar a ADPF 763, afirmou explicitamente que "o Poder Legislativo da União exerceu legítima atuação legiferante no sentido da deslegalização da matéria atinente às normas gerais de contabilidade pública".

De todo modo, em minha opinião, tem-se aqui norma constitucional de eficácia contida, que pode ser eventualmente restringida por lei complementar ou mesmo ordinária de finanças públicas. Imagine-se, por exemplo, norma legal que venha a criar o Conselho de Gestão Fiscal (CGF) a que se refere o art. 67 da LRF, que se mantém vigente. Considerando as competências previstas nesse artigo da LRF, a criação do CGF poderia comprimir a atuação da STN em larga medida.

Marcus Abraham (2020), em sede doutrinária, celebra o novo art. 163-A, afirmando tratar-se de conquista relacionada aos princípios da publicidade (entendido como "*ampla divulgação das contas públicas pelos meios oficiais, para garantir a todos o livre acesso ao seu teor*") e da transparência na gestão fiscal (mais afeito ao conteúdo das contas públicas, "*para evitar previsões obscuras, despesas camufladas, renúncias fiscais duvidosas que possam ensejar manobras pelos executores para atender a interesses diversos*"). Já Rodrigo Medeiros de Lima (2019) argumenta que, sendo a condução da política macroeconômica matéria de interesse nacional, compete à União estipular diretrizes inclusive para entes subnacionais, os quais podem, sem controle adequado, comprometer a gestão das finanças públicas do país com elevação dos níveis locais de endividamento e transferência desses desequilíbrios à União por meio de socorros financeiros e assunções de dívida. Uma verdadeira "socialização dos efeitos da gestão fiscal subnacional irresponsável" (FARIA, 2010), acarretando quebra de isonomia entre as unidades federativas.

Além de útil à política macroeconômica gerida pela União, Lima (2019) defende que "a uniformidade normativa da contabilidade pública em âmbito nacional constitui fator de homogeneização dos parâmetros de controle e, portanto, de isonomia federativa, além de ampliação da transparência e do controle social".

Há que se ressaltar, contudo, que o direito financeiro sujeita-se à competência legislativa concorrente de União, Estados e Distrito Federal (art. 24 da Constituição) e não afasta a competência dos Municípios para dispor sobre assuntos de interesse local e suplementar a legislação federal e estadual no que couber (art. 30, I e II, da Constituição). A excessiva concentração de poderes normativos em órgão da União, portanto, pode acarretar distorções do ponto de vista federativo, afetando a autonomia normativa dos entes subnacionais para que disponham sobre suas peculiaridades.

Como se não bastasse, a STN não está revestida de garantias institucionais que a isolem de eventuais pressões políticas exercidas pela cúpula do Poder Executivo federal, com consequências potencialmente negativas sobre a saúde fiscal do país. Assim, recomenda-se que as competências atribuídas à STN venham acompanhadas de melhorias em sua governança, de modo a assegurar a participação dos entes subnacionais no processo decisório, bem como alguma blindagem contra interferências políticas indevidas (nesse sentido, confira-se também a lição de Lima, 2019).

Art. 163-A. (ver página 1843).

Fernando Facury Scaff
Luma Cavaleiro de Macedo Scaff

1. Origem do texto

A redação do dispositivo foi incluída pela Emenda Constitucional n. 108/2020.

2. Constituições brasileiras anteriores

Não consta.

3. Preceitos constitucionais correlacionados na Constituição de 1988

Art. 5º, XXXIII e LX; art. 37, II; art. 37, §§ 1º e 3º; art. 37, § 16 (EC n. 109/2021); art. 70; art. 162; art. 163; art. 216, § 2º.

4. Legislação

Lei n. 4.320/1964 (Normas gerais de direito financeiro para elaboração e controle dos orçamentos e balanços da União, dos Estados, dos Municípios e do Distrito Federal); Lei n. 6.830/1980 (Lei de Execução Fiscal); Decreto-Lei n. 1.833/1980 (Extingue a vinculação a categorias econômicas, na aplicação dos Estados, Distrito Federal, Territórios e Municípios, de recursos tributários transferidos pela União); LC n. 101/2000 (Estabelece normas de finanças públicas voltadas para a responsabilidade na gestão fiscal); Lei n. 12.527/2011 (Regula o acesso à informação previsto no inciso XXXIII do art. 5º, no inciso II do § 3º do art. 37 e do § 2º do art. 216 da CF).

5. Jurisprudência

STF: ADI 2.238-MC, Rel. Min. Ilmar Galvão, julgamento em 28-9-2000, Informativo 204; ADI 2.238-MC, Rel. p/ o ac. Min. Carlos Britto, julgamento em 8-8-2007, Informativo 475; ADI 686-MC, Rel. Min. Ilmar Galvão, julgamento em 26-3-92, *DJ* de 6-4-2001.

6. Bibliografia

ARAUJO, Luiz Alberto David e NUNES JÚNIOR, Vidal Serrano. *Curso de Direito Constitucional*. 8ª ed. São Paulo: Saraiva, 2004.

ATALIBA, Geraldo. *Apontamentos de Ciência das Finanças – Direito Financeiro e Tributário*. São Paulo: Revista dos Tribunais, 1969.

ATALIBA, Geraldo. *Normas Gerais de Direito Financeiro e Tributário e a Autonomia dos Estados e Municípios*. Disponível em: <https://edisciplinas.usp.br/pluginfile.php/1894565/mod_resource/content/0/03%20ATALIBA.%20Normas%20gerais%20de%20direito%20financeiro%20e%20tributario.pdf>. Acesso em: 10 de março de 2018.

BALEEIRO, Aliomar. *Uma Introdução à Ciência das Finanças*. 16ª ed. Rio de Janeiro: Forense, 2004.

BONAVIDES, Paulo. *Curso de Direito Constitucional*. 12ª ed. São Paulo: Malheiros, 2002.

DEODATO, Alberto. *Manual de Ciência das Finanças*. 20ª ed. São Paulo: Saraiva, 1984.

NÓBREGA, Manoel. *Lei de Responsabilidade Fiscal e Leis Orçamentárias*. São Paulo: Juarez de Oliveira, 2002.

OLIVEIRA, Regis Fernandes de. *Curso de Direito Financeiro*. São Paulo: Revista dos Tribunais, 2006.

PEREIRA, José Matias. *Finanças Públicas*: A Política Orçamentária no Brasil. São Paulo: Atlas, 2003.

REZENDE, Fernando. *Finanças Públicas*. 2ª ed. São Paulo: Atlas, 2002.

ROSA JÚNIOR, Luiz Emygdio F. *Manual de Direito Financeiro & Tributário*. 14ª ed. Rio de Janeiro: Renovar, 2000.

SCAFF, Fernando Facury. Para além dos direitos fundamentais do contribuinte: o STF e a vinculação das contribuições In: SCHUERI, Luís Eduardo (org.). *Direito Tributário – Homenagem a Alcides Jorge Costa*. São Paulo: Quartier Latin, 2003, v. 2, p. 1125-1146.

_____. Como a Sociedade Financia o Estado para a Implementação dos Direitos Humanos? In: COUTINHO, Jacinto N. M.; MORAIS, J. L. Bolzan; STRECK, Lenio L. (orgs.). *Estudos Constitucionais*. Rio de Janeiro: Renovar, 2007.

_____. Aspectos Financeiros do Sistema de Organização Territorial do Brasil. In: MAUÉS, Antônio Gomes Moreira; FERNÁNDEZ, Itziar Gómes (org.). *Ordenamiento Territorial en Brasil y España*. Valencia: Tirant Lo Blanch, 2005, v. 1, p. 211-237.

SILVA, José Afonso da. *Curso de Direito Constitucional Positivo*. 20ª ed. São Paulo: Malheiros, 2002.

TORRES, Heleno Taveira. *Direito constitucional financeiro – Teoria da Constituição financeira*. São Paulo: Revista dos Tribunais, 2014.

TORRES, Ricardo Lobo. *Curso de Direito Financeiro e Tributário*. Rio de Janeiro: Renovar, 2005.

7. Anotações

Este dispositivo foi inserido na Constituição Federal pela Emenda Constitucional n. 108/2020; ano marcado pela pandemia da Covid-19. A intenção do legislador é clara no sentido de estabelecer um dever constitucional aos entes federados de disponibilizar suas informações e dados contábeis, orçamentários e fiscais privilegiando o controle fiscal. Percebe-se a ideia de centralizar em órgão da União essas informações, permitindo a fiscalização periódica, a organicidade de formato e de sistemas, especialmente para garantir a rastreabilidade, a comparabilidade e a publicidade dos dados coletados. Destaca-se que o movimento de digitação e de digitalização ganhou tônica especial nesse período, o que transformou a internet em uma ferramenta importante na divulgação para amplo acesso público.

O direito à transparência envolve um feixe de relações, especialmente sobre as informações fiscais públicas, já que envolve uma ligação entre aqueles que financiam o Estado, os entes públicos encarregados da gestão dos recursos públicos e a sociedade que tem o dever de compreender e de fiscalizar a utilização do dinheiro público.

Um dos instrumentais para tanto concebidos é o desenvolvimento, pelo Executivo federal, de sistemas de registro eletrônico centralizado de informações sobre finanças públicas de todos os Poderes e órgãos autônomos da União, estados, Distrito Federal e municípios – os quais devem ser alimentados de forma padronizada e pormenorizada, de modo a possibilitar análises cruzadas e comparativas. De certo modo, essa centralização no Poder Executivo da União é mais uma demonstração da suave perda de autonomia dos demais entes federados em nosso país. A Secretaria do Tesouro Nacional, que, na verdade, deveria se chamar de Secretaria do Tesouro Federal, passa a centralizar as informações fiscais de todo o país, embora não haja nem um único ente federado em sua composição.

A transparência pressupõe a disponibilização de informações, diretamente aos interessados e às pessoas, como condição da preservação do princípio do interesse público e da participação ativa da população no processo de autonomia coletiva e de controle social das políticas e atos públicos, estreitando e democratizando as relações entre o Estado e a sociedade civil.

Além do empecilho criado a partir das dinâmicas existentes entre os setores contrapostos à presença de interesses difusos nas atividades de cada um desses setores, há ainda uma série de fatores, como a existência de variedade considerável de padrões contabilísticos, bem como de normas genéricas e vagas, reguladoras da atividade administrativa, que dificultam a transparência dos atos dos órgãos da administração pública.

A Lei de Acesso à Informação surgiu para regulamentar o direito constitucional de acesso às informações públicas ao prever diretrizes, princípios e procedimentos. Antes dela, não haviam prazos ou procedimentos para o direito de acesso às informações, estando sujeito à vontade e atuação discricionária, o que representa um avanço. Em conjunto, a Lei de Responsabilidade Fiscal, desde 2001, já trouxe a disciplina ordenada de um sistema de transparência de dados fiscais com instrumentos diversos, a exemplo do Relatório de Gestão Fiscal.

Questão delicada decorre do duelo entre a disponibilidade de informações para a sociedade pelo ente público e a inteligibilidade de informações. Em outras palavras, é preciso encontrar um equilíbrio entre a publicidade das informações e a capacidade de facilitar o entendimento dos dados técnicos, o que ainda se mostra um desafio.

Observa-se a criação de espaços abertos de dados com o fortalecimento da transparência nos diversos entes, com maior dificuldade nos municípios. Destaca-se a Lei do Governo Digital e a atuação dos Tribunais de Contas.

Art. 164. A competência da União para emitir moeda será exercida exclusivamente pelo Banco Central.

§ 1º É vedado ao Banco Central conceder, direta ou indiretamente, empréstimos ao Tesouro Nacional e a qualquer órgão ou entidade que não seja instituição financeira.

§ 2º O Banco Central poderá comprar e vender títulos de emissão do Tesouro Nacional, com o objetivo de regular a oferta de moeda ou a taxa de juros.

§ 3º As disponibilidades de caixa da União serão depositadas no Banco Central; as dos Estados, do Distrito Federal, dos Municípios e dos órgãos ou entidades do Poder Público e das empresas por ele controladas, em instituições financeiras oficiais, ressalvados os casos previstos em lei.

Fernando Facury Scaff
Luma Cavaleiro de Macedo Scaff

1. Origem do texto

Texto originário da Constituição de 1988.

2. Preceitos constitucionais correlacionados na Constituição de 1988

Art. 52, III, *d*; art. 84, XIV.

3. Legislação

Decreto 2.321/1987 (Institui, em defesa das finanças públicas, regime de administração especial temporária, nas instituições financeiras privadas e públicas não federais, e dá outras providências); Lei 4.595/64 (Lei do Sistema Financeiro Nacional).

4. Jurisprudência

Rcl 3.872-AgR, Rel. Min. Carlos Velloso, julgamento em 14-12-03, *DJ* de 12-5-06; ADI 2.600-MC, Rel. Min. Ellen Gracie, julgamento em 24-4-02, *DJ* de 25-10-02; ADI 2.661, Rel. Min. Celso de Mello, julgamento em 5-6-02, *DJ* 23-8-02; ADI 3.075-MC, Rel. Min. Gilmar Mendes, julgamento em 5-6-02, *DJ* de 18-6-04; ADI 3.578-MC, Rel. Min. Sepúlveda Pertence, julgamento em 14-9-05, *DJ* de 24-2-06.

5. Bibliografia

ARAUJO, Luiz Alberto David e NUNES JÚNIOR, Vidal Serrano. *Curso de Direito Constitucional*. 8ª ed. São Paulo: Saraiva, 2004.

ATALIBA, Geraldo. *Apontamentos de Ciência das Finanças – Direito Financeiro e Tributário*. São Paulo: Revista dos Tribunais, 1969.

BALEEIRO, Aliomar. *Uma Introdução à Ciência das Finanças*. 16ª ed. Rio de Janeiro: Forense, 2004.

BONAVIDES, Paulo. *Curso de Direito Constitucional*. 12ª ed. São Paulo: Malheiros, 2002.

DEODATO, Alberto. *Manual de Ciência das Finanças*. 20ª ed. São Paulo: Saraiva, 1984.

NÓBREGA, Manoel. *Lei de Responsabilidade Fiscal e Leis Orçamentárias*. São Paulo: Juarez de Oliveira, 2002.

OLIVEIRA, Regis Fernandes de. *Curso de Direito Financeiro*. São Paulo: Revista dos Tribunais, 2006.

PEREIRA, José Matias. *Finanças Públicas*: A Política Orçamentária no Brasil. São Paulo: Atlas, 2003.

REZENDE, Fernando. *Finanças Públicas*. 2ª ed. São Paulo: Atlas, 2002.

ROSA JÚNIOR, Luiz Emygdio F. *Manual de Direito Financeiro & Tributário*. 14ª ed. Rio de Janeiro: Renovar, 2000.

SCAFF, Fernando Facury. Para além dos direitos fundamentais do contribuinte: o STF e a vinculação das contribuições In: SCHUERI, Luís Eduardo (org.). *Direito Tributário – Homenagem a Alcides Jorge Costa*. São Paulo: Quartier Latin, 2003, v. 2, p. 1125-1146.

_____. Como a Sociedade Financia o Estado para a Implementação dos Direitos Humanos? In: COUTINHO, Jacinto N. M.; MORAIS, J. L. Bolzan; STRECK, Lenio L. (orgs.). *Estudos Constitucionais*. Rio de Janeiro: Renovar, 2007.

_____. Aspectos Financeiros do Sistema de Organização Territorial do Brasil. In: MAUÉS, Antônio Gomes Moreira; FERNÁNDEZ, Itziar Gómes (org.). *Ordenamiento Territorial en Brasil y España*. Valencia: Tirant Lo Blanch, 2005, v. 1, p. 211-237.

SILVA, José Afonso da. *Curso de Direito Constitucional Positivo*. 20ª ed. São Paulo: Malheiros, 2002.

TORRES, Heleno Taveira. *Direito constitucional financeiro – Teoria da Constituição financeira*. São Paulo: Revista dos Tribunais, 2014.

TORRES, Ricardo Lobo. *Curso de Direito Financeiro e Tributário*. Rio de Janeiro: Renovar, 2005.

6. Anotações

01. O Banco Central do Brasil, criado em 31 de dezembro de 1964 com a Lei 4.595, é uma autarquia federal que integra o Sistema Financeiro Nacional, e é vinculado ao Ministério da Fazenda. É o sucessor da Superintendência da Moeda e do Crédito – SUMOC, e atualmente possui funções que pertenciam anteriormente ao Banco do Brasil e ao Tesouro Nacional.

O Sistema Financeiro Nacional, estruturado pela Lei 4.595/64, é constituído da seguinte maneira: I. Conselho Monetário Nacional, II. Banco Central do Brasil, III. Banco do Brasil, IV. Banco Nacional do Desenvolvimento Econômico, V. Das demais instituições financeiras públicas e privadas.

02. O estudo do presente artigo não pode ser dissociado do art. 21, VII que dispõe sobre a competência exclusiva da União para emissão de moeda e do art. 22, VI sobre a sua competência privativa para legislar sobre o sistema monetário. Isto porque o dispositivo em questão determina que esta competência deva ser exercida exclusivamente pelo Banco Central.

03. O Presidente da República (art. 84, XV) nomeará o presidente e os diretores do Banco Central, após aprovação dos respectivos nomes pelo Senado Federal, por voto secreto e mediante arguição pública (art. 52, III, *d*).

Portanto, é da competência exclusiva do Banco Central do Brasil:

a) emitir papel-moeda e moeda metálica;

b) executar serviços de meio circulante;

c) receber os recolhimentos compulsórios dos bancos comerciais;

d) realizar operações de redesconto e empréstimos de assistência à liquidez às instituições financeiras;

e) regular a execução dos serviços de compensação de cheques e outros papéis;

f) efetuar, como instrumento de política monetária, operações de compra e venda de títulos públicos federais;

g) autorizar, normatizar, fiscalizar e intervir nas instituições financeiras;

h) controlar o fluxo de capitais estrangeiros, garantindo o correto funcionamento do mercado cambial.

04. O art. 164, § 1º, é expresso ao proibir que o Banco Central conceda, direta ou indiretamente, empréstimos ao Tesouro Nacional.

Antes da Constituição de 1988 era permitido ao Tesouro Nacional realizar empréstimos junto ao Banco Central que, como autoridade monetária incumbida da emissão da moeda, o fazia para atender às necessidades do Tesouro, sem que houvesse um limite legal, e, em consequência, ampliava fortemente as pressões inflacionárias.

A finalidade da norma em estudo é conservar a autoridade monetária do Banco, já que impede que o Tesouro Nacional realize despesas maiores que suas receitas e maiores que as operações de créditos autorizadas na forma da Constituição, no limite das leis pertinentes.

Logo, tornou-se vedado o endividamento pelo Tesouro mediante empréstimos realizados junto ao Banco Central.

No mesmo esteio, o art. 164, § 1º, veda também a concessão de empréstimos a instituições não financeiras.

Esta norma restringe a atuação do Banco Central à regulação do sistema financeiro brasileiro.

05. O art. 164, § 2º, permite que sejam realizadas operações de compra e venda de títulos emitidos pelo Tesouro Nacional, com a finalidade precípua de regulação da oferta de moeda e da taxa de juros. O endividamento público deve obedecer aos limites estabelecidos pela Constituição, de maneira que a compra e venda de títulos públicos pelo Banco Central deve ter como foco único a regulação do mercado de moeda e de juros, e jamais finalidades lucrativas ou especulativas.

06. O art. 164, § 3º, determina em que local devem ser depositadas as disponibilidades de caixa dos entes e órgãos públicos. As da União, no Banco Central. As dos Estados, do Distrito Federal, dos Municípios e órgãos ou entidades do Poder Público e das empresas por ele controladas serão depositadas em instituições oficiais.

Tal como tantas outras se trata de uma norma de caráter regulamentar, contudo, alçada ao *status* constitucional em razão de *lobbies* e pressões corporativas.

Art. 164-A. A União, os Estados, o Distrito Federal e os Municípios devem conduzir suas políticas fiscais de forma a manter a dívida pública em níveis sustentáveis, na forma da lei complementar referida no inciso VIII do *caput* do art. 163 desta Constituição. (*Incluído pela Emenda Constitucional n. 109, de 2021.*)

Parágrafo único. A elaboração e a execução de planos e orçamentos devem refletir a compatibilidade dos indicadores fiscais com a sustentabilidade da dívida. (*Incluído pela Emenda Constitucional n. 109, de 2021.*)

Fernando Facury Scaff
Luma Cavaleiro de Macedo Scaff

1. Origem do texto

A redação do dispositivo foi incluída pela Emenda Constitucional n. 109/2021.

2. Constituições brasileiras anteriores

Não consta.

3. Preceitos constitucionais correlacionados na Constituição de 1988

Art. 37, § 16; art. 163, VIII; art. 164; art. 165, § 2º.

4. Legislação

Lei n. 4.320/1964 (Normas gerais de direito financeiro para elaboração e controle dos orçamentos e balanços da União, dos Estados, dos Municípios e do Distrito Federal); Lei n. 6.830/1980 (Lei de Execução Fiscal); Decreto-Lei n. 1.833/1980 (Extingue a vinculação a categorias econômicas, na aplicação dos Estados, Distrito Federal, Territórios e Municípios, de recursos tributários transferidos pela União); LC n. 101/2000 (Estabelece normas de finanças públicas voltadas para a responsabilidade na gestão fiscal); Lei n. 12.527/2011 (Regula o acesso à informação previsto no inciso XXXIII do art. 5º, no inciso II do § 3º do art. 37 e do § 2º do art. 216 da CF).

5. Jurisprudência

STF: ADI 2.238-MC, Rel. Min. Ilmar Galvão, julgamento em 28-9-2000, Informativo 204; ADI 2.238-MC, Rel. p/ o ac. Min. Carlos Britto, julgamento em 8-8-2007, Informativo 475; ADI 686-MC, Rel. Min. Ilmar Galvão, julgamento em 26-3-92, *DJ* de 6-4-2001.

6. Bibliografia

ARAUJO, Luiz Alberto David e NUNES JÚNIOR, Vidal Serrano. *Curso de Direito Constitucional*. 8ª ed. São Paulo: Saraiva, 2004.

ATALIBA, Geraldo. *Apontamentos de Ciência das Finanças – Direito Financeiro e Tributário*. São Paulo: Revista dos Tribunais, 1969.

ATALIBA, Geraldo. *Normas Gerais de Direito Financeiro e Tributário e a Autonomia dos Estados e Municípios*. Disponível em: <https://edisciplinas.usp.br/pluginfile.php/1894565/mod_resource/content/0/03%20ATALIBA.%20Normas%20gerais%20de%20direito%20financeiro%20e%20tributario.pdf>. Acesso em: 10 de março de 2018.

BALEEIRO, Aliomar. *Uma Introdução à Ciência das Finanças*. 16ª ed. Rio de Janeiro: Forense, 2004.

BONAVIDES, Paulo. *Curso de Direito Constitucional*. 12ª ed. São Paulo: Malheiros, 2002.

DEODATO, Alberto. *Manual de Ciência das Finanças*. 20ª ed. São Paulo: Saraiva, 1984.

NÓBREGA, Manoel. *Lei de Responsabilidade Fiscal e Leis Orçamentárias*. São Paulo: Juarez de Oliveira, 2002.

OLIVEIRA, Regis Fernandes de. *Curso de Direito Financeiro*. São Paulo: Revista dos Tribunais, 2006.

PEREIRA, José Matias. *Finanças Públicas*: A Política Orçamentária no Brasil. São Paulo: Atlas, 2003.

REZENDE, Fernando. *Finanças Públicas*. 2ª ed. São Paulo: Atlas, 2002.

ROSA JÚNIOR, Luiz Emygdio F. *Manual de Direito Financeiro & Tributário*. 14ª ed. Rio de Janeiro: Renovar, 2000.

SCAFF, Fernando Facury. Para além dos direitos fundamentais do contribuinte: o STF e a vinculação das contribuições In: SCHUERI, Luís Eduardo (org.). *Direito Tributário – Homenagem a Alcides Jorge Costa*. São Paulo: Quartier Latin, 2003, v. 2, p. 1125-1146.

_____. Como a Sociedade Financia o Estado para a Implementação dos Direitos Humanos? In: COUTINHO, Jacinto N. M.; MORAIS, J. L. Bolzan; STRECK, Lenio L. (orgs.). *Estudos Constitucionais*. Rio de Janeiro: Renovar, 2007.

_____. Aspectos Financeiros do Sistema de Organização Territorial do Brasil. In: MAUÉS, Antônio Gomes Moreira; FERNÁNDEZ, Itziar Gómes (org.). *Ordenamiento Territorial en Brasil y España*. Valencia: Tirant Lo Blanch, 2005, v. 1, p. 211-237.

SILVA, José Afonso da. *Curso de Direito Constitucional Positivo*. 20ª ed. São Paulo: Malheiros, 2002.

TORRES, Heleno Taveira. *Direito constitucional financeiro – Teoria da Constituição financeira*. São Paulo: Revista dos Tribunais, 2014.

TORRES, Ricardo Lobo. *Curso de Direito Financeiro e Tributário*. Rio de Janeiro: Renovar, 2005.

7. Anotações

Este dispositivo foi inserido na Constituição Federal pela Emenda Constitucional n. 109/2021, durante a pandemia e diante da discussão sobre a flexibilização do Teto de Gastos, e a criação de um novo parâmetro em busca de medidas econômicas capazes de recuperar o equilíbrio e a confiabilidade nas contas públicas. Conceito ainda em construção, a trajetória de sustentabilidade da dívida envolve um conjunto de regras voltado para a intergeracionalidade da política fiscal. Em sua dimensão positiva, envolve a obrigação de que a qualidade do gasto público de hoje viabilize o gozo pelas gerações futuras. Em sua dimensão negativa, impede que os governantes se endividem com gastos inócuos ou que não possam honrar.

Interessante notar que este dispositivo inaugura uma obrigação constitucional aos entes federativos de atrelar suas políticas fiscais à sustentabilidade da dívida. Considerando a competência concorrente em termos de direito financeiro, cada ente federado passa a ter o dever de realizar uma ligação entre a trajetória sustentável da dívida e condução de suas políticas fiscais.

A disposição aqui referida passa pelo âmbito do orçamento público, considerando sua função programática de instrumento de planejamento da gestão das contas públicas para a realização de direitos fundamentais. Desse modo, a elaboração e a execução de planos e orçamentos devem refletir a compatibilidade de indicadores fiscais com a sustentabilidade da dívida.

Este artigo deve ser estudado em conjunto com o art. 165, § 2º, da Constituição Federal, valorizando um novo paradigma apresentado ao processo orçamentário voltado à sustentabilidade da dívida. Afinal, a Lei de Diretrizes Orçamentárias compreenderá as metas e prioridades da administração pública federal, estabelecerá as diretrizes de política fiscal e respectivas metas, em consonância com trajetória sustentável da dívida pública, orientará a elaboração da lei orçamentária anual, disporá sobre as alterações na legislação tributária e estabelecerá a política de aplicação das agências financeiras oficiais de fomento.

A inovação aqui reside na vinculação entre a trajetória sustentável da dívida pública e a elaboração da lei orçamentária. Observa-se a intenção de consagrar a dívida pública como um dos aspectos a serem observados na elaboração do orçamento a fim de viabilizar, inclusive, os resultados do monitoramento e da avaliação das políticas públicas previstos no § 16 do art. 37 da Constituição Federal.

Este elo deve ser feito por intermédio da Lei Complementar exigida pelo art. 163, VIII, da Constituição Federal, não editada até a presente data, embora já tenha sido enviada ao Congresso, sob o nome de Arcabouço Fiscal.

SEÇÃO II

DOS ORÇAMENTOS

Art. 165. Leis de iniciativa do Poder Executivo estabelecerão:

I – o plano plurianual;
II – as diretrizes orçamentárias;
III – os orçamentos anuais.

§ 1º A lei que instituir o plano plurianual estabelecerá, de forma regionalizada, as diretrizes, objetivos e metas da administração pública federal para as despesas de capital e outras delas decorrentes e para as relativas aos programas de duração continuada.

§ 2º A lei de diretrizes orçamentárias compreenderá as metas e prioridades da administração pública federal, estabelecerá as diretrizes de política fiscal e respectivas metas, em consonância com trajetória sustentável da dívida pública, orientará a elaboração da lei orçamentária anual, disporá sobre as alterações na legislação tributária e estabelecerá a política de aplicação das agências financeiras oficiais de fomento. (*Redação dada pela Emenda Constitucional n. 109, de 2021.*)

§ 3º O Poder Executivo publicará, até trinta dias após o encerramento de cada bimestre, relatório resumido da execução orçamentária.

§ 4º Os planos e programas nacionais, regionais e setoriais previstos nesta Constituição serão elaborados em consonância com o plano plurianual e apreciados pelo Congresso Nacional.

§ 5º A lei orçamentária anual compreenderá:

I – o orçamento fiscal referente aos Poderes da União, seus fundos, órgãos e entidades da administração direta e indireta, inclusive fundações instituídas e mantidas pelo Poder Público;

II – o orçamento de investimento das empresas em que a União, direta ou indiretamente, detenha a maioria do capital social com direito a voto;

III – o orçamento da seguridade social, abrangendo todas as entidades e órgãos a ela vinculados, da administração direta ou indireta, bem como os fundos e fundações instituídos e mantidos pelo Poder Público.

§ 6º O projeto de lei orçamentária será acompanhado de demonstrativo regionalizado do efeito, sobre as receitas e despesas, decorrente de isenções, anistias, remissões, subsídios e benefícios de natureza financeira, tributária e creditícia.

§ 7º Os orçamentos previstos no § 5º, I e II, deste artigo, compatibilizados com o plano plurianual, terão entre suas funções a de reduzir desigualdades inter-regionais, segundo critério populacional.

§ 8º A lei orçamentária anual não conterá dispositivo estranho à previsão da receita e à fixação da despesa, não se incluindo na proibição a autorização para abertura de créditos suplementares e contratação de operações de crédito, ainda que por antecipação de receita, nos termos da lei.

§ 9º Cabe à lei complementar:

I – dispor sobre o exercício financeiro, a vigência, os prazos, a elaboração e a organização do plano plurianual, da lei de diretrizes orçamentárias e da lei orçamentária anual;

II – estabelecer normas de gestão financeira e patrimonial da administração direta e indireta bem como condições para a instituição e funcionamento de fundos;

III – dispor sobre critérios para a execução equitativa, além de procedimentos que serão adotados quando houver impedimentos legais e técnicos, cumprimento de restos a pagar e limitação das programações de caráter obrigatório, para a realização do disposto nos §§ 11 e 12 do art. 166.

§ 10. A administração tem o dever de executar as programações orçamentárias, adotando os meios e as medidas necessárias, com o propósito de garantir a efetiva entrega de bens e serviços à sociedade.

§ 11. O disposto no § 10 deste artigo, nos termos da lei de diretrizes orçamentárias:

I – subordina-se ao cumprimento de dispositivos constitucionais e legais que estabeleçam metas fiscais ou limites de despesas e não impede o cancelamento necessário à abertura de créditos adicionais;

II – não se aplica nos casos de impedimentos de ordem técnica devidamente justificados;

III – aplica-se exclusivamente às despesas primárias discricionárias.

§ 12. Integrará a lei de diretrizes orçamentárias, para o exercício a que se refere e, pelo menos, para os 2 (dois) exercícios subsequentes, anexo com previsão de agregados fiscais e a proporção dos recursos para investimentos que serão alocados na lei orçamentária anual para a continuidade daqueles em andamento.

§ 13. O disposto no inciso III do § 9º e nos §§ 10, 11 e 12 deste artigo aplica-se exclusivamente aos orçamentos fiscal e da seguridade social da União.

§ 14. A lei orçamentária anual poderá conter previsões de despesas para exercícios seguintes, com a especificação dos investimentos plurianuais e daqueles em andamento.

§ 15. A União organizará e manterá registro centralizado de projetos de investimento contendo, por Estado ou Distrito Federal, pelo menos, análises de viabilidade, estimativas de custos e informações sobre a execução física e financeira.

§ 16. As leis de que trata este artigo devem observar, no que couber, os resultados do monitoramento e da avaliação das políticas públicas previstos no § 16 do art. 37 desta Constituição.

Paulo Caliendo

1. História da norma

As normas constitucionais orçamentárias apresentaram um desenvolvimento histórico vigoroso, porém ainda incompleto. Houve um significativo aumento de transparência e abrangência do processo orçamentário. Ampliaram-se os meios de controle interno e externo, mas, especialmente, após a CF/88 houve um incremento da busca da responsabilidade fiscal.

2. Constituições brasileiras anteriores

a) **Constituição de 1824**: "Art. 172. O Ministro de Estado da Fazenda, havendo recebido dos outros Ministros os orçamentos relativos ás despezas das suas Repartições, apresentará na Camara dos Deputados annualmente, logo que esta estiver reunida, um Balanço geral da receita e despeza do Thesouro Nacional do anno antecedente, e igualmente o orçamento geral de todas as despezas publicas do anno futuro, e da importancia de todas as contribuições, e rendas publicas". **Constituição de 1891**: "Art. 35. Prorrogar e adiar suas sessões. (Incluído pela Emenda Constitucional de 3 de setembro de 1926) § 1º As leis de orçamento não podem conter disposições estranhas á previsão da receita e á despeza fixada para os serviços anteriormente creados. Não se incluem nessa prohibição: (Incluído pela Emenda Constitucional de 3 de setembro de 1926) a) a autorização para abertura de creditos supplementares e para operações de credito como antecipação da Receita; Incluído pela Emenda Constitucional de 3 de setembro de 1926) b) a determinação do destino a dar ao saldo do exercicio ou do modo de cobrir o deficit. (Incluído pela Emenda Constitucional de 3 de setembro de 1926)". **Constituição de 1934**: "Art. 50. O orçamento será uno, incorporando-se obrigatoriamente à receita todos os tributos, rendas e suprimentos dos fundos e incluindo-se discriminadamente na despesa todas as dotações necessárias ao custeio dos serviços públicos"; **Constituição de 1937**: "Art. 68. O orçamento será uno, incorporando-se obrigatoriamente à receita todos os tributos, rendas e suprimentos de fundos, incluídas na despesa todas as dotações necessárias ao custeio dos serviços públicos"; "Art. 69. A discriminação ou especialização da despesa far-se-á por serviço, departamento, estabelecimento ou repartição"; "Art. 70. A lei orçamentária não conterá dispositivo estranho à receita prevista e à despesa fixada para os serviços anteriormente criados, excluídas de tal proibição: a) a autorização para abertura de créditos suplementares e operações de crédito por antecipação da receita; b) a aplicação do saldo ou o modo de cobrir o *déficit*"; **Constituição de 1946**: "Art. 73. O orçamento será uno, incorporando-se à receita, obrigatoriamente, todas as rendas e suprimentos de fundos, e incluindo-se discriminadamente na despesa as dotações necessárias ao custeio de todos os serviços públicos"; **Constituição de 1967, com a Emenda n. 1, de 1969**: "Art 46. Ao Congresso Nacional, com a sanção do Presidente da República, cabe dispor, mediante lei, sobre todas as matérias de competência da União, especialmente: (...) II – o orçamento; a abertura e as operações de crédito; a dívida pública; as emissões de curso forçado"; "Art. 60. A despesa pública obedecerá à lei orçamentária anual, que não conterá dispositivo estranho à fixação da despesa e à previsão da receita. Não se incluem na proibição: I – a autorização para abertura de créditos suplementares e operações de crédito por antecipação da receita; e II – as disposições sobre a aplicação do saldo que houver"; "Art. 62. O orçamento anual compreenderá obrigatoriamente as despesas e receitas relativas a todos os Poderes, órgãos e fundos, tanto da Administração Direta quanto da Indireta, excluídas apenas as entidades que não recebam subvenções ou transferências à conta do orçamento"; "Art. 63. O orçamento plurianual de investimento consignará dotações para a execução dos planos de valorização das regiões menos desenvolvidas do País".

3. Constituições estrangeiras

a) **República Federal da Alemanha (1949), art. 110**: "Orçamento da Federação. (1) Todas as receitas e despesas da Federação devem constar do plano orçamentário (*Haushaltsplan*); no caso das empresas federais e dos fundos especiais precisam constar apenas as entradas e as saídas. O plano orçamentário (*Haushaltsplan*) deve ser equilibrado na receita e despesa. (2) O plano orçamentário (*Haushaltsplan*) será fixado pela lei orçamentária (*Haushaltgesetz*) para um ou vários exercícios, separado por anos, antes do início do primeiro exercício. Para partes do plano orçamentário (*Haushaltsplan*) poderá ser previsto que vigorem por períodos diferentes, divididos por exercícios financeiros. (4) Na lei orçamentária (*Haushaltgesetz*) só devem constar as receitas e as despesas da Federação (*Bund*) do período para o qual ela for aprovada"; b) **Espanha (1978), art. 134**: "(2). Los Presupuestos Generales del Estado tendrán carácter anual, incluirán la totalidad de los gastos e ingresos del sector público estatal y en ellos se consignará el importe de los beneficios fiscales que afectem a los tributos del Estado; (7) La Ley de Presupuestos no puede crear tributos. Podrá modificarlos cuando una ley tributaria sustantiva así lo prevea"; **art. 135** "(1) El Gobierno habrá de estar autorizado por ley para emitir Deuda Publica o contraer crédito". "(2). Los créditos para satisfacer el pago de intereses y capital de la Deuda Pública del Estado se entenderán incluidos en el estado de gastos de los presupuestos y no podrán ser objeto de enmienda o modificación mientras se ajusten a las condiciones de la ley de emisión"; **c) Suíça (Emenda de 1985), art. 31**: "A Confederação, os cantões e as comunas estabelecem seus orçamentos levando em conta os imperativos da situação conjuntural"; "(4) A Confederação tomará em consideração as disparidades no desenvolvimento econômico das diversas regiões do país"; **d) Estados Unidos, art. 1º, seção 9**: "7. Nenhum dinheiro poderá ser retirado do Tesouro senão em consequência de dotações previstas em lei; e será publicado periodicamente um relatório e um balanço das receitas e despesas públicas"; **e) Portugal (1976, revista em 1982), art. 108**: "O orçamento do Estado contém: a) a discriminação das receitas e despesas do Estado; b) o orçamento da segurança social. 2. O orçamento é elaborado de harmonia com as opções do Plano e tendo em conta as obrigações decorrentes da lei ou de contrato. 5. O orçamento é unitário e especifica as despesas segundo a respectiva classificação orgânica e funcional, de modo a impedir a existência de dotações e fundos secretos. 6. O orçamento deve prever as receitas necessárias para cobrir as despesas, definindo a lei as regras da sua execução, bem como as condições de recurso ao crédito público"; **f) França (1958), art. 34**: "... As leis de finanças determinam as receitas e as despesas do Estado nas condições e com as reservas previstas por lei orgânica"; "As leis de financiamento da seguridade social determinam as condições gerais de seu equilíbrio financeiro e, consideradas suas previsões de receitas, fixam seus objetivos de despesas nas condições e sob as reservas previstas por uma lei orgânica"; **g) Itália (1947), art. 81**: "As Câmaras aprovam todo ano os orçamentos (*bilanci*) e a prestação de contas (*rendiconto consuntivo*) apresentados pelo Governo... Aprovada a lei do orçamento (*bilancio*) não podem ser fixados novos impostos e novas despesas".

4. Direito internacional

Não existem acordos bilaterais ou multilaterais sobre a organização dos orçamentos públicos. Existem diversas iniciativas de harmonização legislativa com base nas melhores práticas internacionais.

O FMI editou o *Code of Good Practices on Fiscal Transparency* (IMF, 2001) com as melhores práticas para a gestão fiscal. A OECD editou, igualmente, diretrizes com as "*Melhores Práticas para Transparência Orçamentária*" (*Best Practices for Budget Transparency*) (OECD, 2002), em que são listadas algumas práticas para os relatórios orçamentários e a transparência específica de algumas informações relevantes, tais como isenções, receitas tributárias, encargos com financiamentos, entre outros.

A *International Organization of Supreme Audit Institutions* (INTOSAI) e a *Public Sector Committee of the International Federation of Accountants* (IFAC) estudam e elaboram sugestões de *standards* para auditoria interna das contas públicas e da contabilidade governamental.

5. Conteúdo constitucional

5.1. Princípio do orçamento

O sentido do orçamento alterou-se durante os modelos constitucionais. Inicialmente, o orçamento era restrito à organização das receitas e despesas, tão somente. Qualquer outra norma incluída era considerada como indevida. De mera forma de organização das finanças públicas passa a ser entendido como plano de governo (BALEEIRO, 2002, p. 421). A questão social sobressai dentre as tarefas do Estado e se materializa em um orçamento político, que realiza despesas sociais e promove direitos, por meio de gastos públicos. O orçamento do Estado Orçamentário evolui para concretizar uma Constituição Dirigente (TÔRRES, 2014, p. 90). As dificuldades decorrentes do alargamento desmesurado dos dispêndios públicos (TROTOBAS, 1953, p. 27) fizeram surgir um importante movimento pelo reforço dos valores da responsabilidade e do equilíbrio fiscal, como vetores do Direito Financeiro e do orçamento público.

O orçamento é ato legal que dá competência ao Executivo a executar as despesas públicas, investimentos, com base na arrecadação de receitas, instituídas em leis próprias. Esse é o sentido do art. 165, § 8º, que determina que a lei orçamentária anual não conterá dispositivo estranho à previsão da receita e à fixação da despesa.

O orçamento público determina as receitas e despesas, mas não esgota sua natureza no seu caráter de documento contábil e financeiro. Ele inevitavelmente é um instrumento de atuação popular a influenciar a ação governamental (HARADA, 2012, p. 63).

O Estado Orçamentário (TÔRRES, 2014, p. 91) procura concretizar um Estado planejado. Não deve se confundir, contudo, com um Estado de Planeamento Social e Econômico. O próprio texto constitucional restringe esta possibilidade. A intervenção estatal direta na economia é vedada pelo art. 173 do texto constitucional, ressalvados os casos em que for necessária aos imperativos da segurança nacional ou a relevante interesse coletivo.

O Estado deve exercer a função normativa e reguladora da atividade econômica, mediante as funções de fiscalização, incentivo e planejamento. O art. 174 da CF/88 restringe a função de regulação econômica estatal do setor privado, afastando os desejos de uma forte ação interventora e dirigente.

O Estado Orçamentário procura equilibrar a ação entre o Estado e a sociedade, para, em colaboração, promover os ditames da Ordem Social. A saúde (art. 205), cultura (art. 215) e saúde (art. 197).

O orçamento público deve submeter-se ao princípio do planejamento ou da programação, de tal modo que o Estado se organize do modo mais eficiente (art. 37) possível. É admitido que a ação planejada do Estado Democrático irá influenciar outras esferas da ordem social e econômica.

A programação orçamentária será realizada por meio de três leis: o plano plurianual, as diretrizes orçamentárias e o orçamento anual. Estas deverão ser coerentes e integradas. Os planos governamentais e estatais de ação social e econômica, sob a forma de programas nacionais, regionais e setoriais, deverão estar em consonância com o plano plurianual e ser apreciados pelo Congresso Nacional (art. 165, § 4º). Essa norma possui dois sentidos: transparência e responsabilidade. De um lado, toda a ação de planejamento estatal deve estar aberta à *fiscalização* social, de outro, deve essa ser responsável e amparada em *controle* de receitas e despesas necessárias à ação eficiente e eficaz (art. 74).

O orçamento é uno, e, apesar ser apresentado em documentos distintos (Fiscal, da Seguridade Social e dos Investimentos das Estatais), possui coerência e unidade.

O orçamento possui natureza jurídica. O que não significa que ele não possua aspectos políticos e econômicos (HARADA, 2012, p. 64), contudo, a sua natureza é de norma jurídica.

Existe na doutrina um acalorado debate sobre a natureza jurídica do orçamento. Diversas posições se destacam sobre o tema (ROSA JÚNIOR, 2005, p. 82): a) natureza de lei, dado que emana do Poder Legislativo (Hoennel); b) ato administrativo, em função de seu conteúdo e não do órgão do qual emana (Mayer); c) parte lei e parte ato administrativo, no primeiro caso, quando sua autorização torna compulsório o pagamento pelos contribuintes; na outra forma, por serem meras autorizações concedidas pelo Poder Legislativo ao Poder Executivo (Duguit); e d) mero ato-condição, por não possuir em nenhum dos casos substância de lei. No caso de existir o princípio da anualidade, tratar-se-ia de mera condição para a cobrança, decorrente de uma lei que criou o tributo (Jèze).

O Brasil adotou o entendimento de Aliomar Baleeiro de que o orçamento era *ato-condição* (BALEEIRO, 2013, p. XLIII). Essa leitura decorria do texto do art. 141, § 34, da Constituição de 1946 ("*§ 34 – Nenhum tributo será exigido ou aumentado sem que a lei o estabeleça; nenhum será cobrado em cada exercício sem prévia autorização orçamentária, ressalvada, porém, a tarifa aduaneira e o imposto lançado por motivo de guerra*", conforme Emenda Constitucional n. 7, de 1964).

Posteriormente, a Emenda Constitucional n. 1, de 1969, substituiu o princípio da anterioridade pelo princípio da anualidade. De outro lado, o art. 165, § 8º da CF/88 proibiu dispositivo estranho à previsão da receita e à fixação da despesa. Por fim, a lei orçamentária não cria direito subjetivo oponível pelas pessoas destinatárias de benefícios em sua programação. Assim, hoje se considera o orçamento como lei formal, com conteúdo de mero ato da administração. Seu conteúdo se restringe à fixação de despesas e previsão de receitas, não criando direitos subjetivos (ROSA JÚNIOR, 2005, p. 84-85).

A determinação do orçamento como lei formal não afasta a possibilidade de seu controle constitucional. O STF admitiu o controle abstrato das normas orçamentárias no julgamento da ADI n. 2.925, de relatoria da Min. Ellen Gracie.

O questionamento de falhas na categorização de despesas públicas foi objeto de análise pelo STF no julgamento da ADI 4.049, em que se considerou como violação constitucional o erro na caracterização de despesas de simples custeio e investimentos triviais como se natureza extraordinária possuíssem, quando deveriam ser consideradas como crédito especial ou suplementar.

A CF irá adotar um novo modelo orçamentário caracterizado pelo estabelecimento de três leis: de iniciativa do Poder Executivo, o plano plurianual, as diretrizes orçamentárias e os orçamentos anuais. A proposta surge na Assembleia Constituinte com inspiração na experiência de alguns países europeus (DIÁRIO DA CONSTITUINTE, p. 96)[1], tais como a Alemanha (TÔRRES, 2008).

5.2. Das leis orçamentárias

5.2.1. Plano Plurianual

O Plano Plurianual (PPA) é o ato que programa as despesas que possuem um ciclo orçamentário maior, tais como as despesas de capital e programas. Sua função é dar coerência à relação entre programas, investimentos e orçamentos. O PPA deve dar coerência constitucional aos planos nacional, regionais e setoriais, conforme o art. 165, § 4º. O PPA deve prever os projetos articulados da União, com o intuito de articular sua ação em um mesmo complexo geoeconômico e social, visando ao seu desenvolvimento e à redução das desigualdades regionais, art. 43.

A Constituinte adotou o modelo de legislação orçamentária anual, afastando outras experiências estrangeiras (Inglaterra), de leis bianuais (Constituinte). A programação orçamentária não pode, contudo, cingir-se tão somente à previsão anual. Existem investimentos e outras formas de despesas que exigem uma previsão superior. Este é o caso expresso no art. 165, § 1º, para os casos de despesas de capital e decorrentes de programas de duração continuada. A importância de instrumento, inovador no cenário orçamentário nacional, foi crescente, nos trabalhos da Constituinte. Passando de meio de previsão de investimentos, para abranger as despesas deles decorrentes e, finalmente, para os programas de duração continuada (AFONSO, 2015, p. 17). Alterou-se, assim, a tradição orçamentária, derivada do Ato Complementar 43, de 1969, que restringia o Orçamento Plurianual de Investimentos exclusivamente às despesas de capital (art. 5º).

Não havendo previsão de prazos para o PPA, estes deverão ser definidos em Lei Complementar (art. 165, § 9º, I). O Ato das Disposições Constitucionais Transitórias determinou que até a entrada em vigor da lei complementar o projeto do plano plurianual, para vigência até o final do primeiro exercício financeiro do mandato presidencial subsequente, será encaminhado até quatro meses antes do encerramento do primeiro exercício financeiro e devolvido para sanção até o encerramento da sessão legislativa.

O orçamento, nesse ponto, segue o modelo francês, da Lei Constitucional de 3 de junho de 1958. As diretrizes plurianuais das finanças públicas são definidas por leis de programação que objetivam a ação do Estado e o equilíbrio das contas das administrações públicas.

O texto da CF/88 determina expressamente a consecução de uma função indutora do Estado, objetivando reduzir desigualdades inter-regionais, segundo critério populacional (art. 166, § 7º). O desenvolvimento será outro objetivo constitucional pretendido, por meio da articulação da União, em um mesmo complexo geoeconômico e social (art. 43). Espera-se que a União elabore e, também, execute planos nacionais e regionais de ordenação do território e de desenvolvimento econômico e social (art. 21). Caberá ao Congresso Nacional, com a sanção do Presidente da República, dispor sobre planos e programas nacionais, regionais e setoriais de desenvolvimento (art. 48). Caberá ao PPA res-

---

1. Disponível em: <https://www.senado.leg.br/publicacoes/anais/constituinte/sistema.pdf>.

peitar as diretrizes e bases do planejamento do desenvolvimento nacional equilibrado, o qual incorporará e compatibilizará os planos nacionais e regionais de desenvolvimento (art. 174, § 1º).

A concepção clássica do PPA será profundamente afetada pela Lei de Responsabilidade Fiscal e pelas modernas técnicas contábeis e orçamentárias. Para além de ato de equilíbrio fiscal, entre receitas e despesas e de programação econômico-social, o PPA deverá pugnar pela responsabilidade fiscal no uso dos recursos públicos, em políticas de longo prazo.

5.2.2. Lei de Diretrizes Orçamentárias (LDO)

A LDO, prevista no art. 165, § 2º, compreenderá as metas e prioridades da administração pública federal, estabelecerá as diretrizes de política fiscal e respectivas metas, em consonância com trajetória sustentável da dívida pública, orientará a elaboração da lei orçamentária anual, disporá sobre as alterações na legislação tributária e estabelecerá a política de aplicação das agências financeiras oficiais de fomento.

A LDO possui igualmente natureza formal, com orientações para a elaboração do orçamento. Não irá criar direitos subjetivos e nem vinculações para o Congresso Nacional ou demais Poderes. Ela não revoga as disposições que concedem incentivos, mas atua como um excelente instrumento de planejamento financeiro na programação estatal (TÔRRES, 2008).

O STF expandiu a abrangência semântica da expressão *"legislação tributária"*, de sorte a alcançar não somente a lei em sentido formal, mas todo e qualquer ato normativo que implique alteração substancial, com majoração ou redução de arrecadação, tais como aqueles tendentes a criar, majorar, alterar alíquota ou base de cálculo, extinguir tributo ou em relação a ele fixar isenções, anistia ou remissão (ADI 3949 MC).

Sua principal função é de orientar a elaboração do orçamento anual. Sua edição deverá ser prévia à LO e em todos os níveis da federação (União, Estados, Municípios e Distrito Federal), em respeito ao princípio da simetria dos preceitos constitucionais (HARADA, 2001, p. 95). As alterações da legislação que impliquem aumento ou redução da arrecadação, por meio de isenções ou incentivos fiscais, deverão ser objeto da LDO.

O STF firmou convicção na possibilidade do controle abstrato de constitucionalidade das leis orçamentárias, no julgamento das ADIs 1.716, 4.048 e 4.049, contudo, entendeu que a LDO é lei de efeitos concretos, que possui objeto determinado e destinatários certos, sem generalidade abstrata. Não estando sujeita ao controle concentrado de constitucionalidade, conforme ADI 2.484 e ADI 2.535. Entendeu-se no julgamento da ADI 612 QO que a LDO se configura como norma de eficácia temporal limitada, em decorrência de sua transitoriedade. O controle constitucional deve ocorrer sobre atos normativos em plena vigência, de tal sorte que a cessação superveniente de vigência da norma impede a fiscalização abstrata (ADI 612 QO).

A LRF ampliou a significativamente a relevância da LDO. Ela não pode mais ser considerada como um instrumento desimportante. Pelo contrário. Cabe a ela, nas situações de dificuldades e crises financeiras, determinar os *"critérios e forma de limitação de empenho"* (art. 4º), nas situações previstas no art. 9º da LRF (*"Se verificado, ao final de um bimestre, que a realização da receita poderá não comportar o cumprimento das metas de resultado primário ou nominal estabelecidas no Anexo de Metas Fiscais, os Poderes e o Ministério Público promoverão, por ato próprio e nos montantes necessários, nos trinta dias subsequentes, limitação de empenho e movimentação financeira, segundo os critérios fixados pela lei de diretrizes orçamentárias"*). Os cortes e as reduções de dotações orçamentárias deverão obedecer aos critérios estabelecidos na LDO. Trata-se de um elemento muito importante de prudência orçamentária, não somente prever o equilíbrio entre receitas e despesas, mas como deve o gestor agir no caso de não se cumprirem as previsões mais conservadoras de receitas e o aumento mais vigoroso das despesas fixadas.

A LDO deverá contar ainda com outras inovações de controle orçamentário, dentre as quais se destaca: controle de custos e avaliação dos resultados dos programas financiados com recursos dos orçamentos (art. 4º, I, "e", da LRF); as condições e exigências para transferências de recursos a entidades públicas e privadas (art. 4º, I, "f", da LRF); estabelecer critérios de programação financeira mensal e o cronograma de execução mensal de desembolso (art. 8º da LRF); estabelece uma Reserva de Contingência, a ser compatibilizada com o PPA e com a LOA; atendimento de passivos contingentes e outros riscos e eventos fiscais imprevistos (art. 5º, III, da LRF).

A LDO deverá prever ainda uma peça importantíssima, o Anexo de Metas Fiscais, no qual serão estabelecidas metas anuais, em valores correntes e constantes, relativas a receitas, despesas, resultados nominal e primário e montante da dívida pública, para o exercício a que se referirem e para os dois seguintes. O anexo conterá: i) avaliação do cumprimento das metas relativas ao ano anterior; ii) demonstrativo das metas anuais, instruído com memória e metodologia de cálculo que justifiquem os resultados pretendidos, comparando-as com as fixadas nos três exercícios anteriores, e evidenciando a consistência delas com as premissas e os objetivos da política econômica nacional; iii) evolução do patrimônio líquido; e iv) avaliação da situação financeira e atuarial, dos regimes geral de previdência social e próprio dos servidores públicos e do Fundo de Amparo ao Trabalhador, dos demais fundos públicos e programas estatais de natureza atuarial e o demonstrativo da estimativa e compensação da renúncia de receita e da margem de expansão das despesas obrigatórias de caráter continuado.

Deverá constar igualmente na LDO o Anexo de Riscos Fiscais, no qual serão avaliados os passivos contingentes e outros riscos capazes de afetar as contas públicas, informando as providências a serem tomadas, caso se concretizem.

Todos estes instrumentos previstos na LFR demonstram a correção da criação e importância da LDO, como instrumento de programação financeira do Estado.

5.2.3. Lei Orçamentária Anual (LOA)

A LOA compreende o Orçamento Fiscal, de Investimento das empresas da União e da Seguridade Social (art. 165, § 5º). O orçamento é uno e obedece ao princípio da unidade orçamentária. Essa unidade é normativa e valorativa, não implicando um texto documental unitário. Os diversos orçamentos devem obedecer a critérios e diretrizes comuns. Não há antinomia com a existência de orçamentos estaduais e municipais. Estes devem guardar consistência interna, em todas as suas despesas e receitas.

A CF/88 unificou o orçamento fiscal e da seguridade social, permitindo o controle dos gastos social. Estabeleceu-se a vedação à utilização dos recursos provenientes das contribuições sociais para a realização de despesas distintas do pagamento de benefícios do regime geral de previdência social (art. 167, XI).

O *orçamento fiscal* refere-se aos Poderes da União, seus fundos, órgãos e entidades da administração direta e indireta, inclusive fundações instituídas e mantidas pelo Poder Público, conforme o art. 165, § 5º, I.

Determina a Lei n. 11.439/2006 que "*os orçamentos fiscal e da seguridade social discriminarão a despesa por unidade orçamentária, detalhada por categoria de programação em seu menor nível, com suas respectivas dotações, especificando a esfera orçamentária, o grupo de natureza de despesa, o identificador de resultado primário, a modalidade de aplicação, o identificador de uso e a fonte de recursos*".

O Orçamento Fiscal e o de Investimentos deverão ser compatibilizados com o plano plurianual, terão entre suas funções a de reduzir desigualdades inter-regionais, segundo critério populacional.

A CF/88 estabeleceu que a "*lei orçamentária anual não conterá dispositivo estranho à previsão da receita e à fixação da despesa, não se incluindo na proibição a autorização para abertura de créditos suplementares e contratação de operações de crédito, ainda que por antecipação de receita*", art. 165, § 8º.

O *orçamento de investimento das estatais* em que a União detenha, direta ou indiretamente, a maioria do capital social com direito a voto, é outro instrumento orçamentário poderoso. Seu objetivo declarado é impedir o uso de transferências para estas empresas, como forma de burlar os controles sobre a administração direta e indireta.

O orçamento de investimento não abrange todas as despesas da entidade, aquelas de caráter operacional aparecem em outro instrumento, denominado Programa de Dispêndios Globais, editado mediante Decreto do Poder Executivo.

As empresas integrantes do OI obedecem às normas da Lei n. 6.404/1976, de natureza privada, não se sujeitando à contabilidade pública.

O *orçamento da seguridade social* abrange todas as entidades e órgãos a ela vinculados, da administração direta ou indireta, bem como os fundos e fundações instituídos e mantidos pelo Poder Público. Este pretende realizar a organização de receitas e despesas para os três pilares da seguridade social: previdência, saúde e assistência social (art. 194). As fontes de receitas estão previstas no art. 195 e regulamentadas na Lei n. 8.212/91. Esta lei estabelece como diretriz orientadora a diversidade da base de financiamento da Seguridade Social.

O art. 195 irá determinar as fontes de financiamento, mediante recursos provenientes dos orçamentos da União, dos Estados, do Distrito Federal e dos Municípios, e das seguintes contribuições sociais: i) do empregador, da empresa e da entidade a ela, incidentes sobre: a) a folha de salários e demais rendimentos do trabalho pagos ou creditados, a qualquer título, à pessoa física que lhe preste serviço, mesmo sem vínculo empregatício; b) a receita ou o faturamento; c) o lucro; ii) do trabalhador e dos demais segurados da previdência social; e iii) sobre a receita de concursos de prognósticos.

A Lei n. 8.212/91, em seu art. 27, estabelece como outras receitas da Seguridade Social: i) as multas, a atualização monetária e os juros moratórios; ii) a remuneração recebida por serviços de arrecadação, fiscalização e cobrança prestados a terceiros; iii) as receitas provenientes de prestação de outros serviços e de fornecimento ou arrendamento de bens; iv) as demais receitas patrimoniais, industriais e financeiras; v) as doações, legados, subvenções e outras receitas eventuais; vi) 40% (quarenta por cento) do resultado dos leilões dos bens apreendidos pelo Departamento da Receita Federal; e vii) outras receitas previstas em legislação específica.

5.2.4. Do processo legislativo orçamentário

A CF/88 introduziu uma novidade, inspirada em parte nas Constituições da República Federal da Alemanha e da França: a lei de diretrizes orçamentárias, que compreenderá as metas e prioridades da administração pública federal, incluindo as despesas de capital, para o exercício financeiro subsequente, orientará a elaboração da lei orçamentária anual, disporá sobre as alterações na legislação tributária e estabelecerá a política de aplicação das agências financeiras oficiais de fomento.

5.2.5. Do princípio da sustentabilidade financeira

A Emenda Constitucional n. 100, de 2019, de 15 de março de 2021, trouxe diversas importantes novidades em matéria de Direito Financeiro, dentre as quais podemos destacar que as diretrizes de política fiscal e respectivas metas deverão respeitar a diretriz da sustentabilidade financeira, em razão da exigência de uma trajetória sustentável da dívida pública. Trata-se de uma novidade relevante no cenário financeiro, que orientará a elaboração da lei orçamentária anual, disporá sobre as alterações na legislação tributária e estabelecerá a política de aplicação das agências financeiras oficiais de fomento.

A Emenda Constitucional n. 109 não define o conceito de sustentabilidade financeira, tal como é realizado no Direito Português. A Lei de Enquadramento Orçamental (LEO) define os princípios da boa gestão e governança fiscal e elenca a sustentabilidade fiscal como um dos pilares desta. Essa é definida como sendo a capacidade de financiar todos os compromissos, assumidos ou a assumir, com respeito pela regra de saldo orçamental estrutural e da dívida pública, conforme estabelecido na presente lei.

O princípio da sustentabilidade financeira conecta-se ao princípio do equilíbrio fiscal, de modo a exigir medidas de ajustes e de controle das despesas de pessoal.

5.2.6. Do princípio da efetividade financeira

A emenda constitucional inova ao estabelecer a exigência de que a administração tem o dever de executar as programações orçamentárias, adotando os meios e as medidas necessários, com o propósito de garantir a efetiva entrega de bens e serviços à sociedade. Há uma exigência de entregas materiais concretas ao cidadão e não apenas a previsão formal de gastos públicos sem efetiva realização de políticas públicas fundamentais. Estabelece-se um marco constitucional fundamental para a avaliação das políticas públicas previstas nos orçamentos, indicando aos órgãos de controle a necessária apreciação da qualidade do gasto público, e não apenas de sua legalidade.

5.2.7. Análise de projetos de investimento

O dispositivo da Emenda Constitucional n. 102, de 2019, estabelece a exigência de registro centralizado de projetos de investimentos, de modo a permitir o controle e análise de realização, de modo a possibilitar uma análise detida dos custos e de sua realização. Trata-se de uma das medidas mais louváveis no controle dos investimentos públicos.

5.2.8. Dever geral de execução do orçamento

A EC n. 100/2019 estabeleceu o "dever de executar as programações orçamentárias, adotando os meios e as medidas necessários, com o propósito de garantir a efetiva entrega de bens e serviços à sociedade". A impositividade do orçamento passa a possuir estatura constitucional e de dirige a todo orçamento e não apenas às emendas parlamentares.

Por sua vez, a EC n. 102/2019 irá disciplinar o orçamento impositivo, impondo as seguintes condições, no art. 165, § 11: i) subordina-se ao cumprimento de dispositivos constitucionais e legais que estabeleçam metas fiscais ou limites de despesas e não impede o cancelamento necessário à abertura de créditos adicionais; ii) não se aplica nos casos de impedimentos de ordem técnica devidamente justificados e aplica-se exclusivamente às despesas primárias discricionárias. As emendas parlamentares contêm uma reserva adicional que é a possibilidade de contingenciamento, percentual do corte sobre o total das despesas discricionárias.

6. Remissões constitucionais e legais

O dispositivo em comento possui relação direta com o art. 37, § 16, que determina que: "*Art. 37. A administração pública direta e indireta de qualquer dos Poderes da União, dos Estados, do Distrito Federal e dos Municípios obedecerá aos princípios de legalidade, impessoalidade, moralidade, publicidade e eficiência e, também, ao seguinte:*" (Redação dada pela Emenda Constitucional n. 19, de 1998). "*§ 16. Os órgãos e entidades da administração pública, individual ou conjuntamente, devem realizar avaliação das políticas públicas, inclusive com divulgação do objeto a ser avaliado e dos resultados alcançados, na forma da lei*" (Incluído pela Emenda Constitucional n. 109, de 2021).

Cabe citar ainda a criação do Conselho de Monitoramento e Avaliação de Políticas Públicas (CMAP), instituído pelo Decreto n. 9.834/2019.

Art. 166, § 6º; art. 166, § 11; art. 167, IV; art. 168; art. 35 do ADCT; art. 35, § 2º, do ADCT; art. 71, § 1º, do ADCT; art. 81, § 3º, do ADCT.

Alterações Constitucionais: ECs n. 100/2019; 102/2019; 106/2020; e 109/2021.

7. Jurisprudência

ADI 3.949 MC e ADI 612 QO.

8. Referências bibliográficas

ABRAHAM, Marcus. *Curso de Direito Financeiro Brasileiro*. 7. ed. Rio de Janeiro: Forense, 2023.

BALEEIRO, Aliomar. *Direito tributário brasileiro*. 12. ed. Rio de Janeiro: Forense, 2013.

BORGES, José Souto Maior. *Introdução ao direito financeiro*. 2. ed. São Paulo: Max Limonad, 1998.

CALIENDO, Paulo. *Curso de direito tributário*. Porto Alegre: Fênix, 2023.

CONTI, J. Maurício; SCAFF, Fernando F. (coords.). *Orçamentos públicos e direito financeiro*. São Paulo: Revista dos Tribunais, 2011.

DALLARI, Adilson Abreu. Orçamento impositivo. In: CONTI, José Maurício; SCAFF, Fernando Facury (Org.). *Orçamentos públicos e direito financeiro*. São Paulo: Revista dos Tribunais, 2011, p. 309-327.

HARADA, Kiyoshi. *Direito financeiro e tributário*. Imprenta: São Paulo, Atlas, 2016.

MENDES, Gilmar Ferreira; NASCIMENTO, Carlos Valder do (Coord.). *Tratado de direito financeiro*. São Paulo: Saraiva, 2013.

MIRANDA, Pontes de. *Comentários à Constituição de 1967, com a emenda n. 1 de 1969*. Tomo III (Art. 32-117). Rio de Janeiro: Forense, 1987.

OECD. *Best Practices for Budget Transparency*. Paris: OCDE, 2002.

OLIVEIRA, Régis Fernandes de. *Curso de Direito Financeiro*. 6. ed. São Paulo: Revista dos Tribunais, 2014.

ROSA JÚNIOR, *Manual de direito financeiro e direito tributário*. Imprenta: Rio de Janeiro, Renovar, 2007.

TÔRRES, Heleno. *Direito constitucional financeiro – teoria da constituição financeira*. São Paulo: Revista dos Tribunais, 2014.

TÔRRES, Ricardo Lôbo. *Tratado de Direito Constitucional Financeiro e Tributário*. Vol. V. Rio de Janeiro: Renovar, 2008.

Art. 166. Os projetos de lei relativos ao plano plurianual, às diretrizes orçamentárias, ao orçamento anual e aos créditos adicionais serão apreciados pelas duas Casas do Congresso Nacional, na forma do regimento comum.

§ 1º Caberá a uma Comissão mista permanente de Senadores e Deputados:

I – examinar e emitir parecer sobre os projetos referidos neste artigo e sobre as contas apresentadas anualmente pelo Presidente da República;

II – examinar e emitir parecer sobre os planos e programas nacionais, regionais e setoriais previstos nesta Constituição e exercer o acompanhamento e a fiscalização orçamentária, sem prejuízo da atuação das demais comissões do Congresso Nacional e de suas Casas, criadas de acordo com o art. 58.

§ 2º As emendas serão apresentadas na Comissão mista, que sobre elas emitirá parecer, e apreciadas, na forma regimental, pelo Plenário das duas Casas do Congresso Nacional.

§ 3º As emendas ao projeto de lei do orçamento anual ou aos projetos que o modifiquem somente podem ser aprovadas caso:

I – sejam compatíveis com o plano plurianual e com a lei de diretrizes orçamentárias;

II – indiquem os recursos necessários, admitidos apenas os provenientes de anulação de despesa, excluídas as que incidam sobre:

a) dotações para pessoal e seus encargos;

b) serviço da dívida;

c) transferências tributárias constitucionais para Estados, Municípios e Distrito Federal; ou

III – sejam relacionadas:

a) com a correção de erros ou omissões; ou

b) com os dispositivos do texto do projeto de lei.

§ 4º As emendas ao projeto de lei de diretrizes orçamentárias não poderão ser aprovadas quando incompatíveis com o plano plurianual.

§ 5º O Presidente da República poderá enviar mensagem ao Congresso Nacional para propor modificação nos projetos a que se refere este artigo enquanto não iniciada a votação, na Comissão mista, da parte cuja alteração é proposta.

§ 6º Os projetos de lei do plano plurianual, das diretrizes orçamentárias e do orçamento anual serão enviados pelo Presidente da República ao Congresso Nacional, nos termos da lei complementar a que se refere o art. 165, § 9º.

§ 7º Aplicam-se aos projetos mencionados neste artigo, no que não contrariar o disposto nesta seção, as demais normas relativas ao processo legislativo.

§ 8º Os recursos que, em decorrência de veto, emenda ou rejeição do projeto de lei orçamentária anual, ficarem sem despesas correspondentes poderão ser utilizados, conforme o caso, mediante créditos especiais ou suplementares, com prévia e específica autorização legislativa.

§ 9º As emendas individuais ao projeto de lei orçamentária serão aprovadas no limite de 2% (dois por cento) da receita corrente líquida do exercício anterior ao do encaminhamento do projeto, observado que a metade desse percentual será destinada a ações e serviços públicos de saúde. (*Redação dada pela Emenda Constitucional n. 126, de 2022.*)

§ 9º-A. Do limite a que se refere o § 9º deste artigo, 1,55% (um inteiro e cinquenta e cinco centésimos por cento) caberá às emendas de Deputados e 0,45% (quarenta e cinco centésimos por cento) às de Senadores. (*Incluído pela Emenda Constitucional n. 126, de 2022.*)

§ 10. A execução do montante destinado a ações e serviços públicos de saúde previsto no § 9º, inclusive custeio, será computada para fins do cumprimento do inciso I do § 2º do art. 198, vedada a destinação para pagamento de pessoal ou encargos sociais.

§ 11. É obrigatória a execução orçamentária e financeira das programações oriundas de emendas individuais, em montante correspondente ao limite a que se refere o § 9º deste artigo, conforme os critérios para a execução equitativa da programação definidos na lei complementar prevista no § 9º do art. 165 desta Constituição, observado o disposto no § 9º-A deste artigo. (*Redação dada pela Emenda Constitucional n. 126, de 2022.*)

§ 12. A garantia de execução de que trata o § 11 deste artigo aplica-se também às programações incluídas por todas as emendas de iniciativa de bancada de parlamentares de Estado ou do Distrito Federal, no montante de até 1% (um por cento) da receita corrente líquida realizada no exercício anterior. (*Redação dada pela Emenda Constitucional n. 100, de 2019.*)

§ 13. As programações orçamentárias previstas nos §§ 11 e 12 deste artigo não serão de execução obrigatória nos casos dos impedimentos de ordem técnica. (*Redação dada pela Emenda Constitucional n. 100, de 2019.*)

§ 14. Para fins de cumprimento do disposto nos §§ 11 e 12 deste artigo, os órgãos de execução deverão observar, nos termos da lei de diretrizes orçamentárias, cronograma para análise e verificação de eventuais impedimentos das programações e demais procedimentos necessários à viabilização da execução dos respectivos montantes. (*Redação dada pela Emenda Constitucional n. 100, de 2019.*)

I – (*revogado*); (*Redação dada pela Emenda Constitucional n. 100, de 2019.*)

II – (*revogado*); (*Redação dada pela Emenda Constitucional n. 100, de 2019.*)

III – (*revogado*); (*Redação dada pela Emenda Constitucional n. 100, de 2019.*)

IV – (*revogado*). (*Redação dada pela Emenda Constitucional n. 100, de 2019.*)

§ 15. (*Revogado*). (*Redação dada pela Emenda Constitucional n. 100, de 2019.*)

§ 16. Quando a transferência obrigatória da União para a execução da programação prevista nos §§ 11 e 12 deste artigo for destinada a Estados, ao Distrito Federal e a Municípios, independerá da adimplência do ente federativo destinatário e não integrará a base de cálculo da receita corrente líquida para fins de aplicação dos limites de despesa de pessoal de que trata o *caput* do art. 169. (*Redação dada pela Emenda Constitucional n. 100, de 2019.*)

§ 17. Os restos a pagar provenientes das programações orçamentárias previstas nos §§ 11 e 12 deste artigo poderão ser considerados para fins de cumprimento da execução financeira até o limite de 1% (um por cento) da receita corrente líquida do exercício anterior ao do encaminhamento do projeto de lei orçamentária, para as programações das emendas individuais, e até o limite de 0,5% (cinco décimos por cento), para as programações das emendas de iniciativa de bancada de parlamentares de Estado ou do Distrito Federal. (*Redação dada pela Emenda Constitucional n. 126, de 2022.*)

§ 18. Se for verificado que a reestimativa da receita e da despesa poderá resultar no não cumprimento da meta de resultado fiscal estabelecida na lei de diretrizes orçamentárias, os montantes previstos nos §§ 11 e 12 deste artigo poderão ser reduzidos em até a mesma proporção da limitação incidente sobre o conjunto das demais despesas discricionárias. (*Redação dada pela Emenda Constitucional n. 100, de 2019.*)

§ 19. Considera-se equitativa a execução das programações de caráter obrigatório que observe critérios objetivos e imparciais e que atenda de forma igualitária e impessoal às emendas apresentadas, independentemente da autoria, observado o disposto no § 9º-A deste artigo. (*Redação dada pela Emenda Constitucional n. 126, de 2022.*)

§ 20. As programações de que trata o § 12 deste artigo, quando versarem sobre o início de investimentos com duração de mais de 1 (um) exercício financeiro ou cuja execução já tenha sido iniciada, deverão ser objeto de emenda pela mesma bancada estadual, a cada exercício, até a conclusão da obra ou do empreendimento. (*Incluído pela Emenda Constitucional n. 100, de 2019.*)

Paulo Caliendo

1. Constituições brasileiras anteriores

a) **Constituição de 1824**: "Art. 172. O Ministro de Estado da Fazenda, havendo recebido dos outros Ministros os orçamentos relativos às despesas das suas Repartições, apresentará na Câmara dos Deputados anualmente, logo que esta estiver reunida, um balanço geral da receita e despesa do Tesouro Nacional do ano antecedente, e igualmente o orçamento geral de todas as despesas públicas do ano futuro, e da importância de todas as contribuições, e rendas públicas"; b) **Constituição de 1891**: "Art. 34. Compete privativamente ao Congresso Nacional: 1º) orçar a receita, fixar a despesa federal anualmente e tomar as contas da receita e despesa de cada exercício financeiro"; c) **Constituição de 1934**: "Art. 50. ... § 1º O Presidente da República enviará à Câmara dos Deputados, dentro do primeiro mês da sessão legislativa ordinária, a proposta de orçamento ... § 5º Será prorrogado o orçamento vigente se, até 3 de novembro, o vindouro não houver sido enviado ao Presidente da República para a sanção"; **d) Constituição de 1937:** "**Art. 69.** ... § 1º Por ocasião de formular a proposta orçamentária, o Departamento Administrativo organizará, para cada serviço, departamento, estabelecimento ou repartição, o quadro da discriminação ou especialização, por itens, da despesa que cada um deles é autorizado a realizar. Os quadros em questão devem ser enviados à Câmara dos Deputados juntamente com a proposta orçamentária, a título meramente informativo ou como subsídio ao esclarecimento da Câmara na votação das verbas globais"; "**Art. 72.** O Presidente da República publicará o orçamento: a) no texto que lhe for enviado pela Câmara dos Deputados, se ambas, as Câmaras guardarem nas suas deliberações os prazos acima afixados; b) no texto votado pela Câmara dos Deputados se o Conselho Federal, no prazo prescrito, não deliberar sobre o mesmo; c) no texto votado pelo Conselho Federal, se a Câmara dos Deputados houver excedido os prazos que lhe são fixados para a votação da proposta do Governo ou das emendas do Conselho Federal; d) no texto da proposta apresentada pelo Governo, se ambas as Câmaras não houverem terminado, nos prazos prescritos, a votação do orçamento"; **e) Constituição de 1946:** "**Art. 74.** Se o orçamento não tiver sido enviado à sanção até 30 de novembro, prorrogar-se-á para o exercício seguinte o que estiver em vigor"; **f) Constituição de 1967, na redação da Emenda n. 1, de 1969:** "**Art. 66.** O projeto de lei orçamentária anual será enviado pelo Presidente da República ao Congresso Nacional para votação conjunta das duas Casas, até quatro meses antes do início do exercício financeiro seguinte; se, até trinta dias antes do encerramento do exercício financeiro, o Poder Legislativo não o devolver para sanção será promulgado como lei ... § 1º Organizar-se-á Comissão Mista de Senadores e Deputados para examinar o projeto de lei orçamentária e sobre ele emitir parecer. § 2º Somente na Comissão Mista poderão ser oferecidas emendas. § 3º O pronunciamento da Comissão sobre as emendas será conclusivo e final, salvo se um terço dos membros da Câmara dos Deputados e mais um terço dos membros do Senado Federal requererem a votação em Plenário de emenda aprovada ou rejeitada na Comissão. § 4º Aplicam-se ao projeto de lei orçamentária, no que não contrariem o disposto nesta Seção, as demais normas relativas à elaboração legislativa. § 5º O Presidente da República poderá enviar mensagem ao Congresso Nacional para propor a modificação do projeto de lei orçamentária, enquanto não estiver concluída a votação da parte cuja alteração é proposta".

2. Constituições estrangeiras

a) República Federal da Alemanha, art. 110, 3: "O projeto de lei referido no inciso 2, primeira parte, assim como o projeto de emenda da lei orçamentária (*Haushaltsgesetz*) e do plano orçamentário (*Haushaltsplan*), serão simultaneamente apresentados ao Conselho Federal (*Bundesrat*) e enviados ao Parlamento. O Conselho Federal poderá pronunciar-se sobre o projeto em seis semanas ou em três semanas, quando se tratar de projeto de emenda (4)... A lei orçamentária pode prever que suas disposições não perderão a eficácia senão com a promulgação da lei orçamentária (*Haushaltsgesetz*) ou em uma data ulterior no caso de autorização segundo o art. 115"; **art. 111:** "Quando até o término de um exercício financeiro o plano orçamentário para o próximo ano não for fixado por lei, estará o Governo Federal autorizado a efetuar, até a sua entrada em vigor, todos os gastos necessários para: a) manter as instituições legalmente existentes e executar as medidas legalmente adotadas; b) cumprir as obrigações da União juridicamente fundadas; c) continuar construções, aquisições e demais serviços e conceder auxílios para as finalidades contempladas com contribuições no plano orçamentário do ano anterior"; **b) Espanha (1978), art. 134:** "1. Corresponde al gobierno la elaboración de los Presupuestos Generales del Estado y a las Cortes Generales, su examen, enmienda y aprobación; 3. El Gobierno deberá presentar ante el Congreso de los Diputados los Presupuestos Generales del Estado al menos tres meses antes de la expiración de los del año anterior; 4. Si la Ley de Presupuestos no se aprobara antes del primer día del ejercicio económico correspondiente, se considerarán automáticamente prorrogados los de los nuevos; 5. Aprobados los Presupuestos Generales del Estado, el Gobierno podrá presentar projectos de ley que impliquen aumento del gasto publico y disminución de los ingresos correspondientes al mismo ejercicio presupuestario; 6. Toda proposición o enmienda que suponga aumento de los créditos o disminución de los ingresos presupuestarios requerirá la conformidad del gobierno para sua tramitación"; **c) França (1958), art. 47:** "O Parlamento vota os projetos de lei de finanças nas condições previstas em lei orgânica. Se a Assembleia Nacional não se pronunciar em primeira deliberação nos quarenta dias posteriores ao envio do projeto, o Governo poderá apresentá-lo ao Senado, o qual terá quinze dias para deliberar, procedendo-se em tudo o mais de harmonia com o disposto no artigo 45. Se o Parlamento não se pronunciar no prazo de setenta dias, as disposições do projeto de lei poderão ser aplicadas por meio de decreto-lei. Se a lei de fixação das receitas e despesas para o próximo exercício financeiro não for entregue em tempo útil de forma a ser promulgada antes do início desse exercício, o Governo pedirá urgente autorização ao Parlamento para cobrar os impostos e abrirá por decreto os créditos necessários aos serviços votados. Os prazos previstos no presente artigo suspender-se-ão quando o Parlamento não estiver em funcionamento"; **d) Itália (1947), art. 81:** "As Câmaras aprovam todo ano os orçamentos e a prestação de contas apresentados pelo Governo. O exercício provisório do orçamento não pode ser concedido senão por lei e por período não superior a quatro meses".

3. A competência do Congresso Nacional

Os projetos de lei relativos ao plano plurianual, às diretrizes orçamentárias, ao orçamento anual e aos créditos adicionais serão de iniciativa do Presidente da República (art. 165) e apreciados pelas duas Casas do Congresso Nacional, na forma do regimento comum. Este, por sua vez, determina que a Câmara dos Deputados e o Senado Federal, sob a direção da Mesa deste, reunir-se-ão em sessão conjunta para discutir e votar sobre o Orçamento (art. 1º, V, da Resolução do Congresso Nacional n. 1, de 1970).

O Regimento Interno do Congresso determina que Mensagem do Presidente da República encaminhando projeto de lei orçamentária será recebida e lida em sessão conjunta, especialmente convocada para esse fim, devendo a sua apreciação realizar-se dentro de 48 (quarenta e oito) horas de sua entrega ao Presidente do Senado (art. 89 da Resolução do Congresso Nacional n. 1, de 1970).

Caberá a uma Comissão Mista a apreciação do projeto de Lei Orçamentária, que contará com a colaboração das Comissões

Permanentes da Câmara dos Deputados e do Senado Federal. O STF já deliberou que o relatório da Comissão Mista de Planos, Orçamentos Públicos e Fiscalização (CMO) do Congresso Nacional não vincula a apreciação pelas Casas Legislativas do Parlamento Federal (ADI 5.468, rel. min. Luiz Fux, j. 30-6-2016, P, *DJe* de 2-8-2017).

O STF já decidiu que as emendas parlamentares a projeto de lei de iniciativa do Executivo somente podem versar sobre aumento da despesa, nos projetos de iniciativa exclusiva do chefe do Poder Executivo, respeitando-se o art. 166, § 3º e § 4º, CF (ADI 2.810, voto do rel. min. Roberto Barroso, j. 20-4-2016, P, *DJe* de 10-5-2016).

O poder de emendar projetos de lei está sujeito à cláusula de reserva de iniciativa do Presidente da República (ADI 865/MA, rel. min. Celso de Mello). As emendas parlamentares não podem implicar aumento da despesa prevista no projeto de lei; devem possuir afinidade lógica, pertinência e coerência com a proposição original e observar as restrições fixadas no art. 166, § 3º e § 4º (ADI 1.050 MC, rel. min. Celso de Mello, j. 21-9-1994, P, *DJ* de 23-4-2004).

O STF já definiu que a *"função de definir receitas e despesas do aparato estatal é uma das mais tradicionais e relevantes do Poder Legislativo, impondo-se ao Poder Judiciário, no caso, uma postura de deferência institucional em relação ao debate parlamentar, sob pena de indevida e ilegítima tentativa de esvaziamento de típicas funções institucionais do Parlamento"* (ADI 5.468, rel. min. Luiz Fux, j. 30-6-2016, P, *DJe* de 2-8-2017). O abuso de poder parlamentar de emendas deve ser analisado em concreto e não pode ser alegado de forma genérica.

4. A Comissão Mista Permanente de Senadores e Deputados

A CF/88 determinou que cabe à Comissão Mista examinar e emitir parecer sobre os projetos de leis orçamentárias e sobre as contas apresentadas anualmente pelo Presidente da República, bem como examinar e emitir parecer sobre os planos e programas nacionais, regionais e setoriais e exercer o acompanhamento e a fiscalização orçamentária.

A participação do Legislativo no processo orçamentário sempre foi objeto de grande importância constitucional. A CF/46 possuía diversas falhas estruturais, que foram gradativamente corrigidas. As mais importantes se relacionavam com o processo de emendas parlamentares, que permitiam a possibilidade de proposições que aumentavam despesas sem a correspondente fonte de receitas. O art. 73 da CF/46 previa essa lacuna na forma de abertura de créditos suplementares: "*§ 1º A lei de orçamento não conterá dispositivo estranho à previsão da receita e à fixação da despesa para os serviços anteriormente criados. Não se incluem nessa proibição: I – A autorização para abertura de créditos suplementares e operações de crédito por antecipação da receita*". Tratava-se de uma descarada oportunidade à irresponsabilidade fiscal e ao populismo orçamentário. Coube à Lei n. 4.320/64 fechar esta possibilidade, ao determinar que: *"art. 33. Não se admitirão emendas ao projeto de Lei de Orçamento que visem a: a) alterar a dotação solicitada para despesa de custeio, salvo quando provada, nesse ponto a inexatidão da proposta; b) conceder dotação para o início de obra cujo projeto não esteja aprovado pelos órgãos competentes; c) conceder dotação para instalação ou funcionamento de serviço que não esteja anteriormente criado; d) conceder dotação superior aos quantitativos previamente fixados em resolução do Poder Legislativo para concessão de auxílios e subvenções"*.

A CF/67 restringiu sobremaneira a atuação parlamentar, cabendo à CF/88 encontrar um ponto de equilíbrio entre a atuação parlamentar e as restrições fiscais e orçamentárias. O art. 67 da CF/67 não apenas determinava severas restrições às emendas que estabelecem aumento de despesa global, como vedava ao Legislativo propor qualquer emenda que concedesse subvenção ou auxílio ou, de qualquer modo, autorize, crie ou aumente a despesa pública: *"art. 67 – É da competência do Poder Executivo a iniciativa das leis orçamentárias e das que abram créditos, fixem vencimentos e vantagens dos servidores públicos, concedam subvenção ou auxílio, ou de qualquer modo autorizem, criem ou aumentem a despesa pública. § 1º – Não serão objeto de deliberação emendas de que decorra aumento da despesa global ou de cada órgão, projeto ou programa, ou as que visem, a modificar o seu montante, natureza e objetivo. § 2º – Os projetos de lei referidos neste artigo somente sofrerão emendas nas comissões do Poder Legislativo. Será final o pronunciamento das Comissões sobre emendas, salvo se um terço dos membros da Câmara respectiva pedir ao seu Presidente a votação em Plenário, sem discussão, de emenda aprovada ou rejeitada nas Comissões"*.

As soluções orçamentárias passaram por diversas críticas em relação à proposição de emendas individuais e mesmo às propostas de emendas coletivas.

5. Emendas às Leis Orçamentárias

O modelo de proposição de emendas parlamentares no Brasil transitou da absoluta liberdade, com quase irresponsabilidade, na CF/46, para a vedação completa na CF/67. Esperava-se que a CF/88 alcançasse o equilíbrio entre as responsabilidades do Executivo e do Legislativo, na proposição e aprovação do Orçamento. O texto constitucional foi muito feliz em sua redação, já a sua incorporação pelas normas infraconstitucionais se demonstrou um caso de sucessivos desastres. O desejado modelo coparticipativo foi traído por interesses inconfessáveis e contrários ao texto constitucional, em boa parte objeto de CPI do próprio Congresso Nacional.

Existe uma grande pressão na correta delimitação entre as emendas individuais e coletivas, talvez um dos pontos de maior controvérsia infraconstitucional. Houve progressiva limitação do número autorizado de emendas parlamentares, bem como a sua limitação ao teto de 1,2% da RCL, sendo que a metade deste percentual será destinada a ações e serviços públicos de saúde (EC n. 86/2015).

As emendas ao orçamento têm sido objeto de controle jurisdicional na via da ação direta.

6. Do processo legislativo

Os projetos das leis orçamentárias seguem as disposições comuns sobre o processo legislativo, previstas no art. 59 e no Regimento Interno do Congresso Nacional, bem como as disposições específicas sobre o processo de apreciação e aprovação da legislação orçamentária, nos termos do art. 166 e do Regimento Interno do Congresso Nacional.

O CF/88 determinou que cabe a lei complementar dispor sobre a vigência, os prazos, a elaboração e a organização do plano plurianual, da lei de diretrizes orçamentárias e da lei orçamentária anual, conforme o art. 165, § 9º. O STF apreciou a questão, quando da edição da MP 1.601/97, que cria o Fundo de Garantia para Promoção da Competitividade – FGPC, pela ausência de plausibilidade jurídica na tese de ofensa ao art. 165, § 9º, II, da CF, que exige, antes da criação de fundos, que as condições gerais para a sua instituição sejam deferidas por lei complementar. Decidiu que inexistia ofensa ao art. 165, § 9º, II, dado que a Lei n. 4.320/64, que "*institui normas gerais de direito financeiro para a elaboração e controle dos orçamentos da União*", foi recepcionada pela CF/88 com *status* material de lei complementar. Apesar de ser formalmente lei ordinária, teria sido recepcionada como lei complementar, em sentido material. Esta, por sua vez, em seus arts. 71 a 74, define e impõe condições para a instituição de "*fundo especial*", estando sanado o alegado vício de inconstitucionalidade formal (ADInMC 1.726-DF, rel. Min. Maurício Corrêa, 16.9.98).

7. Lacuna orçamentária

Um dos mais graves problemas, sob a égide constitucional, é o fenômeno da lacuna orçamentária, ou seja, aprovação do orçamento até o início do próximo exercício. Sem orçamento, toda coletividade estará a viver sob o reino da anomia financeira. As despesas necessárias estarão paralisadas, as receitas inseguras, o sistema administrativo estará à beira do colapso, no melhor cenário. O Ministro Carlos Ayres Britto, no seu voto como Relator no âmbito da ADI 4.049, afirmava categoricamente: "*abaixo da Constituição não há lei mais importante para a Administração Pública, porque o orçamento anual é o diploma legal que mais influencia o destino de toda a coletividade administrada*".

O fato é tão grave que o texto constitucional imputa ao Presidente da República o crime de responsabilidade aos atos que atentem contra a lei orçamentária (art. 85, inc. VI). A história constitucional brasileira adotou duas formas distintas de solucionar esse problema: prorrogar o orçamento em vigor ou considerar aprovado o orçamento. A primeira forma foi adotada pelas Constituições de 1891 ("*Art. 34 – Compete privativamente ao Congresso Nacional: 1º orçar, annualmente, a Receita e fixar, annualmente, a Despeza e tomar as contas de ambas, relativas a cada exercicio financeiro, prorogado o orçamento anterior, quando até 15 de janeiro não estiver o novo em vigor; (Incluído pela Emenda Constitucional de 3 de setembro de 1926)*; 1934 (art. 50, § 5º: "*Será prorrogado o orçamento vigente se, até 3 de novembro, o vindouro não houver sido enviado ao Presidente da República para a sanção*") e de 1946 (art. 74 "*Se o orçamento não tiver sido enviado à sanção até 30 de novembro, prorrogar-se-á para o exercício seguinte o que estiver em vigor*"). Os textos constitucionais de 1937 (art. 72 – "*O Presidente da República publicará o orçamento: (...) d – no texto da proposta apresentada pelo Governo, se ambas as Câmaras não houverem terminado, nos prazos prescritos, a votação do orçamento*") e 1967/69 ("*art. 66 – O projeto de lei orçamentária anual será enviado pelo Presidente da República à Câmara dos Deputados até cinco meses antes do início do exercício financeiro seguinte; se, dentro do prazo de quatro meses, a contar de seu recebimento, o Poder Legislativo não o devolver para sanção, será promulgado como lei*") adotaram caminho diverso, considerando aprovado o orçamento.

A CF/88 não dispôs expressamente sobre o tema, de tal modo que ela deve estar submetida à lei complementar sobre a matéria, no caso a Lei n. 4.320/64. Esta determina a prorrogação do orçamento anterior: "*Art. 32. Se não receber a proposta orçamentária no prazo fixado nas Constituições ou nas Leis Orgânicas dos Municípios, o Poder Legislativo considerará como proposta a Lei de Orçamento vigente*". Aponte-se a impropriedade de prorrogar um orçamento pretérito para regular a vida nacional futura, com todos os danos que aqui podem ser provocados. O ideal seria a edição de lei complementar regulando a matéria.

O veto total ou parcial, pelo Presidente da República, ao projeto de orçamento aprovado implicará sua apreciação pelo Congresso Nacional, nos termos do art. 66 e Regimento Comum (RCCN – Resolução n. 1 do Congresso Nacional de 1970).

O caso de rejeição ao projeto de lei orçamentária possui uma singularidade sinistra, em face da gravidade que apresenta, de choque frontal entre os poderes. A leitura de dispositivos no texto constitucional afasta essa possibilidade ao determinar que a sessão legislativa não será interrompida sem a aprovação do projeto de lei de diretrizes orçamentárias, conforme art. 57, § 2º.

No caso de ausência de previsão de recursos sem despesas correspondentes, aplicar-se-á o art. 166, § 8º, que dispõe que serão utilizados mediante créditos especiais ou suplementares, com prévia e específica autorização legislativa.

8. Emendas parlamentares individuais e a Emenda Constitucional n. 100/2019

A Emenda Constitucional n. 100, de 2019, estabeleceu um orçamento vinculante restrito às emendas individuais de parlamentares. O orçamento público continua sendo autorizativo, restringindo-se a obrigatoriedade da observação às emendas parlamentares. Determinou-se que é obrigatória a execução orçamentária e financeira das programações, em montante correspondente ao limite de 2% (dois por cento) da receita corrente líquida realizada no exercício anterior, conforme os critérios para a execução equitativa da programação definidos na lei complementar (EC n. 126/2022). Considera-se equitativa a execução das programações de caráter obrigatório que atenda de forma igualitária e impessoal às emendas apresentadas, independentemente da autoria e observado o disposto no art. 9º-A (art. 166, § 19).

Metade do percentual dessas emendas parlamentares será destinada a ações e serviços públicos de saúde, contando-se tal montante para fins do cumprimento às despesas obrigatórias com saúde. Veda-se a destinação para pagamento de pessoal ou encargos sociais. Os restos a pagar poderão ser considerados para fins de cumprimento da execução financeira, até o limite de 1% (um por cento) da receita corrente líquida realizada no exercício anterior.

A execução orçamentária e financeira das programações obedecerá critérios de execução equitativa, nos termos da lei complementar. O termo da norma obedecerá a um conjunto de regramentos estabelecidos ao detalhe no texto constitucional.

Nos casos dos impedimentos de ordem técnica afastar-se-ão as exigências de programações orçamentárias. Afastam-se as limitações creditícias por parte do ente federativo; assim, quando a transferência obrigatória da União for destinada a Estados, ao Distrito Federal e a Municípios, independerá da adimplência do ente federativo destinatário e não integrará a base de cálculo da receita corrente líquida para fins de aplicação dos limites de despesa de pessoal da Lei de Responsabilidade Fiscal.

Os órgãos de execução deverão observar, nos termos da lei de diretrizes orçamentárias, cronograma para análise e verificação de eventuais impedimentos das programações e demais procedimentos necessários à viabilização da execução dos respectivos montantes.

Tratou-se de uma forma de se impedir o manejo político e discriminatório das liberações de emendas parlamentares, com efetividade a ser ainda apreciada.

9. Das Emendas Individuais Impositivas

O novo sistema estabelecido pela Emenda Constitucional n. 105, de 2019, define um novo modelo denominado transferência especial. Outro aspecto importante é que os recursos transferidos na forma do *caput* do art. 166-A não integrarão a receita do Estado, do Distrito Federal e dos Municípios para fins de repartição e para o cálculo dos limites da despesa com pessoal ativo e inativo.

O mesmo dispositivo veda, em qualquer caso, a aplicação dos recursos com despesas com pessoal e encargos sociais relativas a ativos e inativos, e com pensionistas; bem como com encargos referentes ao serviço da dívida.

O dispositivo ainda traz regras sobre a transferência especial, determinando que sejam repassados diretamente ao ente federado beneficiado, independentemente de celebração de convênio ou de instrumento congênere; bem como que pertencerão ao ente federado no ato da efetiva transferência financeira.

Por sua vez, a transferência com finalidade terá os recursos vinculados à programação estabelecida na emenda parlamentar; aplicados nas áreas de competência constitucional da União, conforme a Emenda Constitucional n. 105, de 2019.

10. Emendas de Bancada Impositivas

A EC n. 126/2022 criou as emendas de iniciativa de bancada impositivas, de parlamentares de Estado ou do Distrito Federal, até o limite de 0,5%.

O § 9º-A trata do disposto no *caput* do art. 166 e versa sobre as regras de cálculo e distribuição dos valores das emendas impositivas individuais. A EC n. 126/2022, denominada "Emenda da Transição", alterou as regras para distribuição. Previu a Emenda um limite de 2% (dois por cento) da Receita Corrente Líquida (RCL) do exercício anterior ao do encaminhamento do projeto de lei orçamentária anual, e, assim, estabeleceu às emendas de Deputados o total de 1,55% (um inteiro e cinquenta e cinco centésimos por cento) da RCL e às emendas de Senadores 0,45% (quarenta e cinco centésimos por cento) da RCL.

Note-se que no texto da Emenda Constitucional n. 86, de 2015, estabelecia que: *"emendas individuais ao projeto de lei orçamentária serão aprovadas no limite de 1,2% (um inteiro e dois décimos por cento) da receita corrente líquida prevista no projeto encaminhado pelo Poder Executivo, sendo que a metade deste percentual será destinada a ações e serviços públicos de saúde"*.

A Emenda Constitucional n. 126, de 2022, irá determinar um aumento ao percentual estabelecido na Emenda Constitucional n. 86, de 2015, que era de *1,2% (um inteiro e dois décimos por cento) da receita corrente líquida* e passa ser estabelecida no limite de 2% (dois por cento) da receita corrente líquida do exercício anterior ao do encaminhamento do projeto.

Assim, o § 9º-A, incluído pela Emenda Constitucional n. 126, de 2022, irá proceder dois movimentos distintos, de um lado estabelece claramente os limites das emendas de Deputados e, de outro lado, de Senadores. Considera devido o percentual de 1,55% (um inteiro e cinquenta e cinco centésimos por cento) para as emendas de Deputados e 0,45% (quarenta e cinco centésimos por cento) às de Senadores.

11. Remissões constitucionais e legais

Art. 63, I; art. 72; art. 165, § 9º, III; art. 111 do ADCT.

Alterações Constitucionais: EC n. 100/2019; 105/2019 e 126/2022.

12. Jurisprudência

ADI 5.468; ADI 2.810; ADI 865/MA; ADI 1.050 MC; ADI MC 1.726-DF; ADI 4.049.

13. Referências bibliográficas

ABRAHAM, Marcus. *Curso de Direito Financeiro Brasileiro*. 7. ed. Rio de Janeiro: Forense, 2023.

BALEEIRO, Aliomar. *Direito tributário brasileiro*. 13. ed. Rio de Janeiro: Forense, 2015.

CALIENDO, Paulo. *Curso de Direito Tributário*. Porto Alegre: Fênix, 2023.

CONTI, J. Maurício; SCAFF, Fernando F. (coords.). *Orçamentos públicos e direito financeiro*. São Paulo: Revista dos Tribunais, 2011.

DALLARI, Adilson Abreu. Orçamento impositivo. In: CONTI, José Maurício; SCAFF, Fernando Facury (Org.). *Orçamentos públicos e direito financeiro*. São Paulo: Revista dos Tribunais, 2011, p. 309-327.

HARADA, Kiyoshi. *Direito financeiro e tributário*. Imprenta: São Paulo: Atlas, 2016.

MENDES, Gilmar Ferreira; NASCIMENTO, Carlos Valder do (Coord.). *Tratado de direito financeiro*. São Paulo: Saraiva, 2013.

MIRANDA, Pontes de. *Comentários à Constituição de 1967, com a emenda n. 1 de 1969*. Tomo III (arts. 32-117). Rio de Janeiro: Forense, 1987.

OECD. *Best Practices for Budget Transparency*. Paris: OCDE, 2002.

OLIVEIRA, Régis Fernandes de. *Curso de Direito Financeiro*. 6. ed. São Paulo: Revista dos Tribunais, 2014.

PISCITELLI, Tathiane. *Direito financeiro esquematizado*. 4. ed. São Paulo: Método, 2014.

ROSA JÚNIOR. *Manual de direito financeiro e direito tributário*. Imprenta: Rio de Janeiro, Renovar, 2007.

TORRES, Heleno. *Direito constitucional financeiro – teoria da constituição financeira*. São Paulo: Revista dos Tribunais, 2014.

TÔRRES, Ricardo Lôbo. *Tratado de Direito Constitucional Financeiro e Tributário*. Vol. V. Rio de Janeiro: Renovar, 2008.

> **Art. 166-A.** As emendas individuais impositivas apresentadas ao projeto de lei orçamentária anual poderão alocar recursos a Estados, ao Distrito Federal e a Municípios por meio de: (*Incluído pela Emenda Constitucional n. 105, de 2019.*)
>
> I – transferência especial; ou
>
> II – transferência com finalidade definida.
>
> § 1º Os recursos transferidos na forma do *caput* deste artigo não integrarão a receita do Estado, do Distrito Federal e dos Municípios para fins de repartição e para o cálculo dos limites da despesa com pessoal ativo e inativo, nos termos do § 16 do art. 166, e de endividamento do ente federado, vedada, em qualquer caso, a aplicação dos recursos a que se refere o *caput* deste artigo no pagamento de:
>
> I – despesas com pessoal e encargos sociais relativas a ativos e inativos, e com pensionistas; e
>
> II – encargos referentes ao serviço da dívida.
>
> § 2º Na transferência especial a que se refere o inciso I do *caput* deste artigo, os recursos:
>
> I – serão repassados diretamente ao ente federado beneficiado, independentemente de celebração de convênio ou de instrumento congênere;
>
> II – pertencerão ao ente federado no ato da efetiva transferência financeira; e
>
> III – serão aplicadas em programações finalísticas das áreas de competência do Poder Executivo do ente federado beneficiado, observado o disposto no § 5º deste artigo.
>
> § 3º O ente federado beneficiado da transferência especial a que se refere o inciso I do *caput* deste artigo poderá firmar contratos de cooperação técnica para fins de subsidiar o acompanhamento da execução orçamentária na aplicação dos recursos.
>
> § 4º Na transferência com finalidade definida a que se refere o inciso II do *caput* deste artigo, os recursos serão:
>
> I – vinculados à programação estabelecida na emenda parlamentar; e
>
> II – aplicados nas áreas de competência constitucional da União.
>
> § 5º Pelo menos 70% (setenta por cento) das transferências especiais de que trata o inciso I do *caput* deste artigo deverão ser aplicadas em despesas de capital, observada a restrição a que se refere o inciso II do § 1º deste artigo.

José Maurício Conti
Caio Gama Mascarenhas

1. História da norma

A norma objeto de análise é decorrência de um processo de constitucionalização das emendas orçamentárias de execução obrigatória (ou "orçamento impositivo"). O instituto das emendas parlamentares impositivas, de execução obrigatória pelo Poder Executivo, foi acolhido pela Constituição Federal após as Emendas Constitucionais n. 86/2015 e n. 100/2019.

Na Emenda Constitucional (EC) n. 105, fixaram-se regras próprias para que as emendas orçamentárias de execução obrigatória contemplem ritos próprios de transferências de recursos do orçamento federal para os Estados, Distrito Federal e Municípios, criando-se as "transferências especiais".

A norma objeto da presente análise originou-se da PEC n. 61/2015, posteriormente apresentada como PEC n. 48/2019. O texto aprovado, no entanto, é resultado da PEC n. 48-A, de 2019. O objetivo era alterar o artigo 166 da Constituição Federal para criar um procedimento próprio e simplificado de transferência de recursos federais a Estados, ao Distrito Federal e a Municípios mediante emendas ao projeto de lei do orçamento anual.

Quando da análise da versão original da PEC no Senado Federal, havia previsão da possibilidade de alocar recursos diretamente aos fundos de participação dos Estados/DF e Municípios, sendo cogitado se utilizar a expressão "emendas impositivas" como forma de alcançar tanto emendas individuais quanto de bancadas.

A possibilidade de estender a nova modalidade (posteriormente denominada "transferência especial") às emendas de bancada foi discutida e rejeitada pelos senadores. Possibilidade igualmente rejeitada na Câmara dos Deputados ao reprovar emenda que propunha ampliar o uso de transferências especiais para as emendas de bancada estadual. Diante da objeção, manteve-se o ajuste redacional proposto, substituindo-se a expressão "emendas impositivas" por "emendas individuais" no *caput* do artigo 166-A da Constituição.

2. Constituições brasileiras anteriores

Em verdade, a introdução de um rito próprio de descentralização fiscal por meio de emendas parlamentares é uma inovação na história constitucional brasileira que surgiu recentemente. O próprio poder de emenda à lei orçamentária por membros do Poder Legislativo passou por um longo processo.

A Constituição de 1891 modelava o federalismo brasileiro com uma arquitetura de rígida divisão de competências legislativas, administrativas e tributárias entre as unidades da federação. Dentro desse período, o Brasil possuía um modelo de federalismo dual. Não fazia sentido a previsão constitucional de um modelo de descentralização de recursos por meio de emendas parlamentares. De fato, a Constituição atribuiu ao Congresso Nacional a competência para a elaboração do orçamento (artigo 34, 1º), sem entrar em quaisquer detalhes sobre o processo de emendas orçamentárias (que seguia o regime geral de emendas do artigo 39).

Na Constituição de 1934, que inaugurava formalmente o federalismo cooperativo no Brasil, o Presidente da República detinha a iniciativa da lei orçamentária (§ 1º do artigo 50), que seria votada pelo Parlamento (item 2 do artigo 39), sem entrar em minúcias sobre o poder de emenda orçamentária.

Com a Constituição de 1937, foi mantida a iniciativa do Poder Executivo (artigo 71), que contava com o apoio de um Departamento Administrativo para a organização do projeto de lei orçamentária (artigo 67). Havia a previsão da votação do orçamento pela Câmara dos Deputados e pelo "Conselho Federal" (artigo 71), havendo a previsão de que a proposta do governo poderia ser alterada (§ 2º do artigo 69). Estas duas Casas, no entanto, nunca foram criadas e o Presidente da República elaborava e decretava o orçamento unilateralmente (HORVATH, 2014, p. 91).

Após a Constituição democrática de 1946, a iniciativa permanecia com o Presidente da República (artigo 87, XVI), mas o Parlamento participava da elaboração do orçamento por meio de emendas (artigos 67 e 69) e o aprovava (artigo 65, I).

Com a Constituição outorgada de 1967, o poder de emenda tornou-se muito limitado, porquanto dispunha o § 1º do artigo 67 que não poderiam ser objeto de deliberação "emendas de que decorra aumento da despesa global ou de cada órgão, projeto ou programa, ou as que visem, a modificar o seu montante, natureza e objetivo". Na prática, parlamentares viam-se impedidos de modificar as despesas orçamentárias.

O advento da Constituição atual, de 1988, trouxe o aumento do poder de emenda do Parlamento em seu artigo 166, assim como a instituição do plano plurianual e da lei de diretrizes orçamentárias, a ênfase no planejamento do setor público, a ampliação do controle das contas públicas etc.

3. Constituições estrangeiras

No âmbito do direito constitucional comparado, não se encontraram procedimentos de emendas orçamentárias específicos para transferências de recursos para entes subnacionais. Encontram-se dispositivos de forma separada – ou seja, procedimento de emendas à lei orçamentária em uma parte da constituição e, em outra parte da constituição, a previsão de transferências intergovernamentais para as unidades da federação.

Isso ocorre porque a autonomia de entes subnacionais em um texto constitucional (federalismo fiscal) geralmente é tratada de forma separada em relação ao processo orçamentário constitucional.

Na Constituição da República Federal da Alemanha de 1949, por exemplo, o procedimento legislativo para discussão, aprovação e sanção da Lei Orçamentária está previsto em seus artigos 110, 111, 112 e 113, enquanto as normas de repartição de receita fiscal e de transferências estão previstas nos artigos 106, 106a, 106b e 107 do texto constitucional alemão.

A Constituição da Espanha de 1978, no mesmo sentido, cuida do procedimento legislativo para discussão, aprovação e sanção das suas Leis Orçamentárias (*Presupuestos Generales del Estado*) em seu artigo 134, enquanto as transferências do *Fondo de Compensación interterritorial* estão previstas nos artigos 157 e 158.

A Constituição da Itália de 1947, por sua vez, dispõe sobre o processo orçamentário em seu artigo 81 (*legge di bilancio*). Seu artigo 119 prevê o *fondo perequativo*, que configura um fundo de equalização, sem restrições de destinação, para os territórios com menor capacidade fiscal por habitante. Esse fundo possui o escopo de promover o "desenvolvimento econômico, a coesão e a solidariedade social", eliminando os desequilíbrios econômicos e sociais, "para favorecer o exercício efetivo dos direitos individuais".

Essa ausência de previsão nas constituições estrangeiras não significa que parlamentares pertencentes ao poder legislativo do ente central não realizem emendas orçamentárias com descentralização de recursos (transferências). Tal fato significa apenas que o procedimento para tanto não está constitucionalizado. Um exemplo disso é a prática de transferências *pork barrel* em vários países – ou seja, quando legisladores da área federal repassam recursos para governos locais ou grupos de interesse especiais em troca de apoio político[1].

4. Dispositivos constitucionais correlatos relevantes

Art. 61 (iniciativas de projeto de lei); art. 61, § 1º (iniciativa privativa do Presidente da República); art. 71 (competências do Tribunal de Contas da União); art. 75 (competências dos Tribunais de Contas dos Estados e do Distrito Federal, bem como dos Tribunais e Conselhos de Contas dos Municípios); art. 84, III (competência privativa do Presidente da República de iniciar o processo legislativo); arts. 157 a 160 (repartição das receitas tributárias); art. 163-A (plataforma de amplo acesso público com informações e dados contábeis da União, os Estados, o Distrito Federal e os Municípios); art. 165 (orçamento: lei de iniciativa do Poder Executivo); art. 166 (orçamento: procedimento de aprovação).

5. Jurisprudência (STF)

Impositividade do orçamento público: "1. A jurisprudência deste Supremo Tribunal Federal, antes das Emendas Constitucionais n. 86/2015 e n. 100/2019, manifestava-se pelo caráter meramente formal e autorizativo da lei orçamentária. 2. Ao enumerarem percentuais específicos para as emendas impositivas, de execução obrigatória, os §§ 9º a 20 do art. 166 da Constituição da República buscaram compatibilizar a discricionariedade do Executivo e a importância do Legislativo na elaboração do orçamento, harmonizando e reequilibrando a divisão entre os Poderes. As Emendas Constitucionais n. 86/2015 e n. 100/2019 reforçaram o anterior caráter autorizativo das previsões orçamentárias, nos termos da norma constitucional originária, modificada desde as alterações da Constituição da República". Fonte: ADI 5274, Relator(a): CÁRMEN LÚCIA, Tribunal Pleno, julgado em 19-10-2021, processo eletrônico *DJe*-236, publicação 30-11-2021.

6. Referências bibliográficas

BRASIL. Câmara dos Deputados. Parecer da Comissão Especial destinada a proferir parecer à Proposta de Emenda à Constituição n. 048-A, de 2019. Senado Federal: Brasília, 2019; BRASIL. Senado Federal. Nota Técnica n. 42/2019. Consultoria de Orçamentos, Fiscalização e Controle. Assunto: PEC n. 34/2019, que "altera os arts. 165 e 166 da Constituição Federal, para tornar obrigatória a execução da programação orçamentária que especifica". Senado Federal: Brasília, 2019; BRASIL. Ministério Público Federal. Nota Técnica n. 01/2019 – 5ª Câmara de Coordenação e Revisão Combate à corrupção. Brasília: MPF, 2019; BRASIL. Câmara dos Deputados. Nota Técnica 02/2021. Consultoria de Orçamento e Fiscalização Financeira. Assunto: Transferência Especial da União aos demais Entes (art. 166-A da CF). Modalidade restrita às emendas individuais. Câmara dos Deputados: Brasília, 2021; BRASIL. Congresso Nacional. Manual de Emendas Orçamento da União para 2023 – Instruções para elaboração de emendas ao PLN 32/2022-CN. Brasília: Congresso Nacional, 2023;

---

1. Essa prática ocorre nos Estados Unidos da América (DILGER, p. 49-69, 1998) e Índia (SHARMA, p. 14, 2017), por exemplo.

CONTI, José Maurício. *Federalismo fiscal e fundos de participação*. São Paulo: Juarez de Oliveira, 2001; CONTI, José Maurício (coord.). Orçamentos públicos: a Lei 4.320/1964 comentada. São Paulo: *Revista dos Tribunais*, 2008; CONTI, José Maurício. *O planejamento orçamentário da administração pública no Brasil*. Editora Blucher, 2020; CONTI, José Maurício. *A luta pelo direito financeiro*. São Paulo: Blucher Open Access, 2022; DILGER, Robert Jay. *TEA-21*: Transportation policy, pork barrel politics, and American federalism. Publius: The Journal of Federalism, v. 28, n. 1, p. 49-69, 1998; FARIA, Rodrigo. O redesenho das instituições orçamentárias, a explosão das emendas de relator-geral RP-9 e o julgamento do orçamento secreto pelo STF. *Revista Brasileira de Planejamento e Orçamento* (RBPO), Volume 13, e2302, p. 1-24. RBPO: Brasília, 2023; GIACOMONI, James. *Orçamento público*. 15. ed, ampliada, revista e atualizada. São Paulo: Atlas, 2010; GOMES, Luciano de Souza. *Repasse de recursos*: convênio ou transferência fundo a fundo? Orçamento público em discussão n. 08. Consultoria de Orçamentos, Fiscalização e Controle. Senado Federal: Brasília, 2013; HESSE, Konrad. A força normativa da constituição. tradução por Gilmar Mendes Sérgio Antônio Fabris Editora: Porto Alegre, 1991; HORVATH, Estevão. *O orçamento no Século XXI*: tendências e expectativas. Tese (titularidade em direito). Universidade de São Paulo, São Paulo, 2014; MASCARENHAS, Caio Gama. Orçamento impositivo e as transferências do artigo 166-A da Constituição: Notas sobre regime jurídico, accountability e corrupção. *Revista eletrônica da PGE-RJ*, v. 5, n. 1, 2023; SHARMA, Chanchal Kumar. *A situational theory of pork-barrel politics*: The shifting logic of discretionary allocations in India. India Review, v. 16, n. 1, p. 14-41, 2017.

7. Comentários

A linha que separa federalismo e separação de poderes está cada vez mais tênue, principalmente na seara orçamentária após a Emenda Constitucional n. 105/2019. Disciplinadas por esta Emenda, destacam-se as transferências intergovernamentais (federalismo fiscal) decorrentes de emendas individuais de orçamento impositivo (separação de poderes) do artigo 166-A da Constituição Federal. Tal movimento constitucional iniciou-se com a previsão, no art. 166 da Constituição, de emendas parlamentares orçamentárias de execução obrigatória, por meio da Emenda Constitucional n. 86, de 2015. Em 2019, aprovou-se a "PEC do orçamento impositivo" (Emenda Constitucional n. 100/2019), ampliando a abrangência da execução obrigatória das programações orçamentárias das emendas parlamentares na Constituição Federal.

A EC n. 105/2019, por sua vez, criou duas categorias de descentralização fiscal por meio de emendas individuais: a) a denominada "transferência especial", que possui maior celeridade e menor controle procedimental, conferindo ao ente receptor dos recursos a decisão sobre onde aplicá-los; e b) a "transferência com finalidade definida", que se amolda à tradição de descentralização de recursos no Brasil, cuja despesa é decidida previamente e especificada no orçamento, exigindo maior rigidez procedimental e, consequentemente, um maior controle pelo ente que repassa os recursos.

Ressalta-se que os recursos das emendas parlamentares não estão vinculados exclusivamente às transferências intergovernamentais. Emendas parlamentares também podem enviar recursos para instituições privadas sem fins lucrativos ou para unidades orçamentárias de dentro da estrutura do ente político por aplicação direta (como um senador que poderia enviar recursos adicionais para uma Universidade Federal por meio de emenda).

7.1. O dever de transferir

Previstos no artigo 166-A, os repasses decorrentes de emendas de orçamento impositivo são considerados transferências obrigatórias segundo o § 16 do art. 166 da Constituição. Ressalta-se que, tradicionalmente, essa caracterização sempre esteve atrelada à noção de autonomia de um ente político em um contexto de federalismo fiscal. O que essa norma constitucional quer dizer na prática? Atualmente, voluntariedade/obrigatoriedade é uma dicotomia inábil para distinguir categorias de transferências fiscais.

Importante destacar que *a noção de transferência voluntária deve ser notadamente procedimental*, não se utilizando o conceito de transferência voluntária como sinônimo de transferência discricionária (que é o oposto de transferência obrigatória decorrente de despesa obrigatória)[2]. Transferência voluntária é aqui abordada como um procedimento específico de descentralização fiscal que utiliza convênios ou instrumentos congêneres, seguindo normas e condicionantes rígidas.

A terminologia "transferências voluntárias", por exemplo, passou a ser insuficiente após inúmeras alterações legislativas. Cuidava-se de terminologia usada para diferenciar tais transferências daquelas chamadas obrigatórias, em que os repasses aos entes subnacionais independem de decisão das autoridades e devem ser operacionalizados por ocasião do recebimento dos recursos pelo ente central. Haveria, em tese, uma maior margem de decisão do ente central sobre os repasses. Com o passar do tempo, contudo, as normas de finanças públicas tornaram-se mais complexas e, por consequência, algumas terminologias tornaram-se ainda mais confusas[3].

Antes de adentrar em aspectos técnicos das transferências intergovernamentais do artigo 166-A da Constituição, algumas distinções teóricas devem ser traçadas: *Qual a diferença entre a "impositividade" de algumas espécies de emendas orçamentárias (e dos repasses do artigo 166-A da Constituição) e a "obrigatoriedade" de determinadas transferências intergovernamentais?* Nota-se, de fato, uma coerção jurídica nos dois casos. Necessita-se de buscar uma precisão contextual desse dever jurídico.

A primeira diferença é o *fundamento do dever jurídico*. O caráter de obrigatoriedade previsto nas transferências intergovernamentais dos artigos 157 a 159 da CF/88 diz respeito à autonomia federativa dos entes subnacionais (estados e municípios) — os titulares de parcela da arrecadação de tributos. A obrigatorie-

---

[2]. O Tribunal de Contas da União, por sua vez, ora utiliza o conceito de transferência voluntária como antítese de transferência obrigatória, ora utiliza o conceito de transferência voluntária como procedimento específico de descentralização fiscal. Isso fica nítido no acórdão do plenário do TCU n. 518/2023, em que há menção de transferência especial como "transferência voluntária" que não segue o requisito dos convênios nem de instrumentos congêneres (procedimento).

[3]. Destaca-se, por exemplo, a Lei Federal n. 11.578/2007, que trata sobre a transferência obrigatória de recursos financeiros para ações do Programa de Aceleração do Crescimento – PAC. A Lei prevê a "transferência voluntária de caráter obrigatório" em seu artigo 2-B.

dade da transferência intergovernamental do artigo 166-A da Constituição diz respeito à independência entre poderes da república (Executivo e Legislativo, no caso). Isso porquanto os repasses de valores decorrentes de emendas parlamentares de orçamento impositivo devem ser operacionalizados em favor de estados, Distrito Federal e municípios independentemente da decisão do Poder Executivo Federal, em oposição à regra geral do orçamento autorizativo.

Em suma: (1) no orçamento impositivo, o parlamentar litiga contra o Poder Executivo pela prerrogativa de decidir sobre a despesa orçamentária; enquanto (2) nas repartições federativas de receita financeira (federalismo fiscal), os entes subnacionais lutam pela titularidade das verbas arrecadadas pelo ente central (pessoa jurídica)[4].

Esse fundamento da coerção jurídica leva a outra questão: *a quem cabe o dever de transferir?* No orçamento impositivo, o dever incumbe ao Poder Executivo, enquanto, na repartição federativa de receita financeira, o dever de transferir é do ente federado (pessoa jurídica). Explica-se.

A utilização de transferências intergovernamentais (repartição de receitas em geral) é fundamental para o federalismo fiscal, porquanto se fundamenta na otimização de recursos no âmbito da descentralização político-administrativa do Estado. As transferências intergovernamentais podem ser automáticas (ou obrigatórias), quando estejam previstas no ordenamento jurídico de determinado Estado de forma que devam ser operacionalizadas por ocasião do recebimento dos recursos, independentemente de decisões de autoridades. Diversas transferências constitucionais brasileiras são feitas por meio dessa técnica (artigos 157 a 159 da CF). Há aquelas cuja obrigatoriedade decorre de lei específica, como é o caso das transferências intergovernamentais decorrentes da cobrança de *royalties* sobre a exploração de recursos minerais (artigos 8º e 9º da Lei federal n. 7.990/1989).

Os repasses podem ser, entretanto, discricionários, quando a transferências dos recursos de uma unidade federativa para outra dependam de decisão de autoridade, vinculados a critérios flexíveis, que podem variar de acordo com as circunstâncias. A Lei de Responsabilidade Fiscal (LCP n. 101/2000) prevê um capítulo inteiro destinado à regulação de uma das espécies de transferências discricionárias: as chamadas transferências voluntárias, que podem assumir critérios flexíveis[5].

Qual a relação que as transferências possuem com o orçamento impositivo? O orçamento impositivo é uma construção feita a partir do processo de elaboração da lei orçamentária. Assim como no resto do mundo, a definição brasileira da natureza jurídica dos orçamentos públicos é tema bastante controverso. Segundo a corrente majoritária e segundo a Suprema Corte brasileira, o orçamento público teria caráter apenas autorizativo – em outras palavras, o Poder Legislativo autoriza as despesas que seriam realizadas pelos Poderes da República[6].

O aspecto imperativo da lei orçamentária, deste modo, estaria relacionado ao fato de que somente as despesas nela autorizadas poderiam ser executadas. Consequentemente a lei orçamentária não impõe a execução integral de suas programações, exceto no que se refere às despesas obrigatórias, mas estabelece o limite inicial até o qual a despesa (discricionária) poderá ser executada (empenhada, liquidada e paga). O orçamento traz despesas obrigatórias, que o governo não pode deixar de fazer, e despesas discricionárias, sobre as quais ele tem liberdade de decidir.

Na prática, a iniciativa do processo orçamentário é do Poder Executivo (Constituição, art. 165, III), submetendo o projeto de lei à aprovação do Poder Legislativo, a quem caberia ter ampla possibilidade de emendas, limitadas apenas às restrições do art. 166, § 3º. Na realidade administrativa, a participação do parlamento seria bem menor do que se espera, limitando-se a uma cota negociada com o Poder Executivo, valor sobre o qual incidem as chamadas emendas parlamentares ao orçamento. Não obstante, durante décadas, essas emendas voltavam à "mesa de negociação" com o Poder Executivo na fase de execução orçamentária, para que fossem descontingenciadas e efetivamente cumpridas.

O orçamento impositivo é uma resposta a essa prática do Poder Executivo. A disputa de poder político motivou a aprovação de várias emendas constitucionais. O instituto das emendas parlamentares impositivas, de execução obrigatória pelo Poder Executivo, foi acolhido pela Constituição Federal após as Emendas n. 86/2015 e n. 100/2019. Essa impositividade, entrementes, representa exceção à natureza autorizativa da lei orçamentária, subtraindo relevante parcela de atribuições da Chefia daquele Poder, inclusive em termos de planejamento e gestão pública.

Na EC n. 105, fixaram-se regras próprias para as emendas que contemplem transferências de recursos do orçamento federal para os Estados, Distrito Federal e Municípios, criando-se as "transferências especiais". Seria um esforço dos parlamentares para fazer chegar às suas bases eleitorais os recursos captados do orçamento federal. Ao mesmo tempo, a emenda envolve questões orçamentárias relevantes, como a efetividade da lei orçamentária, a disputa de poder entre o Executivo e o Legislativo, e as relações federativas em matéria fiscal.

7.2. As fontes de custeio

A fonte de custeio também deve ser considerada. Quando se fala em federalismo fiscal, pensa-se inicialmente nas transferên-

---

4. Nesse contexto, a Constituição Federal estabeleceu a repartição de receitas entre os entes da Federação (artigos 157 a 160), as quais integram o rol de receitas próprias do ente beneficiário estadual, distrital ou municipal, sem possibilidade de imposição de restrições e condições pelo ente transferidor.

5. Segundo o Tesouro Nacional, outros exemplos de transferências discricionárias são aquelas destinadas a: Fortalecimento do Sistema Único de Assistência Social (SUAS); Programa de Aceleração do Crescimento – PAC; Programa de Gestão de Riscos e Resposta a Desastres; Elevação da Escolaridade e Qualificação Profissional – Projovem; Plano de Ações Articuladas – PAR; Programa Território da Cidadania – PTC; Proteção a Pessoas Ameaçadas e Emendas Parlamentares (BRASIL. Secretaria do Tesouro Nacional, 2022).

6. O Supremo Tribunal Federal entende que, apesar das normas de orçamento impositivo, o caráter autorizativo do orçamento público permanece. Cita-se trecho de um de seus julgados: "1. A jurisprudência deste Supremo Tribunal Federal, antes das Emendas Constitucionais n. 86/2015 e n. 100/2019, manifestava-se pelo caráter meramente formal e autorizativo da lei orçamentária. 2. Ao enumerarem percentuais específicos para as emendas impositivas, de execução obrigatória, os §§ 9º a 20 do art. 166 da Constituição da República buscaram compatibilizar a discricionariedade do Executivo e a importância do Legislativo na elaboração do orçamento, harmonizando e reequilibrando a divisão entre os Poderes. As Emendas Constitucionais n. 86/2015 e n. 100/2019 reforçaram o anterior caráter autorizativo das previsões orçamentárias, nos termos da norma constitucional originária, modificada desde as alterações da Constituição da República". Fonte: ADI 5274, Relator(a): Cármen Lúcia, Tribunal Pleno, julgado em 19-10-2021, processo eletrônico *DJe*-236, publicação 30-11-2021.

cias tributárias constitucionais, que são transferências vinculadas à arrecadação dos tributos sujeitos à repartição constitucional (ex: Fundeb, Fundo de Participação dos Estados, Fundo de Participação dos Municípios e demais partilhas de receita tributária previstas artigos 158 e 159 da CF/88). No caso das transferências obrigatórias decorrentes dos *royalties*, a fonte de custeio encontra-se ligada à exploração da propriedade federal dos recursos minerais, cuja parte da arrecadação é obrigatoriamente transferida aos Estados e Municípios (§ 1º do art. 20 da CF/88 e artigos 8º e 9º da Lei federal n. 7.990/1989). Esses recursos, em regra, não são sequer computados na receita corrente líquida dos entes federativos transferidores[7]. No orçamento destas pessoas jurídicas, esses repasses são caracterizados como despesas obrigatórias. No orçamento dos entes recipientes, esses repasses se caracterizam pela sua previsibilidade e regularidade de seu recebimento no tempo (receitas correntes ordinárias).

As transferências decorrentes de emendas de orçamento impositivo seguem lógica distinta, na medida em que se originam da anulação de despesas. Esses repasses podem ter origem em dotações orçamentárias ora incluídas pelo próprio Poder Executivo, ora patrocinadas por emendas parlamentares, constituindo despesas próprias do ente transferente e sem dedução na sua receita corrente líquida. O cálculo dessas emendas é feito com base na receita corrente líquida (RCL), havendo um limite de 2% (dois por cento) para emendas individuais e 1% (um por cento) para emendas de iniciativa de bancada (§§ 9º e 12 do artigo 166 da Constituição), cujo parâmetro de cálculo é a receita do exercício anterior ao do encaminhamento do projeto de lei orçamentária.

Há uma ausência de receita específica associada às transferências decorrentes de emendas parlamentares, algo que pudesse aproximar esses instrumentos do conceito de repartição de receita tributária ou de receita patrimonial, como todas as outras que alicerçam a dimensão fiscal do pacto federativo. No orçamento da pessoa jurídica transferidora, esses repasses decorrentes de emendas são caracterizados como despesas primárias discricionárias. No orçamento dos entes recipientes, esses recursos se caracterizam pela sua imprevisibilidade e irregularidade de seu recebimento no tempo, porquanto dependem de instáveis transações políticas entre parlamentares e os governos locais.

7.3. Os limites e critérios de repasse

Inicia-se pelos limites. Quando se trata de transferências com fins exclusivos de federalismo fiscal, há uma maior "blindagem normativa" que restringe o poder de decisão sobre tais recursos: (a) parlamentares não podem anular despesas destinadas às transferências tributárias constitucionais para Estados, Municípios e Distrito Federal (inciso II do § 3º do artigo 166 da Constitui-

---

[7]. Inteligência do inciso IV do artigo 2º da Lei de Responsabilidade Fiscal (LCP n. 101/2000): "Art. 2º Para os efeitos desta Lei Complementar, entende-se como: [...] V – receita corrente líquida: somatório das receitas tributárias, de contribuições, patrimoniais, industriais, agropecuárias, de serviços, transferências correntes e outras receitas também correntes, deduzidos: a) na União, os valores transferidos aos Estados e Municípios por determinação constitucional ou legal, e as contribuições mencionadas na alínea *a* do inciso I e no inciso II do art. 195, e no art. 239 da Constituição; b) nos Estados, as parcelas entregues aos Municípios por determinação constitucional; c) na União, nos Estados e nos Municípios, a contribuição dos servidores para o custeio do seu sistema de previdência e assistência social e as receitas provenientes da compensação financeira citada no § 9º do art. 201 da Constituição. [...]".

ção); e (b) o Poder Executivo não pode contingenciar transferências obrigatórias decorrentes de obrigação constitucional ou legal (artigo 160 da Constituição e § 2º do artigo 9º da Lei de Responsabilidade Fiscal).

Por outro lado, o poder de emenda pressupõe o poder de anular despesas do Projeto de lei orçamentária, sendo essa a fonte das transferências do art. 166-A. Os limites de contingenciamento são flexibilizados na discussão sobre transferências oriundas de emendas de orçamento impositivo (§ 18 do artigo 166 da Constituição)[8].

Uma última questão a ser endereçada no presente tópico: *como se decidem os critérios de repasses das transferências?*

A decisão assume critérios técnicos em relação ao valor, condições e os possíveis entes beneficiários quando se trata de transferências obrigatórias fundamentadas em federalismo fiscal, mas adquire critérios políticos quando se fala em transferências decorrentes de emendas de orçamento impositivo.

Na arquitetura das finanças da federação brasileira, as transferências intergovernamentais poderiam, por exemplo: (1) assumir funções de financiar necessidades fiscais específicas ou genéricas de forma a reduzir as desigualdades entre os Entes Federativos, garantindo um padrão mínimo nacional na prestação de serviços públicos como FPE, FPM e FUNDEB (equalização fiscal); (2) devolver parte de recursos a determinado ente federado porque seu critério de distribuição determina que os recursos sejam entregues ao governo subnacional onde ocorreu a arrecadação, a exemplo do IOF-ouro, IPVA e ICMS (devolução); (3) compensar perda de arrecadação de entes subnacionais em razão de desoneração de impostos, como é o caso da não tributação de IPI e ICMS sobre exportação (compensação); (4) indenizar a exploração de recursos hídricos com fins de produção de energia elétrica e dos produtores de petróleo, que é o caso dos royalties (indenização); (5) garantir fundos para a execução de políticas públicas prioritárias, como é o caso do Fundo do SUS (manutenção); e (6) incentivar o aumento da qualidade de políticas públicas, vinculando o financiamento ao desempenho do governo local na prestação de serviços, a exemplo do "ICMS educacional" do parágrafo único do artigo 158 da CF (desempenho).

O critério de execução das emendas parlamentares de orçamento impositivo é político, porquanto busca garantir recursos no orçamento público para que os congressistas possam decidir sobre sua alocação, independentemente da vontade do governo federal. Essas emendas asseguram que os parlamentares possam enviar recursos para seus redutos eleitorais por meio de transferências ou aplicação direta no orçamento público, permitindo que possam reivindicar crédito político de suas bases eleitorais.

7.4. Transferências especiais, transferências com finalidade definida e orçamento impositivo

As transferências decorrentes de emendas são transferências discricionárias conforme o critério da fonte da despesa, mas dife-

---

[8]. Segundo o § 18 do art. 166 da Constituição (Redação dada pela Emenda Constitucional n. 100, de 2019): "Se for verificado que a reestimativa da receita e da despesa poderá resultar no não cumprimento da meta de resultado fiscal estabelecida na lei de diretrizes orçamentárias, os montantes previstos nos §§ 11 e 12 deste artigo poderão ser reduzidos em até a mesma proporção da limitação incidente sobre o conjunto das demais despesas discricionárias".

rem entre si quanto ao grau de coerção jurídica. Há atualmente 4 (quatro) modalidades de emendas parlamentares ao orçamento público devidamente registradas com identificadores de resultado primário na Lei Orçamentária Anual (LOA): emendas parlamentares individuais; emendas parlamentares de bancada estadual ou do Distrito Federal; emendas parlamentares de comissão; e emendas de relator-geral, que é o parlamentar que organiza e ajusta o projeto de lei orçamentária.

Em regra, somente as emendas parlamentares individuais e as emendas parlamentares de bancada podem ser formalmente classificadas como impositivas, em virtude dos §§ 9º e 12 do artigo 166 da Constituição. Reconhece-se, entretanto, que há uma dificuldade prática de estabelecer limites para a impositividade das demais modalidades de emendas[9].

As emendas individuais e as de bancada (orçamento impositivo) possuem limites constitucionais, critérios equitativos de alocação e execução obrigatória pelo Poder Executivo. De forma distinta, nas emendas de comissão e nas do relator-geral (orçamento autorizativo), o montante de recursos, seus critérios de distribuição e sua execução acabam sendo resultado do jogo político entre o Governo e o Congresso.

O artigo 166-A da Constituição representou para os parlamentares a prerrogativa de não somente ver executadas as emendas de sua autoria, mas também um ganho de decisão sobre o tempo de recebimento e as condições de gasto daqueles recursos transferidos. Uma questão que deve ser ressaltada é a seguinte: *a garantia de execução do orçamento impositivo não necessariamente resulta na efetiva e tempestiva transferência de recursos ao destinatário da emenda*.

Na prática, a impositividade das emendas individuais e de bancada é geralmente monitorada pelos montantes empenhados – em razão das dificuldades operacionais de controlar liquidação e pagamento (que dependem questões independentes da vontade do ordenador da despesa). Tanto é assim, que há dispositivos constitucionais que disciplinam os restos a pagar das emendas de orçamento impositivo (inciso III do § 9º do art. 165 e § 17 do art. 166)[10]. A transferência voluntária, por exemplo, segue rigoroso rito de liquidação de despesa no orçamento do ente transferidor para liberação das verbas ao beneficiário.

Tudo isso leva à conclusão de que a impositividade de determinadas programações oriundas de emendas orçamentárias (monitoradas pelo empenho) não se confunde com a efetiva entrega de seus recursos (pagamento). A demora no pagamento geralmente resulta da complexidade e burocracia impostas pela normatização das transferências voluntárias aos entes federativos beneficiários.

7.5. Os conceitos de transferências especiais e transferências com finalidade definida

Antes da introdução das transferências especiais pela Emenda Constitucional n. 105/2019, era comum que as transferências discricionárias (não obrigatórias) do orçamento da União aos demais entes da federação se confundissem (indevidamente) com as chamadas transferências voluntárias (que define hoje somente um procedimento de execução).

O artigo 166-A estabelece que as emendas individuais podem alocar recursos aos demais entes mediante transferências especiais e transferências com finalidade definida.

A *transferência especial* foi a espécie que representou a verdadeira inovação apresentada pelo texto do artigo 166-A do texto constitucional. Essa modalidade de repasse é realizada diretamente ao ente federado beneficiado, independentemente da identificação da programação específica no orçamento federal e da celebração de convênio ou de instrumento congênere. Sua característica mais marcante é a previsão de que seus recursos passam a pertencer ao ente federado no ato da efetiva transferência financeira.

Os recursos dessa modalidade de transferência devem ser aplicados em programações finalísticas das áreas de competência do Poder Executivo do ente federado beneficiado. Em razão da velocidade em que os recursos transferidos chegam aos seus beneficiários sem a intermediação bancária de instituição financeira, essa modalidade de repasse foi apelidada coloquialmente de "emenda pix" (em referência ao modelo de pagamento eletrônico instantâneo em real brasileiro).

Por que foram criadas as transferências especiais? Em verdade, seus benefícios prevaleceram durante os debates no Congresso Nacional. A arquitetura simplificada desses repasses teriam as seguintes vantagens: (1) o destrave da excessiva burocracia imposta pelo atendimento das regras das transferências voluntárias; (2) redução da avalanche de obras paralisadas ou inacabadas em todo o país em razão de tal burocracia; (3) incentivo aos gestores, sobretudo para alavancarem os investimentos públicos em infraestrutura ou em equipamentos públicos, estimulando a atividade econômica local; e (4) diminuição nos custos de gestão pela Caixa Econômica Federal (instituição financeira mandatária), cuja taxa de administração variava de 2,5% a 11,7% sobre o valor das emendas[11].

A *transferência com finalidade definida* é conceituada por exclusão e se trata de um regime geral de descentralização fiscal observado pelas emendas parlamentares de execução obrigatória. Na prática, essas transferências já eram realizadas antes da Emenda Constitucional n. 105/2019[12], embora não tivessem formalmente a atual denominação que lhes foi dada pelo artigo 166-A. Encontram-se aqui as transferências fiscais decorrentes de orçamento impositivo que não são da nova modalidade "transferência especial". Essa transferência observa a tradição do direito orçamentário de especificar a programação federal a qual se vincula e destina a despesa pública (orçamento-programa) e de ter seus

---

9. Rodrigo Faria esclarece essa questão: "A Emenda Constitucional n. 100, de 27 de junho de 2019, todavia, não somente trouxe a obrigatoriedade de execução das emendas de bancada, mas, também, outra inovação paradigmática: o estabelecimento do dever de execução das programações orçamentárias. Na sequência, a Emenda Constitucional n. 102, de 26 de setembro de 2019, complementou o disposto no § 10 do art. 165, aclarando o alcance do dispositivo, ao estabelecer que o "dever de execução" aplicar-se-ia exclusivamente às "despesas primárias discricionárias" (FARIA, 2023, p. 10-11).

10. Esclarece-se que os restos a pagar nada mais são que "as despesas empenhadas mas não pagas" até o final do exercício financeiro em cuja execução estavam previstas (art. 36 da Lei n. 4.320/64).

11. É o que consta do Parecer da Comissão Especial destinada a proferir parecer à Proposta de Emenda à Constituição n. 048-A, de 2019.

12. A justificativa do texto substitutivo que passou a prever e definir as transferências com finalidade definida é expressa ao apresentar a nova forma de repasse "transferência especial" mas faz a seguinte ressalva da prática de repasse que já ocorria: "sem prejuízo de opção pela forma como atualmente ocorre, ou seja, mediante transferência com finalidade definida".

recursos aplicados em áreas de competência constitucional da União (privativa, comum ou concorrente). Essas características genéricas são aplicáveis a toda emenda parlamentar (programação específica e observância dos limites da competência).

Alerta-se que a transferência com finalidade definida não segue necessariamente o rito da transferência voluntária como defendido por alguns estudiosos e técnicos[13]. Esse tipo de repasse detém características singulares (inexistência do óbice de inadimplência, por exemplo) e pode seguir outros procedimentos. Nesse sentido, essa modalidade de transferência pode seguir tanto o rito das transferências "fundo a fundo"[14], quanto o rito tradicional de transferências voluntárias realizadas por convênios ou instrumentos congêneres – podendo seguir inclusive outros ritos eventualmente criados pelo legislador infraconstitucional.

Uma interpretação sistemática do texto do artigo 166-A da Constituição com seu regulamento infraconstitucional leva a crer que as transferências com finalidade definida não se resumem ao rito das transferências voluntárias. Há, por exemplo, previsão expressa de transferência "fundo a fundo" na regulamentação das transferências de finalidade definida nas portarias interministeriais que tratam do assunto[15].

Por outro lado, o § 4º do artigo 166-A da Constituição silencia a respeito da necessidade de celebração de convênio ou de instrumento congênere, somente vinculando a despesa à "programação estabelecida na emenda parlamentar" – programação essa que pode indicar modalidades de despesas distintas das transferências voluntárias (aplicação direta e transferência "fundo a fundo").

O fato de as transferências especiais independerem "de celebração de convênio ou de instrumento congênere" (inciso I do § 2º do artigo 166-A) não leva à conclusão inversa em relação às transferências com finalidade definida, cujo texto constitucional silencia a respeito. Considerando uma interpretação autêntica, até as discussões legislativas que levaram à EC n. 105/2019 consideravam as transferências com finalidade definida como algo que já ocorria – lembrando que as emendas individuais com transferências "fundo a fundo" eram tão comuns quanto às transferências voluntárias[16].

---

13. É a posição de alguns consultores da Câmara dos Deputados, segundo os quais a transferência com finalidade definida seguiria uma "forma tradicional de transferências voluntárias realizadas por convênios ou instrumentos congêneres", na Nota Técnica 02/2021.

14. A Transferência "Fundo a Fundo" configura instrumento de descentralização de recursos disciplinado em leis específicas que se caracteriza pelo repasse direto de recursos provenientes de fundos da esfera federal para fundos da esfera estadual, municipal e do Distrito Federal, dispensando a celebração de convênios. Exemplos de fundos que operam essa modalidade de transferência são o Fundo Nacional da Assistência Social (FNAS) e o Fundo Nacional de Saúde (FNS).

15. Notadamente: § 2º do artigo 7º da Portaria Interministerial MPO e MGI e PR/SRI N.1/2023 e § 2º do artigo 5º da Portaria Interministerial ME/SEGOV-PR n. 6.145/2021. Outra questão digna de nota diz respeito ao § 8º do artigo 7º da Portaria Interministerial MPO e MGI e PR/SRI N.1/2023. Segundo tal dispositivo, a "indicação de emenda parlamentar, cujo beneficiário seja consórcio público, serviço social autônomo ou organização da sociedade civil, deve se dar na modalidade transferência com finalidade definida". Se as transferências de finalidade definida fossem instituto novo e específico, elas deveriam ser limitadas aos entes federados e não às entidades privadas e associações de direito público (como os consórcios).

16. É o caso do acórdão do 2407/2019 do plenário do TCU: "54. Quanto à modalidade de aplicação, as emendas podem ser realizadas de diversas maneiras, sendo as mais comuns a concretização por transferências voluntárias

A inobservância das regras procedimentais exigidas para as transferências com finalidade definida pode resultar em impedimento de ordem técnica à execução da despesa.

Destaca-se que a Constituição (por meio da EC n. 105/2019) é literal no sentido de que somente as emendas individuais podem alocar recursos aos demais entes por meio da nova modalidade (transferência especial). A Carta Magna não fornece suporte jurídico para estender o mecanismo das transferências especiais às emendas de bancada pela via infraconstitucional, necessitando de outra emenda constitucional para tanto.

Por último, é possível defender que Estados possam reproduzir essas regras de emendas parlamentares impositivas em matéria orçamentária em suas constituições estaduais, desde que a reprodução seja idêntica e posterior à EC n. 105/2019 em razão do princípio da simetria[17].

7.6. O destino das transferências do artigo 166-A da Constituição

Embora o texto do artigo 166-A da Constituição se refira expressamente às transferências para outros entes governamentais (Estados, Distrito Federal e Municípios), tal restrição de entrega aplica-se somente às transferências especiais. Isso porque as transferências com finalidade definida são um regime geral de descentralização fiscal anterior à EC n. 105/2019 e aplicável não somente às emendas individuais (objeto do art. 166-A), mas também às emendas de bancada. No tocante às condições das despesas, a norma cuida ainda de regras específicas para emendas individuais (§ 1º do art. 166-A).

Enquanto as transferências especiais só podem ser destinadas a outros entes federados como pessoas jurídicas, transferências com finalidade definida podem beneficiar consórcio público, serviço social autônomo, entidades filantrópicas e sem fins lucrativos, organização da sociedade civil e fundos estaduais, distritais ou municipais[18].

É possível a transferência especial para consórcios públicos? Não. Mesmo que o consórcio público configure associação entre dois ou mais entes da federação, não é possível que seja destinatário dessa modalidade de transferência. Nas transferências especiais, somente poderão ser indicados como beneficiários os entes federados (Estados, Municípios e o Distrito Federal), em atendimento ao disposto no art. 166-A, § 2º, I, da Constituição.

7.7. As condições para o gasto

Independentemente do tipo de transferência, os recursos transferidos pelas emendas parlamentares individuais por meio

---

(convênios e contratos de repasse), por transferências fundo a fundo (comuns nas áreas de saúde e educação) e aplicações diretas. Verificou-se que pouco mais da metade (52%) de todas as emendas individuais a estes órgãos se deu por meio de transferências voluntárias. A modalidade fundo a fundo alcançou 30% do quantitativo das emendas e 10% se deu por meio de aplicação direta. Restaram, contudo, 8% a definir, que indica uma provável inércia do parlamentar quanto a este aspecto".

17. Nesse sentido, os seguintes precedentes do Supremo Tribunal Federal: ADI 6308, Tribunal Pleno, julgado em 06/06/2022; ADI 6670, Tribunal Pleno, julgado em 30/08/2021.

18. Artigo 7º da Portaria Interministerial MPO e MGI e PR/SRI N. 1/2023.

dos mecanismos do artigo 166-A da Constituição: a) não integrarão a receita do Estado, do Distrito Federal e dos Municípios para fins de repartição e para o cálculo dos limites da despesa com pessoal ativo e inativo, nos termos do § 13 do art. 166 da Constituição Federal, e de endividamento do ente federado; b) não poderão ser destinados para pagamento de: (b.1) despesas com pessoal e encargos sociais relativas a ativos e inativos, e com pensionistas; e (b.2) encargos referentes ao serviço da dívida.

No cômputo total dos recursos do parlamentar, continua a obrigatoriedade de aplicação do percentual mínimo de 50% em ações e serviços públicos de saúde (ASPS).

No caso específico da Transferência Especial, os recursos desta modalidade (calculados pelo total) deverão ser aplicados em despesas de capital em montante não inferior a 70% (setenta por cento), na forma do § 5º do artigo 166-A da Constituição.

Ressalta-se que as transferências destinadas a essa finalidade somente serão admitidas na modalidade de transferência com finalidade definida, porquanto os gastos custeados pelas transferências especiais são necessariamente definidos pelos governos locais recipientes, ainda que sujeitos às condicionalidades das transferências especiais.

7.8. Mudança de titularidade e o controle dos recursos

Segundo o § 2º, II, do artigo 166-A da Constituição, os recursos objeto da transferência especial "pertencerão ao ente federado no ato da efetiva transferência financeira". Cuida-se do principal aspecto da modalidade de transferência introduzida pela EC n. 105/2019, porquanto a titularidade da receita impacta diretamente na competência fiscalizatória. Segundo os incisos II e VI do artigo 71 da Constituição, compete ao Tribunal de Contas da União (TCU) respectivamente "julgar as contas dos administradores e demais responsáveis por dinheiros, bens e valores públicos" que integram o erário federal e "fiscalizar a aplicação de quaisquer recursos repassados pela União mediante convênio, acordo, ajuste ou outros instrumentos congêneres, a Estado, ao Distrito Federal ou a Município".

Percebe-se que os recursos das transferências especiais escapam o controle do TCU não somente em razão da ausência de obrigatoriedade de "convênio, acordo, ajuste ou outros instrumentos congêneres" (inciso I do § 2º do artigo 166-A), mas igualmente porque tais valores passam a integrar o erário do ente beneficiário a partir da efetivação da transferência (inciso II do § 2º do artigo 166-A). No caso, a competência fiscalizatória seria repassada aos Tribunais de Contas Estaduais e Municipais responsáveis pela fiscalização dos entes subnacionais beneficiários.

Uma pergunta é necessária: *Somente há troca de titularidade das verbas nas transferências especiais?* Não. Transferências voluntárias também importam em mudança de titularidade, ao menos no que diz respeito ao objeto resultante da programação orçamentária. O que ocorre, portanto, é um diferimento da titularidade das verbas e um regime diferenciado de controle.

No caso das transferências especiais e nas transferências "fundo a fundo", a mudança de titularidade ocorre concomitantemente ao ato de efetiva transferência financeira aos entes federados. A transferência dominial é dos recursos, e não dos bens ou serviços resultantes. No caso das transferências com finalidade definida decorrentes de convênios (transferências voluntárias), a mudança da titularidade ocorre a partir da conclusão do acordo pactuado e da respectiva aprovação das contas, com a entrega de bem ou serviço ao governo local conforme ajuste celebrado, caso tais itens resultem do ajuste.

Em suma, a natureza do recurso determina quem fiscaliza sua aplicação. Recursos da União (federais) são fiscalizados pelo Tribunal de Contas da União (TCU) e pelos órgãos de controle interno federais, independente de quem esteja gerindo ou aplicando tais recursos. A mesma lógica é aplicável à fiscalização dos recursos estaduais, municipais e do Distrito Federal, cuja competência é das respectivas instâncias de controle. Consequentemente, o mesmo raciocínio se aplica quanto a qual Ministério Público incumbe atuar e quais órgãos da Justiça terão competência para julgar feitos relacionados ao emprego desses recursos financeiros (ex.: ações de improbidade administrativa, ações civis públicas, ações populares etc.).

O que decidiu o TCU sobre o caso? No Acórdão 518/2023 – (TC 032.080/2021-2), o Tribunal de Contas da União julgou a seguinte tese:

9.2.1. a fiscalização sobre a regularidade das despesas efetuadas na aplicação de recursos obtidos por meio de transferência especial pelo ente federado é de competência do sistema de controle local, incluindo o respectivo tribunal de contas, desde a promulgação da Emenda Constitucional 105, de 12 de dezembro de 2019;

9.2.2. a fiscalização sobre o cumprimento, pelo ente beneficiário da transferência especial, das condicionantes que a legitimam, previstas no art. 166-A, § 1º, incisos I e II, § 2º, inciso III, e § 5º, é de competência federal, incluindo o Tribunal de Contas da União;

9.2.3. a comprovação do cumprimento das condicionantes constitucionais será feita pelo ente federado por meio de informações e documentos inseridos na Plataforma +Brasil (ou no Transferegov.br), na forma e nos prazos disciplinados em instrução normativa a ser editada pelo TCU, dispensada a prestação de contas para esse fim específico e reservadas as competências próprias dos tribunais de contas locais na fiscalização sobre a aplicação dos recursos;

9.2.4. se for verificado o descumprimento de qualquer condicionante, tornando inválida a transferência especial, ou a omissão no dever de disponibilizar os elementos necessários à sua verificação, o TCU poderá instaurar processo de tomada de contas especial, com vistas à responsabilização do ente federado pelo débito decorrente do desvio para finalidade irregular ou da não comprovação da regularidade, a ser recolhido aos cofres da União, bem como para eventual aplicação de sanções ao gestor que praticou o ato infringente, comissivo ou omissivo;

O Tribunal de Contas da União se julgou competente, portanto, para fiscalizar as condicionantes constitucionais das transferências especiais (§§ 1º e 5º do artigo 166-A da CF), podendo invalidar a decisão do parlamentar que alocou os recursos. Entende a corte federal de contas que há uma competência comum fiscalizatória nesses casos.

Denota-se que, no item 9.2.4 do dispositivo do julgado, o TCU não somente se julgou competente para sancionar o gestor público local infrator (artigo 71, VIII, da CF), como também se julgou competente para invalidar a transferência especial, responsabilizando o "ente federado pelo débito decorrente do desvio para finalidade irregular ou da não comprovação da regularidade". Em tese, isso daria ao Tribunal de Contas da União a competência para invalidar a decisão do parlamentar em sede de emenda individual de execução obrigatória, tornando sem efeito a mudança de titularidade das verbas.

Pode o Tribunal de Contas da União invalidar a decisão do parlamentar, em sede de emenda individual, por descumprimento das condicionantes constitucionais da transferência especial?

Essa interpretação esvaziaria o expresso texto do artigo 166-A da Constituição. Isso porque, na prática, a mudança de titularidade vem antes da realização da despesa. Consequentemente, a eventual invalidação da despesa pelo Tribunal de Contas da União afetaria o ato anterior da operação – a indicação do beneficiário pelo parlamentar (decisão legislativa).

Mesmo que discutível, uma questão é defender que a despesa é irregular e responsabilizar o gestor local. Outra questão totalmente distinta é invalidar a decisão do parlamentar, tornando sem efeito a mudança de titularidade das verbas. Na primeira, responsabiliza-se pessoalmente o gestor. Na segunda hipótese, responsabiliza-se a pessoa jurídica, que consequentemente será obrigada a ressarcir o valor repassado por emenda.

A interpretação da norma constitucional é unívoca: a transferência especial torna-se ato jurídico perfeito a partir da efetiva tradição dos recursos, quando há a mudança de titularidade. A partir de tal momento, a competência fiscalizatória para sancionar passa a ser do tribunal de contas local competente.

É de duvidosa constitucionalidade a prerrogativa do TCU para invalidar uma decisão legislativa (uma norma orçamentária decorrente de emenda) pela inconstitucionalidade de atos do gestor local recipiente das verbas. Isso porque: (1) afronta o posicionamento do Supremo Tribunal Federal segundo o qual o Tribunal de Contas da União não pode afastar incidência de norma sob o fundamento de exercer o controle de constitucionalidade[19]; (2) não há nexo de causalidade entre o ato invalidado (decisão do parlamentar) e o ato infrator (descumprimento de condicionalidades constitucionais pelo gestor local), sendo este último ato posterior àquele; (3) a apreciação do controle pelo TCU se daria sobre verbas de titularidade de entes subnacionais; (4) impossibilidade operacional de cisão entre o controle das condicionalidades do artigo 166-A, de um lado, e a regularidade geral da execução orçamentária dessas verbas do outro, podendo haver conflito de interpretações entre diferentes cortes de contas.

Não se ignora, contudo, a necessidade de regulamentar e fortalecer mecanismos de controle das transferências especiais, impedindo o recebimento de novos repasses por entes que não cumprem as condicionantes do artigo 166-A.

Deve-se considerar ainda o dever de divulgação dos gastos dos entes subnacionais beneficiários dos recursos de emendas parlamentares em bancos de dados centralizados e de amplo acesso público, previsto no artigo 163-A da Constituição (introduzido pela Emenda Constitucional n. 108/2020)[20].

Não há como defender uma discricionariedade do ente receptor que vai contra os deveres de transparência e moralidade administrativa. Deve-se fazer uma interpretação sistemática entre o artigo 166-A da Constituição e o artigo 163-A, no sentido de que as transferências especiais não escapam dos deveres de transparência e de submissão ao controle social, devidamente assegurados em plataforma pública de dados orçamentários de amplo acesso.

Art. 167. São vedados:

I – o início de programas ou projetos não incluídos na lei orçamentária anual;

II – a realização de despesas ou a assunção de obrigações diretas que excedam os créditos orçamentários ou adicionais;

III – a realização de operações de créditos que excedam o montante das despesas de capital, ressalvadas as autorizadas mediante créditos suplementares ou especiais com finalidade precisa, aprovados pelo Poder Legislativo por maioria absoluta;

IV – a vinculação de receita de impostos a órgão, fundo ou despesa, ressalvadas a repartição do produto da arrecadação dos impostos a que se referem os arts. 158 e 159, a destinação de recursos para as ações e serviços públicos de saúde, para manutenção e desenvolvimento do ensino e para realização de atividades da administração tributária, como determinado, respectivamente, pelos arts. 198, § 2º, 212 e 37, XXII, e a prestação de garantias às operações de crédito por antecipação de receita, previstas no art. 165, § 8º, bem como o disposto no § 4º deste artigo;

V – a abertura de crédito suplementar ou especial sem prévia autorização legislativa e sem indicação dos recursos correspondentes;

VI – a transposição, o remanejamento ou a transferência de recursos de uma categoria de programação para outra ou de um órgão para outro, sem prévia autorização legislativa;

VII – a concessão ou utilização de créditos ilimitados;

VIII – a utilização, sem autorização legislativa específica, de recursos dos orçamentos fiscal e da seguridade social para suprir necessidade ou cobrir déficit de empresas, fundações e fundos, inclusive dos mencionados no art. 165, § 5º;

IX – a instituição de fundos de qualquer natureza, sem prévia autorização legislativa;

X – a transferência voluntária de recursos e a concessão de empréstimos, inclusive por antecipação de receita, pelos Governos Federal e Estaduais e suas instituições financeiras, para pagamento de despesas com pessoal ativo, inativo e pensionista, dos Estados, do Distrito Federal e dos Municípios;

XI – a utilização dos recursos provenientes das contribuições sociais de que trata o art. 195, I, *a*, e II, para a realização de despesas distintas do pagamento de benefícios do regime geral de previdência social de que trata o art. 201;

XII – na forma estabelecida na lei complementar de que trata o § 22 do art. 40, a utilização de recursos de regime próprio de previdência social, incluídos os valores integrantes dos fundos previstos no art. 249, para a realização de despesas distintas do pagamento dos benefícios previdenciários do

---

19. Posição do Supremo Tribunal quando do julgamento dos Mandados de Segurança (MS) 35410, 35490, 35494, 35498, 35500, 35836, 35812 e 35824.

20. Art. 163-A. A União, os Estados, o Distrito Federal e os Municípios disponibilizarão suas informações e dados contábeis, orçamentários e fiscais, conforme periodicidade, formato e sistema estabelecidos pelo órgão central de contabilidade da União, de forma a garantir a rastreabilidade, a comparabilidade e a publicidade dos dados coletados, os quais deverão ser divulgados em meio eletrônico de amplo acesso público.

respectivo fundo vinculado àquele regime e das despesas necessárias à sua organização e ao seu funcionamento; (*Incluído pela Emenda Constitucional n. 103, de 2019.*)

XIII – a transferência voluntária de recursos, a concessão de avais, as garantias e as subvenções pela União e a concessão de empréstimos e de financiamentos por instituições financeiras federais aos Estados, ao Distrito Federal e aos Municípios na hipótese de descumprimento das regras gerais de organização e de funcionamento de regime próprio de previdência social; (*Incluído pela Emenda Constitucional n. 103, de 2019.*)

XIV – a criação de fundo público, quando seus objetivos puderem ser alcançados mediante a vinculação de receitas orçamentárias específicas ou mediante a execução direta por programação orçamentária e financeira de órgão ou entidade da administração pública. (*Incluído pela Emenda Constitucional n. 109, de 2021.*)

§ 1º Nenhum investimento cuja execução ultrapasse um exercício financeiro poderá ser iniciado sem prévia inclusão no plano plurianual, ou sem lei que autorize a inclusão, sob pena de crime de responsabilidade.

§ 2º Os créditos especiais e extraordinários terão vigência no exercício financeiro em que forem autorizados, salvo se o ato de autorização for promulgado nos últimos quatro meses daquele exercício, caso em que, reabertos nos limites de seus saldos, serão incorporados ao orçamento do exercício financeiro subsequente.

§ 3º A abertura de crédito extraordinário somente será admitida para atender a despesas imprevisíveis e urgentes, como as decorrentes de guerra, comoção interna ou calamidade pública, observado o disposto no art. 62.

§ 4º É permitida a vinculação das receitas a que se referem os arts. 155, 156, 157, 158 e as alíneas *a, b, d* e *e* do inciso I e o inciso II do *caput* do art. 159 desta Constituição para pagamento de débitos com a União e para prestar-lhe garantia ou contragarantia. (*Redação dada pela Emenda Constitucional n. 109, de 2021.*)

§ 5º A transposição, o remanejamento ou a transferência de recursos de uma categoria de programação para outra poderão ser admitidos, no âmbito das atividades de ciência, tecnologia e inovação, com o objetivo de viabilizar os resultados de projetos restritos a essas funções, mediante ato do Poder Executivo, sem necessidade da prévia autorização legislativa prevista no inciso VI deste artigo.

§ 6º Para fins da apuração ao término do exercício financeiro do cumprimento do limite de que trata o inciso III do *caput* deste artigo, as receitas das operações de crédito efetuadas no contexto da gestão da dívida pública mobiliária federal somente serão consideradas no exercício financeiro em que for realizada a respectiva despesa. (*Incluído pela Emenda Constitucional n. 109, de 2021.*)

§ 7º A lei não imporá nem transferirá qualquer encargo financeiro decorrente da prestação de serviço público, inclusive despesas de pessoal e seus encargos, para a União, os Estados, o Distrito Federal ou os Municípios, sem a previsão de fonte orçamentária e financeira necessária à realização da despesa ou sem a previsão da correspondente transferência de recursos financeiros necessários ao seu custeio, ressalvadas as obrigações assumidas espontaneamente pelos entes federados e aquelas decorrentes da fixação do salário mínimo, na forma do inciso IV do *caput* do art. 7º desta Constituição. (*Incluído pela Emenda Constitucional n. 128, de 2022.*)

Paulo Caliendo

1. Constituições brasileiras anteriores

a) **Constituição de 1934**: "Art. 50. ... § 4º É vedado ao Poder Legislativo conceder créditos ilimitados"; b) **Constituição de 1946**: "Art. 75. São vedados o estorno de verbas, a concessão de créditos ilimitados e a abertura, sem autorização legislativa, de crédito especial"; c) **Constituição de 1967, na redação da Emenda Constitucional n. 1, de 1969**: "Art. 61. A lei federal disporá sobre o exercício financeiro, a elaboração e a organização dos orçamentos públicos. § 1º É vedada: a) a transposição, sem prévia autorização legal, de recursos de uma dotação orçamentária para outra; b) a concessão de créditos ilimitados; c) a abertura de crédito especial ou suplementar sem prévia autorização legislativa e sem indicação dos recursos correspondentes; e d) a realização, por qualquer dos Poderes, de despesas que excedam os créditos orçamentários ou adicionais. § 2º A abertura de crédito extraordinário somente será admitida para atender despesas imprevisíveis e urgentes, como as decorrentes de guerra, subversão interna ou calamidade pública"; "Art. 62. ... § 2º Ressalvados os impostos mencionados nos itens VIII e IX do art. 21 e as disposições desta Constituição e de leis complementares, é vedada a vinculação do produto da arrecadação de qualquer tributo a determinado órgão, fundo ou despesa. A lei poderá, todavia, estabelecer que a arrecadação parcial ou total de certos tributos constitua receita do orçamento de capital, proibida sua aplicação no custeio de despesas correntes".

2. Constituições estrangeiras

a) **República Federal da Alemanha (1949, com a emenda de 1969), art. 109**: "A Federação e os Länder são autônomos e independentes em sua economia orçamentária (*Haushaltswirtschaft*); (2) – A Federação e os Länder deverão levar em conta, em sua economia orçamentária, as exigências do equilíbrio econômico geral"; **art. 110**: "O plano orçamentário (*Haushaltsplan*) deve ser equilibrado nas receitas e despesas"; **art. 112**: "Os gastos superiores ou estranhos ao plano carecem de aprovação do Ministro da Fazenda. E essa aprovação só poderá ser outorgada em caso de necessidade imprevista e inevitável"; **art. 113**: "As leis que aumentem os gastos do plano orçamentário proposto pelo Governo ou que criem novas despesas ou as determinem para o futuro necessitam de aprovação do Governo. A mesma coisa vale para as leis que diminuam os ingressos, inclusive no futuro"; **art. 115**: "A tomada de créditos e a prestação de fianças, garantias e a assunção de outras obrigações que possam ocasionar despesas em exercícios futuros, necessitam de uma lei que determine ou permita determinar o seu montante. Os ingressos dos créditos não podem ultrapassar a soma dos gastos de investimento previstos no plano orçamentário (*Haushaltsplan*); as exceções apenas se admitem para evitar uma perturbação do equilíbrio econômico geral"; b) **Itália (1947), art. 81**: "Qualquer outra lei que importe em novas e maiores despesas deve indicar os meios para suportá-los"; c) **Portugal (1976), art. 108**: "6. O orçamento deve prever as receitas necessárias para cobrir as despesas, definindo a lei as regras da sua execução, bem como as condições de recurso ao crédito público".

3. Dos princípios orçamentários

O art. 167 consagra o princípio da segurança jurídica em matéria orçamentária. Esse princípio concretiza a ideia de previsibilidade, clareza e estabilidade normativa. Talvez seja o princípio mais importante do Estado de Direito, por garantir a base necessária para o desenvolvimento das liberdades e dos direitos fundamentais. Esse princípio se consubstancia em princípios derivados, tais como: legalidade, anterioridade, publicidade e clareza.

O princípio da legalidade consagra-se no art. 167, em seus incisos I, III, V, VI e IX, que exigem a submissão das matérias orçamentárias à prévia autorização legislativa. A exigência de lei formal é requisito constitucional para a aprovação de regras orçamentárias. O STF entendeu que "o legislador estadual, condicionado em sua ação normativa por princípios superiores enunciados na Constituição Federal, não pode, ao fixar a despesa pública, autorizar gastos que excedam os créditos orçamentários ou adicionais, ou omitir-lhes a correspondente fonte de custeio, com a necessária indicação dos recursos existentes" (ADI 352 MC, rel. min. Celso de Mello, j. 29-8-1990, P, *DJ* de 8-3-1991).

Apesar das matérias tributária e orçamentária serem de competência privativa do Presidente da República (art. 61, § 1º, II, "b") há restrições constitucionais ao exercício absoluto dessa competência. O texto constitucional veda expressamente o uso de Medidas Provisórias para tratar de planos plurianuais, diretrizes orçamentárias, orçamento e créditos adicionais e suplementares, ressalvado o previsto no art. 167, § 3º; (Incluída pela EC 32/2001), nos termos do art. 62, § 1º, "d".

Ricardo Lobo Tôrres denomina *Princípio da Especialidade* a exigência de que os orçamentos devem discriminar e especificar os créditos, os órgãos vinculados e o modo de realização da despesa. O inciso VI do art. 167 evidencia um dos casos de proteção do citado princípio, ao proibir a transposição, o remanejamento ou a transferência de recursos de uma categoria de programação para outra ou de um órgão para outro, sem prévia autorização legislativa. Outro exemplo encontramos no inc. VII do mesmo artigo, ao determinar a vedação à concessão ou utilização de créditos ilimitados. A Lei n. 4.320/64 já dispunha sobre o assunto em seus arts. 5º ("*art. 5º A Lei de Orçamento não consignará dotações globais destinadas a atender indiferentemente a despesas de pessoal, material, serviços de terceiros, transferências ou quaisquer outras, ressalvado o disposto no artigo 20 e seu parágrafo único*") e 15 ("*art. 15. Na Lei de Orçamento a discriminação da despesa far-se-á no mínimo por elementos*").

Outro princípio relevante é o da não afetação que proíbe a vinculação de receitas de impostos a certas despesas, previsto no art. 167, IV. A CF/67 estendia essa proibição aos tributos, no que não foi seguida pela CF/88. Dispunha o texto anterior que: "*art. 65. (...) § 3º – Ressalvados os impostos únicos e as disposições desta Constituição e de leis complementares, nenhum tributo terá a sua arrecadação vinculada a determinado órgão, fundo ou despesa. A lei poderá, todavia, instituir tributos cuja arrecadação constitua receita do orçamento de capital, vedada sua aplicação no custeio de despesas correntes*".

O STF confirmou esse entendimento no julgamento do reajuste dos saldos do FGTS (RE 226.855, rel. min. Moreira Alves, Pleno, *DJ* de 13-10-2000), entendendo que as restrições previstas nos arts. 157, II, e 167, IV, da Constituição são aplicáveis aos impostos, e, no caso em exame, trata-se da espécie tributária contribuição, afastando-se a vedação da não afetação (ADI 2.556 e ADI 2.568, voto do rel. min. Joaquim Barbosa, j. 13-6-2012, P, *DJe* de 20-9-2012). O mesmo entendimento norteou o julgamento pela constitucionalidade das contribuições criadas pela LC 110/2001 (ADI 2.556 e ADI 2.568, voto do rel. min. Joaquim Barbosa, j. 13-6-2012, P, *DJe* de 20-9-2012).

Proibiu-se a vinculação de receita de impostos a órgão, fundo ou despesa, ressalvadas a repartição do produto da arrecadação dos impostos a que se referem os arts. 158 e 159, a destinação de recursos para as ações e os serviços públicos de saúde, para manutenção e desenvolvimento do ensino e para realização de atividades da administração tributária, como determinado, respectivamente, pelos arts. 198, § 2º, 212 e 37, XXII, e a prestação de garantias às operações de crédito por antecipação de receita, previstas no art. 165, § 8º.

O STF considerou inconstitucional a vinculação, por dotação orçamentária, de parte da receita corrente do Estado a programas de desenvolvimento da agricultura, pecuária e abastecimento (ADI 1.759, rel. min. Gilmar Mendes, j. 14-4-2010, P, *DJe* de 20-8-2010).

4. Das limitações constitucionais ao poder orçamentário

O texto constitucional lista um conjunto de vedações ao poder orçamentário. Trata-se de limitações claras e diretas.

Há vedação expressa ao início de programas ou projetos não incluídos na lei orçamentária anual. A conduta é tão gravosa às finanças públicas, que se constitui em crime ordenar despesa não autorizada por lei, art. 359-D do Código Penal (alterado pela Lei n. 10.028, de 19 de outubro de 2000). Igualmente, vedou-se a abertura de crédito suplementar ou especial sem prévia autorização legislativa e sem indicação dos recursos correspondentes. A gravidade da conduta justificou a sua tipificação penal, no art. 359-A do Código Penal (*art. 359-A. Ordenar, autorizar ou realizar operação de crédito, interno ou externo, sem prévia autorização legislativa: (Incluído pela Lei n. 10.028, de 2000). Pena – reclusão, de 1 (um) a 2 (dois) anos*").

O texto constitucional vedou a realização de despesas ou a assunção de obrigações diretas que excedam os créditos orçamentários ou adicionais (suplementares, especiais e extraordinários). Protege-se a higidez do planejamento, impedindo que se criem artifícios para a realização de despesas não previstas em lei.

O inc. III do art. 167 consagrou a regra de ouro das finanças públicas, que impede que as despesas de custeio ultrapassem as despesas de capital.

A proteção constitucional não se dirige apenas à fase de elaboração da lei orçamentária, mas abrange inclusive todo o ciclo orçamentário. O art. 167 dispara regras de limitação à execução orçamentária nos incs. VIII, XI e X, impedindo a utilização, sem autorização legislativa específica, de recursos dos orçamentos fiscal e da seguridade social para suprir necessidade ou cobrir déficit de empresas, fundações e fundos; a instituição de fundos de qualquer natureza, sem prévia autorização legislativa, e a transferência voluntária de recursos e a concessão de empréstimos, inclusive por antecipação de receita, pelos Governos Federal e Estaduais e suas instituições financeiras, para pagamento de despesas com pessoal ativo, inativo e pensionista, dos Estados, do Distrito Federal e dos Municípios.

O conceito de crédito extraordinário, para atender a despesas imprevisíveis e urgentes, como as decorrentes de guerra, comoção interna ou calamidade pública, exige que as despesas sejam imprevisíveis e urgentes. Trata-se de situações fáticas de extrema gravidade e de consequências imprevisíveis para a ordem pública e a paz social, não se permitindo o seu desvirtuamento para atender despesas que não configurem esse núcleo semântico (ADI 4.048 MC, rel. min. Gilmar Mendes, j. 14-5-2008, P, *DJe* de 22-8-2008, e ADI 4.049 MC, rel. min. Ayres Britto, j. 5-11-2008, P, *DJe* de 8-5-2009).

5. Criação de Fundos

A Emenda Constitucional n. 109, de 2021, impediu a criação de fundo público, quando seus objetivos puderem ser alcançados mediante a vinculação de receitas orçamentárias específicas ou mediante a execução direta por programação orçamentária e financeira de órgão ou entidade da administração pública.

O dispositivo constitucional pretende adequar a criação dos fundos com os princípios da sustentabilidade financeira, da limitação de despesas e da aplicação eficiente dos recursos públicos.

6. Sustentabilidade e Equilíbrio Federativo

A Emenda Constitucional n. 128, de 2022, estabeleceu um dos dispositivos mais importantes para a cooperação leal entre os Entes Federados, na realização das políticas públicas, que a vedação de qualquer transferência de encargo financeiro decorrente da prestação de serviço público, inclusive despesas de pessoal e seus encargos, para a União, os Estados, o Distrito Federal ou os Municípios, sem a previsão de fonte orçamentária e financeira necessária à realização da despesa ou sem a previsão da correspondente transferência de recursos financeiros necessários ao seu custeio. Trata-se de um grande avanço em Direito Financeiro, que irá reforçar muito a previsibilidade e efetividade das políticas públicas, com a concretização de uma real sustentabilidade financeira na Federação.

7. Remissões constitucionais e legais

Art. 62, § 1º, I, "d"; art. 100, § 19; art. 37 do ADCT; art. 80, § 1º, do ADCT; art. 101, § 2º, III, do ADCT; e art. 107, § 6º, II, do ADCT.

Alterações Constitucionais: EC n. 103/2019; 109/2021; e 128/2022.

8. Jurisprudência

ADI 820; ADI 584; ADI 1.759; ADI 1.750; ADI 3.576; ADI 1.750; ADI 1.759; ADI 2.129; ADI 2.059; ADI 2.722; ADI 1.689; RE 585.535; RE 183.906; RE 570.513 AgR; RE 218.874.

9. Referências bibliográficas

ABRAHAM, Marcus. *Curso de direito financeiro brasileiro*. 7. ed. Rio de Janeiro: Forense, 2023.

BORGES, José Souto Maior. *Introdução ao direito financeiro*. 2. ed. São Paulo: Max Limonad, 1998.

CALIENDO, Paulo. *Curso de direito tributário*. Porto Alegre: Fênix, 2023.

CONTI, J. Maurício; SCAFF, Fernando F. (coords.). *Orçamentos públicos e direito financeiro*. São Paulo: Revista dos Tribunais, 2011.

DALLARI, Adilson Abreu. Orçamento impositivo. In: CONTI, José Maurício; SCAFF, Fernando Facury (Org.). *Orçamentos públicos e direito financeiro*. São Paulo: Revista dos Tribunais, 2011, p. 309-327.

HARADA, Kiyoshi. *Direito financeiro e tributário*. Imprenta: São Paulo, Atlas, 2016.

MENDES, Gilmar Ferreira; NASCIMENTO, Carlos Valder do (Coord.). *Tratado de direito financeiro*. São Paulo: Saraiva, 2013.

MIRANDA, Pontes de. *Comentários à Constituição de 1967, com a emenda n. 1 de 1969*. Tomo III (Art. 32-117). Rio de Janeiro: Forense, 1987.

OECD. *Best Practices for Budget Transparency*. Paris: OCDE, 2002.

OLIVEIRA, Régis Fernandes de. *Curso de direito financeiro*. 6. ed. São Paulo: Revista dos Tribunais, 2014.

ROSA JÚNIOR. *Manual de direito financeiro e direito tributário*. Rio de Janeiro: Renovar, 2007.

TÔRRES, Heleno. *Direito constitucional financeiro*: teoria da constituição financeira. São Paulo: Revista dos Tribunais, 2014.

TÔRRES, Ricardo Lôbo. *Tratado de direito constitucional financeiro e tributário*. Vol. V. Rio de Janeiro: Renovar, 2008.

Art. 167-A. Apurado que, no período de 12 (doze) meses, a relação entre despesas correntes e receitas correntes supera 95% (noventa e cinco por cento), no âmbito dos Estados, do Distrito Federal e dos Municípios, é facultado aos Poderes Executivo, Legislativo e Judiciário, ao Ministério Público, ao Tribunal de Contas e à Defensoria Pública do ente, enquanto permanecer a situação, aplicar o mecanismo de ajuste fiscal de vedação da:

I – concessão, a qualquer título, de vantagem, aumento, reajuste ou adequação de remuneração de membros de Poder ou de órgão, de servidores e empregados públicos e de militares, exceto dos derivados de sentença judicial transitada em julgado ou de determinação legal anterior ao início da aplicação das medidas de que trata este artigo;

II – criação de cargo, emprego ou função que implique aumento de despesa;

III – alteração de estrutura de carreira que implique aumento de despesa;

IV – admissão ou contratação de pessoal, a qualquer título, ressalvadas:

a) as reposições de cargos de chefia e de direção que não acarretem aumento de despesa;

b) as reposições decorrentes de vacâncias de cargos efetivos ou vitalícios;

c) as contratações temporárias de que trata o inciso IX do *caput* do art. 37 desta Constituição; e

d) as reposições de temporários para prestação de serviço militar e de alunos de órgãos de formação de militares;

V – realização de concurso público, exceto para as reposições de vacâncias previstas no inciso IV deste *caput*;

VI – criação ou majoração de auxílios, vantagens, bônus, abonos, verbas de representação ou benefícios de qualquer natureza, inclusive os de cunho indenizatório, em favor de membros de Poder, do Ministério Público ou da Defensoria Pública e de servidores e empregados públicos e de militares, ou ainda de seus dependentes, exceto quando derivados de sentença judicial transitada em julgado ou de determinação legal anterior ao início da aplicação das medidas de que trata este artigo;

VII – criação de despesa obrigatória;

VIII – adoção de medida que implique reajuste de despesa obrigatória acima da variação da inflação, observada a preservação do poder aquisitivo referida no inciso IV do *caput* do art. 7º desta Constituição;

IX – criação ou expansão de programas e linhas de financiamento, bem como remissão, renegociação ou refinanciamento de dívidas que impliquem ampliação das despesas com subsídios e subvenções;

X – concessão ou ampliação de incentivo ou benefício de natureza tributária.

§ 1º Apurado que a despesa corrente supera 85% (oitenta e cinco por cento) da receita corrente, sem exceder o percentual mencionado no *caput* deste artigo, as medidas nele indicadas podem ser, no todo ou em parte, implementadas por atos do Chefe do Poder Executivo com vigência imediata, facultado aos demais Poderes e órgãos autônomos implementá-las em seus respectivos âmbitos.

§ 2º O ato de que trata o § 1º deste artigo deve ser submetido, em regime de urgência, à apreciação do Poder Legislativo.

§ 3º O ato perde a eficácia, reconhecida a validade dos atos praticados na sua vigência, quando:

I – rejeitado pelo Poder Legislativo;

II – transcorrido o prazo de 180 (cento e oitenta) dias sem que se ultime a sua apreciação; ou

III – apurado que não mais se verifica a hipótese prevista no § 1º deste artigo, mesmo após a sua aprovação pelo Poder Legislativo.

§ 4º A apuração referida neste artigo deve ser realizada bimestralmente.

§ 5º As disposições de que trata este artigo:

I – não constituem obrigação de pagamento futuro pelo ente da Federação ou direitos de outrem sobre o erário;

II – não revogam, dispensam ou suspendem o cumprimento de dispositivos constitucionais e legais que disponham sobre metas fiscais ou limites máximos de despesas.

§ 6º Ocorrendo a hipótese de que trata o *caput* deste artigo, até que todas as medidas nele previstas tenham sido adotadas por todos os Poderes e órgãos nele mencionados, de acordo com declaração do respectivo Tribunal de Contas, é vedada:

I – a concessão, por qualquer outro ente da Federação, de garantias ao ente envolvido;

II – a tomada de operação de crédito por parte do ente envolvido com outro ente da Federação, diretamente ou por intermédio de seus fundos, autarquias, fundações ou empresa estatais dependentes, ainda que sob a forma de novação, refinanciamento ou postergação de dívida contraída anteriormente, ressalvados os financiamentos destinados a projetos específicos celebrados na forma de operações típicas das agências financeiras oficiais de fomento.

Carlos Luiz Strapazzon

1. História da norma

A origem deste art. 167-A é a PEC n. 186/2019, proposta pelo Senado Federal, que deu origem à EC n. 109/2021 e que foi editada com três propósitos mais destacados: a) alterar o regime original de teto de gastos estabelecido pela EC n. 95/2016, de modo a permitir a ampliação de despesas correntes acima do critério vigente; b) flexibilizar a gestão de contenção de despesas e renúncias de receitas; e c) estabelecer um regime fiscal extraordinário para situações de calamidade. Este artigo inova o regime de vedações do art. 167, estabelecido pela Assembleia Nacional Constituinte para fortalecer a institucionalidade do regime de planejamento e orçamento previsto a partir do art. 165, com reforço na proteção das regras do plano plurianual e da lei orçamentária anual, no limite para operações de crédito com efeitos sobre o endividamento público, para créditos adicionais (suplementar, especial e extraordinário) e para transposição de créditos entre os orçamentos (art. 165 § 5º), além de proibir vinculação de receitas de impostos, ressalvados os casos nele previstos. O art. 167 é o primeiro modelo de *regra fiscal* estabelecido a partir de 1988; o segundo veio com a LC n. 101/2001 e o terceiro com a EC n. 95/2016; todos fixam limites para despesas e endividamentos, com critérios diferentes.

2. Constituições brasileiras anteriores

Não há dispositivo originário em Cartas anteriores.

3. Constituições estrangeiras

O direito constitucional estrangeiro tem poucos exemplos de regras fiscais similares a estas do art. 167 e do art. 167-A. A regra de ouro do art. 167, III, é uma exceção. Pode ser encontrada no direito constitucional da Alemanha, no art. 115 da Lei Fundamental. Regras de equilíbrio fiscal podem ser encontradas na Constituição do Equador, art. 298, Constituição do Peru, art. 78, Constituição do Chile, art. 67, Constituição da Estônia, art. 116, Constituição da Alemanha, arts. 109 a 115, Constituição da Bélgica, arts. 170 a 181, Constituição da Itália, art. 119, § 7º.

4. Direito Internacional

O direito internacional não prevê regras fiscais similares a estas do art. 167 e do art. 167-A.

5. Remissões constitucionais e legais

CF art. 167, III; CF art. 107 ADCT; Lei n. 4.320/1964; Lei Complementar n. 101/2000; Lei n. 10.180/2001.

6. Jurisprudência

ADI 352 MC, rel. min. Celso de Mello, j. 29-8-1990, P, *DJ* de 8-3-1991; ADI 3.652, rel. min. Sepúlveda Pertence, j. 19-12-2006, P, *DJ* de 16-3-2007; ADI 5.816, rel. min. Alexandre de Moraes, j. 5-11-2019, P, *DJe* de 26-11-2019.

7. Referências bibliográficas

FAGNANI, Eduardo; CARDOSO JR., José Celso. Mudança Constitucional, Crise Fiscal e Sustentabilidade das Políticas Sociais. *Revista de Economia Política*, São Paulo, v. 37, n. 1, p. 149-168, jan./mar. 2017.

KUFA, Karina; PIMENTEL, Ronei. A Responsabilidade Fiscal na Constituição de 1988: Avanços e Retrocessos. *Revista de Direito Administrativo*, Rio de Janeiro, v. 283, p. 169-197, set./dez. 2019.

LAZARI, Rafael de; PEREIRA, Vinicius. Responsabilidade Fiscal e Limites à Emenda Constitucional. *Revista de Informação Legislativa*, Brasília, v. 55, n. 218, p. 69-86, abr./jun. 2018.

RIBEIRO, Mariana; OLIVEIRA, Fabrício Júlio de. Responsabilidade Fiscal e Reforma da Previdência: Mudanças no Contexto do Ajuste Fiscal. *Revista de Finanças Públicas, Tributação e Desenvolvimento*, São Paulo, v. 7, n. 2, p. 203-220, jul./dez. 2019.

SOUZA, Ana Carolina Pereira de; CASTRO, Júlio César de. Mudanças na Constituição Brasileira de 1988: o Impacto na Política Fiscal. *Revista Brasileira de Política e Administração*, Brasília, v. 4, n. 1, p. 60-81, jan./jun. 2020.

8. Comentários

O art. 167-A introduz um modelo complementar de regras fiscais no direito constitucional do Brasil, alterando, sensivelmente, o estabelecido pela EC n. 95/2016, conhecido como Novo Regime Fiscal baseado num *Teto inflexível* de Gastos e que admitia elevação global de despesas correntes apenas pelo índice oficial da inflação (com algumas poucas exceções). O art. 167-A alterou o modelo anterior ao autorizar a contenção de despesas obrigatórias, destacadamente as de pessoal e com renúncia de receitas tributárias. O novo modelo autoriza medidas de contenção de despesas obrigatórias em dois momentos: o primeiro vem descrito no § 1º: ocorre quando as despesas correntes alcançam 85% das receitas correntes. A partir desse limite, os Poderes e demais órgãos autônomos previstos no dispositivo já podem tomar medidas de ajuste fiscal, mediante contenção de todas ou de algumas das despesas listadas nos incisos I a VIII. O segundo momento se apresenta quando as despesas correntes ultrapassam 95% das receitas correntes. Neste caso, os Poderes e demais instituições autônomas previstas no dispositivo devem tomar medidas de ajuste fiscal e, para isso, estão autorizados a adotar medidas de contenção de todas as despesas com pessoal listadas nos incisos I a VI, e as outras despesas do VII e VIII. Enquanto não tomarem medidas de ajuste fiscal, fica proibida a concessão de garantias por outro ente federado e também a tomada de operação de crédito com outro ente da Federação ou seus fundos, autarquias, fundações ou empresas estatais dependentes, ainda que sob a forma de novação, refinanciamento ou postergação de dívida contraída anteriormente, ressalvados os financiamentos destinados a projetos específicos celebrados na forma de operações típicas das agências financeiras oficiais de fomento. Com essa redação, o dispositivo introduz um limite prudencial (85% das despesas correntes em face das receitas correntes) e um limite máximo (95% de tais despesas em face das receitas) para induzir medidas de ajuste fiscal, mediante contenção de despesas com pessoal e de benefícios fiscais. O dispositivo também reitera a regra de monitoramento dos resultados fiscais prevista no art. 165 § 3º, segundo a qual os entes federados devem produzir balanços bimestrais da evolução de receitas e despesas correntes. As medidas restritivas podem ser implementadas sempre que o balanço dos últimos 12 meses indicar a necessidade de ajustes. Vale destacar que o art. 167-A não estabeleceu uma regra anual para acionar o ajuste fiscal, ou seja, o balanço de janeiro a dezembro. Antes, estabeleceu uma regra de monitoramento dos resultados dos últimos 12 meses, o que é discretamente diferente.

Art. 167-B. Durante a vigência de estado de calamidade pública de âmbito nacional, decretado pelo Congresso Nacional por iniciativa privativa do Presidente da República, a União deve adotar regime extraordinário fiscal, financeiro e de contratações para atender às necessidades dele decorrentes, somente naquilo em que a urgência for incompatível com o regime regular, nos termos definidos nos arts. 167-C, 167-D, 167-E, 167-F e 167-G desta Constituição.

Carlos Luiz Strapazzon

1. História da norma

A origem deste art. 167-B é a PEC n. 186/2019, proposta pelo Senado Federal e que deu origem à EC n. 109/2021. Esta PEC foi editada com três propósitos mais destacados: a) alterar o regime original de teto de gastos estabelecido pela EC n. 95/2016, de modo a permitir a ampliação de despesas correntes acima do critério vigente; b) flexibilizar a gestão de contenção de despesas e renúncias de receitas; e c) estabelecer um regime fiscal extraordinário para situações de calamidade.

2. Constituições brasileiras anteriores

CR 1891, art. 5º; CR 1934, arts. 177, 186; CR 1937, art. 74, *m*; CR 1946, arts. 18, 75, 198; CR 1967, art. 64.

3. Constituições estrangeiras

Embora mais de 90% das Constituições do mundo tenham regras para emergências, apenas algumas mencionam explicitamente a saúde pública como um motivo para declarar um estado de emergência constitucional. Exemplos podem ser encontrados em: Constituição da República Centro-Africana, art. 19 (2016) (Rep. Centro-Africana); Constituição da República do Azerbaijão, art. 112 (2009) (Azer.); Constituição da República de El Salvador de 1983, art. 29 (1983); Constituição da República Democrática Federal da Etiópia, art. 93 (1994); Constituição Política de Honduras, art. 187 (1982).

4. Direito Internacional

Vide comentários ao art. 167-A.

5. Remissões constitucionais e legais

Vide EC n. 106/2020, que instituiu regime extraordinário fiscal, financeiro e de contratações para enfrentamento de calamidade pública nacional decorrente de pandemia. Vide também: art. 21; art. 148; art. 167, § 3º; art. 167-C; art. 167-D; art. 167-E; art. 167-F; art. 167-G; ADCT art. 109, § 5º; ADCT art. 119.

6. Jurisprudência

STF ADI 6341/2020, STF ADI 6357/2020.

7. Referências bibliográficas

COUTO, L. F. "A Crise do COVID-19, regras orçamentárias e suas interpretações: mudanças necessárias?". Nota Técnica IPEA, n. 28, 2020.

SENADO – Senado Federal. "Proposta de Emenda à Constituição n. 10, de 2020 – Orçamento de guerra". Portal Eletrônico do Senado Federal [2020a].

8. Comentários

Este dispositivo 167-B determina a adoção de regime extraordinário fiscal, financeiro e de contratações durante a vigência de estado de calamidade pública de âmbito nacional, decretado pelo Congresso Nacional, ressalvado que a iniciativa deve partir da Presidência da República. O regime extraordinário fiscal exclui tais despesas das metas de resultado primário fixadas na Lei de Diretrizes Orçamentárias. O regime extraordinário financeiro admite formas inéditas de operações de crédito para cobrir essas despesas e o regime extraordinário de contratações dispensa o cumprimento de regras ordinárias de licitações.

> **Art. 167-C.** Com o propósito exclusivo de enfrentamento da calamidade pública e de seus efeitos sociais e econômicos, no seu período de duração, o Poder Executivo federal pode adotar processos simplificados de contratação de pessoal, em caráter temporário e emergencial, e de obras, serviços e compras que assegurem, quando possível, competição e igualdade de condições a todos os concorrentes, dispensada a observância do § 1º do art. 169 na contratação de que trata o inciso IX do *caput* do art. 37 desta Constituição, limitada a dispensa às situações de que trata o referido inciso, sem prejuízo do controle dos órgãos competentes.
>
> *Carlos Luiz Strapazzon*

1. História da norma

Vide comentários ao art. 167-B.

2. Constituições brasileiras anteriores

CR 1891, art. 5º; CR 1934, arts. 177, 186; CR 1937, art. 74, *m*; CR 1946, arts. 18, 75, 198; CR 1967, art. 64.

3. Constituições estrangeiras

Vide comentários ao art. 167-B.

4. Direito Internacional

Vide comentários ao art. 167-A.

5. Remissões constitucionais e legais

Vide EC n. 106/2020, que instituiu regime extraordinário fiscal, financeiro e de contratações para enfrentamento de calamidade pública nacional decorrente de pandemia. Vide também: art. 21; art. 148; art. 167, § 3º; art. 167-B; art. 167-D; art. 167-E; art. 167-F; art. 167-G; ADCT art. 109, § 5º; ADCT art. 119.

6. Jurisprudência

STF ADI 6341/2020, STF ADI 6357/2020.

7. Referências bibliográficas

COUTO, L. F. "A Crise do COVID-19, regras orçamentárias e suas interpretações: mudanças necessárias?". Nota Técnica IPEA, n. 28, 2020.

SENADO – Senado Federal. "Proposta de Emenda à Constituição n. 10, de 2020 – Orçamento de guerra". Portal Eletrônico do Senado Federal [2020a].

8. Comentários

Este dispositivo 167-C especifica medidas extraordinárias que podem ser tomadas em contexto de calamidade pública declarada nos termos do art. 167-B. Assim, diante da necessidade de contratação de pessoal por tempo determinado para atender a necessidade temporária de excepcional interesse público, dispensa a necessidade de prévia dotação orçamentária e também a necessidade de cumprir autorização específica da lei de diretrizes orçamentárias.

> **Art. 167-D.** As proposições legislativas e os atos do Poder Executivo com propósito exclusivo de enfrentar a calamidade e suas consequências sociais e econômicas, com vigência e efeitos restritos à sua duração, desde que não impliquem despesa obrigatória de caráter continuado, ficam dispensados da observância das limitações legais quanto à criação, à expansão ou ao aperfeiçoamento de ação governamental que acarrete aumento de despesa e à concessão ou à ampliação de incentivo ou benefício de natureza tributária da qual decorra renúncia de receita.
>
> **Parágrafo único.** Durante a vigência da calamidade pública de âmbito nacional de que trata o art. 167-B, não se aplica o disposto no § 3º do art. 195 desta Constituição.
>
> *Carlos Luiz Strapazzon*

1. História da norma

Vide comentários ao art. 167-B.

2. Constituições brasileiras anteriores

CR 1891, art. 5º; CR 1934, arts. 177, 186; CR 1937, art. 74, *m*; CR 1946, arts. 18, 75, 198; CR 1967, art. 64.

3. Constituições estrangeiras

Vide comentários ao art. 167-B.

4. Direito Internacional

Vide comentários ao art. 167-A.

5. Remissões constitucionais e legais

Vide EC n. 106/2020, que instituiu regime extraordinário fiscal, financeiro e de contratações para enfrentamento de calamidade pública nacional decorrente de pandemia. Vide também: art. 21; art. 148; art. 167, § 3º; art. 167-B; art. 167-C; art. 167-E; art. 167-F; art. 167-G; ADCT art. 109, § 5º; ADCT art. 119.

6. Jurisprudência

STF ADI 6341/2020, STF ADI 6357/2020.

7. Referências bibliográficas

COUTO, L. F. "A Crise do COVID-19, regras orçamentárias e suas interpretações: mudanças necessárias?". Nota Técnica IPEA, n. 28, 2020.

SENADO – Senado Federal. "Proposta de Emenda à Constituição n. 10, de 2020 – Orçamento de guerra". Portal Eletrônico do Senado Federal [2020a].

8. Comentários

Este dispositivo 167-D especifica medidas extraordinárias que podem ser tomadas em contexto de calamidade pública declarada nos termos do art. 167-B. As inovações referem-se a despesas, renúncia de receitas, contratações de pessoas jurídicas e concessão de crédito. Por um lado, o dispositivo dispensa todas as medidas legislativas e executivas de enfrentamento da calamidade da necessidade de observar limites legais de despesas e de renúncia de receitas, desde que não criem despesas obrigatórias de caráter continuado. Por outro, autoriza a contratação e a concessão de benefícios fiscais e de crédito a pessoas jurídicas em débito com o sistema da seguridade social.

> **Art. 167-E.** Fica dispensada, durante a integralidade do exercício financeiro em que vigore a calamidade pública de âmbito nacional, a observância do inciso III do *caput* do art. 167 desta Constituição.
>
> *Carlos Luiz Strapazzon*

1. História da norma

Vide comentários ao art. 167-B.

2. Constituições brasileiras anteriores

CR 1891, art. 5º; CR 1934, arts. 177, 186; CR 1937, art. 74, *m*; CR 1946, arts. 18, 75, 198; CR 1967, art. 64.

3. Constituições estrangeiras

Vide comentários ao art. 167-B.

4. Direito Internacional

Vide comentários ao art. 167-A.

5. Remissões constitucionais e legais

Vide EC n. 106/2020, que instituiu regime extraordinário fiscal, financeiro e de contratações para enfrentamento de calamidade pública nacional decorrente de pandemia. Vide também: art. 21; art. 148; art. 167, § 3º; art. 167-B; art. 167-C; art. 167-D; art. 167-E; art. 167-G; ADCT art. 109, § 5º; ADCT art. 119.

6. Jurisprudência

STF ADI 6341/2020, STF ADI 6357/2020.

7. Referências bibliográficas

COUTO, L. F. "A Crise do COVID-19, regras orçamentárias e suas interpretações: mudanças necessárias?". Nota Técnica IPEA, n. 28, 2020.

SENADO – Senado Federal. "Proposta de Emenda à Constituição n. 10, de 2020 – Orçamento de guerra". Portal Eletrônico do Senado Federal [2020a].

8. Comentários

Este dispositivo 167-E especifica medidas extraordinárias que podem ser tomadas em contexto de calamidade pública, declarada nos termos do art. 167-B. As inovações referem-se à dispensa do cumprimento da *cláusula da regra de ouro* (*golden rule*), prevista no art. 167-III. O objetivo dessa que é a mais tradicional regra fiscal do direito constitucional brasileiro é impedir endividamento para pagar despesas correntes. Com a redação do art. 167-E, diante da necessidade de enfrentar as condições excepcionais da calamidade, a União Federal poderá realizar operações de crédito, isto é, operações de endividamento, em valores superiores ao previsto como despesa de capital na Lei Orçamentária do ano fiscal.

> **Art. 167-F.** Durante a vigência da calamidade pública de âmbito nacional de que trata o art. 167-B desta Constituição:
>
> I – são dispensados, durante a integralidade do exercício financeiro em que vigore a calamidade pública, os limites, as condições e demais restrições aplicáveis à União para a contratação de operações de crédito, bem como sua verificação;

II – o superávit financeiro apurado em 31 de dezembro do ano imediatamente anterior ao reconhecimento pode ser destinado à cobertura de despesas oriundas das medidas de combate à calamidade pública de âmbito nacional e ao pagamento da dívida pública.

§ 1º Lei complementar pode definir outras suspensões, dispensas e afastamentos aplicáveis durante a vigência do estado de calamidade pública de âmbito nacional.

§ 2º O disposto no inciso II do *caput* deste artigo não se aplica às fontes de recursos:

I – decorrentes de repartição de receitas a Estados, ao Distrito Federal e a Municípios;

II – decorrentes das vinculações estabelecidas pelos arts. 195, 198, 201, 212, 212-A e 239 desta Constituição;

III – destinadas ao registro de receitas oriundas da arrecadação de doações ou de empréstimos compulsórios, de transferências recebidas para o atendimento de finalidades determinadas ou das receitas de capital produto de operações de financiamento celebradas com finalidades contratualmente determinadas.

Carlos Luiz Strapazzon

1. História da norma

Vide comentários ao art. 167-B.

2. Constituições brasileiras anteriores

CR 1891, art. 5º; CR 1934, arts. 177, 186; CR 1937, art. 74, *m*; CR 1946, arts. 18, 75, 198; CR 1967, art. 64.

3. Constituições estrangeiras

Vide comentários ao art. 167-B.

4. Direito Internacional

Vide comentários ao art. 167-A.

5. Remissões constitucionais e legais

Vide EC n. 106/2020, que instituiu regime extraordinário fiscal, financeiro e de contratações para enfrentamento de calamidade pública nacional decorrente de pandemia. Vide também: art. 21; art. 148; art. 167, § 3º; art. 167-B; art. 167-C; art. 167-D; art. 167-E; art. 167-G; ADCT art. 109, § 5º; ADCT art. 119.

6. Jurisprudência

STF ADI 6341/2020, STF ADI 6357/2020.

7. Referências bibliográficas

COUTO, L. F. "A Crise do COVID-19, regras orçamentárias e suas interpretações: mudanças necessárias?". Nota Técnica IPEA, n. 28, 2020.

SENADO – Senado Federal. "Proposta de Emenda à Constituição n. 10, de 2020 – Orçamento de guerra". Portal Eletrônico do Senado Federal [2020a].

8. Comentários

Este dispositivo 167-F especifica medidas extraordinárias que podem ser tomadas em contexto de calamidade pública, declarada nos termos do art. 167-B. As inovações do inciso I apenas especificam o conteúdo da dispensa do cumprimento da *cláusula da regra de ouro* (*golden rule*), prevista no art. 167-III, como salientado no comentário anterior. Com a redação do art. 167-F, inciso I, ficou explicitado que diante da necessidade de enfrentar as condições excepcionais da calamidade, a União Federal poderá realizar operações de crédito, isto é, operações de endividamento, em valores superiores ao previsto como despesa de capital na Lei Orçamentária do ano fiscal. No inciso II, do *caput*, vem autorização para destinar o superávit fiscal do ano anterior ao pagamento das despesas extraordinárias. Afasta, assim, o dever de cumprir metas fiscais de pagamento de juros e amortização de dívida com os recursos superavitários do ano anterior. O § 1º estabelece a possibilidade de criar novos limites para as despesas em estado de calamidade, por meio de Lei Complementar, mas ressalva dessas eventuais limitações os recursos que devem ser transferidos aos demais entes federados, aos serviços e benefícios da seguridade social (saúde, assistência social e previdência social), da educação, do seguro-desemprego e do abono salarial.

Art. 167-G. Na hipótese de que trata o art. 167-B, aplicam-se à União, até o término da calamidade pública, as vedações previstas no art. 167-A desta Constituição.

§ 1º Na hipótese de medidas de combate à calamidade pública cuja vigência e efeitos não ultrapassem a sua duração, não se aplicam as vedações referidas nos incisos II, IV, VII, IX e X do *caput* do art. 167-A desta Constituição.

§ 2º Na hipótese de que trata o art. 167-B, não se aplica a alínea *c* do inciso I do *caput* do art. 159 desta Constituição, devendo a transferência a que se refere aquele dispositivo ser efetuada nos mesmos montantes transferidos no exercício anterior à decretação da calamidade.

§ 3º É facultada aos Estados, ao Distrito Federal e aos Municípios a aplicação das vedações referidas no *caput*, nos termos deste artigo, e, até que as tenham adotado na integralidade, estarão submetidos às restrições do § 6º do art. 167-A desta Constituição, enquanto perdurarem seus efeitos para a União.

Carlos Luiz Strapazzon

1. História da norma

Vide comentários ao art. 167-B.

2. Constituições brasileiras anteriores

CR 1891, art. 5º; CR 1934, arts. 177, 186; CR 1937, art. 74, *m*; CR 1946, arts. 18, 75, 198; CR 1967, art. 64.

3. Constituições estrangeiras

Vide comentários ao art. 167-B.

4. Direito Internacional

Vide comentários ao art. 167-A.

5. Remissões constitucionais e legais

Vide EC n. 106/2020, que instituiu regime extraordinário fiscal, financeiro e de contratações para enfrentamento de calamidade pública nacional decorrente de pandemia. Vide também: art. 21; art. 148; art. 167, § 3º; art. 167-B; art. 167-C; art. 167-D; art. 167-E; art. 167-F; ADCT art. 109, § 5º; ADCT art. 119.

6. Jurisprudência

STF ADI 6341/2020, STF ADI 6357/2020.

7. Referências bibliográficas

COUTO, L. F. "A Crise do COVID-19, regras orçamentárias e suas interpretações: mudanças necessárias?". Nota Técnica IPEA, n. 28, 2020.

SENADO – Senado Federal. "Proposta de Emenda à Constituição n. 10, de 2020 – Orçamento de guerra". Portal Eletrônico do Senado Federal [2020a].

8. Comentários

Este dispositivo 167-G articula as medidas de contenção de despesas previstas no art. 167-A com as de estado de calamidade, do art. 167-B. Todavia, trata a União e demais entes federados com regras diferentes. Para a União, estabelece a regra geral de que durante a vigência de estado de calamidade pública de âmbito nacional, decretado pelo Congresso Nacional, deverá permanecer vigilante dos limites de 85% e de 95% das despesas correntes em face das receitas correntes. A possibilidade de aumentar despesas com pessoal e com benefícios fiscais está restrita ao contexto de medidas específicas de enfrentamento da calamidade reconhecida pelo Congresso Nacional. Assim, para o enfrentamento da calamidade pode haver aumento de despesas com a criação de cargo, emprego ou função, admissão ou contratação de pessoal, a qualquer título, criação de despesa obrigatória, criação ou expansão de programas e linhas de financiamento, bem como remissão, renegociação ou refinanciamento de dívidas que impliquem ampliação das despesas com subsídios e subvenções; concessão ou ampliação de incentivo ou benefício de natureza tributária. Dito isso, cabe ressaltar que o § 2º protege recursos destinados a programas de financiamento ao setor produtivo das Regiões Norte, Nordeste e Centro-Oeste, através de suas instituições financeiras de caráter regional ao proibir, explicitamente, que a União reduza, no estado de calamidade, o montante transferido no ano anterior. Desse modo, se depois de declarado o estado de calamidade houver queda na arrecadação de IPI – Imposto sobre Produtos Industrializados – a União Federal não poderá transferir um valor proporcional a 3% do montante que deve ser transferido (art. 159, I). Deve manter, no mínimo, o valor repassado no ano que antecedeu o do estado de calamidade. Quanto aos Estados, ao Distrito Federal e aos Municípios, o dispositivo faculta-lhes a possibilidade de implementar o ajuste fiscal do art. 167-A para manter a despesa corrente entre 85% e 95% das receitas correntes. Entretanto, enquanto não tomar medidas de ajuste fiscal, fica proibida a concessão de garantias por outro ente federado e também a tomada de operação de crédito com outro ente da Federação ou seus fundos, autarquias, fundações ou empresas estatais dependentes, ainda que sob a forma de novação, refinanciamento ou postergação de dívida contraída anteriormente, ressalvados os financiamentos destinados a projetos específicos celebrados na forma de operações típicas das agências financeiras oficiais de fomento.

Art. 168. Os recursos correspondentes às dotações orçamentárias, compreendidos os créditos suplementares e especiais, destinados aos órgãos dos Poderes Legislativo e Judiciário, do Ministério Público e da Defensoria Pública, ser-lhe-ão entregues até o dia 20 de cada mês, em duodécimos, na forma da lei complementar a que se refere o art. 165, § 9º.

§ 1º É vedada a transferência a fundos de recursos financeiros oriundos de repasses duodecimais. (*Incluído pela Emenda Constitucional n. 109, de 2021.*)

§ 2º O saldo financeiro decorrente dos recursos entregues na forma do *caput* deste artigo deve ser restituído ao caixa único do Tesouro do ente federativo, ou terá seu valor deduzido das primeiras parcelas duodecimais do exercício seguinte. (*Incluído pela Emenda Constitucional n. 109, de 2021.*)

Paulo Caliendo

1. Constituições brasileiras anteriores

Constituição de 1967, na redação da Emenda n. 1, de 1969: "Art. 68. O numerário correspondente às dotações destinadas à Câmara dos Deputados, ao Senado Federal e aos Tribunais Federais será entregue no início de cada trimestre, em quotas estabelecidas na programação financeira do Tesouro Nacional, com participação percentual nunca inferior à estabelecida pelo Poder Executivo para os seus próprios órgãos".

2. Dotações orçamentárias dos Poderes

O texto constitucional pretendeu realizar uma concretização do princípio da "*separação dos poderes*", garantindo a autonomia financeira e orçamentária para cada Poder. Caberiam a estes a elaboração e o encaminhamento da proposta para apreciação do Legislativo. Note-se o alargamento desse preceito ao permitir que órgãos autônomos, como Ministério Público e Defensoria Pública, estivessem protegidos pela norma em comento. A Constituição de 1988 inovou, igualmente, ao prever um percentual definido para a entrega aos Poderes, em duodécimos. O STF havia definido que o percentual mencionado se trata de garantia de independência, que não está sujeita à programação financeira e ao fluxo de arrecadação (MS 21.450). Diversos questionamentos surgiram sobre a possibilidade de restrição a estes preceitos, em decorrência da crise fiscal de diversos Estados.

3. Vedação de transferência a fundos de repasses duodecimais

A Emenda Constitucional n. 109, de 2021, vedou a transferência a fundos de recursos financeiros oriundos de repasses duodecimais; prevendo que em caso de saldos financeiros estes devem ser restituídos ao caixa único do Tesouro do ente federativo, ou terá seu valor deduzido das primeiras parcelas duodecimais do exercício seguinte.

A finalidade desse dispositivo é vedar que os valores destinados ao duodécimo sejam acumulados em fundos especiais e sejam alocados na sua finalidade constitucional precípua. Se assim não ocorrer eles devem ser restituídos ao caixa único do Tesouro, do ente federativo correspondente ou deduzido das primeiras parcelas duodecimais do exercício seguinte, para que sejam redistribuídos ou alocados em outras funções essenciais ou alocados e deduzidos das parcelas duodecimais do próximo exercício.

Uma preocupação relevante é sobre o controle das alocações, em face dessa vedação, é da utilização ineficiente dos investimentos. O texto constitucional apresenta uma coerente solução para essa questão, ao determinar no art. 37, § 16, que "os órgãos e entidades da administração pública, individual ou conjuntamente, devem realizar avaliação das políticas públicas, inclusive com divulgação do objeto a ser avaliado e dos resultados alcançados". Dessa forma, o uso (in)eficiente de recursos será objeto de registro, transparência e avaliação, com a publicidade dos resultados alcançados e a avaliação sujeita a escrutínio público.

4. Remissões constitucionais e legais

EC n. 45/2004 e 109/2019.

5. Jurisprudência

ADI 1.578; ADI 4.426; ADI 468-MC; ADI 810-MC; MS 34.483; e MS 21.450.

6. Referências bibliográficas

ABRAHAM, Marcus. *Curso de direito financeiro brasileiro*. 7. ed. Rio de Janeiro: Forense, 2023.

ANTUNES, J. Pinto. *Da limitação dos poderes*. São Paulo: Revista dos Tribunais, 1950.

ASSIS, Luiz Gustavo Bambini. *Processo legislativo e orçamento público*: função de controle do Parlamento. São Paulo: Saraiva, 2012.

BALEEIRO, Aliomar. *Direito tributário brasileiro*. 12. ed. Rio de Janeiro: Forense, 2013.

BORGES, José Souto Maior. *Introdução ao direito financeiro*. 2. ed. São Paulo: Max Limonad, 1998.

CALIENDO, Paulo. *Curso de direito tributário*. Porto Alegre: Fênix, 2023.

CONTI, J. Maurício; SCAFF, Fernando F. (coords.). *Orçamentos públicos e direito financeiro*. São Paulo: Revista dos Tribunais, 2011.

CONTI, José Maurício, *A autonomia financeira do Poder Judiciário*. São Paulo: MP, 2006.

DALLARI, Adilson Abreu. Orçamento impositivo. In: CONTI, José Maurício; SCAFF, Fernando Facury (Org.). *Orçamentos públicos e direito financeiro*. São Paulo: Revista dos Tribunais, 2011, p. 309-327.

HARADA, Kiyoshi. *Direito financeiro e tributário*. Imprenta: São Paulo, Atlas, 2016.

MENDES, Gilmar Ferreira; NASCIMENTO, Carlos Valder do (Coord.). *Tratado de direito financeiro*. São Paulo: Saraiva, 2013.

MIRANDA, Pontes de. *Comentários à Constituição de 1967, com a emenda n. 1 de 1969*. Tomo III (Art. 32-117). Rio de Janeiro: Forense, 1987.

OLIVEIRA, Régis Fernandes de. *Curso de direito financeiro*. 6. ed. São Paulo: Revista dos Tribunais, 2014.

ROSA JÚNIOR. *Manual de direito financeiro e direito tributário*. Rio de Janeiro: Renovar, 2007.

TAVARES, André Ramos. *Manual do Poder Judiciário Brasileiro*. São Paulo: Saraiva, 2012.

TÔRRES, Heleno. *Direito constitucional financeiro*: teoria da constituição financeira. São Paulo: Revista dos Tribunais, 2014.

TÔRRES, Ricardo Lôbo. *Tratado de direito constitucional financeiro e tributário*. Vol. V. Rio de Janeiro: Renovar, 2008.

Art. 169. A despesa com pessoal ativo e inativo e pensionistas da União, dos Estados, do Distrito Federal e dos Municípios não pode exceder os limites estabelecidos em lei complementar. (*Redação dada pela Emenda Constitucional n. 109, de 2021.*)

§ 1º A concessão de qualquer vantagem ou aumento de remuneração, a criação de cargos, empregos e funções ou alteração de estrutura de carreiras, bem como a admissão ou contratação de pessoal, a qualquer título, pelos órgãos e entidades da administração direta ou indireta, inclusive fundações instituídas e mantidas pelo Poder Público, só poderão ser feitas:

I – se houver prévia dotação orçamentária suficiente para atender às projeções de despesa de pessoal e aos acréscimos dela decorrentes;

II – se houver autorização específica na lei de diretrizes orçamentárias, ressalvadas as empresas públicas e as sociedades de economia mista.

§ 2º Decorrido o prazo estabelecido na lei complementar referida neste artigo para a adaptação aos parâmetros ali previstos, serão imediatamente suspensos todos os repasses de verbas federais ou estaduais aos Estados, ao Distrito Federal e aos Municípios que não observarem os referidos limites.

§ 3º Para o cumprimento dos limites estabelecidos com base neste artigo, durante o prazo fixado na lei complementar referida no *caput*, a União, os Estados, o Distrito Federal e os Municípios adotarão as seguintes providências:

I – redução em pelo menos vinte por cento das despesas com cargos em comissão e funções de confiança;

II – exoneração dos servidores não estáveis.

§ 4º Se as medidas adotadas com base no parágrafo anterior não forem suficientes para assegurar o cumprimento da determinação da lei complementar referida neste artigo, o servidor estável poderá perder o cargo, desde que ato normativo motivado de cada um dos Poderes especifique a atividade funcional, o órgão ou unidade administrativa objeto da redução de pessoal.

§ 5º O servidor que perder o cargo na forma do parágrafo anterior fará jus a indenização correspondente a um mês de remuneração por ano de serviço.

§ 6º O cargo objeto da redução prevista nos parágrafos anteriores será considerado extinto, vedada a criação de cargo, emprego ou função com atribuições iguais ou assemelhadas pelo prazo de quatro anos.

§ 7º Lei federal disporá sobre as normas gerais a serem obedecidas na efetivação do disposto no § 4º.

Paulo Caliendo

1. Constituições brasileiras anteriores

Constituição de 1967: Art. 66. "(...) *§ 4º – A despesa de pessoal da União, Estados ou Municípios não poderá exceder de cinquenta por cento das respectivas receitas correntes. Art. 67 – É da competência do Poder Executivo a iniciativa das leis orçamentárias e das que abram créditos, fixem vencimentos e vantagens dos servidores públicos, concedam subvenção ou auxílio, ou de qualquer modo autorizem, criem ou aumentem a despesa pública*".

Constituição de 1967, na redação da Emenda n. 1, de 1969: "*Art. 64. Lei complementar estabelecerá os limites para as despesas de pessoal da União, dos Estados e dos Municípios*".

2. Dos limites constitucionais às despesas com pessoal

O texto constitucional se preocupou sobremaneira com os limites às despesas de pessoal ativo e inativo; da União, dos Estados, do Distrito Federal e dos Municípios. Para tanto, determinou que estes não podem exceder aos valores estabelecidos em lei complementar. A EC n. 109/2019 acrescentou aos limites anteriormente estabelecidos, também, as despesas de pensionistas.

O texto original da CF/88 restringia-se a regras gerais, que foram amplamente fortalecidas e detalhadas na Emenda Constitucional n. 19, de 1998. Dentre estas estava a exigência de cumprimento das restrições previstas em Lei complementar. Finalmente, a LC n. 96/99 iria estabelecer as normas demandadas pelo art. 169. A Lei Complementar n. 101/2000, denominada Lei de Responsabilidade Fiscal (LRF), revogaria a LC n. 96/99, determinando os limites para os gastos de pessoal.

A LRF determinou que a despesa total com pessoal não poderá exceder os percentuais da receita corrente líquida, a seguir discriminados: União: 50% (cinquenta por cento); Estados: 60% (sessenta por cento) e Municípios: 60% (sessenta por cento). Todas as despesas de pessoal deveriam ser consideradas para o cômputo desses valores, tais como: as despesas de indenização por demissão de servidores ou empregados; relativas a incentivos à demissão voluntária; decorrentes de decisão judicial; com inativos, ainda que por intermédio de fundo específico, entre outras.

Os limites globais não poderão exceder os seguintes percentuais, na esfera federal: a) 2,5% (dois inteiros e cinco décimos por cento) para o Legislativo, incluído o Tribunal de Contas da União; b) 6% (seis por cento) para o Judiciário; c) 0,6% (seis décimos por cento) para o Ministério Público da União; e d) 40,9% (quarenta inteiros e nove décimos por cento) para o Executivo. Na esfera estadual: a) 3% (três por cento) para o Legislativo, incluído o Tribunal de Contas do Estado; b) 6% (seis por cento) para o Judiciário; c) 49% (quarenta e nove por cento) para o Executivo; e d) 2% (dois por cento) para o Ministério Público dos Estados. Na esfera municipal: a) 6% (seis por cento) para o Legislativo, incluído o Tribunal de Contas do Município, quando houver; e b) 54% (cinquenta e quatro por cento) para o Executivo.

Considera-se nulo de pleno direito o ato que provoque aumento da despesa com pessoal e não atenda às exigências da LRF e o limite legal de comprometimento aplicado às despesas com pessoal inativo. Será nulo de pleno direito o ato de que resulte aumento da despesa com pessoal expedido nos 180 dias anteriores ao final do mandato do titular do respectivo Poder ou órgão.

3. Remissões constitucionais e legais

Art. 96, I, "e"; art. 96, II; art. 127, § 2º; art. 166, § 13; art. 198, § 6º; art. 247; art. 38 do ADCT; e EC n. 109/2019.

4. Jurisprudência

ADI 4.426; ADI 5.449 MC; ADI 3.756 ED; ADI 3.756 ED; MS 25.997; ADI 3.853; ADI 3.599; ARE 644.940 AgR; e RE 428.991.

5. Referências bibliográficas

ABRAHAM, Marcus. *Curso de direito financeiro brasileiro*. 7. ed. Rio de Janeiro: Forense, 2023.

BORGES, José Souto Maior. *Introdução ao direito financeiro*. 2. ed. São Paulo: Max Limonad, 1998.

CALIENDO, Paulo. *Curso de direito tributário*. Porto Alegre: Fênix, 2023.

CONTI, J. Maurício; SCAFF, Fernando F. (coords.). *Orçamentos públicos e direito financeiro*. São Paulo: Revista dos Tribunais, 2011.

DALLARI, Adilson Abreu. Orçamento impositivo. In: CONTI, José Maurício; SCAFF, Fernando Facury (Org.). *Orçamentos públicos e direito financeiro*. São Paulo: Revista dos Tribunais, 2011, p. 309-327.

HARADA, Kiyoshi. *Direito financeiro e tributário*. Imprenta: São Paulo, Atlas, 2016.

MENDES, Gilmar Ferreira; NASCIMENTO, Carlos Valder do (Coord.). *Tratado de direito financeiro*. São Paulo: Saraiva, 2013.

MIRANDA, Pontes de. *Comentários à Constituição de 1967, com a emenda n. 1 de 1969*. Tomo III (Art. 32-117). Rio de Janeiro: Forense, 1987.

OECD. *Best Practices for Budget Transparency*. Paris: OCDE, 2002.

OLIVEIRA, Régis Fernandes de. *Curso de direito financeiro.* 6. ed. São Paulo: Revista dos Tribunais, 2014.

ROSA JÚNIOR. *Manual de direito financeiro e direito tributário.* Rio de Janeiro: Renovar, 2007.

TÔRRES, Heleno. *Direito constitucional financeiro*: teoria da constituição financeira. São Paulo: Revista dos Tribunais, 2014.

TÔRRES, Ricardo Lôbo. *Tratado de direito constitucional financeiro e tributário.* Vol. V. Rio de Janeiro: Renovar, 2008.

TÍTULO VII

DA ORDEM ECONÔMICA E FINANCEIRA

CAPÍTULO I

DOS PRINCÍPIOS GERAIS DA ATIVIDADE ECONÔMICA

Art. 170. A ordem econômica, fundada na valorização do trabalho humano e na livre-iniciativa, tem por fim assegurar a todos existência digna, conforme os ditames da justiça social, observados os seguintes princípios:

Eros Roberto Grau

1. História da norma

Embora a Constituição de 1824 e a Constituição da República de 1891 dispusessem, qual as demais Constituições liberais, sobre aspectos concernentes à ordem econômica (direito de propriedade, liberdade de indústria e comércio, liberdade de profissão, liberdade contratual, etc.), a sistematização desses temas em um capítulo do texto constitucional ocorrerá apenas na Constituição de 1934, sob inspiração das experiências constitucionais mexicana, em 1917, e alemã, em 1919. Desde 1934 todas as Constituições brasileiras conterão um capítulo atinente à Ordem Econômica e Social, a partir de 1988 dividido em distintas seções, "Ordem Econômica" e "Ordem Social". O artigo 170 da CB atualiza os preceitos veiculados nesses capítulos.

2. Constituições brasileiras anteriores

Art. 115, *caput*, **da Constituição da República dos Estados Unidos do Brasil de 1934**: A ordem econômica deve ser organizada conforme os princípios da Justiça e as necessidades da vida nacional, de modo que possibilite a todos existência digna. Dentro desses limites, é garantida a liberdade econômica; **Art. 145,** *caput*, **da Constituição dos Estados Unidos do Brasil de 1946**: A ordem econômica deve ser organizada conforme os princípios da justiça social, conciliando a liberdade de iniciativa com a valorização do trabalho humano; **Art. 157,** *caput*, **Constituição da República Federativa do Brasil de 1967**: A ordem econômica tem por fim realizar a justiça social, com base nos seguintes princípios: I – liberdade de iniciativa; II – valorização do trabalho como condição da dignidade humana; III – função social da propriedade; IV – harmonia e solidariedade entre os fatores de produção; V – desenvolvimento econômico; VI – repressão ao abuso do poder econômico, caracterizado pelo domínio dos mercados, a eliminação da concorrência e o aumento arbitrário dos lucros; **Art. 160 da Emenda Constitucional n. 1, de 1969**: A ordem econômica e social tem por fim realizar o desenvolvimento nacional e a justiça social, com base nos seguintes princípios: I – liberdade de iniciativa; II – valorização do trabalho como condição da dignidade humana; III – função social da propriedade; IV – harmonia e solidariedade entre as categorias sociais de produção; V – repressão ao abuso do poder econômico, caracterizado pelo domínio dos mercados, a eliminação da concorrência e o aumento arbitrário dos lucros; e VI – expansão das oportunidades de emprego produtivo.

3. Constituições estrangeiras

Constituição da República de Angola de 1992: artigos 9 e 10; Constituição da República Argentina de 1853 (Reformada em 1994): artigos 14 e 14 *bis*; Constituição da República da Bulgária de 1991: artigo 19; Constituição da República do Chile de 1980 (Reformada em 2005): artigo 19, n. 21; Constituição da República Popular da China de 2004: artigos 7, 11 e 15; Constituição da República da Colômbia de 1991 (Reformada em 2005): artigos 13, 333, 334 e 365; Constituição da República da Coreia de 1947: artigo 119; Constituição da República de Cuba de 1976 (Reformada em 2002): artigos 9, 16 e 43; Constituição do Reino da Dinamarca de 1953: artigo 74; Constituição da Espanha de 1978: artigos 9º, 2, 38, 40, 1, 128, 130 e 131; Constituição da República Francesa de 1958: Preâmbulo (que mantém em vigor o Preâmbulo da Constituição da República Francesa de 27 de outubro de 1946); Constituição da Grécia de 1975: artigo 106, 1 e 2; Constituição da República da Guatemala de 1985 (Reformada em 1993): artigos 43, 110 e 118; Constituição da República de Honduras de 1982 (Reformada em 2005): artigos 328 e 331; Constituição da República da Hungria de 1949 (Revista em 1997 e 2003): artigo 9; Constituição da Índia de 1949: artigo 39; Constituição da República da Irlanda de 1937 (Revista em 1995): artigo 45; Constituição da República da Itália de 1947: artigos 2º e 41; Constituição dos Estados Unidos Mexicanos de 1917 (Reformada em 2004): artigos 25 e 26; Constituição da República do Paraguai de 1992: artigo 176; Constituição da República do Peru de 1993: artigos 58, 59 e 60; Constituição da República da Polônia de 1997: artigos 20 e 22; Constituição da República Portuguesa de 1976 (Revista em 2004): artigos 61, 80 e 81; Constituição da República da Romênia de 1991: artigos 45 e 135; Constituição da Federação Russa de 1993: artigo 8, 34; Constituição da Federação Suíça de 1999: artigos 27, 94 e 100; Constituição da República da Turquia de 1982: artigos 65, 166 e 167; Constituição da República Bolivariana da Venezuela de 2000: artigos 3º, 112 e 299.

4. Direito internacional

A Carta da Organização das Nações Unidas, de 26 de junho de 1945, estabelece princípios aplicáveis à estruturação da ordem econômica constitucional em seus artigos 2º, I (soberania dos Estados) e 55 (promoção do desenvolvimento econômico e social como objetivo da ONU, respeitando-se a igualdade de direitos e a autodeterminação dos povos). A **Declaração Universal dos Direitos Humanos**, de 10 de dezembro 1948, estabelece, entre seus preceitos, o desfrute dos direitos econômicos, sociais e culturais indispensáveis à dignidade humana (artigo XXII) e o direito a um padrão de vida capaz de assegurar uma existência digna, com bem-estar e acesso aos serviços sociais necessários (artigo XXV, 1), todos incorporados no texto da ordem econômica constitucional brasileira.

No mesmo sentido, encontraremos preceitos no **Pacto Internacional sobre os Direitos Econômicos, Sociais e Culturais**, de 16 de dezembro de 1966, qual o dever, dos Estados, de buscar garantir o pleno exercício dos direitos econômicos, sociais e culturais (artigos 2º a 5º) e o direito à existência digna e à melhoria das condições de vida (artigo 11). Na **Convenção Americana de Direitos Humanos**, de 22 de novembro de 1969, em seu **Protocolo Adicional em Matéria de Direitos Econômicos, Sociais e Culturais (Protocolo de San Salvador)**, de 17 de novembro de 1988, está consagrado o direito de todos a viver em meio-ambiente sadio e a dispor dos serviços públicos básicos (artigo 11).

De particular importância para a ordem econômica constitucional brasileira é a **Carta dos Direitos e Deveres Econômicos dos Estados**, aprovada pela **Resolução n. 3281 (XXIX) da Assembleia Geral das Nações Unidas**, em 12 de dezembro de 1974. Entre os preceitos desta Carta destaca-se a afirmação da justiça social como princípio fundamental das relações econômicas internacionais (Capítulo I, artigo 1, 'm') e o desenvolvimento de seu povo como obrigação essencial dos Estados (Capítulo II, artigo 7). Finalmente, o direito ao desenvolvimento foi declarado expressamente na **Resolução n. 41/128 da Assembleia Geral das Nações Unidas**, de 4 de dezembro de 1986, e reafirmado no artigo 10 da **Declaração da Conferência Mundial de Direitos Humanos**, de 12 de julho de 1993.

5. Preceitos constitucionais relevantes (relação ilustrativa)

Art. 1º, I (soberania nacional); Art. 1º, III (dignidade da pessoa humana); Art. 1º, IV (valores sociais do trabalho e da livre-iniciativa); Art. 3º, I (construção de uma sociedade livre, justa e solidária como objetivo da República); Art. 3º, II (desenvolvimento nacional como objetivo da República); Art. 3º, III (erradicação da pobreza e da marginalização e redução das desigualdades sociais e regionais como objetivo da República); Art. 3º, IV (promover o bem de todos, sem qualquer forma de discriminação, como objetivo da República); Art. 5º, I (princípio da igualdade); Art. 5º, XIII (liberdade de profissão); Art. 5º, XVII a XXI (liberdade de associação); Art. 5º, XXII (direito de propriedade); Art. 5º, XXIII (função social da propriedade); Art. 5º, XXVII e XXVIII (proteção ao direito autoral); Art. 5º, XXIX (proteção à propriedade industrial, marcas e patentes); Art. 6º (direitos sociais); Art. 7º (direitos dos trabalhadores); Art. 7º, IV (salário mínimo que garanta existência digna); Art. 7º, XI (direito a participação nos lucros ou resultados das empresas); Art. 8º (direito de organização profissional ou sindical); Art. 9º (direito de greve); Art. 21, IX (elaboração e execução de planos nacionais e regionais de ordenação do território e de desenvolvimento econômico e social como competência da União); Art. 22, I (competência exclusiva da União para legislar sobre direito civil, comercial, agrário, marítimo, aeronáutico, espacial e do trabalho); Art. 22, XVI (competência exclusiva da União para legislar sobre organização do sistema nacional de emprego e sobre o exercício de profissões); Art. 22, XXIX (competência exclusiva da União para legislar sobre propaganda comercial); Art. 23, X (competência comum da União, Estados, Distrito Federal e Municípios para combater as causas da pobreza e os fatores de marginalização); Art. 24, I (competência concorrente da União, Estados e Distrito Federal para legislar sobre direito econômico e urbanístico); Art. 24, V (competência concorrente da União, Estados e Distrito Federal para legislar sobre produção e consumo); Art. 30, I (competência dos Municípios para legislar sobre assuntos de interesse local); Art. 37, *caput* (princípios da administração pública); Art. 37, XIX (exigência de lei específica para criação de autarquia e autorização de instituição de empresa pública, sociedade de economia mista e fundação); Art. 48, IV (competência do Congresso Nacional para legislar sobre planos e programas nacionais, regionais e setoriais de desenvolvimento); Art. 149 (competência exclusiva da União para a instituição de contribuições sociais, de intervenção no domínio econômico e de interesse de categorias profissionais ou econômicas); Art. 163 (previsão de elaboração de leis gerais sobre finanças públicas, dívida pública, concessão de garantia pelas entidades públicas, títulos da dívida pública, operações de câmbio realizadas por órgãos estatais); Art. 164 (competências do Banco Central); Art. 165, I e 165, § 1º (plano plurianual); Art. 170, I (soberania econômica); Art. 170, II (propriedade privada como princípio da ordem econômica); Art. 170, III (função social da propriedade como princípio da ordem econômica); Art. 170, IV (livre concorrência como princípio da ordem econômica); Art. 170, V (defesa do consumidor como princípio da ordem econômica); Art. 170, VI (defesa do meio ambiente como princípio da ordem econômica); Art. 170, VII (redução das desigualdades regionais e sociais como princípio da ordem econômica); Art. 170, VIII (busca do pleno emprego como princípio da ordem econômica); Art. 170, IX (tratamento favorecido para as empresas de pequeno porte como princípio da ordem econômica); Art. 170, parágrafo único (garantia do livre exercício de qualquer atividade econômica, salvo nos casos previstos em lei); Art. 172 (exigência de lei para disciplinar os investimentos de capital estrangeiro, os reinvestimentos e a remessa de lucros); Art. 173 (exploração direta de atividade econômica em sentido estrito pelo Estado); Art. 174 (Estado como agente normativo, regulador e planejador da atividade econômica); Art. 175 (prestação de serviços públicos); Art. 176 (exploração da atividade econômica de mineração); Art. 177 (monopólio constitucional da União sobre a exploração do petróleo, gás natural e hidrocarbonetos e sobre materiais nucleares); Art. 178 (exigência de lei para ordenação dos transportes aéreo, aquático e terrestre); Art. 179 (tratamento jurídico diferenciado para as microempresas e empresas de pequeno porte); Art. 180 (promoção e incentivo do turismo); Arts. 182 e 183 (política de desenvolvimento urbano); Arts. 184 a 191 (política agrícola, fundiária e de reforma agrária); Art. 192 (sistema financeiro nacional); Art. 193 (bases e objetivos da ordem social); Arts. 194 a 195 (seguridade social); Arts. 196 a 200 (direito à saúde); Arts. 201 e 202 (direito à previdência social); Arts. 203 e 204 (direito à assistência social); Arts. 205 a 214 (direito à educação); Arts. 215 e 216 (direitos culturais); Art. 218 (Estado como promotor do desenvolvimento científico e tecnológico); Art. 219 (mercado interno como patrimônio nacional); Arts. 220 a 224 (comunicação social); Art. 225 (meio ambiente); Art. 226 (proteção da família); Art. 227 (proteção à criança e ao adolescente); Art. 230 (proteção ao idoso); Art. 239, § 1º (financiamento de programas de desenvolvimento econômico pelo BNDES a partir dos recursos do PIS/PASEP); Art. 26 do ADCT (criação de Comissão Mista do Congresso Nacional para investigar as causas do endividamento externo brasileiro); Arts. 79 a 82 do ADCT (instituição do Fundo de Combate e Erradicação da Pobreza até 2010).

6. Jurisprudência (STF)

Em relação ao caráter não absoluto da livre-iniciativa e à regulamentação do mercado, veja-se, da jurisprudência do STF, as ADIs n. 1.950/SP, *DJ* de 02-06-2006, e n. 3.512/ES, *DJ* de 23-06-2006, e o RE n. 349.686/PE, *DJ* de 05-08-2005.

7. Literatura selecionada

AGESTA, Luis Sánchez (coord.), *Constitución y Economía: La Ordenación del Sistema Económico en las Constituciones Occidentales*, Madrid, Centro de Estudios y Comunicación Económica, 1977; ASENJO, Oscar de Juan, *La Constitución Económica Española: Iniciativa Económica Pública "versus" Iniciativa Económica Privada en la Constitución Española de 1978*, Madrid, Centro de Estudios Constitucionales, 1984; BANDEIRA DE MELLO, Celso Antônio, "Eficácia das Normas Constitucionais sobre Justiça Social", *Revista de Direito Público* n. 57-58, São Paulo, 1981, pp. 233-256; BERCOVICI, Gilberto, *Constituição Econômica e Desenvolvimento: Uma Leitura a partir da Constituição de 1988*, São Paulo, Malheiros, 2005; BERCOVICI, Gilberto, "Constituição Econômica e Dignidade da Pessoa Humana", *Revista da Faculdade de Direito (Universidade de São Paulo)*, v. 102, São Paulo, 2007; BOGNETTI, Giovanni, *La Costituzione Economica Italiana*, 2ª ed., Milano, Giuffrè, 1995; BUCCI, Maria Paula Dallari, *Direito Administrativo e Políticas Públicas*, São Paulo, Saraiva, 2002; BUCCI, Maria Paula Dallari (org.), *Políticas Públicas: Reflexões sobre o Conceito Jurídico*, São Paulo, Saraiva, 2006; CANOTILHO, José Joaquim Gomes, *Constituição Dirigente e Vinculação do Legislador: Contributo para a Compreensão das Normas Constitucionais Programáticas*, 2ª ed., Coimbra, Coimbra Ed., 2001; CLARK, Giovani, *O Município em Face do Direito Econômico*, Belo Horizonte, Del Rey, 2001; COMA, Martin Bassols, *Constitución y Sistema Económico*, 2ª ed., Madrid, Tecnos, 1988; COMPARATO, Fábio Konder, *Para Viver a Democracia*, São Paulo, Brasiliense, 1989; COMPARATO, Fábio Konder, "Regime Constitucional do Controle de Preços no Mercado", *Revista de Direito Público* n. 97, São Paulo, 1991, pp. 17-28; CRISAFULLI, Vezio, *La Costituzione e le sue Disposizioni di Principio*, Milano, Giuffrè, 1952; DIMOULIS, Dimitri, "Fundamentação Constitucional dos Processos Econômicos: Reflexões sobre o Papel Econômico do Direito" *in* SABADELL, Ana Lucia; DIMOULIS, Dimitri & MINHOTO, Laurindo Dias, *Direito Social, Regulação Econômica e Crise do Estado*, Rio de Janeiro, Revan, 2006, pp. 77-152; GRAU, Eros Roberto, *A Ordem Econômica na Constituição de 1988*, 12ª ed., São Paulo, Malheiros, 2007; GRAU, Eros Roberto, *O Direito Posto e o Direito Pressuposto*, 7ª ed., São Paulo, Malheiros, 2008; IRTI, Natalino, *L'Ordine Giuridico del Mercato*, 4ª ed., Roma/Bari, Laterza, 2001; MANITAKIS, Antonis, *La Liberté du Commerce et de l'Industrie*, Bruxelas, Bruylant, 1979; MOREIRA, Vital, *Economia e Constituição: Para o Conceito de Constituição Econômica*, 2ª ed., Coimbra, Coimbra Ed., 1979; NUNES, António José Avelãs, "A Constituição Econômica Portuguesa: Da Revolução Socialista ao Fundamentalismo Monetarista da União Econômica e Monetária", *Revista Trimestral de Direito Civil* v. 9, Rio de Janeiro, 2002, pp. 121-137; REYES, Manuel Aragón, *Libertades Económicas y Estado Social*, Madrid, McGraw-Hill, 1995; SOUZA, Washington Peluso Albino de, *Teoria da Constituição Econômica*, Belo Horizonte, Del Rey, 2002; SOUZA Neto, Cláudio Pereira de & MENDONÇA, José Vicente Santos de, "Fundamentalização e Fundamentalismo na Interpretação do Princípio Constitucional da Livre Iniciativa" *in* SOUZA Neto, Cláudio Pereira de & SARMENTO, Daniel (coords.), *A Constitucionalização do Direito: Fundamentos Teóricos e Aplicações Específicas*, Rio de Janeiro, Lumen Juris, 2007, pp. 709-741; TAVARES, André Ramos, *Direito Constitucional Econômico*, 2ª ed., São Paulo, Método, 2006; VENÂNCIO FILHO, Alberto, *A Intervenção do Estado no Domínio Econômico: O Direito Público Econômico no Brasil*, Rio de Janeiro, Ed. FGV, 1968; VERDÚ, Pablo Lucas, *Estimativa y Política Constitucionales (Los Valores y los Principios Rectores del Ordenamiento Constitucional Español)*, Madrid, Sección de Publicaciones – Facultad de Derecho (Universidad Complutense de Madrid), 1984.

8. Anotações

8.1. A finalidade dos conceitos jurídicos é a de ensejar a aplicação de normas jurídicas. Eles não são usados para definir essências, mas sim para permitir e viabilizar a aplicação de normas jurídicas[1]. Sucede que o conceito de ordem econômica constitucional não enseja a aplicação de normas jurídicas. Logo, não é conceito jurídico. Presta-se unicamente a indicar, topologicamente, no texto constitucional, disposições que, em seu conjunto, institucionalizam a ordem econômica (*mundo do ser*). Cuida-se, pois, de conceito ancilar da Dogmática do Direito e não do direito.

Na Constituição de 1988, no art. 170, *caput*, tal qual ocorria em relação às Constituições de 34 e 46 e 67-69[2], "ordem econômica" designa realidade do mundo do ser; a Carta de 1937 somente usa a expressão como título que engloba seus arts. 135 a 155. Em todas elas, de qualquer forma, no quanto a expressão é dotada de alguma utilidade, só a apresenta na medida em que indica o local, na Constituição, no qual se irá encontrar disposições que, no seu conjunto, institucionalizam a ordem econômica (*mundo do ser*).

---

1. Ver meu *A Ordem Econômica na Constituição de 1988 (Interpretação e Crítica)*, 12ª edição, São Paulo, Malheiros, 2007, itens 16 e s., p. 60 e s.

2. Art. 115 da Constituição de 1934, art. 145 da Constituição de 1946, art. 157 da Constituição de 1967 e art. 160 da EC 1/69.

Precisamente nisso, todavia, a expressão e o conceito da qual é termo são equívocos. E isso, por três razões: (a) Em primeiro lugar, tomando-se a Constituição de 1988, nela encontramos inúmeras disposições que operam a institucionalização da ordem econômica (*mundo do ser*) e não se encontram englobadas no chamado Título da Ordem Econômica (e Financeira). Assim, *v.g.*, com aquelas inscritas nos arts. 1º e 3º e em inúmeros artigos do Título da Ordem Social, especialmente o 8º e o 9º. (b) Em segundo lugar porque aqui também, tal como sucede quando trabalhamos com o conceito de Constituição Econômica, impõe-se distinguirmos a *ordem econômica (constitucional) formal* da *ordem econômica material*. Quanto a este ponto, as perturbações que o uso do conceito acarreta se desdobram em duas linhas. De uma banda, a ordem econômica (*mundo do dever ser*) não se esgota no nível constitucional. Veja-se, por exemplo, na Constituição de 1988, entre outros, os preceitos inscritos no § 4º do art. 173 e no art. 186. O elenco das disposições que preenchem totalmente a moldura da ordem econômica (*mundo do dever ser*) apenas estará completo quando, além de outras, tivermos sob consideração as leis – legislação infraconstitucional, portanto – que definem o tratamento a ser conferido à repressão ao abuso de poder econômico, os critérios e graus de exigência que afetarão o atendimento de determinados requisitos, pela propriedade rural, a fim de que se tenha por cumprida sua função social. Além disso, também é certo que nem todas as disposições inseridas no Título da Ordem Econômica se compõem no quadro da ordem econômica (constitucional) formal. Exemplifico, na Constituição de 1988, com o preceito do § 3º do art. 173, entre outros. De outra, embora ao cogitarmos da ordem econômica (*mundo do dever ser*) estejamos a cuidar de conceito próximo àquele de Constituição Econômica, as alusões a uma Constituição Econômica *material* e a uma ordem econômica *material* produzem significados inteiramente diversos. A primeira expressão preserva referência direta ao plano constitucional, de modo que, pronunciada, tomamos imediata consciência de que conota normas que, embora se esperasse estivessem contidas no bojo do texto constitucional, são veiculadas no nível infraconstitucional. Já na segunda, essa referência se perde, disso resultando, multiplamente, imprecisões e ambiguidade. Imprecisões, as acima apontadas: nem todas as disposições abarcadas pelo Título da Ordem Econômica se compõem no quadro da ordem econômica (constitucional); há disposições, constitucionais, que não obstante não estejam englobadas nesse título, compõem-se no quadro da ordem econômica (constitucional?). Nisso, a ambiguidade: faz sentido referirmos uma ordem econômica material (constitucional) e uma ordem econômica material (não constitucional)? Ademais, sendo o direito elemento constitutivo do modo de produção, a contemplação, nas novas Constituições, de um conjunto de normas compreensivo de uma "ordem econômica" não é expressiva senão de uma transformação que afeta *todo o direito*. Mas essa transformação se reproduz, no nível constitucional, primária e fundamentalmente em razão de as Constituições deixarem de ser estatutárias, transformando-se em diretivas; e a alusão, do texto constitucional, a uma "ordem econômica", é meramente subsidiária, em si nada de relevante conotando (até porque ambígua e imprecisa). Por derradeiro, *ordem econômica*, como inicialmente anotei, é expressão que se usa – ou se deveria usar, se um mínimo de precisão for desejável – para referir uma parcela da *ordem jurídica* e não da *ordem jurídica constitucional*. (c) Em terceiro lugar – sigo a indicar razões mercê das quais a equivocidade da expressão e do conceito do qual é termo é flagrante – no próprio texto da Constituição de 1988 a expressão aparece conotando diversos significados: assim, no art. 170, *caput*, "ordem econômica" indica *mundo do ser*; no § 5º do art. 173, contudo, *mundo do dever ser*. Pois é evidente que "*atos praticados contra a ordem econômica e financeira*" são atos praticados contra a ordem jurídica. Com maior precisão, contra a parcela da ordem jurídica (mundo do dever ser) que ordena, conforma a ordem econômica e financeira. A expressão "ordem econômica", neste contexto, do § 5º do art. 173 – ao contrário do que sucede quando comparece no enunciado do art. 170, *caput* – conota *mundo do dever ser* e não *mundo do ser*. Em matéria de equivocidade, aliás, o enunciado desse preceito é um primor: de um lado, as expressões "ordem econômica e financeira" e "economia popular" não são homólogas; de outro, cumpre indagar se ato praticado não contra a ordem econômica (constitucional) formal, mas contra a ordem econômica material (não constitucional) sujeitaria a pessoa jurídica e seus dirigentes às punições referidas no enunciado.

Daí sermos levados a concluir não apenas pela inutilidade do(s) conceito(s) de ordem econômica, mas também pela inconveniência do uso da expressão "ordem econômica" no plano da metalinguagem que é a linguagem da Dogmática do Direito. Não obstante tudo isso, a inércia do pensamento jurídico e o hábito de o processarmos desde uma perspectiva excludente do senso crítico impelem à manutenção do uso da expressão.

8.2. A interpretação do direito é [= deve ser] dominada pela força dos princípios. São eles que conferem coerência ao sistema. O direito consubstanciando, enquanto *sistema*, uma ordem axiológica ou teleológica de princípios – qual observei em meu *Ensaio e discurso sobre a interpretação/aplicação do direito*[3] – cumpre prontamente verificarmos quais princípios compõem essa ordem. Aí teremos [i] os *princípios explícitos*, recolhidos no texto da Constituição ou da lei; [ii] os *princípios implícitos*, inferidos como resultado da análise de um ou mais preceitos constitucionais ou de uma lei, ou conjunto de textos normativos da legislação infraconstitucional [exemplos: o *princípio da motivação do ato administrativo* – art. 93, X da Constituição; o *princípio da imparcialidade do juiz* – arts. 95, parágrafo único e 5º, XXXVII da Constituição]; [iii] os *princípios gerais de direito*, também *implícitos*, coletados no direito pressuposto, qual o da *vedação do enriquecimento sem causa*. Note-se bem que estamos a referir, aqui, princípios gerais *de* direito e não os chamados "princípios gerais *do* direito" (sobre o *direito pressuposto*, veja-se meu *O direito posto e o direito pressuposto*, 7ª edição, Malheiros Editores, São Paulo, 2008). Os *princípios gerais de direito – princípios implícitos*, existentes no *direito pressuposto* – não são resgatados fora do ordenamento jurídico, porém *descobertos* no seu interior. Não são transcendentes. Sua "positivação" não se dá mediante o seu resgate no universo do direito natural; ela não é *constituída*, essa "positivação", mas simplesmente *reconhecida*, no instante do seu descobrimento (do princípio) no interior do direito pressuposto da sociedade a que corresponde. Os princípios gerais de direito não constituem criação jurisprudencial; e não preexistem externamente ao ordenamento. A autoridade judicial, ao tomá-los de

---

3. 4ª edição, Malheiros Editores, São Paulo, 2006, p. 46 e s.

modo decisivo para a definição de determinada solução normativa, simplesmente comprova a sua existência no bojo do ordenamento jurídico, do direito que aplica, declarando-os. Eles são, destarte, efetivamente *descobertos* no interior de determinado ordenamento. E o são – repito-o – justamente porque neste mesmo ordenamento [isto é, no interior dele] já se encontravam, em estado de latência.

Os princípios, todos eles – os explícitos e os implícitos – constituem norma jurídica. Norma jurídica é gênero que alberga, como espécies, regras e princípios – entre estes últimos incluídos tanto os princípios explícitos quanto os princípios gerais de direito.

As regras são concreções, são aplicações dos princípios. Por isso mesmo não se manifesta jamais antinomia jurídica entre princípios e regras jurídicas. Estas operam a concreção daqueles. Em consequência, quando em confronto dois princípios, um prevalecendo sobre o outro, as regras que dão concreção ao que foi desprezado são afastadas: não se dá a sua aplicação a determinada hipótese, ainda que elas permaneçam integradas, validamente [isto é, dotadas de validade], no ordenamento jurídico. As regras que dão concreção ao princípio desprezado, embora permaneçam plenas de validade, perdem eficácia – isto é, efetividade – em relação à situação diante da qual o conflito entre princípios manifestou-se. Tudo se torna mais complexo mercê da circunstância de inexistir, no sistema, qualquer regra ou princípio a orientar o intérprete a propósito de qual dos princípios, no conflito entre eles estabelecido, deve ser privilegiado, qual o que deve ser desprezado. Isso somente se pode saber no contexto do caso, de cada caso, no âmbito do qual se verifique o conflito. Em cada caso, em cada situação a dimensão do peso ou importância dos princípios há de ser ponderada. A atribuição de peso maior a um – e não a outro – não é porém discricionária. O momento da atribuição de peso maior a um determinado princípio é extremamente rico porque nele, desde que se esteja a perseguir a definição de uma das soluções corretas, no elenco das possíveis soluções corretas a que a interpretação jurídica pode conduzir, pondera-se o direito em seu todo, como totalidade, desde a Constituição aos mais singelos textos normativos. Variáveis múltiplas, de fato – as circunstâncias peculiares do problema considerado – e jurídicas – linguísticas, sistêmicas e funcionais – são então descortinadas. E, paradoxalmente, é precisamente o fato de o intérprete estar vinculado, retido pelos princípios que torna mais criativa a prudência que pratica.

A Constituição de 1988 é expressivamente principiológica. Contempla expressamente – especialmente o seu Título da ordem econômica – inúmeros princípios cuja ponderação informa e conforma a interpretação constitucional.

A interpretação do direito não se resume a simples operações de subsunção, como permanece a supor, repetitiva do que foi escrito no século XIX, grande parte da nossa doutrina. Desde algum tempo sabemos que texto e norma não se identificam, que o processo legislativo e o processo constituinte cessam na sanção da lei e na promulgação da Constituição para, após, instalar-se outro processo, o da elaboração normativa. Não se pode impunemente confundir a dimensão textual com a dimensão normativa da Constituição.

Não se interpreta normas. O que em verdade se interpreta são os textos normativos; da interpretação dos textos resultam as normas. Texto e norma não se identificam. A norma é a interpretação do texto normativo. A interpretação é, portanto, atividade que se presta a transformar textos – disposições, preceitos, enunciados – em normas. Daí, como as normas resultam da interpretação, o ordenamento, no seu valor histórico-concreto, é um conjunto de interpretações, isto é, um conjunto de normas. O significado [isto é, a norma] é o resultado da tarefa interpretativa. Vale dizer: o significado da norma é produzido pelo intérprete.

A norma jurídica é produzida para ser aplicada a um caso concreto. Essa aplicação se dá mediante a formulação de uma decisão judicial, uma sentença, que expressa a norma de decisão. Aí a distinção entre as normas jurídicas e a norma de decisão. Esta é definida a partir daquelas. De outra banda, é importante também observarmos que todos os operadores do direito o interpretam, mas apenas uma categoria deles realiza plenamente o processo de interpretação, até o seu ponto culminante, que se encontra no momento da definição da norma de decisão. Este, que está autorizado a ir além da interpretação tão somente como produção das normas jurídicas, para dela extrair normas de decisão, é aquele que Kelsen chama de "intérprete autêntico", o juiz.

Partindo do texto da norma [e dos fatos], alcançamos a norma jurídica, para então caminharmos até a norma de decisão, aquela que confere solução ao caso. Somente então se dá a concretização do direito. Concretizá-lo é produzir normas jurídicas gerais nos quadros de solução de casos determinados. A concretização implica um caminhar do texto da norma para a norma concreta [a norma jurídica], que não é ainda, todavia, o destino a ser alcançado; a concretização somente se realiza em sua plenitude no passo seguinte, quando é definida a norma de decisão, apta a dar solução ao conflito que consubstancia o caso concreto. Interpretação e concretização se superpõem. Inexiste interpretação do direito sem concretização; esta é a derradeira etapa daquela.

A norma jurídica é produzida pelo intérprete. Não se afirma, no entanto, que ele literalmente crie a norma. Ele não é um criador *ex nihil*; ele produz a norma, sim, mas não no sentido de fabricá-la, porém no de reproduzi-la.

O produto da interpretação é a norma. Mas ela já se encontra, potencialmente, no invólucro do *texto normativo*. Ela se encontra, em estado de potência, involucrada no texto. Mas ela se encontra assim nele involucrada apenas parcialmente, porque os fatos também a determinam – insisto nisso: a norma é produzida, pelo intérprete, não apenas a partir de elementos que se desprendem do texto [mundo do dever-ser], mas também a partir de elementos do caso ao qual será ela aplicada, isto é, a partir de elementos da realidade [mundo do ser].

A norma encontra-se em estado de potência involucrada no texto e o intérprete a desnuda. Neste sentido – isto é, no sentido de desvencilhamento da norma de seu invólucro: no sentido de fazê-la brotar do texto, do enunciado – é que afirmo que o intérprete "produz a norma".

Interpretação e aplicação não se realizam autonomamente. O intérprete discerne o sentido do texto a partir e em virtude de um determinado caso dado; a interpretação do direito consiste em concretar a lei em cada caso, isto é, na sua aplicação. Assim, existe uma equação entre interpretação e aplicação: não estamos, aqui, diante de dois momentos distintos, porém frente a uma só operação. Interpretação e aplicação consubstanciam um processo unitário, superpondo-se.

Assim, sendo concomitantemente aplicação do direito, a interpretação deve ser entendida como produção prática do direito. A norma é produzida, pelo intérprete, não apenas a partir de elementos colhidos no texto normativo [mundo do dever-ser], mas também a partir de elementos do caso ao qual será ela aplicada, isto é, a partir de dados da realidade [mundo do ser].

Breve síntese pode ser neste ponto ensaiada, na afirmação de que a interpretação do direito tem caráter constitutivo – não meramente declaratório, pois – e consiste na produção, pelo intérprete, a partir de textos normativos e dos fatos atinentes a um determinado caso, de normas jurídicas a serem ponderadas para a solução desse caso, mediante a definição de uma norma de decisão.

Interpretar é, assim, dar concreção [= concretizar] ao direito. Neste sentido, a interpretação [= interpretação/aplicação] opera a inserção do direito na realidade; opera a mediação entre o caráter geral do texto normativo e sua aplicação particular; em outros termos, ainda: opera a sua inserção na vida. Isto é: a interpretação – que é interpretação/aplicação – vai do universal ao particular, do transcendente ao contingente; opera a inserção das leis [= do direito] no mundo do ser [= mundo da vida].

8.3. Não será demasiada, neste passo, a menção à circunstância de o direito ser *prescritivo*. O direito não descreve situações ou fatos senão para a eles atribuir consequências jurídicas. De modo que aqui se deve prontamente explicitar que o texto do artigo 170 não afirma que a ordem econômica *está* fundada na valorização do trabalho humano e na livre-iniciativa e *tem* por fim assegurar a todos existência digna, conforme os ditames da justiça social, senão que ela *deve estar* – vale dizer, *tem de necessariamente estar* – fundada na valorização do trabalho humano e na livre-iniciativa, e *deve ter* – vale dizer, *tem de necessariamente ter* – por fim assegurar a todos existência digna, conforme os ditames da justiça social. A perfeita compreensão dessa obviedade é essencial, na medida em que informará a plena compreensão de que qualquer prática econômica (mundo do ser) incompatível com a valorização do trabalho humano e com a livre-iniciativa, ou que conflite com a existência digna de todos, conforme os ditames da justiça social, será adversa à ordem constitucional. Será, pois, institucionalmente inconstitucional. Este não é o momento adequado para um debate ou exposição a respeito da amplitude dos preceitos constitucionais, que abrange não apenas normas jurídicas, mas também condutas. Afirme-se vigorosamente, no entanto, serem constitucionalmente inadmissíveis quaisquer condutas adversas ao disposto no artigo 170 da Constituição.

8.4. Que a nossa Constituição de 1988 é uma *Constituição dirigente*, isso é inquestionável. O conjunto de diretrizes, programas e fins que enuncia, a serem pelo Estado e pela sociedade realizados, a ela confere o caráter de *plano global normativo*, do Estado e da sociedade. Seu art. 170 prospera, evidentemente, no sentido de implantar uma *nova* ordem econômica. Relembre-se, ademais que a Constituição de 1988 contempla inúmeras disposições que, embora não se encontrem englobadas no chamado Título da Ordem Econômica (e Financeira) – Título VII – operam a institucionalização da ordem econômica (mundo do *ser*).

8.5. O texto constitucional indica, no seu artigo 1º, IV, como fundamento da República Federativa do Brasil, o *valor social do trabalho*; de outra parte, no art. 170, *caput*, afirma que a ordem econômica deve estar fundada na *valorização do trabalho humano*. Tanto em um quanto em outro caso – definição do Brasil (isto é, da República Federativa do Brasil) como entidade política constitucionalmente organizada que se sustenta sobre o *valor social do trabalho* e fundamentação da ordem econômica (mundo do ser) na *valorização do trabalho humano* – estamos diante de *princípios políticos constitucionalmente conformadores* (Canotilho)[4]. O sentido dessas afirmações principiológicas é contudo nebuloso, podendo, em tese, transitar desde o que Habermas refere como "utopia de uma sociedade do trabalho"[5] – cujo ponto de referência (a força estruturadora e socializadora do trabalho abstrato) se perdeu na realidade – até, meramente, a trivial concepção da sociedade moderna e sua dinâmica central como "sociedade do trabalho"[6]. No quadro da Constituição de 1988, de toda sorte, da interação entre esses dois princípios e os demais por ela contemplados – particularmente o que define como fim da ordem econômica (mundo do ser) *assegurar a todos existência digna* – resulta que *valorizar o trabalho humano* e tomar como fundamental o *valor social do trabalho* importa em conferir ao trabalho e seus agentes (os trabalhadores) tratamento peculiar.

Esse tratamento, em uma sociedade capitalista moderna, peculiariza-se na medida em que o trabalho passa a receber proteção não meramente filantrópica, porém politicamente racional. Titulares de capital e de trabalho são movidos por interesses distintos, ainda que se o negue ou se pretenda enunciá-los como convergentes. Daí por que o capitalismo moderno, renovado, pretende a conciliação e composição entre ambos. Essa pretensão é instrumentalizada através do exercício, pelo Estado – pelo Estado, note-se –, de uma série de funções[7]. A evolução do Estado *gendarme*, garantidor da paz, até o Estado do bem-estar keynesiano, capaz de administrar e distribuir os recursos da sociedade "de forma a contribuir para a realização e a garantia das noções prevalentes de *justiça*, assim como de seus pré-requisitos evidentes, tais como o 'crescimento econômico'"[8] demarca o trajeto trilhado nessa busca.

Valorização do trabalho humano e reconhecimento do *valor social do trabalho* consubstanciam cláusulas principiológicas que, ao par de afirmarem a compatibilização – conciliação e composição – a que acima referi, portam em si evidentes potencialidades transformadoras. Em sua interação com os demais princípios contemplados no texto constitucional, expressam prevalência dos valores do trabalho na conformação da ordem econômica, podendo, inclusive, se induzidos pela força do regime político, reproduzir em atos, efetivos, suas potencialidades transformadoras. A Constituição de 1946 (art. 145) referia conciliação da liberdade de iniciativa com a valorização do trabalho humano; a Constituição de 1967 (art. 157, I e II) e a Emenda Constitucional

---

4. Sobre os princípios políticos constitucionalmente conformadores e os princípios constitucionais impositivos, *vide* José Joaquim Gomes CANOTILHO, *Direito Constitucional*, 3ª ed., Coimbra, Almedina, 1983, pp. 200-203.

5. Jurgen HABERMAS, "A Nova Intransparência", *Novos Estudos CEBRAP* n. 18, São Paulo, setembro de 1987, p. 106.

6. Claus OFFE, *Capitalismo Desorganizado*, São Paulo, Brasiliense, 1989, p. 167 e s.

7. *Vide* meu *A Ordem Econômica na Constituição de 1988*, cit., itens 86 e s., p. 198 e s.

8. Claus OFFE, *Capitalismo Desorganizado*, cit., p. 12.

n. 1/69 (art. 160, I e II) colocavam lado a lado, como princípios da ordem econômica, a "liberdade de iniciativa" e a "valorização do trabalho como condição da dignidade humana" – as duas últimas, ademais, introduziram também como princípio da ordem econômica a "harmonia e solidariedade entre os fatores de produção" (Constituição de 1967, art. 157, IV) e a "harmonia e solidariedade entre as categorias sociais de produção" (Emenda Constitucional n. 1/69, art. 160, IV). A redação adotada no inciso IV do art. 157 da Constituição de 1967, supondo a possibilidade de harmonia e solidariedade entre os *fatores de produção*, excedia os limites do exagero.

8.6. No seu art. 1º, IV a Constituição de 1988 enuncia como fundamento da República Federativa do Brasil o *valor social da livre-iniciativa*; de outra parte, no art. 170, *caput*, afirma dever estar a ordem econômica fundada na *livre-iniciativa*; e, mais, neste mesmo art. 170, IV, refere como um dos princípios da ordem econômica a *livre concorrência*. Enunciado no art. 1º, IV e afirmação no art. 170, *caput*, consubstanciam *princípios políticos constitucionalmente conformadores*; livre concorrência, no art. 170, IV, constitui *princípio constitucional impositivo* (Canotilho). No que tange ao primeiro dos princípios que ora temos sob consideração, cumpre verificarmos como e em que termos se dá a sua enunciação no texto. E isso porque, ao que tudo indica, as leituras que têm sido feitas do inciso IV do art. 1º são desenvolvidas como se possível destacarmos de um lado "os valores sociais do trabalho", de outro a "livre-iniciativa", simplesmente. Não é isso, no entanto, o que exprime o preceito. Este em verdade enuncia, como fundamentos da República Federativa do Brasil, o valor social do trabalho e o *valor social da livre-iniciativa*. Isso significa que a *livre-iniciativa* não é tomada, enquanto fundamento da República Federativa do Brasil, como expressão individualista, mas sim no quanto expressa de socialmente valioso.

Já no art. 170, *caput*, afirma-se que a ordem econômica deve estar fundada na *valorização do trabalho humano* e na *livre-iniciativa*. Note-se, assim, que esta é então tomada singelamente e aquele – o trabalho humano – é consagrado como objeto a ser valorizado. *Livre-iniciativa* é termo de conceito extremamente amplo. Não obstante, a inserção da expressão no art. 170, *caput*, tem conduzido à conclusão, restrita, de que toda a *livre-iniciativa* se esgota na *liberdade econômica* ou *de iniciativa econômica*. Dela – da *livre-iniciativa* – se deve dizer, inicialmente, que expressa desdobramento da *liberdade*. Considerada desde a perspectiva substancial, tanto como resistência ao poder quanto como reivindicação por melhores condições de vida (liberdade individual e liberdade social e econômica), podemos descrever a liberdade como *sensibilidade* e *acessibilidade* a alternativas de conduta e de resultado. Pois não se pode entender como livre aquele que nem ao menos sabe de sua possibilidade de reivindicar alternativas de conduta e de comportamento – aí a *sensibilidade*; e não se pode chamar livre, também, aquele ao qual tal acesso é sonegado – aí a *acessibilidade*. Examinada, por outro lado, desde a perspectiva institucional, teremos que o traço constitutivo e diferencial da liberdade, modernamente – afirma-o Umberto Cerroni[9] – é o seu caráter jurídico. Existem como tais, as liberdades, mundanizadas e laicizadas, enquanto objeto de reconhecimento jurídico e sistematização positiva. Vale dizer: o perfil da liberdade – ou os perfis das liberdades, que ela se decompõe em inúmeras espécies: liberdade política, econômica, intelectual, artística, de ensino, de palavra, de ação, etc. – é o definido pela ordem jurídica. Entre nós, no plano da Constituição de 1988, a liberdade é consagrada, principiologicamente, como fundamento da República Federativa do Brasil e como fundamento da ordem econômica[10]. Ao princípio dá concreção, a própria Constituição, nas regras (normas) inscritas, *v.g.*, nos seus arts. 5º – incisos II, VI, IX, XIII, XIV, XV, XVI, XVII, XX – e 206, II. Vê-se para logo, destarte, que se não pode reduzir a *livre-iniciativa*, qual consagrada no art. 1º, IV do texto constitucional, meramente à feição que assume como *liberdade econômica* ou *liberdade de iniciativa econômica*.

Dir-se-á, contudo, que o princípio, enquanto fundamento da ordem econômica, a tanto se reduz. Aqui também, no entanto, isso não ocorre. Ou – dizendo-o de modo preciso –: *livre-iniciativa* não se resume, aí, a "princípio básico do liberalismo econômico" ou a "liberdade de desenvolvimento da empresa" apenas – à liberdade *única* do comércio, pois. Em outros termos: não se pode visualizar no princípio tão somente uma afirmação do capitalismo. Insisto em que a liberdade de iniciativa econômica não se identifica apenas com a *liberdade de empresa*. Pois é certo que ela abrange todas as formas de produção, individuais ou coletivas, e – como averba Antonio Sousa Franco[11] – "as empresas são apenas as formas de organização com característica substancial e formal (jurídica) de índole capitalista". Assim, entre as formas de iniciativa econômica encontramos, além da *iniciativa privada*, a *iniciativa cooperativa* (art. 5º, XVIII e, também, art. 174, §§ 3º e 4º), a *iniciativa autogestionária* e a *iniciativa pública* (arts. 173 e 177).

Uma das faces da *livre-iniciativa* se expõe como *liberdade econômica*, ou *liberdade de iniciativa econômica*, cujo titular é a empresa. O princípio da liberdade de iniciativa econômica – originariamente postulado no édito de Turgot, de 9 de fevereiro de 1776 – inscreve-se plenamente no decreto d'Allarde, de 2-17 de março de 1791, cujo art. 7º determinava que, a partir de 1º de abril daquele ano, seria livre a qualquer pessoa a realização de qualquer negócio ou exercício de qualquer profissão, arte ou ofício que lhe aprouvesse, sendo contudo ela obrigada a se munir previamente de uma "patente" (imposto direto), a pagar as taxas exigíveis e a se sujeitar aos regulamentos de polícia aplicáveis. Meses após, na chamada Lei Le Chapelier – decreto de 14-17 de junho de 1791 – que proíbe todas as espécies de corporações, o princípio é reiterado. Vê-se para logo, nestas condições, que no princípio, nem mesmo em sua origem, se consagrava a liberdade absoluta de iniciativa econômica. Vale dizer: a visão de um Estado inteiramente omisso, no liberalismo, em relação à iniciativa econômica privada, é expressão pura e exclusiva de um tipo ideal. Pois medidas de polícia já eram, neste estágio, quando o princípio tinha o sentido de assegurar a defesa dos agentes econômicos contra o Estado e contra as corporações, a eles impostas.

Em sua raiz, o princípio era expressão de uma garantia de legalidade, o que torna bem explícita a correção da observação

---

9. Umberto CERRONI, *La Libertad de los Modernos*, Barcelona, Martinez-Roca, 1972, p. 11.

10. Ademais, define o art. 3º, I, como objetivo fundamental da República Federativa do Brasil a construção de uma *sociedade livre*.

11. António L. Sousa FRANCO, *Lições de Direito da Economia*, Lisboa, Associação Acadêmica da Faculdade de Direito de Lisboa, 1982-1983, p. 228.

de Galgano[12], nos termos da qual o conceito de Estado de Direito exprime, em relação ao burguês singelamente, aquela mesma exigência – de um limite à ação pública, para salvaguarda da iniciativa privada – que o conceito de *Estado liberal* exprime em relação à burguesia no seu todo. Inúmeros sentidos, de toda sorte, podem ser divisados no princípio, em sua dupla face, ou seja, enquanto liberdade de comércio e indústria e enquanto liberdade de concorrência. A este critério classificatório acoplando-se outro, que leva à distinção entre liberdade pública e liberdade privada, poderemos ter equacionado o seguinte quadro de exposição de tais sentidos[13]: a) liberdade de comércio e indústria (não ingerência do Estado no domínio econômico): a.1) faculdade de criar e explorar uma atividade econômica a título privado – liberdade pública; a.2) não sujeição a qualquer restrição estatal senão em virtude de lei – liberdade pública; b) liberdade de concorrência: b.1) faculdade de conquistar a clientela, desde que não através de concorrência desleal – liberdade privada; b.2) proibição de formas de atuação que deteriam a concorrência – liberdade privada; b.3) neutralidade do Estado diante do fenômeno concorrencial, em igualdade de condições dos concorrentes – liberdade pública.

Dois aspectos devem ser neste passo considerados. O primeiro respeita ao fato de que a referência, sempre reiterada, à liberdade de iniciativa econômica como *direito fundamental* apenas se justifica quando da expressão – "direito fundamental" – lançamos mão para mencioná-la como direito constitucionalmente assegurado. O texto constitucional não a consagra como tal, isto é, como *direito fundamental*. Ademais, a liberdade de iniciativa econômica é liberdade mundana, positivada pela ordem jurídica. O segundo, à circunstância de que não há limitação ao *direito* de liberdade econômica (liberdade de iniciativa econômica), mas, tão somente à *liberdade econômica*. Isso porque o regime de liberdade de iniciativa econômica é aquele definido pela ordem jurídica. Vale dizer: o direito de liberdade econômica só tem existência no contexto da ordem jurídica, tal como o definiu a ordem jurídica. Por certo que, na comparação entre ordens jurídicas distintas, poder-se-á afirmar que nesta, em relação àquela, a liberdade de iniciativa econômica é mais – ou menos – dilatada, em decorrência de ser menos ou mais limitada. Não, porém, que o *direito* de liberdade econômica aqui ou ali seja limitado, neste ou naquele grau. O direito de liberdade econômica é direito integral nos quadrantes da ordem jurídica positiva que o contempla[14]. O que mais importa considerar, de toda sorte, é o fato de que, em sua concreção em regras atinentes à liberdade de iniciativa econômica, o princípio, historicamente, desde o Decreto d'Allarde, jamais foi consignado em termos absolutos.

De resto, quanto ao preceito inscrito no parágrafo único do art. 170, que se tem enfatizado, na afirmação de que reiteraria, consolidando, o caráter liberal da ordem econômica na Constituição de 1988, tem relevância normativa menor. Pois é certo que postulação primária da liberdade de iniciativa econômica, como acima anotei, é a garantia da legalidade: liberdade de iniciativa econômica é liberdade pública precisamente ao expressar *não sujeição a qualquer restrição estatal senão em virtude de lei*. O que esse preceito pretende introduzir no plano constitucional é tão somente a sujeição ao *princípio da legalidade em termos absolutos* – e não, meramente, ao *princípio da legalidade em termos relativos* (art. 5º, II) – da imposição, pelo Estado, de autorização para o exercício de qualquer atividade econômica[15]. Em nada, pois, fortalece ou robustece o princípio da *livre-iniciativa* em sua feição de *liberdade de iniciativa econômica*.

8.7. O conteúdo da *livre-iniciativa* é porém bem mais amplo do que aquele cujo perfil acabamos de debuxar. Importa deixar bem vincado que a *livre-iniciativa* é expressão de liberdade titulada não apenas pela empresa, mas também pelo trabalho. A Constituição, ao contemplar a *livre-iniciativa*, a ela só opõe, ainda que não a exclua, a "iniciativa do Estado"; não a privilegia, assim, como bem pertinente apenas à empresa. É que a *livre-iniciativa* é um modo de expressão do trabalho e, por isso mesmo, corolária da valorização do trabalho. Daí por que o art. 1º, IV do texto constitucional – de um lado – enuncia como fundamento da República Federativa do Brasil o *valor social* e não as virtualidades individuais da livre-iniciativa e – de outro – o seu art. 170, *caput* coloca lado a lado *trabalho humano* e *livre-iniciativa*, curando contudo no sentido de que o primeiro seja valorizado. De mais a mais, assim como a liberdade contratual não é adversa ao modo de produção socialista, tal qual já observei[16], também não o é a *livre-iniciativa*, como aqui concebida. A liberdade, amplamente considerada – insisto neste ponto –, liberdade real, material, é um atributo inalienável do homem, desde que se o conceba inserido no todo social e não exclusivamente em sua individualidade (o homem social, associado aos homens, e não o homem inimigo do homem). A *liberdade de iniciativa*, no entanto, é um dos desdobramentos da liberdade. E, porque assim é – e isso deve restar bem vincado –, não está ela jungida, enquanto *liberdade de iniciativa econômica*, à *propriedade*. Nem a toma, a Constituição, já observei, como *direito fundamental*, entre aqueles inscritos no seu Título III. Não se trata, pois, no texto constitucional, de atributo conferido ao capital ou ao capitalista, porém à empresa. De resto, repita-se, não é ela atributo conferido exclusivamente à empresa.

8.8. A ponderação das observações enunciadas a propósito do valor social do trabalho e do valor social da livre-iniciativa permite-nos alinhar as verificações seguintes. São fundamentos da República, isto é, do Brasil, entre outros, o *valor social do trabalho* e o *valor social da livre-iniciativa*. A ordem econômica (mundo do ser) deve estar fundada na *valorização do trabalho humano* e na *livre-iniciativa* – a Constituição consagra, aí, note-se, *valorização do trabalho humano* e *livre-iniciativa*, simplesmente. A *livre-iniciativa*, ademais, é tomada no quanto expressa de socialmente valioso; por isso não pode ser reduzida, meramente, à feição que assume como *liberdade econômica*, empresarial (isto é, da empresa, expressão do dinamismo dos bens de produção); pela mesma razão não se pode nela, *livre-iniciativa*,

---

12. Francesco GALGANO, *Il Diritto Privato fra Codice e Costituzione*, Bolonha, Zanichelli, 1979, p. 39.
13. Utilizo-me aqui, parcialmente, da exposição de Antonis MANITAKIS, *La Liberté du Commerce et de l'Industrie*, Bruxelas, Bruylant, 1979, p. 6 e s.
14. Neste sentido, *vide* Renato ALESSI, *Principi di Diritto Amministrativo*, Milão, Giuffrè, 1978, v. II, p. 590.

15. Ver meu *O Direito Posto e o Direito Pressuposto*, 7ª ed., São Paulo, Malheiros, 2008, p. 246 e s.
16. Ver meu *A Ordem Econômica na Constituição de 1988*, cit., item 76, p. 174-175.

visualizar tão somente, apenas, uma afirmação do capitalismo. Assim, *livre-iniciativa* é expressão de liberdade titulada não apenas pelo capital, mas também pelo trabalho.

8.9. A *dignidade da pessoa humana* é adotada pelo texto constitucional concomitantemente como *fundamento* da República Federativa do Brasil (art. 1º, III) e como *fim* da ordem econômica (mundo do ser) (art. 170, *caput* – "*a ordem econômica ... tem por fim assegurar a todos existência digna*"). Embora assuma concreção como direito individual, a dignidade da pessoa humana, enquanto princípio, constitui, ao lado do direito à vida, o núcleo essencial dos direitos humanos[17]. Quanto a ela, observam José Joaquim Gomes Canotilho e Vital Moreira[18] que fundamenta e confere unidade não apenas aos direitos fundamentais – direitos individuais e direitos sociais e econômicos – mas também à organização econômica. Isso, sem nenhuma dúvida, torna-se plenamente evidente no sistema da Constituição de 1988, no seio do qual, como se vê, é ela – a dignidade da pessoa humana – não apenas fundamento da República Federativa do Brasil, mas também o fim ao qual se deve voltar a ordem econômica (mundo do ser).

Isso significa, por um lado, que o Brasil – República Federativa do Brasil – define-se como entidade política constitucionalmente organizada, tal como a constituiu o texto de 1988, enquanto assegurada, ao lado da soberania, da cidadania, dos valores sociais do trabalho e da livre-iniciativa e do pluralismo político, a dignidade da pessoa humana. Por outro, significa que a *ordem econômica* mencionada pelo art. 170, *caput* do texto constitucional – isto é, mundo do ser, relações econômicas ou atividade econômica (em sentido amplo) – *deve ser* dinamizada tendo em vista a promoção da existência digna de que todos devem gozar.

"República Federativa do Brasil", no art. 1º do texto constitucional, deve ser lido como *país, coletividade política, sociedade política, comunidade política*, enfim, como *res publica*. A *dignidade da pessoa humana* comparece, assim, na Constituição de 1988, duplamente: no art. 1º como *princípio político constitucionalmente conformador* (Canotilho); no art. 170, *caput*, como *princípio constitucional impositivo* (Canotilho) ou *diretriz* (Dworkin)[19] – ou, ainda, direi eu, como *norma-objetivo*[20]. Nesta sua segunda consagração constitucional, a *dignidade da pessoa humana* assume a mais pronunciada relevância, visto comprometer todo o exercício da atividade econômica, em sentido amplo – e em especial, o exercício da atividade econômica em sentido estrito[21] – com o programa de promoção da existência digna, de que, repito, todos devem gozar. Daí por que se encontram constitucionalmente empenhados na realização desse programa – dessa política pública maior – tanto o setor público quanto o setor privado. Logo, o exercício de qualquer parcela da atividade econômica de modo não adequado àquela promoção expressará violação do

princípio duplamente contemplado na Constituição. Observe-se ademais, neste passo, que a *dignidade da pessoa humana* apenas restará plenamente assegurada se e enquanto viabilizado o acesso de todos não apenas às chamadas *liberdades formais*, mas, sobretudo, às *liberdades reais*[22].

8.10. A ordem econômica tem por fim assegurar a todos existência digna, conforme os *ditames da justiça social*. Na referência a ela, a consagração de *princípio constitucionalmente conformador* (Canotilho). O princípio da *justiça social* conforma a concepção de existência digna cuja realização é o fim da ordem econômica e compõe um dos fundamentos da República Federativa do Brasil (art. 1º, III). *Justiça social* é conceito cujo termo é indeterminado (note-se que "conceitos indeterminados", não os há[23]), contingencial. Do que seja *justiça social* temos a ideia, que fatalmente, no entanto, sofreria reduções – e ampliações – nesta e naquela consciência, quando enunciada em qualificações verbais. É que *justiça social* é expressão que, no contexto constitucional, não designa meramente uma *espécie* de justiça, porém um seu *dado ideológico*. O termo "*social*" não é adjetivo que qualifique uma forma ou modalidade de justiça, mas que nela se compõe como substantivo que a integra. Não há como fugir, assim, à necessidade de discernirmos sentido próprio na expressão, naturalmente distinto daquele que alcançamos mediante a adição dos sentidos, isolados, dos vocábulos que a compõem.

Justiça social, inicialmente, quer significar superação das injustiças na repartição, em nível pessoal, do produto econômico. Com o passar do tempo, contudo, passa a conotar cuidados, referidos à repartição do produto econômico, não apenas inspirados em razões micro, porém macroeconômicas: as correções na injustiça da repartição deixam de ser apenas uma imposição ética, passando a consubstanciar exigência de qualquer política econômica capitalista. Curiosamente, no entanto, porque envolvida em manto ético, a sua inserção no nível constitucional, como princípio – que já ocorria, inutilmente, desde a Constituição de 1946 –, não sofre contestação pública nem dos mais radicais adeptos do liberalismo. A Constituição de 1946 (art. 145) afirmava devesse a ordem econômica "ser organizada conforme os princípios da justiça social"; a Constituição de 1967 (art. 157) ter, a ordem econômica, "por fim realizar a justiça social"; a Emenda Constitucional n. 1/69 (art. 160), ter ela por fim "realizar o desenvolvimento nacional e a justiça social". A posição ocupada pelo princípio na Constituição de 1988, como determinante da concepção de existência digna – que a Emenda Constitucional n. 1/69 (art. 160, II) e a Constituição de 1967 (art. 157, II) faziam repousar apenas na valorização do trabalho humano e a Constituição de 1946 visualizava possibilitada na segurança do trabalho ("a todos é assegurado trabalho" – parágrafo único do art. 145) – lhe confere extremada relevância enquanto conformador, também, de todo exercício de atividade econômica.

---

17. Fábio Konder COMPARATO, *Para Viver a Democracia*, São Paulo, Brasiliense, 1989, p. 39 e 56.

18. José Joaquim Gomes CANOTILHO & Vital MOREIRA, *Constituição da República Portuguesa Anotada*, 2ª ed., Coimbra, Coimbra Ed., 1984, v. I, p. 70.

19. Ronald DWORKIN, *Taking Rights Seriously*, Londres, Duckworth, 1987, p. 22 e 44.

20. Sobre as normas-objetivo, ver meu *Ensaio e Discurso sobre a Interpretação/Aplicação do Direito*, São Paulo, Malheiros, 2002, item 39, p. 132-136.

21. Para a distinção entre *atividade econômica em sentido amplo* (gênero) e *atividade econômica em sentido estrito e serviço público* (espécies), *vide* meu *A Ordem Econômica na Constituição de 1988*, cit., itens 36 e s., p. 101 e s.

22. Fábio Konder COMPARATO, *Para Viver a Democracia*, cit., p. 15 e s. Entendendo que a dignidade da pessoa humana como fim da ordem econômica constitucional possibilita a implementação de uma democracia econômica, *vide* Gilberto BERCOVICI, Constituição Econômica e Dignidade da Pessoa Humana, *Revista da Faculdade de Direito (Universidade de São Paulo)*, v. 102, São Paulo, 2007.

23. *Ver* meus *O Direito Posto e o Direito Pressuposto*, cit., p. 196 e s., e *Ensaio e discurso sobre a interpretação/aplicação do direito*, cit., p. 238 e s.

Art. 170, I – soberania nacional;

Eros Roberto Grau

1. História da norma

O preceito explicita, pela primeira vez na história constitucional brasileira, a relação entre a soberania política do Estado, pressuposto da ordem constitucional, e a soberania econômica. Afirma a autonomia nacional em termos de decisão a propósito dos rumos das políticas econômicas; a internalização dos centros de decisão econômica passa a consubstanciar imposição constitucional.

2. Constituições estrangeiras

Constituição da República de Honduras de 1982 (Reformada em 2005): artigo 335; **Constituição dos Estados Unidos Mexicanos de 1917 (Reformada em 2004):** artigo 25, *caput*; **Constituição da República Portuguesa de 1976 (Revista em 2004):** artigo 81, "g"; **Constituição da República Bolivariana da Venezuela de 2000:** artigos 299 e 303.

3. Direito internacional

A **Carta da Organização das Nações Unidas**, de 26 de junho de 1945, estabelece princípios aplicáveis à estruturação da ordem econômica constitucional em seus artigos 2º, I (soberania dos Estados) e 55 (promoção do desenvolvimento econômico e social como objetivo da ONU, respeitando-se a igualdade de direitos e a autodeterminação dos povos). No mesmo sentido, disposições presentes no **Pacto Internacional sobre Direitos Civis e Políticos**, qual o direito à autodeterminação política, econômica e social dos povos (artigo 1º), e, especialmente, no **Pacto Internacional sobre os Direitos Econômicos, Sociais e Culturais**, o direito à autodeterminação política, econômica e social dos povos (artigo 1º), o direito ao desfrute dos resultados do progresso científico e tecnológico (artigo 15, 3 e 4) e o direito, inerente a todos os povos, de desfrutar e utilizar plenamente suas riquezas e recursos naturais (artigo 25), ambos de 16 de dezembro de 1966. Outro documento internacional a mencionar é a **Carta dos Direitos e Deveres Econômicos dos Estados**, aprovada pela **Resolução n. 3281 (XXIX) da Assembleia Geral das Nações Unidas**, em 12 de dezembro de 1974. Entre os preceitos inseridos neste texto destacam-se os atinentes à afirmação da soberania dos Estados como princípio fundamental das relações econômicas internacionais (Capítulo I, artigo 1, "a"), ao direito à soberania econômica (Capítulo II, artigo 1) e ao desenvolvimento de seu povo como obrigação essencial dos Estados (Capítulo II, artigo 7).

4. Preceitos constitucionais relevantes (relação ilustrativa)

Art. 1º, I (soberania nacional); Art. 3º, I (construção de uma sociedade livre, justa e solidária como objetivo da República); Art. 3º, II (desenvolvimento nacional como objetivo da República); Art. 3º, III (erradicação da pobreza e da marginalização e redução das desigualdades sociais e regionais como objetivo da República); Art. 4º (princípios que regem o Brasil nas relações internacionais); Art. 20, V (recursos naturais da plataforma continental e da zona econômica exclusiva como bens da União); Art. 20, VIII (potenciais de energia hidráulica como bens da União); Art. 20, IX (recursos minerais, inclusive os do subsolo, como bens da União); Art. 21, III (assegurar a defesa nacional como competência da União); Art. 21, VIII (administração das reservas cambiais do País e fiscalização das operações de natureza financeira como competência da União); Art. 21, XXIII (explorar os serviços e instalações nucleares de qualquer natureza e exercer o monopólio estatal sobre os minérios nucleares e seus derivados como competência da União); Art. 22, VI (competência exclusiva da União para legislar sobre sistema monetário e de medidas, títulos e garantias dos metais); Art. 22, VII (competência exclusiva da União para legislar sobre política de crédito, câmbio, seguros e transferência de valores); Art. 22, VIII (competência exclusiva da União para legislar sobre comércio exterior e interestadual); Art. 22, XII (competência exclusiva da União para legislar sobre jazidas, minas, outros recursos minerais e metalurgia); Art. 22, XXVI (competência exclusiva da União para legislar sobre atividades nucleares de qualquer natureza); Art. 22, XXVIII (competência exclusiva da União para legislar sobre defesa); Art. 48, V (competência do Congresso Nacional para legislar sobre limites do território nacional, espaço aéreo e marítimo e bens do domínio da União); Art. 48, XIII (competência do Congresso Nacional para legislar sobre matéria financeira, cambial e monetária, instituições financeiras e suas operações); Art. 48, XIV (competência do Congresso Nacional para legislar sobre moeda, seus limites de emissão e montante da dívida mobiliária federal); Art. 163 (previsão de elaboração de leis gerais sobre finanças públicas, dívida pública, concessão de garantia pelas entidades públicas, títulos da dívida pública, operações de câmbio realizadas por órgãos estatais); Art. 164 (competências do Banco Central); Art. 170, *caput* (fundamentos e finalidades da ordem econômica); Art. 170, VII (redução das desigualdades regionais e sociais como princípio da ordem econômica); Art. 170, VIII (busca do pleno emprego como princípio da ordem econômica); Art. 172 (exigência de lei para disciplinar os investimentos de capital estrangeiro, os reinvestimentos e a remessa de lucros); Art. 173 (exploração direta de atividade econômica em sentido estrito pelo Estado); Art. 174 (Estado como agente normativo, regulador e planejador da atividade econômica); Art. 175 (prestação de serviços públicos); Art. 176 (exploração da atividade econômica de mineração); Art. 177 (monopólio constitucional da União sobre a exploração do petróleo, gás natural e hidrocarbonetos e sobre materiais nucleares); Art. 192 (sistema financeiro nacional); Art. 218 (Estado como promotor do desenvolvimento científico e tecnológico); Art. 219 (mercado interno como patrimônio nacional); Art. 237 (competência do Ministério da Fazenda para a fiscalização e controle sobre o comércio exterior); Art. 26 do ADCT (criação de Comissão Mista do Congresso Nacional para investigar as causas do endividamento externo brasileiro).

5. Literatura selecionada

BARROS, Alberto Moniz da Rocha, *O Poder Econômico do Estado Contemporâneo e seus Reflexos no Direito*, São Paulo, RT, 1953; BERCOVICI, Gilberto, "Teoria do Estado e Teoria da

Constituição na Periferia do Capitalismo: Breves Indagações Críticas" *in* NUNES, António José Avelãs & COUTINHO, Jacinto Nelson de Miranda (orgs.), *Diálogos Constitucionais: Brasil/Portugal*, Rio de Janeiro, Renovar, 2004, pp. 263-290; BERCOVICI, Gilberto, *Constituição Econômica e Desenvolvimento: Uma Leitura a partir da Constituição de 1988*, São Paulo, Malheiros, 2005; BONAVIDES, Paulo, *Do País Constitucional ao País Neocolonial: A Derrubada da Constituição e a Recolonização pelo Golpe de Estado Institucional*, São Paulo, Malheiros, 1999; CABO, Antonio Del & PISARELLO, Gerardo (eds.), *Constitucionalismo, Mundialización y Crisis del Concepto de Soberanía: Algunos Efectos en América Latina y en Europa*, Alicante, Universidad de Alicante, 2000; CANO, Wilson, *Soberania e Política Econômica na América Latina*, São Paulo, UNESP, 2000; CHANG, Ha-Joon, *Globalisation, Economic Development and the Role of the State*, 2ª ed., London/New York, Zed Books, 2004; EVANS, Peter, "O Estado como Problema e Solução", *Lua Nova* n. 28/29, São Paulo, CEDEC, 1993, pp. 107-156; FIORI, José Luís, *Em Busca do Dissenso Perdido: Ensaios Críticos sobre a Festejada Crise do Estado*, Rio de Janeiro, Insight, 1995; FURTADO, Celso, *Brasil: A Construção Interrompida*, 2ª ed., Rio de Janeiro, Paz e Terra, 1992; FURTADO, Celso, *O Capitalismo Global*, 5ª ed., Rio de Janeiro, Paz e Terra, 2001; FURTADO, Celso, *O Longo Amanhecer: Reflexões sobre a Formação do Brasil*, Rio de Janeiro, Paz e Terra, 1999; FURTADO, Celso, *Em Busca de Novo Modelo: Reflexões sobre a Crise Contemporânea*, Rio de Janeiro, Paz e Terra, 2002; GRAU, Eros Roberto, *A Ordem Econômica na Constituição de 1988 (Interpretação e Crítica)*, 12ª ed., São Paulo, Malheiros, 2007; GURRIERI, Adolfo, "Vigencia del Estado Planificador en la Crisis Actual", *Revista de la CEPAL* n. 31, Santiago, CEPAL, abril de 1987, pp. 201-217; JAYASURIYA, Kanishka, "Globalization, Sovereignty and the Rule of Law: From Political to Economic Constitutionalism?", *Constellations*, v. 8, n. 4, dezembro de 2001, pp. 442 e ss.; MELLO, João Manuel Cardoso de, *O Capitalismo Tardio*, 7ª ed., São Paulo, Brasiliense, 1988; MORÁN, David Pantoja, *La Idea de Soberanía en el Constitucionalismo Latinoamericano*, México, Instituto de Investigaciones Jurídicas (UNAM), 1973; SOUZA Neto, Cláudio Pereira de, "O Dilema Constitucional Contemporâneo entre o Neoconstitucionalismo Econômico e o Constitucionalismo Democrático" *in* COUTINHO, Jacinto Nelson de Miranda & LIMA, Martonio Mont'Alverne Barreto (orgs.), *Diálogos Constitucionais: Direito, Neoliberalismo e Desenvolvimento em Países Periféricos*, Rio de Janeiro, Renovar, 2006, pp. 119-131.

6. Anotações

6.1. O primeiro dos princípios da ordem econômica, entre aqueles a serem observados, de modo que ela, fundada na valorização do trabalho humano e na livre-iniciativa, realize o fim de assegurar a todos existência digna, conforme os ditames da justiça social, é o da *soberania nacional*. A *soberania nacional* – assim como os demais princípios enunciados nos incisos do art. 170 – consubstancia, concomitantemente, instrumento para a realização do fim de assegurar a todos existência digna e objetivo particular a ser alcançado. Neste segundo sentido, assume a feição de *diretriz* (Dworkin) – *norma-objetivo* – dotada de caráter *constitucional conformador*[1]. Justifica, enquanto tal, reivindicação pela realização de políticas públicas. A Constituição cogita, aí, da *soberania econômica*, o que faz após ter afirmado, excessivamente – pois sem ela não há Estado –, a *soberania política*, no art. 1º, como fundamento da República Federativa do Brasil, e, no art. 4º, I, a *independência nacional* como princípio a reger suas relações internacionais.

6.2. A afirmação da *soberania nacional econômica* não supõe o isolamento econômico, mas antes, pelo contrário, o desenvolvimento da economia – e da sociedade – e a ruptura de nossa situação de dependência em relação às sociedades desenvolvidas. Está vinculada à superação do subdesenvolvimento, como prescreve o artigo 3º, II, da CB, no sentido de rompimento com a situação de dominação externa e interna em que se encontra o País, a partir da transformação das estruturas socioeconômicas que possibilitem a integração democrática de toda a população ao processo de desenvolvimento e internalizem os centros de decisão econômica.

O Estado assume, no quadro das concepções assumidas pela CEPAL (Comisión Económica para América Latina), a função de agente de promoção do desenvolvimento. Para desempenhar essa função, o Estado há de deter autonomia em face dos grupos sociais, ampliar suas ações e readequar seus órgãos e estrutura. Aí a consciência da dimensão política da superação do subdesenvolvimento, dimensão explicitada pelos objetivos nacionais e prioridades sociais a serem perseguidas pelo próprio Estado. As reformas estruturais são o aspecto essencial da política econômica dos países subdesenvolvidos, condição prévia e necessária da política de desenvolvimento. Coordenando as decisões pelo planejamento, o Estado deve atuar ampla e intensamente, visando a alterar as estruturas socioeconômicas, bem assim distribuir e descentralizar a renda, integrando, social e politicamente, a totalidade da população[2].

6.3. Um dos sintomas mais pronunciados dessa dependência encontra-se, nos nossos dias, na dissociação entre a *tecnologia usada* e a pobreza da *tecnologia concebida ou concebível* pelas sociedades dependentes. No nosso caso, o processo de industrialização que nos legou um *capitalismo tardio* – ou seja, instalado em um momento em que, como observa João Manuel Cardoso de Mello[3], "o capitalismo monopolista se torna dominante em escala mundial, isto é, em que a economia mundial capitalista já está constituída" – produziu, entre outras sequelas, a da institucionalização de nossos agentes econômicos como meros intermediários entre produtores industriais estrangeiros e o mercado. Deles se fez agentes comerciais de repasse de tecnologia importada ao consumidor – cuida-se não de *produtores in-*

---

1. *Vide* Ronald DWORKIN, *Taking Rights Seriously*, Londres, Duckworth, 1987, p. 22 e 44, e José Joaquim Gomes CANOTILHO, *Direito Constitucional*, 3ª ed., Coimbra, Almedina, 1983, p. 200-203. Sobre as normas-objetivo, *vide* meu *Ensaio e Discurso sobre a Interpretação/Aplicação do Direito*, 4ª ed. São Paulo, Malheiros, 2006, item 39, p. 132-136.

2. *Vide* Adolfo GURRIERI, "Vigencia del Estado Planificador en la Crisis Actual", *Revista de la CEPAL* n. 31, Santiago, CEPAL, abril de 1987, p. 201-217; Celso FURTADO, *Brasil: A Construção Interrompida*, 2ª ed., Rio de Janeiro, Paz e Terra, 1992, p. 11-13, 24-35, 38, 40-48, 51-52, 61-64 e 74-75, e Gilberto BERCOVICI, *Constituição Econômica e Desenvolvimento: Uma Leitura a partir da Constituição de 1988*, São Paulo, Malheiros, 2005, p. 45-68.

3. *O Capitalismo Tardio*, 7ª ed., São Paulo, Brasiliense, 1988, p. 98.

dustriais, mas de *fabricantes*. Os anos sessenta, com a consolidação das corporações multinacionais no mercado internacional, definiram, nitidamente, o nosso papel de consumidores de tecnologia externa. Neste sentido, o art. 170, I, está vinculado diretamente a outro preceito da CB, o art. 219, que define o mercado interno como patrimônio nacional, afirmando-o como expressão da soberania econômica nacional. O significado deste último preceito é precisamente o de viabilizar o desenvolvimento cultural e socioeconômico, o bem-estar da população e a autonomia tecnológica do país, fundamentando a atuação do Estado na esfera econômica e social[4].

6.4. Afirmar a *soberania econômica nacional* como instrumento para a realização do fim de assegurar a todos existência digna e como objetivo particular a ser alcançado é definir programa de políticas públicas voltadas não ao isolamento econômico, mas a viabilizar a participação da sociedade brasileira, em condições de igualdade, no mercado internacional[5].

Art. 170, II – propriedade privada;
Gabrielle Bezerra Sales Sarlet

Assim como se fez no caso do artigo 5º, XX, CF, é também aqui o caso de remeter o leitor aos comentários introdutórios ao direito geral de propriedade assegurado no artigo 5º, *caput*, o que se justifica também pelo fato de as questões relativas aos diversos dispositivos constitucionais que versam sobre a propriedade e, portanto, densificam o próprio direito geral de propriedade serem também objeto de comentário próprio. O que se há de mencionar aqui, em caráter sumariíssimo, é que no contexto do artigo 170, CF, que enuncia os princípios da ordem constitucional econômica, a referência à propriedade privada (e, portanto aqui não à propriedade no âmbito do domínio público), dentre outros aspectos, reforça a concepção de que o projeto constituinte (e isso já resulta claro no primeiro artigo da CF) foi o de estruturar um modelo político, jurídico, social e econômico pautado pela simetria (sempre tendencial) e sinergia entre o capital e o trabalho e os valores da liberdade individual e da justiça social, que, aliás, constituem precisamente (juntamente com a garantia de uma existência digna) um dos objetivos da ordem econômica constitucional brasileira.

Art. 170, III – função social da propriedade;
Eugênio Facchini Neto

1. História da norma

1967 marca o ano em que pela primeira vez que a expressão "função social da propriedade" foi utilizada, entre nós, em texto constitucional. O art. 157 daquela Constituição estabeleceu que "a ordem econômica tem por fim realizar a justiça social, com base nos seguintes princípios: III – função social da propriedade". É verdade, porém, que o art. 2º do Estatuto da Terra – Lei 4.504, de 30.11.64 – já havia usado tal expressão.

A mesma previsão foi mantida na Emenda Constitucional n. 1/69, que regulou a matéria no seu art. 160, III, em fórmula substancialmente idêntica, que igualmente permanece na vigente Constituição (art. 170, III). Novidade marcante dessa última foi o fato de que a função social da propriedade foi prevista igualmente como direito fundamental, no art. 5º, inc. XXIII.

Saliente-se que, mesmo antes da Constituição de 1967, a propriedade já perdera, no Brasil, seu caráter absoluto. De fato, a Constituição de 1934, em seu art. 113, n. 17, primeira parte, após garantir o direito de propriedade, ressalvava que tal direito "não poderá ser exercido contra o interesse social ou coletivo, na forma que a lei determinar". O advento do Estado Novo representou um passo atrás em tal concepção, pois a Carta outorgada de 1937 suprimiu a menção à necessidade de uso com destinação social, referindo, apenas, que "o seu conteúdo e os seus limites serão os definidos nas leis que lhe regularem o exercício" (art. 122, 14, parte final). Por ocasião da redemocratização do país, a Constituição de 1946, no seu art. 147, referiu que "o uso da propriedade será condicionado ao bem-estar social. A lei poderá, com observância do disposto no art. 141, § 16, promover a justa distribuição da propriedade, com igual oportunidade para todos" (art. 147).

Portanto, nesse aspecto, não houve inovação, nem suscitou debates por ocasião da assembleia constituinte a manutenção do texto ora em comento, que já se encontrava consolidado em nosso direito constitucional.

2. Constituições brasileiras anteriores

Constituição de 1934, art. 113, n. 17, primeira parte; Constituição de 1946, art. 147; Constituição de 1967, art. 157, III; Emenda Constitucional n. 1/69, art. 160, III.

3. Constituições estrangeiras

Remete-se às referências feitas por ocasião dos comentários ao art. 5º, inc. XXIII[1].

4. Direito internacional

Remete-se às referências feitas por ocasião dos comentários ao art. 5º, inc. XXIII.

---

4. *Vide* meu *A Ordem Econômica na Constituição de 1988*, 12ª ed., São Paulo, Malheiros, 2007, itens 110 e 114 a 117, p. 254-255 e 258-276.

5. *Vide*, neste sentido, Celso FURTADO, *Em Busca de Novo Modelo*: Reflexões sobre a Crise Contemporânea, Rio de Janeiro, Paz e Terra, 2002.

1. A Constituição de Weimar continha a previsão tanto de direitos humanos tradicionais como de direitos sociais, mas sem uma regulação expressa sobre a forma de sua vigência. Doutrina e jurisprudência passaram a entender, então, que tais normas eram dirigidas ao legislador e exigiam a edição de normas regulamentadoras para sua aplicação. *"Debido a esta confusión, resultaba que todos los derechos fundamentales en la Constitución de Weimar 'operaban en el vacío', según la famosa expresión de Thoma, autor del más importante comentario a esta Constitución, pero no por culpa de los constituyentes, más bien debido a una doctrina cerrada"* (HORN: 2001).

5. Remissões constitucionais e legais

5.1. Remissões constitucionais

Art. 5º, XXIII, art. 156, § 1º, na sua redação original (antes da alteração efetuada pela Emenda Constitucional n. 29/2000), art. 173, § 1º, I, art. 182, § 2º, art. 184, art. 185, parágrafo único, e art. 186.

5.2. Remissões legais

Lei 4.504, de 30.11.1964 (Estatuto da Terra), art. 2º, caput, § 1º, § 2º, "b", art. 12, art. 13, art. 18, "a", art. 47, I; Lei 8.629, de 25.02.1993 (regulamenta a reforma agrária, prevista no Capítulo III, Título VII, da Constituição Federal), art. 2º, caput e § 1º, art. 5º, art. 9º; Lei 10.257, de 10.07.2001 (Estatuto da Cidade), art. 39; Lei 10.406, de 10.01.2002 (Código Civil), art. 1.228, § 1º, e art. 2.035.

6. Jurisprudência relevante

Remete-se à jurisprudência colacionada nos comentários ao art. 5º, inc. XXIII.

7. Comentários

É significativo o fato de que, além da previsão no rol dos direitos fundamentais do art. 5º, o constituinte manteve também a inclusão do princípio da função social da propriedade no capítulo que trata dos "Princípios gerais da atividade econômica", art. 170, III. Isso tem notável importância prática, pois a propriedade privada, que também é garantida no mesmo dispositivo constitucional, não mais poderá ser considerada como um direito exclusivamente individual. Relativiza-se seu conceito e significado, porque os princípios da ordem econômica são preordenados à vista da realização de seu fim: *assegurar a todos existência digna, conforme os ditames da justiça social.* Nesse sentido, José Afonso da Silva (2001, 790) afirma que a propriedade "só é legítima enquanto cumpra uma função dirigida à justiça social".

Em sociedades capitalistas, como a nossa, o acesso à propriedade (no sentido de riqueza) acaba por condicionar o acesso aos demais bens de vida. Os excluídos de tal acesso acabam não podendo exercer satisfatoriamente os direitos e liberdades fundamentais formalmente garantidos a todos e cada um. Daí por que sua regulamentação jurídica interessa a todos.

A discussão contemporânea sobre a propriedade e sua função social está associada a uma discussão mais ampla, referente à passagem de uma ética individualista para uma ética solidarista. Como bem refere Fachin (2001, p. 51), "o projeto existencial do homem só é possível se os demais homens livres estiverem dispostos a cooperar solidariamente em sua realização". Ou seja, trata-se de perceber que além do direito de propriedade existe também o direito à propriedade, como uma das possíveis concretizações do direito fundamental social do direito à moradia (art. 6º da Constituição Federal). Ao lado da perspectiva estática existe a perspectiva dinâmica; ao lado da proteção de quem já possui – proteção do ter – o Direito passa a se preocupar com a proteção de quem ainda não tem, mas que aos bens procura ter acesso – proteção do ser, da esperança. Ao lado da manutenção do que é, a viabilização do vir a ser. Na visão de Macpherson (1978, 201), ao lado do direito a excluir outros do uso e fruição de algo (na clássica visão sobre os direitos do proprietário), deve existir o direito a não ser excluído pelos outros do acesso aos bens e aos benefícios que eles propiciam[2].

Na arquitetura constitucional vigente, além da previsão genérica e ampla dos arts. 5º, XXIII, e 170, III, que se aplicam a todos os tipos de propriedade, o legislador constituinte achou por bem densificar de forma diversa o princípio da função social da propriedade, considerando separadamente os imóveis rurais e os urbanos. Quanto aos urbanos, limitou-se a referir o dever do proprietário de se submeter às exigências fundamentais de ordenação da cidade, tais como expressas no respectivo plano diretor (art. 182, § 2º). Já no que diz respeito aos imóveis rurais, o próprio constituinte, inspirando-se no regramento existente no Estatuto da Terra (Lei 4.504/64, art. 2º, § 1º), indicou os critérios mínimos para que se pudesse considerar que a propriedade rural estivesse observando sua função social (art. 186). Discorrendo a respeito dessa última hipótese, concluiu Tepedino (1999, p. 272-274) que o preceito condiciona a fruição individual do proprietário ao atendimento dos múltiplos interesses não proprietários. Isso significa que "o não proprietário não é mais apenas o sujeito passivo universal, titular de um dever genérico de abstenção, mas se insere numa situação jurídica subjetiva complexa. Tem direito a exigir de quem proprietário é o cumprimento da função social da propriedade, e tem direito a que lhe sejam dadas condições materiais de aceder à propriedade" (Cortiano Júnior: 2002, p. 153-154). A proteção ambiental[3], a utilização racional das reservas naturais, as relações de trabalho derivadas da situação proprietária, o bem-estar desses mesmos trabalhadores, são interesses tutelados constitucionalmente e que passaram a integrar o conteúdo funcional da situação proprietária, sendo que o "estatuto proprietário somente será merecedor de tutela se atender à função social preestabelecida na Constituição, sistematicamente interpretada", inclusive a ponto de não bastar tratar-se de propriedade produtiva para ser imune à desapropriação (art. 185, II, da CF), caso não atenda à sua função social, observando todos os requisitos indicados no art. 186.

A esse respeito, refere Lotufo (2008, p. 344) que a opinião doutrinária, embora não acolhida pela jurisprudência pátria, é no sentido de que, com relação aos demais sujeitos privados, o descumprimento do dever social de proprietário significa uma lesão ao direito fundamental de acesso à propriedade. Nessa hipótese,

---

2. Discorrendo sobre a introdução do conceito de função social da propriedade na Constituição italiana, Alpa, Bessone e Fusaro (2004) referem que "a função social modifica a estrutura tradicional reconhecida à propriedade. Não se trata, portanto, de uma simples modificação da terminologia das normas, mas de uma radical inovação no modo de disciplinar a propriedade no modo de analisar a propriedade, no modo de coordenar os interesses dos particulares com o interesse geral. E se trata, também, de uma fórmula com evidente conotação ideológica".

3. Deboni (2011:161) chama a atenção para o fato de que tanto a *função ambiental* quanto a *função social* da propriedade são elementos constitutivos do próprio direito de propriedade, no sentido que são inerentes a ela, e impõem uma conduta positiva ao proprietário, com o objetivo de que a propriedade atinja o interesse coletivo. Em outras palavras, o direito de propriedade existe apenas se exercitado no respeito destas duas funções. No mesmo sentido, Magalhães (1993: 150) refere que a função socioambiental da propriedade seria uma reciclagem do conceito de função social, cujo conteúdo foi ampliado para atender os objetivos de caráter ambiental.

as garantias ligadas normalmente à propriedade, notadamente a de exclusão das pretensões possessórias de outrem, devem ser afastadas.

Tradicionalmente compete aos códigos civis a disciplina dos aspectos estruturais da propriedade, tanto os internos ou econômicos (os clássicos poderes de usar, gozar e dispor dos bens, de forma livre e autônoma), como os externos ou jurídicos (as ações de tutela, direcionadas a excluir outrem do gozo da coisa, bem como a reaver o bem de quem quer que injustamente o possua).

Já os aspectos funcionais são referidos nas constituições. Comparativamente com outros textos constitucionais, nossa Constituição é uma das mais pródigas na indicação das consequências pelo fato de se observar ou não a função da propriedade. Essas consequências podem ser de dois tipos: positivas (ou protetivas) e negativas (ou punitivas). Em outras palavras, o constituinte protege a propriedade que observa sua função social e pune o proprietário que não a cumpre. Como exemplo de punição, cita-se acórdão do STJ (REsp 62.8141/2004) que, em caso de desapropriação, afirmou não fazer jus o proprietário a juros compensatórios, por não explorar atividade econômica compatível com a destinação do imóvel, desvirtuando sua finalidade social. Outras sanções foram destacadas ao comentarmos o art. 5º, inc. XXIII.

A força normativa do princípio em comento destina-se a todos: legislador, administrador, juristas em geral, juízes, mas também aos cidadãos, nas suas relações particulares. De fato, os particulares poderão eventualmente invocar, em seu favor, o fato de estarem fazendo com que o imóvel desempenhe sua função social, ou até mesmo invocar, em desfavor do outro litigante, o fato de que o outro se omitiu em fazer com o que o imóvel desempenhe integralmente sua função social. Desde há muito, por exemplo, está pacificada a jurisprudência pátria no sentido de que os hospitais, ainda que particulares, possuem uma função social. Assim, qualquer médico, ainda que não integre o corpo clínico do nosocômio, tem o direito de fazer internar seus pacientes, a fim de ministrar-lhes o tratamento, inclusive cirúrgico, necessário. Nesse sentido, à guisa de exemplo, o acórdão do STJ, através de sua 3ª T., rel. Min. Nilson Naves, REsp n. 27.039-3/SP, j. em 8.11.93, fazendo expressa menção ao princípio da função social da propriedade. Naquele caso, o médico interessado havia invocado o Código de Ética Médica, que lhe garantia tal direito, ao que os donos do hospital invocavam o direito constitucional de propriedade. No entender do STJ, tal direito deve ser exercido em consonância com o princípio da função social da propriedade.

Eros Grau (1994, p. 246-260) sustenta que o princípio da função social da propriedade impõe ao proprietário o dever de exercer seu direito em benefício de outrem e não, apenas, de não o exercer em prejuízo de outrem, significando que a função social da propriedade atua como fonte de imposição de comportamentos positivos. O próprio STF, ao julgar a Med. Caut. em ADIn n. 2.213-0/2002, afirmou que "incumbe, ao proprietário da terra, o dever jurídico-social de cultivá-la e de explorá-la adequadamente, sob pena de incidir nas disposições constitucionais e legais que sancionam os senhores de imóveis ociosos, não cultivados e/ou improdutivos". Por sua vez, o STJ, ao julgar o REsp n. 1.179.259-MG, em 2013, assentou que "8 – A extinção do usufruto pelo não uso pode ser levada a efeito sempre que (...) se constatar o não atendimento da finalidade social do bem gravado. 9 – No particular, as premissas fáticas assentadas pelo acórdão recorrido revelam, de forma cristalina, que a finalidade social do imóvel gravado pelo usufruto não estava sendo atendida pela usufrutuária, que tinha o dever de adotar uma postura ativa de exercício de seu direito".

BANDEIRA DE MELLO (2019), em artigo publicado originariamente em 1987, ainda na vigência da mais tímida ordem constitucional anterior, chegou a defender que a noção de função social da propriedade estaria "comprometido com o projeto de uma sociedade mais igualitária ou menos desequilibrada", podendo proporcionar a "ampliação de oportunidades a todos os cidadãos, independentemente da utilização produtiva que porventura já esteja tendo", podendo legitimar, assim, providencias normativas e administrativas que ensejassem "acesso à propriedade, rural ou urbana, dos sem-terra ou sem habitação". Já segundo SZTAJN (2018), impõe-se reconhecer que "o direito de propriedade preenche uma função social na medida em que estimula a preservação de recurso escassos, o que evita danos para a comunidade".

Nesse diapasão, merece destaque o paradigmático acórdão do STJ (AgRg no REsp 1.138.517/2011), que distingue a propriedade de cunho meramente individual daquela de cunho social, envolvendo os bens de produção. De sua ementa colhem-se as seguintes passagens: "3. (...) o direito de propriedade tem uma finalidade específica, no sentido de que não representa um fim em si mesmo, mas sim um meio destinado a proteger o indivíduo e sua família contra as necessidades materiais. Enquanto adstrita a essa finalidade, a propriedade consiste em um direito individual e, iniludivelmente, cumpre a sua função individual. 4. Em situação diferente, porém, encontra-se a propriedade de bens que, pela sua importância no campo da ordem econômica, não fica adstrita à finalidade de prover o sustento do indivíduo e o de sua família. Tal propriedade é representada basicamente pelos bens de produção, bem como, por aquilo que exceda o suficiente para o cumprimento da função individual. 5. Sobre essa propriedade recai o influxo de outros interesses – que não os meramente individuais do proprietário – que a condicionam ao cumprimento de uma função social. 6. O cumprimento da função social exige do proprietário uma postura ativa. A função social torna a propriedade em um poder-dever. Para estar em conformidade com o Direito, em estado de licitude, o proprietário tem a obrigação de explorar a sua propriedade. É o que se observa, por exemplo, no art. 185, II, da CF. 7. Todavia, a função social da propriedade não se resume à exploração econômica do bem. A conduta ativa do proprietário deve operar-se de maneira racional, sustentável, em respeito aos ditames da justiça social, e como instrumento para a realização do fim de assegurar a todos uma existência digna. 8. Há, conforme se observa, uma nítida distinção entre a propriedade que realiza uma função individual e aquela condicionada pela função social. Enquanto a primeira exige que o proprietário não a utilize em prejuízo de outrem (sob pena de sofrer restrições decorrentes do poder de polícia), a segunda, de modo inverso, impõe a exploração do bem em benefício de terceiros. 9. Assim, nos termos dos arts. 186 da CF, e 9º da Lei n. 8.629/1993, a função social só estará sendo cumprida quando o proprietário promover a exploração racional e adequada de sua terra e, simultaneamente, respeitar a legislação trabalhista e ambiental, além de favorecer o bem-estar dos trabalhadores".

Por outro lado, não há dúvidas de que a função social da propriedade, na Constituição brasileira, abrange todas as formas de propriedade, apesar da maior ênfase dada à propriedade imobiliária. Isso porque tanto o art. 5º, XXIII, quanto o art. 170, III, da CF, tratam a função social da propriedade enquanto princípio geral, aplicável a qualquer espécie de propriedade, ao passo que os arts. 182, § 2º, e 186, da Carta Magna, expressam cláusulas gerais reguladoras da propriedade imobiliária urbana e rural.

Sustenta-se que também os bens de consumo e de uso pessoal são providos de uma função social, uma vez que são imprescindíveis à própria existência digna das pessoas. A função social desses bens consiste precisamente na sua aplicação imediata e direta na satisfação das necessidades humanas primárias: destinam-se à manutenção da vida humana. Isso justificaria inclusive a possibilidade de intervenção do Estado no domínio da distribuição de bens de consumo (conceito que abrangeria também os de uso pessoal duráveis: roupa, moradia, etc.), para fomentar ou mesmo forçar o barateamento do custo de vida, constituindo-se em modo legítimo de fazer com que a propriedade cumprisse sua função social (SILVA, 2001, p. 790-791).

Ressalte-se que também a posse possui uma inerente função social. É o que há muito já havia sustentado Fachin (1988), posicionamento também trilhado por Miguel Reale (2002), ao afirmar que "o Código leva em conta a natureza social da posse da coisa para reduzir o prazo de usucapião, o que constitui novidade relevante na tela do Direito Civil".

Apesar dos efeitos da norma em comento, acima referidos, não há como refutar a afirmação de que os textos constitucionais que fazem referência à função social da propriedade, até pelo seu caráter principiológico, não são detalhados e, com isso, dificultam sua aplicação. De acordo com Dallari (2003, p. 83), o princípio da função social da propriedade "produziu pouquíssimos frutos (...) pela falta de um texto normativo que dissesse o que deveria ser entendido (...) como correspondente ao cumprimento da função social da propriedade". Também lamenta a falta de operacionalidade prática do princípio Antônio Benjamim (1998, p. 70), que refere que, "no Brasil, infelizmente, ao contrário do que se observa em outros países, como a Alemanha, a teoria da função social da propriedade não tem tido eficácia prática e previsível na realidade dos operadores do Direito e no funcionamento do mercado".

8. Referências bibliográficas

ALPA, Guido; BESSONE, Mario; FUSARO, Andrea (2004). *Costituzione economica e diritto di proprietà*. Materiali in tema di funzione sociale della proprietà. Disponível em: <http://www.altalex.com/index.php?idnot=7118>. Elaborado em 2004. Acesso em: 27.06.2014.

BANDEIRA DE MELLO, Celso Antônio (2019). Novos aspectos da função social da propriedade. *Revista de Direito Administrativo e Infraestrutura*, v. 8, jan-mar., p. 409-418.

BENJAMIM, Antônio Herman (Coord.) (1993). *Função ambiental*: prevenção, reparação e repressão. São Paulo: Revista dos Tribunais.

BENJAMIM, Antônio Herman (1998). Desapropriação, reserva florestal legal e áreas de preservação permanente. In: FIGUEIREDO, Guilherme José Purvim de (org.). *Temas de Direito Ambiental e Urbanístico*. São Paulo: IBAP.

CORTIANO JÚNIOR, Eroulths (2002). *O Discurso Jurídico da Propriedade e suas Rupturas – Uma análise do Ensino do Direito de Propriedade*. Rio de Janeiro: Renovar.

DALLARI, Adilson Abreu (2003). Instrumentos da política urbana. In: DALLARI, Adilson Abreu; FERRAZ, Sérgio (coord.). *Estatuto da Cidade*: comentários à Lei Federal 10.257/2001. São Paulo: Malheiros.

DEBONI, Giuliano (2011). *Propriedade privada*: do caráter absoluto à função social e ambiental. Sistemas jurídicos italiano e brasileiro. Porto Alegre: Verbo Jurídico.

FACHIN, Luiz Edson (1988). *A função social da posse e a propriedade contemporânea*. Porto Alegre: Sérgio Antonio Fabris Editor.

FACHIN, Luiz Edson (2001). *Estatuto Jurídico do Patrimônio Mínimo*. Rio de Janeiro: Renovar.

GRAU, Eros Roberto (1994). *Proteção do meio ambiente*: caso parque do povo [parecer]. São Paulo: Revista dos Tribunais, n. 702.

HORN, Hans-Rudolf (2001). Aspectos Sociales Intrínsecos del Estado de Derecho Contemporáneo. *Revista Mexicana de Derecho Constitucional*, n. 5, jul-dez.

LOTUFO, Renan (2008). A função social da propriedade na jurisprudência brasileira. In: TEPEDINO, Gustavo (org.). *Direito Civil Contemporâneo – Novos Problemas à Luz da Legalidade Constitucional*. São Paulo: Atlas.

MACPHERSON, C. B. (1978). Liberal-Democracy and Property. In: *Property. Mainstream and critical positions*. Oxford: Oxford University Press.

MAGALHÃES, Luiza Faro (1993). Função social da propriedade e meio ambiente: princípios reciclados. In: BENJAMIM, Antônio Herman (Coord.). *Função ambiental*: prevenção, reparação e repressão. São Paulo: Revista dos Tribunais.

REALE, Miguel (2002). Visão geral do novo Código Civil. *Jus Navigandi*. Disponível em: <http://jus2.uol.com.br/doutrina/texto.asp?id=2718>. Elaborado em 2002. Acesso em: 22.08.2006.

SZTAJN, Rachel (2018). Função social da propriedade. *Revista de Direito Imobiliário*, v. 85, jul-dez., p. 405-414.

TEPEDINO, Gustavo (1999). *Temas de Direito Civil*. Rio de Janeiro: Renovar.

SILVA, José Afonso (2001). *Curso de Direito Constitucional Positivo*. 19ª ed. São Paulo: Malheiros.

Art. 170, IV – livre concorrência;

Giovani Agostini Saavedra

1. História da norma

O inc. IV do art. 170 da Constituição da República Federativa do Brasil de 1988 (doravante designada CF/88) representa uma inovação no constitucionalismo pátrio, não existindo dispositivo constitucional anterior similar. Em linhas gerais, observa-se que as Constituições brasileiras anteriores estabeleciam a garantia de alguns aspectos da livre-iniciativa ou da repressão do abuso econômico. Somente com o advento da CF/88, porém, é que a livre concorrência passa a ser compreendida como princípio estruturante da *Constituição Econômica* brasileira, ou seja, daquele conjunto de princípios, valores e regras fundamentais que regulam a vida econômico-social da sociedade brasileira. Disso decorre que, sendo parte de um sistema constitucional econômico, o princípio da livre concorrência não pode ser entendido como um fim em si mesmo. Como refere o *caput* do Art. 170, ele se insere em uma ordem econômica que é "fundada na valorização do trabalho humano e na livre-iniciativa" e que tem por fim "assegurar a todos existência digna, conforme os ditames da justiça social". A eficácia do princípio da concorrência depende, portanto, desses limites e só se concretiza enquanto realizar o *telos* constitucional de assegurar a todos existência digna.

2. Constituições brasileiras anteriores

Com o advento da Constituição Política do Império do Brazil de 1824 (de 25 de Março de 1824), institui-se a *liberdade de manufatura e indústria* no Título 8º. *Das Disposições Geraes, e Garantias dos Direitos Civis, e Politicos dos Cidadãos Brazileiros* através do inc. XXIV do art. 179, que tem a seguinte redação: "Nenhum genero de trabalho, de cultura, industria, ou commercio póde ser prohibido, uma vez que não se opponha aos costumes publicos, á segurança, e saude dos Cidadãos". Essas disposições constitucionais encontraram reforço em dois alvarás, o Alvará de 12 de outubro de 1808 e o Alvará de 1º. de abril de 1808. A Constituição da República dos Estados Unidos Do Brasil (de 24 de Fevereiro de 1891), em seu *Título IV*, intitulado *Dos Cidadãos Brasileiros*, na *Seção II – Declaração de Direitos*, converte uma liberdade negativa ("não pode ser proibido") econômica em um direito dos cidadãos brasileiros, através do § 24 do Art. 72, que tem a seguinte redação: "É garantido o livre exercício de qualquer profissão moral, intelectual e industrial". Porém, apenas a Constituição da República dos Estados Unidos do Brasil (de 16 de julho de 1934) insere, na arquitetura constitucional brasileira, a ideia de "Ordem Econômica e Social", em seu *Título IV*, e trata, pela primeira vez, explicitamente, da liberdade econômica como princípio orientador da ordem econômica brasileira em seu art. 115, que prevê: "A ordem econômica deve ser organizada conforme os princípios da justiça e as necessidades da vida nacional, de modo que possibilite a todos existência digna. Dentro desses limites, é garantida a liberdade econômica". Nota-se que essa Constituição, pela primeira vez, atribui uma finalidade à ordem econômica: possibilitar a todos existência digna, bem como, também de forma original, impõe à liberdade econômica limites normativos, consistentes na observância dos "princípios da justiça" e das "necessidades da vida social". Importante ressaltar que os conceitos de "Justiça" e "Bem-estar social e econômico" também foram inseridos no preâmbulo da referida Constituição. A Constituição dos Estados Unidos do Brasil (de 10 de novembro de 1937) reserva um título específico para o tratamento da "Ordem Econômica" que passa a regular as formas de intervenção estatal na economia, especialmente em seu art. 135, que tem a seguinte redação: "Na iniciativa individual, no poder de criação, de organização e de invenção do indivíduo, exercido nos limites do bem público, funda-se a riqueza e a prosperidade nacional. A intervenção do Estado no domínio econômico só se legitima para suprir as deficiências da iniciativa individual e coordenar os fatores da produção, de maneira a evitar ou resolver os seus conflitos e introduzir no jogo das competições individuais o pensamento dos interesses da Nação, representados pelo Estado. A intervenção no domínio econômico poderá ser mediata e imediata, revestindo a forma do controle, do estimulo ou da gestão direta". O art. 141 do texto constitucional brasileiro de 1937 eleva à categoria de princípio a proteção à economia popular, sendo que a regulamentação desse dispositivo deu luz ao Decreto-lei de 18 de novembro de 1938, que, para muitos, representa a primeira lei antitruste brasileira[1]. Porém, a proteção expressa da livre concorrência só adquire *status* constitucional com o advento da Constituição dos Estados Unidos do Brasil (de 18 de setembro de 1946), a qual em seu art. 148 prevê que: "A lei reprimirá a toda e qualquer forma de abuso do poder econômico, inclusive as uniões ou agrupamentos de empresas individuais ou sociais, seja qual for a sua natureza, que tenham por fim dominar os mercados nacionais, eliminar a concorrência e aumentar arbitrariamente os lucros". Na Constituição de 1946 volta-se a tratar do tema em Título reservado à "Ordem Econômica e Social" e não exclusivamente à "Ordem Econômica" como na Constituição de 1937. As próximas Constituições, sem exceção, manterão esta opção fundamental. No entanto, apenas com a promulgação da Constituição da República Federativa do Brasil (de 15 de março de 1967) é que a proteção da livre concorrência passará a ser considerada expressamente princípio constitucional da ordem econômica, conforme inc. VI do art. 157 da referida Constituição: "art. 157. A ordem econômica tem por fim realizar a justiça social, com base nos seguintes princípios (...) VI – repressão ao abuso do poder econômico, caracterizado pelo domínio dos mercados, a eliminação da concorrência e o aumento arbitrário dos lucros". A livre-iniciativa, porém, não aparece aqui ainda como princípio estruturador da Constituição Econômica, dado que o referido inciso, de forma análoga ao § 4º do art. 170 da CF/88, trata apenas da repressão a tentativas de eliminação da concorrência, ou seja, trata a "livre-iniciativa" na sua forma negativa e não constitutiva de princípio, a partir do qual se deve pensar toda a ordem econômica e social brasileira. Além disso, o inciso VI do art. 157 da Constituição de 1967 trata do conceito de "abuso do poder econômico" de forma objetiva ("caracterizado por"), diferentemente do atual § 4º do art. 170 da CF/88, que não exige, para a caracterização de abuso, que haja domínio efetivo dos mercados, mas que consubstancie um ato que "vise à dominação dos mercados". Sem sombra de dúvida, a redação exige análise *ex ante*, enquanto a anterior centrava as atenções no resultado, numa análise *ex post*, portanto.

3. Constituições estrangeiras

A discussão sobre a existência ou sobre a necessidade de uma Constituição para a Europa teve início no final da década

---

1. Ver, a título exemplificativo: Forgioni, Paula A. *Os Fundamentos do Antitruste*. São Paulo: Editora Revista dos Tribunais, 2010, p. 103. Importante ressaltar, nesse contexto, pertinente observação da autora: "Note-se que o primeiro diploma brasileiro antitruste [a autora se refere ao supracitado Decreto-lei 869, nota de G.A.S.] surge com função constitucional bastante definida, buscando a tutela da economia popular e portanto, precipuamente, do consumidor (...) o antitruste não nasce, no Brasil, como fator de ligação entre liberalismo econômico e (manutenção da) liberdade de concorrência. Nasce como repressão ao abuso do poder econômico e tendo como interesse constitucionalmente protegido o interesse da população, do consumidor" (ibidem, p. 103).

de noventa e dominou os debates europeus sobre Teoria da Constituição até o "não" dos franceses no plebiscito realizado em 2005 para aprovação da nova Constituição Europeia[2]. A discussão de fundo envolvia diretamente o princípio da livre concorrência, principalmente, porque se identificou rapidamente a existência de um *modelo econômico europeu* no Tratado da União Europeia que tinha como cerne a imposição de um "reconhecimento prático da *liberdade de empresa*, de forma que fosse possível a criação de *mercados* competitivos"[3]. Além disso, para vários autores, a proibição de monopólios difundida em âmbito europeu pelo Tratado da União Europeia impunha limitações à soberania estatal dos países-membros. De fato, os artigos 101 e 102 (antigos artigos 81 e 82) do Tratado da União Europeia[4] consagram e tornam vinculativo, em todos os Estados europeus, o princípio da livre concorrência[5]. Portanto, a análise comparada das Constituições de países europeus, com vistas à identificação da existência ou não de princípio equivalente ao da Constituição brasileira, deve sempre levar em conta este contexto jurídico específico da Europa. **Constituição da República Portuguesa de 1976:** Em seu artigo 81º, alínea *f*, elenca a Constituição Portuguesa como "Incumbência prioritária do Estado": "Assegurar o funcionamento eficiente dos mercados, de modo a garantir a equilibrada concorrência entre as empresas, a contrariar as formas de organização monopolistas e a reprimir os abusos de posição dominante e outras práticas lesivas do interesse geral". **Constituição do Reino de Espanha de 1978:** Em que pese não haja referência explícita a um princípio da livre concorrência, a doutrina espanhola[6] identifica-o no artigo 38 da Constituição Espanhola, que tem a seguinte redação: "Artículo 38 – Se reconoce la libertad de empresa en el marco de la economía de mercado. Los poderes públicos garantizan y protegen su ejercicio y la defensa de la productividad, de acuerdo con las exigencias de la economía general y, en su caso, de la planificación". **Constituição da República Italiana de 1947:** Também na Constituição Italiana, não há referência explícita ao princípio da livre concorrência. Ele pode, porém, ser depreendido do artigo 41, que se encontra no Título III (*Rapporti Economici*) da referida Constituição com a seguinte redação: "A iniciativa econômica privada é livre. Não pode desenvolver-se em contraste com a utilidade social ou em modo de gerar dano à segurança, à liberdade, à dignidade humana. A lei determina os programas e os controles oportunos pelos quais a atividade econômica pública e privada possa ser endereçada e coordenada a fins sociais" (tradução livre)[7]. **Lei Fundamental da República Federal da Alemanha de 1949:** A Lei Fundamental foi construída a partir de um compromisso político-econômico consensual: do seu texto não deveria constar nenhuma observação sobre decisões fundamentais políticas ou econômicas[8]. Evitou-se, assim, por vincular a Lei Fundamental a um modelo econômico explicitamente liberal, socialista ou social-democrata. Em doutrina, porém, entende-se que os direitos fundamentais consagrados na Lei fundamental, tais como: Art. 2, Abs. 1. *Livre desenvolvimento da personalidade* (*Freie Entfaltung der Persönlichkeit*), Art. 12, Abs. 1. *Liberdade de profissão* (*Die Berufsfreiheit*) e o Art. 14, que trata da *Garantia de Propriedade* (*Eigentumsgarantie*), consubstanciariam uma opção constitucional por um mercado permeado pela livre concorrência e que não seria compatível com um planejamento direto da economia pelo Estado[9].

4. Direito internacional

Assim como a União Europeia, também o MERCOSUL desenvolveu-se calcado no princípio da livre concorrência. No Tratado para a constituição de um mercado comum entre a República Argentina, a República Federativa do Brasil, a República do Paraguai e a República Oriental do Uruguai (Tratado de Assunção), promulgado no Brasil através do Decreto n. 350, de 21 de Novembro de 1991, identifica-se essa preocupação, já em seu capítulo primeiro (*I – Propósitos, Princípios e Instrumentos*) no art. 1º.: "(...)Este Mercado comum implica: A livre circulação de bens, serviços e fatores produtivos entre os países, através, entre outros, da eliminação dos direitos alfandegários e restrições não tarifárias à circulação de mercadorias e de qualquer outra medida de efeito equivalente (...) A coordenação de políticas macroeconômicas e setoriais entre os Estados Partes – de comércio exterior, agrícola, industrial, fiscal, monetária, cam-

---

2. Para um panorama sobre o debate acerca da Constituição Europeia, ver: Grimm, Dieter. *Does Europa need a Constitution?*. In: *European Law Journal I*, Novembro 1995; Habermas, Jurgen. *Braucht Europa eine Verfassung? Eine Bemerkung zu Dieter Grimm*. In: Idem. *Die Einbeziehung des Anderen. Studien zur politischen Theorie*. Frankfurt am Main: Suhrkamp, 1995; Frankenberg, Gunter. *Die Ruckkehr des Vertrages. Uberlegungen zur Verfassung der Europäischen Union*. In: Gunther, Klaus/ Wingert, Lutz. *Die Öffentlichkeit der Vernunft und die Vernunft der Öffentlichkeit*. Frankfurt am Main: Suhrkamp, 2001, pp. 507-538. Esteban, Maria Luisa Fernandez, *La noción de Constitución Europea en la jurisprudencia del Tribunal de Justicia de las Comunidades Europeas*. In: *Revista Española de Derecho Constitucional*, 1994, pp. 40 e ss. Para uma análise do fracasso do plebiscito, ver: Habermas, Jurgen. *Europa ist uns uber die Köpfe hinweggerollt*, in: *Sueddeutsche Zeitung*, 06.6.2005.

3. Ortiz, Gaspar Ariño. *Principios de Derecho Público Económico. (Modelo de Estado, Gestión Pública, Regulación Económica)*. Peligros (Granada): 1999, p. 138 (tradução livre).

4. A versão consolidada de 30 de março de 2010 traz todas as alterações introduzidas pelo Tratado de Lisboa, assinado a 13 de dezembro de 2007 e em vigor desde 1 de dezembro de 2009. Contém, igualmente, as Declarações anexadas à Ata Final da Conferência Intergovernamental, que adotou o Tratado de Lisboa.

5. "A Comunidade Econômica Europeia teve por objetivo a eliminação das barreiras ao comércio entre os Estados-membros e a formação de um mercado comum de dimensões comparáveis às do norte-americano. Acreditava-se, por outro lado, que o mecanismo mais adequado à consecução da finalidade da integração seria a concorrência, livre, entre os agentes empresariais das diferentes nações, na sua busca pela expansão continental. A concorrência, além disso, estimularia esses agentes a buscar um contínuo aumento de eficiência e competitividade, alavancando o desenvolvimento econômico europeu" (Nusdeo, Ana Maria de Oliveira. *Defesa da Concorrência e Globalização Econômica. O Controle da Concentração de Empresas*. São Paulo: Malheiros, 2002, p. 97).

6. Para um panorama do debate na Espanha, ver: Ortiz, Gaspar Ariño. *Principios de Derecho Público Económico. (Modelo de Estado, Gestión Pública, Regulación Económica)*. Peligros (Granada): 1999, pp. 128 e ss.

7. Texto original: "L'iniziativa economica privata è libera. Non può svolgersi in contrasto con l'utilità sociale o in modo da recare danno alla sicurezza, alla libertà, alla dignità umana. La legge determina i programmi e i controlli opportuni perchè l'attività economica pubblica e privata possa essere indirizzata e coordinata a fini sociali".

8. Frankenberg, Gunter. *Grundgesetz*. Frankfurt am Main: Fischer, 2004, p. 23. Bercovici, Gilberto. *Constituição Econômica e Desenvolvimento*. Uma leitura a partir da Constituição de 1988. São Paulo: Malheiros, 2005, pp. 15 e ss.

9. Ibidem, p. 24. Ver também: Pieroth, Bodo/Schlink, Bernhard. *Grundrechte. Staatsrecht II*. Heidelberg: C. F. Muller, 2005, pp. 86 e ss.

bial e de capitais, de outras que se acordem –, *a fim de assegurar condições adequadas de concorrência entre os Estados Partes*, e o compromisso dos Estados Partes de harmonizar suas legislações, nas áreas pertinentes, para lograr o fortalecimento do processo de integração" (*grifo nosso*). Esse objetivo é reiterado no art. 4º desse Tratado ("Art. 4º Nas relações com terceiros países, os Estados Partes asseguração condições equitativas de comércio. Para tal fim, aplicarão suas legislações nacionais para inibir importações cujos preços estejam influenciados por subsídios, *dumping* ou qualquer outra prática desleal. Paralelamente, os Estados Partes coordenarão suas respectivas políticas nacionais com o objetivo de elaborar normas comuns sobre concorrência comercial"), no *Protocolo de Defesa da Concorrência no Mercosul* ("*Capítulo II – Das Condutas e Práticas Restritivas da Concorrência* – Art. 4º Constituem infração às normas do presente Protocolo, independentemente de culpa, os atos, individuais ou concertados, sob qualquer forma manifestados, que tenham por objeto ou efeito limitar, restringir, falsear ou distorcer a concorrência ou o acesso ao mercado ou que constituam abuso de posição dominante no mercado relevante de bens ou serviços no âmbito do MERCOSUL e que afetem o comércio entre os Estados Partes") e na *Decisão do Conselho do Mercado Comum – Mercosul/Cmc/Dec. n. 04/04*.

O Brasil também é signatário de três acordos bilaterais na área da livre concorrência: 1) Em 26 de Outubro de 1999, celebrou *Acordo entre o Governo da República Federativa do Brasil e o Governo dos Estados Unidos da América relativo à Cooperação entre suas Autoridades de Defesa da Concorrência na Aplicação de suas Leis de Concorrência*; 2) Em dezembro de 2001, assinou *Acordo entre o Governo da República Federativa do Brasil e o Governo da Federação da Rússia sobre Cooperação na Área da Política de Concorrência* e, por fim, 3) em 16 de outubro de 2003, assinou o *Acordo de Cooperação entre a República Federativa do Brasil e a República Argentina Relativo à Cooperação entre suas Autoridades de Defesa da Concorrência na Aplicação de suas Leis de Concorrência*. No âmbito internacional, a legislação preocupa-se, basicamente, com a harmonização da aplicação de leis nacionais antitruste e com a solução de conflito de jurisdições[10].

5. Outros dispositivos constitucionais relevantes (relação ilustrativa)

Art. 1º, III (princípio da dignidade da pessoa humana), IV (valor social do trabalho e da livre-iniciativa). Art. 3º, I (construção de uma sociedade livre, justa e solidária como objetivo fundamental da República) e III (assim como a erradicação da pobreza e da marginalização e a redução das desigualdades sociais e regionais). Art. 5º, *caput* (inviolabilidade dos direitos à vida e à igualdade); Art. 5º, II (princípio da legalidade), XIII (liberdade de ofício ou profissão), XIV (desapropriação mediante prévia e justa indenização), XVII (liberdade de associação), XXII (direito de propriedade), XXIII (função social da propriedade), XXXII (proteção do consumidor); § 1º (aplicabilidade imediata das normas de direitos fundamentais, assim abrangidos os direitos sociais) e § 2º (cláusula de abertura do catálogo de direitos fundamentais a outros direitos, implícitos ou decorrentes). Art. 60, § 4º (cláusulas pétreas). Art. 127 (Ministério Público como instituição essencial à função jurisdicional do Estado, cumprindo-lhe a defesa dos interesses sociais e individuais indisponíveis). Art. 129, III (compete ao Ministério Público proteger o patrimônio público e social, o meio ambiente e outros interesses difusos e coletivos). Art. 145, § 1º (princípio da capacidade contributiva). Art. 146, III, *c* (tratamento diferenciado e favorecido para as microempresas e para as empresas de pequeno porte). Art. 146-A (definição de critérios especiais de tributação, com o objetivo de prevenir desequilíbrios da concorrência). Art. 150, § 3º (não aplicação da imunidade recíproca quando o Ente Federativo explore atividades econômicas regidas pelas normas aplicáveis a empreendimentos privados). Art. 170, II (propriedade privada como fundamento da Ordem Econômica), III (função social da propriedade como fundamento da Ordem Econômica), VII (redução das desigualdades regionais e sociais como fundamento da Ordem Econômica), IX (tratamento favorecido para as empresas de pequeno porte como fundamento da Ordem Econômica); Art. 170, parágrafo único (livre exercício de atividade econômica, independentemente de autorização de órgãos públicos, salvo nos casos previstos em lei). Art. 173 (a exploração direta de atividade econômica pelo Estado é restrita aos imperativos da segurança nacional ou a relevante interesse coletivo); § 2º (as empresas públicas e as sociedades de economia mista não poderão gozar de privilégios fiscais não extensivos às do setor privado), § 4º (a lei reprimirá o abuso do poder econômico que vise à dominação dos mercados, à eliminação da concorrência e ao aumento arbitrário dos lucros). Art. 174 (o Estado exercerá as funções de fiscalização, incentivo e planejamento, sendo este determinante para o setor público e indicativo para o setor privado). Art. 177, I, II, III, IV, V (atividades cujo monopólio é da União). Art. 179 (Tratamento diferenciado às microempresas e às empresas de pequeno porte); Art. 180 (incentivo ao turismo). Art. 190 (limitação à aquisição ou ao arrendamento de propriedade rural por estrangeiros). Art. 192 (o sistema financeiro nacional visa a servir aos interesses da coletividade). Art. 199 (A assistência à saúde é livre à iniciativa privada); Art. 209 (o ensino é livre à iniciativa privada). Art. 219 (o mercado interno integra o patrimônio nacional e será incentivado de modo a viabilizar o desenvolvimento cultural e socioeconômico, o bem-estar da população e a autonomia tecnológica do País). Art. 220, § 4º (a propaganda comercial de tabaco, bebidas alcoólicas, agrotóxicos, medicamentos e terapias estará sujeita a restrições legais); § 5º (os meios de comunicação social não podem, direta ou indiretamente, ser objeto de monopólio ou oligopólio). Art. 223 (renovação de concessão, permissão e autorização para o serviço de radiodifusão). Art. 225 (princípio da solidariedade ambiental intergeracional).

6. Jurisprudência selecionada

6.1. Supremo Tribunal Federal

ACO 2730 AgR (*DJe* n. 066, divulgado em 31-03-2017) "(...) A empresa estatal presta serviço público de abastecimento de água e tratamento de esgoto, de forma exclusiva, por meio de

---

10. Ver, a título exemplificativo: Forgioni, Paula A. *Os Fundamentos do Antitruste*. São Paulo: Editora Revista dos Tribunais, 2010, cap. 9.

convênios municipais. Constata-se que a participação privada no quadro societário é irrisória e não há intuito lucrativo. Não há risco ao equilíbrio concorrencial ou à livre-iniciativa, pois o tratamento de água e esgoto consiste em regime de monopólio natural e não se comprovou concorrência com outras sociedades empresárias no mercado relevante"; **Súmula 646** "Ofende o princípio da livre concorrência lei municipal que impede a instalação de estabelecimentos comerciais do mesmo ramo em determinada área.". **RE-AgR 370212** (DJe n. 218, divulgado em 12.11.2010) versa sobre a constitucionalidade da penhora de 20% da receita de uma empresa do ramo de distribuição de combustível, pois afrontaria o princípio do não confisco. Apesar de ter negado provimento ao agravo regimental devido à Súmula 279, o STF reafirmou seu entendimento, consubstanciado em uma série de precedentes fundados no direito constitucional ao exercício de atividade econômica lícita e de livre concorrência, que impedem a adoção de medidas constritivas desproporcionais e indiretas destinadas a dar efetividade à arrecadação tributária (sanções políticas). **RE-AgR 399307** (DJe n. 076, divulgado em 29.4.2010) assevera que é aplicável a imunidade tributária recíproca às autarquias e empresas públicas que prestem inequívoco serviço público, desde que, entre outros requisitos constitucionais e legais, não distribuam lucros ou resultados, direta ou indiretamente, a particulares, ou tenham por objetivo principal conceder acréscimo patrimonial ao poder público (ausência de capacidade contributiva) e não desempenhem atividade econômica, de modo a conferir vantagem não extensível às empresas privadas (livre-iniciativa e concorrência). O Serviço Autônomo de Água e Esgoto é imune à tributação por impostos (art. 150, VI, "a", e §§ 2º e 3º, da Constituição). A cobrança de tarifas, isoladamente considerada, não altera a conclusão. **HC 91285** (DJe n. 074, divulgado em 24.4.2008). Nesse acórdão, o STF manifestou-se no sentido de que a garantia da ordem econômica autoriza a custódia cautelar, se as atividades ilícitas do grupo criminoso a que, supostamente, pertence o paciente repercutem negativamente no comércio lícito e, portanto, alcançam um indeterminando contingente de trabalhadores e comerciantes honestos, vulnerando assim o princípio constitucional da livre concorrência. **RE-AgR 363412** (DJe n. 177, divulgado em 18.9.2008) A INFRAERO, que é empresa pública, executa, como atividade-fim, em regime de monopólio, serviços de infraestrutura aeroportuária constitucionalmente outorgados à União Federal, qualificando-se, portanto, como entidade delegada dos serviços públicos a que se refere o art. 21, inciso XII, alínea c, da Lei Fundamental. Por isso, essa empresa governamental usufrui da imunidade tributária recíproca prevista na CF, art. 150, VI, a. Consequentemente torna-se inexigível, por parte do Município tributante, o ISS referente às atividades executadas pela INFRAERO na prestação dos serviços públicos de infraestrutura aeroportuária e daquelas necessárias à realização dessa atividade-fim. Neste caso, o STF ressaltou que a submissão ao regime jurídico das empresas do setor privado, inclusive quanto aos direitos e obrigações tributárias, somente se justifica, como consectário natural do postulado da livre concorrência (CF, art. 170, IV), se e quando as empresas governamentais explorarem atividade econômica em sentido estrito, não se aplicando, por isso mesmo, a disciplina prevista no art. 173, § 1º, da Constituição, às empresas públicas (caso da INFRAERO), às sociedades de economia mista e às suas subsidiárias que se qualifiquem como delegada de serviços públicos. **AC MC 1657** (DJe n. 092, divulgado em 30.8.2007) Indústria de cigarros, pretendendo a atribuição de efeito suspensivo a recurso extraordinário, no qual se discute a constitucionalidade do que se reputa ser sanção política, constante do Decreto-Lei n. 1.593/77. A empresa se opôs à interdição de seus estabelecimentos, decorrente do cancelamento de seu registro especial para industrialização de cigarros, por descumprimento de obrigações tributárias. No caso concreto, houve a declaração em DCTF do valor devido a título de IPI, mas, sistematicamente, a empresa deixava de recolher à Fazenda o montante devido. O STF, por maioria de votos, entendeu que não deveria ser concedido o efeito suspensivo ao recurso interposto, pois a empresa, deixando sistemática e isoladamente de recolher o Imposto sobre Produtos Industrializados (IPI), obteve consequente redução do preço de venda da mercadoria, ofendendo à livre concorrência. **RE 189.170** (DJ, de 08.8.2003) O STF, neste caso, entendeu que a fixação de horário de funcionamento para o comércio dentro da área municipal pode ser feita por lei local, visando ao interesse do consumidor e evitando a dominação do mercado por oligopólio. **AI-AgR 518405** (DJe n. 076, divulgada em 29.04.2010). Nesse julgado, formou-se o entendimento de que compete ao ente tributante provar que as operações de importação realizadas por municípios sob a égide da imunidade recíproca influem negativamente no mercado, a ponto de violar o art. 170 da Constituição. Impossibilidade de presumir risco à livre-iniciativa e à concorrência. **RE 422941** (DJ de 24.03.2006) O STF proveu o Recurso Extraordinário, concedendo indenização ao agente econômico, pois a fixação dos preços pelo Estado foi realizada em valores abaixo da realidade e em desconformidade com a legislação aplicável ao setor, ocasionando empecilho ao livre exercício da atividade econômica, com desrespeito ao princípio da livre-iniciativa. Nesse sentido, asseverou o Tribunal que a intervenção estatal na economia, mediante regulamentação e regulação de setores econômicos, faz-se com respeito aos princípios e fundamentos da Ordem Econômica. **RE 204187** (DJ, de 02.04.2004) Firmou entendimento de que postos de gasolina exercem atividade de alto risco. Por isso, não padece de inconstitucionalidade o art. 3º, letra "b", da Lei 2.390, de 16.12.74, do Município de Belo Horizonte (MG), que determina o distanciamento mínimo, na mesma área geográfica, de estabelecimentos congêneres.

6.2. Superior Tribunal de Justiça

REsp 1683839/SP (DJe 19/12/2017) "(...) 5. Não havendo descrição fática suficiente da concentração do poder econômico, ou de que os acordos ajustados teriam sido efetivamente implementados com domínio de mercado, não há falar em formação de cartel, porquanto não demonstrada ofensa à livre concorrência. 6. A ausência de descrição do efetivo prejuízo à Fazenda Pública exigido pelo art. 96 da Lei 9.666/93, uma vez que o bem licitado foi adjudicado a empresa estranha ao suposto cartel, e da demonstração do domínio de mercado exigido pelo art. 4º da Lei 8.137/90, impõe o restabelecimento da decisão de rejeição da denúncia, com fundamento no art. 395, inciso III, do Código de Processo Penal"; **REsp 929.758/DF** (DJe, de 14.12.2010) As empresas estatais podem atuar, basicamente, na exploração da atividade econômica ou na prestação de serviços públicos e coordenação de obras públicas. Tais empresas que exploram a atividade econômica – ainda que se submetam aos princípios da administração pública e recebam a incidência de algumas normas de direito público, como a obrigatoriedade de realizar concurso público ou de submeter a sua atividade-meio ao procedimento licitatório – não podem ser agraciadas com nenhum beneplácito que não seja, igualmente, estendido às demais empresas privadas, nos termos do art. 173, § 2º, da CF, sob pena de inviabilizar a livre concorrência. Por outro lado, as empresas estatais que desempenham serviço público ou executam obras públicas recebem um influxo maior das normas de direito público. Quanto a elas, não incide a vedação constitucional do art. 173, § 2º, justamente porque não atuam em região onde vige a livre concorrência, mas sim onde a natureza das atividades exige que elas sejam desempenhadas sob o regime de privilégios. **HC 163.617/PE** (*DJe*, de 17.12.2010) Paciente processado por estelionato e crimes contra a ordem econômica em razão do comércio de combustível adulterado teve a Ordem denegada. O STJ asseverou que a imposição da custódia preventiva encontra fundamento, também, na garantia da ordem econômica, em se considerando que a atividade delituosa ocorria em larga escala, prejudicando a livre concorrência e trazendo considerável prejuízo ao erário, bem como na aplicação da lei penal, tendo em vista que o Paciente já se esquivou das outras ordens de prisão. **RMS 30.777/BA** (*DJe*, de 30.11.2010) O Recurso Ordinário em Mandado de Segurança questiona a legalidade e a constitucionalidade da exigência de regularidade fiscal (art. 17, V, da LC 123/06) para o ingresso no Simples Nacional. As microempresas e as empresas de pequeno porte, à luz do artigo 146, inciso III, letra "d", e do art. 179, da Lei Maior, ostentam tratamento jurídico diferenciado voltado à simplificação de suas obrigações administrativas, tributárias, previdenciárias e creditícias. Entretanto, o STJ reafirmou seu entendimento de que o tratamento tributário diferenciado e privilegiado para as micro e pequenas empresas não as exonera do dever de cumprir as suas obrigações tributárias. A exigência de regularidade fiscal do interessado em optar pelo regime especial não encerra ato discriminatório, porquanto é imposto a todos os contribuintes, não somente às micro e pequenas empresas. Ademais, ao estabelecer tratamento diferenciado entre as empresas que possuem débitos fiscais e as que não possuem, vedando a inclusão das primeiras no sistema, o legislador não atenta contra o princípio da isonomia, porquanto concede tratamento diverso para situações desiguais. A inscrição no Simples Nacional submete-se à aferição quanto à inexistência de débitos com o Instituto Nacional do Seguro Social – INSS, ou com as Fazendas Públicas Federal, Estadual ou Municipal, sem que, para tanto, esteja configurada qualquer ofensa aos princípios da isonomia, da livre-iniciativa e da livre concorrência. **REsp 625.337/RS** (*DJe*, de 15/12/2008) O caso versa sobre a razoabilidade e a proporcionalidade do ato administrativo emanado da Secretaria de Vigilância Sanitária do Ministério da Saúde, consubstanciado pela edição da Portaria n. 344/98, de 12.05.1998, a qual proíbe a manipulação em farmácias das substâncias que especifica. Em sua decisão, o STJ ponderou que os artigos 196, 197 e 200 da CF/88 oferecem ao Estado amplo espaço para restrição dos direitos decorrentes da livre-iniciativa na área da comercialização de medicamentos. Além disso, consignou, em sua decisão, que é certo que o Estado deve promover a acessibilidade aos medicamentos e que a proteção dos mecanismos de mercado consistentes na livre concorrência e na defesa do consumidor podem ser instrumentos valiosos nessa ação estatal. Contudo, diante do risco à saúde pública, o Estado tem o dever de regulamentar essa atividade. E, por envolver restrição a princípios fundamentais da ordem econômica e da ordem social, tem o Estado o dever de fundamentar essa intervenção. **REsp 768.118/SC** (*DJe*, de 30.04.2008) Os contratos de exclusividade das cooperativas médicas não se coadunam com os princípios tutelados pelo atual ordenamento jurídico, notadamente à liberdade de contratação, da livre-iniciativa e da livre concorrência. Deveras, a Constituição Federal, de índole pós-positivista, tem como fundamentos a livre concorrência, a defesa do consumidor, a busca pelo pleno emprego (art. 170, IV, V e VIII da CF), os valores sociais do trabalho e da livre-iniciativa, bem assim, a dignidade da pessoa humana, como fundamentos do Estado Democrático de Direito (CF, art. 1º, incisos III e IV), com vistas na construção de uma sociedade livre, justa e solidária (CF, art. 3º, I) e com *ratio essendi* dos direitos dos trabalhadores a liberdade de associação (art. 8º, da CF). Regras maiores que prevalecem a interdição à exclusividade. Destarte, a tutela dos interesses privados não podem se sobrepor ao interesse público, notadamente quando envolver interesses constitucionais indisponíveis.

7. Literatura selecionada (relação ilustrativa)

ALBUQUERQUE, Ruy de./CORDEIRO, António Menezes (Org.). *Regulação e Concorrência. Perspectivas e Limites da Defesa da Concorrência*. Coimbra: Almedina, 2005. ANDRADE, Maria Cecília. *Controle de concentrações de empresas: estudo da experiência comunitária e aplicação do artigo 54 da Lei 8.884/94*. São Paulo: Singular, 2002. BARACHO, José Alfredo de Oliveira. O abuso do poder econômico nas constituições brasileiras. In: *Direito Econômico (revista do CADE)*. No. 5. Jul.-Dez. 1988. Pp. 37-42. BARBOSA, Ruy. Privilégios exclusivos na jurisprudência constitucional dos Estados Unidos. In: *Obras Completas*. v. 35, tomo II. Rio de Janeiro: Ministério da Educação e Cultura, 1963. p. 13-14, 15. BERCOVICI, Gilberto. *Constituição Econômica e Desenvolvimento. Uma leitura a partir da Constituição de 1988*. São Paulo: Malheiros, 2005. BONAVIDES, Paulo. *Curso de Direito Constitucional*. São Paulo: Malheiros, 1998. CANOTILHO, José Joaquim Gomes. *Direito Constitucional*. 3. ed. Coimbra: Almedina, 1999. CASSAGNE, Juan Carlos. *La Intervencion Administrativa*. 2. ed. Buenos Aires: Abeledo Perrot, 1994. FERREIRA FILHO, Manoel Gonçalves. *Comentários à Constituição brasileira de 1988*. 2. ed. Saraiva, 1997. v. 1. FIEDRA, Geisy. *Obrigação de Não Concorrência. Diretrizes para aplicação no âmbito civil e antitruste*. São Paulo: Singular, 2007. FORGIONI, Paula A. *Os Fundamentos do Antitruste*. São Paulo: Editora Revista dos Tribunais, 2010. FORGIONI, Paula A.; GRAU, Eros Roberto. *O Estado, a empresa e o contrato*. São Paulo: Malheiros, 2005. FRAZÃO, Ana. *Direito da Concorrência:* pressupostos e perspectivas. São Paulo: Saraiva, 2018. FRANKENBERG, Gunter. *Grundgesetz*. Frankfurt am Main: Fischer, 2004. GLORIA, Daniel Firmato de Almeida. *A Livre Concorrência como Garantia do Consumidor*. Belo Horizonte: Del Rey, 2003. GOLDBERG, Ilan. *Do Monopólio à Livre Concorrência. A criação do Mercado Ressegurador brasileiro*. Rio de Janeiro: Lumen Juris, 2008. GRAU, Eros Roberto. *A ordem econômica na Constituição de 1988*. 14.

ed. São Paulo: Malheiros Editores, 2008. GRAU, Eros Roberto. *Elementos de Direito Econômico*. São Paulo: Revista dos Tribunais, 1981. GRAU, Eros Roberto. *Planejamento Econômico e regra jurídica*. São Paulo: Revista dos Tribunais, 1978. GRAU, Eros Roberto. Autorização para o exercício de iniciativa econômica – Agências de Turismo. In: *Revista de Direito Mercantil*. N. 49. p. 21-33. GRAU, Eros Roberto. Planos nacionais de desenvolvimento. In: *Enciclopédia Saraiva do Direito*. V. 58. São Paulo: Saraiva, 1977. p. 497-505. MEDAUAR, Odete. *Direito Administrativo Moderno*. São Paulo: RT, 1998. MOLL, Luiza Helena (Org.). *Agências de Regulação do Mercado*. Porto Alegre: UFRGS, 2002. NUSDEO, Ana Maria de Oliveira. *Defesa da Concorrência e Globalização Econômica. O Controle da Concentração de Empresas*. São Paulo: Malheiros, 2002. ORTIZ, Gaspar Ariño. *Principios de Derecho Público Económico (Modelo de Estado, Gestión Pública, Regulación Económica)*. Peligros (Granada): 1999. PROENÇA, José Marcelo Martins. *Concentração Empresarial e o Direito da Concorrência*. São Paulo: Saraiva, 2001. PETTER, Lafayete Josué. *Princípios Constitucionais da Ordem Econômica. O significado e o alcance do art. 170 da Constituição Federal*. São Paulo: Revista dos Tribunais, 2008. PIEROTH, Bodo; SCHLINK, Bernhard. *Grundrechte. Staatsrecht II*. Heidelberg: C. F. Muller, 2005. ROSSI, Giampolo. Pubblico e Privato nell'Economia di Fini Secolo. In: *Le Transformazioni Del Diritto Administrativo*. Milano: Giuffrè Editore, 1995. SOUZA JR., Cezar Saldanha. *Constituições do Brasil*. Porto Alegre: Sagra Luzzato, 2002. SARLET, Ingo Wolfgang. *Dignidade da Pessoa Humana e Direitos Fundamentais na Constituição Federal de 1988*. 8. ed. rev., atual. e ampl. Porto Alegre: Livraria do Advogado, 2010. SARLET, Ingo Wolfgang. *A Eficácia dos Direitos Fundamentais. Uma Teoria Geral dos Direitos Fundamentais na perspectiva constitucional*. 10. ed. rev., atual. e ampl. Porto Alegre: Livraria do Advogado, 2009. SARLET, Ingo Wolfgang (Org.). *Dimensões da Dignidade. Ensaios de Filosofia do Direito e Direito Constitucional*. Porto Alegre: Livraria do Advogado, 2005. SARLET, Ingo Wolfgang (Org.). *Constituição, Direitos Fundamentais e Direito Privado*. Porto Alegre: Livraria do Advogado, 2003. SARLET, Ingo Wolfgang (Org.). *A Constituição Concretizada. Construindo Pontes com o público e o privado*. Porto Alegre: Livraria do Advogado, 2000. TAVARES, André Ramos. *Direito Constitucional Econômico*. São Paulo: Método, 2003. UREBA, Alberto Alonso. *La Empresa Publica. Aspectos Jurídico-Constitucionales y de Derecho Económico*. Madrid: Editorial Montecorvo, 1985.

8. Anotações

O princípio da livre concorrência é um dos fundamentos da chamada Constituição Econômica brasileira[11]. Segundo Ortiz, "se entende por 'Constituição Econômica' (...) o conjunto de princípios, critérios, valores e regras fundamentais que presidem a vida econômico-social de um país, segundo uma ordem que se encontra reconhecida na Constituição"[12]. Em seu sentido estrito, explica Canotilho, o termo deve ser entendido como "o conjunto de disposições constitucionais que dizem respeito à conformação da ordem fundamental da economia"[13]. O entendimento, porém, de que a CF/88 instituiu uma Constituição Econômica não pode, por outro lado, implicar um rompimento da unidade da Constituição[14], muito menos significar que ela contenha também uma decisão econômica fundamental. Por exemplo, em que pese o princípio da livre concorrência seja um dos pilares do liberalismo econômico[15], não parece correto afirmar que a CF/88 seja essencialmente liberal. Pelo contrário, a "Constituição Econômica" brasileira tem gerado debates ainda não conclusos sobre a sua "decisão fundamental"[16], e existe uma tendência de muitos autores em classificá-la como Constituição Dirigente[17], ou seja, como aquelas Constituições que "não se bastam em conceder-se como mero 'instrumento de governo', mas, além disso, enunciam diretrizes, programas e fins a serem pelo Estado e pela sociedade realizados"[18].

Mais importante, porém, do que se tentar, neste breve comentário, colocar um ponto final neste debate é fixar o entendimento de que a livre concorrência deve ser vista como um princípio, cuja eficácia depende de sua harmonia com os demais princípios, regras e valores da Constituição Econômica, sendo que esta deve ser entendida como concretização da CF/88 como um todo no âmbito econômico[19]. Em doutrina, tem-se entendido, por conseguinte, que a concorrência é meio, instrumento para o alcance de outro bem maior, que se consubstancia no *caput* do art. 170, ou seja: "assegurar a todos existência digna, conforme os ditames da justiça social"[20]. Na esteira desse entendimento, parece assistir razão a Ávila, que entende serem os princípios "normas imediatamente finalísticas"[21]. Dessa forma, a concretização do princípio da livre concorrência deve sempre significar, ao mesmo tempo, concretização de seu *telos*. Sendo assim, parece clara a re-

---

11. Para um panorama sobre o debate e as várias concepções de Constituição Econômica, ver: Grau, Eros Roberto. *A ordem econômica na Constituição de 1988*. 14a. ed. São Paulo: Malheiros Editores, 2008, pp. 77 e ss. Neumann, Franz L. *Uber die Voraussetzungen und den Rechtsbegriff einer Wirtschaftsverfassung (1931)*. In: Söllner, Alfons (1978). *Wirtschaft, Staat, Demokratie. Aufsätze 1930-1954*. Frankfurt am Main: Suhrkamp, 1978, pp. 76-102, Tavares, André Ramos. *Direito Constitucional Econômico*. São Paulo: Método, 2003, pp. 71-86 e, Irti, Natalino. *L'Ordine Giuridico del Mercato*. 4ª Ed. Roma/Bari: Laterza, 2001, pp. 15 e ss.

12. Ortiz, Gaspar Ariño. *Principios de Derecho Público Económico (Modelo de Estado, Gestión Pública, Regulación Económica)*. Peligros (Granada): 1999, p. 127 (tradução livre).

13. Canotilho, José Joaquim Gomes. *Direito Constitucional*. Coimbra: Almedina, 1993, p. 474.

14. Ver, a esse respeito: Irti, Natalino. *L'Ordine Giuridico del Mercato*. 4ª ed. Roma/Bari: Laterza, 2001, pp. 15 e ss.

15. Neumann, Franz L. *Uber die Voraussetzungen und den Rechtsbegriff einer Wirtschaftsverfassung (1931)*. In: Söllner, Alfons (1978). *Wirtschaft, Staat, Demokratie. Aufsätze 1930-1954*. Frankfurt am Main: Suhrkamp, 1978, p. 79.

16. Bercovici, Gilberto. *Constituição Econômica e Desenvolvimento. Uma leitura a partir da Constituição de 1988*. São Paulo: Malheiros, 2005, pp. 37 e ss.

17. Ibidem, pp. 37 e ss.

18. Grau, Eros Roberto. *A ordem econômica na Constituição de 1988*. 14a. ed. São Paulo: Malheiros Editores, 2008, p. 76.

19. Grau, Eros Roberto. *A ordem econômica na Constituição de 1988*. São Paulo: Malheiros, 2008, p. 214.

20. Ver, a esse respeito: Forgioni, Paula A. *Os Fundamentos do Antitruste*. São Paulo: Revista dos Tribunais, 2010, pp. 178 e ss. Petter, Lafayete Josué. *Princípios Constitucionais da Ordem Econômica. O significado e o alcance do art. 170 da Constituição Federal*. São Paulo: Revista dos Tribunais, 2008, p. 249.

21. Ávila, Humberto. *Teoria dos Princípios. Da definição à aplicação dos princípios jurídicos*. São Paulo: Malheiros, 2007, pp. 78 e ss.

lação direta que se estabelece entre livre concorrência e a Dignidade da Pessoa: trata-se de relação teleológica, dado que o *caput* trata especificamente da "existência digna" como *telos* da ordem econômica[22]. Como bem definiram Grau e Forgioni, "os princípios da *livre-iniciativa* e da *livre concorrência* são *instrumentais* da promoção da *dignidade humana*. A Constituição do Brasil, em seu todo, persegue objetivos mais amplos e maiores do que, singelamente, o do *livre mercado*"[23]. Reforça-se, assim, a ideia de que a Constituição Econômica não se limita ao disposto nos arts. 170 e seguintes, mas deriva de uma concretização da Constituição como um todo no âmbito econômico.

Compreendido o fim da livre concorrência, deve-se definir qual é a sua relação com os demais princípios da ordem econômica, como, por exemplo, os incisos V (Defesa do Consumidor) e VI (Defesa do Meio Ambiente). Para compreender essa relação é necessário, primeiramente, fixar o entendimento de que, no fundo, sempre que se discute a aplicação do princípio da livre concorrência está-se discutindo em que medida o Estado pode intervir na economia, pois parece claro que a CF/88 pretende apenas permitir a intervenção estatal quando o *telos* da livre concorrência não estiver sendo cumprido (ver, a esse respeito: REsp 929.758/DF (*DJe*, de 14.12.2010) ou quando outro princípio da ordem econômica estiver sendo lesado, como é o caso do inciso V do Art. 170 da CF/88 que trata da Defesa do Consumidor[24]. Nesse sentido, manifestou-se o STJ, por exemplo, ao afirmar que sempre que a intervenção estatal envolver restrição a princípios fundamentais da ordem econômica e da ordem social, tem o Estado o dever de fundamentar essa intervenção (REsp 625.337/RS – *DJe*, de 15/12/2008). Como se vê, o princípio da livre concorrência não pode ser considerado como um fim em si mesmo, mas deve sempre ser compreendido em relação com os demais princípios, valores, regras e normas fundamentais da CF/88.

Art. 170, V – defesa do consumidor;

Rizzatto Nunes

Já tivemos oportunidade de comentar (conf. Art. 5º, inciso XXXII) que, quando examinamos o texto da Constituição Federal brasileira de 1988, percebemos que ela inteligentemente aprendeu com a história e também com o modelo de produção industrial que gerou a sociedade capitalista contemporânea. Pudemos, então, perceber que os fundamentos da República Federativa do Brasil são de um regime capitalista, mas de um tipo definido pela Carta Magna. Esta, em seu art. 1º, diz que a República Federativa é formada com alguns fundamentos, dentre a cidadania, a dignidade da pessoa humana e, como elencados no inc. IV do art. 1º, os valores sociais do trabalho e da livre-iniciativa.

E sobre esse último aspecto, deve-se fazer um comentário específico: Tem-se dito, de forma equivocada, que esse fundamento da livre-iniciativa na República Federativa do Brasil é de uma livre-iniciativa ampla, total e irrestrita[1]. Na verdade, é uma leitura errada e uma interpretação errônea do texto. O inciso IV do art. 1º é composto de duas proposições ligadas por uma conjuntiva "e": os valores sociais do trabalho "e" da livre-iniciativa. Para interpretar o texto adequadamente basta lançar mão do primeiro critério de interpretação, qual seja, o gramatical. Ora, essas duas proposições ligadas pela conjuntiva fazem surgir duas dicotomias: trata-se dos valores sociais do trabalho "e" dos valores sociais da livre-iniciativa. Logo a, interpretação somente pode ser que a República Federativa do Brasil está fundada nos valores sociais do trabalho e nos valores sociais da livre-iniciativa, isto é, quando se fala em regime capitalista brasileiro, a livre-iniciativa sempre gera responsabilidade social. Ela não é ilimitada.

Assim, quando chegamos ao art.170 da Constituição Federal, que trata dos princípios gerais da atividade econômica, com seus nove princípios, esses elementos iniciais tem de ser levados em conta. O regime é capitalista, logo há livre-iniciativa, ela é possível, e aquele que tem patrimônio e/ou que tem condições de adquirir crédito no mercado pode, caso queira, empreender algum negócio, mas dentro dos limites impostos pelo texto constitucional.

Pois bem. Antes de mais nada, lembre-se que os princípios e normas constitucionais têm de ser interpretados de forma harmônica, ou seja, é necessário definir parâmetros para que um não exclua o outro e, simultaneamente, não se autoexcluam.

Isso, todavia, não impede que um princípio ou norma limite a abrangência de outro princípio ou norma. Assim, por exemplo, deve parecer ao intérprete que "dignidade da pessoa humana" é um princípio excludente de qualquer outro que possa atingi-lo. E, também, essa constatação não elimina outros princípios e normas; apenas os delimita nos exatos termos em que devem ser interpretados.

Realcemos, então, alguns princípios estampados na Carta Magna para contrapô-los ao outro que interessa diretamente à questão das relações de consumo prevista no inciso V do artigo 170. Guardemos em mente a garantia absoluta da "dignidade da pessoa humana", depois a dos "valores sociais do trabalho e valores sociais da livre-iniciativa"; a da construção de "uma sociedade livre, justa e solidária"; a da erradicação da "pobreza e da marginalização e da redução das desigualdades sócias e regionais"; a da promoção do "bem de todos, sem preconceitos de origem, raça, sexo, cor, idade e quaisquer outras formas de discriminação", e ainda a da igualdade de todos "perante a lei, distinção de qualquer natureza", com a garantia da "inviolabilidade do direito à vida, à liberdade, à igualdade, à segurança e à prosperidade".

---

22. Sobre o vínculo entre "existência digna" (Art. 170, *caput*) e o "Princípio Fundamental" ou "Fundamento" da República Federativa do Brasil, ver: Sarlet, Ingo Wolfgang. *Dignidade da Pessoa Humana e Direitos Fundamentais na Constituição Federal de 1988*. Porto Alegre: Livraria do Advogado, 2010, p. 72. Para um panorama acerca do debate, ver, além da obra referida: Sarlet, Ingo Wolfgang. *Dimensões da Dignidade. Ensaios de Filosofia do Direito e Direito Constitucional*. Porto Alegre: Livraria do Advogado, 2005.

23. Grau, Eros Roberto/ Forgioni, Paula A. *O Estado, a empresa e o contrato*. São Paulo: Malheiros, 2005, p. 123.

24. Ver a esse respeito: Glória, Daniel Firmato. *A Livre Concorrência como Garantia do Consumidor*. Belo Horizonte: Del Rey, 2003.

1. "Art. 1º A República Federativa do Brasil, formada pela união indissolúvel dos estados e Municípios e do Distrito Federal, constitui-se em Estado Democrático de Direito e tem como fundamentos: I – a soberania; II – a dignidade da pessoa humana; IV – os valores sociais do trabalho e da livre-iniciativa; V – o pluralismo político. Parágrafo único. Todo poder emana do povo, que o exerce por meio de representantes eleitos ou diretamente, nos termos desta Constituição."

Agora, remetamo-nos diretamente aos princípios gerais da atividade econômica, capítulo importante do título que cuida da ordem econômica e financeira. Veremos que o inciso V deve ser examinado em conjunto e à luz dos princípios acima mencionados (e em consonância com eles), pois dispõe o art. 170, *in verbis*:

"Art. 170. A ordem econômica, fundada na valorização do trabalho humano e na livre-iniciativa, tem por fim assegurar a todos existência digna, conforme os ditames da justiça social, observados os seguintes princípios:

I – soberania nacional;

II – propriedade privada;

III – função social da propriedade;

IV – livre concorrência;

V – defesa do consumidor;

VI – defesa do meio ambiente;

VII – redução das desigualdades regionais e sociais;

VIII – busca do pleno emprego;

IX – tratamento favorecido para as empresas de pequeno porte constituídas sob as leis brasileiras e que tenham sua sede e administração no país.

Parágrafo único. É assegurado a todos o livre exercício de qualquer atividade econômica, independentemente de autorização de órgãos públicos, salvo nos casos previstos em lei".

O art. 170 como um todo estabelece princípios gerais para a atividade econômica. Estes têm de ser interpretados, também, como já o dissemos, de modo a permitir uma harmonização de seus ditames. Acontece que não basta examinar os princípios estampados nos nove incisos dessa norma apenas entre si mesmos. É necessário adequá-los àqueles outros aos quais chamamos a atenção.

O *caput* do art. 170 está já em harmonia com aqueles outros princípios. Dos nove princípios instituídos nos incisos, quatro nos interessam em nosso exame. São eles: propriedade privada; função social da propriedade; livre concorrência; defesa do consumidor, e a possibilidade de exploração da atividade econômica – com seu natural risco – prevista no parágrafo único do art. 170.

Ora, a Constituição Federal garante a livre-iniciativa? Sim. Estabelece a garantia à propriedade privada? Sim. Significa isso que, sendo proprietário, qualquer um pode ir ao mercado de consumo praticar a "iniciativa privada" sem nenhuma preocupação de ordem ética no sentido da responsabilidade social? Pode qualquer um dispor dos seus bens de forma destrutiva para si e para os demais partícipes do mercado? A resposta a essas duas questões é não.

Os demais princípios e normas colocam limites – aliás, bastante claros – à exploração do mercado. É verdade que a livre-iniciativa está garantida. Porém, a leitura do texto constitucional define que:

a) o mercado de consumo aberto à exploração não pertence ao explorador; ele é da sociedade e em função dela, do seu benefício, é que se permite sua exploração;

b) como decorrência disso, o explorador tem responsabilidades a saldar no ato exploratório; tal ato não pode ser espoliativo;

c) se lucro é uma decorrência lógica e natural da exploração permitida, não pode ser ilimitado; encontrará resistência e terá de ser refreado toda vez que puder causar dano ao mercado e à sociedade;

d) excetuando os casos de monopólio do Estado (p. ex., do art. 177), o monopólio, o oligopólio e quaisquer outras práticas tendentes à dominação do mercado estão proibidos;

e) o lucro é legítimo, mas o risco é exclusivamente do empreendedor. Ele escolheu arriscar-se: não pode repassar esse ônus para o consumidor.

Essas considerações são decorrentes da interpretação dos princípios já expostos e que devem ser harmonizados.

Com efeito, a letra *a* decorre das garantias constitucionais da função social da propriedade, da defesa do consumidor, da construção de uma sociedade livre, justa e solidária e da promoção do bem comum. Tudo fundado no princípio máximo da garantia da dignidade da pessoa humana.

Quanto ao estabelecido nas letras *b*, *c*, *d*, e *e*, as bases são as mesmas. Contudo, reforce-se o aspecto da livre concorrência e da defesa do consumidor.

O estabelecimento de um princípio como o da livre concorrência tem uma destinação específica. Pretende que o explorador seja limitado pelo outro explorador e também pelo próprio mercado. Investiguemos de perto.

Que é o mercado? De que ele se compõe? O mercado é uma ficção econômica, mas também é uma realidade concreta. Como dissemos, ele pertence à sociedade. Não é da propriedade, posse ou uso de ninguém em particular e também não é exclusividade de nenhum grupo específico. A existência do mercado é confirmada por sua exploração diuturna concreta e histórica. Mas essa exploração não pode ser tal que possa prejudicar o próprio mercado ou a sociedade. O mercado é composto, como se sabe, não só pelos empreendedores da atividade econômica, mas também pelos consumidores. Não existe mercado sem consumidor.

Ao estipular como princípios a livre concorrência e a defesa do consumidor, o legislador constituinte está dizendo que nenhuma exploração poderá atingir os consumidores nos direitos a eles outorgados (que estão regrados na Constituição e também nas normas infraconstitucionais). Está, também, designando que o empreendedor tem de oferecer o melhor de sua exploração, independentemente de atingir ou não os direitos do consumidor. Ou, em outras palavras, mesmo respeitando os direitos do consumidor, o explorador tem de oferecer mais. A garantia dos direitos do consumidor é o mínimo. A regra constitucional exige mais. Essa ilação decorre do sentido de livre concorrência.

Quando se fala em regime capitalista fundado na dignidade da pessoa humana, nos valores sociais e na cidadania, como é o nosso caso, o que se está pressupondo é que esse regime capitalista é fundado num mercado, numa possibilidade da exploração econômica que vai gerar responsabilidade social, porque é da sociedade que se trata.

Livre mercado composto de consumidores e fornecedores tem, na ponta do consumo, o elemento fraco de sua formação, pois o consumidor é reconhecidamente vulnerável como receptor dos modelos de produção unilateralmente definidos e impostos pelo fornecedor. A questão não é, pois – como às vezes a doutrina apresenta –, de ordem econômica ou financeira, mas técnica: o consumidor é mero expectador no espetáculo da produção².

O reconhecimento da fragilidade do consumidor no mercado está ligado à hipossuficiência técnica: ele não participa do ciclo de produção e, na medida em que não participa, não tem acesso aos meios de produção, não tendo como controlar aquilo que compra de produtos e serviços; não tem como fazê-lo e, na medida em que não tem como fazê-lo, precisa de proteção. É por isso que quando chegamos ao CDC há uma ampla proteção ao consumidor com o reconhecimento de sua vulnerabilidade (no art. 4º, I) e como decorrência direta do estabelecido no inciso V do art. 170, assim como do inciso XXXII do art. 5º.

A livre concorrência é essencialmente uma garantia do consumidor e do mercado. Ela significa que o explorador tem de oferecer ao consumidor produtos e serviços melhores do que de seu concorrente. Essa obrigação é posta *ad infinitum*, de forma que sempre haja melhora. Evidente que esse processo de concorrência se faz não só pela qualidade, mas também por seu parceiro necessário: o preço. O forte elemento concorrencial na luta pelo consumidor é o binômio "qualidade/preço"³. Dessa maneira, há sim uma meta na exploração: é a da produção e oferta de produtos e serviços com a melhor qualidade e o menor preço possíveis.

Além disso, como todo substrato dos princípios é o da garantia da dignidade da pessoa humana, mesmo atingindo esse nível de excelência constitucional o empreendedor ainda remanesce com uma imputabilidade ética: seu lucro, ainda que legítimo nos termos que apresentamos, deve contribuir para a construção de uma sociedade fundada nesse princípio. Todo explorador tem responsabilidade social para com todos os indivíduos, mesmo para com aqueles que não são seus clientes⁴.

O outro aspecto fundamental para o entendimento do direito material do consumidor é o princípio que se extrai da harmonização dos demais princípios do art. 170 na relação com os outros mais relevantes (dignidade da pessoa humana, vida sadia, justiça, proteção ao consumidor etc.). É o risco da atividade do empreendedor.

É que a garantia da livre-iniciativa tem uma contrapartida: o empreendedor age porque quer. Cabe unicamente a ele decidir se vai explorar ou não o mercado. Não está ele obrigado a desenvolver qualquer negócio ou atividade. Se o fizer e obtiver lucro, é legítimo que tenha o ganho. Mas, se sofrer perdas, elas também serão suas. Assim, aquele que quer promover algum negócio lícito, pode fazê-lo, mas deve saber que a assume integralmente o risco de a empreitada dar certo ou não. E o Código de Defesa do Consumidor assimilou do texto constitucional corretamente essa imposição.

Repise-se, então, que, do ponto de vista do texto constitucional, a possibilidade de produção implica um sistema capitalista de proteção e livre concorrência, o que importa em risco para aquele que vai ao mercado explorá-lo. A característica fundamental da produção na sociedade capitalista a partir do sistema jurídico constitucional brasileiro é esse do risco da atividade. Quem corre risco ao produzir produtos e serviços é o fornecedor, jamais o consumidor.

Art. 170, VI – defesa do meio ambiente, inclusive mediante tratamento diferenciado conforme o impacto ambiental dos produtos e serviços e de seus processos de elaboração e prestação;

Celso Antonio Pacheco Fiorillo

A ordem econômica estabelecida no plano normativo constitucional, fundada na valorização do trabalho humano e na livre-iniciativa, tem por fim assegurar a todos existência digna, conforme os ditames da justiça social, observados alguns princípios indicados nos incisos do art. 170.

Dentre os princípios antes referidos está o da defesa do meio ambiente (art. 170, VI, da CF), cujo conteúdo constitucional está descrito no art. 225 da CF, inclusive mediante tratamento diferenciado conforme o impacto ambiental (art. 225, parágrafo 1º, IV) dos produtos e serviços e de seus processos de elaboração e prestação.

1. Delineamentos históricos

Podemos afirmar que a organização econômica ocidental é fruto de uma evolução de sistemas liberais, cuja principal característica é a separação total entre os planos decisórios político e econômico.

Como é sabido, o sistema econômico passou por uma grande transformação na segunda metade do séc. XVIII inspirado, dentre outros, na premissa maior do escocês Adam Smith, em que o governo não precisaria interferir na economia, sendo que o interesse individual acomodar-se-ia ao interesse social. Neste momento histórico, surge a percepção de que "a economia está no centro de todas as transformações, ou, ao menos, de que possui dinâmica própria, como se tivesse sido emancipada de outras esferas da sociedade, com as quais se confundia".

Este foi o terreno em que se instalou o capitalismo nos moldes do sistema econômico liberal, imperando assim a liberdade sem limites nem contornos, consolidando, de certa forma, a transição do sistema feudal para esta nova ordem.

O liberalismo torna-se então expressão de liberdade integral, e seu aspecto econômico "refere-se, sobretudo, às condições que abrangem a propriedade privada, a economia de mercado, a ausência ou minimização do controle estatal, a livre empresa e a iniciativa privada. Ainda como parte integrante desse referencial, encontram-se os direitos econômicos, representados pelo direito de propriedade, o direito de herança, o direito de acumular riqueza e capital, o direito à plena liberdade de produzir, de comprar e de vender".

A par deste acontecimento, não podemos deixar de lembrar que foi no borbulhar do século XVIII com o surgimento do movimento constitucional, que a organização do Estado começa a ganhar vulto. Segundo J. J. Gomes Canotilho, "a ideia constitu-

---

2. Há, claro, consumidores abastados, pessoas físicas ou jurídicas, o que não lhes tira a vulnerabilidade técnica.

3. O grande desenvolvimento da indústria japonesa deveu-se, em larga medida, à compreensão dessa dicotomia. Tornou-se conhecida a capacidade dos empreendedores japoneses de oferecer produtos de melhor qualidade que a concorrência a menores preços.

4. No caso brasileiro, infelizmente, há pessoas que não podem ser clientes de ninguém, por falta de condições mínimas de subsistência.

cional deixa de ser apenas a limitação do poder e garantia de direitos individuais para se converter numa ideologia, abarcando os vários domínios da vida política, econômica e social (ideologia liberal ou burguesa)".

A partir deste movimento constitucional, a economia ganha um enfoque sistemático, sendo que na primeira metade do século XX as Cartas do México e da Alemanha introduziram-na como matéria constitucional.

Entretanto, podemos dizer que "do ponto de vista jurídico, o liberalismo econômico de até o início do século atual imperava nas Constituições dos Estados-nações; a liberdade econômica não tinha limites ou condicionamentos. A partir do momento em que o Estado passou a normatizar o conflito entre o capital e o trabalho, com a segunda revolução científico-tecnológica, onde apareceram os direitos sociais e coletivos, surgiu o constitucionalismo socioeconômico, abrindo-se um leque mais abrangente e protetor aos trabalhadores".

Em nosso país, o sistema constitucional tem início com a Constituição do Império jurada em 25 de março de 1824, que de imediato passou a apontar o direito de propriedade, seguramente influenciado pelos países europeus/metrópoles, revelando seu conteúdo ideológico de garantir a economia capitalista, e variando de acordo com o tempo.

Em 24 de fevereiro de 1891, com a promulgação da Constituição da República dos Estados Unidos do Brasil, que adotou como forma de governo o regime representativo, fica claro o caráter liberal-conservador, externado pela conservação rigorosa da grande propriedade, na defesa desenfreada de um liberalismo econômico, bem como na introdução "aparente" e "formalista" de direitos civis.

Porém, a ordem econômica ingressa como matéria constitucional com a Constituição da República dos Estados Unidos do Brasil, promulgada em 16 de julho de 1934, que trazia como objetivo *organizar um regime democrático, que assegurasse à Nação unidade, a liberdade, a justiça e o **bem-estar social e econômico***, objetivo este rapidamente deixado de lado, em função da Constituição dos Estados Unidos do Brasil, decretada em 10 de novembro de 1937, "instituindo um autoritarismo corporativista do Estado Novo e implantando uma ditadura do Executivo (todos os poderes concentrados nas mãos do Presidente da República), permitindo assim legislar-se por decretos, reduzindo arbitrariamente a função do Congresso Nacional podendo desta forma dirigir a economia do país, intervir nas organizações sociais, partidárias e representativas, além de restringir a prática efetiva e plena dos direitos dos cidadãos". Esta Carta criou um Conselho de Economia Nacional, com a finalidade de organizar a economia, utilizando, para isso, "uma acessoria técnica, objetivando o desejo corporativista de colaboração das classes através da racionalização da economia e da promoção do desenvolvimento técnico", permitindo assim ao Estado, uma interferência direta e constante.

A Constituição dos Estados Unidos do Brasil, promulgada em 18 de setembro de 1946, por sua vez, estabelecia em seu Título V, intitulado "Da ordem econômica e social", em seu art. 145, que a ordem econômica deveria ser organizada conforme os princípios da justiça social, conciliando a liberdade de iniciativa com a valorização do trabalho humano, trabalho este que possibilitaria a **existência digna**, uma vez que o mesmo era visto como obrigação social.

Em 24 de janeiro de 1967 é promulgada a Constituição do Brasil, que nada mais era que a Constituição de 1946, extraídos os pontos democráticos e incluído os Atos Institucionais. Referida Carta permitia claramente, sob o manto da falaciosa Segurança Nacional, a intervenção do Estado no domínio econômico e o monopólio de determinada indústria ou atividade, mediante lei da União. Em uma manobra que beirava o exótico, referida Carta permitia dentre outras coisas, a desapropriação de propriedades territoriais rurais, bem como limitava a produção de bens "supérfluos" proibindo a participação da pessoa física em mais de uma empresa ou de uma em outra, nos termos da lei.

Entretanto, em 05 de outubro de 1988 promulga-se a Constituição da República Federativa do Brasil, que organiza nosso Estado Democrático de Direito em face dos fundamentos da dignidade da pessoa humana, positivando a partir do que reza o art. 170, a ordem econômica capitalista, fundada, portanto, na livre-iniciativa e nos valores sociais do trabalho.

É nessa ordem positivada e vigente, totalmente adequada a realidade do séc. XXI, que encontraremos todo respaldo para enfrentar o tema, expondo, de forma sistemática, como o sistema econômico capitalista se harmoniza com o meio ambiente.

2. A Constituição Federal de 1988 como gênese do direito ambiental brasileiro

A Constituição Federal de 1988, norma que rege e estrutura todos os subsistemas de direito no nosso país, constituiu-se em Estado Democrático de Direito, trazendo em seu primeiro artigo, os princípios fundamentais que irão direcionar toda a interpretação do sistema positivo de direito no Brasil.

Logo, pensar em interpretar o direito é pensar em efetivar os princípios esculpidos no seu art. 1º, principalmente em relação à dignidade da pessoa humana, que está totalmente atrelada ao que preceitua o art. 6º do mesmo diploma legal, o chamado Piso Vital Mínimo.

Neste sentido, e pela primeira vez na história brasileira, uma Carta estabelece direito ao meio ambiente, estruturando uma composição para tutelar os valores ambientais, reconhecendo-lhes características próprias que inclusive não guardam semelhança alguma com o tradicional instituto da propriedade, transcendendo a ideia ortodoxa do direito (e superada) fazendo nascer assim os direitos ditos difusos.

Claro está que o critério interpretativo imposto pela Constituição Federal no que se refere à implementação do referido princípio da defesa do meio ambiente, como um dos princípios da atividade econômica, encontra seu necessário fundamento não só em decorrência do art. 1º e tem como objetivo o conteúdo estabelecido pelo art. 3º da Constituição Federal.

Assim, a defesa do meio ambiente, embora adote como causa primária no plano normativo os valores sociais do trabalho e da livre-iniciativa (art.1º, IV), necessita respeitar a dignidade da pessoa humana como superior fundamento constitucional (art. 1º, III).

Por outro lado, a defesa do meio ambiente tem objetivos definidos no plano constitucional com particular destaque à construção de uma sociedade livre, justa e solidária (art. 3º, I), garantir o desenvolvimento nacional (art. 3º, II) e, particularmente, em face da realidade brasileira, erradicar a pobreza e a marginalização e reduzir as desigualdades sociais e regionais (art. 3º, III).

Destarte, nossa Constituição Federal, ao fixar em 1988 os princípios fundamentais antes indicados (conteúdo dos arts. 1º e 3º), teria adotado em certa medida parte das ideias contidas no documento intitulado *Nosso Futuro Comum* e especificamente recepcionado o "conceito" de desenvolvimento sustentável.

O documento chamado *Nosso Futuro Comum*, da Comissão Mundial sobre o Meio Ambiente e o Desenvolvimento, também conhecido como Relatório Brundtland (referencia a norueguesa Gro Harlem Brundtland, ex-premiê da Noruega, que chefiou a comissão que em 1987 produziu o referido relatório *Nosso Futuro Comum*), estabeleceu, no plano metajurídico, o referido conceito.

Senão vejamos.

3. O "conceito" de desenvolvimento sustentável indicado no documento *Nosso Futuro Comum* e seus reflexos nos princípios fundamentais da Constituição Federal

Elaborado pela Comissão Mundial sobre o Meio Ambiente e o Desenvolvimento e dentro de um contexto em que **"o meio ambiente não existe como uma esfera desvinculada das ações, ambições e necessidades humanas (grifos nossos)"**, o **"desenvolvimento sustentável"** na definição estabelecida em referido documento, **"é aquele que atende às necessidades do presente sem comprometer a possibilidade de as gerações futuras atenderem a suas próprias necessidades"**.

O desenvolvimento sustentável contem, conforme está escrito em referido documento, **dois conceitos-chave**:

– o conceito de "necessidades", sobretudo as necessidades essenciais dos pobres no mundo, que devem receber a máxima prioridade;

– a noção das limitações que o estágio da tecnologia e da organização social impõe ao meio ambiente, impedindo-o de atender às necessidades presentes e futuras.

Assim, ficou explicitamente indicado no Relatório Brundtland que **"satisfazer as necessidades e aspirações humanas é o principal objetivo do desenvolvimento (grifos nossos)"**, uma vez que "nos países em desenvolvimento, as necessidades básicas de grande número de pessoas – alimento, roupa, habitação, emprego – não estão sendo atendidas. Além dessas necessidades básicas, as pessoas também aspiram legitimamente uma melhor qualidade de vida"[1].

Destarte, **"para que haja um desenvolvimento sustentável, é preciso que todos tenham atendidos as suas necessidades básicas e lhes sejam proporcionadas oportunidade de concretizar suas aspirações a uma vida melhor"**.

Claro está que, ao estabelecer como princípios fundamentais constitucionais o objetivo de "erradicar a pobreza e a marginalização e reduzir as desigualdades sociais e regionais" (art. 3º, III), adotando como fundamento "a dignidade da pessoa humana" (art. 1º, III), nossa Constituição Federal teria, ao que tudo indica, usado claramente pelo menos um dos "conceito-chave" do significado do conceito de desenvolvimento sustentável, inclusive com reflexo direto na positivação constitucional dos princípios gerais da atividade econômica, que, praticamente repetindo o conteúdo do art. 1º da Carta Maior, estabelece que a ordem econômica é fundada na valorização do trabalho humano e na livre-iniciativa e tem por fim assegurar a todos existência digna, conforme os ditames da justiça social, observados alguns princípios, como o princípio da defesa do meio ambiente.

Daí inclusive os reflexos da superior orientação constitucional nos princípios gerais da atividade econômica.

4. A Rio + 20 e a erradicação da pobreza como requisito indispensável visando implementar o desenvolvimento sustentável: o Supremo Tribunal Federal e o Princípio do Desenvolvimento Sustentável

A terminologia empregada pelo documento *Nosso Futuro* já teria surgido inicialmente na Conferência Mundial de Meio Ambiente, realizada, em 1972, em Estocolmo e repetida nas demais conferências sobre o meio ambiente, em especial na ECO-92, a qual empregou o termo em onze de seus vinte e sete princípios.

Assim, a Conferência das Nações Unidas sobre o Desenvolvimento Sustentável realizada no Rio de Janeiro/BRASIL em junho de 2012 – a Rio+20 –, ao publicar seu documento final intitulado O FUTURO QUE QUEREMOS (59 páginas com 283 parágrafos/itens organizados em 6 capítulos, a saber (tradução livre do texto original em espanhol): Nossa Visão Comum, Renovação dos Compromissos Políticos, Economia Verde, Marco Institucional para o Desenvolvimento Sustentável, Marco para Ação e Implementação e Meios de Execução), reafirmou todos os princípios da Declaração do Rio sobre o Meio Ambiente e Desenvolvimento[2].

Com efeito, ratificamos que na Constituição Federal de 1988, o princípio do desenvolvimento sustentável encontra-se esculpido no *caput* do art. 225:

"Art. 225. Todos têm direito ao meio ambiente ecologicamente equilibrado (...), impondo-se ao Poder Público e à coletividade o *dever de defendê-lo e preservá-lo* **para as presentes e futuras gerações**" (grifo nosso)".

---

[1]. Vide *Nosso Futuro Comum – Comissão Mundial sobre Meio Ambiente e Desenvolvimento*. 2ª ed. Rio de Janeiro: Editora Fundação Getulio Vargas, 1991, prefácio da Presidente, XIII. Disponível em: <https://pt.scribd.com/doc/12906958/Relatorio-Brundtland-Nosso-Futuro-Comum-Em-Portugues>.

[2]. Conferência das Nações Unidas sobre o Desenvolvimento Sustentável, a Rio+20, foi realizada de 13 a 22-6-2012, na cidade do Rio de Janeiro. A Rio+20 foi assim conhecida porque marcou os vinte anos de realização da Conferência das Nações Unidas sobre Meio Ambiente e Desenvolvimento (Rio-92) e contribuiu para definir a agenda do desenvolvimento sustentável para as próximas décadas. A proposta brasileira de sediar a Rio+20 foi aprovada pela Assembleia Geral das Nações Unidas, em sua 64ª Sessão, em 2009. O objetivo da Conferência foi a renovação do compromisso político com o desenvolvimento sustentável, por meio da avaliação do progresso e das lacunas na implementação das decisões adotadas pelas principais cúpulas sobre o assunto e do tratamento de temas novos e emergentes.

A Conferência teve dois temas principais:

• A economia verde no contexto do desenvolvimento sustentável e da erradicação da pobreza; e

• A estrutura institucional para o desenvolvimento sustentável.

Disponível em: <http://www.rio20.gov.br>.

Destarte, evidentemente com base na noção das limitações que o estágio da tecnologia e da organização social impõe ao meio ambiente, um dos conceitos-chave de desenvolvimento sustentável, constatamos que os recursos ambientais não são inesgotáveis, tornando-se inadmissível que as atividades econômicas desenvolvam-se alheias a esse fato. Busca-se com isso a coexistência harmônica entre economia e meio ambiente. Permite-se o desenvolvimento, mas de forma sustentável, planejada, para que os recursos hoje existentes não se esgotem ou tornem-se inócuos.

Dessa forma, o princípio do desenvolvimento sustentável tem por conteúdo a manutenção das bases vitais da produção e reprodução do homem e de suas atividades, garantindo igualmente uma relação satisfatória entre os homens e destes com o seu ambiente, para que as futuras gerações, inclusive em face das atividades produtivas organizadas que realizarão, também tenham oportunidade de desfrutar os mesmos recursos que temos hoje à nossa disposição, observando ainda que a compreensão do instituto reclama a sua contextualização histórica, porque sabemos que o liberalismo "puro" tornou-se um sistema superado diante do fenômeno da revolução das massas. Em face da transformação sociopolítico-econômico-tecnológica, percebeu-se a necessidade de um modelo estatal intervencionista, com a finalidade de reequilibrar o mercado econômico.

Com isso, a noção e o conceito de desenvolvimento[3], formados num Estado de concepção liberal, alteraram-se, porquanto não mais encontravam guarida na sociedade moderna. Passou-se a reclamar um papel ativo do Estado no socorro dos valores ambientais, conferindo outra noção ao conceito de desenvolvimento. A proteção do meio ambiente e o fenômeno desenvolvimentista (sendo composto necessariamente pela livre-iniciativa) passaram a fazer parte de um objetivo comum, pressupondo "a convergência de objetivos das políticas de desenvolvimento econômico, social, cultural e de proteção ambiental".

Daí a necessidade de estabelecer interpretação no sentido de destacar que "**a busca e a conquista de um 'ponto de equilíbrio' entre o desenvolvimento social, o crescimento econômico e a utilização dos recursos naturais** exigem um adequado planejamento territorial que tenha em conta os limites da sustentabilidade. O critério do desenvolvimento sustentável deve valer tanto para o território nacional na sua totalidade, áreas urbanas e rurais, como para a sociedade, para o povo, respeitadas as necessidades culturais e criativas do país".

Como se percebe, o princípio possui grande importância, porquanto numa sociedade desregrada, à deriva de parâmetros de livre concorrência e iniciativa, o caminho inexorável para o caos ambiental é uma certeza. Não há dúvida de que o desenvolvimento econômico também é um valor precioso da sociedade. Todavia, a preservação ambiental e o desenvolvimento econômico devem coexistir, de modo que aquela não acarrete a anulação deste.

Atento a esses fatos, o legislador constituinte de 1988 verificou que o crescimento das atividades econômicas merecia um novo tratamento. Não mais poderíamos permitir que elas se desenvolvessem alheias aos fatos contemporâneos. A preservação do meio ambiente passou a ser palavra de ordem, porquanto sua contínua degradação implicará diminuição da capacidade econômica do País, e não será possível à nossa geração e principalmente às futuras desfrutar uma vida com qualidade.

Assim, a livre-iniciativa, que rege as atividades econômicas, começou a ter outro significado. A liberdade de agir e dispor tratada pelo Texto Constitucional (a livre-iniciativa) passou a ser compreendida de forma mais equilibrada, o que significa dizer que não existe a liberdade, a livre-iniciativa, voltada à disposição de um meio ambiente ecologicamente equilibrado. Este deve ser o objetivo. **Busca-se, na verdade, a coexistência de ambos sem que a ordem econômica inviabilize um meio ambiente ecologicamente equilibrado e sem que este obste o desenvolvimento econômico**[4].

Tanto isso é verdade que a Constituição Federal estabelece que a ordem econômica, fundada na livre-iniciativa (sistema de produção capitalista) e na valorização do trabalho humano (limite

---

3. "A questão do desenvolvimento nacional (CF, art. 3º, II) e a necessidade de preservação da integridade do meio ambiente (CF, art. 225): o princípio do desenvolvimento sustentável como fator de obtenção do justo equilíbrio entre as exigências da economia e as da ecologia. O princípio do desenvolvimento sustentável, além de impregnado de caráter eminentemente constitucional, encontra suporte legitimador em compromissos internacionais assumidos pelo Estado brasileiro e representa fator de obtenção do justo equilíbrio entre as exigências da economia e as da ecologia, subordinada, no entanto, a invocação desse postulado, quando ocorrente situação de conflito entre valores constitucionais relevantes, a uma condição inafastável, cuja observância não comprometa nem esvazie o conteúdo essencial de um dos mais significativos direitos fundamentais: o direito à preservação do meio ambiente, que traduz bem de uso comum da generalidade das pessoas, a ser resguardado em favor das presentes e futuras gerações" (ADI 3.540-MC, Rel. Min. Celso de Mello, j. em 1º-9-2005, Plenário, *DJ* de 3-2-2006).

4. *Vide* a interpretação do Ministro Luís Roberto Barroso, acolhida pelo STF no RE 519.778-AGR/RN (j. em 24-6-2014, 1ª Turma, *DJe* de 1º-8-2014), a saber: "Tal arranjo se justifica em face da absoluta relevância do direito a um meio ambiente ecologicamente equilibrado. A dicção constitucional, que o considera um 'bem de uso comum do povo e essencial à sadia qualidade de vida' (art. 225, *caput*), reforça o entendimento doutrinário de que se trata de um direito fundamental, vinculado a um dever de solidariedade de amplitude inclusive intergeracional, como já assentado pela jurisprudência deste Tribunal: '(...) A PRESERVAÇÃO DA INTEGRIDADE DO MEIO AMBIENTE: EXPRESSÃO CONSTITUCIONAL DE UM DIREITO FUNDAMENTAL QUE ASSISTE À GENERALIDADE DAS PESSOAS. – Todos têm direito ao meio ambiente ecologicamente equilibrado. Trata-se de um típico direito de terceira geração (ou de novíssima dimensão), que assiste a todo o gênero humano (*RTJ* 158/205-206). Incumbe, ao Estado e à própria coletividade, a especial obrigação de defender e preservar, em benefício das presentes e futuras gerações, esse direito de titularidade coletiva e de caráter transindividual (*RTJ* 164/158-161). O adimplemento desse encargo, que é irrenunciável, representa a garantia de que não se instaurarão, no seio da coletividade, os graves conflitos intergeneracionais marcados pelo desrespeito ao dever de solidariedade, que a todos se impõe, na proteção desse bem essencial de uso comum das pessoas em geral. Doutrina. A ATIVIDADE ECONÔMICA NÃO PODE SER EXERCIDA EM DESARMONIA COM OS PRINCÍPIOS DESTINADOS A TORNAR EFETIVA A PROTEÇÃO AO MEIO AMBIENTE. – A incolumidade do meio ambiente não pode ser comprometida por interesses empresariais nem ficar dependente de motivações de índole meramente econômica, ainda mais se se tiver presente que a atividade econômica, considerada a disciplina constitucional que a rege, está subordinada, dentre outros princípios gerais, àquele que privilegia a 'defesa do meio ambiente' (CF, art. 170, VI), que traduz conceito amplo e abrangente das noções de meio ambiente natural, de meio ambiente cultural, de meio ambiente artificial (espaço urbano) e de meio ambiente laboral. Doutrina. Os instrumentos jurídicos de caráter legal e de natureza constitucional objetivam viabilizar a tutela efetiva do meio ambiente, para que não se alterem as propriedades e os atributos que lhe são inerentes, o que provocaria inaceitável comprometimento da saúde, segurança, cultura, trabalho e bem-estar da população, além de causar graves danos ecológicos ao patrimônio ambiental, considerado este em seu aspecto físico ou natural. (...)' (ADI 3.540-MC, Rel. Min. Celso de Mello).

ao capitalismo selvagem), deverá regrar-se pelos ditames de justiça social, respeitando o princípio da defesa do meio ambiente, contido no inciso VI do art. 170. Assim, caminham lado a lado a livre concorrência e a defesa do meio ambiente, a fim de que a ordem econômica esteja voltada à justiça social. Vejamos o dispositivo:

"Art. 170. A ordem econômica, fundada na valorização do trabalho humano e na livre-iniciativa, tem por fim assegurar a todos existência digna, conforme os ditames da justiça social, observados os seguintes princípios:

(...)

VI – defesa do meio ambiente, inclusive mediante tratamento diferenciado conforme o impacto ambiental dos produtos e serviços e de seus processos de elaboração e prestação".

Devemos lembrar que a ideia principal é assegurar a existência digna da pessoa humana, através de uma vida com qualidade.

Com isso, o princípio não objetiva impedir o desenvolvimento econômico[5]. Sabemos que a atividade econômica, na maioria das vezes, representa alguma degradação ambiental. Todavia, o que se procura é minimizá-la, pois pensar de forma contrária significaria dizer que nenhum empreendimento que venha a afetar o meio ambiente poderá ser instalado, e não é essa a concepção apreendida do texto. O correto é que as atividades sejam desenvolvidas lançando-se mão dos instrumentos existentes adequados para a menor degradação possível.

5. O desenvolvimento que atende às necessidades do presente sem comprometer a possibilidade de as gerações futuras atenderem a suas próprias necessidades: o exercício da atividade econômica em harmonia com a defesa do meio ambiente cultural, artificial, do trabalho e natural

O termo "meio ambiente", indicado no art. 225 da Constituição Federal, é um conceito jurídico indeterminado, cabendo, dessa forma, ao intérprete o preenchimento do seu conteúdo.

Com isso, dentre várias definições do termo no âmbito jurídico, encontramos pelo menos quatro significativos aspectos que já eram indicados por Celso Fiorillo no final do século XX, desde a 1ª edição de seu Curso (2000), e que acabaram sendo acolhidos pelo Supremo Tribunal Federal: meio ambiente natural, artificial, cultural e do trabalho.

---

5. "É certo que a ordem econômica na Constituição de 1988 define opção por um sistema no qual joga um papel primordial a livre-iniciativa. Essa circunstância não legitima, no entanto, a assertiva de que o Estado só intervirá na economia em situações excepcionais. Mais do que simples instrumento de governo, a nossa Constituição enuncia diretrizes, programas e fins a serem realizados pelo Estado e pela sociedade. Postula um plano de ação global normativo para o Estado e para a sociedade, informado pelos preceitos veiculados pelos seus arts. 1º, 3º e 170. A livre-iniciativa é expressão de liberdade titulada não apenas pela empresa, mas também pelo trabalho. Por isso a Constituição, ao contemplá-la, cogita também da 'iniciativa do Estado'; não a privilegia, portanto, como bem pertinente apenas à empresa. Se de um lado a Constituição assegura a livre-iniciativa, de outro determina ao Estado a adoção de todas as providências tendentes a garantir o efetivo exercício do direito à educação, à cultura e ao desporto (arts. 23, V, 205, 208, 215 e 217, § 3º, da Constituição). Na composição entre esses princípios e regras há de ser preservado o interesse da coletividade, interesse público primário. O direito ao acesso à cultura, ao esporte e ao lazer são meios de complementar a formação dos estudantes" (ADI 1.950, Rel. Min. Eros Grau, j. em 3-11-2005, Plenário, DJ de 2-6-2006). No mesmo sentido: ADI 3.512, j. em 15-2-2006, Plenário, DJ de 23-6-2006).

A referida classificação vem sendo ampliada no século XXI.

De qualquer forma, o Supremo Tribunal Federal, ao adotar o julgamento da ADI 3.540 como verdadeira dicção constitucional interpretativa do direito ambiental constitucional a um meio ambiente ecologicamente equilibrado, indicou explicitamente, com fundamento no magistério doutrinário de Celso Fiorillo, José Afonso da Silva e José Roberto Marques, o critério destinado a estabelecer o devido equilíbrio entre a ordem econômica constitucional e a defesa do meio ambiente, a saber:

"A atividade econômica não pode ser exercida em desarmonia com os princípios destinados a tornar efetiva a proteção ao meio ambiente. A incolumidade do meio ambiente não pode ser comprometida por interesses empresariais nem ficar dependente de motivações de índole meramente econômica, ainda mais se se tiver presente que a atividade econômica, considerada a disciplina constitucional que a rege, está subordinada, dentre outros princípios gerais, àquele que privilegia a 'defesa do meio ambiente' (CF, art. 170, VI), que traduz conceito amplo e abrangente das noções de meio ambiente natural, de meio ambiente cultural, de meio ambiente artificial (espaço urbano) e de meio ambiente laboral. Doutrina. Os instrumentos jurídicos de caráter legal e de natureza constitucional objetivam viabilizar a tutela efetiva do meio ambiente, para que não se alterem as propriedades e os atributos que lhe são inerentes, o que provocaria inaceitável comprometimento da saúde, segurança, cultura, trabalho e bem-estar da população, além de causar graves danos ecológicos ao patrimônio ambiental, considerado este em seu aspecto físico ou natural" (ADI 3.540-MC, Rel. Min. Celso de Mello, julgamento em 1º-9-2005, Plenário, DJ de 3-2-2006).

Trata-se, pois, de resguardar o meio ambiente natural, artificial, cultural e do trabalho em harmonia com a ordem econômica capitalista.

6. Referências/Bibliografia

FIORILLO, Celso Antonio Pacheco. *Balizamento normativo das empresas transnacionais em face da gestão sustentável do clima no âmbito do direito ambiental constitucional brasileiro*. Rio de Janeiro: Lumen Juris, 2023.

FIORILLO, Celso Antonio Pacheco. *Balizamento jurídico da censura em face das empresas transnacionais de mídia social no Brasil no âmbito da tutela constitucional do meio ambiente digital*. Rio de Janeiro: Lumen Juris, 2023.

FIORILLO, Celso Antonio Pacheco. *Curso de Direito Ambiental Brasileiro*. 23ª ed. revista, ampliada e atualizada. São Paulo: Saraiva, 2023.

FIORILLO, Celso Antonio Pacheco. *As empresas transnacionais e sua regulação constitucional em face dos princípios gerais da atividade econômica*. Rio de Janeiro: Lumen Juris, 2022.

FIORILLO, Celso Antonio Pacheco. *Função social das empresas transnacionais em face do direito ambiental constitucional brasileiro*. Rio de Janeiro: Lumen Juris, 2022.

FIORILLO, Celso Antonio Pacheco. *O uso sustentável das commodities por parte das empresas transnacionais e sua regulação em face do direito ambiental constitucional brasileiro*. Rio de Janeiro: Lumen Juris, 2022.

FIORILLO, Celso Antonio Pacheco. *As empresas transnacionais em face da soberania ambiental brasileira e os denominados acordos internacionais vinculados ao meio ambiente*. Rio de Janeiro: Lumen Juris, 2022.

FIORILLO, Celso Antonio Pacheco; FERREIRA, Renata Marques. *A política nacional do meio ambiente (lei 6938/81) em face do direito ambiental constitucional brasileiro*. Rio de Janeiro: Lumen Juris, 2021.

FIORILLO, Celso Antonio Pacheco; FERREIRA, Renata Marques. *A Amazônia Azul e seu uso econômico sustentável em face da tutela jurídica do direito ambiental brasileiro*. Rio de Janeiro: Lumen Juris, 2021.

FIORILLO, Celso Antonio Pacheco; FERREIRA, Renata Marques. *O agronegócio em face do direito ambiental constitucional brasileiro: as empresas rurais sustentáveis*. 2ª ed. Rio de Janeiro: Lumen Juris, 2021.

FIORILLO, Celso Antonio Pacheco. *A gestão sustentável das empresas transnacionais e sua regulação em face do direito ambiental constitucional brasileiro*. Rio de Janeiro: Lumen Juris, 2021.

FIORILLO, Celso Antonio Pacheco; FERREIRA, Renata Marques. *Liberdade Econômica (lei 13.874/19) em face do direito ambiental constitucional brasileiro: o enquadramento jurídico das atividades econômicas vinculadas ao desenvolvimento sustentável*. Rio de Janeiro: Lumen Juris, 2020.

FIORILLO, Celso Antonio Pacheco; FERREIRA, Renata Marques. *Direito Empresarial Ambiental brasileiro e sua delimitação constitucional*. Rio de Janeiro: Lumen Juris, 2020.

FIORILLO, Celso Antonio Pacheco; FERREIRA, Paulo; MORITA, Dione Mari. *Licenciamento Ambiental*. 3ª ed. São Paulo: Saraiva, 2019.

FIORILLO, Celso Antonio Pacheco; FERREIRA, Renata Marques. *Tutela jurídica dos animais de estimação em face do direito constitucional brasileiro*. Rio de Janeiro: Lumen Juris, 2019.

FIORILLO, Celso Antonio Pacheco; FERREIRA, Renata Marques. *Segurança alimentar e desenvolvimento sustentável: a tutela jurídica da alimentação e das empresas alimentares em face do direito ambiental brasileiro*. Rio de Janeiro: Lumen Juris, 2019.

FIORILLO, Celso Antonio Pacheco; FERREIRA, Renata Marques. *Comentários ao Estatuto da Cidade – Lei 10.257/01 – Lei do Meio Ambiente Artificial*. 7ª ed. São Paulo: Saraiva, 2019.

FIORILLO, Celso Antonio Pacheco; FERREIRA, Renata Marques. *Direito ambiental tributário*. 4ª ed. São Paulo: Saraiva, 2018.

FIORILLO, Celso Antonio Pacheco. *Direito Processual Ambiental Brasileiro – A defesa judicial do patrimônio genético, do meio ambiente cultural, do meio ambiente digital, do meio ambiente artificial, do meio ambiente do trabalho e do meio ambiente natural no Brasil*. 7ª ed. São Paulo: Saraiva, 2018.

FIORILLO, Celso Antonio Pacheco; FERREIRA, Renata Marques. *Comentários ao "Código" Florestal Lei n. 12.651/2012*. 2ª ed. São Paulo: Saraiva, 2018.

FIORILLO, Celso Antonio Pacheco; FERREIRA, Renata Marques. *Tutela Jurídica da Saúde em face do Direito Ambiental brasileiro: saúde Ambiental e Meio Ambiente do Trabalho*. Rio de Janeiro: Lumen Juris, 2018.

FIORILLO, Celso Antonio Pacheco; FERREIRA, Renata Marques. *Tutela Jurídica do Patrimônio Cultural Brasileiro em face do Direito Ambiental Constitucional*. Rio de Janeiro: Lumen Juris, 2018.

FIORILLO, Celso Antonio Pacheco. *Crimes Ambientais*. 2ª ed. São Paulo: Saraiva, 2017.

FIORILLO, Celso Antonio Pacheco; FERREIRA, Renata Marques. *Liberdade de expressão e direito de resposta na Sociedade da Informação*. Rio de Janeiro: Lumen Juris, 2017.

FIORILLO, Celso Antonio Pacheco; FERREIRA, Renata Marques. *Tutela Jurídica do Whatsapp na Sociedade da Informação*. Rio de Janeiro: Lumen Juris, 2017.

FIORILLO, Celso Antonio Pacheco. *Crimes no Meio Ambiente Digital em face da Sociedade da Informação*. 2ª ed. São Paulo: Saraiva, 2016.

FIORILLO, Celso Antonio Pacheco; FERREIRA, Renata Marques. *Tutela Jurídica do Patrimônio Genético em face da Sociedade da Informação*. Rio de Janeiro: Lumen Juris, 2016.

FIORILLO, Celso Antonio Pacheco; FERREIRA, Renata Marques. *Curso de direito da energia – Tutela jurídica da água, do petróleo, do biocombustível, dos combustíveis nucleares, do vento e do sol*. 3ª ed. São Paulo: Saraiva, 2015.

FIORILLO, Celso Antonio Pacheco. *O Marco Civil da Internet e o Meio Ambiente Digital na Sociedade da Informação*. São Paulo: Saraiva, 2015.

FIORILLO, Celso Antonio Pacheco; FERREIRA, Renata Marques (coords.). *Direito Ambiental Contemporâneo*. São Paulo: Saraiva, 2015.

FIORILLO, Celso Antonio Pacheco. *Princípios constitucionais do direito da sociedade da informação. A tutela jurídica do meio ambiente digital*. São Paulo: Saraiva, 2015.

FIORILLO, Celso Antonio Pacheco; DIAFÉRIA, Adriana. *Biodiversidade, Patrimônio Genético e Biotecnologia no Direito Ambiental*. São Paulo: Saraiva, 2012.

FIORILLO, Celso Antonio Pacheco. *O Direito de Antena em face do Direito Ambiental no Brasil*. São Paulo: Saraiva, 2000.

FIORILLO, Celso Antônio Pacheco. *Os sindicatos e a defesa dos interesses difusos no direito processual civil brasileiro*. São Paulo: Revista dos Tribunais, 1995.

Art. 170, VII – redução das desigualdades regionais e sociais;
Eros Roberto Grau

1. História da norma

O preceito é desdobrado do disposto no art. 3º, III, da CB, aqui afirmado no plano da ordem econômica. A preocupação com a redução das desigualdades regionais e sociais é constante nos textos constitucionais democráticos brasileiros de 1934 e de 1946. A Constituição de 1988 segue esta tradição, explicitando a necessidade de superação do subdesenvolvimento em todos os seus aspectos, como o regional (e suas vinculações com o modelo federativo cooperativo adotado constitucionalmente) e o social, buscando vincular a atuação do Estado e dos agentes econômicos privados às necessidades de transformação das estruturas sociais e econômicas que o processo de desenvolvimento nacional impõe.

2. Constituições brasileiras anteriores

Art. 115 da Constituição da República dos Estados Unidos do Brasil de 1934: A ordem econômica deve ser organizada conforme os princípios da Justiça e as necessidades da vida nacional, de modo que possibilite a todos existência digna. Dentro desses limites, é garantida a liberdade econômica. **Parágrafo único.** Os Poderes Públicos verificarão, periodicamente, o padrão de vida nas várias regiões do País; **Art. 138 da Constituição da República dos Estados Unidos do Brasil de 1934:** Incumbe à União, aos Estados e aos Municípios, nos termos das leis respectivas: a) assegurar amparo aos desvalidos, criando serviços especializados e animando os serviços sociais, cuja orientação procurarão coordenar; b) estimular a educação eugênica; c) amparar a maternidade e a infância; d) socorrer as famílias de prole numerosa; e) proteger a juventude contra toda exploração, bem como contra o abandono físico, moral e intelectual; f) adotar medidas legislativas e administrativas tendentes a restringir a mortalidade e a morbidade infantis; e de higiene social, que impeçam a propagação das doenças transmissíveis; g) cuidar da higiene mental e incentivar a luta contra os venenos sociais; **Art. 177 da Constituição da República dos Estados Unidos do Brasil de 1934:** A defesa contra os efeitos das secas nos Estados do norte obedecerá a um plano sistemático e será permanente, ficando a cargo da União, que despenderá, com as obras e os serviços de assistência, quantia nunca inferior a quatro por cento da sua receita tributária sem aplicação especial. § 1º Dessa percentagem, três quartas partes serão gastas em obras normais do plano estabelecido, e o restante será depositado em caixa especial, afim de serem socorridas, nos termos do art. 7º, n. II, as populações atingidas pela calamidade. § 2º O Poder Executivo mandará ao Poder Legislativo, no primeiro semestre de cada ano, a relação pormenorizada dos trabalhos terminados e em andamento, das quantias despendidas com material e pessoal no exercício anterior, e das necessárias para a continuação das obras. § 3º Os Estados e Municípios compreendidos na área assolada pelas secas, empregarão quatro por cento da sua receita tributária, sem aplicação especial, na assistência econômica à população respectiva. § 4º Decorridos dez anos, será por lei ordinária revista a percentagem acima estipulada; **Art. 198 da Constituição dos Estados Unidos do Brasil de 1946:** Na execução do plano de defesa contra os efeitos da denominada seca do Nordeste, a União despenderá, anualmente, com as obras e os serviços da assistência econômica e social, quantia nunca inferior a três por cento da sua renda tributária. § 1º Um terço dessa quantia será depositado em caixa especial, destinada ao socorro das populações atingidas pela calamidade, podendo essa reserva, ou parte dela, ser aplicada a juro módico, consoante as determinações legais, em empréstimos a agricultores e industriais estabelecidos na área abrangida pela seca. § 2º Os Estados compreendidos na área da seca deverão aplicar três por cento da sua renda tributária na construção de açudes, pelo regime de cooperação, e noutros serviços necessários à assistência das suas populações; **Art. 199 da Constituição dos Estados Unidos do Brasil de 1946:** Na execução do plano de valorização econômica da Amazônia, a União aplicará, durante, pelo menos vinte anos consecutivos, quantia não inferior a três por cento da sua renda tributária. **Parágrafo único.** Os Estados e os Territórios daquela região, bem como os respectivos Municípios, reservarão para o mesmo fim, anualmente, três por cento das suas rendas tributárias. Os recursos de que trata este parágrafo serão aplicados por intermédio do Governo Federal; **Art. 29 do Ato das Disposições Transitórias da Constituição dos Estados Unidos do Brasil de 1946:** O Governo Federal fica obrigado, dentro do prazo de vinte anos, a contar da data da promulgação desta Constituição, a traçar e executar um plano de aproveitamento total das possibilidades econômicas do rio São Francisco e seus afluentes, no qual aplicará, anualmente, quantia não inferior a um por cento de suas rendas tributárias.

3. Constituições estrangeiras

Constituição da República de Angola de 1992: artigo 7; Ato Constitucional da Comunidade da Austrália de 1900: artigo 96; Constituição da Bélgica de 1994: artigo 23; Constituição da República da Bulgária de 1991: artigo 20; Constituição do Canadá (Lei Constitucional de 1982): artigo 36; Constituição da República da Colômbia de 1991 (Reformada em 2005): artigos 13, 51, 337 e 366; Constituição da República da Coreia de 1947: artigo 34; Constituição da República de Cuba de 1976 (Reformada em 2002): artigo 43; Constituição da Espanha de 1978: artigos 9º, 2, 40, 1, 138 e 139, 1; Constituição da República Francesa de 1958: Preâmbulo (que mantém em vigor o Preâmbulo da Constituição da República Francesa de 27 de outubro de 1946); Constituição da República da Guatemala de 1985 (Reformada em 1993): artigos 225-226; Constituição da Índia de 1949: artigo 38; Constituição da República da Irlanda de 1937 (Revista em 1995): artigo 45; Constituição da República da Itália de 1947: artigos 2º, 3º, 2, e 119; Constituição do Império do Japão de 1946: artigo 25; Constituição dos Estados Unidos Mexicanos de 1917 (Reformada em 2004): artigo 116, VII; Constituição do Reino dos Países Baixos de 1983: artigo 20, 1; Constituição da República do Paraguai de 1992: artigo 6; Constituição da República do Peru de 1993: artigo 188; Constituição da República Portuguesa de 1976 (Revista em 2004): artigos 9º, 'd' e 'g' e 81, 'a', 'b', 'd' e 'e'; Constituição da República da Romênia de 1991: artigo 47; Constituição da Federação Russa de 1993: artigo 7; Instrumento de Governo do Reino da Suécia de 1975: capítulo I, artigo 2,2; Constituição da Federação Suíça de 1999: artigos 41, 100, 2, e 103; Constituição da República da Turquia de 1982: artigos 5 e 65; Constituição da República Oriental do Uruguai de 1967 (Reformada em 2004): artigos 45 e 50, 3; Constituição da República Bolivariana da Venezuela de 2000: artigos 3º, 4º e 185.

4. Direito internacional

A **Carta da Organização das Nações Unidas**, de 26 de junho de 1945, estabelece em seu artigo 55 a promoção do desenvolvimento econômico e social como objetivo da ONU, respeitando-se a igualdade de direitos e a autodeterminação dos povos. A **Declaração Universal dos Direitos Humanos**, de 10 de dezembro 1948, estabelece, entre seus preceitos, o desfrute dos direitos econômicos, sociais e culturais indispensáveis à plenitude da dignidade humana (artigo XXII) e o direito a um padrão de vida capaz de assegurar uma existência digna, com bem-estar e acesso aos serviços sociais necessários (artigo XXV, 1), todos incorporados no texto da ordem econômica constitucional brasileira. Podemos ainda encontrar disposições similares no **Pacto Internacional sobre os Direitos Econômicos, Sociais e Culturais**, de 16 de dezembro de 1966, qual o dever, dos Estados, de buscar garantir o pleno exercício dos direitos econômicos, sociais e culturais (artigos 2º a 5º), o direito à existência digna e à melhoria das condições de vida (artigo 11) e o direito ao desfrute dos resultados do progresso científico e tecnológico (artigo 15, 3 e 4).

A **Carta dos Direitos e Deveres Econômicos dos Estados**, aprovada pela **Resolução n. 3281 (XXIX) da Assembleia Geral das Nações Unidas**, em 12 de dezembro de 1974, afirma que o desenvolvimento de seu povo é a obrigação essencial dos Estados (Capítulo II, artigo 7). E o direito ao desenvolvimento foi declarado expressamente na **Resolução n. 41/128 da Assembleia Geral das Nações Unidas**, de 4 de dezembro de 1986, e reafirmado no artigo 10 da **Declaração da Conferência Mundial de Direitos Humanos**, realizada em Viena, de 12 de julho de 1993.

5. Preceitos constitucionais relevantes (relação ilustrativa)

Artigo 1º, *caput* (Federação brasileira); Art. 1º, I (soberania nacional); Art. 1º, III (dignidade da pessoa humana); Art. 3º, I (construção de uma sociedade livre, justa e solidária como objetivo da República); Art. 3º, II (desenvolvimento nacional como objetivo da República); Art. 3º, III (erradicação da pobreza e da marginalização e redução das desigualdades sociais e regionais como objetivo da República); Art. 3º, IV (promover o bem de todos, sem qualquer forma de discriminação, como objetivo da República); Art. 5º, I (princípio da igualdade); Art. 6º (direitos sociais); Art. 7º (direitos dos trabalhadores); Art. 7º, IV (salário mínimo que garanta existência digna); Art. 8º (direito de organização profissional ou sindical); Art. 9º (direito de greve); Art. 18, *caput* (Federação brasileira); Art. 19, III (vedação à União, Estados, Distrito Federal e Municípios de criar distinções entre brasileiros ou preferências entre si); Art. 21, IX (elaboração e execução de planos nacionais e regionais de ordenação do território e de desenvolvimento econômico e social como competência da União); Art. 21, XX (estabelecimento das diretrizes para o desenvolvimento urbano como competência da União); Art. 21, XXI (estabelecimento de princípios e diretrizes para o sistema nacional de viação como competência da União); Art. 22, VIII (competência exclusiva da União para legislar sobre comércio interestadual); Art. 23, X (competência comum da União, Estados, Distrito Federal e Municípios para combater as causas da pobreza e os fatores de marginalização); Art. 24, I (competência concorrente da União, Estados e Distrito Federal para legislar sobre direito econômico e urbanístico); Art. 25, § 3º (criação de regiões metropolitanas, aglomerações urbanas e microrregiões para integrar a organização, o planejamento e a execução de funções públicas de interesse comum como competência dos Estados); Art. 30, I (competência dos Municípios para legislar sobre assuntos de interesse local); Art. 30, V (competência dos Municípios para organizar e prestar, diretamente ou mediante concessão ou permissão, os serviços públicos de interesse local); Art. 30, VIII (competência dos Municípios para promover, no que couber, adequado ordenamento territorial, mediante planejamento e controle do uso, parcelamento e ocupação do solo urbano); Art. 43 (Regiões administrativas); Art. 48, IV (competência do Congresso Nacional para legislar sobre planos e programas nacionais, regionais e setoriais de desenvolvimento); Arts. 157 a 162 (repartição das receitas tributárias entre os entes da Federação); Art. 159, I, 'c' (fundos regionais de desenvolvimento); Art. 163 (previsão de elaboração de leis gerais sobre finanças públicas, dívida pública, concessão de garantia pelas entidades públicas, títulos da dívida pública, operações de câmbio realizadas por órgãos estatais); Art. 165, I e 165, § 1º (plano plurianual); Art. 165, § 4º (compatibilização dos planos e programas nacionais, regionais e setoriais com o plano plurianual); Art. 165, § 7º (orçamentos fiscal e de investimento das empresas estatais, compatibilizados com o plano plurianual, devem reduzir as desigualdades regionais); Art. 170, *caput* (fundamentos e finalidades da ordem econômica); Art. 170, I (soberania econômica); Art. 170, VIII (busca do pleno emprego como princípio da ordem econômica); Art. 173 (exploração direta de atividade econômica em sentido estrito pelo Estado); Art. 174 (Estado como agente normativo, regulador e planejador da atividade econômica); Art. 174, § 1º (exigência de lei para fixar as diretrizes e bases do planejamento do desenvolvimento nacional, incorporando e compatibilizando os planos nacionais e regionais de desenvolvimento); Art. 175 (prestação de serviços públicos); Arts. 182 e 183 (política de desenvolvimento urbano); Arts. 184 a 191 (política agrícola, fundiária e de reforma agrária); Art. 192 (sistema financeiro nacional); Art. 193 (bases e objetivos da ordem social); Arts. 194 a 195 (seguridade social); Arts. 196 a 200 (direito à saúde); Arts. 201 e 202 (direito à previdência social); Arts. 203 e 204 (direito à assistência social); Arts. 205 a 214 (direito à educação); Arts. 215 e 216 (direitos culturais); Art. 218 (Estado como promotor do desenvolvimento científico e tecnológico); Art. 219 (mercado interno como patrimônio nacional); Arts. 220 a 224 (comunicação social); Art. 225 (meio ambiente); Art. 239, § 1º (financiamento de programas de desenvolvimento econômico pelo BNDES a partir dos recursos do PIS/PASEP); Art. 241 (exigência de lei para disciplinar os consórcios públicos e convênios de cooperação entre os entes da Federação); Art. 34, § 10, do ADCT (aplicação dos recursos dos fundos regionais até entrada em vigor da legislação complementar); Art. 34, § 11, do ADCT (criação do Banco de Desenvolvimento do Centro-Oeste); Arts. 40 e 92 do ADCT (manutenção da Zona Franca de Manaus até 2013); Art. 42 do ADCT (aplicação regionalizada dos recursos destinados à irrigação pela União até 2013); Arts. 79 a 82 do ADCT (instituição do Fundo de Combate e Erradicação da Pobreza até 2010).

6. Literatura selecionada

AFFONSO, Rui de Britto Álvares & SILVA, Pedro Luiz Barros (orgs.), *Desigualdades Regionais e Desenvolvimento*, São Paulo, FUNDAP/UNESP, 1995; ALBUQUERQUE, Roberto Cavalcanti de & CAVALCANTI, Clóvis de Vasconcelos, *Desenvolvimento Regional no Brasil*, Brasília, IPEA, 1976; ALMEIDA, Rômulo, *Nordeste: Desenvolvimento Social e Industrialização*, Rio de Janeiro/Brasília: Paz e Terra/CNPq, 1985; ARAÚJO, Tânia Bacelar de, "Planejamento Regional e Relações Intergovernamentais" *in* AFFONSO, Rui de Britto Álvares & SILVA, Pedro Luiz Barros (orgs.), *A Federação em Perspectiva: Ensaios Selecionados*, São Paulo: FUNDAP, 1995, pp. 473-493; ARAÚJO, Tânia Bacelar de, "Por uma Política Nacional de Desenvolvimento Regional" *in Ensaios sobre o Desenvolvimento Brasileiro: Heranças e Urgências*, Rio de Janeiro, Revan, 2000, pp. 115-140; BERCOVICI, Gilberto, "Constituição e Superação das Desigualdades Regionais" *in* GRAU, Eros Roberto & GUERRA Filho, Willis Santiago (orgs.), *Direito Constitucional – Estudos em Homenagem a Paulo Bonavides*, São Paulo, Malheiros, 2001, pp. 74-107; BERCOVICI, Gilberto, *Desigualdades Regionais, Estado e Constituição*, São Paulo, Max Limonad, 2003; BONAVIDES, Paulo, *A Constituição Aberta: Temas Políticos e Constitucionais da Atualidade, com ênfase no Federalismo das Regiões*, 2ª ed., São Paulo: Malheiros, 1996; CANO, Wilson, *Desequilíbrios Regionais e Concentração Industrial no Brasil, 1930-1995*, 2ª ed., Campinas, Instituto de Economia da UNICAMP, 1998; FURTADO, Celso, *A Operação Nordeste*, Rio de Janeiro, ISEB (MEC), 1959; FURTADO, Celso, *A Fantasia Desfeita*, 3ª ed., Rio de Janeiro, Paz e Terra, 1989; FURTADO, Celso, "Nova Concepção do Federalismo" *in O Longo Amanhecer: Reflexões sobre a Formação do Brasil*, Rio de Janeiro, Paz e Terra, 1999, pp. 45-56; GUIMARÃES Neto, Leonardo, "Desigualdades e Políticas Regionais no Brasil: Caminhos e Descaminhos", *Planejamento e Políticas Públicas* n. 15, Brasília, 1997, pp. 41-95; GUIMARÃES Neto, Leonardo, "O Planejamento Regional no Nordeste: Notas para uma Avaliação" *in* KON, Anita (org.), *Planejamento no Brasil II*, São Paulo, Perspectiva, 1999, pp. 225-268; HERRERA, Carlos Miguel, "Estado, Constitución y Derechos Sociales", *Revista Derecho del Estado* n. 15, Bogotá, 2003, pp. 75-92; MAHAR, Dennis J., *Desenvolvimento Econômico da Amazônia: Uma Análise das Políticas Governamentais*, Rio de Janeiro, Ipea/Inpes, 1978; MOREIRA, Raimundo, *O Nordeste Brasileiro:* Uma Política Regional de Industrialização, Rio de Janeiro, Paz e Terra, 1979; OLIVEIRA, Francisco de, *Elegia para uma Re(li)gião: Sudene, Nordeste. Planejamento e Conflito de Classes*, 6ª ed., Rio de Janeiro, Paz e Terra, 1993; OLIVEIRA, Francisco de, "A Questão Regional: A Hegemonia Inacabada", *Estudos Avançados* n. 18, São Paulo, 1993, pp. 43-63; SOUZA, Washington Peluso Albino de, "O Planejamento Regional no Federalismo Brasileiro" *in Estudos de Direito Econômico*, Belo Horizonte: Movimento Editorial Faculdade de Direito da UFMG, 1996, v. 2, pp. 87-206; VENÂNCIO FILHO, Alberto, *A Intervenção do Estado no Domínio Econômico: O Direito Público Econômico no Brasil*, Rio de Janeiro, Ed. FGV, 1968.

7. Anotações

7.1. Um dos princípios da ordem econômica e objetivos fundamentais da República Federativa do Brasil é o atinente à *redução das desigualdades sociais e regionais* (arts. 170, VII e 3º, III). Aí encontramos, concomitantemente, um instrumento voltado à realização do fim de assegurar a todos existência digna e objetivo particular a ser alcançado. Neste segundo sentido, assume a feição de *diretriz* (Dworkin) – *norma-objetivo* – dotada de caráter *constitucional conformador*[1]. Justifica, enquanto tal, reivindicação pela realização de políticas públicas. Erradicação da pobreza e da marginalização, bem assim redução das desigualdades sociais e regionais, no art. 3º, III, são objetivos afins e complementares daquele atinente à promoção (= garantia) do desenvolvimento econômico. Considere-se também o princípio positivado no inciso IV deste art. 3º: *promover o bem de todos*; e a *dignidade da pessoa humana* como fundamento da República mais o de *assegurar a todos existência digna* como fim da ordem econômica.

7.2. O enunciado do princípio expressa, de uma banda, o reconhecimento explícito de marcas que caracterizam a realidade nacional: pobreza, marginalização e desigualdades, sociais e regionais. Eis um quadro de subdesenvolvimento, incontestado, que, todavia, se pretende reverter. Essa reversão nada tem, porém, em relação aos padrões do capitalismo, de subversiva. Dir-se-á que a Constituição, aí, nada mais postula, no seu caráter de Constituição dirigente, senão o rompimento do processo de subdesenvolvimento no qual estamos imersos e, em cujo bojo, pobreza, marginalização e desigualdades, sociais e regionais, atuam em regime de causação circular acumulativa – são causas e efeitos de si próprios.

É o próprio texto constitucional, destarte, que dá razão a quem afirme que o ideário da Revolução Francesa ainda é revolucionário entre nós. Nada mais projeta, revolucionariamente, senão que o homem deixe de ser vadio e pedinte (o que é corrente), para tanto cumprindo que no mínimo se lhe assegure direito ao trabalho e condições de dignidade. O programa que propõe não é senão, ainda, o de instalação de uma sociedade estruturada segundo o modelo de bem-estar. A Constituição de 1988 evidencia neste preceito sua intenção emancipatória, incluindo expressamente no texto constitucional as tarefas que entende como absolutamente necessárias para a superação do subdesenvolvimento e, simultaneamente, servindo para denunciar a não realização destas mesmas tarefas.

7.3. O princípio inscrito no art. 3º, III, e parcialmente reafirmado no art. 170, IV, prospera no sentido de tentar superar as desigualdades entre as regiões brasileiras. Aqui também atua como fundamento constitucional de reivindicação, da sociedade, pela realização de políticas públicas. Suas potencialidades transformadoras, por outro lado, são evidentes. Trata-se de demanda histórica nacional, constitucionalizada de forma sistemática sob a Constituição de 1946, quando se operou a tentativa de realização de uma política inclusiva e democrática de desenvolvimento regional, com a SUDENE (Superintendência do Desenvolvimento do Nordeste), criada sob a inspiração e liderança de Celso Furtado, no contexto das então denominadas "reformas de base"[2].

7.4. Esvaziados os órgãos de planejamento regional pelo regime militar, houve, durante a redemocratização, a expectati-

---

1. *Vide* Ronald DWORKIN, *Taking Rights Seriously*, London, Duckworth, 1987, pp. 22 e 44, e José Joaquim Gomes CANOTILHO, *Direito Constitucional*, 3ª ed., Coimbra, Almedina, 1983, pp. 200-203. Sobre as normas-objetivo, vide meu *Ensaio e Discurso sobre a Interpretação/Aplicação do Direito*, 4ª ed. São Paulo, Malheiros, 2002, item 39, pp. 132-136.

2. *Vide* sobre esta experiência histórica, Gilberto BERCOVICI, *Desigualdades Regionais, Estado e Constituição*, São Paulo, Max Limonad, 2003, pp. 83-114. *Vide* também os textos do próprio Celso Furtado, como Celso FURTADO, *A Operação Nordeste*, Rio de Janeiro, ISEB (MEC), 1959 e Celso FURTADO, *A Fantasia Desfeita*, 3ª ed., Rio de Janeiro, Paz e Terra, 1989.

va de retomada da SUDENE em seus moldes originais, como forma de renovação do federalismo brasileiro. A Constituição de 1988 voltou-se ainda ao restabelecimento do planejamento regional e ao desenvolvimento integrado do país, como evidencia o preceito ora comentado. Os órgãos federais de desenvolvimento regional foram todavia esquecidos, tudo culminando com a extinção da SUDAM (Superintendência do Desenvolvimento da Amazônia) e da SUDENE pela Medida Provisória n. 2.145, de 2 de maio de 2001.

Ao extinguir a SUDAM e a SUDENE, o Governo Federal substituiu-as pelas "agências" de desenvolvimento regional. Perdeu-se destarte a oportunidade de dar-se efetividade ao estabelecido nos artigos 3º, III e 170, VII, da Constituição de 1988, particularmente com a criação das regiões administrativas, previstas no artigo 43 da CB, cujo objetivo é precisamente o de promover o desenvolvimento e reduzir as desigualdades regionais[3]. Recentemente o Governo Federal propôs, com esteio no artigo 43 da CF, a recriação da SUDENE e da SUDAM, consolidada na Lei Complementar n. 124, que institui a nova SUDAM, e na Lei Complementar n. 125, que institui a nova SUDENE, ambas promulgadas em 3 de janeiro de 2007.

A recriação da SUDENE e da SUDAM dá concreção aos preceitos constitucionais veiculados pelos artigos 3º, III e 170, VII. Pois é certo que, todas as regiões brasileiras abrigando áreas e setores socialmente atrasados e com dificuldades de integração no sistema econômico nacional, uma política nacional de desenvolvimento regional respeita a todo o País. Os problemas regionais não podem ser tratados como se destacados do contexto nacional, o que não significa desconhecer a especificidade regional, mas sim que esta especificidade regional deve ser entendida em sua inserção no todo nacional. Além do mais o fundamento da política nacional de desenvolvimento regional, nos termos do disposto no texto constitucional, é o da igualdade das condições sociais de vida, igualdade de todos os brasileiros no que tange à prestação dos serviços públicos essenciais[4].

Art. 170, VIII – busca do pleno emprego;
Eros Roberto Grau

1. História da norma

A busca do pleno emprego está relacionada ao direito ao trabalho (art. 6º da CB). Na história constitucional brasileira encontraremos preceitos atinentes à proteção ao emprego desde 1934, explicitados mais ainda na Constituição de 1946, nesta última com nítida influência das teorias keynesianas sobre o pleno emprego e o movimento de constitucionalização do segundo pós-guerra na Europa, que culminará com a proclamação de que a República Italiana é fundada sobre o trabalho (art. 1º da Constituição da Itália de 1947). Em outros termos – "expansão das oportunidades de emprego produtivo" – esse princípio foi contemplado entre os da ordem econômica na Emenda Constitucional n. 1/69, no seu art. 160, VI. Em razão de ser esse o seu enunciado, tomava-se-o em regra como se estivesse referido exclusivamente ao pleno emprego do fator trabalho. A Constituição de 1988 consagra o princípio de modo mais amplo, de sorte a afirmar as políticas de pleno emprego como instrumentais da valorização do trabalho humano (art. 1º, IV, e art. 170, *caput*, da CB).

2. Constituições brasileiras anteriores

Art. 121, *caput*, da Constituição da República dos Estados Unidos do Brasil de 1934: A lei promoverá o amparo da produção e estabelecerá as condições do trabalho, na cidade e nos campos, tendo em vista a proteção social do trabalhador e os interesses econômicos do país; **Art. 136 da Constituição dos Estados Unidos do Brasil de 1937:** O trabalho é um dever social. O trabalho intelectual, técnico e manual tem direito à proteção e solicitudes especiais do Estado. A todos é garantido o direito de subsistir mediante o seu trabalho honesto e este, como meio de subsistência do indivíduo, constitui um bem que é dever do Estado proteger, assegurando-lhe condições favoráveis e meios de defesa; **Art. 145, parágrafo único, da Constituição dos Estados Unidos do Brasil de 1946:** A ordem econômica deve ser organizada conforme os princípios da justiça social, conciliando a liberdade de iniciativa com a valorização do trabalho humano. **Parágrafo único.** A todos é assegurado trabalho que possibilite existência digna. O trabalho é obrigação social; **Art. 160, VI, da Emenda Constitucional n. 1, de 1969:** A ordem econômica e social tem por fim realizar o desenvolvimento nacional e a justiça social, com base nos seguintes princípios: VI – expansão das oportunidades de emprego produtivo.

3. Constituições estrangeiras

Constituição da República de Angola de 1992: artigo 46, 1; Constituição da Bélgica de 1994: artigo 23, 3, 1; Constituição da República da Bulgária de 1991: artigo 48; Constituição da República Popular da China de 2004: artigo 42, 1; Constituição da República da Colômbia de 1991 (Reformada em 2005): artigo 25; Constituição da República da Coreia de 1947: artigo 32, 1; Constituição da República de Cuba de 1976 (Reformada em 2002): artigo 45; Constituição do Reino da Dinamarca de 1953: artigo 75; Constituição da Espanha de 1978: artigo 35, 1; Constituição da Finlândia de 2000: artigo 18; Constituição da República Francesa de 1958: Preâmbulo (que mantém em vigor o Preâmbulo da Constituição da República Francesa de 27 de outubro de 1946); Constituição da Grécia de 1975: artigo 22, 1; Constituição da República da Guatemala de 1985 (Reformada em 1993): artigo 101; Constituição da República de Honduras de 1982 (Reformada em 2005): artigo 127; Constituição da República da Hungria de 1949 (Revista em 1997 e 2003): artigo 70B, 1; Constituição da Índia de 1949: artigo 41; Constituição da República da Itália de 1947: artigos 1º e 4º; Constituição do Império do Japão de 1946: artigo 27, 1; Constituição dos Estados Unidos Mexicanos de 1917 (Reformada em 2004): artigo 123; Constituição do Reino dos Países Baixos de 1983: artigo 19, 1; Constituição da República do Paraguai de 1992: artigo 86; Constituição da República do

---

[3]. *Vide* Paulo BONAVIDES, *A Constituição Aberta: Temas Políticos e Constitucionais da Atualidade, com ênfase no Federalismo das Regiões*, 2ª ed., São Paulo: Malheiros, 1996, pp. 339, 342-346 e 474-476.

[4]. Neste sentido, *vide* Tânia Bacelar de ARAÚJO, "Por uma Política Nacional de Desenvolvimento Regional", *in Ensaios sobre o Desenvolvimento Brasileiro: Heranças e Urgências*, Rio de Janeiro, Revan, 2000, pp. 134-136, e Gilberto BERCOVICI, *Desigualdades Regionais, Estado e Constituição*, cit., pp. 239-244.

Peru de 1993: artigos 22 e 23; Constituição da República da Polônia de 1997: artigo 65, 5; Constituição da República Portuguesa de 1976 (Revista em 2004): artigos 53 e 58; Instrumento de Governo do Reino da Suécia de 1975: capítulo I, artigo 2,2; Constituição da Federação Suíça de 1999: artigos 100, 1, e 114; Constituição da República da Turquia de 1982: artigo 49; Constituição da República Bolivariana da Venezuela de 2000: artigos 87 e 93.

4. Direito internacional

A **Declaração Universal dos Direitos Humanos**, de 10 de dezembro de 1948, afirma o direito ao trabalho e à proteção contra o desemprego (artigo XXIII, 1). No mesmo sentido, no **Pacto Internacional sobre os Direitos Econômicos, Sociais e Culturais**, de 16 de dezembro de 1966, o direito ao trabalho (artigo 6º). Na **Convenção Americana de Direitos Humanos**, de 22 de novembro de 1969, em seu **Protocolo Adicional em Matéria de Direitos Econômicos, Sociais e Culturais (Protocolo de San Salvador)**, de 17 de novembro de 1988, está previsto o direito ao trabalho (artigo 7º). O pleno emprego está previsto, ainda, na **Convenção n. 122: Convenção Relativa à Política de Emprego**, da OIT (Organização Internacional do Trabalho), de 09 de julho de 1964.

5. Preceitos constitucionais relevantes (relação ilustrativa)

Art. 1º, I (soberania nacional); Art. 1º, III (dignidade da pessoa humana); Art. 1º, IV (valores sociais do trabalho e da livre-iniciativa); Art. 3º, I (construção de uma sociedade livre, justa e solidária como objetivo da República); Art. 3º, II (desenvolvimento nacional como objetivo da República); Art. 3º, III (erradicação da pobreza e da marginalização e redução das desigualdades sociais e regionais como objetivo da República); Art. 3º, IV (promover o bem de todos, sem qualquer forma de discriminação, como objetivo da República); Art. 5º, XIII (liberdade de profissão); Art. 5º, XVII a XXI (liberdade de associação); Art. 5º, XXIII (função social da propriedade); Art. 6º (direitos sociais, particularmente o direito ao trabalho); Art. 7º (direitos dos trabalhadores); Art. 7º, I e II (direito à proteção contra o desemprego); Art. 7º, IV (salário mínimo que garanta existência digna); Art. 7º, XI (direito a participação nos lucros ou resultados das empresas); Art. 8º (direito de organização profissional ou sindical); Art. 9º (direito de greve); Art. 22, I (competência exclusiva da União para legislar sobre direito do trabalho); Art. 22, XVI (competência exclusiva da União para legislar sobre organização do sistema nacional de emprego e sobre o exercício de profissões); Art. 23, X (competência comum da União, Estados, Distrito Federal e Municípios para combater as causas da pobreza e os fatores de marginalização); Art. 163 (previsão de elaboração de leis gerais sobre finanças públicas, dívida pública, concessão de garantia pelas entidades públicas, títulos da dívida pública, operações de câmbio realizadas por órgãos estatais); Art. 170, *caput* (fundamentos e finalidades da ordem econômica); Art. 170, I (soberania econômica); Art. 170, II (propriedade privada como princípio da ordem econômica); Art. 170, III (função social da propriedade como princípio da ordem econômica); Art. 170, VII (redução das desigualdades regionais e sociais como princípio da ordem econômica); Art. 170, IX (tratamento favorecido para as empresas de pequeno porte como princípio da ordem econômica); Art. 174 (Estado como agente normativo, regulador e planejador da atividade econômica); Art. 175 (prestação de serviços públicos); Art. 179 (tratamento jurídico diferenciado para as microempresas e empresas de pequeno porte); Arts. 182 e 183 (política de desenvolvimento urbano); Arts. 184 a 191 (política agrícola, fundiária e de reforma agrária); Art. 192 (sistema financeiro nacional); Art. 193 (bases e objetivos da ordem social); Arts. 194 e 195 (seguridade social); Arts. 196 a 200 (direito à saúde); Arts. 201 e 202 (direito à previdência social); Art. 201, III (proteção ao trabalhador em situação de desemprego involuntário); Arts. 203 e 204 (direito à assistência social); Art. 203, III (promoção da integração ao mercado de trabalho como objetivo da assistência social); Arts. 205 a 214 (direito à educação); Arts. 215 e 216 (direitos culturais); Art. 218 (Estado como promotor do desenvolvimento científico e tecnológico); Art. 219 (mercado interno como patrimônio nacional); Art. 226 (proteção da família); Art. 227 (proteção à criança e ao adolescente); Art. 230 (proteção ao idoso); Art. 239 (financiamento do programa do seguro-desemprego); Arts. 79 a 82 do ADCT (instituição do Fundo de Combate e Erradicação da Pobreza até 2010).

6. Literatura selecionada

ASSIS, José Carlos de, *Trabalho como Direito: Fundamentos para uma Política de Promoção do Pleno Emprego no Brasil*, Rio de Janeiro, Contraponto, 2002; BANDEIRA DE MELLO, Celso Antônio, "Eficácia das Normas Constitucionais sobre Justiça Social", *Revista de Direito Público* n. 57-58, São Paulo, 1981, pp. 233-256; BERCOVICI, Gilberto & MASSONETTO, Luís Fernando, "A Constituição Dirigente Invertida: A Blindagem da Constituição Financeira e a Agonia da Constituição Econômica", *Revista Trimestral de Direito Público* n. 45, São Paulo, 2004, pp. 79-89; CANTARO, Antonio, *Il Secolo Lungo: Lavoro e Diritti Sociali nella Storia Europea*, Roma, Ediesse, 2006; FURTADO, Celso, *Não à Recessão e ao Desemprego*, 6ª ed., Rio de Janeiro, Paz e Terra, 1983; GRAU, Eros Roberto, *A Ordem Econômica na Constituição de 1988 (Interpretação e Crítica)*, 12ª ed., São Paulo, Malheiros, 2007; HERRERA, Carlos Miguel, "Estado, Constitución y Derechos Sociales", *Revista de Derecho del Estado* n. 15, Bogotá, 2003, pp. 75-92; KALECKI, Michal, "Os Aspectos Políticos do Pleno Emprego" in *Crescimento e Ciclo das Economias Capitalistas*, 2ª ed., São Paulo, Hucitec, 1987, pp. 54-60; KEYNES, John Maynard, *Teoria Geral do Emprego, do Juro e da Moeda*, São Paulo, Atlas, 1988; MORTATI, Costantino, "Il Lavoro nella Costituzione", *Il Diritto del Lavoro*, 1954, I, pp. 149-212; NUNES, António José Avelãs, *O Keynesianismo e a Contra-Revolução Monetarista*, Coimbra, Coimbra Ed., 1991; POCHMAN, Marcio, *A Década dos Mitos: O Novo Modelo Econômico e a Crise do Trabalho no Brasil*, São Paulo, Contexto, 2001; SICSÚ, João, *Emprego, Juros e Câmbio: Finanças Globais e Desemprego*, reimpr., Rio de Janeiro, Elsevier, 2007; WRAY, L. Randall, *Trabalho e Moeda Hoje: A Chave para o Pleno Emprego e a Estabilidade dos Preços*, Rio de Janeiro, UFRJ/Contraponto, 2003.

7. Anotações

7.1. Outro dos princípios da ordem econômica, entre aqueles a serem observados, de modo que ela, fundada na valorização do trabalho humano e na livre-iniciativa, realize o fim de assegurar a todos existência digna, conforme os ditames da justiça social, é o da *busca do pleno emprego* (art. 170, VIII). A *busca do pleno emprego* – assim como os demais princípios enunciados nos incisos do art. 170 – consubstancia, concomitantemente, instrumento para a realização do fim de assegurar a todos existência digna e objetivo particular a ser alcançado. Neste segundo sentido, assume a feição de *diretriz* (Dworkin) – *norma-objetivo* – dotada de caráter *constitucional conformador*[1]. Justifica, enquanto tal, reivindicação pela realização de políticas públicas.

7.2. "Pleno emprego" é expressão que conota o ideal keynesiano de emprego pleno de todos os recursos e fatores da produção. Do orçamento público lançou-se mão, durante o período do chamado "consenso keynesiano" (1945-1973), para o fim de garantir a reprodução da mão de obra, visando-se à manutenção e aceleração do processo de acumulação de capital. A busca do pleno emprego permitiu a vinculação entre as Constituições financeira e econômica[2], o que, como advertia Michal Kalecki, desafiava a desconfiança do capital quanto a sua manutenção pela via do gasto governamental[3]. Neste sentido, o princípio da busca do pleno emprego informa também o conteúdo ativo do princípio da *função social da propriedade*[4]. A *propriedade dotada de função social* obriga o proprietário[5] e o titular do poder de controle sobre ela ao exercício desse direito-função (dever-*poder*) tendo-se em vista a realização do *pleno emprego*.

7.3. Não obstante, consubstancia também, o princípio da *busca do pleno emprego*, indiretamente, uma garantia para o trabalhador, na medida em que coligado ao princípio da *valorização do trabalho humano* (arts. 1º, IV, e 170, *caput*, da CB) e ao *direito social ao trabalho* (art. 6º da CB). O direito ao trabalho consubstancia uma conquista na luta por direitos sociais desde os debates da Revolução de 1848, que conduziram à exclusão da previsão do direito ao trabalho do texto constitucional francês[6], mas não do centro da disputa política e jurídica que irá servir de fundamento para o chamado "constitucionalismo social" do século XX. Em virtude da centralidade da questão do trabalho e do direito ao trabalho no "constitucionalismo social", Antonio Cântaro aludia a uma *"costituzioni del lavoro"*, contemplada na Constituição da Itália de 1947 e na proclamação de que "a Itália é uma República democrática fundada sobre o trabalho" (art. 1º)[7], cujo texto correlato na Constituição de 1988 será encontrado na proclamação do valor social do trabalho como fundamento da República e da ordem econômica constitucional (arts. 1º, IV, e 170, *caput*, da CB).

7.4. Do caráter conformador do princípio decorrem consequências marcantes, qual, entre elas, a de tornar inconstitucional a implementação de políticas públicas recessivas. A esse respeito, cogitando do art. 160, VI, da Emenda Constitucional n. 1/69, Celso Antônio Bandeira de Mello averbou: "Política econômica que conduz, cientemente, à retração na oferta de emprego produtivo implica frontal contradição ao art. 160, V (cuidava-se do inciso VI, em verdade) – que subordina a ordem econômica e social ao princípio da expansão das oportunidades de emprego produtivo. Trabalhador prejudicado por ela pode propor, com base naquele preceptivo, ação anulatória dos atos administrativos que diretamente concorrem para o resultado proibido"[8].

Art. 170, IX – tratamento favorecido para as empresas de pequeno porte constituídas sob as leis brasileiras e que tenham sua sede e administração no País.

Fernando Facury Scaff
Luma Cavaleiro de Macedo Scaff

1. Origem do texto

Texto do *caput* originário da Constituição Federal de 1988. A redação original era "IX – tratamento favorecido para as empresas brasileiras de capital nacional de pequeno porte" que foi alterado pela emenda constitucional n. 6 de 1995.

2. Constituições brasileiras anteriores

Não há menção a empresas de pequeno porte.

3. Preceitos constitucionais correlacionados da Constituição de 1988

Art. 246. Emenda Constitucional n. 32/2001. Art. 62. Art. 146, I, "d". Art. 179. Art. 94.

4. Legislação

Lei 9.317/1996 (Regime Tributário das Microempresas – SIMPLES), Lei 9.841/1999 (Estatuto da Microempresa), Decreto 3.474/2000 (Regulamenta a Lei 9.841/1999). Lei Complementar 123/2004 (Estatuto Nacional da Microempresa e da Empresa de Pequeno Porte).

5. Jurisprudência

RE 496.893-AgR, Rel. Min. Sepúlveda Pertence, julgamento em 2-3-07, *DJ* de 20-4-07; RE 203.909, Rel. Min. Ilmar Galvão, julgamento em 14-10-97, *DJ* de 6-2-98); Processo EDcl no Ag

---

1. *Vide* Ronald DWORKIN, *Taking Rights Seriously*, Londres, Duckworth, 1987, pp. 22 e 44 e José Joaquim Gomes CANOTILHO, *Direito Constitucional*, 3ª ed., Coimbra, Almedina, 1983, pp. 200-203. Sobre as normas-objetivo, *vide* meu *Ensaio e Discurso sobre a Interpretação/Aplicação do Direito*, 4ª ed. São Paulo, Malheiros, 2006, item 39, pp. 132-136.

2. *Vide* Gilberto BERCOVICI & Luís Fernando MASSONETTO, "A Constituição Dirigente Invertida: A Blindagem da Constituição Financeira e a Agonia da Constituição Econômica", *Revista Trimestral de Direito Público* n. 45, São Paulo, 2004, pp. 79-89.

3. Michal KALECKI, "Os Aspectos Políticos do Pleno Emprego" in *Crescimento e Ciclo das Economias Capitalistas*, 2ª ed., São Paulo, Hucitec, 1987, p. 54.

4. *Vide* meu *A Ordem Econômica na Constituição de 1988 (Interpretação e Crítica)*, 12ª edição, São Paulo. Malheiros, 2007, pp. 218-219.

5. Idem, pp. 239 e ss.

6. Sobre o debate de 1848, *vide* Carlos Miguel HERRERA, "Estado, Constitución y Derechos Sociales", *Revista de Derecho del Estado* n. 15, Bogotá, 2003, pp. 78-80 e Antonio CANTARO, *Il Secolo Lungo: Lavoro e Diritti Sociali nella Storia Europea*, Roma, Ediesse, 2006, pp. 52-54 e 151-152.

7. Antonio CANTARO, *Il Secolo Lungo: Lavoro e Diritti Sociali nella Storia Europea* cit., pp. 54-75 e 161-172. *Vide*, por todos, o clássico texto de Costantino MORTATI, "Il Lavoro nella Costituzione", *Il Diritto del Lavoro*, 1954, I, pp. 149-212.

8. Celso Antônio BANDEIRA DE MELLO, "Eficácia das Normas Constitucionais sobre Justiça Social", *Revista de Direito Público* n. 57-58, São Paulo, 1981, p. 256.

940592/PR. ED no AI. 2007/0189410-3 Rel. Min. Denise Arruda. Primeira Turma. Data do Julgamento 04/12/2007; *DJ* 17.12.2007 p. 143; Processo REsp 969799/SC. REsp 2007/0164365-0. Rel. Min. Castro Meira. Segunda Instância. 11/09/2007. *DJ* 25.09.2007, p. 233; Processo REsp 893821/SC. REsp 2006/0227743-5. Rel. Min. José Delgado. Primeira Turma. 03/05/2007, *DJ* 24.05.2007, p. 331.

"Contribuição social patronal. Isenção concedida às microempresas e empresas de pequeno porte. Simples Nacional ('Supersimples'). LC 123/2006, art. 13, § 3º. (...) O fomento da micro e da pequena empresa foi elevado à condição de princípio constitucional, de modo a orientar todos os entes federados a conferir tratamento favorecido aos empreendedores que contam com menos recursos para fazer frente à concorrência. Por tal motivo, a literalidade da complexa legislação tributária deve ceder à interpretação mais adequada e harmônica com a finalidade de assegurar equivalência de condições para as empresas de menor porte. Risco à autonomia sindical afastado, na medida em que o benefício em exame poderá tanto elevar o número de empresas a patamar superior ao da faixa de isenção quanto fomentar a atividade econômica e o consumo para as empresas de médio ou de grande porte, ao incentivar a regularização de empreendimentos." [**ADI 4.033**, rel. min. Joaquim Barbosa, j. 15-9-2010, P, *DJe* de 7-2-2011.]

"O Simples Nacional surgiu da premente necessidade de se fazer com que o sistema tributário nacional concretizasse as diretrizes constitucionais do favorecimento às microempresas e às empresas de pequeno porte. A LC 123, de 14-12-2006, em consonância com as diretrizes traçadas pelos arts. 146, III, *d*, e parágrafo único; 170, IX; e 179 da CF, visa à simplificação e à redução das obrigações dessas empresas, conferindo a elas um tratamento jurídico diferenciado, o qual guarda, ainda, perfeita consonância com os princípios da capacidade contributiva e da isonomia. Ausência de afronta ao princípio da isonomia tributária. O regime foi criado para diferenciar, em iguais condições, os empreendedores com menor capacidade contributiva e menor poder econômico, sendo desarrazoado que, nesse universo de contribuintes, se favoreçam aqueles em débito com os fiscos pertinentes, os quais participariam do mercado com uma vantagem competitiva em relação àqueles que cumprem pontualmente com suas obrigações. A condicionante do inciso V do art. 17 da LC 123/2006 não se caracteriza, *a priori*, como fator de desequilíbrio concorrencial, pois se constitui em exigência imposta a todas as pequenas e microempresas (MPE), bem como a todos os microempreendedores individuais (MEI), devendo ser contextualizada, por representar, também, forma indireta de se reprovar a infração das leis fiscais e de se garantir a neutralidade, com enfoque na livre concorrência. A presente hipótese não se confunde com aquelas fixadas nas Súmulas 70, 323 e 547 do STF, porquanto a espécie não se caracteriza como meio ilícito de coação a pagamento de tributo, nem como restrição desproporcional e desarrazoada ao exercício da atividade econômica. Não se trata, na espécie, de forma de cobrança indireta de tributo, mas de requisito para fins de fruição a regime tributário diferenciado e facultativo." [**RE 627.543**, rel. min. Dias Toffoli, j. 30-10-2013, P, *DJe* de 29-10-2014, Tema 363.]

6. Anotações

O inciso IX prescreve o necessário estabelecimento de critérios e vantagens diferenciados às empresas de pequeno porte, como implementação do Princípio da Isonomia, berço da Livre Concorrência. Não basta que exista o Princípio da Livre Concorrência; é necessário que sejam concedidas condições para que esta se instaure, de tal modo a permitir que as EPP's – Empresas de Pequeno Porte tenham condições de concorrer.

A regulamentação constitucional aproxima a ordem econômica e financeira da valorização do trabalho humano e da livre-iniciativa. Preocupou-se o legislador em inserir na lógica lucrativa o valor do trabalho. E como resultado desta relação, apresenta a finalidade de assegurar a todos existência digna de acordo com os ditames da justiça social. Este inciso, ao invés de simplesmente afirmar o primado da Livre Concorrência, instaura uma norma que impõe a todos os órgãos de emanação normativa, estejam eles vinculados ao Poder Legislativo, Executivo ou Judiciário, a obrigação de estabelecer critérios diferenciados que permitam a estas empresas disputar com isonomia contra as demais empresas no mercado.

Esta norma deve ser estudada em consonância com os ditames do art. 149 e art. 176 da Constituição Federal. Apresenta, inclusive, relação com o Princípio da Isonomia e da Capacidade Contributiva. Afinal, as micro e pequenas empresas se apresentam como um importante sustentáculo na criação de empregos e na circulação de riquezas e do crédito. Daí o legislador se preocupar em propiciar condições jurídicas razoáveis que permitam a sua participação no mercado.

A norma inserta nesse inciso IX estabelece este tipo de obrigação isonômica, não apenas para as disputas nas compras e serviços governamentais – licitações –, mas também para o âmbito tributário, determinando a criação de regimes especiais de tributação para estas empresas, o que atualmente é implementado através da Lei Complementar 123/2006, que se convencionou chamar de Lei Geral das Pequenas e Microempresas, ou Lei do Supersimples.

A norma prevista neste artigo tem apresentado efeitos expansivos em diversas áreas ligadas à atividade econômica, gerando uma ambiente de tratamento diferenciado.

O tratamento diferenciado concedido às ME e EPP visa incentivar o desenvolvimento econômico, com foco na distribuição de renda, na ampliação da arrecadação estatal e principalmente na geração de empregos, pois, a norma jurídica é utilizada justamente com o intuito de fomentar a criação de empresas dessa natureza na intenção de movimentar um mecanismo de indução e de desenvolvimento desse importante extrato da economia nacional.

Com a difusão do movimento da inovação, destaca-se o Redesim e o Inova Simples, que envolvem regime especial simplificado para inscrição de iniciativas empresariais que se autodeclaram como empresas de inovação. A iniciativa tem o intuito de estimular a criação, formalização, desenvolvimento e consolidação das iniciativas empresariais inovadoras como agentes indutores de avanços tecnológicos e da geração de emprego e renda no país.

Outra atualização que merece registro é a disciplina favorável de forma a fomentar a participação dessas empresas nos certames licitatórios.

A preferência de contratação para as microempresas e empresas de pequeno porte, como critério de desempate, nas licitações já era assegurado pelo *caput* do art. 44 da Lei n. 123, de 14 de dezembro de 2006, que instituiu o Estatuto Nacional da Microempresa e da Empresa de Pequeno Porte.

A Lei n. 14.133 de 1º de abril de 2021 – nova Lei de Licitações – por meio do *caput* do art. 4º manteve o direito de preferência para as microempresas e empresas de pequeno porte, ao dispor que " aplicam-se às licitações e contratos disciplinados por esta Lei as disposições constantes dos arts. 42 a 49 da Lei Complementar n. 123/2006.

Entretanto, a nova Lei estabelece exceções em que não se aplicam aqueles dispositivos. São elas: em primeiro, no caso de licitação para aquisição de bens ou contratação de serviços em geral, ao item cujo valor estimado for superior à receita bruta máxima admitida para fins de enquadramento como empresa de pequeno porte; em segundo, no caso de contratação de obras e serviços de engenharia, às licitações cujo valor estimado for superior à receita bruta máxima admitida para fins de enquadramento como empresa de pequeno porte.

Os estímulos envolvem, inclusive, o âmbito recuperacional e falimentar, já que a Lei n. 11.101/2015 prevê um plano de recuperação judicial específico direcionado para micro e pequenas empresas. Em termos processuais, vale comentar a possibilidade de empresas de pequeno porte solicitarem o benefício da justiça gratuita, na forma do Código de Processo Civil, bem como a obrigação de pagamento de metade do depósito recursal na forma da Consolidação das Leis do Trabalho.

Art. 170, parágrafo único. É assegurado a todos o livre exercício de qualquer atividade econômica, independentemente de autorização de órgãos públicos, salvo nos casos previstos em lei.

■ *Vide* comentários ao art. 170, *caput*, item 8.6.

Art. 171. (*Revogado pela Emenda Constitucional n. 6, de 15-8-1995.*)

Art. 172. A lei disciplinará, com base no interesse nacional, os investimentos de capital estrangeiro, incentivará os reinvestimentos e regulará a remessa de lucros.

Eros Roberto Grau

1. História da norma

Este preceito é corolário dos artigos 170, I (soberania econômica) e 171 (distinção entre empresa brasileira e empresa brasileira de capital nacional), este último revogado pela Emenda Constitucional n. 06, de 15 de agosto de 2005. A preocupação em relação ao capital estrangeiro está presente, entre nós, ao menos desde a década de 1930, acirrando-se quando do debate a respeito da Lei de Remessa de Lucros (Lei n. 4.131, de 03 de setembro de 1962), no Governo João Goulart. Essa lei foi posteriormente alterada pelo regime militar, no sentido de favorecer a captação do capital estrangeiro (Lei n. 4.390, de 29 de agosto de 1964). Desta última valeram-se as empresas privadas brasileiras, paralelamente ao manejo de outros expedientes, para se endividarem no exterior no correr das décadas de 1960 e 1970, do que resultou a crise da dívida externa, na metade dos anos 1970. Essa crise encontrava-se em seu auge no momento da redemocratização do país, a partir de 1985, consubstanciando um dos mais agudos problemas nacionais ao tempo da elaboração da Constituição de 1988.

2. Constituições estrangeiras

Constituição da República Popular da China de 2004: artigo 18; Constituição da Grécia de 1975: artigo 107; Constituição da República de Honduras de 1982 (Reformada em 2005): artigo 336; Constituição da República do Peru de 1993: artigo 63; Constituição da República Portuguesa de 1976 (Revista em 2004): artigo 87; Constituição da República Bolivariana da Venezuela de 2000: artigo 301.

3. Direito internacional

A **Resolução n. 1803 (XVII) da Assembleia Geral das Nações Unidas**, aprovada em 14 de dezembro de 1962, trata da "Soberania Permanente sobre os Recursos Naturais", declara o direito permanente dos povos e das nações sobre seus recursos naturais, que devem ser utilizados para o desenvolvimento nacional e o bem-estar social da população (artigo 1º). Daí que o capital estrangeiro deve estar ajustado e conformado às regras que estas nações considerem livremente necessárias ou aplicáveis, seja para autorizar, limitar ou proibir sua atuação (artigos 2º e 3º).

Outro documento internacional importante é a **Carta dos Direitos e Deveres Econômicos dos Estados**, aprovada pela Resolução n. 3281 (XXIX) da Assembleia Geral das Nações Unidas, em 12 de dezembro de 1974. Como corolário do direito à soberania econômica (Capítulo II, artigo 1), é previsto o direito dos Estados regulamentarem e exercerem autoridade sobre investimentos estrangeiros em sua jurisdição nacional, com a afirmação expressa de que nenhum Estado será obrigado a outorgar tratamento preferencial ao investimento estrangeiro (Capítulo II, artigo 2, 2, 'a').

4. Preceitos constitucionais relevantes (relação ilustrativa)

Art. 1º, I (soberania nacional); Art. 1º, IV (valores sociais do trabalho e da livre-iniciativa); Art. 3º, II (desenvolvimento nacional como objetivo da República); Art. 4º (princípios que regem o Brasil nas relações internacionais); Art. 21, I (relações diplomáticas e participação em organizações internacionais como competência da União); Art. 21, III (assegurar a defesa nacional como competência da União); Art. 21, VIII (administração das reservas cambiais do País e fiscalização das operações de natureza financeira como competência da União); Art. 22, VI (competência exclusiva da União para legislar sobre sistema monetário e de medidas, títulos e garantias dos metais); Art. 22, VII (competência exclusiva da União para legislar sobre política de crédito, câmbio, seguros e transferência de valores); Art. 22, VIII (competência exclusiva da União para legislar sobre comércio exterior); Art. 48, XIII (competência do Congresso

Nacional para legislar sobre matéria financeira, cambial e monetária, instituições financeiras e suas operações); Art. 48, XIV (competência do Congresso Nacional para legislar sobre moeda, seus limites de emissão e montante da dívida mobiliária federal); Art. 52, V (competência privativa do Senado Federal para autorizar operações externas de natureza financeira de interesse da União e demais entes da Federação); Art. 163 (previsão de elaboração de leis gerais sobre finanças públicas, dívida pública, concessão de garantia pelas entidades públicas, títulos da dívida pública, operações de câmbio realizadas por órgãos estatais); Art. 164 (competências do Banco Central); Art. 170, *caput* (fundamentos e finalidades da ordem econômica); Art. 170, I (soberania econômica); Art. 190 (propriedade rural de estrangeiros); Art. 192 (sistema financeiro nacional); Art. 199, § 3º (vedação de participação direta ou indireta de empresas ou capitais estrangeiros na assistência à saúde, salvo nos casos previstos em lei); Art. 219 (mercado interno como patrimônio nacional); Art. 222 (restrições à propriedade de empresa jornalística e de radiodifusão por estrangeiros); Art. 237 (competência do Ministério da Fazenda para a fiscalização e controle sobre o comércio exterior); Art. 26 do ADCT (criação de Comissão Mista do Congresso Nacional para investigar as causas do endividamento externo brasileiro); Art. 52 do ADCT (restrições ao funcionamento de instituições financeiras estrangeiras).

5. Literatura selecionada

BELLUZZO, Luiz Gonzaga de Mello & ALMEIDA, Júlio Gomes de, *Depois da Queda: A Economia Brasileira da Crise da Dívida aos Impasses do Real*, Rio de Janeiro, Civilização Brasileira, 2002; CAMARGO, Ricardo Antônio Lucas, *O Capital na Ordem Jurídico-Econômica*, Porto Alegre, Sergio Antonio Fabris Editor, 1998; CARNEIRO, Ricardo, *Desenvolvimento em Crise: A Economia Brasileira no Último Quarto do Século XX*, São Paulo, UNESP/Instituto de Economia da UNICAMP, 2002; CRUZ, Paulo Davidoff, *Dívida Externa e Política Econômica: A Experiência Brasileira nos Anos Setenta*, 2ª ed., Campinas, Instituto de Economia da UNICAMP, 1999; CRUZ, Paulo Davidoff, "Capitais Externos e Financiamento de Longo Prazo no Brasil" *in* SZMRECSÁNYI, Tamás & SUZIGAN, Wilson (orgs.), *História Econômica do Brasil Contemporâneo*, São Paulo, Hucitec/FAPESP/ABPHE, 1997, pp. 183-206; DE CHIARA, José Tadeu, "Capitais Estrangeiros", *Revista de Direito Mercantil, Industrial, Econômico e Financeiro* n. 26, São Paulo, RT, 1977, pp. 67-85; FURTADO, Celso, *A Nova Dependência: Dívida Externa e Monetarismo*, 3ª ed., Rio de Janeiro, Paz e Terra, 1982; FURTADO, Celso, *ABC da Dívida Externa: O Que Fazer para Tirar o País da Crise Financeira*, Rio de Janeiro, Paz e Terra, 1989; GENNARI, Adilson Marques, *Réquiem ao Capitalismo Nacional: Lei de Remessa de Lucros no Governo Goulart*, Araraquara/São Paulo, Laboratório Editorial da Faculdade de Ciências e Letras da UNESP/Cultura Acadêmica Editora, 1999; GRAU, Eros Roberto, *A Ordem Econômica na Constituição de 1988 (Interpretação e Crítica)*, 12ª ed., São Paulo, Malheiros, 2007; GUIMARÃES, Samuel Pinheiro, "Capital Nacional e Capital Estrangeiro", *Estudos Avançados*, v. 14, n. 39, São Paulo, 2000, pp. 143-160; SOUZA, Washington Peluso Albino de, "Capitais Estrangeiros: Regime Jurídico e Modelo Econômico" *in Estudos de Direito Econômico*, Belo Horizonte, Movimento Editorial da Faculdade de Direito da UFMG, 1996, v. 2, tomo II, pp. 243-318; VENÂNCIO FILHO, Alberto, *A Intervenção do Estado no Domínio Econômico: O Direito Público Econômico no Brasil*, Rio de Janeiro, Ed. FGV, 1968.

6. Anotações

6.1. A regulamentação do capital estrangeiro é, em termos constitucionais, corolária do artigo 170, I (soberania econômica), assim como do artigo 171 (distinção entre empresa brasileira e empresa brasileira de capital nacional), este último revogado pela Emenda Constitucional n. 06, de 15 de agosto de 2005. A matéria é regulamentada no plano infraconstitucional desde 1962, após acirrado debate político de que resultou a Lei n. 4.131, de 03 de setembro desse ano, conhecida como "Lei de Remessa de Lucros"[1]. Até o advento dessa lei a disciplina do capital estrangeiro estava limitada às questões de política cambial, da qual a remessa de lucros para o exterior é importante componente. Essa preocupação era explicitada na redação original da Lei n. 4.131, que limitava as remessas anuais de lucros. Com a sua reforma, após o golpe militar, operada pela Lei n. 4.390, de 29 de agosto de 1964[2], várias restrições à remessa de lucros foram eliminadas, em coerência com o discurso de que o País necessitava atrair capitais estrangeiros para dar continuidade ao seu processo de desenvolvimento.

6.2. O aspecto mais relevante da regulamentação do capital estrangeiro é o atinente aos empréstimos externos, que ensejaram o endividamento externo do país. Esses empréstimos multiplicaram-se durante o regime militar, no regime da Lei n. 4.131/1962 (e suas modificações posteriores), que permitia a contratação de financiamentos diretos por empresas privadas junto a bancos ou instituições financeiras do exterior, desde que com garantia de bancos brasileiros e autorização do Banco Central. Além disso, eram feitos também empréstimos com base na Resolução n. 63 do Banco Central do Brasil, de 21 de agosto de 1967, que autorizava bancos brasileiros a tomar empréstimos externos para em seguida repassarem os recursos assim tomados a empresas brasileiras[3]. A partir deste marco legal, extremamente atrativo para as grandes empresas, especialmente as de capital externo – vale dizer, filiais de empresas estrangeiras que operavam no país – o endividamento externo brasileiro ganhou vulto como endividamento do setor privado, aproveitando-se da grande liquidez internacional do final da década de 1960 e início da década de 1970. Com a crise econômica internacional, desde 1974, dá-se crescente "estatização" da dívida externa e o início da "crise da dívida"[4], que estará no centro do debate político e econômico

---

1. Para a reconstrução de todo o debate em torno da Lei de Remessas de Lucros e as disputas políticas do Governo João Goulart, *vide* Adilson Marques GENNARI, *Réquiem ao Capitalismo Nacional: Lei de Remessa de Lucros no Governo Goulart*, Araraquara/São Paulo, Laboratório Editorial da Faculdade de Ciências e Letras da UNESP/Cultura Acadêmica Editora, 1999, pp. 29-31, 81-110 e 163-172.

2. Sobre o regime jurídico do capital estrangeiro no Brasil sob as Leis n. 4.131/1962 e n. 4.390/1964, *vide* José Tadeu DE CHIARA, "Capitais Estrangeiros", *Revista de Direito Mercantil, Industrial, Econômico e Financeiro* n. 26, São Paulo, RT, 1977, pp. 67-85.

3. *Vide* José Tadeu DE CHIARA, "Capitais Estrangeiros", cit., pp. 72-74.

4. *Vide* Paulo Davidoff CRUZ, *Dívida Externa e Política Econômica: A Experiência Brasileira nos Anos Setenta*, 2ª ed., Campinas, Instituto de Economia da UNICAMP, 1999, pp. 113-166; Celso FURTADO, *ABC da Dívida Externa: O Que Fazer para Tirar o País da Crise Financeira*, Rio de Janeiro, Paz e Terra, 1989, pp. 18-39 e Ricardo CARNEIRO, *Desenvolvimento em Crise: A Econo-*

brasileiro a partir da metade dos anos 1970 e coincidirá com o período da "abertura" e da redemocratização. Nesse debate será encontrada a origem dos arts. 170, I, 171, 172 da CF e do art. 26 do Ato das Disposições Constitucionais Transitórias.

6.3. A Constituição planta as raízes, neste preceito, de uma *regulamentação de controle* – e não de *regulamentação de dissuasão* – dos investimentos de capital estrangeiro[5]. Não os hostiliza. Apenas impõe ao legislador ordinário o dever de privilegiar o interesse nacional ao disciplina-lo. Cuida-se aqui, pois, tão somente de submetê-los às limitações correntes que a ordem jurídica opõe ao exercício do poder econômico. Observa Washington Peluso Albino de Souza[6]: "É pelo caminho do entendimento do *poder* que o jurista há de chegar ao regime jurídico dos capitais estrangeiros, como, de resto, do capital em geral" (grifo no original). Daí por que a vinculação do legislador ordinário, na sua regulamentação, às imposições do interesse nacional, decorreria do princípio da soberania nacional inscrito no art. 170, I, ainda que a regra não tivesse sido contemplada no texto constitucional.

6.4. Note-se que o art. 172 menciona "capital estrangeiro". *Capital* é conceito diverso do de *empresa*. Assim, cumpre cogitarmos de investimentos de capital estrangeiro feitos por *empresas brasileiras* e por *empresas estrangeiras*. Pois é certo que o capital das primeiras não é nacional. Neste sentido, o art. 172 estava diretamente vinculado ao disposto no art. 171 da CB, revogado em 1995. Embora a distinção entre empresa brasileira e empresa brasileira de capital nacional tenha sido excluída da esfera constitucional, continua a vigorar, de forma perfeitamente adequada à Constituição, em inúmeros textos infraconstitucionais[7].

Art. 173. Ressalvados os casos previstos nesta Constituição, a exploração direta de atividade econômica pelo Estado só será permitida quando necessária aos imperativos da segurança nacional ou a relevante interesse coletivo, conforme definidos em lei.

§ 1º A lei estabelecerá o estatuto jurídico da empresa pública, da sociedade de economia mista e de suas subsidiárias que explorem atividade econômica de produção ou comercialização de bens ou de prestação de serviços, dispondo sobre:

I – sua função social e formas de fiscalização pelo Estado e pela sociedade;

II – a sujeição ao regime jurídico próprio das empresas privadas, inclusive quanto aos direitos e obrigações civis, comerciais, trabalhistas e tributários;

III – licitação e contratação de obras, serviços, compras e alienações, observados os princípios da administração pública;

IV – a constituição e o funcionamento dos conselhos de administração e fiscal, com a participação de acionistas minoritários;

V – os mandatos, a avaliação de desempenho e a responsabilidade dos administradores.

§ 2º As empresas públicas e as sociedades de economia mista não poderão gozar de privilégios fiscais não extensivos às do setor privado.

§ 3º A lei regulamentará as relações da empresa pública com o Estado e a sociedade.

§ 4º A lei reprimirá o abuso do poder econômico que vise à dominação dos mercados, à eliminação da concorrência e ao aumento arbitrário dos lucros.

§ 5º A lei, sem prejuízo da responsabilidade individual dos dirigentes da pessoa jurídica, estabelecerá a responsabilidade desta, sujeitando-a às punições compatíveis com sua natureza, nos atos praticados contra a ordem econômica e financeira e contra a economia popular.

Eros Roberto Grau

Redação original do art. 173, em 5 de outubro de 1988

Ressalvados os casos previstos nesta Constituição, a exploração direta de atividade econômica pelo Estado só será permitida quando necessária aos imperativos da segurança nacional ou a relevante interesse coletivo, conforme definidos em lei. § 1º A empresa pública, a sociedade de economia mista e outras entidades que explorem atividade econômica sujeitam-se ao regime jurídico próprio das empresas privadas, inclusive quanto às obrigações trabalhistas e tributárias. § 2º As empresas públicas e as sociedades de economia mista não poderão gozar de privilégios fiscais não extensivos às do setor privado. § 3º A lei regulamentará as relações da empresa pública com o Estado e a sociedade. § 4º A lei reprimirá o abuso do poder econômico que vise à dominação dos mercados, à eliminação da concorrência e ao aumento arbitrário dos lucros. § 5º A lei, sem prejuízo da responsabilidade individual dos dirigentes da pessoa jurídica, estabelecerá a responsabilidade desta, sujeitando-a às punições compatíveis com sua natureza, nos atos praticados contra a ordem econômica e financeira e contra a economia popular.

O texto atual teve sua redação alterada pela Emenda Constitucional n. 19, de 4 de junho de 1998.

1. História da norma

O preceito define as bases constitucionais da atuação do Estado no campo da atividade econômica em sentido estrito, exigindo que esta se dê pela via da legalidade, apenas quando necessária aos imperativos da segurança nacional e a relevante interesse coletivo. O texto estipula ainda regras gerais de estruturação do regime jurídico das empresas estatais (sociedades de economia mista, empresas públicas e outras) que exploram atividade econômica em sentido estrito. O art. 173 da CF segue a tradição brasileira instalada em 1934, inspirada na Constituição mexicana, de 1917, e, especialmente, na alemã, de 1919. Permite

---

mia Brasileira no Último Quarto do Século XX, São Paulo, Ed. UNESP/Instituto de Economia da UNICAMP, 2002, pp. 84-96 e 115-138.

5. Washington Peluso Albino de Souza faz referência a três formas de regulamentação da espécie: a regulamentação de estímulo ou de atração, a regulamentação de controle e a regulamentação de dissuasão. Cf. Washington Peluso Albino de SOUZA, "Capitais Estrangeiros: Regime Jurídico e Modelo Econômico" in *Estudos de Direito Econômico*, Belo Horizonte, Movimento Editorial da Faculdade de Direito da UFMG, 1996, v. 2, t. II, pp. 266-267.

6. Washington Peluso Albino de SOUZA, "Capitais Estrangeiros: Regime Jurídico e Modelo Econômico", cit., p. 250.

7. Vide meu *A Ordem Econômica na Constituição de 1988*, 12ª ed., São Paulo, Malheiros, 2007, itens 114 a 117, pp. 258-276.

expressamente a atuação do Estado no domínio econômico, inclusive mediante a instituição do monopólio estatal sobre determinados setores ou atividades. Isso se admite, de forma expressa, desde 1934, não significando, contudo, não houvesse atuação estatal na esfera econômica antes de 1930, ainda que o padrão de intervenção e o seu grau de intensidade fossem bem distintos dos praticados no pós-Revolução de 1930. O regime jurídico das empresas estatais no Brasil é estipulado, em termos genéricos, nos textos constitucionais a partir de 1934. No plano da legislação ordinária, além das leis específicas que autorizam a criação das várias empresas estatais, sua estruturação está presente, ainda, no Decreto-Lei n. 200, de 25 de fevereiro de 1967 (com as alterações introduzidas pelo Decreto-lei n. 900, de 29 de setembro de 1969, e pela legislação posterior). Outra tradição constitucional mantida desde 1934 e presente no texto do art. 173, § 4º, da CF, é a expressa determinação de que o Estado deverá reprimir o abuso do poder econômico privado. No Brasil, o direito concorrencial não nasce como consequência do liberalismo econômico, mas como repressão ao abuso do poder econômico, voltada à proteção da "economia popular". Nesse sentido são elaborados os Decretos-Leis n. 869, de 18 de novembro de 1938, e n. 1.716, de 28 de outubro de 1939, proibindo as chamadas "práticas abusivas". O grande passo na elaboração de uma disciplina legal do direito da concorrência deu-se ainda durante o Estado Novo, com a elaboração, patrocinada pelo Ministro Agamemnon Magalhães, do Decreto-Lei n. 7.666, de 22 de junho de 1945, conhecida como "Lei Malaia", de forte cunho nacionalista. Este decreto-lei foi revogado pelo Decreto-Lei n. 8.162, de 9 de novembro de 1945. A discussão sobre a repressão ao abuso do poder econômico prosseguiu sob o regime constitucional de 1946, daí resultando as Leis n. 1.521 e n. 1.522, de 26 de dezembro de 1951, que qualificavam os crimes contra a economia popular, substituídas posteriormente pela Lei Delegada n. 4, de 26 de setembro de 1962, ainda vigente e recepcionada pela ordem constitucional de 1988, e a Lei n. 4.137, de 10 de setembro de 1962, hoje substituída pela vigente Lei n. 8.884, de 11 de junho de 1994.

2. Constituições brasileiras anteriores

Art. 116 da Constituição da República dos Estados Unidos do Brasil de 1934: Por motivo de interesse público e autorizada em lei especial, a União poderá monopolizar determinada indústria ou atividade econômica, asseguradas as indenizações devidas, conforme o art. 113, n. 17, e ressalvados os serviços municipalizados ou de competência dos poderes locais; Art. 117, *caput*, da Constituição da República dos Estados Unidos do Brasil de 1934: A lei promoverá o fomento da economia popular, o desenvolvimento do crédito e a nacionalização progressiva dos bancos de depósito. Igualmente providenciará sobre a nacionalização das empresas de seguros em todas as suas modalidades, devendo constituir-se em sociedade brasileira as estrangeiras que atualmente operam no país; Art. 135 da Constituição dos Estados Unidos do Brasil de 1937: Na iniciativa individual, no poder de criação, de organização e de invenção do indivíduo, exercido nos limites do bem público, funda-se a riqueza e a prosperidade nacional. A intervenção do Estado no domínio econômico só se legitima para suprir as deficiências da iniciativa individual e coordenar os fatores da produção, de maneira a evitar ou resolver os seus conflitos e introduzir no jogo das competições individuais o pensamento dos interesses da Nação, representados pelo Estado. A intervenção no domínio econômico poderá ser mediata e imediata, revestindo a forma do controle, do estímulo ou da gestão direta; Art. 141 da Constituição dos Estados Unidos do Brasil de 1937: A lei fomentará a economia popular, assegurando-lhe garantias especiais. Os crimes contra a economia popular são equiparados aos crimes contra o Estado, devendo a lei cominar-lhes penas graves e prescrever-lhes processo e julgamento adequados à sua pronta e segura punição; Art. 146 da Constituição dos Estados Unidos do Brasil de 1946: A União poderá, mediante lei especial, intervir no domínio econômico e monopolizar determinada indústria ou atividade. A intervenção terá por base o interesse público e por limite os direitos fundamentais assegurados nesta Constituição; Art. 148 da Constituição dos Estados Unidos do Brasil de 1946: A lei reprimirá toda e qualquer forma de abuso do poder econômico, inclusive as uniões ou agrupamentos de empresas individuais ou sociais, seja qual for a sua natureza, que tenham por fim dominar os mercados nacionais, eliminar a concorrência e aumentar arbitrariamente os lucros; Art. 157, § 8º, da Constituição da República Federativa do Brasil de 1967: São facultados a intervenção no domínio econômico e o monopólio de determinada indústria ou atividade, mediante lei da União, quando indispensável por motivos de segurança nacional, ou para organizar setor que não possa ser desenvolvido com eficiência no regime de competição e de liberdade de iniciativa, assegurados os direitos e garantias individuais; Art. 163 da Constituição da República Federativa do Brasil de 1967: Às empresas privadas compete preferencialmente, com o estímulo e apoio do Estado, organizar e explorar as atividades econômicas. § 1º Somente para suplementar a iniciativa privada, o Estado organizará e explorará diretamente atividade econômica. § 2º Nas explorações pelo Estado, da atividade econômica, as empresas públicas, as autarquias e sociedades de economia mista reger-se-ão pelas normas aplicáveis às empresas privadas, inclusive quanto ao direito do trabalho e das obrigações. § 3º A empresa pública que explorar atividade não monopolizada ficará sujeita ao mesmo regime tributário aplicável às empresas privadas; Art. 163, *caput*, da Emenda Constitucional n. 1, de 1969: São facultados a intervenção no domínio econômico e o monopólio de determinada indústria ou atividade, mediante lei federal, quando indispensável por motivo de segurança nacional ou para organizar setor que não possa ser desenvolvido com eficácia no regime de competição e de liberdade de iniciativa, assegurados os direitos e garantias individuais; Art. 170 da Emenda Constitucional n. 1, de 1969: Às empresas privadas compete preferencialmente, com o estímulo e apoio do Estado, organizar e explorar as atividades econômicas. § 1º Apenas em caráter suplementar da iniciativa privada, o Estado organizará e explorará diretamente atividade econômica. § 2º Na exploração, pelo Estado, da atividade econômica, as empresas públicas e as sociedades de economia mista reger-se-ão pelas normas aplicáveis às empresas privadas, inclusive quanto ao direito do trabalho e ao das obrigações. § 3º A empresa pública que explorar atividade não monopolizada ficará sujeita ao mesmo regime tributário aplicável às empresas privadas.

3. Constituições estrangeiras

Constituição da República de Angola de 1992: artigos 9 e 11; Lei Fundamental da República Federal da Alemanha de 1949: artigo 15; Constituição da República da Bulgária de 1991: artigo 18, 4; Constituição da República do Chile de 1980 (Reformada em 2005): artigo 19, n. 21, 2; Constituição da República Popular da China de 2004: artigos 7, 11 e 16; Constituição da República da Colômbia de 1991 (Reformada em 2005): artigos 334 e 336; Constituição da República de Cuba de 1976 (Reformada em 2002): artigos 9, 16 e 17; Constituição da Espanha de 1978: artigo 128, 2; Constituição da Finlândia de 2000: artigo 92; Constituição da Grécia de 1975: artigo 106, 3, 4 e 5; Constituição da República da Guatemala de 1985 (Reformada em 1993): artigos 110 e 120; Constituição da República de Honduras de 1982 (Reformada em 2005): artigos 332 e 333; Constituição da República da Hungria de 1949 (Revista em 1997 e 2003): artigos 10 e 11; Constituição da Índia de 1949: artigo 39; Constituição da República da Itália de 1947: artigos 41, 3 e 43; Constituição da República do Paraguai de 1992: artigo 111; Constituição da República Portuguesa de 1976 (Revista em 2004): artigos 81 e 82, 2; Constituição da República da Turquia de 1982: artigo 47; Constituição da República Oriental do Uruguai de 1967 (Reformada em 2004): artigos 185 a 201; Constituição da República Bolivariana da Venezuela de 2000: artigo 300.

4. Direito internacional

A **Resolução n. 1.803 (XVII) da Assembleia Geral das Nações Unidas**, aprovada em 14 de dezembro de 1962, trata da "**Soberania Permanente sobre os Recursos Naturais**", declarando o direito permanente dos povos e das nações sobre seus recursos naturais, que devem ser utilizados para o desenvolvimento nacional e o bem-estar social da população (artigo 1º) e permitindo a nacionalização destes recursos, desde que com as devidas compensações (artigo 4º). No mesmo sentido, na **Carta dos Direitos e Deveres Econômicos dos Estados**, aprovada pela **Resolução n. 3.281 (XXIX) da Assembleia Geral das Nações Unidas**, em 12 de dezembro de 1974, há, como corolário do direito à soberania econômica (Capítulo II, artigo 1), a permissão expressa das nacionalizações, desde que com a devida compensação (Capítulo II, artigo 2, 2, 'c').

5. Dispositivos constitucionais relevantes (relação ilustrativa)

Art. 1º, I (soberania nacional); Art. 1º, IV (valores sociais do trabalho e da livre-iniciativa); Art. 3º, II (desenvolvimento nacional como objetivo da República); Art. 3º, III (erradicação da pobreza e da marginalização e redução das desigualdades sociais e regionais como objetivo da República); Art. 5º, II (princípio da legalidade); Art. 21, III (assegurar a defesa nacional como competência da União); Art. 21, XXIII (explorar os serviços e instalações nucleares de qualquer natureza e exercer o monopólio estatal sobre os minérios nucleares e seus derivados como competência da União); Art. 21, XXV (estabelecimento das áreas e condições para o exercício da atividade de garimpagem como competência da União); Art. 22, IV (competência exclusiva da União para legislar sobre águas, energia, informática, telecomunicações e radiodifusão); Art. 22, XII (competência exclusiva da União para legislar sobre jazidas, minas, outros recursos minerais e metalurgia); Art. 22, XXVI (competência exclusiva da União para legislar sobre atividades nucleares de qualquer natureza); Art. 22, XXVII (competência exclusiva da União para legislar sobre normas gerais de licitação e contratação, em todas as modalidades, inclusive para as empresas públicas e sociedades de economia mista, nos termos do art. 173, § 1º, III); Art. 22, XXVIII (competência exclusiva da União para legislar sobre defesa); Art. 23, X (competência comum da União, Estados, Distrito Federal e Municípios para combater as causas da pobreza e os fatores de marginalização); Art. 23, XI (competência comum da União, Estados, Distrito Federal e Municípios para registrar, acompanhar e fiscalizar as concessões de pesquisa e exploração de recursos hídricos e minerais); Art. 24, I (competência concorrente da União, Estados e Distrito Federal para legislar sobre direito econômico); Art. 30, I (competência dos Municípios para legislar sobre assuntos de interesse local); Art. 37, *caput* (princípios da administração pública); Art. 37, XIX (exigência de lei específica para criação de autarquia e autorização de instituição de empresa pública, sociedade de economia mista e fundação); Art. 37, XX (exigência de autorização legislativa para criação de subsidiárias e participação das empresas estatais em empresa privada); Art. 37, XXI (exigência de licitação pública para obras, serviços, compras e alienações); Art. 37, § 6º (responsabilidade civil objetiva do Estado e dos concessionários de serviço público); Art. 37, § 8º (autonomia gerencial, orçamentária e financeira dos órgãos da administração direta e indireta); Art. 37, § 9º (aplicação do limite máximo de remuneração fixado pelo art. 37, XI, da CF aos dirigentes de empresas estatais que receberem recursos de qualquer ente estatal para pagamento de despesas de pessoal ou de custeio); Art. 48, XI (competência do Congresso Nacional para legislar sobre criação e extinção de ministérios e órgãos da administração pública); Art. 49, X (competência exclusiva do Congresso Nacional para fiscalizar e controlar os atos do Poder Executivo, incluídos os da administração indireta); Art. 52, VII (competência privativa do Senado Federal para dispor sobre limites globais e condições para operações de crédito interno e externo dos entes estatais, suas autarquias e demais entidades controladas pela União); Art. 61, § 1º, II, *e* (iniciativa legislativa privativa do Presidente da República sobre criação e extinção de Ministérios e órgãos da administração pública); Art. 70 (submissão da União e todas as entidades da administração direta e indireta à fiscalização contábil, financeira, orçamentária, operacional e patrimonial do Congresso Nacional e de cada sistema de controle interno); Art. 71, II (competência do Tribunal de Contas da União para julgar as contas da administração direta e indireta); Art. 71, III (competência do Tribunal de Contas da União para apreciar a legalidade dos atos de admissão de pessoal, a qualquer título, na administração direta e indireta, excetuados os cargos em comissão); Art. 71, IV (competência do Tribunal de Contas da União para realizar inspeções e auditorias nas unidades administrativas de todos os poderes da República); Art. 74 (obrigação de todos os poderes da República de manter, de forma integrada, um sistema de controle interno); Art. 84, II (competência do Presidente da República de exercer a direção superior da administração federal); Art. 84, VI, *a* (competência do Presidente da República de dispor, mediante decreto, sobre a organização e funcionamento da administração federal, quando não implicar aumento de despesa ou criação ou extinção de órgãos públicos); Art. 87, parágrafo único, I (competência dos Ministros de Estado de exercer a orientação, supervisão e coordenação dos órgãos e entidades da administração federal na sua área); Art. 88 (exigência de lei que disporá sobre a criação e extinção de Ministérios e órgãos da administração pública); Art. 91 (Conselho de Defesa Nacional); Art. 150, § 3º (exclusão das empresas estatais que explorem atividade econômica em sentido estrito da imunidade tributária prevista no art. 150, VI, *a* da CF); Art. 163, II (exigência de lei complementar sobre dívida pública interna e externa, incluída a das entidades controladas pelo Poder Público); Art. 163, V (exigência de lei complementar sobre fiscalização financeira da administração pública direta e indireta); Art. 163, VI (exigência de lei complementar sobre operações de câmbio realizadas por órgãos e entidades de todos os entes estatais); Art. 164, § 3º (obrigação de depósito das disponibilidades de caixa dos órgãos e entidades do Poder Público e das empresas por ele controladas em instituições financeiras oficiais, ressalvados os casos previstos em lei); Art. 165, § 5º, I e II (necessidade de incluir na lei orçamentária anual o orçamento fiscal dos órgãos e entidades da administração direta e indireta e o orçamento de investimentos das empresas em que a União, direta ou indiretamente, detenha a maioria do capital social com direito a voto); Art. 170, *caput* (fundamentos e finalidades da ordem econômica); Art. 170, parágrafo único (garantia do livre exercício de qualquer atividade econômica, salvo nos casos previstos em lei); Art. 174 (Estado como agente normativo, regulador e planejador da atividade econômica); Art. 175 (prestação de serviços públicos); Art. 176 (exploração da atividade econômica de mineração); Art. 177 (monopólio constitucional da União sobre a exploração do petróleo, gás natural e hidrocarbonetos e sobre materiais nucleares); Art. 202, § 3º (vedação de aporte de recursos a entidade de previdência privada pelos entes estatais, suas autarquias, fundações e empresas estatais, salvo na qualidade de patrocinador); Art. 202, §§ 4º e 6º (necessidade de lei complementar para disciplinar a relação dos entes estatais, suas autarquias, fundações, empresas estatais e empresas controladas direta e indiretamente como patrocinadores de entidades fechadas de previdência privada, requisitos para designação dos membros das diretorias e participação nos colegiados e instâncias decisórias em que estejam sendo deliberados seus interesses); Art. 218 (Estado como promotor do desenvolvimento científico e tecnológico); Art. 219 (mercado interno como patrimônio nacional); Art. 238 (venda e revenda de combustíveis deve ser regulada por lei).

6. Jurisprudência (STF)

Sobre a distinção entre empresa estatal que exerce atividade econômica em sentido estrito e empresa estatal prestadora de serviço público, veja-se, da jurisprudência do STF, a ADI 83/MG, *DJ* de 24-04-1991. *Vide* também RE n. 172.816/RJ, *DJ* de 13-05-1994. Sobre o regime jurídico das empresas estatais que prestam atividade econômica em sentido estrito e sua equivalência ao regime jurídico das empresas privadas, veja-se ADI-MC n. 1.552/DF, *DJ* de 17-04-1998, AI-AgR n. 337.615/SP, *DJ* de 22-02-2002 e ADI n. 1.998/DF, *DJ* de 07-05-2004. Sobre o regime aplicável às empresas estatais que prestam serviço público, a impenhorabilidade dos seus bens e sua imunidade tributária, veja-se, da jurisprudência do STF, os REs n. 229.696/PE, *DJ* de 19-02-2002, n. 220.906/DF, *DJ* de 14-11-2002, n. 225.011/MG, *DJ* de 19-12-2002, RE n. 407.099/RS, *DJ* de 06-08-2004, e n. 354.897/RS, *DJ* de 03-09-2004, além do RE-AgR n. 230.161/CE, *DJ* de 10-08-2001 e a AC n. 669/SP, *DJ* de 26-05-2006. Veja-se ainda, da jurisprudência do STF sobre o regime jurídico das empresas estatais prestadoras de atividade econômica em sentido estrito no tocante à aplicação da legislação trabalhista os RE n. 165.304/MG, *DJ* de 15-12-2000, ADI n. 1.515/DF, *DJ* de 11-04-2003, e AI-AgR n. 468.580/RJ, *DJ* de 03-02-2006. Sobre a determinação constitucional de contratação de funcionários por concurso público para todas as empresas estatais, *vide* MS n. 21.322/DF, *DJ* de 23-04-1993, SS-AgR n. 837/ES, *DJ* de 13-06-1997 e AI-AgR n. 680.939/RS, *DJ* de 01-02-2008. Sobre questões de obrigação tributária e privilégios fiscais, veja-se ACO-AgR n. 765/RJ, *DJ* de 15-12-2006. Ainda sobre o regime jurídico das empresas estatais, veja-se, da jurisprudência do STF, a ADI-MC n. 3.578/DF, *DJ* de 24-02-2006. Sobre lei estadual que trata de matéria atinente às empresas estatais, *vide* ADI n. 234/RJ, *DJ* de 15-09-1995. Sobre a obrigação constitucional de realizar licitações, *vide* AC-MC-QO n. 1.193/RJ, *DJ* de 30-06-2006. Finalmente, sobre a repressão ao abuso do poder econômico, veja-se, da jurisprudência do STF, AI-AgR n. 155.772/SP, *DJ* de 27-05-1994, RE n. 242.550/DF, *DJ* de 10-12-1999 e AI-AgR n. 268.857/RJ, *DJ* de 04-05-2001.

7. Literatura selecionada

ABREU, Jorge Manuel Coutinho de. *Definição de Empresa Pública*, Coimbra, Coimbra Ed., 1990. BANDEIRA DE MELLO, Celso Antônio. *Curso de Direito Administrativo*, 20ª ed. São Paulo, Malheiros, 2006. BARROS, Alberto Moniz da Rocha. *O Poder Econômico do Estado Contemporâneo e seus Reflexos no Direito*, São Paulo, RT, 1953. CAVALCANTI, Themístocles Brandão. "Intervenção da União no Domínio Econômico" *in* INSTITUTO DE DIREITO PÚBLICO E CIÊNCIA POLÍTICA (org.). *Estudos sobre a Constituição Brasileira*, Rio de Janeiro, Fundação Getulio Vargas, 1954, pp. 21-39. CAVALCANTI, Themístocles. "A Intervenção do Estado e as suas Consequências na Estrutura Administrativa" *in* INSTITUTO DE DIREITO PÚBLICO E CIÊNCIA POLÍTICA, *Cinco Estudos: A Federação – A Divisão de Poderes (2 estudos) – Os Partidos Políticos – A Intervenção do Estado*, Rio de Janeiro, Fundação Getulio Vargas, 1955, pp. 39-70. CLARK, Giovani. *O Município em Face do Direito Econômico*, Belo Horizonte, Del Rey, 2001. DAIN, Sulamis, *Empresa Estatal e Capitalismo Contemporâneo*, Campinas, Ed. UNICAMP, 1986. DAVIS, Manoel T. de Carvalho Britto. *Tratado das Sociedades de Economia Mista: A Empresa Estatal Brasileira perante o Cenário Jurídico e Econômico*, 2 v., Rio de Janeiro, José Konfino Editor, 1969. GRAU, Eros Roberto. *Elementos de Direito Econômico*, São Paulo, RT, 1981. GRAU, Eros Roberto. *A Ordem Econômica na Constituição de 1988 (Interpretação e Crítica)*, 12ª ed., São Paulo, Malheiros, 2007. GRAU, Eros Roberto. "Sociedades de Economia Mista, Empresas Públicas, Fundações e Autarquias Prestadoras de Serviços Públicos: O Tema do Lucro", *Revista Trimestral de Direito Público* n. 6, São Paulo, 1995, pp. 269-276. PINTO, Bilac. "O Declínio das Sociedades de Economia Mista e o Advento das Modernas Empresas Públicas" *in* INSTITUTO DE DIREITO PÚBLICO E CIÊNCIA POLÍTICA, *Estudos sobre a Constituição Brasileira*, Rio de Janeiro, Fundação Getulio Vargas, 1954, pp. 43-57. VENÂNCIO FILHO, Alberto. *A Intervenção do Estado no Domínio Econômico: O Direito Público Econômico no Brasil*, Rio de Janeiro, Ed. FGV, 1968.

8. Anotações

8.1. O art. 173 indica as hipóteses nas quais é admitida a exploração direta da atividade econômica pelo Estado, ressalvando, no entanto, "os casos previstos nesta Constituição". Trata-se, aqui, de exploração direta de *atividade econômica em sentido estrito*, não de serviço público[1]. Esses casos são os previstos no art. 177 e no art. 21, XXIII. Apenas em duas hipóteses a exploração direta de atividade econômica em sentido estrito é admitida (às empresas públicas e às sociedades de economia mista): quando essa exploração for necessária (a) aos imperativos da segurança nacional ou (b) a relevante interesse coletivo, *conforme definidos em lei*. A lei – o preceito não indica se lei federal, exclusivamente – deve definir o que se deve entender por "imperativos da segurança nacional" e por "relevante interesse coletivo". Além desta lei, outra ainda há de existir – "lei específica" (art. 37, XIX); "autorização legislativa" (art. 37, XX) – antecedendo o surgimento de empresa estatal[2], autarquia ou fundação. Tratarei de imediato desses dois incisos do art. 37, apenas após deitando atenção às hipóteses indicadas no art. 173.

8.2. O art. 37, *caput*, dispõe: "A administração pública direta, indireta ou fundacional, de qualquer dos Poderes da União, dos Estados, do Distrito Federal e dos Municípios, obedecerá aos princípios da legalidade, impessoabilidade, moralidade, publicidade e, também, ao seguinte". Seguem-se vinte e um incisos e seis parágrafos. Entre tais incisos, o XIX, ao qual a Emenda Constitucional n. 19/98 conferiu nova redação – "somente por lei específica poderá ser criada autarquia e autorizada a instituição de empresa pública, de sociedade de economia mista e de fundação, cabendo a lei complementar, neste último caso, definir as áreas de sua atuação" – e o XX – "depende de autorização legislativa, em cada caso, a criação de subsidiárias das entidades mencionadas no inciso anterior, assim como a participação de qualquer delas em empresa privada".

A lei não *cria* empresa estatal e fundação. Ambos os incisos expressam o mesmo significado, impondo autorização do Legislativo – federal, estadual ou municipal, conforme o caso – para que possa ser constituída empresa (sociedade) ou instituída fundação. *Autorização legislativa* e *lei específica* (que *cria* autarquia e autoriza a instituição de empresa pública, de sociedade de economia mista e de fundação) são, no contexto, expressões dotadas de significados intercambiáveis. Trata-se, aí, de *lei-medida*[3]. Tanto a constituição de empresa estatal quanto a de subsidiárias delas, bem assim a sua participação no capital de empresa privada e a criação de autarquia e a instituição de fundação, devem ser previamente aprovadas pelo Poder Legislativo. Os preceitos instrumentam o controle da expansão do Executivo pelo Legislativo. Não importam, *em si*, retenção dessa expansão; apenas impõem a participação do Legislativo no processo de decisão que se tome a respeito.

Não se distinguem, neles, empresas estatais que exploram *atividade econômica em sentido estrito* – objeto específico de ordenação pelo art. 173 – daquelas que prestam *serviço público*. O controle que o Legislativo passa a exercer quanto à conformação do "tamanho" do Executivo é bastante amplo.

Especialmente a regra contida no inciso XX, que sujeita à autorização legislativa, em cada caso – "em cada caso", note-se –, a participação de empresa estatal em empresa privada, isto é, no capital de empresa privada, dificulta a atuação das instituições bancárias oficiais (bancos de desenvolvimento, sobretudo). O preceito, ao referir "cada caso" – "em cada caso" –, não estará a aludir a *caso de cada empresa estatal*, porém a *cada caso de participação em empresa privada*.

A nova redação atribuída ao inciso XIX menciona simplesmente *fundação*, ao passo que a redação originária do preceito referia *fundação pública*. Outrossim, essa nova redação atribui à lei complementar definir as áreas de atuação da fundação. Isso significa que a *lei específica* que *autoriza a instituição* de fundação há de ser *lei complementar*.

8.3. O art. 173 refere *imperativos de segurança nacional e relevante interesse coletivo, "conforme definidos em lei"*. Apenas será admitida a exploração direta de que se cuida quando necessária a uns ou a outro. *Segurança nacional* é, no contexto da Constituição de 1988, conceito inteiramente distinto daquele consignado na Emenda Constitucional n. 1/69[4]. Cuida-se, agora, de segurança atinente à defesa nacional[5], que, não obstante, não há de conduzir, impositivamente, sempre, à exploração direta, pelo Estado, da atividade econômica em sentido estrito. Comprova-o enunciado do art. 171, § 1º, I; haverá a exploração direta quando atender a *imperativos* de segurança nacional.

A *lei* referida pelo art. 173, *in fine*, que defina *segurança nacional*, há de ser, sem dúvida, *lei federal*. Quanto ao *relevante interesse coletivo*, impõe-se muita cautela na apreensão do seu significado. A lei ordinária definirá *relevante interesse coletivo*. Importantíssima questão é então introduzida: que *lei* é esta, que pode (= deve) definir o que se há de entender por tal? Lei federal, apenas, ou lei federal e lei estadual? O art. 173 menciona, singelamente, *"conforme definidos em lei"*. Não a tendo qualificado como *lei federal*, ter-se-á tratar-se de lei produzida por quem detenha competência sobre a matéria de que trata dispor. Cogita-se, no caso, de matéria de Direito Econômico, o que já não ocorre, de modo exclusivo, em relação ao conceito de *segurança nacional*. Neste último caso, à União compete, privativamente (art. 22, XXVIII), legislar sobre defesa nacional. Ora, as matérias de Direito Econômico estão atribuídas à competência legislativa concorrente da União e dos Estados-membros (art. 24, I). E, sem dúvida, estamos, na hipótese, diante de matéria de Direito Econômico. De resto, o Estado agente normativo mencionado pelo art. 174 não é apenas a União; Estados-membros são também albergados no vocábulo "Estado", no contexto deste art. 174. Daí a conclusão de que essa *lei*, que definirá *relevante interesse coletivo*, tanto poderá ser *lei federal* quanto *lei estadual*. A esta cumprirá defini-lo desde a perspectiva do interesse (coletivo) predominantemente[6] estadual.

---

1. Para a distinção entre *atividade econômica em sentido amplo* (gênero) e *atividade econômica em sentido estrito* e *serviço público* (espécies), veja-se meu *A Ordem Econômica na Constituição de 1988 (Interpretação e Crítica)*, 12ª ed., São Paulo, Malheiros, 2007, itens 36 e ss., pp. 101 e ss.

2. Uso a expressão empresa estatal em lugar de empresa pública e sociedades de economia mista.

3. Ver meu *O Direito Posto e o Direito Pressuposto*, 7ª ed., São Paulo, Malheiros, 2008, pp. 254-255.

4. Arts. 86 a 89 (na Constituição de 1967, arts. 89 a 91).

5. Arts. 21, III, 22, XXVIII, e 91.

6. São válidas, também aqui, as considerações da doutrina atinentes à *predominância* do interesse local.

8.4. O art. 173 não estabelece distinção entre exploração direta, em regime de monopólio e em regime de participação, da atividade econômica em sentido estrito, – *intervenção por absorção e intervenção por participação*[7]. Há intervenção em regime de monopólio nos casos ressalvados pelo art. 173, não, necessariamente, em relação às explorações que constituem o objeto de regulação pela regra, ou seja, àquelas atinentes aos imperativos da segurança nacional ou a relevante interesse coletivo. Lembre-se que a Emenda Constitucional n. 1/69, no seu art. 163, fazia alusão a "monopólio de determinada indústria ou atividade, mediante lei federal, quando indispensável por motivo de segurança nacional ou para organizar setor que não possa ser desenvolvido com eficácia no regime de competição e de liberdade de iniciativa, assegurados os direitos e garantias individuais"[8]. E o § 1º do seu art. 170 dispunha: "Apenas em caráter suplementar da iniciativa privada o Estado organizará e explorará diretamente a atividade econômica". Aí, pois, nitidamente posta a distinção. A Constituição de 1988 não a opera. Sujeita toda exploração direta da atividade econômica, em sentido estrito, às necessidades dos imperativos da segurança nacional ou de relevante interesse coletivo. Não introduz, por outro lado, como requisito dessa exploração, lei federal.

Nova questão é então introduzida: o texto constitucional admite que a exploração direta de que trata o art. 173 seja empreendida em regime de monopólio? Parece não restar dúvida não apenas quanto à possibilidade, mas até mesmo à imperiosidade, de a exploração direta da atividade, na hipótese de imperativo de segurança nacional – então definida por lei federal –, ser empreendida em regime de monopólio. A questão se torna aguda quando raciocinamos em torno da hipótese de exploração direta necessária a relevante interesse coletivo. Note-se que estas explorações podem ser desenvolvidas pelos Estados-membros e, ademais, não é adversa à Constituição a definição, em lei estadual, do que se deva entender por relevante interesse coletivo. Argumentar-se-á observando-se, em primeiro lugar, que o § 1º desse mesmo art. 173 sujeita todas as entidades incumbidas dessa exploração ao regime jurídico próprio das empresas privadas, o que importaria a exclusão da admissibilidade de monopólio. O argumento não colhe frutos, no entanto, visto que estão sujeitas ao preceito inscrito neste § 1º mesmo as entidades que, nos casos ressalvados pelo art. 173, atuam em regime de monopólio. Dir-se-á, de outra parte, que o parágrafo único do art. 170 assegura a todos o livre exercício de qualquer atividade econômica, o que excluiria, salvo os casos já ressalvados pelo art. 173, a possibilidade de monopólio estatal de atividade econômica. A tanto, todavia, retrucar-se-á salientando a circunstância de o preceito neste parágrafo único averbar: "salvo nos casos previstos em lei". O que ensejará nova assertiva, no sentido de que essa ressalva só afeta a intercalada "independentemente de autorização de órgãos públicos". Note-se, porém, que esse preceito saca sua relevância do fato de sujeitar ao *princípio da legalidade em termos absolutos* – e não, meramente, ao princípio da *legalidade em termos relativos* (art. 5º, II) – a imposição, pelo Estado, de autorização para o exercício de qualquer atividade econômica. A definição da situação – como de monopólio ou de participação – na qual atuará diretamente o Estado, na exploração de atividade econômica em sentido estrito, há de ser informada pelo tipo de interesse que a justifique. Quando for hipótese de imperativo da segurança nacional, o monopólio em regra impor-se-á.

8.5. Por certo que, no art. 173 e seu § 1º, a expressão *atividade econômica* conota *atividade econômica em sentido estrito*. O art. 173, *caput*, enuncia as hipóteses nas quais é permitida ao Estado a exploração direta de *atividade econômica*. Trata-se, aqui, de atuação do Estado – isto é, da União, do Estado-membro e do Município – como agente econômico, em área da titularidade do setor privado. Insista-se em que *atividade econômica em sentido amplo* é território dividido em dois campos: o do *serviço público* e o da *atividade econômica em sentido estrito*. As hipóteses indicadas no art. 173 do texto constitucional são aquelas nas quais é permitida a atuação da União, dos Estados-membros e dos Municípios neste segundo campo.

Da mesma forma, na redação originária do § 1º do art. 173, alterada pela Emenda Constitucional n. 19/1998, a expressão conotava *atividade econômica em sentido estrito*: determinava ficassem sujeitas ao regime próprio das empresas privadas, inclusive quanto às obrigações trabalhistas e tributárias, a empresa pública, a sociedade de economia mista e outras entidades que atuassem no campo da *atividade econômica em sentido estrito*; o preceito não alcançava empresa pública, sociedade de economia mista e entidades (estatais) que prestassem *serviço público*.

Observe-se que a redação originária do § 1º do art. 173 era distinta daquela do § 2º do art. 170 da Emenda Constitucional n. 1/69. Este último determinava: "Na exploração, pelo Estado, da atividade econômica, as empresas públicas e as sociedades de economia mista reger-se-ão pelas normas aplicáveis às empresas privadas, inclusive quanto ao direito do trabalho e ao das obrigações". O § 1º do art. 173 passou a sujeitá-las, bem assim outras entidades estatais – "que explorem atividade econômica" – ao *regime jurídico* próprio das empresas privadas, inclusive quanto às *obrigações trabalhistas e tributárias*. Isso significa que empresa pública, sociedade de economia mista e outras entidades – que explorassem atividade econômica em sentido estrito – estavam sujeitas não às normas aplicáveis às empresas privadas, mas ao regime jurídico próprio delas, e não inclusive quanto ao direito do trabalho e ao das obrigações, mas inclusive quanto às obrigações trabalhistas e tributárias. O texto originário do § 1º do art. 173 era mais preciso, na medida em que mais incisivo: empresa pública, sociedade de economia mista e outras entidades (estatais) que explorassem *atividade econômica em sentido estrito* estavam sujeitas às mesmas obrigações trabalhistas e tributárias a que se sujeitam as empresas privadas.

A alteração introduzida pela Emenda Constitucional n. 19/1998 no § 1º do art. 173 causa perplexidade na medida em que, interpretando esse texto em conjunto com a nova redação por essa mesma emenda atribuída ao inciso XXVII do art. 22 da

---

7. Veja-se meu *A Ordem Econômica na Constituição de 1988*, cit., item 54, pp. 148-149.

8. A propósito desse enunciado o debate, antigo, a respeito da configuração do monopólio como alternativa ou como modalidade única de intervenção na Constituição de 1946, o art. 146, veja-se meu *Elementos de Direito Econômico*, São Paulo, RT, 1981, p. 70. Debateu-se muito, na vigência da Emenda Constitucional n. 1/69, em presença do seu art. 163, se lei federal e motivos nela indicados diziam respeito apenas ao monopólio ou também à intervenção. O segundo entendimento – lei federal e motivos abrangendo a intervenção – parece desproposacado; veja-se meu *Elementos de Direito Econômico*, cit., pp. 70-75.

Constituição, ter-se-á dois grupos distintos de normas gerais de licitação e contratação, o primeiro fundado sobre o disposto no inciso XXI do art. 37 – aplicável às administrações diretas, autárquicas e fundacionais – o segundo, sobre o inciso III do § 1º do art. 173 – aplicável às empresas públicas e às sociedades de economia mista. Note-se que, tratando o *caput* do art. 173 da *atividade econômica em sentido estrito*, seu § 1º haveria de abranger exclusivamente as empresas públicas e as sociedades de economia mista que empreendem *atividade econômica em sentido estrito*, dele estando excluídas as que prestam *serviço público*. O resultado de tudo é o seguinte: [i] *atividade econômica de produção ou comercialização de bens ou de prestação de serviços*, no § 1º do art. 173 da Constituição, significa *atividade econômica em sentido estrito*, razão pela qual pouco mudou em relação aos regimes jurídicos aplicáveis às empresas públicas e às sociedades de economia mista que exploram *atividade econômica em sentido estrito*; [ii] como o art. 22, XXVII, atribui à União competência para legislar sobre normas gerais de licitação e contratação para as administrações públicas diretas, autárquicas e fundacionais e para as empresas públicas e sociedades de economia mista de que trata o art. 173 – ou seja, para as empresas públicas e sociedades de economia mista que exploram *atividade econômica em sentido estrito* – não cabe à União legislar normas gerais de licitação e contratação para as empresas públicas e sociedades de economia mista prestadoras de *serviço público*. É certo contudo que, como a licitação, bem como o concurso público, encontra fundamento no *princípio republicano*, ainda que não se apliquem às empresas estatais prestadoras de serviço público as normas gerais de licitação e contratação dispostas pela União – a Lei n. 8.666, de 21 de junho de 1993, atualmente – elas estão sujeitas a licitação, mercê do princípio republicano e também do disposto no inciso XXI do art. 37 da Constituição, que as alcança. Alguns Estados e Municípios possuem legislação própria sobre a matéria. Onde ela não existir aplicar-se-á a legislação estadual – se essa houver e de Município se tratar – ou a própria legislação federal, que também se aplica às empresas estatais federais prestadoras de serviço público.

8.6. Quanto às obrigações tributárias, o § 2º do art. 173 afirma que as empresas públicas e as sociedades de economia mista não poderão gozar de privilégios fiscais não extensivos às do setor privado. O que resta definidamente evidente, neste passo, é que tanto o preceito inscrito no § 1º quanto o veiculado pelo § 2º do art. 173 da Constituição de 1988 apenas alcançam empresas públicas e sociedades de economia mista que explorem *atividade econômica em sentido estrito*. Não se aplicam, pois, àquelas que prestam *serviço público*, não assujeitadas às obrigações tributárias às quais se sujeitam as empresas privadas. As empresas públicas, sociedades de economia mista e outras entidades estatais que prestem serviço público, podem gozar de privilégios fiscais, ainda que não extensivos a empresas privadas prestadoras de serviço público em regime de concessão ou permissão (art. 175 da CF).

8.7. O § 1º do art. 173, com a redação que lhe foi atribuída pela Emenda Constitucional n. 19/1998, dispõe sobre o estatuto jurídico da empresa pública, da sociedade de economia mista e de suas subsidiárias que explorem atividade econômica de produção ou comercialização de bens ou de prestação de serviços. A lei que deverá estabelecê-lo ainda não existe. Disporá sobre as matérias enunciadas nesse § 1º. O § 3º do art. 173 estabelece também que a lei regulamentará as relações da empresa pública com o Estado e a sociedade. Não há explicação para o fato de se tratar, aí, apenas das empresas públicas.

8.8. O § 4º do art. 173 determina que a lei reprima o abuso de poder econômico que vise à dominação dos mercados, à eliminação da concorrência e ao aumento arbitrário dos lucros, matérias de que trata a Lei n. 8.884, de 11 de junho de 1994. Ademais o § 5º do art. 173 determina que a lei, sem prejuízo da responsabilidade individual dos dirigentes da pessoa jurídica, estabeleça a responsabilidade desta, sujeitando-a às punições compatíveis com sua natureza, nos atos praticados contra a ordem econômica e financeira e contra a economia popular. Não há ainda essa lei. A expressão "ordem econômica" é usada, no contexto do preceito, para referir as normas jurídicas aplicáveis à atividade econômica, o mundo do *dever ser*, não o mundo do *ser*. Veja-se comentário ao art. 170, *caput*.

Art. 174. Como agente normativo e regulador da atividade econômica, o Estado exercerá, na forma da lei, as funções de fiscalização, incentivo e planejamento, sendo este determinante para o setor público e indicativo para o setor privado.

§ 1º A lei estabelecerá as diretrizes e bases do planejamento do desenvolvimento nacional equilibrado, o qual incorporará e compatibilizará os planos nacionais e regionais de desenvolvimento.

§ 2º A lei apoiará e estimulará o cooperativismo e outras formas de associativismo.

§ 3º O Estado favorecerá a organização da atividade garimpeira em cooperativas, levando em conta a proteção do meio ambiente e a promoção econômico-social dos garimpeiros.

§ 4º As cooperativas a que se refere o parágrafo anterior terão prioridade na autorização ou concessão para pesquisa e lavra dos recursos e jazidas de minerais garimpáveis, nas áreas onde estejam atuando, e naquelas fixadas de acordo com o art. 21, XXV, na forma da lei.

Alexandre Santos de Aragão

1. História da norma

A norma em questão representa uma inovação constitucional da Carta de 1988, não tendo sido previstas normas semelhantes nas Constituições anteriores.

2. Constituições brasileiras anteriores

Não há dispositivos equivalentes nas Constituições anteriores.

3. Constituições estrangeiras

No Direito Comparado, podemos citar, como Constituições que preveem expressamente o papel regulador do Estado, a Constituição do México (Art. 25. "Corresponde ao Estado a direção do desenvolvimento nacional para garantir que este seja integral e sustentável, que fortaleça a Soberania da Nação e seu regime democrático e que, mediante o fomento do crescimento econômico e o emprego e uma mais justa distribuição do ingresso e da riqueza, permita o pleno exercício da liberdade e da dignidade dos indivíduos, grupos e classes sociais, cuja segurança protege esta Constituição. O Estado planejará, conduzirá, coordenará e orientará a atividade econômica nacional, e levará a cabo a regulação e fomento das atividades que demandem o interesse geral no marco de liberdades que outorga esta Constituição) e a Constituição de Moçambique" (Art. 101. "1. O Estado promove, coordena e fiscaliza a atividade econômica agindo direta ou indiretamente para a solução dos problemas fundamentais do povo e para a redução das desigualdades sociais e regionais. 2. O investimento do Estado deve desempenhar um papel impulsionador na promoção do desenvolvimento equilibrado"). A referência constitucional da função de planejamento estatal da economia também pode ser encontrada nas Constituições da Bolívia (Art. 144. "I. A programação do desenvolvimento econômico do país se realizará no exercício e procura da soberania nacional. O Estado formulará periodicamente o plano geral de desenvolvimento econômico e social da República, cuja execução será obrigatória. Este planejamento compreenderá os setores estatal, misto e privado da economia nacional. II. A iniciativa privada receberá o estímulo e a cooperação do Estado quando contribua para o melhoramento da economia nacional") e da Espanha (Art. 131. "1. O Estado, mediante lei, poderá planificar a atividade econômica geral para atender às necessidades coletivas, equilibrar e harmonizar o desenvolvimento regional e setorial e estimular o crescimento da renda e da riqueza e sua mais justa distribuição [...]"). Além disso, são inúmeras as Constituições que preveem o dever do Estado de fomentar o cooperativismo. Dentre elas, podemos citar a Constituição da Bolívia de 1967 (Art. 160. "O Estado fomentará, mediante legislação adequada, a organização de cooperativas"), da Coreia do Sul de 1948 (Art. 123. "(4) O Estado fomentará organizações fundadas no espírito da cooperação entre agricultores, pescadores, e empresários de pequenas e médias empresas, e garante a independência das suas atividades e desenvolvimento"), da Costa Rica de 1949 (Art. 64. "O Estado fomentará a criação de cooperativas, como meio de facilitar melhores condições de vida aos trabalhadores"), do Egito de 1971 (Art. 28. "O Estado deverá proteger os estabelecimentos cooperativas em todas as suas formas e encorajar o artesanato com vistas a desenvolver a produção e o aumento da renda. O Estado deverá empenhar-se na consolidação das cooperativas agrícolas de acordo com as bases científicas modernas." Art. 31. "A propriedade cooperativa é a propriedade das sociedades cooperativas. A lei garantirá a sua proteção e auto-administração.") e da Espanha de 1978 (Art. 129. "1. A lei estabelecerá as formas de participação dos interessados na Seguridade Social e nas atividades dos organismos públicos cuja função afete diretamente a qualidade de vida ou o bem-estar geral. 2. Os poderes públicos promoverão eficazmente as diversas formas de participação na empresa e fomentarão, mediante uma legislação adequada, as sociedades cooperativas. Também estabelecerão os meios que facilitem o acesso dos trabalhadores à propriedade dos meios de produção").

4. Direito internacional

Sobre o tema da regulação, podemos citar o Acordo Internacional de Constituição da ARIAE – Associação Ibero-americana de Entidades Reguladoras do Setor Elétrico, em Março de 2000, cujos representantes brasileiros são a ANP (Agência Nacional do Petróleo) e a ANEEL (Agência Nacional de Energia Elétrica).

5. Dispositivos constitucionais e legais relacionados

5.1. Constitucionais

Art. 3º, inc. III; art. 5º, inc. XVIII; art. 21; art. 173; art. 175; art. 176, § 1º; art. 177.

5.2. Legais

Lei n. 5.764/71 (define a Política Nacional de Cooperativismo, institui o regime jurídico das sociedades cooperativas); Lei n. 7.805/89 (cria o regime de permissão de lavra garimpeira, extingue o regime de matrícula); Lei n. 9.867/99 (Dispõe sobre a criação e o funcionamento de Cooperativas Sociais, visando à integração social dos cidadãos); Lei n. 12.690/12 (dispõe sobre a organização e o funcionamento das Cooperativas de Trabalho; institui o Programa Nacional de Fomento às Cooperativas de Trabalho – PRONACOOP); Lei n. 9.427/96 (cria a Agência Nacional de Energia Elétrica – ANEEL); Lei n. 9.472/97 (cria a Agência Nacional de Telecomunicações – ANATEL); Lei n. 9.478/97 (cria a Agência Nacional do Petróleo, Gás Natural e Biocombustíveis – ANP); Lei n. 9.782/99 (cria a Agência Nacional de Vigilância Sanitária – ANVISA); Lei n. 9.961/00 (cria a Agência Nacional de Saúde Suplementar – ANS); Lei n. 9.984/00 (cria a Agência Nacional de Águas – ANA); Lei n. 10.233/01 (cria a Agência Nacional de Transportes Terrestres – ANTT e a Agência Nacional de Transportes Aquaviários – ANTAQ); Lei n. 10.871/04 (dispõe sobre a criação de carreiras e organização de cargos efetivos das autarquias especiais denominadas Agências Reguladoras); Lei n. 11.182/05 (cria a Agência Nacional de Aviação Civil – ANAC); Lei n. 13.575/17 (cria a Agência Nacional de Mineração – ANM); Lei n. 13.848/19 (dispõe sobre a gestão, a organização, o processo decisório e o controle social das agências reguladoras); e Lei n. 13.874/19 (Institui a Declaração de Direitos de Liberdade Econômica; estabelece garantias de livre mercado).

6. Jurisprudência

6.1. Sobre a função regulatória do Estado

REsp 614.048/RS – STF: "1. A intervenção estatal no domínio econômico é determinante para o setor público e indicativa para o setor privado, por força da livre-iniciativa e dos cânones constitucionais inseridos nos arts. 170 e 174 da CF. 2. Deveras, sólida a lição de que um "dos fundamentos da Ordem Econômica é justamente a 'liberdade de iniciativa', conforme dispõe o art. 170, o qual, em seu inciso IV, aponta ainda a 'livre concorrência' como um de seus princípios obrigatórios: 'A ordem econômica, fundada na valorização do trabalho humano e na livre-iniciativa, tem por fim assegurar a todos existência digna, conforme os ditames da justiça social, observados os seguintes princípios: (...) IV – livre concorrência'. Isto significa que a Administração Pública não tem título jurídico para aspirar reter em suas mãos o poder de outorgar aos particulares o direito ao desempenho da atividade econômica tal ou qual; evidentemente, também lhe faleceria o poder de fixar o montante da produção ou comercialização que os empresários porventura intentem efetuar. De acordo com os termos constitucionais, a eleição da atividade que será empreendida assim como o *quantum* a ser produzido ou comercializado resultam de uma decisão livre dos agentes econômicos. O direito de fazê-lo lhes advém diretamente do Texto Constitucional e descende mesmo da própria acolhida do regime capitalista, para não se falar dos dispositivos constitucionais supramencionados. *No passado ainda poderiam prosperar dúvidas quanto a isto; porém, com o advento da Constituição Federal de 1988, tornou-se enfaticamente explícito que nem mesmo o planejamento econômico feito pelo Poder Público para algum setor de atividade ou para o conjunto deles pode impor-se como obrigatório para o setor privado.* É o que está estampado, com todas as letras, no art. 174: 'Como agente normativo e regulador da atividade econômica, o Estado exercerá, na forma da lei, as funções de fiscalização, incentivo e planejamento, sendo este determinante para o setor público e indicativo para o setor privado'".

6.2. Sobre o fomento e a proteção às cooperativas

REO 93.01.29670-5/DF – TRF1 e AI 2006.01.00. 010363-1/AP – TRF1: Sobre os requisitos a serem preenchidos para que as cooperativas tenham prioridade nos processos licitatórios de que trata o § 4º do art. 174. **RE n. 4.838/MG – STJ e RE n. 3.211/PR – STJ**: afirmam que a norma contida no art. 174, § 2º, da CF não trata de imunidade constitucional. **RO n. 2901/98 – TRT 23ª Região**: "A Cooperativa de Trabalho é uma organização de pessoas que voluntariamente se associam visando, mediante a ajuda mútua, a defesa de seus interesses, a melhoria de suas condições econômicas. Se o trabalhador torna-se sócio de determinada Cooperativa de Trabalho, a fim de prestar serviço em atividade-fim de uma empresa, sob subordinação e recebendo salário, sem sequer ter conhecimento da existência da entidade cooperativista, sem conhecer sua finalidade, sua sede, seus sócios e, muito menos, sem ter o *animus* de se associar, caracterizada está a intermediação fraudulenta de mão de obra, eis que ausentes os elementos basilares de uma cooperativa legítima, quais sejam, o espírito associativo e o caráter econômico, nos termos da Lei n. 5.764/71".

7. Literatura selecionada

7.1. Sobre a função regulatória do Estado

ARAGÃO, Alexandre Santos de. *Agências Reguladoras e a Evolução do Direito Administrativo Econômico*, Forense, Rio de Janeiro, 2013; GUERRA, Sérgio (Org.). *Temas de direito regulatório*, Freitas Bastos, Rio de Janeiro, 2004; JUSTEN FILHO, Marçal. *O Direito das Agências Reguladoras Independentes*, Dialética, São Paulo, 2002; MARQUES NETO, Floriano Azevedo. *Agências Reguladoras Independentes*: fundamentos e seu regime jurídico, Fórum, Belo Horizonte, 2005; MOREIRA, Egon Bockmann. "O Direito administrativo contemporâneo e a intervenção do Estado na ordem econômica", in *Direito público*: estudos em homenagem ao professor Adilson Abreu Dallari, Del Rey, Belo Horizonte, 2004; MOREIRA NETO, Diogo de Figueiredo. *Direito Regulatório*, Renovar, Rio de Janeiro, 2002; SALOMÃO FILHO, Calixto (Coord.). *Regulação e desenvolvimento*, Malheiros, São Paulo, 2002; SOUTO, Marcos Juruena Villela. *Direito Administrativo Regulatório*, Lumen Juris, Rio de Janeiro, 2002; WALD, Arnoldo. "Da inaplicabilidade do art. 174 da Constituição Federal às normas monetárias", in *Cadernos de Direito Constitucional e Ciência Política*, Revista dos Tribunais, São Paulo, ano 5, n. 17, out.-dez. 1996.

7.2. Sobre o planejamento estatal na economia

MONCADA. Luis S. Cabral de. *A problemática jurídica do planejamento econômico*, Coimbra Ed., Coimbra, 1985; SOUTO, Marcos Juruena Villela. *Aspectos jurídicos do planejamento econômico*, Lumen Juris, Rio de Janeiro, 2000; TINBERGEN, Jan. "La planification de la politique économique", *Revue internationale des sciences sociales*, n. 157, p. 383-391, sep. 1998.

7.3. Sobre o fomento e a proteção às cooperativas

ALMEIDA, Marcus Elidius Michelli de (Coord.). *Cooperativas à luz do novo Código Civil*, Quartier Latin, São Paulo, 2006; ALVES, Francisco de Assis; MILANI, Imaculada Abenante. *Sociedades cooperativas*: regimento jurídico e procedimentos legais para sua constituição e funcionamento, J. de Oliveira, São Paulo, 2003; BECHO, Renato Lopes. "A participação de cooperativas nas licitações da administração pública", *Revista de Direito Administrativo*, n. 224, abr.-jun. 2001; BULGARELLI, Waldirio. "Cooperativa habitacional integrada por vários grupos seccionais. Soluções para os grupos em dificuldades. Invocação da lei, dos estatutos e dos princípios cooperativistas", *Revista de Direito Mercantil*, v. 39, n. 117, p. 307-311, jan.-mar. 2000; FERRAZ JÚNIOR, Tercio Sampaio. "Cooperativismo e Direito da Concorrência", *Revista Direito de Empresa*, v. 1, n. 1, p. 51-62, jan.-jun. 1996; FRANKE, Valmor. *O Direito das sociedades cooperativas*, Revista dos Tribunais, São Paulo, 1973; LIMA NETO, Arnor. *Cooperativas de trabalho*: intermediação de mão de obra e subtração de direitos dos trabalhadores, Juruá, Curitiba, 2004; MATTOS, Mauro Roberto Gomes de. "A legalidade da participação das cooperativas no processo licitatório", *Revista Ibero-Americana de Direito Público*, v. 4, n. 11, p. 265-284, 2003; SIQUEIRA, Paulo César Andrade. *Direito cooperativo brasileiro* (comentários à Lei 5.764/71), Dialética, São Paulo, 2004; VERAS NETO, Francisco Quintanilha. *Cooperativismo*: nova abordagem sociojurídica, Juruá, Curitiba, 2002.

8. Comentários

8.1. Função regulatória do Estado

O art. 174 da Constituição Federal é um dos dispositivos estruturantes da ordem econômica constitucional, estabelecendo as funções que o Estado – através de cada um dos entes da federação, de acordo com as suas competências federativas – deve exercer em relação às atividades econômicas, inclusive distinguindo a intensidade da disciplina estatal, conforme a atividade regulada seja exercida pelo próprio Estado, nos casos admitidos pela Constituição (arts. 21, 173, 175, 177, entre outros), ou pela iniciativa privada.

O art. 174 se refere a vários institutos característicos do direito público econômico, cujos conceitos, apesar de muito utilizados e debatidos, não encontram uma uniformidade de nomenclatura satisfatória na doutrina. A Constituição parece também não ter logrado uma distinção conceitual mais clara: afirma que o Estado normatizará e regulará a economia, e, no exercício dessas funções, a fiscalizará, incentivará e planejará, neste caso, de forma obrigatória para o setor público da economia e meramente indutivo para o setor privado.

Materialmente, contudo, as funções elencadas no art. 174 podem, no que diz respeito às atividades econômicas privadas, ser reconduzidas à função regulatória em sentido amplo do Estado, constituindo formas dela se expressar. Especialmente a normatização e a fiscalização são claras expressões da regulação estatal da economia. Ambas podem, conforme se dirijam a atividades econômicas públicas ou privadas, lançar mão de diferentes institutos do direito público (por exemplo, poder de polícia das últimas e poder concedente das primeiras), mas em ambos os casos tratar-se-á de regulação, nela contidas a possibilidade de edição de normas, seja pelo Poder Legislativo ou pelo Executivo[1], e a fiscalização do seu cumprimento.

Como conceito, podemos afirmar que a regulação estatal da economia é o conjunto de medidas legislativas, administrativas e convencionais, abstratas ou concretas, pelas quais o Estado, de maneira restritiva da liberdade privada ou meramente indutiva, determina, controla ou influencia o comportamento dos agentes econômicos, evitando que lesem os interesses sociais definidos no marco da Constituição e orientando-os em direções socialmente desejáveis.

Do conceito de regulação está excluída a atividade direta do Estado como produtor de bens ou serviços e como fomentador das atividades econômicas privadas, que, junto com a regulação, constituem espécies do *gênero da intervenção do Estado na economia*.

Atenção especial merece a referência constitucional da função de planejamento estatal da economia, entendida como a fixação pelo Estado do próprio conteúdo das atividades econômicas e dos seus resultados, função que, quando incidente sobre o setor privado, pode se dar de maneira meramente indutiva, e não coercitiva, o que decorre do próprio sistema capitalista adotado pela nossa Constituição.

Se adotada postura diversa, mais interventiva, sobre as atividades econômicas privadas, estar-se-lhes-ia impondo uma programação estatal obrigatória, através do estabelecimento de obrigações quanto à conformação, metas e objetivos (quanto, como e quando produzir) do empreendimento privado, violando o art. 174 da Constituição Federal quando estabelece que o planejamento é meramente indicativo para o setor privado. O Estado, com base no art. 174, pode regular, mas sem que a regulação chegue a constituir uma planificação ou uma direção. O que o Estado não pode é, de uma maneira ou outra, acabar se substituindo ao controlador do empreendimento privado na tomada de decisões empresariais.

Note-se que o art. 174 prevê o Estado como normatizador e regulador das atividades econômicas privadas, tendo sido retirado, já durante a fase final dos trabalhos constituintes, o termo "controle", que poderia levar a interpretações de que o Estado planejaria coativamente também as atividades privadas. "Falava-se em controle. E controle com um sentido diferente de fiscalização significa dominação, comando"[2].

É certo que, exercendo uma atividade com fortes liames com as necessidades da coletividade, e já estando ultrapassada a visão oitocentista de poder de polícia, pode o Estado fazer com que a empresa contribua para o atendimento do interesse público setorialmente definido, indo além da mera fixação de obrigações negativas de não ferir o interesse público geral. Nesses casos, o Estado deve buscar os mesmos objetivos, mas através de instrumento diverso: ao invés do poder de polícia, que traz ínsita a coercitividade e imperatividade, o fomento, por natureza indutivo[3].

O que não pode é o Estado, ao planejar a atividade privada, seja pela quantidade de obrigações impostas, por sua excessiva onerosidade, ou em razão de as obrigações possuírem características propriamente assistenciais ou estatais, obrigar a empresa a substituí-lo no cumprimento das suas funções constitucionais.

Em outras palavras, o Estado pode exigir das empresas alguns comportamentos, sempre acessórios às suas atividades principais – via de regra consequências lógicas do seu exercício –, que contribuam para realizar o interesse público setorial ligado à atividade principal. As empresas podem ter a atividade funcionalizada para a realização das políticas públicas do setor em que atuam, mas não podem ser forçadas elas próprias a executá-las, salvo se o Estado contratá-las ou indenizá-las[4].

Sendo assim, por exemplo, uma empresa privada de plano de saúde pode ser obrigada a comunicar os casos de epidemia que verifique, mas não pode ser obrigada a tratar as doenças de pessoas que não sejam seus clientes; uma universidade privada pode ser obrigada a divulgar a sua produção científica, mas não a ter graciosamente uma percentagem mínima de bolsistas às suas expensas; os cinemas podem ser obrigados a veicularem um percentual mínimo de filmes nacionais, mas não podem ser obrigados a ter sessões populares, gratuitas para a população de baixa renda, ou a divulgar filmes de interesse público; uma empresa de serviços privados de telecomunicações pode ser obrigada a adotar os equipamentos mais adequados à parcela mais pobre da popula-

---

1. Observado, naturalmente, o princípio da legalidade e juridicidade.

2. FERREIRA FILHO, Manoel Gonçalves. *Direito Constitucional Econômico*, Ed. Saraiva, São Paulo, 1990, p. 81. Na mesma passagem da obra podem ser consultados maiores detalhes quanto ao trâmite constituinte do que acabou se tornando o art. 174 da Constituição Federal.

3. MELLO, Célia Cunha. *O Fomento da Administração Pública*, Ed. Del Rey, Belo Horizonte, 2003, p. 47.

4. "O exercício do direito é condicionado à realização, pelo indivíduo, de ação positiva, complementar à atuação que a titularidade do direito lhe faculta. (...) Cuida-se de encargos consistentes em ações complementares, exigidas como condição para a regularidade do exercício do direito. Perceba-se que esses encargos nada têm ver com a requisição, pelo Estado, de serviços dos particulares. Os encargos em causa são verdadeiros *deveres acessórios*, diretamente ligados ao exercício de direitos, em relação aos quais já se apresentam como normal contrapartida" (SUNDFELD, Carlos Ari. *Direito Administrativo Ordenador*, Ed. Malheiros, 1ª ed., 2ª tiragem, São Paulo, 1997, p. 62-63, grifos do próprio autor). Celso Antônio Bandeira de Mello, por sua vez, defende: "(...) não há que se imaginar o poder de polícia existente em manifestações da Administração que, contrariamente, impõem prestações positivas aos administrados, sujeitando-os a obrigações de dar, como nas requisições de bens, ou de fazer, como nas requisições de serviços" (MELLO, Celso Antônio Bandeira de. *Curso de Direito Administrativo*, 13ª ed., Ed. Malheiros, São Paulo, 2001, p. 692). Ressalvamos apenas que, ao contrário do autor, admitimos a imposição de obrigações positivas através do poder de polícia, apenas as limitamos para que não acabem transformando atividades privadas em serviços públicos.

ção, mas não a fornecer-lhes gratuitamente o serviço; os bancos podem ser obrigados a divulgar as taxas de juros por eles cobradas, mas não a oferecer linhas de microcrédito, etc.[5].

Diversamente, o planejamento das atividades econômicas titularizadas pelo Estado com ou sem exclusividade (serviços e monopólios públicos, de um lado, e serviços assistenciais e culturais de outro, como educação, saúde, cultura) pode ser obrigatório. Essas atividades, ainda quando delegado o seu exercício à iniciativa privada, continuam integrando a esfera público-estatal, não a esfera da livre-iniciativa privada (não são meras atividades privadas regulamentadas), estando, consequentemente, sujeitas ao planejamento determinante do Estado (art. 174, CF), exercido predominantemente através dos editais de licitação e dos contratos de delegação aos quais os particulares espontaneamente aderem.

Em qualquer de suas formas, indutiva (sobre o setor privado) ou coercitiva (sobre o setor público), o planejamento deve contemplar as necessidades regionais de planejamento e desenvolvimento (art. 174, § 1º, CF), o que se coaduna com o objetivo fundamental de redução das desigualdades regionais (art. 3º, III, CF).

8.2. Cooperativas e Associações

Os §§ 2º e 3º do art. 174 consagram constitucionalmente as cooperativas para determinar o seu fomento e proteção.

O § 2º do art. 174 estabelece a norma programática de apoio e fomento estatal, inclusive de natureza fiscal (art. 146, III, c, CF) nos termos da lei (não se trata de imunidade constitucional), às formas associativas e solidárias de exercício de atividades econômicas, das quais as cooperativas constituem um dos mais relevantes exemplos.

Trata-se da economia solidária (*économie de don*), que, embora não incompatível com a de mercado, tem características próprias. Pode ser definida negativamente, ou seja, como uma economia não voltada à realização do lucro privado, mas para a otimização dos resultados da cooperação em uma dada sociedade. Nesse sentido, teríamos a "economia solidária", baseada em instrumentos como o microcrédito, as cooperativas, o associativismo, serviços de assistência social, etc., dentre outras formas de inclusão de parcelas normalmente afastadas dos eixos dinâmicos da "economia de mercado".

Como espécies de associação, prescindem de autorização estatal para serem instituídas, nos termos do art. 5º, XVIII, CF, o que não quer dizer que o Estado não deva reprimir o abuso e o desvio do direito de instituir cooperativas que, materialmente, são empresas comerciais comuns que lançam mão da forma cooperativa para gozar dos benefícios preconizados pelo § 2º do art. 174, bem como fraudar a aplicação da legislação fiscal e trabalhista.

Todas essas circunstâncias demandam o poder de polícia do Estado para evitar que o abuso da personalidade jurídica cooperativada faça com que os demais agentes econômicos sofram concorrência desleal, inclusive em licitações públicas[6]. A situação pode subsumir-se também aos dispositivos repressivos dos §§ 4º e 5º do art. 173, CF.

A principal legislação infraconstitucional reitora das cooperativas é a Lei n. 5.764, de 16 de dezembro de 1971, que entendemos ter sido recebida pela Constituição de 1988, salvo no que diz respeito à necessidade de prévia autorização administrativa para poderem adquirir personalidade jurídica, conforme determinado em seus arts. 17 a 20.

Nesse aspecto, o inciso XVIII do art. 5º da CF merece análise específica em relação às cooperativas comparativamente com as associações em geral[7]. Em relação a essas estabelece a vedação *tout court* de autorização para a sua criação, em norma de eficácia plena. Já quanto às cooperativas, possivelmente em razão do mencionado potencial de fraudes, afirma que a vedação de autorização se dará "na forma da lei", em norma de eficácia contida.

Assim, não descartamos a possibilidade de a lei fixar casos em que a autorização administrativa se imporá, não sendo, contudo, constitucional a imposição genérica e absoluta da necessidade de autorização dos arts. 17 a 20 da Lei n. 5.764/71.

Mencionamos, ainda, a Lei n. 12.690, de 19 de julho de 2012, que dispõe especificamente sobre a organização e o funcionamento das Cooperativas de Trabalho e institui o Programa Nacional de Fomento às Cooperativas de Trabalho – PRONACOOP. Todavia, além deste diploma, a essas cooperativas continua aplicando-se a Lei n. 5.746/71 (art. 1º, *caput*, Lei n. 12.690/12).

Definem-se Cooperativas de Trabalho como sociedade constituída por trabalhadores para o exercício de suas atividades laborativas ou profissionais com proveito comum, autonomia e autogestão para obterem melhor qualificação, renda, situação socioeconômica e condições gerais de trabalho (art. 2º), sendo a Lei n. 12.690/12 inaplicável a algumas modalidades cooperativas, como as de assistência à saúde na forma da legislação de saúde suplementar (art. 1º, parágrafo único, I).

8.3. Fomento à organização dos garimpeiros

Os §§ 3º e 4º do art. 174, de natureza de normas formalmente constitucionais e bastante casuísticas, especificam que a atividade de planejamento do Estado deve fomentar a organização dos garimpeiros em cooperativas, fixando ainda a regra de priorização das associações cooperativas (art. 21, XXV, CF) nas autorizações e concessões para pesquisa e lavra dos recursos e jazidas de minerais garimpáveis. Em outras palavras, a lei ou, ao nosso ver, os próprios editais de licitação de lavra de recursos minerais

---

5. Inexistem, portanto, no Direito brasileiro, as "autorizações administrativas modais", pelas quais o Estado impõe a atividades econômicas privadas o cumprimento de obrigações de serviços públicos (cf. GONÇALVES, Pedro. *A Concessão de Serviços Públicos*, Livraria Almedina, Coimbra, 1999, p. 162).

6. Não sustentamos, obviamente, sob pena de invertermos o objetivo do § 2º do art. 174 que as cooperativas não possam participar de licitações públicas, salvo se desnaturadas como tal. Sobre as diversas questões relacionadas à participação de cooperativas em licitações, ver BITTENCOURT, Sidney. *Participação de Cooperativas em Licitações Públicas*, Editora Temas e Ideias, Rio de Janeiro, 2001.

7. Analisando o inciso XVIII do art. 5º da CF à luz da estrutura das normas constitucionais de eficácia contida ou restringível, devemos lembrar que essas normas têm *ab ovo* eficácia plena, mas podem ter o seu âmbito de eficácia reduzido, mas não suprimido, por norma legal superveniente (SILVA, José Afonso da. *Aplicabilidade das Normas Constitucionais*, 3ª edição, Ed. Malheiros, São Paulo, 1998, p. 115).

previstos no § 1º do art. 176 da Constituição, devem estabelecer regras proporcionais e razoáveis – sem exclusão dos demais pretendentes – de preferência para as cooperativas de garimpeiros, que podem ir além do mero critério de desempate.

Esse tema foi regulamentado pela Lei n. 7.805/89 que, em seu art. 14, prevê os requisitos a serem preenchidos para que as cooperativas tenham prioridade nos processos licitatórios de que trata o § 4º do artigo sob comento.

Como potencialização do caráter redistributivo do apoio estatal às cooperativas ínsito aos §§ 2º a 4º do art. 174, foi editada a Lei n. 9.867/99, que prevê a instituição, com o apoio do Estado (incentivos, subvenções e aperfeiçoamento dos sistemas de controle da utilização de verbas públicas), das chamadas cooperativas sociais, que visam a congregar e integrar na sociedade parcelas especialmente hipossuficientes da população, tais como deficientes físicos ou mentais, egressos de prisões e adolescentes em situações de risco. Salvo nas exceções expressamente nele previstas (para, por exemplo, as de consumo), as cooperativas não podem se beneficiar das regras do Estatuto Nacional da Microempresa e da Empresa de Pequeno Porte (art. 3º, § 4º, VI, Lei Complementar n. 123/06).

Art. 175. Incumbe ao Poder Público, na forma da lei, diretamente ou sob regime de concessão ou permissão, sempre através de licitação, a prestação de serviços públicos.

Parágrafo único. A lei disporá sobre:
I – o regime das empresas concessionárias e permissionárias de serviços públicos, o caráter especial de seu contrato e de sua prorrogação, bem como as condições de caducidade, fiscalização e rescisão da concessão ou permissão;
II – os direitos dos usuários;
III – política tarifária;
IV – a obrigação de manter serviço adequado.

Alexandre Santos de Aragão

1. História da norma

A prestação dos serviços públicos foi disciplinada pela primeira vez no texto constitucional de 1934, permanecendo como objeto de tratamento nas Constituições seguintes. Uma importante inovação foi a previsão da *permissão* na Constituição de 1988.

2. Constituições brasileiras anteriores

O tema já era objeto de disposição constitucional desde a Constituição de 1934, tendo permanecido nos textos constitucionais desde então, porém com inúmeras variações de conteúdo[1].

3. Constituições estrangeiras

No Direito Comparado, podemos citar, a título de exemplo, as Constituições do Equador de 1998 (Art. 249. "Será responsabilidade do Estado a provisão de serviços públicos de água potável e de irrigação, saneamento, força elétrica, telecomunicações, rodovias, facilidades portuárias e outros de natureza similar. Poderá prestá-los diretamente ou por delegação a empresas mistas ou privadas, mediante concessão, associação, capitalização, participação na propriedade acionária ou qualquer outra forma contratual, de acordo com a lei. As condições contratuais acordadas não poderão modificar-se unilateralmente por leis ou outras disposições. O Estado garantirá que os serviços públicos, prestados sob seu controle e regulação, respondam a princípios de eficiência, responsabilidade, universalidade, acessibilidade, continuidade e qualidade; e velará para que seus preços ou tarifas sejam equitativos") e da Colômbia de 1991 (Art. 365. "Os serviços públicos são inerentes à finalidade social do Estado. É dever do Estado assegurar a sua prestação eficiente a todos os habitantes do território nacional. Os serviços públicos estarão submetidos ao regime jurídico que fixe a lei, poderão ser prestados pelo Estado, direta ou indiretamente, por comunidades organizadas, ou por particulares. Em todo caso, o Estado manterá a regulação, o controle e a vigilância de tais serviços. (...)" Art. 367. "A lei fixará as competências e responsabilidades relativas à prestação dos serviços públicos domiciliares, sua cobertura, qualidade e financiamento, e o regime tarifário que levará em conta além dos critérios de custos, os de solidariedade e redistribuição de ingressos (...)". Art. 369. "A lei determinará os deveres e direitos dos usuários, o regime da sua proteção e suas formas de participação na gestão e fiscalização das empresas estatais que prestem o serviço. Igualmente definirá a participação dos

---

1. Constituição de 1934: "Art. 135. A lei determinará a percentagem de empregados brasileiros que devam ser mantidos obrigatoriamente nos serviços públicos dados em concessão, e nos estabelecimentos de determinados ramos de comércio e indústria"; "Art. 136. As empresas concessionárias ou os contratantes, sob qualquer título, de serviços públicos federais, estaduais ou municipais, deverão: a) constituir as suas administrações com maioria de diretores brasileiros, residentes no Brasil, ou delegar poderes de gerência exclusivamente a brasileiros; b) conferir, quando estrangeiros, poderes de representação a brasileiros em maioria, com faculdade de substabelecimento exclusivamente a nacionais"; "Art. 137. A lei federal regulará a fiscalização e a revisão das tarifas dos serviços explorados por concessão, ou delegação, para que, no interesse coletivo, os lucros dos concessionários, ou delegados, não excedam a justa retribuição do capital, que lhes permita atender normalmente às necessidades públicas de expansão e melhoramento desses serviços".

Constituição de 1937: "Art. 146. As empresas concessionárias de serviços públicos federais, estaduais ou municipais deverão constituir com maioria de brasileiros a sua administração, ou delegar a brasileiros todos os poderes de gerência"; "Art. 147. A lei federal regulará a fiscalização e revisão das tarifas dos serviços públicos explorados por concessão para que, no interesse coletivo, delas retire o capital uma retribuição justa ou adequada e sejam atendidas convenientemente as exigências de expansão e melhoramento dos serviços. A lei se aplicará às concessões feitas no regime anterior de tarifas contratualmente estipuladas para todo o tempo de duração do contrato".

Constituição de 1946: "Art. 151. A lei disporá sobre o regime das empresas concessionárias de serviços públicos federais, estaduais e municipais".

Constituição de 1967: "Art. 160. A lei disporá sobre o regime das empresas concessionárias de serviços públicos federais, estaduais e municipais, estabelecendo: I – obrigação de manter serviço adequado; II – tarifas que permitam a justa remuneração do capital, o melhoramento e a expansão dos serviços e assegurem o equilíbrio econômico e financeiro do contrato; III – fiscalização permanente e revisão periódica das tarifas, ainda que estipuladas em contrato anterior".

Emenda Constitucional n. 1/69: "Art. 167. A lei disporá sobre o regime das empresas concessionárias de serviços públicos federais, estaduais e municipais, estabelecendo: I – obrigação de manter serviço adequado; II – tarifas que permitam a justa remuneração do capital, o melhoramento e a expansão dos serviços e assegurem o equilíbrio econômico e financeiro do contrato; e III – fiscalização permanente e revisão periódica das tarifas, ainda que estipuladas em contrato anterior".

municípios ou de seus representantes, nas entidades e empresas que lhes prestem serviços públicos domiciliares").

4. Direito internacional

Podemos citar alguns atos internacionais relacionados a serviços públicos sociais, dentre eles: o Acordo sobre Cooperação Sanitária entre Brasil e Bolívia; Memorando de Entendimento ao Amparo do Ajuste Complementar ao Acordo de Cooperação Econômica, Científica e Técnica entre o Governo da República Federativa do Brasil e a República de Angola para apoiar o Desenvolvimento do Programa "Escola para Todos" em sua fase emergencial (2004-2007) de Novembro de 2003 (promulgado pelo Decreto n. 82.585/78); Protocolo de Intenções entre o Governo da República Federativa do Brasil e o Governo da República do Equador na Área da Educação, de Maio de 2003; Pacto Internacional sobre Direitos Econômicos, Sociais e Culturais, de 1966, da Organização das Nações Unidas (promulgado pelo Decreto n. 591/92).

5. Dispositivos constitucionais e legais relacionados

5.1. Constitucionais

Art. 1º, art. 3º; art. 21; art. 23; art. 145, II; art. 197; art. 208; art. 241.

5.2. Legais

Lei n. 6.009/73 (dispõe sobre a utilização e a exploração dos aeroportos, das facilidades à navegação aérea); Lei n. 6.538/78 (dispõe sobre os Serviços Postais); Lei n. 8.987/95 (dispõe sobre o regime de concessão e permissão da prestação de serviços públicos previsto no art. 175 da Constituição Federal); Lei n. 9.427/96 (institui a Agência Nacional de Energia Elétrica – ANEEL e disciplina o regime das concessões de serviços públicos de energia elétrica); Lei n. 9.277/96 (autoriza a União a delegar aos municípios, estados da Federação e ao Distrito Federal a administração e exploração de rodovias e portos federais); Lei n. 9.074/97 (estabelece normas para outorga e prorrogações das concessões e permissões de serviços públicos e dá outras providências); Lei n. 9.472/97 (dispõe sobre a organização dos serviços de telecomunicações, a criação e funcionamento de um órgão regulador e outros aspectos institucionais, nos termos da Emenda Constitucional n. 8, de 1995); Lei n. 10.233/01 (dispõe sobre a reestruturação dos transportes aquaviário e terrestre); Lei n. 11.079/04 (institui normas gerais para licitação e contratação de parceria público-privada no âmbito da administração pública.); Lei n. 8.078/90 (Código de Defesa do Consumidor), arts. 4º, II, 6º, X, e 22; Lei n. 11.445/07 (estabelece as diretrizes nacionais para o saneamento básico; cria o Comitê Interministerial de Saneamento Básico); Lei n. 12.815/13 (regulamenta e dispõe sobre a exploração direta e indireta pela União de portos e instalações portuárias e sobre as atividades desempenhadas pelos operadores portuários); Lei n. 13.334/16 (cria o Programa de Parcerias de Investimentos – PPI); Lei n. 13.448/17; Lei n. 13.460/17 (dispõe sobre participação, proteção e defesa dos direitos do usuário dos serviços públicos da administração pública); Lei n. 13.529/17 (dispõe sobre a participação da União em fundo de apoio à estruturação e ao desenvolvimento de projetos de concessões e parcerias público-privadas); Lei n. 14.026/20 (atualiza o marco legal do saneamento básico); Lei n. 14.273/21 (estabelece a Lei das Ferrovias).

6. Jurisprudência

RE 220.999/PE – STF (não considerou suficiente a inclusão do transporte aquaviário no rol das atividades da competência da União (art. 21, XII, d, CF) para qualificá-lo como serviço público). RE 172.816/RJ – STF (caracteriza a natureza pública do serviço de docas, competindo à União a sua exploração, além de decidir pela não expropriabilidade de um bem afeto à prestação de serviço público pertencente a sociedade de economia mista). RE 220.906/DF – STF e ADI n. 1552-4/UF – STF (a vedação do art. 173, § 1º, da CF não se aplica a sociedades de economia mista e outras entidades estatais e paraestatais que explorem serviços públicos). RE 103.433/RJ – STF, RE 204.653/RS – STF e RE 225.011/MG (impenhorabilidade dos bens de empresa pública prestadora de serviço público). RE 407.099/RS – STF (reconheceu imunidade tributária recíproca à Empresa Brasileira de Correios e Telégrafos – ECT). ADI 2.340 – STF (estabelece a impossibilidade de interferência do Estado-membro nas relações jurídico-contratuais entre o poder concedente federal ou municipal e as empresas concessionárias). RE 422.591 – STF (reconheceu a inconstitucionalidade de normas municipais que determinam a prorrogação automática de permissões e autorizações em vigor, em prol dos princípios da legalidade e da moralidade, por dispensarem certames licitatórios previamente à outorga do direito de exploração de serviços públicos).

7. Literatura selecionada

ARAGÃO, Alexandre Santos de. *Direito dos Serviços Públicos*, Ed. Fórum, Belo Horizonte, 2017; AZEVEDO, Eurico de Andrade. *Concessão de serviços públicos*: comentários às leis 8.987 e 9.074 (parte geral), com as modificações introduzidas pela lei 9.648, de 27.5.98, Malheiros, São Paulo, 1998; BASTOS, Celso. Concessão de serviços públicos, *Cadernos de Direito Constitucional e Ciência Política*, n. 15, RT, São Paulo, abr.-jun., 1997; BATISTA, Joana Paula. *Remuneração dos serviços públicos*, Malheiros, São Paulo, 2005; BLANCHET, Luiz Alberto. *Concessão de serviços públicos*, Juruá, Curitiba, 1999; CUNHA, Renato Alves Bernardo da. *Serviços públicos essenciais*: o princípio da continuidade e o inadimplemento do consumidor, S.A. Fabris, Porto Alegre, 2004; DALLARI, Adilson Abreu. Uso oneroso de bens públicos por empresas concessionárias de serviços públicos, *Boletim de Direito Administrativo*, v. 17, n. 12, p. 923-929, dez. 2001; GONÇALVES, Pedro. *A Concessão de Serviços Públicos*: uma aplicação da técnica concessória, Almedina, Coimbra, 1999; GRINOVER, Ada Pellegrini. Arbitragem e prestação de serviços públicos, *Revista Síntese de Direito Civil e Processual Civil*, v. 5, n. 26, p. 65-73, nov.-dez. 2003; JUSTEN FILHO, Marçal. *Teoria Geral das Concessões de Serviços Públicos*, Dialética, São Paulo, 2005; JUSTEN FILHO, Marçal. *Concessões de Serviços Públicos*: comentários às leis ns. 8.987 e 9.074, de 1995, Dialética, São Paulo, 1997; MARQUES NETO, Floriano de Azevedo. A nova regulação dos serviços públicos, *Revista de Direito Administrativo*, n. 228, p. 13-29, abr.-

-jun. 2002; MARQUES NETO, Floriano de Azevedo. Concessão de serviços públicos e prestação de serviços de interesse coletivo: diferença de regimes jurídicos – Parecer, *Boletim de Direito Administrativo*, v. 16, n. 4, p. 275-284, abr. 2000; MEDAUAR, Odete. Serviço público, *RDA* 189/100; MUKAI, Toshio. *Concessões, permissões e privatizações de serviços públicos*, 3. ed., Saraiva, São Paulo, 1998; OLIVEIRA, Ruth Helena Pimentel de. *Entidades prestadoras de serviços públicos e responsabilidade extracontratual*, Atlas, São Paulo, 2003; PEREZ, Marcos Augusto. *O Risco no contrato de concessão de serviços públicos*, São Paulo, 2005; SANTOS, José Anacleto Abduch. *Contratos de concessão de serviços públicos*: equilíbrio econômico-financeiro, Juruá, Curitiba, 2004; SOUTO, Marcos Juruena Villela. Gestão alternativa de serviços públicos, *Revista de Direito Administrativo*, n. 219, p. 179-204, jan.-mar. 2000; SOUTO, Marcos Juruena Villela. Proteção do usuário de serviços públicos, *Revista de Direito Constitucional e Internacional*, v. 8, n. 31, p. 122-145, abr.-jun. 2000; SOUTO, Marcos Juruena Villela. *Direito administrativo das concessões*: concessões, terceirizações, convênios, consórcios e acordos, outras formas de gestão associada, Lumen Juris, Rio de Janeiro, 2004; SUNDFELD, Carlos Ari. Serviços Públicos e Regulação Estatal, in SUNDFELD, Carlos Ari. *Direito Administrativo Econômico*, Malheiros, São Paulo, 2000.

8. Comentários

A Constituição Brasileira de 1988 é uma Constituição de um Estado que não é absenteísta, no sentido de não ser neutro diante das necessidades de desenvolvimento econômico e social da coletividade, o que, necessariamente, pressupõe que seja, diretamente ou através da iniciativa privada, um Estado garantidor de determinadas prestações necessárias à realização desses desideratos, radicados, sobretudo, na dignidade da pessoa humana e na redução das desigualdades sociais e regionais (arts. 1º e 3º, CF).

8.1. Conceito de serviço público

A Constituição de 1988 prevê, em uma série de dispositivos esparsos, um rol de atividades prestacionais específicas do Estado (ex.: arts. 21, 23, 197, etc.). Mas é o art. 175, integrante da ordem econômica constitucional, que disciplina os serviços públicos, uma das mais relevantes espécies prestacionais do Estado, de forma genérica.

Apesar de possuir várias regras sobre os serviços públicos, a Constituição não chega a ser precisa na utilização da nomenclatura, ora se referindo a serviços públicos em sentido apenas econômico, como atividades da titularidade do Estado que podem dar lucro (ex., arts. 145, II, e 175), ora como sinônimo de Administração Pública (ex., art. 37), ora para tratar do serviço de saúde prestado pelo Estado (ex., art. 198). Outras vezes se refere apenas a "serviços" (ex., art. 21) e a "serviços de relevância pública" (ex., arts. 121 e 197).

Assim, a Constituição Brasileira de 1988 poderia, em tese, contemplar as seguintes concepções doutrinárias de serviços públicos, de acordo com a sua maior ou menor abrangência:

Uma *concepção amplíssima* equivalendo o serviço público a todas as atividades exercidas pelo Estado, ou, quando menos, a um sinônimo da própria Administração Pública (critério orgânico ou subjetivo), sejam elas externas ou internas, inerentes ou não à soberania, econômicas/potencialmente lucrativas ou não, prestacionais, de polícia administrativa ou de fomento[2].

Essa concepção possui, inspirada em Gaston Jèze, uma versão levemente mais restritiva, no sentido de que serviços públicos seriam todas as atividades exercidas pelo Estado em regime jurídico de Direito Público por uma decisão política dos órgãos de direção do Estado (critério formal)[3].

É muito comum na doutrina dizer-se que os serviços públicos se caracterizam pelo regime jurídico especial de Direito Público, mas poucos chegam a realmente dizer o que isso significa. O máximo a que a doutrina parece ter chegado é, como faz Jèze, a enunciação de indícios, ou à necessidade de atendimento de alguns princípios, como a universalidade, continuidade, etc., princípios também, por si próprios, bastante fluidos e também aplicáveis, ainda que parcialmente, a atividades privadas (ex., os planos de saúde não podem ser interrompidos abruptamente), mormente em razão da publicização dos contratos privados; da eficácia horizontal dos direitos fundamentais, que também incidem sobre as relações privadas, podendo até chegar a impor a celebração de contratos interprivados (p. ex., quando a empresa é a monopolista de fato no mercado, quando a empresa discrimina seus clientes por critérios ilegítimos, etc.)[4]; e das imposições de ordem pública da legislação consumerista.

Além de haver casos em que esses princípios (universalidade, continuidade, igualdade...) podem ser aplicados a atividades privadas, a sua aplicação na Administração Pública é comum a todas as atividades estatais e administrativas, e não apenas aos serviços públicos, pelo menos em um conceito que não seja tão amplo deles. Portanto, a colocação desses princípios como os princípios peculiares reitores dos serviços públicos só faz sentido se equipararmos os serviços públicos a todas as atividades estatais.

Assim, entendemos que o único ponto mais relevante do que se poderia chamar de um regime jurídico identificador dos serviços públicos é, com a exceção dos serviços públicos sociais em razão de expressa admissão constitucional, a impossibilidade de a iniciativa privada prestá-los por direito próprio, sendo admitida apenas como delegatária do Poder Público, nos termos do art. 175 da Constituição.

Uma segunda concepção possível, que poderíamos denominar de *concepção ampla*, corresponderia os serviços públicos às atividades prestacionais em geral do Estado, ou seja, às funções que exerce para proporcionar diretamente aos indivíduos comodidades e utilidades, independentemente de poderem deles ser cobradas individualmente ou não, ou de serem de titularidade do Estado. Assim, abrangeriam os chamados serviços públicos econômicos (remuneráveis por taxa ou tarifa), os serviços sociais (que podem ser prestados livremente – sem delegação – pela ini-

---

2. Com essa concepção amplíssima, ver, por exemplo, MEIRELLES, Hely Lopes. *Direito Administrativo Brasileiro*, 23ª ed., Ed. Malheiros, 1998, p. 284 e s. Em sentido similar, COMADIRA, Julio Rodolfo. "El Servicio Público como Título Jurídico Exorbitante", *Revista de Direito Administrativo e Constitucional – A & C*, v. 19, 2004, p. 84 e s.

3. COUTO E SILVA, Almiro do. "Privatização no Brasil e o novo Exercício de Funções públicas por Particulares". Serviço Público à Brasileira?, *Revista de Direito Administrativo – RDA*, Ed. Renovar, v. 230, 2002, p. 47.

4. SARMENTO, Daniel. *Direitos Fundamentais e Relações Privadas*, Ed. Lumen Juris, Rio de Janeiro, 2004.

Comentários à Constituição do Brasil

ART. 175

ciativa privada) e os serviços *uti universi* (inespecíficos e indivisíveis, sem beneficiários identificáveis com exatidão).

Ficariam de fora do conceito apenas a polícia administrativa, que, ao invés de prestar utilidades aos indivíduos, lhes restringe a esfera de liberdade; e o fomento, que apenas visa a incentivar a sociedade e o mercado a, eles próprios, atuarem no sentido da realização do interesse público.

Já uma *concepção restrita* de serviço público, por nós adotada, abrangeria apenas as atividades prestacionais que tivessem um liame imediato com os indivíduos, podendo os seus beneficiários ser identificados e a sua fruição quantificada. A diferença em relação à concepção anterior é que ficariam excluídos os serviços *uti universi*, insuscetíveis de serem remunerados pelos seus beneficiários diretos. O conceito conteria então os serviços públicos econômicos e sociais, que constituiriam a sua classificação básica.

Uma *concepção restritíssima* de serviço público decorreria dos arts. 145, II, e 175 da Constituição, que preveem a remuneração específica dos serviços públicos por taxa ou tarifa, respectivamente. Essa concepção contemplaria apenas os serviços que pudessem ser financiados dessa forma (os serviços específicos e divisíveis, em que é possível a identificação de quem usufruiu o serviço e em que proporção), devendo ainda, nos termos do art. 175, ser de titularidade exclusiva do Estado, exploráveis pela iniciativa privada apenas mediante concessão ou permissão.

Por esse conceito, estariam excluídos, além dos serviços *uti universi*, os serviços sociais, que não são titularizados pelo Estado com exclusividade, constituindo também atividades abertas à iniciativa privada (ex., saúde e educação).

A nosso ver, a terceira acepção de serviço público é a mais operacional por contemplar um conjunto de atividades (serviços públicos econômicos e serviços públicos sociais) que, apesar de não terem regimes jurídicos idênticos (uns só podem ser prestados pela iniciativa privada mediante delegação do Poder Público, outros quando muito necessitam apenas de autorizações administrativas de polícia; uns são via de regra cobrados dos usuários, outros geralmente são gratuitos; etc.), possuem um mínimo satisfatório de pontos em comum ("unidade de sentido") capaz de justificar a sua inclusão no mesmo conceito (ambos são em maior ou em menor escala sujeitos à legislação consumerista; são específicos e divisíveis; geram direitos subjetivos individuais; etc.).

Além de ser mais operacional, esse conceito também é inferível da Constituição Federal de 1988, razão pela qual o adotamos na seguinte forma: *serviços públicos são as atividades de prestação de utilidades econômicas a indivíduos determinados, colocadas pela Constituição ou pela Lei a cargo do Estado, com ou sem reserva de titularidade, e por ele desempenhadas diretamente ou por seus delegatários, gratuita ou remuneradamente, com vistas ao bem-estar da coletividade.*

8.2. A jurisprudência do Supremo Tribunal Federal – STF

A jurisprudência do STF não possui uma maior sistematização do conceito de serviço público, havendo apenas menções esparsas ao conceito ao longo de alguns votos, que variam de acordo com a situação concreta apreciada. No Recurso Extraordinário n. 220.999-7, demonstrando uma abertura à concepção material ou objetiva de serviço público, como sendo a atividade que atende ao interesse público, o STF não considerou suficiente a inclusão do transporte aquaviário no rol das atividades da competência da União (art. 21, XII, *d*, CF) para qualificá-lo como serviço público, no caso concreto, por tratar-se de transporte efetuado por empresa pública das mercadorias fabricadas por empresa privada. Para o Ministro Nelson Jobim, citando Cirne Lima, não haveria o necessário requisito de "utilidade pública" da atividade para que pudesse ser considerada como serviço público e, portanto, de prestação obrigatória pela União, que poderia, então, ter mesmo permitido que a sua prestação cessasse.

Em outro julgado, privilegiando o critério orgânico ou subjetivo de conceituação do serviço público (serviço público como a atividade do Estado), o STF decidiu: "Competindo à União, e só a ela, explorar diretamente ou mediante autorização, concessão ou permissão, os portos marítimos, fluviais e lacustres, art. 21, XII, *f*, da CF, está caracterizada a natureza pública do serviço de docas" (Recurso Extraordinário n. 172.816). O que, no entanto, independentemente de questões conceituais, a jurisprudência do STF tem deixado claro, muitas vezes encampando as lições doutrinárias do hoje Ministro Eros Roberto Grau, é o papel que o serviço público tem na delimitação da esfera pública e da esfera privada, ou seja, entre o âmbito de atuação do Estado (serviços e monopólios públicos), e o âmbito em princípio exclusivo do mercado, da livre-iniciativa privada[5].

A matéria vem sendo ultimamente apreciada pelo STF em relação à caracterização da atividade exercida pela Empresa Brasileira de Correios e Telégrafos – ECT como serviço público ou como atividade econômica, do que decorreria, segundo o Supremo, a caracterização dessa entidade como "Fazenda Pública" ou como empresa privada, respectivamente. A posição do Supremo tem sido a de considerá-la serviço público, aplicando-se à ECT a imunidade tributária recíproca, a sistemática de execução de dívidas por precatório, etc. O Ministro CARLOS VELLOSO chegou a inferir do fato de a ECT prestar um serviço público que ela é, materialmente, uma autarquia, não uma empresa pública[6].

---

5. Fazendo a mesma delimitação, o Superior Tribunal de Justiça, ao considerar os serviços de radiodifusão sonora serviços públicos por qualificação constitucional, ainda que a Constituição não o faça expressamente, já decidiu, em acórdão com a seguinte ementa: "Os serviços de radiodifusão sonora de sons e imagem e demais serviços de telecomunicações constituem, por definição constitucional, serviços públicos a serem explorados diretamente pela União ou mediante concessão ou permissão... (art. 175, CF). (...) As TVs educativas, cujos serviços que exercem são regidos por normas de Direito Público e sob regime jurídico específico, não desenvolvem atividades econômicas sob regime empresarial e o predomínio da livre-iniciativa e da livre concorrência e não estão jungidas ao sistema peculiar às empresas privadas, que é essencialmente lucrativa. Não se inclui no conceito de atividade econômica, aquela que a Constituição qualificou como serviço público, ainda que potencialmente lucrativa (*v. g.* serviços de radiodifusão sonora), mas se sujeita a uma disciplina cujo objetivo é realizar o interesse público" (MS n. 5307/DF).

6. "É preciso distinguir as empresas públicas que explorem atividade econômica, que se sujeitam ao regime jurídico próprio das empresas privadas, inclusive quanto às obrigações trabalhistas e tributárias (CF, art. 173, § 1º), daquelas *empresas públicas prestadoras de serviços públicos, cuja natureza jurídica é de autarquia*, às quais não há aplicação do disposto no § 1º do art. 173 da Constituição, sujeitando-se tais empresas prestadoras de serviço público, inclusive, à responsabilidade objetiva (CF, art. 37, § 6º). (...) No caso, tem-se uma empresa pública prestadora de serviço público – a Empresa Brasileira de Correios e Telégrafos – ECT –, serviço postal (CF, art. 21, X). Além de não estar, portanto, equiparada às empresas privadas, **integra o conceito de Fazenda Pública**. Assim, seus bens não podem ser penhorados, estando sujeita à *execução própria das pessoas públicas*: CF, art. 100" (voto do rel. Min. Carlos Velloso, proferido no RE 220.907-5 – RO, grifamos).

Em um desses casos (Recurso Extraordinário n. 220.906-9-DF), o Ministro Maurício Corrêa afirmou: "As empresas prestadoras de serviço público operam em setor próprio do Estado, no qual só podem atuar em decorrência de ato dele emanado. (...) Não se aplicam às empresas públicas, às sociedades de economia mista e a outras entidades estatais e paraestatais *que explorem serviços públicos* a restrição contida no art. 173, § 1º, da Constituição Federal, isto é, a submissão ao regime jurídico próprio das empresas privadas, inclusive quanto às obrigações trabalhistas e tributárias, nem a vedação do gozo de privilégios fiscais não extensivos às do setor privado (CF, art. 173, § 2º)" (grifos no original).

No Recurso Extraordinário n. 172.816, o Supremo, ao decidir pela não expropriabilidade por Estado-membro de bem afeto a serviço público federal prestado por sociedade de economia mista, decidiu pela inaplicabilidade do art. 173, § 1º, CF, em acórdão assim ementado: "A norma do art. 173, § 1º, da Constituição aplica-se às entidades públicas que exercem atividade econômica em regime de concorrência, não tendo aplicação às sociedades de economia mista ou empresas públicas que, embora exercendo atividade econômica, gozam de exclusividade. O dispositivo constitucional não alcança, com maior razão, sociedade de economia mista federal que explora serviço público, reservado à União".

O grande problema da linha de pensamento que vem sendo adotada pelo Supremo em relação à ECT é a dificuldade – para não dizer impossibilidade – da diferenciação entre os serviços públicos industriais ou comerciais (só exploráveis por pessoas jurídicas de direito público) e as atividades econômicas *stricto sensu* exploradas pelo Estado (passíveis de exploração por empresas públicas ou sociedades de economia mista), já que a doutrina que sustenta essa posição distingue-os afirmando que aquele, como todo serviço público, atende ao interesse público objetivo, ou seja, o interesse público já existente na natureza das coisas, ao passo que estas atendem apenas a um interesse público subjetivo, ou seja, que vem a ser considerado pelo Estado como tal[7].

Ora, mas como identificar um interesse público que já estaria presente na "natureza das coisas"? Essas concepções essencialistas, que procuram encontrar definições de direito positivo na natureza das coisas, possuem uma excessiva carga de subjetividade, ainda mais em se tratando da distinção entre serviços públicos industriais e atividades econômicas exercidas pelo Estado, com muitos pontos em comum, até pela origem, já que, como observa Ruy Cirne Lima[8], a maioria dos hoje considerados serviços públicos industriais começaram a ser prestados pelo Estado como atividades econômicas monopolizadas, de fato ou de direito.

8.3. Formas de prestação dos serviços públicos

Podemos identificar duas formas principais de prestação de serviços públicos: prestação centralizada e prestação descentralizada. De forma centralizada os Entes da Federação prestam os serviços públicos por seus próprios órgãos, ou seja, por sua Administração Direta, cumulando as posições de titular e de prestador do serviço. Na sua forma descentralizada, o poder público transfere a sua titularidade, ou simplesmente a sua execução, por outorga ou delegação, a entidade da Administração Indireta ou a particular. Haverá transferência da titularidade e da execução do serviço se a entidade para a qual for transferido tiver personalidade jurídica de direito público (autarquias e fundações públicas de direito público). Se for pessoa jurídica de direito privado, integrante da Administração Indireta (fundações públicas de direito privado, empresas públicas e sociedades de economia mista) ou não (basicamente concessionários ou permissionários), a transferência será apenas da execução do serviço.

A transferência pode se dar por lei, por contrato ou (para alguns) por ato administrativo. Há *outorga* quando a transferência se dá por lei a entidade criada por determinado Ente Federativo, integrante da sua Administração Indireta, seja ela autarquia, fundação pública, empresa pública ou sociedade de economia mista. Alguns autores a denominam de delegação legal. Nesses casos, não serão aplicáveis as garantias asseguradas aos concessionários, signatários de contratos com a Administração Pública, como, por exemplo, a da incolumidade da equação econômico-financeira[9].

Já pela *delegação*, o Estado transfere por contrato (concessão) ou ato administrativo (permissão ou autorização)[10] a execução de serviço a particular sob as condições regulamentares e controle do Estado.

A esse respeito, prevê o art. 175 da Constituição Federal que "a lei" deverá dispor sobre a prestação dos serviços públicos, especialmente sobre o regime das empresas concessionárias e permissionárias, os direitos dos usuários, a política tarifária e a obrigação de manter serviço adequado.

Dando concretização a esse dispositivo, em 13 de fevereiro de 1995, foi editada a Lei n. 8.987, que dispõe sobre o regime de concessão e permissão da prestação de serviços públicos. Dentre outras coisas, essa norma traz a definição de serviço adequado (art. 6º), enumera os direitos e deveres dos usuários (art. 7º), dispõe sobre a política tarifária (arts. 8º a 13), trata do procedimento licitatório e do contrato de concessão (arts. 14 e s.).

Posteriormente, em 07 de julho de 1997, foi editada a Lei n. 9.074, que estabelece normas para outorga e prorrogações das concessões e permissões de serviços públicos, especialmente os de energia elétrica.

8.4. Parcerias Público-Privadas – PPPs

A Lei n. 11.079/04 veio agregar mais duas espécies de concessão às tradicionais concessões tal como disciplinadas pela Lei n. 8.987/95, gerando algumas discussões sobre serem elas compatíveis ou não com o art. 175, CF. Trata-se das concessões patroci-

---

7. MUKAI, Toshio. *O Direito Administrativo e os Regimes Jurídicos das Empresas Estatais*, 2ª ed., Ed. Fórum, Belo Horizonte, 2004, p. 219-220.

8. LIMA, Ruy Cirne. Organização Administrativa e Serviço Público no Direito Administrativo Brasileiro, *Revista de Direito Público*, vol. 59-60, p. 131-132.

9. Não que os entes da Administração Indireta não possam jamais vir a atuar como concessionários. Tudo depende do título que o legitima a prestar o serviço público, se a lei ou o contrato. É muito comum, por sinal, que ente da Administração Indireta de um ente da Federação assine contrato de concessão com outro Ente federativo.

10. Ressalvamos nossa opinião no sentido de que as permissões adquiriram natureza contratual após a CF/88 e que as autorizações não constituem instrumento de delegação de serviços públicos, mas sim de regulação de atividades econômicas privadas.

nadas e das concessões administrativas, ambas colocadas sob a alcunha de parcerias público-privadas – PPPs[11].

Em primeiro lugar temos, como espécie de parcerias público-privadas na Lei n. 11.079/04, as concessões ditas patrocinadas, que também poderiam ser chamadas de subsidiadas, subvencionadas ou, em alguns casos, de receita ou lucratividade mínima assegurada.

Nos termos do § 1º do seu art. 2º, são concessões que envolvem, "adicionalmente à tarifa cobrada do usuário, contraprestação pecuniária[12] do parceiro público ao parceiro privado", diferenciando-se das concessões tradicionais de serviços e obras públicas (Lei n. 8.987/95) em razão dessas serem financiadas apenas por tarifas e, eventualmente, também por receitas provenientes da exploração de atividades ancilares (art. 11, Lei n. 8.987/95).

A diferença para as concessões comuns é, portanto, que nessas a amortização dos investimentos privados é feita, ao menos em linha de princípio, integralmente pelas tarifas pagas pelos usuários, enquanto na concessão patrocinada a amortização é feita ao mesmo tempo com tarifas e verbas do próprio Erário.

A segunda espécie de PPP são as "concessões administrativas", contratos em que a cobrança de tarifas é inviável econômica ou socialmente, juridicamente vedada, como a cobrança pela saúde ou educação públicas (arts. 196 e 206, IV, CF), ou ainda porque o único usuário do serviço a ser prestado é o próprio Estado. Aqui não se fala mais sequer em tarifa a ser complementada por verbas do Estado, mas da inexistência *tout court* de tarifas devidas pelos eventuais usuários dos serviços.

Nos termos do § 2º do art. 2º da Lei n. 11.079/04, a concessão administrativa é "o contrato de prestação de serviços de que a Administração Pública seja a usuária direta ou indireta, ainda que envolva execução de obra ou fornecimento e instalação de bens". A contraprestação devida ao concessionário se fará exclusivamente com recursos do Estado, por qualquer uma das fontes de receita enumeradas no art. 6º, pecuniárias ou não.

Subsistem, contudo, em setor da doutrina, mesmo após a Lei n. 11.079/04, dúvidas quanto à constitucionalidade de concessões total ou parcialmente subsidiadas pelo Estado, já que interpreta o art. 175 da Constituição Federal como admitindo apenas as concessões remuneradas integralmente por tarifas pagas pelos usuários, por conta e risco do concessionário, o que seria inferível, segundo defendem, inclusive da determinação de que a concessão deve ter uma "política tarifária" (art. 175, parágrafo único, III, CF).

A nosso ver, a mera referência à "política tarifária" pelo dispositivo constitucional objeto dos presentes comentários não pode levar a tão longe. O que essa opinião estaria alcançando seria, na prática, a constitucionalização do conceito doutrinário brasileiro, majoritário no momento da promulgação da Constituição, de concessão de serviço público, que realmente era lecionado como pressupondo a remuneração do concessionário exclusivamente por tarifas e a atribuição de todos os riscos apenas a ele, ressalvados somente os fatos imprevisíveis ou causados pela própria Administração que provocassem o desequilíbrio da equação econômico-financeira.

Não é possível admitir que o Constituinte tenha engessado de tal maneira o Legislador, a ponto de colocá-lo sempre atado a uma definição doutrinária tradicional de concessão, indiferente a todas as enormes mudanças sociais, econômicas e políticas verificadas após 05 de outubro de 1988. Ademais, "política tarifária" pode perfeitamente ser entendida como a política segundo a qual a tarifa deve cobrir apenas parte do custo do serviço público, sendo o restante arcado pelo Estado.

Comparativamente com o Direito Administrativo francês, podemos dizer que a principal consequência da Lei n. 11.079/04 no ordenamento jurídico brasileiro foi a de ampliar o conceito de "concessão de serviço público", tornando-a próxima à noção genérica que a expressão "delegação de serviço público" possui naquele País[13].

Não há, portanto, um conceito universal de "concessão de serviço público" pelo qual o Constituinte teria vinculado o Legislador, razão pela qual afigura-se plenamente constitucional, em face do art. 175 da CF, a previsão legal de concessões financeiramente apoiadas pelo Estado, seja, por exemplo, pelo pagamento direto de uma quantia a ser determinada, pela garantia de receita mínima ou de uma dada quantidade de usuários, etc.

8.5. Direito dos usuários e legislação do consumidor

Com relação à categorização jurídica do usuário do serviço público, o Direito positivo brasileiro adotou uma posição mista, fazendo com que a sede por excelência de previsão dos seus direitos deva ser as leis setoriais de cada serviço público e os respectivos contratos de delegação à iniciativa privada.

Não há dúvidas, por outro lado, quanto à potencial aplicabilidade do Código de Defesa do Consumidor – CDC aos serviços públicos em razão de dispositivos expressos nesse sentido: de um lado, o art. 7º, *caput*, da Lei de Concessões e Permissões de Serviços Públicos – Lei n. 8.987/95 – faz remissão genérica à aplicação do CDC aos usuários de serviços públicos; por outro, o CDC os contempla expressamente nos art. 4º, II (referência à melhoria dos serviços públicos como princípio da Política Nacional das Relações de Consumo); 6º, X (prestação adequada dos serviços públicos como direito dos consumido-

---

11. Sobre o tema, ARAGÃO, Alexandre Santos de. As Parcerias Público-Privadas: PPP's no Direito Positivo Brasileiro, *Revista Forense*, v. 385, p. 3-34, 2006.

12. Note-se que a exigência de a complementação pública da tarifa ser "pecuniária" faz com que outras formas de o Estado complementar a tarifa não levarão a qualificar a concessão como uma concessão patrocinada, sendo ela, portanto, ou uma concessão administrativa – caso sequer exista tarifa –, ou uma concessão comum subsidiada. Para se subsumir ao conceito legal de concessão patrocinada, a contraprestação do Estado, entre as formas admitidas no art. 6º da Lei n. 11.079/04, deve se refletir em uma ordem bancária ou em cessão de créditos não tributários (incisos I e II). Todas as demais fontes de receita previstas no art. 6º não têm natureza pecuniária (ex., outorga de diretos sobre bens públicos – inc. IV) e, portanto, se contraprestação do Estado se limitar a elas, estará descaracterizada a figura da concessão patrocinada (cf. SUNDFELD, Carlos Ari. "Guia Jurídico das Parcerias Público-Privadas", in *Parcerias Público-Privadas* [coord. Carlos Ari Sundfeld], Ed. Malheiros, São Paulo, 2005, p. 28).

13. "Com isso (a Lei das PPPs), o próprio vocábulo 'concessão' amplia o seu conceito porque passa a abranger novas modalidades, ao lado das tradicionais concessões de serviço público, concessão de obra pública, concessão de uso de bem público, concessão de direito real de uso, todas elas tendo em comum a natureza contratual, o regime jurídico administrativo e a submissão parcial do concessionário a regime jurídico de direito público" (DI PIETRO, Maria Sylvia Zanella. *Parcerias na Administração Pública*, 5ª ed., Ed. Atlas, São Paulo, 2005, p. 13).

res); e 22 (obrigação do Estado e de seus delegatários pela prestação de serviços adequados).

Todavia, o CDC não pode ser aplicado indiscriminadamente aos serviços públicos, já que eles não são atividades econômicas comuns, sujeitas à liberdade de empresa e desconectadas da preocupação de manutenção de um sistema prestacional coletivo, baseado no princípio da solidariedade social[14].

A aplicação do CDC aos serviços públicos no que couber tem sido a postura adotada pelo STJ, por exemplo, no Recurso Especial n. 485.842, do Rio Grande do Sul, tendo sido Relatora a Ministra Eliana Calmon.

Nessa seara, foi publicada a Lei n. 13.460, de 26 de junho de 2017, que dispõe sobre participação, proteção e defesa dos direitos do usuário dos serviços públicos da administração pública. Contudo, a lei detém baixa densidade normativa e provavelmente não terá maiores efeitos práticos.

> **Art. 176.** As jazidas, em lavra ou não, e demais recursos minerais e os potenciais de energia hidráulica constituem propriedade distinta da do solo, para efeito de exploração ou aproveitamento, e pertencem à União, garantida ao concessionário a propriedade do produto da lavra.

§ 1º A pesquisa e a lavra de recursos minerais e o aproveitamento dos potenciais a que se refere o *caput* deste artigo somente poderão ser efetuados mediante autorização ou concessão da União, no interesse nacional, por brasileiros ou empresa constituída sob as leis brasileiras e que tenha sua sede e administração no País, na forma da lei, que estabelecerá as condições específicas quando essas atividades se desenvolverem em faixa de fronteira ou terras indígenas.

§ 2º É assegurada participação ao proprietário do solo nos resultados da lavra, na forma e no valor que dispuser a lei.

§ 3º A autorização de pesquisa será sempre por prazo determinado, e as autorizações e concessões previstas neste artigo não poderão ser cedidas ou transferidas, total ou parcialmente, sem prévia anuência do Poder concedente.

§ 4º Não dependerá de autorização ou concessão o aproveitamento do potencial de energia renovável de capacidade reduzida.

> **Art. 177.** Constituem monopólio da União:

I – a pesquisa e a lavra das jazidas de petróleo e gás natural e outros hidrocarbonetos fluidos;

II – a refinação do petróleo nacional ou estrangeiro;

III – a importação e exportação dos produtos e derivados básicos resultantes das atividades previstas nos incisos anteriores;

IV – o transporte marítimo do petróleo bruto de origem nacional ou de derivados básicos de petróleo produzidos no País, bem assim o transporte, por meio de conduto, de petróleo bruto, seus derivados e gás natural de qualquer origem;

V – a pesquisa, a lavra, o enriquecimento, o reprocessamento, a industrialização e o comércio de minérios e minerais nucleares e seus derivados, com exceção dos radioisótopos cuja produção, comercialização e utilização poderão ser autorizadas sob regime de permissão, conforme as alíneas *b* e *c* do inciso XXIII do *caput* do art. 21 desta Constituição Federal.

§ 1º A União poderá contratar com empresas estatais ou privadas a realização das atividades previstas nos incisos I a IV deste artigo, observadas as condições estabelecidas em lei.

§ 2º A lei a que se refere o § 1º disporá sobre:

I – a garantia do fornecimento dos derivados de petróleo em todo o território nacional;

II – as condições de contratação;

III – a estrutura e atribuições do órgão regulador do monopólio da União.

§ 3º A lei disporá sobre o transporte e a utilização de materiais radioativos no território nacional.

§ 4º A lei que instituir contribuição de intervenção no domínio econômico relativa às atividades de importação ou comercialização de petróleo e seus derivados, gás natural e seus derivados e álcool combustível deverá atender aos seguintes requisitos:

I – a alíquota da contribuição poderá ser:

a) diferenciada por produto ou uso;

b) reduzida e restabelecida por ato do Poder Executivo, não se lhe aplicando o disposto no art. 150, III, *b*;

II – os recursos arrecadados serão destinados:

a) ao pagamento de subsídios a preços ou transporte de álcool combustível, gás natural e seus derivados e derivados de petróleo;

b) ao financiamento de projetos ambientais relacionados com a indústria do petróleo e do gás;

c) ao financiamento de programas de infraestrutura de transportes.

Eros Roberto Grau

Redação original do artigo 176, em 5 de outubro de 1988

As jazidas, em lavra ou não, e demais recursos minerais e os potenciais de energia hidráulica constituem propriedade distinta da do solo, para efeito de exploração ou aproveitamento, e pertencem à União, garantida ao concessionário a propriedade do produto da lavra. § 1º A pesquisa e a lavra de recursos minerais e o aproveitamento dos potenciais a que se refere o *caput* deste artigo somente poderão ser efetuados mediante autorização ou concessão da União, no interesse nacional, por brasileiros ou empresa brasileira de capital nacional, na forma da lei, que estabelecerá as condições específicas quando essas atividades se desenvolverem em faixa de fronteira ou terras indígenas. § 2º É assegurada participação ao proprietário do solo nos resultados da lavra, na forma e no valor que dispuser a lei. § 3º A autoriza-

---

14. Quando o Poder Concedente for os Estados ou os Municípios, há também um problema federativo na aplicação sem ressalvas do CDC, uma lei da União que subordinaria as leis dos outros entes federativos sobre os seus próprios serviços públicos.

ção de pesquisa será sempre por prazo determinado, e as autorizações e concessões previstas neste artigo não poderão ser cedidas ou transferidas, total ou parcialmente, sem prévia anuência do Poder concedente. § 4º Não dependerá de autorização ou concessão o aproveitamento do potencial de energia renovável de capacidade reduzida.

Redação original do artigo 177, em 5 de outubro de 1988

Constituem monopólio da União: I – a pesquisa e a lavra das jazidas de petróleo e gás natural e outros hidrocarbonetos fluidos; II – a refinação do petróleo nacional ou estrangeiro; III – a importação e exportação dos produtos e derivados básicos resultantes das atividades previstas nos incisos anteriores; IV – o transporte marítimo do petróleo bruto de origem nacional ou de derivados básicos de petróleo produzidos no País, bem assim o transporte, por meio de conduto, de petróleo bruto, seus derivados e gás natural de qualquer origem; V – a pesquisa, a lavra, o enriquecimento, o reprocessamento, a industrialização e o comércio de minérios e minerais nucleares e seus derivados. § 1º O monopólio previsto neste artigo inclui os riscos e resultados decorrentes das atividades nele mencionadas, sendo vedado à União ceder ou conceder qualquer tipo de participação, em espécie ou em valor, na exploração de jazidas de petróleo ou gás natural, ressalvado o disposto no art. 20, § 1º. § 2º A lei disporá sobre o transporte e a utilização de materiais radioativos no território nacional.

1. História da norma

Os dois preceitos são adequados à tradição constitucional brasileira instalada na reforma da Constituição de 1891 em 1926, quando se buscou preservar as riquezas minerais brasileiras. A Primeira Guerra Mundial despertara a atenção de empresas estrangeiras para a importância estratégica dos recursos minerais, em especial o ferro e o petróleo. A produção de aço foi então concedida ao industrial Percival Farquhar, surgindo aí a "Companhia de Aços Itabira". Arthur Bernardes, Governador de Minas Gerais e logo após Presidente da República, opôs-se incisivamente a essa concessão, o que deu causa a aceso debate sobre a nacionalização dos recursos minerais brasileiros, dele resultando a Reforma de 1926. A nacionalização do subsolo e sua separação da propriedade do solo operaram-se todavia apenas com a Revolução de 1930, inicialmente nos Códigos de Minas (Decreto n. 24.642, de 10 de julho de 1934) e de Águas (Decreto n. 24.643, de 10 de julho de 1934), ambos baixados pelo Governo Provisório de Getúlio Vargas, tendo sido constitucionalizadas em 1934. Desde então foram mantidas em todas as Constituições posteriores. A legislação ordinária será alterada em 1940 (Código de Minas, Decreto-lei n. 1.985, de 29 de março de 1940) e em 1967 (Código de Mineração, Decreto-lei n. 227, de 28 de fevereiro de 1967, ainda em vigor, embora com várias modificações). A criação da Companhia Siderúrgica Nacional (Decreto-lei n. 3.002, de 30 de janeiro de 1941), em Volta Redonda (RJ), como parte da aliança do Brasil com os Estados Unidos durante a Segunda Guerra Mundial, antes dela a criação do Conselho Nacional do Petróleo (Decreto-lei n. 395, de 29 de abril de 1938 e Decreto-lei n. 538, de 7 de julho de 1938), sob a direção do General Júlio Caetano Horta Barbosa, bem assim a criação da Companhia Vale do Rio Doce (Decreto-lei n. 4.352, de 1º de junho de 1942) deram início à instalação da infraestrutura mineral e siderúrgica que possibilitou o processo de industrialização do país. Este processo será consolidado com a campanha popular "O Petróleo é Nosso", no princípio da década de 1950, que culmina com a criação da Petrobras e a instituição do monopólio estatal do petróleo (Lei n. 2.004, de 3 de outubro de 1953) no segundo governo de Getúlio Vargas. O monopólio estatal do petróleo será constitucionalizado a partir da Constituição de 1967 e mantido sob a Constituição de 1988. Embora na década de 1990 tenham sido aprovadas reformas constitucionais pontuais, com a privatização de importantes empresas estatais – como a Companhia Siderúrgica Nacional e a Companhia Vale do Rio Doce – e a "flexibilização" do monopólio estatal do petróleo, com uma nova legislação para o setor (Lei n. 9.478, de 6 de agosto de 1997), este é preservado em seus fundamentos, assim como a propriedade estatal do subsolo e das riquezas minerais brasileiras.

2. Constituições brasileiras anteriores

Art. 72, § 17, da Constituição da República dos Estados Unidos do Brasil de 1891 (redação original): O direito de propriedade mantém-se em toda a plenitude, salvo a desapropriação por necessidade ou utilidade pública, mediante indenização prévia. As minas pertencem aos proprietários do solo, salvas as limitações que forem estabelecidas por lei a bem da exploração deste ramo de indústria; **Art. 72, § 17, da Constituição da República dos Estados Unidos do Brasil de 1891 (redação alterada pela Emenda Constitucional de 7 de novembro de 1926):** O direito de propriedade mantém-se em toda a plenitude, salvo a desapropriação por necessidade ou utilidade pública, mediante indenização prévia. a) As minas pertencem aos proprietários do solo, salvas as limitações que forem estabelecidas por lei a bem da exploração das mesmas. b) As minas e jazidas minerais necessárias à segurança e defesa nacionais e as terras onde existirem não podem ser transferidas a estrangeiros; **Art. 116 da Constituição da República dos Estados Unidos do Brasil de 1934:** Por motivo de interesse público e autorizada em lei especial, a União poderá monopolizar determinada indústria ou atividade econômica, asseguradas as indenizações devidas, conforme o art. 113, n. 17, e ressalvados os serviços municipalizados ou de competência dos poderes locais; **Art. 118 da Constituição da República dos Estados Unidos do Brasil de 1934:** As minas e demais riquezas do subsolo, bem como as quedas d'água, constituem propriedade distinta da do solo para o efeito de exploração ou aproveitamento industrial; **Art. 119 da Constituição da República dos Estados Unidos do Brasil de 1934:** O aproveitamento industrial das minas e das jazidas minerais, bem como das águas e da energia hidráulica, ainda que de propriedade privada, depende de autorização ou concessão federal, na forma da lei. § 1º As autorizações ou concessões serão conferidas exclusivamente a brasileiros ou a empresas organizadas no Brasil, ressalvada ao proprietário preferência na exploração ou coparticipação nos lucros. § 2º O aproveitamento de energia hidráulica, de potência reduzida e para uso exclusivo do proprietário, independe de autorização ou concessão. § 3º Satisfeitas as condições estabelecidas em lei, entre as quais a de possuírem os necessários serviços técnicos e administrativos, os Estados passarão a exercer, dentro dos respectivos territórios, a atribuição constante deste artigo. § 4º A lei regulará a nacionalização progressiva das minas, jazidas minerais e quedas d'água ou outras fontes de energia hidráulica, julgadas básicas ou essenciais à defesa econômica ou militar do País. § 5º A União, nos casos prescritos em lei e tendo em vista o interesse da coletividade, auxiliará os Estados no estudo e aparelhamento das estâncias mineromedicinais ou termomedicinais. § 6º Não depende de concessão ou autorização o aproveitamento das quedas-d'água já utilizadas industrialmente na data desta Constituição, e, sob esta mesma ressalva, a exploração das minas em lavra, ainda que transitoriamente suspensa; **Art. 143 da Constituição dos Estados Unidos do Brasil de 1937**: As minas e demais riquezas do subsolo, bem como as quedas-d'água, constituem propriedade distinta da propriedade do solo para o efeito de exploração ou aproveitamento industrial. O aproveitamento industrial das minas e das jazidas minerais, das águas e da energia hidráulica, ainda que de propriedade privada, depende de autorização federal. § 1º A autorização só poderá ser concedida a brasileiros, ou empresas constituídas por acionistas brasileiros, reservada ao proprietário preferência na exploração, ou participação nos lucros. § 2º O aproveitamento da energia hidráulica de potência reduzida e para uso exclusivo do proprietário independe de autorização. § 3º Satisfeitas as condições estabelecidas em lei, entre elas a de possuírem os necessários serviços técnicos e administrativos, os Estados passarão a exercer, dentro dos respectivos territórios, a atribuição constante deste artigo. § 4º Independe de autorização o aproveitamento das quedas-d'água já utilizadas industrialmente na data desta Constituição, assim como, nas mesmas condições, a exploração das minas em lavra, ainda que transitoriamente suspensa; **Art. 144 da Constituição dos Estados Unidos do Brasil de 1937**: A lei regulará a nacionalização progressiva das minas, jazidas minerais e quedas-d'água ou outras fontes de energia, assim como das indústrias consideradas básicas ou essenciais à defesa econômica ou militar da Nação; **Art. 146 da Constituição dos Estados Unidos do Brasil de 1946**: A União poderá, mediante lei especial, intervir no domínio econômico e monopolizar determinada indústria ou atividade. A intervenção terá por base o interesse público e por limite os direitos fundamentais assegurados nesta Constituição; **Art. 152 da Constituição dos Estados Unidos do Brasil de 1946**: As minas e demais riquezas do subsolo, bem como as quedas-d'água, constituem propriedade distinta da do solo para o efeito de exploração ou aproveitamento industrial; **Art. 153 da Constituição dos Estados Unidos do Brasil de 1946**: O aproveitamento dos recursos minerais e de energia hidráulica depende de autorização ou concessão federal, na forma da lei. § 1º As autorizações ou concessões serão conferidas exclusivamente a brasileiros ou a sociedades organizadas no país, assegurada ao proprietário do solo preferência para a exploração. Os direitos de preferência do proprietário do solo, quanto às minas e jazidas, serão regulados de acordo com a natureza delas. § 2º Não dependerá de autorização ou concessão o aproveitamento da energia hidráulica de potência reduzida. § 3º Satisfeitas as condições exigidas pela lei, entre as quais a de possuírem os necessários serviços técnicos e administrativos, os Estados passarão a exercer nos seus territórios a atribuição constante deste artigo. § 4º A União, nos casos de interesse geral indicados em lei, auxiliará os Estados nos estudos referentes às águas termominerais de aplicação medicinal e no aparelhamento das estâncias destinadas ao uso delas; **Art. 157, § 8º, da Constituição da República Federativa do Brasil de 1967**: São facultados a intervenção no domínio econômico e o monopólio de determinada indústria ou atividade, mediante lei da União, quando indispensável por motivos de segurança nacional, ou para organizar setor que não possa ser desenvolvido com eficiência no regime de competição e de liberdade de iniciativa, assegurados os direitos e garantias individuais; **Art. 161 da Constituição da República Federativa do Brasil de 1967**: As jazidas, minas e demais recursos minerais e os potenciais de energia hidráulica constituem propriedade distinta da do solo para o efeito de exploração ou aproveitamento industrial. § 1º A exploração e o aproveitamento das jazidas, minas e demais recursos minerais e dos potenciais de energia hidráulica dependem de autorização ou concessão federal, na forma da lei, dada exclusivamente a brasileiros ou a sociedades organizadas no País. § 2º É assegurada ao proprietário do solo a participação nos resultados da lavra; quanto às jazidas e minas cuja exploração constituir monopólio da União, a lei regulará a forma de indenização. § 3º A participação referida no parágrafo anterior será igual ao dízimo do imposto único sobre minerais. § 4º Não dependerá de autorização ou concessão o aproveitamento da energia hidráulica de potência reduzida; **Art. 162 da Constituição da República Federativa do Brasil de 1967**: A pesquisa e a lavra de petróleo em território nacional constituem monopólio da União, nos termos da lei; **Art. 163, *caput*, da Emenda Constitucional n. 1, de 1969**: São facultados a intervenção no domínio econômico e o monopólio de determinada indústria ou atividade, mediante lei federal, quando indispensável por motivo de segurança nacional ou para organizar setor que não possa ser desenvolvido com eficácia no regime de competição e de liberdade de iniciativa, assegurados os direitos e garantias individuais; **Art. 168 da Emenda Constitucional n. 1, de 1969**: As jazidas, minas e demais recursos minerais e os potenciais de energia hidráulica constituem propriedade distinta da do solo, para o efeito de exploração ou aproveitamento industrial. § 1º A exploração e o aproveitamento das jazidas, minas e demais recursos minerais e dos potenciais de energia hidráulica dependerão de autorização ou concessão federal, na forma da lei, dada exclusivamente a brasileiros ou a sociedades organizadas no País. § 2º É assegurada ao proprietário do solo a participação nos resultados da lavra; quanto às jazidas e minas cuja exploração constituir monopólio da União, a lei regulará a forma de indenização. § 3º A participação de que trata o parágrafo anterior será igual ao dízimo do imposto sobre minerais. § 4º Não dependerá de autorização ou concessão o aproveitamento da energia hidráulica de potência reduzida; **Art. 169 da Emenda Constitucional n. 1, de 1969**: A pesquisa e a lavra de petróleo em território nacional constituem monopólio da União, nos termos da lei.

3. Constituições estrangeiras

Constituição da República de Angola de 1992: artigos 12 e 13; Constituição da República do Chile de 1980 (Reformada em 2005): artigo 19, n. 24, 6 a 10; Constituição da República Popular da China de 2004: artigo 9; Constituição da República da Colômbia de 1991 (Reformada em 2005): artigos 332 e 360; Constituição da República da Coreia de 1947: artigo 120; Constituição da República de Cuba de 1976 (Reformada em 2002): artigos 11, 'c' e 15, 'a'; Constituição da República da Guatemala de 1985 (Reformada em 1993): artigos 121 e 125; Constituição da República de Honduras de 1982 (Reformada em 2005): artigo 12; Constituição da República da Irlanda de 1937 (Revista em 1995): artigo 10; Constituição dos Estados Unidos Mexicanos de 1917 (Reformada em 2004): artigos 27 e 28; Constituição da República do Paraguai de 1992: artigo 112; Constituição da República do Peru de 1993: artigos 54 e 66; Constituição da República Portuguesa de 1976 (Revista em 2004): artigo 84, 'c'; Constituição da República da Romênia de 1991: artigos 44, 5 e 136, 'b'; Constituição da República da Turquia de 1982: artigo 168; Constituição da República Bolivariana da Venezuela de 2000: artigos 12, 302 e 303.

4. Direito internacional

A **Resolução n. 1803 (XVII) da Assembleia Geral das Nações Unidas**, aprovada em 14 de dezembro de 1962, trata da "**Soberania Permanente sobre os Recursos Naturais**"; declara o direito permanente dos povos e das nações sobre seus recursos naturais, que devem ser utilizados para o desenvolvimento nacional e o bem-estar social da população (artigo 1º) e entende contrária ao espírito e princípios da Carta das Nações Unidas a violação destes direitos soberanos sobre os recursos naturais (artigo 7º). Podemos encontrar, ainda, algumas disposições no **Pacto Internacional sobre Direitos Civis e Políticos**, como a atinente ao direito à autodeterminação política, econômica e social dos povos, que lhes permite dispor livremente de suas riquezas e recursos naturais (artigo 1º, 2), e, especialmente, no **Pacto Internacional sobre os Direitos Econômicos, Sociais e Culturais**, a que respeita ao direito inerente a todos os povos de desfrutar e utilizar plenamente suas riquezas e recursos naturais (artigo 25), ambos de 16 de dezembro de 1966.

Em relação à exploração de minérios e minerais nucleares, há uma série de acordos internacionais, visando ao controle e a fiscalização internacionais para evitar a proliferação de armas nucleares. O Brasil ratificou somente na década de 1990, após a redemocratização, os principais tratados sobre o tema, como o **Tratado de Tlatelolco**, de proscrição das armas nucleares na América Latina e Caribe, de 14 de fevereiro de 1967, e o **Tratado sobre a Não Proliferação de Armas Nucleares**, de 1º de julho de 1964. Além disso, o Brasil criou, em conjunto com a Argentina e a Agência Internacional de Energia Atômica, a **Agência Brasileiro-Argentina de Contabilidade e Controle de Materiais Nucleares (ABACC)**, que realiza inspeções conjuntas nas instalações nucleares de ambos os países.

5. Dispositivos constitucionais relevantes (relação ilustrativa)

Art. 1º, I (soberania nacional); Art. 3º, II (desenvolvimento nacional como objetivo da República); Art. 5º, XXIV (desapropriação por necessidade ou utilidade pública); Art. 20, V (recursos naturais da plataforma continental e da zona econômica exclusiva como bens da União); Art. 20, VIII (potenciais de energia hidráulica como bens da União); Art. 20, IX (recursos minerais, inclusive os do subsolo, como bens da União); Art. 20, § 1º (participação ou compensação financeira aos demais entes da Federação e a órgãos da administração direta da União pela exploração de petróleo, gás e recursos hídricos ou minerais no seu território, plataforma continental, mar territorial ou zona econômica exclusiva); Art. 21, XII, 'b' (exploração direta ou mediante concessão, autorização ou permissão os serviços e instalações de energia elétrica e o aproveitamento energético dos cursos de água como competência da União); Art. 21, XV (organização e manutenção dos serviços oficiais de estatística, geografia, geologia e cartografia de âmbito nacional como competência da União); Art. 21, XIX (instituição do sistema nacional de gerenciamento de recursos hídricos como competência da União); Art. 21, XXIII (explorar os serviços e instalações nucleares de qualquer natureza e exercer o monopólio estatal sobre os minérios nucleares e seus derivados como competência da União); Art. 21, XXV (estabelecimento das áreas e condições para o exercício da atividade de garimpagem como competência da União); Art. 22, IV (competência exclusiva da União para legislar sobre águas, energia, informática, telecomunicações e radiodifusão); Art. 22, XII (competência exclusiva da União para legislar sobre jazidas, minas, outros recursos minerais e metalurgia); Art. 22, XVIII (competência exclusiva da União para legislar sobre sistema estatístico, sistema cartográfico e de geologia nacionais); Art. 22, XXVI (competência exclusiva da União para legislar sobre atividades nucleares de qualquer natureza); Art. 23, XI (competência comum da União, Estados, Distrito Federal e Municípios para registrar, acompanhar e fiscalizar as concessões de pesquisa e exploração de recursos hídricos e minerais); Art. 25, § 2º (exploração, direta ou mediante concessão, dos serviços locais de gás canalizado como competência dos Estados); Art. 48, V (competência do Congresso Nacional para legislar sobre limites do território nacional, espaço aéreo e marítimo e bens do domínio da União); Art. 49, XIV (competência exclusiva do Congresso Nacional para aprovar iniciativas do Poder Executivo referentes a atividades nucleares); Art. 49, XVI (competência exclusiva do Congresso Nacional para autorizar a exploração de recursos hídricos e minerais em terras indígenas); Art. 149 (competência exclusiva da União para a instituição de contribuições sociais, de intervenção no domínio econômico e de interesse de categorias profissionais ou econômicas); Art. 170, *caput* (fundamentos e finalidades da ordem econômica); Art. 170, I (soberania econômica); Art. 173 (exploração direta de atividade econômica em sentido estrito pelo Estado); Art. 173, § 1º (estatuto jurídico da empresa estatal que explore atividade econômica em sentido estrito); Art. 174, § 3º e § 4º (organização da atividade garimpeira pelo Estado e prioridade de suas cooperativas na autorização ou concessão para pesquisa e lavra de recursos minerais garimpáveis nas áreas onde estejam atuando); Art. 200, VII (competência do sistema único de saúde para participar do controle e fiscalização da produção, transporte, guarda e utilização de substâncias tóxicas e radioativas); Art. 218 (Estado como promotor do desenvolvimento científico e tecnológico); Art. 219 (mercado interno como patrimônio nacional); Art. 225, § 2º (obrigação de recuperação do meio ambiente degradado por aquele que explora recursos minerais); Art. 225, § 6º (obrigação de definir por lei federal a localização de usinas nucleares); Art. 231, § 3º (aproveitamento de recursos hídricos e minerais em terras indígenas); Art. 238 (venda e revenda de combustíveis deve ser regulada por lei); Art. 43 do ADCT (prazo para cessação de efeitos das autorizações ou concessões de exploração de recursos minerais que não tiverem sido iniciados comprovadamente nos prazos legais ou estejam inativas); Art. 44 do ADCT (prazo para cumprimento pelas empresas brasileiras que exploram recursos hídricos ou minerais dos requisitos da redação original do art. 176, § 1º, da CF); Art. 45 do ADCT (exclusão do monopólio constitucional do petróleo das refinarias privadas em funcionamento no país de acordo com a antiga Lei n. 2.004/1953 e dos contratos de risco em vigor na data de promulgação da Constituição).

6. Literatura selecionada

COHN, Gabriel, *Petróleo e Nacionalismo*, São Paulo, Difel, 1968; COMPARATO, Fábio Konder, *Direito Público – Estudos e*

Pareceres, Saraiva, São Paulo, 1996; COMPARATO, Fábio Konder, "Delegação de Monopólio Público. Monopólio do Transporte de Gás Natural", *Revista Trimestral de Direito Público* n. 13, São Paulo, 1996, pp. 112 e ss.; COMPARATO, Fábio Konder, "Monopólio. Contrato de Associação. Descumprimento do Princípio Constitucional da Impessoalidade da Administração Pública", *Revista Trimestral de Direito Público* n. 19, São Paulo, 1997, pp. 103 e ss.; DIAS, José Luciano de Mattos & QUAGLINO, Maria Ana, *A Questão do Petróleo no Brasil: Uma História da Petrobras*, Rio de Janeiro, Ed. FGV/Petrobrás, 1993; EIZIRIK, Nelson, "Intervenção do Estado. Monopólio Estatal do Gás. Participação de Empresas Privadas na sua Execução", *Revista Trimestral de Direito Público* n. 10, São Paulo, 1995, pp. 115 e ss.; GRAU, Eros Roberto, *A Ordem Econômica na Constituição de 1988 (Interpretação e Crítica)*, 12ª ed., São Paulo, Malheiros, 2007; GRAU, Eros Roberto, "Atividade Econômica. Monopólio de Atividade Econômica. Petrobras. Propriedade e Empresa. Bens Públicos", *Revista de Direito Administrativo* n. 222, Rio de Janeiro, 2000, pp. 357 e ss.; LEÃES, Luiz Gastão Paes de Barros, "Concorrência. Construção e Operação do Gasoduto para Importação do Gás Boliviano: O Exercício do Monopólio do Gás pela União", *Revista Trimestral de Direito Público* n. 14, São Paulo, 1996, pp. 160 e ss.; LIMA, Medeiros, *Petróleo, Energia Elétrica, Siderurgia: A Luta pela Emancipação – Um Depoimento de Jesus Soares Pereira sobre a Política de Getúlio Vargas*, Rio de Janeiro, Paz e Terra, 1975; MACHLUP, Fritz, *The Political Economy of Monopoly: Business, Labor and Government Policies*, Boston, The John Hopkins University Press, 1952; PEDREIRA, Carlos Eduardo Bulhões, "Monopólio. Gás", *Revista Trimestral de Direito Público* n. 10, São Paulo, 1995, pp. 134 e ss.; SILVA, Luciano Pereira da, "O Código de Minas no Judiciário", *Revista de Direito Administrativo* n. 1, Rio de Janeiro, 1945, pp. 123 e ss.; SILVA, Luciano Pereira da, "A Legislação sobre Minas e Jazidas Minerais e seus Aspectos Constitucionais", *Revista de Direito Administrativo* n. 3, Rio de Janeiro, 1945, pp. 43 e ss.; TÁCITO, Caio, "Ordem Econômica. Concorrência e Monopólio. Gás Natural" in *Temas de Direito Público*, Rio de Janeiro, Renovar, 1997, v. 2, pp. 1138-1140; TÁCITO, Caio, "Gás. Monopólio.Concessão", *Revista Trimestral de Direito Público* n. 7, São Paulo, 1994, pp. 51 e ss.; TÁCITO, Caio, "Concorrência e Monopólio. Participação da Iniciativa Privada no Transporte de Gás Natural", *Revista Trimestral de Direito Público* n. 11, São Paulo, 1995, pp. 75 e ss.; VENÂNCIO Filho, Alberto, *A Intervenção do Estado no Domínio Econômico: O Direito Público Econômico no Brasil*, Rio de Janeiro, Ed. FGV, 1968; WIRTH, John D., *A Política do Desenvolvimento na Era de Vargas*, Rio de Janeiro, Fundação Getúlio Vargas, 1973.

7. Anotações

7.1. Os preceitos veiculados pelos textos dos artigos 176 e parágrafos e 177 e parágrafos são correlacionados, devendo ser analisados em seu conjunto.

Diz o primeiro deles que as jazidas, em lavra ou não, e demais recursos minerais e os potenciais de energia hidráulica constituem propriedade distinta da do solo, para efeito de exploração ou aproveitamento, e pertencem à União, garantida ao concessionário a propriedade do produto da lavra. Seu § 1º, na redação que lhe foi atribuída pela EC 6/95, estabelece que a pesquisa e a lavra desses recursos minerais e o aproveitamento dos potenciais a que se refere o *caput* do artigo 176 hão de ser antecedidos de autorização ou concessão da União, no interesse nacional, por brasileiros ou empresa constituída sob as leis brasileiras e que tenha sua sede e administração no País, na forma da lei. Essa lei estabelecerá as condições específicas quando essas atividades se desenvolverem em faixa de fronteira ou terras indígenas. A alusão a "empresa constituída sob as leis brasileiras e que tenha sua sede e administração no País" substitui a referência a empresa brasileira de capital nacional, de que tratava o inciso II do artigo 171, revogado pela EC 6/95. A autorização de pesquisa será outorgada sempre por prazo determinado e as autorizações e concessões não poderão ser cedidas ou transferidas, total ou parcialmente, sem prévia anuência do poder concedente (§ 3º do artigo 176). O aproveitamento do potencial de energia renovável de capacidade reduzida não dependerá de autorização ou concessão (§ 4º do artigo 176). O § 2º assegura a participação ao proprietário do solo nos resultados da lavra, na forma e no valor que dispuser a lei.

O artigo 177 estabelece que constituem monopólio da União: I – a pesquisa e a lavra das jazidas de petróleo e gás natural e outros hidrocarbonetos fluidos; II – a refinação do petróleo nacional ou estrangeiro; III – a importação e exportação dos produtos e derivados básicos resultantes das atividades previstas nos incisos anteriores; IV – o transporte marítimo do petróleo bruto de origem nacional ou de derivados básicos de petróleo produzidos no País, bem assim o transporte, por meio de conduto, de petróleo bruto, seus derivados e gás natural de qualquer origem; V – a pesquisa, a lavra, o enriquecimento, o reprocessamento, a industrialização e o comércio de minérios e minerais nucleares e seus derivados, com exceção dos radioisótopos cuja produção, comercialização e utilização poderão ser autorizadas sob regime de permissão, conforme o disposto nas alíneas *b* e *c* do inciso XXIII do *caput* do art. 21 da Constituição. A EC 49/06 deu nova redação ao inciso V, que referia, em sua redação originária, "a pesquisa, a lavra, o enriquecimento, o reprocessamento, a industrialização e o comércio de minérios e minerais nucleares e seus derivados".

A EC 9/95 tornou relativo o monopólio estabelecido neste artigo 177, alterando a redação do seu § 1º: "A União poderá contratar com empresas estatais ou privadas a realização das atividades previstas nos incisos I a IV deste artigo observadas as condições estabelecidas em lei". Anteriormente o preceito incluía no monopólio os riscos e resultados decorrentes das atividades nele mencionadas, vedado à União ceder ou conceder qualquer tipo de participação, em espécie ou em valor, na exploração de jazidas de petróleo ou gás natural, ressalvado o disposto no art. 20, § 1º.

A redação do § 2º foi também alterada pela EC 9/65, para definir que a lei a que refere o § 1º disporá sobre I – a garantia do fornecimento dos derivados de petróleo em todo o território nacional; II – as condições de contratação; III – a estrutura e atribuições do órgão regulador do monopólio da União. O § 3º define que a lei disporá sobre o transporte e a utilização de materiais radioativos no território nacional. Finalmente, a EC 33/01 introduziu um § 4º neste mesmo artigo 177, dispondo sobre a lei que vier a instituir contribuição de intervenção no domínio econômico relativa às atividades de importação ou comercialização de petróleo e seus derivados, gás natural e seus derivados e álcool combustível.

7.2. O monopólio pressupõe, em princípio, apenas um agente apto a desenvolver as atividades econômicas a ele correspondentes[1]. O monopólio (i) pode decorrer do lícito exercício de

---

1. Veja-se Modesto CARVALHOSA, *Poder Econômico – A Fenomenologia – Seu Disciplinamento Jurídico*, São Paulo, 1967, p. 30: o vocábulo "monopólio"

uma vantagem competitiva ou (ii) ser instituído mediante lei. O agente econômico, no primeiro caso, valendo-se de sua superioridade em relação aos competidores, logra eliminar seus concorrentes, transformando-se no único a atuar em determinado segmento da economia. Aqui, embora se dê a eliminação dos concorrentes, inexiste prejuízo à livre concorrência ou à livre-iniciativa. Já no segundo caso [instituição de monopólio mediante lei, *monopólio legal*], tem-se situação diversa: aí o Estado exerce uma opção política, em razão da qual o sistema jurídico atribui a determinado agente a faculdade do exercício, com exclusividade, de certa atividade econômica em sentido estrito. Estabelece-se artificialmente [= pela lei] um ambiente impermeável à livre-iniciativa; a ausência de concorrência é total. Qualquer outro agente econômico que se disponha a explorar a atividade monopolizada estará impedido de fazê-lo – a lei não admite essa exploração.

Os monopólios legais dividem-se, por sua vez, em duas espécies: (i) os que visam a impelir o agente econômico ao investimento e (ii) os que instrumentam a atuação do Estado na economia.

Transitamos, quando diante daquele primeiro tipo de monopólio, pela seara da chamada *propriedade industrial*: da e na proteção dos brevetos, marcas, *know-how* etc. emerge autêntico monopólio privado; ao detentor do direito de propriedade industrial é assegurada a exclusividade de sua exploração. Aqui também não há, em rigor, exceção à livre concorrência ou à livre-iniciativa, na medida em que essa exclusividade de exploração consubstancia uma condição necessária do mercado. Dizendo-o em outros termos: a instituição jurídica que o mercado[2], enquanto produzido pelo direito posto pelo Estado, supõe que determinados agentes econômicos detenham a faculdade do exercício, com exclusividade, de certa atividade econômica em sentido estrito. O segundo tipo de monopólio legal consubstancia atuação estatal no domínio econômico: o Estado assume o exercício de determinada atividade em regime de monopólio, em cumprimento a preceito contemplado no plano constitucional.

7.3. Atribui-se a Aristóteles a cunhagem do vocábulo *monopóli*[3], usado, n' *A Política*[4], para referir expediente de que se valeu Tales de Mileto visando à enriquecer. Conta Aristóteles que o filósofo, dispondo de pequena quantidade de dinheiro, assegurou para si o direito de utilizar todos os lagares de azeite de Mileto e Quio; chegando o momento favorável, diante de demanda inesperada, Tales os sublocou, os lagares, sob as condições que desejava. Tendo assim acumulado uma soma considerável – diz Aristóteles – provou ser fácil para os filósofos enriquecer quando queiram, ainda que isso não seja objeto de sua ambição. Mas, ainda que Tales assim tenha feito prova de sabedoria, o expediente que adotou para fazer fortuna é válido para qualquer pessoa que possa assegurar a si mesmo um *monopólio*. E prossegue Aristóteles observando que certas cidades empregam esse expediente quando à busca de dinheiro: criam monopólios de certas mercadorias. A exploração dos monopólios pelo poder centralizado era também praticada em Roma, onde a exclusividade da atividade de comercialização do sal assegurava ao governo grande parte de suas rendas[5]. Já no final do Império, para aumentar os recursos do Estado, o número de monopólios concedidos aos particulares mediante retribuição multiplicou-se de forma a abranger toda a distribuição de alimentos[6]. A prática da concessão de privilégios [i.e., a concessão do direito à exploração de monopólios de determinadas atividades] pelos soberanos foi muito difundida, tanto na Idade Antiga, quanto na Idade Média[7]. Posteriormente, na Inglaterra, a contestação aos monopólios até então tidos como lícitos expressava, na realidade, contestação ao poder do monarca que os concedia. É paradigmático o "Caso dos Monopólios[8], de 1603, quando se decidiu pela ilegalidade do monopólio da atividade de fabricação e importação de cartas de jogo, que havia sido concedido pela Rainha a Edward Darcy. Segue-se, em 1624, o Statute of Monopolies, que proíbe a sua indiscriminada concessão pela Coroa – *crown-granted monopolies*, como dizem os de língua inglesa – limitando-os aos que correspondem às patentes de invenção.

7.4. As referências feitas aos monopólios estiveram sempre, no evoluir do tempo, vinculadas ao desenvolvimento exclusivo de uma *atividade*, geralmente a atividade de comercialização de determinado bem. A atenção social atribuída ao tema dos monopólios está, desde sempre, visceralmente ligada ao *desenvolvimento de uma atividade*, não à propriedade[9]. O conceito de monopólio

---

tem origem na adição de duas palavras gregas: "monos" só; "polein" vender; *donde vender só*. No mesmo sentido, Harold G. FOX, *Monopolies and Patents: A Study of the History and Future of the Patent Monopoly*, Toronto, The University of Toronto Press, 1947, p. 19. O vocábulo *monopólio* é geralmente entendido, entre nós, como expressivo da posição dominante de um agente econômico. Ora, ainda que o vocábulo passe a ideia de que seu detentor é titular de independência e indiferença no mercado, a sinonímia entre ele e a expressão *posição dominante* é equivocada. Talvez a confusão entre essas expressões tenha origem na tradução do termo "monopoly" para as línguas latinas. "Monopoly", como assinala Thomas E. KAUPER ("Article 86, excessive prices, and refusals to deal", *Antitrust Law Journal*, v. 59, 1991, p. 443), é comparável à expressão *posição dominante* mas não, necessariamente, a *monopólio*.

2. Veja-se meu *A Ordem Econômica na Constituição de 1988 (Interpretação e Crítica)*, 12ª edição, São Paulo. Malheiros, 2007, pp. 29 e ss.

3. Fritz MACHLUP, em sua clássica obra *The Political Economy of Monopoly*, Boston, The John Hopkins University Press, 1952, identifica a seguinte cronologia dos monopólios, na história antiga: 347 a.C. – a palavra "monopólio" é utilizada, pela primeira vez, na Política de Aristóteles; aproximadamente 30 d.C. – Tiberius introduz a palavra "monopólio" na língua latina em um comunicado ao Senado; aproximadamente 79 d.C. – Plinius faz referência às reclamações dos cidadãos contra os excessos dos monopólios; 483 d.C. – Zenão proíbe todos os monopólios, quer aqueles criados em virtude de decreto imperial ou da ação privada.

4. *A Política*, I, 11, na trad. de J. Tricot, quatrième tirage, Librairie Philosophique J. Vrin, Paris, 1982, p. 70.

5. Harold G. FOX, *Monopolies and Patents* cit., p. 20, sobre o sistema de comércio na Roma antiga: "The Roman theory of trade was that of free competition, but the practice of obtaining exclusive sale was so widespread that the Senate received many complaints on the subject" (p. 22).

6. Harold G. FOX, *Monopolies and Patents* cit., p. 22. Essa política de monopólios foi regulamentada pelo Édito de Zenão (ou Zeno), de 483.

7. FRANCESCHELLI (*Trattato di Diritto Industriale*, Milano, I, 1960, p. 77) dá destaque ao processo que culminou na distinção entre monopólios lícitos e ilícitos: a outorga de monopólios, na medida em que a "causa publicae utilitatis vel necessitatis", era justificada.

8. 11 Coke 84, 77 Eng.Rep. 1260 (K.B. 1603).

9. Diz Fábio Konder COMPARATO, *Direito Público – Estudos e Pareceres*, Saraiva, São Paulo, 1996, p. 148; afirmação reiterada na p. 151: "[o] monopólio, portanto, diz respeito a uma atividade empresarial, nada tendo a ver com o domínio e a propriedade". A propósito, ao dizê-lo, Fábio socorre-se de PONTES DE MIRANDA (*Comentários à Constituição de 1967 com a Emenda n. 1 de 1969*, 2ª ed., São Paulo, Revista dos Tribunais, 1972, tomo 6, p. 86), para quem "[m]onopolizar não é desapropriar, nem encampar. Desapropria-se ou encampa-se sem se monopolizar, como se, havendo duas ou mais empresas que exploram determinado ramo de indústria ou de comércio, a entidade estatal desapropria os bens da empresa, ou encampa a empresa, e não se dirige contra as outras. Pode a entidade estatal desapropriar os bens de todas as empresas existentes, sem estabelecer monopólio, isto é, sem proibir que se instalem e funcionem outras empresas com a mesma atividade".

efetivamente não se presta a explicitar características da propriedade, de modo que não cabe aludirmos a *monopólio de propriedade*. Na medida em que *erga omnes*, a propriedade é sempre exclusiva. Isso significa que o conceito de propriedade porta em si a exclusividade [= monopólio] do domínio do bem pelo seu titular. Por isso são redundantes e desprovidas de significado as expressões "monopólio da propriedade" ou "monopólio de um bem".

7.5. A Constituição do Brasil enumera, em seu art. 177, *atividades* que constituem monopólio da União e, em seu art. 20, os *bens* que são de sua exclusiva propriedade [terras devolutas, ilhas fluviais, mar territorial, terrenos de marinha, recursos minerais, sítios arqueológicos etc.][10]. *Atividades* e *bens*, uma coisa distinta da outra.

Por isso não é adversa à Constituição a existência ou desenvolvimento de uma atividade econômica sem que a propriedade do bem empregado no processo produtivo ou comercial seja concomitantemente detida pelo agente daquela atividade – o que também é afirmado por Fábio Konder Comparato[11]. Dizendo-o de outro modo: o conceito de atividade econômica [enquanto atividade empresarial] prescinde da propriedade dos bens de produção.

7.6. Os juristas tradicionalmente se valem dos ensinamentos da teoria econômica para acolher a definição da empresa como "organismos econômicos, que se concretizam na organização dos fatores de produção e que se propõem à satisfação das necessidades alheias, mais precisamente, das exigências do mercado geral"[12]; o conceito de empresa firma-se na ideia de que ela é o exercício da atividade produtiva[13]. Por atividade entenda-se, como anota Oscar Barreto Filho[14], "a série coordenada e unificada de atos em função de um fim econômico unitário. (...) A prática reiterada" de "atos negociais, de modo organizado e estável, por um mesmo sujeito, visando a uma finalidade unitária e permanente, cria, em torno desta, uma série de relações interdependentes que, conjugando o exercício coordenado dos atos, o transmuda em *atividade negocial*. Essa atividade (...) manifesta-se economicamente na empresa e se exprime juridicamente na titularidade do empresário e no modo ou nas condições de seu exercício". Daí por que a empresa [= atividade] não pode ser confundida com o complexo de bens que possibilita seu desenvolvimento [= estabelecimento]. De outra parte, a propriedade do resultado da atividade – vale dizer, propriedade dos produtos ou serviços da atividade – também não pode ser tida como abrangida pelo monopólio do desenvolvimento de determinadas atividades econômicas.

7.7. Do monopólio da atividade trata, no caso, o artigo 177 da Constituição; da propriedade detida pela União em relação a determinados bens, o artigo 20. Tem-se bem presente, destarte, a separação que se manifesta tanto no mundo do ser, quanto do dever-ser [na medida em que uma e outra suportam regulamentação segundo princípios e regras específicos], entre *atividade econômica*[15] e *propriedade*. Sendo assim, temos que [i] é perfeitamente possível, em face da Constituição do Brasil, que um monopólio da União seja exercido mediante a utilização, para esse exercício, da propriedade de outrem; e [ii] a propriedade é sempre exclusiva, isso significando que o conceito de propriedade porta em si a exclusividade [= monopólio] do domínio do bem pelo seu titular; por isso, repito, são redundantes e desprovidas de significado as expressões "monopólio da propriedade" ou "monopólio de um bem".

Por isso o monopólio – não sendo da propriedade, mas da *atividade* – a propriedade do resultado da lavra das jazidas de petróleo, de gás natural e de outros hidrocarbonetos fluidos pode ser atribuída a terceiros pela União, sem qualquer ofensa à reserva do monopólio contemplada no artigo 177 da Constituição[16].

7.8. A propriedade do produto da lavra das jazidas minerais atribuída ao concessionário pelo artigo 176 da Constituição do Brasil é inerente ao modo de produção social capitalista. A concessão seria materialmente impossível sem que o proprietário se apropriasse do produto da exploração da jazida. O mesmo se dá quanto ao produto do exercício das atividades contratadas com empresas estatais ou privadas nos termos do § 1º do artigo 177 da Constituição do Brasil. Essas contratações – *contratações*, note-se bem; não *concessões* – seriam materialmente impossíveis sem que os contratados da União se apropriassem, direta ou indiretamente, do produto da exploração das jazidas de petróleo, de gás natural e de outros hidrocarbonetos fluidos. Apropriação direta ou indireta, no quadro das inúmeras modalidades de contraprestação atribuíveis ao contratado, a opção por uma das quais efetivamente consubstancia, como anteriormente afirmado, uma escolha política. O que não cabe é reduzir as contratações com empresas estatais ou privadas, nos termos do § 1º do artigo 177 da Constituição do Brasil, ao modelo da prestação de serviços.

7.9. A EC 9/95 tornou relativo o monopólio do petróleo. Extirpada do preceito veiculado pelo § 1º do artigo 177 da Constituição a proibição de ceder ou conceder qualquer tipo de participação na exploração petrolífera, seja em espécie [petróleo] ou em valor [dinheiro], a EC 9/95 permite que a União transfira ao "concessionário" a propriedade do produto da exploração de jazidas de petróleo e de gás natural, observadas as normas legais. Aí um novo regime de monopólio, que é o que a EC n. 9/95 preconiza.

O monopólio permanece íntegro; não foi extirpado da Constituição; apenas tornou-se relativo em relação ao contemplado na redação anterior do texto da Constituição. Anteriormente, de

---

10. As Constituições de 1946 e de 1967-69 facultavam aos Poderes Públicos, sob certas condições, "monopolizar determinada indústria ou atividade".

11. *Direito Público – Estudos e Pareceres cit.*, p. 152: "... o agente executor do monopólio não precisa ter a propriedade dos bens, móveis ou imóveis, utilizados na exploração da atividade monopolizada, podendo, por exemplo, tomá-los em arrendamento de terceiros".

12. Rubens REQUIÃO, *Curso de Direito Comercial*, 8ª ed., São Paulo, Saraiva, 1977, p. 47.

13. *Idem*, p. 57.

14. *Teoria do Estabelecimento Comercial*, São Paulo, Max Limonad, 1969, pp. 18-19. Em idêntico sentido, Sylvio MARCONDES, *Problemas de Direito Mercantil*, São Paulo, Max Limonad, 1970, p. 136.

15. Aqui menciono a atividade econômica em geral, não apenas em sentido estrito. Para a distinção entre *atividade econômica em sentido amplo* e *atividade econômica em sentido estrito*, meu *A Ordem Econômica na Constituição de 1988*, 12ª edição, Malheiros Editores, São Paulo, 2007, págs. 102 e ss.

16. Veja-se Fábio Konder COMPARATO, *op. cit.*, pp. 151-152: "O titular do monopólio público não está obrigado a explorá-lo diretamente, podendo essa exploração ser exercida por outrem, pessoa jurídica de direito público ou privado". E prossegue: "O único ponto discutível, nessa matéria, é o modo de se instituir a delegação do monopólio: por meio de decreto do Poder Executivo, ou por lei. No meu entender, como todo monopólio público em nosso sistema constitucional decorre de norma expressa da Constituição, que excepciona o princípio da livre-iniciativa empresarial, somente a lei pode autorizar o seu exercício por pessoa diversa do titular".

modo bem amplo, projetava-se sobre o produto da exploração petrolífera. Ia para além da *atividade* monopolizada. A Constituição impedia que a União cedesse ou concedesse qualquer tipo de participação, em espécie ou em valor, na exploração de jazidas de petróleo ou gás natural, ressalvado o disposto no art. 20, § 1º – isto é, a participação dos Estados-membros, do Distrito Federal e dos Municípios, bem assim dos órgãos da Administração Direta da União, no resultado da exploração de petróleo ou gás natural etc. Esse preceito fazia, como permanece a fazer, exceção ao regime de propriedade das jazidas, matéria da *propriedade* dos bens da União [inciso IX desse mesmo artigo 20].

A EC 9/95 conteve os efeitos do monopólio no plano da *atividade*, autorizando expressamente a União a contratar com empresas estatais ou privadas a realização das atividades previstas nos incisos I a IV do artigo 177, observadas as condições estabelecidas em lei. Dispõe, diretamente, não sobre a *propriedade* das jazidas, mas sobre a exploração, pela União, da *atividade* monopolizada. Como essa contratação supõe, no modo de produção social capitalista, a apropriação direta ou indireta, pelo contratado, do produto da exploração da jazida, os efeitos do monopólio foram contidos no plano da *atividade*, sem projetar-se sobre o *produto* da exploração petrolífera e sem a inclusão dos riscos e resultados inerentes à atividade. Nesse sentido é que se tornou relativo em relação ao regime anterior, sem deixar, contudo, de caracterizar monopólio de *atividade*.

7.10. Note-se bem, de um lado, que a inovação introduzida pela EC 9/95, no sentido de tornar relativo o monopólio, não se encontra na permissão de que a União contrate com empresas estatais ou privadas a sua exploração; desde anteriormente à emenda a União não estava obrigada a explorar o monopólio diretamente; desde sempre essa exploração poderia ser exercida por outrem, pessoa jurídica de direito público ou privado. De outro, que o monopólio de que se trata tornou-se relativo precisamente porque antes da EC 9/95 projetava-se, de modo amplo, sobre o produto da exploração petrolífera; ia, neste sentido, para além da *atividade* monopolizada; a ausência dessa projeção, no regime da EC 9/95, é que o torna relativo em relação ao regime anterior.

7.11. A EC 9/95 permite que a União transfira ao "concessionário" os riscos e resultados da atividade e a propriedade do produto da exploração de jazidas de petróleo e de gás natural, observadas as normas legais. Mas a Constituição não coloca esse a quem se está a chamar de "concessionário" sob o regime do disposto no artigo 176. Ao contrário, a ele confere tratamento diferenciado, razão pela qual os preceitos veiculados pelos §§ 1º e 2º do artigo 177 da Constituição do Brasil são específicos em relação ao artigo 176. E isso de modo tal que as empresas estatais ou privadas a que refere o § 1º não podem ser chamadas de "concessionárias", eis que titulares de um tipo de propriedade diverso daquele do qual são titulares os concessionários das jazidas e recursos minerais a que respeita esse artigo 176. Não há *concessão*, ato administrativo veiculado mediante decreto do Poder Executivo – que se dá em relação às jazidas e recursos minerais a que respeita o artigo 176 – no caso da contratação, com empresas estatais ou privadas, da realização das atividades previstas nos incisos I a IV do artigo 177, autorizada pelo seu § 1º.

7.12. É certo, ademais, que a propriedade não existe; existem as propriedades: a propriedade não constitui uma instituição única, mas o conjunto de várias instituições, relacionadas a diversos tipos de bens[17]. Instituições jurídicas conformadas segundo distintos conjuntos normativos – distintos regimes – aplicáveis a cada um deles. Um é o regime jurídico geral da propriedade do produto das explorações de que trata o artigo 176 da CF; outro é o regime jurídico – especial em relação àquele[18] – do produto da exploração de jazidas de petróleo e gás natural, desdobrado do disposto nos §§ 1º e 2º do artigo 177. Não se trata de dizer que o direito de propriedade dos primeiros é mais amplo do que o direito de propriedade destes últimos, visto que cada regime de direito de propriedade manifesta-se, existe tal e qual o ordenamento jurídico o estabelece. Mas é correto dizermos, sim, que a propriedade dos primeiros é mais ampla do que a propriedade das empresas estatais ou privadas às quais respeita o § 1º do artigo 177 da CF[19].

O artigo 176 – ainda que o artigo 20, IX, da CF estabeleça que os recursos minerais, inclusive os do subsolo, são bens da União – garantiu ao concessionário da lavra a propriedade do produto da sua exploração, sem estipular qualquer restrição a ela, do que decorre a conclusão de que, existindo concessão de lavra regularmente outorgada, a propriedade sobre o produto da exploração é plena. Os recursos minerais – inclusive os do subsolo, que são bens da União – isto é, as jazidas, não se confundem com o que se extrai delas.

7.13. No caso do petróleo e do gás natural, no entanto, a propriedade de que se cuida não é plena, mas relativa, visto que a comercialização de ambos é administrada pela União, através de uma autarquia sua, hoje a Agência Nacional do Petróleo. Veja-se o artigo 60 da Lei n. 9.478/97, observando-se que, para exportar, exige-se seja atendido o disposto no artigo 4º da Lei n. 8.176/91, observadas as políticas aprovadas pelo Presidente da República, propostas pelo Conselho Nacional de Política Energética – CNPE. Compete ao CNPE, nos termos do que define o artigo 2º, V, da Lei 9.478/97, "estabelecer diretrizes para a importação e exportação, de maneira a atender às necessidades de consumo interno de petróleo e seus derivados, gás natural e condensado, e assegurar o adequado funcionamento do Sistema Nacional de Estoques de Combustíveis e o cumprimento do Plano Anual de Estoques Estratégicos de Combustíveis, de que trata o art. 4º da Lei n. 8.176, de 8 de fevereiro de 1991". O CNPE[20] é órgão de assessoramento da Presidência da República, integrado por Ministros de Estado, cujas propostas são submetidas à apreciação do Chefe do

---

17. Veja-se meu *A Ordem Econômica na Constituição de 1988*, cit., pp. 236-8.
18. Os atributos da especialidade e da generalidade, que apartam as normas gerais das especiais, derivam de um juízo de comparação entre duas normas. Cf. Natalino IRTI, *L'Età della Decodificazione*, 4ª ed., Milano, Giuffrè, 1999, pp. 53 e ss. Norma geral e norma especial não são geral e especial em si e por si, mas sempre relativamente a outras normas. Assim, uma norma que é geral em relação à outra, pode ser tida como especial em face de uma terceira.
19. Não há limitações aos *direitos* de propriedade; há limitações tão somente à *propriedade*. Isso porque os regimes de propriedade são aqueles definidos pela ordem jurídica. Vale dizer: o direito de propriedade só tem existência no contexto da ordem jurídica, tal como a definiu a ordem jurídica. Por certo que, na comparação entre ordens jurídicas distintas, poder-se-á afirmar que nesta, em relação àquela, a propriedade é mais – ou menos – dilatada, em decorrência de ser menos ou mais limitada. Não, porém, que o *direito* de propriedade aqui ou ali seja limitado, neste ou naquele grau. Cada direito de propriedade é direito integral nos quadrantes da ordem jurídica positiva que o contempla. *Vide* Renato Alessi, *Principi di Diritto Amministrativo*, vol. II, Giuffrè Editore, Milão, 1978, p. 590.
20. Decreto n. 3.520, de 21 de junho de 2000.

Poder Executivo, órgão ao qual incumbe prover a preservação do interesse nacional. Mais: as resoluções expedidas pelo colegiado passam pelo crivo do Presidente da República. A *propriedade* decorrente do disposto no § 1º do artigo 177 da CF é exercida pelo seu titular no quadro dessas políticas, especialmente no que respeita à liberdade de exportar, pois quem decide a respeito dessa possibilidade é o CNPE, sujeitas suas decisões à aprovação do Chefe do Executivo, sendo posteriormente autorizada, ou não, pela autarquia[21]. Em suma: o contratado detém a propriedade do produto, mas não é titular da sua livre disponibilidade.

7.14. Há mais, porém, a distinguir a propriedade afirmada pelo artigo 176 da outra, que decorre do disposto no § 1º do artigo 177. É que jazidas de petróleo ou de gás natural não são licitadas. O objeto da licitação, no caso, é a pesquisa e lavra inicialmente; apenas haverá propriedade de um ou outro se a pesquisa resultar frutífera. Na hipótese do artigo 176 há concessão da exploração de jazida. Aqui não. Haverá exploração apenas se um ou outro – petróleo ou gás natural; ou outro hidrocarboneto fluido – vier a ser encontrado. Isso é suficiente para evidenciar que cogitamos de objetos distintos e que os preceitos nos §§ 1º e 2º do artigo 177 são especiais em relação ao artigo 176 da Constituição do Brasil; por isso são distintas as propriedades em um e outro caso.

7.15. À impossibilidade material de concessão sem que o concessionário se aproprie do produto da exploração da jazida corresponde a evidente impossibilidade da contratação prevista no § 1º do artigo 177 sem que o contratado se aproprie direta ou indiretamente do produto da exploração da pesquisa e lavra do petróleo e do gás e seus derivados. Tornado relativo o monopólio, a Petrobras perdeu a qualidade de sua executora, que lhe fora atribuída pela Lei n. 2.004/53. Não sendo prestadora de serviço público, a Petrobras não pode ser concebida como delegada da União. Ela atua em regime de competição com empresas privadas que se disponham a disputar, no âmbito de procedimentos licitatórios, as contratações previstas no § 1º do artigo 177 da Constituição do Brasil. A União não poderá, *ex vi* do disposto no inciso XXI do artigo 37 da Constituição, contratá-la senão mediante processo de licitação pública que assegure igualdade de condições a todos os concorrentes, observadas as condições estabelecidas na lei prevista no § 1º do artigo 177 da Constituição[22].

7.16. A previsão constitucional do monopólio da União sobre a pesquisa, lavra, enriquecimento, reprocessamento, industrialização e comércio de minérios e minerais nucleares e seus derivados é justificada não apenas por imperativos de segurança nacional. A necessidade de autonomia tecnológica (artigos 218 e 219 da CF) como parte do processo de desenvolvimento envolve como um dos seus temas centrais a questão nuclear. Além disto, há imperativos de saúde pública (artigo 200, VII, da CF) e de proteção da população da possibilidade e dos riscos de eventuais acidentes com produtos nucleares e radioativos, como o tristemente célebre caso do "Césio 137" de Goiânia (GO). Note-se, ainda, que o monopólio constitucional neste setor específico, o dos minérios e minerais nucleares, se dá em todas as fases da pesquisa e do processo produtivo que os envolva. A única mudança ocorrida foi a relativa à exclusão do monopólio da União da produção, comercialização e utilização de radioisótopos de meia-vida curta, para usos médicos, agrícolas e industriais (Emenda Constitucional n. 49/2006), que passam a ser admitidas sob o regime de permissão (nova redação do artigo 21, XXIII, "b" e "c", da CF). O órgão responsável pela política nacional de energia nuclear é a Comissão Nacional de Energia Nuclear (CNEN), autarquia federal criada pela Lei n. 4.118, de 27 de agosto de 1962, que já determinava em seu texto o monopólio da União de todas as atividades nucleares no país (artigo 1º), e que exerce as atribuições definidas pelas Leis n. 6.189, de 16 de dezembro de 1974 e n. 7.781, de 29 de junho de 1989. Com a redemocratização, a política nuclear do país foi tornada pública e submetida a um maior controle internacional, com a adesão e ratificação dos tratados de não proliferação de armas nucleares e a atuação conjunta com a Argentina para a fiscalização mútua das instalações nucleares de ambos os países. O aparente fracasso (ou atraso) da construção das usinas nucleares de Angra dos Reis (RJ), fruto de acordo nuclear com a Alemanha feito durante a ditadura militar (1975), não impediu que se continue a desenvolver a pesquisa neste campo, tanto nas universidades como nos meios militares, mas com o objetivo constitucional de desenvolvimento tecnológico e científico, com fins pacíficos, conforme determina expressamente o artigo 21, XXIII, "a" da CF.

> **Art. 178.** A lei disporá sobre a ordenação dos transportes aéreo, aquático e terrestre, devendo, quanto à ordenação do transporte internacional, observar os acordos firmados pela União, atendido o princípio da reciprocidade.

Parágrafo único. Na ordenação do transporte aquático, a lei estabelecerá as condições em que o transporte de mercadorias na cabotagem e a navegação interior poderão ser feitos por embarcações estrangeiras.

Alexandre Santos de Aragão

1. História da norma

A sua redação atual foi determinada pela Emenda Constitucional n. 7/1995. Em sua redação original, referido dispositivo previa o seguinte: "Art. 178. A lei disporá sobre: I – a ordenação dos transportes aéreo, marítimo e terrestre; II – a predominância dos armadores nacionais e navios de bandeira e registros brasileiros e do país exportador ou importador; III – o transporte de granéis; IV – a utilização de embarcações de pesca e outras. § 1º A ordenação do transporte internacional cumprirá os acordos firmados pela União, atendido o princípio de reciprocidade. § 2º Serão brasileiros os armadores, os proprietários, os comandantes e dois terços, pelo menos, dos tripulantes de embarcações nacionais. § 3º A navegação de cabotagem e a interior são privativas de embarcações nacionais, salvo caso de necessidade pública, segundo dispuser a lei".

---

21. Decreto n. 2.926, de 07 de janeiro de 1999.
22. A lei referida no § 1º do artigo 177 da Constituição do Brasil é especial em relação à Lei n. 8.666/1993; ao caso não se aplica, portanto, o disposto no inciso VIII do artigo 24 desta última ["aquisição, por pessoa jurídica de direito público interno, de bens produzidos ou serviços prestados por órgão ou entidade que integre a Administração Pública e que tenha sido criado para esse fim específico em data anterior à vigência desta Lei, desde que o preço contratado seja compatível com o praticado no mercado"].

2. Constituições brasileiras anteriores

Esse tema já possuía tratamento constitucional desde a Carta de 1934[1], sendo incluído nas posteriores Cartas de 1937[2], 1946[3], 1967[4] e na Emenda Constitucional n. 1/69[5].

3. Constituições estrangeiras

No Direito Comparado, podemos citar as Constituições do Equador de 1998 (Art. 252. "O Estado garantirá a liberdade de transporte terrestre, aéreo, marítimo e fluvial dentro do território nacional ou através dele. A lei regulará o exercício deste direito, sem privilégios de natureza alguma. O Estado exercerá a regulação do transporte terrestre, aéreo e aquático e das atividades aeroportuárias e portuárias, mediante entidades autônomas, com a participação das correspondentes entidades aeroportuárias e portuárias, mediante entidades autônomas, com a participação das correspondentes entidades de força pública") e da Ucrânia de 1996 (Art. 92 (5). "As matérias abaixo serão determinadas exclusivamente pelas leis da Ucrânia: (5) os princípios do uso dos recursos naturais, a área (marítima) econômica exclusiva e a faixa continental, a exploração do espaço sideral, a organização e operação dos sistemas de suprimento de energia, transportes e comunicações"), que também delegam ao Estado a competência para legislar sobre a ordenação dos transportes.

4. Direito internacional

Dentre os tratados e convenções firmados pelo Brasil relativamente ao tema dos transportes, podemos citar: a Convenção de Varsóvia para a unificação de certas regras relativas ao transporte aéreo internacional (promulgada pelo Decreto n. 20.704, de 24 de novembro de 1931); o Acordo de Alcance Parcial para a Facilitação do Transporte Multimodal de Mercadorias, entre Brasil, Argentina, Paraguai e Uruguai, de 30 de dezembro de 1994 (sua execução é regulada pelo Decreto n. 1.563, de 19 de julho de 1995); o Acordo sobre o Contrato de Transporte e a Responsabilidade Civil do Transportador no Transporte Rodoviário Internacional de Mercadorias, entre Brasil, Bolívia, Chile, Paraguai, Peru e Uruguai, de 16 de agosto de 1965 (sua execução é regulada pelo Decreto n. 1.866, de 16 de abril de 1996); o Acordo de Alcance Parcial para a Facilitação do Transporte de Produtos Perigosos, entre Brasil, Argentina, Paraguai e Uruguai, de 30 de dezembro de 1994 (sua execução é regulada pelo Decreto n. 1.797, de 25 de janeiro de 1996); o Primeiro Protocolo Adicional ao Acordo de Alcance Parcial para a Facilitação do Transporte de Produtos Perigosos (AAP.PC/7), firmado em 16/7/98, entre os Governos do Brasil, da Argentina, do Paraguai e do Uruguai (sua execução é regulada pelo Decreto n. 2.866, de 7 de dezembro de 1998); o Acordo de Transporte Rodoviário Internacional de Passageiros e Carga, celebrado entre o Governo da República Federativa do Brasil e o Governo da República da Venezuela, em Caracas, em 4 de julho de 1995 (promulgado pelo Decreto n. 2.975, de 1º de março de 1999); o Segundo Protocolo Adicional ao Acordo de Alcance Parcial sobre Transporte Internacional Terrestre, entre os Governos da República Federativa do Brasil, da República Argentina, da República da Bolívia, da República do Chile, da República do Paraguai, da República do Peru e da República Oriental do Uruguai, de 16 de fevereiro de 2005 (sua execução é regulada pelo Decreto n. 5.462, de 9 de junho de 2005).

5. Dispositivos constitucionais e legais relacionados

5.1. Constitucionais

Arts. 21 e 22.

5.2. Legais

Lei n. 9.432/97 (Dispõe sobre a ordenação do transporte aquaviário); Lei n. 8.617/93 (dispõe sobre o mar territorial, a zona contígua, a zona econômica exclusiva e a plataforma continental brasileiros), Lei n. 9.537/97 (Dispõe sobre a segurança do tráfego aquaviário em águas sob jurisdição nacional); Lei n. 7.652/88 (Dispõe sobre o registro da Propriedade Marítima); Decreto n. 2.681/1912 (regula a responsabilidade civil das estradas de ferro); Lei n. 2.180/1954 (dispõe sobre o tribunal Marítimo); Decreto-lei n. 116/1967 (dispõe sobre operações inerentes ao transporte de mercadorias por via d'água); Decreto n. 65.144/1969 (institui o sistema de aviação civil do Ministério da Aeronáutica); Lei n. 7.565/1986 (aprova o Código Brasileiro de Aeronáutica e substitui o Código Brasileiro do Ar); Lei n. 12.815/2013 (dispõe sobre a exploração direta e indireta pela União de portos e instalações portuárias e sobre as atividades desempenhadas pelos operadores portuários); Decreto n. 8.033/2013 (regulamenta as disposições legais que regulam a exploração de portos organizados e de instalações portuárias); Lei n. 8.693/1993 (dispõe sobre a descentralização dos serviços de transporte ferroviário coletivo de passageiros, urbano e suburbano, da União para os Estados e Municípios); Decreto n. 1.265/1994 (dispõe sobre a política marítima nacional); Decreto n. 1.832, de 4 de março de 1996 (aprova o Regulamento dos Transportes Ferroviários); Lei n. 9.277/1996 (autoriza a União a delegar aos Municípios, Estados da Federação e ao Distrito Federal a administração e exploração de rodovias e portos federais); Decreto n. 2.184/1997 (regulamenta a Lei n. 9.277/1996); Lei n. 9.432/1997 (dispõe sobre a ordenação do transporte aquaviário); Lei n. 9.503/ 1997 (aprova o Código Brasileiro de Trânsito); Lei n. 9.611/1998 (dispõe sobre o transporte multimodal de cargas), Lei n. 10.233/2001 (dispõe sobre a reestruturação dos transportes aquaviário e terrestre, cria o Conselho Nacional de Integração

---

[1]. "Art. 132. Os proprietários, armadores e comandantes de navios nacionais, bem como os tripulantes na proporção de dois terços pelo menos, devem ser brasileiros natos, reservando-se também a estes a praticagem das barras, portos, rios e lagos".

[2]. "Art. 149. Os proprietários armadores e comandantes de navios nacionais, bem com os tripulantes, na proporção de dois terços devem ser brasileiros natos, reservando-se também a estes a praticagem das barras, portos, rios e lagos".

[3]. "Art. 155. A navegação de cabotagem para o transporte de mercadorias é privativa dos navios nacionais, salvo caso de necessidade pública. Parágrafo único. Os proprietários, armadores e comandantes de navios nacionais, bem como dois terços, pelo menos, dos seus tripulantes, devem ser brasileiros (art. 129, I e II)".

[4]. "Art. 165. A navegação de cabotagem para o transporte de mercadorias é privativa dos navios nacionais, salvo caso de necessidade pública. Parágrafo único. Os proprietários, armadores e comandantes de navios nacionais, assim como dois terços, pelo menos, dos seus tripulantes, devem ser brasileiros natos".

[5]. "Art. 173. A navegação de cabotagem para o transporte de mercadorias é privativa dos navios nacionais, salvo caso de necessidade pública. § 1º Os proprietários, armadores e comandantes de navios nacionais, assim como dois terços, pelo menos, dos seus tripulantes, serão brasileiros natos".

de Políticas de Transporte, a Agência Nacional de Transportes Terrestres, a Agência Nacional de Transportes Aquaviários e o Departamento Nacional de Infraestrutura de Transportes); Decreto n. 4.244/2002 (dispõe sobre o transporte aéreo, no país, de autoridades em aeronave do comando da aeronáutica); Decreto n. 4.810/2003 (estabelece normas para operação de embarcações pesqueiras nas zonas brasileiras de pesca, alto-mar e por meio de acordos internacionais); Lei n. 11.182/2005 (cria a Agência Nacional de Aviação Civil – ANAC); Lei n. 11.442/2007 (dispõe sobre o transporte rodoviário de cargas por conta de terceiros e mediante remuneração); Lei n. 12.815/2013 (dispõe sobre a exploração direta e indireta pela União de portos e instalações portuárias e sobre as atividades desempenhadas pelos operadores portuários); Lei n. 13.448/2017 (estabelece diretrizes gerais para prorrogação e relicitação dos contratos de parceria definidos nos termos da Lei n. 13.334, de 13 de setembro de 2016, nos setores rodoviário, ferroviário e aeroportuário da administração pública federal); Lei n. 14.273/2021 (estabelece a Lei das Ferrovias).

6. Jurisprudência

No RE 636.331/RJ o STF estabeleceu que, nos termos do art. 178 da Constituição da República, as normas e os tratados internacionais limitadores da responsabilidade das transportadoras aéreas de passageiros, especialmente as Convenções de Varsóvia e Montreal, têm prevalência em relação ao Código de Defesa do Consumidor. Referido entendimento superou o anterior posicionamento do Superior Tribunal de Justiça e do próprio STF que admitia a indenização integral dos danos causados com fundamento no Código de Defesa do Consumidor, afastando-se as regras da Convenção de Varsóvia de 1929 (RE 172.720, REsp 552.553, REsp 257.297 e AgRg no REsp 258.016).

7. Literatura selecionada

BARAT, Josef. A regulação do transporte aéreo. *Consulex: revista jurídica*, v. 10, p. 26-37, maio 2006; BIOLCHINI, Monique Calmon de Almeida. *A Regulação do transporte aquaviário: a regulação da outorga de autorização*. Rio de Janeiro: Lumen Juris, 2005; CASTRO, Newton de. Os desafios da regulação do setor de transporte no Brasil. *Revista de administração pública*, v. 34, n. 5, p. 119-141, set./out. 2000; CAVALCANTI, André Cleofas Uchoa. *Responsabilidade Civil do Transportador Aéreo*: Tratados Internacionais, Leis Especiais e Código de Proteção e Defesa do Consumidor. Rio de Janeiro: Ed. Renovar, 2002; GARCIA, Flávio Amaral. *Regulação jurídica das rodovias concedidas*. Rio de Janeiro: Lumen Juris, 2004; GILBERTONI, Carla Adriana Comitre. *Teoria e Prática do Direito Marítimo*. Rio de Janeiro: Ed. Renovar, 2005; LANARI, Flávia de Vasconcellos. *Direito Marítimo*: Contratos e Responsabilidade. Belo Horizonte: Del Rey, 1999; MENDONÇA, Fernando. *Direito dos Transportes*. São Paulo: Ed. Saraiva, 1990; PACHECO, José da Silva. *Comentários ao Código Brasileiro de Aeronáutica*. Rio de Janeiro: Ed. Forense; REGO, Antonio Henrique Browne. *Um estudo sobre overbooking, atraso de voo e extravio de bagagem*. Rio de Janeiro: Sindicato de Empresas Aeroviárias, 1999; RIBEIRO, Maurício Portugal. Aspectos jurídicos e regulatórios do compartilhamento de infraestrutura no setor ferroviário. *Revista do Ibrac*, v. 12, n. 6, p. 163-171, 2005; SOUZA, Horácio Augusto Mendes de. *Regulação Jurídica do Transporte Rodoviário de passageiros*. Rio de Janeiro: Lumen Juris, 2003.

8. Comentários

O artigo em tela prevê uma reserva de lei para a ordenação dos transportes, públicos e privados, nacionais e internacionais, quaisquer que sejam as modalidades adotadas. Trata-se, em primeiro lugar, de uma reserva legal qualificada[6], uma vez que além da previsão de que a matéria deve ser regulada por lei formal, o Constituinte ainda optou por estipular, de antemão, critérios a serem observados pelo Legislador quando da edição das referidas leis, quais sejam, a observância dos tratados internacionais sobre a matéria e a possibilidade de o transporte aquático de mercadorias ser realizado por embarcações estrangeiras, possibilidade essa que até 1995, na redação original da Constituição, não existia, salvo em casos de necessidade pública.

O ente federativo competente para editar a Lei de que trata o art. 178 é a União Federal[7]. O artigo ora comentado complementa a previsão contida no art. 22 da Constituição, que prevê a competência da União Federal para legislar, dentre outras matérias, sobre diretrizes da política nacional de transportes (inc. IX), regime dos portos, navegação lacustre, fluvial, marítima, aérea e aeroespacial (inc. X) e trânsito e transporte (inc. XI). Ademais, de acordo com o art. 21 da Constituição Federal, é também da União Federal a competência para explorar, seja diretamente ou através de concessões, autorizações ou permissões, a navegação aérea, aeroespacial e a infraestrutura aeroportuária; os serviços de transporte ferroviário e aquaviário entre portos brasileiros e fronteiras nacionais, ou que transponham os limites de Estado ou Território; e os serviços de transporte rodoviário interestadual e internacional de passageiros.

No entanto, referida reserva de lei é relativa[8], isto é, não é necessário que lei formal trate de todos os aspectos e peculiaridades do tema, mas apenas que estabeleça os parâmetros de atuação do Poder Executivo, conferindo-lhe espaço para a integração da lei e regulamentação de alguns dos seus aspectos, com vistas a adaptá-la à realidade do setor, sempre cambiante[9].

O novo texto do dispositivo constitucional substituiu o termo "marítimo" por "aquático", ampliando a sua abrangência para compreender também o transporte fluvial e lacustre. Excluiu-se também o requisito de serem brasileiros os armadores, os proprietários e dois terços da tripulação de embarcações nacionais,

---

6. Ver, a esse respeito, PEREIRA, Jane Reis Gonçalves. *Interpretação Constitucional e Direitos Fundamentais*. Rio de Janeiro: Ed. Forense, 2006, p. 211.

7. Conforme FERREIRA, Pinto. *Comentários à Constituição brasileira*. São Paulo: Saraiva, 1994, p. 412; BASTOS, Celso Ribeiro. *Comentários à Constituição do Brasil*: promulgada em 5 de outubro de 1988. São Paulo: Saraiva, 1988, p. 175, e CRETELLA JÚNIOR, José. *Comentários à Constituição Brasileira de 1988*. Rio de Janeiro: Forense Universitária, 1993, p. 4158.

8. Apenas, a previsão de lei constante do parágrafo único constitui uma reserva legal absoluta, cf. ARAGÃO, Alexandre Santos de. A Concepção Pós-positivista do Princípio da Legalidade. *Revista de Direito Administrativo*, v. 236, p. 1-20, 2005.

9. Sobre o tema, já tivemos a oportunidade de observar que a pouca divergência há quanto a possibilidade de a Administração Pública editar atos concretos e normativos com base em leis. A questão que se coloca diz respeito ao "nível de densidade normativa que as leis atributivas de poderes regulamentares devem ter para que lhes permita outorgar poderes à Administração; ou seja, até que ponto a lei deve preestabelecer os conteúdos dos atos a serem expedidos infralegalmente pela Administração Pública para definir direitos e obrigações". *Vide*, a esse respeito, ARAGÃO, Alexandre Santos de. *Direito dos Serviços Públicos*. Rio de Janeiro: Ed. Forense, 2017, p. 319.

bem como a vedação da navegação de cabotagem e de interior por embarcações estrangeiras, não ficando esta restrita apenas às situações de necessidade pública. Ou seja, abrandou-se a política de proteção ao exercício dessas atividades por brasileiros, permitindo a sua exploração por estrangeiros, nos termos da lei.

Navegação de cabotagem é aquela realizada em águas costeiras[10], no mar territorial[11], de porto em porto, e divide-se em grande cabotagem e pequena cabotagem. A primeira ocorre quando a embarcação se afasta da costa brasileira para aportar em outros países, situados, contudo, na mesma margem continental; a segunda diz respeito às viagens realizadas por embarcações que permanecem próximas à costa do país[12]. Já a navegação de interior é aquela "realizada em hidrovias interiores, assim considerados rios, lagos, canais, lagoas, baías, angras, enseadas e áreas marítimas consideradas abrigadas"[13].

Sobre a necessidade de serem brasileiros os armadores[14], Celso Ribeiro Bastos já dizia, antes mesmo da alteração do texto constitucional, que a sua observância era praticamente impossível e que, nesse ponto, a Constituição fazia "praça rasa da realidade exterior sem cuja colaboração não é possível tornar exequível a norma"[15]. Para o autor, para comprovar a inviabilidade da norma bastaria imaginar que "outros Estados disponham de regra análoga ou mesmo de norma meramente asseguradora de um princípio igualitário"[16].

O Poder Constituinte derivado extinguiu a vedação em tela, deixando para a Lei a previsão das hipóteses em que a navegação de cabotagem e de interior poderá ser realizada por embarcações estrangeiras. Trata-se, portanto, de uma norma constitucional de eficácia limitada, dependente da edição de lei que a concretizasse, o que foi feito pela Lei n. 9.432/97, que prevê três sistemáticas diferentes quanto à possibilidade de embarcações estrangeiras navegarem por território brasileiro.

Na navegação de longo curso, isto é, aquela realizada entre portos brasileiros e estrangeiros, a operação ou exploração do transporte de mercadorias é aberta aos armadores, às empresas de navegação e às embarcações de todos os países, observados os acordos firmados pela União e atendido o princípio da reciprocidade (art. 5º).

Já no que diz respeito à navegação interior de percurso internacional, a autorização para a operação ou exploração por embarcações estrangeiras limita-se, exclusivamente, ao disposto nos acordos firmados pela União, atendido o princípio da reciprocidade (art. 6º).

Por fim, no que tange à navegação de cabotagem e navegação interior de percurso nacional, o art. 7º da referida Lei prevê que as embarcações estrangeiras somente poderão participar do transporte de mercadorias nesses percursos quando fretadas por empresas brasileiras de navegação, salvo quando haja acordo internacional ratificado pelo governo brasileiro que permita a participação de embarcações estrangeiras mesmo quando não fretadas por empresas brasileiras de navegação, e desde que idêntico privilégio seja conferido à bandeira brasileira nos outros Estados contratantes.

Voltando à análise da redação atual do artigo sob comento, tem-se que o seu *caput* prevê que a ordenação do transporte internacional deverá observar os tratados internacionais a respeito da matéria[17].

Tratados internacionais são fontes de direito de origem internacional, de caráter legislativo. O termo "tratado" possui diversos sentidos, mas foi escolhido pela Convenção de Viena realizada em 1969, sobre Direito dos Tratados, para designar quaisquer acordos internacionais, genericamente, restando assim definido pelo art. 1º da referida Convenção: "tratado significa um acordo internacional celebrado entre Estados em forma escrita e regido pelo direito internacional, que conste, ou de um instrumento único ou de dois ou mais instrumentos conexos, qualquer que seja a sua denominação específica"[18].

A obrigatoriedade dos tratados advém, antes de tudo, do princípio da *pacta sunt servanda*, amplamente reconhecido e respeitado na sociedade internacional[19]. No entanto, a validade dos tratados em determinados ordenamentos jurídicos poderá depender de determinados procedimentos previstos no direito interno de cada país. É o caso, por exemplo, do Brasil, onde os tratados, para produzirem efeitos, além de ratificados, devem ser promulgados, através de decreto, publicados e registrados[20].

---

10. PRICEWATERHOUSE. *A Constituição do Brasil 1988 comparada com a Constituição de 1967 e comentada*. São Paulo: Pricewaterhouse, 1989, p. 744.

11. A extensão do mar territorial brasileiro é matéria da Lei n. 8.617/93, cujo art. 1º dispõe o seguinte: "O mar territorial brasileiro compreende uma faixa de doze milhas marítima de largura, medidas a partir da linha de baixa-mar do litoral continental e insular, tal como indicada nas cartas náuticas de grande escala, reconhecidas oficialmente no Brasil".

12. CRETELLA JUNIOR, José. *Comentários à Constituição Brasileira de 1988*. Rio de Janeiro: Forense Universitária, 1993, p. 4160. A definição do que seja navegação de cabotagem encontra-se prevista no art. 3º do Decreto n. 2.596/98: aquela "realizada entre portos ou pontos do território brasileiro utilizando a via marítima ou esta e as vias navegáveis interiores".

13. De acordo com o art. 1º da Lei n. 9.537/97.

14. De acordo com o art. 2º da Lei n. 9.537/97, considera-se armador a "pessoa física ou jurídica que, em seu nome e sob sua responsabilidade, apresta a embarcação com fins comerciais, pondo-a ou não a navegar por sua conta". O Comandante, também denominado Mestre, Arrais ou Patrão, é o "tripulante responsável pela operação e manutenção de embarcação, em condições de segurança, extensivas à carga, aos tripulantes e às demais pessoas a bordo"; sendo, por sua vez, o proprietário a "pessoa física ou jurídica, em nome de quem a propriedade da embarcação é inscrita na autoridade marítima e, quando legalmente exigido, no Tribunal Marítimo". De acordo com o parágrafo único do art. 5º da Lei n. 7.652/88, presume-se proprietário a pessoa física ou jurídica em cujo nome estiver registrada ou inscrita a embarcação, perante a autoridade competente.

15. BASTOS, Celso Ribeiro. *Comentários à Constituição do Brasil*: promulgada em 5 de outubro de 1988. São Paulo: Saraiva, 1988, p. 175.

16. Idem, ibidem.

17. Transporte internacional é aquele que "ultrapassar as fronteiras do Brasil, com penetração em país estrangeiro", incluindo-se aí "o transporte que, deixando Estado alienígena, adentre o território nacional" e aquele que "tenha como pontos iniciais e finais o próprio território brasileiro, mas percorra em alguma parte do trajeto, por mínima que seja, área sob jurisdição de outro Estado" (BASTOS, Celso Ribeiro. *Comentários à Constituição do Brasil*: promulgada em 5 de outubro de 1988. São Paulo: Saraiva, 1988, p. 175).

18. ARAUJO, Nadia de. *Direito Internacional Privado*: teoria e prática brasileira. Rio de Janeiro: Renovar, 2003, p. 131-132.

19. Idem, ibidem, p. 132.

20. ARAUJO, Nadia de. *Direito Internacional Privado*: teoria e prática brasileira. Rio de Janeiro: Renovar, 2003, p. 133. Conforme registrado pela autora, esse é o entendimento adotado reiteradamente pelo STF, no sentido de que "somente com a promulgação passa o tratado a ser obrigatório em todo território nacional", muito embora não exista qualquer dispositivo na Constituição Federal que assim determine. Na verdade, essa necessidade decorreria da aplicação analógica da Lei de Introdução do Código Civil, que prevê a obrigatoriedade da promulgação das leis para que surtam efeitos no ordenamento jurídico" (Idem, p. 134-135 e 137-138). Trata-se de um interessante caso de norma constitucional consuetudinária.

Uma vez promulgado através de Decreto, o tratado internacional equipara-se, hierarquicamente, à lei ordinária – o que é conhecido como princípio da paridade hierárquica entre tratados e leis – e, por isso, eventual conflito entre as disposições destes poderá ser resolvido através da aplicação dos critérios temporal e de especialidade.

O artigo sob comento, todavia, parece conter exceção a referido princípio da paridade hierárquica, na medida em que determina que a lei que versar sobre ordenação do transporte internacional deverá necessariamente observar os tratados internacionais, independentemente de ser mais específica ou posterior ao mesmo, o que equivale a dizer que o tratado internacional – após a sua devida promulgação através de decreto – sempre prevalecerá, sob pena de incidir a lei ordinária em vício de inconstitucionalidade[21]. Tal exceção, todavia, depende da observância do princípio da reciprocidade, ou seja, da existência de tratamento igualitário sobre o assunto pelos demais países signatários do acordo[22].

Destaca-se, nesse contexto, a Convenção de Varsóvia de 1929 sobre transporte aéreo internacional, ratificada pelo Brasil em 1931. Essa Convenção instituiu um sistema de indenização tarifada pelos danos materiais causados durante o transporte aéreo internacional. Em 2017, o Supremo Tribunal Federal decidiu pela prevalência das normas e tratados internacionais sobre o Código de Defesa do Consumidor no que diz respeito à limitação da responsabilidade das transportadoras aéreas de passageiros.

Art. 179. A União, os Estados, o Distrito Federal e os Municípios dispensarão às microempresas e às empresas de pequeno porte, assim definidas em lei, tratamento jurídico diferenciado, visando a incentivá-las pela simplificação de suas obrigações administrativas, tributárias, previdenciárias e creditícias, ou pela eliminação ou redução destas por meio de lei.

Fernando Facury Scaff
Luma Cavaleiro de Macedo Scaff

1. Origem do texto

Texto originário da Constituição de 1988.

2. Constituições brasileiras anteriores

Nada consta.

3. Preceitos constitucionais correlacionados da Constituição de 1988

Art. 47, § 1º, ADCT; art. 170, IX. Art. 246. Emenda Constitucional n. 32/2001. Art. 62. Art. 146, I, "d". Art. 94.

---

21. Nesse sentido, Celso Bastos afirma que "os acordos aí ventilados têm uma força supralegal, na medida em que fica ordenado o seu cumprimento, o que significa dizer que seu descumprimento só pode dar-se na forma do direito internacional, é dizer, com a denúncia da avença" (*Comentários à Constituição do Brasil*: promulgada em 5 de outubro de 1988. São Paulo: Saraiva, 1988, p. 178).

22. No mesmo sentido, BASTOS, Celso Ribeiro. *Comentários à Constituição do Brasil*: promulgada em 5 de outubro de 1988. São Paulo: Saraiva, 1988, p. 178; e NASCIMENTO, Tupinambá Miguel Castro. *Comentários à Constituição Federal*. Porto Alegre: Livraria do Advogado, 1997, p. 103.

4. Legislação

Lei 9.317/1996 (Regime Tributário das microempresas – SIMPLES); Lei 9.841/1999 (Estatuto da microempresa); Decreto 3.474/2000 (Regulamenta a Lei 9.841/1999); Lei Complementar 123/2006 (Estatuto nacional da microempresa e da empresa de pequeno porte).

5. Jurisprudência

ADI 1.643, Rel. Min. Maurício Corrêa, julgamento em 5-12-03, *DJ* de 14-3-03; MI 73, Rel. Min. Moreira Alves, julgamento em 7-10-94, *DJ* de 19-12-94.

"O Simples Nacional surgiu da premente necessidade de se fazer com que o sistema tributário nacional concretizasse as diretrizes constitucionais do favorecimento às microempresas e às empresas de pequeno porte. A LC 123, de 14-12-2006, em consonância com as diretrizes traçadas pelos arts. 146, III, *d*, e parágrafo único; 170, IX; e 179 da CF, visa à simplificação e à redução das obrigações dessas empresas, conferindo a elas um tratamento jurídico diferenciado, o qual guarda, ainda, perfeita consonância com os princípios da capacidade contributiva e da isonomia. Ausência de afronta ao princípio da isonomia tributária. O regime foi criado para diferenciar, em iguais condições, os empreendedores com menor capacidade contributiva e menor poder econômico, sendo desarrazoado que, nesse universo de contribuintes, se favoreçam aqueles em débito com os fiscos pertinentes, os quais participariam do mercado com uma vantagem competitiva em relação àqueles que cumprem pontualmente com suas obrigações. A condicionante do inciso V do art. 17 da LC 123/2006 não se caracteriza, *a priori*, como fator de desequilíbrio concorrencial, pois se constitui em exigência imposta a todas as pequenas e microempresas (MPE), bem como a todos os microempreendedores individuais (MEI), devendo ser contextualizada, por representar, também, forma indireta de se reprovar a infração das leis fiscais e de se garantir a neutralidade, com enfoque na livre concorrência. A presente hipótese não se confunde com aquelas fixadas nas Súmulas 70, 323 e 547 do STF, porquanto a espécie não se caracteriza como meio ilícito de coação a pagamento de tributo, nem como restrição desproporcional e desarrazoada ao exercício da atividade econômica. Não se trata, na espécie, de forma de cobrança indireta de tributo, mas de requisito para fins de fruição a regime tributário diferenciado e facultativo." [RE 627.543, rel. min. Dias Toffoli, j. 30-10-2013, P, *DJe* de 29-10-2014, Tema 363.]

6. Bibliografia

AZEVEDO, Osmar Reis. *Manual do Simples Nacional ME – EPP*. São Paulo: MP Editora, 2008.

BALEEIRO, Aliomar. *Uma Introdução à Ciência das Finanças*. 16ª ed. Rio de Janeiro: Forense, 2004.

FABRETTI, Laudio Camargo. *Simples Nacional*. São Paulo: Atlas, 2002.

MARINS, Jamis; BERTOLDI; Marcelo M. *Simples Nacional*: Estatuto da Microempresa e da Empresa de Pequeno Porte. São Paulo: RT, 2007; NÓBREGA, Manoel. *Lei de Responsabilidade Fiscal e Leis Orçamentárias*. São Paulo: Editora Juarez de Oliveira, 2002.

PEREIRA, José Matias. *Finanças Públicas*: A Política Orçamentária no Brasil. São Paulo: Atlas, 2003.

REZENDE, Fernando. *Finanças Públicas*. 2ª ed. São Paulo: Atlas, 2002.

TORRES, Heleno Taveira. *Direito constitucional financeiro – Teoria da Constituição financeira*. São Paulo: RT, 2014.

7. Anotações

01. Este é um preceito que não foi modificado pelas diversas alterações pelas quais a Constituição já passou, tendo sido, antes disso, reforçado com as modificações efetuadas em outras normas constitucionais. A *ratio* desta disciplina constitucional é clara: todos os entes subnacionais devem conceder tratamento jurídico diferenciado e privilegiado às microempresas e às empresas de pequeno porte.

02. A Emenda Constitucional n. 6 de 1995 alterou o art. 170, IX e incluiu como um dos princípios gerais da atividade econômica o *"tratamento favorecido"* para as empresas de pequeno porte.

Não se trata apenas de um favorecimento às pequenas empresas, e sim de um tratamento diferenciado em busca de isonomia na tributação para assegurar a livre concorrência no mercado brasileiro.

Na busca de preservar a função social da empresa, o objetivo a que se propõe a norma é garantir que estas pequenas empresas desenvolvam suas atividades econômicas de forma plena. Isto porque tributar de maneira formalmente igual pequenas e grandes empresas implica em sobreonerar as pequenas, em detrimento das grandes. Daí pretensão de assegurar o princípio da livre concorrência (art. 170, IV) e o princípio da isonomia entre contribuintes (art. 150, II).

Desse modo, elevar este tratamento diferenciado ao *status* constitucional demonstra a importância destas empresas para o mercado brasileiro, pois geram empregos; oferecem produtos e serviços atendendo ao princípio da defesa dos interesses do consumidor e às premissas da livre concorrência; desenvolvem tecnologias; enfim, participam ativamente em prol do desenvolvimento socioeconômico e para alcançar os objetivos em direção de justiça social.

03. A Emenda Constitucional n. 42, de dezembro de 2003, a qual inseriu uma primeira versão do "Simples" federal no capítulo do Sistema Tributário Nacional, ao incorporar ao artigo 146 a alínea *d* que se refere a regimes especiais ou simplificados. Além disso, aumentou o rol de matérias a serem uniformizadas entre as unidades federativas através de normas gerais conforme o art. 146, parágrafo único.

Este avanço constitucional evidenciou a necessidade de regulamentar este tratamento diferenciado para microempresas e empresas de pequeno porte, daí a legislação infraconstitucional, nas quais, dentre outras, se destacam o Estatuto da Microempresa (Lei 9.841/1999), a Lei do Simples (Lei 9.317/1996) e o Estatuto Nacional da Microempresa e da Empresa de Pequeno Porte (Lei Complementar 123/06).

Veja que a norma constitucional amplia a visão do tratamento diferenciado, alcançando as esferas administrativas, tributárias, previdenciárias e creditícias.

Com isso, a LC 123/2006, que estabelece normas gerais relacionadas ao tratamento diferenciado, colaciona a apuração e o recolhimento de tributos mediante regime único de arrecadação, além das obrigações acessórias, obrigações trabalhistas e previdenciárias, além do acesso ao mercado e preferência nas aquisições de bens e serviços aos Poderes Públicos e cadastro nacional único de contribuintes. É o caso, por exemplo, do art. 5º-A da Lei 8.666/93, determinando que as normas de licitações e contratos devem privilegiar o tratamento diferenciado e favorecido às microempresas e empresas de pequeno porte.

04. O art. 3º da Lei Complementar 123/2006 considera microempresas ou empresas de pequeno porte a empresa individual de responsabilidade individual limitada e o empresário a que se refere o art. 966 do Código Civil devidamente registrado na Junta Comercial.

A inscrição da empresa no SIMPLES implica no pagamento mensal unificado dos seguintes tributos: IRPJ, PIS/PASEP, CSLL, IPI e contribuições para a seguridade social, a cargo da pessoa jurídica, de que tratam o art. 22 da Lei n. 8.212/1991 e o art. 25 da Lei n. 8.870/1994, conforme art. 13 da LC 123/2006.

A Lei Complementar 123/2006 criou o Sistema Integrado de Pagamento de Impostos e Contribuições Federais, Estaduais e Municipais das Microempresas e Empresas de Pequeno Porte ("Super Simples"). Este regime especial de tributação para as pequenas empresas prevê a unificação de oito tributos – e além daqueles já inseridos pelo SIMPLES – acrescentando o IR sobre aplicação de renda fixa ou variável, IOF, IPTR, CPMF, FGTS, INSS/empregado, além de Cofins e IPI na importação de bens e serviços, bem como ICMS devido nas operações de substituição tributária.

Art. 180. A União, os Estados, o Distrito Federal e os Municípios promoverão e incentivarão o turismo como fator de desenvolvimento social e econômico.

Alexandre Santos de Aragão

1. História da norma

A norma contida nesse dispositivo constitui uma inovação constitucional do texto de 1988.

2. Constituições brasileiras anteriores

Não há dispositivos equivalentes nas Constituições anteriores.

3. Constituições estrangeiras

No Direito Comparado podemos citar ao menos mais outras duas Constituições que se ocuparam do tema, a Constituição da Venezuela de dezembro de 1999 (Art. 310. "O turismo é uma atividade econômica de interesse nacional, prioritária para o país em sua estratégia de diversificação e desenvolvimento sustentável. Dentre as fundamentações do regime socioeconômico previsto nesta Constituição, o Estado ditará as medidas que garantam o seu desenvolvimento. O Estado velará pela criação e fortalecimento do setor turístico nacional") e a Constituição da Bulgária de julho de 1991(Art. 52. "(3) O Estado protegerá a saúde dos cidadãos e promoverá o desenvolvimento dos esportes e do turismo".)

4. Direito internacional

Dentre os tratados e convenções internacionais relativos ao turismo ratificados pelo Brasil, são exemplos: o Convênio entre Brasil e Argentina para o fomento do turismo, promulgado pelo Decreto n. 24.293/34; o Estatuto da Organização Mundial do Turismo, promulgado em 1974 pelo Decreto n. 75.102; o Acordo sobre Cooperação no Domínio do Turismo entre o Governo da República Federativa do Brasil e o Governo da República Portuguesa, cuja promulgação se deu através do Decreto n. 87.185/82; **Acordo sobre Cooperação Turística, celebrado entre o Governo da República Federativa do Brasil e o Governo da República do Chile, promulgado pelo Decreto n. 2.691/98**; Acordo de Cooperação Turística entre o Governo da República Federativa do Brasil e o Governo da República da Costa Rica, promulgado através do Decreto n. 3.461/2000; Acordo de Cooperação na Área de Turismo entre o Governo da República Federativa do Brasil e o Governo da Jamaica, cuja promulgação se deu através do Decreto n. 3.488/2000.

5. Dispositivos constitucionais e legais relacionados

5.1. Constitucionais

Art. 170, inc. VII; art. 24, inc. VII; art. 30, incs. I e IX.

5.2. Legais

Lei n. 11.771/2008 (dispõe sobre a Política Nacional de Turismo, define as atribuições do Governo Federal no planejamento, desenvolvimento e estímulo ao setor turístico); Lei n. 7.347/85 (Lei da Ação Civil Pública).

6. Jurisprudência

6.1. A respeito da hotelaria não ser considerada um serviço público: Recurso Extraordinário n. 89.217-6/SC – STF

"Não deve ser considerado serviço público aquele que outro particular pode prestar independentemente de concessão".

6.2. Sobre a possibilidade de inclusão das agências de viagem e turismo no regime fiscal simplificado, o SIMPLES: Recurso Especial n. 584.522/PE – STJ

"No intuito de promover o desenvolvimento do setor de turismo no país, foi editada a Lei n. 10.637, de 30 de dezembro de 2002, que contemplou a possibilidade de inclusão das agências de viagem e turismo no SIMPLES, desde que preenchidos os requisitos exigidos pela Lei n. 9.317/96 para demonstrar a capacidade técnica da empresa e de seus responsáveis".

7. Literatura selecionada

MAMEDE, Gladston. *Direito do consumidor no turismo*: Código de defesa do consumidor aplicado aos contratos, aos serviços e ao marketing do turismo, Atlas, São Paulo, 2004; MAMEDE, Gladston. *Direito do Turismo*: Legislação Específica Aplicada, Atlas, São Paulo, 2001; MASSENO, Manuel David. As disciplinas da comunicação comercial nos mercados turísticos: apontamentos de direito comunitário europeu e de direito comparado, in *Turismo e Direito*: Convergências (Rui Aurélio de Lacerda Badaró – Organizador), Editora Senac, São Paulo, 2004; SILVA, Luciana Padilha Leite Leão da. *Responsabilidade civil nos contratos de turismo em face do Código de Defesa do Consumidor*, Renovar, Rio de Janeiro, 2005; STRINGHINI, Adriano. "Apontamentos Jurídicos", in *Ministério do Turismo*, relatório da pesquisa "A Organização Industrial do Turismo no Brasil", Lucia Helena Salgado (coord.), mimeo; TEPEDINO, Gustavo. A responsabilidade civil nos contratos de turismo. *Revista de Direito do Consumidor*, n. 26, p. 83-95, abr.-jun. 1998; STRINGHINI, Adriano. Apontamentos Jurídicos. In *Ministério do Turismo*, relatório da pesquisa "A Organização Industrial do Turismo no Brasil", Lucia Helena Salgado (coord.), mimeo, p. 22; STRINGHINI, Adriano. Apontamentos Jurídicos, in *Ministério do Turismo*, relatório da pesquisa "A Organização Industrial do Turismo no Brasil", Lucia Helena Salgado (coord.), mimeo, p. 23; BARROSO, Luís Roberto. *Interpretação e Aplicação da Constituição*. São Paulo: Ed. Saraiva, 2003, p. 255/256; STRINGHINI, Adriano. "Apontamentos Jurídicos", in *Ministério do Turismo*, relatório da pesquisa "A Organização Industrial do Turismo no Brasil", Lucia Helena Salgado (coord.), mimeo, p. 24.

8. Comentários

É consenso que o Brasil é um país com vocação turística. São inúmeros os destinos turísticos, como as praias, cachoeiras, rios, estações de águas minerais, termais, florestas e reservas ecológicas, os quais são temperados com elementos culturais como o carnaval e as manifestações afro-brasileiras. A atividade turística constitui fonte importante de ingresso de dinheiro estrangeiro, de criação de empregos, de tributos, além de promover o desenvolvimento dos pontos turísticos, muitos deles localizados em áreas com graves desigualdades sociais e regionais, e de todas as atividades de alguma maneira ligadas a esse ramo da economia.

Com a promulgação da Constituição Federal de 1988, as atividades voltadas à exploração do turismo foram erigidas à condição de fator de desenvolvimento social e econômico do país. Reconhecendo, portanto, a importância dessa atividade para a economia nacional, o art. 180 prevê o dever da União, Estados e Municípios de atuarem na sua promoção e incentivo. Trata-se, em outras palavras, de uma alternativa constitucionalmente eleita para o desenvolvimento nacional.

De acordo com referido mandamento constitucional, o Poder Público, em suas três esferas, ao estudar as opções de desenvolvimento econômico de uma região, deve considerar obrigatoriamente a promoção e o incentivo das atividades voltadas à exploração do turismo. O estudo dessas opções há de considerar, logicamente, os impactos de tais atividades e buscar impedir que a exploração econômica do turismo seja acompanhada de uma degradação social, ambiental, bem como do patrimônio cultural, histórico e artístico.

Trata-se de um exemplo de norma constitucional programática, normas estas que "veiculam princípios, desde logo observáveis, ou traçam fins sociais a serem assegurados pela atuação futura dos poderes públicos", mas que, "por sua natureza, não geram para os jurisdicionados a possibilidade de exigirem comportamentos comissivos, mas investe-nos na faculdade de demandar dos órgãos estatais que se abstenham de quaisquer atos que contravenham as diretrizes lançadas. Vale dizer: não geram direitos subjetivos na sua versão positiva, mas geram-nos em sua feição negativa"[1]. É o caso também, por exemplo, das normas constitucionais que preveem a redução das desigualdades regionais e sociais (art. 170, VII), incentivo à pesquisa e desenvolvimento científico (art. 218), dentre outras.

Assim é que a norma sob comento possui ao menos duas formas de eficácia: a primeira, a eficácia interpretativa, ligada à ideia da filtragem constitucional, segundo a qual as normas infraconstitucionais devem ser aplicadas em conformidade com a importância conferida pela Constituição ao setor turístico; a segunda, a eficácia negativa, que impede que sejam editadas normas ou realizados comportamentos administrativos em violação aos seus ditames, salvo, naturalmente, ponderadamente diante de conflitos com outros valores ou objetivos constitucionais.

Importante mencionar que a referida norma tem também, em tese, o efeito permitir o tratamento não igualitário entre os empreendimentos turísticos e outros empreendimentos econômicos, caracterizando-se, como visto, como uma opção prioritária de desenvolvimento da economia.

Tamanha é a importância conferida ao turismo pela Constituição de 1988, que, em outro artigo seu (art. 24), a Carta Maior atribui à União e aos Estados competência para legislar sobre a responsabilidade por dano a bens e direitos de valor turístico, ressalvada naturalmente a competência legislativa dos Municípios para legislar sobre os aspectos turísticos de interesse predominantemente local (art. 30, I e IX, CF). Nessa linha, a Lei da Ação Civil Pública (Lei n. 7.347/85) inclui expressamente entre as ações regidas por seu texto, em seu artigo 1º, inciso III, as ações de responsabilidade por danos morais e patrimoniais causados aos bens e direitos de valor artístico, estético, histórico, turístico e paisagístico.

Não há, portanto, espaço para um Estado mínimo no setor[2]. Para que se desenvolva em sua potencialidade, são inúmeras as medidas que devem ser tomadas com vistas ao desenvolvimento desse setor e ao cumprimento do art. 180 da Constituição, podendo-se citar, dentre elas, a melhoria da infraestrutura, fomento a agentes privados, regulação e fiscalização das atividades desempenhadas por empresas privadas e até mesmo o exercício direto dessa atividade pelo Estado na forma do art. 173, CF, já que não constitui serviço público ou monopólio público.

A possibilidade de intervenção direta do Estado no setor do turismo como forma de promoção dessa atividade deve se dar subsidiariamente, de acordo com o art 173, CF, segundo o qual a exploração direta pelo Estado de atividades econômicas no sentido estrito só será permitida quando necessária aos imperativos da segurança nacional ou relevante interesse coletivo, com exceção dos casos previstos da Carta Maior, cabendo ao Estado a função de agente normativo e regulador dessas atividades (art. 174). O Estado deve, se agir diretamente no setor como agente econômico, sujeitar-se ao regime jurídico próprio das empresas privadas, inclusive quanto aos direitos e obrigações civis, comerciais, trabalhistas e tributários[3].

Dentre o rol de ações voltadas à realização dos ditames do art. 180 da Constituição Federal, podemos citar, ainda, os estímulos econômicos e financeiros, tais como financiamentos, incentivos fiscais, concessão de linhas de crédito, taxas de juros subvencionadas, dentre outros.

No intuito de promover o desenvolvimento do setor de turismo no país, foi editada a Lei n. 10.637, de 30 de dezembro de 2002, criando a possibilidade da inclusão das agências de viagem e turismo no regime fiscal simplificado, o "SIMPLES".

No mesmo sentido, publicou-se a Lei n. 11.771, de 17 de setembro de 2008, que dispõe sobre a Política Nacional do Turismo. O diploma, dentre outros mandamentos, denota que "o poder público atuará, mediante apoio técnico, logístico e financeiro, na consolidação do turismo como importante fator de desenvolvimento sustentável, de distribuição de renda, de geração de emprego e da conservação do patrimônio natural, cultural e turístico brasileiro" (art. 3º, parágrafo único).

Como visto, o turismo é uma atividade que possui um enorme potencial de promover o desenvolvimento econômico e social da região em que for explorada e, por conseguinte, o desenvolvimento do país. A sua exploração envolve aspectos econômicos, sociais, ambientais, e culturais e, por isso, exige planejamento e fiscalização por parte do Poder Público; uma regulação que não a asfixie, mas que a incentive, promova e fiscalize com vistas a permitir o seu desenvolvimento máximo, sem a criação de efeitos colaterais para o meio ambiente, o patrimônio cultural e a sociedade.

Art. 181. O atendimento de requisição de documento ou informação de natureza comercial, feita por autoridade administrativa ou judiciária estrangeira, a pessoa física ou jurídica residente ou domiciliada no País dependerá de autorização do Poder competente.

Alexandre Santos de Aragão

1. História da norma

A norma contida nesse dispositivo constitui uma inovação constitucional do texto de 1988.

2. Constituições brasileiras anteriores

Não há dispositivos equivalentes nas Constituições anteriores.

3. Constituições estrangeiras

Não há dispositivos equivalentes no Direito Comparado.

---

1. BARROSO, Luís Roberto. *Interpretação e Aplicação da Constituição*. São Paulo: Ed. Saraiva, 2003, p. 255-256.
2. STRINGHINI, Adriano. "Apontamentos Jurídicos", in *Ministério do Turismo*, relatório da pesquisa "A Organização Industrial do Turismo no Brasil", Lucia Helena Salgado (coord.), mimeo, p. 23.
3. Idem, ibidem, p. 24.

4. Direito internacional

Decreto n. 1.899/96 (promulga a Convenção Interamericana sobre Cartas Rogatórias, de 30.1.75).

5. Dispositivos constitucionais e legais relacionados

5.1. Constitucionais
Art. 1º, I; art. 109, X.

6. Jurisprudência

Não foi encontrada jurisprudência a esse respeito nos tribunais superiores.

7. Literatura selecionada

CRETELLA JÚNIOR, José. *Comentários à Constituição Brasileira de 1988*, Forense Universitária, Rio de Janeiro, 1993; SOARES, Orlando. *Comentários à Constituição da República Federativa do Brasil*. Rio de Janeiro: Forense, 2002; BARROSO, Luís Roberto. *Constituição da República Federativa do Brasil anotada*. São Paulo: Saraiva, 2001; BASTOS, Celso Ribeiro, *Comentários à Constituição do Brasil*: promulgada em 5 de outubro de 1988, Saraiva, São Paulo, 1988; PINTO FERREIRA, Luís. *Comentários à Constituição brasileira*, Saraiva, São Paulo, 1994; PRICE WATERHOUSE, *A Constituição do Brasil de 1988 comparada com a Constituição de 1967 e comentada*, Pricewaterhouse, São Paulo, 1989; FUNDAÇÃO PREFEITURA FARIA LIMA – CENTRO DE ESTUDOS E PESQUISAS EM ADMINISTRAÇÃO MUNICIPAL. *Breves anotações à Constituição de 1988*, Atlas, São Paulo, 1990; NASCIMENTO, Tupinambá Miguel Castro. *Comentários à Constituição Federal*, Livraria do Advogado, Porto Alegre, 1997.

8. Comentários

A função do art. 181 da Constituição Federal é tema controvertido na doutrina brasileira. Das críticas mais exacerbadas às mais brandas, há autores que sequer tecem qualquer consideração a seu respeito, ou, quando o fazem, limitam-se a escrever poucas palavras sobre o assunto. Esse artigo é tido por José Cretella Júnior como um dos dispositivos mais inúteis da Carta Maior. Nas suas palavras, o art. 181 é um dos "mais lamentáveis e infelizes artigos da Constituição, quer na forma, quer no conteúdo, quer na possibilidade de aplicação, esta regra jurídica constitucional poderia ser suprimida do conjunto, sem o menor prejuízo para os administrados brasileiros"[1].

Orlando Soares restringe-se a comentar que esse artigo "implica na utilização das vias diplomáticas"[2]. Luís Roberto Barroso faz referência ao procedimento das cartas rogatórias[3].

Conforme se pode extrair do enunciado normativo em questão, o atendimento de requisição de documento ou informação de natureza comercial de autoridade estrangeira depende de autorização do Poder competente.

Uma primeira constatação que se pode fazer a esse respeito é que, muito embora o artigo utilize o termo "requisição" – em cuja definição se enquadram conceitos como exigência e cobrança –, essa exigência de autoridade estrangeira não possui força executória no Brasil, tendo em vista o princípio da soberania nacional previsto no art. 1º, I, da Constituição Federal. Depende, conforme determinado no artigo sob comento, de autorização do Poder Competente. Em segundo lugar, nos termos em que redigido, o referido artigo depende de regulamentação, na qual seja especificada a autoridade competente para a concessão de tal autorização, os requisitos para a sua concessão, o procedimento a ser observado para tanto, dentre outros aspectos[4].

Não há consenso doutrinário, até mesmo em virtude da ausência de regulamentação, quanto a quem seja a autoridade competente de que trata esse artigo. Para Celso Ribeiro Bastos o artigo parece criar uma condição a mais, inclusive, para o cumprimento de cartas rogatórias que, de alguma forma, versem sobre assuntos comerciais, submetendo o seu cumprimento, além do crivo do Superior Tribunal de Justiça, à autoridade competente a ser designada por lei[5]. Já para Tupinambá Miguel Castro do Nascimento, a autoridade competente para a autorização do cumprimento de requisição feita por autoridade judiciária estrangeira já estaria prevista na Constituição Federal e seria o Superior Tribunal de Justiça, já que é dele a competência para homologar sentença estrangeira e conferir *exequatur* às cartas rogatórias. Já a atribuição para autorizar o cumprimento de requisição de autoridade administrativa estrangeira seria do Poder Executivo, nos termos da lei a ser editada[6].

Também é importante notar que referido dispositivo refere-se tão somente a documentos e informações de natureza comercial, devendo a sua aplicabilidade, portanto, restringir-se a essa seara, ainda mais em se considerando que referido artigo prevê uma forma de ingerência do Estado no direito de comunicação, o que impõe a sua interpretação restritiva[7].

---

1. CRETELLA JÚNIOR. José. *Comentários à Constituição Brasileira de 1988*, Forense Universitária, Rio de Janeiro, 1993, p. 4163.

2. SOARES, Orlando. *Comentários à Constituição da República Federativa do Brasil*. Rio de Janeiro: Forense, 2002, p. 638.

3. BARROSO, Luís Roberto. *Constituição da República Federativa do Brasil anotada*. São Paulo: Saraiva, 2001, p. 477.

4. Nesse sentido, CELSO RIBEIRO BASTOS, *Comentários à Constituição do Brasil*: promulgada em 5 de outubro de 1988, Saraiva, São Paulo, 1988, p.198; PINTO FERREIRA, *Comentários à Constituição brasileira*, Saraiva, São Paulo, 1994, p. 426; PRICEWATERHOUSE, *A Constituição do Brasil 1988 comparada com a Constituição de 1967 e comentada*, Pricewaterhouse, São Paulo, 1989, p. 745. No sentido contrário, podemos citar a FUNDAÇÃO PREFEITURA FARIA LIMA – CENTRO DE ESTUDOS E PESQUISAS EM ADMINISTRAÇÃO MUNICIPAL. *Breves anotações à Constituição de 1988*, Atlas, São Paulo, 1990, p. 410, em cuja obra se defende a aplicabilidade imediata da referida norma.

5. BASTOS, Celso Ribeiro. *Comentários à Constituição do Brasil*: promulgada em 5 de outubro de 1988, Saraiva, São Paulo, 1988, p. 198.

6. NASCIMENTO, Tupinambá Miguel Castro. *Comentários à Constituição Federal*, Livraria do Advogado, Porto Alegre, 1997, p. 124.

7. Celso Bastos e Tupinambá do Nascimento entendem que esse artigo foi criado para possibilitar o controle pelo Estado sobre a troca de informações de natureza comercial envolvendo Estados estrangeiros, conferindo-lhe o poder para negar a respectiva autorização quando entender versar a requisição sobre informação sigilosa ou estratégica (BASTOS, Celso Ribeiro. *Comentários à Constituição do Brasil*: promulgada em 5 de outubro de 1988, Saraiva, São Paulo, 1988, p. 198; NASCIMENTO, Tupinambá Miguel Castro. *Comentários à Constituição Federal*, Livraria do Advogado, Porto Alegre, 1997, p. 123).

CAPÍTULO II

DA POLÍTICA URBANA

Art. 182. A política de desenvolvimento urbano, executada pelo Poder Público municipal, conforme diretrizes gerais fixadas em lei, tem por objetivo ordenar o pleno desenvolvimento das funções sociais da cidade e garantir o bem-estar de seus habitantes.

Rogério Gesta Leal

História da norma e seu evolver

Durante séculos o Brasil como um todo se caracterizou por ser um país essencialmente agrícola. Foi no Recôncavo Baiano e na Zona da Mata, no Nordeste, que se iniciou o processo, então notável, de urbanização de nosso território, destacando-se neste processo três principais etapas de organização de desenvolvimento urbano. A primeira fase (1530/1570) apresenta como ponto alto a fundação do Rio de Janeiro, em 1567. O segundo período situa-se entre 1580 e 1640, com a criação de vilas e cidades, propiciando uma urbanização sistemática da costa norte, em direção à Amazônia. Num terceiro momento (1650/1720), são fundadas trinta e cinco vilas, elevando-se duas delas à categoria de cidade: Olinda e São Paulo, sendo que, ao final desse período, a rede urbana é constituída por um respeitável conjunto de sessenta e três vilas e oito cidades[1].

Os centros urbanos apresentam, então, uma vida que pode ser caracterizada como intermitente, com uma aparência de abandono e desolação.

De modo geral, é a partir do século XVIII que a urbanização se desenvolve e a casa da cidade torna-se a residência mais importante do fazendeiro ou senhor de engenho. Faz-se necessário, no entanto, mais um século para que ela atinja sua maturidade e, no século XX, possa adquirir as características com as quais a conhecemos hoje.

Essa "criação urbana", contudo, trata-se muito mais de geração de cidades do que de um verdadeiro processo de urbanização. A mecanização traz um novo impulso a esse fenômeno, que conhece sua primeira aceleração no século XIX. Embora as relações entre os lugares sejam fracas e inconstantes, a expansão da agricultura comercial e a exploração mineral são a base do povoamento e criação de riquezas, resultando no surgimento de cidades no litoral e no interior.

A porcentagem da população urbana vem crescendo progressiva e continuadamente desde 1872. Se o índice populacional de urbanização sofre poucas alterações entre o fim do período colonial e o século XIX, e cresce pouco de 1890 a 1920, são necessários apenas vinte anos (1920/1940) para que essa taxa triplique. No estado de São Paulo, a expansão urbana desse período é marcante, com um crescimento de 43%[2].

A urbanização do interior, que evolui de forma atomizada e acelerada, é reforçada pelo movimento de capitais locais, propiciando investimentos de ordem privada em infraestrutura, além de um reforço no setor da prestação de serviços.

O processo de urbanização no Brasil vem sendo regido, ao longo do tempo, por duas grandes estruturas. Após os anos 40 e 50, a economia ganha enorme relevo e impõe as dinâmicas urbanas em todo o território, enquanto, antes disso, elas eram ditadas pelas funções administrativas dos diferentes estados.

Dado que reforça tal posição é que, no começo do século XX, a evolução demográfica das capitais estava sujeita a oscilações, sendo que somente após a II Guerra Mundial se dá um crescimento sustentado em todas elas. Isto ocorre porque, até a guerra, a base econômica da maioria das capitais fundava-se na agricultura, o que também se refletia nas áreas urbanas.

Até esse período, as capitais refletem-se qualitativa e quantitativamente no processo urbano, alterando-se tal situação a partir da produção do café, quando o Estado de São Paulo se torna o polo dinâmico da área que abrange os estados do sul, além de Rio de Janeiro e Minas Gerais. Trata-se, porém, de uma integração limitada (do espaço e do mercado) de que participa apenas uma parcela do território nacional[3].

A divisão do trabalho que se opera dentro dessa área é um fator de crescimento para todos os subespaços envolvidos e constitui um elemento de sua diferenciação em relação ao resto do país. É com base nessa nova dinâmica que o processo de industrialização se desenvolve, atribuindo a dianteira a essa região, sobretudo a São Paulo, numa polarização que se perpetua no tempo.

Esse primeiro momento se estende até a década de 30, quando a industrialização permite a formação de um mercado interno e introduz uma nova lógica econômica e territorial. A partir dos anos 40, é a lógica industrial que prevalece, ativando o processo de urbanização. Ocorre, então, um crescimento demográfico pouco sustentado das cidades e a inversão do lugar de residência da população brasileira do campo para a cidade (entre 1940 e 1980), com absoluta falta de ordenação à ocupação do solo urbano.

Mas como se dá a regulamentação jurídica desse processo, notadamente constitucional, eis que é o tema que interessa aqui?

Em termos históricos, foram as *Ordenações do Reino* de Portugal que fixaram os primeiros princípios básicos e genéricos sobre o ordenamento das povoações, sendo que as imposições urbanas eram de competência das autoridades locais.

As *Ordenações Filipinas*, por sua vez, já apresentavam normas gerais sobre estética, relações de vizinhança e direito de construir. Havia preocupação, também, com a reserva de área para a expansão urbana, uma questão que permanece extremamente atual. Naquela época, as ruas eram simples "meios de ligação", ao tempo que as praças constituíam o ponto de atenção urbanística. Somente mais tarde é que elas adquiriram nova importância, transformando-se em local de permanência em função do comércio[4].

---

1. Nesse sentido, ver o texto de COSTA, Manoel Augusto. *Urbanização e Migração Urbana no Brasil*. Rio de Janeiro: IPEA/INPES, 1975.
2. Ver o texto de FAISSOL, Speridião. *Urbanização e Regionalização*: relações com o desenvolvimento econômico. Rio de Janeiro: IBGE, 1978.
3. PEREIRA, Luiz. *Urbanização e Subdesenvolvimento*. Rio de Janeiro: Zahar Editora, 1979, p. 39 e s.
4. Ver o trabalho de SANTOS, Milton. *A Urbanização Brasileira*. São Paulo: Hucitec, 1994.

Ainda na época do Brasil Colônia, as câmaras municipais tomaram algumas determinações importantes, que permanecem em nossos dias, como a necessidade de autorização para construir, sendo que grande parte dessas normas perdurou no Império, considerando que a *Constituição Imperial* nada dispôs sobre o assunto e encarregou as Câmaras de cada cidade de fazê-lo. Eram objeto de natureza urbanística o benefício comum dos habitantes (alinhamento, limpeza, iluminação e conservação de locais públicos), a preservação do meio ambiente, a deterioração do solo urbano (edifícios ruinosos, escavações e precipícios) e o controle da "baderna" nas ruas (poluição sonora). Assim, as Câmaras deliberavam sobre os meios de promover e manter a tranquilidade, segurança, saúde e comodidade dos moradores, além de cuidar dos edifícios[5].

Foi por intermédio do *Ato Adicional* à Constituição do Império, que criou as Assembleias Legislativas, por sua vez, que se deu competência às Províncias para legislar sobre alguns assuntos urbanísticos, como a desapropriação por utilidade municipal, obras públicas e estradas[6].

Na verdade, foi através das leis de desapropriação que se delinearam as primeiras normas jurídicas urbanísticas no país, baseando-se no argumento da utilidade pública e prevendo obras de interesse geral, bem como a decoração; mais tarde, acrescentou-se a ela a salubridade.

Veja-se que a *Constituição da República* de 1891 nada trouxe de novo para o Direito Urbanístico senão a ratificação da possibilidade de desapropriação por utilidade pública, enquanto as Constituições posteriores (até a de 1969) asseguraram aos Municípios a função urbanística local.

Em verdade, as Constituições de 1824 e de 1891 não trataram do tema da ocupação do espaço urbano, sequer no que tange às competências para apreciar tal matéria, eis que isto não se apresentava como prioridade num país com as dimensões continentais do Brasil, em processo de ocupação progressiva.

Alguns doutrinadores sustentam que o país só veio ter um plano urbanístico mais generalista na década de 1930, mais especialmente com os planos de Agache para o Rio de Janeiro e o de Prestes Maia para São Paulo, substituindo um pouco os planos de embelezamento de espaços não integrados vigentes à época[7].

De qualquer sorte, é somente na Constituição de 1934 que vamos começar a ter um ensaio de regulamentação normativa sobre temas que circundam o tema da ocupação urbana, na medida em que o art. 5º, § 3º, disciplina, entre as competências privativas da União, as que dizem com "registros públicos, desapropriações, (...) riquezas do subsolo, mineração, metalurgia, aguas, energia hydro-electrica, florestas, caça e pesca e a sua exploração, não exclue a legislação estadual suppletiva ou complementar sobre as mesmas matérias. As leis estaduais, nestes casos, poderão, atendendo ás peculiaridades locaes, supprir as lacunas ou deficiencias da legislação federal, sem dispensar as exigencias desta"[8].

Por certo que ainda tal dispositivo está preocupado com as extensões rurais do país e a forma de regulação da sua exploração, até porque, como citamos anteriormente, o tema do urbanismo nesse período histórico é deveras incipiente no Brasil.

De qualquer sorte, o art. 8º, ao indicar algumas competências privativas dos Estados-membros, deixa claro que lhes compete decretar impostos sobre diversos fatos geradores, com exceção da propriedade territorial urbana (inciso I, alínea *a*), isto porque tal mister era outorgado aos Municípios, sendo que a forma de cobrança do imposto predial era a chamada *decima ou de cedula de renda*, enquanto o territorial dava-se pela via do imposto mesmo (art. 13, § 2º, II)[9].

Veja-se que no art. 113, n. 17, quando a Constituição Federal de 1934 trata dos Direitos e Garantias Individuais, assegura o direito de propriedade, *que não poderá ser exercido contra o interesse social ou collectivo, na forma que a lei determinar*, o que poderia novamente autorizar a conclusão de que houve uma preocupação do constituinte em formatar algumas disposições de delimitação das possibilidades do uso do solo (rural e urbano) condicionado ao interesse público (social e coletivo)[10], todavia, não decorreram daí medidas infraconstitucionais assecuratórias de uma ordenação urbana nacional.

A Constituição de 1937 não trouxe nenhuma contribuição à regulamentação sobre a questão do urbanismo, o que ocorreu com as constituições de 1946, 1967 e 1969.

A verdade é que somente na década de 60 tentou-se implantar uma política urbana no país, por influência da criação do BNH, e o Ministério do Planejamento ficou encarregado de formular um programa nacional de habitação e de planejamento territorial (art. 1º da Lei 4380/64).

No plano internacional, é preciso que se diga que foi com a Declaração Universal dos Direitos Humanos da ONU, de 1948, que vamos encontrar uma preocupação expressa com a questão que envolve a necessidade de o cidadão ter uma vida digna, e nela, o asseguramento do repouso, lazer, saúde, bem-estar, alimentação, vestuário, habitação, cuidados médicos, serviços sociais, etc. No âmbito da habitação, podemos visualizar já uma preocupação que alcançará o espaço urbano, o que vem ratificado pelo Pacto Internacional dos Direitos Sociais, Econômicos e Culturais, de 1966, nos termos do seu art. 11; pela Carta de Direitos Fundamentais da União Europeia, de 2000; pela Carta Africana dos Di-

---

5. Conforme WILHEIM, Jorge. *Urbanismo no Subdesenvolvimento*. Rio de Janeiro: Saga, 1969.

6. Até então, pelos termos do art. 167 a 169, da Constituição Imperial, restavam às Câmaras o governo econômico e municipal das cidades e vilas, sem qualquer especificação envolvendo o tema de regulação urbana.

7. Nesse sentido, o trabalho de VILLAÇA, Flavio. Uma contribuição para a história do planejamento urbano no Brasil. In: *O processo de urbanização no Brasil* (org. Csaba Deák e Sueli Ramos Schiffer). São Paulo: Edusp, 1999, p. 206 e s.

8. Art. 5º, § 3º, da Constituição Federal de 1934.

9. Interessante notar que esta mesma Carta Política, em seu art. 124, autoriza a cobrança de contribuição de melhoria por parte da administração que tiver realizado obra pública causadora de benefícios a determinados contribuintes, independentemente de sua estatura federativa (União Federal, Estados-membros, ou Municípios), o que novamente demonstra tão somente uma preocupação arrecadadora e não social.

10. Tal percepção vem reforçada pelas disposições do art. 115, ao estabelecer que a ordem econômica deve ser organizada conforme os princípios da justiça e as necessidades da vida nacional, de modo que possibilite a todos existência digna. Dentro desses limites, é garantida a liberdade econômica. A dicção deste dispositivo mostra bem sua natureza interventiva na ordem econômica para garantir o bem-estar social, tanto que o seu parágrafo único determinava aos poderes públicos que verificassem, periodicamente, o padrão de vida nas várias regiões do país.

reitos do Homem e dos Povos, associado ao Protocolo de São Salvador à Convenção Americana de Direitos Humanos; a Declaração de Vancouver sobre Assentamentos Humanos, de 1976, e a de Instambul, Turquia, em 1996, donde resultou a designação da Agenda Habitat II[11].

Com base na *Declaração sobre o Direito ao Desenvolvimento* (1986), da qual o Brasil tomou parte, toda pessoa está habilitada a participar do desenvolvimento econômico, social, cultural e político, sendo atribuído ao Estado o dever de formular políticas nacionais que visem ao constante aprimoramento do bem-estar de todos os indivíduos, com sua participação no desenvolvimento e na distribuição equitativa dos benefícios daí resultantes, o que significa assegurar a todos os cidadãos a igualdade de oportunidade em seu acesso aos recursos básicos, educação, serviços de saúde, habitação, etc.

Consoante informações de Marcos Toba, é a partir de 1990 que vão surgir, no Brasil, de forma mais sistematizada, os primeiros planos decorrentes de maior discussão e reflexão politizada de alguns segmentos sociais, tratando inclusive das questões envolvendo desigualdades sociais na distribuição do solo urbano, em que a estratificação do território reflete a própria estratificação do tecido social[12].

Veja-se que o *Tratado sobre cidades, vilas e povoados sustentáveis*, elaborado durante a ECO-92, aponta com clareza os princípios que devem nortear a política urbana, consistindo em três fundamentos básicos: a) direito à cidadania, ou seja, a participação dos habitantes das cidades na condução de seus destinos; b) gestão democrática da cidade, esta compreendida como submissão do planejamento do espaço urbano ao controle e participação da sociedade civil e c) função social da cidade e da propriedade[13].

O II Plano Nacional de Desenvolvimento fixou as diretrizes e os objetivos do desenvolvimento urbano nacional, o controle da poluição e a preservação do meio ambiente.

Agora, a Constituição de 1988 deu bastante atenção à matéria urbanística, com dispositivos sobre as diretrizes do desenvolvimento urbano, preservação ambiental, planos urbanísticos e função social da propriedade.

Importa destacar que a base da política urbana encontra-se nos arts. 21, XX, e 182, que preveem o desenvolvimento adequado do sistema de cidades (de competência federal) e o desenvolvimento urbano no território municipal (de competência local).

A *ordenação do território* (art. 21, IX) confere expressa competência à União para elaborar e executar planos urbanísticos nacionais e regionais, incluindo os planos econômicos e sociais, enquanto o art. 30, VIII, prevê o *planejamento urbanístico local*, estabelecendo competência exclusiva do Município no sentido de promover o adequado ordenamento territorial e o controle do uso, parcelamento e ocupação do solo urbano.

---

11. Ver neste ponto o excelente texto de SARLET, Ingo Wolfgang. O direito fundamental à moradia na Constituição: algumas anotações a respeito de seu contexto, conteúdo e possível eficácia. *Revista de Direito do Consumidor*, v. 46. São Paulo: Revista dos Tribunais, 2003, pp. 193-244.
12. TOBA, Marcos Maurício. *Estatuto da Cidade* (org. Odete Medauar e Fernando Dias Menezes de Almeida). São Paulo: Revista dos Tribunais, 2002, p. 164.
13. PESSOA, Álvaro. Desenvolvimento Urbano no Brasil (aspectos jurídicos). *Revista de Direito Administrativo*, v. 137, p. 351.

Registre-se que esse dispositivo constitucional, assim como os próximos, foram aprofundados e mesmo delimitados em termos mais específicos pelos termos da lei federal n. 10.257, de 11/07/2001, o chamado Estatuto da Cidade.

Art. 182, § 1º O plano diretor, aprovado pela Câmara Municipal, obrigatório para cidades com mais de vinte mil habitantes, é o instrumento básico da política de desenvolvimento e de expansão urbana.

Rogério Gesta Leal

História da norma e seu evolver

Quis a Constituição Federal de 1988 estabelecer que o instrumento de concretização e mesmo vinculação da propriedade urbana às diretrizes e objetivos da política urbana é o plano diretor, instrumento básico da política do Município, cabendo a ele regulamentar os critérios necessários para que a propriedade possa atender à sua função social. É preciso, contudo, com base na competência concorrente dos Estados e Municípios, a partir das diretrizes gerais da União Federal, legislar sobre direito urbanístico. Ainda que num primeiro momento pareçam conflitantes, as disposições de cada nível legislativo não se cruzam, pois, embora disponham sobre o mesmo tema, o fazem em âmbitos distintos.

Em razão das normas constitucionais, os Estados-membros, apesar de não possuírem competência para disciplinar o Plano Diretor quanto ao seu conteúdo, processo de elaboração e implementação, têm competência para legislar sobre direito urbanístico, assim como a União Federal tem a competência para dispor sobre diretrizes gerais à ocupação do solo.

Dentro desse contexto, é preciso destacar que a posição do Município foi profundamente alterada com o novo texto constitucional, passando a ser considerado como ente da Federação (art. 18 da CF/88). Possui ele, agora, autonomia política, sendo-lhe atribuída capacidade própria de auto-organização, de auto-governo, de autolegislação e de autoadministração. Todavia, estas capacidades encontram, nas normas constitucionais vigentes e referidas premissas, objetivos e finalidades dirigentes para o Município promover a política urbana, dentre os quais podemos destacar a soberania popular, a justiça social, a igualdade, a legalidade e a função social.

Assim, qualquer planejamento local que tenha por escopo a gestão do espaço urbano, tal qual o Plano Diretor, para ter validade e eficácia, deve congregar em suas normas o respeito àqueles elementos e princípios constitucionais, sob pena de inconstitucionalidade[1].

Mas como poderíamos definir conceitualmente o Plano Diretor como instrumento de ordenação urbana? Valemo-nos dos indicativos de José Aguiar, quando lembra que planejar significa estabelecer objetivos, indicar diretrizes, estudar programas, escolher os meios mais adequados a uma realização e traçar a atuação do governo, consideradas as alternativas possíveis[2].

---

1. Ver o texto de BARREIRA, Mauricio Balesdent. Direito Urbanístico e o Município. In: FERNANDES, Edésio. *Direito Urbanístico*. Belo Horizonte: Del Rey, 1998.
2. AGUIAR, Joaquim Castro. *Direito da Cidade*. Rio de Janeiro: Renovar, 2001, p. 38.

Por ser uma norma impositiva, o Plano Diretor impõe um dever concreto e permanente aos municípios, devendo seu texto tratar do adequado planejamento e controle do uso, parcelamento e ocupação do solo urbano. Neste sentido, as diretrizes que o condicionam podem ser tanto federais (art. 21, XX, da CF/88), como estaduais (art. 24, I, da CF/88), ou mesmo urbanísticas, atinentes à lei orgânica municipal[3].

Temos que as limitações urbanísticas ao direito individual de uso da propriedade urbana, como a lei de zoneamento urbano, por exemplo, devem continuar a ter validade, mesmo sem a existência do plano diretor, desde que estejam de acordo com os princípios constitucionais da política urbana, que são o pleno desenvolvimento das funções sociais da cidade e a garantia de condições dignas de vida a seus habitantes, ora regulamentados pelo Estatuto da Cidade.

Por uma questão de coerência, acreditamos que o Plano Diretor é essencial na implementação das políticas urbanas, mas isto não significa que se possa retirar a validade de determinadas normas – como as diretrizes gerais hoje existentes – que visem dar à cidade uma função social, somente por não estarem inseridas neste ou naquele instrumento legal. Isto porque, a nosso ver, o princípio constitucional legitima qualquer ação nesse sentido. O plano diretor é o instrumento básico para definir os critérios da política urbana, mas não é o único, até porque estes preceitos também devem ser respeitados pelas cidades com menos de vinte mil habitantes[4].

Registre-se que esse Plano, por ter natureza constitucional, deve primar pela efetivação dos princípios gerais instituídos pela Constituição em nível municipal, permitindo que se instale, pelo menos em relação ao espaço urbano, um Estado substancialmente[5] democrático e de direito para todos. Seus objetivos devem ser, portanto, a dignidade da pessoa humana, a construção de uma sociedade justa, o desenvolvimento e a redução das desigualdades sociais, promovendo o bem-estar de todos, o que, *a priori*, deveria nortear todas as ações do Estado.

Supletivamente, devem ainda ser observados os princípios constitucionais específicos da política urbana e os tratados internacionais de que o Brasil é signatário[6], principalmente aqueles em que se compromete com a condição de ser humano de seus habitantes, hipótese em que uma cidade desenvolvida e adequadamente planejada tem um fundamental papel a desempenhar, pois é imprescindível que se garanta a todos, indistintamente, incluindo-se nesta esfera aquelas parcelas tradicionalmente desprovidas de atenção por parte do Estado – os cidadãos clandestinos –, uma infraestrutura que permita um desenvolvimento generalizado, em que se possa transformar a exclusão em atuação.

No plano estratégico da gestão do espaço urbano, o Plano Diretor opera como instrumento norteador dos atuais e futuros empreendimentos, conduzindo ordenadamente o crescimento das cidades, disciplinando as atividades urbanas e, ao mesmo tempo, garantindo o bem-estar social da comunidade, advirta-se, não apenas no perímetro urbano, mas nas áreas de expansão urbana, exatamente para que a cidade não seja prejudicada em seu desenvolvimento pelos futuros núcleos urbanos nas periferias[7]. Aliás, pela dicção do art. 40, § 2º, do Estatuto da Cidade, podemos verificar que *o Plano Diretor deverá englobar o território do Município como um todo*, ou seja, alcançando inclusive a área rural que se localiza no Município, observando, todavia, os limites das políticas públicas *urbanas* que operam tanto na perspectiva das regiões de expansão urbana, como no que diz com ações que alcançam a área rural, sem adentrar nas competências de gestão das políticas públicas agrárias que competem à União Federal[8].

De igual sorte o Estatuto da Cidade ampliou o critério meramente demográfico (vinte mil habitantes) para exigir dos Municípios o Plano Diretor, eis que, consoante as disposições do seu art. 41, e incisos, determinando-o como obrigatório também para as cidades: integrantes de regiões metropolitanas e aglomerações urbanas (sem limite de habitantes); onde o Poder Público municipal pretenda utilizar os instrumentos previstos no § 4º, do art. 182, da Constituição Federal; integrantes de áreas de especial interesse turístico; inseridas na área de influência de empreendimentos ou atividades com significativo impacto ambiental de âmbito regional ou nacional[9].

A questão que se coloca aqui é a de sabermos a quem compete definir o que seja: área de especial interesse turístico, ou área de influência de empreendimento ou atividade de significativo impacto ambiental de âmbito regional ou nacional? Por certo que se poderão criar expedientes mais objetivos atinentes ao controle dessas questões, passíveis de serem aferidos por todos os poderes de Es-

---

3. Ver o trabalho de MOREIRA NETO, Diogo de Figueiredo. Direito urbanístico e limitações urbanísticas. *Informação Legislativa* n. 07. Refere o autor que a sanção ao Município que viesse a produzir legislação urbanística sem um plano diretor é a nulidade, por inconstitucionalidade; em outras palavras, a obrigatoriedade do plano diretor para as cidades com mais de vinte mil habitantes tem sua sanção na nulidade e inconstitucionalidade de todas as normas urbanísticas municipais que vierem a ser baixadas sem ter nele sua fundamentação, seja por falta de plano diretor, seja por sua violação.

4. Para as cidades que não possuem plano diretor, as Constituições estaduais, em regra, estabelecem aos Municípios o dever de elaborar diretrizes gerais de ocupação do território, através de leis que garantam as funções sociais da cidade e da propriedade.

5. Segundo ARANHA&MARTINS, *Temas de Filosofia*. São Paulo: Moderna, 1990, p. 63, a democracia substancial diz respeito aos resultados obtidos com a famosa "igualdade perante a lei"; trata-se da efetiva – e não apenas ideal – igualdade.

6. Alguns destes instrumentos referimos acima, sendo que a grande maioria é de iniciativa da ONU. Nesse sentido ver o texto de SAULE JR., Nelson. *Novas perspectivas do Direito Urbanístico brasileiro. Ordenamento constitucional da política urbana. Aplicação e eficácia do plano diretor*. Porto Alegre: Sergio Antonio Fabris Editor, 1997.

7. No clássico trabalho MEIRELLES, Hely Lopes. *Direito Municipal Brasileiro*. São Paulo: Malheiros, 2003, p. 406, o administrativista brasileiro já advertia que, como o plano diretor é parte integrante do processo de planejamento municipal, o plano plurianual, as diretrizes orçamentárias e o orçamento anual deverão incorporar suas diretrizes e prioridades.

8. Estamos falando, por exemplo, daquelas ações que envolvem a determinação das condições e possibilidades em que vai se dar a expansão urbana, afetando áreas rurais destinadas a tal fim, condicionando o uso de áreas rurais que interessam ao desenvolvimento urbano em face de recursos naturais, ambientais, hídricos, envolvendo o trânsito de veículos, etc.

9. Importa destacar a advertência de CÂMARA, Jacintho Arruda. Plano Diretor. In: DALLARI, Adilson Abreu & FERRAZ, Sergio (coordenadores). *Estatuto da Cidade*. São Paulo: Malheiros, 2006, p. 313, no sentido de que há teses sustentando que, se a Constituição Federal de 1988 somente obriga a existência do Plano Diretor às cidades com mais de vinte mil habitantes e àquelas que pretendam utilizar os instrumentos do seu § 4º, do art. 182, não poderia o Estatuto da Cidade ampliar tais situações – como o faz no âmbito do art. 41 e seus incisos –, ou existir quaisquer outras, sob pena de inconstitucionalidade.

tado e mesmo pela comunidade como um todo, eis que dizem com interesses tutelados amplamente pelo sistema jurídico pátrio[10].

O processo de constituição material e formal do Plano Diretor previsto aqui restou parametrizado pelas disposições do Estatuto da Cidade (Lei Federal n. 10.257/2001), tanto por suas diretrizes gerais, como por seu art. 39 e seguintes, sendo obrigatório para cidades: com mais de 20.000 habitantes; integrantes de regiões metropolitanas e aglomerações urbanas; onde o Poder Público municipal pretende utilizar os instrumentos previstos no § 4º, do art. 182, da Constituição Federal de 1988; integrantes de áreas de especial interesse turístico; inseridas na área de influência de empreendimentos ou atividades com significativo impacto ambiental de âmbito regional ou nacional. O escopo central deste Plano também vem demarcado, em linhas gerais, por esta disposição normativa, determinando que assegure o *atendimento das necessidades dos cidadãos quanto à qualidade de vida, à justiça social e ao desenvolvimento das atividades econômicas*[11].

De outro lado, estabeleceu o mesmo diploma legal, em seu art. 42, que o Plano Diretor deveria conter, no mínimo: a delimitação das áreas urbanas onde poderá ser aplicado o parcelamento, edificação ou utilização compulsórios, considerando a existência de infraestrutura e de demanda para utilização, na forma do art. 5º da mesma lei[12]; disposições requeridas pelos arts. 25, 28, 29, 32 e 35 da lei[13]; sistema de acompanhamento e controle.

Quando o Estatuto da Cidade estabelece o mínimo que deve conter o Plano Diretor, significa dizer que deverão ser contemplados, eis que aceitas como diretrizes pelo legislador ordinário, a despeito de que se possa argumentar sobre a natureza invasiva no âmbito da autonomia das entidades federativas desse dispositivo.

Em termos de sanções envolvendo o descumprimento de regras atinentes ao Plano Diretor, é o mesmo Estatuto da Cidade que disciplina alguns pontos, nos termos do seu art. 52, demarcando algumas causas de configuração de tal comportamento, a saber: (a) impedir ou deixar de garantir a participação de comunidades, movimentos e entidades da sociedade civil, conforme o disposto no § 3º, do art. 4º, do Estatuto da Cidade; (b) deixar de proceder, no prazo de cinco anos, o adequado aproveitamento do imóvel incorporado ao patrimônio público, conforme o disposto no § 4º, do art. 8º, desta Lei; (c) utilizar áreas obtidas por meio do direito de preempção em desacordo com o disposto no art. 26, do Estatuto da Cidade; (d) aplicar os recursos auferidos com a outorga onerosa do direito de construir e de alteração de uso em desacordo com o previsto no art. 31 do Estatuto; (e) aplicar os recursos auferidos com operações consorciadas em desacordo com o previsto no § 1º, do art. 33, do Estatuto; (f) impedir ou deixar de garantir os requisitos contidos nos incisos I a III do § 4º do art. 40 do Estatuto; (g) deixar de tomar as providências necessárias para garantir a observância do disposto no § 3º, do art. 40, e no art. 50, ambos do Estatuto da Cidade; (h) adquirir imóvel objeto de direito de preempção, nos termos dos arts. 25 a 27 do Estatuto, pelo valor da proposta apresentada, se este for, comprovadamente, superior ao de mercado.

Art. 182, § 2º A propriedade urbana cumpre sua função social quando atende às exigências fundamentais de ordenação da cidade expressas no plano diretor.

Rogério Gesta Leal

História da norma e seu evolver

O presente dispositivo constitucional pretende, primeiramente, ratificar o compromisso para com a função social da propriedade disposta no art. 5º, XXIII, deste Diploma; em segundo lugar, vincular a propriedade urbana à função social que a própria cidade deve perseguir. Ao lado disto, essa mesma Constituição Federal outorga à propriedade a condição de princípio da ordem econômica (art. 170, inc. II).

Mas o que significa essa função social em termos conceituais e pragmáticos, afinal?

Queremos dizer, preliminarmente e com Raupp Rios[1], que o dever intrínseco, consubstanciado na função social da propriedade, não se confunde ou se resume, de modo algum, com técnicas jurídicas limitativas do exercício dos direitos, isto porque estamos diante de elemento essencial definidor do próprio direito subjetivo de e à propriedade. As limitações, portanto, a despeito de que importantes em tal definição, implicam mera abstenção do titular do direito: os deveres, diversamente, caracterizam-se como encargos ínsitos ao próprio direito, orientando e determinando seu exercício, de modo positivo.

Realidade conjugada que é, por ser direito subjetivo, a propriedade só se compreende de forma adequada na presença de sua função social. Configura-se, nesse passo, como poder-dever (no caso, poder-função), sendo seu titular verdadeiro devedor para com a sociedade de comportamentos positivos, sintonizados

---

10. Ações Cíveis Públicas, Ações Populares, Mandados de Segurança, Controle Parlamentar, etc.
11. Art. 41 do Estatuto da Cidade. Determina o § 2º deste artigo que, para as cidades com mais de quinhentos mil habitantes, deve ser elaborado um plano de transporte urbano integrado, compatível com o plano diretor ou nele inserido.
12. Art. 5º Lei municipal específica para área incluída no plano diretor poderá determinar o parcelamento, a edificação ou a utilização compulsórios do solo urbano não edificado, subutilizado ou não utilizado, devendo fixar as condições e os prazos para implementação da referida obrigação.
13. Art. 25. O direito de preempção confere ao Poder Público municipal preferência para aquisição de imóvel urbano objeto de alienação onerosa entre particulares.
Art. 28. O plano diretor poderá fixar áreas nas quais o direito de construir poderá ser exercido acima do coeficiente de aproveitamento básico adotado, mediante contrapartida a ser prestada pelo beneficiário.
Art. 29. O plano diretor poderá fixar áreas nas quais poderá ser permitida alteração de uso do solo, mediante contrapartida a ser prestada pelo beneficiário.
Art. 32. Lei municipal específica, baseada no plano diretor, poderá delimitar área para aplicação de operações consorciadas.
Art. 35. Lei municipal, baseada no plano diretor, poderá autorizar o proprietário de imóvel urbano, privado ou público, a exercer em outro local, ou alienar, mediante escritura pública, o direito de construir previsto no plano diretor ou em legislação urbanística dele decorrente, quando o referido imóvel for considerado necessário para fins de: I – implantação de equipamentos urbanos e comunitários; II – preservação, quando o imóvel for considerado de interesse histórico, ambiental, paisagístico, social ou cultural; III – servir a programas de regularização fundiária, urbanização de áreas ocupadas por população de baixa renda e habitação de interesse social.

1. RIOS, Roger Raupp. A propriedade e sua função social na Constituição da República de 1988. In: *Doutrina Jurídica Brasileira*. Porto Alegre: Plenum, 2006.

com os ditames da ordem jurídica como um todo. Suas obrigações, em face disto, não se confundem com limitações ao direito (como os direitos de vizinhança). Enquanto essas são circunstâncias externas limitadoras do exercício do direito, a função social é elemento estrutural do conteúdo do instituto da propriedade[2].

Assim é que a noção de função, no sentido em que é empregado o termo nessa matéria, significa um poder, mais especificamente, o poder de dar ao objeto da propriedade destino determinado, de vinculá-lo a certo objetivo. O adjetivo social mostra que esse objetivo corresponde ao interesse coletivo e não ao interesse do próprio *dominus*; o que não significa que não possa haver harmonização entre um e outro. Mas, de qualquer modo, se se está diante de um interesse coletivo, essa função social da propriedade corresponde a um poder-dever do proprietário, sancionável pela ordem jurídica[3].

Podemos dizer que é a própria Constituição que dá indicadores à densificação material/pragmática do conceito de função social da propriedade no país, ao menos normativamente, quando, por exemplo, trata do adequado ordenamento territorial (art. 30, inc. VIII); dos monumentos, das paisagens naturais notáveis e dos sítios arqueológicos (art. 23, inc. III); do meio ambiente (arts. 23, inc. VI; 170, inc. VI e 225); das florestas, da fauna e da flora (art. 23, inc. VII); do bem-estar dos habitantes das cidades (art. 182, *caput*); da ordenação da cidade (art. 182, § 2º); do adequado aproveitamento do solo urbano (art. 182, § 4º), e mesmo quanto à forma de aquisição da propriedade, fazendo referência expressa à moradia da população de baixa renda (art. 183); da proteção dos chamados bens de natureza material e imaterial, tomados individualmente ou em conjunto, portadores de referência à identidade, à ação, à memória dos diferentes grupos formadores da sociedade brasileira do patrimônio cultural brasileiro, por meio de tombamento e desapropriação, consoante disposição expressa do art. 216, § 1º.

De igual sorte o sistema jurídico brasileiro conta hoje com um universo bastante significativo de legislação infraconstitucional delimitando diversos condicionamentos ao direito de propriedade e, por isto, priorizando determinados interesses e valores que confortam essa ideia de função social da propriedade. Dentre esses dispositivos, podemos citar a Lei Federal n. 6.766/79, de natureza urbanística, que impõe ao proprietário de gleba deveres para o parcelamento do solo urbano; a Lei Federal n. 6.803/80, que estabelece diretrizes básicas para o zoneamento industrial nas áreas críticas de poluição, assim como a Lei Federal n. 6.938/81, que dispõe sobre a Política Nacional do Meio Ambiente, criando mecanismos de controle do uso da propriedade por particulares a fim de preservar o meio ambiente; o Decreto-lei Federal n. 25/37, que protege o patrimônio histórico e artístico nacional, o conjunto dos bens móveis e imóveis existentes no país e cuja conservação seja de interesse público, quer por sua vinculação a fatos memoráveis da história do Brasil, quer por seu excepcional valor arqueológico ou etnográfico, bibliográfico ou artístico, bem como os monumentos naturais, bem como os sítios e paisagens que importe conservar e proteger pela feição notável com que tenham sido dotados pela natureza ou agenciados pela indústria humana; de igual sorte temos normatização repressiva prevendo o confisco de instrumentos do crime, hipótese radical de extinção da propriedade de determinados bens, nos termos do Código Penal, art. 91, inc. II, e Lei Federal n. 6.368/76, art. 34, § 2º.

Numa perspectiva ainda mais histórica e tradicional, os Estados e os Municípios têm procurado contribuir nessa definição do que seja a função social da propriedade – notadamente a urbana –, em especial nas suas normativas atinentes ao uso e ocupação do solo, código de obras e código sanitário, impondo ao proprietário a observância de interesses verdadeiramente comunitários e coletivos, entre os quais: segurança da edificação (fundações e estrutura), conforto ambiental (ventilação, circulação, iluminação, condições térmicas, etc.), urbanismo (uso e ocupação do solo, permeabilidade do solo, gabarito das edificações, estética, etc.), segurança das instalações (gás, eletricidade, incêndio), saúde (água e instalações sanitárias) e meio ambiente (coletas de esgoto e de lixo).

Em face desse cenário, é de se perguntar se a redação deste dispositivo sob comento não estaria reduzindo o conceito formal e material de função social da propriedade e mesmo da cidade no país, uma vez que faz *depender sua existência* do atendimento das *exigências fundamentais de ordenação da cidade expressas no plano diretor*.

Veja-se que é tão séria tal disposição que, no âmbito do próprio Estatuto da Cidade, vários instrumentos de implantação de políticas urbanas densificadoras da função social da cidade e da propriedade, por ele criado, dentre os quais, o direito de preempção (art. 25), outorga onerosa do direito de construir (art. 28), operações urbanas consorciadas (art. 32), transferência do direito de construir (art. 35), dependem da existência de um Plano Diretor.

Pergunta-se: tais dispositivos constitucional e infraconstitucional não estariam reduzindo as possibilidades eficaciais de implementação exatamente dos objetivos e finalidades previstas pelo Texto Político e pelo Estatuto da Cidade? Quais seriam as obrigações das cidades com menos de vinte mil habitantes e sem Plano Diretor em face dos instrumentos jurídicos e políticos do Estatuto da Cidade que exigem tal providência? Poderiam estas comunas, por legislação complementar, regular a matéria que envolve os institutos referidos, desde que respeitados os demais requisitos para tanto?

Pensamos que, inexistindo o Plano Diretor nas cidades em que ele é exigido, a legislação urbanística vigente ou que for criada não está eivada do vício de inconstitucionalidade, por ausência de norma reguladora dos critérios e parâmetros públicos de gestão do espaço urbano[4], eis que as limitações urbanísticas ao direito individual de uso da propriedade urbana, como a lei de zoneamento urbano, o parcelamento do solo, os limites à construção,

---

2. Ver o texto de BRENDA, Ernst. Função da Garantia da Propriedade na Constituição Moderna. In: *Cadernos de Direito Constitucional e Ciência Política*, n. 1. São Paulo: Revista dos Tribunais, 1992.

3. Idem.

4. Como quer MOREIRA NETO, Diogo de Figueiredo. Direito Urbanístico e limitações urbanísticas. *Informação Legislativa* n. 07, p. 110, 1990: "A sanção ao Município que viesse a produzir legislação sem um plano diretor é a nulidade, por inconstitucionalidade (...). A obrigatoriedade do plano diretor para as cidades com mais de vinte mil habitantes tem sua sanção na nulidade e inconstitucionalidade de todas as normas urbanísticas municipais que vierem a ser baixadas sem ter nele sua fundamentação, seja por falta de plano diretor, seja por sua violação".

etc., devem continuar a ter validade, mesmo sem a existência daquele plano, desde que estejam de acordo com os princípios constitucionais da política urbana, que são o pleno desenvolvimento das funções sociais da cidade e a garantia de condições dignas de vida a seus habitantes[5].

Em outras palavras, o Plano Diretor é essencial na implementação das políticas urbanas, mas não nos parece coerente retirar a validade de determinadas normas que visem dar à cidade uma função social, somente por não estarem inseridas neste ou naquele instrumento legal. Isto porque, a nosso ver, o princípio constitucional legitima qualquer ação nesse sentido. O plano diretor é o instrumento básico para definir os critérios da política urbana, mas não é o único, até porque esses preceitos também devem ser respeitados pelas cidades com menos de vinte mil habitantes, e aqueles previstos pelo art. 41, do Estatuto da Cidade, anteriormente referidos[6]. O importante é que os Municípios trabalhem com a questão e se preocupem com os destinos de sua cidade, ainda que o Plano Diretor seja, sem qualquer sombra de dúvida, o instrumento adequado para fazê-lo[7].

Art. 182, § 3º As desapropriações de imóveis urbanos serão feitas com prévia e justa indenização em dinheiro.

Rogério Gesta Leal

História da norma e seu evolver

Desde o Estado Liberal clássico, em que o direito de propriedade se apresentava como intocável e sagrado, a desapropriação estava presente como veículo legítimo de perda e a aquisição do domínio por pessoas que exercem atividade administrativa, quando houvesse interesse comum[1].

Assim, na Declaração dos Direitos do Homem (1789), em França, a propriedade era apresentada como um direito inviolável, mas no art. 17, era ressalvada a necessidade pública de sua privação pelo Estado, desde que subordinada à prévia e justa indenização. A mesma garantia estava na Declaração de Direitos norte-americana (1776), convivendo, igualmente, com a desapropriação, mediante processo adequado (*due process*) e justa indenização, hipótese prevista na Emenda 5 à Constituição desse país (1791)[2].

Nossa tradição constitucional evidencia, também, em normas expressas, a convivência das duas noções; ao mesmo tempo em que se garante o direito de propriedade, ressalva, sempre, a possibilidade de desapropriação – Constituição de 1824, art. 179, 22; de 1891, art. 72, parágrafo 17; de 1934, art. 113, parágrafo 17; de 1937, art. 122, parágrafo 14; de 1946, art. 141, parágrafo 16; de 1967, art. 150, parágrafo 22; Emenda 1/69, art. 153, parágrafo 22, de 1988, art. 5º, XXIV, art. 22, II, arts. 182 e 184.

Poderíamos dizer, assim, que o direito tem considerado como incito à substância da propriedade sua expropriabilidade.

No Brasil, o direito de propriedade está previsto, infraconstitucionalmente, no Código Civil de 2002, quando, em seu art. 1.228, estabelece que a lei assegura ao proprietário o direito de usar, gozar e dispor da coisa, e o direito de reavê-la do poder de quem quer que injustamente a possua ou detenha. Tal direito, entretanto, não é absoluto, pois o parágrafo primeiro do mesmo dispositivo exige que o direito de propriedade seja exercido em consonância com as suas finalidades econômicas e sociais e de modo que sejam preservados, de conformidade com o estabelecido em lei especial, a flora, as belezas naturais, o equilíbrio ecológico e o patrimônio histórico e artístico, bem como evitada a poluição do ar e das águas.

A Constituição Federal vigente, ao dispor sobre os direitos e garantias fundamentais, no art. 5º, incisos XXII, XXIII e XXIV, estatui que a lei estabelecerá o procedimento para a desapropriação por necessidade ou utilidade pública, ou por interesse social, mediante justa e prévia indenização em dinheiro, ressalvados os casos previstos na própria Constituição. Estes casos, por sua vez, estão dispostos no art. 182, § 4º, inciso III, que trata de desapropriação inserida na Política Urbana, a qual surge como sanção à especulação imobiliária, sendo o preço pago à expropriação com títulos da dívida pública; de outra maneira, os arts. 184 e 185 tratam da desapropriação na Política Agrícola, Fundiária e na Reforma Agrária.

Em termos de condições básicas da desapropriação, segundo a Constituição, temos a obrigatoriedade de que ela atenda a um interesse público, este explicitado em necessidade pública, utilidade pública ou interesse social, além, é óbvio, da contemplação de indenização prévia, justa e em dinheiro,[3] como regra, enquanto o Código Civil Brasileiro de 2002, em seu art. 1.275, a considera com causa da perda da propriedade (inciso V).

Por sua vez, ao analisarmos o Decreto-lei n. 3.365/41, como regra geral da desapropriação no país, observamos que não existe definição alguma sobre como se caracteriza a utilidade pública, ou seja, tem um certo conteúdo indeterminado e, por conseguinte, passível de abrigar uma série de possibilidades interpretativas, a despeito, por certo, das hipóteses consagradas no seu art. 5º. Entendemos, contudo, que o conceito de utilidade pública (assim como o de necessidade pública e o de interesse social) deverá, para fins de desapropriação, ter seus contornos delimitados *in concreto*, com base em políticas públicas de organização do espaço urbano e não apenas adstrito à simples referência a uma das hipóteses legais descritas pelo Decreto-lei n. 3.365/41.

---

5. Nesse sentido o texto de SAULE JR., Nelson. *Novas perspectivas do Direito Urbanístico*. Porto Alegre: Sergio Antonio Fabris, 1991, p. 108.

6. Para as cidades que não possuem plano diretor, as Constituições estaduais estabelecem aos Municípios o dever de elaborar diretrizes gerais de ocupação do território, através de leis que garantam as funções sociais da cidade e da propriedade. Neste sentido, ver o texto de RIOS, Roger Raupp. A Propriedade e sua Função Social na Constituição da República de 1988. *Revista da AJURIS*, v. 64. Porto Alegre, 1995.

7. Estamos conscientes de que há autores, como CÂMARA, Jacintho Arruda. Plano Diretor. In: DALLARI, Adilson Abreu & FERRAZ, Sergio (coordenadores). *Estatuto da Cidade*. São Paulo: Malheiros, 2006, p. 316, para quem a não edição de Plano Diretor implica, necessariamente, o afastamento do Município na aplicação e utilização de novos mecanismos de política urbana fixados, por exemplo, nos arts. 25, 28, 32 e 35, do Estatuto da Cidade.

1. Conforme o trabalho de ELUSTIZA, Angel Sustaeta. *Propriedad y Urbanismo*. Madrid: Motecorvo, 1998, p. 35 e s.

2. Nos termos do trabalho de PÉREZ, Jesus González. *La expropriación forçoza por razón de urbanismo*. Madrid: Abella el Consultor de los Ayuntamientos, 1985, p. 47.

3. Conforme as disposições do art. 5º, inciso XXIV, da Constituição Federal de 1988.

Por vícios do período autoritário da época em que fora constituído o decreto-lei referido, temos, em seu art. 9º, norma extremamente arbitrária, que veda ao Poder Judiciário perquirir, no processo de desapropriação, se se verificam ou não os casos de utilidade pública. Ou seja, o Poder Judiciário não pode entrar no exame do mérito do ato de desapropriação para investigar, por exemplo, se não havia outra alternativa para atender ao serviço público, se não havia outro imóvel mais adequado, se o momento fora oportuno. Entretanto, o Judiciário pode examinar todos aqueles aspectos vinculados ao ato de desapropriação, tais como requisitos formais do decreto declaratório de utilidade pública, valor da oferta para imissão de posse, publicidade do decreto, causa invocada no ato de desapropriação[4].

Todavia, diante das novas disposições constitucionais de ampla defesa àqueles que veem seus direitos ameaçados, entendemos que, ao desapropriado, cabe levar ao conhecimento do Juízo no qual se processa a expropriação todos os elementos que sejam afetos ao ato administrativo, como, por exemplo, se toda a área decretada pelo Poder Público realmente é necessária para o desiderato almejado; se nessa localidade a utilidade pública realmente pode viabilizar-se a despeito do próprio ordenamento municipal (zoneamento, plano diretor), e assim por diante, eis que esta matéria, além de interessar às partes diretamente envolvidas, pode atingir um direito ou prerrogativa coletiva da comunidade[5].

Na verdade, pode-se afirmar, no Direito Brasileiro, que o controle jurisdicional tem se confinado à existência de desvio de poder manifestado do ato expropriatório. É bem de ver, mesmo ao se falar em desvio de poder, que o Judiciário tem enfrentado o problema de maneira tímida. A regra contida no art. 9º do Decreto-Lei n. 3.365/41, a um exame mais aligeirado, estaria a limitar por demais a ação do Judiciário.

Ainda com base no art. 5º, inciso XXXV, da Constituição Federal de 1988, entendemos que cabe ao Judiciário apreciar, por todos os ângulos, em concreto, se o ato administrativo declaratório de utilidade pública é ato válido. Assim sendo, incumbe-lhe, sem sombra de dúvida, o controle de todos os pressupostos desse ato, tais sejam: o exame da competência, de sua finalidade, da causa (a relação de adequação entre o pressuposto de fato e o ato emanado), o fim a que se destina o próprio ato, por meio de sua forma e conteúdo.

A hipótese da expropriação com finalidade urbana a ser perseguida vem definida pelas Leis n. 4.132, de 10 de setembro de 1962 (desapropriação por interesse social), e n. 6.602, de 06 de dezembro de 1978 (introdutória de modificações no Decreto-lei n. 3.365/41). Pretenderam as referidas leis pôr termo às discussões infindáveis surgidas sobre a possibilidade de expropriar com fins urbanísticos.

A primeira normativa traz o instituto da desapropriação como instrumento capaz de promover a justa distribuição da propriedade ou condicionar o seu uso ao bem-estar social[6]. A vagueza da norma, inexoravelmente, traz alguns desafios ao intérprete/aplicador, motivo pelo qual vamos destinar uma abordagem bastante pontual a ela.

De outro lado, as alterações que a Lei n. 6.602/78 traz ao Decreto-lei n. 3.365/41, incluindo nele um elenco de outras possibilidades de configuração à utilização do instituto ora abordado, a saber, *a abertura, conservação e melhoramento de vias ou logradouros públicos; a execução de planos de urbanização; o loteamento de terrenos, edificados ou não, para sua melhor utilização econômica, higiênica ou estética; a construção ou ampliação de distritos industriais*[7], encontram-se vinculadas também às possibilidades hermenêuticas do texto operado pelo jurista, mas fundamentalmente pelas dicções que as demais normas jurídicas pertinentes à espécie indicam. Em outras palavras, haverá aqui um norte prescritivo para o aplicador da norma, inserto em outras normas que formam o plexo jurídico regulador do universo abordado, tais como a legislação já existente sobre o parcelamento do solo urbano, leis de zoneamento, planos diretores, códigos de edificação e de posturas, etc. Estes marcos dispositivos informam as ações públicas e privadas no processo de expropriação para fins urbanísticos (em geral), o que, se não reduz necessariamente as possibilidades de aplicação/efetivação da norma, ao menos impõe balizas mais estreitas de leitura e significação.

Associando-se a tarefa acima esposada às prescrições constitucionais contemporâneas no Brasil sobre função social da propriedade e da cidade, parece-nos possível sustentar que as próprias ideias de necessidade e utilidade públicas, assim como a de interesse social, estão todas em processo substancial de reformatação.

Nessa direção vai o trabalho de Eurico Sodré, porém, com noções mais ampliadas dessas categorias-chaves na demarcação conceitual da desapropriação, compreendendo a utilidade pública como tudo quanto possa auxiliar para tornar melhor, mais fácil, a vida em comum, ou mais produtiva a ação do Estado em benefício da coletividade; enquanto a necessidade pública se afigura como sendo uma exigência fundamental, sem cuja satisfação imediata o interesse público ou coletivo pode ser comprometido[8].

Por fim, o interesse social insculpido no texto da referida Lei n. 4.132/62, dada a amplitude que circunscreve à expropriação, merece destaque especial, o que passamos a fazer.

A despeito da legislação que trata de a desapropriação por interesse social ter advindo muito antes da Constituição brasileira de 1988, as motivações e o período histórico em que ela foi gestada bem mostram os vínculos sociais que a delimitam, isto é, culturais e democráticos, que se forjam antes do fatídico golpe

---

4. Nesse sentido ver o trabalho de STAHNKE, Osmar. *Apontamentos sobre a desapropriação*. Porto Alegre: Fabris, 1986, p. 10. No mesmo sentido vai também uma parte da jurisprudência nacional: "Cabe, porém, ao Poder Judiciário verificar se, para a edição do decreto expropriatório, foi invocado algum dos casos a que se condiciona a desapropriação. Isto, no entanto, é diferente de se indagar se o caso é ou não de utilidade pública, 'in genere'. Não se permite ao Juiz aprecie os motivos que levaram a Administração a decretar a desapropriação por utilidade pública". *Revista dos Tribunais* n. 70, p. 75. São Paulo: Revista dos Tribunais, 1980.

5. FIGUEIREDO, Lúcia Valle. *Disciplina Urbanística da Propriedade*. São Paulo: Revista dos Tribunais, 1990, p. 29. Sustenta a autora que há necessidade insofismável de que a declaração de utilidade pública para fins urbanísticos mantenha estreita compatibilidade com as disposições urbanísticas vigentes, tais sejam: planos diretores, gerais e especiais, ou prioritários.

6. Nos termos do art. 1º da Lei n. 4.132/62.

7. Redação dada pela alínea *i* do art. 5º do Decreto-Lei n. 3.365, de 21-6-1941, alterado pela Lei n. 6.602, de 7-12-1978.

8. Ver o texto de SODRÉ, Eurico. *Da desapropriação no Direito Brasileiro*. Rio de Janeiro: Freitas Bastos, 1979.

militar, mobilizadores de uma comunidade política comprometida com mudanças nas estruturas jurássicas do Estado nacional.

Os termos e padrões de normatização do tema revelam, com explicitude, as intenções dos quadros políticos hegemônicos de então: buscar a constituição de instrumentos jurídicos e políticos capazes de responder às demandas coletivas que emergiam de um país em franco desenvolvimento econômico, porém, concentrador e de exclusão de parcelas significativas da cidadania[9].

Mesmo assim, em termos históricos, essa desapropriação, já prevista na Constituição de 1946, passou longos anos sem aplicação por carecer de regulamentação específica, até o advento da Lei n. 4.132, de 10 de setembro de 1962. Pelo fato de o conceito de interesse social ser muito amplo, tem dado margem a prolongadas demandas judiciais, evidenciadoras da resistência tanto dos proprietários expropriados como da cultura jurídica pátria, ainda arraigada a conceitos demasiadamente inflexíveis sobre esses institutos.

Se em 1962 as possibilidades de se interpretar esta norma como ampliadora das condições de intervenção do Estado na propriedade privada, teleologicamente determinada por finalidades sociais estabelecidas, se destacam, nesse período a dimensão jurídica da ação estatal não está marcada ainda por vetores axiológicos vinculantes, como ocorre com o Estado Democrático de Direito constitucional de 1988, demandando-lhe comportamentos promovedores dos princípios constitucionais e das prerrogativas da cidadania. Significa dizer que, hoje, a previsão normativa da expropriação por interesse social não se afigura tão somente como uma diretriz de ação política governamental, mas fundamentalmente como dever de agir em face das demandas agregadas e reprimidas no âmbito das matérias que ela versa[10].

Para a referida Lei, o interesse social se caracteriza como sendo a promoção da justa distribuição da propriedade ou condicionamento de seu uso ao bem-estar social, e, de uma forma até surpreendente, a norma vem trazer à colação elementos jurídicos de natureza eminentemente socializante, considerando as populações de baixa renda e marginalizadas em relação ao domínio regular do bem imóvel.

Nas palavras de Seabra Fagundes, *haverá motivo de interesse social quando a expropriação se destine a solucionar os chamados problemas sociais, isto é, aqueles diretamente atinentes às classes pobres, aos trabalhadores e à massa do povo em geral pela melhoria nas condições de vida, pela mais equitativa distribuição da riqueza, enfim, pela atenuação das desigualdades sociais*[11].

A par desses fatores e avaliações, importa agora analisar os termos da legislação que trata da desapropriação para fins sociais, notadamente no sentido de viabilizar a efetivação da função social da cidade (aqui compreendida como o desenvolvimento urbano conforme diretrizes gerais fixadas em lei, garantindo o bem-estar de seus habitantes), consoante os termos do art. 182 da Constituição vigente.

No art. 2º, Lei n. 4.132/62, encontramos uma definição do que seja interesse social, a saber: I – O aproveitamento de todo bem improdutivo ou explorado sem correspondência com as necessidades de habitação, trabalho e consumo dos centros de população a que deve ou possa suprir por seu destino econômico; II – A instalação ou a intensificação das culturas nas áreas em cuja exploração não se obedeça ao plano de zoneamento agrícola (vetado); III – O estabelecimento e a manutenção de colônias ou cooperativas de povoamento e trabalho agrícola; IV – A manutenção de posseiros em terrenos onde, com a tolerância expressa ou tácita do proprietário, tenham construído sua habitação, formando núcleos residenciais de mais de 10 (dez) famílias; V – A construção de casas populares; VI – As terras e águas suscetíveis de valorização extraordinária, pela conclusão de obras e serviços públicos, notadamente de saneamento, portos, transporte, eletrificação, armazenamento de água e irrigação, no caso em que não sejam ditas áreas socialmente aproveitadas; VII – A proteção do solo e a preservação de cursos e mananciais de água e reservas florestais; VIII – A utilização de áreas, locais ou bens que, por suas características, sejam apropriadas ao desenvolvimento de atividades turísticas (acrescentado pela Lei 6.513/77).

Ratificando as posições doutrinárias expendidas anteriormente, José Salles aduz que o interesse social ocorre quando as circunstâncias impõem a distribuição ou o condicionamento da propriedade para seu melhor aproveitamento, utilização ou produtividade em benefício da coletividade, ou de categorias sociais merecedoras de amparo específico do Poder Público[12].

O inciso primeiro, do citado art. 2º, assevera que é de interesse social o aproveitamento de todo bem improdutivo ou explorado sem correspondência com as necessidades de habitação, trabalho e consumo dos centros de população a que deve ou possa suprir por seu destino econômico. Trata-se aqui da hipótese de área, urbana ou rural, que não atenda aos padrões de racional utilização e aproveitamento habitacional, laboral e de consumo, em face de sua caracterização econômica. Veja-se que tais elementos, se num primeiro momento apresentam-se com carga subjetiva maximizada, estão na verdade associados às circunstâncias contingenciais de cada realidade local enfocada, eis que suas definições demandam a delimitação do *destino econômico* da propriedade por parte da autoridade pública, através de ato normativo próprio (no caso, aqui, o Decreto expropriatório).

O que se tem percebido, ao longo do tempo, é que as administrações públicas competentes à desapropriação têm tido dificuldades extremadas para operar a caracterização motivacional perquirida pela regra sob comento, eis que não dispõem de instrumentos e mecanismos eficazes, aptos a demonstrar o que se exige, fragilizando, assim, todo o processo consectário[13].

O que se espera para o enquadramento desse dispositivo em sede de expropriação é que se tenham dados objetivos sobre o que identifica o *bem improdutivo ou explorado sem correspondên-*

---

9. Discutimos esta questão em nosso LEAL, Rogério Gesta. *Direitos Humanos no Brasil*: desafios à democracia. Porto Alegre: Livraria do Advogado, 1998.

10. Abordamos este tema em nosso livro LEAL, Rogério Gesta. *Perspectivas Hermenêuticas dos Direitos Humanos e Fundamentais no Brasil*. Porto Alegre: Livraria do Advogado, 2000.

11. FAGUNDES, Miguel Seabra. Da desapropriação no Direito Constitucional Brasileiro. *Revista de Direito Administrativo*. Volume 14. Rio de Janeiro: Fundação Getulio Vargas, p. 2.

12. Ver SALLES, José Carlos de Moraes. *A desapropriação à luz da doutrina e da jurisprudência*. São Paulo: Revista dos Tribunais, 2000, p. 94.

13. Isto está associado desde a falta de quadros técnicos especializados na matéria até mesmo à inexistência de rotinas e métodos de aferição das informações necessárias para atender o que reclama a lei.

cia com as necessidades societais referidas. Tais indicadores podem e devem ser colhidos com instrumentos aptos e confiáveis, como pesquisa científica realizada por instituições especializadas na área (ou pela própria administração, desde que com procedimentos e técnicas transparentes e aptas à espécie), aferindo qual os parâmetros locais de produtividade referente ao bem objeto da expropriação; demarcando quais os indicadores que dão conta das necessidades de habitação, trabalho e consumo local, pertinente também ao bem expropriado. Sem estes elementos, as razões da expropriação correm o risco de ficar adstritas tão somente ao fim almejado pelo expropriante com o bem envolvido (*caput* do art. 1º da Lei 4.132/62), desconsiderando a necessária qualificação do bem em si (o que se afigura como uma garantia ao expropriado) face ao atendimento do interesse social (art. 2º, inciso I), o que estaria, em tese, violando o direito de propriedade assegurando constitucionalmente.

Em igual direção temos a disposição do inciso III, do mesmo art. 2º, quando assevera que é de interesse social o *estabelecimento e a manutenção de colônias ou cooperativas de povoamento e trabalho agrícola*. Aqui, a lei trabalha com o fomento de novas formas de exploração econômica da área rural[14], pautadas pelo profundo envolvimento igualitário de produtores associados em formas jurídicas e políticas, em tese, mais participativas. Ao longo do tempo e mais contemporaneamente, o Brasil tem experimentado projetos dessa natureza, evidenciando uma ampliada democratização das relações, de um lado, entre os indivíduos envolvidos e, de outro, entre Estado, Mercado e as forças sociais participantes, *reflexos de uma nova matriz institucional emergente, portadora de soluções viáveis e concretas de melhoria de vida de inúmeras populações desfavorecidas*[15].

O problema que esse inciso apresenta é o da definição temporal de sua configuração, em especial para sua segunda hipótese de ocorrência: a manutenção de colônias ou cooperativas de povoamento e trabalho agrícola. É de se gizar que o estabelecimento dessas novas formas associativas em glebas apropriadas dão a ideia presente de organização e processo de implementação de áreas com tais fins, capitaneado pelo Poder Público (prévia, contemporânea ou posteriormente ao decreto expropriatório). Todavia, a manutenção implica outra perspectiva, a saber, a de situação de encampação já consolidada, que tenha resultado em colônias ou cooperativas de povoamento e trabalho agrícola. Como a figura da colônia não tem definição jurídica precisa[16], qualquer assentamento agrícola que tenha por objetivo o trabalho agrícola pode justificar uma ação estatal de expropriação para sua manutenção, se isto estiver, por certo, contemplado na previsão orçamentária da entidade expropriante. Importa destacar que tal hipótese não depende da caracterização do bem expropriado como improdutivo (tema do inciso I), mas próprio para as finalidades do inciso III, o que amplia em muito o leque de possibilidades e opções do Poder Público.

O inciso IV vem mais ao encontro do tema da urbanização, pois se refere *a manutenção de posseiros em terrenos urbanos onde, com a tolerância expressa ou tácita do proprietário, tenham construído sua habitação, formando núcleos residenciais de mais de dez famílias*.

Outro elemento que carece de entendimento é o imóvel sobre o qual a posse referida incide: terrenos urbanos. O conceito de terreno urbano de uma certa forma vem sendo aperfeiçoado pela própria legislação atinente à espécie[17], diferenciando-se abissalmente do conceito de gleba (como porção de terra que não sofreu anteriormente nenhum parcelamento de caráter urbano), pois ele compreende tão somente o lote resultante do parcelamento urbano de uma gleba destinado à edificação[18]. Significa dizer que a própria Administração Pública deverá observar esses critérios e limites para exercer seu direito de aquisição de propriedade pela via debatida, caso contrário estará cometendo ilicitudes por violação de regramentos locais e nacionais sobre a matéria. Em outras palavras, o Poder Público só pode aplicar o inciso III, do art. 2º, da Lei 4.132/62, para bens que se configurem como terrenos urbanos – que contem com a infraestrutura necessária e exigida pelos dispositivos vigentes no local – assim reconhecidos pelas autoridades competentes[19].

Exige ainda o inciso III, do mesmo diploma legal, que, nos terrenos a serem expropriados, tenham sido construídas pelos posseiros habitações, formando núcleos residenciais de mais de 10 (dez) famílias, com a tolerância expressa ou tácita do proprietário. Talvez possamos insistir com a ideia também de fato consumado, ou seja, necessário é para a configuração do inciso III que já exista na área objeto da desapropriação (e, portanto, antes do ato expropriatório), um núcleo habitacional com mais de 10 (dez) famílias constituído, não se podendo exigir, salvo melhor juízo, que esse povoamento na área tenha sido efetivado pelos próprios moradores, tampouco que exista já ali toda uma infraestrutura compatível com as exigências urbanísticas da municipalidade, uma vez que a intenção é exatamente a de viabilizar condições materiais à ocupação do espaço urbano para pessoas que se enquadrem no perfil almejado pela legislação.

O inciso V, do mesmo art. 2º, vem pontuar de forma indiscutível a preocupação do legislador com as questões urbanísticas vigentes à época, pois caracteriza a norma como interesse social a construção de casas populares. Decorre daqui uma conclusão inarredável, a de que as casas populares só poderiam ser edificadas em imóveis que já possuíam condições de infraestrutura urbana instalada, haja vista a existência de legislação federal vinculativa nesse sentido – estamos falando, por exemplo, do Decreto-lei n. 58/37, e o Decreto n. 3.079/38, responsáveis pela parca normatização do parcelamento do solo urbano. Significa dizer que o Poder Público não pode desapropriar áreas para edificação sem que elas contem com condições materiais de densificação populacional, sob pena de institucionalizar o parcelamento clandestino ou irregular do solo urbano.

---

14. É pertinente lembrar que desde 1969 temos no país legislação própria para a desapropriação por interesse social de imóveis rurais com finalidade específica à reforma agrária, a saber, o Decreto-lei n. 554, de 25/04/1969.

15. SPONK, Peter e CAMAROTTI, Ilka. *Parcerias e pobreza*: soluções locais na construção de relações socioeconômicas. Rio de Janeiro: Fundação Getulio Vargas, 2000, p. 05.

16. Na língua portuguesa significa grupo de imigrantes que se estabelecem em terra estranha, conforme *Dicionário Escolar da Língua Portuguesa*, 11ª edição, Ministério da Educação e Cultura. Rio de Janeiro: Fundação Nacional de Material Escolar, 1980, p. 284.

17. Em especial a lei do parcelamento do solo urbano, n. 6.766/79 e n. 9.785/99.

18. Veja-se que, aqui, novamente se diferenciam os termos da Lei sobre parcelamento do solo urbano em relação ao solo rural, eis que, nesse, a divisão de glebas gera outras glebas (rurais), nunca lotes.

19. Isso afasta a possibilidade de a expropriação ocorrer sobre imóveis rurais, para aqueles fins, com a justificativa de que se trata de glebas à expansão urbana.

Os incisos VI, VII e VIII, do mesmo art. 2º, dizem respeito às áreas rurais e turísticas, o que refoge, ao menos no plano direto de abordagem, da avaliação que pretendemos desenvolver neste curto espaço textual.

Todavia, no parágrafo segundo do artigo sob comento, temos uma disposição que interessa sobremaneira à nossa abordagem, eis que diz respeito a uma obrigação do Poder Público na viabilização dessa modalidade de expropriação, a saber, que *as necessidades de habitação, trabalho e consumo serão apuradas anualmente segundo a conjuntura e condições econômicas locais, cabendo o seu estudo e verificação às autoridades encarregadas de zelar pelo bem-estar e pelo abastecimento das respectivas populações.*

Não poderia ser diferente, eis que é a Administração Pública que tem o poder de exercitar a prerrogativa da desapropriação por interesse social, logo, ela tem o dever de criar as condições necessárias que a norma exige para tanto, dentre as quais se destaca o dimensionamento dos quesitos necessários ao desiderato que pretende atingir, caso contrário, caberia ao mercado imobiliário ou aos posseiros a delimitação daqueles, o que não é crível, dado o envolvimento e parcialidade que qualificam cada uma desses sujeitos de direitos.

Ao lado disso, prevê a norma ainda a possibilidade de venda ou locação dos bens expropriados para aquelas finalidades, a quem estiver em condições de dar-lhes efetivamente a destinação social enunciada (art. 4º), mais uma vez transferindo a responsabilidade ao Poder Público para que defina os parâmetros que vão informar quem afinal preenche os requisitos estabelecidos para cumprir com a destinação social enunciada. Não se espera aqui processos místicos de adivinhação ou criação de exigências aleatórias forjadas pelos gestores públicos, mas, ao contrário, indicadores materiais que garantam transparência e controle do processo de escolha dos beneficiados pela norma.

Não podemos olvidar aqui as previsões urbanísticas que se encontram inscritas no Decreto-lei n. 3.365/41, notadamente em seu art. 5º, alíneas *e, i, j* e *k*, eis que normativas pontualmente voltadas para o tema da urbanização, conceituada aqui como de utilidade pública, permitindo a expropriação para: (*e*) a criação ou melhoramento de centro de população; (*i*) a execução de planos de urbanização, o loteamento de terrenos, edificados ou não, para sua melhor utilização econômica, higiênica ou estética, a construção ou ampliação de distritos industriais, a renovação de bairros envelhecidos ou reurbanização, a implantação de núcleos urbanos novos, a execução de planos de reparcelamento do solo edificado ou não; (*j*) o funcionamento dos meios de transporte coletivos; (*k*) a preservação ou conservação dos monumentos históricos e artísticos, isolados ou integrados em conjuntos urbanos ou rurais, bem como as medidas necessárias a manter-lhes e realçar-lhes os aspectos mais valiosos ou característicos, e ainda a proteção de paisagens e locais particularmente dotados pela natureza.

Por fim e ao cabo, merece recordação o tema atinente à competência das entidades federativas para a implementação da expropriação por finalidade social, o que precisa ser feito a partir de uma leitura integral dos textos normativos que versam sobre a matéria, a saber, desde a Constituição Federal até as normas específicas, que é o caso tanto da Lei Federal n. 4.132/62, como o Decreto-lei n. 3.365/41, eis que, embora a primeira lei nada tenha referido sobre a competência para a utilização do instituto, em seu art. 5º, remeteu às normas legais a regulação do que for pertinente, inclusive no tocante ao procedimento e à justa indenização devida ao proprietário. Na espécie, a toda evidência, aplica-se o disposto no art. 2º, do Decreto-lei n. 3.365/41, a saber: *Mediante declaração de utilidade pública, todos os bens poderão ser desapropriados, pela União, pelos Estados, Municípios, Distrito Federal e Territórios.*

Art. 182, § 4º É facultado ao Poder Público municipal, mediante lei específica para área incluída no plano diretor, exigir, nos termos da lei federal, do proprietário do solo urbano não edificado, subutilizado ou não utilizado, que promova seu adequado aproveitamento, sob pena, sucessivamente, de:

Rogério Gesta Leal

História da norma e seu evolver

Trata-se tal previsão normativa de iniciativa inédita em nível de dispositivo constitucional, haja vista que possibilita materialmente ao Poder Público condições de regulamentar instrumentos e mecanismos para dar concretude à função social da propriedade e da cidade, visando chamar à responsabilidade todos aqueles que possuem propriedade urbana não edificada, subutilizada ou não utilizada.

Pode e deve, pois, a Administração Pública estabelecer limites e comportamentos dos proprietários urbanos, principalmente quando estes exercem o domínio de seus imóveis de forma divorciada das disposições cogentes que regulam a matéria, porém, deverá fazê-lo na forma do disposto desde a Constituição Federal, pelo Estatuto da Cidade (Lei Federal n. 10.250/2001), e outras normas federais, estaduais e municipais, ambientais e urbanísticas, todas integradas para o mesmo fim: a função social da cidade e da propriedade.

Essa regra passa a exigir da propriedade urbana o atendimento das necessidades comunitárias e sociais demarcadas pelo Plano Diretor, vinculado este que está à melhoria da qualidade de vida digna das pessoas que nela vivem.

Mas é preciso entender de forma clara o que está exigindo a disposição sob análise, a saber: que a autoridade competente para legislar sobre essa matéria, somente em área incluída no Plano Diretor para tal fim[1], observado o que dispõe a lei federal sobre a matéria – Estatuto da Cidade –, crie norma específica exigindo do proprietário do solo urbano não edificado, subutilizado ou não utilizado que promova seu adequado aproveitamento. Veja-se que, no ponto, o Estatuto da Cidade já se encarregou de trazer diretrizes bastante específicas, eis que, em seu art. 5º, dispôs que "lei municipal específica para área incluída no plano diretor

---

1. Veja BUENO, Vera Scarpinella. Parcelamento, Edificação ou Utilização Compulsória da Propriedade Urbana. In: *Estatuto da Cidade*. Adilson de Abreu Dallari e Sergio Ferraz (*Estatuto da Cidade*. São Paulo: Malheiros, 2005, p. 92) chegam a afirmar que sem Plano Diretor o Município não pode exigir do proprietário que ele cumpra o princípio constitucional da função social da propriedade. Não concordamos com tal posição, na medida em que Municípios que não sejam obrigados a tê-lo podem organizar a ocupação do solo urbano conforme seus interesses locais, devendo, é claro, normativamente regularizar a matéria, conforme apreciamos anteriormente. Basta para tanto que criem legislações específicas que, mesmo não sendo chamadas de Plano Diretor, versem sobre elementos de organização territorial, observados os parâmetros tanto da Constituição como do Estatuto da Cidade.

poderá determinar o parcelamento, a edificação ou a utilização compulsórios do solo urbano não edificado, subutilizado ou não utilizado, devendo fixar as condições e os prazos para implementação da referida obrigação".

Entende-se por propriedade não edificada a área urbana nua, sem qualquer benfeitoria ou edificação, desde que se localize em região atingida pelo Plano Diretor, enquanto o imóvel não utilizado é aquele que se encontra abandonado ou mesmo não habitado (enquadradas aqui as construções paralisadas e aquelas destruídas).

Nesse mesmo dispositivo, é possível vermos os contornos conceituais do que se afigura como imóvel subutilizado. Para tanto, dispõe o parágrafo primeiro do mesmo artigo que se considera subutilizado o imóvel cujo aproveitamento seja inferior ao mínimo definido no plano diretor ou em legislação dele decorrente, e o utilizado em desacordo com a legislação urbanística ou ambiental. Ao fazer isso, o Estatuto da Cidade retira do âmbito da subjetividade do legislador local qualquer possibilidade de desenhar com contornos pouco precisos essa forma de verdadeira intervenção na propriedade.

Há instrumentos urbanísticos hoje que tranquilamente poderiam servir de balizamentos nessa direção, dentre os quais podemos citar, para fins de estabelecer parâmetros à utilização e edificação, o chamado coeficiente de aproveitamento (relação existente entre a área total da construção e a área do lote); e o conhecido índice – taxa – de ocupação (fundado na superfície do terreno passível de ser ocupada com a construção, indicando, por exemplo, a relação entre a área ocupada pela projeção horizontal da construção e a área do lote). A partir dessa lógica, o solo subutilizado afigura-se como aquele edificado abaixo do coeficiente de aproveitamento mínimo demarcado pela legislação de regência, enquanto o não utilizado apresenta-se como tendo aproveitamento igual a zero.

Da mesma forma, os procedimentos necessários à caracterização formal de tal situação, vêm definidos pelo Estatuto, nos parágrafos segundo, terceiro, quarto e quinto, disposições estas que, por serem diretrizes a toda a República, impõem-se de forma absolutamente cogente às demais entidades federativas sob o aspecto da regulação urbanística deste comando constitucional.

Eventual violação dessa norma por parte de autoridades locais na regulamentação da matéria poderá implicar vício de legalidade e até de constitucionalidade, a ser apurado pela via administrativa ou judicial.

Uma questão que poder ser questionada é até onde vai o poder da Administração Pública em determinar o que seja o adequado aproveitamento de área urbana submetida a tal possibilidade de sanção. Em trabalho específico coordenado por Adilson Abreu Dallari e Lucia Valle Figueiredo, podemos encontrar a acertada advertência de que não pode o Poder Público indicar ao possuidor qual é exatamente a utilização a ser dada ao imóvel previsto em tal dispositivo, afigurando-se como meio mais adequado para impor tal sanção o prévio estabelecimento de zonas de ocupação e uso urbanas, demarcando a partir daqui as possibilidades de fruição do direito de propriedade[2].

---

2. DALLARI, Adilson Abreu & FIGUEIREDO, Lucia Valle. *Temas de Direito Urbanístico*. São Paulo: Revista dos Tribunais, 1987, v. 1, p. 19.

Art. 182, § 4º, I – parcelamento ou edificação compulsórios;
Rogério Gesta Leal

História da norma e seu evolver

Esta disposição constitucional é inédita em termos de história de nossos Textos Políticos, ao mesmo tempo em que se apresenta de forma muito interessante, eis que, como sanção, está absolutamente condicionada ao fato de que o proprietário não tenha dado ao imóvel o adequado aproveitamento – que por sua vez precisa estar dimensionado normativamente para não depender exclusivamente do subjetivismo do agente político ou do Poder Executivo, gerando uma instabilidade profunda ao exercício dos direitos inerentes à propriedade constitucional brasileira (gozo, uso e fruição).

Pensamos ser sustentável afirmar que a norma constitucional está já indicando formas no mínimo necessárias à caracterização do *aproveitamento adequado* de área potencialmente alcançada pelo instituto, a saber, pela via do parcelamento, uso e da edificação – cujas balizas devem estar previstas de forma objetiva. Na dicção de Fernando Dias Menezes de Almeida, com quem concordamos, esta é a mensagem que a leitura integrada da parte final do *caput* e do parágrafo segundo, do art. 5º, combinado com o *caput* do parágrafo sexto, do art. 8º, ambos do Estatuto da Cidade, indicam, ou seja, que se trata de uma obrigação do proprietário tal mister[1].

Na dicção de José Afonso da Silva, a figura jurídica do parcelamento apresenta-se como verdadeiro processo de urbanificação de uma gleba, através de sua divisão ou redivisão em parcelas destinadas ao exercício das funções elementares urbanísticas, projetando-se às mudanças nas dimensões ou confrontações dos imóveis para fins de urbanificação[2]. Já a edificação é propriamente uma modalidade de construção realizada por quem quer que seja e que se incorpora ao imóvel urbano de que se fala.

Assim é que podemos afirmar que essa imposição ao proprietário não autoriza qualquer parcelamento ou edificação, mas aquele que atende a função social da cidade e da propriedade, consoante as particularidades locais regulamentadas.

Art. 182, § 4º, II – imposto sobre a propriedade predial e territorial urbana progressivo no tempo;
Rogério Gesta Leal

História da norma e seu evolver

Esta previsão normativa, igualmente inédita em nível de Constituição, precisa ser entendida a partir de uma perspectiva mais ampliada, primeiro, no âmbito de sua natureza tributária, para em seguida ser apreciada em face de sua função extrafiscal.

O conceito de tributo, no sistema jurídico brasileiro, nos é dado pelos termos de lei constitucional e infraconstitucional

---

1. Não optou a norma constitucional em incluir aqui o titular do domínio útil ou mesmo o possuidor, restringindo-se à figura do proprietário.
2. SILVA, José Afonso da. *Direito Urbanístico Brasileiro*. São Paulo: Malheiros, 1998, p. 295.

(Código Tributário Nacional), entendido, neste particular, como toda prestação pecuniária compulsória, instituída em lei e cobrada mediante atividade administrativa plenamente vinculada[1]. Em termos de especificidades de tributos, como se sabe, contamos tradicionalmente com cinco modalidades de tributos, a saber: os impostos, as taxas, as contribuições de melhoria, as contribuições especiais e os empréstimos compulsórios.

No que tange às funções do plexo tributário para o país, a doutrina vem insistindo no fato de que os tributos possuem múltiplos fundamentos, a saber: (a) fiscal, quando seu principal objetivo é a arrecadação de recursos financeiros para o Estado; (b) extrafiscal, quando seu objetivo principal é a interferência no domínio econômico, buscando um efeito diverso da simples arrecadação de recursos financeiros; (c) parafiscal, quando o seu objetivo é a arrecadação de recursos para o custeio de atividades que, em princípio, não integram funções próprias do Estado, mas este as desenvolve através de entidades específicas[2].

Ao lado desses fundamentos, podemos afirmar de forma consensual que nesse mesmo sistema jurídico os tributos contam com previsões normativas de ordem principiológica e regratória, tais como: (a) o da certeza do direito, que visa principalmente a segurança do indivíduo, pois elege a certeza como postulado indispensável para a convivência social organizada; ele é implícito e todas as diretrizes do ordenamento operam no sentido de realizá-lo; (b) o da segurança jurídica, objetivando dar tranquilidade aos cidadãos, abrindo espaços para o planejamento de ações futuras, cuja disciplina jurídica conhecem, confiantes que estão no modo pelo qual a aplicação das normas do direito se realiza; (c) o da igualdade, contido no art. 5º, I, da CF/88, buscando assegurar um tratamento isonômico a qualquer cidadão, voltado com mais ênfase ao legislador, pois ele deverá ter em mente tal referência; (d) o dos direitos e garantias fundamentais, haja vista que são os termos nucleares de todo o sistema[3].

Observando tais princípios e regras é que a norma jurídica que trata de qualquer tipo de tributo – e que na doutrina especializada tem sido chamada de *regra matriz tributária do fenômeno da incidência* – necessariamente terá que estabelecer o critério material, espacial e temporal presentes na hipótese da regra-matriz e, também, o sujeito ativo e passivo, assim como a base de cálculo e o valor da alíquota presentes no consequente da norma instituidora do tributo[4].

Por tais razões, tem-se sustentado que a essência do direito tributário – respeitados os postulados fixados pela própria Constituição – reside na integral submissão do poder estatal à *rule of law*. A lei, como manifestação estatal estritamente ajustada aos postulados subordinantes do texto consubstanciado na Carta da República, qualifica-se como decisivo instrumento de garantia constitucional dos contribuintes contra eventuais excessos dos poderes instituídos em matéria tributária[5].

Assim é que a Constituição Federal tem outorgado competência às entidades federativas para que exercitem suas políticas tributárias, observados os limites dados pelo sistema jurídico como um todo, e principalmente o constitucional.

Em nível de IPTU, o plano normativo constitucional vigente, em seu art. 156, parágrafo 1º, previa, em sua redação original, que o imposto predial e territorial urbano poderia ser progressivo, nos termos de lei municipal, de forma a assegurar o cumprimento da função social da propriedade. A partir desse dispositivo, um segmento da doutrina nacional e mesmo da jurisprudência insistia na tese de que a progressividade no IPTU somente poderia ser aquela prevista no art. 182[6], § 4º, da Constituição Federal[7].

Reforçava esse argumento uma interpretação reducionista que estas mesmas correntes imprimiam ao art. 145, da CF/88, afirmando que, em seu parágrafo primeiro, havia a previsão de que, *sempre que possível*, os impostos teriam caráter pessoal e seriam graduados segundo a capacidade econômica do contribuinte, facultado à administração tributária, especialmente para conferir efetividade a esses objetivos, identificar, respeitados os direitos individuais e nos termos da lei, o patrimônio, os rendimentos e as atividades econômicas do contribuinte.

Tais enunciados nos remetem, inexoravelmente, para um outro conjunto de conceitos que precisam ser esclarecidos aqui, quais sejam, os atinentes ao caráter pessoal ou real dos impostos. Em termos doutrinários, tem-se que os impostos pessoais são aqueles que visam levar em consideração certos aspectos juridicamente qualificados dos possíveis sujeitos passivos, recaindo essencialmente sobre sua pessoa, mediante as características financeiras concernentes a cada indivíduo[8]. Nas palavras de Baleeiro, "os impostos pessoais, ou subjetivos, são regulados por critérios que contemplam a individualidade do contribuinte. As condições

---

1. Para fins de uma conceituação mais acadêmica, ver o texto de COELHO, Sacha Calmon Navarro. *Comentários à Constituição de 1988*: sistema tributário. Rio de Janeiro: Forense, 2000, p. 35 e s.

2. Neste sentido, ver o texto de CARVALHO, Paulo de Barros. *Curso de Direito Tributário*. São Paulo: Saraiva, 2001.

3. Como quer CARVALHO, Paulo de Barros. *Direito Tributário*. São Paulo: Saraiva, 2001, p. 39.

4. Consoante o trabalho já clássico de BALEEIRO, Aliomar. *Direito Tributário Brasileiro*. Rio de Janeiro: Forense, 1999, p. 41 e s.

5. Nesse sentido ver o texto de XAVIER, Alberto. *Os princípios da legalidade e da tipicidade da tributação*. São Paulo: Revista dos Tribunais, 1998, p. 84. Da mesma forma, ver o texto de CARRAZA, Roque Antonio. *Curso de Direito Constitucional Tributário*. São Paulo: Malheiros, 2001, p. 53, sustentando que de fato, entre nós, a força tributante estatal não atua livremente, mas dentro dos limites do direito positivo. Como veremos em seguida, cada uma das pessoas políticas não possui, em nosso País, poder tributário (manifestação do *ius imperium* do Estado), mas competência tributária (manifestação da autonomia da pessoa política e, assim, sujeita ao ordenamento jurídico constitucional). A competência tributária subordina-se às normas constitucionais, que, como é pacífico, são de grau superior às de nível legal, que preveem as concretas obrigações tributárias.

6. Com a seguinte redação: "Art. 182. (...) § 4º – É facultado ao Poder Público municipal, mediante lei específica para área incluída no plano diretor, exigir, nos termos da lei federal, do proprietário do solo urbano não edificado, subutilizado ou não utilizado, que promova seu adequado aproveitamento, sob pena, sucessivamente, de: (...) II – imposto sobre a propriedade predial e territorial urbana progressivo no tempo".

7. Ver os trabalhos de FURLAN, Valéria C. P. *Imposto predial e territorial urbano*. São Paulo: Malheiros, 1998; ICHIHARA, Yoshiaki. O Princípio da Progressividade e suas Implicações no IPTU. *Revista de Direito Tributário* n. 81. São Paulo: Malheiros, 2000. Da mesma forma a jurisprudência dominante: STF – RE 248892 – 2ª T. – Rel. Min. Maurício Corrêa – *DJU* 31.03.2000 – p. 63; TJMG – AC 000.202.005-5/00 – 1ª C.Cív. – Rel. Des. Antônio Hélio Silva – J. 08.02.2001.

8. Ver o texto de NASCIMENTO, Carlos Valder. A questão da progressividade do IPTU. In *Revista dos Tribunais*, ano 8, n. 34, p. 69-80.

personalíssimas deste são elementos que se integram na formação do fato gerador e determinam variações para mais, ou menos, na fixação do *quantum* a ser reclamado pelo fisco"[9].

De outro lado, tem-se como reais, impessoais ou objetivos aqueles impostos fundados sobre a materialidade da coisa tributável, inexistindo como parâmetro mediador a condição do sujeito passivo. Para Bernardo Ribeiro de Moraes, imposto real é aquele que "é calculado sem atender as condições pessoais do contribuinte, ou melhor, ignorando por completo a situação individual do contribuinte (o imposto grava uma riqueza dada ou uma situação da mesma maneira, qualquer que seja o sujeito passivo). Os impostos reais gravam o contribuinte tendo em vista apenas a matéria tributável, segundo seus caracteres objetivos específicos, independentemente das condições econômicas, jurídicas, pessoais ou de família, relativas ao contribuinte. A alíquota tributária é fixada exclusivamente em função apenas das circunstâncias materiais da situação de fato prevista em lei"[10].

No que tange à expressão *sempre que possível*, ela limitaria a progressividade fiscal aos impostos denominados "pessoais", sendo impossível aplicá-la aos impostos "reais", caso do IPTU. Por tais razões, revelar-se-ia impraticável a aplicação de alíquota progressiva no IPTU, exceto aquela prevista no parágrafo 1º, do art. 156, em sua redação original[11].

Vai nesta direção a opinião de boa parte da doutrina especializada, como a de Hugo de Brito Machado, ao insistir com a tese de que "não temos dúvida em afirmar que o sentido da cláusula sempre que possível contida no art. 145, § 1º, da Constituição Federal, é o de permitir a existência de impostos sem caráter pessoal, e não o de permitir imposto que não seja graduado segundo a capacidade econômica do contribuinte"[12].

Em meio a esse debate, há uma problemática conceitual que está subjacente, qual seja, a que envolve dois institutos tributários distintos, o da progressividade fiscal e o da progressividade extrafiscal. O primeiro, vem determinado pela capacidade econômica do contribuinte, imprimindo sentido objetivo à máxima de tratar os desiguais de forma desigual, na medida de suas desigualdades (princípio da igualdade e da isonomia), além, por óbvio, de servir à obtenção de receitas financeiras ao erário público. Já o segundo instituto (o da progressividade extrafiscal) opera a partir de um paradigma exógeno ao do ordenamento jurídico tributário propriamente dito, eis que se vale de uma alíquota maior sobre o bem jurídico tributado, ultrapassando os fins meramente arrecadatórios, para alcançar outros que extrapolam a esfera individual ou estatal, para atingir metas e políticas públicas sociais, como o de induzir o adequado uso da propriedade urbana pelo proprietário do imóvel, a fim de alcançar a função social da cidade e mesmo da propriedade[13].

Ora, salvo melhor juízo, e como vimos há pouco, não são todos os tributos que se harmonizam com o princípio da capacidade contributiva e consequentemente ao da progressividade, pois suas essências não possibilitam tal desatino. Nesta perspectiva doutrinária e jurisprudencial recém-referida, é o caso dos impostos reais, que pelas suas particularidades ímpares não condizem com a graduação de suas alíquotas justamente pela impossibilidade de se mensurar exatamente a verdadeira capacidade contributiva de seu sujeito passivo.

É novamente Baleeiro que vem ratificar tal entendimento, ao dizer que "em regra geral, só os impostos pessoais se ajustam adequadamente à aplicação de critérios progressivos medidos pela capacidade contributiva, se bem que esta se possa presumir da natureza, valor e aplicação específica de determinada coisa, no sentido de que a possui, compra ou prefere o indivíduo de maiores recursos econômicos. Mas imposto sobre coisa, em princípio, exclui, por exemplo, a progressividade em atenção à pessoa, salvo casos de aplicação extrafiscal"[14].

Dessa forma, a progressividade do IPTU só poderia ocorrer em termos extrafiscais e nos limites do art. 182, da CF/88, consoante pacificação jurisprudencial provocada pelo Supremo Tribunal Federal, nos autos do Recurso Extraordinário n. 153.771-0/MG – (Tribunal Pleno). Neste julgamento, deliberou seu posicionamento acerca da progressividade fiscal do IPTU, a partir do que as graduações fiscais de alíquotas foram rechaçadas e reiteradamente julgadas inconstitucionais em todo o país.

Por sua vez, o entendimento firmado pelo STF expressou-se no sentido de que a progressividade expressa no texto original do art 156, § 1º, da CF/88, estava ligada umbilicalmente à progressividade temporal (extrafiscal) constante do art. 182, § 4º, pertinente ao cumprimento da função social da propriedade:

"No sistema tributário nacional é o IPTU inequivocamente um imposto real. Sob o império da atual Constituição, não é admitida a progressividade fiscal do IPTU, quer com base exclusivamente no seu art. 145, § 1º, porque esse imposto tem caráter real que é incompatível com a progressividade decorrente da capacidade econômica do contribuinte, quer com arrimo na conjugação desse dispositivo constitucional (genérico) com o art. 156, § 1º (específico). A interpretação sistemática da Constituição conduz inequivocamente à conclusão de que o IPTU com finalidade extrafiscal a que alude o inciso II do § 4º do artigo 182 é a explicitação especificada, inclusive com limitação temporal, do IPTU com finalidade extrafiscal aludido no art. 156, § 1º. Portanto, é inconstitucional qualquer progressividade, em se tratando de IPTU, que não atenda exclusivamente ao disposto no artigo 182, ambos da Constituição Federal. Recurso Extraordinário conhecido e provido, declarando-se inconstitucional o subitem

---

9. BALEEIRO, Aliomar. *Direito Tributário Brasileiro*. Rio de Janeiro: Forense, 1999, p. 73.

10. MORAES, Bernardo Ribeiro. *Compêndio de Direito Tributário*. Rio de Janeiro: Forense, 2002. v. 1, p. 441.

11. Este é um falso argumento, eis que na situação dos impostos reais, a lei elege um fato como hipótese de incidência do tributo, o que afasta da hipótese de incidência quaisquer considerações em relação às qualidades pessoais do sujeito passivo. No entanto, isso não significa que o bem que pertence ao sujeito passivo evidencie – necessariamente – equivalência de riqueza, mas tão somente que na instituição do tributo sua condição pessoal não é valorada. Por tais razões, é possível dizer que a expressão "sempre que possível" refere-se aos impostos diretos e indiretos, haja vista a impossibilidade de se graduar a capacidade contributiva de impostos indiretos, assim como dos impostos fixos.

12. MACHADO, Hugo de Brito. *Curso de Direito Tributário*. São Paulo: Malheiros, 2001, p. 92.

13. Ver o trabalho de NUNES, Vidal Serrano. *Direito Constitucional Tributário*. São Paulo: Didática Paulista, 1990, p. 64 e s.

14. BALEEIRO, Aliomar. Op. cit., p. 82.

2.2.3 do setor II da Tabela III da Lei 5.641, de 22.12.1989, no município de Belo Horizonte"[15].

Esse cenário de debates vai se modificar drasticamente a partir da edição da Emenda Constitucional n. 29/2000 e mesmo do Estatuto da Cidade. Passemos às suas avaliações.

Esses novos diplomas legais vão agudizar ainda mais a orientação de que o tributo deixe de ser apenas uma fonte de renda do Estado e passe a ser um instrumento de realização da justiça. "A igualdade no tratamento tributário deixa de ser apenas formal passando a ser materialmente um instrumento de redistribuição de riquezas"[16].

É nesse diapasão que um princípio tributário se torna muito caro ao novo Estado constitucional brasileiro, a saber, o da capacidade contributiva, eis que visa propiciar a realização da justiça fiscal, onerando aqueles que evidenciem maior capacidade contributiva, ao mesmo tempo que desonerando a renda utilizada para fazer frente às demandas necessárias à vida digna anteriormente referida como escopo fundante da República. Nas palavras de Regina Costa, este princípio da capacidade contributiva afigura-se como "um desdobramento do princípio da igualdade ou a de que é a manifestação ou aplicação deste no campo tributário"[17].

Na feliz expressão de Delgado, não podemos esquecer que o tributo não é cobrado para atender os interesses e as necessidades do Estado, mas possui destinação específica, a saber, a de servir como instrumento concretizador da satisfação das exigências materiais e imateriais dos componentes da textura social, fortalecendo, desta forma, a cidadania e a valorização da dignidade humana em sua acepção maior[18].

Em outras palavras:

"A validação finalística do tributo é abrangente. Encontra-se obrigado ao cumprimento de todos os objetivos constitucionais, todos voltados mais para o bem-estar da sociedade do que o do próprio Estado como instituição. Essa concepção exige que se afaste o entendimento do que o Direito Tributário deva ser estudado de modo compartimentado e obedecendo, apenas, aos seus princípios específicos, quer de ordem constitucional, quer situados no campo da legislação ordinária"[19].

Em face destas considerações, resta claro que um dos aspectos essenciais da atividade tributária, pois, está conectado à sua finalidade extrafiscal, na medida em que deve perseguir objetivos mais amplos e diversos do que os meramente fiscais, contribuindo para o ajustamento das condições materiais do mercado e da economia em face dos desafios e compromissos sociais existentes.

No dizer de Botelho, a tributação contemporânea não pode mais ficar adstrita a meras questões orçamentárias e fiscais dos poderes públicos, eis que se afigura como um dos principais mecanismos de repartição de riqueza e desenvolvimento econômico, contribuindo à inclusão social da cidadania como um todo[20].

Num sistema jurídico com esse desenho constitucional complexo e multifacetado, o perfil de intérprete e aplicador da norma jurídica tributária precisa rever os indicadores explicitados nos arts.107, 108 e seguintes, do Código Tributário Nacional, no sentido de dar-lhes uma adequação/conformidade constitucional, e isto porque, adotando a dicção de Eros Grau:

"Embora o intérprete autêntico, no Direito Tributário, encontre-se mais vinculado ao princípio da legalidade estrita, não o afasta da regra de que a norma é produzida pelo intérprete autêntico e produzida não apenas a partir de elementos que se desprendem do texto (mundo do dever-ser), mas também a partir de elementos do caso ao qual será aplicada, isto é, a partir de elementos da realidade (mundo do ser)"[21].

É a realidade brasileira atual, compreendida a partir do que se pretende da República Constitucional e Democrática de Direito, que deve informar as possibilidades de interpretação e aplicação da norma tributária e de suas funções fiscais e sociais.

Com tal horizonte é que se produziu, ao menos em termos formais, mais dois instrumentos de matriz constitucional à gestão tributária da propriedade predial e urbana. Estamos falando, primeiro, da edição da já referida Emenda Constitucional n. 29/2000, trazendo uma progressiva alteração no debate envolvendo a possibilidade de progressividade do IPTU, neste particular, fomentado pela perspectiva de crescimento da arrecadação da receita municipal, visando angariar maiores recursos aos precários orçamentos locais. Tal alteração veio alcançar, na espécie, as disposições do art. 156, § 1º, da Constituição Federal de 1988, assim redigido:

Art. 156. (...)

§ 1º Sem prejuízo da progressividade no tempo a que se refere o art. 182, § 4º, II, o imposto previsto no inciso I poderá:

---

15. Importa referir que o STF sempre declarou inconstitucional a progressividade de Alíquota do IPTU (Súmula 668), de competência dos municípios, salvo se destinada a assegurar o cumprimento da função social da propriedade urbana, firmando jurisprudência (RE 153.771-MG e RE 199.281-6 SP), tendo em conta o entendimento de que o IPTU é imposto real e, assim sendo, sob o império da atual Constituição, não é admitida a sua progressividade fiscal, quer com base exclusivamente no seu art. 145, § 1º, porque esse imposto tem caráter real, que é incompatível com a progressividade decorrente da capacidade econômica do contribuinte, quer com arrimo na conjugação desse dispositivo constitucional (genérico) com o art. 156, § 1º (específico), do mesmo Estatuto Constitucional.

16. GRUPENMACHER, Betina Treiger. Tributação e Direitos Fundamentais. In *Tributos e Direitos Fundamentais*. São Paulo: Dialética, 2004, p. 15.

17. COSTA, Regina Helena. *Princípio da Capacidade Contributiva*. São Paulo: Malheiros, 1998, pg.40. Em excelente trabalho de dissertação, Marciano Buffon, registra sobre o tema que o princípio da capacidade contributiva pode ser entendido como corolário da justiça fiscal, posto que carga tributária é repartida de acordo com a possibilidade de cada indivíduo de suportá-la. BUFFON, Marciano. *O princípio da progressividade tributária na Constituição Federal de 1988*. São Paulo: Memória Jurídica Editora, 2003, p. 70.

18. DELGADO, José Augusto. A interpretação contemporânea do Direito Tributário e os princípios da valorização da dignidade humana e da cidadania. In *Tributos e Direitos Fundamentais*. São Paulo: Dialética, 2004, p. 156.

19. Op. cit., p. 157. Refere o autor, com o que concordamos, que a interpretação das normas de Direito Tributário encontram-se vinculadas ao que determina o art. 1º, III, mais os arts. 5º, XIII, 6º, 7º, 8º, 194 a 204 e 206, todos da Constituição Federal de 1988.

20. BOTELHO, Werther. *Da tributação e sua destinação*. Belo Horizonte: Del Rey, 1999, p. 39.

21. GRAU, Eros Roberto. A interpretação do direito e a interpretação do direito tributário. In *Estudos de Direito Tributário em homenagem à memória de Gilberto de Ulhôa Canto*. Rio de Janeiro: Forense, 1998, p. 125. Ver também o excelente texto de VELLOSO, Carlos Mário da Silva. Questões tributárias atuais no Supremo Tribunal Federal. In *Revista de Estudos Tributários*, n. 07. São Paulo: Revista dos Tribunais, 1999, p. 5.

I – ser progressivo em razão do valor do imóvel; e

II – ter alíquotas diferentes de acordo com a localização e o uso do imóvel.

Com tal dicção, para nós restou claro que a Emenda Constitucional n. 29/00 retirou dos acórdãos proferidos pelo STF as suas eficácias, não mais condicionando a progressividade ao cumprimento da função social da propriedade emoldurado pelo inciso XXII, do art. 5º, ou à aludida progressividade extrafiscal, prevista no art. 182, § 4º, autorizando, isto sim, sua imposição para outras possibilidades.

Por óbvio que tal entendimento não se pacificou até os dias de hoje, mas ao menos reabriu o debate sobre tema tão candente, social e politicamente. Veja-se que aqueles doutrinadores que sustentavam a inconstitucionalidade da progressividade do IPTU, após a edição da Emenda Constitucional referida, sustentam que ela desrespeitou os direitos e garantias individuais insculpidos no art. 60, § 4º, IV, da Carta Constitucional, e asseveram que a interferência entre poderes, decorrente de correção legislativa, deve (ou deveria) buscar o equilíbrio necessário à realização do bem da coletividade, posto que visa evitar o arbítrio e o desmando de um Poder em detrimento do outro, afigurando-se a atitude do legislador ao promulgar a emenda como meramente fiscalista, não se podendo sustentar[22].

O mesmo ocorre, como segundo mecanismo de gestão tributária da propriedade urbana e predial, com a edição do Estatuto da Cidade, Lei Federal n. 10.257, de 10.07.2001, eis que ela veio fixar as diretrizes do art. 182, da CF/88, dando densidade à ideia de função social da cidade e, no particular, asseverar que a "política de desenvolvimento urbano, executada pelo Poder Público municipal, conforme diretrizes gerais fixadas em lei, tem por objetivo ordenar o pleno desenvolvimento das funções sociais da cidade e garantir o bem-estar de seus habitantes". No seu artigo primeiro, parágrafo primeiro, refere explicitamente que, para todos os efeitos, suas normas de ordem pública e interesse social regulam o uso da propriedade urbana em prol do bem coletivo, de segurança e do bem-estar dos cidadãos, bem como do equilíbrio ambiental.

Por tais razões, o Estatuto da Cidade trata o IPTU progressivo com natureza eminentemente sancionatória, no sentido de que se viabiliza quando o proprietário do imóvel não edificado, subutilizado ou não utilizado deixar de promover, após notificado, seu adequado aproveitamento (art. 5º). Este dispositivo prevê a possibilidade de lei municipal regular o parcelamento, a edificação ou a utilização compulsórios do solo urbano nas situações anteriormente referidas, tendo como tais os espaços urbanos cujo aproveitamento seja inferior ao mínimo definido no plano diretor ou em legislação dele decorrente, ou aquele utilizado em desacordo com a legislação urbanística ou ambiental, ou ainda aqueles efetivamente não aproveitados para fim algum.

Uma vez identificados esses imóveis nas configurações dadas pela lei municipal é que se pode pensar as possibilidades de incidência do IPTU progressivo, aqui compreendido como o que possui alíquotas que aumentam conforme critérios normativamente estabelecidos, de forma que certos contribuintes – possuidores de imóveis que se enquadrem nos termos referidos pelo art. 5º, do Estatuto da Cidade e pela Lei municipal –, respondam pelo imposto com uma alíquota mais alta, o que implica pagamento também diferido a maior[23].

Na mesma direção vai Geraldo Ataliba, quando assevera que o art. 182 (especialmente seu § 4º, II), prevê uma disciplina extrafiscal; consiste esta extrafiscalidade no uso de instrumentos tributários para obtenção de finalidades não arrecadatórias, mas estimulantes, indutoras ou coibidoras de comportamentos, tendo em vista outros fins, a realização de outros valores constitucionalmente consagrados (no caso, valores urbanísticos). Para o autor, a partir deste cenário, não implica censura à progressividade projetada, como o foi, com finalidades puramente fiscais, tendo em vista a melhor e mais perfeita adequação à capacidade contributiva dos proprietários, no clima de solidariedade social que a Constituição de 1988 instaurou[24].

De outro lado, para uma leitura mais sistêmica do ordenamento jurídico próprio à espécie, podemos sustentar também que é a lógica organizacional estruturante da Constituição que conspira nesta direção, eis que os dispositivos constitucionais anteriormente referidos (art. 156, § 1º, e 184, § 4º, II) encontram-se em locais distintos: o primeiro, no capítulo do Sistema Tributário Nacional, e o segundo, no capítulo que trata da política urbana e não de tributos. Isto já seria indicador de que as progressividades devem receber tratamentos diferentes, cada qual levando em conta os objetivos que perseguem o sistema como um todo[25].

Por todas estas razões é que concluímos, com Sacha Calmon, que, a partir da Constituição Brasileira de 1988, o IPTU pode ser progressivo em face de duas variáveis: (a) a variável da política urbana, cujo fundamento constitucional tem sede nas disposições referidas anteriormente, em prol da ordenação urbanística das municipalidades (progressividade extrafiscal no tempo) e (b) a variável da capacidade do contribuinte, decorrente das disposições do art. 145, § 1º, da CF. "Esta última progressividade não cresce ano a ano no funil do tempo, como a anterior. Nesta, o imposto em si é estruturado com alíquotas progressivas e, pois, menores e maiores no espelho do tempo (alíquotas existentes num mesmo instante)"[26]. No primeiro caso, a meta optada é remover obstáculos ao plano diretor. No segundo, procura-se, em função da pessoa do proprietário (imóveis mais valorizados, número de imóveis possuídos, tamanho da propriedade imóvel, etc.) fazer atuar o princípio da capacidade contributiva.

---

22. Conforme texto de ANTONELLI, Leandro Pietro. Emenda constitucional 29/2000 – Progressividade do IPTU. In *Revista Tributária e de Finanças Públicas*. São Paulo: Revista dos Tribunais, ano 9, n. 39, jul.-ago. 2000, p. 97-115.

23. Por óbvio que, dada a discórdia e resistência de setores imobiliários especulativos existentes em todo o país, o instituto é deveras polêmico, contando com centros de oposição espargidos em vários níveis do cenário político brasileiro, a começar pela discussão sobre as formalidades que devem delimitar bem o descumprimento das obrigações inscritas no art. 5º, prazos, devido processo legal, garantias processuais constitucionais, etc. Neste sentido, a Emenda Constitucional n. 29/2000, alterando a redação do art. 156, da CF/88, prevê a possibilidade do IPTU progressivo em razão do imóvel, sem prejuízo do disposto no art. 182, § 4º, II, do mesmo Estatuto.

24. ATALIBA, Geraldo. IPTU – Progressividade. In *Revista de Direito Tributário*. São Paulo: Revista dos Tribunais, 2000, v. 93, p. 233.

25. Ver nesse sentido o excelente trabalho de BARBON, Sandra Lopez. *Do IPTU*. Belo Horizonte: Del Rey, 1995.

26. COELHO, Sacha Calmon Navarro. *Comentários à Constituição de 1988*: sistema tributário. Rio de Janeiro: Forense, 2000, p. 253.

> Art. 182, § 4º, III – desapropriação com pagamento mediante títulos da dívida pública de emissão previamente aprovada pelo Senado Federal, com prazo de resgate de até dez anos, em parcelas anuais, iguais e sucessivas, assegurados o valor real da indenização e os juros legais.
>
> *Rogério Gesta Leal*

História da norma e seu evolver

É inédita tal disposição no texto constitucional brasileiro, eis que ele se afigura como sanção ao não cumprimento da função social da propriedade e da cidade no país, notadamente naquelas situações em que o proprietário não observou os objetivos pretendidos pelas medidas administrativas precedentes e imputadas, quais sejam: (a) o parcelamento, edificação ou utilização compulsórios, (b) a imposição do IPTU progressivo. Em outras palavras, requer-se à imposição da expropriação sob comento a prévia edição de norma municipal que, considerando determinado imóvel alcançado pelo Plano Diretor, exija-se dele o parcelamento, a edificação ou a utilização compulsório do solo urbano (que não edificado ou subutilizado), estabelecendo condições e prazos para implementação de tal obrigação. Uma vez não cumpridas tais determinações, é necessário que sobre aquele imóvel se imponha o IPTU progressivo no tempo, majorando-se alíquotas no prazo de cinco anos consecutivos, lembrando que tal alíquota terá seu valor anual determinado por lei local, vedando-se que exceda ao dobro da alíquota do ano anterior, bem como deve ser limitada no máximo em 15%.

Decorridos cinco anos de cobrança desse IPTU progressivo sem que tenha o proprietário cumprido aquelas obrigações, poderá a municipalidade levar a cabo a desapropriação de que trata este dispositivo.

Ocorre que há uma condição de possibilidade para que a presente expropriação ocorra, qual seja, a de que os títulos de dívida pública do Município com os quais será adimplido o ato expropriatório sejam previamente aprovados pelo Senado Federal, condicionando assim o agir do Poder local. Veja-se que é o art. 52, IX, desta Constituição, que estabelece a competência privativa do Senado Federal para a definição dos limites e condições do montante da dívida mobiliária dos Estados, Distrito Federal e Municípios, razão pela qual o Senado editou a Resolução n. 78, de 01/07/1998, publicada em 08/07/1998 e 11/08/1998, dispondo que a assunção de dívidas pelas entidades suprarreferidas se sujeita aos mesmos limites e condições estabelecidos à realização de operações de crédito, que levam em conta a previsão de despesas de capital fixadas na lei orçamentária, bem como limites para o montante global de operações no exercício, dentre outras disposições.

É o art. 8º, § 1º, do Estatuto da Cidade (Lei Federal n. 10250/2001), que estabelece que aqueles títulos de dívida pública, além de serem aprovados previamente pelo Senado Federal, e resgatados no prazo de até 10 anos, em prestações anuais, iguais e sucessivas, devem assegurar o valor real da indenização e os juros legais de seis por cento ao ano. Este valor real vem definido pelo § 2º, do mesmo artigo, no sentido de que: (a) deve refletir o valor da base de cálculo do IPTU, descontado o montante em função de obras realizadas pelo Poder Público na área onde ele se localiza, após a notificação de que seu imóvel encontra-se alcançado pelo Plano Diretor no sentido da possibilidade de ser utilizado compulsoriamente; (b) não computará expectativas de ganhos e lucros cessantes e juros compensatórios.

Importa referir que, no momento em que o Estatuto da Cidade estabeleceu o valor venal do imóvel para fins de identificação do *quantum* da indenização da desapropriação – § 2º, do art. 8º, acima citado, e art. 33, do Código Tributário Nacional –, parâmetro que nem sempre revela os preços praticados pelo mercado imobiliário, afastou-se do critério da justa indenização demandado à efetivação da expropriação de solo urbano, e isto exatamente em face de constituir-se em penalização pelo reiterado comportamento ilícito diante da propriedade urbana. Não fosse assim, deveria-se atribuir igualmente tônus de inconstitucionalidade ao IPTU progressivo no tempo, como já o fez o Supremo Tribunal Federal (visto acima), eis que grava de tal forma a propriedade a ponto de potencialmente comprometer o direito real assegurado.

Adverte o § 3º, do mesmo art. 8º, que estes títulos não terão poder liberatório para fins de pagamentos de tributos, devendo a municipalidade proceder ao adequado aproveitamento do imóvel expropriado no prazo máximo de cinco anos, contado a partir da sua incorporação ao patrimônio público (§ 4º), o que poderá ser feito diretamente pelo Poder Público, ou por meio de alienação ou concessão a terceiros, observando-se, neste caso, o devido procedimento licitatório, nos termos do § 5º, do mesmo dispositivo, restando ao adquirente do imóvel as mesmas obrigações de parcelamento, edificação ou utilização previstas no art. 5º, da Lei Federal n. 10.250/2001.

> **Art. 183.** Aquele que possuir como sua área urbana de até duzentos e cinquenta metros quadrados, por cinco anos, ininterruptamente e sem oposição, utilizando-a para sua moradia ou de sua família, adquirir-lhe-á o domínio, desde que não seja proprietário de outro imóvel urbano ou rural.
>
> § 1º O título de domínio e a concessão de uso serão conferidos ao homem ou à mulher, ou a ambos, independentemente do estado civil.
>
> § 2º Esse direito não será reconhecido ao mesmo possuidor mais de uma vez.
>
> § 3º Os imóveis públicos não serão adquiridos por usucapião.
>
> *Rogério Gesta Leal*

1. História da norma e seu evolver

Novamente, de forma inédita, a Constituição de 1988 traz a lume um novo instituto originário de gestão urbana e aquisição originária da propriedade, que é a usucapião especial urbano, matéria que inclusive restou reconhecida pelo atual Código Civil brasileiro, no seu art. 1.239[1].

Em termos de história do instituto da usucapião, temos que ter claro que ele vem tradicionalmente marcado pelo seu perfil de ordinariedade e extraordinariedade, sendo que para o primeiro se

---

1. "Art. 1.239. Aquele que, não sendo proprietário de imóvel rural ou urbano, possua como sua, por cinco anos ininterruptos, sem oposição, área de terra em zona rural não superior a cinquenta hectares, tornando-a produtiva por seu trabalho ou de sua família, tendo nela sua moradia, adquirir-lhe-á a propriedade."

exige tão somente a posse prolongada no tempo da área pretendida, com ânimo de dono, sem interrupção e sem oposição, enquanto à extraordinária, acrescentava-se a necessidade do justo título e da boa-fé; em seguida, a Constituição de 1934 trouxe à experiência brasileira o instituto da usucapião especial ou *pro labore*, em que, além da posse com ânimo de dono, demandava-se que o adquirente residisse no imóvel que buscava usucapir, tornando-o produtivo por seu trabalho ou de sua família, exigindo que o bem se situasse em zona rural e não tivesse área superior a cinquenta hectares. Veja-se que tal instituto foi devidamente incorporado pelo Estatuto da Terra, Lei Federal n. 4.504/1964, em seu art. 98, figurando importante mecanismo de política agrícola e fundiária, ensejando a reforma agrária, tornando-se expressa disposição constitucional, consoante prevê o art. 191, dessa Carta Política de 1988.

É novamente o Estatuto da Cidade (Lei Federal n. 10.250/2001) que vai especificar mais o instituto, a partir de seu art. 9º, determinando que: (a) o título de domínio será conferido ao homem ou à mulher, ou a ambos, independentemente do estado civil; (b) este direito não será reconhecido ao mesmo possuidor por mais de uma vez; (c) o herdeiro legítimo continua de pleno direito a posse de seu antecessor, desde que já resida no imóvel por ocasião da abertura da sucessão.

É decorrência lógica do disposto na norma que o autor desta modalidade de usucapião deverá provar a posse direta e pessoal (ou coletiva) da área pretendida, excluindo de tal possibilidade os meros detentores, comodatários, empregados, caseiros, aqueles que se encontrarem em relação de dependência com o proprietário.

Avançou este diploma legal no sentido de prever a modalidade de usucapião para população de baixa renda para sua moradia, envolvendo áreas urbanas com mais de duzentos e cinquenta metros quadrados, com específica regulação.

Por outro lado, ainda dispôs a norma sob comento que: na pendência de usucapião especial urbana, ficam sobrestadas quaisquer outras ações, petitórias ou possessórias, que venham a ser propostas relativas ao imóvel usucapiendo; que são partes legítimas à propositura desta ação o possuidor, isoladamente ou em litisconsórcio originário ou superveniente; os possuidores, em estado de composse; como substituto processual, a associação de moradores da comunidade, regularmente constituída, com personalidade jurídica, desde que explicitamente autorizada pelos representados (arts.11 e 12). Alguns requisitos ainda diferenciam a via processual desta pretensão aquisitiva, a saber: apresenta-se obrigatória a intervenção do Ministério Público; o autor (ou atores) terá os benefícios da justiça e da assistência judiciária gratuita, inclusive perante o cartório de registro de imóveis; poderá esta ação ser invocada como matéria de defesa, valendo a sentença que a reconhecer como título para registro no cartório de registro de imóveis; nesta ação, o rito processual será o sumário (arts.12, 13 e 14 do Estatuto da Cidade).

2. Referências bibliográficas

AGUIAR, Joaquim Castro. *Direito da Cidade*. Rio de Janeiro: Renovar, 2001.

ANTONELLI, Leandro Pietro. Emenda constitucional 29/2000 – Progressividade do IPTU. *Revista Tributária e de Finanças Públicas*. São Paulo: Revista dos Tribunais, ano 9, n.39, jul. – ago., 2000.

ARANHA & MARTINS. *Temas de Filosofia*. São Paulo: Moderna, 1990.

ATALIBA, Geraldo. IPTU – Progressividade. *Revista de Direito Tributário*. Vol. 93. São Paulo: Revista dos Tribunais, 2000.

BALEEIRO, Aliomar. *Direito Tributário Brasileiro*. Rio de Janeiro: Forense, 1999.

BARBON, Sandra Lopez. *Do IPTU*. Belo Horizonte: Del Rey, 1995.

BARREIRA, Mauricio Balesdent. Direito Urbanístico e o Município. In: FERNANDES, Edésio. *Direito Urbanístico*. Belo Horizonte: Del Rey, 1998.

BEZNOS, Clóvis. Desapropriação em Nome da Política Urbana. In: DALLARI, Adilson Abreu & FERRAZ, Sergio. *Estatuto da Cidade*. São Paulo: Malheiros, 2005.

BOTELHO, Werther. *Da tributação e sua destinação*. Belo Horizonte: Del Rey, 1999.

BRENDA, Ernst. Função da Garantia da Propriedade na Constituição Moderna. *Cadernos de Direito Constitucional e Ciência Política*, n. 1. São Paulo: Editora Revista dos Tribunais, 1992.

BUENO, Vera Scarpinella. Parcelamento, Edificação ou Utilização Compulsória da Propriedade Urbana. In: DALLARI, Adilson Abreu & FERRAZ, Sergio. *Estatuto da Cidade*. São Paulo: Malheiros, 2005.

BUFFON, Marciano. *O princípio da progressividade tributária na Constituição Federal de 1988*. São Paulo: Memória Jurídica Editora, 2003.

CÂMARA, Jacintho Arruda. Plano Diretor. In: DALLARI, Adilson Abreu & FERRAZ, Sergio (coordenadores). *Estatuto da Cidade*. São Paulo: Malheiros, 2006.

CARRAZA, Roque Antonio. *Curso de Direito Constitucional Tributário*. São Paulo: Malheiros, 2001.

CARVALHO, Paulo de Barros. *Curso de Direito Tributário*. São Paulo: Saraiva, 2001.

_____. *Direito Tributário*. São Paulo: Saraiva, 2001.

COELHO, Sacha Calmon Navarro. *Comentários à Constituição de 1988*: sistema tributário. Rio de Janeiro: Forense, 2000.

COSTA, Manoel Augusto. *Urbanização e Migração Urbana no Brasil*. Rio de Janeiro: IPEA/INPES, 1975.

COSTA, Regina Helena. *Princípio da Capacidade Contributiva*. São Paulo: Malheiros, 1998.

DALLARI, Adilson Abreu & FIGUEIREDO, Lucia Valle. *Temas de Direito Urbanístico*. Vol. 1. São Paulo: Revista dos Tribunais, 1987.

DELGADO, José Augusto. A interpretação contemporânea do Direito Tributário e os princípios da valorização da dignidade humana e da cidadania. In: *Tributos e Direitos Fundamentais*. São Paulo: Dialética, 2004.

ELUSTIZA, Angel Sustaeta. *Propriedad y Urbanismo*. Madrid: Motecorvo, 1998.

FAGUNDES, Miguel Seabra. Da desapropriação no Direito Constitucional Brasileiro. *Revista de Direito Administrativo*. Volume 14. Rio de Janeiro: Fundação Getulio Vargas, 2000.

FAISSOL, Speridião. *Urbanização e Regionalização*: relações com o desenvolvimento econômico. Rio de Janeiro: IBGE, 1978.

FIGUEIREDO, Lúcia Valle. *Disciplina Urbanística da Propriedade*. São Paulo: Revista dos Tribunais, 1990.

FURLAN, Valéria C. P. *Imposto predial e territorial urbano*. São Paulo: Malheiros, 1998.

GRAU, Eros Roberto. A interpretação do direito e a interpretação do direito tributário. In: *Estudos de Direito Tributário em homenagem à memória de Gilberto de Ulhôa Canto*. Rio de Janeiro: Forense, 1998.

GRUPENMACHER, Betina Treiger. Tributação e Direitos Fundamentais. In: *Tributos e Direitos Fundamentais*. São Paulo: Dialética, 2004.

ICHIHARA, Yoshiaki. O Princípio da Progressividade e suas implicações no IPTU. *Revista de Direito Tributário*, n. 81. São Paulo: Malheiros, 2000.

LEAL, Rogério Gesta. *Direitos Humanos no Brasil*: desafios à democracia. Porto Alegre: Livraria do Advogado, 1998.

_____. *Perspectivas Hermenêuticas dos Direitos Humanos e Fundamentais no Brasil*. Porto Alegre: Livraria do Advogado, 2000.

MACHADO, Hugo de Brito. *Curso de Direito Tributário*. São Paulo: Malheiros, 2001.

MEIRELLES, Hely Lopes. *Direito Municipal Brasileiro*. São Paulo: Malheiros, 2003.

MORAES, Bernardo Ribeiro. *Compêndio de Direito Tributário*. Rio de Janeiro: Forense, 2002. v. 1.

NASCIMENTO, Carlos Valder. A questão da progressividade do IPTU. *Revista dos Tribunais*, ano 8, n. 34, São Paulo: Revista dos Tribunais, 2001.

NUNES, Vidal Serrano. *Direito Constitucional Tributário*. São Paulo: Didática Paulista, 1990.

PEREIRA, Luiz. *Urbanização e Subdesenvolvimento*. Rio de Janeiro: Zahar Editora, 1979.

PÉREZ, Jesus González. *La expropriación forçoza por razón de urbanismo*. Madrid: Abella el Consultor de los Ayuntamientos, 1985.

PESSOA, Álvaro. Desenvolvimento Urbano no Brasil (aspectos jurídicos). *Revista de Direito Administrativo*, v. 137, p. 351.

RIOS, Roger Raupp. A propriedade e sua função social na Constituição da República de 1988. In: *Doutrina Jurídica Brasileira*. Porto Alegre: Plenum, 2006.

SALLES, José Carlos de Moraes. *A desapropriação à luz da doutrina e da jurisprudência*. São Paulo: Revista dos Tribunais, 2000.

SANTOS, Milton. *A Urbanização Brasileira*. São Paulo: Hucitec, 1994.

SARLET, Ingo Wolfgang. O direito fundamental à moradia na Constituição: algumas anotações a respeito de seu contexto, conteúdo e possível eficácia. *Revista de Direito do Consumidor*, vol.46. São Paulo: Revista dos Tribunais, 2003, pp. 193/244.

SAULE JR., Nelson. *Novas perspectivas do Direito Urbanístico*. Porto Alegre: Sergio Antonio Fabris, 1991.

SILVA, José Afonso da. *Direito Urbanístico Brasileiro*. São Paulo: Malheiros Editores, 1998.

SODRÉ, Eurico. *Da desapropriação no Direito Brasileiro*. Rio de Janeiro: Freitas Bastos, 1979.

SPONK, Peter e CAMAROTTI, Ilka. *Parcerias e pobreza*: soluções locais na construção de relações socioeconômicas. Rio de Janeiro: Fundação Getulio Vargas, 2000.

STAHNKE, Osmar. *Apontamentos sobre a desapropriação*. Porto Alegre: Fabris, 1986.

TOBA, Marcos Maurício. *Estatuto da Cidade* (org. Odete Medauar e Fernando Dias Menezes de Almeida). São Paulo: Revista dos Tribunais, 2002.

VELLOSO, Carlos Mário da Silva. Questões tributárias atuais no Supremo Tribunal Federal. *Revista de Estudos Tributários*, n. 07. São Paulo: Revista dos Tribunais, 1999.

VILLAÇA, Flavio. Uma contribuição para a história do planejamento urbano no Brasil. In: DEÁK, Csaba; SCHIFFER, Sueli Ramos (org.). *O Processo de urbanização no Brasil*. São Paulo: Edusp, 1999.

WILHEIM, Jorge. *Urbanismo no Subdesenvolvimento*. Rio de Janeiro: Saga, 1969.

XAVIER, Alberto. *Os princípios da legalidade e da tipicidade da tributação*. São Paulo: Revista dos Tribunais, 1998.

CAPÍTULO III

DA POLÍTICA AGRÍCOLA E FUNDIÁRIA E DA REFORMA AGRÁRIA

Carlos Alberto Molinaro

A – INTRODUÇÃO

Políticas de natureza agrícola e fundiária são Políticas de Estado que, ao lado de Políticas de Governança, como aquelas dedicadas à implantação da Reforma Agrária, estão agasalhadas no texto constitucional e têm por escopo tornar concreta a democratização da terra. Política Agrícola, Política Fundiária e Reforma Agrária são categorias de ações públicas que não devem ser confundidas entre si.

1.2. A política agrícola tem endereço certo, isto é, serve como canalização dos interesses da economia agrorural e da atividade agropecuária no conjunto da política econômica do país, como a de industrialização, capitalização e de serviços na perspectiva da melhor utilização da terra e de seus recursos, com forte incentivo da produção e aproveitamento da força de labor rural com a suplementação da elevação do nível de vida rural. Desta forma, a política agrícola deve ser compreendida como efetiva ação do Estado na estrutura da atividade agrária com um único fim: o desenvolvimento e bem-estar da comunidade rural. A legislação infraconstitucional define a política agrária como "conjunto de providências de amparo à propriedade da terra, que se destinem a orientar, no interesse da economia rural, as atividades agropecuárias, seja no sentido de garantir-lhes o pleno emprego, seja no de harmonizá-las com o processo de industrialização do país" (§ 2º do art. 1º da Lei n. 4.504/64), onde atividade agrária ou agrícola é entendida como "a produção, o processamento e a comercialização dos produtos, subprodutos e derivados, serviços e insumos agrícolas, pecuários, pesqueiros e florestais" (parágrafo único do art. 1º da Lei n. 8.171, de 17 de janeiro de 1991).

Já a política fundiária objetiva uma cartografia disciplinar da distribuição da terra, bem como do seu uso apropriado – vale dizer, a otimização da função social da propriedade – perseguindo a efetivação da promoção do acesso à terra, alocando os que nela devam produzir riqueza e bem-estar social. A isto se integra uma série de ações estatais, tipicamente de governança, ou gestão pública, como: instrumentos creditícios e fiscais; políticas de preços alinhados com os custos da produção e a pertinente garantia de comercialização; arquitetada política de transportes e armazenagem; incentivos e garantia a relação laboral entre produtores e trabalhadores rurais; incentivos a inovação mediante apoio a pesquisa e tecnologia; regulação eficiente dos seguros agrícolas; políticas de eletrificação, irrigação e habitação rural; e a promoção do cooperativismo, entre outras, especialmente, a participação democrática em planos nacionais de desenvolvimento agrorural, serviços e insumos agrícolas, pecuários, pesqueiros e florestais.

A Reforma Agrária – um dos instrumentos de Política Agrícola e Fundiária – caracteriza-se como ato de intervenção do Estado no âmbito da economia agrorural com o objetivo de programar a repartição da propriedade fundiária na perspectiva do melhoramento dos resultados de sua exploração econômica. Neste sentido, o núcleo duro do procedimento está na modificação da estrutura fundiária que acolhe a transformação do regime de posse e de uso, ademais de uma efetiva prática de redistribuição propiciando, deste modo, uma possível igualdade no acesso à terra, bem como revelando uma função social fundada nos ideais de uma "justiça social". Ademais, goza de definição legal assim articulada: "considera-se reforma agrária o conjunto de medidas que visem a promover melhor distribuição da terra, mediante modificações no regime de sua posse e uso, a fim de atender aos princípios de justiça social e ao aumento de produtividade" (§ 1º do art. 1º da Lei n. 4.504/64). Com a edição da Lei n. 10.469, de 25 de junho de 2002, ficou instituído o dia 17 de abril como o "Dia Nacional de Luta pela Reforma Agrária".

Instrumento processual que conduz à perda da propriedade particular para o Estado ou seus entes delegados encontra-se no processo expropriatório regular (cf. comentário ao art. 5º, XXIV, retro) e especializado, no caso da Reforma Agrária (art. 184) e Urbana (art. 182, 2º) com indenização efetuada pela utilização de títulos públicos com exceção das benfeitorias úteis e necessárias.

Art. 184. Compete à União desapropriar por interesse social, para fins de reforma agrária, o imóvel rural que não esteja cumprindo sua função social, mediante prévia e justa indenização em títulos da dívida agrária, com cláusula de preservação do valor real, resgatáveis no prazo de até vinte anos, a partir do segundo ano de sua emissão, e cuja utilização será definida em lei.

§ 1º As benfeitorias úteis e necessárias serão indenizadas em dinheiro.

§ 2º O decreto que declarar o imóvel como de interesse social, para fins de reforma agrária, autoriza a União a propor a ação de desapropriação.

§ 3º Cabe à lei complementar estabelecer procedimento contraditório especial, de rito sumário, para o processo judicial de desapropriação.

§ 4º O orçamento fixará anualmente o volume total de títulos da dívida agrária, assim como o montante de recursos para atender ao programa de reforma agrária no exercício.

§ 5º São isentas de impostos federais, estaduais e municipais as operações de transferência de imóveis desapropriados para fins de reforma agrária.

Carlos Alberto Molinaro[1]

B – REFERÊNCIAS

1. Origem do texto

Redação original do constituinte de 1988.

2. Constituições brasileiras anteriores

Constituição de 1824, art. 179, XXII; Constituição de 1891, art. 72, § 17; Constituição de 1934, art. 113, 17; Constituição de 1937, art. 122, 14; Constituição de 1946, art. 141, § 16 (pela primeira vez aparece a modalidade de desapropriação por interesse social); Constituição de 1967, art. 150, § 22, art. 157, §§ 1º, 3º, 6º; Constituição de 1967, com a Emenda n. 1, de 17 de outubro de 1969, art. 153, § 22, art. 161 e parágrafos.

3. Constituições comparadas

Lei Fundamental para a República Federal da Alemanha de 1949 (*Grundgesetz für die Bundesrepublik Deutschland*), art. 14; art. 15; art. 18. Constituição da Espanha de 1978 (*Constitución Española*), art. 33, 3; art. 129, 2; art. 130. Constituição da Itália de 1947 (*Costituzione della Repubblica italiana*), art. 42, especialmente o art. 44. Constituição de Portugal de 1976 (Constituição da República Portuguesa), art. 62, 2; art. 93; especialmente art. 94; art. 165.

4. Direito internacional

Declaración Universal de los Derechos Humanos de 1948, art. 11, 1 e 2. Conferencia Internacional sobre los Derechos de las Campesinas y Campesinos, en el 60º Aniversario de la Declaración Universal de los Derechos Humanos, Jacarta (Indonésia), 24 de junho de 2008. Conferencia Internacional sobre Reforma Agraria y Desarrollo Rural, Porto Alegre (Brasil), 6 a 10 de março de 2006. Fida – Fondo Internacional de Desarrollo Agrícola, Consejo de Gobernadores – 29º período de sesiones, Roma, 15 y 16 de febrero de 2006. International Conference on Agrarian Re-

---

1. Agradecimento especial à Prof. Dra. Marcia Andrea Bühring, pela leitura e revisão da atualização.

form and Rural Development, Roma, 19 a 26 de novembro de 2006. Tratados Alternativos Rio-92: Declaración de la Tierra de los Pueblos; Carta de la Tierra. The Declaration of Principles and Programme of Action of the World Conference on Agrarian Reform and Rural Development Food and Agriculture Organization of the United Nations, Roma, 1981(Fao, Reprinted, 1982, 1985, 1990, 1993).

5. Direito nacional

5.1. Legislação

Lei Complementar n. 93, de 4 de fevereiro de 1998, regulamentada pelo Decreto n. 4.892, de 25 de novembro de 2003. Lei Complementar n. 76, de 6 de julho de 1993. Lei Complementar n. 88, de 23 de dezembro de 1996. **Lei n. 8.629, de 25 de fevereiro de 1993**. Lei n. 9.393, de 19 de dezembro de 1996. Lei n. 8.171, de 17 de janeiro de 1991. **Lei n. 4.504, de 30 de novembro de 1964**. **Lei n. 4.132, de 10 de setembro de 1962**. Lei n. 10.186, de 12 de fevereiro de 2001. Lei n. 10.469, de 25 de junho de 2002. Decreto-Lei n. 3.365, de 21 de junho de 1941. Decreto n. 95.715, de 10 de fevereiro de 1988.

5.2. Jurisprudência

RE 1.049.274 AgR, rel. Min. Dias Toffoli, j. 17-11-2017, 2ª T., *DJe* de 4-12-2017. **RE** 496.861 AgR, rel. Min. Celso de Mello, j. 30-6-2015, 2ª T., *DJe* de 13-8-2015. **MS** 32.752 AgR, rel. Min. Celso de Mello, j. 17-6-2015, P, *DJe* de 10-8-2015. **RE** 595.168, rel. Min. Ricardo Lewandowski, j. 6-8-2013, 2ª T., *DJe* de 25-3-2014. **MS** 28.406 AgR, rel. Min. Dias Toffoli, j. 20-3-2013, P, *DJe* de 30-4-2013. **RE** 612.339 AgR, rel. Min. Dias Toffoli, j. 28-2-2012, 1ª T., *DJe* de 29-3-2012. **MS** 26.192, rel. Min. Joaquim Barbosa, j. 11-5-2011, P, *DJe* de 23-8-2011. **RE** 206.707 AgR, rel. Min. Dias Toffoli, j. 26-4-2011, 1ª T., *DJe* de 1º-8-2011. **MS** 25.391, rel. Min. Ayres Britto, j. 12-5-2010, P, *DJe* de 1º-10-2010. **MS** 25.284, rel. Min. Marco Aurélio, j. 17-6-2010, P, *DJe* de 13-8-2010. **Rcl** 3.437, rel. Min. Ayres Britto, j. 18-10-2007, P, *DJe* de 2-5-2008. **STA** 85 ED, rel. Min. Ellen Gracie, j. 12-9-2007, P, *DJ* de 11-10-2007. **MS** 25.534, rel. Min. Eros Grau, j. 13-9-2006, P, *DJ* de 10-11-2006. **MS** 24.163, rel. Min. Marco Aurélio, *DJ* de 19-9-2003 e **MS** 24.484, rel. Min. Eros Grau, *DJ* de 2-6-2006. **RE** 348.769, rel. Min. Sepúlveda Pertence, julgamento em 02/05/2006, *DJ* de 19/05/2006. **RE** 247.866, rel. Min. Ilmar Galvão, julgamento em 09/08/2000, *DJ* de 24/11/2000. RE 168.110, rel. Min. Moreira Alves, julgamento em 04/04/2000, *DJ* de 19/05/2000. **ADI** 2.213-MC, rel. Min. Celso de Mello, julgamento em 04/04/2002, *DJ* de 23/04/2004. **ADI** 1.187, Rel. p/ o ac. Min. Maurício Corrêa, julgamento em 27/03/1996, *DJ* de 30/05/1997. **MS** 24.449, rel. Min. Ellen Gracie, julgamento em 06/2003/08, *DJ* 25/04/2008. **MS** 24.130, rel. Min. Cezar Peluso, julgamento em 16/04/2008, *DJ* de 20/06/2008. **MS** 23.006, rel. Min. Celso de Mello, julgamento em 11/06/2003, *DJ* de 29/08/2003. **Rcl** 2.020, rel. Min. Ilmar Galvão, j. 2-10-2002, P, *DJ* de 22-11-2002. **MS** 23.744, rel. Min. Maurício Corrêa, julgamento em 21/06/2001, *DJ* de 17/08/2001. **MS** 23.073, rel. Min. Marco Aurélio, j. 25-11-1999, P, *DJ* de 31-3-2000. **MS** 22.187, rel. Min. Néri da Silveira, j. 11-12-1995, P, *DJ* de 5-5-2000. **MS** 22.164, rel. Min. Celso de Mello, julgamento em 30/10/1995, *DJ* de 17/11/1995. **AI** 452.000-AgR, rel. Min. Sepúlveda Pertence, julgamento em 18/11/2003, *DJ* de 05/12/2003. **MS** 21.348, rel. Min. Celso de Mello, j. 2-9-1993, P, *DJ* de 8-10-1993.

5.2.1 Súmula

Súmula 618 STF.

6. Preceitos constitucionais relacionados

Art. 5º, XXIV; art. 22, ii; art. 182, iii; art. 185; 216 § 1º; art. 243.

7. Bibliografia selecionada

Confira a bibliografia referida no comentário dos incisos XXIV e XXV do art. 5º, mais a seguinte: Coelho, Fabio Ulhoa. *Curso de direito civil*: direito das coisas. 7. ed. São Paulo: Revista dos Tribunais, 2016. Branco, Paulo Gustavo Gonet. Noções Introdutórias. In: Mendes, Gilmar Ferreira (Coord.); Branco, Paulo Gustavo Gonet (Coord.). *Curso de direito constitucional*. 6. ed. São Paulo: Saraiva, 2011. Alvarez, Antonio y Joaquín Mauricio Chávez. *Tierra, conflicto y paz*. San Salvador: CEPAZ, 2001. Banco Mundial. Informe de Investigación sobre Política de Tierras para el crecimiento y la reducción de la pobreza. *Resumen ejecutivo*. 2000. Borras, Jr. y Saturnino M. Questioning Market-Led Agrarian Reform: Experiences from Brazil, Colombia and South Africa. *Journal of Agrarian Change*. v. 3 (3), 2003: p. 367-394. Buainain, Antônio Márcio, José Maria da Silveira y Edson Teófilo. O Programa Cédula da Terra no Contexto das Novas Políticas de Reforma Agrária, Desenvolvimento e Participação: uma discussão das transformações necessárias e possíveis". In: Ministério do Desenvolvimento Agrário (ed.). Reforma Agrária e Desenvolvimento Sustentável. Brasília: Ministério do Desenvolvimento Agrário, 2000, p. 157-174. FAO (Food and Agriculture Organization of the United Nations). FAO Activities (2000-2001), Trends and Challenges in Agriculture, Forestry, Fisheries and Food Security in the Region and Actions taken on the Main Recommendations of the 26th FAO Regional Conference for Latin America and the Caribbean. Twenty-Seventh FAO Regional Conference for Latin America and the Caribbean. Havana, Cuba, 2002. Disponível em: <http://www.rlc.fao.org/larc/doc-slarc27/40238.pdf>. Losano, Mario G. *Función social de la propiedad y latifundios ocupados*. Los Sin Tierra de Brasil. Madrid: Dykinson, 2006. Reydon, Bastian P. Intervenções nos Mercados de Terras: uma proposta para a redução do uso especulativo da terra. In: Pedro S. Leite *et al.*, (eds.). *Reforma Agrária e Desenvolvimento Sustentável*. Brasília: Ministério do Desenvolvimento Agrário, 2000, p. 175-186. Scheele, M. Reform der Gemeinsamen Agrarpolitik. Konsequenzen für die Agrarstruktur-und die Agrarumweltpolitik. In: Forschungsgesellschaft für Agrarpolitik und Agrarsoziologic (FAA) (ed.): *Schriftenreihe der FAA*, Band 300, Bonn: FAA, 1994, p. 4-13. Sparovek, Gerd. *A Qualidade dos Assentamentos da Reforma Agrária Brasileira*. Brasília: FAO, 2003.

C – COMENTÁRIOS

1. Propriedade rural é todo prédio rústico de área contínua, qualquer que seja a sua localização, que se destine ou possa se destinar à exploração agrícola, pecuária, extrativa vegetal, flores-

tal ou agroindustrial (cf. Lei n. 8.629/1993, art. 4º, I). Um conceito de propriedade rural pode ser encontrado, também, na Lei n. 9.393/1996, pois pode ser entendida como imóvel rural uma área contínua, formada de uma ou mais parcelas de terras, localizada em zona rural do município (art. 1º, § 2º e § 3º).

2. A Reforma Agrária é também consequência de entender-se a terra como bem de produção. Neste sentido, sempre que a propriedade rural afronte o princípio da função social que é emprestada ao bem, impõe-se a sanção expropriatória por interesse social para os fins da reforma agrária, medida que intenta reequilibrar no contexto produtivo a natureza do bem. O interesse social no caso da desapropriação para fins de reforma agrária está sempre presente seja qual for o procedimento a ser adotado pelo poder público, a ele está adjunto o cumprimento da função social da propriedade (art. 186), característica constitucional inderrogável. Advirta-se, no entanto, que a reforma agrária pode ser realizada independentemente do estatuído no art. 184 – por interesse social suportado na repartição da propriedade rural – mediante processo expropriatório regular (art. 5º, XXIV), ou outro procedimento administrativo.

3. Contudo, no caso do artigo em comento, a modalidade da indenização no processo de desapropriação tem natureza sancionatória, todavia tal atributo não está na desapropriação em si mesma, e tampouco no contexto da reforma agrária, sim na modalidade pela qual será realizada a indenização: o pagamento com títulos da dívida agrária. Tal característica torna-se acentuada confrontando-se o pagamento das benfeitorias úteis e necessárias que, ao contrário do valor do imóvel, deverão ser indenizadas em dinheiro.

4. A Constituição previu processo expropriatório a ser estabelecido por lei complementar; neste sentido, foi editada a Lei Complementar n. 76, de 6 de julho de 1973, alterada pela Lei Complementar n. 88, de 23 de dezembro de 1996, que disciplinou o contraditório a ser percorrido em rito sumário. Relativamente ao processo, é de se observar que, para fins de Reforma Agrária, a Lei n. 4.504/64 assinalou o direito de extensão aos proprietários que tiverem terras parcialmente expropriadas em condições tais que prejudiquem a exploração econômica do remanescente (art. 19, § 1º); todavia, o direito de extensão deverá ser manifestado no procedimento administrativo (contencioso ou não), ou na ação judicial que se instaurar para a fixação da indenização. Não o fazendo nessa oportunidade o seu titular, entende-se que renunciou ao seu direito, não sendo legítimo que o pleiteie após o término da desapropriação.

5. Como ato de intervenção do Estado no âmbito da economia agrorural, com o objetivo de concretizar a repartição da propriedade fundiária, a Constituição atribuiu garantias aos atingidos pela reforma agrária. Por ter previsto o pagamento das indenizações em títulos da dívida agrária, previu também o volume dessas cártulas correspondentes ao programa a ser implantado, mediante a respectiva anotação orçamentária. Trata-se, pois, de prever-se o montante a ser resgatado desses títulos em cada exercício.

6. Como programa de repartição fundiária, a Constituição de modo equânime dispôs a não tributação das operações decorrentes das transferências de imóveis desapropriados para fins de reforma agrária, implicando a correspondente isenção tributária nessas operações.

Art. 185. São insuscetíveis de desapropriação para fins de reforma agrária:

I – a pequena e média propriedade rural, assim definida em lei, desde que seu proprietário não possua outra;

II – a propriedade produtiva.

Parágrafo único. A lei garantirá tratamento especial à propriedade produtiva e fixará normas para o cumprimento dos requisitos relativos a sua função social.

Carlos Alberto Molinaro[1]

A – REFERÊNCIAS

1. Origem do texto

Redação original do constituinte de 1988.

2. Constituições brasileiras anteriores

Sem correspondente.

3. Constituições comparadas

Sem correspondente. Assemelhadas: Constituição Política do Peru 1993, com as reformas de 1995, 2000, 2002, 2004 e 2005, arts. 88, 89; Constituição da República de Salvador de 1993 com a reforma de 2003, art. 116; Constituição Política os Estados Unidos Mexicanos de 1917, art. 27 (com a reforma de 1992); Constituição da Bolívia de 2007, com a reforma de 2009, art. 394, II.

4. Direito internacional

Convención 169 da OIT arts. 14/17 (sobre povos indígenas).

5. Direito nacional

5.1. Legislação

Lei n. 9.393, de 19 de dezembro de 1996. Lei n. 8.629, de 25 de fevereiro de 1993. Lei n. 4.504, de 30 de novembro de 1964. Decreto n. 84.685, de 6 de maio de 1980.

5.2. Jurisprudência

MS 32.752 AgR, rel. Min. Celso de Mello, j. 17-6-2015, P, *DJe* de 10-8-2015. MS 28.168, rel. Min. Marco Aurélio, j. 4-4-2013, P, *DJe* de 26-4-2013. MS 25.870, rel. Min. Marco Aurélio, j. 1º-9-2011, P, *DJe* de 28-9-2011. MS 24.924, rel. p/ o ac. min. Joaquim Barbosa, j. 24-2-2011, P, *DJe* de 7-11-2011. MS 25.142, rel. Min. Joaquim Barbosa, j. 1º-8-2008, P, *DJe* de 19-9-2008. MS 25.304, rel. Min. Sepúlveda Pertence, j. 14-6-2006, P, *DJ* de

---

1. Agradecimento especial à Prof. Dra. Marcia Andrea Bühring, pela leitura e revisão da atualização.

15-9-2006. **MS** 25.299, rel. Min. Sepúlveda Pertence, j. 14-6-2006, P, *DJ* de 8-9-2006. **MS** 24.890, rel. Min. Ellen Gracie (*DJe* 13/02/2009). rel. Min. Celso de Mello, julgamento (*DJ* 09/02/2007). **MS** 24.764, rel. p/ o ac. Min. Gilmar Mendes (*DJ* de 24/03/2006. **MS** 24.573, rel. Min. Eros Grau (*DJ* 15/12/2006). **MS** 24.719, rel. Min. Carlos Velloso (*DJ* 14/05/2004). **MS** 24.595, rel. Min. Celso de Mello (*DJ* 09/02/2007). **MS** 25.022, rel. Min. Marco Aurélio, j. 27-10-2005, j. 27-10-2005, P, *DJ* de 16-12-2005. **MS** 24.171, rel. Min. Sepúlveda Pertence, j. 20-8-2003, P, *DJ* de 12-9-2003. **MS** 23.006, rel. Min. Celso de Mello (*DJ* 29/08/2003). **MS** 22.591, rel. Min. Moreira Alves, j. 20-8-1999, P, *DJ* de 14-11-2003. **MS** 22.187, rel. Min. Néri da Silveira (*DJ* 05/05/2000). **MS** 22579, rel. Min. Carlos Velloso (*DJ* 17/03/1998). **MS** 21.919, rel. Min. Celso de Mello (*DJ* 06/06/1997). **MS** 22.193, rel. p/ o ac. Min. Maurício Corrêa (*DJ* 29/11/1996).

5.2.1 ADI

ADI 2.213 MC, rel. Min. Celso de Mello, j. 4-4-2002, P, *DJ* de 23-4-2004.

6. Preceitos constitucionais relacionados

Art. 5º, XXVI; art. 189.

7. Bibliografia selecionada

Confira a bibliografia referida nos comentários dos incisos XXIV e XXV do art. 5º, e do art. 184, mais a seguinte:

ALEXANDRINO, Marcelo; PAULO, Vicente. *Direito Administrativo Descomplicado*. 25. ed. São Paulo: Método, 2017. MAZZA, Alexandre. *Manual de Direito Administrativo*. 6. ed. São Paulo: Saraiva, 2016. PIETRO, Maria Sylvia Zanella. *Direito Administrativo*. 28. ed. São Paulo: Atlas, 2015. BARROS, Wellington Pacheco. *Curso de direito agrário*. 9. ed. Porto Alegre: Livraria do Advogado, 2015. MARQUES, Benedito Ferreira. *Direito agrário brasileiro*. 12. ed. São Paulo: Atlas, 2016. BARROS, Wellington Pacheco. *Curso de direito agrário*. 5. ed. Porto Alegre: Livraria do Advogado, 2007. DÁVILA, Renata Almeida. O princípio da função socioambiental da propriedade rural e a desapropriação por interesse social para fins de reforma agrária. In: *Direito ambiental e desenvolvimento sustentável*. Coordenadores: Suzi Huff Theodoro e outros. Rio de Janeiro: Lumen Juris, p. 257-267, 2008. MANIGLIA, Elisabete. Atendimento da função social pelo imóvel rural. In: *O direito agrário na Constituição*. Organizado por Lucas Abreu Barroso. 2ª ed. Rio de Janeiro: Forense, 2006. MARÉS, Carlos Frederico. *A função social da terra*. Porto Alegre: Sergio Antonio Fabris Editor, 2003. MARQUES, Benedito Ferreira. *Direito agrário brasileiro*. 7. ed. Goiânia: AB, 2007. PINTO FERREIRA, Luís. *Curso de direito agrário*: de acordo com a Lei n. 8.629/93. 2ª ed., São Paulo: Saraiva, 1995.

B – COMENTÁRIOS

O texto constitucional excepciona, no artigo em comento, a pequena e média propriedade cujo titular só dela disponha e a propriedade produtiva da incidência do art. 184; portanto, fica afastada a hipótese da desapropriação desses bens por interesse social com a finalidade de reforma agrária. Observe-se, no entanto, que os titulares da pequena e média propriedade e da propriedade produtiva não estão imunes à cláusula geral expropriatória de que trata o inciso XXIV do art. 5º (confira o comentário, *retro*), podendo o Poder Público agir no interesse social, ou por utilidade ou necessidade pública, com o objetivo de expropriar esses bens realizado o preceito do móvel da ação, com a obrigação, no entanto, de pagar a indenização na forma do mandamento constitucional. Portanto, o preceito aqui examinado revela cláusula exceptiva ou de inexpropriabilidade em programa de reforma agrária, no exato grafar do texto constitucional.

Pequena e média propriedade rural são conceitos legais, a norma constitucional as protege, mas é a legislação infraconstitucional que as define. Contudo, a legislação vai emprestar significado a estas especiais modalidades de propriedade segundo critérios socioeconômicos colhidos na ambiência dos meios de produção. Neste sentido, duas leis são importantes: a Lei n. 4.504, de 30 de novembro de 1964, que institui o denominado Estatuto da Terra, e a Lei n. 8.269, de 25 de fevereiro de 1993, que regulamenta matéria constitucional contida no Capítulo III, Título VII, da Constituição Federal. Esta última lei define e delimita a unidade de grandeza que caracteriza a pequena e média propriedade. Neste sentido considera-se pequena propriedade a contida entre um (01) e quatro (04) módulos fiscais, e média propriedade a contida entre quatro (04) e quinze (15) módulos fiscais. De outro modo, o Estatuto da Terra, no seu art. 4º, II e III, desenha outro referencial: o módulo rural, outra unidade de grandeza só que imediatamente vinculada a característica do bem, isto é, mediante a descrição da propriedade familiar: "imóvel rural que, direta e pessoalmente, explorado pelo agricultor e sua família, lhes absorva toda a força de trabalho, garantindo-lhes a subsistência e o progresso social e econômico, com área máxima fixada para região e tipo de exploração, e eventualmente trabalhado com ajuda de terceiros"; portanto, o módulo rural aí está em estreita correlação com a unidade produtiva, vale dizer, revela-se como o mínimo resultado da fração do solo rural hábil para a atividade econômica da região onde se inclui o imóvel. Relativamente à média propriedade o Estatuto da Terra silencia. Temos, pois, duas unidades de grandeza: módulo rural e módulo fiscal. Ambos estimados pelo Instituto Nacional de Colonização e Reforma Agrária – INCRA. Módulos, rural e fiscal são, assim, conceitos legais imediatamente vinculados a conceituação de pequena e média propriedade e variáveis segundo a alocação geopolítica das propriedades rurais. O módulo fiscal ficou estabelecido mediante a edição do Decreto 84.685, de 6 de maio de 1980, para servir de base de cálculo para a incidência do Imposto Territorial Rural – ITR, atualmente disciplinado pela Lei n. 9.393, de 19 de dezembro de 1996. Ademais de servir de parâmetro para classificação do imóvel rural quanto ao tamanho, na forma da Lei n. 8.629, de 25 de fevereiro de 1993, atualmente serve também de parâmetro para definir os beneficiários do Programa Nacional de Fortalecimento da Agricultura Familiar – PRONAF (pequenos agricultores de economia familiar, proprietários, meeiros, posseiros, parceiros ou arrendatários de até quatro módulos fiscais). Finalmente, vale lembrar que a cláusula exceptiva ou de inexpropriabilidade está condicionada à unicidade dominial do titular proprietário, caso contrário, dispondo o titular de mais de uma propriedade que não esteja cumprindo sua função social, poderá haver a desapropriação mesmo que a propriedade seja pequena ou média.

A caracterização da propriedade produtiva também é objeto da Lei n. 8.629/93. O art. 6º descreve o que deve ser entendido como propriedade produtiva ("Considera-se propriedade produtiva aquela que, explorada econômica e racionalmente, atinge, simultaneamente, graus de utilização da terra e de eficiência na exploração, segundo índices fixados pelo órgão federal competente"); neste sentido, o comando normativo infraconstitucional estabelece as variáveis para o cálculo de produtividade, aproveitamento e de eficiência da terra (um resultado obtido mediante a igualdade ou superioridade de uma relação percentual de 80% da área efetivamente utilizável e a área de aproveitamento total, medindo-se a eficiência em sua exploração, que terá de ser de 100%). Observe-se que, relativamente à eficiência, o cálculo é mais complexo. Neste sentido, na cultura de produtos vegetais, o cálculo é feito pela divisão da quantidade colhida de cada produto pelos respectivos índices de rendimento, estes declarados pelo órgão competente do Poder Executivo, imediatamente dedicados para diferentes Microrregiões Homogêneas. Ademais, para a exploração pecuária, a divisão do número de unidades animais (UA) do rebanho locado, pelo índice de lotação definido pelo órgão atribuído do Poder Executivo, válido para cada Microrregião Homogênea. O grau de eficiência, então, é obtido pela soma dos resultados dividida pela área utilizada e multiplicada por 100 (cem). Observe-se, ainda, que o art. 10 da lei relaciona as áreas inaproveitáveis, pois inutilizáveis produtivamente pelo proprietário. Finalmente, tenha-se presente que os índices e parâmetros atribuídos no conceito de produtividade implicam periódicos ajustes devidos, especialmente pelos avanços científicos e tecnológicos na agricultura e pecuária, bem como os índices de desenvolvimento regional (art. 11).

> **Art. 186.** A função social é cumprida quando a propriedade rural atende, simultaneamente, segundo critérios e graus de exigência estabelecidos em lei, aos seguintes requisitos:

I – aproveitamento racional e adequado;

II – utilização adequada dos recursos naturais disponíveis e preservação do meio ambiente;

III – observância das disposições que regulam as relações de trabalho;

IV – exploração que favoreça o bem-estar dos proprietários e dos trabalhadores.

Carlos Alberto Molinaro

A – REFERÊNCIAS

1. Origem do texto

Redação do constituinte de 1988.

2. Constituições brasileiras anteriores

Constituição de 1934, art. 113, n. 17. Constituição de 1937, arts. 122, n. 14, e 143. Constituição de 1946, arts. 141, § 16, e 147. Constituição de 1967, arts. 150, § 22, e 157 e parágrafos. Emenda Constitucional de 1969, arts. 153, § 22, e 161.

3. Constituições comparadas

Constituição Espanhola de 1978, art. 33, 2. Lei Fundamental da Alemanha de 1949, art. 14, 2. Constituição da Itália de 1947, art. 42. Constituição da República do Chile, art. 24. Constituição do México de 1917, art. 27.

4. Direito internacional

OIT: Convenção n. 29, a Convenção Suplementar de 1956. Convenção n. 105.

5. Direito nacional

5.1. Legislação

Lei Federal n. 4.132/1962. Lei Federal n. 4.504/1964. Lei Federal n. 6.386/1976. Lei Federal n. 6.766/1979. Lei Federal n. 6.803/1980. Lei Federal n. 6.938/1981. Lei n. 8.629/93. Lei Federal n. 10.406 /2002. Lei Federal n. 10.257/2002. Decreto-Lei Federal n. 25/37. O Decreto-Lei n. 3.365/41.

5.2. Jurisprudência

STF: **MS** 23.312, Rel. Min. Maurício Corrêa (*DJ* 25/02/2000). **MS** n. 22.478 Rel. Min. Maurício Corrêa (*DJ* 26/09/1997). **MS** 22.164, Rel. Min. Celso de Mello (*DJ* 17/11/1995).

6. Preceitos constitucionais relacionados

Art. 5º, XXII, XLV e XLVI, *b*. Art. 21, XX. Art. 23, III, VI, VII. Art. 30, VIII, IX. Art. 156, § 1º. Art. 170, II, III. Art. 182, §§ 2º e 4º. Art. 183. Art. 184. Art. 186. Art. 191. Art. 216, § 1º. Art. 225.

7. Bibliografia selecionada

Confira a bibliografia referida no comentário dos incisos XXIV e XXV do art. 5º, e do art. 184, mais a seguinte:

ARAÚJO LEONETTI, Carlos. Função social da propriedade: Mito ou Realidade. *Revista Síntese de Direito Civil e Processual Civil*. Porto Alegre, v. 3, jan./fev. 2002, p. 72-83. BARROS, Wellington Pacheco. *Curso de direito agrário*. 9. ed. Porto Alegre: Livraria do Advogado, 2015. BARROS, Wellington Pacheco. *Curso de Direito Agrário*, Volume 1. Porto Alegre: Livraria do Advogado, 1997. CANOTILHO, J. J. Gomes & MOREIRA, Vital. *Fundamentos da Constituição*. Coimbra: Coimbra Editora, 1991. COMPARATO, Fábio Konder. Função social da propriedade dos bens de produção. *Revista de Direito Mercantil, Industrial, Econômico e Financeiro* (nova série). São Paulo, RT, n. 63, jul./set. 1986, p. 71-79. DANTAS, Marcus. Função social na tutela possessória em conflitos fundiários. *Revista Direito GV*, São Paulo, v. 18, 2013. FACHIN, Luiz Edson. *A Função Social da Posse e a Propriedade Contemporânea*. Porto Alegre: Sérgio Antonio Fabris, 1988. FRANÇA, Vladimir da Rocha. Instituição da Propriedade e sua Função Social. *Revista da Escola Superior de Magistratura do Estado de Pernambuco*. n.

6, Recife, ESMAPE, v. 2, out./dez. 1997, p. 457-488. GONDINHO, André Osório. Função Social da Propriedade. In: TEPEDINO, Gustavo (Coord.). *Problemas de Direito Civil – Constitucional*. Rio de Janeiro: Renovar, 2000, p. 397-433. GRAU, Eros. *A ordem econômica na Constituição de 1988*. 14. ed. São Paulo: Malheiros, 2010. LEAL, Rogério Gesta. *A Função Social da Propriedade e da Cidade no Brasil*. Porto Alegre: Livraria do Advogado, 1998. PONTES DE MIRANDA, Francisco Cavalcanti. *Tratado de Direito Privado*. Rio de Janeiro: Borsoi, 1971, t. XI; e *Comentários à Constituição de 1967 com a Emenda n. 1, de 1969*. 3. ed. Rio de Janeiro: Forense, 1987, t. V. TANAJURA, Grace Vigínia Ribeiro de Magalhães. *Função Social da Propriedade Privada*. São Paulo: LTr, 2000. SANT'ANA, Raquel Santos. *Trabalho Bruto no Canavial*: questão agrária, assistência e serviço social. São Paulo: Cortez, 2012. TEPEDINO, Gustavo. Contornos constitucionais da propriedade privada. In: *Temas de direito civil*. 2. ed. Rio de Janeiro: Renovar, 2004. VARELA, Laura Beck. Das propriedades à propriedade: construção de um direito. In: MARTINS-COSTA, Judith (Org.). *A reconstrução do direito privado*. São Paulo: RT, 2002. ZAVASCKI, Teori Albino. A tutela da posse na Constituição e no projeto do novo Código Civil. In: MARTINS-COSTA, Judith (Org.). *A reconstrução do direito privado*: reflexos dos princípios, diretrizes e direitos fundamentais constitucionais no direito privado. São Paulo: RT, 2002.

B – COMENTÁRIOS

O princípio da "função social da propriedade" não é recente, foi pensado na Antiguidade, pois já o encontramos em Aristóteles (*A Política*) e em Tomás de Aquino (*Summa*). Mais tarde, o grande jurista francês Léon Duguit vai dedicar-se, sob a influência do positivismo comteano, a delinear os seus contornos. É no século passado que o princípio foi efetivamente reconhecido, tendo sido resultado das mudanças sociais ocorridas na conformação capitalista dos modos e meios de produção, ademais do forte acento decorrente da Constituição mexicana de 1917 e na de Weimar de 1919. No que interessa ao artigo em comento, é suficiente referir que a Carta brasileira de 1988 incorpora este princípio nos incisos XXIII e III dos arts. 5º e 170 respectivamente, para onde remetemos o leitor. Tenha-se presente que a cláusula de inexpropriabilidade revelada pelo art. 185, bem como a do artigo em comento, também está fundada na preservação da função social da propriedade agrária e da sua importância socioeconômica.

A função social da propriedade revela um imperativo de ordem econômico-social. Neste sentido, Maria Helena Diniz, com acuidade costumeira, refletindo sobre a função social da propriedade, assim se pronunciou: "[...] Há limitação ao direito de propriedade com o escopo de coibir abusos e impedir que seja exercido, acarretando prejuízo ao bem-estar social. Com isso se possibilita o desempenho dessa função econômico-social da propriedade, preconizada constitucionalmente, criando condições para que ela seja economicamente útil e produtiva, atendendo o desenvolvimento econômico e os reclamos da justiça social. O direito de propriedade deve, ao ser exercido, conjugar os interesses do proprietário, da sociedade e do Estado, afastando o individualismo e o uso abusivo do domínio" (DINIZ, Maria Helena. *Código Civil anotado*. 9. ed. São Paulo: Saraiva, 2003, p. 785).

Observe-se que na Constituição de 1988, propriedade e função social estão umbilicalmente reunidas, pois só há, verdadeiramente, direito de propriedade quando o exercício da mesma atender a sociabilidade, condição para vê-la com um direito fundamental. A doutrina não discrepou, advertindo: "O princípio da função social da propriedade atinge a substancia do direito de propriedade, dando origem a uma nova concepção do instituto" (GOMES, Orlando. A função social da propriedade. In: *Anais do XII Congresso Nacional de Procuradores de Estado*. Salvador, 1986, p. 63); ou: "A chamada função social da propriedade representa um poder-dever positivo, exercido no interesse da coletividade, inconfundível, como tal, com as restrições tradicionais ao uso dos bens próprios" (COMPARATO, Fábio Konder. Função social da propriedade dos bens de produção. *Revista de Direito Mercantil, Industrial, Econômico e Financeiro*. São Paulo, RT, n. 63, jul./set. 1986, p. 76).

A função social da propriedade rural implica o cumprimento de alguns deveres básicos, entre eles, o aproveitamento eficiente da propriedade, dos recursos naturais, bem como a proteção do ambiente. Aqui, estamos frente ao uso sustentável da propriedade rural. Relativamente ao aproveitamento eficiente da propriedade, na dicção do comando constitucional "aproveitamento racional e adequado", a legislação infraconstitucional estabelece os requisitos sem os quais não se atribui função social à propriedade (Lei n. 8.629/93, art. 6º, parágrafos e incisos), aliás, os mesmos para a propriedade produtiva (cf. comentários ao art. 185). Com respeito ao uso adequado dos recursos naturais disponíveis na propriedade rural, a norma infraconstitucional declara que ele só se concretiza quando a exploração da propriedade respeita a vocação natural da terra, condição para a manutenção de seu potencial produtivo (§ 2º do art. 9º). A preservação ambiental, condição até mesmo de perenidade dos potenciais da propriedade rural, revela-se na manutenção das características próprias da natureza e da cultura sobre ela exercida; ademais da qualidade dos recursos ambientais, conjunto simétrico com a manutenção do equilíbrio ecológico da propriedade e suas derivações na saúde e qualidade de vida das comunidades circundantes (§ 3º do art. 9º), trata-se de exigência complexa e indispensável, decorrente do preceito constitucional inserido no art. 225, e de toda a normativa infraconstitucional decorrente.

Importante para a conformação da função social da propriedade rural a observância das disposições que dizem com as relações entre os sujeitos no entorno da propriedade, vale dizer, respeito às leis trabalhistas e aos contratos coletivos de trabalho, bem como as relações decorrentes de arrendamentos e parcerias rurais, ou outra modalidade negocial (§ 4º do art. 9º). Também se realiza a função social quando a exploração da propriedade alcança o bem-estar dos proprietários aqui ao nosso sentir, incluídos os possuidores, e trabalhadores rurais com o atendimento de suas necessidades básicas, com o cumprimento das normas de segurança do trabalho, com a manutenção da paz social, ademais de afastados conflitos e tensões sociais no entorno do imóvel rural (§ 5º do art. 9º).

Tenha-se presente que a função social da propriedade rural somente se aperfeiçoa com o integral cumprimento de todos os requisitos descritos no preceito constitucional do artigo em comento. O déficit de um ou mais deles revela o fato que a propriedade rural não cumpre função social.

> **Art. 187.** A política agrícola será planejada e executada na forma da lei, com a participação efetiva do setor de produção, envolvendo produtores e trabalhadores rurais, bem como dos setores de comercialização, de armazenamento e de transportes, levando em conta, especialmente:
>
> I – os instrumentos creditícios e fiscais;
>
> II – os preços compatíveis com os custos de produção e a garantia de comercialização;
>
> III – o incentivo à pesquisa e à tecnologia;
>
> IV – a assistência técnica e extensão rural;
>
> V – o seguro agrícola;
>
> VI – o cooperativismo;
>
> VII – a eletrificação rural e irrigação;
>
> VIII – a habitação para o trabalhador rural.
>
> § 1º Incluem-se no planejamento agrícola as atividades agroindustriais, agropecuárias, pesqueiras e florestais.
>
> § 2º Serão compatibilizadas as ações de política agrícola e de reforma agrária.

Carlos Alberto Molinaro

A – REFERÊNCIAS

1. Origem do texto

Redação original do constituinte de 1988.

2. Constituições brasileiras anteriores

Constituição de 1937 (competência dos Estados-membros para legislar sobre créditos agrícolas).

3. Constituições comparadas

Constituição portuguesa de 1976 (Título III). Constituição espanhola de 1978 (art. 130). Lei Fundamental da Alemanha de 1949 (arts. 74, alíneas 17, 20; 91a. alínea 2). Constituição italiana de 1947 (arts. 44; 47). Constituição suíça de 1999 (art. 104). Constituição mexicana de 1917 (art. 27).

4. Direito internacional

Ver página oficial da Organização para a Agricultura e a Alimentação – FAO (Food and Agriculture Organization, in http://www.fao.org/). Ver Programa de Doha para o desenvolvimento: página oficial da OMC (http://www.wto.org/spanish/tratop_s/dda_s/dda_s.htm). Direito Comunitário: Tratado da União Europeia, conhecido também como Tratado de Maastricht. Política Agrária Comum (PAC). A Conferência Europeia de Cork sobre Desenvolvimento Rural (novembro 1996). Agenda 2000 sobre a reforma da PAC (Berlim, março de 1999).

5. Direito nacional

5.1. Legislação

Lei n. 8.171, de 17 de janeiro de 1991. Lei n. 8.174, de 30 de janeiro de 1991. Lei n. 11.346, de 15 de setembro de 2006. Lei n. 11.959, de 29 de junho de 2009. Lei n. 11.326, de 24 de julho de 2006.

5.2. Jurisprudência

STF. ADI 244, Rel. Min. Sepúlveda Pertence (*DJ* 31/10/2002). ADI 1.330, Rel. Min. Francisco Rezek (*DJ* de 20-9-02).

6. Preceitos constitucionais relacionados

Art. 1º IV, Art. 3º. Art. 170, III.

7. Bibliografia selecionada

ARAÚJO, F. C.; NASCIMENTO, E. P. O papel do Estado na promoção da sustentabilidade da agricultura. *Revista da UFG*, v. 7, n. 01, junho 2004 *online*. BIANCHINI, Valter. Políticas diferenciadas para a Agricultura Familiar: em busca do Desenvolvimento Rural Sustentável. In: BOTELHO FILHO, Flávio Borges (org.). *Agricultura Familiar e Desenvolvimento Territorial*: Contribuições ao Debate. Brasília: Universidade de Brasília, Centro de Estudos Avançados Multidisciplinares, Núcleo de Estudos Avançados. v. 5, n. 17, 2005, pp. 81-98. LAMOUNIER, Bolívar (coord.). *Determinantes Políticos da Política Agrícola*: Um Estudo de Atores, Demandas e Mecanismos de Decisão. Brasília: IPEA, 1994. MARTINE, George; GARCIA, Ronaldo Coutinho. *Os Impactos Sociais da Modernização Agrícola*. São Paulo: Caetés, 1987. MORAES, Antonio Luiz Machado de. Estimativas de apoio à agricultura brasileira pela OCDE. *Revista de Política Agrícola*, Brasília, Ministério da Agricultura, Pecuária e Abastecimento, ano 16, n. 1, jan-mar. 2007, p. 7-16. OLIVEIRA, Rodolfo Osório de. Desenvolvimento, Política Agrícola e Política Rural: do setorial ao territorial. *Revista Informações Econômicas*, São Paulo, v. 32, n. 12, dezembro de 2002, p. 7-15. VEIGA, José Eli da. *A emergência socioambiental*. 3. ed. São Paulo: Ed. Senac, 2016.

B – COMENTÁRIOS

1. A Política Agrícola revela-se, talvez, como a mais importante coadjuvante do exercício da função social da propriedade rural, pois indispensável atuação do Estado mediante a alocação de condições hábeis ao exercício das atividades do proprietário rural no sentido da máxima eficiência produtiva, tais como disponibilização de créditos, políticas de preços, estruturas de transporte da produção e de armazenagem, infraestrutura de energia, inovação e pesquisa, entre outras. A Lei n. 8.171, de 17 de janeiro de 1991, que regulamenta o dispositivo ora em comento, ao considerar como pressupostos da atividade agrícola o conjunto de "processos físicos, químicos e biológicos, onde os recursos naturais envolvidos devem ser utilizados e gerenciados, subordinando-se às normas e princípios de interesse público, de forma que seja cumprida a função social e econômica da

propriedade" (inciso I do art. 1º) investe o Estado neste protagonismo, pois o setor agrícola deve responder às políticas públicas e integrar-se com os demais setores da economia (incisos II, III do art. 1º). Neste sentido, o art. 3º da Lei 8.171/91 simétrico ao preceito constitucional atribui ao Estado a função específica do planejamento dedicado para a promoção, regularização, fiscalização, avaliação e controle da atividade produtiva, vinculando tanto o setor público, como o privado, na busca da produtividade agrícola como indispensável para a segurança alimentar, com a regularidade do abastecimento objetivando a redução de disparidades regionais. Para isso, cabe ao Estado disponibilizar recursos para os investimentos no setor, também a descentralização dos serviços públicos e de seus executores, bem como a compatibilização da política agrícola com a política de reforma agrária, especialmente como modo dos beneficiários desta lograrem sua integração ao sistema produtivo. De modo geral podem-se alinhar os seguintes objetivos de uma política agrícola: (a) a modernização das explorações agrícolas; (b) segurança e qualidade dos produtos alimentares; (c) a garantia de rendimentos equitativos e estáveis para os envolvidos nas atividades rurais; (d) o planejamento e as medidas efetivas para confrontar os desafios ambientais; (e) as medidas de estímulo a atividades complementares ou alternativas, que sejam fonte de emprego e contribuam para conter o êxodo rural e reforçar o tecido econômico e social dos espaços rurais; (f) o fomento da melhoria das condições de vida e de trabalho, bem como a promoção da igualdade de oportunidades.

2. A despeito do protagonismo do Estado na formulação de políticas agrícolas, sua efetiva implantação envolve múltiplos setores do poder público e da sociedade implicando laços de solidariedade socioeconômica. Os interesses dos atores envolvidos com a política agrícola tendem a distribuir-se em dois grandes eixos: (i) os diretamente dedicados ao fomento das atividades rurais tendentes a expansão do setor do agronegócio, especialmente a expansão da industrialização; e (ii) os dedicados integralmente aos fatores setoriais das práticas rurais e sua melhoria intrínseca. No sentido de atender aos reclamos fáticos desses atores, o preceito constitucional vincula produtores e trabalhadores rurais, bem como agentes de comercialização, de armazenamento e de transportes. Relevante é a atuação do Conselho Nacional de Política Agrícola (CNPA), vinculado ao Ministério do Desenvolvimento Agrário (MDA), composto de diversos órgãos representativos dos segmentos agropecuários. Note-se que como a ação do poder público é concorrente entre a União, Estados, Distrito Federal e Municípios, o CNPA é também órgão coordenador dos Conselhos Estaduais e Municipais de Política Agrícola, vinculados com os mesmos objetivos, na ambiência de suas competências. Os principais instrumentos de uma política agrária que inclui as atividades agroindustriais, agropecuária, pesqueiras e florestais (§ 1º) são resultantes de outras políticas estatais, entre essas, para o cumprimento do preceito constitucional: (a) as políticas de fornecimento de crédito e de estímulos fiscais, o que por sua vez demanda uma política de preços competitivos, bem como a garantia de mobilidade e comercialização da produção; (b) políticas dedicadas à inovação e à pesquisa científica, bem como ao uso de moderna tecnologia, o que se reproduz em assistência técnica e extensão rural; (c) políticas relativas ao seguro da produção rural; (d) políticas para o desenvolvimento do cooperativismo, na produção e nas relações de trabalho rural; e (e) políticas de infraestrutura rural para a produção (incisos I-VIII). Ainda, é de ter-se em conta que as ações decorrentes da política agrária devem ser compatibilizadas com o Programa de Reforma Agrária (§ 2º). Para atender essas demandas são imprescindíveis, entre outras, as seguintes obrigações de diversos setores públicos: (i) os planos de safra (anuais e plurianuais); (ii) o crédito rural; (iii) o seguro rural; (iv) isenções fiscais sobre certos insumos e produtos.

Art. 188. A destinação de terras públicas e devolutas será compatibilizada com a política agrícola e com o plano nacional de reforma agrária.

§ 1º A alienação ou a concessão, a qualquer título, de terras públicas com área superior a dois mil e quinhentos hectares a pessoa física ou jurídica, ainda que por interposta pessoa, dependerá de prévia aprovação do Congresso Nacional.

§ 2º Excetuam-se do disposto no parágrafo anterior as alienações ou as concessões de terras públicas para fins de reforma agrária.

Art. 189. Os beneficiários da distribuição de imóveis rurais pela reforma agrária receberão títulos de domínio ou de concessão de uso, inegociáveis pelo prazo de dez anos.

Parágrafo único. O título de domínio e a concessão de uso serão conferidos ao homem ou à mulher, ou a ambos, independentemente do estado civil, nos termos e condições previstos em lei.

Art. 190. A lei regulará e limitará a aquisição ou o arrendamento de propriedade rural por pessoa física ou jurídica estrangeira e estabelecerá os casos que dependerão de autorização do Congresso Nacional.

Art. 191. Aquele que, não sendo proprietário de imóvel rural ou urbano, possua como seu, por cinco anos ininterruptos, sem oposição, área de terra, em zona rural, não superior a cinquenta hectares, tornando-a produtiva por seu trabalho ou de sua família, tendo nela sua moradia, adquirir-lhe-á a propriedade.

Parágrafo único. Os imóveis públicos não serão adquiridos por usucapião.

Carlos Alberto Molinaro[1]

A – REFERÊNCIAS

1. Origem do texto

Redação original do constituinte de 1988.

2. Legislação

Lei n. 6.383, de 7 de dezembro de 1976. Lei n. 6.969, de 10 de dezembro de 1981. Lei n. 1.414, de 18 de agosto de 1975.

[1]. Agradecimento especial à Prof. Dra. Marcia Andrea Bühring pela leitura e revisão da atualização.

2.1. Jurisprudencia

MS 22.800, rel. min. Carlos Velloso, j. 28-8-2002, P, *DJ* de 11-10-2002.

3. Preceitos constitucionais relacionados

Art. 20, II. Art. 49, XVII. Arts. 183 a 185.

4. Bibliografia selecionada

AQUINO, A. S. B. de. *A posse e seus efeitos*. 2. ed. Rio de Janeiro: Lumen Juris, 2008. ARAÚJO, F. C. de. *Posse*. Rio de Janeiro: Forense, 2007. BARROS, W. P. *Curso de direito agrário*. 5. ed. Porto Alegre: Livraria do Advogado, 2007. BARROSO, L. A. A política agrária como instrumento jurídico de efetividade dos fundamentos e objetivos da República Federativa do Brasil na Constituição Federal de 1988. In: BARROSO, Lucas de Abreu; PASSO, Cristiane Lisita. *Direito agrário contemporâneo*. Belo Horizonte: Del Rey, 2004. DI PIETRO, M. S. Z. *Uso privativo de bem público por particular*. 2. ed. São Paulo: Atlas, 2010. ESPINOLA, E. *Posse, propriedade, compropriedade ou condomínio, direitos autorais*. Campinas: Bookseller, 2002. FIGUEIREDO, S. A. P. As ocupações de imóveis destinados à reforma agrária: da desobediência civil e do estado de necessidade. In: STROZAKE, Juvelino José (Org.). *A questão agrária e a justiça*. São Paulo: Revista dos Tribunais, 2000. GODOY, L. S. *Direito agrário constitucional*: o regime da propriedade. 2. ed. São Paulo: Atlas, 1999. MIRANDA, A. G. de. Direito constitucional agrário: delimitação da matéria. In: BARROSO, Lucas de Abreu; MANIGLIA, E.; MIRANDA, A. G. de. *A Lei agrária nova*. Curitiba: Juruá, 2010. v. 2. ALVES, J. C. Moreira. *Posse*. 2. ed. Rio de Janeiro: Forense, 1999. Tomo 1. OLIVEIRA, U. M. *Princípios do direito agrário na constituição vigente*. Curitiba: Juruá, 2011. PEREIRA, J. E. P. A. Terras devolutas. In: BARROSO, Lucas de Abreu *et al.* (Org.). *O direito agrário na Constituição*. 2. ed. Rio de Janeiro: Forense, 2006. RESEK, G. E. K. *Imóvel agrário*: agrariedade, ruralidade e rusticidade. Curitiba: Juruá, 2011. RIBEIRO, B. S. *Tratado de usucapião*. 5. ed. São Paulo: Saraiva, 2007. v. 2. ROCHA, S. L. P. *Função social da propriedade pública*. São Paulo: Malheiros, 2005. (Coleção Temas de direito administrativo, 14). SOUZA FILHO, J. B. Instrumentos jurídicos de uso e alienação de terras públicas. In: LARANJEIRA, Raimundo (Coord.). *Direito agrário brasileiro*. Em homenagem à memória de Fernando Pereira Sodero. São Paulo: LTr, 1999.

B – COMENTÁRIOS

Os arts. 188 a 191 estão dedicados ao destino e a titulação das terras públicas e devolutas. O art. 188 dispõe sobre a conexão do destino das terras públicas e devolutas com a política agrária e com o programa nacional de reforma agrária. O tema sobre terras devolutas foi objeto dos comentários ao art. 20, *retro*, para o qual remetemos o leitor.

Tenha-se presente que nem todas as terras públicas estão vinculadas à Reforma Agrária, outros programas de política agrária podem ser apreciados na utilização destas. O próprio texto constitucional excepciona, quando no § 1º alcança permitir a alienação ou concessão de terras públicas para pessoas físicas ou jurídicas, a partir de identificada dimensão. Neste caso, o texto normativo atribui ao Congresso Nacional (art. 49, XVII) competência para aprovar, previamente, a alienação ou concessão de terras públicas com área superior a dois mil e quinhentos hectares, contudo, tal aprovação parlamentar não se aplica quando as alienações ou concessões de terras públicas forem para satisfazer a implantação do programa nacional de reforma agrária.

No caso de alienação ou concessão das terras públicas afetadas pela reforma agrária, ficam seus beneficiários impedidos de negociar com as mesmas de modo aprazado. Assim sendo, tenham as terras públicas afetadas sido distribuídas por meio de contrato de compra e venda ou por contrato de concessão de uso, qualquer dos instrumentos vincula as partes e a finalidade da contratação: reforma agrária e processo produtivo, assegurando-se aos titulados a afetação do bem imóvel ao programa que lhe deu origem, e o domínio afetado do imóvel pelo período de dez anos. Atente-se que o parágrafo único assegura que o negócio jurídico atributivo confere o título ao homem, à mulher ou a ambos independentemente do estado civil, o que revela que o preceito constitucional conduz à segurança a unidade familiar do beneficiário.

A Constituição Federal criou o chamado "usucapião constitucional" ou *pro labore*, em favor daquele que, não sendo proprietário de imóvel urbano ou rural, possua como seu, por cinco anos ininterruptos, sem oposição, área de terra, em zona rural, não superior a cinquenta hectares, tornando-a produtiva por seu trabalho ou de sua família e tendo nela sua moradia, terá adquirido sua propriedade. Em contrapartida, vedou qualquer possibilidade de usucapião em imóveis públicos. A figura constitucional prevista no artigo em comento difere daquela contida no art. 183, que conforma a usucapião "pró-moradia". Aqui, usucapião de natureza agrária, fundado na concretização dos preceitos contidos no art. 1º, III, IV, 3º, III, 5º, *caput* e XXVI, e 186. Tal atribuição somente é possível em área de até cinquenta hectares localizados em zona rural dotada de rusticidade e onde se oportuniza atividade rural e cujo possuidor, não dispondo de outra propriedade, ali resida e a trabalhe pessoalmente ou com sua família com ânimo de proprietário.

CAPÍTULO IV

DO SISTEMA FINANCEIRO NACIONAL

Art. 192. O sistema financeiro nacional, estruturado de forma a promover o desenvolvimento equilibrado do País e a servir aos interesses da coletividade, em todas as partes que o compõem, abrangendo as cooperativas de crédito, será regulado por leis complementares que disporão, inclusive, sobre a participação do capital estrangeiro nas instituições que o integram.

Fernando Facury Scaff
Luma Cavaleiro de Macedo Scaff

1. Origem do texto

Texto originário da Constituição Federal de 1988.

A redação foi alterada pela Emenda Constitucional n. 40/2003.

2. Constituições brasileiras anteriores

Nada consta.

3. Preceitos constitucionais correlacionados da Constituição de 1988

Art. 5º; art. 170.

4. Jurisprudência

A norma do § 3º do art. 192 da Constituição, revogada pela Emenda Constitucional 40/2003, que limitava a taxa de juros reais a 12% ao ano, tinha sua aplicabilidade condicionada à edição de lei complementar (Súmula 648 do STF). Súmula Vinculante 7 STF.

5. Anotações

A redação atual desse artigo decorre da Emenda Constitucional 40/2003, que alterou substancialmente a redação original, acima transcrita e nada mais faz do que estabelecer que leis complementares estruturarão o sistema financeiro nacional, o que inclui as cooperativas de crédito, e que também tratarão da regulamentação da participação do capital estrangeiro nesse sistema.

O grande debate jurídico sobre a limitação das taxas de juros reais em 12% ao ano, constante do § 3º da redação original, foi afastado pela EC 40/2003.

TÍTULO VIII
DA ORDEM SOCIAL

CAPÍTULO I
DISPOSIÇÃO GERAL

Art. 193. A ordem social tem como base o primado do trabalho, e como objetivo o bem-estar e a justiça sociais.

Parágrafo único. O Estado exercerá a função de planejamento das políticas sociais, assegurada, na forma da lei, a participação da sociedade nos processos de formulação, de monitoramento, de controle e de avaliação dessas políticas.

Carlos Luiz Strapazzon

1. História da norma

Este dispositivo é inédito no direito constitucional do Brasil. É a primeira vez que uma Constituição do Brasil tem um texto principiológico redigido exclusivamente para informar uma nova *ordem social*. As razões para isso não são de técnica legislativa, mas políticas. E para bem entendê-las é preciso ler também o disposto nos arts. 1º a 4º do Título I. A leitura integrada e sistemática desses dispositivos constitucionais traduz, em linguagem normativa, os valores supremos do Preâmbulo. Todo o movimento de rupturas com a ordem política e social anterior a 1988 está afirmado nessas poucas palavras e linhas deste art. 193 e daqueles dispositivos do Título I. O acréscimo do parágrafo único pela EC n. 108, de 2020, reforça o projeto constituinte no sentido da construção de uma ordem social justa e igualitária.

2. Constituições anteriores

Não há nenhuma referência à ordem social nas Constituições de 1824 e 1891. Em 1934, surge um título com importantes semelhanças. É um título específico para a ordem econômica e social. A Carta de 1934, no entanto, associava a ordem social aos direitos de trabalhadores. Inovou ao constitucionalizar direitos que limitavam a liberdade contratual de empregados e empregadores. Além disso, constitucionalizou um novo conceito, o de seguro *social* para trabalhadores, inspirado no modelo italiano das Caixas setoriais de *Previdenza*. Assim, coligou direitos dos trabalhadores e seguro (previdenciário e social) de renda para trabalhadores. Esse foi o sentido dado por aquela Carta para a *ordem social*.

A Carta de 1937 manteve essa integração do trabalho e seguro social de renda para trabalhadores, mas os enquadrou num título mais restrito, chamado *Da ordem econômica*. Trabalho e seguro social foram concebidos como meios para realizar os fins da produção econômica. Paradoxalmente, na primeira menção feita ao trabalho, a Carta de 1937 o tratou como um *dever social*. E quando o considerou como um direito, abordou-o como se fora uma liberdade para subsistir por meios honestos. A conjugação de ordem econômica e social e a instrumentalização do trabalho para os fins exclusivos de subsistência de trabalhadores e para assegurar a produção econômica nacional era clara naquele contexto de autoritarismo político.

A Carta de 1946 inovou. E de modo importante. Recuperou o título (da Carta de 1934) referente à *ordem econômica e social*, novamente juntas agora, mas reposicionou as finalidades da ordem econômica: agora deveria ser um meio para realizar também o ideal de justiça social. Essa foi uma carta de pós-guerra que procurou conciliar valores da livre-iniciativa com valores da justiça social e respeito pelo trabalho humano. Doravante, o trabalho deveria ser um meio de possibilitar também a existência digna, não apenas a produção e a sobrevivência; a mudança no ideário político da ordem social afetou até o regime constitucional da propriedade privada. Pela primeira vez uma Constituição brasileira assentava que a propriedade era um meio de realizar o bem-estar social, inclusive com a previsão de políticas públicas para promover a distribuição da propriedade e para coibir abuso do poder econômico. Era uma Carta sensível às críticas sociais de que a ordem econômica exclusivamente centrada na produção e no crescimento gerava desigualdades, concentração e injustiça.

É verdade que a configuração daquela *ordem social de 1946* restringiu a liberdade econômica para recepcionar ideais de justiça social. Entretanto, na regulação do âmbito de proteção da ordem social, seguiu premissas adotadas em 1934: direitos para as relações de trabalho e regras para o seguro (social e previdenciário) de renda de trabalhadores predominaram como matérias da *ordem social*. E foram institucionalizados para proteger, prioritariamente, *trabalhadores*. Os direitos sociais não foram concebidos como direitos constitucionais com alcance universal. Alcançavam trabalhadores formais. O direito à saúde apareceu naquela ordem social, mas timidamente: apenas como diretriz para que a legislação regulasse a *higiene e a segurança* do ambiente de trabalho e para que houvesse *assistência sanitária, inclusive hospitalar*. Em linha com a ideia do seguro social para trabalhadores, as doenças de trabalhadores eram a prioridade. Mas deveriam ser cobertas pela *previdência* mais do que por políticas públicas universais de saúde. Como se vê, a Carta de 1946 avançou na principiologia da *ordem social*, mas manteve a matriz reguladora muito próxima das Cartas anteriores. O regime constitucional da saúde e o do seguro (social e previdenciário) da renda permaneceram como direitos exclusivos de trabalhadores formais. E o seguro previdenciário só para casos restritos de doença, velhice, invalidez e morte. A ordem social permaneceu concebida para realizar os fins da produção econômica.

A Carta de 1967 (na versão dada pela n. EC 1/69) manteve a mesma concepção de *ordem social* da Carta anterior. Algumas mudanças muito pontuais foram feitas, como a criação do salário-família, o fim da estabilidade no emprego e a criação do seguro-desemprego como mais uma modalidade de seguro (social e previdenciário) da renda para trabalhadores. A filosofia restritiva da proteção social foi mantida.

3. Constituições estrangeiras

Há quatro constituições estrangeiras que exerceram especial influência na elaboração dessa nova concepção da ordem social prevista na Constituição brasileira de 1988: Portugal, Espanha, Alemanha, Itália. **Portugal,** por exemplo, autodefine-se como um Estado democrático de direito que visa à realização da democracia econômica, social e cultural (art. 2º). No art. 81, encontra-se o dispositivo que estabelece as *incumbências prioritárias do Estado* e uma delas é promover o bem-estar social e econômico e a justiça social. A semelhança entre os textos é notável. A **Espanha** constituiu-se como Estado social e democrático de direito (art. 1º) e prevê que a função social do direito de propriedade delimitará seu conteúdo (art. 33); o art. 40 tem uma diretriz para a atuação do Estado que deve adotar políticas para promover a distribuição mais equitativa da renda. O caso da **Alemanha** é particular, pois a República Federal da Alemanha se autodefine como um estado democrático, federal *e social* (art. 20, I). E afirma princípios do Estado Social em vários dispositivos, como no art. 23 (1) e no art. 28 (1). A Alemanha é um caso especial, pois assumiu explicitamente sua natureza jurídica de Estado Social sem, no entanto, estabelecer regras detalhadas para direitos sociais, salvo algumas exceções. **Itália**: reconhece (art. 3º) que todos os cidadãos têm a mesma dignidade social e que é dever da República remover os obstáculos de ordem social e econômica que impedem o pleno desenvolvimento da pessoa humana. As Cartas constitucionais desses países influenciaram o desenho constitucional do Brasil por várias razões, mas especialmente porque assumiram objetivos sociais explícitos em seus textos, porque suas Constituições foram escritas num contexto de transição de regimes autoritários para regimes democráticos e também porque, em boa medida, guardam importantes laços culturais com a sociedade brasileira.

4. Direito internacional

Declaração Universal dos Direitos Humanos de 1948.

Pacto Internacional dos Direitos Econômicos, Sociais e Culturais, aprovado pelo Decreto Legislativo n. 226, de 12 de dezembro de 1991.

5. Remissões constitucionais e legais

Arts. 1º ao 3º, art. 7º, art. 23, parágrafo único, art. 37, § 16, art. 205, art. 170, art. 186, art. 192, art. 219, art. 230 e art. 231 da CF/88.

6. Jurisprudência

ADI 1721, Tribunal Pleno, rel. Min. Carlos Britto, julgado em 11-10-2006, *DJ* de 26-09-2007.

7. Referências bibliográficas

AURELIANO, L.; DRAIBE, S. M. A especificidade do "Welfare State" brasileiro. In: MPAS/CEPAL. *A política social em tempo de crise*: articulação institucional e descentralização. Brasília: Cepal, 1989.

ESPING-ANDERSEN, Gosta. *The Three Worlds of Welfare Capitalism*. Princeton: Polity Press, 2012.

IBGE. *Síntese de indicadores sociais*: uma análise das condições de vida da população brasileira: 2017/IBGE, Coordenação de População e Indicadores Sociais. Rio de Janeiro: IBGE, todos os anos.

KERSTENETZKY, Célia Lessa. *O Estado de Bem-Estar Social na Idade da Razão*: A Reinvenção do Estado Social no Mundo Contemporâneo. Rio de Janeiro: Elsevier, 2012.

8. Comentários

A Carta de 1988 inovou completamente o tópico sobre ordem econômica e social. A mudança alcançou princípios expressos e finalidades amplas de todo o Estado e sociedade. Assim surgiu este título específico para a *ordem social*. O primado do trabalho, o bem-estar e a justiça social foram eleitos como os novos pilares dessa *ordem*. A primeira parte do dispositivo geral desse título vincula-se, portanto, ao art. 1º, IV, enquanto a segunda está ligada ao art. 3º. Devem ser lidos integradamente. As regras mínimas de decência nas relações de trabalho foram mantidas, porém ampliadas e ficaram mais importantes. Por isso tais regras saíram da *ordem social*, e até da ordem *econômica*, para ocupar a solene posição de *direitos fundamentais,* no Título II. As regras de justiça social e de bem-estar estão difusas no texto constitucional. O art. 5º, XXIV, o art. 7º, *caput*, o art. 23, parágrafo único, o art. 170 e o art. 182, o art. 219, o art. 230 e o art. 231, § 1º, são bons exemplos. A Carta de 1988, diferente das anteriores, aproximou-se da concepção de *estado de bem-estar social* sem, no entanto, assumir explicitamente esse compromisso. Por determinar a mudança da ordem social, a lei fundamental brasileira recebeu o apelido de Constituição Cidadã. Foi escrita com o propósito de refundar a ordem social do Brasil. Não tanto a ordem econômica, mas sobretudo a ordem social. Contudo, se são princípios constitucionais para uma nova ordem social é evidente que não deixam de afetar a interpretação da parte normativa da ordem econômica, pois, em certa medida, prescrevem mudanças na ordem econômica também. A opção formal de separar esses dois temas (econômico e social) que sempre estiveram juntos em textos constitucionais anteriores não justifica nenhuma leitura desintegrada entre ambos. Antes, explica-se, em termos de técnica legislativa, por motivos de ênfase; e em termos de realidade social, por causa da urgência e dos benefícios comuns. Foi o consenso político da época e, assim, a preocupação política com a refundação da ordem social que exigiu um título à parte e que aumentou o peso e a importância dos temas sociais na agenda constitucional e, portanto, na dos futuros governos e da sociedade. Reduzir as desigualdades históricas, assegurar a cidadania a todos os brasileiros, erradicar a marginalização, adotar um modelo de desenvolvimento econômico inclusivo baseado em oportunidades de trabalho e com uma rede pública de proteção social para todos: esses são ideais que guiaram a redação deste dispositivo e que permanecem muito atuais. São compromissos políticos assumidos por representantes de todos os setores de uma sociedade fraturada, atrasada, violenta e desigual. Compromissos de induzir a mudança. São poucas palavras muito audaciosas, escritas por uma Assembleia Constituinte que reuniu legitimidade para reinventar o Brasil. Os depoimentos colhidos dos Anais da Assembleia Constituinte, confrontados com o teor das emendas populares, bem como com a crítica acadêmica e a reflexão jornalística, reconheciam, e ainda reconhecem, a atualidade deste dispositivo, em particular para promover o desenvolvimento sustentável da sociedade brasileira em linha com os objetivos da Agenda 2030 das Nações Unidas. Não são depoimentos, são normas. São princípios normativos que vinculam o intérprete (desde os legisladores até magistrados, como também a doutrina e a sociedade). É um dever constitucional fundamental concretizar esses princípios por meio de legislação, políticas públicas, acordos sociais e interpretações responsivas. Nesse sentido, o novo parágrafo único acrescido pela EC n. 108, de 2020, busca oferecer meios para que, com a devida participação popular, tal dever seja efetivamente alcançado.

Este último dispositivo foi concebido no contexto da criação do novo regime jurídico do Fundeb, o Fundo Nacional de Manutenção e Desenvolvimento da Educação Básica. Trata-se de um preceito que estende a todas as políticas públicas do Título VIII da CR, ou seja, a todas as políticas sociais, a participação da sociedade nos processos de formulação, monitoramento, controle e avaliação dessas políticas.

Antes desse dispositivo, o tema da participação dos cidadãos nas 4 fases de todas as políticas sociais não estava coerentemente positivado no direito brasileiro. Contudo, o art. 37, § 3º, já estabelecia que a lei deve disciplinar as formas de participação do usuário na administração pública, permitido que os cidadãos tenham meios para avaliar e apresentar reclamações relativas à qualidade de serviços públicos e representação em caso de negligência ou práticas abusivas, e para que tenham acesso a informações. Do mesmo modo, o § 16 desse mesmo art. 37 estabelece que os órgãos e entidades da administração pública, individual ou conjuntamente, devem realizar avaliação das políticas públicas, inclusive com divulgação do objeto a ser avaliado e dos resultados alcançados. O art. 74, § 2º, já estabelecia que qualquer cidadão, partido político, associação ou sindicato é parte legítima para denunciar irregularidades ou ilegalidades perante o Tribunal de Contas da União, e o art. 165, § 16, já estabelecia que as leis de planejamento e orçamento devem observar os resultados do monitoramento e da avaliação das políticas públicas. Além disso, no campo específico das políticas sociais, encontramos o parágrafo único do art. 194, que já determinava que todas as políticas de seguridade social, ou seja, de saúde, previdência social e de assistência social, devem ter um caráter democrático e descentralizado de administração e adotar formas de gestão quadripartite, o que significa contar com a participação dos trabalhadores, dos empregadores, dos aposentados e do Governo em órgãos colegiados. Por isso, as políticas de saúde devem ser organizadas com participação da comunidade (art. 198, III), as de assistência social têm a diretriz de assegurar participação da população, por meio de organizações representativas, na formulação das políticas e no controle das ações em todos os níveis (art. 204, II). A gestão democrática também aparece como princípio da gestão de todas as instituições públicas de ensino (art. 206, VI). Caberia lembrar também da garantia fundamental prevista no art. 5º, LXXIII, segundo a qual o cidadão é parte legítima para propor ação popular que vise a anular ato lesivo ao patrimônio público ou de entidade de que o Estado participe, à moralidade administrativa, ao meio ambiente e ao patrimônio histórico e cultural, ficando o autor, salvo comprovada má-fé, isento de custas judiciais e do ônus da sucumbência. Mais recentemente, o processo eleitoral também foi aberto para admitir mais diálogo entre governo e sociedade. A nova redação dada ao art. 14 prevê (§ 12) realização em eleições municipais de consultas populares sobre questões locais aprovadas pelas Câmaras Municipais, permitindo inseri-las nos debates eleitorais (§ 13).

Como se pode notar, a CR é permeada por regras, princípios e diretrizes que determinam a participação dos cidadãos em uma ou mais etapas das atividades estruturantes das políticas públicas, seja por meio de opinião, reclamação, representação, medidas judiciais ou participação em conselhos. Diante desse quadro mais amplo, pode-se dizer que a redação do novo parágrafo único do art. 193, apenas uniformiza, em boa hora, esse conjunto de diretrizes e confirma a perspectiva adotada pelo direito constitucional brasileiro em relação ao significado da cidadania como um dos fundamentos da República (art. 1º, II). No caso brasileiro, trata-se de uma explícita constitucionalização da cidadania ativa, importante dimensão do Estado Democrático contemporâneo.

CAPÍTULO II
DA SEGURIDADE SOCIAL

SEÇÃO I
DISPOSIÇÕES GERAIS

Art. 194. A seguridade social compreende um conjunto integrado de ações de iniciativa dos Poderes Públicos e da sociedade, destinadas a assegurar os direitos relativos à saúde, à previdência e à assistência social.

Parágrafo único. Compete ao Poder Público, nos termos da lei, organizar a seguridade social, com base nos seguintes objetivos:

I – universalidade da cobertura e do atendimento;

II – uniformidade e equivalência dos benefícios e serviços às populações urbanas e rurais;

III – seletividade e distributividade na prestação dos benefícios e serviços;

IV – irredutibilidade do valor dos benefícios;

V – equidade na forma de participação no custeio;

VI – diversidade da base de financiamento, identificando-se, em rubricas contábeis específicas para cada área, as receitas e as despesas vinculadas a ações de saúde, previdência e assistência social, preservado o caráter contributivo da previdência social;

VII – caráter democrático e descentralizado da administração, mediante gestão quadripartite, com participação dos trabalhadores, dos empregadores, dos aposentados e do Governo nos órgãos colegiados.

Carlos Luiz Strapazzon

1. História da norma

Este dispositivo é inédito no direito constitucional do Brasil. Estabelece a obrigação de atuação integrada de três políticas públicas: de saúde, de seguro (social e previdenciário) de renda e de assistência social. O claro propósito deste art. 194 foi introduzir no Brasil os padrões mínimos do direito à segurança social, tal como reconhecidos pelo direito internacional desde 1952 (OIT, Convenção 102). Tais padrões mínimos incluem cuidados médicos, segurança de renda em caso de doença, de desemprego, de idade avançada, de acidente de trabalho, de segurança de renda da família e de filhos, da maternidade, de pessoas em situação de invalidez para o trabalho, de famílias vitimadas pela morte de um membro da família e também de serviços assistenciais, na forma de cuidados tipicamente familiares. O tripé saúde, assistência e seguro de renda corresponde, portanto, ao âmbito de proteção do direito à segurança social, que tem *status* de direito humano.

Durante os debates na Assembleia Nacional Constituinte (1987-1988) formou-se um consenso quanto à necessidade de o Brasil mudar o modelo anterior de direitos e políticas de previdência e de atenção médico-hospitalar. Aquele modelo vigente cobria apenas trabalhadores formais urbanos, que não chegavam a constituir 50% da população trabalhadora. O novo modelo constitucional ampliou as formas de segurança social. E o vocábulo *social* passou a assumir um novo sentido para designar uma modalidade de *segurança* da renda e de serviços de saúde e de cuidados que deve ser realizada com esforços de todos, pessoas físicas ou jurídicas, e para benefício de todos e cada um que se encontre em situação de necessidade (renda, saúde e outros cuidados) ou de direito a seguro de renda. De 1988 em diante, todos os trabalhadores rurais e urbanos, de algum modo, passaram a ser cobertos por esse novo sistema *social* de segurança de renda, de saúde e de assistência, isto é, de segurança *social*.

Muito embora a redação do artigo 194 não seja a ideal, nota-se na leitura da segunda parte do *caput* que o texto foi estabelecido com a finalidade de *assegurar* o direito à saúde, à renda (via mecanismo de seguro) e à assistência. Essa finalidade de *assegurar* é em tudo compatível com o disposto no art. 6º, que reconhece a *segurança* como um dos direitos sociais fundamentais. Além disso, harmoniza-se com a filosofia da *segurança* social inscrita nos documentos internacionais que inspiram este artigo. Esse conjunto de razões recomenda ler o disposto no art. 194 em duas partes complementares entre si. Na primeira, um mandamento para que as políticas de saúde, de previdência e de assistência social sejam implementadas por um conjunto integrado de ações de iniciativa dos poderes públicos de todas as unidades da federação em colaboração com o setor privado e o terceiro setor. É, em primeiro lugar, o reconhecimento de que a segurança social é um tema nacional, não é um tema exclusivo de Município, de Estado ou exclusivo da União Federal. Na segunda parte, há outro mandamento: o dever de que tais ações *assegurem* (isto é, que afastem os riscos por meio de medidas que possam garantir segurança) a realização dos direitos relativos à saúde, ao seguro (previdenciário) de renda e à assistência social.

A segurança *social* da renda assumiu duas modalidades nesse novo arranjo: contributiva e não contributiva. O regime geral de previdência (art. 201) foi o arranjo contributivo instituído para ampliar o alcance do *seguro* (previdenciário e social) de renda e cobrir – de algum modo – trabalhadores urbanos e rurais. Sendo uma modalidade de *seguro*, protege (como já antes protegia) a renda de pessoas físicas que contribuem, muito embora o dever de contribuir para o funcionamento de todo o regime não tenha ficado restrito aos beneficiários (segurados). Pessoas jurídicas privadas e Estado também foram encarregados de contribuir para sustentar os fundos previdenciários (art. 195). Daí, propriamente, sua natureza de seguro *social*.

A modalidade não contributiva de segurança de renda foi instituída com os novos princípios e regras de assistência social, e não deve ser confundida com previdência (muito embora tal confusão ainda seja frequente). A segurança não *contributiva* de renda (no valor de um salário mínimo) destina-se a alguns grupos em situação de extrema vulnerabilidade econômica – caso de idosos e de pessoas com deficiência em situação de carência de meios econômicos para prover a subsistência (art. 204, V). Aliás, o novo modelo previu outras diferenças em relação à previdência, pois as políticas de assistência social devem prestar serviços também. Acolhimento (de pessoas em situação de exclusão social) e integração ao mercado de trabalho, além de cuidados especiais para crianças e adolescentes em situação de vulnerabilidade econômica e serviços de habilitação e reabilitação de pessoas com deficiência.

Ao lado desses serviços *assistenciais*, o novo sistema constitucional de segurança social estabeleceu o direito a outra modalidade de prestação de serviço: o de cuidados médicos. Por fazer parte, agora, de um novo conceito de segurança social, os serviços de saúde devem ser universalizados e gratuitos a partir de um complexo sistema único de saúde de âmbito nacional (art. 198).

O direito a segurança social (*right to social security*) tal como antes descrito é reconhecido como direito humano pela Declaração Universal dos Direitos Humanos (art. 22 e art. 25), pelo Pacto Internacional de Direitos Sociais, Econômicos e Culturais (PIDESC) (art. 9º e Decreto Presidencial n. 591/1992) e pela Convenção 102 da Organização Internacional do Trabalho –

OIT). Todos esses estatutos foram referendados pelo Congresso Nacional. O Brasil também os ratificou perante a OIT e ONU. Assim, são válidos na ordem jurídica interna, são direitos individuais e coletivas de natureza *supralegal* e são também direitos e deveres internacionais do Brasil, nos termos dos documentos internacionais assinados.

A língua portuguesa não é uma língua oficial dos organismos que elaboraram tais estatutos internacionais. Contudo, no Brasil, o termo correspondente a *right to social security* (ou a *derecho de seguridad social*) é *direito a segurança social*. Essa é a tradução adotada por todas as constituições de Estados signatários do acordo ortográfico da língua portuguesa e que, como o Brasil, reconhecem esse direito: Portugal, Angola, Cabo Verde, Guiné-Bissau, Moçambique e São Tomé e Príncipe. Todos adotam a formulação *direito a segurança social* em seus textos constitucionais. Só o Brasil optou pelo termo hispânico *seguridade* social. Mas isso não pode ser visto como mera especulação terminológica. Questões decisivas de interpretação do texto constitucional estão implicadas nessas escolhas linguísticas. A opção pelo termo hispânico *seguridade social* no texto constitucional do Brasil obscurece a existência do direito a segurança social. Isso, porém, não exime o intérprete de ler o texto vigente em sintonia com os princípios fundamentais do regime constitucional do Brasil, com os princípios e regras do sistema internacional de direitos humanos, assim como com a filosofia de segurança social que foi recepcionada pelo Brasil.

Para entender o sentido e o alcance desse direito, a leitura deste art. 194 deve ser feita de modo sistemático com o art. 193, com os arts. 1º e 3º do Título I e com o art. 6º. Tal cuidado evidenciará que todos os elementos estruturais do referido direito humano a segurança social estão presentes no texto constitucional do Brasil, na forma de objetivos, com especial destaque para a cobertura universal.

O texto do inciso I indica que a *universalidade*, no campo da segurança social, deve se realizar em duas frentes: na *cobertura* e também no *atendimento*. Embora os dois termos sejam muito semelhantes, têm propósitos diferentes. A universalidade no *atendimento* corresponde ao dever de assegurar que os bens e serviços estejam efetivamente disponíveis a todos os que têm direito (todos devem ser atendidos). Já a *universalidade na cobertura* tem três sentidos. O primeiro diz respeito ao titular do direito. Por esse ângulo, o princípio manda *universalizar a titularidade do direito* (todos são titulares do direito a segurança social). O segundo diz respeito ao objeto do direito protegido, ou seja, o princípio manda universalizar os bens e serviços que devem estar à disposição dos titulares. A delimitação e a especificação pormenorizada sobre quem são os titulares e quais são os bens protegidos em cada uma das áreas da segurança social (saúde, seguro de renda e assistência) devem ser elaboradas pela legislação infraconstitucional. Na Constituição há uma delimitação mínima e *básica*, que é o ponto de partida dessa legislação posterior. A legislação infraconstitucional deve ampliar e fornecer mais qualificações (até mesmo restritivas, como no caso das definições temporais) para essa lista mínima, segundo a disponibilidade de recursos e segundo o propósito constitucional de proteger o maior número possível de pessoas, e de caminhar em direção à proteção efetiva de todos.

O segundo sentido da *cobertura universal* reporta-se aos titulares do dever de prestar e de financiar o sistema de segurança social. E daí a importância da regra geral de financiamento do art. 195, comentado a seguir.

Um comentário especial também precisa ser feito aqui para o objetivo da seletividade e distributividade na prestação dos benefícios e serviços (inciso III). Entender esse princípio é decisivo para compreender o modelo brasileiro de Estado Social e, notadamente, a diferença específica em relação a modelos nórdicos de Estado de bem-estar social. A decisão tomada pela Assembleia Nacional Constituinte foi a de adotar um modelo restrito de universalidade na prestação dos serviços e bens de segurança social. Isso quer dizer que, embora o direito de segurança social deva alcançar todos os brasileiros, a atuação do Estado deve ser compartilhada com a atuação do setor privado. Assim, a universalização do acesso não significa a universalização gratuita, nem a prestação estatal direta para todos esses direitos. O princípio da seletividade estabelecido no art. 194, III, indica que o Estado brasileiro poderá prestar serviços públicos a grupos sociais (que entenda mais vulneráveis). Noutras palavras, nesse modelo brasileiro a atenção aos mais vulneráveis deve ser garantida diretamente pelo Estado. Todavia, segmentos menos vulneráveis devem ter acesso à segurança social, mas não necessariamente prestada por órgãos estatais. Pode ser prestada por entidades privadas e mediante pagamentos que, na medida do possível, podem ser subsidiados pelo Estado. O princípio da seletividade indica, portanto, que o Estado pode selecionar o tipo de serviços e o tipo de público a quem prestará serviços diretamente. Todavia, os objetivos deste artigo devem se converter numa rede de segurança social apta a alcançar todos os brasileiros, o Estado não pode falhar na atenção aos mais vulneráveis e os custos dos serviços privados devem ser razoáveis.

Esse modelo brasileiro, que incorpora o objetivo da seletividade e distributividade, é conhecido como *sistema dual*. Sistemas assim procuram conciliar a prestação estatal e a prestação privada para realizar a segurança social para todos. O princípio da seletividade não deve ser confundido com a *focalização* de políticas sociais. As duas guardam muitas semelhanças, é verdade. Contudo, enquanto a *seletividade* é um princípio que se justifica pela necessidade ou conveniência de limitar a prestação direta pelo Estado, a *focalização* se justifica por razões de eficiência. Políticas sociais *focalizadas* podem ser praticadas tanto em sistemas duais quanto em sistemas exclusivamente estatais ou exclusivamente privados de prestação social.

Sistemas duais de segurança social, no entanto, têm prós e contras bem conhecidos. Se, por um lado, o modelo seletivo e dual pode responder melhor a um cenário de poucos recursos, por outro, essa escolha gera notável estigmatização social dos usuários e segurados *selecionados*. A ideia de que algumas *pessoas dependem do Estado* e que outras não dependem costuma rotular negativamente os grupos mais vulneráveis. O custo social, neste modelo, é o acirrar a percepção de desigualdade e de que um grupo social sustenta o outro. A estigmatização do *pobre* e do *dependente de ajuda alheia* é um dos temais mais debatidos no contexto da humanização das políticas de segurança social. Contudo, não é um modelo censurado pelas diretrizes de direitos humanos. Afinal, todos os Estados devem garantir segurança social com uso do máximo de seus recursos disponíveis.

O novo inciso VI estabelece, originariamente, o princípio da diversidade de base de financiamento da seguridade social. É um dispositivo que complementa outros dois: a) o *caput* do art. 195, que trata do dever de financiamento universal da seguridade social, e b) o objetivo fundamental de construir uma sociedade solidária (art. 3º, III). Visto assim, de modo sistêmico, o regime constitucional de financiamento da seguridade social do Brasil está fundado no pilar solidário, o que significa, entre outras coisas, que será financiada por toda a sociedade, com múltiplas bases de financiamento, mediante recursos orçamentários de todas as unidades da federação, além de contribuições específicas (de reforço ao sistema de impostos) de pessoas físicas e de pessoas jurídicas, cuja receita deve vincular-se à aplicação exclusiva na realização dos objetivos constitucionais da seguridade social (parágrafo único, art. 194).

Agora, o dispositivo introduziu a necessidade de discriminação contábil das informações sobre receitas e despesas de cada área da seguridade social. Sem essa informação precisa, a rigor, é impossível distinguir os resultados fiscais anuais da seguridade social, como um todo, em face dos resultados de cada área específica, particularmente da previdência social, que é financiada especificamente pelas contribuições previdenciárias (art. 167, IX, da CR). A imprecisão anterior dificultou, por exemplo, a compreensão sobre o tamanho do déficit da previdência social durante as deliberações da reforma, em 2019. Essa inovação adicionada pelo inciso IV dirige-se à prática contábil e ao modelo de demonstrativos fiscais a serem elaborados pelos entes públicos. A partir da EC n. 103, todas as UF ficam obrigadas a ajustar os registros contábeis para identificar, em rubricas contábeis específicas, as receitas e despesas vinculadas a ações da área da saúde, da área da previdência e da área da assistência social.

Seja como for, fica sempre aberta da discussão sobre se a sociedade brasileira tem o modelo de segurança social que realmente precisa, particularmente porque sempre pairam dúvidas razoáveis sobre se o Brasil controla devidamente os desperdícios e desvios e se tem os meios adequados para comprovar que aplica o máximo de seus recursos disponíveis no campo da segurança social. Há 30 anos, quando o texto constitucional foi escrito, era justificável esse modelo dual. Agora o cenário é outro. O texto constitucional, no entanto, permanece o mesmo.

2. Constituições anteriores

Texto inédito.

3. Constituições estrangeiras

Portugal, art. 63; Cabo Verde, art. 70; Angola, art. 77; Moçambique, art. 204, H; República de Guiné-Bissau, art. 43.3; São Tome e Príncipe, art. 44, 1-2; Timor Leste, art. 56, 1-2. Para outros países, ver referências bibliográficas.

4. Direito internacional

DUDH – Declaração Universal dos Direitos Humanos (art. 22 e art. 25).

PIDESC – Pacto Internacional de Direitos Sociais, Econômicos e Culturais (art. 9º e Decreto Presidencial n. 591/1992).

Convenção 102/1952 da OIT – Organização Internacional do Trabalho.

5. Remissões constitucionais e legais

Constituição da República: art. 3º, art. 6º, art. 165, III, art. 193, art. 195, art. 196 a art. 200, arts. 203 e 204, art. 106 do ADCT.

Lei n. 8.080, de 19 de setembro de 1990. Dispõe sobre as condições para a promoção, proteção e recuperação da saúde, a organização e o funcionamento dos serviços correspondentes e dá outras providências.

Lei n. 8.212, de 24 de julho de 1991. Dispõe sobre a organização da seguridade social, institui plano de custeio.

Lei n. 8.213, de 24 de julho de 1991. Dispõe sobre os planos de benefícios da previdência social.

Lei n. 8.742, de 7 de dezembro de 1993. Dispõe sobre o sistema único de assistência social e a organização da assistência social.

Lei n. 9.717, de 27 de novembro de 1998. Dispõe sobre regras gerais para a organização e o funcionamento dos regimes próprios de previdência social dos servidores públicos da união, dos estados, do Distrito Federal e dos municípios, dos militares dos estados e do Distrito Federal.

6. Jurisprudência

STF. ADC 8 MC, Rel. Min. Celso de Mello, j. 13-10-1999.

STF. RE 636.941, Rel. Min. Luiz Fux, j. 13-2-2014.

STF. RE 661.256, Rel. p/ o ac. Min. Dias Toffoli, j. 27-10-2016.

7. Referências bibliográficas

ESPING-ANDERSEN, Gosta. *The Three Worlds of Welfare Capitalism*. Princeton: Polity Press, 2012.

IPEA. *Políticas Sociais:* acompanhamento e análise: 20 anos da Constituição Federal. Brasília, DF: IPEA, 2008.

ISSA. *Social Security Coverage extension in the BRICS*. ISSA, 2013.

KERSTENETZKY, Célia Lessa. *O estado de bem-estar social na idade da razão*: a reinvenção do estado social no mundo contemporâneo. Rio de Janeiro: Elsevier, 2012.

OIT. Estudio General relativo a los instrumentos de la seguridad social a la luz de la Declaración de 2008 sobre la justicia social para una globalización equitativa. Oficina Internacional del Trabajo, 100ª Reunión. *Informe III*. Ginebra: ILO, 2011.

_____. Organização Internacional para o Trabalho. *Piso de Proteção Social para uma Globalização Equitativa e Inclusiva*. Relatório do Grupo Consultivo.

_____. *Seguridad social para todos*: la estrategia de la Organización Internacional del Trabajo: establecimiento de pisos de protección social y de sistemas integrales de seguridad social. Oficina Internacional del Trabajo; Departamento de Seguridad Social. Ginebra: OIT, 2012.

MONNERAT, G. L.; SENNA, M. C. Seguridade Social no Brasil: dilemas e desafios. In: MOROSINI, M. V.; REIS, J. R. F. *Sociedade, Estado e direito à saúde*. Rio de Janeiro: EPSJV/Fiocruz, 2007.

PIOVESAN, Flávia. A Constituição Brasileira de 1988 e os Tratados Internacionais de Proteção dos Direitos Humanos. In: *Direitos Humanos e o Direito Constitucional Internacional*. 14. ed. rev. e atual. São Paulo: Saraiva, 2013. p. 107-185.

STRAPAZZON, Carlos Luiz. Âmbito de proteção de direitos fundamentais de seguridade social: expectativas imperativas de concretização. In: I. W. SARLET, & C. L. Strapazzon. *Constituição e Direitos Fundamentais*. Porto Alegre: Livraria do Advogado, 2012.

_____. O direito humano a segurança social: o regime constitucional do Brasil comparado com 20 modelos estrangeiros. *Revista Brasileira de Direito Previdenciário*. Edições/34, ago./set. 2016.

Art. 195. A seguridade social será financiada por toda a sociedade, de forma direta e indireta, nos termos da lei, mediante recursos provenientes dos orçamentos da União, dos Estados, do Distrito Federal e dos Municípios, e das seguintes contribuições sociais:

I – do empregador, da empresa e da entidade a ela equiparada na forma da lei, incidentes sobre:

a) a folha de salários e demais rendimentos do trabalho pagos ou creditados, a qualquer título, à pessoa física que lhe preste serviço, mesmo sem vínculo empregatício;

b) a receita ou o faturamento;

c) o lucro;

II – do trabalhador e dos demais segurados da previdência social, não incidindo contribuição sobre aposentadoria e pensão concedidas pelo regime geral de previdência social de que trata o art. 201;

III – sobre a receita de concursos de prognósticos;

IV – do importador de bens ou serviços do exterior, ou de quem a lei a ele equiparar.

§ 1º As receitas dos Estados, do Distrito Federal e dos Municípios destinadas à seguridade social constarão dos respectivos orçamentos, não integrando o orçamento da União.

§ 2º A proposta de orçamento da seguridade social será elaborada de forma integrada pelos órgãos responsáveis pela saúde, previdência social e assistência social, tendo em vista as metas e prioridades estabelecidas na lei de diretrizes orçamentárias, assegurada a cada área a gestão de seus recursos.

§ 3º A pessoa jurídica em débito com o sistema da seguridade social, como estabelecido em lei, não poderá contratar com o poder público nem dele receber benefícios ou incentivos fiscais ou creditícios.

§ 4º A lei poderá instituir outras fontes destinadas a garantir a manutenção ou expansão da seguridade social, obedecido o disposto no art. 154, I.

§ 5º Nenhum benefício ou serviço da seguridade social poderá ser criado, majorado ou estendido sem a correspondente fonte de custeio total.

§ 6º As contribuições sociais de que trata este artigo só poderão ser exigidas após decorridos noventa dias da data da publicação da lei que as houver instituído ou modificado, não se lhes aplicando o disposto no art. 150, III, *b*.

§ 7º São isentas de contribuição para a seguridade social as entidades beneficentes de assistência social que atendam às exigências estabelecidas em lei.

§ 8º O produtor, o parceiro, o meeiro e o arrendatário rurais e o pescador artesanal, bem como os respectivos cônjuges, que exerçam suas atividades em regime de economia familiar, sem empregados permanentes, contribuirão para a seguridade social mediante a aplicação de uma alíquota sobre o resultado da comercialização da produção e farão jus aos benefícios nos termos da lei.

§ 9º As contribuições sociais previstas no inciso I do *caput* deste artigo poderão ter alíquotas diferenciadas em razão da atividade econômica, da utilização intensiva de mão de obra, do porte da empresa ou da condição estrutural do mercado de trabalho, sendo também autorizada a adoção de bases de cálculo diferenciadas apenas no caso das alíneas *b* e *c* do inciso I do *caput*.

§ 10. A lei definirá os critérios de transferência de recursos para o sistema único de saúde e ações de assistência social da União para os Estados, o Distrito Federal e os Municípios, e dos Estados para os Municípios, observada a respectiva contrapartida de recursos.

§ 11. São vedados a moratória e o parcelamento em prazo superior a 60 (sessenta) meses e, na forma de lei complementar, a remissão e a anistia das contribuições sociais de que tratam a alínea *a* do inciso I e o inciso II do *caput*.

§ 12. A lei definirá os setores de atividade econômica para os quais as contribuições incidentes na forma dos incisos I, *b*; e IV do *caput*, serão não cumulativas.

§ 13. (*Revogado pela Emenda Constitucional n. 103, de 12-11-2019.*)

§ 14. O segurado somente terá reconhecida como tempo de contribuição ao Regime Geral de Previdência Social a competência cuja contribuição seja igual ou superior à contribuição mínima mensal exigida para sua categoria, assegurado o agrupamento de contribuições.

Carlos Luiz Strapazzon

1. História da norma

Este artigo revela um aspecto pouco explorado pela doutrina sobre o significado da *universalidade* e sobre o modelo brasileiro de financiamento da segurança social. Por meio dele se pode ver que o dever de assegurar *cobertura universal, tal como* mencionado no art. 194, I, tem um alcance mais amplo do que uma primeira leitura pode sugerir.

Dado que a segurança social foi concebida como um bem de toda a sociedade (e não mais apenas de trabalhadores formais urbanos, como era antes de 1988), toda a sociedade deve financiá-la. É um erro grave imaginar, portanto, que o financiamento da segurança social deva recair, exclusivamente, sobre os beneficiários do sistema. Longe disso, e como se pode ler nos incisos deste art. 195, o modelo brasileiro de segurança social exige um financiamento tridimensional: de pessoas físicas (mediante contribuições mensais sobre renda do trabalho), de pessoas jurídicas (mediante contribuições mensais sobre faturamento, lucro, pagamentos de salários, importação e de concursos e prognósticos).

O regime brasileiro de financiamento da previdência social é formado por receitas tributárias e não tributárias, de várias origens. Quanto ao financiamento tributário, o art. 167, XI, da CR estabelece que recursos provenientes das contribuições sociais de que trata o art. 195, I, *a*, e II, devem ser destinados exclusivamente ao pagamento de benefícios do regime geral de previdência social. Diante disso, é útil contextualizar a inovação trazida com a EC n. 103. O novo inciso II do art. 195 estabelece a base de cálculo de uma das fontes de financiamento da previdência social: pagamentos recebidos por trabalhadores e demais segurados, exceto aposentados e pensionistas. A inovação introduzida autoriza que as alíquotas da contribuição social incidentes sobre tais pagamentos possam ser progressivas, isto é, diferentes e crescentes de acordo com faixas crescentes de salários, ou outras formas de remuneração. Dado que nenhum tributo pode ser exigido ou aumentado sem lei aprovada pelo devido processo legislativo (CR art. 150, I), nenhuma inovação no regime de alíquotas desta contribuição social poderia ser implementada sem lei específica. Contudo, a EC n. 103 regulou o tema em caráter provisório, no art. 28, sem alterar o texto permanente da Constituição. Assim, revogou o regime de alíquotas previsto no art. 20 da Lei n. 8.212/91 e instituiu um novo modelo com a seguinte estrutura progressiva de alíquotas: até 1 salário mínimo: 7,5%; acima de 1 salário mínimo: progridem de 9, 12 e 14%.

Quanto a essas duas fontes, a segurança social deve ser financiada com um tipo de tributo denominado de contribuição social. Esta contribuição social (mencionada no final do *caput* deste artigo) não é, porém, a única modalidade de contribuição social estabelecida pelo texto constitucional (ver as demais no art. 149). Entretanto, é importante notar que essa solução encontrada pela Assembleia Nacional Constituinte implicou na criação de um sistema de financiamento que não se confunde com o orçamento fiscal, baseado na arrecadação de impostos e em recursos de endividamento para custear despesas correntes e investimentos. Os recursos da arrecadação de contribuições sociais aqui mencionadas vinculam-se ao orçamento da seguridade social (art. 165, § 5º, III; art. 167, VIII; art. 195 § 2º) e as receitas ali depositadas devem ser usadas exclusivamente para os objetivos da seguridade social. Portanto, é um Orçamento de Estado, não de governos.

Por outro lado, o orçamento fiscal também deve aportar recursos de impostos para a segurança social, em caso de déficit. É bom precisar que não é "o governo" quem paga os déficits da seguridade social. São os recursos de impostos que devem ser usados para proteger a política de segurança social em caso de desequilíbrio. Afinal, se toda sociedade (ainda que indiretamente) se beneficia das políticas de saúde, assistência social e previdência (RGPS, RPPS e EPU), é razoável que todos, pessoas físicas e jurídicas, contribuam para financiá-la. Esse raciocínio é particularmente importante nessa área, pois essa modalidade de segurança depende de esforços especiais da sociedade (daí, segurança da, pela e para a sociedade). Não só econômicos, mas inevitavelmente esforços econômicos. Assim, majoritariamente, dois tributos financiam a Seguridade Social: as Contribuições Sociais, prioritariamente, e os impostos, complementarmente. Essas receitas devem ser administradas em consonância com as despesas para proteger o equilíbrio (financeiro e atuarial) das contas.

Os impostos são arrecadados pelos entes federados e são aplicados em Seguridade Social em dois momentos: o primeiro é para garantir a quota patronal da Previdência de servidores públicos (CRFB, art. 40), o chamado RPPS – Regime Próprio da Previdência de Servidores Públicos. É que os municípios, Estados, DF e União Federal, quando adotam o RPPS, depositam mensalmente nos fundos previdenciários de servidores públicos, além do valor arrecadado com as contribuições previdenciárias pagas pelos servidores, uma quantia nunca inferior ao que cada servidor contribui para o mesmo fundo. No caso da União Federal, o depósito equivale ao dobro do valor que é pago pelos servidores. É um modelo, então, que, de certo modo, acompanha o que ocorre no setor privado: como os empregadores e empregados privados pagam contribuições para o financiamento da Seguridade Social e para o RGPS, os entes federados fazem o mesmo para seus servidores. A diferença importante é que o Estado brasileiro não paga tributos como um empregador do setor privado. O Estado apenas aloca, para servidores públicos, receitas tributárias recolhidas de impostos de toda a sociedade junto com as receitas das contribuições pagas pelos servidores. Então, esses recursos adicionais da chamada "quota patronal" que beneficiam os servidores públicos, derivam da receita de impostos recolhidos de toda a sociedade.

Esse panorama indica o seguinte: a sociedade brasileira paga quatro vezes para a Previdência. Primeiro quando recolhe contribuições previdenciárias para prover os recursos necessários para garantir o equilíbrio financeiro e atuarial do Regime Geral da Previdência social. Se não houvesse outra clientela de Previdência, ou seja, se a Previdência de todos os servidores públicos também fosse administrada pelo INSS, os pagamentos encerrariam aqui. Mas não é assim. O segundo pagamento ocorre indiretamente e, por isso, não é percebido. Mas existe de fato. Efetiva-se quando a União, Estados ou Municípios alocam receitas de impostos para pagar a "quota patronal" da Previdência de servidores públicos, no já mencionado "regime RPPS" (Regime Próprio de Previdência Social). Essa quota patronal do RPPS é uma fantasia jurídica, pois o Estado arrecada tributos de toda a sociedade. Não paga tributos. Logo, receitas de impostos é que cobrem a "quota patronal" da previdência de servidores públicos. O terceiro e quartos momentos ocorrem se houver desequilíbrio financeiro nesses dois arranjos o que, na prática brasileira, é um fato real. Havendo desequilíbrio entre receitas e despesas no RPPS, será preciso prover mais recursos. Igualmente, se houver desequilbro financeiro na Previdência dos brasileiros "em geral", vinculados ao RGPS, a União utilizará do endividamento ou de receitas de impostos para socorrer o desequilíbrio.

Se o financiamento da Seguridade Social (Previdência, Assistência e Saúde) depende de receitas de contribuições sociais e de impostos, isso não significa que as receitas das três áreas da Seguridade Social (saúde, assistência social e Previdência) sejam iguais ou plenamente intercambiáveis. Na realidade, ainda que isso seja contraintuitivo, só área da Previdência Social é regida pela diretriz do equilíbrio financeiro e atuarial. É muito oportuna, portanto, uma advertência feita pelo TCU de que "tratar receitas e despesas das três áreas conjuntamente, apenas pela ótica da Seguridade Social, pode trazer limitações à análise"[1]. Importante notar, ainda, que a política previdenciária é a única que tem receitas exclusivas (a receita das contribuições previ-

---

1. TCU 2017, p. 11, § 67.

denciárias do art. 195, I, *a*; e do art. 195, II). São receitas que não podem ser utilizadas para outros fins². Ou seja, nem políticas de saúde e de assistência social, nem qualquer outra despesa governamental pode aproveitar dos recursos dos fundos previdenciários. Receitas de Contribuições Previdenciárias, então, financiam fundos previdenciários do RGPS e do RPPS e receitas de outras contribuições sociais financiam a saúde e a assistência social. Além disso, receitas de impostos (ou de endividamento) complementam as receitas de contribuições sociais em caso de desequilíbrios. Como se vê, apesar da aparente simplicidade da redação deste Artigo, o Brasil tem um modelo complexo de financiamento das despesas da Segurança Social.

O novo § 14 foi adicionado pela EC n. 103/2019 e proibiu o uso de contribuições inferiores ao valor mínimo para fins de tempo de contribuição, no âmbito do regime geral da previdência social. Esta proibição foi estabelecida com base em considerações atuariais durante as deliberações da reforma da previdência social, no ano de 2019. É equivocado interpretar a restrição aqui estabelecida como se o § 14 estivesse autorizando uma restrição ampla. A restrição se aplica apenas ao cômputo do tempo de contribuição. Também é preciso notar que o limite mínimo mensal não corresponde estritamente ao salário mínimo, mas ao piso salarial estabelecido legal ou normativamente para a categoria e que, na ausência de um piso salarial específico, o salário mínimo deve ser considerado. O valor do salário mínimo, contudo, pode ser considerado de forma mensal, diária ou horária, dependendo do acordo estabelecido e do tempo efetivamente trabalhado durante o mês. Adicionalmente, convém notar que a própria EC n. 103/2019 estabeleceu uma regra transitória para este dispositivo, no art. 29, sem alterar o texto permanente da CR. Segundo o disposto naquele artigo, até que haja uma lei específica, o segurado que receber uma remuneração inferior ao limite mínimo mensal do salário de contribuição poderá complementar a sua contribuição para atingir o limite mínimo exigido, utilizar o valor excedente da contribuição que ultrapassar o limite mínimo em uma competência para compensar em outras competências ou agrupar contribuições inferiores ao limite mínimo provenientes de diferentes competências, a fim de aproveitá-las em contribuições mínimas mensais. Os ajustes, porém, devem ser realizados dentro do mesmo ano civil.

2. Constituições brasileiras anteriores

Texto inédito.

3. Constituições estrangeiras

Não há texto equivalente no direito constitucional estrangeiro.

4. Direito internacional

Por se tratar de norma de direito constitucional de finanças públicas, não há tratados internacionais específicos.

---

2. Sobre a proibição de aplicação de receitas arrecadadas com a Contribuição Previdenciária incidente sobre folha de salários em outras finalidades, ver a Nota Técnica n.5/ASTEC/SOF/MP, do Ministério do Planejamento, Orçamento e Gestão, item 2.1.1.

5. Remissões constitucionais e legais

CRFB, art. 165, § 5º, III, art. 149, art. 150, art. 167, XI, art. 195, §§ 5º e 6º. Decreto-Lei n. 204/1967 – Dispõe sobre a exploração de loterias e dá outras providências.

Decreto-Lei n. 594/1969 – Institui a Loteria Esportiva Federal e dá outras providências.

LEI N. 7.689, DE 15 DE DEZEMBRO DE 1988, Institui contribuição social sobre o lucro das pessoas jurídicas e dá outras providências.

LEI N. 8.212, DE 24 DE JULHO DE 1991, Dispõe sobre a organização da Seguridade Social, institui Plano de Custeio, e dá outras providências.

LEI COMPLEMENTAR N. 70, DE 30 DE DEZEMBRO DE 1991, Institui contribuição para financiamento da Seguridade Social, eleva a alíquota da contribuição social sobre o lucro das instituições financeiras e dá outras providências.

LEI N. 10.887, DE 18 DE JUNHO DE 2004. Dispõe sobre a aplicação de disposições da Emenda Constitucional n. 41, de 19 de dezembro de 2003, altera dispositivos das Leis n. 9.717, de 27 de novembro de 1998, 8.213, de 24 de julho de 1991, 9.532, de 10 de dezembro de 1997, e dá outras providências.

6. Jurisprudência

STF. ADC 8-MC, Rel. Min. Celso de Mello, julgamento em 13-10-99.

STF. ADI 3.105, Rel. p/ o ac. Min. Cezar Peluso, julgamento em 18-8-2004, Plenário.

STF. RE 437.640, Rel. Min. Sepúlveda Pertence, julgamento em 5-9-2006, 1ª Turma.

STF. ADI 2.238-MC, Rel. p/ o ac. Min. Ayres Britto, julgamento em 9-8-2007, Plenário.

STF. AI 668.531-AgR, Rel. Min. Ricardo Lewandowski, julgamento em 30-6-2009, 1ª Turma.

STF. RE 364.083-AgR, Rel. Min. Ellen Gracie, julgamento em 28-4-2009.

STF. RE 400.479 ED-AgR/RJ, Rel. Min. Cezar Peluso, 19-8-2009.

STF. RE 562.276, Rel. Min. Ellen Gracie, julgamento em 3-11-2010.

STF. RE 585.181-AgR-segundo, Rel. Min. Joaquim Barbosa, julgamento em 31-8-2010, 2ª Turma.

STF. RE 613.033, Rel. Min. Dias Toffoli, p. 7, 14-4-2011.

STF. RE 606.107, Rel. Min. Rosa Weber, j. 22-5-2013, P, *DJe* de 25-11-2013, Tema 283.

STF. RE 598.085, Rel. Min. Luiz Fux, j. 6-11-2014, P, *DJe* de 10-2-2015, Tema 177.

STF. RE 718.874, Rel. Min. Edson Fachin, j. 30-3-2017, P, *DJe* de 3-10-2017, Tema 669.

STF. RE 626.837, Rel. Min. Dias Toffoli, j. 25-5-2017, Tema 691.

STF. RE 574.706, Rel. Min. Cármen Lúcia, j. 15-3-2017, Tema 69.

7. Referências bibliográficas

MELLO, José E. Soares de. *Contribuições sociais no sistema tributário*. São Paulo: Malheiros, 2006.

PAULSEN, Leandro. *Contribuições*: custeio da seguridade social. Porto Alegre: Livraria do Advogado, 2007.

COELHO, Sacha Calmon. *Contribuições para seguridade social*. São Paulo: Quartier Latin, 2007.

Art. 195, I, b (ver página 1989).

Heleno Torres

1. História da norma

Pela tripartição de financiamento da seguridade social, numa breve análise da nossa história constitucional, vê-se que as empresas sempre participaram do financiamento da seguridade social, ao lado do Estado e dos trabalhadores. A Constituição de 1934 já o previa. Essa presença era tímida no início, mas com crescimento de importância notável nas últimas constituições, com especial ênfase na que ora vige, criando uma espécie de sistema autônomo de princípios e regras próprias.

A Constituição de 1934, em face das próprias mudanças projetadas em 1926, foi a primeira a dispor, de modo expresso, sobre as contribuições sociais, prescrevendo, no seu art. 121, § 1º, "h", que caberia "assistência médica e sanitária ao trabalhador e à gestante, assegurado a esta descanso, antes e depois do parto, sem prejuízo do salário e do emprego, e instituição de previdência, mediante *contribuição* igual da União, do empregador e do empregado, a favor da velhice, da invalidez, da maternidade e nos casos de acidentes do trabalho ou de morte". Confirma-se, assim, a origem do mecanismo de financiamento da Previdência por tripla fonte de custeio, a saber: recursos públicos (orçamento da União), contribuição do empregador e contribuição do empregado.

A Constituição de 1937 omitiu-se em referências ao conceito de *contribuição*, mas nem por isso deixaram de ser instituídas novas contribuições durante sua vigência ou de serem cobradas as já existentes. A Constituição de 1946, por sua vez, voltaria a cuidar das contribuições, com similar modelo àquele dantes vigente, prescrevendo no art. 157 que "a legislação (...) da previdência social obedecerão aos seguintes preceitos (...): "XVI – previdência, mediante *contribuição* da União, do empregador, e do empregado, em favor da maternidade e contra as consequências da doença, da velhice, da invalidez e da morte".

Após a Emenda Constitucional n. 18/65, que reformou o Sistema Tributário Nacional, veio a Constituição de 1967, cujo tratamento ofertado às contribuições seguia o regime de tripartição, *in verbis*: "Art. 158. A Constituição assegura aos trabalhadores os seguintes direitos, além de outros que, nos termos da lei, visem à melhoria, de sua condição social: (...) XVI – previdência social, mediante contribuição da União, do empregador e do empregado, para seguro-desemprego, proteção da maternidade e, nos casos de doença, velhice, invalidez e morte".

Nessa oportunidade, também foram alçadas ao patamar constitucional as chamadas contribuições corporativas, mesmo que viessem sendo cobradas desde o início da década de 20, mediante a competência prevista no art. 159, § 1º (equivalente do atual art. 8º, da CF/88), conferindo às entidades referidas poderes para arrecadar e fiscalizar as "contribuições para custeio dos órgãos sindicais e profissionais", assim prescrito: "Art. 159. É livre a associação profissional ou sindical; a sua constituição, a representação legal nas convenções coletivas de trabalho e o exercício de funções delegadas de Poder Público serão regulados em lei. § 1º Entre as funções delegadas a que se refere este artigo, compreende-se a de arrecadar, na forma da lei, contribuições para o custeio da atividade dos órgãos sindicais e profissionais e para a execução de programas de interesse das categorias por eles representadas". Esse dispositivo foi mantido, após a Emenda Constitucional n. 1, de 1969, no seu art. 166, § 1º.

Sobre as contribuições previdenciárias, na Emenda Constitucional n. 1, de 1969, assim encontrava-se redigido o texto atributivo de competência: "Art. 165. A Constituição assegura aos trabalhadores os seguintes direitos, além de outros que, nos termos da lei, visem à melhoria de sua condição social. (...) XVI – previdência social nos casos de doença, velhice, invalidez e morte, seguro-desemprego, seguro contra acidente do trabalho e proteção da maternidade, *mediante contribuição* da União, do *empregador* e do empregado." Contudo, nessa oportunidade, foi modificado o regime das contribuições, transferindo-as para o capítulo do Sistema Tributário Nacional, a saber:

"Art. 21. Compete à União instituir impostos sobre:
(...)

§ 2º A União pode instituir:

I – *contribuições*, observada a faculdade prevista no item I deste artigo, tendo em vista intervenção no domínio econômico ou o interesse de categorias profissionais e para atender diretamente à parte da União no custeio dos encargos da previdência social"[1].

Esse regime de equiparação durou até a Emenda Constitucional n. 8, de 14 de abril de 1977, quando a competência para instituição das contribuições sociais passou para o rol das competências da União (art. 43, X), separando-as da competência geral para instituição de tributos (art. 43, I), inclusive com modificações sobre o inciso I, do § 2º, do artigo 21, tal como fora apresentado pela Emenda n. 1/69. Fundada nessa distinção topográfica, a doutrina da época não tardou em vislumbrar em tal separação a distinção teórica entre tributos e contribuições sociais, sendo estas, a partir de então, reconhecidas como espécies de receitas não tributárias. Farta foi a Jurisprudência do Supremo Tribunal Federal – STF a corroborar tal entendimento[2].

Passados os anos, logo a Constituinte de 1986 veio a ocupar o cenário institucional brasileiro, cujo produto final culminou na Constituição de 1988. E assim, à luz dessa nova Carta da República, vieram as chamadas *contribuições sobre faturamento* e, mais adiante, com a Emenda à Constituição n. 20/98, com especificação para o conceito de "receita", mesmo que isso não seja algo inovador em relação ao conceito de faturamento, como virá demonstrado.

---

1. Redação original, na EC n. 1/69: "I – contribuições, nos termos do item I deste artigo, tendo em vista intervenção no domínio econômico e interesse da previdência social ou de categorias profissionais".

2. Veja-se, por exemplo: RE 94419/PR, de 30/08/1983; RE 99848/PR, de 10/12/1984; RE 109.614-MG, Rel. Min. Djaci Falcão, j. em 29/08/1986.

Após a vigência da LC n. 70/91, com a confirmação da sua constitucionalidade, diversas alterações foram promovidas, ao longo dos anos seguintes, todas por medidas provisórias ou leis ordinárias, até se chegar àquelas perpetradas pela Lei n. 9.718, de 28 de novembro de 1998 (conversão da Medida Provisória n. 1.724, de 29 de outubro de 1998), que foram as mais agudas, por ampliar o conceito de receita bruta, estendendo-o para incluir a totalidade das receitas auferidas pela pessoa jurídica, sendo irrelevante o tipo de atividade por ela exercida e a classificação contábil adotada para as receitas. Além disso, a Lei n. 9.718/98 elevou a alíquota da COFINS para 3%, instituindo um sistema de compensação com a Contribuição Social sobre o Lucro[3] (CSL).

Pela proximidade, e assim é de se entender, porque assim o foi, esperava-se a Lei publicada após a vigência da Reforma da Previdência Social, na qual se encontrava a disposição que alterava a redação do art. 195, estendendo a competência ora discutida para alcançar também as "receitas". Contudo, a Emenda Constitucional n. 20 foi publicada no dia 16 de dezembro de 1998, exatamente 18 dias após a publicação da Lei n. 9.718/98. Indiscutível, na ocasião em que foi editada a referida Lei, faltava fundamento material de competência, para que se pudesse alcançar o conceito de "receita". Isso poderia ter sido feito, mas sempre acompanhando os requisitos legítimos para o exercício de competência residual (art. 195, § 4º, c/c o 154, I, CF). Como não foi essa a forma utilizada, sua inconstitucionalidade era inconteste.

Veio, então, a EC n. 20/98, quando se passou a discutir se o princípio da recepção das normas constitucionais, que garante a manutenção de tudo o que não for com estas incompatível, seria suficiente para garantir a validade e a eficácia da Lei dantes inconstitucional.

A Doutrina mais especializada insurgiu-se de imediato contra a Lei 9.718/98, com argutos defensores dos valores maiores que norteiam a ordem constitucional e não se poderia ver infringida por tamanha incoerência sistêmica. Em que pese a força de convicção das posições assinaladas, todavia, com elas não formamos fila. Primeiro, porque o sistema jurídico admite contradições sistêmicas, salvo nas hipóteses de aplicação do direito, quando se devem empregar as regras típicas contra antinomias ou os instrumentos próprios para afastar atos inconstitucionais ou ilegais; segundo, porque a ordem de recepção não necessita vir expressa a cada ato do ordenamento; e terceiro, porque a interpretação mais atual do direito deve levar em conta não apenas o vínculo sintático-semântico dos enunciados, mas ocupar-se de adensar, o quanto mais, o vínculo semântico-pragmático, mormente quando se trata de normas constitucionais[4].

Antecipe-se que sobre os pressupostos estamos plenamente de acordo. Assim, se a *validade formal* exige um processo específico e uma autoridade competente para inserção da norma como pertinente ao sistema jurídico; a *validade material* exige a plena adequação com o conteúdo da norma hierarquicamente superior, como seu fundamento, sob pena de invalidação. Temos, então, que, em não havendo obediência do legislador aos motivos (materiais) estabelecidos constitucionalmente, irrompe no sistema um problema de contradição sistêmica (incompatibilidade vertical), que implica vício de excesso de poder, em uma inconstitucionalidade. Qualquer desconformidade entre o "fato-norma" – lei – introdutor da norma instituidora de tributos e o texto constitucional (que lhe serve de pressuposto normativo – motivo), impõe-se o controle de constitucionalidade, que se estende ao exame dos motivos (matéria), para declarar a invalidade da lei viciada. Em consequência, todo ato que exceda os limites formais ou materiais por ela estabelecidos é inválido e, por conseguinte, inconstitucional[5].

A partir da entrada em vigor da EC n. 20/98, com abrigo da nova configuração dada à competência firmada no art. 195, I, da CF, não há que se falar propriamente em saneamento de vícios, mas sim de *recepção*, esse efeito que só as normas constitucionais possuem para emprestar validade às normas já existentes, mas que não sejam com elas incompatíveis. É a vontade constitucional sobrepujando aos interesses da vontade legislativa, com indiscutível mácula aos direitos fundamentais, por não se admitir, a partir de decisão discutível do STF, de que a alteração do quadro de competências não implica afetação à cláusula pétrea do art. 60, § 4º, "d", da CF. Mas só por isso. Após admitida ao sistema, pela recepção da competência modificada, já não cabe discutir sua inconstitucionalidade à luz do regime anterior.

E, assim, a partir da Constituição de 1988, as contribuições para o PIS e a COFINS, de incidência sobre o faturamento, ganharam relevante expressão, após seguidas reformas. Na fase mais recente, foram criados os regimes de não cumulatividade para ambas as contribuições, com modificação dos requisitos de apuração da base de cálculo das receitas e faturamentos das pessoas jurídicas, pelas Leis n. 10.637/02 e 10.833/03, com as alterações aduzidas pela Lei n. 10.865, de 30 de abril de 2004, que instituiu, ademais, o PIS/PASEP-Importação e a COFINS-Importação, incidentes na Importação de Produtos Estrangeiros ou Serviços e devidas pelo Importador de Bens Estrangeiros ou Serviços do Exterior.

2. Constituições brasileiras anteriores

Não há referência.

3. Constituições estrangeiras

Não há referência.

4. Dispositivos constitucionais relevantes

Art. 149; art. 154, II; art. 195; art. 239;

---

3. Cf. MARTINS, Ives Gandra da Silva. Lei n. 9.718/98. Inconstitucionalidade material. Art. 3º, Cofins: incompetência da União para instituir a contribuição do art. 195, I da CF sobre a receita bruta; burla ao art. 195, § 4º, da CF; impossibilidade de convalidação do vício de inconstitucionalidade pela EC 20/98; violação à liturgia das formas. Art. 8º: ofensa aos arts. 194, V, 145, § 1º e 150, II, da CF. Efeito confisco; PIS: ofensa ao art. 239 da CF. *Revista Dialética de Direito Tributário*. SP: Dialética, 2004, n. 102, p. 123-40; _____. Lei n. 9.718/98 e base de cálculo da Cofins sobre receita bruta – inconstitucionalidade. *Revista Dialética de Direito Tributário*. São Paulo: Dialética, 1999, n. 47, p. 133-52.

4. Para outras considerações, ver: NEVES, Marcelo. A interpretação jurídica no Estado Democrático de Direito. In: GRAU, Eros Roberto; GUERRA FILHO, Willis Santiago. *Direito Constitucional – estudos em homenagem a Paulo Bonavides*. SP: Malheiros, 2001, p. 356-76; com uma análise exclusiva sobre as questões tributárias, o clássico estudo, já de agora: MELIS, Giuseppe. *L'interpretazione nel Diritto Tributario*. Padova: CEDAM, 784 p.

5. "Define-se inconstitucional uma lei cujo conteúdo ou cuja forma contrapõe-se expressa ou implicitamente, ao conteúdo de dispositivos da Constituição." NEVES, Marcelo. *Teoria da inconstitucionalidade das leis*, São Paulo: Saraiva, 1988, p. 73.

5. Jurisprudência (STF)

RE 94419/PR. RE 99848/PR. RE n. 109.614-MG. RE 150.764. RE 148.754-2/RJ. ADI 1-1/DF. RE 166.772-9/RS. RE 169.091-7. RE 527602. RE 606107. RE 718.874.

"É constitucional formal e materialmente a contribuição social do empregador rural pessoa física, instituída pela Lei 10.256/2001, incidente sobre a receita bruta obtida com a comercialização de sua produção". [RE 718.874, rel. min. Edson Fachin, j. 30-3-2017, P, *DJe* de 27-9-2017, Tema 669.]

"V – O conceito de receita, acolhido pelo art. 195, I, 'b', da Constituição Federal, não se confunde com o conceito contábil. Entendimento, aliás, expresso nas Leis 10.637/02 (art. 1º) e Lei 10.833/03 (art. 1º), que determinam a incidência da contribuição ao PIS/PASEP e da COFINS não cumulativas sobre o total das receitas, 'independentemente de sua denominação ou classificação contábil'. Ainda que a contabilidade elaborada para fins de informação ao mercado, gestão e planejamento das empresas possa ser tomada pela lei como ponto de partida para a determinação das bases de cálculo de diversos tributos, de modo algum subordina a tributação. A contabilidade constitui ferramenta utilizada também para fins tributários, mas moldada nesta seara pelos princípios e regras próprios do Direito Tributário. Sob o específico prisma constitucional, receita bruta pode ser definida como o ingresso financeiro que se integra no patrimônio na condição de elemento novo e positivo, sem reservas ou condições. (...) VIII – Assenta esta Suprema Corte a tese da inconstitucionalidade da incidência da contribuição ao PIS e da COFINS não cumulativas sobre os valores auferidos por empresa exportadora em razão da transferência a terceiros de créditos de ICMS. IX – Ausência de afronta aos arts. 155, § 2º, X, 149, § 2º, I, 150, § 6º, e 195, *caput* e inciso I, 'b', da Constituição Federal. Recurso extraordinário conhecido e não provido, aplicando-se aos recursos sobrestados, que versem sobre o tema decidido, o art. 543-B, § 3º, do CPC". [RE 606107, rel. min. Rosa Weber, Tribunal Pleno, julgado em 22-5-2013, Repercussão Geral – Mérito *DJe*-231 DIVULG 22-11-2013, PUBLIC 25-11-2013.]

"É constitucional a inclusão dos valores retidos pelas administradoras de cartões na base de cálculo das contribuições ao PIS e da COFINS devidas por empresa que recebe pagamentos por meio de cartões de crédito e débito". [RE 1049811. Relator Ministro Alexandre de Moraes, Tribunal Pleno, j. 21-3-2022, *DJe* 17-06-2022 – Tema 1024]

"É constitucional a inclusão do Imposto Sobre Circulação de Mercadorias e Serviços – ICMS na base de cálculo da Contribuição Previdenciária sobre a Receita Bruta – CPRB". [RE 1187264. Relator Ministro Marco Aurélio, Tribunal Pleno, j. 24-2-2021, *DJe* 20-5-2021 – Tema 1048]

"É constitucional a inclusão do valor do IPI incidente nas operações de venda feitas por fabricantes ou importadores de veículos na base de cálculo presumida fixada para propiciar, em regime de substituição tributária, a cobrança e o recolhimento antecipados, na forma do art. 43 da Medida Provisória n. 2.158-35/2001, de contribuições para o PIS e da Cofins devidas pelos comerciantes varejistas. [RE 605506. Relatora Ministra Rosa Weber, Tribunal Pleno, j. 11-11-2021, *DJe* 18-11-2021 – Tema 303]

"O ICMS não compõe a base de cálculo para a incidência do PIS e da COFINS". [RE 574706. Relatora Ministra Cármen Lúcia, Tribunal Pleno, j. 15-3-2017, *DJe* 2-10-2017 – Tema 69]

6. Literatura selecionada

GRAU, Eros Roberto. As contribuições das empresas para o Fundo "PIS-PASEP" In: MARTINS, Ives Gandra da Silva (Coord.). *Contribuições especiais – Fundo PIS-PASEP.* Cadernos de Pesquisas Tributárias, v. 2. SP: Resenha Tributária – CEU, 1991, 2ª tiragem, p. 155. ATALIBA, Geraldo. Programa de Integração Social – PIS. In: MARTINS, Ives Gandra da Silva (Coord.). *Contribuições especiais – Fundo PIS-PASEP.* Cadernos de Pesquisas Tributárias, v. 2. SP: Resenha Tributária – CEU, 1991, 2ª tiragem, p. 190. FISCHER, Octávio Campos. *A Contribuição ao PIS.* SP: Dialética, 1999; greco, Marco Aurélio. Cofins na Lei 9.718/98 – variações cambiais e regime da alíquota acrescida. *Revista Dialética de Direito Tributário.* SP: Dialética, 1999, n. 50; KONKEL JÚNIOR, Nicolau. *Contribuições sociais.* Curitiba: 2003; MACHADO, Brandão. São tributos as contribuições sociais? In: *Princípios tributários no direito brasileiro e comparado. Estudos jurídicos em homenagem a Gilberto de Ulhôa Canto.* RJ: Forense, 1988, p. 62-95; Martins, Ives Gandra da Silva. Lei n. 9.718/98. Inconstitucionalidade material. Art. 3º, Cofins: incompetência da União para instituir a contribuição do art. 195, I da CF sobre a receita bruta; burla ao art. 195, § 4º, da CF; impossibilidade de convalidação do vício de inconstitucionalidade pela EC 20/98; violação à liturgia das formas. Art. 8º: ofensa aos arts. 194, V, 145, § 1º, e 150, II, da CF. Efeito confisco; PIS: ofensa ao art. 239 da CF. *Revista Dialética de Direito Tributário.* SP: Dialética, 2004, n. 102, p. 123-40; ____. Lei n. 9.718/98 e base de cálculo da Cofins sobre receita bruta – inconstitucionalidade. *Revista Dialética de Direito Tributário.* SP: Dialética, 1999, n. 47, p. 133-52; PEDREIRA, José Luiz Bulhões. *Finanças e demonstrações financeiras da companhia – conceitos fundamentais*, RJ: Forense, 1989. TÔRRES, Heleno Taveira. Regime constitucional das contribuições sobre faturamento e o princípio da segurança jurídica. In: FERRAZ, Roberto Catalano Botelho (Org.). *Princípios e limites da tributação.* São Paulo: Quartier Latin, 2005, p. 236-278.

7. Anotações

7.1. Contribuição para Financiamento da Seguridade Social – COFINS

A automação das empresas reduziu em muito a base da contribuição fundada em folha de salários, o que levou a Constituição Federal de 1988 a criar duas novas materialidades para a contribuição previdenciária das empresas: o "faturamento" e o "lucro", além da liberdade para instituição de novas fontes de custeio (artigo 195, § 4º). E essa substituição tende a se acentuar, ainda mais com a edição da Emenda Constitucional n. 42, de 19 de dezembro de 2003, que sugere, mediante a inclusão do § 13 ao art. 195, da Constituição, uma substituição gradual, total ou parcial, da contribuição sobre folha de salário por aquelas incidentes sobre faturamento.

Cuidando especificamente da Contribuição sobre faturamento, sua competência, contida no art. 195, I, da CF, foi exercida pelo legislador em 1991, mediante a Lei Complementar n. 70, de 30 de dezembro de 1991, afastando o Finsocial (cf. art. 13), que vigeu entre a promulgação da Constituição de 1988 e a edição dessa Lei Complementar, instituído pelo Decreto-Lei n. 1.940/82, no que dava cumprimento ao art. 56, do Ato das Disposições Constitucionais Transitórias (ADCT).

Quando surgiu a LC n. 70/91, de imediato foi debalde discutida a inconstitucionalidade da COFINS, sob alegações de superposição da base de cálculo da COFINS sobre aquela do PIS; afetação ao princípio de não cumulatividade e que a nova contribuição fora criada com base na competência residual (art. 195, § 4º, CF), com violação do princípio constitucional da anterioridade, visto que o *Diário Oficial* de 31/12/91 somente circulou no dia 02/01/92.

Contudo, a constitucionalidade da COFINS foi mantida pelo Supremo Tribunal Federal, no âmbito da Ação Declaratória de Constitucionalidade n. 1-1/DF, inclusive com confirmação da natureza tributária das contribuições previdenciárias, ao lado dos impostos, das taxas e das contribuições de melhoria. Desse modo, viu-se afastada a alegação de bitributação com o PIS/PASEP, por diversidade de campos de competência, que se mantinham incidentes sobre faturamento por reclamo expresso da própria Constituição (COFINS: art. 195, I; PIS, art. 239, da CF), bem como a desnecessidade de lei complementar para a instituição do tributo, apesar de assim ter sido instituída. É que como não se trataria de contribuição criada por competência residual, não haveria por que falar em afetação aos requisitos do art. 154, I, da CF.

O STF, ao declarar a constitucionalidade da COFINS, quando do julgamento da Ação Direta de Constitucionalidade n. 1-1/DF, entendeu, nos termos do voto do seu relator, Min. Moreira Alves, que: "a Lei Complementar n. 70/91, ao considerar o faturamento como sendo 'a receita bruta das vendas de mercadorias, de mercadorias e serviços e de serviços de qualquer natureza', nada mais fez do que lhe dar a conceituação de faturamento para efeitos fiscais, como bem assinalou o eminente Ministro Ilmar Galvão, no voto que proferiu no RE 150.764, ao acentuar que o conceito de receita bruta das vendas de mercadorias e de mercadorias e serviços 'coincide com o de faturamento, que, para efeitos fiscais sempre foi entendido como o produto de todas as vendas, e não apenas das vendas acompanhadas de fatura, formalidade exigida tão somente nas vendas mercantis a prazo (art. 1º da Lei n. 187/36)'.".

Naquela oportunidade, prescrevia o art. 195, da CF, competência para instituir contribuição: "I – dos empregadores, incidente sobre a folha de salários, o *faturamento* e o lucro". E é a partir dessa demarcação constitucional de competência que devemos encaminhar nossa construção semântica do sentido delimitado pela regra, ou seja, a partir do conceito de "faturamento", tal como se encontrava prescrito.

Por tudo isso, quanto à materialidade, insistiu o STF, na ocasião, que a Lei Complementar n. 70/91, ao considerar o faturamento como "a receita bruta das vendas de mercadorias, de mercadorias e serviços e de serviços de qualquer natureza" conferiu simples definição de *faturamento* para os fins do direito tributário, sem qualquer afetação ao conceito de direito privado, raciocínio alcançado por duvidosa equiparação, em prejuízo do quanto se dessome do art. 110, do CTN[6].

7.2. Contribuições para o Programa de Integração Social – PIS

A contribuição para o PIS encontra-se prevista na competência conferida pelo art. 239 da CF: "A arrecadação decorrente das contribuições para o Programa de Integração Social, criado pela Lei Complementar n. 7, de 7 de setembro de 1970, e para o Programa de Formação do Patrimônio do Servidor Público, criado pela Lei Complementar n. 8, de 3 de dezembro de 1970, passa, a partir da promulgação desta Constituição, a financiar, nos termos que a lei dispuser, o programa do seguro-desemprego e o abono de que trata o § 3º deste artigo. (...) § 3º Aos empregados que percebam de empregadores que contribuem para o Programa de Integração Social ou para o Programa de Formação do Patrimônio do Servidor Público, até dois salários mínimos de remuneração mensal, é assegurado o pagamento de um salário mínimo anual, computado neste valor o rendimento das contas individuais, no caso daqueles que já participavam dos referidos programas, até a data da promulgação desta Constituição". Antes, porém, vale ressaltar um pouco da história desse tributo.

Visando promover a integração do empregado na vida e no desenvolvimento das empresas, o artigo 165, V, da Constituição Federal de 1967 (com a Emenda Constitucional n. 1/69), trazia competência para sua concretização por meio da participação nos lucros. Assim, para garantir efetividade a esse direito, o Programa de Integração Social – PIS foi então instituído pela Lei Complementar n. 7, de 07 de julho de 1970, em observância ao § 2º do art. 62 da Constituição Federal de 1967, que vedava a vinculação da receita de qualquer tributo a fundo, órgão ou despesa, ressalvadas, entre outras, as previsões da própria Constituição Federal e de leis complementares. E nesta, seu artigo 3º dispunha que o Fundo de Participação para o PIS seria constituído de três parcelas, dentre as quais uma seria financiada "com recursos próprios da empresa, calculados com base no faturamento". Estava criada, portanto, a contribuição ao PIS.

Destarte, indiscutível que sendo a Lei Complementar n. 7/70 instrumento de introdução de normas tributárias desprovido das funções de "normas gerais em matéria de legislação tributária", sua modificação pode ser perfeitamente alcançada por lei ordinária, como já reconheceu diversas vezes o próprio STF. Não poderia ser diferente, pois somente na função reclamada pelo art. 146, da CF, a Lei Complementar adquire primazia hierárquica em matéria tributária.

De início, o PIS foi considerado como um típico *tributo*[7], oriundo da competência residual da União. Esse entendimento,

---

6. Para outros aspectos, veja-se o nosso: TORRES, Heleno Taveira. *Direito Tributário e Direito Privado: autonomia privada, simulação e elusão tributária*. Revista dos Tribunais, 2003, 510 p.

7. Cumpre advertir, todavia, que esse entendimento, no que concerne ao PIS, não era de todo pacífico. Eros Roberto Grau, em artigo sobre o tema, por exemplo, antes mesmo da entrada em vigor da indigitada Emenda, conclui por afirmar "não assumirem natureza tributária as contribuições das empresas para o Fundo "PIS-PASEP", mas sim consubstanciarem instrumento de disciplina da poupança e das decisões de investir da comunidade nacional – típico de Direito Econômico e não de Direito Tributário". GRAU, Eros Roberto. As contribuições das empresas para o Fundo "PIS-PASEP" In: MARTINS, Ives Gandra da Silva (Coord.). *Contribuições especiais – Fundo PIS-PASEP.* Cadernos de Pesquisas Tributárias, v. 2. SP: Resenha Tributária – CEU, 1991, 2ª tiragem, p. 155. ATALIBA, Geraldo. Programa de Integração Social – PIS. In: MARTINS, Ives Gandra da Silva (Coord.). *Contribuições especiais – Fundo PIS-PASEP.* Cadernos de Pesquisas Tributárias, v. 2. SP: Resenha Tributária – CEU, 1991, 2ª tiragem, p. 190.

contudo, foi modificado após a Emenda Constitucional n. 8/77, que adicionou o inciso X ao artigo 43, da CF. Após essa mudança, como já foi dito acima, o Supremo Tribunal Federal firmou entendimento segundo o qual as contribuições sociais teriam perdido natureza de tributo, porquanto não se prestariam como modalidade de receita pública destinada a financiar as despesas gerais do Estado, não se lhes aplicando as limitações constitucionais pertinentes, tampouco do Código Tributário Nacional[8]. Em seguida, a Constituição de 1988 recepcionou a contribuição para o PIS, nos termos da Lei Complementar n. 7/70, mas agora com nova destinação, passando a financiar, nos termos do artigo 239, da CF, o programa do seguro-desemprego e o abono de que trata o respectivo parágrafo terceiro. Na sua nova redação, a natureza jurídica do PIS, voltou a ser qualificada como sendo espécie de "tributo", já reconhecido pelo próprio Supremo Tribunal Federal, no Acórdão da Ação Direta de Constitucionalidade n. 1-1/DF[9], ademais de se pacificar o entendimento sobre a distinção existente entre este e a COFINS, em vista de as competências constitucionais virem em distintos fundamentos.

---

[8]. No Recurso Extraordinário n. 148.754-2/RJ, os Decretos-Leis n. 2.445/88 e 2.449/88 foram declarados inconstitucionais pelo STF: CONSTITUCIONAL. Art. 55 – II DA CARTA ANTERIOR. CONTRIBUIÇÃO PARA O PIS. DECRETOS-LEIS 2.445 E 2.449, DE 1988. INCONSTITUCIONALIDAde. "I – Contribuição para o PIS: sua estraneidade ao domínio dos tributos e mesmo àquele, mais largo, das finanças públicas. Entendimento, pelo Supremo Tribunal Federal, da EC n. 8/77 (*RTJ* 120/1190). II – Trato por meio de Decreto-lei: impossibilidade ante a reserva qualificada das matérias que autorizavam a utilização desse instrumento normativo (art. 55 da Constituição Federal de 1969). Inconstitucionalidade dos Decretos-leis 2.445 e 2.449, de 1988, que pretenderam alterar a sistemática da contribuição para o PIS". RE 148.754-2/RJ, Pleno do STF, Relator : Min. Francisco Rezek. *DJ*, de 04/03/94, p. 3.290. Para um estudo dos efeitos sobre a Contribuição ao PIS decorrentes da saída dos referidos atos normativos, veja-se: THEOPHILO, Frederico de Moura. *A contribuição para o PIS*. SP: Resenha Tributária, 1996, 137 p.

[9]. ADI 1-1/DF, Pleno, STF. Rel. Min. Moreira Alves. *DJ*, 16.06.95, p. 18.213. E veja-se ainda:

"Perante a Constituição de 1988, não há dúvida em afirmar que as contribuições sociais têm natureza tributária. De feito, a par das três modalidades de tributos (os impostos, as taxas e as contribuições de melhoria) a que se refere o art. 145 para declarar que são competentes para instituí-los a União, os Estados, o Distrito Federal e os Municípios, os arts. 148 e 149 aludem a duas outras modalidades tributárias, para cuja instituição só a União é competente: o empréstimo compulsório e as contribuições sociais, inclusive as de intervenção no domínio econômico e de interesse de categorias profissionais ou econômicas. No tocante às contribuições sociais – que dessas duas modalidades tributárias é a que interessa para este julgamento – não só as referidas no art. 149 – que se subordina ao capítulo concernente ao sistema tributário nacional – têm natureza tributária, como resulta, igualmente, da observância que devem ao disposto nos artigos 146, III e 150, I e III; mas também no relativos à seguridade social prevista no art. 195, que pertence ao título da 'Da Ordem Social'. Por terem esta natureza tributária é que o artigo 149, que determina que as contribuições sociais observem o inciso III do artigo 150 (cuja letra b consagra o princípio da anterioridade), exclui dessa observância as contribuições para a seguridade social previstas no artigo 195, em conformidade com o disposto em § 6º deste dispositivo, que aliás em seu § 4º, ao admitir a instituição de outras fontes destinadas a garantir a manutenção ou expansão da seguridade social, determina se obedeça ao disposto no art. 154, I norma tributária, o que reforça o entendimento favorável à natureza tributária dessas contribuições sociais".

A natureza tributária das contribuições sociais é induvidosa, não somente em face da referência contida no art. 195, parágrafo 6º, à norma do art. 150, III, *b*, acima mencionada, mas também diante da ressalva que o art. 149, *caput*, faz ao mencionado art. 195, par. 6º, após afirmar que as contribuições sociais estão sujeitas às normas do art. 146, III e 150, I e III, que dizem com a Lei complementar instituidora das normas gerais sobre matéria tributária e com os princípios da retroatividade e da anualidade, que regem a cobrança do tributo" (RE 146.733 – SP, Min. Ilmar Galvão, *RTJ* 143/685).

7.3. O conceito de "faturamento" e de "receita" (art. 195, I) na EC n. 20/98

Quando da edição da Lei n. 9.718/98, prescrevia o art. 195, da CF, competência para instituir contribuição: "I – dos empregadores, incidente sobre a folha de salários, o *faturamento* e o lucro". E é a partir dessa demarcação constitucional de competência que devemos encaminhar nossa construção semântica do sentido delimitado pela regra, ou seja, a partir do conceito de "faturamento".

Na qualificação do *faturamento*, a prévia concretização de operações mercantis que o suporte, mediante venda de produtos, prestação de serviços, ou realização de outras operações, deve ser suficiente para esse fim. Com o termo *fatura* indica-se, pois, a quantidade de mercadorias ou intangíveis vendidos, ou serviços prestados, com os respectivos dados acerca de sua qualidade e espécie, seguidos do preço de venda, emitida pelo vendedor ao comprador.

Para definir a hipótese de incidência da Contribuição, a Lei Complementar n. 70/91 qualificava então o *faturamento* (mensal) como "a receita bruta das vendas de mercadorias, de mercadorias e serviços e de serviços de qualquer natureza" (artigo 2º, *caput*). Como se vê, não seria a operação isolada de vendas ou de prestação de serviços que definiria o faturamento, mas o somatório de todas estas. A opção pelo conceito de "faturamento" supera o fato jurídico tributário isolado das vendas, das operações com produtos industrializados ou com prestações de serviços. E assim, o legislador autorizou a incidência do tributo sobre a obtenção de receita decorrente das operações: por vendas de mercadorias (i), vendas de serviços (ii) ou vendas de mercadorias e serviços (iii).

Diversamente, pela formulação conferida pela Lei n. 9.718/98, o termo "receita bruta" ganhou dimensão mais elástica, para alcançar a totalidade das receitas auferidas pela pessoa jurídica, sendo irrelevantes o tipo de atividade por ela exercida e a classificação contábil adotada para as receitas. Era a lei superando os limites impostos pela conceituação usada na tipicidade constitucional; o que ainda se seguiria, mesmo após a edição da EC n. 20/98, que apenas agregara o conceito de "receita" àquele de "faturamento".

O pretenso alargamento da competência do art. 195, da CF, com possibilidade de alcançar o PIS, apenas porque a Lei n. 9.718/98 a ele fazia alusão, merece reflexões. Vale recordar que as competências para instituição de ambas as contribuições são diversas, COFINS (art. 195, I, da CF) e PIS (art. 239). Questionava-se, pois, se uma vez modificada a competência do art. 195, da CF, ato contínuo, sem referência expressa, teria esta alcançado a competência do art. 239 (PIS), da CF, na sua expansão semântica. E a Emenda Constitucional n. 20/98 limitou-se a dar nova redação ao artigo 195, apenas, sem interferir no citado artigo 239, da Constituição. De qualquer modo, viu-se, de plano, a recepção, pelo art. 239, da CF, de todo o arquétipo normativo da Contribuição contemplada na Lei Complementar n. 7/70.

Noutro giro de ideias, como inclusive já se pronunciou o Ministro Sepúlveda Pertence, pode-se entender que a Constituição atribuiu competência sem qualquer vinculação à materialidade, seguindo a linha do art. 149, *caput*, mas apenas quanto à finalidade, qual seja, o financiamento do programa do seguro-desemprego e do abono instituído pelo seu art. 3º[10]. Sendo assim, alterando-se a competência "material" do art. 195, I, da CF, isso seria suficiente para projetar seus efeitos sobre a indigitada contribuição ao PIS, nos termos da lei ordinária 9.718/98.

A expansão material da COFINS sobre receitas que refogem ao conceito de *receita bruta*, nos moldes do quanto seria possível sua equiparação ao conceito constitucional de *faturamento*, não se pode aceitar. É o caso das receitas financeiras, por exemplo. A Lei n. 9.718/98, nesse diapasão, suplantou os limites da redação conferida pela EC n. 20/98 ao art. 195, I, da CF.

Receita e faturamento não são sinônimos. Antes, "faturamento" tem campo semântico assaz diverso do conceito genérico de "receita", o qual, inclusive, encontra-se positivado, abrangendo, além da receita obtida com a comercialização ou prestação de serviços, que são as chamadas *receitas operacionais* (artigo 187, III, Lei n. 6.404/76), também as outras receitas (artigo 187, IV)[11]. Sobre o conceito de faturamento, já fizemos as devidas considerações acima. Resta falar sobre o conceito das "receitas".

A noção de *receita* está diretamente vinculada ao *resultado* da empresa. Como afirma Bulhões Pedreira[12], receita define-se como a "quantidade de valor financeiro, originário de outro patrimônio, cuja propriedade é adquirida pela sociedade empresária ao exercer as atividades que constituem as fontes do seu resultado"[13]. E prossegue: "Receita é valor financeiro cuja propriedade é adquirida por efeito do funcionamento da sociedade empresária. As quantidades de valor financeiro que entram no patrimônio da sociedade em razão do seu financiamento e capitalização não são receitas: na transferência de capital de terceiros a sociedade adquire apenas o poder de usar o capital; na de capital próprio adquire a propriedade de capital destinado a aumentar seu capital estabelecido"[14]. Para demonstrar que a noção de receita supera aquela de receita bruta, é preciso ainda considerar uma diferença fundamental, entre *receita líquida* e *receita bruta*, sendo esta o total recebido pela sociedade; e "receita líquida, aquela receita bruta deduzida dos respectivos sacrifícios financeiros da sociedade para sua obtenção, que se qualifiquem como custos[15]. Como diz Bulhões Pedreira, "receita líquida é

---

10. RE 169.091-7. Pleno do STF. Rel. Min. Sepúlveda Pertence, j. 7.6.1995, *DJ*-I, de 04.08.1995, p. 22522-3.

11. A Lei n. 9.718/98 somente exclui (artigo 3º, § 2º): "I) as vendas canceladas, os descontos incondicionais concedidos, o Imposto sobre Produtos Industrializados (IPI) e o Imposto sobre Operações Relativas à Circulação de Mercadorias e sobre Prestações de Serviços de Transporte Interestadual e Intermunicipal e de Comunicação (ICMS), quando cobrado pelo vendedor dos bens ou prestador dos serviços na condição de substituto tributário; II) as reversões de provisões operacionais e recuperações de créditos baixados como perda que não representem ingresso de novas receitas, o resultado positivo da avaliação de investimentos pelo valor do patrimônio líquido e os lucros e dividendos derivados de investimentos avaliados pelo custo de aquisição que tenham sido computados como receita; III) (revogado); IV) a receita decorrente da venda de bens do ativo permanente; V) a receita decorrente da transferência onerosa a outros contribuintes do ICMS de créditos de ICMS originados de operações de exportação, conforme o disposto no inciso II do § 1º do art. 25 da Lei Complementar n. 87, de 13 de setembro de 1996".

12. PEDREIRA, José Luiz Bulhões. *Finanças e demonstrações financeiras da companhia – conceitos fundamentais*, Rio de Janeiro: Forense, 1989, *passim*.

13. *Ibidem*, p. 455.

14. *Ibidem*, p. 456.

15. *Ibidem*, p. 457.

---

esse valor diminuído de deduções e abatimentos e dos tributos cujo fato gerador seja a venda dos bens ou o fornecimento dos serviços".

A *receita*, portanto, não pode ser usada como referência a tudo quanto ingresse na sociedade empresária e se *incorpore ao patrimônio*, independentemente de a origem ser ou não vinculada à atividade empresarial desempenhada, porquanto devem manter nítido vínculo com as atividades que constituem as fontes do seu resultado.

Dito isso, é de se ver o quanto foi longe nosso Legislativo Federal, ao definir, como base de cálculo da Contribuição para o PIS e da COFINS, o "faturamento", que corresponde à "receita bruta" da pessoa jurídica, assim entendido o "total das receitas", independentemente do tipo de atividade por ela exercida e da classificação contábil adotada para as receitas auferidas no período.

Art. 195, I, c, e §§ 11 a 13. (ver página 1989).

Marco Aurélio Serau Junior
Jane Lucia Wilhelm Berwanger

1. Contribuição social sobre o lucro

A Seguridade Social, nos termos do art. 195, *caput*, é custeada pelo Estado e pela sociedade, direta ou indiretamente, modelo que estabelece o *princípio da solidariedade social*. A contribuição social sobre o lucro, prevista no art. 195, I, c, se insere no quadro do financiamento indireto à Seguridade Social. Ou seja, não é voltada ao custeio do pagamento de benefícios e serviços do Regime Geral de Previdência Social, mas destinada ao financiamento da Saúde e Assistência Social, o que ocorre pela via da destinação orçamentária.

Esta perspectiva ficou bem evidente quando da alteração de redação do art. 194, VI, promovida pela Emenda Constitucional n. 103/2019: "VI – diversidade da base de financiamento, identificando-se, em rubricas contábeis específicas para cada área, as receitas e as despesas vinculadas a ações de saúde, previdência e assistência social, preservado o caráter contributivo da previdência social;".

A previsão do art. 195, I, c, vincula-se à ideia da diversidade na base de financiamento, princípio contemplado no art. 194, VI, da Constituição da República: as primeiras contribuições exigidas dos empregadores e empresas eram incidentes sobre folha de salários ou folha de pagamentos, posto que relativas unicamente ao financiamento da Previdência Social.

Quando o modelo de proteção social avançou da Previdência Social para uma ideia mais ampla, de Seguridade Social, seguindo o modelo proposto por William Beveridge, houve a necessidade de repensar também a base de financiamento e, assim, a perspectiva de tributação não somente sobre folha salarial, que é o fator econômico mais próximo à ideia das relações de emprego e do trabalho, incidindo doravante sobre outros fatores econômicos, tais quais a receita, o faturamento e, no caso da alínea aqui comentada, também sobre o lucro.

A contribuição social sobre o lucro está regulamentada pela Lei n. 7.689/1988, que traz o conceito jurídico de lucro em seu art. 2º, o qual gira no sentido de que lucro é o valor do resultado do exercício, antes da provisão para o imposto de renda.

2. Histórico da norma

A contribuição social sobre o lucro encontra-se prevista desde a redação original da Constituição da República, inicialmente no art. 195, I, que não continha alíneas. Por obra da Emenda Constitucional n. 20/1998 ocorreu alteração no conceito de folha de salários e, também, o desmembramento do antigo inciso I em três alíneas, sendo a alínea *c* destinada à previsão da contribuição social sobre o lucro, a cargo das empresas.

O art. 32, da Emenda Constitucional n. 103/2019, estabeleceu que, até que entre em vigor lei que disponha sobre a alíquota da contribuição de que trata a Lei n. 7.689/1988, esta será de 20% (vinte por cento) no caso das pessoas jurídicas referidas no art. 1º, I, § 1º, da Lei Complementar n. 105/2001, isto é, os bancos de qualquer espécie, para quem a alíquota foi majorada de 15% para os referidos 20%.

A Emenda Constitucional n. 103/2019 ainda teve o condão de revogar o § 13 do art. 195, que tratava da perspectiva de substituição gradual da tributação sobre folha de pagamento pela incidência de contribuições sobre a receita e o faturamento.

3. Remissões constitucionais e legais

Art. 194, VI, da Constituição da República.

Arts. 32 e 36, II, da Emenda Constitucional n. 103/2019 – Nova Previdência Social.

Lei n. 7.689/1988 – Contribuição Social sobre o Lucro Líquido (CSLL).

4. Limites constitucionais sobre a administração das contribuições previdenciárias

A Emenda Constitucional n. 103/2019 deu nova redação ao § 11 do art. 195: "§ 11. São vedados a moratória e o parcelamento em prazo superior a 60 (sessenta) meses e, na forma de lei complementar, a remissão e a anistia das contribuições sociais de que tratam a alínea *a* do inciso I e o inciso II do *caput*".

As contribuições sociais previstas no art. 195, I, *a*, e no inciso II, são consideradas como as contribuições previdenciárias típicas, oriundas da cobrança sobre folha de pagamentos e destinadas precipuamente ao custeio da Previdência Social (benefícios previdenciários). Por esse motivo, são dotadas de um tratamento jurídico mais rigoroso, que começa no próprio texto constitucional.

Conforme a redação dada pela Emenda Constitucional n. 20/1998, que introduziu o § 11 no bojo do art. 195, era proibido conceder remissão e anistia em relação às contribuições previdenciárias, no montante fixado por Lei Complementar.

A Emenda Constitucional n. 103/2019 alterou a redação desse dispositivo.

Doravante, em relação às contribuições previdenciárias, além da vedação da concessão de remissão e anistia (ainda nos termos da Lei Complementar), é proibido conceder moratória e parcelamento em prazo superior a sessenta meses (em prazo inferior é permitida a benesse tributária).

O Texto Constitucional, aqui, exige Lei Complementar porque o Código Tributário Nacional, onde tais institutos são regulamentados, possui tal natureza jurídica.

5. Não cumulatividade

O art. 195, § 12, introduzido pela Emenda Constitucional n. 42/2003, e inalterado pela Reforma da Previdência (Emenda Constitucional n. 103/2019), trata da abertura constitucional para a não cumulatividade das contribuições sociais: "§ 12. A lei definirá os setores de atividade econômica para os quais as contribuições incidentes na forma dos incisos I, *b*; e IV do *caput*, serão não cumulativas".

Essa possibilidade tributária refere-se às contribuições sobre receita e faturamento (inciso I, *b*) e também em relação à importação de bens ou serviços (inciso IV).

6. Referências bibliográficas

BRADBURY, Leonardo Cacau Santos la. *Curso Prático de Direito e Processo Previdenciário*. 4ª ed. São Paulo: Atlas, 2021.

CASTRO, Carlos Alberto Pereira de; LAZZARI, João Batista. *Manual de Direito Previdenciário*. 24ª ed. Rio de Janeiro: Forense, 2020.

SERAU JR., Marco Aurélio. *Seguridade Social e direitos fundamentais*. 5ª ed. Curitiba: Juruá, 2022.

Art. 195, IV – (ver página 1989).

Paulo Caliendo

As contribuições sobre a importação de bens e serviços do exterior foram criadas pela Emenda Constitucional n. 42, de 19 de dezembro de 2003, e possuem como hipóteses de incidência: a importação de bens ou serviços. Importação de bens significa o ingresso jurídico de bens em território nacional e a prestação de serviços como um fazer que tem sua execução no exterior.

Apesar de o texto constitucional não explicitar quem venha a ser o sujeito passivo desse novo tributo, dessume-se que venha a ser o importador de bens e serviços. Inexiste igualmente na Constituição a designação expressa da base de cálculo do PIS/COFINS-importação, mas há o entendimento de que este não pode ser diferente do valor aduaneiro dos bens importados, visto que esta é a base de cálculo assumida internacionalmente pelo Brasil para tributar os bens advindos do exterior. Para os serviços prestados no exterior entende-se que a base de cálculo deve ser o valor do serviço prestado.

O tributo deverá respeitar os princípios da anterioridade nonagesimal, bem como todos os demais princípios que regem os demais tributos (legalidade, irretroatividade, igualdade de tratamento, entre outros). Por se tratar de um tributo sobre o comércio exterior não se cogita da aplicação do princípio da capacidade contributiva. Suas alíquotas, bem como os casos de isenção e não incidência deverão ser estipulados por lei ordinária.

Art. 195, § 3º (ver página 1989).

Paulo Caliendo

A previsão de que a pessoa jurídica deve estar em conformidade com as normas tributárias e com suas obrigações fiscais e, especialmente, com o sistema da seguridade social para receber benefícios fiscais ou creditícios é uma medida de moralização do sistema de concessão de incentivos, visto que somente pessoas jurídicas cumpridoras da legislação devem ser incentivadas.

Desse modo, a medida impede a contratação de pessoas jurídicas devedoras do sistema de seguridade social, sendo que os contratos assim firmados atribuindo benefícios fiscais deverão ser considerados nulos e os administradores que concederem tais incentivos poderão estar sujeitos às penas da Lei de Responsabilidade Fiscal.

Art. 195, § 4º (ver página 1989).

Paulo Caliendo

O presente dispositivo determina que o financiamento da seguridade social pode ser realizado por meio do estabelecimento de novos tributos, desde que estes correspondam ao disposto no art. 154, I, da Constituição. Desse modo, a União poderá instituir novos tributos para financiar a seguridade social, mediante lei complementar, que não estejam previstos no texto constitucional, não sejam não cumulativos e não tenham fato gerador ou base de cálculo próprios dos discriminados nesta Constituição.

Sobre o assunto, entendeu o STF que:

i) *Contribuição Social. SAT*: é constitucional a incidência da contribuição social do Seguro de Acidente do Trabalho (SAT) sobre a remuneração paga aos trabalhadores avulsos (AI 586.109-AgR, Rel. Min. Cezar Peluso, julgamento em 14-10-08, *DJe* de 21-11-08);

ii) *Contribuição para o Financiamento da Seguridade Social sobre as sociedades civis de prestação de serviços de profissão legalmente regulamentada*: entendeu o STF não haver instituição, direta ou indireta, de nova contribuição social e, portanto, não se tratava de caso a exigir a intervenção de legislação complementar (RE 377.457 e RE 381.964, Rel. Min. Gilmar Mendes, julgamento em 17-9-08, *Informativo 520*);

iii) *Contribuição para o SEBRAE*: não precisa ser instituída por lei complementar, visto que não se trata de nova contribuição. A exigência de lei complementar decorre do exercício da competência residual para a *instituição* de *outras fontes* de financiamento da seguridade social (RE 396.266, Rel. Min. Carlos Velloso, julgamento em 26-11-03, *DJ* de 27-2-04);

iv) *Contribuições sociais sobre empresários, autônomos e avulsos*: a contribuição social instituída pela Lei Complementar n. 84 é constitucional (RE 228.321, Rel. Min. Carlos Velloso, julgamento em 1º-10-98, *DJ* de 30-5-03).

Art. 195, § 4º (ver página 1989).

Fernando Facury Scaff
Luma Cavaleiro de Macedo Scaff

1. Origem do texto

Texto originário da Constituição Federal de 1988.

2. Constituições brasileiras anteriores

Art. 8º, XVII, *c* (EC n. 7/77); art. 21, § 2º, I (EC n. 8/77). Art. 165, parágrafo único, da Constituição de 1967 com a Emenda Constitucional de 1969. Art. 5º, XV; art. 6º, art. 141, § 34; art. 157, XVI, da Constituição de 1946. Arts. 137 e 140 da Constituição de 1937. Art. 10, II, V, VII; art. 17, VII; art. 121, § 1º, *h*, da Constituição de 1934. Art. 12; art. 72, § 30, da Constituição de 1891.

3. Preceitos constitucionais correlacionados da Constituição de 1988

Art. 154, I; art. 194; art. 74, § 2º, do ADCT.

4. Legislação

LC 70/91 (Instituiu a COFINS); Lei 9.715/1998; Lei 9.718/1998; Decreto 4524/2002 (Regulamenta a Contribuição para o PIS/PASEP e a COFINS devidas pelas pessoas jurídicas em geral); Lei 9.363/1996 (Instituição de crédito presumido do IPI para ressarcimento do PIS/PASEP e COFINS); Lei 10.637/2002 (Não cumulatividade na cobrança do PIS/PASEP); Lei 10.925/2004 (Redução das alíquotas do PIS/PASEP e da COFINS sobre fertilizantes e defensivos agropecuários); Lei 11.051/2004 (Desconto de crédito na apuração da CSLL, do PIS/PASEP e da COFINS); Lei 11.053 (Tributação dos planos de benefícios de caráter previdenciário); Lei 9.715/1998 alterada pela MP 2.158-35/2001 (Dispõe sobre PIS/PASEP e patrimônio do servidor público).

5. Jurisprudência

STF: RE 396.266, Rel. Min. Carlos Velloso, julgamento em 26-11-03, *DJ* de 27-2-04 (ADI 1.103, Rel. p/ o ac. Min. Maurício Corrêa, julgamento em 18-12-96, *DJ* de 25-4-97); RE 228.321, Rel. Min. Carlos Velloso, julgamento em 1º-10-98, *DJ* de 30-5-03); RE 343.446, Rel. Min. Carlos Velloso, julgamento em 20-3-03, *DJ* de 4-4-03; ADI 1.417, Rel. Min. Octávio Gallotti, julgamento em 2-8-99, *DJ* de 23-3-01.

6. Anotações

1. Trata-se de norma que permite a criação de outras fontes de financiamento além das previstas ordinariamente na Constituição, remetendo o controle dos pressupostos para o art. 154, I, CF.

O art. 154, I, estabelece a possibilidade de a União criar outros impostos além dos discriminados na Constituição, desde que: 1) ocorra por lei complementar, 2) não sejam cumulativos, 3) não tenham fato gerador ou 4) base de cálculo própria dos discriminados na Constituição.

A diferença, que causou grandes debates judiciais, diz respeito às especificidades do financiamento supletivo da seguridade social, conforme estabelecido pelo § 4º, art. 195, CF, ora sob comento e o referido inciso I, do art. 154, CF, que prevê a competência suplementar da União para instituir outras fontes de receita provenientes de impostos.

Enquanto o art. 195, § 4º, menciona que basta "lei", entendendo-se por tal singela lei ordinária, o art. 154, I, obriga a existência de lei complementar para veicular esta exação.

Por outro lado, a expressão "impostos não previstos no artigo anterior" aplicável no art. 154, I, não possui o mesmo figurino do que foi previsto para o art. 195, § 4º, pois não havia nenhuma contribuição para a seguridade social lá discriminada. Logo, também esta restrição – obrigatória para os impostos decorrentes da competência suplementar – não foi considerada pela jurisprudência do STF como necessária para as contribuições sociais, o que abriu muito o leque normativo e permitiu que nos anos 90 tivesse havido uma explosão de novas contribuições sociais sobre a mesma base de incidência – inclusive a Cofins e o Pis, cuja base de cálculo é o "faturamento" (ou a "receita bruta", a depender da época a ser analisada), sendo a diferença apenas a destinação do produto de sua arrecadação. Logo, também esta restrição não surtiu efeito prático fruto do posicionamento do STF.

Dessa forma, a interpretação dada pelo STF não exigia que para a "competência suplementar contributiva" (art. 195, § 4º, CF) fossem necessários "base de cálculo e fato gerador" diversos dos que já eram discriminados na Constituição – o que era exigido para o exercício da competência suplementar impositiva – art. 154, I, CF.

2. A despeito de a interpretação adotada pelo STF estar sedimentada, entende-se ser ela uma inaceitável abertura para a expansão desordenada das receitas, em especial das não compartilhadas, em sua maior parte fruto dos impostos e não das contribuições. Essa interpretação causou grandes males ao país, pois permitiu que o federalismo fiscal fosse defraudado, a partir da majoração de novas fontes de financiamento, não destinadas efetivamente à seguridade social – apenas no rótulo –, mas que incrementavam o caixa do Tesouro Nacional.

Entende-se como plenamente pertinente a limitação estabelecida pelo art. 195, § 4º, de mesma base de cálculo e de mesmo fato gerador para as contribuições sociais, na linha do que é adotado para os impostos no art. 154, I, CF.

Art. 195, § 6º (ver página 1989).

Heleno Torres

1. História da norma e anotações

Esta disposição foi tratada no âmbito do comentário ao art. 150, III, por esse motivo, para evitar repetição, remetemos o Leitor para o referido item.

2. Constituições brasileiras anteriores

Não há referência.

3. Constituições estrangeiras

Não há referência.

4. Dispositivos constitucionais relevantes

Art. 149; art. 150, II; art. 195, I; art. 239.

5. Jurisprudência (STF)

"Seguridade social. Servidor público. Vencimentos. Proventos de aposentadoria e pensões. Sujeição à incidência de contribuição previdenciária. Ofensa a direito adquirido no ato de aposentadoria. Não ocorrência. Contribuição social. Exigência patrimonial de natureza tributária. Inexistência de norma de imunidade tributária absoluta. Emenda Constitucional n. 41/2003 (art. 4º, *caput*). Regra não retroativa. Incidência sobre fatos geradores ocorridos depois do início de sua vigência. Precedentes da Corte. Inteligência dos arts. 5º, XXXVI, 146, III, 149, 150, I e III, 194, 195, *caput*, II e § 6º, da CF, e art. 4º, *caput*, da EC n. 41/2003. No ordenamento jurídico vigente, não há norma, expressa nem sistemática, que atribua à condição jurídico-subjetiva da aposentadoria de servidor público o efeito de lhe gerar direito subjetivo como poder de subtrair *ad aeternum* a percepção dos respectivos proventos e pensões à incidência de lei tributária que, anterior ou ulterior, os submeta à incidência de contribuição previdencial. Noutras palavras, não há, em nosso ordenamento, nenhuma norma jurídica válida que, como efeito específico do fato jurídico da aposentadoria, lhe imunize os proventos e as pensões, de modo absoluto, à tributação de ordem constitucional, qualquer que seja a modalidade do tributo eleito, donde não haver, a respeito, direito adquirido com o aposentamento. Inconstitucionalidade. Ação direta. Seguridade social. Servidor público. Vencimentos. Proventos de aposentadoria e pensões. Sujeição à incidência de contribuição previdenciária, por força de Emenda Constitucional. Ofensa a outros direitos e garantias individuais. Não ocorrência. Contribuição social. Exigência patrimonial de natureza tributária. Inexistência de norma de imunidade tributária absoluta. Regra não retroativa. Instrumento de atuação do Estado na área da previdência social. Obediência aos princípios da solidariedade e do equilíbrio financeiro e atuarial, bem como aos objetivos constitucionais de universalidade, equidade na forma de participação no custeio e diversidade da base de financiamento" (ADI 3.105, Rel. Min. Cezar Peluso, *DJ* 18/02/05).

"Medida provisória: força de lei: idoneidade para instituir tributo, inclusive contribuição social (PIS). Contribuição social: instituição ou aumento por medida provisória: prazo de anterioridade (CF, art. 195, § 6º). O termo *a quo* do prazo de anterioridade da contribuição social criada ou aumentada por medida provisória é a data de sua primitiva edição, e não daquela que, após sucessivas reedições, tenha sido convertida em lei" (RE 232.526, Rel. Min. Sepúlveda Pertence, *DJ* 10/03/00).

"Contribuição Social. Anterioridade nonagesimal. Lei 8.787/89, art. 8º. (...) Por ocasião do julgamento do RE 169.740, esta Suprema Corte fixou o entendimento de que o prazo da anterioridade nonagesimal (art. 195, 6º, da Constituição) deve ter como termo *a quo* a edição da MP 63/89 somente em relação àqueles dispositivos que foram repetidos no momento de sua conversão na Lei n. 7.787/89. Na hipótese de mudança ou introdução de novos dispositivos no momento da conversão, a contagem do termo da noventena deve ter início com a edição desta lei" (RE 199.198, Rel. Min. Ellen Gracie, *DJ* 28/06/02).

"Contribuição social. Servidores. Lei n. 8.688/93 e Medida Provisória n. 560/94. Interregno. Efeito. A existência de interregno entre os diplomas é conducente a observar-se a anterioridade prevista no art. 195, § 6º, da Constituição Federal" (RE 218.410-AgR, Rel. Min. Marco Aurélio, *DJ* 07/06/02).

"PIS. FINSOCIAL. Prazo de recolhimento. Alteração pela Lei n. 8.218, de 29/08/91. Alegada contrariedade ao art. 195, § 6º, da Constituição Federal. Examinando questão idêntica, decidiu a 1ª Turma: 'Improcedência da alegação de que, nos termos do art. 195, § 6º, da Constituição, a lei em referência só teria aplicação sobre fatos geradores ocorridos após o término do prazo estabelecido pela norma. A regra legislativa que se limita simplesmente a mudar o prazo de recolhimento da obrigação tributária, sem qualquer repercussão, não se submete ao princípio da anterioridade'" (RE 274.949-AgR, Rel. Min. Sydney Sanches, *DJ* 01/02/02).

"Contribuição social PIS-PASEP. Princípio da anterioridade nonagesimal: Medida Provisória: reedição. Princípio da anterioridade nonagesimal: Contagem do prazo de noventa dias, medida provisória convertida em lei: conta-se o prazo de noventa dias a partir da veiculação da primeira medida provisória" (RE 232.896, Rel. Min. Carlos Velloso, *DJ* 01/10/99).

"Medida Provisória: reedição: possibilidade. Requisitos de relevância e urgência. Previdenciário: contribuição dos servidores públicos ao PSSSP. MP n. 560, de 26/07/94. Princípio da anterioridade nonagesimal" (RE 217.162, Rel. Min. Carlos Velloso, *DJ* 26/02/99).

"Contribuição social. Anterioridade. Medida provisória convertida em lei. Uma vez convertida a medida provisória em lei, no prazo previsto no parágrafo único do art. 62 da Carta Política da República, conta-se a partir da veiculação da primeira o período de noventa dias de que cogita o § 6º do art. 195, também da Constituição Federal. A circunstância de a lei de conversão haver sido publicada após os trinta dias não prejudica a contagem, considerado como termo inicial a data em que divulgada a medida provisória" (RE 162.421-AgR, Rel. Min. Marco Aurélio, *DJ* 27/03/98).

"PIS. FINSOCIAL. Prazo de recolhimento. Alteração pela Lei n. 8.218, de 29/08/91. Alegada contrariedade ao art. 195, § 6º, da Constituição Federal. Improcedência da alegação de que, nos termos do art. 195, § 6º, da Constituição, a lei em referência só teria aplicação sobre fatos geradores ocorridos após o término do prazo estabelecido pela norma. A regra legislativa que se limita simplesmente a mudar o prazo de recolhimento da obrigação tributária, sem qualquer outra repercussão, não se submete ao princípio da anterioridade" (RE 209.386, Rel. Min. Ilmar Galvão, *DJ* 27/02/98).

"Previdência Social: contribuição social do servidor público: restabelecimento do sistema de alíquotas progressivas pela MP n. 560, de 26/07/94, e suas sucessivas reedições, com vigência retroativa a 1º/07/94 quando cessara a da Lei n. 8.688/93, que inicialmente havia instituído: violação, no ponto, pela MP n. 560/94 e suas reedições, da regra de anterioridade mitigada do art. 195, § 6º, da Constituição; consequente inconstitucionalidade da mencionada regra de vigência que, dada a solução de continuidade ocorrida, independe da existência ou não de majoração das alíquotas em relação àquelas fixadas na lei cuja vigência já se exaurira" (ADI 1.135, Rel. Min. Sepúlveda Pertence, *DJ* 05/12/97).

"Contribuição social. Atualização pela UFIR. Lei n. 8.383/91. Inexistência de afronta aos princípios da irretroatividade e da anterioridade. Não há inconstitucionalidade na utilização da UFIR, prevista na Lei n. 8.383/91, para atualização monetária da contribuição social sobre o lucro, por não representar majoração de tributo ou modificação da base de cálculo e do fato gerador. A alteração operada foi somente quanto ao índice de conversão, pois persistia a indexação dos tributos conforme prevista em norma legal" (RE 201.618, Rel. Min. Ilmar Galvão, *DJ* 01/08/97).

"Contribuição para o FINSOCIAL exigível das empresas prestadoras de serviço, segundo o art. 28 Lei n. 7.738/89: constitucionalidade, porque compreensível no art. 195, I, CF, mediante interpretação conforme a Constituição. O tributo instituído pelo art. 28 da Lei n. 7.738/89, como resulta de sua explícita subordinação ao regime de anterioridade mitigada do art. 195, § 6º, CF, que delas é exclusivo, é modalidade das contribuições para o financiamento da seguridade social e não, imposto novo da competência residual da União" (RE 150.755, Rel. Min. Sepúlveda Pertence, *DJ* 20/08/93).

"1. A contribuição ao PIS sujeita-se à regra do § 6º do art. 195 da Constituição da República. 2. Aplicação da anterioridade nonagesimal à majoração de alíquota feita na conversão de medida provisória em lei" (RE 568.503, Rel. Min. Cármen Lúcia, *DJ* 12/02/2014).

"1. A contribuição ao PIS só pode ser exigida, na forma estabelecida pelo art. 2º da EC 17/1997, após decorridos noventa dias da data da publicação da referida emenda constitucional" (RE 848.353, Rel. Min. Teori Zavascki, *DJ* 12/05/2016).

"O princípio da anterioridade geral de que trata o art. 150, III, *b*, da Constituição não se aplica às contribuições sociais fundadas nos arts. 239, 195, I, da Constituição e no próprio art. 72 do ADCT, sendo a elas aplicável a regra da anterioridade mitigada estabelecida no § 6º do art. 195 da Constituição" (RE 578.846. Rel. Min. Dias Toffoli, Tribunal Pleno, j. 06/06/2018, *DJe* de 06/02/2019 – Tema 665).

"As modificações promovidas pelos Decretos 9.101/2017 e 9.112/2017, ao minorarem os coeficientes de redução das alíquotas da contribuição para o PIS/PASEP e da COFINS incidentes sobre a importação e comercialização de combustíveis, ainda que nos limites autorizados por lei, implicaram verdadeira majoração indireta da carga tributária e devem observar a regra da anterioridade nonagesimal, prevista no art. 195, § 6º, da Constituição Federal" (RE 1.390.517 – Tema 1247. Rel. Min. Rosa Weber, Tribunal Pleno, j. 12/04/2023, *DJe* de 17/04/2023).

Art. 195, § 9º (ver página 1989).

Heleno Torres

1. História da norma

No que concerne às contribuições sobre faturamento, a Emenda n. 20/98 fez inserir, no art. 195, o § 9º, segundo o qual *"as contribuições sociais previstas no inciso I deste artigo poderão ter alíquotas ou bases de cálculo diferenciadas, em razão da atividade econômica ou da utilização intensiva de mão de obra"*. A partir da introdução dessa disposição, nosso ordenamento passou a admitir tratamento diferenciado, no que concerne às contribuições sobre faturamento, entre contribuintes, em razão da *atividade econômica ou da utilização intensiva de mão de obra*. Neste caso, para os fins de cumprimento dos preceitos dessa disposição, nenhuma liberdade assiste ao legislador para selecionar o setor de atividade econômica para o qual deva empregar o regime não cumulativo; antes, deverá adotá-lo na sua extensão, desde que não se vejam presentes os critérios de excludência assinalados, fundados na *atividade econômica ou da utilização intensiva de mão de obra*.

2. Constituições brasileiras anteriores

Não há referência.

3. Constituições estrangeiras

Não há referência.

4. Dispositivos constitucionais relevantes

Art. 149; art. 150, II; art. 195, I; art. 239.

5. Jurisprudência (STF)

RE 94419/PR; RE 99848/PR. RE n. 109.614-MG. RE 150.764. RE 148.754-2/RJ. ADI 1-1/DF. RE 166.772-9/RS. RE 169.091-7. RE 598.572. ARE 1106286 ED. ADI 3090.

"É constitucional a previsão legal de diferenciação de alíquotas em relação às contribuições previdenciárias incidentes sobre a folha de salários de instituições financeiras ou de entidades a elas legalmente equiparáveis, após a edição da EC 20/98." [RE 598.572, rel. min. Edson Fachin, j. 30-3-2016, P, *DJe* de 9-8-2016, Tema 204.]

6. Literatura selecionada

GRAU, Eros Roberto. As contribuições das empresas para o Fundo "PIS-PASEP" In: MARTINS, Ives Gandra da Silva (Coord.). *Contribuições especiais – Fundo PIS-PASEP*. Cadernos de Pesquisas Tributárias, v. 2. SP: Resenha Tributária – CEU, 1991, 2ª tiragem, p. 155. ATALIBA, Geraldo. Programa de Integração Social – PIS. In: MARTINS, Ives Gandra da Silva (Coord.). *Contribuições especiais – Fundo PIS-PASEP*. Cadernos de Pesquisas Tributárias, v. 2. SP: Resenha Tributária – CEU, 1991, 2ª tiragem, p. 190. MACHADO, Brandão. São tributos as contribuições sociais? In: *Princípios tributários no direito brasileiro e comparado. Estudos jurídicos em homenagem a Gilberto de Ulhôa Canto*. RJ: Forense, 1988, p. 62-95; FISCHER, Octávio Campos. *A Contribuição ao PIS*. SP: Dialética, 1999; greco, Marco Aurélio. Cofins na Lei 9.718/98 – variações cambiais e regime da alíquota acrescida. *Revista Dialética de Direito Tributário*. SP: Dialética, 1999, n. 50; KONKEL JÚNIOR, Nicolau. *Contribuições sociais*. Curitiba: 2003; Martins, Ives Gandra da Silva. Lei n. 9.718/98. Inconstitucionalidade material. Art. 3º, Cofins: incompetência da União para instituir a contribuição do art. 195, I da CF sobre a receita bruta; burla ao art. 195, § 4º, da CF; impossibilidade de convalidação do vício de inconstitucionalidade pela EC 20/98; violação à liturgia das formas. Art. 8º: ofensa aos arts. 194, V, 145, § 1º, e 150, II, da CF. Efeito confisco; PIS: ofensa ao art. 239 da CF. *Revista Dialética de Direito Tributário*. SP: Dialética, 2004, n. 102, p. 123-40; ____. Lei n. 9.718/98 e base de cálculo da Cofins sobre receita bruta – inconstitucionalidade. *Revista Dialética de Direito Tributário*. SP: Dialética, 1999, n. 47, p. 133-52; PEDREIRA, José Luiz Bulhões. *Finanças e demonstrações financeiras da companhia – conceitos fundamentais*, RJ: Forense, 1989. TÔRRES, Heleno Taveira. Regime constitucional das contribuições sobre faturamento e o princípio da segurança jurídica. In: FERRAZ, Roberto Catalano Botelho (Org.). *Princípios e limites da tributação*. São Paulo: Quartier Latin, 2005, p. 236-278.

7. Anotações

A tributação *não cumulativa* foi introduzida, na Constituição, para as contribuições ao PIS/PASEP e COFINS, a partir da Emenda constitucional n. 42, de 19 de dezembro de 2003, que acresceu o § 12 ao art. 195 da CF, como uma forma de tentar reduzir os efeitos gravosos da cumulatividade nas cadeias plurifásicas.

Nenhuma confusão, todavia, deve ser feita entre a não cumulatividade instaurada para as contribuições ao PIS/COFINS e aquele mecanismo adotado no ICMS, tampouco com o regime do IVA, o que tem sido sobremodo comum, e em nada contribui para avançar na compreensão dos propósitos de cada um destes. São totalmente distintos. No modelo de IVA, fundado no "consumo", a não cumulatividade decorre da coincidência do princípio do dever de *repercussão* àquele do dever de *dedução* do imposto pago nas operações anteriores, como crédito, para garantir o princípio de não cumulatividade em favor do último sujeito da cadeia plurifásica.

O modelo de *não cumulatividade* eleito pela Constituição brasileira, no caso do IPI e do ICMS, é uniforme quanto ao tratamento da *plurifasia*, ao exigir que seja compensado *o que for devido em cada operação com o montante cobrado nas anteriores*, tanto para o IPI (art. 153, § 3º, II) quanto para o ICMS (art. 155, § 2º, I). Vê-se, a Constituição fez a opção pelo método a aplicar no caso dos referidos impostos. Trata-se de diretriz imperativa que confere ao contribuinte o direito subjetivo de vir observado, em cada caso concreto de apuração da base de cálculo do tributo devido, de imposto cobrado na operação anterior contra imposto do citado princípio de não cumulatividade e, por conseguinte, o da capacidade contributiva.

Em síntese, quando a Constituição prescreve que a *não cumulatividade* realiza-se *compensando-se o que for devido em cada operação com o montante cobrado nas anteriores*, outra não pode ser a assertiva, está exigindo a aplicação de um eficiente sistema de abatimentos, de deduções dos créditos apurados nas operações anteriores para compensação com as seguintes. E isso requer aquele somatório do dever de *repercussão* (a reclamar destaque em nota fiscal) com o dever de *dedução* do imposto pago nas operações anteriores, para garantir o princípio de não cumulatividade em toda a cadeia plurifásica.

Nada disso se aplica às contribuições ao PIS/COFINS. A Constituição não elegeu qualquer escolha prévia de método para coibir a cumulatividade na cadeia plurifásica. Deixou ao legislador escolher ordenar a base de cálculo pelos critérios de "base contra base", de "imposto contra imposto" ou qualquer outro, como veremos.

Para as contribuições ao PIS/COFINS, não houve reserva constitucional de metodologia de apuração da base de cálculo. Diante disso, o § 12, do art. 195, da CF regula o regime geral de *não cumulatividade* das contribuições que tenham como fato gerador e base de cálculo *receita* ou *faturamento*, mas sem formular qualquer ordenação de critérios para apurar a base de cálculo. Eis sua redação: "*§ 12. A lei definirá os setores de atividade econômica para os quais as contribuições incidentes na forma dos incisos I, b; e IV do caput, serão não cumulativas*" (EC n. 42, de 19.12.2003). Ora, é evidente que, diante dessa norma jurídica, o legislador queda-se plenamente livre para adotar a medida que lhe pareça mais adequada para evitar ou reduzir a cumulatividade na cadeia plurifásica. Diversamente daquilo que consta para o IPI e ICMS, porém, não aduz a uma metodologia previamente designada para definir a base de cálculo "não cumulativa" e não se verte a "operações", mas sim a "setores de atividade econômica". E nisso esgota-se sua formulação.

Conforme o § 9º, do art. 195, esta "regra" dirige-se ao legislador da União, de modo peremptório, para que este determine os *setores de atividade econômica* ou o que entende por *emprego intensivo de mão-de-obra*, para aplicar a *não cumulatividade*. Uma norma complexa, pois, contendo uma *permissão* para eleger o setor de atividade econômica, acompanhada da *obrigação* de adotar a não cumulatividade para estes, com preferência não discriminatória sobre outros.

Como "princípio", ordena ao legislador que este adote necessária redução da cumulatividade na cadeia plurifásica, na forma de típica cláusula pétrea que se adiciona à Constituição, como medida de tributação segundo a capacidade contributiva, em matéria de contribuições sobre receita ou faturamento, o que se soma aos direitos individuais protegidos pelo art. 60, § 4º, "d", da CF, de tal modo que sequer outra Emenda à Constituição poderá modificar seu conteúdo. É que os métodos de progressividade, proporcionalidade e não cumulatividade são técnicas em favor da capacidade contributiva, na graduação da carga tributária.

E assim, ao lado do regime de não cumulatividade, foi instituída uma necessária variação de alíquotas, com a Emenda n. 20/88, que fez inserir, no art. 195, o respectivo § 9º, segundo o qual *"as contribuições sociais previstas no inciso I deste artigo poderão ter alíquotas ou bases de cálculo diferenciadas, em razão da atividade econômica ou da utilização intensiva de mão de obra"*. Demonstra-se, assim, que a Lei somente poderá excetuar o regime geral *não cumulativo* das contribuições ao PIS/PASEP e da Cofins ou variar com suas alíquotas sob fundamento calcado integralmente nas *atividades econômicas* do sujeito passivo, com licença para aplicar essa variação de alíquota igualmente segundo a intensidade do emprego de mão de obra. E só nestas hipóteses.

A EC n. 47/2005 acrescentou que alíquotas e base de cálculo poderiam ser diferenciadas, também, em função *"do porte da empresa ou da condição estrutural do mercado de trabalho"*. Com isso, o legislador passou a ter competência tributária para modificar alíquotas ou base de cálculo das contribuições do PIS e da Cofins não cumulativo, mas com licença para a cumulatividade, a depender do setor de atividade econômica, da utilização intensiva de mão de obra, do porte da empresa ou da condição estrutural do mercado de trabalho (§ 9º do art. 195 da Constituição Federal). Nunca para desestimular investimentos ou a competitividade[1], em linha com o RE 607642 (Tema 337).

O STF foi firme em apontar, no RE 607109 (Tema 304), que a diferenciação prevista no art. 195, § 9º, da CF, *"não se confunde com a prerrogativa de, dentro de um mesmo setor econômico, discriminar empresas concorrentes única e exclusivamente em decorrência da utilização de aparas de papel no processo produtivo"*. Além disso, no RE 852796 (Tema 833), a Corte estabeleceu que o dispositivo encontra-se orientado tão somente às contribuições devidas pelo empregador, empresa ou entidade a ela legalmente equiparada; jamais às devidas pelo empregado, ainda que seja doméstico, ou pelo trabalhador avulso, ambos sujeitos ao Regime Geral da Previdência Social.

Com o advento da EC n. 103/2019, mais uma vez o presente dispositivo foi modificado e a redação assim restou ementada: "*§ 9º As contribuições sociais previstas no inciso I do caput deste artigo poderão ter alíquotas diferenciadas em razão da atividade econômica, da utilização intensiva de mão de obra, do porte da empresa ou da condição estrutural do mercado de trabalho, sendo também autorizada a adoção de bases de cálculo diferenciadas apenas no caso das alíneas 'b' e 'c' do inciso I do caput*". Logo, o discrímen ficou limitado às "alíquotas", para todas as hipóteses de contribuições previstas no art. 195, I, da CF. E quanto à distinção de base de cálculo, unicamente nos casos de contribuições relativas a *"renda ou faturamento"* e *"lucro"*. Na prática, apenas retirou o discrímen da base de cálculo da *"folha de salário e dos demais rendimentos (...)"*. Para PIS, Cofins e CSLL, por exemplo, remanesce o antigo tratamento dual, que pode ser empregado mediante reduções de alíquotas ou de base de cálculo.

Por fim, vale destacar que, no propósito de resguardar a segurança jurídica das bases de cálculo diferenciadas e não abarcadas pela nova redação, previu o art. 30 da EC n. 103 que "*[a] vedação de diferenciação ou substituição de base de cálculo decorrente do disposto no § 9º do art. 195 da Constituição Federal não se aplica a contribuições que substituam a contribuição de que trata a alínea 'a' do inciso I do caput do art. 195 da Constituição Federal instituídas antes da data de entrada em vigor desta Emenda Constitucional*". Assim, para o discrímen de base de cálculo quanto à *"folha de salário e dos demais rendimentos (...)"*, desde que realizado antes da entrada em vigor da EC n. 103/2019, não se modificaria com a nova redação.

SEÇÃO II
DA SAÚDE

Ingo Wolfgang Sarlet
Mariana Filchtiner Figueiredo

1. História das normas

A constitucionalização da saúde como direito fundamental é uma das inovações introduzidas pela Constituição Federal de 1988, na medida em que as referências encontradas em textos constitucionais anteriores, quando existentes, limitavam-se a regras sobre distribuição de competências executivas e legislativas ou à salvaguarda específica de algum direito dos trabalhado-

---

1. MARTINS, Ives Gandra da Silva. Inteligência do art. 40 do ADCT e dos incisos I e IV do parágrafo 9º

res. Nesse sentido, a explicitação constitucional do direito fundamental à saúde, assim como a criação do Sistema Único de Saúde (SUS), resultam da evolução dos sistemas de proteção estabelecidos pela legislação ordinária anterior (em 1975, a Lei n. 6.229 criou o Sistema Nacional de Saúde, depois sucedido pelo Sistema Unificado e Descentralizado de Saúde – SUDS, em 1987), bem como das reivindicações do Movimento de Reforma Sanitária, sobretudo a partir das conclusões firmadas pela VIII Conferência Nacional de Saúde[1], em 1986, que inspiraram os constituintes de 1987/1988[2]. Daqui derivam, entre outros: a) a adoção de um conceito amplo de saúde, congruente com a noção de estado de completo bem-estar físico, mental e social, proposta pela Organização Mundial de Saúde (OMS); b) a superação da concepção apenas curativa de saúde, para incluir os aspectos protetivo e promocional ao direito fundamental; c) a unificação do sistema de saúde (sistema único), marcado pela descentralização e regionalização das ações e dos serviços de saúde; d) a universalidade de atendimento, isto é, o acesso à assistência à saúde não mais restrito somente aos trabalhadores com vínculo formal e respectivos beneficiários; e) a relevância pública das ações e serviços de saúde[3].

2. Constituições brasileiras anteriores

Constituição Política do Império do Brasil de 1824: garantia de cadeias limpas e arejadas (art. 179, XXXI) e garantia dos "socorros públicos" (art. 179, XXXI). **Constituição da República dos Estados Unidos do Brasil de 1934:** estabelecimento da competência da União para legislar privativamente sobre a assistência social (art. 5º, XIX, "c") e, concorrentemente com os Estados, para "cuidar da saúde e assistência pública" (art. 10, II); garantia da inviolabilidade do direito à subsistência (art. 113, *caput*); normas acerca da saúde do trabalhador (art. 121, § 1º, "h") e sobre assistência social e saúde pública (art. 138)[4]; competência da União para organizar o serviço nacional de combate às grandes endemias (art. 140). **Constituição dos Estados Unidos do Brasil de 1937:** fixada a competência privativa da União para legislar sobre "normas fundamentais da defesa e proteção da saúde" (art. 16, XXVII), resguardada a competência suplementar e complementar dos Estados nas questões de "assistência pública, obras de higiene popular, casas de saúde, clínicas, estações de clima e fontes medicinais" (art. 18, "c"), assim como sobre medidas de polícia sanitária (art. 18, "e"); estabelecida a proteção da infância e juventude, incumbindo-se ao Estado o dever de "assegurar-lhes condições físicas e morais de vida sã" (art. 127); previsão de assistência médica e higiênica para o trabalhador (art. 137, item 1). **Constituição dos Estados Unidos do Brasil de 1946:** atribuição, à União, da competência legislativa para estipular normas gerais sobre defesa e proteção da saúde (art. 5º, XV, "b"), mantida a competência supletiva e complementar dos Estados (art. 6º); previsão de "assistência sanitária, inclusive hospitalar e médica preventiva ao trabalhador e à gestante" (art. 157, XIV). **Constituição da República Federativa do Brasil de 1967:** estipulada a competência da União para estabelecer planos nacionais de saúde (art. 8º, XIV), além de manter-se sua competência para legislar sobre normas gerais de "defesa e proteção da saúde" (art. 8º, XVII, "c"), resguardada a competência supletiva dos Estados (art. 8º, § 2º); para os trabalhadores, são assegurados, entre outros, os direitos à "higiene e segurança do trabalho" (art. 165, IX) e à "assistência sanitária, hospitalar e médica preventiva" (art. 165, XV). **Emenda Constitucional n. 1 de 1969:** inalterada a competência executiva da União para estabelecer e executar planos nacionais de saúde (art. 8º, XIV), bem como a competência legislativa para editar normas gerais sobre defesa e proteção da saúde (art. 8º, XVII, "c"), a ser suplementada pelos Estados (art. 8º, parágrafo único).

3. Constituições estrangeiras (relação ilustrativa)[5]

Constituição Nacional da República Argentina, de 1853 (amplamente reformada em 1994): art. 42. Nova Constituição Política do Estado da Bolívia, de 2009: preâmbulo e, entre outros dispositivos, arts. 9, n. 5, 18 e 35 a 44. Constituição Política da República do Chile, de 1980: art. 19, n. 9. Constituição Política da República da Colômbia, de 1991: art. 49. Constituição Política dos Estados Unidos Mexicanos, de 1917: art. 4º. Constituição Política da República do Paraguai, de 1992: arts. 68 e 69. Constituição Política da República Oriental do Uruguai, de 1967: art. 44. Constituição da República Portuguesa, de 1976: art. 64º. Constituição do Reino da Espanha, de 1978: art. 43. Constituição da República Francesa, de 1958: remissão ao Preâmbulo da Constituição de 1946, alínea 11. Constituição do Reino da Bélgica, de 1994: art. 23. Constituição da República Italiana, de 1947: art. 32. Constituição do Grão-Ducado de Luxemburgo, de 1868: art. 11, n. 5. Constituição do Reino dos Países Baixos, de 1983: art. 22. Constituição da Federação Suíça, de 1999: arts. 41, alínea "b", e 118. Lei Fundamental da República Federal da Alemanha, de 1949: art. 2, 2 (direitos à vida e à integridade física e corporal, a partir dos quais é deduzido o direito à saúde). Constituição da República da África do Sul, de 1996 (efetiva desde 04-02-1997): art. 27.

4. Direito internacional

Declaração Universal de Direitos Humanos da Organização das Nações Unidas (DUDH/ONU), de 1948: arts. 22 e 25 (direitos à segurança social e a um padrão de vida capaz de assegurar a saúde e o bem-estar da pessoa). Pacto Internacional de Direitos Econômicos, Sociais e Culturais (PIDESC), de 1966, internalizado pelo Decreto legislativo n. 226, de 12 de dezembro de 1991, e promulgado pelo Decreto n. 591, de 06 de julho de 1992: art. 12 (direito ao mais alto nível possível de saúde). Convenção Americana de Direitos Humanos (Pacto de São José da Costa Rica), internalizada pelo Decreto legislativo n. 27, de 26 de maio de

---

1. Como informa Ana Paula Raeffray, as Conferências Nacionais de Saúde foram instituídas em 1937, pela Lei n. 378, tendo por escopo facilitar o conhecimento do Governo Federal acerca das atividades relativas à saúde no país, assim como orientar a execução dos serviços locais. Cf. RAEFFRAY, A. P. O. de. *Direito da Saúde de acordo com a Constituição Federal*. São Paulo: Quartier Latin, 2005, p. 261-262.

2. Ibidem, p. 260 e s.

3. Ibidem, p. 262 e s.

4. Ibidem, p. 168-170.

5. Os dados foram retirados dos sítios oficiais do Governo ou Parlamento dos países mencionados, bem como do seguinte sítio de consulta: https://www.constituteproject.org/constitutionslang=en&status=in_force&status=is_draft. Acesso em: abril 2023.

1992, e promulgada pelo Decreto n. 678, de 6 de novembro de 1992: arts. 4º e 5º (direitos à vida e à integridade física e pessoal). Protocolo Adicional à Convenção Americana sobre Direitos Humanos em matéria de Direitos Econômicos, Sociais e Culturais (Protocolo de São Salvador), internalizado pelo Decreto legislativo n. 56, de 19 de abril de 1995, e promulgado pelo Decreto n. 3.371, de 31 de dezembro de 1999: art. 10 (direito à saúde). Carta Africana dos Direitos Humanos e dos Povos (Carta de Banjul), de 27 de julho de 1981: art. 16º (direito à saúde). Declaração de Alma-Ata, de 1978: item I (a realização do mais alto nível possível de saúde depende da atuação de diversos setores sociais e econômicos, para além do setor da saúde propriamente dito)[6]. Constituição da Organização Mundial de Saúde (OMS): Preâmbulo, em que definida a saúde como o estado de "completo bem-estar físico, mental e social".

5. Dispositivos constitucionais relacionados (relação ilustrativa)

Art. 1º, *caput* (princípio federativo) e III (princípio da dignidade da pessoa humana). Art. 3º (objetivos da República Federativa do Brasil). Art. 4º (princípios que regem o Brasil nas relações internacionais). Art. 5º, *caput* (princípio da igualdade; inviolabilidade do direito à vida); XXXII (proteção do consumidor); § 1º (princípio da máxima eficácia dos direitos fundamentais), § 2º (cláusula de abertura do catálogo de direitos fundamentais) e § 3º (tratados internacionais sobre direitos humanos). Art. 6º (inclusão da saúde entre os direitos sociais). Art. 7º (direitos e garantias dos trabalhadores, previstos nos incisos IV, IX, XIII, XV, XVI, XVII, XXII, XXIII, XXVIII e XXXIII). Art. 21, XX (competência da União para instituir diretrizes sobre desenvolvimento urbano, inclusive habitação e saneamento básico). Art. 22, XXIII (competência privativa da União para legislar sobre seguridade social). Art. 23, II (competência comum da União, dos Estados, do Distrito Federal e dos Municípios para cuidar da saúde e da assistência pública, inclusive quanto à proteção das pessoas com necessidades especiais) e VI (competência comum para proteger o meio ambiente e combater a poluição). Art. 24, I (competência legislativa concorrente da União, dos Estados e do Distrito Federal acerca de direito econômico e urbanístico), V (produção e consumo), VI (conservação da natureza, proteção do meio ambiente e controle da poluição), VIII (responsabilidade por dano ao meio ambiente e ao consumidor, entre outros) e XII (previdência social, proteção e defesa da saúde). Art. 30, I (competência dos Municípios para legislar sobre assuntos de interesse local), II (competência legislativa suplementar), V (competência para a organização e prestação dos serviços públicos de interesse local) e VII (competência para prestar serviços de atendimento à saúde da população, mediante cooperação técnica e financeira da União e do Estado). Art. 34, VII, "b" (intervenção da União nos Estados para assegurar a observância dos direitos da pessoa humana). Art. 37, *caput* (princípios da Administração Pública, entre os quais a impessoalidade e a eficiência na organização e prestação dos serviços públicos) e § 6º (responsabilidade civil objetiva da Administração Pública, e dos particulares que atuem nessa condição, pelos danos que seus agentes causem a terceiros). Art. 39, § 3º (extensão de direitos dos trabalhadores aos servidores públicos). Art. 60, § 4º ("cláusulas pétreas", entre as quais a forma federativa de Estado e os direitos e garantias individuais, aqui compreendidos como direitos e garantias fundamentais). Art. 127 (consagração do Ministério Público como instituição essencial à função jurisdicional do Estado, cabendo-lhe, entre outros, a defesa dos interesses sociais e individuais indisponíveis). Art. 129, III (competência do Ministério Público para ajuizamento de ação civil pública em defesa do meio ambiente e de outros interesses difusos e coletivos). Art. 134 (competência da Defensoria Pública quanto à orientação, à promoção dos direitos humanos e à defesa, integral e gratuita, dos direitos individuais e coletivos dos necessitados). Art. 142, § 3º, VIII (direito dos servidores públicos militares à fruição de férias anuais remuneradas). Art. 167, IV (excetua da vedação à vinculação de receitas públicas, "a destinação de recursos para as ações e serviços públicos de saúde [...], como determinado, respectivamente, pelos arts. 198, § 2º [...]"). Art. 170, *caput* (princípios gerais da ordem econômica, fundada no trabalho humano e na livre-iniciativa, tendo por fim assegurar a todos existência digna, conforme os ditames da justiça social). Art. 193 (vinculação da ordem social ao objetivo de assegurar o bem-estar e a justiça social). Art. 194 (comprometimento da seguridade social com a garantia, entre outros, do direito à saúde). Art. 196 (direito fundamental à saúde). Art. 197 (relevância pública dos serviços e ações de saúde). Art. 198 (diretrizes e princípios estruturantes do Sistema Único de Saúde, inclusive quanto ao seu financiamento). Art. 199 (participação da iniciativa privada na prestação dos serviços de saúde). Art. 200 (rol exemplificativo de competências do Sistema Único de Saúde). Art. 201 (direito à previdência social pública). Art. 202 (previdência social privada, de caráter complementar e facultativo). Art. 203 (direito à assistência social). Art. 225 (direito ao meio ambiente ecologicamente equilibrado, essencial à sadia qualidade de vida). Art. 226, § 7º (garantia de planejamento familiar, segundo livre decisão do casal). Art. 227, *caput* (dever da família, da sociedade e do Estado em assegurar à criança e ao adolescente, com absoluta prioridade, os direitos à vida, à saúde e à alimentação), § 1º (dever do Estado em promover programas de assistência integral à saúde da criança e do adolescente) e § 3º (direitos e garantias que densificam o direito à especial proteção de crianças e adolescentes). ADCT, art. 7º (compromisso brasileiro em propugnar por um tribunal internacional de direitos humanos), art. 55 (destinação de recursos para a saúde), art. 75 (prorrogação da contribuição provisória sobre movimentação ou transmissão de valores e de créditos e direitos de natureza financeira, destinada a subsidiar a previdência social e a saúde), art. 76 (autoriza a desvinculação de 30% da arrecadação da União proveniente de contribuições sociais, até 31-12-2024, sem excetuar os recursos destinados à manutenção dos serviços de saúde), arts. 76-A e 76-B (autoriza a desvinculação de parte das receitas de Estados, Distrito Federal e Municípios, mas excetua os "recursos destinados ao financiamento das ações e serviços públicos de saúde"), art. 77 (definição da aplica-

---

[6]. VANDERPLAAT, M. "Direitos Humanos: uma Perspectiva para a Saúde Pública." In: *Saúde e Direitos Humanos*. Ano 1, n. 1. Ministério da Saúde. Fundação Oswaldo Cruz, Núcleo de Estudos em Direitos Humanos e Saúde. Brasília: Ministério da Saúde, 2004, p. 27-33. Disponível em: http://www.ensp.fiocruz.br/portal-ensp/publicacoes/saude-e-direitos-humanos/pdf/sdh_2004.pdf, acesso em 31-05-2008. A Declaração foi resultado da Conferência Internacional sobre Cuidados Primários de Saúde, realizada em Alma-Atá, na antiga União Soviética (URSS), entre os dias 06 e 12 de setembro de 1978.

ção de recursos mínimos em saúde), **art. 79** (criação do Fundo de Combate e Erradicação da Pobreza para viabilizar o acesso a níveis dignos de subsistência e programas de melhora da qualidade de vida, no que concerne, entre outros, à saúde), **art. 107, § 6º** (excetua dos limites individualizados das despesas primárias as despesas correntes ou transferências aos fundos de saúde dos Estados, Distrito Federal e Municípios destinadas ao pagamento de pessoal para cumprimento dos pisos nacionais dos enfermeiros, técnicos e auxiliares de enfermagem e parteiras), **art. 107-A** (institui limite para a alocação de valores destinados ao pagamento de precatórios e determina que a diferença entre o valor dos precatórios expedidos e o respectivo limite será aplicada, entre outros, à seguridade social), e **art. 122** (autoriza que as transferências realizadas pelo Fundo Nacional de Saúde aos fundos estaduais, distrital e municipais de saúde, realizadas para enfrentamento da pandemia de Covid-19, poderão ser executadas pelos entes federados até 31-12-2023).

6. Legislação relacionada

6.1. SUS propriamente dito

Lei n. 8.080, de 19 de setembro de 1990 (regulamenta o Sistema Único de Saúde – doravante designado SUS). **Lei n. 8.142**, de 28 de dezembro de 1990 (estabelece formas de participação da comunidade na gestão do SUS e dispõe sobre as transferências intergovernamentais de recursos financeiros na área da saúde). **Lei n. 8.689**, de 27 de julho de 1993 (extingue o Instituto Nacional de Assistência Médica da Previdência Social – INAMPS, ademais de criar o Sistema Nacional de Auditoria do SUS). **Decreto n. 7.508**, de 28 de junho de 2011 (regulamenta a Lei n. 8.080/1990, dispondo sobre a organização do Sistema Único de Saúde – SUS, o planejamento e a assistência à saúde, e a articulação interfederativa). **Lei n. 9.836**, de 23 de setembro de 1999 (criou o Subsistema de Atenção à Saúde Indígena no SUS). **Lei n. 10.424**, de 15 de abril de 2002 (instituiu o Subsistema de Atendimento e Internação Domiciliar no SUS). **Lei n. 11.108**, de 7 de abril de 2005 (introduziu o Subsistema de Acompanhamento Durante o Trabalho de Parto, Parto e Pós-Parto no SUS). **Lei n. 12.401**, de 28 de abril 2011 (estabeleceu as normas sobre assistência terapêutica e incorporação de novas tecnologias ao SUS). **Decreto n. 7.646**, de 21 de dezembro de 2011 (dispõe sobre a Comissão Nacional de Incorporação de Tecnologias – CONITEC, além de definir normas acerca do processo administrativo de incorporação, exclusão e alteração de tecnologias pelo SUS). **Lei n. 12.466**, de 24 de agosto de 2011 (dispõe sobre as Comissões Intergestores Bipartite e Tripartite, bem como sobre o Conselho Nacional de Secretários de Saúde – CONASS e o Conselho Nacional de Secretarias Municipais de Saúde – CONASEMS, todos considerados relevantes atores no planejamento e na gestão do SUS). **Lei Complementar n. 141**, de 13 de janeiro de 2012 (disciplina a aplicação anual de recursos mínimos em ações e serviços de saúde por União, Estados, Distrito Federal e Municípios; bem como estabelece os critérios de rateio dos recursos de transferências para a saúde e as normas de fiscalização, avaliação e controle das despesas com saúde para os entes dos três níveis federativos). **Decreto n. 7.827**, de 16 de outubro de 2012 (disciplina o Sistema de Informações sobre Orçamentos Públicos em Saúde – SIOPS, ademais de estabelecer normas sobre a verificação da aplicação dos recursos mínimos em ações e serviços públicos de saúde, inclusive quanto ao condicionamento, direcionamento, suspensão e restabelecimento das transferências constitucionais e voluntárias da União). **Lei n. 11.350**, de 5 de outubro de 2006. **Decreto s/n.**, de 29 de novembro de 2017 (dispõe sobre o Conjunto Mínimo de Dados de Atenção à Saúde, integrante do Sistema Nacional de Informações em Saúde – SNIS). **Decreto n. 9.245**, de 20 de dezembro de 2017 (institui a Política Nacional de Inovação Tecnológica na Saúde). **Lei n. 13.595**, de 5 de janeiro de 2018 (dispõe sobre as atividades dos agentes comunitários de saúde e dos agentes de combate a endemias, regulamentando o § 5º do art. 198 da CF). **Decreto n. 10.212**, de 30 de janeiro de 2020 (promulga o texto revisado do Regulamento Sanitário Internacional, acordado na 58ª Assembleia Geral da Organização Mundial da Saúde, ocorrida de 23 de maio de 2005). **Lei n. 14.434**, de 4 de agosto de 2022 (institui o piso salarial nacional de enfermeiro, técnico de enfermagem, auxiliar de enfermagem e parteira). **Lei n. 14.510**, de 27 de dezembro de 2022 (autoriza e disciplina a prática da telessaúde, ou seja, a prestação remota de serviços de saúde). **Decreto n. 11.140**, de 20 de março de 2023 (institui a Comissão Interministerial de Gestão da Educação na Saúde, de caráter permanente e natureza consultiva, voltada à proposição de diretrizes para a formação de recursos humanos na área da saúde).

6.2. Vigilância sanitária

Lei n. 6.360, de 23 de setembro de 1976 (define o que sejam e estabelece o controle sobre medicamentos, drogas, insumos farmacêuticos e correlatos, cosméticos, corantes, saneantes, etc.). **Lei n. 6.437**, de 20 de agosto de 1977 (define as infrações à legislação sanitária federal e fixa as sanções correspondentes). **Decreto-lei n. 986**, de 21 de outubro de 1969 (institui normas básicas sobre defesa e proteção da saúde no que respeita aos alimentos). **Lei n. 5.991**, de 17 de dezembro de 1973 (dispõe sobre o controle sanitário do comércio de drogas, medicamentos, insumos farmacêuticos e correlatos). **Lei n. 9.294**, de 15 de julho de 1996 (impõe restrições ao uso e à propaganda de produtos fumígeros, bebidas alcoólicas, medicamentos, terapias e defensivos agrícolas, regulamentando o art. 220, § 4º, da CF). **Lei n. 9.782**, de 26 de janeiro de 1999 (estabelece o Sistema Nacional de Vigilância Sanitária e cria a Agência Nacional de Vigilância Sanitária – ANVISA, agência reguladora constituída sob a forma de autarquia de regime especial, com competência para promover a proteção da saúde, pelo controle sanitário da produção e comercialização de produtos e serviços submetidos à vigilância sanitária, aí abrangido o controle sanitário de fronteiras). **Lei n. 11.105**, 24 de março de 2005 (a denominada "Lei da Biossegurança"). **Lei n. 9.787**, de 10 de fevereiro de 1999 (confere nova redação ao artigo 3º da Lei n. 6.360/76, para inserir os conceitos de Denominação Comum Brasileira – DCB e de Denominação Comum Internacional – DCI, ou seja, a identificação dos fármacos ou dos princípios farmacologicamente ativos aprovada pela vigilância sanitária ou recomendada pela OMS, respectivamente; assim como para definir o que sejam medicamento similar, medicamento genérico e medicamento de referência, e os conceitos de bioequivalência e biodisponibilidade, necessários para a aprovação e o registro de novos medicamentos). **Lei n. 9.279**, de 14 de maio de 1996, artigo 71, e **Decreto n. 3.201**, de 6 de outubro de 1999 (dispõem sobre a concessão *ex officio* de licença compulsória, em caso de emergência nacional ou interesse público, por meio da qual se viabiliza a "quebra" de patentes de medicamentos). **Lei n. 10.742**, de 06 de outubro de 2003 (estabelece teto para o reajuste dos preços de medicamentos, a partir dos diferentes critérios que elenca e cria a Câmara de Regulação do Mercado de Medicamentos – CMED). **Decreto n. 5.775**, de 10 de maio de 2006 (autoriza o fracionamento de medicamentos). **Lei n. 9.434**, de 04 de fevereiro de 1997 (regulamenta o art. 199, § 4º, da CF, dispondo sobre a remoção de órgãos, tecidos e partes do corpo humano, para fins de transplante e tratamento). **Lei n. 10.205**, de 21 de março de 2001 (regulamenta o art. 199, § 4º, da CF, dispondo sobre coleta, processamento, estocagem, distribuição e aplicação do sangue, seus componentes e derivados, inclusive quanto à proteção do doador e do receptor). **Lei n. 10.972**, de 02 de dezembro de 2004 (autoriza a criação da Hemobrás [Empresa Brasileira de Hemoderivados e Biotecnologia], empresa pública com finalidade de assegurar o fornecimento de medicamentos hemoderivados ou produzidos com biotecnologia aos pacientes do SUS). **Lei n. 11.346**, de 15 de setembro de 2006 (cria o Sistema Nacional de Segurança Alimentar e Nutricional – SISAN, regulando as políticas públicas voltadas a assegurar o direito fundamental à alimentação adequada). **Lei n. 11.903**, de 14 de janeiro de 2009 (dispõe sobre o rastreamento da produção e do consumo de medicamentos). **Decreto n. 9.175**, de 18 de outubro de 2017 (regulamenta a Lei n. 9.434/1997, tratando da disposição de órgãos, tecidos, células e partes do corpo humano, para fins de transplante e tratamento). **Lei n. 14.200**, de 2 de setembro de 2021 (dispõe sobre a concessão de licença compulsória, de ofício, temporária e não exclusiva, para a exploração de patente ou pedido de patente, quando haja emergência nacional ou internacional, ou interesse público assim declarados por lei ou ato do Poder Executivo federal, ou reconhecimento de estado de calamidade pública de âmbito nacional pelo Congresso Nacional; bem como sobre a concessão de licença compulsória, por razões humanitárias e nos termos de tratado internacional de que o Brasil seja parte, de produtos destinados à exportação para países sem capacidade, ou capacidade insuficiente, de fabricação no setor farmacêutico, para atendimento de sua população).

6.3. Saúde suplementar

Lei n. 9.656, de 3 de junho de 1998 (com as alterações da Medida Provisória n. 2.177-44, de 24 de agosto de 2001 – disciplina os planos e seguros privados de saúde). **Lei n. 9.961**, de 28 de janeiro de 2000 (institui a Agência Nacional de Saúde Suplementar – ANS, para a normatização e o controle das atividades de assistência suplementar à saúde). **Lei n. 10.185**, de 12 de fevereiro de 2001 (dispõe sobre a especialização das sociedades seguradoras de planos privados de assistência à saúde). **Lei n. 10.850**, de 25 de março de 2004 (define normas sobre a implantação de programas de incentivo à adaptação, ao sistema da Lei n. 9.656/98, dos contratos de planos e seguros de saúde a ela anteriores). **Lei n. 10.538**, de 31 de março de 2023 (assegura a substituição de implantes mamários utilizados na reconstrução mamária ou na simetrização da mama contralateral).

6.4. Outros instrumentos legislativos no campo da saúde e destinados à realização do direito à saúde

Lei n. 7.347, de 24 de julho de 1985 (disciplina a ação civil pública para a defesa de interesses coletivos e difusos). **Lei n. 8.069**, de 13 de julho de 1990 (institui o Estatuto da Criança e do Adolescente, reiterando o dever da família, da comunidade, da sociedade em geral e do poder público em assegurar a efetivação do direito à saúde de crianças e adolescentes). **Lei n. 8.078**, de 11 de setembro de 1990 (estabelece o Código Brasileiro de Defesa do Consumidor, com várias normas protetivas ao usuário da assistência à saúde, pública e privada, ademais de disposições sobre a legitimação de entidades de classe, associações e Ministério Público, para a tutela coletiva e difusa do direito à saúde). **Lei n. 10.741**, de 1º de outubro de 2003 (estabelece o Estatuto do Idoso, voltado, entre outros, à preservação da saúde física e mental das pessoas com idade igual ou superior a 60 anos). **Lei n. 9.313**, de 13 de novembro de 1996 (dispõe sobre a distribuição gratuita de medicamentos aos portadores do HIV e doentes de SIDA/AIDS. **Lei n. 12.732**, de 22 de novembro de 2012 (explicita o direito dos portadores de neoplasia maligna ao tratamento pelo SUS, fixando o prazo de até 60 dias, "contados a partir do dia em que for firmado o diagnóstico em laudo patológico ou em prazo menor, conforme a necessidade terapêutica do caso registrada em prontuário único", para que recebam o primeiro tratamento). **Lei n. 12.764**, de 27 de dezembro de 2012 (institui a Política Nacional de Proteção dos Direitos da Pessoa com Transtorno do Espectro Autista, enumerando direitos como o acesso a ações e serviços de saúde que levem em consideração as especiais necessidades de saúde dessas pessoas, bem como a inclusão em classes comuns de ensino regular e a garantia de não privação da liberdade, nem do convívio familiar). **Lei n. 13.146**, de 6 de julho de 2015 (institui a Lei Brasileira de Proteção da Pessoa com Deficiência, ou "Estatuto da Pessoa com Deficiência", direcionada à garantia e promoção do exercício dos direitos e liberdades fundamentais pela pessoa com deficiência, visando à sua inclusão social e cidadania). **Lei n. 13.219**, de 30 de dezembro de 2015 (dispõe sobre a oferta e realização, no âmbito do SUS, de cirurgia plástica reparadora de sequelas de lesões causadas por atos de violência contra a mulher). **Lei n. 13.239**, de 30 de dezembro de 2015 (dispõe sobre a oferta e realização, no SUS, de cirurgia plástica reparadora de sequelas de lesões decorrentes de atos de violência contra a mulher). **Lei n. 13.684**, de 21 de junho de 2018 (dispõe sobre medidas de assistência emergencial, entre as quais a assistência à saúde, para acolhimento de pessoas em situação de vulnerabilidade, decorrente de fluxo migratório provocado por crise humanitária). **Lei n. 14.198**, de 2 de setembro de 2021 (assegura a realização de videochamada diária a pacientes internados em serviços de saúde, impossibilitados de receber visitas de seus familiares). **Lei n. 14.214**, de 6 de outubro de 2021 (institui o Programa de Proteção e Promoção da Saúde Menstrual, voltado à proteção de mulheres de baixa renda ou em condições de vulnerabilidade). **Lei n. 14.231**, de 28 de outubro de 2021 (inclui os profissionais fisioterapeutas e terapeutas ocupacionais na estratégia de saúde da família). **Lei n. 14.238**, de 19 de novembro de 2021 (institui o Estatuto da Pessoa com Câncer, estabelecendo princípios e objetivos voltados à proteção dos direitos das pessoas com câncer e à efetivação das políticas de prevenção e combate ao câncer). **Lei n. 14.289**, de 3 de janeiro de 2022 (torna obrigatória e regula a preservação do sigilo sobre a condição das pessoas que vivam com HIV, hepatites crônicas, hanseníase e tuberculose). **Decreto n. 11.464**, de 3 de abril de 2023 (dispõe sobre o Grupo Executivo do Complexo Econômico-Industrial da Saúde, destinado a promover a articulação governamental e a formular medidas e ações voltadas à produção e inovação em saúde, para atender ao SUS). **Lei n. 14.572**, de 8 de maio de 2023 (institui a Política Nacional de Saúde Bucal, estabelecendo que as ações e os serviços de saúde bucal devem integrar as demais políticas de saúde do SUS).

7. Jurisprudência selecionada

7.1. Supremo Tribunal Federal

7.1.1. Direito fundamental à saúde e fornecimento de prestações materiais

RE-AgR n. 271.286/RS (*DJ* de 24-11-2000): considerado o primeiro *leading case* sobre a matéria, afirma que o direito à saúde constitui direito fundamental e subjetivo, assegurado à generalidade das pessoas pela CF, representando consequência constitucional indissociável do direito à vida. **AgR-STA n. 175/CE** (*DJe* de 29-04-2010): segundo *leading case* no tema, o acórdão do Pleno do STF traça diretrizes para a atuação judicial nas demandas envolvendo o direito à saúde, entre as quais se destacam: (a) o reconhecimento da existência de um direito subjetivo às prestações materiais em saúde, mormente quando já previstas em políticas públicas (caso em que haveria omissão estatal), o que não exclui o caráter pessoal das prestações a serem alcançadas, impondo-se a necessidade de que se levem em consideração as circunstâncias e condições pessoais do paciente, especialmente na hipótese de ineficácia dos tratamentos oferecidos pelo SUS; (b) a admissão de presunção em favor da segurança e eficácia dos medicamentos registrados junto à Agência Nacional de Vigilância Sanitária (ANVISA), bem como dos tratamentos disponibilizados pelo SUS, cuja escolha é respaldada na "Medicina Baseada em Evidências" (*Evidence Based Medicine*), admitida porém, em ambos os casos, a prova em contrário; (c) simultaneamente, a impossibilidade de imputar-se ao Estado a obrigação de fornecimento de medicamentos experimentais, assim considerados os tratamentos em fase de pesquisa científica e cuja eficácia não tenha sido ainda comprovada; (d) a possibilidade de controle judicial sobre as políticas públicas de saúde, inclusive no que respeita à atualização das listas de medicamentos e insumos, de forma a assegurar a igualdade entre o tratamento oferecido pela rede privada e pelo SUS – hipótese em que se entendeu como imprescindível a instrução probatória ampla. **RE-RG n. 566.471/RN, Tema 6** (*DJe* de 07-12-2007): há repercussão geral na controvérsia relativa à obrigatoriedade do Poder Público em fornecer medicamento de alto custo. O julgamento foi iniciado em 2016, mas ainda não concluído. **RE-RG n. 657.718/MG, Tema 500** (*DJe* de 25-10-2019), tese: "1. O Estado não pode ser obrigado a fornecer medicamentos experimentais. 2. A ausência de registro na ANVISA impede, como regra geral, o fornecimento de medicamentos por decisão judicial. 3. É possível, excepcionalmente, a concessão de medicamento sem registro sanitário, em caso de mora irrazoável da ANVISA em apreciar o pedido (prazo superior ao previsto na Lei n. 13.411/2016), quando preenchidos três requisitos: (i) a existência de pedido de registro de medicamento no Brasil (salvo no caso de medicamentos órfãos para doenças raras e ultrarraras); (ii) a existência de registro do medicamento em renomadas agências de regulação no exterior; e (iii) a inexistência de substituto terapêutico com registro no Brasil. 4. As ações que demandem fornecimento de medicamento sem registro na ANVISA deverão necessariamente ser propostas em face da União". **RE n. 1.165.959, Tema 1.161**, tese: "Cabe ao Estado fornecer, em termos excepcionais, medicamento que, embora não possua registro na ANVISA, tem a sua importação autorizada pela agência de vigilância sanitária, desde que comprovada a incapacidade econômica do paciente, a imprescindibilidade clínica do tratamento, e a impossibilidade de substituição por outro similar constante das listas oficiais de dispensação de medicamentos e os protocolos de intervenção terapêutica do SUS". **ADI n. 5.501/DF** (*DJe* de 1º-12-2020): julgado procedente o pedido de declaração de inconstitucionalidade da Lei n. 13.269/2016, que autorizava a produção, a comercialização e o uso da substância fosfoetanolamina sintética ("pílula do câncer"), a despeito da inexistência de registro junto à ANVISA. Afirmou o STF que: "É inconstitucional ato normativo mediante o qual autorizado o fornecimento de substância, sem registro no órgão competente, considerados os princípios da separação de Poderes e o direito fundamental à saúde – artigos 2º e 196 da Constituição Federal". **RE-RG n. 979.742/AM, Tema 952** (*DJe* de 1º-08-2017): há repercussão geral da controvérsia atinente à imposição, ao Estado, do custeio de tratamento médico diferenciado, como forma de compatibilizá-lo com as convicções religiosas do paciente. **ARE-RG n. 1.267.879/SP, Tema 1.103** (*DJe* de 17-12-2020), tese: "É constitucional a obrigatoriedade de imunização por meio de vacina que, registrada em órgão de vigilância sanitária, (i) tenha sido incluída no Programa Nacional de Imunizações ou (ii) tenha sua aplicação obrigatória determinada em lei ou (iii) seja objeto de determinação da União, Estado, Distrito Federal ou Município, com base em consenso médico científico. Em tais casos, não se caracteriza violação à liberdade de consciência e de convicção filosófica dos pais ou responsáveis, nem tampouco ao poder familiar".

7.1.2. Imposição de obrigações de fazer ao Estado

RE-RG n. 684.612/RJ, Tema 698 (*DJe* de 05-06-2014): reconhecida repercussão geral quanto "aos limites da competência do Poder Judiciário para determinar obrigações de fazer ao Estado, consistentes em concursos públicos, contratação de servidores e execução de obras que atendam o direito social da saúde, ao qual a Constituição da República garante especial proteção". **RE-RG n. 581.488/RS, Tema 579** (*DJe* de 08-04-2016), tese: "É constitucional a regra que veda, no âmbito do Sistema Único de Saúde, a internação em acomodações superiores, bem como o atendimento médico diferenciado por médico do próprio Sistema Único de Saúde, ou por médico conveniado, mediante pagamento da diferença dos valores correspondentes" (a então chamada "diferença de classe"). **ACO n. 1.472/PA** (*DJe* de 18-09-2017): ação cível originária ajuizada pela União, com objetivo de assegurar a implementação e o gerenciamento da política de assistência à saúde mental (competência constitucional comum), diante da omissão do Estado-membro em aplicar os recursos públicos repassados para tal finalidade. Os pedidos foram julgados procedentes pelo STF, com fundamento na existência de uma "obrigação solidária e subsidiária entre todos os entes da Federação", atribuindo-se "à União, gestora do sistema, a missão de cobrar dos Estados e dos Municípios a efetiva implementação de tais políticas", mormente quando realizados os repasses de recursos para essa finalidade.

7.1.3. Responsabilidade material, legitimidade e questões processuais envolvendo o direito à saúde

RE-RG n. 855.178/SE, Tema 793 (DJe de 16-04-2020), tese: "Os entes da federação, em decorrência da competência comum, são solidariamente responsáveis nas demandas prestacionais na área da saúde, e diante dos critérios constitucionais de descentralização e hierarquização, compete à autoridade judicial direcionar o cumprimento conforme as regras de repartição de competências e determinar o ressarcimento a quem suportou o ônus financeiro". **RE-RG n. 1.366.243, Tema 1234** (DJe de 25-04-2023): reconhecida repercussão geral da discussão acerca da legitimidade passiva da União, e consequente competência da Justiça Federal, para processamento das demandas que versem sobre fornecimento de medicamentos registrados na ANVISA, mas não padronizados no Sistema Único de Saúde. Tutela provisória incidental concedida parcialmente, referendada pelo Plenário, para "estabelecer que, até o julgamento definitivo do Tema 1.234 da Repercussão Geral, sejam observados os seguintes parâmetros: 5.1. nas demandas judiciais envolvendo medicamentos e tratamentos padronizados: a composição do polo passivo deve observar a repartição de responsabilidades estruturada no Sistema Único de Saúde, ainda que implique deslocamento de competência, cabendo ao magistrado verificar a correta formação da relação processual; 5.2. nas demandas judiciais relativas a medicamentos não incorporados: devem ser processadas e julgadas pelo Juízo, estadual ou federal, ao qual foram direcionadas pelo cidadão, sendo vedada, até o julgamento definitivo do Tema 1.234 da Repercussão Geral, a declinação da competência ou determinação de inclusão da União no polo passivo; 5.3. diante da necessidade de evitar cenário de insegurança jurídica, esses parâmetros devem ser observados pelos processos sem sentença prolatada; diferentemente, os processos com sentença prolatada até a data desta decisão (17 de abril de 2023) devem permanecer no ramo da Justiça do magistrado sentenciante até o trânsito em julgado e respectiva execução (adotei essa regra de julgamento em: RE 960429 ED-segundos Tema 992, de minha relatoria, DJe de 05-02-2021); 5.4. ficam mantidas as demais determinações contidas na decisão de suspensão nacional de processos na fase de recursos especial e extraordinário. **RE-RG n. 605.533/MG, Tema 262** (DJe 12-02-2020), tese: "O Ministério Público é parte legítima para o ajuizamento de ação civil pública que vise o fornecimento de remédios para portadores de certa doença". **ADI n. 3.943/DF** (DJe de 06-08-2015): ação direta de inconstitucionalidade julgada improcedente, para afirmar a legitimidade ativa da Defensoria Pública para o ajuizamento de ações civis públicas em defesa de interesses transindividuais (coletivos *stricto sensu* e difusos) e individuais homogêneos, ainda que, entre os beneficiados pela medida, possam eventualmente encontrar-se indivíduos não considerados "necessitados". **RE-RG n. 733.433/MG, Tema 607** (DJe de 07-04-2016), tese: "A Defensoria Pública tem legitimidade para a propositura da ação civil pública em ordem a promover a tutela de direitos difusos e coletivos de que sejam titulares, em tese, pessoas necessitadas". **RE-RG n. 607.582/RS, Tema 289** (DJe de 27-08-2010): há repercussão geral na discussão quanto à possibilidade de bloqueio de verbas públicas para a garantia do fornecimento de medicamentos pelo Poder Público.

7.1.4. Proteção da saúde e do meio ambiente

ADI n. 4.066/DF (DJe de 07-03-2018): ação direta de inconstitucionalidade direcionada contra o art. 2º da Lei n. 9.055/1995, que estabelece níveis de tolerância ao uso do amianto crisotila. A ação foi conhecida e julgada, mas sem a declaração de inconstitucionalidade da norma impugnada ante a insuficiência do quórum exigido pelo art. 97 da CF. Acentuou o julgado que, a partir dos dados científicos sobre a extensão dos efeitos nocivos do amianto, haveria um déficit de proteção na norma questionada, pois "não protege adequada e suficientemente os direitos fundamentais à saúde e ao meio ambiente equilibrado (arts. 6º, 7º, XXII, 196 e 225 da CF)", ademais de afrontar compromissos internacionais assumidos pelo Brasil, em especial "as Convenções n.s 139 e 162 da OIT e a Convenção da Basileia". **ADI n. 3.406/RJ e ADI n. 3.470/RJ** (DJe de 01-02-2019): ações diretas de inconstitucionalidade da Lei n. 3.579/2001, do Estado do Rio de Janeiro, que determina a substituição progressiva dos produtos contendo asbesto (amianto branco). Em caráter inédito, o STF decidiu ampliar o campo de cognição da matéria, para declarar, incidentalmente e com eficácia *erga omnes*, a inconstitucionalidade do art. 2º da Lei n. 9.055/1995 – norma federal que autorizava a extração, industrialização, utilização e comercialização asbesto/amianto do tipo crisotila no país. **ADI n. 3.510/DF** (DJe de 27-05-2010): ação direta no âmbito da qual foi asseverada a constitucionalidade da Lei de Biossegurança (Lei n. 11.105/2005), que disciplina a utilização de células-tronco embrionárias em pesquisas científicas com escopo terapêutico. Entre outros fundamentos, o STF tomou como premissa que o direito à saúde é corolário do direito fundamental à vida e esclareceu que a Lei de Biossegurança constitui "instrumento de encontro do direito à saúde com a própria Ciência", em especial as ciências médicas, biológicas e afins, "diretamente postas pela Constituição a serviço desse bem inestimável do indivíduo que é a sua própria higidez físico-mental".

7.1.5. Saúde e o enfrentamento da pandemia de Covid-19

ADPF 672 (DJe 29-10-2020): confirmando a medida cautelar inicialmente deferida, o STF julgou parcialmente procedente a ação para "assegurar efetiva observância dos artigos 23, II e IX; 24, XII; 30, II; e 198, todos da Constituição Federal na aplicação da Lei n. 13.979/20 e dispositivos conexos, reconhecendo e assegurando o exercício da competência concorrente dos Estados, Distrito Federal e Municípios, cada qual no exercício de suas atribuições e no âmbito de seus respectivos territórios, para a adoção ou manutenção das medidas restritivas legalmente permitidas durante a pandemia, tais como, a imposição de distanciamento/isolamento social, quarentena, suspensão de atividades de ensino, restrições de comércio, a atividades culturais e à circulação de pessoas, entre outras, sem prejuízo da competência geral da União para estabelecer medidas restritivas em todo o território nacional, caso entenda necessário, ressaltando-se, como feito na concessão da medida liminar, que a validade formal e material de cada ato normativo específico estadual, distrital ou municipal poderá ser analisada individualmente". **ADI n. 6.341/DF** (DJe de 15-04-2020): o STF referendou a medida cautelar inicialmente concedida, para conferir interpretação conforme à Constituição ao art. 3º, § 9º, da Lei n. 13.979/2020, com isso explicitando que, "preservada a atribuição de cada esfera de governo, nos termos do inciso I do art. 198 da Constituição, o Presidente da República poderá dispor, mediante decreto, sobre os servidos públicos e atividades essenciais". **ADI n. 6.362/DF** (DJe 09-12-2020): pedido de declaração de inconstitucionalidade do art. 3º, VII, da Lei n. 13.979/2020, julgado improcedente, para reconhecer, no contexto das medidas de enfrentamento da crise sanitária decorrente da pandemia de Covid-19, a possibilidade de requisição de bens e serviços de pessoas naturais e jurídicas, mediante critérios de razoabilidade e proporcionalidade, postergado para momento ulterior o pagamento da justa indenização. **ADPF 756/DF** (*DJe* 24-03-2022): afirmou o STF a constitucionalidade da exigência de comprovação da vacinação contra a Covid-19 (assim chamado "passaporte vacinal") como condição ao retorno das atividades acadêmicas presenciais, reconhecendo prioridade dos direitos à saúde e à educação, bem como à autonomia universitária. **ADPF 811/DF** (*DJe* de 25-06-2021): ação ajuizada para questionar a violação das garantias de liberdade religiosa e de culto, ademais do dever de laicidade do Estado, pelo Decreto n. 65.563/2021, do Estado de São Paulo, que vedava a realização de cultos, missas e demais atividades religiosas de caráter coletivo frente ao cenário da crise sanitária causada pela Covid-19. Reconheceu o STF a adequação das restrições e julgou improcedente a arguição de descumprimento de preceito fundamental. **ADPF 709/DF** (*DJe* de 05-08-2020): referendada medida cautelar concedida, para reconhecer a necessidade de adoção de especiais medidas de proteção entre os Povos Indígenas, como a criação de barreiras sanitárias, a instalação da "Sala da Situação" para gestão de ações de combate à pandemia entre os povos indígenas em isolamento e/ou de contato recente, a retirada de invasores das terras indígenas conforme plano de desintrusão a ser apresentado pela União, além da imediata adoção de providências de contenção e isolamento dos invasores, e, ainda, a elaboração e o monitoramento de um Plano de Enfrentamento da Covid-19 para os Povos Indígenas brasileiros. **ARE-RG n. 1.418.846, Tema 1.246** (*DJe* de 03-04-2023), tese: "O art. 268 do Código Penal veicula norma penal em branco que pode ser complementada por atos normativos infralegais editados pelos entes federados (União, Estados, Distrito Federal e Municípios), respeitadas as respectivas esferas de atuação, sem que isso implique ofensa à competência privativa da União para legislar sobre direito penal (CF, art. 22, I)". O julgamento insere-se no contexto de questionamento de medidas restritivas, adotadas por entes subnacionais, como forma de impedir a introdução ou propagação da Covid-19. **ADOs n. 65 e 66** (*DJe* 11-05-2023): ações de inconstitucionalidade por omissão, questionavam as providências de enfrentamento à crise sanitária decorrente da Covid-19, alegando insuficiência da atuação do Chefe do Poder Executivo na consecução de medidas de isolamento e restrição de pessoas, compensação dos agentes econômicos, execução total do orçamento de 2020, inclusive quanto ao pagamento do benefício "auxílio emergencial". Depois de afirmar que o Governo Federal, por intermédio do Ministério da Saúde, adotou uma série de políticas e ações de saúde, assim como atuaram os demais Poderes, em harmonia, para o enfrentamento da crise sanitária então instalada, o STF reconheceu a perda de objeto das ações e extinguiu os feitos, sem julgamento de mérito.

7.1.6. Recursos mínimos, questões financeiras e piso salarial dos profissionais de saúde

RE-RG n. 858.075/RJ, Tema 818 (*DJe* de 25-08-2021), tese: "É compatível com a Constituição Federal controle judicial a tornar obrigatória a observância, tendo em conta os recursos orçamentários destinados à saúde, dos percentuais mínimos previstos no artigo 77 do Ato das Disposições Constitucionais Transitórias, considerado período anterior à edição da Lei Complementar n. 141/2012". **ADI n. 5.595/DF** (*DJe* de 24-03-2023): afirmada a constitucionalidade dos arts. 2º e 3º da Emenda Constitucional n. 86/2015, seja quanto ao estabelecimento de patamares progressivos de recursos mínimos a serem aplicados em ações e serviços de saúde (art. 2º), seja para assegurar à União a possibilidade de computar, como despesas com ações e serviços públicos de saúde, aqueles custeados com recursos da participação no resultado ou da compensação financeira pela exploração do petróleo e gás natural, tudo na forma do art. 198, § 2º, I, da Constituição Federal. **ADPF 325** (*DJe* de 28-04-2022): arguição de descumprimento de preceito fundamental em que se discutia a utilização do salário mínimo como parâmetro para a fixação do piso salarial nacional dos médicos, cirurgiões dentistas e respectivos auxiliares, prevista pela Lei n. 3.999/61, por alegada ofensa à norma que veda a vinculação do salário mínimo para qualquer finalidade (CF, art. 7º, IV, *in fine*). Entendeu o STF que a Constituição "não proíbe a utilização de múltiplos do salário mínimo como mera referência paradigmática para definição do valor justo e proporcional do piso salarial destinado à remuneração de categorias profissionais especializadas (CF, art. 7º, V), impedindo, no entanto, reajustamentos automáticos futuros. Fixada interpretação conforme a Constituição, para entender pelo congelamento da base de cálculo dos pisos salariais, a fim de que sejam calculados de acordo com o valor do salário mínimo vigente na data da publicação da ata da sessão de julgamento, ocorrida em 24-03-2022. **RE-RG n. 580.264/RS, Tema 115** (*DJe* de 06-10-2011): admitida a repercussão geral e decidida no sentido de se admitir, com base na relevância pública de que trata o art. 197 da CF, a extensão da imunidade tributária recíproca (CF, art. 150, IV, "a") às sociedades de economia mista prestadoras de serviços de saúde, cujo capital social seja majoritariamente estatal. **RE n. 1.279.765/BA, Tema 1.132** (*DJe* de 28-04-2023, com tese a ser fixada em 17-05-2023): julgando improcedente a ação direta de inconstitucionalidade, reconheceu o STF que Estados, Distrito Federal e Municípios podem fixar piso salarial próprio para os agentes comunitários de saúde e agentes de combate a endemias, submetidos ao regime estatutário. O piso salarial deve corresponder à "contraprestação pecuniária mínima paga ao profissional da categoria, acrescida das verbas fixas, genéricas e permanentes, pagas indistintamente a toda a categoria, e que sejam desvinculadas das condições de trabalho específicas de cada servidor, e não tenham por base critérios meritórios individuais". **ADI n. 7.222/DF** (*DJe* de 15-05-2023): após deferimento de liminar para suspender, por falta de fonte de custeio e iminente risco de graves prejuízos aos entes subnacionais, a eficácia da Lei n. 14.434/2022, que instituiu o piso salarial nacional para enfermeiro, técnico de enfermagem, auxiliar de enfermagem e parteira, a superveniência da Lei n. 14.581/2023, regulamentando a Emenda Constitucional n. 127/2022 e prevendo a abertura de crédito no orçamento geral da União fundamentou a parcial revogação da decisão anterior. A nova cautelar restabeleceu os efeitos da Lei n. 14.434/2022, com exceção da expressão "acordos, contratos e convenções coletivas" (art. 2º, § 2º), para que seja implementado o piso salarial nacional do seguinte modo: "(i) em relação aos servidores civis da União, autarquias e fundações públicas federais, a implementação do piso salarial nacional deve ocorrer na forma prevista na

Lei n. 14.434/2022; (ii) em relação aos servidores públicos dos Estados, Distrito Federal e Municípios e de suas autarquias, bem como profissionais contratados por entidades privadas que atendam, no mínimo, 60% de seus pacientes pelo SUS, a implementação da diferença resultante do piso salarial nacional deve se dar em toda a extensão coberta pelos recursos provenientes da assistência financeira da União; e (iii) em relação aos profissionais celetistas em geral, a implementação do piso salarial nacional deve ocorrer na forma prevista na Lei n. 14.434/2022, a menos que se convencione diversamente em negociação coletiva, a partir da preocupação com demissões em massa ou comprometimento dos serviços de saúde". Quanto aos efeitos da liminar, a decisão fixou que, para os profissionais indicados nos itens (i) e (ii), os efeitos se regem pela Portaria GM/MS n. 597, de 12 de maio de 2023; enquanto em relação aos profissionais indicados no item (iii), aplicam-se os efeitos para os salários relativos ao período trabalhado a partir de 1º de julho de 2023. **ADI 5.529/DF** (*DJe* de 1º-09-2021): declarada a inconstitucionalidade do art. 40, parágrafo único, da Lei n. 9.279/1996 (Lei da Propriedade Intelectual), que autorizava a prorrogação do prazo de vigência de patentes em face da demora administrativa, por acúmulo de pedidos de patentes (*backlog*) à espera de análise. Reconheceu o STF que a ampliação indeterminada do prazo de vigência das patentes desborda da razoabilidade, colocando o país em situação distinta frente a outras jurisdições, ademais de afetar diretamente a universalização do acesso à saúde gratuita, por eliminar a concorrência e impor durante muito mais tempo, inclusive ao Poder Público, a aquisição de itens farmacêuticos em valores estipulados unilateralmente, ainda acrescidos de *royalties*, com isso operando ofensa ao art. 196 da Constituição. Decisão modulada para: "conferindo-se efeitos *ex nunc*, a partir da publicação da ata deste julgamento, de forma a se manterem as extensões de prazo concedidas com base no preceito legal, preservando-se, assim, a validade das patentes já concedidas e ainda vigentes em decorrência da aplicação do aludido preceito. Ficam ressalvadas da modulação (i) as ações judiciais propostas até o dia 7 de abril de 2021 (data da concessão parcial da medida cautelar no presente processo) e (ii) as patentes que tenham sido concedidas com extensão de prazo relacionadas a produtos e processos farmacêuticos, bem como a equipamentos e/ou materiais de uso em saúde. A ambas as situações se aplica o efeito *ex tunc*, o que resultará na perda das extensões de prazos concedidas com base no parágrafo único do art. 40 da LPI, devendo ser respeitados os prazos de vigências estabelecidos no *caput* do art. 40 da Lei n. 9.279/1996 e resguardados eventuais efeitos concretos já produzidos em decorrência da extensão de prazo das referidas patentes".

7.1.7. Saúde suplementar

ADI n. 1.931/DF (*DJe* de 08-06-2018): a ação questiona a aplicação retroativa da legislação sobre planos de saúde aos contratos já celebrados, diante da alegada ofensa ao direito adquirido e ao ato jurídico perfeito. A ação teve medida cautelar deferida em 28-05-2004 e, já em 2014, o STF deu provimento a embargos declaratórios para afirmar a vigência de uma tutela protetiva antes mesmo da Lei n. 9.656/98 e do Código de Defesa do Consumidor, com respaldo em princípios como a boa-fé objetiva, a proteção da parte hipossuficiente da relação jurídica e a vedação ao abuso de direito, "descabendo falar em direito adquirido à atuação em mercado ausente de fiscalização do Poder Público" (ADI n. 1.931 MC-ED/DF, *DJe* de 19-11-2014). Em julgamento definitivo, ocorrido em 07-02-2018, o STF, por unanimidade, julgou prejudicada a ação relativamente ao art. 10, inc. VI; art. 12, inc. I, "c", e II, inc. "g", e §§ 4º e 5º; e ao art. 32, §§ 1º, 3º, 7º e 9º, todos da Lei n. 9.656/1998. Na parte conhecida, o Tribunal "julgou parcialmente procedentes os pedidos, para declarar a inconstitucionalidade dos arts. 10, § 2º, e 35-E da Lei 9.656/1998, bem como do art. 2º da Medida Provisória n. 2.177-44/2001". Com isso, o STF reconheceu que a Lei n. 9.656/1998 não se aplica aos contratos firmados previamente, sob pena de ofensa à cláusula de proteção do direito adquirido e do ato jurídico perfeito. **RE n. 948.634/RS, Tema 123** (*DJe* de 18-11-2020), tese: "As disposições da Lei n. 9.656/1998, à luz do art. 5º, XXXVI, da Constituição Federal, somente incidem sobre os contratos celebrados a partir de sua vigência, bem como nos contratos que, firmados anteriormente, foram adaptados ao seu regime, sendo as respectivas disposições inaplicáveis aos beneficiários que, exercendo sua autonomia de vontade, optaram por manter planos antigos inalterados." **RE-RG n. 597.064/RJ, Tema 345** (*DJe* de 17-09-2020), tese: "É constitucional o ressarcimento previsto no art. 32 da Lei n. 9.656/98, o qual é aplicável aos procedimentos médicos, hospitalares ou ambulatoriais custeados pelo SUS e posteriores a 1º-09-1998, assegurados o contraditório e a ampla defesa, no âmbito administrativo, em todos os marcos jurídicos". Trata-se da obrigação de ressarcimento ao SUS, pelas operadoras de planos de saúde, das despesas decorrentes do atendimento prestado pela rede pública a pacientes beneficiários de planos privados de saúde. **RE-RG n. 666.094/DF, Tema 1.033** (*DJe* de 04-02-2022), tese: "O ressarcimento dos serviços de saúde prestados por unidade privada em favor de paciente do Sistema Único de Saúde, em cumprimento de ordem judicial, deve utilizar como critério o mesmo que é adotado para o ressarcimento do Sistema Único de Saúde por serviços prestados a beneficiários de planos de saúde". **RE-RG n. 630.852/RJ, Tema 381** (*DJe* de 30-05-2011): há repercussão geral na questão acerca da aplicabilidade do Estatuto do Idoso (Lei n. 10.741/2003) a contrato de plano de saúde firmado antes da vigência da lei (julgamento pendente desde 29-06-2020, reincluído na sessão de 18-05-2023).

7.2. Superior Tribunal de Justiça

7.2.1. Direito à saúde

REsp n. 719.716/SC (*DJ* de 05-09-2005): reconhece que "A Lei n. 8.080/90, com fundamento na Constituição da República, classifica a saúde como um direito de todos e dever do Estado" – orientação jurisprudencial posteriormente corroborada pelo STJ em diversas ocasiões. **REsp n. 1.657.156/RJ, Tema 106** (*DJe* de 21-09-2018), tese: "A concessão dos medicamentos não incorporados em atos normativos do SUS exige a presença cumulativa dos seguintes requisitos: i) comprovação, por meio de laudo médico fundamentado e circunstanciado expedido por médico que assiste o paciente, da imprescindibilidade ou necessidade do medicamento, assim como da ineficácia, para o tratamento da moléstia, dos fármacos fornecidos pelo SUS; ii) incapacidade financeira de arcar com o custo do medicamento prescrito; iii) existência de registro do medicamento na ANVISA, observados os usos autorizados pela agência". Modulação de efeitos: "Modula-se os efeitos do presente repetitivo de forma que os requisitos acima elencados sejam exigidos de forma cumulativa somente quanto aos processos distribuídos a partir da data da publicação do acórdão embargado, ou seja, 04-05-2018".

7.2.2. Questões processuais na judicialização da saúde

REsp n. 1.069.810/RS, Tema 84 (*DJe* de 06-11-2013), tese: "Tratando-se de fornecimento de medicamentos, cabe ao Juiz adotar medidas eficazes à efetivação de suas decisões, podendo, se necessário, determinar até mesmo o sequestro de valores do devedor (bloqueio), segundo o seu prudente arbítrio, e sempre com adequada fundamentação". **REsp n. 1.474.665/RS, Tema 98** (*DJe* de 22-06-2017), tese: "Possibilidade de imposição de multa diária (astreintes) a ente público, para compeli-lo a fornecer medicamento à pessoa desprovida de recursos financeiros". Apesar disso, o acórdão afirma que a multa não é alcançada pela coisa julgada material, podendo, a requerimento da parte ou *ex officio*, ser reduzida e até mesmo suprimida, caso não seja mais necessária. **REsp n. 1.230.244/SC, Tema 686** (*DJe* de 17-06-2014), tese: "O chamamento ao processo da União com base no art. 77, III, do CPC, nas demandas propostas contra os demais federativos responsáveis para o fornecimento de medicamentos ou prestação de serviços de saúde, não é impositivo, mostrando-se inadequado opor obstáculo inútil à garantia fundamental do cidadão à saúde". O recurso especial analisava a necessidade de chamamento ao processo de todos os entes federativos responsáveis pela efetivação do direito à saúde, com eventual deslocamento da competência do feito para a Justiça Federal, caso a União viesse a integrar a lide. **REsp n. 1.681.690/SP e REsp n. 1.682.836/SP, Tema 766** (*DJe* de 07-11-2017), tese: "O Ministério Público é parte legítima para pleitear tratamento médico ou entrega de medicamentos nas demandas de saúde propostas contra os entes federativos, mesmo quando se tratar de feitos contendo beneficiários individualizados, porque se refere a direitos individuais indisponíveis, na forma do art. 1º da Lei n. 8.625/1993 (Lei Orgânica Nacional do Ministério Público)". **Súmula n. 601**: "O Ministério Público tem legitimidade ativa para atuar na defesa de direitos difusos, coletivos e individuais homogêneos dos consumidores, ainda que decorrentes da prestação de serviço público".

7.2.3. Saúde suplementar

Súmula 620: "A embriaguez do segurado não exime a seguradora do pagamento da indenização prevista em contrato de seguro de vida". **Súmula 609**: "A recusa de cobertura securitária, sob a alegação de doença preexistente, é ilícita se não houve a exigência de exames médicos prévios à contratação ou à demonstração da má-fé do segurado". **Súmula 608**: "Aplica-se o Código de Defesa do Consumidor aos contratos de planos de saúde, salvo os administrados por entidades de autogestão". **Súmula 597**: "A cláusula contratual de plano de saúde que prevê a carência para utilização dos serviços de assistência médica nas situações de emergência ou de urgência é considerada abusiva se ultrapassado o prazo máximo de 24 horas contado da data da contratação". **Súmula 302**: "É abusiva a cláusula contratual de plano de saúde que limita no tempo a internação hospitalar do segurado". **REsp n. 1.360.969/RS e REsp n. 1.361.182/RS, Tema 610** (*DJe* de 19-09-2016), tese: "Na vigência dos contratos de plano ou de seguro de assistência à saúde, a pretensão condenatória decorrente da declaração de nulidade de cláusula de reajuste nele prevista prescreve em 20 anos (art. 177 do CC/1916) ou em 3 anos (art. 206, § 3º, IV, do CC/2002), observada a regra de transição do art. 2.028 do CC/2022". O precedente afirmou a aplicação dos prazos de prescrição do Código Civil às pretensões de declaração de nulidade de cláusulas abusivas de planos e seguros de saúde. **REsp n. 1.568.244/RJ, Tema 952** (*DJe* de 19-12-2016), tese: "O reajuste de mensalidade de plano de saúde individual ou familiar fundado na mudança de faixa etária do beneficiário é válido desde que (i) haja previsão contratual, (ii) sejam observadas as normas expedidas pelos órgãos governamentais reguladores e (iii) não sejam aplicados percentuais desarrazoados ou aleatórios que, concretamente e sem base atuarial idônea, onerem excessivamente o consumidor ou discriminem o idoso". **REsp n. 1.716.113/DF** (*DJe* de 23-03-2022), tese: "(a) Aplicabilidade das teses firmadas no Tema 952/STJ aos planos coletivos, ressalvando-se, quanto às entidades de autogestão, a inaplicabilidade do CDC; (b) A melhor interpretação do enunciado normativo do art. 3º, II, da Resolução n. 63/2003, da ANS, é aquela que observa o sentido matemático da expressão 'variação acumulada', referente ao aumento real de preço verificado em cada intervalo, devendo-se aplicar, para sua apuração, a respectiva fórmula matemática, estando incorreta a simples soma aritmética de percentuais de reajuste ou o cálculo de média dos percentuais aplicados em todas as faixas etárias". **REsp n. 1.680.318/SP e REsp n. 1.708.104/SP, Tema 989** (*DJe* de 24-08-2018), tese: "Nos planos de saúde coletivos custeados exclusivamente pelo empregador não há direito de permanência do ex-empregado aposentado ou demitido sem justa causa como beneficiário, salvo disposição contrária expressa prevista em contrato ou em acordo/convenção coletiva de trabalho, não caracterizando contribuição o pagamento apenas de coparticipação, tampouco se enquadrando em salário indireto". **REsp n. 1.726.563/SP e REsp n. 1.712.163/SP, Tema 990** (*DJe* de 26-11-2018), tese: "As operadoras de planos de saúde não estão obrigadas a fornecer medicamento não registrado na ANVISA". **RE n. 1.809.486/SP e RE n. 1.755.866/SP, Tema 1.032** (*DJe* de 16-12-2020), tese: "Nos contratos de plano de saúde não é abusiva a cláusula de coparticipação expressamente ajustada e informada ao consumidor, à razão máxima de 50% (cinquenta por cento) do valor das despesas, nos casos de internação superior a 30 (trinta) dias por ano, decorrente de transtornos psiquiátricos, preservada a manutenção do equilíbrio financeiro". **REsp n. 1.818.487/SP, REsp n. 1.816.482/SP e REsp n. 1.829.862/SP, Tema 1.034** (*DJe* de 01-02-2021), tese: "a) Eventuais mudanças de operadora, de modelo de prestação de serviço, de forma de custeio e de valores de contribuição não implicam interrupção da contagem do prazo de 10 (dez) anos previsto no art. 31 da Lei n. 9.636/1998, devendo haver a soma dos períodos contributivos para fins de cálculo da manutenção proporcional ou indeterminada do trabalhador aposentado no plano coletivo empresarial. b) O art. 31 da Lei n. 9.656/1998 impõe que ativos e inativos sejam inseridos em plano de saúde coletivo único, contendo as mesmas condições de cobertura assistencial e de prestação de serviço, o que inclui, para todo o universo de beneficiários, a igualdade do modelo de pagamento e de valor de contribuição, admitindo-se a diferenciação por faixa etária se for contratada para todos, cabendo ao inativo o custeio integral, cujo valor pode ser obtido com a soma de sua cota-parte com a parcela que, quanto aos ativos, é proporcionalmente suportada pelo empregador. c) O ex-empregado aposentado, preenchidos os requisitos do art. 31 da Lei n. 9.656/1998, não tem direito adquirido de se manter no mesmo plano privado de assistência à saúde vigente na época da aposentadoria, podendo haver a substituição da operadora e a alteração do modelo de prestação de serviços, da forma de custeio e os respectivos valores, desde que mantida paridade com o modelo dos trabalhadores ativos e facultada a portabilidade de carências". **REsp n. 1.841.311/SP e REsp n. 1.856.311/SP, Tema 1.047** (*DJe* de 26-03-2020): afetada a questão atinente à "validade de cláusula contratual que admite a rescisão unilateral, independente de motivação idônea, do plano de saúde coletivo empresarial com menos de 30 (trinta) beneficiários". **REsp n. 1.822.420/SP, REsp n. 1.822.818/SP e REsp n. 1.851.062/SP, Tema 1.067** (*DJe* de 27-10-2021), tese: "Salvo disposição contratual expressa, os planos de saúde não são obrigados a custear o tratamento médico de fertilização *in vitro*". **REsp n. 1.870.834/SP e REsp n. 1.872.321/SP, Tema 1.069** (*DJe* de 09-10-2020): afetada a questão acerca da definição da obrigatoriedade de custeio, pelos planos de saúde, de cirurgias plásticas em pacientes pós-cirurgia bariátrica. **REsp n. 1.842.751/RS e REsp n. 1.846.123/SP, Tema 1.082** (*DJe* de 1º-08-2022), tese: "A operadora, mesmo após o exercício regular do direito à rescisão unilateral de plano coletivo, deverá assegurar a continuidade dos serviços assistenciais prescritos a usuário internado ou em pleno tratamento médico garantidor de sua sobrevivência ou de sua incolumidade física, até a efetiva alta, desde que o titular arque integralmente com a contraprestação devida". **REsp n. 1.872.241/PE e REsp n. 1.908.719/PB, Tema 1.123** (*DJe* de 14-12-2022), tese: "O art. 3º da Resolução RDC 10/00 estabeleceu, em concreto, a própria base de cálculo da Taxa de Saúde Suplementar – especificamente na modalidade devida por plano de saúde (art. 20, I, da Lei n. 9.961/2000) –, em afronta ao princípio da legalidade estrita, previsto no art. 97, IV, do CTN".

7.2.4. Outras questões envolvendo o direito à saúde

REsp n. 1.841.919/DF e REsp n. 1.836.091/PI, Tema 1.037 (*DJe* de 04-08-2020), tese: "Não se aplica a isenção do imposto de renda prevista no inciso XIV do artigo 6º da Lei n. 7.713/1988 (seja na redação da Lei n. 11.052/2004 ou nas versões anteriores) aos rendimentos de portador de moléstia grave que se encontre no exercício de atividade laboral". **REsp 1.869.959/RJ, Tema 1.065** (*DJe* de 11-05-2022), tese: "O marco inicial e o prazo de vigência previstos no parágrafo único do art. 40 da LPI não são aplicáveis às patentes depositadas na forma estipulada pelo art. 229, parágrafo único, dessa mesma lei (patentes *mailbox*)". A controvérsia diz respeito ao termo inicial e prazo de vigência das patentes *mailbox*, concernentes aos pedidos relativos produtos farmacêuticos e químicos para a agricultura, depositados entre 1º-01-1995 e 14-05-1997. **REsp 1.971.993/SP e REsp n. 1.977.652/SP, Tema 1.143** (afetação em 29-04-2022 ainda não publicada): afetada a questão atinente à inaplicabilidade do princípio da insignificância ao crime de contrabando de cigarros, por menor que seja a lesão patrimonial, porque a conduta atingiria outros bens jurídicos, como a saúde, a segurança e a moralidade pública. **REsp n. 1.978.141/SP e REsp n. 1.978.155/SP, Tema 1.147** (afetação em 05-05-2022 ainda não publicada): afetada a questão para "Definir: 1) qual o prazo prescricional aplicável em caso de demanda que envolva pedido de ressarcimento ao Sistema Único de Saúde na hipótese do art. 32 da Lei n. 9.656/98: se é aplicável o prazo quinquenal previsto no art. 1º do Decreto n. 20.910/32, ou o prazo trienal prescrito no art. 206, § 3º, do Código Civil; 2) qual o termo inicial da contagem do prazo prescricional: se começa a correr com a internação do paciente, com a alta do hospital, ou partir da notificação da decisão do processo administrativo que apura dos valores a serem ressarcidos".

8. Literatura selecionada

AITH, F. *Curso de Direito Sanitário*: a proteção do direito à saúde no Brasil. São Paulo: Quartier Latin, 2007, 406p. _____ *Direito à Saúde e Democracia Sanitária*. São Paulo: Quartier Latin, 2017, 207p. ALMEIDA FILHO, N. de. *O que é saúde?* Rio de Janeiro: Fiocruz, 2018, 2. reimp. 160p. ALVES, C. L. *Direito à Saúde: efetividade e proibição de retrocesso social*. Belo Horizonte: D'Plácido, 2013, 237p. ANDRADE, R. B. de. *Direito a medicamentos: o direito fundamental à saúde na jurisprudência do STF*. Rio de Janeiro: Lumen Juris, 2014, 205p. ASENSI, F. D. *Direito à Saúde: práticas sociais reivindicatórias e sua efetivação*. Curitiba: Juruá, 2013, 370p. _____ et al. (coords.) *Direito e Saúde: enfoques interdisciplinares*. Curitiba: Juruá, 2013, 504p. _____; PINHEIRO, R. (orgs.) *Direito Sanitário*. Rio de Janeiro: Elsevier, 2012, 614p. ASSIS, A. de (coord.). *Aspectos Polêmicos e Atuais dos Limites da Jurisdição e do Direito à Saúde*. Porto Alegre: Notadez, 2007, 230p. BAHIA, L.; SCHEFFER, M. *Planos e seguros de saúde: o que todos devem saber sobre a assistência médica suplementar no Brasil*. São Paulo: Unesp, 2010, 156p. BARBOSA, J. F. *Direito à saúde e solidariedade na Constituição brasileira*. Porto Alegre: Livraria do Advogado, 2014, 120p. BARROS, L. *Fornecimento Judicial de Medicamentos sem Registro na Anvisa & de Uso Off-Label*. Curitiba: Juruá, 2016, 192p. BLIACHERIENE, A. C.; SANTOS, J. S. dos (orgs.) *Direito à Vida e à Saúde: impactos orçamentário e judicial*. São Paulo: Atlas, 2010, 296p. BRASIL. Conselho Nacional de Secretários de Saúde. *Para entender a gestão do SUS*. Brasília: CONASS, 2003. BRUM, C. J. D. *et al.*; FREITAS FILHO, R. (coord.) *Direito à Saúde: questões teóricas e práticas dos tribunais*. São Paulo: Saraiva, 2021, 192p. BUCCI, M. P. D.; DUARTE, C. S. (coord.). *Judicialização da Saúde: a visão do Poder Executivo*. São Paulo: Saraiva, 2017, 552p. BÜHRING, M. A. *Mobilidade, Fronteiras & Direito à Saúde*. Porto Alegre: Livraria do Advogado, 2016, 248p. CARLINI, A. *Judicialização da Saúde Pública e Privada*. Porto Alegre: Livraria do Advogado, 2014, 216p. CARNEIRO, B. L. V. *A Efetivação Jurisdicional do Direito à Saúde*. Rio de Janeiro: Lumen Juris, 2016, 380p. CARVALHO, P. L. de. *Patentes Farmacêuticas e Acesso a Medicamentos*. São Paulo: Atlas, 2007, 216p. CIARLINI, A. L. de A. S. *Direito à saúde: paradigmas procedimentais e substanciais da Constituição*. 2ª tir. São Paulo: Saraiva, 2014, 263p. CUETO, M. *Saúde Global: uma breve história*. Rio de Janeiro: Fiocruz, 2015, 120p. CUNHA, P. C. M. da. *A Regulação Jurídica da Saúde Suplementar no Brasil*. Rio de Janeiro: Lumen Juris, 2003, 398p. CURY, I. T. *Direito fundamental à saúde: evolução, normatização e efetividade*. Rio de Janeiro: Lumen Juris, 2005, 165p. DALLARI, S. *Os Estados brasileiros e o direito à saúde*. São Paulo: Hucitec, 1995, 133p. _____; NUNES JÚNIOR, V. S. *Direito Sanitário*. São Paulo: Verbatim, 2010, 256p. DEMOLINER, K. S. *Água e Saneamento Básico: Regimes Jurídicos e Marcos Regulatórios no Ordenamento Brasileiro*. Porto Alegre: Livraria do Advogado, 220p. DIAS, E. R. *Direito à saúde e informação administrativa: o caso das advertências relativas a produtos perigosos*. Belo Horizonte: Fórum, 2008, 510p. DIAS, H. P. *Direitos e obrigações em saúde*. Brasília: Agência Nacional de Vigilância Sanitária, 2002, 387p. DUARTE, L. G. M; VIDAL, V. L. (coord.) *Direito à Saúde: judi-*

cialização e pandemia do novo coronavírus. São Paulo: Thomson Reuters Brasil, 2020. DUARTE, B. A. F. *Direito à Saúde e Teoria da Argumentação: em busca da legitimidade dos discursos jurisdicionais*. Belo Horizonte: Arraes Editores, 2012, 484p. ESMERALDI, R. M. G. da S. L. *Planos de saúde no Brasil: doutrina e jurisprudência*. São Paulo: Sariva, 2015, 228p. FARIAS, R. N. *Direito à saúde & sua judicialização*. Curitiba: Juruá, 2018, 244p. FENSTERSEIFER, T. *Direitos fundamentais e proteção do ambiente: a dimensão ecológica da dignidade humana no marco jurídico-constitucional do Estado Socioambiental de Direito*. Porto Alegre: Livraria do Advogado, 2008, 306p. FIGUEIREDO, H. C. *Saúde no Brasil: sistema constitucional assimétrico e as interfaces com as políticas públicas*. Curitiba: Juruá, 2015, 523p. FIGUEIREDO, L. V. *Curso de Direito de Saúde Suplementar: manual jurídico de planos e seguros de saúde*. São Paulo: MP, 2006, 526p. FIGUEIREDO, M. F. *Direito Fundamental à Saúde: parâmetros para sua eficácia e efetividade*. Porto Alegre: Livraria do Advogado, 2007, 236p. ____ *Direito à Saúde. Leis 8.080/90 e 8.142/90, arts. 6º e 196 a 200 da Constituição Federal*. 6ª ed., rev., atual. e ampl. Salvador: JusPodivm, 2019, 652p. FLEURY, S. *Teoria da Reforma Sanitária: diálogos críticos*. Rio de Janeiro: Fiocruz, 2018, 336p. FREIRE, V. S. F. e A. *et al. Direito da Saúde na era Pós-Covid-19*. Coimbra: Almedina, 2021, 242p. FUHRMANN, I. R. *"Judicialização" dos direitos sociais e o direito à saúde: por uma reconstrução do objeto do direito à saúde no direito brasileiro*. Brasília: Consulex, 2014, 201p. GARCIA, L. R. *Inovação Tecnológica e Direito à Saúde: aspectos jurídicos, econômicos, tecnológicos e de políticas públicas*. Curitiba: Juruá, 2017, 164p. GEREMIA, D. S.; ALMEIDA, M. E. (orgs.) *Saúde Coletiva: políticas públicas em defesa do sistema universal de saúde*. Chapecó, UFFS, 2021, 552p. GIOVANELLA, L.; ESCOREL, S.; LOBATO, L. de V. C. et al. (orgs.) *Políticas e Sistema de Saúde no Brasil*. 2ª ed., rev. e ampl. Rio de Janeiro: Ed. Fiocruz, 2012, 1.100p. GLOBEKNER, O. A. *A Saúde entre o Público e o Privado: o desafio da alocação social dos recursos sanitários escassos*. Curitiba: Juruá, 2011, 182p. GOMES, J. A. *Contratos de Planos de Saúde: a busca judicial pelo equilíbrio de interesses entre os usuários e as operadoras de planos de saúde*. São Paulo: Leme, JH Mizuno, 2016, 454p. GONÇALVES, C. M. da C.; SOUZA, G. P. L. de. (orgs.) *Direito, saúde e meio ambiente: diferentes aspectos da vida*. Curitiba: Juruá, 2014, 259p. GRAGNOLATI, M. et al. *20 anos de construção do sistema de saúde no Brasil: uma avaliação do Sistema Único de Saúde*. Washington, DC: The World Bank, 2013, 112p. GREGORI, M. S. *Planos de Saúde: a ótica da proteção do consumidor*. 4. ed., rev., atual. e ampl. São Paulo: Thomson Reuters Brasil, 2019, 310p. LEITE, C. A. A. *Direito fundamental à saúde: efetividade, reserva do possível e mínimo existencial*. Curitiba: Juruá, 2014, 225p. LINS, L. C. B. *Direitos Socioambientais: titularidade e exigibilidade judicial a partir da análise do direito fundamental à saúde*. Curitiba: Juruá, 2012, 168p. LOPES, J. R. de L. *Direitos Sociais – Teoria e Prática*. São Paulo: Método, 2006, 303p. LORA-ALARCÓN, P. de J. *Patrimônio Genético Humano e sua Proteção na Constituição Federal de 1988*. São Paulo: Método, 2004, 335p. LOUREIRO, J. C. S. G. *Direito à (protecção da) saúde. In: Estudos em Homenagem ao Professor Doutor Marcello Caetano*. Coimbra: Coimbra Editora (Edição da Faculdade de Direito da Universidade de Lisboa), 2006, p. 664 e s. MARANHÃO, C. *Tutela jurisdicional do direito à saúde: (arts. 83 e 84, CDC)*. São Paulo: Revista dos Tribunais, 2003, 320p. MARQUES, C. L; LOPES, J. R. de L.; PFEIFFER, R. A. C. (coords.). *Saúde e Responsabilidade: seguros e planos de assistência privada à saúde*. São Paulo: Revista dos Tribunais, 1999, 476p. MARTINS, W. *Direito à saúde: compêndio*. Belo Horizonte: Fórum, 2008, 221p. MATEUS, C. G. *Direitos fundamentais sociais e relações privadas: o caso do direito à saúde na Constituição Brasileira de 1988*. Porto Alegre: Livraria do Advogado, 2008, 162p. MEDEIROS, R. Anotações ao art. 63 da Constituição da República Portuguesa. In: MIRANDA, J.; MEDEIROS, R. *Constituição Portuguesa Anotada*. Tomo I. Coimbra: Coimbra Editora, 2005, p. 639-40. MENEZES, V. H. M. de. *Direito à saúde e reserva do possível*. Curitiba: Juruá, 2015, 341p. NASCIMENTO, J. C. A. do. *Direito à Saúde na atualidade: da judicialização à desjudicialização*. Londrina: Thoth, 2022, 177p. NARVAI, P. C. *SUS: uma reforma revolucionária*. São Paulo: Autêntica, 2022, 300p. NIELSEN, F. N. *Acesso à saúde pública no Brasil: uma questão de limites*. São Paulo: Dialética, 2023, 172p. NOBRE, M. A. de B.; SILVA, R. A. D. da (coords.). *O CNJ e os Desafios da Efetivação do Direito à Saúde*. 2ª ed. Belo Horizonte: Fórum, 2013, 494p. NUNES, A. J. A.; SCAFF, F. F. *Os Tribunais e o Direito à Saúde*. Porto Alegre: Livraria do Advogado, 2011, 135p. OLIVEIRA, M. H. B. de et al. *Direitos Humanos e Saúde: reflexões e possibilidades de intervenção*. Rio de Janeiro: Fiocruz, 2021, 133p. PAIM, J. *O que é o SUS*. Rio de Janeiro: Fiocruz, 2009, 148p. PEREIRA, H. do V.; ENZWEILER, R. J. (coords.). *Curso de Direito Médico*. São Paulo: Conceito Editorial, 2011, 511p. PETTERLE, S. R. *O Direito Fundamental à Identidade Genética na Constituição Brasileira*. Porto Alegre: Livraria do Advogado, 2007, 187p. PICARELLI, M. F. S.; ARANHA, M. I. (org.). *Política de Patentes em Saúde Humana*. São Paulo: Atlas, 2001, 270p. PILAU SOBRINHO, L. L. *Direito à saúde: uma perspectiva constitucionalista*. Passo Fundo: Universidade de Passo Fundo, 2003, 218p. PIVETTA, S. L. *Direito fundamental à saúde: regime jurídico, políticas públicas e controle judicial*. Curitiba: Juruá, 2014, 272p. PRUX, I. O. *Planos e Seguros de Saúde: problemática, judicialização e ótica da decisão judicial*. Rio de Janeiro: Processo, 2019, 327p. QUEIROZ, R. C. F. C. L. de. *Planos de Saúde: de seu direito e regulação. Atuação da ANS como instrumento de acesso e efetivação da saúde*. Curitiba: Juruá, 2017, 284p. RAEFFRAY, A. P. O. de. *Direito da Saúde de acordo com a Constituição Federal*. São Paulo: Quartier Latin, 2005, 352p. ROCHA, J. C. de S. da. *Direito da saúde: Direito Sanitário na perspectiva dos interesses difusos e coletivos*. São Paulo: LTr, 1999, 141p. RODRIGUEZ NETO, E. *Saúde: Promessas e Limites da Constituição*. Rio de Janeiro: Fiocruz, 2003, 262p. SANTOS, L. (org.). *Direito da Saúde no Brasil*. Campinas: Saberes Ed., 2010, 342p. ____ *SUS e a Lei Complementar 141 Comentada*. 2ed. Campinas: Saberes Ed., 2012, 222p. ____; TERRAZAS, F. (orgs). *Judicialização da saúde no Brasil*. Campinas: Saberes, 2014, 484p. SARLET, I. W. *A Eficácia dos Direitos Fundamentais: uma Teoria Geral dos Direitos Fundamentais na Perspectiva Constitucional*. 13ª ed. ver. e atual. Porto Alegre: Livraria do Advogado, 2018, 515p. ____ *Direitos Fundamentais Sociais, Mínimo Existencial e Direito Privado. Revista de Direito do Consumidor*, v. 61, p. 90-125, 2007. ____ *Algumas Considerações em torno do Conteúdo, Eficácia e Efetividade do direito à saúde na Constituição de 1988. Revista Interesse Público*. Porto Alegre, v. 12, p. 91-107, 2001. ____ *A titularidade simultaneamente individual e transindividual dos direitos sociais analisada à luz do exemplo do direito à proteção e promoção da saúde. Direitos Fundamentais & Justiça*, ano 4, n. 10, p. 205-229, jan./mar.

2010. ____; TIMM, L. B. (orgs.). *Direitos Fundamentais: orçamento e "reserva do possível"*. Porto Alegre: Livraria do Advogado, 2008, 389p. ____; LEITE, G. S. (orgs.) *Direitos fundamentais e Biotecnologia*. São Paulo: Método, 2008, 363p. ____; FIGUEIREDO, M. F. Reserva do Possível, Mínimo Existencial e Direito à Saúde: Algumas Aproximações. In: ____; TIMM, L. B. (org.). *Direitos Fundamentais: orçamento e "reserva do possível"*. Porto Alegre: Livraria do Advogado, 2008, p.11-53; ____; ____. Algumas Considerações sobre o Direito Fundamental à Proteção e Promoção da Saúde aos 20 anos da Constituição Federal de 1988. *Revista de Direito do Consumidor*, n. 67, p. 125-172, jul./set. 2008. SESTELO, J. A. de F. et al. *Crise global e sistemas de saúde na América Latina*. Salvador: EDUFBA, 2022, 396p. TOMÁS, J. *O Direito à Saúde no Pós-positivismo: uma interlocução entre as premissas teóricas e sua práxis*. São Paulo: Dialética, 2022, 462p. SCHAEFER, F. *Responsabilidade Civil dos Planos & Seguros de Saúde*. 1ª ed., 3ª tir. Curitiba: Juruá, 2005, 143p. SCHULMAN, G. *Planos de Saúde: saúde e contrato na contemporaneidade*. Rio de Janeiro: Renovar, 2009, 426p. SCHWARTZ, G. A. D. *Direito à saúde: efetivação em uma perspectiva sistêmica*. Porto Alegre: Livraria do Advogado, 2001, 223p. ____ *O tratamento jurídico do risco no direito à saúde*. Porto Alegre: Livraria do Advogado, 2004, 199p. ____ (org.). *A saúde sob os cuidados do direito*. Passo Fundo: UPF, 2003, 189p. SCLIAR, M. *Do mágico ao social: a trajetória da saúde pública*. Porto Alegre: L&PM, 1987, 111p. SÉGUIN, É. *Plano de Saúde*. Rio de Janeiro: Lumen Juris, 2005, 263 p. SEIXAS, A. G. *O Direito Fundamental à Saúde: abrangência, eficácia e restringibilidade*. São Paulo: Dialética, 2021, 98p. SILVA, D. dos S. V. *Direito à saúde: ativismo judicial, políticas públicas e reserva do possível*. Curitiba: Juruá, 2015, 169p. SILVA, J. L. T. da. *Manual de direito da saúde suplementar: a iniciativa privada e os planos de saúde*. São Paulo: Mapontes, 2005, 571p. SILVA, M. J. P. da. *Evolução do Direito à Saúde Pública no Brasil: uma visão geral quanto aos fundamentos do direito à saúde, seus impactos financeiros, responsabilidade do Estado e o papel da Defensoria Pública para efetivação desse direito*. São Paulo: Dialética, 2020, 161p. SILVA, R. A. D. da. *Direito Fundamental à Saúde: o dilema entre o mínimo existencial e a reserva do possível*. Belo Horizonte: Fórum, 2010, 224p. SOUSA, S. L. S. e. *Direito à saúde e políticas públicas: do ressarcimento entre os gestores públicos e privados da saúde*. Belo Horizonte: Del Rey, 2015, 296p. SOUZA, J. M. de. *Diálogo institucional e direito à saúde*. Salvador: JusPodivm, 2013, 408 p. SOUZA NETO, C. P. de; SARMENTO, D. (coords.). *Direitos sociais: fundamentos, judicialização e direitos sociais em espécie*. Rio de Janeiro: Lumen Juris, 2008, 1.139p. STEVANIM, L. F.; MURTINHO, R. *Direito à comunicação e saúde*. Rio de Janeiro: Fiocruz, 2021, 163p. VENTURA, D. de F. L.; YUJRA, V. Q. *Saúde de migrantes e refugiados*. Rio de Janeiro: Fiocruz, 2019, 116p. VARELLA, D.; CESCHIN, M. *A Saúde dos Planos de Saúde: os desafio das assistências privada no Brasil*. s/l: Paralela, 2015, 190p. VILLAS BOAS, M; CECHIN, J. (org.); CECHIN, J. (coord.) *Judicialização de Planos de Saúde: conceitos, disputas e consequências*. Palmas: Esmat, 2020, 364p. WEICHERT, M. A. *Saúde e Federação na Constituição Brasileira*. Rio de Janeiro: Lumen Juris, 2004, 260p.

Art. 196. A saúde é direito de todos e dever do Estado, garantido mediante políticas sociais e econômicas que visem à redução do risco de doença e de outros agravos e ao acesso universal igualitário às ações e serviços para sua promoção, proteção e recuperação[1].

Ingo Wolfgang Sarlet
Mariana Filchtiner Figueiredo

1. Generalidades

A saúde comunga, na nossa ordem jurídico-constitucional, da dupla fundamentalidade formal e material da qual se revestem os direitos e garantias fundamentais em geral, especialmente em virtude de seu regime jurídico privilegiado[2]. Assume particular relevância, para a adequada interpretação das normas sobre o direito à saúde, que a tutela da saúde, a exemplo de outros direitos fundamentais, apresenta uma série de interconexões com a proteção de distintos bens fundamentais, apresentando zonas de convergência e mesmo de superposição em relação a outros bens, direitos e deveres que também constituem objeto de proteção constitucional – tais como a vida, a moradia, o trabalho, a privacidade, o ambiente, além da proteção do consumidor, da família, de crianças e adolescentes, e dos idosos, o que apenas reforça a tese da interdependência entre todos os direitos fundamentais[3-4]. Desse modo, ainda que não tivesse sido consagrada explicitamente no texto constitucional, a proteção da saúde poderia ser admitida na condição de direito fundamental implícito – como ocorre em alguns países, v.g., na Alemanha[5]. Além disso, lembre-se que a cláusula de abertura constante do artigo 5º, § 2º, da CF, permite a extensão do regime jus-

---

1. No que diz respeito às novidades em termos doutrinários, legislativos e jurisprudências, remete-se ao comentário geral introdutório sobre a saúde e sua proteção no Brasil.

2. Nesse sentido, cf. SARLET, I. W. Algumas considerações em torno do conteúdo, eficácia e efetividade do direito à saúde na Constituição de 1988. *Revista Interesse Público*. Porto Alegre, v. 12, p. 91-107, 2001; também: MOLINARO, C. A; MILHORANZA, M. G. Alcance Político da Jurisdição no Âmbito do Direito à Saúde. In: ASSIS, A de. (coord.). *Aspectos polêmicos e atuais dos limites da jurisdição e do direito à saúde*, Porto Alegre: Notadez, 2007, p. 220 e s.; ainda: FIGUEIREDO, M. F. *Direito Fundamental à Saúde: parâmetros para sua eficácia e efetividade*. Porto Alegre: Livraria do Advogado Editora, 2007.

3. Cf. LOUREIRO, J. C. Direito à (protecção da) saúde. In: *Estudos em Homenagem ao Professor Doutor Marcello Caetano*. Coimbra: Coimbra Editora (Edição da Faculdade de Direito da Universidade de Lisboa), 2006, p. 664 e s.

4. A ideia de "intersetorialidade", no sentido de que a efetivação do direito à saúde depende da atuação de diversos setores políticos e sociais, aponta em sentido semelhante, reiterando as interconexões e a interdependência entre os direitos fundamentais – como demonstra, aliás, estudo da Organização Mundial de Saúde a respeito dos denominados "determinantes sociais de saúde" ("*Combler le fossé en une génération: instaurer l'équité en santé en agissant sur les déterminants sociaux de la santé*", relatório publicado em 28-08-2008 e disponível em http://whqlibdoc.who.int/hq/2008/WHO_IER_CSDH_08.1_fre.pdf, acesso em 04-09-2008).

5. De modo semelhante, refira-se que, no âmbito do sistema interamericano de proteção dos direitos humanos, os direitos sociais têm sido tutelados por meio de direitos correlatos, notadamente o direito à vida, além da nítida relação com o princípio da dignidade da pessoa humana. Nesse sentido, cf. sentença no caso "Niños de la calle" (Corte Interamericana de Derechos Humanos, caso Villagrán Morales y otros, sentencia de 19 de noviembre de 1999, voto concurrente de los doctores Antonio Augusto Cançado Trindade y Alirio Abreu Burelli), mencionada por ARANGO, R. Estado social de derecho y derechos humanos. Disponível em: <http://www.revistanumero.com/39sepa6.htm> Acesso em: 28 mar. 2005.

fundamental (especialmente o disposto no art. 5º, § 1º, da CF) a outros dispositivos e normas relativas à saúde, ainda que não constantes dos elencos dos artigos 5º e 6º do texto constitucional. Na verdade, parece elementar que uma ordem constitucional que protege os direitos à vida e à integridade física e corporal evidentemente deva salvaguardar a saúde, sob pena de esvaziamento daqueles direitos. Feitas estas considerações iniciais, no que diz com a determinação do conteúdo propriamente dito do direito à saúde, em outras palavras, no que se refere ao objeto das posições subjetivas, positivas e negativas, assim como do alcance do direito à saúde na sua dimensão objetiva, remetemos aos itens subsequentes.

2. O dever fundamental de proteção à saúde

Para além da condição de direito fundamental, a proteção da saúde implica deveres fundamentais[6], o que decorre já da dicção do artigo 196 da CF: "A saúde é direito de todos e dever do Estado [...]", impondo-se precipuamente ao Poder Público a obrigação de efetivar tal direito. Na condição de típica hipótese de direito-dever, os deveres fundamentais guardam relação com as posições jurídicas pelas quais se efetiva o direito à saúde, podendo-se falar – sem prejuízo de outras concretizações – num dever de proteção à saúde, individual e pública (dimensão defensiva), facilmente identificado em normas penais e normas de vigilância sanitária; assim como num dever de organização e procedimento em saúde (dimensão prestacional em sentido amplo), especialmente vigente no âmbito das normas e políticas públicas de regulamentação e organização do SUS. Além disso, importa sublinhar que também os particulares (pessoas físicas e jurídicas) possuem, para além de um dever geral de respeito, até mesmo deveres específicos em relação à saúde de terceiros e mesmo em relação à sua própria saúde, quando for o caso. Basta lembrar que a ofensa à integridade física e corporal de outrem é causa de conduta punível na esfera penal, assim como de estipulação de indenização no âmbito cível. Nesse sentido, a ideia de dever fundamental evidencia o vínculo com o princípio da solidariedade, no sentido de que toda a sociedade se torna responsável pela efetivação e proteção do direito à saúde de todos e de cada um[7], no âmbito da responsabilidade compartilhada (*shared responsibility*) de que trata Gomes Canotilho[8], cujos efei-

tos se projetam no presente e sobre as futuras gerações[9-10] – como já reconhecido na seara do direito ambiental. Por outro lado, no que diz com a responsabilidade (dever) de cada pessoa por sua própria saúde (vida, integridade física e dignidade pessoal) é possível, a depender das circunstâncias, justificar até mesmo uma intervenção estatal objetivando a proteção da pessoa contra si mesma, em homenagem ao caráter (ao menos em parte) irrenunciável da dignidade da pessoa humana e dos direitos fundamentais, como ocorre, por exemplo, nos casos de internação compulsória e de cogente submissão a determinados tratamentos – aspecto que, de seu turno, guarda relação com os conflitos entre os direitos e deveres relativos à saúde com outros bens fundamentais.

3. Conteúdo do direito à saúde

O texto constitucional, salvo algumas pistas, não define exatamente o conteúdo do direito à (proteção e promoção da) saúde[11] – fato que, por sua vez, não pode ser legitimamente utilizado como argumento a afastar, entre outros, a possibilidade de intervenção judicial, embora indique, ao mesmo tempo, a relevância de uma adequada concretização por parte do legislador e, no que for cabível, por parte da Administração Pública. De qualquer modo, é possível extrair da Constituição que o direito fundamental à saúde abrange as dimensões preventiva, promocional e curativa, bastando uma rápida leitura do que dispõe o artigo 196 da CF. Outrossim, parece ser mais apropriado falar não de um direito à saúde, mas, sim, de um direito à proteção e promoção da saúde[12]. Temos assim que, ao referir-se à "recuperação", a Constituição de 1988 conecta-se com a noção de "saúde curativa", quer dizer, a garantia de acesso dos indivíduos aos meios que lhes possam trazer, senão a cura da doença, pelo menos uma sensível melhora na qualidade de vida (o que, de modo geral, ocorre nas hipóteses de tratamentos contínuos). Além disso, as expressões "redução do risco de doença" e "proteção" guardam relação direta com a ideia de "saúde pre-

---

6. Sobre os deveres fundamentais, cf. I. W. SARLET. *A Eficácia dos Direitos Fundamentais: uma teoria geral dos direitos fundamentais na perspectiva constitucional*. 13ª ed. rev. e atual. Porto Alegre: Livraria do Advogado, 2018, p. 234 e s.; e NABAIS, J. C. A face oculta dos direitos fundamentais: os deveres e os custos dos direitos. Disponível em: <https://www.agu.gov.br/Publicacoes/Artigos/05042002JoseCasaltaAfaceocultadireitos_01.pdf>, acesso em 05-04-2002. Acerca da concepção de dever fundamental, decorrente do direito à saúde, cf. FIGUEIREDO, M. F., op. cit., p. 86 e s.

7. Nesse sentido, cf. CASAUX-LABRUNÉE, L. Le "droit à la santé". In: CABRILLAC, R.; FRISON-ROCHE, M-A; REVET, T. *Libertés et droits fondamentaux*. 6 ed. rev. e aum. Paris: Dalloz, 2000, p. 631 e s.

8. Cf. CANOTILHO, J. J. G. O direito ao ambiente como direito subjetivo. In: _____. *Estudos sobre direitos fundamentais*. Coimbra: Coimbra, 2004, p. 178. Ainda sobre os deveres fundamentais, conferir o já citado artigo de NABAIS, J. C. A face oculta dos direitos fundamentais: os deveres e os custos dos direitos.

9. Cabe lembrar a referência às "externalidades", isto é, termo pelo qual se designa esse fenômeno pelo qual a saúde ou os cuidados de uma pessoa interferem na saúde dos demais membros da comunidade na qual está inserida. Cf. MEDEIROS, M. Princípios de Justiça na Alocação de Recursos em Saúde. Texto para discussão n. 687, Rio de Janeiro, dezembro de 1999 – ISSN 1415-4765. In: BRASIL. Ministério da Saúde. *Curso de Iniciação em Economia da Saúde para os Núcleos Estaduais/Regionais*. Disponível em: http://portal.saude.gov.br/portal/arquivos/pdf/apostila_curso_iniciacao_economia_saude.pdf, acesso em 24-05-2008. Alguns exemplos podem ser lembrados: as vacinas, que, ao protegerem a pessoa ou o animal vacinado, diminuem a possibilidade geral de contágio, pela redução dos possíveis vetores e, com isso, protegem também as pessoas que por alguma circunstância de seu organismo não puderam ser imunizadas; os antibióticos, que utilizados por uma pessoa repercutem sobre toda a comunidade na qual esteja inserida, pois, quanto mais complexo o antibiótico usado, mais agressivos se tornam os agentes biológicos da doença para todos os (possíveis) atingidos; a dengue, cujo controle eficiente ou precário está essencialmente ligado às condutas de prevenção praticadas por cada membro da comunidade.

10. Sobre o comprometimento das futuras gerações, cf. NUNES, J. A.; MATIAS, M. Rumo a uma Saúde Sustentável: saúde, ambiente e política. In: *Saúde e Direitos Humanos*. Ministério da Saúde. Fundação Oswaldo Cruz, Núcleo de Estudos em Direitos Humanos e Saúde Helena Besserman. Ano 3 (2006), n. 3. Brasília: Ministério da Saúde, 2006, p. 11. Disponível em http://www.ensp.fiocruz.br/portal-ensp/publicacoes/saude-e-direitos-humanos/pdf/sdh_2006.pdf, acesso em 31-05-2008.

11. Sobre o ponto, consultar FIGUEIREDO, M. F., op. cit., p. 81 e s.

12. Valem aqui as observações feitas, no âmbito do direito francês, por CASAUX-LABRUNÉE, L., lembrando que a saúde não é um bem disponível, que possa ser conferido a alguém, razão pela qual pode ser apenas resguardado e promovido. Cf. op. cit., p. 617-619.

ventiva", isto é, a efetivação de medidas que tenham por escopo evitar o surgimento da doença ou do dano à saúde, individual ou pública, inclusive pelo contágio, justificando a imposição de deveres de proteção, sobretudo pela relevante incidência dos princípios da precaução e prevenção também nesta seara. O termo "promoção", enfim, atrela-se à busca da qualidade de vida, por meio de ações que objetivem melhorar as condições de vida e de saúde das pessoas[13]. Nesse sentido, verifica-se que a nossa Carta Magna guarda sintonia explícita com o dever de progressividade de efetivação do direito à saúde, bem assim com a garantia do "mais alto nível possível de saúde", tal como prescrevem, respectivamente, os artigos 2º e 12 do PIDESC[14]. Da mesma forma, a concepção adotada pelo constituinte de 1988 mostra-se afinada com o conceito de "completo bem-estar físico, mental e social" proposto pelo preâmbulo da Constituição da OMS. Ainda que compreendida como uma espécie de "imagem-horizonte"[15] (portanto, também um ideal a alcançar), essa concepção salienta a necessidade de garantia do equilíbrio entre a pessoa e o meio que a circunda, bem como a cogente consideração de que o mínimo existencial não pode ser reduzido a um "mínimo vital", que assegure apenas a mera sobrevivência física, mas, ao contrário, dever ser capaz de assegurar uma vida digna e saudável.

4. Perspectivas subjetiva (negativa e positiva) e objetiva do direito à saúde

O direito à saúde envolve um complexo de posições jurídico-subjetivas diversas quanto ao seu objeto, podendo ser reconduzido às noções de direito de defesa (ou direito negativo), tendo como objeto a salvaguarda da saúde individual e da saúde pública contra ingerências por parte do Estado ou da sociedade, assim como de ameaças alheias. Pode também assumir a feição de um direito a prestações (direito positivo), operando, ou como um direito a prestações em sentido amplo, gerando deveres de proteção da saúde pessoal e pública, ou como direitos a prestações de cunho organizatório e procedimental (de que é exemplo o direito de participação nos Conselhos e Conferências de Saúde); ou, ainda, como um direito a prestações em sentido estrito, isto é, como um direito à obtenção de prestações materiais variadas (como tratamentos, medicamentos, exames, internações, consultas, etc.). Além disso, verifica-se uma forte tendência, na doutrina e jurisprudência pátrias, ao reconhecimento de posições subjetivas ligadas à tutela do mínimo existencial – que, por sua vez, vai além da mera sobrevivência física, para albergar a garantia de condições materiais mínimas para uma vida saudável (ou o mais próximo disso, de acordo com as condições pessoais do indivíduo) e, portanto, para uma vida com certa qualidade[16], o que abrange inclusive o fornecimento de prestações materiais[17]. Por outro lado, a dimensão objetiva do direito à saúde tem justificado – além das demais consequências decorrentes da dimensão objetiva dos direitos fundamentais – a imposição de diversos deveres de proteção ao Estado, efetivados não apenas por meio da edição de normas penais, mas também por meio de normas e medidas diversas nas áreas de vigilância sanitária, tutela do consumidor, proteção do trabalhador e de outros grupos sociais (v.g., dos idosos, das crianças e dos adolescentes), assim como na esfera ambiental. Neste contexto, verifica-se que a proteção da saúde vai além da relação Estado-indivíduo para impor-se também entre os particulares, quer por meio da atuação estatal, como nos exemplos anteriores, quer pela cominação de deveres aos atores privados. Para além disso, importante referir que o próprio Sistema Único de Saúde configura típica garantia institucional[18], o que igualmente guarda relação com a dimensão objetiva e será novamente abordado nos comentários ao artigo 198 da CF, infra.

5. Titulares e destinatários

Conforme expressamente dispõe o texto constitucional, a saúde é direito de todos, cuidando-se, portanto, de direito de titularidade universal. Parece elementar que a saúde – à semelhança, aliás, de outros direitos fundamentais –, quer por sua vinculação com os direitos à vida e à integridade física e corporal, quer por sua própria natureza, há de ser um direito de todos (de qualquer um), não podendo ter sua titularidade restrita, pelo menos não de forma generalizada e sem exceções, aos brasileiros e estrangeiros residentes no País[19]. De outra parte, se até mesmo é possível priorizar, no campo da efetivação do direito à saúde, uma tutela processual coletiva, isto não significa que ao direito à saúde possa ser negada a condição de direito de titularidade individual[20].

---

13. SCHWARTZ, G. A. D. Direito à saúde: efetivação em uma perspectiva sistêmica. Porto Alegre: Livraria do Advogado, 2001, p. 27 e 98-99.

14. Art. 12, 1: "Os Estados Partes do presente Pacto reconhecem o direito de toda pessoa de desfrutar o mais elevado nível possível de saúde física e mental".

15. SCLIAR, M. Do mágico ao social: a trajetória da saúde pública. Porto Alegre: L&PM, 1987, p. 32-33.

16. Traçando alguns parâmetros de concretização do mínimo existencial relativamente ao direito à saúde, cf. SARLET, I. W.; FIGUEIREDO, M. F. Reserva do possível, mínimo existencial e direito à saúde: algumas aproximações. In: SARLET, I. W.; TIMM, L. B. (org.) Direitos Fundamentais: orçamento e "reserva do possível". 2ª ed. rev. e atual. Porto Alegre: Livraria do Advogado, 2010, p. 13-50 (especialmente p. 40-47); e FIGUEIREDO, M. F., op. cit., p. 204 e s.

17. Propugnando pela consagração e realização de direitos positivos e ressaltando as vantagens, a longo prazo, dos regimes jurídicos que optam pela concessão de prestações materiais, pelo Estado, aos necessitados, consultar interessante estudo de POLLACK, M. O alto custo de não se ter direitos positivos, uma perspectiva dos Estados Unidos. Tradução de Francisco Kummel. In: SARLET, I. W.; TIMM, L. B., op. cit., p. 325-348.

18. Sobre as garantias institucionais, consultar SARLET, I. W. A Eficácia dos Direitos Fundamentais: uma teoria geral dos direitos fundamentais na perspectiva constitucional, op. cit., p. 187 e s. Sobre o SUS, como garantia institucional, cf. FIGUEIREDO, M. F., op. cit., p. 45-46.

19. Mesmo as políticas públicas hoje vigentes não amparam a tese restritiva, como dão conta, v.g., o Subsistema de Atenção Indígena (instituído pela Medida Provisória n. 1.911-08, de 29 de julho de 1999, e pela Lei n. 9.836, de 23 de setembro de 1999) e o Sistema Integrado de Saúde das Fronteiras (SIS-Fronteiras, implementado pela Portaria GM n. 1.120, de 06/07/2005, do Ministério da Saúde; disponível em: <http://bvsms.saude.gov.br/bvs/saudelegis/gm/2005/prt1120_06_07_2005.html>, acesso em 01-04-2018).

20. Sustentando uma melhor adequação dos procedimentos judiciais de cunho coletivo na tutela do direito à saúde, conferir, entre outros: BARROSO, L. R. Da falta de efetividade à judicialização excessiva: direito à saúde, fornecimento gratuito de medicamentos e parâmetros para a atuação judicial. In: Interesse Público, n. 46, nov.-dez./2007, p. 31-61. SOUZA NETO, C. P. de. A Justiciabilidade dos Direitos Sociais: Críticas e Parâmetros. In: SOUZA NETO, C. P; SARMENTO, D. (coord.) Direitos Sociais: Fundamentos, Judicialização e Direitos Sociais em Espécie. Rio de Janeiro: Lumen Juris, 2008, p. 515-551; nessa mesma obra coletiva, cf., ainda: SARMENTO, D., A Proteção Judicial dos Direitos Sociais: Alguns Parâmetros Ético-Jurídicos, p. 553-586; BARCELLOS, A. P. de. O Direito a Prestações em Saúde: Complexidades, Mínimo Existencial e o Valor das Abordagens Coletivas e Abstrata, p. 803-826; e HENRIQUES, F. V. Direito Prestacional à Saúde e Atuação Jurisdicional, p. 827-858. Ressalvando a necessi-

Que a titularidade universal não afasta algumas possíveis limitações, especialmente no que diz com o acesso generalizado e sem limites ao sistema de saúde, parece evidente, ensejando questões que aqui não terão como ser suficientemente exploradas[21].

Já no que diz com os seus destinatários, o direito à saúde tem como sujeito passivo principal o Estado, como ocorre, aliás, com a generalidade dos direitos sociais. Com efeito, cabe precipuamente ao Estado a realização de medidas voltadas à proteção da saúde das pessoas, efetivando o direito em sua dimensão negativa (especialmente no sentido de não ameaçar ou violar o direito à saúde dos indivíduos) e positiva (por exemplo, organizando instituições e procedimentos para a tutela individual e coletiva da saúde, investindo os recursos mínimos destinados à área da saúde, tomando providências para o atendimento dos deveres de proteção, fornecendo diretamente as prestações materiais necessárias à realização da assistência à saúde). Isso não exclui, todavia, a eficácia do direito à saúde na esfera das relações entre particulares[22], o que se manifesta tanto de maneira indireta (mediante a intervenção dos órgãos estatais), quanto de modo direto, a depender das circunstâncias.

6. O direito à saúde como direito exigível

Tema sempre atual e relevante, embora também polêmico, segue sendo o das possibilidades e dos limites da exigibilidade do direito à saúde na condição de direito subjetivo[23], oponível pelo indivíduo (isolado ou coletivamente) em relação ao Estado, e mesmo em face de outros particulares, notadamente como direito a prestações materiais[24]. Uma primeira dificuldade encontra-se no conteúdo aberto, e de certa forma programático, das normas constitucionais que asseguram o direito à saúde (arts. 6º e 196), que não definem propriamente o objeto protegido pela tutela jusfundamental, deixando ao intérprete a tarefa de integração prática (e tópica) da norma constitucional. Como já referido, o direito (e dever de proteção) à saúde abrange uma gama de posições jurídicas subjetivas de natureza diversa (direitos de defesa, direitos de proteção, direitos a organização e procedimento, direitos a prestações materiais), que repercutem sobre a efetividade que se lhes pode reconhecer. Nesse sentido, importa lembrar a distinção entre direitos originários e direitos derivados, centrada na possibilidade de exigibilidade do objeto assegurado pela norma jusfundamental com fundamento direto no texto constitucional (direitos originários), ou mediada pela legislação ordinária e por um sistema de políticas públicas já implementado, no sentido de um direito de (igual) acesso às prestações já disponibilizadas, ou seja, de uma prestação que já se encontra prevista na esfera infraconstitucional (direitos derivados)[25]. No caso do direito à saúde, e presente o quadro predominante na doutrina e jurisprudência pátrias, não se constata maiores problemas quanto ao reconhecimento da efetividade do direito à saúde na função de direito de defesa, a coibir interferências indevidas na saúde das pessoas (individual e coletivamente) e, paralelamente, no âmbito da assim designada função protetiva, pela imposição de um dever geral de respeito à saúde, por parte do Estado e dos particulares, como pauta de conduta (standard) a ser observada. Já a efetivação da função prestacional ampla do direito à saúde, como garantia da organização de instituições e procedimentos, parece dependente dos atos normativos conformadores, o que remete à discussão em torno dos instrumentos de controle das omissões inconstitucionais, em termos de inexistência ou de insuficiência (Untermaßverbot) das medidas de concretização do direito à saúde, notadamente daqueles a cargo do Supremo Tribunal Federal (ação direta de inconstitucionalidade por omissão e mandado de injunção). Em função disso, torna-se bem mais difícil falar de um típico direito originário a prestações de cunho normativo, à exceção, talvez, apenas dos deveres de organização e procedimento necessários à operacionalização do próprio SUS, como garantia institucional fundamental (imperativos de tutela impostos ao Estado).

É certamente na condição de direito a prestações materiais, entretanto, que o direito à saúde incita as maiores controvérsias. De um lado, tem-se a discussão sobre a limitação dos recursos públicos (e privados) para assegurar o direito fundamental, que remete ao problema da denominada reserva do possível[26]. Trata-se da discussão acerca das decisões sobre a alocação de recursos públicos, que envolve: um aspecto fático, qual seja, os questionamentos quanto à existência, à disponibilidade e à alocação dos recursos públicos, bem como, no caso da saúde, sobre a limitação dos próprios recursos "sanitários" (v.g., a existência de profissionais especializados, de leitos em Centros e Unidades de Tratamento Intensivo – CTIs/UTIs, de aparelhagem para tratamentos e exames)[27]; e, um aspecto jurídico, concernente à capacidade (ou o poder) de disposição sobre esses mesmos recursos, que perpassa a definição das competências constitucionais e abrange, entre

---

dade de um melhor aprofundamento sobre o tema, uma vez que o direito individual de ação reflete forma concreta de manifestação da cidadania ativa e instrumento de participação do indivíduo no controle social das ações estatais, cf. SARLET, I. W. *A Eficácia dos Direitos Fundamentais: uma teoria geral dos direitos fundamentais na perspectiva constitucional*, op. cit., p. 221 e s.

21. Para maior desenvolvimento, cf. o item titularidade no comentário introdutório ao art. 5º, *supra*.

22. Sobre a eficácia do direito à saúde no âmbito das relações privadas, cf., por todos, MATEUS, C. G. *Direitos Fundamentais Sociais e Relações Privadas: o caso do direito à saúde na Constituição brasileira de 1988*. Porto Alegre: Livraria do Advogado, 2008, especialmente p. 137 e s. Numa análise mais ampla, sustentando uma eficácia direta *prima facie* dos direitos fundamentais nas relações privadas, cf. SARLET, I. W. A Influência dos Direitos Fundamentais no Direito Privado: o caso brasileiro. In: MONTEIRO, A. P.; NEUNER, J.; SARLET, I. (orgs.). *Direitos Fundamentais e Direito Privado: uma Perspectiva de Direito Comparado*. Coimbra: Almedina, p. 111-144.

23. Sustentando a insuficiência do modelo jurídico do direito subjetivo como instrumento para a tutela do direito à saúde, cf. LIMA, R. S. de F. Direito à saúde e critérios de aplicação. In: SARLET, I. W.; TIMM, L. B., op. cit., p. 237-253 (especialmente p. 243-246); e FIGUEIREDO, M. F., op. cit., p. 265-283.

24. Cf. SARLET, I. W.; FIGUEIREDO, M. F., op. cit.; e FIGUEIREDO, M. F., op. cit., em que analisados alguns dos parâmetros mínimos de garantia do direito à saúde em oposição às objeções passíveis de incidência na questão da exigibilidade judicial desse mesmo direito.

25. Para maior aprofundamento, cf. SARLET, I. W. *A Eficácia dos Direitos Fundamentais: uma teoria geral dos direitos fundamentais na perspectiva constitucional*, op. cit., p. 307 e s. Especificamente quanto ao direito à saúde, cf. FIGUEIREDO, M. F., op. cit., p. 87 e s. Vale referir que a ideia de direito à igual participação foi um dos fundamentos adotados pelo STF no julgamento do AgRG-STA n. 175/CE (DJe de 29-04-2010) para reconhecer a existência de dever imposto ao Estado em assegurar os medicamentos já incluídos nas listas oficiais do SUS.

26. Sobre a reserva do possível e o direito à saúde, cf. SARLET, I. W.; FIGUEIREDO, M. F., op. cit., p. 27 e 2; e FIGUEIREDO, M. F., op. cit., p. 131-177.

27. Salientando o problema da escassez dos recursos de saúde, cf. AMARAL. G; MELO, D. Há direitos acima dos orçamentos? In: SARLET, I. W.; TIMM, L. B., op. cit., p. 87 e s.

outros, princípios como a proporcionalidade, a subsidiariedade, a eficiência e, no ordenamento brasileiro, os princípios da Federação e da autonomia municipal. Além disso, a efetivação do direito à saúde como direito a prestações materiais demanda uma solução sobre o conteúdo dessas prestações, principalmente em face da ausência de previsão constitucional mais precisa, havendo referência apenas a um imperativo de "integralidade" (art. 198, II, da CF). Na prática, e mais ainda nos casos-limite, isso não parece suficiente, de tal sorte que a solução judicial dessas questões, mesmo quando alcançada, não deixa de apresentar um efeito colateral questionável, no sentido de assegurar o direito apenas àqueles que possuem meios de acesso ao Judiciário[28], o que revela a relevância da dimensão organizatória e procedimental dos direitos fundamentais[29] e, de modo especial, do direito à saúde. Nessa direção, já se nota uma tendência, por parte de alguns autores[30], de defenderem a prevalência das ações de caráter coletivo, muitas vezes sob a acepção de "políticas públicas", em detrimento de medidas de cunho individual, sobretudo ações judiciais, sob o argumento de que estas não constituiriam o meio adequado à postulação de prestações materiais relacionadas ao direito à saúde. Com todas as vênias à fundamentação que embasa tal posicionamento, não se pode deixar de salientar que o direito à saúde é, antes de tudo (e também), um direito de cada pessoa, visto que umbilicalmente ligado à proteção da vida, da integridade física e corporal e da própria dignidade inerente a cada ser humano considerado como tal. Isso significa que, a despeito da dimensão coletiva e difusa de que se possa revestir, o direito à saúde, inclusive quando exigido como direito a prestações materiais, jamais poderá abandonar a tutela pessoal e individual que lhe é inerente e impostergável. Por outro lado, tais concepções deixam de considerar que, na hipótese das ações judiciais individuais, o acesso à jurisdição, aí compreendida como jurisdição eficiente, plena e temporalmente adequada, é também assegurado como garantia constitucional individual, motivo pelo qual não se pode aqui concordar com a tese que refuta a possibilidade de judicialização das demandas por prestações materiais de caráter individual relacionadas ao direito à saúde. Mais uma vez, reforça-se a necessidade de investigação e análise mais aprofundada das dimensões organizatória e procedimental do direito à saúde.

Apesar de tudo isso, verifica-se uma forte tendência jurisprudencial e doutrinária no sentido do reconhecimento de posições subjetivas, inclusive originárias, decorrentes do direito à saúde na condição de direito a prestações, seja nas hipóteses de iminente risco para a vida humana – como, aliás, amplamente reconhecido no direito estrangeiro[31] –, seja naquelas em que a prestação possa ser reconduzida à noção de mínimo existencial[32], ou seja, à garantia de condições mínimas à vida com dignidade e certa qualidade. Nesse sentido, cabe referência ao precedente firmado pelo Supremo Tribunal Federal no julgamento do RE-AgR n. 271.286/RS (DJ de 24-11-2000), a partir do qual a jurisprudência não apenas dos Tribunais Superiores, mas também nas instâncias ordinárias, vem reiterando a possibilidade de reconhecimento de posições subjetivas originárias às mais diversas prestações materiais, com vistas à efetivação do direito à saúde (fornecimento de medicamentos, reserva de leitos hospitalares, ordem de realização de exames e procedimentos, etc.)[33]. Quanto à garantia do mínimo existencial, não se pode deixar de salientar o precedente estabelecido no julgamento da ADPF-MC n. 45 (DJ 04-05-2004), que, apesar da extinção da ação por superveniente perda de objeto, asseverou que a efetivação do direito à saúde liga-se à garantia de proteção ao mínimo existencial, devendo-se interpretar "com reservas" a alegação, por parte do Estado, de violação à reserva do possível. Nesse aspecto, e ademais da posição de vanguarda já adotada por algumas decisões judiciais merece destaque o precedente estabelecido pelo Supremo Tribunal Federal no julgamento do AgRg-STA n. 175/CE (DJe de 29-04-2010), que procura traçar alguns parâmetros gerais (pautas objetivas) para a análise da concessão, via Judiciário, de prestações materiais relativas ao direito à saúde – o que, numa compreensão mais ampla, densifica os deveres gerais de efetivação e de proteção dos direitos fundamentais como um todo, e do direito à saúde em especial. De qualquer maneira, a densificação do conteúdo das prestações é sempre adstrita às circunstâncias do caso concreto, e por sua vez avaliada em conformidade, pelo menos, às duas vertentes do princípio da proporcionalidade, quais sejam, proibição do excesso e da insuficiência das medidas de restrição e realização dos direitos fundamentais, respectivamente[34].

---

28. Ressaltando o caráter não igualitário das decisões judiciais que concedem direitos sociais, cf. LOPES, J. R. de L. Em torno da "reserva do possível". In: SARLET, I. W.; TIMM. L. B., op. cit., p. 155-173 (especialmente p. 171 e s.). Ainda na mesma obra, conferir: LUPION, R. O direito fundamental à saúde e o princípio da impessoalidade, p. 311-324; e, abordando o tema a partir do prisma "microjustiça x macrojustiça", para salientar que esta não existe sem aquela, cf. BARCELLOS, A. P. de. Constitucionalização das políticas públicas em matéria de direitos fundamentais: o controle político-social e o controle jurídico no espaço democrático, p. 101-132, mas especialmente p. 125.

29. Sobre o assunto, cf. FIGUEIREDO, M. F., op. cit., p. 91, com remissão a Canotilho.

30. A título ilustrativo, e ademais das referências já indicadas anteriormente (nota n. 28), confiram-se alguns dos ensaios publicados em SARLET, I. W.; TIMM. L. B., op. cit., sobremodo: TIMM, L. B. Qual a maneira mais eficiente de prover direitos fundamentais: uma perspectiva de direito e economia?, p. 51-62; SCAFF, F. F. Sentenças aditivas, direitos sociais e reserva do possível, p. 133-153 (o autor contrapõe a efetivação individual do direito à saúde às políticas públicas); LOPES, J. R. de L. Em torno da reserva do possível, p. 155-173 (em especial p. 169 e seg., em que o autor contrapõe a efetivação individual do direito à saúde ao princípio da igualdade); e LIMA, R. S. de F. Direito à saúde e critérios de aplicação, p. 237-253 (ver p. 242-246, em que o autor defende a insuficiência do modelo teórico do direito subjetivo para a efetivação do direito à saúde, como "relação de justiça social").

31. Citam-se, exemplificativamente: no direito colombiano: ARANGO, R.; LAMAÎTRE, J. (dir.). *Jurisprudencia constitucional sobre el mínimo vital*. Caracas: Ediciones Uniandes, 2002; no direito argentino: ABRAMOVICH, V.; COURTIS, C. *Los derechos sociales como derechos exigibles*. Madrid: Editorial Trotta, 2002; no direito francês: MATIHEU, B. Mathieu. La protection du droit à la santé par le juge constitutionnel. A propos et à partir de la décision de la Cour constitutionnelle italienne n. 185 du 20 mai 1998. *Cahiers du Conseil Constitutionnel*, n. 6, 1998. Disponível em http://www.conseil-constitutionnel.fr/cahiers/ccc6/mathieu.htm, consulta em 18/04/2005; no direito português: CANOTILHO, J. J. G. *Direito Constitucional e Teoria da Constituição*. 7ª ed. (reimp.). Coimbra: Almedina, 2003; e: NOVAIS, J. R. *Os Princípios Constitucionais Estruturantes da República Portuguesa*. Coimbra: Coimbra Ed., 2004.

32. Sobre o direito ao mínimo existencial, cf. comentário ao art. 6º da CF.

33. Para outras decisões, cf. item 7, *supra*, dos comentários da Seção II – Da saúde.

34. Para maior aprofundamento, ver SARLET, I. W. Constituição, Proporcionalidade e Direitos Fundamentais: o Direito Penal entre Proibição de Excesso e de Insuficiência, in: *Boletim da Faculdade de Direito de Coimbra*, v. 81, 2005, p. 325-386, bem como STRECK, L. L. A Dupla Face do Princípio da Proporcionalidade: da Proibição de Excesso (*Ubermassverbot*) à Proibição de Proteção Deficiente (*Untermassverbot*) ou de como não há blindagem contra normas penais inconstitucionais. *Revista da AJURIS*, Porto Alegre, v. 32, n. 97, p.

7. O princípio da igualdade e a interpretação dos conceitos de gratuidade, universalidade e atendimento integral

A garantia de "acesso universal e igualitário" (CF, art. 196) às ações e aos serviços de saúde coaduna-se, mormente no contexto de países com marcada desigualdade social como o Brasil, com a exigência de cotejo entre a necessidade da prestação postulada e as reais possibilidades do interessado e da comunidade, sendo questionável se a universalidade pode (ou deve) ser compreendida como sinônima de gratuidade do atendimento[35]. Pode-se sustentar que, em termos de direitos sociais (e, neste caso, existenciais) básicos, a efetiva necessidade haverá de consistir em parâmetro a ser considerado na avaliação da pleiteada gratuidade, juntamente com os princípios da solidariedade, da subsidiariedade e da proporcionalidade. Assim, o acesso universal e igualitário às ações e aos serviços de saúde deve ser conectado com uma perspectiva substancial do princípio da isonomia (que impõe o tratamento desigual entre os desiguais e não significa direito a idênticas prestações para todas as pessoas irrestritamente[36]), assim como ao princípio da proporcionalidade (de modo a permitir a ponderação concreta dos interesses em jogo). Em síntese, tais circunstâncias revelam que o tema da gratuidade do acesso à saúde, que não é necessariamente a regra no direito comparado, deve ser melhor discutido, sobretudo para efeito de uma distribuição mais equitativa das responsabilidades e encargos, com a maximização do acesso em termos do número de pessoas abrangidas pelo sistema público de saúde e a busca de uma maior qualidade dos serviços oferecidos. Portanto, ao contrário do que defende parcela da doutrina[37], a universalidade dos serviços de saúde não traz, como corolário inexorável, a gratuidade das prestações materiais para toda e qualquer pessoa, assim como a integralidade do atendimento não significa que qualquer pretensão tenha de ser satisfeita em termos ideais. A concepção de igualdade substancial (inclusive no que diz com a observância das diferenças) pode levar à restrição da gratuidade das prestações (pelo menos sua compreensão próxima a de uma tendencial gratuidade, tal como passou a estabelecer a Constituição Portuguesa após uma revisão quanto a este ponto[38]), tendo sido, de resto, objeto de algum reconhecimento, seja no que diz com algumas políticas públicas[39], seja na esfera jurisprudencial e doutrinária[40]. Quanto à integralidade do atendimento, e ademais das questões ora tratadas, importa lembrar a existência de limites de ordem técnica e científica ao deferimento de certas prestações materiais, calcados em critérios de segurança e eficiência do tratamento pleiteado que, em sentido mais amplo, reportam-se às noções de economicidade[41] e aos deveres de proteção da saúde, em suas perspectivas pública e individual. A vedação a tratamentos experimentais ou carentes de prova científica robusta e contundente no que diz com a segurança do medicamento e sua eficácia, que também alcança os tratamentos aprovados para uso diverso daquele pretendido (o chamado uso *off label*), insere-se nesse contexto, não se podendo elastecer de modo desproporcional os riscos impostos ao Estado e à sociedade sem qualquer limitação, mormente em homenagem aos princípios da prevenção e da precaução.

> **Art. 197.** São de relevância pública as ações e serviços de saúde, cabendo ao Poder Público dispor, nos termos da lei, sobre sua regulamentação, fiscalização e controle, devendo sua execução ser feita diretamente ou através de terceiros e, também, por pessoa física ou jurídica de direito privado.
>
> *Ingo Wolfgang Sarlet*
> *Mariana Filchtiner Figueiredo*

A explicitação constitucional de que as ações e os serviços de saúde são revestidos de "relevância pública" é reflexo, como outras normas constitucionais sobre o sistema de saúde, das reivindicações do Movimento de Reforma Sanitária, que tinham por objetivo central a superação do modelo anterior de atendimento à saúde. Com tal medida, o texto constitucional acentua o caráter indisponível dos interesses tutelados, em termos subjetivos e objetivos – isto é, do direito individual e coletivo à saúde, bem assim da garantia institucional consubstanciada no próprio Sistema Único de Saúde (SUS). Entre outras consequências, disso resulta uma interpretação extensiva acerca da atuação do Ministério Público e da Defensoria Pública na defesa do direito à saúde, de modo a assegurar legitimidade ativa, tanto ao *Parquet* quanto à Defensoria, para atuarem em matéria de saúde, ainda que se trate, no caso concreto, da defesa do direito à saúde de uma só pessoa, ou do ajuizamento de ação coletiva que acabe por indiretamente beneficiar pessoas que não poderiam ser consideradas economi-

---

171-202, mar. 2005. No âmbito da produção monográfica nacional, ver FELDENS, L. *A Constituição Penal. A dupla face da proporcionalidade no controle das normas penais*, Porto Alegre: Livraria do Advogado, 2005.

35. Nesse sentido, cf. SARLET, I. W. *A Eficácia dos Direitos Fundamentais: uma teoria geral dos direitos fundamentais na perspectiva constitucional*, op. cit., p. 339 e s. Ainda: SARLET, I.W.; FIGUEIREDO, M. F., op. cit., p. 42-44; e FIGUEIREDO, M. F., op. cit., p. 170 e s.

36. Cf. NOVAIS, J. R. *Os Princípios Constitucionais Estruturantes da República Portuguesa*, p. 109.

37. Com fundamentação mais aprofundada, confira-se a posição defendida por WEICHERT, M. A. *Saúde e Federação na Constituição Brasileira*. Rio de Janeiro: Lumen Juris, 2004, especialmente p. 158-162, sobre os princípios da universalidade e igualdade, e p. 169-171, quanto ao atendimento integral.

38. O artigo 64º do texto constitucional português, que inicialmente previa o acesso universal, igualitário e gratuito aos serviços de saúde, passou a estabelecer que "[o] direito à proteção da saúde é realizado: a) Através de um serviço nacional de saúde universal e geral e, tendo em conta as condições econômicas e sociais dos cidadãos, tendencialmente gratuito. [...]". Essa alteração já fora antecipada pela jurisprudência do Tribunal Constitucional lusitano, que, no Acórdão 330/89 – antes, portanto, da alteração formal da Constituição – admitia a fixação de "taxas moderadoras" para o acesso aos cuidados públicos de saúde.

39. Em caráter ilustrativo, refere-se que a legislação estadual gaúcha já prevê a necessidade de prévia comprovação da carência de recursos econômicos por parte do cidadão-requerente, como pressuposto à prestação estatal de medicamentos excepcionais, nos termos da Lei n. 9.908, de 16-06-1993. No âmbito do Sistema Único de Saúde, o artigo 43 da Lei n. 8.080/90 preserva a gratuidade apenas no que se refere a ações e serviços públicos já contratados, nele indica que a gratuidade não é a regra geral do SUS (art. 43: "A gratuidade das ações e serviços de saúde fica preservada nos serviços públicos contratados, ressalvando-se as cláusulas dos contratos ou convênios estabelecidos com as entidades privadas").

40. Cf., entre outros, SARLET, I. W. *A Eficácia dos Direitos Fundamentais: uma teoria geral dos direitos fundamentais na perspectiva constitucional*, op. cit., p. 339 e s.; AZEM, G. B. N. Direito à Saúde e Comprovação da Hipossuficiência. In: ASSIS, A. de. (coord.). *Aspectos Polêmicos e Atuais dos Limites da Jurisdição e do Direito à Saúde*, p. 13-25; e FIGUEIREDO, M. F. *Direito fundamental à saúde: parâmetros para sua eficácia e efetividade*, p. 170 e s.

41. Sobre a integralidade, cf. comentário ao art. 198 da CF, item 4.

camente "necessitadas"[1]. De outra parte, o caráter público não impede que as ações e os serviços de saúde sejam desenvolvidos e prestados pela iniciativa privada, englobando tanto a hipótese de atividade privada prestada mediante convênios e contratos firmados com o SUS (assim designada "saúde complementar") quanto a denominada "saúde suplementar", isto é, a prestação de assistência à saúde a partir de contratos de planos e seguros de saúde, nos termos da legislação de regência. Ressalve-se, contudo, que a relevância pública das ações e dos serviços de saúde, decorrente do caráter indisponível do direito fundamental e dos valores que visa a proteger (vida, dignidade, integridade física e psíquica, adequadas condições de vida e de desenvolvimento humano, entre outros), incide como parâmetro de modelação e (re)adequação das relações privadas estabelecidas no setor, inclusive no que pertine aos planos e seguros privados de saúde, seja para fundamentar o afastamento de cláusulas contratuais tidas como abusivas (oportunidade em que dialoga com o direito do consumidor), seja para determinar a busca de solução ao intrincado problema da continuidade do serviço de saúde, que, embora prestado por particular, não perde o caráter público que lhe é imanente.

No que se refere à regulamentação, à fiscalização e ao controle das ações e dos serviços de saúde, o dispositivo constitucional explicita que se trata de atividade a ser exercida pelo Estado e pela qual se concretiza a dimensão prestacional *lato sensu* do direito à saúde, sobretudo quanto aos deveres procedimentais e organizacionais e, em certa medida, aos deveres de proteção. A regulamentação das ações e dos serviços de saúde se dá por uma série de atos normativos, valendo lembrar, pela relevância de que se revestem, a Lei n. 8.080/1990 (e demais diplomas que a atualizaram), considerada a Lei Orgânica da Saúde e que estabelece as principais normas de funcionamento do Sistema Único de Saúde (SUS); bem como a Lei n. 8.142/1990, que dispõe sobre a participação popular no SUS, notadamente por meio das Conferências e dos Conselhos de Saúde, além de instituir normas sobre transferências de recursos públicos. Esta regulamentação é complementada pelo Decreto n. 7.508/2011, que, apesar do longo lapso temporal transcorrido, veio regulamentar a Lei n. 8.080/1990; e pela Lei Complementar n. 141/2012, que trata da aplicação dos recursos mínimos em saúde, além de estabelecer critérios de rateio dos recursos provindos de transferências entre os entes federativos e normas para a fiscalização, a avaliação e o controle das despesas com saúde. Em outro campo, a competência atribuída pelo art. 197 da CF dirige-se à ampla gama de atividades abrangidas pelo Sistema Nacional de Vigilância Sanitária (SNVS), que envolve, entre outros, a fiscalização de fronteiras, o controle e registro de substâncias diversas (medicamentos, drogas, insumos farmacêuticos e correlatos, cosméticos, corantes, saneantes etc.) e até medidas de cunho protetivo mais direto, como a intervenção sobre a regulação de preços no mercado de medicamentos. Ainda em caráter ilustrativo, cabe destacar que os deveres de regulamentação, fiscalização e controle

também justificam a atuação do Estado sobre a iniciativa privada, cujo exemplo marcante aparece no setor da saúde suplementar, seja pela edição de atos legislativos regulamentadores, de que se destaca a Lei n. 9.656/1998; seja pela atuação administrativa na regulação do setor, via Agência Nacional de Saúde Suplementar (ANS); seja, ainda, por intermédio do Judiciário, que, na condição de "Estado-juiz", intervém diretamente na garantia de equilíbrio entre a proteção do consumidor-usuário-paciente e a viabilização da atividade das operadoras do mercado de planos de saúde. Numa síntese apertada, pode-se dizer que tais atividades concretizam diferentes dimensões do dever fundamental de proteção à saúde, imposto ao Estado na condição de imperativo de tutela e, também por isso, sujeito aos controles de suficiência (princípio da proporcionalidade como proibição de insuficiência) e eficiência (CF, art. 37, *caput*) por parte do Judiciário.

Art. 198. As ações e serviços públicos de saúde integram uma rede regionalizada e hierarquizada e constituem um sistema único, organizado de acordo com as seguintes diretrizes:

I – descentralização, com direção única em cada esfera de governo;

II – atendimento integral, com prioridade para as atividades preventivas, sem prejuízo dos serviços assistenciais;

III – participação da comunidade.

§ 1º O sistema único de saúde será financiado, nos termos do art. 195, com recursos do orçamento da seguridade social, da União, dos Estados, do Distrito Federal e dos Municípios, além de outras fontes.

§ 2º A União, os Estados, o Distrito Federal e os Municípios aplicarão, anualmente, em ações e serviços públicos de saúde recursos mínimos derivados da aplicação de percentuais calculados sobre:

I – no caso da União, a receita corrente líquida do respectivo exercício financeiro, não podendo ser inferior a 15% (quinze por cento);

II – no caso dos Estados e do Distrito Federal, o produto da arrecadação dos impostos a que se refere o art. 155 e dos recursos de que tratam os arts. 157 e 159, I, *a*, e inciso II, deduzidas as parcelas que forem transferidas aos respectivos Municípios;

III – no caso dos Municípios e do Distrito Federal, o produto da arrecadação dos impostos a que se refere o art. 156 e dos recursos de que tratam os arts. 158 e 159, I, *b* e § 3º.

§ 3º Lei complementar, que será reavaliada pelo menos a cada cinco anos, estabelecerá:

I – os percentuais de que tratam os incisos II e III do § 2º;

II – os critérios de rateio dos recursos da União vinculados à saúde destinados aos Estados, ao Distrito Federal e aos Municípios, e dos Estados destinados a seus respectivos Municípios, objetivando a progressiva redução das disparidades regionais;

III – as normas de fiscalização, avaliação e controle das despesas com saúde nas esferas federal, estadual, distrital e municipal;

---

1. A legitimidade concorrente da Defensoria Pública para o ajuizamento de ações civis públicas com objetivo de tutela de direitos e interesses difusos e coletivos (entre os quais se insere o direito à saúde) foi reconhecida pelo Supremo Tribunal Federal no julgamento da ADI n. 3.943/DF (*DJe* de 06-08-2015) e do RE-RG n. 733.433/MG (Tema 607), em que fixada a seguinte tese: "A Defensoria Pública tem legitimidade para a propositura de ação civil pública em ordem a promover a tutela de direitos difusos e coletivos de que sejam titulares, em tese, pessoas necessitadas" (*DJe* de 06-04-2016).

IV – (revogado)

§ 4º Os gestores locais do sistema único de saúde poderão admitir agentes comunitários de saúde e agentes de combate às endemias por meio de processo seletivo público, de acordo com a natureza e complexidade de suas atribuições e requisitos específicos para sua atuação.

§ 5º Lei federal disporá sobre o regime jurídico, o piso salarial profissional nacional, as diretrizes para os Planos de Carreira e a regulamentação das atividades de agente comunitário de saúde e agente de combate às endemias, competindo à União, nos termos da lei, prestar assistência financeira complementar aos Estados, ao Distrito Federal e aos Municípios, para o cumprimento do referido piso salarial.

§ 6º Além das hipóteses previstas no § 1º do art. 41 e no § 4º do art. 169 da Constituição Federal, o servidor que exerça funções equivalentes às de agente comunitário de saúde ou de agente de combate às endemias poderá perder o cargo em caso de descumprimento dos requisitos específicos, fixados em lei, para o seu exercício.

§ 7º O vencimento dos agentes comunitários de saúde e dos agentes de combates às endemias fica sob responsabilidade da União, e cabe aos Estados, ao Distrito Federal e aos Municípios estabelecer, além de outros consectários e vantagens, incentivos, auxílios, gratificações e indenizações, a fim de valorizar o trabalho desses profissionais.

§ 8º Os recursos destinados ao pagamento dos agentes comunitários de saúde e dos agentes de combate às endemias serão consignados no orçamento geral da União com dotação própria e exclusiva.

§ 9º O vencimento dos agentes comunitários de saúde e dos agentes de combate às endemias não será inferior a 2 (dois) salários-mínimos, repassados pela União aos Municípios, aos Estados e ao Distrito Federal.

§ 10. Os agentes comunitários de saúde e os agentes de combate às endemias terão também, em razão dos riscos inerentes às funções desempenhadas, aposentadoria especial e, somado aos seus vencimentos, adicional de insalubridade.

§ 11. Os recursos financeiros repassados pela União aos Estados, ao Distrito Federal e aos Municípios para pagamento do vencimento ou de qualquer outra vantagem dos agentes comunitários de saúde e dos agentes de combate às endemias não serão objeto de inclusão no cálculo para fins do limite de despesa com pessoal.

§ 12. Lei federal instituirá pisos salariais profissionais nacionais para o enfermeiro, o técnico de enfermagem, o auxiliar de enfermagem e a parteira, a serem observados por pessoas jurídicas de direito público e de direito privado.

§ 13. A União, os Estados, o Distrito Federal e os Municípios, até o final do exercício financeiro em que for publicada a lei de que trata o § 12 deste artigo, adequarão a remuneração dos cargos ou dos respectivos planos de carreiras, quando houver, de modo a atender aos pisos estabelecidos para cada categoria profissional.

§ 14. Compete à União, nos termos da lei, prestar assistência complementar aos Estados, ao Distrito Federal e aos Municípios e às entidades filantrópicas, bem como aos prestadores de serviços contratualizados que atendam, no mínimo, 60% (sessenta por cento) de seus pacientes pelo sistema único de saúde, para cumprimento dos pisos salariais de que trata o § 12 deste artigo.

§ 15. Os recursos federais destinados aos pagamentos da assistência financeira complementar aos Estados, ao Distrito Federal e aos Municípios e às entidades filantrópicas, bem como aos prestadores de serviços contratualizados que atendam, no mínimo, 60% (sessenta por cento) de seus pacientes pelo sistema único de saúde, para o cumprimento dos pisos salariais de que trata o § 12 deste artigo serão consignados no orçamento geral da União com dotação própria e exclusiva.

Ingo Wolfgang Sarlet
Mariana Filchtiner Figueiredo

1. O Sistema Único de Saúde como garantia institucional fundamental

A assim designada dimensão objetiva do direito à saúde, para além das considerações acerca da função protetiva do direito e de sua eficácia entre particulares, densifica-se de modo especial e relevante pela institucionalização constitucional do Sistema Único de Saúde (SUS), que assume a condição, na ordem jurídico-constitucional brasileira, de autêntica garantia institucional fundamental[1]. Tendo sido estabelecido e regulamentado pela própria CF, em especial quanto aos princípios pelos quais se estrutura e os objetivos a que deve atender, além de consistir no resultado de aperfeiçoamentos efetuados a partir de experiências anteriores frustradas, mas sobretudo na condição de corolário de reivindicações feitas pela própria sociedade civil organizada (com proeminência para o Movimento da Reforma Sanitária), o SUS pode ser definido como garantia institucional fundamental. Com isso, torna-se sujeito, em si mesmo, à proteção outorgada às demais normas jusfundamentais, assumindo a condição de limite material à reforma constitucional[2], além de estar protegido contra medidas de cunho retrocessivo em geral. Desse modo, eventuais medidas tendentes a aboli-lo ou esvaziá-lo, formal e substancialmente, inclusive quanto aos princípios sobre os quais se alicerça, deverão ser tidas por inconstitucionais, pois que não apenas a saúde é protegida, mas o próprio SUS, como instituição pública, é sujeito à tutela constitucional fundamental. De outra parte, a constitucionalização do SUS como garantia institucional funda-

---

1. A partir do reconhecimento da dimensão objetiva dos direitos fundamentais, a doutrina alemã do primeiro pós-guerra, sobretudo pelas obras de M. Wolff e C. Schmitt, passou a sustentar que existem certas instituições (direito público) ou institutos (direito privado) cuja relevância justifica a extensão da proteção jusfundamental, sobretudo contra a atuação erosiva por parte do legislador ordinário e do poder público em geral, a fim de resguardar, ao menos, o núcleo essencial das assim designadas garantias institucionais. Para maior aprofundamento sobre o tema, cf. SARLET, I. W. *A Eficácia dos Direitos Fundamentais: uma teoria geral dos direitos fundamentais na perspectiva constitucional*, p. 187 e s. Defendendo a natureza de garantia institucional do SUS, cf. FIGUEIREDO, M. F., *Direito fundamental à saúde: parâmetros para sua eficácia e efetividade*, p. 45-46.

2. Em sentido semelhante, cf., no direito português, Acórdão n. 39/84 (*Diário da República*, 2ª série, de 05-05-1984), e os comentários de NOVAIS, J. R. *Os princípios constitucionais estruturantes da República Portuguesa*. Coimbra: Coimbra Ed., 2004, p. 312-313.

mental também significa que a efetivação do direito à saúde deve dar-se em conformidade aos princípios e às diretrizes pelos quais foi constitucionalmente instituído e estruturado, estabelecidos primordialmente pelos artigos 198 a 200 da CF[3].

2. Princípio da unidade do SUS

O princípio da unidade significa que o SUS é um sistema único, que procurou, exatamente pela unidade de que se reveste, superar as distorções dos modelos anteriores a 1988, quando sequer a noção de "sistema" se mostrava apropriada, já que a assistência à saúde foi por muito tempo marcada por uma grande fragmentação setorial (público *versus* privado), institucional (atuação simultânea, e por vezes contraposta, de diversos Ministérios) e de cobertura (inexistência de uniformidade nas prestações asseguradas)[4]. Sistema único, então, importa em que os serviços públicos de saúde se devem pautar e desenvolver sob um só comando (fala-se em "direção única" em cada esfera de governo), por intermédio de diretrizes e políticas comuns. O planejamento das ações e políticas de saúde deve ser compartilhado e integrado, coordenando-se a atuação dos entes federativos, ainda que resguardada a parcela de autonomia de cada um. O equilíbrio nesses arranjos institucionais é resultado de processos constantes de negociação e pactuação entre os gestores, cujas principais instâncias são as Comissões Intergestores Bipartite, Tripartite e, mais recentemente, Regionais. Outrossim, o princípio da unidade incide também sobre a esfera privada, já que os recursos humanos, as ações e os serviços de saúde ofertados, bem como a capacidade instalada, os investimentos e o desempenho das instituições privadas devem ser computados no "Mapa da Saúde" (Dec. 7.508/2011, arts. 2º, 16 e 17), para fins de planejamento e identificação das necessidades da saúde da população em determinado espaço geográfico – mantendo-se assim a visão do todo.

3. Princípios da descentralização, da regionalização e da hierarquização do SUS

Conquanto único, o SUS é constituído por uma rede regionalizada e hierarquizada que, preservada a direção única em cada esfera de governo, atua segundo os princípios da descentralização, regionalização e hierarquização dos serviços e ações de saúde. A atuação descentralizada e sob a forma de rede regionalizada de serviços – portanto, não concentrada – permite a adaptação das ações e dos serviços de saúde às necessidades locais, não somente quanto a aspectos operacionais, como em termos epidemiológicos, assim atendendo às diretrizes da Organização Mundial de Saúde (OMS) e às reivindicações do Movimento de Reforma Sanitária[5]. Há um evidente liame entre a estrutura constitucional do SUS e o princípio federativo, que no Brasil tem a peculiaridade do terceiro nível de poder formado pelos Municípios. A municipalização foi a principal forma pela qual se concretizou a descentralização da assistência à saúde nos anos iniciais de implementação do SUS. Nos últimos anos, contudo, observa-se uma tendência de incremento do princípio da regionalização, com iniciativas que permitem a criação de redes de assistência e cuidados não limitadas obrigatoriamente às fronteiras interfederativas e que, por essa flexibilidade, tendem a melhor adaptar-se às necessidades da população e às possibilidades de oferta compartilhada de serviços pelos entes públicos envolvidos.

A hierarquização, por sua vez, é termo técnico do setor sanitário que indica a divisão em níveis crescentes de complexidade[6], assinalando que o acesso aos serviços de saúde deve ocorrer a partir dos mais simples em direção aos níveis mais altos de complexidade da assistência oferecida, de acordo com o caso concreto e ressalvadas as situações de urgência. A assistência à saúde deve ser prestada de modo articulado e contínuo, com a coordenação dos recursos humanos e materiais oferecidos ao paciente, de modo que possa ser adequadamente direcionado e acompanhado dentro do sistema, de acordo com suas exigências de saúde. De sua vez, a assistência organiza-se sob a forma de Redes de Atenção à Saúde, com acesso definido ("Portas de Entrada"), articulação dos cuidados prestados e incremento da gestão.

Numa análise mais abrangente, verifica-se que os princípios da descentralização, regionalização e hierarquização do SUS conectam-se aos princípios constitucionais da subsidiariedade e eficiência, respaldando a execução das ações e dos serviços de saúde pelo(s) ente(s) que possua(m) as condições de assegurar a melhor assistência, segundo arranjos institucionais pactuados entre os próprios gestores. Os princípios da descentralização, regionalização e subsidiariedade dialogam com as regras constitucionais e legais de distribuição de competências no âmbito do SUS: se o dever de "cuidar da saúde" é competência comum de todos os entes federativos (CF, art. 23, II), a organização dos serviços e a prestação da assistência devem atender às diretrizes de descentralização, regionalização e hierarquização (CF, art. 198, *caput* e I), segundo os princípios da subsidiariedade e eficiência. Como parâmetro geral, portanto, pode-se dizer que a responsabilidade pela execução das ações e dos serviços de saúde, inclusive quanto ao fornecimento de bens materiais, cumpre precipuamente aos Estados e Municípios, cabendo à União atuar em caráter supletivo e subsidiário. Isso não impede, porém, que se endosse o entendimento jurisprudencial acerca da responsabilidade solidária dos entes federativos pela assistência à saúde, muito embora deva ser feita a ressalva de que tal solidariedade deva ser filtrada e har-

---

3. Fazendo uma análise geral sobre os princípios do SUS, cf. FIGUEIREDO, M. F., op. cit., p. 96-102; e, mais recentemente: FIGUEIREDO, M. F. *Direito à Saúde*. Leis 8.080/1990 e 8.142/1990, arts. 6º e 196 a 200 da Constituição Federal. 5. ed. rev. e atual. Salvador: Juspodivm, 2018.

4. Para uma análise mais aprofundada acerca das características que marcaram a assistência à saúde no Brasil antes do SUS, enfatizando a fragmentação setorial, institucional e da cobertura, cf. FIGUEIREDO, M. F. *O Sistema Único de Saúde e o princípio da sustentabilidade: interconexões e perspectivas acerca da proteção constitucional da saúde*. Porto Alegre, 2013, 281 f. (tese de doutorado apresentada ao Programa de Pós-Graduação em Direito da Pontifícia Universidade Católica do Rio Grande do Sul – PPGD/PUCRS).

5. A VIII Conferência Nacional de Saúde já sugeria que o novo sistema de saúde, depois configurado no SUS, deveria "ser organizado com base epidemiológica e ter prioridades claramente definidas em função das necessidades locais e regionais", além de "estruturar-se com base nos conceitos de descentralização, regionalização e hierarquização – só centralizar o que realmente não for possível descentralizar", conforme referência de RAEFFRAY, A. P. O. *Direito da saúde de acordo com a Constituição Federal*, p. 285.

6. SCHWARTZ, G. A. D. *Direito à saúde: efetivação em uma perspectiva sistêmica*. Porto Alegre: Livraria do Advogado, 2001, p. 108.

monizada com o princípio federativo (em especial, em homenagem ao sistema constitucional de repartição de competências) e com os princípios da subsidiariedade e eficiência.

4. Princípio da integralidade do atendimento no SUS

A integralidade de atendimento no SUS normalmente comporta dois significados principais. Primeiro, a integralidade do atendimento reflete a ideia de que as ações e os serviços de saúde devem ser tomados como um todo, harmônico e contínuo, a fim de que sejam simultaneamente articulados e integrados em todos os aspectos (individual e coletivo; preventivo, curativo e promocional; local, regional e nacional) e níveis de complexidade do SUS[7]. É o que preconiza a Lei n. 8.080/1990 (art. 7º, II). A integralidade, aqui, relaciona-se com a hierarquização da assistência à saúde, com a unidade que perpassa o planejamento em saúde, e mesmo com a "capacidade de resolução dos serviços em todos os níveis de assistência" (Lei n. 8.080/1990, art. 7º, XII). A integralidade de atendimento se refere ao alcance da cobertura assegurada pelo SUS, e é o texto constitucional que explicita a garantia de "atendimento integral" (CF, art. 198, II). Portanto, a integralidade de atendimento determina que a cobertura oferecida pelo SUS deve ser a mais ampla possível, o que evidentemente não afasta a existência de alguns limites, sobretudo técnicos, como no caso dos medicamentos e tratamentos experimentais, ou mesmo no que diz com a imposição de um dever genérico de prestação que inclua qualquer tipo de tratamento reclamado pelos pacientes. Deve-se ter presente que o "novo" nem sempre é sinônimo de "adequado" nem de "melhor"[8], e as controvérsias acerca da inclusão de novas tecnologias no sistema público de saúde não são exclusividade do SUS, mas permeiam o debate em diversos outros países. Critério comumente aceito e utilizado na incorporação de novos produtos à cobertura disponibilizada, tanto pela rede pública quanto pelos planos privados de saúde, é a chamada "Medicina Baseada em Evidências" (*Evidence Based Medicine*), segundo a qual são estabelecidos níveis de certeza científica acerca da eficácia e segurança de novas tecnologias que chegam ao mercado da saúde (medicamentos, próteses, órteses, exames, insumos etc.). Nesse aspecto, vigoram também os princípios da razoabilidade e da eficiência, pois não se pode considerar razoável um tratamento cuja eficiência (aqui não sob uma ótica economicista e utilitarista) não seja comprovada, ou que acarrete sérios riscos à saúde da coletividade, por exemplo. Além disso, instrumentos concretos auxiliam na identificação do alcance da cobertura prestada pelo SUS, como é o caso da Relação Nacional de Ações e Serviços de Saúde (RENASES) e da Relação Nacional de Medicamentos Essenciais (RENAME)[9]. De outra parte, releva notar que a integralidade em saúde se relaciona com os princípios da precaução e da prevenção[10], por sua vez estreitamente ligados às noções de eficácia e segurança. Observe-se que o próprio texto constitucional determina prioridade às atividades preventivas, tanto no sentido mais restrito das ações de medicina preventiva quanto, de forma mais ampla, prevendo diversas ações de vigilância e polícia sanitária (art. 200, I, II, VI, VII e VIII) – como ocorre nas atividades de controle de fronteiras, liberação de produtos para consumo humano, registro de medicamentos, além de medidas voltadas à prestação de saneamento básico e à garantia de um ambiente sadio e equilibrado.

5. Participação da comunidade no SUS

Além disso, o SUS se caracteriza pela participação direta e indireta da comunidade, tanto no que respeita à definição, quanto relativamente ao controle das ações e políticas de saúde (controle social). Isso acontece por meio dos representantes da sociedade civil junto às Conferências de Saúde, que têm competência para fazer proposições às políticas de saúde em cada nível da federação; perante os Conselhos de Saúde, que atuam no planejamento e controle do SUS, inclusive quanto ao financiamento do sistema, bem como na viabilização de um canal para a participação popular, com análise de propostas e denúncias; e, ainda, no âmbito das agências reguladoras – de que são exemplos a Agência Nacional de Vigilância Sanitária (ANVISA), a Câmara de Saúde Suplementar da Agência Nacional de Saúde Suplementar (ANS), o Conselho Nacional de Meio Ambiente (CONAMA) etc. Trata-se da densificação de uma especial função dos direitos fundamentais, que, no contexto dos direitos a prestações em sentido amplo, atuam como direitos de participação na organização e no procedimento. A participação da comunidade no SUS evidencia a faceta democrático-participativa do direito à saúde, retomando a ideia de um *status activus processualis* tal qual defendida, de há muito, por Peter Häberle[11]. Por meio da participação direta (ainda que admitidas eventuais limitações de ordem concreta) a Constituição assegura que os próprios indivíduos participem do processo de definição das políticas públicas de saúde, intervindo sobre o que será a efetivação desse direito fundamental, além de posteriormente exercerem o controle dessas mesmas ações.

6. Agentes comunitários de saúde e agentes de combate às endemias

Os agentes comunitários de saúde e os agentes de combate às endemias normalmente se vinculam às Secretarias Municipais de Saúde, que são os órgãos de gestão local do SUS, muito embora a Lei n. 11.350/2006 autorize a vinculação direta com ór-

---

7. Nesse sentido, cf. SCHWARTZ, G. A. D., op. cit., p. 108; e PAULI, L. T. S.; ARTUS, S. C.; BALBINOT, R. A. A Perspectiva do Processo Saúde/Doença na Promoção de Saúde da População. *Revista de Direito Sanitário*, v. 4, n. 3, p. 32, nov. 2003.

8. Para maior aprofundamento, consultar SARLET, I. W.; FIGUEIREDO, M. F. Reserva do possível, mínimo existencial e direito à saúde: algumas aproximações. In: SARLET, I. W.; TIMM, L. B. (org.). *Direitos Fundamentais: orçamento e "reserva do possível"*. 2. ed. rev. e ampl. Porto Alegre: Livraria do Advogado, 2010, p. 44-46. A respeito da jurisprudência sobre o assunto, cf. item 7 do comentário introdutório da Seção II – Da saúde, *supra*.

9. A RENASES e a RENAME são previstas e regulamentadas pelos arts. 21 a 24, e 25 a 29, respectivamente, do Decreto n. 7.508/2011.

10. Oportuna, aqui, a sintética distinção proposta por CASAUX-LABRUNÉE, L. a respeito dos dois princípios: enquanto a precaução visa limitar os riscos ainda hipotéticos ou potenciais, o princípio da prevenção atrela-se ao controle dos riscos já verificados – sendo princípios complementares, portanto. (Le "droit à la santé". In: CABRILLAC, R. et al. *Libertés et droits fondamentaux*. 6. ed. Paris: Dalloz, 2000, p. 627-629).

11. Sobre os direitos de participação na organização e procedimento, ver SARLET, I. W. *A Eficácia dos Direitos Fundamentais: uma teoria geral dos direitos fundamentais na perspectiva constitucional*, p. 201 e s.

gão ou entidade dos demais entes federados, aí abrangidas autarquias e fundações públicas. Os agentes comunitários de saúde integram a equipe multiprofissional que atua na atenção básica à saúde, desenvolvendo atividades de prevenção e promoção, mediante ações domiciliares ou comunitárias, individuais ou coletivas, tais como: educação para a saúde; registro de nascimentos e óbitos, bem assim de doenças e agravos à saúde, para fins de controle e planejamento das ações e serviços de saúde (controle epidemiológico), inclusive por meio de visitas domiciliares periódicas para monitoramento de riscos às famílias; incentivo à participação da comunidade nas políticas de saúde e de promoção da qualidade de vida.

De acordo com a Lei n. 14.536/2023, são considerados profissionais de saúde, com profissões regulamentadas, inclusive para efeito da acumulação de cargos públicos autorizada pelo art. 37, XVI, "c", da Constituição. Atuação com a chamada "Educação Popular em Saúde", que abrange práticas político-pedagógicas voltadas para a promoção, a proteção e a recuperação da saúde, num contexto de fomento do diálogo entre saberes culturais, sociais e científicos, e valorização dos saberes populares. Nesse sentido, os agentes comunitários de saúde desempenham um papel central de interação entre a comunidade e os serviços de saúde[12], buscando ampliar o acesso da população assistida, inclusive no que diz respeito a informações em saúde, numa concepção mais ampla de promoção da cidadania. Conquanto integrada a ações de planejamento nacional, a atuação dos agentes comunitários de saúde permite a adaptação e adequação da assistência à saúde às necessidades locais, e mesmo comunitárias, com especial enfoque às situações de risco das famílias mais vulneráveis (desnutrição, diarreia, cólera, doenças infectocontagiosas em geral)[13].

Já os agentes de combate às endemias exercem funções de vigilância, prevenção e controle de doenças, em busca da promoção da saúde e do controle de doenças e agravos à saúde. Além de atuações mais conhecidas, como a atuação em campanhas de combate à dengue, zika, chikungunya, raiva, febre amarela, leishmaniose e malária, os agentes de combate a endemias também atuam no levantamento da base de dados de imóveis, para planejamento e definição das estratégias de prevenção e controle de doenças; na prestação de informações e, quando necessário, na execução de ações de manejo ambiental, com utilização de medidas de controle químico e biológico para combate a vetores de doenças, bem como identificação de situações com relevância epidemiológica, especialmente fatores ambientais. Também atuam em questões relacionadas à saúde animal, mas com relevante repercussão sobre a saúde humana, como ocorre nas ações de planejamento, avaliação, coleta de amostras e investigação de zoonoses. Devem atuar de maneira integrada com os agentes comunitários de saúde e com as equipes de saúde da família, orientando e incentivando a participação ativa da comunidade nas ações de vigilância em saúde.

Em termos dogmáticos, o papel dos agentes comunitários de saúde e dos agentes de combate a endemias retoma, em certo sentido, a ideia de um *status activus processualis*, por permitir a participação e a intervenção direta dos próprios indivíduos nos procedimentos e ações organizados pelo Estado com finalidade de atendimento às prestações decorrentes do direito à saúde, dentro do contexto mais amplo das políticas públicas de efetivação dos direitos fundamentais[14].

7. Pisos salariais nacionais dos profissionais de saúde

Em 2022, a promulgação das Emendas Constitucionais n. 120, 124 e 127 introduziu novos dispositivos ao texto do art. 198 da Constituição, destinados à garantia de financiamento e pagamento de piso salarial nacional para categorias de profissionais de saúde. Aos agentes comunitários de saúde e agentes de combate a endemias reconheceu-se o direito à percepção de vencimento não inferior a 2 (dois) salários mínimos (§ 9º), acrescido de adicional pelo exercício de atividades insalubres (§ 10). Caberá à União arcar com os recursos destinados ao pagamento do vencimento desses profissionais (§ 7º), consignando no orçamento geral dotação própria e exclusiva para tanto (§ 8º). Os recursos financeiros repassados pela União aos entes subnacionais para pagamento de quaisquer vantagens remuneratórias a esses profissionais não serão incluídos no cálculo para fins do limite de despesa com pessoal (§ 11).

De sua vez, o novo § 12 do art. 198 da Constituição assegurou a instituição, por lei federal, de piso salarial nacional para enfermeiros, técnicos de enfermagem, auxiliares de enfermagem e parteiras. A matéria foi regulamentada pela Lei n. 14.434/2022. Além disso, o novo § 14 atribui à União o dever de prestar assistência financeira complementar, aos entes subnacionais, às entidades filantrópicas, e aos prestadores de serviços contratualizados que atendam a, pelo menos, 60% (sessenta por cento) de pacientes do SUS, a fim de que possam fazer frente ao pagamento do piso nacional dos profissionais ligados à enfermagem. Esses recursos deverão ser consignados no orçamento geral da União com dotação própria e exclusiva (§ 15). Em virtude da inserção do referido § 15 no art. 198, CF, houve ainda alterações – promovidas pela EC n. 127/2022 – do art. 38 e do 107, § 6º (inclusão de sexto inciso) do ADCT, do art. 5º da EC n. 109/2021, além da previsão, no art. 4º do corpo da própria EC n. 127/2022, da possibilidade de utilização, como fonte para pagamento da assistência financeira complementar de que trata o § 15, dos recursos vinculados ao Fundo Social (art. 49 da Lei n. 12.351/2010) ou de lei que venha a substituí-la, sem prejuízo à parcela que estiver destinada à área da educação. Ainda, de acordo com o parágrafo único do art. 4º, os recursos mencionados serão acrescidos ao

---

12. Para maior aprofundamento, cf. MELAMEDI, C. Programa de Agentes Comunitários de Saúde. In: FUJIWARA, L. M.; ALESSIO, N. L. N.; FARAH, M. F. S. (orgs.). *20 Experiências de Gestão Pública e Cidadania*. São Paulo: Programa Gestão Pública e Cidadania, 1998. Disponível in: http://inovando.fgvsp.br/conteudo/documentos/20experiencias1997/11%20-%20agentes.pdf, p. 4. Defendendo a necessidade de observância do concurso público como forma de acesso aos cargos públicos de agente de saúde e de agente de combate às endemias, cf. VARGAS, D. M.; RODRIGUES, G. A. F. Uma discussão a respeito dos agentes comunitários de saúde e de combate a endemias – A Emenda Constitucional n. 51/2006 e a Lei n. 11.350/06. *Interesse Público*, n. 47, p. 241-263, 2008.

13. Idem, p. 5/6.

14. Sobre o *status activus processualis*, cf. CANOTILHO, J. J. G. Constituição e Défice Procedimental. In: ____ *Estudos sobre Direitos Fundamentais*. Coimbra: Almedina, 2004, p. 69-84. Sobre os direitos de participação na organização e procedimento, ver o nosso *A Eficácia dos Direitos Fundamentais*, p. 211 e s.

montante aplicado nas ações e serviços públicos de saúde, nos termos da LC n. 141/2012, ou de LC que venha a substituí-la, com a ressalva de que não serão computados para fins dos recursos mínimos de que trata o § 2º do art. 198 da CF, objeto deste comentário.

Na jurisprudência do STF, a fixação de piso salarial nacional para essas categoriais profissionais gerou uma série de discussões. Julgando o Tema 1.132 (RE n. 1.279.765/BA), o STF reconheceu a constitucionalidade da fixação do piso salarial nacional para os agentes comunitários de saúde e agentes de combate a endemias, restando pendente, porém, a fixação da tese. A proposta feita pelo Relator, Min. Alexandre de Moraes, é no sentido de assegurar a aplicação do piso nacional aos profissionais que sejam servidores estatutários dos entes subnacionais, considerando-se como "piso salarial" a remuneração mínima, composta pela soma do vencimento do cargo e da gratificação por avanço de competências. Essa remuneração corresponde ao exercício da jornada de 40 horas semanais e deverá ser integralmente dedicada a ações e serviços de promoção da saúde, vigilância epidemiológica e combate a endemias, nos termos do art. 9º-A da Lei n. 11.350/2006. À União cabe prestar auxílio financeiro aos entes subnacionais, fixado no patamar de 95% (noventa e cinco) do piso salarial desses profissionais e repassado por transferências fundo-a-fundo. No caso do piso salarial dos profissionais de enfermagem, recente decisão reapreciou a liminar inicialmente concedida no âmbito da ADI 7.222/DF, para restabelecer os efeitos da Lei n. 14.434/2022 e com isso assegurar que seja integralmente aplicada quanto ao pagamento do piso salarial nacional para os profissionais que sejam servidores civis da União, de suas autarquias ou fundações públicas. Com relação aos profissionais que sejam servidores dos entes subnacionais e suas autarquias, ou que sejam contratados das entidades privadas que prestam atendimento a 60% (sessenta por cento), pelo menos, de pacientes do SUS, determinou o STF que a diferença resultante da implementação do piso salarial nacional seja custeada integralmente com recursos provenientes da assistência financeira prestada pela União. Finalmente, quanto aos profissionais celetistas em geral, atuantes junto à iniciativa privada, reconheceu o STF que a aplicação da Lei n. 14.434/2022 possa ser excepcionada por convenção, em negociação coletiva, de modo a se evitarem demissões em massa e o próprio comprometimento dos serviços de saúde.

Art. 198, §§ 1º a 3º (ver página 2021).

Fernando Facury Scaff
Luma Cavaleiro de Macedo Scaff

1. Origem do texto

O texto do *caput* e seus incisos são originários da Constituição de 1988. Em 2000, a Emenda Constitucional n. 29/2000 incluiu os três parágrafos ao dispositivo em comento.

2. Constituições brasileiras anteriores

Art. 5º, XIX, *c*; art. 10, II, da Constituição de 1934; art. 16, XXVII; art. 18, *c*; art. 140 da Constituição de 1937; art. 5º, XV, *b*, art. 31, V, *b*; art. 157, XVI, da Constituição de 1946; art. 8º, XIV e XVII, *c*; art. 20, III, *c*; art. 158, XV, XVI, § 1º e § 2º, da Constituição de 1967; art. 21, § 2º, I; art. 25, § 4º; art. 165, XVI e parágrafo único, da Constituição de 1967, com a Emenda Constitucional de 1969.

3. Preceitos constitucionais correlacionados da Constituição de 1988

Art. 157; art. 159; art. 194; art. 195; art. 196; art. 197; art. 198; art. 199; art. 200; art. 201; art. 202; art. 77 ADCT.

4. Legislação

Lei n. 8.080/90; Lei n. 8.142/90.

5. Jurisprudência

HC 81.912, Rel. Min. Carlos Velloso, julgamento em 20-8-02, *DJ* de 13-9-02; RE 195.192, Rel. Min. Marco Aurélio, julgamento em 22-2-00, *DJ* de 31-3-00; RE 196.982, Rel. Min. Néri da Silveira, julgamento em 20-2-97, *DJ* de 27-6-97; RE 261.268, Rel. Min. Moreira Alves, julgamento em 28-8-01, *DJ* de 5-10-01; ADI 2.894-MC, Rel. Min. Sepúlveda Pertence, julgamento em 7-8-03, *DJ* de 17-10-03.

6. Bibliografia

ARAUJO, Luiz Alberto David e NUNES JÚNIOR, Vidal Serrano. *Curso de Direito Constitucional*. 8. ed. São Paulo: Saraiva, 2004.

BONAVIDES, Paulo. *Curso de Direito Constitucional*. 12. ed. São Paulo: Malheiros, 2002.

CONTI, José Maurício (org.). *Federalismo Fiscal*. São Paulo: Manole, 2003.

DEODATO, Alberto. *Manual de Ciência das Finanças*. 20. ed. São Paulo: Saraiva, 1984.

NÓBREGA, Manoel. *Lei de Responsabilidade Fiscal e Leis Orçamentárias*. São Paulo: Juarez de Oliveira, 2002.

OLIVEIRA, Regis Fernandes de. *Curso de Direito Financeiro*. São Paulo: Revista dos Tribunais, 2006.

PEREIRA, José Matias. *Finanças Públicas*: A Política Orçamentária no Brasil. São Paulo: Atlas, 2003.

REZENDE, Fernando. *Finanças Públicas*. 2. ed. São Paulo: Atlas, 2002.

ROSA JÚNIOR, Luiz Emygdio F. *Manual de Direito Financeiro & Tributário*. 14. ed. Rio de Janeiro: Renovar, 2000.

SCAFF, Fernando Facury. As Contribuições Sociais e o Princípio da Afetação. *Revista Dialética de Direito Tributário*, São Paulo: Dialética, v. 98, 2003.

_____. Para além dos direitos fundamentais do contribuinte: o STF e a vinculação das contribuições. In: SCHOUERI, Luís Eduardo (org.). *Direito Tributário – Homenagem a Alcides Jorge Costa*. São Paulo: Quartier Latin, 2003, v. 2.

_____ (Org.). *Constitucionalizando Direitos – 15 anos da Constituição Brasileira de 1988*. Rio de Janeiro e São Paulo: Renovar, 2003.

_____. Como a Sociedade Financia o Estado para a Implementação dos Direitos Humanos? In: COUTINHO, Jacinto N. M.; MORAIS, J. L. Bolzan e STRECK, Lenio L. (orgs.). *Estudos Constitucionais*. Rio de Janeiro: Renovar, 2007.

SILVA, José Afonso da. *Curso de Direito Constitucional Positivo*. 20. ed. São Paulo: Malheiros, 2002.

TORRES, Ricardo Lobo. *Curso de Direito Financeiro e Tributário*. Rio de Janeiro: Renovar, 2005.

7. Anotações

1. A norma em estudo trata do específico sistema de financiamento do direito à saúde que integra, por sua vez, a seguridade social.

O sistema de proteção social previsto pela Constituição Federal (art. 194) tem por base três espécies de ações: à saúde (arts. 196 a 200), à previdência (arts. 201 e 202) e à assistência social (art. 203) por meio de um conjunto de ações integradas públicas e privadas.

Assim, para a manutenção desse sistema, a Constituição vigente estabeleceu um modelo misto de financiamento, prescrevendo no seu art. 195 que a seguridade social será suportada por toda a sociedade, com recursos provenientes tanto do orçamento fiscal das pessoas políticas como por meio de imposições de contribuições sociais. Este financiamento tem por base o princípio da solidariedade, pois congrega recursos públicos e privados.

2. A saúde é direito de todos e dever do Estado, de modo que a este cabe garantir políticas sociais e econômicas que visem à redução do risco de doenças e de outros agravos, assim como o acesso universal e igualitário a essas ações e serviços para sua promoção, proteção e recuperação, na forma do art. 196.

A saúde é estruturada através de um sistema único, regionalizado e hierarquizado, nos moldes da Lei n. 8.080/90, que regulamenta o Sistema Único de Saúde (SUS).

O SUS implica ações e serviços federais, estaduais e municipais e deve estar pautado nas seguintes diretrizes:

– Descentralização com direção única em cada esfera de governo, com vistas ao modelo de federalismo brasileiro. A direção do SUS é única (art. 198, I, CF), sendo exercida em cada esfera de governo pelos seguintes órgãos: I – no âmbito da União, pelo Ministério da Saúde; II – no âmbito dos Estados e do Distrito Federal, pelas respectivas Secretarias de Saúde ou órgãos equivalentes; e III – no âmbito dos Municípios, pelas respectivas Secretarias de Saúde ou órgãos equivalentes.

– Atendimento integral, com prioridade para as atividades preventivas, de caráter universal, de modo que o Estado deve assegurar para todos o acesso às medidas de prevenção de doenças e de outros agravos.

– Participação da comunidade, em razão do princípio da solidariedade.

3. O § 1º do art. 198 dispõe que o sistema é financiado com recursos do orçamento da seguridade social da União, dos Estados, do Distrito Federal e dos Municípios, além de outras fontes.

A expressão "além de outras fontes" expande as formas de aquisição de recursos para o financiamento da seguridade social, o que deve ser estudado conjuntamente com o art. 154, I, e o art. 194, § 4º, da Constituição Federal, bem como com o art. 195. A proposta de orçamento da seguridade social deve ser elaborada de forma integrada pelos órgãos responsáveis pela saúde, previdência e assistência social, assegurada a cada uma destas áreas a gestão de seus recursos.

4. O § 2º estabelece o patamar mínimo de recursos que os entes subnacionais devem aplicar nas ações de saúde.

Para a União, o montante será estabelecido nos termos de lei complementar.

Para os Estados e o Distrito Federal, a base de cálculo do percentual a ser aplicado será a totalidade de sua receita de impostos (art. 155), além de sua receita transferida, decorrente dos repasses constantes dos arts. 157 e 159, I, *a*, e II, abatidos os valores que o Estado vier a transferir aos Municípios.

Já a base de cálculo do percentual a ser aplicado pelos Municípios será composta por sua receita tributária com impostos (art. 156), bem como a receita transferida que receber na forma dos arts. 158 e 159, I, *b*, e § 3º.

5. Estabelecidas as bases de cálculo dos percentuais, na forma acima descrita, cabe perguntar: Quais são esses percentuais?

Lei complementar estabelecerá esses percentuais, na forma prescrita pelo § 3º. Essa lei complementar, quando vier a ser editada, terá dentre suas disposições algumas de caráter temporário, pois o preceito constitucional determina sua reavaliação a cada 5 anos.

Enquanto não for editada essa lei complementar, o art. 77 do ADCT, incluído pela mesma emenda, estabeleceu o percentual de 5% para a União; 12% para os Estados e 15% para os Municípios. A vigência supletiva desses percentuais é assegurada pelo § 5º do art. 77 do ADCT.

Art. 199. A assistência à saúde é livre à iniciativa privada.

§ 1º As instituições privadas poderão participar de forma complementar do sistema único de saúde, segundo diretrizes deste, mediante contrato de direito público ou convênio, tendo preferência as entidades filantrópicas e as sem fins lucrativos.

§ 2º É vedada a destinação de recursos públicos para auxílios ou subvenções às instituições privadas com fins lucrativos.

§ 3º É vedada a participação direta ou indireta de empresas ou capitais estrangeiros na assistência à saúde no País, salvo nos casos previstos em lei.

§ 4º A lei disporá sobre as condições e os requisitos que facilitem a remoção de órgãos, tecidos e substâncias humanas para fins de transplante, pesquisa e tratamento, bem como a coleta, processamento e transfusão de sangue e seus derivados, sendo vedado todo tipo de comercialização.

Ingo Wolfgang Sarlet
Mariana Filchtiner Figueiredo

1. A participação da iniciativa privada na prestação da assistência à saúde

O artigo 199 assegura a participação da iniciativa privada na prestação da assistência à saúde no país. Trata-se de norma que deve ser interpretada em conjunto com outros dispositivos constitucionais, valendo destacar a necessidade de conformação com os princípios gerais da atividade econômica (CF, art. 170) e o caráter indisponível de que se revestem as ações e os serviços de saúde (art. 197). Isso significa que, se há liberdade de exploração da assistência à saúde como atividade econômica e segundo as regras do mercado, trata-se de liberdade que se deve dirigir à garantia de existência digna, segundo os princípios de defesa do consumidor e do meio ambiente, além da busca de redução das desigualdades regionais e sociais. Ademais, cuida-se de atividade cujo objeto mantém a característica fundamental de sua indisponibilidade, já que a assistência à saúde concretiza algumas das condições pelas quais se assegura a própria vida. Essa justaposição de normas jurídicas indica a pluralidade de interesses em jogo quando se tem a participação da iniciativa privada na prestação de assistência à saúde, razão pela qual é comum a referência à expressão "*mix* público-privado" para denotar o arranjo institucional das relações jurídicas entre o setor público e a iniciativa privada no que concerne à assistência à saúde em certo tempo, lugar e sistema jurídico.

No caso brasileiro, há basicamente duas formas pelas quais a iniciativa privada atua na efetivação do direito à saúde: a participação complementar, mediante contrato de direito público ou convênio, em que privilegiadas as entidades filantrópicas e aquelas sem fins lucrativos; e a designada "saúde suplementar", em que a assistência é prestada diretamente por operadoras de planos e seguros de saúde, a partir de contrato firmado com o interessado, nos termos da Lei n. 9.656/1998 e em conformidade às diretrizes (e fiscalização) da Agência Nacional de Saúde Suplementar (ANS)[1]. Desde logo se constata que a "saúde complementar" envolve uma atividade delegada à iniciativa privada, que atua em lugar do Poder Público, nos termos por este fixados, via convênio ou contrato administrativo. Os serviços privados de assistência à saúde devem observar "os princípios éticos e as normas expedidas pelo órgão de direção do Sistema Único de Saúde (SUS) quanto às condições para seu funcionamento" (Lei n. 8.080/1990, art. 22), enquanto os prestadores se submetem aos princípios correntes do direito administrativo, inclusive no que se refere à eventual responsabilização na forma do artigo 37, § 6º, da CF[2]. Na participação complementar, a Constituição estabelece uma preferência em favor das entidades filantrópicas e sem fins lucrativos, além de vedar expressamente a destinação de recursos públicos para auxílios ou subvenções em favor de instituições privadas com fins lucrativos. A participação direta ou indireta de empresas ou capitais estrangeiros na assistência à saúde só é permitida nos casos previstos em lei, estando vedada nas demais hipóteses. Contudo, o elenco dessas exceções sofreu elasticimento com a nova redação dada pela Lei n. 13.907/2015 ao texto do art. 23 da Lei n. 8.080/1990, inclusive com a previsão de uma cláusula de abertura aos "demais casos previstos em legislação específica"[3]. De modo diverso, na saúde suplementar a assistência à saúde é estabelecida em decorrência de contrato privado, firmado entre a pessoa interessada (individual ou coletivamente[4]) e a operadora de plano ou seguro de saúde. Todavia, a sujeição às normas do SUS e aos princípios de direito administrativo não acontece sem quaisquer restrições – o que aqui não significa que o tema não mereça maior aprofundamento, sobretudo em função da proteção aos direitos à vida e à saúde[5] –, já que incidem princípios como a autonomia das partes, inclusive para justificar, *contrario sensu*, o reconhecimento de uma liberdade (fundamental) de não contratação, no sentido de que ninguém possa ser obrigado a contratar um plano de saúde, assim como da liberdade de exercício profissional[6].

---

1. Vinculada à ANS, funciona a Câmara de Saúde Suplementar (CAMSS), órgão de caráter permanente e consultivo, do qual participam representantes do Poder Público, das operadoras de saúde e da sociedade civil, como entidades de classe, associações, sindicatos etc. (Lei n. 9.961/2000, art. 5º, parágrafo único, e art. 13). Para informações sobre sua composição atual, conferir: http://www.ans.gov.br/participacao-da-sociedade/camss-camara-de-saude-suplementar/composicao-da-camara-de-saude-suplementar, acesso em 02-04-2018. Além disso, a ANS pode realizar audiências públicas, quando então os membros da sociedade civil (e agentes regulados) são chamados a participarem e darem diretamente sua opinião sobre os temas postos em discussão. Os Relatórios das Audiências Públicas também ficam à disposição de todos, mediante consulta na rede de computadores: http://www.ans.gov.br/participacao-da-sociedade/audiencias-publicas, acesso em 02-04-2018. Em termos dogmáticos, trata-se do direito à saúde na sua dimensão de direito à participação nas organizações públicas, criadas exatamente para possibilitar que seja adequadamente efetivado e protegido.

2. Nesse sentido, cf. GREGORI, M. S. *Planos de Saúde*: a ótica da proteção do consumidor. São Paulo: Revista dos Tribunais, 2007, p. 28 e 32-33.

3. O art. 23 da Lei n. 8.080/1990 passou a ter a seguinte redação: "Art. 23. É permitida a participação direta ou indireta, inclusive controle, de empresas ou de capital estrangeiro na assistência à saúde nos seguintes casos: I – doações de organismos internacionais vinculados à Organização das Nações Unidas, de entidades de cooperação técnica e de financiamento e empréstimos; II – pessoas jurídicas destinadas a instalar, operacionalizar ou explorar: *a*) hospital geral, inclusive filantrópico, hospital especializado, policlínica, clínica geral e clínica especializada; e *b*) ações e pesquisas de planejamento familiar; III – serviços de saúde mantidos, sem finalidade lucrativa, por empresas, para atendimento de seus empregados e dependentes, sem qualquer ônus para a seguridade social; e IV – demais casos previstos em legislação específica".

4. GREGORI, M. S., op. cit., p. 145 e s.

5. Como lembra Roberto Augusto Pfeiffer, a assistência prestada pelas operadoras de planos e seguros de saúde não perde o caráter de "serviço de relevância pública", determinado pelo artigo 197 da CF (PFEIFFER, R. A. C. Cláusulas Relativas à Cobertura de Doenças, Tratamentos de Urgência e Emergência e Carências. In: MARQUES, C. L.; LOPES, J. R. de L.; PFEIFFER, R. A. C. (orgs.) *Saúde e Responsabilidade: seguros e planos de assistência privada à saúde*. São Paulo: Revista dos Tribunais, 1999, p. 73). Exemplo de restrição se encontra nos artigos 30 e 31 da Lei n. 9.656/98, que cria regras sobre a manutenção dos planos ou seguros de saúde coletivos, não deixando ao desamparo os empregados despedidos sem justa causa e os aposentados – matéria que é hoje objeto do Tema 989, a ser decidida consoante a sistemática dos recursos repetitivos pelo STJ (*vide*: REsp n. 1.680.318/SP e REsp n. 1.708.104/SP, *DJe* de 02-03-2018). Para maior aprofundamento, cf. PASQUALOTO, A. A Regulamentação dos Planos e Seguros de Assistência à Saúde: uma interpretação construtiva. In: MARQUES, C. L.; LOPES, J. R. de L.; PFEIFFER, R. A. C. (orgs.) *Saúde e Responsabilidade*: seguros e planos de assistência privada à saúde. São Paulo: Revista dos Tribunais, 1999, p. 55 e s.

6. Nesse sentido, conferir importante precedente estabelecido pelo Superior Tribunal de Justiça, em que julgada abusiva a denominada "cláusula de exclusividade", por meio da qual se pretendia assegurar a fidelidade do profissional médico à cooperativa do plano de saúde, vedando que prestasse serviços fora dela. Além da violação aos princípios da liberdade de contratação, da livre-iniciativa e da livre concorrência, o acórdão afirmou que esse tipo de cláusula fere o direito à saúde, porque "cerceia o acesso àqueles médicos profissionais vinculados à cooperativa" (STJ, REsp n. 768.118/SC, Rel. Min. Luiz Fux, *DJe* 30-04-2008, votação unânime).

2. A saúde suplementar

De forma bastante sucinta, pode-se dizer que a saúde suplementar se caracteriza, entre outros, por uma assimilação do usuário do plano ou seguro de saúde ao consumidor e, com isso, pela transposição da tutela protetiva[7], assegurada pela intervenção direta do Estado no mercado da assistência à saúde[8] (dirigismo contratual[9]), cuja necessidade se agrava pela natureza indisponível do bem que constitui a finalidade do próprio contrato[10], qual seja, assegurar todo o tratamento possível, com vistas à manutenção ou recuperação da saúde do indivíduo, que busca o plano ou seguro de saúde na hipótese de ocorrência do evento[11]. Com razão esclarece a doutrina que a álea desses contratos está na necessidade da prestação (se será necessária ou não), e não na forma como se dará o cumprimento da obrigação de assistência assumida (qualidade, segurança e adequação do tratamento), havendo obrigação de resultado, qual seja, fornecer assistência adequada à proteção e/ou recuperação da saúde do usuário do plano ou serviço de saúde[12]. A interpretação das cláusulas contratuais segue as normas da legislação consumerista, sendo de frisar que a vulnerabilidade do usuário, nesse caso, envolve pelo menos dois aspectos: primeiro, a situação pessoal que possa estar enfrentando, já que a saúde constitui condição para a fruição dos demais direitos, ademais de incluir-se num padrão mínimo (mínimo existencial) a uma vida digna e com certa qualidade; segundo, a vulnerabilidade se agrava pela natureza dos contratos de planos e seguros de saúde, contratos cativos de longa duração, que se desenrolam por um período muito longo de tempo, gerando expectativas e dependência por parte do usuário e submetendo-se, não raras vezes, a sucessivos regramentos legais, na precisa lição de Cláudia Lima Marques[13]. Além disso, incidem aqui as normas consumeristas (protetivas) que asseguram o direito (e dever) de informação, a inversão do ônus da prova, a proteção contra cláusulas abusivas, a vigência da boa-fé objetiva como *standard* de conduta das partes, a proteção contra a lesão enorme e contra a alteração da base do negócio jurídico, inclusive pela aplicação da cláusula *rebus sic stantibus*, quando necessário[14]. O caráter duplamente indisponível do direito em causa, donde os imperativos constitucionais de tutela específica de proteção do consumidor (CF, art. 5º, XXXII), assim como de proteção da saúde individual e coletiva (CF, art. 196), ainda embasa a atuação do Ministério Público, das associações de classe e de entidades da sociedade civil na defesa dos interesses coletivos e difusos que a partir daí se configuram. Importa aqui relembrar que as ações e os serviços de saúde, ainda que prestados pela iniciativa privada, guardam a natureza pública e indisponível que lhes atribuiu a CF (art. 197), a determinar que a interpretação das cláusulas contratuais e o exame da responsabilidade pela execução adequada dos serviços de saúde devem submeter-se à dupla incidência da proteção fundamental do consumidor e do titular do direito à saúde. De qualquer sorte, é perceptível a tendência da jurisprudência no sentido de mitigar a autonomia contratual em favor da tutela do usuário-consumidor-paciente, impondo-se às operadoras de planos e seguros de saúde uma série de deveres voltados à plena assistência à saúde dos segurados, como questões relacionadas à extensão da cobertura dos contratos, aos períodos de carência, à manutenção do equilíbrio econômico-financeiro (especialmente quanto ao reajuste das mensalidades), entre outros, inclusive com a anulação judicial, por abusividade (Lei n. 8.078/90, art. 51), de cláusulas contratuais[15].

---

7. Cf. GREGORI, M. S., op. cit., p. 99 e s. Outrossim, como refere Cláudia Lima Marques, os artigos 3º e 35, § 2º (antiga redação) da Lei n. 9.656/1998 determinam a aplicação conjunta do Código de Defesa do Consumidor (Lei n. 8.078/1990) para a disciplina jurídica dos chamados "novos" contratos; quanto aos contratos "antigos", isto é, firmados antes da Lei n. 9.656/1998, a jurisprudência é uníssona em reiterar que somente é aplicável o Código de Defesa do Consumidor, sustentando a nobre jurista, contudo, que essa aplicação deva dar-se a partir de uma interpretação teleológica e renovada, em que os princípios protetivos da Lei n. 9.656/1998 iluminem a interpretação dos princípios gerais de proteção estabelecidos pela Lei n. 8.078/1990, num verdadeiro "diálogo das fontes" (expressão de Erik Jayme): "Em verdade, é apenas uma luz nova para preencher a norma antes existente e evitar o conflito, com a opção constitucional pelo valor mais alto em conflito nesta antinomia. Nunca é demais lembrar que o Código de Defesa do Consumidor tem origem constitucional e que, em caso de antinomia, a opção deve valorá-lo hierarquicamente, pois é direito fundamental do brasileiro a proteção de seus direitos como consumidor." CF. MARQUES, C. L. Conflito de Leis no Tempo e Direito Adquirido dos Consumidores de Planos e Seguros de Saúde. In: MARQUES, C. L.; LOPES, J. R. de L.; PFEIFFER, R. A. C. (orgs.). *Saúde e Responsabilidade*: seguros e planos de assistência privada à saúde. São Paulo: Revista dos Tribunais, 1999, p. 117-119. Esse entendimento foi corroborado pelo STF, tanto no julgamento dos embargos declaratórios opostos à cautelar concedida na ADI n. 1.931/DF (*DJe* de 20-11-2014) quanto, mais recentemente, no julgamento de mérito da mesma ADI n. 1.931/DF, em que inadmitida a aplicação da Lei n. 9.656/1998 aos contratos já vigentes (certidão de julgamento publicada no *DJe* de 07-02-2018).

8. Como lembra Maria Stella Gregori, "[a] regulação [...] é um trabalho contínuo [...], principalmente quando está em jogo um intrincado conflito de valores antagônicos, em que, de um lado, está a operação econômica, cujo equilíbrio deve ser preservado como meio de assegurar a utilidade da prestação à assistência à saúde contratualmente prometida e, de outro, está o interesse material do consumidor na preservação da sua saúde". Op. cit., p. 16.

9. A expressão é correntemente apontada pela doutrina, citando-se, por todos, PASQUALOTO, A. A., op. cit., p. 46 e s.

10. Nesse sentido, Andrea Lazzarini e Flavia Lefèvre são categóricas: "Não há como negar que os contratos de assistência médica representam interesses sociais, pois regulam as relações entre a iniciativa privada e a sociedade, dispondo sobre direitos zelados pela Constituição Federal nos dispositivos que têm por escopo garantir valores sociais fundamentais, e, por isso, exigem uma intervenção efetiva do Estado para que a consagração da Lei Maior ocorra." Cf. LAZZARINI, A.; LEFÈVRE, F. Análise sobre a Possibilidade de Alterações Unilaterais do Contrato e Descredenciamento de Instituições e Profissionais da Rede Conveniada. In: MARQUES, C. L.; LOPES, J. R. de L.; PFEIFFER, R. A. C. (orgs.). *Saúde e Responsabilidade*: seguros e planos de assistência privada à saúde. São Paulo: Revista dos Tribunais, 1999, p. 105.

11. Adalberto Pasqualoto resume a questão: "O fornecedor deve assegurar a efetividade da assistência, independentemente do êxito do tratamento. Para o segurado, o crédito deve ser certo, desde que ocorra o fato aleatório" (op. cit., p. 48).

12. Nesse sentido, cf. PASQUALOTO, A., ibidem; e MARQUES, C. L., op. cit., p. 125.

13. Cf. MARQUES, C. L., op. cit., especialmente p. 117-118.

14. Em sentido semelhante, ver GREGORI, M. S., op. cit., p. 97 e s.

15. No âmbito do Superior Tribunal de Justiça, a Súmula n. 302 enuncia: "É abusiva a cláusula contratual de plano de saúde que limita no tempo a internação hospitalar do segurado". Mais recentemente, novas súmulas reiteram a especial tutela do consumidor-usuário-paciente: Súmula 597: "A cláusula de plano de saúde que prevê carência para utilização dos serviços de assistência médica nas situações de emergência ou de urgência é considerada abusiva se ultrapassado o prazo máximo de 24 horas contado da data da contratação"; Súmula 608: "Aplica-se o Código de Defesa do Consumidor aos contratos de planos de saúde, salvo os administrados por entidades de autogestão"; e Súmula 609: "A recusa à cobertura securitária, sob a alegação de doença preexistente, é ilícita se não houve a exigência de exames médicos prévios à contratação ou a demonstração de má-fé do segurado". Além da jurisprudência colacionada no item 7 dos comentários à Seção II – Da saúde, *supra*, refiram-se, apenas a título exemplificativo, os seguintes precedentes: REsp n. 469.911/SP, *DJ* 10-03-2008 (abusividade da cláusula que limitava tempo de internação em UTI);

3. A disposição sobre o corpo humano

O artigo 199, § 4º, da CF, remete para a legislação ordinária a disciplina acerca das condições para a disposição sobre o corpo humano, aí incluídos os tecidos e as substâncias humanas, fixando que o incentivo aos programas de transplantes deve consistir política pública na área da saúde e vedando, ao mesmo tempo, todo tipo de comercialização a respeito – com o que recupera a antiga noção do homem como *res extra commercium*. Quanto aos transplantes, a Lei n. 9.434/97, com as alterações da Lei n. 10.211/2001, estabelece as condições para a disposição sobre o corpo humano, em vida e *post mortem*, assim como para a realização dos transplantes, tipificando como crime, entre outros, a remoção de órgãos, tecidos e partes do corpo humano que não observe os requisitos nela estipulados, e, em qualquer caso, a compra e venda de órgãos, tecidos e partes do corpo humano. No que concerne à coleta, ao processamento e à transfusão de sangue, o dispositivo constitucional foi regulamentado pela Lei n. 10.205/2001 que, além de disciplinar todas as etapas do processo de doação e transfusão de sangue, também se preocupou com a proteção do doador e do receptor, reiterando a proibição de comercialização do sangue e seus derivados. A conformação legislativa da norma, todavia, não exclui toda uma série de questões éticas e religiosas que perpassam qualquer debate nessa seara, cuja judicialização já começa a se fazer notar não apenas nas instâncias ordinárias, mas perante o próprio Supremo Tribunal Federal. Se os Tribunais já se deparavam com temas como o consentimento assistido e a (im)possibilidade de socorro em situações-limite (as transfusões de sangue em "testemunhas de Jeová", por exemplo), a matéria ganhou destaque, por conta do julgamento da ADI n. 3.510/DF pelo Supremo Tribunal Federal (*DJe* de 17-05-2010), em que, por maioria de votos, foi confirmada a constitucionalidade do artigo 5º da Lei n. 11.105/2005, que permite a utilização de células-tronco embrionárias, obtidas de embriões humanos produzidos por fertilização *in vitro*, para fins de pesquisa e terapia.

> **Art. 200.** Ao sistema único de saúde compete, além de outras atribuições, nos termos da lei:

I – controlar e fiscalizar procedimentos, produtos e substâncias de interesse para a saúde e participar da produção de medicamentos, equipamentos, imunobiológicos, hemoderivados e outros insumos;

II – executar as ações de vigilância sanitária e epidemiológica, bem como as de saúde do trabalhador;

III – ordenar a formação de recursos humanos na área de saúde;

IV – participar da formulação da política e da execução das ações de saneamento básico;

V – incrementar, em sua área de atuação, o desenvolvimento científico e tecnológico e a inovação;

VI – fiscalizar e inspecionar alimentos, compreendido o controle de seu teor nutricional, bem como bebidas e águas para consumo humano;

VII – participar do controle e fiscalização da produção, transporte, guarda e utilização de substâncias e produtos psicoativos, tóxicos e radioativos;

VIII – colaborar na proteção do meio ambiente, nele compreendido o do trabalho.

Ingo Wolfgang Sarlet
Mariana Filchtiner Figueiredo

Juntamente com os artigos 198 e 199, o artigo 200 da CF estabelece o delineamento constitucional do SUS, ao definir uma série de competências materiais do SUS, o que reforça a ideia de que ele é, em si mesmo, uma garantia institucional fundamental. Os incisos I, II, VI, VII e VIII relacionam-se às atividades de vigilância sanitária, senão o mais antigo, certamente um dos primeiros aspectos da saúde pública a tornar-se objeto de disciplinamento jurídico, inclusive no Brasil. Trata-se de uma função eminentemente protetiva, ligada ao dever estatal de proteção à saúde individual e pública pelo controle de substâncias, procedimentos, produtos e pessoas. Os incisos III e V, ao incorporarem a formação de pessoal e o desenvolvimento científico ao campo de abrangência do próprio SUS, salientam novamente o aspecto da unidade e planejamento compartilhado das políticas de saúde, ademais intersetorialidade que caracteriza o setor, evidenciando o elo entre o sistema de saúde e os direitos à educação e ao trabalho, bem como as atividades de pesquisa e desenvolvimento de tecnologias. Já o inciso IV explicita a inserção, entre as competências do SUS, das ações de saneamento básico, cuja vinculação aos direitos à vida, à saúde e à integridade física e corporal permite que daí se infira um direito fundamental implícito[1], mormente no que concerne à parcela necessária à salvaguarda do mínimo existencial. Por fim, e de certa maneira englobando todas as atividades anteriores, o inciso VIII salienta a relação estreita entre o SUS e a proteção do ambiente, que deve ser aqui compreendido no seu sentido mais amplo, isto é, ambiente natural e urbano. Em seu conjunto, as competências elencadas podem ser reconduzidas à noção de "saúde pública", permitindo que delas se extraiam deveres de proteção e deveres de organização e procedimento impostos ao Estado, no sentido de adotar políticas para executar cada uma das tarefas constitucionais que lhe foram assim atribuídas. Cabe acentuar, ainda, que esse rol não é taxativo, mas exemplificativo, podendo ser ainda complementado pela legislação infraconstitucional.

AgRgAg n. 973.265/SP, *DJ* 17-03-2008 (ilicitude da restrição da cobertura à doença preexistente, em face da boa-fé da consumidora e à não exigência, por parte de seguradora, de realização de exame prévio); AgRgAg n. 704.614, *DJ* 19-11-2007 (julgada abusiva cláusula contratual que excluía da cobertura a realização de transplante para consumidor que declarou previamente sofrer de enfisema pulmonar); REsp n. 993.876/DF, *DJ* 18-12-2007 (é causa de indenização por danos morais a recusa indevida à cobertura médica, "já que agrava a situação de aflição psicológica e de angústia" do segurado); REsp n. 466.667/SP, *DJ* 17-12-2007 (considerada abusiva a aplicação de cláusula de carência diante de situação de urgência, pela ocorrência de doença surpreendente e grave). Fazendo uma percuciente análise dos argumentos trazidos pela jurisprudência como razões de decidir pela efetivação do direito à saúde, inclusive simultâneo exame das decisões proferidas em face do Poder Público e contra as operadoras de planos de saúde, conferir: CARLINI, A. *Judicialização da Saúde Pública e Privada*. Porto Alegre: Livraria do Advogado, 2014.

1. Sobre o direito fundamental ao saneamento básico, cf. DEMOLINER, Karine Silva. *Água e Saneamento Básico*: Regimes Jurídicos e Marcos Regulatórios no Ordenamento Brasileiro. Porto Alegre: Livraria do Advogado, 2008.

SEÇÃO III

DA PREVIDÊNCIA SOCIAL

Art. 201. A previdência social será organizada sob a forma do Regime Geral de Previdência Social, de caráter contributivo e de filiação obrigatória, observados critérios que preservem o equilíbrio financeiro e atuarial, e atenderá, na forma da lei, a:

I – cobertura dos eventos de incapacidade temporária ou permanente para o trabalho e idade avançada;

II – proteção à maternidade, especialmente à gestante;

III – proteção ao trabalhador em situação de desemprego involuntário;

IV – salário-família e auxílio-reclusão para os dependentes dos segurados de baixa renda;

V – pensão por morte do segurado, homem ou mulher, ao cônjuge ou companheiro e dependentes, observado o disposto no § 2º.

§ 1º É vedada a adoção de requisitos ou critérios diferenciados para concessão de benefícios, ressalvada, nos termos de lei complementar, a possibilidade de previsão de idade e tempo de contribuição distintos da regra geral para concessão de aposentadoria exclusivamente em favor dos segurados:

I – com deficiência, previamente submetidos a avaliação biopsicossocial realizada por equipe multiprofissional e interdisciplinar;

II – cujas atividades sejam exercidas com efetiva exposição a agentes químicos, físicos e biológicos prejudiciais à saúde, ou associação desses agentes, vedada a caracterização por categoria profissional ou ocupação.

§ 2º Nenhum benefício que substitua o salário de contribuição ou o rendimento do trabalho do segurado terá valor mensal inferior ao salário mínimo.

§ 3º Todos os salários de contribuição considerados para o cálculo de benefício serão devidamente atualizados, na forma da lei.

§ 4º É assegurado o reajustamento dos benefícios para preservar-lhes, em caráter permanente, o valor real, conforme critérios definidos em lei.

§ 5º É vedada a filiação ao regime geral de previdência social, na qualidade de segurado facultativo, de pessoa participante de regime próprio de previdência.

§ 6º A gratificação natalina dos aposentados e pensionistas terá por base o valor dos proventos do mês de dezembro de cada ano.

§ 7º É assegurada aposentadoria no regime geral de previdência social, nos termos da lei, obedecidas as seguintes condições:

I – 65 (sessenta e cinco) anos de idade, se homem, e 62 (sessenta e dois) anos de idade, se mulher, observado tempo mínimo de contribuição;

II – 60 (sessenta) anos de idade, se homem, e 55 (cinquenta e cinco) anos de idade, se mulher, para os trabalhadores rurais e para os que exerçam suas atividades em regime de economia familiar, nestes incluídos o produtor rural, o garimpeiro e o pescador artesanal.

§ 8º O requisito de idade a que se refere o inciso I do § 7º será reduzido em 5 (cinco) anos, para o professor que comprove tempo de efetivo exercício das funções de magistério na educação infantil e no ensino fundamental e médio fixado em lei complementar.

§ 9º Para fins de aposentadoria, será assegurada a contagem recíproca do tempo de contribuição entre o Regime Geral de Previdência Social e os regimes próprios de previdência social, e destes entre si, observada a compensação financeira, de acordo com os critérios estabelecidos em lei.

§ 9º-A. O tempo de serviço militar exercido nas atividades de que tratam os arts. 42, 142 e 143 e o tempo de contribuição ao Regime Geral de Previdência Social ou a regime próprio de previdência social terão contagem recíproca para fins de inativação militar ou aposentadoria, e a compensação financeira será devida entre as receitas de contribuição referentes aos militares e as receitas de contribuição aos demais regimes.

§ 10. Lei complementar poderá disciplinar a cobertura de benefícios não programados, inclusive os decorrentes de acidente do trabalho, a ser atendida concorrentemente pelo Regime Geral de Previdência Social e pelo setor privado.

§ 11. Os ganhos habituais do empregado, a qualquer título, serão incorporados ao salário para efeito de contribuição previdenciária e consequente repercussão em benefícios, nos casos e na forma da lei.

§ 12. Lei instituirá sistema especial de inclusão previdenciária, com alíquotas diferenciadas, para atender aos trabalhadores de baixa renda, inclusive os que se encontram em situação de informalidade, e àqueles sem renda própria que se dediquem exclusivamente ao trabalho doméstico no âmbito de sua residência, desde que pertencentes a famílias de baixa renda.

§ 13. A aposentadoria concedida ao segurado de que trata o § 12 terá valor de 1 (um) salário mínimo.

§ 14. É vedada a contagem de tempo de contribuição fictício para efeito de concessão dos benefícios previdenciários e de contagem recíproca.

§ 15. Lei complementar estabelecerá vedações, regras e condições para a acumulação de benefícios previdenciários.

§ 16. Os empregados dos consórcios públicos, das empresas públicas, das sociedades de economia mista e das suas subsidiárias serão aposentados compulsoriamente, observado o cumprimento do tempo mínimo de contribuição, ao atingir a idade máxima de que trata o inciso II do § 1º do art. 40, na forma estabelecida em lei.

Carlos Luiz Strapazzon

1. História da norma

A expressão previdência social tem origem sinuosa no direito brasileiro. A expressão apareceu no direito constitucional a partir da Carta de 1934, mas o termo *previdência* é encontrado na legislação imperial como nome de empresa privada de seguro de bens, inclusive escravos (Dec. n. 1.415/1854). Pouco a pouco, nos primeiros 40 anos do século XX, a legislação ordinária foi incorporando o termo *previdência* para designar também o instituto das aposentadorias e pensões de servidores públicos, porém, sem o adjetivo *social*. Suponho que o primeiro uso oficial do termo *previdência social* esteja na Lei n. 159/1935, que instituiu a taxa da previdência social: um imposto de 2% sobre bens importados, para formar um fundo público de aposentadoria de servidores públicos.

O texto constitucional atual incorre na imprecisão de utilizar *previdência social* em dois sentidos. Por vezes a *previdência social* aparece como se fosse um direito: veja o caso do art. 6º; outras vezes, como aqui, aparece como uma instituição que administra a política de *seguro social*. Logo se vê que o seguro social (que é o direito social) não deve ser confundido com a *previdência social*, nem com o INSS, a autarquia da previdência social que administra o seguro social do regime geral. A decisão de manter na Constituição essa expressão cunhada em 1935 indica uma decisão de manter o nome tradicional da política de seguro social de renda. Esse seguro é social porque é financiado pelo pagamento de contribuição *social* de natureza tributária (contribuições previdenciárias), devida por contribuintes segurados e não segurados (pessoas jurídicas) e destinada ao pagamento de benefícios devidos a segurados contribuintes. Dada a natureza *social* desse sistema de *seguro de renda*, junto com outras características do modelo brasileiro, pessoas jurídicas e governos também devem aportar recursos para garantir o cumprimento dos objetivos constitucionais da política de *previdência social*. A existência de segurados obrigatórios, o modelo contributivo fundado num pilar solidário de contribuições (as contribuições sociais) e o regime legal e institucional de todo esse arranjo são traços específicos dessa modalidade de seguro de renda.

Essa política de seguro social deve cobrir as situações de risco previstas no art. 201 da CR, e assegurar o pagamento dos benefícios previstos em lei. Esses benefícios assumem quatro formas, segundo a CR: aposentadorias, pensões, auxílios e salários.

Neste artigo vemos a constitucionalização do *regime geral* do seguro social. Esse regime estende o seguro social a trabalhadores urbanos e rurais do setor privado. Também alcança uma fração de servidores públicos (majoritariamente municipais) quando o ente federado não adota um *regime próprio* de previdência social para seus servidores efetivos. No *caput*, a mudança trazida pela EC n. 103/2019 é sutil, mas relevante. Muda a expressão *regime geral* por *Regime Geral da Previdência Social*. A boa compreensão da mudança requer um olhar ao disposto no novo art. 40, que introduziu a expressão *Regime Próprio de Previdência Social dos servidores titulares de cargos efetivos*. Antes da EC n. 103 ainda havia dúvidas na doutrina e jurisprudência sobre o enquadramento do Regime Próprio no âmbito da Previdência Social. É bem-vinda a alteração. Agora está cristalino que a Previdência Social do Brasil é composta por dois regimes: o de servidores (dito Regime Próprio) e o dos demais trabalhadores (dito Regime Geral).

O art. 201 também prescreve o objetivo de preservar o equilíbrio financeiro e atuarial das finanças da *previdência social*. Com essa diretriz a Constituição estabeleceu um dever especial para a gestão dos fundos previdenciários: elaborar e de dar publicidade, regularmente, a um plano de equilíbrio de contas, de curto e de longo prazo. Dada a relevância social desse sistema de seguro, bem como pelo volume de recursos envolvidos (pouco mais de R$ 800 bilhões por ano em pagamento de benefícios, em dados de 2023) é bastante razoável que o dever de gestão controlada de riscos desses fundos esteja vinculado a dispositivo constitucional. Os cálculos que explicam as condições de equilíbrio financeiro e atuarial da previdência social exigem altíssima competência técnica diante de gigantescas bases de dados, além de técnicas analíticas sofisticadas e consistentes com diretrizes atuais do campo das probabilidades e, particularmente, reconhecidas pela comunidade internacional de estatística e de contabilidade pública. O equilíbrio atuarial diz respeito com a sustentabilidade futura. A avaliação atuarial é um prognóstico técnico que se baseia em projeções de dados biométricos, demográficos e econômicas da população. O equilíbrio atuarial requer que as contribuições previdenciárias futuras, trazidas a valor presente, sejam suficientes para financiar as despesas futuras com benefícios, também trazidos a valor presente (TCU. TC 015.529/2010-0, Acórdão 2.059/2012). Já o objetivo de equilíbrio financeiro é alcançado quando as receitas previdenciárias arrecadadas durante um ano cobrem as despesas previdenciárias executadas no mesmo período (TCU. TC 015.529/2010-0, Acórdão 2.059/2012). Assim, pode-se dizer que essa última parte do dispositivo fixa uma diretriz de gestão de riscos para os recursos financeiros do sistema de previdência social. Não impõe critérios e indicadores específicos de gestão, apenas reporta-se à noção flexível do equilíbrio a fim de garantir sustentabilidade financeira ao sistema.

Nos incisos I, II, III, IV e V deste art. 201 – modificado pela EC n. 103/2019 – o texto constitucional estabelece o âmbito de proteção do seguro social de renda. Quer dizer, apresenta uma lista de fatos e eventos da vida cuja proteção é devida pelo direito constitucional de seguro social. O texto constitucional, neste ponto, alinha-se com a redação de Declarações, Recomendações e Convenções de direitos humanos de segurança social a que o Brasil aderiu. São incisos que devem ser lidos como uma forma de reforço e internalização do art. 25 da Declaração Universal dos Direitos Humanos.

O novo inciso I substituiu duas hipóteses (doença e invalidez) por duas, mais condizentes com a linguagem internacional da proteção social: incapacidade temporária e permanente. Manteve a proteção da idade avançada, como constava na versão anterior. E já era tempo de o direito constitucional brasileiro deixar de qualificar pessoas humanas com o adjetivo de *inválidos*. A alteração terminológica é muito bem vinda no âmbito do direito constitucional. Cabe às leis previdenciárias, doravante, tipificar as situações incapacitantes. Quando à circunstância de *morte*, já está devidamente prevista no inciso V, desse artigo 201. O inciso II prevê a proteção à maternidade, especialmente à gestante. Esse benefício está diretamente conectado ao disposto no art. 6º e ao art. 7º, XVIII. O disposto no inciso III, proteção ao trabalhador em situação de desemprego involuntário, destaca-se pelo fato de, por um lado, o seguro-desemprego cumprir sua função de seguro social de renda e, por outro, por ter gestão administrativa apartada da previdência social. Os recursos do FGTS são geridos por um Conselho Curador. O Agente Operador dos recursos do Fundo é a Caixa Econômica Federal. O Ministério do Trabalho e Emprego fiscaliza o recolhimento das contribuições de empregadores. O Ministério das Cidades administra as aplicações dos recursos do FGTS em habitação popular, saneamento ambiental e infraestrutura. Também elabora os orçamentos anuais e planos plurianuais de aplicação dos recursos e acompanha as metas físicas propostas. Nota-se que a CR vinculou 60% da arrecadação de contribuições ao Programa de Integração Social (PIS) e para o Programa de Formação do Patrimônio do Servidor Público (Pasep) ao financiamento do programa do seguro-desemprego e abono salarial (art. 239, *caput* e § 1º). No inciso IV vem a previsão do benefício denominado de auxílio-reclusão, destinado a dependentes de segurado de baixa renda envolvido em situação de reclusão penal. A previsão constitucional desse benefício revela que o Brasil instituiu uma hipótese de proteção social não exigida no direito internacional da segurança social. Todos os países devem, no entanto, aprimorar a proteção mínima, de acordo com suas disponibilidades. Assim, a iniciativa do Brasil abre a cobertura do RGPS a uma hipótese inédita no direito internacional dos direitos humanos.

Vistos esses incisos, nota-se que o texto estabelece benefícios de uma forma aberta, ou seja, todos podem receber muitas especificações de conteúdo por leis.

O novo § 1º é mais restritivo. Antes a CR vedava adoção de requisitos e critérios diferenciados apenas para um benefício: a aposentadoria. Doravante, todos os benefícios estão sujeitos a essa regra geral. Esse § 1º e incisos I e II estabelecem o direito a aposentadoria em condições mais favoráveis, a serem fixadas por LCp, para: (1) pessoa com deficiência e (2) pessoa exposta a agentes prejudiciais à saúde. As condições especiais se restringem a idade e tempo de contribuição. Essa regra já existia. A novidade, agora, está na condicionalidade estabelecida para a pessoa com deficiência: a LCp deve estabelecer procedimento de avaliação biopsicossocial. Além disso, a EC n. 103/2019 especificou a atividade em situação de risco à saúde. Na redação anterior, a CR apenas indicava que qualquer pessoa em atividade que prejudica a saúde teria direito ao tratamento especial. Com a nova redação, está proibido o enquadramento genérico, por categoria profissional. Exige-se a efetiva exposição a agentes químicos, físicos e biológicos que prejudicam a saúde.

Dentre os parágrafos deste art. 201, merece especial comentário o § 4º. Esse dispositivo trata de tema que gerou grande discussão jurisprudencial e ainda suscita debates no contexto de projetos de reforma da previdência social. O dispositivo exige que o valor dos benefícios pagos pelo seguro social sejam reajustados de tal modo que sua capacidade de compra não seja comprometida. Isso significa que o texto constitucional tem por objetivo preservar seu valor real. O texto constitucional, assim, protege todos os benefícios previdenciários contra perdas inflacionárias. O fato de o § 2º dispor que nenhum benefício previdenciário deve ter valor inferior ao salário mínimo não corresponde ao direito de reajuste de todos os benefícios previdenciários pelo mesmo índice de reajuste do salário mínimo. Indica apenas que o benefício básico, ou seja, o menor benefício previdenciário não pode ser inferior ao salário mínimo. O reajuste de benefícios que são de valor superior ao salário mínimo deve ser de tal modo que lhe assegure o valor real, ou seja, que não perca seu poder aquisitivo por causa da inflação.

A nova redação do art. 201, § 7º, eliminou, por fim, a aposentadoria exclusiva por tempo de contribuição. Agora, duas condições gerais (idade e tempo de contribuição) orientam o acesso ao benefício da aposentadoria no RGPS. Contudo, nota-se a preocupação desse dispositivo em tratar a aposentadoria do trabalhador rural (economia familiar) de modo especial (Inc. II). Temos então uma regra geral de aposentadoria no RGPS: homens e mulheres devem ter uma idade mínima e um tempo mínimo de contribuição. Apenas a idade foi estabelecida no texto constitucional: homens: 65 anos, mulheres: 62 anos de idade. Se forem trabalhadores rurais em regime de economia familiar, então a idade para homens será: 60 anos (-5 anos) e 55 anos (-7 anos) para mulheres. O tempo de contribuição depende de lei. Nota-se que não houve alteração para a idade mínima de homens. Mas houve elevação para mulheres, pois estas se aposentavam com idade mínima de 60 anos.

Quanto ao novo § 8º, a EC n. 103 manteve a condição especial já existente: professores da educação básica têm direito a aposentadoria com idade inferior (em 5 anos) ao aplicável ao segurado do RGPS. A nova redação do § 9º é o espelho do art. 40, § 9º. Como ocorre na regra especial do RPPS, no caso do RGPS também é possível a contagem recíproca do tempo de contribuição efetivado no RGPS com qualquer RPPS. Esta regra, aliás, é geral, tanto de contagem recíproca quanto de compensação financeira entre fundos.

O novo § 9º-A complementa o anterior ao criar uma regra especial de contagem de tempo de contribuição para militares. De acordo com o novo texto, o tempo de serviço militar pode ser contado como tempo de contribuição. É uma hipótese de contribuição fictícia. O texto autoriza fazer a contagem recíproca entre tempo de serviço e tempo de contribuição para atividades militares realizadas por Polícias Militares e Corpos de Bombeiros Militares (art. 42), Membros da Marinha, Exército e Aeronáutica (art. 142) e recrutados para o serviço militar obrigatório, inclusive para quem for atribuído serviço alternativo em razão de alegarem imperativo de consciência (art. 143). O art. 60, IV, do Decreto n. 3.048/99, Regulamento da Previdência Social, já previa essa possibilidade de contar o tempo de serviço militar como tempo de contribuição.

Quanto ao novo § 10, vale dizer que cobertura de acidente de trabalho tem sido errática e até contraditória no direito constitucional. Na versão original da CR, o art. 7º, XXVIII (ainda vigente) estabeleceu que o acidente de trabalho deveria ser coberto pelo empregador. Portanto, não seria um benefício previdenciário. Depois, com a EC n. 20/98, veio a regra do art. 201, § 10, que estabeleceu diretriz segundo a qual o acidente de trabalho deveria ser atendido, concorrentemente, pelo RGPS e pelo setor privado, nos termos de lei. Desse modo, publicizou o acidente de trabalho. Agora, com a EC n. 103, ficou mantida a regra de atenção concorrente pelo setor privado e pelo RGPS na cobertura do acidente de trabalho. Porém, o tema deve agora se regido por LCp e não mais por Lei Ordinária. A referida LCp poderá, também, disciplinar a cobertura de benefícios não programados.

O novo § 12 manda criar, por Lei Ordinária, sistema de alíquotas diferenciadas para incluir dois grupos de trabalhadores ao RGPS: (a) os de baixa renda, formais e informais, e (b) os dedicados exclusivamente ao trabalho doméstico no âmbito de sua residência e que não tem renda própria. Com a nova redação foi acrescido que o tratamento diferenciado será por meio de alíquotas, o que indica que é uma política de inclusão baseada em tributos, não em renda. Incluiu-se também o trabalhador informal. Embora desnecessária, agora a CR explicita sua preocupação com o seguro de renda do trabalhador informal. Não existe mais, neste dispositivo, a regra que garanta o valor de um salário mínimo como benefício. Agora está no § 13 deste mesmo artigo.

O novo § 13 elimina qualquer dúvida da leitura do § 12. O valor do benefício para o caso do sistema especial de inclusão previdenciária é de 1 (um) salário mínimo.

O novo § 14 veda a contagem de tempo de contribuição fictício. Nenhuma lei poderá autorizar a contribuição fictícia. A hipótese de contribuição fictícia que a EC n. 103 adotou pode ser encontrada no serviço militar, que conta como tempo de contribuição. Assim, não há nenhuma contradição entre o disposto no § 14 e o disposto no art. 201, § 9º-A.

O novo § 15 não regulou a acumulação de benefícios diretamente. Optou por delegar o tema a LCp, que deverá prever vedações, regras e condições. Este assunto, a rigor, nem deveria estar na CR. É tema que sempre esteve previsto em Lei e, do modo como está redigido o dispositivo, nada acrescenta de novo, salvo o mandamento explícito para que o Congresso Nacional regule o assunto por via de LCp.

O novo § 16 estabelece a aposentadoria compulsória aos 70 ou 75 anos, já existente para servidores públicos titulares de cargos efetivos (art. 40, § 1º, II), a todos os empregados de consórcios públicos, de empresas públicas, de sociedades de economia mista e suas subsidiárias. É uma regra dirigida a servidores da administração indireta, exceto fundações e autarquias.

2. Constituições brasileiras anteriores

Texto inédito.

3. Constituições estrangeiras

Não há texto equivalente no direito constitucional estrangeiro.

4. Direito Internacional

Recomendação 67, Recomendação 69 e Convenção 102, da OIT.

Declaração Universal dos Direitos Humanos, 1948.

Convenção Internacional de Direitos Econômicos, Sociais e Culturais, 1966, ONU.

5. Remissões constitucionais e legais

CRFB, art. 6º, art. 7º, XVIII, art. 10, II, *b*, do ADCT.

CRFB, art. 239, *caput* e §§ 1º e 3º – seguro-desemprego.

CRFB, art. 201, II.

Lei n. 8.213, de 24 de julho de 1991.

6. Jurisprudência

Auxílio Reclusão: STF. RE 587.365. Rel. Ricardo Levandowski, j. 25-3-2009.

Desaposentação. STF. RE 661.256, rel. p/ o ac. min. Dias Toffoli, j. 27-10-2016, Tema 503.

Direito adquirido a regime jurídico: STF. RE 92.511, Moreira Alves, *RTJ* 99/1267.

Critério de revisão de benefícios: STF. RE. AI 689.077 AgR, rel. min. Ricardo Lewandowski, j. 30-6-2009,1ª T., *DJe* de 21-8-2009.

Cálculo do benefício mais vantajoso: STF. RE 630.501, rel. p/ o ac. min. Marco Aurélio, voto da min. Ellen Gracie, j. 21-2-2013.

Direito fundamental: STF. RE 626.489, rel. min. Roberto Barroso, j. 16-10-2013.

Pensão por morte: STF. RE 415.454 e RE 416.827, rel. min. Gilmar Mendes, j. 8-2-2007.

STF. RE 603.344 ED-AgR, rel. min. Cármen Lúcia, j. 24-8-2010, 1ª T.

7. Referências bibliográficas

BALERA, Wagner. *Direito previdenciário*. São Paulo: Ed. Método.

BRANCO, Paulo Gustavo Gonet. *Manual dos direitos da pessoa idosa*. São Paulo: Saraiva.

IBRAHIM, Fábio Zambitte. *Curso de direito previdenciário*. Rio de Janeiro: Impetus.

LAZZARI, João Batista Lazzari; CASTRO, Carlos Alberto P. *Manual de direito previdenciário*. Forense.

ROCHA, Daniel; SAVARIS, Antônio Luis (Coord.) *Curso de especialização em direito previdenciário*. Curitiba: Ed. Juruá.

STRAPAZZON, Carlos Luiz. *Âmbito de proteção de direitos fundamentais de seguridade social*: expectativas imperativas de concretização. In I. W. SARLET, & C. L. Strapazzon, Constituição e Direitos Fundamentais. Porto Alegre, RS, Brasil: Livraria do Advogado.

STRAPAZZON, Carlos Luiz. O direito humano a segurança social: o regime constitucional do Brasil comparado com 20 modelos estrangeiros. *Revista Brasileira de Direito Previdenciário*. Edições/34 – Ago./Set. 2016.

STRAPAZZON, Carlos Luiz. A dança dos números da previdência social. Revisitando a auditoria do TCU de 2017: Revisitando a auditoria do TCU de 2017. Espaço Jurídico Journal of Law [EJJL], v. 20, n. 1, p. 137-172, 2019.

Art. 202. O regime de previdência privada, de caráter complementar e organizado de forma autônoma em relação ao regime geral de previdência social, será facultativo, baseado na constituição de reservas que garantam o benefício contratado, e regulado por lei complementar.

§ 1º A lei complementar de que trata este artigo assegurará ao participante de planos de benefícios de entidades de previdência privada o pleno acesso às informações relativas à gestão de seus respectivos planos.

§ 2º As contribuições do empregador, os benefícios e as condições contratuais previstas nos estatutos, regulamentos e planos de benefícios das entidades de previdência privada não integram o contrato de trabalho dos participantes, assim como, à exceção dos benefícios concedidos, não integram a remuneração dos participantes, nos termos da lei.)

§ 3º É vedado o aporte de recursos a entidade de previdência privada pela União, Estados, Distrito Federal e Municípios, suas autarquias, fundações, empresas públicas, sociedades de economia mista e outras entidades públicas, salvo na qualidade de patrocinador, situação na qual, em hipótese alguma, sua contribuição normal poderá exceder a do segurado. (*Vide* Emenda Constitucional n. 20, de 1998)

§ 4º Lei complementar disciplinará a relação entre a União, Estados, Distrito Federal ou Municípios, inclusive suas autarquias, fundações, sociedades de economia mista e empresas controladas direta ou indiretamente, enquanto patrocinadores de planos de benefícios previdenciários, e as entidades de previdência complementar.

§ 5º A lei complementar de que trata o § 4º aplicar-se-á, no que couber, às empresas privadas permissionárias ou concessionárias de prestação de serviços públicos, quando patrocinadoras de planos de benefícios em entidades de previdência complementar.

§ 6º Lei complementar estabelecerá os requisitos para a designação dos membros das diretorias das entidades fechadas de previdência complementar instituídas pelos patrocinadores de que trata o § 4º e disciplinará a inserção dos participantes nos colegiados e instâncias de decisão em que seus interesses sejam objeto de discussão e deliberação.

Carlos Luiz Strapazzon

1. História da norma

Durante a reforma de 1998 (EC n. 20, art. 14) foi implantada no Brasil a concepção de limites máximos para o pagamento de benefícios do seguro social de renda para o regime geral da previdência social (RGPS). Além de criar o assim chamado regime de teto previdenciário, aquela emenda constitucional também instituiu a previdência complementar facultativa para trabalhadores do setor privado. De um lado, então, veio o conceito de teto previdenciário; de outro, a previdência privada, de caráter complementar. A justificativa oficial para a inovação foi baseada no propósito de conter despesas e reduzir déficits que, supostamente, inviabilizariam o equilíbrio financeiro e atuarial do sistema público de previdência social.

Este art. 202 criou, então, a modalidade complementar de seguro de renda, também denominada de previdência. Trata-se de um mecanismo autônomo ao RGPS e é incorreto denominá-lo como parte da previdência social. Neste caso, os custos todos do plano de seguro devem ser cobertos pelo próprio segurado, em regime financeiro de capitalização, segundo regras contratuais e regida por princípios do direito privado. O termo complementar adotado pela Constituição só faz sentido, portanto, para quem aderir, voluntariamente, a um plano privado de seguro de renda e aumentar suas contribuições mensais (pagar mais) para complementar sua renda futura em forma de benefícios previstos no plano adotado.

A facultatividade não se restringe ao segurado pessoa física. Empregadores também podem (não é obrigatório) colaborar para a formação de fundos privados de pensão de seus empregados. O texto constitucional, entretanto, é explícito ao estabelecer que planos empresariais de previdência complementar para empregados não integram o contrato de trabalho (§ 2º).

Um dado relevante é que o Estado brasileiro criou incentivos tributários para empregados e empregadores se engajarem nesse modelo de previdência. Significa, então, que se o Estado não aporta recursos diretamente, por outro lado, renuncia receitas de impostos para estimular instituições financeiras privadas, empregadores e trabalhadores a adotarem a previdência privada complementar. O dispositivo impõe um princípio de gestão para esses fundos privados: transparência. No mais, regras mais específicas devem ser estabelecidas por lei complementar. A regulação final da Previdência complementar e facultativa, tanto em regime aberto, quanto fechado, só veio três anos depois, em 2001, com a Lei Complementar n. 108 e com a Lei Complementar n. 109, que instituiu o regime de previdência complementar, e autônomo em relação ao INSS, para o setor privado.

O novo § 4º do art. 202 complementa o art. 40, § 15, que fixa diretrizes para o regime complementar de previdência para servidores públicos. Neste dispositivo a CR manda o Poder Legislativo elaborar LCp para delimitar o modo como atuarão as Unidades Federadas no patrocínio de planos privados de previdência de servidores públicos.

O novo § 5º complementa o anterior § 4º. Determina que a mesma LCp mencionada antes e que deve delimitar o modo como atuarão as Unidades Federadas no patrocínio de planos privados de previdência de servidores públicos, também deverá definir como será o patrocínio de previdência privada pelas empresas privadas permissionárias ou concessionárias de serviços públicos.

O novo § 6º dirige-se às Unidades Federadas que patrocinam um fundo privado de previdência. Os requisitos para a designação de membros de diretorias gestoras desses fundos devem ser regulados por LCp. A mesma LCp disciplinará a inserção dos participantes em colegiados e instâncias de decisão em que seus interesses estejam em discussão e deliberação.

2. Constituições brasileiras anteriores

Não há texto equivalente no direito constitucional anterior.

3. Constituições estrangeiras

Não há texto equivalente no direito constitucional estrangeiro.

4. Direito Internacional

Não há texto equivalente no direito internacional.

5. Remissões constitucionais e legais

CRFB, art. 7º, XVIII.

CRFB, art. 40, §§ 14 a 20.

Lei Complementar n. 109, de 29 de maio de 2001.

6. Jurisprudência

STF. ADI 1.946-DF, rel. Min. Sydney Sanches, 3-4-2003.

7. Referências bibliográficas

BALERA, Wagner. *Direito previdenciário*. São Paulo: Ed. Método.

BRANCO, Paulo Gustavo Gonet. *Manual dos direitos da pessoa idosa*. São Paulo: Saraiva.

IBRAHIM, Fábio Zambitte. *Curso de direito previdenciário*. Rio de Janeiro: Impetus.

LAZZARI, João Batista Lazzari; CASTRO, Carlos Alberto P. *Manual de direito previdenciário*. Forense.

ROCHA, Daniel; SAVARIS, Antônio Luis (Coord.) *Curso de especialização em direito previdenciário*. Curitiba: Ed. Juruá.

STRAPAZZON, Carlos Luiz. O direito humano a segurança social: o regime constitucional do Brasil comparado com 20 modelos estrangeiros. *Revista Brasileira de Direito Previdenciário*. Edições/34 – Ago./Set. 2016.

SEÇÃO IV
DA ASSISTÊNCIA SOCIAL

Art. 203. A assistência social será prestada a quem dela necessitar, independentemente de contribuição à seguridade social, e tem por objetivos:

I – a proteção à família, à maternidade, à infância, à adolescência e à velhice;

II – o amparo às crianças e adolescentes carentes;

III – a promoção da integração ao mercado de trabalho;

IV – a habilitação e reabilitação das pessoas portadoras de deficiência e a promoção de sua integração à vida comunitária;

V – a garantia de um salário mínimo de benefício mensal à pessoa portadora de deficiência e ao idoso que comprovem não possuir meios de prover à própria manutenção ou de tê-la provida por sua família, conforme dispuser a lei;

VI – a redução da vulnerabilidade socioeconômica de famílias em situação de pobreza ou de extrema pobreza.

Carlos Luiz Strapazzon

1. História da norma

O art. 203 é originário. Foi introduzido no sistema constitucional do Brasil no contexto da ampla reorganização das políticas sociais promovida pela Assembleia Nacional Constituinte. Este dispositivo explicita o compromisso do Estado brasileiro com uma concepção precisa de segurança social, segundo a qual a segurança social é um direito humano básico e não deve ser limitada apenas aos que podem contribuir financeiramente para receber serviços e benefícios.

A trajetória da proteção social no Brasil pode ser caracterizada por dois momentos mais destacados: o primeiro momento pode ser chamado de período assistencialista. Corresponde ao modelo dominante antes de 1988. A tradição pré-constitucional da assistência social a concebia como uma prática de caridade e de simples ajuda, por meio, especialmente, de instituições centralizadas como a Legião Brasileira de Assistência (LBA) e a Fundação Nacional do Bem-Estar do Menor (FUNABEM). Os grupos prioritários para receber atenção eram famílias de soldados na Segunda Guerra Mundial, mães solteiras, menores abandonados e desempregados e pessoas consideradas desamparadas. Essa visão, embora ultrapassada, ainda pode ser encontrada no texto constitucional de 1988, no art. 6º, que menciona que as pessoas desamparadas têm direito fundamental de assistência. O segundo momento surge com a revolução conceitual provida pela formulação do direito a assistência social como parte de um conjunto de ações integradas de políticas sociais, ao lado da saúde, da previdência social (art. 194) e da educação, já que a assistência estudantil é uma política de assistência social integrada com a política nacional de educação. A assistência social tornou-se um dever do Estado e um direito do cidadão, sendo destinada a todos que dela necessitassem, independentemente de contribuição prévia. A Constituição estabeleceu princípios e diretrizes para a assistência social, como descentralização político-administrativa, participação da sociedade civil e integração com outras políticas setoriais.

2. Constituições brasileiras anteriores

Constituição de 1824: não havia previsão de direitos sociais, apenas de direitos civis e políticos, como a liberdade de expressão, de religião (desde que fosse católica) e de trabalho. A assistência social era vista como uma obrigação moral e religiosa dos indivíduos e da Igreja, sem intervenção do Estado.

Constituição de 1891: a assistência social continuava sendo uma questão privada, realizada por entidades filantrópicas e beneficentes, sem regulamentação ou financiamento público.

Constituição de 1934: foi a primeira constituição a prever direitos sociais no Brasil, influenciada pelas constituições mexicana, espanhola e alemã. Entre os direitos sociais previstos estavam o salário mínimo, a jornada de trabalho de oito horas, o descanso semanal remunerado, a proteção ao trabalho da mulher e do menor, a educação primária gratuita e obrigatória e a assistência médica e sanitária. A assistência social passou a ser vista como uma função do Estado, que deveria atender os necessitados por meio de instituições públicas ou privadas. Foi criada a Legião Brasileira de Assistência (LBA), vinculada ao governo federal e comandada pela primeira-dama.

Constituição de 1937: manteve os direitos sociais da constituição anterior, mas restringiu os direitos civis e políticos, como o *habeas corpus*, o voto secreto e a liberdade de imprensa. A assistência social continuou sendo uma atribuição do Estado, mas com um caráter autoritário e paternalista. A LBA ampliou suas ações para atender as famílias dos soldados na Segunda Guerra Mundial e os grupos considerados vulneráveis, como as mães solteiras, os menores abandonados e os desempregados.

Constituição de 1946: foi a constituição que restaurou a democracia no Brasil após o fim do Estado Novo. Ampliou os direitos civis e políticos. Também ampliou os direitos sociais, como o direito à greve, à educação gratuita em todos os níveis e à previdência social. A assistência social passou a ser um direito dos trabalhadores urbanos e rurais, vinculado à previdência social. A LBA continuou existindo, mas perdeu força política e financeira.

Constituição de 1967: foi a constituição do regime militar que restringiu as liberdades individuais e coletivas. Reduziu os direitos sociais, como o direito à greve, à sindicalização e à estabilidade no emprego. A assistência social passou a ser um dever da família e da sociedade, com a colaboração do Estado. A LBA foi transformada em fundação e passou a atuar na área da infância e da adolescência, com uma visão higienista e punitiva. Foi criado o Ministério da Previdência e Assistência Social em 1977.

Emenda Constitucional n. 1 de 1969: foi uma emenda que alterou profundamente a constituição de 1967, dando mais poderes ao presidente da República e aos órgãos de segurança nacional. Manteve os direitos sociais da constituição anterior, mas com algumas restrições. A assistência social continuou sendo um dever da família e da sociedade, com a colaboração do Estado. A LBA manteve suas funções na área da infância e da adolescência.

3. Constituições estrangeiras

Constituição da Alemanha: art. 20, art. 74, art. 104, *d*, art. 116, art. 120.

Constituição da Argentina: art. 14 bis, art. 75, art. 86, art. 125.

Constituição da Colombia: art. 1º, art. 42, art. 47, art. 48.

Constituição de Portugal: art. 63, art. 105.

4. Direito Internacional

A Convenção n. 102 (1952) da OIT, estabelece as normas mínimas sobre Segurança Social (Normas Mínimas), a Declaração Universal dos Direitos Humanos (1948) estabelece, no art. 25, que toda pessoa tem direito a um padrão de vida capaz de assegurar a si e a sua família saúde e bem-estar, inclusive alimentação, vestuário, habitação, cuidados médicos e os serviços sociais indispensáveis. O Pacto Internacional dos Direitos Econômicos, Sociais e Culturais (1966) reconhece, no art. 9º, o direito de toda pessoa à segurança social, inclusive ao seguro social. A Convenção sobre a Eliminação de Todas as Formas de Discriminação contra a Mulher (1979) dispõe, no art. 14, sobre os direitos das mulheres rurais à participação no desenvolvimento e ao acesso aos serviços sociais e à segurança social. A Convenção sobre os Direitos da Criança (1989) afirma, no art. 26, o direito de toda criança a beneficiar-se da segurança social, incluindo o seguro social. A Convenção sobre os Direitos das Pessoas com Deficiência (2006) determina, no art. 28, o direito das pessoas com deficiência a um nível de vida adequado e à proteção social.

5. Remissões constitucionais e legais

CR, art. 6º, art. 194, art. 195, § 2º, § 7º, § 10, art. 204, art. 122, art. 226, § 8º.

Lei n. 8.742, de 7 de dezembro de 1993, Lei Orgânica da Assistência Social.

Lei n. 13.146, de 6 de julho de 2015, institui a Lei Brasileira de Inclusão da Pessoa com Deficiência (Estatuto da Pessoa com Deficiência).

Medida Provisória n. 1.164, de 2 de março de 2023, institui o Programa Bolsa Família.

Lei n. 10.741, de 1º de outubro de 2003, dispõe sobre o Estatuto da Pessoa Idosa.

6. Jurisprudência

STF. RE 587.970, rel. min. Marco Aurélio, j. 20-4-2017, P, DJe de 22-9-2017.

STF. RE 580.963, rel. min. Gilmar Mendes, j. 18-4-2013, P, DJe de 14-11-2013.

STF. ADI 1.232-1-DF, 27-8-1998, rel. min. Ilmar Galvão.

7. Referências bibliográficas

BICHIR, Renata; SIMONI JUNIOR, Sergio; PEREIRA, Guilherme. Sistemas nacionais de políticas públicas e seus efeitos na implementação o caso do Sistema Único de Assistência Social (SUAS). *Revista Brasileira de Ciências Sociais*, v. 35, 2020.

BOSCHETTI, Ivanete; BEHRING, Elaine Rossetti. Assistência Social na pandemia da covid-19: proteção para quem?. *Serviço Social & Sociedade*, p. 66-83, 2021.

CARNEIRO, Annova Míriam Ferreira; ARAUJO, Cleonice Correia; DE ARAUJO, Maria do Socorro Sousa. Política de Assistência Social no período 1988-2018: construção e desmonte. *Ser Social*, v. 21, n. 44, p. 29-47, 2019.

CUNHA, Edite da Penha; LINS, Isabella Lourenço; SOARES, Márcia Miranda. Federalismo e conselhos de assistência social: uma análise a partir do financiamento. *Opinião Pública*, v. 26, p. 127-157, 2020.

JACCOUD, Luciana de Barros *et al*. Implementação e coordenação intergovernamental na política nacional de assistência social. 2020.

8. Comentários

A assistência social foi definida como um direito constitucional pelo art. 194 da CR. Trata-se de um dos pilares da seguridade social, ao lado do direito à saúde e da previdência social.

A assistência social estabelecida neste dispositivo tem um âmbito de proteção abrangente, que envolve a prestação de serviços de cuidados (inc. I, II e III), prestação de serviços de capacitação e integração ao mercado de trabalho (inc. III), pagamento de benefícios assistenciais (inc. V) e medidas especiais de segurança de renda para pessoas em situação de pobreza ou de extrema pobreza.

A EC n. 114 introduziu o direito fundamental à renda básica familiar, no parágrafo único do art. 6º, e introduziu também o inciso IV neste art. 203. Assim, pode-se dizer que a Renda Básica Familiar tem por objetivo prioritário reduzir a vulnerabilidade socioeconômica de famílias em situação de pobreza ou de extrema pobreza. Necessário, portanto, instituir a linha de pobreza econômica e multidimensional no direito brasileiro, sem o que não será possível definir os titulares do novo direito fundamental a transferência de renda, nem avaliar a efetividade das medidas adotadas pelas políticas públicas que devem realizar o novo inciso VI.

Os Estados-partes da Convenção sobre os padrões mínimos de segurança social (C102, 1952 + OIT) e da Convenção Internacional dos Direitos Econômicos Sociais e Culturais, (PIDESC, 1966) como é o caso do Brasil, devem adotar medidas para abranger grupos desfavorecidos e marginalizados, mesmo que haja limitações financeiras. Para isso, podem ser desenvolvidos esquemas de baixo custo e alternativos que ofereçam imediatamente acesso à segurança social para aqueles sem meios próprios.

A regulamentação deste artigo começou a aperecer em 1993, quando foi aprovada a Lei Orgânica da Assistência Social (LOAS), que instituiu o Conselho Nacional de Assistência Social (CNAS) e o Fundo Nacional de Assistência Social (FNAS), responsáveis pela gestão e controle social da política. Além disso, a LOAS regulamentou o benefício de prestação continuada (BPC), previsto no art. 203 da CR, na forma de um salário mínimo mensal para idosos e pessoas com deficiência sem meios de subsistência próprios ou de sua família. Muito embora a Carta de 1988 tenha trazido uma nova abordagem para o tema das políticas públicas não contributivas e destinadas ao cuidado pessoal de pessoas com pouca ou nenhuma estrutura familiar de apoio, à inclusão de pessoas marginalizadas e a segurança de renda de pessoas em situação de pobreza e extrema pobreza, só em 2005 foi aprovada a Política Nacional de Assistência Social (PNAS), que consolidou o Sistema Único de Assistência Social (SUAS), um modelo de gestão participativa e descentralizada que organiza os serviços, programas, projetos e benefícios da assistência social.

O programa Bolsa Família, criado pela Medida Provisória n. 132, de 20 de outubro de 2003, é o mais conhecido programa da política nacional de assistência social. Essa medida provisória foi convertida na Lei n. 10.836, de 9 de janeiro de 2004. O programa visa combater a pobreza e a fome por meio da transferência de renda às famílias em situação de vulnerabilidade social, condicionada à frequência escolar e ao acompanhamento de saúde das crianças e gestantes. O programa também propicia o acesso aos serviços de saúde e educação aos beneficiários, por meio da articulação entre as áreas de assistência social, saúde e educação. O programa é executado em parceria com estados, municípios e Distrito Federal, que devem aderir ao programa por meio da assinatura do Termo de Adesão e constituir instâncias locais para a gestão do programa, como o órgão gestor, o Conselho Municipal ou Estadual de Assistência Social e a Instância de Controle Social.

> **Art. 204.** As ações governamentais na área da assistência social serão realizadas com recursos do orçamento da seguridade social, previstos no art. 195, além de outras fontes, e organizadas com base nas seguintes diretrizes:
>
> I – descentralização político-administrativa, cabendo a coordenação e as normas gerais à esfera federal e a coordenação e a execução dos respectivos programas às esferas estadual e municipal, bem como a entidades beneficentes e de assistência social;
>
> II – participação da população, por meio de organizações representativas, na formulação das políticas e no controle das ações em todos os níveis.
>
> **Parágrafo único.** É facultado aos Estados e ao Distrito Federal vincular a programa de apoio à inclusão e promoção social até cinco décimos por cento de sua receita tributária líquida, vedada a aplicação desses recursos no pagamento de:
>
> I – despesas com pessoal e encargos sociais;
>
> II – serviço da dívida;
>
> III – qualquer outra despesa corrente não vinculada diretamente aos investimentos ou ações apoiados.

Carlos Luiz Strapazzon

1. História da norma

O art. 204 é originário. Foi introduzido no sistema constitucional do Brasil no contexto da ampla reorganização das políticas sociais promovida pela Assembleia Nacional Constituinte. A EC n. 42 inseriu o parágrafo único neste dispositivo.

2. Constituições brasileiras anteriores

Vide comentários ao art. 203.

3. Constituições estrangeiras

Vide comentários ao art. 203.

4. Direito Internacional

Vide comentários ao art. 203.

5. Remissões constitucionais e legais

Vide comentários ao art. 203.

6. Jurisprudência

Vide comentários ao art. 203.

7. Referências bibliográficas

Vide comentários ao art. 203.

8. Comentários

O art. 204 determina que todas as ações planejadas para executar a política nacional de assistência social devem ser financiadas por toda a sociedade com recursos advindos, em primeiro lugar, das receitas de contribuições sociais incorporadas ao orçamento da seguridade social. Importante notar que tanto o *caput* deste artigo, quanto o do art. 195, estabelecem que essas receitas não são a única fonte de financiamento das ações listadas no art. 203. Além dessas, outras devem ser mobilizadas, como recursos de impostos e, até mesmo, receitas de operações de crédito, em casos especiais, desde que autorizadas pelo Congresso Nacional.

O inciso I deste artigo estabelece a estrutura básica do sistema nacional de assistência social, na medida em que distribui competências a todos os entes federados, cabendo à União a coordenação geral da política nacional e a elaboração de normas gerais, e cabendo aos estados e municípios a coordenação e execução de programas e também cabendo à sociedade civil participar da execução de programas, por meio de entidades beneficentes de assistência social.

O inciso II abre a formulação das políticas e o controle das ações à participação da sociedade, alinhando-se, assim, ao disposto no parágrafo único do art. 193 e do inciso VII do art. 194.

O parágrafo único autoriza Estados e Distrito Federal vincular até 0,5% de suas receitas correntes líquidas a programa de apoio à inclusão e promoção social que fortaleçam as ações da política nacional de assistência social. Veda a utilização desses recursos ao pagamento de despesas correntes (pessoal e outras sem conexão direta com a finalidade deste dispositivo) e despesas financeiras (pagamento de dívidas).

CAPÍTULO III

DA EDUCAÇÃO, DA CULTURA E DO DESPORTO

SEÇÃO I

DA EDUCAÇÃO

Art. 205. A educação, direito de todos e dever do Estado e da família, será promovida e incentivada com a colaboração da sociedade, visando ao pleno desenvolvimento da pessoa, seu preparo para o exercício da cidadania e sua qualificação para o trabalho.

Marcos Augusto Maliska

1. História da norma

Na história constitucional brasileira, observa-se que foi a partir da Constituição de 1934 que a educação passou a ser tratada de forma mais consistente e abrangente nos textos constitucionais pátrios. As duas primeiras constituições do país, de 1824 e 1891, ainda bastante marcadas pelo liberalismo, detinham poucos artigos sobre a matéria. Não sem razão, o Ministério da Educação, ou seja, uma pasta junto ao governo federal especializada no trato do tema, apenas surgiu após a Revolução de 1930. Dessa forma, a Constituição de 1988, comprometida na construção de um Estado Social e Democrático de Direito, manteve a tradição iniciada em 1934.

2. Constituições brasileiras anteriores

Constituição de 1824, art. 179, inciso XXXIII; Constituição de 1934, art. 149; Constituição de 1946, art. 166; Constituição de 1967, art. 168; Constituição de 1967/69, art. 176.

3. Constituições estrangeiras

Constituição da Argentina, art. 14; Constituição de Portugal, arts. 36, 43, 67, 68 e 73-79; Constituição da Polônia, art. 70; Constituição da Alemanha, arts. 5º e 7º.

4. Direito internacional

Declaração Universal dos Direitos Humanos, art. XXVI; Pacto Internacional sobre Direitos Econômicos, Sociais e Culturais, arts. 10, 13, 14; Convenção Americana sobre Direitos Humanos (Pacto de São José da Costa Rica), arts. 11 (item 4), 26, 42; Protocolo sobre Integração Educativa e Reconhecimento de Certificados, Títulos e Estudos de Nível Primário e Médio Não Técnico dos Estados partes do Mercosul, promulgado pelo Decreto 2.726/1998; Acordo de Admissão de Títulos e Graus Universitários para o Exercício de Atividades Acadêmicas nos Estados Partes do Mercosul, promulgado pelo Decreto 5.518/2005.

5. Remissões constitucionais e legais

Lei 9.394/1996, que estabelece as diretrizes e bases da educação nacional.

6. Jurisprudência

O Supremo Tribunal Federal, em 23 de junho de 2009 (*DJe* 7/8/2009), ao julgar o RE 594.018-AgR, sendo Relator o Ministro Eros Grau, decidiu que "a educação é um direito fundamental e indisponível dos indivíduos. É dever do Estado propiciar meios que viabilizem o seu exercício. Dever a ele imposto pelo preceito veiculado pelo artigo 205 da Constituição do Brasil. A omissão da administração importa afronta à Constituição". No mesmo sentido, decidiu o STF no AI 658.491-AgR, Rel. Min. Dias Toffoli, julgamento em 20 de março de 2012 (*DJe* 7/5/2012). Sobre a proibição de bloqueio, penhora ou sequestro de verbas públicas destinadas à merenda, ao transporte de alunos e à manutenção das escolas públicas, para fins de quitação de débitos trabalhistas, ver STF ADPF 484, Rel. Min. Luiz Fux, j. 4/6/2020, *Dje* de 10/11/2020.

7. Referências bibliográficas

CANEVACCI, Massimo (org.). *Dialética da Família*. Tradução portuguesa por Carlos Nelson Coutinho. 2ª ed. São Paulo: Brasiliense, 1982.

CANOTILHO, José Joaquim Gomes. *Direito Constitucional*. 6ª ed. Coimbra: Almedina, 1993.

ENGELS, Friedrich. *A origem da Família, da Propriedade Privada e do Estado*. Trad. Ciro Mioranza. São Paulo: Escala, s/d.

HESSE, Konrad. *Elementos de Direito Constitucional da República Federal da Alemanha*. Trad. Luís Afonso Reck. Porto Alegre: Fabris, 1998.

MALISKA, Marcos Augusto. *O Direito à Educação e a Constituição*. Porto Alegre: Fabris, 2001.

PIAGET, Jean. *Para onde vai a educação?* Tradução portuguesa por Ivette Braga. Rio de Janeiro: José Olympio Editora, 1973.

SCHWABE, Jürgen. *Cinquenta anos de jurisprudência do Tribunal Constitucional Federal.* Trad. Leonardo Martins e outros. Montevidéu: Fundação Konrad Adenauer, 2005.

8. Comentários

O presente dispositivo da Constituição traz os elementos básicos daquilo que o constituinte entendeu por educação. Aqui se faz necessário abordar cada um deles para que se possa ter uma visão geral do papel da Educação no contexto da estrutura normativa da Constituição de 1988.

8.1. A educação como direito de todos

Além dos "fatores de hereditariedade e adaptação biológica, dos quais depende a evolução do sistema nervoso e dos mecanismos psíquicos elementares, o desenvolvimento do ser humano está subordinado a fatores de transmissão ou de interação sociais que, desde o berço, desempenham um papel de progressiva importância, durante todo o crescimento, na constituição do comportamento e da vida mental" (PIAGET, 1973, p. 35). Falar em direito à educação é, pois, reconhecer o papel indispensável dos fatores sociais na formação do indivíduo.

Do ponto de vista da educação intelectual, o direito à educação consistiria no fato de que o indivíduo tem "o direito de ser colocado, durante a sua formação, em um meio escolar de tal ordem que lhe seja possível chegar a ponto de elaborar, até a conclusão, os instrumentos indispensáveis de adaptação que são as operações da lógica" (PIAGET, 1973, p. 39). Ao lado da educação intelectual cumpre importante papel a chamada educação moral, que presume a intervenção de um conjunto de relações sociais bem definidas (da família, por exemplo). Desta forma, a educação não seria apenas uma formação, mas uma condição formadora necessária ao próprio desenvolvimento natural. Tal entendimento implica afirmar que "o indivíduo não poderia adquirir suas estruturas mentais mais essenciais sem uma contribuição exterior, a exigir um certo meio social de formação, e que em todos os níveis (desde os mais elementares até os mais altos) o fator social ou educativo constitui uma condição do desenvolvimento" (PIAGET, 1973, p. 39). A educação como direito de todos, portanto, não se limita em assegurar a possibilidade da leitura, da escrita e do cálculo. A rigor, deve garantir a todos "o pleno desenvolvimento de suas funções mentais e a aquisição dos conhecimentos, bem como dos valores morais que correspondam ao exercício dessas funções, até a adaptação à vida social atual" (PIAGET, 1973, p. 40).

8.2. O dever do Estado e da Família e a colaboração da Sociedade

São distintos os aspectos do direito à educação sob a perspectiva do dever do Estado, da família e da colaboração da sociedade. Quanto ao dever do Estado para com a educação, esse será objeto de análise no conjunto dos artigos da Constituição que trata da matéria. A colaboração da sociedade na educação pode ser compreendida sob duas perspectivas: a primeira, em um sentido mais imediato, estaria vinculada à possibilidade do ensino privado, que também será abordado quando do comentário dos artigos que tratam do assunto; a segunda, representaria aquilo que escreve Jean Piaget ao afirmar que o direito à educação é o direito "que tem o indivíduo de se desenvolver normalmente, em função das possibilidades de que dispõe, e a obrigação, para a sociedade, de transformar essas possibilidades em realizações efetivas e úteis" (PIAGET, 1973, p. 41). Aqui a sociedade é considerada como o lugar em que a educação e seus atributos são desenvolvidos, ou seja, é na sociedade que surgem as oportunidades.

O dever da família[1] para com a educação sofreu, historicamente, uma redução progressiva do seu papel social na sociedade, a partir do "clã", da gens, da família patriarcal, etc., em benefício de uma correlata extensão dos poderes do Estado[2]. A educação, desta forma, está inserida neste processo histórico, que levou a uma progressiva limitação do direito dos pais sobre a educação dos filhos. Tal transformação, no entanto, em nenhum momento implicou a desconsideração total de um em relação ao outro, mas uma adequação dos métodos educacionais a serem desenvolvidos tanto na escola como na família[3]. O Tribunal Constitucional Federal alemão decidiu que "a missão geral do Estado de formação e educação das crianças não é subordinada, mas se encontra no mesmo patamar do direito de educar dos pais. De superioridade absoluta não goza nem o direito dos pais, nem a missão educacional do Estado"[4].

O dever da família deve ser entendido como um dever jurídico, fundamentado na exigência que a Constituição faz aos pais de educar seus filhos, conforme se depreende dos arts. 205, 208, § 3º, 227 e 229 da Constituição. Essa discussão coloca em análise os chamados "deveres fundamentais", que Canotilho, ao tratar do dever dos pais de educar os filhos, constante dos arts. 36, 3 e 5, da Constituição Portuguesa, classifica-o como dever diretamente exigível. Os deveres fundamentais diretamente exigíveis são exceções, pois, em geral, "as normas consagradoras de deveres fundamentais reconduzem-se (...) à categoria de normas desprovidas de determinabilidade jurídico-Constitucional e, por isso, carecem de mediação legislativa. Não se trata, propriamente, de normas programáticas de deveres fundamentais no velho sentido oitocentista (declarações, programas) como pretende certa doutrina, mas tão só e apenas de normas constitucionais carecidas de concretização legislativa" (CANOTILHO, 1993, p. 550).

8.3. O pleno desenvolvimento da pessoa

O direito ao pleno desenvolvimento da pessoa implica, sob o ponto de vista psicológico e sociológico, a distinção entre o indivíduo e a personalidade. Segundo Piaget, "o indivíduo é o eu centrado sobre si mesmo e obstaculizando, por meio desse egocen-

---

1. O conceito de família deve ser buscado nos arts. 226 a 230 da Constituição, que disciplinam uma visão progressista de entidade familiar, afastando toda interpretação discriminatória quanto aos filhos tidos fora do casamento, ou que afronte a igualdade entre homem e mulher, o casamento não oficial, a união homoafetiva, etc. O Supremo Tribunal Federal, ao julgar o RE 878.694, Rel. Min. Roberto Barroso, j. 10-5-2017, *DJE* de 6-2-2018, Tema 809, firmou o entendimento de que "a Constituição brasileira contempla diferentes formas de família legítima, além da que resulta do casamento. Nesse rol incluem-se as famílias formadas mediante união estável".

2. CANEVACCI, 1982. O livro possui textos de Morgan, Engels, Freud, Marcuse, Lévi-Strauss, Adorno, Horheimer, Habermas, entre outros. Igualmente importante é o clássico de ENGELS, s/d.

3. MALISKA, 2001, p. 158. Segundo PIAGET (1973, p. 40), "antes dos 3-4 anos ou 6-7 anos, conforme o país, não é a escola, e sim a família que desempenha o papel de educadora".

4. BVerfGE 52, 223 citado em SCHWABE, 2005, p. 516.

trismo moral ou intelectual, as relações de reciprocidade inerentes a toda vida social evoluída. A pessoa, ao contrário, é o indivíduo que aceita espontaneamente uma disciplina, ou contribui para o estabelecimento da mesma, e dessa forma se submete voluntariamente a um sistema de normas recíprocas que subordinam a sua liberdade ao respeito por cada um". A personalidade, portanto, seria "uma certa forma de consciência intelectual e de consciência moral, igualmente distanciada da anomia peculiar ao egocentrismo e da heteronomia das pressões exteriores, porque ela realiza a sua autonomia adaptando-a à reciprocidade. Ou, mais simplesmente, a personalidade é ao mesmo tempo contrária à anarquia e à coação, porque é autônoma, e duas autonomias só podem alimentar entre si relações de reciprocidade" (PIAGET, 1973, p. 60-61). Assim, o direito ao pleno desenvolvimento da personalidade humana consiste "em formar indivíduos capazes de autonomia intelectual e moral e respeitadores dessa autonomia em outrem, em decorrência precisamente da regra de reciprocidade que a torna legítima para eles mesmos" (PIAGET, 1973, p. 61).

8.4. O preparo para o exercício da cidadania

Segundo nos ensina Konrad Hesse (1998, p. 133), a democracia é "um assunto de cidadãos emancipados, informados, não de uma massa de ignorantes, apática, dirigida apenas por emoções e desejos irracionais que, por governantes bem intencionados ou mal intencionados, sobre a questão do seu próprio destino, é deixada na obscuridade". Desta forma, são diversos os aspectos que envolvem o papel da Educação em um Estado democrático. Poder-se-ia dizer que a Educação (i) é um instrumento permanente de aperfeiçoamento humanístico da sociedade; (ii) promove a autonomia do indivíduo; (iii) promove a visão de mundo das pessoas, a forma como elas vão ver os acontecimentos na sua cidade, no seu país e no mundo. Ela deve ter a função de superadora das concepções de mundo marcadas pela intolerância, pelo preconceito, pela discriminação, pela análise não crítica dos acontecimentos; (iv) promove o sentimento de responsabilidade nas pessoas para com o mundo que vive, o sentimento de que o mundo que está a sua volta é um pouco resultado de suas próprias ações; (v) promove a consciência de que viver em uma República não implica apenas desfrutar direitos, mas também compreende responsabilidades cívicas; e (vi) promove a consciência pelo valor dos direitos individuais e sociais.

8.5. A qualificação para o trabalho

A educação é elemento indispensável ao preparo profissional, quanto mais nos dias atuais, em que o preparo intelectual razoável do trabalhador é julgado como elemento indispensável até mesmo para a realização de tarefas consideradas como trabalho não intelectual. O Estado deve ofertar condições materiais mínimas para que todos possam conseguir qualificar-se para buscar um posto de trabalho. A educação como instrumento permanente de aperfeiçoamento do trabalhador é algo inerente às sociedades como a nossa, marcadas pela dinamicidade e pela inovação, que a cada dia colocam novos desafios aos trabalhadores.

Art. 206. O ensino será ministrado com base nos seguintes princípios:

I – igualdade de condições para o acesso e permanência na escola;

II – liberdade de aprender, ensinar, pesquisar e divulgar o pensamento, a arte e o saber;

III – pluralismo de ideias e de concepções pedagógicas, e coexistência de instituições públicas e privadas de ensino;

IV – gratuidade do ensino público em estabelecimentos oficiais;

V – valorização dos profissionais da educação escolar, garantidos, na forma da lei, planos de carreira, com ingresso exclusivamente por concurso público de provas e títulos, aos das redes públicas;

VI – gestão democrática do ensino público, na forma da lei;

VII – garantia de padrão de qualidade;

VIII – piso salarial profissional nacional para os profissionais da educação escolar pública, nos termos de lei federal.

IX – garantia do direito à educação e à aprendizagem ao longo da vida.

Parágrafo único. A lei disporá sobre as categorias de trabalhadores considerados profissionais da educação básica e sobre a fixação de prazo para a elaboração ou adequação de seus planos de carreira, no âmbito da União, dos Estados, do Distrito Federal e dos Municípios.

Marcos Augusto Maliska

1. Constituições brasileiras anteriores

Constituição de 1824, art. 179, inciso XXXII; Constituição de 1934, art. 150, parágrafo único, art. 158; Constituição de 1946, arts. 168, 172, 173; Constituição de 1967, art. 171; Constituição de 1967/69, art. 176, § 3º, e art. 179.

2. Jurisprudência

O Supremo Tribunal Federal aprovou a Súmula Vinculante 12 com o seguinte conteúdo: "A cobrança de taxa de matrícula nas universidades públicas viola o disposto no art. 206, IV, da Constituição Federal". A modulação dos efeitos da decisão que declarou a inconstitucionalidade da cobrança da taxa de matrícula nas universidades públicas apontou a data de edição da Súmula Vinculante 12, ressalvado o direito daqueles que já haviam ajuizado ações com o mesmo objeto jurídico, conforme decisão no RE 500.171 ED (Tema 40), Rel. Min. Ricardo Lewandowski (*DJe* de 3-6-2011). Ao julgar o RE 597.854 (Tema 535), Rel. Min. Edson Fachin, (*DJe* de 21-9-2017), o Supremo Tribunal Federal firmou o entendimento de que a "garantia constitucional da gratuidade de ensino não obsta a cobrança, por universidades públicas, de mensalidade em curso de especialização". Na ADI 5.082, rel. min. Edson Fachin, j. 24-10-2018, P, *DJE* de 2-4-2020, o STF firmou o entendimento de que os "Colégios Militares (...) possuem peculiaridades aptas a diferenciá-los dos estabelecimentos oficiais de ensino e qualificá-los como instituições educacionais sui generis (...) A quota mensal escolar nos Colégios Militares não representa ofensa à regra constitucional de gratuidade do ensino público (...). A contribuição dos alunos para o custeio das atividades do Sistema Colégio Militar do Brasil não possui natureza tributária (...). No RE

357.148, rel. Min. Marco Aurélio, j. 27-11-2013, 1ª T, *DJE* de 28-3-2014, o STF entendeu que "ante o teor dos arts. 206, IV, e 208, VI, da Carta de 1988, descabe à instituição pública de ensino profissionalizante a cobrança de anuidade relativa à alimentação".

Decidiu o Supremo Tribunal Federal, em 03 de maio de 2012 (*DJe* 22-3-2013), na ADI 3.330, sendo Relator o Ministro Ayres Britto, acerca do Programa Universidade para Todos (PROUNI), entendendo-o como uma ação afirmativa do Estado com vistas ao cumprimento do princípio constitucional da isonomia: "A educação, notadamente a escolar ou formal, é direito social que a todos deve alcançar. Por isso mesmo, dever do Estado e uma de suas políticas públicas de primeiríssima prioridade. A Lei 11.096/2005 não laborou no campo material reservado à lei complementar. Tratou, tão somente, de erigir um critério objetivo de contabilidade compensatória da aplicação financeira em gratuidade por parte das instituições educacionais. Critério que, se atendido, possibilita o gozo integral da isenção quanto aos impostos e contribuições mencionados no art. 8º do texto impugnado. (...) O Prouni é um programa de ações afirmativas, que se operacionaliza mediante concessão de bolsas a alunos de baixa renda e diminuto grau de patrimonilização. Mas um programa concebido para operar por ato de adesão ou participação absolutamente voluntária, incompatível, portanto, com qualquer ideia de vinculação forçada. Inexistência de violação aos princípios constitucionais da autonomia universitária (art. 207) e da livre-iniciativa (art. 170)".

Ao julgar a ADPF 186, o Supremo Tribunal Federal considerou constitucional a política de cotas raciais para seleção de estudantes da Universidade de Brasília – UnB.

Quanto ao Princípio da liberdade de aprender e ensinar, o Supremo Tribunal Federal entendeu que "não existe direito público subjetivo do aluno ou de sua família ao ensino domiciliar, inexistente na legislação brasileira" (Tema 822 Repercussão Geral. rel. Min. Roberto Barroso, *Leading Case* RE 888815, Trânsito Julgado 21.06.2019). Ao julgar o Programa Escola Livre, objeto da ADI 5.537, rel. min. Roberto Barroso, j. 24-8-2020, P, *DJE* de 17-9-2020, o STF entendeu pela inconstitucionalidade material da Lei 7.800/2016 do Estado de Alagoas, por violação do direito à educação com o alcance pleno e emancipatório que lhe confere a Constituição, em razão da supressão de domínios inteiros do saber do universo escolar. Incompatibilidade entre o suposto dever de neutralidade, previsto na lei, e os princípios constitucionais da liberdade de ensinar, de aprender e do pluralismo de ideias (...). Vedações genéricas de conduta que, a pretexto de evitarem a doutrinação de alunos, podem gerar a perseguição de professores que não compartilhem das visões dominantes. No mesmo sentido, o entendimento firmado na ADPF 460, rel. min. Luiz Fux, j. 29-6-2020, P, *DJE* de 13-8-2020; na ADPF 467, rel. min. Gilmar Mendes, j. 29-5-2020, P, *DJE* de 7-7-2020 e na ADPF 457, rel. min. Alexandre de Moraes, j. 27-4-2020, P, *DJE* de 3-6-2020.

Segundo o Supremo Tribunal Federal, "a CF, ao preconizar a gestão democrática no ensino público, remeteu à lei ordinária a forma, as condições e os limites acerca do seu cumprimento. A Congregação tem o dever de sugerir ao presidente da República seis candidatos ao cargo de diretor-geral do Colégio Pedro II, não estando o chefe do Poder Executivo adstrito à lista sêxtupla. Inteligência da expressão 'de preferência' contida no § 1º do art. 20 da Lei 5.758/1971" (RMS 24.287, Rel. Min. Maurício Corrêa, *DJ* de 1º-8-2003).

A nomeação pelo Ministro da Educação de Diretor-Geral de Centro Federal de Educação Tecnológica, Escola Técnica Federal e Escola Agrotécnica Federal afronta aos princípios da isonomia, da impessoalidade, da proporcionalidade, da autonomia e da gestão democrática do ensino público" (ADI 6.543, rel. min. Cármen Lúcia, j. 29-3-2021, P, *DJE* de 17-5-2021). É constitucional a norma estadual que assegura, no âmbito da educação superior: (i) a livre criação e a auto-organização de centros e diretórios acadêmicos, (ii) seu funcionamento no espaço físico da faculdade, (iii) a livre circulação das ideias por eles produzidas, (iv) o acesso dos seus membros às salas de aula e (v) a participação em órgãos colegiados, em observância aos mandamentos constitucionais da liberdade de associação (CF/1988, art. 5º, XVII), da promoção de uma educação plena e capacitadora para o exercício da cidadania (CF/1988, art. 205) e da gestão democrática da educação (CF/1988, art. 206, VI). (ADI 3.757, rel. min. Dias Toffoli, j. 17-10-2018, P, *DJE* de 27-4-2020).

Em decisão na ADI 490, Rel. Min. Octavio Gallotti (julg. em 15-9-1996, *DJ* de 20-6-1997), confirmada na ADI 2.997, Rel. Min. Cezar Peluso (julg. 12-8-2009, *DJe* de 12-3-2010), o Supremo Tribunal Federal entendeu pela inconstitucionalidade de norma de Constituição Estadual que determina a realização de eleições para os cargos de direção dos estabelecimentos de ensino público. Segundo o Tribunal, não se confunde a qualificação de democrática da gestão do ensino público com modalidade de investidura, que há de coadunar-se com o princípio da livre escolha dos cargos em comissão do Executivo pelo chefe desse Poder (arts. 37, II, *in fine*, e 84, II e XXV, ambos da Constituição da República).

3. Referências bibliográficas

BOBBIO, Norberto. *O futuro da democracia*. Uma defesa das regras do jogo. 3ª ed. Rio de Janeiro: Paz e Terra, 1986.

HÄBERLE, Peter. *Erziehungsziele und Orientierungswerte im Verfassungsstaat*. Freiburg/München: Verlag Karl Alber, 1981.

LIMA, Licínio C. *Educação ao longo da vida*: entre a mão direita e a mão esquerda de Miró. São Paulo: Cortez, 2007.

MALISKA, Marcos Augusto. *O Direito à educação e a Constituição*. Porto Alegre: Fabris, 2001.

MIRANDA, Jorge. *Manual de Direito Constitucional*. Tomo IV. 2ª ed. Coimbra: Coimbra Editora, 1993.

SILVA, José Afonso. *Curso de Direito Constitucional Positivo*. 14ª ed. São Paulo: Malheiros, 1997.

STUART MILL, John. *Ensaio sobre a Liberdade*. Trad. Rita de Cássia Gondim Neiva. São Paulo: Escala, 2006.

4. Comentários

Esse dispositivo da Constituição é de fundamental importância na compreensão dos elementos básicos que regem a educação escolar. Aqui se encontram os princípios fundamentais do ensino que irão reger questões como os direitos à igualdade, à liberdade, ao pluralismo, à gratuidade do ensino público, à gestão democrática, à qualidade do ensino e à valorização dos profissionais da educação.

4.1. Princípio da igualdade de acesso e permanência na escola

A igualdade jurídica formal, a igualdade diante da lei (art. 5º, *caput*, da Constituição), é uma conquista da modernidade e implica o tratamento formal isonômico de todos os cidadãos perante a lei. Essa garantia teve como principal objetivo acabar com os privilégios de classe que havia nos regimes absolutistas, os chamados privilégios de origem. Essa igualdade formal, que na sua origem teve indiscutivelmente um caráter revolucionário, hoje é tratada sob o ponto de vista daquilo que se chama igualdade material, ou seja, o Estado deve pautar-se como instrumento de correção das chamadas desigualdades fáticas, que ocorrem por elementos externos ao indivíduo e que interferem diretamente no seu plano de vida.

A constatação e a assimilação, pelo constituinte, das desigualdades fáticas (art. 3º, inciso III, da Constituição) são a relativização do primado clássico da igualdade perante a lei. Trata-se, agora, de uma igualdade por meio da lei, uma igualdade que é buscada pela lei por meio da regulação diferenciada das situações desiguais. O pressuposto de que haveria uma igualdade jurídica abstrata é substituída pelo inverso desta afirmação e pela confirmação de que as desigualdades devem encontrar, na Constituição e nas leis, instrumentos de emancipação.

Assim, o acesso e a permanência na escola devem ser vistos sob a perspectiva das diferenças, e isso significa, por exemplo, que o acesso de pessoas com deficiência física aos prédios deve ser garantido mediante rampas de acesso, que o indígena tem o direito de utilizar-se da sua língua materna e dos seus processos próprios de aprendizagem no ensino fundamental, que a identificação de elementos de discriminação que acabam por impedir o acesso e a permanência de grupos da sociedade na Universidade, merecem tratamento diferenciado, enfim, que sem desprestigiar o tratamento isonômico, os elementos de caráter não pessoal que possuem fundamento constitucional, aqui o direito à diferença e o direito ao pluralismo, também devem ser levados em conta.

4.2. Princípio da liberdade de aprender, ensinar, pesquisar e divulgar o pensamento, a arte e o saber

Na interpretação desse Princípio Constitucional, é fundamental o questionamento acerca dos limites dessa liberdade. Uma análise criteriosa da Constituição irá demonstrar que há limites, pois a Constituição faz opções por determinadas visões de mundo que efetivamente são incompatíveis com outras de caráter, basicamente, totalitário.

Stuart Mill trata dessa questão ao afirmar que as "objeções que são levantadas com razão contra a educação do Estado não se aplicam à obrigação da educação por parte do Estado, mas ao Estado tomar para si a direção dessa educação: o que é uma coisa totalmente diferente" (STUART MILL, 2006, p. 146). Por certo que a análise de Stuart Mill deve ser contextualizada, pois ele não está a tratar de um Estado Constitucional, mas, como ele próprio diz, de um Estado em geral, que atua em nome do "poder predominante no governo, seja uma monarquia, um clero, uma aristocracia..." (STUART MILL, 2006, p. 146).

Os limites da liberdade de aprender e ensinar podem ser também compreendidos numa perspectiva mais ampla, numa relação com os "objetivos da educação" (*Erziehungsziele*) e com os "valores de orientação" (*Orientierungswerte*)[1]. Para Peter Häberle, a Constituição, entendida como "ordem jurídica fundamental" do Estado e da Sociedade, como ordem quadro (*Rahmenordnung*) com limites de tolerância, possui conteúdos diretivos, abre possibilidades e processos para os cidadãos como para os especialistas, para os grupos plurais e para a opinião pública (cultural) alcançar e realizar valores e finalidades, objetivos e interesses gerais e especiais, abstratos e concretos. A ciência do direito constitucional não é nenhuma "superciência" (*Überwissenschaft*), pois nenhuma ciência pode hoje almejar uma vinculação universal sem querer perder sua cientificidade. Como ciência da ordem jurídica fundamental do Estado e da Sociedade, da liberdade e do pluralismo, a Teoria da Constituição constitui-se num "fórum" de característica especial, pois nela se vinculam questões e resultados de muitas disciplinas individualmente, como a Filosofia, a Sociologia, a Educação, a Economia, a História e a Teologia[2].

O tema dos limites da liberdade de aprender, ensinar, pesquisar e divulgar o pensamento, a arte e o saber, está vinculado, por certo, à realidade histórica e cultural de cada país. Com exceção dos casos de flagrante violação dos princípios constitucionais, como, por exemplo, mediante a propagação de concepções racistas e discriminatórias, os limites estarão vinculados aos elementos de consenso que se formam no ambiente social.

Há também limitações de caráter ordinário, na hipótese de conflito entre direitos ou entre um direito e um bem juridicamente protegido pela Constituição. Assim, por exemplo, "levante-se a hipótese de professora do ensino fundamental que utiliza um método de alfabetização não apropriado para as crianças. Está ela utilizando-se da liberdade de ensinar, ou seja, liberdade de transmitir o conhecimento que, na hipótese, reveste-se de um método de alfabetização. Por certo, ela terá o seu direito de liberdade limitado pelas disposições acerca da proteção da criança" (MALISKA, 2001, p. 178).

Ao tratar do tema tendo em vista o disposto na Constituição portuguesa, Jorge Miranda escreve que o direito de liberdade na escola significa (i) a liberdade dos professores de ensino, de acordo com a procura da verdade, o seu saber, a sua orientação científica e pedagógica e (ii) o direito do aluno à compreensão crítica dos conteúdos. Essa liberdade, no direito português, impede que o Estado imprima diretrizes filosóficas, estéticas, políticas, ideológicas ou religiosas (MIRANDA, 1993, p. 177).

Os limites da liberdade de ensino e de aprendizagem devem ter em vista os desafios de cada sociedade e a necessidade de que o enfrentamento e a superação deles depende, em grande medida, de uma adequada prática pedagógica. Aqui o direito à liber-

---

1. Esse debate ocorreu na Alemanha com o pronunciamento do Chanceler Helmut Schmidt a partir da manifestação dos Bispos Alemães de 7 de Maio de 1976 sobre a "Orientação de nossa sociedade". Para Schmidt, é necessário distinguir "valores fundamentais" de "direitos fundamentais". Para ele, os direitos fundamentais da Lei Fundamental alemã não garantem determinadas concepções, convencimentos, visões de mundo ou determinadas crenças ou confissões, mas ela possibilita a liberdade para a pessoa ter essas concepções. HÄBERLE, Peter. *Erziehungsziele und Orientierungswerte im Verfassungsstaat*. Freiburg/München: Verlag Karl Alber, 1981, p. 20.

2. HÄBERLE, 1981, p. 9 e 10. Veja-se a interpretação de conceitos filosóficos como "Dignidade Humana", ou sociológicos como os decorrentes do chamado "Estado Social". As expressões *Erziehungsziele* e *Orientierungswerte* são também interdisciplinares.

dade reveste-se de elemento fundamental no trato de questões que precisam ser debatidas no espaço público. O direito à diferença e ao pluralismo, por exemplo, somente ganhará força se passar a ser objeto de discussão no plano da liberdade das práticas pedagógicas, pois a escola é, também, um lugar de aperfeiçoamento do cidadão sob o ponto de vista dos valores protegidos pela Constituição.

4.3. Princípio do pluralismo de ideias e de concepções pedagógicas, e coexistência de instituições públicas e privadas de ensino

O Princípio do pluralismo de ideias e de concepções pedagógicas está compreendido no Princípio da liberdade de ensinar e divulgar o pensamento, visto que a ideia mesma de liberdade implica no respeito à diversidade de pensamento. São diversos os aspectos que envolvem o princípio do pluralismo, desde o reconhecimento das diferenças regionais e sociais, disposto no art. 3º da Constituição, passando pelas garantias do ensino religioso facultativo e das línguas indígenas maternas no ensino fundamental, constantes do art. 210, §§ 1º e 2º, da Constituição, e pelo ensino da História do Brasil a partir das contribuições das diferentes culturas e etnias para a formação do povo brasileiro, especialmente das matrizes indígena, africana e europeia, conforme dispõem os arts. 26, § 4º, e 26-A da Lei de Diretrizes e Bases da Educação.

A existência de instituições públicas e privadas de ensino também revela uma perspectiva pluralista, pois, por mais que as escolas privadas estejam sob fiscalização do poder público, elas podem, dentro do marco constitucional, desenvolver e inovar no tocante a métodos de ensino e propostas pedagógicas, assim como quanto à abordagem do ensino e da pesquisa que realizam.

As escolas privadas estão sujeitas aos princípios da igualdade de acesso e permanência na escola, da liberdade de apreender, ensinar e divulgar o pensamento, a arte e o saber, do pluralismo de ideias e de concepções pedagógicas, da valorização dos profissionais do ensino, assim como ao da garantia de qualidade.

4.4. Princípio da gratuidade do ensino público em estabelecimentos oficiais

Diferentemente de outros países, como Portugal, por exemplo, que admite a progressividade da gratuidade, no Brasil o ensino público em estabelecimentos oficiais é plenamente gratuito. Como lembra José Afonso da Silva, a gratuidade do ensino oficial nos três níveis – fundamental, médio e superior – "é velha tradição do sistema constitucional brasileiro. Pode-se, agora, dizer que essa tradição não era nada mais nada menos do que uma projeção futura, porquanto veio a ajustar-se à evolução que tornara a educação um serviço público integrante dos fins do Estado Democrático. Por isso é que a Constituição, acolhendo a evolução, elevara a educação à categoria de direito de todos e, correlativamente, à categoria de dever do Estado" (SILVA, 1997, p. 768).

A gratuidade, entendida em sentido mais amplo, pode compreender a abstenção de pagamento de mensalidades e de quaisquer despesas[3], como também uma prestação por parte do Estado.

No primeiro caso, a Constituição estende a gratuidade aos dois âmbitos da educação: básica e superior. Situação diversa apresenta-se quando a gratuidade é entendida como prestação, pois se trata das condições que o Estado deve colocar à disposição dos alunos para que estes desempenhem com êxito as tarefas escolares. Assim, a Constituição no art. 208, inciso VII, com a redação dada pela Emenda Constitucional n. 59, de 11 de Novembro de 2009, dispõe ser dever do Estado garantir ao educando, em todas as etapas da educação básica, a oferta de programas suplementares, de material didático-escolar, transporte, alimentação e assistência à saúde. De igual forma se pode pensar na hipótese da oferta por parte do Estado de bolsas para que os alunos permaneçam na escola, dando máxima eficácia ao Princípio da igualdade de condições para a permanência na escola (MALISKA, 2001, p. 209-210).

4.5. Princípio da valorização dos profissionais da educação escolar

Esse Princípio procura resgatar o prestígio social do professor. Nenhuma sociedade se desenvolve se o profissional da educação não é prestigiado, incentivado e motivado a desempenhar o seu mister dando o melhor de si. O futuro do país e o destino das próximas gerações dependem desse profissional, que desempenha uma função social de importância inquestionável.

São direitos do profissional da educação, além de outros, o ingresso no serviço público por concurso público, o aperfeiçoamento profissional continuado, com licenciamento periódico remunerado para esse fim, piso salarial profissional e um plano de cargos e salários que confiram dignidade ao profissional. O exercício da atividade de magistério não pode se constituir em uma atividade secundária, desenvolvida paralelamente a outras de maior prioridade. Para que isso não ocorra, ao profissional da educação deve ser garantida a sua estabilidade financeira.

A valorização do profissional implica também lhe dar condições adequadas de trabalho, compreendidas aqui não só instalações físicas, mas também instrumentos, como bibliotecas, laboratórios e outros, colocados à disposição do professor para que esse possa desenvolver suas atividades da forma mais adequada.

4.6. Gestão democrática do ensino público

Um aspecto importante do processo de democratização das sociedades modernas, segundo Norberto Bobbio, está na passagem da democracia política em sentido estrito para a democracia social, compreendida como o "campo da sociedade civil nas suas várias articulações, da escola à fábrica" (BOBBIO, 1986, p. 54-55).

A interpretação desse Princípio deve levar em consideração tanto a política de ensino, como a gestão democrática da escola, com a participação da sociedade. No tocante ao ensino superior, o art. 56 da Lei de Diretrizes e Bases da Educação prevê a existência de órgãos colegiados deliberativos, dos quais participarão os segmentos das comunidades institucional, local e regional.

4.7. Princípio da Garantia de qualidade

A garantia de qualidade impõe tanto um dever à escola de prestar o ensino com qualidade, como um dever ao Estado de fiscalização. Ambas as situações geram um direito ao aluno de exigir uma educação escolar de qualidade, com professores capacitados e qualificados, bibliotecas e laboratórios equipados, en-

---

3. Ver a Súmula Vinculante 12 do Supremo Tribunal Federal: "A cobrança de taxa de matrícula nas universidades públicas viola o disposto no art. 206, IV, da Constituição Federal".

fim, o direito de acesso aos meios necessários para que o processo educativo obtenha êxito.

A definição do que seja uma educação escolar de qualidade tem como referência os critérios exigidos pelo Estado para a autorização de funcionamento da escola. Assim, aquelas que estejam abaixo desses critérios devem imediatamente tomar providências para adequarem-se às exigências dos órgãos fiscalizadores. Se instituições privadas, essas deficiências podem até mesmo gerar direito de indenização aos alunos por violação ao direito do consumidor. Os dirigentes de instituições públicas devem comprovar que tomaram todas as medidas possíveis para corrigir os erros, sob pena de omissão que pode gerar responsabilidade administrativa.

4.8. Garantia do direito à educação e à aprendizagem ao longo da vida

A EC 108, de 26.08.2020, inseriu o inciso IX ao art. 206 da Constituição, introduzindo o princípio da "garantia do direito à educação e à aprendizagem ao longo da vida". A matéria já estava regulada na Lei 13.632, de 6-3-2018, que alterou dispositivos da LDB (Lei 9.394/1996), trazendo a garantia do direito à educação e à aprendizagem ao longo da vida como um princípio do ensino (art. 3º), bem como tratando da educação de jovens e adultos (art. 37) e da educação especial (art. 58, par. 3º) ao longo da vida. Se por um lado, a educação ao longo da vida refere-se à adaptação aos chamados novos imperativos da economia e da sociedade, por outro, ela também pode contribuir para o aprofundamento da democracia, dos direitos humanos e da justiça social (LIMA, 2007, p. 8 e 9).

Art. 207. As universidades gozam de autonomia didático-científica, administrativa e de gestão financeira e patrimonial, e obedecerão ao princípio de indissociabilidade entre ensino, pesquisa e extensão.

§ 1º É facultado às universidades admitir professores, técnicos e cientistas estrangeiros, na forma da lei.

§ 2º O disposto neste artigo aplica-se às instituições de pesquisa científica e tecnológica.

Marcos Augusto Maliska

1. Constituições brasileiras anteriores

Constituição de 1934, art. 155; Constituição de 1946, art. 168, VII, art. 174, parágrafo único; Constituição de 1967, art. 171, parágrafo único; Constituição de 1967/69, art. 179, parágrafo único.

2. Jurisprudência

O Supremo Tribunal Federal, ao julgar a ADPF 756 TPI-décima segunda-REF, rel. min. Ricardo Lewandowski, j. 21-2-2022, P, *DJE* de 24-3-2022, entendeu que "ao subtrair da autonomia gerencial, administrativa e patrimonial das instituições educacionais a atribuição de exigir o atestado de imunização contra o novo coronavírus, como condição para o retorno às atividades presenciais, o ato impugnado vulnera o disposto nos arts. 6º e 205 a 214, da Constituição Federal, em especial a autonomia universitária".

Segundo o STF, a escolha de seu dirigente máximo pelo Chefe do Poder Executivo, a partir de lista tríplice, com atribuições eminentemente executivas, não prejudica ou perturba o exercício da autonomia universitária. (ADPF 759 MC REF, red. do ac. min. Alexandre de Moraes, j. 8-2-2021, P, *DJE* de 15-4-2021.)

Ao julgar a ADPF 548 (rel. Min. Cármen Lúcia, j. 15-5-2020, P, *DJE* de 9-6-2020), o STF considerou afrontados os princípios da liberdade de manifestação de pensamento e da autonomia universitária, sustentando a inconstitucionalidade de interpretação dos arts. 24 e 37 da Lei das Eleições 9.504/1997 que conduza a atos judiciais ou administrativos que possibilitem, determinem ou promovam ingresso de agentes públicos em universidades públicas e privadas, recolhimento de documentos, interrupção de aulas, debates ou manifestações de docentes e discentes universitários, a atividade disciplinar docente e discente e coleta irregular de depoimentos pela prática de manifestação livre de ideias e divulgação de pensamento nos ambientes universitários ou equipamentos sob administração de universidades públicas e privadas e serventes a seus fins e desempenhos.

Na ADI 3.330, Rel. Min. Ayres Britto (*DJe* de 22-3-2013), o STF entendeu que o Prouni é um programa de ações afirmativas, que se operacionaliza mediante concessão de bolsas a alunos de baixa renda. Sendo um programa concebido para operar por ato de adesão ou participação absolutamente voluntária, não há falar em violação ao princípio constitucional da autonomia universitária, constante do art. 207 da CF.

Ao julgar a ADI 2.643, Rel. Min. Carlos Velloso (*DJ* de 26-9-2003), o Supremo Tribunal Federal entendeu que a Lei 7.983/2001, que isenta do pagamento de taxa de inscrição os candidatos ao exame vestibular da Universidade Estadual do Rio Grande do Norte, não viola a Constituição.

A implantação de *campus* universitário sem que a iniciativa legislativa tenha partido do próprio estabelecimento de ensino envolvido caracteriza, em princípio, ofensa à autonomia universitária (CF, art. 207), segundo decidiu o Supremo Tribunal Federal ao deferir Medida Cautelar na ADI 2.367 MC, Rel. Min. Maurício Corrêa (*DJ* de 5-3-2004).

O Supremo Tribunal Federal, ao julgar a ADI 51, Rel. Min. Paulo Brossard (julgamento em 25-10-1989, *DJ* de 17-9-1993), entendeu que a Resolução 2/1988 do Conselho Universitário da UFRJ, que dispõe sobre eleição do reitor e vice-reitor, é inconstitucional, por ofensa ao inciso X e *caput* do art. 48 e inciso XXV do art. 84, ambos da CF. Segundo o Ministro Relator, tendo a lei regulado o processo de escolha dos dirigentes das instituições universitárias, não poderia resolução da própria Universidade revogar a disposição legal.

No julgamento do RE 566.365, Rel. Min. Dias Toffoli (*DJe* de 12-5-2011), o Supremo Tribunal Federal entendeu que "não há direito líquido e certo à expedição de diploma com validade nacional se o curso de mestrado não é reconhecido, como expressamente prevê a lei. As universidades gozam de autonomia administrativa, o que não as exime do dever de cumprir as normas gerais da educação nacional". No julgamento do RE 561.398, AgR, Rel. Min. Joaquim Barbosa (*DJe* de 7-8-2009), entendeu-se que, nos termos da jurisprudência do Supremo Tribunal Federal, o princípio da autonomia universitária não significa soberania das universidades, devendo estas se submeter às leis e aos demais atos normativos.

Quanto ao regime jurídico dos servidores das universidades, decidiu o Supremo Tribunal Federal, no RE 331.285, Rel. Min. Ilmar Galvão (*DJ* de 2-5-2003), que "o fato de gozarem as universidades da autonomia que lhes é constitucionalmente garantida, não retira das autarquias dedicadas a esse mister a qualidade de integrantes da administração indireta, nem afasta, em consequência, a aplicação, a seus servidores, do regime jurídico comum a todo o funcionalismo, inclusive as regras remuneratórias". Nesse sentido, também o julgamento da ADI 4.406, rel. Min. Rosa Weber, j. 18-10-2019, P, *DJE* de 4-11-2019.

3. Referências bibliográficas

BIELSA, Rafael. *Derecho Administrativo*. Tomo II. 3ª ed. Buenos Aires: Libreria J. Lajoane, 1938.

LEHER, Roberto. Autonomia universitária e liberdade acadêmica. *Revista Contemporânea de Educação*, v. 14, n. 29, jan.-abr. 2019.

MALISKA, Marcos Augusto. *O Direito à educação e a Constituição*. Porto Alegre: Fabris, 2001.

RANIERI, Nina. *Autonomia Universitária: as Universidades Públicas e a Constituição Federal de 1988*. São Paulo: Editora da USP, 1994.

RANIERI, Nina. Trinta anos de autonomia universitária: resultados diversos, efeitos contraditórios. *Educ. Soc.*, Campinas, v. 39, n. 145, p. 946-961, out.-dez. 2018.

4. Comentários

A autonomia das Universidades está compreendida na noção geral de autonomia caracterizada como um "núcleo de competência autônoma, assinalado pela Constituição, dentro do qual agem por sua conta e risco, atendidos, por evidente, os limites constitucionais" (RANIERI, 1994, p. 138). Aqui é importante ressaltar que "a competência para legislar sobre o que lhe é próprio tem por escopo a colmatação das áreas de peculiar interesse propositalmente não preenchidas pelo legislador (por determinação constitucional), com vistas à consecução de seus objetivos institucionais" (RANIERI, 1994, p. 124-125). Deste modo, "revestidas de tais atributos (e desde que emitidas validamente) as normas universitárias integram a ordem jurídica como preceitos de valor idêntico ao da lei formal na escala de suas fontes formais, e de idêntica hierarquia em relação às demais normas, gerais e especiais, que promulgadas com base no art. 24 inciso IX, da Constituição Federal, disponham sobre matéria de cunho didático-científico, administrativo e de gestão financeira e patrimonial, e cujo sujeito passivo sejam as universidades" (RANIERI, 1994, p. 124-125).

Esse entendimento sobre a condição não hierárquica traz uma importante consequência jurídica, que é a "prevalência das decisões legais da universidade sobre normas exógenas de igual valor, no que respeita a seu peculiar interesse. Em outras palavras, a legislação universitária, no âmbito de sua competência, afasta a incidência de normais gerais que não tenham natureza diretivo-basilar, quando invadam sua esfera de incidência. (...) Esse talvez seja o desdobramento mais significativo da autonomia universitária. A universidade é uma entidade normativa. Produz direito; suas normas integram a ordem jurídica porque assim determinou a norma fundamental do sistema" (RANIERI, 1994, p. 125).

No caso específico das Universidades públicas, em especial das Universidades Federais, é pertinente a reflexão sobre a compatibilidade entre a autonomia constitucional e o modelo autárquico nos quais elas se encontram. Rafael Bielsa distingue os conceitos de autarquia e autonomia entendendo que o primeiro significa administrar e o segundo legislar, regrar a administração, o primeiro está no campo administrativo e o segundo no campo político (BIELSA, 1938). Assim, se nas relações entre a administração federal e as universidades o conceito de autarquia prepondera, ou seja, a visão administrativa que caracteriza os entes autárquicos, a consequência será uma diminuição do papel e da importância da autonomia política das Universidades o que, sob o ponto de vista da Constituição, revela-se inadequado. As Universidades Federais necessitam de um marco regulatório infraconstitucional que confira características especiais de gestão administrativa, financeira e patrimonial às Universidades, de modo a distingui-las dos demais entes autárquicos.

Fazendo uma análise em perspectiva da evolução da autonomia universitária no Brasil nos últimos trinta anos, Ranieri (2018) conclui apontando diferentes resultados para o sistema público e o privado, sendo o primeiro com liberdade acadêmica e o segundo com autonomia administrativa e de gestão financeira e patrimonial, exclusivamente. A exceção são as universidades estaduais paulistas, onde os resultados apresentam equilíbrio entre as diversas vertentes da autonomia. Segundo ainda a autora, as exigências das primeiras décadas do século XXI impõem revisão do exercício da autonomia pelas instituições em razão da internacionalização do ensino superior, das exigências de aprimoramento da gestão e de accountability no setor público.

4.1. Autonomia didática

A autonomia didática consiste na ideia de direção própria do ensino ofertado, o reconhecimento da competência da Universidade para definir a relevância do conhecimento a ser transmitido, bem como sua forma de transmissão.

4.2. Autonomia científica

A autonomia científica compreende tanto a autonomia coletiva, referente à autogestão da universidade em matéria de seu peculiar interesse, como a autonomia pessoal, integrante do direito do professor universitário de pesquisar e ensinar o que crê ser a verdade. Uma depende da outra, pois a liberdade acadêmica do docente não se realiza por completo se a universidade a qual pertence não possui idêntica liberdade. "A autonomia científica tem implicação direta na organização das universidades que, baseada na divisão dos campos de conhecimento, implica autonomia organizacional no que concerne ao desenvolvimento das disciplinas científicas. Como o conhecimento científico não é meramente local ou nacional, mas internacional, a organização das disciplinas confere às universidades sua dimensão universal, característica básica da vida universitária desde as suas origens" (RANIERI, 1994, p. 122).

4.3. Autonomia administrativa

A autonomia administrativa consiste, basicamente, no direito de elaborar normas próprias de organização interna, em matéria didático-científica, de administração de recursos humanos e materiais e no direito de escolher dirigentes. Em matéria de recursos humanos, a liberdade de organização manifesta-se pelo modo de escolha dos dirigentes, pela definição de planos de carreira, docente e não docente e dos respectivos vencimentos, através da criação de cargos e funções dentro das carreiras (art. 54 da LDB – Lei 9.394/1996), observado o art. 169, § 1º, inciso I, da Constituição, que exige dotação orçamentária, e pela determinação de critérios de seleção, contratação, nomeação, demissão, promoção, exoneração e transferência de servidores docentes e não docentes, observadas as disposições constitucionais (MALISKA, 2001, p. 272-274).

4.4. Autonomia de gestão financeira e patrimonial

A autonomia de gestão financeira e patrimonial consiste, para as Universidades Públicas, na competência para gerir os recursos públicos disponíveis. A autonomia exige o estabelecimento de prioridades e o desenvolvimento de planos a médio e longo prazo, de modo a fazer com que a instituição utilize os recursos de forma racional e criteriosa, evitando o desperdício e a ineficiência. Autonomia exige planejamento, organização e competência administrativa para gerir os recursos e melhor atender as finalidades institucionais (RANIERI, 1994, p. 131-132).

Art. 208. O dever do Estado com a educação será efetivado mediante a garantia de:

I – educação básica obrigatória e gratuita dos 4 (quatro) aos 17 (dezessete) anos de idade, assegurada inclusive sua oferta gratuita para todos os que a ela não tiveram acesso na idade própria;

II – progressiva universalização do ensino médio gratuito;

III – atendimento educacional especializado aos portadores de deficiência, preferencialmente na rede regular de ensino;

IV – educação infantil, em creche e pré-escola, às crianças até 5 (cinco) anos de idade;

V – acesso aos níveis mais elevados do ensino, da pesquisa e da criação artística, segundo a capacidade de cada um;

VI – oferta de ensino noturno regular, adequado às condições do educando;

VII – atendimento ao educando, em todas as etapas da educação básica, por meio de programas suplementares de material didático-escolar, transporte, alimentação e assistência à saúde.

§ 1º O acesso ao ensino obrigatório e gratuito é direito público subjetivo.

§ 2º O não oferecimento do ensino obrigatório pelo Poder Público, ou sua oferta irregular, importa responsabilidade da autoridade competente.

§ 3º Compete ao Poder Público recensear os educandos no ensino fundamental, fazer-lhes a chamada e zelar, junto aos pais ou responsáveis, pela frequência à escola.

Marcos Augusto Maliska

1. Constituições brasileiras anteriores

Constituição de 1934, art. 148; Constituição de 146, art. 167; Constituição de 1967, art. 168, § 1º; Constituição de 1967/69, art. 175, § 4º, art. 176, § 1º.

2. Jurisprudência

Decidiu o Supremo Tribunal Federal que as Resoluções CNE/CEB 1/2010 e 6/2010, ao estabelecerem um critério único e objetivo para o ingresso às séries iniciais da Educação Infantil e do Ensino Fundamental da criança que tenha, respectivamente, quatro e seis anos de idade, completos até o dia 31 de março do ano em que ocorrer a matrícula, não violam os princípios da isonomia, da proporcionalidade e do acesso à educação (ADPF 292, rel. min. Luiz Fux, j. 1º-8-2018, P, *DJE* de 27-7-2020).

Segundo o STF, a Constituição Federal não veda de forma absoluta o ensino domiciliar, mas proíbe qualquer de suas espécies que não respeite o dever de solidariedade entre a família e o Estado como núcleo principal à formação educacional das crianças, jovens e adolescentes (RE 888.815, red. do ac. Min. Alexandre de Moraes, j. 12-9-2018, P, *DJE* de 21-3-2019, Tema 822).

O Supremo Tribunal Federal, no ARE 639337 AgR, em 23 de agosto de 2011, sendo relator o Ministro Celso de Mello, decidiu que a compreensão global do direito constitucional à educação impõe o dever jurídico ao poder público no sentido do atendimento em creche e pré-escola de crianças de até cinco anos de idade. No mesmo sentido, o julgamento do RE 1.008.166, rel. Min. Luiz Fux, j. 22-9-2022, P, Informativo STF 1.069, Tema 548, com mérito julgado.

Ao julgar a ADPF 186, o Supremo Tribunal Federal considerou constitucional a política de cotas raciais para seleção de estudantes da Universidade de Brasília – UnB.

O Supremo Tribunal Federal julgou improcedente a ADI 1.698, Rel. Min. Cármen Lúcia (*DJe* de 16-4-2010), que alegava inércia do Presidente da República na implementação do ensino fundamental obrigatório e gratuito a todos os brasileiros (Ação direta de inconstitucionalidade por omissão em relação ao disposto nos arts. 6º, 23, V; 208, I; e 214, I, da Constituição da República). Segundo o Tribunal, "dados do recenseamento do Instituto Brasileiro de Geografia e Estatística demonstram (...) aumento da escolaridade de jovens e adultos. Ausência de omissão por parte do chefe do Poder Executivo Federal em razão do elevado número de programas governamentais para a área de educação".

Ao julgar a ADI 5.357 MC-REF, Rel. Min. Edson Fachin (*DJe* de 11-11-2016), que tratou do Estatuto da Pessoa com Deficiência – Lei 13.146/2015 – e do ensino inclusivo, o Supremo Tribunal Federal firmou o entendimento de que "a Convenção Internacional sobre os Direitos da Pessoa com Deficiência concretiza o princípio da igualdade como fundamento de uma sociedade democrática que respeita a dignidade humana. À luz da Convenção e, por consequência, da própria Constituição da República, o ensino inclusivo em todos os níveis de educação não é realidade estranha ao ordenamento jurídico pátrio, mas sim imperativo que se põe mediante regra explícita. Nessa toada, a Constituição da República prevê em diversos dispositivos a proteção da pessoa com deficiência, conforme se verifica nos arts. 7º, XXXI, 23, II, 24, XIV, 37, VIII, 40, § 4º, I, 201, § 1º, 203, IV e V, 208, III, 227, § 1º, II, e § 2º, e 244. Pluralidade e igualdade são duas faces da mesma moeda. O respeito à pluralidade não prescinde do respeito ao princípio da igualdade. E na atual quadra histórica, uma leitura focada tão somente em seu aspecto formal não satisfaz a completude que exige o princípio. Assim, a igualdade não se esgota com a previsão normativa de acesso igualitário a bens jurídicos, mas engloba também a previsão normativa de medidas que efetivamente possibilitem tal acesso e sua efetivação concreta. O enclausuramento em face do diferente furta o colorido da vivência cotidiana, privando-nos da estupefação diante do que se coloca como novo, como diferente. É somente com o convívio com a diferença e com o seu necessário acolhimento que pode haver a construção de uma sociedade livre, justa e solidária, em que o bem de todos seja promovido sem preconceitos de origem, raça, sexo, cor, idade e quaisquer outras formas de discriminação (art. 3º, I e IV, CRFB). A Lei 13.146/2015 indica assumir o compromisso ético de acolhimento e pluralidade democrática adotados pela Constituição ao exigir que não apenas as escolas públicas, mas também as particulares deverão pautar sua atuação educacional a partir de todas as facetas e potencialidades que o direito fundamental à educação possui e que são densificadas em seu Capítulo IV".

Ainda sobre educação da pessoa com deficiência, o STF no julgamento da ADI 6.590 MC-REF, rel. min. Dias Toffoli, j. 21-12-2020, P, *DJE* de 12-2-2021 entendeu que o Decreto 10.502/2020, ao formular Política Nacional de Educação Especial, contraria o paradigma da educação inclusiva, por claramente retirar a ênfase da matrícula no ensino regular, passando a apresentar esse último como mera alternativa dentro do sistema de educação especial. O paradigma da educação inclusiva, segundo a Corte Suprema, é o resultado de um processo de conquistas sociais que afastaram a ideia de vivência segregada das pessoas com deficiência ou necessidades especiais para inseri-las no contexto da comunidade. Subverter esse paradigma significa, além de grave ofensa à Constituição de 1988, um retrocesso na proteção de direitos desses indivíduos. Desse modo, o Decreto 10.502/2020, segundo o STF, pode vir a fundamentar políticas públicas que fragilizam o imperativo da inclusão de alunos com deficiência, transtornos globais do desenvolvimento e altas habilidades ou superdotação na rede regular de ensino.

3. Referências bibliográficas

HAYEK, Friedrich A. *The Constitution of Liberty*. Chicago: The University of Chicago Press, 1978.

MALISKA, Marcos Augusto. *O Direito à educação e a Constituição*. Porto Alegre: Fabris, 2001.

SMITH, Adam. *Uma investigação Sobre a Natureza e Causas da Riqueza das Nações*. Trad. Norberto de Paula Lima. São Paulo: Hemus, 2003.

STUART MILL, John. *Ensaio sobre a Liberdade*. Trad. Rita de Cássia Gondim Neiva. São Paulo: Escala, 2006.

4. Comentários

O dever do Estado para com a educação é algo que até mesmo entre os liberais encontra respaldo. Assim, nas palavras de Adam Smith (2003, p. 412), "a despesa das instituições para a educação (...) é analogamente, sem dúvida, benéfica a toda sociedade e, assim, sem injustiça, pode ser custeada pela contribuição geral de toda a sociedade". Igualmente John Stuart Mill (2006, p. 145), ao questionar: "Não é um axioma autoevidente que o Estado deva exigir e obrigar a educação, até um certo ponto, de todo ser humano que nasceu como seu cidadão?"[1]

O dever do Estado para com a educação encontra-se tanto na oferta direta, ou seja, mediante a criação ou incorporação, manutenção e administração de estabelecimentos escolares públicos, como também por mecanismos indiretos, como a oferta de bolsas, financiamentos e outras formas de estímulo que possam dar condições para a frequência à escola.

A Emenda Constitucional n. 59, de 11 de novembro de 2009, alterou os incisos I e VII do art. 208. A redação anterior do inciso I, dada pela Emenda Constitucional n. 14, de 12 de setembro de 1996, dispunha sobre a obrigatoriedade e gratuidade do ensino fundamental. Com a nova redação, a obrigatoriedade e a gratuidade são da educação básica, conceito que engloba nos termos do art. 21 da Lei de Diretrizes e Bases da Educação a educação infantil, o ensino fundamental e o ensino médio. A obrigatoriedade do ensino médio encontra aparente antinomia com o inciso II do art. 208, que dispõe sobre a progressiva universalidade do ensino médio, não sua obrigatoriedade. No entanto, nos termos do art. 6º da Emenda Constitucional n. 59, a implementação do inciso I do art. 208 deverá ser progressiva até 2016, nos termos do Plano Nacional de Educação, com apoio técnico e financeiro da União, ou seja, tem-se um período de transição. A nova redação do inciso VII do art. 208 estende à educação infantil e ao ensino médio os programas suplementares de material didático escolar, transporte, alimentação e assistência à saúde.

4.1. Ensino Fundamental obrigatório

A obrigatoriedade do ensino fundamental encontra base na chamada dimensão objetiva dos direitos fundamentais, consistente não apenas na compreensão do direito fundamental como um direito subjetivo, mas como uma decisão valorativa de cunho jurídico-objetivo da Constituição, ou seja, o ensino fundamental transcende a dimensão individual para atingir uma dimensão social, comunitária, pois é do interesse da comunidade que seus cidadãos, ao menos, o tenham frequentado (MALISKA, 2001, p. 99). É sob essa perspectiva que a Constituição, nos parágrafos do art. 208, disciplinou que o "acesso ao ensino obrigatório e gratuito é direito público subjetivo", que o "não oferecimento do ensino obrigatório pelo Poder Público, ou sua oferta irregular, importa responsabilidade da autoridade competente" e que "compete ao poder público recensear os educandos no ensino fundamental, fazer-lhes a chamada e zelar, junto aos pais ou responsáveis, pela frequência à escola".

4.2. Progressiva universalização do ensino médio gratuito

Aqui não se está a tratar de obrigatoriedade, mas de universalidade, ou seja, o Estado deve ofertar o ensino médio gratuito a todos aqueles que o procurarem. No entanto, o cidadão não pode

---

1. Para Friedrich A. HAYEK (1978, p. 377), é importante reconhecer que uma educação universal não é apenas e talvez nem o principal meio de comunicação do conhecimento. No entanto, há a necessidade de certo *standard* comum de valores, pois uma existência comum pacífica seria claramente impossível sem ele. É certo também que uma ênfase muito grande nessas ideias pode trazer muitas consequências não liberais.

ser obrigado a frequentar o ensino médio, ele o faz se assim entender que deve. "O ensino médio, tendo a função de aprimorar as condições do cidadão para exercer a sua cidadania, deve respeitar um princípio fundamental da democracia, a liberdade de escolha. O ensino fundamental dá ao aluno condições de avaliação sobre seu futuro acadêmico, de maneira que a continuidade dos estudos é de sua inteira responsabilidade" (MALISKA, 2001, p. 228).

A nova redação do inciso I do art. 208 restabelece o espírito da redação originária, portanto anterior à dada pela Emenda Constitucional n. 14, de 12 de setembro de 1996, do inciso II do art. 208, que dispunha sobre a "progressiva extensão da obrigatoriedade e gratuidade ao ensino médio". Com a obrigatoriedade do ensino médio, as regras previstas nos parágrafos do art. 208 passam a incidir sobre ele também. Curioso que o legislador constituinte reformador, ao aprovar a Emenda Constitucional n. 59, manteve a redação originária do § 3º do art. 208, que restringe a competência do ensino público ao ensino fundamental no tocante ao recenseamento dos educandos e à chamada e atenção junto aos pais ou responsáveis, pela frequência à escola.

A Lei 13.415, de 16 de fevereiro de 2017, que alterou dispositivos da Lei de Diretrizes e Bases da Educação – LDB (Lei 9.394/1996), inseriu mudanças significativas no ensino médio, instituindo uma Base Nacional Comum Curricular, que definirá direitos e objetivos de aprendizagem do ensino médio, conforme diretrizes do Conselho Nacional de Educação, nas seguintes áreas do conhecimento: (i) linguagens e suas tecnologias; (ii) matemática e suas tecnologias; (iii) ciências da natureza e suas tecnologias; e (iv) ciências humanas e sociais aplicadas. Ainda segundo a alteração legislativa, o currículo do ensino médio será composto pela Base Nacional Comum Curricular e por itinerários formativos, que deverão ser organizados por meio da oferta de diferentes arranjos curriculares, conforme a relevância para o contexto local e a possibilidade dos sistemas de ensino. Merece igualmente nota a ênfase da reforma legislativa no ensino técnico e profissional e a instituição da política de fomento à implementação de Escolas de Ensino Médio em tempo integral.

As mudanças trazidas pelo chamado "Novo Ensino Médio" estão sendo avaliadas com a participação da sociedade, comunidade escolar, profissionais da educação e equipes técnicas. O objetivo da reflexão sobre a implantação das alterações é aprimorar essa fase do desenvolvimento escolar, fazendo com que o ensino médio seja mais atrativo ao aluno e mais interessante para o mercado de trabalho. As críticas às mudanças se referem à redução de disciplinas tradicionais e a falta de formação dos professores. Há uma legítima preocupação de que escolas sem infraestrutura, com falta de formação adequada dos professores e com diminuição da carga horária de disciplinas tradicionais possam ampliar ainda mais a desigualdade no acesso ao ensino superior entre os alunos da rede pública e os da rede particular.

4.3. Educação Especial

A Constituição estabelece que é dever do Estado prestar atendimento especializado aos portadores de deficiência, preferencialmente, na rede regular de ensino. O respeito às diferenças que caracteriza o constitucionalismo inaugurado em 1988 tem na educação esse dispositivo que o reforça. Todos os cidadãos que possuem necessidades especiais têm o direito de tratamento diferenciado visando conferir condições materiais de igualdade. Trata-se do direito à inclusão social, o direito de desenvolver suas habilidades segundo suas características pessoais, que devem ser respeitadas pelo Estado e pela sociedade.

4.4. Educação infantil

O direito à educação infantil é resultado do desenvolvimento de nossa sociedade nas últimas décadas, em especial com o ingresso da mulher no mercado de trabalho e a busca por uma divisão equânime das tarefas domésticas entre homens e mulheres.

Se até pouco tempo atrás, as mudanças nessa fase da educação se restringiam às mudanças do papel da mulher/mãe na sociedade, atualmente a educação infantil fomenta também transformações que ocorrem no seio familiar, cada vez mais exigente de um papel equânime entre os pais/mães. A educação infantil, desta forma, é um recurso importante no suporte dessas transformações, exigindo do Estado a prestação pública.

A Emenda Constitucional n. 59, de 11 de novembro de 2009, ao dar nova redação ao art. 208, inciso I, torna obrigatória a frequência à educação infantil a partir dos quatro anos de idade.

4.5. Acesso aos níveis mais elevados do ensino, da pesquisa e da criação artística, segundo a capacidade de cada um

O Estado não está obrigado com a universalização da educação superior, ou seja, ele compromete-se com ela no limite da capacidade intelectual individual. A educação superior pretende formar quadros qualificados para o país e, nesse sentido, a aferição da capacidade individual é indiscutível, sob pena de um comprometimento inquestionável do nível de formação universitário. Esse entendimento do papel do Estado não leva à conclusão de que o país não deva investir e ampliar a rede pública de ensino superior. O comprometimento do Estado para com a oferta do ensino superior público deve atingir níveis internacionais e, nesse aspecto, é necessário dizer que o Brasil encontra-se em posição bastante deficitária e precisa ampliar a rede pública.

No âmbito do direito constitucional brasileiro se consolidou o entendimento da constitucionalidade das políticas de cotas nas universidades para negros, indígenas e alunos de escolas públicas. Inseridas em contextos mais amplos que envolvem políticas de inclusão social mais abrangentes, as cotas em universidades revelam-se efetivos instrumentos de promoção social, mudando as referências de indivíduos e da sociedade, para um mundo com mais justiça social, igualdade e liberdade.

4.6. Oferta de ensino noturno regular, adequado às condições do educando

Os déficits brasileiros em universalização da educação e a necessidade que tem o aluno de trabalhar, colocam o ensino noturno como a única possibilidade para grande parte da população. Trata-se de uma forma de oportunizar o estudo àqueles que não tiveram oportunidade de realiza-lo na época certa e nas condições adequadas, bem como àqueles que, por necessidade, precisam trabalhar para sobreviver. O grande desafio é manter a qualidade, mesmo tendo como alunos pessoas que trabalham durante o dia todo e geralmente vão para a escola com baixa motivação. O enfrentamento dessa questão abrange tanto políticas de emprego que incentivem o estudo, como medidas pedagógicas adequadas, com maior participação dos alunos.

Art. 209. O ensino é livre à iniciativa privada, atendidas as seguintes condições:

I – cumprimento das normas gerais da educação nacional;
II – autorização e avaliação de qualidade pelo Poder Público.

Marcos Augusto Maliska

1. Constituições brasileiras anteriores

Constituição de 1934, art. 154; Constituição de 1946, art. 167; Constituição de 1967, art. 168, § 2º; Constituição de 1967/69, art. 176, § 2º.

2. Jurisprudência

Decidiu o Supremo Tribunal Federal na ADI 1.266, Rel. Min. Eros Grau (*DJ* de 23-9-2005), que "os serviços de educação, seja os prestados pelo Estado, seja os prestados por particulares, configuram serviço público não privativo, podendo ser prestados pelo setor privado independentemente de concessão, permissão ou autorização. Tratando-se de serviço público, incumbe às entidades educacionais particulares, na sua prestação, rigorosamente acatar as normas gerais de educação nacional e as dispostas pelo Estado-membro, no exercício de competência legislativa suplementar (§ 2º do art. 24 da Constituição do Brasil)".

Ao julgar a ADI 3.324, rel. Min. Marco Aurélio, j. 16-12-2004, P, *DJ* de 5-8-2005, o STF firmou o entendimento pela distinção entre instituições pública e privadas de ensino quanto ao ingresso em curso superior. Tratou-se de caso envolvendo a transferência obrigatória de aluno, prevista na Lei 9.536/1997, no qual a Corte Suprema observou que a constitucionalidade do art. 1º da Lei 9.536/1997, viabilizador da transferência de alunos, pressupõe a observância da natureza jurídica do estabelecimento educacional de origem, a congeneridade das instituições envolvidas – de privada para privada, de pública para pública –, mostrando-se inconstitucional interpretação que resulte na mesclagem – de privada para pública.

3. Referências bibliográficas

MIRANDA, Jorge. *Manual de Direito Constitucional*. Tomo IV. 2ª ed. Coimbra: Coimbra Editora, 1993.

4. Comentários

A prestação do serviço de educação é uma atividade típica do Estado, que pode também ser realizada pela iniciativa privada em caráter complementar à ação estatal, mediante autorização e avaliação do Poder Público e atendimento das normas gerais de educação. Aqui se concorda com Jorge Miranda (1993, p. 383) quando escreve que, ainda que o Estado tivesse recursos suficientes para atender toda a demanda, a liberdade de educação ensejaria também a liberdade das entidades privadas de ofertarem o serviço. Em uma sociedade aberta, em que o público não se identifica com o estatal, a oferta de educação pelo Estado é fundamental e prioritária, mas ela não exclui a participação da iniciativa privada.

Art. 210. Serão fixados conteúdos mínimos para o ensino fundamental, de maneira a assegurar formação básica comum e respeito aos valores culturais e artísticos, nacionais e regionais.

§ 1º O ensino religioso, de matrícula facultativa, constituirá disciplina dos horários normais das escolas públicas de ensino fundamental.

§ 2º O ensino fundamental regular será ministrado em língua portuguesa, assegurada às comunidades indígenas também a utilização de suas línguas maternas e processos próprios de aprendizagem.

Marcos Augusto Maliska

1. Constituições brasileiras anteriores

Constituição de 1891, art. 72, § 6º; Constituição de 1934, art. 153; Constituição de 1946, art. 168, V; Constituição de 1967, art. 168, V, Constituição de 1967/69, art. 176, § 3º, V.

2. Jurisprudência

O Supremo Tribunal Federal, na ADI 4.439, Rel. p/ o Ac. Min. Alexandre de Moraes (*Informativo 879*), "julgou improcedente pedido formulado em ação direta na qual se discute o ensino religioso nas escolas públicas do país. Conferiu interpretação conforme à Constituição ao art. 33, *caput*, e §§ 1º e 2º, da Lei 9.394/1996 (Lei de Diretrizes e Bases da Educação Nacional – LDB), e ao art. 11, § 1º, do acordo Brasil-Santa Sé aprovado por meio do DL 698/2009 e promulgado por meio do Decreto 7.107/2010, para assentar que o ensino religioso em escolas públicas pode ter natureza confessional. Entendeu que o poder público, observado o binômio laicidade do Estado (...) e consagração da liberdade religiosa no seu duplo aspecto (...), deverá atuar na regulamentação integral do cumprimento do preceito constitucional previsto no art. 210, § 1º, da CF, autorizando, na rede pública, em igualdade de condições, o oferecimento de ensino confessional das diversas crenças, mediante requisitos formais de credenciamento, de preparo, previamente fixados pelo Ministério da Educação. Dessa maneira, será permitido aos alunos se matricularem voluntariamente para que possam exercer o seu direito subjetivo ao ensino religioso como disciplina dos horários normais das escolas públicas. O ensino deve ser ministrado por integrantes, devidamente credenciados, da confissão religiosa do próprio aluno, a partir de chamamento público já estabelecido em lei para hipóteses semelhantes (...) e, preferencialmente, sem qualquer ônus para o poder público".

3. Comentários

Esse dispositivo da Constituição preocupa-se com a fixação de um standard nacional em termos de conteúdos para o ensino fundamental, de modo a assegurar formação básica comum. Essa preocupação do constituinte em nada desprestigia as diferenças regionais, pois seus valores culturais e artísticos também estão protegidos. O ensino fundamental, deste modo, deve combinar elementos comuns que compõem o currículo nacional com disciplinas e atividades que prestigiam os valores culturais e artísticos da região.

A Lei 13.415, de 16 de fevereiro de 2017, que alterou dispositivos da Lei de Diretrizes e Bases da Educação – LDB (Lei 9.394/1996), inseriu modificações no componente curricular obrigatório da educação básica, em especial quanto à definição da língua inglesa como língua estrangeira a ser ofertada a partir do sexto ano e à obrigatoriedade da aprovação, pelo Conselho Nacional de Educação com homologação do Ministro de Estado da Educação, de toda e qualquer inclusão de novos componentes curriculares de caráter obrigatório na Base Nacional Comum Curricular.

Art. 211. A União, os Estados, o Distrito Federal e os Municípios organizarão em regime de colaboração seus sistemas de ensino.

§ 1º A União organizará o sistema federal de ensino e o dos Territórios, financiará as instituições de ensino públicas federais e exercerá, em matéria educacional, função redistributiva e supletiva, de forma a garantir equalização de oportunidades educacionais e padrão mínimo de qualidade do ensino mediante assistência técnica e financeira aos Estados, ao Distrito Federal e aos Municípios

§ 2º Os Municípios atuarão prioritariamente no ensino fundamental e na educação infantil.

§ 3º Os Estados e o Distrito Federal atuarão prioritariamente no ensino fundamental e médio.

§ 4º Na organização de seus sistemas de ensino, a União, os Estados, o Distrito Federal e os Municípios definirão formas de colaboração, de forma a assegurar a universalização, a qualidade e a equidade do ensino obrigatório. (*Redação dada pela Emenda Constitucional n. 108, de 2020.*)

§ 5º A educação básica pública atenderá prioritariamente ao ensino regular.

§ 6º A União, os Estados, o Distrito Federal e os Municípios exercerão ação redistributiva em relação a suas escolas. (*Incluído pela Emenda Constitucional n. 108, de 2020.*)

§ 7º O padrão mínimo de qualidade de que trata o § 1º deste artigo considerará as condições adequadas de oferta e terá como referência o Custo Aluno Qualidade (CAQ), pactuados em regime de colaboração na forma disposta em lei complementar, conforme o parágrafo único do art. 23 desta Constituição. (*Incluído pela Emenda Constitucional n. 108, de 2020.*)

Marcos Augusto Maliska

1. Constituições brasileiras anteriores

Constituição de 1824, Lei n. 16, de 12 de agosto de 1834 – Ato Adicional, art. 10 n. 2; Constituição de 1891, arts. 34 e 35 (n.s 2º, 3º e 4º); Constituição de 1934, art. 5º, XIV, art. 10, VI, art. 152; Constituição de 1946, art. 5º, XV, "d", arts. 170 e 171; Constituição de 1967, art. 8º, XVII "q", art. 169; Constituição de 1967/69, art. 8º, XVII, "q", e art. 177.

2. Jurisprudência

Na ADI 4.167, sob a relatoria do Min. Joaquim Barbosa (*DJe* de 24-8-2011), decidiu o Supremo Tribunal Federal que "é constitucional a norma geral federal que fixou o piso salarial dos professores da educação básica com base no vencimento, e não na remuneração global. Competência da União para dispor sobre normas gerais relativas ao piso de vencimento dos professores da educação básica, de modo a utilizá-lo como mecanismo de fomento ao sistema educacional e de valorização profissional, e não apenas como instrumento de proteção mínima ao trabalhador. É constitucional a norma geral federal que reserva o percentual mínimo de 1/3 da carga horária dos docentes da educação básica para dedicação às atividades extraclasse".

O STF entendeu que é constitucional a lei federal que autoriza a União a compartilhar o financiamento de unidades de ensino técnico por ela instituídas com Estados, Distrito Federal e Municípios. Segundo a Corte, a Constituição não impõe que o custeio dos serviços de educação profissional provenha exclusivamente do orçamento federal. Em realidade, estabelece que o ensino médio – do qual o ensino técnico é um exemplo – é de atuação prioritária dos Estados e do Distrito Federal (art. 211, § 3º). Esta Corte já reconheceu que o fato de uma lei federal gerar maior dispêndio para Estados e Municípios em matéria de educação não implica, automaticamente, violação à autonomia desses entes políticos (ADI 4.167, Rel. Min. Joaquim Barbosa). Na presente ação, há, ainda, um elemento adicional que preserva o pacto federativo: a manutenção e gestão dos novos estabelecimentos de ensino criados pela União somente ficarão a cargo dos entes federados menores que manifestarem o seu consentimento (ADI 1.629, rel. Min. Roberto Barroso, j. 23-8-2019, P, *DJE* de 6-9-2019).

3. Comentários

A atuação do Estado em matéria de educação ocorre por meio dos sistemas de ensino federal, estadual e municipal. Nos termos do art. 16 de Lei de Diretrizes e Bases da Educação (Lei 9394/1996), o sistema federal de ensino compreende (i) as instituições de ensino mantidas pela União; (ii) as instituições de educação superior mantidas pela iniciativa privada; (iii) os órgãos federais de educação. À União compete coordenar a política nacional de educação, articulando os diferentes níveis e sistema e exercendo função normativa, redistributiva e supletiva em relação às demais instâncias educacionais.

Os Estados e o Distrito Federal atuarão, prioritariamente, nos ensinos fundamental e médio. Nos termos do art. 17 da Lei de Diretrizes e Bases da Educação, os sistemas de ensino dos Estados e do Distrito Federal compreendem (i) as instituições de ensino mantidas, respectivamente, pelo Poder Público estadual e pelo Distrito Federal; (ii) as instituições de educação superior mantidas pelo Poder Público municipal; (iii) as instituições de ensino fundamental e médio criadas e mantidas pela iniciativa privada; (iv) os órgãos de educação estaduais e do Distrito Federal, respectivamente.

Os Municípios atuarão, prioritariamente, no ensino fundamental e na educação infantil. Os sistemas municipais de ensino compreendem, segundo o art. 18 da Lei de Diretrizes e Bases da Educação, (i) as instituições de ensino fundamental, médio e de educação infantil mantidas pelo Poder Público Municipal, (ii) as instituições de educação infantil, criadas e mantidas pela iniciativa privada, e (iii) os órgãos municipais de educação.

A EC n. 108/2020 trouxe medida com o objetivo de garantir padrão mínimo de qualidade do ensino. Trata-se da referência Custo Aluno Qualidade (CAQ) inserida no § 7º, pelo qual se considera o caráter dinâmico do conceito de custo por aluno e também a capacidade econômica do Brasil de fazer frente a esse investimento.

> **Art. 212.** A União aplicará, anualmente, nunca menos de dezoito, e os Estados, o Distrito Federal e os Municípios vinte e cinco por cento, no mínimo, da receita resultante de impostos, compreendida a proveniente de transferências, na manutenção e desenvolvimento do ensino.

§ 1º A parcela da arrecadação de impostos transferida pela União aos Estados, ao Distrito Federal e aos Municípios, ou pelos Estados aos respectivos Municípios, não é considerada, para efeito do cálculo previsto neste artigo, receita do governo que a transferir.

§ 2º Para efeito do cumprimento do disposto no *caput* deste artigo, serão considerados os sistemas de ensino federal, estadual e municipal e os recursos aplicados na forma do art. 213.

§ 3º A distribuição dos recursos públicos assegurará prioridade ao atendimento das necessidades do ensino obrigatório, no que se refere a universalização, garantia de padrão de qualidade e equidade, nos termos do plano nacional de educação.

§ 4º Os programas suplementares de alimentação e assistência à saúde previstos no art. 208, VII, serão financiados com recursos provenientes de contribuições sociais e outros recursos orçamentários.

§ 5º A educação básica pública terá como fonte adicional de financiamento a contribuição social do salário-educação, recolhida pelas empresas na forma da lei.

§ 6º As cotas estaduais e municipais da arrecadação da contribuição social do salário-educação serão distribuídas proporcionalmente ao número de alunos matriculados na educação básica nas respectivas redes públicas de ensino.

§ 7º É vedado o uso dos recursos referidos no *caput* e nos §§ 5º e 6º deste artigo para pagamento de aposentadorias e de pensões. (*Incluído pela Emenda Constitucional n. 108, de 2020.*)

§ 8º Na hipótese de extinção ou de substituição de impostos, serão redefinidos os percentuais referidos no *caput* deste artigo e no inciso II do *caput* do art. 212-A, de modo que resultem recursos vinculados à manutenção e ao desenvolvimento do ensino, bem como os recursos subvinculados aos fundos de que trata o art. 212-A desta Constituição, em aplicações equivalentes às anteriormente praticadas. (*Incluído pela Emenda Constitucional n. 108, de 2020.*)

§ 9º A lei disporá sobre normas de fiscalização, de avaliação e de controle das despesas com educação nas esferas estadual, distrital e municipal. (*Incluído pela Emenda Constitucional n. 108, de 2020.*)

Marcos Augusto Maliska

1. Constituições brasileiras anteriores

Constituição de 1934, art. 156; Constituição de 1946, art. 169; Constituição de 1967/69, art. 176, § 4º.

2. Jurisprudência

O Supremo Tribunal Federal, na ADI 2.447, Rel. Min. Joaquim Barbosa (*DJe* de 4-12-2009), entendeu pela inexistência de violação material, em relação aos arts. 167, IV, e 212 da Constituição, de norma constitucional estadual que destina parte das receitas orçamentárias a entidades de ensino, na medida em que não há indicação de que o valor destinado (2% sobre a receita orçamentária corrente ordinária) excede o limite da receita resultante de impostos do Estado (25% no mínimo).

Sobre o salário-educação, reafirmou o Supremo Tribunal Federal, no RE 660.933, Rel. Min. Joaquim Barbosa (*DJe* de 23-2-2012) (Tema 518 de Repercussão geral reconhecida com mérito julgado), a jurisprudência dominante sobre a matéria no sentido da compatibilidade da contribuição destinada ao custeio da educação básica com as Constituições de 1969 e de 1988: "Contribuição destinada ao custeio da educação básica. Salário-educação. Cobrança nos termos do DL 1.422/1975 e dos Decretos 76.923/1975 e 87.043/1982. Constitucionalidade segundo as Cartas de 1969 e 1988. Precedentes. Nos termos da Súmula 732/STF, é constitucional a cobrança da contribuição do salário-educação, seja sob a Carta de 1969, seja sob a CF de 1988, e no regime da Lei 9.424/1996. A cobrança da exação, nos termos do DL 1.422/1975 e dos Decretos 76.923/1975 e 87.043/1982, é compatível com as Constituições de 1969 e 1988. Precedentes".

No julgamento da ACO 2.799 AgR, rel. min. Cármen Lúcia, j. 3-4-2020, P, *DJE* de 23-4-2020, antes mesmo da entrada em vigor da EC 108 de 26.08.2020, que inseriu o § 7º ao art. 212 da Constituição Federal, o STF firmou o entendimento pela impossibilidade de se incluir o pagamento de proventos de inativos no conceito de gastos com manutenção e desenvolvimento do ensino, sob pena de descumprimento do art. 212 da Constituição da República. Segundo a Corte, no art. 212 da Constituição da República se exige que os Estados apliquem, no mínimo, vinte e cinco por cento (25%) de sua receita resultante de impostos em manutenção e desenvolvimento do ensino. Na Lei de Diretrizes e Bases da Educação Nacional se considera, para efeitos de gastos com manutenção e desenvolvimento do ensino, a remuneração paga aos profissionais da educação que não estejam em desvio de função ou exercendo atividade que não contribua diretamente para o ensino.

3. Comentários

A Constituição, neste dispositivo, regulamenta a forma de financiamento dos investimentos públicos em educação, dispondo que a União aplicará, anualmente, nunca menos de 18%, e os Estados, o Distrito Federal e os Municípios 25% no mínimo, da receita resultante de impostos, compreendida a proveniente de transferências, na manutenção e desenvolvimento do ensino. Trata-se de norma que vincula o poder público à aplicação do mínimo exigido, sujeitando os administradores a serem responsabilizados pelo não cumprimento do dispositivo constitucional.

A EC n. 108/2020 veda o uso dos recursos referidos no *caput* e nos §§ 5º e 6º deste artigo para pagamento de aposentadorias e de pensões, assegura os percentuais referidos em caso de extinção ou substituição de impostos, bem como dispõe sobre a fiscalização, avaliação e controle das despesas com educação nas esferas estadual, distrital e municipal.

> **Art. 212-A.** Os Estados, o Distrito Federal e os Municípios destinarão parte dos recursos a que se refere o *caput* do art. 212 desta Constituição à manutenção e ao desenvolvimento do ensino na educação básica e à remuneração condigna de seus profissionais, respeitadas as seguintes disposições: (*Incluído pela Emenda Constitucional n. 108, de 2020.*)

I – a distribuição dos recursos e de responsabilidades entre o Distrito Federal, os Estados e seus Municípios é assegurada mediante a instituição, no âmbito de cada Estado e do Distrito Federal, de um Fundo de Manutenção e Desenvolvimento da Educação Básica e de Valorização dos Profissionais da Educação (Fundeb), de natureza contábil; (*Incluído pela Emenda Constitucional n. 108, de 2020.*)

II – os fundos referidos no inciso I do *caput* deste artigo serão constituídos por 20% (vinte por cento) dos recursos a que se referem os incisos I, II e III do *caput* do art. 155, o inciso II do *caput* do art. 157, os incisos II, III e IV do *caput* do art. 158 e as alíneas *a* e *b* do inciso I e o inciso II do *caput* do art. 159 desta Constituição; (*Incluído pela Emenda Constitucional n. 108, de 2020.*)

III – os recursos referidos no inciso II do *caput* deste artigo serão distribuídos entre cada Estado e seus Municípios, proporcionalmente ao número de alunos das diversas etapas e modalidades da educação básica presencial matriculados nas respectivas redes, nos âmbitos de atuação prioritária, conforme estabelecido nos §§ 2º e 3º do art. 211 desta Constituição, observadas as ponderações referidas na alínea *a* do inciso X do *caput* e no § 2º deste artigo; (*Incluído pela Emenda Constitucional n. 108, de 2020.*)

IV – a União complementará os recursos dos fundos a que se refere o inciso II do *caput* deste artigo; (*Incluído pela Emenda Constitucional n. 108, de 2020.*)

V – a complementação da União será equivalente a, no mínimo, 23% (vinte e três por cento) do total de recursos a que se refere o inciso II do *caput* deste artigo, distribuída da seguinte forma: (*Incluído pela Emenda Constitucional n. 108, de 2020.*)

a) 10 (dez) pontos percentuais no âmbito de cada Estado e do Distrito Federal, sempre que o valor anual por aluno (VAAF), nos termos do inciso III do *caput* deste artigo, não alcançar o mínimo definido nacionalmente; (*Incluído pela Emenda Constitucional n. 108, de 2020.*)

b) no mínimo, 10,5 (dez inteiros e cinco décimos) pontos percentuais em cada rede pública de ensino municipal, estadual ou distrital, sempre que o valor anual total por aluno (VAAT), referido no inciso VI do *caput* deste artigo, não alcançar o mínimo definido nacionalmente; (*Incluído pela Emenda Constitucional n. 108, de 2020.*)

c) 2,5 (dois inteiros e cinco décimos) pontos percentuais nas redes públicas que, cumpridas condicionalidades de melhoria de gestão previstas em lei, alcançarem evolução de indicadores a serem definidos, de atendimento e melhoria da aprendizagem com redução das desigualdades, nos termos do sistema nacional de avaliação da educação básica; (*Incluído pela Emenda Constitucional n. 108, de 2020.*)

VI – o VAAT será calculado, na forma da lei de que trata o inciso X do *caput* deste artigo, com base nos recursos a que se refere o inciso II do *caput* deste artigo, acrescidos de outras receitas e de transferências vinculadas à educação, observado o disposto no § 1º e consideradas as matrículas nos termos do inciso III do *caput* deste artigo; (*Incluído pela Emenda Constitucional n. 108, de 2020.*)

VII – os recursos de que tratam os incisos II e IV do *caput* deste artigo serão aplicados pelos Estados e pelos Municípios exclusivamente nos respectivos âmbitos de atuação prioritária, conforme estabelecido nos §§ 2º e 3º do art. 211 desta Constituição; (*Incluído pela Emenda Constitucional n. 108, de 2020.*)

VIII – a vinculação de recursos à manutenção e ao desenvolvimento do ensino estabelecida no art. 212 desta Constituição suportará, no máximo, 30% (trinta por cento) da complementação da União, considerados para os fins deste inciso os valores previstos no inciso V do *caput* deste artigo; (*Incluído pela Emenda Constitucional n. 108, de 2020.*)

IX – o disposto no *caput* do art. 160 desta Constituição aplica-se aos recursos referidos nos incisos II e IV do *caput* deste artigo, e seu descumprimento pela autoridade competente importará em crime de responsabilidade; (*Incluído pela Emenda Constitucional n. 108, de 2020.*)

X – a lei disporá, observadas as garantias estabelecidas nos incisos I, II, III e IV do *caput* e no § 1º do art. 208 e as metas pertinentes do plano nacional de educação, nos termos previstos no art. 214 desta Constituição, sobre: (*Incluído pela Emenda Constitucional n. 108, de 2020.*)

a) a organização dos fundos referidos no inciso I do *caput* deste artigo e a distribuição proporcional de seus recursos, as diferenças e as ponderações quanto ao valor anual por aluno entre etapas, modalidades, duração da jornada e tipos de estabelecimento de ensino, observados as respectivas especificidades e os insumos necessários para a garantia de sua qualidade; (*Incluído pela Emenda Constitucional n. 108, de 2020.*)

b) a forma de cálculo do VAAF decorrente do inciso III do *caput* deste artigo e do VAAT referido no inciso VI do *caput* deste artigo; (*Incluído pela Emenda Constitucional n. 108, de 2020.*)

c) a forma de cálculo para distribuição prevista na alínea *c* do inciso V do *caput* deste artigo; (*Incluído pela Emenda Constitucional n. 108, de 2020.*)

d) a transparência, o monitoramento, a fiscalização e o controle interno, externo e social dos fundos referidos no inciso I do *caput* deste artigo, assegurada a criação, a autonomia, a manutenção e a consolidação de conselhos de acompanhamento e controle social, admitida sua integração aos conselhos de educação; (*Incluído pela Emenda Constitucional n. 108, de 2020.*)

e) o conteúdo e a periodicidade da avaliação, por parte do órgão responsável, dos efeitos redistributivos, da melhoria dos indicadores educacionais e da ampliação do atendimento; (*Incluído pela Emenda Constitucional n. 108, de 2020.*)

XI – proporção não inferior a 70% (setenta por cento) de cada fundo referido no inciso I do *caput* deste artigo, excluídos os recursos de que trata a alínea *c* do inciso V do *caput* deste artigo, será destinada ao pagamento dos profissionais da educação básica em efetivo exercício, observado, em relação aos recursos previstos na alínea *b* do inciso V do *caput* deste artigo, o percentual mínimo de 15% (quinze por cento) para despesas de capital; (*Incluído pela Emenda Constitucional n. 108, de 2020.*)

XII – lei específica disporá sobre o piso salarial profissional nacional para os profissionais do magistério da educação básica pública; (*Incluído pela Emenda Constitucional n. 108, de 2020.*)

XIII – a utilização dos recursos a que se refere o § 5º do art. 212 desta Constituição para a complementação da União ao Fundeb, referida no inciso V do *caput* deste artigo, é vedada. (*Incluído pela Emenda Constitucional n. 108, de 2020.*)

§ 1º O cálculo do VAAT, referido no inciso VI do *caput* deste artigo, deverá considerar, além dos recursos previstos no inciso II do *caput* deste artigo, pelo menos, as seguintes disponibilidades: (*Incluído pela Emenda Constitucional n. 108, de 2020.*)

I – receitas de Estados, do Distrito Federal e de Municípios vinculadas à manutenção e ao desenvolvimento do ensino não integrantes dos fundos referidos no inciso I do *caput* deste artigo; (*Incluído pela Emenda Constitucional n. 108, de 2020.*)

II – cotas estaduais e municipais da arrecadação do salário-educação de que trata o § 6º do art. 212 desta Constituição; (*Incluído pela Emenda Constitucional n. 108, de 2020.*)

III – complementação da União transferida a Estados, ao Distrito Federal e a Municípios nos termos da alínea *a* do inciso V do *caput* deste artigo. (*Incluído pela Emenda Constitucional n. 108, de 2020.*)

§ 2º Além das ponderações previstas na alínea *a* do inciso X do *caput* deste artigo, a lei definirá outras relativas ao nível socioeconômico dos educandos e aos indicadores de disponibilidade de recursos vinculados à educação e de potencial de arrecadação tributária de cada ente federado, bem como seus prazos de implementação. (*Incluído pela Emenda Constitucional n. 108, de 2020.*)

§ 3º Será destinada à educação infantil a proporção de 50% (cinquenta por cento) dos recursos globais a que se refere a alínea *b* do inciso V do *caput* deste artigo, nos termos da lei. (*Incluído pela Emenda Constitucional n. 108, de 2020.*)

Marcos Augusto Maliska

1. Constituições brasileiras anteriores

Constituição de 1934, art. 156 e 157; Constituição de 1946, art. 169 e 171, parágrafo único; Constituição de 1967/69, art. 176, § 4º, 177, § 1º.

2. Referências bibliográficas

GLUZ, Micaela Passerino. O Novo Fundeb É uma Vitória? Análise das disputas políticas pelo projeto do Novo Fundeb. *FINEDUCA – Revista de Financiamento da Educação*, v. 11, n. 10, 2021.

VIEIRA, Andrea Mara R. S. O novo Fundeb e o Direito à Educação: avanços, retrocessos e impactos normativos. *Revista Brasileira de Estudos Políticos*, n. 125, p. 49-99, jul.-dez. 2022.

3. Comentários

A EC n. 108/2020, ao inserir o art. 212-A na Constituição, pretendeu disciplinar a destinação dos recursos previstos no *caput* do art. 212 da Constituição, à manutenção e ao desenvolvimento do ensino na educação básica e à remuneração condigna dos profissionais de educação, o chamado novo Fundeb. A norma faz referência ao Fundo de Manutenção e Desenvolvimento da Educação Básica e de Valorização dos Profissionais da Educação (Fundeb), de natureza contábil; à forma de constituição do Fundo; à distribuição dos recursos proporcionalmente ao número de alunos; à forma do valor por aluno; à fiscalização dos recursos do Fundo; à destinação dos recursos ao pagamento de profissionais em efetivo exercício na educação básica; ao piso salarial profissional nacional para os profissionais da educação básica pública; à vinculação às metas do plano nacional de educação, nos termos do art. 214 da Constituição Federal.

Na leitura de Vieira (2022, p. 92 e s.) o novo Fundeb trouxe avanços e retrocessos ao direito à educação. Segundo a autora, o "principal avanço foi aquisição do status constitucional, que ao integrar o corpus constitucional e não mais a seção dos Atos de Disposição Transitória (ADCT), conferiu à política pública de Estado para a educação (Fundeb), estabilidade jurídica, inserindo na própria estrutura constitucional a forma de cumprimento do dever do Estado, viabilizando a efetividade das garantias asseguradas ao estudante-cidadão pelo direito à educação". A autora aponta também como avanço a valorização dos profissionais da educação básica, a garantia da equalização de oportunidade educacionais e o padrão mínimo de qualidade do ensino por meio do aumento progressivo do percentual de complementação da União. De outro modo, quanto aos retrocessos, entende Vieira que a complementação-VAAR (valor anual aluno por resultado) correspondente a 2,5 pontos percentuais, condicionada a "melhoria de gestão" e "melhoria da aprendizagem com redução das desigualdades" é uma espécie de bonificação a que determinados alunos e escolas farão jus em detrimento de outros que possuem os mesmos direitos constitucionais de acesso universal à educação de qualidade. Esse procedimento, segundo a autora, pode, ao contrário do objetivo colocado, gerar mais desigualdade educacional, contemplando "os melhores" e investindo menos em outros que possuem o mesmo direito. Em conclusão, aponta a autora que "com o novo Fundeb foi ampliada a capacidade do Estado em assegurar a efetividade do direito à educação, porém, os velhos desafios quanto à universalização da educação, garantia da igualdade e educação de qualidade não foram equacionados"[1].

Art. 212-A. (ver página 2053).

José Mauricio Conti
Caio Gama Mascarenhas

1. História da norma

A origem do atual Fundeb na Constituição de 1988 está localizada no texto original do art. 60 do Ato das Disposições Constitucionais Transitórias (ADCT). Tal dispositivo limitava-se a subvincular os recursos do art. 212 da Constituição – ou seja, subvincular os percentuais mínimos de receita de impostos afetados na manutenção e desenvolvimento do ensino (18% para União e 25% para os Estados, o Distrito Federal e os Municípios). A subvinculação consistia na regra segundo a qual 50% (cinquenta por cento) dos recursos dos gastos mínimos obrigatórios deveriam ser destinados a eliminar o analfabetismo e universalizar o ensino fundamental. Não havia qualquer previsão de um fundo contábil para esse fim, ficando a cargo de cada ente federado organizar suas finanças educacionais sem qualquer coordenação intergovernamental[1].

A figura do fundo contábil constitucional institucionalizado para a educação surgiu somente em 1996. O Fundef (Fundo de Manutenção e Desenvolvimento do Ensino Fundamental e de Valorização do Magistério) foi introduzido pela Emenda Consti-

---

1. No mesmo sentido, de uma análise otimista cautelosa com o novo Fundeb, é a opinião de GLUZ, 2021.

1. Segundo o texto originário do art. 60 do ADCT: "Art. 60. Nos dez primeiros anos da promulgação da Constituição, o Poder Público desenvolverá esforços, com a mobilização de todos os setores organizados da sociedade e com a aplicação de, pelo menos, cinquenta por cento dos recursos a que se refere o art. 212 da Constituição, para eliminar o analfabetismo e universalizar o ensino fundamental. Parágrafo único. Em igual prazo, as universidades públicas descentralizarão suas atividades, de modo a estender suas unidades de ensino superior às cidades de maior densidade populacional".

tucional n. 14/1996 e surgiu da PEC n. 233/1995. Segundo a exposição de motivos da PEC[2], o fundo possuía o objetivo de assegurar: 1) definições claras das responsabilidades dos diferentes níveis de governo no atendimento das necessidades educacionais da população, no que se refere à obrigatoriedade da educação fundamental; 2) transitoriamente, por um período de dez anos, a destinação de uma parcela fixada em 15% dos recursos fiscais dos Estados e Municípios, para aplicação na manutenção e desenvolvimento do ensino fundamental obrigatório; e 3) nesse mesmo período, a distribuição de parte desses recursos, através de Fundo, constituído para essa finalidade, com a participação financeira da União, em função da efetiva responsabilidade do Estado e dos seus Municípios no atendimento escolar, de modo a assegurar um nível de qualidade minimamente aceitável, garantida uma remuneração condigna para os profissionais do magistério.

A criação do Fundo de Manutenção e Desenvolvimento do Ensino Fundamental e de Valorização do Magistério – Fundef –, em 1996, constituiu uma importante medida para a consecução da meta de universalização do ensino fundamental e melhoria das condições do trabalho docente. Após a proposição da PEC n. 536/1997, que só veio a ser aprovada e transformada na Emenda Constitucional n. 53, em 2006, sobreveio o Fundeb. Por meio da transformação do Fundef em Fundeb – Fundo de Manutenção e Desenvolvimento da Educação Básica e de Valorização dos Profissionais de Educação – todos os níveis e modalidades da educação básica foram abrangidos por essa fonte de financiamento.

O Fundo de Manutenção e Desenvolvimento da Educação Básica e de Valorização dos Profissionais da Educação (Fundeb) acabou preservando vários pontos positivos do Fundef e adicionou outros. O novo fundo teve os seguintes pontos positivos: ampliou sua abrangência para a educação básica em seus níveis e modalidades; dispôs prazo para fixar, em lei específica, piso salarial profissional nacional para os profissionais do magistério público; explicitou em valores pecuniários a complementação da União; aperfeiçoou os Conselhos de Controle do Fundo; reiterou a obrigação dos planos de carreira e remuneração, com capacitação profissional em que a formação continuada deve promover a qualidade do ensino (CURY, 2007, p. 848). O Fundeb avançou consideravelmente em relação a seu antecessor, prevendo um aumento da participação da União, Estados e DF no fundo e criando o salário-educação.

Mediante a PEC n. 15/2015, sobreveio a Emenda Constitucional n. 108, de 2020. A partir dessa emenda, o Fundeb deixou de ser tratado como norma constitucional transitória (ADCT) para ser incorporado ao texto definitivo da Constituição em seu art. 212-A. O fundo constitucional possui atualmente a característica da perenidade.

2. Constituições brasileiras anteriores

Somente é possível compreender o surgimento da figura do Fundeb a partir do histórico do financiamento à educação no Brasil. Isso porque a arquitetura atual de fundos contábeis (chamada de Fundeb) somente surgiu diante da necessidade de aprimorar o sistema de percentuais de gastos mínimos obrigatórios na manutenção e desenvolvimento do ensino[3].

A afetação de recursos para a educação pública brasileira foi objeto de muitas determinações constitucionais e leis específicas. O nascedouro do instituto do fundo escolar no Brasil ocorreu em 1921, na Conferência Nacional do Ensino Primário, em que uma das conclusões foi pela "instituição do fundo escolar da União" como um dos instrumentos para difusão do ensino primário (ASPHE, 2004, p. 183).

2.1. Constituição da República dos Estados Unidos do Brasil de 1934

A partir da Constituição de 1934, a União passou a assumir o papel de coordenação, controle, supervisão e fiscalização das políticas nacionais de educação.

Uma das mais importantes conquistas foi o estabelecimento do financiamento obrigatório da educação com vinculação de receitas. Em seu art. 156, assevera a Constituição de 1934: "A União e os Municípios aplicarão nunca menos de dez por cento, e os Estados e o Distrito Federal nunca menos de vinte por cento, da renda resultante dos impostos, na manutenção e no desenvolvimento dos sistemas educativos".

A figura dos fundos para a educação surgiu, no plano constitucional brasileiro, com o advento da Constituição de 1934, após a previsão da competência do Conselho Nacional de Educação e Conselhos de Educação no âmbito dos Estados e Distrito Federal para elaborar o plano nacional de educação e dispor sobre "a distribuição adequada dos fundos especiais" em seu art. 152.

O art. 157 da Constituição de 1934, por sua vez, determinava que os entes da federação reservassem "uma parte dos seus patrimônios territoriais para a formação dos respectivos fundos de educação". Havia a afetação ainda de "sobras das dotações orçamentárias acrescidas das doações, percentagens sobre o produto de vendas de terras públicas, taxas especiais e outros recursos financeiros" para fundos da educação (§ 1º). Reservava-se parte dos fundos para "auxílios a alunos necessitados" (§ 2º).

Com a finalidade de evitar que tal vinculação ficasse sujeita à dispersividade e ao arbítrio de cada governante da federação, a Constituição de 1934 prevê uma lei nacional, competência privativa da União, expressa em um Plano Nacional de Educação. O Estado interventor na educação respondia também à ideia de planejamento. A partir da Constituição de 1934, a União passou a assumir o papel de coordenação, controle, supervisão e fiscalização das políticas nacionais de educação. O art. 5º, XIV, da Constituição conferiu à União a competência privativa de traçar as diretrizes da educação nacional. No art. 150, passou a ser previsto o plano nacional de educação (*a*) e função supletiva de estímulo e assistência técnica onde fosse necessário (*e*).

2.2. Constituição dos Estados Unidos do Brasil de 1937

O sistema de financiamento da educação foi interrompido com o advento do regime ditatorial do Estado Novo. A Constituição (outorgada) de 1937 retirou a vinculação constitucional de recursos para a educação, tal como ocorrerá 30 anos mais tarde, já sob outro tipo de regime autocrático militar.

---

2. Exposição de motivos n. 273, de 13 de outubro de 1995.
3. Houve, no caso, o que se chama de "dependência da trajetória" (*Path dependence*), quando resultados das políticas públicas em determinado país dependem de decisões político-institucionais anteriores ou experiências feitas no passado (FERNANDES, 2013, p. 178).

2.3. Constituição dos Estados Unidos do Brasil de 1946

Resgatando a tendência da Carta de 1934, a Constituição de 1946 desenvolveu o federalismo cooperativo de forma ainda mais acentuada. A Constituição promulgada de 1946, ao restabelecer o regime democrático no país, passou a prever, em seu capítulo sobre a educação, alguns princípios que haviam sido suprimidos pela Carta ditatorial de 1937.

A Carta de 1946 ressuscitou a vinculação de receitas para a educação da Constituição de 1934, mantendo os índices desta última. O art. 169, da Carta de 1946, determinava: "Anualmente, a União aplicará nunca menos de dez por cento, e os Estados, o Distrito Federal e os Municípios nunca menos de vinte por cento da renda resultante dos impostos na manutenção e desenvolvimento do ensino".

Em relação aos fundos destinados à educação, o parágrafo do art. 171 da Carta de 1946 estabelecia que União deveria cooperar, na organização do sistema de ensino "com auxílio pecuniário, o qual, em relação ao ensino primário, provirá do respectivo Fundo Nacional". A Lei de Diretrizes e Bases da Educação Nacional (Lei n. 4.024/61) ampliou a vinculação de recursos da União para 12%, subvinculando esse percentual aos Fundos Nacionais de Ensino Primário, de Ensino Médio e de Ensino Superior.

2.4. Constituição da República Federativa do Brasil de 1967

A Constituição de 1967-1969, juntamente com a reforma tributária de 1966, marcou período de centralização de poder político e tributário na esfera federal, afetando o federalismo e suas instituições. A Carta de 1967 repete a tendência do regime autoritário do Estado Novo e extingue a vinculação de receitas ao desenvolvimento do ensino, no § 3º de seu art. 65[4].

A Assembleia Constituinte da Carta de 1967 revogou a vinculação de recursos sob a alegação de que esta seria incompatível com a sistemática orçamentária introduzida pela nova Constituição (MENEZES, 2006, p. 20).

A Constituição de 1967 foi ainda modificada pala Emenda Constitucional n. 1 da Junta Militar, de 1969. Essa Emenda refaz a Constituição de 1967 à luz e à letra dos Atos Institucionais. A desvinculação de verbas permanece para União e Estados, persistindo a obrigatoriedade de gastos percentuais de receita apenas para os Municípios e fora do capítulo da Educação. Os Municípios, mais frágeis na estrutura de descentralização política, poderiam sofrer intervenção no caso de não aplicarem o percentual de 20% dos impostos no ensino primário de suas redes segundo o inciso f do § 3º do art. 15 da Emenda de 1969.

No período de redemocratização, a "emenda Calmon" (EC n. 24/83) consegue repor a vinculação de verbas para a educação, cuja regulamentação se deu por meio da Lei n. 7.348/85.

---

4. Segundo o art. 65, § 3º, da Constituição de 1967: "Ressalvados os impostos únicos e as disposições desta Constituição e de leis complementares, nenhum tributo terá a sua arrecadação vinculada a determinado órgão, fundo ou despesa. A lei poderá, todavia, instituir tributos cuja arrecadação constitua receita do orçamento de capital, vedada sua aplicação no custeio de despesas correntes".

3. Constituições estrangeiras

No âmbito do direito constitucional comparado, fundos com destinação específica delineados em texto constitucional nacional são pouco encontrados, havendo por vezes algumas referências a transferências intergovernamentais relacionadas à saúde, educação e alguns outros serviços.

A Constituição espanhola, por exemplo, nos arts. 156 a 158, ao dispor sobre a autonomia financeira das Comunidades Autônomas, estabelece modalidades de transferências intergovernamentais. A Lei n. 21, de 27-12-2001, ao regular o tema, prevê mecanismos financeiros de transferências de recursos para a equalização dos serviços públicos de saúde e educação.

A Constituição da Itália, em seu art. 119, prevê o *fondo perequativo*, que configura um fundo de equalização, sem restrições de destinação, para os territórios com menor capacidade fiscal por habitante. Esse fundo possui o escopo de promover o "desenvolvimento econômico, a coesão e a solidariedade social", eliminando os desequilíbrios econômicos e sociais, "para favorecer o exercício efetivo dos direitos individuais".

A Constituição do Canadá, de forma similar, prevê o princípio da igualdade de oportunidades no financiamento dos serviços públicos de suas províncias. Segundo o item "2" do art. 36 do *Constitution Act* de 1982, o governo central deve garantir que os governos provinciais tenham "receitas suficientes para fornecer níveis razoavelmente comparáveis de serviços públicos em níveis razoavelmente comparáveis de tributação".

É possível, no entanto, encontrar fundos de educação em constituições de entes subnacionais. Destaca-se que os Estados Unidos da América são um país em que há uma heterogeneidade considerável de normas de financiamento educacional no âmbito estadual, inexistindo qualquer simetria rígida de forma e fonte de financiamento. As competências privativas do governo central são limitadas e não há uma lista expressa de competências concorrentes na sintética constituição federal estadunidense. Em tal país, a normatização do financiamento educacional geralmente se encontra nas constituições estaduais.

Na Constituição da Califórnia, por exemplo, há a figura do *State School Fund* na seção 6 de seu artigo IX. Nessa norma, há previsão de piso salarial para os profissionais da educação, com regra de gasto mínimo por aluno e de equalização fiscal entre distritos escolares. A Constituição da Flórida, por sua vez, organiza seu sistema de ensino em seu artigo IX, prevendo igualmente a figura do *State School Fund* na seção 6. Na seção 1, há regra de limite máximo de alunos por sala a partir do 2003-2004 com previsão de absorção dos custos dessa nova regra pelo Estado da Flórida. Na Constituição do Texas, há uma densa normatização das finanças educacionais, com cerca de 20 seções, possuindo a previsão de inúmeros fundos que custeiam desde o ensino fundamental gratuito (k-12) até bolsas universitárias. Ressalta-se a figura do *Permanent School Fund* na seção 2 do artigo VII, que foi constitucionalizado no ano de 1876. Esse fundo destina-se ao apoio de escolas públicas e possuía inicialmente a exploração patrimonial de terras públicas e ferrovias como fonte de custeio.

4. Direito Internacional

No plano internacional, a Declaração Universal de Direitos Humanos de 1948 (DUDH) concebe o direito à instrução na sua conotação clássica individual, adicionando-lhe, ainda, uma finalidade social em seu art. 26. Essa norma declara a educação como direito de todos, estabelecendo que a instrução será gratuita nos graus elementares e fundamentais, ressaltando que a instrução elementar é obrigatória.

Destaca-se ainda o art. 13 do Pacto Internacional sobre Direitos Econômicos, Sociais e Culturais de 1966. Segundo a alínea *a* do item 2 do art. 13, a educação primária deverá ser obrigatória e acessível gratuitamente a todos. A alínea *e* do item 2 do mesmo artigo estabelece que os Estados signatários devem assegurar o "desenvolvimento de uma rede escolar em todos os níveis de ensino", implementando "um sistema adequado de bolsas de estudo" e melhorando continuamente as "condições materiais do corpo docente".

Dentro dessa ideia, a ONU elaborou, em 2015, a agenda 2030 de desenvolvimento sustentável – um documento contendo 17 objetivos para obtenção do desenvolvimento sustentável. O 4º objetivo desta lista é: "Assegurar a educação inclusiva e equitativa e de qualidade, e promover oportunidades de aprendizagem ao longo da vida para todos".

No âmbito da Organização das Nações Unidas para a Educação, a Ciência e a Cultura (UNESCO), destaca-se a Declaração de Incheon e Marco de Ação para a implementação do Objetivo de Desenvolvimento Sustentável 4 (ODS 4). Nesse documento, afirma-se a necessidade de um aumento significativo no financiamento para que o ODS 4 seja alcançado.

Segundo essa declaração da UNESCO, a realização completa da agenda da Educação 2030 requer financiamento constante, inovador e bem orientado, além de arranjos eficientes de implementação, sobretudo nos países que estão mais longe de alcançar uma educação de qualidade para todos, em todos os níveis e em situações de emergência. Os seguintes modelos regionais e internacionais são pontos de referência cruciais: (1) alocar pelo menos de 4% a 6% do produto interno bruto (PIB) para a educação e/ou; (2) alocar pelo menos de 15% a 20% do gasto público para a educação.

Nesse sentido, para a melhoria do financiamento doméstico para a educação, seria necessário: (a) aumentar o financiamento público; (b) priorizar os mais necessitados; (c) aumentar a eficiência e a responsabilização; (d) inovar, com foco em parcerias, transparência, equidade e eficiência; (e) concentrar os investimentos em qualidade, inclusão e equidade; (f) orientar recursos de financiamento privado da educação; (g) desafiar e expor a má utilização dos recursos públicos; e (h) instituir monitoramento e avaliação transparentes.

5. Dispositivos constitucionais correlatos relevantes

Art. 6º (direito à educação como direito social); art. 205 (educação como dever do Estado: princípios informadores da educação); art. 206 (princípios informadores do ensino); art. 208 (educação como dever do Estado: gratuidade e obrigatoriedade do ensino público); art. 209 (ensino e iniciativa privada); art. 210 (conteúdos mínimos do ensino fundamental); art. 211 (cooperação entre entes federados no tocante ao ensino); art. 212 (vinculação de receitas para a educação); art. 213 (destinação dos recursos públicos às escolas públicas, confessionários, comunitárias ou filantrópicas); art. 214 (objetivos do plano nacional de educação).

6. Jurisprudência (STF)

Emenda Constitucional n. 14/1996. Complementação da União. Função supletiva. Valor Mínimo Nacional por Aluno. Segundo a Emenda Constitucional n. 14/1996, a União tinha o dever de complementar recursos sempre que, em cada Estado e no Distrito Federal, tais valores não alcançassem o mínimo definido nacionalmente, no caso, o Valor Mínimo Anual por Aluno – VMAA. Ao invés de calcular o valor conforme o estabelecido na lei, a União fixava unilateralmente valores menores por decreto. Segundo o Supremo Tribunal Federal, nas Ações Civis Originárias (ACOs) de n. 648 (BA), 660 (AM), 669 (SE) e n. 700 (RN) o valor da complementação da União ao Fundef deve ser calculado com base no valor mínimo nacional por aluno (VMNA) extraído da média nacional. A complementação ao Fundef realizada a partir do valor mínimo anual por aluno fixada em desacordo com a média nacional impõe à União o dever de suplementação de recursos, mantida a vinculação constitucional a ações de desenvolvimento e manutenção do ensino. Segundo a Suprema Corte, é ilegal o Decreto n. 2.264/1997 na medida em que extravasou da delegação legal oriunda do § 1º do art. 6º da Lei n. 9.424/1996 e das margens de discricionariedade conferidas à Presidência da República para fixar, em termos nacionais, o Valor Mínimo Nacional por Aluno. Há um único método de cálculo do Valor Mínimo Nacional por Aluno nunca inferior à razão entre a previsão da receita total para o fundo e a matrícula total do ensino fundamental no ano anterior, acrescida do total estimado de novas matrículas, tudo em âmbito nacional.

7. Referências bibliográficas

ASPHE, R. H. E. Annaes da Conferência Interestadual de Ensino Primário-1921. *Revista História da Educação*, p. 171-193, 2004; CONTI, José Maurício. *Federalismo fiscal e fundos de participação*. São Paulo: Juarez de Oliveira, 2001; CONTI, José Maurício (coord.). *Orçamentos públicos: a Lei 4.320/1964 comentada*. São Paulo: Revista dos Tribunais, 2008; CONTI, José Maurício. O orçamento público e o financiamento da educação no Brasil. In: CONTI, José Maurício; HORVATH, Estevão; SCAFF, Fernando Facury. (Org.). *Direito Financeiro, Econômico e Tributário*. p. 481-496, 2014; CONTI, José Maurício. *O planejamento orçamentário da administração pública no Brasil*. Editora Blucher, 2020; CURY, Carlos Roberto Jamil. Estado e políticas de financiamento em educação. *Revista Educação & Sociedade*. Campinas, v. 28, n. 100 – Especial, p. 831-855, out. 2007; FERNANDES, Reynaldo et al. *Sistema brasileiro de financiamento à educação básica*: principais características, limitações e alternativas. Texto para discussão 5. Brasília: ESAF, 2004; FERNANDES, Antonio Sérgio Araújo. Dependência de trajetória e mudança institucional. *Perspectivas: Revista de Ciências Sociais*, v. 44, 2013; MASCARENHAS, Caio Gama; RIBAS, Lídia Maria. Transferências intergovernamentais de desempenho ou resultado: o federalismo fiscal da Nova Administração Pública. *Revista de Direito Administrativo*, v. 280, n. 1, p. 89-119, 2021; MASCARENHAS, Caio Gama. Emenda Constitucional 108/2020 e as novas técnicas de financiamento: controle financeiro de resultado e direito à educação. *Revista Eletrônica da PGE-RJ*, v. 5, n. 1, 2022; MAXWELL, James A. Brief History of Grants. In: *Federal Grants and the Business Cycle*. Cambridge: NBER, 1952; MEN-

DES, Marcos. Descentralização do ensino fundamental: avaliação dos resultados do Fundef. In: *Planejamento e políticas públicas*, n. 24, dez. 2001; MENEZES, Janaína SS. O financiamento da educação básica pública no Brasil: 500 anos de História. VII Seminário nacional de Estudos e Pesquisas. Histedbr, 2006; VAZQUEZ, Daniel A. Desequilíbrios regionais no financiamento da educação: a política nacional de equidade do Fundef. *Revista de Sociologia e Política*, Curitiba, 24, p. 149-164, jun. 2005.

8. Comentários

A organização do financiamento da educação brasileira por meio de fundos (Fundef e Fundeb) reflete a forma pela qual é organizado o federalismo cooperativo brasileiro na área educacional. A repartição dos encargos entre os entes da Federação em matéria educacional está regulamentada no art. 211 da CF, que prevê a organização dos sistemas de ensino em regime de colaboração, estabelecendo que:

a) compete à União (governo federal) manter as instituições de ensino público federais e atuar de forma supletiva e redistributiva, assegurando a equalização de oportunidades educacionais e padrão mínimo de qualidade do ensino, mediante assistência técnica e financeira aos Estados e Municípios;

b) compete aos Municípios atuar prioritariamente no ensino fundamental e na educação infantil; e

c) compete aos Estados atuar prioritariamente nos ensinos fundamental e médio.

Há diversos instrumentos financeiros pelos quais são financiados os serviços de educação das unidades da federação. Um desses instrumentos são as normas constitucionais que afetam receitas de impostos ao financiamento do serviço público de educação, estabelecendo-se uma proporção que é de 18% da receita de impostos e transferências no caso da União e de 25% no caso dos Estados, Distrito Federal e Municípios.

O Fundeb é um outro tipo de instrumento, notando-se, neste caso, que a cooperação ocorre por meio de um fundo contábil. Neste fundo, há a divisão de recursos entre as redes de ensino dos Estados-membros (e Distrito Federal), de um lado, e as redes de ensino dos Municípios, de outro – com participação da União por meio de complementações financeiras.

Por que houve a necessidade de criar um fundo contábil constitucional para a educação básica se já havia a afetação de parte da receita dos impostos dentro das unidades da federação para tal fim?

De fato, a afetação da receita de impostos ao financiamento da educação altera as prioridades políticas locais e garante um financiamento mínimo do setor, mas o faz de forma isolada no âmbito de cada unidade da federação. Nesse caso, a forma de financiar e a forma de expandir a cobertura de ensino ficam sujeitas às autonomias políticas dos governos locais responsáveis (Estados, Municípios e Distrito Federal) sem qualquer coordenação intergovernamental de esforços.

A figura de um fundo contábil constitucional exige coordenação e possui alguns elementos lógicos: (1) uma designação de fontes variadas de recursos; (2) uma destinação desses recursos a fins determinados; (3) um conjunto de procedimentos para alocar tais recursos segundo uma regra de prioridade e critérios de distribuição; e (4) uma regra de pertinência à estrutura do Estado. Em suma, somente uma técnica de fundos poderia disciplinar, organizar e coordenar esforços e recursos para a ampliação e racionalização da rede de ensino em âmbito nacional.

8.1. Noções gerais sobre o Fundeb

Fundeb configura um fundo constitucional cuja finalidade é destinar e vincular recursos para: (a) a manutenção e o desenvolvimento da educação básica para a concretização do princípio da igualdade de condições para o acesso e a permanência na escola (art. 206, I, da CF); (b) melhoria dos padrões de remuneração dos trabalhadores da educação (art. 206, VIII, da CF); (c) evolução dos indicadores educacionais para garantir um direito à educação de qualidade (art. 206, VII, da CF); (d) melhoria da qualidade da gestão pública educacional mediante o planejamento eficiente e o regime de colaboração entre unidades da federação (art. 214 da CF).

Assim como o Fundo de Participação dos Estados e do Distrito Federal (FPE) e o Fundo de Participação dos Municípios (FPM), o Fundeb é um fundo de natureza contábil, sem personalidade jurídica. A transferência de recursos entre os entes da federação se dá fundamentalmente por meio de regras de vinculação e partilha dos recursos que compõem o fundo.

Estas transferências têm basicamente um caráter obrigatório (ou seja, seu repasse aos diversos entes não é discricionário) e possuem afetação a determinadas finalidades previamente definidas relacionadas à área educacional. Neste aspecto, a utilização das transferências intergovernamentais é condicionada. As transferências intergovernamentais condicionadas são importante instrumento financeiro utilizado na execução de políticas públicas, nas quais se inserem as políticas da educação. Ao tratar do Fundeb, portanto, é relevante esclarecer que se trata de um fundo que opera por transferências automáticas de propósito específico.

Diferentemente da concepção inicial do fundo em 1996, que destinava recursos apenas ao ensino fundamental (Fundef – EC n. 14/1996), desde a Emenda Constitucional n. 53, de 2006 (Fundeb), o foco das atenções do fundo expande-se, deslocando-se para toda a educação básica – foco esse mantido pela Emenda Constitucional n. 108/2020. No conceito de educação básica, estão compreendidos educação infantil, ensino fundamental e ensino médio.

Ressalta-se que não se cuida de um único fundo, mas de uma sistemática uniforme em que há um fundo contábil criado para cada Estado e do Distrito Federal – ou seja, há 27 fundos contábeis na prática. Nota-se que o inciso I do *caput* do art. 212-A da Constituição fala sobre "a instituição, no âmbito de cada Estado e do Distrito Federal, de um Fundo", enquanto o inciso II seguinte inicia seu texto com "os fundos referidos no inciso I".

8.2. Novidades trazidas pela Emenda Constitucional n. 108 de 2020

Após a Emenda Constitucional n. 108, de 2020, ressalta-se a nova posição textual do Fundeb na Constituição Federal, que deixou sua antiga localização como norma constitucional transitória (art. 60 do ADCT) para ser incorporado ao texto definitivo da Constituição em seu art. 212-A. O Fundeb tornou-se permanente e não mais possui prazo para terminar. O art. 60 do ADCT passa a tratar somente de detalhes de implementação progressiva da complementação da União no Fundeb.

O percentual de gasto mínimo na remuneração dos profissionais da educação básica em efetivo exercício aumentou de 60% (sessenta por cento) para 70% (setenta por cento) de cada fundo contábil da estrutura do Fundeb.

A Emenda introduziu uma série de aperfeiçoamentos à disciplina dos fundos, aprofundando inclusive a solidariedade federativa, a partir do aumento da complementação da União. Em adição ao já utilizado "valor anual por aluno" – VAAF (art. 212-A, V, *a*, da CF), o novo texto constitucional passou a prever a adoção da complementação de "valor aluno ano total" – VAAT (art. 212-A, V, *b*, da CF) e da complementação federal de "valor aluno ano resultado" – VAAR (art. 212-A, V, *c*, da CF).

Destaca-se que a proporção de 50% (cinquenta por cento) dos recursos globais da complementação VAAT será destinada à área da educação infantil (§ 3º do art. 212-A). Dos recursos dessa modalidade de complementação, um percentual mínimo de 15% (quinze por cento) será destinado às despesas de capital (execução de obras, compra de instalações, equipamentos, veículos etc.).

Há uma perspectiva na qual a EC n. 108/2020 somente seguiu os passos dos instrumentos normativos que a precederam – EC n. 14/2006 (Fundef) e EC n. 53/2006 (Fundeb). O texto atual continua no sentido de fortalecer princípios de controle, transparência, boa governança e monitoramento de resultados do fundo. Busca-se ainda a concretização do direito subjetivo à educação de qualidade por meio da maior efetividade da política educacional em três primas: direito ao acesso e permanência na escola (art. 205 e inciso I do art. 206 da Constituição Federal), direito à educação de qualidade (inciso VII do art. 206 da Constituição Federal) e o direito à igualdade de oportunidades educacionais (inciso I do art. 206 da Constituição Federal).

Uma mudança pouco tratada pela doutrina decorrente da Emenda Constitucional n. 108/2020 é a constitucionalização das finanças vinculadas ao desempenho qualitativo do serviço público, precisamente as transferências intergovernamentais de desempenho ou resultado em dois níveis: 1) Na complementação federal do Fundeb, da União para os entes subnacionais (art. 212-A, V, *c*, da CF); e 2) Na repartição de ICMS conforme critérios educacionais (art. 158, parágrafo único, II, da CF), dos Estados para os municípios.

No primeiro caso, a União fica obrigada a distribuir verbas federais às redes públicas estaduais, municipais ou distritais conforme atingimento de condições de melhoria na gestão pública educacional e de acordo com a evolução de indicadores educacionais com redução das desigualdades.

O segundo caso cuida da modificação do parágrafo único do art. 158. No caso, o percentual de 10% do total do repasse de ICMS aos municípios será distribuído "com base em indicadores de melhoria nos resultados de aprendizagem e de aumento da equidade, considerado o nível socioeconômico dos educandos". A partir da Emenda n. 108/2020, portanto, passa a ser obrigatória a distribuição de receita de ICMS conforme critérios educacionais de acesso, qualidade e equidade na educação pública.

Outra novidade é que entes federados passam a ter obrigação de atuarem sobre as desigualdades socioeconômicas intragovernamentais, na medida em que "exercerão ação redistributiva em relação às suas escolas" (art. 211, § 6º, da CF).

O inciso IX do *caput* do art. 212-A equipara o dever de repasse dos recursos do Fundeb ao dever de repartição das receitas tributárias dos arts. 157, 158 e 159 da Constituição Federal – isso porque amplia a determinação do art. 160 da Carta Magna. Na prática, veda-se a retenção ou qualquer restrição à entrega e ao emprego dos recursos atribuídos ao Fundeb aos Estados, ao Distrito Federal e aos Municípios, configurando o seu descumprimento pela autoridade competente como crime de responsabilidade.

8.3. Fonte de custeio

O Fundeb é composto por recursos de várias fontes, dos diversos entes da Federação, consoante se pode verificar da redação do dispositivo constitucional (e legislação infraconstitucional – Lei n. 14.113/2020). Há recursos oriundos da arrecadação dos impostos estaduais, de parcelas de recursos de Estados e Municípios provenientes de transferências intergovernamentais obrigatórias, além de dotações orçamentárias federais específicas que complementam a composição das receitas do Fundo.

A fonte de custeio possui como base o aporte de 20% das receitas de impostos, de arrecadação própria e por repartição, de Estados (ICMS, IPVA, ITCMD, FPE, cota-parte de IPI) e receitas de impostos, por repartição, de Municípios (FPM, cota-parte de ICMS, cota-parte de IPVA, cota-parte de IPI).

Adicionalmente, a União já destinava o equivalente a 10% da contribuição total do Distrito Federal, dos Estados e Municípios de todo o país para os estados que não atingirem o valor médio ponderado por aluno definido nacionalmente. Esse percentual de 10% totalizará 23% da receita total do fundo até 2026.

Importante destacar que foi estabelecido um teto para a participação da União no Fundeb no inciso VIII do *caput* do art. 212-A. No caso, a complementação da União ao custeio do fundo fica limitada a 30% (trinta por cento) do seu valor total. Na prática, a complementação da União possui um piso de 23% (após o sexto ano) e um teto definitivo de 30% em relação aos recursos totais do Fundeb.

8.4. A complementação da União ao Fundeb

A complementação da União será equivalente a, no mínimo, 23% (vinte e três por cento) do total de recursos, dos quais: (a) 20,5% distribuídos conforme critérios redistributivos (10% de VAAF e 10,5 % de VAAT); e (b) 2,5% conforme desempenho: melhorias na gestão e evolução da qualidade do ensino (VAAR).

As complementações VAAF e VAAT dizem respeito a critérios de equalização fiscal. O que é equalização fiscal? No campo do federalismo, a função distributiva relaciona-se com a equalização fiscal. A equalização fiscal é uma característica proeminente de muitos (mas não todos) sistemas federais de financiamento. As medidas de equalização tomam várias formas diferentes, mas seu objetivo básico é transferir receitas para jurisdições fiscalmente fracas. Em certos casos, a equalização fiscal pode estar embutida em um sistema de partilha de receitas em que o governo central fornece transferências com valores distintos para governos provinciais, estaduais e ou locais com fundamento nas necessidades fiscais específicas de cada ente subnacional.

No caso das complementações VAAF e VAAT, a ideia é garantir um valor mínimo de gastos por aluno naqueles estados e municípios de baixa arrecadação tributária. A ideia é não permitir que alunos dos estados mais pobres sejam duplamente prejudicados com a falta de recursos.

Uma medida de equalização fiscal intragovernamental trazida pela Emenda Constitucional n. 108 está presente no § 6º do art. 211 da CF: "A União, os Estados, o Distrito Federal e os Municípios exercerão ação redistributiva em relação a suas escolas".

A complementação VAAR é aquela de que trata o art. 212-A, V, *c*, da CF, configurando uma transferência intergovernamental de desempenho e resultado. As condicionalidades e indicadores estão dispostos no art. 14 da Lei federal n. 14.113/2020[5]. Essas transferências colocam condições nos resultados a serem alcançados, ao tempo em que oferecem total flexibilidade no desenho de programas e níveis de gastos associados para alcançar esses objetivos. Isso ajuda a restaurar o foco do destinatário na cadeia baseada em resultados e na estrutura de entrega alternativa de serviços (estrutura competitiva para a prestação de serviços públicos) para alcançar esses resultados.

8.5. Os critérios de repasse e seus fundamentos constitucionais

Fazendo uma análise da arquitetura de financiamento escolar do Fundeb, pode-se sistematizar alguns tipos de elementos frequentemente encontrados em seus critérios de repasses: um elemento de equalização fiscal; um elemento qualitativo de desempenho; e um elemento social inclusivo. Embora seja feita aqui uma tentativa de categorização desses elementos, admite-se que uma norma de finanças pode ser classificada em mais de uma categoria concomitantemente. Isso acontece em razão da possibilidade de uma norma financeira de repasse de verbas ter inúmeros propósitos, assim como pode produzir efeitos distintos com o passar do tempo[6].

Bastante comum nas finanças destinadas ao custeio da educação pública e ligado à ideia de justiça distributiva, o *elemento de equalização fiscal* diz respeito à garantia de padrão de financiamento mínimo para as redes de ensino localizadas em locais de baixa arrecadação tributária e ao atendimento das necessidades fiscais específicas de cada ente subnacional. Daí por que são comuns critérios de repasses baseados na fixação de valores mínimos por aluno e distribuição de verbas conforme número de matrículas. Tutela-se o princípio da universalização do ensino escolar (art. 214, II, da CF), garantindo aos estudantes o acesso e a permanência na escola (art. 206, I, da CF) por meio da disponibilização de vagas no sistema de ensino.

Por exemplo, presume-se que os Municípios que possuam mais alunos matriculados em suas redes de ensino necessitem de mais verbas que Municípios menores com poucos alunos. Tal critério é encontrado: 1) no extinto Fundef, por meio do Valor Mínimo Nacional Anual (VMNA – §§ 3º e 4º do art. 60 do ADCT com a redação da EC n. 14/1996); 2) no extinto Fundeb da EC n. 53/2006, por meio do valor anual mínimo por aluno (VAMA – III, *b*, do art. 60 do ADCT com a redação da EC n. 53/2006) e pela distribuição de verbas conforme número de matrículas (§ 4º do art. 60 do ADCT, com a redação da EC n. 53/2006); e 3) no atual Fundeb introduzido pela EC n. 108/2020, por meio do valor anual por aluno (VAAF) e valor aluno ano total – VAAT (art. 212-A, V, *a* e *b*, da CF) e pela distribuição de verbas conforme número de matrículas (inciso III do art. 212-A).

Em relação aos indicadores utilizados para o aumento de número de matrículas, eles podem ser consideradas como elementos indutores de políticas públicas em dois casos: 1) para aqueles locais em que há mais demanda do que oferta de vagas na rede de ensino (crianças, jovens e adultos carentes de escolarização), incentivando o gestor a aumentar a cobertura da rede de ensino por meio de novas matrículas; ou 2) locais em que o ente central (União e Estados) pretende fazer com que os entes periféricos (Estados ou Municípios) absorvam serviços de educação já oferecidos em determinada área (exemplo: municipalização do ensino fundamental prestado pela rede estadual de ensino).

O critério das matrículas, no entanto, deixa de ser incentivo à proatividade no momento em que cessa a demanda por vagas ou quando seja efetivada a assunção de serviços pelo ente subnacional. A partir de tal momento, o critério das matrículas fica exclusivamente como critério redistributivo. Pode-se defender que o elemento indutor estava presente no Fundef e Fundeb em seus estágios iniciais, pois os fundos premiavam os entes subnacionais que ampliavam sua rede de ensino conforme a demanda por matrículas na época em que a cobertura de ensino era menor (lógica de "o dinheiro segue a matrícula").

O *elemento qualitativo de desempenho* relaciona-se com o princípio da eficiência (art. 37 da CF) na qualidade de ensino (art. 206, VII, da CF). Considera-se aqui o atingimento de metas estipuladas por indicadores de desempenho, premiando a qualidade do serviço público prestado por meio de resultados mensuráveis. Há, no caso, incentivos financeiros voltados para a proatividade do gestor público. No contexto da educação pública, tais indicadores geralmente dizem respeito ao desempenho dos alunos da rede de ensino em testes padronizados. O critério qualitativo referente a testes padronizados está presente na complementação VAAR é aquela de que trata o art. 212-A, V, *c*, da CF, que prevê "condicionalidades de melhoria de gestão previstas em lei" e "evolução de indicadores" nos termos do sistema nacional de avaliação da educação básica.

---

5. Segundo a norma: § 1º As condicionalidades referidas no *caput* deste artigo contemplarão: I – provimento do cargo ou função de gestor escolar de acordo com critérios técnicos de mérito e desempenho ou a partir de escolha realizada com a participação da comunidade escolar dentre candidatos aprovados previamente em avaliação de mérito e desempenho; II – participação de pelo menos 80% (oitenta por cento) dos estudantes de cada ano escolar periodicamente avaliado em cada rede de ensino por meio dos exames nacionais do sistema nacional de avaliação da educação básica; III – redução das desigualdades educacionais socioeconômicas e raciais medidas nos exames nacionais do sistema nacional de avaliação da educação básica, respeitadas as especificidades da educação escolar indígena e suas realidades; IV – regime de colaboração entre Estado e Município formalizado na legislação estadual e em execução, nos termos do inciso II do parágrafo único do art. 158 da Constituição Federal e do art. 3º da Emenda Constitucional n. 108, de 26 de agosto de 2020; V – referenciais curriculares alinhados à Base Nacional Comum Curricular, aprovados nos termos do respectivo sistema de ensino.

6. Sobre a dificuldade de categorização de determinada norma de repasse de verbas, James Maxwell explica, em 1952, a complicada distinção entre subvenções de efeito fiscal (*fiscal effect grants*) e subvenções de estímulo (*stimulative grants*): "The distinction between the stimulative and the fiscal effects of grants is blurred because, in fact, many grants have a dual purpose. Introduction of a new grant means, in the short run, that a fiscal burden is lifted from all states where the function is already being performed. Before long, however, expansion may more than cancel the relief" (MAXWELL, 1952, p. 9).

Por fim, há o *elemento social inclusivo*. Cuida-se de uma diretriz social a ser seguida pelos incentivos financeiros aos gestores e agentes públicos da educação, condicionando o custo-benefício utilizado no elemento qualitativo de desempenho. O elemento social inclusivo é uma manifestação do princípio da igualdade de condições para o acesso e a permanência na escola (art. 206, I, da CF), evitando que iniquidades insustentáveis ocorram na gestão pública da educação. O desenho dos incentivos baseados no desempenho dos estudantes não pode seguir cegamente uma lógica gerencial de livre mercado, em que só se investe nas melhores redes municipais de ensino, melhores escolas, melhores professores e melhores alunos. Ressalta-se que o princípio da igualdade de condições para o acesso e a permanência na escola é uma manifestação da igualdade em seu sentido material e não meramente formal.

As manifestações desse elemento está presente na complementação VAAR, notadamente aquela de que trata o art. 212-A, V, c, da CF, que prevê a distribuição de recursos para redes de ensino que reduzam desigualdades ao evoluírem seus indicadores de atendimento e melhoria da aprendizagem. O § 2º do art. 212-A também menciona a possibilidade de lei definir outros critérios de repasse e ponderações "relativas ao nível socioeconômico dos educandos".

Art. 213. Os recursos públicos serão destinados às escolas públicas, podendo ser dirigidos a escolas comunitárias, confessionais ou filantrópicas, definidas em lei, que:

I – comprovem finalidade não lucrativa e apliquem seus excedentes financeiros em educação;

II – assegurem a destinação de seu patrimônio a outra escola comunitária, filantrópica ou confessional, ou ao Poder Público, no caso de encerramento de suas atividades.

§ 1º Os recursos de que trata este artigo poderão ser destinados a bolsas de estudo para o ensino fundamental e médio, na forma da lei, para os que demonstrarem insuficiência de recursos, quando houver falta de vagas e cursos regulares da rede pública na localidade da residência do educando, ficando o Poder Público obrigado a investir prioritariamente na expansão de sua rede na localidade.

§ 2º As atividades de pesquisa, de extensão e de estímulo e fomento à inovação realizadas por universidades e/ou por instituições de educação profissional e tecnológica poderão receber apoio financeiro do Poder Público.

Marcos Augusto Maliska

1. Constituições brasileiras anteriores

Constituição de 1934, art. 154; Constituição de 1946, art. 31, V, b; Constituição de 1967, art. 20, III, c; Constituição de 1967/69, art. 19, III, c.

2. Jurisprudência

Na ADI 1.924 MC, Rel. p/ o Ac. Min. Joaquim Barbosa (*DJe* de 7-8-2009), o Supremo Tribunal Federal entendeu que as atividades de ensino desenvolvidas pelo Serviço Nacional de Aprendizagem do Cooperativismo (Sescoop) constituem o meio para a intervenção da União no domínio econômico, pelo apoio ao cooperativismo. Dessa forma, configura-se contribuição de intervenção no domínio econômico, ou seja, alheia ao âmbito do art. 213 da Constituição, que versa preponderantemente sobre a destinação de recursos públicos às entidades de ensino.

3. Referências bibliográficas

MALISKA, Marcos Augusto. *O Direito à educação e a Constituição*. Porto Alegre: Fabris, 2001.

4. Comentários

Segundo esse dispositivo o Poder Público pode destinar recursos a escolas comunitárias, confessionais ou filantrópicas, definidas em lei, desde que essas (i) comprovem finalidade não lucrativa e (ii) assegurem destinação de seu patrimônio a outra escola comunitária, filantrópica ou confessional ou ao poder público, no caso de encerramento de suas atividades.

O § 2º desse artigo teve sua redação alterada pela Emenda Constitucional n. 85, de 2015, passando a dispor que "as atividades de pesquisa, de extensão e de estímulo e fomento à inovação realizadas por universidades e/ou por instituições de educação profissional e tecnológica poderão receber apoio financeiro do Poder Público". A reforma constitucional ampliou as atividades passíveis de receber apoio financeiro do Poder Público, contemplando, além das de pesquisa e extensão, também aquelas de estímulo e fomento à inovação realizadas não apenas por universidades, como na redação anterior, mas também por instituições de educação profissional e tecnológica. A questão que permanece interessante na interpretação desse § 2º diz respeito a saber se ele contempla também as instituições privadas em sentido estrito, que não se enquadram naquelas definidas no *caput*, ou seja, comunitárias, confessionais ou filantrópicas. "A redação do *caput*, salvo melhor juízo, tende a vincular somente o § 1º, pois este faz referência direta aos recursos que trata o artigo. Já o § 2º parece tratar de assunto diverso, relacionado à pesquisa e à extensão [e ao estímulo e fomento à inovação], que assumem relevância por si só, pois estão além do ensino e merecem a devida atenção do Poder Público. Neste sentido, uma entidade privada (em sentido estrito) de ensino superior, com uma proposta de pesquisa ou extensão [ou de inovação], pode vir a pleitear apoio financeiro do poder público, apoio este que estará vinculado não às atividades que, em geral, são desenvolvidas no estabelecimento, mas, diretamente, ao projeto apresentado, à proposta de pesquisa ou extensão [ou de inovação] apresentados. Não se está, na hipótese, avaliando a instituição como um todo ou a sua natureza jurídica, mas a qualidade do projeto de pesquisa ou extensão [ou de inovação] apresentado" (MALISKA, 2001, p. 195).

Art. 214. A lei estabelecerá o plano nacional de educação, de duração decenal, com o objetivo de articular o sistema nacional de educação em regime de colaboração e definir diretrizes, objetivos, metas e estratégias de implementação para assegurar a manutenção e desenvolvimento do ensino em seus diversos níveis, etapas e modalidades por meio de ações integradas dos poderes públicos das diferentes esferas federativas que conduzam a:

I – erradicação do analfabetismo;

II – universalização do atendimento escolar;

III – melhoria da qualidade do ensino;

IV – formação para o trabalho;

V – promoção humanística, científica e tecnológica do País;

VI – estabelecimento de meta de aplicação de recursos públicos em educação como proporção do produto interno bruto.

Marcos Augusto Maliska

1. Constituições brasileiras anteriores

Constituição de 1934, art. 150, parágrafo único; Constituição de 1967, art. 8º, XIV; Constituição de 1967/69, art. 8º, XIV.

2. Jurisprudência

O Supremo Tribunal Federal julgou improcedente a ADI 1.698, Rel. Min. Cármen Lúcia (*DJe* de 16-4-2010), que alegava inércia do Presidente da República na erradicação do analfabetismo no País e na implementação do ensino fundamental obrigatório e gratuito a todos os brasileiros (Ação direta de inconstitucionalidade por omissão em relação ao disposto nos arts. 6º, 23, V; 208, I; e 214, I, da Constituição da República). Segundo o Tribunal, "dados do recenseamento do Instituto Brasileiro de Geografia e Estatística demonstram redução do índice da população analfabeta, complementado pelo aumento da escolaridade de jovens e adultos. Ausência de omissão por parte do chefe do Poder Executivo Federal em razão do elevado número de programas governamentais para a área de educação. A edição da Lei 9.394/1996 (Lei de Diretrizes e Bases da Educação Nacional) e da Lei 10.172/2001 (Aprova o Plano Nacional de Educação) demonstra atuação do Poder Público dando cumprimento à Constituição".

3. Comentários

Neste dispositivo a Constituição obriga o Poder Público estabelecer metas de educação, visando enfrentar os problemas mais graves que envolvem essa questão no país, a saber, o analfabetismo, a não universalização do atendimento escolar, a falta de qualidade do ensino, a não integração entre escola e mercado de trabalho, bem como a conscientização para tomada de medidas concretas no tocante a promoção humanística, científica e tecnológica do país. A democratização trazida pela Constituição obriga o poder público a reverter décadas de descaso com a educação pública de qualidade e universal. Se outrora a educação pública teve certa qualidade, ela não era universal, não estava acessível a todas as camadas da população. Hoje se faz necessário não apenas a sua universalização, mas que essa seja de qualidade, principalmente naquelas escolas que atendem a camada mais humilde da população, que mais necessita de uma educação que a desperte para a cidadania. O futuro do país depende de um projeto de educação abrangente, que pense o país nos próximos cinquenta anos, de modo a dar-lhe condições de existência e sobrevivência nesse mundo que se interliga cada dia mais.

A Lei 13.005, de 25 de junho de 2014, aprovou o novo Plano Nacional de Educação (PNE), apontando diretrizes e metas a serem atingidas. Segundo o relatório da Campanha Nacional pelo Direito à Educação, com dados coletados até 2021, há retrocesso em nove das 20 metas previstas no PNE. Apenas cinco metas foram parcialmente cumpridas no período e têm chances de serem atingidas até o fim do prazo legal. As outras 15 dificilmente serão cumpridas. Assim, por exemplo, entre os retrocessos, encontra-se a meta 10, que prevê a ampliação da Educação de Jovens e Adultos Integrada à Educação Profissional para 25% das matrículas no ensino fundamental e médio até 2024. Os dados, no entanto, apontam que o percentual, que estava em 2,8% em 2014, retrocedeu para 2,2% em 2021.

SEÇÃO II

DA CULTURA

Art. 215. O Estado garantirá a todos o pleno exercício dos direitos culturais e acesso às fontes da cultura nacional, e apoiará e incentivará a valorização e a difusão das manifestações culturais.

§ 1º O Estado protegerá as manifestações das culturas populares, indígenas e afro-brasileiras, e das de outros grupos participantes do processo civilizatório nacional.

§ 2º A lei disporá sobre a fixação de datas comemorativas de alta significação para os diferentes segmentos étnicos nacionais.

§ 3º A lei estabelecerá o Plano Nacional de Cultura, de duração plurianual, visando ao desenvolvimento cultural do País e à integração das ações do poder público que conduzem à:

I – defesa e valorização do patrimônio cultural brasileiro;

II – produção, promoção e difusão de bens culturais;

III – formação de pessoal qualificado para a gestão da cultura em suas múltiplas dimensões;

IV – democratização do acesso aos bens de cultura;

V – valorização da diversidade étnica e regional.

Art. 216. Constituem patrimônio cultural brasileiro os bens de natureza material e imaterial, tomados individualmente ou em conjunto, portadores de referência à identidade, à ação, à memória dos diferentes grupos formadores da sociedade brasileira, nos quais se incluem:

I – as formas de expressão;

II – os modos de criar, fazer e viver;

III – as criações científicas, artísticas e tecnológicas;

IV – as obras, objetos, documentos, edificações e demais espaços destinados às manifestações artístico-culturais;

V – os conjuntos urbanos e sítios de valor histórico, paisagístico, artístico, arqueológico, paleontológico, ecológico e científico.

§ 1º O Poder Público, com a colaboração da comunidade, promoverá e protegerá o patrimônio cultural brasileiro, por meio de inventários, registros, vigilância, tombamento e desapropriação, e de outras formas de acautelamento e preservação.

§ 2º Cabem à administração pública, na forma da lei, a gestão da documentação governamental e as providências para franquear sua consulta a quantos dela necessitem.

§ 3º A lei estabelecerá incentivos para a produção e o conhecimento de bens e valores culturais.

§ 4º Os danos e ameaças ao patrimônio cultural serão punidos, na forma da lei.

§ 5º Ficam tombados todos os documentos e os sítios detentores de reminiscências históricas dos antigos quilombos.

§ 6º É facultado aos Estados e ao Distrito Federal vincular a fundo estadual de fomento à cultura até cinco décimos por cento de sua receita tributária líquida, para o financiamento de programas e projetos culturais, vedada a aplicação desses recursos no pagamento de:

I – despesas com pessoal e encargos sociais;

II – serviço da dívida;

III – qualquer outra despesa corrente não vinculada diretamente aos investimentos ou ações apoiados.

Carlos Alberto Molinaro
Fernando Antonio de Carvalho Dantas

A – REFERÊNCIAS

1. Origem do texto

Redação original do constituinte de 1988, com as Emendas Constitucionais n. 42, de 19.12.2003 e n. 48, de 10 de agosto de 2005.

2. Constituições brasileiras anteriores

Constituições de 1824, 1891, 1934, omissas. Constituição de 1937, art. 128. Constituição de 1946, art. 174. Constituição de 1967 com a Emenda n. 1 de 1969, arts. 179 e 180.

3. Constituições comparadas

Constituição da África do Sul, 1997, Cap. 1, Secção 30, 31; Cap. 9, Secção 181. Constituição da Alemanha, 1949 (2006) arts. 5º, § 3º; 23, § 6º; 29, § 1º; 73, § 5ª. Constituição da Bélgica, 1994 (2007) art. 23, § 5º. Constituição do Canadá, 1867 (1982) arts. 16.1, § 1º; 27; 40. Constituição da Espanha, 1978, arts. 25; 44; 46; 48; 50; 143; 148, § 1º, 17º, 28º; § 2º. Constituição da França, 1958, Preâmbulo. Constituição da Grécia, 1975, art. 15; 16; 24. Constituição da Itália, 1947 (2003) arts. 9º; 117, s; 118. Constituição do Japão, 1946, art. 25. Constituição de Portugal, 1976 (2004), arts. 42; 43, § 2º; 52, § 3º, a; 73/79. Constituição da Suíça, 1999 (2008) arts. 18; 69. Constituição do Uruguai, 1967 (2004) arts. 34; 69.

4. Direito internacional

Entre outras – ONU – Declaração Universal dos Direitos Humanos de 1948; Pacto Internacional de Direitos Econômicos, Sociais e Culturais de 1966; Pacto Internacional de Direitos Civis e Políticos de 1966; Protocolo Adicional da Convenção sobre os Direitos Humanos no âmbito dos Direitos Econômicos, Sociais e Culturais de 1967; Pacto de San José de 1969; Convenção sobre a Eliminação de todas as Formas de Discriminação contra a Mulher de 1979; Convenção Internacional sobre os Direitos da Criança de 1989; Convenção da Diversidade Biológica – CDB de 1992; Convenção Relativa à Proteção do Patrimônio Mundial, Cultural e Natural; Declaração dos Direitos das Pessoas Pertencentes a Minorias Nacionais, Étnicas e Religiosas de1992. **OIT** – Convenção n. 169 da Organização Internacional do Trabalho de 1992. **UNESCO** – Convenção sobre a Proteção e a Promoção da Diversidade das Expressões Culturais de 2005; Convenção para a Salvaguarda do Patrimônio Cultural Intangível de 2003; Declaração Relativa à Intencional Destruição de Patrimônio Cultural de 2003; Declaração Universal sobre a Diversidade Cultural de 2001; Convenção sobre a Proteção do Patrimônio Cultural Subaquático de 2001; Recomendação sobre a Salvaguarda da Cultura Tradicional e Folclore de 1989; Recomendação relativa ao Estatuto do Artista de 1980; Recomendação para a Salvaguarda e Preservação de *Moving Images* (produção cinematográficas, televisivas e videográficas) de 1980; Convenção Multilateral para evitar a dupla tributação de Copyright royalties, com Modelo de Acordo bilateral e o Protocolo adicional de 1979; Recomendação para a Proteção dos Bens Culturais móveis de 1978; Declaração sobre Princípios Fundamentais relativo à Contribuição dos Meios de comunicação ao Fortalecimento da Paz e Entendimento Internacional, para a Promoção dos Direitos Humanos e de Combate Racial, Apartheid e o Incitamento à Guerra de 1978; Recomendação sobre a Proteção Jurídica dos Tradutores e Traduções e os Meios Práticos para melhorar o status de Tradutores de 1976; Recomendação relativa a Participação e Contribuição das Massas Populares na Vida Cultural de 1976; Recomendação relativa ao Intercâmbio Internacional de Bens Culturais de 1976; Recomendação relativa a salvaguarda dos Conjuntos históricos e sua função na vida contemporânea de 1976; Recomendação relativa à Proteção, em nível nacional, do Patrimônio Natural e Cultural 1972; Declaração de Princípios Orientadores sobre o Uso de Radiodifusão por Satélite para a Livre Circulação da Informação, da Educação e Disseminação das transformações culturais de 1972; Convenção relativa à Proteção do Patrimônio Mundial Natural e Cultural 1972.

5. Direito nacional

Leis 9.760/1999 (promoção da cultura); 8.319/1991, regulamentada pelo Decreto 5.761/2006 (Programa Nacional de Apoio à Cultura); 3.924/1961 (Monumentos arqueológicos e pré-históricos); 8.394/1991 (Acervos documentais privados dos Presidentes da República); 7.505/1986 (Lei Sarney – benefícios fiscais na área da Cultura); 8.313/1991 (Lei Rouanet – benefícios fiscais na área da Cultura); 9.605/1998 (Lei de crimes ambientais – crimes contra o Ordenamento Urbano e o Patrimônio Cultural); 6.001/1973 (Estatuto do Índio); Medida Provisória 2.186-16/2001. 7.542/1986 (Pesquisa, exploração, remoção e demolição de coisas ou bens afundados, submersos, encalhados e perdidos em águas sob jurisdição nacional). Lei 12.343/2010, estabelece o Plano Nacional de Cultura. **Decreto** 3.551/2000 (Registro de bens culturais imateriais); Decreto-Lei 25/1937 (Organiza a proteção do Patrimônio Histórico e Artístico Nacional). **Código Penal**, art. 165 (tipificando como crime dano em bem de valor artístico, arqueológico ou pré-histórico). **5.4. Jurisprudência:** STF, ADIn 2.544-

MC, Rel. Min. Sepúlveda Pertence – Proteção dos Sítios de Valor Arqueológico (08/11/2002). **RE** 153.531, Rel. Min. Francisco Rezek – proibição da "farra do boi" (*DJ* 13/03/1998); **RE** 182.782, Rel. Min. Moreira Alves – Patrimônio histórico e artístico (*DJ* 09/02/1995). **HC** 80.240, Rel. Min. Sepúlveda Pertence – Proteção aos Índios (*DJ*, 29/06/2001). **STJ**, 2ª T. **REsp**. 30.519, Rel. Min. Antônio Torreão Braz – Tombamento. Valor histórico memorável e Valor artístico excepcional (*DJ* 20/06/1994).

6. Preceitos constitucionais relacionados

Direito individuais, de liberdade e direitos autorais: art. 5º, IX, XXVII, XXVIII e LXXIII e art. 220, § 2º e § 3º. Direitos Sociais: art. 6º. Direito à Educação: 205. Regras de distribuição de competência e Proteção mediante Ação Popular: art. 23, art. 24 e art. 30. Incentivos para desenvolvimento cultural e socioeconômico: art. 170, II, Função social da propriedade. Art. 218, § 3º. Acesso ao conhecimento. Art. 219. Produção e programação das emissoras de rádio e televisão: art. 221. Autorização de serviço de radiodifusão. Sistemas privado, público e estatal: art. 223. Direito da criança e do adolescente: art. 227. Direitos indígenas: art. 231 e art. 210, § 2º. Direito ao Ambiente: art. 225. Promoção ao Desporto: art. 217. Capacitação Tecnológica. P&I, P&D: 218. Direitos dos Quilombolas: art. 68 – ADCT.

7. Bibliografia selecionada

ABREU, Regina e CHAGAS, Mário (orgs.). *Memória e patrimônio*: ensaios contemporâneos. Rio de Janeiro: FAPERJ/DP&A/UNI-RIO, 2003. ALVES, Luiz Roberto. *Culturas do trabalho*. Comunicação para a cidadania. Santo André: Alpharrabio, 1999. ARAÚJO, Ana Valéria de. *A defesa dos direitos indígenas no Judiciário*. São Paulo: Instituto Socioambiental, 1995. BONAVIDES, Paulo. *Curso de Direito Constitucional*. 8ª ed. São Paulo: Malheiros, 1999. BARBALHO, Alexandre. O Estado pós-64: intervenção planejada na cultura. *Política e Trabalho*. João Pessoa, (15): 63-78, 1999. BOSI, Alfredo. A educação e a cultura nas constituições brasileiras. In: BOSI, Alfredo (org.). *Cultura brasileira*. Temas e situações. São Paulo: Ática, 1992, p. 208-217. BARRETO, Helder Girão. *Direitos Indígenas*: vetores constitucionais. Curitiba: Juruá Editora, 2003. BRANT, Leonardo (org.). *Políticas culturais*. São Paulo: Manole, 2003. CASTRO, S. R. *Estado na preservação de bens culturais*. Rio de Janeiro: Renovar, 1991. BUARQUE DE HOLANDA, Sérgio. *Raízes do Brasil*. 26ª ed. São Paulo: Companhia das Letras, 1997. CUNHA, Maria Manuela Ligeti Carneiro da (Org.) e ALMEIDA, M. W. B. *Enciclopédia da Floresta*: o Alto Juruá. Práticas e Conhecimentos das Populações. São Paulo: Companhia das Letras, 2002. CUNHA FILHO, Francisco Humberto. *Direitos culturais como direitos fundamentais no ordenamento jurídico brasileiro*. Brasília: Brasília Jurídica, 2000. CUNHA FILHO, Francisco Humberto. Os princípios constitucionais culturais. In: LEITÃO, Cláudia (org.). *Gestão cultural*: significados e dilemas na contemporaneidade. Fortaleza: Banco do Nordeste do Brasil, 2003, p. 105-114. CUNHA FILHO, Francisco Humberto. *(F)atos, política(s) e direitos culturais: experimentações cotidianas*. São Paulo: Editora Dialética, 2021. COELHO, Daniele Maia Teixeira. *Dicotomia, natureza e cultura na proteção do Patrimônio Cultural Brasileiro*. São Paulo: Dialética, 2020. DANTAS, Fernando Antonio de Carvalho. Humanismo Latino: o Estado brasileiro e a questão indígena. In: MEZZAROBA, Orides. *Humanismo Latino e Estado no Brasil*. Florianópolis: Fundação Boiteux, 2003. DA MATTA, Roberto. *Carnavais, malandros e heróis*: para uma sociologia do dilema brasileiro. Rio de Janeiro: Rocco, 1997. DERANI, Cristiane. Patrimônio Genético e Conhecimento Tradicional Associado: Considerações Jurídicas sobre seu Acesso. In: LIMA, André (org.). *O Direito para o Brasil Socioambiental*. Porto Alegre: Sergio Fabris, 2002. DRUMMOND, Alessandra; NEUMAYR, Rafal (orgs.). *Direito e cultura*: aspectos jurídicos da gestão e produção cultural. Belo Horizonte: Artmanagers, 2011. FARIA, Hamilton e MOREIRA, Altair. Cultura e governança: um olhar transversal de futuro para o município. In: *Pólis*. São Paulo, número especial para o Fórum Social Mundial, 2005, p. 26-31. FILHO, Francisco Humberto Cunha. *Direitos culturais como direitos fundamentais no ordenamento jurídico brasileiro*. Brasília: Brasília Jurídica, 2000. FILHO, Francisco Humberto Cunha; AGUIAR, Marcus Pinto; OLIVEIRA, Vicente de Paulo Augusto de (orgs.). *Direitos culturais:* múltiplas perspectivas. Volumes I e II. Fortaleza: EdUECE, 2014. MAGALHÃES, Allan Carlos Moreira. *Patrimônio cultural, democracia e federalismo*: comunidade e poder público na seleção dos bens culturais. São Paulo: Editora Dialética, 2020. MARQUES, Renê Iarley da Rocha. *O sistema de garantias no Brasil para a defesa dos direitos culturais dos povos indígenas*. São Paulo: Editora Dialética, 2023. MEYER-BISCH, Patrice; BIDAULT, Mylène (orgs.). *Afirmar os direitos culturais:* Comentários à Declaração de Friburgo. Tradução de Ana Goldberg. São Paulo: Iluminuras, 2014. MOISÉS, José Álvaro. Os efeitos das leis de incentivo. In: SOUZA, Márcio e WEFFORT, Francisco (orgs.). *Um olhar sobre a cultura brasileira*. Rio de Janeiro: FUNARTE, 1998, p. 421-444. MENDES, Gilmar, COELHO, Inocêncio Mártires; GONET, Paulo Gustado. *Hermenêutica Constitucional e Direitos Fundamentais*. Brasília: Brasília Jurídica, 2000. PIOVESAN, Flávia. *Direitos humanos e o direito constitucional internacional*. Prefácio de Henry Steiner e apresentação de Antônio A. Cançado Trindade. 2ª ed. São Paulo: Max Limonad, 1997. PONTES DE MIRANDA. *Povos Indígenas no Brasil*. São Paulo: Cedi, 1985 (Pontes de Miranda. *Comentários à Constituição de 1967* (com a Emenda n. 1 de 1969), ed. Forense, Tomo VI, 1987, p. 457. RIBEIRO, Darcy. *O povo brasileiro*: A formação e o sentido do Brasil. 2ª ed. São Paulo: Companhia das Letras, 1995. RIOS, Aurélio Virgílio Veiga. Os direitos constitucionais dos índios nas faixas de fronteira. In: NOVAES, Sylvia Caiuby. *Os Direitos Indígenas e a Constituição*. Porto Alegre: Sérgio Fabris Editor e Núcleo de Direitos Indígenas, 1993. SARAIVA, Stella de Oliveira. *Patrimônio cultural: direito e processo*. São Paulo: Editora Dialética, 2021. SARLET, Ingo Wolfgang. *Dignidade da Pessoa Humana e Direitos Fundamentais na Constituição de 1988*. 6ª ed. Porto Alegre: Livraria do Advogado, 2008. SARLET, Ingo Wolfgang. Os Direitos Fundamentais Sociais na Constituição de 1988. In: SARLET, Ingo Wolfgang (org.). *Direito Público em Tempos de Crise*. Estudos em Homenagem a Ruy Ruben Rushel. Porto Alegre: Livraria do Advogado, 1999, p. 129-173. SARLET, Ingo Wolfgang. *A Eficácia dos Direitos Fundamentais*. 8ª ed. Porto Alegre: Livraria do Advogado, 2007. SHIRAISHI NETO, Joaquim (org.). *Direito dos Povos e das Comunidades Tradicionais no Brasil*. Manaus: UEA, 2007. SILVA, José Afonso da. *Ordenação Constitucional da Cultura*. São Paulo: Malheiros, 2001. SILVA, Vasco Pereira da. *A cultura a que tenho direito*: direitos fundamentais e cultura. Coimbra: Almedina, 2007. SOARES, Inês Virgínia Prado. *Proteção jurídica do patrimônio arqueológico no*

Brasil: fundamentos para efetividade da tutela em face de obras e atividades impactantes. Erechim: Habilis, 2007. SOARES. Inês Virgínia Prado; CUREAU, Sandra (orgs.). *Bens Culturais e Direitos Humanos*. São Paulo: SESC, 2015. SOUZA, Allan Rocha de. *Direitos Culturais no Brasil*. Rio de Janeiro: Azougue, 2012. SOUZA FILHO, Carlos Frederico Marés de (org.). *Textos clássicos sobre o direito e os povos indígenas*. Curitiba: Juruá, 1992. SOUZA FILHO, Carlos Frederico Marés de. *O renascer dos povos indígenas para o direito*. Curitiba: Juruá, 2004. SOUZA FILHO, Carlos Frederico Marés de. *Bens culturais e proteção jurídica*. Curitiba: Juruá, 1997. TRINDADE, Antônio Augusto Cançado. *A proteção dos direitos humanos nos planos nacional e internacional*: perspectivas brasileiras. San José de Costa Rica/Brasília, D.F.: Instituto Interamericano de Derechos Humanos, 1992. VARELLA, Guilherme. *Plano Nacional de Cultura:* Direitos e políticas culturais no Brasil. Rio de Janeiro: Azougue, 2014.

B – COMENTÁRIOS

1. Introdução

1.1. A ideia de cultura

A formulação de uma ideia de cultura não se encontra inscrita num único símbolo específico entre as diversas culturas existentes. Os gregos, todavia, buscaram expressá-la por meio dos substantivos μ´αθημα (*máthema*) e παιδεια (*paideia*) e como ideias abstratas em oposição à concreção da ideia de natureza (φυσις ou πηωσις), vale dizer, a construção que se faz sobre o natural. Os latinos com o substantivo *cultura-ae* que não expressava o que hoje entendemos por cultura, mas sim por cultivo (onde *agri cultura* que era a cultura do campo) que depois deu o significado de cultivo do espírito, das ideias, como cultura *animi philosophia est* (a filosofia é o cultivo da alma). Contudo, a expressão linguística cultura dentro de um ambiente antroposocial aparece pela primeira vez na Alemanha de 1793, desde o substantivo *Kultur*, significando o aperfeiçoamento do espírito humano de um povo[1], tal sentido vai levar à noção de *Bildung*, ou o construído por instrução, ao que se seguiu na sinonímia *Aufklärung* (ou *esclarecimento*, ou na filosofia, o Iluminismo como movimento cultural). De todo modo, a condição básica na significação de cultura (repelida a dicotomia natureza/cultura) estava em sua condição etnocêntrica, pois invariavelmente se desqualificavam as sociedades primitivas e de fundo tradicional frente a sua própria e suposta superioridade (agora) cultural (em verdade, se tratava de superioridade de poder: seja militar, científico ou tecnológico). Contudo, é com os ideais da Revolução Francesa e com a consolidação da noção de cidadania que a significação de cultura passa a associar-se a um sistema de crenças e valores de uma sociedade em oposição à de civilização que revela seu sentido material de completude. Posteriormente (ao fluir dos 1850), o termo cultura passou a ser empregado para demarcar a distinção entre o ser humano e os demais animais. Em resumo, se pode definir, com a cautela devida – tomando-a parcialmente de E. Sapir[2] – cultura como o conjunto de atributos e produtos resultantes das sociedades que não são transmitidas através da hereditariedade biológica, vale dizer, todo o registro, memória ou informação não inscrita no biológico, no sistema genético-celular, ou, por último, no sistema nervoso: é cultura. Cultura é, pois, um processo, ou melhor, um procedimento do ser humano sobrejacente ou justajacente à natureza. Mas, esta definição não basta, pois cultura, malgrado a negativa, é também um equipamento biológico como já o considerava o raciovitalismo orteguiano quando afirmava que *la razón es sólo una forma y función de la vida*", sendo a cultura um "*instrumento biológico*"[3]. No entanto, não aderimos na integralidade as teses de Sapir ou dos raciovitalistas, pois entendemos que a ideia de cultura associa e inclui a de processo cultural, e neste caso estão envolvidos além das características do biológico, sem o reducionismo dos sociobiologistas, especialmente, Edward O. Wilson[4], também toda a complexidade decorrente da inserção biossocial em um procedimento de reconhecimento e de reciprocidade.

Positivistas e funcionalistas intentaram definir cultura desde âmbitos próprios do pensamento, assim os positivistas indagarão sobre a cultura desde uma oposição à natureza, bem como desde sua exploração utilitária e predatória, chegando Humboldt a dizer que *cultura é o controle científico da natureza*[5]; ou como pretendia Barth[6], que a ciência controla a natureza, e a cultura se revela no controle que o homem exerce sobre si mesmo. Os funcionalistas, todavia, desde o ponto de vista da antropologia, aproximam à ideia de cultura àquela de progresso, ou, ainda, como um circuito de desenvolvimento social entre os povos. Observem-se as polêmicas no século XX, produzidas pelo pensamento de Burnett Taylor fundada no etnocentrismo e na condição que entendia o próprio Taylor, de cultura como *estado* ou *condição*[7]. Por largo tempo, perdurou no pensamento funcionalista-antropológico o embate entre as visões diacrônicas e sincrônicas do termo cultura. Franz Boas expressava que a cultura é um processo de criação orgânica e viva, e não uma adaptação mecânica do homem à natureza[8]; enquanto Malinowsli entendia que a cultura é um conjunto funcional formado pelas diferentes instituições da sociedade[9]. Os funcionalistas de

---

1. Como consta do *Grammatisch – kritisches Wörterbuch der hochdeutschen Mundart* (1793) de Johann Christoph Adelung, verbete *Kultur*, versão em CD-ROM, Directmedia Publishing, September 2004.

2. SAPIR, Edward. *Culture, Language and Personality*: Selected Essays. Mandelbaum, D.G. (Ed.). Berkeley: University of California Press Ltd., 1985.

3. ORTEGA Y GASSET, José. El tema de nuestro tiempo. In: *Obras completas*, 3º tomo. Madrid: Alianza, 1983.

4. WILSON, Edward Osborne. *Biophilia*. Cambridge, Massachusetts: Harvard University Press, 1984; cf. ainda, *Consilience – The unity of knowledge*. New York: Alfred Knopf, 1988, e *Sociobiology*: The New Synthesis. Cambridge, Massachusetts: Harvard University Press, 2000.

5. HUMBOLDT, Wilhelm. von. (1836) *Sobre la diversidad de la estructura del lenguaje humano y su influencia en el desarrollo espiritual de la humanidad*. Barcelona/Madrid: Anthropos/Ministerio de Educación y Ciencia,1990, p. 34.

6. BARTH, Fredrik. *Los grupos étnicos y sus fronteras*. México: FCE, 1976, p. 15, 22 e s.

7. TAYLOR, Edward Burnet. *Cultura Primitiva*, Madrid: Ayuso, 1977, p. 24-36.

8. Citado por HATCH, Elvin. *Theories of Man and Culture*. New York: Columbia, 1973, p. 54 e s.

9. MALINOWSKI, Bronisław Kasper. *Uma Teoria Científica da Cultura*, Rio de Janeiro: Jorge Zahar Editor, 1970, p. 148-160; cf. ainda, *The Dynamics of Culture Change*: An inquiry into race relations in Africa. New Haven, CT: Yale University Press, 1961, p. 37 e s.

corte sociológico, ao contrário, buscavam o autocentrismo e abandonam o estudo comparativo que faziam os antropólogos das sociedades. Eles sublinhavam a distinção (mais eficaz) da objetividade física e a cultura compreendida como conjunto das formas de toda a subjetividade social. Já o pensamento marxista vai forjar o entendimento de cultura na ideia de luta de classes e, em especial, a relação dialética entre determinismo e ação social, tal resultou no mote: *"A cultura dominante é a cultura das classes dominantes"*, o que levou Gramsci a ver na cultura uma forma de alienar os obreiros de sua consciência coletiva[10]. A crítica de Max Weber[11] ao marxismo com a formulação da multicausalidade e frente à predominância do monodeterminismo é outro aspecto muito debatido no marxismo, pois o marxismo entende a *necessidade* como o motor que determina as ações humanas, enquanto que o pensamento weberiano exige uma diversidade de fatores determinantes. As contribuições culturais do marxismo perduram até o presente de modo relevante, assim como a influência freudiana.

O estruturalismo e os estruturalistas passam a definir cultura em oposição à ideia de natureza. Para eles, natureza expressa o universal, aquilo que é inato ou espontâneo; ao contrário, cultura vai corresponder a um conjunto de regras; (daí a medida) o relativo ou particular. Isso conduz à conclusão que não se podem impor, sob características etnocêntricas, os valores ocidentais às outras culturas. A característica principal do estruturalismo foi representar uma busca incessante, metódica, do drama (universal) do ser (humano) dentro da diversidade cultural nas múltiplas culturas. Esta característica mesma conduziu à definição de Radcliffe-Brown que escreveu: *cultura é o conjunto das relações sociais que servem de modelo estruturante de um determinado modo de vida* – onde se reúne estrutura e função[12]. O aperfeiçoamento vem com Claude Levi Strauss[13] que estabeleceu três níveis nessas relações: a economia, a linguística e o parentesco, deste modo alterando o indutor do Complexo de Édipo de Freud, pela noção da regra universal sob o paradigma que veda o incesto[14].

A ideia de cultura, pois, não pode ser encontrada numa perspectiva monolítica do objeto indagado. Vários são os cenários possíveis para o sujeito que interroga sobre a cultura. Assim, o conceito antropológico, o etimológico, o sociológico, o jurídico e outras tantas formas de aproximação de seu objeto. Num cenário antropológico, o que *marca a arena* é a diversidade do ser humano. Cultura nesta *caixa de cena* é algo alheio, mas que permite o reconhecimento do outro, e nos conduz a pensar que *nós* pertencemos a uma cultura, uma forma de viver, um modelo que é *um* entre os muitos possíveis. Tal nos leva à convicção que ademais dos indivíduos distintos entre si, há culturas distintas amalgamadas pelo conhecimento da história e pelo modo pelo qual nos recordamos dela. Portanto, à ideia de cultura se associa a ideia de diversidade do humano que se especializa e se identifica como a cultura brasileira, a cultura germânica, a francesa e assim por diante, logo um conceito antropológico de cultura. A concepção de cultura desde a sua etimologia está reduzida ao passo do humano selvagem, mas espontâneo, ao civilizado ou cultivado. Desta distinção se pode notar forte o confronto entre natureza e cultura. Algo que é natural e aquilo que é construído pela sofisticação do humano que está submetido à inteligência. Portanto, num sentido etimológico, como já se expôs supra, *Kultur*, revela um complexo de conhecimentos construídos, logo, dotado de sentido, e que permite o desenvolvimento de juízos críticos. O etimólogo (do grego ετυμος, o real ou verdadeiro, e λόγω, o dizer ou nomear) de cultura está numa *condição de partida* das verdades em que coincidem certos grupos humanos substancialmente vinculados pelo falar comum, sobre ideias fundamentais, opiniões, crenças e valores que vão conformar as ações desses grupos e influir decisivamente numa concepção de mundo que essa cultura possui, ou de um mundo que pertence a essa cultura.

1.2. O substantivo "cultura" e o adjetivo "cultural"

Importa distinguir entre o substantivo cultura e o adjetivo cultural. A Constituição de 1988 o faz quando enuncia: "O Estado garantirá a todos o pleno exercício dos direitos culturais e acesso às fontes da cultura nacional, e apoiará e incentivará a valorização e a difusão das manifestações culturais". A *cultura* nacional, cultura neste sentido substancia o complexo de arquétipos do comportamento, das crenças, dos conhecimentos tradicionais ou saberes adquiridos pela hereditariedade e práticas comuns, dos costumes e demais particularidades que distinguem os diversos grupos que formatam a comunidade brasileira. De outro modo, os direitos *culturais*, isto é, direitos de acesso e participação na vida cultural, ou nas suas manifestações *culturais*. Como a *cultura* substantiva os atos de valoração sobre as crenças, as convicções, as expressões idiomáticas, o conhecimento e as artes, assim como as tradições, as instituições e modos de vida mediante os quais um indivíduo ou um grupo de indivíduos manifesta a sua humanidade, ademais do significado que emprestam à sua existência e seu progresso ou desenvolvimento, os direitos decorrentes, ou uma atribuída etnodiceia[15] ou *corpus* jurídico que se estabelece sobre os bens objeto da cultura qualificando princípios e regras pelos quais se expressam os sujeitos atribuídos desses direitos.

Tanto o substantivo *cultura* como o adjetivo *cultural*[16] sempre implicam a ideia de *processo*[17], isto é, um encadeamento per-

---

10. A cultura, pois, seria "a materialização de uma ilusão de identidade social, que as classes dominantes utilizam para sua perpetuação no poder" (BUENO, Gustavo. *El mito de la cultura*. Barcelona: Editorial Prensa Ibérica, 2000, p. 83-85).
11. WEBER, M. *Ciência e política*: duas vocações. São Paulo: Cultrix, 1989.
12. RADCLIFFE-BROWN, Alfred Reginald. *Estrutura e Função na Sociedade Primitiva*. Petrópolis: Editora Vozes, 1973, p. 212-233.
13. LEVI-STRAUSS, Claude. *As Estruturas Elementares do Parentesco*, Petrópolis: Vozes/EDUSP, 1976, p. 78-91.
14. Os iconoclastas da cultura foram, sem dúvida, Marx, Freud e Levi Strauss, pois romperam o véu que revestia sua função de ilusão da realidade: com o mascaramento dos interesses de classe, com a ocultação das pulsões do inconsciente ou pelo perpétuo involuntário das regras de parentesco.

15. No mais estrito significado grego de εθνος (*éthnos*), isto é, nação significando a origem desde uma condição comum, de costumes etc., e δικαως (*dikaios*), isto é, com direito, com justiça.
16. Tendo-se o cuidado de entender que também cultural pode revestir a forma de substantivo quando lhe emprestamos o sentido de espaço da cultura.
17. Processos culturais, como teoriza e explicita Joaquín Herrera Flores, no sentido de "reação, diante do conjunto de relações sociais, psíquicas e naturais nas quais nos situamos; processos que nos condicionam, ao mesmo tempo em que podem ser por nós condicionados em função da capacidade humana genérica para transformar, tanto a nós mesmos quanto ao meio em que vivemos" (Tradução livre dos autores). HERRERA FLORES, Joaquín. *El proceso cultural*: materiales para la creatividad humana. Sevilla: Aconcagua Libros, 2005, p. 62.

manente de fatos, atos ou intervenções que resultam em certa unidade de sentido, no caso as aquisições culturais, ou a reproduzem com determinada regularidade. O direito não poderia ficar alheio a este fenômeno, até mesmo porque o direito surge no percurso deste encadeamento como produto cultural[18] e que vai manifestar-se nas mais diversas dimensões da vida cultural de um povo, de uma nação, de um Estado ou mesmo de um conjunto de Estados. É neste sentido que o Estado brasileiro privilegia a Cultura, os direitos culturais decorrentes, inclusive e especialmente como direitos fundamentais.

2. Âmbito normativo internacional dos direitos culturais

2.1. Universalidade dos direitos culturais

Os direitos culturais são espécie do gênero direitos humanos. Direitos humanos, aqui entendidos como direitos fundamentais positivados na ordem internacional, e segundo intercorrente na doutrina (ainda que dessa posição não compartilhamos), direitos de segunda geração, ou, considerando a eutrapélica[19] afirmação de Karel Wasak, eufemisticamente ditos de segunda dimensão. Aparecem sistematizados pela primeira vez na Declaração Universal dos Direitos Humanos de 1948, nos artigos 22 e 27 que demarcam os direitos das pessoas participarem livremente na vida cultural, usufruir das artes e do progresso científico, balizando ainda a proteção dos direitos de autor sobre toda a criação artística, literária e científica. Mais tarde, o Pacto Internacional de Direitos Econômicos, Sociais e Culturais de 1966, atribui aos Estados o dever de garantir os direitos definidos na Declaração de 1948, impondo a obrigação aos Estados-membros pactuantes no sentido de adotar medidas para garantir e assegurar o pleno exercício desses direitos, inclusive àquele da liberdade de pesquisa científica. No mesmo ano, foi editado o Pacto Internacional de Direitos Civis e Políticos que no seu artigo 27 reconheceu expressamente às minorias étnicas, religiosas e linguísticas o direito de expressar e desfrutar suas peculiares posturas culturais, incluídas suas manifestações religiosas e idiomáticas.

Na década dos setenta do século próximo passado, a Convenção sobre a Eliminação de todas as Formas de Discriminação contra a Mulher (1979) deixa clara a obrigação dos Estados convenentes de garantir à mulher a recreação e a prática de esportes intercorrentes na vida cultural. De igual modo, dez anos depois, pela Convenção Internacional sobre os Direitos da Criança, os Estados convenentes remanesceram obrigados por todos os meios a garantir a plena participação da infância no desfrute dos direitos culturais. De outra parte, a última década do século passado foi pródiga na proteção cultural, especialmente com a Declaração dos Direitos das Pessoas Pertencentes a Minorias Nacionais, Étnicas e Religiosas de 1992, bem como, no mesmo ano, a constituição da Convenção n. 169 da Organização Internacional do Trabalho (OIT) sobre os Povos Indígenas e Tribais Independentes; ambas as disposições internacionais confirmam os direitos culturais das populações a que se referem, enfatizando o direito de existir e desenvolver-se no interior de sua própria cultura, balizando, desta forma, os marcos da diversidade cultural. Ademais, se privilegia a educação no idioma de origem, inclusive e, especialmente, a inclusão dessas comunidades nas políticas culturais nacionais. Por último, ficam os Estados convenentes obrigados a proteger a população indígena pela promoção do direito dessas de conservar seus costumes, valores espirituais e línguas, bem como o dever dos Estados de garantir e proteger os direitos territoriais por meio da demarcação das terras, de ensino fundamental no idioma de origem, e promover políticas para a divulgação das tradições e culturas indígenas. Todos esses direitos, deveres e obrigações, para as comunidades e para os Estados, reafirmam os propósitos já definidos no Pacto de 1966 que de forma ampla consagrou os direitos econômicos, sociais e culturais, aos que na atualidade podemos incluir os ambientais.

Podemos e devemos lembrar a Declaração dos Direitos e Deveres do Homem de 1948, onde ficam garantidos os direitos culturais, bem como do Protocolo de San Salvador (1967) como é conhecido o Protocolo Adicional da Convenção sobre os Direitos Humanos no âmbito dos Direitos Econômicos, Sociais e Culturais[20], onde ficou assentada a obrigação dos Estados pactuantes de respeitar e garantir a necessária e ampla liberdade para a investigação científica, assim como, toda a atividade de criação literária e artística.

2.2. A proteção dos direitos culturais no âmbito da Organização das Nações Unidas para a Educação, a Ciência e a Cultura – UNESCO

A principal atribuição, entre outras não menos importantes, deferida para as atividades da UNESCO é a de promover políticas tendentes a assegurar os direitos culturais subscritos pelos Estados no Concerto Internacional. Por ocasião da constituição da Convenção dos Direitos Econômicos, Sociais e Culturais a UNESCO aprovou a Declaração dos Princípios da Cooperação Cultural Internacional (1966), onde no seu artigo primeiro de plano enunciou que: (a) cada cultura tem a mesma dignidade e valor que devem ser respeitados e preservados; (b) cada povo tem o direito e o dever de desenvolver a sua cultura; e (c) todas as culturas, por sua rica variedade e diversidade e pela influência recíproca que exercem umas sobre as outras, formam parte do patrimônio comum da humanidade. Em seguida, passa a afirmar os objetivos da cooperação cultural internacional, entre eles, o de difundir os conhecimentos, estimular as vocações e enriquecer as culturas, do mesmo modo, desenvolver as relações pacíficas entre os povos para alcançar uma melhor compreensão de cada um dos seus modos de vida, tudo para permitir que todos os homens tenham acesso ao saber, desfrutem das artes e da literatura, se beneficiem dos progressos alcançados pelas ciências e seus resultados, ademais de contribuir ao enriquecimento da vida cultural pela elevação do nível de vida material e espiritual do homem em to-

---

18. HERRERA FLORES, Joaquín. *Los derechos humanos como productos culturales*: crítica del humanismo abstracto. Madrid: Catarata, 2005.

19. Aqui a voz grega revela-se extremamente adequada, pois ευ (*eu*) de bem, mas também hábil, e τπεπο (*trepos*) volver-se, dar a volta, evoluir em outro sentido, que foi o que fez Vasak, quando cunhou a tese das gerações dos direitos humanos a partir do emblemático adagiário francês, liberdade, igualdade e fraternidade, com os correspondentes direitos civis e políticos, sociais e de solidariedade.

20. Aqui é importante lembrar que pelo Pacto de San José de 1969, os Estados pactuantes comprometeram-se a adotar todas as medidas necessárias para dar efetividade aos deveres e obrigações estabelecidos pelo Pacto dos Direitos Econômicos, Sociais e Culturais.

das as partes do mundo (art. IV). Talvez o mais importante enunciado desta Declaração de Princípios seja o que consta no art. V que dispõe: *A cooperação cultural é um direito e um dever para todos os povos e todas as nações, que devem partilhar uns com os outros os seus conhecimentos e competências*. A alocução a um direito-dever de compartilhar conhecimentos e competências culturais entre povos e nações implica que cada Estado, sujeito de *direito das gentes*, tem o inderrogável compromisso de proteger e promover todas as formas de interculturalidade, entendendo-se por interculturalidade os *espaços culturais* onde as dimensões de cada particular cultura se inter-relacionam e podem dialogar, seja pelo ponto de vista histórico ou institucional, ademais, nesses *espaços culturais* a interculturalidade favorece a compreensão da diversidade, concretiza a condignidade das sociedades complexas em que vivemos, onde o conjunto de espaços culturais integra-se a um *espaço comum* onde se encontra a multiplicidade cultural íntegra, mas comunicante.

Em 1970, com a Conferência Intergovernamental sobre os Aspectos Institucionais, Administrativos e Financeiros das Políticas Públicas, celebrada em Veneza, chamou-se a atenção para a necessidade de tornar-se assunto prioritário para os governos à formatação de políticas públicas sobre cultura e os direitos culturais. Relativamente a América Latina, em 1978 surge a Declaração de Bogotá, com o programa de desenvolvimento cultural latino-americano; em 1982, realiza-se no México a Conferência Mundial sobre as Políticas Culturais (MONDIACULT), concluindo pela incisiva afirmação que o desenvolvimento integrado e equilibrado das nações somente seria possível mediante a edição de políticas públicas culturais acompanhadas das respectivas estratégias para alcançar os objetivos nelas propostos. Ademais, os direitos culturais, as lutas contra as discriminações, a proteção dos acervos culturais, foram, e são objeto de diversos instrumentos internacionais, *v.g.*, Convenção Universal do Direito de Autor de 1952; Convenção relativa a luta contra as Discriminações na Esfera da Educação de 1960; Declaração relativa aos Princípios da Cooperação Cultural Internacional de 1966; Convenção relativamente as medidas que devem se adotadas para proibir a importação e exportação e transferência de propriedades ilícitas de bens culturais de 1970, tantas outras.

3. A cultura como direito na Constituição

A cultura e os direitos culturais são na sistemática constitucional brasileira, direitos fundamentais, individuais e sociais[21], neste sentido gozam da perenidade que lhes empresta à cláusula de vedação contida no inciso III do art. 60 da CF. A expressão cultura utilizada pelo constituinte de 1988 tem endereço certo, dirigindo imediatamente a significação das capacidades do fazer humano e todas as suas manifestações, espirituais, artísticas, intelectuais e científicas, bem como a formatação de uma *subconstituição cultural*, que pode inclusive caracterizar um *Estado de Cultura*, onde a expressão máxima está vinculada ao acervo comum da identidade de cada um dos grupos que coopera para a identidade nacional, desde suas memórias históricas, condições étnicas,

---

21. Aliás, acrescente-se que todos os direitos sociais, deferidos a um sujeito de direito plural, são direitos individuais sempre que se singularizam nos indivíduos que reclamam sua especial proteção ou promoção.

produção artística, intelectual, filosófica e sociológica. Os princípios de interpretação do sintagma *cultura protegida* não está divorciada da intenção do constituinte impressa no *preâmbulo constitucional*, e especialmente do programa que desenhou o art. 3º, I, pois uma sociedade justa livre e solidária é uma sociedade mediada pela *cultura*, portanto, é neste sentido que os direitos culturais são direitos humanos e são direitos fundamentais sociais, sendo que o amplo e complexo conjunto de suas manifestações conforma os fundamentos da nacionalidade.

3.1. Um espaço comum de cultura

O art. 215 de CF privilegia o acesso ao espaço de uma *cultura comum*, desde suas fontes, garantindo o exercício desses direitos e especiais modos de proteção, incentivo e valorização das expressões culturais.

3.1.1. Manifestações das culturas populares

O § 1º do art. 215 firma o direito à manifestação popular, que goza de especial proteção do Estado com o objetivo de tutelar a denominada *cultura etnográfica* onde estão contidas as memórias exemplares que potencializaram as crenças, os conhecimentos, os costumes e as expressões artísticas de determinados grupos nacionais, onde estão incluídos todos aqueles que de uma forma ou outra contribuíram para a formação da identidade do povo brasileiro: índios, portugueses e africanos, ademais de outras etnias também presentes, como italianos, alemães e japoneses, entre outros menos visíveis. O § 2º determina que a lei disponha sobre a fixação das datas comemorativas com alto significado para a cultura etnográfica, com o endereço imediato na preservação e estímulo da memória histórica desses segmentos étnicos e de suas conquistas.

3.1.2 Plano Nacional de Cultura

O § 3º introduzido pela Emenda Constitucional n. 48, de 10 de agosto de 2005, obriga a elaboração do Plano Nacional de Cultura, cujo Projeto de Lei n. 6.835, de 30 de março de 2006, dispondo sobre o Plano Nacional de Cultura, políticas públicas, cultura, criação, Sistema Nacional de Cultura, encontra-se tramitando na Câmara dos Deputados. O objetivo do Plano Plurianual é o desenvolvimento cultural do país com a integração das políticas públicas de defesa e valorização do patrimônio cultural brasileiro, promover a capacitação e formação dos agentes culturais para a gestão cultural, bem como a democratização e o direito de acesso à cultura mediante regulação que atenda as condições desse direito, afirmando sempre a importância da valorização da diversidade étnica e regional. O Plano foi criado pela Lei n. 12.343, de 2 de dezembro de 2010, e define que o PNC terá uma duração de 10 (dez) anos, vencendo em 2 de dezembro de 2020. A Lei n. 14.468, de 16 de novembro de 2022, prorrogou por mais quatro anos a sua vigência.

3.2. Patrimônio cultural brasileiro

Em um primeiro momento poderia ser criticável a expressão *patrimônio cultural*, haja vista a conotação econômica que carrega o substantivo patrimônio, sendo muito mais aceitável a expressão *acervo* que diz com o conjunto de bens, materiais e imateriais que integram a tença, a posse ou a propriedade de um indivíduo, de um grupo de indivíduos, de uma instituição, ou de uma nação, incluídos aí os usos, costumes, conhecimento, talento, competência, habilidade adquiridos com a experiência, com a educação, e com a moral pública. Contudo, a expressão patrimônio já esta consagrada, inclusive internacionalmente, motivo porque devemos tomá-la com a mesma carga de significado de acervo. Neste sentido, a CF no seu art. 216 (*caput*) protege os bens, materiais e imateriais, que separadamente ou em conjunto são importantes para fundar as condições de identidade, de ação e memória dos distintos grupos sociais formadores da identidade brasileira.

A Constituição Federal de 1988 amplia a noção de patrimônio cultural com o reconhecimento, tanto dos bens de natureza material, como os de natureza imaterial portadores de referência à identidade, à ação, à memória dos diferentes grupos formadores da sociedade brasileira. A inclusão dos bens de natureza imaterial no rol de bens culturais merecedores de proteção jurídica, em sede constitucional, significa e desvela um novo momento da historicidade do direito no que diz respeito ao não ocultamento das múltiplas e plurais representações culturais dos povos formadores do tecido social e, consequentemente, da memória brasileira. Classicamente, a proteção jurídica do patrimônio cultural, recaia sobre bens de natureza material. Bens culturais, para o direito moderno ocidental eram coisas concretas, palpáveis, registráveis e documentáveis. Esta configuração "material" dos bens culturais foi contemplada e amparada pelo direito nacional já na terceira década do século passado a partir das prerrogativas traçadas por Mário de Andrade, que resultou na edição do Decreto-Lei n. 25, de 30 de novembro de 1937. Essa norma, ainda em vigor, trata da proteção do patrimônio histórico e artístico nacional, dando ênfase ao instituto jurídico do tombamento como forma de proteção jurídica dos bens culturais. Entretanto, é importante salientar que, muito embora a legislação centralizasse a proteção em bens de natureza material, concretamente, subjazem a esses bens, elementos de natureza imaterial como a evocação, a representação e a lembrança a lugares, monumentos e fatos históricos relevantes para a cultura de um povo, o que os identifica, de forma irrenunciável, ao elemento subjetivo, imaterial. Este, segundo Souza Filho, é justamente o fator e fundamento que os faz culturais[22]. Assim, a atual proteção constitucional do patrimônio cultural configura um rompimento com a exclusividade histórica do paradigma da materialidade, para ampliar e incluir, de modo complexo, os bens culturais de natureza imaterial.

3.2.1. Bens culturais imateriais e materiais

Entre os bens imateriais, tangíveis ou intangíveis, os primeiros percebidos pela sensibilidade, os segundos percebidos pelo entendimento, incluem-se as formas de expressão, os modos de criar, fazer e viver, as criações científicas, artísticas e tecnológicas (incisos I/III). Esses bens pela sua natureza encontram-se disseminados no tecido cultural brasileiro e sua proteção e desfrute devem ser incentivados pelo poder público e pelas comunidades que com eles interagem. Os bens culturais materiais, tangíveis e intangíveis, compõem um vasto arsenal de obras, objetos, edificações, sítios de valor histórico, ou paisagístico, ou artístico, ou arqueológico e paleontológico, ademais dos conjuntos urbanos, as reservas ecológicas, os espaços científicos, os espaços públicos e privados destinados às manifestações artístico-culturais, bem como os documentos e demais produção textual cultural (incisos IV/V).

Está claro que o legislador constituinte não teve a intenção de definir circularmente os bens culturais, materiais e imateriais, trata-se de mera proclamação enunciativa, admitindo-se outros bens igualmente valiosos que compõem o acervo cultural. Contudo, mesmo que a disposição constitucional fosse cerrada aos bens que enuncia, ainda assim a dimensão de cada uma das expressões linguísticas que a acompanha implicaria num amplificado ambiente de promoção e proteção.

3.2.2. Instrumentos de gestão, proteção e incentivo fiscal

Os §§ 1º a 5º tratam da modalidade pela qual o poder público, eventualmente com a colaboração da comunidade, deverá promover e proteger o ambiente cultural brasileiro. Deste modo, dispõe sobre a perenidade, pelo tombamento, de todos os documentos e os sítios detentores de reminiscências históricas dos antigos quilombos; pela continuidade dos inventários e registros dos bens culturais; pela administração e gestão na vigilância, no tombamento e eventual desapropriação, e de outras formas de acautelamento e preservação dos bens culturais; pelo manejo e gestão da documentação governamental e as providências para franquear sua consulta a quantos dela necessitem. Ademais de promover e proteger o acervo cultural, o poder público deverá incentivar a produção e o conhecimento dos bens e valores culturais, ao mesmo tempo em que sancionará as ameaças e os danos ao ambiente cultural. A proteção do patrimônio histórico, verdadeiro dever do Estado, prevista no § 1º da CF, fica dependente da sua conceituação pela legislação infraconstitucional, que especificará o modo pelo qual se fará, seja por tombamento, ou por desapropriação. Do mesmo modo, a legislação ordinária tratará dos meios e modos de administração e gestão dos documentos públicos, o que foi concretizado pela Lei n. 8.394/1991 relativamente ao acervo privado dos documentos dos Presidentes da República, e pela Lei n. 8.159/1991 relativamente ao Sistema nacional de arquivos públicos e privados.

O § 6º foi adicionado pela Emenda Constitucional n. 42, de 19 de dezembro de 2003, e facultou aos Estados-membros e ao Distrito Federal vincular a um fundo estadual de fomento à cultura de até cinco décimos por cento de sua receita tributária líquida, para o financiamento de programas e projetos culturais. Tal faculdade, no entanto, ficou condicionada à proibição da utilização desses recursos no pagamento de despesas com pessoal e encargos sociais, no pagamento do serviço da dívida, bem como o pagamento de qualquer outra despesa corrente não vinculada diretamente aos investimentos ou ações apoiados.

4. Titularidade dos direitos culturais

A Constituição de 1988 estabelece uma demarcada articulação entre Estado e Cultura mediante o reconhecimento da cidadania como sujeito culturalmente ativo, uma cidadania consciente tanto da titularidade de seus direitos, como da necessidade de se autorregular, protegida por uma Administração garantidora dos direitos fundamentais, de seu exercício e de seu restabelecimento quando violados. Neste sentido a CF implica o Dever ao Estado de reconhecer e garantir os direitos das populações as quais se vinha negando historicamente sua titularidade. A CF ga-

---

22. SOUZA FILHO, Carlos Frederico Marés de. *Bens Culturais e proteção jurídica*. Porto Alegre: Unidade Editorial, 1999, p. 53.

rante a titularidade dos direitos culturais como direitos individuais e como direitos coletivos. Como direito individual se firma na característica que cada ser humano, tomado individualmente, tem direito a desfrutar e desenvolver sua vida cultural no interior do grupo social a que pertence, assim, este direito de titularidade individual é suficiente para respeitar e proteger a diversidade cultural e a integridade dos grupos sociais interconectados na vida nacional. Como direitos coletivos os direitos culturais se dirigem a titularidade coletiva das características imprescindíveis para a preservação da identidade e integridade dos grupos minoritários ou não hegemônicos, aparecem com intensidade nas comunidades quilombolas, nas tradicionais e nos povos indígenas, a estes últimos a CF garante o reconhecimento de suas identidades coletivas, incluindo à identidade étnica alguns direitos culturais como os de viverem segundo seus usos, costumes e tradições o que equivale dizer: direitos diferenciados do ser, de autogoverno, direitos sobre as terras e recursos naturais, o que torna os direitos coletivos um componente fundamental das reivindicações indígenas. Mas não só. A titularidade dos direitos culturais se estende aos autores de todas as manifestações culturais, artísticas, intelectuais, cientificas, sejam esses sujeitos singulares ou plurais. Neste sentido, os direitos culturais das populações etnicamente diferenciadas que integram e colaboram para a construção da identidade nacional, com destaque para os povos indígenas uma vez que estes representam, no plano nacional, a máxima diferença cultural. O histórico ocultamento e invisibilidade dos povos indígenas, dos negros e de grupos formadores do tecido social brasileiro sempre estiveram vinculados aos seus diferenciados modos de ser, de pensar e de agir. No direito positivado enquanto "poder simbólico"[23] da sociedade branca e, consequentemente, da cultura dominante, esses modos de viver, ou seja, de conhecimento e de organização social, foram empregados com dinamicidade histórica, refletindo e legitimando, normativamente, os pré-juízos das sutis adjetivações do senso comum de cada época, ao tratá-los de bárbaros, selvagens ou, genericamente, índios, no caso dos povos indígenas ou de culturas exóticas no caso de outros segmentos formadores da cultura nacional.

A CF avançou significativamente ao reconhecer esses grupos e, no caso específico dos índios, suas indissociáveis organizações sociais, seus costumes, línguas, crenças e tradições, aliados ao espaço territorial de habitação. Muito embora tenha mantido a indeterminação terminológica (índios)[24], esse reconhecimento constitucional implica um novo paradigma para a subjetividade indígena coletiva e diferenciada, como titular dos direitos culturais. Implica, também, uma pluralização do direito ao impor, pela força normativa da Constituição, abertura e consequentes desdobramentos no que tange à configuração do contexto social, cultural, político, jurídico e institucional dos direitos diferenciados indígenas decorrentes desse reconhecimento.

5. Direitos culturais, conhecimento e democracia e saberes tradicionais

Os direitos culturais do conhecimento, dos modos de ser, fazer e viver dos povos indígenas e dos grupos formadores da cultura nacional configura um novo modo democrático de relação entre os diferentes povos que integram a realidade multiétnica brasileira, que compõe uma sociodiversidade formada, não pelo ideário humanístico-oligárquico e unificador da presumida comunhão das três raças, mas, sobretudo, pela pluralidade de povos brancos de origem europeia; de povos orientais e árabes; povos negros de diversas etnias africanas e, povos indígenas autóctones do continente sul-americano, que conformam um complexo mosaico étnico-cultural e, cujos modos de ser, fazer e viver, consequentemente, integra o patrimônio cultural brasileiro. Os saberes dos povos indígenas, assim como os de toda comunidade tradicional, constituem fenômenos complexos construídos socialmente a partir de práticas e experiências culturais, relacionadas ao espaço social, aos usos, costumes e tradições. Por ser coletivamente construído, possui características marcantes de relações compartilhadas, de intercâmbios e de solidariedades. Esses conhecimentos constituem direitos culturais coletivos desses povos, posto que, por um lado, são relacionados à organização social, aos usos costumes, tradições e ao território, portanto, vinculados à essência do existir e, por outro, porque configuram as relações humanas com o meio (sujeito-objeto), permeado com aportes mágicos e simbólicos – sempre presentes na formulação do conhecimento tradicional – que dão conta da complexa e histórica experiência da vida indígena e das comunidades tradicionais, contextualizada a cada realidade específica[25], ou seja, da pluralidade de modos de ser, fazer e viver, objeto do reconhecimento constitucional.

6. O porvir

A importância da cultura é muito mais profunda do que seu significado histórico. Enquanto a história é um recurso inestimável para aprender com os nossos erros e aplicar retrospectiva ao

---

23. Para Pierre Bourdieu o direito é um "poder simbólico" que tem a força de impor, nas sociedades modernas, a construção da realidade social, a definição do mundo social. BOURDIEU, Pierre. *Poder, derechos y clases sociales*. Bilbao: Desclée de Brouwer, 2000, p. 123-125.

24. São diversas as terminologias utilizadas, tanto no direito interno como no âmbito normativo internacional, para referir-se aos povos indígenas bem assim as populações tradicionais, como: populações indígenas, comunidades indígenas, povos indígenas, povos tribais povos autóctones, minorias, populações locais, populações extrativistas, populações tradicionais, comunidades tradicionais.

25. Segundo Lymert Garcia dos Santos, algumas características muito específicas do conhecimento tradicional são extremamente relevantes na sua confrontação com o conhecimento técnico-científico-formal: "1) O conhecimento tradicional difere fundamentalmente do conhecimento tecno-científico moderno, por integrar uma outra cultura; 2) que não é e nunca foi concebido como propriedade de alguém, não podendo portanto ser alienado; 3) que por ser coletivo, tanto sincrônica quanto diacronicamente, só pode ser protegido através de um direito coletivo; 4) que por ser de outra natureza, inalienável e coletivo, deve ser regido por um regime jurídico *sui generis* e não pela propriedade intelectual; 5) que seu valor não se reduz à dimensão econômica, conservando ainda as dimensões social, cultural, ambiental, técnica, cosmológica; 6) que não tendo valor exclusivamente econômico, não pode ser referido apenas a uma questão de repartição de benefícios dele decorrentes; 7) que a sua proteção é imprescindível da conservação da bio e da sociodiversidade; 8) que em virtude do seu caráter específico e de sua fragilidade perante o conhecimento tecno-científico moderno só pode ser preservado se os povos que o detém puderem mantê-lo e desenvolvê-lo, negando inclusive o acesso aos recursos a eles associados quando julgarem necessário e, 9) que o conhecimento tradicional não pode ser reduzido à condição de matéria-prima disponível para a valorização do conhecimento e do trabalho biotecnológico" (SANTOS, Laymert Garcia dos. Propriedade intelectual ou direitos intelectuais coletivos? In: ARAÚJO, Ana Valéria e CAPBIANCO, João Paulo (orgs.). *Biodiversidade e proteção do conhecimento de comunidades tradicionais*. Documentos do ISA – Instituto Socioambiental, n. 2, 1996, p. 22).

presente, o século XXI será um novo e incrível capítulo no livro da cultura.

As melhores universidades têm estudantes matriculados em mais de cem países e, em todas as latitudes planetárias, há sede por cultura. É por isso que devemos nos preocupar principalmente com a importância da cultura no mundo em que vivemos: como a encontramos, como podemos nos beneficiar dela e por que devemos lutar para preservá-la. O futuro: não se aproxima rapidamente, é agora (!).

Por anos, temas sobre diferenças culturais foram abordados com um conjunto estático de predicados raciais, étnicos e/ou socioeconômicos que podem ser aprendidos e estudados como uma equação algébrica. Nós "administramos" a diversidade, "treinamos" pessoas sobre diversidade, celebramos dias de "diversidade" – tudo como se a diversidade estivesse fora do escopo da normalidade humana ou pertencesse a apenas uma única categoria censitária. Dada a suposição de que somos de fato bem diferentes um do outro e considerando a premissa de que todo mundo tem cultura, o que então torna um grupo diferente do outro? Quais são as "ações do indivíduo" que seriam ou não "inteligíveis para o grupo?" O que os educadores devem pensar ao prepararmos nossos alunos para o mundo em que viverão e não o que herdamos?

O que podemos fazer para ajudar a superar a divisão cultural?

Aceitar a premissa de que engajados na cultura devemos refletir e substituir velhas definições que não mais servem para solver a complexidade do mundo é um bom início. Um primeiro passo em direção à competência cultural pode estar em explorar as próprias normas, valores e padrões com o objetivo de perguntar o que os torna "inteligíveis ao grupo". O nível técnico da cultura é tangível, o que está escrito, políticas, procedimentos, regras explícitas de engajamento. O nível formal é um pouco mais implícito, geralmente verbal e compreendido por aqueles que compartilham as normas. Os níveis informais às vezes estão fora da nossa própria consciência cultural – tom de voz, tempo de pausa entre palavras, espaço, tempo, gesto. É a transmissão da convenção social de uma geração para outra.

Dois elementos centrais da cultura são linguagem e religião, e estes obviamente diferem muito entre as sociedades. Estudiosos também mediram sociedades ao longo de várias outras dimensões culturais e as classificaram em termos de individualismo e coletivismo, igualitarismo e hierarquia, pluralismo e monismo, ativismo e fatalismo, tolerância e intolerância, confiança e suspeita, vergonha e culpa, e uma variedade de outras maneiras. Nos últimos anos, no entanto, muitas pessoas argumentam que estamos vendo o surgimento de uma cultura mundial universal. Todos podem ter várias coisas em mente. Em primeiro lugar, a cultura global pode se referir a um conjunto de ideias, suposições e valores econômicos, sociais e políticos, hoje amplamente difundidos entre as elites de todo o mundo. Isto é o que costumeiramente é denominado "Cultura de Davos", tendo Samuel P. Huntington como criador da ideia[26], após a reunião anual do Fórum Econômico Mundial que reúne centenas personagens, do governo, banqueiros, empresários, políticos, acadêmicos, intelectuais e jornalistas de todo o mundo. Quase todas essas pessoas, acrescenta Huntington, possuem diplomas universitários em ciências físicas, ciências sociais, negócios ou direito; trabalham com palavras e/ou números; falam inglês razoavelmente fluente; são empregados por governos, corporações e instituições acadêmicas com extensos envolvimentos internacionais; e viajam frequentemente para fora do seu próprio país. Eles geralmente compartilham crenças no individualismo, nas economias de mercado e na democracia política, que também são comuns entre as pessoas na civilização ocidental. As pessoas de Davos, afirma Huntington, controlam virtualmente todas as instituições internacionais, muitos dos governos do mundo e a maior parte das capacidades econômicas e militares do mundo. A "cultura de Davos", portanto, é tremendamente importante.

Em todo o mundo, no entanto, apenas uma pequena parcela da população mundial compartilha dessa cultura. Está longe de ser uma cultura universal, e os líderes que participam dela não têm necessariamente um controle seguro do poder em suas próprias sociedades. Não obstante, é uma consequência imensamente significativa da globalização da atividade econômica que ocorreu nas últimas décadas.

Estas são, no entanto, geralmente ou técnicas carentes de consequências culturais significativas, ou modismos que vêm e vão sem alterar a cultura subjacente da civilização receptora. Uma versão um pouco mais sofisticada do argumento da cultura popular global não se concentra nos bens de consumo em geral, mas na mídia. Pouca ou nenhuma evidência existe, no entanto, para apoiar a suposição de que o surgimento de comunicações globais difundidas está produzindo convergências significativas em atitudes e crenças. No devido tempo, é possível que a mídia global possa gerar alguma convergência de valores e crenças entre as pessoas, mas isso acontecerá por um período muito longo.

A modernização econômica e social começou então na sociedade ocidental e abriu-se uma importante lacuna entre a sociedade ocidental moderna e as sociedades não modernas, não ocidentais. Agora, no entanto, a modernização é um fenômeno global. Todas as culturas estão se tornando modernas e, nesse sentido, uma diferença entre o Ocidente e o resto está desaparecendo. Modernização, no entanto, não significa necessariamente ocidentalização. Há muitas evidências, ao contrário, de que a modernização fortalece as culturas existentes e, portanto, perpetua as diferenças entre elas. Apenas quinhentos anos atrás, muitas culturas e civilizações tradicionais diferentes coexistiram, assim também este século verá muitas culturas modernas diferentes coexistindo. A longo prazo, essas diferentes culturas modernas podem convergir para uma cultura moderna global, mas isso só ocorrerá em um futuro distante. No curto prazo, a modernização gera o ressurgimento de sociedades e culturas não ocidentais.

Neste mundo global, interconectado e economicamente interdependente, a Inteligência Cultural está se tornando um dos principais traços de liderança do século XXI. Compreender as culturas nacionais e seu impacto nos fluxos organizacionais e na construção efetiva de relacionamentos é fundamental para o estabelecimento de uma cultura global verdadeiramente integrada. Esse novo ambiente implica a importância da redefinição das políticas culturais à luz da convergência da cultura e do ambiente

---

26. Cf., Huntington, Samuel P. The Clash of Civilizations and the Remaking of World Order. New York: Simon & Schuster, 1996, p. 57 e ss. Cf., notadamente o texto produzido por Huntington, Dead Souls: The Denationalization of the American Elite (The National Interest. Spring 2004), disponível online em: https://bit.ly/2HbjAYG (acesso em 18/04/2018).

digital, e a global interligação das modificações econômicas, políticas e sociais deve ser a tônica do século XXI. Nesse contexto, as mudanças nas relações entre redes e políticas culturais são iminentes e lógicas. Tópicos como ecologia cultural, uma abordagem antecipatória como um dos imperativos para a eficácia das redes culturais, redes do terceiro mundo e política cultural, a relação entre redes de elementos políticos e políticas culturais devem ser estimulados. O uso efetivo de Tecnologias da Informação e da Comunicação (TICs) inovadoras e aplicativos de rede que desenvolvem significativamente os modos e o escopo das atividades das redes culturais são exemplares neste século.

Estudos de caso sobre redes interoperativas do campo cultural destacam a necessidade de revisitar os conceitos que cercam o estabelecimento e o desenvolvimento de redes culturais, bem como seu *status* atual, atores-chave, abordagens dominantes e desafios. A cultura em rede em evolução necessita ser analisada dentro de seu contexto e perspectivas, e levanta algumas questões fundamentais sobre o futuro do trabalho em rede e o possível futuro das redes culturais. É este o momento para um novo acordo cultural? Estamos nos aproximando de uma situação pós-rede? O empreendedorismo cultural em rede está desatualizado ou oferece novas perspectivas? Estamos mudando de redes de culturas para culturas em rede como uma resposta significativa a novos desafios? O tempo para estabelecer novas políticas e práticas é agora!

7. Análise adicional dos direitos culturais e patrimônio no Oriente e no Ocidente

A análise comparativa dos direitos culturais no Oriente e no Ocidente revela aspectos adicionais que merecem atenção. No Ocidente, os direitos culturais são frequentemente interligados com direitos humanos e liberdades civis, enfatizando as liberdades individuais e o direito à autoexpressão. Esta perspectiva reconhece a importância da diversidade cultural e visa criar sociedades inclusivas onde os indivíduos possam expressar livremente suas identidades culturais.

Em contraste, o Oriente coloca maior ênfase nos direitos coletivos e na preservação do patrimônio cultural. A proteção das tradições culturais, do conhecimento ancestral e a transmissão intergeracional das práticas culturais são consideradas essenciais para manter a coesão social e a continuidade cultural. O foco está na harmonia entre os indivíduos, suas comunidades e o tecido social maior.

Uma diferença notável é a percepção da preservação cultural *versus* evolução cultural. O Ocidente muitas vezes abraça a mudança cultural e a inovação, vendo-as como parte integrante do progresso da sociedade. Em contraste, os valores orientais de preservação cultural e continuidade, esforçando-se para manter as práticas tradicionais e os costumes que moldaram sua identidade ao longo da história. Esta divergência reflete a dinâmica complexa entre o patrimônio cultural, a globalização e a modernização nessas regiões.

Tanto o Oriente quanto o Ocidente enfrentam desafios na proteção dos direitos culturais. No Ocidente, questões como apropriação cultural, modificação da cultura e a marginalização de grupos minoritários representam desafios significativos. Garantir o acesso igual aos recursos culturais, combater estereótipos e promover o diálogo entre diferentes grupos culturais são esforços contínuos nas sociedades ocidentais.

No Oriente, o rápido desenvolvimento econômico, a urbanização e a globalização levam à erosão das práticas e valores culturais tradicionais. Encontrar um equilíbrio entre a preservação do patrimônio cultural e a adoção da modernidade sem diluir as identidades culturais representa um desafio único. Esforços são feitos para proteger e revitalizar as práticas culturais através de iniciativas que promovem artes tradicionais, artesanato e educação cultural.

Em conclusão, a análise comparativa dos direitos culturais no Oriente e no Ocidente destaca a diversidade de abordagens, desafios e avanços na proteção e promoção dos direitos culturais globalmente. Enquanto o Ocidente enfatiza as liberdades individuais e a diversidade cultural, o Oriente prioriza os direitos coletivos e a preservação do patrimônio cultural. Apesar dessas diferenças, ambas as regiões compartilham um objetivo comum de reconhecer e respeitar a importância dos direitos culturais para indivíduos e comunidades. Ao entender essas nuances, as sociedades podem desenvolver abordagens abrangentes que equilibram a preservação do patrimônio cultural com as demandas de um mundo em rápida mudança, em última análise, promovendo sociedades inclusivas e culturalmente ricas para futuras gerações.

8. Direitos culturais, acesso e cultura digital

Os direitos culturais são direitos humanos fundamentais que reconhecem a importância da identidade cultural, da expressão e da participação na formação das identidades individuais e coletivas, eles são essenciais para o desenvolvimento holístico e o bem-estar de indivíduos e comunidades; abrangem a liberdade de desfrutar e participar da vida cultural, de se expressar por meio de práticas artísticas e culturais, de preservar e promover o patrimônio cultural e de acessar e contribuir para diversas expressões culturais. Os direitos culturais desempenham um papel fundamental na promoção da coesão social, do diálogo intercultural e da preservação da diversidade cultural.

No presente com a intensa dimensão que tomou, a "era digital" teve um impacto profundo em vários aspectos da vida humana, incluindo a maneira como criamos, consumimos e nos envolvemos com a cultura. A cultura digital refere-se às práticas, expressões e artefatos culturais que emergem da integração das tecnologias digitais e da produção cultural. Ela abrange uma ampla gama de fenômenos, incluindo arte digital, comunidades *on-line*, mídia social, experiências de realidade virtual, videogames e narração de histórias digitais. A cultura digital é caracterizada por sua natureza interativa e participativa, obscurecendo os limites entre criadores e consumidores e possibilitando novas formas de expressão e intercâmbio cultural. À medida que a cultura se move cada vez mais para o âmbito digital, a proteção e a promoção dos direitos culturais devem se adaptar a esse novo cenário.

Os direitos culturais na era digital incluem o direito de acessar e participar de conteúdo cultural digital, o direito à alfabetização e à educação digital, a proteção do patrimônio cultural digital e a liberdade de expressão em espaços *on-line*. Garantir o acesso equitativo aos recursos culturais digitais e lidar com as divisões digitais é fundamental para a defesa dos direitos culturais na era digital.

A cultura digital traz inúmeras oportunidades de criatividade, participação e intercâmbio cultural. Ela oferece uma plataforma para que as vozes marginalizadas sejam ouvidas, permitindo o florescimento de diversas perspectivas e narrativas. As tecnologias digitais democratizam a produção cultural, permitindo que indivíduos e comunidades criem e compartilhem suas próprias expressões culturais com um público global. A esfera digital também facilita as interações interculturais, promovendo o diálogo e a compreensão interculturais.

Juntamente com as oportunidades, a cultura digital também apresenta desafios e preocupações. Questões de direitos autorais, direitos de propriedade intelectual e a mercantilização da cultura são desafios significativos na era digital. A facilidade de copiar e distribuir conteúdo digital levanta questões sobre a remuneração justa dos criadores e a preservação da integridade cultural. Além disso, questões relacionadas à privacidade *on-line*, ao *cyberbullying* e à disseminação de desinformação exigem atenção para garantir um ambiente cultural digital seguro e inclusivo.

A cultura digital transcende as fronteiras geográficas, permitindo o intercâmbio cultural e a interação em escala global. Ela facilita a disseminação de diversas expressões culturais, permitindo que os indivíduos se envolvam com culturas de todo o mundo. No entanto, o domínio de determinadas plataformas e a divisão digital entre regiões desenvolvidas e em desenvolvimento podem levar a um acesso e a uma representação desiguais. Abordar essas disparidades é fundamental para promover uma cultura digital global verdadeiramente inclusiva.

A cultura digital tornou-se parte integrante do cenário cultural contemporâneo, transformando a maneira como criamos, consumimos e nos envolvemos com a cultura. Ela oferece oportunidades sem precedentes de criatividade, participação e intercâmbio cultural, ao mesmo tempo em que apresenta desafios relacionados a direitos, propriedade e inclusão. Ao reconhecer a importância da cultura digital dentro da estrutura dos direitos culturais e das perspectivas globais, as sociedades podem aproveitar seu potencial para promover a diversidade cultural, o diálogo e a compreensão em um mundo cada vez mais interconectado.

Art. 216-A. O Sistema Nacional de Cultura, organizado em regime de colaboração, de forma descentralizada e participativa, institui um processo de gestão e promoção conjunta de políticas públicas de cultura, democráticas e permanentes, pactuadas entre os entes da Federação e a sociedade, tendo por objetivo promover o desenvolvimento humano, social e econômico com pleno exercício dos direitos culturais.

§ 1º O Sistema Nacional de Cultura fundamenta-se na política nacional de cultura e nas suas diretrizes, estabelecidas no Plano Nacional de Cultura, e rege-se pelos seguintes princípios:

I – diversidade das expressões culturais;

II – universalização do acesso aos bens e serviços culturais;

III – fomento à produção, difusão e circulação de conhecimento e bens culturais;

IV – cooperação entre os entes federados, os agentes públicos e privados atuantes na área cultural;

V – integração e interação na execução das políticas, programas, projetos e ações desenvolvidas;

VI – complementaridade nos papéis dos agentes culturais;

VII – transversalidade das políticas culturais;

VIII – autonomia dos entes federados e das instituições da sociedade civil;

IX – transparência e compartilhamento das informações;

X – democratização dos processos decisórios com participação e controle social;

XI – descentralização articulada e pactuada da gestão, dos recursos e das ações;

XII – ampliação progressiva dos recursos contidos nos orçamentos públicos para a cultura.

§ 2º Constitui a estrutura do Sistema Nacional de Cultura, nas respectivas esferas da Federação:

I – órgãos gestores da cultura;

II – conselhos de política cultural;

III – conferências de cultura;

IV – comissões intergestores;

V – planos de cultura;

VI – sistemas de financiamento à cultura;

VII – sistemas de informações e indicadores culturais;

VIII – programas de formação na área da cultura; e

IX – sistemas setoriais de cultura.

§ 3º Lei federal disporá sobre a regulamentação do Sistema Nacional de Cultura, bem como de sua articulação com os demais sistemas nacionais ou políticas setoriais de governo.

§ 4º Os Estados, o Distrito Federal e os Municípios organizarão seus respectivos sistemas de cultura em leis próprias.

Carlos Alberto Molinaro

A – REFERÊNCIAS

1. Origem do texto

EC 71/2012, de 29-11-2012 – Criação e composição do sistema nacional de cultura com o objetivo de integração em regime de colaboração. Política cultural da União, Estados, Municípios e sociedade civil.

2. Constituições brasileiras anteriores

Não foram encontradas normas equivalentes nas Constituições brasileiras anteriores.

3. Constituições comparadas

Pelo menos 143 constituições no mundo dispõem sobre direitos culturais. Para maiores esclarecimentos, cf. o projeto CONSTITUTE (https://www.constituteproject.org/) ou o Oxford Constitutional Law (OXCON – http://oxcon.ouplaw.com/intermediaryBrowse/appjurisdiction).

4. Direito nacional

4.1. Legislação

Lei n. 12.343, de 2 de dezembro de 2010 – Institui o Plano Nacional de Cultura (PNC), cria o Sistema Nacional de Informações e Indicadores Culturais – SNIIC, e dá outras providências. Decreto n. 5.520, de 24 de agosto de 2005 – Institui o Sistema Federal de Cultura (SFC) e dispõe sobre a composição e o funcionamento do Conselho Nacional de Política Cultural – (CNPC) do Ministério da Cultura, e dá outras providências. PLANO INFRALEGAL: Portaria IBRAM n. 170, de 26 de maio de 2017 – Dispõe sobre o processo eleitoral para representante do Colegiado Setorial de Museus no âmbito do Conselho Nacional de Políticas Culturais (CNPC). Portaria MinC n. 33, de 16 de abril de 2013 – Convoca a 3ª Conferência Nacional de Cultura e homologa seu Regimento Interno. Portaria MinC n. 28, de 19 de março de 2010 – Publica o Regimento Interno do Conselho Nacional de Política Cultural (CNPC). LEGISLAÇÃO COMPLEMENTAR: Lei n. 13.307, de 6 de julho de 2016 – Dispõe sobre a forma de divulgação das atividades, bens ou serviços resultantes de projetos esportivos, para esportivos e culturais e de produções audiovisuais e artísticas financiados com recursos públicos federais. Lei n. 12.590, de 9 de janeiro de 2012 – Altera a Lei n. 8.313, de 23 de dezembro de 1991 – Lei Rouanet – para reconhecer a música gospel e os eventos a ela relacionados como manifestação cultural. Lei n. 11.646, de 10 de março de 2008 – Altera dispositivos da Lei n. 8.313, de 23 de dezembro de 1991, para estender o benefício fiscal às doações e patrocínios destinados à construção de salas de cinema em Municípios com menos de 100.000 (cem mil) habitantes, e dá outras providências. Lei n. 9.874, de 23 de novembro de 1999 – Altera dispositivos da Lei n. 8.313, de 23 de dezembro de 1991, e dá outras providências. Lei n. 9.532, de 10 de dezembro de 1997 – Altera a legislação tributária federal e dá outras providências. Lei n. 8.313, de 23 de dezembro de 1991 – Restabelece princípios da Lei n. 7.505, de 2 de julho de 1986, institui o Programa Nacional de Apoio à Cultura (Pronac) e dá outras providências.

5. Preceitos constitucionais relacionados

Arts. 215 e 216 da CF.

6. Bibliografia selecionada

BARRETO, Daniel Pires Alexandrino. A Construção do Sistema Nacional de Cultura: Perspectivas de Integração e Coordenação da Administração Pública da Cultura em Face do Plano Nacional de Cultura. Disponível em: <http://www.egov.ufsc.br/portal/sites/default/files/anexos/19879-19880-1-PB.pdf>. Acesso em: 17-4-2018. CUNHA Filho, Francisco Humberto. *Federalismo Cultural e Sistema Nacional de Cultura:* Contribuição ao Debate. Fortaleza: Editora Universidade Federal do Ceará – UFC, 2010. FINAGEIV FILHO, Vicente; GOMES, Diana Célia Almeida; MATA MACHADO, Bernardo Novais da; PARDO, Ana Lúcia; PEIXE, João Roberto; SOUSA, Fabiana Peixoto de; ZIMBRÃO, Adélia. *Guia de Orientações para os Estados – Sistema Nacional de Cultura – Perguntas e Respostas.* Disponível em: <https://bit.ly/2vpZXXg>. Acesso em: 17-4-2018. MALAFAIA, Pedro Henrique dos Santos. *Sistema Nacional de Cultura e Federalismo Cultural no Brasil:* abordagem crítica sob a perspectiva da qualidade da democracia. USP. Disponível em: <http://nupps.usp.br/downloads/relatorio2013/Anexo_20_Malafaia.pdf>. Acesso em: 17-4-2018. PEIXE, João Roberto (Coord.). *Estruturação, Institucionalização e Implementação do Sistema Nacional de Cultura.* Documento produzido no âmbito do Convênio/MinC n. 702106 – SNC, USP. Disponível em: <http://nupps.usp.br/downloads/relatorio2013/Anexo_20_Malafaia.pdf>. Acesso em: 17-4-2018. PEIXE, João Roberto (Coord.). *Estruturação, Institucionalização e Implementação do Sistema Nacional de Cultura.* Documento produzido no âmbito do Convênio/MinC n. 702106 – SNC, entre o Ministério da Cultura e o SESC-SP, dez. 2012. Disponível em: <https://bit.ly/2JTfqCd>. Acesso em: 17-4-2018. PEIXE, João Roberto (Coord.). Guia de Orientações para os Municípios – Sistema Nacional de Cultura – Perguntas e Respostas. Disponível em: <https://bit.ly/2qGntJN>. Acesso em: 17-4-2018. PEIXE, João Roberto. *Oficina de Implementação de Sistemas Estaduais e Municipais de Cultura.* Disponível em: <https://bit.ly/2H6qzlq>. Acesso em: 17-4-2018. PEIXE, João Roberto. *Oficina de Implementação de Sistemas Estaduais e Municipais de Cultura.* Disponível em: <https://bit.ly/2H6qzlq>. Acesso em: 17-4-2018.

B – COMENTÁRIOS

1. Considerações preliminares

A criação de um sistema nacional que estimulasse a cooperação entre os diversos entes federativos em prol da cultura sempre foi uma possibilidade assegurada pelo texto constitucional desde a sua promulgação. Com efeito, estabeleceu-se como competência comum da União, dos Estados, do Distrito Federal e dos Municípios proporcionar os meios de acesso à cultura, cabendo ao ente federal editar leis complementares que fixassem normas para a cooperação entre as respectivas esferas de governo, inclusive em matéria de cultura, tendo em vista o equilíbrio do desenvolvimento e do bem-estar em âmbito nacional (art. 23, V, parágrafo único, da CF). Esta atribuição federal não excluiu a competência daqueles mesmos entes para legislar concorrentemente sobre cultura, cabendo à União, neste caso, o estabelecimento de normas gerais, e aos demais entes, o de normas suplementares (arts. 24, IX, §§ 1º a 4º, e 30, II, da CF).

Não obstante esse arcabouço normativo favorável, a União não se encorajou a exercer seu papel de centralidade na condução de uma política nacional de cooperação em matéria de cultura. Como saída para esse estado de inércia, achou-se por bem editar a Emenda Constitucional n. 48, de 2005, que acrescentou o § 3º ao art. 215 da Constituição Federal, propugnando pela instituição de um Plano Nacional de Cultura. No exercício dessa competência, a União finalmente editou a Lei n. 12.343, em dezembro de 2010, instituindo o Plano Nacional de Cultura – PNC, criando o Sistema Nacional de Informações e Indicadores Culturais – SNIIC e dando outras providências.

De forma surpreendente, a Emenda Constitucional n. 71, de novembro de 2012, que acrescentou o art. 216-A à Constituição, ora em apreço, previu a instituição de um Sistema Nacional de Cultura.

Analisando-se as diretrizes constitucionais do modelo proposto, muitos dos seus princípios (§ 1º) já constavam da Lei n. 12.343/2010, antes referida, bem como dos próprios arts. 215 e 216 da Carta da República, ambos dedicados à cultura.

Por outro lado, a proposta de uma estrutura fixa para o Sistema, nas respectivas esferas da Federação (§ 2º), não deixa claro se o que se quer é preordenar as instituições governamentais de cultura no âmbito de cada esfera política autônoma, risco que, por sua vez, nem mesmo a previsão de que "os Estados, o Distrito Federal e os Municípios organizarão seus respectivos sistemas de cultura em leis próprias" (§ 4º) permite afastar de maneira inequívoca. Ainda mais porque à União caberá dispor "sobre a regulamentação do Sistema Nacional de Cultura, bem como de sua articulação com os demais sistemas nacionais ou políticas setoriais de governo" (§ 3º), sem que se tenha estabelecido de maneira precisa limites à ingerência federal nos sistemas regionais de cultura.

Conforme se vê, os riscos de estabelecimento de uma política cultural vertical e centralizada não são desprezíveis, sugerindo que a implementação de tal Emenda seja observada de forma atenta nos próximos anos.

2. Em sentido mais amplo

A cultura, todos sabemos, consiste em crenças, comportamentos, objetos e outras características comuns aos membros de um determinado grupo ou sociedade. Por meio da cultura, as pessoas e os grupos se definem, se conformam aos valores compartilhados da sociedade e contribuem para a sociedade.

Assim, a cultura inclui muitos aspectos sociais: linguagem, costumes, valores, normas, regras, ferramentas, tecnologias, produtos, organizações e instituições. As instituições referem-se a conjuntos de regras e significados culturais associados a atividades sociais específicas. Instituições comuns são família, educação, religião, trabalho e saúde.

Popularmente falando, ser culto significa ser bem-educado, conhecedor das artes e elegante. Alta cultura – geralmente perseguida pela classe alta – refere-se à música clássica, ao teatro, às artes plásticas e a outras atividades sofisticadas. Os membros da classe alta podem buscar alta arte porque têm capital cultural, o que significa credenciais profissionais, educação, conhecimento e habilidades verbais e sociais necessários para alcançar a "propriedade, poder e prestígio" para "progredir" socialmente. Baixa cultura, ou cultura popular – geralmente perseguida pelas classes média e trabalhadora –, refere-se a esportes, filmes, seriados e novelas de televisão e rock.

Vale lembrar que os sociólogos definem cultura diferentemente de culto, alta cultura, baixa cultura e cultura popular. Eles definem a sociedade como as pessoas que interagem de maneira a compartilhar uma cultura comum. O vínculo cultural pode ser étnico ou racial, baseado no gênero ou devido a crenças, valores e atividades compartilhados. O termo "sociedade" também pode ter um significado geográfico e se referir a pessoas que compartilham uma cultura comum em um determinado local. Por exemplo, pessoas que vivem em climas árticos desenvolveram culturas diferentes daquelas que vivem em culturas desérticas. Com o tempo, uma grande variedade de culturas humanas surgiu em todo o mundo. Cultura e sociedade estão intrinsecamente relacionadas. Uma cultura consiste nos "objetos" de uma sociedade, enquanto uma sociedade consiste nas pessoas que compartilham uma cultura comum.

Quando os termos "cultura" e "sociedade" adquiriram seus significados atuais, a maioria das pessoas no mundo trabalhava e vivia em pequenos grupos no mesmo local. No mundo atual de mais de sete bilhões de pessoas, esses termos perderam parte de sua utilidade, porque um número crescente de pessoas interage e compartilha recursos globalmente. Ainda assim, as pessoas tendem a usar a cultura e a sociedade em um sentido mais tradicional: por exemplo, fazer parte de uma "cultura racial" dentro da "sociedade maior".

Assim, pode ser afirmado que as culturas são sistemas (de padrões de comportamento socialmente transmitidos) que servem para relacionar as comunidades aos seus ambientes socioecológicos. Esses modos de vida das comunidades incluem tecnologias e modos de organização econômica, padrões de assentamento, modos de agrupamento social e organização política, crenças e práticas religiosas, e assim por diante.

Quando as culturas são vistas amplamente como sistemas comportamentais característicos de populações, estendendo e permeando dados estratégicos, quer os consideremos padrões (símbolos pré-constituídos) ou modelos padronizados (para constituição), a questão secundária é uma questão secundária. De outro modo, vistas como sistemas adaptativos, as culturas mudam na direção do equilíbrio dentro dos ecossistemas; mas quando os equilíbrios são perturbados por mudanças ambientais, demográficas, tecnológicas ou outras mudanças sistêmicas, mudanças adicionais de ajuste se ramificam no sistema cultural. Os mecanismos de retroalimentação nos sistemas culturais podem, assim, operar tanto negativamente (em relação à autocorreção e ao equilíbrio) quanto positivamente (em direção ao desequilíbrio e à mudança direcional).

É nesse contexto que faz todo sentido a organização de um SISTEMA NACIONAL DE CULTURA. Nesse ambiente, a cultura é um "sistema" holístico com continuidades entre os componentes inter-relacionados desse sistema, pois a cultura fornece regras e rotinas que facilitam a ordem, a regularidade, a familiaridade e a previsibilidade para o que é um mundo desorganizado de pessoas, coisas e atos. Desse modo, a cultura, ao fornecer "significado" na interpretação do comportamento das pessoas, coisas no mundo físico e metafísico, eventos, ocorrências, e assim por diante, contribui para que as pessoas possam construir e comunicar suas realidades.

A organização de um sistema nacional de cultura contribui para a comunicação humana e a falta de comunicação. Os sistemas de significado que a cultura fornece não apenas facilitam a comunicação, mas também podem dar origem a falhas de comunicação e mal-entendidos, notadamente por ser um fenômeno compartilhado. O sistema de significação, e sua interpretação das pessoas e seus comportamentos, fenômenos nos mundos físico e metafísico, ocorrências, são compartilhados por membros de um grupo cultural (intersubjetividade). No interior dos Sistemas Nacionais de Cultura fica bem evidenciado que a cultura é uma produção histórica. O surgimento e a continuidade dos sistemas culturais não são apenas produtos de reprodução vertical e horizontal; mas eventos e processos significativos também podem dar origem à produção e reprodução de padrões culturais específicos.

3. O tema na maioria das Constituições ocidentais contemporâneas

Os sistemas culturais desempenham um papel significativo na formação da identidade, dos valores e das práticas das sociedades em todo o mundo. Muitos países reconhecem a importância da diversidade cultural e buscam proteger e promover várias expressões culturais em suas estruturas constitucionais. Embora as disposições específicas relacionadas aos sistemas culturais possam variar de uma constituição para outra, há temas e abordagens comuns observados em muitas nações.

Reconhecimento da diversidade cultural:

Diversas constituições reconhecem a natureza multicultural de suas sociedades e enfatizam a importância de proteger e preservar a diversidade cultural. Elas podem reconhecer os direitos dos indivíduos e das comunidades de praticar e manifestar suas tradições culturais, idiomas, religiões e costumes.

Igualdade e não discriminação:

As constituições geralmente enfatizam o princípio da igualdade e proíbem a discriminação com base na cultura, etnia, idioma, religião ou outras características culturais. Essas disposições visam garantir que todos os indivíduos, independentemente de sua formação cultural, sejam tratados com a mesma dignidade e tenham as mesmas oportunidades.

Direitos das minorias:

Algumas constituições tratam especificamente dos direitos de comunidades minoritárias, incluindo povos indígenas e minorias étnicas ou linguísticas. Essas disposições podem incluir o reconhecimento de sua herança cultural distinta, o direito de manter e desenvolver seus próprios costumes e instituições e proteções contra assimilação ou marginalização.

Direitos linguísticos:

Muitas constituições incluem disposições relacionadas a direitos linguísticos. Elas podem designar idiomas oficiais ou prever o uso de vários idiomas em instituições públicas, na educação e na administração da justiça. Essas disposições visam proteger a diversidade linguística e garantir o acesso aos serviços públicos nos idiomas falados por diferentes grupos culturais.

Herança cultural e patrimônio:

As constituições geralmente reconhecem a importância de proteger e promover o patrimônio cultural, incluindo expressões culturais tangíveis e intangíveis. Elas podem estabelecer mecanismos para a proteção de locais históricos, artefatos, conhecimento tradicional, folclore e práticas culturais. Além disso, as constituições podem prever a criação de instituições ou agências culturais responsáveis pela preservação e promoção do patrimônio cultural.

Educação e direitos culturais:

Muitas constituições reconhecem o direito à educação e incluem disposições para promover a educação e a conscientização cultural. Elas podem enfatizar a importância de fornecer educação que respeite e reflita a diversidade cultural da sociedade, bem como os direitos dos indivíduos de receber educação em seu próprio idioma ou de ter acesso à educação que seja consistente com sua identidade cultural.

Liberdade de religião e crença:

As constituições geralmente garantem a liberdade de religião e crença, assegurando que os indivíduos sejam livres para praticar, observar e manifestar suas crenças religiosas ou culturais. Essas disposições podem incluir proteções contra a discriminação religiosa ou cultural e o direito de mudar de religião ou crença.

Diálogo e integração interculturais:

Algumas constituições enfatizam a importância do diálogo intercultural, estimulando a compreensão e promovendo a coesão social entre grupos culturais diversos. Elas podem incentivar iniciativas para promover o intercâmbio cultural, a cooperação e a integração, respeitando a autonomia e a diversidade de diferentes comunidades culturais.

É importante observar que a extensão e a natureza das disposições culturais nas constituições podem variar muito, dependendo dos contextos históricos, sociais e políticos específicos de cada país. Embora algumas constituições tratem explicitamente de sistemas culturais, outras podem se basear em princípios mais amplos e estruturas de direitos humanos para proteger e promover a diversidade cultural.

(Para uma pesquisa abrangente consulte: https://comparativeconstitutionsproject.org)

SEÇÃO III
DO DESPORTO

Art. 217. É dever do Estado fomentar práticas desportivas formais e não formais, como direito de cada um, observados:

I – a autonomia das entidades desportivas dirigentes e associações, quanto a sua organização e funcionamento;

II – a destinação de recursos públicos para a promoção prioritária do desporto educacional e, em casos específicos, para a do desporto de alto rendimento;

III – o tratamento diferenciado para o desporto profissional e o não profissional;

IV – a proteção e o incentivo às manifestações desportivas de criação nacional.

§ 1º O Poder Judiciário só admitirá ações relativas à disciplina e às competições desportivas após esgotarem-se as instâncias da justiça desportiva, reguladas em lei.

§ 2º A justiça desportiva terá o prazo máximo de sessenta dias, contados da instauração do processo, para proferir decisão final.

§ 3º O Poder Público incentivará o lazer, como forma de promoção social.

Luiz Alberto David Araujo

A Constituição de 1988 tratou de prestigiar o esporte, reconhecendo o dever do Estado de dar-lhe apoio. Referido apoio seria tanto para práticas formais e informais. Isso significa que são as práticas que estão organizadas em competições ou apenas aquelas que são destinadas ao aperfeiçoamento do indivíduo, quer física como mentalmente. Trata-se de norma de caráter programático, que impõe dever ao Estado. Também afirma que é direito de cada um a prática do esporte, autorizando, portanto, que a cobrança de tal direito possa ser feita pela via individual. Ao individualizar o direito ao esporte, a legitimidade também foi depositada como bem individual podendo, é claro, ser exercida coletivamente por associações ou por grupos. Ao determinar o apoio ao esporte, traçou princípios que devem ser seguidos para a consecução de tal objetivo. O primeiro deles é a autonomia das entidades desportivas dirigentes e associações, quanto a sua organização e funcionamento. Sobre tal ponto, surgiu discussão quando do advento do novo Código Civil, que trazia regra em seu artigo 59, determinando a forma de organização da associação. Deveria ser aplicada a regra do novo Código Civil ou deveria ser afastada, interpretando-se de forma ampliativa o sentido da palavra "autonomia", prevista no inciso I, do artigo 217. Entendemos que a autonomia prevista no artigo 217, inciso primeiro, na esteira do voto do Min. Celso de Mello (ADIN 3045-1-DF) não poderia afastar a organização genérica do Código Civil, distinguindo autonomia de soberania. Os limites da auto-organização das entidades esportivas não poderiam estar acima do poder de organização (genérico) traçado pelo Código Civil[1]. Outro princípio trazido pelo artigo 217 é a destinação prioritária de recursos públicos para o desporto educacional e, em casos específicos, para o desporto de alto rendimento. É comando que determina que a base da sociedade seja desenvolvida com o esporte em sua estrutura. Não deixou, no entanto, de, em hipóteses determinadas, de prestigiar o esporte de alto rendimento, buscando a excelência na área. Permitiu a diferença de tratamento entre o desporto profissional e o não profissional, autorizando a distinção de tratamento e de imposição de políticas distintas. Por fim, como último princípio, surge a determinação de apoio às manifestações desportivas de criação nacional.

Certamente, pontos de grande importância, são os parágrafos primeiro e segundo do artigo 217. Trata-se de verdadeiro contencioso administrativo, determinando que o acesso ao Poder Judiciário, regra mestra do sistema democrático, inserida no artigo quinto, inciso XXXV ("A lei não excluirá da apreciação do Poder Judiciário lesão ou ameaça a direito"), só seja possível após o esgotamento da via administrativa, apresentada como Justiça Desportiva. Portanto, o comando constitucional previsto no artigo quinto, de inafastabilidade do Poder Judiciário, deve ser entendido, em matéria desportiva, como sendo a abertura ao Poder Judiciário, após as decisões administrativas, abertura e passagem necessária, sob pena de não acesso ao sistema jurisdicional. Assim, disciplina o parágrafo primeiro, do artigo 217: "O Poder judiciário só admitirá ações relativas à disciplina e às competições desportivas após esgotarem-se as instâncias da justiça desportiva, reguladas em lei". É verdade que o condicionamento constitucional determina a solução em um prazo de 60 dias, nos termos do § 2º, do mesmo artigo 17. Portanto, a via do Poder Judiciário, em matéria de competições esportivas ou em termos de disciplina desportiva, só será aberta se a) o autor tiver submetido o tema à Justiça Desportiva; b) e que o processo tenha duração máxima de 60 dias. Superado o prazo de 60 dias, para decisão final, abrem-se as portas do Poder Judiciário para os queixosos. Assim, ou há solução no prazo de 60 dias (e dela dependerá o queixoso para pleitear, perante o Poder Judiciário o seu direito ou ela demorará mais do que 60 dias, o que abrirá o caminho para o pleito judicial). Verifica-se, portanto, que a estrutura da Justiça Desportiva deve ser rápida, a ponto de produzir decisões finais antes de 60 dias, sob pena de tornar inviável a utilização da via administrativa. É, portanto, exceção ao princípio do acesso ao Poder Judiciário, pois há condicionamento ao seu socorro, condicionamento este que obriga a percorrer a Justiça Desportiva, desde que a decisão final não tome mais do que 60 dias. Quando lermos a regra do acesso ao Poder Judiciário, devemos contemplar o princípio do acesso universal com tal restrição, que complementa o princípio.

1. História da norma

O papel do esporte, como forma de exercício de práticas físicas e mentais foi se concretizando, de maneira que tal atividade foi ganhando corpo recentemente. Esse desenvolvimento é refletido também nos documentos constitucionais brasileiros, que adotaram, apenas recentemente, o esporte como tema constitucional.

2. Constituições brasileiras anteriores

A Constituição Federal de 1937, em seu artigo 131, cuidava de determinar que a educação física fosse obrigatória para o ensino, em todas as escolas normais e secundárias. Não havia menção específica do esporte. A Constituição de 1967, em seu artigo 8º, inciso XVII, alínea "q", determina a competência da União Federal para elaborar normas gerais sobre desportes.

3. Constituições estrangeiras

O desporto é tratado por algumas constituições. Em Portugal, é tratado no artigo 70, nos Direitos e Deveres Sociais, ao lado da educação física. Também nos Deveres Culturais, o esporte aparece em seu artigo 79, n. 3, determinando que o Estado desenvolva e assegure o direito à cultura física e o desporto.

A Constituição da Espanha traz o dever de fomentar o esporte, em seu artigo 43, n. 3. Cuba menciona em sua constituição algumas passagens, como no artigo 8, *b*, onde assegura que ninguém será privado do esporte, no artigo 31, como educação e cultura e no artigo 51. A Constituição do Peru assegura o direito ao esporte no artigo 31.

4. Remissões constitucionais (outros artigos da Constituição) e legais (leis reguladoras)

Encontramos dentro do texto dispositivos que tratam do esporte. O art. 5º, inciso XXVIII, alínea *a*, cuida do direito à imagem em atividades esportivas; competência concorrente, prevista no art. 24, IX, para legislar sobre desporto.

A Lei 9.615, de 24 de março de 1998, traça normas gerais para o desporto; A Lei 11.438, de 29 de dezembro de 2006, dispõe sobre fomento às atividades desportivas.

O art. 5º, XXVIII, assegura, nos termos da lei:

a) a proteção às participações individuais em obras coletivas e à reprodução da imagem e voz humanas, inclusive nas atividades desportivas;

---

[1]. A matéria foi objeto de discussão no STF que acabou com a reformulação do Código Civil, neste particular, julgando pela carência superveniente da ação, restando prejudicada a ADI.

b) o direito de fiscalização do aproveitamento econômico das obras que criarem ou de que participarem aos criadores, aos intérpretes e às respectivas representações sindicais e associativas.

O art. 203, que garante a assistência social, menciona, em seu inciso IV, que um dos objetivos da Assistência Social é "a habilitação e a reabilitação das pessoas portarodas de deficiência e a promoção de sua integração à vida comunitária". Portanto, pode-se afirmar que a assistência social, dentre seus objetivos, garante, como forma de habilitação e reabilitação na vida comunitária, o esporte para esse grupo de pessoas.

CAPÍTULO IV

DA CIÊNCIA, TECNOLOGIA E INOVAÇÃO

Claudia Lima Marques[1]

1. História do capítulo

Entre as matérias que tratou, no Título VIII, intitulado "Da Ordem social", a Constituição de 1988 incluiu, de forma inovadora, quase se pode afirmar, "compromissária e dirigente" (Mendes/Coelho/Branco, p. 1298 e Streck, p. 106 e s.), a Ciência, Tecnologia e Inovação no Capítulo IV, com quatro artigos (originalmente, 218 e 219, e agora 219-A e 219-B). Se várias Constituições brasileiras incluíram a ciência e a tecnologia no seu programa normativo-constitucional, priorizando no mais das vezes o aspecto da ciência como liberdade pessoal ou direito subjetivo (liberdade de pesquisa, de expressão, de pensamento) e não como tarefa-dever do Estado, é na atual Constituição de 1988 que, pela primeira vez, aparece um capítulo (Capítulo IV do Título VIII – Da ordem social) dedicado à Ciência e à Tecnologia. A menção à inovação foi incluída somente em 2015 (EC 85). A "Subcomissão da Ciência e Tecnologia e Comunicação Social" trabalhou de 01.05.1987 até 27.06.1987, realizando 9 audiências públicas. O Relatório final desta Subcomissão (da Constituinte Cristina Tavares) alerta para importância deste capítulo e o vínculo entre ciência e [soberania da] nação: "A nova Carta Constitucional representa o *compromisso de construir uma nação* pela criação e solidificação de instituições fortes e de valorização dos recursos de que dispomos para o exercício da soberania. A *soberania* de uma nação será conquistada e mantida com a concorrência do *fortalecimento da base científica e tecnológica interna*, do cuidado com os recursos nacionais disponíveis e potenciais e com *autonomia de decisões* acerca das formas de equacionamento dos desafios para se atender as necessidades do país e do povo. Há pontos básicos a ressaltar: o reconhecimento *do papel da ciência e da tecnologia na Constituição*, estruturação e mudanças da sociedade moderna. E a consciência de que estes fatores não são, automaticamente, humanizadores e democratizadores, sendo necessária uma *intervenção política* de acordo com a sociedade que se queira implementar... As grandes diretrizes a serem adotadas pela Constituinte poderão abrir caminho para a *dominação interna e subjugo internacional* ...". Note-se que, anteriormente, a Comissão de Sistematização propôs um Anteprojeto de Constituição do Relator (Dep. Bernardo Cabral), que foi recusado pela Constituinte, mas que influenciou fortemente o "tom nacionalista" dos projetos posteriores. Neste momento – anterior a maio de 1987 –, na Constituinte, das oito comissões, apenas uma, a Comissão VIII (Comissão da Família, da Educação, Cultura e Esportes, da Ciência e Tecnologia e da Comunicação), não chegou a concluir seus trabalhos por um Anteprojeto temático (Dallari, p. 147). Assim, neste Anteprojeto a parte referente à ciência e tecnologia foi colocada no setor de relações internacionais, com duas menções, uma à independência científica e tecnológica e outra à reserva de mercado como instrumento para evitar o controle tecnológico estrangeiro (arts. 7º e 11, Dallari, p. 107 e 108). Os trabalhos da Comissão de Sistematização (os chamados Projeto Cabral I e II) e a votação do texto final instituíram o que podemos resumir como regras de um *capitalismo social*, nos arts. 218 e 219 atuais, e ganharam em muito com a contribuição da Sociedade Brasileira pelo Progresso da Ciência (SBPC) para o texto final. A SBPC manifestou-se, sugerindo o reaproveitamento do Projeto elaborado por Florestan Fernandes, José Albertino e Pedro Dallari, que leva ao texto atual e a transferência de um parágrafo para da ordem econômica (o antigo art. 171 da Constituição de 1988 revogado pela EC n. 6, de 1995). O constituinte Aroldo de Oliveira resumiu o sentimento dos Constituintes com o texto final: "O capítulo da Ciência e da tecnologia que estamos introduzindo, especificamente, na Constituição, constitui um fato histórico. As constituições anteriores não privilegiaram a ciência ... em capítulo específico ... . Tendo os pontos polêmicos sido incluídos no capítulo referente à Ordem econômica, qual seja, o controle tecnológico das empresas de capital nacional e o caso da reserva de mercado, para esse capítulo ficou apenas um ponto polêmico... a definição do mercado nacional como parte do patrimônio nacional. É uma inovação, é um avanço... em benefício da sociedade brasileira"(*Diário da ANC*, C, 25.05.1988, p. 10714). Somente em 2015, através da Emenda 85, foi incluída a expressão "inovação", mas a união entre ciência, tecnologia, inovação (CT&I, veja Livro Verde, p. IX) e o objetivo constitucional de desenvolvimento já estava presente na legislação ordinária oriunda dos arts. 218 e 219 (Veja art. 1º da Lei n. 10.973/2004).

2. Constituições brasileiras anteriores: a dupla visão sistemática do tema "ciência" como liberdade individual e como tarefa do Estado

Várias constituições brasileiras incluíram a ciência e a tecnologia no seu programa normativo-constitucional, priorizando, no mais das vezes, o aspecto da ciência como liberdade pessoal ou direito subjetivo (a liberdade de pesquisa, de expressão, de pensa-

---

[1]. Agradeço o excelente material levantado por Rosangela Lunardelli Cavallazzi e seu grupo de Pesquisa (OAB-RJ) e por Marcelo Duque (Doutorando-UFRGS) e os bolsistas da Iniciação Científica, Daniel Caye (BIC-FAPERGS), Pablo Motta (PIBIC-UFRGS) e Pablo Baquero (Projeto UNIBRAL DAAD-CAPES), assim como Ernesto Nunes (PIBIC-CNPq), Iulia Dolganova (BPO-CNPq) e Andressa Michel (PIBIC-CNPq), todos do Grupo CNPq "Mercosul e Direito do Consumidor". Agradeço, em especial, as gentis observações de Marcelo Duque e do amigo Prof. Dr. Marcelo Neves ao meu texto. Os grifos são nossos.

mento, e de criação, com registro de propriedade intelectual) e não como tarefa do Estado (tarefa e dever social do Estado no mercado interno, aspecto priorizado nos arts. 218 e 219 da atual Constituição de 1988). Desde a primeira Constituição de 1824, o tema da ciência e a possibilidade de defender os seus resultados práticos tecnológicos e patenteáveis esteve presente na história da evolução constitucional. Nesta Constituição do Império, entre os direitos e garantias individuais do art. 178, constava o inciso XXVI sobre o privilégio das patentes de invenção e descoberta, e seu valor econômico individual. Da mesma forma, ainda mencionava a Constituição de 1824, no inciso XXXIII do art. 178, as "Ciências" como matéria a ser transmitida nos colégios e universidades, de certa maneira pontuando que é tarefa do Estado. Também a Constituição de 1891, a primeira da história republicana, tratava a matéria em dois artigos distintos, um diretamente, no art. 35, 2º, regulava entre as "Atribuições do Congresso" (ou competências não privativas) as de "animar no país o *desenvolvimento das* letras, artes e *ciências*, bem como a imigração, a agricultura, a indústria e comércio, *sem privilégios* que tolham a ação dos Governos locais" e, noutro, indiretamente, assegurando na Declaração de Direitos, no art. 72, § 24, o uso profissional da ciência e da tecnologia como atividade imaterial ou moral ao garantir "o *livre exercício* de qualquer profissão moral, intelectual e industrial". E mais, esta primeira Carta Constitucional do Brasil República, após o Tratado Unionista de Viena, ainda desenvolvia em três parágrafos os privilégios individuais do resultado econômico (uso e gozo exclusivo, Cavalcanti, p. 332) da ciência, da tecnologia e das artes, no sistema de patentes, marcas e direitos autorais (art. 72, §§ 25, 26 e 27). É de destacar que, no art. 35, 2º, as "ciências" estão mencionadas mesmo antes das outras "prioridades econômico-sociais" desta época de formação da sociedade brasileira e junto com o que podemos denominar "mercado interno" brasileiro (veja atual art. 219). Também a menção final indica uma dupla preocupação, ainda hoje existente: a preocupação com os futuros monopólios ou que estabeleçam "privilégios" (aqui privilégios públicos); e, em segundo lugar, com a divisão de competências entre os entes da Federação, reservando aos governos locais a possibilidade de também atuarem "animando o desenvolvimento" das ciências (e sua aplicação prática, a tecnologia) subsidiariamente (veja atual art. 218).

2.1. As Constituições de 1934 e 1937 e 1946: a polêmica entre os comentaristas

Os comentaristas brasileiros, porém, são unânimes ao considerar que as duas primeiras Constituições brasileiras (1824 e 1891) teriam sido "omissas" quanto ao tema da ciência e da tecnologia, e que o tema só teria sido tratado na Constituição de 1934 (Paula, p. 246) ou na de 1937 (Cretella Jr., p. 4484). Pontes de Miranda destaca que o dever do Estado de amparo "à cultura", aí incluindo a ciência, a pesquisa científica e tecnológica, só apareceria na Constituição de 1937 (1968, p. 349), mas afirma que a liberdade das "ciências" era "princípio implícito nas Constituições anteriores" (1968, p. 347). *Data maxima venia*, parece-me que o tema da "ciência", enquanto parte da cultura ou da ordem social, e a "ciência" enquanto aplicação e conhecimento economicamente relevante, criação e direito individual (e social) protegido (no sistema de patentes, marcas e direitos autorais) é tema recorrente e da tradição política do País desde 1891. A Constituição de 1934, de vida efêmera, mencionava a liberdade pessoal geral e de pensamento, atingindo a ciência indiretamente, no art. 113, no capítulo sobre "Direitos e garantias individuais", e ainda assegurava direitos individuais quanto aos inventos, marcas e obras científicas, limitados pela função social (Poletti, p. 159). E, ainda, em outro capítulo intitulado "Da Educação e da Cultura", trazia norma explícita e semelhante à de 1891 sobre o tema (art. 148 – Cabe à União, aos Estados e aos *Municípios favorecer e animar o desenvolvimento das ciências*, das artes, das letras e da cultura em geral, ..., bem como prestar assistência ao trabalhador intelectual). Interessante notar que a Constituição de 1934 trazia ainda em um outro "Título IV – Da ordem econômica e social", normas sobre produção e liberdade econômica no mercado interno (arts. 115 e 121). Talvez por isso, Pontes de Miranda afirmou a sua "omissão" em relação ao tema da (liberdade da) "ciência"; mas com Sturion de Paula, mister frisar a importância desta Constituição na organicidade do tratamento constitucional da ciência no Brasil (Paula, p. 246). Na Constituição de 1937, não havia mais o título "Da ordem econômica e social", separado do da cultura, e sim vários pequenos capítulos sucessivos: Dos direitos e garantias (arts. 122 a 123), Da família (arts. 124 a 127), Da educação e da cultura (arts. 128 a 134) da ordem econômica (arts. 135 a 155). A polêmica Constituição de 1937, criticada como "fascista" (Porto, p. 19), modificou a divisão da de 1934, incluindo a liberdade pessoal nos "direitos e garantias individuais", no art. 122, n. 8, e o dever do Estado, no capítulo intitulado "Da educação e da cultura", mencionando expressamente a ciência no art. 128 ("A arte, *a ciência* e o ensino são livres à iniciativa individual e a de associações ou pessoas coletivas públicas e particulares. *É dever do Estado contribuir, direta e indiretamente, para o estímulo e desenvolvimento de umas* e de outro, favorecendo ou fundando instituições artísticas, *científicas* e de ensino"). E, ainda, antecipando o espírito do art. 219 da Constituição de 1988, regulou, na ordem econômica, a intervenção no "domínio econômico", afirmando pela primeira vez o vínculo entre progresso, nação e ciência, no art. 135 ("Na iniciativa individual, no *poder de criação*, de organização e *de invenção* do indivíduo, exercido nos limites do bem público, *funda-se a riqueza e a prosperidade nacional.* ...").

2.2. As Constituições de 1946, 1967 e a Emenda Constitucional n. 1, de 1969: a visão cultural, educacional e econômica da ciência

A Constituição de 1946 retomou a divisão sistemática da Constituição de 1934 (Balleiro/Lima Sobrinho, p. 35), incluindo, em títulos diferentes, os "direitos e garantias individuais" (art. 141, §§ 5º, 8º, 14, 17, 18 e 19), e na "ordem econômica e social" a liberdade pessoal (art. 145) e em título diferente a "Da família, da educação e da cultura", as regras mais específicas sobre ciência, afirmando: "Art. 173. *As ciências*, as letras e as artes *são livres*. Art. 174. O *amparo à cultura é dever do Estado*. Parágrafo único. A lei *promoverá* a criação *de institutos de pesquisas*, de preferência junto aos estabelecimentos de ensino superior". A Constituição de 1967 também mencionava a ciência e a tecnologia em três diferentes momentos. No Título III, no Capítulo IV, Dos direitos e garantias individuais, assegura-se, no art. 153, a liberdade e a propriedade intelectual (a livre manifestação de pensamento e de convicção filosófica, no § 8º, o livre exercício das profissões, no § 23, e a proteção dos direitos de exclusividade, nas patentes, registros, marcas, obras científicas, nos §§ 24 e 25). No Título IV, intitulado também "Da Família, da educação e da cultura", duas normas (arts. 171 e 172) destacam-se na Constituição de 1967, quanto à liberdade das ciências e a tarefa – agora de "incentivo" – do Estado perante a ciência e cultura: "Art. 171. *As ciências*, as letras e as artes *são livres*. Parágrafo único. O Poder Público incentivará *a pesquisa científica e tecnológica*. Art. 172. O amparo à cultura é *dever do Estado* ...". Seguindo os passos da Constituição de 1934, regula separadamente a "Ordem econômica e social". Aliomar Baleeiro designa a Constituição de 1967 como uma "constituição calvinista", por seu excessivo liberalismo e preocupação com o mercado e a economia: o "alvo supremo" é o "desenvolvimento econômico" (Britto/Cavalcanti/Baleeiro/Lima, p. 83). A Emenda Constitucional n. 1, de 17 de outubro de 1969, manteve a divisão e praticamente os mesmos textos, nas normas de declaração de direitos (Título III, Capítulo IV, Dos direitos e garantias individuais), no art. 153, §§ 8º, 23, 24 e 25, e nos arts. 179 e 180, mas mudou seu espírito e força. O art. 179 do Título IV, "Da Família, da educação e da cultura", mudou o antigo art. 171, limitando a liberdade, incluindo o ensino junto à pesquisa: "Art. 179. As ciências, as letras e as artes são livres, *ressalvado o disposto no § 8º do art. 153*. Parágrafo único. O Poder Público incentivará *a pesquisa e o ensino científico e tecnológico*". Concluindo, parece-me que tema da "ciência" foi mantido como típico em todas as Constituições rígidas brasileiras, mesmo pela Constituição semirrígida de 1824, geralmente em dois ou três artigos, em suas duas visões: uma subjetiva (*criadora e libertadora*) como uma "liberdade pessoal", e uma objetiva (*dimensão objectivo-institucional*), de tarefa do Estado, de regulamentação da atividade na sociedade e no mercado, sua "função positiva numa sociedade livre" (Canotilho/Moreira, 2007, p. 621). A liberdade da ciência ora é explícita (1946,1967, EC 1/1969), ora é princípio implícito (1824, 1891, 1934, 1988). E a tarefa de incentivo/amparo à ciência e tecnologia ora se encontra mais unida à cultura e à educação (e família), ora na ordem econômica e social conjunta (somente em 1946, veja Ferreira, p. 174), ou na ordem social (1988).

3. Constituições estrangeiras

Os comentaristas (Silva, 2007-A, p. 183) destacam, no que se refere à ciência e tecnologia, a influência da Constituição Mexicana de 1917, quando pela primeira vez se disciplinou sistematicamente no texto constitucional a ordem social e a ordem econômica. No Brasil, foi a Constituição de 1934 que, por influência direta da Constituição Alemã de Weimar de 1919, positivou os primeiros *direitos sociais*, como "mecanismos de realização dos direitos individuais de toda a população" (Magalhães, p. 30-31). A Constituição de 1988 regula separadamente a *ordem econômica* e a *ordem social* (o Cap. IV, arts. 218 e 219, encontra-se no Título da Ordem Social, veja crítica in Silva, 2007-B, p. 255 e s.). No direito comparado, esta opção do Constituinte de 1988 é rara, mesmo a Constituição do Vietnã, que menciona a tecnologia em título, o integra à cultura, vindo o capítulo intitulado "Cultura, educação, ciência e tecnologia" (arts. 37 e 38). Observamos que as Constituições mais atuais não possuem capítulos intitulados de "Ciência e Tecnologia", mas sim normas semelhantes às nossas. Uma das mais próximas é a Constituição de Portugal, que inclui o tema no capítulo dos direitos e deveres culturais, no art. 73, 4, da "educação, cultura e ciência", em sistemática facilitadora do entendimento de que todos são direitos sociais (Martins, p. 168). A ciência seria assim liberdade pessoal ou individual, mas também faria parte da "Ordem Constitucional Cultural", dos direitos e deveres culturais (Canotilho/Moreira, 2007, p. 887). Efetivamente, na Constituição portuguesa, os direitos e deveres econômicos, sociais e culturais aparecem em três capítulos diferentes do Título III: o dos direitos econômicos (arts. 58 a 62), o dos direitos sociais (arts. 63 a 79) e o dos direitos culturais (arts. 73 a 79). E mais, como o art. 81 da Constituição portuguesa esclarece, hoje cultura e ciência são tarefas econômicas e sociais, que como opção política ainda incumbem ao Estado ou são tarefas fundamentais (programa) deste Estado (Canotilho/Moreira, 2007, p. 973). A Constituição de 1988 optou por separar em capítulos de igual hierarquia o direito à educação e à cultura (Cap. III deste Título, Da Ordem Social) e os arts. 218 e 219 sobre "ciência" e mencionar expressamente a "tecnologia" no título do capítulo. Mister observar que, no direito comparado, geralmente as normas constitucionais vêm dedicadas conjuntamente à educação, ciência e cultura (assim por exemplo, o título da Seção III, Capítulo II – Direitos sociais, da Constituição de El Salvador, art. 53). Essas normas geralmente mencionam outros elementos além de apenas "ciência e tecnologia", como "arte e ciência" ou "pesquisa e ensino" (assim art. 5, par. 3, da Lei Fundamental de Bonn, *Grundgesetz* alemã), ou "ciência e cultura" (art. 8, 16, da Constituição da República Dominicana), ou fomento à "pesquisa e ao desenvolvimento científico e tecnológico" (art. 75, 19, da Constituição argentina), à "política científica e tecnológica" (art. 81 da Constituição portuguesa), à "atividade criativa e de pesquisa" (art. 38 da Constituição cubana), à atividade "científica, intelectual" (art. 44, 1, da Constituição russa), à "iniciativa privada para o progresso científico" (art. 89 da Constituição de El Salvador). Todas estas expressões vêm enunciadas também nos arts. 218, 219 e 5º, IX (atividade científica), da Constituição de 1988. A EC 85 de 2015 incluiu a expressão "inovação" e a doutrina (Bercovici, p. 267 e seg.) destaca a influência de Schumpeter e a atual fase do capitalismo com a formação de redes entre setor público, científico e produtivo para a inovação.

4. Direito Internacional dos Direitos Humanos e as gerações de direitos fundamentais: revalorizando a opção sistemática da Constituição de 1988

Os *direitos fundamentais* ligados à *Ciência*, desde a livre expressão, a livre criação científica, os direitos de exclusividade (ou propriedade intelectual) daí derivados e os novos direitos, direito à ciência e direito de acesso à ciência, foram sendo regulados de diversas formas na história constitucional brasileira, tanto no catálogo de direitos e garantias individuais (hoje art. 5º, IX, XXVII, XXVIII e XXIX e art. 6º), como nos aqui comentados arts. 218 e 219, em capítulo separado, no corpo da Constituição e no caso, na Ordem Social. Isto é, nos hoje chamados direitos fundamentais de primeira geração, direito de liberdade ou de proteção (*Abwehrrechte*, na sistemática da Lei Fundamental de Bonn), ou nos direitos fundamentais de segunda geração, os econômicos e sociais, direitos de prestação ou de igualdade (*Leistungsrechte*, segundo Alexy, p. 174). Para revalorizar a opção sistemática sobre *Ciência* e Tecnologia da Constituição de 1988, é útil relembrar o Direito Internacional, em especial a evolução dos Direitos Humanos, no cenário internacional, que se seguiu – ou consolidou – às conquistas nacionais, após as Revoluções americana e francesa e a primeira "geração de direitos fundamentais" (Mendes/Coelho/Branco, p. 223 e s.), até formar a atual unidade do direito internacional dos direitos humanos. Na expressão de Cançado Trindade, sob a visão do Direito Internacional, há inter-relação e não paralelismo entre todos os direitos humanos, sendo perigosa a visão atomizada, fragmentada, compartimentada ou estanque, que a teoria das gerações de direitos humanos pode sugerir no intérprete (Cançado Trindade, 1993, p. 222). Se a Constituição de 1988 separou entre "educação/cultura" (Cap. III) e "ciência/tecnologia" (Cap. IV), há uma organicidade entre todas estas as matérias, em especial entre ciência e cultura (Paula, p. 247), pois são capítulos da mesma *ordem social* e submetidos ao art. 193. Se separou a *ordem social* (Título VIII) *da ordem econômica* (Título VII), ambas encontram base única nos *direitos e garantias fundamentais* do Título II, seja na lista do art. 5º (Dos direitos e deveres individuais e coletivos), seja nos *direitos sociais fundamentais* do art. 6º (Dos direitos sociais). Trata-se, pois, de uma falsa polêmica, em especial se recordarmos que a política desses direitos fundamentais, no Brasil, nasce justamente com os pactos internacionais sobre direitos econômicos, sociais e culturais, no meio do século XX (Cançado Trindade, 1991, p. 42 e s.). Estes Pactos internacionais todos, por sua vez, especificam o que já estava na Declaração Universal da ONU de 1948 e no art. 55 da Carta da ONU de 1945 (Piovesan, p. 157). Estes direitos humanos ou "poderes" (Bobbio, p. 21) a serem realizados positivamente ou afirmativamente e progressivamente, denominam-se "direitos econômicos, sociais e culturais" (Häberle, p. 21). São direitos humanos de uma mesma e segunda geração, de igualdade, se vistos sob a ótica do Direito Internacional, como o nome mesmo esclarece, sejam econômicos, culturais ou sociais: são direitos humanos. Em outras palavras, se observamos, na ONU, o Pacto Internacional sobre Direitos Econômicos, Sociais e Culturais (e o Comitê de Direitos Econômicos, Sociais e Culturais na ONU, veja Garcia, p. 61) e, na OEA, o *Protocolo de San Salvador* ou Protocolo Adicional à Convenção Americana sobre Direitos Humanos em matéria de direitos econômicos, sociais e culturais, vemos que os direitos sociais constituem, ao mesmo tempo, direitos econômicos e culturais e vice-versa, todos de uma mesma "geração de direitos humanos" (art. 26 da Convenção Americana sobre Direitos Humanos: "conseguir progressivamente a plena efetividade dos direitos que decorrem das normas econômicas, sociais e sobre educação, ciência e cultura"), ligados ao ideal da igualdade (Bonavides, p. 564). Considerando a classificação histórica em gerações ou como Ingo Sarlet – e a doutrina atual (Bonavides, p. 53, e Schäffer, p. 38) – prefere em dimensões (Sarlet, p. 53) de direitos fundamentais, nacionalmente ou de direitos humanos (internacionalmente), o fato das liberdades civis e políticas constituiriam a primeira geração, e dos direitos sociais (econômicos e culturais, direitos de igualdade) a segunda, sendo que a terceira "geração" seria a de direitos de fraternidade (direito ao desenvolvimento, à paz, ao meio ambiente, ao patrimônio comum da humanidade, veja Mazzuoli, p. 484) ou uma geração somente de direitos difusos ou coletivos (como os ambientais, veja Ribeiro, p. 29-30), isso não leva a concluir que os direitos culturais seriam apenas os coletivos e difusos ou direitos de solidariedade ou fraternidade. Ao contrário, aqui a expressão priorizada por Sarlet é mais clara, a demonstrar que direitos fundamentais, econômicos, sociais e culturais podem ter sim muitas dimensões e ao mesmo tempo. A ciência é um exemplo, pois é ao mesmo tempo direito de liberdade de expressão e criação científica (art. 5º, IX), logo de primeira geração, e direito social afirmativo à ciência (art. 6º c/c art. 23, V, e art. 218 da Constituição de 1988), uma segunda dimensão do mesmo direito. Sendo assim e concluindo, parece-me que não andou mal a Constituição de 1988, quanto a sua opção sistemática. Ao contrário, se considerada a unicidade de propósitos, a importância dos direitos fundamentais e o diálogo ou conexão entre estas normas constitucionais, andou bem a sistematização brasileira para um país com as nossas características (normalmente muito formalista, tópico, burocrático e positivista): destacou os direitos e garantias constitucionais, os direitos de liberdade individual e coletiva e uma visão social (e não puramente econômica ou educacional) da Ciência e da Tecnologia. Na segunda geração de direitos humanos, os sociais tendem a ser considerados mais "programáticos", daí a reticência que demonstramos historicamente em aceitar estes instrumentos internacionais de proteção dos direitos humanos (Cançado Trindade, 2000, p. 63 e s.). Como ensina Antônio Augusto Cançado Trindade (1999, p. 7 e s.), mister que o direito interno e o direito internacional, no que se refere aos direitos humanos, sob esta luz da Constituição de 1988, encontrem convergência e coerência de aplicação, não importando se a fonte em "diálogo" é internacional ou nacional; deve prevalecer aquela *pro homine*: "... os próprios tratados de direitos humanos significativamente consagram o critério da primazia da norma mais favorável aos seres humanos protegidos, seja ela norma de direito internacional ou de direito interno" (Cançado Trindade, 2000, p. 164).

5. Dispositivos constitucionais relacionados

Na Constituição de 1988, há uma dupla visão de ciência, um princípio da liberdade da ciência, da pesquisa e do ensino, da expressão e da criação científica (arts. 5º, IX, XXVII, XXVIII e XXIX, 6º, 205, 206, II, 215 e 218) e há regras sobre esta tarefa-dever do Estado (arts. 23, V, 193, 207, 214, V, 216, III, 218 e 219), sendo que os aqui comentados arts. 218 e 219 estão na Ordem Social, submetidos ao art. 193 (veja coincidência de objetivos com o art. 170). Quanto à inovação, a EC 85 criou os artigos 219-A e 219-B, assim como modificou os arts. 24, IX, 167, § 5º, 193, 200, V, e 213, § 2º, vinculando-os ao objetivo de desenvolvimento do país. Assim, temos que nos três temas e sentidos estão relacionados: arts. 1º, III, arts. 3º, III, 5º, IX, XXVII, XXVIII e XXIX, 6º, 23, V, 24, IX, 43, § 2º, IV, 167, § 5º, 193, 200, V, 205, 206, II, 207, 213, § 2º, 214, V, 215, 216, III, 219, 219-A e 219-B, ainda (segundo a ADI 3.510) 34, VII, *b*, 60, § 4º, IV, e (segundo a ADI 2.348-9/DF) 151, I, 165, § 7º, e 170, VII.

6. Jurisprudência

Com um "olhar pós-positivista" de ciência no texto constitucional, "olhar conciliatório do nosso ordenamento com os imperativos da ética humanista e justiça material" (n. 70 do voto-relator, Min. Carlos Britto, ADI 3.510/DF), o Supremo Tribunal Federal, intérprete maior da Constituição de 1988 (RE 19.520/DF), define Ciência como "ordem de conhecimento que se eleva à dimensão de sistema; ou seja, conjunto ordenado de um saber tão metodicamente obtido quanto objetivamente demonstrável" (n. 66 do voto-relator na ADI 3.510, que questionava o art. 5º, da Lei de Biossegurança, Lei n. 11.105/2005, sobre a autorização de pesquisas em células-tronco). Também nesta ADI 3.510/DF, a Min. Ellen Gracie lista como parâmetros de decisão "o fundamento da dignidade da pessoa humana (art. 1º, III), a garantia da inviolabilidade do direito à vida (art. 5º, *caput*), o direito à livre expressão da atividade científica (art. 5º, IX)... o dever do Estado... de promover e incentivar o desenvolvimento científico, a pesquisa e a capacitação tecnológica (art. 218, *caput*)". Reafirma o STF a dupla visão de ciência, ou como ensina o Min. Carlos Britto em seu voto (n. 62, 64, 67, ADI 3.510), hoje ciência faz parte do catálogo dos direitos fundamentais e da visão de liberdade da pessoa humana no Brasil: "Ciência, já agora por qualquer de suas modalidades e enquanto atividade individual, também faz parte do catálogo dos direitos fundamentais da pessoa humana. ... Art. 5º, IX – é livre a expressão da atividade intelectual, artística, científica e de comunicação... essa liberdade de expressão é clássico direito constitucional-civil ou genuíno direito da personalidade, oponível sobretudo ao próprio Estado... liberdade de tessitura ou de elaboração do conhecimento científico... igual liberdade de promover a respectiva enunciação". A ciência contribui para o desenvolvimento científico, como ensina o Min. Joaquim Barbosa (art. 219). Nesta decisão, o STF (n. 65 e 66 do voto, ADI 3.510) destaca ainda a função da ciência na ordem social, ou a sua dimensão *objectivo-institucional* na Constituição: "Tão qualificadora do indivíduo e da sociedade é essa vocação para os misteres da ciência que a Constituição mesma abre todo um destacado capítulo para dela, Ciência, cuidar por modo superlativamente prezável. É o capítulo de n. IV do Título III ... . Sem maior esforço mental, percebe-se, nessas duas novas passagens normativas, o mais forte compromisso da Constituição-cidadã para com a Ciência...".

7. Bibliografia

Veja bibliografia citada sobre ciência nos comentários ao art. 218, § 1º, *infra*.

8. Comentários

8.1. Ciência e tecnologia: o que é o binômio C&T e o resultado inovação

A Ciência "caracteriza-se por ser a tentativa do homem de entender e explicar racionalmente a natureza, buscando formular leis que, em última instância, permitam a atuação humana" (Andery, p. 13). Observe-se que tanto este *processo de construção* do "conhecimento" e dos "saberes" (entender, explicar, sistematizar, confirmar) como os seus *resultados* e métodos constituem *Ciência*. Segundo José Afonso da Silva, "ciência é o conjunto de conhecimento e de pesquisa com suficiente unidade, generalidade, suscetível de conduzir o homem que a ela se consagra a conclusões concordantes (leis harmônicas) que resultam de relações objetivas que se descobrem gradualmente e que se confirmam por métodos de verificação definida" (2007-A, p. 818). No senso comum, porém, denominamos o produto da ciência de "técnica" ou "tecnologia", o resultado, o fruto prático ou "fazeres" diferentes da Ciência, e estabelecemos, assim, o *binômio "Ciência-Tecnologia"*. Este binômio C&T foi positivado na Constituição de 1988, no título do capítulo comentado, e, em 2015, foi incluída a expressão "inovação" (CT&I, veja apresentação do Livro Verde).

Inovação, segundo Granieri e Renda (2012, p. 3), é todo o processo pelo qual indivíduos ou organizações geram ideias novas e as põem em prática, criam ou melhoram produtos e serviços ou métodos de produção, distribuição ou consumo. A inovação seria assim um resultado de um sistema de esforços da ciência e tecnologia nos processos produtivos (Bercovici, p. 270). A definição legal de inovação é dada pelo Marco Regulatório da Ciência, Tecnologia e Inovação (Lei n. 13.243/2016): "a introdução de novidade ou aperfeiçoamento no ambiente produtivo e social que resulte em novos produtos, serviços ou processos ou que compreenda a agregação de novas funcionalidades ou características a produto, serviço ou processo já existente que possa resultar em melhorias e em efetivo ganho de qualidade ou desempenho." Se a pesquisa científica nasce da inquietude, da dúvida, se pesquisa é método, é caminho para a descoberta e a explicação da realidade, para construir o pensamento/conhecimento, para desenvolver o raciocínio que permita descobrir a solução de um caso ou um problema da vida, as descobertas, os novos caminhos, a inovação tem uma visão mais pragmática, inovação tecnológica, diretamente ligada ao progresso e ao desenvolvimento do país.

8.2. Ciência, homem e tecnologia: o homo faber

Ciência seria o abstrato, as leis universais que regem o mundo, o *quid*, o "saber" (razão e racionalidade, organização, estruturação, especulativa ou empírica deste saber ou descoberta). *A Ciência se baseia na vontade "de saber"*. Enquanto a Tecnologia seria o concreto, o científico aplicado, o *quantum*, o prático, o resultado. Se a ciência é a vontade "de saber" a realidade, a natureza, o cultural e o social, *a tecnologia se baseia na vontade "de fazer", de transformar esta realidade*. Assim, a técnica ou tecnologia é um "fazer" que auxilia o homem, como que compensando sua incompletude física. É, na ideia da psicologia, como uma "prótese" para dominar e adaptar este mundo ao homem e à sociedade que deseja, a ponto de Sigmund Freud conceber o homem como um "senhor da prótese", *Prothesengott* (Störig, p. 290). O homem cria a *Ciência* e faz a tecnologia, instrumentos de completude sua diante da natureza, instrumentos estes que se fundam hoje no que vem a ser chamado de *techno-sciences*. Hannah Arendt resume esta visão de homem de nossa sociedade contemporânea, afirmando a vitória do *homo faber*, aquele que faz, fabrica, produz, um homem de *vita activa*, um homem moderno e integrado ativamente na economia, contrapondo-se àquele homem de *vita contemplativa*, como a visão ideal do homem da Idade Média. A visão de homem do pós-guerra é de um *animal laborans*, o homem trabalhador, daí nossa predileção pelo resultado, a tecnologia. Este homem que descobre, que constrói (*homo faber*) é sujeito-fonte desta ciência, mas com o desenvolvimento da bioética e pesquisas genéticas, transforma-se quase em objeto, daí os limites impostos pelo Direito (voto do Ministro Gilmar, ADI 3.510), em especial pelos Direitos Humanos a própria ciência hoje. Em 1969, Jürgen Habermas já alertava que Herbert Marcuse podia estar certo, quando afirmava: "A força libertadora da tecnologia – que é instrumentalizar as coisas – transforma-se em uma prisão da liberdade, quando permite a instrumentalização das pessoas" (Habermas, p. 7).

8.3. Ciência e cultura na Constituição de 1988

Mencione-se que a ciência, na tradição filosófica, é uma manifestação da cultura individual e coletiva. Efetivamente, a cultura (*Kultur*), que pode ser representada pelo todo, na bela visão de Arnold Gehlen, seria o ninho (*Nest*), que o homem (*Mensch*) cria na natureza (*Natur*) para ali morar e realizar-se (Störig, p. 290). Cultura seria assim um gênero (Bastos, 2001, p. 491) e a ciência, uma manifestação cultural (um fenômeno). A ciência é, sim, a parte da cultura que "descobre" e entende os "saberes", a natureza e este mundo (a ciência é a base, a causa). Cultura é o conjunto das formas típicas de viver de grandes grupos de pessoas (nações, tribos, sociedades), incluindo suas atividades, suas formas básicas de pensamento, de expressão, de conhecimento, de saberes e de valores, sua maneira de ver o mundo (Jenks, p. 1). Em sentido lato, cultura é o resultado da atuação do homem no mundo, aquilo que é diferente da natureza: o mundo cultural é o mundo realizado pelo homem, inclusive suas normas postas (o Direito) e os costumes, as leis universais seguidas no dia a dia de uma sociedade (veja Reale, p. 19). Considerar a cultura como gênero e a ciência como espécie (assim como subespécie desta, a tecnologia) serve não só para organizar o pensamento, mas sim a interpretação constitucional. A Constituição de 1988 optou, no Título "Da ordem social", por separar em capítulos de igual hierarquia, um dedicado à educação, cultura e ao desporto, sendo que na seção sobre o direito à educação encontramos dez artigos (205 a 214) e na seção dedicada ao direito à cultura, apenas dois (215 e 216), assim como os apenas dois artigos (218 e 219) dedicados à "ciência" e à "tecnologia". Esta sistematização original do constituinte não ficou isenta de críticas. Em outras palavras, a inclusão de um capítulo autônomo sobre ciência e tecnologia, se de um lado destacou a importância do antes citado binômio "ciência-tecnologia", claramente impediu que a Constituição atual mantivesse com o mesmo conteúdo geral o título tradicional do capítulo dentro da ordem social, que era "*Da educação e da cultura*" (Paula, p. 247). Note-se que a interconexão de "*cultura, educação e ciência*" só aparece diretamente neste art. 23, V, da Constituição de 1988 e não no texto dos arts. 218 e 219. Mister, pois, destacar que a visão unitária de *Ciência* da Constituição de 1988 encontra-se positivada em muitos artigos, a saber: arts. 5º, IX, XXVII, XXVIII e XXIX, 6, 23, V, 193, 205, 206, II, 207, 214, V, 215, 216, III, 218 e 219. De todas estas normas, a mais importante encontra-se no catálogo dos direitos fundamentais da pessoa humana no Brasil: "ciência, ... faz parte do catálogo dos direitos fundamentais da pessoa humana. ... Art. 5º, IX – é livre a expressão da atividade... científica..." (ADI 3.510, n. 62).

8.4. Ciência e ordem econômica: revalorizando o modelo de Dürig e a opção da Constituição de 1988

Para valorizar esta sistematização brasileira, mister recorrer à ideia-central do sistema constitucional hoje, os direitos fundamentais (cláusulas pétreas), que dominam a interpretação sistemática de todas as Constituições (Zippelius, p. 178) e de todo o direito, enquanto direitos humanos (Jayme, p. 36 e s.). Se pensarmos em termos de gerações ou dimensões de direitos humanos, os primeiros de liberdade (Pansieri, p. 402), parece saudável que a Constituição de 1988 diferenciou melhor os privilégios (patrimoniais) de invenção, marcas, patentes industriais, também presentes no catálogo ou lista dos direitos e garantias fundamentais (individuais e coletivos, incisos XXVII, XXVIII e XXIX do art. 5º da CF/88) e preferiu tratar da liberdade de expressão/exteriorização da atividade científica em si, no art. 5º, XI, uma liberdade criadora (não uma liberdade de exclusividade, protetora, formal, veja Silva, 2007-A, p. 98), de certa forma inovando, no sistema, em relação a todas as outras Constituições brasileiras, de 1824, 1891, 1934, 1937, 1967 e 1969. Neste sentido, os arts. 218 e 219 servem para deixar claro, ao estabelecer os "instrumentos e aspectos organizacionais" (Silva, 2007-A, p. 183) dos direitos sociais, isto é, que *Ciência* é prioritariamente um *direito social no Brasil*. E, por fim, o art. 23, V, da CF/88 bem especifica esta nova visão do dever-competência em relação à ciência, demonstrando a sua interconexão com a educação e a cultura, em geral. Para valorar melhor esta original sistematização da Constituição de 1988, devemos começar relembrando que a visão sistemática de Dürig, valorizada por seu poder simbólico por Alexy (1996, p. 174 e s.), a qual divide em três "degraus" (espaciais) o sistema de valores da Constituição impostos pela valorização dos direitos fundamentais. Este modelo dos três degraus (*Drei-Stufen-Modell der Grundrechte*) de Dürig para direitos fundamentais cria uma certa hierarquia entre o princípio máximo-fundante (*Konstitutionsprinzip*) da dignidade da pessoa humana, que é a base, o degrau inicial, o degrau verdadeiramente fundamental e coloca em um segundo "degrau" ou nível hierárquico, os direitos fundamentais gerais de liberdade, como o da liberdade de expressão, e somente em um terceiro nível ou "degrau", os direitos fundamentais especiais de liberdade e os direitos fundamentais de igualdade, como os direitos sociais. Para Dürig, a relação entre os direitos do segundo degrau e do terceiro é como a da *lex generalis* e da *lex specialis*. Em outras palavras, os direitos de liberdade gerais encontram mais precisão e concretude nos direitos sociais de igualdade e no direito especial de liberdade de expressão e criação científica, que nada mais são justamente que precisões dos dois primeiros. Nesta verdadeira "escada" constitucional, o aplicador da lei só pode subir se respeita o primeiro e o segundo degrau. Isto é, não haveria terceiro degrau se não houvesse o primeiro, sua base inicial e o segundo, a generalidade dos direitos fundamentais de liberdade. E os três degraus constituem um só objeto, uma só escada, um só caminho de lógica, são o mesmo objeto (direitos fundamentais) e são diferentes (dignidade, liberdade geral, liberdades especiais e igualdade). Esta figura de linguagem também destaca que o terceiro degrau dos direitos sociais, que comentamos, é o nível mais alto, daí a dificuldade de sua aplicação. Esta teoria de Dürig, mesmo que hoje superada, cria a figura de linguagem que apreende toda a importância deste conjunto de normas sobre ciência na Constituição: ciência é instrumento de dignidade, de liberdade geral, liberdade especial individual e coletiva, fonte de igualdade, é direito social!

8.5. Eficácia das normas do Capítulo da Ciência e Tecnologia na Ordem Social

Parte da doutrina (veja Paula, p. 246) e dos comentaristas (Ferreira Filho, p. 266-267) pouco significado têm dado a este Capítulo IV da Constituição, a demonstrar que este duplo sentido de "ciência" é, sim, sua debilidade; mas pode ser sua força, ainda mais na Ordem Social (e Direito Privado). Os arts. 218 e 219, em conjunto com as outras normas constitucionais, regulam estes "direitos sociais", direitos fundamentais, formando todos o conceito jurídico constitucional de Ciência no Brasil. Neste Capítulo IV, são traçadas as linhas mestras e valores (*opção-decisão*), que deverão reger a ciência e a tecnologia, sua força normativa (Hesse, 1991, p. 1) e eficácia horizontal (*Drittwirkung*) no direito privado. Na ADI 3.510, o Supremo Tribunal Federal destacou esta visão unitária da Constituição de 1988, realçando a dignidade da pessoa humana, o princípio da liberdade da ciência e seus limites, a importância da ciência e da tecnologia para os indivíduos, a sociedade e não só o Estado. Em outras palavras, a Constituição de 1988, quando regula a educação, cultura, ciência e tecnologia na ordem social, esclarece que, no desenvolvimento pleno da personalidade a *ciência* é hoje *parte essencial*: *ciência* faz parte da personalidade, do *homo faber*, na expressão famosa de Hannah Arendt, o homem criativo e trabalhador da ordem social (e cultural); *ciência* (e tecnologia) faz parte da personalidade do *homo economicus*, desde a visão de Adam Smith (Mastetten, p. 268e s.), aquele que atua no mercado, que consome, que se define pela informação, produtos e conhecimento que detém, como parte de sua esfera de poder, do patrimônio pessoal do cidadão-consumidor (ordem econômica).

Art. 218. O Estado promoverá e incentivará o desenvolvimento científico, a pesquisa, a capacitação científica e tecnológica e a inovação.

Claudia Lima Marques

1. História da norma

O Relatório final da "Subcomissão da Ciência e Tecnologia e Comunicação Social" (da Constituinte Cristina Tavares) alerta para importância de uma política constitucional sobre ciência e tecnologia e de investimentos para o desenvolvimento científico e tecnológico da nação, afirmando: "O *desafio* que se impõe à Constituinte, é que deverá refletir as *coordenadas gerais* da sociedade e da nação brasileira... Na verdade, é sobre estes *pilares* e em sua articulação que se baseiam a capacidade do homem no que tange à *organização da sociedade* e às possibilidades de vencer os desafios que lhe são postos neste processo... Ao se falar de *autonomia* não se está defendendo um isolamento irreal e indesejável no *mundo moderno*... não significa xenofobismo mas condições de dividir internamente *que tecnologia* utilizar, como absorvê-la, onde e como obtê-la... A *ciência e a tecnologia* poderão contribuir para a *solução ... de problemas do país*, mas não o farão necessariamente. Sendo assim, torna-se *necessário que a Carta Magna defina as prioridades nacionais*, aplicando recursos em *áreas estratégicas*, gerando incentivos para que a iniciativa privada o faça... *para o desenvolvimento científico e, sobretudo, tecnológico de uma nação*" (Assembleia Nacional Constituinte, volume 210, VIII-b, p. 2). O projeto original estudado nesta Subcomissão tinha três artigos separados sobre o tema da ciência e da tecnologia, sendo que quanto ao futuro art. 218 interessa-nos apenas o primeiro destes artigos. Seu texto era o seguinte: "Art. 1º, *caput*. O Estado *promoverá* o desenvolvimento científico e a *autonomia tecnológica*, atendendo as prioridades nacionais, regionais e locais, bem assim a difusão dos seus resultados, tendo em vista a transformação da realidade brasileira de modo a assegurar a melhoria das condições de vida e *de trabalho* da população e *do meio ambiente*. § 1º É garantida *liberdade de opção dos pesquisadores*, instrumentada pelo *incentivo* à investigação, criatividade e invenção. § 2º É assegurado, na forma da lei, *o controle pela sociedade*, das aplicações *da tecnologia*. § 3º A pesquisa deve refletir seu *compromisso com as prioridades regionais e locais, bem assim sociais e culturais*, tendo em vista sobretudo a realização do bem comum, o benefício da coletividade e a plena utilização de seus recursos humanos-culturais". No momento da aprovação, o art. 1º (futuro art. 218) ficou com apenas um parágrafo: "Art. 1º, *caput*. O Estado *promoverá* o desenvolvimento científico e a *capacitação técnica* para assegurar a melhoria das condições de vida da população e a *preservação do meio ambiente*. Parágrafo. A pesquisa *promovida pelo Estado* refletirá *prioridades* nacionais, regionais, locais, sociais e culturais". Os trabalhos da Comissão de Sistematização (Projeto Cabral I e II) e a votação do texto final instituíram o que podemos resumir como regras de um "capitalismo social" de "corresponsabilidade entre Estado, empresa e sociedade" e ganharam em muito com a contribuição da Sociedade Brasileira pelo Progresso da Ciência para o texto final com a inclusão dos três primeiros parágrafos. Na Comissão de Sistematização, o primeiro substitutivo (chamado de Cabral I, em homenagem ao Relator Bernardo Cabral) era, no que se refere ao art. 218, o seguinte: "Art. 288. O Estado promoverá o desenvolvimento científico, *a autonomia* e a capacitação *tecnológica*". Na Comissão de Sistematização, o segundo substitutivo (chamado de Cabral II) foi: "Art. 246. O Estado promoverá *e incentivará* o desenvolvimento científico, *a autonomia* e a capacitação *tecnológica e a pesquisa científica básica*". A Sociedade Brasileira pelo Progresso da Ciência manifestou-se, sugerindo o reaproveitamento do Projeto elaborado por Florestan Fernandes, José Albertino e Pedro Dallari, que resultou, com a ajuda dos constituintes Cristina Tavares, Octávio Elísio e Olívio Dutra, na inclusão de três incisos ao atual art. 218: "Primeiro – A pesquisa científica básica desenvolvida com plena autonomia receberá tratamento prioritário do Poder Público. Segundo – A pesquisa tecnológica voltar-se-á para a solução dos problemas brasileiros na escala nacional, regional e local. Terceiro – O compromisso do Estado com a ciência e a tecnologia deverá assegurar condições para a valorização dos recursos humanos nelas envolvidos e para a ampliação, plena utilização e renovação permanente da capacidade técnico-científica instalada no País". Esta ementa vem assim justificada pelo relator auxiliar na área de Ciência e Tecnologia, Virgílio Távora: "... embora curto, sucinto, talvez seja um dos capítulos mais afirmativos desta Constituição esse da Ciência e da Tecnologia... Trata-se de emenda que ... vem completar essa ideia central, essa ideia de capacitação autônoma tecnológica, e ao mesmo tempo faz ... a aglutinação do meio científico com a busca do poder público deste desiderato. Fraqueza muito grande de nosso desenvolvimento tecnológico foi sempre a separação entre o Poder Executivo, pelos seus diferentes órgãos, e a comunidade científica" (*Diário da Assembleia Nacional Constituinte* (supl. C), quarta-feira, 27-1-1988, p. 2245). O projeto final da Comissão de Sistematização (Projeto A) foi quase exatamente o texto do art. 218, com os três novos parágrafos antes mencionados e o seguinte *caput*: "Art. 253. O Estado promoverá *e incentivará* o desenvolvimento científico, *a autonomia* e a capacitação *tecnológica e a pesquisa científica básica*" (Projetos de Constituição – Quadro comparado – Senador José Inácio Ferreira, p. 340-341). Em maio de 1988, mais duas emendas incluíram os dois restantes parágrafos ao atual art. 218 (*Diário da Assembleia Nacional Constituinte* (supl. C), quarta-feira, 25-5-1988, p. 10717).

A emenda 634, de Marcelo Cordeiro, propunha o referido "capitalismo social" e instituir uma "corresponsabilidade entre estado, empresa e sociedade", um "desenvolvimento socialmente comprometido", afirmando: "No campo da tecnologia a solidariedade é essencial, para que seja possível um desenvolvimento tecnológico que possa repercutir no bem-estar de todos e no progresso geral da economia do país". O § 5º do atual art. 218 nasceu como proposta a um artigo no capítulo da educação (art. 215, § 6º), mas o Constituinte Octávio Elísio (*Diário da Assembleia Nacional Constituinte* (supl. C), quarta-feira, 31-8-1988, p. 13808) propôs sua fusão com o art. 218, pois os recursos previstos na emenda Florestan Fernandes deveriam ir para a pesquisa, ciência e tecnologia e não para o ensino. A menção ao ensino foi mantida, mas a norma tornou-se o § 5º do artigo, permitindo a vinculação orçamentária à pesquisa (*Diário da Assembleia Nacional Constituinte* (supl. C), sexta-feira, 24-5-1988, p. 11591-11592). Como se observa, em resumo, foi retirada a menção à "autonomia tecnológica" (que foi para o art. 219), à autonomia de pesquisa (SBPC) e o art. 218 ficou com cinco parágrafos com redação levemente modificada do texto nas votações do Projeto B, assim o Projeto C foi promulgado em 5 de setembro de 1988, com redação mais enxuta e coerente. Em resumo, as discussões na Constituinte conseguiram tornar o texto mais efetivo ao incluir o verbo "incentivar" (*caput*) e os cinco parágrafos e ao passar o tema da autonomia tecnológica e do bem-estar da população para o art. 219, incluindo o das prioridades nacionais e regionais. Retirada foi a menção ao meio ambiente. Através da Emenda 85, de 2015, foi incluída a expressão "inovação", e a capacitação foi dividida em "científica" e "tecnológica", tendo entrado em vigor dia 27 de fevereiro de 2015. A Emenda 85, de 2015, incluiu a expressão "inovação" também nos §§ 1º, 3º, 6º e 7º, criou o parágrafo único do art. 219 e os arts. 219-A e 219-B.

2. Constituições brasileiras anteriores

Veja nos comentários iniciais ao capítulo. A Constituição de 1891, no art. 35, 2º, regulava entre as "Atribuições do Congresso" as de "animar no país o desenvolvimento das...ciências"; a Constituição de 1934, no art. 148, afirmava caber "à União, aos Estados e aos Municípios favorecer e animar o desenvolvimento das ciências"; a Constituição de 1937 menciona pela primeira vez o "dever do Estado" de "contribuir": "Art. 128. A arte, *a ciência* e o ensino são livres à iniciativa individual e a de associações ou pessoas coletivas públicas e particulares. *É dever do Estado contribuir, direta e indiretamente, para o estímulo e desenvolvimento de umas* e de outro, favorecendo ou fundando instituições artísticas, *científicas e de ensino*" e ainda, afirmou o vínculo entre a riqueza e progresso do país e a liberdade de ciência: "Art. 135. Na iniciativa individual, no *poder de criação*, de organização e *de invenção* do indivíduo, exercido nos limites do bem público, *funda-se a riqueza e a prosperidade nacional*". A Constituição de 1946 preferiu mencionar "o amparo": "Art. 174. *O amparo à cultura é dever do Estado*. Parágrafo único. A lei *promoverá* a criação *de institutos de pesquisas*, de preferência junto aos estabelecimentos de ensino superior". A Constituição de 1967 preferiu "incentivar" e o "amparo": "Art. 171. Parágrafo único. O Poder Público incentivará *a pesquisa científica e tecnológica*. Art. 172. O amparo à cultura é *dever do Estado* ...", no que foi repetida pela EC 1/69, nos arts. 179 e 180. A expressão "inovação" é nova na história constitucional brasileira.

3. Constituições estrangeiras

Os comentaristas (Martins, p. 847) destacam, no que se refere à ciência e tecnologia, a existência de normas semelhantes nas Constituições do Chile (art. 19,10), Espanha (art. 44,2), Itália (art. 33), Paraguai (art. 98), Peru (art. 40), Portugal (art. 81), Uruguai (art. 70) e Venezuela (art. 79). A Constituição do Vietnã menciona a tecnologia no título do capítulo intitulado "Cultura, educação, ciência e tecnologia" e desenvolve em dois artigos (37 e 38), o tema. No art. 37 afirma (em tradução livre): "1. O desenvolvimento da ciência e da tecnologia é a política nacional primária. Ciência e Tecnologia têm um papel fundamental no desenvolvimento socioeconômico do país". O art. 8, 16, da Constituição da República Dominicana afirma, quanto aos direitos individuais e sociais: "El Estado procurará la más amplia difusión de la ciencia y la cultura, facilitando de manera adecuada que todas las personas se beneficien con los resultados del progreso científico y moral". O fomento à "pesquisa e ao desenvolvimento científico e tecnológico" está presente no art. 75 da Constituição argentina, mas como competência do Congresso: "Artículo 75. – Corresponde al Congreso: ... 19. Proveer lo conducente al desarrollo humano, al progreso económico con justicia social, a la productividad de la economía nacional, a la generación de empleo, a la formación profesional de los trabajadores, a la defensa del valor de la moneda, *a la investigación y al desarrollo científico y tecnológico, su difusión y aprovechamiento*". A Constituição de El Salvador, no Capítulo II – Derechos sociales, Sección tercera – Educación, Ciencia y Cultura, no art. 53, afirma: "El derecho a la educación y a la cultura es inherente a la persona humana; en consecuencia, es obligación y finalidad primordial del Estado su conservación, fomento y difusión. *El Estado propiciará la investigación y el quehacer científico*". A *Grundgezetz* alemã (Lei Fundamental de Bonn) prioriza a liberdade da ciência, como direito fundamental, sobre dois aspectos, ensino e pesquisa (Jarass/Pieroth, p. 192). Na tradução em espanhol: "Artículo 5... 3. Serán libres el arte *y la ciencia, la investigación y la enseñanza*. La libertad de enseñanza no exime, sin embargo, de la lealtad a la Constitución". Já a Seção 8 da Constituição dos Estados Unidos da América une os temas do progresso e da ciência através do privilégio ou direito de exclusividade do autor ou inventor: "Clause 8: To promote the Progress of Science and useful Arts, by securing for limited Times to Authors and Inventors the exclusive Right to their respective Writings and Discoveries". Concluindo, a mais semelhante em espírito e quanto à "política científica e tecnológica" é a Constituição portuguesa. Seu art. 81 afirma: "(Incumbências prioritárias do Estado) Incumbe prioritariamente ao Estado no âmbito econômico e social: l) Assegurar uma política científica e tecnológica favorável ao desenvolvimento do país; ...".

4. Direito internacional

Veja comentários iniciais ao capítulo. Veja os acordos internacionais sobre propriedade intelectual e atuação da OMPI e da OMC (em especial em Biotecnologia e OGMs), a atuação da ONU, em especial, a Declaração Universal sobre o Genoma Humano e a Declaração das Nações Unidas sobre Clonagem Humana e na UNESCO, em especial, a Declaração Universal sobre Bioética e Direitos Humanos (2005).

5. Dispositivos constitucionais e legais relacionados

5.1. Constitucionais

Arts. 5º, IX, XXVII, XXVIII e XXIX, 6º, 23, V, 24, IX (EC 85), 167, § 5º, 193, 200, V (EC 85), 205, 206, II, 207, 213, § 2º (EC 85), 214, V, 215, 216, III, 219, 219-A e 219-B (EC 85), ainda (segundo a ADI 3.510) arts. 1º, III, 34, VII, *b*, 60, § 4º, IV, e (segundo a ADI 2.348-9/DF) arts. 3º, III, 43, § 2º, IV, 151, I, 165, § 7º, e 170, VII.

5.2. Legais

O art. 218 da CF/1988 foi regulamentado através do Marco Regulatório da Ciência, Tecnologia e Inovação (Lei n. 13.243/2016) e antes pela Lei n. 10.973, de 2 de dezembro de 2004, e pelo Decreto n. 5.563, de 11 de outubro de 2005, que estabelece medidas de incentivo à inovação e à pesquisa científica e tecnológica no ambiente produtivo, com vistas à capacitação e ao alcance da autonomia tecnológica e ao desenvolvimento industrial do país, "nos termos dos arts. 218 e 219" (Varela, p. 347 e s. destaca o papel de incentivo do CNPq, CAPES, FINEP, EMBRAPA, as Fundações Estaduais, como a FAPESP e os fundos). A Lei n. 11.080/2004 criou a Agência Brasileira de Desenvolvimento Industrial (ABDI), e as Leis n. 11.196/2005 e 11.487/2007 instituíram incentivos fiscais à inovação e pesquisa, assim como a Lei do Poder de Compra Nacional, Lei n. 12.349/2010, às licitações. O Fundo Nacional de Desenvolvimento Científico e Tecnológico, na Lei n. 8.172, de 18 de janeiro de 1991, é um exemplo (veja também Decreto-Lei n. 719, de 31 de julho de 1969). Em matéria de pesquisa, a Lei de Biossegurança, Lei n. 11.105/2005, e a Lei n. 10.332, de 19 de dezembro de 2001 (veja Decretos n. 4.143, de 25 de fevereiro de 2002, 4.154, de 7 de março de 2002, 4.157, de 12 de março de 2002, e 4.195, de 11 de abril de 2002), que institui mecanismos de financiamento para o Programa de Ciência e tecnologia para o Agronegócio; Programa de Fomento à Pesquisa em Saúde; Programa Biotecnologia e Recursos Genéticos – Genoma; Programa de Ciência e Tecnologia para o Setor Aeronáutico; Programa de Inovação para Competitividade. Dentre as medidas provisórias, beneficiando a importação de tecnologia pelo CNPq, veja Medida Provisória 191, de 11 de junho de 2004, que dá nova redação aos arts. 1º e 2º da Lei n. 8.010, de 29 de março de 1990, e acrescenta a alínea *f* ao inciso I do art. 2º da Lei n. 8.032, de 12 de abril de 1990, que dispõe sobre importações de bens destinados a pesquisa científica e tecnológica e suas respectivas isenções ou reduções de impostos. Veja também FINAME, agência especial de financiamento industrial e as demais autorizações para a política industrial, tecnológica e de comércio exterior (PITCE).

6. Jurisprudência

Veja comentários iniciais ao capítulo e aos parágrafos. Menção do *caput* na ADI 3.510/DF, que questiona o art. 5º da Lei de Biossegurança, Lei n. 11.105/05, sobre a autorização de pesquisas em células-tronco. Destaque-se que, na ADI 3.510, o Supremo Tribunal Federal valorizou a interpretação histórica, dos trabalhos e sugestões da constituinte (n. 28 do voto do relator Min. Carlos Britto), especialmente naquilo que foi recusado nos projetos originais, ementas e substitutivos em matéria de ciência. Veja sobre o contrato de gestão e os esforços em rede do Estado e Organizações Sociais, ADI 1923. Na jurisprudência do STF, destacam-se ainda a ADI 422/ES: "O artigo 218, § 5º, da Constituição Federal faculta aos Estados-membros e ao Distrito Federal a vinculação de parcela de suas receitas orçamentárias a entidades públicas de fomento ao ensino e à pesquisa científica e tecnológica. Precedentes: ADI 550, Rel. Min. Ilmar Galvão, Plenário, *DJ* de 18/10/2002; ADI 336, Rel. Min. Eros Grau, Plenário, *DJ* de 17/9/2010; e ADI 3.576, Rel. Min. Ellen Gracie, Plenário, *DJ* de 2/2/2007. 4. O artigo 197, § 2º, da Constituição do Estado do Espírito Santo determina a destinação anual de percentual da receita orçamentária estadual ao fomento de projetos de desenvolvimento científico e tecnológico, hipótese que encontra fundamento no artigo 218, § 5º, da Constituição Federal". (ADI 422 / ES, Tribunal Pleno Rel. Min. Luiz Fux, j. 23/8/2019, publicado 9/9/2019) e o Tema 500 (Dever do Estado de fornecer medicamento não registrado pela ANVISA): "I – O Estado não pode ser obrigado a fornecer medicamentos experimentais; II – A ausência de registro na ANVISA impede, como regra geral, o fornecimento de medicamento por decisão judicial; III – É possível, excepcionalmente, a concessão judicial de medicamento sem registro sanitário, em caso de mora irrazoável da ANVISA em apreciar o pedido (prazo superior ao previsto na Lei n. 13.411/2016), quando preenchidos três requisitos: (i) a existência de pedido de registro do medicamento no Brasil (salvo no caso de medicamentos órfãos para doenças raras e ultrarraras);(ii) a existência de registro do medicamento em renomadas agências de regulação no exterior; e (iii) a inexistência de substituto terapêutico com registro no Brasil; IV – As ações que demandem fornecimento de medicamentos sem registro na ANVISA deverão necessariamente ser propostas em face da União".

7. Bibliografia

Veja bibliografia no art. 218, § 1º, *infra*.

8. Comentários

8.1. Visões sobre ciência: Ordem e Ciência – Progresso e Tecnologia no Brasil

Ciência, como vimos, seria o abstrato, as leis universais que regem o mundo, o *quid*, o "saber" (razão e racionalidade, organização, estruturação, especulativa ou empírica deste saber ou descoberta). A ciência se baseia na vontade "de saber". Enquanto a "tecnologia" seria o concreto, o científico aplicado, o *quantum*, o prático. Se a ciência é a vontade "de saber" a realidade, a natureza, o cultural e o social, a tecnologia se baseia na vontade "de fazer", de transformar esta realidade. "Saber e fazer" são vontades independentes e dependentes, nem sempre coincidentes, mas sempre complementares, na "era do conhecimento", como "ordem e progresso", o nosso lema positivista desde a independência. Permitam-me o uso de nosso lema da bandeira brasileira para tentar explicar a nossa visão inicial bastante positivista de ciência. Se analisamos as ideias positivistas de Estado de Auguste Comte (1798-1857), que era professor de matemática e filosofia, o positivismo (Zippelius, p. 163) consegue explicar muito bem as regras e os princípios da ordem social, nesta visão ambígua que temos no Brasil, ao mesmo tempo burocrática e utópica, de "ciência" e que aparece nos discursos da constituinte de 1988 e no enunciados de todas as Constituições brasileiras. Desde o discurso da relatora da Subcomissão da Constituinte sobre ciência e tecnologia já notamos a estreita relação entre a ciência, a soberania e ordem nacional, em um combate a dependência tecnológica e científica internacional, que Cristina Tavares resume: "A soberania de uma nação será conquistada e mantida com a concorrência do fortalecimento da base científica e tecnológica interna ... . Torna-se necessário garantir a liberdade de pesquisa básica e a objetividade da pesquisa aplicada de forma que o país detenha e defenda uma estrutura científica capaz não somente de acompanhar o que se desenvolve nos países avançados, mas também em condições de gerar conhecimentos nas diversas áreas" (*ANC*, volume 210, VIII-b, p. 2). Ambas, ciência e tecnologia, são ao mesmo tempo atividades/liberdades humanas, fontes de "riqueza e de bem-estar" do homem e da sociedade como um todo, mas fontes de "poder" individual e social, uma vez que altamente valoradas na economia de mercado capitalista, como patrimônio imaterial e atividade econômica individual rentável. Se a diferença é pequena entre as noções de ciência e de tecnologia, pois a ciência é também um "resultado prático" (e hoje patenteável) em si e a tecnologia é um "saber" (direcionado e também patenteável hoje como "processo" ou *know-how*) em si, permitam-me utilizar esta diferença para realizar esta aproximação ao lema brasileiro (de nossa bandeira) da "ordem" e do "progresso". Ciência é, em última análise, "ordem". É ordem racional do pensamento, do conhecimento e do saber humano. Tecnologia é a prática resultante; a técnica, o caminho, o processo deste "progresso" anunciado pela evolução da ciência.

8.2. *Visão utópico-progressista e positivista-formalista de ciência e tecnologia e programaticidade das normas*

Em nossa opinião, ambas as expressões, ciência e tecnologia, são ontologicamente "progresso" (ou resultado) e são "ordem" (ou estrutura) da sociedade. O espírito do constituinte brasileiro de repeti-las no *caput* e nos vários parágrafos do art. 218 e de frisar sua diferença e sua interdependência (a ordem leva ao progresso e o progresso é a própria nova ordem – a ciência leva à evolução da técnica, a tecnologia é a própria aplicação da ciência), parece-me importante em sua interpretação como opção do legislador constituinte brasileiro. Efetivamente, como vimos, a história das normas constitucionais do Capítulo IV (arts. 218 e 219) da Constituição Federal de 1988 está intimamente ligada à evolução no tempo do pensamento jurídico sobre ciência e tecnologia, sua função econômico-social ou no "progresso" do País e evolução de nosso mercado interno (seja como direito, garantia ou liberdade individual ou seja como direito social, direito público de todos, parte da atividade do Estado a ser compartilhada com a livre-iniciativa econômica) e de suas bases ou limites (bem público), ético-jurídicos ou na "ordem" de nossa sociedade (como cultura, como dever de submeter-se à ordem constitucional, enquanto atividade intelectual livre de interesse e impacto social). A eficácia do texto constitucional (sempre considerado programático na história) tinha visões que ao mesmo tempo, se eram *burocráticas* e formalistas, eram bastante realistas, cotejando a técnica constitucional de positivar estes direitos sempre de forma flexível e a realidade de um Brasil totalitário, como ilustra esta bela passagem dos comentários de Pontes de Miranda (1968, p. 348-349): "A regra jurídica constitucional, ao falar de incentivo ..., apenas revela que em alguns setores do movimento de 1964 havia o reconhecimento de que o que mais falta ao Brasil é ciência e tecnologia. Mas apenas há programaticidade em termos gerais, sem percentual de verbas e sem criação de direitos aos que à ciência e à técnica se dedicam ou querem dedicar-se. Apenas se deu redação mais restrita ao texto de 1946". Aqui quero usar nosso lema (positivista) da bandeira brasileira, "ordem e progresso", para uma analogia simplificadora do sentido de "ciência e tecnologia" em nosso programa constitucional de valores. Em outras palavras, parece-me que a visão ao mesmo tempo utópico-progressista e burocrático-formalista que temos de "ciência", como direito público (individual e social) presente em todas as nossas Constituições, só pode ser explicada por uma visão intrinsecamente positivista (Zippelius, p. 163) e programática (Pontes de Miranda, 1968, p. 349: "A regra jurídica do art. 172, apesar da expressão 'dever', é programática") e daí reducionista (Mendes/Coêlho/Branco, p. 20-21) do potencial destas normas constitucionais na história. Assim, o significado destes enunciados constitucionais bastante claros – se vistos com os olhos de hoje da teoria dos direitos fundamentais e constitucionais – tendeu a ser *simbólico ou discursivo* (Neves, p. XI) em um afã utópico e nacionalista das funções da ciência no progresso ("A força dos povos ... está no que a cada momento aumentam à ciência", Pontes de Miranda, 1968, p. 348) e na manutenção da soberania nacional ("A soberania de uma nação será ... a... base científica e tecnológica interna", discurso de Cristina Tavares na Constituinte). A pergunta é se a Constituição de 1988, e seu art. 218, conseguiu resolver todos esses problemas de uma visão positivista de Ciência, ou apenas os reduziu.

8.3. *Diretriz constitucional: função promocional do Estado em relação ao desenvolvimento científico, pesquisa em geral e capacitação e tecnológica*

O *caput* do art. 218 é a norma principal deste Capítulo IV do Título III, dedicado – pela primeira vez na história constitucional brasileira – somente à Ciência e Tecnologia, e impõe uma forte e clara diretriz constitucional da *função promocional do Estado* em relação ao desenvolvimento científico, pesquisa em geral e capacitação tecnológica. Trata-se de um dever [ativo] do Estado em geral, uma tarefa positiva do Estado (diretriz vinculando o Estado-Legislador, Estado-Executivo e Estado-Juiz) ou uma competência [legislativa] do Estado (art. 218 c/c art. 23, V, da CF/88, a vincular os atos legislativos do Estado) de "promover" e "incentivar" as ciências e a tecnologia. A norma menciona *três focos para esta função promocional do Estado*: 1) *O desenvolvimento científico* ou evolução positiva, progresso das ciências em geral (o § 1º menciona o "progresso das ciências" ao lado do "bem público"). 2) *A pesquisa científica em geral*, como demonstram também os parágrafos do art. 218, que encontram (e devem encontrar seu fundamento no *caput*). Note-se, pois, que o § 1º menciona e assegura mesmo prioridade à pesquisa científica básica, a evidenciar que a menção do *caput* do art. 218 à pesquisa é ampla e não somente à pesquisa tecnológica mencionada no § 2º, também o § 4º menciona a pesquisa *tout court*, como forma de englobar ambas e o § 5º faz questão de mencionar que o fomento deve ser à "pesquisa científica e" à pesquisa "tecnológica". Por fim, mencione-se que a importância constitucional da pesquisa e seu valor "político" (Derani, p. 172) no contexto geral do art. 218 e seus parágrafos é tamanha que vem ela, no § 3º mencionada ao lado dos elementos principais do capítulo: "ciência, pesquisa e tecnologia". 3) *A capacitação tecnológica*, envolvendo formação, aperfeiçoamento e ensino de pesquisadores, cientistas e técnicos, isto é, a formação de recursos humanos em tecnologia e ciência mencionada no § 4º, e formação através também do ensino, mencionado no § 5º e, em especial, da formação para à pesquisa científica básica e tecnológica em geral dos §§ 1º e 2º.

8.4. Princípio do desenvolvimento científico: objetivo e dever-função do Estado

O art. 218, *caput*, estabelece um princípio "do desenvolvimento científico", considerando *Ciência* como gênero, onde se inclui também o desenvolvimento tecnológico (espécie). A expressão também evita o que Nogueira Saldanha (p. 327) denominou tendência brasileira de "nacionalismo e desenvolvimentismo" desde Vargas. A evolução dos trabalhos da constituinte demonstra que o enunciado do art. 218 sempre se referiu ao "desenvolvimento científico" *lato sensu* como afirmação inicial e principiológica do artigo que abre o Capítulo IV do Título III da CF/1988. Exatamente, no sentido que o Supremo Tribunal Federal lhe interpretou na ADI 3.510 (em especial veja voto da Min. Ellen Gracie, que, como parâmetros de decisão, destaca: "O fundamento da dignidade da pessoa humana (art. 1, III), ... o direito à livre expressão da atividade científica (art. 5º, IX) ... o dever do Estado ... de promover e incentivar o desenvolvimento científico, a pesquisa e a capacitação tecnológica (art. 218, *caput*)". Ao denominar o princípio como de favorecimento do desenvolvimento científico não há, pois, exclusão, mas, sim, consciente destaque que o princípio retirado do art. 218, *caput*, refere-se à *Ciência* em geral, como concorda Ives Gandra Martins (p. 849): "Por desenvolvimento científico *lato sensu* há de se entender tudo aquilo que o estudo da ciência pode proporcionar, sem qualquer limitação, inclusive o desenvolvimento tecnológico. Na dicção constitucional, é o mais lato possível o sentido pretendido". Assim, mister frisar que o sujeito passivo da norma do art. 218, na dimensão objetiva, geralmente destacada, é o Estado. Ou, como ensina o citado comentarista: "O dispositivo volta-se à função do Estado, que é aquela da promoção do desenvolvimento. Cabe ao Estado promover e incentivar as atividades nesse campo" (Martins, p. 488). A base deste princípio constitucional do desenvolvimento científico (princípio específico no que se refere à Ciência como tarefa do Estado) é justamente a norma do art. 3º, II, da CF/1988: "Art. 3º Constituem objetivos fundamentais da República Federativa do Brasil: (...) II – garantir o desenvolvimento nacional". Promover o desenvolvimento científico, em geral, é pois um dos reflexos deste "objetivo fundamental da República" (art. 3º, II, combinado com art. 218 da CF/1988). Trata-se de princípio específico, que impõe não só um objetivo da ação estatal, através das Universidades públicas (Oliveira/Adeodato, p. 9), dos Institutos de Pesquisa Científica e Tecnológica, dos Fundos e Programas de Ação no Brasil, como veremos a seguir, mas também um dever do Estado. É a eminente Ministra Ellen Gracie, do Supremo Tribunal Federal, que esclarece, em voto na ADI 3.510/DF, tratar-se de "dever do Estado... de promover e incentivar o desenvolvimento científico, a pesquisa e a capacitação tecnológica (art. 218, *caput*)". Na visão do Supremo Tribunal Federal, parece impor o art. 218 novamente uma tarefa que é dever do Estado. O art. 23, V, antes mencionado também é neste sentido. Os constitucionalistas afirmam tratar-se de direito social (na dimensão subjetiva) e de dever-função ou tarefa do Estado (na dimensão objetiva e institucional). O art. 23 da CF/1988 especifica este dever-competência (Silva, 2007-A, p. 274), isto é, um dever em forma de competência concorrente da União de "proporcionar os meios de acesso à cultura, à educação *e à ciência*". Assim também a Constituição brasileira de 1988, no art. 200, V, inclui um dever específico do Estado, através do SUS – Sistema Único de Saúde, de "incrementar o desenvolvimento científico e tecnológico na área de saúde".

8.5. Pesquisa: liberdade e limites constitucionais

Pesquisar "é a atividade que vai nos permitir, no âmbito da ciência, elaborar um conhecimento, ou um conjunto de conhecimentos, que nos auxilie na compreensão desta realidade e nos oriente em nossas ações" (Pádua, p. 29). Pesquisa é a atividade do cientista, do pesquisador (veja comentários ao § 3º a seguir). Karl Popper (p. 27) define pesquisador como "um cientista, seja teórico ou experimental", que "formula enunciados ou sistemas de enunciados e verifica-os um a um". Pesquisar é, sim, procurar, pensar e refletir, ler e perguntar, criticar e confirmar, é descobrir, enfim, é buscar uma visão, uma explicação, uma ideia, uma solução para as perguntas e problemas que nos movimentam e interessam; é construir, formar e organizar um pensamento (próprio ou não); é alcançar um resultado que apazigue ou que confirme a inquietude inicial (Marques, 2001, p. 63). Como ensina Pádua (p. 29), em "um sentido amplo, pesquisa é toda atividade voltada para a solução de problemas, como atividade de busca, indagação, investigação, inquirição da realidade...". Como vimos, o título deste Cap. IV bem determina que aqui visadas são as ciências (da ciência) e todas as tecnologias, logo, em matéria de pesquisa – como bem esclarece os parágrafos do art. 218, visada é a pesquisa científica em todas as suas manifestações e finalidades (pesquisa básica, aplicada, tecnológica, industrial, pesquisa nas ciências sociais, humanas, exatas e da terra, da saúde, etc.). Nos parágrafos, a pesquisa é adjetivada e não no *caput*. Deste conjunto de menções à pesquisa, acompanhada de adjetivos, retiramos que a menção do *caput* do art. 218 é geral, a todos os tipos de pesquisa na Ciência. Ou, como afirma Pontes de Miranda (1968, p. 349), destas menções retira-se que "[no antigo art. 171, parágrafo único]... há a função de incentivo de pesquisas científicas e tecnológicas. Não necessariamente juntas". Fomentar e incentivar a pesquisa [científica] em geral é dever do Estado (ADI 3.510), é tarefa imposta por este *caput*, é competência e função do Estado, que será complementada e guiada pelas normas dos parágrafos do art. 218. Já liberdade de pesquisa, enquanto liberdade científica e de expressão, é assegurada especialmente pelo art. 5º, IX, como ensina o Min. Carlos Britto (ADI 3.510, n. 62): "Ciência,... faz parte do catálogo dos direitos fundamentais da pessoa humana. ... art. 5º, IX – é livre a expressão da atividade ... científica ...". O art. 218 não enuncia expressamente este princípio (da liberdade da ciência e da pesquisa), mas se trata de um princípio implícito garantido pelo conjunto de normas constitucionais (arts. 5º, IX, 6º, 23, V, 205, 206, II, 207, 214, 215, 216, III, e 218) e explícito, no art. 5º, IX.

Esta liberdade, em face da noção de pleno desenvolvimento da pessoa, subdivide-se em liberdade de expressão científica, liberdade de criação científica, liberdade de pensamento e de fazer científico, liberdade de ensino, pesquisa e divulgação científica. Nenhuma liberdade é, porém, sem limites. Veja, sobre os limites éticos e constitucionais à liberdade de pesquisa, os comentários ao § 2º do art. 218, a seguir.

8.6. Capacitação científica e tecnológica e a inovação

Capacitação é um processo educativo para adquirir competências, habilidades e técnicas, formação (ensino) e aperfeiçoamento de recursos humanos em tecnologia (logo, em ciência). Para Ives Gandra Martins (p. 849), capacitação tecnológica é " a habilitação das pessoas para o exercício dos avanços tecnológicos, para seu uso e para seu proveito". Para Cretella Jr. (p. 4486), é "a possibilidade, idoneidade ou aptidão que uma dada indústria, empresa ou instituto apresenta no emprego de técnicas e processos modernos para atingir seus fins". Capacitar é um neologismo que significa ensinar, formar, atualizar, aperfeiçoar pessoas (recursos humanos nas universidades, institutos e empresas), no caso, em tecnologia. Dos três focos ou diretrizes do *caput* do art. 218, este parece ser o mais fraco, mas complementado pelos §§ 3º, 4º e 5º (e mesmo pelo § 2º sobre pesquisa tecnológica). Por força do § 4º observa-se que esta capacitação (formação e aperfeiçoamento), se, em relação à pesquisa tecnológica, deve também contribuir para o objetivo constitucional, o desenvolvimento do "sistema produtivo nacional e regional" e a "solução dos problemas brasileiros". Note-se que na Constituinte havia um outro foco ou objetivo no *caput* do atual art. 218, a *autonomia tecnológica*, tanto no projeto da Subcomissão, no art. 1º ("autonomia tecnológica"), quanto no da SBPC ("a autonomia e a capacitação tecnológica"), e no projeto Cabral II ("art. 246. ... *a autonomia* e a capacitação tecnológica") mas apenas a "capacitação tecnológica" foi aprovada no projeto final, daí talvez não ter a doutrina destacado este foco em especial (veja críticas in Silva, 2007-A, p. 818). Com a EC 85, modificou-se o texto para distinguir capacitação científica, antes não mencionada, da tecnológica e incluir a menção à inovação. De acordo com o Marco Regulatório da Ciência, Tecnologia e Inovação (Lei n. 13.243/2016), entende-se por inovação "a introdução de novidade ou aperfeiçoamento no ambiente produtivo e social que resulte em novos produtos, serviços ou processos ou que compreenda a agregação de novas funcionalidades ou características a produto, serviço ou processo já existente que possa resultar em melhorias e em efetivo ganho de qualidade ou desempenho."

8.7. Promover e incentivar: qual a eficácia da norma?

A doutrina brasileira majoritária (veja Silva, 2008, p. 145) não tem dúvidas que o art. 218 inclui-se como regulando direitos sociais (logo, direitos fundamentais), mas os considera programáticos (Silva, 2008, p. 150). José Afonso da Silva (2008, p. 149-150) ensina: "As normas programáticas são de grande importância ... porque procuram dizer para onde e como se vai, buscando atribuir fins ao Estado, esvaziado pelo liberalismo econômico", e são, normalmente, vinculadas à disciplina das relações econômico-sociais, normas "de sentido teleológico, porque apontam para fins futuros e servem de pautas de valores". Assim a natureza das liberdades (e direitos constitucionais), asseguradas no art. 218, seria de simples "recomendações" (Ferreira Filho, p. 266) ou "programas" (Tácito, p. 32) e sempre "referida aos Poderes Públicos" (Silva, 2008, p. 150). Flávio Pansieri (p. 402) afirma que este "programa constitucional" é muitas vezes apenas considerado limite (reserva do possível) ou impulso (opção de metas) para programas de Governo. Em outras palavras, que estas normas seriam consideradas simples tarefas exclusivas do Estado, uma primeira dimensão objetiva (como imposição normativa e de princípio), mas sem uma dimensão subjetiva, ou de maior densidade, com prestações aos cidadãos muito claras. Como vimos, a tradição constitucional brasileira é de mencionar as ciências, com os verbos: "animar" (1891, 1934), "favorecer" (1934), "contribuir"(1937), "amparar" (1946, 1967, EC 1/1969), "incentivar" (1967, EC 1/1969, 1988) e foi completada com o verbo "promover" na Constituição de 1988. Quanto ao *caput* do art. 218, vale lembrar a teoria de Konrad Hesse (2001, p. 98-99), segundo o qual existem normas constitucionais que se distinguem dos direitos fundamentais, e que seriam normas enunciadoras de tarefas do Estado em forma de princípio (*Staatszielbestimmungen*). Seriam normas constitucionais vinculantes para o Estado (União, Estados e Municípios ou para as entidades que mencionam), normas que "ordenam a atividade estatal de permanente observância ou satisfação de determinadas tarefas – finalidades objetivamente especificadas" – e seriam mais (e diferentes) do que os mandatos legislativos, que somente obrigam ao legislador a criar regulamentações de tipo complementar e também se diferenciariam dos direitos fundamentais "sociais" no sentido em que não fundamentam direitos subjetivos individuais, mas como os direitos fundamentais clássicos de liberdade, contém direito constitucional objetivo (Hesse, p. 99).

A norma do *caput* do art. 218 traz deveres do Estado, em regras, a saber, sobre incentivo à pesquisa e à capacitação tecnológica, mas traz também um princípio, do desenvolvimento científico, o que pode e deve ser valorado pelo intérprete.

8.8. Visão atual pós-positivista de ciência e tecnologia: é possível superar a programaticidade?

O desafio é agora, tendo em vista a força de um mandamento constitucional em um Estado Social de Direito (Bonavides, p. 373), dar novo significado a estes enunciados constitucionais sobre "ciência" em geral como direito constitucional (individual e social), como fazendo parte do mandamento da ordem social do Brasil. Este novo significado se inicia pela constatação que somos um Estado mais Social do que antes da Constituição de 1988. Nestes comentários, quero destacar – com meu mestre Erik Jayme –, que o *double coding* (Jayme, p. 247) ou a significação dupla dos enunciados normativos, ainda mais constitucionais, é típica do direito pós-moderno e é, ao mesmo tempo, uma possibilidade para "atualizar" a interpretação destes enunciados às necessidades e anseios da sociedade contemporânea. Neste mesmo sentido, mencione-se, em uma visão sistemática da Constituição de 1988, a competência-dever imposta ao Estado em geral, no art. 23, V, e a regra geral de interpretação do art. 193, que abre o Título da Ordem social. Em minha opinião, os votos da ADI 3.510 apontam para esta mudança, para uma visão humanista e social de ciência (pós-moderna ou pós-positivista), marcada por uma nova visão de valorativa da unidade da Constituição, de seus princípios e do próprio art. 193 que abre a ordem social da Constituição de

1988. Somente uma visão como esta superará o formalismo burocrático e reducionista da visão positivista de ciência, que dominou nossa doutrina e prática (Ribeiro, p. 5), e pode assegurar novos significados e mais eficácia ao art. 218 da Constituição de 1988. Ciência não é só liberdade individual (art. 5º, IX, XXVII, XXVIII e XXIX) e social (arts. 6º, 205, 206, II, 215 e 218, *caput*), é dever ou tarefa do Estado (arts. 23,V, 193, 207, 214,V, 216, III, 218 e 219). Como vimos, o Supremo Tribunal Federal prioriza hoje um "olhar pós-positivista" de ciência no texto constitucional, uma visão unitária de todas as normas, seus valores e também seus limites, um "olhar conciliatório do nosso ordenamento com os imperativos da ética humanista e justiça material" (n. 70 do voto-relator, Min. Carlos Britto, ADI 3.510/DF). Especialmente os parágrafos do art. 218 e seu *caput* parecem ter sido redigidos para superar as críticas de Pontes de Miranda e tornar a norma constitucional de maior densidade e eficácia.

Art. 218, § 1º A pesquisa científica básica e tecnológica receberá tratamento prioritário do Estado, tendo em vista o bem público e o progresso da ciência, tecnologia e inovação.

Claudia Lima Marques
Rosângela Lunardelli Cavallazzi[1]
Bruno Miragem[2]

1. História da norma

Na Subcomissão da Ciência e Tecnologia, o projeto original estudado nesta Subcomissão tinha três artigos separados sobre o tema da ciência e da tecnologia (e nenhum sobre inovação), sendo que quanto ao futuro art. 218 interessa-nos apenas o primeiro destes, que possuía três parágrafos: "Art. 1º, *caput* – O Estado promoverá o desenvolvimento científico e a autonomia tecnológica, atendendo as *prioridades nacionais, regionais e locais*, bem assim a difusão dos seus resultados, tendo em vista, a *transformação da realidade brasileira* de modo a assegurar a melhoria das condições de vida e de trabalho da população e do meio ambiente. § 1º É garantida *liberdade de opção dos pesquisadores*, instrumentada pelo incentivo à investigação, criatividade e invenção. § 2º É assegurado, na forma da lei, o controle pela sociedade, das aplicações da tecnologia. § 3º A *pesquisa deve refletir seu compromisso com as prioridades regionais e locais*, bem assim sociais e culturais, tendo em vista sobretudo a realização

---

1. O presente trabalho é fruto das pesquisas realizadas no âmbito do Grupo de Pesquisa do Diretório de Grupos de Pesquisas do CNPq e do Centro de Documentação e Pesquisas da OAB/RJ. A professora Rosangela Lunardelli Cavallazzi agradece a essencial participação dos alunos pesquisadores: Mayra Santana, aluna da graduação de Direito da UERJ e bolsista de Iniciação Científica da OAB-RJ; Renate Bochner de Araujo, aluna da graduação de Direito da PUC-Rio e bolsista de Iniciação Científica e, especialmente a ajuda, verdadeira coautoria, da Professora Doutora Sayonara Grillo C. Leonardo da Silva.

2. Agradecemos especialmente à Profa. Dra. Claudia Lima Marques, que nos permitiu compartilhar com ela estes comentários e aos integrantes do Grupo de Pesquisa CNPq "Mercosul e Direito do Consumidor", que levantaram os materiais, em especial Marcelo Duque (Doutorando-UFRGS) e os bolsistas da Iniciação Científica, Daniel Caye (FAPERGS), Pablo Motta (UFRGS) e Pablo Baquero (Projeto UNIBRAL), assim como Ernesto Nunes, Iulia Dolganova, Andressa Michel (todos PIBIC-CNPq) e João Guarisse.

do bem comum, o benefício da coletividade e a plena utilização de seus recursos humanos-culturais". No momento da aprovação, o art. 1º (futuro art. 218) ficou com apenas um parágrafo. O texto aprovado do art. 1º (futuro art. 218) possuía um parágrafo mencionando a pesquisa (em geral), mas somente a "promovida pelo Estado" e as prioridades nacionais e era o seguinte: "Art. 1º, *caput*. O Estado promoverá o desenvolvimento científico... Parágrafo. *A pesquisa promovida pelo Estado refletirá prioridades nacionais, regionais, locais, sociais e culturais*". Na Comissão de sistematização, no primeiro substitutivo (chamado de Cabral I, em homenagem ao Relator Bernardo Cabral) e no segundo (Cabral II), o art. 218 aparece apenas com o *caput*, mas sim com a menção à pesquisa básica: "Art. 246. O Estado promoverá e incentivará o desenvolvimento científico, a autonomia e a capacitação tecnológica *e a pesquisa científica básica*" (segundo substitutivo, Cabral II). A Sociedade Brasileira pelo Progresso da Ciência manifestou-se, sugerindo o reaproveitamento do Projeto elaborado por Florestan Fernandes, José Albertino e Pedro Dallari, que resultou, com a ajuda dos constituintes Cristina Tavares, Octávio Elísio e Olívio Dutra, na inclusão de três incisos ao atual art. 218, o primeiro nos interessa introduz a noção de tratamento prioritário e autonomia para a pesquisa científica básica e era redigido da seguinte maneira: "Primeiro – A *pesquisa científica básica* desenvolvida com plena autonomia receberá *tratamento prioritário do Poder Público*". Esta ementa vem assim justificada pelo Constituinte Florestan Fernandes: "... esta emenda visa incorporar à Constituição medidas que projetam o desenvolvimento da pesquisa básica. É sobre essa pesquisa básica que se alicerça o desenvolvimento da tecnologia. As pesquisas tecnológica e básica formam um marco indissolúvel. Não é possível conquistar maior autonomia na área da tecnologia de ponta, da tecnologia avançada, sem maior avanço no desenvolvimento da pesquisa básica e do conhecimento científico teórico" (*Diário ANC*, Supl. C, 27.01.88, p. 2245). E, também, pelo relator auxiliar na área de Ciência e Tecnologia, Virgílio Távora: "... embora curto, sucinto, talvez seja um dos capítulos mais afirmativos desta Constituição esse da Ciência e da Tecnologia...Trata-se de emenda que ... vem completar essa ideia central, essa ideia de capacitação autônoma tecnológica, e ao mesmo tempo faz ... a aglutinação do meio científico com a busca do poder público deste desiderato. Fraqueza muito grande de nosso desenvolvimento tecnológico foi sempre a separação entre o Poder Executivo, pelos seus diferentes órgãos, e a comunidade científica" (*Diário ANC*, Supl. C, 27.01.88, p. 2245). O projeto final da Comissão de sistematização (Projeto A) foi quase exatamente o texto do art. 218, com os três novos parágrafos antes mencionados, o terceiro foi mantido com o texto da SBPC: "Art. 253 – O Estado promoverá *e incentivará* o desenvolvimento científico, *a autonomia* e a capacitação *tecnológica e a pesquisa científica básica*. § 1º *A pesquisa científica básica, desenvolvida com plena autonomia, receberá tratamento prioritário do Poder Público*" (Projetos de Constituição – Quadro comparado – Senador J. I. Ferreira, p. 340-341). Com redação levemente modificada do texto nas votações do Projeto B, incluído o bem público e o progresso das ciências, retirado o tema da "autonomia" da pesquisa, e os objetivos de "desenvolvimento cultural e socioeconômico", "bem-estar da população" e "autonomia tecnológica do País" foram incluídos expressamente no art. 219, o Projeto C foi promulgado em 5 de setembro de 1988, muito influenciado pela Sociedade Brasileira pelo Progresso da Ciência:

"§ 1º A pesquisa científica básica receberá tratamento prioritário do Estado, tendo em vista o bem público e o progresso das ciências". A EC 85, de 2015, modificou o texto incluindo a tecnologia e a inovação, ficando assim: "§ 1º A pesquisa científica básica e *tecnológica* receberá tratamento prioritário do Estado, tendo em vista o bem público e o progresso da ciência, *tecnologia e inovação*." (grifo nosso)

2. Constituições brasileiras anteriores

Não há menção semelhante à pesquisa básica, mas a Constituição de 1967 mencionava a pesquisa "científica": "Art. 171 (...). Parágrafo único. O Poder Público *incentivará a pesquisa científica e tecnológica*", no que foi repetido pela EC n. 1/1969, no art. 179. Destaque-se que a criticada Constituição de 1937 mencionava pela primeira vez o "bem público" como limite à liberdade de ciência ou liberdade individual: "Art. 135. Na iniciativa individual, no *poder de criação*, de organização e de *invenção do indivíduo, exercido nos limites do bem público*, funda-se a riqueza e a prosperidade nacional ...". Não havia menção sobre inovação.

3. Constituições estrangeiras

Veja comentários ao *caput* do art. 218.

4. Direito internacional

Veja comentários iniciais ao capítulo sobre C&T e inovação e ao *caput*.

5. Dispositivos constitucionais e legais relacionados

5.1. Constitucionais

Veja comentários iniciais ao capítulo.

5.2. Legais

Veja comentários iniciais ao capítulo e ao *caput*. Veja o Marco Regulatório da Ciência, Tecnologia e Inovação (Lei n. 13.243/2016).

6. Jurisprudência

Veja comentários iniciais ao capítulo e destaque-se também que, no julgamento da ADI 3.510/DF, que questiona o art. 5º da Lei de Biossegurança, Lei n. 11.105/2005, sobre a autorização de pesquisas em células-tronco, o STF valorizou a interpretação histórica dos trabalhos e sugestões da constituinte (n. 28 do voto do relator), especialmente naquilo que foi recusado nos projetos originais, em matéria de ciência.

7. Bibliografia

7.1. Citada em todo o capítulo

ALEXY, Robert. *Theorie der Grundrechte*, Suhrkamp, Frankfurt, 1996; ____. *Constitucionalismo discursivo*, Trad. Luis A. Heck, Porto Alegre: Livraria do Advogado, 2008; BARROSO, Luís Roberto. *O Direito Constitucional e a efetividade de suas normas*, 7. ed., Rio de Janeiro: Renovar, 2003. ____ e BARCELLOS, Ana Paula. *O começo da história*: a nova interpretação constitucional e o papel dos princípios no direito brasileiro, in, SILVA, Virgílio Afonso (org.), *Interpretação constitucional*, 1. ed., São Paulo: Malheiros, 2007, p. 301 e s.; BASTOS, Celso Ribeiro. *Curso de Direito Constitucional*, 22. ed., São Paulo: Saraiva, 2001; BAUDRILLARD, Jean. *O Sistema dos Objetos*, São Paulo: Perspectiva, 2000; BERCOVICI, Gilberto. Ciência e inovação sob a Constituição de 1988, in *Revista dos Tribunais*, vol. 916/2012, p. 267-294, fev. 2012; BOBBIO, Norberto. *A era dos direitos*, Rio de Janeiro: Ed. Campus, 1992; ____. *Os intelectuais e o poder*, São Paulo: Ed. UNESP, 1997; BONAVIDES, Paulo. *Curso de Direito Constitucional*, 22. ed., São Paulo: Malheiros, 2008; BRITTO, Luiz Navarro, CAVALCANTI, Themístocles Brandão, BALEEIRO, Aliomar e LIMA SOBRINHO, Barbosa. *Constituições Brasileiras*, v. VI, Ed. Senado Federal-CEE/MCT, 2001; CÂMARA DE DEPUTADOS. *O processo histórico da elaboração do texto constitucional*, Assembleia Nacional Constituinte, 1987-1988, volume III, Brasília: Senado Federal, 1993; CAMARGO, Ricardo Antônio Lucas. O mercado interno, o patrimônio público e o art. 219 da Constituição Brasileira de 1988. *Revista do Tribunal Regional Federal da 1ª Região*. Brasília: TRF, v. 8, n. 4, out./dez. 1996, p. 41 e s.; CANÇADO TRINDADE, Antônio Augusto. *A proteção internacional dos direitos fundamentais*. Saraiva: São Paulo, 1991; ____. *Direitos humanos e meio ambiente*: paralelo dos sistemas de proteção internacional, Porto Alegre: Ed. Fabris, 1993; ____. Memorial em prol de uma nova mentalidade quanto à proteção dos direitos humanos nos planos internacional e nacional, in BOUCAULT, Carlos Eduardo e ARAÚJO, Nádia de. *Os direitos humanos e o direito internacional*, Rio de Janeiro: Renovar, 1999; CANOTILHO, J. J. Gomes e MOREIRA, Vital. *Constituição da República Portuguesa – Anotada, v. 1, arts. 1º a 107*, 1. ed., brasileira, Coimbra: Coimbra Ed. e São Paulo: RT, 2007; ____ e ____, *Fundamentos da Constituição*, Coimbra: Coimbra Ed., 1991; CASTELLS, Manuel. *A sociedade em rede*, São Paulo: Editora Paz e Terra, 1999, v. 1; CAVALCANTI, João Barbalho Uchôa. *Constituição Federal Brasileira (1891) – Comentada*, Ed. Fac-similar, Brasília: Senado Federal, 2002; CRETELLA JÚNIOR, José. *Comentários à Constituição Brasileira de 1988*. 2. ed., v. 8, Rio de Janeiro: Forense Universitária, 1993; DALLARI, Pedro. *Constituição e Relações Exteriores*, São Paulo: Saraiva, 1994; DERANI, Cristiane. *Direito Ambiental Econômico*, 3. ed., São Paulo: Saraiva, 2008; DUQUE, Marcelo Schenk. Os direitos fundamentais sob a perspectiva de um contrato de garantia: breves considerações, *in RDC*, n. 65, jan./mar. 2008, p. 167 e s.; FABRIS, Fernando Smith. *A noção jurídica de mercado*, Tese de Doutorado, PPGDir./UFRGS, 2006; FERRAZ, Tercio Sampaio Júnior. *Direito Constitucional*, Bauru: Manole, 2007; FERREIRA FILHO, Manoel Gonçalves. *Curso de Direito Constitucional*, 34. ed., São Paulo: Saraiva, 2008; FONSECA, João Bosco da. *Direito Econômico*, Rio de Janeiro: Forense, 1997; FORGIONI, Paula A. *Os fundamentos do Antitruste*, 3. ed., São Paulo: RT, 2008; GALVES, Carlos. *Manual de Economia Política*, 10. ed., Rio de Janeiro: Forense Universitária, 1986; GARCIA, Emerson. *Proteção internacional dos Direitos Humanos*, Rio de Janeiro: Lumen Juris, 2005; GEBRAN, João Pedro Neto. *A aplicação imediata dos direitos e garantias individuais*, São Paulo: RT,

2002; GOMES, L. V. e MAZZUOLI, V. de O. *Comentários à Convenção Americana sobre direitos humanos*, 2. ed., São Paulo: RT, 2009; GOMES CALDAS, Roberto Correia da Silva e NEVES, Rubia Carneiro. Governança Corporativa, administração pública consensual: uma nova tendência nos acordos de parceria para promover tecnologia e inovação, in *Revista de Direito Bancário e do Mercado de Capitais*, vol. 57/2012, p. 343-370, jul.-set. 2012; GOMES, Orlando e VARELA, Antunes. *Direito Econômico*, São Paulo: Saraiva, 1977; GORZ, André. *O Imaterial*: conhecimento, valor e capital. São Paulo: Annablume, 2005; GRANIERI, M. and RENDA, A. *Innovation Law and Policy in the European Union. Towards Horizon 2020*, Springer, Italy, 2012; GRAU, Eros Roberto. *A ordem econômica na Constituição de 1988*, 6. ed., São Paulo: RT, 2001; _____ e FORGIONI, Paula. *O Estado, a empresa e o contrato*, São Paulo: Malheiros, 2005; GUERRA, Willis Santiago Filho. *Teoria da ciência jurídica*, São Paulo: Saraiva, 2001; HÄBERLE, Peter. *Estado Constitucional Cooperativo*, Rio de Janeiro: Renovar, 2007; HASSE, Rolf H., SCHNEIDER, Hermann e WEIGELT, Klaus (ed.) *Diccionario de Economía Social de Mercado*, Paderborn: Ed. Schöningh, 2002; HESPANHA, António M. *Panorama histórico da cultura jurídica europeia*, 2. ed., Pub. Europa-América, 1998; HESSE, Konrad. *A força normativa da Constituição*. Trad. Gilmar Ferreira Mendes. Porto Alegre: Fabris, 1991; _____. *Elementos de Direito Constitucional da República Federal da Alemanha*, Porto Alegre: Fabris, 1995; _____. Significado de los derecho fundamentales, in BENDA, E., MAIHOFER, W., VOGEL, J., HESSE, C., HEYDE, W. *Manual de Derecho Constitucional*, 2. ed. Madrid: Marcial Pons, 2001, p. 98; IRTI, Natalino, *Codice civile e società politica*, Roma: Laterza, 1999; _____. *Il diritto nell'età della tecnica*, Napoles: Ed. Scientifica, 2007; LAZZARATO, Maurizio. *Trabalho Imaterial, formas de vida e produção de Subjetividade*. Trad. de Mônica de Jesus. Rio de Janeiro: DP&A, 2001; LEONARDO DA SILVA, Sayonara G. C. *Relações Coletivas de Trabalho*: configurações institucionais no Brasil contemporâneo, São Paulo: LTr, 2008; LOPES, José Reinaldo de Lima. O direito subjetivo e direitos sociais: o dilema do judiciário no Estado social de Direito, in FARIA, José Eduardo (org.). *Direitos humanos, direitos sociais e justiça*, 1. ed., São Paulo: Malheiros, 2002, p. 113-143; LUHMANN, Nilkas. L'unité du système juridique, in *Archives de Philosophie du Droit*, tome 31, 1986, p. 163-188; MAGALHÃES, José Luiz Quadros de. *Direitos humanos – Sua história, sua garantia e a questão da indivisibilidade*, São Paulo, Ed. Juarez de Oliveira, 2000; MANSTETTEN, Reiner. *Das Menschenbild der Ökonomie – Der homo economicus und die Anthropologie von Adan Smith*. Freibug: Karl Alber, 2004; MARQUES, Claudia Lima, ALMEIDA, João Batista de, PFEIFFER, Roberto A. Castellanos (coord.). *Aplicação do Código de Defesa do Consumidor aos Bancos – ADIn 2.591*, São Paulo: RT, 2006; MARTINS, João dos Passos Neto, *Direitos Fundamentais – Conceito, Função e Tipos*, São Paulo: RT, 2003; MARTINS, Ives Gandra in BASTOS, Celso Ribeiro e MARTINS, Ives Gandra *Comentários à Constituição do Brasil*, 2. ed. v. 8, São Paulo: Saraiva, 2000; MENDES, Gilmar, COELHO, Inocêncio Mártires, BRANCO, Paulo Gustavo Gonet, *Curso de Direito Constitucional*, Saraiva-IDP, 2007; MOREIRA, Eliane. O acesso e uso dos conhecimentos tradicionais associados à biodiversidade pelo sistema de ciência, tecnologia e inovação, in *Revista de Direito Ambiental*, vol. 65/2012, p. 311 – 331, Jan – Mar / 2012; MOREIRA NETO, Diogo de Figueiredo. O Estado e a Economia na Constituição de 1988, *Revista de Informação Legislativa*, v. 26, n. 102, abr./jun. 1989, p. 17 e s.; MONTORO, Franco. Cultura dos direitos humanos, in *Pesquisas – Cinquenta Anos da Declaração Universal dos Direitos Humanos*, 1998 (F. Konrad Adenauer), n. 11, p. 7 e s.; NEVES, Marcelo. *A constitucionalização simbólica*, São Paulo: WFM Martins Fontes, 2007; NUSDEO, Fábio. *Fundamentos para uma codificação do direito econômico*, São Paulo: RT, 1995; OLIVEIRA, Gesner e RODAS, João Grandino. *Direito e Economia da Concorrência*, Rio de Janeiro: Renovar, 2004; PANSIERI, Flávio. Direitos Sociais, Efetividade e Garantia nos 15 anos de Constituição, in SCAFF, Fernando (org.). *Constitucionalizando direitos: 15 anos da Constituição brasileira de 1988*, Rio de Janeiro: Renovar, 2003, p. 402 e s.; PAULA, Alexandre Sturion de. Ciência e Tecnologia nas Constituições Brasileiras: breve comparativo com as Constituições estrangeiras. In *Revista de Direito Constitucional e Internacional*. São Paulo: Instituto Brasileiro de Direito Constitucional, n. 48, jul./set. 2004, p. 246 e s.; PIOVESAN, Flávia. *Direitos humanos e o direito constitucional internacional*. 8. ed., São Paulo: Saraiva: 2007; POLETTI, Ronaldo. *Constituições Brasileiras*, v. III. Ed. Senado Federal-CEE/MCT, ESAF/MF, 2001; PONTES DE MIRANDA, F.C. *Comentários à Constituição de 1967 – Art. 157-189*, tomo VI, São Paulo: RT, 1968; _____. *Comentários à Constituição de 1967 – com a Emenda n. 1, de 1969 – Art. 160-200*, tomo VI, 2. ed., 2. tiragem, São Paulo: RT, 1981; PRADO JR., Caio. *História econômica do Brasil*, 43. ed. Brasília: Ed. Brasiliense: 1998; PORTELA, Bruno Monteiro et ali. *Marco Legal de Ciência, Tecnologia e Inovação no Brasil*. 3. ed., Salvador: JusPodivm, 2023; PORTO, Walter Costa. *Constituições Brasileiras*, v. IV. Ed. Senado Federal-CEE/MCT, ESAF/MF, 2001; RIBEIRO, Daniel Lima. Os direitos sociais e o diálogo metodológico multidimensional. A hipótese da historicidade, in *A efetividade dos direitos sociais*. GARCIA, Emerson (org.), Rio de Janeiro: Lumen Juris, 2004, p. 1-55; SARLET, Ingo W. *A eficácia dos direitos fundamentais*, 3. ed., Porto Alegre: Livraria dos Advogados, 2003; _____. Algumas notas em torno da relação entre o princípio da dignidade da pessoa humana e os direitos fundamentais na ordem constitucional brasileira, in BALDI, César Augusto. *Direitos Humanos na sociedade contemporânea*, Rio de Janeiro: Renovar, 2004, p. 558 e s.; _____. *Dignidade da pessoa humana e direitos fundamentais*. Porto Alegre: Livraria do Advogado, 2001; SCHÄFER, Jairo. *Classificação dos direitos fundamentais – Do sistema geracional ao sistema unitário – uma proposta de compreensão*, Porto Alegre: Livraria do Advogado Ed., 2005; SILVA, José Afonso da. *Comentário Contextual à Constituição*. 3. ed., São Paulo: Malheiros, 2007(A); _____. *Aplicabilidade das normas constitucionais*, 7. ed., 2. Tir., São Paulo: Malheiros, 2008; _____. *Curso de Direito Constitucional Positivo*. 30. ed., São Paulo: Malheiros, 2007(B); SILVA, Cylon Gonçalves da; MELO, Lúcia Carvalho Pinto de (Coord.). *Ciência, Tecnologia e Inovação – Desafio para a sociedade brasileira – Livro Verde*. MCT/ABC: Brasília, 2001; STÖRIG, H. J. *Kleine Weltgeschichte der Philosophie*. Bd. 2. Frankfurt a. M.: Fischer, 1961; STOKES, D. E. *Pasteur's Quadrant: basic science and technological innovation*. Washington, DC: Brookings Institution Press, 1997; STRECK, Lenio. *Jurisdição constitucional e hermenêutica*, Porto Alegre: Livraria dos Advogados, 2002; TÁCITO, Caio. *Constituições Brasileiras*, v. VII, Ed. Senado Federal-CEE/MCT, ESAF/MF, 2005. TEMER, Michel. *Elementos de Direito Constitucional*, 22. ed., Malheiros: São Paulo, 2008;

THUR, Andreas von. *Derecho civil, v. I – Los derechos subjectivos y el patrimonio*, Madri-Barcelona: Marcial Pons, 1998; TRIBUNAL REGIONAL FEDERAL DA 1ª REGIÃO. *A Constituição na Visão dos Tribunais*, v. 3, arts. 170 a 246, São Paulo: Saraiva, 1997; TOURRAINE, Alain. *Igualdade e diversidade – O sujeito democrático*, Bauru: EDUSC, 1998; VARELLA, Alfredo. *Direito Constitucional Brasileiro – Reforma das Instituições Nacionais*, Coleção História Constitucional Brasileira, Brasília: Senado Federal, 2002; VARELLA, Marcelo Dias. *Propriedade intelectual e desenvolvimento*, São Paulo: Lex, 2005; ZIPPELIUS, Reinhold. *Geschichte der Staatsideen*, 10. ed., Munique: Beck, 2003;_____. *Kleine deutsche Verfassungsgeschichte*. 6. ed., Munique: Beck, 2002.

7.2. Selecionada e utilizada sobre ciência e tecnologia

ANDERY, Maria Amália Pie Abib et alli. *Para compreender a ciência: uma perspectiva histórica*, 12. ed., Rio de Janeiro: Garamond, São Paulo: EDUC, 2003; ARENDT, Hannah, *Vita activa* (The Human condition, 1958), 5. ed., Munique: Piper, 2007; ____. *La crise de la culture – Huit exercices de pensée politique*, Paris: Folio, 1972, BOOTH, Wayne c., COLOMB, Gregory G., WILLIAMS, Joseph M. *The craft of research*, 2. ed., Chicago: The University of Chicago Press, 2003; BOMBASSARO, Luiz Carlos, *Ciência e Mudança conceitual – Notas sobre Epistemologia e História da Ciência*, Edipucrs, Porto Alegre, 1995; BUNGE, M. *La ciencia. Su metodo y su filosofia*. 5. ed. Buenos Aires, 2005; BUSH, Vannevar. *Science, the endless frontier* (U.S. Government Printing Office, 1945). Reprinted by the National Science Foundation, Washington, 1990; COSTA, Sérgio, OSELKA, Gabriel e GARRAFA, Volnei, *Iniciação à Bioética*, CFM, Brasília, 1998; DÍAZ, Esther (Dir.). *La posciencia: el conocimiento científico en las postrimerías de la modernidad*, Buenos Aires: Biblos, 2000; DIREITO, Carlos Alberto Menezes, O mistério da vida e a descoberta do Código Genético, in *Revista Forense – Comemorativa dos 100 Anos – Direito Constitucional*, tomo II, 2006, p. 870 e s.; FARIA, José Eduardo. Os desafios da Educação: integração regional, ciência e tecnologia, in *Desafios da Educação no século XXI*: integração regional, ciência e tecnologia, Brasília: ABM, 1995, p. 38. e s.; FRENCH, Steven. *Science*, London: Continuum, 2007; GADEMER, Hans-Georg. *Der Anfang der Philosophie*, Frankfurt Reclam, 1999; GARCIA, Maria. *Limites da Ciência*, São Paulo: RT, 2004; GIANELLA, Alicia E. *Introducción a la epistemologia y la metodologia de la ciencia*, La Plata: REUN, 1995; GOTTSCHLL, Carlos Antonio M. *Do mito ao pensamento científico*, São Paulo: Atheneu, 2004; GUIMARÃES, Reinaldo et alii. A pesquisa no Brasil (I), in *Ciência Hoje*, v. 19, n. 109, 1995, p. 72 e s.; HABERMAS, Jürgen. *Technick und Wissenschaft als "Ideologie"*, Frankfurt: Suhrkamp, 1969; HARVEY, David. *The Condition of Postmodernity – An enquiry into the Origins of Cultural Change*, Cambridge/Massachusetts, 1994; JAYME, Erik. Identité culturelle et intégration: Le droit internationale privé postmoderne, in: *Recueil des Cours de l' Académie de Droit International de la Haye*, 1995, II, p. 33 e s.; JENKS, Chris. *Culture*. 2. ed, London: Routledge, 2005; MARQUES, Claudia Lima. A crise científica do Direito na pós-modernidade e seus reflexos na pesquisa, in *Rumos da Pesquisa – Múltiplas Trajetórias*, Org. Maria da Graça KRIEGER e Marininha Aranha ROCHA, Porto Alegre: Ed. UFRGS, 1998, p. 95-108 (rep. in *Cidadania e Justiça-Revista da AMB*, ano 3, n. 6, 1999, p. 237 e s.); ____. A pesquisa em Direito: Um testemunho sobre a pesquisa em grupo, o método 'Sprechstunde' e a iniciação científica na pós-modernidade, *Revista da Faculdade de Direito da UFRGS*, v. 20 (2001), p. 63 e s.; ____. Legal Research and Law Teaching in a Modern University, *Revista da Faculdade de Direito da Universidade Federal do Rio Grande do Sul, Edição Especial: Cooperação Brasil-Alemanha*, 2007, p. 149 e s.; OLIVEIRA, Luciano e ADEODATO, João Maurício, *O Estado da Arte da pesquisa jurídica e sociojurídica no Brasil*, Ed. CJF/CEJ, Brasília, 1996, p. 9 e s.; PÁDUA, Elisabete Matallo Marchesini de. *Metodologia da pesquisa – abordagem teórico-prática*, 2. ed, Campinas: Ed. Papirus, 1997; POPPER, Karl. *A lógica da pesquisa científica*, 2. ed., São Paulo: Ed. Cultrix, 1972; REALE, Miguel. *Paradigmas da Cultura contemporânea*. São Paulo: Saraiva: 1999; ROUSSEAU, Jean-Jacques. *Discours sur les sciences et les arts – Discours sur l'origine de l'inégalité*. Paris: GF Flammarion, 1992; SANTOS, Boaventura de Sousa. *Um discurso dobre as ciências*, 3. ed., São Paulo: Ed. Cortez, 2005; SINGH, Simon. *Fermats letzter Satz – Die abenteuerliche Geschichte eines mathematischen Rätsels*, 12. ed., Munique: DTV, 2007; VICO, Giambattista. *New Science*, London: Penguin, 2001; VIEGAS, Waldyr. *Fundamentos lógicos da metodologia científica*, Brasília: UnB,2007; ZITSCHER, Harriet Christiane, Como pesquisar?, *Revista da Faculdade de Direito da UFRGS*, v. 17(1999), p. 103 e s.

8. Comentários

8.1. Pesquisa científica

Como ensina Canotilho (2007, p. 621-622), "o chamado 'sistema ciência', caracterizado pela tentativa de descoberta da verdade (sempre provisória), pela possibilidade de diálogo científico, pela troca de experiências e de resultados, pelo método de investigação, pela possibilidade da descoberta, contribui para o progresso civilizacional, é alicerçamento de comunidades políticas livres e democráticas". Pesquisa científica nasce da inquietude, da dúvida, pesquisa é método, é caminho para a descoberta e a explicação da realidade, para o prazer de construir o pensamento/conhecimento, de desenvolver o raciocínio crítico, dedutivo ou indutivo, o prazer de descobrir a solução de um caso ou um problema da vida, para conhecer e acompanhar as novas descobertas e os novos caminhos (*Eureka*, inovação) e para desenvolver uma visão própria da realidade, dos saberes e das verdades da época pós-moderna (Marques, 1999, p. 237). Assim, como alertam pesquisadores norte-americanos (Booth/Colob/Williams, p. 3), na sociedade de informação, todos nós fazemos pesquisa, todos nós levantamos informações para responder uma questão, um problema ou uma tarefa, isto no dia a dia, se queremos ir a um *shopping* para comprar algo ou ir ao cinema, começamos com a procura ou levantamento do melhor meio de transporte, local, "pesquisa de preços" etc. Se o homem de hoje é um "pesquisador" nato, a pesquisa científica distingue-se por seu objeto (Zippelius, p. 1), seu método (Gianella, p. 78) de investigação (verificação) e de validação (ou justificação) e seus resultados (publicações, testes, fórmulas, patentes, criações, teorias, paradigmas etc.).

8.2. Método científico e evolução da pesquisa

Aqui a concentração é no método científico. O termo "método", usado no contexto da pesquisa científica, tem um duplo significado: a) pode evocar os procedimentos para obter um conhecimento, para descobri-lo, para conhecê-lo, para investigá-lo e b) pode evocar os procedimentos para "validar" ou "justificar" um conhecimento, uma assertiva, um resultado que já se sabe (Diaz, p. 151). Como ensina Pádua (p. 31): "Até meados do século XX, considerou-se como científico o conhecimento produzido a partir das bases estabelecidas pelo método positivista, apoiado na experimentação, mensuração e controle rigoroso dos dados (fatos), tanto nas ciências naturais como nas ciências humanas. Associou-se a ideia de cientificidade à pesquisa experimental e quantitativa, cuja objetividade seria garantida pelos instrumentos e técnicas de mensuração e pela neutralidade do próprio pesquisador frente à investigação da realidade. Com o desenvolvimento das investigações nas ciências humanas, as chamadas pesquisas qualitativas procuraram consolidar procedimentos que pudessem superar os limites das análises meramente quantitativas. A partir de pressupostos estabelecidos pelo método dialético, e também apoiadas em bases fenomenológicas, pode-se dizer que as pesquisas qualitativas têm se preocupado com o significado dos fenômenos e processos sociais, levando em consideração as motivações, crenças, valores, representações sociais, que permeiam a rede de relações sociais. Como estes aspectos não são passíveis de mensuração e controle, nos moldes da ciência dominante, sua cientificidade tem sido frequentemente questionada". Relembre-se, por fim, que, na Idade Média, o método científico era exclusivamente a hermenêutica. Quando surgiram as primeiras Universidades (Trindade, p. 12), a hermenêutica é a ciência por excelência, ciência da compreensão e da interpretação dos textos, das escrituras e das leis. As três primeiras Faculdades organizadas foram justamente de Teologia (Filosofia), Direito e Medicina. Durante os séculos XVI e XVII assentaram-se as bases epistemológicas e metodológicas do saber científico moderno (Trindade, p. 14), no qual Galileu Galilei, Isaac Newton e Johannes Kepler são considerados precursores, e que resultou na constituição de um modo novo de compreensão da realidade e fundamentação do conhecimento, um modo empírico: "El pensamento científico abandonó la incuestionabilidad del dogma y la tradición que tenia el pensamento medieval para opornele la legitimidad y la fuerza de los hechos empíricos. La razón vinculada con la experiencia permitió el conocimiento de los fenómenos físicos y naturales. La observación, la experimentación y la medición fueron las metodologías fundamentales que facilitaron esta fructífera relación entre teorías y hechos" (Luque, p. 223). Os êxitos alcançados nas ciências exatas permitiram aos pensadores do século XVII transferir esta visão "científica" para as análises dos fenômenos sociais, forçando as ciências sociais e aplicadas. Esta mudança de foco da Ciência assegurou uma primazia ao método (e modelo de racionalidade) das ciências naturais, ciências exatas ou duras (Santos, p. 31), e colocou em xeque o método das ciências sociais e aplicadas, em especial e do Direito em especial (Oliveira/Adeodato, p. 11). A pós-modernidade relativou novamente este conceito quase que estabelecendo uma ciência "sem método" ou com um método plural pelo menos nas ciências sociais.

8.3. Pesquisa básica

Visando à realização da diretriz constitucional da função promocional do Estado em relação ao desenvolvimento, pesquisa e capacitação científica e tecnológica, estabelece o § 1º do art. 218 que a pesquisa científica básica receba tratamento prioritário do Estado, estabelecendo como objetivos desta o bem público e o progresso da ciência. A definição do que seja pesquisa básica impõe que se distinga do conceito de pesquisa aplicada, ou também denominada como pesquisa tecnológica, expressão esta última que inclusive será utilizada na norma constitucional. Define Gandra Martins (p. 849), a pesquisa tecnológica como "no campo da ciência, aquela pesquisa voltada para a tecnologia". É sabido que o conceito de ciência remete em primeiro lugar, à reconstrução conceitual do mundo, que é cada vez mais ampla e exata (Bunge, p. 11). A atual distinção entre pesquisa científica básica e pesquisa científica tecnológica ou aplicada tem sua origem no conhecido estudo de Vannevar Bush, assessor científico dos Presidentes norte-americanos Franklin Roosevelt e Harry Trumann, intitulado *Science, the endless frontier* ("Ciência, fronteira sem fim"), de 1945. Neste estudo, Vannevar Bush identifica duas espécies de pesquisa científica, uma básica e outra tecnológica ou aplicada. A ciência básica seria aquela em que o cientista deveria ser livre para escolher e conduzir seu objeto de pesquisa, sem outro objetivo que não a obtenção de novos conhecimentos. Seria direcionado à obtenção do conhecimento geral e uma compreensão da natureza e de suas leis. Já a ciência tecnológica ou aplicada seria aquela cujo desenvolvimento do conhecimento estaria associado a um determinado objetivo de utilização do resultado obtido na melhoria de processos de caráter econômico-produtivo, visando a melhoria de realidade já existente. Neste sentido, pesquisa básica e pesquisa aplicada seriam fases ou dimensões distintas do processo científico. O relatório de Vannevar Bush, feito com vista à definição do papel da ciência em tempos de paz, foi então adotado como modelo para a política científica dos Estados Unidos da América e, posteriormente, de diversos países, indicando a necessidade de incentivo tanto à pesquisa científica básica quanto tecnológica. De certa forma, este conceito veio a ser incorporado no direito constitucional brasileiro por intermédio do artigo 218 da Constituição, em especial nos §§ 1º e 2º.

8.4. Dificuldades na distinção entre pesquisa básica e tecnológica

Recentemente, estudos acerca das características e objetivos da pesquisa científica (Stockes, p. 79-80) vêm apontando que, embora em dadas situações se verifique a predominância ou da pesquisa básica ou da pesquisa tecnológica, é de ser reconhecido o caráter de complementaridade entre ambas, em especial no contexto da política pública de desenvolvimento científico e tecnológico de um país. Neste sentido, aliás, vêm propugnando vários estudos recentes, dentre os quais aqueles que, como Stockes (p. 73 e s.), em vista da realidade da pesquisa norte-americana, redefinem modelos de análise da pesquisa a partir da motivação para a pesquisa (pesquisa decorrente de curiosidade genuína ou pesquisa em razão da utilização), propondo eventual possibilidade de superar a distinção entre pesquisa básica e tecnológica. A zona cinza entre as pequisas básicas, oriundas da "curiosidade de saber", e as tecnológicas, no sentido da "vontade de interferir no mundo" e retirar uma utilidade tecnológica resultante, aumentou, pois, na sociedade de consumo e informação tudo se transforma em *commodity*. *Pesquisa científica básica* seria aquela que não tem aplicabilidade direta econômica e social (para dar um exemplo, a pesquisa de um material físico, como o silício, ou do genoma), mas é necessária para fundamentar outras pesquisas, estas sim com aplicabilidade ou possibilidades econômicas e de se transformar em tecnologia (por exemplo, os chips de computadores, em que o silício é a base de transmissão de dados), portanto, a "primeira" e básica pesquisa científica é a base das outras, como, no caso, a revolução dos chips e da informática e o silício. Na ADI 3.510, por exemplo, é difícil afirmar se as pesquisas em células-tronco são "pesquisas" somente básicas ou já "tecnológicas".

8.5. Prioridade quanto ao incentivo e eficácia da norma

Nos §§ 1º e 2º do art. 218, pois, a pesquisa é concebida em duas dimensões, em relação às quais o modo de promoção e incentivo estatal se concretizará com métodos e intensidades diferenciadas, tendo a pesquisa científica básica proeminência. O tratamento prioritário que deve ser dado pelo Estado, com vistas ao bem público e ao progresso das ciências, entretanto, não significa uma hierarquização em graus de importância, na sociedade, da pesquisa básica em relação à pesquisa tecnológica, mas sim como planos complementares da produção do conhecimento. Do ponto de vista normativo, ambas as modalidades de pesquisa científica, tanto a básica quanto a tecnológica, encontram-se reconhecidas como modalidades constitucionais fundamentais para o desenvolvimento do país. A proeminência se relaciona com o grau de promoção e de incentivo do Estado. Assim, diante de um conjunto limitado de recursos não pode o Estado se voltar à promoção da pesquisa tecnológica, sem que antes tenha priorizado e assegurado as condições materiais para a consecução da pesquisa científica básica, posto que é esta que assegura o progresso das ciências na perspectiva do bem público. Esta também parece ser a opinião de José Afonso da Silva (2007-A, p. 819), que, comparando as diretrizes constitucionais dos §§ 1º, 2º e 3º do art. 218, afirma: "A Constituição distingue a pesquisa em: pesquisa científica básica – que receberá tratamento prioritário do Estado, tendo em vista o bem público e o progresso da ciência; e pesquisa tecnológica – que deverá voltar-se preponderantemente para a solução dos problemas brasileiros e para o desenvolvimento do sistema produtivo nacional e regional; para tanto, o Estado apoiará e estimulará a formação de recursos humanos nestas áreas do saber". A pesquisa científica básica se relaciona com a construção de um saber científico, e, neste sentido, é orientada para a ampliação da capacidade humana, de sua autonomia e de uma social e responsável relação do homem com a natureza, se caracterizando por ter uma função pública, pois como "bem público", no sentido de bem de todos, acessível a todos, representa um patrimônio da humanidade. Portanto na pesquisa científica básica encontramos tanto a dimensão conceitual quanto a prática. Nas ciências sociais aplicadas, em analogia ao conceito de signo no campo da semiótica, podemos afirmar que a composição da pesquisa científica básica compreende um corte e recorte dos conceitos das práticas sociais. Ferreira Filho (p. 266) critica o parágrafo, afirmando: "Trata-se obviamente de mera recomendação. Exige-se aqui uma 'prioridade', mas em relação a quê? À pesquisa aplicada?" A doutrina rebate as críticas ao parágrafo, destacando que este § 1º do art. 218 serve como um reconhecimento constitucional da imprescindibilidade da pesquisa científica para a "evolução das ciências, as quais garantem o progresso do país": tratamento prioritário da pesquisa científica significa a necessidade de o Estado assumir "agora, posição mais atuante em relação à ciência e à tecnologia"(Paula, p. 256). Mencione-se que a Portaria MCTIC 1.122/2020, ao criar uma regra geral que constrói critérios de fomento à pesquisa científica básica, tomando por referência apenas a pesquisa tecnológica, acabou por comprometer o dever estatal de promoção e incentivo desta pesquisa e seu tratamento prioritário, em nítido desrespeito aos parâmetros da Constituição Federal.

8.6. Diretriz constitucional do tratamento prioritário

Tratamento prioritário é diretriz, diretriz de atuação do Estado, mandamento para o direcionamento dos recursos orçamentários que podem ser vinculados às entidades públicas de pesquisa, nos termos do § 5º. Nestes termos, como a pesquisa científica se volta ao bem público e ao progresso das ciências, enquanto a pesquisa tecnológica se volta ao desenvolvimento do sistema produtivo, e do mercado, há uma clara repartição de responsabilidades (pressuposto de todo processo democrático) entre os diversos agentes no financiamento da pesquisa tecnológica. O Estado incentivará que as empresas atuem na criação de tecnologias, contribuindo para estimular o investimento privado em pesquisa tecnológica, não sem antes promover prioritariamente a pesquisa básica. Afinal, os investimentos em desenvolvimento e pesquisas no mundo contemporâneo dirigem-se mais à criação e obtenção de novas tecnologias, do que à construção de um saber científico básico (veja comentários ao *caput* do art. 218). A responsabilidade do Estado aqui é compartilhada entre a União, os Estados, Distrito Federal e os Municípios, isto é, em especial devem seguir esta diretriz as Fundações de Apoio à pesquisa (por exemplo, FAPESP, FAPERJ, PAPERGS etc.), os órgãos de Ciência e Tecnologia dos governos, federal (CNPq, FINEP etc.), estadual (por exemplo, as secretarias de Ciência e Tecnologia dos Estados, a SEPRORGS etc.) e municipal (por exemplo, o Conselho Municipal de Ciência e Tecnologia de Porto Alegre – COMCET), e também aqueles que incentivam a pesquisa docente e discente (CAPES, CNPq, Secretarias Estaduais e Municipais de Ensino, etc.).

8.7. Bem público e progresso da ciência

Cabe, ainda, observar que o tratamento prioritário indicado à pesquisa científica básica não constitui um objetivo autônomo da Constituição. Neste sentido, a norma do § 1º do art. 218 serve para afirmar que este tratamento prioritário tem em vista o *bem público* e o *progresso das ciências*. O objetivo deste tratamento prioritário é a satisfação do bem público, ou seja, do bem comum da sociedade brasileira. Por outro lado, o desenvolvimento da pesquisa científica básica deve realizar-se – e neste sentido o tratamento prioritário que lhe seja endereçado – de modo associado ao progresso da ciência, no sentido de que a produção de conhecimento tenha por finalidade contínua, em uma espécie de círculo virtuoso de saberes, na geração de novos conhecimentos. Na ONU, a Declaração Universal sobre o Genoma Humano e a Declaração das Nações Unidas sobre Clonagem Humana e na UNESCO, a Declaração Universal sobre Bioética e Direitos Humanos, destacam os limites éticos e de proteção do patrimônio genético humano ao progresso da ciência (veja limites, nos comentários ao § 2º, a seguir). Este caráter dúplice das diretrizes básicas do fomento à pesquisa básica estampam em primeiro lugar o reconhecimento de sua importância, e em segundo, sua finalidade, que alia a busca de benefícios públicos, eventualmente traduzidos por sua aproximação com a pesquisa aplicada, mas, igualmente, pelo benefício em si da existência e desenvolvimento da pesquisa básica e sua função indutora do desenvolvimento de novos conhecimentos em linha contínua de desenvolvimento e progresso científico.

Art. 218, § 2º A pesquisa tecnológica voltar-se-á preponderantemente para a solução dos problemas brasileiros e para o desenvolvimento do sistema produtivo nacional e regional.

Claudia Lima Marques
Rosângela Lunardelli Cavallazzi
Bruno Miragem

1. História da norma

Na Subcomissão da Ciência e Tecnologia, o projeto original estudado nesta Subcomissão tinha três artigos separados sobre o tema da ciência e da tecnologia, sendo que quanto ao futuro art. 218 interessa-nos apenas o primeiro destes artigos. Seu texto inicial era o seguinte: "Art. 1º *caput* – O Estado promoverá o desenvolvimento científico e *a autonomia tecnológica, atendendo as prioridades nacionais, regionais e locais,* bem assim a difusão dos seus resultados, tendo em vista, a transformação da realidade brasileira de modo a assegurar a melhoria das condições de vida e de trabalho da população e do meio ambiente. § 1º *É garantida liberdade de opção dos pesquisadores, instrumentada pelo incentivo à investigação, criatividade e invenção.* § 2º *É assegurado, na forma da lei, o controle pela sociedade, das aplicações da tecnologia.* § 3º *A pesquisa deve refletir seu compromisso com as prioridades regionais e locais,* bem assim sociais e culturais, tendo em vista sobretudo a realização do bem comum, o benefício da coletividade e a plena utilização de seus recursos humanos-culturais". No momento da aprovação, o art. 1º (futuro art. 218) ficou com apenas um parágrafo. O texto aprovado do art. 1º (futuro art. 218) possuía um parágrafo mencionando a pesquisa (em geral), mas somente a "promovida pelo Estado" e as prioridades nacionais e era o seguinte: "Art. 1º, *caput* – O Estado promoverá o desenvolvimento científico ... . Parágrafo. *A pesquisa promovida pelo Estado refletirá prioridades nacionais, regionais, locais, sociais e culturais*". Na Comissão de Sistematização, no primeiro substitutivo (chamado de Cabral I) e no segundo (Cabral II), o art. 218 aparece apenas com o *caput*. A Sociedade Brasileira pelo Progresso da Ciência manifestou-se, sugerindo o reaproveitamento do Projeto elaborado por Florestan Fernandes, José Albertino e Pedro Dallari, que resultou, na inclusão de três incisos ao atual art. 218, o primeiro que nos interessa introduz: "Segundo – *A pesquisa tecnológica voltar-se-á para a solução dos problemas brasileiros na escala nacional, regional e local*". Esta ementa vem assim justificada pelo Constituinte Florestan Fernandes e pelo relator auxiliar na área de Ciência e Tecnologia, Virgílio Távora: "... Trata-se de emenda que ... vem completar essa ideia central, essa ideia de capacitação autônoma tecnológica, e ao mesmo tempo faz ... *a aglutinação do meio científico com a busca do poder público deste desiderato. Fraqueza muito grande de nosso desenvolvimento tecnológico foi sempre a separação entre o Poder Executivo, pelos seus diferentes órgãos, e a comunidade científica*" (Diário da Assembleia Nacional Constituinte (supl. C), quarta-feira, 27 de janeiro de 1988, p. 2245). O projeto final da Comissão de sistematização (Projeto A) foi quase exatamente o texto do art. 218, com os três novos parágrafos antes mencionados, o segundo foi mantido com o texto da SBPC: "Art. 253 – ... § 2º *A pesquisa tecnológica voltar-se-á para a solução dos problemas brasileiros na escala nacional e regional*" (Projetos de Constituição – Quadro comparado – Senador José Inácio Ferreira, p. 340-341). Com redação levemente modificada do texto nas votações do Projeto B, relativado o texto com a expressão "preponderantemente" e incluído "o desenvolvimento do sistema produtivo nacional", o Projeto C foi promulgado em 5 de setembro de 1988, muito influenciado pela Sociedade Brasileira pelo Progresso da Ciência.

2. Constituições brasileiras anteriores

Há menção à pesquisa tecnológica, na Constituição de 1964: "Art. 171. ... Parágrafo único. O Poder Público *incentivará a pesquisa científica e tecnológica*", no que foi repetida pela EC n. 1/1969, no art. 179. Destaque-se que a Constituição de 1937 menciona pela primeira vez o vínculo entre ciência (e seu resultado, a tecnologia e a inovação) e a prosperidade nacional: "Art. 135. Na iniciativa individual, no *poder de criação*, de organização e *de invenção do indivíduo,* exercido nos limites do bem público, *funda-se a riqueza e a prosperidade nacional* ...".

3. Constituições estrangeiras

Veja comentários ao *caput* do art. 218. Destaque-se que a Constituição do Vietnã de forma semelhante menciona a tecnologia como política de desenvolvimento: "Art. 37. *1. ...* Ciência e tecnologia têm um papel fundamental no desenvolvimento socioeconômico do país".

4. Direito Internacional

Veja comentários iniciais ao capítulo sobre C&T.

5. Dispositivos constitucionais e legais relacionados

5.1. Constitucionais

Veja comentários iniciais ao capítulo.

5.2. Legais

Veja comentários iniciais ao capítulo e *caput*. Lei n. 10.973, de 2 de dezembro de 2004, e pelo Decreto n. 5.563, de 11 de outubro de 2005, que estabelece medidas de incentivo à inovação e à pesquisa científica e tecnológica no ambiente produtivo, com vistas à capacitação e ao alcance da autonomia tecnológica e ao desenvolvimento industrial do país, "*nos termos do art. 218 e 219*" (destaquem-se as implicitamente revogadas Lei n. 8.248, de 23 de outubro de 1991, as Medidas Provisórias n. 1.858, 2.005 e a Lei n. 9.959, de 27 de janeiro de 2000). Veja normas sobre propriedade intelectual e sobre o INPI, sobre biossegurança e bioética, assim como sobre agronegócios e meio ambiente. Veja o Marco Regulatório da Ciência, Tecnologia e Inovação (Lei n. 13.243/2016).

6. Jurisprudência

Veja comentários iniciais ao capítulo. Destaque-se a importância do julgamento da ADI 3.510/DF, que questionava o art. 5º, da Lei de Biossegurança, Lei n. 11.105/2005, sobre a autorização de pesquisas em células-tronco, nesta decisão o STF valorizou a interpretação histórica, dos trabalhos e sugestões da constituinte (n. 28 do voto do relator), especialmente naquilo que foi recusado, em matéria de ciência.

7. Bibliografia

Veja bibliografia citada no capítulo e sobre ciência, tecnologia e inovação nos comentários ao § 1º do art. 218 e, específicas, no § 4º.

8. Comentários

8.1. Pré-compreensões de ciência e tecnologia: uma visão positivista de ciência e tecnologia

Na cultura grega, havia um certo hiato entre ciência e tecnologia, enquanto a ciência era uma procura filosófica dos elementos fundamentais do mundo e das leis abstratas que regem este mundo (Andery, p. 90), a tecnologia, ou melhor a *techné*, era o saber prático aplicado do artesão. A cultura romana, com seu pragmatismo, valorizava mais a técnica e a aplicação prática, a solução dos problemas da sociedade, do que a reflexão abstrata das ciências naturais (realizada com maestria pelos gregos), e por isto privilegiou as ciências sociais e aplicadas (Hespanha, p. 24), de certa forma aproximando a *techné* da reflexão científica (Guerra, 5). Se a ciência do século XI ao século XV ficou sob a tutela da religião, a partir do século XVI a ciência, na sociedade ocidental, procura por um lado se liberar destas amarras da religião e descobrir as leis do universo físico (Kepler, Galileu Galilei, etc.). Esta fase é marcada fortemente pela "vontade de saber" (veja sobre curiosidade científica e ciência, os comentários iniciais do capítulo). O advento do nascimento das nações modernas, com poderes centralizados e sua forma de sociedade politicamente organizada em grandes Estados soberanos, e a mudança nas formas de produção, do artesão individual para uma produção em manufaturas, ofereceram as condições básicas para a aplicação do conhecimento científico em forma de tecnologia (Paula, p. 248). A partir do século XVIII, com a revolução industrial, a tecnologia ganha em importância, sobretudo econômica, valorizando esta nova "vontade de fazer" (veja sobre a tecnologia, os comentários iniciais ao capítulo). Aqui Hannah Arendt (2007, p. 375) resume esta visão de homem de nossa sociedade contemporânea, afirmando a vitória do *homo faber*, aquele que faz, inventa, produz, sobre aquele homem de *vita contemplativa*.

8.2. As pré-compreensões econômicas de ciência e tecnologia: a marca da ciência hoje

Nas palavras de José Afonso da Silva (2007-A, p. 817), "se pode dizer que a tecnologia é o lado prático e produtivo do saber científico. A ciência descobre; a tecnologia usa essa descoberta e lhe acrescenta os processos de aferição de sua validade pela produção de resultados concretos, de aperfeiçoamento e reprodução no interesse do desenvolvimento econômico e social". Efetivamente, esta pré-compreensão (*Vorverständnis*, veja Alexy, 1995, p. 75, e GADAMER, p. 18), de que a *ciência tem valor econômico* em si e por seus "produtos" (veja Diez-Picazo, p. 87), de que está intimamente ligada à *qualidade de vida dos povos* (veja CASTELLS, 1995, p. 21) e *ao progresso ou desenvolvimento de um Estado ou Nação* (e de seu mercado interno), é a *marca do conceito de ciência contemporânea* (Andery, p. 427) e encontra-se refletida em muitas normas da Constituição brasileira. O próprio binômio ciência-tecnologia, como vimos, é *significativo*, pois indica que mesmo se, *ontologicamente*, ciência e tecnologia são gênero e espécie, *deontologicamente*, as vemos hoje essencialmente ligadas, de maneira utilitarista (Gianella, p. 53), seja política, social ou econômica. Irti (2007, p. 14) resume que técnica é no século XX "potência que usa o mundo... o governa e manipula", é "vontade de domínio". Em outras palavras, não é sem motivo que o art. 218 cita, em seu *caput*, a ideia do fim maior do "progresso das ciências" unido a do "bem público", no que se refere à "pesquisa científica"; enquanto o § 2º do art. 218 considera que a "pesquisa tecnológica" vincula-se com "a solução dos problemas brasileiros" e com a evolução da produção econômica no Brasil ou do "sistema produtivo nacional e regional", enquanto o § 4º incentiva, nas empresas, a "criação de tecnologia adequada ao País". E mais, no capítulo, o próprio art. 219 vincula o *mercado* interno como um todo à "autonomia tecnológica do País", para citar algumas palavras-chaves, que comprovam esta pré-compreensão de ciência, como intimamente ou *simbioticamente* ligada à tecnologia e a sua utilização (prática) política, social e principalmente econômica desta.

8.3. As pré-compreensões negativas de ciência e tecnologia: a ambivalência em relação ao progresso da tecnologia hoje

Outra pré-compreensão popular e erudita, desde Rousseau (p. 40 e s.) e seu discurso sobre as ciências e as artes, é que a ciência pode ser algo *bom e positivo*, mas também pode ser algo *perigoso e negativo*. Isto é, ao mesmo tempo, ciência pode ser um instrumento de independência (soberania) de uma Nação e bem-estar de seu povo, mas também pode ser um instrumento de dependência e opressão. Esta é uma avaliação popular de ciência, ou [pré]conceito, uma avaliação dupla e ambivalente, como "força de progresso", "fonte de benefício para a humanidade", "necessária e boa", mas também como "força de opressão", "fonte de destruição do homem e da natureza", enfim uma ciência "*perigosa e má*", nas palavras de Maria Amália Andery (p. 427: "Há, pelo menos, dois tipos de opinião muito difundidos sobre ciência: de um lado, a avaliação que a considera como *força de progresso*, como *fonte de benefício para a humanidade*, enfim como *necessária e boa*; de outro lado, uma avaliação que a considera como *força de opressão*, como *fonte de destruição do homem e da natureza*, enfim uma ciência *perigosa e má*".). Ou, como ensinava Franco Montoro (p. 7-8): "No campo das ciências e da tecnologia, as ilusões foram as expectativas provocadas pelas promessas científicas do iluminismo do 'século das luzes'. O iluminismo é a expectativa de triunfo da razão... A ciência e a técnica resolveriam todos os problemas da humanidade. Mas o surgimento da era atômica, ... as tragédias de Hiroshima e Nagazaki, ... os homens passaram a não acreditar que a ciência e a técnica possam garantir por si o progresso e a felicidade humana". Nas discussões e nos votos dissidentes da ADI 3.510 sobre as pesquisas em células-tronco, todas estas visões ambivalentes de ciência e de tecnologia foram frisadas. Em outras palavras, ciência é um conceito ligado à sua época, ao "poder", à "utilidade=tecnologia" ao "progresso social", mas, como veremos, o projeto filosófico da modernidade (de razão, verdade e objetividade) não legitima mais as ciências. E o paradigma atual, da pós-modernidade, é muito mais ambivalente e cético em relação às utilidades desta ciência e tecnologia na sociedade contemporânea e do futuro, daí a importância da norma comentada. Derani (p. 163), ao comentar as ligações entre tecnologia, bioética e meio ambiente (expressão retirada do art. 218, como vimos, na Constituinte), resume: "O direito desempenha um papel fundamental ao procurar estruturar a produção de tecnologia, adequando-a a fins sociais e revestindo-a de valores éticos presentes na sociedade".

8.4. Pesquisa tecnológica: não menos "científica"

A norma do § 2º estabelece parâmetros para a pesquisa tecnológica e seu fomento (previsto no *caput* do art. 218). Como afirma Celso Ribeiro Bastos (2001, p. 500): "Quase se poderia dizer que a tecnologia é a ciência aplicada". Pesquisa Tecnológica é a pesquisa aplicada, com vista à produção de conhecimento para utilização prática, seja de natureza diretamente econômica, como insumo do desenvolvimento econômico, tais como o conhecimento que determine o aperfeiçoamento técnico de determinadas atividades produtivas, assim como toda a aplicação que, mesmo sem uma aplicação da qual resulte vantagem econômica direta, implica melhoria ou aperfeiçoamento de conhecimentos de aplicação prática em quaisquer campos da técnica esta intimamente ligada à propriedade intelectual. Assim (p. 13) destaca que tecnologia é um termo "guarda-chuva" e "se nutre, principalmente, da pesquisa aplicada, a pesquisa de base é absolutamente necessária para o desenvolvimento técnico, pois, sem novos conhecimentos, este poderia sofrer retrocessos". José Afonso da Silva (2007-a, p. 818) resume: "A ciência descobre; a tecnologia usa essa descoberta e lhe acrescenta o processo de aferição de sua validade pela produção de resultados concretos, de aperfeiçoamento e reprodução no interesse do desenvolvimento econômico e social". O § 1º do art. 218 menciona a pesquisa "científica básica" e o § 2º, agora comentado, apenas a pesquisa tecnológica. A pergunta que fica é se esta última não seria científica. Como vimos ambas são "científicas", distinguindo-se apenas sua finalidade, no caso mais prática, como a tecnologia seria a "vontade de fazer" e não só saber.

8.5. Diretriz constitucional do parágrafo

O § 2º do art. 218, neste sentido, estabelece a diretriz a ser observada no desenvolvimento tecnológico, qual seja, a *solução dos problemas brasileiros* e o *desenvolvimento do sistema produtivo nacional e regional*. Trata-se, naturalmente, de diretriz ampla, mas que indica o viés de diversas normas constitucionais, sobretudo no campo econômico, de mobilização dos setores sociais e econômicos em favor do desenvolvimento nacional e submetida ao art. 193 da Constituição de 1988, que ilumina a Ordem Social. Note-se, neste aspecto, que a pesquisa tecnológica, quando associada a fins econômicos deve ser considerada em acordo com os princípios da ordem econômica constitucional, em especial, redução das desigualdades sociais e regionais (art. 170, inciso VI). A responsabilidade do Estado é novamente compartilhada, pois União, Estados, Distrito Federal e Municípios devem promover a criação de novas tecnologias e o aperfeiçoamento das existentes. O incentivo à pesquisa tecnológica, portanto, é mais amplo que o financiamento e envolve a criação de um marco regulador adequado. A Lei n. 10.973, de 2 de dezembro de 2004, estabelece incentivos à inovação e à pesquisa científica no ambiente produtivo, através da promoção de constituição de alianças estratégicas e desenvolvimento de projetos de cooperação envolvendo empresas nacionais, instituições científicas tecnológicas, organizações voltadas para atividades de pesquisa e desenvolvimento e agências de fomento, de natureza pública e privada, as quais tenham entre seus objetivos o financiamento de ações, que visem a promover o desenvolvimento da ciência, da tecnologia e da inovação. Assim, permite, dentro de uma perspectiva constitucional da contemporaneidade, o estímulo à constituição de redes e projetos internacionais de pesquisa tecnológica, bem como ações de empreendedorismo tecnológico e de criação de ambientes de inovação, assim como as chamadas "incubadoras e parques tecnológicos" (veja comentários aos §§ 4º e 5º a seguir). O estímulo à Interação Universidade-Empresa visando inovações, aqui se insere (veja Lei n. 10.168, de 29 de dezembro de 2000, regulamentada pelo Decreto n. 4.195, de 11 de abril de 2002, referente ao Programa de Estímulo à Interação Universidade-Empresa para Apoio à Inovação), bem como os programas de setoriais de C&T (veja, como exemplo, a Lei n. 10.332, de 19 de dezembro de 2001, que institui mecanismos de financiamento para programas setoriais de C&T, o Programa de Ciência e Tecnologia para o Agronegócio, o Programa Biotecnologia e Recursos Genéticos-Genoma, o Programa de Ciência e Tecnologia para o Setor Aeronáutico e o Programa de Inovação para a Competitividade).

8.6. Críticas ao parágrafo

Manoel Gonçalves Ferreira Filho (p. 266) critica este parágrafo afirmando que significaria "outra promessa sem significado, a não ser formal", "mera recomendação", pois a "prioridade" seria "em relação a quê? À pesquisa aplicada?". Sturion de Paula (p. 261), rebatendo as críticas, afirma que "o progresso científico e suas consequentes produções tecnológicas são o cérebro do desenvolvimento econômico de qualquer país ... Desta forma, nada mais coerente que o Poder Constituinte reconhecer na pesquisa tecnológica a solução dos problemas brasileiros e o desenvolvimento do sistema produtivo nacional e regional. A redação deste parágrafo vem a reconhecer a vitalidade que representa a temática para a vida do Estado moderno, ... decidindo-se, assim, dedicar espaço reservado no ordenamento brasileiro à afirmação e destaque da pesquisa tecnológica para o equilíbrio e desenvolvimento do País". Neste sentido de dar mais efetividade, interessante contribuição de Cristiane Derani (p. 172), ao considerar que o § 2º do art. 218 esclarece sim o "valor político da pesquisa no Brasil" e é uma diretriz constitucional diretamente aplicável a "toda produção legislativa e demais atos subsequentes do Estado, a fim de garantir a realização" dos objetivos fixados constitucionalmente, quais sejam: "a solução dos problemas brasileiros", no qual inclui a autora (como Camargo, p. 45) de forma construtiva: a) a defesa do meio ambiente e da diversidade biológica brasileira (verdadeiro patrimônio, poder-dever, das atuais e futuras gerações!) e b) o "desenvolvimento" sustentável "do sistema produtivo nacional e regional", tendo em vista o conjunto de direitos fundamentais (art. 225 da CF/1988) e de diretrizes constitucionais (art. 3º, I e II, da CF/1988), que impõe (art. 170, VI, da CF/1988) a consideração de um paradigma ambiental do que é desenvolvimento, em matéria de ordem constitucional econômica e social (Derani, p. 162 e s.). Ensina Cristiane Derani (p. 170) que aqui o Direito tem um *fator norteador dos valores da sociedade*", uma vez que a "ética normativa" foi dada pelo sistema de valores e diretrizes constitucionais: "De imediato, pode-se compreender a atuação do direito, ao tratar do fator tecnologia como um dos instrumentos de incentivo e precaução. São ferramentas de que se deve lançar mão para conformar, constituir, estruturar uma política, que teria como cerne práticas econômicas, científicas, educacionais, conservacionistas, voltadas para à realização do bem-estar de toda uma sociedade. Assim, políticas que reencontrem uma compatibilização da tecnologia com o aumento das potencialidades do homem e do meio natural sem exauri-los, apoiadas por normas de incentivo à pesquisa científica e direcionadoras de uma tecnologia comprometida com valores de garantia da dignidade humana e bem-estar social, responderiam por uma autêntica concretização do direito como impulsionador do desenvolvimento econômico, com base no aprimoramento tecnológico". Esta seria uma interpretação do § 2º do art. 218, conforme a diretriz constitucional maior de respeito aos direitos humanos. Ensina Cristiane Derani (p. 170-171) sobre uma ética de responsabilidade: "... com o aumento dos efeitos negativos das atividades técnico-industriais dentro de dimensão inclusive planetária, os valores éticos e os princípios fundamentais de respeito e proteção ao ser humano e sua dignidade devem ser atendidos, não apenas pelos elementos que compõem o desenrolar do processo produtivo, mas também pela adequação que deve estar presente no resultado destes atos. Trazendo este pensamento para nosso campo de indagação, seria afirmar que não só a atividade econômica, as relações de mercado e os experimentos científicos devem atentar para os direitos fundamentais, mas a finalidade das relações econômicas, os efeitos externos da produção industrial, o resultado de novas invenções devem responder àquilo que basicamente seria a garantia da dignidade, liberdade e igualdade entre os homens, culminando na realização da finalidade da estrutura do Estado, qual seja a realização do bem-estar de toda a sociedade". Nesta mesma linha, destaca José Afonso da Silva (2007-A, p. 8210) o vínculo estreito entre a ciência, a tecnologia e a ética, relembrando a importância da ética da pesquisa científica e tecnológica, especialmente na engenharia genética e biotecnologia (OGMs, OVMs-organismos vivos modificados, clonagem, pesquisas com células-tronco, etc.). E conclui (Silva, 2007-A, p. 820): "O § 2º do art. 218 alberga a concepção segundo a qual o papel da ciência e da tecnologia consiste em servir ao desenvolvimento social. A tecnologia, especialmente, há de ser um instrumento de desenvolvimento". Na Constituinte, na Subcomissão, o *caput* do art. 218 mencionava expressamente o meio ambiente como objetivo da ciência e da tecnologia: "Art. 1º, *caput* – O Estado *promoverá o desenvolvimento científico e a autonomia tecnológica*, atendendo as prioridades nacionais, regionais e locais, bem assim a difusão dos seus resultados, tendo em vista, a transformação da realidade brasileira de modo a assegurar a melhoria das condições de vida e de trabalho da população e do meio ambiente". Realmente, esta visão mais ética da função "social" e daí também "ambiental" da pesquisa científica, pode dar novo e construtivo significado ao § 2º do art. 218.

8.7. Liberdade e controle das pesquisas tecnológicas: os princípios implícitos da liberdade da ciência e da responsabilidade da pesquisa em geral

No projeto da Subcomissão, dois parágrafos parecem trazer elementos para entender o atual § 2º: "§ 1º É garantida liberdade de opção dos pesquisadores, instrumentada pelo incentivo à investigação, criatividade e invenção. § 2º É assegurado, na forma da lei, o controle pela sociedade, das aplicações da tecnologia". Nestes textos compreende-se a visão ambivalente da pesquisa tecnológica, livre, mas perigosa e a controlar. Neste sentido, o projeto da SBPC, que influencia decisivamente o texto do atual § 2º, foi mais "discreto" e afirmou: "Segundo – A pesquisa tecnológica voltar-se-á para a solução dos problemas brasileiros na escala nacional, regional e local". O texto atual subdivide os elementos "problemas" e "regiões", passando a flexibilizar a diretriz, com o adjetivo "preponderantemente" e objetivá-lo, com a menção ao "sistema produtivo". Importante, porém, retomar o elemento original, liberdade-controle das pesquisas tecnológicas, para entender a importância da decisão da ADI 3.510, justamente sobre a liberdade da ciência e o princípio da responsabilidade. Vejamos.

8.8. Liberdade e tecnologia: o princípio da liberdade da ciência e da pesquisa

Como afirmava Pontes de Miranda (1968, p. 347), "ciência, sem liberdade de pesquisa, é impossibilidade manifesta. Porque, para a ciência, é indispensável a livre disponibilidade do espírito". E complementa: "A liberdade entra, portanto, na definição mesma de pesquisa científica" (p. 348). O art. 29, parágrafo primeiro da Declaração Universal de Direitos do Homem (de 10 de dezembro de 1948) afirma o princípio do livre e pleno desenvolvimento da personalidade, impondo porém limites a esta liberdade geral em prol da comunidade (Jayme, p. 147). Na Constituição de 1988, trata-se também de um princípio que vem garantido pelo conjunto de suas normas constitucionais (nos arts. 5º, IX, 6º, 23,V, 205, 206, II, 207, 214, 215 e 216, III), em especial na combinação do art. 218 com o art. 5º, IX: "... garantindo-se... a inviolabilidade do direito ... à liberdade.., nos termos seguintes: [...] IX – é livre a expressão da atividade intelectual, artística, científica e de comunicação, independentemente de censura ou licença". Como afirma o Min. Carlos Britto, em seu voto (ADI 3.510, n. 62), hoje ciência faz parte do catálogo dos direitos fundamentais e da visão de liberdade da pessoa humana no Brasil. Efetivamente, quando examinamos o conjunto de normas constitucionais regulando a ciência, em especial os arts. 5º, IX, 6º, 206, II, 215 e 218, que a liberdade da ciência se subdivide em liberdade de pesquisa científica e liberdade do ensino científico, a exemplo do art. 5º, IX, que garante não só a liberdade de expressão da atividade científica, mas implicitamente a de criação científica, como espécie de liberdade de pensamento e a própria pesquisa como "fazer científico" (ADI 3.510). Como afirmamos antes, educação e ciência estão inter-conectados em muitas outras normas constitucionais, não só como tarefa-dever do Estado, no art. 23, V, da CF/1988, de forma a garantir o acesso à ciência, mas em especial, nos arts. 205 e 206. É no art. 205 da CF/1988 que encontramos a concretização do direito geral de livre desenvolvimento da personalidade, com a expressão "pleno desenvolvimento da pessoa", que visa a educação, inclusive a educação científica. A liberdade de desenvolvimento da personalidade certamente está também incluída no *caput* do art. 5º da CF/1988, quando menciona o direito fundamental de todos à *liberdade e à igualdade*, mas vem melhor esclarecida no art. 205 da ordem social, seja para ciência, para cultura e para a educação (art. 23, V). Da mesma forma, é na seção sobre educação, no art. 206, II, que encontramos a menção à liberdade da ciência e da pesquisa como "saber" ou "conhecimento" em si e no viés prático da técnica e da tecnologia, isto na expressão "liberdade de aprender, ensinar, pesquisar e divulgar o pensamento ... e o saber". O texto enuncia a liberdade de pesquisar e divulgar o conhecimento, também científico, como princípio.

Neste sentido, mencione-se aqui as críticas à Portaria MCTIC 1.122/2020 que pautou o CNPq no governo Bolsonaro, conforme leciona Marcelo Schenk Duque em parecer *pro bono* entregue ao Presidente do CNPq: "Ciência é a expressão nítida de um direito fundamental de personalidade, apto a preservar a liberdade de pesquisa (Art. 5º, IX, da CF/1988) e de desenvolvimento científico (Art. 218 da CF/1988). Atrai, portanto, máxima proteção jurídica, de hierarquia constitucional, apta a impor consideráveis limites à discricionariedade administrativa. Sob o enfoque material, a compatibilização da liberdade de expressão científica com os deveres estatais de promoção e incentivo da pesquisa aponta para a inconstitucionalidade dos critérios valorativos propostos pela Portaria 1.122/2020. [...] Ao propor critérios absolutamente desproporcionais para o acesso ao fomento à pesquisa científica, a Portaria 1.122/2020 comete dois equívocos: um é esquecer que a Constituição não permite discriminação tão grosseira em relação às áreas da ciência, atentando ao mandamento de igualdade geral; o outro é violar dois mandamentos constitucionais que avaliam os contornos dos deveres do Estado em face de direitos fundamentais, em particular o de promover o desenvolvimento científico como um todo: a proibição de excesso (*Übermaßverbot*) na discriminação, bem como a proibição de insuficiência (*Untermaßverbot*) na promoção e incentivo das áreas sociais e humanas, verbos chaves do art. 218 da Constituição Federal".

8.9. Princípio da responsabilidade: limites implícitos e explícitos à liberdade de pesquisa

Como estabeleceu o STF no HC 82.424/RS, a liberdade de expressão e de criação (em nosso caso, científica) "não se tem como absoluta", existem "limites morais e jurídicos", pois as liberdades de um "não são incondicionais" e "devem ser exercidas de maneira harmônica, observados os limites definidos na própria Constituição Federal (CF, art. 5º, § 2º, primeira parte)", sempre ponderando a prevalência dos direitos fundamentais em uma visão harmônica e unitária da Constituição de 1988, uma vez que no "estado de direito democrático devem ser intransigentemente respeitados os princípios que garantem a prevalência dos direitos humanos". Nenhuma liberdade é isolada da sociedade e da ética, assim também a liberdade da atividade científica, como liberdade de pesquisa e de ensino científico, que não deve porém ser censurada, submete-se a regras constitucionais e infralegais, que em verdade são limites. Em seu voto na ADI 3.510, o Min. Gilmar Mendes estabeleceu claramente esta ligação e dependência entre a ciência e a responsabilidade ou o princípio da responsabilidade: "À utopia do progresso científico, não obstante, deve-se contrapor o princípio responsabilidade, não como obstáculo ou retrocesso, mas como exigência de uma nova ética para o agir humano, uma ética de responsabilidade proporcional à amplitude do poder do homem e de sua técnica". Os limites podem ser éticos, jurídicos e sociais. Os limites ético-sociais, que têm que ver com sua finalidade (Direito, p. 870), assim como os jurídicos, são impostos no direito internacional e no direito interno, por motivações éticas e sociais, como a proibição ou controle da clonagem de seres humanos, a antecipação da morte, a inviolabilidade da vida de todos os seres humanos. A atual visão de ciência no art. 218 da Constituição de 1988 impõe uma série de limites. Estes limites são de duas espécies: *os expressos*, mencionados expressamente no texto normativo das normas do capítulo ora comentado, e *os sistemáticos*, implícitos ou explícitos, mencionados em outras normas constitucionais. *Limites sistemáticos* são, por exemplo, os objetivos – de "bem-estar social" e "justiça social" – positivados no art. 193 da CF/88, que abre este Título da ordem social, assim como a função social da propriedade, nos direitos de exclusividade e privilégio dos inventos e criações industriais, patentes e marcas, e a menção que estes visam "o interesse social e o desenvolvimento tecnológico e econômico do País", no art. 5º, XXIX, da CF/88. Os *limites expressos* encontram-se nas próprias normas do art. 218, no § 1º, a menção "tendo em vista o bem público e o progresso das ciências", e no § 2º, "para a solução dos problemas brasileiros" e no § 4º, "participação nos ganhos econômicos".

8.10. Limites especiais à liberdade de pesquisa: ética e direitos humanos

Em seu voto na ADI 3.510, a eminente Ministra Ellen Gracie especifica os limites existentes à atividade científica na Lei de Biossegurança e ainda em uma série de normas deontológicas de bioética existentes no Brasil. Do direito internacional conhecemos muitas outras regras de limites à atividade científica, ainda mais quando o objeto (direto ou indireto) são seres humanos, e hoje informações genéticas sobre seres humanos. Estes limites à atividade científica estão implícitos na Constituição de 1988 e foram impostos de forma a proteger o direito à vida, à dignidade da pessoa humana e ao pleno desenvolvimento de sua personalidade, que formam o primeiro degrau (na figura de Dürig) ou núcleo base da hierarquia de valores constitucionais, daí onde se retiram os direitos de liberdade geral e de liberdade especial, que é este da atividade científica. Na ADI 3.510, estes limites foram a tônica da maioria dos votos dos Ministros Carlos Direito (direito à vida), Ricardo Lewandowski (sociedade de risco), Gilmar Mendes (princípio da responsabilidade), Ellen Gracie (princípio da razoabilidade), Celso de Mello (internacionalização da ciência), Joaquim Barbosa (princípio do desenvolvimento científico), Carlos Ayres Britto (relator), Marco Aurélio e Cármen Lúcia (direito fundamental à ciência).

8.11. A responsabilidade da pesquisa e do pesquisador

Em matéria de limites éticos, jurídicos e sociais à pesquisa e aos pesquisadores, podemos dividi-los em três grupos: a) *Responsabilidade diante da comunidade científica* – Se a atividade científica é livre, de pesquisa e de ensino, sabemos que especialmente a pesquisa deve seguir rígidos métodos para poder ser verificada e validada pela sociedade em geral e pela comunidade científica, em especial. Assim, o plágio, a falsificação de resultados a chamada "captura" da ciência que falseia resultados, ou por interesses econômicos próprios (do pesquisador, por exemplo, relembre-se alguns escândalos envolvendo pesquisadores coreanos) ou de empresas (por exemplo, o caso dos males do tabagismo, em que foi necessária uma atitude supranacional, da ONU e OMS para trazer a lume resultados científicos confiáveis e em poder das próprias empresas que até hoje, em países periféricos discutem em longos pareceres que o tabaco não vicia). Há, pois, junto à liberdade de pesquisa científica uma responsabilidade específica perante toda a comunidade científica. b) *Responsabilidade diante dos participantes* – Se a atividade científica e de pesquisa é livre, mister frisar que há uma responsabilidade específica perante aqueles que participam em pesquisa, seja como atores-pesquisadores, sejam como atores-entrevistados, seja como atores-cobaias. Os pesquisadores entre si têm extrema responsabilidade, ainda mais hoje que a pesquisa é feita em grupo e a autoria das descobertas (por seu valor econômico ou científico) e dos textos (publicações, proposições, fórmulas, teorias) passa a ser um problema, podendo haver abuso de autoridade ou abuso de direito. As pesquisas envolvendo seres humanos, em especial, como entrevistados ou como cobaias, trazem esta responsabilidade (ou limite à atuação livre do pesquisador), que passa a ser responsável pelos dados coletados, pelas informações muitas vezes sensíveis que dispõem sobre a vida, saúde, preferências etc. destas pessoas. A pesquisa envolvendo cobaias humanas ou mesmo células e material humano, como se observa na pesquisa sobre células-tronco, cuja constitucionalidade está sendo discutida no Supremo Tribunal Federal, trazem extrema responsabilidade para quem as realiza. Em decisão inédita, o Tribunal de Justiça do Rio Grande do Sul (9ª Câmara Cível, APC 0020090346, j. 26.09.2007, rel. Des. Odone Sanguiné) concluiu que as pessoas que tomam remédios servindo voluntariamente como "cobaias" de pesquisas clínicas da indústria farmacêutica não podem ser consideradas "consumidores" desses remédios, pois sua posição ou *status* é determinado por vontade livre e própria de participar da pesquisa, mesmo que destinatário final do medicamento (art. 2º da Lei n. 8.078/1990) e suas pretensões devem seguir o direito geral da responsabilidade civil. c) *Responsabilidade perante a sociedade e comitês de ética* – Por fim, há que se destacar a primeira das responsabilidades da pesquisa e do pesquisador, que é uma espécie de resumo das anteriores: a responsabilidade perante a sociedade, geralmente consolidada através da submissão das pesquisas a um comitê de ética, que examina ambas as anteriores e os aspectos éticos em si mesmo da pesquisa proposta ou realizada, de seus métodos e de seus resultados. No Brasil, a cultura dos comitês de ética já está estabelecida nas Universidades e nos Institutos de Pesquisa públicos e tem demonstrado excelentes resultados, a proteger toda a sociedade brasileira. Na famosa decisão da ADI 3.510, todos os ministros mencionaram a importância dos comitês de ética, e os eminentes Mins. Menezes Direito, Ricardo Lewandowski, Eros Grau e Gilmar Mendes exigiram mesmo a criação, no Ministério da Saúde, de um Comitê Central de Ética e Pesquisa (*Notícias do STF*, quinta-feira, 29 de maio de 2008). O voto do Min. Gilmar Mendes, nesta ADI 3.510, defende esta exigência de responsabilidade na pesquisa e na ciência de ponta: "Independentemente dos conceitos e concepções religiosas e científicas a respeito do início da vida, indubitável que existe consenso a respeito da necessidade de que os avanços tecnológicos e científicos, que tenham o próprio homem como objeto, sejam regulados pelo Estado com base no princípio responsabilidade".

8.12. Tecnologia, federalismo e o art. 219: problemas e desenvolvimento do sistema produtivo nacional e regional

Destaque-se, por fim, também que o tema da ciência e da tecnologia tem um vínculo forte com a questão do federalismo e a divisão cooperativa de competências no Federalismo, como demonstra a Lei n. Fundamental de Bonn, que em seu art. 74 (1) n. 13 também considera a competência concorrente para "fomentar a pesquisa científica" e no art. 91, b, n. 1, 2 e 3 da *Grundgesetz* alemã a possibilidade de acordos regionais de fomento da pesquisas e institutos e universidades (Duque, p. 65). O art. 23, V, da CF/1988 traz este aspecto da questão federativa no Brasil. Também de certa forma, o comentado § 2º trata do problema federal e da "política" que deve guiar a pesquisa tecnológica e a divisão de verbas por regiões do Brasil, como afirmava o § 3º do projeto da Subcomissão ("A pesquisa deve refletir seu compromisso com as prioridades regionais e locais"). A norma frisa que a pesquisa tecnológica fomentada deve voltar-se para "a solução" dos problemas do país e para o "desenvolvimento do sistema produtivo", mencionando de forma especial o regional e o nacional, bem caracterizando sua preocupação com o progresso do país e com a solidariedade interna. Concluindo e sem querer fazer um juízo de valores, mister frisar que as duas pré-compreensões de ciência e de tecnologia inicialmente destacadas (a econômico-utilitarista e a negativa e de risco) encontram eco nos arts. 218 e 219 da Constituição de 1988. Assim ambivalente é o conceito de ciência, tanto no art. 218 (mais voltado para o desenvolvimento da ciência, da capacidade tecnológica no país, mas também para o desenvolvimento do sistema produtivo nacional, ao fomento ao ensino e à pesquisa científica e tecnológica, e as empresas, que invistam em ciência) quanto no art. 219 (mais voltado para a visão de mercado interno como local reservado e regulado para ser ele mesmo um recurso, um patrimônio, um instrumento de autonomia nacional, meio soberano para o desenvolvimento científico e tecnológico da Nação). E encontram eco nos limites impostos à ciência e tecnologia pela Constituição de 1988 (ADI 3.510). Assim o voto do Min. Eros Grau, n. 9: "Cumpre a esta Corte enfatizar a circunstância de pesquisa e terapia a que se refere esse artigo 5º não poderem, em coerência com a Constituição, ser praticadas de modo irrestrito. A ela se impõe estabelecer alguns limites". Da mesma forma, votos dos Mins. Cezar Peluso e, em especial, Carlos Direito (veja *Notícias do STF*, quinta-feira, 29 de maio de 2008).

Art. 218, § 3º O Estado apoiará a formação de recursos humanos nas áreas de ciência, pesquisa, tecnologia e inovação, inclusive por meio do apoio às atividades de extensão tecnológica, e concederá aos que delas se ocupem meios e condições especiais de trabalho.

Claudia Lima Marques
Rosângela Lunardelli Cavallazzi
Bruno Miragem

1. História da norma

Na Subcomissão da Ciência e Tecnologia, o projeto original estudado nesta Subcomissão tinha três artigos separados sobre o tema da ciência e da tecnologia, sendo que quanto ao futuro art. 218 interessa-nos apenas o primeiro destes artigos. Seu texto inicial era o seguinte: "Art. 1º, *caput* – O Estado promoverá o desenvolvimento científico e a autonomia tecnológica, atendendo as prioridades nacionais, regionais e locais, bem assim a difusão dos seus resultados, tendo em vista a transformação da realidade brasileira de modo a assegurar a melhoria das condições de vida e de *trabalho da população* e do meio ambiente. § 1º É garantida *liberdade de opção dos pesquisadores*, instrumentada pelo *incentivo* à investigação, criatividade e invenção. § 2º É assegurado, na forma da lei, o controle pela sociedade, das aplicações da tecnologia. § 3º A pesquisa deve refletir seu compromisso com as prioridades regionais e locais, bem assim sociais e culturais, tendo em vista sobretudo a realização do bem comum, o benefício da coletividade e *a plena utilização de seus recursos humanos-culturais*". No momento da aprovação, o art. 1º (futuro art. 218) ficou com apenas um parágrafo. O texto aprovado do art. 1º (futuro art. 218) nada mencionava sobre o trabalho e era o seguinte: "Art. 1º *caput* – O Estado promoverá o desenvolvimento científico e a capacitação técnica para assegurar a melhoria das condições de vida da população e a preservação do meio ambiente. Parágrafo. A pesquisa promovida pelo Estado, refletirá prioridades nacionais, regionais, locais, sociais e culturais". Na Comissão de Sistematização, no primeiro substitutivo (chamado de Cabral I, em homenagem ao Relator Bernardo Cabral) e no segundo (Cabral II), o art. 218 aparece apenas com o *caput*. A Sociedade Brasileira pelo Progresso da Ciência manifestou-se, sugerindo o reaproveitamento do Projeto elaborado por Florestan Fernandes, José Albertino e Pedro Dallari, que resultou, com a ajuda dos constituintes Cristina Tavares, Octávio Elísio e Olívio Dutra, na inclusão de três incisos ao atual art. 218, o terceiro nos interessa e era redigido da seguinte maneira: "*Terceiro – O compromisso do Estado com a ciência e a tecnologia deverá assegurar condições para a valorização dos recursos humanos nelas envolvidos e para a ampliação, plena utilização e renovação permanente da capacidade técnico-científica instalada no País*". Esta ementa vem assim pelo relator auxiliar na área de Ciência e Tecnologia, Virgílio Távora: "... embora curto, sucinto, talvez seja um dos capítulos mais afirmativos desta Constituição esse da Ciência e da Tecnologia... Trata-se de emenda que ... vem completar essa ideia central, essa ideia de capacitação autônoma tecnológica, e ao mesmo tempo faz... *a aglutinação do meio científico com a busca do poder público deste desiderato. Fraqueza muito grande de nosso desenvolvimento tecnológico foi sempre a separação entre o Poder Executivo, pelos seus diferentes órgãos, e a comunidade científica*" (Diário da Assembleia Nacional Constituinte (supl. C), quarta-feira, 27 de janeiro de 1988, p. 2245). O projeto final da Comissão de Sistematização (Projeto A) foi quase exatamente o texto do art. 218, com os três novos parágrafos antes mencionados, o terceiro foi mantido com o texto da SBPC: "Art. 253... § 3º *O compromisso do Estado com a ciência e a tecnologia deverá assegurar condições para a valorização dos recursos humanos nelas envolvidos e para a ampliação, plena utilização e renovação permanente da capacidade técnico-científica instalada no País*" (Projetos de Constituição – Quadro comparado – Senador José Inácio Ferreira, p. 340-341). Nas votações do Projeto B o texto foi bem modificado, usando o verbo "apoio" no lugar de compromisso e mencionando a "formação de recursos humanos", "pesquisa" e "condições especiais de trabalho" do projeto inicial da Subcomissão. O Projeto C foi promulgado em 5 de setembro de 1988 com a seguinte redação: "§ 3º O Estado *apoiará a formação de recursos humanos* nas áreas de ciência, *pesquisa* e tecnologia, e concederá aos que delas se ocupem *meios e condições especiais de trabalho*". Em 2015, a EC 85 modificou o texto incluindo a inovação e a extensão tecnológica, a saber: "§ 3º O Estado apoiará a formação de recursos humanos nas áreas de ciência, pesquisa, tecnologia e inovação, inclusive por meio do apoio às atividades de extensão tecnológica, e concederá aos que delas se ocupem meios e condições especiais de trabalho."

2. Constituições brasileiras anteriores

Veja comentários iniciais ao capítulo. Destaque-se que a Constituição de 1934, mencionava expressamente a assistência ao trabalhador intelectual: "Art. 148 – Cabe à União, aos Estados e aos Municípios favorecer e animar o desenvolvimento das ciências, das artes, das letras e da cultura em geral, ... bem *como prestar assistência ao trabalhador intelectual*". Já a Constituição de 1937 menciona pela primeira vez o "dever do Estado" de "contribuir" para a fundação de instituições de pesquisa: "Art. 128... *É dever do Estado contribuir, direta e indiretamente, ... , favorecendo ou fundando instituições ... , científicas e de ensino*".

3. Constituições estrangeiras

Veja comentários iniciais ao capítulo.

4. Direito internacional

Veja comentários iniciais ao capítulo.

5. Dispositivos constitucionais e legais relacionados

5.1. Constitucionais

Veja comentários iniciais ao capítulo.

5.2. Legais

Veja comentários iniciais ao capítulo, ao *caput* e aos demais parágrafos. Veja Lei n. 10.973, de 2 de dezembro de 2004. Veja o Marco Regulatório da Ciência, Tecnologia e Inovação (Lei n. 13.243/2016).

6. Jurisprudência

Veja comentários iniciais ao capítulo. No MS 24.519/DF, em caso julgando resolução sobre o retorno de bolsista do exterior ao País, o Supremo Tribunal Federal reconhece o CNPq, sua atividade de fomento ao desenvolvimento científico e tecnológico nacional e autonomia regulamentar (Rel. Min. Eros Grau, j. 28.09.2005, TP, *DJ* 02.12.2005, v. 2216-01, p. 162). A ementa ensina: "3. A legitimidade das resoluções do CNPq, bem como as demais instituições de pesquisa científica e tecnológica, decorre da autonomia conferida pelo artigo 207, *caput* e § 2º, da Constituição do Brasil".

7. Bibliografia

Veja bibliografia citada sobre ciência, tecnologia e inovação nos comentários ao § 1º do art. 218, *supra*.

8. Comentários

8.1. Fomento ao cientista e demais recursos humanos em CT&I

O § 3º do art. 218 indica outra diretriz constitucional destinada ao fomento do desenvolvimento científico e tecnológico, qual seja, a indicação ao Estado (mandamento do constituinte ao Estado, em especial ao Estado-Legislador e ao Estado-Administração), no sentido de apoiar a formação de recursos humanos para as áreas de ciência, pesquisa e tecnologia, e o oferecimento de condições especiais de trabalho para os profissionais da área. Trata-se de regra que fomenta a atividade do cientista. Karl Popper (p. 27) define aquele que trabalha com ciência: "Um cientista, seja teórico ou experimental, formula enunciados ou sistemas de enunciados e verifica-os um a um". A tradição constitucional brasileira de mencionar as ciências, com os verbos: "animar" (1891, 1934), "favorecer" (1934), "contribuir"(1937), "amparar" (1946, 1967, EC 1/1969), "incentivar" (1967, EC 1/1969) e as instituições de pesquisa com os verbos: "estimular", "favorecer" e "fundar" (1937), "promover a criação" (1946), foi completada em 1988 com o verbo apoiar "a formação de recursos humanos" e "conceder" condições e meios especiais de trabalho a estes.

8.2. Diretriz constitucional de "condições especiais de trabalho" e de apoio "à formação"

Igualmente determina a norma constitucional comentada que se ofereça aos recursos humanos ocupados de atividades de ciência, pesquisa e tecnologia, *condições especiais de trabalho* adequados, de modo a assegurar que este *homo faber* disponha de *meios* para fazer, fabricar, produzir, enfim exercer sua *vita activa* em ciência, pesquisa e tecnologia estão asseguradas na ordem constitucional. O § 3º do art. 218 estrutura a obrigação do Estado em apoiar a formação de recursos humanos, e em conceder meios e condições de trabalho, reforçando a perspectiva da Constituição de 1988 em privilegiar não só o homem e a atuação do *homor faber*, como em permitir que este fazer humano seja devidamente capacitado, integrado em uma perspectiva de plena realização das potencialidades dos sujeitos, em suas múltiplas dimensões. A formação de recursos humanos capacitados para atuarem em ciência básica e tecnológica, autônomos para empreender, inovar, criar e pesquisar remete ao intercruzamento entre ciência e tecnologia e educação como constitutiva do *homo faber* em uma sociedade informacional, em que o trabalho imaterial constitui expressão de um novo fazer que transcende a ideia de fábrica.

8.3. Condições especiais de trabalho em ciência, tecnologia e inovação

Esta diretriz constitucional remete para a valorização dos homens e de seu labor, assegurando-lhes *meios* materiais para a expressão de seus conhecimentos e inventos – materiais consistentes em infraestrutura, instrumentos, espaços físicos, recursos tecnológicos, maquinário – e *meios* para a formação continuada, com a promoção de uma política de recursos humanos que contemple as perspectivas de crescimento profissional, qualificação contínua, atualização permanente e aperfeiçoamento constante do *homo faber* responsável pela produção do conhecimento, um passo adiante da articulação entre desenvolvimento científico e tecnológico.

8.4. Formação de recursos humanos em ciência, tecnologia e inovação

Ainda, considerando o princípio da unidade da Constituição (veja-se comentários ao *caput* do art. 218), não se pode separar a formação de recursos humanos para ciência e tecnologia e as normas constitucionais relativas à estruturação da educação. Neste sentido, diante da programação constitucional do § 3º do art. 218 da Constituição, é de se observar que o Plano Nacional de Educação (estabelecido pela Lei n. 10.172, de 9 de janeiro de 2001), em suas diretrizes para a educação tecnológica e para a formação profissional, assevera haver um consenso nacional em torno da ideia de que "a formação para o trabalho exige hoje níveis cada vez mais altos de educação básica, geral, não podendo esta ficar reduzida à aprendizagem de algumas habilidades técnicas", o que não impediria, entretanto, o oferecimento de cursos voltados para a adaptação do trabalhador às oportunidades do mercado de trabalho, bem como estabelece a diretriz de que a "educação profissional não pode ser concebida apenas como uma modalidade de ensino médio, mas deve constituir educação continuada, que perpassa toda a vida do trabalhador". Neste sentido, a operacionalização desta diretriz implica reformas no ensino de modo que a educação profissional se estruture em todos os níveis de escolarização, seja técnico, superior ou de pós-graduação, com a integração dos diversos tipos de formação, "a formal, adquirida em instituições especializadas, e a não formal, adquirida por meios diversos, inclusive no trabalho".

8.5. Críticas a esta norma programática

Mencione-se que a norma do § 3º do art. 218 foi bastante criticada por Manoel Gonçalves Ferreira Filho por ser "recomendação" "meramente formal", com o que concorda Sturion de Paula (p. 268), que considera o § 3º do art. 218 vago e com pouca "substância eficaz". Para José Afonso da Silva (2008, p. 150-151), o § 3º do art. 218 é exemplo de norma constitucional de eficácia limitada ou reduzida ou *norma programática* "referida aos Poderes Públicos", "são normas que têm por objeto a disciplina dos interesses econômico-sociais, tais como ... estímulo à cultura, à ciência e à tecnologia". Para o autor, esta *norma de princípio programático* vincula todos os poderes públicos (2008, p. 150), como se retira também da competência prevista no art. 23, V, da Constituição da República, já referido nos comentários ao *caput* do art. 218.

8.6. Fomento aos recursos humanos através da Administração

Outro aspecto do desenvolvimento da ciência e do oferecimento de condições de trabalho diz respeito à atuação do Estado-Administração, por intermédio do fomento à formação de profissionais habilitados à atuação nas áreas da ciência, pesquisa e tecnologia. Esta formação se dá tanto no âmbito das instituições universitárias e de pesquisa – nas primeiras, inclusive, pelo caráter indissolúvel das atividades de ensino, pesquisa e extensão – assim como pela atuação das agências de fomento da atividade científica e tecnológica, tanto nacionais (CNPq, CAPES) quanto em nível estadual (as fundações de apoio à pesquisa, em geral integrantes da Administração Indireta dos Estados-membros), bem como a previsão de fundos com recursos orçamentários dos diversos entes federados, visando o investimento em desenvolvimento científico e tecnológico e no aperfeiçoamento e formação de recursos humanos. Como destacamos nos comentários ao *caput*, Varela (p. 347 e s.) destaca o papel de incentivo do CNPq, CAPES, FINEP, EMBRAPA, as Fundações Estaduais, como a FAPESP e os fundos. Muitas leis infraconstitucionais regulamentam a tarefa imposta pelo art. 218, enquanto regra, em especial, as que criaram o Conselho Nacional de Ciência e Tecnologia (Lei n. 9.257, de 9 de janeiro de 1996) e o Fundo Nacional de Desenvolvimento Científico e Tecnológico (Lei n. 8.172, de 18 de janeiro de 1991. Esta lei restaurou o Decreto-Lei n. 719, de 31 de julho de 1969), assim como muitas regulam os princípios antes mencionados, em especial a chamada Lei de Biossegurança. Em matéria de pesquisa, a Lei de Biossegurança, Lei n. 11.105/2005, e a Lei n. 10.332, de 19 de dezembro de 2001 (veja Decretos 4.143, de 25 de fevereiro de 2002, 4.154, de 7 de março de 2002, 4.157, de 12 de março de 2002, e 4.195, de 11 de abril de 2002), que institui mecanismos de financiamento para o Programa de Ciência e tecnologia para o Agronegócio; Programa de Fomento à Pesquisa em Saúde; Programa Biotecnologia e Recursos Genéticos – Genoma; Programa de Ciência e Tecnologia para o Setor Aeronáutico; Programa de Inovação para Competitividade. Dentre as medidas provisórias, beneficiando a importação de tecnologia pelo CNPq, veja Medida Provisória n. 191, de 11 de junho de 2004, que dá nova redação aos arts. 1º e 2º da Lei n. 8.010, de 29 de março de 1990, e acrescenta a alínea f ao inciso I do art. 2º da Lei n. 8.032, de 12 de abril de 1990, que dispõem sobre importações de bens destinados a pesquisa científica e tecnológica e suas respectivas isenções ou reduções de impostos. Veja também FINAME, agência especial de financiamento industrial e as demais autorizações para a política industrial, tecnológica e de comércio exterior (PITCE). Veja o Marco Regulatório da Ciência, Tecnologia e Inovação (Lei n. 13.243/2016). A Lei n. 11.080/2004 criou a Agência Brasileira de Desenvolvimento Industrial (ABDI), e as Leis n. 11.196/2005 e 11.487/2007 instituíram incentivos fiscais à inovação e pesquisa, assim como a Lei do Poder de Compra Nacional, Lei n. 12.349/2010, às licitações.

8.7. CNPq e regulamentação de bolsas: autonomia na função regulamentar

No MS 24.519/DF, o Supremo Tribunal Federal considerou, em face do art. 207, *caput* e § 2º, legais os preceitos do CNPq sobre a necessidade de retorno dos bolsistas para contribuir ao desenvolvimento da ciência e tecnologia no Brasil, após bolsas no exterior: "15. A legalidade desse preceito decorre da autonomia conferida às instituições de pesquisa científica e tecnológica pelo artigo 207, *caput* e § 2º, da Constituição do Brasil. O CNPq os estabelece no exercício de função regulamentar" (p. 171 do original). Sobre o caso e o CNPq ensina ainda o STF: "16. O CNPq tem por missão institucional fomentar o desenvolvimento científico e tecnológico nacional, mediante a promoção de diversos incentivos à atividade acadêmica. O custeio de bolsas de estudo no exterior é justificável na medida em que ao País sejam acrescidos os frutos resultantes do aprimoramento técnico-científico dos nacionais beneficiados. Daí por que não se admite que o beneficiário de recursos lá fixe residência, buscando colocação no mercado de trabalho, sem compensar a sociedade brasileira, que financiou a sua formação" (p. 172 do original).

8.8. Trabalho intelectual, pesquisadores e ordem social: valorizando a opção da Constituição

Como vimos, por força dos arts. 218 e 219, hoje é a ordem constitucional social que está ligada à propriedade imaterial das invenções e patentes, do trabalho dos cientistas e pesquisadores, do contratos de desenvolvimento de tecnologia, de inovação e de pesquisa. No Brasil, onde a tendência constitucional anterior (criticada por Aliomar Baleeiro, p. 83) era de radicalizar a visão econômica do homem, como sujeito de direitos livres e quase absolutos, a sistematização mais social e humanista da Constituição de 1988 é uma esperança, uma nova visão de homem. Alain Tourraine (p. 11) resume que a sociedade moderna, com sua ideia de igualdade, e a visão de *homo politicus* (principalmente os franceses e norte-americanos) e de *homo economicus* (principalmente os ingleses), produziu indivíduos semelhantes, mas desiguais, e que este modelo político e intelectual se desfez, no final do século XX, em uma ruína rápida e completa (Tourraine, p. 108). Se algo faltou na Constituição Federal de 1988, talvez, foi o assumir uma visão ainda mais cultural deste homem/cidadão. Assim foi tímida, *vis-à-vis* as Constituições estrangeiras, a CF/1988 por não enfrentar claramente o problema dos direitos culturais, uma vez que o paradigma do futuro parece realmente ser o cultural, mas foi sábia e pedagógica, em positivar a segunda geração de direitos fundamentais (sociais e econômicos) e não transformar estes direitos em puro discurso de solidariedade. Mister destacar este aspecto positivo da opção do constituinte brasileiro: realmente incluiu a "ciência" na ordem social, destacando a nova "socialidade". Isto é, ciência, educação e cultura (mesmo em capítulos separados) estão interligados e fazem parte integrante da ordem social, em sentido amplo, dominada pelo objetivo constitucional positivado no art. 193 da CF: o bem-estar social e a justiça social. Aqui a Constituição de 1988 foi "social", pois poderia ter incluído estes temas, hoje bastantes privatizados e dominados pela visão patrimonial (e do direito do autor, da propriedade industrial e das patentes) não na "ordem social" e sim na ordem econômica e financeira (Título VII anterior) ou somente como direito patrimonial individual (como a Constituição dos Estados Unidos da América). A opção foi feliz e adaptada à nossa realidade do fim do século XX, início de século XXI. A decisão do Supremo Tribunal Federal na ADIn 2.591, famosa como ADIn dos Bancos pela inconstitucionalidade do Código de Defesa do Consumidor, demonstrou a importância da interpretação sistemática da Constituição de 1988 no combate a privilégios da atividade econômica e assegurou a importância da regra do art. 193, que abre a ordem social, a exemplo da regra do art. 170, V, da CF/1988. Na ADI 3.510, em seu voto vencedor, o eminente Ministro Carlos Britto, clamou também por um "olhar pós-positivista" sobre o texto constitucional, "olhar conciliatório do nosso ordenamento com os imperativos da ética humanista e justiça material" (n. 70 do original do voto) e concluiu pela existência de um direito fundamental à saúde e à livre expressão da atividade científica (art. 5º, IX, da CF/1988), e uma visão sistemática e de conjunto na "era do conhecimento" destas liberdades, dos capítulos sobre saúde e sobre ciência e tecnologia da Constituição (n. 67 do voto original). Como vimos, neste belo voto, o eminente Ministro Carlos Britto do Supremo Tribunal Federal conclui pela dupla visão da ciência, inicialmente destacado-a como liberdade individual e afirmando a função da ciência na ordem social, ou sua dimensão objetivo-institucional. Efetivamente, uma visão pós-positivista da Constituição (ADI 3.510/DF) significa, segundo Luís Roberto Barroso (p. 276), valorar seus princípios e o papel do intérprete a dar novo significado às normas materialmente constitucionais.

Art. 218, § 4º A lei apoiará e estimulará as empresas que invistam em pesquisa, criação de tecnologia adequada ao País, formação e aperfeiçoamento de seus recursos humanos e que pratiquem sistemas de remuneração que assegurem ao empregado, desvinculada do salário, participação nos ganhos econômicos resultantes da produtividade de seu trabalho.

Claudia Lima Marques
Rosângela Lunardelli Cavallazzi
Bruno Miragem

1. História da norma

Este parágrafo não constava do projeto da SBPC. Em maio de 1988, uma emenda o incluiu no atual art. 218 (*Diário da Assembleia Nacional Constituinte* (supl. C), quarta-feira, 25 de maio de 1988, p. 10717). O § 4º do atual art. 218 nasceu com a emenda 634, de Marcelo Cordeiro, que propunha "um capitalismo social" e instituir uma "corresponsabilidade entre estado, empresa e sociedade", um "desenvolvimento socialmente comprometido", afirmando: "No campo da tecnologia a solidariedade é essencial, para que seja possível um desenvolvimento tecnológico que possa repercutir no bem-estar de todos e no progresso geral da economia do país" (*Diário da A.N.C.*, supl. C, 25.05.1988, p. 10717). A emenda 634, de Marcelo Cordeiro, aprovada, tinha o seguinte texto: "Art. 253 – Parágrafo quarto – A lei apoiará e estimulará as empresas que invistam em pesquisa, criação de tecnologia adequada ao País, formação e aperfeiçoamento de seus recursos humanos e que pratiquem sistemas de remuneração *onde o empregado receba*, desvinculada do salário, participação nos ganhos econômicos resultantes da produtividade de seu trabalho" (*Diário da A.N.C.*, supl. C, 25.05.1988, p. 10717). Com redação levemente modificada do texto nas votações do Projeto B, o Projeto C foi promulgado em 5 de setembro de 1988, praticamente com a redação da emenda 634: "§ 4º A lei apoiará e estimulará as empresas que invistam em pesquisa, criação de tecnologia adequada ao País, formação e aperfeiçoamento de seus recursos humanos e que pratiquem sistemas de remuneração *que assegurem ao empregado*, desvinculada do salário, participação nos ganhos econômicos resultantes da produtividade de seu trabalho".

2. Constituições brasileiras anteriores

Não consta norma semelhante mencionando "empresas que invistam em pesquisa". Destaque-se a Constituição de 1937 que, mencionando a liberdade de atividade científica e de ensino, previu o fomento a estas iniciativas privadas ("Art. 128: A arte, *a ciência* e o ensino são *livres à iniciativa individual e a de associações ou pessoas coletivas públicas e particulares. É dever do Estado contribuir, direta e indiretamente, para o estímulo e desenvolvimento de umas* e de outro...") e ainda afirmou o vínculo entre a riqueza e progresso do país e a liberdade de ciência através do trabalho de inovação e criação individual: "Art. 135. Na iniciativa individual, no *poder de criação*, de organização e *de invenção* do indivíduo, exercido nos limites do bem público, *funda-se a riqueza e a prosperidade nacional*. ...". E quanto ao apoio aos recursos humanos, a Constituição de 1934 mencionava expressamente a assistência ao trabalhador intelectual: "Art. 148 – Cabe à União, aos Estados e aos Municípios favorecer e animar o desenvolvimento das ciências, das artes, das letras e da cultura em geral, ... bem como *prestar assistência ao trabalhador intelectual*". A tradição constitucional brasileira de mencionar as ciências, com os verbos: "animar" (1891, 1934), "favorecer" (1934), "contribuir" (1937), "amparar" (1946, 1967, EC 1/1969), "incentivar" (1967, EC 1/1969) e as instituições de pesquisa com os verbos: "estimular", "favorecer" e "fundar" (1937), "promover a criação" (1946).

3. Constituições estrangeiras

Veja comentários iniciais ao capítulo.

4. Direito internacional

Veja comentários iniciais ao capítulo. Destaque-se os acordos internacionais sobre propriedade intelectual e a atuação da OMPI e da OMC (depois do acordo de Marraqueche de 1994, em especial em biotecnologia e OGMs). Em matéria de trabalho e propriedade intelectual, veja trabalhos da UNESCO, OIT, OMPI, OECD e OMC.

5. Dispositivos constitucionais e legais relacionados

5.1. Constitucionais

Veja comentários iniciais ao capítulo.

5.2. Legais

Lei n. 10.973, de 2 de dezembro de 2004, e Decreto n. 5.563, de 11 de outubro de 2005, que estabelece medidas de incentivo à inovação e à pesquisa científica e tecnológica no ambiente produtivo, com vistas à capacitação e ao alcance da autonomia tecnológica e ao desenvolvimento industrial do país, "nos termos dos arts. 218 e 219" (destaquem-se as implicitamente revogadas Lei n. 8.248, de 23 de outubro de 1991, as Medidas Provisórias n. 1.858, 2.005 e a Lei n. 9.959, de 27 de janeiro de 2000). Veja normas sobre propriedade intelectual e sobre o INPI. Veja, quanto ao tratamento diferenciado e favorecido dispensado às microempresas, Lei Complementar n. 123, de 3 de dezembro de 2006, em especial arts. 64 a 67 sobre estímulo à inovação.

6. Jurisprudência

Veja comentários iniciais ao capítulo. A ADI-MC 2.349/DF (STF, TP, j. 07.12.2000, Min. Marco Aurélio, *DJ* 7.11.2003) interpreta o § 4º (p. 293 do voto relator) da seguinte forma: "As balizas do art. 218, § 4º, da Constituição Federal. Lei de apoio ou estímulo às empresas que invistam em pesquisa, criação de tecnologia adequada ao País fica condicionada à política de formação e aperfeiçoamento de seus recursos humanos e de remuneração assegurada, ao empregado, de participação nos ganhos econômicos resultantes da produtividade do trabalho desenvolvido ... imposição constitucional".

7. Bibliografia

Veja toda bibliografia citada nos comentários ao § 1º do art. 218, *supra*, e bibliografia selecionada sobre ciência e tecnologia, nos comentários iniciais ao capítulo. Sobre propriedade intelectual, transferência de tecnologia, a concorrência internacional e cooperação científica, veja, dentre outros, BAETA NEVES, Clarissa e BAETA NEVES, Abílio Afonso. As Ciências Sociais e a cooperação Brasil e Alemanha. In: ROHDEN, Valério (Coord.). *Retratos de Cooperação científica e cultural*. Porto Alegre: EDIPUCRS, 1999, p. 255-269; BOBBIO, Norberto. Estado, *Gobierno y sociedad – por una teoría general de la política*. México: FCE, 1996; DEL NERO, Patrícia Aurélia. *Propriedade Intelectual – a tutela jurídica da biotecnologia*. 2. ed. São Paulo: Revista dos Tribunais, 2004; CHEVALLIER, Jacques. *L'État post-moderne*. Paris: LGDJ, 2003; MAGALHÃES, Frederico do Valle Marques. *Direito Internacional da Concorrência*. Rio de Janeiro: Renovar, 2006; MARQUES, Claudia Lima. Transferência de Tecnologia. In: GHERSI, Carlos Alberto (Org.). *MERCOSUL – perspectivas desde el Derecho Privado*. Buenos Aires: Editorial Universidad, 1993, p. 167-209; NISHITANI, Yuko. Employee's Invention and the Right to Obtain Foreign Patents: Current Trend in Japanese Law froma Comparative Perspective. In: *Festschrift Krophokller*. Tübingen: Mohr, 2008, p. 93-109; PIMENTEL, Luiz Otávio; BOFF, Salete Oro; DEL'OLMO, Florisbal de Souza (Org.). *Propriedade Intelectual – Gestão do Conhecimento, Inovação Tecnológica no Agronegócio e Cidadania*. Florianópolis: Boiteux, 2008; VARELLA, Marcelo Dias e BARROS-PLATIAU, Ana Flávia. *Organismos Geneticamente Modificados*. Belo Horizonte: Del Rey, 2005.

8. Comentários

8.1. Diretriz constitucional criticada: norma programática vinculada ao princípio da legalidade

A dicção do § 4º do art. 218 indica mandamento constitucional a que o legislador ordinário faça lei visando ao estímulo da pesquisa tecnológica no âmbito da atividade empresarial. Note-se que este § 4º do art. 218 sofreu muitas críticas da doutrina. Sturion de Paula (p. 275) resume: "É a típica forma do Estado liberal. Desta forma, com o incentivo à livre-iniciativa, através dos estímulos fiscais, como as isenções, a concepção de créditos e outros benefícios, encontrou no Estado uma forma a mais de desobrigar-se para com o desenvolvimento do conhecimento científico e tecnológico, o que significa redução dos encargos financeiros... é mais um dispositivo que busca esquivar o Estado de sua função social...". Manoel Gonçalves Ferreira Filho (p. 266-267) a considera programática ("uma recomendação desprovida de conteúdo jurídico, senão meramente formal"), mas afirma que "visa a incentivar as empresas que invistam em 'pesquisa, criação de tecnologia' e 'formação de recursos humanos', o que é justo. Curioso, porém, é exigir dessas empresas que adotem um determinado sistema remuneratório que institui uma participação nos 'ganhos econômicos'". Para Martins (p. 862-863): "À evidência, o dispositivo é programático. Algo já foi realizado no setor de telecomunicações, como no de incentivos regionais, mas um projeto definitivo de política para pesquisas, nos mais variados segmentos, ainda não existe". Para José Afonso da Silva (2008, p. 147-148), o art. 218, § 4º, é exemplo de norma constitucional de eficácia limitada ou reduzida ou programática, mas de norma programática "vinculada ao princípio da legalidade". Daí a importância da chamada Lei da Inovação, Lei n. 10.973, de 2 de dezembro de 2004 (regulamentado pelo Decreto n. 5.563, de 11-10-2005), que estabelece medidas de incentivo à inovação e à pesquisa científica e tecnológica no ambiente produtivo, com vistas à capacitação e ao alcance da autonomia tecnológica e ao desenvolvimento industrial do país, "nos termos dos arts. 218 e 219", assim como as revogadas Leis n. 8.248, de 23 de outubro de 1991, a Medida Provisória n. 1.858, a Lei n. 9.959, de 27 de janeiro de 2000, e Medida Provisória n. 2.005 sobre o tema. E ensina o citado autor (Silva, 2008, p. 148): "Cumpre apenas observar, por fim, que nesses casos, quando a lei é criada, a norma deixa de ser programática, porque a lei lhe deu concreção prática – desde que, realmente, a lei o tenha feito, pois pode acontecer que a lei é igualmente tão abstrata que, no fundo, não encontra seu fundamento na própria norma constitucional que a estabelece".

8.2. Lei Federal n. 10.973, de 2-12-2004

No cumprimento parcial do mandado que lhe foi endereçado pela Constituição – em especial no que é pertinente ao estímulo às empresas no investimento em ciência, pesquisa e tecnologia, editou o legislador ordinário a Lei Federal n. 10.973, de 2 de dezembro de 2004 (regulamentada pelo Decreto n. 5.563, de 11 de outubro de 2005), que dispôs sobre incentivos à inovação e à pesquisa científica e tecnológica no ambiente produtivo, regulamentando em parte o § 4º do art. 218 da Constituição. A denominada "Lei da Inovação" contempla a possibilidade de que "a União, os Estados, o Distrito Federal, os Municípios e as respectivas agências de fomento poderão estimular e apoiar a constituição de alianças estratégicas e o desenvolvimento de projetos de cooperação envolvendo empresas nacionais, ICT e organizações de direito privado sem fins lucrativos voltadas para atividades de pesquisa e desenvolvimento, que objetivem a geração de produtos e processos inovadores" (art. 3º). Da mesma forma, o parágrafo único do art. 3º da lei vai referir que "o apoio previsto neste artigo poderá contemplar as redes e os projetos internacionais de pesquisa tecnológica, bem como ações de empreendedorismo tecnológico e de criação de ambientes de inovação, inclusive incubadoras e parques tecnológicos". No caso do processo de criação de novas tecnologias se der no âmbito de instituições científicas e tecnológicas (ICT) pertencentes à Administração Pública, é assegurado pela Lei n. o direito do responsável pela criação de participar em no mínimo 5% (cinco por cento) de todas as vantagens econômicas decorrentes do aproveitamento econômico ou da transferência da tecnologia produzida (art. 13), bem como a possibilidade do oferecimento de bolsas associadas ao desenvolvimento de projetos de inovação (art. 9º). Já o estímulo ao investimento das empresas em inovação tecnológica é regulado pelo art. 19 da Lei federal n. 10.973/2004, que estabelece: "A União, as ICT e as agências de fomento promoverão e incentivarão o desenvolvimento de produtos e processos inovadores em empresas nacionais e nas entidades nacionais de direito privado sem fins lucrativos voltadas para atividades de pesquisa, mediante a concessão de recursos financeiros, humanos, materiais ou de infraestrutura, a serem ajustados em convênios ou contratos específicos, destinados a apoiar atividades de pesquisa e desenvolvimento, para atender às prioridades da política industrial e tecnológica nacional. § 1º As prioridades da política industrial e tecnológica nacional de que trata o *caput* deste artigo serão estabelecidas em regulamento. § 2º A concessão de recursos financeiros, sob a forma de subvenção econômica, financiamento ou participação societária, visando ao desenvolvimento de produtos ou processos inovadores, será precedida de aprovação de projeto pelo órgão ou entidade concedente. § 3º A concessão da subvenção econômica prevista no § 1º deste artigo implica, obrigatoriamente, a assunção de contrapartida pela empresa beneficiária, na forma estabelecida nos instrumentos de ajuste específicos. § 4º O Poder Executivo regulamentará a subvenção econômica de que trata este artigo, assegurada a destinação de percentual mínimo dos recursos do Fundo Nacional de Desenvolvimento Científico e Tecnológico – FNDCT. § 5º Os recursos de que trata o § 4º deste artigo serão objeto de programação orçamentária em categoria específica do FNDCT, não sendo obrigatória sua aplicação na destinação setorial originária, sem prejuízo da alocação de outros recursos do FNDCT destinados à subvenção econômica". A lei ainda vai estabelecer normas admitindo incentivo ao desenvolvimento de novas tecnologias e invenções por parte de inventores independentes, a quem se autoriza requerer o patrocínio de Instituições de Ciência e Tecnologia no desenvolvimento de suas invenções (art. 22), assim como a instituição de Fundos mútuos de investimentos de empresas destinados à inovação, constituídos por recursos obtidos mediante captação do mercado de valores mobiliários (art. 23).

8.3. Balizas constitucionais impositivas para o apoio às empresas: pesquisa, tecnologia nacional nova e recursos humanos em ciência e tecnologia

O § 4º do art. 218 estabelece balizas impositivas para a legislação infraconstitucional que "apoiará e estimulará as empresas", conhecidas como *leis de inovação* (atual Lei n. 10.973, de 2-12-2004, revogadas Lei n. 8.248/91 e Lei n. 9.959/00) e demais leis (tributárias, de biotecnologia, de biossegurança, de meio ambiente etc.), conforme *três valores* constitucionalmente escolhidos para guiar este, quais sejam: 1) *pesquisa* ("apoiará e estimulará as empresas que invistam em pesquisa"); aqui se trata de pesquisa em sentido amplo, tanto básica, como aplicada e tecnológica, social ou exata, para dar um sentido de acordo com o dos §§ 1º e 2º e o título do Capítulo IV "*da ciência e tecnologia*" (veja comentários iniciais); 2) *tecnologia nacional nova* ("apoiará e estimulará as empresas que invistam em ... criação de tecnologia adequada ao País"), aqui a finalidade deste incentivo (por exemplo incentivos fiscais para Zonas francas ou para empresas de tecnologia da informática, como na ADI 2.348-9/DF) deve ser a criação (logo, novidade criada, inovada) de uma tecnologia "adequada ao País", o que é um limite neste impositivo constitucional; e 3) *recursos humanos em ciência e tecnologia* ("empresas que invistam em ... formação e aperfeiçoamento de seus recursos humanos"), aqui a finalidade é a *formação,* capacitação ou *aperfeiçoamento* dos próprios ("*seus*") *recursos humanos,* logo envolvidos em ciência e tecnologia, cientistas, pesquisadores e técnicos, para assegurar uma interpretação de acordo com a exclusividade do Capítulo IV, que cuida apenas e com destaque da ciência e da tecnologia (a limitar quais seriam estes recursos humanos) e complementar o esforço do Estado previsto no § 3º, que repete "recursos humanos nas áreas de ciência, pesquisa e tecnologia". Além disso, impõe a norma constitucional, a todas estas empresas, um sistema "remuneratório que institui uma participação nos ganhos econômicos" (Ferreira Filho, p. 267), ou como afirma a norma, empresas: "que pratiquem sistemas de remuneração que assegurem ao empregado, desvinculada do salário, participação nos ganhos econômicos resultantes da produtividade de seu trabalho".

8.4. Outras interpretações possíveis da norma

Os comentaristas não destacam de forma especial esta norma do § 4º do art. 218 e não são unânimes sobre seu significado e alcance, mas geralmente a reduzem a um ou, no máximo, dois valores constitucionais. A mais comum possibilidade de interpretar a norma é destacar apenas um valor, ao reduzir a pesquisa mencionada no parágrafo à pesquisa tecnológica inovativa "adequada ao País" (Martins, p. 860) e considerar que o Estado deve, através de lei, apoiar e estimular a atuação dessas empresas em pesquisa e tecnologia, bem como a adoção de práticas de qualificação profissional de seus recursos humanos. Já Cretella Jr. (p. 4488), menciona aquelas que "investem nos setores da ciência, da pesquisa e da criação de tecnologia adequada ao País".

8.5. Balizas constitucionais condicionais e impositivas segundo o Supremo Tribunal Federal

O STF, até o momento, tem interpretado o § 4º do art. 218 como trazendo duas condições para o apoio estatal, quais sejam: a capacitação dos [seus] recursos humanos e a participação nos lucros da produtividade destes recursos humanos. Assim, na ADI-MC 2.349/DF (STF, j. 07.12.2000, Min. Marco Aurélio, *DJ* 7.11.2003) interpreta o § 4º (p. 293 do voto relator) da seguinte forma: "as balizas do art. 218, § 4º, da Constituição Federal. Lei de apoio ou estímulo às empresas que invistam em pesquisa, criação de tecnologia adequada ao País fica condicionada à política de formação e aperfeiçoamento de seus recursos humanos e de remuneração assegurada, ao empregado, de participação nos ganhos econômicos resultantes da produtividade do trabalho desenvolvido... imposição constitucional". Necessário seria, pois, que a empresa possuísse uma "política" de capacitação, "formação e aperfeiçoamento de seus recursos humanos". Nestes comentários estamos destacando que a capacitação é um valor básico necessário para determinar que empresas estão aptas a serem apoiadas; neste sentido é uma "condição" prévia para qualificar-se para este apoio, não difere da interpretação do STF, intérprete maior da Constituição, sendo que este apenas esclarece a necessidade de ser – nesta empresa – uma "política".

8.6. Lei n. 9.279, de 14-5-1996, e trabalho intelectual segundo o TST

Mister notar que, neste sentido, a legislação federal ao regular os direitos e obrigações relativos à propriedade industrial – Lei n. 9.279, de 14 de maio de 1996 – está muito aquém das garantias constitucionalmente estabelecidas ao firmar a regra de que a retribuição pelo trabalho, quando realizado pelo empregado em decorrência de seu contrato de trabalho, do qual resultou inventos e/ou modelos de utilidade, limita-se ao salário ajustado e que tais inventos pertencem exclusivamente ao empregador. Em perspectiva mais adequada à garantia constitucional, a regra infraconstitucional (art. 90 da Lei n. 9.279, de 14 de maio de 1996) estabelece que "pertencerá exclusivamente ao empregado a invenção ou o modelo de utilidade por ele desenvolvido, desde que desvinculado do contrato de trabalho e não decorrente da utilização de recursos, meios, dados, materiais, instalações ou equipamentos do empregador," sendo certo que se o invento resultar da contribuição pessoal do empregado com a utilização de recursos, meios, materiais, dados instalações ou equipamentos do empregador, a propriedade da invenção ou do modelo utilizado será comum, repartida em partes iguais, cabendo ao empregado a justa remuneração pela exploração de seu invento, garantida ao empregador (art. 91 da Lei n. 9.279, de 14 de maio de 1996). A busca pela concretização da Constituição tem levado o Tribunal Superior do Trabalho a indenizar os trabalhadores pelos inventos utilizados nas atividades empresariais, reconhecendo que em caso de "invenção de empresa" o empregado tem direito a uma "justa remuneração resultante de sua contribuição pessoal e engenhosidade", nos termos do voto do ministro João Oreste Dalazen, que reafirmou pouco importar que "o invento haja sido propiciado, mediante recursos, meios, dados e materiais, nas instalações da empresa"(Caso Rede Ferroviária Federal e Ferrovia Centro Atlântica, TST, Notícia do Superior Tribunal do Trabalho, 16.08.2006)[1]. No direito comparado, Nishitani (p. 97) noticia que orientações diferentes fizeram crescer o número de ações dos empregados-inventores, especialmente no que se refere ao direito de requerer patentes no exterior com estes inventos.

8.7. Globalização e internacionalização das empresas [privadas e públicas] de tecnologia, comunicações, informática, genoma, inovação e pesquisas

Cretella Jr. (p. 4488) menciona que a norma visa apenas as "empresas privadas", que "investem nos setores da ciência, da pesquisa e da criação de tecnologia adequada ao País". Realmente as empresas "públicas" podem ser sempre apoiadas e incentivadas pelo Estado, por lei ou diretamente, logo, a norma volta-se prioritariamente para beneficiar as empresas privadas, normalmente não incentivadas de forma especial por lei, fornecendo justamente uma autorização constitucional para este apoio por esta lei infraconstitucional. Ocorre que com a globalização e a criação em rede (e *outsourcing*), as coisas não são mais tão claras, empresas públicas, por exemplo dentro de universidades federais, estaduais e institutos que participam do projeto genoma, desenvolvem tecnologias (e muita!) de uso mundial e nacional, assim como as novas parcerias público-privadas e consórcios que inclusive podem formar novas empresas mistas. Mister, pois, esclarecer que a norma autorizatória do § 4º pode ser interpretada de forma a estar adaptada a estes novos tempos tecnológicos de fluidez entre o que é público e o que é privado. Aqui não se trata de interpretação extensiva de uma autorização [excepcional], e sim de valorização da interpretação literal e sistemática, pois o texto expressamente não limitou seu alcance às empresas privadas. A menção a empresas *tout court* do comentado parágrafo deve ser interpretada em conjunto com as normas do *caput* (promoção da pesquisa e capacitação e princípio do desenvolvimento científico), dos §§ 1º (prioridade da pesquisa básica), 2º (desenvolvimento do sistema produtivo nacional e regional através da pesquisa tecnológica) e 3º (apoio estatal aos recursos humanos nas áreas de ciência, pesquisa e tecnologia) do art. 218, o que leva à conclusão que aqui podem ser apoiadas – em princípio – empresas públicas ou privadas ou os fenômenos mistos atuais. Esta interpretação condiz com o estágio atual de globalização e privatização de nossas empresas públicas de ponta (a relembrar a Fiocruz, a Petrobras, as incubadoras tecnológicas nas Universidades Federais, as redes de inovação em informática incluindo empresas públicas, dentre outras), que poderiam (e puderam) ser incentivadas, mesmo se eventualmente (e inicialmente) de Direito Público. A Lei n. 10.973/04, nos arts. 9º e 13, prevê o caso do processo de criação de novas tecnologias se dar nas instituições científicas e tecnológicas (ICT) pertencentes à Administração Pública, sendo que assegura o direito do responsável pela criação de participar em no mínimo 5% (cinco por cento) de toda as vantagens econômicas decorrentes do aproveitamento econômico ou da transferência da tecnologia produzida (art. 13) e através de bolsas (art. 9º). A pergunta que fica é se – com a revogação do art. 171 (EC 6/95), que era um artigo deste capítulo e que discriminava entre empresas nacionais de capital nacional e empresas nacionais de capital estrangeiro – a norma comentada autoriza apoio a empresas estrangeiras. Os outros artigos modificados por esta Emenda n. 6 não parecem tratar deste tema. Art. 170, com o inciso IX atual ("IX – tratamento favorecido para as empresas de pequeno porte constituídas sob as leis brasileiras e que tenham sua sede e administração no País") nada menciona sobre empresas de grande porte, nacionais ou estrangeiras, e o art. 176 regula em seu § 1º apenas "a pesquisa e a lavra de recursos minerais". Esta realidade de internacionalização da ciência e da pesquisa foi recebida e mencionada no voto do Min. Celso de Mello, na ADI 3.510/DF, sendo assim parece mais determinante a localização da empresa beneficiada, do que a nacionalidade dos que detêm o controle efetivo da empresa. O limite parece existir em caso de tecnologia e quanto à finalidade desta para receber o fomento, esta sim deve ser "tecnologia adequada ao País".

8.8. Globalização da ciência e "tecnologia adequada ao País"

Desde o discurso da relatora da Subcomissão da Constituinte sobre ciência e tecnologia já notamos a estreita relação entre

---

[1]. Trata-se de decisão da Primeira Turma do Tribunal Superior do Trabalho, em recurso de revista proposto pelas empresas Rede Ferroviária Federal e Ferrovia Centro Atlântica, que acolheu pleito de empregado, artífice de mecânico criou "dispositivo para remoção e montagem de peça (excitratiz) de locomotivas, ferramenta para sacar e montar intercambiador de calor de locomotivas e peça de sustentação de acoplamento de locomotivas", inventos utilizados pela empresa, mesmo após a despedida do empregado, sem qualquer contrapartida pelo uso, tendo sido comprovado judicialmente que as inovações criadas a partir do saber adquirido pelo trabalhador no processo produtivo, redundaram em diminuição do tempo gasto em tarefas, mão de obra e do custo operacional, além de tornar o ambiente laboral mais seguro. Segundo o Informativo do Tribunal Superior do Trabalho, "em seu minucioso voto, o ministro Dalazen distinguiu as três formas de invenções que envolvem o trabalho do empregado: invenção de serviço, invenção livre e invenção de empresa. A primeira é a que decorre da atividade do trabalhador contratado para a função de inventor. A invenção livre provém da atividade criativa do trabalhador sem qualquer vínculo com a existência e execução do contrato de emprego. Um meio termo entre as duas modalidades é a invenção de empresa, que pode resultar de invento criado pelo esforço intelectual de determinado empregado em situação não prevista no contrato de trabalho. O caso concreto qualifica-se como 'invenção de empresa', já que os inventos criados no curso da relação contratual não decorreram da natureza das atividades desenvolvidas pelo artífice de mecânico".

progresso da ciência e soberania nacional e combate a dependência tecnológica e científica internacional (veja comentários ao *caput*). Cristina Tavares afirmava: "A soberania de uma nação será conquistada e mantida com a concorrência do fortalecimento da base científica e tecnológica interna, ... e com autonomia de decisões acerca das formas de equacionamento dos desafios para se atender as necessidades do país e do povo. ... As grandes diretrizes a serem adotadas pela Constituinte poderão abrir caminho para a dominação interna e subjugo internacional ou ... de grandeza nacional... Torna-se necessário garantir a liberdade de pesquisa básica e a objetividade da pesquisa aplicada de forma que o país detenha e defenda uma estrutura científica capaz não somente de acompanhar o que se desenvolve nos países avançados, mas também em condições de gerar conhecimentos nas diversas áreas" (*A.N.C.*, v. 210, VIII-b, p. 2). Tanto na educação como na ciência e na tecnologia, o receio é o país cair na dependência externa, mas é justamente com a integração econômica e social regional (Mercosul e outros Tratados) e inserção competitiva na economia mundial, que parece se combater com mais eficácia este lado perverso da globalização, que é a divisão de patentes e conhecimentos, norte-sul (Faria, p. 38). Esta visão é nova, pois em 1988, quando dos trabalhos da Constituinte, a prática era a de reserva de alguns setores (o mais famoso foi a reserva do setor informático) e havia fundado receio de que uma maior abertura da economia brasileira, que ocorreria logo após, na era Collor, podia vir a ser catastrófica para as empresas nacionais e criar dependência. Segundo o ex-presidente da Academia Brasileira das Ciências, Eduardo Moacyr Krieger (*Jornal da Universidade-UFRGS*, março 2008, p. 11), a ciência brasileira cresceu muito nas últimas décadas, justamente pelo incentivo público, e se em 1980 representava apenas 0,4% da produção internacional, hoje já representa 2%. Pode parecer pouco, mas hoje o Brasil em matéria de produção de Ciência inovativa está em 15% no mundo, tendo o perfil de Ciência realizado no Brasil se aproximado muito do perfil de ciência internacional.

8.9. "Tecnologia adequada ao País": estado entre inovação e transferência de tecnologia

O objetivo da norma comentada parece ser capacitar e estimular conhecimentos novos, e não a reprodução de conhecimentos, mas em ciência a inovação só se constrói com base em algo anterior. O parágrafo comentado volta-se para as empresas que invistam em pesquisa, nos recursos humanos em ciência e em tecnologias adequadas ao país, mas como sabemos neste setor não há só inovação, há também – a mais comum – transferência de tecnologia, geralmente com custos (*royalties*) para o País, por mais "adequada" e necessária que seja esta tecnologia. A transferência de tecnologia norte-sul foi acompanhada pela ONU e, no caso brasileiro, foi antes bastante controlada pelo INPI (Instituto Nacional de Propriedade Intelectual), hoje encontra-se mais liberada e constante (Marques, p. 109), tendo em vista principalmente o novo regime da propriedade intelectual no Brasil, fortemente influenciado pelo Tratados Internacionais, especialmente o TRIPS da OMC (Del'Olmo, in Pimentel, p. 16). Esta internacionalidade da ciência impõe hoje uma capacidade concorrencial internacional, tanto nacionalmente a desenvolver como nos blocos de integração econômica. Assim, apesar do Tratado de Assunção que instituiu o Mercosul pouco mencionar sobre ciência e tecnologia, o Tratado instituidor da União Europeia dedica a este tema 11 artigos (arts. 163 a 173), afirmando no art. 163, n. 1: "1. A Comunidade tem por objectivo reforçar as bases científicas e tecnológicas da indústria comunitária e fomentar o desenvolvimento da sua capacidade concorrencial internacional, bem como promover as acções de investigação consideradas necessárias ao abrigo de outros capítulos do presente Tratado". Assim, não podemos desconsiderar os efeitos no tema da crise do Estado-nação hoje existente. Em sua obra denominada "Estado pós-moderno", Jacques Chevallier (p. 65 a 72) destaca que a reconfiguração da arquitetura estatal é uma exigência da dinâmica da globalização, que reforça os laços de dependência científica (e de patentes) e entre grandes redes transnacionais de empresas globalizadas (as famosas multinacionais), levando a uma redefinição do papel do Estado. Para este autor, este Estado "desmistificado" acaba por sofrer reformas estruturais, que fragmentam sua estrutura, que segmentam e decentralizam as decisões antes puramente estatais. Trata-se de um Estado policêntrico e de decisões mais pragmáticas (Chevallier, p. 77). Esta nova fraqueza do Estado-nação por vezes inverte o uso axiológico da dicotomia público-privado, com uma nova prevalência para o privado sobre o público, para a propriedade imaterial (dos privilégios de exclusividade, patentes, *know how*, marcas etc.) em relação à propriedade material, do contrato em relação à lei (com o *forum shopping*, de procura de um juiz ou árbitro que possa decidir as questões com o uso da *soft law* ou da *lex mercatoria*) como já alertou Norberto Bobbio (1996, p. 9). A responsabilidade da comunidade científica, a exemplo da responsabilidade das empresas referida no § 4º do art. 218, nos rumos e especialmente em todo o processo de produção do conhecimento está na razão direta da efetividade da norma constitucional. O compromisso institucional do pesquisador ultrapassa as fronteiras das convicções pessoais, individuais, para atingir o patamar da ética social (Baudrillard, p. 168). O bem público, o progresso da ciência, a função social da propriedade intelectual, o respeito aos recursos humanos envolvidos em ciência, são diretrizes e metas a serem realizadas na via da produção do conhecimento.

8.10. "Tecnologia adequada ao País": microempresa e as "incubadoras"

A Lei n. Complementar n. 123/2006, em seu art. 64, I, define inovação como "a concepção de um novo produto ou processo de fabricação, bem como a agregação de novas funcionalidades ou características ao produto ou processo que implique melhorias incrementais e efetivo ganho de qualidade ou produtividade, resultando em maior competitividade no mercado" e cria núcleos de inovação tecnológicas (art. 64, IV), em Instituições científicas e tecnológicas (art. 64, III), como universidades, a serem apoiadas de forma especial pelas agências de formento (art. 64, II) e instituições de apoio (art. 64, V, e veja também a Lei n. 8.958/94), sempre que estas microempresas e empresas de pequeno porte "revestirem a forma de incubadoras" (art. 65). Estas incubadoras de tecnologia trabalham dentro das universidades e institutos, beneficiando-se deste ambiente, mas são microempresas (art. 65, §§ 2º, 3º e 4º, I e II) bastante reguladas quanto à aplicação de seus recursos.

8.11. "Participação nos ganhos econômicos resultantes da produtividade de seu trabalho" e salários

A Convenção 95 da Organização Internacional do Trabalho, de proteção ao salário, conceitua salário como "qualquer que seja a denominação ou modo de cálculo, a remuneração ou os ganhos suscetíveis de serem avaliados em espécie ou fixados por acordo ou pela legislação nacional", devidos em virtude de contrato de trabalho "por um empregador a um trabalhador, seja por trabalho efetuado, ou pelo que deverá ser efetuado, seja por serviços prestados ou que devam ser prestados". O conceito de salário utilizado pela Organização Internacional do Trabalho com vistas à sua proteção é bem mais amplo do que sentido que lhe é conferido pela legislação infraconstitucional brasileira, mas nos serve para comentar o disposto na norma. A norma do § 4º do art. 218 estabelece que as empresas a serem incentivadas devem praticar sistemas remuneratórios que assegurem ao empregado participação nos ganhos econômicos resultantes da produtividade de seu trabalho. O artigo estabelece uma desvinculação do salário (no sentido da legislação brasileira) e parece remeter ao disposto no inciso XI do art. 7º da Constituição Federal, o qual estabelece como direito dos trabalhadores a participação nos lucros ou resultados desvinculada da remuneração. No entanto, embora ambas as normas constitucionais refiram-se a ganhos desvinculados do salário, parece-nos que pretendem obter resultados diferenciados e instituir modalidades de proteção distintas. É que desvinculação do salário estabelecida no inciso XI do artigo 7º remete a modalidades de flexibilização no sistema remuneratório das empresas, pois os pagamentos realizados pelas empresas a título de participação nos lucros e resultados não constituem base de cálculo para contribuições previdenciárias, seja por parte do empregado, seja por parte da empresa (Leonardo da Silva, p. 277 e s.). Já o conceito de desvinculação do salário introduzido no § 4º do art. 218 relaciona-se a um *plus* que transcende a comutatividade trabalho-salário, ou seja, para além das garantias salariais correspondentes à contraprestação pela energia humana despendida com a força de trabalho utilizada na ação. É que o fazer, o agir, do *homo faber* inserido no processo de criação e desenvolvimento científico deve ser recompensado, remunerado com uma "participação nos ganhos econômicos resultantes da produtividade de seu trabalho".

8.12. Produtividade, pesquisa e métodos de quantificação

A norma constitucional expressamente menciona a produtividade do trabalho do empregado, pesquisador, técnico, professor, inventor, servidor ou qualquer outro trabalhador em ciência e tecnologia que esteja ativo nestas empresas fomentadas. A produtividade do "empregado" mencionado no parágrafo não pode, entretanto, ser medida apenas pelo modo quantitativo. O critério quantitativo pode ser um critério, um parâmetro, uma proporção do *quantum* a ser fixado para remunerar o empregado ou trabalhador pelo seu labor criativo e inovador, que assegurou os mencionados "ganhos econômicos". Mas o labor não pode ser mensurado apenas pelos números e sim pelas patentes, pelos resultados da empresa e indicações de futuras inovações. Em resumo, a criatividade na pesquisa não deve ser mensurada por critérios que a empobreçam e desvirtuem os objetivos da norma: capacitar e estimular conhecimentos novos, e não a reprodução de conhecimentos. Se em tecnologia esta quantificação já é difícil, muito mais em áreas teóricas e sociais. Em matéria de pesquisa e formação e aperfeiçoamento de recursos humanos, mister utilizar critérios plurais de "quantificação", como os utilizados pelo próprio CNPq para as assemelhadas "Bolsas de Produtividade", que valorizam inclusive a trajetória e a liderança no setor alcançada pelo pesquisador, não somente o número de artigos, livros e outros chamados "produtos" de seu trabalho acadêmico-científico, sito nas universidades e institutos. A norma constitucional inova ao impor um efeito incentivador indireto para estas empresas e para os seus "empregados" em ciência e tecnologia, incentivando a "polivalência" de um trabalhador que executa e inova, transforma e cria novas tecnologias e inventos, impondo que seja remunerado pelos ganhos obtidos com seus inventos, registros e patentes. A norma permite ao Estado – indiretamente – estimular as empresas a criar sistemas de remuneração que reconheçam os múltiplos saberes e resultados dos saberes que emergem da ação humana em seu labor, valorando e incentivando o *homo faber*.

Art. 218, § 5º É facultado aos Estados e ao Distrito Federal vincular parcela de sua receita orçamentária a entidades públicas de fomento ao ensino e à pesquisa científica e tecnológica.

Claudia Lima Marques
Rosângela Lunardelli Cavallazzi
Bruno Miragem

1. História da norma

Este parágrafo não constava do projeto da SBPC. Em maio de 1988, uma emenda o incluiu no atual art. 218 (*Diário da Assembleia Nacional Constituinte* (supl. C), quarta-feira, 25 maio de 1988, p. 10717). O § 5º do atual art. 218 nasceu como proposta a um artigo no capítulo da educação (art. 215, § 6º), mas o Constituinte Octávio Elísio (*Diário da Assembleia Nacional Constituinte* (supl. C), quarta-feira, 31 agosto de 1988, p. 13808) propôs sua fusão com o art. 218, pois os recursos previstos na emenda Florestan Fernandes deveriam ir para a pesquisa, ciência e tecnologia e não para o ensino. Mesmo assim o texto foi mantido e aprovado: "Parágrafo... . – É facultado aos *Estados* vincular parcela de sua receita orçamentária a entidades públicas de fomento ao ensino e à pesquisa científica e tecnológica" (*Diário da Assembleia Nacional Constituinte* (supl. C), sexta-feira, 24 maio de 1988, p. 11591-11592). Com redação levemente modificada do texto nas votações do Projeto B e incluindo o Distrito Federal, o Projeto C foi promulgado em 5 de setembro de 1988, praticamente com a redação da ementa: "§ 5º É facultado aos Estados *e ao Distrito Federal* vincular parcela de sua receita orçamentária a entidades públicas de fomento ao ensino e à pesquisa científica e tecnológica".

2. Constituições brasileiras anteriores

Não consta nas Constituições brasileiras anteriores qualquer tratamento diferenciado no orçamento à pesquisa ou autorização direta para "vincular parcela de sua receita orçamentária a entidades públicas de fomento ao ensino e à pesquisa científica e tecnológica", o que foi motivo de forte crítica de Pontes de Miranda (1968, p. 348-349): "PESQUISA CIENTÍFICA E TECNOLÓ-

GICA – A regra jurídica constitucional, ao falar de incentivo à pesquisa científica e tecnológica, apenas revela que em alguns setores do movimento de 1964 havia o reconhecimento de que o que mais falta ao Brasil é ciência e tecnologia. Mas apenas há programaticidade em termos gerais, sem percentual de verbas e sem criação de direitos aos que à ciência e à técnica se dedicam ou querem dedicar-se. Apenas se deu redação mais restrita ao texto de 1946". Veja mais detalhes, nos comentários iniciais ao capítulo, à tradição constitucional brasileira de mencionar as instituições de pesquisa com os verbos "estimular", "favorecer", "fundar" (1937) e "promover" a criação (1946).

3. Constituições estrangeiras

Veja comentários iniciais ao capítulo.

4. Direito internacional

Veja comentários iniciais ao capítulo.

5. Dispositivos constitucionais e legais relacionados

5.1. Constitucionais

Veja comentários iniciais ao capítulo.

5.2. Legais

Veja comentários iniciais ao capítulo e Lei n. 10.973, de 2-12-2004, e Lei n. 8.958, de 20-12-1994. Veja, quanto ao tratamento diferenciado e favorecido dispensado às microempresas, Lei Complementar n. 123, de 3-12-2006, em especial arts. 64 a 67 sobre estímulo à inovação. Veja o Marco Regulatório da Ciência, Tecnologia e Inovação (Lei n. 13.243/2016).

6. Jurisprudência

Veja comentários iniciais ao capítulo. Destaque-se que a destinação de parcelas da receita tributária a fins preestabelecidos através das Constituições Estaduais foi muitas vezes discutida no STF (veja ADI-MC 2.447/MG), até mesmo com suspensão cautelar deferida, pois retira a competência na elaboração da lei orçamentária, retirando do Executivo a iniciativa dessa lei, obrigando-o (norma material) a destinar dotações orçamentárias a fins preestabelecidos e a entidades predeterminadas. Porém, no que concerne às Fundações Estaduais de Amparo à Pesquisa, há firme jurisprudência do STF, que o art. 218, § 5º, as autoriza. Veja, por todos, ADI-MC 780/RJ, j. 11.03.1993: "II. – Indeferimento da cautelar no que concerne ao art. 329, que estabelece que o Estado manterá Fundação de Amparo a Pesquisa, atribuindo-lhe dotação mínima correspondente a 2% da receita tributária, para aplicação no desenvolvimento científico e tecnológico. E que, no ponto, a Constituição Federal faculta aos Estados e ao Distrito Federal vincular parcela de sua receita orçamentária a entidades públicas de fomento ao ensino e a pesquisa científica e tecnológica. CF, art. 218, § 5º. Precedentes do STF: ADIns n. 550-2-MT, 336-SE e 422/DF". Na ementa da cautelar da ADI 550-MC/MT, j. 23.04.1992, rel. Min. Ilmar Galvão (*RTJ*, 140-03/761), encontramos a alegação de violação aos princípios "harmonia e independência dos poderes (art. 2º da CF/88), da iniciativa privativa das leis (art. 61, § 1º, alíneas 'a' e 'e') e da prévia dotação orçamentária para a projeção de despesa com pessoal e seus acréscimos (art. 169)", que foi inicialmente aceita mas com vitória do entendimento em contrário, pois em tal norma "se tem mera recomendação do constituinte, com vinculação, e certo, de parcela da receita estadual, mas com respaldo na Constituição Federal, e condicionada a lei, sem a qual não se tem presente o alegado risco". Julgada em 29-8-2002, a ADI 550/MT (rel. Min. Ilmar Galvão) confirmou: "Dispositivo da Constituição estadual que, ao destinar dois por cento da receita tributária do Estado de Mato Grosso à mencionada entidade de fomento científico, o fez nos limites do art. 218, § 5º, da Carta da República, o que evidencia a improcedência da ação nesse ponto". No mesmo sentido, ADI-MC 422/DF e ADI-MC 336/DF.

7. Bibliografia

Veja toda bibliografia citada nos comentários ao § 1º do art. 218.

8. Comentários

8.1. Faculdade concedida aos Estados e ao Distrito Federal e não à União

O § 5º do art. 218 estabelece regra endereçada aos Estados e ao Distrito Federal em sua competência comum de promoção do desenvolvimento científico e tecnológico. Neste caso, embora não tenha expressamente vinculado recursos do orçamento da União para tal fim, a Constituição autorizou os Estados e o Distrito Federal a estabelecerem vinculação de receita orçamentária a entidades públicas de fomento ao ensino e à pesquisa científica e tecnológica. Como o STF afirmou, trata-se não de norma concreta ou dever, mas de faculdade (ADI-MC 780/RJ): "A Constituição Federal faculta aos Estados e ao Distrito Federal vincular parcela de sua receita orçamentária a entidades públicas de fomento ao ensino e a pesquisa científica e tecnológica" ou "mera recomendação" (ADI 550-MC/MT). Ferreira Filho (p. 267) frisa que "essa vinculação não é permitida em relação à União e ao Município".

8.2. Destinação de parcela das receitas ou vinculação

A destinação de parcelas da receita tributária a fins preestabelecidos por atuação do legislador infraconstitucional está sujeita aos ditames formais e materiais estabelecidos na carta constitucional. Os princípios da harmonia e da separação dos poderes (art. 2º da Constituição) orientam a atuação legislativa, que deve ser provocada pelo Executivo, em respeito à regra que lhe assegura iniciativa privativa (conforme art. 61, § 1º, *a* e *e*, da Constituição de 1988). Neste sentido, se é certo que há claros limites na formulação da legislação através da qual o Estado promoverá e incentivará o desenvolvimento científico, a pesquisa e a capacitação tecnológicas (*caput* do art. 218), também é certo que existem indicadores através dos quais a Constituição fornece "pistas" e orientam a atividade de estímulo à pesquisa. A vinculação de parcelas da receita orçamentária a entidades de fomento ao ensino e à pesquisa é uma destas "pistas" que orientam o fazer do Estado. E é também uma norma que valida materialmente as regras que estabelecem a destinação de dotações orçamentárias mínimas para o desenvolvimento científico.

8.3. Diretriz constitucional e as Constituições dos Estados

As Constituições Estaduais acolhem de forma generosa (o texto constitucional adota a expressão "é facultado aos Estados e ao Distrito Federal") o conteúdo do § 5º do art. 218, estabelecendo, no próprio texto constitucional, em via de regra com *quantum* estipulado através de legislação específica, destinando parte da receita orçamentária a entidades públicas de fomento ao ensino e à pesquisa científica e tecnológica. Assim é possível constatar que a receita tributária de vários Estados é destinada às Fundações Estaduais de Amparo à pesquisa e fomento à tecnologia, como, por exemplo, Fundação Carlos Chagas Filho de Amparo à Pesquisa do Estado do Rio de Janeiro – FAPERJ, contando com 2% (dois por cento) da receita tributária (art. 332 da Constituição do Estado do Rio de Janeiro); Fundação de Amparo à Pesquisa do estado de São Paulo – FAPESP com o mínimo de 1% (um por cento) da receita tributária do Estado (art. 271 da Constituição do Estado de São Paulo); Fundação de Amparo à Pesquisa do Estado do Rio Grande do Sul, com 1,5% (um e meio por cento) (art. 1º da Lei Complementar n. 9.103, de 1990); Fundação de Amparo à Pesquisa do Estado da Bahia, com 2% (dois por cento) etc.

8.4. Resultados alentadores

O desdobramento deste incentivo é compensador. Sob a forma de bolsas (individuais no país e no exterior distribuídas em diversas categorias – produtividade, desenvolvimento científico, doutorado-*sanduíche*, pós-doutorado, estágios de treinamento, iniciação tecnológica, apoio técnico em extensão, iniciação científica, entre outras) e auxílios (Pesquisador Visitante, participação e promoção de Eventos Científicos, Projeto Individual de Pesquisa e Editoração). A produção científica acadêmica (trabalhos científicos, dissertações e teses no âmbito dos Programas de Pós-graduação credenciados pela CAPES) além da produção dos pesquisadores dedicados a pesquisa científica e à formação de recursos humanos detentores de Bolsas Produtividade em Pesquisa, com produção reconhecida pelas instituições públicas de fomento e incentivo a pesquisa. Refira-se ainda a bolsa de Iniciação Científica, lugar do celeiro da pós-graduação *stricto sensu* e os grupos de pesquisa. Segundo dados divulgados pelo MEC, o Brasil já aparece em 15º lugar no *ranking* da produção científica mundial e em primeiro lugar na América Latina, com 19.428 artigos publicados em 2007, correspondendo a 2,02% do que foi produzido no mundo, ocupando o 25º lugar em matéria de citações (*Jornal Correio do Povo*, Porto Alegre, 13 de julho de 2008, p. 8: "Produção científica em destaque").

8.5. A visão do STF

O § 5º do art. 218, neste sentido, contém norma prestigiada pelo Supremo Tribunal Federal que vem reiteradamente rejeitando a alegação de impossibilidade de vinculação orçamentária dos recursos públicos estaduais para o financiamento da educação e das ciências (em especial, ADI 550 e ADI-MC 780/RJ). Interessante observar que o STF considerou que a Constituição Estadual (e a lei que cria a Fundação de Amparo à Pesquisa) não violava os princípios da harmonia e independência de poderes, isto é, não eram normas constitucionais concretas ou materiais (Bachoff) justamente porque eram "mera recomendação do constituinte, com vinculação, é certo, de parcela da receita estadual, mas com respaldo na Constituição, e condicionada à lei" (TRF, 1ª Região. *A Constituição na Visão dos Tribunais*, v. 3, arts. 170 a 246, São Paulo: Saraiva, 1997, p. 1365). A doutrina destaca que tal autorização é somente para os Estados (e o Distrito Federal), assim Ferreira Filho (p. 267) afirma: "O texto visa abrir uma exceção ao disposto no art. 167, IV, que, em princípio, proíbe a vinculação de receita orçamentária". Caso semelhante, quanto à Constituição do Rio de Janeiro foi mais claro ao afirmar que o § 5º do art. 218 realmente serve de base para esta fixação material de percentuais dedicados às Fundações pelo Constituinte estadual: "I – Destinação de parcelas de receita tributária a fins preestabelecidos. Suspensão cautelar... II – Indeferimento da cautelar no que concerne ao art. 329, que estabelece que o Estado manterá fundação de amparo à pesquisa, atribuindo-lhe dotação mínima correspondente a 2% da receita tributária, para aplicação no desenvolvimento científico e tecnológico. É que, no ponto, a Constituição Federal faculta aos Estados e ao Distrito Federal vincular parcela de sua receita orçamentária a entidades públicas de fomento ao ensino e à pesquisa científica e tecnológica. CF, art. 212, § 5º. Precedentes do STF: ADI 550-2/MT, 336-SE e 422" (TRF, 1ª Região. *A Constituição na Visão dos Tribunais*, v. 3, arts. 170 a 246, São Paulo: Saraiva, 1997, p. 1365-1366). A título exemplificativo, em sentido semelhante, traga-se a norma do art. 217 da Constituição do Estado de São Paulo, que estabelece: "O Estado destinará o mínimo de um por cento de sua receita tributária à Fundação de Amparo à Pesquisa do Estado de São Paulo, como renda de sua privativa administração, para aplicação em desenvolvimento científico e tecnológico. Parágrafo único – A dotação fixada no *caput*, excluída a parcela de transferência aos Municípios, de acordo com o art. 158, IV, da Constituição Federal, será transferida mensalmente, devendo o percentual ser calculado sobre a arrecadação do mês de referência e ser pago no mês subsequente".

8.6. Norma de eficácia limitada

Na tipologia instituída por José Afonso da Silva, normas constitucionais de eficácia limitada ou reduzida podem ser de dois tipos. No primeiro tipo, podem ser "normas constitucionais de princípio institutivo", aquelas "através das quais o legislador constituinte traça esquemas gerais de estruturação e atribuições de órgãos, entidades ou institutos, para que o legislador ordinário os estruture em definitivo, mediante lei" (Silva, 2008, p. 126), divididas, ainda, em normas de princípio institutivo impositivas (determinação peremptória de "emissão de uma legislação integrativa") e facultativas (ou permissivas que não impõem uma obrigação para o legislador ordinário). Neste caso, o § 5º é facultativo.

8.7. "Entidades públicas de fomento ao ensino e à pesquisa científica e tecnológica", "agências de fomento" e "instituição de apoio": o CNPq e a LC n. 123/2006

A Lei Complementar n. 123/2006 as define no seu art. 64 e distingue entre "agência de fomento" e "instituição de apoio", em terminologia distinta da constitucional. "Agência de fomento", segundo o art. 64, II, é "órgão ou instituição de natureza pública ou privada que tenha entre os seus objetivos o financiamento de ações que visem a estimular e promover o desenvolvimento da ciência, da tecnologia e da inovação". "Instituição de apoio", segundo o art. 64, V, é a instituição criada "sob o amparo da Lei n. 8.958, de 20 de dezembro de 1994, com a finalidade de dar apoio a projetos de pesquisa, ensino e extensão e de desenvolvimento institucional, científico e tecnológico". Como se observa, a diferença terminológica não é importante, pois tanto o CNPq, CAPES, FINEP e as "entidades públicas de fomento ao ensino e à pesquisa científica e tecnológica" criadas pelos Estados, chamadas normalmente de "Fundações de Apoio", inserem-se nestas definições, tanto que o art. 66 determina ao Ministério da Ciência e Tecnologia realizar relatórios sobre os projetos realizados com micro e pequenas empresas. Note-se, por fim, que a norma do parágrafo volta-se para uma faculdade somente dos Estados e do Distrito Federal, mas de certa maneira concretiza todo o art. 218 e seus parágrafos. Em nível federal mister relembrar que o Conselho Nacional de Desenvolvimento Científico e Tecnológico (CNPq), criado em 1951, institucionalizou de forma pioneira o processo de incentivo à pesquisa científica e tecnológica no Brasil. Então, na vigência da Constituição de 1946, cujo art. 173 estabelecia, *in verbis*: "As ciências, as letras e as artes são livres", foi ele criado e até hoje atua como órgão modelo deste verdadeiro sistema de amparo e apoio à pesquisa científica e tecnológica no Brasil, que é completado pelas fundações estaduais. Consolidando todo o conteúdo e eficácia social da norma constitucional o CNPq, na sociedade civil brasileira contemporânea, desempenha um papel insubstituível: produtor e guardião (no sentido de monitoramento) da qualificada produção científica e tecnológica. A melhor tradução do conteúdo das finalidades do art. 218 foi dada pelo próprio CNPq: "A produção e a disseminação do saber são fundamentais à construção do Estado-nacional, à solução dos problemas da sociedade e à ampliação da cidadania. Nenhum Estado garante sua soberania sem tratar do desenvolvimento científico e tecnológico. Os parceiros que se unem na defesa do conhecimento, cuidam de um patrimônio inestimável e favorecem um setor estratégico da política pública. Para a autoestima nacional, cabe atribuir relevância à capacidade brasileira de produzir conhecimento e dimensionar adequadamente a contribuição do País ao desenvolvimento da humanidade" (in: http://centrodememoria.cnpq.br/memoria-saber.html). Este "sistema" é não hierárquico, mas complementar na realização dos valores e objetivos constitucionais. Note-se que em 2016 entrou em vigor o esperado Marco Regulatório da Ciência, Tecnologia e Inovação (Lei n. 13.243/2016), um projeto que remonta ao Livro Verde de 2001 e aos esforços da SBPC.

Art. 218, § 6º O Estado, na execução das atividades previstas no *caput*, estimulará a articulação entre entes, tanto públicos quanto privados, nas diversas esferas de governo.

Claudia Lima Marques
Bruno Miragem

---

1. História da norma

Na Subcomissão da Ciência e Tecnologia, o projeto original estudado nesta Subcomissão tinha três artigos separados sobre o tema da ciência e da tecnologia (e nenhum sobre inovação), sendo que quanto ao futuro art. 218 interessa-nos apenas o primeiro destes, que possuía três parágrafos: No momento da aprovação, o art. 1º (futuro art. 218) ficou com apenas um parágrafo. O texto aprovado do art. 1º (futuro art. 218) possuía um parágrafo mencionando a pesquisa (em geral), mas somente a "promovida pelo Estado" e as prioridades nacionais, e era o seguinte: "Art. 1º, *caput*. O Estado promoverá o desenvolvimento científico ... Parágrafo único. *A pesquisa promovida pelo Estado refletirá prioridades nacionais, regionais, locais, sociais e culturais*". Na Comissão de sistematização, no primeiro substitutivo (chamado de Cabral I, em homenagem ao Relator Bernardo Cabral) e no segundo (Cabral II), o art. 218 aparece apenas com o *caput* (segundo substitutivo, Cabral II). A Sociedade Brasileira pelo Progresso da Ciência manifestou-se, sugerindo o reaproveitamento do Projeto elaborado por Florestan Fernandes, José Albertino e Pedro Dallari, que resultou, com a ajuda dos constituintes Cristina Tavares, Octávio Elísio e Olívio Dutra, na inclusão de três incisos ao atual art. 218. A EC 85, de 2015, modificou o texto incluindo a inovação e o inciso sexto, com o texto atual.

2. Constituições brasileiras anteriores

Não há menção semelhante à articulação seja na pesquisa, ciência, tecnologia e inovação, mas a Constituição de 1967 mencionava a pesquisa "científica": "Art. 171 (...). Parágrafo único. O Poder Público *incentivará a pesquisa científica e tecnológica*", no que foi repetido pela EC n. 1/1969, no art. 179. Destaque-se que a criticada Constituição de 1937 mencionava pela primeira vez o "bem público" como limite à liberdade de ciência ou liberdade individual: "Art. 135. Na iniciativa individual, no *poder de criação*, de organização e de *invenção do indivíduo*, *exercido nos limites do bem público*, funda-se a riqueza e a prosperidade nacional ...".

3. Constituições estrangeiras

Veja comentários ao *caput* do art. 218.

4. Direito internacional

Veja comentários iniciais ao capítulo sobre C&T e inovação e ao *caput*.

5. Dispositivos constitucionais e legais relacionados

5.1. Constitucionais

Veja comentários iniciais ao capítulo.

5.2. Legais

Veja comentários iniciais ao capítulo e ao *caput*. Veja o Marco Regulatório da Ciência, Tecnologia e Inovação (Lei n. 13.243/2016).

6. Jurisprudência

Veja comentários iniciais ao capítulo e destaque-se também que, no julgamento da ADI 3.510/DF, que questiona o art. 5º da

Lei de Biossegurança, Lei n. 11.105/2005, sobre a autorização de pesquisas em células-tronco, o STF valorizou a interpretação histórica dos trabalhos e sugestões da constituinte (n. 28 do voto do relator), especialmente naquilo que foi recusado nos projetos originais, em matéria de ciência.

7. Bibliografia

Veja § 1º do art. 218.

8. Comentários

8.1. Redes de CT&I e articulação entre entes públicos e privados

Como ensina Canotilho (2007, p. 621-622), "o chamado 'sistema ciência', caracterizado pela tentativa de descoberta da verdade (sempre provisória), pela possibilidade de diálogo científico, pela troca de experiências e de resultados, pelo método de investigação, pela possibilidade da descoberta, contribui para o progresso civilizacional, é alicerçamento de comunidades políticas livres e democráticas". Pesquisa científica nasce da inquietude, da dúvida, pesquisa é método, é caminho para a descoberta e a explicação da realidade, para o prazer de construir o pensamento/conhecimento, de desenvolver o raciocínio crítico, dedutivo ou indutivo, o prazer de descobrir a solução de um caso ou um problema da vida, para conhecer e acompanhar as novas descobertas e os novos caminhos (*Eureka*, inovação) e para desenvolver uma visão própria da realidade, dos saberes e das verdades da época pós-moderna (Marques, 1999, p. 237).

Esta articulação pode se dar por projetos próprios e pelo incentivo de fundos e fundações de apoio à pesquisa. Quanto às fundações de apoio à pesquisa, destaque-se a jurisprudência do STF, na ADI 422/ES, que determina: "O artigo 218, § 5º, da Constituição Federal faculta aos Estados-membros e ao Distrito Federal a vinculação de parcela de suas receitas orçamentárias a entidades públicas de fomento ao ensino e à pesquisa científica e tecnológica. Precedentes: ADI 550, Rel. Min. Ilmar Galvão, Plenário, *DJ* de 18/10/2002; e ADI 336, Rel. Min. Eros Grau, Plenário, *DJ* de 17/9/2010; e ADI 3.576, Rel. Min. Ellen Gracie, Plenário, *DJ* de 2/2/2007. 4. O artigo 197, § 2º, da Constituição do Estado do Espírito Santo determina a destinação anual de percentual da receita orçamentária estadual ao fomento de projetos de desenvolvimento científico e tecnológico, hipótese que encontra fundamento no artigo 218, § 5º, da Constituição Federal". (ADI 422/ES, Tribunal Pleno Rel. Min. Luiz Fux, j. 23/8/2019, publicado 9/9/2019).

A nova legislação já menciona esta articulação. A Lei n. 13.800, de 4 de janeiro de 2019, criou "fundos patrimoniais com o objetivo de arrecadar, gerir e destinar doações de pessoas físicas e jurídicas privadas para programas, projetos e demais finalidades de interesse público" e a própria lei autoriza a administração pública a firmar instrumentos de parceria e termos de execução de programas, projetos e demais finalidades de interesse público com organizações gestoras de fundos patrimoniais; altera as Leis n. 9.249 e 9.250, de 26 de dezembro de 1995, 9.532, de 10 de dezembro de 1997, e 12.114, de 9 de dezembro de 2009; e dá outras providências. Também a Lei das Startups, LC n. 132, possui o Capítulo IV, intitulado "Do fomento à pesquisa, ao desenvolvimento e à inovação". O art. 9º dispõe que as "empresas que possuem obrigações de investimento em pesquisa, desenvolvimento e inovação, decorrentes de outorgas ou de delegações firmadas por meio de agências reguladoras, ficam autorizadas a cumprir seus compromissos com aporte de recursos em *startups* por meio de: I – fundos patrimoniais de que trata a Lei n. 13.800/2019, destinados à inovação, na forma do regulamento; II – Fundos de Investimento em Participações (FIP), autorizados pela CVM, nas categorias: a) capital semente; b) empresas emergentes; e c) empresas com produção econômica intensiva em pesquisa, desenvolvimento e inovação; e III – investimentos em programas, em editais ou em concursos destinados a financiamento, a aceleração e a escalabilidade de *startups*, gerenciados por instituições públicas, tais como empresas públicas direcionadas ao desenvolvimento de pesquisa, inovação e novas tecnologias, fundações universitárias, entidades paraestatais e bancos de fomento que tenham como finalidade o desenvolvimento de empresas de base tecnológica, de ecossistemas empreendedores e de estímulo à inovação."

Art. 218, § 7º O Estado promoverá e incentivará a atuação no exterior das instituições públicas de ciência, tecnologia e inovação, com vistas à execução das atividades previstas no *caput*.

Claudia Lima Marques
Bruno Miragem

1. História da norma

Na Subcomissão da Ciência e Tecnologia, o projeto original estudado nesta Subcomissão tinha três artigos separados sobre o tema da ciência e da tecnologia (e nenhum sobre inovação), sendo que quanto ao futuro art. 218 interessa-nos apenas o primeiro destes, que possuía três parágrafos: No momento da aprovação, o art. 1º (futuro art. 218) ficou com apenas um parágrafo. O texto aprovado do art. 1º (futuro art. 218) possui um parágrafo mencionando a pesquisa (em geral), mas somente a "promovida pelo Estado" e as prioridades nacionais, e era o seguinte: "Art. 1º, *caput*. O Estado promoverá o desenvolvimento científico ... Parágrafo único. *A pesquisa promovida pelo Estado refletirá prioridades nacionais, regionais, locais, sociais e culturais*". Na Comissão de sistematização, no primeiro substitutivo (chamado de Cabral I, em homenagem ao Relator Bernardo Cabral) e no segundo (Cabral II), o art. 218 aparece apenas com o *caput* (segundo substitutivo, Cabral II). A Sociedade Brasileira pelo Progresso da Ciência manifestou-se, sugerindo o reaproveitamento do Projeto elaborado por Florestan Fernandes, José Albertino e Pedro Dallari, que resultou, com a ajuda dos constituintes Cristina Tavares, Octávio Elísio e Olívio Dutra, na inclusão de três incisos ao atual art. 218. A EC 85, de 2015, modificou o texto incluindo a inovação e o inciso sétimo, com o texto atual.

2. Constituições brasileiras anteriores

Não há menção semelhante à atuação no exterior seja na pesquisa, ciência, tecnologia e inovação, mas a Constituição de 1967 mencionava a pesquisa "científica": "Art. 171 ... . Parágrafo

Comentários à Constituição do Brasil

único. O Poder Público *incentivará a pesquisa científica e tecnológica*", no que foi repetido pela EC n. 1/1969, no art. 179. Destaque-se que a criticada Constituição de 1937 mencionava pela primeira vez o "bem público" como limite à liberdade de ciência ou liberdade individual: "Art. 135. Na iniciativa individual, no *poder de criação*, de organização e de *invenção do indivíduo, exercido nos limites do bem público*, funda-se a riqueza e a prosperidade nacional ...".

3. Constituições estrangeiras

Veja comentários ao *caput* do art. 218.

4. Direito internacional

Veja comentários iniciais ao capítulo sobre C&T e inovação e ao *caput*.

5. Dispositivos constitucionais e legais relacionados

5.1. Constitucionais

Veja comentários iniciais ao capítulo.

5.2. Legais

Veja comentários iniciais ao capítulo e ao *caput*. Veja o Marco Regulatório da Ciência, Tecnologia e Inovação (Lei n. 13.243/2016).

6. Jurisprudência

Veja comentários iniciais ao capítulo.

7. Bibliografia

Veja § 1º do art. 218.

8. Comentários

8.1. Redes de CT&I e atuação no exterior

De acordo com o Marco Regulatório da Ciência, Tecnologia e Inovação (Lei n. 13.243/2016), entende-se por inovação "a introdução de novidade ou aperfeiçoamento no ambiente produtivo e social que resulte em novos produtos, serviços ou processos ou que compreenda a agregação de novas funcionalidades ou características a produto, serviço ou processo já existente que possa resultar em melhorias e em efetivo ganho de qualidade ou desempenho." Para atingir este resultado, mister o trabalho em rede. O Brasil tem ainda parca participação nas patentes e registros de propriedade intelectual no mundo, daí que as redes e pesquisas dependem ainda muito das conexões com o exterior, como demonstrou o projeto Genoma da FAPESP. A autorização constitucional para tal atuação é o tema do novo inciso, inlcuído pela EC 85, de 2015.

O Livro Verde, ainda da Presidência de Fernando Henrique Cardoso, já mencionava um longo caminhar necessário neste sentido, pois com "o intuito de acompanhar o ritmo de avanço da CT&I mundial, o Brasil começa a instalar e ampliar a capacidade de buscar, ao mesmo tempo, variados macro-objetivos. Deram-se os primeiros passos em direção a uma política suficientemente flexível e a uma gestão sistêmica e abrangente, capazes de abrigar atividades até recentemente consideradas, em larga medida, antagônicas ou mutuamente excludentes, como a equivocada e ultrapassada antinomia entre ciência básica e tecnologia... O campo internacional é similarmente caracterizado por uma nova visão: a política de fortalecimento do esforço nacional brasileiro vem acompanhada do duplo reconhecimento do caráter crescentemente global da CT&I, como de que o panorama internacional nessa área comporta muitas complexidades não é necessariamente "amigável". Requerem-se, portanto, o aprofundamento consequente de nossas ações internas e um tratamento sofisticado de nossa postura externa" (Livro Verde, p. X e XI). Este novo inciso insere-se no caminhar na direção de aumentar a "intensidade tecnológica do comércio exterior brasileiro" (Livro Verde, p. 139 e seg.), da necessidade de ampliar a participação dos setores de alta tecnologia na estrutura produtiva brasileira, especialmente em matéria de tecnologias da informação e comunicação (Livro Verde, p. 143 e seg.) e da necessidade de fortalecer a inovação e a difusão tecnológica também nas micro e pequenas empresas, com as *start ups*, e nas universidades com incubadoras e redes universitárias médicas e tecnológicas nacionais e internacionais.

Art. 219. O mercado interno integra o patrimônio nacional e será incentivado de modo a viabilizar o desenvolvimento cultural e socioeconômico, o bem-estar da população e a autonomia tecnológica do País, nos termos de lei federal.

Parágrafo único. O Estado estimulará a formação e o fortalecimento da inovação nas empresas, bem como nos demais entes, públicos ou privados, a constituição e a manutenção de parques e polos tecnológicos e de demais ambientes promotores da inovação, a atuação dos inventores independentes e a criação, absorção, difusão e transferência de tecnologia.

Claudia Lima Marques

1. Introdução geral

Como afirma Natalino Irti, regular o mercado é sempre um ato decisório político, mesmo que seu instrumento seja uma norma constitucional ou infraconstitucional[1]. O mercado, como afirma o Supremo Tribunal Federal, "é uma instituição jurídica", "não é espontânea", é um "*locus artificialis*" (ADI 3512)[2] de trocas e agentes a ser regulado.

O art. 219 da Constituição de 1988, imprimindo ao mercado um valor constitucional de natureza mais social (pois inserido no âmbito da ordem social, que tem como objetivo, *ex vi* o art. 193 da CF/1988, o bem-estar e a justiça sociais)[3] é um dos mais enig-

---

1. IRTI, Natalino, *Codice civile e società politica*, Roma: Laterza, 1999, p. 97.
2. Voto do rel. Min. Eros Grau, n. 5, citando Natalino Irti, ADI 3.512/DF, j. 15.02.2006, *DJ*. 13.06.2006.
3. Assim, em sua interessante Tese de Doutorado, FABRIS, Fernando Smith, *A Noção Jurídica de Mercado no Direito Brasileiro*, Curso de Pós-Graduação Stricto Sensu/Doutorado em Direito, UFRGS, 2006, p. 3 (original).

máticos[4], instigantes[5] e polêmicos[6] artigos da Constituição, sendo criticado por:

a) sua localização sistemática, pois para muitos deveria estar na ordem econômica[7] e consideram que sua localização na ordem social, "socializa em excesso"[8] a noção de mercado interno no Brasil;

b) seu texto e contexto, pois para muitos seu enunciado original contém impropriedades conceituais e sua intenção é nacionalista em excesso[9];

c) sua função, que para muitos seria a reserva de mercado (assim seu antigo parágrafo primeiro, retirado na Constituinte)[10] ou a discriminação de empresas estrangeiras em favor das empresas brasileiras[11] (assim seu antigo parágrafo segundo, retirado na Constituinte, em conjunto com o revogado art. 171 da CF/1988, que era na Constituinte, um dos três artigos deste Capítulo IV em estudo e que foi revogado pela EC/6 de 1995)[12].

Efetivamente, os estudos da constituinte ensinam que parte importante do texto original do projeto de Constituição foi transferido para a Ordem Econômica e depois desapareceu na revisão constitucional de 1995, daí que devemos iniciar nossos estudos do enunciado e da função original do art. 219, através do estudo da Constituinte. A doutrina informa que teria sido oriundo de sugestão do Professor da Universidade de São Paulo e hoje Ministro do Supremo Tribunal Federal, Eros Roberto Grau[13]. E o Min. Carlos Britto, em menção *obiter dictum*, considerou-o "primorosa inovação normativa"[14].

Se as opiniões sobre o artigo estão divididas, o texto atual do próprio art. 219 contém duas afirmações distintas, uma primeira dedicada a definição da natureza do mercado interno ou de sua visão constitucional (o "mercado interno integra o patrimônio nacional") e uma segunda, sobre sua funcionalização ou função-dever ("e será incentivado de modo a viabilizar o desenvolvimento cultural e socioeconômico, o bem-estar da população e a autonomia tecnológica do País, nos termos da lei federal"). Nestes comentários utilizaremos esta divisão do enunciado para separar os comentários a seguir, um dedicado a visão constitucional de mercado e outro a sua funcionalização.

Antes de iniciarmos estas divisões mister frisar que Von Thur definia "patrimônio" como a "esfera de poder" de um sujeito de direito[15]. Este grande mestre alemão afirmava também que, na falta de definição legal: "Cabe atribuir ao termo o sentido que tem em linguagem comum: patrimônio é poder econômico"[16].

Sim, patrimônio é poder, é esfera de decisão própria, é poder econômico, de um indivíduo (pesquisador, empresa de tecnologia, detentor de uma patente ou *know-how*) ou de um Estado, um país como o Brasil[17], e é exatamente isto que afirma o – muito criticado – art. 219, trazendo uma novidade muito importante para a interpretação da ordem social e econômica constitucional, qual seja: *a noção de nosso mercado interno como um recurso ou patrimônio nacional* (A) e *como um instrumento fundamental para o desenvolvimento científico e tecnológico do país* (B). Vejamos.

2. A noção de mercado interno como um recurso (patrimônio) e como um instrumento fundamental para o desenvolvimento científico e tecnológico do Brasil: ajuda à interpretação histórica e sistemática

Tendo em vista a polêmica em torno do art. 219 da Constituição de 1988, sua função e a opção sistemática do constituinte de o manter no Título da Ordem Social e não o transferir para o Título da Ordem Econômica (como fez com o terceiro artigo do projeto original), cabe, pois, antes de comentarmos este artigo verificar a sua origem nos trabalhos e nos discursos da Assembleia Constituinte.

2.1. A história da norma do art. 219: estudos dos trabalhos da Constituinte de 1988 e a interpretação histórica

Segundo afirma no Relatório final da Subcomissão de Ciência, Tecnologia e Comunicação Social, a Constituinte Cristina Tavares: "No que se refere ao mercado nacional, não constitui em uma novidade apresentá-lo como um recurso e como um instru-

---

4. Veja MOREIRA, Diogo de Figueiredo Neto. O Estado e a economia na Constituição de 1988, in *Revista de Informação Legislativa*, Senado Federal, Brasília, v. 26, n. 102, abr./jun. 1989.
5. GRAU, Eros Roberto. *A ordem econômica na Constituição de 1988*, 6. ed., São Paulo: RT, 2001, p. 279.
6. Veja, sobre as polêmicas, CAMARGO, Ricardo Antônio Lucas, O mercado interno, o patrimônio público e o art. 219 da Constituição Brasileira de 1988. *Revista do Tribunal Regional Federal da 1.ª Região*. Brasília: TRF, v. 8, n. 4, out.-dez. 1996, p. 41.
7. Assim SILVA, José Afonso da. *Comentário Contextual à Constituição*. 3. ed., São Paulo: Malheiros, 2007, p. 821.
8. Assim Sturion de Paula também critica o art. 219, por sua falta de conexão com a realidade brasileira e excesso de nacionalismo, PAULA, Alexandre Sturion de. Ciência e Tecnologia nas Constituições Brasileiras: breve comparativo com as Constituições estrangeiras. *Revista de Direito Constitucional e Internacional*. São Paulo: Instituto Brasileiro de Direito Constitucional, n. 48, jul.-set. 2004, p. 278-279.
9. Veja, por todos, PAULA, op. cit., p. 278-279. Sobre uma crítica geral deste "paternalismo" e "protecionismo" nacionalista em excessivo da CF/88 veja MOREIRA, op. cit., p. 17, e FONSECA, João Bosco da. *Direito Econômico*, Forense: Rio de Janeiro, 1997, p. 85 e s.
10. O texto original era: "§ 1º – A lei estabelecerá reserva de mercado interno tendo em vista a realização do desenvolvimento econômico e da autonomia tecnológica e cultural nacionais".
11. Assim se manifesta FERREIRA FILHO, Manoel Gonçalves. *Comentários à Constituição Brasileira de 1988*. 2. ed. São Paulo: Saraiva, 1999, v. 2, p. 267.
12. Veja, por todos, NUSDEO, Fábio. *Fundamentos para uma codificação do direito econômico*, São Paulo: RT, 1995, p. 172 e s. E, detalhes da revisão constitucional, in FONSECA, op. cit., p. 95 e s.
13. Assim afirma CAMARGO, op. cit., p. 41, citando GRAU, *A ordem econômica*, p. 259.
14. Voto de Carlos Britto, n. 17. p. 316, in Inq-AgR 2206/DF, rel. Min. Marco Aurélio, j. 10.11.2006.

15. VON THUR, A. *Derecho civil, v. I – Los derechos subjectivos y el patrimonio*, Marcial Pons (Clásicos del pensamiento jurídico), Madri-Barcelona, 1998, p. 315.
16. VON THUR, op. cit., p. 315.
17. Como afirma DERANI, Cristiane. *Direito Ambiental Econômico*, 3. ed., São Paulo: Saraiva, 2008, p. 167: "É indiscutível o poder estratégico do conhecimento tecnológico". E sobre o art. 218, afirma, p. 172: "É uma norma constitucional que determina o valor político da pesquisa no Brasil".

mento fundamental para o desenvolvimento científico e, sobretudo, tecnológico de uma nação"[18].

Efetivamente, quanto à segunda parte do enunciado do art. 219 atual, quanto a função-dever de incentivar este mercado nacional ou interno *de modo a viabilizar o desenvolvimento cultural e socioeconômico, o bem-estar da população e a autonomia tecnológica do País*, os comentaristas identificam algum antecedente histórico nas normas da Constituição de 1934 ("Art. 148 – Cabe à União, aos Estados e aos Municípios favorecer e animar o desenvolvimento das ciências...") e da Constituição de 1937 ("Art. 128 – A arte, a ciência e o ensino ... É dever do Estado contribuir, direta e indiretamente, para o estímulo e desenvolvimento de umas e de outro, favorecendo ou fundando instituições artísticas, científicas e de ensino")[19]. Na história constitucional brasileira há que desde a Constituição de 1934 (arts. 115 e 117) cabia ao Estado "organizar a ordem econômica... e a economia popular"[20]. Há que se destacar também a Constituição de 1946, que na ordem econômica, combateu os carteis e fixou parâmetros de intervenção do Estado no mercado[21], mas reservou à lei ordinária a repressão[22], como hoje faz o art. 219 e distinguia algumas atividades no mercado que somente podiam ser exercidas por brasileiros (como o revogado art. 171 da CF/1988 e os retirados parágrafos do atual art. 219 previam)[23].

Dada a máxima vênia, porém, quanto à primeira parte, parece-me que apesar desta noção de mercado nacional ou interno poder ter sido retirada implicitamente de Constituições brasileiras anteriores, a Constituição de 1988 inovou realmente ao trazer enunciado explícito sobre o tema[24], o que valoriza e impõe o estudo dos discursos e da evolução do projeto de Constituição permitindo uma interpretação histórica (ADI 3.510). Vejamos.

A "Subcomissão da Ciência e Tecnologia e Comunicação Social" trabalhou rapidamente, de 01.05.1987 até 27.06.1987, realizando 9 audiências públicas[25]. Note-se que, anteriormente, a Comissão de Sistematização propôs um Anteprojeto de Constituição do Relator (Deputado Bernardo Cabral), que foi recusado pela Constituinte[26], mas que influenciou fortemente o tom dos projetos posteriores. Neste momento anterior a maio de 1987, na Constituinte, das oito comissões, apenas uma, a Comissão VIII (Comissão da Família, da Educação, Cultura e Esportes, da Ciência e Tecnologia e da Comunicação) não chegou a concluir seus trabalhos por um anteprojeto temático[27]. Assim, neste Anteprojeto a parte referente à ciência e tecnologia foi colocada no setor de relações internacionais (hoje art. 4º da CF/1988), com duas menções, uma à independência científica e tecnológica e outra à reserva de mercado como instrumento para evitar o controle tecnológico estrangeiro[28].

O Relatório final da Subcomissão de Ciência, Tecnologia e Comunicação Social, da Constituinte Cristina Tavares, explicita três fatores chaves da "vontade" do legislador constituinte no que se refere ao art. 219, que assim podemos resumir:

1) a consciência e vontade de fazer do texto do art. 219 um verdadeiro "compromisso" do Estado, uma "intervenção política" "humanizadora" do mercado nacional, no cenário de "dominação interna" e "internacional" tecnológica, visando criar novos instrumentos para a "grandeza nacional"[29].

2) considerar a função da "autonomia" tecnológica (e da ciência) como importante para a "grandeza nacional", tanto o seu desenvolvimento, "fortalecimento" no Brasil, como sua, visando resguardar a "soberania nacional", evitando a "dominação interna e o subjugo internacional"[30];

---

18. *Assembleia Nacional Constituinte, volume 210, VIII-b – Subcomissão da Ciência e Tecnologia e da Comunicação, Relatório e anteprojeto*, Câmara dos Deputados, Brasília, impresso, p. 2.

19. Assim, ao que parece, a opinião de CRETELLA JÚNIOR, José. *Comentários à Constituição Brasileira de 1988*. 2. ed. Rio de Janeiro: Forense Universitária, 1993, v. 8, p. 4484, combinada com p. 4888. Contra, não identificando nenhum precedente histórico na ordem social e sim na ordem econômica, PAULA, op. cit., p. 279-280.

20. Assim ensinam OLIVEIRA, Gesner e RODAS, João Grandino. *Direito e Economia da Concorrência*. Rio de Janeiro: Renovar, 2004, p. 17.

21. Assim, FERREIRA, Waldemar Martins. *História do Direito Constitucional Brasileiro*, Edição Fac-similar, Brasília: Senado Federal, 2003, p. 184-185.

22. Assim ensina FERREIRA, Waldemar. *História*, p. 190-191, mencionando a lei da economia popular de 1938.

23. Assim FERREIRA, Waldemar. *História*, p. 199.

24. Concordam PAULA, op. cit., p. 279, e GANDRA MARTINS, Ives, in BASTOS, Celso Ribeiro; GANDRA MARTINS, Ives. *Comentários à Constituição do Brasil*. 2. ed. São Paulo: Saraiva, 2000, v. 8, p. 868, que não cita nenhuma norma como antecedente histórico do art. 219.

25. Câmara de Deputados. *O processo histórico da elaboração do Texto constitucional, Assembleia Nacional Constituinte, 1987-1988*, volume III, Brasília: Senado Federal, 1993, p. 76-78 e 214-217.

26. Referindo-se ao atual art. 4º da CF/88, veja detalhes em DALLARI, Pedro. *Constituição e Relações Exteriores*, São Paulo: Saraiva, 1994, p. 147.

27. Assim, DALLARI, op. cit., p. 104-105.

28. O texto era: "Título – Dos princípios fundamentais... Art. 7º São tarefas fundamentais do Estado: I – garantir a independência nacional pela preservação de condições políticas, econômicas, *científicas e tecnológicas* e bélicas que lhe permitam rejeitar toda tentativa de interferência estrangeira na determinação e consecução de seus objetivos internos; ... Art. 11. Na ordem internacional o Brasil preconiza:...VII – o intercâmbio das conquistas tecnológicas e do patrimônio científico e cultural da humanidade, *sem prejuízo do direito à reserva de mercado sempre que o controle tecnológico de nações estrangeiras possa implicar dominação política e perigo a autodeterminação nacional*; VIII – o direito universal de uso, reprodução e imitação, sem remuneração, das descobertas científicas e tecnológicas relativas à vida, à saúde e à alimentação dos seres humanos". Veja DALLARI, op. cit., p. 107-108.

29. O que retiro dos trechos iniciais do Relatório final desta Subcomissão (Constituinte Cristina Tavares), destacando algumas palavras-chaves sublinhadas: "A nova Carta Constitucional representa o *compromisso* de construir uma nação pela criação e solidificação de instituições fortes e de *valorização dos recursos* de que dispomos para o exercício da soberania. A *soberania de uma nação* será conquistada e mantida com a concorrência do *fortalecimento* da base *científica e tecnológica interna*, do cuidado com os recursos nacionais disponíveis e potenciais e com *autonomia de decisões* acerca das formas de equacionamento dos *desafios* para se *atender as necessidades do país e do povo*. Há pontos básicos a ressaltar: o reconhecimento do papel da ciência e da tecnologia na Constituição, estruturação e mudanças da *sociedade moderna*. E a consciência de que estes fatores não são, automaticamente, *humanizadores* e democratizadores, sendo necessária uma *intervenção política* de acordo com a sociedade que se queira implementar. O *desafio* que se impõe à Constituinte, é que deverá refletir as *coordenadas gerais* da sociedade e da nação brasileira. As *grandes diretrizes* a serem adotadas pela Constituinte poderão abrir caminho para a *dominação interna e subjugo internacional* ou que se constituam *em instrumentos* de um processo de democratização interna, de soberania nas relações externas, enfim, de *grandeza nacional*...". In: Assembleia Nacional Constituinte, volume 210, VIII-b – Subcomissão da Ciência e tecnologia e da Comunicação, Relatório e anteprojeto, Câmara dos Deputados, Brasília, impresso, p. 2.

30. O que retiro dos trechos iniciais do Relatório final desta Subcomissão (Constituinte Cristina Tavares), destacando algumas palavras-chaves grifadas: "Na verdade, é sobre estes *pilares* e em sua articulação que se baseiam a capacidade do homem no que tange à *organização da sociedade* e às possibilidades de vencer os desafios que lhe são postos neste processo. Assim, qualquer *povo*

3) criar um texto constitucional em que este comprometimento de incentivo não fosse apenas programático, mas sim efetivo "equacionamento" para fazer frente aos "desafios" do mundo "moderno", "para a garantia do desenvolvimento" e "para se atender as necessidades do país e do povo", em que se destaca o "mercado interno" como local reservado e regulado para ser ele mesmo "um recurso", um "patrimônio da Nação", "um instrumento fundamental para o desenvolvimento científico, e sobretudo, tecnológico de uma nação"[31].

Quanto à evolução do texto ou enunciado do art. 219 cabe destacar que o projeto estudado nesta Subcomissão possuía três artigos separados e distintos. O primeiro bastante discursivo, seria o atual art. 218[32], o segundo seria o atual art. 219 e o terceiro seria o futuro art. 171[33], que foi transferido para a ordem econômica e acabou se tornando o afamado art. 171 da Constituição Federal, e que foi revogado pela Emenda Constitucional 6, de 15.08.1995, na revisão constitucional[34].

O segundo artigo do projeto da Subcomissão constituinte era o seguinte: "Art. 2º – O mercado *integra* o patrimônio nacional, devendo ser ordenando de modo a viabilizar o desenvolvimento socioeconômico, o bem-estar da população e a realização da autonomia tecnológica e *cultural* da nação. § 1º A lei estabelecerá *reserva de mercado* interno tendo em vista a realização do desenvolvimento econômico e da *autonomia tecnológica e cultural nacionais*. § 2º O Estado e as entidades de suas administrações direta e indireta utilizarão *preferencialmente*, na forma da lei, bens e serviços ofertados por *empresas nacionais*"[35].

Como se observa, este art. 2º, futuro art. 219, ainda possuía dois parágrafos (um sobre reserva de mercado e outro sobre discriminação positiva às empresas nacionais) e no projeto aprovado, nesta Subcomissão, acabou perdendo seus parágrafos e ficou com um texto semelhante ao atual (mas ainda mencionando o verbo "constituir" patrimônio e a menção sobre a "autonomia cultural") que foi o seguinte: "Art. 2º – O mercado interno *constitui* patrimônio nacional, devendo ser ordenado de modo a viabilizar o desenvolvimento socioeconômico, o bem-estar da população e a realização da autonomia tecnológica e *cultural* da nação"[36].

Os trabalhos da Comissão de Sistematização (Projeto Cabral I e II) e a votação do texto final instituíram o que podemos resumir como regras de um "capitalismo social" e ganharam em muito com a contribuição da Sociedade Brasileira pelo Progresso da Ciência, a qual sugeriu as mudanças aceitas para o texto final.

Na Comissão de sistematização, o primeiro substitutivo (chamado de Cabral I, em homenagem ao Relator Bernardo Cabral) o texto do atual art. 219 era: "Art. 219. O mercado interno *integra* o patrimônio nacional, devendo ser ordenado de modo a viabilizar o desenvolvimento socioeconômico, o bem-estar da população e a realização da autonomia tecnológica e cultural da Nação. Parágrafo único. O Estado e as entidades da administração direta e indireta privilegiarão a capacitação científica e tecnológica nacional, como critérios de concessão de incentivos, de compras e de acesso ao mercado brasileiro e utilizarão, preferencialmente, na forma da lei, bens e serviços ofertados por empresas nacionais"[37].

Na Comissão de Sistematização, o segundo substitutivo (chamado de Cabral II) o texto já fora reduzido: "Art. 247. O mercado interno *deverá ser orientado* de modo a viabilizar o desenvolvimento socioeconômico, o bem-estar da população e a *capacitação e autonomia tecnológica e cultural da Nação*"[38].

Neste meio tempo, a Sociedade Brasileira pelo Progresso da Ciência manifestou-se, sugerindo o reaproveitamento do Projeto elaborado por Florestan Fernandes, José Albertino e Pedro Dallari, que resultou, com a ajuda dos constituintes Cristina Tavares, Octávio Elísio e Olívio Dutra, na inclusão de três incisos ao atual art. 218 e insistência na autonomia tecnológica, transferida para o art. 219[39].

Observe-se que neste ponto da Constituinte discutiu-se muito a localização do – hoje – art. 219. O Constituinte Paes Landim considerava uma "redundância" considerar o mercado interno como "patrimônio nacional" e a reintroduzir o parágrafo único do projeto Cabral I, e afirmou: "É uma inovação que não

---

que pretenda construir, arquitetar uma nação não poderá declinar de manter soberanamente disponíveis seus *recursos* e seu *mercado como patrimônio da nação*. Somos inquestionavelmente favoráveis a *autonomia interna de decisões* e defendemos o estabelecimento de dispositivos constitucionais como formas de garantir *investimentos* e resultados engrandecedores de uma nação." In Assembleia Nacional Constituinte, volume 210, VIII-b, op. cit., p. 2.

31. O que retiro dos trechos iniciais do Relatório final desta Subcomissão (Constituinte Cristina Tavares), destacando algumas palavras-chaves sublinhadas: "Ao se falar de *autonomia* não se está defendendo um isolamento irreal e indesejável no *mundo moderno* ... não significa xenofobismo mas condições de dividir internamente *que tecnologia* utilizar, como absorvê-la, onde e como obtê-la... A ciência e a tecnologia poderão contribuir para a solução ... de problemas do país, mas não o farão necessariamente. Sendo assim, torna-se necessário que a Carta Magna *defina as prioridades nacionais* aplicando recursos em *áreas estratégicas,* gerando *incentivos* para que a *iniciativa privada* o faça... No que se refere ao *mercado nacional*, não constitui em uma novidade apresentá-lo *como um recurso e como um instrumento fundamental para o desenvolvimento científico e, sobretudo, tecnológico de uma nação*". In: Assembleia Nacional Constituinte, volume 210, VIII-b, cit., p. 2.

32. O texto era: "Art. 1º, *caput* – O Estado promoverá o desenvolvimento científico e a autonomia tecnológica, atendendo as prioridades nacionais, regionais e locais, bem assim a difusão dos seus resultados, tendo em vista, a transformação da realidade brasileira de modo a assegurar a melhoria das condições de vida e de trabalho da população e do meio ambiente. § 1º – É garantida liberdade de opção dos pesquisadores, instrumentada pelo incentivo à investigação, criatividade e invenção. § 2º – É assegurado, na forma da lei, o controle pela sociedade, das aplicações da tecnologia. § 3º – A pesquisa deve refletir seu compromisso com as prioridades regionais e locais, bem assim sociais e culturais, tendo em vista sobretudo a realização do bem comum, o benefício da coletividade e a plena utilização de seus recursos humanos-culturais". In: *Projetos de Constituição – Quadro comparado*, Senador José Inácio Ferreira (Org.), Brasília: Senado Federal, SD, p. 340.

33. O texto era: "Art. 3. Empresa nacional é aquela cujo controle de capital esteja permanentemente em poder de brasileiros e que constituída com sede no País, nele tenha o centro de suas decisões. § 1º – As empresas em setores aos quais a tecnologia seja fator de produção determinante, somente serão consideradas nacionais quando, além de atenderem aos requisitos definidos neste artigo, estiverem, em caráter permanente, exclusivo e incondicional, sujeitas ao controle tecnológico nacional. Entende-se por controle tecnológico nacional o exercício, de direito e de fato, do poder para desenvolver, gerar, adquirir e transferir tecnologia de produto e de processo de produção". In: *Projetos de Constituição – Quadro comparado*, Senador José Inácio Ferreira (Org.), Brasília: Senado Federal, SD, p. 341.

34. Veja crítica de FERREIRA FILHO, *Comentários*, p. 267.

35. *Projetos de Constituição – Quadro comparado*, Senador José Inácio Ferreira (org.), Brasília: Senado Federal, SD, p. 340-341.

36. Idem, ibidem.

37. Idem, ibidem.

38. Idem, ibidem.

39. *Diário da Assembleia Nacional Constituinte* (supl. C), quarta-feira, 27 de janeiro de 1988, p. 2245.

consta de nenhuma Constituição no mundo moderno, até porque... uma definição como esta pode ensejar, depois, interpretações xenófobas que podem prejudicar o próprio desenvolvimento nacional, o próprio intercâmbio que a economia nacional necessita nas suas relações comerciais e econômicas com outros povos ... esse artigo é um empecilho à modernidade ... é um obstáculo ao nosso progresso ... é um absurdo jurídico"[40].

A sistematização proposta como instrumento de "independência, soberania e autonomia tecnológica" foi defendida pelo Constituinte Arthur da Távola, com um discurso bastante nacionalista: "Conceito brilhante do legislador brasileiro deste tempo de introduzir, no texto constitucional, a ideia de que o mercado interno de um País integra seu patrimônio, porque é com base nestas ideias que se poderá, de maneira absolutamente coerente, fazer sempre que necessário, a reserva deste mercado para a garantia dessa mesma soberania. ... No mundo moderno, no mundo internacionalizante, no mundo que rompeu barreiras, uma Constituição preservar essa nova forma de patrimônio é preservar o que há de mais caro e sagrado a um povo, sua independência"[41].

O relator auxiliar então sugeriu a retirada do parágrafo que deveria ir para a ordem econômica, e aprovou o *caput* do atual art. 219. O constituinte Aroldo de Oliveira resumiu: "Tendo os pontos polêmicos sido incluídos no capítulo referente à Ordem econômica, qual seja, o controle tecnológico das empresas de capital nacional e o caso da reserva de mercado, para esse capítulo ficou apenas um ponto polêmico... a definição do mercado nacional como parte do patrimônio nacional. É uma inovação, é um avanço... em benefício da sociedade brasileira"[42].

O projeto final da Comissão de sistematização (Projeto A) foi o de aprovação de um art. 219 do projeto Cabral I, sem qualquer parágrafo: "Art. 542 – O mercado interno integra o patrimônio nacional, devendo ser ordenado de modo a viabilizar o desenvolvimento socioeconômico, o bem-estar da população e a realização da autonomia tecnológica e cultural da Nação"[43].

Como se observa, o art. 219 perdeu seus parágrafos, recebeu a menção à "autonomia tecnológica", tendo sido modificado no projeto C, promulgado em 5 de setembro de 1988, com a seguinte redação, mais enxuta e praticamente da sugestão da SBPC, mas com a menção expressa a uma lei federal: "Art. 219. O mercado interno integra o patrimônio nacional e será incentivado de modo a viabilizar o desenvolvimento cultural e socioeconômico, o bem-estar da população e a autonomia tecnológica do País, nos termos da lei federal".

Em resumo, parece-me que as discussões na Constituinte visaram tornar o texto mais programático, mais claro em sua finalidade ao incluir o verbo "integra" e o problema da "autonomia" tecnológica e do bem-estar da população no art. 219. Note-se, por fim, que sistematicamente desde o início dos trabalhos da Constituinte o art. 219 sempre esteve neste Capítulo IV da ordem social e nunca na ordem econômica[44]. Isto é, o art. 219 foi voluntariamente submetido ao art. 193 que abre o título da Ordem social e assegura sua interconexão com o Direito Privado e a função social dos institutos e agentes do mercado (função social dos contratos com trabalhadores e consumidores, entre as empresas, a função social da propriedade e da empresa ela mesma, tudo para "*o bem-estar e a justiça sociais*")[45].

Em outras palavras, parece-me que sistematicamente este enigmático artigo foi concebido para dar ordem (ordenar) ao incentivar e ao direcionar as atividades estatais no mercado interno e para regular aspectos valorativos da função social e humanizadora da ciência e da tecnologia, autorizando a regulação pelos poderes públicos e frisando sua importância para o bem-estar da população e o desenvolvimento cultural e socioeconômico, logo, o progresso do País.

2.2. Críticas à localização sistemática do art. 219: uma norma sobre ordem econômica na ordem social

Esta opção do sistema de valores ou programa normativo-constitucional brasileiro, de regular o mercado interno no Título da Ordem social e no capítulo da Ciência e Tecnologia e com isso alcançar maior influência no Direito Privado, porém, não foi isenta de críticas. Vejamos algumas destas.

A primeira pergunta que o enunciado do art. 219, que menciona o mercado interno, invoca é se seria esta uma norma da *Constituição Econômica* do Brasil mesmo que sistematicamente esteja incluída na *ordem social* e no Capítulo IV, ora comentado. A doutrina divide-se sobre o tema.

Se perguntamos se a norma do art. 219 é uma norma da ordem econômica ou da ordem social, a maioria dos comentaristas afirmará que é da ordem econômica[46]. Manoel Gonçalves Ferreira Fi-

---

40. Idem, p. 2247.
41. O texto completo é: "O mercado interno de um país, mais do que um centro no qual se processam as trocas, representa o patrimônio deste país. ... Até em passado recente, a soberania dos povos se marcava, predominantemente, por sua independência política... O fim do século XX, exatamente as décadas de 70 e 80, a espantosa expansão da ciência e da tecnologia, geraram lentamente, na consciência dos povos, certeza que junto à soberania jurídica e política, à soberania econômica, vicejava nova ideia ... de soberania em função da independência tecnológica ... soberania e autonomia tecnológica"... os Estados na defesa do que lhes é mais caro, encontram no seu mercado interno...hoje, não apenas o local onde se operam as principais trocas da economia, mas o local onde igualmente na lei ou na economia, no mercado, se dá a verdadeira luta pela soberania. Daí o conceito brilhante do legislador brasileiro deste tempo de introduzir, no texto constitucional, a ideia de que o mercado interno de um País integra seu patrimônio, porque é com base nestas ideias que se poderá, de maneira absolutamente coerente, fazer sempre que necessário, a reserva deste mercado para a garantia dessa mesma soberania. ... No mundo moderno, no mundo internacionalizante, no mundo que rompeu barreiras, uma Constituição preservar essa nova forma de patrimônio é preservar o que há de mais caro e sagrado a um povo, sua independência". In: *Diário da Assembleia Nacional Constituinte* (supl. C), 27 de janeiro de 1988, p. 2246.
42. *Diário da Assembleia Nacional Constituinte* (supl. C), quarta-feira, 25 de maio de 1988, p. 10714.
43. *Projetos de Constituição – Quadro comparado*, Senador José Inácio Ferreira, p. 340-341.
44. Câmara de Deputados. *O processo histórico da elaboração do Texto constitucional, Assembleia Nacional Constituinte, 1987-1988*, volume I, Brasília: Senado Federal, 1993, p. 180.
45. Esta é a tese do Doutorado de FABRIS, Fernando Smith, *A noção jurídica de Mercado no Direito Brasileiro*, Curso de Pós-Graduação *Stricto Sensu*/Mestrado em Direito, UFRGS, 2006.
46. Assim ensina José Afonso da Silva: "A regra do art. 219 da CF deveria figurar entre os dispositivos da ordem econômica, onde melhor se enquadraria... É uma regra da ordem econômica, mais do que de ciência e tecnologia, na qual a intervenção no domínio econômico encontra importante fundamento no controle do mercado interno" (SILVA, *Comentário Contextual à Constituição*. 3. ed., p. 821).

lho define Constituição econômica, como formal ou "o conjunto de normas que, incluídas na Constituição, escrita, formal do Estado, versam o econômico", "regras formalmente constitucionais que definem pontos fundamentais da organização da economia" e como material, como "todas as normas que definem os pontos fundamentais da organização econômica, estejam ou não incluídas no documento formal que é a Constituição escrita" e aí inclui as normas que definem "tipo de organização econômica" (como o mercado) e atribuem "finalidade" "à atividade econômica"[47].

Para apoiar esta resposta, poderíamos invocar os seus parágrafos da época da Constituinte com o art. 2º, que era complementado pelo art. 3º, o qual se transformou justamente em art. 171 da CF/1988, tendo sido transferido para o capítulo da Ordem Econômica e mais tarde revogado pela EC 6/1995.

A polêmica parece perder o sentido se considerarmos a unidade da Constituição[48] e que em verdade, como afirma Manoel Ferreira Filho, "o intento do constituinte ao abrir nas Constituições para a regulamentação da economia" seria fazer atuar a economia "em favor da democracia"[49]. Ou, como afirma a emenda 634, de Marcelo Cordeiro, criar "um capitalismo social"[50].

Por isso, parece-me que andou bem o constituinte em manter o art. 219 na ordem social, onde pelo menos ganhou em significado e finalidade positiva e não discriminatória (o que acontece com seus parágrafos, que não foram aprovados). A norma do art. 219, apesar de estar na ordem social, faria também parte da Constituição econômica lato[51]. Sua presença na ordem social é porém significativa, pois bem frisa que o valor fundamental aqui é a evolução da visão de mercado, de um mercado meramente econômico para um mercado "social", visando "a viabilizar o desenvolvimento cultural e socioeconômico, o bem-estar da população e a autonomia tecnológica do País", orientado ainda pelo enunciando do art. 193 da CF/1988.

Porém, José Afonso da Silva observa outro problema do art. 219, que mesmo se considerarmos estar ele no local sistemático correto na ordem constitucional, seu texto transcende em muito os aspectos da ciência e tecnologia[52]. Afirma: "Reza o dispositivo que o mercado interno integra o patrimônio nacional e será incentivado de modo a viabilizar o desenvolvimento cultural e socioeconômico, o bem-estar da população e a autonomia tecnoló-

gica do País, nos termos da lei federal. É uma regra da ordem econômica mais do que de ciência e tecnologia, na qual a intervenção do domínio econômico encontra importante fundamento para o controle do mercado interno"[53].

Para esse autor, o art. 219 traduz um verdadeiro "fundamento para a atuação do Poder Público" no controle das relações de mercado e não só da parte do mercado interno que está ligada à Ciência e tecnologia[54]. Ricardo Lucas Camargo concorda com esta visão ampla do art. 219 e considera que o próprio autor da sugestão, o Professor da Universidade de São Paulo e hoje Ministro do Supremo Tribunal Federal, Eros Roberto Grau, teria "uma interpretação mais restrita"[55] deste artigo.

Realmente a "articulação" entre ciência e tecnologia e mercado interno não é das mais fáceis, e parte da doutrina[56] sequer usa o artigo ao comentar a ordem econômica[57] ou as possibilidades do Estado de intervenção (direta e indiretamente) na economia e planejamento[58], a concluir-se que seu *locus* sistemático retirou-lhe em efetividade.

No Supremo Tribunal Federal, a norma foi citada em poucas decisões até hoje, sendo duas sobre o tema do monopólio do petróleo, uma sobre a competência do CADE e uma sobre quebra de sigilo em contas CC-5 para identificar crimes no sistema financeiro nacional[59], nunca sendo, porém, a base principal da decisão. Porém, segundo Ricardo Lucas Camargo defende que o art. 219 visa articular o mercado interno com "noções essenciais" da economia e da sociedade nacional, não só ciência e tecnologia, mas também "patrimônio público" e "abuso do poder econômico"[60]. Neste sentido, vejamos.

3. Ciência, tecnologia e o mercado interno: o enunciado do art. 219 e a visão jurídico-constitucional de mercado interno como patrimônio da Nação

Se o atual enunciado do art. 219 da CF/1988 contém duas afirmações ou partes, agora nos concentraremos na primeira (o

---

47. FERREIRA FILHO, Manoel Gonçalves Filho, *Curso de Direito Constitucional*, 34. ed., São Paulo: Saraiva, 2008, p. 352.
48. Como ensina HESSE, Konrad. *Elementos de Direito Constitucional da República Federal da Alemanha*, Porto Alegre: Fabris, 1995, p. 65, o princípio da unidade da Constituição informa que a "conexão e a interdependência dos elementos individuais da Constituição fundamentam a necessidade de olhar nunca somente a norma individual, senão sempre também a conexão total na qual ela deve ser colocada".
49. Assim definida como "um conjunto de princípios e normas tendentes a caracterizar globalmente o sistema econômico, orientar a atuação dos seus principais agentes, enquadrar as instituições jurídicas principais da economia e definir objetivos e programas de evolução do sistema econômico ou de suas componentes significativas". In: FERREIRA FILHO, *Curso*, 2008, p. 347.
50. *Diário da Assembleia Nacional Constituinte* (supl. C), quarta-feira, 25 de maio de 1988, p. 10717.
51. FRANCO, António L. Sousa e MARTINS, Guilherme d'Oliveira. *A Constituição econômica portuguesa*: ensaio interpretativo, Almedina: Coimbra, 1993, p. 94.
52. SILVA, *Curso*, 30. ed., p. 846, e CAMARGO, p. 46, nota 9, que cita SILVA, *Curso*, 9. ed., p. 717.
53. SILVA, *Curso*, 30. ed., p. 846.
54. CAMARGO, op. cit., p. 41.
55. Assim afirma CAMARGO, op. cit., p. 41, citando Eros GRAU, no artigo "O discurso neoliberal e a teoria da regulamentação", in *Estudos em Homenagem ao Professor Washington Peluso Albino de Souza*, Porto Alegre: Ed. Fabris, 1995, p. 71.
56. Veja como exemplo, FIGUEIREDO, Leonardo Vizeu. *Lições de Direito Econômico*, Rio de Janeiro: Forense, 2006, p. 146 a 200.
57. Neste sentido, veja FONSECA, op. cit., p. 84 e s.
58. FABRIS, p. 12, nota 30, relembra que mesmo o Eros Roberto Grau só dedicou uma página ao tema no seu livro sobre a ordem econômica.
59. Em pesquisa em janeiro de 2008, encontra-se citada em uma ementa (AgRg no RE 385.639-1, j. 22.03.2005, Min. Carlos Ayres Britto) e 4 votos (dois em tema do monopólio da Petrobrás, na ADI 3273/DF e ADI 3366/DF, j. 16.03.2005, rel. Carlos Britto e Rel. para o acórdão Min. Eros Grau), na AI 682.486-AgR/DF, em que pergunta o Min. Carlos Britto, p. 1910: "E o CADE tem competência para disciplinar concorrência no plano externo, no caso em desfavor de uma empresa nacional, quando o art. 219 da constituição considera o mercado interno patrimônio nacional?" e em voto dissidente novamente pelo Min. Britto, p. 316, em pedido de quebra de sigilo bancário de contas no exterior CC-5, Inq-AgR 2206/DF (rel. Min. Marco Aurélio, j. 10.11.2006).
60. CAMARGO, op. cit., p. 42.

"mercado interno integra o patrimônio nacional"), de forma a definir qual a visão constitucional de "mercado interno" ou nacional e quais são os sentidos deste enunciado. Nas palavras de Cristina Tavares, o "mercado nacional" é "um recurso" e um "instrumento fundamental para o desenvolvimento científico e ... tecnológico de uma nação"[61]. Vejamos estas visões de mercado interno ou nacional.

3.1. Mercado interno e a finalidade do art. 219: a polêmica

Para os economistas[62], o mercado é o "ponto" onde se encontram a oferta e a demanda, o lugar onde se realizam as trocas econômicas. O mercado de bens (e serviços) é onde os consumidores (demandantes) entregam seu dinheiro para obter das empresas ou do Estado (ofertantes) este bens e serviços de seu interesse. O mercado dos fatores é onde empresas (demandantes) procuram os fatores de produção, trabalho e capital para produzir estes bens e serviços e utilidades. No capitalismo, o mercado é aberto a entrada de novos demandantes e ofertantes, guiados pela concorrência leal (na visão macro) e pelas lealdade frente aos consumidores (na visão micro)[63].

Ives Gandra Martins afirma que o art. 219 visa o chamado o mercado "de densidade econômica, isto é, aos relacionados com a produção, circulação e consumo de bens, que, de rigor, são os que geram recursos para financiar o desenvolvimento e sustentar não só o Estado prestador de serviços, mas os próprios detentores de poder"[64].

Ricardo Lucas Camargo relembra que a noção de mercado interno do art. 219 contrapõe-se a de mercado externo: "Por mercado interno entende-se a relação oferta-procura em uma determinada base territorial. Não se exclui, com isto, do conceito a relação entre o concorrente alienígena e a empresa doméstica, porquanto não é de pequena monta o efeito produzido pela entrada de produtos fabricados e comercializados em condições de maior vantagem que os produzidos dentro daquela determinada base territorial"[65]. Ou como afirmou o Constituinte Arthur da Távola: "... o mercado interno de um país, mais do que um centro no qual se processam as trocas, representa o patrimônio deste país... os Estados na defesa do que lhes é mais caro, encontram no seu mercado interno... hoje, não apenas o local onde se operam as principais trocas da economia, mas o local onde igualmente na lei ou na economia, no mercado, se dá a verdadeira luta pela soberania"[66].

Eros Roberto Grau, porém, alerta que a referência do mercado interno integrar o patrimônio nacional não significa qualificar este mercado como "bem do domínio público ou de uso comum do povo"[67]. Noções incompatíveis com as regras de direito público e de direito privado que regulam as trocas neste mercado, concebido justamente para dar atendimento às necessidades das pessoas, ao menor custo possível[68].

Segundo observamos nos discursos da Constituinte, há duas maneiras de entender o art. 219 como estabelecendo o mercado nacional ou interno como "fim" a ser incentivado e regulado pelo Estado. Alguns comentaristas observam que o mercado interno é o próprio fim visado no art. 219. Assim Cretella Júnior ensina: "Incentivo e viabilização do mercado interno – A fim de viabilizar o desenvolvimento cultural e socioeconômico, o bem estar da população e a autonomia tecnológica do País, nos termos da lei federal, o mercado interno será incentivado e integrará o patrimônio nacional"[69].

Esta visão mais literal do art. 219 parece reduzir sua potencialidade, passando o mercado interno a ser somente o fim visado pela norma e não o instrumento funcional para atingir os verdadeiros fins expressos, quais sejam "o desenvolvimento cultural e socioeconômico, o bem estar da população e a autonomia tecnológica do País".

Sturion de Paula também critica o art. 219, por sua falta de conexão com a realidade brasileira e excesso de nacionalismo. O referido autor, por sua vez, considera que o art. 219 "nada mais vem a fazer que reafirmar todo o tratamento do Capítulo IV, anterior. Afirma que a economia, fruto do próprio progresso do conhecimento científico e tecnológico, por sua vez deve ser empregada quanto ao 'desenvolvimento cultural e socioeconômico', ou seja, o resultado pelo fator. A autonomia tecnológica é ideal nacionalista, porém, sobretudo, e em bem mais verdade, um objetivo econômico. No entanto, um pouco desconexo com a realidade, pois autonomia significa autossuficiência na produção científica e tecnológica, o que para todos os estados não é viável, haja vista que mesmo as maiores potências tecnológicas do mundo mantêm, entre si, intercâmbio de produções"[70].

De qualquer forma a visão do art. 219 é de um mercado nacional ou interno total. Ives Gandra Martins parece desejar excluir deste mercado "de densidade econômica" o mercado eminentemente cultural afirmando: "É este mercado, gerador de recursos, que é considerado patrimônio nacional, nada obstante o mercado não gerador ou pouco gerador de recursos, que é o de natureza eminentemente cultural, seja relevante para determinar o nível civilizacional de um povo. Admitindo-se, todavia, que o mercado consumidor de recursos, juntamente com o gerador de recursos, seja patrimônio nacional, os dois deveriam ser incenti-

---

61. *Assembleia Nacional Constituinte, volume 210, VIII-b – Subcomissão da Ciência e Tecnologia e da Comunicação, Relatório e anteprojeto*, Câmara dos Deputados, Brasília, impresso, p. 2.

62. Definição baseada no texto de HASSE, Rolf H., SCHNEIDER, Hermann e WEIGELT, Klaus (ed.). *Diccionaro de Economía Social de Mercado*, Konrad-Adenauer Stiftung, Paderborn: Ed. Schöningh, 2002, p. 246-247.

63. Veja HASSE/SCHNEIDER/WEIGELT, op. cit., p. 246-247.

64. GANDRA MARTINS, op. cit., p. 868.

65. CAMARGO, op. cit., p. 42. O texto inicia assim: "Em primeiro lugar, desde que há a referência ao mercado interno, parece evidente que se deva ter presente a noção de mercado externo. Este diz respeito às relações de oferta e procura que se realizam fora de uma determinada base territorial. Por base territorial entendemos um determinado espaço físico onde vige um determinado ordenamento jurídico. Tendo em vista que o art. 219 da Constituição Brasileira de 1988 fala em patrimônio nacional, a base territorial para a definição do conceito de mercado interno será o território nacional como um todo" (CAMARGO, op. cit., p. 41 e 42).

66. *Diário da Assembleia Nacional Constituinte* (supl. C), quarta-feira, 27 de janeiro de 1988, p. 2246.

67. GRAU, *A ordem econômica*, p. 279.

68. Assim também GALVES, Carlos. *Manual de Economia Política*, 10. ed., Rio de Janeiro: Forense Universitária, 1986, p. 593.

69. CRETELLA JÚNIOR, op. cit., p. 4488.

70. PAULA, op. cit., p. 278-279.

vados para promover o desenvolvimento cultural e socioeconômico (entendendo-se social e econômico)"[71].

Particularmente, parece-me que a intenção do constituinte foi a de incluir com a expressão "mercado interno", todos os mercados presentes no mercado nacional brasileiro, seja de consumo, de distribuição, mercado financeiro, o cultural, o de fatores de produção ou o de produção, a contrapor-se a noção de mercado relevante do Direito Antitruste[72]. Assim aproxima a noção total de mercado interno do programa constitucional (que inclui o art. 193 da CF/1988) daquela do direito privado, sempre voltada para a dignidade da pessoa humana e os sujeitos ativos do mercado[73].

Como alerta Lawrence Friedman[74], na pós-modernidade mister manter os conceitos abertos e abrangentes, pois assim como os avanços da tecnologia levam a avanços da sociedade, do consumo e da política, levam também a rever nossas definições de patrimônio, da função da propriedade e do mercado ou utilidade e trocas econômicas em si. Assim, por exemplo, a cultura ganha em valorização econômica hoje, podendo inclusive ser patrimonializada, com a patenteabilidade de conhecimentos tradicionais, que por sua evoluem para ser "ciência" e "tecnologia" como antes comentamos no art. 218. Excluir estas novas *commodities* ou utilidades da noção de mercado interno não é útil e nem encontra fundamento no enunciado do art. 219 e em sua história constituinte. Ao contrário, a menção ao *desenvolvimento cultural* no texto do art. 219 e sua inclusão no capítulo Da ordem social, que inclui a ordem cultural, a comunicação, o desporto e a proteção das populações indígenas no Brasil, leva a conclusão diametralmente oposta, pela inclusão de todos os "mercados" no art. 219, incluindo o cultural.

Parte dos comentaristas critica o enunciado do art. 219 da CF/1988 afirmando que este teria uma visão discriminadora de parte dos agentes estrangeiros do mercado: uma visão superada pela revogação do art. 171 da CF/1988! Segundo esses autores, a finalidade do art. 219 seria a de autorizar a reserva de mercado, como ocorria em 1987-1988, no mercado de bens de informática, ou seja, discriminar entre empresas nacionais e estrangeiras. O maior representante parece ser o respeitável mestre da USP, Manoel Gonçalves Ferreira Filho, que afirma em seus comentá-

rios: "Mercado interno. O texto em exame tem a função de dar fundamento, e consequentemente a fundamentação última, para as restrições à participação do capital estrangeiro no mercado brasileiro (v. supra, art. 171 etc.). Com efeito, se 'o mercado interno integra o patrimônio nacional', ou seja, o mercado é nosso, justo, na visão nacionalista, que ele seja reservado para os brasileiros, de modo a viabilizar o desenvolvimento nacional, a sua autonomia tecnológica etc. Se todavia, pelo viés do incentivo ao mercado interno, supôs-se que a lei federal pudesse ampliar as vantagens conferidas à empresa brasileira de capital nacional, isso não é correto em face, exatamente, da redação do art. 171 da Constituição"[75].

Efetivamente, como demonstramos nos estudos dos discursos e dos textos da Constituinte, os parágrafos retirados do art. 219 e a versão inicial, tinham efetivamente esta finalidade, sendo que o *caput* do art. 2º mencionava não o verbo atual incentivar, mas sim o limitador de impor uma ordem ou "ordenar" o mercado em geral. E o art. 3º, que depois se transformou em artigo 171 da CF/1988, e que foi transferido para a ordem econômica, era então incluído como norma de ajuda interpretativa do atual art. 219, levando realmente a esta interpretação finalística de discriminação, portanto nacionalista, como vimos. Se este conjunto de textos legitimava e dava fundamento a esta tese de que o art. 219 visava autorizar a "reserva de mercado" e discriminar entre empresas nacionais e empresas estrangeiras no mercado interno, a pergunta é, se após a revogação do art. 171, esta interpretação discriminatória do art. 219 ainda é possível e útil. Os votos vencedores do Min. Eros Grau, nas ADIs 3.237 e 3.366, que versavam sobre o monopólio do petróleo, parecem indicar o contrário[76].

Em uma primeira reflexão, afirmaria que a autorização implícita do enunciado do art. 219 (ser patrimônio nacional, o mercado interno), efetivamente ainda existe. Neste sentido o art. 219, como norma programática e a depender de lei federal explícita, autoriza, excepcionalmente, a reserva de mercado e a abertura de mercado, concebido como patrimônio nacional. Esta interpretação, porém, não é a comum nos dias de hoje. Note-se que também o Supremo Tribunal Federal não utilizou e sequer citou o art. 219 e sim o art. 218, em caso envolvendo a abertura excepcional de uma zona franca em Manaus (ADI-MC 2.348/DF).

3.2. O mercado interno como esfera de poder (econômico) do Estado e a visão de mercado nacional como valor constitucional

Como ensina Norberto Bobbio, mister relembrar aqui a distinção weberiana entre ações racionais segundo seu fim, e as ações racionais segundo seu valor[77]. Isto é, se as duas anteriores interpretações e críticas dos comentaristas sobre o art. 219 usavam como vetor o "fim" da norma, faltava a elas a análise pelo seu "valor".

No Brasil, aproximação pelo valor constitucional do mercado interno previsto e consubstanciado na norma do art. 219 da CF/1988 é realizada por José Afonso da Silva. Pergunta-se o mestre da USP, sobre o mercado interno, se seria este um valor constitucional e ensina: "... a Constituição, no texto sob conside-

---

71. GANDRA MARTINS, op. cit., p. 868.

72. Sobre a noção de mercado relevante, veja FORGIONI, Paula. A. *Os fundamentos do Antitruste*, 3. ed., São Paulo: RT, 2008, p. 230 e o mestrado de FABRIS, Fernando Smith. *Concentrações Empresariais e o Mercado Relevante*, Sérgio Antônio Fabris ed., Porto Alegre, 2002.

73. Veja-se expressiva passagem de ANDRADE NERY, Rosa Maria de. *Introdução ao pensamento jurídico e à teoria geral do Direito Privado*, São Paulo: RT, 2008, p. 67: "Falar-se em dignidade do ser humano, portanto, é prestigiar-lhe a vida e a liberdade. O princípio de direito que se põe a nortear o conhecimento científico a partir desse parâmetro eleva o ser humano a uma dignidade própria dessa sua condição existencial e celebra a eticidade da opção metodológica do cientista. Defender a vida com atitudes, e não apenas com palavras, passa por essa vertente: defender a família, defender a casa, defender a honra, defender o trabalho, defender a propriedade, defender a liberdade de querer e de realizar do ser humano, e, com isso, defender a livre-iniciativa e a empresa. Porque, afinal, a empresa não é o mercado, mas os homens que a integram e os fins que ela busca para o bem social: elas são a forma jurídica de que se revestem esses sujeitos ativos do mercado, que podem operá-lo".

74. FRIEDMAN, Lawrence. *The Republic of Choice-Law, Authority and Culture*. Cambridge, Massachusetts: Harvard University Press, 1994, p. 51 e s.

75. FERREIRA FILHO, *Comentários*, p. 267.

76. Veja os votos in www.stf.jus.br.

77. Veja, sobre a importância desta mudança de paradigma, BOBBIO, Norberto. *Os intelectuais e o poder*. São Paulo: Ed. UNESP, 1997, p. 73 e s.

ração, dá ao mercado interno um valor para além do seu significado econômico, ao integrá-lo no patrimônio nacional. Com esse sentido, o mercado adquire valor constitucional, que nos dá sua dimensão social, sob a ideia de que, em seu sentido puramente econômico, pode fixar preços, mas não pode fixar valores sociais, porque estes é que têm que fixar a natureza e os limites dele"[78].

Por fim, conclui o referido autor: "A previsão constitucional de que o mercado interno integra o patrimônio nacional significa repulsa ao Liberalismo, e dá a ele um sentido social, porque destinado a viabilizar o desenvolvimento cultural e socioeconômico, o bem-estar da população e a autonomia tecnológica do país. É essa a concepção social de mercado"[79].

Esta parece ser a melhor visão de mercado interno ou interpretação do art. 219 da CF/1988: um mercado nacional com função social, cultural e econômica.

Esta visão valorativa da norma comentada ainda permite revisitar o seu fim. Como vimos, desde Von Thur patrimônio é definido como a "esfera de poder" de um sujeito de direito, um poder econômico ("patrimônio é poder econômico")[80].

Assim, com esta visão a finalidade da norma seria redefinir o mercado interno, reservando esta esfera de decisão própria para o Estado (e sua ordem pública), e se é poder econômico, não o é de um indivíduo (pesquisador, empresa de tecnologia, detentor de uma patente ou *know-how*), mas de uma nação: patrimônio nacional.

No Brasil, José Afonso da Silva explica esta nova visão de mercado: "O mercado não é um simples lugar de trocas econômicas, como o fora no início de sua formação. Mas também uma entidade abstrata. Pode ser até intocável, às vezes imperceptível, mas está ali, porque todos sentem seu efeito. É um espaço social, ou melhor, é uma trama social de participantes movidos por seus interesses, uns ofertando bens, serviços, trabalhos, capital, outros procurando esses mesmos bens; e é no encontro desses interesses contrapostos que se realiza a função do mercado, pela efetivação das transações, dos negócios"[81].

Ricardo Lucas Camargo analisa, assim, junto ao art. 219 várias atividades de "planejamento econômico", como instrumento compatível com esta economia social de mercado imposta pela Constituição de 1988[82], tais como planos e controles na importação de produtos e na entrada de serviços, na transferência de tecnologia para as empresas nacionais, nas distinções entre empresas estatais e pequenas empresas *via-à-vis* empresas estrangeiras, na regulamentação de patentes, *know how* e da propriedade intelectual, e patrimônio cultural[83]. Já Eros Grau e Paula Forgioni destacam a necessidade de compreender o mercado também como uma ordem e "legalidade racional", a fim de assegurar previsibilidade, regularidade e confiança nestas "regras do jogo"[84].

Desde Max Weber, a ideia de mercado pressupõe o interesse de uma pluralidade de sujeitos envolvidos nestas trocas e negociações[85], e agora a institucionalização do mercado na Constituição de 1988 como "patrimônio" da "Nação", reforça os interesses da coletividade[86] e do Estado neste mercado e impõe um novo critério constitucional conformador, em especial para a atividade do Estado[87].

4. Função da norma e eficácia para o desenvolvimento cultural e socioeconômico, o bem-estar da população e a autonomia tecnológica do País

As observações anteriores, sobre a história da norma e sua inclusão na ordem social, submetida ao art. 193 da CF/1988 – que bem que semelhante ao art. 170 da CF/1988 –, trazem preocupação mais direta com a justiça social, parece-me autorizar que se analise, agora, o art. 219 sob esta ótica de um programa constitucional de um capitalismo e de uma mercado mais "social".

Como afirmamos anteriormente, o art. 219 traz uma funcionalização do instituto, uma nova função-dever tendo em vista a mudança de visão constitucional do mercado interno[88]. Segundo Eros Grau, o art. 219 aporta um "princípio constitucional impositivo"[89], o qual segundo Canotilho traça, sobretudo para o legislador, linhas diretrizes da sua atividade política e legislativa no que diz respeito à realização de fins e execução de tarefas. São princípios da organização econômico-social de um país, de caráter constitucional conformador, a vincular todas as atividades do Estado, inclusive interpretativas (judiciais), legislativas e do Exe-

---

78. SILVA, *Comentário*, p. 822.

79. Idem, ibidem.

80. VON THUR, A. *Derecho civil, vol. I – Los derechos subjetivos y el patrimonio*, Marcial Pons (Clásicos del pensamiento jurídico), Madri-Barcelona, 1998, p. 315.

81. Op. et loc. cit.

82. Assim também o considera SILVA, *Comentário*, p. 821 e s.

83. CAMARGO, op. cit., p. 42 e 43.

84. GRAU, Eros Roberto e FORGIONI, Paula. *O Estado, a empresa e o contrato*, São Paulo: Malheiros, 2005, p. 50. Também FORGIONI, *Os Fundamentos*, op. cit., p. 271.

85. Veja, neste sentido, a construção da ideia de pluralidade, in FABRIS, Tese de doutorado, p. 32 (orig.).

86. Evito aqui a expressão interesse social, veja WALD, Arnold. O interesse Social no Direito Privado, in *Revista da Ajuris*, n. 101, março de 2006, p.10, para evitar o que o autor afirma ser "uma polêmica em relação a diversos valores assegurados constitucionalmente, como a justiça social, o desenvolvimento econômico do país e os direitos individuais legalmente assegurados."

87. Sobre os limites à livre-iniciativa do Art. 170 da CF/1988, em especial quanto à livre concorrência e o direito do consumidor, veja decisão do STF, em caso envolvendo os estabelecimentos de ensino e a noção de livre-iniciativa e defesa do consumidor (ADIn 319-4-DF), o Min. Moreira Alves ensina: "... havendo a possibilidade de incompatibilidade entre alguns dos princípios constantes dos incisos desse art. 170, se tomados em sentido absoluto, mister se faz, evidentemente, que se lhes dê sentido relativo para que se possibilite a sua conciliação a fim de que, em conformidade com os ditames da justiça distributiva, se assegure a todos – e, portanto, aos elementos de produção e distribuição de bens e serviços e aos elementos de consumo deles – existência digna. (...) Para se alcançar o equilíbrio da relatividade desses princípios – que, se tomados em sentido absoluto, como já salientei, são inconciliáveis – e, portanto, para se atender aos ditames da justiça social que pressupõem esse equilíbrio, é mister que se admita que a intervenção indireta do Estado na ordem econômica não se faça apenas a posteriori, com o estabelecimento de sanções às transgressões já ocorridas, mas também a priori, até porque a eficácia da defesa do consumidor ficará sensivelmente reduzida pela intervenção somente a posteriori que, às mais das vezes, impossibilita ou dificulta a recomposição do dano sofrido" (DJ 30.04.1993).

88. Aqui podemos fazer uma analogia à passagem de GOMES, Orlando e VARELA, Antunes. *Direito Econômico*, São Paulo: Saraiva, 1977, p. 13: "... o desenvolvimento do próprio sistema de produção conduziu à transformação do instituto da propriedade...A mudança de sua função social, primitivamente indiferente à sua concretização jurídica, determinou-lhe a alteração hoje geralmente admitida. Evoluiu o Direito e sua evolução foi determinada, evidentemente, pelas relações econômicas alteradas em consequência de desenvolvimento do próprio processo de produção...".

89. GRAU, *A ordem econômica*, p. 279.

cutivo[90]. Somente assim se pode instituir no Brasil, segundo José Afonso da Silva, uma verdadeira "economia social de mercado"[91]. Ou, como afirma Fernando Fabris: "O disposto no art. 219 da Constituição Federal ao adotar o princípio da integração do mercado interno ao patrimônio nacional, por um lado, representa a indicação de que a Constituição adotou um regime de mercado, mas, por outro lado, ... ratifica os termos postos quando o preceito expressamente declara diretamente que o mercado é o meio capaz de viabilizar o desenvolvimento cultural e socioeconômico, o bem-estar da população e a autonomia tecnológica do País e, indiretamente, a justiça social"[92].

Lucas Camargo destaca que a "inclusão do mercado interno no patrimônio público tem uma consequência prática inegável: a sujeição dos atos que a ele se mostrem lesivos à anulação via ação popular", de competência da Justiça Federal (art. 109 da CF/1988) e também ação civil pública (art. 129, III da CF/1988)[93]. E citando os ensinamentos de Eros Grau, o autor conclui que o Estado deve em relação a regulação de mercado realizar: "1) atividades de constituição e preservação; 2) atividades de compensação do mercado, de sorte a possibilitar a adequação do sistema jurídico a novas formas de organização empresarial, concorrência e financiamento; 3) atividades de substituição do mercado, reagindo às debilidades de suas forças motrizes; 4) atividades de compensação de disfunções do processo de acumulação"[94].

Particularmente, visualizo a norma do art. 219 no mínimo duas funções: a) com função de incentivo e viabilização do desenvolvimento nacional e as finalidades máximas, b) de desenvolvimento cultural e socioeconômico, o bem-estar da população e a autonomia tecnológica do País. Vejamos.

4.1. A função da norma: incentivo e viabilização

Ensina José Afonso da Silva, sobre o verbo incentivar: *"Incentivar quer dizer conceder apoio e meios, inclusive a instituições privadas, para a realização daqueles objetivos"*[95]. Em seu voto vencedor na ADI 3.512, o Min. Eros Grau afirma que o Estado pode viabilizar através de "convites", "incitações", "estímulos", "incentivos de toda a ordem oferecidos, pela lei, a quem participar de determinada atividade de interesse geral, patrocinada ou não, pelo Estado"[96].

Ricardo Lucas Camargo reflete sobre a expressão desenvolvimento, afirmando: "Cumpre ter em vista que a ideia de desenvolvimento implica necessariamente a de uma progressão em direção a uma situação considerada melhor, mais desejável que a atual. Consequentemente, não se pode ter o conceito de desenvolvimento como algo definível, ignorando o contexto ideológico em que o vocábulo se insere"[97]. E completa: "Isto significa, por outras palavras, a necessidade de se formar uma concepção de desenvolvimento diversa da que identifica este com a ânsia de se chegar, pura e simplesmente, ao padrão de vida do Primeiro Mundo, resgatando também as culturas que foram sufocadas durante o processo de colonização. O desenvolvimento econômico tem os elementos definidores de seu conceito no art. 170 da Constituição brasileira de 1988, com o que a melhor hermenêutica será a de que não inutilizar nenhum de seus desdobramentos, pena de inutilização do Texto fundamental"[98].

Como ensina Ives Gandra Martins: "Além da viabilização do desenvolvimento cultural, tendo o 'mercado' sido erigido à condição de patrimônio nacional, o constituinte cuidou também do bem-estar da população e da autonomia tecnológica. Essa é a função maior do mercado, vale dizer, viabilizar, de um lado, o desenvolvimento cultural lato sensu, e, de outro, o bem-estar da população – nem sempre o mercado é voltado para o bem-estar e para ser competitivo na concorrência internacional, principalmente em face de globalização econômica – e, por fim, a autonomia tecnológica"[99].

Sobre autonomia tecnológica, afirma Ricardo Lucas Camargo: "A autonomia tecnológica diz com a necessidade não apenas de se investir na pesquisa científica para o desenvolvimento da tecnologia própria, mas principalmente de se planejar a política de tecnologia, de sorte a se obviarem os inconvenientes típicos do pagamento de royalties pelo uso de processos já caídos na obsolência nos países da origem. Diz também com a própria necessidade de se controlar a entrada de produtos alienígenas que já entram em posição de vantagem, minando a possibilidade de uma efetiva concorrência, dado que o *know-how* passa a se tornar uma arma indispensável à participação no mercado, e com o mister de se voltar a pesquisa científica e tecnológica à realidade nacional"[100].

Para Rosângela Cavallazzi, o art. 219 estabelece ou fixa uma "política" de Estado: "O art. 219 da Constituição de 1988 estabelece não somente uma política, mas fundamentalmente um princípio adequado a um tempo em que o conhecimento se torna, mais do que em todas as épocas anteriores, um bem, uma modalidade privilegiada de mercadoria diante de um mercado cada vez mais estruturado em torno de redes informacionais, em que o desenvolvimento das técnicas possibilita a criação de uma sociedade do conhecimento. Não se trata pois de um simples programa de ação, mas de um princípio normativo, porque mais do que assegurar uma política social, o incentivo ao mercado interno se constitui em exigência de equidade[101]. Destaca assim a autora que este poder-dever do Estado, estabelecido na segunda parte do art. 219 deve ser interpretado em conjunto com o art. 218 da

---

90. Relembre-se que o Estado também é regulador, *ex vi* o art. 174 da CF/1988, o qual dispõe: "Como agente normativo e regulador da atividade econômica, o estado exercerá, na forma da lei, as funções de fiscalização, incentivo e planejamento, sendo este determinante para o setor público e indicativo para o setor privado".
91. A expressão é de SILVA, *Comentário*, p. 821.
92. Tese de Doutorado, *A noção jurídica de mercado*, PPGDir./UFRGS, 2006, p. 70 do original.
93. CAMARGO, op. cit., p. 44.
94. Idem, ibidem.
95. SILVA, *Comentário*, p. 817.
96. Voto do rel. Min. Eros Grau, n. 12, ADI 3.512/DF, j. 15.02.2006, *DJ* 13.06.2006, in www.stj.jus.br.
97. CAMARGO, op. cit., p. 44.
98. Idem, ibidem, p. 45.
99. GANDRA MARTINS, op. cit., p. 868-869.
100. CAMARGO, Ricardo Antônio Lucas, O mercado interno, o patrimônio público e o art. 219 da Constituição Brasileira de 1988. *Revista do Tribunal Regional Federal da 1.ª Região*. Brasília: TRF, v. 8, n. 4, out.-dez. 1996, p. 45.
101. CAVALLAZZI, Rosângela Lunardelli. *Comentários aos arts. 218 e 219*, original impresso, OAB-RJ, 2008, p. 9 e 10 do original, com notas.

CF/1988[102]. As finalidades máximas aqui são o desenvolvimento cultural e socioeconômico, o bem-estar da população e a autonomia tecnológica do País.

4.2. Norma programática e de eficácia limitada sob reserva de lei

Por fim, é interessante refletir, se o art. 219 da CF/1988 caracteriza-se como norma programática, de eficácia limitada sob reserva de lei, ou norma principiológica.

Segundo Ives Gandra Martins, o art. 219 da CF/1988 "é principiológico e de conteúdo elástico (art. 219)"[103]. Lucas Camargo afirma sobre o art. 219 da CF/1988: "O preceito ora analisado estabelece diretriz a ser seguida pelos Poderes constituídos na formulação e execução da política econômica, vinculando-os quantos aos fins"[104].

Sturion de Paula prefere a tipologia de José Afonso da Silva[105] e afirma: "Trata-se de norma de eficácia limitada, ao afirmar que a lei federal disporá sobre a viabilização do desenvolvimento cultural e socioeconômico do País"[106].

Segundo José Afonso da Silva, o art. 219 seria uma norma constitucional de eficácia limitada ou reduzida ou programática, norma programática *"vinculada ao princípio da legalidade"*[107]. Ensina, porém, esse autor: "Cumpre apenas observar, por fim, que nesses casos, quando a lei é criada, a norma deixa de ser programática, porque a lei lhe deu concreção prática – desde que, realmente, a lei o tenha feito, pois pode acontecer que a lei é igualmente tão abstrata que, no fundo, não muda nada. Mas não é a lei que cria as situações jurídicas subjetivas, pois estas encontram seu fundamento na própria norma constitucional que as estabelece"[108].

Cabe pois especificar que este art. 219 da CF/1988 foi regulamentado através da Lei n. 10.973, de 2 de dezembro de 2004, regulamentada pelo Decreto 5.563, de 11 de outubro de 2005, que estabelece medidas de incentivo à inovação e à pesquisa científica e tecnológica no ambiente produtivo, com vistas à capacitação e ao alcance da autonomia tecnológica e ao desenvolvimento industrial do país, "nos termos dos arts. 218 e 219"[109]. Estes fundos estatais[110] têm se mostrado aptos a guiar as pesquisas científicas e tecnológicas segundo os interesses públicos ou estatais, sem retirar-lhes a liberdade e o interesse geral nestas inovações[111]. As questões sobre a propriedade intelectual e industrial dos resultados destes fundos é regulada por estas normas especiais, inclusive quanto ao trabalhador-inovador[112]. Há também regulamentação especial quanto ao setor de informática e automação[113]. Enfim, o art. 219 direciona os resultados da propriedade industrial e intelectual[114] e dos contratos de inovação sempre com uma função social (Direito Privado) e sua planificação pública voltada para a consecução dos valores constitucionais, ou como afirma: "de modo a viabilizar o desenvolvimento cultural e socioeconômico, o bem-estar da população e a autonomia tecnológica do País".

Quanto à evolução de legislação de tecnologias da informação e comunicação, mister mencionar a Lei n. 8.248, de 23 de outubro de 1991, e a Lei n. 13.969, de 26 de dezembro de 2019, que trata de investimentos de empresas em atividades de pesquisa, desenvolvimento e inovação (PD&I), referentes ao setor de tecnologias da informação e comunicação (TIC), do cumprimento de processo produtivo básico (PPB) e da consequente possibilidade de geração de crédito financeiro. Também se deve destacar o Decreto n. 10.356, de 20 de maio de 2020, que estabelece a regulamentação base da legislação de tecnologias da informação e comunicação sobre "as atividades de PD&I envolvidas". Quanto ao mundo digital mencione-se a Lei das Startups, Lei Complementar n. 182, de 1º de junho de 2021, que institui "o marco legal das *startups* e do empreendedorismo inovador; e altera a Lei n. 6.404, de 15 de dezembro de 1976, e a Lei

---

102. Nesse sentido, o incentivo da atividade científica nacional, inclui todas as atividades do CNPq, em especial as bolsas, da iniciação científica ao pós-doutorado e aos grupos de pesquisa, assim como os prêmios "Jovem Cientista", "Cientista do Futuro", o primeiro com mais de 20 anos (1981), o segundo criado em 1999, os fundos setoriais, etc., veja www.cnpq.gov.br. Veja sobre a história das ciências no Brasil os trabalhos da Sociedade Brasileira de História da Ciência, SBHC, fundada em 1982, da Casa Oswaldo Crux, da Casa Rui Barbosa e do Prof. Dr. Franklin Trein, para o Diálogo Brasil-Alemanha da Sociedade Civil (*Dialogforum*), assim como no Acervo do MAST, Museu de Astronomia e Ciências Afins, Rio de Janeiro.

103. GANDRA MARTINS, *Comentários*, p. 868.

104. CAMARGO, op. cit., p. 45.

105. Na tipologia instituída por José Afonso da Silva, normas constitucionais de eficácia limitada ou reduzida podem ser de dois tipos. No primeiro tipo, podem ser "normas constitucionais de princípio institutivo", aquelas "através das quais o legislador constituinte traça esquemas gerais de estruturação e atribuições de órgãos, entidades ou institutos, para que o legislador ordinário os estruture em definitivo, mediante lei", divididas, ainda, em normas de princípio institutivo impositivas (determinação peremptória de "emissão de uma legislação integrativa") e facultativas (ou permissivas que não impõem uma obrigação para o legislador ordinário. Veja SILVA, José Afonso da. *Aplicabilidade das normas constitucionais*, 7. ed., 2. Tir., São Paulo: Malheiros, 2008, p. 126.

106. PAULA, op. cit., p. 279.

107. SILVA, *Aplicabilidade das normas constitucionais*, p. 147-148.

108. Idem, ibidem, p. 148.

109. Veja, nos comentários ao art. 218, detalhes sobre a Lei 10.973/2004, que se constitui em um dos instrumentos legislativos visando estabelecer diretrizes para a efetividade dos arts. 218 e 219 da Constituição e estabelece incentivos à inovação e à pesquisa científica no ambiente produtivo através da promoção de constituição de alianças estratégicas e desenvolvimento de projetos de cooperação envolvendo empresas nacionais, instituições científicas tecnológicas, organizações voltadas para atividades de pesquisa e desenvolvimento e agências de fomento, de natureza pública e privadas, que tenham entre seus objetivos o financiamento de ações que visem a promover o desenvolvimento da ciência, da tecnologia e da inovação. Veja também os financiamentos da FINEP.

110. Veja o Fundo Nacional de Desenvolvimento Científico e Tecnológico, na Lei 8.172, de 18 de janeiro de 1991 (veja também Decreto-Lei 719, de 31 de julho de 1969).

111. Veja neste sentido a Lei 10.168, de 29 de dezembro de 2000, regulamentada pelo Decreto 4.195, de 11 de abril de 2002, sobre o Programa de Estímulo à Interação Universidade-Empresa para Apoio à Inovação.

112. Sobre o regime especial, veja-se TRF 2ª Região, Ap. Cível 2000.02.01.048903-0, j. 08.05.2006, Rel. Márcia Helena Nunes: "Na verdade, o Recorrente não era, à época, um simples técnico, competindo com os demais pela venda de conhecimento e/ou força de trabalho no respectivo mercado. Era, antes, um pesquisador, um cientista, um professor titular da UFPR...Desse modo, descaracterizada a sua condição de empregado, não há como se estabelecer as presunções que o ínclito magistrado adotou em desfavor do Apelante...".

113. Veja sobre o tema Parecer da consultoria Jurídica do MCT sobre a Lei da Inovação, Parecer CONJUR 231, de 13.11.1995, in www.mct.gov.br.

114. Nesse sentido também o Tratado TRIPS, artigos 7 e 81.

Complementar n. 123, de 14 de dezembro de 2006" e o Decreto n. 9.319/2018, que "institui o Sistema Nacional para a Transformação Digital e estabelece a estrutura de governança para a implantação da Estratégia Brasileira para a Transformação Digital". Também foi lançada, desde 2021, a Estratégia Brasileira para Inteligência Artificial, sendo tema no qual tramitam vários Projetos de Lei no Parlamento, inclusive o Marco Legal da Inteligência Artificial, PL n. 2.338, 2023. Neste sentido, conclua-se que a temática está em contínua evolução.

> **Art. 219-A.** A União, os Estados, o Distrito Federal e os Municípios poderão firmar instrumentos de cooperação com órgãos e entidades públicos e com entidades privadas, inclusive para o compartilhamento de recursos humanos especializados e capacidade instalada, para a execução de projetos de pesquisa, de desenvolvimento científico e tecnológico e de inovação, mediante contrapartida financeira ou não financeira assumida pelo ente beneficiário, na forma da lei.
>
> *Claudia Lima Marques*
> *Laura Schertel Mendes*

1. Introdução

O art. 219-A foi inserido em 2015, por meio da EC 85, de 26 de fevereiro de 2015, juntamente com diversas outras de normas que visam reforçar a atuação do Estado no campo da Ciência e da Tecnologia e inserir um dever estatal de promoção da inovação, conferindo ao Estado a atribuição de adotar políticas públicas destinadas a promover e incentivar, além do desenvolvimento científico, a pesquisa, a capacitação científica e tecnológica, também a Inovação, "mediante contrapartida financeira ou não financeira" público-privada, que é de saudar-se.

Inovação, segundo Granieri e Renda, é todo o processo pelo qual indivíduos ou organizações geram ideias novas e as põem em prática, criam ou melhoram produtos e serviços ou métodos de produção, distribuição ou consumo[1]. Seria "o processo pelo qual valor é criado para consumidores através de organizações públicas ou privadas que transformam novo conhecimento ou tecnologias em rendáveis produtos e serviços para mercados nacionais ou globais"[2]. Os seguidores de Joseph Schumpeter definem inovação de forma ampla, como "a introdução de novos produtos ou mudança qualitativa em um produto existente com a qual os consumidores não estejam familiarizados, novos métodos de trabalho, de produção e de comercialização, a abertura de novos mercados, a conquista de novas fontes de suprimento ou de novas matérias-primas, mudanças organizacionais ou o desenvolvimento de novas organizações de algumas indústrias"[3]. De acordo com o recém-aprovado Marco Regulatório da Ciência, Tecnologia e Inovação (Lei n. 13.243/2016), entende-se por inovação "a introdução de novidade ou aperfeiçoamento no ambiente produtivo e social que resulte em novos produtos, serviços ou processos ou que compreenda a agregação de novas funcionalidades ou características a produto, serviço ou processo já existente que possa resultar em melhorias e em efetivo ganho de qualidade ou desempenho."

Se a pesquisa científica nasce da inquietude, da dúvida, se pesquisa é método, é caminho para a descoberta e a explicação da realidade, para construir o pensamento/conhecimento, para desenvolver o raciocínio que permita descobrir a solução de um caso ou um problema da vida, as descobertas, os novos caminhos (*Eureka*), a inovação tem uma visão mais pragmática, inovação tecnológica, diretamente ligada ao progresso do país, daí que a inclusão da expressão "inovação" no título do Capítulo e em todas suas normas, especialmente desenvolvida nos novos artigos 219-A e 219-B, deve ser saudada e aprofunda a entrada do Brasil no competitivo século XXI, um século da inovação!

2. História da norma

A Emenda Constitucional 85, de 26 de fevereiro de 2015, publicada no DOU de 3 de março de 2015, mudou o título do capítulo IV da Constituição Federal de 1988 para "Da ciência, tecnologia e inovação" e incluiu dois artigos novos sobre "Inovação": o Art. 219-A, sobre instrumentos de cooperação entre entidades de direito público e entidades de direito privado; e o Art. 291-B, sobre o Sistema Nacional de Ciência, Tecnologia e Inovação. A Proposta de Emenda à Constituição, PEC 290/2013, foi de autoria da Deputada Margarida Salomão, do Partido dos Trabalhadores (Minas Gerais), que a apresentou em 7.8.2013, e foi aprovada com apenas uma emenda (ao Art. 219-A) e um destaque (supressivo ao Art. 291-A), tendo como relator o Deputado Zezéu Riberio. No relatório, a emenda é justificada da seguinte forma: "*a proposta acrescenta as expressões tecnologia, pesquisa e inovação em diversos dispositivos, ampliando a competência legislativa da União; faculta à União vincular parcela de sua receita a entidades de fomento ao ensino e à pesquisa científica; admite a adoção de mecanismos especiais ou simplificados de contratação de bens e serviços, de controle e de tributação; admite a cessão temporária, pelo Poder Público, de recursos humanos, equipamentos e instalações a entes públicos e privados, na forma da lei; cria o Sistema Nacional de Ciência, Tecnologia e Inovação. [...] a Comissão Especial que aprecia o Projeto de Lei n. 2.177, de 2011, que propõe mudanças nas normas relativas à ciência e tecnologia do país, constatou a necessidade de modificar o marco constitucional sobre o tema, de modo a impulsionar a pesquisa nacional e a criação de soluções tecnológicas adequadas aos desafios atuais. As modificações constitucionais propostas permitirão a integração entre instituições de pesquisa tecnológica e empresas inovadoras em um sistema nacional, aliando esforços com vistas ao desenvolvimento do setor.*"

Apesar de pouco discutida, a história da norma liga-se à da proposta do Código Nacional de Ciência e Tecnologia (Projeto de Lei n. 2.177/11), que foi sancionado em 11.01.2016, na forma de um Marco Regulatório da Ciência, Tecnologia e Inovação (Lei n. 13.243/2016). O Ministro da Ciência e Tecnologia, Clelio Campolina, em audiência pública na Comissão de Ciência e Tecnologia, Comunicação e Informática da Câmara dos Deputados, afirmou que: "O Brasil precisa modernizar seu marco legal para a ciência e tecnologia", o que efetivamente, a EC 85, de 26 de fevereiro de 2015, realizou.

---

1. GRANIERI, M. and RENDA, A. *Innovation Law and Policy in the European Union. Towards Horizon 2020*, Springer, Italy, 2012, p. 3.

2. Definição de inovação da Alliance for Science & Technology Research in America, veja https://www.usinnovation.org/ (Acesso: 06.01.2016).

3. GRANIERI/RENDA, p. 3.

A Proposta de Emenda Constitucional 85, que introduziu os arts. 219-A e 219-B, foi objeto de amplas discussões entre os parlamentares, a sociedade civil e o setor de ciência e tecnologia. Como se extrai do parecer do Relator Dep. Izalci, foram realizadas ao menos 3 audiências públicas para a discussão da emenda: em 17 de setembro de 2013, com a participação do membro do Conselho de Reitores das Universidades Brasileiras (CRUB); do Presidente do Conselho Nacional das Fundações de Amparo à Pesquisa (CONFAP) e representante do Conselho Nacional de Secretários Estaduais para Assuntos de CT&I (CONSECTI); e do Diretor de Relações Interinstitucionais da Associação Brasileira das Instituições de Pesquisa Tecnológica e Inovação (ABIPTI), em 24 de setembro de 2013, com a participação do Presidente do Fórum Nacional de Gestores de Inovação e Transferência de Tecnologia (FORTEC), do Vice-Presidente de Relações Institucionais da Fundação Oswaldo Cruz (FIOCRUZ); e do Coordenador de Negociações e Contratos da Secretaria de Negócios da Empresa Brasileira de Pesquisa Agropecuária (EMBRAPA), entre outros; e em 24 de setembro de 2013, com a presença do Ministro da Ciência, Tecnologia e Inovação, do Secretário da Inovação do Ministério do Desenvolvimento, Indústria e Comércio Exterior, do Presidente da Sociedade Brasileira para o Progresso da Ciência (SBPC), do Presidente da Fundação de Amparo à Pesquisa do Distrito Federal, entre outros.

3. Constituições brasileiras anteriores

A expressão "inovação" não constou de nenhuma Constituição Brasileira até o advento da Emenda Constitucional 85, de 26 de fevereiro de 2015, a incluir em vários artigos da Constituição Federal atual.

A Constituição de 1921, no art. 35, 2º, regulava entre as "Atribuições do Congresso" as de *"animar no país o desenvolvimento das... ciências"*; a Constituição de 1934, no art. 148, afirmava caber à União, aos Estados e aos Municípios favorecer e animar o desenvolvimento das ciências; a Constituição de 1937 menciona pela primeira vez o "dever do Estado" de "contribuir": *"Art. 128: A arte, a ciência e o ensino são livres à iniciativa individual e a de associações ou pessoas coletivas públicas e particulares. É dever do Estado contribuir, direta e indiretamente, para o estímulo e desenvolvimento de umas e de outro, favorecendo ou fundando instituições artísticas, científicas e de ensino"* e, ainda, afirmou o vínculo entre a riqueza e progresso do país e a liberdade de ciência: *"Art. 135. Na iniciativa individual, no poder de criação, de organização e de invenção do indivíduo, exercido nos limites do bem público, funda-se a riqueza e a prosperidade nacional ..."*. A Constituição de 1946 preferiu mencionar "o amparo": *"Art. 174 – O amparo à cultura é dever do Estado. Parágrafo único – A lei promoverá a criação de institutos de pesquisas, de preferência junto aos estabelecimentos de ensino superior."* A Constituição de 1964 preferiu "incentivar" e o "amparo": *"Art. 171 – ... Parágrafo único – O Poder Público incentivará a pesquisa científica e tecnológica. Art. 172 – O amparo à cultura é dever do Estado ..."*, no que foi repetida pela EC 1/1969, nos Artigos 179 e 180.

4. Constituições estrangeiras

Vide comentários ao art. 218, *caput*. Observamos que as Constituições mais atuais não possuem capítulos intitulados de "Ciência, Tecnologia e Inovação", como se encontra o capítulo após a EC 85, de 2015, mas possuem normas semelhantes às nossas, sem o mesmo detalhamento. Uma das mais próximas é a Constituição de Portugal, que inclui o tema no capítulo dos direitos e deveres culturais, no art. 73, 4, inicialmente mencionando a "educação, cultura e ciência", em sistemática facilitadora do entendimento de que todos são direitos sociais (Martins, p. 168), e desde a reforma em 1989, a regra menciona a criação e pesquisa científica, assim como a inovação tecnológica". O capítulo terceiro da Constituição Espanhola, ao estabelecer os princípios reitores da política social e econômica, afirma em seu Art. 44,2: "Los poderes públicos promoverán la ciencia y la investigación científica y técnica en beneficio del interés general". A Lei Fundamental da Alemanha, *Grundgesetz*, traz um capítulo especial sobre responsabilidades compartilhadas e cooperação entre os entes públicos (Art. 91a, 91b, 91c, 91d, 91e) e um artigo especial visando à evolução da educação, ciência e pesquisa, o Art. 91c, que na tradução oficial em inglês tem o seguinte texto: "Article 91b [Education programmes and promotion of research] (1) The Federation and the Länder may mutually agree to cooperate in cases of supraregional importance in the promotion of: 1. research facilities and projects apart from institutions of higher education; 2. scientific projects and research at institutions of higher education; 3. construction of facilities at institutions of higher education, including large scientific installations. Agreements under clause 2 of paragraph (1) shall require the consent of all the Länder. (2) The Federation and the Länder may mutually agree to cooperate for the assessment of the performance of educational systems in international comparison and in drafting relevant reports and recommendations. (3) The apportionment of costs shall be regulated in the pertinent agreement."

5. Dispositivos constitucionais e legais relacionados

A Emenda Constitucional 85, de 26 de fevereiro de 2015 (*DOU* 3.3. 2015), mudou não somente o título do capítulo IV da Constituição Federal de 1988 para incluir o termo inovação ("Da ciência, tecnologia e inovação"), mas também o Art. 218, que incluiu um parágrafo único novo no Art. 219 e o Art. 219-A, e 219-B, assim como as normas constitucionais correlatas, a saber, Art. 23, V, Art. 24, IX, Art. 167, § 5º, Art. 200, V, Art. 213, § 2º. A nova redação estabelece no Art. 23 da competência comum da União, Estados, do Distrito Federal e dos Municípios, um novo inciso V, para "proporcionar os meios de acesso à cultura, à educação, à ciência, à tecnologia, à pesquisa e à inovação", que se relaciona com o Art. 212 da Constituição Federal. No Art. 24, um novo inciso IX estabelece a competência concorrente para legislar sobre "educação, cultura, ensino, desporto, ciência, tecnologia, pesquisa, desenvolvimento e inovação". O Art. 167 ganha novo parágrafo (*§ 5º A transposição, o remanejamento ou a transferência de recursos de uma categoria de programação para outra poderão ser admitidos, no âmbito das atividades de ciência, tecnologia e inovação, com o objetivo de viabilizar os resultados de projetos restritos a essas funções, mediante ato do Poder Executivo, sem necessidade da prévia autorização legislativa prevista no inciso VI deste artigo*). Já no Art. 200 é incluído o inciso V ("incrementar, em sua área de atuação, o desenvolvimento científico e tecnológico e a inovação". No Art. 213 a inclusão é no texto do § 2º, sobre as "atividades de pesquisa, de extensão e de estímulo e fomento à inovação realizadas por universidades e/ou por instituições de educação profissional e tecnológica poderão receber apoio financeiro do Poder Público."

Repita-se que normas correlatas são a Lei 10.973, de 2 de dezembro de 2004, regulamentada pelo Decreto 5.563, de 11 de outubro de 2005, estabelecendo medidas de incentivo à inovação e à pesquisa científica e tecnológica no ambiente produtivo, com vistas à capacitação e ao alcance da autonomia tecnológica e ao desenvolvimento industrial do país, nos termos dos Arts. 218 e 219, como a mais importante. Mencione-se ainda a Lei 8.248/1991, sobre capacitação e competitividade no setor de informática e automação, e a Lei 8.387/1991, que altera e consolida a legislação sobre zona franca, Lei 8.661/1993 (Incentiva os fiscais para a capacitação tecnológica da indústria e da agropecuária). E entre as mais recentes, Lei 10.168, de 29 de dezembro de 2000, regulamentada pelo Decreto 4.195, de 11 de abril de 2002, sobre o Programa de Estímulo à Interação Universidade-Empresa para Apoio à Inovação, a Lei 10.176/2001, que altera as Leis 8.248/1991 e 8.387/1991 e o Dec.-lei 288/1967, e a Lei 10.332, de 19 de dezembro de 2001 (Regulados pelos Decretos 4.143, de 25 de fevereiro de 2002, 4.154, de 7 de março de 2002, 4.157, de 12 de março de 2002 e 4.195, de 11 de abril de 2002), que institui mecanismos de financiamento para os: Programa de Ciência e tecnologia para o Agronegócio; – Programa de Fomento à Pesquisa em Saúde; – Programa Biotecnologia e Recursos Genéticos-Genoma; – Programa de Ciência e Tecnologia para o Setor Aeronáutico; – Programa de Inovação para Competitividade, dentre outros. Quanto aos benefícios tributários, mencione-se a chamada "MP do Bem", Medida Provisória 694, de 2015, que modificou a Lei 11.196, 2005, sobre incentivos fiscais, para deduzir despesas com pesquisa tecnológica e desenvolvimento de inovações tecnológicas.

O Marco Regulatório da Ciência, Tecnologia e Inovação (Lei 13.243/2016), além de alterar profundamente a Lei 10.973/2004 (Lei de Inovação), altera 8 (oito) leis federais, a saber: Lei 8.666/1993 (Licitações), Lei 6.815/1980 (Estatuto do Estrangeiro), Lei 12.462/2011 (Regime Diferenciado de Contratações Públicas), Lei 8.745/1993 (Contratação temporária), Lei 8.958/1994 (Fundações de apoio), Lei 8.010/1990 (importações de bens destinados à pesquisa), Lei 8.032/1990 (isenção de imposto), Lei 12.772/2012 (plano de carreiras do magistério federal).

Em fevereiro de 2018, foi publicado o Decreto n. 9.823/2018, responsável por regulamentar, dentre outras leis e dispositivos, a Lei n. 13.243/2016 e a Lei n. 10.973/2004, no intuito de estabelecer medidas de incentivo à inovação e à pesquisa científica e tecnológica no ambiente produtivo, com vistas à capacitação tecnológica, ao alcance da autonomia tecnológica e ao desenvolvimento do sistema produtivo nacional e regional.

6. Direito internacional

A inovação é o coração da economia do conhecimento global, e em direito internacional a ONU tem realizado um grande esforço de multiplicação do conhecimento em matéria de inovação (veja os Objetivos do Milênio e, em matéria prática, os laboratórios de inovação da UNICEF congregando governos, universidades, sociedade civil e empresas) e que a inovação seja base de um desenvolvimento sustentável.

A inovação é peça-chave da visão atual da concorrência entre empresas, países e regiões. Assim chamam a atenção os estudos e a abordagem sistêmica da inovação realizados pela OECD (veja OCDE, Manual de Oslo, 1995 e 2005). Regionalmente, a União Europeia tem relatórios comunitários de inovação desde 1992, que levaram à EU Estratégia de Lisboa, de 2000 a 2010, onde o incentivo à inovação teve papel fundamental.

A inovação científica e tecnológica, em especial na nano e na biotecnologia, é acompanhada pelo Direito Internacional com preocupação, para que se valorize a dignidade da pessoa humana e mantenham-se os direitos humanos já consolidados nas Declarações e Textos Internacionais e nas Constituições nacionais (El-Zein, p. 481 e seg.).

A visão do direito internacional sobre inovação é interessante, pois ao contrário das preocupações do direito interno, em regular as inovações, o direito internacional preocupa-se em fomentar e identificar os tipos de inovações. Assim, nas pesquisas econômicas identificam modelos de inovação integrada vertical, integração sistêmica e *coupling models*, ou modelos integrados de cooperação entre a academia, as empresas, e os governos, como os positivados na Constituição Brasileira. As redes de tecnologia, os novos sistemas digitais compatibilizados provocaram uma inovação "disruptiva" ou com impacto de disrupção entre o novo e o antigo. Assim aparece a inovação "aberta", que pressupõe compartilhamento de informações, esforços, patentes, licenças, utilidades, *know-how*, em redes na maioria das vezes internacionais e abertas a grupos (e mesmo consumidores ou com a sociedade civil, o terceiro setor) e a acadêmicos, que ajudam no desenvolvimento de produtos que sequer se podem prever, em um desafio para o direito (contratual e societário) e para a regulação nacional, de onde advém a necessidade de flexibilidade (que as redes tecnológicas e farmacêuticas têm demonstrado). Identifica-se também a inovação não só tecnológica e científica, mas também social, com o exemplo da nova economia do compartilhamento (*sharing economy*) está demonstrando, ao mudar hábitos de propriedade e das cidades. (Veja sobre estes novos limites do que é considerado inovação, Granieri e Renda, p. 12 e seg.).

7. Jurisprudência

No ARE 1307137, com julgamento em 25.05.2021 e no ARE 1307137 AgR, com julgamento em 29.04.2021, o Supremo Tribunal Federal cita o art. 219-A para dali retirar um princípio da promoção da inovação. Apesar de o art. 219-A não ter sido mencionado pelo Supremo Tribunal Federal, a jurisprudência da Corte aponta para uma "moldura constitucional da intervenção do Estado no domínio econômico e social", em matéria de ciência e tecnologia, bastante flexível, com um controle de "resultados" desta cooperação público-privada. Veja-se a ADI 1.923 (Relator p/ Acórdão Min. Luiz Fux, Tribunal Pleno, julgado em 16/04/2015, Acórdão Eletrônico *DJe*-254, Divulg 16-12-2015, Public 17-12-2015), decisão na qual o Supremo Tribunal Federal interpretou o marco legal das organizações sociais no Brasil. A ementa afirma: "1. *A atuação da Corte Constitucional não pode traduzir forma de engessamento e de cristalização de um determinado modelo preconcebido de Estado, impedindo que, nos limites constitucionalmente assegurados, as maiorias políticas prevalecentes no jogo democrático pluralista possam pôr em prática seus projetos de governo, moldando o perfil e o instrumental do poder público conforme a vontade coletiva. 2. Os setores de saúde (CF, art. 199, caput), educação (CF, art. 209, caput), cultura (CF, art. 215), desporto e lazer (CF, art. 217), ciência e tecnologia (CF, art. 218) e meio ambiente (CF, art. 225) configuram serviços públicos sociais, em relação aos quais a Constituição, ao mencionar que "são deveres do Estado e da Sociedade" e que são "livres à iniciativa privada", permite a atuação, por direito próprio, dos particulares, sem que para tanto seja necessária a delegação pelo poder público, de forma que não incide, in casu, o art. 175, caput, da Constituição. 3. A atuação do poder público no domínio econômico e social pode ser viabilizada por intervenção direta ou indireta, disponibilizando utilidades materiais aos beneficiários, no primeiro caso, ou fazendo uso, no segundo caso, de seu instrumental jurídico para induzir que os particulares executem atividades de interesses públicos através da regulação, com coercitividade, ou através do fomento, pelo uso de incentivos e estímulos a comportamentos voluntários. 4. Em qualquer caso, o cumprimento efetivo dos deveres constitucionais de atuação estará, invariavelmente, submetido ao que a doutrina contemporânea denomina de controle da Administração Pública sob o ângulo do resultado (Diogo de Figueiredo Moreira Neto)."*

8. Bibliografia

Vide bibliografia citada do capítulo nos comentários ao art. 218, § 1º, *supra* e bibliografia complementar sobre inovação nos comentários ao art. 219-B.

CABRAL, Anne Cristine. A Constituição e os caminhos para a Autonomia Tecnológica: uma abordagem entre estruturalistas e evolucionistas. *Revista da Faculdade Mineira de Direito*, v. 15, n. 30, jul./dez. 2012; MARINHO, Bruno Costa; CORRÊA, Lenilton Duran Pinto. Novo Marco Legal da Inovação no Brasil: Breve Análise dos Reflexos das Alterações na Lei n. 10.973/2004 para os Núcleos de Inovação Tecnológica. *Revista de Direito, Inovação, Propriedade Intelectual e Concorrência*. Brasília, v. 2, n. 1, p. 43-58, jan./jun. 2016; NAZARENO, Claudio. As mudanças promovidas pela Lei 13.243, de 11 de Janeiro de 2016 (Novo Marco Legal de Ciência, Tecnologia e Inovação) e seus impactos no setor. Câmara dos Deputados. Estudo Técnico, jun./2016. Disponível em: <http://www2.camara.leg.br/a-camara/documentos-e-pesquisa/estudos-e-notas-tecnicas/areas-da-conle/tema11/2016_7581_mudancas-promovidas-pela-lei-13-243-marco-legal-cti-claudio-nazareno>. Acesso em 19 mar. 2018; RAUEN, Cristiane Vianna. O Novo Marco Legal da Inovação no Brasil: O que muda na relação ICT-empresa?. *Revista Radar*, n. 43, fev. 2016.

9. Comentários

Como visto, o novo artigo 219-A foi introduzido pela Emenda Constitucional 85 (*DOU* 03.03.2015). Segundo a justificativa da proposta da referida Emenda, a finalidade do artigo 219-A seria possibilitar o compartilhamento de infraestrutura de pesquisa e do *know-how* pelas partes em projeto de cooperação, "devendo a lei detalhar seu tratamento". Essa regulamentação deu-se exatamente com a sanção do Marco Regulatório da Ciência, Tecnologia e Inovação (Lei n. 13.243/2016), em 11 de janeiro de 2016.

O Marco Regulatório da Ciência, Tecnologia e Inovação trouxe inúmeras novidades relevantes para o ordenamento jurídico brasileiro, tais como isenção e redução de impostos para importação de insumos nas empresas do setor, simplificação de processos licitatórios para o setor de inovação e ampliação do tempo máximo de dedicação dos professores universitários a projetos de pesquisa e extensão, entre outras. Não é exagero dizer, contudo, que as maiores alterações promovidas pelo novo Marco Legal foram no campo da interação entre órgãos públicos e entidades privadas para o desenvolvimento da ciência, tecnologia e inovação, tema esse que era regulado pela Lei n. 10.973, de 2004 (Lei da Inovação). De todas as leis alteradas pelo novo Marco Legal, a Lei da Inovação foi a que sofreu maiores mudanças.

A Lei n. 10.973, de 2004, possuía capítulo dedicado ao "estímulo à construção de ambientes especializados e cooperativos de inovação", e o seu art. 3º estabelecia que a "União, os Estados, o Distrito Federal, os Municípios e as respectivas agências de fomento poderão estimular e apoiar a constituição de alianças estratégicas e o desenvolvimento de projetos de cooperação envolvendo empresas nacionais, ICT [Instituição Científica e Tecnológica] e organizações de direito privado sem fins lucrativos voltadas para atividades de pesquisa e desenvolvimento, que objetivem a geração de produtos e processos inovadores." O novo Marco Legal manteve esse mesmo capítulo, mas alterou algumas de suas normas, de modo a ampliar a cooperação entre entes governamentais e entidades privadas. Nesse contexto, o referido art. 3º foi alterado para ampliar a cooperação também para empresas estrangeiras (dado que o termo "nacionais" foi excluído na nova versão), bem como explicitar a cooperação para transferência e difusão de tecnologia. Ademais, foi introduzido o art. 3ºB, que prevê apoio estatal para a *"criação, a implantação e a consolidação de ambientes promotores da inovação, incluídos parques e polos tecnológicos e incubadoras de empresas, como forma de incentivar o desenvolvimento tecnológico, o aumento da competitividade e a interação entre as empresas e as ICTs."*

Tendo em vista que o art. 219-A visa possibilitar o compartilhamento de infraestrutura de pesquisa, de pesquisadores e de conhecimento entre Poder Público, pesquisadores e empresas, cabe aqui destacar os principais dispositivos do Marco Regulatório da Ciência, Tecnologia e Inovação que visam concretizar a cooperação e o compartilhamento previsto na nova norma constitucional.

Destaca-se, inicialmente, o dispositivo infraconstitucional que permite à União, aos entes Federados e a outras instituições públicas *"ceder o uso de imóveis para a instalação e a consolidação de ambientes promotores da inovação, diretamente às empresas e às ICTs interessadas ou por meio de entidade com ou sem fins lucrativos que tenha por missão institucional a gestão de parques e polos tecnológicos e de incubadora de empresas, mediante contrapartida obrigatória, financeira ou não financeira, na forma de regulamento"* (Art. 3º, § 2º, I, da Lei n. 10.973/2004, modificada). O inciso II desse mesmo artigo prevê a possibilidade de o Estado *"participar da criação e da governança das entidades gestoras de parques tecnológicos ou de incubadoras de empresas, desde que adotem mecanismos que assegurem a segregação das funções de financiamento e de execução."*

De acordo com o texto do art. 219-A, para a execução de projetos de pesquisa, de desenvolvimento científico e tecnológico e de inovação, os entes da Federação poderão compartilhar recursos humanos e capacidade instalada com entidades públicas e privadas, por meio de contrapartida financeira ou não financeira assumida pelo beneficiário. Em sentido semelhante, o art. 4º da Lei n. 10.973/2004 permite o compartilhamento de laboratórios, equipamentos e instalações da Instituição Científica e Tecnológica pública com empresas em ações voltadas à inovação tecnológica (inciso I), possibilita a *"utilização de seus laboratórios, equipamentos, instrumentos, materiais e demais instalações existentes em suas próprias dependências por ICT, empresas ou pessoas físicas voltadas a atividades de pesquisa, desenvolvimento e inovação"* (inciso II) e ainda permite *"o uso de seu capital intelectual em projetos de pesquisa, desenvolvimento e inovação"* (inciso III).

Substancial alteração sofreu a norma que previa a participação minoritária do Estado em capital social da empresa para fins de desenvolvimento de projeto de inovação (art. 5º, *caput*, da antiga Lei n. 10.973/2004 e art. 5º, § 2º, da Lei n. 10.973/2004, modificada). Tanto a norma antiga quanto a nova tratam da participação estatal minoritária no capital social, mas diferem quanto à "remuneração" do Estado por isso. Enquanto o dispositivo anterior previa que a propriedade intelectual sobre os resultados obtidos pertenceria às instituições detentoras do capital social, na proporção da respectiva participação, ou seja, pertenceria em parte à empresa e, em parte, ao Estado que participou do capital social, a nova norma determina que a propriedade intelectual relativa à inovação pertence à empresa, destinando ao Estado a possibilidade de *"condicionar a participação societária via aporte de capital à previsão de licenciamento da propriedade intelectual para atender ao interesse público"* (§ 2º). Ademais, prevê o § 6º do art. 5º que tal participação minoritária *"dar-se-á por meio de contribuição financeira ou não financeira, desde que economicamente mensurável, e poderá ser aceita como forma de remuneração pela transferência de tecnologia e pelo licenciamento para outorga de direito de uso ou de exploração de criação de titularidade da União e de suas entidades."*

Embora seja cedo para uma conclusão definitiva acerca da interpretação e do alcance do art. 5º, § 2º, da Lei n. 10.973/2004, dado que a EC 85 e o Marco Regulatório da Ciência, Tecnologia e Inovação são recentes, certamente tal dispositivo dará ensejo à discussão sobre como esse licenciamento da propriedade intelectual poderá ser instituído, de modo a fazer jus ao aporte de capital realizado pelo Estado. Percebe-se, assim, que a norma constitucional ora examinada adquire ainda maior relevo, pois será a sua interpretação que dará os parâmetros para o significado do que seria uma "contrapartida financeira ou não financeira" que atenda ao mandamento constitucional. O mesmo pode-se dizer em relação ao § 6º do art. 5º da Lei n. 10.973/2004, pois será a interpretação constitucional que deverá guiar a aplicação sobre o tipo e a adequação da remuneração realizada como contrapartida à participação minoritária do Estado em capital social da empresa.

Se as Constituições anteriores brasileiras estabeleciam um dever estatal de estimular e apoiar a atividade de científica, atribuindo ao poder público a responsabilidade de promover e incentivar o desenvolvimento tecnológico e científico, sem conferir à cooperação entre órgãos públicos e entidades privadas papel relevante para esse desenvolvimento, o paradigma mudou com a EC 85, 2015. Essa é uma abordagem extremamente inovadora, adotada pelo Poder Constituinte Reformador, e o seu significado e alcance serão ainda, certamente, objeto de intensos debates e reflexões na comunidade jurídica.

Cumpre ainda pontuar que, com a edição do Decreto n. 9.823, de 07 de fevereiro de 2018, os dispositivos aqui mencionados receberam maior detalhamento e esclarecimento para sua aplicação e implementação. Nesse sentido, Decreto consolidou a possibilidade de participação estrangeira, ao reiterar que as *"alianças estratégicas poderão envolver parceiros estrangeiros, especialmente quando houver vantagens para as políticas de desenvolvimento tecnológico e industrial na atração de centros de pesquisa, desenvolvimento e inovação de empresas estrangeiras"* (art. 3º, § 2º).

Quanto à criação de ambientes promotores de inovação, o Decreto passou a prever, para além da possibilidade já expressa no art. 3º, § 2º, I, da Lei n. 10.973/2004, que a administração pública direta, as agências de fomento e as ICTs poderão atuar também por meio de concessão de *"financiamento, subvenção econômica, outros tipos de apoio financeiro reembolsável ou não reembolsável e incentivos fiscais e tributários, para a implantação e a consolidação de ambientes promotores da inovação, incluída a transferência de recursos públicos para obras que caracterizem a ampliação de área construída ou a instalação de novas estruturas físicas em terrenos de propriedade particular, destinados ao funcionamento de ambientes promotores da inovação, em consonância com o disposto no art. 19, § 6º, inciso III, da Lei n. 10.973, de 2004, e observada a legislação específica"*; e também por meio de disponibilização de *"espaço em prédios compartilhados aos interessados em ingressar no ambiente promotor da inovação"* (art. 6º, incisos III e IV).

Nesse contexto, coube ao Decreto uma importante fixação quanto à contrapartida nos casos de cessão de uso, ao definir que a *"contrapartida não financeira poderá consistir em fornecimento de produtos e serviços, participação societária, investimentos em infraestrutura, capacitação e qualificação de recursos humanos em áreas compatíveis com a finalidade da Lei n. 10.973, de 2004, entre outras, que sejam economicamente mensuráveis"* (art. 7º, § 5º).

O Decreto também confirmou a autorização de participação minoritária das entidades públicas no capital social de empresas (art. 4º). Nessa mesma Seção, o Decreto também dispõe sobre os fundos de investimento para a entidade pública participante e estabelece os critérios mínimos obrigatórios as instâncias de decisão e de governança para a política de investimento direto e indireto (art. 4, § 1º), bem como as formas de realização dos investimentos (art. 4º, § 2º); os administradores do fundo (art. 4º, § 6º); e os meios pelos quais o investimento poderá ser feito (art. 4º, § 7º).

Ainda, no que se refere à titularidade da propriedade intelectual sobre os resultados obtidos nas alianças estratégicas e projetos de cooperação, o Decreto determinou que as partes envolvidas *"deverão prever, em instrumento jurídico específico, a titularidade da propriedade intelectual e a participação nos resultados da exploração das criações resultantes da parceria"* (art. 3º, § 4º).

Desse modo, o Decreto n. 9.823/2018 cumpriu com a tarefa de complementar e especificar uma série de dispositivos ambíguos e abertos das Leis 13.243/2016 e 10.973/2004. Além disso, também contou com a inserção de temas não abordados especificamente pelas Leis que regulamenta, como a internacionalização da ICT; os instrumentos jurídicos para firmar as parcerias; as alterações orçamentárias; a prestação de contas.

No intuito de providenciar a concretização de medidas e políticas de CT&I, o Ministério da Ciência, Tecnologia, Inovações e Comunicações (MCTIC) editou uma nova Estratégia Nacional de Ciência, Tecnologia e Inovação (Encti), revisada e atualizada para o período de 2016 a 2022. O documento fornece orientação estratégica de médio prazo para a implementação de políticas públicas na área de CT&I e também serve de subsídio à formulação de outras políticas de interesse. A Encti 2016-2022 identifica os principais desafios do setor, toma o SNCTI como eixo estruturante para a construção de iniciativas e indica onze temas estratégicos a serem priorizados no período.

A Estratégia destaca a importância de um SNCTI robusto e articulado, apontando para a necessidade de integração contínua das políticas governamentais com as estratégias empresariais. Pontua, nesse sentido, as atualizações promovidas pela Emenda Constitucional n. 85/2015, que conferiu maior destaque para a atuação do Estado brasileiro no campo da inovação, além de instituir o SNCTI no ordenamento jurídico nacional, e a Lei n. 13.243/2016, que facilitou a atuação do Estado no estímulo aos negócios inovadores, ao instituir a possibilidade de adoção de instrumentos mais flexíveis para o relacionamento com os empreendedores privados, e ao definir regras que conferem maior liberdade e segurança para a interação entre institutos públicos de pesquisa e empresas.

Art. 219-B. O Sistema Nacional de Ciência, Tecnologia e Inovação (SNCTI) será organizado em regime de colaboração entre entes, tanto públicos quanto privados, com vistas a promover o desenvolvimento científico e tecnológico e a inovação.

§ 1º Lei federal disporá sobre as normas gerais do SNCTI.
§ 2º Os Estados, o Distrito Federal e os Municípios legislarão concorrentemente sobre suas peculiaridades.

Claudia Lima Marques
Laura Schertel Mendes

1. Introdução

Introduzido em 2015, por meio da EC 85, de 26 de fevereiro de 2015, junto com uma série de normas para reforçar a atuação do Estado no campo da Ciência e da Tecnologia e inserir um dever estatal de promoção da inovação, o Art. 219-B determina ao Estado a adoção de políticas públicas destinadas a promover e incentivar, além do desenvolvimento científico, a pesquisa, a capacitação científica e tecnológica, também a Inovação, criando um "Sistema Nacional de Ciência, Tecnologia e Inovação".

Segundo a Lei n. 10.973, de 2004, alterada pela recém-sancionada Lei n. 13.243/2016, entende-se por inovação "introdução de novidade ou aperfeiçoamento no ambiente produtivo e social que resulte em novos produtos, serviços ou processos ou que compreenda a agregação de novas funcionalidades ou características a produto, serviço ou processo já existente que possa resultar em melhorias e em efetivo ganho de qualidade ou desempenho." Esta Lei de 2004 possui capítulo dedicado ao "estímulo à construção de ambientes especializados e cooperativos de inovação", segundo o qual a "A União, os Estados, o Distrito Federal, os Municípios e as respectivas agências de fomento poderão estimular e apoiar a constituição de alianças estratégicas e o desenvolvimento de projetos de cooperação envolvendo empresas, ICTs e entidades privadas sem fins lucrativos voltados para atividades de pesquisa e desenvolvimento, que objetivem a geração de produtos, processos e serviços inovadores e a transferência e a difusão de tecnologia" (art. 3º).

Como já mencionado anteriormente, a inclusão da expressão "inovação" no título do Capítulo e em todas suas normas deve ser saudada, e aprofunda a entrada do Brasil no competitivo século XXI, o século da inovação.

A concretização de um verdadeiro "Sistema Nacional de Ciência, Tecnologia e Inovação", em que entes governamentais, universidades, pesquisadores e empresas atuem em colaboração não é apenas um grande desafio, mas uma necessidade frente ao que se tem chamado de "Quarta Revolução Industrial", nos termos utilizados por Klaus Schwab (The Fourth Industrial Revolution. What It Means and How to Respond. *Foreign Affairs*, dez. 2015). Segundo o autor alemão, estamos no limiar de uma mudança, que irá impactar tudo o que conhecemos hoje – o mundo empresarial, a forma de governar e o modo de vida dos indivíduos –, sendo as palavras-chave dessa Revolução a nanotecnologia, energia renovável, engenharia genética e computação quântica. Schwab afirma que o Estado terá que desenvolver uma "governança ágil", de modo que a regulação possa se adaptar continuamente a um ambiente em rápida mudança, o que somente será possível a partir de uma intensa colaboração entre o Estado, empresários e sociedade civil, demonstrando a relevância da abordagem sistêmica e colaborativa adotada pelo Constituinte na Emenda Constitucional 85.

2. História da norma

A Emenda Constitucional 85, de 26 de fevereiro de 2015, publicada no *DOU* de 3 de março de 2015, mudou o título do capítulo IV da Constituição Federal de 1988 para "Da ciência, tecnologia e inovação" e incluiu dois artigos novos sobre "Inovação", o Art. 219-A sobre instrumentos de cooperação entre entidades de direito público e entidades de direito privado, e o Art. 291-B sobre o Sistema Nacional de Ciência, Tecnologia e Inovação. A Proposta de Emenda à Constituição, PEC 290/2013, foi de autoria da Deputada Margarida Salomão, do Partido dos Trabalhadores (Minas Gerais), que a apresentou em 7.8.2013, e foi aprovada com apenas uma emenda (ao Art. 219-A) e um destaque (supressivo ao Art. 291-A), tendo como relator o Deputado Zezéu Ribeiro. No relatório, a emenda é justificada da seguinte forma: *"a proposta acrescenta as expressões tecnologia, pesquisa e inovação em diversos dispositivos, ampliando a competência legislativa da União; faculta à União vincular parcela de sua receita a entidades de fomento ao ensino e à pesquisa científica; admite a adoção de mecanismos especiais ou simplificados de contratação de bens e serviços, de controle e de tributação; admite a cessão temporária, pelo Poder Público, de recursos humanos, equipamentos e instalações a entes públicos e privados, na forma da lei; cria o Sistema Nacional de Ciência, Tecnologia e Inovação. [...] a Comissão Especial que aprecia o Projeto de Lei n. 2.177, de 2011, que propõe mudanças nas normas relativas à ciência e tecnologia do país, constatou a necessidade de modificar o marco constitucional sobre o tema, de modo a impulsionar a pesquisa nacional e a criação de soluções tecnológicas adequadas aos desafios atuais. As modificações constitucionais propostas permitirão a integração entre instituições de pesquisa tecnológica e empresas inovadoras em um sistema nacional, aliando esforços com vistas ao desenvolvimento do setor."*

Apesar de breve, a história do art. 219-B, da Constituição Federal, liga-se à proposta do Código Nacional de Ciência e Tecnologia (Projeto de Lei n. 2.177/2011), apresentada por diversos Deputados da Comissão de Ciência e Tecnologia, Comunicação e Informática. A Lei n. 13.243/2016 que acabou aprovada em julho de 2015 pela Câmara dos Deputados – oriunda do substitutivo apresentado pelo Deputado Sibá Machado – tem diferenças substanciais em relação à proposta de Código Nacional de Ciência e Tecnologia. Após a aprovação do substitutivo na Câmara dos Deputados, o projeto seguiu então para o Senado, que o aprovou em dezembro de 2015, tendo sido sancionado pela Presidente da República no dia 11.01.2016. A nova lei, que ficou conhecida como "Marco Legal da Ciência, Tecnologia e Inovação" (Lei n. 13.243/2016), promove alterações na Lei de Inovação (Lei n. 10.973/2004), com vistas a propiciar a integração entre instituições públicas de ensino e entidades privadas e facilitar as licitações de órgãos públicos no que diz respeito a contratos de tecnologia e inovação, entre outros objetivos.

Repita-se que a proposta de Emenda Constitucional 85, que introduziu os arts. 219-A e 219-B, foi objeto de amplas discussões entre os parlamentares, a sociedade civil e o setor de ciência e tecnologia. Segundo o parecer do Relator Dep. Izalci, foram realizadas 3 audiências públicas para a discussão da emenda, em 2013, com a participação de representantes do Conselho de Reitores das Universidades Brasileiras (CRUB); do Presidente do Conselho Nacional das Fundações de Amparo à Pesquisa (CONFAP); do Conselho Nacional de Secretários Estaduais para Assuntos de CT&I (CONSECTI); e do Diretor de Relações Interinstitucionais da Associação Brasileira das Instituições de Pesquisa Tecnológica e Inovação (ABIPTI), do Presidente do Fórum Nacional de Gestores de Inovação e Transferência de Tecnologia (FORTEC), do Vice-Presidente de Relações Institucionais da Fundação Oswaldo Cruz (FIOCRUZ); do Coordenador de Negociações e Contratos da Secretaria de Negócios da Empresa Brasileira de Pesquisa Agropecuária (EMBRAPA), entre outros; e a presença do Ministro da Ciência, Tecnologia e Inovação, do Secretário da Inovação do Ministério do Desenvolvimento, Indústria e Comércio Exterior, do Presidente da Sociedade Brasileira para o Progresso da Ciência (SBPC), do Presidente da Fundação de Amparo à Pesquisa do Distrito Federal, entre outros.

Na cerimônia de sanção da lei, a Presidente afirmou a relevância da integração entre entidades públicas e privadas para o desenvolvimento do país: *"Estamos dando transparência e segurança jurídica a uma cooperação fundamental para o crescimento econômico, a geração de emprego e renda, o desenvolvimento sustentável e a ampliação de oportunidades para nossa população"*, disse[1]. É de se notar a participação da comunidade científica na discussão do projeto, realizada por meio de um comitê de acompanhamento com mais de 60 entidades e instituições e a representação das universidades brasileiras[2].

Importa ressaltar que embora o Projeto de Lei n. 2.177/2011 tratasse expressamente do Sistema Nacional de Ciência, Tecnologia e Inovação, bem como do Sistema de Inovação, o substitutivo aprovado que resultou na Lei n. 13.243/2016 não faz qualquer menção a esse Sistema. Dessa forma, percebe-se que o art. 219-B da Constituição Federal não foi regulamentado, deixando o significado e alcance do Sistema Nacional de Ciência, Tecnologia e Inovação em aberto. Ademais, consta expressamente da nova Lei n. 13.243/2016 o objetivo de regulamentar o art. 219-A da Constituição, porém o mesmo não ocorre com o art. 219-B.

Note-se que, se o mencionado Projeto de Lei 2.177, de 2011 (que pretendia instituir um Código Nacional de Ciência e Tecnologia), definia o Sistema Nacional de Ciência, Tecnologia e Inovação como um *"conjunto de pessoas físicas e jurídicas, públicas e privadas, com ou sem fins econômicos, que atuem na área de CT&I"* e ainda definia agência de fomento, criador-pesquisador, Entidade de Ciência, Tecnologia e Inovação, Entidade de Ciência, Tecnologia e Inovação privada com fins lucrativos, fundação de amparo, fundação de apoio, incubadora de empresas, inventor independente, Núcleo de Inovação Tecnológica, parque tecnológico, pesquisador público e, ainda, "sistema de inovação, como "a aplicação prática dos novos conhecimentos a produtos e serviços utilizados na conversão de um invento técnico ou de um processo inovador em bem econômico", a Lei n. 13.243/2016, que modificou a Lei n. 10.973, de 2004, não define o Sistema Nacional (as definições da lei modificada são: agência de fomento; criação, criador, incubadora de empresas; inovação; Instituição Científica, Tecnológica e de Inovação (ICT); Núcleo de Inovação Tecnológica (NIT); fundação de apoio; pesquisador público; inventor independente; parque tecnológico; polo tecnológico; extensão tecnológica; bônus tecnológico e capital intelectual).

Observando-se os demais sistemas existentes em matéria de direitos sociais, como o Sistema Nacional de Cultura, esta "organização" das instituições públicas e sua colaboração com as instituições privadas, universidades, institutos de pesquisas e empresas, que atuem na área, é um arranjo de coordenação e cooperação intergovernamental (veja Zimbrão, Adélia. Políticas públicas e relações federativas, *Revista do Serviço Público*, Brasília, 2013, p. 31 e seg.), cujo sucesso depende do empenho de todos os envolvidos.

3. Constituições brasileiras anteriores

A expressão "inovação" não constou de nenhuma Constituição Brasileira até o advento da Emenda Constitucional 85, de 26 de fevereiro de 2015, que a incluiu em vários artigos da Constituição Federal. A Constituição de 1921, no art. 35, 2º, regulava entre as "Atribuições do Congresso" as de *"animar no país o desenvolvimento das... ciências"*; a Constituição de 1934, no art. 148, afirmava caber à União, aos Estados e aos Municípios favorecer e animar o desenvolvimento das ciências; a Constituição de 1937 menciona pela primeira vez o "dever do Estado" de "contribuir": *"Art. 128: A arte, a ciência e o ensino são livres à iniciativa individual e a de associações ou pessoas coletivas públicas e particulares. É dever do Estado contribuir, direta e indiretamente, para o estímulo e desenvolvimento de umas e de outro, favorecendo ou fundando instituições artísticas, científicas e de ensino."* e ainda, afirmou o vínculo entre a riqueza e progresso do país e a liberdade de ciência: "Art. 135. *Na iniciativa individual, no poder de criação, de organização e de invenção do indivíduo, exercido nos*

---

1. Disponível em: <http://blog.planalto.gov.br/dilma-sanciona-marco-legal-da-ciencia-tecnologia-e-inovacao/>.

2. Disponível em: <http://www2.camara.leg.br/camaranoticias/noticias/CIENCIA-E-TECNOLOGIA/502568-MARCO-REGULATORIO-DE-CIENCIA%2c-TECNOLOGIA-E-INOVACAO-VIRA-LEI.html>.

limites do bem público, funda-se a riqueza e a prosperidade nacional. ...". A Constituição de 1946 preferiu mencionar "o amparo": "*Art. 174: O amparo à cultura é dever do Estado. Parágrafo único. A lei promoverá a criação de institutos de pesquisas, de preferência junto aos estabelecimentos de ensino superior.*" A Constituição de 1964 preferiu "incentivar" e o "amparo": "*Art. 171 ... Parágrafo único. O Poder Público incentivará a pesquisa científica e tecnológica. Art. 172: O amparo à cultura é dever do Estado ...*", no que foi repetida pela EC 1/1969, nos Artigos 179 e 180.

4. Direito internacional

Além dos esforços da ONU, referência internacional sobre política de Estado em inovação são os estudos realizados no âmbito da OCDE, que destacam a importância dos Sistemas Nacionais de Inovação como redes de instituições, atuando no processo de criação do conhecimento: "...políticas de inovação emergiram apenas recentemente como um amálgama entre ciência e políticas industriais e de tecnologia". Esse surgimento indica um reconhecimento crescente de que o conhecimento em todas as suas formas tem um papel fundamental no progresso econômico e que inovação é o coração da economia do conhecimento, bem como que inovação é um fenômeno muito mais complexo e sistêmico do que se imaginava antes. A abordagem sistêmica da inovação altera o foco da política para a interação entre as instituições, observando os processos interativos tanto na criação quanto na difusão do conhecimento. O termo "Sistema Nacional de Inovação" foi criado para esse tipo de instituição e de fluxo de conhecimento (OCDE, *Manual de Oslo*, 1996, p. 6, e veja também *Manual de Oslo*, 2005).

A perspectiva do Sistema de Inovação, nos moldes propostos pela OCDE, traz inúmeras vantagens, especialmente, no que se refere à imprescindível função do Estado em monitorar, coordenar e harmonizar a atuação dos diferentes atores – públicos e privados – que participam do sistema. Conforme descrito pelo referido estudo da OCDE, "... a visão de sistemas da inovação enfatiza a importância da transferência e difusão de ideias, habilidades, conhecimento, informação e sinais de diversos tipos. Os canais e redes pelos quais a informação circula estão incrustados no ambiente social, político e cultural, ou seja, são guiados e limitados fortemente pela estrutura institucional. A abordagem dos 'Sistemas Nacionais de Inovação" pesquisa firmas inovadoras no contexto de instituições externas, políticas de governo, concorrentes, fornecedores, consumidores, sistemas de valores e práticas culturais e sociais que afetem a operação" (OCDE, *Manual de Oslo*, 1996, p. 17).

A literatura internacional também traz importante conceito a respeito de Sistemas Nacionais de Inovação, que pode ser útil para auxiliar a interpretação da norma constitucional. Segundo Chris Freeman, o Sistema Nacional de Inovação é o conjunto de mecanismos, instituições e atores de um país, cuja atribuição é a criação, desenvolvimento e difusão das inovações tecnológicas, tais como os institutos de pesquisa, o sistema de educação, as empresas e seus laboratórios de pesquisa, a estrutura do sistema financeiro, os órgãos governamentais, as leis de propriedade intelectual e as universidades (Freeman, *The National System of Innovation in historical perspective*, 2005). A literatura nacional destaca que diante da crescente globalização e influência do direito internacional nestes temas, é necessário redesenhar os órgãos de decisão, regulação e controle e sua interface com a sociedade, tendo em vista os deveres de proteção e promoção do Estado em matéria de ciência, tecnologia e inovação (Molinaro, Carlos Alberto; Sarlet, Ingo W., Apontamentos sobre direito, ciência e tecnologia na perspectiva de políticas públicas sobre regulação em ciência e tecnologia, in Mendes, Gilmar; Sarlet, Ingo W.; Coelho, Alexandre Z. P., *Direito, Inovação e Tecnologia*, 2015, p. 117 e seg.).

5. Remissões constitucionais e legais

A Emenda Constitucional 85, de 26 de fevereiro de 2015 (*DOU* 3.3.2015), mudou não somente o título do Capítulo IV da Constituição Federal de 1988 para incluir o termo "inovação" ("Da Ciência, Tecnologia e Inovação"), mas também modificou fortemente o Art. 218 e incluiu um parágrafo único novo no Art. 219, além de introduzir o Art. 219-B e o Art. 219-A, comentado anteriormente, assim como as normas constitucionais correlatas, a saber, Art. 23, V, Art. 24, IX, Art. 167, § 5º, Art. 200, V, Art. 213, § 2º. A nova redação estabelece no Art. 23, da competência comum da União, Estados, do Distrito Federal e dos Municípios, um novo inciso V, para "proporcionar os meios de acesso à cultura, à educação, à ciência, à tecnologia, à pesquisa e à inovação", que se relaciona com o Art. 212 da Constituição Federal. No Art. 24, um novo inciso IX estabelece a competência concorrente para legislar sobre "educação, cultura, ensino, desporto, ciência, tecnologia, pesquisa, desenvolvimento e inovação". O Art. 167 ganha novo parágrafo (*§ 5º A transposição, o remanejamento ou a transferência de recursos de uma categoria de programação para outra poderão ser admitidos, no âmbito das atividades de ciência, tecnologia e inovação, com o objetivo de viabilizar os resultados de projetos restritos a essas funções, mediante ato do Poder Executivo, sem necessidade da prévia autorização legislativa prevista no inciso VI deste artigo*). Já no Art. 200 é incluído o inciso V ("incrementar, em sua área de atuação, o desenvolvimento científico e tecnológico e a inovação"). No Art. 213 a inclusão é no texto do § 2º, sobre as "atividades de pesquisa, de extensão e de estímulo e fomento à inovação realizadas por universidades e/ou por instituições de educação profissional e tecnológica poderão receber apoio financeiro do Poder Público".

Não há ainda Lei Federal que regulamente o Sistema Nacional de Ciência, Tecnologia e Inovação (SNCTI). Repita-se que normas correlatas são a modificada Lei 10.973, de 2 de dezembro de 2004, regulamentada pelo Decreto 5.563, de 11 de outubro de 2005, estabelecendo medidas de incentivo à inovação e à pesquisa científica e tecnológica no ambiente produtivo, com vistas à capacitação e ao alcance da autonomia tecnológica e ao desenvolvimento industrial do país, nos termos dos Arts. 218 e 219, como a mais importante. Mencione-se ainda a Lei 8.248/91, sobre capacitação e competitividade no setor de informática e automação, e a Lei 8.387/91, que altera e consolida a legislação sobre zona franca, Lei 8.661/93 (Incentiva os fiscais para a capacitação tecnológica da indústria e da agropecuária). E entre as mais recentes, Lei 10.168, de 29 de dezembro de 2000, regulamentada pelo Decreto 4.195, de 11 de abril de 2002, sobre o Programa de Estímulo à Interação Universidade-Empresa para Apoio à Inovação, a Lei 10.176/2001, que altera as Leis 8.248/91 e 8.387/91 e o Dec.-lei 288/67, e a Lei 10.332, de 19 de dezembro de 2001 (Regulados pelos Decretos 4.143, de 25 de fevereiro de 2002, 4.154, de 7 de março de 2002, 4.157, de 12 de março de 2002, e 4.195, de 11 de abril de 2002), que institui mecanismos de financiamento para o: Programa de Ciência e tecnologia para o Agronegócio; Programa de Fomento à Pesquisa em Saúde; Programa Biotecnologia e Recursos Genéticos – Genoma; Programa de Ciência e Tecnologia para o Setor Aeronáutico; Programa de Inovação para Competitividade, dentre outros. Quanto aos benefícios tributários, mencione-se a chamada "MP do Bem", Medida Provisória 694, de 2015, que modificou a Lei 11.196, de 2005, sobre incentivos fiscais, para deduzir despesas com pesquisa tecnológica e desenvolvimento de inovações tecnológicas.

Ainda, como legislação correlata, indica-se o Decreto n. 9.823/2018, publicado em fevereiro de 2018, que é responsável por regulamentar, dentre outras leis e dispositivos, a Lei n. 13.243/2016 e a Lei n. 10.973/2004, no intuito de estabelecer medidas de incentivo à inovação e à pesquisa científica e tecnológica no ambiente produtivo, com vistas à capacitação tecnológica, ao alcance da autonomia tecnológica e ao desenvolvimento do sistema produtivo nacional e regional.

Por fim, também cabe mencionar o PLS n. 226, de 2016[3], que se encontra em tramitação no Senado, que busca alterar a Lei n. 10.973/2004, a Lei n. 8.958/94 e a Lei n. 8.032/90, a fim de aprimorar a atuação das ICTs nas atividades de ciência. O Projeto cria uma nova modalidade de dispensa de licitação relacionada às contratações de empresas incubadas em ICT pública para o fornecimento de produtos ou prestação de serviços inovadores.

6. Jurisprudência

Veja comentários iniciais ao capítulo, artigos e aos parágrafos. Destaque-se a jurisprudência mais atual, que apesar de não examinar os novos artigos trazidos pela EC 85, de 2015, já apontam para uma interpretação sistemática desta cooperação entre entes públicos e privados. Veja como ficou flexível a moldura constitucional da intervenção do Estado no domínio econômico e social nos serviços públicos sociais, de ciência e tecnologia a partir da decisão na ADI 1923 em que o Supremo Tribunal Federal interpretou o marco legal das organizações sociais no Brasil (Relator p/ Acórdão Min. Luiz Fux, Tribunal Pleno, julgado em 16/04/2015, Acórdão Eletrônico DJe-254 Divulg 16-12-2015 Public 17-12-2015).

A ementa deve ser destacada:

"AÇÃO DIRETA DE INCONSTITUCIONALIDADE. CONSTITUCIONAL. ADMINISTRATIVO. TERCEIRO SETOR. MARCO LEGAL DAS ORGANIZAÇÕES SOCIAIS... 1. A atuação da Corte Constitucional não pode traduzir forma de engessamento e de cristalização de um determinado modelo pré-concebido de Estado, impedindo que, nos limites constitucionalmente assegurados, as maiorias políticas prevalecentes no jogo democrático pluralista possam pôr em prática seus projetos de governo, moldando o perfil e o instrumental do poder público conforme a vontade coletiva. 2. Os setores de saúde (CF, art. 199, caput), educação (CF, art. 209, caput), cultura (CF, art. 215), desporto e lazer (CF, art. 217), ciência e tecnologia (CF, art. 218) e meio ambiente (CF, art. 225) configuram serviços públicos sociais, em relação aos quais a Constituição, ao mencionar que 'são deveres do Estado e da Sociedade' e que são 'livres à iniciativa privada', permite a atuação, por direito próprio, dos particulares, sem que para tanto seja necessária a delegação pelo poder público, de forma que não incide, in casu, o art. 175, caput, da Constituição. 3. A atuação do poder público no domínio econômico e social pode ser viabilizada por intervenção direta ou indireta, disponibilizando utilidades materiais aos beneficiários, no primeiro caso, ou fazendo uso, no segundo caso, de seu instrumental jurídico para induzir que os particulares executem atividades de interesses públicos através da regulação, com coercitividade, ou através do fomento, pelo uso de incentivos e estímulos a comportamentos voluntários. 4. Em qualquer caso, o cumprimento efetivo dos deveres constitucionais de atuação estará, invariavelmente, submetido ao que a doutrina contemporânea denomina de controle da Administração Pública sob o ângulo do resultado (Diogo de Figueiredo Moreira Neto). 5. O marco legal das Organizações Sociais inclina-se para a atividade de fomento público no domínio dos serviços sociais, entendida tal atividade como a disciplina não coercitiva da conduta dos particulares, cujo desempenho em atividades de interesse público é estimulado por sanções premiais, em observância aos princípios da consensualidade e da participação na Administração Pública. 6. A finalidade de fomento, in casu, é posta em prática pela cessão de recursos, bens e pessoal da Administração Pública para as entidades privadas, após a celebração de contrato de gestão, o que viabilizará o direcionamento, pelo Poder Público, da atuação do particular em consonância com o interesse público, através da inserção de metas e de resultados a serem alcançados, sem que isso configure qualquer forma de renúncia aos deveres constitucionais de atuação. 7. Na essência, preside a execução deste programa de ação institucional a lógica que prevaleceu no jogo democrático, de que a atuação privada pode ser mais eficiente do que a pública em determinados domínios, dada a agilidade e a flexibilidade que marcam o regime de direito privado... 15. As organizações sociais, por integrarem o Terceiro Setor, não fazem parte do conceito constitucional de Administração Pública, razão pela qual não se submetem, em suas contratações com terceiros, ao dever de licitar, o que consistiria em quebra da lógica de flexibilidade do setor privado, finalidade por detrás de todo o marco regulatório instituído pela Lei. Por receberem recursos públicos, bens públicos e servidores públicos, porém, seu regime jurídico tem de ser minimamente informado pela incidência do núcleo essencial dos princípios da Administração Pública (CF, art. 37, caput), dentre os quais se destaca o princípio da impessoalidade, de modo que suas contratações devem observar o disposto em regulamento próprio (Lei n. 9.637/98, art. 4º, VIII), fixando regras objetivas e impessoais para o dispêndio de recursos públicos. 16. Os empregados das Organizações Sociais não são servidores públicos, mas sim empregados privados, por isso que sua remuneração não deve ter base em lei (CF, art. 37, X), mas nos contratos de trabalho firmados consensualmente. Por identidade de razões, também não se aplica às Organizações Sociais a exigência de concurso público (CF, art. 37, II), mas a seleção de pessoal, da mesma forma como a contratação de obras e serviços, deve ser posta em prática através de um procedimento objetivo e impessoal. 17. Inexiste violação aos direitos dos servidores públicos cedidos às organizações sociais, na medida em que preservado o paradigma com o cargo de origem, sendo desnecessária a previsão em lei para que verbas de natureza privada

---

3. Cf.: <https://www25.senado.leg.br/web/atividade/materias/-/materia/125998>. Acesso em 29 de março de 2018.

sejam pagas pelas organizações sociais, sob pena de afronta à própria lógica de eficiência e de flexibilidade que inspiraram a criação do novo modelo. 18. O âmbito constitucionalmente definido para o controle a ser exercido pelo Tribunal de Contas da União (CF, arts. 70, 71 e 74) e pelo Ministério Público (CF, arts. 127 e seguintes) não é de qualquer forma restringido pelo art. 4º, *caput*, da Lei n. 9.637/98, porquanto dirigido à estruturação interna da organização social, e pelo art. 10 do mesmo diploma, na medida em que trata apenas do dever de representação dos responsáveis pela fiscalização, sem mitigar a atuação de ofício dos órgãos constitucionais. 19. A previsão de percentual de representantes do poder público no Conselho de Administração das organizações sociais não encerra violação ao art. 5º, XVII e XVIII, da Constituição Federal, uma vez que dependente, para concretizar-se, de adesão voluntária das entidades privadas às regras do marco legal do Terceiro Setor. 20. Ação direta de inconstitucionalidade cujo pedido é julgado parcialmente procedente, para conferir interpretação conforme à Constituição à Lei n. 9.637/98 e ao art. 24, XXIV, da Lei n. 8.666/93, incluído pela Lei n. 9.648/98, para que: (i) o procedimento de qualificação seja conduzido de forma pública, objetiva e impessoal, com observância dos princípios do *caput* do art. 37 da CF, e de acordo com parâmetros fixados em abstrato segundo o que prega o art. 20 da Lei n. 9.637/98; (ii) a celebração do contrato de gestão seja conduzida de forma pública, objetiva e impessoal, com observância dos princípios do *caput* do art. 37 da CF; (iii) as hipóteses de dispensa de licitação para contratações (Lei n. 8.666/93, art. 24, XXIV) e outorga de permissão de uso de bem público (Lei n. 9.637/98, art. 12, § 3º) sejam conduzidas de forma pública, objetiva e impessoal, com observância dos princípios do *caput* do art. 37 da CF; (iv) os contratos a serem celebrados pela Organização Social com terceiros, com recursos públicos, sejam conduzidos de forma pública, objetiva e impessoal, com observância dos princípios do *caput* do art. 37 da CF, e nos termos do regulamento próprio a ser editado por cada entidade; (v) a seleção de pessoal pelas Organizações Sociais seja conduzida de forma pública, objetiva e impessoal, com observância dos princípios do *caput* do art. 37 da CF, e nos termos do regulamento próprio a ser editado por cada entidade; e (vi) para afastar qualquer interpretação que restrinja o controle, pelo Ministério Público e pelo TCU, da aplicação de verbas públicas."

7. Bibliografia

Vide bibliografia do início do capítulo e como complementares, as seguintes: ARRETCHE, M. *Estado federativo e políticas sociais: determinantes da descentralização*. Rio de Janeiro: Revan/FAPESP, 2000. BRESSAN, Flávio. Uma equação proposta para fomentar a inovação nas organizações. *Estudios Gerenciales*, v. 29, n. 126, p. 26-36, jan.-mar. 2013. Disponível em: <http://dx.doi.org/10.1016/S0123-5923(13)70017-2>. BUTENKO, Anna; LAROUCHE, Pierre. *Regulation for innovativeness or regulation of innovation? Law, Innovation and Technology*, v. 7, n. 1, p. 52-82, 2015. COSTA, Valeriano Mendes Ferreira. Federalismo e relações intergovernamentais: implicações para a reforma da educação no Brasil. *Educ. Soc. Campinas*, v. 31, n. 112, p. 729-748, jul.-set. 2010. Disponível em: <http://www.cedes.unicamp.br>. EL-ZEIN, Souheil. Genetic manipulation: how to strike the right balance between technology and respect for human rights. In: CASSESSE, Antonio. *Realizing utopia – the future of international law*. Oxford: Oxford University Press, 2012, p. 481-495. FREEMAN, Chris. The national system of innovation in historical perspective, 2005. GRANIERI, M.; RENDA, A. *innovation law and policy in the European Union. Towards Horizon 2020*, Springer, Italy, 2012. HOFFMAN-RIEM, Wolfgang. Direito, tecnologia e inovação. In: MENDES, Gilmar; SARLET, Ingo W.; COELHO, Alexandre Z. P. *Direito, inovação e tecnologia*. São Paulo: Saraiva, 2015. v. 1. MENDES, Gilmar; SARLET, Ingo W.; COELHO, Alexandre Z. P., *Direito, inovação e tecnologia*. São Paulo: Saraiva, 2015. v. 1. MOLINARO, Carlos Alberto; SARLET, Ingo W., Apontamentos sobre direito, ciência e tecnologia na perspectiva de políticas públicas sobre regulação em ciência e tecnologia. In: MENDES, Gilmar; SARLET, Ingo W.; COELHO, Alexandre Z. P., *Direito, inovação e tecnologia*. São Paulo: Saraiva, 2015. v. 1. MOREIRA FILHO, Aristóteles. O conceito de inovação tecnológica na lei do bem: uma contextualização na taxonomia da inovação. *Revista Direito Tributário Atual*, São Paulo, n. 30, p. 92-116, jan. 2014. OCDE. Oslo Manual: guidelines for collecting and interpreting innovation data. 3rd ed. 2006. OLIVEIRA, Patrícia Simões de. A transgenia e a atuação da CTNBio na análise de riscos frente à política ambiental brasileira e à nova Lei de Biossegurança. *Revista de Direito Privado*, v. 36, p. 243-277, out.-dez. 2008. RIBEIRO, Públio Vieira Valadares. *Sistema Nacional de Ciência, Tecnologia e Inovação; infraestrutura científica e tecnológica:* estudo sobre as instituições de pesquisa do MCTI. Tese (Doutorado em Sociologia) – Universidade de Brasília, Brasília, 2016. RIBEIRO, Sheila Maria Reis. Coordenação federativa como instrumento de promoção da eficiência e efetividade na implementação de políticas públicas. *X Congreso Internacional del CLAD sobre la Reforma del Estado y de la Administración Pública*, Santiago, Chile, 18-21 Oct. 2005. SCHWAB. The Fourth Industrial Revolution. What it means and how to respond. *Foreign Affairs*, dez. 2015. SICHEL, Debora Lacs. Inovação tecnológica e segurança jurídica – uma experiência na Corte constitucional brasileira – estudo de caso da arguição de descumprimento de preceito fundamental – ADPF 101. *Revista da Escola da Magistratura Regional Federal da 2ª Região*: EMARF/TRF 2ª Região, Rio de Janeiro, v. 18, n. 1, p. 61-68, jul. 2013. SILVA, Rodrigo Daniel Félix da. Do consumo ao desenvolvimento nacional (a experiência brasileira) – algumas notas sobre a inovação tecnológica. *Revista de Direito Público da Economia:* RDPE, Belo Horizonte, v. 11, n. 41, p. 155-179, jan./mar. 2013. ZIMBRÃO, Adélia. Políticas públicas e relações federativas: o Sistema Nacional de Cultura como arranjo institucional de coordenação e cooperação intergovernamental. *Revista do Serviço Público de Brasília*, v. 64, n. 1, p. 31-58, jan./mar. 2013.

8. Comentários

Como visto, a despeito de não haver Lei Federal que regulamente o Sistema Nacional de Ciência, Tecnologia e Inovação (SNCTI), conforme prescreve o § 1º do art. 219-B da CF, é possível iniciar um esforço de depreender o seu significado, a partir da análise do próprio texto da norma. Conforme se lê do *caput* do art. 219-B, "o Sistema Nacional de Ciência, Tecnologia e Inovação (SNCTI) será organizado em regime de colaboração entre entes, tanto públicos quanto privados, com vistas a promover o desenvolvimento científico e tecnológico e a inovação". Nesse sentido, resta claro que compõe o referido Sistema não apenas entidades públicas, mas também entidades privadas, devendo os participantes atuarem de forma colaborativa com vistas a se atingir o desenvolvimento tecnológico, científico e de inovação. Além de prever o estabelecimento de normas gerais por meio de Lei Federal (§ 1º), o § 2º do artigo 219-B prevê também "que os Estados, o Distrito Federal e os Municípios legislarão concorrentemente sobre suas peculiaridades", estabelecendo claramente a competência concorrente para fins de legislação a respeito do SNCTI.

Sabe-se que nas estruturas federativas contemporâneas a coordenação entre os entes federados constitui elemento essencial para a formulação e execução das políticas públicas, coordenação essa que se torna ainda mais relevante em momentos de crise econômica (Ribeiro, Coordenação federativa como instrumento de promoção da eficiência e efetividade na implementação de políticas públicas, *X Congreso Internacional del CLAD sobre la Reforma del Estado y de la Administración Pública*, 2005, p. 2). No ordenamento jurídico brasileiro, a ideia de um Sistema Nacional em que os agentes interagem entre si de forma colaborativa e coordenada não é estranha. Ao contrário, por se constituir um sistema federativo, em que as competências e a arrecadação de recursos varia de acordo com a esfera da Federação e o setor a ser regulado, há no país uma variedade de Sistemas regulamentados por lei, cuja finalidade é tornar eficiente e harmônica a atuação dos variados atores participantes de diversos setores.

Ressalta-se, no entanto, que a capacidade do Estado de coordenação ou indução de políticas públicas nas entidades da Federação varia de acordo com as caraterísticas de cada setor: "Em setores nos quais ele teve historicamente um papel central na gestão e no financiamento, como no caso de saúde, saneamento e habitação, as políticas de descentralização teriam melhores perspectivas de sucesso porque o governo federal controlaria os recursos e instrumentos normativos e administrativos. Em outros, como ensino fundamental e médio, nos quais esse papel era secundário, a coordenação só poderia ser eficaz por meio de medidas legislativas gerais, como a Emenda Constitucional n. 14, que criou o Fundef." (Costa, *Federalismo e relações intergovernamentais:* Implicações para a reforma da educação no Brasil, Educ. Soc. Campinas, 2010). É o que foi demonstrado por Arretche em seu estudo "Estado federativo e políticas sociais: determinantes da descentralização" (2000).

Interessante para a compreensão do SNCTI é o exemplo do Sistema Nacional de Cultura, que abarca não apenas entes públicos de todos os níveis da Federação, como também entidades da sociedade civil: conselhos de política cultural, órgãos gestores da cultura, conferências de cultura, sistemas de financiamento, sistemas setoriais de cultura, comissões intergestores tripartite e bipartite e sistemas de informações e indicadores culturais. No que diz respeito à sua função, o Sistema Nacional de Cultura possui duas finalidades: "é ao mesmo tempo uma política pública nacional e um modelo de gestão compartilhada, tal como o Sistema Único de Saúde e o Sistema Único de Assistência Social. (...) o SNC foi concebido com um arranjo institucional que possibilite articulação e pactuação das relações intergovernamentais, com instâncias de participação e controle social, de modo a viabilizar implementação de políticas culturais em todo território nacional. De acordo com a proposta, a 'essência' do sistema é a coordenação e cooperação entre os entes da federação, para que se tenha economicidade, eficiência, eficácia, equidade e efetividade na aplicação dos recursos públicos." (Zimbrão, Políticas públicas e relações federativas, *Revista do Serviço Público*, Brasília, 2013, p. 50)

É interessante analisarmos também em que medida os art. 219-A e 219-B da CF se relacionam. Enquanto o primeiro trata especialmente da colaboração entre órgãos públicos e empresas, de modo a transformar o conhecimento científico em inovação aplicada, o segundo trata de como toda a diversidade de atores – tanto públicos como privados – deve coordenar a sua atuação e agir de forma colaborativa, para que se possa atingir o objetivo de desenvolvimento tecnológico, científico e de inovação. Vê-se, portanto, que as normas são complementares em sua função. Tendo em vista que o art. 219-A, CF, foi regulamentado pela Lei n. 13.243/2016, impende agora a tarefa do Legislador de regulamentar o art. 219-B, CF, dispondo sobre os componentes, a estrutura e o funcionamento do Sistema Nacional de Ciência, Tecnologia e Inovação, para evitar desperdícios de recursos e ações repetidas, tornando mais eficiente e eficaz a atuação dos diversos atores.

Ainda que não se possa falar em lei federal própria que regulamente o Sistema Nacional de Ciência, Tecnologia e Inovação, a Estratégia Nacional de Ciência, Tecnologia e Inovação (Encti) para o período de 2016 a 2022 traz importantes diretrizes e apontamentos sobre o SNCTI.

A Encti 2016-2022 foi editada pelo Ministério da Ciência, Tecnologia, Inovações e Comunicações (MCTIC) no intuito de providenciar a concretização de medidas e políticas de CT&I. O documento fornece orientação estratégica de médio prazo para a implementação de políticas públicas na área de CT&I e também serve de subsídio à formulação de outras políticas de interesse. A Estratégia identifica os principais desafios do setor, indica onze temas estratégicos a serem priorizados no período e coloca o SNCTI em posição de destaque, tomando-o como eixo estruturante para a construção de iniciativas.

Desse modo, a centralidade do Sistema Nacional demanda uma abordagem que fortaleça o Eixo Estruturante desta Estratégia, de modo que são elencadas como três dimensões principais para atingir tal fortalecimento: a expansão, a consolidação e a integração do SNCTI. Para avançar nessas dimensões, a Estratégia pontua que os esforços partirão de cinco pilares fundamentais que compõem o SNCTI: a pesquisa, a infraestrutura, o financiamento, os recursos humanos e a inovação.

Assim, a Estratégia destaca a importância de um SNCTI robusto e articulado, apontando para a necessidade de integração contínua das políticas governamentais com as estratégias empresariais. Pontua as atualizações promovidas pela Emenda Constitucional n. 85/2015, que conferiu maior destaque para a atuação do Estado brasileiro no campo da inovação, além de instituir o SNCTI no ordenamento jurídico nacional, e a Lei n. 13.243/2016, que facilitou a atuação do Estado no estímulo aos negócios inovadores, ao instituir a possibilidade de adoção de instrumentos mais flexíveis para o relacionamento com os empreendedores privados, e ao definir regras que conferem maior liberdade e segurança para a interação entre institutos públicos de pesquisa e empresas.

Nesse contexto, é importante destacar que os Estados vêm tomando iniciativas próprias para fomentar o desenvolvimento tecnológico, científico e de inovação em suas jurisdições. As Leis Estaduais contam com medidas para estruturar e fortalecer Sistema Estadual de Inovação, incluindo medidas aplicadas a seus parques tecnológicos e incubadoras tecnológicas no Estado, bem como previsões de subvenção econômica e, em algumas delas, incentivos fiscais para projetos de inovação de empresas no Estado.

No mesmo sentido, os Estados também têm se dedicado a desenvolver documentos, estudos e guias, como Planos Estaduais de Ciência, Tecnologia e Inovação, que, no geral, visam à estruturação e consolidação de políticas estaduais de incentivo a CT&I, traçando planos, diretrizes e metas de atuação para a execução de projetos estratégicos no setor. Os Estados de Alagoas[1], Acre[2], Ceará[3], Mato Grosso[4] são exemplos de Estados que já realizaram iniciativas nesse sentido e intuito.

CAPÍTULO V
DA COMUNICAÇÃO SOCIAL

Art. 220. A manifestação do pensamento, a criação, a expressão e a informação, sob qualquer forma, processo ou veículo não sofrerão qualquer restrição, observado o disposto nesta Constituição.

§ 1º Nenhuma lei conterá dispositivo que possa constituir embaraço à plena liberdade de informação jornalística em qualquer veículo de comunicação social, observado o disposto no art. 5º, IV, V, X, XIII e XIV.

§ 2º É vedada toda e qualquer censura de natureza política, ideológica e artística.

§ 3º Compete à lei federal:

I – regular as diversões e espetáculos públicos, cabendo ao Poder Público informar sobre a natureza deles, as faixas etárias a que não se recomendem, locais e horários em que sua apresentação se mostre inadequada;

II – estabelecer os meios legais que garantam à pessoa e à família a possibilidade de se defenderem de programas ou programações de rádio e televisão que contrariem o disposto no art. 221, bem como da propaganda de produtos, práticas e serviços que possam ser nocivos à saúde e ao meio ambiente.

§ 4º A propaganda comercial de tabaco, bebidas alcoólicas, agrotóxicos, medicamentos e terapias estará sujeita a restrições legais, nos termos do inciso II do parágrafo anterior, e conterá, sempre que necessário, advertência sobre os malefícios decorrentes de seu uso.

§ 5º Os meios de comunicação social não podem, direta ou indiretamente, ser objeto de monopólio ou oligopólio.

§ 6º A publicação de veículo impresso de comunicação independe de licença de autoridade.

Daniel Sarmento
Aline Osorio

---

1. *Vide*: http://www.cienciaetecnologia.al.gov.br/documentos/send/10-documentos/62-plano-estadual-de-ciencia-tecnologia-e-inovacao-de-alagoas. Acesso em 29 de março de 2018.

2. *Vide*: http://www.fapac.ac.gov.br/wps/wcm/connect/31ad96804d35916d9fd0ffb0cb707d13/pect_funtac.pdf?MOD=AJPERES. Acesso em 29 de março de 2018.

3. *Vide*: http://www.sct.ce.gov.br/planoct&i/. Acesso em 29 de março de 2018.

4. *Vide*: http://www.secitec.mt.gov.br/download.php?id=305453. Acesso em 29 de março de 2018.

1. Histórico da norma

Desde o advento do constitucionalismo, a maior parte das constituições dos países democráticos assegura a liberdade de expressão e a liberdade de imprensa. No Brasil, tais direitos figuraram em todas as nossas constituições desde 1824, apesar de terem sido frequentemente violados em períodos de maior autoritarismo. Contudo, o que é novidade no constitucionalismo brasileiro é a abertura de um capítulo específico sobre comunicação social, com a submissão da mídia a um regime constitucional próprio.

Não há dúvida de que essa inovação é reflexo de uma mudança relevante no quadro empírico, que se relaciona à importância cada vez maior dos meios de comunicação de massa para a vida das sociedades contemporâneas e para o funcionamento das democracias. Tal fenômeno, por sua vez, pode ser associado a avanços tecnológicos ocorridos ao longo do século XX, que permitiram, dentre outras coisas, a disseminação do rádio e da televisão, que hoje podem ser encontradas nos lares de pessoas de todas as classes sociais. Se o foco tradicional da liberdade de expressão era a proteção do orador ou do escritor individual, este direito se viu confrontado com um novo cenário, que tem como protagonistas poderosos veículos de comunicação, detentores de grande poder social, cuja atuação depende da mobilização de vultosos recursos econômicos. Daí surgiu a necessidade de conferir um tratamento constitucional específico a este importante domínio da vida social, que conciliasse os valores libertários da liberdade de expressão com as preocupações com a democratização dos meios de comunicação de massa e com o combate aos possíveis abusos dos titulares dos veículos de comunicação, em razão do grande poder que concentram[1].

No momento, outro importante fenômeno se desenrola na sociedade, com repercussões profundas no âmbito das comunicações sociais: a difusão da internet. A internet, por um lado, contribui para a pluralização da esfera pública, ao multiplicar as fontes de informação e de difusão de ideias e baratear o custo de acesso ao espaço público daqueles que desejam se exprimir. Por outro lado, ela gera problemas extremamente complexos no que se relaciona à possibilidade de controle e repressão dos abusos eventualmente perpetrados por aqueles que se valem desse espaço de comunicação.

O capítulo da Comunicação Social mantém o mesmo texto elaborado pelo constituinte originário, salvo o artigo 222, que sofreu modificações com a edição da Emenda Constitucional n. 36/2002, visando a dois propósitos: permitir alguma participação do capital estrangeiro na exploração de empresas jornalísticas e de radiodifusão, e explicitar a incidência dos princípios constitucionais que regem a produção e programação das emissoras de rádio e televisão sobre meios de comunicação social baseados em novas tecnologias.

2. Constituições brasileiras anteriores

Conforme o destacado nos comentários ao art. 5º, inciso IV, todas as constituições brasileiras anteriores consagraram as liberdades de expressão e imprensa, submetendo-as a tratamentos que variaram de acordo com as inclinações mais ou menos democráticas dos regimes políticos então existentes: 1824 (art.

---

1. Cf. SARMENTO, Daniel. "Liberdade de Expressão, Pluralismo e o Papel Promocional do Estado", in *Livres e iguais* e FISS, Owen. *A Ironia da Liberdade de Expressão*.

119, IV), 1891 (art. 72, Parágrafo 12º), 1934 (art. 113.9), 1937 (art. 122. 15), 1946 (art. 141, Parágrafo 5º), 1967 (art. 150, Parágrafo 8º), 1969 (art 153, Parágrafo 8º). Dentre estes textos constitucionais, o de 1937 foi o que mais se dedicou à disciplina do funcionamento da imprensa, em normas de inspiração visivelmente autoritária, em sintonia com filosofia pouco democrática daquela carta outorgada.

Além disso, várias constituições brasileiras estabeleceram limites à participação de estrangeiros e de sociedade por ações nos veículos de comunicação social: 1934 (art. 131), 1937 (art. 123. 15, "g"), 1967 (art. 166) e 1969 (art. 174).

3. Constituições estrangeiras

A maior parte das constituições estrangeiras protege a liberdade de expressão e de imprensa, cabendo destacar a norte-americana (1ª Emenda), a alemã (art. 5º), a portuguesa (arts. 37 e 38); a espanhola (art. 20), a italiana (art. 21), a francesa (Preâmbulo da Constituição de 1958 c/c art. 11 da Declaração dos Direitos do Homem e do Cidadão de 1789), a canadense (art. 2(b) da Carta de Direitos e Liberdades de 1982), a argentina (art. 14 e 32) e a mexicana (art. 6º). Porém, raras são as que disciplinam de forma apartada a atuação dos meios de comunicação social, podendo-se apontar, dentre elas, a portuguesa (arts. 38 e 39).

4. Direito internacional

As liberdades de expressão e de imprensa foram consagradas em diversos documentos e tratados internacionais. No sistema global de direitos humanos é importante a referência à Declaração Universal dos Direitos Humanos (art. 19) e ao Pacto Internacional dos Direitos Civis e Políticos (art. 19). No âmbito regional, cumpre destacar a Convenção Americana de Direitos Humanos (art. 13), a Convenção Europeia de Direitos Humanos (art. 10) e a Carta Africana de Direitos Humanos e dos Povos (art. 9º, item 2). Cabe ainda a referência à Convenção Internacional de Telecomunicações, promulgada no Brasil através do Decreto 70, de 26 de fevereiro de 1990.

5. Remissões constitucionais e legais

No plano constitucional, cumpre destacar o art. 1º, inciso V, o art. 5º, incisos IV, V, IX, X e XIV, o art. 21, inciso XVI, o art. 64, parágrafos 2º e 4º, o art. 139, inciso III, o art. 150, inciso VI, alínea "d", o art. 206, incisos II e III, e o art. 215 do texto magno.

No plano infraconstitucional, a Lei n. 5.250/67 – Lei de Imprensa –, foi considerada não recepcionada pelo STF, no julgamento da APDF 130. Vale mencionar a Lei n. 8.069/90 (Estatuto da Criança e do Adolescente), cujo artigo 254 trata da classificação indicativa da programação de rádio e televisão e diversões públicas, a Lei n. 8.389/91, que instituiu o Conselho de Comunicação Social, a Lei n. 9.294/96, que estabeleceu restrições à propaganda de produtos fumígenos, bebidas alcoólicas, medicamentos, terapias e defensivos agrícolas, a Lei n. 9.472/97, que tratou dos serviços de telecomunicações, a Lei n. 9.612/98, que instituiu o Serviço Nacional de Rádios Comunitárias, a Lei n. 12.485/2011, que regula as TVs por assinatura, e a Lei n. 12.965/2014, que consagrou o chamado "Marco Civil da Internet".

6. Jurisprudência selecionada

ADI n. 956, Plenário do STF, Rel. Min. Francisco Rezek, julgada em 01/07/1994, em que se entendeu que a vedação à utilização de gravações externas, montagens ou trucagens na propaganda eleitoral gratuita é constitucional, sob o argumento de que, como o direito de antena é custeado pelo Estado, tem por objetivo garantir a igualdade de oportunidades entre candidatos e não tem sede constitucional, não violaria a liberdade de expressão submetê-lo a restrições legais. Vencidos os Ministros Marco Aurélio e Celso de Mello, que entenderam que a proibição restringia, de forma ilegítima, a liberdade de manifestação do pensamento.

ADI n. 1.755-5/DF, Plenário do STF, Rel. Min. Nelson Jobim, julgada em 15/10/98, DJ de 18/05/2001, em que o STF não conheceu de ação que questionava o fato da lei que restringe a propaganda comercial de bebidas alcoólicas ter se limitado àquelas com teor alcoólico superior a 13º Gay Lussac. O Tribunal entendeu que não poderia agir no caso como legislador positivo, estendendo a norma restritiva da propaganda para hipótese não contemplada pelo legislador, vencidos os Ministros Marco Aurélio, Néri da Silveira e Carlos Velloso, que conheciam da ação;

ADI 869-2/DF, Plenário do STF, Rel. Min. Ilmar Galvão, julgada em 04/08/1999, em que se reconheceu a inconstitucionalidade de dispositivo legal que previra pena de suspensão de programação de emissora por até dois dias, ou de publicação de periódico por até dois números, caso divulgassem nome ou imagem de criança ou adolescente infrator;

ADI 2.566-0, Plenário do STF, Rel. Min. Sydney Sanches, julgada em 22/05/2002, em que se indeferiu pedido de medida cautelar contra dispositivo de lei que vedara o "proselitismo de qualquer natureza" nos serviços de rádios comunitárias, com votos vencidos dos Ministros. Marco Aurélio e Celso de Mello;

Medida Cautelar em Petição 2.702-2, Rel. Min. Sepúlveda Pertence, julgada em 18/09/2002, em que se denegou pedido de empresa jornalística de publicar o conteúdo de gravação telefônica clandestina a que tivera acesso, que envolvia Governador de Estado em atos ilícitos;

HC 82.424/RS, Plenário do STF, Rel. Min. Maurício Correa, julgado em 17/09/2003, em que se entendeu que a publicação de livros de caráter antissemita constitui crime de racismo, e que, na hipótese, a proteção da igualdade e da dignidade humana dos judeus prevalece diante da liberdade de expressão, com votos vencidos dos Ministros Moreira Alves, Marco Aurélio e Carlos Ayres de Brito;

HC 83.996-7/RJ, 2ª Turma do STF, Rel. Min. Gilmar Mendes, julgado em 17/08/2004, DJ de 26//08/2004, em que se determinou o trancamento de ação penal por atentado ao pudor instaurada contra diretor teatral que, em protesto contra vaias, expusera suas nádegas ao público, por considerar a Corte o ato atípico, eis que tutelado pela liberdade de expressão, vencidos os Ministros Carlos Velloso e Ellen Gracie;

ADI 3.741, Rel. Min. Ricardo Lewandowski, Tribunal Pleno, julgada em 06/08/2006, em que o STF declarou a inconstitucionalidade da proibição de divulgação de pesquisas eleitorais a partir do 15º dia anterior, até às 18 horas do dia do pleito, por violação ao direito à informação.

ADPF 130, Plenário do STF, Rel. Min. Carlos Ayres, julgada em 30/04/2009, em que o STF declarou a não recepção de todos os dispositivos da Lei n. 5.250/67 (Lei de Imprensa), por incompatibilidade com o regime constitucional da liberdade de imprensa, vencidos o Ministro Marco Aurélio, que julgava a ação improcedente, e os Ministros Joaquim Barbosa, Ellen Gracie e Gilmar Ferreira Mendes, que a julgavam procedente apenas em parte;

Recurso Extraordinário n. 511.961/SP, Plenário do STF, Rel. Min. Gilmar Mendes, julgado em 17/06/2009, em que se reconheceu a não recepção do art. 4º, V, Decreto-Lei n. 972/69, que condicionou o exercício da profissão de jornalista à posse de diploma universitário de jornalismo, por violação não só à liberdade profissional, como também às liberdades de expressão e imprensa.

Agravo de Instrumento n. 705.630, Rel. Min. Celso de Mello, julgado em 18/06/2010, em que se consignou que a matéria jornalística, ainda quando veicule opiniões em tom irônico ou de crítica severa, sobretudo quando dirigidas a figuras públicas, não induz à responsabilidade civil, tendo em vista que representa exercício legítimo das liberdades de expressão e imprensa.

ADO 22, Plenário do STF, Rel. Min. Cármen Lúcia, julgada em 22/04/2015, em que a Corte julgou que não havia inconstitucionalidade por omissão no fato de a lei que limita a publicidade de bebidas alcoólicas não se aplicar àquelas com teor etílico inferior a 13, Gay Lussac.

ADI 4.815, Plenário do STF, Rel. Min. Cármen Lúcia, julgada em 10/06/2015, em que o STF afastou a exigência, presente nos arts. 20 e 21 do Código Civil, de autorização prévia do biografado para fins de publicação de biografias.

ADI 2.404, Plenário do STF, Rel Min. Dias Toffoli, julgada em 31/08/2016, em que a Corte assentou que a classificação indicativa de diversões públicas, programas de rádio e televisão, prevista na Constituição e no Estatuto da Criança e do Adolescente, reveste-se de caráter indicativo também para as emissoras.

ADIs 4.747, 4.679, 4.756 e 4.923, Plenário do STF, Rel. Min. Luiz Fux, *DJ3* 13/11/2017, em que o STF reconheceu a constitucionalidade de lei que institui restrições à propriedade cruzada de empresas operando na área de televisão paga, mas assentou a inconstitucionalidade de criação de cotas de publicidade para agências publicitárias brasileiras nesse mesmo campo.

ADI 2.566, Plenário do STF, Rel. Min. Alexandre de Moraes, Red. p/ acórdão Min. Edson Fachin, julgada em 16/05/2018, em que a Corte entendeu que o art. 220 da Constituição inclui o serviço de radiodifusão comunitária e assentou a inconstitucionalidade da proibição de veiculação de discurso proselitista em serviço de radiodifusão comunitária.

ADI 3.311, Plenário do STF, Rel. Min. Rosa Weber, julgado em 14/09/2022, em que o STF, com base no art. 220, § 4º, CF, validou as leis que restringem a publicidade dos produtos fumígenos e impõem advertência sanitária nas embalagens.

RE 1.026.923, com repercussão geral (Tema 1039), Plenário do STF, Rel. Min. Marco Aurélio, Red. p/ Acórdão Min. Alexandre de Moraes, julgado em 16/11/2020, no qual a Corte assentou a constitucionalidade da obrigatoriedade de transmissão do programa Voz do Brasil, em faixa horária predeterminada e de maior audiência.

7. Referências bibliográficas

BALKIN, Jack. The Future of Free Expression in a Digital Age. *Pepperdine Law Review*, v. 36, n. 2, 2009.

BARENDT, Eric. *Freedom of Speech*. 2nd. ed. Oxford: Oxford University Press, 2005.

BARENDT, Eric (Ed.). *Broadcasting Law*. Oxford: Oxford University Press, 1993.

BARROSO, Luís Roberto. "Liberdade de Expressão, censura e controle da programação de televisão na Constituição de 88". In: *Temas de Direito Constitucional*. Rio de Janeiro: Renovar, 2001, p. 341-387.

_____. "Liberdade de Expressão *versus* direitos da personalidade. Colisão de direitos fundamentais e critérios de ponderação". In: *Temas de Direito Constitucional*, tomo III. Rio de Janeiro: Renovar, 2005, p. 79-130.

BINENBOJM, Gustavo. "Meios de Comunicação de Massa, Pluralismo e Democracia Deliberativa: As Liberdades de Expressão e de Imprensa nos Estados Unidos e no Brasil". In: *Temas de Direito Administrativo e Constitucional*. Rio de Janeiro: Renovar, 2007, p. 245-268.

BOLLINGER, Lee C.; STONE, Geoffrey R. *Social Media, Freedom of Speech, and the Future of our Democracy*. Oxford University Press, 2022.

CANOTILHO, J. J. Gomes; e MACHADO, Jónatas E. M. *"Reality Shows" e Liberdade de Programação*. Coimbra: Coimbra Editora, 2003.

CARVALHO, Luis Gustavo Grandinetti Castanho de. *Direito de Informação e Liberdade de Expressão*. Rio de Janeiro: Renovar, 1999.

CLÈVE, Clemerson Merlin. "Liberdade de Expressão, de Informação e Propaganda Comercial". In: Daniel Sarmento e Flávio Galdino (Orgs.). *Direitos Fundamentais*: Estudos em Homenagem ao Professor Ricardo Lobo Torres. Rio de Janeiro: Renovar, 2006, p. 267-324.

CODERCH, Pablo Salvador. *El Derecho de la Libertad*. Madrid: Centro de Estudios Constitucionales, 1993.

_____. *El Mercado de Ideas*. Madrid: Centro de Estudios Constitucionales, 1990.

COMPARATO, Fábio Konder. "A Democratização dos Meios de Comunicação de Massa". In: Eros Roberto Grau e Willis Santiago Guerra Filhos (Orgs.). *Direito Constitucional*: Estudos em Homenagem a Paulo Bonavides. São Paulo: Malheiros, 2001, p. 146-166.

EMERSON, Thomas I. *The System of Freedom of Expression*. New York: Vintage Books, 1970.

FARIAS, Edílson. *Liberdade de Expressão e Comunicação*. São Paulo: RT, 2004.

_____. *Colisão de Direitos:* A honra, a intimidade, a vida privada e a imagem *versus* a liberdade de expressão e informação. Porto Alegre: Sergio Antonio Fabris, 1996.

FERRIGOLO, Noemi Mendes Siqueira. *Liberdade de Expressão*: Direito na Sociedade de Informação: Mídia, Globalização e Regulação. São Paulo: Editora Pilares, 2005.

FISS, Owen. *A Ironia da Liberdade de Expressão*. Trad. Gustavo Binenbojm e Caio Mário da Silva Pereira Neto. Rio de Janeiro: Renovar, 2005.

FONTES JR., João Bosco. *Liberdade e Limites na Atividade de Rádio e Televisão*. Belo Horizonte: Del Rey, 2001.

HOFFMAN-RIEM, Wolgang. "Libertad de comunicación y de médios". In: BENDA, Ernst; MAIHOFER, Werner, VOGEL, Hans-Jochen; HESSE, Konrad; HEYDE, Wolfgang (Orgs.). *Manual de Derecho Constitucional*. Trad. Antonio López Pina. Madrid: Marcial Pons, 2001, p. 145-216..

LOPES, Vera Maria de Oliveira Nusdeo. *O Direito à Informação e as Concessões de Rádio e Televisão*. São Paulo: RT, 1998.

MACHADO, Jónatas E. M. *Liberdade de Expressão*: Dimensões constitucionais da esfera pública no sistema social. Coimbra: Coimbra Editora, 2002.

MENDES, Gilmar Ferreira. "Colisão de Direitos Fundamentais: liberdade de expressão e de comunicação e direito à honra e à imagem". In: *Direitos Fundamentais e Controle de Constitucionalidade*. São Paulo: Instituto Brasileiro de Direito Constitucional, 1998, p. 75-83

PEREIRA, Guilherme Döring Cunha. *Liberdade e Responsabilidade dos Meios de Comunicação*. São Paulo: RT, 2002.

SARLET, Ingo Wolfgang (Org.). *Direitos Fundamentais, Informática e Comunicação*. Porto Alegre: Livraria do Advogado, 2007.

SARMENTO, Daniel. "A Liberdade de Expressão e o Problema do 'Hate Speech'". In: *Livres e Iguais*: Estudos de Direito Constitucional. Rio de Janeiro: Lumen Juris, 2006, p. 207-262.

_____. "Liberdade de Expressão, Pluralismo e o Papel Promocional do Estado". In: *Livres e Iguais*. p. 263-299.

STONE, Geoffrey R; SEIDMAN, Louis M.; SUNSTEIN, Cass R.; TUSHNET, Mark V.; KARLAN, Pamela S. *The First Amendment*. 2nd. ed., New York: Aspen Publishers, 2003.

SUNSTEIN, Cass. *Democracy and the Problem of Free Speech*. New York: The Free Press, 1995.

WEINGARTNER NETO, Jayme. *Honra, Privacidade e Liberdade de Imprensa*. Porto Alegre: Livraria do Advogado, 2002.

8. Fundamentos

Na sociedade contemporânea, os meios de comunicação social desempenham um papel extremamente importante tanto sob o aspecto político como cultural[2]. Dentre as suas funções mais destacadas, cabe ressaltar o exercício de um controle permanente sobre os governantes e detentores de poder social, que se presta ao combate de toda sorte de abusos, ao trazê-los à luz do dia para a crítica pública. Outro papel essencial dos meios de comunicação social é o de municiar os indivíduos com informações e pontos de vista diversificados para que possam tomar de forma mais consciente as suas decisões sobre temas públicos ou privados. Aliás, não há dúvida de que a mídia representa um dos principais meios de acesso às informações pelo cidadão, desfrutando de enorme poder na formação da opinião pública e na definição das agendas de debate na sociedade.

Ademais, os meios de comunicação são também instrumentos importantíssimos na formação cultural das pessoas, tendo se convertido nos protagonistas da chamada "indústria cultural". Por constituírem o principal meio de entretenimento para grande parte da população, esses veículos da mídia acabam exercendo uma função decisiva na disseminação de hábitos, gostos e valores.

Em matéria de comunicação realizada em contextos intersubjetivos, a liberdade de expressão destina-se a proteger tanto os interesses do emissor da mensagem, que pode se manifestar livremente, como os do seu receptor, que tem acesso a ideias e pontos de vista diversificados. Mas, em matéria de comunicação social, o foco principal é a proteção e promoção dos direitos e interesses dos cidadãos em geral, que constituem o público da mídia, ficando em segundo plano a tutela dos interesses dos detentores destes veículos. Parte-se da premissa de que a existência de uma mídia livre e independente, compondo um sistema plural e policêntrico de comunicação social, é essencial para um regime democrático pautado pelo respeito à liberdade individual, em que os cidadãos possam efetivamente exercer o controle sobre o poder, em todas as suas dimensões.

Contudo, há neste campo uma tensão latente, pois, se, por um lado, num contexto fático de grande concentração do poder comunicativo, a intervenção do Estado é muitas vezes indispensável para viabilizar o pluralismo nos meios de comunicação e dar voz aos excluídos, por outro, esta sua atuação pode abrir espaço para arbitrariedades voltadas ao favorecimento dos interesses dos governantes e dos seus apaniguados na esfera pública. Há que se buscar nesta seara um delicado equilíbrio, em que não se permita nem o controle governamental sobre a comunicação social, que é a antessala do autoritarismo, nem o controle privado, exercido por uma pequena elite dos titulares dos veículos de comunicação[3].

9. A excepcionalidade das restrições às liberdades comunicativas

O *caput* do art. 220 veda quaisquer restrições à manifestação do pensamento, criação, expressão e informação, sob qualquer forma, processo ou veículo. Trata-se de projeção direta no âmbito da comunicação social dos direitos fundamentais à liberdade de expressão e informação, inscritos no art. 5º, incisos IV, IX e XIV, da Constituição. A amplitude do texto constitucional teve o propósito de afastar quaisquer dúvidas a respeito do âmbito de proteção desta norma, que salvaguarda todas as formas de expressão e comunicação, sobre qualquer matéria ou assunto, não importando o modo como são veiculadas.

Contudo, o próprio texto ora analisado contém a ressalva final – "observado o disposto nesta Constituição". A dicção do constituinte confirma que não é possível conceber as liberdades de comunicação social em termos absolutos, sob pena de imposição de sacrifícios desproporcionais a outros bens jurídicos também dotados de estatura constitucional, com o direito à honra e à imagem, a privacidade, a igualdade, a proteção da criança e do adolescente e o devido processo legal. Sem embargo, é certo que

---

2. Cf. FARIAS, Edilsom. *Liberdade de Expressão e Comunicação*, p. 99 e s.

3. Cf. BINENBOJM, Gustavo. "Meios de Comunicação de Massa, Pluralismo e Democracia Deliberativa: As Liberdades de Expressão e de Imprensa nos Estados Unidos e no Brasil".

as restrições às liberdades de comunicação social devem ser vistas com profunda desconfiança, justificando um juízo rigoroso no controle de constitucionalidade.

O STF, no julgamento do Recurso Extraordinário n. 511.961/SP, decidiu, seguindo orientação da Comissão Interamericana de Direitos Humanos, que a exigência de diploma de jornalismo como condição para o exercício da profissão de jornalista, prevista no Decreto-lei n. 972/69, não fora recepcionada pela Constituição. A Corte entendeu, com razão, que a dita imposição, além de restringir de forma desproporcional a liberdade profissional, limita de maneira inadmissível a liberdade de comunicação e o direito fundamental à informação, titularizado pelo cidadão.

Tema que suscita discussão concerne à possibilidade de limitação legislativa das liberdades comunicativas. O Ministro Carlos Ayres Britto, no voto condutor que proferiu na ADPF n. 130, sustentou que nenhum limite legal poderia ser instituído em relação a este direito. As limitações existentes seriam apenas aquelas já contempladas no texto constitucional, cabendo tão somente ao Poder Judiciário fazer as ponderações pertinentes em caso de tensões com outros direitos. Porém, o Ministro Gilmar Ferreira Mendes registrou, no voto condutor que proferiu no Recurso Extraordinário n. 511.961/SP, que as restrições à liberdade de expressão em sede legal são admissíveis, desde que visem a promover outros valores e interesses constitucionais também relevantes, e respeitem o princípio da proporcionalidade. Esta posição se afigura mais correta e consentânea com a teoria geral dos direitos fundamentais. Afinal, se o Judiciário pode, no caso concreto, restringir a liberdade de expressão para tutelar outros princípios constitucionais, não há qualquer razão para que o legislador também não possa fazê-lo de forma geral e abstrata, desde que respeitados os "limites dos limites" dos direitos fundamentais, notadamente o princípio da proporcionalidade[4]. Quando estabelecidas em sede normativa, tais restrições se submetem à reserva de lei formal, devendo ainda respeitar o princípio da proporcionalidade[5]. E, na aferição de compatibilidade da restrição ao direito fundamental com o princípio da proporcionalidade, há que se partir da premissa de que as liberdades comunicativas situam-se num elevado patamar axiológico em nosso sistema constitucional, pela sua importância para o regime democrático e dignidade humana, o que as torna merecedoras de uma reforçada proteção constitucional no processo ponderativo. Neste sentido, o Supremo Tribunal Federal, no julgamento da ADPF n. 130, ressaltou o caráter preferencial das liberdades de expressão e de imprensa, em face de outros direitos e interesses constitucionalmente tutelados.

10. A vedação de embaraço à liberdade de informação jornalística

Não há melhor maneira de combater o vício do que o expor aos olhos do público. Daí a importância da liberdade de informação jornalística para o enfrentamento dos males que afligem a sociedade. Ademais, essa liberdade propicia ao cidadão o conhecimento de fatos e versões que são importantes para que ele possa formar as suas próprias convicções sobre os temas mais variados.

Há, na doutrina, quem sustente a existência de uma distinção nítida entre fatos e opiniões, para circunscrever a liberdade de informação jornalística à primeira esfera. Porém, esta separação rígida não se sustenta, uma vez que, pela própria natureza humana, não há como excluir totalmente da informação transmitida a influência das pré-compreensões do agente[6]. Por isso, pode-se dizer que o relato de um fato nunca deixa de ser uma versão dele, eis que sempre influenciado pelas opiniões e interesses de quem o reporta. Porém, não se deve levar este raciocínio ao extremo de recusar quaisquer diferenças entre o domínio dos fatos e das opiniões.

Uma diferença relevante diz respeito à questão da verdade. Se, no campo das ideias, não há como condicionar o exercício da liberdade comunicativa à correção da opinião a ser exprimida, na seara dos fatos o mesmo não ocorre[7]. As afirmações comprovadamente inverídicas sobre fatos não têm qualquer valor para a sociedade, não merecendo tutela constitucional. Contudo, esta exigência de veracidade não pode levar ao extremo de impedir-se a divulgação de relatos divergentes sobre os mesmos acontecimentos, realizados de boa-fé, por quem buscou se inteirar com razoável diligência sobre o ocorrido. Não fosse assim, em nome da proteção da "verdade" seria possível a imposição de uma versão oficial e imutável dos fatos, impedindo-se qualquer debate social sobre o que realmente aconteceu.

A vedação ao embaraço à informação jornalística também não é absoluta. Isto se evidencia pela remissão do texto ora comentado a incisos do art. 5º que consagram certos direitos fundamentais, os quais, em determinados contextos, podem entrar em choque com o direito à informação. É o caso, por exemplo, do direito à privacidade, previsto no art. 5º, inciso X, da Lei Maior, que protege o indivíduo contra a divulgação ao público de certos fatos concernentes à sua vida privada. Neste como em outros casos de colisões, torna-se necessária uma ponderação de interesses, pautada pelo princípio da proporcionalidade.

No caso da tensão entre liberdade de informação e privacidade, há alguns fatores importantes que devem ser considerados, dentre os quais a posição mais ou menos pública da pessoa que é objeto da informação – quanto mais pública for esta posição, mais forte será a tutela do direito à informação –, bem como a existência, ou não, de algum interesse social legítimo no conhecimento dos fatos a serem noticiados[8].

Vale ainda destacar que os bens jurídicos tutelados nos incisos do art. 5º da Constituição citados no § 1º do art. 220 da Lei Maior não são os únicos que podem justificar restrições à liberdade de informação jornalística. Outros interesses de estatura constitucional também podem fundamentar tais restrições, como ocorre, por exemplo, com a proibição de divulgação da imagem e

---

4. Sobre as restrições a direitos fundamentais na doutrina brasileira, veja-se PEREIRA, Jane Reis Gonçalves. *Interpretação Constitucional e Direitos Fundamentais*: Uma contribuição ao estudo das restrições aos direitos fundamentais na perspectiva da teoria dos princípios. Rio de Janeiro: Renovar, 2006; e SILVA, Virgílio Afonso da. *Direitos Fundamentais: Conteúdo essencial, restrições e eficácia*. São Paulo: Malheiros, 2009.

5. Cf. MACHADO, Jónatas E. M. *Liberdade de Expressão*, p. 386.

6. Cf. PEREIRA, Guilherme Döring Cunha. *Liberdade e Responsabilidade dos Meios de Comunicação*, p. 57 e s.

7. Cf. CARVALHO, Luis Gustavo Grandinetti Castanho. *Direito de Informação e Liberdade de Expressão*, p. 159.

8. Cf. BARROSO, Luís Roberto. "Liberdade de Expressão *versus* direitos da personalidade. Colisão de direitos fundamentais e critérios de ponderação".

do nome de menores infratores, estabelecida no art. 247 da Lei n. 8.069/90, que se alicerça na proteção constitucional à criança e ao adolescente (art. 227, CF).

11. A proibição de censura

A proibição da censura é um dos aspectos centrais do nosso regime constitucional da comunicação social, que explicita o profundo compromisso da Constituição com a democracia e a liberdade de expressão, ao mesmo tempo que revela o desígnio do constituinte de proscrever posturas autoritárias ou paternalistas do Estado na seara comunicativa.

Em sua acepção mais tradicional e estrita, a censura consiste em restrição prévia ao exercício da liberdade de expressão realizada por autoridades administrativas. Ela é realizada através do exercício de um controle preventivo sobre aquilo que se pretende comunicar. Tal prática foi peremptoriamente vedada pela Constituição e esta proibição não comporta quaisquer relativizações.

Porém, pode-se falar em censura em sentido mais amplo, para incluir também as restrições posteriores ao exercício das liberdades comunicativas, bem como aquelas que impedem a divulgação de ideias, fatos ou mensagens, mas que não provêm de autoridades administrativas, e sim de outras fontes, como decisões judiciais e até condutas privadas[9].

Contudo, neste sentido mais amplo, a proibição de censura não pode ser tomada em termos tão absolutos, nos casos de colisão com outros bens constitucionalmente protegidos. É certo que em nosso regime constitucional não se admite, em hipótese alguma, a possibilidade de interdição administrativa de veiculação de qualquer conteúdo nos meios de comunicação social[10]. Nesta matéria, cabe falar na existência de reserva de jurisdição pela relevância dos interesses em jogo. Por isso, é apenas o Poder Judiciário que pode, em hipóteses absolutamente excepcionais, vedar a divulgação de qualquer mensagem pelos meios de comunicação, quando isto se justifique após um cuidadoso juízo de proporcionalidade. Mas, repita-se, esta é uma hipótese que deve ser reservada apenas para situações extremas, pois a regra geral é a de que eventuais abusos no exercício das liberdades comunicativas que lesem direitos de terceiros devem ser compensados e reprimidos *a posteriori*, através da responsabilidade civil e penal.

Finalmente, não se afigura compatível com a Constituição Federal o condicionamento, imposto pelo art. 20 do Código Civil, da publicação de escritos sobre uma pessoa ou divulgação da sua imagem à obtenção de prévia autorização da mesma. O legislador, com este preceito, instituiu a possibilidade de exercício de uma espécie de censura privada, sem atribuir qualquer importância ao direito à informação e à liberdade de imprensa, e estes direitos, em casos envolvendo pessoas públicas, assumem um peso *prima facie* superior aos direitos da personalidade. O tema foi objeto de decisão do STF, no julgamento da ADI 4.815, em que a referida restrição foi afastada, por ser contrária à Constituição.

12. Regulação de espetáculos públicos e da programação da rádio e televisão e direitos da criança e do adolescente

O § 3º do art. 220 reservou à lei federal a regulação de diversões e espetáculos públicos, conferindo ao Poder Público o poder-dever de "informar sobre a natureza deles, as faixas etárias a que não se recomendem, locais e horários em que sua apresentação se mostre inadequada" (inciso I). Por outro lado, o art. 21, inciso XVI, da Lei Maior atribuiu à União a competência para "exercer a classificação, para efeito indicativo, de diversões públicas e de programas de rádio e televisão". Portanto, observa-se aqui que o próprio constituinte autorizou expressamente um certo tipo de restrição às liberdades comunicativas tendo como objetivo a tutela dos direitos da criança e do adolescente. A premissa de que partiu o constituinte foi a de que o acesso a certos conteúdos incompatíveis com o estágio de desenvolvimento psíquico da criança e do adolescente pode ser prejudicial à sua formação.

Note-se que, ao contrário do que ocorria em constituições anteriores, não há aqui autorização para censura. O Poder Público Federal não pode proibir qualquer diversão ou espetáculo público, nem tampouco vedar a veiculação de programa de rádio ou televisão. No afã de compatibilizar as liberdades comunicativas com os interesses da criança e do adolescente, o constituinte autorizou tão somente uma restrição pontual àquelas. Trata-se da figura conhecida na dogmática constitucional como direito fundamental sujeito à *reserva legal qualificada*[11]. Em tais hipóteses, a norma constitucional não apenas reclama que a restrição se perfaça por meio de lei, mas também estabelece os fins a serem necessariamente perseguidos ou os meios a serem adotados pelo legislador[12].

No caso, a disciplina legal destas restrições à liberdade comunicativa está sujeita a três ordens de exigências constitucionais: (I) formal: exigência de lei federal para a sua regulamentação; (II) de conteúdo expresso: exigência de que as limitações impostas pela lei regulamentadora se atenham ao que foi autorizado pelo constituinte; (III) de conteúdo implícito: exigência de que a lei regulamentadora realize uma acomodação entre os valores constitucionais envolvidos de forma proporcional.

Existia importante controvérsia sobre os limites de tal competência, que vem sendo travada a propósito da classificação indicativa estabelecida pelo Poder Público Federal. Segundo a concepção mais libertária, a finalidade das normas constitucionais em questão é a de oferecer informação aos ouvintes e espectadores, e não determinar a conduta dos veículos de comunicação[13]. Caberia aos pais ou responsáveis pela criança ou adolescente a decisão sobre permitir ou não que o menor tivesse acesso a determinados conteúdos, e não ao Estado. A competência administrativa do Estado restaria exaurida no exercício da clas-

---

9. Cf. MACHADO, Jónatas E. M. *Liberdade de Expressão*, p. 486 e s.
10. Cf. FARIAS, Edilsom. *Liberdade de Expressão e Comunicação*, p. 201.
11. Cf. MENDES, Gilmar Ferreira. *Direitos Fundamentais e Controle de Constitucionalidade*. São Paulo: Celso Bastos Editor, 1998, p. 34.
12. Cumpre registrar, por rigor científico, que há outras possíveis restrições legais a direitos fundamentais implicitamente autorizadas pela Constituição, como é o caso daquelas decorrentes de conflitos com outros direitos fundamentais e bens constitucionalmente protegidos. Sobre o tema, veja-se PEREIRA, Jane Reis Gonçalves. *Interpretação Constitucional e Direitos Fundamentais*. Rio de Janeiro: Renovar, 2006, p. 212.
13. Cf. BARROSO, Luís Roberto. "Liberdade de Expressão, censura e controle da programação de televisão na Constituição de 1988", p. 377-378, e LOPES, Vera Maria de Oliveira Nusdeo, *O Direito à Informação e as Concessões de Rádio e Televisão*, p. 289.

sificação indicativa, que cumpriria seu papel ao assegurar informação adequada ao público, e, em especial, aos pais e responsáveis. Para esta corrente, uma "classificação para efeito indicativo" não poderia converter-se em um conjunto de normas cogentes para os exibidores.

A outra posição, mais preocupada com a tutela da criança e do adolescente, afirma que a alusão ao caráter indicativo da classificação destina-se aos pais e não às emissoras, estando estas obrigadas a seguirem os horários estabelecidos pela União. Esta corrente invoca em favor da sua tese o argumento de que o contato prematuro com certos conteúdos – ex.: programas de televisão excessivamente violentos ou com forte apelo erótico – pode ser extremamente prejudicial ao psiquismo das crianças e dos adolescentes, e que a própria Constituição estabeleceu, no seu art. 227, a absoluta prioridade da tutela dos direitos fundamentais destes seres humanos em formação. Ademais, com muita frequência as crianças e adolescentes ouvem o rádio ou assistem à televisão desacompanhados dos pais, não sendo possível, neste contexto, confiar a decisão sobre o que pode ou não ser assistido aos titulares do poder familiar.

Esta última posição foi adotada pelo art. 254 do Estatuto da Criança e do Adolescente, que previu sanções para as emissoras que não observarem os horários estipulados na classificação estabelecida pela União, mas foi objeto de impugnação no STF, por meio da ADI 2.404. O STF julgou procedente a referida ADI, assentando que a classificação é de natureza apenas indicativa também para os espetáculos públicos e emissoras de rádio e de televisão.

13. As restrições à propaganda

Conforme assentado nos comentários ao art. 5º, inciso IX, a propaganda comercial também está abrangida no âmbito de proteção da liberdade de expressão, apesar de localizar-se na sua periferia, onde a sua tutela constitucional não é tão intensa[14].

Sem embargo, o próprio constituinte admitiu a instituição de restrições à propaganda em questão, notadamente em relação a produtos, prática e serviços que possam ser nocivos à saúde e ao meio ambiente. O constituinte, neste ponto, visou simultaneamente a dois objetivos. Em primeiro lugar, quis corrigir uma assimetria de informações existentes entre o fornecedor e o consumidor, já que estes, muitas vezes, não têm como saber os danos que determinados produtos ou serviços acarretam. As restrições à propaganda, portanto, visam a permitir que o consumidor faça uma escolha mais informada no campo do consumo.

Em segundo lugar, quis o constituinte proteger outros bens jurídicos extremamente importantes na nossa ordem constitucional, como a saúde e o meio ambiente. Infere-se da Constituição uma autorização para que o legislador busque, através da regulação da propaganda, desestimular o consumo de determinados produtos de efeitos deletérios sobre a saúde humana e meio ambiente, como o tabaco. No que concerne ao tabaco, aliás, a interpretação da Constituição deve considerar a Convenção-Quadro para o Controle do Tabaco, promulgada através do Decreto n. 5.608/2006, em que o país se compromete internacionalmente a adotar medidas restritivas da respectiva propaganda comercial, haja vista a plena convergência axiológica entre dita convenção e a nossa ordem constitucional.

As restrições à propaganda devem se conformar ao princípio da proporcionalidade, tanto na sua dimensão mais tradicional, de proibição de excesso, como também na sua faceta de proibição de proteção deficiente[15]. Na análise da ponderação subjacente à regulação da matéria, deve-se levar em conta que a propaganda comercial é aspecto periférico da liberdade de expressão, não sendo protegida tão intensamente pela nossa ordem constitucional, e que, por outro lado, a tutela da saúde e meio ambiente ostenta posição de destaque no sistema de valores da Constituição. Nessa perspectiva, admite-se o controle tanto sobre excessos regulatórios eventualmente cometidos pelo Estado (restrições excessivas à propaganda), como também sobre uma exagerada leniência na disciplina da questão (restrições insuficientes sobre a propaganda).

A Lei Federal n. 9.294/96 (e suas alterações posteriores), regulamentada pelo Decreto Federal n. 2.018/96, instituíra severas restrições à propaganda comercial dos produtos mencionados no art. 220, § 4º, da Constituição. As normas restritivas foram impugnadas perante o STF na ADI 3.311. Ao julgá-la, o STF declarou constitucionais as restrições à exposição publicitária dos produtos fumígenos e a imposição de advertência sanitária nas embalagens, por entender que, embora a propaganda comercial seja tutelada pela liberdade de expressão, no caso, as medidas impostas são proporcionais à luz da necessidade de tutela de outros direitos, como o direito à saúde.

De outra parte, a Lei Federal n. 9.294/96 não estendeu as restrições à publicidade comercial às bebidas com teor alcoólico inferior a 13 g/l, o que abrange a cerveja e o vinho. Essa decisão legislativa foi impugnada no STF pela Procuradoria-Geral da República, por meio da Ação Direta de Inconstitucionalidade por Omissão n. 22, mas a ação foi julgada improcedente.

14. Pluralismo dos meios de comunicação social e a vedação de monopólios e oligopólios

De parte sua preocupação com a dimensão individual e defensiva da liberdade de expressão, o constituinte atentou também para a sua dimensão transindividual e positiva, que tem como foco o enriquecimento da qualidade e do grau de *inclusividade* do discurso público. É interessante notar que a Constituição brasileira de 1988 contempla, ela mesma, os princípios que devem ser utilizados no sopesamento das dimensões defensiva e positiva da liberdade de expressão.

Com efeito, a Carta de 1988 contempla diversos mecanismos de proteção tanto da autonomia editorial dos órgãos de imprensa como também de defesa dos interesses de leitores, ouvintes, telespectadores e outros receptores. Tais mecanismos se apli-

---

14. Sobre o debate a propósito da inclusão da publicidade comercial no âmbito de proteção da liberdade de expressão, veja-se os comentários ao art. 5º, inciso IX, e ainda CLÈVE, Clèmerson Merlin. "Liberdade de Expressão, de Informação e Propaganda Comercial", e BARENDT, Eric. *Freedom of Speech*. 2nd. ed. Oxford: Oxford University, 2005, p. 393-416.

15. Sobre a proporcionalidade como proibição à proteção deficiente, veja-se STRECK, Lenio. "Da Proibição do Excesso (Übermassverbot) à Proibição de Proteção Deficiente (Untermassverbot): de como não há Blindagem contra Normas Penais Inconstitucionais". *Revista do Instituto de Hermenêutica Jurídica* n. 2, 2004, p. 243 e s.

cam tanto aos meios de comunicação social impressos como à radiodifusão, embora, quanto a esta última, haja dispositivos ainda mais específicos que tornam mais evidente a preocupação do constituinte em lhes impor a observância de obrigações positivas tendo em vista os interesses do público.

Como já visto no comentário ao art. 5º, inciso IV, as liberdades de expressão e de imprensa possuem uma dimensão dúplice, pois se apresentam, simultaneamente, como garantias liberais defensivas (liberdades negativas protegidas contra intervenções externas) e como garantias democráticas positivas (liberdades positivas de participação nos processos coletivos de deliberação pública). O Estado deve não apenas respeitar a liberdade de expressão, abstendo-se de violar este direito fundamental pela sua ação, como regular o exercício de atividades expressivas com vistas a fomentar a inclusão do maior número possível de grupos sociais e pontos de vista distintos no mercado de ideias[16].

Isto porque, se é verdade que o controle estatal dos meios de comunicação social é nefasto à democracia, não é menos certo que o controle por um reduzido número de particulares se afigura também pernicioso. Ninguém ignora o poder dos meios de comunicação social na formação das ideias e hábitos das pessoas, e, na medida em que os titulares destes meios também possuem os seus interesses econômicos e políticos, haverá sempre a possibilidade de que manipulem os debates sociais no afã de favorecer tais interesses.

Num sistema em que os meios de comunicação de massa são explorados por particulares com objetivo de lucro, uma série de fatores pode contribuir para a fragilização do pluralismo nos debates sociais e para o abafamento das vozes dos mais pobres[17]. Os meios de comunicação audiovisual, por exemplo, na busca da maximização da sua audiência, podem tender a privilegiar o puro entretenimento, dando reduzido espaço à discussão de temas de interesse público que não se encaixem em sua agenda. Pontos de vista não convencionais muitas vezes podem ser evitados, para não afugentar anunciantes e patrocinadores. Ademais, em temas que envolvem questionamentos ao *status quo* econômico, pode haver tendência da grande imprensa a inclinar-se para o lado mais conservador, seja para proteger os interesses dos seus titulares, seja para evitar indisposições com anunciantes. E os indivíduos e grupos sociais que não possuem poder econômico ou capital político enfrentam graves obstáculos para divulgação de suas ideias e pontos de vista[18], o que pode comprometer o pluralismo comunicativo e empobrecer os debates públicos.

A Constituição de 1988 proclama, logo em seu art. 1º, como um dos princípios fundamentais da República Federativa do Brasil o pluralismo político. Dada a sua condição "fundante" da ordem constitucional, o pluralismo político deve ser compreendido em seu significado mais amplo, alcançando não apenas o espectro político-partidário, mas todas as concepções e ideias que tenham relevância para o comportamento político coletivo. Por outro lado, como norma-princípio que é, espraia seus efeitos por toda a Carta, condicionando a interpretação dos demais dispositivos e clamando por concretização no maior grau possível. Daí a importância da ação estatal na esfera comunicativa, não para censurar ou silenciar qualquer voz – o que lhe é constitucionalmente vedado –, mas para promover o pluralismo.

O objetivo de promoção do pluralismo na esfera da comunicação social pode ser implementado por meio de duas formas, que não são excludentes, mas complementares: o *pluralismo externo* e o *pluralismo interno*. O pluralismo externo relaciona-se à existência de um espaço comunicativo pluricêntrico, caracterizado pela presença de um elevado número de agentes veiculando informações e pontos de vista diferentes na sociedade. Já o pluralismo interno diz respeito à atuação de cada veículo de comunicação social, e envolve a sua obrigação de assegurar espaço equitativo aos diversos pontos de vista relevantes sobre questões controvertidas de interesse público[19]. No que tange ao pluralismo interno, cabe destacar que as medidas tendentes à sua realização não podem implicar restrições excessivas à autonomia editorial de cada veículo de comunicação. Por outro lado, a legitimidade constitucional de qualquer medida que imponha, em nome do pluralismo interno, restrições à autonomia editorial deve levar em consideração o nível de pluralismo externo presente no cenário empírico. Quanto maior for o pluralismo externo, menos justificada será qualquer intervenção estatal que vise a promover o pluralismo interno em qualquer veículo de comunicação[20].

O art. 220, § 5º, proíbe a sujeição dos meios de comunicação social – sejam eles impressos ou eletrônicos –, de forma direta ou indireta, a monopólio ou oligopólio. Tal norma se volta à promoção do pluralismo externo nos meios de comunicação social brasileiros, e tem o objetivo de evitar o controle do "mercado de ideias" por um ou alguns poucos grupos econômicos. Nada obstante, no plano empírico, é notória a falta de efetividade deste dispositivo constitucional, com a concentração de imenso poder comunicativo nas mãos de um reduzido grupo de pessoas e agentes econômicos[21]. O quadro, todavia, mudou substancialmente, pela importância cada vez maior de plataformas digitais cuja natureza favorece a pluralização da esfera pública comunicativa, embora traga outros desafios, inclusive pelas novas formas de concentração de mercado nas chamadas "big techs", grandes provedores de aplicações de internet sediados fora do país.

Vale salientar que o STF endossou a tese da legitimidade da atuação do Estado visando a promover o pluralismo externo nos

---

16. Cf. SUNSTEIN, Cass. *Democracy and the Problem of Free Speech*; HOFFMANN-RIEM, Wolfgang. "Libertad de comunicación y de medios"; SARMENTO, Daniel. "Liberdade de Expressão, Pluralismo e o Papel Promocional do Estado"; e BINEMBOJM, Gustavo. "Meios de Comunicação de Massa, Pluralismo e Democracia Deliberativa: As Liberdades de Expressão e de Imprensa nos Estados Unidos e no Brasil".

17. Cf. FISS, Owen. "Free Speech and Social Structure". In: *Iowa Law Review*, n. 71, 1986, p. 1405-1425.

18. Cf. CARTER, Stephen L. "Technology, Democracy and the Manipulation of Consent". In: BARENDT, Eric (Ed.). *Media Law.* New York: New York University Press, 1993, p. 151-177.

19. A imposição às televisões e rádios de respeito ao pluralismo interno nos Estados Unidos foi realizada através da chamada *fairness doctrine*, adotada pela FCC (*Federal Communications Comission*), tendo sido referendada pela Suprema Corte em 1969, no julgamento do caso *Red Lions Broadcasting Co. v. Federal Communications Comission*. A doutrina em questão foi posteriormente abandonada pelo Governo norte-americano, e ela parece incompatível com as posições mais recentes adotadas pela Suprema Corte do país em matéria de liberdade de expressão.

20. Esta foi a orientação da Corte Constitucional alemã, adotada no caso conhecido como *Televisão IV*, julgado em 1986 (73 BVerfGE 118).

21. Cf. LIMA, Venício A. *As Bases do Novo Coronelismo Eletrônico*. In: http://www.observatorio.ultimosegundo.ig.com.br, acessado em 10 de maio de 2006.

meios de comunicação social, ao julgar as ADIs 4.747, 4.679, 4.756 e 4.923, que impugnaram preceitos da Lei n. 12.485/2011, a qual estabeleceu o marco regulatório para a televisão paga no Brasil. O legislador criou mecanismos que restringiram a propriedade cruzada nessa área, limitando a possibilidade de que agentes econômicos ocupem nichos diferentes da cadeia do audiovisual, e o STF reputou válidas tais restrições, salientando os papéis do Estado de evitar a concentração excessiva e de promover o pluralismo no âmbito da comunicação social. Em relação ao pluralismo interno, a Constituição brasileira prevê pelo menos dois mecanismos ligados à sua promoção: o direito de resposta (art. 5º, inciso V) e o direito de antena dos partidos políticos (art. 17, § 3º). Quanto ao primeiro, não se trata de um instituto voltado apenas à tutela dos direitos de personalidade das pessoas atingidas pela divulgação de fatos inverídicos, já que visa também a estabelecer um contraditório na opinião pública, propiciando à cidadania o acesso a versões e visões conflitantes sobre temas de interesse público[22]. Esta posição foi acolhida pelo STF, em decisão monocrática do Ministro Celso de Mello, proferida na Medida Cautelar 2.695[23]. Já no que tange ao direito de antena, cuida-se de importante garantia do pluralismo político, que permite às mais importantes correntes de opinião, aglutinadas em torno dos partidos políticos, que divulguem para o público as suas ideias e projetos, com vistas a estimular o debate social e propiciar ao cidadão o acesso a pontos de vista divergentes sobre temas de interesse social[24]. Tais institutos devem ser objeto de uma interpretação generosa e ampliativa, tendo em vista que assim se dinamiza a esfera pública comunicativa, de forma a servir aos valores democráticos subjacentes à liberdade de expressão.

15. A desnecessidade de licença para publicação de veículo impresso de comunicação

O art. 220, § 6º, estabelece que a publicação de veículo impresso de comunicação independe de licença de autoridade. Ao contrário do que ocorre nos serviços de radiodifusão sonora e de sons e imagens – sujeitos à necessidade de delegação pelo Poder Público (art. 21, XII, "a", CF/88)[25], por conta da escassez de espaço no espectro eletromagnético – a mídia impressa é explorada livremente como uma atividade econômica privada, não se sujeitando a qualquer espécie de consentimento estatal. A *ratio* da norma constitucional é prestigiar a liberdade de expressão e a livre circulação de ideias e informações, diante da inexistência de limites materiais do meio de divulgação. Tal determinação se harmoniza com a vedação constitucional à censura e visa a proteger a liberdade de expressão de possíveis arroubos autoritários dos governantes de plantão.

Esta distinção quanto ao regime jurídico entre a imprensa escrita e a radiodifusão tem reflexos no que tange à legitimidade das restrições normativas à liberdade de expressão. Nesta linha, a legislação eleitoral, por exemplo, impõe restrições muito mais severas à liberdade das rádios e televisões do que aos veículos da mídia impressa (cf. arts. 43 a 57 da Lei n. 9.504/97). E tem-se entendido que o dever das emissoras de rádio e televisão de manter uma postura neutra e equidistante entre os diversos candidatos no período eleitoral não se estende à imprensa escrita, que pode ter e manifestar livremente as suas preferências, desde que não o faça de forma abusiva.

16. Equiparação das plataformas digitais a meios de comunicação social

Questão mais recente diz respeito à possibilidade e à validade de considerar os provedores de redes sociais, ferramentas de busca e mensageria privada como meios de comunicação social. Por certo, ao regular a comunicação social, o art. 220 teve como paradigma o modo de funcionamento da esfera pública em 1988. Nesse sentido, é possível, em determinadas situações, entender pela necessidade de equiparação das plataformas a meios de comunicação social para atualizar o sentido de normas estabelecidas diante de uma realidade comunicacional diversa, já superada. É o que fez o TSE quando definiu que seria possível, no âmbito da Lei de Inelegibilidades (LCP n. 64/90), a cassação de mandatos eletivos por uso indevido de veículos ou meios de comunicação social em razão de ilícito praticado pelas redes sociais[26]. Considerou-se, no caso, que não haveria inovação na definição do ilícito, mas tão somente o reconhecimento de novas formas de cometimento de ilícito já previsto no ordenamento.

Deve-se, porém, evitar o enquadramento genérico das plataformas digitais como meios de comunicação social. As novas mídias constituem veículos muito diferentes das mídias tradicionais, sendo marcadas pela interatividade, pela descentralização, pelo funcionamento em tempo real, pela transposição de fronteiras territoriais, pela arquitetura flexível e aberta e pelos baixos custos de acesso, o que torna os sistemas regulatórios aplicáveis às mídias tradicionais, em boa medida, inadequados para as redes. Assim, uma equiparação total entre esses veículos, para todos os fins, pode produzir consequências não antecipadas e indesejadas para a conformação de obrigações constitucionais e legais relevantes.

Art. 221. A produção e a programação das emissoras de rádio e televisão atenderão aos seguintes princípios:

I – preferência a finalidades educativas, artísticas, culturais e informativas;

II – promoção da cultura nacional e regional e estímulo à produção independente que objetive sua divulgação;

III – regionalização da produção cultural, artística e jornalística, conforme percentuais estabelecidos em lei;

IV – respeito aos valores éticos e sociais da pessoa e da família.

Márcio Iorio Aranha[1]

---

22. Veja-se o comentário ao art. 5º, inciso V, assim como CARVALHO, Luiz Gustavo Grandinetti Castanho de. *Direito de Informação e Liberdade de Expressão*, p. 174-175.

23. *DJe* de 30-11-2010.

24. Cf. FARIAS, Edilsom. *Liberdade de Expressão e Comunicação*, p. 235-236.

25. Ao contrário da mídia impressa, emissoras de rádio e televisão no Brasil, de acordo com o art. 21, inciso XII, alínea "a", da Constituição, são delegatárias de um serviço público federal. A existência de uma quantidade escassa de frequências disponíveis em comparação com o número de interessados gera a necessidade da intervenção do Estado na alocação de frequências a alguns, com a exclusão de outros.

26. TSE, RO n. 0603975-98, Rel. Min. Luis Felipe Salomão, j. em 28-10-2021.

1. Na elaboração do presente comentário, contou-se com a colaboração de Laura Fernandes de Lima Lira e João Alberto de Oliveira Lima quanto aos tópicos de literatura, histórico de aprovação constituinte e constituições anteriores; de

1. Histórico da norma

O texto atual do art. 221 da Constituição Federal não existia autonomamente nos anteprojetos apresentados pela Comissão VIII (Da Família, da Educação, Cultura e Esportes, da Ciência, Tecnologia e Comunicação) e Subcomissão B (Da Ciência e Tecnologia e da Comunicação) no processo constituinte de 1987-1988. A propósito, a Comissão Temática VIII foi a única que não apresentou anteprojeto para a Comissão de Sistematização da Constituinte[2]. Embora o conteúdo dos incisos I, II e III do art. 221 já estivesse presente no Substitutivo 1 do Relator da Comissão de Sistematização ao Projeto de Constituição, a redação atual do art. 221 e seus incisos somente foi alcançada no Projeto B apresentado ao 2º Turno de votação no Plenário da Assembleia Nacional Constituinte. A partir daquele momento, ele não sofreu nenhuma alteração nos Projetos C (final do 2º Turno) e D (Comissão de Redação Final) até a promulgação do texto definitivo[3]. Não se pode concluir disso, entretanto, que a subcomissão pertinente tivesse deixado de se debruçar sobre os artigos da Comunicação Social. No anteprojeto apresentado na Subcomissão da Ciência e Tecnologia e da Comunicação, a relatora – deputada Cristina Tavares – tratou de forma indireta do que viria a ser o texto final do artigo. Ao mencionar as competências do Conselho Nacional de Comunicação (CNC), o anteprojeto trazia, em seu bojo, os princípios pelos quais o CNC deveria zelar. Entre tais princípios, encontravam-se a promoção da cultura nacional em suas distintas manifestações, assegurada a regionalização da produção cultural nos meios de comunicação e na publicidade; a garantia de pluralidade e de centralização vedada a concentração da propriedade dos meios de comunicação; a prioridade a entidades educativas, comunitárias, sindicais, culturais e outras sem fins lucrativos na concessão de canais e exploração de serviços. Todavia, com a votação das emendas ao projeto da relatora, o artigo referente ao CNC foi retirado do texto final, juntamente com os princípios nele tratados. Na Comissão Temática VIII da Assembleia Nacional Constituinte – da Família, da Educação, Cultura e Esportes, da Ciência e Tecnologia e da Comunicação –, os princípios da comunicação social novamente foram aventados como decorrentes da competência do CNC. Contudo, assim como ocorreu na subcomissão citada, o texto apresentado pelo relator Arthur da Távola não foi aprovado. A comissão seguinte – a Comissão de Sistematização –, em razão do tempo dedicado aos debates dos outros pontos do Título VIII, não chegou a se pronunciar sobre as emendas apresentadas, pelo que o substitutivo do relator Bernardo Cabral foi levado ao pleno sem prévio pronunciamento sobre o tema dos princípios da comunicação social. No primeiro projeto apresentado no Plenário da Assembleia Nacional Constituinte, o art. 221 apresentava-se resumidamente da seguinte forma: "as emissoras de rádio e televisão, resguardado o dever de bem informar, cooperarão para o aprimoramento da sociedade mediante a valorização de suas finalidades educativas, artísticas, culturais e promocionais dos valores humanos, levando sempre em conta, na sua programação, as peculiaridades regionais do país". Enriquecido pela discussão dos debates do Plenário da Assembleia Nacional Constituinte, o texto aprovado foi, finalmente, aquele que consta da atual redação do art. 221.

2. Constituições brasileiras anteriores

Não há dispositivo equivalente nas constituições brasileiras anteriores.

3. Constituições estrangeiras

Da análise dos ordenamentos jurídicos de países selecionados nos Continentes Americano, Europeu e Africano – Alemanha, Argentina, Angola, Chile, Canadá, Colômbia, Estados Unidos, Espanha, França, Itália, México, Moçambique, Paraguai, Peru e Uruguai –, em nenhum deles há tratamento constitucional analítico sobre a comunicação social. São encontradas, todavia, referências isoladas ou em conjunto ao direito à informação, à liberdade de manifestação do pensamento e à liberdade de imprensa – Lei Fundamental alemã de Bonn (art. 5º), Constituições da Argentina (art. 14), do Chile (art. 19, § 12), dos Estados Unidos (Primeira Emenda), da Espanha (art. 20(3)), da França (Declaração Universal dos Direitos do Homem e do Cidadão, arts. 10 e 11 c/c o Preâmbulo da Constituição de 1958), da Itália (art. 21), do México (art. 6º), de Moçambique (art. 48), do Paraguai (art. 27, 29 e 31), do Peru (arts. 14 e 61), de Portugal (arts. 38 e 73(3)), do Uruguai (art. 29) e a Carta de Direitos e Liberdades da Lei Constitucional do Canadá (art. 2º, b) – em alguns casos coligadas a princípios da ordem social, como é o caso das Constituições angolana (arts. 41 e 44) e colombiana (art. 20). O ordenamento constitucional português (arts. 38 a 40 e 73) e o paraguaio (art. 31) são exceções à regra de inexistência de tratamento constitucional específico sobre a comunicação social. A Constituição portuguesa dedica, em dispositivos apartados dos dedicados à liberdade de expressão e informação, espaço específico às temáticas de liberdade de imprensa e meios de comunicação social (art. 38), regulação da comunicação social (art. 39) e direito de antena, de resposta e de réplica política (art. 40), exigindo que a entidade administrativa independente responsável pela comunicação social assegure a possibilidade de expressão e confronto das diversas correntes de opinião nela veiculadas (art. 39, 1, f), bem como que o Estado promova a democratização da cultura em colaboração com os órgãos de comunicação social (art. 73, 3). A disciplina jurídica dos princípios de comunicação social no direito comparado é, portanto, quase que exclusivamente de natureza infraconstitucional. Assim, por exemplo, a Constituição argentina não trata de princípios de comunicação social, mas tão somente do enunciado da liberdade de imprensa – art. 14: direito de "publicar suas ideias pela imprensa sem censura prévia" –, cabendo à legislação infraconstitucional – a Lei 26.522 (art. 25), que regula os serviços de comunicação audiovisual – considerar tais serviços

---

Renata Tonicelli de Mello Quelho quanto aos tópicos de direito comparado e internacional; e a reunião de jurisprudência correlata por Rodrigo de Oliveira Fernandes, todos pesquisadores do Grupo de Estudos em Direito das Telecomunicações da UnB (GETEL/UnB). Registra-se o agradecimento à Coordenação de Relacionamento, Pesquisa e Informação do Centro de Documentação e Informação da Câmara dos Deputados pelo fornecimento de dados essenciais ao resgate do histórico constituinte do artigo ora comentado.

2. LIMA, João Alberto de Oliveira [et al.]. *A Gênese do Texto da Constituição de 1988*. Volume II. Brasília: Senado Federal, Coordenação de Edições Técnicas, 2013, p. 199.

3. LIMA, João Alberto de Oliveira [et al.]. *A Gênese do Texto da Constituição de 1988*. Volume I. Brasília: Senado Federal, Coordenação de Edições Técnicas, 2013, p. 349-351.

como "atividade social de interesse público" e um "direito fundamental ao desenvolvimento sociocultural da população", que conta com o "objetivo primordial" de "promoção da diversidade e universalidade no acesso e participação", assim entendida a "igualdade de oportunidades para acesso ao benefício de sua prestação", e em especial, a "satisfação das necessidades de informação e comunicação social das comunidades" alcançadas por tais serviços. A Constituição angolana de 2010 vai além do enunciado da liberdade de expressão e informação (art. 41) e de imprensa (art. 44) para determinar que o Estado "assegur[e] o pluralismo de expressão e garant[a] a diferença de propriedade e a diversidade editorial dos meios de comunicação", remetendo à regulamentação infraconstitucional as "formas de exercício da liberdade de imprensa". A Constituição chilena, por sua vez, prevê, no art. 19, § 12, a criação do Conselho Nacional de Televisão, cujos objetivos descritos no art. 1º da Lei 18.838, de 29 de setembro de 1989, englobam o "correto funcionamento dos serviços de televisão", assim entendida a programação que respeite os "valores morais e culturais próprios à nação, a dignidade das pessoas, a proteção da família, o pluralismo (...) a formação espiritual e intelectual da infância e da juventude". A Constituição colombiana, no art. 20, prevê, como qualificativo às informações transmitidas ou recebidas no uso da liberdade de expressão e manifestação de pensamento, que estas sejam "verdadeiras e imparciais" e que à comunicação social se aplica a "responsabilidade social". Por fim, na França, o princípio de comunicação audiovisual livre e pluralista foi primeiramente inaugurado pela lei de comunicação audiovisual de 1982, inexistente disciplina constitucional específica sobre a matéria.

4. Direito internacional

Declaração Universal dos Direitos Humanos, de 10 de dezembro de 1948, art. 19 e art. 27(1); Declaração sobre os princípios fundamentais relativos à contribuição dos meios de comunicação de massa para o fortalecimento da paz e da compreensão internacional para a promoção dos Direitos Humanos e a luta contra o racismo, o *apartheid* e o incitamento à guerra, de 28 de novembro de 1978 (Unesco), art. 2º, § 1º e § 2º, art. 3º, art. 4º, art. 5º, art. 7º, art. 10, § 4º; Pacto Internacional dos Direitos Civis e Políticos, de 16 de dezembro de 1966, art. 1º(1), art. 19(3) e art. 27, promulgado, no Brasil, por meio do Decreto 592, de 6 de julho de 1992; Declaração dos Princípios da Cooperação Cultural Internacional, de 4 de novembro de 1996, da Unesco, art. 1º, § 2º, art. 2º; Declaração Universal sobre a Diversidade Cultural, de 2001, da Unesco, em especial art. 5º, art. 6º, art. 8º, art. 9º e Objetivo 12 do Plano de Ação para a Aplicação da Declaração Universal da Unesco sobre a Diversidade Cultural; Convenção sobre a Proteção e Promoção da Diversidade das Expressões Culturais, de 20 de outubro de 2005 (Unesco), art. 1º, *e*, *g*, *h*, art. 2º, §§ 1º a 4º e 7º, art. 4º, art. 5º, art. 6º e alíneas, em especial a alínea *h*, art. 7º, § 1º, art. 10, *a*, ratificada pelo Decreto Legislativo 485/2006; Convenção para a Salvaguarda do Patrimônio Imaterial, de 17 de outubro de 2003 (Unesco), art. 13, *d*, art. 14, *a*(i)(ii)(iv); Rodada Uruguai, de 1994, do Acordo Geral de Tarifas e Comércio (Reserva da União Europeia contra a diminuição geral de barreiras de mercado sobre a programação televisiva sob o fundamento de que o espaço cultural europeu deveria ser preservado, fortalecido e protegido do influxo de entretenimento americano). **Acordos regionais**: Declaração Americana de Direitos e Deveres do Homem, da OEA, de 1948, arts. IV, V, VI, XII e XIII; Convenção Americana sobre Direitos Humanos (Pacto de São José da Costa Rica), de 22 de novembro de 1969, art. 13, promulgada, no Brasil, por meio do Decreto 678, de 6 de novembro de 1992 (Garante o exercício da liberdade de pensamento e expressão, mas autoriza a vedação, por lei, de "toda propaganda a favor da guerra, bem como toda apologia ao ódio nacional, racial ou religioso que constitua incitação à discriminação, à hostilidade, ao crime ou à violência"); Convenção Europeia de Proteção dos Direitos Humanos e Liberdades Fundamentais, de 4 de novembro de 1950, art. 10.1; Carta Africana dos Direitos Humanos e dos Povos, de 27 de julho de 1981, da Organização da Unidade Africana (OUA), art. 9º(2), art. 13, art. 17; Protocolo Adicional à Convenção Americana sobre Direitos Humanos em Matéria de Direitos Econômicos, Sociais e Culturais, da OEA, de 17 de novembro de 1988 (Protocolo de San Salvador), arts. 14 e 15; Convenção Europeia sobre Televisão Transfronteiriça, de 5 de maio de 1989, do Conselho Europeu (Proposta de concretização de um mercado regional europeu de mídia); Diretiva 522/CEE, de 3 de outubro de 1989, do Conselho Europeu, relativa à coordenação de certas disposições legislativas, regulamentares e administrativas dos Estados-membros relativas ao exercício de atividades de radiodifusão televisiva, arts. 2º e 4º; Declaração Interamericana de Princípios da Liberdade de Expressão, da Comissão Interamericana de Direitos Humanos, da OEA (108ª Reunião Regular, de 19 de outubro de 2000), arts. 1º, 2º, 5º, 7º e 10.

5. Dispositivos constitucionais e legais relacionados

5.1. Constitucionais

Art. 1º, III e IV; art. 4º, parágrafo único; art. 5º, IV, V e IX; art. 17, § 3º; art. 21, XVI; art. 23, III, IV e V; art. 24, VII e IX; art. 37, § 1º; art. 205; art. 207; art. 210; art. 215; art. 216; art. 220, § 2º e § 3º; art. 222, § 3º.

5.2. Legais

Lei 4.117, de 27 de agosto de 1962, art. 38, *d* e *h*, art. 124, *caput*; Decreto-Lei 236, de 28 de fevereiro de 1967, arts. 13 e 14; Lei 7.716, de 5 de janeiro de 1989, art. 20, com a redação dada pela Lei 9.459, de 13 de maio de 1997; Lei 8.977, de 6 de janeiro de 1995, art. 3º, *caput*, e art. 23, I, *e*, *f* e *g*; Lei 9.612, de 19 de fevereiro de 1998 (íntegra); Lei 9.637, de 15 de maio de 1998, art. 19, *caput*; Lei 11.652, de 7 de abril de 2008 (íntegra); Lei 12.485, de 12 de setembro de 2011 – Lei do SeAC –, art. 3º e Capítulo IV; Lei 12.965, de 23 de abril de 2014 (íntegra); Lei 13.417, de 1º de março de 2017 (íntegra).

6. Jurisprudência

ADI 2566-MC/DF – STF (Negada a cautelar para suspensão de eficácia do art. 4º, § 1º, da Lei 9.612/98, que veda o proselitismo de qualquer natureza – o abuso da pregação político-partidária, religiosa, de promoção pessoal, com fins pessoais, sectarismos e partidarismos – na programação das emissoras de radiodifusão comunitária); **ADI 869/DF – STF** (Inconstitucionalidade da expressão "ou a suspensão da programação da emissora até por dois dias, bem como da publicação do periódico até por dois números" contida no § 2º do art. 247 da Lei 8.069/90); **ADI 956/DF – STF** (Constitucionalidade do § 1º do art. 76 da Lei 8.713/93, que veda a utilização de gravações externas, montagens ou trucagens nos programas destinados à veiculação durante o horário de propaganda eleitoral gratuita); **MS 24.832-MC/DF – STF** (Decorre da imprensa informativa, investigativa e denunciativa a possibilidade de televisionamento de depoimento em CPI parlamentar de inquérito); **RE 113.505/RJ – STF** (O direito de autor não impede a aplicação do direito de citação a obras audiovisuais para uso de trechos de programação de uma empresa radiodifusora de sons e sons e imagens por outra em programas informativos, ilustrativos ou críticos); **ADO 10 e ADO 11** (Aplicabilidade direta e imediata do art. 221, I a IV, e inexistência de norma constitucional definidora do dever de legislar especificamente sobre programação de rádio e televisão, sem que isso afaste a possibilidade de regulamentação ordinária para sua concretização).

7. Literatura selecionada

AIMÉE, Dorr. *Television and Children*: A Special Medium for a Special Audience. Beverly Hills: SAGE, 1986; ALEXANDRINO, José Alberto de Melo. *Estatuto Constitucional da Actividade de Televisão*. Coimbra: Coimbra Editora, 1998; ARANHA, Marcio Iorio. *Direito das Telecomunicações e da Radiodifusão*: histórico normativo e conceitos fundamentais. 5. ed. Londres: Laccademia Publishing, 2018; BAKER, Edwin. *Advertising and a Democratic Press*. Princeton: Princeton University Press, 1994; BARRON, Jerome A. *Freedom of the Press for Whom?* The Right of Access to Mass Media. Bloomington: Indiana University Press, 1973; BITELLI, Marcos Alberto Sant'Anna. *O Direito da comunicação e da comunicação social*. São Paulo: Revista dos Tribunais, 2004; BRITTOS, Valério Cruz e ANDRES, Márcia Turchiello. Conteúdo local e reterritorialização: estratégias do mercado televisivo rumo à digitalização. *Revista de Economia Política das Tecnologias da Informação e Comunicação* 12(3): s/p, set./dez. 2010; CÁDIMA, Francisco; OLIVEIRA MARTINS, Luis; TORRES DA SILVA, Marisa. Os *media* e o pluralismo em Portugal. In: COSTA, Cristina. *Comunicação e liberdade de expressão: Atualidades*. São Paulo: Escola de Comunicações e Artes da USP, 2016; CAJÚ, Oona de Oliveira. O STF e a regulação dos meios de comunicação social: a metalinguagem adotada pela Corte na decisão da ADPF 130/DF. *Revista de Direito, Estado e Telecomunicações* 9(1): 93-124, maio de 2017; CANOTILHO, J. J. Gomes e MACHADO, Jónatas E. M. *"Reality Shows" e Liberdade de Programação*. Coimbra: Coimbra Editora, 2003; CARVALHO, Carlos Eduardo Vieira de. *Regulação de Serviços Públicos na Perspectiva da Constituição Econômica*. Belo Horizonte: Editora Del Rey, 2007; CARVALHO, Lucas Borges de. Os meios de comunicação, a censura e a regulação de conteúdo no Brasil: aspectos jurídicos e distinções conceituais. *Revista de Direito, Estado e Telecomunicações* 4(1): 51-82, 2012; CASTELLS, Manuel. *The Information Age*: Economy, Society, and Culture (Volume II). The Power of Identity. 2. ed. Oxford: Wiley-Blackwell, 2010; CENEVIVA, Walter Vieira. O regime jurídico da televisão e a Lei do Serviço de Acesso Condicionado. *Revista de Direito das Comunicações* 3(6): 147-173, 2012; CLÈVE, Clemerson Merlin. Liberdade de Expressão, de Informação e Propaganda Comercial. In: SARMENTO, Daniel; GALDINO, Flávio (orgs.). *Direitos Fundamentais*: Estudos em Homenagem ao Professor Ricardo Lobo Torres. Rio de Janeiro: Renovar, 2006, p. 267-324; FERNANDES NETO, Guilherme. *Direito da Comunicação Social*. São Paulo: Revista dos Tribunais, 2004; FERRIGOLO, Noemi Mendes Siqueira. *Liberdade de Expressão*: Direito na Sociedade de Informação – Mídia, Globalização e Regulação. São Paulo: Editora Pilares, 2005; JAMBEIRO, Othon. Obrigações educativas e culturais da TV no Brasil. *Revista de Economia Política das Tecnologias da Informação e Comunicação* 3(3): s/p, set./dez. 2001; LIMA, João Alberto de Oliveira [et al.]. *A Gênese do Texto da Constituição de 1988*. Volumes I e II. Brasília: Senado Federal, Coordenação de Edições Técnicas, 2013; LIRA, Laura Fernandes de Lima. A radiodifusão como serviço público: consequências para a possibilidade jurídica de imposição de cotas de conteúdo nacional. *Revista de Direito, Estado e Telecomunicações* 2(1): 103-160, 2010; LOPES, Vera Maria de Oliveira Nusdeo. *O Direito à Informação e as Concessões de Rádio e Televisão*. São Paulo: RT, 1998; MARQUES, Rodolfo F.; CONCEIÇÃO, Bruno da S. A Ley de Medios na Era Macri: reversão no processo de regulação da mídia na Argentina. *Aurora: Revista de arte, mídia e política*. São Paulo, v. 10, n. 28, fev./maio, p. 13-36, 2017; MELO, Jussara Costa. Regulação do Direito ao Esquecimento no Ciberespaço: Heterogeneidade de Lealdades no Espaço Público de Postulação de Interesses Legítimos. *Revista de Direito, Estado e Telecomunicações* 7(1): 171-194, 2015; PIERANTI, Octavio Penna. O Estado e as comunicações no Brasil: uma análise da Constituição Federal de 1988. *Comunicação & Política* 23(3): 36-59, set./dez. 2005; RABOY, Marc. Cultural Sovereignty, Public Participation, and Democratization of the Public Sphere: The Canadian Debate on the New Information Infrastructure. In: KAHIN, Brian; WILSON, Ernest (orgs.). *National Information Infrastructure Initiatives*. Cambridge, Massachusetts: The MIT Press, 1997; RAUSCHENBERG, Nicholas D. B. Para uma breve historia de la Ley de Medios de comunicación en Argentina. Del debate público al retorno del neoliberalismo. *Revista Comunicação Midiática*, v. 13, n. 1, jan./abr., p. 63-77, 2018; RUSSELL, Bertrand. *Educação e ordem social*. Trad. Leônidas Gontijo de Carvalho. São Paulo: Companhia Editora Nacional, 1956; SILVA, José Afonso da. *Ordenação constitucional da cultura*. São Paulo: Malheiros, 2001; VALENTE, Jonas. Estados Unidos – a referência do modelo de mídia brasileiro. In: RAMOS, M.C. et al. *Políticas de Comunicações – Um estudo comparado: Brasil, Espanha, Estados Unidos, México e Venezuela*. Salamanca: CS Ediciones y Publicaciones, 2012; WIMMER, Miriam. *Direitos, democracia e acesso aos meios de comunicação de massa*. 2012. 310 f. Tese de Doutorado em Comunicação Social. Universidade de Brasília, Brasília, 2012.

8. Comentários

À semelhança do que ocorre com o papel comumente atribuído ao serviço adequado no tocante ao regime jurídico dos serviços públicos, a principiologia inscrita no art. 221 pode ser compreendida como a bússola da comunicação social, na medida em que guia os passos normativos e administrativos de orientação dos serviços por ele atingidos. A primeira questão que se coloca, portanto, diz respeito ao âmbito de aplicação do artigo em comento.

8.1. Âmbito de aplicação

8.1.1. Etapas da cadeia de valor e sujeitos atingidos pelo comando constitucional

O enunciado do *caput* do art. 221 não utilizou o termo *serviços de radiodifusão sonora e de sons e imagens* constante do art. 21, XII, *a*, que trata da competência da União. Com isso, a redação do art. 221 evidenciou que seus princípios se aplicam às atividades de produção e programação de radiodifusoras, independentemente do meio de distribuição utilizado, sejam eles os serviços propriamente de radiodifusão ou sua distribuição por outras plataformas, como a dos serviços de comunicação audiovisual de acesso condicionado. A real dimensão dos princípios nele enunciados é, todavia, ainda mais abrangente, pois decorre do conceito de comunicação social eletrônica, que será aprofundado no comentário ao art. 222, *infra*.

Enquanto o art. 221 fala de *produção e programação*, o Código Brasileiro de Telecomunicações (Lei 4.117/62), que ainda permanece em vigor no tocante à disciplina dos serviços de radiodifusão, refere-se, de forma assistemática, exclusivamente às atividades de *programação e distribuição*. Somente em 2011, com a promulgação da Lei dos Serviços de Acesso Condicionado (Lei 12.485/2011), foram claramente definidas as atividades ou etapas da comunicação audiovisual. A Lei 12.485, embora não se aplique à radiodifusão, senão em seus efeitos indiretos de disciplina de programação e distribuição de canais de radiodifusão por serviços de TV por assinatura e limites à propriedade cruzada de empresas radiodifusoras e de TV por assinatura, classifica, no seu art. 4º, as atividades de comunicação audiovisual em quatro tipos, quais sejam, *produção, programação, empacotamento e distribuição*. A compreensão do âmbito de aplicação do art. 221 da Constituição Federal depende, portanto, da diferenciação inscrita na disciplina infraconstitucional entre as atividades ou etapas da cadeia de valor da comunicação audiovisual. O dispositivo constitucional em comento restringe os princípios nele enunciados aos momentos de produção e programação das emissoras de rádio e televisão e dos meios de comunicação social eletrônica, via batimento com o art. 222 da Carta.

Ao restringir a aplicação dos princípios a tais etapas da cadeia de valor da comunicação sonora ou audiovisual, o art. 221 não afastou das demais etapas – *e.g.* empacotamento/provimento e distribuição – a proteção genérica dos bens jurídicos da educação, cultura e família, ou de suas garantias constitucionais. Conforme abordado abaixo, no item 8.2 destes comentários, os efeitos jurídicos do art. 221 são específicos e determinados ao vincularem a disciplina normativa e administrativa dos poderes Legislativo e Executivo ao juízo constitucional prévio de valorização de finalidades educativas, artísticas, culturais e informativas, de cultura nacional e regional, em especial por estímulo à produção independente, de regionalização e de proteção à pessoa e à família.

O questionamento sobre se as emissoras de rádio e televisão previstas no *caput* do art. 221 abrangem qualquer meio de comunicação social ou somente os de difusão aberta à livre recepção dos interessados é respondida por três argumentos básicos: a) o tom predominante do Capítulo da Comunicação Social da Constituição Federal de 1988 leva à ineludível ligação temática dos arts. 221 a 224 e à caracterização das *emissoras de rádio e televisão* ali presentes como o sujeito próprio à prestação de serviços de radiodifusão; b) o advento da Emenda Constitucional n. 36, de 2002, reforça essa interpretação ao expressamente estender os princípios do art. 221 à comunicação social eletrônica, algo desnecessário caso o art. 221 abarcasse outras formas de comunicação audiovisual por assinatura; c) o art. 223, § 5º, adota a mesma nomenclatura do *caput* do art. 221, vinculando os termos *emissoras de rádio e televisão* à radiodifusão.

O caráter especial do processo administrativo expresso via ato complexo de concessão, permissão ou autorização de serviços de radiodifusão do art. 222 tem por norte constitucional específico a exigência de concretização das diversas dimensões dos princípios do art. 221 no âmbito de contratos e atos administrativos e de fiscalização da prestação dos serviços de radiodifusão sonora e de sons e imagens. O *caput* do art. 211, portanto, reserva tais exigências constitucionais aos momentos da produção e programação, porquanto eles se configuram nos momentos-chave de definição de conteúdo radiodifusor no ato complexo de concessão, permissão e autorização de serviço de radiodifusão.

A ausência de referência a outros momentos da cadeia de valor da radiodifusão não significa uma autorização constitucional a que as etapas seguintes desprezem os princípios do art. 221. Seria um contrassenso pressupor que o art. 221 fixaria cuidadosamente e excepcionalmente os princípios regentes das primeiras etapas da cadeia de valor da radiodifusão como proteções especiais institucionais aos bens jurídicos do título da ordem social constitucional para, em seguida, autorizar a distribuição discricionária da programação segundo preferência alheia às finalidades educativas, artísticas, culturais e informativas. A repercussão dos princípios do art. 221 nas etapas seguintes da cadeia de valor radiodifusora é um imperativo lógico, justificando-se a sua remissão exclusivamente às etapas de produção e programação em razão da coincidência destas duas etapas com a função central concedida, permitida ou autorizada em ato complexo dos poderes Executivo e Legislativo esmiuçado no comentário ao art. 222.

Pela mesma razão, o art. 221, *caput*, traz expressa menção às emissoras de rádio e televisão, ao invés de se referir aos serviços de radiodifusão, firmando como foco da concretização dos princípios nele enunciados o momento subjetivo sinalagmático ou impositivo unilateral da interação Estado-particular necessária à prestação do serviço de radiodifusão. A disciplina do art. 221 repercute, dessa forma, não só no conteúdo radiodifusor, mas também, por decorrência, na infraestrutura do serviço de radiodifusão regida pelas cláusulas aplicáveis à concessão, permissão ou autorização pertinente.

8.1.2. Comunicação social, comunicação social eletrônica, comunicação de massa e comunicação eletrônica de massa

Distinta é, contudo, a incidência dos princípios constantes nos incisos do art. 221 sobre a comunicação social eletrônica. Por força do disposto no art. 222, § 3º, os princípios dos incisos do art. 221 aplicam-se à comunicação social eletrônica, na forma de lei regulamentadora. Assim, a eficácia do disposto no art. 222, § 3º, que estende à comunicação social eletrônica a aplicação dos princípios da produção e programação das emissoras de rádio e televisão inscritos nos incisos do art. 221 acrescidos da garantia de prioridade a profissionais brasileiros na execução de produções nacionais, depende do advento de lei regulamentadora sobre os meios de comunicação social eletrônica, cujas representações infraconstitucionais são usualmente reunidas sob as insígnias de comunicação de massa e comunicação eletrônica de massa ou qualquer outro termo em voga nas discussões legislativas sobre o tema, tais como comunicação de massa por assinatura e comunicação audiovisual por meios condicionados ou confinados[4].

Por força dessa extensão de aplicação dos princípios do art. 221 à comunicação social eletrônica, o escopo de incidência do artigo aqui tratado é definido por exceção, ao abarcar todas as manifestações da comunicação social, exceto a imprensa escrita.

O termo comunicação social, todavia, foi inserido, pela primeira vez, no direito constitucional positivo com o advento da Constituição de 1988 e carece da densidade histórico-conceitual de termos correlatos de imprensa e radiodifusão presentes em constituições anteriores. A comunicação social, portanto, nutre seu significado de suas manifestações pontuais nos arts. 220 a 224, e da sistemática do Capítulo da Comunicação Social, bem como colhe de fontes históricas de ordem infraconstitucional e da experiência setorial elementos conceituais advindos sobretudo do conceito de comunicação de massa.

O significado constitucional da comunicação social, todavia, embora seja usualmente equiparado à comunicação de massa, difere desta precisamente pelo distanciamento conceitual que a divisão de competências e regimes entre a radiodifusão e as telecomunicações *stricto sensu* gerou, a partir da Emenda Constitucional n. 8, de 1995, na disciplina infraconstitucional dos serviços de comunicação de massa.

O conceito de comunicação social, embora hoje não se confunda com o de comunicação de massa para fins regulatórios, foi por ele influenciado quando a comunicação de massa englobava a radiodifusão e novos serviços de transmissão audiovisual via redes de telecomunicações, tais como o antigo Serviço de Distribuição de Sinais de TV por Meios Físicos (DISTV) sucedido pelo de TV a Cabo, que hoje convive com diversos outros serviços dotados de características comuns, que identificam o todo monolítico dos serviços de comunicação de massa: difusão de sinais ponto-multiponto ou ponto-área; fluxo de sinais predominantemente no sentido prestadora-usuário; conteúdo da transmissão sujeito à definição e controle por parte da prestadora. Tanto a radiodifusão quanto os serviços de comunicação audiovisual por meios confinados ou condicionados partilham de tais características, que identificam, por decorrência, o antigo conceito de comunicação de massa, hoje absorvido, na dimensão constitucional, pelo conceito de comunicação social, que para além dos serviços citados de radiodifusão e comunicação audiovisual por meios condicionados ou confinados, inclusive aqueles transmitidos por redes de banda larga fixa ou móvel, englobam também as formas tradicionais de imprensa escrita.

Até o advento da Emenda Constitucional n. 36, de 2002, contudo, o quadro conceitual da comunicação social não era tão claro em abarcar serviços audiovisuais insertos no regime de prestação das telecomunicações *stricto sensu* atribuídos à regulação pelo órgão regulador previsto no art. 21, XI, conforme redação dada pela Emenda Constitucional n. 8, de 1995. A Emenda Constitucional n. 36, de 2002, marcou a expansão definitiva da comunicação social para além da imprensa e da radiodifusão, ao expressamente introduzir a comunicação social eletrônica como espécie de serviço pertinente ao Capítulo da Comunicação Social. Assim o fez precedida de disciplina infralegal da agência reguladora setorial – a Anatel –, que alterara, um ano e meio antes, a referência do art. 4º do Regulamento de Serviços de Telecomunicações de *serviços de comunicação de massa* para *serviços de comunicação eletrônica de massa*, excluindo da amplitude conceitual da comunicação de massa os serviços de radiodifusão, mas, ao mesmo tempo, qualificando os serviços de comunicação audiovisual por meios confinados ou condicionados de sua competência pela insígnia *eletrônica*.

Daí decorre que o Capítulo da Comunicação Social engloba a imprensa, a radiodifusão em qualquer de suas formas – pública, comercial, estatal, comunitária, educativa, de sons, de sons e imagens, AM, FM, de retransmissão e de repetição de TV, analógica e digital – e a comunicação social eletrônica, abrangente da comunicação audiovisual por meios confinados ou condicionados[5]. Destes, somente a imprensa não é atingida diretamente pelos princípios do art. 221.

8.1.3. Rádio e televisão analógica, digital, comunitária e educativa

O enunciado genérico do *caput* do art. 221 aos sujeitos prestadores dos serviços de radiodifusão leva à ampliação do âmbito de aplicação do artigo em comento para quaisquer espécies de serviços de radiodifusão, seja analógica ou digital. É certo que o Supremo Tribunal Federal entendeu, na ADI 3944/DF, que a televisão digital mantém a mesma identidade jurídica da televisão analógica, quando aquela consiste na duplicação da programação preexistente na TV analógica, destinando-se a substituí-la após prazo determinado para derradeira transmissão unicamente no formato de sua evolução tecnológica digital. Todavia, tais condições para consideração da equivalência entre as manifestações analógicas e digitais dos serviços de radiodifusão de sons e imagens não operam efeitos no âmbito de aplicação do art. 221, haja vista que a dicção genérica nele adotada, que faz de qualquer emissão de rádio ou televisão destinatária dos seus princípios, trata-se de transmissão analógica ou digital, presente ou não as condições de identidade jurídica aventadas no julgado acima citado.

O mesmo raciocínio se aplica à radiodifusão comunitária prevista na Lei 9.612/98, cuja definição legal não tem o condão de afastá-la do âmbito de aplicação dos princípios do art. 221, à exceção do requisito de regionalização da produção, que, em virtude do caráter local da radiodifusão comunitária, impõe o desenho de um sistema diferenciado de liberação de tais emissoras de compromissos de regionalização da produção de áreas alheias a sua atuação, ou de organização de suas grades de programação com reservas de programação regionalizada de radiodifusoras comunitárias de outras regiões do país em modelo de futura legislação específica.

Ainda, é exigido tratamento diferenciado para a radiodifusão educativa, que, por incorporar a educação como bem jurídico da

---

4. O significado e extensão dos conceitos de comunicação social eletrônica é tratado no item 8.3.5 dos comentários ao art. 222, *infra*.

5. Para a definição de comunicação social eletrônica, *vide* item 8.3.5 ao art. 222, *infra*.

ordem social, erige esse índice específico como meta maior da modalidade do serviço, não fazendo sentido que a produção e programação correspondentes sejam podadas pelo direcionamento prévio de políticas públicas ou de lei específica por reservas ou preferências a finalidades outras de igual relevância constitucional, mas alheias à finalidade educativa, que, por princípio, afigura-se ilimitada em suas fronteiras temáticas de estudo.

8.2. Dimensão objetiva e subjetiva do art. 221

O Título VIII, da Ordem Social, da Constituição Federal de 1988, em sua apresentação de prestação positiva estatal dirigida à promoção de tópicos abrangentes como a seguridade social, educação, cultura, desporto, meio ambiente e a própria comunicação social funciona, em termos de sistemática constitucional, como o campo de aplicação mais visível da convivência entre os princípios da *iniciativa privada* e *iniciativa do Estado*.

Na ADI 3.512, o Supremo Tribunal Federal, ao tratar do exercício do direito à educação, à cultura e ao desporto, reafirmou que a livre-iniciativa contempla limitações advindas do interesse da coletividade como interesse público primário. Se o interesse público primário opera em casos como este, que trata de atividades cuja titularidade é entregue à iniciativa privada, é ainda mais cediço que serviços titularizados pelo Estado se conformam aprioristicamente como definidos pelo interesse da coletividade, quando muito, temporizados pela exigência de preservação do equilíbrio econômico-financeiro da concessão de serviço público, que não tem o condão de impedir o cumprimento, pelo Estado, dos princípios constitucionais em sua inteireza, mas de simplesmente garantir a remuneração contratada para prestação privada de serviço público.

No âmbito dos serviços públicos, o conflito entre os princípios regentes do serviço e o interesse privado do prestador indireto pode resultar em responsabilização patrimonial do Estado, mas nunca na compulsória prestação de serviço em desconformidade com os princípios constitucionais dos serviços públicos em geral e da comunicação social em particular. Seja a radiodifusão, em sua totalidade, enquadrada, doutrinária ou jurisprudencialmente, como serviço público, ou o seja parcialmente, mas predominantemente como tal, o certo é que os princípios do art. 221 constituem mais do que diretrizes de produção normativa e aplicação das leis aos serviços públicos de radiodifusão, porquanto, à semelhança dos princípios da Administração Pública inscritos no art. 37 da Constituição Federal de 1988, os princípios do art. 221 incorporam-se como modos de ser e de atuar do Estado na prestação direta ou indireta de serviços públicos.

Em igual medida, aos meios de comunicação social eletrônica, por expressa disposição constitucional inscrita no art. 222, § 3º, aplica-se o raciocínio de que os princípios do art. 221 incorporam mais do que diretrizes de atuação governamental em determinado setor. Pelo contrário, eles constituem a própria ossatura da atuação estatal e pressuposto de sua movimentação rumo à prestação de serviços públicos.

Da mesma forma que um ato da Administração que infrinja os princípios da legalidade estrita, impessoalidade, moralidade, publicidade ou eficiência incorre em inconstitucionalidade por afronta ao art. 37, a atuação administrativa para prestação de serviço público atingido pelos ditames do art. 221 da Constituição Federal ou qualquer outra dimensão de atuação regulatória sobre qualquer serviço por ele abrangido incorrerá no mesmo vício se desrespeitar ou desprestigiar a preferência a finalidades educativas, artísticas, culturais e informativas, a promoção da cultura nacional e regional, o estímulo à produção independente para promoção da cultura nacional ou regional, a regionalização da produção cultural, artística e jornalística, ou o respeito aos valores éticos e sociais da pessoa e da família. O fato de não se constituírem em princípios tradicionais da Administração Pública não os afasta dos efeitos tradicionais de seu enunciado constitucional. A novidade constitucional de seu enunciado não constitui, por si só, autorização ao intérprete para julgá-los despidos dos efeitos objetivos comuns a princípos semelhantes dirigidos à Administração Pública, como é o caso dos contidos no art. 37 da Constituição Federal de 1988.

O mesmo raciocínio de eficácia objetiva se aplica à comunicação social eletrônica, nos termos do art. 222, § 3º, na medida em que, seja pela ponderação da iniciativa privada e iniciativa do Estado, seja pela aplicação direta da titularidade pública a serviços de comunicação social eletrônica titularizados pelo Estado, os princípios do art. 221 são dotados de efeitos irradiadores sobre o ordenamento jurídico e, no caso de serviços públicos, também de efeitos funcionais de licitude de atuação estatal. Disso decorre a possibilidade jurídica de limitações normativas e administrativas em especial sobre a produção e programação das emissoras de rádio e televisão aberta e da comunicação social eletrônica, inclusive sua repercussão no procedimento de outorga ou renovação de concessão, permissão ou renovação do serviço de radiodifusão sonora e de sons e imagens, conforme previsto no art. 2º da Resolução n. 3, de 2009, do Senado Federal.

As limitações normativas ou administrativas sobre toda a cadeia de valor da comunicação social, excluída a imprensa escrita, ou seja, sobre a produção, programação, empacotamento/provimento e distribuição, não depende, todavia, do art. 221. Na ausência dos princípios ali enunciados, caberiam igualmente, por respeito aos bens jurídicos protegidos no título da ordem social constitucional e aos princípios regentes do serviço público e de atividades sob regulação estatal, limitações normativas e/ou administrativas de conteúdo e forma à prestação de serviço de radiodifusão e à dimensão pública da comunicação social eletrônica, como ocorre, por exemplo, com o disposto no art. 80 da Lei 9.394, de 20 de dezembro de 1996, que exige tratamento diferenciado à educação a distância mediante redução dos custos de transmissão em canais comerciais de radiodifusão sonora e de sons e imagens. Os princípios do art. 221 têm função mais específica e determinada, pois, para além de tornarem precisa a principiologia constitucional genérica sobre bens jurídicos da ordem social, tais como educação, cultura e família, ampliam o controle de conteúdo e forma, nas etapas de produção e programação, a quaisquer serviços inscritos na classificação de radiodifusão e de comunicação social eletrônica, independentemente de sua natureza jurídica pública ou privada.

O enunciado principiológico do art. 221 vai além do efeito irradiador genérico voltado a informar a interpretação do ordenamento jurídico. Seus princípios fazem mais do que resguardar a constitucionalidade de produção legal tendente ao condicionamento do conteúdo e forma de prestação de serviço de radiodifusão sonora e de sons e imagens afetos a bens jurídicos da ordem social constitucional; eles produzem efeitos funcionais sobre a atuação estatal, constituindo-se em poder-dever da Administração Pública a configuração normativa e administrativa dos serviços de radiodifusão e de comunicação social eletrônica de modo a que a produção e a programação pertinentes se caracterizem pelo respeito aos princípios constitucionais da comunicação social.

Por isso, os princípios do art. 221 encarnam requisitos qualificativos de atuação estatal e gravam de licitude ou ilicitude pública todos os seus passos. Tais deveres, entretanto, têm caráter geral de conformação objetiva dos serviços e não produzem direito público subjetivo a prestações específicas de índole concreta ou normativa, incorrendo, a Administração Pública, por outro lado, em falha funcional que pode ser apontada pelos órgãos de controle, por decisões judiciais, por controle hierárquico da Administração Pública ou mesmo, de forma indireta, por prejudicado em processos administrativos de concessão, permissão ou autorização de serviços de radiodifusão ou de comunicação social eletrônica.

Direito subjetivo à inserção de produção determinada na grade de programação de meio de comunicação social não há, por impropriedade da tutela subjetiva para atribuição isonômica e distribuição equitativa da grade de programação tanto nas esferas administrativa quanto judicial, senão na vedação de retrocesso para produções determinadas previamente enquadradas na grade de programação que venham a ser dela retiradas sem substituto em homenagem aos princípios do art. 221. Os princípios do art. 221 não se afiguram em direito de um só ou de coletividades determinadas, mas em ordem constitucional à organização e acompanhamento conjuntural do modelo de prestação da comunicação social.

Trata-se, entretanto, de falha funcional imputável à Administração a organização e acompanhamento conjuntural dos serviços de radiodifusão e de comunicação social eletrônica quando é conivente com conformações de produção e programação despidas das repercurssões constitucionais diretas do art. 221, I, II e IV, reservada à lei a disciplina dos percentuais de regionalização da produção cultural, artística e jornalística do art. 221, III. Apesar de o art. 222, § 3º, acrescentar a tais princípios a prioridade de profissionais brasileiros na execução de produções nacionais, nenhum dos parágrafos do art. 222 tem o condão de, ao reservar a seleção e direção da programação a brasileiros natos ou naturalizados há mais de dez anos, conceder-lhes liberdade absoluta de orientação intelectual dos meios de comunicação social em desrespeito à principiologia do título da ordem social e da disciplina constitucional do serviço público, em geral, e dos arts. 221 e 222, em especial.

O conteúdo objetivo do art. 221 da Constituição Federal de 1988 ainda opera efeitos instrumentais de garantia institucional à liberdade de manifestação do pensamento (art. 5º, IV c/c art. 220), à liberdade de informação jornalística (art. 220, § 1º), à proteção da educação, da cultura e da família, na medida em que a configuração concreta dos meios de comunicação social como veículos caracterizados pela *preferência a finalidades educativas, artísticas, culturais e informativas*, pela *promoção da cultura nacional e regional e estímulo à produção independente que objetive sua divulgação*, pela *regionalização da produção cultural, artística e jornalística* e pelo *respeito aos valores éticos e sociais da pessoa e da família* conforma plexos normativos de proteção do conteúdo essencial da liberdade de manifestação do pensamento, de informação jornalística, de proteção à educação, à cultura e à família.

Na clássica dimensão objetiva de garantia institucional, o art. 221 dá forma à concretização de liberdades e bens jurídicos protegidos na Constituição Federal de 1988, mediante a determinação à atividade administrativa e regulatória estatal aplicável sobre os meios de comunicação social, de que, neles, as diferentes correntes de pensamento tenham voz garantida, por meio de componentes objetivos da liberdade de manifestação do pensamento e dos bens jurídicos em questão, vale dizer, da *preferência* a finalidades educativas, artísticas, culturais e informativas, de *promoção* da cultura nacional e regional e *estímulo* à produção independente que objetive sua divulgação, de *regionalização* da produção cultura, artística e jornalística via *percentuais* e de *respeito* aos valores éticos e sociais da pessoa e da família.

Ao se compreenderem os princípios inscritos no art. 221 como ordens constitucionais de reequacionamento organizacional da radiodifusão e da comunicação social eletrônica, tais princípios expressam sua dimensão objetiva de garantias institucionais à liberdade de manifestação do pensamento, à liberdade de informação jornalística, aos bens jurídicos da educação, cultura e família, ao exercício do poder-dever estatal de administração conjuntural dos serviços públicos e à função reguladora das atividades atinentes à comunicação social eletrônica adstritas à função ordenadora estatal.

8.3. Educação, cultura, informação, regionalização e valores éticos

Embora o âmbito de aplicação e a eficácia objetiva e subjetiva do art. 221 sejam derivados da interpretação do sistema constitucional e infraconstitucional, os conceitos subjacentes aos princípios nele enunciados apresentam-se como o elemento material necessário à averiguação do norte constitucional por eles informado, ao mesmo tempo em que permitem ao intérprete mensurar o grau de compromisso do ordenamento jurídico e da experiência jurídica frente a tais princípios.

Os conceitos subjacentes tratados referem-se às finalidades educativas, artísticas, culturais e informativas, à cultura nacional e regional e sua regionalização, e aos valores éticos e sociais da pessoa e da família inscritos no art. 221 da Constituição Federal de 1988.

Nele, mais do que nos demais artigos do Capítulo de Comunicação Social, aplica-se a assertiva hermenêutica de Humboldt[6] de que a linguagem não transmite propriamente conteúdo; ela estimula os significados previamente presentes no intérprete e, com isso, convida à mesa o conjunto da experiência cultural estimulada a se revelar pela atualização dos princípios enunciados no art. 221 segundo processo hermenêutico de sua mediação pela linguagem e experiência humanas inscritas, neste caso, em categorias do pensamento de comunicação social.

Assim ocorre com a referência aos valores éticos da pessoa e da família, que não se rendem a fórmulas positivadas, mas que, pelo contrário, o Direito os toma como dados construídos no espaço da experiência social. O silêncio constitucional sobre o tema demonstra que o princípio da proteção aos valores éticos e

---

6. HUMBOLDT, Wilhelm von. *On Language*: On the Diversity of Human Language Construction and its Influence on the Mental Development of the Human Species. Trad. Peter Heath. Cambridge: Cambridge University Press, 1999.

sociais da pessoa e da família (art. 221, IV) se refere a instituições culturais de existência paralela à instituição jurídica. A Constituição Federal de 1988, todavia, fornece um rol de parâmetros indicativos de conformações dos valores éticos e sociais da pessoa e da família, como as liberdades de manifestação do pensamento, de consciência, de crença, de expressão intelectual, artística, científica, religiosa e de comunicação, de exercício de trabalho, ofício ou profissão (art. 5º, IV, VI, VII, VIII, XIII); a proteção da intimidade, da casa como asilo inviolável do indivíduo, da correspondência, das comunicações, do trabalho, da liberdade de locomoção e de associação, da propriedade individual e familiar, da autoria intelectual, da integridade física e moral, do casamento, da união estável, da entidade familiar, da criança, do adolescente, do jovem e do idoso (art. 5º, X, XI, XII, XIII, XV, XVI, XVII, XVIII, XIX, XX, XXII, XXIII, XXVI, XXVII, XLIX; art. 226, § 1º ao § 4º; art. 227; art. 229; art. 230); a vedação da tortura, de tratamento desumano ou degradante, de ingerência estatal na esfera privada, do tratamento desigual entre homens e mulheres, da violência familiar (art. 5º, I, III, XXIV, XXV; art. 226, § 5º e § 8º); enfim, inúmeras referências constitucionais que dão forma ao conteúdo ético e social representado pela referência abrangente da dignidade humana.

Nesse sentido, o Supremo Tribunal Federal decidiu, na ADPF 130, de 2010, pela não recepção da Lei de Imprensa, afirmando o capítulo constitucional da comunicação social como expressão da dignidade humana. A par de remeter seu conteúdo principiológico para a experiência cultural de um povo parametrizada por princípios conexos do ordenamento constitucional, os enunciados do art. 221 compõem feixes de orientações que se entrecruzam em unidades principiológicas, como ocorre com o art. 221, I, em que a preferência às finalidades educativas, artísticas, culturais e informativas forma um todo, cujas partes se interpenetram ao qualificar o caráter informativo não somente com a pluralidade de opiniões e de versões simultâneas em matérias polêmicas combinado com o direito de emitir opiniões sobre matérias veiculadas (e.g. art. 4º, § 2º e § 3º, da Lei 9.612/98), como também com o aspecto funcional da programação informativa como modo específico de se criar uma sociedade não só informada, mas educada.

A finalidade educativa, por seu caráter de meio de preservação e de transformação da herança cultural, ocupa uma posição irradiadora central nos meios de comunicação social e, em especial, na radiodifusão, cujas experiências históricas de programação televisiva dirigida ao público infantil foram contemporâneas ao movimento estatal de fixação de limites ao conteúdo dos programas e ao formato e categorias das emissoras. A legislação clássica brasileira de radiodifusão – o Código Brasileiro de Telecomunicações (Lei 4.117/62) –, dispõe que os serviços de informação, divertimento, propaganda e publicidade das empresas de radiodifusão subordinam-se às finalidades educativas e culturais inerentes à radiodifusão (art. 38, d, da Lei 4.117/62), bem como que é dever das emissoras de radiodifusão destinar um mínimo de 5% de seu tempo para transmissão de serviço noticioso como requisito formal de preservação da finalidade informativa (art. 38, h, da Lei 4.117/62), corroborado pela Consolidação de Radiodifusão GM/MCOM (art. 49, VI, da Portaria de Consolidação GM/MCOM n. 9.018, de 23 de março de 2023). Em acréscimo, a regulamentação infraconstitucional limita o tempo destinado à publicidade comercial na programação das estações de radiodifusão a 25% do tempo total (art. 124, caput da Lei 4.117/62). A disciplina da Lei 4.117/62 é de caráter abrangente do serviço de radiodifusão em geral. Coube ao Decreto-lei 236/67 esmiuçar as características do serviço de televisão educativa em específico. O Decreto-lei 236/67 disciplina o serviço de televisão educativa por meio de seu conteúdo de transmissão – e.g. aulas, conferências, palestras e debates (art. 13 do DL 236/67) –, de sua natureza não comercial (art. 14 do DL 236/67) e de restrição quanto aos entes prestadores – União, Estados, Territórios, Municípios, universidades e fundações (art. 14 do DL 236/67). A Lei 9.612/98, por sua vez, disciplinou o serviço de radiodifusão comunitária, limitando-se a acrescentar que a preferência às finalidades educativas, artísticas, culturais e informativas destina-se ao benefício do desenvolvimento geral da comunidade atendida pela rádio comunitária (art. 4º, I, da Lei 9.612/98) e que as programações opinativa e informativa observarão os princípios da pluralidade de opinião e de versão simultâneas em matérias polêmicas, exigindo-se a divulgação das diferentes interpretações aos fatos noticiados (art. 4º, § 2º, da Lei 9.612/98). No que toca à comunicação social eletrônica, a Lei de TV a Cabo – Lei 8.977/95 – determina a obrigatória disponibilização, por parte das operadoras do serviço de TV a Cabo, de canais de cunho universitário, educativo-cultural e comunitário, disciplina esta que se interpenetra com nortes de regionalização da produção e programação (art. 23, I, e, f e g, da Lei 8.977/95). Finalmente, a Lei de Comunicação Audiovisual de Acesso Condicionado (Lei 12.485/2011) disciplina a distribuição dos serviços por ela tratados, reservando um canal à radiodifusão pública pelo Poder Executivo para proteção dos direitos à informação, à comunicação, à educação e à cultura, bem como um canal agora propriamente educativo e cultural, organizado pelo Governo Federal (art. 32, V e VII, da Lei 12.485/2011).

O conceito de conteúdo cultural, por sua vez, é entendido como o "caráter simbólico, dimensão artística e valores culturais que têm por origem ou expressam identidades culturais" (Convenção sobre a Proteção e Promoção da Diversidade das Expressões Culturais da Unesco, de 20 de outubro de 2005, art. 4º, item 2). De sua parte, o princípio da regionalização da produção cultural do art. 221, III, da Constituição Federal de 1988 valoriza a ideia de diversidade cultural, bem como um seu componente essencial ressaltado no art. 2º da Declaração Universal sobre a Diversidade Cultural de 2003, da Unesco: o pluralismo cultural como interação harmoniosa entre identidades culturais caracterizadas por "sua vontade de conviver". O pluralismo cultural, entretanto, não pode constituir uma carta em branco para a prática ou disseminação de costumes que atingem o cerne de direitos fundamentais civilizatórios. Digno de nota afigura-se a sinonímia trazida na Declaração Universal sobre a Diversidade Cultural, segundo a qual a diversidade cultural é, para o gênero humano, tão necessária como a diversidade biológica o é para a natureza e se constitui em imperativo ético, indissociável da dignidade humana; sua proteção não é ilimitada, pois se insere em um sistema maior de proteção dos direitos humanos e fundamentais e não pode ser alegada para violá-los.

Como se pode notar, a disciplina normativa infraconstitucional relativa ao princípio da preferência a finalidades educativas, artísticas, culturais e informativas encontra-se pulverizada em preceitos de caracterização de serviço específico de televisão educativa ou abertura de espaço a canais educativo-culturais, de um lado, acompanhada, de outro lado, de percentuais mínimos de tempo de programação para o serviço noticioso, e máximos de propaganda comercial para o conjunto dos serviços de radiodifusão. Embora presentes alguns índices de determinação dos princípios do art. 221 da Constituição Federal, tais como a pluralidade de opinião e de versão simultâneas em matérias polêmicas e o caráter não comercial da programação educativa, não há propriamente normatização infraconstitucional que, de forma sistemática, comunique a política pública de concretização da principiologia constitucional da comunicação social. O princípio constitucional é, portanto, parcialmente esclarecido pelo efeito demonstrativo de suas aplicações pontuais, mas para não se correr o risco de interpretar a constituição em conformidade com as leis, do enunciado principiológico constitucional decorre o ônus de justificação da preservação ou alteração dos condicionamentos infraconstitucionais ao conteúdo e à programação na radiodifusão e nos meios de comunicação social eletrônica. Assim, o princípio de preferência, promoção e regionalização da cultura impõe à disciplina normativa e administrativa dos serviços de radiodifusão que promova sanções premiais ou aflitivas, ou técnicas regulatórias mais avançadas de modulação de regimes jurídicos, voltadas a incentivar a ampliação de veiculação de programas caracterizados pelo conceito de desenvolvimento cultural, assim entendidos aqueles que fornecem o instrumental necessário ao processo pelo qual o ser humano adquire os meios individuais e coletivos suficientes para sua participação, integração e contribuição no espaço público de convivência social[7].

No âmbito do DL 236/67, como se viu acima, havia referência expressa somente a uma categoria de televisão – a educativa –, identificando-a por exceção, ou seja, pela ausência de características específicas, entre elas, o caráter não comercial, mas com um identificador concreto: sua prestação por entes políticos, universidades ou fundações brasileiras. É sabido que a exigência de que as prestadoras de televisão educativa tivessem caráter não comercial derivou da experiência dos Estados Unidos da América com programas infantis que chegaram, na ausência de regulamentação estatal, a introduzir propaganda de bebidas alcoólicas pelos próprios personagens infantis. A reação a tal distorção resultou em regras que, hoje, limitam a natureza comercial das TVs Educativas (arts. 13 e 14 do DL 236/67). Em casos como este, o art. 221 produz efeitos visíveis, na medida em que abre um leque de políticas públicas que transitam da vedação da propaganda comercial nas TVs Educativas, como garantia de preservação da finalidade educativa ao afastar o direcionamento comercial dos conteúdos educativos, até a vedação infraconstitucional do patrocínio privado, que pode ou não ser absorvido no regime jurídico das TVs Educativas como limite razoável, haja vista que o enfoque constitucional incide sobre a finalidade educativa em si mesma das emissoras de rádio e televisão, ao contrário do que ocorre com o enfoque infraconstitucional, predominantemente voltado ao controle de uma categoria de prestadora de serviço de radiodifusão – as TVs Educativas. O bem jurídico protegido pelo dispositivo constitucional inscrito na preferência a finalidades educativas implica a proteção da atividade educativa contra influência no conteúdo da transmissão, mas não impede que mecanismos de financiamento privado por patrocínio, ou mesmo via propaganda comercial, habilitem-se em patrocinar a programação de TVs Educativas em respeito ao princípio constitucional de reforço de tal produção e programação. A opção do legislador infraconstitucional brasileiro, contudo, foi a de cortar o mal pela raiz, juntamente com os incentivos de ampliação das TVs Educativas, abrindo mão do exercício de controle administrativo conjuntural de acompanhamento da preservação dos fins educativos, para, por decisão totalizante, impedir o ingresso de verba comercial ou mesmo de patrocínio nas TVs Educativas (arts. 13 e 14 do DL 236/67).

Mesmo em sua apresentação objetiva, os princípios do art. 221 são polêmicos por suas implicações concretas na fruição econômica da prestação dos serviços de radiodifusão e de comunicação social eletrônica. Exemplo disso foi a lenta discussão do Projeto de Lei 29, da Câmara dos Deputados (PL 29), de 2007, convertido, em 2010, no Projeto de Lei da Câmara 116 (PLC 116), do Senado Federal, e finalmente aprovado via Lei 12.485/2011, cujas discussões giraram em torno da abertura do mercado de comunicação eletrônica de massa, mediante propostas de alteração da regulamentação sobre propriedade cruzada entre radiodifusão e comunicação audiovisual eletrônica por assinatura, e, acima de tudo, de definição de *conteúdo nacional*, de *produtora nacional*, de *espaço qualificado de programação*, de *canal brasileiro*, de *produtora brasileira independente*, *programadora brasileira independente*, de *cota de programação* e *cota de pacote*[8], enfim, de uma miríade de termos aparentemente autoevidentes, mas que comportam uma larga margem de opções políticas quando tecidos seus detalhes.

O teste a que vêm sendo submetidos os princípios dos incisos II e III do art. 221 da Constituição Federal de 1988 consiste em verem-se presentes nas opções políticas pinçadas da discussão parlamentar infraconstitucional sobre a revisão do regime jurídico da comunicação social eletrônica, mantendo a elasticidade necessária a abrigar as opções políticas de promoção da cultura nacional, regional e independente sem que dessa elasticidade resulte o seu esvaziamento conceitual.

É certo, todavia, que a principiologia do art. 221 da Constituição Federal brasileira impõe ao Estado manter-se influente não somente sobre a regulação da infraestrutura, mas principalmente sobre o conteúdo dos serviços de radiodifusão sonora e de sons e imagens, mediante a garantia de que a produção e programação sejam e permaneçam abertas e receptivas a conteúdos educativo-culturais e informativos, sem nunca deslizar para o terreno pantanoso da dicção do conteúdo midiático ou, pior, para o controle do conteúdo noticioso e de opinião pessoal.

Ao constitucionalizar o rol de princípios de caráter social do art. 221, o constituinte de 1988 reconheceu que a clássica afirmação do mercado de ideias é igualmente vítima do mau uso do bem público por empresas monopolísticas ou oligopolísticas (art. 220, § 5º); ele reconheceu que o mercado de conteúdo de rádio e televisão não é isento de comportamentos anticompetitivos e que, para além disso, o ambiente de produção e programação radiofusora consiste em um *mercado de fidelidades*[9], em que produto-

---

7. RABOY, Marc [*et. al.*]. Cultural Development and the Open Economy: A Democratic Issue and a Challenge to Public Policy. *Canadian Journal of Communications* 19(3-4): 291-315, 1994.

8. WIMMER, Miriam. Os projetos de Lei de Comunicação de Massa por Assinatura: controvérsias, interesses e expectativas. *Revista de Direito, Estado e Telecomunicações* 2(1): 231-258, 2010.

9. PRICE, Monroe E. The Market for Loyalties in the Electronic Media. In:

res/vendedores – Estado, grupos de interesse – ofertam identidades sociais em troca de poder e riqueza, enquanto *compradores* – cidadãos, consumidores – lhes remuneram por meio de sua lealdade ou cidadania. Educação e a consequente difusão cultural são os pilares desse processo que eleva a radiodifusão à condição de serviço público, mediante sua caracterização por um fim público maior de satisfação da necessidade central de ação cidadã[10]. A metáfora do livre mercado de ideias da radiodifusão como um mercado de cidadania é controlada por princípios de valorização da finalidade desse serviço público que poderiam se resumir à educação, mas que, na dicção constitucional, atinge seus consectários de identidade cultural: a cultura, a informação, a arte e as instituições básicas da pessoa e da família.

Art. 222. A propriedade de empresa jornalística e de radiodifusão sonora e de sons e imagens é privativa de brasileiros natos ou naturalizados há mais de dez anos, ou de pessoas jurídicas constituídas sob as leis brasileiras e que tenham sede no País.

§ 1º Em qualquer caso, pelo menos setenta por cento do capital total e do capital votante das empresas jornalísticas e de radiodifusão sonora e de sons e imagens deverá pertencer, direta ou indiretamente, a brasileiros natos ou naturalizados há mais de dez anos, que exercerão obrigatoriamente a gestão das atividades e estabelecerão o conteúdo da programação.

§ 2º A responsabilidade editorial e as atividades de seleção e direção da programação veiculada são privativas de brasileiros natos ou naturalizados há mais de dez anos, em qualquer meio de comunicação social.

§ 3º Os meios de comunicação social eletrônica, independentemente da tecnologia utilizada para a prestação do serviço, deverão observar os princípios enunciados no art. 221, na forma de lei específica, que também garantirá a prioridade de profissionais brasileiros na execução de produções nacionais.

§ 4º Lei disciplinará a participação de capital estrangeiro nas empresas de que trata o § 1º.

§ 5º As alterações de controle societário das empresas de que trata o § 1º serão comunicadas ao Congresso Nacional.

Márcio Iorio Aranha[1]

NOLL, Roger G.; PRICE, Monroe (orgs.). *A Communications Cornucopia*. Washington, D.C.: Brookings Institution Press, 1998, p. 138-171.

10. CHARDIN, Pierre Teilhard de. *O fenômeno humano*. Trad. José Luiz Archanjo, São Paulo: Cultrix, 1988.

1. Na elaboração do presente comentário contou-se com a colaboração de Laura Fernandes de Lima Lira quanto aos tópicos de literatura, histórico de aprovação constituinte e constituições anteriores; de Renata Tonicelli de Melo Quelho quanto aos tópicos de direito comparado e internacional; e a reunião de jurisprudência correlata por Rodrigo de Oliveira Fernandes, todos pesquisadores do Grupo de Estudos em Direito das Telecomunicações da UnB (GETEL/UnB). Registra-se o agradecimento à Coordenação de Relacionamento, Pesquisa e Informação do Centro de Documentação e Informação da Câmara dos Deputados pelo fornecimento de dados essenciais ao resgate do histórico constituinte do artigo ora comentado, bem como à Diretoria do Departamento de Outorga de Serviços de Comunicação Eletrônica, da Secretaria de Serviços de Comunicação Eletrônica do Ministério das Comunicações pelos esclarecimentos sobre a prática institucional processual pertinente, na

1. Histórico da norma

O artigo em pauta foi tema da Subcomissão da Ciência e Tecnologia e da Comunicação, na Assembleia Nacional Constituinte. Dessa Subcomissão, nos termos do texto apresentado à votação pela relatora, deputada Cristina Tavares, após apreciação das emendas dos constituintes, foi formatada proposta de redação que se aproximava muito dos principais preceitos finalmente aprovados no Plenário da Assembleia Nacional Constituinte com adaptações de redação. A proposta afinal aprovada na Subcomissão da Ciência e Tecnologia e da Comunicação era assim redigida: "[a] propriedade das empresas jornalísticas e de radiodifusão é privativa de brasileiros natos ou naturalizados há mais de 10 (dez) anos, e somente a estes caberá a responsabilidade principal pela sua administração e orientação intelectual. Parágrafo único. Não será admitida a participação acionária de pessoas jurídicas no capital social de empresas jornalísticas ou de radiodifusão, a não ser no caso de partidos políticos e de sociedades de capital exclusivamente nacional, a qual não poderá exceder a 30% (trinta por cento) e que só poderá se efetivar através de ações sem direito a voto e não conversíveis". Não houve alteração significativa quando da apresentação do Substitutivo do relator da Comissão da Família, Educação, Cultura e Esportes, da Ciência e Tecnologia e da Comunicação em relação ao texto do Anteprojeto da Subcomissão VIII-b e, embora o texto dessa Comissão VIII não tenha resultado em texto consolidado e, na Comissão de Sistematização, o Capítulo de Comunicação Social não tenha sido votado, o texto final aprovado no Pleno da Assembleia Nacional Constituinte – o Projeto B – não fugiu do norte traçado na Subcomissão citada com ligeira alteração de redação. A preocupação com a propriedade e a administração das empresas de comunicação de massa constituiu o norte da discussão do citado artigo justificado por sua vinculação aos interesses e aspirações nacionais. No âmbito da discussão constituinte, na Subcomissão VIII-b, o constituinte José Elias foi o primeiro a questionar a restrição de que brasileiros naturalizados participassem da propriedade, administração e orientação intelectual de empresas de comunicação, destacando que a forte tendência à imigração, no Brasil, faria da limitação uma injustiça àqueles que construíram e constroem o Brasil, resultando na inserção de brasileiros naturalizados há mais de dez anos na previsão de propriedade, administração e orientação intelectual das empresas de comunicação. A constituinte Rita Furtado, por sua vez, propôs que a expressão "entidades de comunicação" fosse alterada, uma vez que determinava o cerceamento a outras atividades, como as de propaganda e publicidade, quando o texto constitucional deveria se referir apenas aos meios de comunicação de massa. Delineava-se, assim, a futura redação do art. 222 da Constituição. Outro ponto de destaque consistiu na proposta do constituinte Hélio Costa, que pretendia abrir o capital das empresas de radiodifusão e jornalísticas para que não fosse necessário se socorrerem dos cofres públicos, permitindo-se que delas pudesse participar uma outra sociedade em até 30% de seu capital social, mediante subscrição de ações sem direito a voto, não conversíveis estas em ações ou cotas com direito a voto. A proposta buscava permitir que essas em-

figura do Diretor Dermeval da Silva Júnior. Finalmente, mas não por último, foi enriquecedor o diálogo com os professores Murilo César Ramos, Ana de Oliveira Frazão, Othon de Azevedo Lopes e Tarcísio Vieira de Carvalho.

presas participassem do mercado de capitais, sem que houvesse influência externa na formação da opinião pública. Tal proposta foi acatada e se integrou à redação proposta pela Subcomissão. Durante todo o trâmite do texto do referido artigo, destacou-se que a possibilidade de participação acionária só seria possível dentro de certas limitações, tendo-se em vista a importância social dos meios de comunicação. A redação original do art. 222 vedava a participação de pessoas jurídicas nas empresas de comunicação de massa e decorria, nos discursos de sua aprovação, da tradição brasileira de preservação dos veículos de comunicação como espaços desvinculados de outros interesses empresariais de forma a disporem de independência informativa e opinativa. Em 2002, foi aprovada a Emenda Constitucional n. 36, que deu nova redação ao art. 222. A principal mudança no dispositivo consistiu na possibilidade de participação de pessoas jurídicas nas empresas de comunicação de massa. Permitiu-se, também, a participação de capital estrangeiro nessas empresas. A justificativa para tais modificações nas discussões parlamentares pertinentes cingia-se à dificuldade de investimento no setor, em razão da limitação imposta pela antiga redação do dispositivo constitucional. Alegou-se, durante a tramitação do projeto de Emenda à Constituição n. 5/2002, que a nova redação do art. 222 da Constituição Federal seria contrária ao interesse público devido à atuação estratégica da radiodifusão para o desenvolvimento do país. Esse argumento, porém, foi, ao final, vencido.

2. Constituições brasileiras anteriores

Os limites à propriedade e à orientação intelectual e de gestão de empresas jornalísticas, políticas ou noticiosas foram inaugurados com o advento da Constituição de 1934, enquanto o acréscimo da referência expressa à radiodifusão deu-se com a Constituição de 1946, cujo texto foi sendo aperfeiçoado nas Constituições de 1967 e Emenda Constitucional n. 1, de 1969, até a redação atual do art. 222 da Constituição Federal de 1988. Assim, os dispositivos equivalentes a este artigo nas constituições anteriores são: Constituição de 1934 (art. 131, *caput*); Constituição de 1937 (art. 122, item 15, alínea g); Constituição de 1967 (art. 166) e 1969 (art. 174).

3. Constituições estrangeiras

Da análise dos ordenamentos jurídicos de países selecionados nos Continentes Americano, Europeu e Africano – Alemanha, Argentina, Angola, Chile, Canadá, Colômbia, Estados Unidos, Espanha, França, Itália, México, Moçambique, Paraguai, Peru e Uruguai –, em nenhum deles há tratamento constitucional analítico sobre a comunicação social. São encontradas, todavia, referências isoladas ou em conjunto ao direito à informação, à liberdade de manifestação do pensamento e à liberdade de imprensa – Lei Fundamental alemã de Bonn (art. 5º), Constituições da Argentina (art. 14), do Chile (art. 19, § 12), dos Estados Unidos (Primeira Emenda), da Espanha (art. 20(3)), da França (Declaração Universal dos Direitos do Homem e do Cidadão, arts. 10 e 11 c/c o Preâmbulo da Constituição de 1958), da Itália (art. 21), do México (art. 6º), de Moçambique (art. 48), do Paraguai (art. 27, 29 e 31), do Peru (arts. 14 e 61), de Portugal (art. 38 e 73(3)), do Uruguai (art. 29), e a Carta de Direitos e Liberdades da Lei Constitucional do Canadá (arts. 2º, *b*) – em alguns casos coligadas a princípios da ordem social – Constituições angolana (arts. 41 e 44) e colombiana (art. 20). O ordenamento constitucional português (arts. 38 a 40 e 73) e o paraguaio (art. 31) são exceções à regra de inexistência de tratamento constitucional específico à comunicação social. A Constituição portuguesa dedica, em dispositivos apartados dos dedicados à liberdade de expressão e informação, espaço específico às temáticas de liberdade de imprensa e meios de comunicação social (art. 38), regulação da comunicação social (art. 39) e direito de antena, de resposta e de réplica política (art. 40), exigindo, a título exemplificativo, que a orientação editorial dos órgãos de comunicação social jornalística se deem mediante intervenção de jornalistas (art. 38, 2, *a*) e que lei assegure a divulgação da titularidade e dos meios de financiamento dos órgãos de comunicação social (art. 38, 3). A disciplina jurídica dos limites à propriedade estrangeira de empresas jornalísticas e de radiodifusão, quando presente, é de natureza infraconstitucional. A título exemplificativo, a Constituição argentina não trata de limites à propriedade estrangeira nos meios de comunicação, mas tão somente do enunciado da liberdade de imprensa, no seu art. 14 (direito de "publicar suas ideias pela imprensa sem censura prévia"). Coube à disciplina infraconstitucional da Lei federal 25.750, de 18 de junho de 2003 (art. 2º), limitar a propriedade dos meios de comunicação em geral, inclusive imprensa, radiodifusão e serviços complementares, produtoras de conteúdo audiovisual e digital e provedores de acesso à internet a empresas nacionais, permitindo-se a participação de empresas estrangeiras até o máximo de 30% do capital total ou votante, exceutados da limitação aqueles meios de comunicação social que, na data de entrada em vigor da lei, fossem de propriedade de pessoas físicas ou jurídicas estrangeiras. Em Angola, embora a Constituição preveja, no art. 44, a "diferença de propriedade", coube à legislação infraconstitucional detalhá-la nos termos do art. 24 da Lei de Imprensa angolana – Lei 22, de 15 de junho de 1991 – que limita a participação direta ou indireta de capital estrangeiro nas empresas de comunicação social ao limite máximo de 30% do capital votante e de 50% do capital total. A Constituição chilena, por sua vez, prevê, no art. 19, § 12, o direito da pessoa singular ou coletiva de elaborar e publicar jornais ou revistas, nos termos de lei, bem como, veda o monopólio estatal sobre qualquer mídia. A disciplina infraconstitucional da Lei 18.168, de 2 de outubro de 1982, limita a propriedade das concessões de radiodifusão, reservando-a a pessoa jurídica constituída no Chile e com domicílio no país, bem assim, restringe sua presidência, gerência, administração e representação legal a chilenos sem antecedentes criminais vedada a participação majoritária de estrangeiros na diretoria da empresa. No Canadá, a reserva de 80% de acionistas votantes das empresas de radiodifusão a canadenses, bem como o limite mínimo de 1/3 do capital votante na participação acionária indireta são de índole infraconstitucional, embora a Carta de Direitos e Liberdades da Lei Constitucional de 1982, no seu art. 2º, *b*, proteja a liberdade de pensamento, crença, opinião e expressão, inclusive, expressamente, a "liberdade de imprensa e de outras mídias de comunicação". Nos Estados Unidos, a disciplina da limitação à propriedade de estações de radiodifusão consta da Seção 310 do *Communications Act* de 1934. A disciplina infraconstitucional sobre limites à propriedade de empresas jornalísticas e radiodifusoras é amplamente disseminada, podendo ser encontrada, para citar alguns outros países, no México, Moçambique, Paraguai, Peru e Uruguai. A Alemanha e o Reino Unido, todavia, fogem à regra. Neles, não há limitações à propriedade estrangeira de empresas jornalísticas ou radiodifusoras, submetendo-as a limites gerais à concentração de propriedade.

4. Direito internacional

Afora referências à liberdade de expressão e ao valores informadores da mídia aplicáveis à comunicação social eletrônica por força do art. 222, § 3º, cujos instrumentos internacionais foram elencados no comentário ao art. 221, não há disciplina internacional específica sobre restrições à propriedade de empresas jornalísticas e radiodifusoras.

5. Dispositivos constitucionais e legais relacionados

5.1. Constitucionais

Art. 5º, *caput*; art. 5º, XII; art. 5º, XIII; art. 12; art. 19, III; art. 21, XII, *a*; art. 139, III; art. 170, II; art. 170, III; art. 220, § 5º; art. 220, § 6º; Emenda Constitucional n. 36, de 28 de maio de 2002.

5.2. Legais

Lei 4.117, de 27 de agosto de 1962, art. 44, *caput*; **Decreto-lei 236, de 28 de fevereiro de 1967**, art. 7º, *caput* e parágrafo único, art. 8º, *caput* e parágrafo único; **Lei 6.192, de 19 de dezembro de 1974** (íntegra); **Leis 8.977, de 6 de janeiro de 1995, 9.472, de 16 de julho de 1997, e 12.485, de 12 de setembro de 2011** (aplicáveis à disciplina dos serviços de comunicação eletrônica de massa enquadráveis no objeto do art. 222, § 3º, da Constituição Federal); **Medida Provisória n. 70, de 1º de outubro de 2002, e Lei 10.610, de 20 de dezembro de 2002** (regulamenta o art. 222, § 4º, da Constituição Federal e altera dispositivos pertinentes à propriedade de empresa jornalística e radiodifusora da Lei 4.117/62 e do Decreto-Lei 236/67); **Lei 13.417, de 1º de março de 2017** (altera a Lei 11.652, de 7 de abril de 2008, que "Institui os princípios e objetivos dos serviços de radiodifusão pública explorados pelo Poder Executivo ou outorgados a entidades de sua administração indireta; autoriza o Poder Executivo a constituir a Empresa Brasil de Comunicação (EBC); altera a Lei n. 5.070, de 7 de julho de 1966; e dá outras providências"); **Lei 13.487, de 6 de outubro de 2017** (altera as Leis 9.504, de 30 de setembro de 1997, e 9.096, de 19 de setembro de 1995, para instituir o Fundo Especial de Financiamento de Campanha (FEFC) e extinguir a propaganda partidária no rádio e na televisão).

6. Jurisprudência

ADPF 130/DF – STF (declara a inconstitucionalidade da Lei de Imprensa – Lei 5.250/67 – e, incidentalmente, elenca, dentre as matérias lateral ou reflexamente de imprensa sujeitas à conformação legislativa, a participação do capital estrangeiro nas empresas de comunicação social).

7. Literatura selecionada

ÁLVAREZ, Clara-Luz. TV Móvel: onde estamos e para onde vamos. *Revista de Direito, Estado e Telecomunicações* 2(1): 45-66, 2010; ARANHA, Márcio Iorio [*et al.*] (org.). *Coletânea de Normas e Julgados de Telecomunicações Referenciados*. 5ª ed. Londres: Laccademia, 2017 (Volumes 1 a 5); BARROSO, Luís Roberto. Constituição, comunicação social e as novas plataformas tecnológicas. *Revista Eletrônica de Direito Administrativo Econômico* 12(1): s/p, nov./jan. 2008; CASTELLS, Manuel. *Communication Power*. Oxford: Oxford University Press, 2009; CUNHA, Marcelo Barros da. Responsividade do sistema sancionatório da radiodifusão brasileira. *Revista de Direito, Estado e Telecomunicações* 8(1): 61-80, maio de 2016; FARACO, Alexandre D. *Democracia e Regulação das Redes Eletrônicas de Comunicação. Rádio, Televisão e Internet*. Belo Horizonte: Fórum, 2009; FAUTH, Luiz Fernando. Propriedade estrangeira dos novos meios de comunicação social eletrônica. *Revista Brasileira de Direito de Informática e Telecomunicações* 5(8): 39-62, jan./jun. 2010; FELIZOLA, Pedro Augusto Maia. O direito à comunicação como princípio fundamental: internet e participação no contexto da sociedade em rede e políticas públicas de acesso à internet no Brasil. *Revista de Direito, Estado e Telecomunicações* 3(1): 205-280, 2011; MENDEL, Toby e Eve Salomon. *O ambiente regulatório para a radiodifusão: uma pesquisa de melhores práticas para os atores-chave brasileiros*. Brasília: UNESCO, 2011 (Série Debates CI – Comunicação e Informação n. 7, de fevereiro de 2011); NOAM, Eli. *Media Ownership and Concentration in America*. Oxford: Oxford University Press, 2009; NOAM, E. (Ed.), *Who Owns the World's Media? Media Concentration and Ownership around the World*. Oxford: OUP, 2016; PINHEIRO, Guilherme Pereira. O mercado brasileiro de vídeo: análise regulatória sob a perspectiva do direito norte-americano. *Revista de Direito, Estado e Telecomunicações* 3(1): 111-166, 2011; PONTES DE MIRANDA, F. C. *Comentários à Constituição de 1967*. Tomo 6, Rio de Janeiro: Forense, 1987; WIMMER, Miriam. Os projetos de Lei de Comunicação de Massa por Assinatura: controvérsias, interesses e expectativas. *Revista de Direito, Estado e Telecomunicações* 2(1): 231-258, 2010.

8. Comentários

8.1. O sentido da redação original

A dicção original do art. 222, *caput* e parágrafos da Constituição Federal de 1988, antes da atual redação definida pela Emenda Constitucional n. 36, de 28 de maio de 2002, resumia-se à reserva da propriedade de empresa jornalística e de radiodifusão sonora (rádio) e de sons e imagens (televisão) a brasileiros natos ou naturalizados há mais de dez anos, leia-se, a vedação da propriedade por *pessoa física estrangeira* e a exclusão da propriedade de empresa jornalística ou radiodifusora por *pessoa jurídica*, facultada, todavia, a participação de pessoa jurídica no capital social de empresa jornalística ou radiodifusora no limite de trinta por cento do capital social sem direito a voto e desde que dita pessoa jurídica se configurasse em partido político ou sociedade cujo capital pertencesse exclusiva e nominalmente a brasileiros. Assim, a possibilidade de presença de pessoas jurídicas no capital social de empresas jornalísticas e de radiodifusão sonora e de sons e imagens não afastava a condição *sine qua non* de exclusividade da propriedade direta ou indireta de tais empresas por brasileiros natos ou naturalizados, reservado o qualificador de tempo de naturalização à propriedade direta. O único relaxamento existente na previsão constitucional de reserva da propriedade a brasileiros natos ou naturalizados *há mais de dez anos* se dava na possibilidade de participação indireta – via pessoa jurídica partícipe no capital social das empresas jornalísticas e radiodifusoras – de brasileiros naturalizados há menos de dez anos em até trinta por cento do capital social das empresas jornalísticas e de radiodifusão sem direito a voto. Ainda, a redação original do art. 222 reservava a brasileiros natos ou naturalizados há mais de dez anos a responsabilidade pela administração e orientação intelectual de empresa jornalística e de radiodifusão sonora e de sons e imagens. A equação, portanto, da dicção original do art. 222 se resumia ao seguinte: a) aos brasileiros era reservada a *propriedade* de empresas jornalísticas e radiodifusoras; b) a *propriedade direta*, a *administração* e a *orientação intelectual* das empresas jornalísticas e radiodifusoras pertenciam exclusivamente a brasileiros natos ou naturalizados há mais de dez anos; e c) a *propriedade indireta* das empresas jornalísticas e radiodifusoras, limitada a trinta por cento do capital social sem direito a voto, via intermédia pessoa jurídica, pertencia exclusivamente a brasileiros natos ou naturalizados, afastado, neste caso, o limitador temporal do mínimo de dez anos de naturalização.

8.2. Fontes da redação original

As limitações à propriedade, administração e orientação intelectual das empresas jornalísticas e radiodifusoras não constituem inovação da Constituição de 1988, estando presentes na Emenda Constitucional n. 1, de 1969 (art. 174), e nas constituições de 1967 (art. 166), 1946 (art. 160), 1937 (art. 122, item 15, alínea g) e 1934 (art. 131, *caput*), muito embora a Constituição de 1988 tenha inovado na abertura de capítulo próprio à comunicação social. A versão da Emenda Constitucional n. 1, de 1969, reproduzia, com ligeiras alterações textuais, a Constituição de 1967, que se distanciava da redação original da Constituição de 1988 ao não incorporar no texto constitucional os limites percentuais de participação empresarial no capital social de empresas jornalísticas *lato sensu*, ao adotar a nomenclatura abrangente de empresas jornalísticas de qualquer espécie, inclusive televisão e radiodifusão, e ao se referir exclusivamente a brasileiros natos, reservando-se à lei a possibilidade de acréscimo de outras condições para a organização e o funcionamento das empresas jornalísticas, de televisão ou radiodifusão, no interesse do regime democrático e do combate à subversão e à corrupção.

O texto constitucional de limitação à propriedade de empresas jornalísticas e radiodiusoras da Constituição de 1946 era, por sua vez, mais sintético, mas igualmente abrangente em seu significado à exceção da ausência de referência à legislação infraconstitucional colmatadora de condições para organização e funcionamento de empresas jornalísticas e radiodifusoras. Com isso, a legislação infraconstitucional desempenhou importante papel na história de alargamento das restrições de propriedade de empresas radiodifusoras para brasileiros naturalizados.

Em 1962, o arcabouço normativo infraconstitucional de radiodifusão foi codificado. O advento do Código Brasileiro de Telecomunicações – Lei 4.117/62 (CBT) –, que disciplinava as telecomunicações *lato sensu*, alterou decisivamente o modelo regulatório das telecomunicações, em geral, e da radiodifusão, em particular, mas, no tocante à limitação da propriedade de empresas radiodifusoras, não foi além do enunciado no texto constitucional de 1946. O art. 44 do CBT vedava a concessão ou autorização do serviço de radiodifusão a sociedades por ações ao portador, ou a empresas que não fossem constituídas exclusivamente por brasileiros natos. Enquanto o Decreto-lei 200, da reforma administrativa de 1967, revelava a centralidade das telecomunicações *lato sensu* ao instituir o Ministério das Comunicações, o Decreto-Lei 236, do mesmo ano, esmiuçou o tratamento legal dos limites à propriedade de empresa radiodifusora com a introdução da exclusividade (art. 4º) de *execução de serviço de radiodifusão* por entes políticos e administrativos (União, Estados, Territórios e Municípios), universidades brasileiras, fundações constituídas no Brasil, cujos estatutos não contrariassem o CBT, ou sociedades nacionais por ações nominativas ou por cotas, desde que subscritas, as ações ou cotas, em sua totalidade, por brasileiros natos. O texto do Decreto-lei 236 veda a participação de estrangeiros ou pessoas jurídicas, exceto partidos políticos nacionais, como sócios de pessoas jurídicas prestadoras de serviço de radiodifusão, bem como proíbe o exercício de qualquer tipo de controle direto ou indireto sobre elas, chegando ao ponto de esmiuçar a vedação dirigida às empresas radiodifusoras de manterem contratos de assistência técnica com empresas ou organizações estrangeiras, quer no que diz respeito à administração, quer quanto à orientação intelectual, excetuada a parte estritamente técnica ou artística da programação e do aparelhamento da empresa, bem como contratos de assistência técnica não superiores a seis meses e exclusivamente referentes à base de instalação e início de funcionamento de equipamentos, máquinas e aparelhamentos técnicos (art. 7º). Ainda, o Decreto-Lei 236 submete (art. 8º) à prévia autorização do hoje extinto Conselho Nacional de Telecomunicações (CONTEL) qualquer contrato de empresa de radiodifusão com empresa ou organização estrangeira que pudesse ferir o espírito das disposições limitadoras da interferência estrangeira nas empresas radiodifusoras, bem assim vedava modalidades contratuais que assegurassem, direta ou indiretamente, a participação nos lucros brutos ou líquidos das empresas de radiodifusão por parte de empresa ou organização estrangeira (art. 8º, parágrafo único).

Em suma, o Decreto-Lei 236 reproduzia os elementos centrais do enunciado constitucional de 1946 e antecipava a redação da Constituição de 1967, da Emenda Constitucional n. 1, de 1969, bem como a redação original do art. 222 da Constituição Federal de 1988, distanciando-se deles somente em três pontos: a) no nível de detalhamento de casos contratuais de burla aos limites impostos presente no Decreto-Lei 236 e ausente no texto constitucional; b) no que se refere à exclusividade de propriedade de radiodifusoras por brasileiros natos prevista no Decreto-lei 236, mais tarde ampliada para abarcar os brasileiros naturalizados por intermédio da Lei 6.192, de 19 de dezembro de 1974, que, ao vedar a distinção entre brasileiros natos e naturalizados, aproximou a letra da lei de então à ressalva do § 1º, contida na dicção original do art. 222 da Constituição Federal de 1988; e c) no que se refere ao escopo da norma, que se limitava, no caso do Decreto-Lei 236, aos serviços de radiodifusão.

8.3. O sentido da redação atual

O batimento do texto histórico original do art. 222 da Constituição Federal com sua atual versão grafada segundo a Emenda Constitucional n. 36, de 28 de maio de 2002, serve ao propósito de melhor esclarecimento do significado da redação atual do dispositivo constitucional em comento.

8.3.1. Responsabilidade editorial e da programação (art. 222, §§ 1º e 2º)

Partindo-se dos pontos semelhantes de redação, ambas as versões – original e atual do art. 222 – limitam a orientação intelectual das empresas jornalísticas e radiodifusoras a brasileiros natos ou naturalizados há mais de dez anos. Ocorre, contudo, que a EC 36/2002, na nova redação dada ao § 2º do art. 222, reformula, nesse aspecto, a dicção constitucional, transmutando a anterior terminologia de *orientação intelectual* em três frentes: a) uma delas, referente às empresas radiodifusoras, em que se assevera que brasileiros natos ou naturalizados há mais de dez anos *estabelecerão o conteúdo da programação* (§ 2º do art. 222); b) a segunda delas dirigida às empresas jornalísticas, em que se garante a reserva a brasileiros natos ou naturalizados há mais de dez anos da *responsabilidade editorial* (§ 2º do art. 222); e c) uma terceira frente, dirigida ao conjunto mais abrangente subsumido no termo *qualquer meio de comunicação social*, segundo a qual a *responsabilidade editorial e de seleção e direção da programação veiculada* fica restrita a brasileiros natos ou naturalizados há mais de dez anos.

Com isso, o texto constitucional passou a construir uma ponte conceitual com as etapas da cadeia de valor da comunicação audiovisual, que, no âmbito infraconstitucional, foi esmiuçada nas etapas de produção, programação, empacotamento e distribuição, quando da tramitação do Projeto de Lei 29/2007, da Câmara dos Deputados, sua conversão no Projeto de Lei da Câmara 116/2010, do Senado Federal, e consequente publicação da Lei 12.485/2011. O significado da cadeia de valor da comunicação audiovisual serve à delimitação do alcance da reserva de orientação intelectual nos meios de comunicação social em geral, e nas empresas radiodifusoras em especial. Frise-se, a reserva de orientação intelectual se dirige, a partir da EC 36/2002, expressa e exclusivamente ao momento de *programação* na cadeia de valor, reservando-se o termo *responsabilidade editorial* às empresas jornalísticas, que historicamente resumem sua atividade à produção e distribuição de notícias. Muito embora dois momentos da cadeia de valor da radiodifusão já estivessem presentes no art. 221 – a *produção* e a *programação* –, foi a EC 36/2002 a introdutora da programação como etapa delimitadora do âmbito de aplicação das restrições constitucionais à orientação intelectual dos meios de comunicação social. Antes dela, o Decreto-Lei 236, de 1967, diferenciava claramente entre os momentos de produção e o restante da cadeia de valor da radiodifusão, bem como esclarecia que os destinatários do comando de restrição à propriedade de empresa radiodifusora não atingiam a etapa de produção de conteúdo, limitando-se a atribuir ao extinto Conselho Nacional de Telecomunicações (CONTEL) a competência para regular a transmissão por emissoras de radiodifusão de programas de origem estrangeira ou produzidos por empresas sediadas no país constituídas por acionistas, cotistas, diretores, gerentes ou administradores estrangeiros.

Daí decorre que a esfera de atividades atingida pelas restrições constitucionais à orientação intelectual foi, de um lado, ampliada para além das categorias de empresas jornalísticas e radiodifusoras, mediante a adoção do conceito mais abrangente de meios de comunicação social, enquanto, de outro lado, encontra-se, hoje, expressamente constrita à etapa de programação no que se refere aos meios de comunicação social em que o processo de transmissão da mensagem contemple a atividade de seleção e direção da programação, ou seja, os meios de comunicação audiovisual. No que toca, todavia, à atividade jornalística, a nova redação do texto constitucional se limita a substituir a anterior *responsabilidade por sua orientação intelectual* pela sinonímia sintética de *estabelecimento do conteúdo* na referência específica a empresas jornalísticas (§ 1º) e de *responsabilidade editorial* na referência abrangente de meios de comunicação social (§ 2º). Em quaisquer dos casos, dita responsabilidade não se alastra para além do momento de definição de encaixe da mensagem a ser veiculada quanto à disposição e data do veículo de informação.

A questão da fronteira entre atividades jornalísticas, radiodifusoras, e de comunicação social como gênero ou eletrônica deve, entretanto, ser deixada em aberto para precisão da extensão de reserva a brasileiros natos ou naturalizados há mais de dez anos da responsabilidade editorial ou de estabelecimento do conteúdo da programação radiodifusora.

Ao se identificar a atividade jornalística no art. 222 da Constituição Federal, mas preservá-la de outras limitações circundantes, como a principiologia expressa no art. 221 e a imunidade constitucional à licença de autoridade do art. 220, § 6º, bem como a expressa expansão da mesma principiologia do art. 220 para a comunicação social eletrônica, o sistema constitucional elevou a atividade jornalística à posição de garantia institucional dos direitos fundamentais de liberdade de expressão e manifestação do pensamento. Sob tal enfoque, a abrangência do termo jornalismo é dirigida pelo seu conteúdo informativo; não por fronteiras formais de definição de serviços conceitualmente próximos, como os de comunicação audiovisual, eletrônicos ou não. A empresa jornalística, portanto, contida no dispositivo em apreço engloba, sem sombra de dúvida, aquela que edita jornais, revistas e periódicos, mas tais produtos são exemplificativos para delimitação da extensão presente e futura do termo constitucional de jornalismo. É de se esperar que a dissolução de fronteiras entre a imprensa tradicional e meios eletrônicos de comunicação social distenda a interpretação do dispositivo de reserva da responsabilidade editorial e das atividades de seleção e direção da programação. Neste caso, o problema jurídico de enquadramento da imprensa poderia ter efeitos sobre a delimitação do âmbito de aplicação do dispositivo constitucional. Todavia, mesmo na hipótese de equiparação integral da imprensa eletrônica com o regime jurídico da comunicação social eletrônica como gênero, algo dependente da derrocada de um dos pilares da liberdade de expressão – a dispensa de licença de autoridade para publicação de veículo impresso de comunicação do art. 220, § 6º, da Constituição Federal –, a ordem constitucional de restrição da orientação intelectual não pode servir a um fim estranho ao *ethos* da norma, mediante esvaziamento da esfera de aplicação do art. 220, § 6º, citado. A axiologia do dispositivo em comento o limita à definição dos habilitados a exercerem editoração, vale dizer, mesmo que as distinções intrínsecas à imprensa fossem eliminadas do arcabouço jurídico brasileiro – algo questionável em face da função garantidora institucional que o art. 220, § 6º, da Constituição representa frente às liberdades de imprensa e manifestação do pensamento –, o âmbito de aplicação do art. 222 permaneceria monoliticamente dirigido à etapa de encaixe ou de disposição estrutural e temporal da mensagem veiculada tanto pela comunicação social radiodifusora como telecomunicacional por meios confinados ou por espectro de radiofrequência.

Finalmente, trata-se de ordem constitucional que não se satisfaz com o respeito às limitações formais à propriedade da empresa jornalística e radiodifusora, mas vai além, como ressaltava Pontes de Miranda, em seus comentários ao dispositivo equivalente da Constituição de 1967, distinguindo-se a orientação intelectual ou administrativa *aparente* da orientação intelectual ou administrativa *oculta*, cabendo a inquérito parlamentar, administrativo, ou judicial desvelar a administração, editoração ou programação oculta de empresas jornalísticas e radiodifusoras apenas formalmente submissas à direção de brasileiros natos ou naturalizados há mais de dez anos. Da mesma forma, o mesmo cuidado material recai sobre os efeitos contratuais, inclusive de financiamento, pertinentes à cadeia de controle societário de qualquer meio de comunicação social, quando deles resultar a administração, editoração ou programação de fato por aqueles não habilitados a tais funções, ou seja, estrangeiros e brasileiros naturalizados há menos de dez anos.

8.3.2. Administração das empresas jornalísticas e radiodifusoras (art. 222, § 1º)

Embora tenha havido alteração nos termos que restringem a brasileiros natos ou naturalizados há mais de dez anos a direção de empresas jornalísticas e radiodifusoras, a mera substituição dos termos *administração* por *gestão* pela EC 36/2002 não teve o condão de alterar o sentido do comando constitucional: permanece restrito a brasileiros natos ou naturalizados há mais de dez anos o exercício da organização, planejamento, liderança e tomada de decisões sobre o modo de se conduzir a vivência empresarial seja em sua apresentação previsível e reiterada, seja em momentos de rearranjo conjuntural, nele incluído os poderes de representação civil e judicial. Por via interpretativa analógica ou por via regulamentar expressa, limitações à nacionalidade de técnicos responsáveis pela operação e manutenção de equipamentos essenciais ao serviço podem ser derivadas do texto constitucional desde que nos limites de interpretação finalística aplicada restritivamente. Assim também são livres os investimentos por carteira de ações nominalmente identificadas de pessoas jurídicas partícipes do capital social de empresas jornalísticas e radiodifusoras, desde que deles não resultem poderes de indicação de administrador em ditas empresas. Para além das empresas jornalísticas e radiodifusoras, entretanto, a ausência de referência expressa à exclusividade de gestão ou administração por brasileiros nos demais meios de comunicação social do art. 222, § 2º, levam à conclusão de que, em homenagem ao cânone hermenêutico de que dispositivos limitadores de direitos devem ser interpretados restritivamente, a gestão de empresas de comunicação social em geral, excluídas as empresas jornalísticas e radiodifusoras, não é constitucionalmente limitada a brasileiros, desde que se preservem mecanismos gerenciais de independência editorial e de seleção e direção da programação veiculada.

8.3.3. Propriedade de empresas jornalísticas e radiodifusoras (art. 222, *caput*, e §§ 1º e 4º)

Persiste, na redação atual do art. 222, a mesma estrutura de limites à propriedade de empresas jornalísticas e radiodifusoras relaxada, contudo, no que se refere aos limites de constituição de pessoa jurídica intermédia na cadeia de controle de ditas empresas, qual seja: a) aos brasileiros natos e naturalizados há menos de dez anos e pessoas jurídicas constituídas sob as leis brasileiras e que tenham sede no país, é reservada a *propriedade* de empresas jornalísticas e de radiodifusão sonora (rádio) e de sons e imagens (televisão); b) a *propriedade direta* das empresas jornalísticas e radiodifusoras permanecem restritas exclusivamente a brasileiros natos ou naturalizados há mais de dez anos; c) aos estrangeiros e brasileiros naturalizados há menos de dez anos, é facultado participar apenas indiretamente do capital social de tais empresas, via intermédia pessoa jurídica constituída sob as leis brasileiras e com sede no país, desde que sua participação permaneça aquém de trinta por cento do capital total e votante das empresas jornalísticas e radiodifusoras; d) a *propriedade indireta* das empresas jornalísticas e radiodifusoras sofreu ligeira alteração, na redação atual, ao inverter a anterior limitação a trinta por cento do capital social sem direito a voto, via intermédia pessoa jurídica, para introduzir a garantia de limite mínimo de setenta por cento do capital total e votante daquelas empresas por brasileiros natos ou naturalizados há mais de dez anos; e) a *propriedade indireta* deixou de ser exclusivamente limitada a brasileiros natos ou naturalizados a qualquer tempo, extinta, pela EC 36/2002, a exigência constitucional presente na redação original do art. 222, de que o capital de tais pessoas jurídicas pertencesse exclusiva e nominalmente a brasileiros, autorizada, portanto, a participação de estrangeiros, brasileiros naturalizados há menos de dez anos e pessoas jurídicas por eles constituídas, por ações nominativas ou não, ou derivada de cadeia de controle societário empresarial, desde que não fira a reserva de setenta por cento de capital total e votante acima referida, deixando ao crivo do legislador infraconstitucional se tal limitação envolve a natureza conversível das ações; f) demais meios de comunicação social não sofrem qualquer *limitação constitucional expressa* à propriedade seja no que se refere à nacionalidade ou às características direta ou indireta de controle societário; g) a nova redação da EC 36/2002 também introduziu reserva legal (art. 222, § 4º) implicitamente qualificada pela principiologia de comunicação social inscrita no art. 221, da Constituição Federal, para disciplina da participação de capital estrangeiro nas empresas jornalísticas e radiodifusoras via pessoas jurídicas constituídas sob as leis brasileiras e com sede no país.

A lei regulamentadora da participação de capital estrangeiro nas empresas jornalísticas e radiodifusoras (Lei 10.610, de 20 de dezembro de 2002) alterou dispositivos referentes à administração e transferência de controle societário de concessionárias e autorizatárias de radiodifusão presentes no Código Brasileiro de Telecomunicações (Lei 4.117/62) e ao limite de estações radiodifusoras presentes no Decreto-Lei 236, de 1967, acrescentando ao tecido normativo de controle de propriedade de empresas jornalísticas e radiodifusoras a disciplina específica sobre cadeia e acordos societários, deveres de averiguação e controle sobre a composição de empresas jornalísticas e radiodifusoras dirigidos aos órgãos de registro comercial ou de registro civil, bem como causas de nulidade de acordos societários que levem ao descumprimento dos limites constitucionais à propriedade estrangeira ou indireta de empresas jornalísticas e de radiodifusão sonora e de sons e imagens.

A nova redação do art. 222 não mais determina que o capital das pessoas jurídicas partícipes do capital social de empresas jornalísticas ou radiodifusoras sejam *exclusiva e nominalmente* pertencentes a brasileiros natos ou naturalizados há mais de dez anos. Isso não quer dizer que as limitações quanto à forma de participação acionária em tais empresas tenham sido eliminadas, na medida em que cumprem uma finalidade ainda mais contundente na redação atual do art. 222: a de garantia de controle dos limites máximos de participação de estrangeiros e de brasileiros naturalizados há menos de dez anos nas empresas citadas. A ausência de referência constitucional à forma acionária de sociedades partícipes do capital social das empresas jornalísticas e radiodifusoras na redação atual assim o é por inversão da fórmula de garantia constitucional contra interferência estrangeira em tais empresas, que sofreu uma alteração de enfoque, na medida em que antes eram definidos os limites mediante fixação do percentual *máximo* de participação em trinta por cento do capital social das empresas jornalísticas e radifusoras, enquanto a nova redação da EC 36/2002 optou pelo enunciado de proteção do *mínimo* de participação societária de brasileiros natos ou naturalizados há mais de dez anos.

O enunciado constitucional de preservação desse percentual mínimo de participação acionária é abrangente, dirigindo-se tanto a pessoas físicas quanto jurídicas e, portanto, repercutindo na forma acionária das pessoas jurídicas proprietárias de empresas jornalísticas e radiodifusoras para expurgar formas presentes ou futuras que impeçam a transparência de controle acionário necessária ao cumprimento do comando constitucional. A ressalva de que as ações deveriam ser *nominalmente* atribuídas a brasileiros era justificada, à época, pela existência de três tipos de ações quanto à forma, conforme o art. 20 da Lei 6.404, de 15 de dezembro de 1976 (Lei de Sociedades por Ações – LSA): nominativas; endossáveis; e ao portador. Ocorre, contudo, que a possibilidade de ações ao portador e de ações endossáveis foi extinta, no direito brasileiro, por intermédio de alteração do art. 20 e de dispositivos correlatos da LSA pela Lei 8.021, de 12 de abril de 1990, para garantia de identificação de contribuintes para fins fiscais.

A leitura do texto constitucional de então, portanto, contemplava a ressalva de que as sociedades partícipes no capital social de empresas jornalísticas ou radiodifusoras somente poderiam adotar a forma de ações nominativas. A leitura atual não sofreu qualquer alteração nesse sentido, embora o faça não por expressa dicção constitucional exigente da forma nominativa de ações, mas pela persistência da limitação de conformação das sociedades partícipes do capital social de empresas jornalísticas ou radiodifusoras, mediante exigência constitucional implícita de que as formas societárias tratadas sejam transparentes à averiguação do cumprimento dos percentuais mínimos de participação de brasileiros natos ou naturalizados há mais de dez anos. Assim, a ressalva de restrição a ações nominativas é hoje desnecessária, senão por precaução de futuras alterações da legislação societária brasileira, cujas eventuais novas formas de participação acionária somente serão aceitáveis, para os fins do art. 222 da Constituição Federal, se a propriedade de suas ações for mantida transparente e publicizada.

Além dessa ressalva sobre a natureza das ações de sociedades partícipes no capital social de empresas jornalísticas ou radiodifusoras, há que se enfatizar que, como persiste a restrição quanto à participação direta de estrangeiros e brasileiros naturalizados há menos de dez anos, não somente às composições societárias não publicizadas é vedada a participação no capital daquelas empresas. A vedação se aplica a quaisquer composições societárias despersonalizadas, tais como a sociedade em conta de participação e a sociedade em comum, que não satisfazem a exigência constitucional de intermédia pessoa para ingresso de estrangeiros ou brasileiros naturalizados há menos de dez anos na cadeia de controle societário das empresas jornalísticas e radiodifusoras.

Resta saber os efeitos da retirada, pela Emenda Constitucional n. 36, de 2002, da referência expressa à possibilidade de participação de partidos políticos no capital social de empresa jornalística ou radiodifusora antes presente na redação original do art. 222, § 1º. Não há, na legislação infraconstitucional pertinente aos partidos políticos, vedação à dita participação societária, bem como não se pode derivar eventual proibição da mera retirada da referência constitucional antes específica a partidos políticos e, hoje, ampla em permitir a participação de pessoa jurídica no capital social de empresas jornalísticas e radiodifusoras nos limites de preservação do mínimo de setenta por cento do capital total e do capital votante de tais empresas, seja direta ou indiretamente, a brasileiros natos ou naturalizados há mais de dez anos. Não se trata, portanto, de interpretação constitucional da intenção do legislador constituído quando da produção da Emenda Constitucional n. 36, de 2002, mas dos efeitos objetivos da retirada de referência expressa a partidos políticos da redação do art. 222, § 1º. É sabido que os partidos políticos estão submetidos a um regime jurídico híbrido privado-público, que contempla, entre outras disposições, o acesso privilegiado à radiodifusão e ao mesmo tempo minudenciadamente condicionado por requisitos definidos em lei para a propaganda partidária (arts. 45 a 49 da Lei 9.096, de 19 de setembro de 1995) e eleitoral (arts. 44 a 57 da Lei 9.504, de 30 de setembro de 1997). No que se refere à imprensa escrita, não há privilégios exigíveis da imprensa para veiculação de propaganda eleitoral; pelo contrário, a normatização infraconstitucional impõe condicionamentos limitadores da presença de propaganda eleitoral via imprensa escrita (art. 43 da Lei 9.504/97). Há mesmo compensação fiscal às emissoras de rádio e televisão pela cedência do horário gratuito previsto em lei para propagandas partidárias e eleitoral (art. 99 da Lei 9.504/97) e vedação da propaganda política paga no rádio e na televisão a partir do advento da Lei 13.487, de 6 de outubro de 2017. O regime jurídico de propagandas partidária e eleitoral, dessa forma, é plenamente regulado, resultando na vedação de transformação dos meios de comunicação social em veículos de pregação político-partidária, senão nos limites de veiculação isonômica de representatividade político-partidária definidos em lei. A juriprudência é silente quanto ao tema, embora tenha se pronunciado cautelarmente, na ADI 2566-MC/DF sobre a previsão constante na Lei de Radiodifusão Comunitária (art. 4º, § 1º, da Lei 9.612/98), que veda o proselitismo de qualquer natureza, indicando que a disciplina infraconstitucional de limitação ao abuso da pregação político-partidária, religiosa ou de promoção pessoal na forma de sectarismos e partidarismos não feriria a Constituição. A alteração infraconstitucional trazida pela Lei 13.417, de 1º de março de 2017, que restringiu somente às emissoras públicas a antiga vedação de proselitismo em programação de emissoras de radiodifusão, não afeta a conclusão natural de que, muito embora hoje inexista proibição expressa constitucional à participação acionária de partidos políticos em empresa jornalística ou radiodifusora, dita participação não se coaduna com a posição jurídica imposta pelo regime regulatório institucional que serve de liame entre os partidos políticos e a comunicação social. Fossem os partidos políticos autorizados a figurarem como acionistas de empresas jornalísticas ou radiodifusoras e o próprio *status* de direito público dos partidos e da comunicação social restariam ameaçados, pois esse *status* bebe da integridade das relações jurídicas presentes no regime regulatório de excepcional aproximação institucional entre partidos políticos e comunicação social. O tênue equilíbrio entre partidos e comunicação social dá-se via regras de estrito controle da propaganda partidária. Basta, portanto, a compreensão do regime regulatório relativo entre partidos e comunicação social para revelar a impossibilidade jurídica da existência de outras relações jurídicas entre partidos e empresas jornalísticas afora a excepcional relação plenamente controlada de propaganda partidária.

O regime jurídico da propaganda partidária e eleitoral, ao ter sido legalmente sedimentado na isonomia de representatividade político-partidária e nos efeitos fiscais daí decorrentes, repercute na averiguação de existência de contrasenso entre a preservação de tal isonomia, por meio de detida disciplina legal, e a influência possibilitada pela via de participação societária na imprensa e na radiodifusão. Mesmo que se possa, formalmente, separar os momentos de propriedade societária e gestão intelectual da imprensa e da radiodifusão, sob o enfoque material, a participação societária de partidos políticos em empresas jornalísticas e, com mais razão, nas empresas radiodifusoras, causa a disrupção e deformação da principiologia constitucional da comunicação social ao permitir, pela via transversa de exercício do direito à propriedade, o desequilíbrio da representatividade político-partidária no dia a dia da imprensa e dos serviços de radiodifusão sem o desenho de mecanismo institucional adequado ao controle de distorções ocasionadas pela influência societária no conteúdo da programação. É bem verdade que ao intérprete não é dado ler onde a Constituição silenciou e, embora nela se tenha eleita a via formal de limitação percentual da participação de pessoas jurídicas no capital de empresas jornalísticas e radiodifusoras, o conjunto do capítulo constitucional da comunicação social é retumbante em enunciar principiologia suficiente para contrapor o regime jurídico dos partidos políticos ao de participação societária nas empresas tratadas no art. 222 da Constituição Federal.

8.3.4. Comunicação ao Congresso Nacional (art. 222, §§ 1º e 5º)

O § 5º foi acrescido ao art. 222 pela EC 36/2002 e determina a comunicação ao Congresso Nacional das alterações de controle societário das empresas jornalísticas e de radiodifusão sonora e de sons e imagens. Não há previsão do momento ou do responsável por tal comunicação senão pela exigência implícita de que se faça, no máximo, tão logo se promova às alterações citadas. Assim, a previsão constitucional abriga uma gama de opções do legislador infraconstitucional sobre os prazos e condições de implementação do comunicado, que podem ser resumidas em três grandes linhas: a) a exigência infraconstitucional de comunicado das alterações de controle societário como requisito de eficácia do ato; b) a exigência infraconstitucional de apreciação das alterações de controle societário como requisito de eficácia do ato; c) o reconhecimento infraconstitucional de que a validade e eficácia do ato tendente à alteração societária são independentes do comunicado ao Congresso Nacional e de sua apreciação.

O enunciado constitucional do art. 222, § 5º, é, entretanto, de eficácia contida, contível ou restringível, na medida em que, em caso de inexistência de regulamentação sobre o procedimento específico para a comunicação ao Congresso Nacional, o dispositivo possui, mesmo assim, densidade normativa suficiente para sua aplicação. Assim sendo, o comunicado de alterações de controle societário ao Congresso Nacional é exigível de imediato independentemente de regulamentação legal, embora dela possam advir as opções de condicionamentos temporais e procedimentais acima enumeradas e outras decorrentes da natureza do serviço prestado.

O destinatário do comando da norma, entretanto, não é aparente no texto constitucional, podendo ser, em tese, a própria empresa ou órgão estatal regulador intermediário. Dada a diferença de regimes entre as empresas jornalísticas e as radiodifusoras, a regulamentação infraconstitucional hoje atribui, por intermédio da Lei 10.610/2002 (art. 3º, parágrafo único), a órgão do Poder Executivo – no caso, o Ministério das Comunicações – a responsabilidade pelo comunicado ao Congresso Nacional de alterações de controle societário das empresas de radiodifusão, enquanto compete às próprias empresas jornalísticas a responsabilidade de comunicação de suas alterações de controle societário ao Congresso Nacional.

No caso das empresas de radiodifusão sonora e de sons e imagens, a atribuição de responsabilidade a agente intermediário governamental se justifica uma vez que, no regime jurídico de controle administrativo do serviço público pelo poder concedente, dependente do processo administrativo de prévia anuência à validação dos atos de alteração dos objetivos sociais, modificação do quadro diretivo, alteração do controle societário e transferência de concessão, permissão ou autorização de radiodifusão (art. 38, *c*, do CBT, com a redação dada pela Lei 10.610/2002), a etapa de comunicação ao Congresso Nacional queda absorvida em meio às funções do poder concedente do serviço público, como etapa do procedimento administrativo regulador pertinente (Portaria MC n. 447, de 9 de agosto de 2007). Embora a Lei 10.610, de 20 de dezembro de 2002, tenha se referido expressamente, em sua ementa, tão somente à regulamentação do art. 222, § 4º, da Constituição Federal de 1988, ocorre que, de fato, ao alterar dispositivos da Lei 4.117/62 (CBT), ela também regulamentou, indiretamente, o art. 222, § 5º, ao intercalar a validade das alterações de controle societário de empresas radiodifusoras com a exigência de anuência de órgão competente do Poder Executivo.

A prática regulatória do setor consiste em comunicação, por parte da empresa radiodifusora, ao Ministério das Comunicações, dos atos de transferência indireta. Após sua aprovação e publicação do ato ministerial correspondente, a empresa pode, então, proceder ao registro no órgão competente, cabendo ao Ministério das Comunicações comunicar a aprovação do ato ao Congresso Nacional, mas o ato em si não depende, para sua validade ou eficácia, da apreciação congressual. Adota-se, portanto, na prática processual administrativa do Poder Executivo, a terceira opção interpretativa do art. 222, § 5º, acima elencada.

Nesse ponto, a maior densidade normativa infraconstitucional dispensada à radiodifusão, em face de sua caracterização como serviço público, em contraste com a escassez e conteúdo liberalizante da normatização pertinente à imprensa (art. 220, § 6º), gera duas realidades normativas distintas no que se refere à concretização do art. 222, § 5º, em comento, haja vista a incorporação do comando constitucional no ato complexo de renovação de concessão, permissão ou autorização de radiodifusão, vinculando o ato de renovação da outorga à *comprovação de atendimento* aos princípios do art. 222 da Constituição Federal (Resolução n. 3, de 2009, do Senado Federal) e à entrega de documentos comprobatórios da composição acionária ou de alterações de contrato social ou de estatuto da emissora (Resolução n. 1, de 2007, da Comissão de Ciência e Tecnologia, Comunicação e Informática da Câmara dos Deputados). Em qualquer dos casos de empresas jornalísticas ou radiodifusoras, por se tratar de caso excepcional de participação parlamentar direta em processo administrativo de gestão de serviço público, no caso da radiodifusão, ou se transparência da atividade jornalística, o âmbito de aplicação da ordem constitucional de comunicado de alterações de controle societário fora do contexto do ato complexo de outorga ou renovação de concessão, permissão ou autorização de radiodifusão, dá-se única e exclusivamente para as alterações contratuais ou estatutárias que resultem em alteração de controle societário, não se alastrando para alterações de objetivos sociais, modificação do quadro diretivo, cessões de cotas ou ações, aumento de capital social, transferência de concessão, permissão ou autorização de serviços, senão se delas decorrer alteração de controle societário.

8.3.5. Meios de comunicação social eletrônica (art. 222, § 3º)

De todos os enunciados constitucionais do art. 222, o contido no § 3º certamente é o carrega consigo as consequências mais abrangentes, na medida em que repercute não só no cerne temático de limitações à propriedade na comunicação social, como também redefine a equação de serviços de telecomunicações *lato sensu*.

Sua repercussão no cerne temático de limitações à propriedade dá-se de três formas: a) mediante a expansão do conceito de meios midiáticos tradicionais de jornalismo e radiodifusão para comportarem também conformações eletrônicas de comunicação social, assim entendidas aquelas que envolvem algum grau de inteligência da rede ou dos terminais para além da mera recepção do sinal transmitido; b) mediante o efeito da inserção do termo comunicação social eletrônica como espécie do gênero abrangente de comunicação social, que comporta, de um lado, o jornalismo e radiodifusão destinatários das limitações constitucionais à propriedade, e de outro lado, a comunicação social isenta de tais limitações e enquadrada no conceito de meios de comunicação social eletrônica abrangente da categoria de comunicação audiovisual de acesso condicionado ou por meios confinados; c) finalmente, mediante o reforço da interpretação restritiva de aplicação das limitações à propriedade exclusivamente aos meios jornalísticos ou radiodifusores. Tais são as repercussões objetivas decorrentes da inserção do § 3º do art. 222 no sistema constitucional brasileiro.

A introdução do qualificativo *eletrônico* à comunicação social permite a divisão conceitual de índole constitucional entre a comunicação social como conceito abrangente das atividades do jornalismo, radiodifusão ou qualquer outra atividade de comunicação social, de um lado, e a comunicação social eletrônica, como sua espécie caracterizada pela transmissão, codificação ou mesmo interatividade de informações exclusivamente por meio eletrônico, de outro. O significado de meio eletrônico afigura-se, portanto, essencial para delimitação deste espaço de ampliação do âmbito de aplicação dos princípios enunciados no art. 221 da Constituição Federal por remissão do art. 222, § 3º.

O significado usual do termo *eletrônico* remete a sua vinculação ao processamento eletrônico na guinada tecnológica operada com a transformação do processamento de dados baseado em cartões perfurados e, por isso, denominado processamento eletromecânico de dados, para o processamento atual do ambiente computacional assentado no controle do fluxo de elétrons. Com isso, o processamento eletrônico se distancia do eletromecânico por fazer uso das propriedades de resistência elétrica ao mesmo tempo isolantes e condutoras dos materiais semicondutores, que se comportam como condutores ou isolantes de corrente elétrica a depender de estímulos luminosos, elétricos ou magnéticos, produzindo as sequências de zeros e uns utilizados como os componentes básicos de processamento computacional. Por certo, o texto constitucional não quis referir a qualquer meio de comunicação que fosse apoiado por processamento eletrônico computacional prévio, posterior ou acessório à comunicação em questão, pois todos os principais veículos de comunicação social o são hoje, de algum modo, dependentes de circuitos integrados e do consequente processamento eletrônico de dados em etapas específicas prévias, posteriores ou acessórias a sua cadeia de valor. O termo comunicação social eletrônica não veio ao mundo constitucional para redefinir o significado de todos os meios de comunicação social, senão aqueles que, por sua característica específica de incorporação do processamento eletrônico computacional na inteligência da rede de transmissão, nos sinais e/ou nos terminais, os identifica como algo novo frente ao rol tradicional de meios de comunicação social pautados pela emissão de sinal em canais específicos para exclusiva recepção em uma, e somente uma forma de apresentação transmitida por um emissor. O acréscimo do qualificativo constitucional *eletrônico* incorpora um significado mais profundo de especial caracterização dos meios de comunicação social como dependentes, em sua fase de distribuição, de uma infraestrutura essencial ao informacionalismo, em contraponto aos sistemas sociais do estatismo e do industrialismo: trata-se das redes chamadas inteligentes, dentre elas, a rede mundial de computadores – a internet – como infraestruturas de identificação e trânsito de um novo tipo de comunicação social, que se afigura *eletrônica* porque assentada nessa nova plataforma de distribuição que foge à regra do que embasou a consolidação dos meios de comunicação social no século XX. Nesse sentido, o fluxo de comunicações em *sistemas de informática e telemática* introduzido, em âmbito infraconstitucional, pela Lei 9.296, de 1996, para regulamentação do art. 5º, XII, parte final, da Constituição Federal, quando acrescido do caráter unidirecional e difusor ao grande público próprio da comunicação social, fornece um dos elementos próprios à comunicação social eletrônica.

De outro lado, o art. 4º, na redação original do Regulamento de Serviços de Telecomunicações, anexo à Resolução da Anatel n. 73, de 25 de novembro de 1998, disciplinava os chamados *serviços de comunicação de massa* (art. 4º), aí incluídos os serviços de radiodifusão ou quaisquer outros serviços que se subsumissem às características de distribuição ou difusão dos sinais ponto-multiponto ou ponto-área, de fluxo de sinais predominantemente no sentido prestadora usuário, de conteúdo das transmissões não gerado ou controlado pelo usuário e de escolha do conteúdo das transmissões realizada pela prestadora do serviço. A alteração subsequente do dispositivo infralegal mencionado lança luzes sobre o significado inicialmente construído em meio infraconstitucional para a comunicação eletrônica, à medida que, com a modificação, pela Resolução da Anatel n. 234, de 6 de setembro de 2000, da redação do art. 4º citado, e, portanto, antes da edição da Emenda Constitucional n. 36, de 2002, substituiu-se o termo *comunicação de massa* por *comunicação eletrônica de massa com evidente caráter restritivo aos serviços de interesse coletivo em regime privado abrigados pela competência reguladora da Anatel, excluindo-se os serviços de radiodifusão sonora e de sons e imagens, bem como resumindo-se as características acima enunciadas para identificação da comunicação eletrônica de massa à difusão unidirecional de sinais de telecomunicações ou comunicação assimétrica entre o prestador e os usuários em sua área de serviço para serem recebidos livremente pelo público em geral ou por assinantes.

O termo *comunicação eletrônica de massa* ingressou, assim, no arcabouço normativo infralegal como diferencial dos serviços de telecomunicações *stricto sensu* distintos da radiodifusão e caracterizados pelo regime privado, pela prestação de interesse coletivo e pela difusão unidirecional de sinais ou comunicação assimétrica em sua área de serviço para recebimento livre ou mediante assinaturas. Como se vê, o conceito infralegal em voga antes da inovação constitucional da EC 36/2002 difere, quanto à sua extensão, do que foi esposado acima, neste comentário, na medida em que, no âmbito constitucional, expandiu-se a dimensão da comunicação social eletrônica também para outras redes inteligentes que a norma da agência reguladora insere em categoria de serviços de valor adicionado aos de telecomunicações, quais sejam os serviços de provimento de acesso à internet.

Os termos e conceitos infralegal e constitucional diferem em sua extensão, na medida em que não autorizam a patológica interpretação da constituição em conformidade com as leis, embora o conhecimento das primeiras manifestações correlatas à comunicação social em âmbito legal e infralegal nutra de capacidade argumentativa a interpretação constitucional. É isso o que de fato acontece ao se referir à comunicação eletrônica de massa como um elemento conceitual capaz de divisar, dentre os atingidos pelo conceito constitucional maior de comunicação social eletrônica, os serviços de telecomunicações *stricto sensu* antes irmanados aos serviços de radiodifusão, tanto na redação original do art. 21, XII, *a*, quanto na conceituação infraconstitucional e mesmo constitucional de comunicação de massa, conforme se deflui da leitura do art. 2º, § 1º, do Ato das Disposições Constitucionais Transitórias que, a título de assegurar a gratuidade de divulgação das formas e sistemas de governo do plebiscito nele previsto, refere-se aos meios de comunicação de massa ainda na transição entre a terminologia infraconstitucional em voga e a consolidada no texto constitucional pelo capítulo da comunicação social.

Foi em meio a essa novidade de plataformas inteligentes de distribuição da comunicação social que a Emenda Constitucional n. 36, de 2002, foi editada, e é em meio a essa novidade que se pode identificar o significado da comunicação social eletrônica como extensivo à parcela da comunicação social que trafega por essas redes, podendo ainda se utilizar de seus recursos de endereçamento para fazer-se presente como um veículo de interesse público.

Não se restringindo à comunicação social trafegada pela rede mundial de computadores em homenagem à história da ideia de comunicação eletrônica edificada na legislação brasileira, as formas de comunicação social eletrônica atingidas pelo comando constitucional albergam a tradicional comunicação eletrônica de massa como comunicação audiovisual por meios confinados – e.g. DISTV, TV a Cabo – ou condicionados – e.g. TV a Cabo, MMDS, DTH, TVA –, como as novas formas de distribuição por meios confinados ou condicionados – qualquer outro meio de comunicação audiovisual por banda larga fixa ou móvel, ou de mobilidade restrita[2].

Uma segunda categoria de consequências de índole objetiva do enunciado do art. 222, § 3º, analisado diz respeito à redefinição da equação de serviços de telecomunicações *lato sensu*. Ao enfatizar a dimensão abrangente dos meios de comunicação social (art. 222, § 1º) e, ao mesmo tempo, segmentá-los em sua apresentação eletrônica *independentemente da tecnologia empregada* (art. 222, § 3º), a Emenda Constitucional n. 36, de 2002, promoveu, por via transversa, o resgate da relação antes cindida pela Emenda Constitucional n. 8, de 1995, entre a radiodifusão e os demais meios de comunicação audiovisual por meios confinados – DISTV, TV a Cabo – ou condicionados – TV a Cabo, MMDS, DTH, TVA.

A redação original do art. 21, XII, *a*, da Constituição Federal de 1988, quando interpretada em conjunto com o art. 21, XI, indicava a separação constitucional entre duas grandes categorias de serviços de telecomunicações *lato sensu*: os serviços telefônicos, telegráficos e de transmissão de dados e assemelhados, de um lado; e os serviços de radiodifusão, ao lado de serviços não enquadrados, então, dentre os serviços públicos essenciais de telecomunicações. A Emenda Constitucional n. 36/2002 não foi fiel à classificação da redação histórica de 1988 no que se refere à divisão entre telefonia, telegrafia e dados como serviços essenciais, de um lado, e serviços de radiodifusão e demais serviços de telecomunicações, de outro, mas, mesmo assim, resgatou a radiodifusão do seu isolamento criado pela Emenda Constitucional n. 8, de 1995, ao introduzir o corte classificatório transversal da comunicação social – que é transversal por atravessar os campos da radiodifusão e da comunicação social eletrônica prevista no art. 222, § 3º, como telecomunicação *stricto sensu* – em paralelo à referência genérica à comunicação social do art. 222, § 2º, que conduz à inevitável aproximação dos regimes jurídicos da radiodifusão e dos demais serviços de comunicação audiovisual eletrônicos, ao menos no que toca à orientação intelectual e à aplicação dos princípios constitucionais de produção e programação do art. 221. Trata-se, portanto, do efeito sistemático do capítulo de comunicação social na retomada da categorização cruzada entre comunicação social e telecomunicações *stricto sensu*.

Para além dessas consequências, o conteúdo subjetivo do art. 222, § 3º, em comento, no que se refere à classificação dos meios de comunicação social eletrônica, às condições de observância dos princípios enunciados no art. 221, e à forma de garantia da ordem de prioridade de profissionais brasileiros na execução de produções nacionais, foi incorporado na estrutura enunciativa de uma norma de eficácia limitada, dependendo-se de lei específica regulamentadora para fixação dos parâmetros de eficácia jurídica – aplicabilidade, exigibilidade ou executoriedade normativa – à medida que determina a observância dos princípios enunciados no art. 221 da Constituição Federal *na forma de lei específica*. A caracterização do dispositivo em comento como de eficácia limitada não impede, todavia, que a dimensão objetiva do enunciado constitucional, ao vincular expressamente a comunicação social eletrônica como destinatária

---

2. Para uma referência abrangente dos significados das siglas, serviços de telecomunicações e sua regulamentação, *vide* ARANHA, Márcio Iorio [*et al.*] (org.). *Glossário de Direito das Telecomunicações*. 5ª ed. Londres: Laccademia, 2017 (Volume 2 da Coleção de Normas e Julgados de Telecomunicações Referenciados).

dos princípios enunciados no art. 221 da Constituição Federal, bem como ao redefinir o cruzamento dos serviços de telecomunicações *stricto sensu* de conteúdo midiático com a radiodifusão, tenha efeitos proibitivos e indicativos de conduta ao legislador, bem como efeitos irradiadores sobre o ordenamento jurídico brasileiro de vedação do retrocesso e inconstitucionalidade de disposições infraconstitucionais que firam o conteúdo essencial dos princípios constitucionais de produção e programação midiática enunciados no art. 221 da Constituição Federal.

Art. 223. Compete ao Poder Executivo outorgar e renovar concessão, permissão e autorização para o serviço de radiodifusão sonora e de sons e imagens, observado o princípio da complementaridade dos sistemas privado, público e estatal.

§ 1º O Congresso Nacional apreciará o ato no prazo do art. 64, §§ 2º e 4º, a contar do recebimento da mensagem.

§ 2º A não renovação da concessão ou permissão dependerá de aprovação de, no mínimo, dois quintos do Congresso Nacional, em votação nominal.

§ 3º O ato de outorga ou renovação somente produzirá efeitos legais após deliberação do Congresso Nacional, na forma dos parágrafos anteriores.

§ 4º O cancelamento da concessão ou permissão, antes de vencido o prazo, depende de decisão judicial.

§ 5º O prazo da concessão ou permissão será de dez anos para as emissoras de rádio e de quinze para as de televisão.

Márcio Iorio Aranha

1. Histórico da norma[1]

O tema das concessões ou autorizações para a prestação de serviços de rádio e televisão havia sido disciplinado desde a Comissão Afonso Arinos, que criou o Anteprojeto Constitucional, em 1986. Nos dispositivos deste primeiro anteprojeto, o uso de frequências para radiodifusão de sons e imagens dependia da concessão ou autorização da União, enquanto a competência para outorgá-las cabia ao Conselho de Comunicação Social. O anteprojeto determinava que essas delegações só poderiam ser suspensas ou cassadas por sentença fundada em infração definida em lei que regulasse o direito à renovação. Iniciado o processo constituinte, em 1987, o tema foi objeto de debates na Subcomissão da Ciência e Tecnologia e da Comunicação. Nessa subcomissão, a relatora, deputada Cristina Tavares, apresentou um anteprojeto que se alinhava ao apresentado pela Comissão Afonso Arinos. No texto proposto, cabia ao denominado Conselho Nacional de Comunicação (CNC) outorgar e renovar *ad referendum* do Congresso Nacional as concessões e autorizações dos serviços de radiodifusão de sons e imagens. Inovando em relação ao apresentado pela Comissão Afonso Arinos, o anteprojeto da deputada Cristina Tavares previu que essas concessões teriam a duração determinada de dez anos, podendo ser suspensas ou cassadas por sentença fundada em infração definida em lei que regulasse o direito à renovação. Constituindo um dos pontos de destaque no que concerne ao Título da Comunicação Social, tal dispositivo foi alvo de intenso debate, na medida em que alguns constituintes não concordavam com a competência do Conselho Nacional de Comunicação para a outorga das concessões. O ponto alto do debate ocorreu quando o constituinte José Carlos Martinez apresentou uma emenda substitutiva ao projeto da relatora, em que se retirava a competência do Conselho Nacional de Comunicação para outorga das concessões e a alocava à União. O texto apresentado pelo constituinte e aprovado pelo plenário da Subcomissão foi o seguinte: "Compete à União, *ad referendum* do Congresso Nacional, outorgar concessões, autorizações ou permissões de serviços de radiodifusão sonora de sons e imagens". Na Comissão Temática da Família, da Educação, Cultura e Esportes, da Ciência e Tecnologia e da Comunicação, o substitutivo do relator foi derrotado. Na comissão seguinte de apreciação – a Comissão de Sistematização –, o assunto apareceu indidentalmente quando da discussão da competência do Poder Executivo. O texto apresentado pelo relator Bernardo Cabral dizia que "[c]ompete ao Poder Executivo outorgar e renovar concessão, permissão e autorização para o serviço de radiodifusão sonora de sons e imagens" e foi o aprovado na Comissão de Sistematização. Entretanto, o texto de fundo referente ao Capítulo de Comunicação Social não foi votado nesta Comissão. Apesar da aprovação, esse texto não se manteve na votação do Plenário. No primeiro texto apresentado ao plenário, a competência continuou atribuída ao Poder Executivo, cabendo ao Congresso Nacional aprovar o ato de outorga. Foi estabelecido o prazo de 10 anos para as concessões de rádio e o prazo de 15 anos para as concessões de televisão. Manteve-se a impossibilidade de cassação da outorga e foi inserida a possibilidade de cancelamento da permissão ou autorização antes do prazo por meio de pronunciamento judicial. O texto final aprovado pela Assembleia Nacional Constituinte espelhou quase que exatamente o texto aprovado nesse primeiro projeto tendo sido acrescentado que a não renovação das concessões dependeria do quórum de dois quintos em lugar da proposta inicial de exigência de maioria absoluta.

2. Constituições brasileiras anteriores

Não há dispositivo equivalente nas Constituições brasileiras anteriores.

3. Constituições estrangeiras

Da análise dos ordenamentos jurídicos de países selecionados nos Continentes Americano, Europeu e Africano – Alemanha, Argentina, Angola, Chile, Canadá, Colômbia, Estados Unidos, Espanha, França, Itália, México, Moçambique, Paraguai, Peru e Uruguai –, em nenhum deles há tratamento constitucional analítico sobre a comunicação social. São encontradas, todavia, referências isoladas ou em conjunto ao direito à informação, à liberdade de manifestação do pensamento e à liberdade de im-

---

[1]. Na elaboração do presente comentário, contou-se com a colaboração de Laura Fernandes de Lima Lira quanto aos tópicos de literatura, histórico de aprovação constituinte e constituições anteriores; de Renata Tonicelli de Mello Quelho quanto aos tópicos de direito comparado e internacional; e a reunião de jurisprudência correlata por Rodrigo de Oliveira Ferandes, todos pesquisadores do Grupo de Estudos em Direito das Telecomunicações da UnB (GETEL/UnB). Registra-se também especial agradecimento ao professor João Ricardo de Souza pelo diálogo instrutivo sobre a prática institucional de tramitação parlamentar.

prensa – Lei Fundamental alemã de Bonn (art. 5º), Constituições da Argentina (art. 14), do Chile (art. 19, § 12), dos Estados Unidos (Primeira Emenda), da Espanha (art. 20(3)), da França (Declaração Universal dos Direitos do Homem e do Cidadão, arts. 10 e 11 c/c o Preâmbulo da Constituição de 1958), da Itália (art. 21), do México (art. 6º), de Moçambique (art. 48), do Paraguai (arts. 27, 29 e 31), do Peru (arts. 14 e 61), de Portugal (arts. 38 e 73(3)), do Uruguai (art. 29), e a Carta de Direitos e Liberdades da Lei Constitucional do Canadá (art. 2º, *b*) – em alguns casos coligadas a princípios da ordem social – Constituições angolana (arts. 41 e 44) e colombiana (art. 20). O ordenamento constitucional português (arts. 38 a 40 e 73) e o paraguaio (art. 31) são exceções à regra de inexistência de tratamento constitucional específico à comunicação social. A Constituição portuguesa dedica, em dispositivos apartados dos dedicados à liberdade de expressão e informação, espaço específico às temáticas de liberdade de imprensa e meios de comunicação social (art. 38), regulação da comunicação social (art. 39) e direito de antena, de resposta e de réplica política (art. 40), determinando, a título exemplificativo, que o Estado assegure a existência e o funcionamento de um serviço público de rádio e televisão (art. 38, 5). A disciplina jurídica da competência e processamento de outorga de serviços de radiodifusão, ou sua renovação ou extinção é de natureza infraconstitucional, bem como a apreciação por órgãos específicos foge à esfera constitucional. A previsão constitucional brasileira de apreciação parlamentar do ato complexo de concessão, permissão ou autorização de serviços de radiodifusão é única no universo analisado. Assim, por exemplo, nos Estados Unidos, a Seção 309(i)(3)(A) do *Communications Act* de 1934 determina que se dê preferência, na outorga de licenças de radiodifusão, à diversificação de propriedade da comunicação de massa. A Lei de Imprensa angolana – Lei 22, de 15 de junho de 1991, art. 45 c/c art. 63 – condiciona a abertura de concursos públicos para outorga de concessão de radiodifusão, bem como a homologação de seus resultados à apreciação do Conselho de Ministros do Poder Executivo, enquanto, no México, um conselho interministerial, o Conselho Nacional de Rádio e Televisão desempenha a função de coordenação de atividades do Executivo na temática. Em nenhum caso, contudo, há intermediação parlamentar no processamento administrativo de outorgas e renovação da radiodifusão, que se dá direta e exclusivamente no âmbito do órgão regulador independente de cada país.

4. Direito internacional

Declaração Interamericana de Princípios da Liberdade de Expressão, da Comissão Interamericana de Direitos Humanos, da OEA (108ª Reunião Regular, de 19 de outubro de 2000), arts. 12 e 13.

5. Dispositivos constitucionais e legais relacionados

5.1. Constitucionais

Art. 21, XII, *a*; art. 49, XII; art. 64, §§ 2º e 4º; art. 175 (íntegra); art. 221 (íntegra); art. 222 (íntegra); art. 66 do ADCT.

5.2. Legais

Lei 4.117, de 27 de agosto de 1962, art. 32, *caput*, art. 33, §§ 1º a 5º, art. 34 (íntegra) e art. 35, *caput*; Decreto-Lei 236, de 28 de fevereiro de 1967; Lei 8.367, de 30 de dezembro de 1991; Lei 9.612, de 19 de fevereiro de 1998; Ato Normativo n. 1, de 2007, da Comissão de Ciência e Tecnologia, Comunicação e Informática, da Câmara dos Deputados (dispõe sobre as normas para apreciação dos atos de outorga e de renovação de concessão, permissão ou autorização de serviço de radiodifusão sonora e de sons e imagens, e revoga o Ato Normativo n. 1, de 1999, da Comissão de Ciência e Tecnologia, Comunicação e Informática); Resolução n. 3, de 7 de abril de 2009, do Senado Federal (dispõe sobre a apreciação dos atos de outorga e renovação de concessão, permissão e autorização para o serviço de radiodifusão sonora e de sons e imagens e revoga a Resolução n. 39, de 1992, do Senado Federal); Lei 9.784, de 29 de janeiro de 1999, art. 53, *caput*.

6. Jurisprudência

ADI 3944/DF – STF (o Supremo Tribunal Federal entendeu que os arts. 7º a 10 do Decreto federal 5.820/2006, sobre a adoção do sistema brasileiro de televisão digital (SBTVD), ao consignarem mais um canal de radiofrequência às prestadoras dos serviços públicos de radiodifusão de sons e imagens, não violaram o art. 223 da Constituição Federal, ao argumento de que as normas referidas no decreto impugnado cuidam de autorização de uso do espectro de radiofrequências, ao invés de outorga de concessão do serviço público de radiodifusão de sons e imagens); **Súmula 473 do STF** ("A Administração pode anular seus próprios atos, quando eivados de vícios que os tornam ilegais, porque deles não se originam direitos; ou revogá-los, por motivo de conveniência ou oportunidade, respeitados os direitos adquiridos, e ressalvada, em todos os casos, a apreciação judicial"); **MS 8937/DF – STJ** (O Ministro de Estado das Comunicações é competente para anular contrato de concessão de serviço de radiodifusão eivado de nulidade, sem que haja necessidade de apreciação pelo Poder Judiciário no caso de transferência ilegal de cotas de capital da radiodifusora para outra empresa, restrita a incidência do art. 223, § 4º, a casos de outorgas válidas).

7. Literatura selecionada

AGUILLAR, Fernando Herren. *Controle social de serviços públicos*. São Paulo: Max Limonad, 1999; ARAGÃO, Alexandre Santos de. *Direito dos Serviços Públicos*. Rio de Janeiro: Forense, 2008; ATALIBA, Geraldo. Empresas estatais e regime administrativo: serviço público; inexistência de concessão; delegação; proteção ao interesse público. *Revista Trimestral de Direito Público* 4: 55-70; GONÇALVES, Pedro. *Regulação, Electricidade e Telecomunicações*: Estudos de Direito Administrativo da Regulação. Coimbra: Coimbra Editora, 2008; MACHADO, Jónatas E. M. *Liberdade de Expressão*: dimensões constitucionais da esfera pública no sistema social. Coimbra: Coimbra Editora, 2002; SIERRA, Lucas. Reforma legislativa da televisão no Chile ante o futuro digital: um passo à frente, outro atrás. *Revista de Direito, Estado e Telecomunicações* 2(1): 67-102, 2010.

8. Comentários

8.1. Inovação da Constituição de 1988

A referência às telecomunicações, na história constitucional brasileira, transitou da identificação de serviços específicos progressivamente incorporados ao texto constitucional, tais como a telegrafia, telefonia, radiocomunicação e radiodifusão, até sua consolidação na expressão abrangente de *serviços de telecomunicações* para novamente subdividi-los na redação original da Constituição de 1988 até que, na redação atual, a referência constitucional remete a duas grandes categorias: os serviços de telecomunicações *stricto sensu*; e a radiodifusão. A Constituição Federal de 1891 (arts. 7º e 9º) restringia-se a disciplinar a competência tributária da União e dos Estados-Membros sobre os *correios e telégrafos*, de onde se deduzia a competência para disciplinar o serviço de telegrafia. A Constituição de 1934 (art. 5º, VIII), pela primeira vez, elevou ao *status* constitucional a disciplina do processo propriamente dito de prestação de serviço público ao enunciar a competência privativa da União para *explorar ou dar em concessão* os serviços de *telégrafos*, *radiocomunicação*, navegação aérea e vias férreas, cuja dicção foi reproduzida *ipsis literis* na Constituição de 1937 (art. 15, VII). A identidade do serviço de radiodifusão somente foi revelada, em âmbito constitucional, a partir da Costituição de 1946 (art. 5º, XII), quando os serviços de *radiodifusão* e de *telefonia* foram elencados ao lado dos serviços de *telégrafos* e de *radiocomunicação* na competência da União para explorá-los *direta ou mediante autorização ou concessão*. A redação da Constituição de 1967, reproduzida pela Emenda Constitucional n. 1, de 1969 (art. 8º, XV, *a*), por sua vez, reuniu os serviços antes individualmente enunciados – telegrafia, radiocomunicação, telefonia e radiodifusão – sob o manto da nomenclatura abrangente de *serviços de telecomunicações*, mantendo-se a referência constitucional anterior de competência da União para explorá-los *direta ou mediante autorização ou concessão*. Inovando, a Constituição Federal de 1988 (art. 21, XI e XII, *a*) introduziu a distinção de tratamento entre *serviços de radiodifusão sonora e de sons e imagens* passíveis de exploração direta ou mediante autorização, concessão ou permissão, de um lado, e os *serviços públicos de telecomunicações*, entre eles os *telefônicos, telegráficos e de transmissão de dados* restritos à exploração direta ou mediante contrato de concessão. Mais tarde, a Emenda Constitucional n. 8, de 1995, alterou os incisos XI e XII, alínea *a*, do art. 21 da Constituição de 1988, referindo-se tão somente à distinção entre *serviços de telecomunicações*, de um lado, e *serviços de radiodifusão sonora e de sons e imagens*, de outro, submetendo-os todos à exploração direta ou mediante autorização, concessão ou permissão. Essa segmentação entre os serviços de telecomunicações em sentido estrito e os serviços de radiodifusão foi amenizada com o advento da Emenda Constitucional n. 36, de 2002, que, expressamente, deu ao conceito constitucional de comunicação social a dimensão de categoria transversal, por intermédio da absorção dos serviços de comunicação eletrônica de massa no conceito de comunicação social eletrônica, como se viu no comentário ao art. 222 deste livro. Nenhuma das constituições brasileiras precedentes houve por bem definir a divisão de competências incidentes sobre o processo administrativo de prestação indireta dos serviços de radiodifusão entre os poderes da República. Coube à Constituição de 1988 introduzi-la nos termos da redação inovadora do art. 223 em análise.

8.2. Âmbito de aplicação

Como se pode notar da história normativa das disposições constitucionais sobre prestação de radiodifusão e das telecomunicações em sentido estrito, a sucessão de textos constitucionais republicanos resultou na segmentação entre os serviços de telecomunicações *stricto sensu* e os de radiodifusão sonora e de sons e imagens, unidos novamente, mais tarde, pela Emenda Constitucional n. 36, de 2002 (art. 222, § 3º), mediante a introdução da categoria de *comunicação social eletrônica*, que fez da comunicação social *lato sensu* uma categoria de corte transversal abrangente da imprensa, da radiodifusão e de parcela das telecomunicações *stricto sensu* enquadrável no conceito de *comunicação social eletrônica*[2].

O art. 223 ora analisado, todavia, ao inovar, no texto constitucional de 1988, foi expresso na limitação do destinatário de seu comando normativo, qual seja, o serviço de radiodifusão sonora e de sons e imagens, excluídas as demais atividades de comunicação social, quais sejam, a imprensa e os serviços de telecomunicações *stricto sensu* de cunho audiovisual classificados na categoria de comunicação social eletrônica de que trata o art. 222, § 3º, vale dizer, excluída a comunicação social por meios confinados – DIS-TV, TV a Cabo – ou condicionados – TV a Cabo, MMDS, DTH, TVA –, e as novas formas de distribuição por qualquer outro meio de comunicação audiovisual que trafegue em banda larga fixa ou móvel. Por serviço de radiodifusão sonora e de sons e imagens, entende-se tanto a TV ou rádio analógica quanto a TV ou rádio digital, por interpretação analógica, sem trocadilhos, das razões de decidir da ADI 3944/DF, ao considerar que a televisão digital mantém a mesma identidade jurídica da televisão analógica, quando aquela consiste na duplicação da programação preexistente na TV analógica, destinando-se a substituí-la após prazo determinado para derradeira transmissão unicamente no formato de sua evolução tecnológica digital. Mesmo na hipótese, contudo, de descumprimento dos requisitos fixados pelo Supremo Tribunal Federal para caracterização da identidade jurídica das versões digitais da radiodifusão de sons e sons e imagens, todas elas constarão como destinatárias do art. 223 por força da referência genérica a serviços de radiodifusão sonora e de sons e imagens, independentemente da tecnologia de transmissão.

8.3. Regime jurídico-constitucional da prestação indireta de serviços de radiodifusão

Ao distribuir entre os poderes Legislativo e Executivo funções específicas próprias ao processo administrativo de prestação e controle dos serviços de radiodifusão, e ao Judiciário a reserva do cancelamento da concessão ou permissão de tais serviços, o regime jurídico-constitucional da radiodifusão tornou-se único no modelo brasileiro de prestação indireta de serviços públicos.

8.3.1. Consequências jurídicas do enunciado do art. 223, caput

Em nada inovou o texto constitucional do art. 223 ao explicitar que compete ao Poder Executivo outorgar e renovar concessão, permissão e autorização para o serviço de radiodifusão sono-

---

2. *Vide*, a respeito da extensão do conceito de comunicação social e comunicação social eletrônica, comentários ao art. 222, § 3º, *supra*.

ra e de sons e imagens. Tais atributos decorrem da condição de poder concedente inserta no regime jurídico-administrativo de prestação indireta de serviços públicos (art. 175). Pelo contrário, o *caput* do art. 223 não esmiúça de que poder executivo se trata, ou seja, a que dimensão federativa se refere, dependendo de seu batimento com o previsto no art. 21, XII, *a*, da Constituição de 1988 para daí se deduzir que o *Poder Executivo* referido no *caput* do art. 223 exclui as esferas estaduais e municipais, restringindo-se ao Poder Executivo da União.

O *caput* do art. 223 presta-se, portanto, a outros fins: a) à vinculação entre a competência executiva de outorga e renovação de concessão, permissão e autorização de radiodifusão ao *princípio da complementaridade* dos sistemas privado, público e estatal (art. 223, *caput*) abordado ao final deste comentário; b) à fixação das fronteiras de competência do Congresso Nacional nos atos excepcionais a ele atribuídos nos parágrafos 1º a 3º do art. 223; c) à explícita restrição de aplicação do art. 223 à prestação indireta de serviços de radiodifusão sonora e de sons e imagens, excluído o pronunciamento congressual na etapa administrativa da delegação de serviços a empresas estatais pertencentes à pessoa política titular do serviço, na medida em que tais empresas exercem serviço público da pessoa que as criou por delegação, dependente exclusivamente de decisão legislativa de cunho normativo, por intermédio de lei formal[3].

Da leitura do art. 223 e seus parágrafos, tem-se que é da competência do Congresso Nacional, via decreto legislativo, *apreciar* (art. 223, § 1º) o ato de *outorga* e *renovação de concessão, permissão* ou *autorização do serviço de radiodifusão sonora e de sons e imagens* (art. 223, § 3º c/c art. 223, *caput*) emitido pelo Poder Executivo (art. 223, *caput*), segundo requisitos formais de validade específicos para o caso de não renovação da concessão ou permissão (art. 223, § 2º). Os atos de outorga, renovação e deliberação sobre tais atos executivos pelo Congresso Nacional são atos preparatórios à efetiva celebração do contrato de concessão, ou dos termos de permissão ou autorização[4] pertinentes no âmbito de competência do Ministério das Comunicações. A disciplina do órgão executivo federal competente para edição do ato de outorga ou renovação de concessão, permissão ou autorização de radiodifusão é dependente de disciplina infraconstitucional, pelo que a legislação em vigor define como prerrogativa da Presidência da República o ato de outorga ou renovação da concessão ou autorização de serviços de radiodifusão (art. 34, § 1º, da Lei 4.117/62), bem como do Ministério das Comunicações o ato de outorga ou renovação da autorização de *caráter local* de serviços de radiodifusão (art. 33, § 5º, da Lei 4.117/62).

A novidade histórico-constitucional do art. 223 associada ao baixo grau de generalidade de seu texto ao proteger, por um ato complexo, a prestação indireta de serviços de radiodifusão concedidos, permitidos e autorizados, ao invés do bem jurídico que tal

---

3. ATALIBA, Geraldo. Empresas estatais e regime administrativo: serviço público; inexistência de concessão; delegação; proteção ao interesse público. *Revista Trimestral de Direito Público* 4: 55-70.

4. O termo adotado pelo Ministério das Comunicações para o caso de autorização de serviços de radiodifusão comunitária é o de *Termo de Liberação* de funcionamento do serviço, conforme Subitem 7.1.1. da Norma n. 2/98, aprovada pela Portaria n. 191, de 6 de agosto de 1998, com a redação dada pela Portaria n. 131, de 19 de março de 2001, do Ministério das Comunicações.

prestação visa atingir, fez da interpretação deste artigo constitucional campo fértil de posicionamentos doutrinários contrastantes. De outra parte, a projeção temporal das outorgas de radiodifusão e o poder político que as circundam têm sonegado dos tribunais a matéria-prima de formatação de jurisprudência esclarecedora da extensão do comando excepcional do art. 223 de participação da vontade legislativa na outorga e renovação de concessão, permissão ou autorização dos serviços de radiodifusão. Isso não impede, todavia, que se extraiam conclusões relevantes da sistemática constitucional e da jurisprudência pertinente.

8.3.2. Espécies de atos do Poder Executivo referidos no art. 223, § 2º e § 3º

Da leitura dos §§ 2º e 3º do art. 223, aparentemente existiriam três tipos de atos do Poder Executivo submetidos a regimes de tramitação congressual distintos, quais sejam, os atos de *não renovação* de concessão ou permissão de serviços de radiodifusão dependentes de votação nominal de, no mínimo, dois quintos do Congresso Nacional no prazo de regime de urgência, de um lado, e os atos de *outorga* e *renovação* de concessão, permissão e autorização de serviços de radiodifusão, aos quais se aplicariam todos os limitadores *na forma* dos §§ 1º e 2º do art. 223 acrescidos da consequência de que somente produziriam efeitos legais após a deliberação do Congresso Nacional.

A dicção do art. 223, § 3º, *in fine*, ao determinar que o ato de outorga ou renovação previsto no *caput* somente produzirá efeitos legais após deliberação do Congresso Nacional, *na forma dos parágrafos anteriores*, quando analisada sob a ótica de que o art. 223 teria tratado de três tipos de atos do Poder Executivo – outorga, renovação e não renovação – poderia levar ao entendimento esdrúxulo de que a *ratio* por detrás da segmentação entre a *não renovação* (art. 223, § 2º) e a *outorga ou renovação* (art. 223, § 3º) citadas destinar-se-ia a diferenciar, de um lado, os efeitos jurídicos da apreciação parlamentar de atos do Poder Executivo que decretassem a *outorga ou renovação* de concessão, permissão ou autorização, dependentes, para produção de seus efeitos, de deliberação do Congresso Nacional (art. 223, § 3º), e de outro, os atos do Poder Executivo que decretassem a *não renovação*, que, para além da exigência de quórum diferenciado e votação nominal previstos no art. 223, § 2º, teriam eficácia imediata extintiva da concessão ou permissão e dependentes de pronunciamento futuro que suspendessem os efeitos do ato de não renovação. Dita interpretação, entretanto, inverteria a importância dada pelo texto constitucional ao pronunciamento interveniente do legislativo. Caso fosse aceito esse viés interpretativo, ter-se-ia como consequência imediata a sobrevalorização do ato executivo, que assim faria as vezes da deliberação de dois quintos do Congresso Nacional em votação nominal, enquanto esta não ocorresse. A consideração, portanto, dos §§ 2º e 3º do art. 223 como autorizadores de interpretação constitucional que identifique, no art. 223, a presença de três tipos de atos executivos não sobrevive à crítica.

Ao contrário, o art. 223 tratou tão somente de duas espécies de atos executivos: a outorga e a renovação de concessão, permissão e autorização de serviços de radiodifusão. A percepção de que o art. 223 contempla somente duas espécies de atos executivos repercute diretamente no entendimento sistemático dos seus §§ 2º e 3º. Ao art. 223, § 3º, reservou-se o tratamento genérico dos efeitos jurídicos dos atos executivos de outorga ou renovação, inclusive a negativa de renovação, das concessões, permissões e autorizações de serviços de radiodifusão, ressaltando-se *in fine*, que tais atos devem ser apreciados no prazo do regime de urgência do art. 64, §§ 2º e 4º, e que, no caso de apreciação parlamentar que negue a renovação de concessão ou permissão de serviço de radiodifusão, tanto por discordar com o ato executivo de renovação enviado à deliberação quanto por concordar com o ato executivo de negativa de renovação, exija-se a votação nominal de no mínimo dois quintos do Congresso Nacional. Dessa forma, o art. 223, § 3º, diz respeito aos atos executivos em si mesmos de outorga ou renovação, inclusive o ato do Poder Executivo de extinção da concessão, permissão ou autorização não renovada, enquanto o art. 223, § 2º, trata exclusivamente da apreciação parlamentar de não renovação, submetida, esta sim, a limites especiais de votação e quórum.

O entendimento de que o art. 223, § 3º, engloba todo o conjunto de atos de outorga ou renovação emitidos pelo Poder Executivo resulta igualmente na conclusão de que as concessões, permissões ou autorizações extintas por ato do Poder Executivo que negue renovação formalmente requisitada pelo interessado, enquanto não for apreciado o ato extintivo pelo Congresso Nacional, continuam em vigor, preservada a legítima prestação do serviço cujo ato extintivo estiver em suspenso, na medida em que o art. 223, § 3º, cobre todas as hipóteses de outorga e renovação, inclusive sua negativa. Assim, partindo-se do pressuposto de que o art. 223, § 3º, abarca os atos executivos de outorga ou renovação, inclusive sua não renovação, não somente os atos de outorga ou renovação, como também o de extinção da concessão, permissão ou autorização terão sua eficácia jurídica suspensa dependente de ato resolutivo e deliberativo do Congresso Nacional.

8.3.3. Omissão do Poder Executivo na outorga ou renovação de concessão, permissão ou autorização de serviços de radiodifusão

Como se viu no item anterior, o texto constitucional cria requisitos de eficácia do ato executivo de outorga, renovação ou extinção da concessão, permissão e autorização de serviços de radiodifusão (art. 223, § 3º) e de validade do ato congressual de deliberação pela não renovação da concessão ou permissão de serviços de radiodifusão (art. 223, § 2º), que integram os requisitos de aperfeiçoamento do ato complexo de não renovação de concessão ou permissão (art. 223, § 2º) ou de outorga ou renovação de concessão, permissão ou autorização de serviços de radiodifusão.

Caso distinto ocorre com as hipóteses de omissão executiva, porquanto desprovidas de tratamento constitucional expresso. A exigência constitucional de apreciação parlamentar restringe-se a atos do Poder Executivo (art. 223, *caput* e §§ 2º e 3º); não a sua inação. No caso, contudo, de serem abertos procedimentos licitatórios, a decisão do Poder Executivo que venha a desclassificar o licitante ou considerá-lo inapto à prestação do serviço é passível de apreciação parlamentar? Bem assim, a hipótese de uso da discricionariedade administrativa em que, mesmo preenchidas todas as condições de licitação, optar por não efetivar a outorga de concessão, permissão ou autorização suscita a apreciação parlamentar?

O entendimento de que o art. 223, § 3º, divisa hipóteses de atos executivos, enquanto o art. 223, § 2º, remete-se ao efeito da deliberação parlamentar propriamente dita, sobre os quais incide interpretação restritiva decorrente do caráter excepcional de atuação interventiva do Poder Legislativo em processo administrativo tradicionalmente reservado ao Poder Executivo, resulta na conclusão ineludível de que o pronunciamento legislativo se restringe a atos, não omissões, de outorga, renovação ou não renovação de concessão, permissão ou autorização de serviços de radiodifusão. A ausência de tratamento explícito ao caso de *não outorga* de concessão, permissão ou autorização de serviços de radiodifusão é significativa, nesse ponto, devido à interpretação restritiva aplicável ao momento congressual do ato complexo em questão. Mesmo no caso de omissão do Poder Executivo em pronunciar-se pela renovação ou extinção ao final do prazo previsto nos instrumentos de concessão ou permissão de serviços de radiodifusão, não se pode dispensar a necessidade de emissão do ato executivo pertinente para sua apreciação pelo Poder Legislativo nos termos do art. 223, § 2º.

Em outras palavras, a apreciação parlamentar da não renovação tem, por seu requisito de validade, que a deliberação congressual se dê sobre um ato executivo de renovação ou de extinção efetivamente decretado pelo Poder Executivo; não é suficiente a inação executiva ao final do prazo da concessão ou permissão para que o ato de não renovação se aperfeiçoe e produza efeitos legais, o mesmo valendo para o ato de renovação da concessão ou permissão, ou renovação ou não da autorização de serviços de radiodifusão do art. 223, § 3º, que não se enquadrarem no ditame do art. 223, § 2º.

A omissão executiva, entretanto, constitui ilícito de direito público imputado ao Poder Executivo, que, ao não se pronunciar sobre o uso do bem público de radiofrequência pertinente, bem como sobre a continuidade do serviço público de radiodifusão, incorre em falha funcional em prejuízo de bens e serviços públicos. Ocorre, entretanto, que, em homenagem ao princípio da deferência técnico-administrativa (STJ, REsp 1171688/DF, Segunda Turma, Unânime, j. 1º/06/2010, *DJe* de 23/06/2010), não cabe ao Judiciário, em caso de omissão do Poder Executivo, no momento de renovação das concessões, permissões ou autorizações de serviços de radiodifusão, substituir-se ao administrador no juízo técnico-político, mas reconhecer a mora administrativa e determinar a manifestação formal da autoridade competente. O Poder Legislativo, entrementes, não se encontra de mãos atadas, pois, embora não possa arrogar a si a função executiva e absorvê-la na etapa congressual de apreciação parlamentar diante de um ato inexistente do Poder Executivo, tem interesse legítimo no ato executivo por se apresentar como partícipe necessário do ato complexo pertinente, competindo-lhe, no uso de sua atribuição genérica de fiscalização e controle de atos do Poder Executivo (art. 49, X, da Constituição Federal de 1988), exigir o pronunciamento executivo necessário ao destravamento do processo administrativo de outorga, não outorga, renovação ou não renovação de concessão, permissão ou autorização de serviços de radiodifusão.

8.3.4. Atividades conexas e acessórias à concessão, permissão ou autorização de serviços de radiodifusão

Por se tratar de exceção constitucional à separação de poderes no que toca à reserva do processo administrativo de prestação indireta de serviços públicos ao Poder Executivo, a excepcional ingerência parlamentar no processo administrativo de concessão ou permissão de serviços de radiodifusão do art. 223 deve ser interpretada restritivamente. Por isso, as hipóteses de participação congressual no aperfeiçoamento de atos de acompanhamento administrativo da concessão, permissão ou autorização de serviços de radiodifusão não se alastram para atos conexos, tais como os atos pertinentes ao controle de bens reversíveis, à alteração do padrão de sinais e especificações técnicas da radiodifusão, à alteração de atribuição, destinação ou distribuição de radiofrequências, à limpeza do espectro de radiofrequência liberado por alterações do padrão de sinais de radiodifusão ou por alteração de sua atribuição, destinação ou distribuição, à autorização do Serviço de Retransmissão de Televisão, do Serviço de Repetição de Televisão, dentre outros.

Da mesma forma, no que se refere aos atos acessórios à prestação do serviço de radiodifusão, como é o caso da autorização de uso de radiofrequência associada à concessão, permissão ou autorização, da consignação de canal de radiofrequência, da atribuição, destinação ou distribuição de faixas de frequências, da edição de planos básicos de distribuição de canais de televisão, da certificação e homologação de estações emissoras, geradoras ou rádio base e de equipamentos de telecomunicações necessários ao serviço ou da definição de padrão de sinais e especificações técnicas da radiodifusão, o comando constitucional do art. 223 não tem o condão de absorvê-los na competência congressual de exceção. Afora os atos executivos de outorga ou renovação de concessão, permissão ou autorização de serviço de radiodifusão, nenhum ato acessório da concessão, permissão ou autorização depende diretamente de deliberação parlamentar para seu aperfeiçoamento.

O STF firmou o entendimento, em 2010, na ADI 3944/DF, quando do julgamento de constitucionalidade dos arts. 7º a 10 do Decreto 5.820/2006, de que atos pertinentes à consignação de canais de radiofrequência para a prática *provisória* da transmissão em paralelo da programação, na transição da TV analógica para a TV digital, afastado o uso de canais *complementares* ou *adicionais*, não são abarcados pela dicção constitucional do art. 223 para fins de exigência de deliberação parlamentar prévia à eficácia do ato executivo. Da decisão do STF podem-se tirar duas conclusões: a) a de que os atos acessórios à concessão, permissão ou, por analogia, autorização de serviços de radiodifusão encontram-se fora do âmbito de aplicação do art. 223 da Constituição Federal de 1988; e b) a de que, *incidenter tantum*, a consignação de canais adicionais não qualificados cumulativamente pela provisoriedade e eficiência do ato da Administração Pública, pela adequação, atualidade e continuidade do serviço prestado e pela imprescindibilidade da banda do canal adicional para a transição tecnológica almejada, integram o cerne do ato executivo de outorga ou renovação de concessão, permissão e autorização de serviço de radiodifusão, exigindo-se, no caso de consignação de canais adicionais fora das estritas hipóteses aventadas, a deliberação parlamentar do comando do art. 223 da Constituição Federal para produção de seus efeitos jurídicos.

Ressalte-se que os atos acessórios à prestação de serviço de radiodifusão não se enquadram no comando constitucional do art. 223 de prévia deliberação parlamentar se, e somente se, não forem essenciais à outorga ou renovação da concessão, permissão ou autorização em si mesmas. Cumpre, portanto, distinguirem-se os elementos essenciais à concessão, permissão ou autorização, como a definição do seu objeto – o serviço prestado – de suas partes e do seu prazo, em face dos atos acessórios não essenciais à concessão, permissão ou autorização, mas essenciais à prestação do serviço de que tratam. Assim, atos executivos de alteração dos elementos essenciais da concessão, permissão ou autorização de serviço de radiodifusão interferem diretamente na conformação da vontade legislativa emanada quando da outorga ou renovação correspondente, dependendo, portanto, de pronunciamento do Congresso Nacional para produzirem efeitos legais. Excepcionalmente, todavia, atos executivos que afetem o conteúdo essencial dos princípios constitucionais da comunicação social atingem o exercício da competência congressual de deliberação sobre outorga ou renovação da concessão, permissão e autorização de serviço de radiodifusão, cabendo à jurisprudência identificar, em cada caso concreto, o rol de atos executivos excepcionais com dita característica material.

O Congresso Nacional pode condicionar a deliberação parlamentar de outorga ou renovação da concessão, permissão ou autorização de serviço de radiodifusão à instrução processual com os atos acessórios à prestação do serviço de radiodifusão, podendo apreciar os atos essenciais ou não à prestação do serviço de radiodifusão como razões de decidir sobre os atos inscritos em sua competência deliberativa, que são exclusivamente os atos de outorga ou renovação da concessão, permissão ou autorização de serviço de radiodifusão. O juízo parlamentar poderá influenciar na revisão executiva de atos acessórios à concessão, permissão ou autorização de serviço de radiodifusão, mas estes não estão condicionados à apreciação do Congresso Nacional para produzirem seus efeitos. A deliberação parlamentar influencia indiretamente, todavia, a eficácia de atos executivos acessórios à concessão, permissão ou autorização de serviço de radiodifusão, quando os atos acessórios estão condicionados, por lei, à concessão, permissão ou autorização do serviço, como é o caso da autorização de uso de radiofrequência associada à concessão, permissão ou autorização de serviços de telecomunicações *lato sensu*, inclusive os de radiodifusão, que é entendida como ato administrativo vinculado, associado à concessão, permissão ou autorização para prestação de serviço de telecomunicações (art. 163, § 1º, da Lei 9.472/1997), cujo prazo de vigência coincide com os das concessões, permissões ou autorizações (art. 166 c/c art. 169 da Lei 9.472/1997), que vinculam o ato de autorização de uso da radiofrequência associada (arts. 83, 131 e 168 da Lei 9.472/1997).

8.3.5. Trancamento de pauta de votação do Congresso Nacional

Para cada hipótese de ato do Poder Executivo, cujo requisito de eficácia consiste em ato interveniente do Poder Legislativo – outorga, renovação ou extinção por decurso de prazo de concessão ou permissão de radiodifusão –, exige-se, como requisito de validade do ato legislativo, quórum mínimo de dois quintos absolutos do Congresso Nacional, votação nominal e respeito ao prazo de tramitação de regime de urgência do procedimento legislativo sumário previsto no art. 64 e parágrafos da Constituição Federal. O art. 223, § 1º, limita-se a exigir a apreciação do ato no *prazo* do art. 64, §§ 2º e 4º, contado do recebimento da mensagem do Poder Executivo pela Mesa do Congresso Nacional, excluído da contagem o período de recesso parlamentar. Daí decorre que o efeito de trancamento de pauta de votação das Casas legislativas do Congresso Nacional previsto no § 2º do art. 64 da Constituição Federal não se aplica ao caso de desrespeito ao prazo de apreciação do ato de outorga, renovação ou não renovação de radiodifusão. Ausente o efeito de trancamento de pauta de votação, o descumprimento do prazo do procedimento legislativo sumário não é, todavia, juridicamente inócuo, resultando em presunção *juris et de jure* de mora legislativa. A configuração de mora legislativa autoriza, a título ilustrativo, a expedição de licença de funcionamento, em caráter provisório, pelo poder concedente, no caso de radiodifusão comunitária, até a efetiva deliberação do Congresso Nacional[5].

8.3.6. Requisitos formais e materiais de outorga ou renovação de concessão, permissão ou autorização de serviços de radiodifusão

8.3.6.1. Matéria constitucional de apreciação parlamentar

Embora o art. 223 da Constituição Federal de 1988 silencie quanto aos requisitos materiais para deliberação congressual sobre os atos executivos de outorga ou renovação de concessão, permissão ou autorização de serviços de radiodifusão, o conjunto do Capítulo de Comunicação Social (arts. 220 a 224) ambienta o processo de prestação indireta de serviços de radiodifusão em meio a requisitos de ordem material tanto no que toca aos princípios de produção e programação de emissoras de rádio e televisão (art. 221), quanto no que se refere às limitações constitucionais à propriedade e à seleção e direção da programação de empresas de radiodifusão (art. 222), como também da proteção de princípios básicos atinentes direta ou indiretamente à radiodifusão e decorrentes dos enunciados constitucionais de liberdade de manifestação do pensamento e vedação do anonimato (art. 5º, IV), de direito de resposta proporcional ao agravo e à indenização por dano material, moral ou à imagem (art. 5º, V), de igualdade dos gêneros (art. 5º, I), de vedação de tratamento desumano ou degradante (art. 5º, III), de liberdade de consciência e de crença (art. 5º, VI), de vedação de discriminação por motivo de crença religiosa ou convicção filosófica ou política (art. 5º, VIII), de liberdade de expressão intelectual, artística, científica e de comunicação, e vedação da censura (art. 5º, IX c/c art. 220, § 1º); de inviolabilidade da intimidade, da vida privada, da honra e da imagem (art. 5º, X); da casa como asilo inviolável do indivíduo (art. 5º, XI); da inviolabilidade do sigilo da correspondência e das comunicações telegráficas, de dados e telefônicas (art. 5º, XII); de liberdade do exercício profissional (art. 5º, XIII); de acesso à informação e resguardo do sigilo da fonte (art. 5º, XIV); à função social da propriedade (art. 5º, XXIII); de direito autoral (art. 5º, XXVII); do direito à reprodução da imagem e voz humanas (art. 5º, XXVIII, *a*); da propriedade das marcas e nomes de empresas e outros signos distintivos (art. 5º, XXIX); da defesa do consumidor (art. 5º, XXXII); de vedação à discriminação atentatória dos direitos e liberdades fundamentais (art. 5º, XLI); de vedação à prática do racismo (art. 5º, XLII); de afastamento da culpa antes do trânsito em julgado de sentença penal condenatória (art. 5º, LVII); de restrição à publicidade de atos processuais (art. 5º, LX); de respeito às normas de classificação indicativa de programas de rádio e televisão (art. 21, XVI, c/c art. 220, § 3º, I); de limitação à propaganda comercial de tabaco, bebidas alcoólicas, agrotóxicos, medicamentos e terapias (art. 220, § 4º); de vedação ao monopólio ou oligopólio (art. 220, § 5º). O elenco exemplificativo acima constitui o rol de matérias apreciáveis no processo de outorga ou renovação de concessão, permissão ou autorização de serviços de radiodifusão, que foram, em parte, apropriados pela regulamentação da tramitação legislativa nas Casas do Congresso Nacional inscritas na Resolução n. 3, de 7 de abril de 2009, do Senado Federal e no Ato Normativo n. 1, de 2007, da Comissão de Ciência e Tecnologia, Comunicação e Informática, da Câmara dos Deputados.

No Senado Federal, a Resolução n. 3, de 7 de abril de 2009, exige, como condição para outorga e renovação de concessão, permissão ou autorização de serviço de radiodifusão sonora ou de sons e imagens, a *comprovação de atendimento*, pela entidade proponente, no caso de renovação, ou o *compromisso de atendimento*, no caso de outorga, aos princípios expressos nos arts. 221 e 222 da Constituição Federal. A Resolução n. 39, de 1992, do Senado Federal, revogada pela Resolução n. 3, de 2009, expressamente previa a exigência de compromisso de cumprimento do disposto nos arts. 5º, IV e XIV, e 220 e 221, da Constituição Federal, embora já contivesse deveres de informação que forneciam elementos para a averiguação do contido no art. 222, bem como a determinação de que a Comissão de Educação levaria em conta, como fator positivo, para uma conclusão favorável à outorga ou renovação, o fato de existir, nos autos, comprovação de avanço no respeito aos princípios contidos no art. 221 da Constituição Federal. Assim, a Resolução n. 3, de 2009, representou uma significativa simplificação da listagem de condições de renovação e outorga de radiodifusão para enfatizar a remissão direta à comprovação de atendimento por parte da entidade proponente, no caso de renovação de concessão, permissão ou autorização de serviço de radiodifusão sonora e de sons e imagens, aos princípios contidos nos arts. 221 e 222 da Constituição Federal e na legislação pertinente. Ainda, a Resolução n. 3, de 2009, define que a apreciação de renovação de radiodifusão pelo Senado Federal ocorrerá com base na documentação enviada pelo poder concedente, segundo juízo prévio de cumprimento das obrigações legais e compromissos contratuais ou de convênio. Após a alteração implementada no Regimento Interno do Senado Federal (art. 104-C, VII) pela Resolução n. 1, de 2007, compete à Comissão de Ciência, Tecnologia, Inovação, Comunicação e Informática do Senado opinar sobre o trâmite de proposições pertinentes a comunicação, imprensa, radiodifusão, outorga e renovação de concessão, permissão e autorização para serviços de radiodifusão sonora e de sons e imagens naquela Casa. A disciplina regulamentadora equivalente na Câmara dos Deputados – o Ato Normativo n. 1, de 2007, da Comissão de Ciência e Tecnologia, Comunicação e Informática – concentra-se nos requisitos formais de documentação exigida para apreciação parlamentar de atos de outorga e de renovação de concessão, permissão ou autorização de serviço de radiodifusão, em meio aos quais se podem identificar a exigência de nacionalidade dos sócios e dirigentes das empresas de radiodifusão sonora e de sons e imagens, a vedação do monopólio ou oligopólio e a referência genérica à informação sobre denúncias apresentadas contra a emissora, pendências e sanções aplicadas, com ligeiras modificações quanto aos documentos de instrução dos processos pertinentes à radiodifusão comercial, educativa e comunitária.

---

5. O art. 2º da Lei 9.612/98, com a redação dada pela 32ª reedição da Medida Provisória 1.795, de 1º de janeiro de 1999 – a Medida Provisória 2.143-32, de 2 de maio de 2001 –, prevê a expedição de *licença de funcionamento, em caráter provisório, que perdurará até a apreciação do ato de outorga pelo Congresso Nacional.*

Como se pode notar, a regulamentação infraconstitucional do momento processual de deliberação parlamentar na outorga e renovação de concessões, permissões e autorizações de serviços de radiodifusão discorre somente sobre parte do extenso rol de requisitos materiais aplicáveis ao caso, servindo, portanto, como um passo do procedimento formal de instrução processual, cabendo à discussão parlamentar promover a análise dos atos de outorga ou renovação, medindo-os em face dos princípios e direitos do sistema constitucional da comunicação social elencados ilustrativamente acima, quais sejam: art. 5º, I, III, IV, V, VI, VIII, IX, X, XI, XII, XIII, XIV, XXIII, XXVII, XXVIII, a, XXIX, XXXII, XLI, XLII, LVII, LX; art. 21, XVI; art. 220, § 1º, § 3º, I e § 5º; art. 221, I ao IV; art. 222 e §§ 1º a 5º.

8.3.6.2. Alcance dos requisitos formais de tramitação congressual do art. 223, § 2º

A compreensão da equação fundamental do art. 223, §§ 2º e 3º, e de sua repercussão no entendimento de que tratam somente de dois tipos de atos executivos – outorga e renovação – influencia decisivamente o âmbito de aplicação dos requisitos de validade da deliberação congressual de não renovação da concessão ou permissão de serviços de radiodifusão sonora e de sons e imagens. Ao se referir somente à não renovação de concessão ou permissão de serviços de radiodifusão, o art. 223, § 2º, elenca dois requisitos de validade do ato congressual, que, ao apreciar ato executivo de renovação ou extinção por decorrência de prazo de concessão ou permissão de serviços de radiodifusão, depende, para negativa da renovação, de aprovação de, no mínimo, dois quintos do Congresso Nacional, em votação nominal.

Para o caso de sessão de votação cuja maioria simples de votos ultrapasse o limite mínimo de dois quintos do Congresso Nacional, a lógica de decisão colegial impõe a conclusão de que é suficiente a maioria simples, quando ela, por si só, preserva o limite mínimo de dois quintos absolutos do Congresso Nacional.

A disciplina constitucional do art. 223, § 2º, consiste em exceção, exigida sua interpretação restritiva, da qual resulta que tais requisitos não se aplicam ao juízo positivo de renovação ou a qualquer juízo congressual positivo ou negativo sobre o ato de outorga. Pela mesma razão, os requisitos de validade do ato congressual mencionado no art. 223, § 2º, aplicam-se somente aos casos de não renovação de concessão ou permissão, excluídos os casos de deliberação parlamentar sobre autorizações de serviços de radiodifusão, como ocorre com os serviços de radiodifusão comunitária (Lei 9.612, de 19 de fevereiro de 1998, art. 6º).

Para todas as demais hipóteses de aprovação ou não de ato executivo de outorga e de aprovação de ato executivo de renovação de concessão, permissão ou autorização de serviços de radiodifusão, exige-se, no silêncio constitucional, maioria simples.

Em qualquer hipótese, tanto de aprovação quanto de denegação de ato executivo de outorga ou renovação de concessão, permissão ou autorização de serviço de radiodifusão, aplica-se a suspensão de efeitos legais do ato executivo prevista no art. 223, § 3º, e o prazo de regime de urgência do art. 223, § 1º, c/c o art. 64, §§ 2º e 4º, da Constituição Federal.

Na prática institucional atual, a apreciação da outorga ou renovação de concessão, permissão ou autorização de radiodifusão não se dá em sessão conjunta do Congresso Nacional, nem mesmo em tramitação simultânea nas duas Casas, mas de forma sucessiva. O comunicado de outorga ou renovação é formulado mediante Mensagem encaminhada pela Casa Civil da Presidência da República à Mesa da Câmara dos Deputados. Recebida a Mensagem pela Secretaria Geral da Mesa da Câmara dos Deputados, esta é desdobrada em tantas proposições denominadas TVR quantas forem as outorgas ou renovações comunicadas, sendo, em seguida, encaminhadas à Comissão de Ciência e Tecnologia, Comunicação e Informática, da Câmara dos Deputados (CCTCI/CD), que analisa a matéria quanto aos seus aspectos formais, conforme especificado no Ato Normativo n. 1, de 2007, da mesma comissão temática, mediante análise documental, não se pronunciando sobre o mérito da outorga ou renovação. Aprovada a proposição, a decisão é materializada na forma de um Projeto de Decreto Legislativo da Câmara dos Deputados (PDC), que é encaminhado à Comissão de Constituição e Justiça e Cidadania (CCJC/CD). Concluída a votação do PDC na CCJC, a matéria é encaminhada ao Senado Federal, ou seja, segundo a interpretação vigente fundada em parecer do então deputado Nelson Jobim (Parecer CCJC n. 9, de 1990, Diário do Congresso Nacional I, de 26 de abril de 1990, p. 3.548), ela não é votada no Plenário da Câmara dos Deputados e, portanto, submetida ao poder terminativo ou conclusivo das Comissões, adotando-se o entendimento de que a expressão "projeto de lei" contida no art. 58, § 2º, I, da Constituição Federal de 1988 deveria ser interpretada como lei em sentido material, ao invés de lei em sentido formal. Por esse raciocínio em prática na Câmara dos Deputados, o PDC, assim considerado lei em sentido material, encontra-se dispensado de apreciação plenária. No Senado Federal, a matéria é distribuída à Comissão de Ciência, Tecnologia, Inovação, Comunicação e Informática (CCT/SF), quando a apreciação não mais se dá sobre a Mensagem do Poder Executivo, mas sobre o Projeto de Decreto Legislativo da Câmara dos Deputados (PDC). Após apreciação pela CCT/SF, o projeto é encaminhado à Comissão de Constituição, Justiça e Cidadania (CCJC/SF), que, após pronunciamento, envia os pareceres e o projeto ao Plenário do Senado Federal. Aprovado o Projeto de Decreto Legislativo no Plenário do Senado Federal, ele é finalmente convertido em Decreto Legislativo. Os prazos são computados de forma sucessiva, vale dizer, 45 dias em cada Casa legislativa.

Ainda, o ato executivo de renovação da concessão, permissão ou autorização de serviços de radiodifusão não decorre de atuação *ex officio* da Administração Pública, dependendo de pedido devidamente instruído e tempestivo da prestadora dos serviços de radiodifusão dirigido ao Ministério das Comunicações, que instruirá a renovação, a declaração de não renovação no interesse da Administração, a cassação por descumprimento de requisitos materiais ou formais da renovação, a caducidade por denúncia ou não prorrogação de convênio internacional, ou a declaração de perempção por decurso de prazo, quando ausente a manifestação tempestiva do interessado. Para quaisquer destes casos o ato executivo somente produz efeitos legais após a deliberação congressual emanada por decreto legislativo, tendo em vista a expressa referência constitucional à atribuição do Congresso Nacional em apreciar casos de não renovação sem restrição ao tipo de ato executivo extintivo.

8.3.6.3. Pronunciamento do Conselho de Comunicação Social

A imprescindibilidade de oitiva do Conselho de Comunicação Social como requisito formal de validade da deliberação sobre o ato de outorga ou renovação de concessão, permissão ou autorização de serviço de radiodifusão é abordada no item 8.3 do comentário ao art. 224 deste livro.

8.3.7. Cancelamento da concessão ou permissão de serviços de radiodifusão (art. 223, § 4º)

Em acréscimo à disciplina dos efeitos jurídicos e dos requisitos formais e materiais dos atos executivo e congressual no processo de outorga ou renovação de concessão, permissão ou autorização de serviços de radiodifusão, o art. 223, § 4º, inova ao reservar à decisão judicial o *cancelamento* da concessão ou permissão antes de vencido o prazo.

Questão da mais alta indagação consiste em saber a exata natureza jurídica do ato judicial referido no art. 223, § 4º: se de natureza interveniente administrativa, assim considerado uma etapa processual de índole administrativa; se de natureza jurisdicional, assim entendida a manifestação contraditória definitiva. Na primeira hipótese, o ato judicial estaria adstrito a pronunciar-se sobre o prévio procedimento administrativo do Poder Executivo, enquanto, na segunda hipótese, aplicar-se-ia a ampla revisão judicial por provocação, independentemente de prévio procedimento administrativo, senão no que diz respeito à formação da vontade estatal de provocação judicial em homenagem à instituição de direito público do processo de formação dos atos de poder.

A vedação hermenêutica de juízo interpretativo que leve ao desperdício ou inutilidade de comandos positivados exige a conclusão pela segunda hipótese, na medida em que um pronunciamento judicial de ordem administrativa voltado a dar segurança ao ato de cancelamento da concessão ou permissão de serviços de radiodifusão por sua relevância ao estatuto constitucional da comunicação social não traria consigo os benefícios da tutela definitiva judicial. Assim, a tutela judicial, no caso do art. 223, § 4º, consiste em tutela plena e definitiva de natureza jurisdicional, diferenciando-se da função interveniente processual administrativa da deliberação parlamentar prevista no art. 223, § 2º, acima analisada.

O cancelamento tratado no art. 223, § 4º, em comento afigura-se em forma de extinção unilateral de outorga ou renovação pretéritas e, por princípio, válidas no seu momento instituidor, mas incapazes de se sustentar até o final do prazo da concessão ou permissão por alteração das condições de prestação, do interesse público subjacente ou de particularidades da concessionária ou permissionária de serviço de radiodifusão. Entendimento do STJ sobre o tema vai ainda mais longe ao restringir a incidência do art. 223, § 4º, a casos de outorgas válidas (STJ, MS 8.937/DF, j. 8/10/2003), competindo ao Ministro das Comunicações anular seus atos eivados de nulidade absoluta – *e.g.* o contrato de concessão ou o termo de liberação de funcionamento nas autorizações – sem, com isso, pronunciar-se sobre atos preparatórios não afetos a sua alçada – *e.g.* o ato de outorga da concessão veiculado por decreto presidencial não numerado e o ato decorrente da deliberação do Congresso Nacional inscrito em decreto legislativo de aprovação de outorga de concessão.

A decisão judicial não é, dessarte, exigível em qualquer hipótese de cancelamento. O art. 223, § 4º, não se aplica à invalidação, por nulidade absoluta, de ato administrativo de outorga ou renovação de concessão ou permissão de serviços de radiodifusão dotado de vício insanável. O ato administrativo inválido pode até ser reconhecido como fundamento de decisão judicial de cancelamento, mas a anulação do ato não constitui caso de extinção unilateral da outorga que limite seu cancelamento à via judicial; pelo contrário, a anulação nada mais constitui que o dever da Administração de reconhecer de ofício a nulidade do ato de outorga ou renovação (Súmula 473 do STF) por não produzir efeitos jurídicos válidos. Nesse sentido, o Tribunal de Contas da União decidiu caso de inabilitação ilegal de concorrente em procedimento licitatório para permissão de rádio em frequência modulada, reconhecendo a competência do Ministério das Comunicações para anulação da permissão pertinente independentemente de pronunciamento judicial (Acórdão do Plenário do TCU no Processo Público n. TC-027.077/2006-4, j. 03/09/2008).

8.3.8. Contagem dos prazos da concessão e permissão de serviços de radiodifusão (art. 223, § 5º)

A letra do art. 223, § 5º, é clara ao estabelecer o prazo da concessão ou permissão: dez anos para as emissoras de rádio; quinze anos para as de televisão. Dela não consta, todavia, a precisão do termo inicial da contagem, que se poderia constituir na publicação dos atos de outorga ou renovação pertinentes, do momento de eficácia de tais atos definidos pela publicação da deliberação parlamentar que os aprova ou da assinatura do contrato ou termo correspondente.

É cediço que os atos de exploração do serviço pela concessionária ou permissionária de serviços de radiodifusão dependem da entrada em vigor do contrato ou termo pertinentes, que contêm o detalhado acompanhamento administrativo da sua prestação de responsabilidade ineludível estatal pela continuidade do serviço público. Não faria sentido garantir-se um prazo constitucional à concessão ou permissão de serviço de radiodifusão que tivesse por termo *a quo* a prática de atos preparatórios ao ato final de liberação da concessionária ou permissionária à exploração do serviço, quando o juízo de adequada prestação do serviço público engloba toda a extensão daquele prazo. A Constituição Federal, ao tratar do prazo de prestação, por óbvio, define o prazo maculado pela livre atuação da concessionária ou permissionária no exercício do serviço a ser futuramente renovado segundo um juízo executivo e parlamentar de cumprimento dos princípios aplicáveis ao serviço público. O prazo constitucional da concessão ou permissão é, portanto, o da potencial prestação efetiva, e é contado não a partir do ato de outorga ou renovação, nem mesmo da publicação do decreto legislativo de aprovação de tais atos, mas da publicação do extrato do contrato de concessão ou termo de permissão pertinente no *Diário Oficial da União*.

8.3.9. Princípio da complementaridade dos sistemas privado, público e estatal

A complementaridade dos sistemas privado, público e estatal trazida no *caput* do art. 223 não constitui princípio geral de comunicação social, mas princípio processual específico de atuação do Poder Executivo Federal na outorga e renovação de concessão, permissão e autorização de serviço de radiodifusão sonora e de sons e imagens.

Ao segmentar a outorga ou renovação do *caput* em *sistemas privado, público e estatal*, o art. 223 não teve o condão de alterar a natureza do serviço de radiodifusão como serviço público que é, pois seu efeito restringe-se ao momento processual da outorga ou renovação do serviço ínsito à temática do artigo constitucional em análise. Assim, o conceito de *sistema público* não coincide com o *serviço público*, senão com a modalidade de exploração do serviço segundo o caráter dos fins primários visados pelo prestador: a finalidade lucrativa privada; a finalidade pública de índole participativa; e finalidade pública de índole estatal.

Na medida em que o art. 223 se dirige à prestação indireta via concessão, permissão e autorização, excluída a delegação direta por lei a empresa estatal da União, a complementaridade comporta duas frentes de interpretação: a) a exigência de complementaridade significa uma ordem constitucional à gestão adequada do espectro de radiofrequência destinado à radiodifusão, que preserve a convivência dos três sistemas, assim entendida uma distribuição qualificada pela veiculação dos sistemas público e estatal nos limites de preservação da utilidade econômica da exploração privada, ou seja, mediante planejamento prévio que viabilize, mediante reserva de espaço espectral, a convivência dos três sistemas, cuja adjetivação *complementar* remete à utilidade geral do serviço de radiodifusão sob o enfoque dos usuários, que deverão ter ao seu alcance as utilidades complementares do serviço de radiodifusão em suas dimensões de exploração econômica, de prestação pública participativa e de prestação pública estatal; b) a exigência de complementaridade significa a preservação de espaço de programação para convivência razoável dos três sistemas, mediante reserva, na grade de emissoras privadas de radiodifusão pública, de conteúdo de representação da sociedade civil ou acadêmica – de interesse público de *caráter público* – e de representação da burocracia governamental dos três poderes – de interesse público de *caráter estatal*.

O texto constitucional, contudo, deixou em aberto o caminho infraconstitucional de aplicação do princípio, abrindo-se a opção, mediante decisões administrativas ou lei disciplinadora específica, de se homenagear o princípio da complementaridade via gestão do espectro, reservas de programação, ou mediante ambas as providências. O rol de oportunidades concretizadoras do princípio da complementaridade não significa que ele careça de eficácia imediata ao exigir ao menos uma das hipóteses de concretização inscritas nas providências processuais de índole administrativa acima elencadas para que a outorga ou renovação de concessão, permissão ou autorização de serviço de radiodifusão não incorra em vício de inconstitucionalidade. A extensão do princípio da complementaridade do art. 223, *caput*, atinge o planejamento e atribuição-destinação-distribuição de canais e faixas de radiofrequência, a delegação de serviços a empresas estatais da União, a licitação dos serviços propriamente ditos, os instrumentos de concessão, permissão ou autorização de serviços de radiodifusão, as leis e regulamentos produzidos em âmbito legislativo ou executivo, a universalização e continuidade dos serviços, enfim, o amplo espectro de atividades de regulação dos serviços de radiodifusão. Sob o enfoque regulatório, o qualificativo público da complementaridade determinada pelo texto constitucional resulta na necessária ponderação entre as dimensões política, econômica e tecnológica de regulação da radiodifusão com o norte jurídico de composição destes fatores para a maior ampliação possível da diversidade dos serviços de radiodifusão em termos de representatividade do espaço público predominantemente assentado em instituições locais familiares, religiosas, acadêmicas ou cívicas.

Art. 224. Para os efeitos do disposto neste capítulo, o Congresso Nacional instituirá, como órgão auxiliar, o Conselho de Comunicação Social, na forma da lei.

Márcio Iorio Aranha

1. Histórico da norma

O Conselho de Comunicação Social já havia sido previsto no Anteprojeto Constitucional elaborado pela Comissão Provisória de Estudos Constitucionais em 1986. Nesse Anteprojeto, o Conselho possuía a competência para outorgar concessões ou autorizações de rádio e televisão e de assegurar o uso daquelas frequências de acordo com o pluralismo ideológico, bem como promover a revogação judicial das outorgas por ele expedidas, desde que desviada a função social daqueles serviços, e decidir sobre a sua renovação. Destacava-se, ainda, sua composição por onze membros com a representação da comunidade de forma obrigatória e majoritária. O Anteprojeto de Afonso Arinos foi aprimorado pela relatora da Subcomissão da Ciência e Tecnologia e da Comunicação, deputada Cristina Tavares, que lhe atribuía a denominação de Conselho Nacional de Comunicação (CNC). Além de manter a competência do Conselho Nacional de Comunicação para outorgar e renovar as autorizações e concessões para os serviços de radiodifusão e transmissão de voz, imagem e dados, determinava-se que tal autorização passaria pelo referendo do Congresso Nacional. O anteprojeto elaborado pela Subcomissão trazia ainda outras competências ao Conselho como a de estabelecer, supervisionar e fiscalizar políticas nacionais de comunicação nas áreas de rádio e televisão. O CNC seria composto por quinze membros, respeitando-se a maior participação da comunidade por meio de representantes de entidades empresariais, profissionais da área de comunicação, da comunidade científica, da comunidade universitária e da área de criação cultural. Contudo, diversas emendas foram aprovadas no curso das votações, o que modificou significativamente o texto original do projeto apresentado pela relatora da Subcomissão. O constituinte José Carlos Martinez argumentou que o texto trazido no anteprojeto da relatora, que especificava as funções do CNC, poderia ser regulado por lei, não sendo necessário constar do texto constitucional. Ademais, destacou que a competência conferida ao CNC pelo anteprojeto da relatora usurparia as competências do Congresso Nacional, de forma que seria competência da União, *ad referendum* do Congresso Nacional, outorgar concessões, permissões ou autorizações de serviços de radiodifusão sonora ou de sons e imagens. Dessa forma foi suprimido o texto original que tratava do CNC. O tema do CNC foi derrotado na Subcomissão, todavia reapareceu no Primeiro Substitutivo do relator Arthur da Távola ao Plenário da Comissão Temática VIII – da Família, da Educação, Cultura e Esportes, da Ciência e Tecnologia e da Comunicação. Nesse substitutivo, o relator resgata algumas atribuições do CNC como órgão independente e com atribuição de formular políticas nacionais de comunicação segundo quatro princípios: a) a complementaridade dos sistemas público, estatal e privado nas concessões dos serviços de radiodifusão; b) a prioridade a finalidades educativas, artísticas, culturais e informativas; c) a promoção da cultura nacional e regionalização da produção; e d) a pluralidade e descentralização. Em mais uma votação atribulada, o substituto do relator foi integralmente rejeitado, pelo que foram enviados à comissão de sistematização apenas os destaques apresentados e aceitos. Na comissão de sistematização, o capítulo referente à Comunicação Social não foi votado em meio à atenção destinada a outros capítulos do Título VIII da Constituição Federal. Já na última etapa de votação, no Plenário, o texto inicialmente apresentado determinava que o Conselho Nacional de Comunicação seria um órgão auxiliar instituído pelo Congresso Nacional com participação paritária de representantes indicados pelo Poder Legislativo e pelo Poder Executivo. Todavia, em razão de um acordo para fusão das propostas em mesa, o texto consolidado consistiu na atual dicção do art. 224. O trâmite constituinte do art. 224 foi longo e trabalhoso, mas, ao final, em meio aos debates, o texto consolidado preservou a referência ao Conselho de Comunicação Social, retirando-se, entretanto, do art. 224, a menção expressa às funções previstas nas propostas submetidas à Subcomissão da Ciência e Tecnologia e da Comunicação e à Comissão da Família, da Educação, Cultura e Esportes, da Ciência e Tecnologia e da Comunicação.

2. Constituições brasileiras anteriores

Não há dispositivo equivalente nas Constituições brasileiras anteriores.

3. Constituições estrangeiras

Da análise dos ordenamentos jurídicos de países selecionados nos Continentes Americano, Europeu e Africano – Alemanha, Argentina, Angola, Chile, Canadá, Colômbia, Estados Unidos, Espanha, França, Itália, México, Moçambique, Paraguai, Peru e Uruguai –, em nenhum deles há tratamento constitucional analítico sobre a comunicação social. São encontradas, todavia, referências isoladas ou em conjunto ao direito à informação, à liberdade de manifestação do pensamento e à liberdade de imprensa – Lei Fundamental alemã de Bonn (art. 5º), Constituições da Argentina (art. 14), do Chile (art. 19, § 12), dos Estados Unidos (Primeira Emenda), da Espanha (art. 20(3)), da França (Declaração Universal dos Direitos do Homem e do Cidadão, arts. 10 e 11 c/c o Preâmbulo da Constituição de 1958), da Itália (art. 21), do México (art. 6º), de Moçambique (art. 48), do Paraguai (arts. 27, 29 e 31), do Peru (arts. 14 e 61), de Portugal (arts. 38 e 73(3)), do Uruguai (art. 29), e a Carta de Direitos e Liberdades da Lei Constitucional do Canadá (art. 2º, *b*) – em alguns casos coligadas a princípios da ordem social – Constituições angolana (arts. 41 e 44) e colombiana (art. 20). O ordenamento constitucional português (arts. 38 a 40 e 73) e o paraguaio (art. 31) são exceções à regra de inexistência de tratamento constitucional específico à comunicação social. A Constituição portuguesa dedica, em dispositivos apartados dos dedicados à liberdade de expressão e informação, espaço específico às temáticas de liberdade de imprensa e meios de comunicação social (art. 38), regulação da comunicação social (art. 39) e direito de antena, de resposta e de réplica política (art. 40). A disciplina jurídica de órgão auxiliar ao Legislativo para a comunicação audiovisual, quando presente, é de natureza infraconstitucional. Assim, por exemplo, a Constituição argentina não trata de órgão auxiliar ao Legislativo para assuntos de comunicação em geral, mas tão somente do enunciado da liberdade de imprensa, no seu art. 14 (direito de "publicar suas ideias pela imprensa sem censura prévia"). Coube ao art. 18 da Lei Federal 26.522, de 10 de outubro de 2009, da Argentina, prever a criação, no âmbito do *Congreso de la Nación* da *Comisión Bicameral de Promoción y Seguimiento de la Comunicación Audiovisual* com *status* de comissão permanente integrada por oito senadores e oito deputados, nos termos de resolução de cada Casa legislativa, dotada de funções eminentemente controladoras da atuação reguladora da *Autoridad Federal de Servicios de Comunicación Audiovisual*. Em Angola, a Lei 6, de 3 de outubro de 1991, prevê o Conselho Nacional de Comunicação Social como órgão independente que funciona junto à Assembleia Nacional Popular com funções típicas de agência reguladora. É inexistente a previsão constitucional de órgão auxiliar ao parlamento especializado em comunicação social, em direito comparado, senão na clássica estrutura de comissões temáticas inerentes ao funcionamento do Poder Legislativo.

4. Direito internacional

Não há referências de direito internacional que disciplinem a matéria de órgãos auxiliares do Poder Legislativo para a comunicação social.

5. Dispositivos constitucionais e legais relacionados

5.1. Constitucionais

Art. 5º, IV, V, X, XIII e XIV; art. 220 (íntegra); art. 221 (íntegra); art. 222 (íntegra); art. 223 (íntegra).

5.2. Legais

Lei 8.389, de 30 de dezembro de 1991 (Institui o Conselho de Comunicação Social); Lei 8.977, de 6 de janeiro de 1995, art. 4º, § 2º, e art. 44, *caput*; Decreto Legislativo do Congresso Nacional DLN 77, de 28 de novembro de 2002 (Dispõe sobre o mandato dos membros do Conselho de Comunicação Social); Lei 12.485, de 12 de setembro de 2011, art. 42, *caput* e parágrafo único.

6. Jurisprudência

ADI 821-MC/RS – STF (Cautelar deferida para suspensão da eficácia dos arts. 238 e 239 da Constituição do Rio Grande do Sul e da Lei estadual 9.726/92 deles regulamentadora, que instituiu o Conselho de Comunicação Social estadual com funções de orientação dos órgãos de comunicação social do Estado, sob o fundamento de que dita atribuição funcional feriria a separação de poderes e a exclusividade de iniciativa do Chefe do Executivo e sua competência privativa de exercício da direção superior e de disposição sobre a organização e o funcionamento da administração); **ADPF 130/DF – STF** (Declara a inconstitucionalidade da Lei de Imprensa – Lei 5.250/67 – e, incidentalmente, elenca, dentre as matérias lateral ou reflexamente de imprensa sujeitas à conformação legislativa, a composição e funcionamento do Conselho de Comunicação Social).

7. Literatura selecionada

BITELLI, Marcos Alberto Sant'Anna. *O direito da comunicação e da comunicação social*. São Paulo: Revista dos Tribunais,

2004; COMPARATO, Fábio Konder. A democratização dos meios de comunicação de massa. In: Eros Roberto Grau e Willis Santiago Guerra Filhos (orgs.). *Direito Constitucional*: estudos em homenagem a Paulo Bonavides. São Paulo: Malheiros, 2001, p. 149-166; SIMIS, Anita. Conselho de comunicação social: uma válvula para o diálogo ou para o silêncio? *Revista Brasileira de Ciências Sociais* 25(72): 59-71, fev. 2010; SILVA, José Afonso da. *Comentário contextual à Constituição*. 7ª ed. São Paulo: Malheiros, 2010.

8. Comentários

8.1. Natureza jurídica dos atos do Conselho de Comunicação Social

A aparente simplicidade do enunciado do art. 224 da Constituição Federal carrega consigo o complicador de precisão conceitual à medida que a ausência de detalhamento constitucional das competências do Conselho de Comunicação Social dificulta a teorização sobre suas funções, composição, âmbito de aplicação e essencialidade para os processos normativos e administrativos pertinentes da esfera parlamentar.

Por isso, o significado jurídico atribuído aos *conselhos* na história constitucional brasileira é um passo necessário para a compreensão das características que o texto constitucional se absteve de enunciar expressamente.

Presentes no ordenamento jurídico brasileiro desde longa data, os conselhos administrativos firmaram-se, desde a primeira metade do século XIX, como *auxiliares* dos agentes políticos, apresentando-se, nas palavras do Visconde de Uruguai, como garantia de precisão técnica e científica da deliberação tomada e de controle sobre os fundamentos e responsabilidade da decisão[1].

As referências à função consulente da Constituição de 1824 respeitavam a estrutura monárquica de atribuições pessoais de aconselhamento e eventual regência dos *Conselhos de Estado* (arts. 137 a 144) e de foro representativo dos *Conselhos Geraes de Provincia* (arts. 71 a 89). A Constituição de 1891 limitava-se, entretanto, a tratar do aconselhamento ao Presidente da República por parte dos Ministros de Estado (art. 52, *caput*), da extinção de títulos nobiliárquicos e de conselho no bojo do enunciado do princípio da igualdade perante a lei, que extinguira privilégios de nascimento, foros de nobreza e ordens honoríficas, juntamente com todas as suas prerrogativas e regalias (art. 72, § 2º), bem como da função contraditória e inquisitorial dos conselhos próprios ao julgamento de delitos militares (art. 77, § 1º).

A primeira aparição constitucional dos conselhos como componentes estruturais do Estado republicano brasileiro deu-se na década de 1930 com os assim chamados *conselhos econômicos* resultantes da ampliação e da especialização das atividades estatais. A preocupação de criação de conselhos consultivos para fornecimento de bagagem técnica às decisões políticas foi evidenciada na Constituição Federal brasileira de 1934, que facultou a criação, por lei ordinária, de *Conselhos Technicos* e *Conselhos Geraes* para assistirem os Ministérios, chegando mesmo a vincular a deliberação do Ministro de Estado correspondente (art. 103).

Embora a Constituição de 1934 previsse expressamente o *Conselho Superior de Segurança Nacional* (art. 159) e o *Conselho Nacional de Educação* (art. 152), a repercussão prática da novidade foi tímida, resumindo-se à criação do *Conselho Nacional de Educação* pela Lei 174, de 1936, e à previsão, na Constituição de 1937 (arts. 57 a 63) do *Conselho da Economia Nacional*, que não se repetiu nas Constituições de 1946 (art. 148, *caput*) e 1967 (art. 57, VI), inclusive Emenda Constitucional n. 1, de 1969 (art. 160, V). Foi a Constituição de 1988 a que inaugurou a referência ao Conselho de Comunicação Social ao se referir a ele no fechamento do capítulo inovador sobre a comunicação social.

Da imprecisão semântica dos conselhos, podem-se extrair, todavia, certos elementos conceituais como o da colegialidade de funções, cuja definição weberiana se dá por sua oposição à autoridade monocrática. Weber[2] utiliza o conceito de colegialidade como meio específico de mitigação da dominação. A colegialidade de funções diferencia-se, no pensamento de Weber, da colegialidade de cassação. Nesta última, persiste a decisão monocrática em meio a outras instâncias monocráticas de adiamento ou cassação da decisão. Na colegialidade de funções, a autoridade monocrática é substituída pela autoridade institucional, em que a vontade de um é substituída pela cooperação de alguns. O plural, o corpo, o coletivo, a reunião, enfim, a assembleia decisória faz parte do significado histórico dos conselhos. Tais características incrementam o caráter institucional de convencimento e discussão, chegando, no direito espanhol, a serem erigidos à condição de princípio definidor da natureza dos órgãos consultivos: trata-se do princípio da colegialidade dos órgãos consultivos[3]. A colegialidade permite, assim, maior profundidade das decisões, que é obtida às custas de maior grau de imprecisão e morosidade. Ela divide a responsabilidade da decisão, atomizando-a em manifestações parciais.

Pode-se dizer, portanto, que isenção, profundidade e morosidade identificam a forma colegial de decisão. Entretanto, não depõem, *a priori*, contra ou a favor do modelo de decisão colegial, mas indicam os limites para sua manifestação. A presença dos conselhos pode ser vista como uma resposta estatal ao desequilíbrio gerado pela especialização do ambiente privado sobre determinados setores tidos por relevantes para o Estado. O conhecimento especial superior dos atores de um determinado setor da economia, que, por serem partes, são naturalmente facciosos, somente pode ser contrastado mediante a presença de conselhos econômicos ou setoriais no ambiente estrutural do Estado para nortearem a regulação estatal. A existência dos conselhos segue uma constatação de Weber, de que o conhecimento técnico dos privados é superior ao da burocracia pública. Assim, a existência do um conselho setorial, no caso, de comunicação social, responde a uma exigência de diligência da função pública decisória; não se trata de capricho dependente do juízo de necessidade e oportunidade do legislador.

Opõe-se a tal constatação de imprescindibilidade dos conselhos, sua imprecisão terminológica e consequente aplicação casuísta.

---

1. URUGUAI, Paulino José Soares de Souza, Visconde de. *Ensaio sobre o direito administrativo*. Brasília: Imprensa Nacional, 1997, p. 126.

2. WEBER, Max. *Economia e sociedade*. Brasília: Editora Universidade de Brasília, 1991. Volume I (p. 178-188). Volume II (p. 212-229).

3. FOS, Jose Antonio Garcia-Trevijano. *Tratado de derecho administrativo*. Tomo II, Vol. I, 2ª ed. Madrid: Editorial Revista de Derecho Privado, 1971, v. I, t. II, p. 480.

No que tange à imprecisão terminológica, tem-se a divisão entre conselhos de especialização, conselhos consultivos e instâncias colegiais controladoras. De um lado, há as corporações de especialização, que são formadas dentro da estrutura burocrática estatal por técnicos habilitados em razão de seus conhecimentos especiais. Ditas corporações ombreiam com as corporações consultivas, que, na classificação weberiana, são formadas por interessados privados no setor em pauta. Por outro lado, as instâncias colegiais controladoras estão presentes nas conformações burocráticas da economia privada, como o conselho fiscal de uma empresa.

Dita classificação, no entanto, não foi absorvida pela prática institucional brasileira, o que não impede a conclusão de que há ao menos duas formas essencialmente distintas de manifestação dos conselhos: os de produção de massa crítica para outros atores do processo decisório estatal; e os de influência no processo decisório por parte do diálogo estabelecido entre o Estado e um setor regulado. Seguindo esta classificação, os conselhos integrantes da estrutura estatal diferenciam-se das instâncias colegiais controladoras presentes na economia privada pelo critério da força das decisões. Os conselhos presentes na economia privada fornecem a própria deliberação perseguida, enquanto os da esfera estatal refletem funções basicamente técnicas e opinativas.

Com base nessas constatações de história das ideias, o conceito de conselho, embora tenha hoje perdido sua dimensão inicial, serviu ao propósito de conceito geral do qual derivaram outros atualmente festejados, como o de comissão e o de agência. Antes, os conselhos exercem função meramente consultiva, mas, com o tempo, alguns deles foram além em face de sua especialização e de sua condição de complexos perenes frente a autoridades efêmeras, cujas representações históricas mais proeminentes foram o senado romano, o conselho veneziano e o areópago ateniense.

A abertura conceitual do termo conselho gerou o surgimento de outros termos que denotam vinculação decisória para se contraporem ao aspecto consultivo agregado aos conselhos hoje existentes. Isso não quer dizer que todos os conselhos do Estado brasileiro estejam maculados com a função meramente consultiva, mas esta é, sem dúvida, a característica mais difundida e, ao mesmo tempo, elementar. Constituem exemplos conhecidos de conselhos com função decisória, no Brasil, o Conselho Administrativo de Defesa Econômica (CADE) e os Conselhos de Contribuintes. A presença, na Constituição Federal brasileira de 1988, do Conselho da República e do Conselho de Defesa Nacional como órgãos meramente opinativos, por outro lado, é significativa. Não é outro o conteúdo extraído da dicção do art. 224 em comento ao definir o caráter auxiliar do Conselho de Comunicação Social. Ele se configura em órgão auxiliar por internalizar em sua previsão positivada o qualificativo histórico predominante dos conselhos no ordenamento jurídico brasileiro e o mínimo essencial para sua compreensão: o caráter consultivo e opinativo.

8.2. Efeitos jurídicos dos atos do Conselho de Comunicação Social

O enunciado do art. 224 define, em sua dimensão objetiva regente da produção legislativa e da atuação administrativa do Congresso Nacional na seara da comunicação social, o princípio da virtude consultiva, que se irradia por todas as manifestações processuais do Congresso Nacional inscritas no Capítulo V da Constituição Federal. Trata-se, portanto, de princípio de comunicação social mais abrangente que os previstos no art. 221, embora de natureza exclusivamente processual e estrutural.

Em decorrência da natureza consultiva e opinativa do Conselho de Comunicação Social, suas recomendações não vinculam o Congresso Nacional, senão no que se refere à exigência de que sejam apreciadas previamente à decisão: ao Conselho são reservados efeitos processuais e estruturais. Assim, não se deve estrapolar a natureza opinativa do Conselho de Comunicação Social para dela se derivar a ausência de consequências jurídicas, pois a presença do comando constitucional de atribuição da função auxiliar do Conselho de Comunicação Social ao Congresso Nacional exige do consulente internalizar as contribuições daí advindas no processo de produção de atos normativos e administrativos congressuais, sob pena do ato de poder pertinente – a tramitação de lei e apreciações parlamentares de atos dos processos administrativos relativos aos arts. 222 e 223 da Constituição Federal – ser maculado por vício de direito público incidente sobre o ato autônomo de fundamentação da decisão tomada ou sobre as etapas pretéritas de discussão. Padecerá de vício de fundamentação a decisão parlamentar, cujas etapas de discussão, no caso de atos normativos, ou o ato autônomo de motivação, no caso de atos administrativos, faça tábula rasa das recomendações do Conselho de Comunicação Social.

O respeito ao momento processual consultivo inscrito no art. 224 da Constituição Federal, todavia, não significa submeter-se o órgão decisório – o Congresso Nacional – à opinião do Conselho de Comunicação Social em determinada matéria. Pelo contrário, o Congresso Nacional exerce ampla função representativa de decisão, todavia, incorre em vício de direito público resultante da função constitucional do Conselho de Comunicação Social se, ao decidir sobre os temas que sofreram pronunciamento do Conselho, os órgãos do Congresso Nacional não introduzirem os argumentos do Conselho em batimento com os que justificaram a tomada de decisão congressual como garantia mínima de controle dos atos de poder nas esferas parlamentar, administrativa e judicial. A natureza do ato em questão, contudo, repercute nos requisitos formais exigíveis. Quando se tratar de ato normativo, é suficiente a referência às recomendações do Conselho no curso da discussão parlamentar, na medida em que a instituição de direito público da fundamentação dos atos de poder ali opera com efeitos mitigados limitados à exigência de legitimação de seus atos perante a sociedade. Quando administrativo, em substituição às funções tradicionais do Poder Executivo no tocante aos serviços públicos (arts. 222 e 223 da Constituição Federal), é necessária a inserção formal da argumentação de aceite ou rejeição das recomendações do Conselho de Comunicação Social no ato autônomo de motivação da decisão administrativa. As recomendações consultivas do Conselho de Comunicação Social, no uso do seu *status* constitucional, têm, como efeito juridicamente exigível, que tais recomendações constem das etapas de discussão parlamentar ou motivação de atos administrativos como requisitos de validade formal do ato congressual pertinente.

Interpretação distinta ao dispositivo constitucional em comento, que retire dele qualquer requisito de validade de ato normativo ou administrativo do Congresso Nacional, fiando-se no caráter especial da produção legislativa, inverte o acoplamento estrutural promovido pelo Estado de Direito, isenta o Poder Legislativo do caráter impositivo da Constituição e esvazia ainda mais as tênues consequências jurídicas do comando constitucional do art. 224, transformando-o em mera intenção do legislador constituinte.

Ao se intercalar o pronunciamento opinativo do Conselho de Comunicação Social no íter processual normativo ou administrativo do Congresso Nacional em matérias afetas do Capítulo V da Constituição Federal, tem-se, por consequência, por outro lado, que sua condição de etapa procedimental de validade se restringe aos processos congressuais atingidos pela dicção do art. 224. A criação infraconstitucional de requisitos de validade de processos administrativos ou normativos outros, dentro ou fora do ambiente parlamentar, constitui desvio funcional de sua finalidade declarada no art. 224. Assim, o Conselho de Comunicação Social, por sua eminência constitucional e excepcional relevância como etapa necessária dos processos normativos e administrativos congressuais de comunicação social não se presta a servir de etapa processual de matéria reservada ao Poder Executivo, como é o caso do poder presidencial de emissão de decretos para fiel execução de lei.

Para as atividades tipicamente executivas que não estejam expressa e estritamente ressalvadas no art. 223 da Constituição Federal, é inconstitucional, por ofensa à separação de poderes, intercalar-se pronunciamento do Conselho de Comunicação Social. Quando a oitiva do Conselho de Comunicação Social se der na condição única e exclusiva de auxílio às razões de decidir e destituída de efeitos vinculativos ou obstrutivos, nada impede que se recorra ao Conselho, facultado a este determinar a pertinência da consulta ao seus fins institucionais. Os arts. 4º, § 2º, e 44, *caput*, da Lei de TV a Cabo (Lei 8.977, de 6 de janeiro de 1995) reproduzidos no decreto regulamentador (Decreto 2.206, de 14 de abril de 1997, art. 5º, *caput*) se encaixam nessa hipótese ao exigirem que a emissão de regulamentação e atos de execução da lei por parte do Poder Executivo se faça mediante consulta ao Conselho de Comunicação Social, com prazo de trinta dias para pronunciamento do Conselho após seu recebimento. A exigência legal e infralegal não fere a atribuição funcional do Conselho de Comunicação Social, pois ressalva, expressamente, o decurso de prazo ou preclusão da etapa administrativa de oitiva, destacando do processo decisório correspondente a exigibilidade de efetivo pronunciamento do Conselho.

A interpretação que dê ao pronunciamento do Conselho, ou à sua inação, efeitos decisórios, vinculativos ou obstrutivos de processo de produção de atos normativos ou administrativos pertinentes do Poder Executivo fora das exceções restritas aos casos enunciados no art. 223 da Constituição Federal incorre em inconstitucionalidade por invasão de competência reservada ao Poder Executivo. Enquanto a consulta ao Conselho de Comunicação Social for entendida tão somente como momento de esclarecimento e enriquecimento da etapa processual de formação do ato de poder do Executivo que não se encaixe nas previsões do Capítulo V da Constituição Federal, a intercalação do órgão auxiliar ao Congresso Nacional não traz consigo, por si só, vício de inconstitucionalidade, justificando-se pela preservação de sintonia entre os Poderes e pelo caráter de insumo para a tomada da decisão executiva. Nesse sentido, a única interpretação restante ao art. 9º do Decreto 2.206/97, regulamentador da Lei 8.977/95, que exige prévia oitiva do Conselho de Comunicação Social na propositura, pelo Ministério das Comunicações e da Cultura, de diretrizes para a prestação do serviço de TV a cabo que estimulem e incentivem o desenvolvimento da indústria cinematográfica nacional e de produção de filmes, desenhos animados, vídeo e multimídia no país, encontra-se no entendimento de que a ele também se aplica o limite temporal de trinta dias do recebimento da consulta para emissão da recomendação por parte do Conselho, inaplicável qualquer tipo de efeito obstrutivo ou vinculativo ao processo decisório executivo.

8.3. Composição do Conselho de Comunicação Social

O aspecto consultivo dos conselhos e seu distanciamento da figura monárquica dos conselheiros do rei lhes agregou outro qualificativo: a demanda de composição plural para formação de consenso. A participação de diversas tendências e interesses erigiu-os a colaboradores e principais enriquecedores da discussão implementada em outras instituições decisórias. Ocorre, contudo, que, para além da vedação à composição do conselho por um único partícipe, os limites mínimos de caracterização da composição plural não são claros na prática institucional brasileira, como demonstra a composição do Conselho Monetário Nacional (CMN) restrita a três membros exclusivamente do Poder Executivo, mediante apoio de comissões consultivas estritamente técnicas. Os dois órgãos mais proeminentes de natureza consultiva presentes no texto constitucional – o Conselho da República (art. 89) e o Conselho de Defesa Nacional (art. 91) –, por sua vez, adotam uma composição partilhada entre o Executivo e o Legislativo com o diferencial de participação direta de cidadãos nomeados ou eleitos para a função consultiva.

Mutatis mutandis, tanto a partir da temática de comunicação social quanto da característica histórica de equilíbrio da burocracia estatal com o conhecimento privado, ao Conselho de Comunicação Social é possível e recomendável atribuir-se composição plural de origem pública, privada, técnica e cidadã, inclusive com participação de órgãos e entes estatais de burocracia especializada ministerial e de agências para fazerem frente ao conhecimento superior especializado dos particulares descrito por Weber. Em qualquer caso, o requisito de que seus integrantes tenham comprovado conhecimento especializado no setor de comunicação social decorre de reserva legal qualificada pelo caráter colegial de aconselhamento do Conselho de Comunicação Social.

A reserva legal também é qualificada pela condição de que a composição do conselho respeite o mínimo de três partícipes para preservação de procedimentos decisórios de superação do impasse e tenham origens variadas no ambiente público, inclusive burocrático estatal, e privado. Esse limitador não é afastado pela superação do texto do Anteprojeto da Comissão Afonso Arinos, na Assembleia Nacional Constituinte, que instituía ele próprio o Conselho de Comunicação Social, detalhava sua competência para outorga ou renovação de concessões ou autorizações de serviços de radiodifusão, para assegurar a distribuição de radiofrequência segundo critério de pluralismo ideológico e para promoção da revogação judicial das outorgas expedidas pelo Conselho no caso de desvio da função social do serviço (art. 403), bem como pela superação da redação do Projeto da Comissão de Sistematização (art. 260), que previa a participação paritária de representantes indicados pelo poder Executivo e Legislativo com representação majoritária da comunidade. Tais previsões foram todas expurgadas do texto constitucional aprovado pela Assembleia Nacional Constituinte, em 1988, mas, ao serem superadas, afastaram eventual interpretação de que a reserva legal exigisse a paridade de indicação, não elidindo, entretanto, que a regulamentação legal do art. 224 se renda à contribuição que a presença da burocracia executiva traz à composição do Conselho e a insira como componente relevante ao seu fortalecimento institucional.

A lei regulamentadora do art. 224 da Constituição Federal (Lei 8.389, de 30 de dezembro de 1991), ao equacionar a receita de composição plural do Conselho de Comunicação Social, não o fez com a reserva de espaços paritários entre o conhecimento privado e o burocrático ao atribuir três vagas para representantes da indústria jornalística e radiodifusora, quatro vagas a representantes de classe dos jornalistas, radialistas, artistas e profissionais de cinema e vídeo, uma vaga técnica e cinco vagas para representantes da sociedade civil em geral (art. 4º). São evidentes, no texto da lei regulamentadora, a composição classista – patronal e empregatícia – e cidadã, mas o Conselho perde em conteúdo e antecipação de questões-chave ao abrir mão da presença do conhecimento acumulado na burocracia estatal, resumindo-se à representação de interesse dos meios de comunicação social, o que levou José Afonso da Silva[4] a qualificá-lo como um Conselho *anódino*.

É historicamente compreensível, entretanto, a composição do Conselho de Comunicação Social definida em lei, assim entendida como um recado legislativo de que dito Conselho não se transforme em um órgão colonizado por interesses burocráticos à semelhança do destino vislumbrado no extinto Conselho Nacional de Telecomunicações (CONTEL), emulado, em parte, da Comissão Federal de Comunicações norte-americana[5] e que, apesar das características nele reconhecidas pelo Supremo Tribunal Federal como comissão interministerial[6], progressivamente foi sendo esvaziado e suplantado pela Administração Direta do Estado. O texto legal não foi feliz, entretanto, ao ferir o princípio republicano de aproximação institucional entre a burocracia estatal e os particulares.

A lei regulamentadora também navega no espaço implicitamente autorizado pelo texto constitucional ao dispensar a dedicação exclusiva – a exigência de sobrestamento de cargos e empregos de vinculação contínua – dos seus integrantes, em homenagem à prática institucional brasileira dos conselhos como órgãos não destinados a funcionamento ostensivo, senão por demandas específicas do consulente[7].

8.4. Competência material do Conselho de Comunicação Social

No que toca à sua competência material, o texto do art. 224 é claro em delimitá-la às atividades do Congresso Nacional previstas no capítulo de comunicação social da Constituição Federal (arts. 220 a 223). Com isso, não se quer dizer que o Conselho de Comunicação Social não possa ser chamado a opinar em matérias conexas, haja vista a *expertise* que possa vir a se acumular em seus quadros e as contribuições que aquele espaço institucional pode fornecer à discussão parlamentar se for reconhecida pelo Congresso a natureza instrumental enriquecedora que seu cultivo institucional traria. O que se quer dizer com a delimitação material de competência do Conselho de Comunicação Social é que o comando constitucional que intercala o pronunciamento do Conselho, por meio de estudos, pareceres, recomendações ou qualquer outra forma de aconselhamento, em processos normativos ou administrativos congressuais de comunicação social como um seu componente essencial e ineludível não se aplica a outros casos de consulta ao Conselho, desde que tais consultas não interfiram no andamento e cronograma de apreciações das temáticas centrais do capítulo de comunicação social.

A listagem dos temas que reclamam a participação ineludível do Conselho de Comunicação Social como órgão auxiliar do Congresso Nacional encontra-se no Capítulo V da Constituição Federal na forma de enunciados de atuação congressual ou de princípios e direitos dirigidos à produção normativa parlamentar. A lei regulamentadora do art. 224 – Lei 8.389, de 1991 – enuncia a competência do Conselho de Comunicação Social em termos amplos, mediante listagem de temas sobre os quais lhe pode ser solicitado estudo, parecer ou recomendação. Trata-se de caso raro em que a leitura do texto constitucional fornece mais elementos de precisão da competência material do Conselho do que sua lei regulamentadora.

Por conseguinte, fazendo-se uso das referências exclusivamente constitucionais, a competência material do Conselho de Comunicação Social abarca oitiva em: a) projetos de lei, propostas de emenda ou inquéritos que lidem com a categoria genérica da comunicação social, ou, em específico, com a comunicação social eletrônica; b) projetos, propostas ou inquéritos que tratem direta, ou indiretamente, de restrições à manifestação do pensamento, à criação, à expressão e à informação, sob qualquer forma, processo ou veículo (art. 220, *caput*), atingindo, do mesmo modo, em homenagem à conformação objetiva dos direitos fundamentais, quaisquer projetos ou propostas que digam respeito ao alargamento desses direitos; c) projetos, propostas ou inquéritos que contenham dispositivo que possa constituir embaraço à plena liberdade de informação jornalística em qualquer veículo de comunicação social (art. 220, § 1º), ou, da mesma forma, que, ao propugnar pelo alargamento de seu exercício, esclareça limites imanentes aos incisos IV, V, X, XIII e XIV do art. 5º, decorrentes de seu batimento com outros direitos fundamentais; d) quaisquer atos congressuais de trâmite ou investigação de atos de censura de natureza política, ideológica ou artística (art. 220, § 2º); e) projetos, propostas ou inquéritos relativos à regulação das diversões e espetáculos públicos (art. 220, § 3º, I); f) projetos, propostas ou inquéritos pertinentes à defesa da pessoa e da família contra programas ou programações de rádio e televisão que contrariem os princípios constitucionais enunciados no art. 221 da Constituição Federal (art. 220, § 3º, II); g) projetos, propostas ou inquéritos concernentes à propaganda comercial de tabaco, bebidas alcoólicas, agrotóxicos, medicamentos e terapias, e seus malefícios (art. 220, § 4º); h) projetos, propostas ou inquéritos referentes à condição concorrencial dos meios de comunicação social, em especial, as conformações de monopólio ou oligopólio (art. 220, § 5º); i) projetos, propostas ou inquéritos que tangen-

---

4. SILVA, José Afonso da. *Comentário contextual à Constituição*. 7ª ed. São Paulo: Malheiros, 2010, p. 851.
5. RAMOS, Murilo César. Saúde, novas tecnologias e políticas públicas de comunicações. In: PITTA, Áurea Maria da Rocha (orgs.). *Saúde & Comunicação*: visibilidades e silêncios. São Paulo: Hucitec, 1995. p. 69-70.
6. Considerando o CONTEL como *comissão interministerial*, cf. MS 19.227/DF, rel. Min. Themístocles Cavalcanti, Tribunal Pleno, unânime, j. 09/04/1969.
7. AGUILAR, Fernando Herren. *Controle social de serviços públicos*. São Paulo: Max Limonad, 1999, p. 226.

ciem a questão da publicação de veículo impresso de comunicação (art. 220, § 6º); j) projetos, propostas ou inquéritos sobre os princípios aplicáveis à produção e à programação das emissoras de rádio e televisão previstos no art. 221 e incisos da Constituição Federal; k) projetos, propostas ou inquéritos sobre limites a propriedade de empresas jornalísticas e de radiodifusão sonora e de sons e imagens, inclusive a disciplina da participação de capital estrangeiro em tais empresas (art. 222); e l) projetos, propostas, inquéritos ou atos administrativos praticados pelo Congresso na outorga ou renovação de concessão, permissão ou autorização de serviço de radiodifusão sonora ou de sons e imagens.

8.5. Instituição do Conselho de Comunicação Social

A instituição do Conselho de Comunicação Social é reservada à lei e qualificada pelos limites conceituais de sua natureza jurídica colegial, institucional, plural, especializada, perene, consultiva, opinativa (itens 8.2 e 8.4 acima) e essencial aos processos normativos e administrativos pertinentes ao capítulo de comunicação social de trâmite no Congresso Nacional (item 8.3 acima). Na medida em que o texto do art. 224 destina diretamente ao Congresso Nacional a instituição do Conselho de Comunicação Social na forma da lei, esta reserva legal qualifica-se pela necessária minúcia dos elementos estruturais para instituição e funcionamento – contínua revitalização – do Conselho de Comunicação Social por exclusiva ingerência congressual. Assim o faz a Lei 8.389, de 1991, ao esmiuçar as funções, composição do Conselho, forma de eleição, mandato, garantias aos seus integrantes, local de reuniões, convocação ordinária e extraordinária, fonte orçamentária e prazos de eleição de seus membros e de instalação de suas atividades. O momento de instituição do Conselho de Comunicação Social marca o momento inaugural de ampla eficácia da norma constitucional, de eficácia limitada, dependente da lei regulamentadora, mas, a partir daí, de plenos efeitos, em especial, na ineludível presença de sua voz aconselhadora no trâmite de toda a gama de ações congressuais pertinente ao Capítulo V do Título VIII da Constituição Federal.

CAPÍTULO VI

DO MEIO AMBIENTE

Art. 225. Todos têm direito ao meio ambiente ecologicamente equilibrado, bem de uso comum do povo e essencial à sadia qualidade de vida, impondo-se ao Poder Público e à coletividade o dever de defendê-lo e preservá-lo para as presentes e futuras gerações.

Andreas J. Krell

A – REFERÊNCIAS

1. História da norma; Constituições brasileiras anteriores

Antes de 1988, não havia menção específica da tarefa estatal da proteção ambiental, uma vez que o próprio meio ambiente ainda não era considerado um objeto que merecia proteção jurídica específica (ANTUNES, 2019, p. 44 s.). O art. 180, parágrafo único, da CF 1967/69 colocava sob a proteção especial do Poder Público "os monumentos e as paisagens naturais notáveis" (semelhantes a CF 1946: art. 175; CF 1937: art. 134; CF 1934: arts. 10, III, 148). As Cartas anteriores a 1988 atribuíam à União a competência de legislar sobre normas gerais de defesa da saúde, bem como sobre mineração, águas, florestas, caça e pesca (CF 1967/69: art. 8º, XVII, *h*; CF 1946: art. 5º, XV, *l*; CF 1937: arts. 16, XIV, 18; CF 1934: art. 5º, XIX, *j*).

2. Constituições estrangeiras

Serviram de modelo para o Constituinte brasileiro no trato da questão ambiental as Cartas dos países ibéricos: segundo a Constituição de Portugal (1976, art. 66), "todos têm direito a um ambiente de vida humano, sadio e ecologicamente equilibrado e o dever de defendê-lo". A da Espanha (1978, art. 45) prevê que "todos têm o direito a desfrutar de um meio ambiente adequado para o desenvolvimento da pessoa, assim como o dever de preservá-lo". A França adotou a Carta do Meio Ambiente (2005), cujas normas vieram a integrar a sua Constituição, concedendo a todos o direito de viver em um meio ambiente equilibrado e sadio e, ao mesmo tempo, estabelecendo o dever de todos de lutar pela sua preservação e melhoria. Na Lei Fundamental Alemã (1949) foi introduzida, em 1994/2002, uma "norma-fim" de Estado (art. 20a), segundo a qual este deve "proteger as bases naturais da vida e os animais". A Constituição da África do Sul (1996) garante um direito abrangente ao meio ambiente (art. 24).

Na América Latina, há vários países cujas constituições concedem aos cidadãos um direito fundamental a viver num meio ambiente equilibrado e sadio: Argentina (1994, art. 41); Bolívia (2009, art. 342s.); Chile (1980, art. 19, n. 8.); Colômbia (1991, art. 79); Costa Rica (1996, art. 50); Equador (2008, art. 71); México (2008, art. 4º); Paraguai (1992, art. 6º s.); Peru (1993, art. 2º, n. 22); Venezuela (1999, art. 127). Uma inovação em nível mundial trouxe a referida carta equatoriana, que atribuiu à própria natureza (Pacha Mama) o *status* de um sujeito de direito.

3. Direito Internacional

É de suma importância o papel do Direito Internacional na evolução e formulação do direito ao meio ambiente. As consequências do desenvolvimento econômico na era da globalização ultrapassam, cada vez mais, a capacidade de solução do Estado nacional e exigem uma crescente cooperação entre os países, visto que os problemas ecológicos não respeitam fronteiras políticas e possuem expressão global. Boa parte dos dispositivos sobre proteção ambiental inseridos nas constituições de vários países foram transcritas de declarações ou convenções internacionais sobre o tema. Além disso, as Cortes Internacionais (CIJ, Tribunal Intern. do Direito do Mar, Corte Europeia de Direitos Humanos) e outros órgãos com poder de decisão (OMC, Comitê de Direitos Humanos da ONU) têm exercido um relevante papel no progresso do Direito Ambiental.

A Declaração de Estocolmo, aprovada na Conferência da ONU sobre o Meio Ambiente Humano (1972), serviu de paradigma e referencial ético para a comunidade internacional, abrindo o caminho para que as constituições nacionais positivassem o meio ambiente ecologicamente equilibrado como um direito humano fundamental. Segundo o seu Princípio 1, "o homem tem o direito fundamental à liberdade, igualdade e ao desfrute de condições de vida adequadas em um meio ambiente de qualidade tal que lhe permita levar uma vida digna e gozar de bem-estar, e tem a solene obrigação de proteger e melhorar o meio ambiente para a presente e as futuras gerações".

Em nível da OEA, o Protocolo Adicional à Convenção Americana sobre Direitos Humanos em matéria de Direitos Econômicos, Sociais e Culturais (Protocolo de San Salvador), de 17.11.1988 (ratificado pelo Brasil em 1996), no seu art. 11, dispõe: "1. Toda pessoa tem direito a viver em meio ambiente sadio e a contar com os serviços públicos básicos. 2. Os Estados-partes promoverão a proteção, preservação e melhoramento do meio ambiente". No âmbito do MERCOSUL, Brasil é signatário do Acordo-Quadro sobre Meio Ambiente (2001), cujo objetivo é o desenvolvimento sustentável e a defesa ambiental mediante a articulação entre as dimensões econômica, social e ambiental, contribuindo para uma melhor qualidade do meio ambiente e de vida das populações (art. 4º).

O Direito Internacional contemporâneo considera os conceitos do meio ambiente e do desenvolvimento como inseparáveis. A meta principal da Carta da Terra e da Agenda 21 – declarações aprovadas na Conferência da ONU sobre Desenvolvimento e Meio Ambiente (RIO-92) – é o desenvolvimento sustentável, segundo que a proteção ambiental deve constituir parte integrante do processo de desenvolvimento econômico e social. O direito ao desenvolvimento, por sua vez, deve ser exercido de modo a permitir que "sejam atendidas equitativamente as necessidades de gerações presentes e futuras" (Princípios 3 e 4 da Carta da Terra). Ao mesmo tempo, este modelo requer a erradicação da pobreza generalizada ou extrema e a adoção de estilos de vida menos consumistas e mais consoantes com os meios ecológicos limitados do mundo (TRINDADE, 1993, p. 167 ss.).

No âmbito da União Europeia (UE), os Tratados de Maastricht (1992) e Amsterdam (1997) proclamaram que as exigências da proteção do meio ambiente deverão integrar-se na definição e na realização das demais políticas da UE. No Tratado de Lisboa (2009), a proteção ambiental e o desenvolvimento sustentável assumiram uma posição central, aperfeiçoando as fontes convencionais na base das quais os órgãos da UE já promulgaram uma pletora de Regulamentos, Diretivas e Decisões sobre as diversas áreas ambientais.

4. Remissões constitucionais e legais

Outras normas da CF que tratam da questão ambiental são o art. 5º, LXXIII (ação popular); art. 20, II, IV (bens da União); arts. 21, XIX, XX, e 22, IV, XII, XXVI (competências da União); art. 23, III, VI, VII, IX, XI (competências materiais comuns); art. 24, VI, VII, VIII (competências legislativas concorrentes); art. 129, III (funções do Min. Público); art. 170, VI (princípios da ordem econômica); art. 174, § 3º (atividade garimpeira); art. 182 (política urbana); art. 186, II (função social da propriedade rural); art. 200, VIII (atribuições do SUS); art. 216 (patrimônio cultural); art. 231, § 1º (terras indígenas).

As Constituições dos 26 *Estados brasileiros* (além do DF) instituíram, em muitos aspectos, uma proteção ambiental mais abrangente do que a assentada na CF, algumas delas com uma enorme riqueza de detalhes; observa-se, contudo, que estes dispositivos dificilmente são utilizados para fundamentar ações e decisões concretas (FREITAS, 2003, p. 72ss.). As leis federais mais importantes sobre o assunto meio ambiente são: n. 6.938/81 (Política Nacional do Meio Ambiente, c/ o Decreto n. 99.274/90); n. 7.661/88 (Gerenciamento Costeiro); n. 7.802/89 (Agrotóxicos); n. 8.974/95 (Biossegurança); n. 9.433/97 (Gerenciamento de Recursos Hídricos); n. 9.605/98 (Lei da Natureza, c/ o Decreto n. 6.514/2008); n. 9.985/2000 (Unidades de Conservação); n. 11.284/2006 (Florestas Públicas); n. 11.428/2006 (Mata Atlântica); n. 11.445/2007 (Saneamento Básico); n. 12.305/2010 (Resíduos Sólidos); n. 12.651/2012 (Cód. Florestal) e n. 14.026/2020 (Marco Regulatório do Saneamento), entre outras.

5. Jurisprudência

STF, ADI-MC 3540-1/DF, j. 1.9.2005, e MS 22.164-0/SP, j. 30.10.1995, Rel. Min. Celso de Mello (titularidade difusa do direito fundamental ao meio ambiente; desenvolvimento sustentável como princípio constitucional); STF, ADPF 101, j. 24.6.2009, Rel. Min. Cármen Lúcia (proibição da importação de pneus usados); STJ, REsp 1.120.117/AC, j. 10.11.2009, Rel. Min. Eliana Calmon (imprescritibilidade do dano ambiental; fundamentalidade material do direito ao meio ambiente); STJ, AgRg 924, 1998.00052640/GO, DJU 29.5.2000, Rel. Min. A. de Pádua Ribeiro (ponderação entre interesses econômicos e ecológicos); STJ, REsp 429.570-GO, j. 11.11.2003, Rel. Min. Eliana Calmon, e REsp 575.998-MG, j. 7.10.2004, Rel. Min. Luiz Fux (condenação de entes públicos para realização de obras e serviços de saneamento básico; "mínimo existencial ambiental"); STJ, REsp 403.190/SP, j. 27.6.2006, e REsp 332.772/SP, j. 28.6.2006, Rel. Min. Otávio Noronha (interdependência dos deveres estatais de proteção social e ambiental); REsp 948.921-SP, j. 23.10.2007, Rel. Min. Herman Benjamin (inexistência de um direito adquirido a poluir ou degradar o meio ambiente); STF, ADI 4.983/CE, j. 6.10.2016, Rel. Min. Marco Aurélio (proibição de vaquejadas por submeter animais a crueldade).

6. Referências bibliográficas

ALEXY, Robert. *Teoria dos direitos fundamentais*. São Paulo: Malheiros, 2008; ANTUNES, Paulo de Bessa. *Direito Ambiental*. 20. ed. São Paulo: Atlas, 2019; AYALA, Patryck de A. *Devido processo ambiental e o direito fundamental ao meio ambiente*. Rio de Janeiro: Lumen Juris, 2011; BENJAMIN, A. Herman. Constitucionalização do ambiente e ecologização da Constituição Brasileira. In: CANOTILHO; LEITE (orgs.). *Direito Constitucional Ambiental brasileiro*. São Paulo: Saraiva, 2007, p. 57-130; CARVALHO, Délton W. de. *Gestão jurídica ambiental*. 2. ed. São Paulo: RT, 2020; COSTA NETO, Nicolão Dino de C. e. *Proteção jurídica do meio ambiente*. Belo Horizonte: Del Rey, 2003; DERANI, Cristiane. *Direito Ambiental econômico*. 3. ed. São Paulo: Saraiva, 2008; FARIAS, Talden. *Licenciamento ambiental*: aspectos teóricos e práticos. 8. ed. Belo Horizonte: Fórum, 2022; FENSTERSEIFER, Tiago. *Direitos fundamentais e proteção do meio ambiente*. P. Alegre: Livraria do Advogado, 2008; FREITAS, Mariana de A. Passos de. O meio ambiente nas constituições estaduais brasileiras. *Rev. de Direito Ambiental*, n. 29, p. 72ss., 2003; JONAS, Hans. *O princípio responsabilidade*. Rio de Janeiro: Contraponto, 2006; KRELL, Andreas J. *Discricionariedade administrativa e conceitos legais determinados*: limites do controle judicial no âmbito dos interesses difusos. 2. ed. P. Alegre: Livraria do Advogado, 2013; KRELL, Andreas. A reduzida programação normativa das leis de proteção ambiental no Brasil e a sua interpretação metodicamente pouco organizada. *Jus Scriptum*, vol. 6, n. 2, Lisboa, p. 133-160, 2021; LEITE, J. R. Morato; AYALA, Patryck de A.; MACHADO, Paulo A. L. *Direito Ambiental brasileiro*. 21. ed. São Paulo: Malheiros, 2013; MAZZILLI, Hugo N. *A defesa dos interesses difusos em juízo*. 20. ed. São Paulo: Saraiva, 2007; MEDEIROS, Fernanda L. F. de. *Meio ambiente*: direito e dever fundamental. Porto Alegre: Livraria do Advogado, 2004; MENDES, G. F.; COELHO, I. M.; BRANCO, P. G. *Curso de Direito Constitucional*. 2. ed. São Paulo: Saraiva, 2008; MIRANDA, F. C. Pontes de. *Comentários à Constituição de 1967* (com a Em. n. 1, de 1969) – t. I. 3. ed. Rio de Janeiro: Forense, 1987; MIRRA, Álvaro L. V. *Ação civil pública e a reparação do dano ao meio ambiente*. São Paulo: Juarez de Oliveira, 2002; MOURA JR., Flávio P. de. O Direito Constitucional Ambiental. In: SOUZA NETO, C. P.; SARMENTO, D. (orgs.). *A constitucionalização do Direito*: Rio de Janeiro: Lumen Juris, 2007, p. 783-802; NABAIS, José Casalta. *Por uma liberdade com responsabilidade*: estudos sobre direitos e deveres fundamentais. Coimbra: Coimbra Ed., 2007; PEREIRA E SILVA, Reinaldo. A teoria dos direitos fundamentais e o ambiente natural como prerrogativa humana individual. *Rev. de Direito Ambiental*, n. 46, São Paulo, p. 181s., 2007; ROTHENBURG, Walter C. A Constituição ecológica. In: KISHI, S. et al. (orgs.). *Desafios do Direito Ambiental no século XXI*. São Paulo: Malheiros, 2005, p. 818ss.; RUIZ, José J. *Derecho Internacional de Médio Ambiente*. Madrid: McGraw-Hill, 1999; SANTANA, Heron J. de. *Direito Ambiental pós-moderno*. Curitiba: Juruá, 2009; SARLET, Ingo. *A eficácia dos direitos fundamentais*. 10. ed. Porto Alegre: Livraria do Advogado, 2009; SARLET, Ingo; FENSTERSEIFER, Tiago. *Direito Constitucional ecológico*: Constituição, direitos fundamentais e proteção da natureza. 7. ed. São Paulo: RT, 2021; SARLET, Ingo; FENSTERSEIFER, Tiago. *Direito Ambiental*: introdução, fundamentos e teoria geral. São Paulo: Saraiva, 2014; SILVA, José Afonso da. *Direito Ambiental Constitucional*. 11. ed. São Paulo: Malheiros, 2019; SILVA, Solange Teles da. Direito fundamental ao meio ambiente ecologicamente equilibrado: avanços e desafios. *Rev. de Direito Ambiental*, n. 48, p. 228s., 2007; SILVA, Vasco Pereira da. *Verde cor de Direito – Lições de Direito do Ambiente*. Coimbra: Almedina, 2002; TRENNEPOHL, Terence. *Incentivos fiscais no Direito Ambiental*. 2. ed. São Paulo: Saraiva, 2011; TRINDADE, A. A. Cançado. *Direitos humanos e meio ambiente*: paralelo dos sistemas de proteção internacional. Porto Alegre: S. Fabris, 1993.

B – COMENTÁRIOS

I. A elevada complexidade do Direito Ambiental se deve à sua dependência científica e interdisciplinaridade, além da massiva incidência de conflitos de interesse, motivações econômicas e políticas na sua formulação e, mais ainda, na sua aplicação (RUIZ, 1999, p. 4). A "insegurança ecológica" tem se tornado um dos maiores desafios do Estado Constitucional. O capítulo sobre a proteção ambiental, concentrado no art. 225 da CF é, sem dúvida, "um dos mais avançados e modernos do constitucionalismo mundial, contendo normas de notável amplitude e de reconhecida utilidade", não obstante às "dificuldades para tornar efetivos os seus comandos, em razão da crônica escassez de meios humanos e materiais, agravada pelo acumpliciamento criminoso de agentes públicos com notórios agressores da natureza" (MENDES *et al.*, 2008, p. 1371s.), situação comum em várias regiões do Brasil.

II. O art. 225 estabelece um autêntico direito *fundamental*, já que o catálogo dos DF é materialmente aberto (art. 5º, § 2º). Como expressão de sua indivisibilidade, o direito ao meio ambiente ecologicamente equilibrado estende e reforça o significado dos direitos à vida (art. 5º, *caput*) e à saúde (arts. 6º, 196 s.), além da dignidade da pessoa humana (art. 1º, III), para garantir uma vida saudável e digna que propicie o desenvolvimento humano. Assim, o conceito da dignidade está aberto e em constante mutação, reconstruindo-se permanentemente em razão da evolução cultural de uma sociedade e da inserção de novos valores ao seu conteúdo, ampliando a condição existencial humana além da dimensão estritamente biológica (FENSTERSEIFER, 2008, p. 61ss.).

O relacionamento entre o meio ambiente equilibrado e os direitos fundamentais do homem é recíproco: aquele é requisito essencial para a eficácia destes, já que o desenvolvimento da vida humana "ocorre ambientalmente" (PEREIRA E SILVA, 2007, p. 181); ao mesmo tempo, os direitos humanos tradicionais superam obstáculos que se colocam entre os seres humanos e uma efetiva proteção da Natureza (a pobreza, por ex.). Visto que o Brasil possui uma elevada "dívida" nas áreas social e ambiental, é preciso que haja uma maior convergência dessas agendas políticas, já que os respectivos direitos fundamentais estão intimamente ligados. Por isso, o modelo adequado para o país parece ser o "Estado Socioambiental" (SARLET; FENSTERSEIFER, 2021, p. 81ss.).

III. Âmbito de proteção – Objeto de proteção do art. 225 – o "meio ambiente" – não abarca somente os elementos naturais (água, ar, solo, flora, fauna), mas também os seus aspectos artificiais e culturais, incluindo a estética da paisagem natural e o ambiente construído pelo homem, cuja interação propicia o desenvolvimento equilibrado da vida em todas as suas formas (cf. SILVA, 2019, p. 20ss.). Já em 1981, a Lei federal n. 6.938 definiu o meio ambiente como "conjunto de condições, leis, influências e interações de ordem física, química e biológica, que permite, abriga e rege a vida em todas as suas formas" (art. 3º, I). Entretanto, o termo deve ser compreendido em função de seu emprego na área do Direito, podendo diferir do conteúdo atribuído nas outras ciências, especialmente as naturais.

Um conceito mais abrangente de meio ambiente não dilui os contornos do bem protegido, visto que as leis ambientais não o protegem contra qualquer intervenção, mas se concentram nos efeitos que os atos causam na qualidade dos recursos naturais e na vida e saúde das pessoas. Nesse sentido, o STF declarou que os instrumentos jurídicos visam à "defesa objetiva do meio ambiente, para que não se alterem as propriedades e os atributos que lhe são inerentes, o que provocaria inaceitável comprometimento da saúde, segurança, cultura, trabalho e bem-estar da população, além de causar graves danos ecológicos ao patrimônio ambiental, considerado este em seu aspecto físico ou natural" (ADI 3540-1/DF, p. 2). A integração de outros bens ligados à vida social humana no âmbito de proteção do art. 225 exige cautela. A inegável "horizontalidade" do Direito Ambiental não deve levar à inclusão daqueles aspectos já regulamentados por ramos específicos do Direito (Penal, Trabalhista, Administrativo, Civil, Tributário etc.).

A inserção da fórmula "qualidade de vida" no *caput* do art. 225 relaciona o direito ao ambiente à saúde física e psíquica e o bem-estar espiritual do ser humano. Apoiando-se em padrões antropocêntricos, biocêntricos e até ecocêntricos, a norma é expressão de um antropocentrismo alargado, que retira a proteção ambiental da sua dependência funcional em relação à utilidade direta para os objetivos do homem, mas não rompe a sua ligação com o bem-estar das pessoas (SARLET; FENSTERSEIFER, 2021, p. 53ss.). Nessa visão, o meio ambiente representa um bem jurídico autônomo, que resulta da combinação de elementos do ambiente natural e da sua relação com a vida humana. Ele forma um macrobem formado por um conjunto de fatores que influenciam o meio, no qual os seres humanos vivem, mas não se confunde com as entidades singulares que o compõem: a floresta, o rio, o mar, a espécie protegida, o ar respirável, a água potável etc. (SILVA, 2007, p. 228s.). Estes elementos materiais também são bens jurídicos e podem, via de regra, ser utilizados para fins econômicos, de acordo com as limitações legais, desde que o uso não leve a uma apropriação individual do meio ambiente como bem imaterial.

IV. Declarado bem de uso comum do povo, o meio ambiente foi enquadrado como bem público (art. 99, I, do novo Cód. Civil) que pertence à coletividade, não integrando o patrimônio disponível do Estado, ao qual é confiada apenas a sua guarda e gestão, que se dá, via de regra, através de medidas de polícia administrativa (MIRRA, 2002, p. 37s.). Além disso, os bens ambientais – tanto do ambiente natural quanto do cultural (de valor histórico, artístico, arqueológico, turístico e paisagístico) – devem ser considerados bens de interesse público, sujeitos a um regime jurídico especial que condiciona as atividades e os negócios relativos a eles (SILVA, 2019, p. 85ss.). Consequências jurídicas deste fato são a sua inapropriabilidade, inalienabilidade, imprescritibilidade e a inexistência de um direito adquirido à poluição ou degradação do ambiente.

A qualidade de "ecologicamente equilibrado" empregado pelo art. 225 é um conceito dinâmico, que faz referência às ciências da natureza, mas se torna também objeto de políticas de intervenção do Estado por atingir os interesses de inúmeras pessoas (BENJAMIN, 2007, p. 107s., 124s.). A definição do âmbito material da incidência do direito ao ambiente depende, devido a seu alto grau de abstração, da intermediação do legislador ordinário nos três níveis federativos. Este, contudo, ao traçar estes limites deve obedecer aos condicionantes substantivos estabelecidos pela Constituição, havendo diferentes espaços e opções para a sua concretização nas diversas áreas setoriais do meio ambiente.

V. O meio ambiente não ocupa uma posição de preferência absoluta em relação a outros bens e interesses. Como todos os direitos fundamentais, ele constitui um direito *prima facie* e atinge os seus contornos definitivos apenas na relação de reciprocidade com as outras categorias de direitos consagrados no texto da CF (PEREIRA E SILVA, 2007, p. 181s.). O STF exige que o antagonismo entre os valores constitucionais relevantes do desenvolvimento nacional e da preservação ambiental seja superado mediante "ponderação concreta, em cada caso ocorrente, dos interesses e direitos postos em situação de conflito, em ordem a harmonizá-los e a impedir que se aniquilem reciprocamente, tendo-se como vetor interpretativo, para efeito da obtenção de um mais justo e perfeito equilíbrio entre as exigências da economia e as da ecologia, o princípio do desenvolvimento sustentável (...), desde que (...) não importe em esvaziamento do conteúdo essencial dos direitos fundamentais, dentre os quais avulta, por sua significativa importância, o direito à preservação do meio ambiente" (ADI 3540, p. 2s., 34ss. – fls. 529s., 565ss.).

Entretanto, muitos agentes públicos ainda efetuam uma ponderação deformada, dando – *ex ante* e sem consideração das condições concretas – preferência aos interesses públicos tradicionais (criação e manutenção de empregos, produção de bens, geração de tributos etc.), o que relega os interesses difusos quase sempre ao segundo plano. Um exemplo é a habitual suspensão de medidas judiciais liminares protetoras de valores ambientais, urbanísticos, paisagísticos etc. por parte dos presidentes dos tribunais, previsto no art. 12, § 1º, da Lei n. 7.347/85 (*vide* KRELL, 2013, p. 120ss.).

VI. Titulares – A especificidade do direito ao ambiente é que ele tem como titulares tanto as pessoas físicas como a sociedade como um todo, senão o próprio gênero humano, incluindo-se neste círculo não apenas os brasileiros e estrangeiros residentes no País (art. 5º, *caput*), mas também os estrangeiros em passagem e as pessoas que tiveram seus direitos de cidadania suspensos (ANTUNES, 2019, p. 44 s.). Como direito de "terceira geração" (ou dimensão), ele encontra o seu fundamento na fraternidade e na solidariedade, tendo por base interesses coletivos, que ultrapassam a esfera do indivíduo. Estes "novos direitos" (ao desenvolvimento, à paz, autodeterminação dos povos etc.) são respostas aos novos desafios e problemas da sociedade moderna. Os direitos difusos pertencem a um número indeterminado de pessoas, que estão na mesma situação fática, mas não têm entre si uma relação jurídica predefinida. O caráter difuso destes direitos, contudo, só repercute sobre a legitimação para exigi-los, e não sobre a exigibilidade em si, que continua sendo dos próprios indivíduos titulares (MAZZILLI, 2007, p. 48s.).

A titularidade individual do direito ao meio ambiente não invalida a natureza de bem jurídico coletivo deste; vice-versa, o fato de o art. 225 consagrar um direito de exercício supraindividual e, por tal razão, indivisível, não o tira o conteúdo de um direito individual (SILVA, 2002, p. 88ss.). Isto torna necessário o tratamento unificado das posições substantivas oriundas de, num lado, direitos individuais subjetivos e, no outro, de direitos e interesses difusos, tendo-se em vista que a integração das dimensões subjetiva e objetiva não é característica apenas dos direitos difusos, mas também dos direitos sociais e até dos individuais.

O STF (MS 22.164-0 SP, p. 20 s.) adotou expressamente esse conceito, afirmando que "os direitos de terceira geração, que materializam poderes de titularidade coletiva atribuídos genericamente a todas as formações sociais, consagram o princípio da solidariedade e constituem um momento importante no processo de desenvolvimento, expansão e reconhecimento dos direitos humanos, caracterizados, enquanto valores fundamentais indisponíveis, pela nota de uma essencial inexauribilidade". Constatou-se também que "o direito à integridade do meio ambiente constitui prerrogativa jurídica de titularidade coletiva, refletindo, dentro do processo de afirmação dos direitos humanos, a expressão significativa de um poder atribuído, não ao indivíduo identificado em sua singularidade, mas, num sentido verdadeiramente mais abrangente, à própria coletividade social".

As futuras gerações – indivíduos ou grupos de pessoas que ainda não nasceram – podem ser consideradas apenas potenciais sujeitos de direitos, já que esta qualidade está tradicionalmente ligada à existência de uma relação contratual recíproca. Há, contudo, uma obrigação da geração presente a manter abertas as oportunidades para que as gerações vindouras sejam capazes de tomar decisões numa situação de liberdade de escolha. Este dever não é o reverso de um direito alheio e não tem a sua base na reciprocidade, mas no princípio ético da responsabilidade (JONAS, 2006, p. 89ss.). Como consequência devem ser asseguradas as condições para uma futura vida humana em dignidade, o que proíbe alterar irreversivelmente os ecossistemas, esgotar certos recursos naturais essenciais e criar riscos duradouros para a vida humana na Terra. É o princípio da solidariedade que "aponta para um complexo de responsabilidades e deveres" das gerações que vivem atualmente em preservar condições de vida dignas para as gerações que habitarão na terra no futuro (SARLET; FENSTERSEIFER, 2021, p. 64s.).

Neste sentido, o STF afirmou que o adimplemento do encargo da defesa ambiental, "que é irrenunciável, representa a garantia de que não se instaurarão, nos seios da coletividade, os graves conflitos intergeneracionais [intergeracionais] marcados pelo desrespeito ao dever de solidariedade, que a todos se impõe, na proteção desse bem essencial de uso comum das pessoas em geral". Assim, "a incolumidade do meio ambiente não pode ser comprometida por interesses empresariais nem ficar dependente de motivações de índole meramente econômica, ainda mais se se tiver presente que a atividade econômica, considerada a disciplina constitucional que a rege, está subordinada, dentre outros princípios gerais, àquele que privilegia a defesa do meio ambiente" (Ementa da ADI 3.540).

Os animais não são simples coisas, mas entidades dotadas de um valor especial e, como tais, titulares de interesses jurídico-constitucionais. Há quem os considere autênticos sujeitos de direitos; boa parte desta doutrina (ainda) minoritária limita esta qualidade a espécies animais mais desenvolvidas (cf. SANTANA, 2009, p. 123 ss.; SARLET; FENSTERSEIFER, 2021, p. 118ss.).

VII. Funções – O DF ao ambiente é fruto de uma nova concepção de direitos constitucionais, dotada de elevada complexidade e multifuncionalidade. O art. 225 não apenas consagrou a proteção ambiental como tarefa fundamental do Estado, como "norma-fim" direcionado ao poder estatal ou como "tarefa estatal disfarçada", ainda que a concretização da norma dependa da intervenção do Poder Público (SILVA, 2002, p. 85s., 102). Foi estabelecido, expressamente, um direito público subjetivo, ainda que este não seja típico (divisível, particularizável ou desfrutável individualmente). O dispositivo constitucional exerce, simultaneamente, uma função negativa, que garante aos indivíduos a defesa contra agressões ilegais no seu âmbito material, e uma vertente positiva, que impõe ao Poder Público atuar em favor de sua efetivação (SARLET, 2009, p. 155 ss.).

Direito fundamental como um todo, constituído por um feixe de posições diferentes, na forma de direitos *prima facie* (princípios) ou direitos definitivos (regras), ele dota o indivíduo do direito a exigir do Estado que este não cometa atos contra o ambiente, que intervenha contra atos lesivos de terceiros, que realize medidas normativas e fáticas em favor da proteção ambiental e que permita a participação do indivíduo em procedimentos relevantes para o meio ambiente (ALEXY, 2008, p. 195s., 443s.).

Somente o reconhecimento constitucional de um direito subjetivo ao ambiente consegue destacar este como bem jurídico autônomo não dissolvido na proteção de outros bens. A conformação jurídico-subjetiva deste direito guarda íntima correlação com o seu vertente jurídico-objetivo (MIRANDA, 1987, p. 134)[1]. Entretanto, o retorno à dimensão subjetiva e a ênfase do caráter individualista não diminui a sua dimensão social, na "perspectiva objetivo-valorativa" (SARLET, 2009, p. 146 s.), já que, no âmbito dos direitos de segunda e terceira geração, a vertente positiva tende a ser mais expressiva do que a negativa.

O dever estabelecido no *caput* do art. 225 constitui um dever fundamental não autônomo, visto que está diretamente associado ao DF de usufruir um meio ambiente equilibrado, formando uma conexão funcional de complementação e fortalecimento. Este dever é consequência da dimensão objetiva do direito correlato e pode ser direcionado tanto contra Estado quanto a sociedade civil e o indivíduo. A imposição do dever de defender e preservar o ambiente tanto ao Poder Público quanto à coletividade expressa a superação da cisão entre Estado e sociedade civil, inerente ao Estado Liberal clássico. Sua positivação expressa foi necessária, visto que "no universo da implementação judicial real, a linguagem dos direitos, apesar de sua força retórica e dogmática, parece carregar cogência ou vinculação mais frágil do que as fórmulas que se utilizem de deveres" (BENJAMIN, 2007, p. 112).

A associação do dever ao correspondente direito ao ambiente é tão forte que justifica a qualificação deste como direito *circular*, cujo conteúdo precisa ser definido em função do interesse comum, o que fortifica a sua dimensão objetiva; na verdade, é um direito que acaba se voltando contra seus próprios titulares (NABAIS, 2007, p. 238s.). O exercício deste dever traz benefícios não apenas para o titular do direito subjetivo ao ambiente, mas alcança uma dimensão *objetiva* de utilidade geral (CARVALHO, 2020, p. 416s.), beneficiando o conjunto dos cidadãos e sua representação jurídica, o Estado. Igualmente ao direito, possui este dever uma natureza multifuncional: ele impõe ao Estado um comportamento ativo no sentido de uma obrigação a prestar proteção ao meio ambiente e impedir que terceiros o destruam e degradem, além dele exigir uma abstenção no mesmo sentido (MEDEIROS, 2004, p. 117).

No caso dos direitos fundamentais da segunda e terceira gerações, existem espaços mais abrangentes que o legislador ordinário deve preencher, concretizando e conformando a implementação dos direitos sociais e difusos, cuja densidade mandamental é menos expressiva do que a dos direitos fundamentais individuais de liberdade. Ao mesmo tempo, o art. 225 estatui um direito de aplicação imediata (art. 5º, § 1º), vinculando, desde logo,

---

1. Já em relação à CF de 1934, o famoso autor alagoano criticava que os direitos sociais não foram concebidos como direitos públicos subjetivos, mas apenas na forma de "regras constitucionais que, quando muito, conferem posições de direito objetivo".

todas as entidades públicas e privadas, o que significa que a regulamentação posterior por lei ordinária ajuda apenas na densificação da exequibilidade deste direito.

A consagração formal do direito ao ambiente em nível constitucional gerou a possibilidade da anulação (ou não aplicação) de normas jurídicas contrárias a este objetivo, com base no princípio da hierarquia normativa (MOURA JR., 2007, p. 794s.). A norma constitucional ambiental serve também de guia para a boa compreensão dos dispositivos infraconstitucionais; sua elevada posição hierárquica determina a releitura das normas de nível ordinário e deve ser considerada no balanceamento de interesses conflitantes.

A consagração do direito fundamental ao ambiente determina que nenhum agente, público ou privado, pode tratá-lo como "valor subsidiário, acessório, menor ou desprezível" (BENJAMIN, 2007, p. 81, 98). São efeitos específicos desta consagração do direito subjetivo e, ao mesmo tempo, objetivo ao meio ambiente equilibrado:

a) ele reduz o espaço de livre conformação do legislador ordinário em todos os níveis federativos na formulação de normas sobre o assunto; os parlamentares sempre devem considerar os aspectos de proteção ambiental que surgem na regulamentação das atividades públicas e privadas nas diferentes áreas da vida social (comércio, transporte, turismo, trânsito, consumo, trabalho etc.);

b) ele é um dado importante para a interpretação axiologicamente adequada das leis ordinárias e do exercício correto dos espaços de poder discricionário pela Administração Pública. A interpretação dos conceitos jurídicos indeterminados empregados pelas leis ambientais terá que deixar transparecer a juridicidade reforçada do valor meio ambiente (KRELL, 2013, p. 87ss.). Na formulação de políticas públicas e, mais ainda, em procedimentos individuais, o Poder Público deve optar pela alternativa menos gravosa às condições ambientais ou até vetar a realização de projetos e atividades contrários a este valor;

c) ele leva a uma "proibição de retrocesso ambiental", vetando ao poder estatal tomar medidas que diminuam o nível de proteção normativa uma vez alcançado, independentemente do instrumento jurídico de regulação: não pode haver a simples supressão ou um esvaziamento de normas já existentes em todos os níveis do ordenamento jurídico que protegem o meio ambiente. Esta proibição pode ser estendida também à área administrativa, onde fica impedida a simples extinção de órgãos e sistemas de licenciamento e sanção, sem a previsão de alternativas institucionais (cf. AYALA, 2011, p. 256 ss.; SARLET; FENSTERSEIFER, 2021, p. 388ss.);

d) ele concede ao cidadão o direito a um "mínimo existencial ecológico", que é judicialmente exigível e corresponde à existência de um núcleo essencial do direito fundamental ao ambiente e à qualidade de vida. Os limites deste mínimo devem ser definidos em cada caso concreto, mediante emprego do método de ponderação das posições jurídicas, bens e interesses envolvidos, a partir dos princípios da integração e da máxima efetividade (cf. SARLET; FENSTERSEIFER, 2021, p. 221ss.).

É de frisar também que, segundo a teoria da "Constituição ecológica", as normas da CF sobre proteção ambiental exercem a função de limite e de impulso em relação aos Poderes Legislativo e Executivo, fazendo com que os órgãos estatais concretizadores das políticas públicas não possam agir em contrário destes dispositivos e, ao mesmo tempo, são obrigados a tomar positivamente as medidas administrativas e políticas em conformidade com os enunciados impositivos da Lei Maior sobre o tema.

O modelo correspondente do Estado ecológico aponta para formas novas de participação política ("democracia sustentada", "cidadania ambiental"), com o fim de garantir um desenvolvimento econômico que seja ambientalmente justo e duradouro; os atos deste tipo de Estado Ambiental tendem a privilegiar os princípios da cautela, da cooperação e da ponderação (ROTHENBURG, 2005, p. 818ss.). Os efeitos concretos dessas construções doutrinárias ainda ganharam pouca nitidez, visto que exigem alterações profundas na própria compreensão da formação da ordem jurídica, de suas funções, seus atores e valores e bens protegidos.

VIII. Princípios constitucionais ambientais. A reduzida previsibilidade dos efeitos de atos humanos em relação ao ambiente natural e a sua tendência de serem irreversíveis exige a realização do Direito Ambiental através de princípios, que possibilitam uma concretização hermenêutica mais flexível em cada caso e fornecem as bases conceituais para uma sistematização e harmonização do Direito Ambiental como um todo. Há divergências sobre o significado concreto de cada um destes princípios (explícitos ou implícitos), o que se reflete na prática de sua aplicação (ANTUNES, 2019, p. 17ss.; DERANI, 2008). Os princípios que emanam de Declarações internacionais sobre proteção ambiental, apesar de não possuírem caráter obrigatório imediato (*soft law*), são juridicamente relevantes e não podem ser ignorados pelos legisladores, administradores públicos e tribunais dos Estados que assinaram tais documentos.

O princípio da *precaução* – consagrado na Carta da Terra (n. 15) – exige a tomada de medidas de uma proteção dinâmica no plano coletivo, com aplicação do princípio da proporcionalidade dos riscos: uma avaliação responsável da probabilidade de ocorrência de danos ambientais depende da sua potencial gravidade. A falta de certeza científica de um prejuízo no futuro não exime o Estado do dever de assumir a responsabilidade pela realização imediata de medidas preventivas. Nessa linha sentenciou o STJ (AgRg 924, 2000) que "questões relativas ao interesse econômico cedem passo quando colidem com deterioração do meio ambiente, se irreversível".

O princípio da *prevenção* ganha importância em nível individual, de forma mais imediata e concreta, postulando a redução das exigências em relação à aceitação de um perigo ao ambiente e a probabilidade de um dano ecológico; ele se reflete, por ex., na disposição do julgador para tomar as medidas processuais cabíveis (esp. cautelares) ou para negar a licença ambiental para atividades que possam causar graves impactos ambientais (MIRRA, 2002, p. 250ss.).

O princípio da *cooperação* visa fundamentar uma atuação conjunta do Estado e da sociedade (indústria, comercio, agricultores, sindicatos, ONGs), no que diz respeito à elaboração e, também, implementação tanto de normas jurídicas quanto de políticas públicas de proteção ambiental, através da informação, de incentivos, participação nos processos decisórios de órgãos públicos etc. Este princípio ganhou expressão na formulação do *caput* do art. 225, que atribuiu o dever de defender o meio ambiente também à coletividade (especialmente à *socie-*

dade civil), reconhecendo que essa tarefa não pode ser eficientemente cumprida apenas pelo Poder Público (MACHADO, 2013, p. 156ss.). Ele idealiza também a colaboração dos entes públicos entre si, mediante formalização de convênios e consórcios, com o fim da prestação associada e compartilhada de serviços (art. 241, CF), além de incentivar a cooperação dos Estados em nível internacional.

O princípio do *poluidor-pagador* (melhor: *usuário*-pagador) busca a internalização dos custos econômicos ligados ao uso de recursos ambientais, onerando diretamente o usuário destes, através da criação de mecanismos (ex.: taxas) que reduzem o seu consumo e/ou desperdício (TRENNEPOHL, 2008, p. 79ss.). Objetivo imediato deste princípio é evitar a "privatização dos lucros e socialização das perdas". Na mesma direção aponta o princípio da *função ambiental* da propriedade privada, que coloca o próprio conteúdo desta *em função* do meio ambiente. Através dele, supera-se a noção teórica da propriedade que sempre sofre restrições indenizáveis impostas pelas normas do Direito Ambiental.

O *desenvolvimento sustentável* também representa um princípio da ordem constitucional brasileira, no sentido de que as normas da legislação ordinária de todos os níveis federativos devem ser interpretadas de acordo com a sua axiologia (COSTA NETO, 2003, p. 102ss.). Em relação ao *status* deste princípio, o STF afirmou que ele, "além de impregnado de caráter *eminentemente* constitucional, *encontra* suporte legitimador em compromissos internacionais *assumidos* pelo Estado brasileiro *e representa* fator de obtenção do justo equilíbrio *entre* as exigências da economia *e* as da ecologia, *subordinada*, no entanto, a invocação deste postulado, *quando* ocorrente situação de conflito entre valores constitucionais relevantes, *a uma condição inafastável*, cuja observância *não* comprometa *nem* esvazie o *conteúdo essencial* de um dos mais significativos direitos fundamentais: *o direito à preservação* do meio ambiente, *que traduz bem de uso comum da generalidade das pessoas, a ser resguardado* em favor das presentes *e futuras gerações*" (ADI-MC n. 3540-1/DF, j. 1.9.2005 [grifos no original]).

O princípio *in dubio pro natura* (ainda) não possui, no Brasil, natureza jurídica. Assim, não há, por ex., prevalência automática da norma mais favorável ao meio ambiente, seja ela federal, estadual e municipal (ANTUNES, 2019, p. 75s.). Nesse sentido, o STF (ADI 4.901), em 2018, reconheceu o direito de o legislador "distribuir os recursos escassos com vistas à satisfação de outros interesses legítimos, mesmo que não promova os interesses ambientais no máximo patamar possível".

IX. *Concretização judicial* do art. 225. A introdução da Ação Civil Pública em defesa dos interesses *difusos* da sociedade pela Lei n. 7.347/85 significou uma verdadeira revolução no sistema jurídico-processual; ela pode ser instaurada em defesa do meio ambiente e de bens de valor artístico, estético, histórico, turístico e paisagístico (entre outros), conceitos que devem ser preenchidos pelo intérprete com recurso à legislação material e, acima de tudo, às normas constitucionais. A identificação dos referidos bens cabe também ao Judiciário, cuja competência ultrapassa a função de corrigir erros de avaliação dos órgãos administrativos[2].

O reconhecimento de direitos difusos numa sociedade é sinal de uma necessária ampliação das funções jurisdicionais para apreciação de interesses que estão sub-representados na sociedade e os quais a Administração Pública, de maneira geral, não defende de maneira efetiva.

Grande problema da proteção ambiental no Brasil reside na *omissão* dos órgãos públicos nos três níveis federativos, que não desenvolvem atividades eficientes de fiscalização ou deixam de prestar serviços em favor do meio ambiente, o que contraria os respectivos *deveres* constitucionais do Poder Público. Muitos juízes ainda se recusam a condenar os governos a adotarem medidas de proteção ou saneamento ambiental (ex.: instalar estações de tratamento de esgoto e aterros sanitários), alegando que tal condenação entraria em choque com os princípios da Separação dos Poderes e da discricionariedade administrativa. Entretanto, as referidas ações não podem ser postergadas por razões de oportunidade e conveniência, nem sob alegação de contingências financeiras ("reserva do possível").

Houve, contudo, uma sensível mudança no tratamento jurisprudencial dessa questão que levou à condenação de vários entes públicos a realizarem obras e serviços de saneamento ambiental (KRELL, 2013, p. 159). Essas correições do Executivo devem ser entendidas como consequência da própria supremacia da Constituição: se esta declara a proteção ao meio ambiente como dever do Poder Público, tem que ser concedido ao Judiciário o poder de corrigir as possíveis omissões dos outros Poderes no cumprimento desta obrigação. Isto vale especialmente para casos em que a situação omissiva está claramente consubstanciada e não há dúvidas a respeito da atividade necessária para sanar o estado de ilegalidade.

Na última década, tem surgido no Brasil, sobretudo a partir da jurisprudência do STJ, o conceito da "função ambiental" da propriedade para complementar o antigo instituto da função social da propriedade. Esse novo regime jurídico tem a sua base no próprio art. 225 da CF e leva à delimitação e conformação do conteúdo do direito de propriedade (e da posse) (FENSTERSEIFER; SARLET, 2019, p. 72). O Código Civil (art. 1.228, § 1º) prevê que o domínio do proprietário em relação aos seus bens é relativizado por sua função ambiental, obrigando-o a preservar a flora e fauna, as belezas naturais, o equilíbrio ecológico e o patrimônio histórico e artístico, bem como a evitar a poluição do ar e das águas. Este dever ínsito influenciou também o Direito Administrativo, abrindo espaços maiores para definição dos limites concretos da propriedade nas diversas áreas.

A função ambiental, contudo, não é capaz de anular completamente o caráter individual da propriedade; em caso concreto de colisão, é preciso conciliar os interesses individuais com os ecológicos. Além disso, a função ambiental condiciona também a propriedade *pública*, transcendendo a dicotomia entre o público e o privado, como expressão do direito fundamental ao meio ambiente equilibrado e os respectivos deveres do Estado e da coletividade (CARVALHO, 2020, p. 29ss.).

---

2. TJSP – 8. Câmara Cível, j. 21.3.90, Rel. Des. Jorge Almeida, RT, n. 658, p. 91. Em outro caso, o TJSP não aceitou a alegação de que a construção de um emissário submarino pudesse causar danos à fauna marinha, em virtude do fato de que o lançamento do esgoto no mar sem tratamento representaria um dano ambiental muito maior; cf. TJSP – Ag. 128.735-1 – j. 2.8.1990, RevTJSP, v. 128, p. 263ss.

Art. 225, § 1º Para assegurar a efetividade desse direito, incumbe ao Poder Público:

Andreas J. Krell

É o único ponto em que o texto constitucional de 1988 se refere à *efetividade* de um direito, que pode ser entendido tanto como eficácia *jurídica* quanto como eficácia *social*. Por eficácia jurídica entendemos a capacidade (potencial) de uma norma constitucional para produzir efeitos legais. A efetividade, por sua vez, significa o desempenho concreto da função social do Direito, representa a materialização, no mundo dos fatos, dos preceitos legais e simboliza a aproximação entre o *dever-ser* normativo e o *ser* da realidade social (SARLET, 2009, p. 242 ss.).

No mundo inteiro, o Direito Ambiental apresenta um elevado *déficit de execução* das suas normas (constitucionais e ordinárias), o que se deve à crescente densidade regulamentar, à falta de coerência interna e harmonização da legislação e às habituais dificuldades de sua interpretação (*vide* KRELL, 2021, p. 133 ss.). As dificuldades na aplicação das normas jurídicas de defesa ambiental no Brasil decorrem também de antigos problemas do desempenho dos órgãos públicos, como a falta de vontade política, o clientelismo, a corrupção, a preparação profissional deficiente e a falta de estratégias e programas adequados de implementação legal.

O grau de efetividade do art. 225 somente se revela a partir da análise concreta dos seus diferentes parágrafos e incisos, já que estes são dotados de uma *densidade mandamental* bastante variável, de acordo com os termos linguísticos neles empregados. Esses comandos constituem as ferramentas com as quais o direito fundamental deve se materializar (ANTUNES, 2019, p. 60 s.). A eficácia diferenciada deixa variar também a intensidade dos deveres do poder estatal para a sua realização.

O § 1º do art. 225 prevê diferentes instrumentos de defesa ecológica, como o licenciamento e o estudo prévio de impacto ambiental (IV), a criação de áreas protegidas (III) e a previsão de políticas e programas públicos (I, II, V, VI, VII). Estes dispositivos vinculam o Estado nas suas posições de degradador *agente* (empreendedor), *conivente* (licenciador, incentivador) e *omisso* (não fiscalizador) (BENJAMIN, 2007, p. 115ss.).

Assim, há prescrição de ações específicas para a concretização do direito ao ambiente, normas que impõem condutas, fixando tarefas estatais materiais; igualmente, a certos bem e certas atividades é conferido um valor especial, a que corresponde um dever de tutela. A própria obrigação do Poder Público para efetivar os preceitos enunciados pelo artigo é direcionada a cada Poder do Estado, em nível de Legislativo, Executivo e Judiciário (DERANI, 1997, p. 263ss.).

Art. 225, § 1º, I – preservar e restaurar os processos ecológicos essenciais e prover o manejo ecológico das espécies e ecossistemas;

Paulo Affonso Leme Machado

Para a efetividade do direito assegurado no art. 225, *caput*, incumbe ao poder público "preservar e restaurar os processos ecológicos essenciais" (art. 225, § 1º, I).

"O ecossistema possui mecanismos de controle e passa por um processo contínuo de evolução, havendo modificações das interações entre seus componentes"[1]. O Grupo de Juristas que assessorou a Comissão Mundial de Meio Ambiente e Desenvolvimento (Relatório Brundtland) apresentou um conjunto de 22 princípios, um dos quais – o de n. 3 – afirma que "Os Estados assegurarão a manutenção dos ecossistemas e dos processos ecológicos essenciais ao funcionamento da biosfera..."[2].

Os poderes públicos têm a atribuição de "preservar" os processos fundamentais da biosfera, isto é, devem cuidar para que o comportamento humano não interfira de forma a gerar degradação ambiental, por exemplo, nos "agrossistemas, onde culturas agrícolas e reflorestamentos – por serem monoculturas, apresentam complexidade, estrutura e ciclos biogeoquímicos com reciclagem de nutrientes mais simples, levando ao desequilíbrio de populações, provocando o aparecimento de pragas"[3].

O termo "restaurar" aplica-se a um processo e parece, portanto, permitir uma dinâmica de restabelecimento. Comentando essa disposição da Constituição, Myriam Fritz-Legendre diz que ela "traduz a ideia de reencontrar a dinâmica do que existia anteriormente"[4].

Cabe também ao poder público: "prover o manejo ecológico das espécies e dos ecossistemas" (art. 225, § 1º, I).

Pode-se entender por "manejo ecológico a utilização dos recursos naturais pelo homem, baseada em princípios e métodos que preservam a integridade dos ecossistemas, com redução da interferência humana nos mecanismos de autorregulação dos seres vivos e do meio físico"[5]. O manejo ecológico das espécies e dos ecossistemas deve levar o poder público a um procedimento de avaliação da natureza ambiental dos planos e dos programas de forma antecipada, independente do estudo de impacto ambiental de cada projeto[6].

Art. 225, § 1º, II – preservar a diversidade e a integridade do patrimônio genético do País e fiscalizar as entidades dedicadas à pesquisa e manipulação de material genético;

Paulo Vinicius Sporleder de Souza

---

1. TUNDISI, José G. Normalização de conceitos em Ecologia. *Glossário dos Termos Usuais em Ecologia*. São Paulo: Secretaria da Indústria, Comércio, Ciência e Tecnologia; Academia de Ciências do Estado de São Paulo, 1980.

2. *Notre Avenir à Tous – La Commission Mondiale Sur l'Environnement et le Développement*. Montreal: Éditions du Fleuve, 1988 (minha tradução).

3. TROPPMAIR, Helmut. *Biogeografia e Meio Ambiente*. 2. ed. Rio Claro: Edição do Autor, 1987.

4. Biodiversité et irreversibilité. *Revue Juridique de l'Environnement*. Limoges: Société Française pour le Droit de l'Environnement. Numéro spécial: Irreversibilité, p. 79-100, 1998.

5. *Dicionário de Direito Ambiental*: terminologia das leis do meio ambiente. Organizado por Maria da Graça Krieger, Ana Maria B. Maciel, João Carlos C. Rocha, Maria José B. Finatto e Cleci Regina Bevilacqua. Porto Alegre/Brasília.: Universidade /UFRGS/Procuradoria Geral da República, 1998.

6. RASQUIN LIZARRAGA, José Antonio. Evaluación Ambiental estratégica de planes y programas. *Diccionario de Derecho Ambiental*. Enrique Alonso Garcia, Blanca Lozano Cutanda – Directores. Madrid: Portal Derecho S.A., 2006, p. 640-651.

A – REFERÊNCIAS

1. Histórico da norma

Texto original da Constituição de 1988.

2. Constituições anteriores

A Constituição de 1988 é a primeira constituição brasileira a tratar da norma em comento.

3. Dispositivos constitucionais relacionados

Art. 218 e Art. 225, § 1º, IV e V

4. Legislação

Leis 13.123/2015, 12.651/2012, 11.105/2005, 9.985/2000, 9.605/1998, 7.643/1987, 6.902/1981, 5.197/1967, 4.771/1965; Decretos 8.772/2016, 5.591/2005, 5.459/2005, 4.703/2003, 4.340/2002, 4.339/2002, 3.945/2001, 2.519/1998, 1.354/1994; Decretos Legislativos 908/2003, 2/1994; Medida Provisória 2.186-16/2001

5. Seleção de literatura

BARBAS, S. *Direito ao patrimônio genético*. Coimbra: Almedina, 1998. FIORILLO, C.; DIAFÉRIA, A. *Biodiversidade, patrimônio genético e biotecnologia no direito ambiental*. 2. ed. São Paulo: Saraiva, 2012. LOUREIRO, J. O direito à identidade genética do ser humano. *Studia Juridica* 40 (1999), Boletim da Faculdade de Direito da Universidade de Coimbra. Coimbra: Coimbra Ed. MILARÉ, É. *Direito do ambiente*: doutrina, jurisprudência, glossário. 3. ed. São Paulo: Revista dos Tribunais, 2004. PETTERLE, S. *O direito fundamental à identidade genética na constituição brasileira*. Porto Alegre: Livraria do Advogado, 2006. ROMEO CASABONA, C. M. Genética y derecho. Buenos Aires: Astrea, 2003. SILVA, J.A. da. *Comentário contextual à constituição*. São Paulo: Malheiros, 2005.

6. Jurisprudência

ADI 3.510, ADI 2.007

B – COMENTÁRIOS

I. Para assegurar a efetividade do direito ao meio ambiente ecologicamente equilibrado incumbe ao Poder Público preservar a biodiversidade. Embora se refira simplesmente à *diversidade*, entende-se que a CF/1988 (art. 225, § 1º, II, primeira parte) consagrou expressamente a tutela da *diversidade biológica* ou *biodiversidade*. A biodiversidade é um bem ambiental essencial para a evolução e para a manutenção dos sistemas necessários à vida da biosfera, dizendo respeito à diversidade de seres vivos (micro-organismos, vegetais, animais e o homem), de espécies (e entre as espécies) de seres vivos e de ecossistemas. Noutras palavras, biodiversidade é "fator integrante e indispensável do ecossistema planetário e, por decorrência, de sumo interesse para a coletividade humana", pois a própria espécie humana é parte dessa mesma diversidade biológica (Milaré), embora esta tenha "valor intrínseco, merecendo respeito independentemente de seu valor para o homem" (Decreto 4.339/2002).

Em decorrência da novidade do conceito e do estudo da biodiversidade, o seu tratamento jurídico é relativamente recente. Em nosso país, ele foi incentivado sobretudo devido ao amparo constitucional deste bem ambiental na CF/1988. No plano internacional, destacam-se a Convenção sobre a biodiversidade (ONU, 1992), o Protocolo de Cartagena sobre biossegurança (ONU, 2000) e a Declaração universal sobre bioética e direitos humanos (UNESCO, 2005). No plano interno, em nível infraconstitucional, a Lei 9.985/2000 regulamentou o inciso II do § 1º do art. 225 da CF/1988 e instituiu o Sistema Nacional de Conservação da Natureza; o Decreto 4.339/2002 instituiu os princípios e as diretrizes para a implementação da Política Nacional da Biodiversidade, com a finalidade de promover a conservação da biodiversidade e da utilização sustentável dos seus componentes; e o Decreto 4.703/2003 dispõe sobre o Programa Nacional da Diversidade Biológica (PRONABIO) e a Comissão Nacional da Biodiversidade – instituídos anteriormente pelo Decreto 1.354/1994 –, e dá outras providências. Além disso, a biodiversidade é tutelada de maneira esparsa, e indiretamente, pelos seguintes diplomas legais: Lei 12.651/2012 (Lei de proteção à flora), Lei 5.197/1967 (Lei de proteção da fauna); Lei 6.902/1981 (Lei de estações ecológicas e áreas de proteção ambiental), Lei 7.643/1987 (Lei de proteção aos cetáceos) e Lei 9.605/1998 (Lei sobre as sanções penais e administrativas derivadas de condutas e atividades lesivas ao meio ambiente).

II. O conceito de *patrimônio genético* assemelha-se ao de *genoma* (conjunto total de genes de um organismo ou de uma célula), mas é mais abrangente porque, além do aspecto tangível (biológico), ele também inclui o aspecto intangível de todas as informações contidas no genoma e que deste são extraídas. Ademais, de acordo com a classe de seres vivos, o patrimônio genético se classifica de duas formas: a) *patrimônio genético humano* (patrimônio genético dos seres humanos); e b) patrimônio genético não humano (patrimônio genético dos demais seres vivos: animais, vegetais e micro-organismos). Por sua vez, o *patrimônio genético não humano* pode ainda subdividir-se, respectivamente, em: a) patrimônio genético animal; b) patrimônio genético vegetal; e c) patrimônio genético de micro-organismos. De outra banda, dependendo da natureza da célula, o patrimônio genético pode ser denominado germinal (*patrimônio genético germinal*), quando relacionado ao genoma das células reprodutivas ou germinais de um organismo; ou somático (*patrimônio genético somático*), quando relacionado ao genoma das células não reprodutivas ou somáticas de um organismo. Assim, cada ser vivo e cada espécie possui um patrimônio genético próprio que lhes identifica e diferencia. O patrimônio genético, portanto, é um "fator caracterizante, diferenciador" (Silva) e individualizador dos seres vivos e das espécies.

No direito comparado, a constituição suíça foi pioneira em estabelecer normas relativas à proteção do patrimônio genético, em 1992. Configurando-se como um bem jurídico-constitucional de enorme relevância social que integra a atual consciência comunitária, o *patrimônio genético* também passou a ser objeto de tutela constitucional em nosso país a partir da CF/1988 (art.

225, § 1º, II, primeira parte). Além disso, a Constituição brasileira preocupou-se em proteger tanto a *diversidade* quanto a *integridade* desse bem. Na realidade, a preservação da biodiversidade está aqui envolvida de modo mais particular, pois ao se preservar a diversidade e integridade genéticas, preserva-se indiretamente também a diversidade biológica. Trata-se, portanto, de outro nível de salvaguarda da biodiversidade. Nesse sentido, e no que se refere ao patrimônio genético não humano, no âmbito interno, o legislador infraconstitucional editou a Lei 13.123/2015, que regulamenta o inciso II do § 1º e o § 4º do art. 225 da CF/88, dispondo sobre o acesso ao patrimônio genético, a proteção e o acesso ao conhecimento tradicional associado, a repartição de benefícios para conservação e uso sustentável da biodiversidade, além de revogar a Medida Provisória 2.186-16/2001 e dar outras providências, dentre as quais destaca-se a criação do Conselho de Gestão do Patrimônio Genético (CGEN). No direito internacional, existem o Tratado internacional sobre recursos fitogenéticos para a alimentação e a agricultura (FAO, 2009) e o Protocolo de Nagoia sobre acesso a recursos genéticos e a repartição justa e equitativa dos benefícios decorrentes de sua utilização (ONU, 2010).

III. A constituição brasileira conforta materialmente o direito à identidade genética do ser humano porque a norma constitucional (art. 225, § 1º, II) visa preservar a diversidade e a integridade do patrimônio genético (humano) tendo em vista a qualidade de vida (humana) para as presentes e futuras gerações. No direito comparado, a Constituição portuguesa (art. 26, n.3), de forma inédita, consagrou expressamente o direito à identidade genética do ser humano na revisão constitucional de 1997. Antes disso, vale ressaltar que a Convenção dos direitos do homem e da biomedicina (1996), de modo mais genérico, já estabelecia a obrigação de proteger a "dignidade e a *identidade* de todos os seres humanos" (art. 1º) (grifo nosso).

O direito à identidade genética humana, como expressão da dignidade humana, "aponta para que o genoma [patrimônio genético] humano seja inviolável, irrepetível, fruto do acaso (natureza) e da não heterodeterminação", e que não seja privado de humanidade (Loureiro). Portanto, sendo um *identifier* do homem e da sua individualidade (genética), o patrimônio genético humano constitui o substrato material (biológico) deste direito. Ademais, o direito à identidade genética do ser humano apresenta uma dupla dimensão: a) subjetiva, relativa ao homem como pessoa (homem-pessoa); b) objetiva, relativa ao homem como espécie (homem-espécie), traduzindo-se na ideia de individualidade genética em relação aos outros homens (identidade genética intraespécie) e em relação aos demais seres vivos (identidade genética interespécie), pois cada ser humano é diferente geneticamente de todos os outros seres vivos e indivíduos da espécie. Por outro lado, ao tutelar-se a identidade genética do ser humano na sua dupla dimensão, não se deixa de contribuir para a preservação do patrimônio genético humano como patrimônio comum da humanidade (presente e futura). Com efeito, cada homem possui uma individualidade peculiar, ou seja, cada ser humano é único, inédito e irrepetível, e estes traços de *diversidade* genética devem ser preservados na sua *integridade* para a própria sobrevivência humana. Noutras palavras, conservar a singularidade genética do ser humano (intraespécie e interespécie) é, precisamente, o modo de preservar a diversidade e integridade do patrimônio genético humano. Nesse sentido, a fim de tutelar a diversidade e integridade do patrimônio genético humano e, consequentemente, o direito à identidade genética do ser humano, no plano internacional, foram editados os seguintes instrumentos: Declaração universal sobre o genoma humano e os direitos humanos (UNESCO, 1997), a Declaração internacional sobre os dados genéticos humanos (UNESCO, 2003), a Declaração universal dos direitos humanos das gerações futuras (UNESCO, 1994), a Declaração universal de bioética e direitos humanos (UNESCO, 2005) e a Declaração das Nações Unidas sobre a clonagem de seres humanos (ONU, 2005). Já no âmbito europeu, pode-se citar a Convenção dos direitos humanos e da biomedicina (1996) e o seu Protocolo adicional sobre clonagem (1997), e a Diretiva 44/1998, relativa à proteção jurídica das invenções biotecnológicas.

IV. A pesquisa e a manipulação de material genético são atividades ligadas à biotecnologia. A biotecnologia pode ser aplicada ao ser humano e aos demais seres vivos, bem como ao meio ambiente como um todo. Com efeito, a pesquisa e manipulação de material genético (manipulação genética) são atividades biotecnológicas realizadas por diversos processos ou procedimentos (*v.g.*, clonagem, engenharia genética, utilização de células-tronco, reprodução assistida, análise genômica, quimerismo, hibridação, tecnologias de restrição de uso, etc.), envolvendo a manipulação de genes, moléculas de ADN/ARN, células, tecidos e/ou embriões de organismos vivos (humanos ou não humanos). Ao determinar a preservação da diversidade e da integridade genéticas, a Constituição brasileira permite e estimula a pesquisa e a manipulação de material genético – como expressões da própria liberdade de investigação (art. 218) – desde que estas atividades sejam devidamente fiscalizadas, pois a fiscalização das entidades dedicadas à pesquisa e manipulação genética é outra exigência de efetividade do direito ao meio ambiente ecologicamente equilibrado com vistas à sadia qualidade de vida (art. 225, *caput*, § 1º, II, segunda parte). Assim, além dos inúmeros benefícios trazidos pela biotecnologia, essa previsão constitucional tem em conta os seus (bio)riscos que podem resultar em consequências negativas, afetando a diversidade (biológica e genética), a integridade genética e o direito à identidade genética humana. Neste sentido, com o intuito de avaliar, prevenir, controlar e minimizar os riscos biotecnológicos para o homem e para o meio ambiente, a legislação infraconstitucional deu um passo significativo com a edição da primeira (Lei 8.974/1995) e agora da atual (Lei 11.105/2005) Lei de Biossegurança, que regulamenta o inciso II do § 1º do art. 225 da CF/88, estabelecendo normas de segurança e mecanismos de fiscalização de atividades que envolvam OGMs e seus derivados. Ademais, esta legislação dispõe sobre a Política Nacional de Biossegurança (PNB), cria o Conselho Nacional de Biossegurança (CNBS), e reestrutura a Comissão Técnica Nacional de Biossegurança (CTNBio).

Art. 225, § 1º, III – definir, em todas as unidades da Federação, espaços territoriais e seus componentes a serem especialmente protegidos, sendo a alteração e a supressão permitidas somente através de lei, vedada qualquer utilização que comprometa a integridade dos atributos que justifiquem sua proteção;

Paulo Affonso Leme Machado

A Constituição inova profundamente na proteção dos espaços territoriais como, por exemplo, unidades de conservação, áreas de preservação permanente e reservas legais florestais. A tutela constitucional não está limitada a nomes ou regimes jurídicos de cada espaço territorial, pois qualquer espaço entra na órbita do art. 225, § 1º, III, desde que se reconheça que ele deva ser especialmente protegido. A criação dos referidos espaços territoriais, contudo, não depende de lei, podendo ser feita por outros meios.

O inciso em análise é autoaplicável, não demandando legislação suplementar para ser implementado, sublinhando-se que nele não está inserida a expressão "na forma da lei". Ainda que contivesse tal expressão, nem por isso retiraria a sua força abrangente.

Definir[1] os espaços territoriais compreende localizá-los. Aí começa a proteção constitucional, não se esperando que se implantem quaisquer acessórios, como cercas ou casas de guardas.

Não se pode ter a ilusão de que esses espaços tornaram-se perenes pelo sistema constitucional ora introduzido, mas, sendo a alteração e a supressão somente através de lei, abre-se tempo e oportunidade para que os interesses em prol do meio ambiente façam-se presentes, perante os parlamentares, quando se procurar a modificação desses espaços. Como se sabe o procedimento de elaboração dos atos do Poder Executivo não prevê um debate público e um lapso de tempo antes da sua edição. Não se quer sobrecarregar o Poder Legislativo, mas, sem uma intensa participação democrática, as áreas protegidas serão mutiladas e deturpadas ao sabor do imediatismo e de soluções demagógicas, às vezes intituladas como de interesse social ou de interesse público.

A redação do art. 225, § 1º, III da Constituição Brasileira, inclusive, foi fiel à Convenção para a proteção da flora, da fauna e das belezas panorâmicas naturais dos países da América, assinada e ratificada pelo Brasil[2].

A Constituição, ao querer que o Poder Legislativo participe ativamente do controle dos espaços ambientais importantes, continuou em sua linha de harmonizar e entrosar os outros poderes, ao prever outras hipóteses de controle legislativo, como: "as usinas com reator nuclear deverão ter sua localização definida em lei federal, sem o que não poderão ser instaladas" (art. 225, § 6º); "aprovar iniciativas do Poder Executivo referentes a atividades nucleares", "autorizar, em terras indígenas, a exploração e o aproveitamento de recursos hídricos e a pesquisa e lavra de recursos minerais" e "aprovar, previamente, a alienação ou concessão de terras públicas com área superior a dois mil e quinhentos hectares" (art. 49).

A Constituição não pretendeu que o país tivesse o mesmo regime jurídico ambiental, mas quis que alguns espaços geográficos fossem especialmente protegidos. Uma proteção especial, depende de uma certa imutabilidade, para que a proteção seja compreendida, desejada e respeitada e, portanto, só seja modificada com certo grau de dificuldade[3].

Diz a Constituição, no inciso comentado – "vedada qualquer utilização que comprometa a integridade dos atributos que justificam sua proteção". A vedação de utilização não ficou unificada para todos os tipos de unidades de conservação. Conforme for o tipo de unidade de conservação haverá uma justificativa para a sua proteção. As características de cada tipo de unidade de conservação é que farão surgir o regime de proteção para esse espaço territorial, ficando proibida "qualquer utilização" que comprometa a integridade das referidas características ou atributos. Veda-se a utilização para não fragmentar a proteção do espaço e para não debilitar os "componentes" do espaço (fauna, flora, águas, ar, solo, subsolo, paisagem), isto é, a unidade de conservação fica integralmente protegida conforme o seu tipo legal. Não se protege um ou outro atributo, mas todos ao mesmo tempo e em conjunto.

Art. 225, § 1º, IV – exigir, na forma da lei, para instalação de obra ou atividade potencialmente causadora de significativa degradação do meio ambiente, estudo prévio de impacto ambiental, a que se dará publicidade;

Paulo Affonso Leme Machado

A Constituição brasileira foi a primeira a inserir o estudo de impacto ambiental. "O disposto no art. 225 da Constituição Federal encerra, sem sombra de dúvidas, normas-objetivo determinantes dos fins a serem perseguidos pelo Estado e pela sociedade, em matéria ambiental para a indução e direção de comportamentos, por meio de políticas públicas, possibilitando destarte, seja efetivada a ênfase na prevenção do dano ambiental"[1].

O Estudo Prévio de Impacto Ambiental é um procedimento que visa prevenir a degradação do meio ambiente. Essa degradação veio sendo causada, no correr dos anos, não só pela negligência dos particulares, como pela omissão dos poderes públicos na fiscalização esclarecida das atividades e obras públicas e privadas.

O texto constitucional instituiu o procedimento em caráter obrigatório, utilizando o verbo "exigir", registrando, assim, a importância do estudo na preservação do equilíbrio ecológico e da sadia qualidade de vida. Dessa forma, não faz parte da discricionariedade administrativa determinar ou não a elaboração desse estudo de natureza constitucional, tratando de ato administrativo de natureza vinculada.

O § IV do art. 225 da CF foi sensível às tendências culturais da época em que foi formulado. Indica que as atividades e as obras a serem realizadas deverão ser submetidas ao Estudo Prévio de Impacto Ambiental, não abrangendo expressamente os planos, programas e políticas públicas que abranjam esses empreendimentos. A Avaliação Estratégica, da forma como foi

---

1. MACHADO, Paulo A L. *Estudos de Direito Ambiental*. São Paulo: Malheiros Ed., 1994.
2. "Os Governos contratantes concordam que os limites dos parques nacionais não serão modificados e que nenhuma de suas partes será desafetada sem a intervenção da autoridade legislativa" (art. 3º). Washington, 12.10.1940 e entrada em vigor para o Brasil em 26.11.1965. Recueil des traités multilateraux relatifs à la protection de l´environnement. Nairobi, Kenya. Programme des Nations Unies pour l´ Environnement. p. 3 e 61, 1982 (minha tradução).

3. Ver MACHADO, Paulo Affonso Leme. Os espaços territoriais protegidos e a Constituição Federal. *Interesse Público*. Porto Alegre: Notadez. Ano 8, n. 39, p. 13-19. set./out. 2006.
1. FARIAS, Paulo J. L. *Competência Federativa e Proteção Ambiental*. Porto Alegre: Sérgio Antônio Fabris Ed., 1999.

concebida pelo Protocolo de Kiev/2003[2], haverá de inspirar uma futura reforma constitucional ou mais proximamente a legislação infraconstitucional.

O texto magno não adentrou as minúcias da metodologia do estudo prévio de impacto ambiental e nem é essa é a sistemática comum de uma Constituição. No art. 225 encontramos a expressão "na forma da lei" nos incisos IV e VII do § 1º e nos parágrafos 2º e §4º, indicando que a implementação desses dispositivos será feita segundo a legislação, não se exigindo uma lei específica para cada finalidade.

A Constituição não se furtou em apontar os traços caracterizadores do procedimento instituído: as possíveis consequências ambientais das obras e atividades devem ser significativas, o estudo necessita ser realizado antes de os empreendimentos serem autorizados pelo poder público e o procedimento será acessível ao público.

1. Natureza significativa da potencial degradação do meio ambiente

A degradação ambiental possível deverá ser perceptível ou constatável através do estudo a ser efetuado. O dano ambiental não precisa ser identificável "*a priori*", pois senão seria desnecessário o estudo. A utilização do termo "significativa degradação" não indica que a agressão ambiental tenha que ser extraordinária ou excepcional. O objeto da análise é o provável impacto ambiental que poderá alterar ou desequilibrar negativamente o meio ambiente. Pesquisando-se a origem do termo, encontramos, no latim, "*significativus, a, um*", ligado a "*significatio, onis*" e "*significantia, ae*"[3], cujas idênticas raízes traduzem a possibilidade de uma expressiva ou manifesta degradação. O estudo de impacto ambiental visará, portanto, coletar dados que indiquem, com a devida fundamentação, as vantagens e desvantagens ambientais do projeto.

2. Caráter prévio do estudo de impacto ambiental

O "Estudo Prévio de Impacto Ambiental" deve ser anterior ao licenciamento ambiental da obra ou da atividade. Esse estudo não pode ser concomitante e nem posterior à implantação da obra ou à realização da atividade. A Constituição criou especificamente esse instituto jurídico, que tem uma diferença com o instituto já existente – o Estudo de Impacto Ambiental. O texto constitucional inseriu o termo "prévio", para situar, sem nenhuma dúvida, o momento temporal em que ele deverá ser utilizado. Visa evitar uma prevenção falsa ou deturpada, quando o empreendimento já iniciou sua implantação ou quando os planos de localização foram elaborados sem o estudo de impacto ambiental. A implementação da legislação ambiental após a Constituição revelou a argúcia dos constituintes, pois se tem tentado escapar, de muitas formas, da obrigação de elaborar-se a avaliação ambiental.

A anterioridade da exigência do estudo de impacto ambiental não afasta a possibilidade de ser exigida, na renovação ou na revisão dos licenciamentos ambientais, a apresentação de um novo estudo. Na essência é o mesmo estudo previsto pela Constituição, somente não se trata do primeiro estudo, isto é, do anterior à implantação do empreendimento ou do início da atividade.

3. O Estudo Prévio de Impacto Ambiental e o direito à informação

O Estudo de Impacto Ambiental tem como uma de suas características a publicidade. A Constituição não aboliu o segredo industrial e comercial, contudo, afasta do procedimento do Estudo Prévio de Impacto Ambiental o que for coberto por sigilo. Por isso é que a própria Constituição ao usar a expressão "a que se dará publicidade" está dizendo que nada há de secreto nesse estudo, sendo todo o seu conteúdo – e não uma parte – acessível ao público. Não há estudo prévio de impacto ambiental meio sigiloso e meio público.

Dar publicidade ao estudo transcende o conceito de possibilitar a leitura do estudo ao público, pois passa a ser dever do Poder Público levar o teor do estudo ao conhecimento público. Deixar o estudo à disposição do público não é cumprir o preceito constitucional, pois, salvo melhor juízo, o sentido da expressão "dará publicidade" é publicar – ainda que em resumo – o Estudo de Impacto em órgão de comunicação adequado. A audiência pública no Estudo Prévio de Impacto Ambiental, ainda que não prevista expressamente pela Constituição, implicitamente está contida no texto constitucional, pois dar publicidade é partilhar a informação, por todos os meios eficazes e disponíveis.

"Assim, a publicidade determinada pela Constituição Federal é um procedimento que leva ao conhecimento do público ou da opinião pública o que foi levantado, informado e analisado no Estudo Prévio de Impacto Ambiental, de forma totalmente pública"[4].

Art. 225, § 1º, V – controlar a produção, a comercialização e o emprego de técnicas, métodos e substâncias que comportem risco para a vida, a qualidade de vida e o meio ambiente;

Paulo Affonso Leme Machado

O Poder Público tem um dever constitucional de fiscalizar ou controlar o risco para a vida, o risco para a qualidade de vida e o risco para o meio ambiente. O art. 225 coloca o Poder Público numa posição de antecipação ao dano ambiental, mesmo quando haja uma possibilidade incerta de que este se concretize. Bem situada diante da realidade contemporânea, a Constituição não só abarca o perigo ambiental ao exigir o estudo prévio de impacto ambiental, quando o perigo de dano existir, mas vai mais adiante, obrigando o controle do risco.

O risco contém o incerto. "O incerto não é algo necessariamente inexistente. Ele pode não estar bem definido. Ou não ter suas dimensões ou seu peso ainda claramente apontados. O incerto pode ser uma hipótese, algo que não foi ainda verificado ou não foi constatado. Nem por isso, o incerto deve ser descartado,

---

2. Protocolo à Convenção de Avaliação de Impacto Ambiental Transfronteiriço, assinada em Espoo (Finlândcia) em 25 de fevereiro de 1991 e em vigor em 10 de setembro, no quadro dos países da Comissão das Nações Unidas para a Europa.

3. CRETELLA JÚNIOR & CINTRA. *Dicionário Latino-Português*. São Paulo: Companhia Editora Nacional, 1950.

4. MACHADO, Paulo A.L. *Direito à Informação e Meio Ambiente*. 2. Ed. São Paulo: Malheiros Ed., 2018, p. 198.

de imediato. O fato de o incerto não ser conhecido ou de não ser entendido aconselha que ele seja avaliado ou pesquisado"[1].

"O padrão de prova da precaução não exigirá conclusividade, o que permitirá a adoção de medidas de precaução, havendo provas dotadas de plausibilidade de que um risco pode ser muito severo, caso se concretize em dano, mesmo que não haja prova absoluta. Este temor e suas dúvidas devem ser descritas cientificamente, de maneira metodológica e não apenas de forma especulativa"[2].

O inciso comentado não diz que tipo de controle do risco deva ser exercido pelo Poder Público. Não é qualquer risco que irá desencadear um procedimento de controle e sim o risco significativo. Norteiam o controle público os valores a proteger – a vida, a qualidade de vida e o meio ambiente. Além disso, a interpretação do inciso V não se faz isoladamente, devendo buscarem-se também os posicionamentos de todo o artigo 225. Os comportamentos que coloquem em risco o equilíbrio ecológico do meio ambiente (caput) e a função ecológica da fauna e da flora (inciso VII do § 1º) são riscos inaceitáveis constitucionalmente.

A incerteza científica perante a probabilidade de danos à vida, à qualidade de vida e ao meio ambiente levou à concepção do princípio da precaução. O termo "precaução" não está escrito no inciso V em tela, mas a sua noção aí está presente. Onde há risco, deve haver precaução para evitar o possível prejuízo. Esse princípio foi introduzido na Alemanha, nos anos de 1970.

O princípio da precaução tornou-se mais conhecido após a sua inserção, no princípio 15, na Declaração Rio/92[3], do seguinte teor: "De modo a proteger o meio ambiente, o princípio da precaução deve ser amplamente observado pelos Estados, de acordo com suas capacidades. Quando houver ameaça de danos sérios ou irreversíveis, a ausência de absoluta certeza científica não deve ser utilizada como razão para postergar medidas eficazes e economicamente viáveis para prevenir a degradação ambiental". Há diferença essencial na amplitude do princípio n. 15 em relação ao "princípio do controle do risco" inscrito no art. 225, ora comentado. "A Declaração mostra o princípio da precaução limitado às ameaças de "danos sérios e irreversíveis" e o princípio do controle do risco não está limitado à probabilidade somente desses danos, mas será aplicado "sempre que houver risco para a vida, risco para a qualidade vida e risco para o meio ambiente"[4].

O princípio da precaução foi expressamente incluído na legislação infraconstitucional brasileira[5]. No direito comparado, é de ser citada a elaboração da Carta do Meio Ambiente da França, de 2005, como Lei Constitucional[6], que em seu art. 5º incluiu o referido princípio, preceituando o seguinte: Quando a execução de um dano, ainda que incerto diante do estado dos conhecimentos científicos, possa afetar de modo grave e irreversível o meio ambiente, as autoridades públicas providenciarão, através da aplicação do princípio da precaução e nas áreas de suas atribuições, a implementação de procedimentos de avaliação de riscos e a adoção de medidas provisórias e proporcionais com a finalidade de evitar a realização do dano[7].

Empregar somente a expressão princípio da precaução, sem embutir em seu conteúdo o risco e seu dimensionamento, através da avaliação de riscos, soa vazio e sem real significação. A avaliação de riscos irá proporcionar um encontro da sociedade com a ciência e desta com a sociedade. Afirma Ulrich Beck "fazendo a transposição de uma fórmula bem conhecida: sem a racionalidade social, a racionalidade científica fica vazia; sem a racionalidade científica, a racionalidade social fica cega"[8].

A decisão administrativa, que invocar o princípio da precaução, deverá evitar a queda na arbitrariedade e, para isso, terá que apresentar os elementos de incerteza ou de dúvida, apoiando-se o ato administrativo, entre outros fundamentos, na razoabilidade e na proporcionalidade. A incerteza fática ou a incerteza científica não podem dar margem a decisões eivadas de subjetivismo ou de superficialidade.

Art. 225, § 1º, VI – promover a educação ambiental em todos os níveis de ensino e a conscientização pública para a preservação do meio ambiente;

José Rubens Morato Leite[1]
Tiago Fensterseifer

1. Histórico da norma

Redação original do texto promulgado em 5 de outubro de 1988.

2. Constituições brasileiras anteriores

Não há texto sobre educação ambiental e conscientização ambiental.

3. Constituições estrangeiras

O artigo 66, item 2, alínea g, da Constituição Portuguesa, bem como a Constituição Francesa, Carta do Meio Ambiente, artigo 8.

---

1. MACHADO, Paulo. O princípio da precaução e a avaliação de riscos. *Revista dos Tribunais*. São Paulo: Ed. RT, ano 96, v. 857, fev./2007, p. 35-50.
2. CARVALHO, Délton W. *Gestão Jurídica Ambiental*. São Paulo: Editora Revista dos Tribunais, 2017, p. 199.
3. Conferência das Nações Unidas para o Meio Ambiente e o Desenvolvimento. Rio de Janeiro, 5 de junho de 1992.
4. MACHADO, Paulo A.L. *Direito Ambiental Brasileiro*, 25. ed. São Paulo: Malheiros Ed., 2017, p. 102.
5. Lei n. 12.305, de 02/08/2010, que instituiu a Política Nacional de Resíduos Sólidos; Lei n. 11.428 de 22/12/2006, que dispõe sobre a utilização e proteção da vegetação nativa do Bioma Mata Atlântica (art.6º, Parágrafo único) e Lei n. 11.10, de 24/03/2005 que dispõe, entre outras matérias, sobre fiscalização de atividades que envolvam organismos geneticamente modificados (art. 1º).
6. Loi Constitutionnelle n. 2005-205 du 1er. Mars 2005 relative à la Charte de l´Environnement. Journal officiel de la République Française. 2 mars 2005. In http://www.anem.org/fr/parlement/documents/loiconstit.pdf (Consultado em 27/02/2008).
7. (minha a tradução).
8. BECK, Ulrich. *La Société du Risque – sur la voie d´une autre modernité*. Traduit de l´aallemand par Laure Bernardi. Mayenne: Alto – Aubier, 2001 (minha a tradução).

1. Esta parte dos comentários, incluindo os dispositivos 225, § 1º, incisos VI, VII, § 2º, § 3º (sanção civil) e § 5º, foi realizada pelo Prof. Dr. José Rubens Morato Leite, que teve a colaboração de Patryck de Araújo Ayala, Clóvis Eduardo Malinverni da Silveira e Carolina Medeiros Bahia e Fernanda Luiza Fontoura de Medeiros, todos doutorandos do Curso de Pós-Graduação em Direito da Universidade Federal de Santa Catarina.

4. Direito internacional

Declaração de Estocolmo sobre Meio Ambiente Humano (1972), no Princípio 19. Declaração do Rio sobre Meio Ambiente e Desenvolvimento (1992). Convenção sobre Diversidade Biológica (Rio de Janeiro, 1992). Convenção de Aarhus sobre Acesso à Informação, Participação do Público no Processo de Tomada de Decisão e Acesso à Justiça em Matéria de Ambiente (1998). Acordo Regional para América Latina e Caribe sobre Acesso à Informação, Participação Pública e Acesso à Justiça em Assuntos Ambientais (2018).

5. Remissões constitucionais relevantes

Artigos 205 a 214 tratam da educação, da cultura e do desporto; Artigo 225, *caput* (direito fundamental ao meio ambiente).

6. Leis e normas concretizadoras

Lei n. 9.795/1999, cuida da Política Nacional de Educação Ambiental, Decreto federal n. 4.281/2002, institui a Política Nacional de Educação Ambiental e dá outras providências. Antes ainda, a própria Lei da Política Nacional do Meio Ambiente (Lei n. 6.938/81), também consagrou, entre os seus princípios (art. 2º, X), a *"educação ambiental* a todos os níveis do ensino, inclusive a educação da comunidade, objetivando capacitá-la para participação ativa na defesa do meio ambiente". Nos Estados, existem normas específicas sobre Política Estadual de Educação Ambiental, como exemplo a Lei n. 13.558/2005 do Estado de Santa Catarina. Mais recentemente, editou-se também a Lei da Política de Educação para o Consumo Sustentável (Lei n. 13.186/2015), bem como a Lei n. 14.181/2021 alterou o Código de Defesa do Consumidor, ao estabelecer no IX do art. 3º, como princípio da Política Nacional das Relações de Consumo: "fomento de ações direcionadas à *educação* financeira e *ambiental* dos consumidores".

7. Bibliografia de referência

FENSTERSEIFER, Tiago; SARLET, Ingo Wolfgang. *Curso de Direito Ambiental*. 4. ed., Rio de Janeiro: GEN/Forense, 2023. NALINI, José Renato. *Ética Ambiental*. Campinas: Millennium, 2001; OLIVEIRA JÚNIOR, José Alcebíades. *Teoria Jurídica e Novos Direitos*. Rio de Janeiro: Lumen Juris, 2000. PARDO DÍAZ, Álvaro. *Educação Ambiental como Projeto*. Porto Alegre: ArtMed, 1995. PHILIPPI JUNIOR, Arlindo e PELICIONI, Maria Cecília Focesi (eds.). *Educação Ambiental*: desenvolvimento de cursos e projetos. 2. ed. São Paulo: Editora Signus, 2002. CARLI, Ana Alice de; MARTINS, Saadia Borba. *Educação ambiental*: premissa inafastável ao desenvolvimento econômico sustentável. Rio de Janeiro: Lumen Juris, 2014.

8. Anotações

A educação ambiental faz-se imprescindível para que as pessoas se tornem cada vez mais conscientizadas de seus direitos, da importância do meio ambiente e, consequentemente, venham a defendê-lo. A educação ambiental é indispensável para erradicar o analfabetismo com os valores da natureza.

A defesa do meio ambiente, realizada por uma pessoa já conscientizada em termos ambientais, mostrar-se-á mais frequente e eficaz que qualquer outra, já que a pessoa não medirá esforços fazê-lo e tenderá a pensar de forma mais solidária com a proteção de um bem que não pertence a si de forma exclusiva e sim coletiva. Desta forma, poderão ser constatadas defesas em prol do meio ambiente em todos os níveis sociais, seja dentro da própria família, no trabalho, dentro das associações civis em defesa da natureza e até mesmo por via judicial.

Assim, paralelamente à adoção de medidas de proteção e conservação ao meio ambiente, é preciso investir na educação ambiental de agentes que, posicionados estrategicamente na sociedade, possam desempenhar o papel de multiplicadores, contribuindo para elevar na população, de modo generalizado, a consciência com respeito às questões ambientais e seu nível de envolvimento e participação nas decisões[2].

O instrumento legislativo que impulsionou o surgimento de toda a legislação ambiental brasileira atual e que, de certa forma, veio a organizar a estrutura ambiental brasileira, foi a Lei 6.938/81. Traça-se, aí, a Política Nacional do Meio Ambiente. Observe o que já naquela época havia sido considerado, no art 2º, inciso X a educação ambiental como princípio da política nacional do meio ambiente.

Fica explícita neste dispositivo a intenção do legislador de conscientizar a comunidade por meio da educação ambiental para que ela se torne habilitada a participar ativamente na defesa ambiental. Mais recentemente, a educação ambiental também tem agregada uma nova dimensão climática, inclusive a ponto de se falar de uma *educação climática* (e educação em direitos climáticos), como pressuposto para a conscientização da sociedade no enfrentamento do estado de emergência climática e mudanças climáticas no Antropoceno. Percebe-se, então, a educação ambiental como sendo um verdadeiro pressuposto para a defesa do meio ambiente realizada pela comunidade. O Dec. n. 99274/90, dentre outras providências, regulamentou a Lei 6.938/81. Assim, mais uma vez a promoção da educação ambiental aparece como uma das funções do Poder Público, em seu art. 1º, inciso VII.

Como se percebe, a educação ambiental tem sido sempre lembrada pelo legislador. De fato, em um dos primeiros passos da evolução no controle ambiental, foi criada a SEMA (Secretaria Especial do Meio Ambiente) em 1973, em face da pressão internacional existente após a Conferência de Estocolmo em 1972. Uma de suas atribuições destes órgãos era promover intensamente o esclarecimento e a educação do povo brasileiro para o uso adequado dos recursos naturais, visando à conservação do meio ambiente[3].

Todavia, embora estivesse presente nos textos legislativos, o que ocorria na prática era diferente. A educação ambiental, salvo algumas exceções, mostrou-se amiúde ausente, e, se existente, era efetuada de modo insuficiente e precário. Além disso, não havia um instrumento legal que de fato tratasse a respeito do assunto.

Finalmente, a Lei n. 9.795/99, que institui a Política Nacional de Educação Ambiental. Já em seu art. 1º, conceitua educação ambiental:

---

2. Retirado do site www.mma.gov.br em 04/06/2001.
3. ANTUNES, Paulo de Bessa. *Direito Ambiental*. 2. ed. rev. e ampl. Rio de Janeiro: Ed. Lumen Juris, 1998.

"Entende-se por educação ambiental os processos por meio dos quais o indivíduo e a coletividade constroem valores sociais, conhecimentos, habilidades, atitudes e competências voltadas para a conservação do meio ambiente, bem de uso comum do povo, essencial à sadia qualidade de vida e sua sustentabilidade.

Observa-se que a construção de valores, conhecimentos, enfim, os pontos citados praticamente coincidem com um processo de conscientização do povo.

Importante citar que a lei não se limita a um aspecto restrito de educação, realizado pelas instituições de ensino. Explicita que há dois modos de educação ambiental: a educação ambiental no ensino formal (aquela desenvolvida no âmbito dos currículos das variadas instituições de ensino); e a educação ambiental não formal (que se configura em toda e qualquer ação voltada tanto à sensibilização do povo em matéria ambiental quanto à sua organização e participação em prol da defesa do meio ambiente).

A lei mostra-se coerente a respeito do assunto, tanto que convoca, em seu art. 3º, vários agentes sociais a cooperar com o processo educativo da maneira que individualmente lhes couber. São convocados: empresas, entidades de classe e instituições públicas e privadas; meios de comunicação de massa; órgão integrantes do SISNAMA; Poder Público; sociedade como um todo; além, obviamente, das instituições educativas.

Incumbindo a sociedade como um todo voltar atenção permanente à formação de valores que propiciem a atuação individual e coletivo voltada para a prevenção, a identificação e a solução de problemas ambientais, conforme artigo 3º, inciso VI. Estão também expostos os princípios básicos e os objetivos fundamentais da educação ambiental (art. 4º e art. 5º, respectivamente).

Dentre princípios básicos destaca-se o princípio do enfoque holístico, interdependente e transdisciplinar da educação ambiental, condizente com o aprimoramento do direito ambiental. Outrossim, merece aplausos no que tange à cidadania o princípio do reconhecimento e respeito ao pluralismo de ideias à diversidade individual e cultural, pois só desta forma concretiza-se uma democracia com a participação de disseminação das várias facetas que envolvem o ensino da educação ambiental.

Também o princípio da vinculação entre a ética, o trabalho e as práticas sociais é fundamental aos alicerces da educação ambiental, pois já antecipado há necessidade de uma nova postura ética da sociedade em vista da transmissão dos recursos naturais para com as gerações futuras.

No que tange aos objetivos a lei arrola, dentre outros, talvez o mais importante objetivo da educação ambiental, isto é, o fortalecimento da cidadania, autodeterminação dos povos e a solidariedade para o futuro da humanidade, conforme destacado pressuposto indispensável a conscientização da problemática ambiental.

Referente à Política Nacional de Educação, em sua esfera de atuação estão envolvidos os seguintes órgãos: SISNAMA, instituições educativas públicas e privadas, as organizações não governamentais atuantes na área ambiental e, por fim, os órgãos Públicos tanto da União como dos Estados, do Distrito Federal e dos Municípios. De fato, a educação ambiental exercida pelo Poder Público deverá ser efetuada de modo descentralizado.

Isso significa que Estados, Distrito Federal e Municípios ficam incumbidos de definir diretrizes normas e critérios para a educação ambiental em seus limites, sempre respeitando os princípios e objetivos da Política Nacional de Educação Ambiental.

Referências normativas recentes em relação ao dado da educação ambiental também não foram esquecidas pelo legislador ao organizar o Sistema Nacional de Unidades de Conservação, através da Lei n. 9.985/2000, quando consignou expressamente como objetivo do SNUC, *favorecer condições e promover a educação e interpretação ambiental, a recreação em contato com a natureza e o turismo ecológico* (art. 4º, inc. XII).

Ainda nesse diploma legislativo, merece referência a importante menção e previsão de modelo de preservação da biodiversidade (Reserva da Biosfera), que tem como um de seus objetivos básicos a educação ambiental, ao lado da proteção do dado social, da melhoria da qualidade de vida das populações, como se vê grafado no *caput* do art. 41.

Por enquanto talvez ainda seja relativamente cedo para falar de resultados relevantes. Porém deve-se atentar ao fato de que ao menos estão sendo realizadas tentativas de implantar a educação ambiental no Brasil. Um exemplo disto é o Programa Nacional de Educação Ambiental[4] de cooperação técnica entre o Ministério do Meio Ambiente e a UNESCO, criado em 1999. O Programa objetiva cumprir a Lei n. 9.795/99 que estabeleceu a Política Nacional de Educação Ambiental, com a duração de 40 (quarenta) meses, tendo início em agosto de 2000 e término em dezembro de 2003, contando com recursos do Orçamento Geral da União. O exemplo é ainda uma atitude simbólica do Estado, que precisa ter como prioridade a questão da educação e não um programa restrito, configurando-se mais uma norma ineficaz.

O Estado deve difundir as bases da educação e investir na criação da infraestrutura mínima para o verdadeiro auxílio como responsabilidade compartilhada para o efetivo exercício da cidadania ambiental conscientizada.

Não havendo esta efetiva participação do Estado a lei apesar de instrumento válido não será suficiente para determinação do direito e da cidadania.

Art. 225, § 1º, VII – proteger a fauna e a flora, vedadas, na forma da lei, as práticas que coloquem em risco sua função ecológica, provoquem a extinção de espécies ou submetam os animais à crueldade;

José Rubens Morato Leite
Tiago Fensterseifer

1. Histórico da norma

Redação original do texto promulgado em 5 de outubro de 1988.

2. Constituições brasileiras anteriores

As Constituições brasileiras anteriores a 1988 não demonstraram uma clara preocupação com a tutela da fauna e da flora. Reflexo disso é que essas expressões sequer são empregadas pelos textos constitucionais de 1824 e de 1891. Nas Constituições seguintes, a matéria só é referida para determinar que a competên-

---

4. Informações a seu respeito retiradas do *site* do Ministério do Meio Ambiente: <www.mma.gov.br>.

cia para legislar sobre florestas, caça e pesca seria privativa da União. Dessa forma, a proteção da fauna e da flora e a eliminação de práticas atentatórias a sua função ecológica ou que impliquem em crueldade contra os animais só aparece, como valor jurídico de relevância constitucional, a partir da Carta Magna de 1988.

3. Constituições estrangeiras

No direito comparado, merece destaque a Constituição alemã de 1949, que, como resultado de alteração da redação original do art. 20a ocorrida no ano de 2002 (especificamente para incluir o objetivo estatal de proteção dos animais), proclama que, "consciente de sua responsabilidade também frente às gerações futuras, o Estado protegerá os recursos naturais vitais e *os animais*, no âmbito da ordem constitucional, por intermédio do Poder Legislativo e, no terreno da lei e do Direito, por meio dos Poderes Executivo e Judiciário".

A Constituição espanhola de 1978 também demonstra uma preocupação com a função ecológica das espécies e ecossistemas ao determinar, em seu art. 45 que "os poderes públicos velarão pela utilização racional de todos os recursos naturais, com o fim de proteger e melhorar a qualidade de vida e defender e restaurar o meio ambiente, apoiando-se na indispensável solidariedade coletiva".

No mesmo sentido, a Constituição portuguesa de 1976 dispõe no art. 66, "d", que é dever do Estado "promover o aproveitamento racional dos recursos naturais, salvaguardando a sua capacidade de renovação e a estabilidade ecológica, com respeito pelo princípio da solidariedade entre gerações".

Muito embora não se trate de norma constitucional, merecem registro as alterações recentes, respectivamente, na legislação civilista francesa e portuguesa para atribuir *status* de "ser senciente" aos animais (e, portanto, superando o *status* jurídico de "coisa ou res" até então adotado). No caso português, a Lei n. 8/2017, de 3 de março de 2017, estabeleceu um estatuto jurídico dos animais, consagrando, no seu art. 1º, que: "a presente lei estabelece um estatuto jurídico dos animais, *reconhecendo a sua natureza de seres vivos dotados de sensibilidade*". Tais exemplos ilustram bem esse cenário de uma proteção progressiva dos animais pelos ordenamentos jurídicos, inclusive de modo a romper com o paradigma jurídico antropocêntro clássico rumo a outro moderado/relativizado ou mesmo biocêntrico ou ecocêntrico.

4. Direito internacional

Convenção para a Proteção da Flora, da Fauna e das Belezas Cênicas Naturais dos Países da América (Washington, 1940); Convenção Internacional para a Regulamentação da Caça a Baleia (Washington, 1946); Declaração de Estocolmo sobre Meio Ambiente Humano (ONU, 1972); Declaração do Rio de Janeiro sobre Meio Ambiente e Desenvolvimento ONU, 1972); Convenção sobre Diversidade Biológica (Rio de Janeiro, 1992); Protocolo de Cartagena sobre Biossegurança (Montreal, 2000); Declaração dos Direitos dos Animais (UNESCO, 1978); Convenção sobre o Comércio Internacional das Espécies da Flora e da Fauna Selvagens em Perigo de Extinção – CITES (Washington, 1973); Declaração Universal dos Direitos Animais da UNESCO (1978).

5. Remissões constitucionais relevantes

Artigo 5º, incisos VI (proteção e garantia do direito à liberdade de crença e ao livre exercício de cultos e práticas religiosas), XXIII (função social da propriedade) e LXXIII (ação popular em defesa do meio ambiente ou do patrimônio histórico e cultural); artigos 23, VII (competência comum da União, dos Estados, do Distrito Federal e dos Municípios para preservar as florestas, a fauna e a flora) e 24, VI (competência concorrente da União, dos Estados e do Distrito Federal para legislar sobre florestas, caça, pesca, conservação da natureza, defesa do solo e dos recursos naturais, proteção do meio ambiente e controle da poluição); art. 129, III (ação civil pública para a proteção de interesses difusos e coletivos); artigo 170, incisos III e VII (princípios gerais da ordem econômica); artigo 216, caput (proteção constitucional do patrimônio cultural); artigo 225, caput (direito fundamental ao meio ambiente); § 1º, inciso I, do artigo 225 (dever estatal de proteção dos processos ecológicos essenciais à vida humana e não humana), § 7 do art. 225 (inserido pela EC 96/2017).

6. Leis e normas concretizadoras

Lei n. 4.771, de 15 de setembro de 1965 (Código Florestal), Lei n. 5.197, de 03 de janeiro de 1973 (Proteção da Fauna); Lei n. 6.638, de 08 de maio de 1979 (Estabelece regras para a realização de vivissecção de animais, com finalidade didático-científica); Lei n. 7.713, de 14 de dezembro de 1983 (Regula o funcionamento de Jardins Zoológicos); Lei n. 7.643, de 18 de dezembro de 1987 (Proíbe a pesca de cetáceos em águas brasileiras); Lei 7.754, de 14 de abril de 1989 (Estabelece medidas para a proteção das florestas existentes nas nascentes dos rios e dá outras providências); Lei n. 7.679 (Proíbe a pesca de espécies em período de reprodução); Lei n. 9.605, de 12 de fevereiro de 1998 (Prevê a aplicação de sanções penais e administrativas pela prática de condutas e desenvolvimento de atividades lesivas ao meio ambiente); Lei 9.985, de 18 de julho 2000 (Sistema Nacional de Unidades de Conservação da Natureza); Lei n. 10.519, de 17 de julho de 2002 (dispõe sobre a promoção e a fiscalização da defesa sanitária animal quando da realização de rodeio e dá outras providências); Lei n. 11.105, de 24 de março de 2005 (Lei de Biossegurança); Lei 11.428, de 22 de dezembro de 2006 (Lei da Mata Atlântica).

7. Jurisprudência constitucional

O Supremo Tribunal Federal (STF) já desenvolveu, em alguns casos concretos, o alcance constitucional da proteção à função ecológica das espécies e ecossistemas.

Ao apreciar o MS 22164-0, oriundo de São Paulo, o STF reconheceu a desapropriação-sanção como importante instrumento à disposição do Poder Público para impor o respeito à integridade do patrimônio ambiental e obrigar os particulares a utilizarem adequadamente os recursos naturais e preservarem a função ecológica do meio ambiente. De acordo com a ementa do acórdão: "um dos instrumentos de realização da função social da propriedade consiste, precisamente, na submissão do domínio à necessidade de o seu titular utilizar adequadamente os recursos naturais disponíveis e de fazer preservar o equilíbrio do meio ambiente (CF, art. 186, II), sob pena de, em descumprindo esses encargos, expor-se à desapropriação-sanção".

A questão foi igualmente ventilada na discussão da MC na ADI 3540-1, proveniente do Distrito Federal, quando menciona o acórdão que "os instrumentos jurídicos de caráter legal e de natureza constitucional objetivam viabilizar a tutela efetiva do meio ambiente, para que não se alterem as propriedades e os atributos que lhe são inerentes".

A decisão também torna claro o objetivo pretendido pela norma, que seria a proteção da saúde, segurança, cultura, trabalho e bem-estar da população, assim como resguardo do meio ambiente contra graves danos ecológicos.

A jurisprudência do STF também tem enfrentado o significado constitucional da proibição de crueldade contra os animais, o que foi objeto de consideração em diversas oportunidades: RE n. 153.531-8/SC, ADI n. 1.856-6/RJ, ADI n. 2.514-7/SC, ADI n. 3.776/RN, ADPF 640, ADIs 5.995/RJ e 5.996/AM, que por sua relevância, opta-se por apresentá-los de forma separada a seguir.

7.1. RE n. 153.531-8/SC[1]

A questão envolvia avaliar se determinada manifestação afirmada pretensamente cultural, reproduzida no Estado de Santa Catarina (farra do boi), poderia ser situada sob o alcance de proteção do patrimônio cultural brasileiro, nos termos do art. 216, da Constituição brasileira, ou se efetivamente consistiria em prática sob censura constitucional, através do reconhecimento, no caso, do atributo da crueldade.

Apesar de na ocasião, o argumento de prática cultural protegida pela Constituição ter sido aceito pelo Ministro Maurício Corrêa, a questão foi muito bem posicionada pelo então Ministro Francisco Rezek, que reconheceu o atributo da crueldade para com os animais na prática, e que por essa razão, não poderia ser objeto de proteção pela Constituição.

O destaque de relevância neste acórdão cinge-se à possibilidade de se vislumbrar – conquanto não tenha sido este o caminho discursivo de justificação proposto pelo debate – a afirmação do dever de proteção estatal de proteção da fauna, como condição necessária para a proteção, no caso, do livre exercício de práticas culturais.

Um problema que tem suscitado debates diz respeito à possibilidade de se reconhecer aos direitos fundamentais, primeiro, eficácia na relação entre particulares, ou como também se tem convencionado classificar, o efeito externo (convém conferir a análise dos comentários ao art. 5º, § 1º, nesta obra), que se projetaria além da vinculação do exercício das funções estatais.

A julgar pela admissão do resultado decisório – que pronunciou a incompatibilidade das aludidas práticas com a norma de proteção inscrita no inciso VII da Constituição da República – não parece excessivo considerar que o acórdão ao menos sugere – conquanto não o tenha feito expressa e textualmente – que os particulares *também* estão *diretamente* vinculados aos direitos fundamentais e estão, *igualmente* sujeitos a um dever de proteção da fauna, tendo o exercício de suas liberdades culturais restrito pelo dever de não proceder com crueldade.

7.2. ADIn 1.856-6/RJ[2] e ADIn 2.514-7/SC[3]

Desta vez foi instaurado o processo de fiscalização abstrata de constitucionalidade de leis estaduais que admitiam como lícitas, competições conhecidas como "brigas de galo", oportunidade em que o Tribunal reafirmou o sentido que já havia sido atribuído ao conteúdo constitucional da crueldade.

No caso da lei catarinense, propôs-se de forma distinta à proposta legislativa fluminense, não apenas a autorização das práticas, mas um completo regime de regulação, que estaria sob o controle direto do próprio Estado. Isso porque a lei previa entre outros destaques, o reconhecimento da legalidade da atividade, incentivando-a amplamente na condição de atividade econômica, mediante a previsão de racionalização de seu desenvolvimento. Esta, dar-se-ia a partir da criação de organizações civis autorizadas a explorá-la, e oportunizaria, inclusive, a instituição de taxas públicas para sua exploração!

Uma vez que já se encontrava consolidada na jurisprudência do STF orientação clara no sentido de censurar a prática sob o contexto da ordem constitucional, vale reproduzir para a estrita finalidade de acentuar a relação de contraste estabelecida, os argumentos apresentados pela Assembleia Legislativa de Santa Catarina em suas informações destinadas à defesa do ato impugnado, que não deixam de motivar um justificável estado de perplexidade.

Segundo os argumentos do parlamento catarinense, aduziu-se, em síntese, que: "vive arraigado na cultura popular o tradicional combate entre galos da espécie criada unicamente para esse fim".

Como segundo argumento, ponderou que os galos "detêm carga cromossômica orientada para a luta", e que "não se prestam ao abate para consumo humano".

De outro modo, ainda ponderou que não seria possível "falar em crueldade quando lutam entre si. O esforço físico a que se submetem é igual ao imposto aos cavalos puro sangue inglês de corrida".

Diante da orientação já firmada pelo STF, foi enfático o Ministro Eros Grau em suas razões de voto, reconhecendo que "ao autorizar a odiosa competição entre galos, o legislador estadual ignorou o comando contido no inciso VII do § 1º do artigo 225 da Constituição do Brasil, que expressamente veda práticas que submetam os animais à crueldade".

No julgamento das duas ADIns é possível identificar-se o desenvolvimento de uma orientação razoavelmente definida no sentido da vinculação das funções públicas aos direitos fundamentais, tendo-se no caso, submetido a função legislativa à necessária conformação de sua margem de livre apreciação das decisões concretizadoras, ao dever de proteção da fauna, que por ter deixado de atendê-lo ao propor medidas regulatórias incompatíveis com a proibição de práticas cruéis, reproduziu objetivamente, hipótese de desvio ou de excesso no exercício da função legislativa.

---

1. BRASIL. Supremo Tribunal Federal. RE n. 153.531-8/SC. APANDE – Associação Amigos de Petrópolis, Patrimônio, Proteção aos Animais e Defesa da Ecologia e Outros *versus* Estado de Santa Catarina. Relator: Ministro Marco Aurélio. Acórdão publicado no *DJU* de: 13.03.1998.

2. BRASIL. Supremo Tribunal Federal. ADIn 1.856-6/RJ. Procurador-Geral da República *versus* Governador do Estado do Rio de Janeiro e Assembleia Legislativa do Estado do Rio de Janeiro. Relator: Ministro Carlos Velloso. Acórdão publicado no *DJU* de 22.09.2000.

3. BRASIL. Supremo Tribunal Federal. Ação Direta de Inconstitucionalidade n. 2514-7/SC. Procurador-Geral da República *versus* Assembleia Legislativa do Estado de Santa Catarina. Relator: Ministro Eros Grau. Acórdão publicado no *DJU* de 09.12.2005.

7.3. ADIn 3.776/RN[4]

A ADIn 3.776/RN foi ajuizada em face de lei estadual do parlamento potiguar, reproduzindo simétrico exercício de atividade legislativa sobre a regulamentação da criação e autorização para a realização de exposições e competições que teriam por objetivo, vez mais, preservar as "Raças Combatentes".

Reafirmando a orientação iterativa daquele Tribunal, no sentido de rígida preservação da obrigação de proteção da fauna nos termos do artigo 225, inciso VII, do texto constitucional, o Ministro relator, Cézar Peluzo, não hesitou em consignar seu voto pela procedência da ação, tendo enfatizado ser "[...] postura aturada da Corte repudiar autorização ou regulamentação de qualquer entretenimento que, sob justificativa de preservar manifestação cultural ou patrimônio genético de raças ditas combatentes, submeta animais a práticas violentas, cruéis ou atrozes, porque contrárias ao teor do artigo 225, § 1º, VII, da Constituição da República".

7.4. ADI 4.983/CE

No julgamento da ADI 4.983/CE, versando sobre a constitucionalidade de legislação estadual do Ceará (Lei n. 15.299/2013) que autorizava e regulamentava a prática da atividade chamada de "vaquejada", o STF, por maioria apertada (6 votos a 5), declarou a inconstitucionalidade da referida lei. A posição vitoriosa no STF, firmada a partir do voto do relator, ministro Marco Aurélio e acompanhada pelos ministros Roberto Barroso, Rosa Weber, Celso de Mello, Ricardo Lewandowski e Cármen Lúcia, reconheceu, a partir de laudos técnicos carreados aos autos pela Procuradoria-Geral da República, que a vaquejada, a despeito de manifestação cultural e esportiva típica no Estado do Ceará e mesmo em outros estados da federação, implica crueldade com os animais, causando-lhes diversos danos e sofrimento.

A linha argumentativa vitoriosa pode ser condensada na afirmação do Ministro Barroso, por ocasião de seu voto-vista, de que uma manifestação cultural que submeta animais à crueldade (no caso da vaquejada, torção e tração bruscas da cauda do animal) é incompatível com a vedação constitucional expressa estabelecida no artigo 225, parágrafo 1º, inciso VII, da Constituição de 1988, quando a regulamentação legal for impossível de modo suficiente a evitar práticas cruéis sem que resulte descaracterizada a própria manifestação cultural. Posteriormente à referida decisão do STF, foi promulgada a emenda constitucional, a EC 96/2017 (conhecida popularmente como "Emenda da Vaquejada"), a qual inseriu o § 7º do art. 225, conforme trataremos à frente.

7.5. ADPF 640

O STF, no julgamento da ADPF 640[5], proibiu o abate de animais silvestres ou domésticos apreendidos em situação de maus-tratos. De acordo com a decisão, o § 2º do art. 25 da Lei n. 9.605/98 estabelece o dever do poder público de zelar pelo "bem-estar físico" dos animais apreendidos, até a entrega às instituições adequadas como jardins zoológicos, fundações ou entidades assemelhadas. O Ministro Gilmar Mendes, alinhando-se à corrente doutrinária e jurisprudencial contrária à instrumentalização da vida animal, consignou no seu voto-relator que "nesses casos, o que se observa é a instrumentalização da norma de proteção constitucional à fauna e de proibição de práticas cruéis, com a adoção de decisões que violam o art. 225, § 1º, VII, da CF/88, invertendo a lógica de proteção dos animais apreendidos em situação de maus-tratos para estabelecer, como regra, o abate. Em outras palavras, a interpretação colacionada aos autos de que 'na dúvida, deverá o animal ser abatido para descarte' não se compatibiliza com as normas constitucionais de proteção dos animais contra abusos, crueldades ou maus-tratos. A finalidade das normas protetivas não autoriza concluir que os animais devam ser resgatados de situações de maus-tratos para, logo em seguida, serem abatidos".

7.6. ADIs 5.995/RJ e 5.996/AM

Nas ADIs 5.995/RJ e 5.996/AM, o STF reconheceu a constitucionalidade de legislações estaduais, respectivamente, dos Estados do Rio de Janeiro e do Amazonas, que proibiram uso de animais em testes e experimentos de produtos cosméticos e semelhantes.

8. Bibliografia de referência

BAHIA, Carolina Medeiros da. *Princípio da proporcionalidade nas manifestações culturais e na proteção da fauna*. Curitiba: Juruá, 2006. BECHARA, Érika. *A proteção da fauna sob a ótica constitucional*. São Paulo: Juarez de Oliveira. 2003. BENJAMIN, Antonio Herman. A Natureza no direito brasileiro: coisa, sujeito ou nada disso. *Revista do Programa de Pós-Graduação em Direito da UFC*, 1, p. 79-96, 2011. CANOTILHO; José Joaquim Gomes; LEITE, José Rubens Morato (Orgs.). *Direito Constitucional Ambiental brasileiro*. São Paulo: Saraiva. 2007. FENSTERSEIFER, Tiago; SARLET, Ingo Wolfgang. 2. ed. *Princípios do direito ambiental*. São Paulo: Saraiva, 2017 _____. *Direito constitucional ecológico*. 7. ed. São Paulo: Revista dos Tribunais, 2021. _____. *Curso de direito ambiental*. 4. ed. Rio de Janeiro: GEN/Forense, 2023. FRANCO, José Gustavo de Oliveira. *Direito ambiental:* matas ciliares: conteúdo jurídico e biodiversidade. Curitiba: Juruá, 2005. LEITE, José Rubens Morato (coord.). *A ecologização do direito ambiental vigente*: rupturas necessárias. 2. ed. Rio de Janeiro: Lumen Juris, 2020. LEITE, José Rubens Morato. *Dano ambiental*: do individual ao coletivo extrapatrimonial. 2. ed. rev., atual e ampl. São Paulo: Revista dos Tribunais, 2003. LEITE, José Rubens Morato; AYALA, Patryck de Araújo. *Direito Ambiental na Sociedade de Risco*. 2. ed. Rio de Janeiro: Forense Universitária. 2004. LOURENÇO, Daniel Braga. *Direitos dos animais*: fundamentação e novas perspectivas. Porto Alegre: Sérgio Antonio Fabris Editor, 2008. MAGALHÃES, Juraci Perez. *Comentários ao Código Florestal:* doutrina e jurisprudência. 2. ed. atual. e aum. São Paulo: Juarez de Oliveira, 2001. MEDEIROS, Fernanda L. Fontoura de. *Direito dos animais*. Porto Alegre: Livraria do Advogado, 2013. MOLINARO, Carlos A.; MEDEIROS, Fernanda L. F.; SARLET, Ingo W.; FENSTERSEIFER, Tiago (Orgs.). *A dignidade da vida e os direitos fundamentais para além dos humanos*: uma discussão necessária. Belo Horizonte: Editora Fórum, 2008. FIGUEIREDO, Guilherme Purvin de (Org.). *Direito ambiental e proteção dos animais*. São Paulo: Letras Jurídicas, 2017. REGAN, Tom. *The case for animal rights*. Berkeley: University of California Press. 2004. REGAN, Tom. *Jaulas Vazias*. São Paulo: Lugano. 2006. RODRIGUES, José Eduardo Ramos. *Sistema Nacional*

---

4. BRASIL. Supremo Tribunal Federal. ADI n. 3776/RN. Procurador-Geral da República *versus* Assembleia Legislativa do Estado do Rio Grande do Norte. Rel. Min. Cezar Peluso. *DJU* de: 29.06.2007.

5. STF, ADPF 640, Tribunal Pleno, Rel. Min. Gilmar Mendes, j. 10.09.2021.

de Unidades de Conservação. São Paulo: Revista dos Tribunais, 2005. SANDS, Philippe. Unilateralism, values, and international law. *European Journal of International Law*. v. 11, n. 2, 2000, p. 299-300. _____. *Principles of international environmental law*. 2. ed. United Kingdon: Cambridge University Press, 2003. p. 965-973. SILVA, José Afonso da. *Direito Constitucional Ambiental*. 6. ed. São Paulo: Malheiros. 2007; SOUZA FILHO, Carlos Frederico Marés de. *Espaços ambientais protegidos e unidades de conservação*. Curitiba: Universitária Champagnat, 1993; STRIWING, Helena. Animal law and animal rights on the move in Sweden. *Animal Law Review*. Michigan University College of Law. v. 8, 2002, p. 93-106. SUNSTEIN, Cass; NUSSBAUM, Martha. C. *Animal rights*. Current debates and new directions. Oxford: Oxford University Press. 2005.

9. Anotações

9.1. O texto constitucional amplia o seu espectro de proteção para alcançar também a função ecológica das espécies e ecossistemas. Desta forma, o constituinte, por sua vez, afasta-se da concepção antropocêntrica tradicional para acolher a visão antropocêntrica alargada de proteção ambiental e, para alguns, até mesmo biocêntrica ou ecocêntrica (neste último caso, à luz do paradigma do Direito Ecológico), que além de resguardar a dignidade humana, assegura a integridade dos processos ecológicos, quer na sua capacidade de fornecimento de recursos naturais ao ser humano, quer na sua capacidade de autorregulação do sistema ecológico.

Seguindo uma concepção avançada de meio ambiente, verifica-se no dispositivo em comento a presença de uma visão integrativa, que reconhece a interdependência entre homem e natureza e o importante papel desempenhado por cada espécie e cada ecossistema na manutenção do equilíbrio ambiental e integridade ecológica.

9.2. Quanto à crueldade contra os animais, convém analisar alguns aspectos específicos relacionados à determinação do conteúdo da norma de proteção (qual é o objetivo proposto pela norma) e do sentido constitucional da prática proibida.

De plano, pode-se argumentar que o texto constitucional brasileiro propõe interessante perfil de proteção da fauna a partir da interdição de práticas que possam ser associadas, em qualquer medida, à referência cognitiva de crueldade.

A norma encerra tormentosos problemas para a determinação do alcance da regra de proteção, especialmente quando se considera que a atribuição do sentido de crueldade também guarda grande proximidade com a necessidade de se considerar práticas culturais e representações valorativas de conteúdo plural presentes em grande número de eventos e manifestações associadas a espécimes integrantes da fauna, silvestre ou não.

Essa composição de interesses coloca ao Direito conflitos de elevado grau de complexidade, relacionada, principalmente, à necessidade de conciliação entre pretensões e princípios tendencialmente colidentes, que são relacionados, particularmente, à proteção do meio ambiente em todas as suas formas e à proteção das práticas, representações e manifestações culturais e até mesmo de liberdades religiosas[6].

9.3. A Constituição não especifica que animais seriam alcançados pela norma, cobrindo, em seu manto de proteção tanto os animais silvestres (selvagens) quantos os domésticos e domesticados. Não se protege apenas o suposto desequilíbrio que a morte dessas espécies poderia causar ao meio ambiente, mas a própria sensibilidade humana.

Na mesma linha, a Lei n. 9.605/1998 (Lei dos Crimes e Infrações Administrativas Ambientais) elevou o ato de "praticar abuso, maus-tratos, ferir ou mutilar animais silvestres, domésticos ou domesticados, nativos ou exóticos" à condição de crime, culminado para a conduta a pena de 3 (três) meses a 1 (um) ano, e multa. Essa reação penal às práticas consideradas cruéis evidencia a grande importância que o seu combate vem adquirindo para o direito brasileiro.

9.4. Emenda Constitucional 96/2017. O legislador constitucional reformador alterou recentemente o âmbito de proteção do art. 225 da Constituição, inserindo parágrafo que, contrariamente ao espírito protetivo que caracteriza o conjunto de normas (princípios e regras) que conformam o dispositivo em questão, busca fragilizar a tutela constitucional dos animais. Trata-se da Emenda Constitucional n. 96, de 6 de junho de 2017, popularmente conhecida durante a sua tramitação como "PEC da Vaquejada", a qual inseriu o § 7º no art. 225 com o seguinte teor: "(...) não se consideram cruéis as práticas desportivas que utilizem animais, desde que sejam manifestações culturais, conforme o § 1º do art. 215 desta Constituição Federal, registradas como bem de natureza imaterial integrante do patrimônio cultural brasileiro, devendo ser regulamentadas por lei específica que assegure o bem-estar dos animais envolvidos".

O novo § 7º do art. 225 coloca-se de forma diametralmente oposta ao conteúdo da norma inscrita no inciso VII do § 1º do art. 225, a qual, segundo a doutrina, apresenta natureza jurídica de "regra" por força do seu comando proibitivo em relação a qualquer prática que submeta os animais à crueldade. A EC 96/2017, nesse sentido, estabelece uma ruptura no regime jurídico de proteção ambiental traçado pela nossa Constituição. Conjuntamente com a proteção da biodiversidade num sentido amplo (por exemplo, a proteção de espécies da flora e da fauna ameaçadas de extinção), a vedação de maus tratos aos animais é uma das pautas centrais do regime constitucional traçado pelo art. 225. A EC 96/2017, em total dissintonia com tal marco jurídico, abre um flanco de vulnerabilidade normativa para muito além da prática da "vaquejada", a qual teria motivado a emenda constitucional ora em análise como represália à decisão do STF no julgamento da ADI 4.983/CE, que declarou inconstitucional legislação estadual cearense que visava regulamentar tal prática no referido Estado da Federação. A EC 96/2017 representa retrocesso contundente da temática da proteção dos animais, podendo inclusive ser manuseado contra o § 7º do art. 225 o *princípio da vedação de retrocesso em matéria ambiental*, já que a proteção aos animais está no núcleo irredutível da proteção ecológica edificada na Constituição brasileira.

---

6. Interessante situação de colisão, que relaciona o dever de interdição de práticas cruéis para com os animais e a necessidade de proteger o conteúdo dos direitos de liberdade religiosa, encontra-se exposta no acórdão proferido na Ação Direta de Inconstitucionalidade n. 70010129690/RS, pelo Tribunal de Justiça do Rio Grande do Sul, não obstante não se possa considerar que a solução de ponderação tenha proposto o melhor resultado decisório, na justificação da proteção de sacrifícios rituais de animais.

Art. 225, § 1º, VIII – manter regime fiscal favorecido para os biocombustíveis destinados ao consumo final, na forma de lei complementar, a fim de assegurar-lhes tributação inferior à incidente sobre os combustíveis fósseis, capaz de garantir diferencial competitivo em relação a estes, especialmente em relação às contribuições de que tratam a alínea *b* do inciso I e o inciso IV do *caput* do art. 195 e o art. 239 e ao imposto a que se refere o inciso II do *caput* do art. 155 desta Constituição. (*Incluído pela Emenda Constitucional n. 123, de 2022.*)

Celso de Barros Correia Neto
Liziane Angelotti Meira

Comentários

O inciso VIII do § 1º do art. 225 da Constituição Federal foi incluído no texto constitucional pela Emenda Constitucional n. 123, de 14 de julho de 2022, que decorre da aprovação conjunta de duas Propostas de Emenda à Constituição – as PECs ns. 15/2022 e 1/2022, apelidada de "PEC dos Auxílios" ou "PEC Kamikaze".

O inciso em comento advém especificamente da PEC n. 15, de 2022, que originalmente tratava apenas da tributação dos biocombustíveis e pretendia alterar o art. 225 da Constituição Federal para estabelecer diferencial de competitividade para os biocombustíveis. A PEC n. 1, de 2022, por sua vez, pretendia inicialmente alterar a Emenda Constitucional n. 109, de 15 de março de 2021, para dispor sobre a concessão temporária de auxílio diesel a caminhoneiros autônomos, de subsídio para aquisição de gás liquefeito de petróleo pelas famílias de baixa renda brasileiras e de repasse de recursos da União para garantir a mobilidade urbana dos idosos, mediante a utilização dos serviços de transporte público coletivo, e autorizar a União, os Estados, o Distrito Federal e os Municípios a reduzirem os tributos sobre os preços de diesel, biodiesel, gás e energia elétrica, bem como outros tributos de caráter extrafiscal, segundo constava de sua ementa.

Na Câmara dos Deputados, PEC n. 15, de 2022, foi apensada à PEC n. 1, de 2022, por decisão do Presidente daquela Casa de Leis, de modo que as duas propostas passaram a tramitar conjuntamente.

Conforme consta do Parecer da Comissão Especial do Senado (Fase 1 – CD), diante da crise gerada pela guerra na Ucrânia, foram adotadas medidas para desoneração dos combustíveis fósseis, política que teve como efeito colateral a perda da competitividade dos biocombustíveis. Para tanto, a PEC n. 15, de 2022, previa criação de um regime fiscal favorecido para os biocombustíveis destinados ao consumo final, na forma de Lei Complementar.

Dessa forma, o objetivo da Emenda Constitucional n. 123, de 2022, no ponto em análise, foi restabelecer a condição de equilíbrio na competitividade dos biocombustíveis com os combustíveis fósseis e, assim, contribuir para o cumprimento das metas de redução de gases causadores do efeito estufa, em conformidade com os acordos internacionais de que o Brasil é signatário.

A regra do inciso VIII do § 1º do art. 225 da Constituição Federal veicula um comando expresso para o uso da extrafiscalidade ambiental em relação à tributação dos combustíveis, ou melhor, para o uso de norma tributária indutora que incentive o consumo de biocombustíveis em lugar de combustíveis fósseis. Se antes já havia, no texto constitucional, a autorização, ou menos implícita, para o uso de tributação ecologicamente orientada, com a EC n. 123, de 2022, passamos a contar com obrigação expressa – não mais uma permissão –, destinada ao legislador tributário para que estabeleça tributação reduzida, na forma de um regime fiscal favorecido para os biocombustíveis, instituído em lei complementar.

A disposição refere-se especificamente à redução de carga fiscal para tributação sobre o consumo para os biocombustíveis. Menciona os seguintes tributos: contribuição social incidente sobre receita ou faturamento (Cofins) prevista no art. 195, I, *b*, da Constituição; contribuição devida pelo importador de bens ou serviços do exterior, ou de quem a lei a ele equiparar prevista no art. 195, IV; contribuições para o Programa de Integração Social (PIS) e para o Programa de Formação do Patrimônio do Servidor Público (PASEP) previstas no art. 239; e imposto sobre operações relativas à circulação de mercadorias e sobre prestações de serviços de transporte interestadual e intermunicipal e de comunicação (ICMS) previsto no art. 155, II, da Constituição Federal.

A disposição do texto permanente precisa ser lida em conjunto com a do art. 4º do corpo da emenda. Enquanto não entrar em vigor a referida lei complementar, o diferencial competitivo "dos biocombustíveis destinados ao consumo final em relação aos combustíveis fósseis será garantido pela manutenção, em termos percentuais, da diferença entre as alíquotas aplicáveis a cada combustível fóssil e aos biocombustíveis que lhe sejam substitutos em patamar igual ou superior ao vigente em 15 de maio de 2022".

Art. 225, § 2º Aquele que explorar recursos minerais fica obrigado a recuperar o meio ambiente degradado, de acordo com solução técnica exigida pelo órgão público competente, na forma da lei.

José Rubens Morato Leite
Tiago Fensterseifer

1. Histórico da norma

O texto reproduz sua redação original, da promulgação da Constituição em vigor, em 5 de outubro de 1988.

2. Constituições brasileiras anteriores

Não há correspondência no texto de ordens constitucionais precedentes.

3. Constituições estrangeiras

Artigo 41, da Constituição argentina; artigo 80 da Constituição colombiana, artigo 45, III, da Constituição espanhola; artigo 74, I, da Constituição suíça; artigo 4º, da Carta do meio ambiente francesa.

4. Direito internacional

Declaração de Estocolmo sobre Meio Ambiente Humano (ONU, 1972); Declaração do Rio de Janeiro sobre Meio Ambiente e Desenvolvimento (ONU, 1972); Convenção sobre Diversidade Biológica (Rio de Janeiro, 1992).

5. Remissões constitucionais relevantes

Artigo 20, inciso IX (enumeração dos bens da União); 21, inciso XXIII, "d" (previsão de regime objetivo de responsabilização do dano nuclear); artigo 22, inciso XII (competência legislativa privativa da União); artigo 176, *caput*, e § 2º (regime de exploração e de propriedade sobre os recursos minerais); artigo 177, inciso V (monopólio da União sobre os minerais nucleares); artigo 225, § 1º, inciso VI (dever de exigir a realização de estudo prévio de impacto ambiental para obras capazes de causar significativo impacto ambiental); § 3º, do artigo 225 (princípio da responsabilização civil, penal e administrativa, das condutas lesivas ao meio ambiente).

6. Leis e normas concretizadoras

Decreto-Lei n. 227, de 28 de fevereiro de 1967 (altera e consolida a redação do Código de Minas); Lei n. 6938, de 31 de agosto de 1981 (Política Nacional do Meio Ambiente); Lei n. 9.605, de 12 de fevereiro de 1998 (prevê a aplicação de sanções penais e administrativas pela prática de condutas e desenvolvimento de atividades lesivas ao meio ambiente): Resoluções n. 01/86; 09/90; 10/90; 02/96 e 237/97 do CONAMA.

7. Jurisprudência constitucional

O Supremo Tribunal Federal considerou por ocasião do julgamento do **MS 214.015/PA**, que nem mesmo privilégios específicos que tenham sido atribuídos pela Constituição a qualquer uma das formas de exploração de recursos minerais – como ocorre no Brasil em relação à exploração por cooperativas garimpeiras (art. 174, § 3º) – elidem a obrigação de sua sujeição ao cumprimento das normas de proteção do meio ambiente. O dever de proteção do meio ambiente condiciona a atividade econômica e não permite legitimar qualquer espécie de prática predatória[1]. Na ocasião pôde ser observada, no voto do Ministro Celso de Mello, clara preocupação com a necessidade de conciliação do dever de proteção do meio ambiente e a proteção das liberdades econômicas e sociais, tendo asseverado que "esse preceito constitucional – que impõe ao Estado 'o dever de estimular a União dos garimpeiros em unidades cooperativas' [...] revela, a partir de seu próprio conteúdo normativo, de um lado, a preocupação estatal de inibir a garimpagem predatória, que se mostra nociva e prejudicial ao meio ambiente, e, de outro, o compromisso do Poder Público de efetivar a promoção econômico-social dos garimpeiros".

Ver, ainda, decisão do **STJ no REsp 647.493/SC**, em que foram condenados os réus a implementar, com início dentro de seis meses, término em até 3 anos e multa de 1% sobre o valor da causa por mês de atraso, um amplo projeto de recuperação de áreas degradas pela atividade de mineração do carvão na região de Criciúma/SC. Este julgado será mais bem abordado quando tratarmos do artigo 225, § 3º, desta obra, comentando a responsabilidade civil e o dano ambiental.

Por fim, destaca-se decisão recente do STF no julgamento MC na ADI 7.273/DF[2] em que se discutiu a constitucionalidade de regulamentação normativa a respeito da origem do ouro, afastando a Corte a presunção de legalidade do ouro adquirido e da boa-fé do adquirente. Na fundamentação da decisão, em voto sob a relatoria do Ministro Gilmar Mendes, reconheceu-se a flagrante violação aos deveres de proteção ambiental do Estado à luz do princípio da proibição de proteção insuficiente ou deficiente.

8. Referências bibliográficas

ALMEIDA, Humberto Mariano de. *Mineração e Meio Ambiente na Constituição Federal*. São Paulo: LTr, 1999. ANTUNES, Paulo de Bessa. *Dano ambiental*: uma abordagem conceitual. Rio de Janeiro: Lumen Juris, 2001. CORRÊA, Jacson. *Proteção Ambiental e Atividade Minerária*. Curitiba: Juruá, 2002. FENSTERSEIFER, Tiago; MACHADO, Paulo Affonso Leme; SARLET, Ingo Wolfgang. *Constituição e legislação ambiental comentadas*. São Paulo: Saraiva, 2015. FENSTERSEIFER, Tiago; SARLET, Ingo Wolfgang. *Curso de direito ambiental*. 4. ed. Rio de Janeiro: GEN/Forense, 2023. SOUZA, Marcelo Gomes de. *Direito Minerário e Meio Ambiente*. Belo Horizonte: Del Rey, 1995. CANOTILHO, José Joaquim Gomes; LEITE, José Rubens Morato (Orgs.). *Direito Constitucional Ambiental Brasileiro*. São Paulo: Saraiva. 2007. LEITE, José Rubens Morato; AYALA, Patryck de Araújo. *Dano Ambbiental*, 8. ed, Rio de Janeiro: GEN/Forense, 2019. MEDEIROS, Fernanda Luiza Fontoura de. *Meio Ambiente*: direito e dever fundamental. Porto Alegre: Livraria do Advogado Editora. 2004. José Afonso da. *Direito Constitucional ambiental*. 6. ed. São Paulo: Malheiros, 2007. THOMÉ, Romeu (Org.). *Mineração e meio ambiente: análise jurídica interdisciplinar*. Rio de Janeiro: Lumen Juris, 2017.

9. Anotações

9.1. Parece haver na norma constitucional constante do § 2º, do artigo 225 – que não encontra nenhuma referência paradigmática em ordens constitucionais precedentes – a evidência de afirmação expressa de um significado aberto conferido ao *princípio da responsabilização*, com referência específica à sua aplicação nas atividades de mineração, na medida em que não se prevê apenas uma *obrigação de reparação do dano produzido*, mas sim a *obrigação de sua recuperação*. Nesse sentido, a Constituição dispõe que todos aqueles que realizem exploração de recursos minerais (não havendo qualquer distinção entre a condição do sujeito que a realize, alcançando, portanto, ao que nos parece, particulares, e pessoas jurídicas, públicas ou privadas) ficam responsáveis pela obrigação de recuperar o meio ambiente degradado, mediante a aplicação das soluções técnicas definidas pelo órgão público competente, nos termos da respectiva legislação, o que se faz, especificamente durante o desenvolvimento do procedimento de licenciamento ambiental.

Sua análise se faz necessária para uma fiel compreensão da concretização da norma constitucional quando seja considerada

---

1. STF, MS 214015/PA. Cooperativa de Mineração dos Garimpeiros de Serra Pelada (COOMIGASP) *versus* Presidente da República. Rel. Min. Néri da Silveira. Publicado no *Diário de Justiça da União* de 12-4-1994. Disponível em: http://www.stf.gov.br Acesso em: 20 de junho de 2003.

2. STF, MC na ADI 7273/DF, Plenário Virtual, Rel. Min. Gilmar Mendes, j. 02.05.2023.

pelo seu intérprete, especialmente porque as soluções técnicas exigidas pelo órgão ambiental (mediante a própria recuperação das áreas degradadas, ou através de medidas compensatórias) são realizadas ainda no início do procedimento de licenciamento, ocasião em que também já se é exigível do empreendedor a apresentação do Estudo de Impacto Ambiental, como se verificará.

9.2. A legislação brasileira obriga a submissão de todas as atividades potencialmente poluidoras ao licenciamento ambiental, que também é um dos instrumentos da Política Nacional do Meio Ambiente (art. 9º, inc. IV, Lei n. 6938/81).

Pode-se descrevê-lo como um sistema de controle baseado em um *procedimento de autorizações sucessivas*, que são concedidas de forma *parcial* através de licenças, desde que atendidas as providências próprias de cada uma de suas fases, e sujeitas à revisão permanente dessas condições, que podem ser modificadas a qualquer tempo, objetivando *adequar* a atividade aos novos padrões fixados para a proteção do meio ambiente.

Considerando-se a elevada capacidade poluidora/degradadora da exploração mineral, e os riscos potenciais a que podem ser submetidos todos os espaços naturais onde aquelas venham ser desenvolvidas (independentemente do regime jurídico de proteção desses espaços), é possível concluir – conquanto esta orientação não seja unânime na doutrina, e tampouco reproduza a prática administrativa da concretização da norma constitucional – que *todas* as atividades de pesquisa, lavra, industrialização e beneficiamento de minerais encontram-se sujeitas à *obrigação de prévio licenciamento ambiental*, de modo que a obtenção das licenças é condição para o início dos trabalhos de exploração mineral.

9.3. O procedimento específico para as atividades de mineração foi previsto apenas pelas Resoluções do CONAMA, n. 09/90 (minerais da maior parte das classes) e 10/90 (minerais da Classe II), que reproduziam o modelo do Decreto n. 99274/90, com três fases, em que deveriam ser obtidas, sucessivamente, as licenças: a) prévia; b) de instalação e; c) de operação, observando-se que o início da operação da atividade mineira *somente seria possível após a obtenção da licença de operação*.

A primeira fase refere-se ao planejamento e à análise de viabilidade do projeto, na qual o solicitante deve apresentar, para a obtenção da licença prévia (art. 4º): a) o Estudo de Impacto; e b) o *Informe de Impacto Ambiental*, reservando-se a decisão ao órgão ambiental licenciador no âmbito das entidades federadas. Como já foi ressaltado, atualmente a obrigação de apresentação de EPIA é exigência constitucional que obriga qualquer obra e atividade que tenha aptidão, *ainda que potencial*, de produzir impactos ambientais *significativos*. Uma vez que a legislação ambiental brasileira atribui essa qualidade à atividade minerária – reconhecendo sua elevada capacidade de produzir impactos – o empreendedor deverá, neste caso, *não apenas obter o licenciamento ambiental prévio*, mas *também* apresentar *no início do procedimento* (licença prévia) o EPIA.

Nessa fase ainda podem ser lembrados dois importantes instrumentos de controle dos riscos: o *plano de recuperação de áreas degradadas* e as *medidas compensatórias*. O primeiro deverá ser proposto pelo empreendedor na mesma ocasião da apresentação do EPIA (art. 1º, *caput*, Decreto n. 97.632/89).

As medidas compensatórias representam importantes mecanismos de *compensação de impactos* com benefícios *diretamente revertidos às áreas protegidas situadas na área de influência do empreendimento*.

A segunda fase já se refere propriamente ao desenvolvimento da mina e da instalação do complexo mineiro, ocasião em que deverá obter a licença de instalação (art. 5º). Para tanto, deverá apresentar *Plano de Controle Ambiental* (PCA), que deverá conter os projetos executivos de mitigação e minimização do impacto ambiental.

A obtenção da licença de instalação é condição indispensável para autorizar a concessão de exploração, que depende de sua apresentação junto à autoridade mineira brasileira (DNPM). Nesse caso, obtida a autorização para a concessão de exploração, deve-se iniciar a execução do PCA, cuja implementação é condição que deverá ser demonstrada pelo solicitante para que seja possível obter, enfim, a licença de operação, ato pelo qual o requerente poderá iniciar a exploração mineral.

9.4. No ano de 2015, ocorreu o rompimento da barragem de rejeitos de mineração da Empresa Samarco no Município de Mariana, no Estado de Minas Gerais, tido por alguns especialistas como o maior desastre ambiental brasileiro de todos os tempos. Na legislação brasileira, merece destaque a edição da Lei n. 12.334/2010, que institui a Política Nacional de Segurança de Barragens, inclusive com a criação de um Sistema Nacional de Informações na matéria. A responsabilidade do empreendedor da tal atividade (e as obrigações decorrentes), em sintonia com o disposto no artigo constitucional ora comentado, está sujeita às três esferas consagradas no § 3º do art. 225: administrativa, civil e penal. Também se aplica ao caso, no âmbito civil, a responsabilidade objetiva do empreendedor, conforme disposto no art. 14, § 1º, da Lei n. 6.938/81 (Lei da Política Nacional do Meio Ambiente).

Art. 225, § 3º As condutas e atividades consideradas lesivas ao meio ambiente sujeitarão os infratores, pessoas físicas ou jurídicas, a sanções penais e administrativas, independentemente da obrigação de reparar os danos causados.

Andreas J. Krell

RESPONSABILIDADE POR DANO E POLUIÇÃO AMBIENTAL

A responsabilidade por degradação ambiental é *tripla*, podendo o mesmo ato infrator desencadear, alternativa ou cumulativamente, consequências de ordem penal, civil e administrativa. Enquanto a responsabilidade *civil* por dano ambiental foi introduzida no País em 1981, pela Lei n. 6.938 (art. 14, § 1º) e viabilizada processualmente pela Lei da Ação Civil Pública (7.347/85), a *administrativa* e a *penal* sofreram uma profunda reformulação em 1998, com a promulgação da Lei da Natureza (n. 9.605). Esses últimos dois tipos de responsabilidade não dependem, necessariamente, da realização de um *dano* ambiental, bastando que o ator lesivo ultrapasse os limites legalmente fixados ou ponha em risco a salubridade do meio ambiente ou a saúde das pessoas. Enquanto as sanções civis e penais devem ser fixadas pelo Judiciário, as administrativas são impostas pelos próprios órgãos executivos dos três níveis de governo, na base das leis vigentes de cada ente federativo (MILARÉ, 2015, p. 345s.).

No âmbito da responsabilidade civil, o maior problema consiste na fixação do montante monetário para compensar um *dano* ambiental, já que os bens ambientais, turísticos, paisagísticos etc. não possuem um valor de mercado. Essa dificuldade tem levado, na última década, à crescente substituição da condenação em dinheiro pelo cumprimento de obrigação *a fazer*, especialmente a realização de medidas compensatórias. Além disso, a evidente insuficiência das indenizações civis – normalmente repassadas a fundos pouco eficientes e mal gerenciados e controlados – causaram uma maior ênfase doutrinária nos meios processuais disponíveis para prevenir o próprio dano, como, p. ex., a ação inibitória (cf. MARINONI, 2019, p. 98ss.) do art. 497 do CPC de 2015.

As evidentes semelhanças na definição das condutas ilícitas e das sanções *penais* (arts. 29-69-A da Lei 9.605/98) e *administrativas* (arts. 24-83 do Decreto 6.514/08) dão suporte àqueles que alegam a incidência de um *bis in idem* material, especialmente quando elas apresentam os mesmos efeitos práticos e são previstas para uma mesma conduta, que é ao mesmo tempo crime e infração administrativa ambiental (RAMOS, 2005, p. 113, 120 e s.). Todavia, a independência das três vias de responsabilidade é consagrada pelo próprio teor do § 3º do art. 225, não sendo concebível um *bis in idem* entre as diferentes sanções e/ou indenizações. Nesta linha, a jurisprudência mais recente do STJ (REsp 1.137.314-MG) declarou expressamente a independência das diferentes vias de responsabilidade por degradação ambiental, rechaçando a aplicação do princípio *ne bis in idem* nestes casos.

Pontos de tangência entre as diferentes responsabilidades são a transação e a suspensão condicional do processo penal, que são condicionadas pela prévia composição do dano ambiental na área civil; além disso, o valor da prestação pecuniária paga pelo condenado no processo penal será deduzido da possível indenização civil (arts. 12, 27 e s. da Lei 9.605/98). Uma vez decididas no juízo criminal, não se pode, no âmbito da responsabilidade civil, questionar mais a existência do fato ou a identidade do autor (art. 935 do Código Civil).

A RESPONSABILIDADE ADMINISTRATIVA POR DEGRADAÇÃO E POLUIÇÃO AMBIENTAL

No Brasil, prevaleceu durante muito tempo o entendimento de que, para aplicação de sanções administrativas, não era preciso a configuração de culpa no agente. Assim, o legislador podia criar figuras típicas de infrações administrativas objetivas, onde há responsabilidade já quando incide o resultado previsto na descrição da norma, mas também subjetivas, nos quais é preciso investigar a intenção do agente.

Em geral, é restrita a incidência dos postulados do Direito Penal sobre o Direito Administrativo sancionador, que mantém relativa autonomia de seus princípios, como uma tipicidade mais aberta e a admissibilidade de infrações objetivas. Destarte, a responsabilidade administrativa ambiental forma um sistema híbrido, situado entre a responsabilidade (civil) objetiva e a (penal) subjetiva (COSTA NETO *et al.*, 2001, p. 378, 400s.). Em recentes decisões, o STJ (REsp n. 1640243 e 1401500/PR), afastando-se de sua linha anterior (REsp.1.318.051 e 62.584), declarou a natureza subjetiva da responsabilidade administrativa ambiental, exigindo a culpa do infrator.

É equivocada uma responsabilização objetiva *por omissão*, visto que tal figura iria levar à responsabilidade *total*. Para que uma omissão – no que diz respeito a seus efeitos jurídicos – possa ser equiparada a uma comissão, é necessária a análise de fatores subjetivos no caso concreto. No entanto, é co-responsável por omissão o órgão público que tomou (ou, na situação concreta, devia ter tomado) conhecimento do perigo ou da efetiva ocorrência de uma degradação ambiental e deixou de agir para evitá-la ou sancioná-la devidamente. Assim, o STJ julgou pela "existência do dever-poder estatal de controle e fiscalização urbanístico-ambiental" (REsp 1.071.741-SP). Nestes casos, qualquer discricionariedade do órgão administrativo deve ser considerada "reduzida a zero" em função da constitucionalização da tutela ambiental (cf. SARLET; FENSTERSEIFER, 2021, p. 293ss.; BENJAMIN, 2007, p. 75).

Ao definir as competências comuns de União, Estados, DF e Municípios, o art. 23 da CF (incisos III, IV, VI, VII, XI) enumera várias tarefas ligadas a valores ambientais e culturais. Essas atribuições materiais devem ser exercidas pelas administrações de todos os três níveis governamentais de acordo com a Lei Complementar (LC) n. 140 (de 9.12.2011), na base do art. 23, parágrafo único, que fixa normas para a cooperação entre a União, os Estados, o DF e os Municípios nas ações administrativas decorrentes do exercício da competência comum relativas à proteção das paisagens naturais notáveis, à proteção do meio ambiente, ao combate à poluição em qualquer de suas formas e à preservação das florestas. Esta LC tem por fim o fortalecimento do federalismo cooperativo (art. 241 da CF) para promover a solidariedade funcional entre as diferentes esferas de competência administrativa e estabelecer um equilíbrio dinâmico, superando a ideia de uma rígida partilha de competências (KRELL, 2008, p. 48s.).

A LC 140 introduziu o licenciamento emitido por um único órgão (art. 13), estabelecendo critérios para definição da competência dos entes federativos no caso concreto (arts. 7º, 8º e 9º(, e atribuiu ao órgão ambiental responsável pela emissão da licença também a lavratura de auto de infração ambiental e instauração de processo administrativo para a apuração de infrações à legislação ambiental cometidas pelo empreendimento ou atividade licenciada ou autorizada (art. 17, *caput*). Ao mesmo tempo, destacou o dever dos três níveis de governo de determinar medidas para evitar, fazer cessar ou mitigar qualquer degradação ambiental iminente ou ocorrida (art. 17, § 2º) e manteve a atribuição comum de fiscalização de empreendimentos e atividades efetiva ou potencialmente poluidores, "prevalecendo o auto de infração ambiental lavrado por órgão que detenha a atribuição de licenciamento" (art. 17, § 3º). Há várias críticas em relação à definição das competências de licenciar dos municípios (art. 9º), uma vez que a LC 140 restringiu sensivelmente a autonomia administrativa dos entes locais neste âmbito (FARIAS, 2020, p. 133ss.).

O sistema administrativo brasileiro tem a sua base no princípio da *execução imediata*: os quadros de funcionários federais, estaduais e municipais executam – com poucas exceções – os dispositivos legais da própria esfera. Além disso, o princípio constitucional da *autonomia administrativa* dos Estados e Municípios impede que seja imposto a estes um comportamento *ativo*, como a criação de secretarias, conselhos, elaboração de planos, criação de cargos, contratação de servidores, prestação de serviços ou o atendimento a certos padrões de qualidade. Por isso, muitas leis preveem uma integração dos estados e municípios brasileiros a "sistemas" administrativos *nacionais* ou dos municípios a sistemas *estaduais* (KRELL, 2011, p. 1.051ss.).

A Lei 6.938/81 estabeleceu, no seu art. 6º, o Sistema Nacional do Meio Ambiente (SISNAMA) ao qual, desde então, passaram a referir-se muitas outras leis ambientais. A Lei 9.605/98 declara que "são autoridades competentes para lavrar auto de infração ambiental e instaurar processo administrativo os funcionários *de órgãos ambientais integrantes do SISNAMA*" (art. 70, § 1º, destaque nosso), o que inclui também os órgãos estaduais e municipais. Os agentes administrativos destes devem aplicar, preponderantemente, as sanções previstas na legislação ambiental da sua *própria* esfera federativa; caso não haja previsões normativas, é possível eles se valerem das sanções previstas em nível federal. Não existe, contudo, a possibilidade de que *qualquer um* dos entes públicos seja competente para aplicar a legislação ambiental dos outros níveis federativos (MACHADO, 2013, p. 446). Assim, não cabe aos órgãos federais e estaduais aplicar leis ambientais locais, visto que a União e todos os Estados possuem uma legislação ambiental estruturada para fundamentar os seus atos.

Ao mesmo tempo, surgem problemas da concorrência de multas referentes à mesma infração, com a solução pouco satisfatória do art. 76 da Lei 9.605/98, que estabeleceu a preferência de multas estaduais e municipais, cujo pagamento sempre "substitui a multa federal na mesma hipótese de incidência", o que pode levar a manipulações e resultados absurdos. O dispositivo deve ser considerado inconstitucional por contrariar a ideologia da progressiva proteção ambiental, assentada no art. 225 da CF, e a tradição brasileira de determinar, em casos de competências cumulativas, a prevalência da atuação federal (COSTA NETO *et al.*, 2001, p. 407s.). Em 2016, o STJ (RE 1.132.682) entendeu não existir *bis in idem* no caso em que houver primeiro aplicação de multa por parte do IBAMA, seguida por outras autuações pelos órgãos ambientais estaduais e/ou municipais.

O Decreto 6.514, de 22.7.2008 (que revogou o Decreto 3.179/99), tenta dar unidade às regras sobre o procedimento administrativo em matéria ambiental (autuação, instrução, defesa, prazos, recursos, julgamento), no âmbito dos órgãos federais, concentrando as principais infrações e sanções, quais sejam: advertência, multa (simples e diária), apreensão, destruição, suspensão de venda e fabricação de produtos, embargo e demolição de obras, suspensão de atividades e restrições de direitos (MARTINS, 2015, p. 645ss.). O fato de que estas infrações foram tipificadas num Decreto não representa uma violação do princípio da "reserva da lei" (art. 5º, II, da CF), visto que o legislador pode delegar a especificação dos comportamentos a serem sancionados ao Executivo.

A área da proteção ambiental já dispõe de um regime jurídico especial que importa em restrições ao uso e gozo da propriedade, à liberdade de comércio, de indústria e outras iniciativas privadas. Não existe um "poder de polícia" indeterminado e independente de fundamentação legal; assim, o conceito só descreve uma *atividade*, não uma *faculdade* (MELLO, 2015, p. 845s., 860s.). No Brasil, a *competência de polícia* pertence normalmente à esfera federativa que tiver o direito de regular a respectiva matéria. Todavia, como certas atividades interessam simultaneamente a dois ou até três níveis estatais, o poder de regular e de policiar se difunde.

No âmbito da proteção ambiental, a fiscalização cabe, a princípio, a todos os entes, inclusive os órgãos que não efetuaram o licenciamento da respectiva atividade (art. 17, § 3º, LC 140). Já no que diz respeito à imposição de sanções previstas em lei, não cabe ao agente administrativo substituir um ato sancionador emitido por outro órgão que pertença ao nível de governo que promulgou a lei aplicada e/ou que seja competente para licenciar a atividade em questão, exceto nas já citadas hipóteses de urgência e omissão (FARIAS, 2020, p. 58ss.).

Também faz parte das competências administrativas dos entes federativos fiscalizar áreas de propriedade de outros níveis governamentais que são importantes para a proteção do meio ambiente (ex.: terrenos de marinha federais fiscalizados pelos órgãos da prefeitura). Sempre deve haver uma definição material concreta da *função específica* de cada órgão público: enquanto este age dentro desse limite, não deve haver interferência de outra repartição pública, seja ela municipal, estadual ou federal. Quando, porém, o órgão ultrapassar o âmbito dos seus limites funcionais (ex.: universidade pública utiliza vegetação sem fins de ensino, pesquisa ou extensão), poderá ser autuado por outro ente público, com fundamento em suas próprias leis.

A *multa* pecuniária não é sanção adequada para as relações entre os diferentes níveis estatais, visto que ela leva à punição da sociedade como um todo. O sistema brasileiro, inclusive para evitar uma aplicação de sanções entre os diferentes entes federativos, prevê a responsabilização administrativa e penal do próprio agente público como pessoa física (Decreto-Lei 201/67: responsabilidade dos prefeitos; Lei 8.429/92: improbidade administrativa).

Jurisprudência

STJ – REsp 1.071.741 – SP, j. 24.03.2009, Rel. Min. Herman Benjamin (corresponsabilidade solidária do poder estatal por omissão na fiscalização urbanística-ambiental); **STJ – REsp 1.137.314 – MG**, j. 17.11.2009, Rel. Min. Herman Benjamin (independência entre as diferentes vias de responsabilidade (civil, administrativa e penal) por degradação ambiental); **STJ – Resp 1.640.343**, j. 7.3.2017, Rel. Min. Herman Benjamin (natureza subjetiva da responsabilidade administrativa ambiental).

Referências

BENJAMIN, A. Herman. Constitucionalização do ambiente e ecologização da Constituição Brasileira. In: CANOTILHO, J. J. G.; LEITE, J. R. M. (orgs.). *Direito Constitucional Ambiental brasileiro*. São Paulo: Saraiva, 2007, p. 57-130; COSTA NETO, Nicolão Dino de C. e; BELLO FILHO, Ney de B.; COSTA, Flávio Dino de C. e. *Crimes e infrações administrativas ambientais*: comentários à Lei n. 9.605/98. 2. ed. Brasília: Brasília Jurídica, 2001; FARIAS, Talden. *Competência administrativa ambiental*: fiscalização, sanções e licenciamento ambiental na LC 140/2011. Rio de Janeiro: Lumen Juris, 2020; KRELL, Andreas J. A posição dos municípios brasileiros no Sistema Nacional de Meio Ambiente (Sisnama). In: MILARÉ, É.; MACHADO, P. A. L. (orgs.). *Doutrinas essenciais – Direito Ambiental*. Vol. 3. São Paulo: RT, 2011, p. 1051ss.; KRELL, Andreas J. *Leis de normas gerais, regulamentação do Poder Executivo e cooperação intergovernamental em tempos de Reforma Federativa*. Belo Horizonte: Fórum, 2008; MACHADO, P. A. Leme. *Direito Ambiental brasileiro*. 21. ed. São Paulo: Malheiros, 2013; MARINONI, Luiz G. *Tutela inibitória e tutela de remoção do ato ilícito*. 7. ed. São Paulo: Thomson Reuters, 2019; MARTINS, Giorgia S. Responsabilidade administrativa ambiental. In:

LEITE, J. R. M. (coord.). *Manual de Direito Ambiental*. São Paulo: Saraiva, 2015; MELLO, Celso A. Bandeira de. *Curso de Direito Administrativo*. 32. ed. São Paulo: Malheiros, 2015; MILARÉ, Édis. *Direito do ambiente*. 10. ed. São Paulo: RT, 2015; RAMOS, Érika P. Direito Ambiental sancionador: conexões entre as responsabilidades penal e administrativa. In: KRELL, A. (org.). *A aplicação do Direito Ambiental no Estado federativo*. Rio de Janeiro: Lumen Juris, 2005; SARLET, Ingo; FENSTERSEIFER, Tiago. *Direito Constitucional ecológico*. 7. ed. São Paulo: RT, 2021; TRENNEPOHL, Curt et al. *Infrações contra o meio ambiente*: multas e outras sanções administrativas. 5. ed. São Paulo: RT, 2023.

Paulo Affonso Leme Machado

RESPONSABILIDADE PENAL NO ART. 225, § 3º, DA CONSTITUIÇÃO FEDERAL

1. A pessoa jurídica e a ação criminosa contra o meio ambiente

O acolhimento da responsabilidade penal da pessoa jurídica mostra que houve atualizada percepção do papel das empresas no mundo contemporâneo. Nas últimas décadas a poluição, o desmatamento intensivo, a caça e a pesca predatória não são mais praticados só em pequena escala. O crime ambiental é principalmente corporativo.

A sanção do crime ambiental e a sanção da infração administrativa no tocante à pessoa jurídica guardam quase uma igualdade. A necessidade de trazer-se a matéria ambiental para o processo penal reside principalmente nas garantias funcionais do aplicador da sanção. O Poder Judiciário, a quem caberá aplicar a sanção penal contra a pessoa jurídica, tem garantias que o funcionário público ou o empregado da Administração indireta não possuem ou deixaram de ter.

A experiência brasileira mostra uma omissão enorme da Administração Pública na imposição de sanções administrativas diante das agressões ambientais. A possibilidade de serem responsabilizadas penalmente as pessoas jurídicas não irá desencadear uma frenética persecução penal contra as empresas criminosas. Tentar-se-á, contudo, impor um mínimo de corretivo para que a nossa descendência possa encontrar um planeta habitável.

Walter Claudius Rothenburg afirma: "o Direito Criminal em geral e o conceito de 'vontade criminosa' em particular foram construídos em função exclusiva da pessoa física. A própria necessidade de referência a aspectos 'subjetivos' (dogma da culpabilidade) traz ínsita uma implicação antropomórfica. Então, mister se faz adaptar essas noções à realidade dos entes coletivos, para se poder trabalhar a imputabilidade da pessoa jurídica com o instrumental teórico sugerido pela Dogmática tradicional. A partir daí – de reformulações e reconstruções –, pode-se chegar à sujeição criminal ativa da pessoa jurídica, sem ter de prescindir da culpa nos moldes de uma responsabilidade objetiva"[1].

Conservar-se só a responsabilidade da pessoa física frente aos crimes ambientais é aceitar a imprestabilidade ou a inutilidade do Direito Penal para colaborar na melhoria e recuperação do meio ambiente.

2. A Constituição Federal e a responsabilidade penal da pessoa jurídica

"As condutas e atividades consideradas lesivas ao meio ambiente sujeitarão os infratores, pessoas físicas ou jurídicas, a sanções penais e administrativas, independentemente da obrigação de reparar os danos causados" (art. 225, § 3º, da CF).

A responsabilidade penal da pessoa jurídica é introduzida no Brasil pela Constituição Federal de 1988, que mostra mais um dos seus traços inovadores. Lançou-se, assim, o alicerce necessário para termos uma dupla responsabilidade no âmbito penal: a responsabilidade da pessoa física e a responsabilidade da pessoa jurídica. Foi importante que essa modificação se fizesse por uma Constituição, que foi amplamente discutida não só pelos próprios Constituintes como, em todo o país, por juristas e por vários especialistas e associações de outros domínios do saber.

Não só o título VIII – da Ordem Social, em seu capítulo VI – do Meio Ambiente – tratou da responsabilidade da pessoa jurídica. O título VII – da Ordem Econômica e Financeira, em seu capítulo I – Dos Princípios Gerais da Atividade Econômica, sem estabelecer os tipos de punições, aborda também o tema da responsabilidade da pessoa jurídica, em seu art. 173, § 5º, prevendo que: "A lei, sem prejuízo da responsabilidade individual dos dirigentes da pessoa jurídica, estabelecerá a responsabilidade desta, sujeitando-a às punições compatíveis com sua natureza, nos atos praticados contra a ordem econômica e financeira e contra a economia popular".

Os constituintes captaram a vontade popular e sabiamente a expressaram ao firmar o princípio de que não basta responsabilizar a pessoa física do dirigente da empresa, em sua relação com o meio ambiente, com a economia popular, com a ordem econômica e financeira. A pessoa jurídica passou também a ser responsabilizada.

Examinemos os aspectos gramaticais de uma parte do § 3º – As condutas e atividades consideradas lesivas ao meio ambiente sujeitarão os infratores, pessoas físicas ou jurídicas, a sanções penais e administrativas. O parágrafo prevê dois tipos de infratores: as pessoas físicas ou as pessoas jurídicas. Usa-se a conjunção "ou", que significa alternativa, pois os infratores não serão somente pessoas físicas, nem somente pessoas jurídicas. Essas pessoas físicas ou jurídicas estarão sujeitas a sanções penais *e* administrativas. Nessa última frase utiliza-se a conjunção "e". A conjunção "e" faz parte das conjunções coordenativas, sendo que o primeiro tipo é o das conjunções aditivas, que dão a ideia de adição, de acrescentamento: "e, nem, mas também, mas ainda..."[2]. Portanto, as sanções penais e administrativas tanto podem ser cominadas às pessoas jurídicas como às pessoas físicas. Sem razão, assim, os que chegaram a entender que, com

---

1. ROTHENBURG, Walter C. *A Pessoa Jurídica Criminosa*. Curitiba: Ed. Juruá, 1997.

2. CEGALLA, Domingos P. *Novíssima Gramática da Língua Portuguesa*. 24. ed. São Paulo: Cia. Editora Nacional, 1984. No mesmo sentido, LUFT, Celso P. *Dicionário Gramática da Língua Portuguesa*. Porto Alegre: Editora Globo, 1967.

a redação constitucional mencionada, as sanções penais estariam reservadas às pessoas físicas e as sanções administrativas, restritas às pessoas jurídicas.

O art. 225, § 3º, da CF não se choca com o art. 5º, XLV da CF, que diz: "nenhuma pena passará da pessoa do condenado, podendo a obrigação de reparar o dano e a decretação do perdimento de bens ser, nos termos da lei, estendidas aos sucessores e contra eles executadas, até o limite do valor do patrimônio transferido". A Constituição proíbe que a família de um condenado – pessoa física – possa ser condenada somente porque um de seus membros sofreu uma sanção ou que alguém se apresente para cumprir pena em lugar de outrem. Contudo, o mandamento constitucional não excluiu da condenação penal uma pessoa que seja arrimo de família. A sanção penal poderá ter reflexos extraindividuais legítimos, pois não se exige que o condenado não tenha nenhuma ligação familiar.

A responsabilidade penal da pessoa jurídica só será dissuasória de condutas e atividades lesivas ao meio ambiente se ela for implementada através de sanções econômicas, que propiciem a compensação e/ou a reparação do dano ocorrido ou que consigam prevenir a degradação ambiental, no tempo certo.

José Rubens Morato Leite

RESPONSABILIDADE CIVIL POR DANO AMBIENTAL

1. Histórico da norma

A sanção civil por danos ambientais é recente e surgiu pela primeira vez no sistema normativo no âmbito da Lei da Política Nacional do Meio Ambiente (Lei n. 6.938/1981).

2. Constituições brasileiras anteriores

Não há correspondência no texto de ordens constitucionais precedentes.

3. Direito internacional

Convenção sobre Diversidade Biológica (Decreto Legislativo n. 2/94) e Protocolo de Cartagena sobre Biossegurança (2000); Declaração do Rio de Janeiro Sobre Meio Ambiente e Desenvolvimento (1992); Convenção-Quadro das Nações Unidas Sobre a Mudança do Clima (1992) e Protocolo de Quioto (1997). Acordo Regional para América Latina e Caribe sobre Acesso à Informação, Participação Pública e Acesso à Justiça em Assuntos Ambientais (2018).

4. Remissões constitucionais relevantes

Art. 5º, V e X (dano moral), XXII (direito de propriedade), XXIII (função social da propriedade); art. 170, art. 184 e 186 (função social da propriedade e desapropriação do imóvel rural).

5. Leis e normas concretizadoras

Lei n. 11.105/2005 (Política Nacional de Biossegurança), arts. 20 e 21; Lei n. 6.938/81 (Política Nacional do Meio Ambiente), art. 2º, VIII, art. 3º, III, art. 4º, VI, VII; art. 14 *caput* §1º; Lei 7.347/85, art. 3º e art. 5º, V e X; Lei 7.347/1985, art. 3º; Lei 9.605/98 e Dec. 3.179/99 (sanções penais e administrativas); Lei n. 6.453/77; Lei n. 10.406/02 (Código Civil), art. 927 §único (responsabilidade por risco da atividade); art. 1128, §1º (conteúdo do direito de propriedade); art. 99 (definição de bem de uso comum, pertencente ao Poder público); art.1263 (coisa sem dono); art. 187 (responsabilidade decorrente do abuso de direito); art. 186 (responsabilidade por ato ilícito); art. 1277; art.1278, art. 1279, art. 1280, art.1281 (direito de vizinhança e limite da tolerância); art. 1313, *caput*, I, art. 1289 e art. 1293, §1º (direito de vizinhança e construir); art. 936 (responsabilidade objetiva do dono de animal); art. 942 (responsabilidade solidária); art. 206, § 3, V (prescrição); art. 186 (dano extrapatrimonial); art. 953 e 954 (hipóteses de dano extrapatrimonial).

6. Jurisprudência constitucional

6.1. STJ – REsp 548.181-PR – Julgado da lavra da Ministra Rosa Weber, que trata a respeito da responsabilidade penal da pessoa jurídica no caso de crime ambiental, onde a Ministra decidiu que os ditames do § 3º do art. 225 da Constituição Federal não condicionam a responsabilização penal da pessoa jurídica por crimes ambientais à simultânea persecução penal da pessoa física em tese responsável no âmbito da empresa. Aduz a Ministra que a norma constitucional não impõe a necessária dupla imputação. As organizações corporativas complexas da atualidade se caracterizam pela descentralização e distribuição de atribuições e responsabilidades, sendo inerentes, a esta realidade, as dificuldades para imputar o fato ilícito a uma pessoa concreta. Neste sentido, condicionar a aplicação do art. 225, § 3º, da Carta Política a uma concreta imputação também a pessoa física implica indevida restrição da norma constitucional, expressa a intenção do constituinte originário não apenas de ampliar o alcance das sanções penais, mas também de evitar a impunidade pelos crimes ambientais diante das imensas dificuldades de individualização dos responsáveis internamente às corporações, além de reforçar a tutela do bem jurídico ambiental. Aduz a Ministra que a identificação dos setores e agentes internos da empresa determinantes da produção do fato ilícito tem relevância e deve ser buscada no caso concreto como forma de esclarecer se esses indivíduos ou órgãos atuaram ou deliberaram no exercício regular de suas atribuições internas à sociedade, e ainda para verificar se a atuação se deu no interesse ou em benefício da entidade coletiva. Tal esclarecimento, relevante para fins de imputar determinado delito à pessoa jurídica, não se confunde, todavia, com subordinar a responsabilização da pessoa jurídica à responsabilização conjunta e cumulativa das pessoas físicas envolvidas. Em não raras oportunidades, as responsabilidades internas pelo fato estarão diluídas ou parcializadas de tal modo que não permitirão a imputação de responsabilidade penal individual. O Recurso Extraordinário foi parcialmente conhecido e, na parte conhecida, provido.

6.2. STJ – REsp 1.251.697-PR – O julgado em comento trata da aplicação administrativa de multa em razão de infração ambiental. Fora ajuizada execução fiscal em face do adquirente da propriedade. Segundo o Relator, Ministro Mauro Campbell Marques, a multa como penalidade administrativa difere da obrigação civil de reparar o dano. O Ministro expôs o entendimento pacífico do STJ no sentido de que a responsabilidade civil pela reparação dos danos ambientais adere à propriedade, como obrigação *propter rem*, sendo possível cobrar também do atual proprietário condutas derivadas de danos provocados pelos proprietários antigos. Na ação, o que se discute é a possibilidade de que terceiro responda por sanção aplicada por infração ambiental. A questão, portanto, não se cinge ao plano da responsabilidade civil, mas da responsabilidade administrativa por dano ambiental. Segundo o Ministro, pelo princípio da intranscendência das penas (art. 5º, inc. XLV, CR1988), aplicável não só ao âmbito penal, mas também a todo o Direito Sancionador, não é possível ajuizar execução fiscal em face do recorrente para cobrar multa aplicada em face de condutas imputáveis a seu pai. Explica que isso ocorre pois a aplicação de penalidades administrativas não obedece à lógica da responsabilidade objetiva da esfera cível (para reparação dos danos causados), mas deve obedecer à sistemática da teoria da culpabilidade, ou seja, a conduta deve ser cometida pelo alegado transgressor, com demonstração de seu elemento subjetivo, e com demonstração do nexo causal entre a conduta e o dano. A diferença entre os dois âmbitos de punição e suas consequências fica bem estampada da leitura do art. 14, § 1º, da Lei n. 6.938/1981, segundo o qual "[s]em obstar a aplicação das penalidades previstas neste artigo [entre elas, frise-se, a multa], é o poluidor obrigado, independentemente da existência de culpa, a indenizar ou reparar os danos causados ao meio ambiente e a terceiros, afetados por sua atividade". Resumindo: a aplicação e a execução das penas limitam-se aos transgressores; a reparação ambiental, de cunho civil, a seu turno, pode abranger todos os poluidores, a quem a própria legislação define como "a pessoa física ou jurídica, de direito público ou privado, responsável, direta ou indiretamente, por atividade causadora de degradação ambiental" (art. 3º, inc. V, do mesmo diploma normativo). Recurso especial provido.

6.3. **STJ – RHC 71.923-PA** – O presente julgado, da lavra do Ministro Reynaldo Soares da Fonseca, trata de Recurso em *Habeas Corpus*, traz uma mudança de entendimento da Corte quanto a responsabilidade administrativa ambiental, vez que o Relator menciona que os indícios de autoria relativos à pessoa jurídica, colhidos dos supostos crimes contra a flora e contra a Administração Ambiental, não podem ser atribuídos automaticamente aos seus sócios. Denota-se, portanto, mudança na interpretação, inclinando-se o entendimento pela responsabilidade administrativa subjetiva, e não mais objetiva. Segundo o julgado, o art. 225, § 3º, da CF/88, ao prever a possibilidade de responsabilização penal de pessoas jurídicas, absolutamente não instaurou regime de responsabilidade penal objetiva dos seus sócios. A responsabilidade penal da pessoa jurídica não representa, segundo o Relator, automaticamente, a de seus sócios, sob pena de se ver esvaziada a regra básica e civilizatória da intranscendência subjetiva das sanções. Por conseguinte, não se deve admitir que os "indícios" de autoria da pessoa jurídica redundem na prisão processual de seu sócio, sem que em relação a ele haja, igualmente, "indícios" de autoria em relação aos delitos investigados. Do mesmo modo, o julgado **REsp 1401500-PR**, da lavra do Ministro Herman Benjamin, a respeito da explosão de navio na Baía de Paranaguá (navio "Vicuna"), onde houve a ocorrência de graves danos ambientais devido ao vazamento de metanol e óleos combustíveis. No julgado, o Ministro Relator relata que em 2004 a empresa recorrente celebrou contrato internacional de importação de certa quantidade da substância química metanol com a empresa Methanexchile Limited. O produto foi transportado pelo navio Vicuna até o Porto de Paranaguá, e o desembarque começou a ser feito no píer da Cattalini Terminais Marítimos Ltda., quando ocorreram duas explosões no interior da embarcação, as quais provocaram incêndio de grandes proporções e resultaram em danos ambientais ocasionados pelo derrame de óleos e metanol nas águas da Baía de Paranaguá. Diante do acidente, o Instituto recorrido autuou e multa a empresa recorrente no valor de R$ 12.351.500,00 (doze milhões, trezentos e cinquenta e um mil e quinhentos reais). O Tribunal de origem consignou que "a responsabilidade do poluidor por danos ao meio ambiente é objetiva e decorre do risco gerado pela atividade potencialmente nociva ao bem ambiental. Nesses termos, tal responsabilidade independe de culpa, admitindo-se como responsável mesmo aquele que aufere indiretamente lucro com o risco criado" e que "o artigo 25, § 1º, VI, da Lei 9.966/2000 estabelece expressamente a responsabilidade do 'proprietário da carga' quanto ao derramamento de efluentes no transporte marítimo", mantendo a Sentença e desprovendo o recurso de Apelação. A insurgente opôs Embargos de Declaração com intuito de provocar a manifestação sobre o fato de que os presentes autos não tratam de responsabilidade ambiental civil, que seria objetiva, mas sim de responsabilidade ambiental administrativa, que exige a demonstração de culpa ante sua natureza subjetiva. De acordo com o Relator, no Direito brasileiro e de acordo com a jurisprudência do Superior Tribunal de Justiça, a responsabilidade civil pelo dano ambiental, qualquer que seja a qualificação jurídica do degradador, público ou privado, proprietário ou administrador da área degradada, é de natureza objetiva, solidária e ilimitada, sendo regida pelos princípios do poluidor-pagador, da reparação *in integrum*, da prioridade da reparação *in natura* e do favor *debilis*. Todavia, os presentes autos tratam de questão diversa, a saber a natureza da responsabilidade administrativa ambiental, bem como a demonstração de existência ou não de culpa, já que a controvérsia é referente ao cabimento ou não de multa administrativa. Sendo assim, o STJ possui jurisprudência no sentido de que, "tratando-se de responsabilidade administrativa ambiental, o terceiro, proprietário da carga, por não ser o efetivo causador do dano ambiental, responde subjetivamente pela degradação ambiental causada pelo transportador" (AgRg no AREsp 62.584/RJ, Rel. Ministro Sérgio Kukina, Rel. p/ acórdão Ministra Regina Helena Costa, Primeira Turma, *DJe* 7-10-2015). "Isso porque a aplicação de penalidades administrativas não obedece à lógica da responsabilidade objetiva da esfera cível (para reparação dos danos causados), mas deve obedecer à sistemática da teoria da culpabilidade, ou seja, a conduta deve ser cometida pelo alegado transgressor, com demonstração de seu elemento subjetivo, e com demonstração do nexo causal entre a conduta e o dano" (REsp 1.251.697/PR, Rel. Ministro Mauro Campbell Marques, Segunda Turma, *DJe* 17-4-2012). Ao final, deu provimento ao Recurso Especial.

6.4. **STJ – REsp 1.198.727-MG** – Neste julgado, da lavra do Ministro Herman Benjamin, trata-se de Ação Civil Pública devido a desmatamento de vegetação nativa (Cerrado) sem autorização da autoridade ambiental e consequentes danos causados à Biota. No juízo de primeiro grau, fora considerado provado o dano ambiental e portanto condenaram o réu a repará-lo; porém, julgaram improcedente o pedido indenizatório pelo dano ecológico pretérito e residual. De acordo com o Ministro, a legislação de amparo dos sujeitos vulneráveis e dos interesses difusos e coletivos deve ser interpretada da maneira que lhes seja mais favorável e melhor possa viabilizar, no plano da eficácia, a prestação jurisdicional e a *ratio essendi* da norma. A hermenêutica jurídico-ambiental rege-se pelo princípio *in dubio pro natura*. Ao responsabilizar-se civilmente o infrator ambiental, não se deve confundir prioridade da recuperação *in natura* do bem degradado com impossibilidade de cumulação simultânea dos deveres de repristinação natural (obrigação de fazer), compensação ambiental e indenização em dinheiro (obrigação de dar), e abstenção de uso e de nova lesão (obrigação de não fazer). O Ministro afirma que de acordo com a tradição do Direito brasileiro, imputar responsabilidade civil ao agente causador de degradação ambiental difere de fazê-lo administrativa ou penalmente. Logo, eventual absolvição no processo criminal ou perante a Administração Pública não influi, como regra, na responsabilização civil, tirantes as exceções em *numerus clausus* do sistema legal, como a inequívoca negativa do fato ilícito (não ocorrência de degradação ambiental, p. ex.) ou da autoria (direta ou indireta), nos termos do art. 935 do Código Civil. Se o bem ambiental lesado for imediata e completamente restaurado ao *status quo ante* (*reductio ad pristinum statum*, isto é, restabelecimento à condição original), não há falar, ordinariamente, em indenização. Contudo, a possibilidade técnica, no futuro (= prestação jurisdicional prospectiva), de restauração *in natura* nem sempre se mostra suficiente para reverter ou recompor integralmente, no terreno da responsabilidade civil, as várias dimensões do dano ambiental causado; por isso não exaure os deveres associados aos princípios do poluidor-pagador e da reparação *in integrum*. A recusa de aplicação ou aplicação parcial dos princípios do poluidor-pagador e da reparação *in integrum* arrisca projetar, moral e socialmente, a nociva impressão de que o ilícito ambiental compensa. Daí a resposta administrativa e judicial não passar de aceitável e gerenciável "risco ou custo do negócio", acarretando o enfraquecimento do caráter dissuasório da proteção legal, verdadeiro estímulo para que outros, inspirados no exemplo de impunidade de fato, mesmo que não de direito, do infrator premiado, imitem ou repitam seu comportamento deletério. A responsabilidade civil ambiental deve ser compreendida o mais amplamente possível, de modo que a condenação a recuperar a área prejudicada não exclua o dever de indenizar – juízos retrospectivo e prospectivo. A cumulação de obrigação de fazer, não fazer e pagar não configura *bis in idem*, porquanto a indenização, em vez de considerar lesão específica já ecologicamente restaurada ou a ser restaurada, põe o foco em parcela do dano que, embora causada pelo mesmo comportamento pretérito do agente, apresenta efeitos deletérios de cunho futuro, irreparável ou intangível. Recurso especial parcialmente provido para reconhecer a possibilidade, em tese, de cumulação de indenização pecuniária com as obrigações de fazer e não fazer voltadas à recomposição *in natura* do bem lesado, devolvendo-se os autos ao Tribunal de origem para que verifique se, na hipótese, há dano indenizável e fixe eventual *quantum debeatur*.

6.5. **STJ – REsp 1.269.494-MG** – O julgado de lavra da Ministra Eliana Calmon, trata da possibilidade de cumulação de condenações de obrigação de fazer ou de não fazer, com indenizações pecuniárias em sede de Ação Civil Pública. De acordo com a Ministra, o dano ao meio ambiente, por ser bem público, gera repercussão geral, impondo conscientização coletiva à sua reparação, a fim de resguardar o direito das futuras gerações a um meio ambiente ecologicamente equilibrado. O dano moral coletivo ambiental atinge direitos de personalidade do grupo massificado, sendo desnecessária a demonstração de que a coletividade sinta a dor, a repulsa, a indignação, tal qual fosse um indivíduo isolado. O Recurso Especial foi provido, para reconhecer, em tese, a possibilidade de cumulação de indenização pecuniária com as obrigações de fazer, bem como a condenação em danos morais coletivos, com a devolução dos autos ao Tribunal de origem para que verifique se, no caso, há dano indenizável e fixação do eventual *quantum debeatur*.

6.6. **STJ – AgRg REsp 1.001.780-PR** – No julgado em comento, o Ministro Teori Albino Zavascki analisou a responsabilidade civil do Estado por omissão, mencionando o seu dever inerente de controle e fiscalização. O Ministro aduz que a jurisprudência predominante no STJ é no sentido de que, em matéria de proteção ambiental, há responsabilidade civil do Estado quando a omissão de cumprimento adequado do seu dever de fiscalizar for determinante para a concretização ou o agravamento do dano causado pelo seu causador direto. Trata-se, todavia, de responsabilidade subsidiária, cuja execução poderá ser promovida caso o degradador direto não cumprir a obrigação, "seja por total ou parcial exaurimento patrimonial ou insolvência, seja por impossibilidade ou incapacidade, por qualquer razão, inclusive técnica, de cumprimento da prestação judicialmente imposta, assegurado, sempre, o direito de regresso (art. 934 do Código Civil), com a desconsideração da personalidade jurídica, conforme preceitua o art. 50 do Código Civil" (REsp n. 1.071.741-SP, 2ª T., Min. Herman Benjamin, *DJe* de 16-12-2010). A importância do julgado diz respeito ao fato de abordar questão de extrema relevância jurídica nas lides ambientais, na medida em que anota qual a natureza da responsabilidade civil da Administração Pública pela reparação de danos causados a este bens jurídicos, além de nos brindar com nuanças quanto à responsabilidade doe entes federados quando haja delegação de obrigações constitucionalmente previstas na matéria de proteção do meio ambiente. O Agravo foi desprovido.

6.7. **STJ – REsp 1.090.968-SP** – Este julgado, da lavra do Ministro Luiz Fux, trata da obrigação *propter rem*. A responsabilidade pelo dano ambiental é objetiva, ante a *ratio essendi* da Lei n. 6.938/1981, que em seu art. 14, § 1º, determina que o poluidor seja obrigado a indenizar ou reparar os danos ao meio ambiente e, quanto ao terceiro, preceitua que a obrigação persiste, mesmo sem culpa. Precedentes do STJ: REsp n. 826.976-PR, Relator Ministro Castro Meira, *DJ* de 1º-9-2006; AgRg no REsp n. 504.626-PR, Relator Ministro Francisco Falcão, *DJ* de 17-5-2004; REsp n. 263.383-PR, Relator Ministro João Otávio de Noronha, *DJ* de 22-8-2005 e EDcl no AgRg no REsp n. 255.170-SP, desta relatoria, *DJ* de 22-4-2003. O Ministro aduz que a obrigação de reparação dos danos ambientais é *propter rem*, por isso que a Lei n. 8.171/1991 vigora para todos os proprietários rurais, ainda que não sejam eles os responsáveis por eventuais desmatamentos anteriores, máxime porque a referida norma referendou o próprio Código Florestal (Lei n. 4.771/1965) que estabelecia uma limitação administrativa às propriedades rurais, obrigando os seus proprietários a instituírem áreas de reservas legais, de no mínimo 20% de cada propriedade, em prol do interesse coletivo. Precedente do STJ: REsp n. 343.741-PR, Relator Ministro Franciulli Netto, *DJ* de 7-10-2002. Consoante bem pontuado pelo Ministro Herman Benjamin, no REsp n. 650.728-SC, 2ª Turma, unânime: "(...) 11. É incompatível com o Direito brasileiro a chamada desafetação ou desclassificação jurídica tácita em razão do fato consumado. Assim, as obrigações ambientais derivadas do depósito ilegal de lixo ou resíduos no solo são de natureza *propter rem*, o que significa dizer que aderem ao título e se transferem ao futuro proprietário, prescindindo-se de debate sobre a boa ou má-fé do adquirente, pois não se está no âmbito da responsabilidade subjetiva, baseada em culpa. Ressalta ainda que para o fim de apuração do nexo de causalidade no dano ambiental, equiparam-se quem faz, quem não faz quando deveria fazer, quem deixa fazer, quem não se importa que façam, quem financia para que façam, e quem se beneficia quando outros fazem. Constatado o nexo causal entre a ação e a omissão das recorrentes com o dano ambiental em questão, surge, objetivamente, o dever de promover a recuperação da área afetada e indenizar eventuais danos remanescentes, na forma do art. 14, § 1º, da Lei n. 6.938/1981. (...)". *DJ* 2-12-2009. Recurso parcialmente conhecido e, nesta parte, desprovido.

6.8. STJ – REsp 1.666.027-SP – Este julgado recente, datado de outubro de 2017, da lavra do Ministro Herman Benjamin, trata de Ação Civil Pública ajuizada pelo Ministério Público do Estado de São Paulo contra o Estado de São Paulo, Município de São Bento do Sapucaí e diversas pessoas físicas, em razão de loteamento clandestino efetuado por um dos réus, que alienou lotes, para os outros corréus, de imóvel situado em Área de Preservação Permanente, sem prévia anuência dos órgãos competentes. Na sentença, os foram condenados solidariamente a promover o desfazimento do loteamento, recuperando-o ambientalmente, no prazo de seis meses do trânsito em julgado da sentença, sob pena de multa diária de R$ 5.000,00, e os demais corréus (compromissários compradores) deverão demolir suas edificações e recompor a vegetação nativa, nos limites de seus respectivos lotes, sob pena de multa diária de R$ 500,00. O Tribunal *a quo* manteve a sentença integralmente, sob os fundamentos de que não mereça prevalecer a preliminar de ilegitimidade passiva da Fazenda do Estado de São Paulo, visto que foi corretamente colocada nesse polo da demanda em razão de falha da prestação do serviço público pelo Estado, bem como pelo Município, os quais, em razão de omissão, tornaram possível a implantação do loteamento clandestino. Assim, diante da legítima participação da Fazenda do Estado de São Paulo no polo passivo da ação, responsabilizou o loteador a recuperação ambiental de toda a área, inclusive os lotes vendidos. O Superior Tribunal de Justiça firmou o entendimento de que o ente federado tem o dever de fiscalizar e preservar o meio ambiente e combater a poluição (Constituição Federal, art. 23, VI, e art. 3º da Lei n. 6.938/1981), podendo sua omissão ser interpretada como causa indireta do dano (poluidor indireto), o que enseja sua responsabilidade objetiva. Precedentes: AgRg no REsp 1.286.142/SC, Rel. Ministro Mauro Campbell Marques, Segunda Turma, *DJe* 28-2-2013; AgRg no Ag 822.764/MG, Rel. Ministro José Delgado, Primeira Turma, *DJ* 2-8-2007; REsp 604.725/PR, Rel. Ministro Castro Meira, Segunda Turma, *DJ* 22-8-2005. Recurso Especial conhecido parcialmente e, nessa parte, não provido.

6.9. STJ – REsp 647.493-SC – Esse importante julgado condena os réus a implementar, com início dentro de seis meses, término em até 3 anos e multa de 1% sobre o valor da causa por mês de atraso, um amplo projeto de recuperação de áreas degradas pela atividade de mineração do carvão na região de Criciúma/SC. A condenação compreende a elaboração do projeto, com cronograma de atividades, o custeio das obras e a obrigação de cessar as atividades lesivas, com adequação às normas protetivas do meio ambiente no prazo de 60 dias. Diversas empresas mineradoras foram responsabilizadas objetivamente, prescindindo-se de prova da culpa, sendo o dano e o nexo causal considerados fatos notórios, conforme os elementos comprobatórios decorrentes do inquérito civil público. A ação foi considera improcedente em relação ao Estado de Santa Catarina, uma vez que o dano foi anterior a 1988 e a competência administrativa em relação às jazidas, na Constituição Federal de 1967 (*vide* art. 168), era privativa da União. O julgado reconhece a responsabilidade subjetiva da União Federal por omissão, em face da obrigação do Estado de agir conforme a lei. Observa, contudo, que com a condenação do Estado à reparação dos danos, a sociedade estaria, de forma mediata, arcando com os custos, em uma espécie de "autoindenização". Dessa forma, permite à União o ressarcimento total das quantias despendidas, que serão suportadas pelas mineradoras, agentes poluidores que realmente se beneficiaram do evento danoso. O decisório recorre, ainda, à desconsideração da personalidade jurídica das entidades envolvidas para chamar à responsabilidade seus sócios e administradores, na medida em que delas se utilizaram com objetivos fraudulentos ou diversos daqueles pelos quais foram constituídas. Essa responsabilidade dos sócios e administradores em nome próprio é solidária e subsidiária em relação aos entes administrados. Por fim, o julgado declarou a ação de reparação/recuperação do dano ambiental imprescritível, em se tratando de interesses coletivos, fundamentais e transgeracionais, orientados para o futuro comum. Reforça a tese da imprescritibilidade o fato de as lesões serem continuadas e cumulativas.

Contrariamente à tese da responsabilidade subjetiva do ente estatal e da possibilidade de regresso em face dos demais poluidores, que caracteriza o caso relatado, podem-se observar inúmeros outros julgados responsabilizando objetivamente a entidade estatal pela lesão ao meio ambiente. O julgado, também do **STJ, REsp 28.222/SP,** considera o Município de Itapetininga como responsável solidário à empresa concessionária do serviço de coleta de esgoto urbano, em caso de poluição causada no Ribeirão Carrito. A legitimidade passiva do município fundamenta-se no dever de fiscalização da boa execução do contrato, atuando o ente público como fiador da regularidade do serviço concedido. Argumenta o julgado ainda que a responsabilidade do município não é subsidiária, na forma da lei das concessões (Lei n. 8.987/95), mas objetiva e por risco, sendo desnecessário discutir a liceidade das atividades exercidas pelo concessionário ou a legalidade do contrato administrativo que concedeu a exploração de serviço público, justificando-se o dever de reparar somente em razão da "potencialidade do dano". O julgado **STJ – REsp 295797/SP** – Cuida da responsabilidade solidária por danos ambientais (desmatamento de área de preservação permanente) na realização de loteamento. O município, ao autorizar o empreendimento, integra o litisconsórcio passivo juntamente com o responsável direto pelos danos e a terceira pessoa que adquiriu o imóvel. Destaca-se ainda o julgado **STJ – REsp 604.725/PR, que** responsabiliza o Estado objetivamente por omissão no dever de fiscalização e preservação do meio ambiente. O nexo de causalidade necessário para a responsabilização do poluidor é caracterizado pelo repasse de verbas do Estado do Paraná para o município de Foz do Iguaçu e pela ausência de cautelas fiscalizatórias ou, mais especificamente, pela não exigência do Estudo de Impacto Ambiental, nem de Audiências Públicas, pré-requisitos legais para concessão da licença. O município de Foz do Iguaçu e o Estado do Paraná também não agiram pela paralisação da obra, logo que esta se mostrou lesiva, evidenciando todos os elementos necessários à configuração jurídica da obrigação de reparar o dano (ação ou omissão, nexo de causalidade e dano). Trata-se, pois, de responsabilidade solidária, com litisconsórcio facultativo entre as pessoas de direito público já mencionadas e os executores da obra. No **REsp 67.285/SP**, por sua vez, caracteriza-se como facultativa a denunciação da lide, porque caracterizada a responsabilidade solidária e objetiva dos poluidores.

6.10. **STJ – REsp 598.281-MG** – Em decisão de 2-5-2006, o Superior Tribunal de Justiça teve a oportunidade de se manifestar sobre a problemática do dano extrapatrimonial ambiental. O Recurso Especial foi proposto pelo MP do Estado de Minas Gerais contra acórdão proferido pelo TJMG, que reconheceu a responsabilidade dos recorridos (Município de Uberlândia e Empreendimentos Imobiliários Canaã Ltda.) por danos ambientais pertinentes à erosão dos loteamentos do Bairro Jardim Canaã I e II, não tendo admitido, entretanto, a existência dos danos ambientais extrapatrimoniais suportados pela coletividade. O Relator do acórdão, Min. Luiz Fux, acompanhado pelo Min. José Delgado, votou pelo provimento do recurso, e, portanto, pelo reconhecimento do dano ambiental extrapatrimonial difuso. Discordando do voto do relator, o Min. Teori Albino Zavascki, acompanhado pelo Min. Francisco Falcão, negou provimento ao recurso por entender que a vítima do dano moral é, necessariamente, uma pessoa individual. A Min. Denise Arruda, apesar de favorável à tese do dano extrapatrimonial coletivo, votou pela falta de comprovação a respeito de uma violação do sentimento coletivo da comunidade no caso sob análise. Muito embora se tenha negado provimento ao recurso por 3 votos contra 2, portanto, pode-se considerar aceita a tese do dano extrapatrimonial ambiental coletivo, ainda que com restrições. Ademais, o fato de o assunto ter suscitado discussões inéditas revela a novidade e o dinamismo característicos das questões jurídico-ambientais.

Uma vez que a discussão da temática suscitada ainda é muito recente e carece de consolidação nos tribunais superiores, e dado o caráter constitucional do tema (*vide* art. 5º, V e X), cabe analisar brevemente a construção jurisprudencial que vem se desenvolvendo nos tribunais dos Estados. Muitos julgados reconhecem esta dimensão do dano ambiental e a necessidade de garantir sua compensação. Destaca-se o acórdão proferido pelo Tribunal de Justiça do Estado do Rio de Janeiro em 7-8-2002, nos autos do processo referente à Apelação Cível 2001.001.14586[1]. O Município do Rio de Janeiro propôs ação civil pública objetivando a reparação de danos ambientais materiais e extrapatrimoniais, decorrentes do corte de árvores, supressão de sub-bosque e início de construção não licenciada em terreno próximo ao Parque Estadual da Pedra Branca. Pelo juízo singular foram acolhidos os pedidos de condenação na obrigação de desfazer as obras irregularmente executadas e de plantar 2.800 mudas de árvores de espécies nativas, com o objetivo de promover a recuperação da área degradada, ou seja, reparar os danos ambientais materiais. Tendo o município apelado, a 2ª Câmara Cível do Tribunal de Justiça do Rio de Janeiro reformou a sentença admitindo também a ocorrência de danos morais coletivos decorrentes da ação danosa perpetrada contra o meio ambiente e condenando o apelado ao pagamento do equivalente a 200 salários mínimos. Válida também é a análise de quatro acórdãos do Tribunal de Justiça de Minas Gerais, julgados nos anos de 2003, 2004, 2005 e 2006, que demonstram a tendência de evolução do tratamento dado pela jurisprudência ao dano ambiental extrapatrimonial difuso. O primeiro, publicado em 5-12-2003[2], trata de Ação Civil Pública, proposta pelo Ministério Público do Estado de Minas Gerais, em face do Bar e Restaurante Tribuna Livre Ltda, com vistas à reparação de dano moral coletivo provocado por poluição sonora, propagada durante longo período no Município de Uberlândia e que provocou toda sorte de transtornos aos moradores do local. A poluição sonora é exemplo prático de hipótese em que a compensação por danos morais apresenta-se como única forma de reparação do dano. No segundo caso, julgado em 23-11-2004[3], o juízo singular julgou procedente pedido de condenação de F. J. da C., formulado em Ação Civil Pública pelo Ministério Público do Estado de Minas Gerais, à reparação integral do dano ambiental decorrente do desmatamento de vegetação de preservação permanente. A sentença contemplou a reparação do dano ambiental material e imaterial, tendo condenado o réu a recompor a área desmatada e considerada de preservação permanente, e ao pagamento de uma pena pecuniária a título de danos morais ambientais. O terceiro e quarto acórdãos, julgados em 10-05-2005[4] e 19-12-2005[5], respectivamente, tratam da ocorrência de dano ambiental extrapatrimonial difuso, em casos de manutenção de aves silvestres em cativeiro.

6.11. **STJ – REsp 625249/PR** – Este julgado estabelece, à luz da Constituição Federal, da Lei n. 6.938/81 e dos princípios da prevenção, do poluidor-pagador e da reparação integral, a possibilidade de cumulação de pedidos em caso de reparação de danos ambientais: obrigação de fazer, de não fazer e de pagar quantia certa. Esclarece ainda que a exigência de propositura de ações diversas para cada espécie de prestação ensejaria a possibilidade de sentenças contraditórias, atentaria contra os princípios da instrumentalidade e da economia processual e, principalmente, contra o princípio da reparação integral, consagrado constitucionalmente. Decorrem para os destinatários, portanto, o dever de cessar a atividade lesiva, de recompor o meio lesado e de indenizar os danos insuscetíveis de recomposição *in natura*. Acerca da configuração do nexo causal, necessário à configuração da responsabilidade, o **REsp 327254/PR** trata de imposição ao proprietário adquirente do dever de reparar o meio ambiente lesado de reserva florestal, mesmo não tendo sido ele o causador do dano. Considera o julgado que, em se tratando de área sobre a qual recai pro-

---

1. TJRJ, 2ª Câm. Civ., Ap. Civ. 14586/2001, Rel. Des. Maria Raimunda T. de Azevedo, j. 6-3-2002.

2. TJMG, 2ª Câm. Civ., Ap. Civ. 1.0702.96.019524-7/001(1), Rel. Des. Francisco Figueiredo, julgado em 18-11-2003, publicado em 5-12-2003.

3. TJMG, 2ª Câm. Civ., Ap. Civ. 1.0183.03.062431-0/001(1), Rel. Des. Nilson Reis, julgado em 23-11-2004, publicado em 3-12-2004.

4. TJMG, 1ª Câm. Civ., Ap. Civ. 1.0024.03.115977-5/001(1), Rel. Des. Geraldo Augusto, julgado em 10-5-2005, publicado em 3-6-2005.

5. TJMG, 1ª Câm. Civ., Ap. Civ. 1.0024.03.131618-5/001(1), Rel. Des. Geraldo Augusto, julgado em 19-12-2005, publicado em 10-2-2006.

teção legal (*vide* Lei n. 9.985/2000, que trata do Sistema Nacional de Unidades de Conservação), o novo proprietário, ao adquirir a área, assume o ônus de mantê-la preservada, o que inclui o dever de reposição florestal, independentemente de quem tenha sido o responsável pela devastação. Em embargos de declaração ao **REsp 264173/PR**, declara-se parte legítima para responder por danos ao meio ambiente o novo proprietário da área onde ocorreu a lesão. Os embargos, que alegam omissão do acórdão acerca do princípio da irretroatividade da lei, foram rejeitados.

6.12. **STF – RE 654.833**[6] – O STF, em decisão proferida em 17.04.2020, sob a relatoria do Min. Alexandre de Moraes, no julgamento do RE 654.833 (Tema de Repercussão Geral n. 999), consolidou o mesmo entendimento previamente estabelecido pelo STJ a respeito da imprescritibilidade do dever de reparação do dano ambiental, fixando o seguinte entendimento: "É imprescritível a pretensão de reparação civil de dano ambiental". O fato de a integridade ecológica estar fora da esfera de disposição tanto dos particulares quanto do próprio Estado, em vista de circunscrever o interesse de toda a coletividade, implica a imprescritibilidade do dever de reparar o dano ecológico, tanto quando perpetrado por poluidores privados quanto por entes públicos. A respeito do tema, registra-se passagem do voto da Ministra Rosa Weber proferido no referido julgamento: "A essencialidade, a indisponibilidade, a transindividualidade e a solidariedade que caracterizam o direito ao meio ambiente coadunam-se com a imprescritibilidade da pretensão destinada à reparação do dano. Os interesses envolvidos são coletivos, ultrapassam gerações e fronteiras – o direito ao meio ambiente está no centro da agenda e das preocupações internacionais inauguradas formalmente com a Declaração de Estocolmo – e, como tais, não merecem sofrer limites temporais à sua proteção. Assume especial relevo conferir uma leitura ilimitada à proteção ao meio ambiente a fim de possibilitar a repressão ao dano ambiental que espraia efeitos em toda a sociedade".

7. Referências bibliográficas

ANTEQUERA, Jesús Conde. *El deber jurídico de restauración ambiental*. Granada: Editorial Comares, 2004. AYALA, Patryck de Araújo; LEITE, José Rubens Morato. A transformação ecológica do direito de danos e a imprescritibilidade do dano ambiental na jurisprudência brasileira. *Revista sequência: estudos jurídicos e políticos* (UFSC), v. 43, n. 91, 2022, p. 1-52. BARACHO JR., José Alfredo de Oliveira. *Responsabilidade civil por dano ao meio ambiente*. Belo Horizointe: Del Rey, 1999. BARROSO, Lucas Abreu. *A obrigação de indenizar e a determinação da responsabilidade civil por dano ambiental*. Rio de Janeiro: Forense, 2006. BENJAMIN, Antônio Herman. Responsabilidade Civil pelo dano ambiental. *In: Revista de Direito Ambiental* – v. 9. São Paulo: Revista dos Tribunais, 1998; COSTA NETO, Nicolau Dino Castro e *et alii*. *Crimes e infrações administrativas ambientais*. 2. ed. Brasília: Brasília Jurídica, 2001; BENJAMIM, Antonio Hermam V. A responsabilidade civil pelo dano ambiental no Brasil e as lições do direito comparado. *Lusíada: Revista de Ciência e Cultura*. Porto, p. 559, 1998. n. 2; DIAS, José Eduardo Figueiredo. *Tutela ambiental e contencioso administrativo*. Coimbra: Coimbra Editora, 1997; FENSTERSEIFER, Tiago; SARLET, Ingo Wolfgang. *Direito constitucional ecológico*. 7. ed. São Paulo: Revista dos Tribunais, 2021. _____. *Curso de direito ambiental*. 4. ed. Rio de Janeiro: GEN/Forense, 2023; FERREIRA, Helini Sivini. Compensação ecológica: um dos modos de reparação do dano ambiental. In: LEITE, José Rubens Morato; DANTAS, Marcelo Buzaglo (orgs.). *Aspectos processuais do direito ambiental*. Rio de Janeiro: Forense Universitária, 2003; FREITAS, Vladimir Passos de. *Direito Administrativo e Meio Ambiente*. 3 ed. Curitiba: Juruá, 2001, p. 79-117; FREITAS, Gilberto Passos de. Ilícito penal ambiental e reparação do dano. São Paulo: RT, 2005. HUNGRIA, Nelson. Ilícito administrativo e ilícito penal. *Revista de Direito Administrativo:* seleção histórica. Rio de Janeiro: Renovar, 1991; KRELL, Andreas J. Concretização do Dano Ambiental – Algumas Objeções à Teoria do Risco Integral. *Revista de Informação Legislativa*, Brasília – Senado Federal, v. 139, p. 23-37, 1998; LEITE, José Rubens Morato. *Dano ambiental*: do individual ao coletivo extrapatrimonial. 2ª ed. rev., atual. e ampl. São Paulo: Revista dos Tribunais, 2003; LEITE, José Rubens Morato e AYALA, Patryck de Araújo. *Direito Ambiental na Sociedade de Risco*. Rio de Janeiro: Forense Universitária, 2002; MACHADO, Paulo Affonso Leme. *Direito Ambiental Brasileiro*. 15ª ed. rev., atual. e ampl. São Paulo: Malheiros, 2007; MACHADO, Jeanne da Silva. *A Solidariedade na Responsabilidade Ambiental*. Rio de Janeiro: Lumen Juris, 2006; LIVRO BRANCO sobre Responsabilidade Ambiental. Comunicação da Comissão das Comunidades Europeias de 9 fev. 2000. Legislação das Comunidades Europeias (Com. 66). Bruxelas. MILARÉ, Edis. *Direito do Ambiente*. 5. ed. São Paulo: Revista dos Tribunais: 2007, p. 373-382; MIRRA, Álvaro Luiz Valery. *Ação civil pública e reparação do dano ao meio ambiente*. 2ª ed. rev. e atual. São Paulo: Juarez de Oliveira, 2004; MIRRA, Álvaro Luiz Valery. Responsabilidade civil pelo dano ambiental e o princípio da reparação integral do dano. *Revista de Direito Ambiental*, São Paulo, ano 8, n. 32, RT, 2003, p. 72-73. POLIDO, Walter. *Seguros para Riscos Ambientais*. São Paulo: RT, 2005; PONTES DE MIRANDA, F. C. *Tratado de Direito Privado*. T. XXII. 2ª edição. Rio de Janeiro: Editor Borsoi, 1958; RAMOS, André de Carvalho. A Ação Civil Pública e o Dano Moral Coletivo. *Revista de Direito do Consumidor*, n. 25, p. 80-98. São Paulo: Revista dos Tribunais, 1998; REIS, Clayton. Dano moral ambiental. *Revista de Ciências Jurídicas*. Publicação oficial do Curso de Mestrado em Direito da Universidade Estadual de Maringá, v. 6/21-32. Maringá: UEM/Curso de Mestrado em Direito, 2000; RODRIGUEIRO, Daniela A. *Dano Moral Ambiental*. São Paulo: Juarez de Oliveira, 2004; SAMPAIO, Francisco José Marques. *Evolução da responsabilidade civil e admissibilidade das presunções de danos ambientais*. Tese de Doutorado em Direito Civil apresentada ao Programa de Pós-graduação em Direito da UERJ em janeiro de 2001; SAMPAIO, Francisco José Marques. *Responsabilidade civil e reparação de danos ao meio ambiente*. Rio de Janeiro: Lumen Juris, 1998; SENDIM, José de Souza Cunhal. *Responsabilidade civil por danos ecológicos:* da reparação do dano através da restauração natural. Coimbra: Coimbra Ed., 1998. p. 51; SILVA, José Afonso da. *Direito Ambiental Constitucional*. 5. ed. rev.. São Paulo: Malheiros, 2003; SILVA, Danny Monteiro da. *Dano Ambiental e sua Reparação*. Curitiba: Juruá, 2006; SILVEIRA, Clóvis Eduardo Malinverni da. A inversão do ônus da prova na reparação do dano ambiental difuso. In: LEITE, José Rubens Morato; DANTAS, Marcelo Buzaglo (orgs.). *Aspectos processuais do direito ambiental*. Rio de

---

6. STF, RE 654.833/AC, Tribunal Pleno, Rel. Min. Alexandre de Moraes, j. 20-4-2020.

Janeiro: Forense Universitária, 2003; STEIGLEDER, Annelise Monteiro. *Responsabilidade civil ambiental*: as dimensões do dano ambiental no direito brasileiro. Porto Alegre: Livraria do Advogado, 2004. TRENNEPOHL, Natascha. *Seguro Ambiental*. Salvador: Podivm, 2008. VIANNA, José Ricardo Alvarez. *Responsabilidade civil por danos ao meio ambiente*. 1. ed. Curitiba: Juruá, 2006.

8. Anotações

8.1. Considerações gerais

Muito embora não exista uma definição constitucional ou legal acerca do dano ambiental, pode-se conceituá-lo como qualquer lesão intolerável causada por ação humana, culposa ou não, que incide diretamente sobre o meio ambiente como macrobem de interesse coletivo e, indiretamente, a terceiros, em razão de seus interesses próprios e individualizáveis. A definição legal de "meio ambiente", recepcionada e ampliada pelo texto constitucional, constante já do artigo 3º, I, da Lei n. 6.938/81, é totalizante, no sentido de que engloba não apenas bens naturais, mas também todos aqueles artificiais que fazem parte da vida humana, como o patrimônio artístico, histórico e cultural. Dentro desse significado abrangente e integrado, o meio ambiente pode ser considerado um macrobem de uso comum do povo, incorpóreo e imaterial uma vez que não se confunde com o a soma de suas partes. Além de macrobem de interesse comunitário, que se destina ao bem-estar de todos, o meio ambiente pode constituir-se em microbem: esta concepção restrita remete à titularidade dominial pública ou privada, conforme o caso, dos elementos isolados que fazem parte do meio ambiente, como florestas, rios e propriedades de valor paisagístico. O texto constitucional qualifica o bem ambiental como um dos elementos da qualidade de vida, exigindo que este seja ecologicamente equilibrado e garantindo sua proteção jurídica mediante a responsabilização e o dever de preservá-lo de forma intergeracional.

Quanto à reparabilidade e ao interesse envolvido o dano ambiental pode ser classificado como de reparabilidade direta, quando diz respeito a interesses próprios individuais e individuais homogêneos e apenas reflexos com o meio ambiente (caso em que o interessado que sofreu a lesão será diretamente indenizado); ou, ainda, de reparabilidade indireta, quando diz respeito a interesses difusos e coletivos, em que a proteção recai sobre o macrobem ambiental e a reparação é feita ao bem ambiental de interesse coletivo, não tendo o objetivo de ressarcir interesses próprios e individuais. Já quanto à sua extensão, o dano pode ser classificado em patrimonial e extrapatrimonial. É patrimonial quando se refere à perda material sofrida, relativamente à restituição, recuperação ou indenização do bem ambiental lesado. O dano extrapatrimonial está ligado à sensação de perda, seja ela individual ou coletiva. É possível subdividir o dano ambiental extrapatrimonial em coletivo, quando viola o macrobem ambiental, e reflexo, a título individual, quando concernente ao interesse do microbem ambiental.

A responsabilização pelo dano ambiental extrapatrimonial ou moral, já prevista no art. 1º da Lei 7.347/1985, autoriza-se pelo art. 5º, V e X, da CF e é fundamental para integralização da reparação exigida pelo texto constitucional sob análise. O dano extrapatrimonial possui caráter subjetivo quando importa em degradação ou sofrimento físico ou psíquico do indivíduo (chamado dano reflexo). O dano extrapatrimonial é de caráter objetivo quando não repercute exclusivamente na vítima individual, mas diretamente no meio social, ou seja, atinge valores imateriais da coletividade, como a qualidade de vida. A reparação do dano extrapatrimonial geralmente se dará por meio de indenização pecuniária, o que demanda análise extremamente subjetiva por parte do julgador. Diante da inexistência de normas legais, no ordenamento jurídico brasileiro, que versem sobre critérios específicos para quantificação de dano extrapatrimonial, o valor será fixado mediante arbitramento. Contudo, é fundamental que a estipulação do *quantum debeatur* leve em consideração o valor intrínseco do bem ambiental lesado e os valores coletivos extrapatrimoniais envolvidos, e não apenas seu valor pragmático e utilitarista. A responsabilização aqui comporta também uma importante função dissuasória da prática de novas agressões ambientais.

8.2. Responsabilidade civil ambiental

A responsabilidade civil ambiental não cuida apenas da reparação de direitos intersubjetivos, própria da responsabilidade civil clássica: nela está implícita uma função preventiva e precaucional, com o desestímulo das atividades poluidoras pela possibilidade de aplicação de sanções, a internalização dos custos ambientais, o caráter pedagógico da responsabilização, o estímulo ao aumento de investimentos em tecnologia e a restrição da instalação e funcionamento de empresas ambientalmente irresponsáveis.

Recepcionado aqui pela Constituição Federal, a Lei n. 6.938/81 trouxe grande avanço ao estabelecer, no art. 14, §1º, a responsabilização objetiva do poluidor. Prescindindo-se, pois, da comprovação de culpa, basta, para a imposição de sanção civil, a constatação da existência de nexo de causalidade entre a ação/omissão e a lesão ambiental constatada. O artigo 3º, III, do mesmo diploma legal constata que poluidor é todo aquele que degrada a qualidade ambiental direta ou indiretamente, prejudicando a saúde, a segurança ou o bem-estar da população, criando condições adversas às atividades sociais econômicas, afetando desfavoravelmente a biota ou as condições estéticas ou sanitárias do meio ambiente ou, por fim, lançando matéria e energia em desacordo com os padrões ambientais estabelecidos. No mesmo sentido, o Código Civil veio ampliar a responsabilização objetiva, prevendo no seu art. 927, a responsabilidade por risco da atividade e não relativamente ao poluidor referido na Lei n. 6.938/81. Observe-se que o significado de atividade de risco é mais abrangente que o significado de poluidor: o Código Civil não exigiu uma lista prévia das atividades de risco, ficando ao critério do julgador a interpretação da norma e definição do significado do risco intolerável, sujeito a responsabilização. Enquanto na União Europeia, a responsabilidade ambiental objetiva (estrita) só é válida quando o dano ambiental é causado por uma atividade perigosa, listada como tal, no direito ambiental brasileiro, a responsabilidade objetiva é regra: aquele que pratica uma atividade de risco intolerável e com ela obtém lucro deve responder integralmente pela obrigação de indenizar o bem lesado. A previsão constitucional da responsabilidade sem culpa volta-se à realização do *caput* do artigo sob análise, que prevê o meio ambiente ecologicamente equilibrado como direito de todos. Vale destacar que os interesses difusos ganharam disciplina processual específica e autônoma, paralela ao sistema processual interindividual, com a Ação Popular (Lei n. 4.717, de 29 de junho de 1965), a Ação Civil Pública (Lei n. 7.347/85) e o Código de Defesa do Consumidor (Lei n. 8.078/90). Tais diplomas deram estrutura a um processo civil coletivo, contemplando as particularidades dos interesses difusos. Neste sentido a posição doutrinária e jurisprudencial dominante é pela não incidência das excludentes de responsabilidade do Código Civil (caso fortuito e força maior) nas demandas ambientais, bem como pela imprescritibilidade da ação reparatória quando se trata de dano ao macrobem ambiental, de interesse comunitário.

8.3. Formas de reparação do dano ao meio ambiente

Há, por consenso doutrinário, uma hierarquia das formas de reparação do dano ao meio ambiente, que pode ser extraída da leitura sistêmica dos artigos 4º, VI e VII, e do 14º §1 da Lei n. 6.938/81, sob a ótica da Constituição Federal. Na reparação do dano ambiental deve-se, sempre que tecnicamente possível, privilegiar a restauração *in situ* ou restauração natural, com a *recuperação efetiva da área degradada*, mediante restabelecimento do *status quo ante*. A restauração natural possibilita a neutralização dos impactos ocasionados pelo dano, além de apresentar um caráter pedagógico. Os altos custos tecnológicos para a recuperação do meio ambiente não devem justificar a substituição da restauração natural pela compensação ecológica, porquanto o responsável pela atividade potencialmente danosa deve arcar integralmente com o ônus proveniente dela. Nesse sentido, a Lei n. 6.938/81 prevê a recuperação de áreas degradadas (art. 2º, VIII), a preservação e a restauração dos recursos naturais com vistas à sua utilização racional e disponibilidade permanente (art. 4º, VI). Tal interpretação ampara-se no art. 170, VI, da Constituição, pelo qual a ordem econômica deve ter como princípio a defesa do meio ambiente, segundo os ditames da justiça social.

O preceito segundo o qual o degradador deve suportar financeiramente todos os custos relativos à reparação do dano causado caracteriza o princípio do poluidor-pagador. Trata-se de atenuar a injustiça resultante da má utilização dos recursos ambientais, ou a socialização do lucro, que sobrecarrega a sociedade com os efeitos ambientais negativos resultantes das relações de produção e consumo, mediante a exigência da obrigação de reparação dos danos ambientais da forma mais completa possível e almejando o retorno ao *status quo ante*. Superando a fórmula restritiva "poluiu pagou", incluem-se custos de prevenção, de reparação e de repressão ao dano ambiental. Com a imposição de tal medida, o Estado acaba estimulando o planejamento dos processos produtivos no sentido de minimizar o uso de recursos naturais, a emissão de resíduos, e a consequente degradação ambiental. Embora constitua avanço no sentido de impor, especialmente em âmbito teórico, uma função redistributiva no modelo de mercado, o princípio do poluidor-pagador não tem resultado em um corte radical nos paradigmas de desenvolvimento existentes, porque seu conteúdo jurídico não foi bem definido e não encontra previsão legal expressa. Pode-se, contudo, articulá-lo com outros princípios, especialmente com o instituto de responsabilização ambiental, com a adoção de mecanismos processuais mais adequados à imposição do dever de reparar, e com obrigações concretas de fazer e não fazer.

Verificada a impossibilidade técnica de se recuperar o bem degradado, adota-se a compensação ecológica *lato sensu*. A compensação ecológica consiste na substituição dos bens ambientais afetados por outros funcionalmente equivalentes. Fala-se, basicamente, em três formas de compensação ecológica – a substituição por equivalente *in situ*, a substituição por equivalente em outro local e a indenização pecuniária. Também aqui, existe primazia de determinadas formas de compensação ecológica sobre outras: deve-se privilegiar a *substituição por equivalente* in situ. Verificada sua impossibilidade, deve-se optar pela *substituição por equivalente em outro local*. Por fim, como última *ratio*, resta ao operador jurídico converter a reparação do dano em quantia indenizatória. Como prescreve o art. 4, VII, da Lei n. 6.938/81, o poluidor é obrigado a recuperar e/ou indenizar os danos causados. Em cumprimento do preceito constitucional da reparação integral do dano, o sufixo "e" deve ser lido como uma cumulação entre a reconstituição parcial, as eventuais medidas compensatórias e a indenização pecuniária; já o sufixo "ou", prescreve a indenização pecuniária apenas na impossibilidade de qualquer outra forma de reparação. Em qualquer caso, o montante devido deveria, em consonância com o preceito constitucional, ser destinado primordialmente ao local afetado, no sentido de diminuir os impactos causados pela degradação à natureza e à comunidade prejudicada. No entanto, a indenização é revertida para o Fundo de Defesa dos Direitos Difusos, previsto no art. 13 da Lei 7.347/1985 e regulamentado pelo Decreto n. 1.306/94, ou para os Fundos Estaduais de criação autorizada pelo mesmo dispositivo legal. Uma vez que tais diplomas carecem de regulamentação específica sobre o destino do montante indenizatório, este pode ser direcionado para outras atividades.

Faz-se importante evidenciar também, a esse respeito, a desconformidade com o sistema constitucional alguns elementos da Lei n. 6.453/77, que trata da responsabilidade civil e criminal por danos nucleares. Os artigos 9º e 10 limitam o valor da indenização, o que fere o princípio da reparação integral do dano. Já o art. 12 prevê um prazo de prescrição de 10 anos, inconcebível em caso de lesão ao macrobem ambiental.

8.4. A pessoa jurídica e a ação criminosa contra o meio ambiente

O acolhimento da responsabilidade penal da pessoa jurídica mostra que houve atualizada percepção do papel das empresas no mundo contemporâneo. Nas últimas décadas a poluição, o desmatamento intensivo, a caça e a pesca predatória não são mais praticados só em pequena escala. O crime ambiental é principalmente corporativo.

A sanção do crime ambiental e a sanção da infração administrativa no tocante à pessoa jurídica guardam quase uma igualdade. A necessidade de se trazer para o processo penal a matéria ambiental reside principalmente nas garantias funcionais do aplicador da sanção. O Poder Judiciário, a quem caberá aplicar a sanção penal contra a pessoa jurídica, tem garantias que o funcionário público ou o empregado da Administração indireta não possuem ou deixaram de ter.

A experiência brasileira mostra uma omissão enorme da Administração Pública na imposição de sanções administrativas diantes das agressões ambientais. A possibilidade de serem responsabilizadas penalmente as pessoas jurídicas não irá desencadear uma frenética persecução penal contra as empresas criminosas. Tenar-se-á, contudo, impor um mínimo de corretivo, para que a nossa descendência passa encontrar um planeta habitável.

Walter Claudius Rothenburg afirmar: "o Direito Criminal e geral e o conceito de 'vontade criminosa' em particular foram construídos em função exclusiva da pessoa física. A própria necessidade de referência a aspectos 'subjetivos' (dogma da culpalidade) traz ínsita uma implicação antropomórfica. Então, mister se faz adaptar essas noções à realidade dos entes coletivos, para se poder trabalhar a imputabilidade da pessoa juridicional. A partir daí – de reformulações e reconstruções –, pode-se chegar à sujeição criminal ativa da pessoa jurídica, sem ter de prescindir da culpa nos moldes de uma responsabilidade objetiva"[7].

Conservar-se só a responsabilidade da pessoa física diante dos crimes ambientais é aceitar a imprestabilidade ou a inutilidade do Direito Penal para colaborar na melhoria e recuperação do meio ambiente.

8.5. A Constituição Federal e a responsabilidade penal da pessoa jurídica

"As condutas e atividades consideradas lesivas ao meio ambiente sujeitarão os infratores, pessoas físicas ou jurídicas, a sanções penais e administrativas, independentemente da obrigação de reparar os danos causados" (art. 225, § 3º da CF).

A responsabilidade penal da pessoa jurídica é introduzida no Brasil pela Constituição Federal de 1988, que mostra mais um dos seus traços inovadores. Lançou-se, assim, o alicerce necessário para termos uma dupla responsabilidade no âmbito penal: a responsabilidade da pessoa física e a responsabilidade da pessoa jurídica. Foi importante que essa modificação se fizesse por uma Constituição, que foi amplamente discutida não só pelos próprios Constituintes, como em todo o país por juristas e por vários especialistas e associações de outros domínios do saber.

Não só o título VIII – da Ordem Social, em seu capítulo VI – do Meio Ambiente – tratou da responsabilidade da pessoa jurídica. O título VII – da Ordem Econômica e Financeira, em seu capítulo I – Dos Princípios Gerais da Atividade Econonômica, sem estabelecer os tipos de punições, aborda também o tema da responsabilidade da pessoa jurídica, em seu art. 173, § 5º prevento que: "A lei, sem prejuízo da responsabilidade individual dos dirigentes da pessoa jurídica, estabelecerá a responsabilidade desta, sujeitando-a às punições compatíveis com sua natureza, nos atos praticados contra a ordem econômica e financeira e contra a economia popular".

Os constituintes captaram a vontade popular e sabiamente a expressaram ao firmar o princípio de que não basta responsabilizar a pessoa física do dirigente da empresa, em sua relação com o meio ambiente, com a economia popular, com a ordem econômica e financeira. A pessoa jurídica passou também a ser responsabilizada.

Examinemos os aspectos gramaticais de uma parte do § 3º As condutas e atividades consideradas lesivas ao meio ambiente sujeitarão os infratores, pessoas físicas ou jurídicas, a sanções penais e administrativas. O parágrafo prevê dos tipos de infratores: as pessoas físicas ou as pessoas jurídicas. Usa-se a conjunção "ou", que significa alternativa, pois os infratores não serão somente pessoas físicas, nem somente pessoas jurídicas. Essas pessoas físicas ou jurídicas estarão sujeitas a sanções penais e administrativas. Nesta última frase utiliza-se a conjunção "e". A conjunção "e" faz parte das oncjunções coordenativas, sendo que o primeiro tipo é o das conjunções aditivas, que dão a ideia de adição, de acrescentamento: "e, nem, mas também, mas ainda..."[8]. Portanto, as sanções penais e administrativas tanto podem ser cominadas às pessoas jurídicas como às pessoas físicas. Sem razão, assim, os que chegaram a entender que, com a redação constitucional mencionada, as sanções penais estariam reservadas às pessoas físicas e as sanções administrativas, restritas às pessoas jurídicas.

O art. 225, § 3º CF não se choca com o art. 5º, XLV CF, que diz: "nenhuma pena passará da pessoa do condenado, podendo a obrigação de reparar o dano e a decretação do perdimento de bens ser, nos termos da lei, estendidas aos sucessores e contra eles executadas, até o limite do valor do patrimônio transferido". A Constituição proíbe que a família de um condenado – pessoa física – possa ser condenada somente porque um de seu membros sofreu uma sanção ou que alguém se apresente para cumprir pena em lugar de outrem. Contudo, o mandamento constitucional não excluiu da condenação penal uma pessoa que seja arrimo de família. A sanção penal poderá ter reflexos extraindividuais legítimos, pois não se exige que o condenado não tenha nenhuma ligação familiar.

A responsabilidade penal da pessoa jurídica só será dissuasória de condutas e atividades lesivas ao meio ambiente se la for implementada através de sanções econômicas, que propiciem a compesnação e ou a reparação do dano ocorrido ou que consigam prevenir a degradação ambiental, no tempo certo.

Art. 225, § 4º A Floresta Amazônica brasileira, a Mata Atlântica, a Serra do Mar, o Pantanal Mato-Grossense e a Zona Costeira são patrimônio nacional, e sua utilização far-se-á, na forma da lei, dentro de condições que assegurem a preservação do meio ambiente, inclusive quanto ao uso dos recursos naturais.

Paulo Affonso Leme Machado

A Constituição elegeu cinco grandes espaços territoriais para dar-lhes duas características conjuntas: a de patrimônio nacional e a de serem utilizados em condições em que seja assegurada a preservação do meio ambiente.

A Floresta Amazônica é um bioma florestal encontrado nos trópicos, junto ao equador, em climas que se elevam continuadamente até se tornarem quentes e produzirem alta precipitação. As florestas tropicais caracterizam-se por um número elevado de espécies diferentes. A maior floresta tropical é a Floresta Amazônica[1].

"A Mata Atlântica, considerada patrimônio nacional pela Constituição Federal, estendia-se, originalmente, por cerca de 1.300.000 km² do território brasileiro. Hoje, os remanescentes primários e em estágio médio/avançado de regeneração estão *reduzidos a apenas 7,84% da cobertura florestal original*, o que compreende aproximadamente 100.000 km². Isso faz com que o Bioma Mata Atlântica seja considerado o segundo mais ameaçado de

---

7. ROTHENBURG, Walter C. *A Pessoa Jurídica Criminosa*, Curitiba: Ed. Juruá, 1997.

8. CEGALLA, Domingos P. *Novíssima Gramática da Língua Portuguesa*. 24 ed. São Paulo: Cia. Editora Nacional. 1984. No mesmo sentido, LUFT, Celso F. *Dicionário Gramática da Língua Portuguesa*. Porto Alegre: Editora Globo, 1967.

1. *Dicionário de Ecologia e Ciências Ambientais*. Henry W. Art – editor geral. São Paulo: Companhia Melhoramentos, 1998.

extinção do mundo. Apesar da devastação, a Mata Atlântica é um dos biomas com uma das mais altas taxas de biodiversidade do mundo: cerca de 20.000 espécies de plantas angiospermas (6,7% de todas as espécies do mundo), sendo 8.000 endêmicas, e grande riqueza de vertebrados (264 espécies de mamíferos, 849 espécies de aves, 197 espécies de répteis e 340 espécies de anfíbios)"[2].

A Serra do Mar, principalmente a "crista da Serra do Mar", é dada como exemplo de floresta latifoliada sempre-verde (floresta chuvosa tropical em altitude moderada (sem geadas), em local onde a chuva é abundante e principalmente orográfica e não zonal[3].

O Pantanal mato-grossense é um ecossistema de zonas úmidas de águas um dos mais vastos do mundo. A abundância e a diversidade de sua vegetação e de sua fauna constituem uma de suas mais marcantes características. O Pantanal Mato-grossense não somente faz parte do patrimônio nacional, como tem áreas que passaram a integrar a lista do Patrimônio Mundial da UNESCO, a partir do ano 2000.

A Zona Costeira é um local de interação entre o ar, o mar e a terra. " A Zona Costeira brasileira corresponde a uma faixa de transição onde interagem dinamicamente três grandes sistemas: oceânico, atmosférico e continental, Possui quase 7.400 km de extensão e largura que varia de 70 a 480 km"[4].

A expressão "patrimônio", da forma como empregada no parágrafo analisado, tem um sentido jurídico peculiar, revelando uma preocupação com sua permanência temporal. O bem "patrimônio" não fica limitado somente à noção de "propriedade", pois esta tem uma relação primeira com o seu proprietário, para ter uma relação segunda com a sociedade. A ideia contemporânea de sustentabilidade interage com a noção mais antiga de "patrimônio", pois ambas dependem da equidade intergeracional.

O conceito de "patrimônio nacional" do artigo 225 não se confunde com o de dois outros artigos da Constituição: o art. 49, I, em que há referência às atribuições do Congresso Nacional e o art. 219, relativo ao "mercado interno".

O "patrimônio nacional" do § 4º do art. 225 contém uma dimensão jurídica da gestão pública e privada de todos os bens existentes nos territórios protegidos. Essa gestão deverá ser feita ininterruptamente em benefício de todos. Os bens não se tornaram de domínio público, entretanto, passam a ter além da "função social" (art. 5º, XXIII), uma "função nacional", extrapolando os limites regionais onde estão inseridos.

A Constituição não inovou na forma de proteção aos espaços territoriais mencionados no § 4º do art.225, mas foi explícita em determinar que a "sua utilização far-se-á, na forma da lei, dentro de condições que assegurem a preservação do meio ambiente, inclusive quanto ao uso dos recursos naturais". A legislação elaborada antes dessa norma constitucional e a elaborada após o advento da Constituição devem "assegurar" a preservação do meio ambiente desse patrimônio. Não são, portanto, quaisquer normas que vão preservar o meio ambiente desses locais, mas normas que deem segurança ou certeza de que o meio ambiente não será degradado.

---

[2]. *Diário Oficial da União*, de 26 de dezembro de 2006.
[3]. *Glossário de Termos Usuais em Ecologia*. São Paulo: Publicação ACIESPn. 24, Secretaria da Indústria, Comércio, Ciência e Tecnologia e Academia de Ciências do Estado de São Paulo, 1980.
[4]. CARVALHO, Victor e RIZZO, Hidely G.A. *Zona Costeira*: Subsídios para uma Avaliação Ambiental. Brasília: Ministério do Meio Ambiente, 1994.

É de ser procurada a tutela jurisdicional para que constantemente examine a coerência da legislação nacional, estadual e municipal com o mandamento constitucional de preservação do meio ambiente da Floresta Amazônica brasileira, da Mata Atlântica, da Serra do Mar, do Pantanal Mato-Grossense e da Zona Costeira.

Art. 225, § 5º São indisponíveis as terras devolutas ou arrecadadas pelos Estados, por ações discriminatórias, necessárias à proteção dos ecossistemas naturais.

José Rubens Morato Leite

1. Histórico da norma

O texto mantém sua redação original, resultante da promulgação da Constituição em 5 de outubro de 1988, não tendo sido objeto de quaisquer alterações nesse período.

2. Constituições brasileiras anteriores

Não há registro de norma de conteúdo semelhante na experiência constitucional precedente, que sempre se limitou a prever a atribuição de domínio das terras devolutas aos entes federados, a partir da Constituição, sem nunca ter orientado uma destinação específica vinculada à proteção dos recursos naturais. Neste sentido, a atividade constitucional brasileira representa relevante incremento para estruturação da ação pública na proteção ambiental, restringindo o poder de livre disposição patrimonial que tradicionalmente gravava tais bens e se encontrava atribuído aos entes políticos, para fixar-lhes função instrumental de relevância na consolidação de uma política pública ambiental, ao lado de uma política pública agrícola (*vide*, a propósito, os comentários ao texto do art. 188, *supra*).

3. Constituições estrangeiras

Não há referência semelhante que reproduza de forma expressa, em outro texto constitucional, a destinação § 5º das terras devolutas para a finalidade de proteção ambiental.

4. Direito internacional

Não há registro de norma de idêntico conteúdo em instrumentos internacionais de proteção do meio ambiente.

5. Remissões constitucionais relevantes

Artigo 20, inciso II (bens da União); artigo 26, inciso II (bens dos Estados-membros); artigo 225, § 1º, inciso III (definição de espaços territoriais especialmente protegidos).

6. Leis e normas concretizadoras

Lei n. 601, de 18 de setembro de 1850 (dispõe sobre as terras devolutas do Império); Lei n. 3.071, de 1º de janeiro de 1916 (Código Civil brasileiro); Lei n. 5.972, de 11 de dezembro de 1973 (procedimento de registro de bens discriminados ou possuídos pela União); Lei n. 6.383, de 7 de dezembro de 1976 (regula o processo discriminatório de terras devolutas da União; Lei n. 10.406, de 10 de janeiro de 2002 (Novo Código Civil brasileiro).

7. Jurisprudência constitucional

A jurisprudência do Supremo Tribunal Federal não registra casos em que a matéria constante desta norma constitucional tenha sido enfrentada diretamente, seja na via de controle concentrado (ADIn, ADC ou ADPF) ou difuso de constitucionalidade (RE) que a tivesse por referência. O único registro de referência à norma constitucional consta do AI-AgRg n. 211829/SP, ocasião em que, além de não se ter admitido o recurso, consignou-se a própria inadmissibilidade de recurso extraordinário para apreciar os pressupostos de fato que justificaram a arrecadação de imóvel para a finalidade de proteção ambiental[1], comprometendo, portanto, o juízo de análise sobre o significado e o âmbito de proteção da norma. Não obstante a lacuna aparente, é possível obter ao menos um desenho dos contornos de concretização do conceito de terras devolutas previsto pela Constituição, cuja concretização depende de intervenção legislativa, que se encontra detalhado na análise do artigo 20, inciso II nesta obra.

8. Referências bibliográficas

CRETELLA JÚNIOR, José. *Dos Bens Públicos no Direito Brasileiro*. São Paulo: Saraiva, 1969. _____. *Tratado do Domínio Público*. Rio de Janeiro: Forense, 1984. PEREIRA, José Edgard Penna Amorim. *Perfis Constitucionais das Terras Devolutas*. Belo Horizonte: Del Rey, 2003. SILVA, José Afonso da. *Direito Constitucional ambiental*. 6. ed. São Paulo: Malheiros, 2007. NOVOA, Hélio. *Discriminação de terras devolutas*. São Paulo: Leud, 2000.

9. Anotações

9.1. O dispositivo estabelece relação direta com o artigo 20, inciso II, que dispõe sobre os bens da União e também elenca nessa condição as terras devolutas indispensáveis à preservação ambiental, que assim sejam consideradas nos termos da lei, não tendo a redação que lhe foi atribuída nenhuma referência pretérita aos textos constitucionais antecedentes.

Uma vez que o texto constitucional não definiu o que se deve entender por terras devolutas – tendo se limitado a disciplinar o domínio dos entes da federação sobre espécies de terras devolutas, de acordo com os interesses públicos específicos que deveriam ser atendidos –, sua definição deve ser construída a partir da atividade legislativa e das relações que estabelece com o texto do artigo 20, inciso II, que prevê também serem bens da União, as terras devolutas que tenham sido consideradas indispensáveis à preservação ambiental, nos termos de definição legal.

A relação estabelecida entre as normas aparentemente tem a aptidão de suscitar dificuldades na correta solução e diferenciação entre a das hipóteses de regulação. Para tanto, deve-se procurar em primeiro lugar, distinguir com clareza que nem todas as terras devolutas foram atribuídas aos Estados-membros, uma vez que o próprio texto constitucional excepcionou os bens que nessa condição são de domínio da União[2].

Desse modo, a norma do artigo 20, inciso II, parece dirigir-se exclusivamente àqueles bens de domínio da União, compreendendo aqueles espaços naturais que, nos termos de lei federal, foram considerados relevantes para essa finalidade, não operando, portanto, uma espécie de transferência automática ao patrimônio da União dos espaços naturais devolutos que sejam indispensáveis à preservação do meio ambiente, como poderia ser sugerido pelo texto da norma, mas apenas aqueles espaços que nessa condição tenham sido considerados por lei federal[3].

Aos demais bens, também indispensáveis à proteção do meio ambiente, e especialmente de determinados ecossistemas, aplica-se o regime de titularidade dos Estados-membros, tal qual definido pelo artigo 26, inciso II, do texto constitucional, não sendo possível sua livre disposição pelos Estados, conforme preceitua o § 5º do artigo 225. A regra, no entanto, não parece ser garantia exclusiva que protege apenas as terras devolutas dos Estados que venham cumprir a finalidade pública específica de proteção dos ecossistemas, alcançando também os bens da União que estejam gravados com essa finalidade pública específica, porque também são, conforme declarado pelo próprio texto constitucional em seu artigo 20, inciso II, indispensáveis para essa finalidade pública específica, qual seja, a de preservação do meio ambiente.

Art. 225, § 6º As usinas que operem com reator nuclear deverão ter sua localização definida sem lei federal, sem o que não poderão ser instaladas.

Paulo Affonso Leme Machado

É condição indispensável para a instalação de usina nuclear que a sua localização seja definida previamente em lei federal. São duas etapas diferentes: escolha do local para situar a usina e, depois, o licenciamento para a sua instalação.

A Constituição deu uma grande importância aos aspectos da segurança da energia nuclear, diante do risco que essa atividade apresenta. O § 6º do art. 225 não está isolado na Constituição. Podemos dizer que a atividade nuclear, no Brasil, está apoiada em três "princípios e condições" (art. 21, XXIII) constitucionais: toda a atividade nuclear deve ser pacífica (art. 21, XXIII, *a*); a responsabilidade civil por danos nucleares não depende de culpa (art. 21, XXIII, *d*) e a atividade nuclear depende da aprovação do Congresso Nacional.

Em decorrência da existência desses fundamentos constitucionais, o Brasil não pode fabricar nem comprar qualquer material militar, de natureza bélica, com utilização de material radioativo.

Para a implementação da responsabilidade de prevenção, de precaução e de reparação dos danos nucleares não se há de exigir dolo, imprudência ou negligência, bastando a potencialidade de dano ou a sua ocorrência.

---

1. BRASIL. Supremo Tribunal Federal. Agravo Regimental em Agravo de Instrumento n. 211829/SP. Guilherme Lustosa da Cunha e Outros *versus* João Batista de Oliveira Romano e Outro. Relator: Ministro Sepúlveda Pertence. Publicado no *Diário de Justiça da União* de: 21.05.1999. Disponível em: <http://www.stf.gov.br>. Acesso em: 10 jan. 2008.

2. O artigo 26, inciso IV, dispõe serem bens dos Estados-membros: "[...] as terras devolutas não compreendidas entre as da União".

3. Parece ser esta a orientação proposta por Pereira, com a qual concordamos (PEREIRA, José Edgard Penna Amorim. *Perfis Constitucionais das Terras Devolutas*. Belo Horizonte: Del Rey, 2003, p. 174 e 224).

O terceiro pilar constitucional marca nitidamente o tipo de controle público da energia nuclear no Brasil: o Congresso Nacional tem mais poderes do que em outras questões tratadas igualmente na Constituição. Houve uma insistência dos Constituintes em deixar claro a sua vontade: o Poder Executivo não pode ter uma política nuclear e não pode implementá-la sem o acordo, expresso e para cada caso, do Congresso Nacional, composto da Câmara dos Deputados e do Senado Federal. (art. 44 e art. 49, XIV, da CF).

A aplicação do § 6º do art. 225 está integrada com o § 1º, inciso IV do mesmo art. 225. Assim, antes de se enviar um projeto de lei para a localização de uma usina com reator nuclear, o Poder Executivo deverá determinar a elaboração do estudo prévio de impacto ambiental. O Congresso Nacional poderá utilizar o estudo apresentado, determinar a sua complementação ou ordenar a elaboração de um novo estudo, com a participação do público.

Art. 225, § 7º Para fins do disposto na parte final do inciso VII do § 1º deste artigo, não se consideram cruéis as práticas desportivas que utilizem animais, desde que sejam manifestações culturais, conforme o § 1º do art. 215 desta Constituição Federal, registradas como bem de natureza imaterial integrante do patrimônio cultural brasileiro, devendo ser regulamentadas por lei específica que assegure o bem-estar dos animais envolvidos.

- Vide comentários aos art. 225, § 1º, VII.

CAPÍTULO VII

DA FAMÍLIA, DA CRIANÇA, DO ADOLESCENTE, DO JOVEM E DO IDOSO

Art. 226. A família, base da sociedade, tem especial proteção do Estado.

§ 1º O casamento é civil e gratuita a celebração.

§ 2º O casamento religioso tem efeito civil, nos termos da lei.

§ 3º Para efeito da proteção do Estado, é reconhecida a união estável entre o homem e a mulher como entidade familiar, devendo a lei facilitar sua conversão em casamento.

§ 4º Entende-se, também, como entidade familiar, a comunidade formada por qualquer dos pais e seus descendentes.

§ 5º Os direitos e deveres referentes à sociedade conjugal são exercidos igualmente pelo homem e pela mulher.

§ 6º O casamento civil pode ser dissolvido pelo divórcio.

§ 7º Fundado nos princípios da dignidade da pessoa humana e da paternidade responsável, o planejamento familiar é livre decisão do casal, competindo ao Estado propiciar recursos educacionais e científicos para o exercício desse direito, vedada qualquer forma coercitiva por parte de instituições oficiais ou privadas.

§ 8º O Estado assegurará a assistência à família na pessoa de cada um dos que a integram, criando mecanismos para coibir a violência no âmbito de suas relações.

Maria Celina Bodin de Moraes
Ana Carolina Brochado Teixeira

1. História da norma

A partir da segunda metade do século XX, as instituições familiares ocidentais sofreram transformações de tal monta que os diversos ordenamentos jurídicos tiveram que lidar com as relações familiares de maneira totalmente nova. No Brasil, a partir de 1962, com a edição do Estatuto da Mulher Casada (Lei n. 4.121/62), a mulher pôde assumir outros papéis para além dos limites do lar, independentemente da antes imprescindível autorização marital. Nesse momento, já existentes as opções contraceptivas e uma incipiente divisão social do trabalho (embora concomitantemente à divisão sexual de sempre, segundo a qual cabe às mulheres todo o trabalho doméstico), teve início o longo percurso em direção ao reconhecimento jurídico da igualdade dos cônjuges, o que somente veio a ocorrer com a edição desta norma (226, § 5º). Para tanto, fora determinante o advento da Lei do Divórcio (Lei n. 6.515/77) que, ao admitir a dissolução do casamento, favoreceu por um lado a reorganização de formações familiares pautadas em novo vínculo matrimonial (§ 6º) e, ao mesmo tempo, deu início à visibilidade de estáveis relações conjugais de fato (§ 3º) em substituição ao pejorativo concubinato. Logo se verificou que o modelo institucionalizado de família, monolítico, previsto no Código Civil de 1916, não mais atendia aos anseios sociais, sendo necessário oferecer proteção jurídica às novas formações (§§ 3º e 4º). A multissecular tutela exclusiva da família fundada no casamento indissolúvel deu lugar à proteção de relações familiares instrumentais, em que cada filho pode ser planejado (§ 7º) e cada membro tutelado em si mesmo (§ 8º), mesmo se em detrimento da instituição. Como as Constituições brasileiras anteriores limitaram-se a tutelar o casamento, embora ao longo do tempo se tenha verificado paulatina proteção aos filhos nascidos fora do casamento, constata-se que a história constitucional brasileira jamais protegeu as relações familiares de modo tão amplo e efetivo.

2. Constituições brasileiras anteriores

Constituição da República de 1934, art. 144; Constituição dos Estados Unidos do Brasil de 1937, art. 124; Constituição dos Estados Unidos do Brasil de 1946, art. 124; Constituição do Brasil de 1967, art. 167, § 1º; Emenda Constitucional n. 1/69, art. 175, § 1º.

3. Constituições estrangeiras

Constituição italiana, art. 29; Lei Fundamental de Bonn, art. 6º, (1); Constituição portuguesa, art. 36º; Constituição espanhola, art. 32; Constituição da Colômbia, art. 42, 43; Constituição do Chile, art. 1º; Constituição do Uruguai, art. 40; Constituição da Venezuela, art. 75, 77; Constituição do Peru, arts. 4º e 5º.

4. Direito internacional

Declaração Universal dos Direitos Humanos (1948); Declaração Americana dos Direitos e Deveres do Homem (1948); Proclamação de Teerã (1968); Declaração Universal dos Direitos da Criança (1959); Convenção das Nações Unidas sobre Consentimento para Casamento, Idade Mínima para Casamento e Registro de Casamento (1969); Convenção Americana sobre Direitos Humanos (Pacto de San José da Costa Rica, 1969); Convenção sobre a Eliminação de todas as Formas de Discriminação contra as Mulheres – CEDAW (1979); Declaração e Programa de Ação de Viena, (1993); Convenção Interamericana para Prevenir, Punir e Erradicar a Violência contra a Mulher (1994); Declaração de Beijing (1995).

5. Dispositivos constitucionais e legais relacionados

5.1. Constitucionais

Art. 1º, III (dignidade da pessoa humana); art. 5º, I (igualdade entre homem e mulher); art. 5º, L (direito das presidiárias de amamentar os filhos); art. 5º, LXVII (prisão por descumprimento de obrigação alimentícia); art. 227.

5.2. Legais

Lei n. 8.009/90 (regulamenta o bem de família); Lei n. 8.971/94 (regula os alimentos e a sucessão entre companheiros); Lei n. 9.029/95 (proíbe a exigência de atestado de gravidez ou esterilização e outras práticas discriminatórias, para efeitos de admissão ou de permanência da relação de trabalho); Lei n. 9.263/96 (regulamenta o § 7º deste artigo), Lei n. 9.278/96 (regulamenta o § 3º deste artigo), Lei 10.406/02 (Código Civil); Lei n. 11.340/06 (cria mecanismos para coibir a violência doméstica e familiar contra a mulher, nos termos do § 8º deste artigo; Lei n. 11.441/07 (possibilita a separação e o divórcio consensuais por via administrativa); Lei n. 12.133/09 (modifica o art. 1.526 do Código Civil para determinar que a habilitação para o casamento seja feita pessoalmente perante o oficial do Registro Civil); Lei n. 11.924/09 (altera o art. 57 da Lei n. 6.015, de 31 de dezembro de 1973, para autorizar o enteado ou a enteada a adotar o nome da família do padrasto ou da madrasta); Lei n. 12.195/10 (altera o Código de Processo Civil para assegurar ao companheiro sobrevivente o mesmo tratamento legal conferido ao cônjuge supérstite, quanto à nomeação do inventariante); Lei n. 12.874/13 (possibilita às autoridades consulares brasileiras celebrarem separação e divórcio de brasileiros no exterior); Lei n. 12.895/13 (obriga os hospitais de todo o País a manter, em local visível de suas dependências, aviso informando sobre o direito da parturiente a acompanhante); Lei n. 13.014/14 (altera as leis que indica para determinar que os benefícios monetários nelas previstos sejam pagos preferencialmente à mulher responsável pela unidade familiar); Lei n. 13.112/15 (altera dispositivos da LRP para permitir à mulher, em igualdade de condições, proceder ao registro de nascimento do filho); Lei n. 13.144/15 (altera a Lei n. 8.009/90 que trata do bem de família para assegurar proteção ao patrimônio do novo cônjuge ou companheiro do devedor de pensão alimentícia); Lei n. 13.434/17 (acrescenta parágrafo ao art. 292 do Código de Processo Penal para vedar o uso de algemas em mulheres grávidas durante o parto e em mulheres durante a fase do puerpério imediato); Lei n. 13.505/17 (altera a Lei Maria da Penha para dispor sobre direito da mulher em situação de violência doméstica e familiar de ter atendimento policial e pericial especializado, ininterrupto e prestado, preferencialmente, por servidores do sexo feminino; Lei n. 13.641/18 (tipifica o crime de descumprimento de medidas protetivas de urgência); Lei n. 13.721/18 (estabelece que será dada prioridade à realização do exame de corpo de delito quando se tratar de crime que envolva violência doméstica e familiar contra mulher ou violência contra criança, adolescente, idoso ou pessoa com deficiência); Lei n. 13.772/18 (reconhece que a violação da intimidade da mulher configura violência doméstica e familiar e para criminalizar o registro não autorizado de conteúdo com cena de nudez ou ato sexual ou libidinoso de caráter íntimo e privado); Lei n. 13.827/19 (autoriza, nas hipóteses que especifica, a aplicação de medida protetiva de urgência, pela autoridade judicial ou policial, à mulher em situação de violência doméstica e familiar, ou a seus dependentes, e para determinar o registro da medida protetiva de urgência em banco de dados mantido pelo Conselho Nacional de Justiça); Lei n. 13.836/19 (torna obrigatória a informação sobre a condição de pessoa com deficiência da mulher vítima de agressão doméstica ou familiar); Lei n. 13.871/19 (dispõe sobre a responsabilidade do agressor pelo ressarcimento dos custos relacionados aos serviços de saúde prestados pelo Sistema Único de Saúde (SUS) às vítimas de violência doméstica e familiar e aos dispositivos de segurança por elas utilizados); Lei n. 13.880/19 (prevê a apreensão de arma de fogo sob posse de agressor em casos de violência doméstica, na forma em que especifica); Lei n. 13.882/19 (garante a matrícula dos dependentes da mulher vítima de violência doméstica e familiar em instituição de educação básica mais próxima de seu domicílio); Lei n. 13.894/19 (prevê a obrigatoriedade de ser prestada informação às vítimas acerca da possibilidade de os serviços de assistência judiciária ajuizarem as ações mencionadas; e a competência do foro do domicílio da vítima de violência doméstica e familiar para a ação de divórcio, separação judicial, anulação de casamento e reconhecimento da união estável a ser dissolvida, para determinar a intervenção obrigatória do Ministério Público nas ações de família em que figure como parte vítima de violência doméstica e familiar, e para estabelecer a prioridade de tramitação dos procedimentos judiciais em que figure como parte vítima de violência doméstica e familiar); Lei n. 13.979/20 (dispõe sobre as medidas para enfrentamento da emergência de saúde pública de importância internacional decorrente do coronavírus responsável pelo surto de 2019); Lei n. 13.984/20 (estabelece como medidas protetivas de urgência frequência do agressor a centro de educação e de reabilitação e acompanhamento psicossocial); Lei n. 14.022/20 (dispõe sobre medidas de enfrentamento à violência doméstica e familiar contra a mulher e de enfrentamento à violência contra crianças, adolescentes, pessoas idosas e pessoas com deficiência durante a emergência de saúde pública de importância internacional decorrente do coronavírus responsável pelo surto de 2019); Lei n. 14.171/21 (estabelece medidas de proteção à mulher provedora de família monoparental em relação ao recebimento do auxílio emergencial de que trata o seu art. 2º; e dá outras providências); Lei n. 14.188/21 (define o programa de cooperação Sinal Vermelho contra a Violência Doméstica como uma das medidas de enfrentamento da violência doméstica e familiar contra a mulher previstas na Lei Maria da Penha e no Código Penal, que também é alterado para modificar a modalidade da pena da lesão corporal simples cometida contra a mulher por razões da condição do sexo feminino e para criar o tipo penal de violência psicológica contra a mulher); Lei n. 14.382/22 (dispõe sobre o sistema eletrônico de registros públicos); Lei n. 14.443/22 (determina prazo para oferecimento de métodos e técnicas contraceptivas e disciplinar condições para esterilização no âmbito do planejamento familiar); Lei n. 14.541/23 (dispõe sobre a criação e o funcionamento ininterrupto de Delegacias Especializadas de Atendimento à Mulher); Lei n. 14.542/23 (dispõe sobre a prioridade no atendimento às mulheres em situação de violência doméstica e familiar pelo Sistema Nacional de Emprego – Sine); Lei n. 14.550/23 (dispõe sobre as medidas protetivas de urgência e estabelece que a causa ou a motivação dos atos de violência e a condição do ofensor ou da ofendida não excluem a aplicação da Lei Maria da Penha).

6. Jurisprudência

STF, 1ª T., RE 79.079, Rel. Min. Antônio Neder, j. 10.11.1977, DJU 29.12.1977 (contribuição indireta da mulher para a construção do patrimônio na união estável); STF, ADI 3510, Rel. Ayres Britto, DJe-096, 28.05.2010 (Lei de Biossegurança – desnecessidade de aproveitamento de todos os embriões produzidos em prol do livre planejamento familiar); STF, HC 106.212, Rel. Min. Marco Aurélio, DJe 112, 13.06.2011 (afasta a aplicação da Lei n. 9.099/95 para qualquer tipo de violência doméstica, inclusive as contravenções penais como chegar às vias de fato); STF, ADPF 132, Rel. Min. Ayres Britto, DJe-198, 14.10.2011 (interpretação ampliativa e conforme a Constituição do conceito de entidade familiar para englobar as uniões homoafetivas); STF, Repercussão geral no RE 646.721, Rel. Min. Marco Aurélio, DJe-232, 07.12.2011 (constitucionalidade do art. 1.790 do Código Civil); STF, 2ª T., RE 227.114, Rel. Min. Joaquim Barbosa, DJe-034, 16.02.2012 (foro especial da mulher no art. 100, I, do CPC não ofende isonomia nem igualdade entre cônjuges); STF, RE 669.465, Rel. Min. Luiz Fux, DJe-202, 16.10.2012 (discute a atribuição de efeitos de direito de família de concubinato impuro de longa duração); STF, Repercussão geral no RE com Ag. 773.765, Rel. Min. Marco Aurélio, DJe-079, 28.04.2014 (crimes de lesão corporal praticados contra a mulher no âmbito doméstico e familiar – ação penal pública incondicionada); STF, ADC 19, Rel. Min. Marco Aurélio, DJe-080, 29.04.2014 (a lei Maria da Penha é constitucional por tratar a mulher em sua condição peculiar na cultura física e moral brasileira – trata da competência para julgar casos de violência doméstica); STF, RE 878.694, Rel. Min. Roberto Barroso, DJe 021, 06.02.2018 (a distinção de tutela sucessória entre cônjuge e companheiro é inconstitucional); STF, RE 1.045.273, RG, Rel. Min. Alexandre de Moraes, Tribunal Pleno, julg. 21.12.2020, publ. 09.04.2021; STJ, 4ª T., REsp 57.606, Rel. Min. Fontes de Alencar, DJ de 15.05.1995 (proteção do bem de família às irmãs solteiras residentes sob o mesmo teto); STJ, 4ª T., REsp 183.718, Rel. Min. Sálvio de Figueiredo Teixeira, DJU de 18.12.1998 (contribuição indireta da mulher para a construção do patrimônio na união estável); STJ, 6ª T., REsp 182.223, Rel. Min. Vicente Cernicchiaro, j. 19.08.1999, DJU 10.09.1999 (impenhorabilidade do imóvel residencial da pessoa solteira); STJ, 4ª T., REsp 648.763, Rel. Min. Cesar Asfor Rocha, j. 07.12.2006, DJU de 16.04.2007 (entende que a união entre pessoas do mesmo sexo configura sociedade de fato e não entidade familiar); STJ, 6ª T., REsp 1.104.316, Rel. Min. Maria Thereza de Assis Moura, DJe 18.05.2009 (impossibilidade de se reconhecer casamento e união estável simultâneos); STJ, 4ª T., REsp 988.090, Rel. Min. Luís Felipe Salomão, DJe 22.02.2010 (inexistência de proteção jurídica ao concubinato); STJ, 3ª T., REsp 1.117.563, Rel. Min. Nancy Andrighi, DJe 06.04.2010 (sucessão do cônjuge e do companheiro, balizamento entre os arts. 1.790 e 1.829 do CC); STJ, 4ª T., REsp 912.926, Rel. Min. Luís Felipe Salomão, DJe 07.06.2011 (impossibilidade de se reconhecer uniões estáveis simultâneas); STJ, 4ª T., REsp 1.183.378, Min. Luís Felipe Salomão, j. 25.10.2011, pub., DJe 01.02.2012 (autoriza o casamento civil entre pessoas do mesmo sexo); STJ, 3ª T., REsp 1.217.415, Rel. Min. Nancy Andrighi, DJe 19.06.2012 (reconhecimento da família anaparental e da possibilidade de adoção póstuma); STJ, 5ª T., REsp 1.239.850, Rel. Min. Laurita Vaz, DJe 05.03.2012 (violência doméstica contra irmã é abarcada pela Lei Maria da Penha); STJ, 4ª T., REsp 964.489, Rel. Min. Antônio Carlos Ferreira, DJe 20.03.2013 (competência das varas de família para questões atinentes às uniões homoafetivas); STJ, 4ª T., AI no REsp 1.291.636, Rel. Min. Luís Felipe Salomão, DJe 21.11.2013 (arguição de inconstitucionalidade do art. 1.790, caput, do CC); STJ, 5ª T., HC 175.816, Rel. Min. Marco Aurélio Bellizze, DJe 28.06.2013 (requisitos cumulativos para caracterização de violência doméstica); STJ, 5ª T., REsp 1.416.580, Rel. Min. Laurita Vaz, DJe 15.04.2014 (incidência da Lei Maria da Penha em relações de namoro); STJ, 3ª T., REsp 1.254.252, Rel. Min. Nancy Andrighi, DJe 29.04.2014 (validade de doações na constância da união estável e do casamento pelo regime da separação obrigatória de bens); STJ, S2, EREsp 1.171.820, Rel. Min. Raul Araújo, DJe 21.09.2015 (incidência do regime de separação legal de bens à união estável e da Súmula 377 do STF); STJ, 4ª T., REsp 1.247.098, DJe 16.05.2017 (a EC n. 66/2010 não revogou os artigos do Código Civil que tratam da separação judicial); STJ, Súmula 542, S3, j. 26.08.2015, DJe 31.08.2015 (a ação penal relativa ao crime de lesão corporal resultante de violência doméstica contra a mulher é pública incondicionada); STJ, 3ª T., REsp 1.685.937, Rel. Min. Nancy Andrighi, DJe 22.08.2017 (reconhece a existência de interesse de agir na propositura de ação de conversão de união estável em casamento, tendo em vista a possibilidade de tal procedimento ser efetuado extrajudicialmente); STJ, S3, REsp 1675874, Rel. Min. Rogério Schietti Cruz, DJe 08.03.2018 (cabimento de dano moral em virtude de violência doméstica e familiar, sendo o dano considerado in re ipsa); STJ, 3ª T., REsp 1.663.440, Rel. Min. Nancy Andrighi, julg. 16.06.2020, DJe 30.06.2020 (desnecessidade de autorização convivencial entre os companheiros); STJ, 3ª T., AgInt nos EDcl no AgInt no AREsp 1.084.439, Rel. Min. Marco Aurélio Bellizze, julg. 03.05.2021, DJe 05.05.2021 (necessidade de prova do esforço comum para partilha dos bens no caso do regime da separação obrigatória); STJ, 4ª T., AgInt nos EDcl no AgInt no REsp. 1.893.147, Rel. Min. Maria Isabel Gallotti, julg. 04.10.2021, DJe 08.10.2021 (validade de escolha de regime de bens quando, conquanto o casamento tenha se realizado quando um dos companheiros já tenha mais de 70 anos, havia união estável iniciada antes dessa idade); STJ, 4ª T., REsp 1.545.217, Rel. Min. Luis Felipe Salomão, Rel. Acd. Min. Maria Isabel Gallotti, julg. 07.12.2021, DJe 09.02.2022 (partilha de previdência privada aberta em regimes comunheiros); STJ, AgInt no AREsp 2.087.080, 3ª T., Rel. Min. Nancy Andrighi, julg. 10.10.2022, DJe 13.10.2022 (relacionamento em período concomitante ao casamento é concubinato e não união estável).

Súmula 655 do STJ: "Aplica-se à união estável contraída por septuagenário o regime da separação obrigatória de bens, comunicando-se os adquiridos na constância, quando comprovado o esforço comum".

Temas de repercussão geral:

Tema 526. Possibilidade de concubinato de longa duração gerar efeitos previdenciários. Tese: "É incompatível com a Constituição Federal o reconhecimento de direitos previdenciários (pensão por morte) à pessoa que manteve, durante longo período e com aparência familiar, união com outra casada, porquanto o concubinato não se equipara, para fins de proteção estatal, às uniões afetivas resultantes do casamento e da união estável".

Tema 529. Tese: "A preexistência de casamento ou de união estável de um dos conviventes, ressalvada a exceção do artigo 1.723, § 1º, do Código Civil, impede o reconhecimento de novo vínculo referente ao mesmo período, inclusive para fins previdenciários, em virtude da consagração do dever de fidelidade e da monogamia pelo ordenamento jurídico-constitucional brasileiro".

Tema 1.236: "À luz dos artigos 1º, III, 30, IV, 50, I, X, LIV, 226, § 3º e 230 da Constituição Federal, a constitucionalidade do artigo 1.641, II, do Código Civil, que estabelece ser obrigatório o regime da separação de bens no casamento da pessoa maior de setenta anos, e a aplicação dessa regra às uniões estáveis, considerando o respeito à autonomia e à dignidade humana, a vedação à discriminação contra idosos e a proteção às uniões estáveis".

7. Literatura selecionada

BARBOZA, Heloisa Helena. A família na perspectiva do vigente direito civil. In: LOYOLA, M. A. (Org.). *Bioética*: reprodução e gênero na sociedade contemporânea. Rio de Janeiro: Associação Brasileira de Estudos Populacionais, 2005, 139-154; BARBOZA, Heloisa Helena; BODIN DE MORAES, Maria Celina; TEPEDINO, Gustavo et al. *Código Civil Interpretado conforme a Constituição Federal.* v. IV. Rio de Janeiro: Renovar, 2014; BEVILAQUA, C. *Código Civil dos Estados Unidos do Brasil comentado*. Rio de Janeiro: Francisco Alves, 1943; BOBBIO, N. São Paulo: Martins Fontes, 2007; BODIN DE MORAES, Maria Celina. O princípio da dignidade humana. *Na medida da pessoa humana*. Estudos de direito civil-constitucional. Rio de Janeiro: Ed. Processo, 2016, p. 71-120; BODIN DE MORAES, Maria Celina. A família democrática. *Na medida da pessoa humana*. Rio de Janeiro: Ed. Processo, 2016, p. 207-234; BODIN DE MORAES, Maria Celina. A união entre pessoas do mesmo sexo: uma análise sob a perspectiva civil-constitucional. *Revista Trimestral de Direito Civil*. v. 1, jan./mar. 2000; BODIN de MORAES, Maria Celina. A nova família, de novo – Estruturas e função das famílias contemporâneas. *Pensar* (UNIFOR), v. 18, p. 587-628, 2013; BOURDIEU, Pierre. *A dominação masculina*. Rio de Janeiro: Bertrand Brasil, 1999; CARBONERA, Silvana Maria. O papel jurídico do afeto nas relações de família. In: DOLINGER, Jacob. *Direito civil internacional*, volume I: a família no direito internacional privado; tomo primeiro: casamento e divórcio no direito internacional privado. Rio de Janeiro: Renovar, 1997; CAVANA, Paolo. La famiglia nella Costituzione italiana. *Dialnet*, v. 36, n. 2, 2007, p. 902-921; Belo Horizonte: Del Rey, 2005; CAVANA, Paolo. O Novo Divórcio no Brasil. In: PEREIRA, Rodrigo da Cunha (Coord.). *Família e Responsabilidade:* Teoria e Prática do Direito de Família. Porto Alegre: Magister/IBDFAM, 2010; FACHIN, L. E. (coord.). *Repensando fundamentos do direito civil brasileiro contemporâneo.* Rio de Janeiro: Renovar, 1998; CAHALI, Francisco José. Inventário, partilha, separação e divórcio consular. Análise primeira de sua viabilidade à luz da Lei 11.441/2007. *Revista dos Tribunais*, v. 865, 2007; COLTRO, Antônio Carlos Mathias; DELGADO, Mario Luiz (Coord.). *Separação, divórcio, partilhas e inventário extrajudiciais.* São Paulo: Método, 2008; DALLARI, D. A. *Casamento celebrado em centro espírita*: possibilidade legal de atribuição de efeitos civis. Opinião jurídica emitida em 04.11.2005. Disponível em: http://www.buscalegis.ufsc.br/revistas/files/anexos/6707-6706-1-PB.pdf. Acesso em: 20 mar. 2018; DE SINGLY, F. *Sociologie de la famille contemporaine*. Paris: Nathan, 1993; DE SINGLY, F. *Famille démocratique ou individus tyranniques*. Disponível em: http://www.liberation.fr/auteur/9051-francois-de-singly. Acesso em: 10 mar. 2018; DIAS, Maria Berenice. *União homossexual:* o preconceito e a justiça. 2. ed. Porto Alegre: Livraria do Advogado, 2001; DIAS, Maria Berenice. *Manual de direito das famílias*. 4. ed. São Paulo: RT, 2007; FACHIN, Luiz Edson. *Da paternidade*. Relação biológica e afetiva. Belo Horizonte: Del Rey, 1996; FACHIN, Luiz Edson. *Elementos críticos de direito de família*. Rio de Janeiro: Renovar, 1999; GAMA, Guilherme Calmon Nogueira da. *O companheirismo*: uma espécie de família. 2. ed. São Paulo: RT, 2001; GIDDENS, A. *A terceira via:* reflexões sobre o impasse político atual e o futuro da social-democracia. Rio de Janeiro: Record, 2000; GIRARDI FACHIN, R. *Em busca da família do novo milênio:* uma reflexão crítica sobre as origens históricas e as perspectivas do direito de família brasileiro contemporâneo. Rio de Janeiro: Renovar, 2001; LEITE, Eduardo Oliveira. *Temas de direito de família*. São Paulo: RT, 1994; LÔBO, Paulo Luiz Netto. *Direito civil*: famílias. São Paulo: Saraiva, 2008; MADALENO, Rolf. *Curso de direito de família*. Rio de Janeiro: Forense, 2008; MARTINS-COSTA, Judith; REALE, Miguel. Casamento sob o regime da separação total de bens, voluntariamente escolhido pelos nubentes. Compreensão do fenômeno sucessório e seus critérios hermenêuticos. A força normativa do pacto antenupcial. *Revista Trimestral de Direito Civil*, v. 24, p. 205-230, 2005; MATOS, Ana Carla Harmatiuk. *União entre pessoas do mesmo sexo:* aspectos jurídicos e sociais. Belo Horizonte: Del Rey, 2004; NEDER, Gizlene; CERQUEIRA FILHO, Gisálio. Os filhos da lei. *Revista Brasileira de Ciências Sociais*, v. 16, n. 45, 2000, p. 113-125; NUNES, Dierle; RODRIGUES JÚNIOR, Walsir Edson. Emenda Constitucional n. 66/10 e a possibilidade jurídica do pedido de separação judicial e de separação extrajudicial. *Diritto & Diritti*, v. 09.09.10, p. 1-24, 2010; OLIVEIRA, Euclides de. *União estável*. 6. ed. São Paulo: Método, 2003; PEREIRA, Sérgio Gischkow. *Estudos de direito de família*. Porto Alegre: Livraria do Advogado, 2004; PERLINGIERI, P. *Perfis do direito civil*: introdução ao direito civil constitucional. Trad. de M. C. de Cicco. Rio de Janeiro: Renovar, 1997; PITTMAN, Frank. *Man Enough*: fathers, sons and the search for masculinity. New York: G. P. Putnam's Sons, 1993; PROSPERI, F. *La famiglia non "fondata sul matrimonio"*. Napoli-Camerino: ESI, 1980; PROSPERI, F. La tutela della persona nelle relazioni familiari. In: *Temi e problemi della civilistica contemporanea*. Quaderni della Rassegna di diritto civile. Napoli: ESI, 2005, p. 211-238; SILVA PEREIRA, Tânia da. Famílias possíveis: novos paradigmas para a convivência familiar. In: CUNHA PEREIRA, Rodrigo da (Coord.). *Afeto, ética e família e o novo Código Civil brasileiro*. Belo Horizonte: Del Rey/IBDFAM, 2004; SOARES, O. *Comentários à Constituição da República Federativa do Brasil*. v. 8. 8 ed. Rio de Janeiro: Forense, 1997; STRECK, Lenio Luiz. As convenções internacionais, o direito de família e a crise de paradigma em face do Estado Democrático de Direito. *Seleções Jurídicas*, ADV-COAD, mar. 1998, p. 51-55; TEIXEIRA, Ana Carolina Brochado. *Família, guarda e autoridade parental*. Rio de Janeiro: Renovar, 2009; TEPEDINO, Gustavo. Novas formas de entidades familiares: efeitos do casamento e da família não fundada no matrimônio. In: *Temas de direito civil*. 4. ed. Rio de Janeiro: Renovar, 2007; VELOSO, Zeno. *Direito brasileiro da filiação e paternidade*. São Paulo: Malheiros, 1997; VILLELA, João Baptista. Liberdade e Família. *Movimento editorial da Revista da Faculdade de Direito da UFMG*. Belo Horizonte, v. 3, série Monografias, n. 2, 1980; VILLELA, João Baptista. Sobre a igualdade de direitos entre homem e mulher. In: TEIXEIRA, Sálvio de Figueiredo (Coord.). *Direitos de família e do menor*. Belo Horizonte: Del Rey, 1993; WALD, Arnoldo. *O novo direito de família*. 16. ed. São Paulo: Saraiva, 2005.

8. Comentários

8.1. Antecedentes históricos: da família-instituição à família democrática

A experiência constitucional brasileira reflete a extraordinária transformação ocorrida na tutela jurídica da família ao longo do séc. XX. Do ponto de vista formal, passa-se de acanhada menção ao casamento civil na Constituição de 1891 à ampla determinação dos princípios fundamentais do Direito de Família na Constituição atual. Do ponto de vista substancial, parte-se da previsão na Constituição de 1934, de um modelo único de família – fundado no casamento indissolúvel – à pluralidade de entidades familiares.

A regulamentação das relações de família no Brasil foi deixada, durante quase 300 anos, às Ordenações do Reino que, por força de lei de 1823 – em seguida à Independência – foram mantidas em vigor até o advento do Código Civil, em 1916, muito tempo depois, portanto, de sua revogação em Portugal (pelo Código Seabra, em 1865). A razão deste aparente descaso é simples: até o início do século XX, as relações familiares no Brasil eram consideradas como um assunto exclusivamente privado (na verdade, essencialmente eclesiástico), cuja autoridade máxima – o pai de família –, dotada de poder absoluto, não podia ser contestada por quem quer que fosse, não cabendo, por esta razão, ao Poder Público ali imiscuir-se, além do mínimo necessário. Isto explica também o laconismo constitucional sobre a matéria até 1988, especialmente nas Constituições ditatoriais de 1967 e 1969, que, diferentemente das Constituições de 1934, 1937 e 1946, aboliram por completo qualquer referência aos filhos.

Na passagem do Império à República, travou-se nos bastidores acirrada disputa entre conservadores clericais e republicanos com relação ao domínio dos registros civis. Com efeito, dos batizados aos matrimônios e destes aos enterros, tudo o que era digno de nota em sociedade passava unicamente pelas mãos da Igreja que tudo anotava, com exclusividade, havia séculos, nos chamados registros eclesiásticos. Tal situação revelou-se de grande inconveniência para o Estado, que desejava conquistar este poder registral para enfraquecer a força da Igreja[1]. Assim, e antes mesmo da proclamação da República, em março de 1888, através do Decreto 9.886, o regime imperial fizera "cessar os efeitos civis dos registros eclesiásticos", buscando fortalecer o registro civil secular. Esta foi ainda a *occasio legis* do Decreto n. 181, de 24 de janeiro de 1890, conhecido como a "Lei do Casamento e do Registro Civil", que teve a finalidade de regulamentar a solenidade do casamento civil e configurou-se em um importante marco da institucionalização da ordem republicana, a ponto de tornar-se a única previsão, relativa à matéria, a ser constitucionalizada em 1891[2].

Além da perda do monopólio dos registros, havia um temor mais grave para a Igreja: ao tornar-se civil, o casamento deixaria de ser um "sacramento", qualificando-se como um contrato; tendo em vista que contratos admitem distratos, isto abriria caminho para a adoção do divórcio no país. Havia um significativo precedente. A França, na onda revolucionária que varreu o país na transição do séc. XVIII ao séc. XIX, secularizara o casamento, vindo a admitir o divórcio já em 1804, em seu Código Civil[3].

Mais ainda, o ambiente tornava-se cada vez mais favorável à admissão do rompimento do vínculo conjugal. Com efeito, nas duas primeiras décadas do séc. XX, países como a Alemanha, Portugal, o Uruguai e o Equador, dentre outros, adotaram o então chamado "divórcio absoluto"[4]. O Decreto n. 181/1890, porém, nada previra sobre o divórcio, e o Brasil, quando da promulgação do Código Civil, em 1916, manteve-se alinhado às legislações que permitiam o desquite, isto é, apenas a dissolução da sociedade conjugal, a exemplo da Espanha, Argentina e Chile.

A Constituição de 1934, ultrapassada a confrontação de forças com a Igreja, voltou a admitir a celebração religiosa do casamento como apta à produção de efeitos civis, desde que cumpridos os requisitos legais. Ao mesmo tempo, como resultado da sempre profunda influência da Igreja Católica no país, adotou-se o modelo único de família, constituído pelo casamento indissolúvel[5], previsão esta que foi mantida nas Constituições que se seguiram, até sua eliminação pela Emenda Constitucional n. 9/77[6].

Consequência direta da derrota infligida pelos aliados no âmbito da 2ª Grande Guerra e da primeira onda de democratização do pós-guerra na Europa, Itália e Alemanha, quase simultaneamente, decidiram consagrar valores nos respectivos textos constitucionais. Em tema de família, a Constituição italiana, de 1948, no art. 29, afirma que a República reconhece os direitos da família como sociedade natural fundada no matrimônio, onde existe igualdade jurídica entre os cônjuges. Já a Lei fundamental de Bonn (1949) prevê, em seu art. 6º, (1), que o casamento e a família são focos de proteção particular do Estado, nada mencionando acerca de outros tipos de família. Fruto de uma segunda onda de democratização, ocorrida quase trinta anos depois, a Constituição portuguesa de 1976 apresenta-se mais voltada para a igualdade no interior da família, pois prevê, em seu art. 36º, que todos têm o direito de constituir família e de contrair casamento em condições de igualdade[7]. Também a Constituição espanhola

---

1. Assim, NEDER, G.; CERQUEIRA FILHO, G. Os filhos da lei. *Revista Brasileira de Ciências Sociais*, v. 16, n. 45, p. 113-125, fev./2001.

2. "Art. 72, § 4º – A República só reconhece o casamento civil, cuja celebração será gratuita."

3. Na França, o divórcio foi admitido em 1804, abolido em 1816 e restaurado em 1884.

4. Cf. Bevilaqua, C. *Código Civil dos Estados Unidos do Brasil comentado*, v. II. Rio de Janeiro: Francisco Alves, 1943, p. 264.

5. "Art. 144: A família, constituída pelo casamento indissolúvel, está sob a proteção especial do Estado."

6. A propósito, cf. SOARES, O. *Comentários à Constituição da República Federativa do Brasil*. v. 8, 8. ed. Rio de Janeiro: Forense, 1997, p. 716.

7. "Art. 36º, 1. Todos têm o direito de constituir família e de contrair casamento em condições de plena igualdade."

(1978) prevê, em seu art. 32, o direito do homem e da mulher de contrair matrimônio, em igualdade jurídica de condições, legando à normativa infraconstitucional a regulação sobre as formas de casamento, idade e capacidade para contraí-lo, direitos e deveres dos cônjuges, causas de separação, dissolução e seus efeitos.

Com efeito, quando cotejada com Constituições estrangeiras de países com sistemas semelhantes ao nosso, e cujos ordenamentos costumam nos influenciar, a Constituição brasileira de 1988 contém importantes marcos de evolução no que tange ao direito de família. Para um exemplo, veja-se os dispositivos em vigor relativos à igualdade entre os filhos na Constituição brasileira de 1988 e na Constituição italiana de 1948[8]. Na Itália, porém, unificação do *status* de filho, mediante a abolição da distinção entre filhos legítimos e ilegítimos, ocorreu somente em dezembro de 2012[9]. No Brasil, os filhos desfrutam dessa igualdade desde 1988, há muito mais tempo também em relação à Alemanha e à França, onde as leis igualitárias foram sancionadas tardiamente, em 1997 e em 2005 respectivamente[10].

Os textos normativos, muito especialmente os textos constitucionais, são sempre causa e consequência das mudanças sociais. O contexto jurídico-constitucional contemporâneo, portanto, é decorrência das transformações ocorridas no interior das relações familiares. Com efeito, antes hierarquizadas, patriarcais e matrimonializadas, passaram as famílias, com a Constituição de 1988, a ser democráticas, dialogais, plurais[11].

Nos séculos passados, a instituição familiar deveria ser preservada a qualquer custo, mediante a tutela prioritária à "paz doméstica", vez que fora concebida como uma entidade monolítica, em que o todo era considerado maior do que as partes[12], ainda que para isto se tivesse que sacrificar a vida íntima de cada um dos membros e seus projetos individuais. Com efeito, a família tradicional burguesa apresentava-se como triplamente desigual: nela, os homens tinham mais valor do que as mulheres; os pais, maior importância do que os filhos e os heterossexuais, mais direitos do que os homossexuais[13].

No entanto, observou-se que os indivíduos das sociedades contemporâneas ocidentais não podem ser comparados aos das gerações precedentes, dado o imperativo atual de tornarem-se indivíduos originais e únicos: como consequência, a família modificou-se para gerar esses indivíduos, podendo-se notar dois momentos marcadamente distintos ao longo do séc. XX. Até a década de 1960, a comunidade familiar ainda permanecia como uma unidade totalizadora, a serviço da qual agiam seus membros; a partir de então, caracteriza-se por uma nova concepção dos indivíduos em relação a seu grupo de pertencimento, na medida em que eles se tornam, como membros, mais importantes do que o conjunto familiar: busca-se dar vida ao indivíduo único, cuja "verdadeira natureza" deve ser respeitada e incentivada[14].

Sob a influência dessa nova ótica, os pais não mais assumem como missão transformar os filhos para adaptá-los a princípios exteriores impostos pela sociedade. Ao contrário, a autoridade parental dilui-se na noção de respeito à originalidade da pessoa do filho, valorizando-se outras qualidades que não a obediência e a tradição. No seio familiar, a educação deixa de ser imposição de valores, substituindo-se pela negociação e pelo diálogo. Ambos os pais, em igualdade de condições, colocam-se na posição de ajudar os filhos a tornarem-se "si mesmos", considerando-se atualmente este o melhor interesse da criança e do adolescente. Tal modelo familiar vem sendo chamado de "democrático"[15], e corresponde, em termos históricos, a uma significativa novidade, isto é a inserção, no ambiente familiar, de princípios tais como a igualdade e a liberdade[16].

Em oposição ao modelo tradicional[17], a Constituição de 1988, fiel a seu tempo, adotou este modelo democrático de família, em que não há discriminação entre os cônjuges ou entre os filhos, nem direitos sem responsabilidades, ou autoridade sem democracia. Com efeito, para pôr fim àquelas desigualdades, a Constituição exerceu o papel fundamental de, ao estabelecer a igualdade entre cônjuges e entre os filhos, garantir a autonomia individual (mais ou menos ampla conforme a idade) e pressupor

---

8. "Art. 30. È dovere e diritto dei genitori mantenere, istruire ed educare i figli, anche se nati fuori del matrimonio. Nei casi di incapacità dei genitori, la legge provvede a che siano assolti i loro compiti. La legge assicura ai figli nati fuori del matrimonio ogni tutela giuridica e sociale, compatibile con i diritti dei membri della famiglia legittima. La legge detta le norme e i limiti per la ricerca della paternità."

9. Uma das características principais da reforma da filiação italiana, implementada com a L. n. 219/2012 e com o decreto legislativo n. 154/2013, é representada pela introdução, no art. 316 do *Codice civile* e nas demais leis, da expressão "*responsabilità parentale*" em substituição à expressão romana "*potestà parentale*". Embora pareça novidade, a responsabilidade parental já constava da Declaração Universal dos Direitos da Criança, de 1959 (VII princípio).

10. CAVANA, P. La famiglia nella Costituzione italiana. *Dialnet*, v. 36, n. 2, 2007, p. 902-921. Ver também, sob outra perspectiva, PROSPERI, F. La tutela della persona nelle relazioni familiari. In: Temi e problemi della civilistica contemporanea. *Quaderni della Rassegna di diritto civile*. Napoli: ESI, 2005, p. 211-238.

11. BODIN DE MORAES, M. C. A família democrática. *Na medida da pessoa humana*. Rio de Janeiro: Processo, 2017, p. 207-234.

12. Ainda hoje parte da doutrina sustenta tal posição: ver, por todos, NADER, P. *Curso de direito civil*. Direito de família. v. 5. Rio de Janeiro: Forense, 2006, p. 36: "Enquanto nas demais esferas do Direito Privado, inobstante a moderna exigência de observância da função social dos contratos e da propriedade, tutela-se o interesse individual e particular das pessoas físicas e jurídicas, no Direito de Família os comandos visam a reforçar os elos morais que vinculam os membros do grupo social".

13. DE SINGLY, F. *Famille démocratique ou individus tyranniques*. Disponível em: http://www.liberation.fr/auteur/9051-francois-de-singly. Acesso em: 10 mar. 2018.

14. DE SINGLY, F. *Sociologie de la famille contemporaine*. 6 ed. Paris: Nathan, 2017.

15. Para o aprofundamento do modelo democrático de família, ver GIDDENS, A. *A terceira via*: reflexões sobre o impasse político atual e o futuro da social-democracia. Rio de Janeiro: Record, 2000, p. 90 e *A transformação da intimidade*. Sexualidade, amor e erotismo nas sociedades modernas. 2 ed. São Paulo: Unesp, 2003, passim. Na mesma perspectiva, DE SINGLY, F. *Sociologie de la famille contemporaine*. 6 ed. Paris: Nathan, 2017 e *Famille et individualisation*. 2 vols. Paris: Harmattan, 2001.

16. Segundo PITTMAN, Frank. *Man Enough: fathers, sons and the search for masculinity*, New York: G. P. Putnam's Sons, 1993, p. 6: "Family life in Western society since the Old Testament has been a struggle to maintain patriarchy, male domination, and double standards in the face of a natural drift towards monogamous bonding".

17. Para um apanhado histórico-crítico da família, ver GIRARDI FACHIN, R. *Em busca da família do novo milênio*: uma reflexão crítica sobre as origens históricas e as perspectivas do direito de família brasileiro contemporâneo. Rio de Janeiro: Renovar, 2001.

a solidariedade entre os seus membros[18]. Quando, então, declara que a família é a base da sociedade (art. 226, *caput*), na verdade ratifica a democracia no seio desta, compatibilizando o modelo familiar que lhe serve de fundamento e a sociedade democrática (CF, art. 1º, *caput*).

As famílias democráticas, configuradas por meio de estruturas as mais diversas, constituem-se como núcleos de pessoas, unidas pela afetividade e pela reciprocidade (*rectius*, solidariedade), e estão funcionalizadas para o pleno desenvolvimento da personalidade de cada um de seus membros[19]. A família democratizada nada mais é do que a família em que a dignidade das pessoas que a compõem é respeitada, incentivada e tutelada. Do mesmo modo, a família "dignificada", isto é, conformada e legitimada pelo princípio da dignidade humana[20] é, necessariamente, uma família democrática[21].

8.2. Da legitimidade do casamento à pluralidade familiar

Por longo tempo, o casamento indissolúvel foi a única forma de constituição de família tutelada pelo Estado brasileiro. Deste fato, especialmente a partir dos anos 60, cresceu um significativo descompasso entre a norma e a práxis social, no sentido de que a impossibilidade de divorciar-se e fundar novas famílias de maneira organizada acabou por gerar um grande número de relações de fato.

Viu-se logo o Judiciário às voltas com o problema de buscar garantir alguma proteção, especialmente às mulheres, quando do término daquelas relações. Tradicionalmente, o concubinato sempre fora tratado como uma sociedade de fato, tanto é que, em 1947, o Supremo Tribunal Federal afirmara expressamente que como entidade familiar a "ordem jurídica ignora a existência do concubinato"[22]. Em 1964, o Tribunal sumulou o entendimento, declarando que "comprovada a existência de sociedade de fato entre os concubinos, é cabível a sua dissolução judicial com partilha do patrimônio adquirido pelo esforço comum" (Súmula 380). Assim, para que houvesse partilha, era necessário ter havido esforço concreto dos conviventes, com a prova de sua contribuição direta para a construção de um patrimônio comum. Justificava-se o entendimento na vedação ao enriquecimento sem causa. Nesta linha, foi paulatinamente aceita a tese de que a concubina, se não trabalhava, pelo menos fora prestadora de serviços domésticos, devendo receber a indenização pelos serviços prestados[23].

Foi só com o tempo que se passou a considerar que o esforço comum poderia ser direto ou indireto, surgindo assim os primeiros indícios do tratamento do concubinato como um tipo familiar. Esta concepção foi encampada pela Constituição de 1988, que no § 3º do art. 226 elevou-o ao *status* de família, substituindo aquela denominação pela expressão "união estável", com a finalidade de expurgar os preconceitos inerentes ao antigo tratamento social e jurídico dados à matéria[24].

Entre a família fundada no casamento e a família consolidada mediante a união estável, as semelhanças acabaram por ser mais relevantes do que as diferenças – todas decorrentes da formalidade do ato[25] –, uma vez que ambas, como entidades familiares que são, estão baseadas no princípio da solidariedade, irradiando efeitos oriundos do núcleo familiar constituído – foi essa a premissa que gerou o pronunciamento do STF nos RE 646.721 e RE 878.694 que considerou inconstitucional a diferença da tutela sucessória para o cônjuge e para o companheiro prevista no Código Civil. A diferença fundamental está na segurança jurídica do casamento, advinda da formalidade do ato, pois este é ato jurídico *stricto sensu*, cujo núcleo existencial contém normas preestabelecidas, podendo ainda os cônjuges contratar aspectos não afetos a tal núcleo, tais como o estatuto patrimonial do casal e o planejamento familiar.

Também restou previsto no § 3º do art. 226 o dever do Estado de facilitar a conversão da união estável em casamento – literalidade utilizada por muitos para sustentar uma hierarquia entre as entidades familiares, com a superioridade axiológica do casamento em relação à união estável. Esta argumentação não deve prevalecer, uma vez que a única diferença existente entre eles é a formalidade e oficialidade do casamento, pois a base fática é a mesma, de modo a não se justificar que a união estável seja tratada pelo ordenamento jurídico de maneira diferenciada e discriminatória. Duas razões relativamente simples explicam a preocupação do constituinte: a primeira é a maior segurança que o casamento ainda traz, bastando uma certidão para comprovar-se a relação. A outra se refere ao contexto histórico em que foi promulgada a Constituição, momento em que poucos eram os direitos reconhecidos às famílias não fundadas no casamento[26].

A realidade tornou-se muito diferente de então – tendo sido a própria Constituição fomentadora desta mudança – e a razão que justificava aquela preocupação desapareceu. As distinções, portanto, entre as duas entidades familiares são cada vez mais apenas formais, pois na substância elas se confundem. O STJ, com base na sua jurisprudência consolidada, apresenta em seu site

---

18. BODIN DE MORAES, M. C. A família democrática. *Na medida da pessoa humana*. 2. ed. Rio de Janeiro: Processo, 2017, p. 207. No mesmo sentido, ALMEIDA, Renata Barbosa de; RODRIGUES JÚNIOR, Walsir Edson. *Direito Civil*: Famílias. 2. ed. São Paulo: Atlas, 2012, p. 1-28.

19. BODIN de MORAES, Maria Celina. A nova família, de novo – Estruturas e função das famílias contemporâneas. *Pensar* (UNIFOR), v. 18, p. 587-628, 2013.

20. Sobre o princípio da dignidade da pessoa humana, ver Bodin de Moraes, M. C., O princípio da dignidade da pessoa humana. *Na medida da pessoa humana*. 2. ed. Rio de Janeiro: Ed. Processo, 2017, p. 71-120.

21. Sobre esta temática, ver CUNHA PEREIRA, R. *Princípios fundamentais norteadores do direito de família*. Belo Horizonte: Del Rey, espec. p. 91-192, 2005.

22. STF, acórdão de 24.01.1947, Rel. Min. Hahnemann Guimarães. Revista Forense 112/417.

23. STF, RE 79.079, 1ª T., Rel. Min. Antônio Neder, j. 10.11.1977, *DJU* 29.12.1977.

24. Assim, por exemplo, STJ, 4ª T., REsp 183.718, Rel. Min. Sálvio de Figueiredo Teixeira, *DJU* 18.12.1998.

25. PROSPERI, F. *La famiglia non "fondata sul matrimonio"*. Camerino-Napoli: Edizioni Scientifiche Italiane,1980, *passim*. No Brasil, v. TEPEDINO, G. Novas formas de entidades familiares: efeitos do casamento e da família não fundada no matrimônio. *Temas de direito civil*. 4. ed. Rio de Janeiro: Renovar, 2008, p. 393-418.

26. Nesse sentido, BODIN DE MORAES, M. C. A união entre pessoas do mesmo sexo: uma análise sob a perspectiva civil-constitucional. *Revista Trimestral de Direito Civil*, Rio de Janeiro: Padma. v. 1, espec. p. 104-112, jan./mar. 2000; NEVARES, A. L. M. Entidades familiares na Constituição: críticas à concepção hierarquizada. In: RAMOS, C. L. S. *et al.*(Coords.). *Diálogos de direito civil*. Rio de Janeiro: Renovar, 2002, p. 291-315; e TEIXEIRA, A. C. B. Novas entidades familiares. *Revista Trimestral de Direito Civil*, Rio de Janeiro: Padma, v. 16, p. 3-30, out./dez. 2003, dentre outros.

uma seção denominada "Jurisprudência em Teses" sobre diversos temas. Uma delas, a edição 50, é sobre a união estável e contém 16 teses[27].

Previu a Constituição, no §4º no art. 226, o tipo familiar monoparental, isto é, a comunidade formada por qualquer dos pais e seus descendentes. Embora não haja uma proteção específica das famílias monoparentais na legislação infraconstitucional, a entidade familiar é tutelada de maneira esparsa, no que tange à guarda, à convivência familiar e aos alimentos. Para os fins destes comentários, o mais relevante é que esta formação social foi prevista constitucionalmente e considerada como um outro modelo de família, de modo que sua tutela e sua eficácia se darão no âmbito do Direito de Família. Foi o que permitiu, por exemplo, a adoção monoparental, instituto antes vedado a pessoas solteiras.

No Texto Constitucional encontram-se previstas expressamente apenas essas três formas de configurações familiares: aquela fundada no casamento, a união estável entre um homem e uma mulher com ânimo de constituir família (art. 226, § 3º), e a comunidade formada por qualquer dos pais e seus descendentes (art. 226, § 4º). Todavia, a mais significativa mudança por que passou a família neste século foi a valorização do elemento afetivo nas relações familiares. O juízo de valor de uma entidade familiar diante do ordenamento jurídico, de modo a considerá-la merecedora de tutela, "não diz respeito exclusivamente às relações de sangue, mas, sobretudo, àquelas afetivas que se traduzem em uma comunhão espiritual e de vida"[28]. Assim, se a família, através da adequada interpretação dos dispositivos constitucionais, passa a ser entendida como instrumental, não há como se recusar tutela a tantas outras formas de vínculos afetivos que, embora não previstas expressamente pelo legislador constituinte, se encontram identificadas com a mesma *ratio*, com os mesmos fundamentos e com a mesma função.

Cumpre salientar, pois, que o reconhecimento constitucional de uma pluralidade de entidades familiares, em detrimento do modelo único fundado no casamento, é tema que não mais está em discussão. Isto não apenas em razão do expresso teor dos mencionados parágrafos ou porque o casamento deixou de significar o "selo da legitimidade"[29] de outrora: a opção pela pluralidade de entidades deve-se ao fato de que a proteção jurídica que era dispensada com exclusividade à estrutura familiar (pense-se no ato formal do casamento) foi substituída pela tutela jurídica atribuída atualmente ao "conteúdo" ou à substância: assim, a relação estará protegida não em decorrência de possuir esta ou aquela estrutura, mas em virtude da função que desempenha – isto é, como espaço de troca de afetos, assistência moral e material, auxílio mútuo, companheirismo ou convivência entre pessoas humanas.

Na realidade, existem muitas outras espécies de formações sociais que indiscutivelmente se constituem como entidades familiares, além daquelas indicadas no art. 226 da Constituição (uniões entre homem e mulher e entre descendente e ascendente). Assim, por exemplo, além das uniões concubinárias, nas quais há impedimento para o casamento[30], a convivência em grupo de irmãos ou de primos sem a presença dos respectivos genitores; a tia que acolhe o sobrinho e seu filho (sobrinho-neto); o

---

27. São as seguintes as teses do STJ sobre a união estável: 1. Os princípios legais que regem a sucessão e a partilha não se confundem: a sucessão é disciplinada pela lei em vigor na data do óbito; a partilha deve observar o regime de bens e o ordenamento jurídico vigente ao tempo da aquisição de cada bem a partilhar; 2. A coabitação não é elemento indispensável à caracterização da união estável; 3. A vara de família é a competente para apreciar e julgar pedido de reconhecimento e dissolução de união estável homoafetiva; 4. Não é possível o reconhecimento de uniões estáveis simultâneas; 5. A existência de casamento válido não obsta o reconhecimento da união estável, desde que haja separação de fato ou judicial entre os casados; 6. Na união estável de pessoa maior de setenta anos (art. 1.641, II, do CC/02), impõe-se o regime da separação obrigatória, sendo possível a partilha de bens adquiridos na constância da relação, desde que comprovado o esforço comum; 7. São incomunicáveis os bens particulares adquiridos anteriormente à união estável ou ao casamento sob o regime de comunhão parcial, ainda que a transcrição no registro imobiliário ocorra na constância da relação; 8. O companheiro sobrevivente tem direito real de habitação sobre o imóvel no qual convivia com o falecido, ainda que silente o art. 1.831 do atual Código Civil; 9. O direito real de habitação poder ser invocado em demanda possessória pelo companheiro sobrevivente, ainda que não se tenha buscado em ação declaratória própria o reconhecimento de união estável; 10. Não subsiste o direito real de habitação se houver copropriedade sobre o imóvel antes da abertura da sucessão ou se, àquele tempo, o falecido era mero usufrutuário do bem; 11. A valorização patrimonial dos imóveis ou das cotas sociais de sociedade limitada, adquiridos antes do início do período de convivência, não se comunica, pois não decorre do esforço comum dos companheiros, mas de mero fator econômico. 12. A incomunicabilidade do produto dos bens adquiridos anteriormente ao início da união estável (art. 5º, § 1º, da Lei n. 9.278/96) não afeta a comunicabilidade dos frutos, conforme previsão do art. 1.660, V, do Código Civil de 2002; 13. Comprovada a existência de união homoafetiva, é de se reconhecer o direito do companheiro sobrevivente à meação dos bens adquiridos a título oneroso ao longo do relacionamento; 14. Não há possibilidade de se pleitear indenização por serviços domésticos prestados com o fim do casamento ou da união estável, tampouco com o cessar do concubinato, sob pena de se cometer grave discriminação em face do casamento, que tem primazia constitucional de tratamento; 15. Compete à Justiça Federal analisar, incidentalmente e como prejudicial de mérito, o reconhecimento da união estável nas hipóteses em que se pleiteia a concessão de benefício previdenciário; 16. A presunção legal de esforço comum quanto aos bens adquiridos onerosamente prevista no art. 5º da Lei n. 9.278/1996, não se aplica à partilha do patrimônio formado pelos conviventes antes da vigência da referida legislação.

28. Cf. PERLINGIERI, P. *Perfis do direito civil*: introdução ao direito civil constitucional. Trad. de M. C. de Cicco. Rio de Janeiro: Renovar, 1997, p. 244. No mesmo sentido, J. B. VILLELA, Liberdade e Família. In: *Monografias*, v. III, n. 2, Edição da Faculdade de Direito da UFMG, Belo Horizonte, 1980, p. 11: "de unidade proposta a fins econômicos, políticos, culturais e religiosos, a família passou a grupo de companheirismo e lugar de afetividade". Ver, ainda, CARBONERA, S. M. O papel jurídico do afeto nas relações de família. In: FACHIN, L. E. (Coord.). *Repensando fundamentos do direito civil brasileiro contemporâneo*. Rio de Janeiro: Renovar, 1998, p. 290. Nesse espectro, atualmente discute-se sobre a existência de novas entidades familiares, tais como as famílias paralelas e as poliafetivas. O STJ, no entanto, continua considerando que "É incabível o reconhecimento de união estável paralela, ainda que iniciada antes do casamento" (15.09.2022). Disponível em: https://www.stj.jus.br/sites/portalp/Paginas/Comunicacao/Noticias/2022/15092022-E-incabivel-o-reconhecimento-de-uniao-estavel-paralela--ainda-que-iniciada-antes-do-casamento.aspx#:~:text=Por%20unanimidade%2C%20a%20Terceira%20Turma,união%20seja%20anterior%20ao%20matrimônio. Acesso em: 25 abr. 2023.

29. Como ressaltou Luiz Edson Fachin: "Sustenta-se uma concepção plural e aberta de família que, de algum modo, conforte, agasalhe e dê abrigo durante o trânsito da jornada de cada um e de todos coletivamente. Nela se ambiciona todo o desfrute possível sem perder a percepção poética da própria existência." (Inovação e tradição no Direito de Família contemporâneo. In: EHRHARDT JÚNIOR, M.; MOREIRA ALVES, L. B. (Org.) *Leituras complementares de Direito Civil*: Direito de Família. Salvador: JusPodivm, 2010, p. 25).

30. Sobre o complexo tema das famílias simultâneas, ver RUZYK, C. E. P. *Famílias simultâneas*: da unidade codificada à pluralidade constitucional. Rio de Janeiro: Renovar, 2005; SCHREIBER, A. Famílias simultâneas e redes familiares. In: EHRHARDT JÚNIOR, M.; MOREIRA ALVES, L. (Org.). *Leituras complementares de Direito Civil*: Direito de Família. Salvador: JusPodivm, 2010, p. 141-160.

viúvo que vive com a sogra, de modo a permitir que a avó cuide dos netos; o padrasto e seus enteados, que preferiram permanecer sob a guarda do ex-marido da mãe; a madrasta e seus enteados abandonados pelo pai, etc.[31]

O argumento de que à entidade familiar denominada "união estável" o legislador constitucional impôs o requisito da diversidade de sexo parece insuficiente para fazer concluir que onde vínculo semelhante se estabeleça, entre pessoas do mesmo sexo, deva ser então ignorado ou não possa ser protegido. Estabelecidos aqueles critérios, cabe concluir pela identidade de *ratio*. Com efeito, relacionamentos estáveis, potencialmente duradouros, nos quais se reconheça a participação em interesses e finalidades comuns entre pessoas do mesmo sexo serão capazes, a exemplo do que ocorre entre heterossexuais, de gerar uma entidade familiar, devendo ser tutelados de modo semelhante, garantindo-se-lhes direitos semelhantes e, portanto, também, os deveres correspondentes. A prescindir da veste formal, a ser dada pelo legislador ordinário, a jurisprudência – que, normalmente, espelha a sensibilidade da sociedade civil – foi a grande responsável pela evolução desse debate. O grande marco, neste tema, foram a Ação de Arguição de Preceito Fundamental – ADPF 132 e a Ação Direta de Inconstitucionalidade – ADI 4277 decididas pelo Supremo Tribunal Federal em maio de 2011. Neste julgamento histórico, ficou sedimentado que a enumeração das entidades familiares previstas pelo art. 226 da Constituição é exemplificativa, que as uniões homossexuais podem formar família – caso tenham as características exigidas para as uniões estáveis – e que o art. 1.723 do Código Civil deve-se aplicar às uniões homossexuais. Tendo em vista essa igualdade estabelecida pelo STF, o STJ definiu a possibilidade de haver casamento civil entre pares homoafetivos, por meio do julgamento do REsp 118.3378. Ante a recusa de alguns cartórios de Registro Civil de celebrar casamentos homossexuais, o Conselho Nacional de Justiça aprovou a Resolução n. 175, de 14.05.2013, que determina que nenhum cartório poderá deixar de celebrar casamentos civis ou de converter uniões estáveis em casamento.

---

31. Alguns consideraram que a partir da jurisprudência do STJ em tema de reconhecimento de bem de família para os fins de impenhorabilidade, aquela Corte passara a entender como meramente exemplificativa a enumeração do art. 226, capaz de abrigar em si todos os tipos de família (Assim, por exemplo, CASABONA, M. B. O conceito de família para efeito da impenhorabilidade da moradia. In: CUNHA PEREIRA, R. da (Coord.). *Anais do IV Congresso Brasileiro de Direito de Família*. Belo Horizonte: Del Rey, 2004, p. 375-392). Com efeito, a jurisprudência do Tribunal aos poucos passou a garantir a impenhorabilidade aos conviventes mais diversos. Assim, por exemplo, STJ, 4ª T., REsp. 57.606, Rel. Min. Fontes de Alencar, *DJ* de 15.5.1995: "Execução. Bem de Família. Ao imóvel que serve de moradia às embargantes, irmãs e solteiras, estende-se a impenhorabilidade de que trata a Lei 8.009/90". Em 1999, porém, ao relatar o REsp. 182.223, j. 19.08.1999, o Min. Vicente Cernicchiaro consignou no voto condutor: "*Data venia*, a Lei 8.009/90 não está dirigida a número de pessoas. Ao contrário – à pessoa. Solteira, casada, viúva, desquitada, divorciada, pouco importa. O sentido social da norma busca garantir um teto para cada pessoa. Só essa finalidade, *data venia*, põe sobre a mesa a exata extensão da lei". Foi esse o entendimento que se consolidou na jurisprudência do STJ, servindo como exemplo: STJ, 6ª T., REsp 971.926, Rel. Min. Og Fernandes, j. 02.02.2010, *DJe* 22.02.2010. Nesse sentido, entende-se que "a lei que institui o bem de família visa a proteger o direito da pessoa humana à moradia, não fazendo sentido proteger somente quem vive em grupo, evitando assim, o abandono da pessoa que sofre a mais dolorosa realidade: a solidão. Visa, pois, a salvaguardar a moradia da pessoa, não importando seu estado civil" (MILAGRES, M. *Direito à moradia*: perspectiva clássica do direito privado. São Paulo: Atlas, 2011, p. 81).

8.3. A igualdade conjugal

Embora a modernidade tenha nascido sob a promessa de uma esfera privada como espaço de satisfação e de cuidados emocionais, esta só começou realmente a ser cumprida recentemente, quando o modelo tradicional de família, caracterizado pela obediência completa ao marido-pai-patrão, foi posto por terra. Com efeito, a família começa a tornar-se atraente quando um de seus princípios fundadores passa a ser o respeito, tanto dos maridos com relação às mulheres quanto dos pais em relação aos filhos – com o reconhecimento destes como pessoas –, alterando significativamente as relações de autoridade-submissão antes existentes. No Brasil foi a Lei n. 4.121, de 27 de agosto de 1962, conhecida como o Estatuto da Mulher Casada que, ao revogar o estado de incapacidade relativa da mulher casada, deu o primeiro e fundamental passo em direção à igualdade entre os cônjuges.

Assim, por exemplo, quase concomitantemente em grande número de países ocidentais, o poder marital desaparece e só então começa a existir uma nova família, suprimindo-se também, em consequência, a figura do chefe da família, do qual a mulher era colaboradora e assistente. A alegação pretensamente naturalista de que a mulher é inferior ao homem foi, ao longo da história da humanidade, o principal argumento utilizado para justificar o poder patriarcal sobre as mulheres. Tornou-se imprescindível a mudança cultural, que se realizou por um processo de desvirilização – libertação da dominação masculina – da sociedade – que ainda está em curso –, fomentado pela legislação e pela jurisprudência nacionais, que tiveram, inegavelmente, uma forte presença promocional na construção do novo modelo familiar.

Até 1988, os direitos concedidos à mulher tinham cunho "protecionista", sublinhando uma posição de vulnerabilidade na sociedade conjugal e, consequentemente, afirmando o *status* de superioridade do homem. Portanto, outro marco extraordinário da Constituição democrática foi a determinação não apenas da igualdade entre homens e mulheres, prevista no art. 5º, I, da CF, mas, especial e especificamente, a igualdade entre os cônjuges prevista neste dispositivo: por força do § 5º do art. 226 da Constituição, homem-esposo-companheiro e mulher-esposa-companheira passaram a ter os mesmos direitos e deveres no interior da família, em virtude da aplicação imediata das disposições constitucionais às relações interprivadas.

Neste particular, ressalte-se mais uma vez a configuração instrumental dessas comunidades: se todas as pessoas são igualmente dignas, nenhuma instituição poderá ter o condão de sobrepor o seu interesse ao dos seus membros. A família brasileira, finalmente, não mais se acha fundada em hierarquizações nem voltada para a preservação do casamento e do patrimônio familiar; ela se revela como um espaço de igualdade, de liberdade e de solidariedade entre as pessoas que a compõem.

8.4. Formação e dissolução do casamento

O art. 226 estabelece algumas regras para a constituição e a dissolução das famílias fundadas no casamento. O § 1º do art. 226 prevê a gratuidade da celebração do casamento civil. O Código Civil estendeu a gratuidade ao procedimento de habilitação, registro e primeira certidão para pessoas cuja pobreza for declarada, conforme dispõe o parágrafo único do art. 1.512. Para tal declaração, o parâmetro utilizado é o da Lei n. 1.060/1950, que estabelece os critérios para a concessão da assistência judiciária gratuita.

O § 2º do art. 226 garante efeitos civis ao casamento religioso, nos termos da lei civil. Já a Constituição de 1934 admitira a celebração perante ministro de qualquer religião, "cujo rito não contrarie a ordem pública ou os bons costumes", e condicionada à prévia habilitação perante a autoridade civil e inscrição no registro civil, no que foi seguida pelas demais Constituições brasileiras. O Código de 2002 ampliou os efeitos da celebração religiosa do casamento civil, ao autorizar que o processo de habilitação seja prévio *ou posterior* à cerimônia (CC, 1.516, § 1º). Interessante notar que os efeitos do casamento, contudo, mesmo no segundo caso, terão início a partir da celebração e não com o registro.

Dada a laicidade do Estado, quando o constituinte, conhecedor do alto grau de religiosidade do povo e da extensão do sincretismo brasileiro, usa a expressão genérica "casamento religioso", sem qualquer qualificativo ou restrição, isto significa que, em linha de princípio, se pretende reconhecer como apta, para os fins mencionados na norma, qualquer religião e qualquer autoridade religiosa, uma vez que não se pode conceder privilégios para algumas crenças em detrimento de outras[32]. O Instituto Brasileiro de Geografia e Estatística (IBGE) adotou, para o censo de 2010, uma tabela em que constam dezenove religiões, além de dois "grupos religiosos". Uma limitação, neste caso, decorreria da distinção, a ser considerada no caso concreto, entre religião e "seita" ou "grupo religioso", normalmente um grupo dissidente à religião principal.

No § 6º do art. 226, a Constituição criou outra possibilidade para a dissolução voluntária do vínculo matrimonial. A Emenda Constitucional 66 entrou em vigor em julho de 2010, suprimindo do texto constitucional os requisitos temporais para a concessão do divórcio, acabando com a antiga diferença que existia entre o divórcio direto (condicionado à separação de fato por dois anos) e o divórcio por conversão (vinculado ao prazo de um ano contado do trânsito em julgado da decisão que concede a separação de corpos – desde que haja prévia separação do casal – ou da sentença que decreta a separação – ou da escritura pública de separação extrajudicial (ou administrativa, conforme a previsão da Lei n. 11.441/07[33]). Diante da potestatividade do divórcio, não cabe, em seu âmbito, qualquer discussão relativa, seja relativa à culpa pelo fim do casamento[34], à ausência de prévia partilha de bens, ou mesmo ao descumprimento das cláusulas avençadas quando da eventual separação judicial[35]. Assim, o divórcio, agora entendido como o instrumento da autonomia privada para pôr fim ao casamento, pode ser obtido tão somente mediante pedido de um ou dos membros do casal, denotando clara redução da intervenção do estado na intimidade conjugal.

Discussão ainda remanescente refere-se ao fim do instituto da separação, que põe termo à sociedade conjugal. Parte da doutrina sustenta que, pelo teor da emenda (EC n. 66/2010), não há mais que se falar na permanência da separação: "(...) O argumento finalístico é que a Constituição da República extirpou totalmente de seu corpo normativo a única referência que se fazia à separação judicial. Portanto, ela não apenas retirou os prazos, mas também o requisito obrigatório ou voluntário da prévia separação judicial ao divórcio por conversão. Qual seria o objetivo de se manter vigente a separação judicial se ela não pode mais ser convertida em divórcio? Não há nenhuma razão prática e lógica para a sua manutenção"[36]. Entretanto, outras vozes não atribuem tal alcance ao novo texto constitucional: "tendo em vista a opção do constituinte pelo Estado Democrático de Direito e, portanto, pelo respeito ao pluralismo social e diferentes projetos de vida, torna-se temerário impedir que os cônjuges, caso queiram, adotem solução intermediária antes do fim do vínculo conjugal, ou seja, no lugar de divórcio, prefiram a separação judicial. A intervenção estatal e judicial não pode interferir na esfera decisória e privada do cidadão, nos limites que a própria normatividade garante"[37]. Além disso, releva que a atual jurisprudência do STJ, tanto na Terceira Turma[38] quanto na Quarta Turma[39] entende que a emenda "não revogou, expressa ou tacitamente, os artigos do Código Civil que tratam da separação judicial". Cumpre, enfim, referir que o legislador processual fez referências expressas, no CPC de 2015, sobre o instituto da separação, seja quando aborda a competência da autoridade judiciária brasileira (art. 23, III), a definição de foro (art. 53, I), a determinação dos atos que tramitam em segredo de justiça (art. 189, II), bem como quando prevê expressamente a ação de separação como tipo de ação de família (art. 693) e traz o procedimento para a ação de separação consensual (art. 731 e ss.).

8.5. O planejamento familiar

O constituinte utiliza-se da expressão "dignidade da pessoa humana" apenas quatro vezes ao longo da Constituição. Na primeira, nela fundamenta a República (art. 1º, III, CF); todas as demais foram reservadas ao capítulo que ora se comenta: digni-

---

32. Assim, DALLARI, D. A. *Casamento celebrado em centro espírita*: possibilidade legal de atribuição de efeitos civis. Opinião jurídica emitida em 04.11.2005. Disponível em: https://jus.com.br/pareceres/16659/casamento-celebrado-em-centro-espirita. Acesso em: 25 abr. 2023.

33. A Lei n. 11.441, que entrou em vigor em janeiro de 2007, criou a possibilidade de se fazer separações e divórcios em Cartórios de Notas, através de escritura pública, desde que atendidos os seguintes requisitos: ser consensual, não haver filhos menores ou incapazes e contar com a assistência de advogado.

34. Já era patente a tendência de abolir a discussão da culpa do fim da sociedade conjugal, como nota LOTUFO, R. Separação e divórcio no ordenamento jurídico brasileiro e comparado. In: CUNHA PEREIRA, R. da (Coord.). *Anais do I Congresso Brasileiro de Direito de Família*. Belo Horizonte: Del Rey, 1999, p. 211. 207-212. Após a emenda constitucional 66, que simplificou o divórcio e acabou com o cabimento da separação litigiosa, não há mais qualquer sentido na manutenção da discussão da culpa. Discute-se, porém, se há possibilidade da discussão da culpa para efeitos de fixação de alimentos civis, consoante art. 1.694, § 2º do Código Civil.

35. "No divórcio litigioso não se admite que o cônjuge-autor e o cônjuge-réu imputem um ao outro qualquer causa de natureza subjetiva ou responsabilidade culposa pelo fim do casamento. Não há culpado, no divórcio, nem responsável pela ruptura" (LÔBO, P. L. N. 7. ed. *Direito civil*: famílias. São Paulo: Saraiva, 2017, p. 143-144).

36. *Princípios fundamentais norteadores do direito de família*. Belo Horizonte: Del Rey, 2005, p. 469-470.

37. NUNES, Dierle; RODRIGUES JÚNIOR, Walsir Edson. Emenda Constitucional n. 66/10 e a possibilidade jurídica do pedido de separação judicial e de separação extrajudicial. *Diritto & Diritti*, v. 09/09.10, p. 1-24, 2010.

38. STJ, 3ª T., REsp 1.431.370, Rel. Min. Villas Bôas Cueva, j. 15.08.2017, *DJe* 22.08.2017, v. u.; STJ, 3ª T., AgInt no REsp 1.882.664, Rel. Min. Marco Aurélio Bellizze, j. 23.22.2020, *DJe* 30.11.2020.

39. STJ, 4ª T., REsp. 1.247.098, Rel. Min. Isabel Gallotti, j. 14.03.2017, *DJe* 16.05.2017, com voto vencido.

dade das crianças e dos adolescentes (art. 227), dignidade dos idosos (art. 230) e neste § 7º do art. 226, onde funda nos princípios da dignidade humana e da paternidade responsável o direito ao livre planejamento familiar, reforçando a proteção aos mais vulneráveis.

Aparentemente simples, o dispositivo do § 7º do art. 226 afirma uma série de princípios. Em primeiro lugar, e acima de tudo, destina-se a evitar, coerentemente com os princípios fundamentais, que possam ser adotadas políticas coercitivas de esterilização, como já se havia proposto no passado. Ignorar a autonomia individual neste particular, mediante práticas forçadas, significaria dar à pessoa humana um tratamento de coisificação, oposto, portanto, ao da dignificação. Não convencido, porém, da suficiência da menção ao princípio da dignidade humana, o dispositivo veda expressamente "qualquer forma coercitiva por parte de instituições oficiais ou privadas".

Em segundo lugar, ao vincular este direito ao princípio da "paternidade responsável", o dispositivo visa mais uma vez proteger a pessoa do filho, impondo limites à liberdade dos pais, quais sejam aqueles decorrentes da responsabilidade com a criação e o sustento da prole. Como não há responsabilidade sem liberdade, garante-se a liberdade de decisão de planejar a dimensão da família e dessa liberdade faz-se decorrer a responsabilidade parental de assisti-la material e moralmente. O direito ao planejamento familiar, assim, é um direito a ser livremente exercido, mas apenas no sentido de não admitir qualquer ingerência de outrem, estatal ou privada, com vistas a restringi-lo ou condicioná-lo, uma vez que a decisão sobre ter ou não prole, seu aumento ou redução vincula-se à privacidade e à intimidade do projeto de vida individual e parental dos envolvidos. O papel do Estado aqui, embora ativo, limita-se à função promocional de "propiciar recursos educacionais e científicos" para seu exercício, de modo a que todos estejam suficientemente informados e conscientes das maneiras pelas quais podem exercê-lo, respeitados os limites legais[40].

Entretanto, a Lei n. 9.263/96, criada com o objetivo de regular o planejamento familiar, parece ter ido além do papel destinado ao Estado na circunstância. A lei tem o grave defeito da excessiva ingerência na vida pessoal, ao criar parâmetros para o exercício do direito ao planejamento familiar que em muito ultrapassam o papel ativo do Estado, como estabelecido pelo § 7º do art. 226 da Constituição. Exemplo disto é a exigência de consentimento expresso do cônjuge para que haja esterilização do outro, caso se dê na constância do casamento, segundo dispõe o § 5º do art. 10 da referida lei, em flagrante limitação ao direito à disposição do próprio corpo.

Na garantia ao direito fundamental ao livre planejamento familiar, mais uma vez pode-se comprovar o quanto a concepção sócio jurídica de família mudou. E mudou seja do ponto de vista de seus objetivos, não mais essencialmente de procriação, seja do ponto de vista da proteção que lhe é atribuída: a tutela jurídica não mais é concedida à família em si mesma, como se fora portadora de um interesse superior ou supraindividual, mas à família como um grupo social, como pessoas que conjuntamente constroem um ambiente no qual possam, individualmente, *cada uma*, melhor se desenvolver.

8.6. A violência doméstica

De maneira inovadora, a Constituição previu, no § 8º do art. 226, a tutela da pessoa no âmbito da família, através da criação de mecanismos assistenciais para coibir a violência no âmbito de suas relações. Comprova-se, desta maneira, ainda uma vez que a família não mais é tutelada como instituição, mas que sua existência só faz sentido em prol das pessoas de seus componentes.

A violência doméstica representa o maior obstáculo ao modelo democrático de família porque concretiza uma situação de inferioridade: a mulher-vítima no âmbito das relações conjugais. Sabe-se que a violência doméstica representa em nosso país um problema de graves proporções, configurando-se como uma questão de saúde pública, já que se apresenta como uma das principais ameaças à saúde não apenas das mulheres, mas também das crianças[41]. Os números variam, mas pesquisas apontam que o lugar mais perigoso para uma mulher é, justamente, dentro de casa. Dados recentes demonstram que mais de uma em cada três mulheres no Brasil já sofreu violência física ou psicológica pelo marido, companheiro ou namorado[42].

A igualdade de gênero é pressuposto da democratização de qualquer instituição, sendo imprescindível pôr termo à desigualdade fática da mulher nas mais diversas situações, especialmente no âmbito de suas relações familiares[43]. Com violência não há que se falar em democracia, sendo esta uma condição *sine qua non* para a tantas vezes referida democratização das relações familiares.

---

40. Giselda Hironaka afirma que uma das consequências da constitucionalização da paternidade responsável é que "toda pessoa, ao nascer, deva ser filho de alguém, daí decorrendo a obrigatória relação jurídica de parentesco, da qual serão inegavelmente extraídos os direitos daquele e os deveres incumbidos a este último" (HIRONAKA, G. M. F. N. Dos filhos havidos fora do casamento. *Estudos de direito civil*. Belo Horizonte: Del Rey, 2000, p. 62).

41. Em 2010, o Brasil produziu o Plano Decenal de Direitos Humanos de Crianças e Adolescentes, no âmbito do CONANDA, que contempla uma série de ações para o enfrentamento da violência sexual contra crianças e adolescentes, que pressupõe a participação desses nas decisões importantes para sua proteção e promoção. Disponível em: https://crianca.mppr.mp.br/arquivos/File/download/plano_decenal_conanda.pdf. Acesso em: 25 abr. 2023.

42. Desde 2005, ano anterior à promulgação da Lei Maria da Penha, o DataSenado aplica, de dois em dois anos, pesquisa telefônica sobre o tema violência doméstica contra a mulher. Em 2017, o Instituto realizou a sétima edição da pesquisa. Em todas as rodadas anteriores, o percentual de entrevistadas que declararam ter sofrido violência se manteve relativamente constante, entre 15% e 19%, embora sempre em crescimento. Nesta edição, o DataSenado constatou o aumento significativo do percentual de mulheres que declararam ter sido vítimas de algum tipo de violência provocada por um homem: o percentual passou de 18%, em 2015, para 29%, em 2017. Na pesquisa feita em 2021, o percentual foi de 27%, mas 86% das brasileiras acreditam que houve aumento na violência contra a mulher no ano que antecedeu a essa pesquisa. Disponível em: https://www12.senado.leg.br/institucional/datasenado/publicacaodatasenado?id=violencia-domestica-e-familiar-contra-a-mulher-2021. Acesso em: 24 abr. 2023.

43. Segundo Maria Cláudia Crespo Brauner e Paula Pinhal de Carlos: "a violência de gênero envolve ações ou circunstâncias que submetem unidirecionalmente física e/ou emocionalmente, visível e/ou invisivelmente, as pessoas em função do seu gênero. Dessa forma, a violência de gênero e, consequentemente, a violência conjugal teria origem não na violência em geral, mas, nas desigualdades sociais existentes entre mulheres e homens" (BRAUNER, M. C. C.; CARLOS, P. P. A família democrática. Violência de gênero: a face obscura das relações familiares. In: CUNHA PEREIRA, R. da (Coord.). Família e dignidade humana. *Anais do V Congresso Brasileiro de Direito de Família*. São Paulo: IOB Thompson, 2006, p. 647.

Uma das maiores dificuldades ao combate da violência conjugal era a ausência de uma lei específica para enfrentar um problema que é principalmente cultural, com a notória e ufanista associação entre masculinidade e violência[44]. Com efeito, o enfrentamento do problema no Brasil em 1995 sofreu um grave retrocesso com a submissão da lesão corporal culposa à ação pública condicionada (art. 88 da Lei n. 9.099/95), dependendo, portanto, a ação penal relativa a tais crimes de representação da ofendida: é notória e evidente a dificuldade que isto ensejava na prática. Ficou evidenciado que o legislador nacional havia relaxado no combate à violência doméstica contra a mulher, considerando-a como uma "situação de menor potencial lesivo", não obstante os fatos da realidade social se contrapusessem veementemente a tal conclusão.

Instrumentos no sentido de remediar a situação vieram com a Lei n. 11.340/06, que cria diversos mecanismos para coibir a violência doméstica e familiar "nos termos do § 8º do art. 226 da Constituição Federal, da Convenção sobre a Eliminação de Todas as Formas de Discriminação contra as Mulheres e da Convenção Interamericana para Prevenir, Punir e Erradicar a Violência contra a Mulher". A lei, conhecida como Lei Maria da Penha, foi elaborada para coibir a violência especificamente contra a mulher, e, entre outras novidades, restabelece a situação anterior, não mais considerando a violência doméstica como de pequeno potencial ofensivo, sujeitando-a, portanto e novamente, à ação pública incondicionada, a ser proposta pelo Ministério Público. Nesse sentido, o enunciado da Súmula 542 (2015) do STJ que estabelece que a ação penal relativa ao crime de lesão corporal resultante de violência doméstica contra a mulher é pública incondicionada. A lei alterou o Código Penal brasileiro, possibilitando que agressores de mulheres no âmbito doméstico sejam presos em flagrante ou tenham sua prisão preventiva decretada, além de impedir a aplicação de penas alternativas e prever medidas como o afastamento do agressor do domicílio, aproximação da vítima agredida e dos filhos. Nota-se, nos últimos anos, um incremento na tutela feminina em face do marido/companheiro/namorado, intensificando os mecanismos da proteção, para maior eficiência das medidas, tanto em termos de agravamento dos crimes, quanto de rapidez no atendimento à vítima.

Registre-se que a lei se baseou no tipo aberto de família, pois estabelece no seu art. 5º que a violência doméstica e familiar contra a mulher configura-se como "ação ou omissão baseada no gênero que lhe cause morte, lesão, sofrimento físico, sexual ou psicológico e dano moral ou patrimonial" em qualquer relação íntima de afeto ou no âmbito da família, entendida esta como o núcleo formado por indivíduos que são ou se consideram aparentados, unidos por laços naturais, afinidade ou vontade expressa. O que importa é que a proximidade e a intimidade sejam inerentes a uma relação familiar – independentemente de que modelo familiar se esteja a tratar – e exponham a mulher a um tipo de agressão que pode ser tanto física como psíquica, ambas as esferas estando protegidas pela lei.

Apesar de muito aplaudida, seja por instâncias nacionais seja por organismos internacionais, a lei vem sendo fortemente criticada pelo fato de destinar-se a proteger tão somente as mulheres e não todas as pessoas na mesma situação de vulnerabilidade. A acusação é de inconstitucionalidade por violação do princípio de igualdade formal. O engano de fundo dessa crítica se traduz no fato de que a lei espelha justamente a concretização do princípio da igualdade, mas da igualdade substancial, aquele princípio que de forma mais completa realiza o ditado constitucional da dignidade da pessoa humana. O respeito à dignidade não impõe somente a tutela da "igualdade de todos perante a lei", mas exige que seja concretizada a igualdade substancial, isto é, que se trate desigualmente os desiguais, na medida de suas desigualdades.

Justíssima, portanto, é a afirmação de que um ordenamento fundado no respeito da pessoa humana, não pode admitir a democracia nas ruas e a autocracia dentro de casa. A violência do marido contra a mulher não é (mais) um assunto familiar e particular; é assunto que atinge, das mais variadas maneiras, a sociedade toda que, se se calar, estará, de um lado, ratificando um comportamento ignóbil e covarde, e de outro, do ponto de vista coletivo, arrumando o berço e oferecendo o alimento necessário para a manutenção e o incremento da violência na sociedade em que vivemos.

Art. 227. É dever da família, da sociedade e do Estado assegurar à criança, ao adolescente e ao jovem, com absoluta prioridade, o direito à vida, à saúde, à alimentação, à educação, ao lazer, à profissionalização, à cultura, à dignidade, ao respeito, à liberdade e à convivência familiar e comunitária, além de colocá-los a salvo de toda forma de negligência, discriminação, exploração, violência, crueldade e opressão.

§ 1º O Estado promoverá programas de assistência integral à saúde da criança, do adolescente e do jovem, admitida a participação de entidades não governamentais, mediante políticas específicas e obedecendo os seguintes preceitos:

I – aplicação de percentual dos recursos públicos destinados à saúde na assistência materno-infantil;

II – criação de programas de prevenção e atendimento especializado para as pessoas portadoras de deficiência física, sensorial ou mental, bem como de integração social do adolescente e do jovem portador de deficiência, mediante o treinamento para o trabalho e a convivência, e a facilitação do acesso aos bens e serviços coletivos, com a eliminação de obstáculos arquitetônicos e de todas as formas de discriminação.

§ 2º A lei disporá sobre normas de construção dos logradouros e dos edifícios de uso público e de fabricação de veículos de transporte coletivo, a fim de garantir acesso adequado às pessoas portadoras de deficiência.

§ 3º O direito a proteção especial abrangerá os seguintes aspectos:

I – idade mínima de quatorze anos para admissão ao trabalho, observado o disposto no art. 7º, XXXIII;

---

44. BOURDIEU, P. (*A dominação masculina*. Rio de Janeiro: Bertrand Brasil, 1999, p. 66, nota 80) afirma: "A ligação entre a virilidade e a violência é explícita na tradição brasileira, que descreve o pênis como uma arma". O autor faz referência à obra de PARKER, R. G. *Bodies, Pleasures and Passions*: Sexual Culture in Contemporary Brazil. Boston: Beacon Press, 1991, p. 37-42.

II – garantia de direitos previdenciários e trabalhistas;

III – garantia de acesso do trabalhador adolescente e jovem à escola;

IV – garantia de pleno e formal conhecimento da atribuição de ato infracional, igualdade na relação processual e defesa técnica por profissional habilitado, segundo dispuser a legislação tutelar específica;

V – obediência aos princípios de brevidade, excepcionalidade e respeito à condição peculiar de pessoa em desenvolvimento, quando da aplicação de qualquer medida privativa da liberdade;

VI – estímulo do Poder Público, através de assistência jurídica, incentivos fiscais e subsídios, nos termos da lei, ao acolhimento, sob a forma de guarda, de criança ou adolescente órfão ou abandonado;

VII – programas de prevenção e atendimento especializado à criança, ao adolescente e ao jovem dependente de entorpecentes e drogas afins.

§ 4º A lei punirá severamente o abuso, a violência e a exploração sexual da criança e do adolescente.

§ 5º A adoção será assistida pelo Poder Público, na forma da lei, que estabelecerá casos e condições de sua efetivação por parte de estrangeiros.

§ 6º Os filhos, havidos ou não da relação do casamento, ou por adoção, terão os mesmos direitos e qualificações, proibidas quaisquer designações discriminatórias relativas à filiação.

§ 7º No atendimento dos direitos da criança e do adolescente levar-se-á em consideração o disposto no art. 204.

§ 8º A lei estabelecerá:

I – o estatuto da juventude, destinado a regular os direitos dos jovens;

II – o plano nacional de juventude, de duração decenal, visando à articulação das várias esferas do poder público para a execução de políticas públicas.

Maria Celina Bodin de Moraes
Ana Carolina Brochado Teixeira

1. História da norma

Até a década de 1990, os menores carentes, ditos "em situação irregular", eram tratados de maneira assistencial pela sociedade civil, abstendo-se o Estado do cumprimento de deveres de proteção o que era, à evidência, inócuo. Por isso, diversos partidos elegeram a temática da criança e do adolescente como relevante e a população menor de idade foi objeto de um grande movimento social que englobou toda a sociedade civil: a Emenda Popular "Criança e Constituinte" recebeu número recorde de assinaturas. O debate em termos de proteção na Subcomissão de Família, do Menor e do Idoso estava voltado para dois objetivos primordiais: tutelar o menor para que, no futuro, pudesse contribuir para a construção do país e estivesse apto a evitar incorrer em delinquência. O tratamento dado ao menor na Constituinte foi, preponderantemente, como sujeito de direitos, principalmente porque as instituições sociais que participaram ativamente do movimento buscavam regularizar a situação das crianças e dos adolescentes sob sua tutela. Com base na "doutrina da Proteção Integral", a tutela da população menor de idade foi bastante ampla, com grande preocupação de que fosse capaz de se tornar efetiva. Em julho de 2010, foi promulgada a Emenda Constitucional n. 65 que incluiu o jovem entre os sujeitos portadores de vulnerabilidade merecedores de tutela diferenciada, pois se julgou que, em muitos casos, a juventude ainda não possui as condições necessárias para a total emancipação fática que a capacidade legal pressupõe.

2. Constituições brasileiras anteriores

Constituição da República de 1934, art. 147; Constituição dos Estados Unidos do Brasil de 1937, art. 126; Constituição dos Estados Unidos do Brasil de 1946, art. 164; Constituição do Brasil de 1967, art. 167, § 4º; Emenda Constitucional n. 1/69, art. 175, § 4º.

3. Constituições estrangeiras

Constituição italiana, arts. 30 e 31; Lei Fundamental de Bonn, art. 6º, (4); Constituição portuguesa, arts. 68, 3; 69, 1 e 70; Constituição espanhola, art. 39, 2 e 4; Constituição colombiana, arts. 42, 44, 45 e 47; Constituição uruguaia, arts. 41, 42; Constituição da venezuelana, arts. 76, 78, 79, 81; Constituição peruana, arts. 4º, 6º e 7º.

4. Direito internacional

Declaração Universal dos Direitos Humanos (1948); Declaração dos Direitos da Criança (1959); Convenção Americana de Direitos Humanos (Pacto de San José da Costa Rica, 1969); Regras Mínimas das Nações Unidas adotadas pela Assembleia da ONU (chamadas Regras de Beijing, 1985); Convenção Internacional sobre os Direitos da Criança (1989); Regras das Nações Unidas para a Proteção dos Menores Privados de Liberdade (1990); Diretrizes de Riad, para prevenção da delinquência juvenil (1990); Convenção Relativa à Proteção das Crianças e à Cooperação em Matéria de Adoção Internacional (Convenção de Haia, 1993); Convenção de Direitos Humanos e Biomedicina (1997); Declaração Internacional sobre Dados Genéticos Humanos da UNESCO (2004); Convenção Internacional sobre os Direitos das Pessoas com Deficiência (2007).

5. Dispositivos constitucionais e legais relacionados

5.1. Constitucionais

Art. 7º; art. 60, § 4º (cláusulas pétreas); art. 203 (a assistência social será prestada a quem dela necessitar, com a finalidade de habilitação e reabilitação das pessoas portadoras de deficiência e a promoção de sua integração à vida comunitária); art. 204 (ações sociais na área da previdência social); art. 205 (direito à educação) e art. 208, § 1º (acesso ao ensino obrigatório e gratuito).

5.2. Legais

Lei n. 8.069/90 (Estatuto da Criança e do Adolescente – ECA); Lei n. 8.242/91 (cria o Conselho Nacional dos Direitos da Criança e do Adolescente – CONANDA), Lei n. 8.560/92 (regula a investigação de paternidade dos filhos nascidos fora do casamento); Lei n. 8.642/93 (cria o Programa Nacional de Atenção Integral à Criança e Adolescente – PRONAICA); Lei n. 9.970/00 (institui o dia nacional de combate ao abuso e à exploração sexual de crianças e adolescentes); Lei n. 10.421/02 (estende à mãe adotiva a licença e o salário-maternidade); Lei n. 11.265/06 (regulamenta a comercialização de alimentos para lactentes e crianças na primeira infância); Lei n. 11.525/07 (determina a inclusão no currículo do ensino fundamental de conteúdo que trate dos direitos da população infantojuvenil); Lei n. 11.577/07 (torna obrigatória a divulgação de mensagem relativa à exploração sexual e tráfico de crianças e adolescentes, apontando formas para efetuar denúncias); Lei n. 11.698/08 (institui e disciplina a guarda compartilhada); Lei n. 11.804/08 (disciplina o direito a alimentos gravídicos e a forma como ele será exercido); Lei n. 11.924/09 (autoriza o(a) enteado(a) a adotar o nome de família do padrasto ou da madrasta); Lei n. 12.004/09 (institui a presunção de paternidade caso o réu recuse a fazer exame de DNA); Lei n. 12.010/09 (modifica o ECA para alterar aspectos da disciplina da adoção e revoga dispositivos do CC sobre o tema); Lei n. 12.038/09 (determina o fechamento definitivo de hotel, pensão, motel ou congênere que reiteradamente hospede crianças e adolescentes desacompanhados dos pais ou responsáveis, sem autorização); Lei n. 12.318/10 (dispõe sobre a alienação parental); Lei n. 12.398/11 (modifica o Código Civil e o Código de Processo Civil para estender aos avós o direito de visitas aos netos); Lei n. 12.411/11 (determina que alimentos provisórios sejam fixados cautelarmente em favor da criança ou adolescente cujo agressor seja afastado da moradia comum por determinação judicial); Lei n. 12.594/12 (institui o Sistema Nacional de Atendimento Socioeducativo (Sinase), regulamenta a execução de medidas socioeducativas destinadas a adolescentes que pratiquem ato infracional); Lei n. 12.764/12 (institui a Política Nacional de Proteção dos Direitos da Pessoa com Transtorno do Espectro Autista); Lei n. 12.852/13 (institui o Estatuto da Juventude e dispõe sobre os direitos dos jovens, princípios e diretrizes das políticas públicas de juventude e o Sistema Nacional de Juventude – SINAJUVE); Lei n. 12.921/13 (proíbe fabricação, comercialização, distribuição e propaganda de produtos nacionais e importados, de qualquer natureza, bem como embalagens, destinados ao público infantojuvenil, reproduzindo a forma de cigarros e simulares); Lei n. 12.955/14 (altera o ECA para estabelecer prioridade de tramitação aos processos de adoção em que o adotando for criança ou adolescente com deficiência ou doença crônica); Lei n. 12.962/14 (modifica o ECA para assegurar a convivência do menor com os pais privados de liberdade); Lei n. 12.978/14 (classifica como hediondo o crime de favorecimento da prostituição ou de outra forma de exploração sexual de criança, adolescente ou vulnerável); Lei n. 12.982/14 (determina o provimento de alimentação escolar adequada para alunos portadores de estado ou condição de saúde específicas); Lei n. 13.010/14 (altera o ECA, para estabelecer o direito da criança e do adolescente de serem educados e cuidados sem o uso de castigos físicos ou de tratamento cruel ou degradante); Lei n. 13.046/14 (altera o ECA, para obrigar entidades a terem, em seus quadros, pessoal capacitado para reconhecer e reportar maus-tratos de crianças e adolescentes); Lei n. 13.058/14 (altera dispositivos do CC, para estabelecer o significado da expressão "guarda compartilhada" e dispor sobre sua aplicação); Lei n. 13.106/15 (altera o ECA para tornar crime vender, fornecer, servir, ministrar ou entregar bebida alcoólica a criança ou a adolescente; e revoga o inciso I do art. 63 da Lei das Contravenções Penais); Lei n. 13.112/15 (altera os itens 1º e 2º do art. 52 da LRP, para permitir à mulher, em igualdade de condições, proceder ao registro de nascimento do filho); Lei n. 13.146/15 (institui o Estatuto das Pessoas com Deficiência – EPD); Lei n. 13.257/16 (institui o Marco Legal da Primeira Infância); Lei n. 13.370/16 (altera o § 3º do art. 98 da Lei n. 8.112/90 para estender o direito a horário especial ao servidor público federal que tenha cônjuge, filho ou dependente com deficiência de qualquer natureza e para revogar a exigência de compensação de horário); Lei n. 13.409/16 (dispõe sobre reserva de vagas para pessoas com deficiência nos cursos técnico de nível médio e superior das instituições federais de ensino); Lei n. 13.431/17 (estabelece o sistema de garantia de direitos da criança e do adolescente vítima ou testemunha de violência); Lei n. 13.436/17 (altera o ECA para garantir o direito a acompanhamento e orientação à mãe com relação à amamentação); Lei n. 13.438/17 (altera o ECA para tornar obrigatória a adoção pelo Sistema Único de Saúde de protocolo que estabeleça padrões para a avaliação de riscos para o desenvolvimento psíquico das crianças); Lei n. 13.440/17 (altera o art. 244-A do ECA para estipular pena obrigatória de perda de bens e valores em razão da prática dos crimes tipificados no aludido dispositivo); Lei n. 13.441/17 (altera o ECA para prever a infiltração de agentes de polícia na internet com o fim de investigar crimes contra a dignidade sexual de criança e de adolescente); Lei n. 13.509/17 (altera o ECA para dispor sobre entrega voluntária, destituição do poder familiar, acolhimento, apadrinhamento, guarda e adoção de crianças e adolescentes, a CLT para estender garantias trabalhistas aos adotantes e o CC, para acrescentar nova possibilidade de destituição do poder familiar); Lei n. 13.536/17 (dispõe sobre a prorrogação dos prazos de vigência das bolsas de estudo concedidas por agências de fomento à pesquisa nos casos de maternidade e de adoção); Lei n. 13.632/18 (dispõe sobre educação e aprendizagem ao longo da vida); Lei n. 14.138/21 (acrescenta § 2º ao art. 2º-A da Lei n. 8.560, de 29 de dezembro de 1992, para permitir, em sede de ação de investigação de paternidade, a realização do exame de pareamento do código genético (DNA) em parentes do suposto pai, nos casos em que especifica); Lei n. 14.340/22 (modifica procedimentos relativos à alienação parental e estabelece procedimentos adicionais para a suspensão do poder familiar); Lei n. 14.344/22 (cria mecanismos para prevenção e enfrentamento da violência doméstica e familiar contra a criança e o adolescente).

6. Jurisprudência

STF, Pleno, HC 70.389, Rel. p/ ac. Min. Celso de Mello, j. 23.06.1994, *DJU* de 10.08.2001 (impõe ao Poder Público a obrigação de proteger os menores contra toda forma de violência, crueldade e opressão); STF, HC 71.373, Pleno, Rel. p/ ac. Min. Marco Aurélio, j. 10.11.1994 (veda a condução coercitiva do suposto pai a se submeter a exame de DNA); STF, RE 248.869, Rel. Min. Maurício Corrêa, j. 07.08.2003, *DJU* de 12.03.2004 (assegurar à criança o direito à dignidade, ao respeito e à convivência familiar pressupõe reconhecer seu legítimo direito de saber a verdade sobre sua paternidade, decorrência lógica do direito à filiação); STF, HC 97.539-9, 1ª T., Rel. Min. Carlos Britto, *DJe*-148, 07.08.2009 (Redução da maioridade civil para dezoito anos pelo

CC não afeta dispositivos do ECA); STF, HC 98.518, 2ª T., Min. Eros Grau, *DJe*-110, 18.06.2010 (direito do menor infrator à convivência familiar); STF, HC 105.917, 2ª T., Rel. Min. Ayres Britto, *DJe*-112, 13.06.2011 (excepcionalidade da medida protetiva de internação do menor infrator); STF, ARE 639.337 AgR, 2ª T., Rel. Min. Celso de Mello, *DJe*-177, 15.09.2011 (obrigatoriedade do poder público providenciar creche ou pré-escola próxima à residência ou local de trabalho do genitor); STF, RE 363.889, Rel. Min. Dias Toffoli, *DJe*-238, 16.12.2011, (possibilidade de repropositura de investigação de paternidade para realização de exame de DNA); STF, AgRg no AI 846.315, 1ª T., Rel. Min. Luiz Fux, *DJe*-078, 23.04.2012 (reconhecimento de paternidade biológica e seus efeitos ainda que ele tenha intuito apenas patrimonial); STF, Repercussão geral no ARE 692.186, Rel. Min. Luiz Fux, *DJe*-34, 21.02.2013 (prevalência da paternidade biológica sobre a socioafetiva); STF, RE 440.028, 1ª T., Rel. Min. Marco Aurélio, *DJe*-232, 26.11.2013 (acesso a prédios públicos por portadores de necessidades especiais deve ser viabilizado pela Administração); STF, RE 778.889, Tribunal Pleno, Rel. Min. Luís Roberto Barroso, *DJe* 046, 11.3.2015 (verifica se é constitucional ou não a instituição de prazos diferenciados para a licença-maternidade concedida às servidoras gestantes e às adotantes); STF, RE 898.060, Tribunal Pleno, Rel. Min. Luiz Fux, *DJe* 187, 24.8.2017 (fixa a seguinte tese: "A paternidade socioafetiva, declarada ou não em registro público, não impede o reconhecimento do vínculo de filiação concomitante baseado na origem biológica, com os efeitos jurídicos próprios"); STF, ADI 5357 MC-Ref, Tribunal Pleno, Rel. Min. Edson Fachin, *DJe* 240, 11.11.2016 (estabelece que não apenas as escolas públicas, mas também as escolas particulares deverão pautar sua atuação a partir de todas as facetas e potencialidades que o direito à educação possui, o que inclui o acolhimento de alunos com deficiência); STJ, 3ª T., REsp 878.954, Rel. Min. Nancy Andrighi, 07.05.2007, *DJU* em 28.05.2007 (o ajuizamento da ação negatória de paternidade é imprescritível quando feito pelo marido da mãe, em prol da desconstituição do vínculo genético); STJ, REsp 1.185.474, 2ª T., Min. Rel. Humberto Martins, *DJe* 29.04.2010 (princípio da reserva do possível não é defesa apta a imiscuir o dever do Estado de propiciar acesso à creche por menores de zero a seis anos); STJ, REsp 889.852, 4ª T., Rel. Min. Luís Felipe Salomão, *DJe* 10.08.2010 (adoção por casal homoafetivo); STJ, REsp 1.000.356, 3ª T., Rel. Min. Nancy Andrighi, *DJe* 07.06.2010 (primazia da relação sócioafetiva ainda que se tenha operado a inválida adoção à brasileira); STJ, REsp 1.119.465, 3ª T., Rel. Min. Nancy Andrighi, *DJe* 21.06.2011 (vício de consentimento de genitora biológica que entrega filho para adoção não nulifica, por si só, o procedimento); STJ, REsp 1.087.163, 3ª T., Rel. Min. Nancy Andrighi, *DJe* 31.08.2011 (preponderância da paternidade socioafetiva sobre a biológica); STJ, REsp 1.315.342, 1ª T., Rel Min. Napoleão Nunes Maia Filho, *DJe* 04.12.2012 (sequestro internacional de crianças – o menor deve ficar onde é sua residência habitual); STJ, REsp 1.281.093, 3ª T., Rel. Min. Nancy Andrighi, *DJe* 04.02.2013 (pedido adoção unilateral em união homoafetiva); STJ, REsp 1.324.796, 6ª T., Rel. Min. Sebastião Reis Júnior, *DJe* 10.04.2013 (correção de filhos com uso de cinto classificada como maus tratos); STJ, REsp 1.292.620, 4ª T., Rel. Min. Raul Araújo, Rel. p/ acórdão Min. Luís Felipe Salomão, *DJe* 13.09.2013 (adoção simples do CC1916, que não equipara a adoção a outros tipos de filiação, não afronta a Constituição de 1988 por questão de direito constitucional intertemporal); STJ, REsp 1.115.428, 4ª T., Rel. Min. Luís Felipe Salomão, *DJe* 27.09.2013 (filho que se recusa a fazer exame de DNA não dá azo à presunção em contrário); STJ, REsp 1.269.299, 3ª T., Rel. Min. Nancy Andrighi, *DJe* 21.10.2013 (legitimidade ativa do MP para propor ação de execução de alimentos mesmo quando há genitor que regularmente exerce o poder familiar); STJ, RMS 36.034, 1ª Seção, Rel. Min. Benedito Gonçalves, *DJe* 15.04.2014 (pensão por morte para menor dependente sob guarda judicial); STJ, RR Tema 717, REsp 1265821, S2, Rel. Min. Luís Felipe Salomão, *DJe* 4.9.2014 (aprovadas as seguintes teses: 1. O Ministério Público tem legitimidade ativa para ajuizar ação de alimentos em proveito de criança ou adolescente. 2. A legitimidade do Ministério Público independe do exercício do poder familiar dos pais, ou de o menor se encontrar nas situações de risco descritas no art. 98 do Estatuto da Criança e do Adolescente, ou de quaisquer outros questionamentos acerca da existência ou eficiência da Defensoria Pública na comarca); STJ, REsp 1.128.539, 4ª T., Rel. Min. Marco Buzzi, *DJe* 26.08.2015 (não basta o exame de DNA negativo para excluir a paternidade, sendo necessária a prova do erro ou falsidade e a demonstração de inexistir vínculos de socioafetividade); STJ, AgRg no RMS 32.512, 1ª T., Rel. Min. Napoleão Nunes Maia Filho, *DJe* 10.11.2015 (atribui direito à licença-maternidade de adotante, conforme dispõe a lei estadual, independente de critérios subjetivos); STJ, AgRg no REsp 1.104.353, 1ª T., Rel. Min. Sérgio Kukina, *DJe* 03.02.2016 (concessão de tratamento ortodôntico para menor, baseado no seu direito à vida e à saúde, cuja fundamentalidade deve se sobrepor a eventual óbice de índole admissional do recurso especial ou eventual alegação de escassez de recursos financeiros pelo poder público); STJ, REsp 1.116.751, 4ª T., Rel. Min. Marco Buzzi, *DJe* 07.11.2016 (trata da exclusão das netas biológicas cuja ascendente foi adotada por meio de adoção simples, sendo que, à época, não havia outra possibilidade de adoção); STJ, REsp 1.618.230, 3ª T., Rel. Min. Ricardo Villas Bôas Cueva, *DJe* 10.5.2017 (é possível o reconhecimento da multiparentalidade com a geração de todos os efeitos inerentes ao vínculo parental, inclusive o direito sucessório); STJ, REsp 1.517.973, 4ª T., Rel. Min. Luís Felipe Salomão, *DJe* 01.02.2018 (trata da possibilidade da fixação de dano moral coletivo por quadro televisivo ofensivo à dignidade de crianças e adolescentes); STJ, REsp 1.411.258, RR Tema 732, S1, Rel. Min. Napoleão Nunes Maia Filho, *DJe* 21.2.2018 (aprovada a tese: O menor sob guarda tem direito à concessão do benefício de pensão por morte do seu mantenedor, comprovada a sua dependência econômica, nos termos do art. 33, § 3º do Estatuto da Criança e do Adolescente, ainda que o óbito do instituidor da pensão seja posterior à vigência da medida provisória n. 1.523/96, reeditada e convertida na Lei n. 9.528/97. Funda-se essa conclusão na qualidade de lei especial do ECA (n. 8.069/90), frente à legislação previdenciária); STJ, 4ª T., REsp. 1.918.421, Rel. Min. Luis Felipe Salomão, julg. 08.06.2021, publ. *DJ* 26.8.2021 (o consentimento para implantação de embriões *post mortem* deve ser dado de forma expressa e incontestável, alcançada por meio de testamento ou instrumento equivalente); STJ, 4ª T., REsp. 1.487.596, Rel. Min. Antonio Carlos Ferreira, julg. 28.09.2021, publ. *DJ* 01.10.2021 (nega tratamento registral distinto entre pai socioafetivo e pai registral); STJ, 3ª T., REsp. 1.745.411, Rel. Min. Marco Aurélio Bellizze, julg. 17.08.2021, publ. *DJ* 20.08.2021 (examinou existência de coisa julgada em pedido de multiparentalidade precedida por ação de anulação de registro envolvendo as mesmas partes); STJ, 4ª T., REsp

1.293.137, Rel. Min. Raul Araújo, julg. 11.10.2022, publ. *DJ* 24.10.2022 (é possível adotar pessoa maior baseado no regramento legislativo vigente à época do ajuizamento da ação de adoção).

Temas e teses de repercussão geral:

Tema 782 – Possibilidade de lei instituir prazos diferenciados de licença-maternidade às servidoras gestantes e às adotantes.

Tema 1182 – Constitucionalidade da extensão da licença maternidade, prevista no art. 7º, XVIII, da CF/88 e regulamentada pelo art. 207 da Lei 8.112/1990, ao pai solteiro servidor público, em face dos princípios da isonomia (art. 5º, I, CF), da legalidade (art. 37, *caput*, CF), e da proteção integral da criança com absoluta prioridade (art. 227 da CF), bem como ante o art. 195, § 5º, da CF, que dispõe que nenhum benefício ou serviço da seguridade social poderá ser criado, majorado ou estendido sem a correspondente fonte de custeio total.

Tese: À luz do art. 227 da CF, que confere proteção integral da criança com absoluta prioridade e do princípio da paternidade responsável, a licença-maternidade, prevista no art. 7º, XVIII, da CF/88 e regulamentada pelo art. 207 da Lei n. 8.112/1990, estende-se ao pai genitor monoparental.

Tema 1103 – Possibilidade dos pais deixarem de vacinar os seus filhos, tendo como fundamento convicções filosóficas, religiosas, morais e existenciais.

Tese: É constitucional a obrigatoriedade de imunização por meio de vacina que, registrada em órgão de vigilância sanitária, (i) tenha sido incluída no Programa Nacional de Imunizações ou (ii) tenha sua aplicação obrigatória determinada em lei ou (iii) seja objeto de determinação da União, Estado, Distrito Federal ou Município, com base em consenso médico-científico. Em tais casos, não se caracteriza violação à liberdade de consciência e de convicção filosófica dos pais ou responsáveis, nem tampouco ao poder familiar.

7. Literatura selecionada

BARBOZA, Heloisa H. Consentimento na adoção da criança e do adolescente. *Revista Forense*, Rio de Janeiro, v. 341, p. 71-75, 1998; BARBOZA, Heloisa H. Direito à identidade genética. *Anais do III Congresso Brasileiro de Direito de Família*. Belo Horizonte: Del Rey, IBDFAM, 2002; BARBOZA, Heloisa H. O princípio do melhor interesse do idosoPEREIRA, T. S57-71; BIX, Brian. Best Interests of the Child. Disponível em: <https://papers.ssrn.com/sol3/papers.cfm?abstract_id=1092544>. Acesso em: 20 fev. 2018; BEVILAQUA, Clovis. *Código Civil dos Estados Unidos do Brasil comentado*, v. Rio de Janeiro: Francisco Alves, 1943; BODIN DE MORAES, Maria Celina. A união entre pessoas do mesmo sexo: uma análise sob a perspectiva civil-constitucional. *Revista Trimestral de Direito Civil*, Rio de Janeiro: Padma, v. 1, p. 89-112, jan./mar. 2000; BODIN DE MORAES, Maria Celina. *Danos à pessoa humana*: uma leitura civil-constitucional dos danos morais. 2. ed. Rio de Janeiro: Processo, 2017; BODIN DE MORAES, Maria Celina; SOUZA, Eduardo Nunes de. Educação e cultura no Brasil: a questão do ensino domiciliar. *Civilistica.com*. Rio de Janeiro, ano 6, n. 2, 2017; BRITO, Leila Maria T. Negatória de paternidade e anulação de registro civil: certezas e instabilidades. *Revista Brasileira de Direito de Família*, v. 36, jun.-jul. 2006, p. 5-16; Belo Horizonte: Edusp e Del Rey, 1994; CURY, Munir; GARRIDO DE PAULA, Paulo A.; MARÇURA, Jurandir N. *Estatuto da Criança e do Adolescente anotado*. 3. ed. rev. e atual. São Paulo: Revista dos Tribunais, 2002; ELIAS, Roberto João. *Comentários ao Estatuto da Criança e do Adolescente*. São Paulo: Saraiva, 1994; FACHIN, Luiz Edson. *Elementos críticos de direito de família*. Rio de Janeiro: Renovar, 1999; FACHIN, Luiz Edson. *As intermitências da vida* (o nascimento dos não filhos à luz do Código Civil brasileiro). Rio de Janeiro: Forense, 2007; FONSECA, João C. de F. *Adolescência e trabalho*. São Paulo: Summus, 2003; GAMA, Guilherme Calmon N. da. *A nova filiação*. Rio de Janeiro: Renovar, 2003; HIRONAKA, Giselda M. F. Novaes. Dos filhos havidos fora do casamento. *Estudos de direito civil*. Belo Horizonte: Del Rey, 2000, p. 57-68; LEITE, E. de O. Adoção por homossexuais e o interesse das crianças. *Adoção*. Aspectos jurídicos e metajurídicos. Rio de Janeiro: Forense, 2005, p. 101-143; LÔBO, P. L. N. Entidades familiares constitucionalizadas: para além do *numerus clausus*. In: CUNHA PEREIRA, R. *Anais do III Congresso Brasileiro de Direito de Família*. Belo Horizonte: Del Rey, IBDFAM, 2002, p. 87-107; MARCÍLIO, Maria Luiza. *A lenta construção dos direitos da criança brasileira – século XX*. São Paulo: *Revista USP* (Dossiê Direitos Humanos no Limiar do Século XXI): n. 37, Mar-Abr-Mai 1998, p. 46–57. Disponível em: <http://www.revistas.usp.br/revusp/article/view/27026/28800>. Acesso em: 21 jan. 2018; MARQUES, Claudia Lima. A subsidiariedade da adoção internacional: diálogo entre a Convenção de Haia de 1993, o ECA e o novo Código Civil brasileiro. In: LEITE, Eduardo de O. (Coord.). *Adoção*. Aspectos jurídicos e metajurídicos. Rio de Janeiro: Forense, 2005, p. 23-60; MEIRELLES, Rose Melo Vencelau. O princípio do melhor interesse da criança. In: BODIN DE MORAES, Maria Celina (Coord.). *Princípios do direito civil contemporâneo*. Rio de Janeiro: Renovar, 2006, p. 459-493; MENEZES, Joyceane Bezerra de (Org.). *Direito das pessoas com deficiência psíquica e intelectual nas relações privadas*. Rio de Janeiro: Processo, 2016; NEVARES, Ana Luiza Maia. Entidades familiares na Constituição: críticas à concepção hierarquizada. In: RAMOS, C. L. S. *et al.* (Coords.). *Diálogos de direito civil*: construindo a racionalidade contemporânea. Rio de Janeiro: Renovar, 2002, p. 291-315; PRADE, P. Comentário ao art. 111, ECA. In: CURY, M. *Estatuto da Criança e do Adolescente comentado*: comentários jurídicos e sociais. 6. ed. São Paulo: Malheiros, 2003; SARLET, Ingo Wolfgang. *Dignidade da pessoa humana e direitos fundamentais na Constituição de 1988*. 2. ed. rev. e ampl. Porto Alegre: Livraria do Advogado, 2002; SARLET, Ingo Wolfgang. *A eficácia dos direitos fundamentais*. 3. ed. rev., atual. e ampl. Porto Alegre: Livraria do Advogado, 2003; SILVA PEREIRA, Tânia da. *Direito da criança e do adolescente*: uma proposta interdisciplinar. Rio de Janeiro: Renovar, 1996; SILVA PEREIRA, C. M. *Instituições de direito civil*. 17. ed. Rio de Janeiro: Forense, 2009, v. V; SILVA PEREIRA, Tânia da. O melhor interesse da criança. *O melhor interesse da criança*: um debate interdisciplinar. Rio de Janeiro: Renovar, 2000, p. 1-101; SILVA PEREIRA, Tânia da; MELO, Carolina de Campos. Infância e juventude: os direitos fundamentais e os princípios constitucionais consolidados na Constituição de 1988. *Revista Trimestral de Direito Civil*, Rio de Janeiro: Padma, ano 1, v. 3, p. 89-109, jul./set. 2000; SOTTOMAYOR, Maria Clara. Quem são os verdadeiros pais? Adoção plena de menor e oposição dos pais biológicos. Direito e Justiça: *Revista da Faculdade de Direito da Universidade Católica Portuguesa*, v. XVI, t. I, 2002; TEIXEIRA, Ana Carolina Brochado. Novas entidades familiares.

Revista Trimestral de Direito Civil, Rio de Janeiro: Padma, v. 16, p. 3-30, out./dez. 2003; TEPEDINO, Gustavo. A disciplina jurídica da filiação na perspectiva civil-constitucional. In: *Temas de direito civil*. 4. ed. Rio de Janeiro: Renovar, 2008, p. 473-518; VILLELA, João Baptista. O modelo constitucional de filiação: verdade e superstições. *Revista Brasileira de Direito de Família*, Porto Alegre: Síntese, v. 2, jul./set. 1999, p. 121-142.

8. Comentários

8.1. Antecedentes históricos: da insignificância à tutela especial e prioritária da criança e do adolescente

A Constituição Federal de 1988 dedica seus artigos 227 a 230 à tutela das pessoas portadoras de vulnerabilidade, consignando-lhes proteção especial em razão de déficit psicofísico causado por algum tipo de fragilidade. Por isso, a criança, o adolescente, o deficiente, o jovem e o idoso receberam tutela diferenciada[1]. A tutela da pessoa vulnerável deve ocorrer em todos os âmbitos, como nas relações econômicas e consumeristas, mas principalmente nas de natureza existencial, para que haja "tutela específica (concreta) de todos os que se encontrem em situação de desigualdade, por força de contingência [...], como forma de assegurar a igualdade e a liberdade, expressões por excelência da dignidade humana"[2].

Além da tutela especial, a pessoa menor de idade recebeu, também, proteção prioritária, conferindo-lhe, por essa razão, enfoque ainda mais diferenciado entre os portadores de vulnerabilidade, uma vez que a criança e o adolescente constituem o futuro do país e, por isso, devem ser preparados, pessoal e profissionalmente, para que cresçam de forma estruturada, saudável e responsável.

O art. 227 da Constituição Federal de 1988 é fruto de uma "virada hermenêutica" sobre a concepção da relevância dos direitos da criança e do adolescente. Tanto que é inovador quanto ao tratamento da população infantojuvenil por uma Constituição, pois dedica à criança e ao adolescente um dos mais expressivos textos consagradores de direitos fundamentais da pessoa humana, cujo conteúdo foi, posteriormente, explicitado pelo Estatuto da Criança e do Adolescente, Lei 8.069/1990 (v. art. 3º). Ele é fruto das conquistas infantojuvenis do século XX, pois foi neste período que ocorreu "a descoberta, valorização, defesa e proteção da criança", além de terem sido formulados "os seus direitos básicos, reconhecendo-se, com eles, que a criança é um ser humano especial, com características específicas, e que têm direitos próprios"[3].

Na Declaração de Genebra, aprovada em 26 de setembro de 1924 pela Assembleia da então Liga das Nações, já podia notar a preocupação internacional em assegurar direitos às crianças e aos adolescentes. No entanto, o documento que deu partida ao reconhecimento dos direitos da criança e do adolescente foi a Declaração Universal dos Direitos Humanos, de 10 de dezembro de 1948. Consta de seu art. 25, 2, que "a maternidade e a infância têm direito a cuidados e assistência. Todas as crianças, nascidas no casamento ou fora dele, devem gozar da mesma proteção social". Papel de suma relevância foi exercido, em seguida, pela Declaração dos Direitos da Criança, de 20 de novembro de 1959, a qual determinou que a criança passasse a ser, pela primeira vez na história, sujeito de direitos e destinatária de prioridade absoluta. Assim, de acordo com o seu princípio 1º, prevê: "1. A criança gozará todos os direitos enunciados nesta Declaração. 2. Todas as crianças, absolutamente sem qualquer exceção, serão credoras destes direitos, sem distinção ou discriminação por motivo de raça, cor, sexo, língua, religião, opinião política ou de outra natureza, origem nacional ou social, riqueza, nascimento ou qualquer outra condição, quer sua ou de sua família"[4]. O princípio do melhor interesse da criança e do adolescente foi a grande marca da Declaração, impondo tratamento de respeito e dignidade para com o menor. Neste sentido, dispõe o princípio 7º, 2: "Os melhores interesses da criança serão a diretriz a nortear os responsáveis pela sua educação e orientação; esta responsabilidade cabe, em primeiro lugar, aos pais".

Mas tais declarações de princípios eram pouco eficazes. Com base nesses documentos internacionais, a Conferência Mundial sobre os Direitos Humanos promoveu a Convenção Internacional dos Direitos da Criança, aprovada por aclamação na Assembleia Geral das Nações Unidas, em 20 de novembro de 1989, e ratificada pela quase totalidade dos países membros da ONU[5]. A Convenção, ratificada pelo Brasil através do Decreto n. 99.710/1990, significou um dos mais emblemáticos sinais de transformação efetiva em prol dos direitos da criança.

Cumpre ressaltar que, nessa época, a Constituição brasileira de 1988, que havia adotado as diretrizes principiológicas em termos de garantias e direitos fundamentais da população infantojuvenil previstas na Declaração de 1959, já se mostrava perfeitamente compatível com os termos da Convenção, a qual, portanto, não representou um avanço teórico significativo para o País. A ideologia de todos os documentos enumerados foi transposta para o Estatuto da Criança e do Adolescente (ECA), um dos documentos mais avançados do mundo, em termos de tutela da criança e adolescente, que visou efetivar a doutrina da sua "proteção integral". Sua interpretação, evidentemente, deve ser feita em consonância com a Constituição, considerando que é esta que confere unidade ao sistema.

Não obstante os inquestionáveis avanços, ainda existem graves obstáculos que distanciam a tutela integral da criança da realidade. Vive-se, assim, na prática brasileira, um concreto problema de eficácia das normas que atribuem à criança e ao adolescente um extenso rol exemplificativo de direitos e garantias fundamentais; por outro lado, basta verificar os numerosos problemas inerentes à violência doméstica, abuso sexual, mortalidade e trabalho infantis, trabalho escravo, prostituição infantil, descumprimento dos

---

1. FACHIN, L. E. *Elementos críticos de direito de família*. Rio de Janeiro: Renovar, 1999, p. 54.
2. BARBOZA, H. H. O princípio do melhor interesse do idoso. In: OLIVEIRA, G.; PEREIRA, T. S. *O cuidado como valor jurídico*. Rio de Janeiro: Forense, 2008, p. 66.
3. MARCÍLIO, M. L. A lenta construção dos direitos da criança brasileira – século XX. *Revista USP*, São Paulo, n. 37, mar./maio 1998, p. 49.
4. IDEM, *ibidem*.
5. Maria Luiza Marcílio informa que, até 1996, a Convenção já havia sido ratificada por 96% dos países, com exceção dos Estados Unidos, Emirados Árabes Unidos, Ilhas Cook, Omã, Suíça e Somália (MARCÍLIO, M. L. *A lenta construção dos direitos da criança brasileira: século XX*. Revista USP, São Paulo, n. 37, mar./maio 1998, p. 49.

deveres paternais, dentre outros. Trata-se de questões que não afetam apenas o menor e suas famílias, mas a saúde pública e a sociedade como um todo, considerando que a Constituição atribui deveres de cuidado com a população infantojuvenil ao Estado, à sociedade e à família. Portanto, se o século XX foi o período para o desenvolvimento e aquisição dos direitos pelas pessoas portadoras de vulnerabilidade, espera-se que o século XXI tenha como principal objetivo encontrar formas que deem eficácia a esses direitos, de modo que a regra jurídica não se limite a mera previsão abstrata de novos direitos, mas se comprometa com a tutela concreta e integral das pessoas vulneráveis inseridas em seus contextos de vida, relevando suas particularidades e necessidades[6].

8.2. O princípio do melhor interesse da criança e do adolescente

O princípio do melhor interesse da criança e do adolescente tem origem relativamente recente. No direito romano, com a separação dos pais, os filhos ficavam com o pai, tendo em vista a concepção vigente à época de que o pai era o senhor e proprietário de tudo, inclusive dos filhos. No século XIV, surgiu na Inglaterra o instituto do *parens patriae*, que se consubstanciava em uma prerrogativa do Rei e da Coroa para proteger pessoas incapazes e suas propriedades; no século XVIII, houve a diferenciação das atribuições do *parens patriae* para a proteção das crianças e dos loucos[7], impondo-se assim outro *standard* de conduta, ou seja, a variação do tratamento conforme a situação diferenciada.

Foi nesse período de transformações que se constatou que o sistema de tutela da criança e do adolescente passava por políticas públicas, ou seja, dada a necessidade de tutela diferenciada da criança e do adolescente, era necessária a intervenção do Estado. No âmbito dessa mudança de comportamentos teve início, já no século XIX, a presunção de que os pequenos, até os sete anos de idade, deveriam ficar com a mãe, em princípio a pessoa mais adequada para cuidar da criança (*tender years presumption*). Embora pudesse parecer, à primeira vista, que se tratara de uma simples mudança, do ambiente paterno ao materno, foi uma alteração de grandes proporções, em virtude de sua justificativa: a presunção do ambiente materno fundava-se essencialmente nos "melhores interesses das crianças"[8].

O princípio do *Best Interest* foi consagrado no 7º Princípio da Declaração dos Direitos da Criança, de 1959, segundo o qual "os melhores interesses da criança serão a diretriz a nortear os responsáveis pela sua educação e orientação; esta responsabilidade cabe, em primeiro lugar, aos pais". Dando seguimento à Declaração de 1959, a Convenção sobre os Direitos da Criança, de 1989, fixou, no art. 3º, 1, que "todas as ações relativas às crianças, levadas a efeito por instituições públicas ou privadas de bem-estar social, tribunais, autoridades administrativas ou órgãos legislativos devem considerar, primordialmente, o melhor interesse da criança"[9].

O princípio do "melhor interesse da criança" é corolário da doutrina da proteção integral, que perpassou os mandamentos da Constituição Federal de 1988. Tal doutrina sustenta que a criança e o adolescente têm direitos específicos a serem protegidos. O dever de proteção não se limita ao Estado, mas se estende à família e à sociedade, constituindo-se em um dever social[10] Sua condição prioritária deve-se ao fato de serem pessoas em desenvolvimento, cuja personalidade deve ser promovida, mediante a garantia do exercício de direitos fundamentais[11].

Tal princípio é a concretização do comando normativo da dignidade da pessoa humana, no âmbito da infância e da juventude. Segundo a doutrina especializada, "a aplicação do princípio do *Best Interest* permanece como um padrão, considerando, sobretudo, as necessidades da criança em detrimento dos interesses de seus pais, devendo realizar-se sempre uma análise do caso concreto"[12]. Não existe uniformidade ou uma definição rígida do que seja o conteúdo do princípio, cujo exame deve ser feito em cada caso, de modo a se buscar, de acordo com as vicissitudes do caso concreto, o que melhor preserva os interesses da criança, e a proporcionar-lhe um crescimento biopsíquico saudável, além de tutelar adequadamente sua personalidade[13].

---

6. Para uma visão histórica mais abrangente, ver ARIÉS, P. *História social da criança e da família*. Rio de Janeiro: Zahar Editores, 1982. Segundo a conhecida perspectiva do autor, excluindo-se a Grécia antiga, a infância, como tal, é fruto do movimento renascentista do século XV. Antes disso e especialmente até o final do século XII, o que se evidenciava, ao menos através da arte, era a representação das crianças como se tratassem de homens em miniatura. Até aí, a arte medieval não atribuía à infância qualquer interesse para que pudesse ser representada, possivelmente dada a sua insignificância.

7. SILVA PEREIRA, T. da. O melhor interesse da criança. In: (coord.). *O melhor interesse da criança*: um debate interdisciplinar. Rio de Janeiro: Renovar, 2000, p. 1.

8. BIX, B. *Best Interests of the Child*. Disponível em: <https://papers.ssrn.com/sol3/papers.cfm?abstract_id=1092544>. Acesso em 20 fev. 2018.

9. MEIRELLES, R. M. V. O princípio do melhor interesse da criança. In: BODIN DE MORAES, M. C. (coord.). *Princípios do direito civil contemporâneo*. Rio de Janeiro: Renovar, 2006, p. 459-493.

10. SILVA PEREIRA, T. O "melhor interesse da criança". In: SILVA PEREIRA, T. (coord.). *O melhor interesse da criança*: um debate interdisciplinar. Rio de Janeiro: Renovar, 1999, p. 14.

11. Tal condição lhes foi garantida pelo art. 6º da Lei 8.069/1990, Estatuto da Criança e do Adolescente, cujo teor é o seguinte: "Art. 6º. Na interpretação desta Lei levar-se-ão em conta os fins sociais a que ela se dirige, as exigências do bem comum, os direitos e deveres individuais e coletivos, e a condição peculiar da criança e do adolescente como pessoas em desenvolvimento".

12. SILVA PEREIRA, T. O "melhor interesse da criança". In: SILVA PEREIRA, T. (coord.). *O melhor interesse da criança*: um debate interdisciplinar. Rio de Janeiro: Renovar, 1999, p. 3.

13. Um caso bastante emblemático nos Estados Unidos, decidido em 15.04.1972, discutiu o melhor interesse de crianças e adolescentes, filhos de pais Amish. Trata-se do caso WISCONSIN v. YODER, no âmbito do qual se debateu se os filhos de pais membros da comunidade religiosa Amish poderiam não mais frequentar a escola estadual, não obstante a lei de Wisconsin determinasse o ensino obrigatório até os 16 anos. Os Amish pretendiam chamar para si a responsabilidade de ensinar seus filhos, preparando-os para o modo de vida da comunidade, para o trabalho rural, pois entendiam que o ensino formal colocaria em risco a própria salvação da comunidade e de seus filhos, pois a frequência escolar contrariava sua religião e seu estilo de vida. A maioria dos juízes entendeu estarem os pais isentos da obrigatoriedade de cumprir a lei, pois a frequência dos filhos às escolas até os 16 anos poderia ferir sua (dos pais) liberdade religiosa fundamental, ou seja, o melhor interesse desses menores era ser educado pelos pais, unicamente. (Disponível em http://www.law.cornell.edu/supct/html/historics/ USSC_CR_0406_0205_ZS.html, acesso em 20.4.2023). No Brasil, caso semelhante, embora sem qualquer conteúdo religioso, foi julgado no sentido oposto pelo Superior Tribunal de Justiça: "Inexiste previsão constitucional e legal, como reconhecido pelos impetrantes, que autorizem os pais ministrarem aos filhos as disciplinas do ensino fundamental, no recesso do lar, sem controle do poder público, mormente quanto à frequência no estabelecimento de ensino e ao total de horas letivas indispensáveis à aprovação do aluno. Segurança denegada à míngua da existência de direito líquido e certo." (STJ, MS 7.407, 1ª Seção, Rel. Min. Francisco

A principal crítica ao princípio do melhor interesse – questão afeta, também, aos princípios constitucionais de uma maneira geral – é a arbitrariedade inerente ao momento da sua aplicação, considerando sua baixa densidade normativa. É grande carga de subjetividade do juiz na construção do seu significado à luz do caso concreto, pois é ele, quando da solução de um litígio que lhe é apresentado, que se pronunciará, com fundamento em prova pericial elaborada por psicólogos e assistentes sociais judiciais, sobre a solução que melhor atende aos interesses da criança e do adolescente.

Com o objetivo de diminuir a discricionariedade na aplicação do princípio do melhor interesse da criança e do adolescente, alguns estados norte-americanos indicam uma lista de fatores a serem considerados, não exaustivos e não definitivos, com o objetivo de facilitar e concretizar o processo de averiguação do melhor interesse. Em diversos destes *welfare checklists*, alguns fatores são comuns, tais como desejos e sentimentos de cada criança, considerados em função da sua idade e compreensão, necessidades físicas, emocionais e educacionais, no presente e no futuro, provável efeito sobre qualquer mudança na realidade atual do menor, no presente e no futuro, idade, sexo, origem e demais características das crianças, qualquer dano sofrido ou em risco de sofrer, capacidade de cada genitor de cuidar dos filhos e suprir suas necessidades, além de agir de acordo com o conjunto de poderes atribuídos pelo tribunal (de acordo com o *Children Act* de 1989) no processo em questão[14].

Todos os mecanismos ora enumerados – oitiva do menor, a elaboração de uma lista exemplificativa para a realidade brasileira, a participação de profissionais especializados – são meios de buscar induzir ao maior acerto quanto ao melhor interesse daquele menor, pois existirão critérios relativamente objetivos, previamente estabelecidos, de modo a diminuir a subjetividade do juiz, além de haver informações prévias às demandas judiciais, o que seria uma forma, também, de desencorajar litígios, tendo em vista que o resultado pode ter alguma previsibilidade[15].

8.3. Direitos fundamentais da criança e do adolescente

A dignidade da pessoa humana constitui o substrato que está na base de todos os direitos fundamentais. Ela pressupõe o reconhecimento destes pela ordem jurídica, em todos os seus aspectos e dimensões. Este princípio foi especialmente vertido para a criança e o adolescente no *caput* do art. 227 do Texto Constitucional. Assim, eles têm sua dignidade assegurada não apenas de forma geral no art. 1º da Constituição Federal, mas de forma específica no dispositivo supracitado.

Ao lado da dignidade, há outros direitos fundamentais dirigidos ao menor. Eles remetem à ideia de proteção e desenvolvimento da pessoa humana[16]. Segundo ilustre doutrina, os direitos fundamentais representam mais do que uma função limitativa de poder, pois constituem critério de legitimação do poder estatal e, por conseguinte, da ordem constitucional, uma vez que o poder apenas se justifica pela realização dos direitos do homem. Eles ultrapassaram os limites funcionais que outrora lhes foram designados, de defesa da liberdade individual, passando a integrar um sistema axiológico que atue como fundamento material de todo o ordenamento jurídico[17].

Portanto, os direitos fundamentais são o substrato material do Direito contemporâneo, constituindo-se, por isso mesmo, em parâmetros hermenêuticos. Eles – notadamente a cidadania e a dignidade humana – são partes essenciais da diretriz personalista inaugurada pela Constituição. Diante de sua relevância, o constituinte dotou as normas de direitos e garantias fundamentais de aplicabilidade imediata, consoante art. 5º, § 1º, além de serem, também, cláusulas pétreas (art. 60, § 4º). Além disso, formam um sistema aberto e flexível (art. 5º, § 2º), de modo a melhor se adaptarem às vicissitudes da evolução da sociedade brasileira.

Pela dicção do art. 227 da Constituição, não há dúvida de que os direitos ali previstos têm caráter de essencialidade e são destinados especificamente ao menor. Para tanto, basta proceder à verificação da fundamentalidade material dos direitos em análise, ou seja, a circunstância de conterem, ou não, decisões fundamentais sobre a estrutura do Estado e da sociedade, de modo especial no que diz com a posição nestes ocupada pela pessoa humana[18]. A fundamentalidade de tais direitos vai ao encontro do "lugar" ocupado pelos menores na estrutura do Estado, da sociedade e da família, sendo que todos esses têm o dever de contribuir para a concretização dos direitos fundamentais daqueles.

Não obstante o art. 6º da Constituição prever a proteção à infância, ao estipular que são direitos sociais "a educação, a saúde, o trabalho, a moradia, o lazer, a segurança, a previdência social, a proteção à maternidade e à infância, a assistência aos desamparados na forma desta Constituição", é o *caput* do art. 227 da Constituição de 1988 o dispositivo reconhecido como a Declaração de Direitos Fundamentais da população infantojuvenil[19].

Os arts. 3º a 6º do Estatuto da Criança e do Adolescente também traduzem normas de direitos fundamentais, pois esses não se esgotam no catálogo constitucional (Título II), bem como em dis-

---

Peçanha Martins, j. 24.04.2004, em 21.03.2005). O STF atribuiu repercussão geral ao RE 888.815, a fim de definir a questão com efeitos gerais e vinculantes. Sobre o tema, ver BODIN DE MORAES, M. C.; SOUZA, E. N. Educação e cultura no Brasil: a questão do ensino domiciliar. *Civilistica.com*. Rio de Janeiro, a. 6, n. 2, 2017. Disponível em: http://civilistica.com/wp-content/uploads/2017/12/Bodin-de-Moraes-e-Souza-civilistica.com-a.6.n.2.2017.pdf. Acesso em 20 abr. 2023.

14. Disponível em: <https://childlawadvice.org.uk/information-pages/the-welfare-checklist/. Acesso em 20 abr. 2023.

15. Para uma interessante análise do tratamento jurisprudencial do tema, ver MEIRELLES, R. M. V. O princípio do melhor interesse da criança. In: BODIN DE MORAES, M. C. (coord.). *Princípios do direito civil contemporâneo*. Rio de Janeiro: Renovar, 2006, p. 478-493. Haver critérios prévios é de grande relevância, pois a criança e o adolescente poderiam exercer seu direito à informação, requisito indispensável para que possam participar de maneira legítima do procedimento que decidirá sobre o seu destino. A propósito do direito à informação, o Conanda editou a Resolução n. 41/95 para a formalização do documento "Direitos da criança e do adolescente hospitalizados", que se pauta, acima de tudo, pela integral informação a seus pais, representantes legais *e ao próprio menor* dos seus dados clínicos e estado de saúde, para que possam participar ativamente do processo terapêutico (disponível em: <http://www.ufrgs.br/bioetica/conanda.htm>. Acesso em 29 jan. 2018).

16. SARLET, I. W. *Dignidade da pessoa humana e direitos fundamentais na Constituição de 1988*. 10. ed. rev. e ampl. Porto Alegre: Livraria do Advogado, 2015.

17. SARLET, I. W. *A eficácia dos direitos fundamentais*. 12. ed. Porto Alegre: Livraria do Advogado, 2015, p. 65-66.

18. IDEM, *ibidem*, p. 83.

19. Assim, SILVA PEREIRA, T.; MELO, C. C. Infância e juventude: os direitos fundamentais e os princípios constitucionais consolidados na Constituição de 1988. *Revista Trimestral de Direito Civil*, Rio de Janeiro: Padma, ano 1, v. 3, p. 96, jul./set. 2000.

positivos esparsos do texto da Carta Magna, por força da norma aberta, insculpida no art. 5º, § 2º, CF. Além disso, não se pode ignorar a possibilidade de princípios implícitos, isto é, estarem presentes em nosso ordenamento direitos não escritos, extraídos das diretrizes e dos princípios fundamentais, bem como das normas definidoras de direitos e garantias fundamentais apostas na Constituição Federal, mediante a atividade exegética do intérprete.

8.4. A doutrina da proteção integral e a garantia das liberdades da criança e do adolescente

Ao lado da visão fundamentalmente paternalista e da proteção especial que ela induz, consequência da vulnerabilidade e da fragilidade inerentes à infância e à adolescência, foram reconhecidos ao menor diversos direitos e liberdades. De fato, como já se mencionou, a doutrina da proteção integral da criança e do adolescente, adotada pela Constituição de 1988, entende que a criança e o adolescente têm liberdades que precisam ser efetivadas. Neste sentido, a concepção da criança como um cidadão, embora um cidadão-criança, deve implicar inevitáveis transformações em sua autonomia privada. O principal problema é que existe um potencial conflito ou, eventualmente, uma manifesta contradição entre os "direitos de liberdade" e os "direitos de proteção". Em particular, e não apenas no Brasil, a transposição dos princípios libertadores para o ambiente educacional e, mais ainda, para o ambiente familiar tem se revelado de difícil efetivação, dado o alto grau de paternalismo presente na cultura brasileira.

Verifica-se, entretanto, uma tendência, tanto nacional como internacionalmente, a fomentar a participação infantojuvenil em questões que lhe afetem diretamente, e não obstante sua opinião não seja decisiva, a oitiva deve ser feita. O art. 12 da Convenção sobre os Direitos da Criança assegura à criança capaz de discernir e de formular a própria opinião o direito de expressá-la livremente, no que tange a assuntos que lhe são relacionados. Deverão ser levadas em conta sua idade e maturidade. Também lhe é garantido o direito de ser ouvida no processo judicial ou administrativo que tenha direta interferência em sua vida, de acordo com as diretrizes processuais da ordem jurídica pátria. A Convenção de Direitos Humanos e Biomedicina, firmada em Oviedo, Espanha, em 4 de abril de 1997, em seu art. 5º, 3, parte final, dispõe que "a opinião do menor deve ser tomada em consideração, como um fator determinante, na proporção da sua idade e grau de maturidade"[20].

O art. 53 do ECA dispõe que o processo educacional deve ser participativo, uma vez que o menor tem direito de contestar critérios avaliativos, podendo recorrer às instâncias escolares superiores, caso seja necessário. Outras circunstâncias previstas pelo ECA referem-se à oitiva da criança ou do adolescente nos casos em que a suspensão ou perda do poder familiar importar na modificação da guarda (art. 161, § 3º), além da necessidade do consentimento do adolescente, nos casos de adoção (art. 45, § 2º). Sem falar no art. 28 do Estatuto que determina sua oitiva sempre que possível. Os filhos não apenas podem opinar, mas também devem ser ouvidos pelos pais.

Nos direitos de liberdade, o menor deve participar na medida em que é detentor de discernimento e sua opinião deve ser considerada quando tem capacidade de entender, de querer e de responsabilizar-se pelos seus atos, ou seja, deve-se levar em consideração o seu estágio de desenvolvimento. Sua participação no processo decisório de questões afetas à sua própria vida é de relevância ímpar, de modo que ele possa implicar-se no seu próprio destino, o que é essencial para o livre desenvolvimento da sua personalidade. Por isso, facultar integralmente a terceiros a decisão da vida da pessoa menor de idade é uma opção legislativa paternalista, pois quem verifica o que é melhor para a criança ou para o adolescente é o juiz, juntamente com os profissionais especializados, uma vez que não há regra expressa que preveja a participação do menor nos processos decisórios a ele referentes. É um paternalismo necessário, quando ele não tem qualquer discernimento. Contudo, deve-se refletir se não seria o caso de se respeitar o processo educativo da criança e do adolescente, para que possam participar das decisões que dizem respeito diretamente à vida, conforme demonstrem maturidade e autonomia[21].

8.5. O papel ativo do Estado

O art. 227, em seus parágrafos primeiro e segundo, imputa relevante papel ao Estado para preservar e promover o princípio do melhor do interesse da criança e do adolescente, sendo admitida a participação de entidades não governamentais.

Não se aplica, em matéria de direito infantojuvenil, os ditames do art. 1.513 do Código Civil, que determina que a família tem autonomia para decidir sua destinação, não podendo nenhuma pessoa de direito público ou privado interferir no âmbito da família. Essa não interferência do Estado, que induz ao respeito à privacidade e à autonomia no interior da família, apenas se aplica a situações nas quais existe igualdade entre os membros da família, ou seja, em princípio, entre cônjuges e companheiros.

Quando a relação é desigual – como é o caso de pais e filhos, ou com parente portador de alguma deficiência –, é necessária e benéfica a interferência do Estado, para, na medida do possível, corrigir a desigualdade, além de efetivar a tutela diferenciada, correspondente à vulnerabilidade. Convivem, portanto, no Direito de Família, o público e o privado, não sendo possível demarcar fronteiras estanques, pois quando há necessidade de interferência do Estado em prol da tutela da pessoa, é coerente e necessário que o Direito assim o determine. Nesse sentido, o exercício da autoridade parental, pressupõe uma liberdade de educação, mas desde que não atinja direitos fundamentais dos filhos; trata-se de um espaço de liberdade garantido aos pais, mas que têm como núcleo intangível o bem-estar dos menores.

Com o objetivo de tornar efetiva a tutela diferenciada à pessoa menor de idade, a Lei n. 8.242/1991 criou o Conselho Nacional dos Direitos da Criança e do Adolescente (CONANDA),

---

20. No mesmo sentido ainda a Declaração Internacional sobre Dados Genéticos Humanos da UNESCO, de 16 de outubro de 2003, em seu art. 8º, letra "c", ao tratar do consentimento para o uso de dados genéticos, dá validade ao critério do discernimento do menor, incentivando sua participação em processos biomédicos.

21. Sobre o tema, ver SÊCO, Thaís. Por uma nova hermenêutica do direito da criança e do adolescente. *Civilistica.com*. Rio de Janeiro, a. 3, n. 2, jul.-dez./2014. Disponível em: <http://civilistica.com/wp-content/uploads/ 2015/02/S%C3%AAco-civilistica.com-a.3.n.2.2014.pdf>. Acesso em: 29 jan. 2018; RODRIGUES, R. de L.; TEIXEIRA, A. C. B.; Relevância da autonomia privada das crianças e adolescentes: há o direito infantil à autodeterminação? *O Direito das Famílias entre a norma e a realidade*. São Paulo: Atlas, 2010, p. 45-66.

cuja principal finalidade é fomentar a implantação do ECA no país. O Conselho tem como funções precípuas, segundo o art. 2º da referida lei, "zelar pela aplicação da política nacional de atendimento dos direitos da criança e do adolescente, dar apoio aos Conselhos Estaduais e Municipais dos Direitos da Criança e do Adolescente, aos órgãos estaduais, municipais, e entidades não governamentais para tornar efetivos os princípios, as diretrizes e os direitos estabelecidos na Lei n. 8.069, de 13 de junho de 1990", além de "apoiar a promoção de campanhas educativas sobre os direitos da criança e do adolescente, com a indicação das medidas a serem adotadas nos casos de atentados ou violação dos mesmos".

Pouco depois, foi aprovada a Lei n. 8.642/1993, que criou o Programa Nacional de Atenção Integral à Criança e Adolescente (PRONAICA), com a finalidade de "articular e integrar ações de apoio à criança e adolescente", submetido à coordenação do Ministério da Educação e do Desporto. Para tanto, suas áreas prioritárias de atuação, estabelecidas pelo art. 2º da lei, encontram-se no âmbito dos direitos fundamentais previstos pelo art. 227, CF.

Com o propósito de conscientizar a população da necessidade de tutelar a pessoa menor de idade, foi editada a Lei n. 9.970/2000, instituindo o dia 18 de maio como a data nacional de combate ao abuso e à exploração sexual de crianças e adolescentes. Neste mesmo sentido, a Lei n. 11.577/2007 torna obrigatória a divulgação de mensagem relativa à exploração sexual e tráfico de crianças e adolescentes, indicando os mecanismos através dos quais se podem efetuar denúncias. Para tentar garantir o crescimento saudável da criança em tenra idade, a Lei n. 11.265/2006 regulamentou a comercialização de alimentos para lactentes e crianças na primeira infância. Por fim, para conscientizar as crianças e os adolescentes de seus direitos, a Lei n. 11.525, de 2007, determina a inclusão no currículo do ensino fundamental de conteúdo que trate dos direitos da população infantojuvenil. E nesse mesmo sentido, o Estado continua promulgando leis cujo escopo fundamental é a efetivação dos direitos das crianças e adolescentes. Note-se, especialmente nos últimos anos, o grande número de instrumentos legislativos com o fim de tutelar a população infanto-juvenil nos seus mais variados aspectos, desde a alimentação por meio da merenda escolar, até a saúde da criança portadora de deficiência, aplicação de medidas socioeducativas, etc.

8.6. Direito à proteção especial

Como pessoas em desenvolvimento, entende-se serem merecedoras de especial proteção do Estado: os §§ 3º e 4º do art. 227 estabelecem formas peculiares de proteção à criança e ao adolescente, de modo a concretizar o princípio do melhor do interesse do menor, bem como a doutrina da proteção integral. Por esta razão, para a efetividade dos direitos especiais que ora se estabelece, o papel ativo do Estado se torna ainda mais relevante.

O direito à proteção especial abrange diversos aspectos. O primeiro deles se refere ao trabalho, estipulando-se a idade mínima de dezesseis anos para o início de atividade laboral, com exceção da condição de aprendiz, além de garantias de direitos previdenciários, trabalhistas e acesso do trabalhador adolescente à escola. A idade é fator definidor dos aspectos referentes à aptidão e capacidade para o trabalho. Não obstante o Estatuto da Criança e do Adolescente determine que adolescente seja aquele pertencente à faixa etária dos 12 aos 18 (art. 2º), a Constituição Federal, através de seu art. 7º, XXXIII, prevê: "proibição de trabalho noturno, perigoso ou insalubre a menores de 18 (dezoito) e de qualquer trabalho a menores de 16 (dezesseis) anos, salvo na condição de aprendiz, a partir de 14 (quatorze) anos"[22].

A preparação para o trabalho abrange a escolaridade, pois o trabalho em si está estreitamente ligado à escolarização do adolescente, essencial para seu desenvolvimento e crescimento[23]. Além disso, o art. 205, CF, determina que "a educação é direito de todos e dever do Estado e da família, será promovida e incentivada com a colaboração da sociedade, visando ao pleno desenvolvimento da pessoa, seu preparo para o exercício da cidadania e sua qualificação para o trabalho". Esse preceito elevou a educação ao *status* de direito fundamental da pessoa humana. Inovou a Carta Magna, também, ao dispor no art. 206, I, a igualdade de condições para o acesso e permanência na escola. O Estado não mais se preocupa apenas em proporcionar o acesso à escolarização, mas também em proporcionar condições iguais para que todos continuem os estudos e alcancem a cidadania. Além desse dispositivo, o art. 208, § 1º, garante o acesso ao ensino obrigatório e gratuito, constituindo-se a educação como direito público subjetivo, que confere a seu titular uma pretensão e impõe um dever jurídico ao Estado, que deve cumpri-lo.

Além do direito ao trabalho, a proteção especial à pessoa menor de idade abrange, também, a "garantia de pleno e formal conhecimento da atribuição de ato infracional, igualdade na relação processual e defesa técnica por profissional habilitado, segundo dispuser a legislação tutelar específica", conforme inciso IV, do § 3º, art. 227. Tal norma foi regulamentada pelo art. 111, I a III da Lei 8.069/1990, e dirigida especificamente ao adolescente, encontrando-se no capítulo que versa sobre as garantias processuais quando da prática de ato infracional.

A primeira delas é a garantia de ampla defesa, assegurada pela Constituição no art. 5º, LV, e pelo ECA através da citação ou meio equivalente, ou seja, tal conhecimento não se pode dar mediante procedimento vexatório ou violento, divulgação por terceiros ou de forma sensacionalista[24]. O pleno conhecimento das acusações existentes sobre o menor já era direito previsto pela regra 7.1 de Beijing (Regras Mínimas das Nações Unidas adotadas pela Assembleia da ONU, através da Resolução 40/33, de 1985) e pelo art. 40 da Convenção sobre Direitos da Criança, de 1989. A segunda, referente à igualdade na relação processual, confere ao menor a possibilidade de produzir todos os tipos de prova admitidos para que sua defesa seja efetivada mais plenamente possível. O ECA facultou-lhe, ainda, no art. 111, II, a possibilidade de confrontar-se com vítimas e testemunhas. A terceira garantia assegura a presença de um advogado no processo, o que é corroborado pelo art. 133 da Constituição, bem como o art. 206 do ECA, que assegura a intervenção deste, representando a criança, o adolescente, seus pais ou responsáveis na solução da lide, não podendo ser processados sem defensor, segundo os arts. 111, III; 184, § 1º; 186, § 2º e 207 do Estatuto. A Constituição estabelece também como formas de proteção especial a obediência aos

---

22. Redação dada pela EC n. 20, de 15.12.1998.
23. A CLT admite o trabalho do menor somente se ele puder frequentar a escola, para assegurar sua formação primária (art. 403, parágrafo único, *a*).
24. PRADE, P. Comentário ao art. 111, ECA. In: CURY, M. *et al.* (Coords.). *Estatuto da Criança e do Adolescente comentado*: comentários jurídicos e sociais. 6. ed. São Paulo: Malheiros, 2003, p. 369.

princípios de brevidade, excepcionalidade e respeito à condição peculiar de pessoa em desenvolvimento, quando da aplicação de qualquer medida privativa da liberdade, ou seja, tais princípios deverão ser observados quando da aplicação de qualquer medida judicial que restrinja a liberdade da criança e do adolescente. Tais comandos ao aplicador da norma significam mínima duração possível, caráter excepcional, e que seja adequado à sua situação de pessoa em processo de desenvolvimento, em fase de construção da personalidade. O art. 121 do ECA prevê a observância de tais princípios, quando o caso for de internação.

Determinou ainda o texto constitucional que o Poder Público estimule, mediante assistência jurídica, incentivos fiscais e subsídios, o acolhimento de criança ou adolescente órfão ou abandonado, sob a forma de guarda, nos termos da lei, dispositivo que foi reproduzido pelo Estatuto da Criança e do Adolescente. O intuito desta norma é a inserção de menores em famílias substitutas, para que seu desenvolvimento possa ocorrer em uma família, lugar propício à sua formação, não em instituições, abrigos, ou mesmo nas ruas, em consonância com o que estabelece o art. 19 do ECA. Trata-se de estimular a busca pela guarda, modalidade de colocação em família substituta mais simples e rápida – se comparada à tutela e à adoção – para alcance mais amplo e efetivo, solucionando, inclusive, situações emergenciais, nas quais, por exemplo, o menor ficou órfão ou foi abandonado.

A dependência de drogas é mais um aspecto relacionado à infância e à juventude, tratado pelo constituinte. Neste caso, a Constituição determina que a prevenção e o atendimento especializado à criança e ao adolescente dependente de drogas façam parte da proteção especial dada pelo ordenamento jurídico. O ECA reflete o ditame constitucional em várias oportunidades: assegura ao menor a convivência familiar e comunitária em ambiente livre da presença de pessoas dependentes de substâncias entorpecentes (art. 19), proíbe a venda de produtos que possam causar dependência física ou psíquica, por utilização indevida (art. 81, III), inclui alcoólatras e toxicômanos em programa oficial ou comunitário de auxílio, orientação e tratamento (art. 101, VI), entre outros.

Outra forte preocupação diz respeito ao abuso, à violência e à exploração sexual do menor, de modo que o art. 227, § 4º, determina a "severa" punição para tais condutas[25]. O que a Constituição pretende é que seja dada a maior e mais ampla proteção possível à população infantojuvenil. Este foi o entendimento do Supremo Tribunal Federal ao julgar a existência ou não da tipificação do crime de tortura contra criança e adolescente. A argumentação vitoriosa explicou que "o legislador brasileiro, ao conferir expressão típica a essa modalidade de infração delituosa, deu aplicação efetiva ao texto da Constituição Federal que impõe ao Poder Público a obrigação de proteger os menores contra toda a forma de violência, crueldade e opressão (art. 227, *caput, in fine*)"[26]. Nesta diretriz, o Estatuto da Criança e do Adolescente

estabelece que, uma vez verificada a hipótese de abuso sexual do menor, impostos pelos pais ou responsável, a autoridade judiciária poderá determinar o afastamento do agressor da moradia comum, como medida cautelar, segundo o art. 130. Esta é uma das formas previstas para tutela do menor, afastando-o do agressor, tendo em vista os danos que podem ser causados à criança ou ao adolescente que sofre abuso sexual. Uma vez provado o abuso, deve-se, portanto, suspender o contato, para evitar situações que ameacem o menor. Encontra-se a conduta abusiva encampada nos maus-tratos contra o menor. A violência sexual configura-se em grave atentado ao livre desenvolvimento da personalidade, ensejadora não apenas de providências na esfera criminal, mas também em sede cível, em face da ofensa à integridade psicofísica, motivadora de reparação dos danos morais[27].

O § 7º do art. 227 acrescenta que para se atender aos direitos da criança e do adolescente deve-se considerar o disposto no art. 204, de modo a determinar a descentralização político-administrativa. Assim, compete à esfera federal legislar sobre o assunto e aos Estados e Municípios, a execução dos programas. O combinado disposto foi recepcionado através dos arts. 86 a 88 do ECA, os quais estabeleceram as políticas de atendimento e criaram os Conselhos de Defesa dos Direitos da Criança e do Adolescente.

8.7. A adoção

Dispõe o art. 227, § 5º, que a adoção deverá ser assistida pelo Poder Público. Embora o revogado Código de Menores (1979) já houvesse previsto a intervenção do Estado, o diploma se destinava essencialmente aos menores em situação irregular, fazendo com que a cultura nacional restasse presa à normativa do Código Civil, a qual determinava no art. 375, originalmente, que a adoção fosse feita por escritura pública, sem qualquer interferência pública, dada a sua natureza consensual tanto na formação do vínculo de filiação, quanto no seu desfazimento[28]. Ato, portanto, de natureza intrinsecamente contratual[29].

A assistência do poder público tornou-se, porém, imprescindível diante da mudança paradigmática sofrida pelo instituto, hoje funcionalizado exclusivamente aos interesses do adotando, coerentemente, aliás, com o processo de centralização da filiação no ordenamento brasileiro[30]. Conforme especificou o art. 43 do ECA:

---

25. No mesmo sentido, a Convenção sobre os Direitos da Criança, posterior à Constituição, determinou que "Os Estados-Partes se comprometem a proteger a criança contra todas as formas de exploração e abuso sexual", conforme o art. 34. Em particular, os Estados-Partes devem impedir: "a) o incentivo ou a coação para que uma criança se dedique a qualquer atividade sexual ilegal; b) a exploração da criança na prostituição ou outras práticas sexuais ilegais; c) a exploração da criança em espetáculos ou materiais pornográficos".

26. STF, Pleno, HC 70.389, Rel. p/ ac. Min. Celso de Mello, j. 23.06.1994, *DJU* de 10.08.2001.

27. Sobre o tema, ver BODIN DE MORAES, M. C. *Danos à pessoa humana*: uma leitura civil-constitucional dos danos morais. 2. ed. Rio de Janeiro: Processo, 2017.

28. CC de 1916: "Art. 374. Também se dissolve o vínculo da adoção: I – quando as duas partes convierem; [...]." A normativa do Código de 1916, que regulava unicamente a adoção simples, foi modificada porque excessivas exigências tornavam o instituto pouco aplicável. As Leis n. 3.133/1957 e n. 4.655/1965 estabeleceram a chamada legitimação adotiva e o Código de Menores (Lei n. 6.697/79) instituiu adoção plena, vindo o ECA a tornar a adoção irrevogável. Da adoção simples à adoção irrevogável, o instituto mudou radicalmente: pensado para atender a interesses exclusivamente privados e patrimoniais (garantir a titularidade dos bens a um herdeiro do *de cujus*) consiste agora tão somente em buscar garantir um ambiente saudável ao pleno desenvolvimento de uma criança ou adolescente.

29. SILVA PEREIRA, C. M. *Instituições de direito civil*. 17. ed. Rio de Janeiro: Forense, 2009, v. V, p. 410.

30. Tal relevância da filiação foi reconhecida pelo STF no seguinte julgado: STF, RE 248.869, Rel. Min. Maurício Corrêa, j. 07.08.2003, *DJU* de 12.03.2004: "1. A Constituição Federal adota a família como base da sociedade a ela conferindo proteção do Estado. Assegurar à criança o direito à dignidade, ao respeito e à

"A adoção será deferida quando apresentar reais vantagens para o adotando e fundar-se em motivos legítimos". Deste renovado objetivo, aliás, decorreu uma consequência necessária: a sua irrevogabilidade. Estas duas razões (interesse social e irrevogabilidade) fizeram com que o instituto não pudesse mais prescindir da atenção do Estado que, por determinação constitucional, passou, obrigatoriamente, a acompanhar todos os procedimentos de adoção[31].

O constituinte preocupou-se ainda com a adoção por estrangeiros, tema que por ser controverso necessitava de sua autorização. Assim, na segunda parte do § 5º do art. 227 atribui ao legislador ordinário a determinação das circunstâncias e exigências para sua efetivação. Trata-se de opção evidentemente subsidiária, o que foi evidenciado pela lei interna: "a colocação em família substituta estrangeira constitui medida excepcional, somente admissível na modalidade de adoção" (art. 31)[32].

A regulamentação da adoção internacional decorre hoje de uma pluralidade de fontes. Inicialmente, o Código Civil de 2002 tratou unicamente da adoção nacional (art. 1.629), deixando para o legislador especial a adoção internacional – no entanto, com as mudanças operacionalizadas pela Lei n. 12.010/2010, toda a normativa é feita pelo ECA. A adoção internacional, portanto, é regulada pelo ECA e pela Convenção de Haia de 1993[33]. O Estatuto regulamentou-a (arts. 50 a 52), estabelecendo condições específicas, com requisitos mais rigorosos do que aqueles para a adoção por brasileiros. Teve com isso um duplo objetivo: de um lado, tratou de assegurar a adaptação do menor em família com cultura, língua e costumes diferentes; de outro, buscou impedir riscos graves, tais como o tráfico de menores, a exploração sexual e outros riscos que se potencializam quando a criança sai das fronteiras do país. Tais requisitos, aliados à necessidade de chancela do poder público do país de origem dos adotantes (decorrente da exigência de certificado de habilitação do país de origem, a demonstrar que os futuros adotantes cumprem os requisitos para adoção do local), parecem suficientes para evitar a exposição do menor a situações de perigo grave.

Um último aspecto, relativo à adoção, merece ser referido, tanto na doutrina como na jurisprudência. Trata-se da possibilidade de adoção por casal do mesmo sexo, em relação à qual se discute se seria, ou não, ambiente adequado à inserção de uma criança, considerando a falta de lei específica a proteger tal tipo de relação que, portanto, ainda é marginalizada, isto é, culturalmente vista com forte preconceito[34]. Um argumento, porém, que não parece aceitável é aquele que afirma que é de admitir-se tal possibilidade justamente para contribuir com a diminuição do próprio preconceito. Isto significaria retroceder e colocar a criança a serviço do interesse de adultos, invertendo completamente o desígnio constitucional. Merece destaque, aqui, julgado do STJ que autorizou a adoção por pares homossexuais, no REsp 889.852/, 4ª T., Rel. Min. Luís Felipe Salomão, *DJe* 10.08.2010. Tal julgamento tem funcionado como marco jurisprudencial relevante para o debate, pois segue o caminho da completa inserção dos casais homoafetivos como tipo de família, como determinou o STF, no julgamento da ADPF 132, Rel. Min. Ayres Britto, *DJe*-198, 14.10.2011: "A plena equiparação das uniões estáveis homoafetivas, às uniões estáveis heteroafetivas, afirmada pelo STF (ADI 4277, Rel. Min. Ayres Britto), trouxe como corolário, a extensão automática àquelas, das prerrogativas já outorgadas aos companheiros dentro de uma união estável tradicional, o que torna o pedido de adoção por casal homoafetivo, legalmente viável" (STJ, REsp 1.281.093, 3ª T., Rel. Min. Nancy Andrighi, *DJe* 04.02.2013).

8.8. A investigação de paternidade

Uma das maneiras de verificar-se o extraordinário poder atribuído ao chefe de família no início do século XX pode ser medido pela proibição, antes do advento do Código Civil de 1916, à ação de investigação de paternidade. A propósito, foi dito que "ainda mesmo que, em algumas hipóteses, a filiação se manifeste evidentemente e se firme judicialmente, sem influxo da vontade do pai, é inconcusso que o nosso direito não autoriza a investigação da paternidade"[35].

Em nosso tempo, em sentido contrário, com base no princípio da solidariedade e da paternidade responsável, o ordenamen-

---

convivência familiar pressupõe reconhecer seu legítimo direito de saber a verdade sobre sua paternidade, decorrência lógica do direito à filiação (CF, art. 226, §§ 3º, 4º, 5º e 7º e art. 227, § 6º). 2. A Carta Federal outorgou ao Ministério Público a incumbência de promover a defesa dos interesses individuais indisponíveis, podendo, para tanto, exercer outras atribuições prescritas em lei, desde que compatível com sua finalidade institucional (CF, artigos 127 e 129). 3. O direito ao nome insere-se no conceito de dignidade da pessoa humana e traduz a sua identidade, a origem de sua ancestralidade, o reconhecimento da família, razão pela qual o estado de filiação é direito indisponível, em função do bem comum maior a proteger, derivado da própria força impositiva dos preceitos de ordem pública que regulam a matéria (Estatuto da Criança e do Adolescente, artigo 27) [...]". O mesmo pode se notar no acórdão, também do STF, que entendeu que não há hierarquia entre as fontes de filiação, que acabou por aceitar expressamente o instituto da multiparentalidade (STF, RE 898.060/SC, Tribunal Pleno, Rel. Min. Luiz Fux, j. 21.9.2016, *DJe* 24.8.2017).

31. "A partir da vigência da Lei 8.069, de 13.07.1990, a adoção de pessoas até 18 anos, passou a reger-se pelas normas do Estatuto da Criança e do Adolescente ali instituído. Ganhou o instituto da adoção natureza nova, perdendo o caráter puramente assistencial da legislação menorista, para transformar-se em instrumento da doutrina da proteção integral da criança e do adolescente que norteou o Estatuto" (BARBOZA, H. H. Consentimento na Adoção da Criança e do Adolescente. *Revista Forense*, Rio de Janeiro, v. 341, p. 71, 1998). Atualmente, sendo o adotando menor de idade (adoção regulada pelo ECA) ou maior de idade (adoção regulada pelo CC), ambas devem ser feitas através de processo judicial, dado seu caráter de irrevogabilidade.

32. MÔNACO, Gustavo Ferraz de Campos. *Direitos da criança e adoção intencional*. São Paulo: Revista dos Tribunais, 2002.

33. MARQUES, C. L. A subsidiariedade da adoção internacional: diálogo entre a Convenção de Haia de 1993, o ECA e o novo Código Civil brasileiro. In: LEITE, E. de O. (coord.). *Adoção*. Aspectos jurídicos e metajurídicos. Rio de Janeiro: Forense, 2005.

34. Na jurisprudência, o primeiro caso deferido no Brasil ocorreu no Rio Grande do Sul: TJRS, 7ª Câm. Cív., Ap. Cív. 70013801592. Rel. Des. Luiz Felipe Brasil Santos, j. 05.04.2006, assim ementado: "Reconhecida como entidade familiar, merecedora da proteção estatal, a união formada por pessoas do mesmo sexo, com características de duração, publicidade, continuidade e intenção de constituir família, decorrência inafastável é a possibilidade de que seus componentes possam adotar. Os estudos especializados não apontam qualquer inconveniente em que crianças sejam adotadas por casais homossexuais, mais importando a qualidade do vínculo e do afeto que permeia o meio familiar em que serão inseridas e que as liga aos seus cuidadores. É hora de abandonar de vez preconceitos e atitudes hipócritas desprovidas de base científica, adotando-se uma postura de firme defesa da absoluta prioridade que constitucionalmente é assegurada aos direitos das crianças e dos adolescentes (art. 227 da Constituição Federal). Caso em que o laudo especializado comprova o saudável vínculo existente entre as crianças e as adotantes".

35. BEVILAQUA, Clovis *Direito de Família*, apud J. L. Alves, *Código Civil Anotado*, vol. I, São Paulo, Liv. Acadêmica, 1935, p. 374.

to não admite a desresponsabilização parental, reprovando a conduta paterna que se omite de registrar o filho, a gerar contingente de filhos sem pai tão significativo a ponto de ser considerado um problema de saúde pública[36].

Foi essa a *ratio* da Lei n. 8.560, de 29 de dezembro de 1992, que determinou a averiguação oficiosa de paternidade estabelecendo, quando houver registro de nascimento apenas com a maternidade estabelecida, que o oficial do registro remeta ao juiz certidão integral do registro e os dados do suposto pai, fornecidos pela mãe, para que este notifique o suposto pai do ocorrido. Caso não haja manifestação ou ainda esta seja no sentido de negar a paternidade, os autos deverão ser encaminhados ao representante do Ministério Público o qual, se houver elementos suficientes, proporá a ação de investigação de paternidade, em nome do menor, aqui detentor de legitimidade extraordinária – ressalte-se que a modificação operada na referida lei pela Lei n. 12.010/2009, afirma ainda que a legitimidade do Ministério Público não impede a quem tenha "legítimo interesse de intentar investigação". Desta forma, em prol da tutela prioritária dos direitos da criança, desvincula-se completamente o eventual estabelecimento da paternidade do desejo ou da vontade da mãe de propor, ou não, a investigatória.

Nesse contexto, importante destacar que a constituição do vínculo paterno-filial se baseia hoje em três critérios distintos: o presumido, através da presunção de paternidade do marido da mãe pelo casamento (art. 1.597, Código Civil); o biológico, decorrente dos laços de sangue; e o socioafetivo, fundado na posse de estado de filho (art. 1.593, Código Civil[37]).

O advento do exame de DNA, capaz de comprovar o vínculo genético com imensa precisão (99,99%), provocou uma revolução nas determinações de paternidade, porque o que antes não podia ser cabalmente demonstrado (o era através de exame de sangue vacilante, de semelhança entre lóbulos auriculares ou por prova testemunhal), passou a ser comprovado com certeza praticamente absoluta. Como consequência, deu-se que a prevalência do critério presumido foi substituída pelo critério biológico. Por outro lado, a valorização dos laços de afeto nas relações familiares vem demonstrando a insuficiência de ambos os critérios, biológico e presumido, para fins de estabelecimento da filiação, sendo certo que o vínculo que une os pais aos seus filhos não se limita aos laços de sangue.

Entretanto, na contramão dos princípios constitucionais do melhor interesse da criança e da paternidade responsável, o art. 1.601 do Código Civil de 2002 permite que o marido da mãe conteste, a qualquer tempo, a paternidade presumida pelo casamento, uma vez que tornou imprescritível a ação negatória de paternidade[38]. Desta forma, desconsidera o efetivo interesse da criança, permitindo a desconstituição da paternidade ainda que configurada a posse de estado de filho. A propósito, foi dito, em síntese extremamente sagaz, que o legislador ordinário criou a figura dos "não filhos"[39].

Mais criticável ainda se torna a opção do legislador quando se pensa que, embora a verdade biológica deva prevalecer na negatória, em claro detrimento dos interesses da criança, o mesmo não se dá na investigatória, tendo o filho que se satisfazer com a paternidade presumida[40]. De fato, o máximo a que se chegou na investigatória de paternidade foi a aprovação, em 2004, da Súmula 301 do STJ, a determinar que "Em ação investigatória, a recusa do suposto pai a submeter-se ao exame de DNA induz presunção *juris tantum* de paternidade", o que, aliás, era já facilmente dedutível da mera leitura dos arts. 231 e 232 do Código Civil em matéria de prova. A dicção da Súmula, posteriormente, transformou-se no § 2º do art. 2º da Lei n. 8.560/92, por força das mudanças operadas pela Lei n. 12.004/2009, cujo teor é: "Parágrafo único. A recusa do réu em se submeter ao exame de código genético – DNA gerará a presunção da paternidade, a ser apreciada em conjunto com o contexto probatório." Atualmente, essa presunção se estendeu aos parentes que substituem o suposto pai pré-morto, por força da Lei n. 14.138/21.

---

de obter, por meio de ação negatória de paternidade, a anulação do registro ocorrido com vício de consentimento. A regra expressa no art. 1.601 do CC/02 estabelece a imprescritibilidade da ação do marido de contestar a paternidade dos filhos nascidos de sua mulher, para afastar a presunção da paternidade. Não pode prevalecer a verdade fictícia quando maculada pela verdade real e incontestável, calcada em prova de robusta certeza, como o é o exame genético pelo método DNA. E mesmo considerando a prevalência dos interesses da criança que deve nortear a condução do processo em que se discute de um lado o direito do pai de negar a paternidade em razão do estabelecimento da verdade biológica e, de outro, o direito da criança de ter preservado seu estado de filiação, verifica-se que não há prejuízo para esta, porquanto à menor socorre o direito de perseguir a verdade real em ação investigatória de paternidade, para valer-se, aí sim, do direito indisponível de reconhecimento do estado de filiação e das consequências, inclusive materiais, daí advindas" No mesmo sentido: STJ, REsp 1.330.404, 3ª T., Rel. Min. Marco Aurélio Bellizze, j. 05.02.2015, *DJe* 19.02.2015.

39. FACHIN, L. E. *As intermitências da vida* (o nascimento dos não filhos à luz do Código Civil brasileiro). Rio de Janeiro: Forense, 2007.

40. STF, Tribunal Pleno, HC 71.373-4. Rel. p/ ac. Min. Marco Aurélio, j. 10.11.1994: "Investigação de paternidade. Exame DNA. Condução do réu 'debaixo de vara'. Discrepa, a mais poder, das garantias constitucionais implícitas e explícitas – preservação da dignidade humana, da intimidade, da intangibilidade do corpo humano, do império da lei e da inexecução específica da obrigação de fazer – provimento judicial que, em ação civil de investigação de paternidade, implique determinação no sentido de o réu ser conduzido ao laboratório, 'debaixo de vara', para coleta do material indispensável à feitura do exame DNA. A recusa resolve-se no plano jurídico-instrumental, consideradas a dogmática, a doutrina e a jurisprudência, no que voltadas ao deslinde das questões ligadas à prova dos fatos". A situação foi examinada pelo Supremo Tribunal Federal, no *Habeas Corpus* n. 71.373, julgado em novembro de 1994, motivado pelo pleito do suposto pai que ao se recusar a cumprir mandado do Tribunal para submeter-se ao exame de DNA, e na iminência de ver-se conduzido coercitivamente ao laboratório para a coleta do material, alegou violação à sua intimidade e intangibilidade física, em detrimento do interesse do filho de conhecer sua origem genética e usufruir o direito ao estado de filiação. A maioria dos ministros (seis) entendeu que o réu não poderia ser submetido ao exame sem seu consentimento. Houve, no entanto, quatro votos vencidos, que consideraram superior o interesse da criança, consubstanciado em seu direito à real identidade, em detrimento do direito à incolumidade física do suposto pai. Sobre a decisão, em posição crítica, v. BODIN DE MORAES, M. C. Recusa à realização do exame de DNA na investigação de paternidade e direitos da personalidade. *Na medida da pessoa humana*: Estudos de direito civil-constitucional. Rio de Janeiro: Renovar, 2010, p. 169-182.

---

36. Assim, Bodin de Moraes, M. C. A família democrática. *Na medida da pessoa humana:* Estudos de direito civil-constitucional. Rio de Janeiro: Renovar, 2010, p. 221-230.

37. "O parentesco é natural ou civil, conforme resulte de consanguinidade ou outra origem."

38. Em sentido contrário, o STJ manifestou-se sobre o tema, no REsp 878.954, 3ª T., Rel. Min. Nancy Andrighi, j. 07.05.2007, *DJU* de 28.05.2007, ao decidir que no caso de se ter "perfeitamente demonstrado o vício de consentimento a que foi levado a incorrer o suposto pai, quando induzido a erro ao proceder ao registro da criança, acreditando se tratar de filho biológico" deve-se anular a paternidade. "A realização do exame pelo método DNA a comprovar cientificamente a inexistência do vínculo genético, confere ao marido a possibilidade

O grande equívoco do legislador foi ter equiparado o direito do filho (art. 27, ECA) ao direito do pai (art. 1.601, CC), tornando ambos imprescritíveis, como se o critério biológico correspondesse sempre ao melhor interesse de todos os envolvidos. Isto é inverídico. De nada aproveita ao filho ser obrigado a confrontar-se com uma verdade biológica que contradiz a paternidade real, verdadeira e efetiva (tanto social como afetivamente) de que pôde desfrutar ao longo de sua vida. A verdade biológica aqui só interessaria ao pai. Todavia, o ordenamento jurídico protege, com absoluta prioridade, apenas e tão somente os interesses do filho, constando expressamente do *caput* do art. 227 referências ao seu direito à convivência familiar e comunitária, a garantia prioritária de respeito e da sua dignidade.

Em meio a essa discussão, o STF, por meio da relatoria do Min. Luiz Fux, atribuiu Repercussão Geral no RE 898060 (Tema 622), que examina a prevalência indistinta da paternidade socioafetiva sobre a biológica, o que também poderia representar um equívoco, na medida em que os dados do caso concreto são relevantes para auxiliar na definição da paternidade. O caso foi julgado em 2016 estabelecendo-se a ausência de hierarquia entre as fontes para o estabelecimento do parentesco e reconhecendo a possibilidade jurídica da multiparentalidade, conforme tese formulada da seguinte forma: "A paternidade socioafetiva, declarada ou não em registro público, não impede o reconhecimento do vínculo de filiação concomitante baseado na origem biológica, com os efeitos jurídicos próprios".

Para se atender verdadeiramente aos comandos constitucionais, é preciso atribui-se maior e mais efetiva tutela aos interesses da criança e do adolescente, mediante a possibilidade de sempre conhecer a sua origem genética. Este conhecimento é relevante para o filho por um grande número de motivos, entre eles está a saúde genética da sua ascendência; ao contrário, os genes descendentes nada significarão para a saúde do pai, não tendo, neste caso, interesse juridicamente relevante ao seu conhecimento. Essa situação já foi prevista em matéria de adoção (art. 48 do ECA) como um direito da pessoa adotada, por integrar o conteúdo da sua personalidade.

Com efeito, o princípio do melhor interesse da criança e a doutrina da proteção integral só atuam de maneira significativa quando em conflito com outros interesses (no caso, os interesses do pai). Portanto, à luz da Constituição, o direito do pai não pode ser imprescritível; aliás, seu prazo deve ser bastante reduzido para que a negatória seja exercida enquanto não contrariar os melhores interesses da criança, enquanto a paternidade ainda não tiver feito diferença. Neste particular, o velho Código fora sábio: se presente o marido, o prazo da negatória não passava de dois meses após o nascimento[41].

8.9. A igualdade na filiação

Uma das evoluções mais significativas do direito de família foi o estabelecimento da igualdade irrestrita entre os filhos, eliminando qualquer resquício discriminatório que lhes impunha as consequências dos atos e do estado familiar dos pais. Não mais se pode usar o casamento como critério de legitimação dos filhos e, por conseguinte, da atribuição de direitos: todos os filhos são iguais, independentemente de sua origem, conforme estabelece o art. 227, § 6º, da Constituição Federal de 1988.

As constituições brasileiras anteriores não se dedicaram à tutela da filiação. Não obstante o texto constitucional de 1934 tenha mantido a discriminação de filhos havidos dentro e fora do casamento, estabelecida pelo Código Civil de 1916, trouxe normas sobre o reconhecimento de filhos naturais[42]. A Carta de 1937, por sua vez, inovou significativamente ao equiparar os filhos naturais aos legítimos[43]. A Lei 883, de 21 de outubro de 1949, também exerceu um papel importante no caminho da igualdade entre os filhos, pois permitiu o reconhecimento dos filhos havidos fora do casamento, desde que a sociedade conjugal do consorte que se achasse casado fosse dissolvida, e permitiu ao filho o ajuizamento da ação declaratória de filiação, não obstante os direitos entre eles ainda fossem diferentes[44]. Nem a Constituição de 1967, nem sua emenda de 1969, alteraram alguma norma de direito de família. A Lei n. 6.515, de 26 de dezembro de 1977, conhecida como Lei do Divórcio, mudou alguns dispositivos da Lei n. 883/49, ao permitir o reconhecimento de filhos ilegítimos, mesmo na vigência do casamento de um dos cônjuges, se feito mediante testamento cerrado, que se tornava irrevogável nesta parte. Além disso, determinou, também, a igualdade de direitos hereditários entre esses filhos. O passo seguinte foi a irrestrita igualdade entre os filhos, trazida pelo art. 227, § 6º, da Constituição Federal de 1988.

A Constituição brasileira não apenas reconheceu a absoluta igualdade entre os filhos, mas também, como já visto, outorgou-lhes tutela diferenciada, enquanto menores, em função da vulnerabilidade. Daí a grande relevância do texto constitucional ao pôr fim à história de discriminações trazida pelo Código Civil de 1916. Por óbvio, este diploma privilegiava a instituição do casamento, dando amplos direitos ao filho legítimo.

O filho legítimo era aquele fruto das justas núpcias, ou seja, advindo do casamento. A ele eram reservados todos os direitos, tais como sucessão, sobrenome, alimentos, exercício do pátrio poder, dentre outros[45]. A filiação ilegítima era sempre fruto de relação fora do casamento. Os filhos ilegítimos podiam ser filhos naturais – tidos por pessoas entre as quais inexistiam impedimentos para o casamento – ou espúrios, os quais, por sua vez, se distinguiam entre adulterinos – em que um dos pais era casado – e incestuosos. Além deste tipo de filiação, havia, também, os filhos

---

41. CC de 1916: "Art. 178. Prescreverá: ... § 3º Em 2 (dois) meses, contados do nascimento, se era presente o marido, a ação para este contestar a legitimidade do filho de sua mulher (arts. 338 e 344)".

42. Art. 147 da Constituição Federal de 1934: "O reconhecimento dos filhos naturais será isento de quaisquer selos ou emolumentos, e a herança, que lhes caiba, ficará sujeita a impostos iguais aos que recaiam sobre a dos filhos legítimos".

43. Art. 126 da CF de 1937: "Aos filhos naturais, facilitando-lhes o reconhecimento, a lei assegurará igualdade com os legítimos, extensivos àqueles os direitos e deveres que em relação a estes incumbem aos pais".

44. Lei n. 883/1949: "Art. 1º "Dissolvida a sociedade conjugal, será permitido a qualquer dos cônjuges o reconhecimento do filho havido fora do matrimônio e, ao filho, a ação para que se lhe declare a filiação. Art. 2º O filho reconhecido na forma desta Lei, para efeitos econômicos, terá o direito, a título de amparo social, à metade da herança que vier a receber o filho legítimo ou legitimado".

45. VILLELA, J. B. O modelo constitucional de filiação: verdade e superstições. *Revista Brasileira de Direito de Família*. Porto Alegre: Síntese, v. 2, jul.-set. 1999, p. 125.

adotivos, sempre tratados como uma categoria à parte[46]. A legitimidade era, assim, uma categoria que impunha superioridade, ou seja, os filhos advindos da relação matrimonial estavam em um *status* superior em relação aos demais. Vigorava, de forma inquestionável, o paradigma da paternidade presumida, que determinava o casamento como critério legitimador. Entretanto, tal critério legitimador ensejava uma situação de extrema injustiça, vez que os direitos dos filhos eram condicionados à relação existente entre seus pais[47].

Filiação, casamento e legitimidade eram definidores de direitos dos filhos. Por isso, a grande relevância do dispositivo constitucional que acabou com o critério legitimador, impondo a regra da igualdade de direitos entre todos os filhos, independentemente da origem, ratificada pelos arts. 20 do ECA e 1.596 do Código Civil de 2002. Houve, portanto, a desvinculação da tutela dos filhos com a espécie de relação mantida pelos genitores, o que afasta as hipóteses em que a unidade conjugal e a patrimonial pudessem ser preservadas graças ao repúdio à filiação "ilegítima". O que o legislador pretendeu foi atribuir absoluta igualdade entre os filhos, de modo a evitar que filhos extraconjugais, naturais, adulterinos, entre outros, pudessem sofrer alguma consequência ou prejuízo, em razão do estado familiar de seus pais.

Assim, a igualdade não se pode restringir ao âmbito formal, mas seu significado efetivo abrange a seara material, ou seja, visa implantar uma efetiva igualdade entre os filhos, no âmbito material, espiritual, no tratamento afetivo etc. O rígido processo evolutivo pelo qual passaram as relações de filiação foi marcado pela sua funcionalização, despatrimonialização e despenalização. Afinal, os filhos não podem ser responsabilizados pelos atos dos seus pais[48]. Sobre a inovação constitucional, afirmou-se: "O preceito, reproduzido no art. 20 da Lei 8.069, de 13 de julho de 1990, o chamado Estatuto da Criança e do Adolescente, constitui o último patamar da longa e tormentosa evolução legislativa, superficialmente passada em revista, pondo fim ao tratamento diferenciado conferido pelo legislador civil aos filhos. A isonomia dos filhos, mais do que simplesmente igualar direitos patrimoniais e sucessórios – o que por si só já seria louvável, embora o art. 51 da Lei do Divórcio, de 1977 (11 anos antes da Constituição), a rigor, já o tivesse determinado – traduz nova tábua axiológica, com eficácia imediata para todo o ordenamento, cuja compreensão faz-se indispensável para a correta exegese da normativa aplicável às relações familiares"[49].

8.10. A tutela ao jovem

A Emenda Constitucional n. 65 incluiu o jovem como um dos sujeitos merecedores de tutela especial. Até a promulgação do Estatuto da Juventude, Lei n. 12.852/2013, não havia uma legislação nacional definindo quem é o jovem, mas apenas leis estaduais e documentos internacionais que indicam a idade que a juventude abrange. O IBGE considera o jovem a pessoa entre 15 e 24 anos[50], diretriz semelhante à da Organização das Nações Unidas. A idade de 24 anos também é um marco tributário, pois a partir dessa idade a legislação do imposto de renda não mais permite que filho ou enteado – que estejam cursando universidade ou escola técnica – seja considerado como dependente (art. 35, Lei n. 9.250/1995). Por outro lado, por exemplo, a lei gaúcha n. 12.682/2006, que criou o Estatuto da Juventude no âmbito do Rio Grande do Sul, estabeleceu que o jovem é aquele que tem entre 18 e 29 anos (art. 2º). Enfim, o "Plano Nacional da Juventude", já projetado mas ainda a ser criado, estará voltado para beneficiar pessoas entre "15 e 29 anos", faixa etária adotada pelo Estatuto da Juventude.

A principal razão para a proteção diferenciada aos jovens é a dificuldade de obtenção de sua independência, principalmente até a conclusão de um curso superior que, regra geral, se dá aos 24 anos – razão pela qual seria salutar que tivesse sido estabelecida essa como idade limite para a tutela constitucional. A proteção justifica-se, fundamentalmente, em face da transição entre educação e trabalho/emprego. Mesmo porque, com a vigência do atual Código Civil, houve a antecipação da maioridade civil de 21 para 18 anos, de modo que o jovem se tornou civilmente capaz bem mais cedo, sem ter, frequentemente, a correlata condição psicológica e/ou financeira para fazer valer a complexidade desta mesma capacidade. Tanto é que um dos princípios previstos pelo Estatuto (art. 2º, I) foi a promoção da autonomia e a emancipação do jovem.

Com a Emenda n. 65, o Estado passou a assegurar ao jovem os mesmos direitos fundamentais destinados às crianças e adolescentes e, para garanti-los, determinou no § 8º do art. 226 a criação de políticas públicas específicas, bem como a criação do Estatuto da Juventude – que, como o Estatuto da Criança e do Adolescente e o Estatuto da Pessoa Idosa, buscaram assegurar, de forma mais específica, a tutela prioritária a essas camadas da população – bem como o Plano Nacional da Juventude. O comando constitucional determina que o Plano seja alterado a cada dez anos, para que possa refletir, de perto, as necessidades dos jovens

---

46. Sobre tal classificação, G. Tepedino afirma: "A classificação acima exposta, que lamentavelmente, mesmo pós 1988, ainda se encontrava presente na maior parte dos trabalhos doutrinários sobre o tema, perdeu o suporte de validade constitucional, isto é, não tendo sido recepcionada pela Constituição de 5 de outubro de 1988. Mais do que introduzir uma nova classificação, que refutasse simplesmente as designações discriminatórias, a nova ordem constitucional, como acima já examinado, altera profundamente a tábua axiológica do sistema" (TEPEDINO, G. A disciplina jurídica da filiação na perspectiva civil-constitucional. *Temas de direito civil*. 4. ed. Rio de Janeiro: Renovar, 2008, p. 483).

47. VILLELA, J. B. O modelo constitucional de filiação: verdade e superstições. *Revista Brasileira de Direito de Família*. Porto Alegre: Síntese, v. 2, jul.-set. 1999, p. 128: "O que estaria por detrás disso? Certamente, a 'garantia' de fidelidade, principalmente da mulher. Afinal, *pater est quid justae nuptiae demonstrant* e *mater semper certa est*, ou seja, 'se a mulher deve fidelidade ao marido, os filhos que esta gerar têm, presumivelmente, como pai o marido dela própria'".

48. Sobre a penalização dos filhos, ver a crítica de Giselda Hironaka: "Durante décadas, suportaram eles o castigo pelo ato censurável do genitor com a injusta limitação dos seus direitos, já que aquele, ao postar-se atrás do muro da mentira e do segredo, fingia desconhecer-lhes a existência, com a intenção talvez única (mas inalcançável) de manter o casamento ultrajado pela infidelidade. De resto, compreenda-se, acima de todos os benefícios, direitos e até mesmo obrigações, que a nova ordem defere à filiação extramatrimonial, aquilo que ela mais lhe conferiu, foi a retirada de tal castigo, de tal sanção, de tal vexame dos seus ombros, admitindo-a agora como aquilo que simplesmente é: *uma realidade biológica que não pode contar com o descaso do Direito e da Lei*" (HIRONAKA, G. M. F. N. Dos filhos havidos fora do casamento. *Estudos de direito civil*. Belo Horizonte: Del Rey, 2000, p. 65).

49. TEPEDINO, G. A disciplina jurídica da filiação na perspectiva civil-constitucional. *Temas de direito civil*. 4. ed. Rio de Janeiro: Renovar, 2008, p. 476.

50. Censo do IBGE, de 2010, apontou a existência de 51 milhões de jovens no Brasil. Disponível em: <http://cnttl.org.br/index.php?tipo=noticia&cod=3138>. Acesso em: 29 jan. 2018.

de acordo com o passar do tempo, relacionando-as a todas as instâncias e esferas do Poder Público. Já existem vários setores nesse âmbito com o fito de promover a proteção mais efetiva ao jovem, que devem estabelecer ações coordenadas, com a finalidade de alcançar o objetivo constitucional, tais como a Secretaria Nacional de Juventude, o Conselho Nacional de Juventude, a Comissão Especial de Juventude na Câmara dos Deputados, o Fórum de Gestores Estaduais de Juventude, dentre outros.

Além do princípio já citado, orientam o Estatuto da Juventude e as Políticas Públicas os seguintes princípios: valorização e promoção da participação social e política, de forma direta e por meio de suas representações, promoção da criatividade e da participação no desenvolvimento do País, reconhecimento do jovem como sujeito de direitos universais, geracionais e singulares, promoção do bem-estar, da experimentação e do desenvolvimento integral do jovem, respeito à identidade e à diversidade individual e coletiva da juventude, promoção da vida segura, da cultura da paz, da solidariedade e da não discriminação e valorização do diálogo e convívio do jovem com as demais gerações. Nesse sentido, o referido Estatuto desenvolveu cada um dos direitos que deverão ser implementados aos jovens, quais sejam, cidadania, participação social, política e representação, educação, profissionalização, trabalho e renda, diversidade e igualdade, saúde, cultura, comunicação e liberdade de expressão, desporto e lazer, território e mobilidade, sustentabilidade e meio ambiente, segurança pública e acesso à justiça.

8.11. A proteção à pessoa com deficiência

A pessoa com deficiência física, sensorial, mental ou de qualquer outra ordem, na condição de portadora de vulnerabilidade e de necessidades especiais, recebeu tratamento especial da Constituição, no âmbito da tutela daqueles que sofrem de algum tipo especial de fragilidade. A eles, portanto, também se aplica o *caput* do art. 227, que criou direitos fundamentais específicos. Essa afirmação se deve a duas razões. A primeira se baseia no fato de ser ele, assim como a criança e o adolescente, portador de vulnerabilidade e nessa qualidade, necessita da atuação especial do Estado, da família e da sociedade; a segunda, de ordem formal, funda-se no fato de a ele ser atribuídos direitos, previstos nos parágrafos do art. 227, que devem estar em consonância com o *caput* do mesmo dispositivo, sob pena de ferir a coerência do ordenamento jurídico. A pessoa com deficiência é a que apresenta perdas ou anomalias de sua estrutura ou função psicológica, fisiológica ou anatômica, de forma permanente, de modo a gerar incapacidade para o desempenho de atividades, dentro do padrão considerado normal para o ser humano. A fim de lhe conferir proteção modulada à incapacidade, foi aprovada a Lei n. 13.146/2015, Estatuto da Pessoa com Deficiência, mas que acabou criando uma série de incoerências na efetiva tutela da pessoa com deficiência.

Especial destaque recebeu o adolescente com deficiência, pois conjuga a interseccionalidade de duas vulnerabilidades, que demanda múltiplas proteções. A norma constitucional busca sua integração social, por meio de programas que possibilitem a sua efetiva inserção no âmbito do trabalho, convivência social, acesso a bens e serviços coletivos, mediante a eliminação de preconceitos e obstáculos arquitetônicos que dificultem sua vida de forma mais autônoma. Busca-se um crescimento que lhe possibilite a convivência social, de modo a atenuar, tanto quanto for possível, o déficit causado pela doença.

Não obstante se esteja a tratar do papel do Poder Público para minorar as dificuldades da pessoa com deficiência e promovê-la como pessoa humana, um papel ainda maior e mais relevante é atribuído à família. Com efeito, na legalidade constitucional não se pode deixar de ressaltar o atual tratamento juridicamente exigível da família do portador de necessidades especiais em relação a este, com a finalidade de promover sua dignidade e inclusão social, principalmente se estiver na infância ou adolescência. Partindo do pressuposto de que a Constituição da República fez uma opção personalista, ou seja, em prol do livre desenvolvimento da personalidade, a família deve atuar na linha de frente em relação à pessoa com deficiência, no seu tratamento, na sua sociabilidade, para que não haja um reforço da incapacidade.

Por isso, é essencial se proceder, de forma conjugada a uma leitura constitucionalizada do instituto da curatela, de modo que esta não marginalize a pessoa com deficiência, excluindo-a dos laços sociais – mesmo porque a curatela deve constituir-se um instrumento de apoio, cuidado, um meio de recuperação, e não o aprisionamento num modelo fechado e hermético, que atribua à pessoa uma tarja definitiva de "incapaz". Além disso, trata-se de um instituto de proteção do indivíduo que não está em condições de cuidar de seus bens e, em algumas circunstâncias, de si. Na concepção constitucional que ora se busca implementar, ganha relevo a pessoa que não se encontra em condições de cuidar de si mesma. Deve-se voltar os olhos, de forma preponderante, para a pessoa, de modo a se funcionalizar a curatela à sua recuperação, ou à melhora qualitativa da sua vida, para que ele possa, na medida do possível, viver em sociedade com a maior autonomia possível.

A exclusão reforça a incapacidade, intensificando a marginalização. Portanto, a fixação dos limites da curatela, prevista pelo artigo 1.772 do Código Civil, é de grande relevância, pois preserva os espaços de capacidade e autonomia, caso a pessoa tenha alguma capacidade de discernimento e funcionalidade. O papel da família deve ser emancipatório, no sentido de proporcionar à pessoa com deficiência, seja ela adulta, adolescente ou criança, os instrumentos capazes para que tenha, na medida do impacto da deficiência em sua vida, condições de incluir-se socialmente, de participar da vida familiar e comunitária e de superar sua vulnerabilidade.

De modo geral, a preocupação com a integração dos portadores de deficiência perpassa mais de um dispositivo constitucional. Tanto é que o art. 203 prevê que "a assistência social será prestada a quem dela necessitar, independente da contribuição à seguridade social, e tem por objetivos: (...) IV. a habilitação e reabilitação das pessoas portadoras de deficiência e a promoção de sua integração à vida comunitária".

No próprio art. 227, o inciso I do § 1º prevê de forma ampla a criação de programas de prevenção, atendimento especializado e integração social para as pessoas com deficiência, enquanto o § 2º determina a regulamentação, por norma infraconstitucional, da construção de novos logradouros e de novos edifícios de uso público e da fabricação de novos veículos de transporte coletivo, para garantir acesso adequado às pessoas portadoras de deficiência – conforme previsto pelo Estatuto da Pessoa com Deficiência, art. 53 e s. Enquanto estes aspectos da proteção ao deficiente foram inseridos pelo constituinte junto às normas protetivas das crianças e dos adolescentes, a determinação da adaptação dos logradouros, edifícios e transportes já existentes ganhou autonomia em meio às disposições constitucionais gerais no art. 244, a cujo comentário se remete.

Art. 228. São penalmente inimputáveis os menores de dezoito anos, sujeitos às normas da legislação especial.

Maria Celina Bodin de Moraes
Ana Carolina Brochado Teixeira

1. História da norma

O conteúdo do art. 228 constitui novidade, no que tange ao tratamento constitucional no direito brasileiro, embora a matéria sempre tenha sido abordada nos diplomas penais, dada a sua indispensabilidade para a definição da infração criminal. Sendo garantia fundamental, discutiu-se se a matéria não deveria ser tratada no art. 5º. Todavia, o constituinte deixou-a para o capítulo que trata da criança e do adolescente, por questão de técnica legislativa, uma vez que duas emendas populares, apresentadas pelos grupos de defesa dos direitos da criança, fizeram inserir na Constituição os princípios da doutrina da proteção integral, consubstanciados nas normas das Nações Unidas. A Constituição de 1988 se destaca, no panorama das experiências estrangeiras, uma vez que é rara a garantia constitucional da inimputabilidade cronológica, tema geralmente deixado a cargo do legislador ordinário.

2. Constituições brasileiras anteriores

Não há previsão correspondente.

3. Constituições estrangeiras

Constituição do Uruguai, art. 43.

4. Direito internacional

Regras Mínimas das Nações Unidas adotadas pela Assembleia da ONU, através da Resolução 40/33 (Regras de Beijing, 1985); Diretrizes de Riad (1988); Regras Mínimas das Nações Unidas para a Proteção dos Jovens Privados de Liberdade (1990); Diretrizes das Nações Unidas para Administração da Justiça Juvenil (1990).

5. Dispositivos constitucionais e legais relacionados

5.1. Constitucionais

Art. 5º, XLVII (proibição de pena de morte, salvo se existir guerra declarada, nem pena perpétua, cruel, de banimento e de trabalhos forçados); arts. 5º, LV, 227, § 3º, IV e V (dispõem sobre o contraditório, ampla defesa, além de princípios inerentes à população infantojuvenil, quando da penalização especial)

5.2. Legais

Decreto-Lei n. 2.848/1940 (Código Penal), art. 27; Lei n. 8.069/90 (ECA), arts. 103, 104, 105, 106 e 112 (previsão das medidas socioeducativas para a prática de ato infracional por adolescentes).

6. Jurisprudência

STF, HC 77.278-3, 1ª T, Rel. Min. Sepúlveda Pertence, *DJ* 28.08.1998 (considera certidão de nascimento prova inequívoca para fins criminais tanto da idade do acusado quanto da vítima); STF, RE 229.382, Rel. Min. Moreira Alves, j. em 26.06.2002, *DJU* de 31.10.2002 (não se tem em vista a imposição de pena criminal ao adolescente infrator, mas a aplicação de medida de caráter sociopedagógico para fins de orientação e de reeducação); STF, HC 94.000-5, 1ª T., Rel. Min. Carlos Britto, publ. *DJe*-048, 13.03.2009 (excesso de prazo da internação preventiva de menor configura constrangimento ilegal); STF, HC 93.784/PI, 1ª T., Rel. Min. Ayres Brito, *DJe* 23.10.2009 (limitação da internação preventiva em face do mais amplo acesso aos direitos de prestação positiva e um particular conjunto normativo-tutelar (arts. 227 e 228 da Constituição Federal); STJ, CR 3.723 DE, Corte Especial, Rel. Min. Hamilton Carvalhido, publ. *DJe* 21.09.2009 (inimputabilidade de menor brasileiro impede o *exequatur* de carta rogatória para seu interrogatório); STJ, RHC 27.268/RS, 5ª T., Min. Rel. Laurita Vaz, publ. *DJe* 15.03.2010 (excesso de prazo da internação preventiva de menor configura constrangimento ilegal); STF, HC 105.917/PE, 2ª T., Rel. Min. Ayres Britto, publ. *DJe*-112 13.06.2011 (medida protetiva de internação de menor deve ocorrer somente em casos excepcionais); STJ, AgRg no HC 722.607/SC, 6ª T., Rel. Min. Olindo Menezes, j. 5.4.2022, *DJe* 8.4.2022 (não pode haver comparação do adolescente que pratica ato infracional ao adulto imputável autor de crime, haja vista que os menores de dezoito anos são penalmente inimputáveis e estão sujeitos às normas da legislação especial).

7. Literatura selecionada

CURY, Munir (Coord.). *Estatuto da Criança e do Adolescente comentado*: comentários jurídicos e sociais. 6. ed. São Paulo: Malheiros, 2003; GARRIDO DE PAULA, Paulo A.; ELIAS, Roberto J. *Comentários ao Estatuto da Criança e do Adolescente*. São Paulo: Saraiva, 1994; GILLIGAN, James. *Preventing Violence* (Prospects for Tomorrow). London: Thames & Hudson, 2001; JAPIASSÚ, Carlos Eduardo A.; COSTA, Rodrigo de S. A discussão em torno da redução da maioridade penal: um debate entre políticas públicas, simbolismos e neurociência. *Revista de Direito da Cidade*, vol. 7, n. 2, 2015, 902-921; MARÇURA, Paulo Afonso. *Estatuto da Criança e do Adolescente anotado*. 3. ed. rev. e atual. São Paulo: Revista dos Tribunais, 2002; SANTOS, Sheila Daniela M., Da redução da idade penal à equação do tempo: notas críticas contra as propostas que rechaçam princípios constitucionais. *Educação & Sociedade*, 2015, 36. Disponível em: <http://www.redalyc.org/articulo.oa?id=87343512004>. Acesso em: 20 abr. 2023; SILVA PEREIRA, Tânia da. O melhor interesse da criança. In: SILVA PEREIRA, Tânia da. (Coord.). *O melhor interesse da criança*: um debate interdisciplinar. Rio de Janeiro: Renovar, 1999; SCHUNEMANN, Berndjan. 2018; TIGRE, R. Tutela penal da ordem econômica: o crime de formação de cartel. São Paulo: Editora Malheiros; VAZ, Beatriz Gomes; MOREIRA, Janice. Responsabilização x Responsabilidades: o adolescente autor de ato infracional e a redução da maioridade penal. *Psicologia Argumento*, [S.l.], v. 33, n. 82, nov. 2017. Disponível em: <https://periodicos.pucpr.br/psicologiaargumento/article/view/19627/18969>. Acesso em: 20 abr. 2023.

8. Comentários

8.1. Antecedentes históricos

O Código Criminal do Império de 1830 estabeleceu que não se condenaria menor de 14 (quatorze) anos, exceto se tivesse discernimento para avaliar o ato praticado. O Código Republicano, de 1890, determinava que o menor de 9 (nove) anos completos, bem como o maior de 9 (nove) e menor de 14 (quatorze) anos que não tivessem discernimento não eram criminosos[1]. A Lei n. 4.242/1921[2] retirou da legislação brasileira o critério do discernimento, através de alteração efetuada no Código Penal de 1890. O primeiro Código de Menores, Decreto 17.943-A/1927, fixou a imputabilidade a partir dos quatorze anos, da mesma forma que a Consolidação das Leis Penais[3]. O Código Penal atual, assim como a maioria dos códigos ocidentais, estabeleceu a regra dos dezoito anos[4]. A Constituição de 1988 adotou o mesmo critério, meramente biológico, não valorizando o grau de discernimento outrora considerado.

As Regras da ONU para Administração da Infância e Juventude, também conhecidas como Regras de Beijing (1985), recomendam aos ordenamentos que imputem responsabilidade penal aos jovens, mas que não estabeleçam o início desta numa idade muito precoce, levando-se em conta as circunstâncias que acompanham o desenvolvimento emocional, mental e intelectual do jovem (Primeira parte, 4.1). Para tanto atentou, também, a Constituição Brasileira de 1988 ao fixar a imputabilidade penal aos 18 (dezoito) anos.

8.2. Natureza de cláusula pétrea

Em um único dispositivo, o art. 228, são estabelecidas em prol dos adolescentes, destinatários de proteção especial, duas garantias constitucionais. A primeira estabelece que nenhuma pessoa menor de 18 (dezoito) anos de idade será responsabilizada penalmente, garantindo às crianças e aos adolescentes a inimputabilidade penal. A segunda, decorrente da primeira, atribui ao adolescente (mas não à criança) a responsabilização por atos infracionais, na forma do Estatuto da Criança e do Adolescente. Topograficamente, esta previsão normativa integra o conjunto de normas constitucionais referentes à criança e ao adolescente. O constituinte não previu tal direito junto do rol de direitos fundamentais, tendo preferido dedicar parte específica do Texto Constitucional à disciplina dos direitos das crianças e dos adolescentes, com vistas a obter a maior eficácia. Assim, quando previu, no art. 5º, XLVII, que não haverá pena de morte – salvo se existir guerra declarada –, nem pena perpétua, cruel, de banimento e de trabalhos forçados, deixou claro que tais penas não devem ser aplicadas em território nacional. E, de forma coerente, no art. 228 afirmou que nenhuma pena, mesmo as permitidas pela Constituição, serão aplicadas aos menores de idade. O art. 228 tem ainda estreita ligação com o art. 5º, LV, bem como com o art. 227, § 3º, IV e V, CF, todos eles versando sobre o contraditório, a ampla defesa, além de princípios inerentes à população infantojuvenil, quando da penalização especial.

A propósito, foi dito que apesar de as normas (arts. 227 e 228) se encontrarem no Capítulo VII do Título VIII da Constituição, não há como negar-lhes a natureza análoga aos direitos, liberdades e garantias fundamentais. Segundo Canotilho: "os direitos de natureza análoga são os direitos que, embora não referidos no catálogo dos direitos, liberdades e garantias, beneficiam-se de um regime jurídico constitucional idêntico aos destes"[5].

8.3. A inimputabilidade e as medidas socioeducativas

O art. 228 é a garantia da proteção da pessoa menor de idade no Direito Penal. Este prevê que os menores de dezoito anos são inimputáveis, estando a disciplina penal incidente sobre eles sujeita à regulamentação, o que foi feito pelo Estatuto da Criança e do Adolescente, Lei 8.069/90. A mesma norma está prevista no art. 27 do Código Penal. A inimputabilidade penal é, portanto, garantia constitucional dos menores. O marco etário dos 18 (dezoito) anos é adotado, com algumas variáveis, pela maioria das legislações, com a implantação de sistemas especializados para os menores, como é o caso brasileiro. No entanto, no que diz respeito à idade mínima para que tenham incidência tais sistemas a legislação brasileira é mais rigorosa que as demais, tendo-a estabelecido aos 12 (doze) anos. O Comitê da Criança das Nações Unidas recomenda aos estados-parte que adotem idades entre 14 e 16 anos.

Subsiste, entretanto, discussão no sentido de reduzir a maioridade penal, tendo em vista a antecipação da maturidade, além de se alegar frequentemente que o sistema de proteção ao menor contribui para a intensificação do crime, em face de suposta impunidade. Nesse sentido, há sempre em tramitação alguma Proposta de Emenda Constitucional visando reduzir a maioridade para dezesseis anos.

A garantia da não responsabilização da criança e do adolescente – que implica que eles não respondam penalmente por atos que pratiquem contrários à lei – justifica-se pela condição de pessoa em desenvolvimento físico e psíquico, em fase de formação da personalidade e que, embora tenha discernimento para distinguir o lícito do ilícito, não tem capacidade de prever, integralmente, as consequências de seus atos. Como a imposição da pena não contribui, seguramente, para o livre desenvolvimento da personalidade, utilizam-se outras medidas, como as socioeducativas, previstas pelo Estatuto da Criança e do Adolescente, quando da prática de ato infracional por um menor. Trata-se, assim, de uma responsabilização especial, que não tem natureza penal, mas educacional.

As medidas socioeducativas têm, portanto, natureza jurídica diversa das penas, cuja finalidade é evitar que crimes venham a ser

---

1. Código Republicano de 1890, art. 27, §§ 1º e 2º: "Não são criminosos: os menores de 9 anos completos; os maiores de nove e menores de quatorze, que obrarem sem discernimento".
2. Lei n. 4.242/1921, art. 3º, § 16. "O menor de 14 annos, indigitado autor ou cumplice de crime ou contravenção, não será submettido a processo penal de nenhuma especie; a autoridade competente tomará sómente as informações precisas, registrando-as, sobre o facto punivel e sua autoria, o estado physico, mental e moral do menor, e a sua situação social, moral e economica dos paes, ou tutor, ou pessoa sob cuja guarda viva".
3. Art. 23, § 1º: "Não são criminosos: os menores de 14 anos".
4. Art. 27: "Os menores de dezoito anos são penalmente irresponsáveis, ficando sujeitos às normas estabelecidas na legislação especial".
5. Ver, por todos, KOERNER JÚNIOR, R. A menoridade é carta de alforria? In: *O ato infracional e as medidas socioeducativas*: subsídios para a Assembleia ampliada do Conanda de setembro de 1996. Brasília: Conanda, 1996.

praticados através de condutas tipificadas, buscando, assim, proteger e resguardar bens e interesses de grande relevância social (dignidade penal). A natureza da pena é um dos temas filosóficos mais difíceis no âmbito do direito penal, estando em permanente discussão se trata de retribuição ou de prevenção (SCHUNEMANN), se decorre da culpa do autor (teoria subjetiva) ou do risco (teoria objetiva, com vistas unicamente à proteção dos bens jurídicos), predominando na atualidade as perspectivas prevencionistas da pena[6].

De acordo com o art. 103 da Lei n. 8.069/90 (ECA), ato infracional é a conduta descrita como crime ou contravenção penal, cuja sanção é a medida socioeducativa, dirigida aos adolescentes. Por força do art. 105 do Estatuto, "ao ato infracional praticado por crianças corresponderão as medidas previstas no art. 101", que constituem medidas específicas de proteção, das quais são exemplos o encaminhamento aos pais ou responsável, mediante termo de responsabilidade, orientação, apoio e acompanhamento temporário, abrigo em entidade, colocação em família substituta, dentre outros.

A medida socioeducativa tem por finalidade a ressocialização e correção da conduta do adolescente, dirigida à prática de atos infracionais[7]. Tais medidas estão descritas no art. 112 do ECA, quais sejam: advertência, obrigação de reparar danos, prestação de serviço à comunidade, liberdade assistida, inserção em regime de semiliberdade, internação em estabelecimento educacional, além daquelas previstas no art. 101. A escolha da medida aplicável levará em consideração a capacidade do adolescente de cumpri-la, as circunstâncias e a gravidade da infração, cabendo ao juiz a escolha da medida socioeducativa que melhor se destina à realidade daquele menor.

---

[6]. A propósito, ver TIGRE, R. *Tutela penal da ordem econômica*: o crime de formação de cartel. São Paulo Janeiro: Editora Malheiros, 2008: "Em resumo, sendo a sanção penal por excelência – a pena privativa da liberdade – uma restrição gravosa à liberdade, só é legítima quando indispensável (*ultima ratio*) e eficiente (necessária) para proteger de vulnerações bastante graves um bem jurídico que seja digno desta guarida por sua relevante densidade axiológica (dignidade penal). Mas não é só: enquanto restrição ao direito fundamental da liberdade a sanção penal só se valida na implantação da menor compressão possível aos direitos do apenado por ela atingido (princípio da proporcionalidade em sentido estrito); ou seja, quando esta não ultrapassa o que surge na proibição de excesso) a dosagem adequada no caso concreto para realizar um mister protetivo de bens jurídicos, considerados os fins da penas e – dentro dos gradientes de política criminal que os delimitaram para cada tipo penal – as ingerências que nestes projetam quer o parâmetro máximo de reprovação, que deve ser aquele fornecido pela culpa, quer as necessidades da prevenção geral, que deve balizar o mínimo aplicável".

[7]. Nesse sentido, já decidiu o STF que "em face das características especiais do sistema de proteção ao adolescente implantado pela Lei n. 8.069/90, que mesmo no procedimento judicial para a apuração do ato infracional, como o próprio aresto recorrido reconhece, não se tem em vista a imposição de pena criminal ao adolescente infrator, mas a aplicação de medida de caráter sociopedagógico para fins de orientação e de reeducação, sendo que, em se tratando de remissão com aplicação de uma dessas medidas, ela se despe de qualquer característica de pena, porque não exige o reconhecimento ou a comprovação da responsabilidade, não prevalece para efeito de antecedentes, e não se admite a de medida dessa natureza que implique privação parcial ou total da liberdade, razão por que pode o Juiz, no curso do procedimento judicial, aplicá-la, para suspendê-lo ou extingui-lo (artigo 188 do ECA), em qualquer momento antes da sentença, e, portanto, antes de ter necessariamente por comprovadas a apuração da autoria e a materialidade do ato infracional" (STF, RE 229.382, Rel. Min. Moreira Alves, j. em 26.06.2002, *DJU* de 31.10.2002).

Art. 229. Os pais têm o dever de assistir, criar e educar os filhos menores, e os filhos maiores têm o dever de ajudar e amparar os pais na velhice, carência ou enfermidade.

Maria Celina Bodin de Moraes
Ana Carolina Brochado Teixeira

1. História da norma

Na esteira da tutela dos polos etários de vulnerabilidade das relações jurídicas (o menor e o idoso), cuidou a Constituição de proteger a relação entre eles no âmbito da família, considerando que também dos seus membros é a responsabilidade do cuidado. Ficaria incompleta a proteção pelo constituinte de seus direitos fundamentais, sem referência específica destes no ambiente familiar, considerando que esta é a base da sociedade, por força do *caput* do art. 226 do texto constitucional. Ademais, foi a forma de o constituinte determinar o compartilhamento da responsabilidade em relação às pessoas vulneráveis, deixando de atribuí-la somente ao Estado, o que significaria um ônus excessivo e de baixa efetividade.

2. Constituições brasileiras anteriores

Constituição dos Estados Unidos do Brasil de 1937, arts. 125 e 127; Constituição dos Estados Unidos do Brasil de 1946, art. 166.

3. Constituições estrangeiras

Constituição italiana, art. 30; Lei Fundamental de Bonn, art. 6º, (2); Constituição portuguesa, art. 36º, 5, Constituição espanhola art. 39; Constituição do Uruguai, art. 41; Constituição do Peru, art. 6º.

4. Direito internacional

Declaração Americana dos Direitos e Deveres do Homem (1948); Convenção Americana de Direitos Humanos (1969, Pacto de San José da Costa Rica).

5. Dispositivos constitucionais e legais relacionados

5.1. Constitucionais

Art. 1º, III (dignidade da pessoa humana); art. 3º, I (princípio da solidariedade); art. 5º, LXVII (prisão por descumprimento voluntário de obrigação alimentar); art. 227; art. 230.

5.2. Legais

Código Penal, arts. 244 e 246 (deixar de prover à subsistência de filho menor de 18 anos, inapto para o trabalho ou gravemente enfermo; ou de ascendente inválido ou gravemente enfermo e deixar de prover à instrução primária); Lei n. 8.069/90 (Estatuto da Criança e do Adolescente); Lei n. 8.560/92 (averiguação oficiosa da paternidade); Código Civil, arts. 1634, 1694, 1698; Lei n. 10.741/2003 (Estatuto da Pessoa Idosa); Lei n. 10.218/2010 (Alienação parental); Lei n. 13.010/2014 (estabelece o direito da criança e do adolescente de serem educados e cuidados sem o uso de castigos físicos ou de tratamento cruel ou degradante); Lei n. 14.340/2022 (modifica procedimentos relativos à alienação parental e estabelece procedimentos adicionais para suspensão do poder familiar); Lei n. 14.344/2022 (cria mecanismos para prevenção e enfrentamento da violência doméstica e familiar contra criança e adolescente).

6. Jurisprudência

STF, 2ª T., HC 69.303, Rel. p/ acórdão Min. Marco Aurélio, j. em 30.06.1992, *DJU* de 20.11.1992 (o alvo da tutela prioritária são os filhos, não os interesses dos pais); Enunciado n. 301 da Súmula/STJ (2004); STF, Repercussão geral no RE 608.898/SP, Rel. Marco Aurélio, publ. *DJe*-186, 28.09.2011 (expulsão de estrangeiro cujo filho brasileiro nasceu após o fato motivador do ato expulsório); STJ, 4ª T., REsp 757.411, Rel. Min. Fernando Gonçalves, j. em 29.11.2005 (não cabimento de dano moral por abandono moral); TJMG, 5ª Câm. Cív., Ap. Cív. 107047, Rel. Des. Campos Oliveira, *DJMG* de 4.8.1998 (é de se considerar a vontade do adolescente que tem discernimento); TJRJ, 4ª Câm. Cív., Ap. Cív. 200400113664, Rel. Des. Mário dos Santos Paulo, j. em 08.10.2004; TAMG, 7ª Câm. Cív., Ap. Cív. 408550, Rel. Juiz Unias Silva, j. 1º.04.2004, v.u, public. na *RTDC* n. 20, 2004, p. 177-179 (concede indenização por abandono moral); STJ, REsp 775.565, 3ª T., Rel. Min Nancy Andrighi, *DJe* 26.06.2006 (a solidariedade da obrigação alimentar devida ao idoso lhe garante a opção entre os prestadores); STJ, REsp 1.146.665, 3ª T., Rel. Min. Massami Uyeda, publ. *DJe* 12.12.2011 (possibilidade de o genitor que não detém a guarda eximir-se da culpa por danos causados pelo filho menor); STJ, REsp 1.159.242/SP, 3ª T., Rel. Min. Nancy Andrighi, publ. *DJe* 10.05.2012 (possibilidade da compensação do dano moral por abandono afetivo); STJ, REsp 1.298.576, 4ª T., Rel. Min. Luis Felipe Salomão, publ. *DJe* 06.09.2012 (prescrição do pedido de indenização por abandono afetivo); STJ, REsp 1.246.711, 3ª T., Rel. Min. Nancy Andrighi, publ. *DJe* 28.02.2014 (legitimidade do MP para recorrer em ação de alimentos como *custus legis*); REsp 1557978, 3ª T., Rel. Min. Moura Ribeiro, *DJe* 17.11.2015 (descumprimento do dever de cuidado somente ocorre se houver descaso, rejeição ou desprezo total pela pessoa da filha por parte do genitor); REsp 1.493.125, 3ª T., Rel. Min. Ricardo Villas Bôas Cueva, *DJe* 1º.03.2016 (não ocorre o abandono afetivo em face da ausência de prova do nexo de causalidade); REsp 1.087.561, 4ª T., Rel. Min. Raul Araújo, *DJe* 18.08.2017 (cabível o dano moral por descumprimento do dever de assistência material); REsp 1.579.021, 4ª T., Rel. Min. Maria Isabel Gallotti, *DJe* 29.11.2017 (afirma a impropriedade do abandono afetivo como fato gerador da indenização, mas sim o descumprimento dos deveres de cuidado, que se sujeita ao prazo prescricional de três anos após a maioridade); STJ, 4ª T., REsp 1.514.382, Rel. Min. Antonio Carlos Ferreira, j. 1º.09.2020 (exclusão de parte do prenome de mulher vítima de abandono parental que pedia para não ter sua identidade ligada ao prenome escolhido pelo genitor); STJ, 3ª T., REsp 1.859.228, Rel. Min. Nancy Andrighi, julg. 27.04.2021, publ. *DJ* 04.05.2021 (a prática de alienação parental não acarreta automática alteração da guarda do filho menor); STJ, 3ª T., REsp 1.878.041, Rel. Min. Nancy Andrighi, julg. 15.05.2021, publ. *DJ* 31.05.2021 (é possível fixação de guarda compartilhada mesmo quando os pais morarem em cidades diferentes e distantes); STJ, 4ª T., REsp 1.731.091, Rel. Min. Luis Felipe Salomão, julg. 14.12.2021, publ. *DJ* 17.02.2022 (impossibilidade de a mãe modificar o agnome do filho, ainda mais sem ouvir o pai).

7. Literatura selecionada

AGUIAR JÚNIOR, Rui Rosado. Responsabilidade civil no direito de família. *Seleções jurídicas*. ADV-Advocacia Dinâmica. n. 2, p. 39-43, fev. 2005; BIANCA, C. Massimo. *Diritto civile*: la famiglia; le sucessioni. 3. ed. Milano: Giuffrè, 2001; BODIN DE MORAES, Maria Celina. Constituição e direito civil: tendências. *Na medida da pessoa humana*. 2. ed. Rio de Janeiro: Ed. Processo, 2016, p. 33; ID., Danos morais em família? Conjugalidade, parentalidade e responsabilidade civil. *Ibidem*, p. 423; ID., O princípio da solidariedade. *Ibidem*, p. 237; BODIN DE MORAES, Maria Celina; TEIXEIRA, Ana Carolina Brochado. Descumprimento do art. 229 da Constituição Federal e responsabilidade civil: duas hipóteses de dano moral compensáveis. *Revista de investigações constitucionais*, vol. 3, n. 3, set./dez. 2016; CIAN, G.; OPPO, G.; TRABUCCHI, A. *Commentario al diritto italiano della famiglia*. Padova: Cedam, 1992, v. 4; COLTRO, Antônio Carlos Mathias; TELLES, Marilia C. O. O cuidado e a assistência como valores jurídicos imateriais. In: OLIVEIRA, Guilherme; SILVA PEREIRA, Tania (Coord.). *O cuidado como valor jurídico*. Rio de Janeiro: Forense, 2008, p. 89-112; COMEL, Denise Damo. *Do poder familiar*. São Paulo: RT, 2003; DIAS, Maria Berenice. Alimentos, desde quando? *Revista Brasileira de Direito de Família*, n. 33, p. 5-10, dez.-jan. 2006; FACHIN, Luiz Edson. *Elementos críticos do direito de família*. Rio de Janeiro: Renovar, 1999; LIMA, Taisa Maria Macena de. Guarda de fato: tipo sociológico em busca de um tipo jurídico. In: FERNANDES, M. (Coord.). *Controvérsias no sistema de filiação*. Belo Horizonte: UFMG, 1984; MADALENO, Rolf. *Direito de família em pauta*. Porto Alegre: Livraria do Advogado, 2001, p. 79-94 e 123-177; PERLINGIERI, Pietro. *Perfis do direito civil*: uma introdução ao direito civil constitucional. Trad. M. C. De Cicco. 2. ed. Rio de Janeiro: Renovar, 2002; SANTOS, Luiz Felipe Brasil. Os alimentos no novo Código Civil. *Revista Brasileira de Direito de Família*. n. 16, p. 14-27, jan.-mar. 2003; SILVA PEREIRA, T. da. O melhor interesse da criança. In: SILVA PEREIRA, T. da. *O melhor interesse da criança*: um debate interdisciplinar. Rio de Janeiro: Renovar, 2000; TEIXEIRA, Ana Carolina Brochado. *Família, guarda e autoridade parental*. 2. ed. Rio de Janeiro: Renovar, 2009; VILLELA, João Baptista. *Direito, coerção & responsabilidade*: por uma ordem social não violenta. Belo Horizonte: Movimento Editorial da Revista da Faculdade de Direito da UFMG. v. IV, série Monografias, n. 3, 1982; WAIZBORT, Leopoldo (Org.). *Dossiê Norbert Elias*. São Paulo: Edusp, 1999.

8. Comentários

8.1. Antecedentes históricos

Em razão da relevância ocupada pela criança, adolescente e da pessoa idosa no ordenamento jurídico pátrio, a Constituição não poderia deles descuidar no que tange aos deveres familiares. Por isso o caráter inovador do art. 229, CF, nunca visto em

Constituições brasileiras anteriores. As tendências das relações familiares e sociais, todavia, já vinham apontando para esta diretriz, fomentadas pelo princípio da solidariedade e influenciadas pela Declaração Americana dos Direitos e Deveres do Homem (art. 30).

Constituições estrangeiras anteriores à nossa e ainda em vigor também já incluíam normas nesse sentido, com enfoque principal nos deveres e responsabilidades dos pais em relação aos filhos. A Constituição italiana, em seu art. 30, afirma que é dever e direito dos genitores manter, instruir e educar os filhos, mesmo se nascidos fora do casamento[1]. De acordo com a melhor doutrina, os principais direitos dos filhos no ordenamento italiano são o sustento, assistência, educação e instrução segundo as próprias capacidades, inclinações e aspirações do filho menor[2]. Estes são direitos fundamentais de solidariedade que correspondem ao interesse essencial do menor a receber ajuda e orientação necessárias à sua formação. A Constituição alemã prevê que criar e educar os filhos são direitos naturais dos pais e um dever que devem cumprir com prioridade (art. 6º, al. 2). Em sentido semelhante, a Constituição espanhola afirma o dever dos pais de prestar assistência de toda ordem aos filhos nascidos dentro ou fora do casamento, durante sua menoridade e nos demais casos previstos em lei[3].

A Constituição portuguesa estipula o dever e o direito dos pais de educar e manter os filhos, garantindo a guarda dos pais, exceto em caso de descumprimento de seus deveres fundamentais para com os filhos[4]. O Código Civil português estabelece que cabe aos pais, no interesse dos filhos, velar pela sua segurança e saúde, sustentá-los, dirigir sua educação, representá-los, ainda que nascituros, e administrar seus bens. A opinião dos filhos também assume relevância na medida em que vão adquirindo maturidade, em assuntos familiares importantes. Os genitores devem reconhecer-lhes autonomia na organização da própria vida (art. 1.878º, 1 e 2 do Código Civil português). Além disso, cabe aos pais, de acordo com suas possibilidades, promover o desenvolvimento físico, intelectual e moral do filho (art. 1.885º, 1 do Código Civil português).

8.2. Relações parentais e princípio da solidariedade

O art. 229 da Constituição de 1988 é expressão do princípio da solidariedade no âmbito das relações parentais, através do estabelecimento de deveres recíprocos entre pais e filhos. Aos pais incumbe o cuidado com os filhos na infância e na juventude, quando ainda não têm seu discernimento totalmente formado; aos filhos é atribuído o dever de cuidado dos pais na velhice, carência ou doença, ou seja, nos momentos em que necessitarem do apoio, material e moral, daqueles de quem cuidaram no passado.

A propósito, a moderna sociologia considera que o ser humano existe apenas enquanto integrante de uma espécie que precisa de outro(s) para existir (*rectius*, coexistir)[5]. A pessoa, então, existe na medida em que se encontra em relação com os outros, vindo em primeiro lugar os demais familiares, os quais proporcionam, entre si, a experiência da alteridade. Para tanto, é essencial a observância da regra de reciprocidade, "indicativa de que a cada um que, seja o que for que possa querer, deve fazê-lo pondo-se de algum modo no lugar de qualquer outro"[6]. Neste sentido, já se sustentou que os deveres impostos pelo princípio da solidariedade têm em vista que "nos ajudemos, mutuamente, a conservar a nossa humanidade, porque a construção de uma sociedade livre, justa e solidária cabe a todos e a cada um de nós"[7].

Assim a atenção para com os filhos menores e os pais idosos traduz, por determinação do legislador constituinte, conduta comissiva e recíproca que possa suavizar a posição de fragilidade em que se encontrem, conforme a fase da vida e suas condições psicofísicas. Os deveres de cuidado claramente envolvem não apenas aspectos materiais, mas também morais, uma vez que o núcleo familiar não se limita a representar uma estrutura formal, sendo, ao contrário, instrumental ao desenvolvimento da personalidade de seus membros[8].

Em relação aos filhos menores, o ordenamento criou um vínculo jurídico, um múnus de direito privado em prol exclusivamente do melhor interesse dos filhos. A autoridade parental ou poder familiar é o poder jurídico que o Estado impõe aos pais, para que o exerça no benefício dos filhos. Diferencia-se do antigo pátrio poder que tinha como principal encargo a gerência do patrimônio dos filhos e a representação ou assistência dos menores para a prática de atos jurídicos. Sua essência era marcadamente patrimonial não tendo o processo educacional a relevância atual, uma vez que se perfazia na autoridade paterna e no dever de obediência do filho.

O conteúdo do poder familiar mudou porque a relação parental de autocrática vem se transformando em democrática, pautada no afeto, no diálogo e no respeito mútuo. No âmbito de uma família democrática, o autoritarismo deve ceder espaço à solidariedade e o relacionamento entre genitor e filho passa a ter como objetivo primordial o desenvolvimento saudável da personalidade do filho e, portanto, o exercício de seus direitos fundamentais, com vistas à edificação de sua dignidade como pessoa humana autônoma. A autoridade parental, neste aspecto, em muito se distancia da perspectiva tanto de poder como de dever, para exercer uma função de instrumento afetivo facilitador da construção da autonomia responsável do filho. Nisto consiste atualmente o ato

---

1. *Costituzione della Repubblica Italiana*: "Art. 30. È dovere e diritto dei genitori mantenere, istruire ed educare i figli, anche se nati fuori del matrimonio".

2. BIANCA, C. M. *Diritto civile*: la famiglia; le sucessioni. 3. ed. Milano: Giuffrè, 2001, ver 2, p. 278.

3. Art. 39 da Constituição espanhola: "(...) 3. *Los padres deben prestar asistencia de todo orden a los hijos habidos dentro o fuera del matrimonio, durante su minoría de edad y en los demás casos en que legalmente proceda*".

4. Art. 36 da Constituição portuguesa: "[...] 5. Os pais têm o direito e o dever de educação e manutenção dos filhos. 6. Os filhos não podem ser separados dos pais, salvo quando estes não cumpram os seus deveres fundamentais para com eles e sempre mediante decisão judicial".

5. Artífices desta tese são, entre outros, Georg Simmel e Norbert Elias. Cf. L. WAIZBORT (org.). *Dossiê Norbert Elias*. São Paulo: Edusp, 1999, p. 104.

6. EWALD, François. Justiça, igualdade, juízo, in *Foucault, a norma e o direito*, 2. ed., Lisboa, Vega, 2000, p. 146, que complementa: "Ela [a 'regra de prata'] não me obriga a sair de mim mesmo, faz do outro um outro eu próprio".

7. BODIN DE MORAES, Maria Celina. Constituição e direito civil: tendências. In: _____. *Na medida da pessoa humana*. 2.ed. Rio de Janeiro: Ed. Processo, 2016, p. 33.

8. COLTRO, A. C. M.; TELLES, M. C. O. O cuidado e a assistência como valores jurídicos imateriais. In: OLIVEIRA, G.; SILVA PEREIRA, T. (Coord.). *O cuidado como valor jurídico*. Rio de Janeiro: Forense, 2008, p. 103.

de educar uma pessoa em fase de desenvolvimento, conforme demandam o princípio da paternidade responsável e a doutrina da proteção integral da criança e do adolescente[9]. Os tempos atuais exigem que os deveres de criação e educação dos pais se dirija também para o ambiente *on-line*, ou seja, é necessário que os pais desenvolvam mecanismos para apoiarem seus filhos especificamente no âmbito digital.

Nesse contexto, evidentemente, assume grande relevância o direito à prestação alimentícia entre pais e filhos, cujo fundamento esteia-se no princípio da solidariedade. Segundo o art. 1.694 do CC, os alimentos são devidos também para atender a necessidade de educação. Enquanto o filho é menor, o dever de sustento subsiste em decorrência da mera presunção de necessidade; após a maioridade, a necessidade da obrigação alimentar pode continuar – como na hipótese do filho maior ainda estudante –, devendo, neste caso, ser comprovada: ela deixa de ter como fundamento o poder familiar, mas permanece em virtude do parentesco. Em ambos os casos, a *ratio* é o princípio da solidariedade.

Igualmente ocorre com os pais que, em caso de necessidade, podem pleitear tal contribuição assistencial de seus descendentes. Se os pais forem idosos, a obrigação alimentar passa a ter uma característica diferencial: deixa de ter natureza personalíssima, adquirindo natureza solidária (Estatuto da Pessoa Idosa, art. 12), buscando-se atender de forma mais rápida e eficaz o interesse do genitor idoso.

O descumprimento dos deveres inerentes à autoridade parental e à solidariedade familiar gera diversas sanções, seja no âmbito civil (arts. 1.637 e 1.638 do CC), seja no campo criminal (arts. 244 e 246 do CP).

8.3. Consequências e limites da responsabilidade parental

Os filhos não se configuram como sujeitos passivos da relação paterno-filial[10]. Tampouco constituem receptáculo para o exercício do poder-dever contido na noção de autoridade parental. Tornaram-se protagonistas da própria história e do próprio processo educacional. A função educativa se consubstancia em um processo dialético entre pais e filhos; tanto que a doutrina mais atenta sublinha que o menor tem liberdade de autoeducação, para expressar seu papel ativo na própria vida[11], consequência do seu direito fundamental à liberdade, previsto nos arts. 15 e 16 do ECA.

Aqui, novamente, se coloca a complexa questão, já mencionada nos comentários ao art. 227, de que a concepção da criança como cidadão, embora cidadão-criança, implica transformações inevitáveis em sua esfera privada, as quais podem facilmente se tornar conflituosas em relação aos deveres de proteção da autoridade parental (os quais, na verdade, são direitos de proteção da criança). Assim, entre os direitos de liberdade e os direitos de proteção, há uma série de circunstâncias que demanda reflexão, tais como a liberdade de crença da criança, o direito de tomar decisões em caso de doença grave, a escolha da escola e dos critérios de avaliação, dentre outros.

De qualquer forma, o conteúdo do poder familiar contempla, sem qualquer dúvida, não apenas a assistência material (a mencionada obrigação alimentar), mas também assistência moral, isto é a presença dos pais e a convivência entre pais e filhos para criação e educação. O descumprimento, dos pais para com os filhos, dos padrões de conduta impostos pelos arts. 229 da Constituição, 1.634 do CC e 22 do ECA, que estipulam aqueles deveres de cuidado moral e material acarreta prejuízos inevitáveis à integridade psíquica aos menores, as pessoas humanas mais vulneráveis e a quem o constituinte garantiu "prioridade absoluta" (art. 227).

Parte da doutrina sustenta, embora em posição minoritária, que a lesão injustificada à integridade psicofísica constitui ofensa à dignidade humana, por sua vez pressuposto da indenização por dano moral[12]. Para a configuração de dano moral à integridade psíquica de filho, será preciso que tenha havido o abandono por parte do pai (ou da mãe) e a ausência de uma figura substituta. Se alguém "faz as vezes" de pai (ou de mãe), desempenhando suas funções, não há dano a ser reparado, não obstante o comportamento moralmente condenável do genitor biológico, não sendo de se admitir qualquer caráter punitivo à reparação do dano moral[13]. Assim, nos diversos casos, já configurados, de abandono moral em que não houve uma figura substituta, quando o genitor cumpre com a obrigação material, mas descumpre sistematicamente sua obrigação de assistência moral, parece inelutável o reconhecimento de dano moral a ser reparado[14].

Todavia, o Superior Tribunal de Justiça decidiu, em 2005, não caber indenização por dano moral decorrente de abandono afetivo. O julgamento foi da Quarta Turma e deu provimento a recurso especial, interposto pelo réu de decisão condenatória proveniente do Tribunal de Alçada de Minas Gerais[15]. Por maioria, deu-se provimento ao recurso, considerando que a lei apenas prevê, como punição, a perda do poder familiar[16].

Ocorre que, nestes casos de desassistência moral, a supressão da autoridade parental não funciona como sanção para os pais negligentes. Ao contrário, na prática, a lógica impõe que se admita o teor de recompensa para aquele que se torna eximido, agora de maneira legítima, justamente do dever que descumpriu. Mais do

---

9. Sobre o tema, recomenda-se o estudo de SILVA PEREIRA, T. O melhor interesse da criança. *O melhor interesse da criança*: um debate interdisciplinar. Rio de Janeiro: Renovar, 2000, p. 1-101.

10. FACHIN, L. E. *Elementos críticos do direito de família*. Rio de Janeiro: Renovar, 1999, p. 223: "Os filhos não são (nem poderiam ser) objeto da autoridade parental. Em verdade, constituem um dos sujeitos da relação derivada da autoridade parental, mas não sujeitos passivos [...]".

11. CIAN, G.; OPPO, G.; TRABUCCHI, A. *Commentario al diritto italiano della famiglia*. Padova: Cedam, 1992, v. 4, p. 292.

12. Ver, por todos, BODIN DE MORAES, M. C. *Danos à pessoa humana*: uma leitura civil-constitucional dos danos morais. 2.ed, Rio de Janeiro: Ed. Processo, 2017.

13. Para um posicionamento crítico ao caráter punitivo do dano moral, ver Bodin de Moraes, M. C. *Danos à pessoa humana*: uma leitura civil-constitucional dos danos morais, Rio de Janeiro: Ed. Processo, 2017, p. 193 e 258.

14. Nesse sentido, ver BODIN DE MORAES, M. C. Danos morais em família? Conjugalidade, parentalidade e responsabilidade civil. In:_____. *Na medida da pessoa humana*. 2.ed. Rio de Janeiro: Ed. Processo, 2016, p. 423, onde são feitas as devidas referências às posições majoritárias.

15. TAMG, 7ª Câm. Cív., Ap. Cív. 408550, Rel. Juiz Unias Silva, j. em 01.04.2004, v.u, publicado na *Revista Trimestral de Direito Civil*, n. 20, 2004, p. 177-179.

16. STJ, 4ª T., REsp 757.411, Rel. Min. Fernando Gonçalves, j. em 29.11.2005, v.m.

que isto: ao perder o poder familiar, o pai é gratificado não apenas com a desobrigação permanente de assistência moral, mas a qualquer conduta no interesse do filho, inclusive com a desobrigação da assistência material[17]. Assim, destituí-lo do poder familiar representa a mais grata resposta à incúria de um genitor. Em 2012, o STJ mudou seu entendimento ao considerar possível a indenização por danos morais em caso de descumprimento dos deveres oriundos do poder familiar, sendo genericamente chamados de deveres de cuidado. Em abril de 2014, a Segunda Seção, ao julgar o EREsp 1.159.242, perdeu a oportunidade de pôr fim à controvérsia ao decidir, por apertada maioria, acolher preliminar de não conhecimento dos embargos de divergência, entendendo que a decisão tomada pela Terceira Turma ocorrera em caso excepcional que, por isso, não poderia servir de parâmetro para os embargos[18].

Também em casos de alienação parental, tal qual a hipótese de abandono moral, há violação direta ao princípio da solidariedade familiar, embora, aqui, seja causada pelo abuso no exercício do poder familiar, principalmente porque impede o outro genitor de exercer seu poder-dever, sendo os filhos os que sofrem, de forma mais evidente, os danos advindos da alienação. De um lado, temos o genitor alienador que, dolosamente ou não, por vingança ou por acreditar em suas "verdades", pratica alienação parental; de outro lado, essas atitudes do alienador acabam por incutir no filho sentimentos geradores do afastamento do outro genitor, violando o direito fundamental à convivência familiar da criança com ambos os pais (art. 227 da CF), além de sua integridade psíquica, que fica seriamente abalada por passar a acreditar que foi abandonado, rejeitado ou até vítima de abuso sexual, hipótese mais grave de alienação parental. A integridade psíquica do menor também é gravemente abalada, como reconhece a própria lei, ao determinar que, uma vez existentes indícios da prática alienadora, "o juiz determinará, com urgência, ouvido o Ministério Público, as medidas provisórias necessárias, para preservação da integridade psicológica da criança ou do adolescente, inclusive para assegurar sua convivência com genitor ou viabilizar a efetiva reaproximação entre ambos, se for o caso" (art. 4º da Lei 10.318/2010). Essa é uma tentativa de minimizar ou, ao menos, evitar que se agrave o dano sofrido pela criança.

8.4. Os deveres filiais

Estabelece a Constituição que "os filhos maiores têm o dever de ajudar e amparar os pais na velhice, carência ou enfermidade", imputando aos filhos o dever de auxiliar os genitores nos momentos de fragilidade, nos quais se tornam vulneráveis e sem totais condições de gerenciar a própria vida, o que se fundamenta, como mencionado, no princípio da solidariedade. O Direito determina que os filhos tenham o dever de cuidado com aqueles a quem o próprio ordenamento jurídico imputou o mesmo dever quando os filhos ainda eram menores. Assim, torna recíproco o dever de zelo, inerente à relação familiar, impondo aos filhos maiores um dever de solidariedade em relação aos pais.

O dever de assistência mútua existe entre todos os membros da família, pelo simples fato do pertencimento a este núcleo. O amparo se intensifica quando os pais precisam de cuidados especiais. Quando alcançam a idade de sessenta (60) anos e se tornam idosos, o ordenamento jurídico presume o padecimento de certa hipossuficiência, que se constitui na *ratio* do Estatuto da Pessoa Idosa[19]. Por isso e, principalmente, com o escopo de concretizar a dignidade do idoso, é que a Constituição estabeleceu que, nesta fase, é imperativa a atuação dos filhos, em postura ativa para cuidar dos pais, para que o envelhecimento, direito personalíssimo, possa ocorrer de forma digna. Reforça esse dever dos filhos, o direito fundamental do idoso à convivência familiar e comunitária, previsto pelo art. 3º, da Lei 10.741/2003.

A carência também enseja conduta comissiva dos filhos, de modo a não permitir que os pais sofram qualquer tipo de necessidades financeiras, principalmente quando os filhos têm condições econômicas para evitar tal situação. Assim, além das disposições do Código Civil, o Estatuto da Pessoa Idosa estabeleceu, em seu art. 12, que os filhos têm obrigação de prestar alimentos aos pais idosos, sendo esta obrigação solidária. Mas atente-se que a carência financeira que impõe o dever de assistência dos filhos independe da idade dos pais, por ser decorrente do princípio da solidariedade familiar.

A enfermidade dos pais é outro fato a ensejar o dever de cuidado dos filhos, para que estes não deixem os genitores à própria sorte, também em momento de grande vulnerabilidade. A Constituição não mencionou graus para a doença, ou seja, não exigiu que gravidade, para que os filhos tenham o dever de zelar pelos pais, atuando como cuidadores, contribuindo para o tratamento médico, ou seja, envidando todos os esforços em prol da saúde de seus familiares.

Percebe-se que tanto os deveres parentais quanto os filiais são exigências impostas pelo princípio da solidariedade, no âmbito da família. As obrigações se justificam em prol da dignidade daqueles que, de alguma forma, padecem de algum tipo de vulnerabilidade, demandando do outro (pais ou filhos) auxílio, de modo a suprir o *déficit* de discernimento, saúde ou mesmo econômico.

Art. 230. A família, a sociedade e o Estado têm o dever de amparar as pessoas idosas, assegurando sua participação na comunidade, defendendo sua dignidade e bem-estar e garantindo-lhes o direito à vida.

§ 1º Os programas de amparo aos idosos serão executados preferencialmente em seus lares.

§ 2º Aos maiores de sessenta e cinco anos é garantida a gratuidade dos transportes coletivos urbanos.

Maria Celina Bodin de Moraes
Ana Carolina Brochado Teixeira

---

17. O voto do Min. Cesar Asfor Rocha é esclarecedor da posição majoritária: "(...). Com a devida vênia, não posso, até repudio essa tentativa, querer quantificar o preço do amor" O Min. Barros Monteiro, único a votar pelo não conhecimento do recurso, destacou que a destituição do pátrio poder não interfere na indenização, entendendo que "ao lado da assistência econômica, o genitor tem o dever de assistir moral e afetivamente o filho". Segundo Barros Monteiro, o pai somente estaria desobrigado da indenização se comprovasse a ocorrência de motivo maior para o abandono. (STJ, 4ª T., REsp 757.411, Rel. Min. Fernando Gonçalves, j. em 29.11.2005).

18. STJ, REsp 1.159.242, 3ª T., Rel. Min. Nancy Andrighi, publ. *DJe* 10.05.2012; STJ, S2, EREsp 1.159.2420, Rel. p/ ac. Min. João Otávio Noronha, j. 09.04. 2014.

19. Art. 1º da Lei n. 10.741/03 – Estatuto da Pessoa Idosa: "É instituído o Estatuto do Idoso, destinado a regular os direitos assegurados às pessoas com idade igual ou superior a 60 (sessenta) anos".

ART. 230

1. História da norma

Nos textos constitucionais anteriores, a proteção à velhice, quando presente, resumia-se a questões de ordem previdenciária. A inserção da tutela específica à pessoa idosa no texto constitucional decorreu de duas circunstâncias significativas: a primeira, a preocupação do constituinte com a proteção das pessoas vulneráveis, portadoras de algum tipo de fragilidade; a segunda a necessidade de se atribuir tutela jurídica a uma parcela cada vez maior da população, considerando-se que a expectativa de vida do brasileiro permanece em constante crescimento. Entre 1946 e 2016, a expectativa de vida média dos brasileiros ao nascer aumentou em mais de 30 anos, sendo atualmente de 75,8 anos[1].

2. Constituições brasileiras anteriores

Constituição dos Estados Unidos do Brasil de 1934, art. 121, § 1º, "h"; Constituição dos Estados Unidos do Brasil de 1937, art. 137; Constituição dos Estados Unidos do Brasil de 1946, art. 157; Constituição da República Federativa do Brasil de 1967, art. 158; Emenda Constitucional n.1, de 1969, art. 165.

3. Constituições estrangeiras

Constituição portuguesa, art. 72º, Constituição espanhola, art. 50; Constituição venezuelana, art. 80; Constituição peruana, art. 4º. Constituição colombiana, art. 46;

4. Direito internacional

Não há previsão correspondente nos tratados ratificados pelo Brasil.

5. Dispositivos constitucionais e legais relacionados

5.1. Constitucionais

Art. 1º, III (dignidade da pessoa humana); art. 3º, I (princípio da solidariedade); art. 203, V (institui o benefício de um salário mínimo mensal para a pessoa idosa, como política de assistência social).

5.2. Legais

Lei n. 8.212/91 (determina que a assistência social se dirige à pessoa idosa); Lei n. 8.742/93 (Lei Orgânica da Assistência Social); Lei n. 8.842/94 (Dispõe sobre a Política Nacional do Idoso); Decreto n. 1.948/94 (regulamenta a Lei n. 8.842/94, que dispõe sobre a Política Nacional do Idoso); Lei n. 10.173/2001 (altera o Código de Processo Civil, para dar prioridade de tramitação aos procedimentos judiciais em que figure como parte pessoa em idade igual ou superior a sessenta e cinco anos); Decreto n. 4.227/2002 (cria o Conselho Nacional dos Direitos do Idoso – CNDI); Lei n. 10.741/2003 (Estatuto do Idoso); Lei n. 11.737/2008 (modifica o Estatuto do Idoso pra atribuir aos defensores públicos o poder de referendar transações relativas a alimentos); Lei n. 12.344/2010 (aumenta para 70 anos a idade a partir da qual se torna obrigatório o regime da separação total de bens no casamento); Lei n. 12.318/2011 (regulamenta o direito de visitas dos avós); Lei n. 12.896/2013 (veda a exigência de comparecimento do idoso enfermo aos órgãos públicos, assegurando-lhes o atendimento domiciliar para obtenção de laudo de saúde); Lei n. 12.899/2013 (altera o art. 42 do Estatuto do Idoso, para dispor sobre a prioridade e a segurança do idoso nos procedimentos de embarque e desembarque nos veículos de transporte coletivo); Lei n. 13.228/2015 (altera o Código Penal, para estabelecer causa de aumento de pena para o caso de estelionato cometido contra idoso); Lei n. 13.466/2017 (altera o Estatuto do Idoso a fim de estabelecer a prioridade especial das pessoas maiores de oitenta anos); Lei n. 13.535/2017 (altera o art. 25 do Estatuto do Idoso para garantir aos idosos a oferta de cursos e programas de extensão pelas instituições de educação superior); Lei n. 14.423/2022 (substitui, em toda a Lei n. 10.741/2003, as expressões "idoso" e "idosos" pelas expressões "pessoa idosa" e "pessoas idosas").

6. Jurisprudência

STF, ARE 1.309.642 RG, Tribunal Pleno, Rel. Min. Luís Roberto Barroso, j. 30.9.2022, DJe 06.03.2023 (atribui repercussão geral ao regime da separação obrigatória de bens imposto à pessoa com mais de setenta anos, tanto no casamento quanto na união estável); STF, ADI 4.425/DF, Rel. Min. Ayres Britto, Rel. p/ o acórdão Min. Luiz Fux, publ. DJe-251, 19.12.2013 (pagamento prioritário, até certo limite, de precatórios devidos a titulares idosos ou que sejam portadores de doenças graves promove a dignidade da pessoa humana); STF, AI 707.810 AgR/RJ, 1ª T., Rel. Min. Rosa Weber, publ. DJe-110, 06.06.2012 (eficácia plena e aplicabilidade imediata da norma constitucional que garante a gratuidade no transporte coletivo urbano a maiores de sessenta e cinco anos); STF, ADI 3.096/DF, Rel. Min. Cármen Lúcia, publ. DJe-164, 03.09.2010 (interpretação conforme do art. 94 da Lei n. 10.741/2003 – aplicabilidade dos procedimentos previstos na Lei n. 9.099/95 aos crimes cometidos contra idosos); STF, ADI 3.768-4/DF, Rel. Min. Cármen Lúcia, publ. DJe 131, 26.10.2007 (constitucionalidade da gratuidade do transporte público urbano e semiurbano a maiores de sessenta e cinco anos); STF, Suspensão da Segurança n. 3052, Rel. Min. Gilmar Mendes, decisão monocrática, j. em 05.01.2007 (suspensão da liminar que negava aos idosos economicamente hipossuficientes o direito à gratuidade do transporte interestadual); STF, Tribunal Pleno, ADI-MC n. 2.435/RJ, Rel. Min. Ellen Gracie, j. em 13.03.2002, DJU de 31.10.2003 (ação direta de inconstitucionalidade contra lei estadual, que obrigava farmácias e drogarias a conceder descontos a idosos na compra de medicamentos. Pela constitucionalidade da lei); STJ, AgInt no AResp 990.938/SP, 4ª T., Rel. Min. Luis Felipe Salomão, DJe 24.02.2017 (incidência do Estatuto do Idoso aos contratos de plano de saúde anteriores à sua vigência; reajuste por faixa etária não configura, por si só, abusividade, devendo ser analisadas as peculiaridades do caso);

---

1. São dados do Instituto Brasileiro de Geografia e Estatística – IBGE no documento intitulado "Tábua de Mortalidade de 2016", divulgado em 01.12.2017. Os primeiros grandes beneficiados das políticas públicas em prol da saúde coletiva no País foram as crianças: em 1940, de cada mil crianças nascidas vivas, 156 não atingiam o primeiro ano de vida; em 2016, a taxa de mortalidade infantil passou a ser de 13 por mil. A queda das taxas de mortalidade foi sendo expandida para toda a população.

STJ, AgRg no AREsp 743.794/RS, 1ª T., Rel. Sérgio Kukina, *DJe* 07.11.2016 (diante da necessidade do tratamento da doença e da prevalência da proteção integral dos direitos do idoso, em regime de prioridade absoluta, notadamente em relação à efetivação de seus direitos fundamentais, dentre eles o acesso aos meios asseguradores da saúde, o medicamento deve ser entregue à requerente, independentemente de constar ou não da lista do SUS); STJ, AgRg no REsp 1.340.979/SP, 2ª T., Rel. Min. Mauro Campbell Marques, publ. *DJe* 14.10.2013 (gratuidade tarifária no transporte coletivo de idosos); STJ, REsp 1.228.904/SP, 3ª T., Rel. Min. Nancy Andrighi, publ. *DJe* 08.03.2013 (consumidor que atingiu sessenta anos antes ou depois da vigência do Estatuto do Idoso está amparado contra a abusividade do reajuste de mensalidades de plano de saúde com base exclusivamente em sua faixa etária); STJ, REsp 950.663/SC, 4ª T., Rel. Min. Luis Felipe Salomão, publ. *DJe* 23.04.2012 (nua-propriedade não é suscetível de constrição quando o imóvel é bem de família, mormente porque cedido à mãe idosa do devedor); STJ, MS 14.220/DF, 3ª Seção, Rel. Min. Jorge Mussi, publ. *DJe* 06.12.2010 (possibilidade de acúmulo de aposentadorias se inatividade precedeu a EC n. 20/1998); STJ, 1ª T., REsp 851.174, Rel. Min. Luiz Fux, j. em 24.10.2006, *DJU* de 20.11.2006 (fornecimento de medicamentos ao idoso); STJ, 3ª T., REsp 775.565, Rel. Min. Nancy Andrighi, j. em 13.06.2006, *DJU* de 26.06.2006 (ratifica a natureza solidária da obrigação de prestar alimentos aos ascendentes idosos); TJRJ, 11ª Câm. Cív., Ap. Cív. n. 2006.001.43709, Rel. Des. José C. Figueiredo, j. em 06.11.2006, e TJRJ, 6ª Câm. Cív., Ap. Cív. n. 2006.001.29058, Rel. Des. Francisco de Assis Pessanha, j. em 17.10.2006 (reajuste abusivo de mensalidade de plano de saúde); STJ, REsp 1.689.152/SC, Rel. Ministro Luis Felipe Salomão, 4ª T., j. em 24.10.2017, *DJe* 22.11.2017 (aplica-se à união estável a mesma regra de obrigatoriedade do regime de separação de bens incidente ao casamento); STJ, HC 563.444/SP, 4ª T., Rel. Min. Raul Araújo, j. 05.05.2020, *DJe* 08.05.2020 (com a COVID-19 e no caso de paciente idoso, é aconselhável cumprimento da prisão alimentar no domicílio); STJ, REsp 1.927.423/SP, 3ª T., Rel. Min. Marco Aurélio Belizze, j. 27.04.2021, *DJe* 04.05.2021 (o Estatuto da Pessoa com Deficiência passou a permitir que a pessoa só possa ser considerada relativamente incapaz, mesmo com enfermidade permanente que a impossibilite de gerenciar sua vida); STJ, RHC 160.368/SP, 3ª T., Rel. Min. Moura Ribeiro, j. 05.04.2022, *DJe* 18.04.2022 (o fato de a credora ter atingido a maioridade e exercer atividade profissional, bem como fato de o devedor ser idoso e possuir problemas de saúde incompatíveis com o recolhimento em estabelecimento carcerário, recomenda que o restante da dívida seja executada sem a possibilidade de uso da prisão civil, em virtude da ponderação entre a efetividade da tutela e a menor onerosidade da execução, somada à dignidade da pessoa humana sob a ótica da credora e também do devedor); STJ, AgInt no AREsp 2.183.984/RN, 3ª T., Rel. Min. Ricardo Villas Bôas Cueva, j. 27.03.2023, *DJe* (é possível a majoração das mensalidades do plano de saúde em virtude da faixa etária, a partir de estudos técnico-atuariais, para buscar a preservação da situação financeira da operadora do plano, desde que observados critérios objetivos de forma proporcional e razoável, além de obrigatoriamente respeitar as normas da Agência Nacional de Saúde Suplementar (ANS) e o Estatuto da Pessoa Idosa).

Súmula 655 do STJ: Aplica-se à união estável contraída por septuagenário o regime da separação obrigatória de bens, comunicando-se os adquiridos na constância, quando comprovado o esforço comum.

7. Literatura selecionada

BARBOZA, Heloisa Helena. O princípio do melhor interesse do idoso. In: OLIVEIRA, Guilherme; SILVA PEREIRA, Tânia. *O cuidado como valor jurídico*. Rio de Janeiro: Forense, 2008, p. 57-71; BEAUVOIR, Simone. *A velhice*. Rio de Janeiro: Nova Fronteira, 1990; BOBBIO, Norberto. *O Tempo da memória*: de senectude e outros escritos autobiográficos; BODIN DE MORAES, Maria Celina. A caminho de um direito civil constitucional. In: *Na medida da pessoa humana*. Rio de Janeiro: Ed. Processo, 2016, p. 3-20; CARVALHO JÚNIOR, Pedro Lino. Da solidariedade da obrigação alimentar em favor do idoso. *Revista Brasileira de Direito de Família*, Porto Alegre, n. 25, p. 42-57, ago.-set. 2004; CUNHA PEREIRA, Rodrigo da. *Novo Código Civil da família anotado e legislação correlata da família*. Porto Alegre: Síntese, 2003; DIAS, Maria Berenice. *Manual de direito das famílias*. 4. ed. São Paulo: Revista dos Tribunais, 2007; MADALENO, Rolf. *Direito de família em pauta*. Porto Alegre: Livraria do Advogado, 2004, p. 229-240; MARQUES, Cláudia Lima. Solidariedade na doença e na morte: sobre a necessidade de ações afirmativas em contratos de planos de saúde e de planos funerários frente ao consumidor idoso. *Revista Trimestral de Direito Civil*, Rio de Janeiro, v. 8, p. 3-44, 2001; MARTINEZ, Wladimir Novaes. *Direito dos idosos*. São Paulo: LTr, 1997; MARTINEZ, Wladimir Novaes. *Comentários ao Estatuto do Idoso*. 2. ed. São Paulo: LTr, 2005; ELIAS, Nobert. *A solidão dos moribundos seguido de "envelhecer e morrer"*. Rio de Janeiro: Jorge Zahar Editor, 2001; LEHR, Marcelo Henrique; VEIGA JÚNIOR, Celso Leal da. *Comentários ao Estatuto do Idoso*. São Paulo: LTr, 2006; RODRIGUES, Osvaldo Peregrina. A pessoa idosa e sua convivência em família. In: CUNHA PEREIRA, Rodrigo da; SILVA PEREIRA, Tânia da (Coords.). *A ética da convivência familiar e a sua efetividade no cotidiano dos tribunais*. Rio de Janeiro: Forense, 2005, p. 395-439; SÁ, Maria de Fátima Freire de; TEIXEIRA, Ana Carolina Brochado. Fundamentos principiológicos do Estatuto da Criança e do Adolescente e do Estatuto do Idoso. *Revista Brasileira de Direito de Família*. Porto Alegre: Síntese, IBDFAM, n. 26, p. 18-34, out./nov. 2004; SOUZA, Ana Maria Viola de. *Tutela jurídica do idoso*: a assistência e a convivência familiar. Campinas: Alínea, 2004.

8. Comentários

8.1. Antecedentes históricos

O art. 230 configura-se como outra grande inovação do constituinte de 1988, reveladora de sua atenção para com a dignidade humana, em especial com a dignidade das pessoas mais vulneráveis. A preocupação com os direitos da pessoa idosa pode ser vislumbrada, embora indiretamente, já na Declaração Universal dos Direitos do Homem que, em seu artigo XXV, 1, dispõe: "Todo homem tem direito a um padrão de vida capaz de assegurar a si e a sua família saúde e bem-estar, inclusive alimentação, vestuário, habitação, cuidados médicos e os serviços sociais indispensáveis, e direito à segurança em caso de desemprego, doença, invalidez, viuvez, velhice ou outros casos de perda dos meios de subsistência em circunstâncias fora do seu controle".

Todavia, tanto o direito constitucional como o direito civil tinham em vista o "homem em abstrato", não havendo lugar para qualquer diferenciação concreta. Em 1970, em arguto ensaio sobre a velhice, Simone de Beauvoir notou: "O Código Civil não faz qualquer distinção entre um centenário e um quadragenário. Os juristas consideram que, fora os casos patológicos, a responsabilidade penal dos idosos é tão integral quanto a dos jovens. Os velhos não são considerados uma categoria à parte e, por outro lado, isto não lhes agradaria; existem livros, publicações, espetáculos, programas de tevê e de rádio destinados às crianças e aos adolescentes; aos velhos, não. [...] A desatenção às necessidades do idoso, igualando-o ao homem adulto em direitos e deveres, ou supondo que a garantia de um caixa preferencial no supermercado é elemento bastante a aplacar qualquer sofrimento, é o mesmo que enterrá-lo vivo, como faziam os *dinkas* do Sudão"[2].

A proteção à velhice encontra paralelo em algumas constituições estrangeiras. Assim, por exemplo, a Constituição portuguesa criou importantes direitos em prol da terceira idade, especialmente no que se refere à segurança econômica, às condições de moradia, ao convívio familiar e comunitário que respeitem a sua autonomia pessoal, de modo a evitar e superar o isolamento e a marginalização social da pessoa idosa (art. 72º). Além disso, estabelece políticas públicas, através de medidas de caráter econômico, social e cultural, com o objetivo de proporcionar aos idosos oportunidades de realização pessoal, mediante participação ativa na vida social. No mesmo sentido, a Constituição espanhola determina que os poderes públicos garantirão, através de pensões adequadas e periodicamente atualizadas, a suficiência econômica dos cidadãos durante a terceira idade e, independentemente das obrigações familiares, promoverão seu bem-estar, através de um sistema de serviços sociais que atenderão seus problemas específicos de saúde, moradia, cultura e lazer (art. 50).

8.2. O tratamento constitucional da pessoa idosa

De maneira semelhante à criança e ao adolescente, também a pessoa idosa foi alvo de tratamento constitucional especial. O art. 230, *caput*, tem cunho fortemente protetor ao considerar como dever de todos – família, sociedade e Estado – agir em defesa da dignidade e do bem-estar das pessoas idosas e garantir sua participação na vida comunitária. Trata-se do reconhecimento de uma fragilidade que necessita, demanda e merece o amparo da coletividade, estabelecendo-se a propiciação de um envelhecimento digno às pessoas humanas como um compromisso de caráter constitucional.

O antigo enfoque jurídico patrimonial, produtivo e exclusivamente econômico que preponderava no sistema impedia que o idoso ocupasse um lugar relevante na ordem jurídica e social, uma vez que, geralmente, se encontrava já do lado de fora da cadeia produtiva. Tal lógica eminentemente produtivista foi interrompida pelo legislador constitucional de 1988, o qual, ao estabelecer que o centro do ordenamento jurídico fora ocupado pela dignidade da pessoa humana, reverteu o quadro patrimonialista que até então preenchia o direito privado[3]. Na materialização da dignidade da pessoa idosa, portanto, estão sendo valorizados aspectos de outra ordem, tais como a convivência intergeracional, a preservação da memória e de identidades culturais, a transmissão das tradições e dos costumes às gerações mais jovens[4]. A lógica produtivista deixou de determinar todas as prioridades, do ponto de vista jurídico, e as relações de índole existencial puderam instalar-se em seu lugar.

A garantia de participação na vida comunitária foi reforçada no § 1º, ao se estabelecer, expressamente que os programas de amparo aos idosos devem ser, preferencialmente, executados em seus lares, sem lhes retirar, portanto, do ambiente familiar a que estão acostumados e que lhes proporciona segurança. A norma tem ainda outra utilidade. Ao dar preferência aos próprios lares, não se favorece a construção de asilos, instituições de assistência e estabelecimentos congêneres para o abrigo de idosos; não retirando da família o ônus de cuidar de seus membros mais necessitados, ônus este que corresponde à regra na cultura brasileira e está em consonância com o princípio da solidariedade.

8.3. O Estatuto da Pessoa Idosa

A Lei n. 10.741/2003, conhecida como Estatuto da Pessoa Idosa, regulamentou o art. 230. O Estatuto previu uma gama de direitos às pessoas idosas que já lhes eram garantidos constitucionalmente, tais como a vida, a saúde, o direito de ir e vir, dentre outros. Além da especificação das garantias individuais atribuídas às pessoas idosas, seu principal mérito foi trazer a lume os problemas da terceira idade no cenário social e político brasileiro.

Com vistas à positivação dos direitos subjetivos públicos, o art. 3º traz um rol de direitos fundamentais que visa garantir às pessoas idosas prioridade familiar e comunitária[5]. Segue a catalogação especificada de cada direito fundamental previsto no art. 3º, sempre com o escopo de garantir a sua efetivação – aliás, como é feito no Estatuto da Criança e Adolescente, para a população infantojuvenil. Tais são as diretrizes que fundamentam o "princípio do melhor interesse do idoso"[6]. A prioridade é assegurada pelo atendimento, em primeiro plano, das garantias fundamentais da pessoa idosa, em virtude da presumida condição de fragilidade.

---

2. BEAUVOIR, S. *A velhice*. Rio de Janeiro: Nova Fronteira, 1990, p. 53. Sobre a fragilidade intrínseca ao envelhecimento em oposição à "superioridade" dos jovens em relação aos velhos, ver as páginas de ELIAS, N. *A solidão dos moribundos seguido de "envelhecer e morrer"*. Rio de Janeiro: Jorge Zahar Editor, 2001.

3. Sobre o assunto, cf. BODIN DE MORAES, M. C. A caminho de um direito civil constitucional. In: *Na medida da pessoa humana*. Rio de Janeiro: Ed. Processo, 2016, p. 3.

4. Assim, por exemplo, tal relevância foi reconhecida pelo art. 21, § 2º, do Estatuto da Pessoa Idosa: "As pessoas idosas participarão das comemorações de caráter cívico ou cultural, para transmissão de conhecimentos e vivências às demais gerações, no sentido da preservação da memória e da identidade culturais".

5. "É obrigação da família, da comunidade, da sociedade e do Poder Público assegurar ao idoso, com absoluta prioridade, a efetivação do direito à vida, à saúde, à alimentação, à educação, à cultura, ao esporte, ao lazer, ao trabalho, à cidadania, à liberdade, à dignidade, ao respeito e à convivência familiar e comunitária."

6. Cf. BARBOZA, H. H. O princípio do melhor interesse do idoso. In: OLIVEIRA, G.; SILVA PEREIRA, T. *O cuidado como valor jurídico*. Rio de Janeiro: Forense, 2008, p. 57-71.

O envelhecimento com dignidade é o que se busca com a concretização dos direitos fundamentais previstos no Estatuto. Um deles consubstancia-se em condições materiais aptas a proporcionar uma senilidade digna, conhecida a dificuldade de manutenção do poder aquisitivo das aposentadorias. Para tanto, além da previsão do art. 1.696 do CC 2002, o Estatuto da Pessoa Idosa, em seu art. 12, estabelece a solidariedade da obrigação alimentar, facultando à pessoa idosa a escolha do parente a quem acionará judicialmente, de modo a lhe proporcionar, de forma mais rápida e efetiva, o suprimento de sua necessidade financeira. O dispositivo contraria a regra comum da natureza personalíssima e divisível da obrigação alimentar. Sobre tal solidariedade, o Superior Tribunal de Justiça manifestou-se corroborando o art. 12 do Estatuto, ao salientar sua condição de lei especial ao explicitar a natureza jurídica solidária desta obrigação alimentar[7].

Outro direito tratado como fundamental pela Constituição e pelo Estatuto, por integrar o conceito de vida digna, é o direito à saúde. Este recebeu novo delineamento constitucional, ao englobar a tutela da integridade psicofísica, de modo que a pessoa idosa seja preservada de todo tipo de opressão, negligência, discriminação, crueldade e qualquer atentado a seus direitos. Para tanto, assegura-lhe atenção integral à sua saúde, através do acesso universal e igualitário ao Sistema Único de Saúde. Um exemplo da concretização do direito à saúde pode ser constatado através das decisões jurisprudenciais que determinam o cumprimento da obrigação do Poder Público de fornecimento de medicamentos aos idosos[8], em especial os de uso contínuo, além de todos os recursos necessários ao tratamento, habilitação ou reabilitação, além de proibir tratamento desigual da pessoa idosa pelos planos de saúde, com a cobrança de valores diferenciados em razão da idade[9].

O Estatuto da Pessoa Idosa albergou, no art. 34, a garantia prevista no art. 203, V, da CF, de concessão de benefício mensal no valor de um salário mínimo aos maiores de 65 anos que comprovem não possuir meios de prover à própria manutenção ou de tê-la provida por sua família. No mesmo sentido, o art. 20 da Lei Orgânica de Assistência Social – LOAS. Outra garantia constitucionalmente prevista é a gratuidade do transporte público aos maiores de 65 (sessenta e cinco) anos, norma também albergada pelo Estatuto da Pessoa Idosa, no art. 39, com especificações relativas aos transportes coletivos públicos, urbanos e semiurbanos, exceto nos serviços seletivos, especiais, quando prestados paralelamente aos regulares. Além disso, determinou a reserva de 2 (duas) vagas gratuitas em transporte intermunicipal e interestadual para pessoas idosas com renda igual ou inferior a 2 (dois) salários mínimos, além do mínimo de 50% (cinquenta por cento) de desconto no valor das passagens para aquelas que excederem as vagas gratuitas, nas mesmas condições de renda mencionadas[10].

8.4. O Código Civil: limitação à liberdade de casar

Não obstante a evolução normativa, ainda subsiste norma retrógrada no Código Civil de 2002, que impõe o regime da separação total de bens àqueles que se casarem a partir de 70 (setenta) anos, no art. 1.641, II, regra alterada pela Lei n. 12.344/2010. Trata-se de norma de conteúdo equivalente ao Código Civil de 1916, de postura essencialmente patrimonialista, sem qualquer justificativa existencial, constituindo mais uma afronta que a cultura jurídica impõe à terceira idade.

Embora essa disposição, cuja finalidade é evitar a comunhão patrimonial, inaceitavelmente paternalista, tencionasse proteger os noivos, revela-se como verdadeira punição ou, talvez, como um castigo patriarcal, sob o pressuposto de que pessoas com mais de 70 anos configuram ingênuos alvos de "golpes do baú". Não há que se falar, portanto, em "entrelaçamento de patrimônios", pois se trata, praticamente, na hipótese do inciso II, de presunção de incapacidade, ou de interdição compulsória, com limitação do exercício patrimonial. É uma presunção absoluta de que o idoso não é capaz de gerenciar o próprio patrimônio, ou mesmo, de que é incapaz de escolher com quem vai se casar, pelo fato de que pode estar sujeito ao locupletamento indevido sobre os seus bens e de seus herdeiros. Rodrigo da Cunha Pereira assegura, ainda a respeito do antigo marco etário, mas que se aplica ao critério etário atual, que "a partir de 60 anos, homens e mulheres sofrem uma interdição ao se verem com a liberdade limitada na escolha de seu regime de bens"[11].

O próprio Poder Judiciário, reconhecendo o descabimento desta modalidade de regime de bens, editou, através do Supremo Tribunal Federal, a Súmula 377, datada de 1964, cuja dicção é a

---

7. STJ, 3ª T., REsp 775.565, Rel. Min. Nancy Andrighi, j. em 13.06.2006, *DJU* de 26.06.2006: "A doutrina é uníssona, sob o prisma do Código Civil, em afirmar que o dever de prestar alimentos recíprocos entre pais e filhos não tem natureza solidária, porque é conjunta. A Lei 10.741/2003 atribuiu natureza solidária à obrigação de prestar alimentos quando os credores forem idosos, e por força da sua natureza especial prevalece sobre as disposições específicas do Código Civil".

8. STF, Pleno, ADI-MC 2.435, Rel. Min. Ellen Gracie, j. em 13.03.2002, *DJU* de 31.10.2003: "Ação Direta de Inconstitucionalidade. Lei n. 3.542/01, do Estado do Rio de Janeiro, que obrigou farmácias e drogarias a conceder descontos a idosos na compra de medicamentos. Ausência do *periculum in mora*, tendo em vista que a irreparabilidade dos danos decorrentes da suspensão ou não dos efeitos da lei se dá, de forma irremediável, em prejuízo dos idosos, da sua saúde e da sua própria vida. *Periculum in mora* inverso. Relevância, ademais, do disposto no art. 230, *caput* da CF, que atribui à família, à sociedade e ao Estado o dever de amparar as pessoas idosas, defendendo sua dignidade e bem-estar e garantindo-lhes o direito à vida".

9. TJRJ, 11ª Câm. Cív., Ap. Cív. 2006.001.43709, Rel. Des. José C. Figueiredo, j. em 6.11.2006: "Hipótese em que se mostra abusivo o reajuste da mensalidade no percentual pretendido pela prestadora de serviço, frente às disposições do CDC. Declarada a abusividade de cláusula do contrato firmado entre as partes, que impõe aumento estipulado abusivo em razão da mudança de faixa etária, contrariando o disposto no art. 51, X do CDC, bem ainda o § 3º do art. 15 do Estatuto do Idoso".

10. STF, Suspensão da Segurança 3.052, Rel. Min. Gilmar Mendes, decisão monocrática, j. em 5.01.2007. Nesta data, o Min. Gilmar Mendes suspendeu a liminar que proibia aos idosos economicamente hipossuficientes o direito à gratuidade do transporte interestadual. O ministro baseou-se no art. 230 da Constituição, ressaltando: "Afigura-se inequívoco que a Lei n. 10.741/03, que concede o benefício da gratuidade nos transportes coletivos para idosos com renda igual ou inferior a dois salários mínimos, confere parcial concretização à norma constitucional em apreço. É certo também que o modelo legal adotado tem reflexos no sistema de prestação de serviços públicos de transporte mediante concessão ou permissão. Não há dúvida, ademais, de que negar em sede cautelar aos idosos o benefício conferido pela lei questionada afigurar-se-ia sumamente injusto e, porque não dizê-lo, flagrantemente desproporcional. [...] Assim, dada a natureza do interesse que se pretende proteger, verifico que se encontra devidamente demonstrada a grave lesão à ordem pública, considerada a perspectiva da ordem jurídico-constitucional, ante o dever e a necessidade de concretização dos direitos e garantias fundamentais previstos na Constituição da República, notadamente o dever de o Estado amparar o idoso economicamente hipossuficiente".

11. CUNHA PEREIRA, R. *Novo Código Civil da família anotado e legislação correlata de família*. Porto Alegre: Síntese, 2003, p. 127.

seguinte: "No regime da separação legal de bens comunicam-se os adquiridos na constância do casamento". A melhor doutrina entende que, não obstante a reedição da norma, a súmula continue válida[12], porque a vedação da escolha do regime de bens por pessoas com mais de sessenta anos é regra materialmente contraditória com a principiologia constitucional[13]. O STJ, por meio da Súmula 655, entendeu que a referida súmula também se estende à união estável, no caso de uniões iniciadas quando pelo menos um dos companheiros tem mais de setenta anos.

Deve-se, portanto, interpretar o art. 1.641, II, Código Civil de 2002 de acordo com a Constituição, de modo a promover o objetivo constitucional de tutela da pessoa humana. A imposição do regime de bens separatista em razão da idade é objeto de apreciação pelo STF, que atribuiu repercussão geral a caso em que se debate o assunto (Tema 1.236).

Esse é somente um dos aspectos a serem efetuados para se concretizar a tutela do idoso. Não é apenas através de simples proteção do Estado e da sociedade que seus direitos estarão sendo preservados. É preciso muito mais. É necessária uma conduta ativa do Estado e das instituições intermediárias, para que o idoso possa descobrir seu modo próprio do envelhecer, que seja incluído no laço social (comunitário e familiar), que sejam satisfeitas suas necessidades psicofísicas e que possa transmitir aos seus pares sua experiência de vida.

Ao que parece, a terceira idade tem assumido com maior intensidade as garantias que lhe foram reconhecidas, superando as dificuldades de inserção social e ocupando seu lugar de cidadania, de autoexpressão e desenvolvimento. A principiologia estatutária, estreitamente ligada às diretrizes constitucionais, constitui o novo objetivo quando o assunto é o idoso. Afinal, jamais tantos indivíduos puderam atingir uma idade tão avançada. A expectativa de vida aumentou. Deve-se isto à melhoria das condições socioeconômicas de vida e ao progresso da medicina moderna, sendo também influenciada pelo estilo de vida. Contudo, não é somente importante acrescentar anos à vida, mas também acrescentar vida aos anos[14].

CAPÍTULO VIII

DOS ÍNDIOS

---

12. Cf. DIAS, M. B. *Manual de direito das famílias*. 4. ed. São Paulo: Revista dos Tribunais, 2007, p. 232.
13. TJMG, 3ª Câm. Cív. Ap. Cív. 203.133-4, Rel. Des. Aloysio Nogueira, j. em 21.06.2001, *DJMG* de 10.08.2001: "Mesmo adotado o regime convencional de separação total de bens pelos cônjuges, com o fito de evitar injustiças advindas da adoção de tal regime, passou a jurisprudência a admitir a comunhão dos aquestos, quando os bens, embora adquiridos em nome de um dos cônjuges, o foram pela conjugação do esforço de ambos". TJSP, 10ª Câm. Cív., Ap. Cív. 106.713.4/1-00, Rel. Des. Ruy Camilo, j. em 05.09.2000, *DOESP* de 06.10.2000: "Cônjuge varão sexagenário, que doa metade da parte ideal de seu único imóvel à sua mulher. Admissibilidade, ainda que o casamento tenha sido celebrado sob o regime de separação de bens. Impossibilidade de se presumir, nos dias de hoje, que uma pessoa de 60 anos em plena capacidade intelectual e laborativa, não tenha capacidade de discernimento, quanto à administração dos bens".
14. LEHR, U. A revolução da longevidade: impacto na sociedade, na família e no indivíduo. In: *Estudos interdisciplinares sobre envelhecimento*. Porto Alegre: UFRGS, v. 1, p. 8.

Art. 231. São reconhecidos aos índios sua organização social, costumes, línguas, crenças e tradições, e os direitos originários sobre as terras que tradicionalmente ocupam, competindo à União demarcá-las, proteger e fazer respeitar todos os seus bens.

§ 1º São terras tradicionalmente ocupadas pelos índios as por eles habitadas em caráter permanente, as utilizadas para suas atividades produtivas, as imprescindíveis à preservação dos recursos ambientais necessários a seu bem-estar e as necessárias a sua reprodução física e cultural, segundo seus usos, costumes e tradições.

§ 2º As terras tradicionalmente ocupadas pelos índios destinam-se a sua posse permanente, cabendo-lhes o usufruto exclusivo das riquezas do solo, dos rios e dos lagos nelas existentes.

§ 3º O aproveitamento dos recursos hídricos, incluídos os potenciais energéticos, a pesquisa e a lavra das riquezas minerais em terras indígenas só podem ser efetivados com autorização do Congresso Nacional, ouvidas as comunidades afetadas, ficando-lhes assegurada participação nos resultados da lavra, na forma da lei.

§ 4º As terras de que trata este artigo são inalienáveis e indisponíveis, e os direitos sobre elas, imprescritíveis.

§ 5º É vedada a remoção dos grupos indígenas de suas terras, salvo, *ad referendum* do Congresso Nacional, em caso de catástrofe ou epidemia que ponha em risco sua população, ou no interesse da soberania do País, após deliberação do Congresso Nacional, garantido, em qualquer hipótese, o retorno imediato logo que cesse o risco.

§ 6º São nulos e extintos, não produzindo efeitos jurídicos, os atos que tenham por objeto a ocupação, o domínio e a posse das terras a que se refere este artigo, ou a exploração das riquezas naturais do solo, dos rios e dos lagos nelas existentes, ressalvado relevante interesse público da União, segundo o que dispuser lei complementar, não gerando a nulidade e a extinção direito a indenização ou ações contra a União, salvo, na forma da lei, quanto às benfeitorias derivadas da ocupação de boa-fé.

§ 7º Não se aplica às terras indígenas o disposto no art. 174, §§ 3º e 4º.

Art. 232. Os índios, suas comunidades e organizações são partes legítimas para ingressar em juízo em defesa de seus direitos e interesses, intervindo o Ministério Público em todos os atos do processo.

Carlos Frederico Marés de Souza Filho

1. Antecedentes

Todos os Estados Nacionais latino-americanos estão organizados com fundamento na modernidade europeia, mas mantêm, com maior ou menor intensidade demográfica, populações originárias, chamadas genericamente de indígenas. Os grandes marcos da História dos estados nacionais do continente são comuns: durante os séculos XVI, XVII e XVIII foram territórios coloniais, no século XIX se constituíram em estados nacionais, adotando a garantia expressa dos direitos de propriedade, liberdade, igualdade e segurança. Apesar das constituições, mantiveram em sua estrutura produtiva a escravidão, como a confirmar que aquele conjunto de direitos era uma meta a cumprir, na expressão dos teóricos e nunca chegou a ser realidade para os povos indígenas[1].

Espanha e Portugal, durante a colônia, reconheceram a existência de povos indígenas nos territórios conquistados. A Espanha assinou tratados, além de ter promovido a guerra; Portugal, embora não se conheça tratados assinados, declarou formalmente guerra a alguns grupos, permitindo na própria lei declaratória que os prisioneiros fossem submetidos a trabalhos semelhantes a escravidão. Por outro lado, durante todo o período colonial, os dois estados europeus legislaram as formas e políticas de integração de indivíduos indígenas que adotassem o novo modo de vida, chamado civilizado, seja pelo casamento, pela catequese ou pela integração como trabalhador livre (sempre levando em conta os largos limites do conceito de trabalhador livre da época).

Os Estados nacionais da América Latina, constituídos no início do século XIX à semelhança das Constituições europeias, elaboraram com ênfase maior ainda o discurso da integração de todas as pessoas como cidadãos. Nesta linguagem a palavra todos se traduz por cada um, cada pessoa, cada titular de direitos, cada sujeito, excluindo os coletivos, as comunidades, os grupos, as corporações, os povos. Para os povos indígenas a palavra passou a ser **integração**, que revela a provisoriedade da condição de povo diferenciado.

Embora farta, toda a legislação indigenista brasileira, desde o descobrimento até a Constituição de 1988, é voltada para a integração, retratada ao modo da época em que foi escrita: "... Se tente a sua civilização para que gozem dos bens permanentes de uma sociedade pacífica e doce" (1808); "... despertar-lhes o desejo do trato social" (1845); "... até a sua incorporação à sociedade civilizada" (1928); "... incorporação à comunhão nacional" (1934, 1946, 1967, 1969); ... "integrá-los, progressiva e harmoniosamente, à comunhão nacional" (1973). A Lei brasileira sempre deu comandos com forma protetora, mas com forte dose de intervenção, isto é, protegia-se para integrar, com a ideia de que integração era o bem maior que se oferecia ao gentio, uma dádiva que em muitos escritos está isenta de cinismo porque o autor crê, sinceramente, que o melhor para os índios é deixar de ser índio e viver em civilização. Até mesmo a "doce e pacífica" integração como contrapartida da guerra d'el Rey não revela cinismo, mas convencimento de uma civilização superior. Somente no século XX as ciências sociais, notadamente a antropologia, vieram comprovar o equívoco e ineficácia da assimilação e integração dos povos a um Estado Nacional, mas somente a partir de 1988 as constituições do continente o assumiram.

As Constituições brasileiras de 1934, 1937, 1946, 1967 e 1969 trouxeram referências aos índios, sempre os chamando de silvícolas. Com exceção da de 1937, todas as outras definem a competência da União para legislar sobre a "incorporação dos silvícolas à comunhão nacional". Todas garantem aos indígenas a posse das terras onde se acharem "permanentemente localizados", em geral acrescentando que a garantia se dará com a condição de não a transferirem. As Constituições de 1967 e 1969, para deixar ainda mais claro o caráter de transitoriedade deste direito, o incluem nas disposições transitórias. A partir da Constituição de 1967, estas terras são definidas como de domínio da União. A forma como se dá a garantia às terras, os dispositivos que atribuem competência para legislar sobre o processo de integração e as leis regulamentadoras deixam claro que o ideário assimilacionista do século XIX está presente até o advento da Constituição de 1988: os índios haveriam de deixar de ser índios.

Embora se possa dizer que há um avanço da proteção dos direitos indígenas ao longo do tempo, é claro que a Constituição de 1988 rompe o paradigma da assimilação, integração ou provisoriedade da condição de indígena e, em consequência, das terras por eles ocupadas. A partir de 1988 fica estabelecida uma nova relação do Estado Nacional com os povos indígenas habitantes de seu território. Está claro que a generosidade de integrar os indivíduos que assim desejarem na vida nacional ficou mantida em toda sua plenitude, mas integrando-se ou não, o Estado Nacional reconhece o direito de continuar a ser índio, coletivamente entendido, de continuar a ser grupo diferenciado, sociedade externamente organizada, cumprindo um antigo lema indígena equatoriano: "puedo ser lo que eres sin dejar de ser lo que soy". Está rompida a provisoriedade que regeu toda a política indigenista dos quinhentos anos de contato[2].

2. A ruptura continental

A Constituição brasileira de 1988 foi a primeira a romper com a tradição integracionista do continente, garantindo aos índios o direito de continuarem a ser índios. Depois dela, cada um dos países da América Latina foi aprofundando este reconhecimento, formulando-o de forma diversa, com maior ou menor abrangência, dependendo da força com que cada povo participou da elaboração da Constituição e da intensidade democrática do respectivo processo constituinte.

É de se notar que no final da década de 80 e começo dos anos 90, muitos países do continente passaram por um processo de redemocratização, pondo fim a uma, duas ou mesmo três décadas de ditaduras. Esta democratização se deu ao mesmo tempo em que a própria modernidade se tornava mais flexível e tolerante com espaços organizados étnica ou culturalmente. Houve um renascer de muitas etnias. Na América Latina essa nova formulação ideológica e cultural deu uma força emancipatória às Constituições como resposta às décadas de autoritarismo, e um reconhecimento às diferenças, que haviam sido a marca do continente desde a conquista no final do século XV. De cada processo constituinte surgiu um Estado e um Direito marcados por estas características. Dois países podem servir de exemplo desta ruptura, a Bolívia e a Colômbia.

A Bolívia é o país mais densamente habitado por indígenas, são 46 povos, perfazendo uma população de quase 5 milhões de

---

1. Cf. SOUZA FILHO, Carlos Frederico Marés. Os direitos invisíveis. In: OLIVEIRA, Francisco; PAOLI. Maria Célia. *Os sentidos da democracia*: políticas do dissenso e hegemonia global. São Paulo: Vozes/Fapesp. 1999, p. 307-334.

2. Ver a propósito meu livro *O renascer dos povos indígenas para o direito*. Curitiba: Juruá. 1998.

pessoas ou mais de 70% da população total[3]. Apesar disto, até 1994 nenhuma Constituição tinha reconhecido direitos aos povos indígenas, salvo em duas ocasiões, 1938 e 1945, que foram reconhecidos direitos de educação especial. A Constituição de 1994 reconheceu direitos sociais, econômicos e culturais, assim como um direito às terras, que chama de comunitárias de origem. O texto era próximo ao da brasileira, embora reconhecesse personalidade jurídica e funções administrativas às comunidades indígenas. Tratava também da aplicação de normas próprias na solução de conflitos, concedendo competência às autoridades naturais (no Brasil chamamos de tradicionais) para aplicá-las. Sob a presidência de Evo Morales, índio *aymara*, uma das principais etnias indígenas do país, a Bolívia passou por uma nova reforma constitucional, ainda mais profunda, em que se define como um Estado comunitário, plurinacional, autonômico e intercultural, reestruturando-se segundo a sociodiversidade dos povos[4].

A Colômbia promoveu uma profunda reforma constitucional em 1992 a ponto de ser considerada a Constituição latino-americana que mais longe levou os direitos dos povos indígenas que habitam seu território. De fato, embora de população indígena não muito densa, são apenas 2% do total, algo em torno de seiscentas mil pessoas, são 81 povos que falavam 64 línguas diferentes, o que marca uma grande diversidade cultural. Essa riqueza está expressa em vários tópicos da Constituição de 1992, a começar por seus princípios fundamentais, que reconhecem e protegem a diversidade étnica e cultural da Nação Colombiana (art. 7º). Na composição do Senado da República ficou criado um número adicional de senadores (dois) eleitos pelas comunidades indígenas. Estes representantes devem ter exercido cargo de autoridade tradicional em sua respectiva comunidade para postular o Senado. O direito a terra também é inovador, chama as terras indígenas de resguardo (antigo nome colonial) e as define como propriedade coletiva e inalienável das comunidades (art. 329). Os resguardos são territórios e constituem ou podem constituir uma entidade territorial ao lado dos departamentos, distritos, municípios (art. 286). Estas entidades territoriais indígenas gozam de autonomia, autogoverno, exercício de competências próprias, administração de recursos, estabelecimento e arrecadação de tributos, além de participar da renda nacional (art. 286). A Corte Constitucional de Colômbia reconheceu que estes direitos são fundamentais e os povos indígenas são os sujeitos coletivos desses direitos[5]. Como se pode ver, a Constituição da Colômbia organizou o país, inclusive sua divisão territorial, com uma clara estrutura multicultural e pluriétnica, aproximando a norma constitucional da realidade social existente.

Praticamente todas as atuais constituições dos países latino-americanos trazem referência aos direitos indígenas e o reconhecimento do multiculturalismo das respectivas nações. Mas a brasileira é o divisor de águas: as constituições anteriores, quando tratam da questão indígena, apenas reconhecem a língua ou a cultura, mas não a terra e a territorialidade, enquanto as posteriores em geral aprofundam a questão da terra e principalmente dos direitos a continuar ser índio independentemente da cidadania que lhes é sempre oferecida.

O estudo do direito constitucional comparado latino-americano acerca das populações indígenas tem suscitado aprofundamentos extremamente importantes que muitas vezes questionam até as raízes da modernidade, como Bartolomé Clavero[6], Díaz Polanco[7], Boaventura de Souza Santos[8], Magdalena Gomez[9], entre muitos outros.

3. A organização social e a cultura indígena (art. 231, *caput*)

A Constituição brasileira de 1988, além de ser a primeira a incluir os direitos de os povos indígenas continuarem a sê-lo, estabeleceu com muita propriedade e talento os seus direitos sociais e territoriais.

Reconhecer uma organização social diferente daquela estruturada na própria Constituição e daquelas que as leis infraconstitucionais chamam de sociedades (empresariais, comerciais, civis ou cooperativas) não é matéria simples nem de pouco alcance. Até 1988 as organizações sociais reconhecidas e protegidas pelo sistema jurídico eram somente aquelas cobertas pelo manto da personalidade individual. É verdade que o aprofundamento da ordem democrática já havia reconhecido os partidos políticos e os sindicatos como instâncias de representação intermediária, entretanto, os partidos e os sindicatos, por mais liberdade que possam ter, estão subordinados a uma ordem legal que lhes é externa e que define suas competências, instâncias e limites. A organização social indígena está muito longe disso, porque o que está reconhecido é exatamente o direito de formar sua ordem legal interna.

Exatamente disso se trata quando a Constituição de 1988 reconhece como legítima uma ordem que desconhece, já que fundada nos chamados usos, costumes e tradições. Esta ordem pode ser descrita por um cientista, sociólogo ou antropólogo, ou relatada por um membro da comunidade, mas está fora do alcance da lei e de seus limites, é uma ordem social própria e diferente da ordem jurídica estatal organizada pela Constituição. Isto é, a Constituição de 1988 reconheceu povos socialmente organizados fora do paradigma da modernidade e nisto foi seguida por várias constituições latino-americanas. Aqui reside um grande diferencial, divisor de águas, ruptura com o passado.

Ao reconhecer a organização social dos povos indígenas fora do paradigma da modernidade, a Constituição não criou uma categoria genérica, quer dizer, não se trata de uma organização social de todos os índios no Brasil, mas cada povo que mantenha

---

3. Todos os dados de população, percentual e povos referidos nos comentários deste artigo, assim como os textos das diversas cosntituições foram extraídos dos livros: GOMEZ, Magdalena. *Derechos indígenas*: lecturas comentadas del Convenio 169 de la OIT. México: INI, 1995, e SANCHES, Enrique (ed.). *Derechos de los pueblos indígenas en las constituciones de América Latina*. Bogotá, Disloque, 1996.

4. A Constituição boliviana vigente foi aprovada em novembro de 2007 e referendada em plebiscito em janeiro de 2009.

5. Cf. Corte Constitucional, Sentença T-342, de 1994, e Sentença T-405, de 1993.

6. CLAVERO, Bartolomé. *Derechos indígenas y cultura constitucional en América*. México: Siglo XXI, 1994.

7. DÍAZ-POLANCO, Héctor. *Elogio de la diversidad*: globalización, multiculturalismo y etnofagia. México: Siglo XXI, 2006.

8. SANTOS, Boaventura de Souza (org.). *Reconhecer para libertar*: os caminhos do cosmopolitismo multicultural. Rio de Janeiro: Civilização Brasileira, 2003.

9. Op. cit.

sua organização social é, como tal, reconhecido. Os dados demográficos sobre populações indígenas no Brasil não são precisos, mas a FUNAI (Fundação Nacional do Índio), o ISA (Instituto Socioambiental) e o CIMI (Conselho Indigenista Missionário) consideram números próximos a 305 etnias ou povos, 274 línguas e uma população e mais de 900 mil pessoas, segundo os dados do IBGE (Instituto Brasileiro de Geografia e Estatística), no censo de 2010. Dos quais mais de 500 ainda estão aldeados. Ainda há no Brasil algo em torno de 3 a 5 mil índios chamados isolados, isto é, sem qualquer contato e sobre os quais apenas se sente ou intui a existência, não se sabendo que língua falam ou a que cultura pertencem. Isto significa que o dispositivo constitucional reconhece cada uma dessas sociedades e o direito subjetivo coletivo de cada grupo de reivindicá-la[10].

Para completar o reconhecimento da organização social, a Constituição não poderia deixar de reconhecer os costumes, línguas, crenças e tradições. Estes quatro itens compõem o que se chama cultura, desde que se entenda costumes e tradições não só as normas de convívio, relações matrimoniais, sistema punitivo interno, hierarquia e divisões, inclusive clânicas, como também a gastronomia e a arte. Os direitos culturais indígenas acabam por ter várias consequências jurídicas apontadas ou reguladas diretamente pela Constituição. Por um lado, são direitos de cada povo indígena o uso da cultura e sua proteção; as línguas indígenas estão referidas no artigo 210, § 2º, ao garantir o aprendizado na língua materna e por meio de processos próprios. Por outro lado é direito de todos os brasileiros a profunda diversidade cultural existente, nela compreendendo as culturas indígenas, conforme está expresso no artigo 215 e referido no 216. Daí que o dever do Estado é preservar esta multiplicidade de culturas não só por ser um direito dos índios e de cada comunidade, mas um direito de todos.

Desta primeira parte do artigo 231, o reconhecimento da organização social, costumes, línguas e tradições nasce um conjunto de direitos ligados à organização social, como a solução de conflitos internos, a gestão das coisas indígenas, e tudo aquilo que está na essência das organizações sociais, que é prover as necessidades materiais e imateriais de seus membros. Embora a Constituição chame de crença, o que está protegido juridicamente é a religião de cada povo indígena, em toda a sua complexidade e ritualística. O direito ao exercício da religião própria algumas vezes pode chocar-se com a cultura dominante e até mesmo com a norma jurídica estatal. Em casos que assim ocorra, é imperioso entender este preceito constitucional como um elogio à liberdade religiosa e, portanto, inibidora de qualquer sancionamento legal à conduta tradicional. Fazem parte destes direitos a preservação e o uso da cultura, inclusive dos chamados conhecimentos tradicionais e os inerentes a autogestão de seus territórios. Por conhecimentos tradicionais se entende o conjunto dos saberes de cada povo obtidos pela acumulação própria ou alheia e utilizado no dia a dia das pessoas.

Antes de entrar na questão das terras e territorialidade indígena, convém observar que o reconhecimento da organização social e cultural dos povos indígenas é o centro da mudança de paradigmas estabelecida pela Constituição de 1988, porque o que está disposto contraria a ordem anterior que tinha um caráter provisório, até que houvesse a integração na comunhão nacional. Este dispositivo não trata de integração, nem a restringindo, nem a compelindo, o que significa que as organizações sociais indígenas podem e até devem, para preservar a cultura, manter-se vigentes para as presentes e futuras gerações, coerente com o artigo 210, § 2º. Entretanto, está claro que o processo de desenvolvimento e os caminhos para o futuro são assuntos internos de cada povo, que compõem o seu direito à organização social própria.

4. As terras indígenas (ainda o art. 231, *caput* e § 1º)

São raros os povos que não se identificam com um território determinado e com sua estrutura ecológica. O exemplo de povos sem identidade territorial, povos nômades, são os povos ciganos, não os indígenas. Entre os povos originários da América Latina, hoje catalogados em muito mais de 500 (a CEPAL – Comissão Econômicca para a América Latina calcula em mais de 800), com uma população de 50 milhões de pessoas, tecnicamente não há nenhum nômade, no sentido de não manter um território de identificação ecológico-cultural. Alguns o perderam ao longo da história, é certo, mas em geral não deixam de reivindicá-lo.

Antes da conquista já havia disputas territoriais, inclusive com submissão tributária de povos a outros povos, com acumulação e exploração de riqueza produzida por outrem, basta ver os grandes impérios inca, asteca e chibcha, sem contar o extraordinário império maia, já decadente em 1500.

Com a conquista, tanto de Portugal como da Espanha, essas disputas territoriais se agravaram; os portugueses, melhor armados e treinados do que os índios, os empurraram do litoral ao interior; os povos empurrados, ou se aliavam aos conquistadores ou dele se afastavam, e em qualquer dos dois casos eram obrigados a enfrentar os povos com territórios mais afastados do mar. Isto significa que não é razoável exigir que a localização ou o território atualmente ocupado por um povo seja o mesmo que ocupava em situação pré-cabralina, mesmo porque 500 anos na vida de um povo não é pouco, basta imaginar o território português no ano 1000 e compará-lo com Portugal de 1500; não só foi substituído o povo controlador, como a própria língua foi criada e desenvolvida nesse ínterim. Portanto, não se pode exigir aos territórios indígenas uma memorialidade ou fidelidade territorial de mais de 500 anos. Por outro lado, tampouco é razoável exigir que os povos socialmente ambientados a um sistema ecológico passem a viver em outro, simplesmente porque o domínio que têm da natureza e que lhes permite suprir as necessidades vitais não é universalmente aplicável. Os conhecimentos são associados à biodiversidade e ao ecossistema em que vivem.

Tanto a ideia de que os povos devem ter estado sempre no mesmo território quanto a de que podem ser adaptados a qualquer um são equivocadas. No Brasil, até a década de 80, a remoção de povos para outros ambientes foi uma política de Estado em vários casos famosos. Para citar apenas dois, podemos lembrar os Nambiquara que habitavam o vale do Guaporé, uma das regiões mais férteis do mundo, e foram transferidos para uma região de cerrado pobre em caça e frutos, para utilização agropecuária da região; o resultado fi-

---

10. Estes dados consam do Censo do IBGE de 2010. Disponível em: <https://ww2.ibge.gov.br/home/estatistica/populacao/censo2010/caracteristicas_gerais_indigenas/default_brasil_ods.shtm>. Acesso em: 28 fev.. 2018.

cou a pouca distância do genocídio[11]. Outro caso emblemático é o dos Panará, também chamados Kreen-Akarore ou índios gigantes, como ficaram conhecidos pela imprensa da época. Este povo foi removido para dentro do Parque do Xingu, depois de um contato desastroso. Ocorre que sua guarda foi entregue a inimigos tradicionais que por mais de 20 anos o submeteram. Fundado no texto constitucional, o Poder Judiciário determinou a volta dos Paraná à parte de seu território tradicional ainda existente, além de determinar uma indenização aos índios pelos valores patrimoniais e morais que perderam no processo de transferência e confinamento[12].

O artigo 231 revela a vontade constituinte de garantir efetivos direitos territoriais aos povos indígenas. As terras reconhecidas devem estar adequadas à manutenção da vida indígena, garantindo direitos de organização social com base em direitos territoriais, sem os confundir. Estas áreas são chamadas de *terra indígena*, mas o nome jurídico apropriado seria *território*, não utilizado para não confundir com os normas de direito internacional e para não insinuar divisões territoriais internas. O Ministro Victor Nunes Leal, em célebre voto em Recurso Extraordinário n. 44.535-MT (agosto de 1961), afirmou: "Aqui não se trata de direito de propriedade comum; o que se reservou foi o território dos índios". Apesar de não atribuir o nome território, mas simplesmente terras, a Constituição retirou qualquer conteúdo de propriedade privada moderna destas terras. A clara desconsideração da propriedade privada está expressa no artigo 20, XI, no qual fica estabelecido que a as terras indígenas são bens da União. Retirados o conceito de território, para não confundir com o de território nacional e a ideia de propriedade moderna, para evitar especulações em relação à transferibilidade e disponibilidade, resta analisar como se conforma este direito indígena, ou o que significa juridicamente a categoria *sui generis* "terras indígenas".

Mais um paradigma foi rompido pela Constituição de 1988. Até sua promulgação, as terras indígenas dependiam de um processo de reconhecimento pelo Poder Público. No século XIX e antes, a ideia jurídica era de que o Poder Público deveria *reservar* terras para que os índios vivessem até sua integração à comunhão nacional, tanto que havia dispositivos redirecionando essas terras depois de abandonadas, chamando-as de aldeamentos extintos. Isto significava que qualquer terra servia, mesmo com condições ecológicas diferentes das adequadas ao conhecimento tradicional. Esta ideia sofreu modificações com a participação dos estudos antropológicos no país, mas legalmente, salvo interpretação generosa do Estatuto do Índio (Lei 6001/73), este entendimento prevaleceu até muito próximo de 1988, basta ver o caso Panará acima citado, cuja transferência da população se deu nas décadas de 60 e 70 do século XX.

A Constituição de 1988 reconhece os direitos originários sobre as terras que os índios tradicionalmente ocupam. A formulação do artigo 231 nos remete a três ideias-chaves sobre as terras indígenas: 1) o caráter originário deste direito; 2) a ocupação real e atual; 3) a forma tradicional de ocupação.

O direito é originário, isto é, anterior e independente a qualquer ato do Estado. Eis o rompimento do paradigma. Não é fruto de uma determinação legal, mas é apenas reconhecimento de um direito preexistente. As comunidades indígenas têm direito a suas terras e o Estado Brasileiro o reconhece e garante. Por ser originário, este direito independe de ato de reconhecimento, de demarcação ou registro. Os atos, demarcação e registro, apenas servem para dar conhecimento a terceiros. Como é dever da União, diz a continuação do *caput*, demarcar, proteger e respeitar, quando não o faz, há ato omissivo da Administração, evidentemente reparável por via Judicial, mas jamais desconstituidores do direito indígena. Daí que aquele domínio da União do art. 20 é destituído de eficácia jurídica, salvo para a União estar em juízo em sua defesa.

O que se reconhece é a ocupação real e atual. É claro que a atualidade da ocupação não significa estar usando a terra a cada momento e sempre. É evidente que pode haver fatos impeditivos do uso atual, como, por exemplo, a constrangimento por terceiros, por ato do próprio Estado, etc. Há vários casos já analisados judicialmente e outros tantos ainda em pendência judicial, que atestam esta interpretação, como o citado caso Panará. Mais recentemente o Supremo Tribunal Federal julgou com grande repercussão a situação dos índios ocupantes da terra indígena Raposa Serra do Sol, no Estado de Roraima. Também neste caso foi considerado o fato de terceiros estarem impedindo os indígenas de permanecer em partes da área e foi determinada a sua pronta remoção.

A História registra que algumas vezes os governos dos Estados retiraram povos indígenas de suas terras, em geral para atender interesses privados de utilização agropecuária, em terras férteis dentro da fronteira agrícola. Há situações irreversíveis quando houve dispersão total do povo ou seu extermínio, o que é quase o mesmo. Sempre que o povo se mantém como tal, mesmo fora do território, é possível a reversão, como no caso Panará acima citado e no exemplar caso Krenak. O Estado de Minas Gerais, apoiado pelo governo federal, retirou o povo Krenak do Vale do Rio Doce e os dispersou por outras áreas indígenas, cedendo suas terras como se devolutas fossem. Em uma ação judicial que foi iniciada antes da Constituição de 1988, mas julgada definitivamente em 1994, foram anulados todos os títulos de domínio expedidos pelo Estado de Minas e determinado o retorno dos índios à terra. A histórica decisão do STF, baseado em voto do Ministro Francisco Resek demorou mais alguns anos para ser cumprida e somente em 1997 os krenak retomaram a posse de suas terras. É uma história de sucesso na reversão[13].

A atualidade da ocupação, portanto, tem que ser compatibilizada com a possibilidade real de uso pela comunidade; isto significa dizer que à ocupação atual deve se acrescentar o caráter originário do direito, e este é o sentido dos §§ 5º e 6º do artigo em comento e que analisaremos mais adiante.

---

11. Cf. ALMEIDA, Silbene de. Os nambiquara. In: OPAN/CIMI. *Índios em Mato Grosso*. Cuiabá: Gráfica Cuiabá. 1987, p. 95-102.

12. Ver TRF-1, AC 1988.01.00.028425-3/DR, Rel. Juiz Saulo José Casali Bahia (conv.), 3ª Turma, *DJ* de 03/11/2000. Ver ainda, ARNT, Ricardo *et al*. *A volta dos índios gigantes*. São Paulo: ISA, 1998.

13. Cf. KRENAK, Ailton. Sonhando com as montanhas. In: *Parabólicas*, n. 31, ano 4, jul/ago 1997. São Paulo, p. 12. Ver também: "Ação cível originária. Títulos de propriedade incidentes sobre área indígena. Nulidade. Ação declaratória de nulidade de títulos de propriedade de imóveis rurais, concedidos pelo governo do estado de Minas Gerais e incidentes sobre área indígena imemorialmente ocupada pelos índios krenak e outros grupos. procedência do pedido" (STF, ACO 323/MG, rel. Min. Francisco Rezek, Tribunal Pleno, *DJ* 8-4-1994).

Não basta haver ocupação, deve ser feita de forma tradicional, diz o texto constitucional. É claro que se um índio ou uma família indígena vive em um lote urbano, legítima ou ilegitimamente, não torna esta terra indígena. É necessário que na terra viva uma comunidade de forma tradicional. As terras tradicionalmente ocupadas são as habitadas pela comunidade em caráter permanente, as utilizadas para suas atividades produtivas, as imprescindíveis para a preservação do ambiente que garante a sua prática social e as necessárias à sua reprodução física e cultural, segundo os usos, costumes e tradições, acrescenta o § 1º do artigo 231.

Cada povo indígena tem uma ideia própria de seu território, elaborada por suas relações internas de povo e externas com os outros povos e na relação que estabelecem com a natureza onde lhes coube viver. Por isto mesmo, dentro dos direitos territoriais, estão os direitos ambientais que têm uma ligação estreita com os culturais, porque significam a possibilidade ambiental de reproduzir hábitos alimentares, a farmacologia própria e a sua arte, artesanato e utensílios. Por isso, em cada terra indígena se encontra uma relação mágica entre os conhecimentos do povo e as manifestações da natureza, importando não só o místico como o fático do espaço territorial. É claro que há muitos povos indígenas no Brasil, cujas terras foram reservadas ou demarcadas com critérios anteriores à Constituição, que se veem distantes desta dimensão sacra do território. Há muitos povos, em especial os guarani do sul do Mato Grosso do Sul, que tiveram as terras reservadas no início do século XX, mas os lugares sagrados e os espaços vitais estão fora dessas reservas, o que, inevitavelmente, gera conflitos de difícil solução[14].

O § 1º acrescenta, ainda, que a habitação, a utilização econômica, a preservação do ambiente e a área de reprodução física e cultural devem ser realizadas segundo os usos, costumes e tradições indígenas. Isto diz respeito diretamente ao uso da terra e suas limitações. O primeiro deles é, evidentemente, em relação à função social da propriedade da terra garantida em vários artigos da Constituição, mas em especial no artigo 186. Pois bem, a função social da terra indígena é a garantia de vida e proteção do próprio povo que a habita, portanto não se pode aplicar as limitantes de produção de riqueza capitalistas no mundo indígena. De igual forma, as limitantes ambientais estabelecidas no conjunto de normas do sistema jurídico brasileiro, enfeixados pela Constituição em seu artigo 225, também são inaplicáveis. Neste sentido, embora esteja proibida a caça de animais silvestres, no Brasil, a norma não se aplica entre os indígenas, desde que os cacem segundo seus usos e costumes e tradições, não para o comércio com não índios. Para tanto a Lei não necessita excepcionar, porque a Constituição já o faz. Assim também ocorre com a mata ciliar, embora tenha seu uso proibido, os índios em seus territórios a podem usar sempre segundo seus usos, costumes e tradições. Assim, os indígenas podem caçar e implantar roças em todos os lugares de sua terra, sem aplicar os dispositivos do Código de Proteção da Fauna (Lei n. 5.197/67) e do Código Florestal (Lei n. 4.771/65).

É bem verdade que na utilização das terras para exploração não indígena, inclusive o comércio de bens da natureza, comércio de animais, de plumas, de bens de extrativismo ou ainda produções de mercado, etc. as regras gerais do Direito brasileiro devem ser observadas.

5. A demarcação das terras indígenas

A Constituição ordenou à União que demarque as terras indígenas com a finalidade de proteger e respeitar os bens de cada povo. Está claro que o direito sobre as terras independe desta demarcação, que é mero ato administrativo de natureza declaratória. A terra indígena se define não pela demarcação, mas pela ocupação indígena, como dispõe a Constituição. Desta forma, a União deve usar critérios antropológicos de reconhecimento, porque se a ocupação se faz segundo os usos, costumes e tradições, há que se conhecer em profundidade a organização social daquele grupo determinado para se encontrar a terra ocupada, para afirmar com precisão o que é terra habitada, quais as utilizadas, as imprescindíveis à preservação da natureza, e as necessárias ao bem-estar e reprodução física e cultural do grupo.

Qualquer regulamentação da demarcação tem que se ater aos limites deste comando constitucional. O procedimento demarcatório não pode estabelecer outro critério que não seja os quatro elementos verificados segundo os usos, costumes e tradições do próprio povo. Portanto, o critério é interno ao povo. Aliás, esta interpretação já havia sido dada no iluminado voto do Ministro do Supremo Tribunal Federal Victor Nunes Leal quando afirmava: "Não está em jogo, propriamente, um conceito de posse, nem de domínio, no sentido civilista dos silvícolas, trata-se de *habitat* de um povo"[15]. No mesmo sentido manifestou-se a Suprema Corte no julgamento encerrado em 19 de março de 2009 sobre a demarcação da terra indígena Raposa Serra do Sol, em Roraima[16]. Estava em discussão a possibilidade de a demarcação ser feita apenas em redor das aldeias, chamadas malocas, e não em território contínuo, como havia sido feito pela União. O STF por maioria, vencido o ministro Marco Aurélio, decidiu que a demarcação deve ser em área contínua e que não perdem a característica de indígena pelo fato de estarem ocupadas por não índios contra a vontade da população original.

A demarcação é dever da União. Para reforçar o dever, o Ato das Disposições Transitórias, art. 67, estipulou um prazo de cinco anos a partir da promulgação da Constituição para que se concluísse a demarcação de todas as terras. A União não demonstrou sequer vontade em cumprir, tanto que somente no ano de 1996 foi publicado decreto que dispõe sobre o procedimento administrativo da demarcação[17]. Ainda que a demora seja negativa para os índios, a omissão da União em cumprir o prazo não gera consequências jurídicas ao direito indígena, mas pode causar, e tem causado efetivamente, transtornos, porque ainda que a demarcação seja mero ato declaratório, uma vez demarcada uma terra é mais fácil exigir a proteção dos órgãos responsáveis do Estado[18].

---

14. LADEIRA, Maria Inês. *Espaço geográfico Guarany-Mbya*: significado, constituição e uso. 2001, 235 f. Tese (Doutorado em Geografia Humana), Departamento de Geografia, Universidade de São Paulo, 2001.

15. RE 44.535-MT, publicado em 28-8-1961.

16. Originalmente uma ação popular proposta em Roraima foi transferida para o Supremo Tribunal Federal onde foi registrada como Pet 3.388 e finalizado o julgamento em 19 de março de 2009, após longos e importantes votos de todos os Ministros.

17. Decreto n. 1.775, de 8-1-1996.

18. Este prazo de cinco anos já havia sido estabelecido em 1973, pelo Estatuto do Índio, que obviamente não foi cumprido.

É de se acrescentar que o órgão indigenista da União tem considerado seu dever apenas a proteção dos índios que estiverem em áreas demarcadas ou por demarcar. Os chamados não aldeados (quase 1/3 da população total, segundo o IBGE) acabam sem reconhecimento ou proteção, o que evidentemente viola o disposto constitucional. Este fato revela a importância do procedimento de demarcação e da permanente exigência dos povos indígenas para que a União a promova.

6. A destinação das terras indígenas (§§ 2º, 3º e 7º)

Se é verdade que os dispositivos constitucionais anteriores a 1988 atribuíam às terras indígenas um indisfarçável conteúdo provisório, é verdade também que definiam claramente a destinação ou afetação dessas terras. Enquanto fossem terras indígenas, estariam afetadas à posse permanente e usufruto exclusivo das populações ocupantes. Constitucional ou infraconstitucionalmente definidas como públicas federais, a posse, desde 1934, estava afeta à população que a ocupasse. A Constituição de 1988, no § 2º do artigo 231, dá a mesma destinação constitucional anterior, aprimorando-o, justamente porque agora tem caráter não provisório.

A Constituição de 1988 repete os termos posse permanente e usufruto exclusivo. Por isso, é necessário verificar o que significa posse indígena, estando claro que não se confunde com a posse civil do receituário privado, porque esta é individual e material, enquanto a indígena é coletiva e exercida segundo usos, costumes e tradições do povo, no dizer da Lei de 1973 (Estatuto do Índio[19]): "Art. 23. Considera-se posse do índio ou silvícola a ocupação efetiva da terra, que, de acordo com os usos, costumes e tradições tribais, detém e onde habita ou exerce atividade indispensável à sua subsistência ou economicamente útil". Esta expressão de 1973 ainda a tratava como individual; em 1988 tratou-se dela como coletiva. Esta posse, distante do conceito civilista como nos alertava o ministro Victor Nunes Leal, pode ser considerada ocupação ou habitat; por isso, observado qualquer dos quatro requisitos de ocupação do § 1º, há posse indígena, com sua característica de permanente, mesmo quando parte dela adormece para reproduzir-se ecologicamente, ou quando é intocada pelo imperativo do sagrado. O que a qualifica, portanto, são os usos, costumes e tradições do povo. Esta é a razão também da expressão usufruto exclusivo. Por usufruto exclusivo não se pode entender a restrição a ato de troca, venda ou doação de frutos e produtos das riquezas da área, mas ao contrário, trata-se do direito de a comunidade não usar determinada área, seja para regeneração, seja por motivos sagrados ou outro qualquer. Isto quer dizer que o que se faz ou não se faz com área é assunto da comunidade, que exclusivamente deliberará. As riquezas exploráveis e comercializáveis do solo, dos rios e dos lagos poderão ser utilizadas pelos índios ou exploradas em parceria com terceiros não índios, sempre com a supervisão do Estado brasileiro, que tem obrigação de preservar não só a cultura como os bens indígenas.

Esta questão resulta mais clara quando se analisa o § 3º do artigo em comento, que trata da exploração dos recursos hídricos, a pesquisa e a lavra das riquezas minerais. Nestes casos, nos quais os índios não podem fazer com seus próprios recursos e esforços, é necessária uma autorização do Congresso Nacional, ouvidas as comunidades afetadas, que devem participar do resultado da lavra. Há que se ponderar que esta autorização somente é possível quando não viola o *caput* do artigo nem os demais parágrafos. Não é possível, e seria inconstitucional, uma lei regulamentar a possibilidade de violar os direitos sobre as terras ou sobre a posse permanente, ou sobre o usufruto exclusivo, ou, o que quiçá seja ainda mais grave, a organização social e cultural indígena. Portanto, o limite da exploração hídrica ou minerária é a preservação dos direitos indígenas à terra, à sociedade e à cultura[20].

Esta tutela devida pelo Estado e que se equipara em teor jurídico à estabelecida ao patrimônio cultural (arts. 215 e 216) e ao meio ambiente (art. 225) substitui a antiga tutela estabelecida no Estatuto do Índio, que tinha um caráter civil e orfanológico. Esta é uma tutela de caráter público que, assim como tem que perenizar o meio ambiente e o patrimônio cultural, deve perenizar a organização social, a cultura e as terras indígenas. Além disso, tem um cunho coletivo, exatamente porque nomeia como sujeito do direito uma coletividade, seja difusa ou indeterminada, ou claramente determinada, como no caso de um povo indígena.

Exatamente por isso estas terras são inalienáveis e indisponíveis, além de os direitos sobre elas serem imprescritíveis, no exato termo do § 4º. Este dispositivo reforça o direito de não uso que têm os indígenas a suas terras.

Esta tutela coletiva cria muitas vezes contradições entre si, como é o caso recorrente das terras indígenas sobrepostas às unidades de conservação, especialmente aos parques nacionais. Nos parques nacionais há uma forte restrição à presença humana e reiteradas vezes populações indígenas os usam ou reivindicam seu uso como terra tradicional. Ambas tutelas são constitucionalmente garantidas, uma no artigo 225, § 1º, III e outra neste art. 231 e seus parágrafos. Ocorre que o direito garantido aos índios é, por ser originário, anterior a qualquer ato legislativo ao administrativo, devendo, então, ser garantido este, em oposição à preservação ambiental. Entretanto, como a preservação do ambiente não é incompatível com o uso indígena, a tutela de ambos é possível desde que o Estado dê condições materiais a que os índios não necessitem viver fora de seus usos, costumes e tradições ou crie unidade de conservação compatível com a vida indígena. A criação de Parque Nacional, com as características que hoje a lei lhe dá[21], em área indígena não é possível, sendo nulo o ato que o cria sempre que restrinja o direito originário do povo indígena.

A vedação do § 7º diz respeito ao uso de terras indígenas por garimpeiros, o que tem sido um real problema. O disposto no artigo 174, §§ 3º e 4º, é um incentivo à atividade garimpeira que deve não só ser desestimulada como proibida em terra indígena, por isso a sua não aplicação.

7. A perpetuidade do direito indígena (§§ 5º e 6º)

Como já está afirmado acima, para os povos indígenas há que distinguir dois direitos diferentes. Um que pertence a toda a humanidade e outro que pertence a cada povo. O primeiro pode ser

---

19. Lei n. 6.001, de 19-12-1973.
20. *Vide* comentários ao art. 49, XVI, *retro*.
21. Lei n. 9.985/2000.

chamado de direito à sociodiversidade, que é o direito de todos à existência e manutenção dos diversos povos e suas culturas. Este direito se revela como uma obrigação, porque obriga cada povo e cada Estado ao respeito pelo outro, ganhando instâncias internacionais, mas também presente nas constituições nacionais, cada vez com mais explicitude, como as constituições latino-americanas. Este é um direito à alteridade e tem estreita relação com o direito à biodiversidade, não só porque as culturas dependem do ambiente, mas em razão dos conhecimentos tradicionais, inerentes à diversidade social.

Entretanto, há um outro direito, também coletivo, que é o direito que tem como sujeito os próprios povos a sua existência, que não pertence a todos, mas apenas àquele povo determinado. É claro que estes também são direitos coletivos, porque não são a mera soma de direitos subjetivos individuais, pertencem a um grupo sem pertencer a ninguém em especial, cada um é obrigado, e tem o dever de promover a sua defesa, que beneficia a todos. Este direito é indivisível entre seus titulares, uma eventual divisão do objeto fará com que todos os titulares do todo continuem titulares das partes, não são passíveis de alienação, são imprescritíveis, impenhoráveis e intransferíveis.

Estes direitos, no sistema da Constituição brasileira de 1988, se explicitam em três dimensões: os territoriais, os de organização social e os de cultura, intimamente vinculados, de tal sorte que, em geral, a violação a uma das dimensões viola as outras.

Isto explica a quase rudeza dos §§ 5º e 6º do artigo 231. O primeiro referente à remoção dos grupos indígenas, o segundo ao uso das terras e às riqueza existentes no território.

O disposto no § 5º que veda a remoção de grupos indígenas tem um precedente legal no Estatuo do Índio, mas o modifica na raiz. Não se pode esquecer que no regime do Estatuto, 1973, a indianidade era considerada provisória, daí que o que estava estabelecido eram os critérios de remoção e intervenção, não sua vedação. No § 5º, a possibilidade de remoção é tratada em duas hipóteses, em caso de catástrofe ou epidemia que ponha em risco a população, ou no interesse da soberania do país. No primeiro caso, o que está sendo garantido, além dos direitos individuais de cada um, são os direitos coletivos da humanidade em manter viva uma cultura e um povo e também o direito do próprio povo de manter sua existência, a despeito de eventuais danos momentâneos. No segundo caso, a Constituição está valorando a soberania nacional acima dos direitos referidos, mesmo porque, ao perder a soberania, deixará de proteger estes mesmos direitos. É claro que a ameaça da soberania, aqui, deve ser real e concreta, deve ser uma ameaça de invasão, guerra ou ataque de outra potência. Esta situação faz sentido se lembrarmos que há uma grande quantidade de povos indígenas cujas terras se situam ao longo das fronteiras do Brasil com seus vizinhos e, em alguns casos, o povo indígena convive na fronteira sendo parte habitante de um país e parte de outro. Há casos, ainda, em que o povo não sabe da existência da fronteira e tratam igualmente os dois Estados Nacionais. Isto quer dizer que para haver remoção, o Poder Público tem o dever de motivar o seu ato com uma das duas razões excepcionais estabelecidas na Constituição, demonstrando a atualidade, possibilidade e realidade da ameaça. Sempre dependendo do *referendum* do Congresso Nacional.

Não é muito diferente a situação do § 6º, que tem a mesma raiz jurídica, a proteção dos direitos coletivos múltiplos. Todo ato que tenha por objeto a ocupação, domínio ou posse das terras indígenas ou a exploração de suas riquezas naturais, são nulos, extintos e não produzem efeitos. Tudo o que viole os direitos originários sobre a terra, a posse permanente ou o usufruto exclusivo é tido por inexistente. Este dispositivo já vinha consignado nas constituições de 1967 e 1969. O que se extingue, em realidade são os efeitos jurídicos para além da declaração de nulidade. É como se o ato nunca tivesse existido. Embora pareça redundante o dispositivo, trata-se de uma cuidadosa exceção ao sistema jurídico, porque, além de declarar nulo, extinto o ato e seus efeitos jurídicos, acrescenta que dessa nulidade e extinção não gera direitos à indenização, salvo benfeitorias derivadas da ocupação de boa-fé. O cuidado era necessário tendo em vista a profundidade da nulidade que elide até mesmo indenizações ou ações contra a União. Exatamente por isso, este dispositivo não necessita comentários e vem sendo aplicado na prática. Nesta nulidade se enquadram os decretos de criação de áreas protegidas que dificultem ou inviabilizem o uso do povo indígena.

Já a ressalva introduzida no mesmo § 6º em relação à exploração das riquezas, ou da posse permanente e do usufruto exclusivo, necessita um aprofundamento mais acurado. É que, depois de declarar a nulidade, extinção e inexistência de efeitos jurídicos de forma tão categórica, o dispositivo ressalva a possibilidade de validade do ato quando houver relevante interesse público, segundo lei complementar. A exceção ainda não se aplica porque não há lei complementar promulgada. Entretanto, a discussão se faz em torno de qual relevante interesse poderia ressalvar a nulidade expressa.

Há duas questões que devem ser analisadas acerca do relevante interesse público estabelecido no § 6º: 1) o objeto dos atos ressalvados; 2) o conteúdo do interesse público. Parece claro que não se tratou de ressalvar os atos que tenham por objeto a ocupação, o domínio e a posse das terras indígenas, porque estes atos implicariam em remoção e a remoção está tratada no parágrafo anterior, portanto a nulidade, extinção e ineficácia jurídica dos atos cujo objeto seja a terra têm caráter absoluto, ressalvado o disposto no § 5º. O objeto da ressalva, portanto, recai apenas na exploração das riquezas naturais do solo, dos rios e dos lagos existentes nas terras indígenas. Note-se que tampouco trata este parágrafo da exploração dos minérios, do subsolo e dos recursos hídricos em si, tratados no § 3º. Portanto, a discussão se limita a atos que possam interferir no usufruto exclusivo tratado no § 2º. Dentro deste limite, a segunda questão de análise se refere ao conteúdo do interesse público, que deve ter tal relevância que justifique a exceção. A palavra relevante não está adicionada ao texto senão para dar ênfase ao caráter de inadiável e insubstituível do ato. Isto é, o ato tem que ser no interesse direto da União, não de um Estado ou de empreendimentos particulares; tem que ser urgente e inadiável para que não pereça o interesse público, isto quer dizer o juízo de oportunidade da prática do ato lesivo não deve deixar opções para quem o pratica; além disso, o outro bem, protegido pelo interesse público para o qual se praticará o ato, tem que ter pelo menos igual proteção constitucional que o usufruto exclusivo; finalmente deve estar comprovado que o interesse público ao qual o ato atenderia pereceria se não fosse praticado naquele lugar, a terra indígena. É muito difícil imaginar uma situação em que estes quatro elementos se combinem, interesse direto da União, caráter inadiável de sua prática, proteção constitucional da exploração e exclusividade de lugar. A Constituição de 1988 dispõe sobre um bem de igual relevância, o equilíbrio ambiental (art. 225) e talvez a estes se possa juntar a solução de conflitos sociais; a proteção destes dois bens poderia justificar a ressalva, desde que os três outros elementos estivessem presentes. Por esta dificuldade, apesar do longo tempo passado da promulgação da norma, o dispositivo não foi regulamentado por lei complementar e tampouco tem feito falta, o que demonstra que a situação fática pensada na norma ainda não se concretizou.

8. O art. 232: os direitos indígenas em juízo

Os direitos estabelecidos no art. 231 têm que ser garantidos não só pela prática da Administração Pública e pelas normas infraconstitucionais que venham sendo elaboradas, mas também pelo Poder Judiciário. Entretanto, o formalismo que dominava o sistema de prestação jurisdicional não poucas vezes criou embaraços e tropeços às ações promovidas pelas comunidades indígenas, ora porque lhes faltava personalidade jurídica, ora porque o próprio instrumento de procuração de advogados se via irregular pelo problema da representatividade do constituinte. O Estatuto do Índio procurou sanar estes gargalos, em 1973, mas o fez com os limites de uma lei e de um momento determinado, inclusive dentro da cultura da provisoriedade dos direitos a serem defendidos.

Mais uma vez a Constituição brasileira de 1988 inovou. Por um lado atribuiu competência à Justiça Federal para julgar causas de direitos indígenas, assim dito genericamente (art. 109, XI), e atribui ao Ministério Público Federal, como função institucional, defender os direitos e interesses das populações indígenas (art. 129, V). O artigo 232 atribuiu legitimidade aos índios, suas comunidades e organizações para estar em juízo em defesa de seus interesses e direitos. Portanto, individualmente cada índio, a comunidade ou as organizações indígenas podem optar por ingressar ou defender-se diretamente ou ainda valer-se do Ministério Público Federal. Em qualquer caso, por ser função institucional e porque assim o determina o artigo 232, o Ministério Público tem que acompanhar todos os atos do processo.

Aos índios individualmente atribuiu-se legitimidade para defesa dos direitos coletivos, mas se deve notar que a Constituição não criou um índio genérico, mas vinculado a uma organização social e cultural, portanto esta legitimidade é para estar em juízo em defesa dos direitos e interesses da comunidade a que pertence. Da mesma forma as comunidades estão legitimadas para arguir os direitos e interesses próprios e não de outras comunidades. Esta parece ser a interpretação coerente com o sistema processual brasileiro. Diferente de outras constituições latino-americanas, a brasileira não reconheceu expressamente personalidade jurídica às comunidades indígenas, mas está evidente que não há necessidade de qualquer registro ou materialização da personalidade para estar em juízo, basta que declare a forma tradicional de representação, segundo os usos, costumes e tradições do povo. Aliás, isto já estava aceito no Judiciário antes mesmo da Constituição, pela aplicação do dispositivo semelhante do Estatuo do Índio[22].

Situação diversa é a das organizações indígenas legitimadas a estar em juízo, porque está claro que não é o direito próprio que será defendido, mas novamente o direito das comunidades e povos. As comunidades se organizam segundo os usos, costumes e tradições do povo, pode se dizer que é uma organização indígena tradicional. Os povos e as comunidades, com o contato com a sociedade envolvente, acabaram por aprender formas organizativas que, ainda que não sejam tradicionais, têm representatividade. Excluídas as comunidades (que podem ser chamadas de povos, grupos, tribos, etc.), há duas espécies de organizações indígenas que se enquadram no artigo 232: as organizações internas de uma comunidade, como por exemplo a organização dos professores ticuna, que pode ou não ser formalizada como uma sociedade civil, mas que independentemente disso tem legitimidade; e as organizações externas, que em geral abrangem mais de uma comunidade, podendo ser regional, estadual ou mesmo nacional, como é o caso da Coordenação das Organizações Indígenas da Amazônia Brasileira (COIAB), o Conselho Indígena de Roraima (CIR), a Articulação dos Povos Indígenas do Brasil (APIB), suas regionais e muitas outras. Estas organizações, formadas por índios, também têm legitimidade para estar em juízo, mas em geral devem estar formalizadas como associações civis. A legitimidade destas organizações é mais ampla do que a atribuída às comunidades, porque não se referem a uma comunidade específica. Em todo caso, a Constituição atribuiu legitimidade aos índios, suas comunidades e organizações somente para defender direitos e não para mitigá-los, negociá-los ou renunciá-los, mesmo porque estes são direitos indisponíveis.

Sendo assim, os usos, costumes e tradições indígenas são reconhecidos como verdadeiros direitos não só no Brasil, mas em toda a América Latina. A sociedade e os Estados do continente, que se constituíram na tão profunda diversidade social, sempre omitida da história oficial mas viva na realidade das comunidades, estão se organizando na tolerância e no sonho dos constituintes de 1988 de que cada povo construa, em paz, o seu futuro, sabendo que o Estado tem por missão e finalidade a sua proteção.

9. Referências bibliográficas

ALMEIDA, Silbene de. Os nambiqwara. In: OPAN/CIMI. *Índios em Mato Grosso*. Cuiabá: Gráfica Cuiabá, 1987. p. 95-102.

ARAÚJO, Ana Valéria (org.). *A defesa dos direitos indígenas no Judiciário*: ações propostas pelo Núcleo de Direitos Indígenas. São Paulo: Instituto Socioambiental, 1995.

CLAVERO, Bartolomé. *Derechos indígenas y cultura constitucional en América*. México: Siglo XXI, 1994.

CUNHA, Manuela Carneiro da (org.). *História dos índios no Brasil*. São Paulo: Companhia das Letras: Secretaria Municipal da Cultura, 1992.

DIAZ-POLANCO, Hector. *Elogio de la diversidad*: globalización, multiculturalismo y etnofagia. Mexico: Siglo XXI, 2006.

GOMEZ, Magdalena. *Derechos indígenas*: lecturas comentadas del Convenio 169 de la OIT. México: INI, 1995.

GRUPIONI, Luiz Donizete Benzi (org.). *Índios no Brasil*. São Paulo: SMC, 1992.

---

22. Ver a respeito ARAÚJO, Ana Valéria (org.). *A defesa dos direitos indígenas no Judiciário*: ações propostas pelo Núcleo de Direitos Indígenas. São Paulo: Instituto Socioambiental, 1995.

INSTITUTO SOCIOAMBIENTAL. *Povos indígenas no Brasil*: 2000-2005. São Paulo: ISA, 2006.

LADEIRA, Maria Inês. *Espaço geográfico Guarany-Mbya*: significado, constituição e uso. São Paulo, 2001. Tese (Doutorado em Geografia Humana) – Departamento de Geografia, Universidade de São Paulo, 2001.

OLIVEIRA, Francisco; PAOLI, Maria Célia. *Os sentidos da democracia*: políticas do dissenso e hegemonia global. São Paulo: Nedic/Fapesp/Vozes, 1999.

RICARDO, Carlos Alberto (Ed.). *Povos indígenas no Brasil*: 1987-1990. São Paulo: CEDI, 1991.

RICARDO, Carlos Alberto (Ed.). *Povos indígenas no Brasil*: 1991-1995. São Paulo: ISA, 1996.

SANCHES, Enrique (Ed.). *Derechos de los pueblos indígenas en las constituciones de América Latina*. Bogotá: Disloque, 1996.

SANTOS, Boaventura de Sousa (Org.). *Reconhecer para libertar*: os caminhos do cosmopolitismo multicultural. Rio de Janeiro: Civilização Brasileira, 2003.

SANTOS, Sílvio Coelho dos. *Povos indígenas e a constituinte*. Porto Alegre: Ed. Movimento: UFSC, 1989.

SOUZA FILHO, Carlos Frederico Marés de. O direito constitucional e as lacunas da lei. *Revista de Informação Legislativa*, Brasília, v. 34, n.133, p. 5-16, jan./mar. 1997.

SOUZA FILHO, Carlos Frederico Marés de. *O renascer dos povos indígenas para o direito*. Curitiba: Juruá, 1998.

SOUZA FILHO, Carlos Frederico Marés de. Os direitos invisíveis. In: OLIVEIRA, Francisco; PAOLI, Maria Célia. *Os sentidos da democracia*: políticas do dissenso e hegemonia global. São Paulo: Vozes: Fapesp, 1999. p. 307-334.

TÍTULO IX

DAS DISPOSIÇÕES CONSTITUCIONAIS GERAIS

Art. 233. (*Revogado pela Emenda Constitucional n. 28, de 25-5-2000.*)

Art. 234. É vedado à União, direta ou indiretamente, assumir, em decorrência da criação de Estado, encargos referentes a despesas com pessoal inativo e com encargos e amortizações da dívida interna ou externa da administração pública, inclusive da indireta.

Art. 235. Nos dez primeiros anos da criação de Estado, serão observadas as seguintes normas básicas:

I – a Assembleia Legislativa será composta de dezessete Deputados se a população do Estado for inferior a seiscentos mil habitantes, e de vinte e quatro, se igual ou superior a esse número, até um milhão e quinhentos mil;

II – o Governo terá no máximo dez Secretarias;

III – o Tribunal de Contas terá três membros, nomeados, pelo Governador eleito, dentre brasileiros de comprovada idoneidade e notório saber;

IV – o Tribunal de Justiça terá sete Desembargadores;

V – os primeiros Desembargadores serão nomeados pelo Governador eleito, escolhidos da seguinte forma:

a) cinco dentre os magistrados com mais de trinta e cinco anos de idade, em exercício na área do novo Estado ou do Estado originário;

b) dois dentre promotores, nas mesmas condições, e advogados de comprovada idoneidade e saber jurídico, com dez anos, no mínimo, de exercício profissional, obedecido o procedimento fixado na Constituição;

VI – no caso de Estado proveniente de Território Federal, os cinco primeiros Desembargadores poderão ser escolhidos dentre juízes de direito de qualquer parte do País;

VII – em cada Comarca, o primeiro Juiz de Direito, o primeiro Promotor de Justiça e o primeiro Defensor Público serão nomeados pelo Governador eleito após concurso público de provas e títulos;

VIII – até a promulgação da Constituição Estadual, responderão pela Procuradoria-Geral, pela Advocacia-Geral e pela Defensoria-Geral do Estado advogados de notório saber, com trinta e cinco anos de idade, no mínimo, nomeados pelo Governador eleito e demissíveis *ad nutum*;

IX – se o novo Estado for resultado de transformação de Território Federal, a transferência de encargos financeiros da União para pagamento dos servidores optantes que pertenciam à Administração Federal ocorrerá da seguinte forma:

a) no sexto ano de instalação, o Estado assumirá vinte por cento dos encargos financeiros para fazer face ao pagamento dos servidores públicos, ficando ainda o restante sob a responsabilidade da União;

b) no sétimo ano, os encargos do Estado serão acrescidos de trinta por cento e, no oitavo, dos restantes cinquenta por cento;

X – as nomeações que se seguirem às primeiras, para os cargos mencionados neste artigo, serão disciplinadas na Constituição Estadual;

XI – as despesas orçamentárias com pessoal não poderão ultrapassar cinquenta por cento da receita do Estado.

Léo Ferreira Leoncy

Os arts. 234 e 235 estabelecem disciplina complementar às hipóteses constitucionais de criação de novos Estados. Tais hipóteses já haviam sido definidas no art. 18, §§ 2º e 3º, da Constituição Federal, mas sem os merecidos desdobramentos agora presentes nos dispositivos em análise. Em conjunto, esses preceitos formam uma espécie de regime geral a ser seguido na criação de novas entidades políticas estaduais.

Por força do art. 234, proíbe-se a União de assumir, por qualquer forma, em virtude da criação de Estado, "encargos referentes a despesas com pessoal inativo e com encargos e amortizações da dívida interna ou externa da administração pública, inclusive da indireta". Tal redação praticamente bloqueou qualquer ajuda financeira do ente federal na resolução de eventuais passivos oriundos do ente público originário. A despeito do caráter salutar dessa proibição, deixou-se de ir além no tocante ao estabelecimento de regras de responsabilidade financeira quando da criação de novos Estados. Isso porque, se por um lado o regramento constante do referido preceito traduz uma inequívoca forma de proteção da União, que fica isenta de assumir encargos decorrentes da criação da nova entidade política, por outro lado nenhuma garantia constitucional estabeleceu em proteção ao novo Estado assim criado, cuja instituição poderia muito bem ficar condicionada à sua viabilidade, à semelhança do que previsto em relação aos Municípios (art. 18, § 4º, da CF).

O art. 235, por seu turno, também veicula uma espécie de regime de responsabilidade financeira e governança organizacional. Trata-se de regramento em proteção às finanças estaduais diante de eventual sanha política na criação de um aparato estatal completo em ambiente ainda de incertezas quanto às necessidades públicas e à capacidade arrecadatória do ente estadual recém-criado.

Art. 236. Os serviços notariais e de registro são exercidos em caráter privado, por delegação do Poder Público.

§ 1º Lei regulará as atividades, disciplinará a responsabilidade civil e criminal dos notários, dos oficiais de registro e de seus prepostos, e definirá a fiscalização de seus atos pelo Poder Judiciário.

§ 2º Lei federal estabelecerá normas gerais para fixação de emolumentos relativos aos atos praticados pelos serviços notariais e de registro.

§ 3º O ingresso na atividade notarial e de registro depende de concurso público de provas e títulos, não se permitindo que qualquer serventia fique vaga, sem abertura de concurso de provimento ou de remoção, por mais de seis meses.

Carlos Alberto Molinaro
Flávio Pansieri
Ingo Wolfgang Sarlet

A – REFERÊNCIAS

1. Origem do texto

Redação original do constituinte de 1988.

2. Constituições brasileiras anteriores

Constituição de 1824, *omissis*. Constituição de 1891, *omissis*. Constituição de 1934, art. 5º, XIX, *a*, § 3º. Constituição de 1946, art. 5º, XV, *e*. Constituição de 1967, art. 8º, XVII, *e*.

3. Constituições estaduais

Constituição do Amapá, art. 143. Constituição do Amazonas, art. 268. Constituição do Ceará, art. 8º, § 3, *a* e *b*. Constituição do Pará, art. 167, § 1º, *c*. Constituição da Paraíba, art. 257. Constituição do Paraná, art. 242. Constituição de São Paulo, art. 24, § 2º, 6.

4. Constituições comparadas

Lei Fundamental alemã de 1949, art. 75, 1, 1; art. 138. Constituição austríaca de 1920, art. 100. Constituição grega de 1975, art. 56, 92, 4, 5. Constituição belga de 1994, art. 165. Constituição italiana de 1947/48, art. 117, *i*. Constituição mexicana de 1917, art. 122, V, *h*.

5. Direito internacional

Declaración de Brasilia, XIV Cumbre Judicial Iberoamericana de 4, 5 e 6 de março de 2008.

6. Direito nacional

6.1. Legislação

Norma-base: Lei n. 8.935, de 18-11-1994. Normas infraconstitucionais vigentes e por ordem cronológica descendente: Leis ns. 14.382/2022; 13.489/2017; 13.465/2017; 11.441/2007 e 10.215/2001, MP 2.060/2000, Leis ns. 9.997/2000, 9.955/2000, 9.934/1999, 9.812/1999, 9.785/1999, 9.708/1998, 9.534/1997, 9.454/1997, 9.278/1996, 9.265/1996, Decreto n. 800/1996, Leis ns. 9.248/1995, 9.053/1995, 9.049/1995, 9.042/1995, 9.039/1995, 8.934/1994, 8.185/1991, 8.180/1991, 7.844/1989, 6.941/1981, 6.850/1980, Decreto n. 84.451/1980, Leis ns. 6.724/1979, 6.688/1979, 6.216/1975, 6.140/1974, 6.015/1973 (parcialmente derrogada), 1.110/1950, 765/1949, Decretos-Leis ns. 6.519/1944, 5.860/1943, Decretos ns. 2.848/1940, 5.553/1940, 5.318/1940, 4.857/1939, Decreto-Lei n. 1.632/1939.

6.2. Jurisprudência

STF: ADI 2.415, Rel. Min. Ayres Britto, j. 10/11/2011, P, *DJe* de 9/02/2012. ADI 4.453 MC, rel. min. Cármen Lúcia, j. 29/06/2011, P, *DJe* 24/08/2011. ADI 1.800, Rel. p/ o ac. Min. Ricardo Lewandowski, j. 11/06/2007, P, *DJ* 28/09/2007. ADI 3.151, Rel. Min. Carlos Britto, *DJ* 28/04/06. ADI 2.602, Rel. Min. Eros Grau, *DJ* 31/03/2006. RE 235.623, Rel. Min. Sepúlveda Pertence, *DJ* 26/08/2005. ADI 2.151, Rel. Min. Marco Aurélio, *DJ* 22/11/2002. RE 255.124, Rel. Min. Néri da Silveira, *DJ* 08/11/2002. RE 209.354-AgR, Rel. Min. Carlos Velloso, *DJ* 16/04/1999. ADI 1.378-MC, Rel. Min. Celso de Mello, *DJ* 30/05/1997. ADI 112, Rel. Min. Néri da Silveira, *DJ* 09/02/1996. ADI 865-MC, Rel. Min. Celso de Mello, *DJ* 08/04/1994. ADI 3.151, Rel. Min. Carlos Britto, *DJ* 28/04/2006. ADI 2.059-MC/PR, *DJU* 21/09/2001. ADI 1.707-MC/MT, *DJU* 16/10/1998. ADI 2.129, Rel. Min. Eros Grau, *DJ* 16/06/2006. ADI 3.643, Rel. Min. Carlos Britto, *Informativo* 447. ADI 1.790-MC, Rel. Min. Sepúlveda Pertence, *DJ* 08/09/2000. ADI 3.016, Rel. Min. Gilmar Mendes, *Informativo* 445. ADI 3.522-ED, Rel. Min. Marco Aurélio, *Informativo* 441. ADI 3.580-MC, Rel. Min. Gilmar Mendes, *DJ* 10/03/2006. ADI 1.855, Rel. Min. Nelson Jobim, *DJ* 19/12/2002. ADI 417, Rel. Min. Maurício Corrêa, *DJ* 08/05/1998. ADI 3.519-MC, Rel. Min. Joaquim Barbosa, *DJ* 30/09/2005. ADI 363, Rel. Min. Sydney Sanches, *DJ* 03/05/1996. RE 182.641, Rel. Min. Octávio Gallotti, *DJ* 15/03/1996. **STJ:** EDcl no RMS 16929, Ministro Gilson Dipp, *DJ* 01/08/2006. RMS 17448, Ministro Arnaldo Esteves Lima, *DJ* 01/08/2006. RMS 16929, Ministro Arnaldo Esteves Lima, *DJ* 24/04/2006. RMS 19770, Ministro Paulo Medina, *DJ* 20/02/2006. REsp 717055, Ministro Castro Filho, *DJ* 20/02/2006, *LEXSTJ*, v. 199, p. 186. REsp 624746, Ministra Eliana Calmon, *DJ* 03/10/2005. RMS 17798, Ministra Laurita Vaz, *DJ* 05/09/2005. RMS 17682, Ministro Paulo Medina, *DJ* 01/08/2005. REsp 691456, Ministro Carlos Alberto Menezes Direito, *DJ* 27/06/2005, *RF* 381/330. REsp 431432, Ministro Fernando Gonçalves, *DJ* 27/06/2005. RMS 9372, Ministro Antônio de Pádua Ribeiro, *DJ* 13/06/2005. RMS 13521, Ministro Paulo Medina, *DJ* 16/05/2005. REsp 242140, Ministro Castro Filho, *DJ* 02/05/2005. RMS 16679, Ministro Paulo Medina, *DJ* 06/10/2003.

7. Preceitos constitucionais relacionados

Arts. 22, XXV, e 103-B, § 4º, III; ADCT, arts. 31 e 32.

8. Bibliografia selecionada

AGUIAR VALLIM, João Rabello de. *Direito Imobiliário Brasileiro* (doutrina e prática). Revista dos Tribunais, 2ª edição, 1984. ALVES. Sonia Marilda Peres Alves. Responsabilidade dos notários e registradores. *Revista de direito imobiliário*. v. 53, p. 93-101, jul-dez 2002. ARAÚJO, Maria Darlene Braga. Responsabilidade civil do Estado e dos oficiais de registro e aspectos processuais utilizados como matéria de defesa em ações propostas contra registradores. In: *Revista Estudos de Direito Registral Imobiliário*. 2002, Vitória. BALBINO FILHO, Nicolau. *Registro de Imóveis*, 9ª edição, Ed. Saraiva, 1999. BALBINO FILHO, Nicolau. *Direito Imobiliário Registral*. 1. ed. São Paulo: Saraiva, 2001. BEVILÁQUA, Clóvis. *Código Civil dos Estados Unidos do Brasil Comentado*, 11ª edição, Rio de Janeiro: Livraria Francisco Alves, 1956. BRANDELLI, Leonardo. *Teoria geral do direito notarial*. Porto Alegre: Livraria do Advogado, 1998. CARVALHO, Afrânio de. *Registro de Imóveis*. 4 ed. Rio de Janeiro: Forense, 2001. CENEVIVA, Walter. *Lei dos notários e registradores comentada* (Lei n. 8.935/94). 4. ed. rev. ampl. e atual. São Paulo: Saraiva, 2002. CENEVIVA, Walter. *Lei dos Registros Públicos comentada*. 15. ed. São Paulo: Saraiva, 2002. COMASSETTO, Miriam Saccol. *A função notarial como forma de prevenção de litígios*. Porto Alegre: Norton, 2002. DECKERS, Eric. *Função Notarial e Deontologia*. Coimbra: Almedina, 2005. DI PIETRO, Maria Sylvia Zanella. *Direito administrativo*. 17. ed. São Paulo: Atlas, 2004. ERPEN, Décio Antonio. A Atividade Notarial e Registral: Uma Organização Social Pré-Jurídica. *Revista de Direito Imobiliário*, São Paulo, Revista dos Tribunais, n. 35/36, p. 37-39, jan./dez. 1995. FERREIRA DE ALMEIDA, Carlos. *Publicidade e Teoria dos Registos*. Coimbra: Livraria Almedina, 1966. FIORANELLI, Ademar. *Direito Registral Imobiliário*. Porto Alegre: Sergio Antonio Fabris Editor – Instituto de Registro Imobiliário do Brasil, 2001. LARRAUD, Rufino. *Curso de derecho notarial*. Buenos Aires: Depalma, 1996. RÊGO, Paulo Roberto de Carvalho. *Registros Públicos e Notas*. Porto Alegre, RS: Sergio Antonio Fabris Editor, 2004. SARTORI, Ivan Ricardo Garisio. Responsabilidade civil e penal dos notários e registradores. *Revista de Direito Imobiliário*. v. 53, p. 102-114, jul.-dez. 2002. VASCONCELOS, Julenildo Nunes; CRUZ, Antônio Augusto Rodrigues. *Direito Notarial. Teoria e Prática*. São Paulo: Juarez de Oliveira, 2000.

B – COMENTÁRIOS

1. Considerações preliminares

Os precedentes mais remotos do notariado e da atividade registral podem ser encontrados na Antiguidade. É sabido que a unidade dos impérios mediterrâneos dependia muito da unidade territorial, sendo forte uma economia agrícola e um já promissor desenvolvimento urbano. Já se antevia na Suméria, Babilônia e Caldeia um crescimento territorial importante, o que levou ao estabelecimento de determinados *registos* de bens e obrigações, especialmente os arrendamentos rurais, seja com a finalidade tributária, seja como defesa política, pela notoriedade dada a determinados atos. De outro lado, o predomínio da economia marítima que se seguiu também colaborou com o desenvolvimento, especialmente em Creta, de uma técnica rudimentar de registros públicos[1]. O passo seguinte foi dado por gregos e romanos[2]. Contudo, no formato em que conhecemos hoje, a atividade notarial e registral é produto da Idade Média.

No medievo, a partir do século XIII, efetivamente, nascem os registros e as atividades notariais para atender uma necessidade pública, até mesmo pelo fato que grande parte da população era analfabeta, e a cultura refugiava-se nos monastérios. Contudo, na vida civil, os contratos entre os particulares, os censos e as atividades mercantis exigiam que se elaborassem documentos escritos, até mesmo para afastar os litígios sempre frequentes nas relações verbais do tráfico negocial e, mesmo, político. Atente-se que os "notários" apenas sabiam ler e escrever; todavia, na medida em que vão se especializando na grafia da memória, passam a adquirir conhecimentos de direito (especialmente os canônicos) e passam a prestar, também, assistência jurídica àqueles que os procuravam; mais tarde, vão "conservar" os documentos originais que elaboravam, entregando às partes as pertinentes cópias.

A principal marca da atividade notarial e registral são fornecidas pelo poder público – partindo da presunção de que os atos praticados pelos "notários" expressavam com correção o ato volitivo das partes – que atribui aos documentos lavrados pelos notários uma especial eficácia ante os atos grafados entre as partes sem aquela assistência, pois se presumia neles a ignorância em Direito. Assim, o Estado "delega" ao incipiente notariado a função de "fé pública", e uma notável validez aos seus atos, que carecia nos documentos privados, exemplo de nota, estava na força executiva dos atos notariais, pois esses não necessitavam, em juí-

---

1. Cf. por todos, ELLUL, Jacquer. *História de las Instituciones de la Antiguedad*. Tradução e notas por F. Tomas y Valiente. Madrid: Aguilar, 1970, 613 p.

2. Vale lembrar o instituto da "hipoteca", nascido na Grécia, berço e origem da instituição hipotecária; hipoteca procede de *hypotithesthai*, que expressa o empenho da palavra dada, decomposta em *hypo*, sob, e *tithesthai*, que revela o dispor, o pôr, o que por sua vez reproduz *hypotheke, hypothekes*, que no latim vai significar *pignus*, vale dizer, depósito, garantia, desde duas vozes: *hypo*, ou *sub*, *clam* (abaixo, debaixo, oculto) e *theke* que em latim dá *theca*, caixa, bainha, esconderijo). Tudo isto vai significar, claramente, o caráter de "instituição de segurança" emprestada a hipoteca; pois assim como está segura a espada em sua bainha, e o que se guarda numa caixa, e o que se oculta num esconderijo, também está livre de todo o risco de perder-se, por qualquer motivo, o valor que se empresta, assegurando-o com a garantia hipotecária (cf. MOMIGLIANO, Arnaldo. *La historiografía griega*. Barcelona: Editorial Crítica, 1984, 306 p.).

zo, de um processo declaratório prévio. Deste modo, ficava configurado o notariado (e posteriormente, o registrador) como um órgão cuja finalidade fundamental era a de evitar litígios, isto é, o documento notarial dificilmente produziria uma lide, pois estaria redigido por um especialista, e se eventual pleito ocorresse, ele tem uma especial eficácia que lhe conferia a "fé pública"[3].

Aí está, modo brevíssimo, a origem do "sistema de notariado latino", também denominado românico ou eurocontinental, atualmente vigente na maioria dos países europeus e sul-americanos, bem como no Japão, Indonésia, no Estado de Luisiana, nos Estados Unidos da América, no Canadá de língua francesa (Quebec), e alguns países africanos (especialmente na Cidade do Cabo, e Casablanca), e ainda incipientes na China, ademais de muitos países do leste europeu. Leva nítida vantagem com relação ao sistema anglo-saxão, este muito menos evoluído, vigente na maior parte dos países anglo-saxões. O sistema está tão bem constituído que até mesmo os notários britânicos solicitaram a sua inclusão na UINL (União Internacional do Notariado Latino), revelando-se importante nos Estados Unidos da América, com a sua implantação em matéria de contratação eletrônica (Internet-business) através da organização Cibernotary Comitee, patrocinada pela American Bar Association.

2. O direito notarial e registral nas Constituições brasileiras

No Brasil as experiências notarial e registral são bastante ricas, muito embora só tenham alcançado assento constitucional a partir da Carta de 1934. Com efeito, gestados nos *cartórios* – que o Código de Justiniano disciplinava – e o Teodosiano vai emprestar instrumentalidade através das *escrituras públicas*[4], o modelo gráfico de todos os documentos, atas e demais atos a que se emprestava fé pública, o direito notarial e registral não conheceu, no Brasil Colônia, grande expressão, até mesmo porque os *cartórios*, os poucos que existiam, estavam nas grandes cidades; nas demais, o *múnus* dos registros, especialmente os das pessoas, estava entregue à Igreja Católica.

A Constituição Política do Império do Brasil, de 25 de março de 1824, não disciplinava o "registro público", contudo, expressava a garantia da "inviolabilidade dos direitos civis e políticos dos cidadãos brasileiros, a liberdade, a segurança individual e a propriedade", como estava disposto no seu artigo 179, determinando no inciso XVIII a elaboração de um "Código Civil" inspirado na justiça e na equidade.

Do mesmo modo, a Carta da República dos Estados Unidos do Brasil, de 24 de fevereiro de 1891, também não fez menção aos registros públicos, mas de igual forma garantia a igualdade e repudiava os privilégios de nascimento; assim, extinguiu os foros dados à nobreza, bem como as ordens honoríficas então existentes, forte no artigo 72, § 2º; de outro modo, ficava assentado o reconhecimento do casamento civil, como previsto no § 4º do mesmo artigo. Atribuía competência e o poder para legislar ao Congresso Nacional para matéria de direito civil.

É com a Constituição da República dos Estados Unidos do Brasil, de 16 de julho de 1934, que se incorpora vez primeira, no âmbito das Constituições brasileiras, os "registros públicos", fixando a competência da União para legislar sobre a matéria, como dispõe em seu art. 5ª alínea *a*. A partir daí, permitiu-se o casamento religioso com os efeitos do civil, condicionando-se que o rito não contrariasse a ordem pública ou os "bons costumes", ademais da habilitação dos nubentes perante "autoridade civil e registro no Registro Civil". Note-se que o registro era gratuito e obrigatório. Também, a partir da Carta de 1934, ficou fixada a competência dos Tribunais na elaboração de seus regimentos internos, e o modo pelo qual pode organizar seus serviços, especialmente os "Cartórios", conforme o que estava disposto no seu art. 67, *a*.

No estatuto outorgado de 10 de novembro de 1937, mantém-se a competência dos Tribunais no trato da matéria (art. 93, *a*), bem como se fixa a competência da União para a edição de normas sobre as questões de "estado civil", inclusive o pertinente "registro civil" e as alterações de nome (art. 16, XX).

Redemocratizado o país, com a Carta de 18 de setembro de 1946, mantém-se a competência do Tribunal na organização dos Cartórios, como estava no art. 14, § 2º, e a competência da União para legislar sobre registros públicos, forte no art. 5º, XV. A novidade era o regime do casamento religioso como equiparado ao civil, desde que observados os impedimentos e as prescrições da lei, e requerida nestes termos a inscrição no registro público, como dispunha o art. 163, § 1º; ademais, pelo § 2º do mesmo artigo, observe-se que, mesmo sem as formalidades do disposto no § 1º, eram gerados efeitos civis, quando previamente habilitados à autoridade competente, sob requerimento do casal e registrado no Registro Civil.

Na Constituição de 1967, inclusive, a Emenda n. 1, de 1969, através da disposição do art. 8º, XVII, se mantém a competência da União para legislar sobre matéria registral, do mesmo modo, pelo art. 167 persiste a mesma sistemática relativa ao casamento civil e religioso como disciplinado na Constituição de 1946.

Na presente Constituição da República Federativa do Brasil de 5 de outubro de 1988, o tema dos serviços notariais e dos registros públicos fica definitivamente inscrito na ordem constitucional. Veja-se a inovação que se faz com a fixação do exercício dessas funções em caráter privado, mas, agora, por "delegação do poder público", conforme atribuído pelo art. 236. Nesta esteira, o Supremo Tribunal Federal e o Superior Tribunal de Justiça passaram a entender que o controle e a fiscalização dos atos registrais pelo sistema judiciário devem ser amplos e dedicados, dada, especialmente, a natureza de "serviço delegado", pois já implicado na hierarquia normativa; ademais, releva a importância dos §§ 1º a 3º, disciplinado a regulamentação da responsabilidade, fiscalização, fixação de emolumentos, bem como do ingresso nas serventias notariais e registrais. O estatuto de 1988 também manteve a competência da União no trato da matéria relativa aos registros públicos, como está no art. 22, XXV, bem como a não onerosidade do registro civil, acrescentando, ainda, a gratuidade

---
3. Cf. por todos, BONO, José. *Historia del derecho notarial español*. Madrid: Junta de Decanos de los Colegios Notariales de España, 1979, 432 p.
4. Cf. *El Digesto de Justiniano*. Versão castellana por A. Dors *et alii*. Pamplona: Aranzandi, 1968, três tomos, 1934 p.; JÖRS, Paul, *Derecho Privado Romano*. Edição atualizada por Wolfgang Kunkel, traduzido por L. Pietro e Castro. Barcelona: Editorial Labor, reimp. 1965, 559 p.; PLANITZ, Hans. *Principios de Derecho Privado Germânico*. Tradução de Carlos Melon Infante. Barcelona: Bosch Casa Editorial, 1957, 468p. Consulte-se, ainda, relativamente ao direito germânico, o excelente *Historia del Derecho Germânico*, de Heirinrich Brunner, segundo a 8ª ed. alemã, atualizada por Claudius von Schwerin, traduzida e anotada por José Luiz Álvares Lópes, Barcelona: Editorial Labor, 1936, 328 p.

da "certidão de óbito". A Carta de 1988 também editou importante norma de direito intertemporal, fixada através do art. 32 do ADCT, dispondo que os serviços notariais e de registro que anteriormente tenham sido oficializados pelo Poder Público ficam excluídos da sistemática desenhada no art. 236.

Com a edição da Emenda Constitucional n. 45, de 8 de dezembro de 2004, ficou instituído o Conselho Nacional de Justiça, com competência para os controles das atividades financeiras e administrativas do Poder Judiciário, sendo que lhe foram atribuídos, ainda, como disposto no art. 103-B, § 4º, inciso III, o recebimento e o conhecimento das "reclamações contra serventias e órgãos prestadores de serviços notariais e de registro" que os exerçam por delegação do poder público, e mesmo aqueles oficializados.

3. Da especialidade da *delegação*

O art. 236 da Carta de 1988 foi objeto de regulação através da edição da Lei n. 8.935, de 18 de novembro de 1994, com as alterações da Lei n. 9.812, de 10 de agosto de 1999, e da Lei n. 10.506, de 9 de julho de 2002. Ali se estruturam e conformam o perfil jurídico dos notários e registradores, seus serviços e direitos e deveres.

Os serviços notariais e registrais são concedidos mediante "peculiar" delegação do Poder Público. A teleologia desta peculiaridade reside na "natureza" da atividade, pois são serviços públicos essenciais (do Estado), e não simples atividades materiais, portanto não se encontram ao abrigo do art. 175 da Carta de 1988, inexistindo qualquer "relação contratual" entre o Estado e o Notário ou Registrador.

Esta delegação está contaminada pela "pessoalidade natural" do delegado, que somente poderá ser a pessoa física cuja tal atribuição tenha sido conquistada mediante "concurso público" de provas e títulos. O controle de suas atividades é exercido pelos Tribunais, e sua remuneração é estabelecida através de uma tabela de emolumentos, sempre editada por lei[5].

4. Análise do art. 236 e parágrafos da Constituição de 1988

Dispõe o art. 236: *Os serviços notariais e de registro são exercidos em caráter privado, por delegação do Poder Público*. Impõe-se, em primeiro plano, distinguir as atividades dos notários e dos registradores. A distinção é legal e se estabelece em razão da matéria dos serviços prestados; a Lei n. 9835/94, que regula o art. 236, em dois níveis destaca os âmbitos qualificados, estabelecendo, no seu art. 1º, que "os serviços notariais e de registro são os de organização técnica e administrativa destinados a garantir a publicidade, autenticidade, segurança e eficácia aos atos jurídicos", e no art. 3º, que "notário, ou tabelião, e oficial de registro, ou registrador, são profissionais do direito, dotados de fé pública[6], a quem é delegado o exercício da atividade notarial e de registro". A seguir, o art. 5º, da mesma lei, identifica os titulares dos serviços notariais e registrais, e são definidas as competências de uns e outros, nos arts. 6º a 11 e arts. 12 e 13.

Os notários ou tabeliães são operadores do direito, dotados de fé pública, a quem o Poder Público delega o exercício da atividade notarial, cujo núcleo duro da atividade reside em formalizar juridicamente a vontade das partes, intervindo nos negócios jurídicos e atos não patrimoniais (na terminologia do atual Código Civil, sempre e quando as partes devam ou queiram dar forma legal ou autenticidade, solicitando a redação dos instrumentos (mesmo com a apresentação de prévia minuta) adequados, conservando os originais e expedindo as pertinentes cópias fidedignas de seu conteúdo, ademais da tarefa de autentificar fatos. Como tabeliães de notas, estão autorizados a lavrar escrituras e procurações públicas, lavrar testamentos públicos e aprovar os cerrados, lavrar atas notariais, reconhecer firmas e autenticar cópias (arts. 5º e 6º da Lei n. 9.835/94); como tabeliães e oficiais de registro de contratos marítimos, estão autorizados a redigir os contratos e demais instrumentos relativos a transações de embarcações, por via de escritura pública, bem como o registro desses mesmos atos, ademais do reconhecimento de documentos e firmas com fins de atendimento às necessidades do direito marítimo (arts. 5º e 10); como tabeliães de protesto de títulos, estão autorizados a intervir no tráfico negocial, atestando o descumprimento de obrigações, intimando os devedores, e autorizados a receber valores e dar a respectiva quitação, decorrentes dessa intervenção, ou lavrar o respectivo protesto, conservando-o por meio adequado, ademais de averbar o cancelamento do protesto, bem como expedir certidões de atos e documentos que constem de seus registros e papéis (arts. 5º e 11).

Aos registradores, ou oficiais de registros de imóveis, de títulos e documentos, civis das pessoas jurídicas, civis das pessoas naturais e de interdições e tutelas, também operadores do direito, e dotados de fé pública, como "conservadores", compete o registro de atos e negócios, em seus livros especiais, que desde a devida inscrição "constituem direito", tornando público esses negócios e atos jurídicos, que passam a valer *erga omnes*. Observe-se que o registrador se caracteriza pela sua atuação no sentido de dar efeito constitutivo e comprobatório ademais de publicitário aos atos e negócios jurídicos em que intervém e conserva[7].

O § 1º do art. 236, ora em comento, dispõe que "a lei regulará as atividades, disciplinará a responsabilidade civil e criminal dos notários, dos oficiais de registro e de seus prepostos, e definirá a fiscalização de seus atos pelo Poder Judiciário"[8]. Anterior-

---

5. Cf. STF na ADI 3.151, Rel. Min. Carlos Britto, *DJ* 28/04/06.
6. Segundo Walter Ceneviva, "a fé pública afirma a certeza e a verdade dos assentamentos que o notário e o oficial de registro pratiquem e das certidões que expeçam nessa condição". Portanto, a fé pública corresponde à especial confiança atribuída por lei ao que o delegado (tabelião ou oficial) declare ou faça, no exercício da função, com presunção de verdade; afirma a eficácia de negócio jurídico ajustado com base no declarado ou praticado pelo registrador e pelo notário. O conteúdo da fé pública se relaciona com a condição, atribuída ao notário e ao registrador, de profissionais de direito (*Lei dos Notários e Registradores comentada*. 4 ed. São Paulo: Saraiva, 2002, p. 78).
7. Cf. por todos, CENEVIVA, Walter. *Lei dos Notários e Registradores comentada*. 4 ed. São Paulo: Saraiva, 2002, 276 p.
8. Cf., art. 37 da Lei 8.935/94. Com o objetivo que a fiscalização seja conclusiva e apresente resultados satisfatórios, a Lei 8.935/94 confere ao "juiz corregedor" o poder de aplicar, segundo o grau de gravidade do ato praticado pelo notário ou registrador, as penas de repreensão, multa, suspensão e perda da delegação, respeitados, evidentemente, o contraditório e a ampla defesa garantidos pela Constituição Federal. De outro modo, a perda da "delegação" poderá ser decretada através de sentença judicial, obedecido o trânsito em julgado.

mente a edição da Lei n. 8.935/94, no que estava recepcionada pela Carta de 1988, vigia a Lei n. 6.015/73, que disciplinava o tema relativo aos notários e registradores, seja na identificação e classificação de suas atividades, seja quanto à responsabilidade. Com a edição da nova lei (n. 8.935/94), fica definida a natureza e disciplinados os serviços, competências e atribuições dos notários e registradores, bem como a responsabilidade civil e criminal, impedimentos, direitos e deveres e outras questões relativas à prestação do "serviço público" que lhes são cometidos[9].

O § 2º do mesmo artigo, trata da remuneração dos serviços prestados pelos notários e registradores, através de emolumentos que serão estabelecidos por lei[10]. Atualmente não mais é discutida a natureza jurídica dos emolumentos, matéria já pacificada pelo Supremo Tribunal Federal, que reconheceu a sua caracterização como "taxa" para a remuneração de serviço público posto à disposição da sociedade, de caráter divisível e específico, prestado ao contribuinte, consoante o art. 145, II, da Constituição Federal de 1988[11].

Finalmente, o § 3º do art. 236 disciplina as condições para a delegação dos serviços notariais e registrais, sendo o ingresso na atividade dependente de concurso público de provas e títulos, bem como fixado, constitucionalmente, o prazo em que se admite "vaga" uma serventia (seis meses)[12].

5. A Emenda Constitucional n. 45, de 8-12-2004

A Emenda Constitucional n. 45, intenta concretizar, numa primeira dimensão, a Reforma do Judiciário, criando, pelo acrescentamento do art. 103-B à Carta de 1988, o denominado Conselho Nacional de Justiça (CNJ). Ao CNJ ficou atribuída a competência para "receber e conhecer" das reclamações contra membros ou órgãos do Poder Judiciário, inclusive contra seus serviços auxiliares, serventias e órgãos prestadores de **serviços notariais e de registro** que atuem por delegação do poder público ou oficializados, sem prejuízo da competência disciplinar e correcional dos tribunais, podendo avocar processos disciplinares em curso e determinar a remoção, a disponibilidade ou a aposentadoria com subsídios ou proventos proporcionais ao tempo de serviço e aplicar outras sanções administrativas, assegurada ampla defesa (Constituição Federal, art. 103-B, § 4º, III). Atente-se que não se incluem como órgãos do Judiciário os notários e os registradores, delegados para a prática de serviço público na condição de profissionais privados (operadores do Direito), sua submissão ao CNJ, diante de eventuais "reclamações", "traduz-se em mera técnica de espacialidade e eficácia legislativa", pois o CNJ apresenta-se como órgão judicante (munido da "reclamação" e da "avocatória"[13]) com poder administrativo, alcançando todos os operadores do Direito com funções estatais.

6. Operador Nacional do Sistema de Registro de Imóveis Eletrônico

Fato que tem causado algum debate no meio notarial trata do disposto na Lei n. 13.465/2017 (oriunda da Medida Provisória n. 759/2016) que no seu art. 76 que estabelece o Sistema de Registro Eletrônico de Imóveis (SREI), que será implementado e operado, em âmbito nacional, pelo denominado Operador Nacional do Sistema de Registro Eletrônico de Imóveis (ONR), previsto no § 2º do mesmo dispositivo legal, sendo a Corregedoria Nacional de Justiça o seu órgão regulador (parágrafos 2º e 4º, art. 76)[14]. Ocorre que as entidades notariais e os especialistas no tema têm questionado a constitucionalidade da provisão legal porque coloca todo o sistema registral sob a administração de uma associação civil.

Diferente, mas polêmico do mesmo modo, diz respeito ao uso de novos instrumentos tecnológicos no cenário registral. A propósito, note-se a possível utilização da técnica do Blockchain (uma lista crescente de registros, chamados blocos, que são vinculados e protegidos usando criptografia) aplicada ao Registro de Imóveis Eletrônico. Muitos especialistas temem um esvaziamento dos serviços notariais, observando ainda que a utilização de uma cadeia de blocos para armazenamento dos títulos transformaria o Registro de Imóveis, que é um registro de direitos, em mero arquivo digital de documentos, o que contraria a modelagem institucional do Registro brasileiro, podendo enfraquecê-lo; segundo esses críticos, "a cadeia de blocos pode, eventualmente, ser constituída para efeitos de controle interno e mesmo correcional da trama registral, com um registro indelével de todos os lançamentos feitos em todas as matrículas. Evidentemente, não se pensa em levar para a cadeia de blocos os próprios atos de registro na íntegra ou os títulos que lhe deram suporte, mas tão somente um código (hash) que pode certificar a higidez e indelebilidade do ato praticado em cada cartório"[15].

Pela Lei n. 14.206/2021 se institui importante instrumento para agilização o Documento Eletrônico de Transporte (DT-e), e pela Lei n. 14.382/2022 fica disciplinado o Sistema Eletrônico dos Registros Públicos (Serp).

Em que pese o tema ser fascinante, aqui não é o lugar para desenvolver maiores considerações.

---

9. Sobre a responsabilidade objetiva do Estado, em tema notarial e registral, cf. STF, RE 209.354-AgRg, Rel. Min. Carlos Velloso, DJ 16/04/99.

10. Cf. Lei n. 10.169, de 29-12-2000.

11. Cf. STF, ADI 1.790-MC, Rel. Min. Sepúlveda Pertence, DJ 08/09/00; ADI 1.800-DF, Rel. Min. Nelson Jobim, DJ 06/04/98; ADI 1.378-MC, Rel. Min. Celso de Mello, DJ 30/05/97; ADI 3.151, Rel. Min. Carlos Britto, DJ 28/04/06.

12. Cf. STF, ADI 3.580-MC, Rel. Min. Gilmar Mendes, DJ 10/03/06.

13. Reclamação, revela-se em todo protesto contra ilegalidade ou injustiça, em processo tem por finalidade preservar a competência dos Tribunais, e especialmente, garantir a autoridade (cf. RISTF, especialmente arts. 6º, g, e 9º, a). Carta avocatória é instrumento processual, traduz-se no deslocamento compulsório de competência, expressado pela maior hierarquia para chamar a si o processo em curso na hierarquia inferior.

14. Cf., sobre a polêmica sobre a constitucionalidade do ONR, as opiniões de Lisboa, José Herbert Luna; Cruz, José Aurélio da. Operador Nacional do Sistema de Registro de Imóveis eletrônico e a atividade regulatória da corregedoria nacional de justiça: uma nova realidade instituída pela Lei n. 13.465, de 11 de julho de 2017, disponível em: <https://bit.ly/2EW1TWO>. Acesso em: 17/04/2018 e de Ricardo Henry Marques Dip, na entrevista: CENTRALIZAÇÃO DE DADOS AFRONTA A CONSTITUIÇÃO, disponível em: <http://arn-rs.not.br/?p=2537>. Acesso em: 17/04/2018.

15. Cf. Blockchain e o Futuro do Registro de Imóveis Eletrônico, disponível em: <https://bit.ly/2qFnGhj>. Acesso em: 17/04/2018.

Art. 237. A fiscalização e o controle sobre o comércio exterior, essenciais à defesa dos interesses fazendários nacionais, serão exercidos pelo Ministério da Fazenda.

Liziane Angelotti Meira

1. História da norma e Constituições brasileiras anteriores

Não havia, nas Cartas anteriores, disposição similar à veiculada pelo artigo 237 da Constituição Federal vigente.

2. Constituições estrangeiras

Não há, no âmbito dos sistemas jurídico-constitucionais mais conhecidos, disposição nos moldes da criação do constituinte brasileiro de 1988.

3. Direito internacional

Trata-se de uma regra nacional, sem fulcro em ou referência a tratados internacionais.

4. Remissões constitucionais e legais

O artigo 22, *caput* e inciso VIII, da Constituição Federal dispõe que é competência privativa da União legislar sobre comércio exterior.

O inciso XVIII do artigo 37 da Constituição determina que a administração fazendária e seus servidores, dentro de sua área de competência e com base em lei, devem ter precedência sobre os demais setores administrativos.

O inciso XXII do artigo 37 da Carta Magna foi incluído pela Emenda Constitucional n. 42, de 19 de dezembro de 2003, com o escopo de garantir que as atividades de administração tributária sejam exercidas por servidores especializados e capacitados, com estrita observância da legalidade e do interesse público. Prescreve esse dispositivo que os servidores fiscais da União, dos Estados, do Distrito Federal e dos Municípios sejam de carreira específica e que trabalhem de forma integrada; determina também que se efetue, na forma da lei ou convênio, o compartilhamento de informações entre os Fiscos. Além disso, os recursos para realização das atividades de administração tributária devem ter destinação prioritária, mandamento constitucional corroborado pelo disposto no inciso IV do artigo 167.

O inciso II do § 1º do artigo 144 da Constituição Federal dispõe sobre a competência da Polícia Federal para prevenir e reprimir o tráfico ilícito de entorpecentes e drogas afins, o contrabando e o descaminho, mas ressalva as atividades de competência da administração fazendária.

Os artigos 100 e 131, § 1º, da Carta Magna regulam os procedimentos relativos aos recursos financeiros do Estado.

Em nível infraconstitucional, cabe alusão ao artigo 35 do Decreto-Lei n. 37, de 18 de novembro de 1966[1], o qual, com supedâneo no disposto nos artigos 37, inciso XVIII, e 237 da Constituição, atribuiu precedência à autoridade aduaneira, agente da Secretaria da Receita Federal do Brasil, órgão do Ministério da Fazenda, no que concerne à fiscalização aduaneira nas zonas primárias de portos, aeroportos e pontos de fronteira.

5. Jurisprudência

ADPF n. 101/DF (O Tribunal reputou plenamente atendido o princípio da legalidade na proibição de importação de pneus usados, considerando que o Ministério do Desenvolvimento, Indústria e Comércio Exterior tem como área de competência o desenvolvimento de políticas de comércio exterior e a regulamentação e execução das atividades relativas a este. Assim, as normas editadas pelo seu Departamento de Comércio Exterior, responsável pelo monitoramento e pela fiscalização do comércio exterior, seriam imediatamente aplicáveis, em especial as proibitivas de trânsito de bens, ainda não desembaraçados, no território nacional. Foram mencionadas diversas normas editadas pelo Decex e pela Secex que, segundo jurisprudência da Corte, teriam fundamento direto no artigo 237 da Constituição. Ressalte-se, todavia, que podem ter supedâneo no artigo mencionado somente as normas editadas pelo Ministério da Fazenda ou órgão da sua estrutura. **RE n. 224.861/CE** (O Supremo Tribunal Federal considerou legítima a proibição de importação, veiculada pela Portaria do Decex n. 08, de 1991. A decisão se baseou no artigo 237 da Constituição, o qual teria claramente conferido ao Ministério da Fazenda a competência para o controle do comércio exterior. Portanto a proibição, guardaria, conforme a decisão proferida, perfeita correlação lógica e racional com o tratamento discriminatório instituído pela Constituição. Mister novamente destacar que essa conclusão se aplica estritamente a normas editadas pelo Ministério da Fazenda ou órgão da sua estrutura). **RE n. 199.834/CE** (O Tribunal decidiu que o Ministério da Fazenda pode controlar a entrada de produtos estrangeiros, com fulcro no artigo 237 da Constituição. Essa competência, segundo a decisão, tem base normativa idônea destinada a legitimar, em atenção às exigências impostas pelo interesse nacional, a adoção, dentre outras providências, de medidas destinadas a controlar a entrada em território brasileiro de produto de origem estrangeira – *v.g.* veículos usados –, especialmente quando esse ingresso puder repercutir negativamente sobre a indústria nacional, representando desleal concorrência em desfavor de empresas brasileiras e introduzindo fator de insegurança no mercado interno e de instabilidade nas relações sociais, pelo justo receio da ocorrência de desemprego).

6. Referências bibliográficas

ALVES, Geraldo Magela, e COSTA, Nelson Nery. *Constituição Federal Anotada e Explicada*, Rio de Janeiro: Forense, 2002.

BARROSO, Luís Roberto. *Interpretação e Aplicação da Constituição*, 2ª ed., São Paulo: Saraiva, 1999.

BASTOS, Celso Ribeiro. *Comentários à Constituição do Brasil: promulgada em 5 de outubro de 1988*. Celso Ribeiro Bastos, Ives Gandra Martins, São Paulo: Saraiva, 1988.

BONAVIDES, Paulo. *Curso de Direito Constitucional*, 21ª ed., São Paulo: Malheiros, 2007.

CANOTILHO, José Joaquim Gomes. *Direito Constitucional*, 6ª ed., Coimbra: Livraria Almedina, 1996.

---

1. "Art. 35. Em tudo o que interessar à fiscalização aduaneira, na zona primária, a autoridade aduaneira tem precedência sobre as demais que ali exercem suas atribuições."

_____. *Direito Constitucional e Teoria da* Constituição, 2ª ed., Coimbra: Livraria Almedina, 1998.

CARRAZZA, Roque Antônio. *Curso de Direito Constitucional Tributário*, 7ª ed., São Paulo: Malheiros Editores, 1995.

FERREIRA FILHO, Manoel Gonçalves. *Comentários à Constituição Brasileira de 1988*, São Paulo: Saraiva, 1990.

_____. *Estado de Direito e Constituição*, São Paulo: Saraiva, 1988.

MELLO, Oswaldo Aranha Bandeira de. *Princípios Gerais de Direito Administrativo*, 3ª ed. São Paulo: Forense, 2007.

MEIRELLES, Hely Lopes. *Direito Administrativo Brasileiro*, 33ª ed., São Paulo: Malheiros, 2007.

MENDES, Gilmar Ferreira. *Jurisdição Constitucional: o controle abstrato de normas no Brasil e na Alemanha*, São Paulo: Saraiva, 2005.

PIETRO, Maria Sylvia Zanella di. *Direito Administrativo*, 11ª ed., São Paulo: Atlas, 1999.

SAMPAIO, Luiz Augusto Paranhos. *Comentários à Nova Constituição Brasileira*, São Paulo: Atlas, 1990.

SILVA, José Afonso da. *Comentário Contextual à Constituição*, 4ª Edição, São Paulo: Malheiros, 2007.

_____. *Curso de Direito Constitucional Positivo*, 11ª ed., São Paulo: Malheiros, 1996.

7. Comentários

O artigo 237 da Constituição atribuiu ao Ministério da Fazenda a competência para exercer a fiscalização e o controle sobre o comércio exterior, no que concerne aos interesses fazendários.

Interesse fazendário não corresponde estritamente ao objetivo de arrecadar tributos, mas abrange todo aspecto que seja relevante para a economia nacional, como, *verbi gratia*, balanço de pagamentos, proteção de segmentos da economia nacional, medidas contra concorrência desleal no comércio exterior.

O controle do fluxo das transações comerciais internacionais pode dar-se mediante a instituição e cobrança de tributos sobre o comércio exterior. O imposto sobre a exportação é comumente utilizado para desestimular a saída de insumo nacional, e o imposto sobre a importação serve, mundo afora e observados os limites e compromissos assumidos em acordos internacionais, para onerar o bem importado em proveito do bem nacional[2].

No entanto, na importação, são cobrados também os tributos similares aos que incidem sobre os bens nacionais, por exemplo, imposto sobre operações com produtos industrializados (IPI), imposto sobre operações relativas à circulação de mercadorias e sobre prestação e serviços de transporte interestadual e intermunicipal e de comunicação (ICMS), contribuição para os programas de integração social e de formação do patrimônio do servidor público (Contribuição para o PIS/Pasep), contribuição para o financiamento da seguridade social (Cofins), contribuição de intervenção no domínio econômico incidente sobre a importação e a comercialização e petróleo e seus derivados, e álcool etílico (CIDE-Combustíveis), com o objetivo de impor sobre o bem importado a mesma carga tributária incidente sobre bem nacional[3].

Além dos tributos, correspondem ao interesse fazendário as restrições e proibições a importação de natureza econômica, *e.g.*, a proibição da importação de bens usados, assim como as medidas de defesa comercial — medidas *antidumping*, medidas compensatórias e medidas de salvaguarda. Sói a adoção de tais institutos pelo Ministério do Desenvolvimento, Indústria e Comércio Exterior e pela a Câmara de Comércio Exterior. Essa atitude tem de se dar com parcimônia, em caráter complementar e sob o controle do Ministério da Fazenda, pois o controle do comércio exterior e a fiscalização devem permanecer sob a guarda e competência do Ministério da Fazenda, sob pena de se infringir disposição constitucional.

Importante mencionar que há ainda outros órgãos que atuam no controle e fiscalização do comércio exterior, como o Departamento da Polícia Federal[4], a Agência Nacional de Vigilância Sanitária (Anvisa), o Ministério da Agricultura, Pecuária e Abastecimento, o Instituto Nacional de Metrologia, Normalização e Qualidade Industrial (Inmetro), o Instituto Brasileiro do Meio Ambiente e dos Recursos Renováveis (Ibama), os quais devem observar competência do Ministério da Fazenda — nas

---

2. A tributação do comércio exterior já ostentou o caráter de fiscalidade. O imposto de importação, cuja receita alcançou 68,16% da arrecadação tributária nacional em 1853, manteve-se sempre em montante superior a 50% da arrecadação até 1913, depois disso, sua importância em termos econômicos decaiu de forma vertiginosa. Atualmente, a receita desse imposto permanece em torno de dois por cento da arrecadação tributária total. O imposto sobre a exportação incide sobre uma pauta extremamente reduzida de produtos (couro em estado bruto, armas e munições) e sua participação na arrecadação fica muito aquém de um milésimo do total.

Vale lembrar que os acordos internacionais têm um papel importante nesse contexto, pois limitam o poder de tributar a importação e correspondem, precipuamente, ao esforço internacional de abertura do comércio. Por sua vez, as regras internas autorizam o Estado a alterar e majorar o imposto sobre a importação e o imposto sobre a exportação com maior liberdade, o que, de modo predominante, corresponde a objetivos extrafiscais de controle do fluxo comercial internacional, proteção de setores produtivos, proteção dos consumidores, controle cambial etc.

Considerando esse jogo de forças e também o decréscimo percentual nas receitas concernentes à tributação da importação e da exportação, pode-se afirmar que esses impostos deixaram de ter caráter arrecadatório e permanecem como instrumento de controle e estabelecimento de políticas públicas. No entanto, conforme se anotou anteriormente, o interesse fazendário não se restringe somente ao objetivo de arrecadação.

3. O Artigo III do Acordo GATT 1994 abriga a regra do tratamento nacional. Esta regra serve para corroborar a postura contra atitudes protecionistas, pois prescreve que dentro dos países-membros da OMC deve ser concedido aos bens importados o mesmo tratamento dedicado aos seus similares nacionais.

Em termos tributários, significa que os valores exigidos pelo Estado, em função de tributos sobre a circulação, a industrialização ou qualquer outra operação interna com bens importados, não podem ser superiores àqueles exigidos em relação a bem nacional. Por outro lado, esse mesmo comando permite que a tributação incidente sobre os bens nacionais seja também imposta sobre os bens de origem estrangeira na ocasião da importação, com o intuito de se promover isonomia.

4. José Afonso da Silva, em uma visão mais estrita da disposição constitucional, assevera que "a razão do dispositivo está no conflito entre os fiscais do Ministério da Fazenda e a Polícia Federal, esta constitucionalizada, no art. 144, com competência para apurar. É razoável que seja funcionário do Ministério da Fazenda que exerça a fiscalização do comércio exterior no caso previsto, porque o que se quer verificar é se os tributos foram corretamente pagos ou se não estará havendo fraude ao Fisco — matéria que é mesmo daquele Ministério, não tendo cabimento a polícia se envolver nela" (*Comentário Contextual à Constituição*, 4ª ed., São Paulo: Malheiros, 2007, p. 879).

questões de interesse fazendário – e a precedência – nas zonas primárias de portos, aeroportos e pontos de fronteira – da autoridade aduaneira, agente da Secretaria da Receita Federal do Brasil, órgão do Ministério da Fazenda.

> **Art. 238.** A lei ordenará a venda e revenda de combustíveis de petróleo, álcool carburante e outros combustíveis derivados de matérias-primas renováveis, respeitados os princípios desta Constituição.
>
> *Heleno Torres*

1. História da norma

Trata-se de disposição inovadora e que visa conferir poderes à União para dispor sobre a venda e revenda de combustíveis de petróleo, álcool carburante e outros combustíveis derivados de matérias-primas renováveis.

2. Constituições brasileiras anteriores

Não há referência.

3. Constituições estrangeiras

Não há referência.

4. Dispositivos constitucionais relevantes

Art. 5º, XXXII; art. 24, V; art. 177; Art. 170, V.

5. Jurisprudência (STF)

"Lei 10.248/1993, do Estado do Paraná, que obriga os estabelecimentos que comercializem Gás Liquefeito de Petróleo – GLP a pesarem, à vista do consumidor, os botijões ou cilindros entregues ou recebidos para substituição, com abatimento proporcional do preço do produto ante a eventual verificação de diferença a menor entre o conteúdo e a quantidade líquida especificada no recipiente. Inconstitucionalidade formal, por ofensa à competência privativa da União para legislar sobre o tema (CF/1988, art. 22, IV, e art. 238). Violação ao princípio da proporcionalidade e razoabilidade das leis restritivas de direitos" (ADI 855, Rel. p/ AC. Min. Gilmar Mendes, *DJ* 6/3/2008).

"O princípio da livre-iniciativa não pode ser invocado para afastar regras de regulamentação do mercado e de defesa do consumidor. 2. O DL 395/38 foi editado em conformidade com o art. 180 da CF de 1937 e, na inexistência da lei prevista no art. 238 da Carta de 1988, apresentava-se como diploma plenamente válido para regular o setor de combustíveis. Precedentes: RE 252.913 e RE 229.440. 3. A Portaria 62/95 do Ministério de Minas e Energia, que limitou a atividade do transportador-revendedor-retalhista, foi legitimamente editada no exercício de atribuição conferida pelo DL 395/38 e não ofendeu o disposto no art. 170, parágrafo único, da Constituição" (RE 349686, Rel. Min. Ellen Gracie, *DJ* 14/06/2005).

6. Literatura selecionada

TORRES, Heleno Taveira. ICMS e regimes especiais de tributação nas vendas de combustíveis. In: CAMPILONGO, Paulo A. Fernandes (Coord). *ICMS – aspectos jurídicos relevantes*. SP: Quartier Latin, 2008, p. 123-188.

BERCOVICI, Gilberto. Petrobras: monopólio estatal e política concorrencial. Belo Horizonte, *Revista Fórum de Direito Financeiro e Econômico*, v. 3, n. 5, p. 135-148, mar./ago. 2014.

7. Anotações

Ao dispor sobre as competências relativas aos combustíveis, a Constituição faz distinguir o tratamento aplicável à exploração e produção de petróleo, reservada a monopólio da União (art. 177), daquelas pertinentes às atividades de venda e revenda dos combustíveis em geral (art. 238), cuja competência da União é compartilhada com estados (devido à competência concorrente prevista no art. 24, V) e com municípios (art. 30, I e II), naquilo que coincidir com *assuntos de interesse local* ou que se tenha tratado em legislação nacional ou estadual, haja vista seus poderes para *suplementar a legislação federal e a estadual no que couber*.

Cabe, aqui, a distinção entre as competências constitucionais relativas ao petróleo e aquelas pertinentes a combustíveis em geral, verificando o desdobramento destas entre os poderes legislativo e executivo da União e das demais unidades da federação, para bem compreender as possibilidades de cada um destes, segundo o princípio da subsidiariedade.

Essa subsidiariedade de que falamos é base do estado social de direito e princípio fundamental de qualquer organização federal, ao exigir necessária complementariedade entre suas unidades para atingir os propósitos capitais que a Constituição pretende concretizar, numa unidade incindível de valores e objetivos. Nesse particular, a *subsidiariedade* determina os critérios necessários de complementação no exercício das competências que não sejam exclusivas, como as concorrentes.

É que o princípio de subsidiariedade presta-se precipuamente a afirmar a garantia das unidades periféricas do federalismo, de tal sorte que à União, como ente central, caiba o exercício legislativo sem causar prejuízos ao espaço de competências das demais unidades. E como é variável a cada matéria, seria impossível afirmar, como regra universal, uma formulação única sobre os limites de cada um deles.

Ao lado da competência exclusiva da União, prescrita no art. 177, definidora do monopólio sobre a exploração e produção de petróleo, temos ainda a competência do art. 238, que dispõe sobre venda e revenda de combustíveis, presente nas disposições gerais do texto constitucional.

Trata-se de competência da União para legislar sobre a ordenação do setor de venda e revenda de combustíveis (i), mas que, não tendo feição equivalente àquela do art. 177, apresenta-se como competência exclusiva apenas a título de *norma geral*, por ser típica matéria de *competência concorrente*, ao verter-se sobre o *consumo* dos produtos que menciona, haja vista as disposições do art. 24, V, e § 1º, da CF.

Como se vê, essa competência, a do art. 238, da CF, cumula-se com aquela outra do art. 177, da CF, quanto aos derivados de petróleo (a), no que concerne à venda e revenda dos seus derivados, hipótese na qual se queda afastada aquela exclusiva da União, mas que se expande para os demais combustíveis citados, que são o *álcool carburante e outros combustíveis derivados de matérias-primas renováveis;* (b) diante disso, os estados, no seu espaço de competência concorrente, e os próprios municípios, naquilo que coincidir com assuntos de interesse local, poderão legislar quanto a essa matéria, inclusive quanto à apuração da qualidade.

A norma do art. 238, da CF, exige, como limite ao exercício desta competência, que sejam observados os *princípios constitucionais*[1], numa evidente orientação hermenêutica que obriga a qualquer intérprete considerar os valores que informam o *princípio de subsidiariedade* (no âmbito legislativo e regulatório), e bem assim daqueles que orientam a ordem econômica como um todo (quanto às possibilidades e limites materiais), a exemplo dos requisitos da "lei" exigida pelo § 2º, do art. 177, ademais do inciso I deste, que determina *a garantia do fornecimento dos derivados de petróleo em todo o território nacional*. Reforça-se, assim, a partir de princípios que resguardam ao próprio monopólio, o sistema de proteção à venda e revenda de combustíveis, de modo a garantir uniformidade de tratamento e equilíbrio no abastecimento em todo o território nacional, com idêntica qualidade e sob a égide de controle interventivo do Estado.

Nesta competência concorrente do art. 238 da CF, a lei da União há de funcionar como típica modalidade de *norma geral* (art. 24, § 1º, da CF), ao terem os estados competência para legislar sobre *consumo* em geral, inclusive de combustíveis, tal como autoriza o inciso V, do art. 24, da Constituição. Assim, cabe à União a competência para efetuar controle direto (i), bem como, por meio de norma geral (ii), de estabelecer as condições de uniformidade de tratamento que devem ser observadas pelos estados nas suas leis internas, sem prejuízo da inclusão de aspectos particulares ou residuais em relação ao tratamento mais abrangente conferido pela lei nacional (norma geral).

No âmbito de competência do art. 238, da CF, em caráter complementar à Lei n. 9.478/97, foi editada a Lei n. 9.847, de 26 de outubro de 1999, que dispôs sobre a fiscalização das atividades relativas à indústria do petróleo e ao abastecimento nacional de combustíveis, o adequado funcionamento do Sistema Nacional de Estoques de Combustíveis e do cumprimento do Plano Anual de Estoques Estratégicos de Combustíveis. Nessas duas leis, porém, toda a matéria que versa sobre a *comercialização e consumo* de combustíveis, por ser exercício da competência do art. 238, da CF, será espaço típico de norma geral, vinculante da legislação concorrente dos Estados, como é o caso do álcool combustível, que não se encontra sujeito ao monopólio ou requisitos entabulados pelo § 2º do art. 177 da Constituição.

Dentre as matérias capituladas no art. 238, da CF, encontra-se a venda e revenda de *álcool combustível*, cuja fiscalização e controle encontram-se subordinados ao tratamento conferido por normas gerais da União e, no que couber, pelas leis dos Estados.

No âmbito federal, quanto ao *controle da qualidade* de produção do álcool combustível, a Lei n. 9.847/99 atribuiu competência ao Executivo, ao prescrever, no seu art. 1º, que estas caberiam à ANP, exclusivamente. E no que concerne à *fiscalização*, no exercício de poder de polícia, a mesma lei prevê que esta poderá ser exercida pela ANP ou, mediante convênios por ela celebrados, conjuntamente com órgãos da Administração Pública direta e indireta da União, dos Estados, do Distrito Federal e dos Municípios. Assim, o controle do combustível pode ser compartilhado por estados, mediante convênio específico para este fim, sem qualquer prejuízo da sua competência concorrente para a edição de leis específicas, nos limites acima referidos.

Na competência de controle e fiscalização não se encontram previstas, contudo, as competências quanto à administração do álcool e seu papel no abastecimento nacional de combustíveis e seus estoques. Para tal propósito, a Lei n. 9.847/99 reservou, no seu art. 20, exceção expressa ao regime geral para o *álcool*, ao prever que "a *administração dos recursos* a que se refere o art. 13, inciso II, da Lei n. 4.452, de 5 de novembro de 1964, alterado pelo Decreto-Lei n. 1.785, de 13 de maio de 1980, será regulamentada pelo *Poder Executivo*". Com isso, por delegação, transferiu-se para a Administração da União, no caso, o Ministério da Agricultura, por meio do Conselho Interministerial do Açúcar e do Álcool – CIMA, as atribuições para tais efeitos, quanto às atividades de controle sobre abastecimento e estoques, a distinguir-se do espaço reservado à ANP, voltado para o controle da produção e fiscalização das vendas.

Art. 239. A arrecadação decorrente das contribuições para o Programa de Integração Social, criado pela Lei Complementar n. 7, de 7 de setembro de 1970, e para o Programa de Formação do Patrimônio do Servidor Público, criado pela Lei Complementar n. 8, de 3 de dezembro de 1970, passa, a partir da promulgação desta Constituição, a financiar, nos termos que a lei dispuser, o programa do seguro-desemprego, outras ações da previdência social e o abono de que trata o § 3º deste artigo

§ 1º Dos recursos mencionados no *caput*, no mínimo 28% (vinte e oito por cento) serão destinados para o financiamento de programas de desenvolvimento econômico, por meio do Banco Nacional de Desenvolvimento Econômico e Social, com critérios de remuneração que preservem o seu valor.

§ 2º Os patrimônios acumulados do Programa de Integração Social e do Programa de Formação do Patrimônio do Servidor Público são preservados, mantendo-se os critérios de saque nas situações previstas nas leis específicas, com exceção da retirada por motivo de casamento, ficando vedada a distribuição da arrecadação de que trata o *caput* deste artigo, para depósito nas contas individuais dos participantes.

§ 3º Aos empregados que percebam de empregadores que contribuem para o Programa de Integração Social ou para o Programa de Formação do Patrimônio do Servidor Público, até dois salários mínimos de remuneração mensal, é assegurado o pagamento de um salário mínimo anual, computado neste valor o rendimento das contas individuais, no caso daqueles que já participavam dos referidos programas, até a data da promulgação desta Constituição.

---

1. Art. 177 da Constituição: "§ 2º A lei a que se refere o § 1º disporá sobre: I – a garantia do fornecimento dos derivados de petróleo em todo o território nacional; II – as condições de contratação; III – a estrutura e atribuições do órgão regulador do monopólio da União".

§ 4º O financiamento do seguro-desemprego receberá uma contribuição adicional da empresa cujo índice de rotatividade da força de trabalho superar o índice médio da rotatividade do setor, na forma estabelecida por lei.

§ 5º Os programas de desenvolvimento econômico financiados na forma do § 1º e seus resultados serão anualmente avaliados e divulgados em meio de comunicação social eletrônico e apresentados em reunião da comissão mista permanente de que trata o § 1º do art. 166.

Jane Lucia Wilhelm Berwanger
Marco Aurélio Serau Junior

1. História da norma

A norma é inédita no Texto Constitucional brasileiro, mas, no âmbito legislativo infraconstitucional, possuem larga tradição a previsão do PIS (Programa de Integração Social) e do PASEP (Programa de Formação do Patrimônio do Servidor Público), a começar das Leis Complementares n. 7 e 8, ambas de 1970, as quais foram editadas com fundamento no art. 165, inciso V, da Emenda Constitucional n. 1, de 1969. As contribuições para o PIS e o PASEP são, atualmente, contribuições sociais, cuja finalidade é a redistribuição de renda, incidindo sobre o faturamento das empresas.

2. Constituições brasileiras anteriores

Não há, nas Constituições brasileiras anteriores, dispositivo semelhante.

3. Constituições estrangeiras

Não existe dispositivo constitucional semelhante nas Constituições portuguesa, francesa, italiana, japonesa, do Reino Unido e da Argentina.

4. Direito internacional

Não existe dispositivo correspondente na Declaração Universal dos Direitos Humanos, na Carta Geral das Nações Unidas, no Pacto Internacional dos Direitos Econômicos, Sociais e Culturais (1966), no Protocolo de San Salvador (Protocolo adicional à Convenção Interamericana Sobre Direitos Humanos em Matéria de Direitos Econômicos, Sociais e Culturais), tampouco no Pacto de San José da Costa Rica.

5. Remissões constitucionais (outros artigos da Constituição) e legais (leis reguladoras)

Arts. 166 e 195 da Constituição Federal.

Art. 121 do ADCT – Ato das Disposições Constitucionais Transitórias, com redação dada pela Emenda Constitucional n. 126, de 21 de dezembro de 2022.

Lei n. 7.998, de 11 de janeiro de 1990. Regulamenta o seguro-desemprego e o abono salarial.

Lei n. 8.213, de 24 de julho de 1991. Estabelece o Plano de Benefícios da Previdência Social.

Lei n. 9.715, de 25 de novembro de 1998. Dispõe sobre as contribuições para os Programas de Integração Social e de Formação do Patrimônio do Servidor Público – PIS/PASEP, e dá outras providências.

Lei n. 9.718, de 27 de novembro de 1998. Altera a Legislação Tributária Federal.

6. Jurisprudência (STF e STJ): *leading cases*, principais posições e votos divergentes; tendências atuais no sentido da mudança da jurisprudência

BRASIL. Supremo Tribunal Federal. Recurso Extraordinário n. 148.754 -RJ. Rel. Min. Carlos Velloso, relator para acórdão Min. Francisco Rezek, Tribunal Pleno. DF, 24 de junho de 1993. *Diário de Justiça da União*, 4 mar. 1994, p. 3290, *RTJ* 150/888. Disponível em: <http://www.stf.gov.br/processos/processo.asp?PROCESSO=148754&CLASSE=RE&ORIGEM=AP&RECURSO=0&TIP_JULGAMENTO=M>. Acesso em: 28 fev. 2007.

BRASIL. Supremo Tribunal Federal. Agravo Regimental no Agravo de Instrumento n. 210.706-SP. Rel. Min. Néri da Silveira, 2ª Turma, DF, 22 de maio de 1998. *Diário de Justiça da União*, 24 mar. 2000, p. 42. Disponível em: <http://www.stf.gov.br/processos/processo.asp?PROCESSO=210706&CLASSE=AI&ORIGEM=AP&RECURSO=0&TIP_JULGAMENTO=M>. Acesso em: 28 fev. 2007.

BRASIL. Superior Tribunal de Justiça. Embargos de Declaração no Recurso Especial n. 587760-PR. Rel. Min. Franciulli Netto, 2ª Turma, DF, 16 de março de 2004. *Diário de Justiça da União*, 10 nov. 2006, p. 255. Disponível em: <http://www.stj.gov.br/webstj/processo/Justica/detalhe.asp?numreg=200301598025&pv=101000000000&tp=51>. Acesso em: 27 fev. 2007.

BRASIL. Supremo Tribunal Federal. Ação Cível Originária n. 600-PR. Rel. Min. Sydney Sanches, Tribunal Pleno, DF, 12 de fevereiro de 2003. *Diário de Justiça da União*, 11 abr. 2003, p. 25. Disponível em: <http://www.stf.gov.br/processos/processo.asp?PROCESSO=600&CLASSE=ACO&ORIGEM=AP&RECURSO=0&TIP_JULGAMENTO=M>. Acesso em: 28 fev. 2007.

BRASIL. Supremo Tribunal Federal. Agravo Regimental no Recurso Extraordinário n. 376.082-PR. Rel. Min. Carlos Velloso, 2ª Turma, DF, 24 de junho de 2003. *Diário de Justiça da União*, 29 ago. 2003, p. 32. Disponível em: <http://www.stf.gov.br/processos/processo.asp?PROCESSO=376082&CLASSE=RE&ORIGEM=AP&RECURSO=0&TIP_JULGAMENTO=M>. Acesso em: 28 fev. 2007.

BRASIL. Supremo Tribunal Federal. Recurso Extraordinário n. 346.084-PR. Rel. Min. Ilmar Galvão, relator para acórdão Min. Marco Aurélio, Tribunal Pleno, DF, 9 de novembro de 2005. *Diário de Justiça da União*, 1º set. 2006, p. 19. Disponível em: <http://www.stf.gov.br/processos/processo.asp?PROCESSO=346084&CLASSE=RE&ORIGEM=AP&RECURSO=0&TIP_JULGAMENTO=M>. Acesso em: 28 fev. 2007.

BRASIL. Supremo Tribunal Federal. Recurso Extraordinário n. 357.950-RS. Rel. Min. Marco Aurélio, Tribunal Pleno, DF, 9 de novembro de 2005. *Diário de Justiça da União*, 6 fev. 2006. Disponível em: <http://www.stf.gov.br/processos/processo.as-

p?PROCESSO=357950&CLASSE=RE&ORIGEM=AP&RECURSO=0&TIP_JULGAMENTO=M>. Acesso em: 28 fev. 2007.

BRASIL. Supremo Tribunal Federal. Recurso Extraordinário n. 358.273-RS. Rel. Min. Marco Aurélio, Tribunal Pleno, DF, 9 de novembro de 2005. *Diário de Justiça da União*, 19 dez. 2005. Disponível em: <http://www.stf.gov.br/processos/processo.asp?PROCESSO=358273&CLASSE=RE&ORIGEM=AP&RECURSO=0&TIP_JULGAMENTO=M>. Acesso em: 28 fev. 2007.

BRASIL. Supremo Tribunal Federal. Recurso Extraordinário n. 390.840-MG. Relator: Min. Marco Aurélio, Tribunal Pleno, DF, 9 de novembro de 2005. *Diário de Justiça da União*, 15 ago. 2006, p. 25. Disponível em: <http://www.stf.gov.br/processos/processo.asp?PROCESSO=390840&CLASSE=RE&ORIGEM=AP&RECURSO=0&TIP_JULGAMENTO=M>. Acesso em: 28 fev. 2007.

7. Referências bibliográficas

CORREIA, Érica Paula Barcha; CORREIA, Marcus Orione Gonçalves. *Curso de direito da seguridade social*. 3. ed. São Paulo: Saraiva, 2007. 362 p.

GRECO, Marco Aurélio. *Contribuições sociais*: uma figura *sui generis*. São Paulo: Dialética, 2000. 255p.

MARTINS, Sergio Pinto. *Participação nos lucros das empresas*. 2 ed. São Paulo: Atlas, 2000, 156p.

TORRES, Ricardo Lobo. *Curso de Direito Financeiro e Tributário*. 8. ed. Rio de Janeiro: Renovar, 2001, p. 333-375.

8. Comentários

8.1. Destinação constitucional do PIS/PASEP

O Programa de Integração Social (PIS) e o Programa de Formação do Patrimônio do Servidor Público (PASEP) foram instituídos, respectivamente, pelas Leis Complementares n. 07/70 e 08/70. O PIS foi estabelecido como política de participação do trabalhador nos lucros da empresa. A natureza de ambos os programas é tida como tributária, tratando-se de contribuições sociais. O PIS/PASEP continua sendo pago como abono de caráter anual para os trabalhadores de baixa renda (aqueles que percebam renda de até dois salários mínimos mensais), mas a Constituição Federal deu nova destinação a essas contribuições, que passaram a ser destinadas ao seguro-desemprego (60%) e às políticas de desenvolvimento e ao abono salarial (40%).

A contribuição do PIS/PASEP pode ser considerada como contribuição para o custeio da Seguridade Social, vez que destinada a financiar o seguro-desemprego, que faz parte do rol de benefícios a cargo da Previdência Social (art. 7º, inciso II, e 201, inciso III, da Constituição Federal).

Ademais, o financiamento do seguro-desemprego terá uma alíquota adicional no caso de empresas que tenham alto índice de rotatividade de mão de obra, visto que estas sobrecarregam o sistema de proteção ao desemprego involuntário. Trata-se, aqui, porém, de norma que não é autoaplicável.

A partir da Constituição Federal de 1988 deixou de existir o saque das contas individuais de PIS/PASEP por motivo de casamento.

A Emenda Constitucional n. 103/2019 alterou a matéria em tela. As contribuições para o PIS/PASEP poderão ser utilizadas também para o custeio de outras ações da previdência social que não somente o seguro-desemprego e o abono salarial. Para equilibrar essa inovação, o repasse obrigatório de verbas ao BNDES foi reduzido de 40% para 28% do montante arrecadado sob a rubrica das contribuições para o PIS/PASEP.

A Emenda Constitucional n. 126, de 21 de dezembro de 2022, introduziu no ADCT – Ato das Disposições Constitucionais Transitórias, o art. 121, que estabelece que as contas individuais do abono salarial que não tenham sido reclamadas por prazo superior a 20 (vinte) anos serão encerradas após o prazo de 60 (sessenta) dias da publicação de aviso no *Diário Oficial da União*, ressalvada reivindicação por eventual interessado legítimo dentro do referido prazo.

Tais valores serão tidos por abandonados (conforme art. 1.275, III, do Código Civil), e serão apropriados pelo Tesouro Nacional como receita primária para realização de despesas de investimento de que trata o § 6º-B do art. 107 do ADCT, podendo o interessado reclamar ressarcimento à União no prazo de até 5 (cinco) anos do encerramento das contas.

8.2. Evolução da discussão a respeito da matéria

Tem sido intensa a judicialização em torno da discussão de constitucionalidade das normas que regulamentam as contribuições para o PIS/PASEP.

A primeira discussão judicial relevante residiu na configuração de inconstitucionalidade dos Decretos-Leis n. 2.445/88, e 2.449/88, regulamentadores do PIS/PASEP.

Os Decretos-Leis n. 2.445/88 e 2.449/88 extrapolaram o âmbito destinado a essa modalidade de ato normativo, conforme a Constituição Federal de 1967, vigente à época.

O art. 55, II, da Constituição Federal brasileira de 1967, com a redação dada pela Emenda Constitucional n. 1, de 17 de outubro de 1969, reservava aos Decretos-Leis a possibilidade de dispor sobre "finanças públicas, inclusive normas tributárias". As parcelas devidas ao PIS não apresentam natureza tributária, pois eram contribuições sociais. Assim, não sendo tributária, tampouco de finanças públicas (matérias concernentes à atividade financeira do Estado, englobando despesa, receita, crédito público e orçamento), a matéria não poderia ser regulada por meio de Decreto-Lei, sendo matéria reservada à Lei Complementar.

Diante destes argumentos, os Decretos-Leis n. 2.445/88 e 2.449/88 não poderiam dispor sobre a matéria, continuando a vigorar a Lei Complementar n. 7/70 e legislação que lhe sucedeu. A inconstitucionalidade desses Decretos-Leis foi declarada com eficácia *erga omnes*, *mediante* Resolução do Senado Federal n. 49, de 9 de outubro de 1995, nos termos do art. 52, X, da Constituição Federal.

Também deve ser registrada a inadequação da alteração promovida pela Lei n. 9.718/98, que confundiu os critérios de receita com o de faturamento (nesse sentido, confira-se os Recursos Extraordinários n. 346.084, 357.950, 358.273 e 390.840, ainda que dirigidos à COFINS, onde o Supremo Tribunal Federal reconheceu a inconstitucionalidade do art. 3º, § 1º, da Lei n. 9718/98).

Art. 240. Ficam ressalvadas do disposto no art. 195 as atuais contribuições compulsórias dos empregadores sobre a folha de salários, destinadas às entidades privadas de serviço social e de formação profissional vinculadas ao sistema sindical.

Jane Lucia Wilhelm Berwanger
Marco Aurélio Serau Junior

1. História da norma

O dispositivo em apreço é inédito no Texto Constitucional. O sistema de Seguridade Social foi reestruturado pelo constituinte de 1988, e houve a necessidade de diferenciar a destinação das contribuições sociais tratadas no artigo 240 da Constituição Federal, as quais vão para o sistema de formação profissional e para o serviço social prestado por entidades privadas.

2. Constituições brasileiras anteriores

Não há, nas Constituições brasileiras anteriores, dispositivo semelhante.

3. Constituições estrangeiras

Não existe dispositivo constitucional semelhante nas Constituições portuguesa, francesa, italiana, japonesa, do Reino Unido e da Argentina.

4. Direito internacional

Não existe dispositivo correspondente na Declaração Universal dos Direitos Humanos, na Carta Geral das Nações Unidas, no Pacto Internacional dos Direitos Econômicos, Sociais e Culturais (1966), no Protocolo de San Salvador (Protocolo adicional à Convenção Interamericana Sobre Direitos Humanos em Matéria de Direitos Econômicos, Sociais e Culturais), tampouco no Pacto de San José da Costa Rica.

5. Remissões constitucionais (outros artigos da Constituição) e legais (leis reguladoras)

Artigos 195 da Constituição Federal de 1991 e 62 do ADCT – Ato das Disposições Constitucionais Transitórias.

Lei n. 2.613, de 23 de setembro de 1955. Estabelece as contribuições devidas ao SENAC, SESC, SESI e SENAI.

Lei n. 8.315/91. Cria o SENAR – Serviço Nacional de Aprendizagem Rural.

Lei n. 8.212, de 24 de julho de 1991. Dispõe sobre a organização da Seguridade Social, institui Plano de Custeio e dá outras providências.

6. Jurisprudência (STF e STJ): *leading cases*, principais posições e votos divergentes; tendências atuais no sentido da mudança da jurisprudência

BRASIL. Supremo Tribunal Federal. Recurso Extraordinário n. 396.266-SC. Relator: Min. Carlos Velloso, Tribunal Pleno, DF, 26 de novembro de 2003. *Diário de Justiça da União*, 27 fev. 2004, p. 22. Disponível em: <http://www.stf.gov.br/processos/processo.asp?PROCESSO=396266&CLASSE=RE&ORIGEM=AP&RECURSO=0&TIP_JULGAMENTO=M>. Acesso em: 28 fev. 2007.

BRASIL. Superior Tribunal de Justiça. Agravo Regimental no Agravo de Instrumento n. 814.536-RS. Rel. Min. Luiz Fux, Primeira Turma, DF, 21 de novembro de 2006. *Diário de Justiça da União*, 14 dez. 2006, p. 283. Disponível em: <https://ww2.stj.gov.br/revistaeletronica/ita.asp?registro=200601926490&dt_publicacao=14/12/2006>. Acesso em: 27 fev. 2007.

BRASIL. Superior Tribunal de Justiça. Recurso Especial n. 887.238-PR. Rel. Min. Teori Albino Zavascki, 1ª Turma, DF, 21 de novembro de 2006. *Diário de Justiça da União*, 30 nov. 2006, p. 171. Disponível em: <https://ww2.stj.gov.br/revistaeletronica/ita.asp?registro=200601331778&dt_publicacao=30/11/2006>. Acesso em: 28 fev. 2007.

BRASIL. Superior Tribunal de Justiça. Recurso Especial n. 524.239-PE. Rel. Min. Luiz Fux, 1ª Turma, DF, 04 de dezembro de 2003. *Diário de Justiça da União*, 1º mar. 2004, p. 135. Disponível em: <https://ww2.stj.gov.br/revistaeletronica/ita.asp?registro=200300701815&dt_publicacao=01/03/2004>. Acesso em: 28 fev. 2007.

7. Referências bibliográficas

MARTINS, Sergio Pinto. *Direito da Seguridade Social*, 25 ed., São Paulo: Atlas, 2008, 350p.

8. Comentários

O sistema de Seguridade Social brasileiro foi reestruturado em 1988, com a promulgação da Constituição Federal. A principal base de cálculo para incidência das contribuições destinadas ao custeio da Previdência Social reside na folha de salários e demais rendimentos pagos ou creditados aos segurados que prestem serviços a empresa ou empregador, mesmo sem vínculo empregatício, conforme o art. 195, inciso I, alínea *a*, da Constituição Federal.

Embora possuam mesma base de cálculo (a folha de pagamentos) das contribuições previdenciárias, as contribuições tratadas no art. 240 da Constituição Federal não se prestam ao financiamento da Seguridade Social. Destinam-se às entidades privadas de serviço social e formação profissional vinculadas ao sistema sindical.

Estas são as seguintes: SENAC (Serviço Nacional de Aprendizagem no Comércio), SESC (Serviço Social do Comércio), SESI (Serviço Social da Indústria), SENAI (Serviço Nacional de Aprendizagem na Indústria) e SENAR (Serviço Nacional de Aprendizagem Rural).

Tratando-se de entidades privadas para as quais sã destinadas, as contribuições definidas no art. 240 da Constituição Federal não possuem natureza de tributo (que necessariamente são receitas públicas). Não há necessidade de Lei Complementar para a criação destas contribuições sociais, bastando mera legislação ordinária.

> **Art. 241.** A União, os Estados, o Distrito Federal e os Municípios disciplinarão por meio de lei os consórcios públicos e os convênios de cooperação entre os entes federados, autorizando a gestão associada de serviços públicos, bem como a transferência total ou parcial de encargos, serviços, pessoal e bens essenciais à continuidade dos serviços transferidos.
>
> *Alexandre Santos de Aragão*

1. História da norma

A atual redação do art. 241 foi determinada pela Emenda Constitucional n. 19/1998. Em sua redação original, referido dispositivo previa o seguinte: "Art. 241. Aos delegados de polícia de carreira aplica-se o princípio do art. 39, § 1º, correspondente às carreiras disciplinadas no art. 135 desta Constituição".

2. Constituições brasileiras anteriores

CF 1967: art. 8º, § 1º ("A União poderá celebrar convênios com os Estados para a execução, por funcionários estaduais, de suas leis, serviços ou decisões"); art. 13, § 3º ("Para a execução, por funcionários federais ou municipais, de suas leis, serviços ou decisões, os Estados poderão celebrar convênios com a União ou os Municípios"); art. 16, § 4º ("Os Municípios poderão celebrar convênios para a realização de obras ou exploração de serviços públicos de interesse comum, cuja execução ficará dependendo de aprovação das respectivas Câmaras Municipais"). **EC n. 1/69:** art. 13, § 3º ("A União, os Estados e Municípios poderão celebrar convênios para execução de suas leis, serviços ou decisões, por intermédio de funcionários federais, estaduais ou municipais").

3. Constituições estrangeiras

No Direito Comparado, podemos citar a Constituição Austríaca de 1929, art. 15a ("a Federação e os Estados podem celebrar acordos entre eles sobre matérias das suas esferas de competência (...)"); a Constituição da Suíça de 1999, art. 44 ("A Confederação e os cantões se apoiam mutuamente no cumprimento de suas tarefas e cooperam entre si".) e art. 48, que trata dos contratos entre cantões ("1 – Os cantões podem celebrar contratos entre si, bem como estabelecer organizações e instituições comuns. Nomeadamente podem, em conjunto, exercer tarefas de interesse regional. 2 – Dentro dos limites da sua competência, a Confederação pode atuar como participante. 3 – Os contratos entre cantões não podem contrariar a lei e os interesses da Confederação, nem os direitos de outros cantões. Devem ser levados ao conhecimento da Confederação".). Importa observar ainda o art. 77 da Constituição Belga de 1831 (adaptada pela última vez em 1997), que trata da competência das duas casas legislativas ("10 – leis que aprovem acordos de cooperação entre Estado, Comunidades e Regiões").

4. Direito internacional

Não há previsão de instituto diretamente correspondente nos tratados ratificados pelo Brasil.

5. Legislação relacionada

Lei n. 11.107/2005 (dispõe sobre normas gerais de contratação de consórcios públicos); Decreto n. 6.017/2007 (regulamenta a Lei n. 11.107/2005); Lei n. 11.445/2007 (estabelece as diretrizes nacionais para o saneamento básico); Lei n. 14.026/2020 (atualiza o marco legal do saneamento básico); Decreto n. 11.467/2023 (dispõe sobre a prestação regionalizada dos serviços públicos de saneamento básico).

6. Jurisprudência

STJ, REsp 461823 (responsabilidade solidária dos convenentes pelos danos causados na prestação do serviço – formação de litisconsórcio facultativo).

STF, ADI 1842 (fixou a titularidade das regiões metropolitanas, aglomerações urbanas e microrregiões para o saneamento básico, estabelecendo que a integração municipal do serviço de saneamento básico pode ocorrer tanto voluntariamente, por meio de gestão associada, empregando convênios de cooperação ou consórcios públicos, consoante arts. 3º, II, e 24 da Lei Federal n. 11.445/2007 e o art. 241 da Constituição Federal, como compulsoriamente, nos termos em que prevista na lei complementar estadual que institui as aglomerações urbanas).

7. Literatura selecionada

Sobre o tema, indicamos MARQUES NETO, Floriano de Azevedo. *Os Consórcios no Direito Brasileiro*, disponível em www.manesco.com.br; REALE, Miguel. *Parecer sobre Consórcios Públicos*, disponível em www.miguelreale.com.br; BORGES. Alice Gonzalez. "Os Consórcios Públicos na Legislação Reguladora", in *Interesse Público*, vol. 32, 2005; CARVALHO FILHO, José dos Santos. *Consórcios públicos* (Lei n. 11.107, de 06/04/2005, e Decreto n. 6.017, de 17/01/2007), Lumen Juris, Rio de Janeiro, 2009; MEDAUAR, Odete; OLIVEIRA, Gustavo Justino de. *Consórcios públicos: comentários à Lei 11.107/2005*, Revista dos Tribunais, São Paulo, 2006.

8. Comentários

Os consórcios administrativos[1] sempre foram considerados pela ampla maioria da doutrina brasileira[2] como uma espécie de convênio, ou seja, como uma conjunção despersonalizada (portanto, sem capacidade de adquirir por si próprio direitos e obrigações) de esforços para a realização de objetivos comuns. A sua única peculiaridade em relação aos convênios em geral era serem celebrados por partes da mesma espécie (p. ex., só Municípios).

Essa conformação doutrinária dos consórcios e convênios acabou culminando na sua pouca utilidade como mecanismo de cooperação entre Entes da Federação, já que gerava pouca ou ne-

---

1. Os consórcios públicos sempre se distinguiram dos consórcios (privados) entre sociedades comerciais, disciplinados pelo art. 278 da Lei das S.A. – Lei n. 6.404/76.

2. Por todos, Hely Lopes. *Direito Administrativo Brasileiro*, 23ª edição, Ed. Malheiros, 1998, p. 345.

nhuma coercitividade para as partes[3], situação que veio a ser profundamente alterada pelo art. 241 da Constituição Federal, acrescido pela Emenda Constitucional n. 19/93 e regulamentado pela Lei n. 11.107, de 06 de abril de 2005[4]. O art. 20 dessa Lei prevê ainda a edição de decreto do Chefe do Poder Executivo da União para regulamentá-la e estabelecer as normas gerais de contabilidade pública que serão observadas pelos consórcios públicos integrados por quaisquer entes da federação, com vistas a garantir a observância da Lei de Responsabilidade Fiscal – LRF; para tanto, foi editado o Decreto n. 6.017, de 17 de janeiro de 2007.

Hoje, nos termos dessa Lei, os consórcios públicos são entidades associativas de Entes da Federação, da mesma ou de diferentes esferas federativas, dotadas de personalidade jurídica de direito público ou de direito privado (arts. 1º, § 1º; 4º, IV; 6º, Lei n. 11.107/05)[5], sendo, tanto os entes consorciados, isolados ou em conjunto, como o próprio consórcio público, partes legítimas para exigir o cumprimento das obrigações assumidas pelos seus membros (art. 8º, § 3º, Lei n. 11.107/05).

Se os consórcios públicos forem de direito público, chamados pela Lei de associações públicas, serão autarquias plurifederativas. É assente que toda entidade da Administração Indireta que possuir personalidade jurídica de direito público constitui uma espécie de autarquia, como as chamadas autarquias corporativas e as fundações autárquicas[6].

Se for atribuída ao consórcio público personalidade jurídica de direito privado, poderá assumir qualquer forma associativa admitida na legislação civil para entidades sem fins econômicos[7].

Os consórcios integrarão concomitantemente a Administração Indireta de mais de um Ente da Federação, que podem lhe conferir competências para a regulação ou prestação de atividades administrativas em geral, e não apenas de serviços públicos. Será o exercício associado dessas atividades que constituirá o objetivo principal dos consórcios, sempre dirigidos pelo Chefe do Poder Executivo de um dos entes federativos consorciados, eleito em assembleia geral – órgão máximo da pessoa jurídica consorcial – composta por um representante de cada ente consorciado (art. 4º, VII e VIII, e § 2º, Lei n. 11.107/05)[8].

Os consórcios podem subdelegar mediante concessão ou permissão (arts. 2º, § 3º; 4º, XI, "c", Lei n. 11.107/05) os serviços públicos a eles atribuídos, desde que em obediência à legislação de normas gerais em vigor e mediante autorização contratual (art. 20, I e II, Decreto n. 6.017/2007). Vê-se, aliás, na Lei, um claro espírito de os Entes Federados, sobretudo Municípios, transferirem para o consórcio determinados serviços públicos, sobretudo aqueles com relação aos quais haja dúvidas quanto à titularidade, como o serviço de saneamento, não para serem prestados pelo próprio consórcio, mas, preferencialmente, para que o consórcio os delegue e os regule através de apenas um contrato de delegação, evitando-se a diluição que haveria na existência de uma concessão para cada Município[9].

Podem ser conferidas aos consórcios as competências atribuíveis às entidades da Administração Indireta em geral (art. 2º, Lei n. 11.107/05; art. 3º, XIII, Decreto n. 6.017/2007). Mas, naturalmente, se o seu objeto principal for o exercício de atividades de poder de polícia administrativa ou de regulação, deverá revestir a novel forma autárquica de associação pública.

A constituição do consórcio público se dá através da seguinte sucessão de instrumentos, cada um densificador do conteúdo normativo do anterior: (a) protocolo de intenções ratificado me-

---

3. Em razão, por exemplo, de qualquer das partes poder deixar o acordo livremente a qualquer tempo e de não haver como uma parte forçar a outra a cumprir as suas obrigações. Os consórcios fixavam (e os convênios ainda fixam) obrigações muitas vezes desprovidas de sanções.

4. "A redação dada pela EC n. 19 ao artigo 241 importou no seguinte: *i)* ficou autorizada a formação de consórcios impuros, é dizer, aqueles formados por entes distintos da Federação e não apenas exclusivamente entre Estados ou entre Municípios; *ii)* a cooperação entre estes entes poderá se dar de duas formas distintas, consórcios ou convênios, obrigando que o intérprete dê a estes dois institutos conformação jurídica distinta; *iii)* a cooperação consorcial dar-se-á pela instituição de entes submetidos em alguma medida ao regime publicístico – diz a CF *consórcios públicos* – o que prenota alguma diferença em face dos tradicionais consórcios administrativos; *iv)* a disciplina destas duas formas de cooperação e coordenação entre entes federados será feita mediante lei editada pelos três entes, o que acarreta a atribuição de competência legislativa concorrente para disciplinar a matéria; *v)* o objeto destes instrumentos de cooperação e coordenação será a atuação concertada na gestão de serviços públicos, o que envolve a participação de um ente na prestação de um serviço público de titularidade de outro ente; *vi)* para efetivar esta prestação por cooperação admite-se a gestão associada destes serviços, inclusive com a transferência recíproca, total ou parcial, de serviços e encargos. (...) O doutrinador se nutre e contamina (no sentido positivo dos termos) da contribuição dos seus pares. E por vezes tão forte e consistente é essa contribuição que ela segue sendo reproduzida, inalterada, até que uma nova realidade jurídica (como uma alteração legal ou constitucional) ou fática (uma manifestação concreta do poder político) suscitem a reflexão ou obriguem a revisão dos conceitos ou postulados doutrinários" (MARQUES NETO, Floriano de Azevedo. *Os Consórcios no Direito Brasileiro*, disponível em www.manesco.com.br). A Lei parece ter se inspirado em alguns aspectos do modelo italiano de consórcios administrativos, cf. STANCANELLI, Giuseppe. *I Consorzi nel Diritto Amministrativo*, Giuffrè, Milano, 1963, p. 155 e s.

5. Naturalmente que o termo "público" em "consórcios públicos" não denota que todos eles sejam de direito público, mas apenas o seu liame com o Estado. Lembremo-nos, por exemplo, das empresas públicas, que pacificamente são consideradas pessoas jurídicas de direito privado.

6. Cf. ARAGÃO, Alexandre Santos de. As Fundações Públicas e o Novo Código Civil, *Revista de Direito Administrativo – RDA*, v. 231, 2003. Essa postura foi confirmada pela nova redação dada pela Lei n. 11.107/05 ao inciso IV do art. 41 do Novo Código Civil, que passou a enumerar no rol das pessoas jurídicas de Direito Público as "autarquias, inclusive as associações públicas". A medida parece decorrer de uma interpretação do art. 37 da Constituição Federal de que existem no Direito brasileiro apenas as quatro espécies de entidades da Administração Indireta nele enumeradas (cf. BORGES. Alice Gonzalez. Os Consórcios Públicos na Legislação Reguladora, in *Interesse Público*, v. 32, 2005, p. 236).

7. Note-se que o art. 4º da Lei n. 11.107/05 exige que não tenha "fins econômicos". Não se refere, como geralmente ocorre, a "fins lucrativos". Ou se trata de mera falha redacional, ou realmente o legislador quis apor uma exigência mais ampla para que o consórcio possa assumir personalidade jurídica de direito privado.

8. "Colhe-se do disposto no inciso VII, bem como no § 2º do art. 4º, que o número de votos de cada ente da Federação consorciado, na assembleia geral, será definido pelo protocolo de intenções, 'assegurado 1 (um) voto a cada ente consorciado'. O que quer dizer que é admitido, na assembleia consorcial, o voto múltiplo. (...) Se o voto múltiplo for definido no protocolo de intenções como proporcional ao *quantum* de recursos investidos, fácil é prever-se que, se o consórcio for integrado pela União, dispondo esta sempre de maiores recursos, ter-se-á, por via transversa, assegurado o predomínio de seus votos na assembleia" (BORGES, Alice Gonzalez. Os Consórcios Públicos na Legislação Reguladora, in *Interesse Público*, v. 32, 2005, p. 240).

9. Da mesma forma que as atribuições de poder concedente foram muitas vezes transferidas por lei a autarquias reguladoras unifederativas, podem também ser conferidas a autarquias plurifederativas (consórcios de direito público) regidas pela Lei n. 11.107/05. Note-se ainda que o art. 13, § 1º, I, da Lei determina a aplicação da legislação das concessões de serviços públicos aos contratos de programa dos consórcios públicos.

diante lei dos Entes que desejam consorciar-se, instrumento que, indo além do que normalmente é a função dos chamados "protocolos de intenções", já definirá os mais importantes aspectos do consórcio (arts. 4º e 5º, *caput*), Lei n. 11.107/05; arts. 4º e 5º, Decreto n. 6.017/2007); *(b)* contrato de formação do consórcio, que, no caso de ter personalidade jurídica de direito privado, revestirá a forma de um contrato social (art. 5º, Lei n. 11.107/05; art. 6º, Decreto n. 6.017/2007); *(c)* contrato de programa[10], no caso de o objeto do consórcio ser a gestão (direta ou através de delegatário privado) de serviço público, fixando concretamente os bens, serviços e pessoal com que cada um dos Entes consorciados contribuirá (arts. 4º, XI, *d*; 13; arts. 30 e 31, Decreto n. 6.017/2007); e *(d)* contratos anuais de rateio, em que serão fixados recursos financeiros que os Entes consorciados devem repassar ao consórcio (art. 8º, Lei n. 11.107/05; arts. 13 e subsequentes, Decreto n. 6.017/2007)[11].

A Lei n. 11.107/05, densificando o dispositivo constitucional em comento, dando tratamento inteiramente novo aos consórcios públicos, acrescenta novo elemento à evolução dos meios de prestação dos serviços públicos ao adotar uma fórmula original de prestação descentralizada por entidade plurifederativa da Administração Indireta – o consórcio –, que, por sua vez, pode delegar os serviços a ele conferidos à iniciativa privada através dos instrumentos já consagrados de delegação de serviços públicos (concessões, etc.).

Clássico exemplo de gestão associada ocorre na área de saneamento básico. No setor de distribuição de água e esgotamento sanitário, desde a criação do Plano Nacional de Saneamento (Planasa), em 1971, o serviço, de titularidade municipal, passou a ser prestado sobretudo por empresas públicas estaduais, principalmente por meio dos chamados contratos de programa, instrumentos intrinsecamente vinculados à gestão associada formalizada por meio de consórcio público ou convênio de cooperação.

Embora a Lei n. 14.026/2020 tenha buscado restringir a utilização dos contratos de programa, vedando a celebração de novos instrumentos desse tipo, o chamado Novo Marco Legal do Saneamento continuou prestigiando a disciplina insculpida no art. 241 em comento. Alterando a redação do art. 8º da Lei n. 11.445/2007, o Novo Marco previu, por exemplo, que "o exercício da titularidade dos serviços de saneamento poderá ser realizado também por gestão associada, mediante consórcio público ou convênio de cooperação, nos termos do art. 241 da Constituição Federal", observadas as disposições legais.

Art. 242. O princípio do art. 206, IV, não se aplica às instituições educacionais oficiais criadas por lei estadual ou municipal e existentes na data da promulgação desta Constituição, que não sejam total ou preponderantemente mantidas com recursos públicos.

§ 1º O ensino da História do Brasil levará em conta as contribuições das diferentes culturas e etnias para a formação do povo brasileiro.
§ 2º O Colégio Pedro II, localizado na cidade do Rio de Janeiro, será mantido na órbita federal.

Marcos Augusto Maliska

1. Jurisprudência

O Supremo Tribunal Federal, ao julgar o Recurso Ordinário em Mandado de Segurança n. 24.287, Rel. Min. Maurício Corrêa (*DJ* de 1º-8-2003), entendeu que o dever de sugerir ao presidente da República seis candidatos ao cargo de diretor-geral do Colégio Pedro II não implica adstrição do chefe do Poder Executivo à lista sêxtupla, conforme inteligência da expressão "de preferência" contida no § 1º do art. 20 da Lei 5.758/1971.

O Tribunal Regional Federal da 5ª Região, ao julgar a Apelação Cível – AC580745/CE (Autos 200981000081023, Relator: Desembargador Federal Ivan Lira de Carvalho – Convocado, *DJe* TRF5 10-3-2016), reformou a sentença de primeiro grau que havia julgado procedentes os pedidos do MPF e do MPE, para proibir Universidade Estadual e Instituições de Ensino e Faculdades a ela conveniadas, de procederem à cobrança de taxas, emolumentos ou quaisquer custeios de todos os alunos regularmente matriculados em Cursos de Graduação ou de Extensão. O Tribunal reafirmou a jurisprudência assentada na AC n. 333.188/CE, relator para acórdão (voto-condutor) Desemb. Federal Francisco Cavalcanti, quando a Segunda Turma do TRF 5ª Região, por maioria, deu parcial provimento à remessa oficial e à apelação, apenas para excluir do pagamento das taxas e emolumentos, os alunos de Universidade Estadual cujos correspondentes grupos familiares sejam isentos de imposto de renda. Entendeu-se que a Universidade Estadual foi criada por Lei Estadual de 1984 – antes, portanto, da promulgação do Texto Constitucional vigente –, sendo sustentada substancialmente com recursos obtidos junto à comunidade discente. Julgando os Embargos Infringentes na Apelação Cível n. 333.188/CE, o Pleno do TRF 5ª Região, manteve o entendimento de que ela está autorizada, nos termos da Constituição Federal, a efetuar cobrança de taxas escolares.

2. Comentários

2.1. Visão geral

O dispositivo constitucional aqui tratado não possui uma sistematicidade interna, pois trata de assuntos diversos dentro do tema educação, os quais o legislador constituinte entendeu como

---

10. Para as origens italianas do instituto, bem mais amplas que a conformada pela Lei n. 11.107/05, ver FERRARA, Rosario. *Gli Accordi di Programma*, CEDAM, Padova, 1993. Para uma acepção diversa dos acordos de programa, especificamente como instrumento de fomento econômico de empresas privadas, pioneiramente entre nós, MOREIRA NETO, Diogo de Figueiredo. Tese aprovada no XIX Congresso Nacional de Procuradores do Estado, realizado no Rio de Janeiro em novembro de 1995.

11. A lei fixa, então, "as bases principais da gestão associada. Seu âmbito e alcance devem estar plenamente delimitados, assim como as obrigações de cada ente, sobretudo aquelas de natureza econômica (contrato de rateio). A formalização destas condições, nas diversas fases (protocolo de intenções, contrato de programa, contrato de rateio), são igualmente vistas pela Lei como garantia da solidez de tal gestão associada, de responsabilização dos entes envolvidos e, em última instância, de continuidade do serviço público em questão. As formalidades acima referidas consistem em um limite para a gestão associada. A autorização para tal forma de cooperação deve constar expressamente do protocolo de intenções, e ela deve se fazer acompanhar, necessariamente, de contrato de programa (contribuições obrigacionais) e de contrato de rateio (contribuições econômicas)" MARQUES NETO, Floriano de Azevedo. *Os Consórcios no Direito Brasileiro*, disponível em www.manesco.com.br).

relevantes. Assim, o *caput* faz referência a uma exceção ao Princípio da Gratuidade do Ensino público em estabelecimentos oficiais, o § 1º trata do conteúdo do ensino da História do Brasil e o § 2º dispõe sobre um caso específico, a manutenção do Colégio Pedro II na órbita federal de ensino.

2.2. A Exceção ao Princípio da Gratuidade do Ensino público em estabelecimentos oficiais

A Constituição dispõe no art. 206, inciso IV que o ensino público será gratuito em estabelecimentos oficiais. Por sua vez, o art. 242, *caput*, afasta a aplicação da gratuidade das instituições educacionais oficiais, criadas por lei estadual ou municipal e existentes na data da promulgação da Constituição, que não sejam total ou preponderantemente mantidas com recursos públicos. Aufere-se desse dispositivo que o legislador constituinte não quis onerar os cofres estaduais e municipais com a transformação das instituições educacionais, que, quando da promulgação da Constituição, eram preponderantemente autofinanciadas, em instituições com oferta de ensino gratuito.

Note-se que a não gratuidade não retira a característica do ensino ofertado como "ensino público", visto que as instituições são de natureza jurídica pública. Essa compreensão é importante, pois ela baliza a interpretação de outros dispositivos constitucionais, como, por exemplo, o do art. 206, inciso VI que trata da gestão democrática. De igual modo a não gratuidade não tem o condão de retirar a instituição do regime jurídico administrativo de direito público quanto às normas de gestão financeira, administrativa, patrimonial e de recursos humanos.

2.3. Diversidade cultural e étnica no ensino da História do Brasil

O § 1º do art. 242 faz uma justa referência à necessidade de que o ensino da História do Brasil leve em conta as contribuições das diferentes culturas e etnias para a formação do povo brasileiro. Esse dispositivo está em sintonia com o preâmbulo e os Princípios Fundamentais da Ordem Constitucional fundada em 1988. A Constituição tem suas bases no compromisso com um multiculturalismo democrático. Para isso, ela reconhece, protege, promove, incentiva e harmoniza a diversidade cultural e étnica do povo brasileiro, não mais sob o pressuposto equivocado de que vivemos em uma democracia racial, mas a colocando como fim, ou seja, a Constituição compreende a cidadania como igualdade de oportunidades e respeito à diversidade.

Neste quadro, o ensino crítico da História, motivador de uma reflexão acerca das contradições que marcaram a formação do país é imprescindível. A rigor, uma sociedade multicultural tolerante exige muito da educação, seja familiar ou escolar, pois é ela que irá formar cidadãos que reconhecem e respeitam as diferenças.

Outro aspecto de grande relevância neste dispositivo constitucional encontra-se no reconhecimento de que nenhuma raça ou cultura é superior a outra, ou seja, a Constituição afasta qualquer ideia de supremacia racial que possa hierarquizar a sociedade sob o ponto de vista da origem, da raça ou da cultura dos grupos que a compõem.

2.4. Colégio Pedro II

O Colégio Pedro II é uma instituição de significativa importância para a formação do Estado Nação Brasileiro, pois junto com o Instituto Histórico e Geográfico Brasileiro e a Academia Imperial de Belas Artes integravam um projeto civilizatório mais amplo do Império do Brasil. A missão do Imperial Colégio de Pedro II no campo da Educação foi o de formar a elite nacional, ou seja, os quadros políticos e intelectuais para os postos da alta administração pública.

Referência na educação pública nacional, o Colégio tem hoje como missão "educar crianças e adolescentes, tornando-os capazes de responder às transformações técnicas, culturais, emocionais e sociais do mundo de hoje".

A sua manutenção na órbita federal de ensino é uma demonstração do Constituinte da vinculação que o Colégio tem com a sociedade brasileira como um todo, não sendo apenas um Colégio público do Rio de Janeiro, mas um Colégio público do Brasil. A galeria dos seus ilustres professores e ex-alunos é uma demonstração da importância do Colégio para a cultura do país. Ele, por certo, é uma referência da existência do Brasil como país e da identidade cultural da nação brasileira.

> **Art. 243.** As propriedades rurais e urbanas de qualquer região do País onde forem localizadas culturas ilegais de plantas psicotrópicas ou a exploração de trabalho escravo na forma da lei serão expropriadas e destinadas à reforma agrária e a programas de habitação popular, sem qualquer indenização ao proprietário e sem prejuízo de outras sanções previstas em lei, observado, no que couber, o disposto no art. 5º.
>
> **Parágrafo único.** Todo e qualquer bem de valor econômico apreendido em decorrência do tráfico ilícito de entorpecentes e drogas afins e da exploração de trabalho escravo será confiscado e reverterá a fundo especial com destinação específica, na forma da lei.

Carlos Alberto Molinaro[1]

A – REFERÊNCIAS

1. Origem do texto

"Emenda Constitucional n. 81, de 2014".

2. Constituições anteriores

As de 1824, 1891, 1934, 1937, 1967, 1967 c/EC 1/69 não previam a hipótese sob comento.

3. Direito internacional

Convenção Contra o Tráfico Ilícito de Entorpecentes e Substâncias Psicotrópicas. Viena, 20 de dezembro de 1988.

---

[1]. Agradecimento especial a Prof. Dra. Marcia Andrea Bühring pela leitura e revisão da atualização.

4. Direito nacional

4.1. Legislação infraconstitucional

Lei n. 11.343, de 23/08/2006. Institui o Sistema Nacional de Políticas Públicas sobre Drogas – Sisnad; prescreve medidas para prevenção do uso indevido, atenção e reinserção social de usuários e dependentes de drogas; estabelece normas para repressão à produção não autorizada e ao tráfico ilícito de drogas; define crimes e dá outras providências. Lei n. 8.257, de 26/11/1991. Dispõe sobre a expropriação das glebas nas quais se localizem culturas ilegais de plantas psicotrópicas e dá outras providências. Decreto n. 577, de 24/06/1992. Dispõe sobre a expropriação das glebas, onde forem encontradas culturas ilegais de plantas psicotrópicas, e dá outras providências. Decreto Legislativo n. 162, de 14/06/1991. Aprovação pelo Congresso Nacional da Convenção de Viena Contra o Tráfico Ilícito de Entorpecentes e Substâncias Psicotrópicas. Decreto n. 154, de 26/91. Promulga a Convenção Contra o Tráfico Ilícito de Entorpecentes e Substâncias Psicotrópicas.

4.2. Jurisprudência

MS 32.898 AgR, rel. min. Teori Zavascki, j. 9-9-2016, P, DJe de 23-9-2016. MS 26.192, rel. min. Joaquim Barbosa, j. 11-5-2011, P, DJe de 23-8-2011. SL 392 AgR, rel. min. Cezar Peluso, j. 9-12-2010, P, DJe de 9-2-2011. MS 25.284, rel. min. Marco Aurélio, j. 17-6-2010, P, DJe de 13-8-2010. RE 739.454 AgR, rel. min. Cármen Lúcia, j. 12-11-2013, 2ª T, DJe de 20-11-2013. RE 598.678 AgR, rel. min. Eros Grau, j. 1º-12-2009, 2ª T, DJe de 18-12-2009. RE 191.078, rel. min. Menezes Direito, j. 15-4-2008, 1ª T, DJe de 20-6-2008. MS 25.295, rel. min. Joaquim Barbosa, j. 20-4-2005, P, DJ de 5-10-2007. RE 161.552, rel. min. Ilmar Galvão, j. 11-11-1997, 1ª T, DJ de 6-2-1998. MS 22.193, rel. p/ o ac. min. Maurício Corrêa, j. 21-3-1996, P, DJ de 29-11-1996. RE 195.586, rel. min. Octavio Gallotti, j. 12-3-1996, 1ª T, DJ de 26-4-1996. RE 141.795, rel. min. Ilmar Galvão, j. 4-8-1995, 1ª T, DJ de 29-9-1995.

ADI 2.260 MC, rel. min. Moreira Alves, j. 14-2-2001, P, DJ de 2-8-2002.

STF – HC 74.368, Rel. Min. Sepúlveda Pertence, julg. em 19.04.2004

RE 543.974 MG, Rel. Min. Eros Grau (DJ 6-4-2009).

STJ: REsp 498.742, Rel. Des. Fed. José Delgado (DJ 24-11-2003); REsp 845.422 BA, Rel. Min. Humberto Martins (DJ 9-3-2007).

TRF-1: EDAC 53 BA, Rel. Des. Fed. Hilton Queiroz (DJ 29-11-2007).TRF-1ª Reg., 4ª T., Ap. Cív. 2000.33.00.000053-0, Rel. Des. Federal Hilton Queiroz, julg. Em 3-2-2004, publ. DJ de 12-2-2004.

TRF-2: AC 185.204 RJ, Rel. Juiz Fed. Conv. Carlos Guilherme Francovich Lugones (DJ 5-9-2008).

AC 171053 PE, Rel. Des. Fed. Araken Mariz (DJ 9-2-2001);

TRF-5. AC 181.603 PE, Rel. Des. Fed. Castro Meira (DJ 6-4-2001).

4.2.1. Repercussão geral

RE 635.336, rel. min. Gilmar Mendes, j. 14-12-2016, P, DJe de 15-9-2017, tema 399. RE 543.974, Rel. Min. Eros Grau, julgamento em 26-3-2009, Plenário, DJe de 29-5-2009. RE 638.491, rel. min. Luiz Fux, j. 17-5-2017, P, DJe de 23-8-2017, tema 647. AC 82 MC, rel. min. Marco Aurélio, j. 3-2-2004, 1ª T, DJ de 28-5-2004.

4.2.2. Súmulas

Súmula 652. Súmula 618.

5. Preceitos constitucionais relacionados

Art. 5º, XXIII, XXIV, XLIII, XLVI, b. EC 81/2014

6. Bibliografia selecionada

BODIN DE MORAES. Maria Celina. Interpretação e aplicação do disposto no artigo 243 da Constituição, que prevê a expropriação de glebas onde forem localizadas culturas ilegais de plantas psicotrópicas. Parecer civilistica.com a. 3. n. 1. 2014. Disponível em: http://civilistica.com/interpretacao-e-aplicacao-do-disposto-no-artigo-243-da-constituicao/ Acesso em: 16 mar. 2018. TAVARES, André Ramos; FERREIRA, Olavo A. V. Alves. LENZA Pedro (Coords.) Constituição Federal: 15 anos: mutação e evolução, comentários e perspectivas. São Paulo: Método, 2003. CARVALHO FILHO, José dos Santos. Manual de Direito Administrativo. 31. ed. Rio de Janeiro: Lumen Juris 2017. GRECO FILHO, Vicente. Tóxicos, Prevenção, Repressão 14. ed. São Paulo: Saraiva, 2011. GASPARINI, Diógenes. Direito Administrativo. 17. ed. São Paulo: Saraiva, 2012. NOBRE JR., Edilson Pereira. Expropriação dos bens utilizados para fins de tráfico ilícito de entorpecentes. Separata da Revista de Informação Legislativa. Brasília: Senado Federal, abril/junho 1995. PIETRO, Maria Sylvia Zanella. Direito Administrativo. 28. ed. São Paulo: Atlas, 2015. SILVA, Jose Afonso da. Curso de Direito Constitucional Positivo. 40. ed. São Paulo: Malheiros, 2017. PERLINGIERI, Pietro. O direito civil na legalidade constitucional. Rio de Janeiro: Renovar, 2008. DA SILVA. Afonso. Interpretação constitucional e sincretismo metodológico. In: Virgílio Afonso da Silva. Interpretação constitucional. São Paulo: Malheiros, 2004. GRAU. Eros. R. Ensaio e discurso sobre a interpretação e aplicação do direito. 3. ed. São Paulo: Malheiros, 2005. CHIASSONI. Pierluigi L'interpretazione della legge: normativismo semiotico, scetticismo, giochi interpretativi. In: Studi in memoria di Giovanni Tarello. vol. II. Milano: Giuffrè, 1990.

B – COMENTÁRIOS

O direito de usar, gozar e dispor de um bem, e de reavê-lo do poder de quem ilegalmente o possua, o direito de propriedade, está assegurado pela Constituição no seu art. 5º, XXII, todavia, no inciso XXIII, sagrou que a propriedade deverá atender a sua função social, mas não só, no art. 170, quando atribuiu a função de justiça social à ordem econômica, consagrou a propriedade como princípio constitucional (incluídos aí os meios de produção). Contudo, manteve a Carta de 1988 o instituto da desapropriação, isto é, o procedimento administrativo que impõe a rendição compulsória ao domínio público de propriedade pertencente a um particular, com a finalidade de atender necessidade pública, utilidade pública ou interesse social, assegurando, no entanto, prévia e justa indenização.

O artigo em comento merece maior atenção: trata-se do instituto da desapropriação ou, noutra perspectiva, constitui verdadeiro confisco? A doutrina controverte, parte inclina-se pela desapropriação, inclusive com as extensões de desapropriação-sanção ou desapropriação-confiscatória. Mais ainda, por que o constituinte e, do mesmo modo, o legislador infraconstitucional utilizaram a expressão *expropriação* no lugar de *desapropriação*? Desapropriar e expropriar possui igual significado, e em que medida? Essas perguntas reclamam resposta. Certamente, do ponto de vista lexical não há distinção entre os verbos desapropriar e expropriar, isto é, retirar o próprio, da mesma forma os substantivos desapropriação e expropriação reveladores do ato de privar do alguém do próprio. Contudo, semasiologicamente tais palavras apresentam outra moldura conceitual na língua portuguesa. Expropriar, no sentido político, sociológico e mesmo antropológico, significa, entre outras possíveis, a situação de retirar de alguém o que lhe é próprio, de desapossar no sentido de submissão, punição, flagício, não importando qualquer mecanismo compensatório. Desapropriar, por sua vez, denota um significado jurídico qualificado: a intervenção do Estado na propriedade privada com o objetivo de subtrair do proprietário o domínio de um bem, por utilidade, necessidade pública ou interesse social, com prévia e justa indenização.

Como fica então o *modelo reitor* contido no artigo em comento? Tem-se que se desapropriação fosse, à evidência, precedida da devida declaração estipulativa da finalidade, impor-se-ia, no curso regular, a prévia e justa indenização. E, parece, não procede a caracterização de desapropriação-sanção, pois mesmo no caso das desapropriações dos imóveis que não cumprem com a função social, no paradigma da reforma agrária (sanção imposta), seus proprietários ou possuidores são compensados pelas perdas que sofrerem. Portanto, duas são as situações que precisam ser enfrentadas. Em primeiro lugar, atente-se para a má técnica utilizada pelo constituinte; na verdade, ele dispôs no *caput* um enunciado que parece revelar a intenção de confiscar glebas de terras onde o proprietário ou possuidor afronta o direito; nesse sentido, o poder público tem ação direta com fundamento na antijuridicidade da prática do cultivo (o cultivo legal de plantas psicotrópicas está devidamente regulamentado pelo órgão sanitário do Ministério da Saúde – Serviço Nacional de Fiscalização e Farmácia do Ministério da Saúde), cujo procedimento está regulado pelas normas contidas na Lei n. 8.257/91 e Decreto n. 577/92. Em segundo lugar, dispõe no parágrafo único o *confisco* de bens (diz o texto "todo e qualquer de valor econômico") em decorrência do tráfico de entorpecentes (*vide* comentário ao art. 5º, XLIII e XLI, *b*). Note-se que tal disposição está conformando a obrigação que assumiu o Estado brasileiro na adesão que fez a Convenção Contra o Tráfico Ilícito de Entorpecentes e Substâncias Psicotrópicas, há exatos dois meses após a promulgação da Carta de 1988. Portanto, temos aí dois enunciados cujos conteúdos induzem significados que os individualizam; nesse sentido, como é sabido, manda a técnica legislativa que os parágrafos têm função analítica voltada para a compreensão ou explicação de juízos complexos, mediante o estabelecimento de definições, restrições ou exceções ao texto do *caput* do artigo, técnica esta não observada pelo constituinte de 1988. De qualquer modo, temos que na cabeça do artigo se constitucionaliza o confisco pelo abuso do proprietário ou possuidor no exercício de seu direito, e pelo resultado produzido ou por produzir-se com tal exercício; na situação prevista no parágrafo único, tem-se a figura do confisco, não mais como um exercício de ação própria do poder público, sim efeito da condenação em crime devidamente tipificado.

O artigo em comento foi devidamente regulamentado pela Lei n. 8.257, de 27-11-1991, que introduziu na processualística brasileira um procedimento judicial típico objetivando a expropriação (confisco) das glebas (terras, imóveis) rurais onde seja praticado o cultivo ilegal de plantas psicotrópicas, e a mesma lei é que vai definir o que são plantas psicotrópicas (art. 2º). De igual modo, o Decreto n. 577, de 24-6-1992, confere à Polícia Federal competência legal para o exercício de *ato de polícia*, via relatório técnico, que substitui a declaração de utilidade, necessidade pública ou interesse social, exigida para as desapropriações, e peça indispensável para a pertinente ação processual expropriatória (confisco). Observe-se que a competência é exclusiva da União. Impende, ainda, ter presente que o mandamento constitucional previamente define o destino que deve ser dado às glebas rurais confiscadas: *ao assentamento de colonos, para o cultivo de produtos alimentícios e medicamentosos*. Com esta elocução quis o constituinte desagravar a sociedade pela conduta antijurídica do expropriado, dando uma finalidade ao bem compatível com o princípio da função social da propriedade, ademais do efeito pedagógico, tanto para as políticas agrárias como para as de natureza criminal.

O concílio pretoriano ainda está para ser construído, especialmente com relação à natureza do articulado pela Carta de 1988, e a aplicação do princípio da proporcionalidade nos casos em que incide o preceito constitucional. O Supremo Tribunal Federal, pelo Min. Eros Grau (*vide* referência *supra*) pronunciou-se sobre a extensão da área objeto de confisco, entendendo que, quando a Constituição fala em gleba, está referindo-se a toda a propriedade, e não parte da mesma onde se realizava o cultivo ilegal. Ademais, os tribunais brasileiros (cf. referências *supra*), em especial o TRF da 5ª Região (*ib.*), vêm julgando o maior número de casos onde incide o conteúdo do artigo em comento, tendo sido reconhecida a natureza jurídica de pena, pois destituída de compensação financeira. Há consenso pretoriano, ao contrário do que União vem postulando (responsabilidade objetiva), é que o direito brasileiro privilegia a responsabilidade subjetiva, e nesta perspectiva, sim, é válida a perquirição da culpa em todas as suas modalidades, até mesmo pelo preceito fundamental contido no art. 5º, XLVI, portanto, deve-se investigar a culpabilidade do expropriado (confiscado).

Art. 244. A lei disporá sobre a adaptação dos logradouros, dos edifícios de uso público e dos veículos de transporte coletivo atualmente existentes a fim de garantir acesso adequado às pessoas portadoras de deficiência, conforme o disposto no art. 227, § 2º.

Maria Celina Bodin de Moraes
Ana Carolina Brochado Teixeira

1. História da norma

No Brasil, a tutela da pessoa com deficiência começou, de forma embrionária, na Constituição de 1934, que determinava, em seu art. 138, caber a todos os entes federados "assegurar amparo aos desvalidos, criando serviços especializados e animando os serviços sociais, cuja orientação procurarão coordenar". A Constituição de 1946, no art. 157, XVI, faz breve menção ao direito à previdência do trabalhador que se tornar inválido; no mesmo sentido, a Constituição de 1967, art. 158, XVI. A Emenda Constitucional n. 1, de 1969, mencionou de forma específica a pessoa com deficiência ao acrescentar um parágrafo (4º) ao art. 175, nos seguintes termos: "Lei especial sobre a assistência à maternidade, à infância e à adolescência e sobre a educação de excepcionais". No âmbito do Direito Internacional (vide item 4), na década de 1970 teve início um movimento mundial preocupado com a inclusão da pessoa com deficiência, bem como o seu tratamento jurídico diferenciado. Inspirada nas Resoluções da ONU, no Brasil foi editada a Emenda Constitucional n. 12, de 1978. O conteúdo da Emenda compreendia os principais direitos das pessoas portadoras de deficiência (educação, assistência e reabilitação, proibição de discriminação e acessibilidade). Nessa matéria, a Constituição de 1988 pouco inovou em termos objetivos, tendo mantido os direitos já previstos na referida emenda, embora de forma mais detalhada e específica. No entanto, fruto também de uma tendência mundial, em uma década (entre 1978 e 1988) a compreensão sobre o tema mudou radicalmente e assim também a interpretação a ser dada aos dispositivos de proteção das "pessoas portadoras de deficiência", denominação que tomou o lugar do termo anterior "deficiente", sublinhando a ideia de que portar alguma deficiência em nada diminui a qualidade da pessoa. O Estatuto foi além para denominá-las simplesmente "pessoas com deficiência".

2. Constituições brasileiras anteriores

Emenda Constitucional n. 1/69 (contém a primeira remissão específica ao deficiente); Emenda Constitucional n. 12/78, dotada de um único dispositivo, a saber: "É assegurado aos deficientes a melhoria de sua condição social e econômica especialmente mediante: I – educação especial e gratuita; II – assistência, reabilitação e reinserção na vida econômica e social do País; III – proibição de discriminação, inclusive quanto à admissão ao trabalho ou ao serviço público e a salários; IV – possibilidade de acesso a edifícios e logradouros públicos".

3. Constituições estrangeiras

Constituição da Itália, art. 38; Constituição da Espanha, art. 49; Constituição de Portugal, art. 71; Constituição do Uruguai, art. 46.

4. Direito internacional

Resolução 2.856 das Nações Unidas (Declaração dos Deficientes Mentais), de 1971; Resolução 30/84 das Nações Unidas (Declaração dos Direitos das Pessoas Portadoras de Deficiências), de 1975; Resolução 34/154 das Nações Unidas (determinou o ano de 1981 como o Ano Internacional das Pessoas Deficientes), de 1979; Resolução 37/52 das Nações Unidas (Programa de Ação Mundial para as Pessoas Deficientes), de 1982; Convenção n. 159 da Organização Internacional do Trabalho – OIT (Reabilitação Profissional e Emprego de Pessoa Deficiente), de 1983, ratificada em 1991; Convenção Interamericana para Eliminação de Todas as Formas de Discriminação contra as Pessoas Portadoras de Deficiência (Convenção da Guatemala), de 1999, ratificada pelo Brasil em 2001; Convenção da ONU sobre os Direitos das Pessoas com Deficiência, de 2007, ratificada com *quórum* qualificado por meio do Decreto Legislativo n. 186, de 2008, vindo a adquirir *status* constitucional conforme previsão do § 3º do art. 5º da CF.

5. Dispositivos constitucionais e legais relacionados

5.1. Constitucionais

Art. 1º, III (funda a República na dignidade da pessoa humana); art. 3º, III e IV (estabelecem os princípios da solidariedade social e da igualdade substancial); art. 23, II (determina competência comum dos entes federados no que se refere aos cuidados relativos à saúde, assistência social, proteção e garantia das pessoas portadoras de deficiência); art. 24, XIV (determina a competência concorrente da União, dos Estados e do Distrito Federal de legislar sobre a proteção e a integração social das pessoas portadoras de deficiência); art. 227, § 1º, II (determina a criação de programas de prevenção, atendimento especializado e integração social para os portadores de deficiência) e art. 227, § 2º (determina que a legislação garanta a acessibilidade aos portadores de deficiência quanto a novas construções de logradouros e edifícios de uso público e fabricação de veículos de transporte coletivo).

5.2. Legais

Lei n. 7.405/85 (torna obrigatória a colocação do "Símbolo Internacional de Acesso" em todos os locais e serviços que permitam sua utilização por pessoas portadoras de deficiência); Lei n. 7.853/89 (dispõe sobre o apoio e integração social aos portadores de deficiência, sobre a Coordenadoria Nacional para Integração da Pessoa Portadora de Deficiência – CORDE, institui a tutela jurisdicional de interesses coletivos ou difusos dessas pessoas, etc.); Lei n. 8.160/91 (dispõe sobre a caracterização de símbolo que permita a identificação de pessoas portadoras de deficiência auditiva); Lei n. 8.899/94 (concede passe livre às pessoas portadoras de deficiência, comprovadamente carentes, no sistema de transporte coletivo interestadual); Medida Provisória n. 1.799-6/99 (cria o Conselho Nacional dos Direitos da Pessoa Portadora de Deficiência – CONADE); Decreto n. 3.298/99 (chamado Estatuto das Pessoas com Deficiência – regulamenta a Lei n. 7.853/89, dispõe sobre a Política Nacional para a Integração da Pessoa Portadora de Deficiência e consolida as normas de proteção); Leis n. 10.048/2000 e n. 10.098/2000 (estabelecem normas gerais e critérios básicos de acessibilidade para as pessoas portadoras de deficiência ou com mobilidade reduzida); Decreto n. 3.691/2000 (regulamenta a Lei n. 8.899/94); Lei n. 10.226/01 (acrescenta parágrafos ao art. 135 do Código Eleitoral, determinando a expedição de instruções sobre a escolha dos locais de votação de mais fácil acesso para o eleitor deficiente físico); Lei n. 10.182/01 (restaura a vigência da Lei n. 8.989/95, que dispõe sobre a isenção do Imposto sobre Produtos Industrializados (IPI) na aquisição de automóveis destinados ao uso de portadores de deficiência física; reduz o imposto de importação para os produtos que especifica); Decreto n. 3.956/01 (promulga a Convenção Interamericana para a Eliminação de Todas as Formas de Discriminação contra as Pessoas Portadoras de Deficiência); Decreto n. 5.296/04 (regulamenta as Leis n. 10.048/2000 e n. 10.098/2000); Lei n. 11.126/05 (dispõe sobre o direito do portador de deficiência visual de ingressar e permanecer em ambientes de uso coletivo acompanhado de cão-guia); Lei n. 13.146/15 (institui o Estatuto da Pessoa com Deficiência); Lei n. 13.443/17 (altera a Lei n. 10.098/2000 para estabelecer a obrigatoriedade da oferta, em espaços de uso público, de brinquedos e equipamentos adaptados para utilização por pessoas com deficiência, inclusive visual, ou com mobilidade reduzida; Lei n. 13.585/17 (institui a semana nacional da pessoa com deficiência intelectual e múltipla).

6. Jurisprudência

STF, ADI-MC 903, rel. Min. Celso de Mello, j. em 14-10-1993, *DJ* de 24-10-1997 (ação direta de inconstitucionalidade contra a Lei estadual n. 10.820/92, que exigia adaptação dos veículos de transporte coletivo intermunicipal para a pessoa portadora de deficiência física; declarada constitucional a lei, ao fundamento de ser a matéria sujeita à legislação concorrente, de modo que o Estado-membro tem competência legislativa plena); STF, ADI 2.649, rel. Min. Cármen Lúcia, j. em 8-5-2008, *DJ* de 17-10-2008 (declara constitucional a Lei n. 8.899/2004, que garante o passe livre no transporte interestadual para pessoas deficientes e comprovadamente carentes, afastando, especificamente, ofensa ao princípio da igualdade, ao fundamento de que a lei em questão teria dado forma justa ao direito do usuário que, pela sua diferença, haveria de ser tratado nesta condição desigual para se igualar nas oportunidades de ter acesso àquele serviço público); STF, AI 597.808, rel. Min. Cármen Lúcia, decisão monocrática, j. 28-10-2008, *DJ* de 13-11-2008 (condena o Estado de São Paulo a realizar adaptações em prédio público onde funciona escola, para facultar acesso a deficientes); STF, RE 440.028/SP, 1ª T., Rel. Min. Marco Aurélio, publ. *DJe*-232, 26-11-2013 (acesso a prédios públicos por portadores de necessidades especiais deve ser viabilizado pela Administração); STF, MC em ADI 5357/DF, Rel. Min. Edson Fachin, *DJ* de 20-11-2015 (mantém obrigações a escolas determinadas pelo Estatuto da Pessoa com Deficiência); STJ, 3ª T., REsp 677.872, rel. Min. Nancy Andrighi, rel. p/ acórdão Min. Humberto Gomes de Barros, j. em 28-6-2005, *DJ* de 8-5-2005 (determina a necessidade de lei específica para regulamentar a Lei n. 8.899/94, no que se refere ao transporte aéreo gratuito à pessoa portadora de deficiência, com base no princípio do equilíbrio do contrato de concessão); STJ, REsp 1.107.981/MG, 4ª T., Rel. Min. Luís Felipe Salomão, Rel. p/ acórdão Min. Isabel Gallotti, publ. *DJe* 1º-6-2011 (não há direito à instalação de terminal de autoatendimento específico para necessidades especiais de um portador quando a agência já segue os parâmetros legais para portadores de necessidades especiais em geral); STJ, REsp 1.611.915, 4ª T., Rel. Min. Marco Buzzi, j. 6-12-2018, *DJe* 4-2-2019 (cadeirante submetido a tratamento indigno ao entrar na aeronave, por falta de meios materiais ao ingresso desembaraçado no avião); STJ, REsp 1.912.548, 3ª T., Rel. Min. Nancy Andrighi, j. 4-5-2021, *DJe* 7-5-2021 (falta de acessibilidade pode gerar compensação por danos morais em caso de cadeirante que não conseguiu assistir a evento do local onde comprou ingressos); STJ, REsp 1.691.899, 3ª T., Rel. Min. Marco Buzzi, j. 8-11-2022, *DJe* 24-11-2022 (possibilidade de a parte utilizar a expressão paraolímpico, já que tem como objetivo promover a inclusão social de pessoas com necessidades especiais, inclusive no que se refere à acessibilidade).

7. Referências bibliográficas

ARAÚJO, Luiz Alberto David. *Defesa dos direitos das pessoas portadoras de deficiência*. São Paulo: Revista dos Tribunais, 2006; ARAÚJO, Luiz Alberto David. *A proteção constitucional das pessoas portadoras de deficiência*. 3. ed. Brasília: CORDE, 2001; ASSIS, Olney Queiroz de; POZZOLLI, Lafayette. *Pessoa portadora de deficiência*: direitos e garantias. 2. ed. São Paulo: Damásio de Jesus, 2005; BASTOS, Celso Ribeiro; MARTINS, Ives Gandra. *Comentários à Constituição do Brasil*. 9. ed. São Paulo: Saraiva, 1998, v. 9; CRUZ, Álvaro Ricardo Souza. *O direito à diferença*: as ações afirmativas como mecanismo de inclusão social de mulheres, negros, homossexuais e pessoas portadoras de deficiência. 2. ed. Belo Horizonte: Del Rey, 2005; DE PAULA, Paulo Afonso Garrido; FÁVERO, Eugenia Augusta Gonzaga. *Direito das pessoas com deficiência*. Rio de Janeiro: WVA, 2004; MORTARI, Liliana Marcadante. *Direitos da pessoa portadora de deficiência*. São Paulo: Max Limonad, 1997.

8. Comentários

8.1. Antecedentes históricos

A preocupação mundial com a tutela do deficiente remonta à primeira metade do século XX, como resultante das duas guerras mundiais, que acabaram por provocar um grande número de deficientes físicos e sensoriais. Diante disso, os Estados não tiveram outra alternativa que não a proteção dessas pessoas; paralelamente, cresceu, também, os movimentos de tutela aos deficientes. No Brasil, entretanto, as causas são outras: "Nosso índice assustador se deve aos acidentes de trânsito, à carência alimentar e à falta de condições de higiene. Essa taxa da deficiência no Brasil, que atinge dez por cento da população, fato reconhecido pela ONU, só recentemente resultou em preocupação constitucional"[1].

8.2. Amplitude do conceito de pessoa com deficiência

A Resolução da ONU de 1975 sustentava que deficiente é a pessoa "incapaz de assegurar por si mesma, total ou parcialmente, as necessidades de uma vida individual ou social normal, em decorrência de uma deficiência, congênita ou não, em suas capacidades físicas ou mentais". Diversamente, o Estatuto da Pessoa com deficiência (Lei n. 13.146/2015) afirmou, em seu art. 2º: "considera-se pessoa com deficiência aquela que tem impedimento de longo prazo de natureza física, mental, intelectual ou sensorial, o qual, em interação com uma ou mais barreiras, pode obstruir sua participação plena e efetiva na sociedade em igualdade de condições com as demais pessoas". Percebe-se, portanto, a ampliação do conceito de pessoa com deficiência, de modo a valorar qualquer déficit físico ou cognoscitivo que dificulte a vida humana dentro dos "padrões de normalidade", de modo a considerar toda e qualquer dificuldade (*rectius*, vulnerabilidade) sofrida pela pessoa e o seu impacto na funcionalidade da vida. Diante disso, a pessoa que está doente é deficiente – mesmo que temporariamente – pois sofre de um déficit que pode impedi-la

---

1. ARAÚJO, Luiz Alberto David. *Defesa dos direitos das pessoas portadoras de deficiência*. São Paulo: Revista dos Tribunais, 2006.

de realizar total interação no mundo social; e a ela deve ser garantido o direito de acesso, na medida da sua doença – ou deficiência. De acordo com o Censo de 2000, 24,6 milhões de pessoas declararam-se portadoras de algum tipo de deficiência, então correspondente a 14,5% do total da população brasileira; o Censo de 2010, por seu turno, registrou o crescimento desse dado para 45,6 milhões de pessoas com alguma deficiência, equivalente a 23,9% da população do Brasil[2].

A sociedade atual, moldada pelos princípios constitucionais, é inclusiva e plural, de modo que a pessoa com deficiência "precisa de uma atenção especial, a fim de que possa se realizar no campo da locomoção, coordenação de movimentos, compreensão da linguagem falada ou escrita ou no relacionamento com outras pessoas"[3]. É o que se denomina de acessibilidade: a garantia de acesso a bens, a locais, a informações, a todas as pessoas com deficiência. Logo, o dispositivo em análise apresenta um dúplice caráter: inclusivo e promocional, lançando-se como instrumento viabilizador da cidadania e do exercício de direitos fundamentais, notadamente do direito de ir e vir. Trata-se de um dispositivo que visa garantir a democracia. Sob esse prisma constitucional, a exigência de condições mínimas de acesso ao deficiente é um dever primordialmente da Administração Pública, com a finalidade de oferecer condições para se reduzir as vulnerabilidades advindas da deficiência, para se alcançar maior inclusão social. A norma em comento tem como base o princípio da dignidade da pessoa humana, que determinou a centralidade da tutela da pessoa humana concreta no ordenamento jurídico, de modo que a proteção diferenciada à pessoa portadora de deficiência deve acontecer na exata medida da sua deficiência ou da sua vulnerabilidade.

Chama-se a atenção especialmente para a reformulação ocorrida na legislação reguladora da tutela aos deficientes mentais e intelectuais, antes de caráter reconhecidamente repressor. A Lei n. 10.216, de 2001, substituiu o afastamento do grupo social (internação em manicômio ou hospital psiquiátrico) por um novo modelo assistencial em saúde mental, cuja finalidade precípua é a "reinserção social do paciente no meio social". No art. 2º prevê, entre os direitos da pessoa portadora de transtorno mental, o de ser "tratada com humanidade e respeito e no interesse exclusivo de beneficiar sua saúde, visando alcançar sua recuperação pela inserção na família, no trabalho e na comunidade" (II), o de ter livre acesso aos meios de comunicação disponíveis (VI), o de receber o maior número de informações a respeito de sua doença e de seu tratamento (VII), o de ser tratada pelos meios os menos invasivos possíveis (VIII). Agora, com o Estatuto da Pessoa com Deficiência, a humanização do tratamento das pessoas portadoras de algum tipo de deficiência ficou ainda mais evidente, garantindo-lhe o exercício dos mais diversos direitos fundamentais relevantes para sua tutela integral: igualdade e não discriminação – a fim de lhes resguardar, também, o exercício pessoal dos direitos de personalidade, em face da dificuldade funcional em se separar titularidade e exercício destes –, atendimento prioritário, habilitação e reabilitação, saúde, educação, moradia, trabalho, assistência social, previdência social, cultura, esporte, turismo, lazer, transporte e mobilidade. Com o objetivo de orientar a adequação das atividades dos órgãos do Poder Judiciário e de seus serviços auxiliares às determinações da CDPD e do EPD, o Conselho Nacional de Justiça – CNJ editou a Resolução 230 de 22-6-2016, que tem seção específica sobre a acessibilidade dos usuários do serviço público, com especial destaque para atendimento ao público, adaptações arquitetônicas, acesso facilitado ao transporte público nos locais próximos aos postos de atendimento (art. 4º).

8.3. O direito à acessibilidade

A amplitude da expressão pessoa com deficiência deve ser considerada para abranger a tutela mais efetiva possível também no que tange ao correlato direito ao acesso: "A palavra 'acesso', no caso, não se restringe à entrada no veículo ou bem público, mas significa a sua plena utilização. Desta forma, na hipótese de transporte aéreo de passageiros, se faz necessária a utilização de linguagem mímica, de modo a que os portadores de deficiência auditiva venham a entender as recomendações de segurança de voo ou outros avisos importantes"[4]. Diante disso, o que se pretende é a eliminação de todo tipo de barreiras que impeça ou dificulte o livre trânsito da pessoa portadora de algum tipo de deficiência, de modo a obstar sua inclusão na vida pública e privada. Por isso a relevância do direito ao acesso, que deve ser interpretado como parte importante de uma política de mobilidade urbana apta a promover inclusão social, redução das desigualdades, maior equiparação de oportunidades e cidadania das pessoas com deficiência, de forma a garantir seus direitos fundamentais.

A acessibilidade é bastante ampla, pois "começa na cabeça de quem projeta – arquitetos e engenheiros –, passa por quem constrói, reforma ou presta serviços ao público – construtores, engenheiros, técnicos, empresas, concessionárias de água, luz, transportes etc. –, e termina nas mãos de quem autoriza, fiscaliza e certifica obras e serviços – técnicos da Prefeitura. Assim, a principal ação por parte dos gestores municipais deve ser a implantação de um amplo programa de informação, orientação, capacitação, obras e fiscalização, que possa estabelecer diretrizes e procedimentos de atuação para os profissionais das áreas de projeto e construção, para a iniciativa privada e para os servidores públicos, a fim de atender as obrigações legais na construção, reforma e prestação de serviços dos sistemas urbanos – edificações, vias pú-

---

2. As deficiências abordadas pelo questionário do Censo em 2000 foram: "A existência de deficiência mental permanente que limite as atividades habituais, como trabalhar, ir à escola, brincar, entre outras; avaliação da capacidade de enxergar, de ouvir; de caminhar e subir escadas; a existência de alguma deficiência física, como paralisia permanente total, paralisia permanente das pernas, paralisia permanente de um dos lados do corpo e falta de alguma das seguintes partes do corpo: perna, braço, mão, pé ou dedo polegar". Os dados indicados encontram-se disponíveis em: <http://www.ibge.gov.br/ibgeteen/datas/deffisica/censo2000.html>. Acesso em 25 jan. 2009. Em relação ao Censo de 2010, "foi pesquisada a existência dos tipos de deficiência permanente: visual, auditiva e motora, de acordo com o seu grau de severidade, e, também, mental ou intelectual". Os dados sobre o Censo de 2010 estão em https://biblioteca.ibge.gov.br/visualizacao/periodicos/94/cd_2010_religiao_deficiencia.pdf. Acesso em 30.03.2018.

3. CRUZ, Álvaro R. Souza. O direito à diferença: as ações afirmativas como mecanismo de inclusão social de mulheres, negros, homossexuais e pessoas portadoras de deficiência. 3. ed. Belo Horizonte: Ed. Arraes, 2009, p. 95.

4. ARAÚJO, Luiz Alberto David. Defesa dos direitos das pessoas portadoras de deficiência. Disponível em: <http://www.mp.rs.gov.br/dirhum/doutrina/id248.htm>. Acesso em 1º fev. 2009. Para garantir a acessibilidade da pessoa deficiente ao transporte aéreo, a ANAC editou resolução no sentido de garantir e facilitar sua mobilidade também neste meio de transporte. Disponível em: <http://www.mpdft.gov.br/sicorde/ResolucaoAnac0092007.pdf>. Acesso em 27 jan. 2009.

blicas, mobiliário urbano e transportes –, e assim promover a inclusão econômica e social das pessoas com deficiência ou mobilidade reduzida"[5]. Assim, a deficiência que se busca sanar prioritariamente é aquela ligada à dificuldade de locomoção, por atender a um maior número de deficientes[6]. Mas a ideia consolidada pelo Estatuto é muito ampla, pois visa tutelar também o acesso à informação, à comunicação, à tecnologia assistiva que maximize sua autonomia, mobilidade pessoal e qualidade de vida, além de efetivação da participação na vida pública e política.

O objetivo maior dos dispositivos constitucionais relativos aos portadores de deficiência é a sua integração social, de modo que a pessoa possa interagir com a sociedade, trabalhar, divertir-se, ser aceito como qualquer pessoa que atende aos padrões ditos de normalidade. O direito à integração social passa por diversos direitos, tais como "direito à saúde, pelo direito ao trabalho – protegido ou não –, direito à vida familiar, direito à eliminação das barreiras arquitetônicas e, inegavelmente, pelo direito à igualdade"[7].

A preocupação com a tutela do deficiente físico vem sendo foco constante de edição de resoluções da ONU. Embora a Resolução que trata dos Direitos das Pessoas Portadoras de Deficiência das Nações Unidas e Protocolo Facultativo seja de 1975, ela foi assinada pelo Brasil em 2007, que se comprometeu a dar efetividade às suas medidas e cuja ratificação deu-se através da promulgação do Decreto Legislativo n. 186, de julho de 2008 e regulamentação por meio do Estatuto, em 2015. Um dos pontos expressos da Convenção é o direito de acesso. Assim, com a finalidade de "possibilitar às pessoas com deficiência viver com autonomia e participar plenamente de todos os aspectos da vida, os Estados-partes deverão tomar as medidas apropriadas para assegurar-lhes o acesso, em igualdade de oportunidades com as demais pessoas, ao meio físico, ao transporte, à informação e comunicação, inclusive aos sistemas e tecnologias da informação e comunicação, bem como a outros serviços e instalações abertos ou propiciados ao público, tanto na zona urbana como na rural", conforme prevê seu art. 10.

O que se visa é que o ambiente possa adaptar-se à realidade dos deficientes – e não o contrário, de modo que o espaço urbano, o transporte público e os chamados "espaços tecnológicos" possam acolhê-lo como o fazem com qualquer outra pessoa. Trata-se da concretização, em termos específicos, do direito à livre mobilidade pessoal.

Mas para que haja maior e efetiva inclusão social, não se trata apenas do deficiente físico com dificuldade de locomoção. Os ambientes – no sentido mais amplo da palavra – devem sofrer fortes adaptações para receber todos os tipos de pessoas com deficiência – vez que este conceito também é bastante amplo –, tais como os deficientes visuais, auditivos, mentais, enfim, as pessoas com maior ou menor fragilidade na sociedade. Também os locais devem estar preparados para todos os graus de deficiência: desde a pessoa que necessita de andar de bengala até de cadeira de rodas. Além disso, os deficientes visuais necessitam de guias, indicações em braile e semáforos sonoros em edifícios públicos, para garantir seu acesso e livre circulação no interior dos mesmos.

8.4. A efetivação do direito de acesso

Para efetivação de tais direitos, o ônus de adaptação dos ambientes não pertence apenas ao Poder Público, mas também aos particulares, para que as pessoas portadoras de deficiência tenham condições dignas de acesso a todos os ambientes, em todos os níveis. "Já não se pensa ou age segundo o ditame de 'a cada um o que é seu', mas 'a cada um segundo a sua necessidade'. E a responsabilidade pela produção desses efeitos sociais não é exclusiva do Estado, senão que de toda a sociedade"[8].

Nesse sentido é que enquanto o art. 227, § 2º, da CF disciplina a construção adequada de novos prédios, logradouros e veículos, o art. 244 determina a adaptação dos já existentes, de modo a dar efeito imediato à norma constitucional. Assim, é preciso que apenas sejam aprovados projetos arquitetônicos que tenham condições de acesso, tais como rampas, banheiros adaptados, principalmente em edifícios públicos.

Com a finalidade de concretizar este objetivo constitucional, foi editada a Lei n. 7.853/89, que imputa ao Poder Público o dever de assegurar aos portadores de deficiência direitos básicos, para que possam se realizar como pessoa (art. 2º). Além disso, devem dar tratamento prioritário e adequado, para viabilizar, na área das edificações, "a adoção e efetiva execução de normas que garantam a funcionalidade das edificações e vias públicas, que evitem ou removam os óbices às pessoas portadoras de deficiência, permitam o acesso destas a edifícios, a logradouros e a meios de transporte" (art. 2º, parágrafo único, V, a). Ainda com a finalidade de alcançar este objetivo, o Decreto n. 3.298/99 estabelece no art. 7º, I, como o primeiro objetivo concreto da "Política Nacional para a Integração da Pessoa Portadora de Deficiência", "o acesso, o ingresso e a permanência da pessoa portadora de deficiência em todos os serviços oferecidos à comunidade". Trata-se de viabilizar o acesso a todos os locais para, garantindo sua mobilidade física, assegurar sua inclusão social. Com a assimilação dessa nova diretriz, formou-se o conceito de "Desenho Universal", que determina a construção de cidades adaptadas às mais diversas necessidades individuais, para atender não apenas o anseio da maioria, mas também às peculiaridades da minoria[9]. Para a implementação do Desenho Universal, foram criadas inúmeras normas técnicas de acessibilidade, referendadas pela Associação Brasileira de Normas Técnicas – ABNT, para os novos projetos de edificações, vias públicas, mobiliário urbano, caixas de autoatendimento bancário, veículos automotores, transportes coletivos ferroviário, rodoviário, aéreo e aquaviário, dentre outros[10].

---

5. Disponível em: <http://www.cidades.gov.br/secretarias-nacionais/transporte-e-mobilidade/arquivos/Brasil%20 Acessivel%20-%20 Caderno%204.pdf>. Acesso em 1º fev. 2009.

6. Nesse sentido, BASTOS, Celso Ribeiro; MARTINS, Ives Gandra. *Comentários à Constituição do Brasil*. 9. São Paulo: Saraiva, 1998, v. 9, p. 155-156.

7. ARAÚJO, Luiz Alberto David. *Defesa dos direitos das pessoas portadoras de deficiência*. Disponível em: <http://www.mp.rs.gov.br/dirhum/doutrina/id248.htm>. Acesso em 1º jan. 2009.

8. STF, ADI 2.649, Rel. Min. Cármen Lúcia, *DJ* de 17.10.2008.

9. "Concepção de espaços, artefatos e produtos que visam atender simultaneamente todas as pessoas, com diferentes características antropométricas e sensoriais, de forma autônoma, segura e confortável, constituindo-se em elementos ou soluções que compõem a acessibilidade" (Decreto federal n. 5.296/2004).

10. As normas da ABNT sobre acessibilidade estão disponíveis gratuitamente na Internet: http://www.pessoacomdeficiencia.gov.br/app/normas-abnt. Acesso em 30.03.18.

De outro lado, por exemplo, as novas instituições de ensino superior, antes de obter o credenciamento, estão obrigadas, por força da Portaria MEC n. 3.284/2003, a instalar elevadores ou rampas com corrimãos, eliminar barreiras arquitetônicas, adaptar portas e banheiros com espaço suficiente para permitir o acesso de cadeiras de rodas, colocar barras de apoio nas paredes dos banheiros, reservar vagas nos estacionamentos próximos às unidades de serviço, ou seja, todo o espaço físico da instituição deve ser adaptado, para que o portador de deficiência possa ter acesso a todos os espaços coletivos. Para a renovação do credenciamento, as instituições antigas devem também obedecer aos requisitos mínimos de acessibilidade, como forma de avaliar as condições de oferta de cursos superiores, para fins de autorização, reconhecimento e credenciamento.

As Leis n. 10.048/2000 e n. 10.098/2000 foram regulamentadas pelo Decreto n. 5.296/2004. Esse conjunto legislativo garante acessibilidade às edificações, vias públicas, mobiliários urbanos, sistemas de comunicação, transportes de uso coletivo e prestação de serviços públicos não apenas às pessoas com deficiência, mas também às que têm mobilidade reduzida, como obesos, idosos, gestantes etc.

Não menos importante é a Lei n. 8.899/94, que cuidou do serviço público de transporte para o deficiente, atribuindo-lhe uma série de direitos especiais – como o passe livre – em função de suas carências especiais. A finalidade da norma foi buscar igualar as oportunidades de acesso da pessoa com deficiência ao serviço público de transporte coletivo, sendo esta uma forma de minorar as desigualdades sociais. O que se verifica é que se trata do direito da pessoa com deficiência ao transporte, o que abrange ônibus adaptados, como forma de acesso aos meios de transporte público. Além disso, é de todo salutar que haja favorecimento para adaptação de meios de transporte individuais, tal como isenção tributária, financiamento próprio em condições favoráveis para a pessoa deficiente.

Para executar essas diretrizes, cabe aos Estados e aos Municípios elaborar leis e fiscalizar sua execução, conforme determinado pela Constituição. O art. 23, II, da CF prevê ser competência comum dos entes federados a proteção e garantia das pessoas com deficiência física. Além deste, o art. 24, XIV, também da Constituição de 1988, determina a competência da União, Estados e Distrito Federal de legislar concorrentemente sobre proteção e integração social das pessoas com deficiência. Portanto, cada um dos entes federados deve encontrar meios para implantar as diretrizes de acessibilidade que garantam a mobilidade social, com autonomia e segurança para as pessoas portadoras de deficiência e as com mobilidade reduzida.

Nessa medida, configura um bom exemplo a atuação, com vistas a maior integração social da pessoa portadora de deficiência, do governo de São Paulo. A legislação estadual sobre o tema é ampla e rica em detalhes: Lei n. 6.606/89 (determina, no art. 9º, VIII, que são isentos do pagamento do IPVA, os veículos especialmente adaptados de propriedade de deficientes físicos); Lei n. 7.466/91, que dispõe sobre atendimento prioritário a idosos, portadores de deficiência e gestantes; Decreto n. 33.824/91 (dispõe sobre a adequação de próprios estaduais à utilização de portadores de deficiência); Lei Complementar n. 666/91 (autoriza o Poder Executivo a conceder isenção de tarifas de transporte às pessoas portadoras de deficiência cuja gravidade comprometa sua capacidade de trabalho, sendo tal norma válida para transporte coletivo urbano de responsabilidade do Estado); Lei n. 9.086/95 (determina aos órgãos da Administração direta e indireta a adequação de seus projetos, edificações, instalações e mobiliário ao uso de pessoas portadoras de deficiências); Decreto n. 41.858/97 (regulamenta a Lei n. 9.690/97, que autoriza o Poder Executivo a implantar Programa de Restrição à Circulação de Veículos Automotores na Região Metropolitana da Grande São Paulo, nos anos de 1997 e 1998 (Rodízio), excetuando-se da proibição de circulação os veículos dirigidos por pessoas portadoras de deficiência ou que as transportem); Lei n. 10.779/2001 (obriga os *shopping centers* e estabelecimentos similares, em todo o Estado, a fornecer cadeiras de rodas para pessoas portadoras de deficiência e para idosos); Lei n. 10.784/2001 (dispõe sobre o ingresso e permanência de cães-guia em locais públicos e privados).

Para garantir eficácia a esta legislação o Estado conta, desde 1984, com o Conselho Estadual para Assuntos da Pessoa com Deficiência (CEAPcD), vinculado à Secretaria dos Direitos da Pessoa com Deficiência. É um órgão consultivo, autônomo, com a responsabilidade de assessorar o Governo nas questões da pessoa com deficiência. O órgão é composto por 20 conselheiros representantes da sociedade civil e dez representantes da área governamental – mais dez suplentes da sociedade e do Governo – além de um representante do Ministério Público. Releva referir à atuação de São Paulo, não apenas pela legislação promulgada ou em planejamento, mas, principalmente pelo seu grau de efetivação, através das chamadas "ações prioritárias" a cargo das secretarias estaduais.Assim, por exemplo, a USP desenvolve para a Secretaria da Ciência, Tecnologia e Desenvolvimento Econômico, um elenco de iniciativas que contemplam, dentre outros, (a) o "Projeto Saci – Solidariedade, Ação, Comunicação e Informação", para promoção dos direitos da pessoa portadora de deficiência, facilitando sua participação na sociedade da informação, consubstanciada no ambiente da Internet, (b) o "Toque Revelador", desenvolvido para pessoas com deficiência visitantes do Museu de Arte Contemporânea, (c) os "Esportes Adaptados", no Centro de Práticas Esportivas, (d) os Cursos de fonoaudiologia, fisioterapia e terapia ocupacional das Faculdades de Medicina, voltados para atividades de atendimento às pessoas com deficiência. Já a Secretaria de Estado da Educação age nas seguintes direções: a) levantamento dos dados quantitativos da educação especial no Estado; b) implementação das novas diretrizes da educação especial; c) compra descentralizada de equipamentos de informática para as mais de 700 escolas especiais; d) implementação do programa de adaptações de prédios escolares; e) criação, implantação e implementação do Centro de Apoio Pedagógico Especializado.

Há numerosas outras ações prioritárias a cargo da Secretaria de Segurança Pública, da Secretaria de Esportes e Turismo, da Secretaria dos Transportes Metropolitanos, da Secretaria dos Negócios da Fazenda e da Secretaria de Governo e Gestão Estratégica. A esta última cabe, especificamente, incentivar a criação de conselhos municipais para assuntos de pessoas com deficiência. Incumbe à Secretaria Estadual da Justiça e da Defesa da Cidadania implementar projetos de criação e apoio a esses conselhos. Merece destaque a Secretaria Nacional de Promoção dos Direitos da Pessoa com Deficiência, que é um órgão integrante da Secretaria de Direitos Humanos da Presidência da República e atua na articulação e coordenação das políticas públicas voltadas para as pessoas com deficiência. Dentre suas inúmeras funções, merece destaque a de coordenar e supervisionar o Programa Nacional de Acessibilidade e o Programa de Promoção e Defesa dos Direitos das Pessoas com Deficiência, bem como propor as providências necessárias à sua completa implantação e ao seu adequado desenvolvimento.

Merece destaque decisão do STF que manteve obrigações determinadas pelo Estatuto da Pessoa com Deficiência a escolas particulares (MC na ADI 5357, Min. Edson Fachin, *DJ* 20.11.2015). O escopo fundamental dessa ação foi desobrigar as escolas privadas de oferecer atendimento educacional adequado e inclusivo às pessoas com deficiência, sob o argumento do alto custo que tal adaptação acarretar-lhes-á. Isso porque o Estatuto determinou que promovam a inserção de pessoas com deficiência no ensino regular e provejam as medidas de adaptação necessária sem que o ônus financeiro seja repassado às mensalidades, matrículas ou anuidades. O argumento fundamental da decisão baseou-se nos direitos fundamentais da pluralidade e da igualdade, os quais, para serem efetivados, estão submetidos à *ratio* do Princípio da Solidariedade, ou seja, ao compartilhamento do ônus de incluir aqueles que têm alguma vulnerabilidade, uma vez que, segundo o relator, "à escola não é dado escolher, segregar, separar, mas é seu dever ensinar, incluir, conviver".

Art. 245. A lei disporá sobre hipóteses e condições em que o Poder Público dará assistência aos herdeiros e dependentes carentes de pessoas vitimadas por crime doloso, sem prejuízo da responsabilidade civil do autor do ilícito.

Gilmar Ferreira Mendes
Lenio Luiz Streck

1. Origem da norma

Texto original da CF/88.

2. Constituições anteriores

Não estava prevista nas Constituições anteriores.

3. Legislação

Lei complementar n. 79, de 7-1-1994 – Fundo Penitenciário Nacional (FUNPEN); Decreto n. 1.093, de 23-3-1994; LC n. 80/94 – Lei Orgânica da Defensoria Pública.

4. Jurisprudência

Não há precedentes específicos.

5. Seleção de literatura

BASTOS, Celso Ribeiro; MARTINS, Ives Gandra. *Comentários à Constituição do Brasil*. 2. ed. São Paulo: Saraiva, 2000. v. 4, t. III. FERREIRA FILHO, Manoel Gonçalves. *Comentários à Constituição Brasileira de 1988*. v. 1. 3ª ed. São Paulo: Saraiva, 2000. PINTO FERREIRA, Luís. *Comentários à Constituição Brasileira*. São Paulo: Saraiva, 1992, v. 4. SILVA, José Afonso da. *Comentário Contextual à Constituição*. 4. ed. São Paulo: Malheiros, 2007.

6. Comentários

Trata-se de dispositivo que guarda relação direta com o art. 5º, LXXIV, que estabelece que o Estado prestará assistência jurídica integral e gratuita aos que comprovarem insuficiência de recursos. À evidência, isso remete ao art. 134 da CF, que trata do papel institucional da Defensoria Pública.

O aludido art. 245 deve ser lido nesse contexto, ou seja, como um reforço à proteção jurídica dos hipossuficientes. A exigência de Lei Regulamentadora diz respeito ao fato de que o dispositivo não trata, tão somente, de assistência jurídica às vítimas de crimes dolosos. A disposição constitucional vai além, na medida em que estabelece a obrigatoriedade de o Estado prestar assistência social às vítimas e seus parentes.

O modo como isso será feito é matéria para a legislação ordinária. Entretanto, essa legislação não deverá se restringir à assistência aos herdeiros e dependentes carentes de pessoas vitimadas por crime doloso, uma vez que também aos herdeiros e dependentes carentes de vítimas de crimes culposos deverão ser abrangidos. Não tem sentido essa discriminação em relação aos crimes culposos, mormente quando as estatísticas indicam uma grande quantidade de pessoas vítimas de crimes de trânsito, inclusive em crimes provocados pelo Poder Público.

Portanto, sendo apenas enunciativa a previsão constitucional no sentido do "crime doloso", não se encontra óbice a que o legislador estenda à proteção assistencial aos herdeiros e dependentes carentes de vítimas de crimes culposos.

Despiciendo, por outro lado, lembrar que a lei regulamentadora deverá tratar do direito/dever de ressarcimento do Estado em relação ao particular.

Art. 246. É vedada a adoção de medida provisória na regulamentação de artigo da Constituição cuja redação tenha sido alterada por meio de emenda promulgada entre 1º de janeiro de 1995 até a promulgação desta emenda, inclusive.

José Levi Mello do Amaral Júnior

1. História da norma

O Governo Fernando Henrique Cardoso (1995-2002) propôs diversas reformas constitucionais. Eram relativas, no primeiro momento, à ordem econômica. Houve, então, negociação política para que as inovações que viessem a ser aprovadas não fossem objeto de regulamentação por meio de medida provisória.

Assim, a Emenda Constitucional n. 5, de 15 de agosto de 1995 (gás canalizado), a Emenda Constitucional n. 8, de 15 de agosto de 1995 (telecomunicações), e a Emenda Constitucional n. 9, de 11 de novembro de 1995 (petróleo), possuem normas que vedam a edição de medida provisória no que se refere à regulamentação das inovações por elas introduzidas.

Por outro lado, as Emendas Constitucionais ns. 6 e 7, ambas também de 15 de agosto de 1995, acrescentaram o art. 246 à Constituição, cuja vedação às medidas provisórias é relativa a qualquer matéria objeto de emenda posterior ao início do Governo Fernando Henrique Cardoso.

Portanto, o art. 246 – de modo imediato – decorre do referido acordo político levado a efeito para aprovar as reformas constitucionais. Com isso, todas as inovações à Constituição de 1988, feitas por meio de emendas constitucionais promulgadas a partir de 1995, somente admitiriam regulamentação com o efetivo concurso – desde o início do processo legislativo – do Congresso Nacional[1].

Além disso – de modo mediato –, a norma constante do art. 246 expressa, também, reação do Congresso Nacional contra a frequência com que vinha sendo utilizada a decretação de urgência no Brasil[2], ganhando em importância (o art. 246) a cada nova Emenda Constitucional promulgada após o seu advento, porquanto se tornou impeditivo de regulamentação – por medida provisória – dos dispositivos constitucionais inovados pelo Poder Constituinte de emenda[3].

A Emenda Constitucional n. 32, de 2001, manteve o art. 246 do texto constitucional, mas circunscreveu o seu campo de limitação: não pode ser objeto de regulamentação por medida provisória artigo da Constituição cuja redação tenha sido alterada por meio de emenda constitucional promulgada entre 1º de janeiro de 1995 e a promulgação da Emenda Constitucional n. 32, de 2001, isto é, 11 de setembro de 2001, inclusive[4]. A modificação encontra explicação no fato de a Emenda citada impor diversas limitações materiais à medida provisória[5].

2. Constituições estrangeiras

Não se aplica, porque o dispositivo em causa atende a uma peculiaridade de negociação política brasileira, levando a efeito uma específica limitação temporal em nível constitucional.

3. Constituições brasileiras anteriores

Não há correlação.

---

1. "O objetivo imediato consistiu em estabelecer limites de atuação do Poder Executivo quanto às leis mencionadas nas ECs-5, 6, 7 e 8 relativamente à regulamentação das matérias ali previstas que eram monopólios. E aí seu alcance é importante. Abriram-se os monopólios, mas se estabelece regra de controle dessa abertura pelo Congresso Nacional" (SILVA, José Afonso da. *Curso de direito constitucional positivo*, 21. ed., São Paulo: Malheiros, 2002, p. 530-531).
2. FERREIRA FILHO, Manoel Gonçalves. *Do processo legislativo*, 5ª edição, São Paulo: Saraiva, 2002, p. 238.
3. MARIOTTI, Alexandre. *Medidas provisórias*, São Paulo: Saraiva, 1999, p. 80.
4. "(...) houve acordo acerca do art. 246. Para trás, mantém-se o art. 246; da promulgação para frente, é revogado. Foi uma solução engenhosa para resolvermos o impasse. Na negociação que fizemos, desde o Senado, a Oposição aceitou que se incluísse na regulamentação de medida provisória a competência do Executivo, por decreto, para dispor sobre matéria administrativa que não crie cargos nem gere despesas" (GENOÍNO, José. Discussão, em segundo turno, do substitutivo do Senado Federal à Proposta de Emenda à Constituição n. 472-B, de 1997, que altera dispositivo dos arts. 48, 62 e 84 da Constituição Federal e dá outras providências, in *Diário Oficial da Câmara dos Deputados*, de 2-8-2001, p. 33517).
5. Vide, a propósito, o § 2º do art. 61 da Constituição.

4. Direito internacional

Não se aplica.

5. Remissões constitucionais e legais

Art. 62 da Constituição.

6. Jurisprudência

ADInMC n. 1.518-4/UF, Relator o Ministro Octávio Gallotti, julgada em 05-12-1996; ADInMC n. 3.090-6/DF e ADInMC n. 3.100-7/DF, Relator o Ministro Gilmar Mendes, julgadas em 11-10-2006.

7. Referências bibliográficas

AMARAL JÚNIOR, José Levi Mello do. *Medida provisória: edição e conversão em lei, teoria e prática*. 2ª ed., São Paulo: Saraiva, 2012; FERREIRA FILHO, Manoel Gonçalves. *Do processo legislativo*. 7. ed., São Paulo: Saraiva, 2012; MARIOTTI, Alexandre. *Medidas provisórias*. São Paulo: Saraiva, 1999; SILVA, José Afonso da. *Curso de direito constitucional positivo*, 21. ed., São Paulo: Malheiros, 2002.

8. Comentários

Não obstante o aparente rigorismo do art. 246, o Supremo Tribunal Federal entende que continuam passíveis de regulamentação por meio de medida provisória as matérias que já eram – ou que já podiam ser – objeto de regulamentação por essa espécie normativa antes de 1995, ainda que tais matérias encontrem fundamento de validade em dispositivos constitucionais modificados – apenas em sua redação – por força de emenda constitucional posterior a 1995.

Ao julgar – e indeferir – o pedido de liminar na ADInMC n. 1.518-4/UF, o Supremo Tribunal Federal deixou assente que o art. 246 somente colhe inovações ao texto constitucional, isto é, o substrato normativo que somente passou a existir no texto constitucional por força de emenda posterior à 1995, não o substrato normativo anteriormente já existente e que desde sempre admitia regulamentação por medida provisória.

A propósito, vale transcrever excerto do Voto do Ministro Octávio Gallotti na ADInMC n. 1.518-4/UF:

"Não penso, além disso – e também a um primeiro exame – que se deva encarar, com a estreiteza literal que lhe empresta a bem lançada petição inicial, a restrição erigida, ao uso de medidas provisórias com força de lei, pelo art. 2º, da Emenda n. 7, reproduzida na de n. 8, ambas acrescentando o art. 246 nas Disposições Constitucionais Gerais.

Comporta esse dispositivo, segundo penso, o sentido e a finalidade lógica de excluir, do campo de atuação das medidas provisórias, a regulamentação destinada a dar eficácia às inovações constitucionais porventura introduzidas, não a estratificar a disciplina anteriormente existente para determinada instituição, impedindo a sua alteração e aprimoramento nos limites que já autorizava, originariamente, a Constituição, hipótese que aparenta ser, no caso, a configurada pelas normas impugnadas na presente ação"[6].

Esta forma de compreender a matéria foi reafirmada pelo Supremo Tribunal do Federal quando do exame dos pedidos de medidas cautelares formulados nas Ações Diretas de Inconstitucionalidade ns. 3.090-6/DF e 3.100-7/DF, ambas da relatoria do Ministro Gilmar Mendes e julgadas em 11 de outubro de 2006.

Alguém poderia sustentar que o constituinte derivado, ao conceber o art. 246, não distinguiu entre modificações de redação que inovam e modificações de redação que não inovam o substrato normativo da Constituição.

Não obstante o argumento cogitado, o entendimento do Supremo Tribunal Federal é acertado, porquanto condizente com o necessário mínimo de flexibilidade que deve ter o texto constitucional e sua respectiva pletora de instrumentos de regulamentação. Ademais, trata-se de interpretação recomendável à luz da razão política que animou o art. 246 da Constituição de 1988, qual seja, impedir a adoção de medida provisória na regulamentação das reformas que tragam inovações substanciais à Constituição, não retirar do âmbito da medida provisória matérias que anteriormente já poderiam por ela ser versadas.

Art. 247. As leis previstas no inciso III do § 1º do art. 41 e no § 7º do art. 169 estabelecerão critérios e garantias especiais para a perda do cargo pelo servidor público estável que, em decorrência das atribuições de seu cargo efetivo, desenvolva atividades exclusivas de Estado.

Parágrafo único. Na hipótese de insuficiência de desempenho, a perda do cargo somente ocorrerá mediante processo administrativo em que lhe sejam assegurados o contraditório e a ampla defesa.

Rafael Maffini

1. História da norma

Tal preceito constitucional não consta da redação original da Constituição da República. Trata-se de norma inserida no texto constitucional por meio do artigo 32 da Emenda Constitucional n. 19, de 4 de junho de 1998, conhecida na época como Reforma Administrativa. A par da inclusão do preceito em comento, a Emenda Constitucional n. 19/1998 determinou uma série de inovações, sobretudo em matéria pertinente ao regime jurídico-administrativo pátrio. Neste contexto, por exemplo, destaca-se a inclusão do princípio da eficiência, no *caput* do artigo 37, o qual enumera alguns dos princípios norteadores da Administração Pública, cujo desiderato precípuo correspondia à preocupação de se implantar, no país, o modelo gerencial de Administração Pública. Demais disso, a Emenda Constitucional n. 19 propiciou inúmeras alterações no regime jurídico aplicável aos agentes públicos, e, em especial, aos servidores públicos. Neste contexto, alterou-se significativamente a sistemática pertinente à estabilidade dos servidores públicos ocupantes de cargos efetivos. Justamente sobre tal temática é que adveio a inclusão da norma constitucional ora comentada.

2. Constituições brasileiras anteriores

No texto da Constituição do Império de 1824, nenhuma referência há acerca da estabilidade dos agentes do Estado ou a qualquer outro instituto similar. Por conseguinte, inexiste norma similar ao disposto no artigo 247, da atual Carta Política. A mesma realidade é encontrada na Constituição de 1891. Na Constituição de 1934, surge na ordem constitucional brasileira norma que versa acerca da estabilidade dos agentes públicos ("Art. 169. Os funcionários públicos, depois de dois anos, quando nomeados em virtude de concurso de provas, e, em geral, depois de dez anos de efetivo exercício, só poderão ser destituídos em virtude de sentença judiciária ou mediante processo administrativo, regulado por lei, e, no qual lhes será assegurada plena defesa. Parágrafo único. Os funcionários que contarem menos de dez anos de serviço efetivo não poderão ser destituídos dos seus cargos, senão por justa causa ou motivo de interesse público"). Tal norma, contudo, não contém o detalhamento que a atual Carta Política destina à estabilidade, razão pela qual não possuía norma equivalente à ora analisada. A Constituição de 1937 igualmente destinou norma prevendo limites ao desligamento de agentes públicos ("Art. 156. O Poder Legislativo organizará o Estatuto dos Funcionários Públicos, obedecendo aos seguintes preceitos desde já em vigor: ... *c*) os funcionários públicos, depois de dois anos, quando nomeados em virtude de concurso de provas, e, em todos os casos, depois de dez anos de exercício, só poderão ser exonerados em virtude de sentença judiciária ou mediante processo administrativo, em que sejam ouvidos e possam defender-se"), sem, contudo, trazer norma similar à que se comenta. A Constituição de 1946, por sua vez, normatizou o instituto da estabilidade de forma mais minuciosa. Estabeleceu, em seu art. 188, serem estáveis "depois de dois anos de exercício, os funcionários efetivos nomeados por concurso" e "depois de cinco anos de exercício, os funcionários efetivos nomeados sem concurso", não se aplicando tais normas aos "cargos de confiança nem aos que a lei declare de livre nomeação e demissão" (art. 188, parágrafo único). Demais disso, discerniu pela primeira vez no plano constitucional os institutos da vitaliciedade e da estabilidade ao dispor, em seu artigo 189, que "os funcionários públicos perderão o cargo: I – quando vitalícios, somente em virtude de sentença judiciária; II – quando estáveis, no caso do número anterior, no de se extinguir o cargo ou no de serem demitidos mediante processo administrativo em que se lhes tenha assegurado ampla defesa". Por fim, estabeleceu, no art. 18, parágrafo único, do ADCT que seriam "considerados estáveis os atuais servidores da União, dos Estados e dos Municípios que tenham participado das forças expedicionárias brasileiras". Na Constituição de 1967, a estabilidade passou a ser viável somente "após dois anos, os funcionários, quando nomeados por concurso" (art. 99), do mesmo modo que se estabeleceu que "ninguém pode ser efetivado ou adquirir estabilidade, como funcionário, se não prestar concurso público" (art. 99, § 1º). Quanto à perda do cargo do

---

6. STF, ADInMC n. 1.518-4/UF, Tribunal Pleno, Relator o Ministro Octávio Gallotti, *DJ* de 25.04.1997. Em verdade, o art. 2º da Emenda Constitucional n. 8, de 1995, limitou-se a vedar a regulamentação do disposto no inciso XI do art. 21 com a redação da referida Emenda (quebra do monopólio das telecomunicações).

funcionário estável, o artigo art. 103 da Constituição de 1967 estabeleceu que "a demissão somente será aplicada ao funcionário: I – vitalício, em virtude de sentença judiciária; II – estável, na hipótese do número anterior, ou mediante processo administrativo, em que se lhe tenha assegurado ampla defesa". O art. 100 da Emenda Constitucional n. 1/1969 estabelecia que "serão estáveis, após dois anos de exercício, os funcionários nomeados por concurso". Quanto à demissão, o art. 105 da Emenda Constitucional n. 01/1969 repetiu o disposto no art. 103 da Constituição de 1967.

3. Outros dispositivos constitucionais relevantes (relação ilustrativa)

Art. 37, *caput* (relação de princípios constitucionais expressos aplicáveis à administração pública). Art. 37, I (regra de acesso a cargos, empregos e funções públicas). Art. 37, II (regra da obrigatoriedade de concurso público para provimento de cargos efetivos e empregos públicos). Art. 39, § 3º (direitos sociais individuais aplicáveis, por extensão, aos servidores públicos). Art. 41, *caput* (estabilidade após três anos de exercício em cargo efetivo, cujo ingresso tenha se dado por concurso público). Art. 41, § 1º (casos de perda de cargo de servidores públicos ocupantes de cargos efetivos estáveis). Art. 41, § 4º (exigência de avaliação formal para a aquisição de estabilidade). Art. 132, parágrafo único (regra de estabilização dos procuradores de Estados e do Distrito Federal). Art. 169, § 4º (caso de perda de cargo efetivo de servidores já estáveis por excesso de despesas com folha de pagamento). Art. 169, § 7º (exigência de lei federal para regulamentar o caso de perda do cargo pelo servidor estável em caso excesso de despesas com folha de pagamento). Art. 198, § 6º (caso especial de perda de cargo de servidor estável aplicável àquele que exerça funções equivalentes às de agente comunitário de saúde ou de agente de combate às endemias em caso de descumprimento dos requisitos específicos, fixados em lei, para o seu exercício). Ato das Disposições Constitucionais Transitórias: Art. 18 (extinção dos efeitos jurídicos de qualquer ato legislativo ou administrativo, lavrado a partir da instalação da Assembleia Nacional Constituinte, que tenha por objeto a concessão de estabilidade a servidor admitido sem concurso público). Art. 19 (regra especial de estabilização extraordinária destinada a servidores públicos civis que estivessem em exercício na data da promulgação da Constituição, há pelo menos cinco anos continuados sem que o ingresso houvesse se dado por concurso público). Emenda Constitucional n. 19, de 4 de junho de 1998: Art. 33 (definição de servidor não estável para fins do disposto no art. 169, § 3º, II, da CF).

4. Jurisprudência selecionada

Supremo Tribunal Federal: ADI 3.068/DF (*DJ* de 23-09-2005): controverteu-se, no caso, se o art. 247 corresponderia a uma limitação à contratação temporária prevista no art. 37, IX, da CF, junto ao CADE, sob o argumento de que tal autarquia desempenharia atividade exclusiva de Estado. *Vide*, ainda a ADI 3.711/ES (*DJe* de 24-8-2015), no qual se assentou que "A exigência de que a lei estabeleça critérios e garantias especiais para a perda do cargo pelo servidor público estável que desenvolva atividades exclusivas de Estado, prevista no art. 247 da Constituição da República, somente se aplica à vacância de cargo público e apenas nas estritas hipóteses do art. 41, § 1º, III, e do art. 169, § 7º, da Lei Maior, não constituindo, portanto, qualquer óbice à extinção de cargo público por lei".

5. Literatura selecionada

MEIRELLES, H. L. *Direito Administrativo Brasileiro*. 44. ed. São Paulo: Malheiros, 2020; BANDEIRA DE MELLO, C. A. *Curso de Direito Administrativo*. 36. ed. São Paulo: Malheiros, 2023; FIGUEIREDO. L. V. *Curso de Direito Administrativo*. 9. ed. São Paulo: Malheiros, 2008; OLIVEIRA, R. F. *Servidores Públicos*. 2. ed. São Paulo: Malheiros, 2008; CARVALHO FILHO, J. S. *Manual de Direito Administrativo*. 37. ed. São Paulo: Atlas, 2023; MADEIRA, J. M. P. *Servidor Público na Atualidade*. 6. ed. Rio de Janeiro: Lumen Juris, 2007; JUSTEN FILHO, M. *Curso de Direito Administrativo*. 14. ed. Rio de Janeiro: Forense, 2023; DI PIETRO, M. S. *Direito Administrativo*. 36. ed. São Paulo: Atlas, 2023; MAFFINI, R. *Elementos de Direito Administrativo*. Porto Alegre: Livraria do Advogado, 2016; GASPARINI, D. *Direito Administrativo*. 15. ed. São Paulo: Saraiva, 2010; MEDAUAR, O. *Direito Administrativo Moderno*. 23. ed. Belo Horizonte: Fórum, 2023; MAFRA FILHO, F. S. A. *O servidor público e a reforma administrativa*. Rio de Janeiro: Forense, 2008; RIGOLIN, I. B. *O servidor público nas reformas constitucionais*. 3. ed. Belo Horizonte: Fórum, 2008; ROCHA, C. L. A. *Princípios constitucionais dos servidores públicos*. São Paulo: Saraiva, 1999; HEINEN, Juliano. *Curso de Direito Administrativo*. 4. ed. Salvador: JusPodivm, 2023.

6. Anotações

6.1. O direito à estabilidade

Importante garantia funcional destinada aos servidores de cargos efetivos é o direito à estabilidade. A estabilidade não se trata de uma garantia de natureza pecuniária, ou seja, um servidor estável não irá perceber maior remuneração por sê-lo. A estabilidade também não é uma garantia de precedência funcional, no sentido de que o servidor estável teria vantagens funcionais sobre os servidores não estáveis. A estabilidade consiste numa garantia relacionada com os limites ao desligamento do servidor já estabilizado. Com efeito, consistindo a estabilidade numa garantia dotada de *status* constitucional, o servidor estável, salvo o caso de exoneração a pedido, somente poderá perder o seu cargo em situações expressamente referidas na Carta Política. O texto constitucional arrola como hipóteses em que o servidor estável poderá perder seu vínculo funcional *ex officio* nos seguintes casos: a) por sentença judicial transitada em julgado (art. 41, § 1º, I, da CF), hipótese em que a sentença deverá, de um lado, aplicar regra legal que preveja a perda do cargo (ex.: art. 12 da Lei 8.429/1992; art. 92, I, do CP) e, de outro, aplicar expressamente em seu dispositivo tal pena; b) por processo administrativo disciplinar, em que se assegurem o contraditório e a ampla defesa (art. 41, § 1º, II, da CF), no qual se comprove a prática de falta funcional punível com a demissão; c) mediante procedimento de avaliação periódica de desempenho, na forma de lei complementar, assegurada ampla defesa (art. 41, § 1º, III, da CF), hipótese em que "a perda do cargo somente ocorrerá mediante processo administrativo em que lhe sejam assegurados o contraditório e a ampla defesa", segundo dispõe o art. 247, parágrafo único, da CF; d) por excesso de despesas com folha de pagamento (art. 169, § 4º), segundo os limites previstos na Lei Complementar 101/2000 (Lei de Responsabilidade Fiscal); e) no caso do artigo 198, § 6º, da CF aplicável aos servidores que exerçam funções equivalentes às de agente comunitário de saúde ou de agente de combate às endemias em caso de descumprimento dos requisitos específicos, fixados em lei, para o seu exercício.

Conveniente não olvidar que a aquisição da estabilidade encontra-se condicionada à implementação, pelo servidor, das seguintes condições: a) ocupar um cargo efetivo, tendo nele ingressado regularmente, ou seja, por concurso público (art. 41 da CF); b) o decurso do prazo de três anos de efetivo exercício em tal cargo efetivo (art. 41 da CF); c) ter se submetido a uma "avaliação especial de desempenho por comissão instituída para essa finalidade" (art. 41, § 4º, da CF), normalmente denominada, tal avaliação, estágio probatório. Aliás, particularmente em relação ao estágio probatório, a Emenda Constitucional n. 19, de 4 de junho de 1998, proporcionou elogiável alteração. Antes de sua promulgação, a Constituição exigia para fins de aquisição da estabilidade tão somente que o servidor ocupasse cargo efetivo e nele tivesse dois anos de efetivo exercício. A exigência de avaliação consubstanciada em estágio probatório encontrava-se no plano infraconstitucional. Diante de tal quadro normativo, quando um servidor implementasse os dois anos de efetivo exercício em seu cargo efetivo, adquiria a estabilidade, mesmo que não tivesse se submetido à avaliação formal. Tal circunstância, na época denominada "estágio probatório tácito", decorria da interpretação de que a falta de um requisito legal não poderia embaraçar o direito para cuja aquisição os pressupostos constitucionais haviam sido preenchidos. Com o advento da Emenda Constitucional n. 19/1998, sobretudo com a inclusão do art. 41, § 4º, na CF, tal cenário normativo é substancialmente alterado, na medida em que, além de se ampliar o prazo para a aquisição da estabilidade para três anos, passa a ser expressa na Carta Política vigente a necessidade de uma avaliação formal como condição constitucional imprescindível para a aquisição da estabilidade. Aliás esta é a razão pela qual o STF se orienta no sentido de que o prazo de duração do estágio probatório deve ser o mesmo fixado na constituição como necessário para a aquisição da estabilidade, ou seja, um prazo comum de três anos (neste sentido, apontam-se os seguintes precedentes: AI 744.121 AgR; ARE 817.503 AgR; ARE 800.614 AgR; RE 603.617 AgR; AI 754.802 AgR-ED; STA 269). Diante disso, mesmo que eventualmente um servidor venha a ocupar determinado cargo efetivo por mais de três anos de efetivo exercício, não poderá, em princípio, ser considerado estável sem que tenha se submetido à avaliação formal consistente no estágio probatório. Quanto ao ponto, é de ser esclarecido que a jurisprudência do STF alinha-se no sentido de que o ato de exoneração é meramente declaratório "podendo ocorrer após o prazo de 3 anos fixados para o estágio probatório, desde que as avaliações de desempenho sejam efetuadas dentro do prazo constitucional" (RE 805.491 AgR). Por fim, embora excepcional, é de ser reconhecida a possibilidade de reconhecimento, inclusive pelo Poder Judiciário, da aquisição de estabilidade ou de equiparação total ou parcial da condição de estável, em casos nos quais a falta de avaliação especial de desempenho ocorra por inércia da Administração Pública, sem que para tanto haja o servidor avaliando contribuído para o referido atraso.

Demais disso, recentes decisões do STF prestigiaram ainda mais a noção de que a estabilidade tem como condição imprescindível o ingresso na função pública por meio de concurso público, como é o caso do Tema 1.157, da repercussão geral do STF (ARE 1.306.505), no qual restou assentada a seguinte tese: "É vedado o reenquadramento, em novo Plano de Cargos, Carreiras e Remuneração, de servidor admitido sem concurso público antes da promulgação da Constituição Federal de 1988, mesmo que beneficiado pela estabilidade excepcional do artigo 19 do ADCT, haja vista que esta regra transitória não prevê o direito à efetividade, nos termos do artigo 37, II, da Constituição Federal e decisão proferida na ADI 3609 (Rel. Min. DIAS TOFFOLI, Tribunal Pleno, *DJe* 30/10/2014)". Igualmente, merece destaque, neste sentido, a decisão da ADP 573, do qual resultou a seguinte tese: "1. É incompatível com a regra do concurso público (art. 37, II, CF) a transformação de servidores celetistas não concursados em estatutários, com exceção daqueles detentores da estabilidade excepcional (art. 19 do ADCT); 2. São admitidos no regime próprio de previdência social exclusivamente os servidores públicos civis detentores de cargo efetivo (art. 40, CF, na redação dada pela EC n. 20/98), o que exclui os estáveis na forma do art. 19 do ADCT e demais servidores admitidos sem concurso público".

6.2. Conceito de atividades exclusivas de Estado

Como já referido, o servidor estável somente perderá seu cargo em casos especificados no texto constitucional. Dentre os casos previstos, em dois deles (perda do cargo por conta de avaliação periódica de desempenho e perda do cargo por excesso de despesas orçamentárias com folha de pagamento), a Constituição Federal, por meio do art. 247, previu a necessidade de adoção de critérios e garantias especiais aplicáveis aos servidores estáveis que desempenhem atividades exclusivas de Estado.

Surge, com tais regras, um problema de árdua solução, qual seja, a definição do que sejam consideradas as atividades exclusivas de Estado. De início, é de ser advertir que a Constituição não arrola de modo expresso quais seriam as atividades exclusivas de Estado. Talvez sua característica analítica recomendasse a existência de norma que se incumbisse de tal mister. De outro lado, o texto constitucional, desde que interpretado de modo sistemático, induz à constatação de que algumas atividades devem ser consideradas exclusivas de Estado. Poder-se-ia incluir, dentre tais atividades aquelas que denotam funções estatais típicas, como a legislação, a jurisdição, a chefia do Poder Executivo e a cúpula dos ministérios. Demais disso, atividades relacionadas com o Ministério Público (arts. 127 e s.), com a advocacia pública (arts. 131 e 132), com a Defensoria Pública (art. 134), com a segurança pública (art. 144), com a tributação (arts. 145 e s.), com regulação, fiscalização e fomento de atividades econômicas (art. 174), com a regulação e a fiscalização de serviços públicos (art. 175), com a seguridade social básica (arts. 194 e s.) podem ser consideradas atividades exclusivas de Estado, diante da estatura constitucional de que são merecedoras. Por vezes, tal noção de atividade exclusiva de Estado é merecedora de delimitação jurisprudencial, como o fez o Supremo Tribunal Federal, quando definiu como tal as atividades próprias de poder de polícia administrativa (ADI 1.717/DF, *DJ* 28-03-2003).

No entanto, não se pode deixar de reconhecer a dificuldade na construção de elementos conceituais seguros no que tange às atividades exclusivas de Estado. Há autores que sustentam que tal noção poderia ser extraída, no plano constitucional, do art. 3º, da Lei n. 6.185/74, com a redação dada pela Lei n. 6.856/80, pelo qual "as atividades inerentes ao Estado como Poder Público sem correspondência no setor privado" seriam aquelas "compreendidas nas áreas de Segurança Pública, Diplomacia, Tributação, Arrecadação e Fiscalização de Tributos Federais e Contribuições Previdenciárias, Procurador da Fazenda Nacional, Controle Interno, e no Ministério Público". Contudo, tal regra infraconstitucional, ao que parece, deixa de reconhecer como atividades exclusivas de Estado funções que no plano constitucional são merecedoras de tal condição. Daí por que se mostra recomendável o emprego de tal regra infraconstitucional como um dos elementos interpretativos e não como o único a determinar a noção conceitual em lume.

De lege ferenda, encontram-se tramitando no Congresso Nacional vários projetos de lei e propostas de emendas constitucionais que de modo pontual definem algumas categorias como dignas da condição de atividades exclusivas de Estado. Destaca-se, por exemplo, o Projeto de Lei Complementar n. 248/1998, originado da Presidência da República (Mensagem n. 1.308/1998), que tramita na Câmara dos Deputados, o qual, além de regulamentar o art. 41, § 1º, III, da CF e art. 247, parágrafo único da CF, estabelece, no art. 15 do projeto original, que "desenvolve atividade exclusiva de Estado, no âmbito do Poder Executivo da União, o servidor integrante das carreiras de: I – Advogado da União, Procurador da Fazenda Nacional e Assistente Jurídico da Advocacia Geral da União; II – Procurador e Advogado dos órgãos vinculados à Advocacia Geral da União; III – Defensor Público da União; IV – Policial Federal, Policial Rodoviário Federal e Policial Ferroviário Federal; e V – de carreiras cujos cargos sejam privativos de brasileiro nato". Em relação a servidores de entes federados diversos da União, o art. 15, parágrafo único, do referido projeto dispõe que "no âmbito do Poder Executivo dos Estados, do Distrito Federal e dos Municípios, desenvolve atividade exclusiva de Estado o servidor integrante de carreiras, cujos cargos tenham funções equivalentes e similares às inerentes às carreiras mencionadas neste artigo". É de ser destacado que inúmeros outros cargos restaram inseridos em tal artigo, por meio de incontáveis emendas havidas tanto da casa legislativa de origem quanto na casa revisora.

De qualquer modo, ao menos até a edição de ato legislativo no plano infraconstitucional, mostra-se recomendável que se interprete o conceito de atividades exclusivas de Estado a partir dos parâmetros hermenêuticos extraídos diretamente da própria Constituição. Dentre tais parâmetros de interpretação há de ser destacado o fato de que a Constituição exige a adoção de um critério eminentemente material, no sentido de que se levem em consideração as atribuições do cargo ocupado pelo servidor estável. Neste sentido, o texto constitucional se refere à perda do cargo pelo servidor público estável que, em decorrência das atribuições de seu cargo efetivo, desenvolva atividades exclusivas de Estado. Assim, ao se interpretar o que seja atividade exclusiva de Estado, imperioso que sejam levadas em consideração as atribuições do cargo ocupado pelo servidor estável e, quando da edição de lei que regulamente tal conceito com mais precisão, esta deverá ser igualmente pautada por tal critério material, sob pena de ferimento ao disposto no art. 247 da CF.

6.3. Critérios e garantias especiais para a perda de cargo pelo servidor público estável cujas atribuições correspondam a atividades exclusivas de Estado

O preceito ora comentado impõe a necessidade de adoção de critérios e garantias especiais quando do desligamento de servidores estáveis que desempenhem funções correspondentes a atividades exclusivas de Estado nas leis referidas no artigo 41, § 1º, III e no art. 169, § 7º.

Em relação ao artigo 41, § 1º, III ("o servidor público estável só perderá o cargo ... mediante procedimento de avaliação periódica de desempenho, na forma de lei complementar, assegurada ampla defesa"), complementado pelo art. 247, parágrafo único ("na hipótese de insuficiência de desempenho, a perda do cargo somente ocorrerá mediante processo administrativo em que lhe sejam assegurados o contraditório e a ampla defesa"), já se noticiou que a matéria carece de regulamentação pela lei complementar exigida para tal desiderato, bem assim que sobre o tema tramita na Câmara dos Deputados, o Projeto de Lei Complementar 248/1998, originado da Presidência da República (Mensagem n. 1.308/1998). No texto original do projeto se previu que os servidores estáveis seriam avaliados anualmente e seriam exonerados se recebesse dois conceitos insatisfatórios sucessivos ou três conceitos insatisfatórios interpolados num intervalo de cinco avaliações. Além disso, o projeto contém norma que estabelece quais seriam as atividades exclusivas de Estado (*vide* item *supra*), em relação às quais os servidores estáveis que as desempenhassem somente poderiam ser exonerados mediante um processo administrativo disciplinar que assegurasse o contraditório e a ampla defesa.

Já em relação à lei referida no art. 169, § 7º, da CF, tal norma se insere no contexto da exoneração de servidores estáveis por excesso de despesas com folha de pagamento. Segundo a sistemática constitucional, após a redução de pelo menos 20% dos cargos em comissão e funções de confiança e exoneração dos demais servidores não estáveis (art. 169, § 3º), "o servidor estável poderá perder o cargo, desde que ato normativo motivado de cada um dos Poderes especifique a atividade funcional, o órgão ou unidade administrativa objeto da redução de pessoal" (art. 169, § 4º). Neste caso, "o servidor que perder o cargo na forma do parágrafo anterior fará jus a indenização correspondente a um mês de remuneração por ano de serviço" (art. 169, § 5º, da CF) e o "cargo objeto da redução prevista nos parágrafos anteriores será considerado extinto, vedada a criação de cargo, emprego ou função com atribuições iguais ou assemelhadas pelo prazo de quatro anos" (art. 169, § 6º, da CF). A lei a que se refere o art. 169, § 7º, da CF consiste na Lei 9.801/99, a qual prevê os critérios impessoais a serem adotados para a exoneração de servidores estáveis por excesso de despesa com folha de pagamento. Particularmente ao que se estabelece no art. 247 da CF, o art. 3º da Lei 9.801/99 estabelece que "a exoneração de servidor estável que desenvolva atividade exclusiva de Estado, assim definida em lei, observará as seguintes condições: I – somente será admitida quando a exoneração de servidores dos demais cargos do órgão ou da unidade administrativa objeto da redução de pessoal tenha alcançado, pelo menos, trinta por cento do total desses cargos; II – cada ato reduzirá em no máximo trinta por cento o número de servidores que desenvolvam atividades exclusivas de Estado". Eis os critérios e condições especiais a que se refere o art. 247 da CF.

> **Art. 248.** Os benefícios pagos, a qualquer título, pelo órgão responsável pelo regime geral de previdência social, ainda que à conta do Tesouro Nacional, e os não sujeitos ao limite máximo de valor fixado para os benefícios concedidos por esse regime observarão os limites fixados no art. 37, XI.
>
> *José Antonio Savaris*

1. História da norma

A década de 1990 não trouxe, no nível esperado, a efetivação da Constituição da República em suas conquistas de proteção social. O que se percebeu, antes, foi um movimento político-econômico orientado à austeridade fiscal e à restrição do raio de proteção estatal, com vistas a diminuição de despesas sociais e maior deferência às exigências de grandes investidores e organizações econômicas.

Nesse contexto foi promulgada a Emenda Constitucional 20/98, a primeira reforma previdenciária com sede constitucional. A EC 20/98 promoveu diversas alterações no sistema previdenciário do Regime Geral da Previdência Social – RGPS (CF/88, art. 201) e também no Regime Próprio de Previdência Social – RPPS (CF/88, art. 40).

Particularmente, a aludida emenda constitucional veiculou o dispositivo constitucional em análise, estabelecendo, de modo salutar, averbe-se, um limite máximo de valor aos benefícios previdenciários, correspondente ao chamado teto remuneratório dos servidores públicos (CF/88, art. 37, XI).

2. Constituições brasileiras anteriores

A norma estabelece, de maneira inédita, um limite máximo à renda mensal dos benefícios pagos, a qualquer título, pelo INSS, ainda que à conta do Tesouro Nacional, alcançando também as prestações previdenciárias que, de acordo com a Lei 8.213/91, não estariam sujeitas ao teto.

3. Constituições estrangeiras

Inexiste disposição normativa semelhante, que consubstancie um limite máximo de valor dos benefícios previdenciários, nos textos constitucionais que marcam o constitucionalismo social do segundo Pós-Guerra.

4. Direito internacional

Por se tratar de norma que estabelece limite à renda mensal dos benefícios previdenciários pagos no âmbito do Regime Geral da Previdência Social, não se encontra disposição que possa com ela ser relacionada nos Tratados e Convenções Internacionais de Direitos Humanos. Sem embargo, pode-se dizer que o seu atendimento se encontra conectado com a exigência de realização progressiva, até o máximo dos recursos disponíveis, dos direitos reconhecidos pelo Pacto Internacional dos Direitos Econômicos, Sociais e Culturais (PIDESC, art. 2º, item 1).

5. Remissões constitucionais (outros artigos da Constituição) e legais (leis reguladoras)

A disposição normativa faz referência ao art. 37, XI, da CF/88, introduzido pela EC 19/98, que estabelece o teto remuneratório do funcionalismo público, o qual corresponde ao valor dos subsídios de um ministro do Supremo Tribunal Federal.

Inexiste norma infraconstitucional que faça remissão ao art. 248 da CF/88, salvo a disposição infralegal contida no art. 94 do Regulamento da Previdência Social aprovado pelo Decreto 3.048/99.

6. Jurisprudência (STF e STJ): *leading cases*, principais posições e votos divergentes; tendências atuais no sentido da mudança da jurisprudência

Inexiste jurisprudência do Supremo Tribunal Federal ou do Superior Tribunal de Justiça especificamente sobre essa disposição normativa.

7. Referências bibliográficas

SAVARIS, José Antonio. O processo de reformas da previdência social brasileira como política de retração sistemática do Welfare State. *Revista de Previdência Social*, n. 328, p. 197-215, São Paulo: LTr, mar. 2008.

PIOVESAN, Flávia. Direitos sociais: proteção internacional e perspectivas do constitucionalismo latino-americano. In: SAVARIS, José Antonio; STRAPAZZON, Carlos Luiz. *Direitos fundamentais da pessoa humana*: um diálogo latino-americano. Curitiba: Alteridade, 2012. p. 223-247.

8. Comentários

A EC 20/98 estabeleceu um limite máximo para os benefícios de prestação continuada no âmbito do RGPS, no valor de R$ 1.200,00 (art. 14). Por outro lado, nos termos do art. 248 da CF/88, dispôs-se que os benefícios pagos, a qualquer título, pelo INSS, ainda que à conta do Tesouro Nacional, e mesmo os não sujeitos ao limite máximo de valor fixado para os benefícios concedidos pelo RGPS, passariam a observar os limites fixados para o teto do funcionalismo público.

De acordo com essa regra, ainda que os benefícios não se limitem ao teto do RGPS, como é o caso do salário-maternidade e da aposentadoria especial de ex-combatente, deve ser observado o limite remuneratório disposto pelo art. 248 da CF/88, introduzido pela EC 20/98.

Consoante deliberação administrativa da Suprema Corte, em 28/06/1998, a norma do art. 37, XI, da CF/88, não era autoaplicável, de modo que o limite máximo de que trata o art. 248 da CF/88 apenas foi determinado quando do advento da EC 41/03, que em seu art. 8º, estabeleceu, de modo provisório, o valor do limite a que se refere o art. 37, XI, da CF/88.

> **Art. 249.** Com o objetivo de assegurar recursos para o pagamento de proventos de aposentadoria e pensões concedidas aos respectivos servidores e seus dependentes, em adição aos recursos dos respectivos tesouros, a União, os Estados, o Distrito Federal e os Municípios poderão constituir fundos integrados pelos recursos provenientes de contribuições e por bens, direitos e ativos de qualquer natureza, mediante lei que disporá sobre a natureza e administração desses fundos.
>
> *Jane Lucia Wilhelm Berwanger*
> *Marco Aurélio Serau Junior*

1. História da norma

Este artigo é inédito no Direito Constitucional brasileiro, tendo sido introduzido no Texto Constitucional pela Emenda Constitucional n. 20/98, refletindo preocupação do constituinte reformador com o equilíbrio financeiro e atuarial da Previdência Social.

2. Constituições brasileiras anteriores

Não há, nas Constituições brasileiras anteriores, dispositivo semelhante.

3. Constituições estrangeiras

Não existe dispositivo constitucional semelhante nas Constituições portuguesa, francesa, italiana, japonesa, do Reino Unido e da Argentina.

4. Direito internacional

Não existe dispositivo correspondente na Declaração Universal dos Direitos Humanos, na Carta Geral das Nações Unidas, no Pacto Internacional dos Direitos Econômicos, Sociais e Culturais (1966), no Protocolo de San Salvador (Protocolo adicional à Convenção Interamericana Sobre Direitos Humanos em Matéria de Direitos Econômicos, Sociais e Culturais), tampouco no Pacto de San José da Costa Rica.

5. Remissões constitucionais (outros artigos da Constituição) e legais (leis reguladoras)

Artigo 40 da Constituição Federal.

Ainda não foi editada a norma infraconstitucional reguladora.

6. Jurisprudência (STF e STJ): *leading cases*, principais posições e votos divergentes; tendências atuais no sentido da mudança da jurisprudência

BRASIL. Supremo Tribunal Federal. Ação direta de inconstitucionalidade n. 1993-DF. Relator: Min. Octavio Gallotti, Tribunal Pleno, DF, 23 de junho de 1999. *Diário de Justiça da União*, 3 set. 1999, p. 25. Disponível em: <http://www.stf.gov.br/processos/processo.asp?PROCESSO=1993&CLASSE=ADI&ORIGEM=AP&RECURSO=0&TIP_JULGAMENTO=M>. Acesso em: 28 fev. 2007.

7. Referências bibliográficas

Não há literatura específica a respeito deste artigo.

8. Comentários

O sistema previdenciário é pautado, inclusive no que concerne aos benefícios destinados aos servidores públicos e seus dependentes, pelo princípio do equilíbrio financeiro e atuarial, ou seja, há preocupação do constituinte com a sustentabilidade econômica das políticas públicas de previdência. É neste sentido que foi introduzido no Texto Constitucional de 1988 este dispositivo, por obra da Emenda Constitucional n. 20/98.

Cogita-se aqui da criação de um fundo público, lastreado pelas próprias contribuições previdenciárias e também por outras fontes de receita (como bens, direitos e ativos de qualquer natureza), que assegure o pagamento dos benefícios de aposentadorias e pensões aos servidores públicos e seus dependentes.

A norma estabelece ao Estado mera faculdade e não obrigação de criação do referido fundo público, vez que utiliza a expressão "poderão".

Deve-se ressaltar que ainda não foi editada a norma infraconstitucional reguladora do dispositivo constitucional em tela.

> **Art. 250.** Com o objetivo de assegurar recursos para o pagamento dos benefícios concedidos pelo regime geral de previdência social, em adição aos recursos de sua arrecadação, a União poderá constituir fundo integrado por bens, direitos e ativos de qualquer natureza, mediante lei que disporá sobre a natureza e administração desse fundo.
>
> *Jane Lucia Wilhelm Berwanger*
> *Marco Aurélio Serau Junior*

1. História da norma

Este artigo é inédito no Direito Constitucional brasileiro, tendo sido introduzido no Texto Constitucional pela Emenda Constitucional n. 20/98, refletindo preocupação do constituinte reformador com o equilíbrio financeiro e atuarial da Previdência Social.

2. Constituições brasileiras anteriores

Não há, nas Constituições brasileiras anteriores, dispositivo semelhante.

3. Constituições estrangeiras

Não existe dispositivo constitucional semelhante nas Constituições portuguesa, francesa, italiana, japonesa, do Reino Unido e da Argentina.

4. Direito internacional

Não existe dispositivo correspondente na Declaração Universal dos Direitos Humanos, na Carta Geral das Nações Unidas, no Pacto Internacional dos Direitos Econômicos, Sociais e

Culturais (1966), no Protocolo de San Salvador (Protocolo adicional à Convenção Interamericana Sobre Direitos Humanos em Matéria de Direitos Econômicos, Sociais e Culturais), tampouco no Pacto de San José da Costa Rica.

5. Remissões constitucionais (outros artigos da Constituição) e legais (leis reguladoras)

Artigos 195 e 201 da Constituição Federal.

Ainda não foi editada a norma infraconstitucional reguladora.

6. Jurisprudência

BRASIL. Supremo Tribunal Federal. Ação Direta de Inconstitucionalidade n. 3.105-DF. Relatora: Min. Ellen Gracie, Relator para Acórdão: Min. Cezar Peluso, Tribunal Pleno, DF, 18 de agosto de 2004. *Diário de Justiça da União*, 18 fev. 2005, p. 4, *RTJ* 193/137. Disponível em: <http://www.stf.gov.br/processos/processo.asp?PROCESSO=3105&CLASSE=ADI&ORIGEM=AP&RECURSO=0&TIP_LGAMENTO=M>. Acesso em: 27 fev. 2007.

7. Referências bibliográficas

Não há literatura específica a respeito do artigo em apreço.

8. Comentários

O sistema previdenciário é pautado pelo princípio do equilíbrio financeiro e atuarial, ou seja, há preocupação do constituinte com a sustentabilidade econômica das políticas públicas de previdência. É neste sentido que foi introduzido no Texto Constitucional de 1988 este dispositivo, por obra da Emenda Constitucional n. 20/98.

Cogita-se aqui da criação de um fundo público, lastreado pelas próprias contribuições previdenciárias e também por outras fontes de receita (como bens, direitos e ativos de qualquer natureza), que assegure o pagamento dos benefícios de aposentadorias e pensões aos segurados da Previdência Social.

É importante registrar que a responsabilidade da União Federal pelo pagamento de benefícios previdenciários não é direta, mas apenas supletiva, vez que este encargo se encontra atualmente sob atribuição do INSS – Instituto Nacional do Seguro Social, conforme o art. 17 da Lei 8.212/91.

A norma estabelece ao Estado mera faculdade e não obrigação de criação do referido fundo público, vez que utiliza a expressão "poderão".

Deve-se ressaltar que ainda não foi editada a norma infraconstitucional reguladora do dispositivo constitucional em tela.

Brasília, 5 de outubro de 1988.

BRASIL. Supremo Tribunal Federal. Ação Direta de Inconstitucionalidade n. 3.105-DF. Relatora: Min. Ellen Gracie. Relator para Acórdão: Min. Cezar Peluso. Tribunal Pleno, DF, 18 de agosto de 2004. Diário de Justiça da União, 18 fev. 2005, p. 4, RTJ 193/137. Disponível em: <http://www.stf.gov.br/processos/processo.asp?PROCESSO=3105&CLASSE=ADI&ORIGEM=AP&RECURSO=0&TIP_JULGAMENTO=M>. Acesso em 27 fev. 2007.

ATO DAS DISPOSIÇÕES CONSTITUCIONAIS TRANSITÓRIAS

> **Art. 1º** O Presidente da República, o Presidente do Supremo Tribunal Federal e os membros do Congresso Nacional prestarão o compromisso de manter, defender e cumprir a Constituição, no ato e na data de sua promulgação.
>
> *Zulmar Fachin*

1. Histórico da norma

A previsão de o Presidente da República, o Presidente do Supremo Tribunal Federal e os membros do Congresso Nacional prestarem o compromisso de manter, defender e cumprir a Constituição, no ato da promulgação desta, havia sido objeto de preocupações e debates no âmbito da Assembleia Nacional Constituinte.

2. Constituições brasileiras anteriores

A Constituição da República dos Estados Unidos do Brasil, promulgada em 16 de julho de 1934, previu que o Presidente da República prestasse compromisso perante a Assembleia Constituinte, dentro de quinze dias da eleição (art. 1º, § 3º, das Disposições Transitórias). Contudo, observe-se que as Constituições brasileiras previram tal compromisso no momento de tomada de posse no cargo, e não ao momento da promulgação da Constituição. Nesse sentido, podem-se mencionar as seguintes previsões constitucionais: Constituição do Império, outorgada em 25 de março de 1824 (art. 103); Constituição dos Estados Unidos do Brasil, promulgada em 24 de fevereiro de 1891 (art. 44); Constituição da República dos Estados Unidos do Brasil, promulgada em 16 de julho de 1934 (art. 1º, § 3º, das Disposições Transitórias); Constituição dos Estados Unidos do Brasil, promulgada em 18 de setembro de 1946 (art. 83, parágrafo único). Registre-se que a Emenda Constitucional n. 4, de 2 de setembro de 1961, que instituiu o sistema parlamentarista de governo, prevendo a posse do Vice-Presidente João Goulart no cargo de Presidente da República, determinou que este deveria prestar compromisso perante o Congresso Nacional (art. 21). Em seguida, foi indicado à apreciação do Parlamento o nome do Presidente do Conselho e a composição do primeiro Conselho de Ministros.

3. Constituições estrangeiras

Constituição da Nação Argentina (art. 16, das Disposições Transitórias); Constituição da República da Grécia (art. 114).

4. Dispositivos constitucionais relacionados

Art. 1º, parágrafo único; art. 52, inciso II; art. 53, § 4º; art. 78; art. 85.

5. Comentários

No ato da promulgação da Constituição Federal, o Deputado Ulysses Guimarães, presidente da Assembleia Nacional Constituinte, tomou o compromisso dos membros do Congresso Nacional para manter, defender e cumprir a Constituição. Em seguida, ainda em cumprimento à norma constitucional, prestaram compromisso o Presidente da República e o Presidente do Supremo Tribunal Federal. Eis os termos do compromisso: "Prometo manter, defender e cumprir a Constituição, observar as leis, promover o bem geral do povo brasileiro, a União, a integridade e a independência do Brasil"[1].

6. Referências bibliográficas

ANAIS, Brasília. Subsecretaria de Anais. V. 25, 1988, p. 12377.

SILVA, José Afonso da. *Curso de Direito Constitucional Positivo*. 31. ed. São Paulo: Malheiros, 2008.

> **Art. 2º** No dia 7 de setembro de 1993 o eleitorado definirá, através de plebiscito, a forma (república ou monarquia constitucional) e o sistema de governo (parlamentarismo ou presidencialismo) que devem vigorar no País.
>
> § 1º Será assegurada gratuidade na livre divulgação dessas formas e sistemas, através dos meios de comunicação de massa cessionários de serviço público.
>
> § 2º O Tribunal Superior Eleitoral, promulgada a Constituição, expedirá as normas regulamentadoras deste artigo.
>
> *Zulmar Fachin*

1. Histórico da norma

A Assembleia Nacional Constituinte (1987-1988) foi palco de acirradas disputas sobre a escolha do sistema de governo e, embora em menor tensão, da forma de governo. Parlamentaristas e presidencialistas estabeleceram fortes debates, nos quais foram apontadas vantagens e desvantagens de ambos os sistemas. Para os presidencialistas, dever-se-ia manter o mesmo sistema de governo, por ser da tradição brasileira. Os parlamentaristas, ao contrário, afirmavam ser o parlamentarismo a forma democrática com mais chances de enfrentar problemas vividos pelo País[1]. Lembre-se que o sistema parlamentarista foi aprovado pela Comissão de Sistematização, porém derrotado no Plenário.

A escolha da forma de governo também ensejou debates, prevalecendo, ao final, a República e não a Monarquia.

2. Constituições brasileiras anteriores

Todas as Constituições brasileiras previram a forma e o sistema de governo. No que tange ao sistema de governo, desde 1891, o Brasil adotou o presidencialismo. Contudo, apenas a de 1946, por força da Emenda Constitucional n. 4, de 2 de setembro de 1961, previu, expressamente, o sistema parlamentarista, o qual viria a ser extinto com a Emenda Constitucional n. 6, de 23 de janeiro de 1963. Todas as demais consagraram o sistema presidencialista: Constituição dos Estados Unidos do Brasil, promulgada em 24 de fevereiro de 1891 (art. 41); Constituição da República dos Estados Unidos do Brasil, promulgada em 16 de julho

---

1. ANAIS. Brasília: Senado Federal. Subsecretaria de Anais. V. 25, 1988.
1. ANAIS, Brasília. Subsecretaria de Anais. V. 25, 1988, p. 5749.

de 1934 (art. 51); Constituição dos Estados Unidos do Brasil, outorgada em 10 de novembro de 1937 (art. 80); Constituição dos Estados Unidos do Brasil, promulgada em 18 de setembro de 1946 (art. 78); Constituição da República Federativa do Brasil, outorgada em 24 de janeiro de 1967 (art. 73).

3. Constituições estrangeiras

O tema está presente nas Constituições estrangeiras. Quanto ao sistema de governo, o presidencialismo está nas Constituições da Argentina (art. 87), dos Estados Unidos (art. 2º) e do Chile (art. 24), ao passo que o parlamentarismo está nas Constituições da Espanha (art. 1º) e de Portugal (art. 183).

No que tange à forma de governo, a República é prevista nas Constituições de Portugal (art. 1º) e da Argentina (art. 1º); a Monarquia, nas Constituições da Bélgica (art. 85) e da Dinamarca (art. 2º).

4. Dispositivos constitucionais relacionados

Art. 1º, parágrafo único; art. 52, inciso II; 53, § 4º; art. 76; art. 85.

5. Comentários

5.1. Sistemas de governo: Presidencialista e Parlamentarismo

No sistema presidencialista, há maior concentração de poderes nas mãos de uma pessoa, que é o presidente da República. Ele é escolhido pelo voto popular para exercer mandato por prazo determinado. Exerce, a um só tempo, a chefia de Estado e a chefia de Governo.

O presidente da República pode ser destituído do cargo pelo processo de *impeachment*, julgamento político realizado no âmbito do Poder Legislativo. Aléxis de Tocqueville definiu o julgamento político como "a sentença pronunciada por um corpo político momentaneamente dotado do direito de julgar"[2]. Em nosso entender, o presidente da República, em situações excepcionalíssimas, pode também ser destituído do cargo por uma decisão do Tribunal Constitucional.

No sistema parlamentarista de governo, ao contrário do presidencialista, o núcleo do poder estatal é bipartido: o rei ou o monarca exerce a chefia de Estado e o primeiro ministro, escolhido pelo Parlamento, responde pela chefia de Governo. O primeiro ministro exerce o Governo com responsabilidade política e, não tendo mandato por prazo determinado, permanece no cargo enquanto tiver apoio parlamentar. Ele terá que deixar o cargo, no entanto, quando perde maioria no Parlamento.

O rei ou monarca, no exercício da chefia do Estado, constitui-se em uma figura representativa do Estado na ordem internacional. Não exerce, internamente, atividades de governo. Daí falar-se que *o rei reina, mas não governo*.

5.2. Formas de governo: Monarquia e República

Existem vários modos de classificar as formas de governo. Uma delas, feita por Montesquieu, consiste na trilogia República, Monarquia e Despotismo: "o governo republicano é aquele no qual o povo em seu conjunto, ou apenas uma parte do povo, possui o poder soberano; o monárquico, aquele onde um só governa, mas através de leis fixas e estabelecidas; ao passo que, no despótico, um só, sem lei e sem regra, impõe tudo por força de sua vontade e de seus caprichos"[3].

A **Monarquia** é uma forma de governo bastante antiga. O próprio Dante Alighieri (1265-1321), notabilizado pela *Divina Comédia*, realizou estudos específicos sobre essa forma de governo, defendendo a necessidade de estabelecer a separação entre o poder civil e o poder religioso[4].

Primeiro, surgiram as monarquias absolutas, nas quais o rei ou o monarca detinha todo o poder, exercendo-o da maneira que desejasse. Depois, no decorrer do século XVIII, começaram a surgir as monarquias constitucionais, em que o rei ainda detinha o poder, mas estava submetido às limitações estabelecidas na Constituição[5].

O poder do rei ou do monarca continuou sofrendo limitações, com a instauração das monarquias parlamentaristas. No sistema parlamentarista de governo, o rei ou o monarca exerce a chefia de Estado, enquanto a chefia de Governo é exercida pelo Gabinete de Ministros, tendo à frente um primeiro ministro, o qual efetivamente governa.

O rei ou monarca é vitalício no cargo e não responde pelos atos praticados no exercício do poder. A sucessão é hereditária, não havendo eleições.

A **República** é uma forma de governo que surgiu para se contrapor à monarquia. Etimologicamente, deriva do latim *res publica*: *res* (coisa) e *publica* (do povo, que pertence a todos). Significa, por conseguinte, coisa comum, pertencente a todas as pessoas vinculadas a determinado espaço territorial que configura o Estado. Está relacionada com a satisfação dos interesses públicos e à realização do bem comum, tendo sentido oposto à *res privata* (coisa particular)[6].

Na República, os governantes são eleitos, representam o povo e devem agir inspirados pelo princípio da igualdade, exercendo mandato com responsabilidade e por tempo previamente determinado[7]. Podem ser extraídos, portanto, os requisitos indispensáveis para que se possa falar na existência de um regime republicano: a) governantes que representam o povo; b) mandato concedido pelo voto popular; c) exercício do mandato por tempo determinado; d) igualdade entre as pessoas; e) responsabilidade dos governantes pelos atos praticados em razão do cargo. Nesse sentido, ela pode ser tomada como sinônimo de democracia.

---

2. TOCQUEVILLE, Alexis. *A Democracia na América:* leis e costumes. Trad. Eduardo Brandão. São Paulo: Martins Fontes, 1998, p. 121.

3. MONTESQUIEU, Charles de Secondat. *O Espírito das Leis*. Trad. Cristina Mirachco. São Paulo: Martins Fontes, 1996, p. 19.

4. ALIGHIERI, Dante. *Monarquia*. Trad. Ciro Mioranza. São Paulo: Escala, s.d., p. 38.

5. DALLARI, Dalmo de Abreu. *Elementos de Teoria Geral do Estado*. 25. ed. São Paulo: Saraiva, 2005, p. 277.

6. CANOTILHO, J. J. Gomes. *Direito Constitucional e Teoria da Constituição*. 6. ed. Coimbra: Almedina, 2002, p. 227-228.

7. CARRAZZA, Roque Antonio. *Curso de Direito Constitucional Tributário*. 19. ed. São Paulo: Malheiros, 2003, p. 48.

Registre-se que o plebiscito, marcado para 7 de setembro de 1993, foi antecipado para 21 de abril de 1993, por força da Emenda Constitucional n. 2, de 25 de agosto de 1992.

A divulgação das formas e dos sistemas de governo foi amplamente assegurada pelos meios de comunicação de massa. O Tribunal Superior Eleitoral expediu normas regulamentando a eleição.

6. Referências bibliográficas

ALIGHIERI, Dante. *Monarquia*. Trad. Ciro Mioranza. São Paulo: Escala, s.d.

ANAIS, Brasília. Subsecretaria de Anais. V. 25, 1988, p. 5749.

CANOTILHO, J. J. Gomes. *Direito Constitucional e Teoria da Constituição*. 6. ed. Coimbra: Almedina, 2002.

CARRAZZA, Roque Antonio. *Curso de Direito Constitucional Tributário*. 19. ed. São Paulo: Malheiros, 2003.

DALLARI, Dalmo de Abreu. *Elementos de Teoria Geral do Estado*. 25. ed. São Paulo: Saraiva, 2005.

FRANCO, Afonso Arinos de Melo; PILA, Taul. *Presidencialismo ou Parlamentarismo?* Brasília: Senado Federal, Conselho Editorial, 1999.

MONTESQUIEU, Charles de Secondat. *O Espírito das Leis*. Trad. Cristina Mirachco. São Paulo: Martins Fontes, 1996.

TOCQUEVILLE, Alexis. *A Democracia na América*: leis e costumes. Trad. Eduardo Brandão. São Paulo: Martins Fontes, 1998.

Art. 3º A revisão constitucional será realizada após cinco anos, contados da promulgação da Constituição, pelo voto da maioria absoluta dos membros do Congresso Nacional, em sessão unicameral.

Zulmar Fachin

1. Introdução

O poder constituinte pode ser estudado em dupla dimensão: originária e reformadora. Trata-se do poder que constitui, que faz e que elabora normas constitucionais.

O poder constituinte produz normas constitucionais tanto ao elaborar a Constituição quanto ao alterá-la. Na primeira hipótese, diz-se originário, primário, de primeiro grau; na segunda, está presente o poder reformador, derivado, instituído, constituído, secundário, de segundo grau, ou, simplesmente, de competência constituinte. Registre-se que as normas produzidas pelo poder constituinte – seja o originário, seja o reformador – compõem um texto normativo (a Constituição) localizado em posição de superioridade em relação às demais normas do ordenamento jurídico de um Estado[1].

---

1. FACHIN, Zulmar. *Curso de Direito Constitucional*. 8. ed. São Paulo: Verbatim, 2019, p. 87-102.

2. Poder constituinte originário

O poder constituinte originário cria o Estado. Pode fazer isso a partir do *nada*, quando cria o Estado e lhe dá a *primeira* Constituição, ou a partir de uma *ruptura* da ordem jurídica existente, quando estabelece um *novo* tipo de Estado e lhe dá uma *nova* Constituição, substituindo a anterior. Nesse sentido, o poder constituinte originário *cria* o Estado, dando a este sua *primeira* forma, partejando o que não existia. Contudo, ele pode também *recriar* o Estado, dando-lhe *nova* forma. Assim, o poder constituinte pode *criar* ou *recriar* o Estado. Na primeira hipótese, ele cria o fundamento de validade do ordenamento jurídico. Na segunda, substitui esse fundamento.

3. Poder reformador: emenda e revisão

O poder reformador tem vários nomes: poder constituinte reformador, poder de reforma constitucional, poder constituinte de segundo grau, poder constituinte secundário, poder constituído, poder instituído, poder de Emenda Constitucional, poder de emendabilidade, poder constituinte derivado, competência reformadora e competência constituinte derivada.

O poder reformador, na tarefa de alterar a Constituição, atua por meio de duas formas: emenda ou revisão. A emenda deve ser utilizada quando se pretende fazer mudanças específicas, pontuais, localizadas (art. 60). A revisão, quando o objetivo for realizar alterações gerais na Constituição (ADCT, art. 3º). Em outras palavras, a revisão, assim como a emenda, é uma espécie do gênero reforma.

4. Formas de exercício do poder de revisão

O poder de revisão constitucional pode ser exercido de duas formas: a) a revisão é elaborada por um órgão cujos membros foram eleitos pelo povo – uma vez aprovada, a emenda de revisão é promulgada e publicada pelo órgão revisional; b) a revisão é elaborada por um órgão cujos membros foram eleitos pelo povo – após a aprovação, a emenda de revisão é submetida a referendo popular. Obtida votação popular favorável, a emenda será promulgada e publicada pelo órgão elaborador do texto. Em qualquer das duas hipóteses, a revisão constitucional é expressa, vedada tentativa de revisão constitucional implícita[2].

5. Limitações ao poder revisional

O poder de revisão constitucional encontra limites para atuar. Tais limites são expressos ou implícitos. Aqueles, decorrentes diretamente do texto constitucional, podem ser assim sintetizados: a) *limitações procedimentais*: referem-se à compe-

---

2. CANOTILHO, José Joaquim Gomes. *Direito Constitucional e Teoria da Constituição*. 7. ed. Coimbra: Almedina, p. 1069. Afirma o autor: "Quer se trate de *supressão* de normas, quer se trate de uma *substituição* do texto constitucional, quer de *aditamentos*, todas estas alterações são inseridas no lugar próprio da Constituição, publicando-se conjuntamente a Constituição, no seu novo texto, e a lei da revisão (art. 286). Excluem-se, pois, as chamadas revisões não expressas ou revisões materiais irrecognoscíveis, em que não se declara, de modo explícito, a vontade de alterar o texto num dado sentido e cujas desvantagens têm sido justamente assinaladas. Portanto, nenhuma modificação ou *revisão constitucional* sem alteração de texto da Constituição".

tência e ao *quorum*. A competência é de um órgão estatal, especificamente o Congresso Nacional, ao passo que o quórum exigido é de maioria absoluta dos votos favoráveis dos membros do Congresso Nacional; b) *limitações circunstanciais*: não pode ser apresentada proposta de revisão constitucional, nem mesmo prosseguirem as que estão em tramitação, caso seja decretado estado de defesa, estado de sítio ou intervenção federal; c) *limitações temporais*: estas impedem a revisão da Constituição antes de decorrerem cinco anos da data de sua promulgação; d) *limitações materiais*: não pode haver revisão constitucional com o propósito de abolir certas matérias, total ou parcialmente, ou seja, restringi-las ou revogá-las; em outras palavras, não se podem abolir as cláusulas pétreas, erigidas como limites ao poder de emendabilidade (art. 60, § 4º).

6. Revisão constitucional no direito comparado

A Constituição da República Portuguesa, promulgada em 2 de abril de 1976, atribuiu à Assembleia da República poderes para rever a Constituição decorridos cinco anos sobre a data da publicação de qualquer lei de revisão. Previu, ainda, à Assembleia da República poderes extraordinários de revisão constitucional por maioria de quatro quintos dos deputados em efetivo exercício das funções (art. 284).

De modo idêntico, a Constituição de São Tomé e Príncipe, publicada em 6 de dezembro de 2002, autorizou à Assembleia Nacional rever a Constituição no prazo de cinco anos da data da última revisão, ou, independentemente de qualquer prazo temporal, com a iniciativa da maioria de três quartos dos deputados em exercício efetivo de suas funções (art. 151).

Registre-se que a Constituição de Cabo Verde prevê idêntica norma (art. 281).

7. Revisão constitucional no constitucionalismo brasileiro

A Constituição de 25 de março de 1824, outorgada por D. Pedro I, previa *reforma* constitucional, decorridos quatro anos após ter sido *jurada* (art. 174). Inusitadamente, para veicular reforma constitucional, previa a edição de uma lei devidamente sancionada pelo Imperador, em total incompatibilidade com a teoria do poder constituinte. A única reforma que ocorreu durante toda sua vigência (65 anos) foi introduzida pela Lei n. 16, de 12 de agosto de 1834.

A Constituição de 16 de setembro de 1934, a única Constituição brasileira elaborada por uma Constituinte exclusiva, previa duas espécies de reforma: emenda e revisão. A Emenda Constitucional era considerada aprovada por maioria absoluta, em duas votações, na Câmara dos Deputados e no Senado Federal, em dois anos consecutivos. Porém, se obtivesse, na Câmara dos Deputados, dois terços dos votos favoráveis, seria enviada imediatamente ao Senado Federal, no qual deveria ser aprovada por idêntica votação. A proposta de revisão seria aprovada caso obtivesse maioria de votos em ambas as Casas do Congresso Nacional. Em seguida, seria elaborado um anteprojeto que seria submetido, na legislatura seguinte, "a três discussões e votações em duas sessões legislativas, numa e noutra casa" (art. 178, § 2º). Após a aprovação, seria promulgada e entraria em vigor.

Registre-se, todavia, que tanto a emenda quanto a revisão tinham por finalidade alterar, pontualmente, a Constituição, o que permite afirmar que, em verdade, eram duas espécies de emenda. Em análise mais vertical, poder-se-ia afirmar que não se tratava, propriamente, de revisão.

A Constituição de 5 de outubro de 1988, restituindo as franquias democráticas ao povo brasileiro, previu dois tipos de reforma constitucional: emenda (art. 60) e revisão (ADCT, art. 3º). Tratar-se-á, especificamente, da revisão constitucional.

Registre-se que as demais Constituições brasileiras (1891, 1937, 1946), embora oscilassem no uso da terminologia (emenda, revisão, reforma, modificação), referiam-se, em verdade, à Emenda Constitucional.

8. Revisão constitucional na Constituição de 1988

8.1. Prazo

O constituinte de 1988 fixou prazo de cinco anos, contados a partir da promulgação da Constituição, para que fosse realizada uma revisão constitucional. Enquanto não transcorresse o prazo assinalado pelo poder constituinte originário, o poder revisional não poderia alterar a Constituição Federal, permanecendo imobilizado. O prazo de cinco anos justifica-se para que a Constituição possa estabilizar-se e impor sua força normativa.

8.2. Quórum

O texto exige maioria absoluta dos membros do Congresso Nacional. Entende-se por absoluta a maioria obtida pelos votos da metade e mais um inteiro dos membros do colegiado. A maioria absoluta não precisa ser obtida em cada Casa Legislativa, visto que a apuração dos votos far-se-á, indistintamente, entre senadores e deputados federais. Pode ocorrer, então, que, no âmbito do Senado, a maioria absoluta não seja obtida. Tal fato não impede a Emenda Constitucional de revisão, contanto que, na soma dos votos dos senadores e dos deputados federais, a maioria absoluta seja alcançada.

8.3. Sessão unicameral

Unicameral é a sessão realizada com a participação dos membros da Câmara dos Deputados e do Senado Federal. Ao contrário do que ocorre com a Emenda Constitucional, em que a votação é realizada, separadamente, em cada Casa Legislativa, os membros da Câmara e do Senado reúnem-se para, em conjunto, deliberar sobre emendas de revisão constitucional.

9. A revisão de 1994

A revisão constitucional, realizada no Brasil em 1994, foi bastante tímida. Poucas matérias foram revisadas. Isso pode ser constatado pela análise das inovações introduzidas pelas seis emendas de revisão constitucional promulgadas naquele ano.

a) Emenda Constitucional de Revisão n. 1, de 1º de março de 1994, acrescentou os arts. 71, 72 e 73 ao Ato das Disposições Transitórias da Constituição Federal;

b) Emenda Constitucional de Revisão n. 2, de 7 de junho de 1994, deu nova redação ao art. 50, *caput* e § 2º, da Constituição Federal;

c) Emenda Constitucional de Revisão n. 3, de 7 de junho de 1994, alterou normas do art. 12 da Constituição Federal;

d) Emenda Constitucional de Revisão n. 4, de 7 de junho de 1994, alterou a redação do art. 14, § 9º, Constituição Federal;

e) Emenda Constitucional de Revisão n. 5, de 7 de junho de 1994, alterou o art. 82 da Constituição Federal, reduzindo de cinco para quatro anos o mandato do presidente da República;

f) Emenda Constitucional de Revisão n. 6, de 7 de junho de 1994, acrescentou o § 4º ao art. 55 da Constituição Federal.

Após a promulgação de tais emendas de revisão, passou-se a alterar a Constituição pela via das emendas constitucionais (art. 6º).

10. Exauribilidade da revisão constitucional

O constituinte originário previu que se fizesse revisão constitucional decorridos cinco anos da data da promulgação da Constituição. Interpreta-se que previu *uma* revisão constitucional. Tendo sido esta elaborada com a promulgação de seis emendas constitucionais de revisão, exauriu-se a possibilidade de reformar a Constituição por meio de revisão, restando apenas, formalmente, o caminho das emendas constitucionais[3]. É preciso reconhecer, contudo, a possibilidade de a Constituição ser alterada não apenas por Emenda Constitucional, mas também, embora excepcionalmente, pela mutação constitucional, caracterizada pela informalidade.

Mutação ou transição constitucional é um processo informal de alteração da Constituição, que pode conviver com os mecanismos formais (emenda e revisão). Pela mutação constitucional, altera-se o sentido da norma constitucional, sem, contudo, mudar o texto. Para Gomes Canotilho, "é a revisão informal do compromisso político formalmente plasmado na constituição sem alteração do texto constitucional. Em termos incisivos: muda o sentido sem mudar o texto"[4]. José Afonso da Silva, no mesmo sentido, afirma que "Mutações constitucionais são mudanças não formais que se operam no correr da história de uma Constituição, sem alterar o enunciado formal, sem mudar a letra do texto"[5].

Em síntese, nesta quadra da História, restam dois caminhos formais para alterações constitucionais: a emenda constitucional, (art. 60, da CF) e pela revisão constitucional (art. 3, do ADCT); informalmente, a alteração da Constituição pode ser por meio da mutação constitucional, feita por juízes e tribunais.

Art. 4º O mandato do atual Presidente da República terminará em 15 de março de 1990.

---

3. SILVA, José Afonso da. *Curso de Direito Constitucional Positivo*. 24. ed. São Paulo: Malheiros, 2005, p. 62. Sustenta o autor que "a revisão constitucional, prevista no art. 3º. do Ato das Disposições Constitucionais Transitórias, já se realizou, não sendo mais possível outra revisão nos termos ali previstos, simplesmente porque, como norma transitória, foi aplicada, esgotando-se em definitivo. Portanto, qualquer mudança formal na Constituição só deverá ser feita legitimamente com base no art. 60, ou seja, pelo procedimento das emendas com os limites dali decorrentes".

4. CANOTILHO. J. J. Gomes. *Direito Constitucional e Teoria da Constituição*. 6. ed. Coimbra: Almedina, 2002, p. 1.214.

5. SILVA, José Afonso da. *Poder Constituinte e Poder Popular*. São Paulo: Malheiros, 2000, p. 283.

§ 1º A primeira eleição para Presidente da República após a promulgação da Constituição será realizada no dia 15 de novembro de 1989, não se lhe aplicando o disposto no art. 16 da Constituição.

§ 2º É assegurada a irredutibilidade da atual representação dos Estados e do Distrito Federal na Câmara dos Deputados.

§ 3º Os mandatos dos Governadores e dos Vice-Governadores eleitos em 15 de novembro de 1986 terminarão em 15 de março de 1991.

§ 4º Os mandatos dos atuais Prefeitos, Vice-Prefeitos e Vereadores terminarão no dia 1º de janeiro de 1989, com a posse dos eleitos.

Zulmar Fachin

1. Histórico da norma

Fixar o tempo de duração do mandato do Presidente da República foi um debate acalorado no âmbito da Assembleia Nacional Constituinte.

2. Constituições brasileiras anteriores

A Constituição de 1934 previu que, no dia seguinte ao da sua promulgação, a Assembleia Nacional Constituinte deveria eleger o Presidente da República para mandato de quatro anos (art. 1º, das Disposições Transitórias). E assim se fez. O eleito foi Getúlio Vargas.

Na verdade, com maior precisão teórica, deve-se reconhecer que não foi a Assembleia Nacional Constituinte, mas o Congresso Nacional que escolheu o presidente da República, visto que, com a promulgação da Constituição, a Assembleia Constituinte – agente do poder constituinte originário – havia sido extinta.

3. Dispositivos constitucionais relacionadas

Art. 27; art. 28; art. 29, inciso I; art. 32, § 2º; art. 45, §§ 1º e 2º; art. 77; art. 82.

4. Constituições estrangeiras

Norma semelhante pode ser encontrada em Constituições de vários Países: Constituição Política do Peru (art. 6º, das Disposições Finais e Transitórias); Constituição da Nação Argentina (art. 10, das Disposições Transitórias); Constituição Política da República do Chile (art. 13, das Disposições Transitórias); Constituição do Reino de Espanha (art. 8º, das Disposições Transitórias); Constituição da Finlândia (art. 94); Constituição da República da Grécia (art. 114); Constituição da República Italiana (art. XVII, das Disposições Transitórias e Finais); Constituição do Grão-Ducado de Luxemburgo (art. 8º).

5. Comentários

O Presidente da República havia sido escolhido, indiretamente, em 15 de janeiro de 1985, pelos membros do chamado Colégio Eleitoral, para um mandato de seis anos. A tradição republicana brasileira recomendava que o tempo de duração do mandado presidencial fosse fixado em quatro anos. A discussão era extremamente importante, visto que a sociedade brasileira, na continuidade da luta das "Diretas Já" – o maior e mais expressivo movimento popular da História do Brasil –, pretendia restabelecer os valores republicanos, dos quais a *Constituição Cidadã* constitui-se em seu mais legítimo veículo. Contudo, no dia 2 de junho de 1988, a Assembleia Nacional Constituinte fixou em cinco anos o mandato presidencial.

Registre-se que determinar o tempo do mandato presidencial interferiria diretamente na fixação da data para a eleição para Presidente da República, grande anseio da sociedade brasileira, que não escolhia o ocupante do cargo desde as eleições de 1960. Por outro lado, poderia interferir, também, na duração do mandato dos representantes dos poderes Legislativo e Executivo estaduais e municipais. Nesse sentido, ficou estabelecido que os mandatos dos governadores e vice-governadores, eleitos em 15 de novembro de 1986, terminariam em 15 de março de 1991. Os mandatos dos vereadores, prefeitos e vice-prefeitos terminariam em 1º de janeiro de 1989.

6. Referência bibliográfica

FERREIRA, Olavo Leonel. *500 Anos de História do Brasil*. Brasília: Senado Federal, Conselho Editorial, 2005.

Art. 5º Não se aplicam às eleições previstas para 15 de novembro de 1988 o disposto no art. 16 e as regras do art. 77 da Constituição.

§ 1º Para as eleições de 15 de novembro de 1988 será exigido domicílio eleitoral na circunscrição pelo menos durante os quatro meses anteriores ao pleito, podendo os candidatos que preencham este requisito, atendidas as demais exigências da lei, ter seu registro efetivado pela Justiça Eleitoral após a promulgação da Constituição.

§ 2º Na ausência de norma legal específica, caberá ao Tribunal Superior Eleitoral editar as normas necessárias à realização das eleições de 1988, respeitada a legislação vigente.

§ 3º Os atuais parlamentares federais e estaduais eleitos Vice-Prefeitos, se convocados a exercer a função de Prefeito, não perderão o mandato parlamentar.

§ 4º O número de vereadores por município será fixado, para a representação a ser eleita em 1988, pelo respectivo Tribunal Regional Eleitoral, respeitados os limites estipulados no art. 29, IV, da Constituição.

§ 5º Para as eleições de 15 de novembro de 1988, ressalvados os que já exercem mandato eletivo, são inelegíveis para qualquer cargo, no território de jurisdição do titular, o cônjuge e os parentes por consanguinidade ou afinidade, até o segundo grau, ou por adoção, do Presidente da República, do Governador de Estado, do Governador do Distrito Federal e do Prefeito que tenham exercido mais da metade do mandato.

Zulmar Fachin

1. Histórico da norma

No âmbito da Assembleia Nacional Constituinte debateu-se exaustivamente os critérios a serem adotados para as eleições de 15 de novembro de 1988.

2. Constituições brasileiras anteriores

Constituição da República dos Estados Unidos do Brasil, promulgada em 24 de fevereiro de 1891 (art. 1º, § 3º); Constituição da República dos Estados Unidos do Brasil, promulgada em 16 de julho de 1934 (art. 1º, § 2º).

3. Dispositivos constitucionais e legais relacionados

3.1. Constitucionais

Art. 1º, parágrafo único; art. 12, § 3º, inciso I; art. 14, § 3º, inciso VI, *a*; art. 14, §§ 6º e 7º; art. 29; art. 52, inciso II; art. 53, § 4º; art. 78; art. 85.

3.2. Legais

Lei n. 4.737, de 15 de julho de 1965 (Código Eleitoral); Lei n. 9.096, de 19 de setembro de 1995 (Lei dos Partidos Políticos); Lei n. 9.259, de 9 de janeiro de 1996; Lei n. 9.504, de 30 de setembro de 1997.

4. Comentários

Para as eleições de 15 de novembro de 1988, a Constituição exigiu a comprovação, por parte do candidato, do domicílio eleitoral na respectiva circunscrição pelo tempo de quatro meses anteriores ao pleito.

Estabeleceu-se, também, que os deputados federais e estaduais, com mandato vigente ao tempo da promulgação da Constituição, eleitos vice-prefeitos e se convocados a exercer a função de prefeito, não perderiam o mandato parlamentar. Em outras palavras, um deputado (federal ou estadual), eleito vice-prefeito, não perderia o mandato parlamentar, caso tivesse que assumir o cargo de prefeito.

Ainda em relação às eleições de 15 de novembro de 1988, foram considerados inelegíveis para qualquer cargo, no território de jurisdição do titular, o cônjuge e os parentes por consanguinidade ou afinidade, até o segundo grau, ou por adoção, do presidente da República, do governador de Estado, do governador do Distrito Federal ou do prefeito que tenham exercido mais da metade do mandato. Contudo, fez-se ressalva aos que já exerciam mandato eletivo naquela data, os quais não eram atingidos pela proibição constitucional.

Coube ao Tribunal Superior Eleitoral editar normas necessárias à realização das eleições de 1988, observando-se a legislação vigente.

5. Referências bibliográficas

BRASIL. *Código Eleitoral Anotado e Legislação Complementar*. Brasília: Tribunal Superior Eleitoral: Senado Federal, 2004.

SILVA, José Afonso da. *Curso de Direito Constitucional Positivo*. 31. ed. São Paulo: Malheiros, 2008.

> **Art. 6º** Nos seis meses posteriores à promulgação da Constituição, parlamentares federais, reunidos em número não inferior a trinta, poderão requerer ao Tribunal Superior Eleitoral o registro de novo partido político, juntando ao requerimento o manifesto, o estatuto e o programa devidamente assinados pelos requerentes.

§ 1º O registro provisório, que será concedido de plano pelo Tribunal Superior Eleitoral, nos termos deste artigo, defere ao novo partido todos os direitos, deveres e prerrogativas dos atuais, entre eles o de participar, sob legenda própria, das eleições que vierem a ser realizadas nos doze meses seguintes a sua formação.

§ 2º O novo partido perderá automaticamente seu registro provisório se, no prazo de vinte e quatro meses, contados de sua formação, não obtiver registro definitivo no Tribunal Superior Eleitoral, na forma que a lei dispuser.

Zulmar Fachin

1. Histórico da norma

A possibilidade de criação de novos partidos políticos foi uma preocupação da Assembleia Nacional Constituinte. Essa norma teve o objetivo de facilitar o registro de novos partidos políticos. Pode-se observar a opção do constituinte pelo pluripartidarismo.

2. Constituições anteriores

Não há precedentes nas Constituições brasileiras.

3. Constituições estrangeiras

Não há dispositivos semelhantes em Constituições anteriores.

4. Dispositivos constitucionais e legais relacionados

4.1. Constitucionais

Art. 17; art. 14, § 3º, inciso V; art. 77, § 2º.

4.2. Legais

Lei n. 9.096, de 19 de setembro de 1995; Lei n. 4.737, de 15 de julho de 1965 (Código Eleitoral).

5. Comentários

Neste artigo, facultou-se a deputados federais requererem ao TSE o registro de novo partido político, nos seis meses posteriores à promulgação da Constituição. Exigiu-se, apenas, a juntada do manifesto, do estatuto e do programa devidamente assinado por, no mínimo, trinta deputados federais. Na hipótese, impôs-se ao TSE o dever de conceder, de plano, o registro provisório, assegurando, imediatamente, ao partido político todos os direitos, deveres e prerrogativas dos partidos então existentes, especificamente o direito de participarem, sob legenda própria, das eleições que viessem a ser realizadas nos doze meses seguintes à sua formação.

Ao novo partido político foi fixado prazo de vinte e quatro meses para adquirir, de forma definitiva, o registro no TSE. Contudo, decorrido o prazo sem a obtenção do registro definitivo, o novo partido perderia automaticamente o registro provisório.

5.1. Partidos políticos

Os partidos políticos estão relacionados com a representação política. Distinguem-se de facções e seitas.

Para Giovani Sartori, partidos políticos não são facções, mas *partes-de-um-todo* que funcionam como canais de expressão. Eles "pertencem, em primeiro lugar e principalmente aos meios de representação: são um instrumento, ou uma agência, de *representação do povo, expressando* suas reivindicações"[1].

Liberdade partidária. A Constituição de 1988 previu ampla liberdade partidária. Afirma que é livre a criação, a fusão, a incorporação e a extinção dos partidos políticos. Exige, no entanto, que sejam resguardados a soberania nacional, o regime democrático, o pluripartidarismo e os direitos fundamentais da pessoa humana (art. 17).

O partido político, apesar de ter liberdade de organização, deve observar os seguintes preceitos: a) caráter nacional; b) proibição de recebimento de recursos financeiros de entidade ou governos estrangeiros ou de subordinação a estes; c) prestação de contas à Justiça Eleitoral; d) funcionamento parlamentar de acordo com a lei (art. 17, incisos I a IV).

Natureza jurídica do partido político. A Constituição Federal estabelece que, após adquirir personalidade jurídica, na forma da lei civil, o partido político deve registrar seus estatutos no Tribunal Superior Eleitoral.

A natureza jurídica do partido político, no entanto, é definida pela lei. Tanto o Código Civil (art. 44, inciso V) quanto a Lei n. 9.096, de 19 de setembro de 1995 (art. 1º), que dispõe sobre a organização partidária no Brasil, afirmam que o partido político é pessoa jurídica de direito privado.

Filiação a partido político: condição de elegibilidade. A Constituição brasileira exige que o candidato a qualquer cargo eletivo esteja filiado a um partido político. Veda, portanto, a chamada *candidatura avulsa*, ou seja, a candidatura que não esteja formalmente vinculada a um partido político regularmente registrado no Tribunal Superior Eleitoral.

A filiação partidária é uma das condições de elegibilidade (art. 14, § 3º, inciso V, e art. 77, § 2º). Caso ela não tenha sido feita de acordo com as leis eleitorais, o candidato não poderá disputar o pleito eleitoral.

Fidelidade partidária. A Constituição Federal assegura aos partidos políticos autonomia para definir sua estrutura interna, organização e funcionamento. Determina, por outro lado, que

---

1. SARTORI, Giovani. *Partidos e Sistemas Políticos*. Trad.: Waltensir Dutra. Rio de Janeiro: Zahar; Brasília: Ed. Universidade de Brasília, 1982, p. 48.

seus estatutos estabeleçam normas de fidelidade e disciplina partidária (art. 17, § 1º). A previsão de fidelidade partidária deve, portanto, estar inserida nos estatutos dos partidos políticos, importando sanções ao eleito que deixar o partido pelo qual se elegeu.

6. Referência bibliográfica

SARTORI, Giovani. *Partidos e Sistemas Políticos*. Trad.: Waltensir Dutra. Rio de Janeiro: Zahar; Brasília: Ed. Universidade de Brasília, 1982.

Art. 7º O Brasil propugnará pela formação de um tribunal internacional dos direitos humanos.

George Rodrigo Bandeira Galindo

1. História da norma

O dispositivo é inovador tanto do ponto de vista da história constitucional brasileira como do ponto de vista comparado. Ele integra o conjunto de normas – as demais são o art. 4º, II, e o art. 5º, § 2º – que lidam com direitos humanos no plano internacional e que foram inseridas pelo Constituinte de 1988.

2. Constituições brasileiras anteriores

Nenhuma constituição brasileira anterior faz referência a um tribunal internacional dos direitos humanos.

3. Constituições estrangeiras (relação ilustrativa)

Não se tem notícia de qualquer Constituição do mundo que se refira à criação de um tribunal internacional dos direitos humanos em nível global.

4. Direito internacional

Existem três tribunais internacionais de direitos humanos *stricto sensu* no mundo atual: a Corte Europeia de Direitos Humanos, a Corte Interamericana de Direitos Humanos e a Corte Africana de Direitos Humanos. Não há, contudo, ainda, um tribunal de direitos humanos em nível global. Em sentido lato, há um tribunal em nível global que lida indiretamente com questões de direitos humanos: o Tribunal Penal Internacional. Desde 1998, o Brasil aceita a jurisdição obrigatória, para casos contenciosos, da Corte Interamericana de Direitos Humanos (Decreto n. 4.463, de 08.10.2002) e a jurisdição obrigatória do Tribunal Penal Internacional (Decreto n. 4.388, de 25.09.2002).

5. Dispositivos constitucionais relevantes (relação ilustrativa)

Art. 4º, II (prevalência dos direitos humanos), VII (solução pacífica dos conflitos); art. 5º, §§ 2º, 3º (direitos enumerados em tratados internacionais) e 4º (Tribunal Penal Internacional).

6. Jurisprudência (STF)

O Supremo Tribunal Federal ainda não se pronunciou diretamente acerca do art. 7º do ADCT da CF/1988.

7. Literatura selecionada

ALSTON, Philip. Against a World Court for Human Rights. *Ethics and International Affairs*, Cambridge, v. 28, n. 2, p. 197-212, 2014; CANÇADO TRINDADE, Antônio Augusto. *Tratado de direito internacional dos direitos humanos*, v. 1, Porto Alegre: Sergio Antonio Fabris, 1997; DALLARI, Pedro. *Constituição e relações exteriores*. São Paulo: Saraiva, 1994; LAUTERPACHT, Hersch. *International law and human rights*. London: Stevens & Sons, 1950; MELLO, Celso de Albuquerque. *Direito constitucional internacional*: uma introdução. 2. ed. Rio de Janeiro: Renovar, 2000; STEINER, Henry J.; ALSTON, Philip; GOODMAN, Ryan. *International human rights in context*: law, politics morals. New York: Oxford University Press, 2008; TRECHSEL, Stefan. A World Court for Human Rights? *Northwestern Journal of International Human Rights*, Chicago, v. 1, p. 3-20, 2004.

8. Anotações

É possível dizer que o art. 7º do ADCT é inovador em diversos sentidos, três deles podem aqui ser mencionados: (a) do ponto de vista da tradição constitucional brasileira; (b) do ponto de vista do direito constitucional comparado; (c) do ponto de vista mais geral das relações internacionais. Antes de se analisar essa inovação em três níveis, é preciso compreender o que significa, exatamente, propugnar pela formação de um tribunal internacional dos direitos humanos.

O dispositivo estabelece que o Brasil "propugnará" pela criação do tribunal internacional. Não prescreve, precisamente, que o Brasil "aderirá" ao tribunal ou "aceitará a sua jurisdição obrigatória para casos contenciosos". A partir disso, alguém poderia facilmente objetar que o dispositivo é uma mera carta de intenções, uma vez que se encontra no nível de uma proposta a qual o Brasil não tem sequer o dever de se vincular juridicamente caso se torne realidade – pois apenas "propugnará".

Uma interpretação desse tipo, embora perfeitamente possível, apresenta-se de maneira estreita se se considera que este não é um dispositivo isolado. O art. 7º do ADCT faz parte de um conjunto de três dispositivos que foram dispostos no texto constitucional de 1988. O primeiro deles pode ser encontrado no inciso II do art. 4º, que estabelece a "prevalência" dos direitos humanos como princípio a guiar a República nas relações internacionais. O segundo se situa no § 2º do art. 5º, que dispõe que os direitos fundamentais estabelecidos na Constituição não excluem aqueles oriundos de tratados internacionais. O terceiro dispositivo é, por fim, o próprio art. 7º do ADCT.

Consciente ou inconscientemente, o Constituinte alcançou, de maneira efetiva, os três níveis fundamentais da proteção dos direitos humanos no plano internacional. O primeiro deles, situado em um âmbito mais conceitual, trata de transplantar o princípio de que a proteção de direitos é insuficiente se feita apenas no plano interno. Esse é o principal ponto de partida de todo o sistema atual de proteção internacional dos direitos humanos, como bem estabelece a Declaração Universal dos Direitos do Homem, que em seu preâmbulo menciona a necessidade de intercâmbio entre os Estados para a proteção dos direitos: "Considerando que os Estados-Membros se comprometeram a desenvolver, em cooperação com as Nações Unidas, o respeito universal aos direitos humanos e liberdades fundamentais e a observância desses direitos e liberdades". Por isso, é preciso que se diga – como o faz o art. 4º, II – que a prevalência dos direitos humanos não se aplica apenas no plano interno, mas também no plano internacional.

O segundo nível diz respeito à existência de normas vinculantes no plano internacional. Durante vários anos do pós-II Guerra, Estados e militantes de direitos humanos se concentraram em produzir normas no plano internacional. Esse momento, que ficou conhecido como fase legislativa da proteção internacional dos direitos humanos, buscava criar um catálogo internacional de direitos. Ora, o art. 5º, § 2º, dá uma contribuição importante para o desenvolvimento normativo dos direitos humanos no plano internacional, visto que chega ao ponto de estabelecer que direitos oriundos de tratados complementam (e não confrontam) os direitos internamente estabelecidos. A Constituição de 1988, assim, reforça o caráter vinculante dos tratados de direitos humanos no Estado brasileiro.

O terceiro e último nível, representado na Constituição pelo art. 7º do ADCT, pretende dar uma resposta àquilo que internacionalmente foi denominado de fase de implementação dos direitos humanos[1]. Após a criação de alguns instrumentos internacionais, percebeu-se que mera produção de normas não traria, por si só, o respeito aos direitos ora estabelecidos no direito internacional; seriam necessários mecanismos para fazer valer o disposto nas normas internacionais. Assim, o art. 7º dá uma resposta à questão da implementação ao dispor que o Brasil propugnará pela criação de um mecanismo importante de implementação: um tribunal internacional.

Levando em consideração esse conjunto de normas que abrangem (a) o campo principiológico de que a proteção dos direitos humanos em nível internacional também é necessária; (b) a existência (e fortalecimento) de normas internacionais obrigatórias sobre direitos humanos; e (c) a criação de mecanismos para fazer valer os direitos consagrados internacionalmente, chega-se à conclusão de que o art. 7º do ADCT não é (nem pode ser) uma mera carta de intenções: o objetivo estabelecido é que se crie o Tribunal Internacional dos Direitos Humanos, que o Brasil dele participe e seja ele efetivo. Essa interpretação parece evidente se se leva em consideração a fundamentalidade dos três níveis para a proteção dos direitos humanos.

De fato, então, pela forma do art. 7º do ADCT, o Brasil pretende criar – e participar – de um Tribunal Internacional dos Direitos Humanos. Todavia, de que tribunal se está a falar?

Alguns já chegaram a dizer que o tribunal a que alude o art. 7º do ADCT se tratava, na verdade, da Corte Interamericana de Direitos Humanos – que não deixa de ser um tribunal internacional de direitos humanos. É improvável essa conclusão, visto que, em 1988, a Corte Interamericana já existia e estava em funcionamento. Por impossibilidade lógica, não se poderia propugnar pela formação de um tribunal já existente. Isso não quer dizer, no entanto, que o art. 7º do ADCT não pudesse servir como um bom argumento a fim de que o Brasil aceitasse a jurisdição obrigatória para casos contenciosos da Corte Interamericana – o que viria a acontecer apenas em 1998. Se o art. 7º do ADCT significa, em verdade, um compromisso do Brasil com a implementação dos direitos humanos no plano internacional por meio de tribunais, a aceitação da jurisdição obrigatória de um outro tribunal de direitos humanos cumpre esse fim. De fato, a mensagem do Ministro das Relações Exteriores ao Congresso Nacional, quando solicitou o reconhecimento da jurisdição contenciosa da Corte Interamericana, mencionou o art. 7º do ADCT.

Outros chegaram a afirmar que poderia ser considerado o tribunal mencionado no art. 7º do ADCT o Tribunal Penal Internacional – cujo instrumento que lhe criou, o Estatuto de Roma, o Brasil ratificou em 2002. Embora o Tribunal Penal Internacional lide indiretamente com a temática dos direitos humanos, não pode ser considerado propriamente um tribunal de direitos humanos: seu objetivo é estabelecer a persecução penal no direito internacional. Aqui também, contudo, pela proximidade dos temas penais e de direitos humanos, a existência do art. 7º do ADCT poderia ser utilizada como um (e apenas um) dos argumentos para a ratificação brasileira do Estatuto de Roma. A questão está, no entanto, superada, em virtude do advento do § 4º do art. 5º da CF/1988.

O Tribunal Internacional dos Direitos Humanos referido no art. 7º do ADCT parece se tratar de um Tribunal Mundial (ou Universal) de Direitos Humanos (MELLO, 2000, p. 204), órgão que ainda não existe no direito internacional – não obstante propostas que datam desde ao menos os primeiros anos após o fim da II Guerra Mundial[2]. Essa ideia parece ser confirmada pelo histórico da Assembleia Nacional Constituinte. A proposta original do que viria a ser o art. 7º do ADCT, saída do Anteprojeto da Comissão da Soberania e dos Direitos e Garantias do Homem e da Mulher, referia-se à "formação de um Tribunal Internacional dos Direitos Humanos com poder de decisão vinculatória" (DALLARI, 1994, p. 92).

Os mecanismos de proteção dos direitos humanos se desenvolveram tanto no plano global – especialmente sob os auspícios da ONU – como no regional. Entretanto, somente no plano regional foram criados tribunais especializados. No plano global, mecanismos políticos, como o Conselho de Direitos Humanos e os Órgãos específicos de fiscalização de tratados foram a solução encontrada ante a resistência em criar mecanismos judiciais.

São várias as razões para a falta de vontade dos Estados em estabelecer um Tribunal Mundial de Direitos Humanos. Uma delas, ao menos, merece ser mencionada: muitos Estados são refratários até mesmo ao controle por órgãos políticos que não envolvem sanções propriamente jurídicas, mas apenas morais – como se percebe da prática, por exemplo, do Conselho de Direitos Humanos; certamente são, com mais intensidade, refratários a mecanismos formais como os tribunais internacionais[3].

Ainda que o quadro político seja um tanto desfavorável à criação de um tribunal desse porte, a disposição constitucional é

---

1. Sobre as fases legislativa e de implementação e sua relação mútua, ver Cançado Trindade (1997, p. 31-118) e Steiner; Alston; Goodman (2008).

2. Lauterpacht (1950, p. 381-387) sintetiza essas propostas, que partiram não somente de doutrinadores, mas também de Governos. O próprio autor, favorável à criação de um Tribunal Internacional de Direitos Humanos, partia da premissa de que que havia um direito fundamental a que outros direitos fundamentais negados ou controvertidos fossem resolvidos judicialmente.

3. Para essas e outras razões que desestimulam os Estados à criação de um tribunal desse porte, ver o interessante artigo de Trechsel (2004). No entanto, é de se frisar que o tema é objeto de grande debate na atualidade. A respeito, ver Alston (2014).

extremamente inovadora do ponto de vista de nossa história constitucional. Pela primeira vez, a Constituição reconheceu a necessidade de criação de um tribunal internacional. Mais: reconheceu que a proteção dos direitos humanos deve ser feita também no plano internacional com o apoio de mecanismos institucionais como tribunais. Do ponto de vista comparado, a disposição também é inovadora, pois não se conhece nenhum outro texto constitucional que tenha ousado ao ponto de propor um tribunal de direitos humanos em esfera global.

Por fim, do ponto de vista mais geral das relações internacionais, a proposta é inovadora em virtude justamente da pouca viabilidade política, na atualidade, de um Tribunal Internacional dos Direitos Humanos, ainda que o debate sobre o tema tenha se reacendido. A disposição constitucional, é necessário destacar, cria um parâmetro para diplomacia e significa que, quando as oportunidades permitirem, o Estado brasileiro deve defender o projeto de criação desse tribunal.

> Art. 8º É concedida anistia aos que, no período de 18 de setembro de 1946 até a data da promulgação da Constituição, foram atingidos, em decorrência de motivação exclusivamente política, por atos de exceção, institucionais ou complementares, aos que foram abrangidos pelo Decreto Legislativo n. 18, de 15 de dezembro de 1961, e aos atingidos pelo Decreto-Lei n. 864, de 12 de setembro de 1969, asseguradas as promoções, na inatividade, ao cargo, emprego, posto ou graduação a que teriam direito se estivessem em serviço ativo, obedecidos os prazos de permanência em atividade previstos nas leis e regulamentos vigentes, respeitadas as características e peculiaridades das carreiras dos servidores públicos civis e militares e observados os respectivos regimes jurídicos.

§ 1º O disposto neste artigo somente gerará efeitos financeiros a partir da promulgação da Constituição, vedada a remuneração de qualquer espécie em caráter retroativo.

§ 2º Ficam assegurados os benefícios estabelecidos neste artigo aos trabalhadores do setor privado, dirigentes e representantes sindicais que, por motivos exclusivamente políticos, tenham sido punidos, demitidos ou compelidos ao afastamento das atividades remuneradas que exercem, bem como aos que foram impedidos de exercer atividades profissionais em virtude de pressões ostensivas ou expedientes oficiais sigilosos.

§ 3º Aos cidadãos que foram impedidos de exercer, na vida civil, atividade profissional específica, em decorrência das Portarias Reservadas do Ministério da Aeronáutica n. S-50-GM5, de 19 de junho de 1964, e n. S-285-GM5, será concedida reparação de natureza econômica, na forma que dispuser lei de iniciativa do Congresso Nacional e a entrar em vigor no prazo de doze meses a contar da promulgação da Constituição.

§ 4º Aos que, por força de atos institucionais, tenham exercido gratuitamente mandato eletivo de vereador serão computados, para efeito de aposentadoria no serviço público e previdência social, os respectivos períodos.

§ 5º A anistia concedida nos termos deste artigo aplica-se aos servidores públicos civis e aos empregados em todos os níveis de governo ou em suas fundações, empresas públicas ou empresas mistas sob controle estatal, exceto nos Ministérios militares, que tenham sido punidos ou demitidos por atividades profissionais interrompidas em virtude de decisão de seus trabalhadores, bem como em decorrência do Decreto-Lei n. 1.632, de 4 de agosto de 1978, ou por motivos exclusivamente políticos, assegurada a readmissão dos que foram atingidos a partir de 1979, observado o disposto no § 1º.

Jane Lucia Wilhelm Berwanger
Marco Aurélio Serau Junior

1. História da norma

Este artigo é inédito no Direito Constitucional brasileiro. Consta das normas constitucionais transitórias como um elemento normativo-constitucional relevante em termos de justiça de transição e parte do processo histórico de redemocratização levado a cabo após o fim do regime ditatorial militar-civil que culminou na Constituição Federal de 1988.

2. Constituições brasileiras anteriores

Não há, nas Constituições brasileiras anteriores, dispositivo semelhante.

3. Constituições estrangeiras

Não existe dispositivo constitucional semelhante nas Constituições portuguesa, francesa, italiana, japonesa, do Reino Unido e da Argentina.

4. Direito internacional

Não existe dispositivo correspondente na Declaração Universal dos Direitos Humanos, na Carta Geral das Nações Unidas, no Pacto Internacional dos Direitos Econômicos, Sociais e Culturais (1966), no Protocolo de San Salvador (Protocolo adicional à Convenção Interamericana Sobre Direitos Humanos em Matéria de Direitos Econômicos, Sociais e Culturais), tampouco no Pacto de San José da Costa Rica. Os diplomas de Direito Internacional de Direitos Humanos, todavia, possuem como uma de suas diretrizes a vedação à perseguição por motivos de ordem político-ideológica.

5. Remissões constitucionais (outros artigos da Constituição) e legais (leis reguladoras)

Decreto n. 2.172, de 4 de março de 1997. Aprova o Regulamento dos Benefícios da Previdência Social, inclusive no tocante ao benefício previdenciário devido ao anistiado político.

Lei n. 10.559, de 13 de novembro de 2002. Regulamenta o art. 8º do Ato das Disposições Constitucionais Transitórias e dá outras providências.

6. Jurisprudência (STF e STJ): *leading cases*, principais posições e votos divergentes; tendências atuais no sentido da mudança da jurisprudência

BRASIL. Supremo Tribunal Federal. Recurso Extraordinário n. 141.290-DF. Relator: Min. Néri da Silveira, Tribunal Pleno,

DF, 27 de agosto de 1992. *Diário de Justiça da União*, 4 abr. 1993, p. 5623. Disponível em: <http://www.stf.gov.br/processos/processo.asp?PROCESSO=141290&CLASSE=RE&ORIGEM=AP&RECURSO=0&TIP_JULGAMENTO=M>. Acesso em: 28 fev. 2007.

BRASIL. Supremo Tribunal Federal. Embargos Declaratórios no Recurso Extraordinário n. 145.179-DF. Relator: Min. Sepúlveda Pertence, Primeira Turma, DF, 26 de setembro de 2006. *Diário de Justiça da União*, 27 out. 2006, p. 49. Disponível em: <http://www.stf.gov.br/processos/processo.asp? PROCESSO=145179&CLASSE=RE&ORIGEM=AP&RECURSO=0&TIP_JULGAMENTO=M>. Acesso em: 28 fev. 2007.

7. Referências bibliográficas

Não há literatura específica a respeito do tema aqui discutido.

8. Comentários

No que concerne aos aspectos previdenciários (o artigo em comento possui disposições também de natureza de direitos políticos e de cidadania), a norma em tela trata do benefício, a cargo da Previdência Social, devido aos anistiados políticos que tenham sido perseguidos e cassados pelos regimes autoritários vividos outrora pelo país. O benefício ali referido possui natureza muito mais indenizatória do que previdenciária.

O benefício de aposentadoria especial aqui tratado não faz qualquer distinção, quanto à sua aplicabilidade, entre os servidores públicos, militares e trabalhadores da iniciativa privado que porventura tenham sido atingidos por perseguição do regime autoritário.

Tratando-se de norma constitucional de natureza excepcional, possui interpretação restritiva, não podendo ser ampliada para outras hipóteses que não apenas aquelas expressamente previstas.

> **Art. 9º** Os que, por motivos exclusivamente políticos, foram cassados ou tiveram seus direitos políticos suspensos no período de 15 de julho a 31 de dezembro de 1969, por ato do então Presidente da República, poderão requerer ao Supremo Tribunal Federal o reconhecimento dos direitos e vantagens interrompidos pelos atos punitivos, desde que comprovem terem sido estes eivados de vício grave.

Parágrafo único. O Supremo Tribunal Federal proferirá a decisão no prazo de cento e vinte dias, a contar do pedido do interessado.

Rafael Maffini

1. História da norma

A Constituição Federal de 1988 representa um ponto culminante no itinerário de reabertura político-institucional que reagiu ao regime ditatorial implantado em 1964. Com efeito, tal regime estabeleceu inúmeras restrições a direitos, inclusive com a prática de atos de barbárie em desfavor da noção digna de pessoa humana. A redemocratização em nosso país operou-se de modo lento e gradual, passando a partir de atos concessivos de anistia decorrentes, sobretudo, da Lei n. 6.683/79 e da Emenda Constitucional n. 26, de 27 de novembro de 1985. Com a promulgação da Constituição Federal, o instituto da anistia restou ampliado, para alcançar a necessária dimensão, proporcional, ainda que com significativo atraso, aos desmandos perpetrados no período autoritário que veio a responder (art. 8º, ADCT). Consoante se depreende do voto exarado pelo Ministro Celso de Mello, quando do julgamento da Ação Originária Especial n. 13, o art. 9º do ADCT "neutralizou, ainda que limitadamente, porque restrita à hipótese que contempla, a vedação da inapreciabilidade jurisdicional de certos atos punitivos fundados na legislação revolucionária", eis que "previu a possibilidade de revisão judicial das sanções punitivas veiculadas por atos eivados de vícios graves".

2. Constituições brasileiras anteriores

Norma como a ora comentada não é encontrada nos textos constitucionais anteriores, até mesmo pela especificidade tanto do período obscuro cujos severos prejuízos a norma pretendeu alcançar, seja, em especial, pelos requisitos nela encontrados. Contudo, é de ser destacado que constituições anteriores, mormente aquelas que importaram a ruptura a regimes autoritários que as antecederam, como é o caso da Constituição de 1946, contêm normas que visam à reposição de direitos privados de cidadãos por meio de normas ditatoriais. Neste sentido, por exemplo, menciona-se o art. 28 do ADCT da Constituição de 1946, pelo qual foi "concedida anistia a todos os cidadãos considerados insubmissos ou desertores até a data da promulgação deste Ato e igualmente aos trabalhadores que tenham sofrido penas disciplinares, em consequência de greves ou dissídios do trabalho". Lembre-se, neste contexto, que a relevância de tais normas de anistia presentes na Constituição de 1946 ganha relevância histórica se cotejadas com o regime instituído pela Constituição de 1937, sobretudo pelo fato de que o art. 94 da Constituição Polaca previa ser "vedado ao Poder Judiciário conhecer de questões exclusivamente políticas". Mesmo a Constituição de 1934, que não pode ser considerada propriamente libertária, continha, em suas Disposições Transitórias, norma contida no art. 19, pela qual foi "concedida anistia ampla a todos que tenham cometido crimes políticos até a presente data", embora paradoxalmente o seu art. 68 dispusesse ser "vedado ao Poder Judiciário conhecer de questões exclusivamente políticas".

3. Outros dispositivos constitucionais relevantes (relação ilustrativa)

Art. 1º, III (princípio da dignidade da pessoa humana). Art. 4º, II (prevalência dos Direitos Humanos nas relações internacionais). Art. 5º, *caput* (inviolabilidade dos direitos à vida e à igualdade); III (proibição de tortura e de tratamento desumano ou degradante); VIII (proibição de privação de direitos por motivo de convicções políticas, filosóficas ou por crença religiosa); X (inviolabilidade da honra); XIII (liberdade de exercício profissional); XVII (plena liberdade de associação para fins lícitos); XXXV (inafastabilidade do controle judicial);

§ 1º (aplicabilidade imediata das normas de direitos fundamentais) e § 2º (cláusula de abertura do catálogo de direitos fundamentais a outros direitos, implícitos ou decorrentes). **Ato das Disposições Constitucionais Transitórias: Art. 8º**, *caput* (anistia, na forma prevista na Lei n. 10.559/2002, aos que, no período de 18 de setembro de 1946 até a data da promulgação da Constituição, foram atingidos, em decorrência de motivação exclusivamente política, por atos de exceção, institucionais ou complementares, aos que foram abrangidos pelo Decreto Legislativo n. 18, de 15 de dezembro de 1961, e aos atingidos pelo Decreto-Lei n. 864, de 12 de setembro de 1969, asseguradas as promoções, na inatividade, ao cargo, emprego, posto ou graduação a que teriam direito se estivessem em serviço ativo, obedecidos os prazos de permanência em atividade previstos nas leis e regulamentos vigentes, respeitadas as características e peculiaridades das carreiras dos servidores públicos civis e militares e observados os respectivos regimes jurídicos); **art. 8º, § 2º** (extensão da anistia aos trabalhadores do setor privado, dirigentes e representantes sindicais); **art. 8º, § 3º** (reparação de natureza econômica aos cidadãos que foram impedidos de exercer, na vida civil, atividade profissional específica, em decorrência das Portarias Reservadas do Ministério da Aeronáutica n. S-50-GM5, de 19 de junho de 1964, e n. S-285-GM5); **art. 8º, § 5º** (extensão da anistia aos servidores públicos civis e aos empregados em todos os níveis de governo ou em suas fundações, empresas públicas ou empresas mistas sob controle estatal, exceto nos Ministérios militares, que tenham sido punidos ou demitidos por atividades profissionais interrompidas em virtude de decisão de seus trabalhadores, bem como em decorrência do Decreto-Lei n. 1.632, de 4 de agosto de 1978, ou por motivos exclusivamente políticos, assegurada a readmissão dos que foram atingidos a partir de 1979, observado o disposto no § 1º).

4. Jurisprudência

Supremo Tribunal Federal: ADI 2.639/DF (*DJ* de 4-8-2006): reconhece a excepcionalidade da responsabilidade civil extraordinária do Estado quanto aos atos políticos praticados no regime constitucional revogado, sendo tal matéria de competência legislativa exclusiva do poder constituinte originário federal, razão pela qual se mostra juridicamente inviável a ampliação de tal benefício por norma constitucional estadual, orientação esta repetida em outros precedentes, como é o caso da **AR 2.0132 AgR** (*DJe* de 3-5-2017); **AOE 16/RJ** (*DJ* de 16-12-2005): interpretação de que o vocábulo *cassação* significa a situações daqueles que sofreram ato punitivo de demissão, disponibilidade, aposentadoria, transferência para a reserva ou reforma, afetando, portanto, direitos de índole funcional, por meio de atos embasados na legislação excepcional, no período contemplado em tal regra. Por *vício grave* há de se entender os vícios formais e materiais do ato de cassação ou de suspensão dos direitos políticos. Incluem-se entre essas hipóteses o vício da vontade presidencial e o da dupla punição, ainda que na esfera militar. Reconhecimento do direito ao posto militar e reflexos financeiros, se o beneficiário comprovar que, não fosse o ato de cassação compulsória, teria formado a lista de merecimento. Inviabilidade de veicular, com base no art. 9º do ADCT, pretensão a dano moral, eis que não consubstancia direito interrompido pela cassação compulsória, mas um direito que surge do próprio ato nulo. Limites à pretensão deduzível por meio da Ação Originária Especial que torna descabido o ressarcimento dos danos morais por meio de ação originária especial, a qual pode ser objeto de demanda própria das vias ordinárias; **AOE 20-AgR/SP** (*DJ* de 26-2-1999): impossibilidade de ajuizamento de Ação Originária Especial com fundamento no art. 9º do ADCT, contra ato de Governador de Estado, eis que tal preceito se refere a atos praticados pelo Presidente da República no período referido, devendo tal norma ser interpretada restritivamente dado seu caráter excepcional; **AOE 17/RS** (*DJ* de 25-5-2001): imprescindibilidade de comprovação, pelo autor da demanda, do vício grave referido no art. 9º do ADCT, para ver assegurado seu direito à reparação, consideradas as vantagens interrompidas pelos atos punitivos (no mesmo sentido: **AOE 6/RS e AOE 1/RJ**); **AOE 13/DF** (*DJ* de 26-3-1993): interpretação da expressão *vício grave* há de observar sentido abrangente, alcançando quer os formais, quer os ligados à motivação do ato de cassação ou de suspensão dos direitos políticos. A dupla punição e a demonstração de represália por não se ter cumprido ordem discrepante das regras regedoras da espécie evidenciam a ocorrência de *vício grave*. Na expressão "reconhecimento dos direitos e vantagens interrompidos pelos atos punitivos", considerado o período de 15 de julho a 31 de dezembro de 1969, compreendem-se todos aqueles que deixaram de ser usufruídos, implicando a obrigatoriedade de a União repará-los da forma mais ampla possível, quer sob o aspecto profissional, quer sob o financeiro; **ADPF 153** (*DJe* de 6-8-2010), que, embora não trate diretamente do art. 8º da ADPF, consiste em importante marco jurisprudencial acerca da anistia perpetrada inicialmente no regime constitucional anterior à Constituição de 1988 e por ela preservada e ampliada.

5. Anotações

Quando do julgamento da **AOE 13/DF** (*DJ* de 26-3-1993), o Ministro José Néri da Silveira alinhou o conteúdo normativo do art. 9º do ADCT de modo preciso, sobretudo no discernimento que há de ser fazer em relação ao art. 8º, também do ADCT. Diante disso, afigura-se conveniente a reprodução de tais esclarecimentos: "Na transição de duas ordens constitucionais, o Ato das Disposições Constitucionais Transitórias constitui, sempre, instrumento de normas com caráter de excepcionalidade ou de temporariedade, em confronto com a parte permanente da Constituição. Nesse sentido, as normas, nele contempladas, hão de ser compreendidas, a fim de cumprirem os objetivos de sua inserção nesse Ato. Assentaram-se, no Ato das Disposições Constitucionais Transitórias da Constituição de 1988, nos arts. 8º e 9º, duas regras que têm efetivamente conteúdos distintos. A norma do art. 9º é de extensão mais ampla que a do art. 8º. Neste, reitera-se una concessão que, de certa maneira, já se vinha reconhecendo, antes mesmo do advento da Constituição, no sentido de reparação de atos ocorridos durante o período de vigência dos Atos Institucionais. O art. 8º, de certo modo, reiterou a Emenda Constitucional da anistia. Fê-lo não só por adotar termos semelhantes, mas, também, na sua extensão, não foi além do que a Emenda da anistia já consagrara. O art. 9º, entretanto, é uma regra, como observou o ilustre Ministro Paulo Brossard, excepcionalíssima, a começar pela competência do Supremo Tribunal Federal. Dentre todos os órgãos do Poder Judiciário, reservaram-se, de forma originária, o conhecimento da matéria nele prevista e a decisão sobre essa espécie, exclusivamente, à Corte Suprema que, desse modo, aprecia e julga dos pedidos respectivos, em instância única. Não há dúvida de que, por seu teor, o art. 9º torna clara a sua incidência a respeito de fatos que não decorreram, na sua criação e nas suas consequências, da aplicação da ordem jurídica existente. A motivação, prevê o art. 9º, há de ser exclusivamente política. A quadra do tempo, em que os fatos se enquadram no art. 9º do ADCT, é definida também nesse dispositivo; a origem do ato, que pode ser reparado, é especificamente determinada. E, por fim, os efeitos da incidência da norma: 'o reconhecimento dos direitos e vantagens interrompidos pelos atos punitivos, desde que comprovem terem sido estes eivados de vício grave'. Trata-se, portanto, de norma distinta, em sua definição e na extensão, da regra do art. 8º do mesmo Ato das Disposições Transitórias. Também entendo que a locução 'vício grave', contida no art. 9º em foco, há de entender-se vinculada somente ao ato punitivo, como uma de suas características. Leia-se, pois, atos punitivos, por motivos exclusivamente políticos, eivados de vício grave. Trata-se, portanto, de uma classe excepcional de atos aí contemplados. Por isso mesmo, não aplico, desde logo, no âmbito das consequências da incidência do art. 9º, os mesmos limites do art. 8º, onde se prevê a incidência de legislação específica e se faz referência a direitos e promoções que, de acordo com as leis e regulamentos vigentes, a eles fariam jus os anistiados. No art. 9º não há nenhuma menção ou vinculação a legislação determinada, portanto, a uma ordem positiva de normas aplicáveis e das quais decorreria a existência de promoções e de direitos. O art. 9º é dispositivo que contempla situações realmente excepcionais, decorrentes de motivação exclusivamente política, e, também, o reconhecimento de direitos e vantagens. Não parece possível, dentro da destinação do ADCT e desse dispositivo (art. 9º), se possa realmente estabelecer o limite que se vem reconhecendo na aplicação do art. 8º, diante da excepcionalidade da regra".

Art. 10. Até que seja promulgada a lei complementar a que se refere o art. 7º, I, da Constituição:

I – fica limitada a proteção nele referida ao aumento, para quatro vezes, da porcentagem prevista no art. 6º, *caput* e § 1º, da Lei n. 5.107, de 13 de setembro de 1966;

II – fica vedada a dispensa arbitrária ou sem justa causa:

a) do empregado eleito para cargo de direção de comissões internas de prevenção de acidentes, desde o registro de sua candidatura até um ano após o final de seu mandato;

b) da empregada gestante, desde a confirmação da gravidez até cinco meses após o parto.

§ 1º Até que a lei venha a disciplinar o disposto no art. 7º, XIX, da Constituição, o prazo da licença-paternidade a que se refere o inciso é de cinco dias.

§ 2º Até ulterior disposição legal, a cobrança das contribuições para o custeio das atividades dos sindicatos rurais será feita juntamente com a do imposto territorial rural, pelo mesmo órgão arrecadador.

§ 3º Na primeira comprovação do cumprimento das obrigações trabalhistas pelo empregador rural, na forma do art. 233, após a promulgação da Constituição, será certificada perante a Justiça do Trabalho a regularidade do contrato e das atualizações das obrigações trabalhistas de todo o período.

▪ *Vide* os comentários ao art. 7º, I e XIX, da Constituição.

Art. 11. Cada Assembleia Legislativa, com poderes constituintes, elaborará a Constituição do Estado, no prazo de um ano, contado da promulgação da Constituição Federal, obedecidos os princípios desta.

Parágrafo único. Promulgada a Constituição do Estado, caberá à Câmara Municipal, no prazo de seis meses, votar a Lei Orgânica respectiva, em dois turnos de discussão e votação, respeitado o disposto na Constituição Federal e na Constituição Estadual.

Léo Ferreira Leoncy

1. História da norma

No âmbito da constituinte, versões desse texto foram apresentadas nas seguintes fases dos trabalhos: FASE Q, Projeto A; FASE T, Projeto B; FASE V, Projeto C; FASE X, Projeto D; sendo que foi na FASE T que a redação afinal aprovada surgiu.

2. Constituições brasileiras anteriores

A transcrição dos dispositivos acerca da matéria constantes das Constituições Federais brasileiras anteriores dá a dimensão do tratamento recebido pelo tema ao longo dos diversos ciclos constitucionais. O que se percebe é que, historicamente, ressalvada uma ou outra variação, sempre se esteve às voltas com (a) o estabelecimento de um prazo para atuação do poder constituinte estadual, (b) a definição de uma sanção ao Estado-membro cujo poder constituinte não editasse a respectiva Carta dentro do prazo estipulado para tanto, (c) o estabelecimento de critérios de subordinação à Constituição Federal e, mesmo, de incorporação de suas normas ao Direito constitucional estadual.

Constituição de 1891, Disposições Transitórias: "Art. 2º O Estado que até o fim do ano de 1892 não houver decretado a sua Constituição será submetido, por ato do Congresso à de um dos outros, que mais conveniente a essa adaptação parecer, até que o Estado sujeito a esse regime a reforme, pelo processo nela determinado". **Constituição de 1934, Disposições Transitórias:** "Art. 3º Noventa dias depois de promulgada esta Constituição, realizar-se-ão as eleições dos membros da Câmara dos Deputados e das Assembleias Constituintes dos Estados. Uma vez inauguradas, estas últimas passarão a eleger os Governadores e os representantes dos Estados no Senado Federal, a empossar aqueles e a elaborar, no prazo máximo de quatro meses, as respectivas Constituições, transformando-se, a seguir, em Assembleias ordinárias, providenciando, desde logo, para que seja atendida a representação das profissões. [...] § 6º O Estado que, findo o prazo deste artigo, não houver decretado a sua Constituição, será submetido, por deliberação do Senado Federal, à de um dos outros que parecer mais conveniente, até que a reforme pelo processo nela determinado". **Constituição de 1937, Disposições Transitórias e Finais:** "Art. 181. As Constituições estaduais serão outorgadas pelos respectivos Governos, que exercerão, enquanto não se reunirem as Assembleias Legislativas, as funções destas nas matérias da competência dos Estados". **Constituição de**

1946, Ato das Disposições Constitucionais Transitórias: "Art. 11. No primeiro domingo após cento e vinte dias contados da promulgação deste Ato, proceder-se-á, em cada Estado, às eleições de Governador e de Deputados às Assembleias Legislativas, as quais terão inicialmente função constituinte. [...] § 9º O Estado que, até quatro meses após instalação de sua Assembleia, não houver decretado a Constituição será submetido, por deliberação do Congresso Nacional, à de um dos outros que parecer mais conveniente, até que a reforme pelo processo nela determinado". **Constituição de 1967, Das Disposições Gerais e Transitórias:** "Art. 188. Os Estados reformarão suas Constituições dentro em sessenta dias, para adaptá-las, no que couber, às normas desta Constituição, as quais, findo esse prazo, considerar-se-ão incorporadas automaticamente às cartas estaduais. Parágrafo único. As Constituições dos Estados poderão adotar o regime de leis delegadas, proibidos os decretos-leis". **Emenda Constitucional n. 1/1969, Disposições Gerais e Transitórias:** "Art. 200. As disposições constantes desta Constituição ficam incorporadas, no que couber, ao direito constitucional legislado dos Estados. Parágrafo único. As Constituições dos Estados poderão adotar o regime de leis delegadas, proibidos os decretos-leis".

3. Constituições estrangeiras

Constituição da Argentina (arts. 5º e 123); Constituição da Suíça (art. 51); Constituição da Austrália (art. 106); Constituição da Alemanha (art. 28, 1); Constituição da África do Sul (arts. 104, I, "a", 142 e 143); Constituição da Venezuela (art. 164, I).

4. Direito internacional

As questões disciplinadas pelo art. 11, parágrafo único, do ADCT, não integram o temário clássico do direito internacional, nem são objeto de atos internacionais em que a República Federativa do Brasil é parte.

5. Remissões constitucionais

O preceito em questão dialoga com o art. 25, *caput* ("Art. 25. Os Estados organizam-se e regem-se pelas Constituições e leis que adotarem, observados os princípios desta Constituição"), e com o art. 29, *caput* ("Art. 29. O Município reger-se-á por lei orgânica, votada em dois turnos, com o interstício mínimo de dez dias, e aprovada por dois terços dos membros da Câmara Municipal, que a promulgará, atendidos os princípios estabelecidos nesta Constituição, na Constituição do respectivo Estado [...]").

6. Jurisprudência constitucional

O Supremo Tribunal Federal pronunciou-se algumas vezes acerca do poder constituinte do Estado-membro. A seguir, serão inventariados os principais temas já debatidos pela Corte, acompanhados de seus respectivos precedentes.

Prazo do art. 11, ADCT, e início de vigência da Constituição de 1988 (RE 134584; ADIMC 644). Obediência ao procedimento regular de emenda que a Constituição Federal prevê para a sua própria reforma (art. 60, §§ 1º a 5º, CF) (ADI 486 e ADI 7.205). Vedação de estabelecer mecanismos facilitados de alteração semelhantes ao da revisão constitucional (art. 3º, ADCT) (ADIMC 1722).

7. Referências bibliográficas

DALLARI, Adilson Abreu. Poder constituinte estadual. *Revista de Informação Legislativa*, Brasília, n. 102, p. 201-206, abr.-jun. 1989.

FERRARI, Sérgio. *Constituição estadual e federação*. Rio de Janeiro: Lumen Juris, 2003.

FERRAZ JUNIOR, Tércio Sampaio. Princípios condicionantes do poder constituinte estadual em face da Constituição Federal. *Revista de Direito Público*, São Paulo, n. 92, p. 34-42, out.-dez. 89.

FERRAZ, Anna Cândida da Cunha. *Poder constituinte do estado-membro*. São Paulo: RT, 1979.

FERREIRA FILHO, Manoel Gonçalves. *O poder constituinte*. 3. ed. São Paulo: Saraiva, 1999.

HORTA, Raul Machado. *A autonomia do estado-membro no direito constitucional brasileiro*. Belo Horizonte: UFMG, Tese, 1964.

IVO, Gabriel. *Constituição estadual*: competência para elaboração da Constituição do Estado-membro. São Paulo: Max Limonad, 1997.

LEONCY, Léo Ferreira. *Controle de constitucionalidade estadual*: as normas de observância obrigatória e a defesa abstrata da Constituição do Estado-membro. São Paulo: Saraiva, 2007.

8. Comentários

Na República Federativa do Brasil, os Estados aparecem como entes integrantes da Federação (arts. 1º e 18, CF), titulares de competências específicas (arts. 23, 24, 25, §§, 125, 155, CF) e incumbidos de organizarem-se e regerem-se pelas Constituições e leis que adotarem, respeitados os princípios da Constituição Federal (art. 25, CF).

Nesse contexto, figura como elemento central da organização político-administrativa dos Estados-membros a Constituição Estadual – *lei fundamental promulgada pelas Assembleias Legislativas no exercício de competência constituinte e por meio da qual aqueles entes federativos no desempenho da respectiva autonomia constitucional promovem a sua auto-organização*.

Para o exercício dessa tarefa de auto-organização, as Assembleias Legislativas foram dotadas de *poderes constituintes* próprios, exigindo-se que elaborassem a Constituição do respectivo Estado-membro no *prazo de um ano*, contado da promulgação da Carta federal (art. 11, *caput*, ADCT). Afora isso, nenhuma outra formalidade relativa à manifestação do poder constituinte estadual inicial foi objeto de expressa disciplina constitucional, nem mesmo quando se tratou de regular a criação de novos Estados (arts. 13 e 14, ADCT c/c art. 18, § 3º, CF). Assim, embora a doutrina costume dizer que aquele poder estadual é *formalmente condicionado*, isto é, sujeito às formas, condições e procedimentos postos pelo poder constituinte nacional originário, o certo é que a Constituição da República pouco se preocupou com essa matéria.

Quanto à possibilidade de modificação da Constituição Estadual, o Supremo Tribunal Federal, na falta de uma regulação constitucional expressa, decidiu que os Estados devem obediência ao procedimento regular de emenda que a Constituição Federal prevê para a sua própria reforma (art. 60, §§ 1º a 5º, CF) (ADI 486 e ADI 7.205), sendo-lhes vedado, por outro lado, estabelecer mecanismos facilitadores de alteração semelhantes ao da revisão constitucional (art. 3º, ADCT) (ADIMC 1722). Note-se que na exigência de procedimentos diferenciados de reforma reside a *rigidez* da Carta estadual.

Além desses aspectos formais, a elaboração da Constituição Estadual obedece ainda a determinados limites materiais estabelecidos na Constituição Federal, igualmente traduzidos em *normas de observância obrigatória* para os Estados, de cuja obediência depende a própria validade da Carta local.

Quando o conteúdo dessas normas constitucionais federais obrigatórias é transplantado para o texto das Constituições Estaduais, as normas constitucionais estaduais equivalentes costumam ser chamadas de normas constitucionais estaduais de reprodução ou, simplesmente, *normas de reprodução* (R. M. Horta). Em geral, a Constituição Federal não estabelece um dever de reproduzir esses comandos para as Cartas estaduais, bastando apenas que sejam regularmente acatados pelas autoridades locais. Apesar disso, há quem sugira que o conteúdo desses postulados *deve* estar transcrito naquelas Cartas (ADI 3.647), exigência que, entretanto, não parece ter amparo constitucional.

Casos há em que os Estados, embora não sendo obrigados sequer a observar o teor de determinadas *normas constitucionais federais não obrigatórias* para eles, acabam por copiá-las em sua Constituição, dando ensejo, assim, a normas constitucionais estaduais de imitação ou, simplesmente, *normas de imitação* (R. M. Horta). Tal comportamento costuma ser atribuído à falta de criatividade do constituinte estadual, mas pode muito bem decorrer da convicção de que uma determinada fórmula do constituinte federal é a melhor para a realidade local (ADI 793).

Por fim, as *normas originais de auto-organização* (R. M. Horta) consistem naqueles preceitos da Constituição Estadual que representam verdadeiras inovações normativas experimentadas originariamente por um determinado Estado-membro, sem conteúdo equivalente na Carta federal.

No tocante ao controle das normas da Constituição Estadual, enquanto as normas de reprodução consideram-se passíveis de verificação judicial por desconformidade com as normas constitucionais federais que lhes são correspondentes, as normas de imitação (porque são cópias de preceitos federais não obrigatórios) e as normas originais de auto-organização (porque não contam com preceitos constitucionais federais equivalentes) em geral não se sujeitam a controles jurisdicionais em face da Constituição Federal. Tal entendimento não se aplica, porém, em relação a determinadas cláusulas da Carta federal (proporcionalidade e igualdade, por exemplo) que devem ser obedecidas por qualquer norma de uma Constituição Estadual, seja qual for a sua natureza e conteúdo.

As normas de reprodução, as normas de imitação e as normas originais de auto-organização constituem *fundamento de validade* de leis e atos normativos estaduais e municipais (art. 29, *caput*, CF, c/c art. 11, par. ún., ADCT), funcionando ainda como *parâmetro de controle* de sua legitimidade perante a Constituição Estadual, tanto na via difusa (art. 97, CF) como na via concentrada (art. 125, § 2º, CF). Na submissão de tais leis e atos àquelas normas é que repousa, aliás, a *supremacia* da Carta estadual.

O artigo 11 do ADCT dispõe também, em seu parágrafo único, acerca da elaboração da Lei Orgânica do Município. Tal documento possui um âmbito material mais restrito que o da Constituição do Estado-membro. Referida lei vincula tanto as autoridades municipais como as não municipais, mas, no caso destas, apenas nos assuntos de interesse local e demais questões de competência exclusiva dos Municípios. Na condição de lei fundamental do ordenamento jurídico municipal, a Lei Orgânica constitui fundamento de validade de leis, atos normativos e demais condutas, públicas ou privadas, no âmbito local, naquilo que lhe competir dispor, circunstância que lhe atribui uma supremacia jurídico-normativa no contexto daquele ordenamento. A despeito desse último aspecto, a Lei Orgânica não pode ser invocada como parâmetro de controle abstrato de norma municipal perante o Tribunal de Justiça (RE 175.087 e ADI 5.548), sendo cabível, porém, o controle difuso em face de seus termos, mas somente no tocante aos atos a ela subordinados. No contexto da ordem federativa, a Lei Orgânica é materialmente subordinada pelas Constituições Federal e Estadual, mas formalmente condicionada apenas pela primeira (art. 29, *caput*, CF, e art. 11, parágrafo único, ADCT). No caso da Constituição Estadual, à qual é vedado dispor sobre assuntos relativos à autonomia municipal (ADI 3.549), o desafio é saber em quais circunstâncias seus termos podem subordinar as Leis Orgânicas dos respectivos Municípios sem violar o espaço de atuação constitucionalmente livre destes.

> **Art. 12.** Será criada, dentro de noventa dias da promulgação da Constituição, Comissão de Estudos Territoriais, com dez membros indicados pelo Congresso Nacional e cinco pelo Poder Executivo, com a finalidade de apresentar estudos sobre o território nacional e anteprojetos relativos a novas unidades territoriais, notadamente na Amazônia Legal e em áreas pendentes de solução.
>
> § 1º No prazo de um ano, a Comissão submeterá ao Congresso Nacional os resultados de seus estudos para, nos termos da Constituição, serem apreciados nos doze meses subsequentes, extinguindo-se logo após.
>
> § 2º Os Estados e os Municípios deverão, no prazo de três anos, a contar da promulgação da Constituição, promover, mediante acordo ou arbitramento, a demarcação de suas linhas divisórias atualmente litigiosas, podendo para isso fazer alterações e compensações de área que atendam aos acidentes naturais, critérios históricos, conveniências administrativas e comodidade das populações limítrofes.
>
> § 3º Havendo solicitação dos Estados e Municípios interessados, a União poderá encarregar-se dos trabalhos demarcatórios.
>
> § 4º Se, decorrido o prazo de três anos, a contar da promulgação da Constituição, os trabalhos demarcatórios não tiverem sido concluídos, caberá à União determinar os limites das áreas litigiosas.
>
> § 5º Ficam reconhecidos e homologados os atuais limites do Estado do Acre com os Estados do Amazonas e de Rondônia,

conforme levantamentos cartográficos e geodésicos realizados pela Comissão Tripartite integrada por representantes dos Estados e dos serviços técnico-especializados do Instituto Brasileiro de Geografia e Estatística.

■ Foram implementados os fatos ou extintos os pressupostos relativos aos principais aspectos de vigência do(s) dispositivo(s) em questão. No tocante à previsão do *caput*, o Ofício (CN) n. 82, de 1989, desencadeou o processo de formação da Comissão de Estudos Territoriais, cujos trabalhos foram apresentados no Relatório n. 1, de 1990 – CN (http://www.senado.gov.br/atividade/materia/getPDF.asp?t=66877&tp=1).

Art. 13. É criado o Estado do Tocantins, pelo desmembramento da área descrita neste artigo, dando-se sua instalação no quadragésimo sexto dia após a eleição prevista no § 3º, mas não antes de 1º de janeiro de 1989.

§ 1º O Estado do Tocantins integra a Região Norte e limita-se com o Estado de Goiás pelas divisas norte dos Municípios de São Miguel do Araguaia, Porangatu, Formoso, Minaçu, Cavalcante, Monte Alegre de Goiás e Campos Belos, conservando a leste, norte e oeste as divisas atuais de Goiás com os Estados da Bahia, Piauí, Maranhão, Pará e Mato Grosso.

§ 2º O Poder Executivo designará uma das cidades do Estado para sua Capital provisória até a aprovação da sede definitiva do governo pela Assembleia Constituinte.

§ 3º O Governador, o Vice-Governador, os Senadores, os Deputados Federais e os Deputados Estaduais serão eleitos, em um único turno, até setenta e cinco dias após a promulgação da Constituição, mas não antes de 15 de novembro de 1988, a critério do Tribunal Superior Eleitoral, obedecidas, entre outras, as seguintes normas:

I – o prazo de filiação partidária dos candidatos será encerrado setenta e cinco dias antes da data das eleições;

II – as datas das convenções regionais partidárias destinadas a deliberar sobre coligações e escolha de candidatos, de apresentação de requerimento de registro dos candidatos escolhidos e dos demais procedimentos legais serão fixadas, em calendário especial, pela Justiça Eleitoral;

III – são inelegíveis os ocupantes de cargos estaduais ou municipais que não se tenham deles afastado, em caráter definitivo, setenta e cinco dias antes da data das eleições previstas neste parágrafo;

IV – ficam mantidos os atuais diretórios regionais dos partidos políticos do Estado de Goiás, cabendo às comissões executivas nacionais designar comissões provisórias no Estado do Tocantins, nos termos e para os fins previstos na lei.

§ 4º Os mandatos do Governador, do Vice-Governador, dos Deputados Federais e Estaduais eleitos na forma do parágrafo anterior extinguir-se-ão concomitantemente aos das demais unidades da Federação; o mandato do Senador eleito menos votado extinguir-se-á nessa mesma oportunidade, e os dos outros dois, juntamente com os dos Senadores eleitos em 1986 nos demais Estados.

§ 5º A Assembleia Estadual Constituinte será instalada no quadragésimo sexto dia da eleição de seus integrantes, mas não antes de 1º de janeiro de 1989, sob a presidência do Presidente do Tribunal Regional Eleitoral do Estado de Goiás, e dará posse, na mesma data, ao Governador e ao Vice-Governador eleitos.

§ 6º Aplicam-se à criação e instalação do Estado do Tocantins, no que couber, as normas legais disciplinadoras da divisão do Estado de Mato Grosso, observado o disposto no art. 234 da Constituição.

§ 7º Fica o Estado de Goiás liberado dos débitos e encargos decorrentes de empreendimentos no território do novo Estado, e autorizada a União, a seu critério, a assumir os referidos débitos.

■ Foram implementados os fatos ou extintos os pressupostos relativos aos principais aspectos de vigência do(s) dispositivo(s) em questão.

Art. 14. Os Territórios Federais de Roraima e do Amapá são transformados em Estados Federados, mantidos seus atuais limites geográficos.

§ 1º A instalação dos Estados dar-se-á com a posse dos governadores eleitos em 1990.

§ 2º Aplicam-se à transformação e instalação dos Estados de Roraima e Amapá as normas e critérios seguidos na criação do Estado de Rondônia, respeitado o disposto na Constituição e neste Ato.

§ 3º O Presidente da República, até quarenta e cinco dias após a promulgação da Constituição, encaminhará à apreciação do Senado Federal os nomes dos governadores dos Estados de Roraima e do Amapá que exercerão o Poder Executivo até a instalação dos novos Estados com a posse dos governadores eleitos.

§ 4º Enquanto não concretizada a transformação em Estados, nos termos deste artigo, os Territórios Federais de Roraima e do Amapá serão beneficiados pela transferência de recursos prevista nos arts. 159, I, *a*, da Constituição, e 34, § 2º, II, deste Ato.

■ Foram implementados os fatos ou extintos os pressupostos relativos aos principais aspectos de vigência do(s) dispositivo(s) em questão.

Art. 15. Fica extinto o Território Federal de Fernando de Noronha, sendo sua área reincorporada ao Estado de Pernambuco.

■ Foram implementados os fatos ou extintos os pressupostos relativos aos principais aspectos de vigência do(s) dispositivo(s) em questão. Acerca da figura dos Territórios Federais, conferir os comentários ao art. 33 da Constituição.

Art. 16. Até que se efetive o disposto no art. 32, § 2º, da Constituição, caberá ao Presidente da República, com a aprovação do Senado Federal, indicar o Governador e o Vice-Governador do Distrito Federal.

§ 1º A competência da Câmara Legislativa do Distrito Federal, até que se instale, será exercida pelo Senado Federal.

§ 2º A fiscalização contábil, financeira, orçamentária, operacional e patrimonial do Distrito Federal, enquanto não for instalada a Câmara Legislativa, será exercida pelo Senado Federal, mediante controle externo, com o auxílio do Tribunal de Contas do Distrito Federal, observado o disposto no art. 72 da Constituição.

§ 3º Incluem-se entre os bens do Distrito Federal aqueles que lhe vierem a ser atribuídos pela União na forma da lei.

■ Foram implementados os fatos ou extintos os pressupostos relativos aos principais aspectos de vigência do(s) dispositivo(s) em questão. A propósito do regime constitucional aplicável ao Distrito Federal e a alguns dos seus organismos citados no preceito, conferir os comentários aos arts. 32 e 75 da Constituição.

Art. 17. Os vencimentos, a remuneração, as vantagens e os adicionais, bem como os proventos de aposentadoria que estejam sendo percebidos em desacordo com a Constituição serão imediatamente reduzidos aos limites dela decorrentes, não se admitindo, neste caso, invocação de direito adquirido ou percepção de excesso a qualquer título.

§ 1º É assegurado o exercício cumulativo de dois cargos ou empregos privativos de médico que estejam sendo exercidos por médico militar na administração pública direta ou indireta.

§ 2º É assegurado o exercício cumulativo de dois cargos ou empregos privativos de profissionais de saúde que estejam sendo exercidos na administração pública direta ou indireta.

Daniel Machado da Rocha

1. História da norma

A instituição de um preceito determinando a redução da remuneração de servidores que lograram obter salários destoantes da realidade nacional, inserida no *caput* do dispositivo, é uma inovação até mesmo surpreendente. Com relação à matéria tratada nos parágrafos do artigo examinado, a qual versa sobre a acumulação de cargos remunerados, a regra é a vedação, ressalvadas as hipóteses expressamente previstas. Segundo Hely Lopes Meirelles, a origem da proibição remonta ao Decreto de Regência de 18 de junho de 1822 da lavra de José Bonifácio[1].

2. Constituições brasileiras anteriores

O art. 99 da Constituição de 1967 já autorizava a acumulação de dois cargos privativos de médico.

3. Constituições estrangeiras

O enunciado normativo em foco não encontra similaridade nas demais constituições.

4. Direito internacional

Não há disposição de relevância a ser destacada.

---

1. MEIRELLES, Hely Lopes. *Direito Administrativo Brasileiro*, p. 444.

5. Remissões constitucionais e legais

Incisos XI, XIV, XVI e XVII do art. 37, §§ 3º e 4º do art. 42, todos da CF/88; art. 29 da EC n. 19/98; art. 1º da EC n. 34/2001; art. 9º da EC n. 41/2003; art. 1º da EC n. 47/2005.

6. Jurisprudência

BRASIL. Supremo Tribunal Federal. RE 170.282-6/PR, Rel. Min. Ilmar Galvão, 1ª T., *DJU* 31-10-1997.

BRASIL. Supremo Tribunal Federal. RE 160.860-6/PR, Rel. Min. Neri da Silveira, 2ª T., *DJU* 23-6-1995.

BRASIL. Supremo Tribunal Federal. RE 255.311-5/SP, Rel. Min. Ilmar Galvão, 1ª T., *DJ* 10-12-99.

BRASIL. Supremo Tribunal Federal. Medida Cautelar na ADIn 1.898-1/DF, Rel. Min. Octavio Gallotti, *DJ* 30-4-2004.

BRASIL. Supremo Tribunal Federal. Agravo Regimental no Recurso Extraordinário 394.661-7, Rel. Min. Carlos Velloso, 2ª Turma, *DJ* 14-10-2005.

BRASIL. Supremo Tribunal Federal. Ação Direta de Inconstitucionalidade 14, Rel. Min. Célio Borja, Pleno, *DJ* 13-9-89.

BRASIL. Supremo Tribunal Federal. Recurso Extraordinário 298.189-3/DF, Rel. Min. Ellen Gracie, 2ª Turma, *DJ* 3-9-2004.

BRASIL. Supremo Tribunal Federal. Embargos de Divergência no Recurso Extraordinário, Rel. Min. Cezar Peluso, Plenário, *DJ* 20-4-2007.

BRASIL. Supremo Tribunal Federal. Recurso Extraordinário 602043/MT, Rel. Min. Marco Aurélio, Pleno, *DJ* 8-9-2017.

BRASIL. Supremo Tribunal Federal. Recurso Extraordinário 612975/MT, Rel. Min. Marco Aurélio, Pleno, *DJ* 8-9-2017.

7. Referências bibliográficas

MEIRELLES, Hely Lopes. *Direito Administrativo Brasileiro*. 33. ed. São Paulo: Malheiros, 2007.

MODESTO, Paulo. Teto Constitucional de Remuneração dos agentes públicos: uma crônica de mutações e emendas constitucionais. *Revista diálogo jurídico*, n. 3, disponível em: <http://www.direitopublico.com.br/pdf_3/DIALOGO-JURIDICO-03-JUNHO-2001-PAULO-MODESTO.pdf>. Acesso em: 28-2-2008.

TAVARES, Marcelo Leonardo (coord.). *Comentários à reforma da previdência*. Rio de Janeiro: Impetus, 2004.

8. Comentários

Depois de estabelecer no inciso XI do art. 37 que a lei deveria fixar os limites máximos, no âmbito de cada poder, os constituintes se preocuparam em veicular, no *caput* do presente enunciado normativo, uma medida moralizadora que, em face do respeito ao princípio da segurança jurídica, e tendo em vista a proteção especial conferida ao instituto do direito adquirido na própria lei fundamental (inciso XXXVI do art. 5º), somente poderia ser efetivada por ato do Poder Constituinte Originário.

Além da falta de vontade política para implementar esse dispositivo, constata-se que sua eficácia restou minimizada a praticamente zero, em vista das exceções e atenuações, sobretudo o reconhecimento das vantagens pessoais não sujeitas ao teto. Comprovando essa linha de entendimento, destaque-se a decisão proferida na ADI n. 14, que, examinando o § 2º do art. 2º da Lei n. 7.721/89, a qual incluía as vantagens pessoais e as de natureza transitória, reconheceu sua inconstitucionalidade em virtude de tais parcelas não integrarem a remuneração dos cargos[2]. Como outros exemplos do flexível entendimento do STF, podem ser destacadas as decisões que chancelaram o direito dos servidores de serem excluídas da incidência do teto a vantagem denominada adicional por tempo de serviço[3] e a gratificação pelo exercício de cargo em comissão[4]. Em suma, como percebeu argutamente Paulo Modesto, o teto ficou desmoralizado, porquanto o art. 17 do ADCT sofreu uma mutação constitucional: a norma acabou modificada sem que o texto fosse alterado[5]. Ao menos, a Suprema Corte reconheceu a impossibilidade de determinados servidores continuarem desfrutando do efeito cumulativo de adicionais sobre adicionais (cálculo em cascata), propiciado pela legislação anterior[6].

A Emenda Constitucional n. 19, de 4 de junho de 1998, promotora da chamada Reforma Administrativa, ao mesmo tempo em que substituía a redação do inciso XI do art. 37, instituindo um teto único para todos os poderes, insculpiu no seu art. 29 outra regra transitória determinando a adequação imediata dos vencimentos, subsídios e proventos aos limites constitucionais[7]. Vale ressaltar que o inciso XIV do art. 37 passou expressamente a vedar o efeito cumulativo de adicionais sobre adicionais.

Em sessão administrativa, em 24 de junho de 1998, o Supremo Tribunal Federal entendeu, por maioria, não ser autoaplicável o art. 29 da EC n. 19/98, interpretação confirmada na apreciação da Medida Cautelar na ADI 1.898-DF[8].

A EC n. 41, mais uma vez, retocou a redação do inciso XI do art. 37, no qual os subtetos, nos Estados e Municípios, foram expressamente previstos. Neste enunciado normativo, ficou suprimida a exigência de lei de iniciativa conjunta do Presidente da República, dos Presidentes da Câmara dos Deputados e do Senado Federal e do Presidente do Supremo Tribunal Federal, para a fixação do subsídio dos Ministros daquela Corte, o qual foi elegido como teto para as retribuições pagas aos agentes públicos. O art. 8º da EC n. 41/2003, por seu turno, determinou que, até a fixação do subsídio dos Ministros do Supremo Tribunal Federal, fosse observado como teto o valor da maior remuneração atribuída por lei aos membros da Corte Constitucional, enquanto o art. 9º pretendeu determinar a imediata redução do excesso pela aplicação do art. 17 do ADCT[9].

A Lei n. 10.887/2004, no seu art. 3º, previu a necessidade de a União, os Estados, o Distrito Federal e os Municípios instituírem sistema integrado de dados relativos às remunerações, proventos e pensões pagos aos respectivos servidores e militares, ativos e inativos, e pensionistas, na forma do regulamento para fins de tornar efetiva a imposição de um teto constitucional.

No julgamento do RE n. 146.331-EDv, o Plenário do STF consolidou o entendimento de que, qualquer que seja o título que legitimou a percepção do excesso, mesmo a coisa julgada, formada antes do início da vigência da CF/1988, não impediria a incidência do art. 17 do ADCT[10].

Merece destaque, ainda, o fato de a EC n. 47/2005, mediante o acréscimo do § 11 ao art. 37, ter permitido que as parcelas de caráter indenizatório, previstas em lei, não sejam computadas para efeito de aplicação do inciso XI do art. 37.

No julgamento dos Recursos Extraordinários n. 602.043 e 612975 – em que o Estado do Mato Grosso questionava a aplicação do teto na remuneração acumulada de dois cargos públicos exercidos pelo mesmo servidor – o STF decidiu que deve ser aplicado o teto remuneratório constitucional de forma isolada para cada cargo público acumulado, nas formas autorizadas pela Constituição. Na ocasião, o Plenário aprovou a seguinte tese para efeito de repercussão geral: "Nos casos autorizados, constitucionalmente, de acumulação de cargos, empregos e funções, a incidência do artigo 37, inciso XI, da Constituição Federal, pressupõe consideração de cada um dos vínculos formalizados, afastada a observância do teto remuneratório quanto ao somatório dos ganhos do agente público".

> **Art. 18.** Ficam extintos os efeitos jurídicos de qualquer ato legislativo ou administrativo, lavrado a partir da instalação da Assembleia Nacional Constituinte, que tenha por objeto a concessão de estabilidade a servidor admitido sem concurso público, da administração direta ou indireta, inclusive das fundações instituídas e mantidas pelo Poder Público.
>
> *Maria Sylvia Zanella Di Pietro*

O artigo 18 das disposições transitórias, que não encontra paralelo nas Constituições anteriores, não deixa dúvida quanto ao seu caráter corretivo e meramente declaratório. E revela, implicitamente, uma realidade ocorrida durante o período que sucedeu a instalação da Assembleia Nacional Constituinte: a concessão de estabilidade a servidores admitidos sem concurso público, por meio de atos legislativos e administrativos.

O dispositivo é inútil, sob o ponto de vista jurídico, porque, se a estabilidade não tinha fundamento jurídico constitucional na vigência da Constituição anterior, não precisaria a nova Constituição dizê-lo. Os atos que a concederam eram inconstitucionais e assim poderiam ser declarados.

---

2. STF, ADI n. 14, Rel. Célio Borja, Pleno, *DJ* 13-9-1989.
3. STF, RE 170.282-6/PR, Rel. Min. Ilmar Galvão, 1ª T., *DJU* 31-10-1997.
4. STF, RE 160.860-6/PR, Rel. Min. Neri da Silveira, 2ª T., *DJU* 23-6-1995.
5. MODESTO, Paulo. *Teto Constitucional de remuneração dos agentes públicos*: uma crônica de mutações e emendas constitucionais, p. 9.
6. STF, RE 255.311-5/SP, Rel. Min. Ilmar Galvão, 1ª T., *DJ* 10-12-1999.
7. Art. 29. "Os subsídios, vencimentos, remuneração, proventos de aposentadoria e pensões e quaisquer outras espécies remuneratórias adequar-se-ão, a partir da promulgação desta emenda, aos limites decorrentes da Constituição Federal, não se admitindo a percepção de excesso a qualquer título."
8. STF, Medida Cautelar na ADI n. 1.898-1/DF, Rel. Min. Octavio Gallotti, *DJ* 30-4-2004.
9. "Art. 9º Aplica-se o disposto no art. 17 do Ato das Disposições Constitucionais Transitórias aos vencimentos, remunerações e subsídios dos ocupantes de cargos, funções e empregos públicos da administração direta, autárquica e fundacional, dos membros de qualquer dos Poderes da União, dos Estados, do Distrito Federal e dos Municípios, dos detentores de mandato eletivo e dos demais agentes políticos e os proventos, pensões ou outra espécie remuneratória percebidos cumulativamente ou não, incluídas as vantagens pessoais ou de qualquer outra natureza".
10. STF, 146.331-EDv, Rel. Min. Cezar Peluso, Plenário, *DJ* 20-4-2007.

E também não tem sentido que a correção somente atinja as concessões de estabilidade feitas a partir da instalação da Assembleia Nacional Constituinte. Se houve atos legislativos ou administrativos, anteriores a esse período, outorgando estabilidade em desacordo com a Constituição de 1967, tais atos também seriam inconstitucionais e não poderiam produzir efeitos jurídicos.

E não há dúvida de que, na vigência da Constituição de 1967, em sua redação original, a estabilidade só podia ser adquirida por servidores nomeados mediante concurso público, ressalvada a única hipótese prevista no artigo 177, § 2º, das Disposições Gerais e Transitórias. Esse dispositivo outorgou estabilidade aos servidores que contassem, pelo menos, cinco anos de serviço público, na data da promulgação da Constituição. O benefício foi outorgado apenas aos servidores da Administração direta e das autarquias de todos os entes políticos. Os que não tinham cinco anos de serviço público naquela data e não tinham ingressado mediante concurso público ficaram sem a possibilidade de adquirir estabilidade.

A dúvida surgiu com a Emenda n. 1/69. O artigo 100 repetiu a norma constante do artigo 99 do texto original, ao estabelecer que "serão estáveis, após dois anos de exercício, os funcionários nomeados por concurso". Contudo, o artigo 109, III, acrescentado pela Emenda n. 1/69, previu lei federal, de iniciativa exclusiva do Presidente da República, definindo "as condições para aquisição de estabilidade", com a exigência de que essa lei federal respeitasse "o disposto no artigo 97 e seu § 1º e no § 2º do artigo 108".

E o artigo 97, § 1º, determinava que "a primeira investidura em cargo público dependerá de aprovação prévia, em concurso público de provas ou de provas e títulos, salvo os casos indicados em lei". Verifica-se que a Constituição Federal deixou que o legislador indicasse casos em que a primeira investidura em cargo público fosse feita sem concurso público e permitiu que as condições para aquisição de estabilidade fossem definidas em lei federal de iniciativa exclusiva do Presidente da República. Houve opiniões nos dois sentidos. Essa divergência foi registrada por Adilson Abreu Dallari, quando afirmava que "a doutrina se dividiu quanto a este ponto: José Celso de Mello Filho afirmava categoricamente a impossibilidade, no que era acompanhado por Manoel Gonçalves Ferreira Filho, mas registrava a opinião respeitável de Hely Lopes Meirelles em sentido positivo"[1].

De qualquer forma, não há dúvida de que, mesmo se fosse possível a aquisição de estabilidade sem concurso público, essa possibilidade somente poderia ser prevista em lei federal de iniciativa exclusiva do Presidente da República.

Em consequência, todos os atos legislativos e administrativos que contrariassem essa exigência seriam inconstitucionais. Não havia necessidade de norma expressa na Constituição de 1988 extinguindo os efeitos jurídicos de tais atos. Além disso, eles seriam inconstitucionais mesmo que promulgados antes da instauração da Assembleia Nacional Constituinte. É possível que a perspectiva de mudança nas regras pertinentes à estabilidade tenha incentivado os legisladores das três esferas de governo a distribuir benesses antes da entrada em vigor da nova Constituição. A correção de tais benesses é que foi alvo do legislador constituinte com a norma do artigo 18 das disposições transitórias.

Na lição de José Afonso da Silva, "segundo se depreende da disposição transitória em análise, houve concessão de estabilidade a servidores não concursados durante o processo constituinte. Essa concessão, seja por ato legislativo – incluindo Emenda Constitucional –, seja por ato administrativo, era inconstitucional. É essa inconstitucionalidade que a disposição transitória está corrigindo, declarando extintos os seus efeitos – o que vale dizer: declarando sem efeito os atos concessórios da garantia"[2].

Art. 18-A. Os atos administrativos praticados no Estado do Tocantins, decorrentes de sua instalação, entre 1º de janeiro de 1989 e 31 de dezembro de 1994, eivados de qualquer vício jurídico e dos quais decorram efeitos favoráveis para os destinatários ficam convalidados após 5 (cinco) anos, contados da data em que foram praticados, salvo comprovada má-fé. (*Redação dada pela Emenda constitucional n. 110, de 2021.*)

■ Ao contrário do que diz o seu enunciado, o dispositivo em questão não convalida "atos administrativos [...] eivados de qualquer vício jurídico e dos quais decorram efeitos favoráveis para os destinatários", mas promove um verdadeiro apagamento de toda sorte de ilegalidades e inconstitucionalidades que possam ter ocorrido no período abrangido pela sua disposição, e tudo isso sem a necessária precisão, que pressupõe "articular a linguagem, técnica ou comum, de modo a ensejar perfeita compreensão do objetivo da lei e a permitir que seu texto evidencie com clareza o conteúdo e o alcance que o legislador pretende dar à norma" (art. 11, II, *a*, da LC n. 95/1998). A EC n. 110, de 2021, responsável pela inclusão do art. 18-A ao ADCT, laborou contra, portanto, a segurança jurídica.

Art. 19. Os servidores públicos civis da União, dos Estados, do Distrito Federal e dos Municípios, da administração direta, autárquica e das fundações públicas, em exercício na data da promulgação da Constituição, há pelo menos cinco anos continuados, e que não tenham sido admitidos na forma regulada no art. 37 da Constituição, são considerados estáveis no serviço público.

§ 1º O tempo de serviço dos servidores referidos neste artigo será contado como título quando se submeterem a concurso para fins de efetivação, na forma da lei.

§ 2º O disposto neste artigo não se aplica aos ocupantes de cargos, funções e empregos de confiança ou em comissão, nem aos que a lei declare de livre exoneração, cujo tempo de serviço não será computado para os fins do *caput* deste artigo, exceto se se tratar de servidor.

§ 3º O disposto neste artigo não se aplica aos professores de nível superior, nos termos da lei.

Maria Sylvia Zanella Di Pietro

---

1. *Regime constitucional dos servidores públicos*. 2ª ed., São Paulo: Revista dos Tribunais, 1990, p. 81.

2. *Comentário contextual à Constituição*. São Paulo: Malheiros Editores, 2005, p. 905.

1. Conteúdo da norma

O artigo 19, ora comentado, contém norma sobre estabilidade excepcional assegurada a servidores nomeados sem concurso público. É *excepcional* porque constitui exceção à regra geral de exigência de concurso público para a investidura em cargo público, contida no artigo 41 da Constituição.

O dispositivo estabelece os beneficiários da estabilidade (servidores civis da União, dos Estados, do Distrito Federal e dos Municípios), aponta os requisitos para aquisição do direito (exercício na data da promulgação da Constituição há cinco anos continuados), indica as categorias de servidores excluídos do alcance da norma (ocupantes de cargos, funções e empregos de confiança ou em comissão, os que a lei declare de livre exoneração bem como os professores de nível superior) e permite que o tempo de serviço prestado pelos servidores beneficiados pelo dispositivo seja considerado como título quando se submeterem a concurso para fins de efetivação.

2. Constituições anteriores

Faz parte da tradição do direito brasileiro conceder estabilidade, não só a servidores nomeados mediante concurso público, mas também a servidores não concursados, com a exigência, para estes últimos, de requisito de tempo de serviço público.

A primeira Constituição brasileira a prever o instituto da estabilidade foi a de 1934, cujo artigo 169 concedeu essa garantia aos funcionários públicos, depois de dois anos, quando nomeados em virtude de concurso público e, em geral, depois de dez anos de efetivo exercício. Norma semelhante foi prevista no artigo 156, *c*, da Constituição de 1937.

A Constituição de 1946, no artigo 188, foi mais generosa, porque manteve o mesmo benefício para os funcionários admitidos sem concurso público, porém reduzindo de dez para cinco anos o requisito de tempo de serviço; porém, foi mais restritiva, quando excluiu do benefício os ocupantes de cargos de confiança e dos que a lei declare de livre nomeação e demissão. Além disso, o Ato das Disposições Constitucionais Transitórias dispunha, no artigo 23, que "os atuais funcionários interinos da União, dos Estados e Municípios que contém, pelo menos, cinco anos de exercício serão automaticamente efetivados na data da promulgação deste Ato; e os atuais extranumerários que exerçam função de caráter permanente há mais de cinco anos ou em virtude de concurso ou prova de habilitação serão equiparados aos funcionários, para efeito de estabilidade, aposentadoria, licença, disponibilidade e férias".

Na Constituição de 1967, a possibilidade de aquisição de estabilidade por servidores nomeados sem concurso público ficou restrita aos que tivessem cinco anos de serviço público na data da promulgação da Constituição (art. 99). Daí para a frente, a estabilidade só poderia ser adquirida mediante a prestação de concurso público.

A Emenda Constitucional n. 1/69, no artigo 100, manteve a mesma norma do artigo 99 do texto original, porém, no artigo 109, estabeleceu que "lei federal, de iniciativa exclusiva do Presidente da República, respeitado o disposto no artigo 97 e seu § 1º e no § 2º do artigo 108, definirá", dentre outras matérias, "as condições para aquisição de estabilidade" (inciso III). Essa norma provocou controvérsia doutrinária já mencionada em comentário ao artigo 18.

3. Destinatários da norma

Pela redação do *caput* do artigo 19, ora comentado, o dispositivo constitucional somente beneficiou os servidores públicos civis da União, dos Estados, do Distrito Federal e dos Municípios, da administração direta, autárquica e das fundações públicas.

Como não fez qualquer distinção quanto ao tipo de vínculo que une o servidor ao Estado, alcançou os servidores celetistas, assim chamados porque contratados sob o regime da CLT. Note-se que, na Constituição anterior, a exigência de concurso público somente se aplicava à investidura em cargo público e não em emprego público (art. 97, § 1º, na redação dada pela Emenda n. 1/69). Em consequência, havia, no quadro de servidores públicos, a categoria dos chamados servidores celetistas.

Essa concessão de estabilidade não acarretou a mudança de regime jurídico, pois tais servidores continuaram submetidos à legislação trabalhista, porém, agora, com o benefício da estabilidade. Para esse fim, ficaram implicitamente equiparados aos servidores nomeados mediante concurso público, na forma do artigo 41 da Constituição. Vale dizer que ficaram protegidos com a mesma garantia de permanência no serviço público prevista para os servidores concursados: perda do cargo somente mediante sentença judicial transitada em julgado, processo administrativo em que seja assegurada ampla defesa, procedimento de avaliação de desempenho (art. 41, § 1º) e em decorrência de excesso de despesa com pessoal (art. 169, § 4º).

Como o dispositivo comentado somente faz referência à administração direta, autarquias e fundações públicas, não foram beneficiados os servidores das empresas estatais (empresas públicas, sociedades de economia e outras entidades sob controle direto ou indireto das entidades políticas), nem os servidores das fundações com personalidade de direito privado. Embora o dispositivo fale em *fundações públicas*, entende-se que a referência é às fundações instituídas com personalidade de direito público, excluídas as instituídas como pessoas jurídicas de direito privado. Essa conclusão impõe-se pelo fato de que o artigo 39 da Constituição, na redação original, previu a instituição de regime jurídico único para os servidores da administração direta, autarquias e fundações públicas, o que se justifica exatamente pelo ponto comum entre todos esses servidores: o vínculo funcional estabelecido com pessoas jurídicas de direito público. É para essas entidades que se justifica o regime estatutário; para as entidades integrantes da administração indireta, com personalidade de direito privado, não se justifica a aplicação do regime estatutário, até porque elas nem mesmo dispõem de cargos públicos e sim de empregos públicos. A consequência lógica é a concessão de estabilidade aos servidores não concursados integrantes apenas das entidades públicas, como é o caso das autarquias e fundações com personalidade de direito público.

4. Estabilidade e não efetividade

Como se verifica pela redação do artigo 19 das disposições transitórias, os servidores referidos pelo dispositivo foram considerados *"estáveis no serviço público"*. Se alguma dúvida houvesse quanto à estabilidade constituir garantia de permanência no *cargo* ou no *serviço público*, no caso do artigo 19 essa dúvida desapareceria por diferentes razões: (a) em primeiro lugar, pela interpretação literal do dispositivo, que se refere à estabilidade no *serviço público*; (b) em segundo lugar, porque o § 1º do dispositivo permite que o tempo de serviço seja contado quando tais servidores prestarem "*concurso para fins de efetivação*", significando, com isto, que o servidor recebe a garantia da estabilidade, mas nem por isso se torna efetivo no cargo; (c) se o servidor é contratado pelo regime da CLT, ele não ocupa cargo público, razão pela qual a estabilidade não poderia ocorrer em cargo que não existe.

Merece menção o ensinamento de José Afonso da Silva sobre dispositivo da Constituição anterior, uma vez que sua interpretação é válida perante a atual Constituição, por conter distinção muito precisa entre *estabilidade* e *efetividade*:

"Deu-se estabilidade a quem não fizera concurso público. *Estabilidade* – frise-se bem –, não *efetividade*. Aquela significa que o servidor não pode ser demitido do serviço público sem processo administrativo; é uma garantia constitucional do funcionário que se estendeu ao servidor beneficiado; é vínculo ao serviço público, não ao cargo. A *efetividade* é vínculo do funcionário ao cargo: diz respeito à titularidade de atribuições e responsabilidades específicas de um cargo. A Constituição deu o geral: *estabilidade*, mas não deu o específico: *efetividade*. Nesse particular, a norma é plenamente eficaz e de aplicabilidade imediata: não precisa lei para verificar-se o direito conferido. O servidor não deixou de ser servidor, só ganhou estabilidade com as consequências a ela inerentes: não poder ser demitido ou dispensado sem as garantias do processo administrativo em que se lhe assegure ampla defesa"[1].

Na vigência da Constituição anterior, parte considerável da doutrina[2], ao interpretar o dispositivo que também outorgava estabilidade excepcional semelhante à desta Constituição, defendeu a ideia de que a estabilidade implicava efetividade, tendo muitas Constituições estaduais transformado essa tese em norma constitucional.

Contudo, o Supremo Tribunal Federal firmou o entendimento de que "o artigo 177, § 2º, da Constituição de 1967, conferiu apenas o direito à estabilidade no serviço público, e não no cargo que, por força da legislação ordinária, fosse ocupado pelo funcionário. A citada regra outorgou direito à estabilidade e não à promoção"[3].

Em trecho bastante elucidativo, o Supremo Tribunal Federal afirma que "o servidor que preenchera as condições exigidas pelo art. 19 do ADCT-CF-88 é estável no cargo para o qual fora contratado pela Administração Pública, mas não é efetivo. Não é titular do cargo que ocupa, não integra a carreira e goza apenas de uma estabilidade especial no serviço público, que não se confunde com aquela estabilidade regular disciplinada pelo art. 41 da Constituição Federal. Não tem direito a efetivação, a não ser que se submeta a concurso público, quando, aprovado e nomeado, fará jus à contagem do tempo de serviço prestado no período de estabilidade excepcional, como título"[4].

5. Concurso para efetivação

O § 1º do artigo 19 permite que o tempo de serviço prestado pelos servidores beneficiados pela estabilidade excepcional concedida pelo *caput* seja contado quando prestarem concurso para fins de efetivação.

A redação não foi muito feliz, porque fala em *concurso* apenas, e não em *concurso público*, dando margem a dúvida sobre a natureza do procedimento. Alguns autores, como Adilson Abreu Dallari[5], defendem que o concurso pode ser interno, restrito aos servidores estabilizados, hipótese em que a realização do procedimento seria precedida da criação, por lei, dos cargos a serem preenchidos. Outros entendem que o concurso deva ser público, já que esta é a única modalidade consagrada pela Constituição. É o pensamento, dentre outros, de Diógenes Gasparini[6].

Este último entendimento é o que se amolda melhor ao ordenamento constitucional, tendo em vista que a Constituição de 1988 passou a exigir concurso público para a investidura em cargo ou emprego público, ao contrário da anterior que somente fazia essa exigência para a *primeira investidura*. Além disso, a norma do § 1º somente faz sentido se considerada a possibilidade de concurso público, para permitir a diferenciação de tratamento entre o candidato que não é abrangido pela norma do *caput* e aquele que é beneficiado pela mesma.

6. Requisito de tempo de serviço

O *caput* do artigo 19 exige, para aquisição da estabilidade excepcional, que o servidor tenha "cinco anos continuados" de exercício na data da Constituição. Entende-se que esse tempo de serviço tenha sido prestado na própria pessoa jurídica com a qual o servidor tem o vínculo. Note-se que, na Constituição de 1967, o artigo 177, § 2º, concedia a estabilidade excepcional aos servidores que tivessem, na data da Constituição, "cinco anos de serviço público", enquanto a atual fala em "exercício na data da promulgação da Constituição, há pelo menos cinco anos continuados".

Como diz Diógenes Gasparini, "trata-se de exceção e, como tal, deve ser interpretada restritivamente. Assim, deve-se entender que os cinco anos a considerar são os contados de 5 de outubro de 1988 para trás e todos na mesma entidade, isto é, naquela em que a Constituição Federal, nessa data, flagrou o servidor. Não podem, portanto, para completar esse tempo, ser somados, por exemplo, dois anos prestados à União, dois prestados a uma autarquia e um, o último prestado ao Município, dado que não seriam cinco anos de exercício na mesma entidade. Ademais, não seria justo, nem constitucional, que o Município, o que menos tempo teve a sua disposição o servidor e, por isso, não pôde ava-

---

1. *Aplicabilidade das normas constitucionais*. São Paulo: Revista dos Tribunais, 1968, p. 193-194.
2. Cf. DALLARI, Adilson de Abreu. *Regime constitucional dos servidores públicos*. 2ª ed., São Paulo: Revista dos Tribunais, 1990, p. 89. O autor cita o entendimento, nesse sentido, de Orlando Carlos Gandolfo, Adroaldo Mesquita da Costa, Bernardes Júnior, Rafael de Barros Monteiro, Clenício da Silva Duarte, Fernando Henrique Mendes de Almeida, Luiz Gallotti, Nelson Hungria, Pontes de Miranda, Joaquim Canuto Mendes de Almeida, Hely Lopes Meirelles e Vicente Ráo.
3. AgRg 55.802, rel. Min. Antônio Neder, apud Adilson Abreu Dallari, op. cit., p. 89.
4. *RTJ* 165/684.
5. Op. cit., p. 91.
6. *Direito administrativo*. 11ª ed. São Paulo: Saraiva, 2006, p. 214.

liar seu desempenho, fosse obrigado a tê-lo como estável. Por essa razão, os cinco anos devem ser considerados na mesma entidade, pois só assim se pode presumir sua adequação ao serviço público. De fato, quem ultrapassou esse prazo provou sua capacidade para integrar o quadro de pessoal da Administração Pública, autárquica ou fundacional pública. Nesses casos, o quinquênio serve como tempo mínimo de estágio probatório, já que o servidor não pôde demonstrar aptidão em concurso público nem teve, durante dois anos, um acompanhamento que demonstrasse estar apto para desempenhar suas atividades no serviço público"[7].

Os cinco anos de exercício na data da promulgação da Constituição devem ser contados, para fins de aquisição da estabilidade, de forma ininterrupta. Se o servidor saiu de uma função e foi investido em outra, na mesma entidade, o tempo de serviço somente pode ser considerado se não houve um intervalo entre uma e outra. É evidente que não interrompem a contagem os períodos considerados como de efetivo exercício pela legislação infraconstitucional, como férias, licença-saúde, participação em competições desportivas, dentre outros.

No entanto, o Supremo Tribunal Federal entendeu de forma diferente, mas justificável pela especificidade da situação. Pelo voto do Ministro Marco Aurélio, decidiu que "descabe ter como conflitante com o artigo 19 do Ato das Disposições Constitucionais Transitórias da Carta de 1988 provimento judicial em que se reconhece a estabilidade em hipótese na qual professor, ao término do ano letivo, era 'dipensado' e recontratado tão logo iniciadas as aulas. Os princípios da continuidade, da realidade, da razoabilidade e da boa-fé obstaculizam defesa do Estado em torno das interrupções e, portanto da ausência de prestação de serviços por cinco anos continuados de modo a impedir a aquisição da estabilidade"[8].

7. Servidores não beneficiados pela estabilidade excepcional

Os §§ 2º e 3º do artigo 19 excluíram do benefício da estabilidade excepcional duas categorias de servidores: (a) os que ocupam cargos, funções e empregos de confiança ou em comissão, e os que a lei declare de livre exoneração; (b) os professores de nível superior, "nos termos da lei".

Quanto aos da primeira categoria, é fácil entender a razão da exclusão: tais servidores ocupam cargos, empregos ou funções que, pela própria natureza, não são vocacionados a gerar estabilidade; eles se destinam ao provimento provisório e são sempre passíveis de livre provimento e exoneração. Por sua própria natureza, seus ocupantes são sempre exoneráveis *ad nutum* da autoridade administrativa competente.

Porém, se tais servidores estivessem temporariamente ocupando cargos, empregos ou funções dessa natureza, mas fossem servidores, o tempo prestado nessas atividades de confiança poderia ser considerado para completar os cinco anos continuados exigidos pelo *caput* do artigo 19. O que se quis dizer é que o servidor podia ser titular de cargo, emprego ou função de natureza permanente e estar apenas temporariamente em cargo, emprego

ou função de confiança; nesse caso, o tempo prestado nesta última atividade pode ser computado para aquisição do benefício.

Quanto aos professores de nível universitário, também fácil entender a razão pela qual não lhes foi concedida a estabilidade excepcional. A carreira universitária é constituída por vários níveis, que vão sendo conquistados pelo preenchimento de requisitos de mérito apurados em concursos de titularidade, como mestrado, doutorado, livre-docência. A concessão de estabilidade a quem fosse contratado temporariamente, independentemente de sua titulação, poderia implicar um incentivo à estagnação na carreira, já que o professor estaria protegido pela estabilidade no serviço público, ou poderia perpetuar-se na situação em que foi flagrado quando da promulgação da Constituição, sem que tivesse adquirido qualquer título próprio da carreira universitária.

É difícil de entender o sentido da expressão final contida no § 3º do artigo 19: "na forma da lei". O dispositivo é autoaplicável, razão pela qual não parece aceitável o entendimento adotado por Diógenes Gasparini no sentido de que "a norma é de eficácia contida, consoante sistematização de José Afonso da Silva (*Aplicabilidade*, 2. ed., cit., p. 72 e 92), e, enquanto essa norma não vier, aplica-se, sem qualquer restrição, aos professores de nível superior o *caput* do art. 19"[9].

É incontestável a lição de Adilson Abreu Dallari ao comentar o que ele chama de enigmático "nos termos da lei". Segundo o jurista, "pode-se extrair daí, com certeza, que ninguém se transformou em professor titular por decurso de prazo, pois esse é o núcleo central do dispositivo em questão, ficando pendente, à espera da legislação que vier a ser editada, a situação de cada um. Ou seja, a lei virá apenas disciplinar a situação dos professores não estabilizados, mas não poderá conceder-lhes estabilidade, pois a prescrição negativa tem eficácia plena e imediata, vedando qualquer comportamento em contrário"[10].

> **Art. 20.** Dentro de cento e oitenta dias, proceder-se-á à revisão dos direitos dos servidores públicos inativos e pensionistas e à atualização dos proventos e pensões a eles devidos, a fim de ajustá-los ao disposto na Constituição.
>
> *Daniel Machado da Rocha*

1. História da norma

A norma em comento reveste-se de ineditismo na ordem constitucional brasileira.

2. Constituições brasileiras anteriores

Não há precedentes nesta matéria.

3. Constituições estrangeiras

O enunciado normativo em foco não encontra similaridade nas demais constituições.

---

7. Op. cit., p. 212.
8. STF, 2ª T., RE 176.551-0/SP, rel. Min. Marco Aurélio, *Diário da Justiça*, Seção I, 20-3-1998, p. 15.

9. Op. cit., p. 215.
10. Op. cit., p. 87.

4. Direito internacional

Não há disposição de relevância a ser destacada.

5. Remissões constitucionais e legais

Alínea "a" do inciso III do § 1º, § 3º, § 5º, § 17, todos do art. 40 da CF/88. Art. 2º, 6º e 7º da Emenda Constitucional n. 41/03. No plano infraconstitucional destaque-se o art. 248 da Lei n. 8.112/90.

6. Jurisprudência

BRASIL. Supremo Tribunal Federal. Mandado de injunção n. 211-8/DF, Rel. Min. Marco Aurélio, Pleno, *DJ* 18-8-95.

BRASIL. Supremo Tribunal Federal. Recurso extraordinário n. 206.732/RS, Rel. Min. Marco Aurélio, 2ª T., *DJU* 19-12-97.

BRASIL. Superior Tribunal de Justiça. Recurso especial n. 445.873/RJ, Rel. Min. José Arnaldo da Fonseca, 5ª T., *DJ* 13-10-2003.

7. Referências bibliográficas

Não foi localizada bibliografia específica sobre o tema.

8. Comentários

Como visto nos comentários ao art. 40, o legislador constituinte havia determinado que o benefício de pensão por morte deveria corresponder à totalidade dos vencimentos ou proventos do agente público falecido, em qualquer caso – representando substancial melhora na situação dos dependentes do servidor –, pois tradicionalmente o benefício era concedido no equivalente a 50% (cinquenta por cento) do salário-base recebido pelo ex-servidor, no mês do óbito, sobre o qual incidiu o desconto previdenciário. Nestes termos era o enunciado normativo do art. 4º da Lei n. 3.373/58. A norma contida no § 5º do art. 40 restou classificada pelo STF como autoaplicável, devendo ser observada em todos os regimes próprios, consoante os fundamentos lançados no julgamento do Mandado de Injunção n. 211[1].

No julgamento do RE n. 223.732, o STF deliberou que as disposições constitucionais não favoreciam os benefícios decorrentes do óbito de servidores que não estavam vinculados aos regimes próprios de previdência[2].

Por sua vez, o art. 20 do ADCT previa que as aposentadorias e pensões dos servidores inativos deveriam ser, em 180 dias, revisadas para serem adequadas aos novos critérios. Segundo o pronunciamento do STF, o dispositivo em tela não postergou o início do benefício, uma vez que este já estaria concedido, sendo que a parte final do dispositivo apenas prevê um prazo para o processamento da revisão[3]. Em suma, a norma inscrita na parte final do enunciado normativo em foco pretendia garantir o processamento da revisão[4].

Com o escopo de dar cumprimento à revisão constitucional, o art. 248 da Lei n. 8.112/90 ordenou a integralização de todas as pensões civis de servidores públicos, que antes tinham o pagamento dividido entre o Tesouro e o INSS, passando o ônus ao primeiro, além de fixar a descentralização do pagamento, antes de responsabilidade do Ministério da Fazenda, para os órgãos a que estavam vinculados os servidores, quando de seu falecimento. Contudo, o INSS não conseguiu cumprir integralmente a referida determinação, o que provocou um grande número de ações. Nesses casos, o STJ consagrou o entendimento de que cabe ao INSS o encargo de responder pelo pagamento das diferenças até a transferência do encargo para o órgão de origem[5].

> **Art. 21.** Os juízes togados de investidura limitada no tempo, admitidos mediante concurso público de provas e títulos e que estejam em exercício na data da promulgação da Constituição, adquirem estabilidade, observado o estágio probatório, e passam a compor quadro em extinção, mantidas as competências, prerrogativas e restrições da legislação a que se achavam submetidos, salvo as inerentes à transitoriedade da investidura.

Parágrafo único. A aposentadoria dos juízes de que trata este artigo regular-se-á pelas normas fixadas para os demais juízes estaduais.

■ Por considerar os "juízes togados de investidura limitada no tempo" como fazendo parte de um quadro em extinção, o dispositivo estabeleceu os termos da sua progressiva caducidade. Tais juízes, também conhecidos como pretores, foram previstos pelo art. 144, § 1º, *b*, da Constituição de 1967 (EC n. 1, de 1969, e EC n. 7, de 1977). Por diversas vezes o Supremo Tribunal Federal entendeu que esses juízes tinham competência, por exemplo, para praticar todos os atos da instrução criminal, sendo-lhes vedado, entretanto, o julgamento de processos por crime a que fosse cominada pena de reclusão[1].

> **Art. 22.** É assegurado aos defensores públicos investidos na função até a data de instalação da Assembleia Nacional Constituinte o direito de opção pela carreira, com a observância das garantias e vedações previstas no art. 134, parágrafo único, da Constituição.

■ O Supremo Tribunal Federal entendeu que o "[s]ervidor investido na função de defensor público até a data em que foi instalada a Assembleia Nacional constituinte tem direito a opção pela carreira, *independentemente da forma da investidura originá-*

---

1. STF, MI n. 211-8/DF, Rel. p. ac. Min. Marco Aurélio, Pleno, *DJ* 18-8-1995.
2. STF, RE 223.732, Rel. Min. Sepúlveda Pertence, 1ª T., *DJ* 10-11-2000.
3. STF, RE n. 206.732/RS, Rel. Min. Marco Aurélio, 2ª T., *DJU* 19-12-1997.

4. STF, AI 177.352-AgR, Rel. Min. Maurício Corrêa, 2ª T., *DJ* 19-4-1996.
5. STJ, REsp n. 445.873/RJ, Rel. Min. José Arnaldo da Fonseca, 5ª T., *DJ* 13-10-2003.
1. A propósito, ver o HC 73.509, STF, 2ª Turma, rel. Min. Carlos Velloso, j. em 19-3-1996, *Ementário n. 1.827-04*, p. 668.

ria" (destacou-se)[1]. Em outras palavras, a Corte reconheceu a necessidade de o servidor estar "investido na função, ainda que sem cargo, concurso ou estabilidade"[2].

Art. 23. Até que se edite a regulamentação do art. 21, XVI, da Constituição, os atuais ocupantes do cargo de censor federal continuarão exercendo funções com este compatíveis, no Departamento de Polícia Federal, observadas as disposições constitucionais.

Parágrafo único. A lei referida disporá sobre o aproveitamento dos Censores Federais, nos termos deste artigo.

■ Confronte a Lei n. 9.688, de 6-7-1988, que dispôs sobre a extinção dos cargos de Censor Federal e sobre o enquadramento de seus atuais ocupantes nos "cargos de Perito Criminal Federal e de Delegado de Polícia Federal da Carreira Policial Federal, observada a respectiva classe, após conclusão de curso específico organizado pelo Departamento de Polícia Federal do Ministério da Justiça" (art. 1º). Contra tal lei, o Procurador-Geral da República ajuizou a Ação Direta de Inconstitucionalidade n. 2.980, por afronta ao princípio constitucional do concurso público (art. 37, II, da CF). O Supremo Tribunal Federal não conheceu da ação por entender que a lei em questão, ao veicular normas de efeito concreto, não poderia ser objeto do controle abstrato de constitucionalidade[1].

Art. 24. A União, os Estados, o Distrito Federal e os Municípios editarão leis que estabeleçam critérios para a compatibilização de seus quadros de pessoal ao disposto no art. 39 da Constituição e à reforma administrativa dela decorrente, no prazo de dezoito meses, contados da sua promulgação.

■ Foram implementados os fatos ou extintos os pressupostos relativos aos principais aspectos de vigência do(s) dispositivo(s) em questão.

Art. 25. Ficam revogados, a partir de cento e oitenta dias da promulgação da Constituição, sujeito este prazo a prorrogação por lei, todos os dispositivos legais que atribuam ou deleguem a órgão do Poder Executivo competência assinalada pela Constituição ao Congresso Nacional, especialmente no que tange a:

I – ação normativa;

II – alocação ou transferência de recursos de qualquer espécie.

§ 1º Os decretos-leis em tramitação no Congresso Nacional e por este não apreciados até a promulgação da Constituição terão seus efeitos regulados da seguinte forma:

I – se editados até 2 de setembro de 1988, serão apreciados pelo Congresso Nacional no prazo de até cento e oitenta dias a contar da promulgação da Constituição, não computado o recesso parlamentar;

II – decorrido o prazo definido no inciso anterior, e não havendo apreciação, os decretos-leis ali mencionados serão considerados rejeitados;

III – nas hipóteses definidas nos incisos I e II, terão plena validade os atos praticados na vigência dos respectivos decretos-leis, podendo o Congresso Nacional, se necessário, legislar sobre os efeitos deles remanescentes.

§ 2º Os decretos-leis editados entre 3 de setembro de 1988 e a promulgação da Constituição serão convertidos, nesta data, em medidas provisórias, aplicando-se-lhes as regras estabelecidas no art. 62, parágrafo único.

José Levi Mello do Amaral Júnior

1. História da norma

Veiculam disposições transitórias sobre a revogação, no prazo de cento e oitenta dias, das delegações – levadas a efeito em favor do Poder Executivo – de competência do Congresso Nacional, bem assim sobre a disciplina a ser observada pelos decretos-leis que ainda estavam em tramitação quando da promulgação da Constituição de 1988.

2. Constituições estrangeiras

Não se aplica.

3. Constituições brasileiras anteriores

Não se aplica. Porém, guarda semelhança, dentro da própria ordem constitucional de 1988, com o art. 2º da Emenda Constitucional n. 32, de 11 de setembro de 2001, que trata das medidas provisórias editadas em data anterior à da publicação da referida Emenda.

4. Direito internacional

Não se aplica.

5. Remissões constitucionais e legais

Art. 62 da Constituição.

6. Jurisprudência

Veja-se anotação constante do primeiro item.

7. Referências bibliográficas

Vejam-se as referências bibliográficas constantes dos comentários ao art. 62 da Constituição.

8. Comentários

Artigo que veicula normas de eficácia exaurida. Porém, vale recordar anotação que sobre ele fez Manoel Gonçalves Ferreira

---

1. RE 161.712, STF, Tribunal Pleno, rel. Min. Francisco Rezek, j. em 1º-12-1994, *Ementário n. 1.772-4*, p. 752.
2. ADI 3.603, STF, Tribunal Pleno, rel. Min. Eros Grau, j. em 30-8-2006, p. 418.

1. ADI 2.980, STF, Tribunal Pleno, rel. Min. Cezar Peluso, j. em 5-2-2009, *Ementário n. 2.368-1*, p. 183.

Filho: "É curioso este artigo. A Constituição anterior, inclusive com a redação da Emenda n. 1/69 (art. 6º, parágrafo único), proibia a qualquer Poder, portanto inclusive ao Legislativo, delegar atribuições ou competências a outro Poder, como o Executivo. Assim, se delegações houve, eram elas inconstitucionais, e, assim, o caso não era de revogação, e sim de anulação"[1].

Art. 26. No prazo de um ano a contar da promulgação da Constituição, o Congresso Nacional promoverá, através de Comissão mista, exame analítico e pericial dos atos e fatos geradores do endividamento externo brasileiro.

§ 1º A Comissão terá a força legal de Comissão parlamentar de inquérito para os fins de requisição e convocação, e atuará com o auxílio do Tribunal de Contas da União.

§ 2º Apurada irregularidade, o Congresso Nacional proporá ao Poder Executivo a declaração de nulidade do ato e encaminhará o processo ao Ministério Público Federal, que formalizará, no prazo de sessenta dias, a ação cabível.

▪ A Comissão Mista destinada ao exame analítico e pericial dos atos e fatos geradores do endividamento externo brasileiro teve a sua criação desencadeada pelo Ofício (CN) n. 44, de 23 de fevereiro de 1989, e foi instalada no dia 11 de abril do mesmo ano. Os trabalhos desenvolvidos ao longo dos meses seguintes redundaram na confecção de um Relatório Parcial e um Relatório Final, mas apenas o primeiro chegou a bom termo com a sua aprovação pelo Plenário do Congresso Nacional, na sessão conjunta de 4 de outubro de 1989. Não tendo havido quórum para aprovação do segundo Relatório nesta sessão para tanto convocada e estando esgotado o prazo para a conclusão dos trabalhos, outra Comissão Mista foi criada com o mesmo propósito e na mesma oportunidade, tendo sido instalada em 29 de novembro de 1989 e extinta em 13 de março de 1991, em razão do transcurso do prazo para a conclusão das suas atividades sem a devida apresentação de relatório[1]. Diante desse quadro, o Conselho Federal da Ordem dos Advogados do Brasil ajuizou a Arguição de Descumprimento de Preceito Fundamental n. 59, na qual requereu ao Supremo Tribunal Federal que determinasse que o Congresso Nacional que não apenas promovesse, mas igualmente ultimasse o cumprimento integral das prescrições do art. 26 do Ato das Disposições Constitucionais Transitórias. No momento, esta Arguição pende de julgamento perante a Corte[2].

Art. 27. O Superior Tribunal de Justiça será instalado sob a Presidência do Supremo Tribunal Federal.

§ 1º Até que se instale o Superior Tribunal de Justiça, o Supremo Tribunal Federal exercerá as atribuições e competências definidas na ordem constitucional precedente.

---

1. *Comentários à Constituição brasileira de 1988*. São Paulo: Saraiva, 1995, v. 4, p. 148.

1. Tais informações podem ser acessadas no seguinte endereço: http://www.senado.gov.br/atividade/materia/detalhes.asp?p_cod_mate=14720.

2. Andamento processual disponível em: <http://portal.stf.jus.br/processos/detalhe.asp?incidente=2260038>.

§ 2º A composição inicial do Superior Tribunal de Justiça far-se-á:

I – pelo aproveitamento dos Ministros do Tribunal Federal de Recursos;

II – pela nomeação dos Ministros que sejam necessários para completar o número estabelecido na Constituição.

§ 3º Para os efeitos do disposto na Constituição, os atuais Ministros do Tribunal Federal de Recursos serão considerados pertencentes à classe de que provieram, quando de sua nomeação.

§ 4º Instalado o Tribunal, os Ministros aposentados do Tribunal Federal de Recursos tornar-se-ão, automaticamente, Ministros aposentados do Superior Tribunal de Justiça.

§ 5º Os Ministros a que se refere o § 2º, II, serão indicados em lista tríplice pelo Tribunal Federal de Recursos, observado o disposto no art. 104, parágrafo único, da Constituição.

§ 6º Ficam criados cinco Tribunais Regionais Federais, a serem instalados no prazo de seis meses a contar da promulgação da Constituição, com a jurisdição e sede que lhes fixar o Tribunal Federal de Recursos, tendo em conta o número de processos e sua localização geográfica.

§ 7º Até que se instalem os Tribunais Regionais Federais, o Tribunal Federal de Recursos exercerá a competência a eles atribuída em todo o território nacional, cabendo-lhe promover sua instalação e indicar os candidatos a todos os cargos da composição inicial, mediante lista tríplice, podendo desta constar juízes federais de qualquer região, observado o disposto no § 9º.

§ 8º É vedado, a partir da promulgação da Constituição, o provimento de vagas de Ministros do Tribunal Federal de Recursos.

§ 9º Quando não houver juiz federal que conte o tempo mínimo previsto no art. 107, II, da Constituição, a promoção poderá contemplar juiz com menos de cinco anos no exercício do cargo.

§ 10. Compete à Justiça Federal julgar as ações nela propostas até a data da promulgação da Constituição, e aos Tribunais Regionais Federais bem como ao Superior Tribunal de Justiça julgar as ações rescisórias das decisões até então proferidas pela Justiça Federal, inclusive daquelas cuja matéria tenha passado à competência de outro ramo do Judiciário.

§ 11. São criados, ainda, os seguintes Tribunais Regionais Federais: o da 6ª Região, com sede em Curitiba, Estado do Paraná, e jurisdição nos Estados do Paraná, Santa Catarina e Mato Grosso do Sul; o da 7ª Região, com sede em Belo Horizonte, Estado de Minas Gerais, e jurisdição no Estado de Minas Gerais; o da 8ª Região, com sede em Salvador, Estado da Bahia, e jurisdição nos Estados da Bahia e Sergipe; e o da 9ª Região, com sede em Manaus, Estado do Amazonas, e jurisdição nos Estados do Amazonas, Acre, Rondônia e Roraima.

▪ Com exceção do § 11 deste artigo, incluído pela Emenda Constitucional n. 73, de 2013, foram implementados os fatos ou extintos os pressupostos relativos aos principais aspectos de vigência dos dispositivos em questão.

▪ No tocante à cláusula inserida no artigo em apreço, a criação de quatro novos Tribunais Regionais Federais teria buscado amenizar o problema de sobrecarga de processos enfrentado pela

Justiça Federal, mas também acabou provocando questionamentos quanto à eficiência e à economicidade da medida adotada[1].

■ Do ponto de vista formal, questiona-se ainda a legitimidade da criação de novos órgãos judiciais por meio de emenda constitucional, sem o concurso da iniciativa prevista no art. 96, II, *c* e *d*, da Constituição[2]. Quanto a isso, registre-se que esta não foi a primeira vez em que, mediante emenda, o Congresso Nacional, no exercício de poder reformador, modificou a organização judiciária brasileira sem observância da mencionada iniciativa[3].

■ No contexto dessa polêmica, contra a Emenda n. 73 foi ajuizada perante o Supremo Tribunal Federal a ADI 5.017, ainda pendente de julgamento, no bojo da qual algumas das questões aqui referidas certamente serão apreciadas.

Art. 28. Os juízes federais de que trata o art. 123, § 2º, da Constituição de 1967, com a redação dada pela Emenda Constitucional n. 7, de 1977, ficam investidos na titularidade de varas na Seção Judiciária para a qual tenham sido nomeados ou designados; na inexistência de vagas, proceder-se-á ao desdobramento das varas existentes.

Parágrafo único. Para efeito de promoção por antiguidade, o tempo de serviço desses juízes será computado a partir do dia de sua posse.

■ Tais dispositivos visaram a equiparar aos juízes federais titulares aqueles magistrados que atuavam exclusivamente nos termos do § 2º do art. 123 da Constituição de 1967, na redação da Emenda Constitucional n. 7, de 1977: "A lei poderá atribuir a juízes federais exclusivamente funções de substituição em uma ou mais Seções Judiciárias e, ainda, as de auxílio a juízes titulares de varas, quando não se encontrarem no exercício de substituição".

---

1. Em reforço a tais questionamentos, conferir o estudo realizado pelo Instituto de Pesquisa Econômica Aplicada – IPEA, em que se avaliou o impacto da criação dos novos Tribunais quanto ao seu custo e eficiência (CASTRO, Alexandre Samy de; MEDEIROS, Bernardo Abreu de; CUNHA, Alexandre dos Santos. *Custo e eficiência dos novos Tribunais Regionais Federais*: uma avaliação da Emenda Constitucional 73. Brasília: IPEA, 2013, 23 p., Nota Técnica n. 6).
2. Eis o teor dos dispositivos citados: "Art. 96. Compete privativamente: (...) II – ao Supremo Tribunal Federal, aos Tribunais Superiores e aos Tribunais de Justiça propor ao Poder Legislativo respectivo, observado o disposto no art. 169: (...) *c*) a criação ou extinção dos tribunais inferiores; *d*) a alteração da organização e da divisão judiciárias".
3. A propósito, foi o que ocorreu também com a Emenda Constitucional n. 45, de 2004, que determinou a extinção dos "Tribunais de Alçada, onde [houvesse], passando os seus membros a integrar os Tribunais de Justiça dos respectivos Estados, respeitadas a antiguidade e classe de origem" (art. 4º). Em precedente relativo a outra temática, o Supremo Tribunal Federal admitiu ter havido a extinção das Cortes de Alçada pela referida emenda constitucional: "O objetivo da EC 45/2004, no que concerne à redução de texto levada a efeito na redação original do inciso III do art. 93, foi, tão somente, o de extirpar do cenário constitucional os Tribunais de Alçada, na medida em que a única referência feita a eles na Lei Maior encontrava-se nesse dispositivo" (MS 30.585, Tribunal Pleno, rel. Min. Ricardo Lewandowski, j. em 12-9-2012, *DJe* 233, de 27-11-2012).

Art. 29. Enquanto não aprovadas as leis complementares relativas ao Ministério Público e à Advocacia Geral da União, o Ministério Público Federal, a Procuradoria Geral da Fazenda Nacional, as Consultorias Jurídicas dos Ministérios, as Procuradorias e Departamentos Jurídicos de autarquias federais com representação própria e os membros das Procuradorias das Universidades fundacionais públicas continuarão a exercer suas atividades na área das respectivas atribuições.

§ 1º O Presidente da República, no prazo de cento e vinte dias, encaminhará ao Congresso Nacional projeto de lei complementar dispondo sobre a organização e o funcionamento da Advocacia Geral da União.

§ 2º Aos atuais Procuradores da República, nos termos da lei complementar, será facultada a opção, de forma irretratável, entre as carreiras do Ministério Público Federal e da Advocacia Geral da União.

§ 3º Poderá optar pelo regime anterior, no que respeita às garantias e vantagens, o membro do Ministério Público admitido antes da promulgação da Constituição, observando-se, quanto às vedações, a situação jurídica na data desta.

§ 4º Os atuais integrantes do quadro suplementar dos Ministérios Públicos do Trabalho e Militar que tenham adquirido estabilidade nessas funções passam a integrar o quadro da respectiva carreira.

§ 5º Cabe à atual Procuradoria Geral da Fazenda Nacional, diretamente ou por delegação, que pode ser ao Ministério Público Estadual, representar judicialmente a União nas causas de natureza fiscal, na área da respectiva competência, até a promulgação das leis complementares previstas neste artigo.

■ A disciplina constante dos dispositivos em questão visava fundamentalmente a garantir a continuidade das atividades de representação judicial e extrajudicial, bem como de consultoria e assessoramento jurídico das entidades públicas federais até que fosse totalmente implementado o sistema de Advocacia Pública previsto na Constituição de 1988. Com vistas a essa implementação, foram editadas a Lei Complementar n. 73, de 10 de fevereiro de 1993, que instituiu a Lei Orgânica da Advocacia Geral da União, e a Lei Complementar n. 75, de 20 de maio de 1993, que dispôs sobre a organização, as atribuições e o estatuto do Ministério Público da União.

Art. 30. A legislação que criar a justiça de paz manterá os atuais juízes de paz até a posse dos novos titulares, assegurando-lhes os direitos e atribuições conferidos a estes, e designará o dia para a eleição prevista no art. 98, II, da Constituição.

■ *Vide* comentários ao art. 98, II, da Constituição. Ante o quadro de inércia em alguns Estados quanto à regulamentação da justiça de paz, o Conselho Nacional de Justiça aprovou a Recomendação n. 16, de 27-5-2008, sugerindo aos Tribunais de Justiça dos Estados e do Distrito Federal que o fizessem no prazo de um ano, mediante envio de proposta de lei ao Poder Legislativo competente. A propósito, relembre-se que o Supremo Tribunal Federal firmou entendimento no sentido de que "[l]ei estadual que disciplina os procedimentos necessários à realização das eleições para implementação da justiça de paz (art. 98, II, da CB/88) não invade, em ofensa ao princípio federativo, a competência da União para legislar sobre direito eleitoral (art. 22, I, da CB/88)"[1].

Art. 31. Serão estatizadas as serventias do foro judicial, assim definidas em lei, respeitados os direitos dos atuais titulares.

■ O Supremo Tribunal Federal já teve a oportunidade de declarar a inconstitucionalidade de lei estadual que admitia "a reversão do sistema estatizado para o privatizado de custas em Cartórios Judiciais, a critério do Conselho da Magistratura, por conveniência da Administração", por entender que tal disciplina legal contrariava o art. 31 do Ato das Disposições Constitucionais Transitórias[1]. Apesar da determinação constante do dispositivo constitucional, muitas dessas serventias tardaram a ser estatizadas, o que motivou uma série de ações corretivas por parte do Conselho Nacional de Justiça.

Art. 32. O disposto no art. 236 não se aplica aos serviços notariais e de registro que já tenham sido oficializados pelo Poder Público, respeitando-se o direito de seus servidores.

■ *Vide* comentários ao art. 236 da Constituição.

Art. 33. Ressalvados os créditos de natureza alimentar, o valor dos precatórios judiciais pendentes de pagamento na data da promulgação da Constituição, incluído o remanescente de juros e correção monetária, poderá ser pago em moeda corrente, com atualização, em prestações anuais, iguais e sucessivas, no prazo máximo de oito anos, a partir de 1º de julho de 1989, por decisão editada pelo Poder Executivo até cento e oitenta dias da promulgação da Constituição.

Parágrafo único. Poderão as entidades devedoras, para o cumprimento do disposto neste artigo, emitir, em cada ano, no exato montante do dispêndio, títulos de dívida pública não computáveis para efeito do limite global de endividamento.

Fernando Facury Scaff
Luma Cavaleiro de Macedo Scaff

1. Origem do texto

Texto originário da Constituição Federal de 1988.

---

1. ADI 2.938, STF, Tribunal Pleno, rel. Min. Eros Grau, j. em 9-6-2005, *Ementário n. 2.217-2*, p. 199.
1. ADI 1.498, STF, Tribunal Pleno, rel. Min. Ilmar Galvão, j. em 7-11-2002, *Ementário n. 2095-1*, p. 111.

2. Constituições brasileiras anteriores

Art. 117 da Constituição de 1967 com a Emenda Constitucional de 1969. Art. 204 da Constituição de 1946. Art. 95 da Constituição de 1937. Art. 182 da Constituição de 1934. Art. 34, 3º e art. 84 da Constituição de 1891.

3. Preceitos constitucionais correlacionados da Constituição de 1988

Art. 100 (redação alterada pela Emenda Constitucional n. 30/2000); art. 78 ADCT (redação alterada pela Emenda Constitucional n. 30/2000); art. 87 da ADCT (redação alterada pela Emenda Constitucional n. 37/2002).

4. Jurisprudência

STF: RE 421.616-AgRg, Rel. Min. Ricardo Lewandowski, julgamento em 21-6-07, *DJ* de 10-8-07; RE 215.107-AgRg, Rel. Min. Celso de Mello, julgamento em 21-11-06, *DJ* de 2-2-07; RE 466.145-AgRg, Rel. Min. Ricardo Lewandowski, julgamento em 20-6-06, *DJ* de 18-8-06; AI 494.459-AgRg, Rel. Min. Eros Grau, julgamento em 29-3-05, *DJ* de 29-4-05; RE 176.547, Rel. Min. Carlos Velloso, julgamento 11-4-95, *DJ* de 1º-9-95; RE 305.186, Rel. Min. Ilmar Galvão, julgamento em 17-9-02, *DJ* de 18-10-02; ADI 1.593, Rel. p/ o ac. Min. Menezes Direito, julgamento em 7-11-07.

5. Anotações

Trata-se de dispositivo datado, transitório, promulgado junto com a Constituição de 1988, introduzido a fim de regulamentar o pagamento dos precatórios pendentes àquela data.

Assim, os precatórios pendentes naquela data, inclusive os juros e correção monetária, poderiam ter sido pagos em moeda corrente, com o valor atualizado, em prestações anuais, iguais e sucessivas, no prazo máximo de 08 anos a partir de julho de 1989 – o que caracteriza esta norma como transitória – mediante decisão do Poder Executivo.

Foi permitido aos entes públicos devedores emitir, em cada ano, no exato montante do dispêndio, títulos de dívida pública não computáveis para efeito do limite global de endividamento. Observa-se que a permissão constitucional era de apenas emitir tais títulos para pagamento dos precatórios pendentes de pagamento à época da promulgação da Constituição, todavia, alguns entes subnacionais emitiram tais títulos e não pagaram os referidos precatórios, o que gerou inclusive uma investigação no Congresso Nacional.

Esta regra exclui os precatórios de natureza alimentar, que devem obedecer ao art. 100 da Constituição e ao art. 78 do ADCT.

Art. 34. O sistema tributário nacional entrará em vigor a partir do primeiro dia do quinto mês seguinte ao da promulgação da Constituição, mantido, até então, o da Constituição de 1967, com a redação dada pela Emenda n. 1, de 1969, e pelas posteriores.

§ 1º Entrarão em vigor com a promulgação da Constituição os arts. 148, 149, 150, 154, I, 156, III, e 159, I, *c*, revogadas as disposições em contrário da Constituição de 1967 e das Emendas que a modificaram, especialmente de seu art. 25, III.

§ 2º O Fundo de Participação dos Estados e do Distrito Federal e o Fundo de Participação dos Municípios obedecerão às seguintes determinações:

I – a partir da promulgação da Constituição, os percentuais serão, respectivamente, de dezoito por cento e de vinte por cento, calculados sobre o produto da arrecadação dos impostos referidos no art. 153, III e IV, mantidos os atuais critérios de rateio até a entrada em vigor da lei complementar a que se refere o art. 161, II;

II – o percentual relativo ao Fundo de Participação dos Estados e do Distrito Federal será acrescido de um ponto percentual no exercício financeiro de 1989 e, a partir de 1990, inclusive, à razão de meio ponto por exercício, até 1992, inclusive, atingindo em 1993 o percentual estabelecido no art. 159, I, *a*;

III – o percentual relativo ao Fundo de Participação dos Municípios, a partir de 1989, inclusive, será elevado à razão de meio ponto percentual por exercício financeiro, até atingir o estabelecido no art. 159, I, *b*.

§ 3º Promulgada a Constituição, a União, os Estados, o Distrito Federal e os Municípios poderão editar as leis necessárias à aplicação do sistema tributário nacional nela previsto.

§ 4º As leis editadas nos termos do parágrafo anterior produzirão efeitos a partir da entrada em vigor do sistema tributário nacional previsto na Constituição.

§ 5º Vigente o novo sistema tributário nacional, fica assegurada a aplicação da legislação anterior, no que não seja incompatível com ele e com a legislação referida nos §§ 3º e 4º.

§ 6º Até 31 de dezembro de 1989, o disposto no art. 150, III, *b*, não se aplica aos impostos de que tratam os arts. 155, I, *a* e *b*, e 156, II e III, que podem ser cobrados trinta dias após a publicação da lei que os tenha instituído ou aumentado.

§ 7º Até que sejam fixadas em lei complementar, as alíquotas máximas do imposto municipal sobre vendas a varejo de combustíveis líquidos e gasosos não excederão a três por cento.

§ 8º Se, no prazo de sessenta dias contados da promulgação da Constituição, não for editada a lei complementar necessária à instituição do imposto de que trata o art. 155, I, *b*, os Estados e o Distrito Federal, mediante convênio celebrado nos termos da Lei Complementar n. 24, de 7 de janeiro de 1975, fixarão normas para regular provisoriamente a matéria.

§ 9º Até que lei complementar disponha sobre a matéria, as empresas distribuidoras de energia elétrica, na condição de contribuintes ou de substitutos tributários, serão as responsáveis, por ocasião da saída do produto de seus estabelecimentos, ainda que destinado a outra unidade da Federação, pelo pagamento do imposto sobre operações relativas à circulação de mercadorias incidente sobre energia elétrica, desde a produção ou importação até a última operação, calculado o imposto sobre o preço então praticado na operação final e assegurado seu recolhimento ao Estado ou ao Distrito Federal, conforme o local onde deva ocorrer essa operação.

§ 10. Enquanto não entrar em vigor a lei prevista no art. 159, I, *c*, cuja promulgação se fará até 31 de dezembro de 1989, é assegurada a aplicação dos recursos previstos naquele dispositivo da seguinte maneira:

I – seis décimos por cento na Região Norte, através do Banco da Amazônia S.A.;

II – um inteiro e oito décimos por cento na Região Nordeste, através do Banco do Nordeste do Brasil S.A.;

III – seis décimos por cento na Região Centro-Oeste, através do Banco do Brasil S.A.

§ 11. Fica criado, nos termos da lei, o Banco de Desenvolvimento do Centro-Oeste, para dar cumprimento, na referida região, ao que determinam os arts. 159, I, *c*, e 192, § 2º, da Constituição.

§ 12. A urgência prevista no art. 148, II, não prejudica a cobrança do empréstimo compulsório instituído, em benefício das Centrais Elétricas Brasileiras S.A. (Eletrobrás), pela Lei n. 4.156, de 28 de novembro de 1962, com as alterações posteriores.

■ A intrincada disciplina constante dos dispositivos em questão tenta dar conta fundamentalmente dos problemas de direito constitucional intertemporal decorrentes da transição do sistema tributário nacional instituído pela Constituição de 1967, com as modificações posteriores que o afetaram, para o sistema de mesma natureza implantado pela Constituição de 1988. Nos anos seguintes à promulgação desta última Carta, tais dispositivos serviram de base para que o Supremo Tribunal Federal dirimisse uma série de questões pontuais oriundas dessa transição, de modo a oferecer interpretação a uma parte dos parágrafos do art. 34, a exemplo do que ocorreu nos seguintes precedentes: AI 500.743-AgRg, AI 167.777 AgRg (art. 34, § 3º, do ADCT); RE 501.189 AgRg, RE 179.075 AgRg-ED, RE 214.414 AgRg, RE 238.166, RE 214.206 (art. 34, § 5º, do ADCT); RE 158.834, RE 193.817 (art. 34, § 8º, do ADCT); RE 146.615 (art. 34, § 12, do ADCT).

Art. 35. O disposto no art. 165, § 7º, será cumprido de forma progressiva, no prazo de até dez anos, distribuindo-se os recursos entre as regiões macroeconômicas em razão proporcional à população, a partir da situação verificada no biênio 1986-87.

§ 1º Para aplicação dos critérios de que trata este artigo, excluem-se das despesas totais as relativas:

I – aos projetos considerados prioritários no plano plurianual;

II – à segurança e defesa nacional;

III – à manutenção dos órgãos federais no Distrito Federal;

IV – ao Congresso Nacional, ao Tribunal de Contas da União e ao Poder Judiciário;

V – ao serviço da dívida da administração direta e indireta da União, inclusive fundações instituídas e mantidas pelo Poder Público federal.

§ 2º Até a entrada em vigor da lei complementar a que se refere o art. 165, § 9º, I e II, serão obedecidas as seguintes normas:

I – o projeto do plano plurianual, para vigência até o final do primeiro exercício financeiro do mandato presidencial subsequente, será encaminhado até quatro meses antes do encerramento do primeiro exercício financeiro e devolvido para sanção até o encerramento da sessão legislativa;

II – o projeto de lei de diretrizes orçamentárias será encaminhado até oito meses e meio antes do encerramento do exercício financeiro e devolvido para sanção até o encerramento do primeiro período da sessão legislativa;

III – o projeto de lei orçamentária da União será encaminhado até quatro meses antes do encerramento do exercício financeiro e devolvido para sanção até o encerramento da sessão legislativa.

Art. 36. Os fundos existentes na data da promulgação da Constituição, excetuados os resultantes de isenções fiscais que passem a integrar patrimônio privado e os que interessem à defesa nacional, extinguir-se-ão, se não forem ratificados pelo Congresso Nacional no prazo de dois anos.

Art. 37. A adaptação ao que estabelece o art. 167, III, deverá processar-se no prazo de cinco anos, reduzindo-se o excesso à base de, pelo menos, um quinto por ano.

Art. 38. Até a promulgação da lei complementar referida no art. 169, a União, os Estados, o Distrito Federal e os Municípios não poderão despender com pessoal mais do que sessenta e cinco por cento do valor das respectivas receitas correntes.

§ 1º A União, os Estados, o Distrito Federal e os Municípios, quando a respectiva despesa de pessoal exceder o limite previsto neste artigo, deverão retornar àquele limite, reduzindo o percentual excedente à razão de um quinto por ano. (*Incluído pela Emenda Constitucional n. 127, de 2022.*)

§ 2º As despesas com pessoal resultantes do cumprimento do disposto nos §§ 12, 13, 14 e 15 do art. 198 da Constituição Federal serão contabilizadas, para fins dos limites de que trata o art. 169 da Constituição Federal, da seguinte forma: (*Incluído pela Emenda Constitucional n. 127, de 2022.*)

I – até o fim do exercício financeiro subsequente ao da publicação deste dispositivo, não serão contabilizadas para esses limites; (*Incluído pela Emenda Constitucional n. 127, de 2022.*)

II – no segundo exercício financeiro subsequente ao da publicação deste dispositivo, serão deduzidas em 90% (noventa por cento) do seu valor; (*Incluído pela Emenda Constitucional n. 127, de 2022.*)

III – entre o terceiro e o décimo segundo exercício financeiro subsequente ao da publicação deste dispositivo, a dedução de que trata o inciso II deste parágrafo será reduzida anualmente na proporção de 10% (dez por cento) de seu valor. (*Incluído pela Emenda Constitucional n. 127, de 2022.*)

Art. 39. Para efeito do cumprimento das disposições constitucionais que impliquem variações de despesas e receitas da União, após a promulgação da Constituição, o Poder Executivo deverá elaborar e o Poder Legislativo apreciar projeto de revisão da lei orçamentária referente ao exercício financeiro de 1989.

Parágrafo único. O Congresso Nacional deverá votar no prazo de doze meses a lei complementar prevista no art. 161, II.

Art. 40. É mantida a Zona Franca de Manaus, com suas características de área livre de comércio, de exportação e importação, e de incentivos fiscais, pelo prazo de vinte e cinco anos, a partir da promulgação da Constituição.

Parágrafo único. Somente por lei federal podem ser modificados os critérios que disciplinaram ou venham a disciplinar a aprovação dos projetos na Zona Franca de Manaus.

Paulo Caliendo

Tratam os presentes dispositivos de regras para o cumprimento no disposto no art. 165, § 7º, do texto constitucional, que dispõe: "§ 7º – Os orçamentos previstos no § 5º, I e II, deste artigo, compatibilizados com o plano plurianual, terão entre suas funções a de reduzir desigualdades inter-regionais, segundo critério populacional".

Desse modo, o presente artigo pretende compatibilizar o objetivo constitucional de reduzir as desigualdades inter-regionais com o estabelecimento de uma federação equilibrada e harmônica.

1. Cumulação de cargos políticos e servidor público

A Emenda Constitucional n. 19, de 1998, estabeleceu algumas regras constitucionais para a cumulação de mandatos com cargos públicos. A primeira regra estabelece que o servidor público detentor de mandato eletivo federal, estadual ou distrital, deverá ficar afastado de seu cargo, emprego ou função.

No caso de investidura no mandato de Prefeito, deverá ser afastado do cargo, emprego ou função, sendo-lhe facultado optar pela sua remuneração. Será, contudo, permitida a investidura mandato de Vereador, desde que exista a compatibilidade de horários. Nesse caso, poderá perceber as vantagens de seu cargo, emprego ou função, sem prejuízo da remuneração do cargo eletivo, quando houver compatibilidade.

O dispositivo permite ainda que no caso de afastamento para o exercício de mandato eletivo, seu tempo de serviço será contado para todos os efeitos legais, bem como a preservação do regime de segurado de regime próprio de previdência social, quando for o caso.

2. Jurisprudência

Tema 1081 do STF: "As hipóteses excepcionais autorizadoras de acumulação de cargos públicos previstas na Constituição Federal sujeitam-se, unicamente, a existência de compatibilidade de horários, verificada no caso concreto, ainda que haja norma infraconstitucional que limite a jornada semanal".

Art. 41. Os Poderes Executivos da União, dos Estados, do Distrito Federal e dos Municípios reavaliarão todos os incentivos fiscais de natureza setorial ora em vigor, propondo aos Poderes Legislativos respectivos as medidas cabíveis.

§ 1º Considerar-se-ão revogados após dois anos, a partir da data da promulgação da Constituição, os incentivos que não forem confirmados por lei.

§ 2º A revogação não prejudicará os direitos que já tiverem sido adquiridos, àquela data, em relação a incentivos concedidos sob condição e com prazo certo.

§ 3º Os incentivos concedidos por convênio entre Estados, celebrados nos termos do art. 23, § 6º, da Constituição de 1967, com a redação da Emenda Constitucional n. 1, de 17 de outubro de 1969, também deverão ser reavaliados e reconfirmados nos prazos deste artigo.

Fernando Facury Scaff
Luma Cavaleiro de Macedo Scaff

1. Origem do texto

Texto originário da Constituição Federal de 1988.

2. Constituições brasileiras anteriores

Nada consta.

3. Preceitos constitucionais correlacionados da Constituição de 1988 e legais

Arts. 151, I, 155, XII, g, 195, § 3º, e 227, § 3º, VI, da CF.
Lei 8.402/1992 (Incentivos Fiscais).

4. Jurisprudência

STF: RE 280.294, Rel. Min. Carlos Velloso, julgamento em 14-5-02, *DJ* de 21-6-02; RE 277.372, Rel. Min. Ilmar Galvão, j. em 9-9-00, *DJ* de 9-2-01; **STJ**: EDcl no AgRg no REsp 723.086/PE; EDcl no AgRg no REsp 2005/0019779-2, Rel. Francisco Falcão, 1ª Turma, j. em 4-12-2007, *DJ* 10-3-2008; REsp 975.363/SP; REsp 2007/0186157-3, Rel. Min. José Delgado, 1ª Turma, *DJ* 29-11-2007; EDcl no AgRg no MS 10.615/DF; EDcl no AgRg no MS 2005/0069248-9, Rel. Min. Humberto Martins, 1ª Seção, j. em 27-9-2006, *DJ* 16-10-2006.

5. Anotações

Trata-se de norma transitória cuja vigência possuía dúplice comando: de uma parte determinava aos Poderes Executivos dos entes subnacionais a imediata reavaliação de todo o sistema de incentivos fiscais setoriais vigentes na data da promulgação da Constituição; de outra parte, na sequência haveria a necessária indicação aos correspondentes Poderes Legislativos as medidas cabíveis a serem adotadas, que poderiam ter sido de diversas categorias: ampliação, redução, extinção ou modificação da sistemática até então implementada.

Caso esta avaliação pelos Poderes Executivos, e a correspondente recomendação aos Poderes Legislativos, não tivessem sido efetuadas ao cabo dos dois anos estabelecidos na Constituição, haveria a adoção da penalidade estabelecida no § 1º do referido artigo – extinção dos efeitos daqueles que não tivessem sido confirmados por lei, respeitados os adquiridos sob condição ou por prazo certo (§ 2º).

Esta determinação abrangeu também os Convênios de ICMS firmados no âmbito da Lei Complementar 24/75 (CONFAZ), cuja origem constitucional remonta à Carta de 167, com as alterações da EC 1/69.

Logo, não tendo havido a reavaliação dos incentivos fiscais setoriais, na forma deste artigo, os mesmos devem ter sido considerados revogados após dois anos de promulgação da Constituição – outubro de 1990.

Art. 42. Durante 40 (quarenta) anos, a União aplicará, dos recursos destinados à irrigação:

I – 20% (vinte por cento) na Região Centro-Oeste;

II – 50% (cinquenta por cento) na Região Nordeste, preferencialmente no Semiárido.

Parágrafo único. Dos percentuais previstos nos incisos I e II do *caput*, no mínimo 50% (cinquenta por cento) serão destinados a projetos de irrigação que beneficiem agricultores familiares que atendam aos requisitos previstos em legislação específica.

Fernando Facury Scaff
Luma Cavaleiro de Macedo Scaff

1. Origem do texto

Texto originário da Constituição Federal de 1988. A redação do *caput* foi alterada pela Emenda Constitucional n. 43/2004.

A redação original do *caput* que foi alterada pela EC 43/2004 era: "Durante quinze anos, a União aplicará, dos recursos destinados a irrigação: ...".

A EC n. 89/2015 alterou o texto e inseriu o parágrafo único – redação que hoje está vigente.

2. Constituições brasileiras anteriores

Nada consta.

3. Anotações

O texto da norma é autoexplicativo e se insere dentre as vinculações de despesas que a Constituição de 1988 criou como um instrumento de proteção contra o legislador orçamentário.

Estabelece como norma constitucional que dos recursos orçamentários destinados à irrigação, 20% sejam destinados à Região Centro-Oeste, e 50% à Região Nordeste, preferencialmente no semiárido.

Desses percentuais, no mínimo 50% serão destinados a projetos de irrigação que beneficiem agricultores familiares que atendam aos requisitos previstos em legislação específica.

Trata-se de norma transitória, pois vigorá por 40 anos.

Art. 43. Na data da promulgação da lei que disciplinar a pesquisa e a lavra de recursos e jazidas minerais, ou no prazo de um ano, a contar da promulgação da Constituição, tornar-se-ão sem efeito as autorizações, concessões e demais títulos atributivos de direitos minerários, caso os trabalhos de pesquisa ou de lavra não hajam sido comprovadamente iniciados nos prazos legais ou estejam inativos.

▪ *Vide* a Lei n. 7.886, de 20-11-1989, que regulamentou o preceito em questão.

Art. 44. As atuais empresas brasileiras titulares de autorização de pesquisa, concessão de lavra de recursos minerais e de aproveitamento dos potenciais de energia hidráulica em vigor terão quatro anos, a partir da promulgação da Constituição, para cumprir os requisitos do art. 176, § 1º.

§ 1º Ressalvadas as disposições de interesse nacional previstas no texto constitucional, as empresas brasileiras ficarão dispensadas do cumprimento do disposto no art. 176, § 1º, desde que, no prazo de até quatro anos da data da promulgação da Constituição, tenham o produto de sua lavra e beneficiamento destinado a industrialização no território nacional, em seus próprios estabelecimentos ou em empresa industrial controladora ou controlada.

§ 2º Ficarão também dispensadas do cumprimento do disposto no art. 176, § 1º, as empresas brasileiras titulares de concessão de energia hidráulica para uso em seu processo de industrialização.

§ 3º As empresas brasileiras referidas no § 1º somente poderão ter autorizações de pesquisa e concessões de lavra ou potenciais de energia hidráulica, desde que a energia e o produto da lavra sejam utilizados nos respectivos processos industriais.

▪ Foram implementados os fatos ou extintos os pressupostos relativos aos principais aspectos de vigência do(s) dispositivo(s) em questão. Observe-se que é à redação original do § 1º do art. 176 e do § 1º do art. 177 que o art. 44 e seus parágrafos se referem.

Art. 45. Ficam excluídas do monopólio estabelecido pelo art. 177, II, da Constituição as refinarias em funcionamento no País amparadas pelo art. 43 e nas condições do art. 45 da Lei n. 2.004, de 3 de outubro de 1953.

Parágrafo único. Ficam ressalvados da vedação do art. 177, § 1º, os contratos de risco feitos com a Petróleo Brasileiro S.A. (Petrobras), para pesquisa de petróleo, que estejam em vigor na data da promulgação da Constituição.

▪ *Vide* comentários ao art. 177, II, § 1º, da Constituição. A Lei n. 2.004, de 3-10-1953, que dispunha, entre outras coisas, sobre a Política Nacional do Petróleo, foi revogada pela Lei n. 9.478, de 6-8-1997, que "[d]ispõe sobre a política energética nacional, as atividades relativas ao monopólio do petróleo, institui o Conselho Nacional de Política Energética e a Agência Nacional do Petróleo e dá outras providências".

Art. 46. São sujeitos à correção monetária desde o vencimento, até seu efetivo pagamento, sem interrupção ou suspensão, os créditos junto a entidades submetidas aos regimes de intervenção ou liquidação extrajudicial, mesmo quando esses regimes sejam convertidos em falência.

Parágrafo único. O disposto neste artigo aplica-se também:

I – às operações realizadas posteriormente à decretação dos regimes referidos no *caput* deste artigo;

II – às operações de empréstimo, financiamento, refinanciamento, assistência financeira de liquidez, cessão ou sub-rogação de créditos ou cédulas hipotecárias, efetivação de garantia de depósitos do público ou de compra de obrigações passivas, inclusive as realizadas com recursos de fundos que tenham essas destinações;

III – aos créditos anteriores à promulgação da Constituição;

IV – aos créditos das entidades da administração pública anteriores à promulgação da Constituição, não liquidados até 1º de janeiro de 1988.

▪ A 1ª Turma do Supremo Tribunal Federal entendeu que o regramento em questão contém "[n]orma de eficácia imediata, pela qual os referidos débitos, objeto de processo em curso, ainda que anteriores à nova Carta, independentemente da regência legal a que estavam submetidos, ficaram sujeitos a correção monetária desde o vencimento até seu efetivo pagamento"[1].

Art. 47. Na liquidação dos débitos, inclusive suas renegociações e composições posteriores, ainda que ajuizados, decorrentes de quaisquer empréstimos concedidos por bancos e por instituições financeiras, não existirá correção monetária desde que o empréstimo tenha sido concedido:

I – aos micro e pequenos empresários ou seus estabelecimentos no período de 28 de fevereiro de 1986 a 28 de fevereiro de 1987;

II – aos míni, pequenos e médios produtores rurais no período de 28 de fevereiro de 1986 a 31 de dezembro de 1987, desde que relativos a crédito rural.

§ 1º Consideram-se, para efeito deste artigo, microempresas as pessoas jurídicas e as firmas individuais com receitas anuais de até dez mil Obrigações do Tesouro Nacional, e pequenas empresas as pessoas jurídicas e as firmas individuais com receita anual de até vinte e cinco mil Obrigações do Tesouro Nacional.

§ 2º A classificação de míni, pequeno e médio produtor rural será feita obedecendo-se às normas de crédito rural vigentes à época do contrato.

§ 3º A isenção da correção monetária a que se refere este artigo só será concedida nos seguintes casos:

I – se a liquidação do débito inicial, acrescido de juros legais e taxas judiciais, vier a ser efetivada no prazo de noventa dias, a contar da data da promulgação da Constituição;

II – se a aplicação dos recursos não contrariar a finalidade do financiamento, cabendo o ônus da prova à instituição credora;

III – se não for demonstrado pela instituição credora que o mutuário dispõe de meios para o pagamento de seu débito, excluído desta demonstração seu estabelecimento, a casa de moradia e os instrumentos de trabalho e produção;

---

1. RE 140.718, rel. Min. Ilmar Galvão, j. em 7-6-1994, *Ementário n. 1.774-01*, p. 142.

IV – se o financiamento inicial não ultrapassar o limite de cinco mil Obrigações do Tesouro Nacional;

V – se o beneficiário não for proprietário de mais de cinco módulos rurais.

§ 4º Os benefícios de que trata este artigo não se estendem aos débitos já quitados e aos devedores que sejam constituintes.

§ 5º No caso de operações com prazos de vencimento posteriores à data-limite de liquidação da dívida, havendo interesse do mutuário, os bancos e as instituições financeiras promoverão, por instrumento próprio, alteração nas condições contratuais originais de forma a ajustá-las ao presente benefício.

§ 6º A concessão do presente benefício por bancos comerciais privados em nenhuma hipótese acarretará ônus para o Poder Público, ainda que através de refinanciamento e repasse de recursos pelo Banco Central.

§ 7º No caso de repasse a agentes financeiros oficiais ou cooperativas de crédito, o ônus recairá sobre a fonte de recursos originária.

▪ Os dispositivos em questão visam a conferir proteção econômica, sob determinadas condições, aos sujeitos neles mencionados.

Art. 48. O Congresso Nacional, dentro de cento e vinte dias da promulgação da Constituição, elaborará código de defesa do consumidor.

▪ *Vide* a Lei n. 8.078, de 11-9-1990, que dispõe sobre a proteção do consumidor.

Art. 49. A lei disporá sobre o instituto da enfiteuse em imóveis urbanos, sendo facultada aos foreiros, no caso de sua extinção, a remição dos aforamentos mediante aquisição do domínio direto, na conformidade do que dispuserem os respectivos contratos.

§ 1º Quando não existir cláusula contratual, serão adotados os critérios e bases hoje vigentes na legislação especial dos imóveis da União.

§ 2º Os direitos dos atuais ocupantes inscritos ficam assegurados pela aplicação de outra modalidade de contrato.

§ 3º A enfiteuse continuará sendo aplicada aos terrenos de marinha e seus acrescidos, situados na faixa de segurança, a partir da orla marítima.

§ 4º Remido o foro, o antigo titular do domínio direto deverá, no prazo de noventa dias, sob pena de responsabilidade, confiar à guarda do registro de imóveis competente toda a documentação a ele relativa.

▪ *Vide* o art. 2.038 da Lei n. 10.406, de 10-1-2002, que institui o Código Civil.

Art. 50. Lei agrícola a ser promulgada no prazo de um ano disporá, nos termos da Constituição, sobre os objetivos e instrumentos de política agrícola, prioridades, planejamento de safras, comercialização, abastecimento interno, mercado externo e instituição de crédito fundiário.

▪ *Vide* a Lei n. 8.171, de 17-1-1991, que dispõe sobre a política agrícola.

Art. 51. Serão revistos pelo Congresso Nacional, através de Comissão mista, nos três anos a contar da data da promulgação da Constituição, todas as doações, vendas e concessões de terras públicas com área superior a três mil hectares, realizadas no período de 1º de janeiro de 1962 a 31 de dezembro de 1987.

§ 1º No tocante às vendas, a revisão será feita com base exclusivamente no critério de legalidade da operação.

§ 2º No caso de concessões e doações, a revisão obedecerá aos critérios de legalidade e de conveniência do interesse público.

§ 3º Nas hipóteses previstas nos parágrafos anteriores, comprovada a ilegalidade, ou havendo interesse público, as terras reverterão ao patrimônio da União, dos Estados, do Distrito Federal ou dos Municípios.

▪ A Comissão Mista em questão teve a sua criação desencadeada pelo Ofício (CN) n. 43, de 23-2-1989, e foi instalada em 25 de abril de 1991. Em 23 de setembro de 1991, o relator dos trabalhos apresentou Relatório Final com a "conclusão pela impossibilidade de cumprimento do dispositivo constitucional". Esse documento jamais chegou a ser aprovado pela própria Comissão, que foi extinta em 8 de outubro de 1991, "tendo em vista o término do prazo previsto no art. 51 do Ato das Disposições Constitucionais Transitórias"[1].

Art. 52. Até que sejam fixadas as condições do art. 192, são vedados:

I – a instalação, no País, de novas agências de instituições financeiras domiciliadas no exterior;

II – o aumento do percentual de participação, no capital de instituições financeiras com sede no País, de pessoas físicas ou jurídicas residentes ou domiciliadas no exterior.

Parágrafo único. A vedação a que se refere este artigo não se aplica às autorizações resultantes de acordos internacionais, de reciprocidade, ou de interesse do Governo brasileiro.

Fernando Facury Scaff
Luma Cavaleiro de Macedo Scaff

1. Origem do texto

Texto originário da Constituição de 1988. A redação originária do *caput* era a seguinte: "Art. 52. Até que sejam fixadas as condições a que se refere o art. 192, III, são vedados: ...", a qual foi alterada pela Emenda Constitucional n. 40/2003 apenas para retirar a participação do inciso III.

2. Constituições brasileiras anteriores

Nada consta.

---

1. Disponível em: <http://www.senado.gov.br/atividade/materia/detalhes.asp?p_cod_mate=14719>.

3. Preceito constitucional correlacionado da Constituição de 1988

Art. 192.

4. Jurisprudência

Nada consta.

5. Bibliografia

BALEEIRO, Aliomar. *Uma Introdução à Ciência das Finanças*. 16ª ed. Rio de Janeiro: Forense, 2004.

BONAVIDES, Paulo. *Curso de Direito Constitucional*. 12ª ed. São Paulo: Malheiros, 2002.

COÊLHO, Sacha Calmon Navarro. *Curso de Direito Tributário Brasileiro*. Rio de Janeiro: Forense, 1999.

DEODATO, Alberto. *Manual de Ciência das Finanças*. 20ª ed. São Paulo: Saraiva, 1984.

OLIVEIRA, Regis Fernandes de. *Curso de Direito Financeiro*. São Paulo: Revista dos Tribunais, 2006.

PEREIRA, José Matias. *Finanças Públicas: a Política Orçamentária no Brasil*. São Paulo: Atlas, 2003.

REZENDE, Fernando. *Finanças Públicas*. 2ª ed. São Paulo: Atlas, 2002.

SCAFF, Fernando Facury (org.). *Constitucionalizando Direitos – 15 anos da Constituição Brasileira de 1988*. Renovar: Rio de Janeiro e São Paulo, 2003.

SILVA, José Afonso da. *Curso de Direito Constitucional Positivo*. 20ª ed. São Paulo: Malheiros, 2002.

TORRES, Ricardo Lobo. *Curso de Direito Financeiro e Tributário*. Rio de Janeiro: Renovar, 2005.

6. Anotações

Este artigo traz uma vedação em prol do capital financeiro nacional. Até que sejam fixadas as condições do art. 192 da Constituição, que trata do Sistema Financeiro Nacional, e que sofreu fortíssima alteração pela EC n. 40/2003, são vedados os procedimentos estabelecidos nos três incisos desse artigo.

O curioso é que dentre as exceções previstas no parágrafo único encontra-se o "interesse do Governo brasileiro", o que relativiza fortemente a norma, em face da amplitude da exceção.

Art. 53. Ao ex-combatente que tenha efetivamente participado de operações bélicas durante a Segunda Guerra Mundial, nos termos da Lei n. 5.315, de 12 de setembro de 1967, serão assegurados os seguintes direitos:

I – aproveitamento no serviço público, sem a exigência de concurso, com estabilidade;

II – pensão especial correspondente à deixada por segundo-tenente das Forças Armadas, que poderá ser requerida a qualquer tempo, sendo inacumulável com quaisquer rendimentos recebidos dos cofres públicos, exceto os benefícios previdenciários, ressalvado o direito de opção;

III – em caso de morte, pensão à viúva ou companheira ou dependente, de forma proporcional, de valor igual à do inciso anterior;

IV – assistência médica, hospitalar e educacional gratuita, extensiva aos dependentes;

V – aposentadoria com proventos integrais aos vinte e cinco anos de serviço efetivo, em qualquer regime jurídico;

VI – prioridade na aquisição da casa própria, para os que não a possuam ou para suas viúvas ou companheiras.

Parágrafo único. A concessão da pensão especial do inciso II substitui, para todos os efeitos legais, qualquer outra pensão já concedida ao ex-combatente.

Jane Lucia Wilhelm Berwanger
Marco Aurélio Serau Junior

1. História da norma

Esse dispositivo constitucional é inédito no Direito Constitucional, buscando assegurar prerrogativas especiais aos ex-combatentes da Segunda Guerra Mundial, ou suas viúvas, vez que se trata de categoria específica de ex-militares que gozam de elevado prestígio, em função de sua participação dotada de relevância histórica naquele conflito mundial.

2. Constituições brasileiras anteriores

Não há, nas Constituições brasileiras anteriores, dispositivo semelhante.

3. Constituições estrangeiras

Não existe dispositivo constitucional semelhante nas Constituições portuguesa, francesa, italiana, japonesa, do Reino Unido e da Argentina.

4. Direito internacional

Não existe dispositivo correspondente na Declaração Universal dos Direitos Humanos, na Carta Geral das Nações Unidas, no Pacto Internacional dos Direitos Econômicos, Sociais e Culturais (1966), no Protocolo de San Salvador (Protocolo adicional à Convenção Interamericana Sobre Direitos Humanos em Matéria de Direitos Econômicos, Sociais e Culturais), tampouco no Pacto de San José da Costa Rica.

5. Remissões constitucionais (outros artigos da Constituição) e legais (leis reguladoras)

Lei n. 5.315, de 12 de setembro de 1967. Dispõe sobre os ex-combatentes da Segunda Guerra Mundial.

Lei 8.213, de 24 de julho de 1991. Dispõe sobre o Plano de Benefícios da Previdência Social.

6. Jurisprudência (STF e STJ): *leading cases*, principais posições e votos divergentes; tendências atuais no sentido da mudança da jurisprudência

BRASIL. Supremo Tribunal Federal. Recurso Extraordinário n. 293.214-RN. Relator: Min. Moreira Alves, Primeira Turma, DF, 6 de novembro de 2001. *Diário de Justiça da União*, 14 dez. 2001, p. 88. Disponível em: <http://www.stf.gov.br/processos/processo.asp?PROCESSO=293214&CLASSE=RE&ORIGEM=AP&RECURSO=0&TIP_JULGAMENTO=M>. Acesso em: 27 fev. 2007.

BRASIL. Superior Tribunal de Justiça. Agravo Regimental no Recurso Especial n. 679.100-RN. Relator: Min. Hamilton Carvalhido, Sexta Turma, DF, 4 de abril de 2006. *Diário de Justiça da União*, 8 maio 2006, p. 305. Disponível em: <https://ww2.stj.gov.br/revistaeletronica/ita.asp?registro=200401357547&dt_publicacao=08/05/2006>. Acesso em: 28 fev. 2007.

7. Referências bibliográficas

Não há literatura específica sobre o tema.

8. Comentários

O dispositivo constitucional assegura diversas prerrogativas aos ex-combatentes que participaram ativamente da Segunda Guerra Mundial, dentre elas alguns benefícios previdenciários.

Prevê-se, aos militares de carreira, o pagamento de uma pensão especial correspondente à deixada por segundo-tenente das Forças Armadas, que poderá ser requerida a qualquer tempo e é inacumulável com quaisquer rendimentos recebidos dos cofres públicos, exceto os benefícios previdenciários, ressalvado o direito de opção. Esta pensão especial, no caso de morte do militar inativo, gera pensão à viúva ou companheira ou dependente, de forma proporcional, de valor igual à do inciso anterior.

Para os ex-combatentes que trabalhassem na iniciativa privada, o preceito em tela assegura uma espécie particularizada de aposentadoria especial, aos 25 anos de tempo de serviço, qualquer que seja o regime jurídico em que se encontrasse. É importante frisar que a redação do art. 53 do ADCT é anterior à Emenda n. 20/98, que alterou o conceito de aposentadoria por tempo de serviço para aposentadoria por tempo de contribuição.

O benefício a cargo do Instituto Nacional de Seguro Social – INSS possui natureza indenizatória ou mesmo premial, muito mais do que propriamente previdenciária, derivando da importância histórica da participação desses brasileiros no conflito bélico mundial.

Art. 54. Os seringueiros recrutados nos termos do Decreto-Lei n. 5.813, de 14 de setembro de 1943, e amparados pelo Decreto-Lei n. 9.882, de 16 de setembro de 1946, receberão, quando carentes, pensão mensal vitalícia no valor de dois salários mínimos.

§ 1º O benefício é estendido aos seringueiros que, atendendo a apelo do Governo brasileiro, contribuíram para o esforço de guerra, trabalhando na produção de borracha, na Região Amazônica, durante a Segunda Guerra Mundial.

§ 2º Os benefícios estabelecidos neste artigo são transferíveis aos dependentes reconhecidamente carentes.

§ 3º A concessão do benefício far-se-á conforme lei a ser proposta pelo Poder Executivo dentro de cento e cinquenta dias da promulgação da Constituição.

José Antonio Savaris

1. História da norma

Por força do Decreto-Lei n. 5.813, de 14/09/1943, viabilizou-se o alistamento e transporte de trabalhadores para a Amazônia, com o objetivo de se intensificar a produção da borracha e envio aos Estados Unidos da América, como esforço de guerra, em razão dos Acordos de Washington. Em decorrência das péssimas condições de trabalho, incluindo-se falta de pagamento e histórico de mortes, previu-se um programa governamental de assistência imediata aos "soldados da borracha", ainda em 1946, com a edição do Decreto-Lei n. 9.882, de 16/09/1946.

Esse o contexto histórico que, finalmente, conduz o constituinte de 1988 a estabelecer a pensão mensal vitalícia, no valor de dois salários mínimos, nos termos que seriam delimitados pelo legislador ordinário.

Mais recentemente, a EC n. 78/2014 veiculou o art. 54-A do ADCT, que também assegurou aos seringueiros uma indenização, em parcela única, no valor de R$ 25.000,00 (vinte e cinco mil reais).

2. Constituições brasileiras anteriores

Em função da especificidade da norma e do caráter inédito da pensão mensal vitalícia garantida aos seringueiros, não se encontra disposição normativa semelhante nas Constituições brasileiras anteriores.

3. Constituições estrangeiras

A norma objeto de comentário, que assegura uma pensão mensal vitalícia aos trabalhadores que foram recrutados e encaminhados para prestar serviços na Amazônia ainda na década de 1940, é típica de uma Constituição analítica, que de forma extensa detalha diversos comandos normativos, e somente faz sentido em nosso País, pois se relaciona a trabalho árduo realizado na região amazônica, em solo brasileiro. Por essas razões, inexiste disposição normativa semelhante em outros textos que marcam o constitucionalismo social do segundo Pós-Guerra.

4. Direito internacional

Por se tratar de norma que estabelece o direito a indenização específica, não se encontra disposição que possa com ela ser relacionada nos Tratados e Convenções Internacionais de Direitos Humanos.

5. Remissões constitucionais (outros artigos da Constituição) e legais (leis reguladoras)

Lei n. 7.986, de 28 de dezembro de 1989. Regulamenta a concessão do benefício previsto no artigo 54 do Ato das Disposições Constitucionais Transitórias, e dá outras providências.

6. Jurisprudência (STF e STJ): *leading cases*, principais posições e votos divergentes; tendências atuais no sentido da mudança da jurisprudência

A discussão judicial que desaguou na Suprema Corte relaciona-se tão somente à forma de comprovação do trabalho na extração da seringa ou na produção da borracha. Isso porque a Lei n. 9.711/98 alterou o art. 3º da Lei n. 7.986/89, passando a condicionar a concessão do benefício à comprovação da atividade, mediante início de prova material. Partindo da premissa de que inexiste direito adquirido a regime jurídico, a Suprema Corte expressou o entendimento de que é constitucional a condicionante de prova (ADI 2.555-DF. Rel. Min. Ellen Gracie, Tribunal Pleno, j. 3/04/2003; *DJ* 2/05/2003).

Por outro lado, encontra-se precedente do Superior Tribunal de Justiça no sentido de que é suficiente a prova oral, produzida em justificação administrativa, quando esta foi produzida anteriormente à alteração legislativa (REsp 1.329.812/AM, Rel. Min. Sérgio Kukina, Rel. p/ Acórdão Min. Napoleão Nunes Maia Filho, Primeira Turma, j. 06/12/2016, *DJe* 20/02/2017).

7. Referências bibliográficas

OLIVEIRA, Wolney. *Soldados da borracha*: os heróis esquecidos. São Paulo: Editora Escrituras. 2015.

8. Comentários

Até hoje se testemunham as violações aos direitos trabalhistas dos seringueiros e demais profissionais da borracha, recrutados pelo governo brasileiro para trabalharem no período de 1943 a 1945, com vistas ao aumento da produção da borracha amazônica para envio aos Estados Unidos da América. Não é sem razão que a Constituição da República enfrentou o problema inicialmente em 1988 e, de modo mais recente, por meio da EC n. 78/2014.

Trata-se de indenização vitalícia, materializada tardiamente, cujo acesso passa pelo teste de meios, uma vez que ela é destinada, nos termos da Lei n. 7.986/89, àqueles que não possuam meios para subsistência e da sua família. A idealização dessa seletividade tem fundamento constitucional, pois o pagamento foi assegurado aos seringueiros, "quando carentes".

Por força de seu caráter indenizatório, a pensão mensal vitalícia pode ser transferida aos dependentes dos ex-seringueiros, inexistindo óbice legal à sua acumulação com outros benefícios previdenciários, como aposentadoria por idade ou pensão por morte, até mesmo por equiparação ao tratamento assegurado pelo art. 53, II, do ADCT aos ex-combatentes.

> **Art. 54-A.** Os seringueiros de que trata o art. 54 deste Ato das Disposições Constitucionais Transitórias receberão indenização, em parcela única, no valor de R$ 25.000,00 (vinte e cinco mil reais).
>
> *José Antonio Savaris*

1. História da norma

Por força do Decreto-Lei n. 5.813, de 14/09/1943, viabilizou-se o alistamento e transporte de trabalhadores para a Amazônia, com o objetivo de se intensificar a produção da borracha e envio aos Estados Unidos da América, como esforço de guerra, em razão dos Acordos de Washington. Em decorrência das péssimas condições de trabalho, incluindo-se falta de pagamento e histórico de mortes, previu-se um programa governamental de assistência imediata aos "soldados da borracha", ainda em 1946, com a edição do Decreto-Lei n. 9.882, de 16/09/1946.

Esse o contexto histórico que, finalmente, conduz o constituinte de 1988 a estabelecer a pensão mensal vitalícia, no valor de dois salários mínimos, nos termos que seriam delimitados pelo legislador ordinário. Esse direito foi assegurado pelo art. 54 do ADCT.

Por outro lado, ao tempo em que persistem os reclamos por uma justa compensação para os ex-seringueiros, com pretensão de equiparação, em alguma medida, aos ex-combatentes da Segunda Guerra, foi promulgada a Emenda Constitucional n. 78/2014, que introduziu na Carta Magna o art. 54-A do ADCT, assegurando aos ex-seringueiros uma indenização, em parcela única, no valor de R$ 25.000,00 (vinte e cinco mil reais).

2. Constituições brasileiras anteriores

Em função da especificidade da norma e do caráter inédito da pensão mensal vitalícia garantida aos seringueiros, não se encontra disposição normativa semelhante nas Constituições brasileiras anteriores.

3. Constituições estrangeiras

A norma objeto de comentário, que assegura indenização específica aos trabalhadores que foram recrutados e encaminhados para prestar serviços na Amazônia ainda na década de 1940, não é encontrada em outros textos que marcam o constitucionalismo social do segundo Pós-Guerra.

4. Direito internacional

Por se tratar de norma que estabelece o direito a indenização específica, não se encontra disposição que possa com ela ser relacionada nos Tratados e Convenções Internacionais de Direitos Humanos.

5. Remissões constitucionais (outros artigos da Constituição) e legais (leis reguladoras)

Artigo 54 do ADCT, que igualmente assegura compensação aos ex-seringueiros e seus dependentes, na forma de pensão mensal vitalícia, no valor de dois salários mínimos.

Lei n. 7.986, de 28 de dezembro de 1989. Regulamenta a concessão do benefício previsto no artigo 54 do Ato das Disposições Constitucionais Transitórias, e dá outras providências.

6. Jurisprudência (STF e STJ): *leading cases*, principais posições e votos divergentes; tendências atuais no sentido da mudança da jurisprudência

A discussão judicial que desaguou na Suprema Corte relaciona-se tão somente à forma de comprovação do trabalho na extração da seringa ou na produção da borracha. Isso porque a Lei n. 9.711/98 alterou o art. 3º da Lei n. 7.986/89, passando a condicionar a concessão do benefício à comprovação da atividade, mediante início de prova material. Partindo da premissa de que inexiste direito adquirido a regime jurídico, a Suprema Corte expressou o entendimento de que é constitucional a condicionante de prova (ADI 2.555-DF. Rel. Min. Ellen Gracie, Tribunal Pleno, j. 3/04/2003; *DJ* 2/05/2003).

Por outro lado, encontra-se precedente do Superior Tribunal de Justiça no sentido de que é suficiente a prova oral, produzida em justificação administrativa, quando esta foi produzida anteriormente à alteração legislativa (REsp 1.329.812/AM, Rel. Min. Sérgio Kukina, Rel. p/ Acórdão Min. Napoleão Nunes Maia Filho, Primeira Turma, j. 06/12/2016, *DJe* 20/02/2017).

7. Referências bibliográficas

OLIVEIRA, Wolney. *Soldados da borracha*: os heróis esquecidos. São Paulo: Editora Escrituras. 2015.

8. Comentários

Até hoje se testemunham as violações aos direitos trabalhistas dos seringueiros e demais profissionais da borracha, recrutados pelo governo brasileiro para trabalharem no período de 1943 a 1945, com vistas ao aumento da produção da borracha amazônica para envio aos Estados Unidos da América. Não é sem razão que a Constituição da República enfrentou o problema inicialmente em 1988 e, de modo mais recente, por meio da EC n. 78/2014, que introduziu no sistema constitucional a norma do art. 54-A do ADCT da CF/88.

Trata-se de indenização que se soma à pensão mensal vitalícia, garantida pelo art. 54 do ADCT da CF/88. Diferentemente, porém, o direito não é condicionado à comprovação da carência por parte de seu interessado.

Art. 55. Até que seja aprovada a lei de diretrizes orçamentárias, trinta por cento, no mínimo, do orçamento da seguridade social, excluído o seguro-desemprego, serão destinados ao setor de saúde.

Jane Lucia Wilhelm Berwanger
Marco Aurélio Serau Junior

1. História da norma

Este artigo é inédito no Direito Constitucional brasileiro. Diante de uma preocupação constitucional com o equilíbrio financeiro e atuarial da Seguridade Social, mas também com a sustentabilidade da área da Saúde, estabelece uma norma jurídica provisória, até a aprovação da lei de diretrizes orçamentárias, onde ficaria assegurado percentual mínimo do orçamento da Seguridade Social, especificamente ao setor de saúde.

2. Constituições brasileiras anteriores

Não há, nas Constituições brasileiras anteriores, dispositivo semelhante.

3. Constituições estrangeiras

Não existe dispositivo constitucional semelhante nas Constituições portuguesa, francesa, italiana, japonesa, do Reino Unido e da Argentina.

4. Direito internacional

Não existe dispositivo correspondente na Declaração Universal dos Direitos Humanos, na Carta Geral das Nações Unidas, no Pacto Internacional dos Direitos Econômicos, Sociais e Culturais (1966), no Protocolo de San Salvador (Protocolo adicional à Convenção Interamericana Sobre Direitos Humanos em Matéria de Direitos Econômicos, Sociais e Culturais), tampouco no Pacto de San José da Costa Rica.

5. Remissões constitucionais (outros artigos da Constituição) e legais (leis reguladoras)

Arts. 167, IV, 195, § 2º, 196 e 198, §§ 1º e 2º, da Constituição Federal e arts. 77 e 84 do ADCT – Ato das Disposições Constitucionais Transitórias.

Lei n. 8.080, de 19-9-1990. Dispõe sobre as condições para a promoção, proteção e recuperação da saúde, a organização e o funcionamento dos serviços correspondentes e dá outras providências.

6. Jurisprudência

Não há jurisprudência específica sobre o tema em discussão.

7. Referências bibliográficas

SCAFF, Luma Cavaleiro de Macêdo. A efetividade do direito à saúde no Brasil entre o orçamento, o financiamento e as decisões judiciais, p. 290-305. SCAFF, Fernando Facury; ROMBOLI, Roberto; REVENGA, Miguel (coord.). A eficácia dos direitos sociais. São Paulo: Quartier Latin, 2010.

SERAU JR., Marco Aurélio; CAETANO COSTA, José Ricardo; McBrauner, Maria Cláudia (coord.). Direito e Saúde: construindo a Justiça Social. São Paulo: LTr, 2016.

VIANNA, Sólon Magalhães. A seguridade social e o SUS: revisitando o tema. *Saúde e Sociedade*, v. 14, n. 1, p. 7-22, jan./abr. 2005.

8. Comentários

A Seguridade Social, no modelo constitucional brasileiro, é composta não apenas pela Previdência Social, mas também pela Assistência Social e pela Saúde, cada segmento destes contando com orçamento próprio.

A norma em tela, de natureza transitória, busca assegurar um patamar mínimo de recursos financeiros para o orçamento da saúde, até que a lei orçamentária específica dele venha tratar.

Deve ser compreendida no quadro do *constitucionalismo dirigente*, isto é, aquele formato constitucional em que as políticas públicas e os objetivos sociais já se encontram delineados no próprio Texto Constitucional, que busca criar meios e dirigir a sociedade para aquele escopo.

É importante destacar a Emenda Constitucional n. 29, de 13-9-2000, que estabeleceu percentual mínimo de recursos financeiros que devem ser aplicados na saúde por parte da União, Estados e Municípios, relacionando tais valores a percentuais mínimos ao produto geral de suas receitas fiscais decorrentes de tributos e outras fontes específicas desses entes federativos, nos termos do art. 77 do ADCT da comentada Constituição.

Art. 56. Até que a lei disponha sobre o art. 195, I, a arrecadação decorrente de, no mínimo, cinco dos seis décimos percentuais correspondentes à alíquota da contribuição de que trata o Decreto-Lei n. 1.940, de 25 de maio de 1982, alterada pelo Decreto-Lei n. 2.049, de 1º de agosto de 1983, pelo Decreto n. 91.236, de 8 de maio de 1985, e pela Lei n. 7.611, de 8 de julho de 1987, passa a integrar a receita da seguridade social, ressalvados, exclusivamente no exercício de 1988, os compromissos assumidos com programas e projetos em andamento.

Jane Lucia Wilhelm Berwanger
Marco Aurélio Serau Junior

1. História da norma

Este artigo é inédito no Direito Constitucional brasileiro. Diante de uma preocupação constitucional com o equilíbrio financeiro e atuarial da Seguridade Social, estabelece-se uma norma jurídica provisória, até a regulamentação das contribuições previdenciárias a cargo das empresas, previstas no art. 195, I, da Constituição Federal, em que se assegura que o percentual de ao menos 0,5% dos tributos ali tratados é destinado ao orçamento da Seguridade Social.

2. Constituições brasileiras anteriores

Não há, nas Constituições brasileiras anteriores, dispositivo semelhante.

3. Constituições estrangeiras

Não há, nas Constituições estrangeiras, dispositivo semelhante.

4. Direito internacional

Não existe dispositivo correspondente na Declaração Universal dos Direitos Humanos, na Carta Geral das Nações Unidas, no Pacto Internacional dos Direitos Econômicos, Sociais e Culturais (1966), no Protocolo de San Salvador (Protocolo adicional à Convenção Interamericana Sobre Direitos Humanos em Matéria de Direitos Econômicos, Sociais e Culturais), tampouco no Pacto de San José da Costa Rica.

5. Remissões constitucionais (outros artigos da Constituição) e legais (leis reguladoras)

Artigo 195 da Constituição Federal.

Lei n. 7.611, de 8 de julho de 1987. Lei n. 8.212, de 24 de julho de 1991. Dispõe sobre a organização da Seguridade Social, institui Plano de Custeio, e dá outras providências.

Lei n. 10.637, de 30 de dezembro de 2002. Dispõe sobre a não cumulatividade na cobrança da contribuição para os Programas de Integração Social (PIS) e de Formação do Patrimônio do Servidor Público (Pasep), nos casos que especifica; sobre o pagamento e o parcelamento de débitos tributários federais, a compensação de créditos fiscais, a declaração de inaptidão de inscrição de pessoas jurídicas, a legislação aduaneira, e dá outras providências.

Lei n. 10.833, de 29 de dezembro de 2003. Altera a Legislação Tributária Federal e dá outras providências.

6. Jurisprudência (STF e STJ): *leading cases*, principais posições e votos divergentes; tendências atuais no sentido da mudança da jurisprudência

BRASIL. Supremo Tribunal Federal. Recurso Extraordinário n. 150.764-PE. Relator: Min. Sepúlveda Pertence, Relator para o Acórdão: Min. Marco Aurélio, Tribunal Pleno, DF, 16 de dezembro de 1992. *Diário de Justiça da União*, 2 abr. 1993, p. 5623. Disponível em: <http://www.stf.gov.br/processos/processo.asp?PROCESSO=150764&CLASSE=RE&ORIGEM=AP&RECURSO=0&TIP_JULGAMENTO=M>. Acesso em: 28 fev. 2007.

BRASIL. Superior Tribunal de Justiça. Recurso Especial n. 150.676-PE. Relator: Min. Adhemar Maciel, Segunda Turma, DF, 11 de dezembro de 1997. *Diário de Justiça da União*, 16 fev. 1998. Disponível em: <http://www.stj.gov.br/webstj/Processo/JurImagem/frame.asp?registro=199700712486&data=16/02/1998>. Acesso em: 28 fev. 2007.

BRASIL. Supremo Tribunal Federal. Recurso Extraordinário n. 251.274-RJ. Relator: Min. Moreira Alves, Segunda Turma, DF, 15 de fevereiro de 2000. *Diário de Justiça da União*, 13 mar. 2000, p. 31. Disponível em: <http://www.stf.gov.br/processos/processo.asp?PROCESSO=251274&CLASSE=RE&ORIGEM=AP&RECURSO=0&TIP_JULGAMENTO=M>. Acesso em: 28 fev. 2007.

7. Referências bibliográficas

KERTZMANN, Ivan. *Curso Prático de Direito Previdenciário*. 16. ed. atual., rev. e ampl. Salvador: JusPodivm, 2018.

PAULSEN, Leandro; VELOSO, Andrei Pitten. *Contribuições sociais – Teoria Geral – Contribuições em espécie*. 3. ed. Porto Alegre: Do Advogado, 2015.

8. Comentários

A disposição constitucional em tela, de natureza provisória, possibilitou a utilização momentânea do Fundo de Investimento Social (FINSOCIAL) para o financiamento da Seguridade Social. O FINSOCIAL foi substituído pela COFINS, incidente sobre o faturamento, e que também se destina ao custeio da Seguridade Social, desde então regulamentando o artigo 195, inciso I, da Constituição Federal, com caráter permanente e estrutural.

Art. 57. Os débitos dos Estados e dos Municípios relativos às contribuições previdenciárias até 30 de junho de 1988 serão liquidados, com correção monetária em cento e vinte parcelas mensais, dispensados os juros e multas sobre eles incidentes, desde que os devedores requeiram o parcelamento e iniciem seu pagamento no prazo de cento e oitenta dias a contar da promulgação da Constituição.

§ 1º O montante a ser pago em cada um dos dois primeiros anos não será inferior a cinco por cento do total do débito consolidado e atualizado, sendo o restante dividido em parcelas mensais de igual valor.

§ 2º A liquidação poderá incluir pagamentos na forma de cessão de bens e prestação de serviços, nos termos da Lei n. 7.578, de 23 de dezembro de 1986.

§ 3º Em garantia do cumprimento do parcelamento, os Estados e os Municípios consignarão, anualmente, nos respectivos orçamentos as dotações necessárias ao pagamento de seus débitos.

§ 4º Descumprida qualquer das condições estabelecidas para concessão do parcelamento, o débito será considerado vencido em sua totalidade, sobre ele incidindo juros de mora; nesta hipótese, parcela dos recursos correspondentes aos Fundos de Participação, destinada aos Estados e Municípios devedores, será bloqueada e repassada à previdência social para pagamento de seus débitos.

Jane Lucia Wilhelm Berwanger
Marco Aurélio Serau Junior

1. História da norma

Este artigo é inédito no Direito Constitucional brasileiro. Cria uma forma transitória e específica de parcelamento dos débitos previdenciários de Municípios e Estados existentes no momento da promulgação da Constituição Federal. Esse tipo de dispositivo colide frontalmente com a preocupação constitucional com o equilíbrio financeiro e atuarial da Seguridade Social.

2. Constituições brasileiras anteriores

Não há, nas Constituições brasileiras anteriores, dispositivo semelhante.

3. Constituições estrangeiras

Não existe dispositivo constitucional semelhante nas Constituições de outros países.

4. Direito internacional

Não existe dispositivo correspondente na Declaração Universal dos Direitos Humanos, na Carta Geral das Nações Unidas, no Pacto Internacional dos Direitos Econômicos, Sociais e Culturais (1966), no Protocolo de San Salvador (Protocolo adicional à Convenção Interamericana Sobre Direitos Humanos em Matéria de Direitos Econômicos, Sociais e Culturais), tampouco no Pacto de San José da Costa Rica.

5. Jurisprudência (STF e STJ): *leading cases*, principais posições e votos divergentes; tendências atuais no sentido da mudança da jurisprudência

BRASIL. Supremo Tribunal Federal. Medida Cautelar na Ação Direta de Inconstitucionalidade n. 1.106-SE. Relator: Min. Paulo Brossard, Tribunal Pleno, DF, 10 de agosto de 1994. *Diário de Justiça da União*, 27 out. 1994, p. 29161. Disponível em: <http://www.stf.gov.br/processos/processo.asp?PROCESSO=1106&CLASSE=ADI&ORIGEM=AP&RECURSO=0&TIP_JULGAMENTO=M>. Acesso em: 28 fev. 2007.

6. Referências bibliográficas

Não há literatura específica sobre o tema.

7. Comentários

O dispositivo constitucional em tela cria uma forma transitória e específica de parcelamento dos débitos previdenciários de Municípios e Estados existentes no momento da promulgação da Constituição Federal, estabelecendo sanções no caso de descumprimento das formalidades estabelecidas para esse financiamento diferenciado.

A disposição em tela colide frontalmente com a preocupação constitucional referente ao equilíbrio financeiro e atuarial da Seguridade Social, elemento que norteia a estrutura constitucional de previdência.

O estabelecimento de regras especiais de parcelamento das dívidas para com a Previdência Social costuma reaparecer em determinados momentos históricos. A Emenda Constitucional n. 113/2021 introduziu no ADCT os arts. 115 e 116, os quais trazem condições especiais de parcelamento das contribuições previdenciárias devidas pelos municípios ao Regime Geral de Previdência Social e seus regimes próprios de previdência.

Art. 58. Os benefícios de prestação continuada, mantidos pela previdência social na data da promulgação da Constituição, terão seus valores revistos, a fim de que seja restabelecido o poder aquisitivo, expresso em número de salários mínimos, que tinham na data de sua concessão, obedecendo-se a esse critério de atualização até a implantação do plano de custeio e benefícios referidos no artigo seguinte.

Parágrafo único. As prestações mensais dos benefícios atualizadas de acordo com este artigo serão devidas e pagas a partir do sétimo mês a contar da promulgação da Constituição.

Jane Lucia Wilhelm Berwanger
Marco Aurélio Serau Jr.

1. História da norma

Não se conhece norma anterior que tenha determinado a revisão de benefícios de modo a recuperar o seu valor em número de salários mínimos.

2. Constituições brasileiras anteriores

Não se conhece, em Constituições brasileiras anteriores, disposição semelhante.

3. Constituições estrangeiras

Não foram encontradas disposições semelhantes em Constituições estrangeiras.

4. Direito internacional

As normas de direito internacional contêm o direito à proteção social. Todavia, não há nada de específico que se assemelhe à norma em comento.

5. Remissões legais (leis reguladoras)

Decreto n. 357, de 7 de dezembro de 1991. Aprova o Regulamento dos Benefícios da Previdência Social.

Decreto n. 3.048, de 6 de maio de 1999. Aprova o Regulamento da Previdência Social, e dá outras providências.

Lei n. 8.213, de 24 de julho de 1991. Dispõe sobre os Planos de Benefícios da Previdência Social e dá outras providências.

6. Jurisprudência (STF e STJ): *leading cases*, principais posições e votos divergentes; tendências atuais no sentido da mudança da jurisprudência

BRASIL. Supremo Tribunal Federal. Recurso Extraordinário n. 259.022-RJ. Relator: Min. Sepúlveda Pertence, 1ª Turma, DF, 4 de abril de 2000. *Diário de Justiça da União*, 5 maio 2000, p. 28. Disponível em: <http://www.stf.jus.br/portal/jurisprudencia/listarJurisprudencia.asp?s1=%28RE%24%2ESCLA%2E+E+259022%2ENUME%2E%29+OU+%28RE%2EACMS%2E+ADJ2+259022%2EACMS%2E%29&base=baseAcordaos&url=http://tinyurl.com/pljjtfx>. Acesso em: 4 mar. 2018.

BRASIL. Supremo Tribunal Federal. Recurso Extraordinário n. 240.729-SP. Relator: Min. Moreira Alves 1ª Turma, DF, 26 de março de 1999. *Diário de Justiça da União*, 28 maio 1999, p. 31. Disponível em: <http://www.stf.jus.br/portal/jurisprudencia/listarJurisprudencia.asp?s1=%28RE%24%2ESCLA%2E+E+240729%2ENUME%2E%29+OU+%28RE%2EACMS%2E+ADJ2+240729%2EACMS%2E%29&base=baseAcordaos&url=http://tinyurl.com/argljr>. Acesso em: 4 mar. 2018.

BRASIL. Supremo Tribunal Federal. Recurso Extraordinário n. 361.633-SP. Relator: Min. Moreira Alves, 1ª Turma, DF, 25 de março de 2003. *Diário de Justiça da União*, 11 abr. 2003, p. 38. Disponível em: <http://www.stf.jus.br/portal/jurisprudencia/listarJurisprudencia.asp?s1=%28RE%24%2ESCLA%2E+E+361633%2ENUME%2E%29+OU+%28RE%2EACMS%2E+ADJ2+361633%2EACMS%2E%29&base=baseAcordaos&url=http://tinyurl.com/ld723yl>. Acesso em: 4 mar. 2018.

BRASIL. Supremo Tribunal Federal. Recurso Extraordinário n. 141.258-SP. Relator: Min. Ilmar Galvão, 1ª Turma, DF, 5 de outubro de 1993. *Diário de Justiça da União*, 10 dez. 1993, p. 27097. Disponível em: <http://www.stf.jus.br/portal/jurisprudencia/listarJurisprudencia.asp?s1=%28RE%24%2ESCLA%2E+E+141851%2ENUME%2E%29+OU+%28RE%2EACMS%2E+ADJ2+141851%2EACMS%2E%29&base=baseAcordaos&url=http://tinyurl.com/cynwvmm>. Acesso em: 4 mar. 2018.

7. Referências bibliográficas

ALENCAR, Hermes Arrais. *Cálculo de Benefícios Previdenciários – Da Teoria à Prática*. 6. ed. São Paulo: Atlas, 2014.

AMADO, Frederico Augusto de Trindade; MACIEL, Carlos. *Cálculos Previdenciários I. Teoria Jurídica e Análise Contábil. Concessão e Revisão de Benefícios do RGPS*, v. 2, Coleção Prática de Direito Previdenciário. Salvador: JusPodivm, 2014.

LEMES, Emerson Costa. *Manual de Cálculos Previdenciários*. 4. ed. Curitiba, Juruá: 2016.

MARTINEZ, Wladimir Novaes. SANTOS, Taís Rodrigues dos. *Revisões dos Benefícios Previdenciários – em Prol do Melhor Benefício*. São Paulo: LTr, 2015.

8. Comentários

O art. 58 é uma regra de transição com aplicabilidade limitada, na medida em que determinou a revisão dos benefícios concedidos anteriormente à Constituição de 1988. O objetivo foi recompor o valor do benefício, para que se restabelecesse o seu valor real desde a sua concessão. O salário mínimo a ser considerado como referência para a revisão é da data de concessão do benefício de modo que o número de salários após a revisão fosse o mesmo da data em que fora concedido.

O dispositivo em comento determinou a manutenção dos benefícios até que fosse implantada a nova legislação de custeio e benefícios (Leis n. 8.212 e 8.213, de 24 de julho de 1991), de modo que no período de abril de 1989 até 9 de dezembro de 1991 (data da publicação do Decreto n. 357/91) os benefícios foram mantidos de forma vinculada ao salário mínimo. Após isso, nenhuma norma constitucional ou infraconstitucional previu a vinculação dos benefícios, a partir de então, em número de salários mínimos. O art. 58 também não tem aplicabilidade para benefícios concedidos posteriormente à Constituição Federal, que passaram a ter previsão legal diversa quanto à correção dos benefícios, na legislação ordinária.

Art. 59. Os projetos de lei relativos à organização da seguridade social e aos planos de custeio e de benefício serão apresentados no prazo máximo de seis meses da promulgação da Constituição ao Congresso Nacional, que terá seis meses para apreciá-los.

Parágrafo único. Aprovados pelo Congresso Nacional, os planos serão implantados progressivamente nos dezoito meses seguintes.

José Antonio Savaris

1. História da norma

Com a Constituição da República de 1988, foi adotada a Seguridade Social como política de proteção social, possibilitando o acesso universal a prestações contributivas (previdência social) e a outras independentemente de contribuições pelo interessado (saúde e assistência social). Tornou-se necessário, com isso, um marco normativo que definisse o alcance desse sistema de proteção, sua fonte de custeio, seus beneficiários, as condições para acesso aos benefícios, dentre outros pontos.

2. Constituições brasileiras anteriores

A norma estabelece, de maneira inédita, um prazo para a definição e implantação de políticas públicas de seguridade social, não sendo encontrada disposição equivalente nos textos constitucionais anteriores.

3. Constituições estrangeiras

Inexiste disposição normativa semelhante, que consubstancie um cronograma de implementação de política pública de proteção social, nos textos constitucionais que marcam o constitucionalismo social do segundo Pós-Guerra.

4. Direito internacional

Por se tratar de norma que estabelece uma espécie de cronograma para organização da seguridade social e, de modo particular, para a definição da política pública de previdência social, não se encontra disposição que possa com ela ser relacionada nos Tratados e Convenções Internacionais de Direitos Humanos. Sem embargo, pode-se dizer que o seu atendimento se encontra conectado com a exigência de realização progressiva, até o máximo dos recursos disponíveis, dos direitos reconhecidos pelo Pacto Internacional dos Direitos Econômicos, Sociais e Culturais (PIDESC, art. 2º, item 1).

5. Remissões legais (leis reguladoras)

Lei n. 8.212, de 24 de julho de 1991. Dispõe sobre a organização da Seguridade Social, institui Plano de Custeio, e dá outras providências.

Lei n. 8.213, de 24 de julho de 1991. Dispõe sobre os Planos de Benefícios da Previdência Social e dá outras providências.

6. Jurisprudência (STF e STJ): *leading cases*, principais posições e votos divergentes; tendências atuais no sentido da mudança da jurisprudência

Em face do propósito da norma que estabelece objetivamente um parâmetro temporal para a organização da seguridade social e para a implantação dos novos planos de custeio e de benefícios, a discussão jurisprudencial correlata é aquela que, em termos de direitos fundamentais de proteção social, dispõe sobre a necessidade ou não de mediação legislativa para acesso aos novos benefícios e a aplicação das novas normas de seguridade social.

Sobre essa problemática específica, chegou a decidir o Supremo Tribunal Federal que nem a exigência de fonte de custeio (CF/88, art. 195, § 5º), nem as normas dos arts. 58 e 59 do ADCT retiravam a autoaplicabilidade das normas inscritas nos § 5º e § 6º do art. 201 da CF/88 (redação originária). Neste sentido: RE 159413, Rel. Min. Moreira Alves, Tribunal Pleno, j. 22/09/1993, *DJ* 26/11/1993.

Mais recentemente, a Suprema Corte culminou por reconhecer a possibilidade de concessão de aposentadoria especial no âmbito do Regime Próprio de Previdência Social, em face da demora excessiva para a disciplina desse direito constitucional de seguridade social. Neste sentido: MI 721, Rel. Min. Marco Aurélio, Tribunal Pleno, j. 30-8-2007, *DJ* 30-11-2007. Fruto dessa linha jurisprudencial é a Súmula Vinculante 33 do STF: "Aplicam-se ao servidor público, no que couber, as regras do regime geral da previdência social sobre aposentadoria especial de que trata o artigo 40, § 4º, inciso III da Constituição Federal, até a edição de lei complementar específica".

7. Referências bibliográficas

BALERA, Wagner. A organização e o custeio da seguridade social. In: BALERA, Wagner (Coord.). *Curso de direito previdenciário*. São Paulo: LTr, 1992.

CORREIA, Marcus Orione Gonçalves. Os direitos sociais enquanto direitos fundamentais. In: CORREIA, Marcus Orione Gonçalves; CORREIA, Érica Paula Barcha. *Direito previdenciário e Constituição*. São Paulo: LTr, 2004. p. 25-43.

FAGNANI, Eduardo. Política social e pactos conservadores no Brasil: 1964/92. *Economia e sociedade*, n. 8, p. 183-238, 1997.

ROCHA, Daniel Machado da; SAVARIS, José Antonio. *Curso de direito previdenciário*: fundamentos de interpretação e aplicação do direito previdenciário. Curitiba: Alteridade Editora, 2014.

SAVARIS, José Antonio. Traços elementares do sistema constitucional da seguridade social. In: ROCHA, Daniel. Machado da.; SAVARIS, José Antonio. *Curso de Especialização em Direito Previdenciário*. Curitiba: Juruá, 2006. v. 1, n. 61, p. 93-163.

STRAPAZZON, Carlos Luiz; SAVARIS, José Antonio. A terceira fase da seguridade social. In: Alexy, Robert; BAEZ, Narciso Leandro Xavier; SANDKÜHLER, Hans Jörg; HAHN, Paulo. *Níveis de Efetivação dos Direitos Fundamentais Civis e Sociais*: um diálogo Brasil e Alemanha. Joaçaba: Editora Unoesc, 2013.

8. Comentários

A delimitação de um marco temporal para que sobreviesse a implantação dos novos planos de custeio e de benefícios da seguridade social expressa o desejo do legislador constituinte de mudança de paradigma quanto à política de proteção social, de forma a materializar os novos direitos de seguridade social.

Conquanto essa norma não tenha sido cumprida a tempo, pois o novo plano de benefícios da previdência social foi disposto apenas em 24/07/1991, algumas das novas disposições constitucionais de proteção social foram consideradas pela Suprema Corte como autoaplicáveis (*v.g.*, AI 396.695 AgR, Rel. min. Carlos Velloso, j. 2/12/2003, 2ª Turma, *DJ* de 6/2/2004), ao passo que a Lei n. 8.213/91 teve seus efeitos retroagidos a 05/04/1991.

Mais dificultosa foi a implementação da política de assistência social, pois sua Lei Orgânica (Lei n. 8.742/93) foi editada apenas em 07/12/1993, havendo sido regulamentada tão somente em 08/12/1995, pelo Decreto n. 1.744.

Art. 60. A complementação da União referida no inciso IV do *caput* do art. 212-A da Constituição Federal será implementada progressivamente até alcançar a proporção estabelecida no inciso V do *caput* do mesmo artigo, a partir de 1º de janeiro de 2021, nos seguintes valores mínimos: *(Redação dada pela Emenda Constitucional n. 108, de 2020.)*

I – 12% (doze por cento), no primeiro ano; *(Redação dada pela Emenda Constitucional n. 108, de 2020.)*

II – 15% (quinze por cento), no segundo ano; *(Redação dada pela Emenda Constitucional n. 108, de 2020.)*

III – 17% (dezessete por cento), no terceiro ano; *(Redação dada pela Emenda Constitucional n. 108, de 2020.)*

IV – 19% (dezenove por cento), no quarto ano; *(Redação dada pela Emenda Constitucional n. 108, de 2020.)*

V – 21% (vinte e um por cento), no quinto ano; *(Redação dada pela Emenda Constitucional n. 108, de 2020.)*

VI – 23% (vinte e três por cento), no sexto ano. *(Redação dada pela Emenda Constitucional n. 108, de 2020.)*

§ 1º A parcela da complementação de que trata a alínea *b* do inciso V do *caput* do art. 212-A da Constituição Federal observará, no mínimo, os seguintes valores: *(Redação dada pela Emenda Constitucional n. 108, de 2020.)*

I – 2 (dois) pontos percentuais, no primeiro ano; *(Redação dada pela Emenda Constitucional n. 108, de 2020.)*

II – 5 (cinco) pontos percentuais, no segundo ano; *(Redação dada pela Emenda Constitucional n. 108, de 2020.)*

III – 6,25 (seis inteiros e vinte e cinco centésimos) pontos percentuais, no terceiro ano; *(Redação dada pela Emenda Constitucional n. 108, de 2020.)*

IV – 7,5 (sete inteiros e cinco décimos) pontos percentuais, no quarto ano; *(Redação dada pela Emenda Constitucional n. 108, de 2020.)*

V – 9 (nove) pontos percentuais, no quinto ano; *(Redação dada pela Emenda Constitucional n. 108, de 2020.)*

VI – 10,5 (dez inteiros e cinco décimos) pontos percentuais, no sexto ano. *(Redação dada pela Emenda Constitucional n. 108, de 2020.)*

§ 2º A parcela da complementação de que trata a alínea *c* do inciso V do *caput* do art. 212-A da Constituição Federal observará os seguintes valores: *(Redação dada pela Emenda Constitucional n. 108, de 2020.)*

I – 0,75 (setenta e cinco centésimos) ponto percentual, no terceiro ano; *(Redação dada pela Emenda Constitucional n. 108, de 2020.)*

II – 1,5 (um inteiro e cinco décimos) ponto percentual, no quarto ano; *(Redação dada pela Emenda Constitucional n. 108, de 2020.)*

III – 2 (dois) pontos percentuais, no quinto ano; *(Redação dada pela Emenda Constitucional n. 108, de 2020.)*

IV – 2,5 (dois inteiros e cinco décimos) pontos percentuais, no sexto ano. *(Redação dada pela Emenda Constitucional n. 108, de 2020.)*

José Maurício Conti
Diogo Luiz Cordeiro Rodrigues

1. História da norma

Ao ser promulgada a Constituição, o art. 60 do ADCT estabelecia o seguinte:

"Art. 60. Nos dez primeiros anos da promulgação da Constituição, o Poder Público desenvolverá esforços, com a mobilização de todos os setores organizados da sociedade e com a aplicação de, pelo menos, cinquenta por cento dos recursos a que se refere o art. 212 da Constituição, para eliminar o analfabetismo e universalizar o ensino fundamental.

Parágrafo único. Em igual prazo, as universidades públicas descentralizarão suas atividades, de modo a estender suas unidades de ensino superior às cidades de maior densidade populacional".

Com a promulgação da Emenda Constitucional n. 14, de 1996, o art. 60 do ADCT passou prever o seguinte:

"Art. 60. Nos dez primeiros anos da promulgação desta Emenda, os Estados, o Distrito Federal e os Municípios destinarão não menos de sessenta por cento dos recursos a que se refere o *caput* do art. 212 da Constituição Federal, à manutenção e ao desenvolvimento do ensino fundamental, com o objetivo de assegurar a universalização de seu atendimento e a remuneração condigna do magistério.

§ 1º A distribuição de responsabilidades e recursos entre os Estados e seus Municípios a ser concretizada com parte dos recursos definidos neste artigo, na forma do disposto no art. 211 da Constituição Federal, é assegurada mediante a criação, no âmbito de cada Estado e do Distrito Federal, de um Fundo de Manutenção e Desenvolvimento do Ensino Fundamental e de Valorização do Magistério, de natureza contábil.

§ 2º O Fundo referido no parágrafo anterior será constituído por, pelo menos, quinze por cento dos recursos a que se referem os arts. 155, inciso II; 158, inciso IV; e 159, inciso I, alíneas *a* e *b*; e inciso II, da Constituição Federal, e será distribuído entre cada Estado e seus Municípios, proporcionalmente ao número de alunos nas respectivas redes de ensino fundamental.

§ 3º A União complementará os recursos dos Fundos a que se refere o § 1º, sempre que, em cada Estado e no Distrito Federal, seu valor por aluno não alcançar o mínimo definido nacionalmente.

§ 4º A União, os Estados, o Distrito Federal e os Municípios ajustarão progressivamente, em um prazo de cinco anos, suas contribuições ao Fundo, de forma a garantir um valor por aluno correspondente a um padrão mínimo de qualidade de ensino, definido nacionalmente.

§ 5º Uma proporção não inferior a sessenta por cento dos recursos de cada Fundo referido no § 1º será destinada ao pagamento dos professores do ensino fundamental em efetivo exercício no magistério.

§ 6º A União aplicará na erradicação do analfabetismo e na manutenção e no desenvolvimento do ensino fundamental, inclusive na complementação a que se refere o § 3º, nunca menos que o equivalente a trinta por cento dos recursos a que se refere o *caput* do art. 212 da Constituição Federal.

§ 7º A lei disporá sobre a organização dos Fundos, a distribuição proporcional de seus recursos, sua fiscalização e controle, bem como sobre a forma de cálculo do valor mínimo nacional por aluno".

Note-se que o art. 60 do ADCT, à luz da Emenda Constitucional n. 14, de 1996, previa a criação do Fundef (Fundo de Manutenção e Desenvolvimento do Ensino Fundamental e de Valorização do Magistério), voltado para o ensino fundamental.

A Emenda Constitucional n. 53, de 2006, substituiu o Fundef pelo Fundeb (Fundo de Manutenção e Desenvolvimento da Educação Básica e de Valorização dos Profissionais da Educação), nos seguintes termos:

"Art. 60. Até o 14º (décimo quarto) ano a partir da promulgação desta Emenda Constitucional, os Estados, o Distrito Federal e os Municípios destinarão parte dos recursos a que se refere o *caput* do art. 212 da Constituição Federal à manutenção e desenvolvimento da educação básica e à remuneração condigna dos trabalhadores da educação, respeitadas as seguintes disposições: (Redação dada pela Emenda Constitucional n. 53, de 2006).

I – a distribuição dos recursos e de responsabilidades entre o Distrito Federal, os Estados e seus Municípios é assegurada mediante a criação, no âmbito de cada Estado e do Distrito Federal, de um Fundo de Manutenção e Desenvolvimento da Educação Básica e de Valorização dos Profissionais da Educação – Fundeb, de natureza contábil; (Incluído pela Emenda Constitucional n. 53, de 2006).

II – os Fundos referidos no inciso I do *caput* deste artigo serão constituídos por 20% (vinte por cento) dos recursos a que se referem os incisos I, II e III do art. 155; o inciso II do *caput* do art. 157; os incisos II, III e IV do *caput* do art. 158; e as alíneas *a* e *b* do inciso I e o inciso II do *caput* do art. 159, todos da Constituição Federal, e distribuídos entre cada Estado e seus Municípios, proporcionalmente ao número de alunos das diversas etapas e modalidades da educação básica presencial, matriculados nas respectivas redes, nos respectivos âmbitos de atuação prioritária estabelecidos nos §§ 2º e 3º do art. 211 da Constituição Federal; (Incluído pela Emenda Constitucional n. 53, de 2006).

III – observadas as garantias estabelecidas nos incisos I, II, III e IV do *caput* do art. 208 da Constituição Federal e as metas de universalização da educação básica estabelecidas no Plano Nacional de Educação, a lei disporá sobre: (Incluído pela Emenda Constitucional n. 53, de 2006).

a) a organização dos Fundos, a distribuição proporcional de seus recursos, as diferenças e as ponderações quanto ao valor anual por aluno entre etapas e modalidades da educação básica e tipos de estabelecimento de ensino; (Incluído pela Emenda Constitucional n. 53, de 2006).

b) a forma de cálculo do valor anual mínimo por aluno; (Incluído pela Emenda Constitucional n. 53, de 2006).

c) os percentuais máximos de apropriação dos recursos dos Fundos pelas diversas etapas e modalidades da educação básica, observados os arts. 208 e 214 da Constituição Federal, bem como as metas do Plano Nacional de Educação; (Incluído pela Emenda Constitucional n. 53, de 2006).

d) a fiscalização e o controle dos Fundos; (Incluído pela Emenda Constitucional n. 53, de 2006).

e) prazo para fixar, em lei específica, piso salarial profissional nacional para os profissionais do magistério público da educação básica; (Incluído pela Emenda Constitucional n. 53, de 2006).

IV – os recursos recebidos à conta dos Fundos instituídos nos termos do inciso I do *caput* deste artigo serão aplicados pelos Estados e Municípios exclusivamente nos respectivos âmbitos de atuação prioritária, conforme estabelecido nos §§ 2º e 3º do art. 211 da Constituição Federal; (Incluído pela Emenda Constitucional n. 53, de 2006).

V – a União complementará os recursos dos Fundos a que se refere o inciso II do *caput* deste artigo sempre que, no Distrito Federal e em cada Estado, o valor por aluno não alcançar o mínimo definido nacionalmente, fixado em observância ao disposto no inciso VII do *caput* deste artigo, vedada a utilização dos recursos a que se refere o § 5º do art. 212 da Constituição Federal; (Incluído pela Emenda Constitucional n. 53, de 2006).

VI – até 10% (dez por cento) da complementação da União prevista no inciso V do *caput* deste artigo poderá ser distribuída para os Fundos por meio de programas direcionados para a melhoria da qualidade da educação, na forma da lei a que se refere o inciso III do *caput* deste artigo; (Incluído pela Emenda Constitucional n. 53, de 2006).

VII – a complementação da União de que trata o inciso V do *caput* deste artigo será de, no mínimo: (Incluído pela Emenda Constitucional n. 53, de 2006).

a) R$ 2.000.000.000,00 (dois bilhões de reais), no primeiro ano de vigência dos Fundos; (Incluído pela Emenda Constitucional n. 53, de 2006).

b) R$ 3.000.000.000,00 (três bilhões de reais), no segundo ano de vigência dos Fundos; (Incluído pela Emenda Constitucional n. 53, de 2006).

c) R$ 4.500.000.000,00 (quatro bilhões e quinhentos milhões de reais), no terceiro ano de vigência dos Fundos; (Incluído pela Emenda Constitucional n. 53, de 2006).

d) 10% (dez por cento) do total dos recursos a que se refere o inciso II do *caput* deste artigo, a partir do quarto ano de vigência dos Fundos; (Incluído pela Emenda Constitucional n. 53, de 2006).

VIII – a vinculação de recursos à manutenção e desenvolvimento do ensino estabelecida no art. 212 da Constituição Federal suportará, no máximo, 30% (trinta por cento) da complementação da União, considerando-se para os fins deste inciso os valores previstos no inciso VII do *caput* deste artigo; (Incluído pela Emenda Constitucional n. 53, de 2006).

IX – os valores a que se referem as alíneas *a*, *b*, e *c* do inciso VII do *caput* deste artigo serão atualizados, anualmente, a partir da promulgação desta Emenda Constitucional, de forma a preservar, em caráter permanente, o valor real da complementação da União; (Incluído pela Emenda Constitucional n. 53, de 2006).

X – aplica-se à complementação da União o disposto no art. 160 da Constituição Federal; (Incluído pela Emenda Constitucional n. 53, de 2006).

XI – o não cumprimento do disposto nos incisos V e VII do *caput* deste artigo importará crime de responsabilidade da autoridade competente (Incluído pela Emenda Constitucional n. 53, de 2006).

XII – proporção não inferior a 60% (sessenta por cento) de cada Fundo referido no inciso I do *caput* deste artigo será destinada ao pagamento dos profissionais do magistério da educação básica em efetivo exercício. (Incluído pela Emenda Constitucional n. 53, de 2006).

§ 1º A União, os Estados, o Distrito Federal e os Municípios deverão assegurar, no financiamento da educação básica, a melhoria da qualidade de ensino, de forma a garantir padrão mínimo definido nacionalmente. (Redação dada pela Emenda Constitucional n. 53, de 2006).

§ 2º O valor por aluno do ensino fundamental, no Fundo de cada Estado e do Distrito Federal, não poderá ser inferior ao praticado no âmbito do Fundo de Manutenção e Desenvolvimento do Ensino Fundamental e de Valorização do Magistério – Fundef, no ano anterior à vigência desta Emenda Constitucional. (Redação dada pela Emenda Constitucional n. 53, de 2006).

§ 3º O valor anual mínimo por aluno do ensino fundamental, no âmbito do Fundo de Manutenção e Desenvolvimento da Educação Básica e de Valorização dos Profissionais da Educação – Fundeb, não poderá ser inferior ao valor mínimo fixado nacionalmente no ano anterior ao da vigência desta Emenda Constitucional. (Redação dada pela Emenda Constitucional n. 53, de 2006).

§ 4º Para efeito de distribuição de recursos dos Fundos a que se refere o inciso I do *caput* deste artigo, levar-se-á em conta a totalidade das matrículas no ensino fundamental e considerar-se-á para a educação infantil, para o ensino médio e para a educação de jovens e adultos 1/3 (um terço) das matrículas no primeiro ano, 2/3 (dois terços) no segundo ano e sua totalidade a partir do terceiro ano. (Redação dada pela Emenda Constitucional n. 53, de 2006).

§ 5º A porcentagem dos recursos de constituição dos Fundos, conforme o inciso II do *caput* deste artigo, será alcançada gradativamente nos primeiros 3 (três) anos de vigência dos Fundos, da seguinte forma: (Redação dada pela Emenda Constitucional n. 53, de 2006).

I – no caso dos impostos e transferências constantes do inciso II do *caput* do art. 155; do inciso IV do *caput* do art. 158; e das alíneas *a* e *b* do inciso I e do inciso II do *caput* do art. 159 da Constituição Federal: (Incluído pela Emenda Constitucional n. 53, de 2006).

a) 16,66% (dezesseis inteiros e sessenta e seis centésimos por cento), no primeiro ano; (Incluído pela Emenda Constitucional n. 53, de 2006).

b) 18,33% (dezoito inteiros e trinta e três centésimos por cento), no segundo ano; (Incluído pela Emenda Constitucional n. 53, de 2006).

c) 20% (vinte por cento), a partir do terceiro ano; (Incluído pela Emenda Constitucional n. 53, de 2006).

II – no caso dos impostos e transferências constantes dos incisos I e III do *caput* do art. 155; do inciso II do *caput* do art. 157; e dos incisos II e III do *caput* do art. 158 da Constituição Federal: (Incluído pela Emenda Constitucional n. 53, de 2006).

a) 6,66% (seis inteiros e sessenta e seis centésimos por cento), no primeiro ano; (Incluído pela Emenda Constitucional n. 53, de 2006).

b) 13,33% (treze inteiros e trinta e três centésimos por cento), no segundo ano; (Incluído pela Emenda Constitucional n. 53, de 2006).

c) 20% (vinte por cento), a partir do terceiro ano. (Incluído pela Emenda Constitucional n. 53, de 2006).

§ 6º (Revogado). (Redação dada pela Emenda Constitucional n. 53, de 2006).

§ 7º (Revogado). (Redação dada pela Emenda Constitucional n. 53, de 2006)".

Com a redação dada pela Emenda Constitucional n. 108, de 2020, o art. 60 do ADCT deixa de tratar do Fundeb, que passa ter o seu regime constitucional delineado pelo novo art. 212-A da Constituição, incluído pela mesma Emenda. O Fundeb deixa de ser um instituto marcado pela transitoriedade, tornando-se, portanto, perene.

Atualmente, o art. 60 do ADCT dispõe sobre a complementação progressiva de recursos da União aos Fundebs estaduais e distrital, prevista no inciso IV do art. 212-A da Constituição para os seis primeiros anos após a promulgação da Emenda Constitucional n. 108, de 2020, isto é, a partir de 1º de janeiro de 2021, até que se atinja o percentual mínimo previsto no inciso V do art. 212-A da Constituição (23% do total de recursos a que se refere o inciso II do *caput* do art. 212-A da Constituição).

2. Constituições brasileiras anteriores

2.1. Constituição da República dos Estados Unidos do Brasil de 1934

Art. 152. Compete precipuamente ao Conselho Nacional de Educação, organizado na forma da lei, elaborar o plano nacional de educação para ser aprovado pelo Poder Legislativo e sugerir ao Governo as medidas que julgar necessárias para a melhor solução dos problemas educativos bem como a distribuição adequada dos fundos especiais.

Parágrafo único. Os Estados e o Distrito Federal, na forma das leis respectivas e para o exercício da sua competência na matéria, estabelecerão Conselhos de Educação com funções similares às do Conselho Nacional de Educação e departamentos autônomos de administração do ensino.

Art. 157. A União, os Estados e o Distrito Federal reservarão uma parte dos seus patrimônios territoriais para a formação dos respectivos fundos de educação.

§ 1º As sobras das dotações orçamentárias acrescidas das doações, percentagens sobre o produto de vendas de terras públicas, taxas especiais e outros recursos financeiros, constituirão, na União, nos Estados e nos Municípios, esses fundos especiais, que serão aplicados exclusivamente em obras educativas, determinadas em lei.

§ 2º Parte dos mesmos fundos se aplicará em auxílios a alunos necessitados, mediante fornecimento gratuito de material escolar, bolsas de estudo, assistência alimentar, dentária e médica, e para vilegiaturas.

2.2. Constituição dos Estados Unidos do Brasil de 1946

Art. 171. Os Estados e o Distrito Federal organizarão os seus sistemas de ensino.

Parágrafo único. Para o desenvolvimento desses sistemas a União cooperará com auxílio pecuniário, o qual, em relação ao ensino primário, provirá do respectivo Fundo Nacional.

3. Constituições estrangeiras

Vide comentários no item seguinte.

4. Direito Internacional

Fundos com destinação específica delineados em texto constitucional são pouco encontrados, havendo por vezes algumas referências a transferências intergovernamentais relacionadas à saúde, educação e alguns outros serviços.

A Constituição espanhola, por exemplo, nos arts. 156 a 158, ao dispor sobre a autonomia financeira das Comunidades Autônomas, estabelece modalidades de transferências intergovernamentais, e a Lei n. 21, de 27-12-2001, ao regular o tema, prevê mecanismos financeiros de transferências de recursos para a equalização dos serviços públicos de saúde e educação.

5. Dispositivos constitucionais correlatos relevantes

Art. 6º (direito à educação como direito social); art. 205 (educação como dever do Estado: princípios informadores da educação); art. 206 (princípios informadores do ensino); art. 208 (educação como dever do Estado: gratuidade e obrigatoriedade do ensino público); art. 209 (ensino e iniciativa privada); art. 210 (conteúdos mínimos do ensino fundamental); art. 211 (cooperação entre entes federados no tocante ao ensino); art. 212 (vinculação de receitas para a educação); art. 212-A (dispõe sobre o Fundeb nos Estados e no DF, bem como sobre a complementação de recursos da União); art. 213 (destinação dos recursos públicos às escolas públicas, confessionários, comunitárias ou filantrópicas); art. 214 (objetivos do plano nacional de educação); art. 60-A do ADCT (revisão dos critérios de distribuição da complementação da União e dos fundos a que se refere o inciso I do *caput* do art. 212-A da Constituição Federal em seu sexto ano de vigência e, a partir dessa primeira revisão, periodicamente, a cada dez anos).

6. Jurisprudência (STF)

ADI 1.749/DF. Questiona-se a constitucionalidade da EC n. 14/96, sob o argumento que teria ferido o princípio federativo e a autonomia dos entes subnacionais, ao determinar a retenção de transferências tributárias e impedir que os entes gerissem seus próprios recursos da maneira que lhes conviesse. ADI não conhecida.

ADI 4.167/DF. Reconhece-se a constitucionalidade da norma geral federal que fixou o piso salarial dos professores do ensino médio com base no vencimento, e não na remuneração global, bem como a competência da União para dispor sobre normas gerais relativas ao piso de vencimento dos professores da educação básica, de modo a utilizá-lo como mecanismo de fomento ao sistema educacional e de valorização profissional. Declara ainda constitucional a norma geral federal que reserva o percentual mínimo de 1/3 da carga horária dos docentes da educação básica para dedicação às atividades extraclasse.

ADPF 528. 1. A orientação do TCU que afasta a incidência da regra do art. 22 da Lei 11.494/2007 aos recursos de complementação do Fundeb pagos por meio de precatórios encontra-se em conformidade com os preceitos constitucionais que visam a resguardar o direito à educação e a valorização dos profissionais da educação básica. 2. O caráter extraordinário da complementação dessa verba justifica o afastamento da subvinculação, pois a aplicação do art. 60, XII, do ADCT, c/c art. 22 da Lei 11.494/2007, implicaria em pontual e insustentável aumento salarial dos professores do ensino básico, que, em razão da regra de irredutibilidade salarial, teria como efeito pressionar o orçamento público municipal nos períodos subsequentes – sem o respectivo aporte de novas receitas derivadas de inexistentes precatórios –, acarretando o investimento em salários além do patamar previsto constitucionalmente, em prejuízo de outras ações de ensino a serem financiadas com os mesmos recursos. 3. É inconstitucional o pagamento de honorários advocatícios contratuais com recursos alocados no Fundef/Fundeb, que devem ser utilizados exclusivamente em ações de desenvolvimento e manutenção do ensino. (...) ADPF julgada improcedente.

ARE 1375480 AgR-ED. 1. No julgamento da ADPF 528, o Supremo Tribunal Federal reconheceu o caráter constitucionalmente vinculado das verbas orientadas à educação inseridas no Fundeb-Fundef. 2. O pagamento dos honorários advocatícios contratuais referente à condenação de complementação de transferência de verbas destinadas ao Fundeb-Fundef revela-se cabível quando incidentes sobre eventuais encargos moratórios, que não estão constitucionalmente vinculados e possuem natureza jurídica autônoma da verba principal em mora.

ADI 5791. I – No desenho constitucional do Fundeb, cabe à União repassar, aos Estados e ao Distrito Federal, o montante destinado a complementar o valor mínimo por aluno definido nacionalmente. II – É competência do TCU fiscalizar a aplicação de verbas originárias da União por parte dos demais entes da Federação. III – Ação direta de inconstitucionalidade julgada improcedente.

7. Literatura selecionada

CONTI, José Maurício (coord.). *Orçamentos públicos*: a Lei 4.320/1964 comentada. 3. ed. São Paulo: Revista dos Tribunais, 2014; CONTI, José Maurício. *Federalismo fiscal e fundos de participação*. São Paulo: Juarez de Oliveira, 2001; DAVIES, Nicholas. FUNDEB: a redenção da educação básica? *Educação Social*, Campinas, v. 27, n. 96, p. 753-774, out. 2006; DUARTE, Marisa R. T. Regulação sistêmica e política de financiamento da educação Básica. *Educação Social*, Campinas, v. 26, n. 92, p. 821-839, Especial – out. 2005; FERNANDES, Reynaldo *et al*. *Sistema brasileiro de financiamento à educação básica*: principais características, limitações e alternativas. Texto para discussão 5. Brasília, ESAF, 2004; MENDES, Marcos. Descentralização do ensino fundamental: avaliação dos resultados do FUNDEF. In: *Planejamento e políticas públicas*, n. 24, dez. 2001; VAZQUEZ, Daniel A. Desequilíbrios regionais no financiamento da educação: a política nacional de equidade do FUNDEF. *Revista de Sociologia e Política*, Curitiba, 24, p. 149-164, jun. 2005; MASCARENHAS, Caio Gama. Emenda Constitucional 108/2020 e as novas técnicas de financiamento: controle financeiro de resultado e direito à educação. *Revista Eletrônica da PGE-RJ*, v. 5, n. 1, 2022; CASTIONI, Remi; CARDOSO, Monica Aparecida Serafim; CERQUEIRA, Leandro de Borja Reis. Novo Fundeb: aperfeiçoado e permanente para contribuir com os entes federados na oferta educacional. *Revista Educação e Políticas em Debate*, v. 10, n. 1, p. 271-289, jan./abr. 2021; MARTINS, Paulo de Sena. *Nota Técnica*: A EC 108/2020 – Fundeb Permanente. Brasília: Câmara dos Deputados, fev. 2021.

8. Anotações

8.1. O art. 60 do Ato das Disposições Constitucionais Transitórias (ADCT), até o advento da Emenda Constitucional n. 108, de 2020, estabelecia a forma de distribuição de recursos para a área da educação, por meio de um Fundo, denominado Fundeb – Fundo de Manutenção e Desenvolvimento da Educação Básica e de Valorização dos Profissionais da Educação, que sucede e substitui o anterior Fundef, que destinava recursos apenas ao ensino fundamental. Com a Emenda Constitucional n. 108, de 2020, o

Fundeb ganha *status* de perenidade, passando a ser delineado pelo art. 212-A da parte principal da Constituição.

8.2. A redação original do dispositivo não fazia referência à criação de fundo. A primeira versão constitucional do fundo de manutenção e desenvolvimento da educação surge com a Emenda Constitucional n. 14, de 1996, que concentrava seus recursos especialmente no ensino fundamental. Com a Emenda Constitucional n. 53, de 2006, o foco das atenções expande-se, deslocando-se para toda a educação básica. No conceito de educação básica, estão compreendidos educação infantil, ensino fundamental e ensino médio.

8.3. Trata-se de fundo cuja finalidade é destinar e vincular recursos para a manutenção e o desenvolvimento da educação básica, bem como para a melhoria dos padrões de remuneração dos trabalhadores da educação.

8.4. O Fundeb insere-se no contexto do federalismo fiscal brasileiro, em que há diversos mecanismos por meio dos quais são partilhadas as receitas entre as unidades da Federação. O Brasil adota um modelo de federalismo cooperativo, especialmente no âmbito financeiro, havendo um sistema de partilha de recursos, como no caso do Fundeb, em que essa cooperação dá-se com a divisão de recursos entre os Estados-membros (e Distrito Federal) e os Municípios, com participação eventual da União.

8.5. Trata-se de fundo de natureza contábil, à semelhança de outros (como é o caso do Fundo de Participação dos Municípios – FPM e Fundo de Participação dos Estados e Distrito Federal – FPE), sem personalidade jurídica, que estabelece regras por meio das quais se operacionaliza a transferência de recursos entre os entes federados, com regras que vinculam a aplicação dos recursos que o compõem. Constata-se que basicamente ocorrem transferências intergovernamentais obrigatórias, tanto nas transferências de recursos para compor as receitas do Fundo quanto na distribuição dos recursos. A aplicação dos recursos do Fundo é vinculada a finalidades específicas, voltadas à área educacional, identificando-se nesse aspecto a utilização de transferências intergovernamentais condicionadas, importantes instrumentos financeiros utilizados na condução de políticas públicas, como é o caso da educação.

8.6. O Fundeb é composto por recursos de várias fontes, dos diversos entes da Federação, consoante se pode verificar da redação do dispositivo constitucional e da legislação infraconstitucional – Lei n. 11.413/2020, a qual passa a regulamentar o novo art. 212-A da Constituição, revogando a Lei n. 11.494/2007, exceto seu art. 12, que institui, no âmbito do Ministério da Educação, a Comissão Intergovernamental de Financiamento para a Educação Básica de Qualidade.

8.7. O Fundeb é composto por recursos de várias fontes, dos diversos entes da Federação, consoante se pode verificar da redação do dispositivo constitucional (e legislação infraconstitucional – Lei n. 11.494/2007), que é minucioso ao detalhá-las, não sendo o caso de reproduzir o texto. É um fundo constituído no âmbito estadual, cuja partilha de receitas é regulada pelo governo federal, em que se utilizam recursos que já pertencem a Estados e Municípios, determinando-se que sejam aplicados na educação básica, cuja regra de distribuição leva em consideração os alunos matriculados. Têm recursos oriundos da arrecadação dos impostos estaduais, de parcelas de recursos de Estados e Municípios provenientes de transferências intergovernamentais obrigatórias da União, além de recursos federais que podem complementar a composição das receitas do Fundo.

8.8. O mecanismo criado pelo Fundef e aperfeiçoado pelo Fundeb faz com que o número de alunos matriculados seja o fator preponderante na distribuição dos recursos para a área educacional, diminuindo a influência da capacidade financeira do ente, permitindo uma maior equalização na distribuição dos recursos, além de aumentar a descentralização administrativa com o estímulo à municipalização. Assegura-se ainda um piso para a destinação dos recursos, uma vez que, em não sendo atingido o valor mínimo previsto, há complementação por parte da União, que passa a colaborar na partilha de receitas, o que garante um valor mínimo de gasto por aluno.

8.9. Com a promulgação da Emenda Constitucional n. 108, de 2020, o art. 60 do ADCT passa a dispor apenas sobre a complementação progressiva de recursos da União aos fundos estaduais e distrital, prevista no inciso IV do art. 212-A da Constituição para os seis primeiros anos após a promulgação da Emenda Constitucional n. 108, de 2020, isto é, a partir de 1º de janeiro de 2021, até que se atinja o percentual mínimo previsto no inciso V do art. 212-A da Constituição (23% do total de recursos a que se refere o inciso II do *caput* do art. 212-A da Constituição, ampliando sensivelmente o percentual praticado anteriormente – 10%).

8.10. Nesse contexto, a partir de 1º de janeiro de 2021, a União deverá implementar progressivamente a complementação de recursos aos Fundebs nos seguintes valores mínimos: 12% (doze por cento), no primeiro ano; 15% (quinze por cento), no segundo ano; 17% (dezessete por cento), no terceiro ano; 19% (dezenove por cento), no quarto ano; 21% (vinte e um por cento), no quinto ano; 23% (vinte e três por cento), no sexto ano.

8.11. Os percentuais mencionados devem ser aplicados sobre a base de cálculo indicada no inciso II do art. 212-A, ou seja, "20% (vinte por cento) dos recursos a que se referem os incisos I, II e III do *caput* do art. 155, o inciso II do *caput* do art. 157, os incisos II, III e IV do *caput* do art. 158 e as alíneas *a* e *b* do inciso I e o inciso II do *caput* do art. 159 desta Constituição". Em outras palavras, a base de cálculo do percentual a ser complementado pela União corresponde a 20% do produto das seguintes receitas: receita tributária dos Estados e do Distrito Federal decorrente de ITCMD, ICMS, IPVA (cf. art. 155, I, II e III); parcela que cabe a Estados e ao Distrito Federal referente ao produto da arrecadação de impostos instituídos pela União no uso da competência residual prevista no art. 154, I (cf. art. 157, II); parcelas que cabem aos Municípios em decorrência da repartição do ITR, do IPVA e do ICMS (art. 158, II, III e IV); 44% do IR e do IPI, destinado ao Fundo de Participação dos Estados e ao Fundo de Participação dos Municípios (art. 159, I, *a* e *b*); e parcela que cabe aos Estados, ao DF e aos Municípios referente ao IPI-exportação (art. 159, II e § 3º).

8.12. Após o período de seis anos, segundo o art. 212-A, § 1º, caberá à União realizar complementação de recursos ao Fundeb equivalente a no mínimo 23% (vinte e três por cento) sobre a base de cálculo detalhada no item 8.11, distribuída da seguinte forma: (i) 10 (dez) pontos percentuais no âmbito de cada Estado e do Distrito Federal, sempre que o valor anual por aluno (VAAF), nos termos do inciso III do *caput* do art. 212-A, não alcançar o mínimo definido nacionalmente (art. 212-A, V, *a*); (ii) no mínimo, 10,5 (dez inteiros e cinco décimos) pontos percentuais em cada rede pública de ensino municipal, estadual ou distrital, sempre que o valor anual total por aluno (VAAT), referido no inciso VI do *caput* do art. 212-A, não alcançar o mínimo definido nacionalmente (art. 212-A, V, *b*); (iii) 2,5 (dois inteiros e cinco décimos) pontos percentuais nas redes públicas que, cumpridas condicionalidades de melhoria de gestão previstas em lei, alcançarem evolução de indicadores a serem definidos, de atendimento e melhoria da aprendizagem com redução das desigualdades, nos termos do sistema nacional de avaliação da educação básica (art. 212-A, V, *c*). Os percentuais previstos nos itens (ii) e (iii) representam novidades da Emenda Constitucional n. 108, de 2020, e serão implementados progressivamente.

8.13. É importante destacar que, para o cálculo do VAAT (art. 212-A, V, *b*), além dos recursos que compõem a cesta Fundeb (art. 212-A, II), serão também consideradas, pelo menos, as seguintes disponibilidades: receitas de Estados, do Distrito Federal e de Municípios vinculadas à manutenção e ao desenvolvimento do ensino não integrantes do Fundeb, cotas estaduais e municipais da arrecadação do salário-educação, além da complementação da União transferida a Estados, ao Distrito Federal e a Municípios nos termos da alínea *a* do inciso V do *caput* do art. 212-A (cf. art. 212-A, VI e § 1º).

8.14. De acordo com o § 1º do art. 60 do ADCT, até que se complete o período de seis anos, a parcela mínima de 10,5 pontos percentuais prevista no art. 212-A, V, *b*, será assim aplicada: 2 (dois) pontos percentuais, no primeiro ano; 5 (cinco) pontos percentuais, no segundo ano; 6,25 (seis inteiros e vinte e cinco centésimos) pontos percentuais, no terceiro ano; 7,5 (sete inteiros e cinco décimos) pontos percentuais, no quarto ano; 9 (nove) pontos percentuais, no quinto ano; 10,5 (dez inteiros e cinco décimos) pontos percentuais, no sexto ano. Vale ressaltar que, de acordo com o art. 212-A, § 3º, da Constituição, "será destinada à educação infantil a proporção de 50% (cinquenta por cento) dos recursos globais a que se refere a alínea *b* do inciso V do *caput* deste artigo, nos termos da lei". Segundo Castioni, Cardoso e Cerqueira, com base em estudo de Claudio Tanno, "com essa mudança, a complementação da União, que atualmente contempla 9 estados, passará a atingir 23. Com a alteração, os repasses saltarão de 1.407 Municípios previstos para serem atendidos em 2021 para 2.618 contemplados" em 2026 (cf. CASTIONI, Remi; CARDOSO, Monica Aparecida Serafim; CERQUEIRA, Leandro de Borja Reis. Novo Fundeb: aperfeiçoado e permanente para contribuir com os entes federados na oferta educacional. *Revista Educação e Políticas em Debate*, v. 10, n. 1, p. 271-289, jan./abr. 2021).

8.15. Já quanto à parcela de 2,5 pontos percentuais prevista no art. 212-A, V, *c*, o § 2º do art. 60 do ADCT prevê a observância dos seguintes valores: 0,75 (setenta e cinco centésimos) ponto percentual, no terceiro ano; 1,5 (um inteiro e cinco décimos) ponto percentual, no quarto ano; 2 (dois) pontos percentuais, no quinto ano; 2,5 (dois inteiros e cinco décimos) pontos percentuais, no sexto ano.

Art. 60-A. Os critérios de distribuição da complementação da União e dos fundos a que se refere o inciso I do *caput* do art. 212-A da Constituição Federal serão revistos em seu sexto ano de vigência e, a partir dessa primeira revisão, periodicamente, a cada 10 (dez) anos. (*Incluído pela Emenda Constitucional n. 108, de 2020.*)

José Maurício Conti
Diogo Luiz Cordeiro Rodrigues

1. História da norma

O art. 60-A do ADCT foi incluído pela Emenda Constitucional n. 108, de 2020, com o objetivo de prever a revisão dos critérios de distribuição da complementação da União e dos fundos estaduais que compõem o Fundeb em seu sexto ano de vigência e, de aí em diante, a cada dez anos.

2. Constituições brasileiras anteriores

Vide comentários ao art. 60 do ADCT.

3. Constituições estrangeiras

Vide comentários ao art. 60 do ADCT.

4. Direito Internacional

Vide comentários ao art. 60 do ADCT.

5. Dispositivos constitucionais correlatos relevantes

Art. 6º (direito à educação como direito social); art. 205 (educação como dever do Estado: princípios informadores da educação); art. 206 (princípios informadores do ensino); art. 208 (educação como dever do Estado: gratuidade e obrigatoriedade do ensino público); art. 209 (ensino e iniciativa privada); art. 210 (conteúdos mínimos do ensino fundamental); art. 211 (cooperação entre entes federados no tocante ao ensino); art. 212 (vinculação de receitas para a educação); art. 212-A (dispõe sobre o Fundeb nos Estados e no DF, bem como sobre a complementação de recursos da União); art. 213 (destinação dos recursos públicos às escolas públicas, confessionários, comunitárias ou filantrópicas); art. 214 (objetivos do plano nacional de educação); art. 60 do ADCT (dispõe sobre a complementação progressiva de recursos da União aos fundos estaduais e distrital, prevista no inciso IV do art. 212-A da Constituição para os seis primeiros anos após a promulgação da Emenda Constitucional n. 108, de 2020, até que se atinja o percentual mínimo previsto no inciso V do art. 212-A da Constituição.

6. Jurisprudência (STF)

Vide comentários ao art. 60 do ADCT.

7. Literatura selecionada

MASCARENHAS, Caio Gama. Emenda Constitucional 108/2020 e as novas técnicas de financiamento: controle financeiro de resultado e direito à educação. *Revista Eletrônica da PGE-RJ*, v. 5, n. 1, 2022; CASTIONI, Remi; CARDOSO, Monica Aparecida Serafim; CERQUEIRA, Leandro de Borja Reis. Novo Fundeb: aperfeiçoado e permanente para contribuir com os entes federados na oferta educacional. *Revista Educação e Políticas em Debate*, v. 10, n. 1, p. 271-289, jan./abr. 2021; MARTINS, Paulo de Sena. *Nota Técnica*: A EC 108/2020 – Fundeb Permanente. Brasília: Câmara dos Deputados, fev. 2021.

8. Anotações

O art. 60-A do Ato das Disposições Constitucionais Transitórias (ADCT), incluído pela Emenda Constitucional n. 108, de 2020, alinha-se à ideia mais ampla de que os resultados das políticas públicas devem ser periodicamente avaliados, como explicitado no parágrafo único do art. 193, também incluído pela referida Emenda e que proclama o seguinte: "o Estado exercerá a função de planejamento das políticas sociais, assegurada, na forma da lei, a participação da sociedade nos processos de formulação, de monitoramento, de controle e de avaliação dessas políticas".

Há, portanto, uma ênfase nos resultados concretos da política pública, o que, no caso da educação, milita em favor da universalização, da qualidade e da equidade do ensino obrigatório (objetivos expressos no § 4º do art. 211 da Constituição), de modo a efetivar as garantias previstas no art. 208 da Constituição e as metas do plano decenal de educação a que se refere o art. 214 da Lei Maior.

Nesse contexto, o disposto no art. 60-A do ADCT deve ser levado em conta na interpretação de normas correlatas, relacionadas ao regime jurídico do Fundeb, notadamente o art. 212-A, X, *e*, da Constituição, que promove remissão expressa aos arts. 208 e 214 da Constituição e impõe à lei que regulamenta o Fundeb a missão de dispor sobre "o conteúdo e a periodicidade da avaliação, por parte do órgão responsável, dos efeitos redistributivos, da melhoria dos indicadores educacionais e da ampliação do atendimento".

Art. 61. As entidades educacionais a que se refere o art. 213, bem como as fundações de ensino e pesquisa cuja criação tenha sido autorizada por lei, que preencham os requisitos dos incisos I e II do referido artigo e que, nos últimos três anos, tenham recebido recursos públicos, poderão continuar a recebê-los, salvo disposição legal em contrário.

▪ Segundo esse artigo, as escolas comunitárias, confessionais e filantrópicas, assim definidas em lei, bem como as fundações de ensino e pesquisa cuja criação tenha sido devidamente autorizada por lei, poderão continuar recebendo recursos públicos desde que atendam às seguintes condições: (a) comprovem finalidade não lucrativa e apliquem seus excedentes financeiros em educação (art. 213, I, CF); (b) assegurem a destinação de seu patrimônio a outra escola comunitária, filantrópica ou confessional, ou ao Poder Público, no caso de encerramento de suas atividades (art. 213, II, CF); (c) tenham recebido recursos públicos nos três anos anteriores à promulgação de 1988; (d) não estejam nem venham a ser enquadradas em alguma proibição legal para a percepção dos referidos recursos.

▪ Para outros desdobramentos do tema, *vide* comentários ao art. 213 da Constituição.

Art. 62. A lei criará o Serviço Nacional de Aprendizagem Rural (SENAR) nos moldes da legislação relativa ao Serviço Nacional de Aprendizagem Industrial (SENAI) e ao Serviço Nacional de Aprendizagem do Comércio (SENAC), sem prejuízo das atribuições dos órgãos públicos que atuam na área.

▪ *Vide* a Lei n. 8.315, de 23-12-1991, que dispõe sobre a criação do Serviço Nacional de Aprendizagem Rural – SENAR.

Art. 63. É criada uma Comissão composta de nove membros, sendo três do Poder Legislativo, três do Poder Judiciário e três do Poder Executivo, para promover as comemorações do centenário da proclamação da República e da promulgação da primeira Constituição republicana do País, podendo, a seu critério, desdobrar-se em tantas subcomissões quantas forem necessárias.

Parágrafo único. No desenvolvimento de suas atribuições, a Comissão promoverá estudos, debates e avaliações sobre a evolução política, social, econômica e cultural do País, podendo articular-se com os governos estaduais e municipais e com instituições públicas e privadas que desejem participar dos eventos.

▪ Os trabalhos da Comissão foram desencadeados pelo Ofício (CN) n. 102, de 27-3-1989, e concluídos com a publicação de Relatório Final sob a forma de livro[1].

Art. 64. A Imprensa Nacional e demais gráficas da União, dos Estados, do Distrito Federal e dos Municípios, da administração direta ou indireta, inclusive fundações instituídas e mantidas pelo Poder Público, promoverão edição popular do texto integral da Constituição, que será posta à disposição das escolas e dos cartórios, dos sindicatos, dos quartéis, das igrejas e de outras instituições representativas da comunidade, gratuitamente, de modo que cada cidadão brasileiro possa receber do Estado um exemplar da Constituição do Brasil.

▪ Foram implementados os fatos ou extintos os pressupostos relativos aos principais aspectos de vigência do(s) dispositivo(s) em questão.

Art. 65. O Poder Legislativo regulamentará, no prazo de doze meses, o art. 220, § 4º.

---

1. Disponível em: <http://www.senado.gov.br/atividade/materia/detalhes.asp?p_cod_mate=14723>.

■ Confronte a Lei n. 9.294, de 15-7-1996, que "[d]ispõe sobre as restrições ao uso e à propaganda de produtos fumígeros, bebidas alcoólicas, medicamentos, terapias e defensivos agrícolas, nos termos do § 4º do art. 220 da Constituição Federal".

Art. 66. São mantidas as concessões de serviços públicos de telecomunicações atualmente em vigor, nos termos da lei.

■ O assunto foi disciplinado pela Lei n. 8.367, de 3-12-1991, que "[dispunha] sobre o prazo para concessão para exploração de serviços públicos de telecomunicações, relativo ao art. 66 do Ato das Disposições Constitucionais Transitórias". Tal diploma foi totalmente revogado pela Lei n. 9.472, de 16-7-1997.

Art. 67. A União concluirá a demarcação das terras indígenas no prazo de cinco anos a partir da promulgação da Constituição.

Fernando Antonio de Carvalho Dantas
Carlos Alberto Molinaro

1. Origem do texto

Lei n. 6.001, de 19 de dezembro de 1973.

2. Constituições brasileiras anteriores

Não estabelecem prazo para demarcação.

3. Direito nacional

Lei n. 6.001, de 19 de dezembro de 1973; Decreto n. 1.775, de 8 de janeiro de 1996.

4. Preceitos constitucionais relacionados

Direitos indígenas: arts. 231 e 232. União: art. 20, inciso XI.

5. Referências bibliográficas

ARAÚJO, Ana Valéria de. *A defesa dos direitos indígenas no Judiciário*. São Paulo: Instituto Socioambiental, 1995. CARNEIRO DA CUNHA, Manuela. *Os direitos do índio: ensaios e documentos*. São Paulo: Brasiliense, 1987. DANTAS, Fernando Antonio de Carvalho. *Humanismo Latino*: o Estado brasileiro e a questão indígena. In: MEZZAROBA, Orides. *Humanismo Latino e Estado no Brasil*. Florianópolis: Fundação Boiteux, 2003. DANTAS, Fernando Antonio de Carvalho. A noção de pessoa e sua ficção jurídica: a pessoa indígena no direito brasileiro. In: MATOS, Ana Carla Harmatiuk (org.). *A construção dos novos direitos*. Porto Alegre: Nuria Fabris Editora, 2008. LACERDA, Rosane. *Os povos indígenas e a Constituinte 1987-1988*. Brasília: CIMI – Conselho Indigenista Missionário, 2008. SOUZA FILHO, Carlos Frederico Marés de (org.). *Textos clássicos sobre o direito e os povos indígenas*. Curitiba: Juruá, 1992. SOUZA FILHO, Carlos Frederico Marés de. *O renascer dos povos indígenas para o direito*. Curitiba: Juruá, 2004. SOUZA FILHO, Carlos Frederico Marés de. *Bens culturais e proteção jurídica*. Porto Alegre: UE/ Porto Alegre. 1997. FERRAZ JUNIOR, Tercio Sampaio. A demarcação de terras indígenas e seu fundamento constitucional. *Revista Brasileira de Direito Constitucional*, n. 3, jan./jun. 2004.

6. Jurisprudência relevante do STF

RE 631631/SC – Rel. Min. CARMEN LÚCIA – DJe-025 de 6-2-2014. RMS – 27.828/DF – 2ª TURMA – Rel. Min. Ricardo Lewandowski – DJe-200 de 14-10-2014. RMS 26.212/DF – 1ª TURMA – Rel. Min. Ricardo Lewandowski – DJe-094 de 19-5-2011. MS 24.566/DF – Rel. Min. Marco Aurelio de Mello – Tribunal Pleno – DJ 28-5-2004.

7. Comentários

A Constituição Federal de 1988 rompeu paradigmas clássicos da relação entre o Estado e os povos indígenas – antes fundada na pretensa inevitabilidade da assimilação desses povos a comunhão nacional e, portanto, na desfiguração ou desaparecimento como sociedades autônomas, cultural e etnicamente diferenciadas – ao reconhecer uma nova subjetividade, diferenciada e coletiva, aos povos indígenas no Brasil (arts. 231 e 232)[1]. Esta subjetividade relaciona, de modo inequívoco e imprescindível, os direitos identitários com o direito a base territorial de sobrevivência física e cultural de cada povo. Os direitos territoriais indígenas no sistema constitucional brasileiro atual, têm natureza originária, ou seja, são direitos que preexistem ao próprio estado e, como consequência, independem de qualquer ato de legitimação[2].

Ao reconhecimento, em sede constitucional, dos povos indígenas, suas culturas e seus territórios, acompanhou, no mesmo nível, o dever da União de demarcar, proteger e fazer respeitar todos os bens que integram e configuram a complexidade das terras indígenas, como espaços e lugares de usos sociais específicos a cada povo e situação. Assim, a demarcação das terras indígenas é dever da União e o ato administrativo que o realiza se reveste de natureza puramente declaratória.

Como os direitos territoriais indígenas e o dever do estado federal em demarcar materialmente os espaços sobre os quais incidem esses direitos são reconhecidos, explicitamente, no Capítulo VIII desta Constituição, o dispositivo em comento somente reforça a obrigação da União em realizar a justiça histórica para os povos indígenas, com a implementação de ações positivas de garantia, com a demarcação dos espaços de desenvolvimento da vida presente e futura dos índios; consequentemente, da possibilidade de construção social da realidade social de cada povo em suas diferenças e especificidades.

O prazo quinquenal para a conclusão da demarcação das terras indígenas, retoma a imposição legal, descumprida pelo órgão oficial de proteção aos índios, consubstanciada no "Estatuto do

---

1. DANTAS, Fernando Antonio de Carvalho. A noção de pessoa e sua ficção jurídica: a pessoa indígena no direito brasileiro. In: MATOS, Ana Carla Harmatiuk. (orgs.). *A construção dos novos direitos*. Porto Alegre: Nuria Fabris Editora, 2008.

2. SOUZA FILHO, Carlos Frederico Marés de. *O renascer dos povos indígenas para o direito*. Curitiba: Juruá, 1998.

Índio", Lei 6.001, de 19 de dezembro de 1973, cujo art. 65 das disposições gerais, estabelecera prazo semelhante para a demarcação das terras indígenas. O descumprimento e a omissão da União permanecem, tendo em vista que, segundo dados da Fundação Nacional do Índio, em janeiro de 2009, 249 das 653 terras indígenas reconhecidas pela FUNAI, ainda não tiveram seu processo demarcatório concluído[3]. Por outro lado, o tema foi objeto de discussão e proposta da União das Nações Indígenas a Assembleia Nacional Constituinte[4], por meio do documento denominado "Programa Mínimo" de direitos indígenas, apontava entre o rol de direitos fundamentais dos povos indígenas, o direito a demarcação e garantia das terras indígenas[5].

Em 23 de março de 2004, o Plenário do Supremo Tribunal Federal (STF) firmou entendimento de que a norma contida no art. 67 do ADCT tem eficácia programática, devendo ser entendida como uma disposição imposta ao administrador vinculando--o à demarcação, mas não à estrita limitação temporal ("[...] quanto ao prazo do artigo 67 do Ato das Disposições Constitucionais Transitórias, afirmasse-lhe a natureza administrativa, não cabendo emprestar-lhe, uma vez transcorrido, consequências preclusivas" – Min. Marco Aurélio, MS 24566/DF)[6].

Art. 68. Aos remanescentes das comunidades dos quilombos que estejam ocupando suas terras é reconhecida a propriedade definitiva, devendo o Estado emitir-lhes os títulos respectivos.

Daniel Sarmento

1. Histórico da norma

O dispositivo em questão foi elaborado pelo poder constituinte originário, que acolheu uma legítima e importante demanda do movimento negro. O Deputado Carlos Alberto Caó (PDT/RJ)[1] foi o responsável pela formalização da emenda durante a Assembleia Nacional Constituinte. Contudo, não havia à época muita clareza sobre o conceito de quilombo[2], seja no âmbito da constituinte, seja no seio do próprio movimento negro.

Sem embargo, a partir da década de 1990 o tema passa a ser objeto de intensa discussão tanto no âmbito do movimento negro como no campo da Antropologia, e o art. 68 começa a ser invocado com frequência cada vez maior como instrumento de luta em favor dos direitos territoriais de comunidades negras dotadas de cultura própria e de um passado ligado à resistência à opressão. Desde então, houve, no plano federal, duas tentativas

---

3. Disponível em: <www.funai.gov.br>. Acesso em 12 jan. 2009.
4. Sobre a atuação dos povos indígenas e instituições de defesa dos direitos dos índios no processo constituinte ver: LACERDA, Rosane. *Os povos indígenas e a Constituinte 1987-1988*. Brasília: CIMI – Conselho Indigenista Missionário, 2008.
5. CARNEIRO DA CUNHA, Manuela. *Os direitos do índio*: ensaios e documentos. São Paulo: Brasiliense, 1987.
6. Mandado de Segurança n. 24-566/DF, Relator o Ministro Marco Aurélio, decisão de 22-3-2004, *DJe* 28-5-2004.
1. Cf. TRECCANNI, Girolamo Domenico. *Terras de Quilombo*: caminhos e entraves do processo de titulação. Belém: Girolamo Domenico Treccanni, 2006, p. 82.
2. Cf. ARRUTI, José Maurício. *Mocambo – Antropologia e História do processo de formação quilombola*. Bauru: EDUSC, 2006, p. 66-70.

---

principais de definição jurídica do instituto: a primeira, em termos extremamente restritivos, foi realizada pelo Decreto n. 3.912/2001, e a segunda, mais ampliativa, está plasmada no Decreto n. 4.887/2003, atualmente em vigor.

Contudo, as resistências à implementação do mandamento constitucional têm sido enormes, seja porque ela afeta a injusta estrutura fundiária do país, seja pela persistência do racismo na sociedade brasileira. Apesar de já passados quase trinta anos da promulgação da Constituição, um percentual ínfimo das comunidades de remanescentes de quilombos – estimadas em mais de 3.000 em todo o país – já obteve a garantia estatal do direito de propriedade das terras tradicionalmente ocupadas. A norma constitucional em questão – incluída nas disposições transitórias apenas porque se esperava que em poucos anos o Estado cumpriria a ordem do constituinte – permanece muito longe da sua efetivação plena. Não obstante, pode-se comemorar, no mínimo, o fato de que a norma constitucional conferiu visibilidade jurídico--política aos quilombolas, e lhes concedeu um importante instrumento de luta pela afirmação dos seus direitos.

2. Constituições anteriores

Nenhuma das constituições brasileiras anteriores tratou da matéria.

3. Constituições estrangeiras

O reconhecimento da propriedade coletiva das terras ocupadas por comunidades negras consta na Constituição da Colômbia de 1991 (art. 55 das normas transitórias), na Constituição do Equador de 1998 (art. 84.2) e na Constituição da Nicarágua de 1987 (art. 89).

4. Direito internacional

A Convenção n. 169 da Organização Internacional do Trabalho, que trata dos direitos dos povos indígenas e tribais, é plenamente aplicável aos remanescentes de quilombos. Dita Convenção cuida especificamente do direito ao território titularizado por tais comunidades (arts. 13 a 19) e ela foi aprovada no Brasil pelo Decreto Legislativo n. 143, de 20 de junho de 2002, e promulgada pelo Decreto Presidencial n. 5.051, de 19 de abril de 2004.

Por outro lado, a proteção do direito à propriedade privada estabelecida pela Convenção Interamericana de Direitos Humanos (art. 21) estende-se à garantia da propriedade coletiva de terras por comunidades étnicas diferenciadas, de acordo com a jurisprudência daquela Corte[3].

5. Remissões constitucionais e legais

Constituição Federal: art. 1º, inciso III, art. 5º, incisos XXII e XXIII, e §§ 1º e 2º, art. 215, *caput* e § 1º, art. 216, *caput* e §§ 1º e 5º.

---

3. O *leading case* da Corte nesta matéria foi o caso *Awa Tigni v. Nicarágua*, julgado em 31 de agosto de 2001.

Constituições estaduais: Bahia (art. 51 do ADCT), Goiás (art. 16 do ADCT), Maranhão (art. 229), Mato Grosso (art. 33 do ADCT), Pará (art. 332).

Legislação federal: Lei n. 7.668/88 (Fundação Cultural Palmares), Lei n. 9.649/98 (art. 14, inciso V, "c"), Lei n. 9.784/99 (Processo Administrativo Federal), Lei n. 12.288/2010 (Estatuto da Igualdade Racial), Decreto n. 4.887/2003 (dispõe sobre a aplicação do art. 68 do ADCT) e Decreto n. 6.040/2007 (Política Nacional de Desenvolvimento Sustentável dos Povos e Comunidades Tradicionais).

6. Jurisprudência selecionada

ADPF 742-MC, Plenário do STF, Rel. Min. Marco Aurélio, Redator para acórdão Min. Edson Fachin, julgada em 24/02/2021, na qual o STF reconheceu a legitimidade da Coordenação Nacional de Articulação das Comunidades Negras Rurais Quilombolas (CONAQ) para ajuizar ação de controle concentrado, bem como determinou à União a elaboração de plano nacional de enfrentamento da pandemia da Covid-19 nas comunidades quilombolas.

ADI 4269, Plenário do STF, Rel. Min. Edson Fachin, julgada em 18/10/2017, na qual o STF declarou a inconstitucionalidade de qualquer interpretação da Lei n. 11.952/2009 que permita a regularização fundiária das terras públicas ocupadas por quilombolas e outras comunidades tradicionais da Amazônia Legal (i) em nome de terceiros ou (ii) de modo a descaracterizar o modo de apropriação da terra por esses grupos.

Mandado de Injunção 630/MA. STF. Decisão do Min. Joaquim Barbosa, publicada no DJ de 12-12-2005, determinando o arquivamento de Mandado de Injunção impetrado em face da mora na regulamentação do art. 68 do ADCT, sob o argumento de que o direito consagrado no referido dispositivo já fora regulamentado pelo Decreto n. 4.887/2003.

ADI 3.239, Plenário do STF, Rel. Min. Cezar Peluso, Redatora para acórdão Min. Rosa Weber, em que o STF julgou plenamente constitucional o Decreto n. 4.887/2003, que regulamenta o direito ao território das comunidades quilombolas e o respectivo procedimento de titularização.

Recurso Especial n. 931.060, 1ª Turma do STJ, Relator Ministro Benedito Gonçalves, julgado em 17/12/2009. Decisão que rejeitou a reintegração de posse postulada pela União contra família pertencente à comunidade quilombola da Ilha da Marambaia – localidade sob a administração militar da Marinha do Brasil. No precedente, afirmou-se o direito dos remanescentes de quilombo de exercerem a posse coletiva de suas terras mesmo antes da respectiva titulação definitiva.

Arguição de Inconstitucionalidade 5005067-52.2013.404.000, Corte Especial do Tribunal Regional Federal da 4ª Região, julgada em 19/12/2013, que reconheceu a constitucionalidade do Decreto 4.887, que disciplina o procedimento de reconhecimento e titulação de terras remanescentes de quilombo.

Agravo de Instrumento n. 2008.04.00.010160-5/PR, TRF da 4ª Região, 3ª Turma, Rel. Desembargadora Federal Maria Lúcia Luz Vieira, julgado em 1º/07/2008. Decisão que reconheceu a constitucionalidade do Decreto n. 4.887/2003, reformando antecipação de tutela que suspendia procedimento administrativo de reconhecimento e titulação de áreas quilombolas com base na suposta inconstitucionalidade daquele ato normativo.

Apelação Cível n. 2006.35.01.000324-8/GO, TRF da 1ª Região, 4ª Turma, Rel. Desembargador Federal Hilton Queiroz, julgada em 13/03/2007. Decisão que afirmou o não cabimento da desapropriação para fins de reforma agrária como meio para regularização de terras ocupadas por remanescentes de quilombos.

7. Referências bibliográficas

ALMEIDA, Alfredo Wagner Berno de. *Terras de Quilombo, Terras Indígenas, "Babauçais Livres", "Castanhais do Povo", Faxinais e Fundos de Pasto*: terras tradicionalmente ocupadas. Manaus: PPGSCA-UFAM, 2006.

ARRUTI, José Maurício. *Mocambo Antropologia e História do processo de formação quilombola*. Bauru: EDUSC, 2006.

BARTH, Frederik. Grupos Étnicos e suas Fronteiras. In: POUTIGNAT, Philippe; STREIFF-FENART, Jocelyne. *Teorias da Etnicidade*. Trad. Elcio Fernandes. São Paulo: UNESP, 1997, p. 187-227.

BONILLA, Daniel. *La Constitución Multicultural*. Bogotá: Siglo del Hombre Editores, 2006.

DALLARI, Dalmo de Abreu. Negros em Busca da Justiça. In: OLIVEIRA, Leinad Ayer de (org.). *Quilombos*: a hora e a vez dos sobreviventes. São Paulo: Comissão Pró-Índio, 2001, p. 11-22.

DUPRAT, Deborah (org.). *Pareceres jurídicos*: direitos dos povos e das comunidades tradicionais. Manaus: UEA, 2007.

FIGUEIREDO, André Videira de. *O caminho Quilombola*: Sociologia jurídica do reconhecimento étnico. Curitiba: Appris, 2011.

GOMES, Flávio dos Santos. *Mocambos e quilombos*: uma história do campesinato negro no Brasil. São Paulo: Claro Enigma, 2015.

GOMES, Rodrigo Portela. *Constitucionalismo e quilombos*: famílias negras no enfrentamento ao racismo de Estado. 2. ed. Rio de Janeiro: Lumen Juris, 2020.

KIMLICKA, Will. *Multicultural Citizenship*: a liberal theory of minority rights.

MELO, Marco Aurélio Bezerra de. *Direito das Coisas*. Rio de Janeiro: Lumen Juris, 2007, p. 151-158.

O'DWYER, Eliane Cantarino (Org.). *Quilombos*: identidade étnica e territorialidade. Rio de Janeiro: FGV, 2002.

OLIVEIRA, Roberto Cardoso de. *Caminhos da Identidade*. São Paulo: UNESP, 2006.

PRIOSTE, Fernando e ARAÚJO, Eduardo (Orgs.). *Direito Constitucional Qulombola*. Rio de Janeiro: Lumen Juris, 2015.

RIOS, Aurélio Virgílio. Quilombos e Igualdade Étnico-racial. In: PIOVESAN, Flávia; SOUZA, Douglas Martins de. *Ordem Jurídica e Igualdade Étnico-racial*. Brasília: SEPPIR, 2006, p. 187-216.

ROTHENBURG, Walter Claudius. Direitos dos Descendentes de Escravos (Remanescentes das Comunidades dos Quilombos). In: SARMENTO, Daniel; IKAWA, Daniela; PIOVESAN, Flávia. *Igualdade, Diferença e Direitos Humanos*. Rio de Janeiro: Lumen Juris, 2008, p. 445-471.

ROULAND, Norbert. *Direito das Minorias e dos Povos Autóctones*. Brasília: UNB, 2004.

SANTILLI, Juliana. *Socioambientalismo e Novos Direitos*. São Paulo: Peirópolis, 2005.

SANTOS, Boaventura de Souza (org.). *Reconhecer para Libertar*: os caminhos do cosmopolitismo cultural. Rio de Janeiro: Civilização Brasileira, 2003.

SARMENTO, Daniel. A Garantia do Direito à Posse dos Quilombolas antes da Desapropriação. *Revista de Direito do Estado*, n. 7. Rio de Janeiro: Renovar, 2007, p. 345-360.

_____. Terras Quilombolas e Constituição: a ADI 3.239 e o Decreto 4.887/03. In: *Por um Constitucionalismo Inclusivo*: história constitucional brasileira, teoria da Constituição e direitos fundamentais. Rio de Janeiro: Lumen Juris, 2010, p. 275-309.

SUNDFELD, Carlos Ari (org.). *Comunidades Quilombolas*: direito à terra. Brasília: Fundação Cultural Palmares/Editorial Abaré, 2002.

TRECCANNI, Girolamo Domenico. *Terras de Quilombo*: caminhos e entraves do processo de titulação. Girolamo Domenico Treccanni: Belém, 2006.

VITORELLI, Edilson. *Estatuto da igualdade racial e comunidades quilombolas*: Lei 12.288/2010 e Decreto 4.887/2003. 4. ed. Salvador: JusPodivm, 2017.

8. O art. 68 do ADCT como direito fundamental

As marcas deixadas por séculos de escravidão negra no país estão longe de cicatrizar. A escravidão e a posterior omissão do Estado e da sociedade brasileira em adotar medidas de inclusão social do negro são responsáveis por um quadro desalentador, de profunda desigualdade entre as etnias. A tarefa que hoje se impõe ao país, e que tem firme apoio na Constituição de 88, não se esgota na redução dos desníveis socioeconômicos existentes entre as raças. Ela é mais profunda, e inclui também o respeito e a valorização da cultura afro-brasileira e o reconhecimento, despido de preconceitos e estereótipos, da identidade dos negros.

Neste sentido, pode-se afirmar que a Constituição de 88 adotou[4] uma perspectiva multicultural e pluriétnica no que diz respeito aos direitos das comunidades tradicionais que habitam o país – como os índios e quilombolas. Abandonou-se a perspectiva da "integração", até então vigente, segundo a qual tais comunidades deveriam ir paulatinamente sendo incorporadas à "comunhão nacional", deixando para trás as suas tradições, costumes e estilos de vida para adequarem-se à cultura hegemônica da sociedade envolvente, adotando-se um novo modelo, que se baseia no respeito da diferença e da diversidade, que passam a ser reconhecidos tanto como direitos fundamentais dos componentes destas coletividades quanto como um patrimônio imaterial de toda a Nação, a ser protegido para as presentes e futuras gerações.

Neste quadro, é possível reconhecer os vários objetivos de máxima relevância que o art. 68 do ADCT visa a promover. Por um lado, trata-se de norma que se liga à promoção da igualdade substantiva e da justiça social, na medida em que confere direitos territoriais aos integrantes de um grupo desfavorecido, composto quase exclusivamente por pessoas muito pobres e que são ainda hoje vítimas de estigma e discriminação. Por outro, cuida-se também de uma medida reparatória, que visa a resgatar uma dívida histórica da Nação com comunidades compostas predominantemente por descendentes de escravos, que ainda padecem os efeitos perversos de muitos séculos de dominação e de violações de direitos.

Mas o principal objetivo do art. 68 do ADCT é assegurar a possibilidade de sobrevivência e florescimento das comunidades quilombolas, as quais, privadas do território em que estão assentadas, tenderiam a desaparecer, absorvidas pela sociedade envolvente. Isto porque, para os quilombolas, a terra habitada, muito mais do que um bem patrimonial, constitui elemento integrante da sua própria identidade coletiva, pois ela é vital para manter os membros do grupo unidos, vivendo de acordo com os seus costumes e tradições. Daí por que o direito à terra dos remanescentes de quilombo é também um direito fundamental cultural (art. 215 da CF).

A premissa antropológica subjacente a Constituição de 88 não visualiza o ser humano como um ente abstrato e desenraizado, mas como pessoa concreta, cuja identidade é também constituída por laços culturais, tradições e valores socialmente compartilhados[5]. E nos grupos tradicionais, caracterizados por uma maior homogeneidade cultural e por uma ligação mais orgânica entre os seus membros, estes aspectos comunitários da identidade pessoal tendem a assumir uma importância ainda maior[6]. Por isso, a perda da identidade coletiva para os integrantes destes grupos costuma gerar crises profundas, intenso sofrimento e uma sensação de desamparo e de desorientação, atentando gravemente contra a sua dignidade.

Por tudo isso, pode-se afirmar que o art. 68 do ADCT encerra um verdadeiro direito fundamental[7]. Com efeito, sabe-se que o catálogo dos direitos fundamentais encartado no Título II do texto constitucional brasileiro é aberto, conforme se depreende do disposto no art. 5º, § 2º, da Carta, o que viabiliza o reconhecimento da fundamentalidade de outros direitos presentes dentro ou fora do texto constitucional. O principal critério para o reco-

---

4. O debate sobre as implicações do multiculturalismo no plano jurídico, e da sua relação com a proteção de direitos humanos tidos como universais, é extremamente complexo, e não haveria como abordá-lo aqui. Veja-se, a propósito, SANTOS, Boaventura de Souza. Por uma Concepção Intercultural dos Direitos Humanos. In: SARMENTO, Daniel; IKAWA, Daniela; PIOVESAN, Flávia. *Igualdade, Diferença e Direitos Humanos*. Rio de Janeiro: Lumen Juris, 2007; KYMLICKA, Will. *Multicultural Citizenship*: a liberal theory of minority rights; e BALDI, Cesar Augusto (org.). *Direitos Humanos na Sociedade Cosmopolita*. Rio de Janeiro: Renovar, 2004.

5. Cf. SANDEL, Michael. The Procedural Republic and the Unencumbered Self. In: GOODIN, Robert & PETTIT, Philip (eds.). *Contemporary Political Philosophy*. Oxford: Blackwell Publishers, 1997, p. 246-256; e TAYLOR, Charles. A Política de Reconhecimento. In: TAYLOR, Charles *et al. Multiculturalismo*. Trad. Marta Machado. Lisboa: Instituto Piaget, 1998, p. 45-94.

6. Na sociologia, é conhecida a distinção, formulada por Ferdinand Tönnies, entre as sociedades – em que os laços sociais são mais tênues, predominando as forças centrífugas – e as comunidades, em que estes vínculos são mais estreitos e a relação entre os membros é mais orgânica. Neste sentido, não há dúvida de que os remanescentes de quilombos constituem autênticas comunidades.

7. No mesmo sentido, RIOS, Aurélio Virgílio. Quilombos e Igualdade Ético-Racial. In: PIOVESAN, Flávia; SOUZA, Douglas Martins de. *Ordem Jurídica e Igualdade Étnico-Racial*. Brasília: SEPPIR, 2006, p. 189-181, e PEREIRA, Débora Macedo Duprat de Brito. Breves Considerações sobre o Decreto 3.912/01. In: O'DWYER, Eliane Cantarino, *Quilombos*: identidade étnica e territorialidade. Rio de Janeiro: FGV, 2002, p. 281-289.

nhecimento dos direitos fundamentais não inseridos no catálogo é a sua ligação ao princípio da dignidade da pessoa humana, da qual aqueles direitos são irradiações[8]. E o vínculo entre a dignidade da pessoa humana e o direito à identidade, que o art. 68 do ADCT visa salvaguardar, é claro e inequívoco.

Não bastasse, não é apenas o direito dos membros das comunidades de remanescentes de quilombo que é violado quando não se protege o respectivo território. Perdem também todos os brasileiros, das presentes e futuras gerações, que, pelo risco de desaparecimento da comunidade, podem ser privados do acesso a um "modo de criar, fazer e viver" que compõe o patrimônio cultural do país (art. 215, *caput* e inciso II, da CF). Daí por que o art. 68 do ADCT, além de proteger direitos fundamentais dos remanescentes de quilombo, também se volta à tutela de direito difuso de todo o povo brasileiro.

9. A aplicabilidade imediata do art. 68 do ADCT

Como se sabe, os direitos fundamentais desfrutam de um regime diferenciado em relação às demais normas constitucionais, que visa a reforçar a sua força normativa e a ampliar o seu potencial transformador. Um dos traços característicos deste regime é a aplicabilidade imediata dos direitos fundamentais, que foi consagrada no art. 5º, parágrafo 1º, do Texto Magno. A aplicabilidade imediata significa, no mínimo, que os direitos fundamentais não dependem de concretização legislativa para surtirem os seus efeitos. Sendo eles verdadeiros "trunfos" que, pela sua importância axiológica, são protegidos tanto do arbítrio como do descaso do legislador e das maiorias de plantão, não faria sentido condicionar a sua tutela à prévia regulamentação legislativa. Assim, a natureza de norma consagradora de direito fundamental do art. 68 do ADCT, assentada no item anterior, já bastaria para reconhecimento da sua aplicabilidade imediata.

Não bastasse, o art. 68 do ACDT, apesar de redigido de forma concisa, já contém em si todos os elementos necessários para viabilizar a sua incidência. Como bem ressaltou Walter Rothenburg[9], tal dispositivo já indica o objeto do direito, a condição para o seu reconhecimento, o seu titular e sujeito passivo. Não há, portanto, necessidade de edição de lei para viabilizar a tutela imediata do direito à propriedade dos remanescentes de quilombo. Sem embargo, é altamente recomendável que o legislador discipline o dispositivo constitucional em questão, para conferir maior segurança jurídica aos direitos dos quilombolas.

O STF reconheceu essa a autoaplicabilidade do art. 68 do ADCT no julgamento da ADI 3.239. Um dos fundamentos da ação era a inconstitucionalidade do Decreto, por alegada afronta ao princípio da legalidade, já que tratar-se-ia, segundo o Requerente, de um regulamento autônomo, o que seria vedado pela Constituição.

O Supremo assentou que como o art. 68 do ADCT é dotado de aplicabilidade imediata, ele não só pode como deve ser aplicado diretamente pela Administração Pública, independentemente de qualquer mediação concretizadora da lei. Por isso, era possível a edição de ato normativo infralegal pautando essa aplicação, de modo a explicitar o sentido de norma constitucional e definir os procedimentos tendentes à viabilização da sua incidência.

Ademais, como reconheceu o STF, é possível fundamentar o Decreto n. 4.887/03 em outras normas infraconstitucionais, como a Convenção 169 da OIT, que tratou explicitamente do direito à terra das comunidades indígenas e "povos tribais" – categoria em que os remanescentes de quilombo se inserem, sem maiores dificuldades[10] –, e que já foi devidamente incorporada ao ordenamento brasileiro, bem como na Lei n. 9.784/01, que disciplina o processo administrativo no âmbito federal e até mesmo na Convenção Interamericana de Direitos Humanos. Essa última, segundo a jurisprudência da Corte Interamericana de Direitos Humanos, protege, em seu art. 21, o direito dos povos etnicamente diferenciados à propriedade das terras que tradicionalmente ocupam.

10. Competência no pacto federativo

O texto constitucional menciona a competência do Estado para emitir os títulos de propriedade em favor dos remanescentes de quilombo. Não parece que o constituinte tenha se utilizado do termo para se referir aos Estados-membros, mas sim ao Poder Público em geral, abrangendo todas as esferas federativas[11]. Com efeito, sempre que o constituinte quis se referir aos Estados-membros, ele empregou a palavra "Estados", no plural (*e.g.*, arts. 18, 19 e 23 a 28 da CF). Já a palavra "Estado", no singular, é em geral usada no texto constitucional para aludir ao Poder Público, compreendendo todos os entes federativos (*e.g.* arts. 1º, 144, 173, 174, 196, 205, 215, 217, 218, 226 e 230 da CF).

Tal exegese, por outro lado, contribui para a efetivação do direito fundamental em questão, ao permitir a atuação conjunta e articulada das diversas esferas federativas em prol dos remanescentes de quilombo. Assim, do ponto de vista da competência legislativa para regulamentação do art. 68 do ADCT, entendo que a competência é concorrente, assentando-se no art. 24, inciso VII (proteção ao patrimônio cultural). Já no que tange à competência material, trata-se de competência comum, como pode ser inferido tanto do próprio art. 68 do ADCT como do disposto no art. 23 da CF, notadamente dos seus incisos III (proteção de bens de valor cultural), V (proporcionar os meios de acesso à cultura) e VI (proteger o meio ambiente – que também abrange o meio ambiente cultural[12]).

---

8. Cf. SARLET, Ingo Wolfgang. *Dignidade da Pessoa Humana e Direitos Fundamentais*. Porto Alegre: Livraria do Advogado, 2001, p. 97-107.

9. Direitos dos descendentes de escravos (remanescentes das comunidades dos Quilombos). In: SARMENTO, Daniel; IKAWA, Daniel; PIOVESAN, Flávia. *Igualdade, diferença e direitos humanos*. Rio de Janeiro: Lumen Juris, 2008, p. 461.

10. O TRF da 4ª Região, no julgamento do Agravo de Instrumento n. 2008.04.00.010160-5/PR, 3ª Turma, Rel. Desembargadora Federal Maria Lúcia Luz Vieira, julgado em 1º/07/2008, reconheceu a plena incidência da Convenção 169 da OIT sobre as comunidades de remanescentes de quilombos.

11. No mesmo sentido, ROTHENBURG, Walter Claudius. Direitos dos Descendentes de Escravos (Remanescentes das Comunidades dos Quilombos). In: SARMENTO, Daniel; KAWA, Daniela; PIOVESAN, Flávia. *Igualdade, Diferença e Direitos Humanos*, p. 463. O Decreto n. 4.887/03, que trata da questão, é expresso ao reconhecer, em seu art. 3º, a competência concorrente dos Estados, Distrito Federal e Municípios na questão.

12. Cf. SILVA, José Afonso da. *Direito Ambiental Constitucional*. São Paulo: Malheiros, 1995, p. 2; e SANTILLI, Juliana. *Socioambientalismo e Novos Direitos*. São Paulo: Peirópolis, 2005, p. 70-79.

11. Quem são os remanescentes dos quilombos?

Existe ampla controvérsia sobre o conceito de remanescentes de quilombos. Uma corrente mais restritiva liga tal conceito à definição de quilombo presente na legislação repressiva da época da escravidão e ao sentido comum da palavra "quilombo", encontrado nos dicionários em geral. Para ela, remanescentes de quilombo são os descendentes dos escravos fugidos que criaram núcleos espaciais de resistência à escravidão antes da sua abolição, e que continuam ocupando as terras em que viviam os seus antepassados[13]. Tal interpretação está em consonância com a definição do Conselho Ultramarino de 1740, que conceituava quilombo como "toda habitação de negros fugidos, que passem de cinco, em parte despovoada, ainda que não tenham ranchos levantados e nem se achem pilões neles".

Contudo, tal interpretação não é a mais adequada, considerando o sentido antropológico e social do quilombo. A construção do conceito contemporâneo de quilombo – que já foi chamada de "processo de ressemantização" – constitui um exemplo riquíssimo da importância dos debates travados na sociedade civil organizada para a atribuição de sentido às normas constitucionais[14], tendo em vista que a discussão do tema vem se realizando muito mais no âmbito social, e em instâncias ligadas à academia antropológica e ao movimento negro, do que nos tribunais[15].

Esta construção partiu da constatação de que em todo o Brasil se formaram núcleos territoriais compostos por escravos e ex-escravos a partir de outros processos diferentes da fuga. Estes núcleos, tais como aqueles compostos por escravos fugitivos, também constituíram uma cultura própria e se mantiveram como polos de resistência à opressão em uma sociedade profundamente racista. Aliás, a constituição destes polos de resistência não se findou com a abolição da escravidão. Como se sabe, a abolição não extirpou a violência racial do país nem tampouco alterou tão significativamente a vida de uma ampla parcela da população negra brasileira, que continuou privada do gozo dos seus direitos mais elementares. Naquele quadro, novos quilombos se constituíram após 1888, porque "continuaram a ser, para muitos, a única possibilidade de viver em liberdade, segundo a sua cultura e preservando a sua dignidade"[16]. Não haveria qualquer razão legítima para excluí-los da proteção constitucional, considerando os princípios da igualdade e da máxima efetividade dos direitos fundamentais, bem como os objetivos subjacentes ao art. 68 do ADCT. Na verdade, seria até paradoxal empregar uma norma imbuída de propósitos emancipatórios, como o art. 68 do ADCT, com base nos limites e categorias da legislação repressiva dos quilombos em vigor no século XVIII[17].

Nesse cenário, as conceituações mais aceitas dos quilombos não se prendem nem à sua origem decorrente da fuga de escravos, nem à sua constituição anterior ao fim da escravidão[18], mas se ligam à presença de quatro elementos: passado histórico comum de resistência à opressão racial, cultura própria, relação especial com a terra (territorialidade) e autoatribuição[19]. Com efeito, é necessário, em primeiro lugar, que a comunidade étnica tenha uma trajetória histórica específica, relacionada à resistência à opressão contra os negros. É preciso, por outro lado, que ela haja desenvolvido traços culturais próprios, aqui entendida a cultura em sentido amplo, para englobar os "modos de criar, fazer e viver" (art. 216, inciso III, da CF). Exige-se, ainda, a chamada "territorialidade", que diz respeito à existência de uma relação singular do grupo com a terra ocupada, que se caracteriza tanto pela atribuição de um significado mais profundo a ela na constituição da comunidade – que em muito transcende o aspecto econômico do imóvel – como pela existência de terras comuns de toda a coletividade, insuscetíveis de apropriação individual por quaisquer dos seus componentes. Finalmente, outro pressuposto importante é o da autoatribuição, que obriga a que se leve em consideração na definição do *status* jurídico da comunidade a percepção que seus integrantes têm sobre a sua própria identidade étnica.

Vale ressaltar que a exigência da autoatribuição está positivada no art. 1º, item 2, da Convenção 169 da OIT, que obriga seja sempre levada em consideração a consciência da identidade étnica do grupo na definição do seu *status* legal. Sem embargo, esse requisito tem sido objeto de contestação no que diz respeito à problemática dos quilombos, com base na afirmação de que, através dele, abrir-se-ia espaço para fraudes perpetradas por grupos interessados em se beneficiar através da tutela conferida pelo art. 68 do ADCT[20]. Contudo, este argumento deve ser refutado, uma vez que a autoatribuição não é o único critério para definição dos beneficiários da referida proteção, e os demais, dotados de caráter mais objetivo, permitem a coibição de possíveis abusos. Ademais, a autoatribuição é um critério extremamente importante, na medida em que parte da inafastável premissa de que, na definição da identidade étnica, é essencial levar em conta as percepções dos próprios sujeitos que estão sendo identificados, sob pena de se chancelarem leituras etnocêntricas ou essencialistas

---

13. Tal interpretação é sustentada na já referida ADI 3.239, ajuizada pelo Partido Democratas contra o Decreto n. 4.887/03.

14. Sobre a importância da sociedade civil na hermenêutica constitucional, veja-se HÄBERLE, Peter. *Hermenêutica Constitucional:* a sociedade aberta dos intérpretes da Constituição. Trad. Gilmar Ferreira Mendes. Porto Alegre: Sergio Antônio Fabris, 1998.

15. Para uma análise deste processo de atribuição de sentido ao conceito de quilombo, veja-se ARRUTI, José Maurício. Op. cit., p. 66-122; e ALMEIDA, Alfredo Wagner Berno de. Os Quilombos e as Novas Etnias. In: O'DWYER, Eliane Cantarino (Org.). Op. cit., p. 43-81.

16. DALLARI, Dalmo de Abreu. Negros em Busca da Justiça. In: OLIVEIRA, Leinad Ayer de (Org.). *Quilombos:* a hora e a vez dos sobreviventes, p. 11.

17. Cf. TRECCANNI, Girolano Domenico. Op. cit., p. 146.

18. O Decreto n. 3.912/2001, que regulamentava o art. 68 do ADCT até a sua revogação pelo Decreto n. 4.887/2003, definia dois marcos temporais necessários para que coubesse o reconhecimento e a titulação das terras quilombolas: era necessário que as terras estivessem sendo ocupadas pela comunidade étnica tanto em 1888, à época da emancipação dos escravos, como em outubro de 1988, por ocasião da promulgação da Constituição. No entanto, a maioria dos comentadores apontava inconstitucionalidades nesta norma, dentre as quais a arbitrariedade destes marcos temporais. Veja-se neste sentido, dentre outros SUNDFELD, Carlos Ari (Org.). *Comunidades Quilombolas:* direito e terra, p. 69-80; e PEREIRA, Débora Macedo Duprat de Brito (Org.). Breves Considerações sobre o Decreto 3.912/01. In: O'DWYER, Eliane Cantarino. Op. cit., p. 281-289.

19. Todos estes elementos estão de alguma maneira contemplados na definição de remanescentes de quilombo presente art. 2º no Decreto n. 4.887/2003: "Consideram-se remanescentes das comunidades dos quilombos, para os fins deste Decreto, os grupos étnico-raciais, segundo critérios de autoatribuição, com trajetória histórica própria, dotados de relações territoriais específicas, com presunção de ancestralidade negra relacionada com a resistência à opressão histórica sofrida".

20. O argumento foi empregado, por exemplo, na petição inicial da ADI 3.239 ajuizada pelo partido democratas contra o Decreto n. 4.887/03.

dos observadores externos provenientes de outra cultura, muitas vezes repletas de estereótipos e preconceito[21]. A ideia básica, que pode ser reconduzida ao próprio princípio da dignidade da pessoa humana, é de que na definição da identidade não há como ignorar a visão que o próprio sujeito de direito tem de si, sob pena de se perpetrarem sérias arbitrariedades e violências, concretas ou simbólicas[22]. Essa última orientação, que compreende de maneira mais elástica as comunidades quilombolas, foi acolhida pelo STF no julgamento da ADI 3.239.

Finalmente, cumpre salientar que, embora as comunidades de remanescentes de quilombo sejam constituídas preponderantemente por pessoas negras, não cabe ao Estado adotar nenhuma restrição de caráter essencialista sobre quem é ou não quilombola, com base em critérios raciais. Não é incomum que as comunidades quilombolas incorporem, ao longo de suas trajetórias, pessoas de diversas raças, através de mecanismos diversos, como os casamentos com indivíduos externos ao grupo, e, neste quadro, nada justificaria tal tipo de exclusão.

12. A propriedade coletiva e os seus limites

A Constituição foi expressa ao atribuir aos remanescentes de quilombos o direito à propriedade definitiva das terras que ocupam. Portanto, neste ponto o constituinte foi mais generoso em relação aos quilombolas do que com os indígenas, uma vez que o direito territorial conferido a estes últimos não foi a propriedade plena das terras tradicionalmente ocupadas, mas apenas a posse permanente e usufruto exclusivo delas (art. 231, § 2º, da CF), atribuindo-se a sua propriedade à União Federal (art. 21, inciso XI, da CF).

Sem embargo, é consensual que o direito de propriedade conferido pelo art. 68 do ADCT não é idêntico à propriedade privada tradicional do Direito Civil, uma vez que esta foi construída a partir de uma ótica essencialmente individualista, típica das sociedades ocidentais capitalistas, que não se coaduna com a cultura e as tradições das comunidades quilombolas, de natureza muito mais coletivista. Aqui, o respeito à diferença cultural e à diversidade étnica – valores que alicerçam o art. 68 do ADCT – obriga o intérprete e o legislador a afastarem-se do modelo geral de propriedade presente em nosso Direito Privado para construírem um outro, que dê conta da realidade empírica diferenciada sobre a qual ele incide.

Neste particular, tem-se entendido que a propriedade conferida pelo art. 68 do ADCT é de natureza coletiva. Em outras palavras, não devem ser outorgados títulos de propriedade individual para cada integrante ou família da comunidade de remanescentes de quilombo, mas um único título coletivo, em favor de toda a comunidade. Isso, contudo, não significa que, internamente, as comunidades não possam articular a sua vida de acordo com regras próprias, reconhecendo espaços privativos para cada grupo familiar, como o representado pelas respectivas moradias. Tal orientação a propósito da natureza coletiva da propriedade tem pleno respaldo da doutrina[23], e é também acolhida pela legislação infraconstitucional[24] que trata da matéria, cuja constitucionalidade foi reconhecida pelo STF.

Por outro lado, e à semelhança do que ocorre com as terras indígenas (art. 231, § 4º, da CF), entende-se que o direito territorial em questão é de natureza inalienável, indisponível e imprescritível[25], de modo a proteger a subsistência da comunidade, inclusive para as futuras gerações.

Para viabilizar a outorga de títulos coletivos de propriedade, o Poder Público tem recorrido a um expediente um tanto problemático sob o prisma constitucional. Determina-se que as comunidades quilombolas constituam uma associação civil, em cujo nome o título será expedido[26]. Há, na doutrina, quem aplauda a solução[27]. Contudo, ela se revela equivocada por duas razões. Em primeiro lugar, porque impõe artificialmente uma forma específica de organização jurídica à comunidade quilombola, que muitas vezes não se afeiçoa à sua cultura e às suas tradições. Sabe-se que o funcionamento das associações civis está sujeito a uma série de regras legais, que podem ser absolutamente estranhas às práticas sociais das comunidades étnicas, gerando conflitos e problemas. Por outro lado, na medida em que a Constituição Federal assegura a liberdade de associação, que inclui o direito de associar-se e de não se associar (art. 5º, inciso XX, da CF), torna-se no mínimo duvidosa a constitucionalidade do condicionamento do gozo do direito de propriedade assegurado pelo texto magno à constituição de uma associação privada pela comunidade quilombola, e ao pertencimento a ela por cada integrante do grupo étnico em questão.

A justificativa daqueles que defendem a necessidade de constituição de associação civil para titulação das terras quilombolas relaciona-se à inexistência de qualquer previsão na Lei de Registros Públicos que ampare o registro de imóvel em nome de comunidade étnica desprovida de personalidade jurídica. Contudo, a ausência de lei não pode ser obstáculo para a providência, em razão da possibilidade da incidência direta da Constituição, ao obrigar os cartórios a realizarem os competentes registros. Mas, em que pese a possibilidade de se extrair esta obrigação diretamente da Constituição, seria importante a edição de algum ato normativo que a reconhecesse expressamente, a fim de evitar entraves burocráticos e conferir maior segurança jurídica para os quilombolas.

---

21. Não obstante, a exigência de autoatribuição como requisito *sine qua non* para a incidência do art. 68 do ADCT foi objeto de interessante problematização por José Maurício Arruti, nas situações em que os grupos étnicos ainda não aderiram politicamente ao rótulo jurídico proposto. Nas palavras do autor, "a exclusividade do critério de autoatribuição poderia restringir a aplicação do rótulo 'remanescente de quilombo' e, portanto, o reconhecimento dos direitos de tais grupos, às situações não só de plena mobilização política, como àquelas situações de mobilização já adequadas ao novo discurso ressemantizado". Para Arruti, a saída para este impasse, do ponto de vista antropológico, estaria em reconhecer que "o peso que a interpretação antropológica deposita no argumento da autoatribuição deve observar... as condições políticas e cognitivas que marcam a relação de tais grupos com o aparato jurídico-administrativo estatal" (Op. cit., p. 94-95).

22. Cf. ALMEIDA, Alfredo Wagner Berno de. Quilombos e as Novas Etnias. In: O'DWYER, Eliane Cantarino (org.). Op. cit., p. 67-68.

23. Cf. SUNDFELD, Carlos Ari (Org.). Op. cit., p. 81-82; RIOS, Aurélio Virgílio. Op. cit., p. 199-200.

24. A natureza coletiva dos títulos de propriedade está contida no art. 17 do Decreto n. 4.887/03.

25. Cf. Decreto n. 4.887/03, art. 17.

26. Esta fórmula está prevista no art. 17, parágrafo único, do Decreto n. 4.887/03.

27. Cf. SUNDFELD, Carlos Ari (Org.). Op. cit., p. 83-86.

Outra questão polêmica é a que concerne à extensão do direito de propriedade conferido aos quilombolas. Uma visão restritiva deste direito o circunscreve apenas aos espaços fisicamente ocupados por cada comunidade em outubro de 1988. Contudo, tal exegese não é compatível com uma interpretação teleológica e sistemática do art. 68 do ADCT. Com efeito, conforme já se destacou acima, a finalidade central do art. 68 do ADCT é possibilitar a preservação de comunidades quilombolas, que são portadoras de uma cultura própria, seja porque assim se respeita o direito à identidade dos seus integrantes, seja porque se protege o patrimônio cultural de toda a Nação. Essa ligação entre o art. 68 do ADCT e a proteção à cultura se evidencia diante do disposto no art. 215, § 1º, do texto magno, segundo o qual o Estado deve proteger "as manifestações das culturas populares, indígenas e afro-brasileiras, e das de outros grupos participantes do processo civilizatório nacional", bem como do estatuído no § 5º do mesmo preceito, que determinou o tombamento de "todos os documentos e os sítios detentores de reminiscências históricas dos antigos quilombos".

Ora, uma das características essenciais da cultura quilombola é a territorialidade. Neste quadro, a preservação da cultura quilombola objetivada pelo constituinte só se torna efetiva na medida em que se assegura à comunidade étnica o território necessário à sua reprodução física, social, econômica e cultural. Cabe aqui a aplicação analógica do art. 231, § 1º, da Constituição, que ao definir as terras tradicionalmente ocupadas pelos índios, estendeu o conceito às áreas "imprescindíveis à preservação dos recursos ambientais necessários ao seu bem-estar e às necessárias a sua reprodução física e cultural, segundo os seus usos, costumes e tradições"[28]. Neste diapasão, merece aplausos o Decreto n. 4.887/2003, que, em perfeita harmonia com a Constituição, afirmou serem terras ocupadas por remanescentes de quilombo "as utilizadas para a garantia da sua reprodução física, social, econômica e cultural" (art. 2º, § 2º). Tal orientação foi endossada pelo STF, no julgamento da ADI 3.239.

13. A inexistência do pressuposto do "marco temporal" para fruição do direito dos quilombolas às suas terras

Diante da literalidade do texto constitucional, que outorgou o direito à propriedade fundiária aos remanescentes dos quilombos "que estejam ocupando as suas terras quilombolas", e da jurisprudência firmada em matéria indígena, a partir do julgamento do "Caso Raposa Serra do Sol", surgiu a tese de que apenas as comunidades quilombolas que estivessem ocupando suas terras tradicionais por ocasião da promulgação da Constituição de 1988, fariam jus ao direito previsto no art. 68 do ADCT. No julgamento da ADI 3.239, essa tese foi sustentada nos votos do Min. Dias Toffoli e Gilmar Mendes.

Tal tese, porém, não procede. Não se pode ignorar que a trajetória das comunidades quilombolas no Brasil é marcada pela opressão e conflito, razão pela qual seria extremamente injusto privar de direitos territoriais aquelas que, por conta de múltiplas injustiças ou opressões, não estivessem em seu território em outubro de 1988. A tese frustraria as potencialidades emancipatórias do art. 68 do ADCT e congelaria definitivamente no tempo situações injustas, porventura existentes à época da promulgação da Carta de 88. Nessa linha, decidiu a maioria do STF no julgamento da ADI 3.239, que refutou a existência do "marco temporal" para terras quilombolas em nossa ordem jurídica.

14. Usucapião, desapropriação ou instituto *sui generis*, fundado diretamente na Constituição?

A Constituição já opera a transferência da propriedade das terras ocupadas pelos remanescentes de quilombos às respectivas comunidades, ou, tratando-se de áreas registradas em nome de particulares, é necessário promover previamente a desapropriação do imóvel? Esta é uma das questões mais discutidas a propósito do art. 68 do ADCT, que recebeu, até agora, três respostas diferentes. A primeira, que fora acolhida pelo Decreto n. 3.912/2001, equipara o instituto previsto no art. 68 do ADCT a uma modalidade "centenária" de usucapião, restringindo em demasia a sua incidência, mas tornando a aquisição da propriedade pelo grupo étnico independente de desapropriação prévia da área. Já a segunda, adotada pelo Decreto n. 4.887/2003, condiciona a transferência das terras particulares aos remanescentes de quilombo à sua prévia desapropriação pelo Estado. E a terceira, sustentada nestes comentários, afirma a natureza *sui generis* do art. 68 do ADCT, destacando a desnecessidade de desapropriação, mas reconhecendo o eventual cabimento do pagamento de indenização aos antigos proprietários das áreas a serem tituladas em favor dos quilombolas.

Com efeito, pela primeira tese, que foi sustentada no Parecer n. 1.490/2001, da Subchefia para Assuntos Jurídicos da Casa Civil da Presidência da República, o próprio constituinte já teria reconhecido o direito a terra dos remanescentes de quilombo e operado a transferência para eles das propriedades que eles ocupavam e que estivessem registradas em nome de terceiros. Daí por que a desapropriação seria descabida e o pagamento de qualquer valor ao detentor do título de propriedade afigurar-se-ia indevido. Contudo, esse fenômeno apenas ocorreria nos casos em que os quilombolas tivessem exercido de forma pacífica e ininterrupta a posse da área entre a data da abolição da escravidão, em 1888, e a promulgação da Constituição, em 1988. Tratar-se-ia, portanto, de uma modalidade específica de usucapião regulada pelo próprio constituinte originário[29].

Tal exegese é flagrantemente anti-isonômica, além de contraditória. De fato, quando o maior prazo para usucapião da legislação civil é de 15 anos (art. 1.238 do Código Civil), soa absurdo defender, para os quilombolas, um prazo de cem anos[30]. Por esta interpretação, o art. 68 do ADCT, editado para proteger um grupo étnico vulnerável, transformar-se-ia no veículo de uma odiosa discriminação perpetrada contra os integrantes deste grupo. Ademais, tal orientação restringe em demasia o campo de incidência do art. 68 do ADCT, já que, considerando o quadro fundiário existente no país e a precariedade da situação vivencia-

---

28. No mesmo sentido, veja-se o Parecer AGU/MC – 1/2006, elaborado pelo Consultor-Geral da União em 24 de novembro de 2006, e publicado em DUPRAT, Deborah (Org.). *Pareceres jurídicos*: direitos dos povos e das comunidades tradicionais. Manaus: UEA, 2007, p. 41-75.

29. Cf. SILVA, Cláudio Teixeira da. O Usucapião Singular Disciplinado no art. 68 do Ato das Disposições Transitórias, *Revista de Direito Privado*. n. 11, p. 80 e s.

30. Nesse sentido, TRECCANNI, Girolamo Domenico. Op. cit., p. 117.

da pelos quilombolas, será praticamente impossível encontrar qualquer comunidade que tenha possuído de forma pacífica e sem interrupções as suas terras por um século inteiro.

Orientação oposta sustenta que a transferência da propriedade de terras particulares para comunidades quilombolas dependeria de prévia desapropriação. Os adeptos dessa corrente advogam o entendimento de que, como o constituinte não invalidou expressamente os títulos anteriores incidentes sobre as áreas ocupadas pelos quilombos – ao contrário do que fez com as terras indígenas –, só a desapropriação promovida pelo Estado teria o condão de tornar tais títulos insubsistentes[31].

Como se sabe, na desapropriação, a transferência da propriedade só ocorre após o pagamento ao expropriado do preço do bem, nos termos do art. 5º, inciso XXV, da Constituição. Caso a expropriação não seja amigável, tal pagamento só ocorre após o trânsito em julgado de morosa ação judicial. Por isso, tal sistemática se afigura ineficaz para a proteção dos quilombolas, pois torna a fruição dos seus direitos territoriais dependente de iniciativas das autoridades públicas competentes para a promoção da desapropriação[32]. Desnecessário frisar que as comunidades de remanescentes de quilombo não exercem nenhum controle sobre estas autoridades, e que, portanto, não é justo que sejam penalizadas com o impedimento do exercício do seu direito fundamental à propriedade da terra ocupada, em razão da inércia do Poder Público. Exigir a prévia desapropriação significa, nestes termos, subordinar a garantia do direito à terra das comunidades quilombolas à disponibilidade dos recursos públicos pelo Estado, bem como às suas escolhas políticas sobre que demandas priorizar, num quadro de escassez financeira. Implica, em outras palavras, postergar indefinidamente a possibilidade de fruição, pelos seus titulares, de direitos fundamentais dotados de aplicabilidade imediata, condicionando-os a variáveis políticas e financeiras altamente incertas.

Ademais, o texto do próprio art. 68 do ADCT corrobora esta exegese, ao afirmar que "é reconhecida a propriedade definitiva" aos quilombolas, competindo ao Estado "emitir-lhes os respectivos títulos". Ora, o ato de reconhecimento, por definição, tem caráter declaratório, pois sempre se reporta a algo que lhe é preexistente. Por isso, as medidas estatais tendentes à efetivação do disposto no art. 68 do ADCT não devem ser concebidas como constitutivas do direito territorial da comunidade étnica, mas como dotadas de caráter meramente declaratório. Daí por que o gozo do direito de propriedade coletiva consagrado no referido dispositivo constitucional é imediato, podendo ser reconhecido e tutelado em juízo, inclusive em face dos antigos proprietários, independentemente da realização de prévia desapropriação.

Por outro lado, não impressiona o argumento no sentido de que, como o texto constitucional não foi expresso ao invalidar os títulos de propriedade que antes recaíam sobre as áreas particulares ocupadas pelos remanescentes de quilombo, a prévia desapropriação seria indispensável para viabilizar a transferência da titularidade da terra aos quilombolas. Com efeito, se a Constituição reconhece a propriedade das comunidades quilombolas, parece uma consequência lógica inarredável a insubsistência, em face do texto magno, dos títulos anteriores incidentes sobre a mesma área. Neste contexto, exigir-se referência textual expressa a este consectário lógico do direito consagrado no art. 68 do ADCT é uma demasia, sobretudo em se tratando de texto constitucional, que, pela boa técnica, deve ser conciso e evitar redundâncias.

Contudo, da desnecessidade da desapropriação para transferência da propriedade das terras ocupadas às comunidades quilombolas não se segue necessariamente a impossibilidade do pagamento de indenizações aos antigos proprietários privados, como defendem os adeptos da tese do "usucapião especial". Na verdade, a solução mais justa, proporcional, e que melhor acomoda os interesses constitucionais em jogo, é aquela que, por um lado, reconhece a propriedade imediata das comunidades quilombolas sobre as terras ocupadas, mas, por outro, preserva, para os antigos proprietários – detentores de títulos que seriam plenamente válidos, não fosse a proteção constitucional aos territórios dos remanescentes de quilombos –, um direito de indenização em face do Poder Público, em razão da perda dos seus bens[33].

Sob o prisma da justiça material subjacente à Constituição, a solução se afigura a mais razoável, na medida em que, através da indenização a ser paga pelo Estado, reparte-se entre toda a sociedade o ônus de financiar os custos de implementação do art. 68 do ADCT. Afinal, é interesse de todos os brasileiros – das presentes e futuras gerações – preservar a cultura dos quilombolas, e, por outro lado, é também um dever de todos contribuir para o resgate da dívida histórica que a Nação tem com os remanescentes de quilombos. Não seria razoável que os ônus relacionados à efetivação deste direito recaíssem exclusivamente sobre os antigos proprietários das terras ocupadas pelas comunidades quilombolas, sobretudo levando-se em conta a necessidade de adoção de uma concepção ampla dos territórios quilombolas, de forma a abranger não apenas os espaços fisicamente ocupados pelas comunidades étnicas em questão, como também aqueles necessários à sua reprodução física e cultural, de acordo com os seus costumes e tradições.

Ademais, sob o ângulo pragmático, o reconhecimento do direito à indenização dos antigos proprietários das áreas ocupadas por remanescentes de quilombos é um fator importante de paz social, que tende a desanuviar os conflitos fundiários em que muitas comunidades quilombolas estão envolvidas, possibilitando um equacionamento menos tormentoso dos litígios pela terra.

Nem se diga que tal solução é inadmissível, por dar ensejo ao pagamento de indenização sem a ocorrência de ato ilícito. É certo que a transferência da propriedade fundiária dos antigos titulares

---

31. Cf. SUNDFELD, Carlos Ari (Org.). Op. cit., p. 116-118; e RIOS, Aurélio Virgílio. Op. cit., p. 201-202.

32. Em parecer elaborado pelo autor destes comentários para 6ª Câmara de Coordenação e Revisão do Ministério Público Federal (SARMENTO, Daniel. A Garantia do Direito à Posse dos Quilombolas antes da Desapropriação. *Revista de Direito do Estado*, n. 7. Rio de Janeiro Renovar, 2007, p. 345-360), defendeu-se, partindo da premissa da validade do uso da desapropriação de terras particulares para fins de titulação dos territórios quilombolas – na linha do Decreto n. 4.887/2003 –, que seria possível tutelar, antes da realização da expropriação, o direito à posse das referidas áreas pelos remanescentes de quilombo, mesmo contra os detentores dos títulos de propriedade incidentes sobre aquelas terras. Para tal fim, equiparou-se dita situação à figura da desapropriação indireta, na qual o proprietário não pode reclamar a posse do bem de que foi privado quando este estiver sendo empregado para uma finalidade pública. Naquele contexto, por razões pragmáticas, não foi problematizada a constitucionalidade do emprego da desapropriação, como se faz agora.

33. No mesmo sentido, ROTHENBURG, Walter Claudius. Op. cit., p. 464-466, que destaca, ainda, que tal indenização também deve ser paga àqueles que, mesmo não possuindo título de propriedade sobre a área a ser titulada em favor dos quilombolas, tenham moradia no seu interior.

para os remanescentes de quilombos não configura ato ilícito, pois decorre da aplicação do texto constitucional. Contudo, no direito brasileiro, que consagra a responsabilidade objetiva do Estado (art. 37, § 6º, da CF), o dever de indenizar dos entes públicos não pressupõe o reconhecimento de qualquer ilicitude da sua conduta. Ademais, no caso, este dever de indenizar pode ser extraído de uma tentativa de harmonização dos interesses constitucionais em jogo, que, à luz do princípio da unidade da Constituição, deve pautar a exegese do art. 68 do ADCT.

Em relação a esses interesses, tem-se, de um lado, o direito das comunidades quilombolas às terras que ocupam. Já se demonstrou anteriormente que este não é um simples direito patrimonial, pois a sua garantia é condição necessária para a existência da comunidade étnica. Por isso, tal direito encontra-se associado diretamente à própria identidade e dignidade humana de cada membro do grupo, ligando-se também, por outro lado, ao direito de todos os brasileiros à preservação do patrimônio histórico-cultural do país.

Já do outro lado da balança figura o direito de propriedade das pessoas ou entidades privadas em cujos nomes as terras ocupadas pelos quilombolas estiverem registradas. Não há dúvida de que a propriedade privada é também um direito fundamental (art. 5º, inciso XXII, da CF), configurando, ademais, um princípio essencial na ordem econômica do capitalismo. Contudo, é importante destacar que o direito de propriedade não tem mais a primazia absoluta que desfrutava no regime constitucional do liberalismo burguês. Com o advento do Estado Social, o direito de propriedade foi relativizado, em proveito da proteção de outros bens jurídicos essenciais, como os direitos dos não proprietários, a tutela do meio ambiente e do patrimônio histórico-cultural. Neste sentido, muitas Constituições, e dentre elas a brasileira (art. 5º, inciso XXIII, e art. 170, inciso III, da CF), passaram a impor o cumprimento da função social da propriedade. E, evidentemente, a função social de propriedade ocupada por comunidade quilombola é, por imperativo constitucional, a de servir de território para tal grupo étnico, permitindo a reprodução da sua cultura e *modus vivendi*.

Portanto, diante da caracterização de uma área como território de remanescente de quilombo, a tutela ao direito de propriedade da comunidade quilombola deve ser imediata, ainda que sobre o local incidam títulos em nome de particulares. Sem embargo, nesta situação, o Poder Público deve pagar a tais particulares uma indenização justa. Por outro lado, em face de eventual demora do Poder Público em promover o pagamento de tal indenização referida, poderá o particular ajuizar ação indenizatória, à semelhança do que acontece na desapropriação indireta. Contudo, em nenhuma hipótese o atraso no pagamento deverá ser considerado como obstáculo para a imediata tutela do direito fundamental dos quilombolas à propriedade das terras que ocupam, já que o gozo de tal direito, como tantas vezes salientado, configura condição material necessária para a subsistência daquelas comunidades étnicas, e, portanto, para a proteção e promoção da dignidade humana de cada um dos seus integrantes, assim como para a garantia do patrimônio cultural de todos os brasileiros.

Art. 69. Será permitido aos Estados manter consultorias jurídicas separadas de suas Procuradorias-Gerais ou Advocacias-Gerais, desde que, na data da promulgação da Constituição, tenham órgãos distintos para as respectivas funções.

■ O dispositivo em questão teve por escopo permitir a manutenção de eventuais órgãos dedicados à consultoria jurídica dos Estados, mesmo que destoantes do modelo institucional previsto no art. 132 da Constituição, de cujos comentários recomenda-se a leitura. Apreciando situações concretas a propósito do assunto, o Supremo Tribunal Federal já teve a oportunidade de reconhecer a "compatibilidade, com o art. 132 da Carta Federal e o art. 69 do respectivo ADCT, da manutenção, [por Constituição Estadual], de carreiras especiais, voltadas ao assessoramento jurídico, sob a coordenação da Procuradoria Geral do Estado"[1]. Também entendeu que o referido dispositivo constitucional não dá respaldo para a "[c]riação de Procuradoria da Fazenda Estadual, subordinada à Secretaria da Fazenda do Estado e desvinculada à Procuradoria-Geral"[2].

Art. 70. Fica mantida a atual competência dos tribunais estaduais até que a mesma seja definida na Constituição do Estado, nos termos do art. 125, § 1º, da Constituição.

■ Com a edição de todas as Constituições Estaduais, foram implementados os fatos ou extintos os pressupostos relativos aos principais aspectos de vigência do(s) dispositivo(s) em questão. *Vide*, a propósito do tema, os comentários ao art. 125, § 1º, da Constituição.

Art. 71. É instituído, nos exercícios financeiros de 1994 e 1995, bem assim nos períodos de 1º de janeiro de 1996 a 30 de junho de 1997 e 1º de julho de 1997 a 31 de dezembro de 1999, o Fundo Social de Emergência, com o objetivo de saneamento financeiro da Fazenda Pública Federal e de estabilização econômica, cujos recursos serão aplicados prioritariamente no custeio das ações dos sistemas de saúde e educação, incluindo a complementação de recursos de que trata o § 3º do art. 60 do Ato das Disposições Constitucionais Transitórias, benefícios previdenciários e auxílios assistenciais de prestação continuada, inclusive liquidação de passivo previdenciário, e despesas orçamentárias associadas a programas de relevante interesse econômico e social.

§ 1º Ao Fundo criado por este artigo não se aplica o disposto na parte final do inciso II do § 9º do art. 165 da Constituição.

§ 2º O Fundo criado por este artigo passa a ser denominado Fundo de Estabilização Fiscal a partir do início do exercício financeiro de 1996.

§ 3º O Poder Executivo publicará demonstrativo da execução orçamentária, de periodicidade bimestral, no qual se discriminarão as fontes e usos do Fundo criado por este artigo.

Fernando Facury Scaff
Luma Cavaleiro de Macedo Scaff

---

1. ADI 175, STF, Tribunal Pleno, rel. Min. Octavio Gallotti, j. em 3-6-1993, *Ementário n. 1.720-01*, p. 1; conferir também a ADI 484, STF, Tribunal Pleno, rel. Min. Ricardo Lewandowski, j. em 10-11-2011, *Ementário n. 2.642-01*, p. 1.
2. ADI 1.679, STF, Tribunal Pleno, rel. Min. Gilmar Mendes, STF, Tribunal Pleno, j. em 8-10-2003, *Ementário n. 2.133-02*, p. 209.

1. Origem do texto

Texto originário da Constituição Federal de 1988. A redação foi alterada pela Emenda Constitucional n. 17/1997.

A Emenda Constitucional de Revisão n. 1/94 introduziu o seguinte dispositivo:

"Art. 71. Fica instituído, nos exercícios financeiros de 1994 e 1995, o Fundo Social de Emergência, com o objetivo de saneamento financeiro da Fazenda Pública Federal e de estabilização econômica, cujos recursos serão aplicados no custeio das ações dos sistemas de saúde e educação, benefícios previdenciários e auxílios assistenciais de prestação continuada, inclusive liquidação de passivo previdenciário, e outros programas de relevante interesse econômico e social.

Parágrafo único. Ao Fundo criado por este artigo não se aplica, no exercício financeiro de 1994, o disposto na parte final do inciso II do § 9º do art. 165 da Constituição".

Com a EC n. 10/96, o texto foi alterado para:

"Art. 71. Fica instituído, nos exercícios financeiros de 1994 e 1995, bem assim no período de 1º de janeiro de 1996 a 30 de junho de 1997, o Fundo Social de Emergência, com o objetivo de saneamento financeiro da Fazenda Pública Federal e de estabilização econômica, cujos recursos serão aplicados prioritariamente no custeio das ações dos sistemas de saúde e educação, benefícios previdenciários e auxílios assistenciais de prestação continuada, inclusive liquidação de passivo previdenciário, e despesas orçamentárias associadas a programas de relevante interesse econômico e social.

§ 1º Ao Fundo criado por este artigo não se aplica o disposto na parte final do inciso II do § 9º do art. 165 da Constituição. (Renumerado do parágrafo único pela EC n. 10/96.)

§ 2º O Fundo criado por este artigo passa a ser denominado Fundo de Estabilização Fiscal a partir do início do exercício financeiro de 1996. (Incluído pela EC n. 10/96.)

§ 3º O Poder Executivo publicará demonstrativo da execução orçamentária, de periodicidade bimestral, no qual se discriminarão as fontes e usos do Fundo criado por este artigo". (Incluído pela EC n. 10/96.)

2. Constituições brasileiras anteriores

Nada consta.

3. Preceitos constitucionais correlacionados da Constituição de 1988

Art. 60, § 3º; art. 150, VI, *a*; art. 153, § 5º; art. 157, I; art. 158, I e II; art. 159; art. 165, § 9º, II; art. 167, IV; art. 195; art. 198, § 2º; art. 212, § 5º; art. 239.

4. Jurisprudência

STF: ADI 1420 MC/DF. Min. Néri da Silveira. Julgamento: 17/05/1996.

5. Referências bibliográficas

SCAFF, Fernando Facury. Direitos humanos e a desvinculação das receitas da União-DRU. In: Octávio Campos Fischer. (org.). *Tributos e Direitos Fundamentais*. São Paulo: Dialética, 2004, p. 63-79; SCAFF, Fernando Facury. As Contribuições Sociais e o Princípio da Afetação. *Revista Dialética de Direito Tributário*, São Paulo, v. 98, p. 44-62, 2003; SCAFF, Fernando Facury. Contribuições de Intervenção e Direitos Humanos de Segunda Dimensão. In: MARTINS, Ives Gandra da Silva (org.). *Contribuições de Intervenção no Domínio Econômico*. São Paulo: Revista dos Tribunais, 2002, v. 8, p. 394-422; SCAFF, Fernando Facury. Controle Público e Social da Atividade Econômica. In: *XVII Conferência Nacional dos Advogados*, 1999, Rio de Janeiro. Anais da XVII Conferência Nacional da Ordem dos Advogados do Brasil. Brasília: PAX, 1999, v. 1. p. 925-941; SCAFF, Fernando Facury. A Constituição Econômica Brasileira em seus 15 Anos. In: SCAFF, Fernando Facury; MAUÉS, Antonio G. Moreira; BRITO FILHO, José Claudio Monteiro de (orgs.). *Direitos Fundamentais & Sociais no Mundo Contemporâneo*. Belém: Juruá, 2005, v. 1, p. 175-218.

6. Anotações

Trata-se de um artigo transitório, cuja vigência já expirou, e que foi substituído pela DRU – Desvinculação de Receitas da União, hoje regida pelo art. 76 do ADCT, para onde se remete a análise deste Fundo.

Art. 72. Integram o Fundo Social de Emergência:

I – o produto da arrecadação do imposto sobre renda e proventos de qualquer natureza incidente na fonte sobre pagamentos efetuados, a qualquer título, pela União, inclusive suas autarquias e fundações;

II – a parcela do produto da arrecadação do imposto sobre renda e proventos de qualquer natureza e do imposto sobre operações de crédito, câmbio e seguro, ou relativas a títulos e valores mobiliários, decorrente das alterações produzidas pela Lei n. 8.894, de 21 de junho de 1994, e pelas Leis ns. 8.849 e 8.848, ambas de 28 de janeiro de 1994, e modificações posteriores;

III – a parcela do produto da arrecadação resultante da elevação da alíquota da contribuição social sobre o lucro dos contribuintes a que se refere o § 1º do art. 22 da Lei n. 8.212, de 24 de julho de 1991, a qual, nos exercícios financeiros de 1994 e 1995, bem assim no período de 1º de janeiro de 1996 a 30 de junho de 1997, passa a ser de trinta por cento, sujeita a alteração por lei ordinária, mantidas as demais normas da Lei n. 7.689, de 15 de dezembro de 1988;

IV – vinte por cento do produto da arrecadação de todos os impostos e contribuições da União, já instituídos ou a serem criados, excetuado o previsto nos incisos I, II e III, observado o disposto nos §§ 3º e 4º;

V – a parcela do produto da arrecadação da contribuição de que trata a Lei Complementar n. 7, de 7 de setembro de 1970, devida pelas pessoas jurídicas a que se refere o inciso III deste artigo, a qual será calculada, nos exercícios financeiros de 1994 a 1995, bem assim nos períodos de 1º de janeiro de 1996 a 30 de junho de 1997 e de 1º de julho de 1997 a 31 de dezembro de 1999, mediante aplicação da alíquota de setenta e cinco centésimos por cento, sujeita a alteração por lei ordinária posterior, sobre a receita bruta operacional, como definida na legislação do imposto sobre renda e proventos de qualquer natureza; e

VI – outras receitas previstas em lei específica.

§ 1º As alíquotas e a base de cálculo previstas nos incisos III e V aplicar-se-ão a partir do primeiro dia do mês seguinte aos noventa dias posteriores à promulgação desta Emenda.

§ 2º As parcelas de que tratam os incisos I, II, III e V serão previamente deduzidas da base de cálculo de qualquer vinculação ou participação constitucional ou legal, não se lhes aplicando o disposto nos arts. 159, 212 e 239 da Constituição.

§ 3º A parcela de que trata o inciso IV será previamente deduzida da base de cálculo das vinculações ou participações constitucionais previstas nos arts. 153, § 5º, 157, II, 212 e 239 da Constituição.

§ 4º O disposto no parágrafo anterior não se aplica aos recursos previstos nos arts. 158, II, e 159 da Constituição.

§ 5º A parcela dos recursos provenientes do imposto sobre renda e proventos de qualquer natureza, destinada ao Fundo Social de Emergência, nos termos do inciso II deste artigo, não poderá exceder a cinco inteiros e seis décimos por cento do total do produto da sua arrecadação.

Fernando Facury Scaff
Luma Cavaleiro de Macedo Scaff

1. Origem do texto

Texto originário da Constituição Federal de 1988. O *caput*, os incisos I, VI e o § 1º foram alterados pela Emenda Constitucional de Revisão n. 1, de 1994. Os incisos II, III, IV e os §§ 2º, 3º e 4º foram alterados pela Emenda Constitucional n. 10/96. O inciso V foi alterado pela Emenda Constitucional n. 17/97.

A Emenda Constitucional de Revisão n. 1/94 introduziu o seguinte dispositivo:

"Art. 72. Integram o Fundo Social de Emergência:

I – o produto da arrecadação do imposto sobre renda e proventos de qualquer natureza incidente na fonte sobre pagamentos efetuados, a qualquer título, pela União, inclusive suas autarquias e fundações;

II – a parcela do produto da arrecadação do imposto sobre propriedade territorial rural, do imposto sobre renda e proventos de qualquer natureza e do imposto sobre operações de crédito, câmbio e seguro, ou relativas a títulos ou valores mobiliários, decorrente das alterações produzidas pela Medida Provisória n. 419 e pelas Leis ns. 8.847, 8.849 e 8.848, todas de 28 de janeiro de 1994, estendendo-se a vigência da última delas até 31 de dezembro de 1995;

III – a parcela do produto da arrecadação resultante da elevação da alíquota da contribuição social sobre o lucro dos contribuintes a que se refere o § 1º do art. 22 da Lei n. 8.212, de 24 de julho de 1991, a qual, nos exercícios financeiros de 1994 e 1995, passa a ser de trinta por cento, mantidas as demais normas da Lei n. 7.689, de 15 de dezembro de 1988;

IV – vinte por cento do produto da arrecadação de todos os impostos e contribuições da União, excetuado o previsto nos incisos I, II e III;

V – a parcela do produto da arrecadação da contribuição de que trata a Lei Complementar n. 7, de 7 de setembro de 1970, devida pelas pessoas jurídicas a que se refere o inciso III deste artigo, a qual será calculada, nos exercícios financeiros de 1994 e 1995, mediante a aplicação da alíquota de setenta e cinco centésimos por cento sobre a receita bruta operacional, como definida na legislação do imposto sobre renda e proventos de qualquer natureza;

VI – outras receitas previstas em lei específica.

§ 1º As alíquotas e a base de cálculo previstas nos incisos III e V aplicar-se-ão a partir do primeiro dia do mês seguinte aos noventa dias posteriores à promulgação desta Emenda.

§ 2º As parcelas de que tratam os incisos I, II, III e V serão previamente deduzidas da base de cálculo de qualquer vinculação ou participação constitucional ou legal, não se lhes aplicando o disposto nos arts. 158, II, 159, 212 e 239 da Constituição.

§ 3º A parcela de que trata o inciso IV será previamente deduzida da base de cálculo das vinculações ou participações constitucionais previstas nos arts. 153, § 5º, 157, II, 158, II, 212 e 239 da Constituição.

§ 4º O disposto no parágrafo anterior não se aplica aos recursos previstos no art. 159 da Constituição.

§ 5º A parcela dos recursos provenientes do imposto sobre propriedade territorial rural e do imposto sobre renda e proventos de qualquer natureza, destinada ao Fundo Social de Emergência, nos termos do inciso II deste artigo, não poderá exceder:

I – no caso do imposto sobre propriedade territorial rural, a oitenta e seis inteiros e dois décimos por cento do total do produto da sua arrecadação;

II – no caso do imposto sobre renda e proventos de qualquer natureza, a cinco inteiros e seis décimos por cento do total do produto da sua arrecadação".

A EC n. 10/96 alterou a redação do art. 72, II, III, IV e V, §§ 2º a 5º, do ADCT, revogando as disposições anteriores.

Com esta emenda, os dispositivos do art. 72, §§ 2º a § 5º, I e II, foram revogados.

Desse modo, a redação final:

"II – a parcela do produto da arrecadação do imposto sobre renda e proventos de qualquer natureza e do imposto sobre operações de crédito, câmbio e seguro, ou relativas a títulos e valores mobiliários, decorrente das alterações produzidas pela Lei n. 8.894, de 21 de junho de 1994, e pelas Leis ns. 8.849 e 8.848, ambas de 28 de janeiro de 1994, e modificações posteriores;

III – a parcela do produto da arrecadação resultante da elevação da alíquota da contribuição social sobre o lucro dos contribuintes a que se refere o § 1º do art. 22 da Lei n. 8.212, de 24 de julho de 1991, a qual, nos exercícios financeiros de 1994 e 1995, bem assim no período de 1º de janeiro de 1996 a 30 de junho de 1997, passa a ser de trinta por cento, sujeita a alteração por lei ordinária, mantidas as demais normas da Lei n. 7.689, de 15 de dezembro de 1988;

IV – vinte por cento do produto da arrecadação de todos os impostos e contribuições da União, já instituídos ou a serem criados, excetuado o previsto nos incisos I, II e III, observado o disposto nos §§ 3º e 4º;

V – a parcela do produto da arrecadação da contribuição de que trata a Lei Complementar n. 7, de 7 de setembro de 1970, devida pelas pessoas jurídicas a que se refere o inciso III deste artigo, a qual será calculada, nos exercícios financeiros de 1994 e 1995, bem assim no período de 1º de janeiro de 1996 a 30 de junho de 1997, mediante a aplicação da alíquota de setenta e cinco centésimos por cento, sujeita a alteração por lei ordinária, sobre a receita bruta operacional, como definida na legislação do imposto sobre renda e proventos de qualquer natureza;

§ 2º As parcelas de que tratam os incisos I, II, III e V serão previamente deduzidas da base de cálculo de qualquer vinculação ou participação constitucional ou legal, não se lhes aplicando o disposto nos artigos 159, 212 e 239 da Constituição.

§ 3º A parcela de que trata o inciso IV será previamente deduzida da base de cálculo das vinculações ou participações constitucionais previstas nos artigos 153, § 5º, 157, II, 212 e 239 da Constituição.

§ 4º O disposto no parágrafo anterior não se aplica aos recursos previstos nos Artigos 158, II e 159 da Constituição.

§ 5º A parcela dos recursos provenientes do imposto sobre renda e proventos de qualquer natureza, destinada ao Fundo Social de Emergência, nos termos do inciso II deste artigo, não poderá exceder a cinco inteiros e seis décimos por cento do total do produto da sua arrecadação".

Ainda, a EC n. 17/97 revogou o art. 71, V, do ADCT, passando a vigorar com a redação transcrita abaixo:

"V – a parcela do produto da arrecadação da contribuição de que trata a Lei Complementar n. 7, de 7 de setembro de 1970, devida pelas pessoas jurídicas a que se refere o inciso III deste artigo, a qual será calculada, nos exercícios financeiros de 1994 a 1995, bem assim nos períodos de 1º de janeiro de 1996 a 30 de junho de 1997 e de 1º de julho de 1997 a 31 de dezembro de 1999, mediante a aplicação da alíquota de setenta e cinco centésimos por cento, sujeita a alteração por lei ordinária posterior, sobre a receita bruta operacional, como definida na legislação do imposto sobre renda e proventos de qualquer natureza".

Após essas alterações, mantém-se a redação atual.

2. Constituições brasileiras anteriores

Nada consta.

3. Preceitos constitucionais correlacionados da Constituição de 1988

Art. 60, § 3º; art. 150, VI, *a*; art. 153, § 5º; art. 157, I; art. 158, I e II; art. 159; art. 165, § 9º, II; art. 167, IV; art. 195; art. 198, § 2º; art. 212, § 5º; art. 239.

4. Jurisprudência

STF: ADI 1.420 MC/DF. Min. Néri da Silveira. Julgamento: 17/05/1996.

5. Referências bibliográficas

SCAFF, Fernando Facury. Direitos humanos e a desvinculação das receitas da União-DRU. In: FISCHER, Octávio Campos (org.). *Tributos e Direitos Fundamentais*. São Paulo: Dialética, 2004, p. 63-79; SCAFF, Fernando Facury. As Contribuições Sociais e o Princípio da Afetação. *Revista Dialética de Direito Tributário*, São Paulo, v. 98, p. 44-62, 2003; SCAFF, Fernando Facury. Contribuições de Intervenção e Direitos Humanos de Segunda Dimensão. In: MARTINS, Ives Gandra da Silva (org.). *Contribuições de Intervenção no Domínio Econômico*. São Paulo: Revista dos Tribunais, 2002, v. 8, p. 394-422; SCAFF, Fernando Facury. Controle Público e Social da Atividade Econômica. In: *XVII Conferência Nacional dos Advogados*, 1999, Rio de Janeiro. Anais da XVII Conferência Nacional da Ordem dos Advogados do Brasil. Brasília: PAX, 1999, v. 1, p. 925-941; SCAFF, Fernando Facury. A Constituição Econômica Brasileira em seus 15 Anos. In: SCAFF, Fernando Facury; MAUÉS, Antonio G. Moreira; BRITO FILHO, José Claudio Monteiro de (orgs.). *Direitos Fundamentais & Sociais no Mundo Contemporâneo*. Belém: Juruá, 2005, v. 1, p. 175-218.

6. Anotações

Trata-se de um artigo transitório, cuja vigência já expirou, e que foi substituído pela DRU – Desvinculação de Receitas da União, hoje regida pelo art. 76 do ADCT, para onde se remete a análise deste Fundo.

Art. 73. Na regulação do Fundo Social de Emergência não poderá ser utilizado o instrumento previsto no inciso V do art. 59 da Constituição.

Fernando Facury Scaff
Luma Cavaleiro de Macedo Scaff

1. Origem do texto

Texto originário da Constituição Federal de 1988. O dispositivo foi incluído pela Emenda Constitucional de Revisão n. 01/1994.

2. Constituições brasileiras anteriores

Nada consta.

3. Preceitos constitucionais correlacionados da Constituição de 1988

Art. 60, § 3º; art. 150, VI, *a*; art. 153, § 5º; art. 157, I; art. 158, I e II; art. 159; art. 165, § 9º, II; art. 167, IV; art. 195; art. 198, § 2º; art. 212, § 5º; art. 239.

4. Jurisprudência

STF: ADI 1.420 MC/DF. Min. Néri da Silveira. Julgamento: 17/05/1996.

5. Bibliografia

SCAFF, Fernando Facury. Direitos humanos e a desvinculação das receitas da União-DRU. In: FISCHER, Octávio Campos (org.). *Tributos e Direitos Fundamentais*. São Paulo: Dialética,

2004, p. 63-79; SCAFF, Fernando Facury. As Contribuições Sociais e o Princípio da Afetação. *Revista Dialética de Direito Tributário*, São Paulo, v. 98, p. 44-62, 2003; SCAFF, Fernando Facury. Contribuições de Intervenção e Direitos Humanos de Segunda Dimensão. In: MARTINS, Ives Gandra da Silva (org.). *Contribuições de Intervenção no Domínio Econômico*. São Paulo: Revista dos Tribunais, 2002, v. 8, p. 394-422; SCAFF, Fernando Facury. Controle Público e Social da Atividade Econômica. In: *XVII Conferência Nacional dos Advogados*, 1999, Rio de Janeiro. Anais da XVII Conferência Nacional da Ordem dos Advogados do Brasil. Brasília: PAX, 1999, v. 1, p. 925-941; SCAFF, Fernando Facury. A Constituição Econômica Brasileira em seus 15 Anos. In: SCAFF Fernando Facury; MAUÉS, Antonio G. Moreira; BRITO FILHO, José Claudio Monteiro de (orgs.). *Direitos Fundamentais & Sociais no Mundo Contemporâneo*. Belém: Juruá, 2005, v. 1, p. 175-218.

6. Anotações

Trata-se de um artigo transitório, cuja vigência já expirou, pois o Fundo Social de Emergência foi substituído pela DRU – Desvinculação de Receitas da União, hoje regida pelo art. 76 do ADCT, para onde se remete a análise deste artigo.

Art. 74. A União poderá instituir contribuição provisória sobre movimentação ou transmissão de valores e de créditos e direitos de natureza financeira.

§ 1º A alíquota da contribuição de que trata este artigo não excederá a vinte e cinco centésimos por cento, facultado ao Poder Executivo reduzi-la ou restabelecê-la, total ou parcialmente, nas condições e limites fixados em lei.

§ 2º À contribuição de que trata este artigo não se aplica o disposto nos arts. 153, § 5º, e 154, I, da Constituição.

§ 3º O produto da arrecadação da contribuição de que trata este artigo será destinado integralmente ao Fundo Nacional de Saúde, para financiamento das ações e serviços de saúde.

§ 4º A contribuição de que trata este artigo terá sua exigibilidade subordinada ao disposto no art. 195, § 6º, da Constituição, e não poderá ser cobrada por prazo superior a dois anos.

Art. 75. É prorrogada, por trinta e seis meses, a cobrança da contribuição provisória sobre movimentação ou transmissão de valores e de créditos e direitos de natureza financeira de que trata o art. 74, instituída pela Lei n. 9.311, de 24 de outubro de 1996, modificada pela Lei n. 9.539, de 12 de dezembro de 1997, cuja vigência é também prorrogada por idêntico prazo.

§ 1º Observado o disposto no § 6º do art. 195 da Constituição Federal, a alíquota da contribuição será de trinta e oito centésimos por cento, nos primeiros doze meses, e de trinta centésimos, nos meses subsequentes, facultado ao Poder Executivo reduzi-la total ou parcialmente, nos limites aqui definidos.

§ 2º O resultado do aumento da arrecadação, decorrente da alteração da alíquota, nos exercícios financeiros de 1999, 2000 e 2001, será destinado ao custeio da previdência social.

§ 3º É a União autorizada a emitir títulos da dívida pública interna, cujos recursos serão destinados ao custeio da saúde e da previdência social, em montante equivalente ao produto da arrecadação da contribuição, prevista e não realizada em 1999.

Paulo Caliendo

1. Histórico da norma

A Contribuição Provisória sobre Movimentação ou Transmissão de Valores e de Créditos e Direitos de Natureza Financeira (CPMF) foi instituída por meio da Emenda Constitucional n. 12/1996. A CPMF teve, posteriormente, o seu regime alterado pela inclusão do art. 75 ao ADCT pela edição da EC n. 21, de 1999, sendo que o STF reconheceu a plena legitimidade constitucional da CPMF, tal como prevista no art. 75 do ADCT, rejeitando as alegações de confisco de rendimentos, de redução de salários, de bitributação e de ofensa aos postulados da isonomia e da legalidade em matéria tributária (RE 389.423-AgRg, Rel. Min. Celso de Mello, j. em 17-8-04, *DJ* de 5-11-04).

A CPMF foi uma contribuição destinada ao custeio da seguridade social, destacadamente para a realização do financiamento dos serviços de saúde, de previdência social e para o Fundo de Combate à Pobreza (assistência social).

A CPMF teve a sua competência criada pelas Emendas Constitucionais n. 12/1996 e EC n. 21/1999, mas a sua instituição ficou reservada à competência da União, que editou as Leis n. 9.311/1996; n. 9.539/1997; n. 10.174/2001 e n. 10.306/2001, instituindo a CPMF, determinando a sua hipótese de incidência, base de cálculo, sujeito passivo e ativo, bem como o regime legal da Contribuição.

2. Hipótese de incidência

A hipótese de incidência da CPMF, conforme o art. 2º da Lei n. 9.311/1996, é: i) o lançamento a débito, por instituição financeira, em contas junto a ela mantidas; ii) o lançamento a crédito, por instituição financeira, em contas correntes que apresentem saldo negativo, até o limite de valor da redução do saldo devedor; iii) a liquidação ou pagamento, por instituição financeira, de quaisquer créditos, direitos ou valores, por conta e ordem de terceiros, que não tenham sido creditados, em nome do beneficiário, nas contas referidas nos incisos anteriores; iv) o lançamento, e qualquer outra forma de movimentação ou transmissão de valores e de créditos e direitos de natureza financeira, não relacionados nos incisos anteriores, efetuados pelos bancos comerciais, bancos múltiplos com carteira comercial e caixas econômicas; v) a liquidação de operação contratadas nos mercados organizados de liquidação futura; vi) qualquer outra movimentação ou transmissão de valores e de créditos e direitos de natureza financeira que, por sua finalidade, reunindo características que permitam presumir a existência de sistema organizado para efetivá-la, produza os mesmos efeitos previstos nos incisos anteriores, independentemente da pessoa que a efetue, da denominação que possa ter e da forma jurídica ou dos instrumentos utilizados para realizá-la.

3. Base de cálculo e alíquota

A base de cálculo da CPMF é o valor da movimentação financeira e a sua alíquota ficou definida como: 0,20% inicialmente, tendo sido alterada, em 1999, para 0,38% e, em 2000, para 0,30%, retornando, ainda em 2000, a 0,38% percentual que vigorou até a sua extinção.

4. Regime constitucional

A CPMF possuía as seguintes características:

i) não previa a possibilidade de repartição do produto de sua arrecadação com outros entes federados, tal como ocorre com os demais impostos;

ii) incide sobre o ouro, ativo financeiro ou instrumento cambial, estando excluída da vedação prevista no art. 153, § 5º, da CF/88, que limita sobre o ouro somente a incidência do IOF;

iii) o produto da sua arrecadação era vinculado ao custeio da saúde, da previdência social e ao Fundo de Combate à Pobreza.

Art. 76. São desvinculados de órgão, fundo ou despesa, até 31 de dezembro de 2024, 30% (trinta por cento) da arrecadação da União relativa às contribuições sociais, sem prejuízo do pagamento das despesas do Regime Geral de Previdência Social, às contribuições de intervenção no domínio econômico e às taxas, já instituídas ou que vierem a ser criadas até a referida data. (*Redação dada pela Emenda Constitucional n. 126, de 2022.*)

§ 1º (*Revogado*).

§ 2º Excetua-se da desvinculação de que trata o *caput* a arrecadação da contribuição social do salário-educação a que se refere o § 5º do art. 212 da Constituição Federal.

§ 3º (*Revogado*).

§ 4º A desvinculação de que trata o *caput* não se aplica às receitas das contribuições sociais destinadas ao custeio da seguridade social. (*Incluído pela Emenda Constitucional n. 103, de 2019.*)

José Antonio Savaris

1. História da norma

As desvinculações das receitas decorrentes das contribuições sociais para a Seguridade Social são autorizadas desde a Emenda Constitucional de Revisão 1/94, que determinou a afetação de 20% (vinte por cento) do produto da arrecadação de todos os impostos e contribuições da União ao Fundo Social de Emergência, criado pela mesma Emenda de Revisão. Este Fundo Social seria instituído para os exercícios de 1994/1995. De outra parte, a Emenda Constitucional 10/96 criou o Fundo de Estabilização Fiscal em lugar do Fundo Social de Emergência, para o período de janeiro de 1996 a 30/06/1997, com a mesma afetação de 20% (vinte por cento) das contribuições e impostos arrecadados pela União. Ainda, a Emenda Constitucional 17/97 prorrogou o Fundo até 31/12/1999, com a mesma vinculação. A partir de 2000, sem a afetação de 20% (vinte por cento) ao Fundo – que restou extinto –, inicia-se a Desvinculação das Receitas da União (DRU) de impostos, contribuições sociais e de intervenção no domínio econômico, por força da EC 27/2000, que fazia referência ao período de 2000 a 2003 (ADCT, art. 76).

De outra parte, as Emendas Constitucionais 42/2003, 59/2009 e 68/2011 prorrogaram a desvinculação de 20% (vinte por cento) da arrecadação da União de impostos, contribuições sociais e de intervenção no domínio econômico, de órgão, fundo ou despesa, para o período de 2004 a 2015. Posteriormente, a Emenda Constitucional 93/2016 prorrogou a desvinculação da arrecadação da União, relativa às contribuições sociais, até o ano de 2023, elevando a razão para 30% (trinta por cento). Mais recentemente, a EC 126/2022 prorrogou esse mesmo percentual até 31 de dezembro de 2024.

2. Constituições brasileiras anteriores

Inexiste em Constituições brasileiras anteriores disposição normativa análoga.

3. Constituições estrangeiras

Em face da particularidade e da excepcionalidade do tratamento orçamentário, inexiste disposição normativa semelhante nos textos constitucionais que marcam o constitucionalismo social do segundo Pós-Guerra.

4. Direito Internacional

Por se tratar de norma de natureza orçamentária, que estabelece desvinculação da arrecadação da União, relativa às contribuições sociais, não se encontra disposição que possa com ela ser relacionada nos Tratados e Convenções Internacionais de Direitos Humanos. Sem embargo, pode-se dizer a disposição compromete a possibilidade de realização progressiva, até o máximo dos recursos disponíveis, dos direitos reconhecidos pelo Pacto Internacional dos Direitos Econômicos, Sociais e Culturais (PIDESC, art. 2º, item 1).

5. Remissões constitucionais (outros artigos da Constituição) e legais (leis reguladoras)

A autorização constitucional para a desvinculação da arrecadação da União relativamente às contribuições sociais, desde a Emenda Constitucional 93/2016, é acompanhada da autorização para desvinculação das receitas dos Estados e do Distrito Federal (ADCT, art. 76-A) e dos Municípios (ADCT, art. 76-B).

Ainda no nível constitucional, deve-se fazer menção ao art. 167, XI, da CF/88, que veda a utilização dos recursos provenientes das contribuições sociais de que trata o art. 195, I, *a*, e II, para a realização de despesas distintas do pagamento de benefícios do regime geral de previdência social de que trata o art. 201, o que foi resguardado pela norma em comento.

6. Jurisprudência (STF e STJ): *leading cases*, principais posições e votos divergentes; tendências atuais no sentido da mudança da jurisprudência

Quando do julgamento do RE 566007 (Rel. Min. Cármen Lúcia, Tribunal Pleno, j. 13/11/2014, *DJe* 11/02/2015), a Suprema Corte reconheceu a constitucionalidade das desvinculações das receitas da União. Contudo, a análise do tema se deu mais na perspectiva do direito ao contribuinte à repetição de indébito tributário, caso reconhecida a inconstitucionalidade da desvinculação, do que pelo ângulo do desproporcional enfraquecimento das políticas públicas dos direitos fundamentais da seguridade social.

Observe-se excerto da ementa da decisão em referência:

"A questão nuclear deste recurso extraordinário não é se o art. 76 do ADCT ofenderia norma permanente da Constituição da República, mas se, eventual inconstitucionalidade, conduziria a ter a Recorrente direito à desoneração proporcional à desvinculação das contribuições sociais recolhidas".

Da mesma forma, algumas decisões de órgãos fracionários do Supremo Tribunal Federal afirmaram a constitucionalidade da desvinculação de parte da arrecadação de contribuição social, operada por emenda constitucional, analisaram o problema desde a perspectiva do direito tributário, rechaçando a tese de que a desvinculação implicava criação de imposto inominado (v.g., RE 537610, Rel. Min. Cezar Peluso, Segunda Turma, j. 01/12/2009, *DJ* 18/12/2009).

7. Referências bibliográficas

BRASIL. Câmara dos Deputados. (2011). A efetiva desvinculação de receitas da União (DRU) na elaboração do projeto de lei orçamentária para 2012, no orçamento da seguridade social e em outras áreas. *Nota técnica n. 18/2011*, Câmara dos Deputados, Consultoria de Orçamento e Fiscalização Financeira, Distrito Federal

CORREIA, Érica Paula Barcha. A previdência social é deficitária? *Revista de Previdência Social*, n. 270, p. 420-424, maio 2003.

MARELIN, Adélia Maria. As contas da previdência. *Revista de Previdência Social*, São Paulo, ano XXIII, n. 223, p. 598-599, junho 1999.

STRAPAZZON, Carlos Luiz. Tutela das expectativas dos direitos fundamentais. In: SAVARIS, José Antonio. STRAPAZZON, Carlos Luiz (Coord.). *Direitos fundamentais da pessoa humana:* um diálogo latino-americano, Curitiba: Alteridade Editora, 2012.

8. Comentários

A Desvinculação das Receitas da União, ou a sua atual versão, a Desvinculação da Arrecadação da União relativa às contribuições sociais, consubstancia manobra político-orçamentária que se destina a tornar disponível para alocação em qualquer rubrica do orçamento do Tesouro, valores que foram desenhados constitucionalmente para integrarem exclusivamente as políticas públicas de seguridade social.

Trata-se de receitas que por mais de vinte anos são desviadas do sistema público de saúde, da assistência e da previdência social, para serem aplicadas de acordo com a conveniência do Tesouro. De um lado, a sacada genial implica ampliação da base fiscal. De outro lado, ela acarreta evidente enfraquecimento das políticas públicas para a realização de direitos fundamentais sociais.

Note-se que não se trata de um empréstimo tomado pelo Tesouro junto ao sistema de seguridade social, mas de simples retirada de valores cuja falta proporciona desequilíbrio orçamentário deste campo da proteção social, para o presente e para o futuro.

É importante relacionar, ademais, o desfalque perpetrado contra os cofres da seguridade social, por meio das DRUs, com o discurso do problema orçamentário desta. Em um primeiro momento, são arrecadados recursos mediante contribuições sociais para a seguridade social, com fundamento no arranjo de financiamento previsto no art. 195 da CF/88 e com destinação específica. E em um segundo momento, é desvinculado percentual que agora alcança 30% (trinta por cento) para qualquer destinação orçamentária, de acordo com a conveniência do Tesouro. Diante do desequilíbrio de contas, para o que contribui decisivamente a DRU, aponta-se, por fim, para a necessidade de reformas orientadas à redução do nível de proteção social – redução de despesas sociais.

Verifica-se, pois, uma sequência de eventos que, do início ao fim, segue um fio condutor de conspiração contra a efetivação dos direitos fundamentais à saúde, à assistência e à previdência social. Em seu começo, retirando, sem qualquer prestação de contas, valores que seriam necessários para a manutenção ou expansão da seguridade social. E como segunda consequência, diante do desequilíbrio orçamentário, pela DRU acentuado, restringem-se direitos ao argumento de excesso de despesa social em face das poucas receitas – que não foram desvinculadas e permaneceram para o custeio nesse campo orçamentário.

A DRU, em um tiro, é prova da insinceridade do constituinte, quando da adoção da seguridade social como política de proteção social, pois ela pressupunha elevação de receitas que poderiam ser facilmente manejadas para outras saídas orçamentárias. É, para além disso, demonstração de como não são tomados a sério os direitos sociais no Brasil. E representa, por fim, elo indispensável em uma gestão orçamentária que barateia direitos e insulta o juízo crítico das sucessivos reformas previdenciárias de um viés só.

Art. 76-A. São desvinculados de órgão, fundo ou despesa, até 31 de dezembro de 2023, 30% (trinta por cento) das receitas dos Estados e do Distrito Federal relativas a impostos, taxas e multas, já instituídos ou que vierem a ser criados até a referida data, seus adicionais e respectivos acréscimos legais, e outras receitas correntes.

Parágrafo único. Excetuam-se da desvinculação de que trata o *caput*:

I – recursos destinados ao financiamento das ações e serviços públicos de saúde e à manutenção e desenvolvimento do ensino de que tratam, respectivamente, os incisos II e III do § 2º do art. 198 e o art. 212 da Constituição Federal;

II – receitas que pertencem aos Municípios decorrentes de transferências previstas na Constituição Federal;

III – receitas de contribuições previdenciárias e de assistência à saúde dos servidores;

IV – demais transferências obrigatórias e voluntárias entre entes da Federação com destinação especificada em lei;

V – fundos instituídos pelo Poder Judiciário, pelos Tribunais de Contas, pelo Ministério Público, pelas Defensorias Públicas e pelas Procuradorias-Gerais dos Estados e do Distrito Federal.

José Antonio Savaris

1. História da norma

As desvinculações das receitas, pode-se dizer, se iniciaram com a Emenda Constitucional de Revisão 1/94, que determinou a afetação de 20% (vinte por cento) do produto da arrecadação de todos os impostos e contribuições da União ao Fundo Social de Emergência, também criado pela mesma Emenda de Revisão. Desde então, não cessaram as desvinculações de receitas da União, consoante se verifica dos comentários que foram articulados em consideração ao art. 76 do ADCT da CF/88.

De modo inédito, porém, se constata agora, por força da Emenda Constitucional 93/2016, a autorização para desvinculação de até 30% (trinta por cento) das receitas dos Estados e do Distrito Federal relativas a impostos, taxas e multas, até 31 de dezembro de 2023.

2. Constituições brasileiras anteriores

Inexiste em Constituições brasileiras anteriores disposição normativa análoga.

3. Constituições estrangeiras

Em face da particularidade e da excepcionalidade do tratamento orçamentário, inexiste disposição normativa semelhante nos textos constitucionais que marcam o constitucionalismo social do segundo Pós-Guerra.

4. Direito Internacional

Por se tratar de norma de natureza orçamentária, que estabelece desvinculação da arrecadação da União, relativa às contribuições sociais, não se encontra disposição que possa com ela ser relacionada nos Tratados e Convenções Internacionais de Direitos Humanos. Sem embargo, pode-se dizer a disposição compromete a possibilidade de realização progressiva, até o máximo dos recursos disponíveis, dos direitos reconhecidos pelo Pacto Internacional dos Direitos Econômicos, Sociais e Culturais (PIDESC, art. 2º, item 1).

5. Remissões constitucionais (outros artigos da Constituição) e legais (leis reguladoras)

A norma em questão se relaciona com a que se encontra inscrita no art. 76 do ADCT. A autorização constitucional para a desvinculação da arrecadação da União, relativamente às contribuições sociais, é acompanhada, desde a Emenda Constitucional 93/2016, da autorização para desvinculação das receitas dos Estados e do Distrito Federal (ADCT, art. 76-A) e dos Municípios (ADCT, art. 76-B).

6. Jurisprudência (STF e STJ): *leading cases*, principais posições e votos divergentes; tendências atuais no sentido da mudança da jurisprudência

Inexiste manifestação jurisprudencial a respeito da norma em comento. Remete-se o leitor, contudo, aos apontamentos oferecidos ao art. 76 da ADCT.

7. Referências bibliográficas

BRASIL. Câmara dos Deputados. (2011). A efetiva desvinculação de receitas da União (DRU) na elaboração do projeto de lei orçamentária para 2012, no orçamento da seguridade social e em outras áreas. *Nota técnica n. 18/2011*, Câmara dos Deputados, Consultoria de Orçamento e Fiscalização Financeira, Distrito Federal

CORREIA, Érica Paula Barcha. A previdência social é deficitária? *Revista de Previdência Social*, n. 270, p. 420-424, maio 2003.

MARELIN, Adélia Maria. As contas da previdência. *Revista de Previdência Social*, São Paulo, ano XXIII, n. 223, p. 598-599, junho 1999.

STRAPAZZON, Carlos Luiz. Tutela das expectativas dos direitos fundamentais. In: SAVARIS, José Antonio. STRAPAZZON, Carlos Luiz (Coord.). *Direitos fundamentais da pessoa humana:* um diálogo latino-americano, Curitiba: Alteridade Editora, 2012.

Art. 76-B. São desvinculados de órgão, fundo ou despesa, até 31 de dezembro de 2023, 30% (trinta por cento) das receitas dos Municípios relativas a impostos, taxas e multas, já instituídos ou que vierem a ser criados até a referida data, seus adicionais e respectivos acréscimos legais, e outras receitas correntes.

Parágrafo único. Excetuam-se da desvinculação de que trata o *caput*:

I – recursos destinados ao financiamento das ações e serviços públicos de saúde e à manutenção e desenvolvimento do ensino de que tratam, respectivamente, os incisos II e III do § 2º do art. 198 e o art. 212 da Constituição Federal;

II – receitas de contribuições previdenciárias e de assistência à saúde dos servidores;

III – transferências obrigatórias e voluntárias entre entes da Federação com destinação especificada em lei;

IV – fundos instituídos pelo Tribunal de Contas do Município.

José Antonio Savaris

1. História da norma

As desvinculações das receitas, pode-se dizer, se iniciaram com a Emenda Constitucional de Revisão 1/94, que determinou a afetação de 20% (vinte por cento) do produto da arrecadação de todos os impostos e contribuições da União ao Fundo Social de Emergência, também criado pela mesma Emenda de Revisão. Desde então, não cessaram as desvinculações de receitas da União, consoante se verifica dos comentários que foram articulados em consideração ao art. 76 do ADCT da CF/88.

De modo inédito, porém, se constata agora, por força da Emenda Constitucional 93/2016, a autorização para desvinculação de até 30% (trinta por cento) das receitas dos Municípios relativas a impostos, taxas e multas, até 31 de dezembro de 2023.

2. Constituições brasileiras anteriores

Inexiste em Constituições brasileiras anteriores disposição normativa análoga.

3. Constituições estrangeiras

Em face da particularidade e da excepcionalidade do tratamento orçamentário, inexiste disposição normativa semelhante nos textos constitucionais que marcam o constitucionalismo social do segundo Pós-Guerra.

4. Direito Internacional

Por se tratar de norma de natureza orçamentária, que estabelece desvinculação da arrecadação da União, relativa às contribuições sociais, não se encontra disposição que possa com ela ser relacionada nos Tratados e Convenções Internacionais de Direitos Humanos. Sem embargo, pode-se dizer a disposição compromete a possibilidade de realização progressiva, até o máximo dos recursos disponíveis, dos direitos reconhecidos pelo Pacto Internacional dos Direitos Econômicos, Sociais e Culturais (PIDESC, art. 2º, item 1).

5. Remissões constitucionais (outros artigos da Constituição) e legais (leis reguladoras)

A norma em questão se relaciona com a que se encontra inscrita no art. 76 do ADCT. A autorização constitucional para a desvinculação da arrecadação da União, relativamente às contribuições sociais, é acompanhada, desde a Emenda Constitucional 93/2016, da autorização para desvinculação das receitas dos Estados e do Distrito Federal (ADCT, art. 76-A) e dos Municípios (ADCT, art. 76-B).

6. Jurisprudência (STF e STJ): *leading cases*, principais posições e votos divergentes; tendências atuais no sentido da mudança da jurisprudência

Inexiste manifestação jurisprudencial a respeito da norma em comento. Remete-se o leitor, contudo, aos apontamentos oferecidos ao art. 76 da ADCT.

7. Referências bibliográficas

BRASIL. Câmara dos Deputados. (2011). A efetiva desvinculação de receitas da União (DRU) na elaboração do projeto de lei orçamentária para 2012, no orçamento da seguridade social e em outras áreas. *Nota técnica n. 18/2011*, Câmara dos Deputados, Consultoria de Orçamento e Fiscalização Financeira, Distrito Federal

CORREIA, Érica Paula Barcha. A previdência social é deficitária? *Revista de Previdência Social*, n. 270, p. 420-424, maio 2003.

MARELIN, Adélia Maria. As contas da previdência. *Revista de Previdência Social*, São Paulo, ano XXIII, n. 223, p. 598-599, junho 1999.

STRAPAZZON, Carlos Luiz. Tutela das expectativas dos direitos fundamentais. In: SAVARIS, José Antonio. STRAPAZZON, Carlos Luiz (Coord.). *Direitos fundamentais da pessoa humana:* um diálogo latino-americano, Curitiba: Alteridade Editora, 2012.

Art. 77. Até o exercício financeiro de 2004, os recursos mínimos aplicados nas ações e serviços públicos de saúde serão equivalentes:

I – no caso da União:

a) no ano 2000, o montante empenhado em ações e serviços públicos de saúde no exercício financeiro de 1999 acrescido de, no mínimo, cinco por cento;

b) do ano 2001 ao ano 2004, o valor apurado no ano anterior, corrigido pela variação nominal do Produto Interno Bruto – PIB;

II – no caso dos Estados e do Distrito Federal, doze por cento do produto da arrecadação dos impostos a que se refere o art. 155 e dos recursos de que tratam os arts. 157 e 159, I, *a*, e II, deduzidas as parcelas que forem transferidas aos respectivos Municípios; e

III – no caso dos Municípios e do Distrito Federal, quinze por cento do produto da arrecadação dos impostos a que se refere o art. 156 e dos recursos de que tratam os arts. 158 e 159, I, *b* e § 3º.

§ 1º Os Estados, o Distrito Federal e os Municípios que apliquem percentuais inferiores aos fixados nos incisos II e III deverão elevá-los gradualmente, até o exercício financeiro de 2004, reduzida a diferença à razão de, pelo menos, um quinto por ano, sendo que, a partir de 2000, a aplicação será de pelo menos sete por cento.

§ 2º Dos recursos da União apurados nos termos deste artigo, quinze por cento, no mínimo, serão aplicados nos Municípios, segundo o critério populacional, em ações e serviços básicos de saúde, na forma da lei.

§ 3º Os recursos dos Estados, do Distrito Federal e dos Municípios destinados às ações e serviços públicos de saúde e os transferidos pela União para a mesma finalidade serão aplicados por meio de Fundo de Saúde que será acompanhado e fiscalizado por Conselho de Saúde, sem prejuízo do disposto no art. 74 da Constituição Federal.

§ 4º Na ausência da lei complementar a que se refere o art. 198, § 3º, a partir do exercício financeiro de 2005, aplicar-se-á à União, aos Estados, ao Distrito Federal e aos Municípios o disposto neste artigo.

José Maurício Conti

1. História da norma

O art. 77 não constava da redação original do Ato das Disposições Constitucionais Transitórias. Foi incluído pela Emenda Constitucional n. 29, de 2000.

2. Constituições brasileiras anteriores

2.1. Constituição da República Federativa do Brasil de 1967

O art. 25, § 4º, determinava que os Municípios aplicassem em programas de saúde 0,6% do que recebem por meio do Fundo de Participação dos Municípios (dispositivo com redação dada pela EC n. 27/85).

3. Constituições estrangeiras

Em geral, os textos constitucionais não detalham os fundos de destinação específica, fazendo por vezes apenas referências a transferências intergovernamentais, ficando a regulamentação de fundos para a legislação infraconstitucional.

4. Direito Internacional

A Itália prevê a existência do Fundo Nacional de Saúde, composto por recursos que são transferidos para as unidades locais de saúde, a fim de que promovam a prestação do serviço. O Canadá adota o *Canada Health and Social Transfer*, que funciona com transferências em dinheiro e também um sistema de "transferências tributárias", por meio do qual o governo federal diminui seus tributos permitindo que os entes regionais aumentem os delas, o que mantém a carga tributária total do cidadão, mas aumenta os recursos disponíveis para as Províncias.

5. Dispositivos constitucionais correlatos relevantes

Art. 6º (saúde como direito social); art. 194 (define seguridade social, incluindo saúde como um de seus elementos, dispõe sobre a proposta de orçamento para a seguridade social e dá competência ao legislador infraconstitucional para determinar os critérios de transferências de recursos para o sistema único de saúde entre diferentes entes da federação); art. 196 (positiva saúde como direito de todos e dever do Estado); art. 198 (dispõe sobre as ações e serviços públicos de saúde e determina a aplicação de mínimo anual de recursos nas ações e serviços de saúde; art. 199 (faculta a exploração de serviços de saúde à iniciativa privada); art. 200 (atribuições do Sistema Único de Saúde); art. 55 do ADCT (destina o mínimo de 30% do orçamento da seguridade social à saúde, enquanto não aprovada lei de diretrizes orçamentárias); art. 71 do ADCT (Fundo Social de Emergência); art. 79 do ADCT (Fundo de Combate e Erradicação da Pobreza).

6. Jurisprudência (STF)

ADI 1.848-3/RO. Disposição da Constituição do Estado de Rondônia que vinculava a aplicação de pelo menos dez por cento das receitas decorrentes de impostos e de transferências no sistema de saúde. Inconstitucionalidade por afronta ao art. 167, IV, da CF, que veda a vinculação de receita de imposto a órgão, fundo ou despesa.

ADPF 73/DF. Ação ajuizada contra o veto parcial do Presidente da República ao Projeto de Lei n. 3, de 2004 – CN, que resultou na Lei n. 10.934, de 11-8-2004, sob o argumento de que o veto iria de encontro ao art. 77 do ADCT, entre outros, por reduzir os percentuais a serem gastos com saúde no exercício financeiro seguinte. Arguição não conhecida.

7. Literatura selecionada

BRASIL. Ministério da Saúde. Fundo Nacional de Saúde. *Gestão financeira do Sistema Único de Saúde*: manual básico. 3. ed. Brasília: Ministério da Saúde, 2003; CONTI, José Maurício (coord.). *Orçamentos públicos*: a Lei 4.320/1964 comentada. 3. ed. São Paulo: Revista dos Tribunais, 2014; CONTI, José Maurício. *Federalismo fiscal e fundos de participação*. São Paulo: Juarez de Oliveira, 2001; REZENDE, Fernando. *O financiamento da saúde no marco das propostas de reforma do Estado e do sistema tributário brasileiro*. Brasília: OPS, 1992; SARLET, Ingo Wolfgang. Algumas considerações em torno do conteúdo, eficácia e efetividade do direito à saúde na Constituição de 1988. *Revista Diálogo Jurídico*. Salvador: Centro de Atualização Jurídica, n. 10, jan. 2002; UGÁ, Maria A. *et al*. Descentralização e alocação de recursos no âmbito do Sistema Único de Saúde (SUS). *Ciência e Saúde Coletiva*, 2003, v. 8, n. 2, p. 417-437.

8. Anotações

A prestação dos serviços na área da saúde, no Brasil, ocorre por meio de um intrincado mecanismo de partilha de receitas e encargos, havendo uma grande interpenetração nas funções a serem exercidas pelos diversos entes da Federação, sem que se possa estabelecer com nitidez quais as exatas atribuições de cada um nesta área. E isso se reflete tanto no aspecto legislativo, em que a competência é concorrente (CF, art. 24, XII), quanto financeiro, dando origem a um complexo sistema de partilha de competências legislativas, funcionais e especialmente financeiras, exigindo a participação de órgãos de todos os entes da Federação, e inclusive do setor privado, com vários tipos de transferências intergovernamentais e mesmo entre o setor público e privado.

Os arts. 196 a 200 do texto da Constituição estabelecem as diretrizes constitucionais que regulam o direito à saúde no Brasil. O art. 198 cria o chamado "sistema único de saúde" (SUS), que se constitui em uma rede regionalizada e hierarquizada das ações e serviços públicos de saúde, e organiza o mecanismo de financiamento desse sistema, que se dá por recursos do orçamento da seguridade social, da União, dos Estados e Distrito Federal, dos Municípios e outras fontes (CF, art. 198, § 1º). E no § 2º determina-se a aplicação de percentual mínimo de receitas dos entes federados nas ações e serviços públicos de saúde.

O direito à saúde é expressamente reconhecido como um direito fundamental do ser humano, sendo dever do Estado assegurá-lo, mediante políticas públicas que visem sua promoção, proteção e recuperação (CF, art. 196, *caput*, e Lei n. 8.080/90, art. 2º), tendo como fatores determinantes e condicionantes, entre outros, a alimentação, a moradia, o saneamento básico, o meio ambiente, o trabalho, a renda, a educação, o transporte, o lazer e o acesso aos bens e serviços essenciais (Lei n. 8.080/90, art. 2º, § 2º). O art. 77 do ADCT determina uma responsabilidade orçamentária mínima de cada ente no tocante à efetivação do direito social à saúde. A disposição situa-se no contexto do debate atual sobre os custos dos direitos, ao vincular um percentual mínimo de recursos para a realização de determinadas prestações que dizem respeito à efetivação de direitos fundamentais. A polêmica sobre a obrigatoriedade de o Poder Público garantir esses direitos, com os consequentes desdobramentos nas questões que envolvem a judicialização das políticas públicas, é por demais extenso para ser abordado no âmbito destes comentários, razão pela qual justifica-se tão somente uma breve referência ao tema.

O art. 77 do ADCT deve ser lido em conjunto com o art. 198, § 3º, da CF. Na ausência de legislação complementar que regulamente o mencionado dispositivo constitucional, prevalecem os percentuais e a fórmula de cálculo do art. 77 do ADCT, que prevê um complexo sistema de partilha e destinação de recursos, cujos detalhes estão especificados no próprio dispositivo, não sendo o caso de reproduzi-lo. Há previsão de valor mínimo que a União deva destinar, e essencialmente vinculam-se percentuais de receitas de impostos e transferências intergovernamentais obrigatórias, tanto de Estados e Distrito Federal quanto de Municípios, para aplicação na área da saúde.

A disposição do art. 77 prevê um mecanismo de cooperação financeira vertical com vista à efetivação do direito à saúde. A transferência de recursos da União para os demais entes faz-se fundo a fundo. Os recursos são depositados em conta especial, sob fiscalização dos respectivos Conselhos de Saúde. Para que a transferência efetive-se regularmente, a Lei n. 8.142/90, art. 4º, exige que dos Estados, Municípios e Distrito Federal: contar com (1) Fundo de Saúde, (2) Conselho de Saúde e (3) Comissão de elaboração do Plano de Carreira, Cargos e Salários (PCCS) regularmente instituídos; elaborar (4) plano de saúde; (5) apresentar relatórios de gestão e (6) oferecer contrapartida de recursos para a saúde no respectivo orçamento. Com isto, há uma significativa descentralização dos serviços públicos na área da saúde, o que permite uma melhor aplicação dos recursos, com aumento da responsabilidade dos gestores e incremento na transparência e na participação do usuário na fiscalização.

A Lei Complementar 141, de 13 de janeiro de 2012, regulamentou o § 3º do art. 198, estabelecendo os valores mínimos a srem aplicados anualmente pela União, Estados, Distrito Federal e Municípios em ações e serviços públicos de saúde.

E a Emenda Constitucional n. 86, de 17-3-2015, modificou a redação do art. 198, § 2º, I, e § 3º, I, estabelecendo aplicação anual mínima em saúde de 15% da receita corrente líquida.

Art. 78. Ressalvados os créditos definidos em lei como de pequeno valor, os de natureza alimentícia, os de que trata o art. 33 deste Ato das Disposições Constitucionais Transitórias e suas complementações e os que já tiverem os seus respectivos recursos liberados ou depositados em juízo, os precatórios pendentes na data de promulgação desta Emenda e os que decorram de ações iniciais ajuizadas até 31 de dezembro de 1999 serão liquidados pelo seu valor real, em moeda corrente, acrescido de juros legais, em prestações anuais, iguais e sucessivas, no prazo máximo de dez anos, permitida a cessão dos créditos.

§ 1º É permitida a decomposição de parcelas, a critério do credor.

§ 2º As prestações anuais a que se refere o *caput* deste artigo terão, se não liquidadas até o final do exercício a que se referem, poder liberatório do pagamento de tributos da entidade devedora.

§ 3º O prazo referido no *caput* deste artigo fica reduzido para dois anos, nos casos de precatórios judiciais originários de desapropriação de imóvel residencial do credor, desde que comprovadamente único à época da imissão na posse.

§ 4º O Presidente do Tribunal competente deverá, vencido o prazo ou em caso de omissão no orçamento, ou preterição ao direito de precedência, a requerimento do credor, requisitar ou determinar o sequestro de recursos financeiros da entidade executada, suficientes à satisfação da prestação.

Paulo Caliendo

Este dispositivo estabeleceu por meio da Emenda Constitucional n. 30/2000 a possibilidade de parcelamento de precatórios judiciários, desde que não sejam considerados como sendo créditos de pequeno valor ou de natureza alimentícia, os de que trata o art. 33 deste Ato das Disposições Constitucionais Transitórias. Tais créditos deverão ainda estar com seus respectivos recursos liberados ou depositados em juízo e os precatórios pendentes na data de promulgação desta Emenda e os que decorram de ações iniciais ajuizadas até 31 de dezembro de 1999 serão liquidados pelo seu valor real, em moeda corrente, acrescido de juros legais, em prestações anuais, iguais e sucessivas, no prazo máximo de dez anos, permitida a cessão dos créditos. Cabe ressaltar que o poder público não está obrigado ao parcelamento dos créditos, mas poderá assim o fazer, facultado pelo texto constitucional.

Decidiu o STF que a definição contida no § 1º-A do art. 100 da Constituição Federal, de crédito de natureza alimentícia, não é exaustiva e assim outros créditos podem ser incluídos neste conceito, tal como exemplo os honorários advocatícios pertencem ao advogado em razão de decisão condenatória. Nestes casos tais créditos se consubstanciam como prestação alimentícia a ser satisfeita por meio de precatório, afastando-se o parcelamento previsto no art. 78 do Ato das Disposições Constitucionais Transitórias[1].

Questiona-se claramente da possibilidade de cessão de créditos para terceiros, bem como da possibilidade de compensação e cessão de créditos decorrentes de precatórios de caráter alimentício, que não estariam abrangidos sob a égide da Emenda Constitucional n. 30, tema que ainda não foi decido pelas cortes superiores do país.

Houve igualmente em razão do § 2º o estabelecimento de uma nova modalidade de compensação tributária, ou seja, da possibilidade de encontro entre dois créditos recíprocos entre as mesmas partes. Decidiu o STF sobre o § 2º que o poder liberatório das prestações anuais a que se refere o art. 2º somente incidem sobre as prestações não liquidadas e não sobre o total do débito constante do precatório[2].

Outra inovação decorre da possibilidade do credor solicitar o sequestro de recursos financeiros da entidade executada, pelo descumprimento dos deveres de inclusão no orçamento ou de preterição do direito de procedência, conforme o § 4º do art. 78 do ADCT. O STF entendeu em relação a este dispositivo que esta previsão refere-se exclusivamente aos casos de parcelamento, não sendo aplicável aos débitos de natureza alimentícia. Assim, o sequestro de verbas públicas destinadas à satisfação de dívidas judiciais alimentares é a ocorrência de preterição da ordem de precedência[3].

---

1. RE 470.407, Rel. Min. Marco Aurélio, j. em 9-5-06, *DJ* de 13-10-06.
2. SS 2.589-AgRg, Rel. Min. Ellen Gracie, j. em 9-8-06, *DJ* de 22-9-06. Precedente: ADI 2.851.
3. Rcl 2.452, Rel. Min. Ellen Gracie, j. em 19-2-04, *DJ* de 19-3-04.

Art. 79. É instituído, para vigorar até o ano de 2010, no âmbito do Poder Executivo Federal, o Fundo de Combate e Erradicação da Pobreza, a ser regulado por lei complementar com o objetivo de viabilizar a todos os brasileiros acesso a níveis dignos de subsistência, cujos recursos serão aplicados em ações suplementares de nutrição, habitação, educação, saúde, reforço de renda familiar e outros programas de relevante interesse social voltados para melhoria da qualidade de vida.

Parágrafo único. O Fundo previsto neste artigo terá Conselho Consultivo e de Acompanhamento que conte com a participação de representantes da sociedade civil, nos termos da lei.

Jane Lúcia Wilhelm Berwanger
Marco Aurélio Serau Junior

1. História da norma

Este artigo é inédito no Direito Constitucional brasileiro, tendo sido incluído por obra da Emenda Constitucional n. 31, de 14.12.2000.

2. Constituições brasileiras anteriores

Não há, nas Constituições brasileiras anteriores, dispositivo semelhante.

3. Constituições estrangeiras

Não existe dispositivo constitucional semelhante nas Constituições portuguesa, francesa, italiana, japonesa, do Reino Unido e da Argentina.

4. Direito Internacional

Não existe dispositivo correspondente na Declaração Universal dos Direitos Humanos, na Carta Geral das Nações Unidas, no Pacto Internacional dos Direitos Econômicos, Sociais e Culturais (1966), no Protocolo de San Salvador (Protocolo adicional à Convenção Interamericana Sobre Direitos Humanos em Matéria de Direitos Econômicos, Sociais e Culturais), tampouco no Pacto de San José da Costa Rica.

5. Remissões constitucionais (outros artigos da Constituição) e legais (leis reguladoras)

Arts. 6º e 203 da Constituição Federal e 80 do ADCT.

Lei Complementar n. 111, de 6 de julho de 2001, que dispõe sobre o Fundo de Combate e Erradicação da Pobreza, na forma prevista nos arts. 79, 80 e 81 do Ato das Disposições Constitucionais Transitórias.

6. Jurisprudência

Não há jurisprudência específica sobre o tema.

7. Referências bibliográficas

CORREIA, Marcus Orione Gonçalves; VILELA, José Corrêa; BANDEIRA LINS, Carlos Otávio (coords.). *Renda mínima*. São Paulo: LTr, 2003.

VILELA, José Corrêa. *Conceito jurídico de pobreza na construção da segurança social*. 418 f. Tese (Doutorado em Direito do Trabalho) – Faculdade de Direito, Universidade de São Paulo, São Paulo, 2006.

8. Comentários

A Seguridade Social é composta por três pilares: a Saúde, a Previdência Social e a Assistência Social.

Esta última se destina, nos termos do art. 203 da Constituição Federal, a cobrir as pessoas em situação de maior vulnerabilidade social ou mesmo em situação de exclusão social.

O dispositivo em tela criou um Fundo orçamentário específico, com recursos provenientes das diversas fontes indicadas no art. 80 do ADCT.

A Emenda Constitucional n. 67, de 22.12.2010, prorrogou por tempo indeterminado a vigência do art. 79 do ADCT, que até então vigoraria somente até 2010.

A Emenda Constitucional n. 114, de 16.12.2021, introduziu no art. 203 o inciso VI, que estabelece como um dos objetivos da Assistência Social no Brasil "a redução da vulnerabilidade socioeconômica de famílias em situação de pobreza ou de extrema pobreza".

Para assegurar esse escopo, a mesma Emenda Constitucional estabeleceu parágrafo único ao art. 6º, segundo o qual: "Todo brasileiro em situação de vulnerabilidade social terá direito a uma renda básica familiar, garantida pelo poder público em programa permanente de transferência de renda, cujas normas e requisitos de acesso serão determinados em lei, observada a legislação fiscal e orçamentária".

Art. 80. Compõem o Fundo de Combate e Erradicação da Pobreza:

I – a parcela do produto da arrecadação correspondente a um adicional de 0,08 (oito centésimos por cento), aplicável de 18 de junho de 2000 a 17 de junho de 2002, na alíquota da contribuição social de que trata o art. 75 do Ato das Disposições Constitucionais Transitórias;

II – a parcela do produto da arrecadação correspondente a um adicional de cinco pontos percentuais na alíquota do Imposto sobre Produtos Industrializados – IPI, ou do imposto que vier a substituí-lo, incidente sobre produtos supérfluos e aplicável até a extinção do Fundo;

III – o produto da arrecadação do imposto de que trata o art. 153, inciso VII, da Constituição;

IV – dotações orçamentárias;

V – doações, de qualquer natureza, de pessoas físicas ou jurídicas do País ou do exterior;

VI – outras receitas, a serem definidas na regulamentação do referido Fundo.

§ 1º Aos recursos integrantes do Fundo de que trata este art. não se aplica o disposto nos arts. 159 e 167, inciso IV, da Constituição, assim como qualquer desvinculação de recursos orçamentários.

§ 2º A arrecadação decorrente do disposto no inciso I deste artigo, no período compreendido entre 18 de junho de 2000 e o início da vigência da lei complementar a que se refere a art. 79, será integralmente repassada ao Fundo, preservado o seu valor real, em títulos públicos federais, progressivamente resgatáveis após 18 de junho de 2002, na forma da lei.

José Maurício Conti

1. História da norma

Artigo incluído no texto do ADCT pela Emenda Constitucional n. 31, de 14-12-2000.

2. Constituições brasileiras anteriores

Sem correspondência nas Constituições anteriores.

3. Constituições estrangeiras

Em geral, os textos constitucionais não detalham os fundos de destinação específica, fazendo por vezes apenas referências a transferências intergovernamentais, ficando a regulamentação de fundos para a legislação infraconstitucional. *Vide* comentários no item seguinte.

4. Direito Internacional

Diversos países nos quais a pobreza é um tema que ocupa espaço na agenda política adotam fundos para mitigar o problema. Na América Latina encontram-se alguns casos deste mecanismo. Estabeleceu-se, na Bolívia, em 1990, pelo Decreto Supremo 22.407, o *Fondo de Inversión Social* (FIS), que substituiu o *Fondo de Emergencia Social* (FES), a ser aplicado conforme a Estratégia Nacional de Combate à Pobreza aprovada pelo Governo. Em Honduras, há o *Fondo Hondureño de Inversión Social*, em que se observa a descentralização dos recursos em favor do nível local de governo, que administra os recursos do fundo, provenientes de instituições internacionais (BID, Banco Mundial, Deutsche Bank, BCIE e Comissão Européia). No México, Estado que se organiza pela forma federativa, conta-se com o *Fondo de Aportaciones para la Infraestructura Social* (FAIS) que, de acordo com a *Ley de Coordinación Fiscal*, destina-se a beneficiar diretamente a setores da população em condições de pobreza extrema. A ele se destinam 2,5% da arrecadação federal das quais os entes federados participam. Subdivide-se em dois fundos: o *Fondo de Infraestructura Social Estatal* (FISE) e o *Fondo de Infraestructura Social Municipal* (FISM). Este último dispõe da maior parte dos recursos (2,197% da arrecadação federal transferível).

5. Dispositivos constitucionais correlatos relevantes

Art. 3º, III (erradicação da pobreza e da marginalização e redução das desigualdades como objetivo fundamental da República Federativa do Brasil); art. 76 do ADCT (Desvinculação das Receitas da União); art. 79 do ADCT (institui o Fundo de Combate e Erradicação da Pobreza); art. 81, § 1º, do ADCT (prevê a transferência de recursos decorrentes da desestatização de empresas estatais para o Fundo de Combate e Erradicação da Pobreza).

6. Jurisprudência (STF)

ADI 3.576/RS. Declara a inconstitucionalidade de lei estadual que permitia dedução dos valores depositados no Fundo Partilhado de Combate às Desigualdades Sociais e Regionais do Estado do Rio Grande do Sul por configurar forma de vinculação de receita de impostos não permitida pelo art. 167, IV, da CF.

7. Literatura selecionada

BRASIL. Secretaria de Orçamento Federal – SOF. *Vinculações de receitas dos orçamentos fiscal e da seguridade social e o poder discricionário de alocação dos recursos do Governo Federal* – Volume 1, n. 1. Brasília: Secretaria de Orçamento Federal, 2003; CICHELLA, Edson. Breves comentários acerca do Fundo de Combate e Erradicação da Pobreza. *Repertório IOB de Jurisprudência* 1/16305, n. 16/2001, ago 2001, p. 466; CONTI, José Maurício. *Federalismo fiscal e fundos de participação*. São Paulo: Juarez de Oliveira, 2001; NUNES, Cleucio Santos. Arts. 71 a 74 – Título VII – Dos fundos especiais. In: CONTI, José Maurício (coord.). *Orçamentos públicos*: a Lei 4.320/1964 comentada. 3. ed. São Paulo: Revista dos Tribunais, 2014; SANCHES, Osvaldo M. Fundos federais: origens, evolução e situação atual na administração federal. *Revista de Informação Legislativa*, n. 154, Brasília, Senado Federal, abr./jun. 2002, p. 269-299.

8. Anotações

O Fundo de Combate e Erradicação da Pobreza, introduzido em nosso ordenamento jurídico constitucional em 2000, pela Emenda Constitucional n. 31, foi criado com a finalidade de vincular recursos para viabilizar políticas públicas e financiar ações suplementares de nutrição, habitação, educação, saúde e reforço de renda familiar para as famílias que estejam abaixo da linha de pobreza e/ou apresentem condições de vida desfavoráveis, de modo a melhorar a qualidade de vida dessa população. É atualmente utilizado para financiar programas de diversos Ministérios para as finalidades mencionadas, cabendo destaque ao Programa Fome Zero.

Trata-se de fundo especial, que integra o orçamento público federal, composto por recursos oriundos, atualmente, apenas de parcela da arrecadação do IPI e de dotações orçamentárias e outras receitas, além dos transferidos pelo fundo de desestatização (ADCT, art. 81), uma vez que a Contribuição Provisória sobre Movimentação Financeira foi extinta e o Imposto sobre Grandes Fortunas não foi instituído.

A composição do Fundo de Combate e Erradicação da Pobreza dá-se essencialmente por meio de transferências intragovernamentais, uma vez que é um fundo orçamentário federal, cujas receitas previstas são basicamente do próprio governo federal, sem a participação dos demais entes federados. As destinações de recursos, por sua vez, podem gerar transferências intergovernamentais condicionadas, já que o fundo tem uma finalidade clara, e portanto a entrega dos recursos é voltada para o atendimento de finalidades específicas.

Art. 81. É instituído Fundo constituído pelos recursos recebidos pela União em decorrência da desestatização de sociedades de economia mista ou empresas públicas por ela controladas, direta ou indiretamente, quando a operação envolver a alienação do respectivo controle acionário a pessoa ou entidade não integrante da Administração Pública, ou de participação societária remanescente após a alienação, cujos rendimentos, gerados a partir de 18 de junho de 2002, reverterão ao Fundo de Combate e Erradicação da Pobreza.

§ 1º Caso o montante anual previsto nos rendimentos transferidos ao Fundo de Combate e Erradicação da Pobreza, na forma deste artigo, não alcance o valor de quatro bilhões de reais, far-se-á complementação na forma do art. 80, IV, do Ato das Disposições Constitucionais Transitórias.

§ 2º Sem prejuízo do disposto no § 1º, o Poder Executivo poderá destinar ao Fundo a que se refere este artigo outras receitas decorrentes da alienação de bens da União.

§ 3º A constituição do Fundo a que se refere o *caput*, a transferência de recursos ao Fundo de Combate e Erradicação da Pobreza e as demais disposições referentes ao § 1º deste artigo serão disciplinadas em lei, não se aplicando o disposto no art. 165, § 9º, II, da Constituição.

Fernando Facury Scaff
Luma Cavaleiro de Macedo Scaff

1. Origem do texto

Os dispositivos foram introduzidos pela Emenda Constitucional n. 31/2000.

2. Constituições brasileiras anteriores

Nada consta.

3. Preceitos constitucionais correlacionados da Constituição de 1988

Art. 60, § 3º; art. 150, VI, *a*; art. 153, § 5º; art. 157, I; art. 158, I e II; art. 159, I, *a*, *b* e *c* art. 165, § 9º, II; art. 167, IV; art. 195; art. 198, § 2º; art. 212, § 5º; art. 239.

4. Legislação

Lei Complementar n. 111/2001; Decreto n. 4.564/2003.

5. Jurisprudência

STF: ADI 1.420 MC/DF. Min. Néri da Silveira. Julgamento: 17/05/1996. MI 7.300, redator do acordão min. Gilmar Mendes, j. 26-4-2021, P, *DJE* de 23-8-2021.

6. Anotações

O art. 81 do ADCT foi acrescentado pela EC 31/2000 e institui um Fundo financiado com recursos da União, ou seja, o Fundo de Combate e Erradicação da Pobreza.

Este Fundo é financiado por recursos da União em decorrência da desestatização de sociedades de economia mista ou empresas públicas, direta ou indiretamente, quando a operação envolver a alienação do respectivo controle acionário a pessoa ou entidade não integrante da Administração Pública, ou de participação societária remanescente após a alienação. Trata-se de uma vinculação orçamentária para o uso dos recursos decorrentes do programa de privatização de empresas estatais.

Os rendimentos gerados a partir de 18 de julho de 2002 devem ser revertidos ao Fundo de Combate e Erradicação da Pobreza.

Foi estabelecido um piso para este Fundo no valor anual de quatro bilhões de reais, como determina o art. 81, § 1º, do ADCT, sendo possível a complementação de recursos através de dotações orçamentárias (art. 80, IV, do ADCT). Outros recursos poderão ser carreados ao Fundo, como estabelece o art. 80 do ADCT.

A composição do Fundo, a sua constituição, bem como a transferência de recursos devem ser disciplinados em lei, não se aplicando o art. 165, § 9º, II da Constituição.

O art. 165, § 9º, II atribui à lei complementar a função de estabelecer normas de gestão financeira e patrimonial da administração direta e indireta, bem como condições para a instituição e funcionamento de fundos.

Este dispositivo deve ser analisado em sintonia com o parágrafo único do art. 6º da Constituição Federal, o qual, inserido pela Emenda Constitucional n. 114/2021, assegura a todo brasileiro em situação de vulnerabilidade social o direito de uma renda básica familiar garantida pelo Poder Público em programa permanente de transferência de renda, cujas normas e requisitos de acesso serão determinados em lei, observada a legislação fiscal orçamentária.

A Lei Complementar 111/2001 regulamenta o Fundo e em seu art. 1º determina: "Art. 1º O Fundo de Combate e Erradicação da Pobreza, criado pelo art. 79 do Ato das Disposições Constitucionais Transitórias – ADCT, para vigorar até o ano de 2010, tem como objetivo viabilizar a todos os brasileiros o acesso a níveis dignos de subsistência e seus recursos serão aplicados em ações suplementares de nutrição, habitação, saúde, educação, reforço de renda familiar e outros programas de relevante interesse social, voltados para a melhoria da qualidade de vida".

A criação deste Fundo deve ser interpretada à luz dos objetivos previstos no art. 3º e dos Direitos e Garantias Fundamentais (art. 5º e os demais espalhados pelo texto constitucional). O problema se dá com eventual destinação dos recursos à finalidade outras que não sejam aquelas previstas pelo ordenamento jurídico constitucional.

Art. 82. Os Estados, o Distrito Federal e os Municípios devem instituir Fundos de Combate à Pobreza, com os recursos de que trata este artigo e outros que vierem a destinar, devendo os referidos Fundos ser geridos por entidades que contem com a participação da sociedade civil.

§ 1º Para o financiamento dos Fundos Estaduais e Distrital, poderá ser criado adicional de até dois pontos percentuais na alíquota do Imposto sobre Circulação de Mercadorias e Serviços – ICMS, sobre os produtos e serviços supérfluos e nas condições definidas na lei complementar de que trata o art. 155, § 2º, XII, da Constituição, não se aplicando, sobre este percentual, o disposto no art. 158, IV, da Constituição.

§ 2º Para o financiamento dos Fundos Municipais, poderá ser criado adicional de até 0,5 (meio) ponto percentual na alíquota do Imposto sobre serviços ou do imposto que vier a substituí-lo, sobre serviços supérfluos.

José Maurício Conti

1. História da norma

O art. 82 não constava da redação original do ADCT. Foi incluído no texto pela Emenda Constitucional n. 31, de 2000. Posteriormente, a redação do § 1º foi alterada pela Emenda Constitucional n. 42, de 2003. O texto original do parágrafo era o seguinte:

"§ 1º Para o financiamento dos Fundos Estaduais e Distrital, poderá ser criado adicional de até dois pontos percentuais na alíquota do Imposto sobre Circulação de Mercadorias e Serviços – ICMS, ou do imposto que vier a substituí-lo, sobre os produtos e serviços supérfluos, não se aplicando, sobre este adicional, o disposto no art. 158, inciso IV, da Constituição".

2. Constituições brasileiras anteriores

Sem correspondência nas constituições anteriores.

3. Constituições estrangeiras

Vide comentários ao art. 80 do ADCT.

4. Direito internacional

Vide comentários ao art. 80 do ADCT.

5. Dispositivos constitucionais correlatos relevantes

Art. 165, § 9º, II (competência legislativa complementar para estabelecer condições para instituição e funcionamento de fundos); art. 167, IV (princípio da não vinculação da receita decorrente de impostos); art. 167, IX (proíbe a instituição de fundo sem prévia autorização legislativa); art. 75 do ADCT (contribuição provisória sobre movimentação ou transmissão de valores e de créditos e direitos de natureza financeira); art. 76 do ADCT (Desvinculação das Receitas da União); art. 79 do ADCT (institui o Fundo de Combate e Erradicação da Pobreza); art. 81, § 1º, do ADCT (prevê a transferência de recursos decorrentes da desestatização de empresas estatais para o Fundo de Combate e Erradicação da Pobreza).

6. Jurisprudência (STF)

AC-MC 921/GO. Cálculo de dívida pública. Desconsideração de receita vinculada ao Fundo de Combate e Erradicação da Pobreza para definição de receita líquida real, cálculo da amortização da dívida consolidada e destinação de verbas para a saúde. No mesmo sentido: AC-MC 268/BA.

7. Literatura selecionada

BRASIL. Secretaria de Orçamento Federal – SOF. *Vinculações de receitas dos orçamentos fiscal e da seguridade social e o poder discricionário de alocação dos recursos do Governo Federal* – Volume 1, n. 1. Brasília: Secretaria de Orçamento Federal, 2003; CICHELLA, Edson. Breves comentários acerca do Fundo de Combate e Erradicação da Pobreza. *Repertório IOB de Jurisprudência* 1/16305, n. 16/2001, ago 2001, p. 466; CONTI, José Maurício. *Federalismo fiscal e fundos de participação*. São Paulo: Juarez de Oliveira, 2001; NUNES, Cleucio Santos. Arts. 71 a 74 – Título VII – dos fundos especiais. In: CONTI, José Maurício (coord.). *Orçamentos públicos*: a Lei 4.320/1964 comentada. 3. ed. São Paulo: Revista dos Tribunais, 2014; SANCHES, Osvaldo M. Fundos federais: origens, evolução e situação atual na administração federal. *Revista de Informação Legislativa*, n. 154, Brasília, Senado Federal, abr./jun. 2002, p. 269-299.

8. Anotações

O dispositivo constitucional prevê que Estados, Distrito Federal e Municípios também instituam Fundos de Combate e Erradicação da Pobreza, no âmbito dos respectivos entes, estabelecendo como requisito serem geridos por entidades que tenham participação da sociedade civil.

O art. 79 do ADCT institui o Fundo de Combate e Erradicação da Pobreza, determinando a aplicação dos recursos em ações de nutrição, habitação, educação, saúde, reforço de renda familiar e outros programas que visem a melhoria da qualidade de vida. A Lei Complementar n. 111, de 2001, regulamentou o dispositivo, especificando as fontes de recursos, a destinação e a forma de gestão.

Embora o texto constitucional não seja explícito quanto a esse ponto, configuram fundos especiais orçamentários, constituídos nos termos do art. 71 da Lei n. 4.320/64, sem personalidade jurídica, cujos recursos terão destinação específica às finalidades definidas constitucionalmente.

O § 1º cria uma fonte de custeio para o Fundo de Combate à Pobreza estadual. Faculta aos Estados e Distrito Federal a elevação em dois pontos percentuais da alíquota do ICMS incidente sobre mercadorias supérfluas. As receitas auferidas com o "adicional" destinam-se integralmente aos fundos estaduais ou ao fundo distrital, ficando, portanto, livres da participação dos municípios (art. 158, IV). O STF já decidiu que tais receitas auferidas por força da elevação da alíquota do ICMS também não compõem a "receita líquida real", base de cálculo para determinação dos montantes a serem destinados ao pagamento da dívida pública dos estados com a União e para a determinação dos limites mínimos de gasto com saúde e educação (*vide* acórdão retro mencionado). A elevação da alíquota do ICMS sobre mercadorias supérfluas não é a única fonte de recursos que podem ser destinados aos fundos estaduais e distritais. Outras receitas podem ser livremente destinadas a tais fundos. Mas, nesse caso, não se subtraem ao cálculo da receita líquida real com as implicações daí decorrentes. E o § 2º permite aos Municípios a criação de fonte de receita para os Fundos Municipais mediante o aumento da alíquota do ISS sobre produtos supérfluos.

> **Art. 83.** Lei federal definirá os produtos e serviços supérfluos a que se referem os arts. 80, II, e 82, § 2º.
>
> *Fernando Facury Scaff*
> *Luma Cavaleiro de Macedo Scaff*

1. Origem do texto

Redação dada pela Emenda Constitucional n. 42/2003.

O texto foi introduzido na ordem constitucional pela EC n. 31/2000 com a seguinte redação: "Art. 83. Lei federal definirá os produtos e serviços supérfluos a que se referem os arts. 80, inciso II, e 82, §§ 1º e 2º".

Com a EC n. 42/2003, o texto foi alterado para: "Art. 83. Lei federal definirá os produtos e serviços supérfluos a que se referem os arts. 80, II, e 82, § 2º", o qual consta na CF/88.

2. Constituições brasileiras anteriores

Nada consta.

3. Preceitos constitucionais correlacionados da Constituição de 1988

Art. 3º; art. 5º; art. 60, § 3º; art. 80, II, do ADCT; art. 80, § 2º ADCT; art. 150, VI, *a*; art. 153, § 5º; art. 157, I; art. 158, I e II; art. 159, I, *a*, *b* e *c*; art. 165, § 9º, II; art. 167, IV; art. 195; art. 198, § 2º; art. 212, § 5º; art. 239; art. 79 do ADCT, art. 80 do ADCT, art. 81 do ADCT; art. 82 do ADCT.

4. Legislação

Lei Complementar n. 111/01.

5. Jurisprudência

STF: ADI 1.420 MC/DF. Min. Néri da Silveira. Julgamento: 17/05/1996.

6. Anotações

01. Os arts. 79 a 83 do ADCT dispõem sobre o Fundo de Erradicação da Pobreza, para vigorar até o ano de 2010, e deve ser estudado em conjunto com os objetivos da República Federativa do Brasil (art. 3º) e com os Direitos e Princípios Fundamentais (art. 5º).

O dispositivo em comento integra o sistema de financiamento do Fundo do qual fazem parte também os arts. 80, II e 82.

O dispositivo em comento atribui à Lei a função de determinar quais são os produtos e quais são os serviços supérfluos a que se referem os arts. 80, II, e 82, § 2º. Contudo, esta Lei não foi editada até a presente data.

Tem como objetivo viabilizar a todos os brasileiros o acesso a níveis dignos de subsistência e seus recursos serão aplicados em ações suplementares de nutrição, habitação, saúde, educação, reforço de renda familiar e outros programas de relevante interesse social, voltados para a melhoria da qualidade de vida.

São receitas do Fundo:

I – a parcela do produto da arrecadação correspondente a um adicional de oito centésimos por cento, aplicável de 18 de junho de 2000 a 17 de junho de 2002, na alíquota da contribuição social de que trata o art. 75 do ADCT;

II – a parcela do produto da arrecadação correspondente a um adicional de cinco pontos percentuais na alíquota do Imposto sobre Produtos Industrializados – IPI, ou do imposto que vier a substituí-lo, incidente sobre produtos supérfluos e aplicável até a extinção do Fundo;

III – o produto da arrecadação do imposto de que trata o inciso VII do art. 153 da Constituição;

IV – os rendimentos do Fundo previsto no art. 81 do ADCT;

V – dotações orçamentárias, conforme definido no § 1º do art. 81 do ADCT;

VI – doações, de qualquer natureza, de pessoas físicas ou jurídicas do País ou do exterior;

VII – outras receitas ou dotações orçamentárias que lhe vierem a ser destinadas.

Aos recursos integrantes do Fundo não se aplica o disposto no art. 159 e no inciso IV do art. 167 da Constituição, assim como qualquer desvinculação de recursos orçamentários.

Ainda, é vedada a utilização dos recursos do Fundo para remuneração de pessoal e encargos sociais.

02. Estes recursos são direcionados:

I – às famílias cuja renda *per capita* seja inferior à linha de pobreza[1], assim como indivíduos em igual situação de renda;

II – às populações de municípios e localidades urbanas ou rurais, isoladas ou integrantes de regiões metropolitanas, que apresentem condições de vida desfavoráveis.

03. É possível a criação destes Fundos na esfera municipal, através de um adicional de até meio ponto percentual na alíquota do Imposto sobre serviços ou do imposto que vier a substituí-lo, sobre serviços supérfluos.

04. O Fundo é um importante instrumento de arrecadação para o Estado, pois composto de parcelas de alguns tributos e dotações orçamentárias. Além disso, é dele que saem recursos para financiar alguns dos programas sociais do governo federal.

> **Art. 84.** A contribuição provisória sobre movimentação ou transmissão de valores e de créditos e direitos de natureza financeira, prevista nos arts. 74, 75 e 80, I, deste Ato das Disposições Constitucionais Transitórias, será cobrada até 31 de dezembro de 2004.

§ 1º Fica prorrogada, até a data referida no *caput* deste artigo, a vigência da Lei n. 9.311, de 24 de outubro de 1996, e suas alterações.

---

1. A linha de pobreza ou conceito que venha a substituí-lo, assim como os municípios que apresentem condições de vida desfavoráveis, serão definidos e divulgados, pelo Poder Executivo, a cada ano.

§ 2º Do produto da arrecadação da contribuição social de que trata este artigo será destinada a parcela correspondente à alíquota de:

I – vinte centésimos por cento ao Fundo Nacional de Saúde, para financiamento das ações e serviços de saúde;

II – dez centésimos por cento ao custeio da previdência social;

III – oito centésimos por cento ao Fundo de Combate e Erradicação da Pobreza, de que tratam os arts. 80 e 81 deste Ato das Disposições Constitucionais Transitórias.

§ 3º A alíquota da contribuição de que trata este artigo será de:

I – trinta e oito centésimos por cento, nos exercícios financeiros de 2002 e 2003;

II – (Revogado).

Art. 85. A contribuição a que se refere o art. 84 deste Ato das Disposições Constitucionais Transitórias não incidirá, a partir do trigésimo dia da data de publicação desta Emenda Constitucional, nos lançamentos:

I – em contas correntes de depósito especialmente abertas e exclusivamente utilizadas para operações de: (Vide Lei n. 10.982, de 2004.)

a) câmaras e prestadoras de serviços de compensação e de liquidação de que trata o parágrafo único do art. 2º da Lei n. 10.214, de 27 de março de 2001;

b) companhias securitizadoras de que trata a Lei n. 9.514, de 20 de novembro de 1997;

c) sociedades anônimas que tenham por objeto exclusivo a aquisição de créditos oriundos de operações praticadas no mercado financeiro;

II – em contas correntes de depósito, relativos a:

a) operações de compra e venda de ações, realizadas em recintos ou sistemas de negociação de bolsas de valores e no mercado de balcão organizado;

b) contratos referenciados em ações ou índices de ações, em suas diversas modalidades, negociados em bolsas de valores, de mercadorias e de futuros;

III – em contas de investidores estrangeiros, relativos a entradas no País e a remessas para o exterior de recursos financeiros empregados, exclusivamente, em operações e contratos referidos no inciso II deste artigo.

§ 1º O Poder Executivo disciplinará o disposto neste artigo no prazo de trinta dias da data de publicação desta Emenda Constitucional.

§ 2º O disposto no inciso I deste artigo aplica-se somente às operações relacionadas em ato do Poder Executivo, dentre aquelas que constituam o objeto social das referidas entidades.

§ 3º O disposto no inciso II deste artigo aplica-se somente a operações e contratos efetuados por intermédio de instituições financeiras, sociedades corretoras de títulos e valores mobiliários, sociedades distribuidoras de títulos e valores mobiliários e sociedades corretoras de mercadorias.

Paulo Caliendo

1. História da norma

A Contribuição Provisória sobre Movimentação ou Transmissão de Valores e de Créditos e Direitos de Natureza Financeira (CPMF) foi objeto de prorrogação por meio da Emenda Constitucional n. 37, de 2002, e, posteriormente, da Emenda Constitucional n. 42, de 2003. A primeira alteração permitiu a cobrança do tributo até 31.12.2004.

O art. 84, § 3º, previa que a alíquota da CPMF seria de 0,38% (trinta e oito centésimos por cento), nos exercícios financeiros de 2002 e 2003, sendo reduzida para 0,08% (oito centésimos por cento), no exercício de 2004. Essa redução foi revogada pela Emenda Constitucional n. 42, de 2003. Esta emenda permitiria a cobrança do tributo à alíquota de 0,38% até 31.12.2007.

2. Apreciação pelo STF da constitucionalidade da Emenda Constitucional

A matéria foi objeto de questionamento perante o STF nas ADIs n. 2.666 e 2.673. A Corte entendeu que inexistia inconstitucionalidade material na prorrogação do tributo, tampouco ofensa a direitos fundamentais, por não se tratar de proposta de emenda tendente a abolir os direitos e garantias individuais. A emenda versa sobre tributação que resta incólume no corpo da Carta. Questionada a violação ao princípio da anterioridade nonagesimal, entendeu o STF que este princípio se aplica tão somente aos casos de instituição ou modificação da contribuição social, e não ao caso de simples prorrogação da lei que a houver instituído ou modificado (ADI 2.666).

3. Remissões normativas

Art. 90 do ADCT; Lei n. 9.311, de 24 de outubro de 1996.

Art. 86. Serão pagos conforme disposto no art. 100 da Constituição Federal, não se lhes aplicando a regra de parcelamento estabelecida no caput do art. 78 deste Ato das Disposições Constitucionais Transitórias, os débitos da Fazenda Federal, Estadual, Distrital ou Municipal oriundos de sentenças transitadas em julgado, que preencham, cumulativamente, as seguintes condições:

I – ter sido objeto de emissão de precatórios judiciários;

II – ter sido definidos como de pequeno valor pela lei de que trata o § 3º do art. 100 da Constituição Federal ou pelo art. 87 deste Ato das Disposições Constitucionais Transitórias;

III – estar, total ou parcialmente, pendentes de pagamento na data da publicação desta Emenda Constitucional.

§ 1º Os débitos a que se refere o caput deste artigo, ou os respectivos saldos, serão pagos na ordem cronológica de apresentação dos respectivos precatórios, com precedência sobre os de maior valor.

§ 2º Os débitos a que se refere o caput deste artigo, se ainda não tiverem sido objeto de pagamento parcial, nos termos do art. 78 deste Ato das Disposições Constitucionais Transitórias, poderão ser pagos em duas parcelas anuais, se assim dispuser a lei.

§ 3º Observada a ordem cronológica de sua apresentação, os débitos de natureza alimentícia previstos neste artigo terão precedência para pagamento sobre todos os demais.

Fernando Facury Scaff
Luma Cavaleiro de Macedo Scaff

1. Origem do texto

O dispositivo foi introduzido pela Emenda Constitucional 37/2002.

2. Constituições brasileiras anteriores

Nada consta.

3. Preceitos constitucionais correlacionados da Constituição de 1988

Art. 100; art. 87, ADCT; art. 78, ADCT.

4. Anotações

O dispositivo em comento determina que o pagamento de precatórios nas situações descritas em seu incisos deverão obedecer à regra geral prevista no art. 100 da Constituição Federal, não se aplicando o art. 78 do ADCT. Para melhor compreensão, deve-se ler os dois artigos de forma cronológica, pois o art. 78 foi introduzido pela EC 30/2000 e o art. 86, ora sob comento, foi introduzido pela EC 37/2002.

O art. 86, de certa forma, excepciona o art. 78. O art. 78, ADCT, determina o pagamento dos precatórios vencidos na data de promulgação da EC 30/2000, bem como os que decorrerem de ações propostas até 31-12-1999, em 10 parcelas iguais, anuais e consecutivas. Já o art. 86, ADCT, estabelece que os precatórios expedidos, que sejam de pequeno valor na forma do § 3º do art. 100 da Constituição Federal ou do art. 87, ADCT, e que estivessem pendentes de pagamento na data da promulgação da EC 37/2002, seriam quitados conforme o art. 100 da Constituição; ou seja, através do sistema "regular" de precatórios, previsto no corpo permanente da Constituição.

Existe ainda um permissivo constitucional, constante do § 2º do referido artigo, que atribui a uma lei ordinária a possibilidade de pagamento do saldo de valores dos precatórios que foram alcançados pelo art. 78, ADCT, em duas parcelas anuais.

O § 3º estabelece que os precatórios de natureza alimentícia terão precedência sobre todos os demais previsto neste artigo; no que segue o padrão previsto no corpo permanente da Constituição.

Art. 87. Para efeito do que dispõem o § 3º do art. 100 da Constituição Federal e o art. 78 deste Ato das Disposições Constitucionais Transitórias serão considerados de pequeno valor, até que se dê a publicação oficial das respectivas leis definidoras pelos entes da Federação, observado o disposto no § 4º do art. 100 da Constituição Federal, os débitos ou obrigações consignados em precatório judiciário, que tenham valor igual ou inferior a:

I – quarenta salários mínimos, perante a Fazenda dos Estados e do Distrito Federal;

II – trinta salários mínimos, perante a Fazenda dos Municípios.

Parágrafo único. Se o valor da execução ultrapassar o estabelecido neste artigo, o pagamento far-se-á, sempre, por meio de precatório, sendo facultada à parte exequente a renúncia ao crédito do valor excedente, para que possa optar pelo pagamento do saldo sem o precatório, da forma prevista no § 3º do art. 100.

Fernando Facury Scaff
Luma Cavaleiro de Macedo Scaff

1. Origem do texto

O dispositivo foi introduzido pela Emenda Constitucional 37/2002.

2. Constituições brasileiras anteriores

Nada consta.

3. Preceitos constitucionais correlacionados da Constituição de 1988

Art. 100; art. 86, ADCT; art. 78, ADCT.

4. Jurisprudência

STF: Rcl 2.998-AgRg, Rel. Min. Sepúlveda Pertence, j. em 10-3-05, *DJ* de 22-4-05; ADI 2.868, Rel. p/ o ac. Min. Joaquim Barbosa, j. em 2-6-04, *DJ* de 12-11-04; AI-AgRg 618770/RS, Rel. Min. Gilmar Mendes, j. em 12-2-2008; Órgão Julgador: 2ª Turma; Rcl 3.270/RN, Rel. Min. Carlos Britto, j. em 13-12-2006. Órgão Julgador: Tribunal Pleno.

5. Anotações

A norma em comento encontra-se correlacionada com o § 3º do art. 100 da CF, que foi introduzido pela EC 30/2000, e que se traduz em uma novidade de grande valia no ordenamento jurídico brasileiro, pois tratou diferentemente a situação jurídico-econômica de processos desiguais por seu montante. Esse parágrafo criou a possibilidade de pagamento de créditos de pequeno valor sem a obediência ao sistema de precatórios previsto no *caput* do art. 100, CF.

Ocorre que a introdução do citado § 3º, do art. 100, CF, não precisava o montante que deveria ser considerado como "de pequeno valor" para fins dessa excepcionalidade no sistema de precatórios, o que somente surgiu dois anos após, com a introdução do ora comentado art. 87, ADCT, que definiu estes montantes, criando as chamadas RPV – Requisição de Pequeno Valor. Trata-se de uma espécie de pagamento feito pela Fazenda Pública (federal, estadual ou municipal) que não deve obedecer o sistema de precatórios, justamente com o intuito de agilizar a prestação jurisdicional. Estas RPVs permitem que, até os montantes descritos no texto da norma, os entes públicos paguem diretamente aos jurisdicionados que obtiveram decisões judiciais transitadas em julgado, sem a necessidade de se submeter a todo o rito processual e procedimental estabelecido pelo art. 100 da Constituição e alterados por outras normas do ADCT, dentre elas o art. 78 e o art. 86.

A diferença de valor entre as três esferas federativas decorre de uma equiparação formal, partindo-se do pressuposto que os Estados e Municípios têm menor capacidade econômica que a União. Sabe-se que isto não é verídico, pois existem Municípios na Federação brasileira que possuem poder econômico bastante superior que alguns Estados, como, por exemplo, o Município de São Paulo. Logo, esta equiparação foi apenas formal, e não material.

Pode ser editada lei, pertinente a cada ente subnacional, que delimite os valores a serem adotados para o uso de RPV.

Pode haver da parte exequente a renúncia ao crédito do valor excedente, para que possa optar pelo pagamento do saldo sem o precatório, na forma prevista no art. 100, § 3º.

Art. 88. Enquanto lei complementar não disciplinar o disposto nos incisos I e III do § 3º do art. 156 da Constituição Federal, o imposto a que se refere o inciso III do *caput* do mesmo artigo:

I – terá alíquota mínima de dois por cento, exceto para os serviços a que se referem os itens 32, 33 e 34 da Lista de Serviços anexa ao Decreto-Lei n. 406, de 31 de dezembro de 1968;

II – não será objeto de concessão de isenções, incentivos e benefícios fiscais, que resulte, direta ou indiretamente, na redução da alíquota mínima estabelecida no inciso I.

• Veja a Lei Complementar n. 116, de 31-7-2003, que "[d]ispõe sobre o Imposto Sobre Serviços de Qualquer Natureza, de competência dos Municípios e do Distrito Federal, e dá outras providências".

Art. 89. Os integrantes da carreira policial militar e os servidores municipais do ex-Território Federal de Rondônia que, comprovadamente, se encontravam no exercício regular de suas funções prestando serviço àquele ex-Território na data em que foi transformado em Estado, bem como os servidores e os policiais militares alcançados pelo disposto no art. 36 da Lei Complementar n. 41, de 22 de dezembro de 1981, e aqueles admitidos regularmente nos quadros do Estado de Rondônia até a data de posse do primeiro Governador eleito, em 15 de março de 1987, constituirão, mediante opção, quadro em extinção da administração federal, assegurados os direitos e as vantagens a eles inerentes, vedado o pagamento, a qualquer título, de diferenças remuneratórias.

§ 1º Os membros da Polícia Militar continuarão prestando serviços ao Estado de Rondônia, na condição de cedidos, submetidos às corporações da Polícia Militar, observadas as atribuições de função compatíveis com o grau hierárquico.

§ 2º Os servidores a que se refere o *caput* continuarão prestando serviços ao Estado de Rondônia na condição de cedidos, até seu aproveitamento em órgão ou entidade da administração federal direta, autárquica ou fundacional.

• O art. 89 foi acrescido ao ADCT pela Emenda Constitucional n. 38, de 12-6-2002. A propósito da temática objeto deste dispositivo, consultar o art. 31, §§ 1º e 2º, da Emenda Constitucional n. 19, de 4-6-1998, com as modificações promovidas pela Emenda Constitucional n. 79, de 27-05-2014, e pela Emenda Constitucional n. 98, de 6-12-2017.

Art. 90. O prazo previsto no *caput* do art. 84 deste Ato das Disposições Constitucionais Transitórias fica prorrogado até 31 de dezembro de 2007.

§ 1º Fica prorrogada, até a data referida no *caput* deste artigo, a vigência da Lei n. 9.311, de 24 de outubro de 1996, e suas alterações.

§ 2º Até a data referida no *caput* deste artigo, a alíquota da contribuição de que trata o art. 84 deste Ato das Disposições Constitucionais Transitórias será de trinta e oito centésimos por cento.

Paulo Caliendo

O presente dispositivo prorrogou a vigência da CPMF até 31 de dezembro de 2007, bem como a legislação ordinária que regulamentava esta contribuição. A alíquota ficava estabelecida em 0,38%.

Art. 91. A União entregará aos Estados e ao Distrito Federal o montante definido em lei complementar, de acordo com critérios, prazos e condições nela determinados, podendo considerar as exportações para o exterior de produtos primários e semielaborados, a relação entre as exportações e as importações, os créditos decorrentes de aquisições destinadas ao ativo permanente e a efetiva manutenção e aproveitamento do crédito do imposto a que se refere o art. 155, § 2º, X, *a*.

§ 1º Do montante de recursos que cabe a cada Estado, setenta e cinco por cento pertencem ao próprio Estado, e vinte e cinco por cento, aos seus Municípios, distribuídos segundo os critérios a que se refere o art. 158, parágrafo único, da Constituição.

§ 2º A entrega de recursos prevista neste artigo perdurará, conforme definido em lei complementar, até que o imposto a que se refere o art. 155, II, tenha o produto de sua arrecadação destinado predominantemente, em proporção não inferior a oitenta por cento, ao Estado onde ocorrer o consumo das mercadorias, bens ou serviços.

§ 3º Enquanto não for editada a lei complementar de que trata o *caput*, em substituição ao sistema de entrega de recursos nele previsto, permanecerá vigente o sistema de entrega de recursos previsto no art. 31 e Anexo da Lei Complementar n. 87, de 13 de setembro de 1996, com a redação dada pela Lei Complementar n. 115, de 26 de dezembro de 2002.

§ 4º Os Estados e o Distrito Federal deverão apresentar à União, nos termos das instruções baixadas pelo Ministério da Fazenda, as informações relativas ao imposto de que trata o art. 155, II, declaradas pelos contribuintes que realizarem operações ou prestações com destino ao exterior.

(*Revogado pela Emenda Constitucional n. 109, de 15-3-2021.*)

Fernando Facury Scaff
Luma Cavaleiro de Macedo Scaff

1. Origem do texto

O dispositivo foi introduzido pela Emenda Constitucional n. 42/2003. Este artigo foi revogado pela Emenda Constitucional n. 109/2021.

2. Constituições brasileiras anteriores

Nada consta.

3. Preceitos constitucionais correlacionados da Constituição de 1988

Art. 155, § 2º, X, *a*; art. 158, parágrafo único; art. 155, II; art. 31.

4. Legislação

Lei Complementar n. 87/1996; Lei Complementar n. 115/2002.

5. Anotações

1. O dispositivo trata da repartição das receitas tributárias no que se refere ao imposto relativo à circulação de mercadorias e sobre prestações de serviços de transporte interestadual e intermunicipal e de comunicação, ainda que as operações e as prestações se iniciem no exterior (ICMS).

O ICMS, imposto de competência dos Estados e do Distrito Federal, não incide sobre as operações que destinem mercadorias para o exterior, nem sobre os serviços de sua alçada prestados a destinatários no exterior, assegurada a manutenção e o aproveitamento do montante do imposto cobrado nas operações e prestações anteriores.

Esta norma criou uma espécie de Fundo para compensar aqueles Estados que realizam muita exportação e pouca importação de bens provindos do exterior, incluindo produtos primários e semielaborados, acarretando superávit comercial para o país. Estes Estados, por contribuírem para a obtenção de grandes saldos no comércio internacional para o Brasil encontram-se compensados por este Fundo. A situação anterior à deste Fundo era extremamente perniciosa para os Estados que se encontravam nesta situação. A regra era que as empresas localizadas em seu território importavam insumos para a produção de bens destinados à exportação. Estes insumos tinham, na sua componente de preço, parcela embutida de ICMS, o qual não poderia ser repassado ao adquirente no exterior, por força do art. 155, § 2º, X, "a", CF, que desonera desse imposto a exportação de mercadorias para o exterior. Logo, o exportador ficava com uma série de créditos em seus livros fiscais, onerando indiretamente o custo de seus produtos, mormente quando era exclusivamente exportador, pois não tinha como transferir estes créditos acumulados para outras atividades no mercado interno. Desse modo, a dívida pública estadual aumentava, sem que o ICMS fosse efetivamente ressarcido, pois, como tributo a ser cobrado "na origem", muitas vezes era objeto de pagamento em outro Estado da Federação – origem daqueles insumos.

Para permitir que estes Estados realizassem estes pagamentos foi criado um mecanismo fiscal através da Lei Complementar 87/96, que vem sendo rotineiramente prorrogado por alterações legislativas.

E para estimular estes Estados pelo forte incentivo que davam às exportações nacionais, foi criado o Fundo ora sob comento, no art. 91 do ADCT, pela EC 42/2003.

Sua receita decorre da relação entre as exportações e as importações, considerados também os créditos decorrentes de aquisições destinadas ao ativo permanente e a efetiva manutenção e aproveitamento do crédito do ICMS decorrente de insumos de produtos destinados à exportação (art. 155, § 2º, X, *a*, CF).

Assim, Estados como o do Pará, que exporta muito mais do que importa, contribuindo para o saldo comercial do Brasil, será fortemente beneficiado com os recursos desse Fundo. Situação diversa ocorrerá com o Estado de São Paulo, pois ao mesmo tempo que é grande exportador de mercadorias é igualmente relevante importador, o que lhe acarretará um retorno menor.

Os critérios, prazos e condições desse Fundo serão elaborados através de Lei Complementar, porém, enquanto esta não for editada, permanecerá vigente o sistema de entrega de recursos previsto no art. 31 e Anexo da Lei Complementar n. 87, de 13 de setembro de 1996, com a redação dada pela Lei Complementar n. 115, de 26 de dezembro de 2002.

O § 2º do artigo sob comento demonstra que sua verdadeira origem é uma das incontáveis discussões congressuais sobre "reforma tributária", pois, como pode ser visto, trata de uma possibilidade que foi bastante discutida, mas até o presente momento não implementada, que diz respeito à transformação do ICMS de um tributo cobrado predominantemente na origem para se tornar um tributo cobrado no destino – ou, pelo menos, predominantemente no destino. Menciona que a entrega desses valores só vigorará até que pelo menos 80% do produto da arrecadação do ICMS seja efetuada no território do Estado onde ocorra o consumo das mercadorias, bens ou serviços.

2. Este dispositivo foi revogado pela Emenda Constitucional n. 109/2021, fruto do acordo interfederativo realizado no âmbito da ADO 25, que gerou a edição da Lei Complementar n. 176/2020, pela qual os Estados e Municípios receberam valores referentes ao Fundo da Lei Kandir, sem, contudo, ser ressalvado o valor devido aos exportadores, que permanecem ser receber os resíduos tributários decorrentes da cadeia exportadora.

Art. 92. São acrescidos dez anos ao prazo fixado no art. 40 deste Ato das Disposições Constitucionais Transitórias.

Fernando Facury Scaff
Luma Cavaleiro de Macedo Scaff

1. Origem do texto

Texto originário da Constituição Federal de 1988. O dispositivo foi introduzido pela Emenda Constitucional n. 42/2003.

2. Preceito constitucional correlacionado da Constituição de 1988

Art. 40 do ADCT.

3. Jurisprudência

ADI 2.348-MC, Rel. Min. Marco Aurélio, julgamento em 7-12-00, DJ de 7-11-03.

4. Anotações

O art. 40 do ADCT determina que pelo prazo de vinte anos, a partir da promulgação da Constituição, seria mantida a Zona Franca de Manaus, com suas características de área de livre comércio, de exportação e importação, e de incentivos fiscais.

Esse acréscimo de dez anos ao prazo fixado no art. 40 do ADCT findaria em 2018. Porém, nova emenda constitucional acrescentou mais cinquenta anos (art. 92-A, ADCT).

Art. 92-A. São acrescidos cinquenta anos ao prazo fixado pelo art. 92 deste Ato das Disposições Constitucionais Transitórias.

- *Vide* os comentários ao art. 92 ADCT.

Art. 93. A vigência do disposto no art. 159, III, e § 4º, iniciará somente após a edição da lei de que trata o referido inciso III.

Fernando Facury Scaff
Luma Cavaleiro de Macedo Scaff

1. Origem do texto

O dispositivo foi introduzido pela Emenda Constitucional n. 42/2003.

2. Constituições brasileiras anteriores

Não há.

3. Preceito constitucional correlacionado da Constituição de 1988

Art. 159, III e § 4º.

4. Anotações

Trata-se de mais um episódio da luta do federalismo cooperativo, em busca de financiamento pelos entes subnacionais. Para que o art. 159, III e § 4º entrem em vigor, faz-se necessária a edição da lei de que trata o inciso III do próprio art. 159.

Determina o art. 159, III, que a União entregará do produto da CIDE – Contribuição de Intervenção no Domínio Econômico (art. 177, § 4º) vinte e nove por cento para os Estados e o Distrito Federal, distribuídos na forma da lei, observada a destinação a que se refere o art. 177, II, c.

Do montante de recursos que cabe à cada Estado, devem ser repassados vinte e cinco por cento aos seus Municípios na forma da lei mencionada no art. 159, III.

Assim, a partição estabelecida na Constituição somente se tornará eficaz quando a lei complementar prevista neste artigo vier a lume.

Art. 94. Os regimes especiais de tributação para microempresas e empresas de pequeno porte próprios da União, dos Estados, do Distrito Federal e dos Municípios cessarão a partir da entrada em vigor do regime previsto no art. 146, III, d, da Constituição.

Paulo Caliendo

O art. 146 da CF/88, em seu inciso III, determina que cabe à lei complementar estabelecer normas gerais em matéria de legislação tributária, especialmente sobre definição de tratamento diferenciado e favorecido para as microempresas e para as empresas de pequeno porte, inclusive regimes especiais ou simplificados no caso do imposto previsto no art. 155, II, das contribuições previstas no art. 195, I, e §§ 12 e 13, e da contribuição a que se refere o art. 239. Este dispositivo foi incluído pela Emenda Constitucional n. 42, de 19.12.2003.

Igualmente o disposto no parágrafo único determinou que compete à lei complementar instituir um regime único de arrecadação dos impostos e contribuições da União, dos Estados, do Distrito Federal e dos Municípios que será opcional para o contribuinte; poderão ser estabelecidas condições de enquadramento diferenciadas por Estado; o recolhimento será unificado e centralizado e a distribuição da parcela de recursos pertencentes aos respectivos entes federados será imediata, vedada qualquer retenção ou condicionamento; a arrecadação, a fiscalização e a cobrança poderão ser compartilhadas pelos entes federados, adotado cadastro nacional único de contribuintes (Incluído pela Emenda Constitucional n. 42, de 19.12.2003).

Assim os mecanismos previstos de benefícios para as microempresas e empresas de pequeno porte deixam de ser aplicáveis, mesmo que tenham optado pelo Simples Nacional. Dessa forma, a partir da entrada em vigor da Lei Geral, em 14 de dezembro de 2006, as legislações especiais perderam eficácia.

Art. 95. Os nascidos no estrangeiro entre 7 de junho de 1994 e a data da promulgação desta Emenda Constitucional, filhos de pai brasileiro ou mãe brasileira, poderão ser registrados em repartição diplomática ou consular brasileira competente ou em ofício de registro, se vierem a residir na República Federativa do Brasil.

- *Vide* o item 3.3 dos comentários ao art. 12 da Constituição.

> **Art. 96.** Ficam convalidados os atos de criação, fusão, incorporação e desmembramento de Municípios, cuja lei tenha sido publicada até 31 de dezembro de 2006, atendidos os requisitos estabelecidos na legislação do respectivo Estado à época de sua criação.

■ Em substituição à originária redação do § 4º do artigo 18 da Constituição, que deixava o tema da criação, incorporação, fusão e desmembramento de Municípios sob o completo alvedrio dos Estados-membros, e que acabou por possibilitar uma proliferação desmesurada de novos entes municipais mesmo sem as condições mínimas necessárias para o seu funcionamento autônomo, foi promulgada a Emenda Constitucional n. 15, de 12 de setembro de 1996, estabelecendo nova redação ao preceito, que, basicamente, passou a prever que aquelas mudanças só poderão ocorrer "dentro do período determinado por Lei Complementar Federal" e mediante consulta plebiscitária às populações dos Municípios envolvidos "após divulgação dos Estudos de Viabilidade Municipal, apresentados e publicados na forma da lei". Não obstante, as leis necessárias à eficácia plena da nova redação do dispositivo constitucional em apreço não foram editadas em prazo razoável, o que fez com que outras entidades municipais fossem criadas, em contrariedade ao novo comando constitucional. As situações daí advindas foram resguardadas pelo Supremo Tribunal Federal, que, ante a inércia do Congresso Nacional, não apenas estabeleceu uma sobrevida à legislação estadual editada em descompasso com a Carta da República, como também exortou que as normas regulamentadoras do § 4º do artigo 18, da Constituição, quando viessem a ser editadas, contemplassem as situações fáticas existentes (*vide*, a título de exemplo, a ADI 3682, onde se afirmou que "[a] omissão legislativa em relação à regulamentação do art. 18, § 4º, da Constituição, acabou dando ensejo à conformação e à consolidação de estados de inconstitucionalidade que não podem ser ignorados pelo legislador na elaboração da lei complementar federal"). Aproveitando-se de tal entendimento, o Congresso Nacional editou a Emenda Constitucional n. 57, de 18 de dezembro de 2008, ora sob apontamento, que convalidou, assim, os atos de criação, fusão, incorporação e desmembramento de Municípios, cuja lei tenha sido publicada até 31 de dezembro de 2006, atendidos os requisitos estabelecidos na legislação do respectivo Estado à época de sua criação. Com isso, ao menos até esta data, as situações consideradas em "estado de inconstitucionalidade", porque destoantes do art. 18, § 4º, da Constituição, ficaram consolidadas, desde que respeitada a legislação estadual respectiva, não se tolerando, a partir de então, mudanças efetuadas ao arrepio deste preceito constitucional (*vide*, a propósito, a ADI 4992)[1].

---

1. Eis a redação originária do referido preceito constitucional: "A criação, a incorporação, a fusão e o desmembramento de Municípios preservarão a continuidade e a unidade histórico-cultural do ambiente urbano, far-se-ão por lei estadual, obedecidos os requisitos previstos em Lei Complementar estadual, e dependerão de consulta prévia, mediante plebiscito, às populações diretamente interessadas".

> **Art. 97.** Até que seja editada a lei complementar de que trata o § 15 do art. 100 da Constituição Federal, os Estados, o Distrito Federal e os Municípios que, na data de publicação desta Emenda Constitucional, estejam em mora na quitação de precatórios vencidos, relativos às suas administrações direta e indireta, inclusive os emitidos durante o período de vigência do regime especial instituído por este artigo, farão esses pagamentos de acordo com as normas a seguir estabelecidas, sendo inaplicável o disposto no art. 100 desta Constituição Federal, exceto em seus §§ 2º, 3º, 9º, 10, 11, 12, 13 e 14, e sem prejuízo dos acordos de juízos conciliatórios já formalizados na data de promulgação desta Emenda Constitucional.

§ 1º Os Estados, o Distrito Federal e os Municípios sujeitos ao regime especial de que trata este artigo optarão, por meio de ato do Poder Executivo:

I – pelo depósito em conta especial do valor referido pelo § 2º deste artigo; ou

II – pela adoção do regime especial pelo prazo de até 15 (quinze) anos, caso em que o percentual a ser depositado na conta especial a que se refere o § 2º deste artigo corresponderá, anualmente, ao saldo total dos precatórios devidos, acrescido do índice oficial de remuneração básica da caderneta de poupança e de juros simples no mesmo percentual de juros incidentes sobre a caderneta de poupança para fins de compensação da mora, excluída a incidência de juros compensatórios, diminuído das amortizações e dividido pelo número de anos restantes no regime especial de pagamento.

§ 2º Para saldar os precatórios, vencidos e a vencer, pelo regime especial, os Estados, o Distrito Federal e os Municípios devedores depositarão mensalmente, em conta especial criada para tal fim, 1/12 (um doze avos) do valor calculado percentualmente sobre as respectivas receitas correntes líquidas, apuradas no segundo mês anterior ao mês de pagamento, sendo que esse percentual, calculado no momento de opção pelo regime e mantido fixo até o final do prazo a que se refere o § 14 deste artigo, será:

I – para os Estados e para o Distrito Federal:

a) de, no mínimo, 1,5% (um inteiro e cinco décimos por cento), para os Estados das regiões Norte, Nordeste e Centro-Oeste, além do Distrito Federal, ou cujo estoque de precatórios pendentes das suas administrações direta e indireta corresponder a até 35% (trinta e cinco por cento) do total da receita corrente líquida;

b) de, no mínimo, 2% (dois por cento), para os Estados das regiões Sul e Sudeste, cujo estoque de precatórios pendentes das suas administrações direta e indireta corresponder a mais de 35% (trinta e cinco por cento) da receita corrente líquida;

II – para Municípios:

a) de, no mínimo, 1% (um por cento), para Municípios das regiões Norte, Nordeste e Centro-Oeste, ou cujo estoque de precatórios pendentes das suas administrações direta e indireta corresponder a até 35% (trinta e cinco por cento) da receita corrente líquida;

b) de, no mínimo, 1,5% (um inteiro e cinco décimos por cento), para Municípios das regiões Sul e Sudeste, cujo estoque de precatórios pendentes das suas administrações direta e indireta corresponder a mais de 35% (trinta e cinco por cento) da receita corrente líquida.

§ 3º Entende-se como receita corrente líquida, para os fins de que trata este artigo, o somatório das receitas tributárias, patrimoniais, industriais, agropecuárias, de contribuições e de serviços, transferências correntes e outras receitas correntes, incluindo as oriundas do § 1º do art. 20 da Constituição Federal, verificado no período compreendido pelo mês de referência e os 11 (onze) meses anteriores, excluídas as duplicidades, e deduzidas:

I – nos Estados, as parcelas entregues aos Municípios por determinação constitucional;

II – nos Estados, no Distrito Federal e nos Municípios, a contribuição dos servidores para custeio do seu sistema de previdência e assistência social e as receitas provenientes da compensação financeira referida no § 9º do art. 201 da Constituição Federal.

§ 4º As contas especiais de que tratam os §§ 1º e 2º serão administradas pelo Tribunal de Justiça local, para pagamento de precatórios expedidos pelos tribunais.

§ 5º Os recursos depositados nas contas especiais de que tratam os §§ 1º e 2º deste artigo não poderão retornar para Estados, Distrito Federal e Municípios devedores.

§ 6º Pelo menos 50% (cinquenta por cento) dos recursos de que tratam os §§ 1º e 2º deste artigo serão utilizados para pagamento de precatórios em ordem cronológica de apresentação, respeitadas as preferências definidas no § 1º, para os requisitórios do mesmo ano e no § 2º do art. 100, para requisitórios de todos os anos.

§ 7º Nos casos em que não se possa estabelecer a precedência cronológica entre 2 (dois) precatórios, pagar-se-á primeiramente o precatório de menor valor.

§ 8º A aplicação dos recursos restantes dependerá de opção a ser exercida por Estados, Distrito Federal e Municípios devedores, por ato do Poder Executivo, obedecendo à seguinte forma, que poderá ser aplicada isoladamente ou simultaneamente:

I – destinados ao pagamento dos precatórios por meio do leilão;

II – destinados a pagamento à vista de precatórios não quitados na forma do § 6º e do inciso I, em ordem única e crescente de valor por precatório;

III – destinados a pagamento por acordo direto com os credores, na forma estabelecida por lei própria da entidade devedora, que poderá prever criação e forma de funcionamento de câmara de conciliação.

§ 9º Os leilões de que trata o inciso I do § 8º deste artigo:

I – serão realizados por meio de sistema eletrônico administrado por entidade autorizada pela Comissão de Valores Mobiliários ou pelo Banco Central do Brasil;

II – admitirão a habilitação de precatórios, ou parcela de cada precatório indicada pelo seu detentor, em relação aos quais não esteja pendente, no âmbito do Poder Judiciário, recurso ou impugnação de qualquer natureza, permitida por iniciativa do Poder Executivo a compensação com débitos líquidos e certos, inscritos ou não em dívida ativa e constituídos contra devedor originário pela Fazenda Pública devedora até a data da expedição do precatório, ressalvados aqueles cuja exigibilidade esteja suspensa nos termos da legislação, ou que já tenham sido objeto de abatimento nos termos do § 9º do art. 100 da Constituição Federal;

III – ocorrerão por meio de oferta pública a todos os credores habilitados pelo respectivo ente federativo devedor;

IV – considerarão automaticamente habilitado o credor que satisfaça o que consta no inciso II;

V – serão realizados tantas vezes quanto necessário em função do valor disponível;

VI – a competição por parcela do valor total ocorrerá a critério do credor, com deságio sobre o valor desta;

VII – ocorrerão na modalidade deságio, associado ao maior volume ofertado cumulado ou não com o maior percentual de deságio, pelo maior percentual de deságio, podendo ser fixado valor máximo por credor, ou por outro critério a ser definido em edital;

VIII – o mecanismo de formação de preço constará nos editais publicados para cada leilão;

IX – a quitação parcial dos precatórios será homologada pelo respectivo Tribunal que o expediu.

§ 10. No caso de não liberação tempestiva dos recursos de que tratam o inciso II do § 1º e os §§ 2º e 6º deste artigo:

I – haverá o sequestro de quantia nas contas de Estados, Distrito Federal e Municípios devedores, por ordem do Presidente do Tribunal referido no § 4º, até o limite do valor não liberado;

II – constituir-se-á, alternativamente, por ordem do Presidente do Tribunal requerido, em favor dos credores de precatórios, contra Estados, Distrito Federal e Municípios devedores, direito líquido e certo, autoaplicável e independentemente de regulamentação, à compensação automática com débitos líquidos lançados por esta contra aqueles, e, havendo saldo em favor do credor, o valor terá automaticamente poder liberatório do pagamento de tributos de Estados, Distrito Federal e Municípios devedores, até onde se compensarem;

III – o chefe do Poder Executivo responderá na forma da legislação de responsabilidade fiscal e de improbidade administrativa;

IV – enquanto perdurar a omissão, a entidade devedora:

a) não poderá contrair empréstimo externo ou interno;

b) ficará impedida de receber transferências voluntárias;

V – a União reterá os repasses relativos ao Fundo de Participação dos Estados e do Distrito Federal e ao Fundo de Participação dos Municípios, e os depositará nas contas especiais referidas no § 1º, devendo sua utilização obedecer ao que prescreve o § 5º, ambos deste artigo.

§ 11. No caso de precatórios relativos a diversos credores, em litisconsórcio, admite-se o desmembramento do valor, realizado pelo Tribunal de origem do precatório, por credor, e, por este, a habilitação do valor total a que tem direito, não se aplicando, neste caso, a regra do § 3º do art. 100 da Constituição Federal.

§ 12. Se a lei a que se refere o § 4º do art. 100 não estiver publicada em até 180 (cento e oitenta) dias, contados da data de publicação desta Emenda Constitucional, será considerado, para os fins referidos, em relação a Estados, Distrito Federal e Municípios devedores, omissos na regulamentação, o valor de:

I – 40 (quarenta) salários mínimos para Estados e para o Distrito Federal;

II – 30 (trinta) salários mínimos para Municípios.

§ 13. Enquanto Estados, Distrito Federal e Municípios devedores estiverem realizando pagamentos de precatórios pelo regime especial, não poderão sofrer sequestro de valores, exceto no caso de não liberação tempestiva dos recursos de que tratam o inciso II do § 1º e o § 2º deste artigo.

§ 14. O regime especial de pagamento de precatório previsto no inciso I do § 1º vigorará enquanto o valor dos precatórios devidos for superior ao valor dos recursos vinculados, nos termos do § 2º, ambos deste artigo, ou pelo prazo fixo de até 15 (quinze) anos, no caso da opção prevista no inciso II do § 1º.

§ 15. Os precatórios parcelados na forma do art. 33 ou do art. 78 deste Ato das Disposições Constitucionais Transitórias e ainda pendentes de pagamento ingressarão no regime especial com o valor atualizado das parcelas não pagas relativas a cada precatório, bem como o saldo dos acordos judiciais e extrajudiciais.

§ 16. A partir da promulgação desta Emenda Constitucional, a atualização de valores de requisitórios, até o efetivo pagamento, independentemente de sua natureza, será feita pelo índice oficial de remuneração básica da caderneta de poupança, e, para fins de compensação da mora, incidirão juros simples no mesmo percentual de juros incidentes sobre a caderneta de poupança, ficando excluída a incidência de juros compensatórios.

§ 17. O valor que exceder o limite previsto no § 2º do art. 100 da Constituição Federal será pago, durante a vigência do regime especial, na forma prevista nos §§ 6º e 7º ou nos incisos I, II e III do § 8º deste artigo, devendo os valores dispendidos para o atendimento do disposto no § 2º do art. 100 da Constituição Federal serem computados para efeito do § 6º deste artigo.

§ 18. Durante a vigência do regime especial a que se refere este artigo, gozarão também da preferência a que se refere o § 6º os titulares originais de precatórios que tenham completado 60 (sessenta) anos de idade até a data da promulgação desta Emenda Constitucional.

▪ *Vide* os comentários ao art. 100 da Constituição, bem como a Resolução n. 115, de 29-6-2010, do Conselho Nacional de Justiça, com a redação conferida pela Resolução n. 123, de 9-11-2010, e Resolução n. 145, de 2-3-2012, ambas daquele órgão. Contra dispositivos daquela Resolução foram ajuizadas perante o Supremo Tribunal Federal as ADI 4.465 e 4.558.

Art. 98. O número de defensores públicos na unidade jurisdicional será proporcional à efetiva demanda pelo serviço da Defensoria Pública e à respectiva população.

§ 1º No prazo de 8 (oito) anos, a União, os Estados e o Distrito Federal deverão contar com defensores públicos em todas as unidades jurisdicionais, observado o disposto no *caput* deste artigo.

§ 2º Durante o decurso do prazo previsto no § 1º deste artigo, a lotação dos defensores públicos ocorrerá, prioritariamente, atendendo as regiões com maiores índices de exclusão social e adensamento populacional.

Art. 99. Para efeito do disposto no inciso VII do § 2º do art. 155, no caso de operações e prestações que destinem bens e serviços a consumidor final não contribuinte localizado em outro Estado, o imposto correspondente à diferença entre a alíquota interna e a interestadual será partilhado entre os Estados de origem e de destino, na seguinte proporção:

I – para o ano de 2015: 20% (vinte por cento) para o Estado de destino e 80% (oitenta por cento) para o Estado de origem;

II – para o ano de 2016: 40% (quarenta por cento) para o Estado de destino e 60% (sessenta por cento) para o Estado de origem;

III – para o ano de 2017: 60% (sessenta por cento) para o Estado de destino e 40% (quarenta por cento) para o Estado de origem;

IV – para o ano de 2018: 80% (oitenta por cento) para o Estado de destino e 20% (vinte por cento) para o Estado de origem;

V – a partir do ano de 2019: 100% (cem por cento) para o Estado de destino.

▪ *Vide* os comentários ao art. 155, parágrafo 5º da Constituição.

Art. 100. Até que entre em vigor a lei complementar de que trata o inciso II do § 1º do art. 40 da Constituição Federal, os Ministros do Supremo Tribunal Federal, dos Tribunais Superiores e do Tribunal de Contas da União aposentar-se-ão, compulsoriamente, aos 75 (setenta e cinco) anos de idade, nas condições do art. 52 da Constituição Federal.

▪ *O art. 100 foi acrescido ao ADCT pela Emenda Constitucional n. 88, de 7-4-2015.*

Art. 101. Os Estados, o Distrito Federal e os Municípios que, em 25 de março de 2015, se encontravam em mora no pagamento de seus precatórios quitarão, até 31 de dezembro de 2024, seus débitos vencidos e os que vencerão dentro desse período, atualizados pelo Índice Nacional de Preços ao Consumidor Amplo Especial (IPCA-E), ou por outro índice que venha a substituí-lo, depositando mensalmente em conta especial do Tribunal de Justiça local, sob única e exclusiva administração deste, 1/12 (um doze avos) do valor calculado percentualmente sobre suas receitas correntes líquidas apuradas no segundo mês anterior ao mês de pagamento, em percentual suficiente para a quitação de seus débitos e, ainda que variável, nunca inferior, em cada exercício, ao percentual praticado na data da entrada em vigor do regime especial a que se refere este artigo, em conformidade com plano de pagamento a ser anualmente apresentado ao Tribunal de Justiça local.

§ 1º Entende-se como receita corrente líquida, para os fins de que trata este artigo, o somatório das receitas tributárias, patrimoniais, industriais, agropecuárias, de contribuições e de serviços, de transferências correntes e outras receitas correntes, incluindo as oriundas do § 1º do art. 20 da Constituição Federal, verificado no período compreendido pelo segundo mês imediatamente anterior ao de referência e os 11 (onze) meses precedentes, excluídas as duplicidades, e deduzidas:

I – nos Estados, as parcelas entregues aos Municípios por determinação constitucional;

II – nos Estados, no Distrito Federal e nos Municípios, a contribuição dos servidores para custeio de seu sistema de previdência e assistência social e as receitas provenientes da compensação financeira referida no § 9º do art. 201 da Constituição Federal.

§ 2º O débito de precatórios será pago com recursos orçamentários próprios provenientes das fontes de receita corrente líquida referidas no § 1º deste artigo e, adicionalmente, poderão ser utilizados recursos dos seguintes instrumentos:

I – até 75% (setenta e cinco por cento) dos depósitos judiciais e dos depósitos administrativos em dinheiro referentes a processos judiciais ou administrativos, tributários ou não tributários, nos quais sejam parte os Estados, o Distrito Federal ou os Municípios, e as respectivas autarquias, fundações e empresas estatais dependentes, mediante a instituição de fundo garantidor em montante equivalente a 1/3 (um terço) dos recursos levantados, constituído pela parcela restante dos depósitos judiciais e remunerado pela taxa referencial do Sistema Especial de Liquidação e de Custódia (Selic) para títulos federais, nunca inferior aos índices e critérios aplicados aos depósitos levantados;

II – até 30% (trinta por cento) dos demais depósitos judiciais da localidade sob jurisdição do respectivo Tribunal de Justiça, mediante a instituição de fundo garantidor em montante equivalente aos recursos levantados, constituído pela parcela restante dos depósitos judiciais e remunerado pela taxa referencial do Sistema Especial de Liquidação e de Custódia (Selic) para títulos federais, nunca inferior aos índices e critérios aplicados aos depósitos levantados, destinando-se:

a) no caso do Distrito Federal, 100% (cem por cento) desses recursos ao próprio Distrito Federal;

b) no caso dos Estados, 50% (cinquenta por cento) desses recursos ao próprio Estado e 50% (cinquenta por cento) aos respectivos Municípios, conforme a circunscrição judiciária onde estão depositados os recursos, e, se houver mais de um Município na mesma circunscrição judiciária, os recursos serão rateados entre os Municípios concorrentes, proporcionalmente às respectivas populações, utilizado como referência o último levantamento censitário ou a mais recente estimativa populacional da Fundação Instituto Brasileiro de Geografia e Estatística (IBGE);

III – empréstimos, excetuados para esse fim os limites de endividamento de que tratam os incisos VI e VII do *caput* do art. 52 da Constituição Federal e quaisquer outros limites de endividamento previstos em lei, não se aplicando a esses empréstimos a vedação de vinculação de receita prevista no inciso IV do *caput* do art. 167 da Constituição Federal;

IV – a totalidade dos depósitos em precatórios e requisições diretas de pagamento de obrigações de pequeno valor efetuados até 31 de dezembro de 2009 e ainda não levantados, com o cancelamento dos respectivos requisitórios e baixa das obrigações, assegurada a revalidação dos requisitórios pelos juízos dos processos perante os Tribunais, a requerimento dos credores e após a oitiva da entidade devedora, mantidas a posição de ordem cronológica original e a remuneração de todo o período.

§ 3º Os recursos adicionais previstos nos incisos I, II e IV do § 2º deste artigo serão transferidos diretamente pela instituição financeira depositária para a conta especial referida no *caput* deste artigo, sob única e exclusiva administração do Tribunal de Justiça local, e essa transferência deverá ser realizada em até sessenta dias contados a partir da entrada em vigor deste parágrafo, sob pena de responsabilização pessoal do dirigente da instituição financeira por improbidade.

§ 4º (*Revogado pela Emenda Constitucional n. 109, de 2021.*).

I – (*revogado pela Emenda Constitucional n. 109, de 2021.*);

II – (*revogado pela Emenda Constitucional n. 109, de 2021.*);

III – (*revogado pela Emenda Constitucional n. 109, de 2021.*);

IV – (*Revogado pela Emenda Constitucional n. 109, de 2021.*).

§ 5º Os empréstimos de que trata o inciso III do § 2º deste artigo poderão ser destinados, por meio de ato do Poder Executivo, exclusivamente ao pagamento de precatórios por acordo direto com os credores, na forma do disposto no inciso III do § 8º do art. 97 deste Ato das Disposições Constitucionais Transitórias. (*Incluído pela Emenda Constitucional n. 113, de 2021.*)

▪ *Vide* os comentários ao art. 100, da Constituição.

Art. 102. Enquanto viger o regime especial previsto nesta Emenda Constitucional, pelo menos 50% (cinquenta por cento) dos recursos que, nos termos do art. 101 deste Ato das Disposições Constitucionais Transitórias, forem destinados ao pagamento dos precatórios em mora serão utilizados no pagamento segundo a ordem cronológica de apresentação, respeitadas as preferências dos créditos alimentares, e, nessas, as relativas à idade, ao estado de saúde e à deficiência, nos termos do § 2º do art. 100 da Constituição Federal, sobre todos os demais créditos de todos os anos.

§ 1º A aplicação dos recursos remanescentes, por opção a ser exercida por Estados, Distrito Federal e Municípios, por ato do respectivo Poder Executivo, observada a ordem de preferência dos credores, poderá ser destinada ao pagamento mediante acordos diretos, perante Juízos Auxiliares de Conciliação de Precatórios, com redução máxima de 40% (quarenta por cento) do valor do crédito atualizado, desde que em relação ao crédito não penda recurso ou defesa judicial e que sejam observados os requisitos definidos na regulamentação editada pelo ente federado.

§ 2º Na vigência do regime especial previsto no art. 101 deste Ato das Disposições Constitucionais Transitórias, as preferências relativas à idade, ao estado de saúde e à deficiência serão atendidas até o valor equivalente ao quíntuplo fixado em lei para os fins do disposto no § 3º do art. 100 da Constituição Federal, admitido o fracionamento para essa finalidade, e o restante será pago em ordem cronológica de apresentação do precatório.

Art. 103. Enquanto os Estados, o Distrito Federal e os Municípios estiverem efetuando o pagamento da parcela mensal devida como previsto no *caput* do art. 101 deste Ato das Disposições Constitucionais Transitórias, nem eles, nem as respectivas autarquias, fundações e empresas estatais dependentes poderão sofrer sequestro de valores, exceto no caso de não liberação tempestiva dos recursos.

Parágrafo único. Na vigência do regime especial previsto no art. 101 deste Ato das Disposições Constitucionais Transitórias, ficam vedadas desapropriações pelos Estados, pelo Distrito Federal e pelos Municípios, cujos estoques de precatórios ainda pendentes de pagamento, incluídos os precatórios a pagar de suas entidades da administração indireta, sejam superiores a 70% (setenta por cento) das respectivas receitas correntes líquidas, excetuadas as desapropriações para fins de necessidade pública nas áreas de saúde, educação, segurança pública, transporte público, saneamento básico e habitação de interesse social.

Art. 104. Se os recursos referidos no art. 101 deste Ato das Disposições Constitucionais Transitórias para o pagamento de precatórios não forem tempestivamente liberados, no todo ou em parte:

I – o Presidente do Tribunal de Justiça local determinará o sequestro, até o limite do valor não liberado, das contas do ente federado inadimplente;

II – o chefe do Poder Executivo do ente federado inadimplente responderá, na forma da legislação de responsabilidade fiscal e de improbidade administrativa;

III – a União reterá os recursos referentes aos repasses ao Fundo de Participação dos Estados e do Distrito Federal e ao Fundo de Participação dos Municípios e os depositará na conta especial referida no art. 101 deste Ato das Disposições Constitucionais Transitórias, para utilização como nele previsto;

IV – os Estados reterão os repasses previstos no parágrafo único do art. 158 da Constituição Federal e os depositarão na conta especial referida no art. 101 deste Ato das Disposições Constitucionais Transitórias, para utilização como nele previsto.

Parágrafo único. Enquanto perdurar a omissão, o ente federado não poderá contrair empréstimo externo ou interno, exceto para os fins previstos no § 2º do art. 101 deste Ato das Disposições Constitucionais Transitórias, e ficará impedido de receber transferências voluntárias.

Art. 105. Enquanto viger o regime de pagamento de precatórios previsto no art. 101 deste Ato das Disposições Constitucionais Transitórias, é facultada aos credores de precatórios, próprios ou de terceiros, a compensação com débitos de natureza tributária ou de outra natureza que até 25 de março de 2015 tenham sido inscritos na dívida ativa dos Estados, do Distrito Federal ou dos Municípios, observados os requisitos definidos em lei própria do ente federado.

§ 1º Não se aplica às compensações referidas no *caput* deste artigo qualquer tipo de vinculação, como as transferências a outros entes e as destinadas à educação, à saúde e a outras finalidades.

§ 2º Os Estados, o Distrito Federal e os Municípios regulamentarão nas respectivas leis o disposto no *caput* deste artigo em até cento e vinte dias a partir de 1º de janeiro de 2018.

§ 3º Decorrido o prazo estabelecido no § 2º deste artigo sem a regulamentação nele prevista, ficam os credores de precatórios autorizados a exercer a faculdade a que se refere o *caput* deste artigo.

Art. 106. Fica instituído o Novo Regime Fiscal no âmbito dos Orçamentos Fiscal e da Seguridade Social da União, que vigorará por vinte exercícios financeiros, nos termos dos arts. 107 a 114 deste Ato das Disposições Constitucionais Transitórias.

Art. 107. Ficam estabelecidos, para cada exercício, limites individualizados para as despesas primárias:

I – do Poder Executivo;

II – do Supremo Tribunal Federal, do Superior Tribunal de Justiça, do Conselho Nacional de Justiça, da Justiça do Trabalho, da Justiça Federal, da Justiça Militar da União, da Justiça Eleitoral e da Justiça do Distrito Federal e Territórios, no âmbito do Poder Judiciário;

III – do Senado Federal, da Câmara dos Deputados e do Tribunal de Contas da União, no âmbito do Poder Legislativo;

IV – do Ministério Público da União e do Conselho Nacional do Ministério Público; e

V – da Defensoria Pública da União.

§ 1º Cada um dos limites a que se refere o *caput* deste artigo equivalerá:

I – para o exercício de 2017, à despesa primária paga no exercício de 2016, incluídos os restos a pagar pagos e demais operações que afetam o resultado primário, corrigida em 7,2% (sete inteiros e dois décimos por cento); e

II – para os exercícios posteriores, ao valor do limite referente ao exercício imediatamente anterior, corrigido pela variação do Índice Nacional de Preços ao Consumidor Amplo – IPCA, publicado pela Fundação Instituto Brasileiro de Geografia e Estatística, ou de outro índice que vier a substituí-lo, apurado no exercício anterior a que se refere a lei orçamentária.

§ 2º Os limites estabelecidos na forma do inciso IV do *caput* do art. 51, do inciso XIII do *caput* do art. 52, do § 1º do art. 99, do § 3º do art. 127 e do § 3º do art. 134 da Constituição Federal não poderão ser superiores aos estabelecidos nos termos deste artigo.

§ 3º A mensagem que encaminhar o projeto de lei orçamentária demonstrará os valores máximos de programação compatíveis com os limites individualizados calculados na forma do § 1º deste artigo, observados os §§ 7º a 9º deste artigo.

§ 4º As despesas primárias autorizadas na lei orçamentária anual sujeitas aos limites de que trata este artigo não poderão exceder os valores máximos demonstrados nos termos do § 3º deste artigo.

§ 5º É vedada a abertura de crédito suplementar ou especial que amplie o montante total autorizado de despesa primária sujeita aos limites de que trata este artigo.

§ 6º Não se incluem na base de cálculo e nos limites estabelecidos neste artigo:

I – transferências constitucionais estabelecidas no § 1º do art. 20, no inciso III do parágrafo único do art. 146, no § 5º do art. 153, no art. 157, nos incisos I e II do *caput* do art. 158, no art. 159 e no § 6º do art. 212, as despesas referentes ao inciso XIV do *caput* do art. 21 e as complementações de que tratam os incisos IV e V do *caput* do art. 212-A, todos da Constituição Federal;

II – créditos extraordinários a que se refere o § 3º do art. 167 da Constituição Federal;

III – despesas não recorrentes da Justiça Eleitoral com a realização de eleições; e

IV – despesas com aumento de capital de empresas estatais não dependentes.

V – transferências a Estados, Distrito Federal e Municípios de parte dos valores arrecadados com os leilões dos volumes excedentes ao limite a que se refere o § 2º do art. 1º da Lei n. 12.276, de 30 de junho de 2010, e a despesa decorrente da revisão do contrato de cessão onerosa de que trata a mesma Lei;

VI – despesas correntes ou transferências aos fundos de saúde dos Estados, do Distrito Federal e dos Municípios, destinadas ao pagamento de despesas com pessoal para cumprimento dos pisos nacionais salariais para o enfermeiro, o técnico de enfermagem, o auxiliar de enfermagem e a parteira, de acordo com os §§ 12, 13, 14 e 15 do art. 198 da Constituição Federal.

§ 6º-A Não se incluem no limite estabelecido no inciso I do *caput* deste artigo, a partir do exercício financeiro de 2023:

I – despesas com projetos socioambientais ou relativos às mudanças climáticas custeadas com recursos de doações, bem como despesas com projetos custeados com recursos decorrentes de acordos judiciais ou extrajudiciais firmados em função de desastres ambientais;

II – despesas das instituições federais de ensino e das Instituições Científicas, Tecnológicas e de Inovação (ICTs) custeadas com receitas próprias, de doações ou de convênios, contratos ou outras fontes, celebrados com os demais entes da Federação ou entidades privadas;

III – despesas custeadas com recursos oriundos de transferências dos demais entes da Federação para a União destinados à execução direta de obras e serviços de engenharia.

§ 6º-B Não se incluem no limite estabelecido no inciso I do *caput* deste artigo as despesas com investimentos em montante que corresponda ao excesso de arrecadação de receitas correntes do exercício anterior ao que se refere a lei orçamentária, limitadas a 6,5% (seis inteiros e cinco décimos por cento) do excesso de arrecadação de receitas correntes do exercício de 2021.

§ 6º-C As despesas previstas no § 6º-B deste artigo não serão consideradas para fins de verificação do cumprimento da meta de resultado primário estabelecida no *caput* do art. 2º da Lei n. 14.436, de 9 de agosto de 2022.

§ 7º Nos três primeiros exercícios financeiros da vigência do Novo Regime Fiscal, o Poder Executivo poderá compensar com redução equivalente na sua despesa primária, consoante os valores estabelecidos no projeto de lei orçamentária encaminhado pelo Poder Executivo no respectivo exercício, o excesso de despesas primárias em relação aos limites de que tratam os incisos II a V do *caput* deste artigo.

§ 8º A compensação de que trata o § 7º deste artigo não excederá a 0,25% (vinte e cinco centésimos por cento) do limite do Poder Executivo.

§ 9º Respeitado o somatório em cada um dos incisos de II a IV do *caput* deste artigo, a lei de diretrizes orçamentárias poderá dispor sobre a compensação entre os limites individualizados dos órgãos elencados em cada inciso.

§ 10. Para fins de verificação do cumprimento dos limites de que trata este artigo, serão consideradas as despesas primárias pagas, incluídos os restos a pagar pagos e demais operações que afetam o resultado primário no exercício.

§ 11. O pagamento de restos a pagar inscritos até 31 de dezembro de 2015 poderá ser excluído da verificação do cumprimento dos limites de que trata este artigo, até o excesso de resultado primário dos Orçamentos Fiscal e da Seguridade Social do exercício em relação à meta fixada na lei de diretrizes orçamentárias.

§ 12. Para fins da elaboração do projeto de lei orçamentária anual, o Poder Executivo considerará o valor realizado até junho do índice previsto no inciso II do § 1º deste artigo, relativo ao ano de encaminhamento do projeto, e o valor estimado até dezembro desse mesmo ano.

§ 13. A estimativa do índice a que se refere o § 12 deste artigo, juntamente com os demais parâmetros macroeconômicos, serão elaborados mensalmente pelo Poder Executivo e enviados à comissão mista de que trata o § 1º do art. 166 da Constituição Federal.

§ 14. O resultado da diferença aferida entre as projeções referidas nos §§ 12 e 13 deste artigo e a efetiva apuração do índice previsto no inciso II do § 1º deste artigo será calculado pelo Poder Executivo, para fins de definição da base de cálculo dos respectivos limites do exercício seguinte, a qual será comunicada aos demais Poderes **por ocasião da elaboração do projeto de lei orçamentária.**

■ Os comentários a estes artigos estão sob o art. 114 do ADCT.

Art. 107-A. Até o fim de 2026, fica estabelecido, para cada exercício financeiro, limite para alocação na proposta orçamentária das despesas com pagamentos em virtude de sentença judiciária de que trata o art. 100 da Constituição Federal, equivalente ao valor da despesa paga no exercício de 2016, incluídos os restos a pagar pagos, corrigido, para o exercício de 2017, em 7,2% (sete inteiros e dois décimos por cento) e, para os exercícios posteriores, pela variação do Índice Nacional de Preços ao Consumidor Amplo (IPCA), publicado pela Fundação Instituto Brasileiro de Geografia e Estatística, ou de outro índice que vier a substituí-lo, apurado no exercício anterior a que se refere a lei orçamentária, devendo o espaço fiscal decorrente da diferença entre o valor dos precatórios expedidos e o respectivo limite ser destinado ao programa previsto no parágrafo único do art. 6º e à seguridade social, nos termos do art. 194, ambos da Constituição Federal, a ser calculado da seguinte forma: (*Redação dada pela Emenda Constitucional n. 126, de 2022.*)

I – no exercício de 2022, o espaço fiscal decorrente da diferença entre o valor dos precatórios expedidos e o limite estabelecido no *caput* deste artigo deverá ser destinado ao programa previsto no parágrafo único do art. 6º e à seguridade social, nos termos do art. 194, ambos da Constituição Federal; (*Incluído pela Emenda Constitucional n. 114, de 2021.*)

II – no exercício de 2023, pela diferença entre o total de precatórios expedidos entre 2 de julho de 2021 e 2 de abril de 2022 e o limite de que trata o *caput* deste artigo válido para o exercício de 2023; e (*Incluído pela Emenda Constitucional n. 114, de 2021.*) (*Vide* MI 7300)

III – nos exercícios de 2024 a 2026, pela diferença entre o total de precatórios expedidos entre 3 de abril de dois anos anteriores e 2 de abril do ano anterior ao exercício e o limite de que trata o *caput* deste artigo válido para o mesmo exercício. (*Incluído pela Emenda Constitucional n. 114, de 2021.*)

§ 1º O limite para o pagamento de precatórios corresponderá, em cada exercício, ao limite previsto no *caput* deste artigo, reduzido da projeção para a despesa com o pagamento de requisições de pequeno valor para o mesmo exercício, que terão prioridade no pagamento. (*Incluído pela Emenda Constitucional n. 114, de 2021.*)

§ 2º Os precatórios que não forem pagos em razão do previsto neste artigo terão prioridade para pagamento em exercícios seguintes, observada a ordem cronológica e o disposto no § 8º deste artigo. (*Incluído pela Emenda Constitucional n. 114, de 2021.*)

§ 3º É facultado ao credor de precatório que não tenha sido pago em razão do disposto neste artigo, além das hipóteses previstas no § 11 do art. 100 da Constituição Federal e sem prejuízo dos procedimentos previstos nos §§ 9º e 21 do referido artigo, optar pelo recebimento, mediante acordos diretos perante Juízos Auxiliares de Conciliação de Pagamento de Condenações Judiciais contra a Fazenda Pública Federal, em parcela única, até o final do exercício seguinte, com renúncia de 40% (quarenta por cento) do valor desse crédito. (*Incluído pela Emenda Constitucional n. 114, de 2021.*)

§ 4º O Conselho Nacional de Justiça regulamentará a atuação dos Presidentes dos Tribunais competentes para o cumprimento deste artigo. (*Incluído pela Emenda Constitucional n. 114, de 2021.*)

§ 5º Não se incluem no limite estabelecido neste artigo as despesas para fins de cumprimento do disposto nos §§ 11, 20 e 21 do art. 100 da Constituição Federal e no § 3º deste artigo, bem como a atualização monetária dos precatórios inscritos no exercício. (*Incluído pela Emenda Constitucional n. 114, de 2021.*)

§ 6º Não se incluem nos limites estabelecidos no art. 107 deste Ato das Disposições Constitucionais Transitórias o previsto nos §§ 11, 20 e 21 do art. 100 da Constituição Federal e no § 3º deste artigo. (*Incluído pela Emenda Constitucional n. 114, de 2021.*)

§ 7º Na situação prevista no § 3º deste artigo, para os precatórios não incluídos na proposta orçamentária de 2022, os valores necessários à sua quitação serão providenciados pela abertura de créditos adicionais durante o exercício de 2022. (*Incluído pela Emenda Constitucional n. 114, de 2021.*)

§ 8º Os pagamentos em virtude de sentença judiciária de que trata o art. 100 da Constituição Federal serão realizados na seguinte ordem: (*Incluído pela Emenda Constitucional n. 114, de 2021.*)

I – obrigações definidas em lei como de pequeno valor, previstas no § 3º do art. 100 da Constituição Federal; (*Incluído pela Emenda Constitucional n. 114, de 2021.*)

II – precatórios de natureza alimentícia cujos titulares, originários ou por sucessão hereditária, tenham no mínimo 60 (sessenta) anos de idade, ou sejam portadores de doença grave ou pessoas com deficiência, assim definidos na forma da lei, até o valor equivalente ao triplo do montante fixado em lei como obrigação de pequeno valor; (*Incluído pela Emenda Constitucional n. 114, de 2021.*)

III – demais precatórios de natureza alimentícia até o valor equivalente ao triplo do montante fixado em lei como obrigação de pequeno valor; (*Incluído pela Emenda Constitucional n. 114, de 2021.*)

IV – demais precatórios de natureza alimentícia além do valor previsto no inciso III deste parágrafo; (*Incluído pela Emenda Constitucional n. 114, de 2021.*)

V – demais precatórios. (*Incluído pela Emenda Constitucional n. 114, de 2021.*)

▪ *Vide* os comentários ao art. 100, da Constituição.

Art. 108. O Presidente da República poderá propor, a partir do décimo exercício da vigência do Novo Regime Fiscal, projeto de lei complementar para alteração do método de correção dos limites a que se refere o inciso II do § 1º do art. 107 deste Ato das Disposições Constitucionais Transitórias.

Parágrafo único. Será admitida apenas uma alteração do método de correção dos limites por mandato presidencial.

▪ Os comentários a este artigo estão sob o art. 114 do ADCT.

Art. 109. Se verificado, na aprovação da lei orçamentária, que, no âmbito das despesas sujeitas aos limites do art. 107 deste Ato das Disposições Constitucionais Transitórias, a proporção da despesa obrigatória primária em relação à despesa primária total foi superior a 95% (noventa e cinco por cento), aplicam-se ao respectivo Poder ou órgão, até o final do exercício a que se refere a lei orçamentária, sem prejuízo de outras medidas, as seguintes vedações:

I – concessão, a qualquer título, de vantagem, aumento, reajuste ou adequação de remuneração de membros de Poder ou de órgão, de servidores e empregados públicos e de militares, exceto dos derivados de sentença judicial transitada em julgado ou de determinação legal anterior ao início da aplicação das medidas de que trata este artigo;

II – criação de cargo, emprego ou função que implique aumento de despesa;

III – alteração de estrutura de carreira que implique aumento de despesa;

IV – admissão ou contratação de pessoal, a qualquer título, ressalvadas:

a) as reposições de cargos de chefia e de direção que não acarretem aumento de despesa;

b) as reposições decorrentes de vacâncias de cargos efetivos ou vitalícios;

c) as contratações temporárias de que trata o inciso IX do *caput* do art. 37 da Constituição Federal; e

d) as reposições de temporários para prestação de serviço militar e de alunos de órgãos de formação de militares;

V – realização de concurso público, exceto para as reposições de vacâncias previstas no inciso IV;

VI – criação ou majoração de auxílios, vantagens, bônus, abonos, verbas de representação ou benefícios de qualquer natureza, inclusive os de cunho indenizatório, em favor de membros de Poder, do Ministério Público ou da Defensoria Pública, de servidores e empregados públicos e de militares, ou ainda de seus dependentes, exceto quando derivados de sentença judicial transitada em julgado ou de determinação legal anterior ao início da aplicação das medidas de que trata este artigo;

VII – criação de despesa obrigatória; e

VIII – adoção de medida que implique reajuste de despesa obrigatória acima da variação da inflação, observada a preservação do poder aquisitivo referida no inciso IV do *caput* do art. 7º da Constituição Federal.

IX – aumento do valor de benefícios de cunho indenizatório destinados a qualquer membro de Poder, servidor ou empregado da administração pública e a seus dependentes, exceto quando derivado de sentença judicial transitada em julgado ou de determinação legal anterior ao início da aplicação das medidas de que trata este artigo.

§ 1º As vedações previstas nos incisos I, III e VI do *caput* deste artigo, quando acionadas as vedações para qualquer dos órgãos elencados nos incisos II, III e IV do *caput* do art. 107 deste Ato das Disposições Constitucionais Transitórias, aplicam-se ao conjunto dos órgãos referidos em cada inciso.

§ 2º Caso as vedações de que trata o *caput* deste artigo sejam acionadas para o Poder Executivo, ficam vedadas:

I – a criação ou expansão de programas e linhas de financiamento, bem como a remissão, renegociação ou refinanciamento de dívidas que impliquem ampliação das despesas com subsídios e subvenções; e

II – a concessão ou a ampliação de incentivo ou benefício de natureza tributária.

§ 3º Caso as vedações de que trata o *caput* deste artigo sejam acionadas, fica vedada a concessão da revisão geral prevista no inciso X do *caput* do art. 37 da Constituição Federal.

§ 4º As disposições deste artigo:

I – não constituem obrigação de pagamento futuro pela União ou direitos de outrem sobre o erário;

II – não revogam, dispensam ou suspendem o cumprimento de dispositivos constitucionais e legais que disponham sobre metas fiscais ou limites máximos de despesas; e

III – aplicam-se também a proposições legislativas.

§ 5º O disposto nos incisos II, IV, VII e VIII do *caput* e no § 2º deste artigo não se aplica a medidas de combate a calamidade pública nacional cuja vigência e efeitos não ultrapassem a sua duração.

▪ Os comentários a este artigo estão sob o art. 114 do ADCT.

Art. 110. Na vigência do Novo Regime Fiscal, as aplicações mínimas em ações e serviços públicos de saúde e em manutenção e desenvolvimento do ensino equivalerão:

I – no exercício de 2017, às aplicações mínimas calculadas nos termos do inciso I do § 2º do art. 198 e do *caput* do art. 212, da Constituição Federal; e

II – nos exercícios posteriores, aos valores calculados para as aplicações mínimas do exercício imediatamente anterior, corrigidos na forma estabelecida pelo inciso II do § 1º do art. 107 deste Ato das Disposições Constitucionais Transitórias.

▪ Os comentários a este artigo estão sob o art. 114 do ADCT.

Art. 111. A partir do exercício financeiro de 2018, até o exercício financeiro de 2022, a aprovação e a execução previstas nos §§ 9º e 11 do art. 166 da Constituição Federal corresponderão ao montante de execução obrigatória para o exercício de 2017, corrigido na forma estabelecida no inciso II do § 1º do art. 107 deste Ato das Disposições Constitucionais Transitórias.

Art. 111-A. A partir do exercício financeiro de 2024, até o último exercício de vigência do Novo Regime Fiscal, a aprovação e a execução previstas nos §§ 9º e 11 do art. 166 da Constituição Federal corresponderão ao montante de execução obrigatória para o exercício de 2023, corrigido na forma estabelecida no inciso II do § 1º do art. 107 deste Ato das Disposições Constitucionais Transitórias. (*Incluído pela Emenda Constitucional n. 126, de 2022.*)

Art. 112. As disposições introduzidas pelo Novo Regime Fiscal:

I – não constituirão obrigação de pagamento futuro pela União ou direitos de outrem sobre o erário; e

II – não revogam, dispensam ou suspendem o cumprimento de dispositivos constitucionais e legais que disponham sobre metas fiscais ou limites máximos de despesas.

▪ Os comentários a estes artigos estão sob o art. 114 do ADCT.

Art. 113. A proposição legislativa que crie ou altere despesa obrigatória ou renúncia de receita deverá ser acompanhada da estimativa do seu impacto orçamentário e financeiro.

Art. 114. A tramitação de proposição elencada no *caput* do art. 59 da Constituição Federal, ressalvada a referida no seu inciso V, quando acarretar aumento de despesa ou renúncia de receita, será suspensa por até vinte dias, a requerimento de um quinto dos membros da Casa, nos termos regimentais, para análise de sua compatibilidade com o Novo Regime Fiscal.

Celso de Barros Correia Neto

1. História da norma

Os arts. 106 a 114 não faziam parte do texto original da Constituição. Foram incluídos pela Emenda Constitucional n. 95 para instituir o chamado "Novo Regime Fiscal". A Emenda é resultado da aprovação de Proposta de Emenda Constitucional de autoria do Poder Executivo (PEC n. 241/2016, na Câmara dos Deputados, e PEC n. 55/2016, no Senado Federal).

Na Exposição de Motivos que acompanhou o ato (EMI n. 00083/2016 MF MPDG), os Ministros de Estado da Fazenda, Henrique de Campos Meirelles, e do Planejamento, Desenvolvimento e Gestão, Dyogo Henrique de Oliveira, destacaram a importância do Regime para "reverter, no horizonte de médio e longo prazo, o quadro de agudo desequilíbrio fiscal em que nos últimos anos foi colocado o Governo Federal".

Na essência, a Emenda impunha um teto de gastos públicos, um limite para o aumento das despesas primárias do governo federal, a fim de conter a tendência de crescimento percebida nos últimos anos. A Exposição de Motivos aponta que, no "período

2008-2015, essa despesa cresceu 51% acima da inflação, enquanto a receita evoluiu apenas 14,5%. Torna-se, portanto, necessário estabilizar o crescimento da despesa primária, como instrumento para conter a expansão da dívida pública. Esse é o objetivo desta Proposta de Emenda à Constituição".

Ao estabelecer um limite para o crescimento da despesa primária federal, restrito à inflação, a partir do exercício de 2018, o Novo Regime pretendeu reduzir de maneira substancial a relação entre despesa primária e PIB e, dessa forma, conter a trajetória de crescimento do gasto público federal, que, no período de 1997 a 2017, apresentou crescimento médio de 5,8%. O mecanismo estabelecido destinava-se a desfazer a estrutura pró-cíclica de gastos até então existente, na qual a despesa pública tende a expandir-se nos momentos de crescimento econômico, obrigando o governo a promover ajuste fiscal em tempos de recessão. Inovou, assim, ao propor ajuste fiscal pela via da redução da despesa, em vez do aumento dos tributos, como tem sido recorrente no Brasil.

Durante sua tramitação no Congresso Nacional, a PEC sofreu acréscimos e modificações importantes, como, por exemplo, a inclusão da regra do art. 113, o qual obriga que as proposições legislativas que criem ou alterem despesas obrigatórias ou renúncia de receita sejam acompanhadas de estimativa de impacto orçamentário e financeiro. As principais modificações realizadas pelo substitutivo no texto original da PEC foram estas: (1) individualização dos limites para despesas primárias por órgãos, para os Poderes Legislativo e Judiciário; (2) agravamento das punições para o descumprimento dos limites impostos no art. 107; (3) modificação da base de cálculo para as despesas com saúde e educação; (4) ampliação da lista de exclusões prevista no § 6º do art. 107, especialmente no que se refere a transferências constitucionais obrigatórias; e (5) exigência de lei complementar para propor alteração do método de correção dos limites do art. 107 e proibição de mais de uma alteração por mandato presidencial. Apesar das mudanças, o cerne do Regime foi mantido: mecanismo inibidor do crescimento da despesa primária.

A adoção do teto de gastos, nos moldes previstos na EC n. 95, de 2016, não se deu sem críticas e resistências. Entre as principais críticas à regra fiscal proposta por essa emenda, estão: (1) o método escolhido para a atualização do teto, que tomou o IPCA como parâmetro, desconsiderando o crescimento econômico ou populacional; (2) a adoção de uma regra que considera exclusivamente o lado das despesas, sem considerar o aspecto das receitas, inclusive renúncias fiscais; (3) a maneira como afetou – e limitou – os gastos com saúde e educação; (4) a restrição imposta as despesas com investimento público; e (5) a insuficiência das medidas de correção (GREGGIANI et al., 2023).

Tais críticas, aliadas às pressões político-partidárias dos dois extremos do extrato ideológico nacional, da direita à esquerda, motivaram diversas alterações nas regras estabelecidas inicialmente pela EC n. 95, de 2016, até a previsão de sua efetiva substituição por um novo regime, previsto em lei complementar, na Emenda Constitucional n. 126, de 21 de dezembro de 2022. De 2016 a 2023, as disposições originárias do teto de gastos previsto no chamado "Novo Regime Fiscal" foram alteradas ou tiveram sua vigência, alcance ou eficácia modificadas por pelo menos oito reformas constitucionais. As mudanças, temporárias ou permanentes, estão previstas em pelo menos oito emendas constitucionais: EC n. **102**, de 26 de setembro de 2019; EC n. **108**, de 26 de agosto de 2020; EC n. **109**, de 15 de março de 2021; EC n. **113**, de 8 de dezembro de 2021; EC n. **114**, 16 de dezembro de 2021; EC n. **123**, de 14 de julho de 2022; EC n. **126**, de 21 de dezembro de 2022; e EC n. **127**, de 22 de dezembro de 2022. A lista pode ser ainda maior se considerarmos o período em que vigorou o regime extraordinário fiscal, financeiro e de contratações para enfrentamento de calamidade pública nacional decorrente de pandemia, estabelecido pela EC n. 106, de 7 de maio de 2020.

O significativo número de alterações constitucionais que afetam os dispositivos em comento resulta da opção pela rigidez constitucional. Regras que, em outras nações, constam da legislação infraconstitucional, no Brasil, têm previsão no próprio texto da Constituição Federal. Por isso, demandam propostas de emenda à constituição quaisquer mudanças significativas nas regras fiscais em vigor, seja para lidar com eventos graves e imprevisíveis, como foi o caso da pandemia causada pelo Covid-19, que motivou a edição da EC n. 106, de 2020 ("Orçamento de Guerra") e, mais adiante, da EC n. 109, de 2021, seja para enfrentar dificuldades circunstanciais, como no caso da EC n. 123, de 2022, que permitiu o pagamento de benefícios como o auxílio Brasil até 31 de dezembro de 2022. Em outras palavras, a opção pela rigidez constitucional vigente até a entrada em vigor da lei complementar prevista na EC n. 126, de 2022, motivou sucessivas emendas constitucionais para mitigar, alterar ou excepcionar o teto de gastos, o que conduziu, em certa medida, à banalização do processo de reforma e expansão do texto constitucional, em matéria de finanças públicas, tanto pela inclusão de novas matérias permanentes, no Ato das Disposições Constitucionais Transitórias, quanto pela previsão crescente de regras constitucionais no corpo das próprias emendas.

Os comentários às emendas constam, logo adiante, nos dispositivos a que se referem. A quantidade e a frequência das mudanças justificam, no entanto, que se apresente aqui, em apertada síntese, quadro geral das emendas que afetam o teto de gastos estabelecido pela EC n. 95, de 2016.

A EC n. **102**, de 2019, alterou a redação do art. 107, § 6º, V, do ADCT para ampliar o rol de exceções ao teto de gastos, de modo que nele não se incluíssem "transferências a Estados, Distrito Federal e Municípios de parte dos valores arrecadados com os leilões dos volumes excedentes ao limite a que se refere o § 2º do art. 1º da Lei n. 12.276, de 30 de junho de 2010, e a despesa decorrente da revisão do contrato de cessão onerosa de que trata a mesma Lei". A lei mencionada é a que autoriza a União a ceder onerosamente à Petrobras o exercício das atividades de pesquisa e lavra de petróleo, de gás natural e de outros hidrocarbonetos fluidos de que trata o inciso I do art. 177 da Constituição Federal.

Na sequência, vale mencionar a EC n. 106, de 2020, que instituiu o regime extraordinário fiscal, financeiro e de contratações para enfrentamento de calamidade pública nacional decorrente de pandemia. Ainda que tenha instituído regras temporárias, a menção se justifica pela maneira como o chamando "orçamento de guerra" mitigou a aplicação das regras previstas pela EC n. 95, de 2016, durante o período em que vigorou, isto é, de 7 de maio de 2020 até data do encerramento do estado de calamidade pública reconhecido pelo Congresso Nacional.

A EC n. **108**, de 2020, alterou a redação originária do inciso I do § 6º do art. 107, que traz o rol de exceções ao teto de gastos. A emenda excluiu do limite as despesas relativas ao Fundo de Manutenção e Desenvolvimento da Educação Básica e de Valorização dos Profissionais da Educação (Fundeb), previstas nos incisos IV e V do caput do art. 212-A incluído na Constituição

Federal pela EC n. 108, de 2020, como mecanismo permanente de financiamento da educação básica.

A EC n. 109, de 2021, resultou da aprovação da chamada "PEC Emergencial". A emenda excluiu da regra do teto de gastos com o auxílio emergencial da ordem de R$ 44 bilhões, no exercício financeiro de 2021. Alterou também a redação do art. 109 do ADCT, que trata das vedações aplicáveis na hipótese de descumprimento dos limites previstos no art. 107 do ADCT, de modo a criar um "gatilho" para aplicação das vedações, que passaram a ser aplicadas se "verificado, na aprovação da lei orçamentária, que [...] a proporção da despesa obrigatória primária em relação à despesa primária total foi superior a 95%". Alterou também algumas das vedações previstas no art. 107 e nos incisos I, IV, VI e IX, adiante analisadas.

A EC n. 113, de 2021, modificou a forma de correções dos limites previstos no art. 107, § 1º, II, além de ampliar o limite "destinado exclusivamente ao atendimento de despesas de vacinação contra a covid-19 ou relacionadas a ações emergenciais e temporárias de caráter socioeconômico", como consta no art. 4º da Emenda. Para o exercício de 2021, § 1º do art. 4º restringe o aumento ao montante de até R$ 15.000.000.000,00, observada a referida destinação. Também restou expressamente revogada a regra do art. 108 do Ato das Disposições Constitucionais Transitórias, que previa originariamente o envio pelo Presidente da República de projeto de lei complementar para alteração do método de correção do inciso II do § 1º do art. 107 do ADCT.

A EC n. 114, de 2021, foi promulgada com base nos trechos remanescentes das PECs 46/2021 e 23/2021 da chamada "PEC dos Precatórios". A emenda incluiu o art. 107-A, no ADCT, para limitar até 2026 o valor a ser alocado na proposta orçamentária das despesas com pagamentos em virtude de sentença judiciária de que trata o art. 100 da Constituição Federal (precatórios). A medida voltou-se à criação de espaço fiscal para viabilizar o pagamento de programas de transferência de renda de que tratam o art. 6º, parágrafo único (renda básica familiar para pessoas em situação de vulnerabilidade social), e 194 da Constituição Federal (seguridade social). Na prática, o espaço fiscal aberto em decorrência da medida foi da ordem de R$ 45 bilhões em 2022 (GREGGIANI et al., 2023) e destinava-se especialmente ao pagamento do então chamado "Auxílio Brasil". A emenda alterou a redação da EC n. 113, de 2021, aprovadas dias antes, para incluir os §§ 5º e 6º no art. 4º da emenda, a fim de assegurar que os gastos realizados se destinem ao atendimento das despesas de ampliação de programas sociais de combate à pobreza e à extrema pobreza.

A EC n. 123, de 2022, que decorre da aprovação da chamada "Pec Kamikaze", reconheceu, no ano de 2022, o "estado de emergência decorrente da elevação extraordinária e imprevisível dos preços do petróleo, combustíveis e seus derivados e dos impactos sociais dela decorrentes" (art. 120, *caput*, do ADCT). Para mitigar e enfrentar seus impactos autorizou a abertura de créditos extraordinários independentemente da observância dos requisitos exigidos de imprevisibilidade e urgência previstos no § 3º do art. 167 da Constituição Federal, bem como pagamento, até 31.12.2022, dos benefícios sociais e econômicos que especifica (e.g. Programa Auxílio Brasil, auxílio Gás dos Brasileiros, além de ajuda financeira a caminhoneiros e taxistas). Na prática, a alteração constitucional permitiu afastar a aplicação do teto de gastos para recursos da ordem de R$ 41,25 bilhões, para o exercício de 2022.

A EC n. 126, de 2022, resulta da chamada "PEC da Transição" (PEC 32/2022). A alteração marca a transição do Governo Bolsonaro para o Governo Lula, eleito para o terceiro mandato. Além de diversas outras alterações no texto constitucional, a emenda promoveu alterações no conjunto de regras do Novo Regime Fiscal e acresceu R$ 145.000.000.000,00 ao teto aplicável ao Poder Executivo para o exercício financeiro de 2023, e estabeleceu normas para a substituição do regime previsto na EC n. 95/2016, por um novo regime fiscal fixado em lei complementar. As medidas adotadas destinavam-se a ampliar a destinação de recursos para programas de transferência de renda, além de outras políticas públicas.

Entre as mudanças previstas na emenda, está a inclusão do § 6º-A no art. 107 para estabelecer exceções ao teto de gastos constitucionais especificamente para o exercício de 2023, a saber: (1) despesas com projetos socioambientais ou relativos às mudanças climáticas custeadas com recursos de doações, bem como despesas com projetos custeados com recursos decorrentes de acordos judiciais ou extrajudiciais firmados em função de desastres ambientais; (2) despesas das instituições federais de ensino e das Instituições Científicas, Tecnológicas e de Inovação (ICTs) custeadas com receitas próprias, de doações ou de convênios, contratos ou outras fontes, celebrados com os demais entes da Federação ou entidades privadas; (3) despesas custeadas com recursos oriundos de transferências dos demais entes da Federação para a União destinados à execução direta de obras e serviços de engenharia.

A EC n. 126, de 2022, prevê a substituição do regime previsto na EC n. 95/2016, por um novo regime fixado em lei complementar. É o que exsurge da combinação dos arts. 6º e 9º do corpo da emenda. O art. 6º obriga o encaminhamento pelo Presidente da República ao Congresso Nacional, até 31 de agosto de 2023, de projeto de lei complementar para "instituir regime fiscal sustentável", a fim de "garantir a estabilidade macroeconômica do País e criar as condições adequadas ao crescimento socioeconômico", inclusive quanto ao endividamento público. Uma vez sancionada a referida lei complementar, o art. 9º estabelece a automática revogação dos arts. 106, 107, 109, 110, 111, 111-A, 112 e 114 do Ato das Disposições Constitucionais Transitórias. O projeto de lei complementar foi apresentado em 18/04/2023 (PLP n. 93/2023).

Mesmo após a EC n. 126, de 2022, ter sinalizado a revogação do Novo Regime Fiscal, o art. 107 do ADCT foi novamente alterado, dessa vez, pela EC n. 127, de 2022. A mudança destinou-se a afastar a aplicação do teto de gastos com despesas correntes ou transferências aos fundos de saúde dos Estados, do Distrito Federal e dos Municípios, destinadas ao pagamento de despesas com pessoal para cumprimento dos pisos nacionais salariais para os profissionais de saúde (enfermeiro, técnico de enfermagem, auxiliar de enfermagem e parteira).

2. Constituições brasileiras anteriores

As disposições que compõem o Novo Regime Fiscal não têm precedente em Constituições brasileiras anteriores. No entanto, a preocupação com o equilíbrio orçamentário e com o controle de despesas correntes, especialmente as de pessoal, que hoje orienta o escopo do Novo Regime Fiscal, já constava anteriormente em textos constitucionais.

A Constituição de 1967 trazia exigência específica quanto à observância do equilíbrio orçamentário. O art. 66, *caput*, prescrevia que "O montante da despesa autorizada em cada exercício financeiro não poderá ser superior ao total das receitas estimadas para o mesmo período". A regra poderia deixar de ser aplicada "nos limites e pelo prazo fixados em resolução do Senado Federal, por proposta do Presidente da República, em execução de política corretiva de recessão econômica" e "às despesas autorizadas por créditos extraordinários" (art. 66, § 1º).

Quanto ao controle de despesa com pessoal, tal como prevê atualmente o art. 169 da Constituição de 1988, a Constituição de 1967 – com redação dada pela EC 1, de 1969 – conferia à lei complementar atribuição de estabelecer "os limites para as despesas de pessoal da União, dos Estados e dos Municípios", na forma do que dispunha o art. 64 daquela Carta.

3. Constituições estrangeiras

A adoção de restrições de longo prazo à política fiscal, à semelhança do que se estabeleceu no Novo Regime Fiscal, não é incomum na legislação estrangeira. Estudo do Fundo Monetário Internacional de 2017 indica que, pelo menos, 96 países, entre 1985 e 2015, contaram com "regras fiscais". O termo designa restrições jurídicas duradouras à política fiscal de um país, estabelecidas por meio de limites quantitativos ou metas fiscais, com base em certos agregados orçamentários, como é o caso das despesas primárias (LLEDÓ et al., 2017, p. 8).

Tais regras podem ter objetos diversos, incidindo sobre arrecadação, gasto público, endividamento ou equilíbrio orçamentário e nem sempre são alçadas ao texto constitucional, como no exemplo brasileiro. Dois atributos são fundamentais: trata-se de restrições fiscais rígidas e minimamente duradouras. O atributo de rigidez indica uma restrição veiculada por lei – diversa das leis orçamentárias – ou outro instrumento jurídico de hierarquia superior. No caso brasileiro, a regra foi introduzida por emenda constitucional. A rigidez não caracteriza necessariamente imutabilidade. Há exemplos de regras fiscais que admitem modificação, diante de mudanças econômicas ou políticas relevantes (SCHICK, 2003, p.18). A permanência no tempo também é um elemento importante, na medida em que se espera que as regras fiscais não sejam frequentemente revistas, ultrapassando o ciclo orçamentário ou, em certos casos, o mandato eletivo.

É comum que tais previsões, nos ordenamentos estrangeiros, encontrem-se no plano infraconstitucional, em leis como a nossa Lei de Responsabilidade Fiscal, fixando metas e limites para o endividamento ou a despesa pública. É o caso, por exemplo, da Nova Zelândia, Argentina e Índia (LLEDÓ et al., 2017).

A Lei de Responsabilidade Fiscal do Paraguai – Lei 5.098, de 2013 – traz, no art.7º, regra fiscal muito próxima à previsão do art. 107 do nosso ADCT. A disposição estabelece que o aumento da despesa corrente primária – conceito que é definido na lei como despesa corrente total menos pagamento de juros – não pode exceder em mais de 4% a inflação anual. A legislação do México também prevê limites ao crescimento da despesa corrente. A Lei Federal de Orçamento e Responsabilidade Fazendária, alterada em 2014, estabelece, no art. 32, que aumento anual do que chama de "despesa corrente estrutural" não poderá ser superior à taxa de crescimento potencial do PIB. Na definição, inclui-se, grosso modo, a despesa total do governo federal, excluídas as despesas financeiras, as transferências federativas, combustíveis utilizados para geração de energia, pensões, etc. A Bélgica também contou, na década de 1990, com regras fiscais semelhantes, limitando o crescimento de despesas primárias.

As regras fiscais previstas no nível da própria Constituição são menos frequentes, embora não propriamente raras. A Constituição da Hungria, no art. 36, proíbe que o Legislativo autorize orçamento público no qual a dívida pública exceda metade do Produto Interno Bruto. A regra, no entanto, comporta exceção, diante de "significativa e duradoura recessão econômica nacional". A Lei Fundamental da República Federal da Alemanha também restringe o endividamento público. A regra incluída no texto constitucional em 2009, nos arts. 109 e 115, prevê possibilidade muito limitada de déficit, restrita ao percentual de 0,35% em relação ao Produto Interno Bruto. Emendada em 2011, a Constituição da Espanha, no art. 135, além de estabelecer o princípio do equilíbrio orçamentário, determina que a lei fixará o déficit estrutural máximo permitido, firmado em relação ao PIB. Também trazem regras de equilíbrio orçamentário e limitação do endividamento público as Constituições da Dinamarca, Letônia e Lituânia, entre outras.

A regra brasileira é peculiar. O Novo Regime Fiscal (teto de gastos) estabeleceu regra fiscal para limitar a despesa primária do Governo Federal no patamar mais alto do ordenamento jurídico, no texto da própria Constituição Federal (ADCT). O limite deveria durar por vinte anos, pela redação original do art. 107, do ADCT, estabelecida pela EC n. 95, de 2016. Mas, como visto, o regime do teto de gasto foi sucessivamente alterado durante os anos em que vigorou, até previsão sua efetiva revogação pela EC n. 126, de 2022.

4. Direito Internacional

As disposições introduzidas pelos arts. 106 a 114 e alterações posteriores não compõem a temática clássica do direito internacional nem são reguladas por tratados internacionais de que seja parte a República Federativa do Brasil.

5. Remissões constitucionais e legais

Embora o Regime estabelecido pela EC n. 95 tenha inovado em relação à ordem constitucional brasileira, é possível identificar alguma correlação de propósito entre as disposições da emenda e outras que já constavam no texto constitucional de 1988, especialmente em relação a três preocupações: equilíbrio orçamentário, limitação de despesa com pessoal e controle das renúncias fiscais.

A Constituição Federal em vigor não traz regra explícita impondo a observância do equilíbrio orçamentário, mas essa preocupação se faz presente nos incisos II, III e V do seu art. 167. O inciso II do art. 167 veda "a realização de despesas ou a assunção de obrigações diretas que excedam os créditos orçamentários ou adicionais". O inciso III do mesmo artigo traz a chamada "regra de ouro", ao proibir "a realização de operações de créditos que excedam o montante das despesas de capital, ressalvadas as autorizadas mediante créditos suplementares ou especiais com finalidade precisa, aprovados pelo Poder Legislativo por maioria absoluta". O escopo da regra é evitar que o endividamento sirva à manutenção da máquina pública, em vez de financiar despesas com investimento (ANDRADE, 2001, p. 1162).

A preocupação com o endividamento público, aliás, encontra-se em diversos dispositivos constitucionais: e.g., nas competências do Senado Federal (art. 52, IV, V, VI, VII, VIII e IX); nas matérias sujeitas a lei complementar (art. 163, I, III e IV); e nas vedações em matéria orçamentária (art. 167, III e X).

Quanto ao controle do gasto público, especialmente o gasto com pessoal, há regra específica no art. 169 da Constituição, que estabelece que a despesa com pessoal ativo e inativo da União, dos Estados, do Distrito Federal e dos Municípios não poderá exceder os limites estabelecidos em lei complementar. A diretriz imposta por essa disposição aproxima-se do Regime estabelecido pela EC n. 95 dada a preocupação de conter a expansão de despesas obrigatórias de caráter continuado, notadamente as de pessoal.

É importante mencionar também as alterações temporárias e permanentes estabelecidas pelas seguintes emendas constitucionais: EC n. 102, de 26 de setembro de 2019; EC n. 108, de 26 de agosto de 2020; EC n. 109, de 15 de março de 2021; EC n. 113, de 8 de dezembro de 2021; EC n. 114, 16 de dezembro de 2021; EC n. 123, de 14 de julho de 2022; EC n. 126, de 21 de dezembro de 2022; e EC n. 127, de 22 de dezembro de 2022. As principais mudanças foram mencionadas no tópico relativo à história da norma ora comentada.

Vale destacar, pela importância, as alterações decorrentes da EC n. 109, de 2021, que trouxe, para o corpo permanente da Constituição Federal, regras para disciplinar o rito para decretação do "estado de calamidade pública de âmbito nacional", para o fim de adotar um "regime extraordinário fiscal, financeiro e de contratações para atender às necessidades dele decorrentes, somente naquilo em que a urgência for incompatível com o regime regular" (art. 167-B). O regime previsto nos arts. 167-B a 167-G incluem: processos simplificados de contratação (art. 167-C); afastamento das limitações para aumento de despesa e concessão de benefício de natureza tributária (art. 167-D); suspensão da "regra de ouro" do art. 167, III, da Constituição (art. 167-E); e suspensão das restrições para a contratação de operações de crédito (art. 167-F).

Ainda quanto à EC n. 109, de 2021, também é importante rememorar que emenda também a redação do art. 109 do ADCT, que compõe o Novo Regime Fiscal. A disposição modificada passou a prever a aplicação das vedações – "acionamento dos gatilhos" – relativas ao teto de gastos, na aprovação da lei orçamentária da União, no âmbito das despesas sujeitas ao teto de gastos, se sempre que a proporção da despesa obrigatória primária em relação à despesa primária total exceda 95%. Ou seja, criou-se um limite prudencial para o teto da despesa primária total que não havia na redação original do dispositivo. O art. 109 do ADCT traz vedações idênticas às previstas no art. 167-A, com algumas diferenças na redação.

A preocupação com o controle das renúncias de receita também encontra eco em outros dispositivos constitucionais, além dos arts. 113 e 114, incluídos pela Emenda. O art. 70 do texto constitucional prevê expressamente "subvenções e *renúncia de receitas*" como objeto do controle externo, que será exercido pelo Congresso Nacional e que compreende a "fiscalização contábil, financeira, orçamentária, operacional e patrimonial da União". A mesma preocupação orienta o § 6º do art. 165 da Constituição Federal, que determina que o projeto de lei orçamentária anual seja acompanhado de "demonstrativo regionalizado do *efeito*, sobre as receitas e despesas, decorrente de isenções, anistias, remissões, subsídios e *benefícios de natureza financeira, tributária e creditícia*". O art. 150, § 6º, exige lei específica para concessão de "qualquer subsídio ou isenção, redução de base de cálculo, concessão de crédito presumido, anistia ou remissão, relativos a impostos, taxas ou contribuições".

A preocupação com o controle de incentivos e renúncias fiscais mereceu, ademais, tratamento específico na EC n. 109, de 2021. O art. 4º previu o envio pelo Presidente da República de plano de redução gradual de incentivos e benefícios federais de natureza tributária, acompanhado das correspondentes proposições legislativas e das estimativas dos respectivos impactos orçamentários e financeiros. O plano deveria propiciar redução do montante total dos incentivos e benefícios, de modo que, no prazo de até oito anos, não ultrapassassem o patamar de 2% do produto interno bruto. Ademais, o § 4º do mesmo artigo também previu a edição de lei complementar para disciplinar a matéria, instituindo "critérios objetivos, metas de desempenho e procedimentos para a concessão e a alteração de incentivo ou benefício de natureza tributária, financeira ou creditícia", bem como regras para a avaliação periódica obrigatória dos seus impactos econômicos e sociais.

No plano infraconstitucional, as diretrizes que orientaram a instituição do Novo Regime Fiscal têm elementos em comum com o conceito de gestão fiscal responsável preconizado pela Lei Complementar n. 101, a Lei de Responsabilidade Fiscal. A definição está no art.1º, § 1º, da LRF: "A responsabilidade na gestão fiscal pressupõe a ação planejada e transparente, em que se previnem riscos e corrigem desvios capazes de afetar o equilíbrio das contas públicas, mediante o cumprimento de metas de resultados entre receitas e despesas e a obediência a limites e condições no que tange a renúncia de receita, geração de despesas com pessoal, da seguridade social e outras, dívidas consolidada e mobiliária, operações de crédito, inclusive por antecipação de receita, concessão de garantia e inscrição em Restos a Pagar".

A limitação de despesa com pessoal é regulada pelos arts. 19 e 20 da LRF. O art. 19 estabelece os percentuais máximos da receita corrente líquida, que devem ser respeitados por todos os entes da federação: 50% para União, 60% para os Estados e 60% para os Municípios. O art. 20 estabelece, em seguida, repartição dos percentuais previstos no art. 19 entre os Poderes Executivo, Legislativo e Judiciário, nas esferas estadual, federal e municipal. A LRF também trata do endividamento, que nessa lei, aliás, assume relação essencial com a noção de gestão fiscal responsável (art.1º, § 1º). A matéria é regulada nos arts. 29 a 40 da Lei. O controle do endividamento é fundamental para a manutenção de um orçamento equilibrado. O art. 31 da Lei fixa sanções para as hipóteses em que a dívida consolidada de um ente da Federação ultrapassar o respectivo limite. Nesses casos, enquanto perdurar o excesso, o ente fica proibido de realizar operação de crédito interna ou externa, inclusive por antecipação de receita, ressalvado o refinanciamento do principal atualizado da dívida mobiliária, e deverá obter resultado primário necessário à recondução da dívida ao limite, promovendo, entre outras medidas, limitação de empenho.

A preocupação com o controle dos incentivos fiscais que importem em renúncia de receita é também um ponto comum entre a Emenda n. 95 – especialmente nos arts. 119, § 2º, II, e 113 – e a LRF – art. 14. Tanto a LRF quanto o Novo Regime Fiscal exigem estimativa de impacto financeiro e orçamentário para a concessão de renúncia de receita tributária. Há coincidência também quanto à disciplina comum que é dada às renúncias fiscais e às despesas obrigatórias, no art. 113 do ADCT e no art. 17 da LRF (despesas obrigatórias de caráter continuado).

6. Jurisprudência

As disposições da Emenda Constitucional n. 95, de 2016, foram objeto de contestação no STF já durante o processo legislativo, por meio de mandando de segurança, e, ao depois, por meio de ações diretas de inconstitucionalidade, que ainda aguardam julgamento.

Quando da tramitação da PEC, deputados federais de partidos de oposição impetraram o MS n. 34.448, com pedido de medida liminar, para impedir a tramitação da PEC n. 241/2016, ao fundamento de que a proposta tenderia a abolir a separação dos Poderes, o voto direto, secreto, universal e periódico, e os direitos e garantias individuais, ofendendo, portanto, cláusulas pétreas. O relator, Ministro Roberto Barroso, negou a liminar, por não enxergar plausibilidade em nenhuma das inconstitucionalidades alegadas pelos impetrantes. Destacou, inclusive, que "As dificuldades do momento [que a Emenda se propõe a enfrentar] poderão ter o condão de transformar o Orçamento Público em uma instância mais importante e mais transparente da democracia brasileira".

Promulgada a EC n. 95, em 15.12.2016, o relator julgou prejudicado o mandado de segurança, sem exame de mérito, na linha dos precedentes do STF (MS n. 22.487, Rel. Min. Celso de Mello; MS n. 23.047, Rel. Min. Sepúlveda Pertence; e MS n. 24.656, Rel. Min. Carlos Velloso).

Em seguida, foram ajuizadas cinco ações diretas de inconstitucionalidade propostas por diferentes legitimados contra dispositivos da emenda: ADI n. 5.633, pela Associação dos Magistrados Brasileiros (AMB), pela Associação Nacional dos Magistrados da Justiça do Trabalho (Anamatra) e pela Associação dos Juízes Federais do Brasil (Ajufe); ADI n. 5.643, pela Federação Nacional dos Servidores e Empregados Públicos Estaduais e do Distrito Federal (Fenasepe); ADI n. 5.658, pelo Partido Democrático Trabalhista (PDT); ADI n. 5.680, pelo Partido Socialismo e Solidariedade (PSOL); ADI n. 5.715, pelo Partido dos Trabalhadores (PT) e ADI n. 5.734, pela Confederação Nacional dos Trabalhadores em Educação (CNTE).

Nas ADIs, pede-se a declaração de inconstitucionalidade integral da emenda, com argumentos de ordem formal – descumprimento do rito para aprovação de emenda constitucional – e material – violação de cláusulas pétreas, notadamente direitos e garantias fundamentais à saúde e à educação e outros, democracia e separação dos Poderes. As ações foram inicialmente distribuídas para a Ministra Rosa Weber, hoje têm como relator o Ministro Luiz Fux e ainda aguardam julgamento.

Antes da EC n. 95, a alteração da disciplina do gasto mínimo com saúde já havia sofrido modificação pela Emenda Constitucional n. 86/2015. A EC n. 86 estabelece, no art. 2º, a implementação progressiva do percentual de 15% da receita corrente líquida na saúde, sendo 13,2% em 2016; 13,7% em 2017; 14,1% em 2018; 14,5% em 2019, até atingir 15% em 2020. O art. 3º permite ainda que, na base de cálculos desse montante, sejam computadas as despesas financiadas com a parcela da União oriunda da participação no resultado ou da compensação financeira pela exploração de petróleo e gás natural (art. 20, § 1º, da Constituição).

Tanto a disciplina do art. 2º – revogada pela EC n. 95, de 2016 – quanto a regra do art. 3º tiveram sua eficácia suspensa, em 31.8.2017, por liminar monocrática concedida na ADI n. 5.595 pelo Ministro Ricardo Lewandowski. A ação foi proposta pelo Procurador-Geral da República, contra os arts. 2º e 3º da Emenda Constitucional n. 86/2015, ao argumento de que as normas impugnadas "reduzem o financiamento federal para ações e serviços públicos de saúde (ASPS) mediante piso anual progressivo para custeio, pela União, e nele incluem a parcela decorrente de participação no resultado e a compensação financeira devidos pela exploração de petróleo e gás natural, de que trata o art. 20, § 1º, da Constituição da República". A emenda representaria, segundo o requerente, ofensa aos direitos fundamentais à vida e à saúde (arts. 5º, caput, 6º e 196 a 198, caput e § 1º) e aos princípios da vedação de retrocesso social (art. 1º, caput e III) e do devido processo legal substantivo (art. 5º, LIV), desrespeitando, portanto, cláusula pétrea inscrita no art. 60, § 4º, IV, da Constituição da República.

Para fundamentar a decisão, o relator assentou que a efetivação do direito fundamental à saúde requer "custeio adequado", ou seja, "há de se assentar em bases juridicamente estáveis (conforme assegura o princípio da segurança jurídica) e fiscalmente progressivas (em consonância com os princípios da proporcionalidade e reserva do possível)". O Ministro Ricardo Lewandowski reconhece "relação de garantia entre o direito fundamental à saúde e seu regime de financiamento mínimo", apontando seu fundamento nos arts. 1º, caput e inciso III; 5º, § 1º e § 2º; 6º; 34, VII; 35, III; 160, parágrafo único, II; 167, IV; 193; 194, caput e parágrafo único, I, IV, V e VI; 195, § 4º e § 10; 196; 197; 198 e 200 da Constituição Federal. Além da correlação temática com o disposto no art. 110 do ADCT, a decisão do Ministro Ricardo Lewandowski reflete na própria aplicação da EC n. 95, na medida em que repercute no patamar mínimo aplicado no ano de 2017 e, por consequência, no valor a ser corrigido nos anos seguintes para fins do disposto no art. 110, II, do ADCT.

Em 2022, o Tribunal julgou improcedente a ação, vencido o relator originário, Min. Ricardo Lewandowski. Entendeu o Plenário do STF, por maioria, que "O próprio texto constitucional admite flexibilidade na fixação dos parâmetros referidos no art. 198, § 2º, CF, mediante: (a) a diferenciação de índices conforme o nível federativo; (b) a atribuição de competência à União para edição de lei complementar estipulando os patamares mínimos referidos pelo art. 198, § 2º, entre outras matérias; e (c) a obrigatoriedade de reavaliação dessa disciplina normativa a cada 5 (cinco) anos". Assim, "A Emenda Constitucional n. 86/2015, ao inovar na disciplina constitucional referente ao investimento público em ações e serviços de saúde, não vulnerou o núcleo essencial das garantias sociais previstas na Constituição em prol das políticas públicas de saúde". (ADI 5.595, rel. Min. Ricardo Lewandowski, Relator p/ Acórdão: Alexandre de Moraes, Tribunal Pleno, julgado em 18/10/2022).

A exigência de estimativa de impacto orçamentário e financeiro para proposições legislativas que criem ou alterem despesa obrigatória ou renúncia de receita ampliou as possibilidades de controle judicial de constitucionalidade nessa matéria, especialmente no que se refere às leis que concedem ou alteram benefícios tributários. A regra do art. 113 do ADCT parece ter aberto um novo espaço de apreciação judicial dos benefícios fiscais, mudança que se fez notar, no âmbito do Supremo Tribunal Federal, pelo crescente número de feitos em que se discute a validade de leis de benefício fiscal, tomando como parâmetro o art. 113 do ADCT, e de leis concessivas declaradas inconstitucionais pelo Tribunal com esse fundamento.

É importante anotar que o STF vem conferindo alcance amplo ao comando do art. 113 do ADCT, de modo a estender sua aplicação não apenas à União, mas também aos Estados, ao Distrito Federal e aos Municípios. Ou seja, ainda que o teto de gastos imposto pelo chamado "Novo Regime Fiscal" tenha sido instituído "no âmbito dos Orçamentos Fiscal e da Seguridade Social da União", como textualmente prevê o art. 106 do ADCT, a regra do art. 113 teria, segundo o STF, alcance mais amplo, aplicando-se aos três níveis de governo. É esse o entendimento firmado pelo Plenário da Corte, em que pese a existência de decisões inicialmente tomada em sentido diverso – e.g. RE 1.158.273 AgR, rel. Min. Celso de Mello, 2ª Turma, julgado em 06/12/2019.

No julgamento da ADI 5816, de relatoria do Ministro Alexandre de Moraes, em 05/11/2019, o Tribunal assentou a "extensão da regra a todos os entes federativos" e, por conseguinte, declarou a inconstitucionalidade de norma estadual – tomada como benefício fiscal – que pretendia ampliar a imunidade dos tempos para alcançar situações em que o ente imune figurava como contribuinte de fato. Lê-se na ementa: "A Emenda Constitucional n. 95/2016, por meio da nova redação do art. 113 do ADCT, estabeleceu requisito adicional para a validade formal de leis que criem despesa ou concedam benefícios fiscais, requisitos esses que, por expressar medida indispensável para o equilíbrio da atividade financeira do Estado, dirige-se a todos os níveis federativos" (ADI 5.816, rel. Min. Alexandre de Moraes, Tribunal Pleno, julgado em 05/11/2019).

A mesma orientação foi confirmada no julgamento da ADI 6303, de relatoria do Ministro Roberto Barroso, para declarar a inconstitucionalidade formal da Lei Complementar n. 278, de 29 de maio de 2019, do Estado de Roraima, por violação ao art. 113 do ADCT. Consta na ementa do julgado: "2. Inconstitucionalidade formal. Ausência de elaboração de estudo de impacto orçamentário e financeiro. O art. 113 do ADCT foi introduzido pela Emenda Constitucional n. 95/2016, que se destina a disciplinar 'o Novo Regime Fiscal no âmbito dos Orçamentos Fiscal e da Seguridade Social da União'. A regra em questão, porém, não se restringe à União, conforme a sua interpretação literal, teleológica e sistemática. 3. Primeiro, a redação do dispositivo não determina que a regra seja limitada à União, sendo possível a sua extensão aos demais entes. Segundo, a norma, ao buscar a gestão fiscal responsável, concretiza princípios constitucionais como a impessoalidade, a moralidade, a publicidade e a eficiência (art. 37 da CF/1988). Terceiro, a inclusão do art. 113 do ADCT acompanha o tratamento que já vinha sendo conferido ao tema pelo art. 14 da Lei de Responsabilidade Fiscal, aplicável a todos os entes da Federação. 4. A exigência de estudo de impacto orçamentário e financeiro não atenta contra a forma federativa, notadamente a autonomia financeira dos entes. Esse requisito visa a permitir que o legislador, como poder vocacionado para a instituição de benefícios fiscais, compreenda a extensão financeira de sua opção política". Fixou-se a seguinte tese de julgamento: "É inconstitucional lei estadual que concede benefício fiscal sem a prévia estimativa de impacto orçamentário e financeiro exigida pelo art. 113 do ADCT" (ADI 6.303, rel. Min. Roberto Barroso, Tribunal Pleno, julgado em 14/03/2022).

Vale destacar ainda que a EC n. 123, de 2022, foi objeto das ADIs 7212 e 7213, de relatoria do Ministro André Mendonça, propostas pelo partido Novo e pela Associação Brasileira de Imprensa (ABI), respectivamente. Entre os dispositivos questionados inclui-se o art. 3º da emenda, disposição que afasta a aplicação do inciso I do caput do art. 107 do ADCT em relação às despesas necessárias para o enfrentamento ou mitigação dos impactos decorrentes do estado de emergência reconhecido pela referida emenda. Nas ações, questiona-se o próprio conceito de "estado de emergência", utilizado na emenda, ao argumento de que restaria configurado desvio de poder e violação do princípio da segurança jurídica (art. 5º). O julgamento, iniciado em sessão virtual, foi interrompido por destaque do Ministro Edson Fachin, após os votos dos Ministros André Mendonça e Alexandre de Moraes, que conheciam, em parte, da ação direta de inconstitucionalidade e, na parte conhecida, julgavam-na improcedente.

A tramitação das PECs n. 1, de 2022, e 15, de 2022, que deram origem à EC n. 123, de 2022, também já havia sido questionada no STF, por meio do Mandado de Segurança n. 38.659, impetrado por parlamentares, ao fundamento de que teria havido supressão de prerrogativas parlamentares no âmbito do processo legislativo. A liminar foi indeferida pelo relator, Ministro André Mendonça, e, em seguida, a ação restou prejudicada pela perda superveniente do objeto, tendo em vista a aprovação da proposta.

7. Referências bibliográficas

ANDRADE, Cesar Augusto Seijas de. Orçamento Deficitário. In: José Maurício Conti; Fernando Facury Scaff. (Org.). *Orçamentos Públicos e Direito Financeiro*. São Paulo: Revista dos Tribunais, 2011, p. 1159-1177.

BRASIL. Ministério do Planejamento, Desenvolvimento e Gestão. Secretaria de Orçamento Federal. *Manual Técnico de Orçamento – MTO*. Edição 2018. Brasília.

CARVALHO JÚNIOR, Antonio Carlos Costa d'Ávila; BIJOS, Paulo Roberto Simão. Novo Regime Fiscal: análise de impacto e compatibilidade de proposições legislativas. *Estudos Técnicos n. 11/2017*. Câmara dos Deputados: Brasília, maio/2017.

CORREIA NETO, Celso de Barros. *O Avesso do Tributo*. 2ª ed. São Paulo: Almedina, 2016.

FONSECA, Rafael Campos Soares da. *O Orçamento Público e suas Emergências Programadas*. Belo Horizonte: D'Plácido, 2017.

FREITAS, Paulo Springer de; MENDES Francisco Schertel. Comentários sobre a PEC do Teto dos Gastos Públicos aprovada na Câmara dos Deputados: Necessidade e Constitucionalidade da Medida. *Boletim Legislativo n. 55*. Núcleo de Estudos e Pesquisas da Consultoria Legislativa. Senado Federal. Brasília: nov. 2016. Disponível em: https://www12.senado.leg.br/publicacoes/estudos-legislativos/tipos-de-estudos/boletins-legislativos/bol55.

GREGGIANIN, Eugênio *et al*. *Regras e Mecanismos de Controle Fiscal*: Análise Comparativa das normas fiscais vigentes no país. Estudo Técnico n. 03/2023. Câmara dos Deputados. Consultoria de Orçamento e Fiscalização Financeira. Brasília: 24 de março de 2023. Disponível em: https://www2.camara.leg.br/orcamento-da-uniao/estudos/2023/EstudosobreregrasfiscaisnaUniao24mar2023.pdf.

HELENA, Eber Zoehler Santa. *Competência parlamentar para geração e controle de despesas obrigatórias de caráter continuado e de gastos tributários.* Brasília: Edições Câmara, 2009.

LIMA, Edilberto Carlos Pontes. *Novo Regime Fiscal: implicações, dificuldades e o papel do TCU.* Interesse Público – IP, Belo Horizonte, ano 19, n. 103, p.183-193, maio/jun. 2017.

LLEDÓ, Victor et al. Fiscal Rules at a Glance. International Monetary Fund: March, 2017. Disponível em: <https://www.imf.org/external/datamapper/fiscalrules/Fiscal%20Rules%20at%20a%20Glance%20-%20Background%20Paper.pdf>. Acesso em: 28.3.2018.

LOCHAGIN, Gabriel Loretto. *A Execução do Orçamento Público: Flexibilidade e Orçamento Impositivo.* São Paulo: Blucher, 2016.

SCHICK, Allen. The Role of Fiscal Rules in Budgeting. *OECD Journal on Budgeting* – v. 3, n. 3, p.7-34.

VALLE, Vanice Regina Lírio do. Novo Regime Fiscal, autonomia financeira e separação dos poderes: uma leitura em favor de sua constitucionalidade. *Revista de Investigações* Constitucionais, Curitiba, v. 4, n. 1, p. 227-258, jan./abr. 2017.

8. Comentários

O Novo Regime Fiscal estabeleceu um limite para o crescimento da despesa primária total do governo federal, aplicável ao Executivo, Legislativo e Judiciário, para conter a forte tendência de expansão desse tipo de gasto nos últimos anos. A Emenda n. 95, a rigor, não impôs propriamente um corte de despesa pública, senão um obstáculo ao seu crescimento a longo prazo, preservando-se seu valor real. Propôs, dessa forma, um ajuste fiscal pela via do controle da despesa pública, em lugar do incremento de arrecadação, como tinha sido usual no Brasil até então.

O objetivo de emenda era, em suma, restringir pelos próximos vinte anos o crescimento dos gastos da União à taxa de inflação, fixando um marco temporário para conter a ampliação do gasto público federal, apontado como uma das causas da crise fiscal pela qual passa o Brasil. Como se sabe, as diversas alterações constitucionais ocorridas, de 2016 a 2023, acabaram por alterar significativamente o regime fiscal criado pela EC n. 95, de 2016, inclusive pela criação de exceções ao teto de gastos, até a previsão de sua quase integral revogação pela EC n. 126, de 2023.

O limite do art. 107 do ADCT (teto de gastos) aplica-se à despesa primária federal, ressalvadas as exceções previstas no § 6º do mesmo artigo. A noção compreende o total de gastos do governo federal deduzidas as despesas financeiras, tais como despesas com juros e amortização de dívidas. Ou seja, estão alcançadas pelo teto previsto na EC n. 95 apenas as despesas não financeiras do Governo Federal. O maior grupo de despesa primária da União é a previdência, e a despesa com pessoal, o segundo maior. Fica, desse modo, claro o objetivo da Emenda.

A Exposição de Motivos que acompanhou a PEC n. 241/2016 justificou a escolha no § 16, nos seguintes termos: "A conciliação de metas de resultado primário com limite de despesa nos levou a escolher o conceito de despesa sobre o qual se imporá o limite de gastos. Poderíamos tanto limitar a despesa empenhada (ou seja, aquela que o Estado se comprometeu a fazer, contratando o bem ou serviço) ou a despesa paga (aquela que gerou efetivo desembolso financeiro), aí incluídos os 'restos a pagar' vindos de orçamentos de exercícios anteriores e que são efetivamente pagos no ano. Como é sabido, o resultado primário é apurado pelo regime de caixa (desembolso efetivo de recursos), o que nos leva a escolher o mesmo critério para fins de fixação de limite de despesa. Assim, com o mesmo critério adotado nos dois principais instrumentos de gestão fiscal, teremos maior transparência no acompanhamento dos resultados obtidos e maior facilidade para considerar o efeito simultâneo do resultado primário e do limite de gastos".

Na apuração do cumprimento dos limites previstos no art. 107, incluem-se também os "os restos a pagar pagos e demais operações que afetam o resultado primário no exercício". Além disso, a imposição de compatibilidade entre os limites orçamentários e financeiros, na EC n. 95, por si só, reduziria o estímulo ao crescimento de restos a pagar. Contudo, o § 11 do art. 105 exclui da verificação do cumprimento dos limites o pagamento de restos a pagar inscritos até 31 de dezembro de 2015, até o excesso de resultado primário dos Orçamentos Fiscal e da Seguridade Social do exercício em relação à meta fixada na lei de diretrizes orçamentárias.

Há evidente confluência entre o espírito da Emenda n. 95 e o conceito de gestão fiscal responsável, que norteia a Lei de Responsabilidade Fiscal. O sistema previsto na emenda, no entanto, é mais radical e rigoroso. Pode-se afirmar que o Novo Regime Fiscal pretendia dar conta de muito daquilo que a LRF não logrou realizar, especialmente no que se refere ao controle do crescimento das despesas correntes. A Lei de Responsabilidade Fiscal refere-se, em diversas disposições, ao conceito de "resultado primário": resultado da diferença entre receitas e despesas primárias. O conceito é relevante para fins do disposto na Lei de Responsabilidade Fiscal (arts. 4º, § 1º, 9º, 30, 31 e 53) e para fins e controle do endividamento público. As receitas primárias são compostas essencialmente de receitas correntes obtidas com tributos federais, receitas de concessões, dividendos recebidos pela União, cota-parte das compensações financeiras, doações, entre outras. O resultado primário é deficitário quando as despesas são superiores às receitas, excluídas as receitas e despesas financeiras (BRASIL, 2017, p. 24).

Diversamente da LRF, o Novo Regime Fiscal tinha como destinatário apenas o Governo Federal, não alcançando os demais entes subnacionais (Estados, Distrito Federal e Municípios). O art. 106 não deixa dúvidas a esse respeito, ao demarcar o âmbito de aplicação das regras aos Orçamentos Fiscal e da Seguridade Social da União. Também ficou de fora o orçamento de investimento das empresas em que a União, direta ou indiretamente, detenha a maioria do capital social com direito a voto (art. 165, § 5º, II, da Constituição). A leitura adotada pelo STF, no entanto, estendeu a aplicação do art. 113 do ADCT para todos os entes federados.

A aprovação da emenda foi alvo de grande controvérsia e duras críticas por alguns segmentos da sociedade civil e parcelas do funcionalismo público federal, especialmente pela maneira como repercutiria no padrão remuneratório de carreiras públicas e nos gastos com saúde e educação nos anos em que deveria vigorar. Como visto, do início de sua vigência até o ano de 2023, o teto de gastos foi diversas vezes alterado ou mitigado, até a previsão de sua efetiva revogação pelo advento de novo marco fiscal estabelecido por lei complementar, nos termos dos arts. 6º e 9º da Emenda Constitucional n. 126, de 21 de dezembro de 2022.

Como destaca Edilberto Carlos Pontes Lima, a propósito do regime imposto pela EC n. 95, de 2016, a imposição do teto de gastos deveria renovar a importância conferida aos debates orçamentários anuais, ao tornar mais explícitos os custos de oportunidade de cada decisão financeira. "Quando não há limite de gastos e um determinado segmento pleiteia aumento de suas dotações orçamentárias, os demais setores não tendem a se mobilizar para impedir o pleito". Assim, diz o autor, a "introdução do teto faz com que fique evidente para todos que o aumento da dotação de um setor implica a redução para os demais". Ou seja, "Quebra-se a lógica de expansão permanente do tamanho do orçamento". (LIMA, 2017, p. 184).

Os debates orçamentários anuais deveriam adquirir novo significado e recuperar sua importância durante a vigência do Novo Regime Fiscal, obrigando a adoção de estimativas de receita mais realistas e a tomada de decisões orçamentárias mais atentas aos seus custos sociais. O modelo estabelecido pela EC n. 95, de 2016, não chegou, todavia, a lograr os resultados esperados, seja por entraves do próprio modelo, pelo período conturbado do ponto de vista político e econômico em que vigorou, que incluiu também os anos de pandemia, ou pelas diversas alterações e mitigações pelas quais passou, até a previsão de sua efetiva substituição.

8.1. Prazo e revisão

O Novo Regime Fiscal deveria vigorar pelo prazo de vinte exercícios financeiros, segundo o preceito do art. 106, do ADCT, estabelecido pela EC n. 95, de 2016. São, portanto, vinte anos, uma vez que, nos termos do art. 34 da Lei n. 4.320/1964, "O exercício financeiro coincidirá com o ano civil".

A escolha do prazo foi justificada na Exposição de Motivos da PEC, no § 9º: "O Novo Regime Fiscal, válido para União, terá duração de vinte anos. Esse é o tempo que consideramos necessário para transformar as instituições fiscais por meio de reformas que garantam que a dívida pública permaneça em patamar seguro. Tal regime consiste em fixar meta de expansão da despesa primária total, que terá crescimento real zero a partir do exercício subsequente ao de aprovação desta PEC, o que levará a uma queda substancial da despesa primária do governo central como porcentagem do PIB. Trata-se de mudar a trajetória do gasto público federal que, no período 1997-2015, apresentou crescimento médio de 5,8% ao ano acima da inflação".

Como já mencionado, o art. 9º da EC n. 126, de 2022, previu a imediata revogação dos arts. 106, 107, 109, 110, 111, 111-A, 112 e 114 do Ato das Disposições Constitucionais Transitórias, quando da sanção da lei complementar proposta pelo Presidente da República para estabelecimento do novo marco fiscal.

Apesar da previsão de duração por vinte exercícios financeiros, o art. 108 permitia que, a partir do décimo exercício de vigência do Novo Regime Fiscal, o Presidente da República proponha projeto de lei complementar para alteração do método de correção previsto na emenda. A regra do art. 107, § 1º, II, determina que se corrija o valor do limite referente ao exercício imediatamente anterior pela variação do Índice Nacional de Preços ao Consumidor Amplo – IPCA, para o período de doze meses encerrado em junho do exercício anterior a que se refere a lei orçamentária. O projeto de lei complementar de que trata o art. 108 poderia alterar o índice escolhido ou o período de apuração, mas apenas uma única vez por mandato presidencial.

O texto originário da PEC tinha redação mais flexível: "O Presidente da República poderá propor ao Congresso Nacional, por meio de projeto de lei, vedada a adoção de Medida Provisória, alteração no método de correção dos limites a que se refere este artigo, para vigorar a partir do décimo exercício de vigência da Emenda Constitucional que instituiu o Novo Regime Fiscal". Na redação aprovada, substituiu-se o projeto de lei ordinária por projeto de lei complementar e incluiu-se a restrição temporária, que não havia no texto original, de que ocorra uma única alteração por mandato.

A iniciativa para o projeto de alteração de método de correção é privativa do Presidente da República e, na forma do parágrafo único do art. 108, sujeita-se à preclusão. Somente pode ser exercida uma única vez por mandato presidencial. Vale dizer, ultrapassado o décimo exercício de vigência, o método de correção poderá ser revisto uma vez a cada mandato presidencial.

O art. 108 foi, no entanto, revogado pela EC n. 113, de 2021. A emenda alterou a redação do art. 107, § 1º, II, do ADCT, e modificou a metodologia de correção dos limites previstos no artigo para os exercícios posteriores. A mudança diz respeito essencialmente ao período de apuração da correção do teto. Em vez de se aplicar a correção pelo IPCA, "para o período de doze meses encerrado em junho do exercício anterior a que se refere a lei orçamentária", a correção pelo IPCA passou a ser aplicada pelo IPCA "apurado no exercício anterior a que se refere a lei orçamentária".

A mesma emenda estabeleceu ainda regras específicas para o exercício de 2021. Consta no art. 4º, § 1º: "No exercício de 2021, o eventual aumento dos limites de que trata o *caput* deste artigo fica restrito ao montante de até R$ 15.000.000.000,00 (quinze bilhões de reais), a ser destinado exclusivamente ao atendimento de despesas de vacinação contra a covid-19 ou relacionadas a ações emergenciais e temporárias de caráter socioeconômico". Além disso, permitiu que as operações de crédito realizadas para custear o aumento de limite ficassem ressalvadas do estabelecido no inciso III do *caput* do art. 167 da Constituição Federal. Também autorizou que fossem abertos créditos extraordinários para dispêndio desses recursos, sem observância das exigências constitucionais previstas no § 3º do art. 167 da Constituição Federal, que só admite a abertura de crédito extraordinário "para atender a despesas imprevisíveis e urgentes, como as decorrentes de guerra, comoção interna ou calamidade pública".

8.2. Inclusão no ADCT

Chama atenção a inclusão das disposições do Novo Regime Fiscal no bojo do Ato das Disposições Constitucionais Transitórias. A Exposição de Motivos que acompanhou a PEC n. 241/2016 justificou a escolha pelo fato de o Regime "ser de duração previamente estabelecida" (§ 10 da EMI n. 00083/2016 MF MPDG).

Não é a primeira vez que o ADCT recebe acréscimos dessa ordem. Desde 1995, o ADCT sofreu alterações e inclusões de regras, temporárias ou não, especialmente em matéria de tributação e finanças públicas. São exemplos a EC n. 3/1993, que alterou o art. 33 do ADCT, que dispunha sobre emissão de títulos da dívida pública por Estados, Distrito Federal e Municípios; a EC n. 12/1996, que criou a contribuição provisória sobre movimentação ou transmissão de valores e de créditos e direitos de natureza financeira e as diversas emendas que dispuseram sobre o Fundo Social de Emergência, sobre o Fundo de Estabilização Fiscal e finalmente sobre a Desvinculação das Receitas da União, dos Estados e dos Municípios (Emenda de Revisão n. 1/1994 e Emendas n. 10/96 e 17/9727/2000, 42/2003, 56/2007, 68/2011 e 93/2016).

Atualmente, o ADCT já conta com mais de 122 artigos e há muito se apresenta como espaço para expansão e reconfiguração do texto constitucional, especialmente em matéria de finanças públicas (VALLE, 2017, p. 232). Contudo, é importante destacar também que muitas das emendas constitucionais posteriores e alterações relativas ao próprio teto de gastos quedaram fora do texto do ADCT, no corpo das próprias emendas constitucionais, como é o caso das regras previstas e.g. nos arts. 3º a 9º da EC n. 126, de 2022, entre outras.

8.3. Limites individualizados (art. 107)

A EC n. 95, de 2016, estabeleceu, para cada exercício financeiro, limites individualizados, para as despesas primárias, por poder e órgão autônomo. O teto aplica-se aos três poderes da União, ao Ministério Público da União e à Defensoria Pública, que recebe tratamento autônomo na emenda. Cada poder e órgão dotado de autonomia deve respeitar seu limite individual.

A redação original da PEC n. 241/2016 era mais sintética do que o texto aprovado pelo Congresso Nacional. Previa, no art. 102, apenas: "Será fixado, para cada exercício, limite individualizado para a despesa primária total do Poder Executivo, do Poder Judiciário, do Poder Legislativo, inclusive o Tribunal de Contas da União, do Ministério Público da União e da Defensoria Pública da União". Além disso, o § 1º previa que, "Nos Poderes e órgãos referidos no *caput*, estão compreendidos os órgãos e as entidades da administração pública indireta, os fundos e as fundações instituídos e mantidos pelo Poder Público e as empresas estatais dependentes".

O texto promulgado foi mais analítico. Trata separadamente, no âmbito do Poder Judiciário, sobre o Supremo Tribunal Federal, o Superior Tribunal de Justiça, o Conselho Nacional de Justiça, a Justiça do Trabalho, a Justiça Federal, a Justiça Militar da União, a Justiça Eleitoral e a Justiça do Distrito Federal e Territórios. A emenda não menciona Tribunal Superior do Trabalho, o que significa que, à falta de um limite específico, esse Tribunal deverá partilhar o limite aplicável à Justiça do Trabalho. O mesmo se dá com o Tribunal Superior Eleitoral, que está compreendido no âmbito da Justiça Eleitoral, sem limite específico, partilhando o mesmo teto.

No âmbito do Poder Legislativo, aplicam-se limites individualizados ao Senado Federal, à Câmara dos Deputados e ao Tribunal de Contas da União (TCU). Assim, embora a emenda enquadre a Corte de Contas expressamente como órgão do Poder Legislativo, o TCU não deverá partilhar o limite individual aplicável a qualquer das Casas do Congresso Nacional.

O Ministério Público da União (art. 127, § 2º) e o Conselho Nacional do Ministério Público recebem tratamento autônomo, com limites individualizados. Não houve, todavia, no âmbito do Ministério Público da União, individualização dos limites entre seus ramos: Ministério Público Federal, Ministério Público do Trabalho, Ministério Público do Distrito Federal e dos Territórios e Ministério Público Militar. O limite será, portanto, dividido em cada exercício financeiro por todos os órgãos que compõem o Ministério Público da União.

A Defensoria Pública da União também recebeu tratamento individualizado. O limite previsto para o órgão, no inciso V do art. 107, não é partilhado com o Poder Executivo (inciso I do art. 107). A disciplina indica assim claro reconhecimento pela EC n. 95, da natureza autônoma do órgão, na linha do que expressamente foi estabelecido pela redação conferida, em 2004, pela Emenda Constitucional n. 45, ao § 2º do art. 134, para as Defensorias Públicas Estaduais, e, em 2013, pela Emenda Constitucional n. 74, para as Defensorias Públicas da União e do Distrito Federal.

8.4. Limitação das despesas primárias (art. 107, §§ 1º a 5º)

O teto para as despesas primárias está previsto no § 1º do art. 107 do ADCT. Para o exercício de 2017, o limite equivale à despesa primária paga no exercício de 2016, incluídos os restos a pagar pagos e demais operações que afetam o resultado primário, corrigida em 7,2% (art. 107, § 1º, inciso I). Para os exercícios posteriores, a redação originária previa que a limitação para as despesas primárias deveria equivaler ao valor do limite referente ao exercício imediatamente anterior, corrigido pela variação do Índice Nacional de Preços ao Consumidor Amplo – IPCA, ou de outro índice que vier a substituí-lo, para o período de doze meses encerrado em junho do exercício anterior a que se refere a lei orçamentária (art. 107, § 1º, inciso II).

Essa metodologia foi alterada pela EC n. 113, de 2021, é bom lembrar. Em lugar de considerar o IPCA "para o período de doze meses encerrado em junho do exercício anterior a que se refere a lei orçamentária", a redação dada pela EC n. 113, de 2021, determinou que se considerasse o índice "apurado no exercício anterior a que se refere a lei orçamentária".

A redação originária da PEC n. 241/2016, que veio a resultar na EC n. 95, de 2016, previa já a aplicação de limite equivalente à despesa primária do exercício de 2016, corrigida pela variação do IPCA, ao exercício financeiro de 2017, considerando-se o *período de janeiro a dezembro de 2016*. Para os anos seguintes, fixava como limite o valor equivalente ao valor do limite referente ao exercício imediatamente anterior, corrigido pela variação do IPCA, ou de outro índice que vier a substituí-lo, para o *período de janeiro a dezembro* do exercício imediatamente anterior.

O § 5º do art. 102 da PEC complementava ambas as disposições, estabelecendo que a variação do IPCA, para fins de elaboração e aprovação da Lei de Diretrizes Orçamentárias e da Lei Orçamentária Anual, seria uma estimativa proposta pelo Executivo, e, para fins de execução orçamentária, a variação acumulada no período de janeiro a dezembro do exercício anterior, fazendo-se o correspondente ajuste.

O texto final da EC n. 95, de 2016 (art. 107, § 1º), além de fixar de pronto o percentual de correção de 7,2%, a ser aplicado para o exercício de 2017, modifica o período de apuração do índice de correção. Em vez do "período de janeiro a dezembro do exercício imediatamente anterior", no texto promulgado, considera-se "o período de doze meses encerrado em junho do exercício anterior a que se refere a lei orçamentária".

O percentual para o ano de 2017 foi incluído no Substitutivo, apresentado na Câmara dos Deputados, lastreado em estimativa do Poder Executivo, e já constava no texto básico aprovado pelo Congresso Nacional para a Lei de Diretrizes Orçamentárias de 2017. A alteração do período de apuração, por sua vez, decorre de um inconveniente prático: o projeto de Lei Orçamentária Anual (PLOA) costuma ser elaborado no segundo semestre do ano, antes, portanto, de se conhecer a inflação do período. Assim, o PLOA seria elaborado apenas com base numa estimativa de inflação. Neste ponto, o texto da PEC sofre considerável aprimoramento.

Como regra de transição, a EC n. 95, de 2016, admite, no art. 107, § 7º, que, nos três primeiros exercícios financeiros da vigência do Novo Regime Fiscal, o Poder Executivo compense o excesso de despesas primárias em relação aos limites dos demais órgãos mencionados no art. 107 com redução equivalente na sua despesa primária, consoante os valores estabelecidos no projeto de lei orçamentária encaminhado pelo Poder Executivo no respectivo exercício. A compensação, no entanto, não excederá a 0,25% (vinte e cinco centésimos por cento) do limite do Poder Executivo (art. 107, § 7º).

A disposição não constava no texto original da PEC. O relator da proposição, na Comissão Especial constituída para exame da PEC n. 241, justificou a inclusão apontando a "chance significativa de descumprimento de limites pelos Poderes Legislativo e Judiciário e pelo MPU, em função de leis cujos efeitos sobre as despesas primárias obrigatórias se estenderão até 2019". Por isso, conferiu-se ao Poder Executivo a autorização para que promova compensação do excesso dos demais Poderes apenas nos três primeiros exercícios financeiros da vigência do Novo Regime Fiscal. Trata-se, entretanto, de mera permissão, que não autoriza os demais órgãos a avançar no espaço fiscal eventualmente deixado pelo Executivo.

8.5. Projeto de Lei Orçamentária Anual

Naturalmente, a lei orçamentária anual e a lei de diretrizes orçamentárias devem ajustar-se aos limites previstos no § 1º do art. 107 do ADCT. O § 2º do art. 107 reforça a imperatividade desses limites, destacando que os parâmetros estabelecidos na lei de diretrizes orçamentárias não poderão ser superiores aos estabelecidos na Emenda. Os limites impostos pelo Novo Regime Fiscal deverão conviver com a meta de resultado primário disposta na LDO. Quanto aos Tribunais (art. 99, § 1º), ao Ministério Público (art. 127, § 3º) e à Defensoria Pública Federal (art. 134, § 3º), sem prejuízo da autonomia que lhes é própria, as propostas orçamentárias devem adequar-se às balizas do Novo Regime Fiscal.

O § 3º do art. 107 determina que a mensagem que encaminhar o projeto de lei orçamentária demonstrará os valores máximos de programação compatíveis com os limites individualizados previstos na Emenda. E o § 4º do mesmo artigo estabelece que as despesas primárias autorizadas na lei orçamentária anual sujeitas aos limites do art. 107 não poderão exceder os valores máximos demonstrados na mensagem que encaminhar o projeto de lei orçamentária. Assim, a disposição deixa claro que os limites se aplicam às despesas pagas e também às despesas autorizadas.

A Emenda, no entanto, não dispõe sobre a hipótese de descumprimento dos limites na elaboração do projeto de lei orçamentária anual nem indica qual órgão será responsável pela realização de ajustes nas propostas, caso necessário. O § 3º do art. 107 prescreve apenas que a mensagem que encaminhar o projeto de lei orçamentária deverá demonstrar a incompatibilidade. Poderá o Poder Executivo, ao encaminhar o PLOA, efetuar cortes das propostas de órgãos dotados de autonomia financeira para fins de adequação aos limites mencionados no art. 107?

A orientação atual do STF é refratária à realização de cortes e ajustes nas propostas orçamentárias encaminhadas pelo Poder Judiciário, pelo Ministério Público e pela Defensoria Pública, diante da necessidade de preservação de sua autonomia financeira. Caberia ao Congresso Nacional, no curso dos debates legislativos – não ao Chefe do Executivo unilateralmente, no momento de consolidação do PLOA –, realizar os ajustes na peça orçamentária. Deve-se, no entanto, excepcionar as hipóteses em que a proposta é encaminhada em desacordo com o texto constitucional ou com o disposto na lei de diretrizes orçamentárias. Em tais hipóteses, justifica-se a atuação do Poder Executivo, a fim de ajustar a proposta às balizas constitucionais ou legais, conforme o caso.

Foi nessa linha a decisão tomada pelo STF no julgamento da ADI 5.287, de relatoria do Ministro Luiz Fux, em 18.5.2016. No caso, o Tribunal fixou a seguinte orientação: "É inconstitucional a redução unilateral pelo Poder Executivo dos orçamentos propostos pelos outros Poderes e por órgãos constitucionalmente autônomos, como o Ministério Público e a Defensoria Pública, na fase de consolidação do projeto de lei orçamentária anual, quando tenham sido elaborados em obediência às leis de diretrizes orçamentárias e enviados conforme o art. 99, § 2º, da CRFB/88, cabendo-lhe apenas pleitear ao Poder Legislativo a redução pretendida, visto que a fase de apreciação legislativa é o momento constitucionalmente correto para o debate de possíveis alterações no Projeto de Lei Orçamentária".

Parece razoável aplicar-se o mesmo entendimento na hipótese de descumprimento dos limites individualizados versados no § 1º do art. 107 do ADCT. Encaminhada a proposta em descompasso com os limites, poderá o Poder Executivo devolvê-la para ajustes ou ajustá-la, ainda na fase de consolidação. Afinal, nenhuma autonomia pode ser lida como direito de recursar-se ao cumprimento da norma constitucional. Por óbvio, os cortes também podem ser realizados no âmbito do Poder Legislativo, no exercício das atribuições institucionais que lhe são inerentes no curso do processo legislativo orçamentário.

É importante destacar a maneira como o Novo Regime Fiscal regula o próprio encaminhamento do projeto de lei orçamentária. Primeiro (art. 107, § 4º), exigindo a demonstração, por parte do Poder Executivo, de compatibilidade entre o projeto e os limites do art. 107. E, em seguida (art. 107, § 5º), proibindo a autorização de despesas primárias que excedam os valores máximos demonstrados na mensagem. Ao projeto de lei orçamentária impõe-se realidade. Não pode haver execução de despesas primárias além do novo limite constitucional nem autorização além do demonstrado na proposta.

A proibição é reforçada pela regra do § 5º do art. 107, que veda a abertura de crédito suplementar ou especial que amplie o montante total autorizado de despesa primária sujeita aos limites do art. 107 do ADCT. Não fosse assim, a abertura de créditos adicionais – gênero em que se incluem os suplementares e os especiais – serviria de expediente permanente para a flexibilização dos limites impostos pela emenda. Entre os créditos adicionais, excepcionam-se os extraordinários, excluídos da base de cálculo dos limites pelo § 6º, II, do art. 107.

8.6. Exclusões da base de cálculo (art. 107, § 6º)

O § 6º do art. 107 lista despesas que não se incluem na base de cálculo e nos limites estabelecidos pelo Novo Regime Fiscal. Trata-se de itens de despesa que devem ser retirados da base de cálculo do limite de gastos para fins de apuração do limite do exercício seguinte. A lista passou por mudanças importantes durante o período de vigência do teto de gastos. Foi modificada pelas Emendas n. 102, de 2019, 108, de 2020, 126, de 2022, e 127, de 2022.

Na redação originária, ficaram de fora da base de cálculo e dos limites previstos na redação originária do art. 107, § 6º: (1) as transferências constitucionais obrigatórias estabelecidas (1.1) no § 1º do art. 20 (compensação pela exploração de petróleo ou gás natural, de recursos hídricos, os chamados "royalties"); (1.2) no inciso III do parágrafo único do art. 146 (distribuição da parcela de recursos pertencentes aos Estados e Municípios por força do regime de arrecadação unificada do SIMPLES); (1.3) no § 5º do art. 153 (partilha da arrecadação do IOF-ouro); (1.4) no art. 157 (IR-fonte pertencente aos Estados e ao Distrito Federal e participação na arrecadação de novos impostos instituídos pela União); (1.5) nos incisos I e II do art. 158 (IR-fonte pertencente aos Municípios e participação dos Municípios na arrecadação do imposto territorial rural); (1.6) no art. 159 (Fundo de Participação dos Estados e Fundo de Participação dos Municípios, Fundo IPI-Exportação e repartição do produto da arrecadação da CIDE-Combustíveis); (1.7) no § 6º do art. 212 (cotas estaduais e municipais da arrecadação da contribuição social do salário-educação – Lei n. 9.424/1996); (1.8) por força do inciso XIV do *caput* do art. 21 (transferências destinadas a organizar e manter a polícia civil, a polícia militar e o corpo de bombeiros militar do Distrito Federal, bem como prestar assistência financeira ao Distrito Federal para a execução de serviços públicos, por meio do Fundo Constitucional do Distrito Federal, instituído pela Lei n. 10.633/2002); e (1.9) na forma das complementações de que tratam os incisos V e VII do *caput* do art. 60 do Ato das Disposições Constitucionais Transitórias (complementação da União ao Fundo de Manutenção e Desenvolvimento de Educação Básica e Valorização dos Profissionais de Educação – Fundeb); (2) os créditos extraordinários; (3) as despesas não recorrentes da Justiça Eleitoral com a realização de eleições; e (4) as despesas com aumento de capital de empresas estatais não dependentes.

Vale destacar ainda que essas são exclusões da base de cálculo dos limites do art. 107, a ser calculado levando-se em conta as despesas primárias. Portanto, a despeito de não constarem do rol do § 6º, os gastos com pagamento de juros da dívida pública também estão naturalmente excluídos, visto que não se incluem entre as despesas primárias.

O rol do texto promulgado (EC n. 95, de 2016) é mais extenso e preciso do que o estabelecido no texto inicial da PEC. A previsão das transferências constitucionais obrigatórias excluídas era mais restrita, deixando de fora, por exemplo, os recursos do IOF-Ouro, que são partilhados com Estados (30%) e Municípios (70%). Além disso, o texto era menos preciso, ao mencionar, na redação originária, as transferências constitucionais estabelecidas pelos arts. 157 a art. 159, o que incluiria, no art. 158, os recursos de ICMS e IPVA partilhados pelos Estados com os Municípios, repartição que, a rigor, em nada diz respeito ao novo regime fiscal. O texto original da PEC excluía ainda "outras transferências obrigatórias derivadas de lei que sejam apuradas em função de receitas vinculadas". A redação final não contém previsão semelhante.

As exclusões listadas no § 6º do art. 107 têm natureza diversa. O inciso I refere-se a recursos repassados pela União aos Estados e aos Municípios por força do quadro constitucional de partilha de receitas tributárias, como no caso do IOF-ouro e cotas-partes do FPE e FPM, e a transferências legais obrigatórias com fundamento no texto constitucional, tais como a complementação de recursos para o Fundeb e as transferências relativas ao Fundo Constitucional do Distrito Federal.

A bem dizer, a exclusão das transferências constitucionais obrigatórias é decorrência necessária do quadro de partilha de recursos estabelecido na Constituição de 1988. A rigor, as receitas públicas que compõem o FPE e o FPM são receitas próprias dos Estados e Municípios que as recebem, não da União. Ainda que não houvesse previsão constitucional expressa, essas transferências não deveriam ser contabilizadas para fins de delimitar o montante de despesas primárias a que se refere o art. 107, porque não são verdadeiramente despesas para o ente que as transfere, mas recursos que apenas transitam pela contabilidade da União.

Não se pode dizer exatamente o mesmo das transferências estabelecidas nos incisos V e VII do *caput* do art. 60 do Ato das Disposições Constitucionais Transitórias, a título de complementação do Fundeb. Nesse caso, transferem-se aos Estados recursos que, na origem, são federais. De todo modo, a exclusão condiz com o escopo da emenda. Afinal, esses são recursos de que, na verdade, a União não pode integralmente dispor, já que têm destinação certa.

A exclusão dos créditos extraordinários merece comentário apartado. Sua previsão, no rol do § 6º do art. 107, pode servir de caminho para uma indesejável flexibilização das balizas do Novo Regime Fiscal. O alerta justifica-se porque, embora o texto constitucional preveja hipóteses bastante restritas para o uso desse instrumento, a prática institucional recente indica uma tendência de banalização do seu uso. Segundo a Constituição, "A abertura de crédito extraordinário somente será admitida para atender a despesas imprevisíveis e urgentes, como as decorrentes de guerra, comoção interna ou calamidade pública" (art. 167, § 3º). As hipóteses autorizadoras, no texto constitucional, são restritas. O Poder Executivo, no entanto, usa desse instrumento com indesejável frequência para despesas ordinárias e previsíveis, na maior parte dos casos (FONSECA, 2017).

O STF já se pronunciou sobre o abuso na abertura de créditos extraordinários pela União, em 2008, quando revisou sua jurisprudência tradicional, que era refratária ao cabimento de ação direta em matéria orçamentária, e julgou procedente a ADI n. 4.048, ajuizada contra a Medida Provisória n. 405, de 2007, que abriu crédito extraordinário, em favor da Justiça Eleitoral e de diversos órgãos do Poder Executivo, no valor global de R$ 5.455.677.660,00. No julgamento, o Tribunal rediscutiu os fundamentos que justificavam sua orientação tradicional e, ao final, concluiu pelo cabimento do controle abstrato de constitucionalidade em relação às leis orçamentárias.

A mesma orientação foi aplicada no julgamento da medida cautelar na ADI n. 3.949, de relatoria do ministro Ayres Britto, e na ADI n. 4.049, de relatoria do ministro Gilmar Mendes, que também concedeu liminar monocrática na ADI n. 5.513, *ad referendum* do Plenário, para suspender parcialmente a vigência da Medida Provisória n. 722/2016, apenas na parte em que abre crédito extraordinário em favor da Presidência da República, sob as rubricas Comunicação Institucional e Publicidade de Utilidade Pública.

A despeito da importância do precedente firmado, a prática institucional nos anos que se seguiram pouco se alterou, e o uso de créditos extraordinários segue frequente no Governo Federal. Apenas no intervalo de 2010 a 2012, sem que se tenha conhecimento de que grandes guerras ou calamidades públicas imprevisíveis tivessem tomado conta do Brasil, não menos do que 22 medidas provisórias foram utilizadas para amparar a realização de despesas extraordinárias. Em 2010, abriram-se oito créditos dessa natureza: MPs 480, 485, 486, 490, 498, 506, 508 e 515. Em 2011, este número caiu para cinco: MPs 553, 548, 537, 531 e 522. Em 2012, foram nove: MPs 560, 566, 569, 572, 573, 583, 588, 596 e 598, sendo que a última delas – a Medida Provisória 598, de 27 de dezembro de 2012 – foi utilizada como sucedâneo parcial para o projeto de lei orçamentária anual para 2013, que ainda tramitava no Congresso Nacional. Entre 2015 e março de 2018, foram editadas pelo Presidente da República não menos do que 23 medidas provisórias para abertura de créditos extraordinários: MP 667/2015, 674/2015, 686/2015, 697/215, 702/2015, 709/2015, 710/2016, 711/2016, 715/2016, 716/2016, 721/2016, 722/2016, 730/2016, 736/2016, 738/2016, 740/2016, 743/2016, 750/2016, 769/2017, 799/2017, 821/2018, 823/2018 e 825/2018.

Não se incluem também na base de cálculo e nos limites estabelecidos pelo Novo Regime Fiscal despesas não recorrentes da Justiça Eleitoral com a realização de eleições. O texto constitucional não deixa dúvidas de que apenas as "despesas não recorrentes" ficam de fora. As despesas recorrentes, como os recursos do Fundo Partidário, serão, portanto, considerados para fins do cálculo do art. 107.

Foram da mesma forma excluídas as despesas de aumento de capital de empresas estatais não dependentes. É o caso, por exemplo, da Petrobras e Eletrobras. A definição de "empresa estatal dependente" consta no inciso III do art. 2º da Lei de Responsabilidade Fiscal: "empresa controlada que receba do ente controlador recursos financeiros para pagamento de despesas com pessoal ou de custeio em geral ou de capital, excluídos, no último caso, aqueles provenientes de aumento de participação acionária".

Como visto, a lista de exceções do § 6º do art. 107 foi alterada pelas Emendas n. 102, de 2019; 108, de 2020; 126, de 2023; e 127, de 2022. A EC n. 102/2019 incluiu um inciso V no § 6º, para afastar do teto as "transferências a Estados, Distrito Federal e Municípios de parte dos valores arrecadados com os leilões dos volumes excedentes ao limite a que se refere o § 2º do art. 1º da Lei n. 12.276, de 30 de junho de 2010, e a despesa decorrente da revisão do contrato de cessão onerosa de que trata a mesma Lei". A EC n. 108, de 2020, alterou a redação originária do inciso I do § 6º do art. 107, para excluir do limite as despesas relativas ao Fundo de Manutenção e Desenvolvimento da Educação Básica e de Valorização dos Profissionais da Educação (Fundeb), previstas nos incisos IV e V do *caput* do art. 212-A incluído na Constituição Federal pela EC n. 108, de 2020.

Além disso, é importante destacar que a EC n. 126 ampliou a lista de exceções, a partir do exercício financeiro de 2023, por meio da inclusão dos §§ 6º-A, 6º-B e 6º-C. A partir desse exercício financeiro, estariam fora do limite estabelecido para o Poder Executivo da União as seguintes despesas: (1) com projetos socioambientais ou relativos às mudanças climáticas custeadas com recursos de doações, bem como despesas com projetos custeados com recursos decorrentes de acordos judiciais ou extrajudiciais firmados em função de desastres ambientais; (2) das instituições federais de ensino e das Instituições Científicas, Tecnológicas e de Inovação (ICTs) custeadas com receitas próprias, de doações ou de convênios, contratos ou outras fontes, celebrados com os demais entes da Federação ou entidades privadas; e (3) custeadas com recursos oriundos de transferências dos demais entes da Federação para a União destinados à execução direta de obras e serviços de engenharia.

O § 6º-B também atenuou os efeitos do teto de gastos nos investimentos. Afastou da limitação as despesas dessa natureza até o patamar correspondente "ao excesso de arrecadação de receitas correntes do exercício anterior ao que se refere a lei orçamentária, limitadas a 6,5% [...] do excesso de arrecadação de receitas correntes do exercício de 2021". O § 6º-C do mesmo artigo, no entanto, esclarece que tais despesas não serão consideradas para fins de verificação do cumprimento da meta de resultado primário estabelecida na Lei de Diretrizes Orçamentárias para 2023 (art. 2º, *caput*, da Lei n. 14.436, de 9 de agosto de 2022).

Além dessas exceções previstas no art. 107 e das alterações havidas no correr dos anos, até a previsão de sua efetiva revogação na EC n. 126, de 2022, vale lembrar que, durante a vigência do estado de calamidade pública decorrente da pandemia causada pela Covid-19, a União adotou regime extraordinário fiscal, previsto na EC n. 106, de 2020.

8.7. Sanções (art. 109)

A EC n. 95 traz apenas sanções institucionais para o caso de descumprimento dos limites individualizados previstos no art. 107. As sanções estão dispostas no art. 109 do ADCT e consistem essencialmente em vedações voltadas a conter a expansão do gasto público, especialmente despesa com pessoal, até o "retorno das despesas aos respectivos limites". São as seguintes proibições: (I) concessão, a qualquer título, de vantagem, aumento, reajuste ou adequação de remuneração de membros de Poder ou de órgão, de servidores e empregados públicos e militares, exceto dos derivados de sentença judicial transitada em julgado ou de determinação legal decorrente de atos anteriores à entrada em vigor da Emenda Constitucional; (II) criação de cargo, emprego ou função que importe aumento de despesa; (III) alteração de estrutura de carreira que implique aumento de despesa; (IV) admissão ou contratação de pessoal, a qualquer título, ressalvadas as reposições de cargos de chefia e de direção que não acarretem aumento de despesa e aquelas decorrentes de vacâncias de cargos efetivos ou vitalícios; (V) realização de concurso público, exceto para as reposições de vacâncias mencionadas no inciso IV; (VI) criação ou majoração de auxílios, vantagens, bônus, abonos, verbas de representação ou benefícios de qualquer natureza em favor de membros de Poder, do Ministério Público ou da Defensoria Pública e de servidores e empregados públicos e militares; (VII) criação de despesa obrigatória; e (VIII) adoção de medida que resulte em reajuste de despesa obrigatória acima da variação da inflação, observada a preservação do poder aquisitivo referida no inciso IV do *caput* do art. 7º da Constituição Federal.

O § 1º do art. 109 estabelecia que as vedações à concessão, a qualquer título, de vantagem, aumento, reajuste ou adequação de remuneração (inciso I); à alteração de estrutura de carreira que implique aumento de despesa (inciso III); e à criação ou majoração de auxílios, vantagens, bônus, abonos, verbas de representação ou benefícios de qualquer natureza (inciso VI), quando aplicadas, no âmbito do Poder Judiciário, do Legislativo, do Ministério Público da União e do Conselho Nacional do Ministério Público aplicam-se conjuntamente aos órgãos que deles fazem parte.

O § 2º do art. 109 previa sanções adicionais cabíveis especificamente para o Poder Executivo no caso de descumprimento dos limites do art. 107 do ADCT. Além das sanções aplicáveis aos demais órgãos, no caso de descumprimento do limite pelo Poder Executivo, fica vedada: a criação ou expansão de programas e linhas de financiamento, bem como a remissão, renegociação ou refinanciamento de dívidas que impliquem ampliação das despesas com subsídios e subvenções; e a concessão ou a ampliação de incentivo ou benefício de natureza tributária. O tratamento apartado do Poder Executivo justifica-se. De fato, tais vedações não seriam pertinentes aos demais poderes e órgãos previstos no art. 107, a não ser o Poder Legislativo.

A EC n. 109, de 2021, trouxe alterações importantes nesse ponto. A redação original só previa a aplicação das consequências na hipótese de efetivo descumprimento dos limites. Não havia limite prudencial, antes do acionamento desses "gatilhos" (GREGGIANI et al., 2023). Com a redação dada pela EC n. 109, de 2021, ao caput do art. 109 do ADCT, as vedações previstas no artigo são acionadas "Se verificado, na aprovação da lei orçamentária, que, no âmbito das despesas sujeitas aos limites do art. 107 deste Ato das Disposições Constitucionais Transitórias, a proporção da despesa obrigatória primária em relação à despesa primária total foi superior a 95% (noventa e cinco por cento)". Nesse caso, aplicam-se ao respectivo Poder ou órgão, até o final do exercício a que se refere a lei orçamentária, as vedações previstas nos incisos I a IX do artigo, também alteradas pela emenda.

A EC n. 109, de 2021, modificou a redação dos incisos I, IV e VI do art. 109. A alteração de redação do inciso I ampliou as hipóteses que escapam à aplicação da vedação de reajuste de remuneração. Quanto às vedações relativas à admissão ou contratação de pessoal, foram incluídas duas novas ressalvas: as contratações temporárias de que trata o inciso IX do caput do art. 37 da Constituição Federal e as reposições de temporários para prestação de serviço militar e de alunos de órgãos de formação de militares. A regra do inciso IV passou a vigorar com nova redação, para vedar: "criação ou majoração de auxílios, vantagens, bônus, abonos, verbas de representação ou benefícios de qualquer natureza, inclusive os de cunho indenizatório, em favor de membros de Poder, do Ministério Público ou da Defensoria Pública, de servidores e empregados públicos e de militares, ou ainda de seus dependentes, exceto quando derivados de sentença judicial transitada em julgado ou de determinação legal anterior ao início da aplicação das medidas de que trata este artigo".

Além disso, a emenda incluiu mais uma vedação, a prevista no inciso IX: "aumento do valor de benefícios de cunho indenizatório destinados a qualquer membro de Poder, servidor ou empregado da administração pública e a seus dependentes, exceto quando derivado de sentença judicial transitada em julgado ou de determinação legal anterior ao início da aplicação das medidas de que trata este artigo".

A EC n. 109, de 2021, também alterou a redação do § 4º do art. 107. O texto original dispunha que as vedações previstas no art. 107 se aplicavam também a proposições legislativas. A redação dada pela Emenda Constitucional n. 109, de 2021, é mais ampla. Estabelece que as disposições deste artigo: (1) não constituem obrigação de pagamento futuro pela União ou direitos de outrem sobre o erário; (2) não revogam, dispensam ou suspendem o cumprimento de dispositivos constitucionais e legais que disponham sobre metas fiscais ou limites máximos de despesas; e (3) aplicam-se também a proposições legislativas. O § 5º afastou as vedações previstas nos incisos II, IV, VII e VIII do caput do art. 107 e no § 2º (atinentes ao Poder Executivo) no que se refere às medidas de combate a calamidade pública nacional cuja vigência e efeitos não ultrapassem a sua duração.

Não há previsão de sanções pessoais para os agentes públicos que atuem em desacordo com as disposições do Novo Regime Fiscal. Neste ponto, as disposições do Novo Regime assemelham-se às da Lei de Responsabilidade Fiscal. Há, no entanto, uma distinção importante. As punições da EC n. 95 aplicam-se ao Poder Executivo e a cada um dos órgãos listados nos incisos do art. 107 individualmente, ao contrário da LRF, que prevê aplicação da sanção ao ente, ainda que o descumprimento dos limites nela previstos seja apenas imputado apenas a um dos Poderes. A EC n. 95 caminha, portanto, no mesmo sentido das decisões do STF que afirmam o postulado da intranscendência, para deixar de aplicar ao Poder Executivo sanções por condutas praticadas por órgãos autônomos, como Assembleia Legislativa e Tribunal de Justiça, por exemplo. (ACO 1.612-, Rel. Min. Celso de Mello, Tribunal Pleno, DJe 12.2.2015; ACO 1.848-AgR, Rel. Min. Celso de Mello, Tribunal Pleno, DJe 6.11.2014; AC 2.866 AgR, rel. Min. Luiz Fux, Primeira Turma, DJe 8.3.2018).

Por outro lado, é importante notar que a sanção do Novo Regime Fiscal se aplica a todo o Poder a que pertença o órgão descumpridor, e não apenas ao órgão. O Relator da PEC n. 241, na Câmara dos Deputados, Deputado Darcísio Perondi, justificou a medida em duas razões. Primeiro, na estrutura orgânica, que impõe uma legislação unificada para as despesas de pessoal, o que configuraria um obstáculo à aplicação pontual das sanções (vedações). Segundo, na opção pelo estabelecimento de responsabilidade solidária entre os diversos órgãos de um mesmo Poder, no respeito aos limites que lhes são aplicáveis.

Outra diferença é que o texto incluído pela Emenda não indicou expressamente o órgão responsável pela fiscalização do seu cumprimento. Com fundamento no que dispõe o art. 71, VIII, é de se supor que esta atribuição caiba ao Tribunal de Contas da União, a quem compete "aplicar aos responsáveis, em caso de ilegalidade de despesa ou irregularidade de contas, as sanções previstas em lei, que estabelecerá, entre outras cominações, multa proporcional ao dano causado ao erário". A Lei Orgânica do TCU, Lei n. 8.442/1992, no art. 16, III, "b", prevê que as contas serão julgadas irregulares se comprovada "prática de ato de gestão ilegal, ilegítimo, antieconômico, ou infração à norma legal ou regulamentar de natureza contábil, financeira, orçamentária, operacional ou patrimonial". A infração, no caso, seria à própria Constituição Federal (LIMA, 2017, p. 191).

8.8. Saúde e educação

A alteração na forma de cálculo das despesas mínimas obrigatórias com saúde e educação foi possivelmente o ponto mais controvertido da EC n. 95. Os críticos do Novo Regime Fiscal argumentam que a emenda implicaria retrocesso no que se refere à efetivação dos direitos à saúde e à educação, na medida em que contribui para reduzir o montante de gastos obrigatórios a ser aplicado nas duas áreas.

Antes do Novo Regime Fiscal, o texto constitucional estabelecia pisos anuais para despesas com ações e serviços públicos de saúde e com manutenção e desenvolvimento do ensino, fixados com base na receita arrecadada pela União, receita corrente líquida, no caso da saúde, e receita de impostos líquida de transferências, no caso da educação. Assim, nos momentos de crescimento econômico e de incremento de arrecadação, o gasto público nessas duas áreas deveria acompanhar essa trajetória, crescendo também proporcionalmente. Nos momentos de depressão, por outro lado, a queda na arrecadação federal implicaria sua diminuição também proporcional no valor empregado pelo Governo.

O Novo Regime Fiscal mudou essa sistemática, ao fixar um limite para o crescimento das despesas primárias do governo federal. O que há de diferente, em relação aos gastos com saúde e educação, é que a correção, nesse caso, aplica-se ao piso, isto é, às aplicações mínimas calculadas nos termos do inciso I do § 2º do art. 198 e do caput do art. 212 da Constituição Federal.

Sendo assim, partir de 2018, o valor mínimo a ser dispendido com saúde e educação passaria a ser o equivalente ao montante aplicado em 2017, corrigido apenas pela inflação, nos mesmos termos em que calculado o teto previsto para as despesas primárias no art. 107 do ADCT. Perde-se, assim, a vinculação entre a receita arrecadada pela União e os valores empregados nessas duas áreas, o que antes obrigava permanente elevação da despesa com saúde e educação nos anos de incremento da arrecadação federal.

Pela sistemática anterior à EC n. 95, a União deveria aplicar 15% da receita corrente líquida na saúde e 18% das receitas de impostos, excluídas as transferências, na educação. A vinculação para a saúde está prevista no art. 198, § 2º, da Constituição Federal, com redação dada pela Emenda Constitucional n. 86/2015, que determina que a União deve aplicar, anualmente, em ações e serviços públicos de saúde, recursos mínimos derivados da aplicação de percentuais calculados sobre a receita corrente líquida do respectivo exercício financeiro, não podendo ser inferior a 15%.

Nos termos do art. 2º da Emenda Constitucional n. 86, de 2015, o percentual de 15% deveria ser implementado de forma gradual, ano a ano, de 2016 a 2020. No mínimo, 13,2% da receita corrente líquida em 2016; 13,7% em 2017; 14,1% em 2018; 14,5% em 2019, até atingir-se finalmente o patamar de 15% em 2020. Essa disciplina foi revogada pela EC n. 95/2016. O art. 3º da EC n. 86/2015 prevê ainda que as despesas com ações e serviços públicos de saúde custeados com a parcela da União oriunda da participação no resultado ou da compensação financeira pela exploração de petróleo e gás natural (art. 20, § 1º, da Constituição) sejam computadas para fins de cumprimento do patamar de gasto mínimo com saúde (art. 198, § 2º, I, da Constituição Federal).

O gasto mínimo com educação, por sua vez, é disciplinado pelo caput do art. 212 da Constituição. Pela disposição, a União aplicará anualmente, na manutenção e no desenvolvimento do ensino, nunca menos de 18% da receita resultante de impostos, compreendida a proveniente de transferências.

Na vigência do Novo Regime Fiscal, a matéria passou a ser disciplinada pelo art. 110 do ADCT. Desfez-se a vinculação entre receita arrecadada e gasto mínimo com saúde e educação, assegurando-se, pelos próximos vinte anos, apenas correção monetária do seu piso. A disposição do art. 110 do ADCT estabelece que o patamar mínimo de gasto federal nessas duas áreas deve equivaler, no exercício de 2017 (15% da receita corrente líquida), às aplicações mínimas calculadas nos termos do inciso I do § 2º do art. 198 e do caput do art. 212 da Constituição Federal. Nos exercícios posteriores, as aplicações mínimas equivalem aos valores calculados para as aplicações mínimas do exercício imediatamente anterior, corrigidos na forma estabelecida pelo inciso II do § 1º do art. 107 do ADCT.

Assim, a partir de 2018, as aplicações mínimas em ações e serviços públicos de saúde e em manutenção e desenvolvimento do ensino correspondem ao valor do limite referente ao exercício imediatamente anterior – isto é, 2017 –, corrigido pela variação do IPCA, para o período de doze meses encerrado em junho do exercício anterior a que se refere a lei orçamentária. Ficam de fora dos limites, no caso da educação, as transferências constitucionais relativas às cotas estaduais e municipais da contribuição social do salário-educação e as destinadas às transferências relativas ao Fundeb (art. 107, § 6º, I, do ADCT).

Note-se que o art. 110 do ADCT refere-se às aplicações mínimas. Por isso, o teto de despesas primárias imposto pelo art. 107 não resulta necessariamente em redução dos montantes gastos com saúde e educação, embora também não assegure a expansão permanente do gasto público em função do incremento da arrecadação tributária. Com efeito, a manutenção da regra de gasto mínimo vinculado a percentual da receita seria incompatível com o próprio modelo imposto pelo Novo Regime Fiscal, na medida em que as demais despesas, ao disputarem o mesmo espaço fiscal, acabariam fatalmente comprimidas (LIMA, 2017, p. 189).

A alteração constitucional empreendida pela EC n. 95, a nosso ver, não viola nenhuma das cláusulas pétreas elencadas no § 4º do art. 60 da Constituição. Não se pode afirmar que a modificação da sistemática de vinculação orçamentária em favor da saúde e educação, tal como estabelecido na emenda, seja uma medida "tendente a abolir [...] os direitos e garantias individuais", notadamente os direitos à saúde e à educação. Os que suscitam esse argumento partem da existência de uma relação substantiva, direta e essencial entre os direitos fundamentais à educação e, em especial, à saúde e as vinculações orçamentárias estabelecidas em seu favor. Ou seja, as diversas estratégias de vinculação de receita seriam verdadeiras *garantias* constitucionais a serviço de *direitos* fundamentais – saúde e educação – e, por conseguinte, cláusulas pétreas na ordem constitucional em vigor.

Ainda que a simplicidade do argumento impressione, não se pode aceitar a ideia de que tais direitos sejam tanto mais protegidos e efetivos quanto maior fosse o percentual de vinculação obrigatória estabelecida no texto constitucional. A tese conduz à rigidez orçamentária que, na prática, não assegura eficiência nem lisura na aplicação de recursos públicos e frequentemente contribui para deixar descobertos outros setores que não contam com proteções constitucionais dessa natureza, como, por exemplo, o saneamento básico.

A rigor, a crítica que se faz aos efeitos do Novo Regime Fiscal, nas áreas de saúde e educação, não é diversa da que se apresentou contra toda a sistemática estabelecida pela EC n. 95. A emenda, de fato, pretende conter a expansão das despesas primárias federais, mudando consideravelmente a lógica fiscal em andamento nas últimas décadas. Os que são contrários a medidas dessa natureza haverão de encontrar inconstitucionalidade em toda a emenda, especialmente nas aplicações mínimas com saúde e educação.

8.9. Despesa obrigatória e renúncia de receita

Desde sua redação originária, o Novo Regime Fiscal conferiu atenção à maneira como despesas obrigatórias e benefícios fiscais impactam as contas públicas. Além de incluir a proibição de concessão ou a ampliação de incentivo fiscal (art. 109, § 2º, II), na hipótese de o Executivo ultrapassar o teto de despesas primárias (art. 107, I), também cuidam da matéria os arts. 113 e 114 do ADCT, no tocante ao controle de impacto orçamentário e financeiro das renúncias de receita, inclusive as tributárias decorrentes de incentivos fiscais. Fica evidente a percepção de que o equilíbrio das contas públicas não passa apenas pelo controle do gasto, senão também pelo controle do gasto tributário (renúncia de receita tributária), que opera à maneira de um gasto indireto, uma subvenção concedida por instrumentos tributários, a erodir a arrecadação tributária do governo federal.

Os arts. 113 e 114 tratam do controle das despesas obrigatórias e renúncias de receita. As disposições não constavam na redação originária da PEC encaminhada pelo Poder Executivo, mas se afinam com o espírito e o objeto do Novo Regime Fiscal. Despesas obrigatórias e renúncias de receita são institutos diversos, com algo em comum: embora estranhas ao ciclo orçamentário (PPA, LDO e LOA), são medidas legislativas capazes de afetar o equilíbrio do orçamento, ultrapassando inclusive o exercício financeiro em que criadas.

No caso das despesas obrigatórias, impõe-se ao Poder Público um gasto que escapa aos limites orçamentários e não se submete à discricionariedade administrativa. Quanto às renúncias, reduz-se a receita, deixando de arrecadar recursos que deveriam ingressar nos cofres públicos. A forma mais comum de renúncia de receita é a tributária, que se consubstancia na criação de exonerações fiscais que não se justificam no princípio da capacidade contributiva, verdadeiras subvenções econômicas concedidas por meio de instrumentos tributários (benefícios fiscais). Daí o nome "gastos tributários", pelo qual também são conhecidas.

Renúncias de receita, especialmente as tributárias, e despesas obrigatórias servem frequentemente de meios para que diversos grupos de pressão e segmentos da sociedade em geral garantam a destinação de recursos públicos para ações consentâneas aos seus interesses. No entanto, "As demandas por gasto ou renúncia de receita, em sua imensa maioria", explica Eber Z. Santa Helena, "são formuladas por proposições legislativas de forma indefinida em termos financeiros, simplesmente, justifica-se o mérito e não seu custo, quase nunca estimado, muito menos demonstrado e nunca compensado" (HELENA, 2009, p. 29). Daí a importância de regras como a do art. 113, a fim de assegurar-se a variável dos custos ao processo legislativo de aprovação dessas medidas.

A disposição do art.113 exige que a proposição legislativa que crie ou altere despesa obrigatória ou renúncia de receita seja acompanhada de estimativa do seu impacto orçamentário e financeiro. A norma regula o processo legislativo e tem como destinatário o autor da proposição legislativa, notadamente o parlamentar federal. A estimativa de "impacto orçamentário e financeiro" nada mais é do que a demonstração do quanto custam as despesas obrigatórias e as renúncias de receita que se estão a propor. A medida é salutar, uma vez que permite incorporar ao debate legislativo a análise de custo-benefício, que muitas vezes é relegada a segundo plano no debate político, especialmente em matéria de benefícios fiscais.

A exigência de estimativa de impacto já constava na Lei de Responsabilidade Fiscal, tanto para as despesas obrigatórias quanto para as renúncias de receita tributária. O art. 17 da LRF determina que os atos que criarem ou aumentarem despesas obrigatórias de caráter continuado sejam instruídos com estimativa do impacto orçamentário-financeiro no exercício em que deva entrar em vigor e nos dois subsequentes (art. 16, I) e devem demonstrar a origem dos recursos para seu custeio. Para efeitos da LRF, "Considera-se obrigatória de caráter continuado a despesa corrente derivada de lei, medida provisória ou ato administrativo normativo que fixem para o ente a obrigação legal de sua execução por um período superior a dois exercícios" (art. 17, *caput*). Diferentemente da LRF, o texto do art. 113 do ADCT não pressupõe que a medida criada exceda período superior a dois exercícios e inclui também as despesas criadas por emenda constitucional.

A renúncia de receita é regulada pelo art. 14 da LRF. A disposição estabelece que, além de outros requisitos, a "concessão ou ampliação de incentivo ou benefício de natureza tributária da qual decorra renúncia de receita deverá estar acompanhada de estimativa do impacto orçamentário-financeiro no exercício em que deva iniciar sua vigência e, nos dois seguintes, atender ao disposto na lei de diretrizes orçamentárias". Além disso, o proponente deve demonstrar que a renúncia foi considerada na estimativa de receita da lei orçamentária e que não afetará as metas de resultados fiscais ou, se for o caso, fazer acompanhar a proposição de medidas de compensação tributárias permanentes (*e.g.* elevação de alíquota). A norma da LRF alcança apenas renúncia de receita *tributária*, diferentemente daquela do art. 113, que é mais ampla e não tem essa restrição. O art. 113, por outro lado, exige apenas estimativa, mas não compensação, como faz a LRF.

Para as despesas obrigatórias e renúncias, a falta de estimativa de seu impacto orçamentário é causa de arquivamento. Aliás, trata-se de causa bastante comum. O entendimento é inclusive objeto de súmula – Súmula-CFT n. 1/08 – no âmbito da Comissão de Finanças e Tributação da Câmara dos Deputados, nos seguintes termos: "É incompatível e inadequada a proposição, inclusive em caráter autorizativo, que, conflitando com as normas da Lei Complementar n.101, de 4 de maio de 2000 – Lei de Responsabilidade Fiscal – deixe de apresentar a estimativa de seu impacto orçamentário e financeiro bem como a respectiva compensação".

A falta de compatibilidade e adequação financeira e orçamentária é uma causa recorrente de arquivamento dessas proposições no Legislativo federal. Esse é um juízo que procura abstrair os fins pretendidos pelo projeto e concentra-se nos meios – os custos – financeiros e orçamentários que serão requeridos para sua concretização futura. Cuida-se de "análise que tem por finalidade preservar a programação de trabalho da União aprovada pelo Congresso Nacional e os compromissos relativos ao equilíbrio fiscal", como explica Eber Z. Santa Helena.

Compatibilidade e adequação são definidos no art. 16 da Lei de Responsabilidade Fiscal, no que se refere às despesas públicas. A primeira, a compatibilidade, diz respeito à conformidade entre a proposição legislativa e as leis orçamentárias, em sentido amplo – plano plurianual, lei de diretrizes orçamentárias e lei orçamentária anual. A despesa implicada deve estar conforme as diretrizes, os objetivos e as metas previstas, e não contrariar qualquer disposição dos diplomas legislativos citados. Já a segunda, a adequação, demanda existência de recursos suficientes, levando-se em conta o impacto orçamentário da medida proposta e os meios de compensação estabelecidos. Para os benefícios fiscais, deve-se considerar o disposto no art. 14 da LRF especificamente.

Ao elevar a exigência de estimativa do impacto orçamentário e financeiro ao nível da Constituição Federal, no Novo Regime Fiscal, o que antes era tomado como apenas uma causa de arquivamento, passível de superação pelo voto de maioria legislativa eventual, tornou-se um vício de inconstitucionalidade e, como tal, insuscetível de convalidação. Será, portanto, inconstitucional a aprovação de lei que crie ou altere despesa obrigatória ou renúncia de receita, sem que seu processo de deliberação tenha sido devidamente acompanhado da estimativa do seu impacto orçamentário e financeiro.

A mudança tem evidentes efeitos práticos. Basta lembrar que a orientação atual do STF é de que configura mera ofensa reflexa, insuscetível de conhecimento pela via da ação direta, o descumprimento dos requisitos do art. 14 da LRF, no tocante às leis concessivas de renúncia fiscal (ADI n. 3.796, rel. Min. Gilmar Mendes, julgamento em 8.3.2017). Ou seja, ainda que a lei de incentivo fiscal tenha sido aprovada com prejuízo do disposto na Lei Complementar n. 101 e sem qualquer atenção ao impacto orçamentário da medida no curso do processo legislativo, é remota a possibilidade de controle judicial.

Enquanto vigorar o Novo Regime Fiscal, a falta de prévia estimativa de impacto financeiro e orçamentário, durante o processo legislativo, resulta em inconstitucionalidade formal das leis de incentivo ou de despesa obrigatória aprovadas. Resta apenas definir se a estimativa deve ser oferecida somente no momento da apresentação da proposição – na exposição de motivos do ato ou na justificação do projeto, conforme o caso – ou, se faltando tal informação, é possível sanar o vício mediante a elaboração da necessária estimativa, antes da deliberação da proposição nas comissões ou no plenário das Casas legislativas.

Considerando que o escopo da exigência é fazer com que o processo legislativo e os debates que lhe são ínsitos levem em conta os custos das medidas que pretendem adotar, bem como seus feitos no orçamento público, não parece desarrazoado admitir que a falta possa ser sanada, desde que a providência seja adotada antes que se ultime a votação da medida. Do contrário, a estimativa torna-se mera formalidade, sem qualquer relevância para a decisão legislativa tomada.

É importante destacar que o STF conferiu interpretação extensiva à regra do art. 113, do ADCT, de modo a aplicá-la a todos os entes federados, ainda que o "Novo Regime Fiscal" tenha sido instituído, pela EC n. 95, de 2016, "no âmbito dos Orçamentos Fiscal e da Seguridade Social da União", como estabelece o *caput* do art. 106 do ADCT. Foi esse o entendimento firmado na ADI 5816, rel. Min. Alexandre de Moraes, Tribunal Pleno, julgado em 05/11/2019, e reafirmado na ADI 6303, rel. Roberto Barroso, Tribunal Pleno, julgado em 14/03/2022.

Para efeito de aplicação do disposto na EC n. 95, o art. 114 prevê a suspensão, por até vinte dias, a requerimento de um quinto dos membros da Casa, nos termos regimentais, da tramitação de proposição legislativa que acarretar aumento de despesa ou renúncia de receita para análise de sua compatibilidade com o Novo Regime Fiscal. A disposição alcança todas as espécies legislativas previstas no art. 59 da Constituição Federal, ressalvadas apenas as medidas provisórias. Estão, portanto, abarcadas pela regra: emendas à Constituição, leis complementares, leis ordinárias, leis delegadas, decretos legislativos e resoluções. A exclusão das medidas provisórias justifica-se pelo caráter de relevância e urgência que lhe é próprio, nos termos do art. 62 da Constituição, e que lhe impõe prazo predeterminado para aprovação sob pena de caducidade. Não consta que a medida tenha sido efetivamente aplicada no Congresso Nacional.

A EC n. 126, de 2022, prevê a revogação do disposto no art. 114, juntamente com os arts. 106, 107, 109, 110, 111, 111-A e 112 do Ato das Disposições Constitucionais Transitórias, quando da instituição do regime fiscal sustentável, por meio de lei complementar. O art. 113, por outro lado, não integra o rol dos dispositivos a serem substituídos pela lei complementar, o que, aliás, corrobora a interpretação também conferida pelo STF, que afastou a exegese desse dispositivo dos demais que formam o conjunto do Novo Regime Fiscal.

Art. 115. Fica excepcionalmente autorizado o parcelamento das contribuições previdenciárias e dos demais débitos dos Municípios, incluídas suas autarquias e fundações, com os respectivos regimes próprios de previdência social, com vencimento até 31 de outubro de 2021, inclusive os parcelados anteriormente, no prazo máximo de 240 (duzentos e quarenta) prestações mensais, mediante autorização em lei municipal específica, desde que comprovem ter alterado a legislação do regime próprio de previdência social para atendimento das seguintes condições, cumulativamente: (*Incluído pela Emenda Constitucional n. 113, de 2021.*)

I – adoção de regras de elegibilidade, de cálculo e de reajustamento dos benefícios que contemplem, nos termos previstos nos incisos I e III do § 1º e nos §§ 3º a 5º, 7º e 8º do art. 40 da Constituição Federal, regras assemelhadas às aplicáveis aos servidores públicos do regime próprio de previdência social da União e que contribuam efetivamente para o atingimento e a manutenção do equilíbrio financeiro e atuarial; (*Incluído pela Emenda Constitucional n. 113, de 2021.*)

II – adequação do rol de benefícios ao disposto nos §§ 2º e 3º do art. 9º da Emenda Constitucional n. 103, de 12 de novembro de 2019; (*Incluído pela Emenda Constitucional n. 113, de 2021.*)

III – adequação da alíquota de contribuição devida pelos servidores, nos termos do § 4º do art. 9º da Emenda Constitucional n. 103, de 12 de novembro de 2019; e (*Incluído pela Emenda Constitucional n. 113, de 2021.*)

IV – instituição do regime de previdência complementar e adequação do órgão ou entidade gestora do regime próprio de previdência social, nos termos do § 6º do art. 9º da Emenda Constitucional n. 103, de 12 de novembro de 2019. (*Incluído pela Emenda Constitucional n. 113, de 2021.*)

Parágrafo único. Ato do Ministério do Trabalho e Previdência, no âmbito de suas competências, definirá os critérios para o parcelamento previsto neste artigo, inclusive quanto ao cumprimento do disposto nos incisos I, II, III e IV do *caput* deste artigo, bem como disponibilizará as informações aos Municípios sobre o montante das dívidas, as formas de parcelamento, os juros e os encargos incidentes, de modo a possibilitar o acompanhamento da evolução desses débitos. (*Incluído pela Emenda Constitucional n. 113, de 2021.*)

■ *Vide* nota ao art. 117 do ADCT.

Art. 116. Fica excepcionalmente autorizado o parcelamento dos débitos decorrentes de contribuições previdenciárias dos Municípios, incluídas suas autarquias e fundações, com o Regime Geral de Previdência Social, com vencimento até 31 de outubro de 2021, ainda que em fase de execução fiscal ajuizada, inclusive os decorrentes do descumprimento de obrigações acessórias e os parcelados anteriormente, no prazo máximo de 240 (duzentos e quarenta) prestações mensais. (*Incluído pela Emenda Constitucional n. 113, de 2021.*)

§ 1º Os Municípios que possuam regime próprio de previdência social deverão comprovar, para fins de formalização do parcelamento com o Regime Geral de Previdência Social, de que trata este artigo, terem atendido as condições estabelecidas nos incisos I, II, III e IV do *caput* do art. 115 deste Ato das Disposições Constitucionais Transitórias. (*Incluído pela Emenda Constitucional n. 113, de 2021.*)

§ 2º Os débitos parcelados terão redução de 40% (quarenta por cento) das multas de mora, de ofício e isoladas, de 80% (oitenta por cento) dos juros de mora, de 40% (quarenta por cento) dos encargos legais e de 25% (vinte e cinco por cento) dos honorários advocatícios. (*Incluído pela Emenda Constitucional n. 113, de 2021.*)

§ 3º O valor de cada parcela será acrescido de juros equivalentes à taxa referencial do Sistema Especial de Liquidação e de Custódia (Selic), acumulada mensalmente, calculados a partir do mês subsequente ao da consolidação até o mês anterior ao do pagamento. (*Incluído pela Emenda Constitucional n. 113, de 2021.*)

§ 4º Não constituem débitos dos Municípios aqueles considerados prescritos ou atingidos pela decadência. (*Incluído pela Emenda Constitucional n. 113, de 2021.*)

§ 5º A Secretaria Especial da Receita Federal do Brasil e a Procuradoria-Geral da Fazenda Nacional, no âmbito de suas competências, deverão fixar os critérios para o parcelamento previsto neste artigo, bem como disponibilizar as informações aos Municípios sobre o montante das dívidas, as formas de parcelamento, os juros e os encargos incidentes, de modo a possibilitar o acompanhamento da evolução desses débitos. (*Incluído pela Emenda Constitucional n. 113, de 2021.*)

▪ *Vide* nota ao art. 117 do ADCT.

Art. 117. A formalização dos parcelamentos de que tratam os arts. 115 e 116 deste Ato das Disposições Constitucionais Transitórias deverá ocorrer até 30 de junho de 2022 e ficará condicionada à autorização de vinculação do Fundo de Participação dos Municípios para fins de pagamento das prestações acordadas nos termos de parcelamento, observada a seguinte ordem de preferência: (*Incluído pela Emenda Constitucional n. 113, de 2021.*)

I – a prestação de garantia ou de contragarantia à União ou os pagamentos de débitos em favor da União, na forma do § 4º do art. 167 da Constituição Federal; (*Incluído pela Emenda Constitucional n. 113, de 2021.*)

II – as contribuições parceladas devidas ao Regime Geral de Previdência Social; (*Incluído pela Emenda Constitucional n. 113, de 2021.*)

III – as contribuições parceladas devidas ao respectivo regime próprio de previdência social. (*Incluído pela Emenda Constitucional n. 113, de 2021.*)

▪ Os arts. 115 e 116, do ADCT, permitiam, respectivamente, o parcelamento de contribuições previdenciárias e dos demais débitos dos Municípios com os respectivos regimes próprios de previdência social, bem como dos débitos decorrentes de contribuições previdenciárias daqueles mesmos entes junto ao Regime Geral de Previdência Social, desde que com vencimento até 31 de outubro de 2021, admitindo-se, em qualquer dos casos, o parcelamento dos débitos congêneres de autarquias e fundações municipais. Além de condições e vantagens estabelecidas nos dispositivos em apreço, o art. 117, do ADCT, fixou o prazo de 30 de junho de 2022, já exaurido, para a formalização dos parcelamentos, além de condicionar essa formalização à autorização de vinculação do Fundo de Participação dos Municípios para fins de pagamento das prestações acordadas, com direito de preferência à União.

Art. 118. Os limites, as condições, as normas de acesso e os demais requisitos para o atendimento do disposto no parágrafo único do art. 6º e no inciso VI do *caput* do art. 203 da Constituição Federal serão determinados, na forma da lei e respectivo regulamento, até 31 de dezembro de 2022, dispensada, exclusivamente no exercício de 2022, a observância das limitações legais quanto à criação, à expansão ou ao aperfeiçoamento de ação governamental que acarrete aumento de despesa no referido exercício. (*Incluído pela Emenda Constitucional n. 114, de 2021.*)

▪ O preceito estabelecia prazo para edição da lei instituidora da renda básica familiar a ser concedida a todo brasileiro em situação de vulnerabilidade social (art. 6º, parágrafo único, da CF), como forma de redução da vulnerabilidade socioeconômica de famílias em situação de pobreza ou de extrema pobreza (art. 203, VI, da CF). Também dispensava, em ano eleitoral, o cumprimento de determinadas regras de responsabilidade fiscal previstas em lei.

Art. 119. Em decorrência do estado de calamidade pública provocado pela pandemia da Covid-19, os Estados, o Distrito Federal, os Municípios e os agentes públicos desses entes federados não poderão ser responsabilizados administrativa, civil ou criminalmente pelo descumprimento, exclusivamente nos exercícios financeiros de 2020 e 2021, do disposto no *caput* do art. 212 da Constituição Federal. (*Incluído pela Emenda Constitucional n. 119, de 2022.*)

Parágrafo único. Para efeitos do disposto no *caput* deste artigo, o ente deverá complementar na aplicação da manutenção e desenvolvimento do ensino, até o exercício financeiro de 2023, a diferença a menor entre o valor aplicado, conforme informação registrada no sistema integrado de planejamento e orçamento, e o valor mínimo exigível constitucionalmente para os exercícios de 2020 e 2021. (*Incluído pela Emenda Constitucional n. 119, de 2022.*)

Celso de Barros Correia Neto

Comentários

O art. 119 foi incluído no ADCT pela Emenda Constitucional n. 119, de 2022, que resultou da aprovação da Proposta de Emenda Constitucional n. 13, de 2021, inicialmente apresentada no Senado Federal. Na justificação da proposta, aponta-se a maneira como a pandemia da Covid-19 afetou os orçamentos dos entes subnacionais, minguando suas receitas e reduzindo despesas de natureza educacional, diante da necessidade de suspensão de aulas e outras atividades pedagógicas.

Em sua redação originária, a alteração constitucional deveria se aplicar apenas ao exercício de 2020. Durante a tramitação da matéria no Senado Federal, no entanto, o texto da proposição foi modificado para incluir também o exercício financeiro seguinte.

A regra do art. 119 do ADCT afasta a responsabilização de Estados, do Distrito Federal, dos Municípios e dos agentes públicos pelo descumprimento da regra de gasto obrigatório anual com manutenção e desenvolvimento do ensino, diante do estado de calamidade pública provocado pela pandemia da Covid-19.

A imunidade aplica-se tanto no nível institucional, isto é, dos entes subnacionais, quanto no nível pessoal, ou seja, dos agentes públicos. O art. 2º do corpo da emenda detalha o alcance do art. 119, esclarecendo que a disposição exclui a aplicação de "penalidades, sanções ou restrições aos entes subnacionais para fins cadastrais, de aprovação e de celebração de ajustes onerosos ou não, incluídas a contratação, a renovação ou a celebração de aditivos de quaisquer tipos, de ajustes e de convênios, entre outros, inclusive em relação à possibilidade de execução financeira desses ajustes e de recebimento de recursos do orçamento geral da União por meio de transferências voluntárias".

O parágrafo único do art. 2º do corpo da emenda também afasta a possibilidade de intervenção dos Estados em seus Municípios, prevista no art. 37, III, da Constituição Federal, pela não aplicação do mínimo exigido da receita municipal na manutenção e desenvolvimento do ensino e nas ações e serviços públicos de saúde. Quanto à natureza dos gastos, nota-se que a regra do parágrafo único do art. 2º é mais ampla do que a do art. 119 do ADCT, visto que também se refere à intervenção pelo descumprimento do mínimo com saúde, além dos gastos com educação.

A regra de imunidade do art. 119 é naturalmente temporária. Sua vigência foi circunscrita exclusivamente aos exercícios financeiros de 2020 e 2021, ainda que o estado de calamidade pública tenha sido oficialmente encerrado em 31 de dezembro de 2020 e a declaração do fim da Emergência em Saúde Pública de Importância Nacional (ESPIN) em decorrência da Covid-19 seja datada de 22 de maio de 2022. O parágrafo único do artigo obriga a complementação da aplicação com manutenção e desenvolvimento do ensino, até o exercício financeiro de 2023, considerando-se a diferença a menor entre o valor aplicado, conforme informação registrada no sistema integrado de planejamento e orçamento, e o valor mínimo exigível constitucionalmente para os exercícios de 2020 e 2021.

É importante lembrar que a calamidade pública provocada pela pandemia da Covid-19 fundamentou também outras emendas constitucionais, além da EC n. 119, de 2022. Nos anos de 2020 a 2022, diversas alterações constitucionais, inclusive em matéria fiscal, fundamentaram-se na necessidade de lidar com as consequências econômicas e sociais da pandemia.

Entre as reformas constitucionais relacionadas direta ou indiretamente a esse objetivo, vale destacar especialmente três. A Emenda Constitucional n. 106, de 7 de maio de 2020, instituiu regime extraordinário fiscal, financeiro e de contratações para enfrentamento de calamidade pública nacional decorrente de pandemia. A Emenda Constitucional n. 109, de 15 de março de 2021, tratou da concessão de auxílio emergencial residual para enfrentar as consequências sociais e econômicas da pandemia da Covid-19, além de acrescentar diversos dispositivos constitucionais no texto permanente da Constituição para dispor sobre o regime aplicável, na hipótese de decretação de estado de calamidade pública de âmbito nacional. E a Emenda Constitucional n. 123, de 14 de julho de 2022, reconheceu, no ano de 2022, "o estado de emergência decorrente da elevação extraordinária e imprevisível dos preços do petróleo, combustíveis e seus derivados e dos impactos sociais dela decorrentes".

> **Art. 120.** Fica reconhecido, no ano de 2022, o estado de emergência decorrente da elevação extraordinária e imprevisível dos preços do petróleo, combustíveis e seus derivados e dos impactos sociais dela decorrentes

Parágrafo único. Para enfretamento ou mitigação dos impactos decorrentes do estado de emergência reconhecido, as medidas implementadas, até os limites de despesas previstos em uma única e exclusiva norma constitucional observarão o seguinte:

I – quanto às despesas:

a) serão atendidas por meio de crédito extraordinário;

b) não serão consideradas para fins de apuração da meta de resultado primário estabelecida no *caput* do art. 2º da Lei n. 14.194, de 20 de agosto de 2021, e do limite estabelecido para as despesas primárias, conforme disposto no inciso I do *caput* do art. 107 do Ato das Disposições Constitucionais Transitórias;

c) ficarão ressalvadas do disposto no inciso III do *caput* do art. 167 da Constituição Federal;

II – a abertura do crédito extraordinário para seu atendimento dar-se-á independentemente da observância dos requisitos exigidos no § 3º do art. 167 da Constituição Federal; e

III – a dispensa das limitações legais, inclusive quanto à necessidade de compensação:

a) à criação, à expansão ou ao aperfeiçoamento de ação governamental que acarrete aumento de despesa; e

b) à renúncia de receita que possa ocorrer.

▪ *Vide* comentários aos arts. 106 a 114 do ADCT.

> **Art. 121.** As contas referentes aos patrimônios acumulados de que trata o § 2º do art. 239 da Constituição Federal cujos recursos não tenham sido reclamados por prazo superior a 20 (vinte) anos serão encerradas após o prazo de 60 (sessenta) dias da publicação de aviso no *Diário Oficial da União*, ressalvada reivindicação por eventual interessado legítimo dentro do referido prazo. (*Incluído pela Emenda Constitucional n. 126, de 2022.*)

Parágrafo único. Os valores referidos no *caput* deste artigo serão tidos por abandonados, nos termos do inciso III do *caput* do art. 1.275 da Lei n. 10.406, de 10 de janeiro de 2002 (Código Civil), e serão apropriados pelo Tesouro Nacional como receita primária para realização de despesas de investimento de que trata o § 6º-B do art. 107, que não serão computadas nos limites previstos no art. 107, ambos deste Ato das Disposições Constitucionais Transitórias, podendo o interessado reclamar ressarcimento à União no prazo de até 5 (cinco) anos do encerramento das contas.

■ *Vide* comentários ao art. 239 da Constituição.

Art. 122. As transferências financeiras realizadas pelo Fundo Nacional de Saúde e pelo Fundo Nacional de Assistência Social diretamente aos fundos de saúde e assistência social estaduais, municipais e distritais, para enfrentamento da pandemia da Covid-19, poderão ser executadas pelos entes federativos até 31 de dezembro de 2023. *(Incluído pela Emenda Constitucional n. 126, de 2022.)*

■ Este artigo autoriza que as transferências financeiras em questão sejam executadas até 31 de dezembro de 2023, ainda que o Ministério da Saúde tenha declarado no Brasil o fim da Emergência em Saúde Pública de Importância Nacional pela Covid-19 em 22 de abril de 2022, e a Organização Mundial de Saúde, o fim da Emergência de Saúde Pública de Importância Internacional, referente à Covid-19, em 5 de maio de 2023.

Art. 123. Todos os termos de credenciamentos, contratos, aditivos e outras formas de ajuste de permissão lotérica, em vigor, indistintamente, na data de publicação deste dispositivo, destinados a viabilizar a venda de serviços lotéricos, disciplinados em lei ou em outros instrumentos de alcance específico, terão assegurado prazo de vigência adicional, contado do término do prazo do instrumento vigente, independentemente da data de seu termo inicial. *(Incluído pela Emenda Constitucional n. 129, de 2023.)*

■ As relações jurídicas afetadas por este artigo encontram-se disciplinadas em leis que foram impugnadas perante o Supremo Tribunal Federal por meio da ADI 6.785, ajuizada pelo Procurador-Geral da República. Nesta ação, O PGR alegou inconstitucionalidade de dispositivos que, entre outras coisas, consideraram válidos contratos de permissão lotéricos firmados sem licitação prévia, além de tê-los prorrogado pelo prazo de duzentos e quarenta meses. Nesse contexto, a Emenda Constitucional em apreço representa uma tentativa do Congresso Nacional de contornar o debate posto na jurisdição constitucional e, assim, suplantar possíveis inconstitucionalidades perpetradas pelos diplomas legislativos em questão. Como os contratos afetados foram firmados por particulares, há que se avaliar a compatibilidade do novo preceito com a cláusula pétrea dos direitos e garantias individuais (art. 60, § 4º, IV, CF), mais precisamente com o inciso XXXVI do art. 5º da Constituição Federal (*"a lei não prejudicará o direito adquirido, o ato jurídico perfeito e a coisa julgada"*).

Brasília, 5 de outubro de 1988.

Ulysses Guimarães

EMENDAS CONSTITUCIONAIS

EMENDAS CONSTITUCIONAIS

EMENDA CONSTITUCIONAL N. 1,
DE 31 DE MARÇO DE 1992*

Dispõe sobre a remuneração dos Deputados Estaduais e dos Vereadores.

As Mesas da Câmara dos Deputados e do Senado Federal, nos termos do § 3º do art. 60 da Constituição Federal, promulgam a seguinte Emenda ao texto constitucional:

Art. 1º O § 2º do art. 27 da Constituição passa a vigorar com a seguinte redação:

"§ 2º O subsídio dos Deputados Estaduais será fixado por lei de iniciativa da Assembleia Legislativa, na razão de, no máximo, 75% (setenta e cinco por cento) daquele estabelecido, em espécie, para os Deputados Federais, observado o que dispõem os arts. 39, § 4º, 57, § 7º, 150, II, 153, III, e 153, § 2º, I."

Art. 2º São acrescentados ao art. 29 da Constituição os seguintes incisos, VI e VII, renumerando-se os demais:

"Art. 29 ....

VI – a remuneração dos Vereadores corresponderá a, no máximo, setenta e cinco por cento daquela estabelecida, em espécie, para os Deputados Estaduais, ressalvado o que dispõe o art. 37, XI;

VII – o total da despesa com a remuneração dos Vereadores não poderá ultrapassar o montante de cinco por cento da receita do Município;"

Art. 3º Esta Emenda Constitucional entra em vigor na data de sua publicação.

Brasília, 31 de março de 1992.

A Mesa da Câmara dos Deputados
Deputado IBSEN PINHEIRO
Presidente
A Mesa do Senado Federal
Senador MAURO BENEVIDES
Presidente

EMENDA CONSTITUCIONAL N. 2,
DE 25 DE AGOSTO DE 1992**

Dispõe sobre o plebiscito previsto no art. 2º do Ato das Disposições Constitucionais Transitórias.

As Mesas da Câmara dos Deputados e do Senado Federal, nos termos do § 3º do art. 60 da Constituição Federal, promulgam a seguinte Emenda ao texto constitucional:

Artigo único. O plebiscito de que trata o art. 2º do Ato das Disposições Constitucionais Transitórias realizar-se-á no dia 21 de abril de 1993.

§ 1º A forma e o sistema de governo definidos pelo plebiscito terão vigência em 1º de janeiro de 1995.

§ 2º A lei poderá dispor sobre a realização do plebiscito, inclusive sobre a gratuidade da livre divulgação das formas e sistemas de governo, através dos meios de comunicação de massa concessionários ou permissionários de serviço público, assegurada igualdade de tempo e paridade de horários.

§ 3º A norma constante do parágrafo anterior não exclui a competência do Tribunal Superior Eleitoral para expedir instruções necessárias à realização da consulta plebiscitária.

Brasília, em 25 de agosto de 1992.

A Mesa da Câmara dos Deputados
Deputado IBSEN PINHEIRO
Presidente
A Mesa do Senado Federal
Senador MAURO BENEVIDES
Presidente

EMENDA CONSTITUCIONAL N. 3,
DE 17 DE MARÇO DE 1993***

Altera dispositivos da Constituição Federal.

As Mesas da Câmara dos Deputados e do Senado Federal, nos termos do § 3º do art. 60 da Constituição Federal, promulgam a seguinte Emenda ao texto constitucional:

Art. 1º Os dispositivos da Constituição Federal abaixo enumerados passam a vigorar com as seguintes alterações:

"Art. 40. ....
....

§ 6º As aposentadorias e pensões dos servidores públicos federais serão custeadas com recursos provenientes da União e das contribuições dos servidores, na forma da lei."
"Art. 42. ....

§ 10. Aplica-se aos servidores a que se refere este artigo, e a seus pensionistas, o disposto no art. 40, §§ 4º, 5º e 6º".
"Art. 102. ....
I – ....

a) a ação direta de inconstitucionalidade de lei ou ato normativo federal ou estadual e a ação declaratória de constitucionalidade de lei ou ato normativo federal;

§ 1º A arguição de descumprimento de preceito fundamental, decorrente desta Constituição, será apreciada pelo Supremo Tribunal Federal, na forma da lei.

---

*. Publicada no *Diário Oficial da União* de 6-4-1992.
**. Publicada no *Diário Oficial da União* de 1º-9-1992.
***. Publicada no *Diário Oficial da União* de 18-3-1993.

§ 2º As decisões definitivas de mérito, proferidas pelo Supremo Tribunal Federal, nas ações declaratórias de constitucionalidade de lei ou ato normativo federal, produzirão eficácia contra todos e efeito vinculante, relativamente aos demais órgãos do Poder Judiciário e ao Poder Executivo."

"Art. 103. ....

....

§ 4º A ação declaratória de constitucionalidade poderá ser proposta pelo Presidente da República, pela Mesa do Senado Federal, pela Mesa da Câmara dos Deputados ou pelo Procurador-Geral da República."

"Art. 150. ....

....

§ 6º Qualquer subsídio ou isenção, redução de base de cálculo, concessão de crédito presumido, anistia ou remissão, relativos a impostos, taxas ou contribuições, só poderá ser concedido mediante lei específica, federal, estadual ou municipal, que regule exclusivamente as matérias acima enumeradas ou o correspondente tributo ou contribuição, sem prejuízo do disposto no art. 155, § 2º, XII, g.

§ 7º A lei poderá atribuir a sujeito passivo de obrigação tributária a condição de responsável pelo pagamento de imposto ou contribuição, cujo fato gerador deva ocorrer posteriormente, assegurada a imediata e preferencial restituição da quantia paga, caso não se realize o fato gerador presumido."

"Art. 155. Compete aos Estados e ao Distrito Federal instituir impostos sobre:

I – transmissão *causa mortis* e doação, de quaisquer bens ou direitos;

II – operações relativas à circulação de mercadorias e sobre prestações de serviços de transporte interestadual e intermunicipal e de comunicação, ainda que as operações e as prestações se iniciem no exterior;

III – propriedade de veículos automotores.

§ 1º O imposto previsto no inciso I: ....

§ 2º O imposto previsto no inciso II atenderá ao seguinte:

§ 3º À exceção dos impostos de que tratam o inciso II do *caput* deste artigo e o art. 153, I e II, nenhum outro tributo poderá incidir sobre operações relativas a energia elétrica, serviços de telecomunicações, derivados de petróleo, combustíveis e minerais do País."

"Art. 156. ....

....

III – serviços de qualquer natureza, não compreendidos no art. 155, II, definidos em lei complementar.

....

§ 3º Em relação ao imposto previsto no inciso III, cabe à lei complementar:

I – fixar as suas alíquotas máximas;

II – excluir da sua incidência exportações de serviços para o exterior."

"Art. 160. ....

Parágrafo único. A vedação prevista neste artigo não impede a União e os Estados de condicionarem a entrega de recursos ao pagamento de seus créditos, inclusive de suas autarquias."

"Art. 167. ....

....

IV – a vinculação de receita de impostos a órgão, fundo ou despesa, ressalvadas a repartição do produto da arrecadação dos impostos a que se referem os arts. 158 e 159, a destinação de recursos para manutenção e desenvolvimento do ensino, como determinado pelo art. 212, e a prestação de garantias às operações de crédito por antecipação de receita, previstas no art. 165, § 8º, bem assim o disposto no § 4º deste artigo;

....

§ 4º É permitida a vinculação de receitas próprias geradas pelos impostos a que se referem os arts. 155 e 156, e dos recursos de que tratam os arts. 157, 158 e 159, I, *a* e *b*, e II, para a prestação de garantia ou contragarantia à União e para pagamento de débitos para com esta."

Art. 2º A União poderá instituir, nos termos de lei complementar, com vigência até 31 de dezembro de 1994, imposto sobre movimentação ou transmissão de valores e de créditos e direitos de natureza financeira.

§ 1º A alíquota do imposto de que trata este artigo não excederá a vinte e cinco centésimos por cento, facultado ao Poder Executivo reduzi-la ou restabelecê-la, total ou parcialmente, nas condições e limites fixados em lei.

§ 2º Ao imposto de que trata este artigo não se aplica o art. 150, III, *b*, e VI, nem o disposto no § 5º do art. 153 da Constituição.

§ 3º O produto da arrecadação do imposto de que trata este artigo não se encontra sujeito a qualquer modalidade de repartição com outra entidade federada.

§ 4º (*Revogado pela Emenda Constitucional de Revisão n. 1, de 1º-3-1994.*)

Art. 3º A eliminação do adicional ao imposto de renda, de competência dos Estados, decorrente desta Emenda Constitucional, somente produzirá efeitos a partir de 1º de janeiro de 1996, reduzindo-se a correspondente alíquota, pelo menos, a dois e meio por cento no exercício financeiro de 1995.

Art. 4º A eliminação do imposto sobre vendas a varejo de combustíveis líquidos e gasosos, de competência dos Municípios, decorrente desta Emenda Constitucional, somente produzirá efeitos a partir de 1º de janeiro de 1996, reduzindo-se a correspondente alíquota, pelo menos, a um e meio por cento no exercício financeiro de 1995.

Art. 5º Até 31 de dezembro de 1999, os Estados, o Distrito Federal e os Municípios somente poderão emitir títulos da dívida pública no montante necessário ao refinanciamento do principal devidamente atualizado de suas obrigações, representados por essa espécie de títulos, ressalvado o disposto no art. 33, parágrafo único, do Ato das Disposições Constitucionais Transitórias.

Art. 6º Revogam-se o inciso IV e o § 4º do art. 156 da Constituição Federal.

Brasília, em 17 de março de 1993.

A Mesa da Câmara dos Deputados
Deputado INOCÊNCIO OLIVEIRA
Presidente
A Mesa do Senado Federal
Senador HUMBERTO LUCENA
Presidente

EMENDA CONSTITUCIONAL N. 4, DE 14 DE SETEMBRO DE 1993*

Dá nova redação ao art. 16 da Constituição Federal.

As Mesas da Câmara dos Deputados e do Senado Federal, nos termos do § 3º do art. 60 da Constituição Federal, promulgam a seguinte Emenda ao texto constitucional:

Artigo único. O art. 16 da Constituição Federal passa a vigorar com a seguinte redação:

"Art. 16. A lei que alterar o processo eleitoral entrará em vigor na data de sua publicação, não se aplicando à eleição que ocorra até um ano da data de sua vigência."

Brasília, 14 de setembro de 1993.

A Mesa da Câmara dos Deputados
Deputado INOCÊNCIO OLIVEIRA
Presidente
A Mesa do Senado Federal
Senador HUMBERTO LUCENA
Presidente

EMENDA CONSTITUCIONAL DE REVISÃO N. 1, DE 1º DE MARÇO DE 1994**

Acrescenta os arts. 71, 72 e 73 ao Ato das Disposições Constitucionais Transitórias.

A Mesa do Congresso Nacional, nos termos do art. 60 da Constituição Federal, combinado com o art. 3º do Ato das Disposições Constitucionais Transitórias, promulga a seguinte emenda constitucional:

Art. 1º Ficam incluídos os arts. 71, 72 e 73 no Ato das Disposições Constitucionais Transitórias, com a seguinte redação:

"Art. 71. Fica instituído, nos exercícios financeiros de 1994 e 1995, o Fundo Social de Emergência, com o objetivo de saneamento financeiro da Fazenda Pública Federal e de estabilização econômica, cujos recursos serão aplicados no custeio das ações dos sistemas de saúde e educação, benefícios previdenciários e auxílios assistenciais de prestação continuada, inclusive liquidação de passivo previdenciário, e outros programas de relevante interesse econômico e social.

Parágrafo único. Ao Fundo criado por este artigo não se aplica, no exercício financeiro de 1994, o disposto na parte final do inciso II do § 9º do art. 165 da Constituição.

Art. 72. Integram o Fundo Social de Emergência:

I – o produto da arrecadação do imposto sobre renda e proventos de qualquer natureza incidente na fonte sobre pagamentos efetuados, a qualquer título, pela União, inclusive suas autarquias e fundações;

II – a parcela do produto da arrecadação do imposto sobre propriedade territorial rural, do imposto sobre renda e proventos de qualquer natureza e do imposto sobre operações de crédito, câmbio e seguro, ou relativas a títulos ou valores mobiliários, decorrente das alterações produzidas pela Medida Provisória n. 419 e pelas Leis n. 8.847, 8.849 e 8.848, todas de 28 de janeiro de 1994, estendendo-se a vigência da última delas até 31 de dezembro de 1995;

III – a parcela do produto da arrecadação resultante da elevação da alíquota da contribuição social sobre o lucro dos contribuintes a que se refere o § 1º do art. 22 da Lei n. 8.212, de 24 de julho de 1991, a qual, nos exercícios financeiros de 1994 e 1995, passa a ser de trinta por cento, mantidas as demais normas da Lei n. 7.689, de 15 de dezembro de 1988;

IV – vinte por cento do produto da arrecadação de todos os impostos e contribuições da União, excetuado o previsto nos incisos I, II e III;

V – a parcela do produto da arrecadação da contribuição de que trata a Lei Complementar n. 7, de 7 de setembro de 1970, devida pelas pessoas jurídicas a que se refere o inciso III deste artigo, a qual será calculada, nos exercícios financeiros de 1994 e 1995, mediante a aplicação da alíquota de setenta e cinco centésimos por cento sobre a receita bruta operacional, como definida na legislação do imposto sobre renda e proventos de qualquer natureza;

VI – outras receitas previstas em lei específica.

§ 1º As alíquotas e a base de cálculo previstas nos incisos III e V aplicar-se-ão a partir do primeiro dia do mês seguinte aos noventa dias posteriores à promulgação desta Emenda.

§ 2º As parcelas de que tratam os incisos I, II, III e V serão previamente deduzidas da base de cálculo de qualquer vinculação ou participação constitucional ou legal, não se lhes aplicando o disposto nos arts. 158, II, 159, 212 e 239 da Constituição.

§ 3º A parcela de que trata o inciso IV será previamente deduzida da base de cálculo das vinculações ou participações constitucionais previstas nos arts. 153, § 5º, 157, II, 158, II, 212 e 239 da Constituição.

§ 4º O disposto no parágrafo anterior não se aplica aos recursos previstos no art. 159 da Constituição.

§ 5º A parcela dos recursos provenientes do imposto sobre propriedade territorial rural e do imposto sobre renda e proventos de qualquer natureza, destinada ao Fundo Social de Emergência, nos termos do inciso II deste artigo, não poderá exceder:

---

*. Publicada no *Diário Oficial da União* de 15-9-1993.
**. Publicada no *Diário Oficial da União* de 2-3-1994.

I – no caso do imposto sobre propriedade territorial rural, a oitenta e seis inteiros e dois décimos por cento do total do produto da sua arrecadação;

II – no caso do imposto sobre renda e proventos de qualquer natureza, a cinco inteiros e seis décimos por cento do total do produto da sua arrecadação.

Art. 73. Na regulação do Fundo Social de Emergência não poderá ser utilizado o instrumento previsto no inciso V do art. 59 da Constituição."

Art. 2º Fica revogado o § 4º do art. 2º da Emenda Constitucional n. 3, de 1993.

Art. 3º Esta Emenda entra em vigor na data de sua publicação.

Brasília, 1º de março de 1994.

HUMBERTO LUCENA
Presidente

EMENDA CONSTITUCIONAL DE REVISÃO N. 2, DE 7 DE JUNHO DE 1994*

Dá nova redação ao art. 50, caput e § 2º da Constituição Federal.

A Mesa do Congresso Nacional, nos termos do art. 60 da Constituição Federal, combinado com o art. 3º do Ato das Disposições Constitucionais Transitórias, promulga a seguinte emenda constitucional:

Art. 1º É acrescentada a expressão "ou quaisquer titulares de órgãos diretamente subordinados à Presidência da República" ao texto do art. 50 da Constituição, que passa a vigorar com a redação seguinte:

"Art. 50. A Câmara dos Deputados e o Senado Federal, ou qualquer de suas comissões, poderão convocar Ministro de Estado ou quaisquer titulares de órgãos diretamente subordinados à Presidência da República para prestarem, pessoalmente, informações sobre assunto previamente determinado, importando em crime de responsabilidade a ausência sem justificação adequada."

Art. 2º É acrescentada a expressão "ou a qualquer das pessoas referidas no *caput* deste artigo" ao § 2º do art. 50, que passa a vigorar com a redação seguinte:

"Art. 50. ....

§ 2º As Mesas da Câmara dos Deputados e do Senado Federal poderão encaminhar pedidos escritos de informação a Ministros de Estado; ou a qualquer das pessoas referidas no *caput* deste artigo, importando em crime de responsabilidade a recusa, ou o não atendimento no prazo de trinta dias, bem como a prestação de informações falsas."

---
*. Publicada no *Diário Oficial da União* de 9-6-1994.

Art. 3º Esta Emenda Constitucional entra em vigor na data de sua publicação.

Brasília, 7 de junho de 1994.

HUMBERTO LUCENA
Presidente

EMENDA CONSTITUCIONAL DE REVISÃO N. 3, DE 7 DE JUNHO DE 1994**

Altera a alínea c do inciso I, a alínea b do inciso II, o § 1º e o inciso II do § 4º do art. 12 da Constituição Federal.

A Mesa do Congresso Nacional, nos termos do art. 60 da Constituição Federal, combinado com o art. 3º do Ato das Disposições Constitucionais Transitórias, promulga a seguinte emenda constitucional:

Art. 1º A alínea *c* do inciso I, a alínea *b* do inciso II, o § 1º e o inciso II do § 4º do art. 12 da Constituição Federal passam a vigorar com a seguinte redação:

"Art. 12 ....

I – ....

a) ....

b) ....

c) os nascidos no estrangeiro, de pai brasileiro ou de mãe brasileira, desde que venham a residir na República Federativa do Brasil e optem, em qualquer tempo, pela nacionalidade brasileira;

II – ....

a) ....

b) os estrangeiros de qualquer nacionalidade residentes na República Federativa do Brasil há mais de quinze anos ininterruptos e sem condenação penal, desde que requeiram a nacionalidade brasileira.

§ 1º Aos portugueses com residência permanente no País, se houver reciprocidade em favor de brasileiros, serão atribuídos os direitos inerentes ao brasileiro, salvo os casos previstos nesta Constituição.

§ 2º ....

§ 3º ....

§ 4º ....

I – ....

II – adquirir outra nacionalidade, salvo nos casos:

a) de reconhecimento de nacionalidade originária pela lei estrangeira;

b) de imposição de naturalização, pela norma estrangeira, ao brasileiro residente em Estado estrangeiro, como condição para permanência em seu território ou para o exercício de direitos civis."

**. Publicada no *Diário Oficial da União* de 9-6-1994.

Art. 3º Esta Emenda Constitucional entra em vigor na data de sua publicação.

Brasília, 7 de junho de 1994.

HUMBERTO LUCENA
Presidente

EMENDA CONSTITUCIONAL DE REVISÃO N. 4, DE 7 DE JUNHO DE 1994*

Dá nova redação ao § 9º do art. 14 da Constituição Federal.

A Mesa do Congresso Nacional, nos termos do art. 60 da Constituição Federal, combinado com o art. 3º do Ato das Disposições Constitucionais Transitórias, promulga a seguinte emenda constitucional:

Art. 1º São acrescentadas ao § 9º do art. 14 da Constituição as expressões: "a probidade administrativa, a moralidade para o exercício do mandato, considerada a vida pregressa do candidato, e", após a expressão "a fim de proteger", passando o dispositivo a vigorar com a seguinte redação:

"Art. 14..
§ 9º Lei complementar estabelecerá outros casos de inelegibilidade e os prazos de sua cessação, a fim de proteger a probidade administrativa, a moralidade para o exercício do mandato, considerada a vida pregressa do candidato, e a normalidade e legitimidade das eleições contra a influência do poder econômico ou o abuso do exercício de função, cargo ou emprego na administração direta ou indireta."

Art. 2º Esta Emenda Constitucional entra em vigor na data de sua publicação.

Brasília, 7 de junho de 1994.

HUMBERTO LUCENA
Presidente

EMENDA CONSTITUCIONAL DE REVISÃO N. 5, DE 7 DE JUNHO DE 1994**

Substitui a expressão cinco anos *por* quatro anos *no art. 82 da Constituição Federal.*

A Mesa do Congresso Nacional, nos termos do art. 60 da Constituição Federal, combinado com o art. 3º do Ato das Disposições Constitucionais Transitórias, promulga a seguinte emenda constitucional:

Art. 1º No art. 82 fica substituída a expressão "cinco anos" por "quatro anos".

Art. 2º Esta Emenda Constitucional entra em vigor no dia 1º de janeiro de 1995.

Brasília, 7 de junho de 1994.

HUMBERTO LUCENA
Presidente

EMENDA CONSTITUCIONAL DE REVISÃO N. 6, DE 7 DE JUNHO DE 1994***

Acrescenta § 4º ao art. 55 da Constituição Federal.

A Mesa do Congresso Nacional, nos termos do art. 60 da Constituição Federal, combinado com o art. 3º do Ato das Disposições Constitucionais Transitórias, promulga a seguinte emenda constitucional:

Art. 1º Fica acrescido, no art. 55, o § 4º, com a seguinte redação:

"Art. 55..
....
§ 4º A renúncia de parlamentar submetido a processo que vise ou possa levar à perda do mandato, nos termos deste artigo, terá seus efeitos suspensos até as deliberações finais de que tratam os §§ 2º e 3º"

Art. 2º Esta Emenda Constitucional entra em vigor na data de sua publicação.

Brasília, 7 de junho de 1994.

HUMBERTO LUCENA
Presidente

EMENDA CONSTITUCIONAL N. 5, DE 15 DE AGOSTO DE 1995****

Altera o § 2º do art. 25 da Constituição Federal.

As Mesas da Câmara dos Deputados e do Senado Federal, nos termos do § 3º do art. 60 da Constituição Federal, promulgam a seguinte Emenda ao texto constitucional:

Artigo único. O § 2º do art. 25 da Constituição Federal passa a vigorar com a seguinte redação:

"Cabe aos Estados explorar diretamente, ou mediante concessão, os serviços locais de gás canalizado, na forma da lei,

---

*. Publicada no *Diário Oficial da União* de 9-6-1994.
**. Publicada no *Diário Oficial da União* de 9-6-1994. *Vide* Emenda Constitucional n. 16, de 4-6-1997.
***. Publicada no *Diário Oficial da União* de 9-6-1994.
****. Publicada no *Diário Oficial da União* de 16-8-1995.

vedada a edição de medida provisória para a sua regulamentação."

Brasília, 15 de agosto de 1995.

Mesa da Câmara dos Deputados
Deputado LUÍS EDUARDO
Presidente
Mesa do Senado Federal
Senador JOSÉ SARNEY
Presidente

EMENDA CONSTITUCIONAL N. 6, DE 15 DE AGOSTO DE 1995*

Altera o inciso IX do art. 170, o art. 171 e o § 1º do art. 176 da Constituição Federal.

As Mesas da Câmara dos Deputados e do Senado Federal, nos termos do § 3º do art. 60 da Constituição Federal, promulgam a seguinte Emenda ao texto constitucional:

Art. 1º O inciso IX do art. 170 e o § 1º do art. 176 da Constituição Federal passam a vigorar com a seguinte redação:

"Art. 170 ....

IX – tratamento favorecido para as empresas de pequeno porte constituídas sob as leis brasileiras e que tenham sua sede e administração no País."

"Art. 176 ....

§ 1º A pesquisa e a lavra de recursos minerais e o aproveitamento dos potenciais a que se refere o *caput* deste artigo somente poderão ser efetuados mediante autorização ou concessão da União, no interesse nacional, por brasileiros ou empresa constituída sob as leis brasileiras e que tenha sua sede e administração no País, na forma da lei, que estabelecerá as condições específicas quando essas atividades se desenvolverem em faixa de fronteira ou terras indígenas."

Art. 2º Fica incluído o seguinte art. 246 no Título IX – "Das Disposições Constitucionais Gerais":

"Art. 246. É vedada a adoção de medida provisória na regulamentação de artigo da Constituição cuja redação tenha sido alterada por meio de emenda promulgada a partir de 1995."

Art. 3º Fica revogado o art. 171 da Constituição Federal.

Brasília, 15 de agosto de 1995.

Mesa da Câmara dos Deputados
Deputado LUÍS EDUARDO
Presidente
Mesa do Senado Federal
Senador JOSÉ SARNEY
Presidente

EMENDA CONSTITUCIONAL N. 7, DE 15 DE AGOSTO DE 1995**

Altera o art. 178 da Constituição Federal e dispõe sobre a adoção de Medidas Provisórias.

As Mesas da Câmara dos Deputados e do Senado Federal, nos termos do § 3º do art. 60 da Constituição Federal, promulgam a seguinte Emenda ao texto constitucional:

Art. 1º O art. 178 da Constituição Federal passa a vigorar com a seguinte redação:

"Art. 178. A lei disporá sobre a ordenação dos transportes aéreo, aquático e terrestre, devendo, quanto à ordenação do transporte internacional, observar os acordos firmados pela União, atendido o princípio da reciprocidade.

Parágrafo único. Na ordenação do transporte aquático, a lei estabelecerá as condições em que o transporte de mercadorias na cabotagem e a navegação interior poderão ser feitos por embarcações estrangeiras."

Art. 2º Fica incluído o seguinte art. 246 no Título IX – "Das Disposições Constitucionais Gerais":

"Art. 246. É vedada a adoção de medida provisória na regulamentação de artigo da Constituição cuja redação tenha sido alterada por meio de emenda promulgada a partir de 1995."

Brasília, 15 de agosto de 1995.

Mesa da Câmara dos Deputados
Deputado LUÍS EDUARDO
Presidente
Mesa do Senado Federal
Senador JOSÉ SARNEY
Presidente

EMENDA CONSTITUCIONAL N. 8, DE 15 DE AGOSTO DE 1995***

Altera o inciso XI e a alínea a do inciso XII do art. 21 da Constituição Federal.

As Mesas da Câmara dos Deputados e do Senado Federal, nos termos do § 3º do art. 60 da Constituição Federal, promulgam a seguinte Emenda ao texto constitucional:

---

*. Publicada no *Diário Oficial da União* de 16-8-1995.

**. Publicada no *Diário Oficial da União* de 16-8-1995.

***. Publicada no *Diário Oficial da União* de 16-8-1995.

> **Art. 1º** O inciso XI e a alínea *a* do inciso XII do art. 21 da Constituição Federal passam a vigorar com a seguinte redação:

"Art. 21. Compete à União: ....
....
XI – explorar, diretamente ou mediante autorização, concessão ou permissão, os serviços de telecomunicações, nos termos da lei, que disporá sobre a organização dos serviços, a criação de um órgão regulador e outros aspectos institucionais;
XII – ....
a) explorar, diretamente ou mediante autorização, concessão ou permissão: a) os serviços de radiodifusão sonora e de sons e imagens;"

> **Art. 2º** É vedada a adoção de medida provisória para regulamentar o disposto no inciso XI do art. 21 com a redação dada por esta emenda constitucional.

Brasília, 15 de agosto de 1995.

Mesa da Câmara dos Deputados
Deputado LUÍS EDUARDO
Presidente
Mesa do Senado Federal
Senador JOSÉ SARNEY
Presidente

EMENDA CONSTITUCIONAL N. 9,
DE 9 DE NOVEMBRO DE 1995*

Dá nova redação ao art. 177 da Constituição Federal, alterando e inserindo parágrafos.

As Mesas da Câmara dos Deputados e do Senado Federal, nos termos do § 3º do art. 60 da Constituição Federal, promulgam a seguinte Emenda ao texto constitucional:

> **Art. 1º** O § 1º do art. 177 da Constituição Federal passa a vigorar com a seguinte redação:

"Art. 177 ....
§ 1º A União poderá contratar com empresas estatais ou privadas a realização das atividades previstas nos incisos I a IV deste artigo observadas as condições estabelecidas em lei."

> **Art. 2º** Inclua-se um parágrafo, a ser enumerado como § 2º com a redação seguinte, passando o atual § 2º para § 3º, no art. 177 da Constituição Federal:

"Art. 177 ....
....
§ 2º A lei a que se refere o § 1º disporá sobre:
I – a garantia do fornecimento dos derivados de petróleo em todo o território nacional;
II – as condições de contratação;
III – a estrutura e atribuições do órgão regulador do monopólio da União."

> **Art. 3º** É vedada a edição de medida provisória para a regulamentação da matéria prevista nos incisos I a IV e dos §§ 1º e 2º do art. 177 da Constituição Federal.

Brasília, 9 de novembro de 1995.

Mesa da Câmara dos Deputados
Deputado LUÍS EDUARDO
Presidente
Mesa do Senado Federal
Senador JOSÉ SARNEY
Presidente

EMENDA CONSTITUCIONAL N. 10,
DE 4 DE MARÇO DE 1996**

Altera os arts. 71 e 72 do Ato das Disposições Constitucionais Transitórias, introduzidos pela Emenda Constitucional de Revisão n. 1, de 1994.

As Mesas da Câmara dos Deputados e do Senado Federal, nos termos do § 3º do art. 60 da Constituição Federal, promulgam a seguinte Emenda ao texto constitucional:

> **Art. 1º** O art. 71 do Ato das Disposições Constitucionais Transitórias passa a vigorar com a seguinte redação:

"Art. 71. Fica instituído, nos exercícios financeiros de 1994 e 1995, bem assim no período de 1º de janeiro de 1996 a 30 de junho de 1997, o Fundo Social de Emergência, com o objetivo de saneamento financeiro da Fazenda Pública Federal e de estabilização econômica, cujos recursos serão aplicados prioritariamente no custeio das ações dos sistemas de saúde e educação, benefícios previdenciários e auxílios assistenciais de prestação continuada, inclusive liquidação de passivo previdenciário, e despesas orçamentárias associadas a programas de relevante interesse econômico e social.
§ 1º Ao Fundo criado por este artigo não se aplica o disposto na parte final do inciso II do § 9º do art. 165 da Constituição.
§ 2º O Fundo criado por este artigo passa a ser denominado Fundo de Estabilização Fiscal a partir do início do exercício financeiro de 1996.
§ 3º O Poder Executivo publicará demonstrativo da execução orçamentária, de periodicidade bimestral, no qual se discriminarão as fontes e usos do Fundo criado por este artigo."

---

*. Publicada no *Diário Oficial da União* de 10-11-1995.

**. Publicada no *Diário Oficial da União* de 7-3-1996.

Art. 2º O art. 72 do Ato das Disposições Constitucionais Transitórias passa a vigorar com a seguinte redação:

"Art. 72. Integram o Fundo Social de Emergência:

I – ....;

II – a parcela do produto da arrecadação do imposto sobre renda e proventos de qualquer natureza e do imposto sobre operações de crédito, câmbio e seguro, ou relativas a títulos e valores mobiliários, decorrente das alterações produzidas pela Lei n. 8.894, de 21 de junho de 1994, e pelas Leis n. 8.849 e 8.848, ambas de 28 de janeiro de 1994, e modificações posteriores;

III – a parcela do produto da arrecadação resultante da elevação da alíquota da contribuição social sobre o lucro dos contribuintes a que se refere o § 1º do art. 22 da Lei n. 8.212, de 24 de julho de 1991, a qual, nos exercícios financeiros de 1994 e 1995, bem assim no período de 1º de janeiro de 1996 a 30 de junho de 1997, passa a ser de trinta por cento, sujeita a alteração por lei ordinária, mantidas as demais normas da Lei n. 7.689, de 15 de dezembro de 1988;

IV – vinte por cento do produto da arrecadação de todos os impostos e contribuições da União, já instituídos ou a serem criados, excetuado o previsto nos incisos I, II e III, observado o disposto nos §§ 3º e 4º;

V – a parcela do produto da arrecadação da contribuição de que trata a Lei Complementar n. 7, de 7 de setembro de 1970, devida pelas pessoas jurídicas a que se refere o inciso III deste artigo, a qual será calculada, nos exercícios financeiros de 1994 e 1995, bem assim no período de 1º de janeiro de 1996 a 30 de junho de 1997, mediante a aplicação da alíquota de setenta e cinco centésimos por cento, sujeita a alteração por lei ordinária, sobre a receita bruta operacional, como definida na legislação do imposto sobre renda e proventos de qualquer natureza; e

VI – ....

§ 1º ....

§ 2º As parcelas de que tratam os incisos I, II, III e V serão previamente deduzidas da base de cálculo de qualquer vinculação ou participação constitucional ou legal, não se lhes aplicando o disposto nos arts. 159, 212 e 239 da Constituição.

§ 3º A parcela de que trata o inciso IV será previamente deduzida da base de cálculo das vinculações ou participações constitucionais previstas nos arts. 153, § 5º, 157, II, 212 e 239 da Constituição.

§ 4º O disposto no parágrafo anterior não se aplica aos recursos previstos nos arts. 158, II, e 159 da Constituição.

§ 5º A parcela dos recursos provenientes do imposto sobre renda e proventos de qualquer natureza, destinada ao Fundo Social de Emergência, nos termos do inciso II deste artigo, não poderá exceder a cinco inteiros e seis décimos por cento do total do produto da sua arrecadação."

Art. 3º Esta Emenda Constitucional entra em vigor na data de sua publicação.

Brasília, 4 de março de 1996.

Mesa da Câmara dos Deputados
Deputado LUÍS EDUARDO
Presidente
Mesa do Senado Federal
Senador JOSÉ SARNEY
Presidente

EMENDA CONSTITUCIONAL N. 11,
DE 30 DE ABRIL DE 1996*

Permite a admissão de professores, técnicos e cientistas estrangeiros pelas universidades brasileiras e concede autonomia às instituições de pesquisa científica e tecnológica.

As Mesas da Câmara dos Deputados e do Senado Federal, nos termos do § 3º do art. 60 da Constituição Federal, promulgam a seguinte Emenda ao texto constitucional:

Art. 1º São acrescentados ao art. 207 da Constituição Federal dois parágrafos com a seguinte redação:

"Art. 207. ....

§ 1º É facultado às universidades admitir professores, técnicos e cientistas estrangeiros, na forma da lei.

§ 2º O disposto neste artigo aplica-se às instituições de pesquisa científica e tecnológica."

Art. 2º Esta Emenda entra em vigor na data de sua publicação.

Brasília, 30 de abril de 1996.

Mesa da Câmara dos Deputados
Deputado LUÍS EDUARDO
Presidente
Mesa do Senado Federal
Senador JOSÉ SARNEY
Presidente

EMENDA CONSTITUCIONAL N. 12,
DE 15 DE AGOSTO DE 1996**

Outorga competência à União, para instituir contribuição provisória sobre movimentação ou transmissão de valores e de créditos e direitos de natureza financeira.

As Mesas da Câmara dos Deputados e do Senado Federal promulgam, nos termos do § 3º do art. 60 da Constituição Federal, a seguinte Emenda ao texto constitucional:

Artigo único. Fica incluído o art. 74 no Ato das Disposições Constitucionais Transitórias, com a seguinte redação:

---

*. Publicada no *Diário Oficial da União* de 2-5-1996.
**. Publicada no *Diário Oficial da União* de 16-8-1996.

"Art. 74. A união poderá instituir contribuição provisória sobre movimentação ou transmissão de valores e de créditos e direitos de natureza financeira.

§ 1º A alíquota da contribuição de que trata este artigo não excederá a vinte e cinco centésimos por cento, facultado ao poder executivo reduzi-la ou restabelecê-la, total ou parcialmente, nas condições e limites fixados em lei.

§ 2º À contribuição de que trata este artigo não se aplica o disposto nos arts. 153, § 5º, e 154, I, da Constituição.

§ 3º O produto da arrecadação da contribuição de que trata este artigo será destinado integralmente ao Fundo Nacional de Saúde, para financiamento das ações e serviços de saúde.

§ 4º A contribuição de que trata este artigo terá sua exigibilidade subordinada ao disposto no art. 195, § 6º, da Constituição, e não poderá ser cobrada por prazo superior a dois anos."

Brasília, em 15 de agosto de 1996.

Mesa da Câmara dos Deputados
Deputado LUÍS EDUARDO
Presidente
Mesa do Senado Federal
Senador JOSÉ SARNEY
Presidente

EMENDA CONSTITUCIONAL N. 13, DE 21 DE AGOSTO DE 1996*

Dá nova redação ao inciso II do art. 192 da Constituição Federal.

As Mesas da Câmara dos Deputados e do Senado Federal, nos termos do § 3º do art. 60 da Constituição Federal, promulgam a seguinte Emenda ao texto constitucional:

Artigo único. O inciso II do art. 192 da Constituição Federal passa a vigorar com a seguinte redação:

"Art. 192..
....

II – autorização e funcionamento dos estabelecimentos de seguro, resseguro, previdência e capitalização, bem como do órgão oficial fiscalizador."

Brasília, 21 de agosto de 1996.

Mesa da Câmara dos Deputados
Deputado LUÍS EDUARDO
Presidente
Mesa do Senado Federal
Senador JOSÉ SARNEY
Presidente

---

*. Publicada no *Diário Oficial da União* de 22-8-1996.

EMENDA CONSTITUCIONAL N. 14, DE 12 DE SETEMBRO DE 1996**

Modifica os arts. 34, 208, 211 e 212 da Constituição Federal, e dá nova redação ao art. 60 do Ato das Disposições Constitucionais Transitórias.

As Mesas da Câmara dos Deputados e do Senado Federal, nos termos do § 3º do art. 60 da Constituição Federal, promulgam a seguinte Emenda ao texto constitucional:

Art. 1º É acrescentada no inciso VII do art. 34 da Constituição Federal a alínea *e*, com a seguinte redação:

"*e*) aplicação do mínimo exigido da receita resultante de impostos estaduais, compreendida a proveniente de transferência, na manutenção e desenvolvimento do ensino."

Art. 2º É dada nova redação aos incisos I e II do art. 208 da Constituição Federal nos seguintes termos:

"I – ensino fundamental obrigatório e gratuito, assegurada, inclusive, sua oferta gratuita para todos os que a ele não tiveram acesso na idade própria;

II – progressiva universalização do ensino médio gratuito;"

Art. 3º É dada nova redação aos §§ 1º e 2º do art. 211 da Constituição Federal e nele são inseridos mais dois parágrafos, passando a ter a seguinte redação:

"Art. 211..

§ 1º A união organizará o sistema federal de ensino e o dos Territórios, financiará as instituições de ensino públicas federais e exercerá, em matéria educacional, função redistributiva e supletiva, de forma a garantir equalização de oportunidades educacionais e padrão mínimo de qualidade do ensino mediante assistência técnica e financeira aos estados, ao Distrito Federal e aos Municípios.

§ 2º Os Municípios atuarão prioritariamente no ensino fundamental e na educação infantil.

§ 3º Os Estados e o Distrito Federal atuarão prioritariamente no ensino fundamental e médio.

§ 4º Na organização de seus sistemas de ensino, os Estados e os Municípios definirão formas de colaboração, de modo a assegurar a universalização do ensino obrigatório."

Art. 4º É dada nova redação ao § 5º do art. 212 da Constituição Federal nos seguintes termos:

"§ 5º O ensino fundamental público terá como fonte adicional de financiamento a contribuição social do salário educação, recolhida pelas empresas, na forma da lei."

Art. 5º É alterado o art. 60 do Ato das Disposições Constitucionais Transitórias e nele são inseridos novos parágrafos, passando o artigo a ter a seguinte redação:

**. Publicada no *Diário Oficial da União* de 13-9-1996.

"Art. 60. Nos dez primeiros anos da promulgação desta emenda, os Estados, o Distrito Federal e os Municípios destinarão não menos de sessenta por cento dos recursos a que se refere o *caput* do art. 212 da Constituição Federal, a manutenção e ao desenvolvimento do ensino fundamental, com o objetivo de assegurar a universalização de seu atendimento e a remuneração condigna do magistério.

§ 1º A distribuição de responsabilidades e recursos entre os estados e seus municípios a ser concretizada com parte dos recursos definidos neste artigo, na forma do disposto no art. 211 da Constituição Federal, e assegurada mediante a criação, no âmbito de cada Estado e do Distrito Federal, de um fundo de manutenção e desenvolvimento do ensino fundamental e de valorização do magistério, de natureza contábil.

§ 2º O Fundo referido no parágrafo anterior será constituído por, pelo menos, quinze por cento dos recursos a que se referem os arts. 155, inciso II; 158, inciso IV; e 159, inciso I, alíneas *a* e *b*; e inciso II, da Constituição Federal, e será distribuído entre cada Estado e seus Municípios, proporcionalmente ao número de alunos nas respectivas redes de ensino fundamental.

§ 3º A União complementará os recursos dos Fundos a que se refere o § 1º, sempre que, em cada Estado e no Distrito Federal, seu valor por aluno não alcançar o mínimo definido nacionalmente.

§ 4º A União, os Estados, o Distrito Federal e os Municípios ajustarão progressivamente, em um prazo de cinco anos, suas contribuições ao Fundo, de forma a garantir um valor por aluno correspondente a um padrão mínimo de qualidade de ensino, definido nacionalmente.

§ 5º Uma proporção não inferior a sessenta por cento dos recursos de cada Fundo referido no § 1º será destinada ao pagamento dos professores do ensino fundamental em efetivo exercício no magistério.

§ 6º A União aplicará na erradicação do analfabetismo e na manutenção e no desenvolvimento do ensino fundamental, inclusive na complementação a que se refere o § 3º, nunca menos que o equivalente a trinta por cento dos recursos a que se refere o *caput* do art. 212 da Constituição Federal.

§ 7º A lei disporá sobre a organização dos Fundos, a distribuição proporcional de seus recursos, sua fiscalização e controle, bem como sobre a forma de cálculo do valor mínimo nacional por aluno."

Art. 6º Esta Emenda entra em vigor em 1º de janeiro do ano subsequente ao de sua promulgação.

Brasília, 12 de setembro de 1996.

Mesa da Câmara dos Deputados
Deputado LUÍS EDUARDO
Presidente
Mesa do Senado Federal
Senador JOSÉ SARNEY
Presidente

EMENDA CONSTITUCIONAL N. 15, DE 12 DE SETEMBRO DE 1996*

Dá nova redação ao § 4º do art. 18 da Constituição Federal.

As Mesas da Câmara dos Deputados e do Senado Federal, nos termos do § 3º do art. 60 da Constituição Federal, promulgam a seguinte Emenda ao texto constitucional:

Artigo único. O § 4º do art. 18 da Constituição Federal passa a vigorar com a seguinte redação:

"Art. 18 ....
....

§ 4º A criação, a incorporação, a fusão e o desmembramento de Municípios, far-se-ão por lei estadual, dentro do período determinado por lei complementar federal, e dependerão de consulta prévia, mediante plebiscito, às populações dos Municípios envolvidos, após divulgação dos Estudos de Viabilidade Municipal, apresentados e publicados na forma da lei."

Brasília, 12 de setembro de 1996.

Mesa da Câmara dos Deputados
Deputado LUÍS EDUARDO
Presidente
Mesa do Senado Federal
Senador JOSÉ SARNEY
Presidente

EMENDA CONSTITUCIONAL N. 16, DE 4 DE JUNHO DE 1997**

Dá nova redação ao § 5º do art. 14, ao caput do art. 28, ao inciso II do art. 29, ao caput do art. 77 e ao art. 82 da Constituição Federal.

As Mesas da Câmara dos Deputados e do Senado Federal, nos termos do § 3º do art. 60 da Constituição Federal, promulgam a seguinte Emenda ao texto constitucional:

Art. 1º O § 5º do art. 14, o *caput* do art. 28, o inciso II do art. 29, o *caput* do art. 77 e o art. 82 da Constituição Federal passam a vigorar com a seguinte redação:

"Art. 14..
....

§ 5º O Presidente da República, os Governadores de Estado e do Distrito Federal, os Prefeitos e quem os houver sucedido, ou substituído no curso dos mandatos poderão ser reeleitos para um único período subsequente.

---

*. Publicada no *Diário Oficial da União* de 13-9-1996. A Lei n. 10.521, de 18-7-2002, dispõe que é assegurada a instalação de Municípios cujo processo de criação teve início antes da promulgação desta Emenda Constitucional, desde que o resultado do plebiscito tenha sido favorável e que as leis de criação tenham obedecido à legislação anterior.

**. Publicada no *Diário Oficial da União* de 5-6-1997.

Art. 28. A eleição do Governador e do Vice-Governador de Estado, para mandato de quatro anos, realizar-se-á no primeiro domingo de outubro, em primeiro turno, e no último domingo de outubro, em segundo turno, se houver, do ano anterior ao do término do mandato de seus antecessores, e a posse ocorrerá em primeiro de janeiro do ano subsequente, observado, quanto ao mais, o disposto no art. 77."

"Art. 29..
....

II – eleição do Prefeito e do Vice-Prefeito realizada no primeiro domingo de outubro do ano anterior ao término do mandato dos que devam suceder, aplicadas as regras do art. 77, no caso de Municípios com mais de duzentos mil eleitores;"

"Art. 77. A eleição do Presidente e do Vice-Presidente da República realizar-se-á, simultaneamente, no primeiro domingo de outubro, em primeiro turno, e no último domingo de outubro, em segundo turno, se houver, do ano anterior ao do término do mandato presidencial vigente."

"Art. 82. O mandato do Presidente da República é de quatro anos e terá início em primeiro de janeiro do ano seguinte ao da sua eleição."

Art. 2º Esta Emenda Constitucional entra em vigor na data de sua publicação.

Brasília, 4 de junho de 1997.

Mesa da Câmara dos Deputados
Deputado MICHEL TEMER
Presidente
Mesa do Senado Federal
Senador ANTONIO CARLOS MAGALHÃES
Presidente

EMENDA CONSTITUCIONAL N. 17, DE 22 DE NOVEMBRO DE 1997*

Altera dispositivos dos arts. 71 e 72 do Ato das Disposições Constitucionais Transitórias, introduzidos pela Emenda Constitucional de Revisão n. 1, de 1994.

As Mesas da Câmara dos Deputados e do Senado Federal, nos termos do § 3º do art. 60 da Constituição Federal, promulgam a seguinte Emenda ao texto constitucional:

Art. 1º O *caput* do art. 71 do Ato das Disposições Constitucionais Transitórias passa a vigorar com a seguinte redação:

"Art. 71. É instituído, nos exercícios financeiros de 1994 e 1995, bem assim nos períodos de 01/01/1996 a 30/06/1997 e 01/07/1997 a 31/12/1999, o Fundo Social de Emergência, com o objetivo de saneamento financeiro da Fazenda Pública Federal e de estabilização econômica, cujos recursos serão aplicados prioritariamente no custeio das ações dos sistemas de saúde e educação, incluindo a complementação de recursos de que trata o § 3º do art. 60 do Ato das Disposições Constitucionais Transitórias, benefícios previdenciários e auxílios assistenciais de prestação continuada, inclusive liquidação de passivo previdenciário, e despesas orçamentárias associadas a programas de relevante interesse econômico e social."

Art. 2º O inciso V do art. 72 do Ato das Disposições Constitucionais Transitórias passa a vigorar com a seguinte redação:

"V – a parcela do produto da arrecadação da contribuição de que trata a Lei Complementar n. 7, de 7 de setembro de 1970, devida pelas pessoas jurídicas a que se refere o inciso III deste artigo, a qual será calculada, nos exercícios financeiros de 1994 a 1995, bem assim nos períodos de 1º de janeiro de 1996 a 30 de junho de 1997 e de 1º de julho de 1997 a 31 de dezembro de 1999, mediante a aplicação da alíquota de setenta e cinco centésimos por cento, sujeita a alteração por lei ordinária posterior, sobre a receita bruta operacional, como definida na legislação do imposto sobre renda e proventos de qualquer natureza."

Art. 3º A União repassará aos Municípios, do produto da arrecadação do Imposto sobre a Renda e Proventos de Qualquer Natureza, tal como considerado na constituição dos fundos de que trata o art. 159, I, da Constituição, excluída a parcela referida no art. 72, I, do Ato das Disposições Constitucionais Transitórias, os seguintes percentuais:

I – um inteiro e cinquenta e seis centésimos por cento, no período de 1º de julho de 1997 a 31 de dezembro de 1997;

II – um inteiro e oitocentos e setenta e cinco milésimos por cento, no período de 1º de janeiro de 1998 a 31 de dezembro de 1998;

III – dois inteiros e cinco décimos por cento, no período de 1º de janeiro de 1999 a 31 de dezembro de 1999.

Parágrafo único. O repasse dos recursos de que trata este artigo obedecerá à mesma periodicidade e aos mesmos critérios de repartição e normas adotadas no Fundo de Participação dos Municípios, observado o disposto no art. 160 da Constituição.

Art. 4º Os efeitos do disposto nos arts. 71 e 72 do Ato das Disposições Constitucionais Transitórias, com a redação dada pelos arts. 1º e 2º desta Emenda, são retroativos a 1º de julho de 1997.

Parágrafo único. As parcelas de recursos destinados ao Fundo de Estabilização Fiscal e entregues na forma do art. 159, I, da Constituição, no período compreendido entre 1º de julho de 1997 e a data de promulgação desta Emenda, serão deduzidas das cotas subsequentes, limitada a dedução a um décimo do valor total entregue em cada mês.

---

*. Publicada no *Diário Oficial da União* de 25-11-1997.

Art. 5º Observado o disposto no artigo anterior, a União aplicará as disposições do art. 3º desta Emenda retroativamente a 1º de julho de 1997.

Art. 6º Esta Emenda Constitucional entra em vigor na data de sua publicação.

Brasília, 22 de novembro de 1997.

Mesa da Câmara dos Deputados
Deputado MICHEL TEMER
Presidente
Mesa do Senado Federal
Senador ANTONIO CARLOS MAGALHÃES
Presidente

EMENDA CONSTITUCIONAL N. 18, DE 5 DE FEVEREIRO DE 1998*

Dispõe sobre o regime constitucional dos militares.

As Mesas da Câmara dos Deputados e do Senado Federal, nos termos do § 3º do art. 60 da Constituição Federal, promulgam a seguinte Emenda ao texto constitucional:

Art. 1º O art. 37, XV, da Constituição passa a vigorar com a seguinte redação:

"Art. 37..

XV – os vencimentos dos servidores públicos são irredutíveis, e a remuneração observará o que dispõem os arts. 37, XI e XII, 150, II, 153, III e § 2º, I;

...."

Art. 2º A Seção II do Capítulo VII do Título III da Constituição passa a denominar-se "DOS SERVIDORES PÚBLICOS" e a Seção III do Capítulo VII do Título III da Constituição Federal passa a denominar-se "DOS MILITARES DOS ESTADOS, DO DISTRITO FEDERAL E DOS TERRITÓRIOS", dando-se ao art. 42 a seguinte redação:

"Art. 42. Os membros das Policias Militares e Corpos de Bombeiros Militares, instituições organizadas com base na hierarquia e disciplina, são militares dos Estados, do Distrito Federal e dos Territórios.

§ 1º Aplicam-se aos militares dos Estados, do Distrito Federal e dos Territórios, além do que vier a ser fixado em lei, as disposições do art. 14, § 8º; do art. 40, § 3º; e do art. 142, §§ 2º e 3º, cabendo a lei estadual específica dispor sobre as matérias do art. 142, 3º, inciso X, sendo as patentes dos oficiais conferidas pelos respectivos Governadores.

§ 2º Aos militares dos Estados, do Distrito Federal e dos Territórios e a seus pensionistas, aplica-se o disposto no art. 40, §§ 4º e 5º; e aos militares do Distrito Federal e dos Territórios, o disposto no art. 40, § 6º."

Art. 3º O inciso II do § 1º do art. 61 da Constituição passa a vigorar com as seguintes alterações:

"Art. 61..

§ 1º...

II – ....

c) servidores públicos da União e Territórios, seu regime jurídico, provimento de cargos, estabilidade e aposentadoria;

....

f) militares das Forças Armadas, seu regime jurídico, provimento de cargos, promoções, estabilidade, remuneração, reforma e transferência para a reserva."

Art. 4º Acrescente-se o seguinte § 3º ao art. 142 da Constituição:

"Art. 142..

§ 3º Os membros das Forças Armadas são denominados militares, aplicando-lhes, além das que vierem a ser fixadas em lei, as seguintes disposições:

I – as patentes, com prerrogativas, direitos e deveres a elas inerentes, são conferidas pelo Presidente da República e asseguradas em plenitude aos oficiais da ativa, da reserva ou reformados, sendo-lhes privativos os títulos e postos militares e, juntamente com os demais membros, o uso dos uniformes das Forças Armadas;

II – o militar em atividade que tomar posse em cargo ou emprego público civil permanente será transferido para a reserva, nos termos da lei;

III – o militar da ativa que, de acordo com a lei, tomar posse em cargo, emprego ou função pública civil temporária, não eletiva, ainda que da administração indireta, ficará agregado ao respectivo quadro e somente poderá, enquanto permanecer nessa situação, ser promovido por antiguidade, contando-se-lhe o tempo de serviço apenas para aquela promoção e transferência para a reserva, sendo depois de dois anos de afastamento, contínuos ou não transferidos para a reserva, nos termos da lei;

IV – ao militar são proibidas a sindicalização e a greve;

V – o militar, enquanto em serviço ativo, não pode estar filiado a partidos políticos;

VI – o oficial só perderá o posto e a patente se for julgado indigno do oficialato ou com ele incompatível, por decisão de tribunal militar de caráter permanente, em tempo de paz, ou de tribunal especial, em tempo de guerra;

VII – o oficial condenado na justiça comum ou militar a pena privativa de liberdade superior a dois anos, por sentença transitada em julgado, será submetido ao julgamento previsto no inciso anterior;

VIII – aplica-se aos militares o disposto no art. 7º, incisos VIII, XII, XVII, XVIII, XIX e XXV e no art. 37, incisos XI, XIII, XIV e XV;

IX – aplica-se aos militares e a seus pensionistas o disposto no art. 40, §§ 4º, 5º e 6º;

---

*. Publicada no *Diário Oficial da União* de 6-2-1998. Retificada em 16-2-1998.

X – a lei disporá sobre o ingresso nas Forças Armadas, os limites de idade, a estabilidade e outras condições de transferência do militar para a inatividade, os direitos, os deveres, a remuneração, as prerrogativas e outras situações especiais dos militares, consideradas as peculiaridades de suas atividades, inclusive aquelas cumpridas por força de compromissos internacionais e de guerra."

Art. 5º Esta Emenda Constitucional entra em vigor na data de sua publicação.

Brasília, 5 de fevereiro de 1998.

Mesa da Câmara dos Deputados
Deputado MICHEL TEMER
Presidente
Mesa do Senado Federal
Senador ANTONIO CARLOS MAGALHÃES
Presidente

EMENDA CONSTITUCIONAL N. 19, DE 4 DE JUNHO DE 1998*

Modifica o regime e dispõe sobre princípios e normas da Administração Pública, servidores e agentes políticos, controle de despesas e finanças públicas e custeio de atividades a cargo do Distrito Federal, e dá outras providências.

As Mesas da Câmara dos Deputados e do Senado Federal, nos termos do § 3º do art. 60 da Constituição Federal, promulgam esta Emenda ao texto constitucional:

Art. 1º Os incisos XIV e XXII do art. 21 e XXVII do art. 22 da Constituição Federal passam a vigorar com a seguinte redação:

"Art. 21. Compete à União:

....

XIV – organizar e manter a polícia civil, a polícia militar e o corpo de bombeiros militar do Distrito Federal, bem como prestar assistência financeira ao Distrito Federal para a execução de serviços públicos, por meio de fundo próprio;

....

XXII – executar os serviços de polícia marítima, aeroportuária e de fronteiras;

....

"Art. 22. Compete privativamente à União legislar sobre:

....

XXVII – normas gerais de licitação e contratação, em todas as modalidades, para as administrações públicas diretas, autárquicas e fundacionais da União, Estados, Distrito Federal e Municípios, obedecido o disposto no art. 37, XXI, e para as empresas públicas e sociedades de economia mista, nos termos do art. 173, § 1º, III;

...."

Art. 2º O § 2º do art. 27 e os incisos V e VI do art. 29 da Constituição Federal passam a vigorar com a seguinte redação, inserindo-se § 2º no art. 28 e renumerando-se para § 1º o atual parágrafo único:

"Art. 27. ....

....

§ 2º O subsídio dos Deputados Estaduais será fixado por lei de iniciativa da Assembleia Legislativa, na razão de, no máximo, setenta e cinco por cento daquele estabelecido, em espécie, para os Deputados Federais, observado o que dispõem os arts. 39, § 4º, 57, § 7º, 150, II, 153, III, e 153, § 2º, I.

....

"Art. 28. ....

§ 1º Perderá o mandato o Governador que assumir outro cargo ou função na administração pública direta ou indireta, ressalvada a posse em virtude de concurso público e observado o disposto no art. 38, I, IV e V.

§ 2º Os subsídios do Governador, do Vice-Governador e dos Secretários de Estado serão fixados por lei de iniciativa da Assembleia Legislativa, observado o que dispõem os arts. 37, XI, 39, § 4º, 150, II, 153, III, e 153, § 2º, I."

"Art. 29..

....

V – subsídios do Prefeito, do Vice-Prefeito e dos Secretários Municipais fixados por lei de iniciativa da Câmara Municipal, observado o que dispõem os arts. 37, XI, 39, § 4º, 150, II, 153, III, e 153, § 2º, I;

VI – subsídio dos Vereadores fixado por lei de iniciativa da Câmara Municipal, na razão de, no máximo, setenta e cinco por cento daquele estabelecido, em espécie, para os Deputados Estaduais, observado o que dispõem os arts. 39, § 4º, 57, § 7º, 150, II, 153, III, e 153, § 2º, I;

...."

Art. 3º O *caput*, os incisos I, II, V, VII, X, XI, XIII, XIV, XV, XVI, XVII e XIX e o § 3º do art. 37 da Constituição Federal passam a vigorar com a seguinte redação, acrescendo-se ao artigo os §§ 7º a 9º:

"Art. 37. A administração pública direta e indireta de qualquer dos Poderes da União, dos Estados, do Distrito Federal e dos Municípios obedecerá aos princípios de legalidade, impessoalidade, moralidade, publicidade e eficiência e, também, ao seguinte:

I – os cargos, empregos e funções públicas são acessíveis aos brasileiros que preencham os requisitos estabelecidos em lei, assim como aos estrangeiros, na forma da lei;

II – a investidura em cargo ou emprego público depende de aprovação prévia em concurso público de provas ou de provas e títulos, de acordo com a natureza e a complexidade do cargo ou emprego, na forma prevista em lei, ressalvadas as nomeações para cargo em comissão declarado em lei de livre nomeação e exoneração;

---

*. Publicada no *Diário Oficial da União* de 5-6-1998.

....

V – as funções de confiança, exercidas exclusivamente por servidores ocupantes de cargo efetivo, e os cargos em comissão, a serem preenchidos por servidores de carreira nos casos, condições e percentuais mínimos previstos em lei, destinam-se apenas às atribuições de direção, chefia e assessoramento;

....

VII – o direito de greve será exercido nos termos e nos limites definidos em lei específica;

....

X – a remuneração dos servidores públicos e o subsídio de que trata o § 4º do art. 39 somente poderão ser fixados ou alterados por lei específica, observada a iniciativa privativa em cada caso, assegurada revisão geral anual, sempre na mesma data e sem distinção de índices;

XI – a remuneração e o subsídio dos ocupantes de cargos, funções e empregos públicos da administração direta, autárquica e fundacional, dos membros de qualquer dos Poderes da União, dos Estados, do Distrito Federal e dos Municípios, dos detentores de mandato eletivo e dos demais agentes políticos e os proventos, pensões ou outra espécie remuneratória, percebidos cumulativamente ou não, incluídas as vantagens pessoais ou de qualquer outra natureza, não poderão exceder o subsídio mensal, em espécie, dos Ministros do Supremo Tribunal Federal;

....

XIII – é vedada a vinculação ou equiparação de quaisquer espécies remuneratórias para o efeito de remuneração de pessoal do serviço público;

XIV – os acréscimos pecuniários percebidos por servidor público não serão computados nem acumulados para fins de concessão de acréscimos ulteriores;

XV – o subsídio e os vencimentos dos ocupantes de cargos e empregos públicos são irredutíveis, ressalvado o disposto nos incisos XI e XIV deste artigo e nos arts. 39, § 4º, 150, II, 153, III, e 153, § 2º, I;

XVI – é vedada a acumulação remunerada de cargos públicos, exceto, quando houver compatibilidade de horários, observado em qualquer caso o disposto no inciso XI:

a) a de dois cargos de professor;

b) a de um cargo de professor com outro, técnico ou científico;

c) a de dois cargos privativos de médico;

XVII – a proibição de acumular estende-se a empregos e funções e abrange autarquias, fundações, empresas públicas, sociedades de economia mista, suas subsidiárias, e sociedades controladas, direta ou indiretamente, pelo poder público;

....

XIX – somente por lei específica poderá ser criada autarquia e autorizada a instituição de empresa pública, de sociedade de economia mista e de fundação, cabendo à lei complementar, neste último caso, definir as áreas de sua atuação;

....

§ 3º A lei disciplinará as formas de participação do usuário na administração pública direta e indireta, regulando especialmente:

I – as reclamações relativas à prestação dos serviços públicos em geral, asseguradas a manutenção de serviços de atendimento ao usuário e a avaliação periódica, externa e interna, da qualidade dos serviços;

II – o acesso dos usuários a registros administrativos e a informações sobre atos de governo, observado o disposto no art. 5º, X e XXXIII;

III – a disciplina da representação contra o exercício negligente ou abusivo de cargo, emprego ou função na administração pública.

....

§ 7º A lei disporá sobre os requisitos e as restrições ao ocupante de cargo ou emprego da administração direta e indireta que possibilite o acesso a informações privilegiadas.

§ 8º A autonomia gerencial, orçamentária e financeira dos órgãos e entidades da administração direta e indireta poderá ser ampliada mediante contrato, a ser firmado entre seus administradores e o poder público, que tenha por objeto a fixação de metas de desempenho para o órgão ou entidade, cabendo à lei dispor sobre:

I – o prazo de duração do contrato;"

Art. 4º O *caput* do art. 38 da Constituição Federal passa a vigorar com a seguinte redação:

" .... "

Art. 5º O art. 39 da Constituição Federal passa a vigorar com a seguinte redação:

" .... "

Art. 6º O art. 41 da Constituição Federal passa a vigorar com a seguinte redação:

"Art. 41. São estáveis após três anos de efetivo exercício os servidores nomeados para cargo de provimento efetivo em virtude de concurso público.

§ 1º O servidor público estável só perderá o cargo:

I – em virtude de sentença judicial transitada em julgado;

II – mediante processo administrativo em que lhe seja assegurada ampla defesa;

III – mediante procedimento de avaliação periódica de desempenho, na forma de lei complementar, assegurada ampla defesa.

§ 2º Invalidada por sentença judicial a demissão do servidor estável, será ele reintegrado, e o eventual ocupante da vaga, se estável, reconduzido ao cargo de origem, sem direito a indenização, aproveitado em outro cargo ou posto em disponibilidade com remuneração proporcional ao tempo de serviço.

§ 3º Extinto o cargo ou declarada a sua desnecessidade, o servidor estável ficará em disponibilidade, com remuneração proporcional ao tempo de serviço, até seu adequado aproveitamento em outro cargo.

§ 4º Como condição para a aquisição da estabilidade, é obrigatória a avaliação especial de desempenho por comissão instituída para essa finalidade."

Art. 7º O art. 48 da Constituição Federal passa a vigorar acrescido do seguinte inciso XV:

"Art. 48. Cabe ao Congresso Nacional, com a sanção do Presidente da República, não exigida esta para o especificado nos arts. 49, 51 e 52, dispor sobre todas as matérias de competência da União, especialmente sobre:

....

XV – fixação do subsídio dos Ministros do Supremo Tribunal Federal, por lei de iniciativa conjunta dos Presidentes da República, da Câmara dos Deputados, do Senado Federal e do Supremo Tribunal Federal, observado o que dispõem os arts. 39, § 4º, 150, II, 153, III, e 153, § 2º, I."

Art. 8º Os incisos VII e VIII do art. 49 da Constituição Federal passam a vigorar com a seguinte redação:

"Art. 49. É da competência exclusiva do Congresso Nacional:

....

VII – fixar idêntico subsídio para os Deputados Federais e os Senadores, observado o que dispõem os arts. 37, XI, 39, § 4º, 150, II, 153, III, e 153, § 2º, I;

VIII – fixar os subsídios do Presidente e do Vice-Presidente da República e dos Ministros de Estado, observado o que dispõem os arts. 37, XI, 39, § 4º, 150, II, 153, III, e 153, § 2º, I;

...."

Art. 9º O inciso IV do art. 51 da Constituição Federal passa a vigorar com a seguinte redação:

"Art. 51. Compete privativamente à Câmara dos Deputados:

....

IV – dispor sobre sua organização, funcionamento, polícia, criação, transformação ou extinção dos cargos, empregos e funções de seus serviços, e a iniciativa de lei para fixação da respectiva remuneração, observados os parâmetros estabelecidos na lei de diretrizes orçamentárias;

...."

Art. 10. O inciso XIII do art. 52 da Constituição Federal passa a vigorar com a seguinte redação:

"Art. 52. Compete privativamente ao Senado Federal:

....

XIII – dispor sobre sua organização, funcionamento, polícia, criação, transformação ou extinção dos cargos, empregos e funções de seus serviços, e a iniciativa de lei para fixação da respectiva remuneração, observados os parâmetros estabelecidos na lei de diretrizes orçamentárias;

...."

Art. 11. O § 7º do art. 57 da Constituição Federal passa a vigorar com a seguinte redação:

"Art. 57. ....

§ 7º Na sessão legislativa extraordinária, o Congresso Nacional somente deliberará sobre a matéria para a qual foi convocado, vedado o pagamento de parcela indenizatória em valor superior ao do subsídio mensal."

Art. 12. O parágrafo único do art. 70 da Constituição Federal passa a vigorar com a seguinte redação:

"Art. 70. ....

Parágrafo único. Prestará contas qualquer pessoa física ou jurídica, pública ou privada, que utilize, arrecade, guarde, gerencie ou administre dinheiros, bens e valores públicos ou pelos quais a União responda, ou que, em nome desta, assuma obrigações de natureza pecuniária."

Art. 13. O inciso V do art. 93, o inciso III do art. 95 e a alínea *b* do inciso II do art. 96 da Constituição Federal passam a vigorar com a seguinte redação:

"Art. 93. ....

....

V – o subsídio dos Ministros dos Tribunais Superiores corresponderá a noventa e cinco por cento do subsídio mensal fixado para os Ministros do Supremo Tribunal Federal e os subsídios dos demais magistrados serão fixados em lei e escalonados, em nível federal e estadual, conforme as respectivas categorias da estrutura judiciária nacional, não podendo a diferença entre uma e outra ser superior a dez por cento ou inferior a cinco por cento, nem exceder a noventa e cinco por cento do subsídio mensal dos Ministros dos Tribunais Superiores, obedecido, em qualquer caso, o disposto nos arts. 37, XI, e 39, § 4º;

....

Art. 95. Os juízes gozam das seguintes garantias:

....

III – irredutibilidade de subsídio, ressalvado o disposto nos arts. 37, X e XI, 39, § 4º, 150, II, 153, III, e 153, § 2º, I.

....

Art. 96. Compete privativamente:

....

II – ao Supremo Tribunal Federal, aos Tribunais Superiores e aos Tribunais de Justiça propor ao Poder Legislativo respectivo, observado o disposto no art. 169:

....

b) a criação e a extinção de cargos e a remuneração dos seus serviços auxiliares e dos juízes que lhes forem vinculados, bem como a fixação do subsídio de seus membros e dos juízes, inclusive dos tribunais inferiores, onde houver, ressalvado o disposto no art. 48, XV;

...."

Art. 14. O § 2º do art. 127 da Constituição Federal passa a vigorar com a seguinte redação:

"Art. 127. ....

...."

§ 2º Ao Ministério Público é assegurada autonomia funcional e administrativa, podendo, observado o disposto no art. 169, propor ao Poder Legislativo a criação e extinção de seus cargos e serviços auxiliares, provendo-os por concurso público de provas ou de provas e títulos, a política remuneratória e os planos de carreira; a lei disporá sobre sua organização e funcionamento.
...."

Art. 15. A alínea *c* do inciso I do § 5º do art. 128 da Constituição Federal passa a vigorar com a seguinte redação:

"Art. 128. ....

§ 5º Leis complementares da União e dos Estados, cuja iniciativa é facultada aos respectivos Procuradores-Gerais, estabelecerão a organização, as atribuições e o estatuto de cada Ministério Público, observadas, relativamente a seus membros:

I – as seguintes garantias:

....

c) irredutibilidade de subsídio, fixado na forma do art. 39, § 4º, e ressalvado o disposto nos arts. 37, X e XI, 150, II, 153, III, 153, § 2º, I;
...."

Art. 16. A Seção II do Capítulo IV do Título IV da Constituição Federal passa a denominar-se "DA ADVOCACIA PÚBLICA".

Art. 17. O art. 132 da Constituição Federal passa a vigorar com a seguinte redação:

"Art. 132. Os Procuradores dos Estados e do Distrito Federal, organizados em carreira, na qual o ingresso dependerá de concurso público de provas e títulos, com a participação da Ordem dos Advogados do Brasil em todas as suas fases, exercerão a representação judicial e a consultoria jurídica das respectivas unidades federadas.

Parágrafo único. Aos procuradores referidos neste artigo é assegurada estabilidade após três anos de efetivo exercício, mediante avaliação de desempenho perante os órgãos próprios, após relatório circunstanciado das corregedorias."

Art. 18. O art. 135 da Constituição Federal passa a vigorar com a seguinte redação:

"Art. 135. Os servidores integrantes das carreiras disciplinadas nas Seções II e III deste Capítulo serão remunerados na forma do art. 39, § 4º"

Art. 19. O § 1º e seu inciso III e os §§ 2º e 3º do art. 144 da Constituição Federal passam a vigorar com a seguinte redação, inserindo-se no artigo § 9º:

"Art. 144. ....
....
§ 1º A polícia federal, instituída por lei como órgão permanente, organizado e mantido pela União e estruturado em carreira, destina-se a:
....
III – exercer as funções de polícia marítima, aeroportuária e de fronteiras;
....
§ 2º A polícia rodoviária federal, órgão permanente, organizado e mantido pela União e estruturado em carreira, destina-se, na forma da lei, ao patrulhamento ostensivo das rodovias federais.

§ 3º A polícia ferroviária federal, órgão permanente, organizado e mantido pela União e estruturado em carreira, destina-se, na forma da lei, ao patrulhamento ostensivo das ferrovias federais.
....
§ 9º A remuneração dos servidores policiais integrantes dos órgãos relacionados neste artigo será fixada na forma do § 4º do art. 39."

Art. 20. O *caput* do art. 167 da Constituição Federal passa a vigorar acrescido de inciso X, com a seguinte redação:

"Art. 167. São vedados:

X – a transferência voluntária de recursos e a concessão de empréstimos, inclusive por antecipação de receita, pelos Governos Federal e Estaduais e suas instituições financeiras, para pagamento de despesas com pessoal ativo, inativo e pensionista, dos Estados, do Distrito Federal e dos Municípios.
...."

Art. 21. O art. 169 da Constituição Federal passa a vigorar com a seguinte redação:

"Art. 169. A despesa com pessoal ativo e inativo da União, dos Estados, do Distrito Federal e dos Municípios não poderá exceder os limites estabelecidos em lei complementar.

§ 1º A concessão de qualquer vantagem ou aumento de remuneração, a criação de cargos, empregos e funções ou alteração de estrutura de carreiras, bem como a admissão ou contratação de pessoal, a qualquer título, pelos órgãos e entidades da administração direta ou indireta, inclusive fundações instituídas e mantidas pelo poder público, só poderão ser feitas:

I – se houver prévia dotação orçamentária suficiente para atender às projeções de despesa de pessoal e aos acréscimos dela decorrentes;

II – se houver autorização específica na lei de diretrizes orçamentárias, ressalvadas as empresas públicas e as sociedades de economia mista.

§ 2º Decorrido o prazo estabelecido na lei complementar referida neste artigo para a adaptação aos parâmetros ali previstos, serão imediatamente suspensos todos os repasses de verbas federais ou estaduais aos Estados, ao Distrito Federal e aos Municípios que não observarem os referidos limites.

§ 3º Para o cumprimento dos limites estabelecidos com base

neste artigo, durante o prazo fixado na lei complementar referida no *caput*, a União, os Estados, o Distrito Federal e os Municípios adotarão as seguintes providências:

I – redução em pelo menos vinte por cento das despesas com cargos em comissão e funções de confiança;

II – exoneração dos servidores não estáveis.

§ 4º Se as medidas adotadas com base no parágrafo anterior não forem suficientes para assegurar o cumprimento da determinação da lei complementar referida neste artigo, o servidor estável poderá perder o cargo, desde que ato normativo motivado de cada um dos Poderes especifique a atividade funcional, o órgão ou unidade administrativa objeto da redução de pessoal.

§ 5º O servidor que perder o cargo na forma do parágrafo anterior fará jus a indenização correspondente a um mês de remuneração por ano de serviço.

§ 6º O cargo objeto da redução prevista nos parágrafos anteriores será considerado extinto, vedada a criação de cargo, emprego ou função com atribuições iguais ou assemelhadas pelo prazo de quatro anos.

§ 7º Lei federal disporá sobre as normas gerais a serem obedecidas na efetivação do disposto no § 4º."

Art. 22. O § 1º do art. 173 da Constituição Federal passa a vigorar com a seguinte redação:

"Art. 173..

§ 1º A lei estabelecerá o estatuto jurídico da empresa pública, da sociedade de economia mista e de suas subsidiárias que explorem atividade econômica de produção ou comercialização de bens ou de prestação de serviços, dispondo sobre:

I – sua função social e formas de fiscalização pelo Estado e pela sociedade;

II – a sujeição ao regime jurídico próprio das empresas privadas, inclusive quanto aos direitos e obrigações civis, comerciais, trabalhistas e tributários;

III – licitação e contratação de obras, serviços, compras e alienações, observados os princípios da administração pública;

IV – a constituição e o funcionamento dos conselhos de administração e fiscal, com a participação de acionistas minoritários;

V – os mandatos, a avaliação de desempenho e a responsabilidade dos administradores.

...."

Art. 23. O inciso V do art. 206 da Constituição Federal passa a vigorar com a seguinte redação:

"Art. 206. O ensino será ministrado com base nos seguintes princípios:

....

V – valorização dos profissionais do ensino, garantidos, na forma da lei, planos de carreira para o magistério público, com piso salarial profissional e ingresso exclusivamente por concurso público de provas e títulos;"

....

Art. 24. O art. 241 da Constituição Federal passa a vigorar com a seguinte redação:

"Art. 241. A União, os Estados, o Distrito Federal e os Municípios disciplinarão por meio de lei os consórcios públicos e os convênios de cooperação entre os entes federados, autorizando a gestão associada de serviços públicos, bem como a transferência total ou parcial de encargos, serviços, pessoal e bens essenciais à continuidade dos serviços transferidos."

Art. 25. Até a instituição do fundo a que se refere o inciso XIV do art. 21 da Constituição Federal, compete à União manter os atuais compromissos financeiros com a prestação de serviços públicos do Distrito Federal.

Art. 26. No prazo de 2 (dois) anos da promulgação desta Emenda, as entidades da administração indireta terão seus estatutos revistos quanto à respectiva natureza jurídica, tendo em conta a finalidade e as competências efetivamente executadas.

Art. 27. O Congresso Nacional, dentro de 120 (cento e vinte) dias da promulgação desta Emenda, elaborará lei de defesa do usuário de serviços públicos.

Art. 28. É assegurado o prazo de 2 (dois) anos de efetivo exercício para aquisição da estabilidade aos atuais servidores em estágio probatório, sem prejuízo da avaliação a que se refere o § 4º do art. 41 da Constituição Federal.

Art. 29. Os subsídios, vencimentos, remuneração, proventos da aposentadoria e pensões e quaisquer outras espécies remuneratórias adequar-se-ão, a partir da promulgação desta Emenda, aos limites decorrentes da Constituição Federal, não se admitindo a percepção de excesso a qualquer título.

Art. 30. O projeto de lei complementar a que se refere o art. 163 da Constituição Federal será apresentado pelo Poder Executivo ao Congresso Nacional no prazo máximo de 180 (cento e oitenta) dias da promulgação desta Emenda.

Art. 31. A pessoa que revestiu a condição de servidor público federal da administração direta, autárquica ou fundacional, de servidor municipal ou de integrante da carreira de policial, civil ou militar, dos ex-Territórios Federais do Amapá e de Roraima e que, comprovadamente, encontrava-se no exercício de suas funções, prestando serviço à administração pública dos ex-Territórios ou de prefeituras neles localizadas, na data em que foram transformados em Estado, ou a condição de servidor ou de policial, civil ou militar, admitido pelos Estados do Amapá e de Roraima, entre a data de sua transformação em Estado e outubro de 1993, bem como a pessoa que comprove ter mantido, nesse período, relação ou vínculo funcional, de caráter efetivo ou não, ou relação ou vínculo empregatício, estatutário ou de trabalho com a administração pública dos ex-Territórios, dos Estados ou das prefeituras neles localizadas ou com empresa pública ou sociedade de economia mista que haja sido constituída pelo ex-Território ou pela União

> para atuar no âmbito do ex-Território Federal, inclusive as extintas, poderão integrar, mediante opção, quadro em extinção da administração pública federal.

§ 1º O enquadramento referido no *caput* deste artigo, para os servidores, para os policiais, civis ou militares, e para as pessoas que tenham revestido essa condição, entre a transformação e a instalação dos Estados em outubro de 1993, dar-se-á no cargo em que foram originariamente admitidos ou em cargo equivalente.

§ 2º Os integrantes da carreira policial militar a que se refere o *caput* continuarão prestando serviços aos respectivos Estados, na condição de cedidos, submetidos às disposições estatutárias a que estão sujeitas as corporações das respectivas Polícias Militares, observados as atribuições de função compatíveis com seu grau hierárquico e o direito às devidas promoções.

§ 3º As pessoas a que se referem este artigo prestarão serviços aos respectivos Estados ou a seus Municípios, na condição de servidores cedidos, sem ônus para o cessionário, até seu aproveitamento em órgão ou entidade da administração federal direta, autárquica ou fundacional, podendo os Estados, por conta e delegação da União, adotar os procedimentos necessários à cessão de servidores a seus Municípios.

§ 4º Para fins do disposto no *caput* deste artigo, são meios probatórios de relação ou vínculo funcional, empregatício, estatutário ou de trabalho, independentemente da existência de vínculo atual, além dos admitidos em lei:

I – o contrato, o convênio, o ajuste ou o ato administrativo por meio do qual a pessoa tenha revestido a condição de profissional, empregado, servidor público, prestador de serviço ou trabalhador e tenha atuado ou desenvolvido atividade laboral diretamente com o ex-Território, o Estado ou a prefeitura neles localizada, inclusive mediante a interveniência de cooperativa;

II – a retribuição, a remuneração ou o pagamento documentado ou formalizado, à época, mediante depósito em conta-corrente bancária ou emissão de ordem de pagamento, de recibo, de nota de empenho ou de ordem bancária em que se identifique a administração pública do ex-Território, do Estado ou de prefeitura neles localizada como fonte pagadora ou origem direta dos recursos, assim como aquele realizado à conta de recursos oriundos de fundo de participação ou de fundo especial, inclusive em proveito do pessoal integrante das tabelas especiais.

§ 5º Além dos meios probatórios de que trata o § 4º deste artigo, sem prejuízo daqueles admitidos em lei, o enquadramento referido no *caput* deste artigo dependerá de a pessoa ter mantido relação ou vínculo funcional, empregatício, estatutário ou de trabalho com o ex-Território ou o Estado que o tenha sucedido por, pelo menos, noventa dias.

§ 6º As pessoas a que se referem este artigo, para efeito de exercício em órgão ou entidade da administração pública estadual ou municipal dos Estados do Amapá e de Roraima, farão jus à percepção de todas as gratificações e dos demais valores que componham a estrutura remuneratória dos cargos em que tenham sido enquadradas, vedando-se reduzi-los ou suprimi-los por motivo de cessão ao Estado ou a seu Município.

> **Art. 32.** A Constituição Federal passa a vigorar acrescida do seguinte artigo:

"Art. 247. As leis previstas no inciso III do § 1º do art. 41 e no § 7º do art. 169 estabelecerão critérios e garantias especiais para a perda do cargo pelo servidor público estável que, em decorrência das atribuições de seu cargo efetivo, desenvolva atividades exclusivas de Estado.

Parágrafo único. Na hipótese de insuficiência de desempenho, a perda do cargo somente ocorrerá mediante processo administrativo em que lhe sejam assegurados o contraditório e a ampla defesa."

> **Art. 33.** Consideram-se servidores não estáveis, para os fins do art. 169, § 3º, II, da Constituição Federal aqueles admitidos na administração direta, autárquica e fundacional sem concurso público de provas ou de provas e títulos após o dia 5 de outubro de 1983.

> **Art. 34.** Esta Emenda Constitucional entra em vigor na data de sua promulgação.

Brasília, 4 de junho de 1998.

Mesa da Câmara dos Deputados
Deputado MICHEL TEMER
Presidente
Mesa do Senado Federal
Senador ANTONIO CARLOS MAGALHÃES
Presidente

Rafael Maffini

1 – Considerações gerais: entre as várias emendas à trintenária Constituição da República Federativa do Brasil, ocupa papel destacado a Emenda Constitucional 19, de 4 de junho de 1998. Conhecida como "reforma administrativa", sua ementa já anuncia a relevância dos temas por ela tratados, ao estabelecer que se trata de instrumento de revisão constitucional que se prestou a modificar "o regime e dispõe sobre princípios e normas da Administração Pública, servidores e agentes políticos, controle de despesas e finanças públicas e custeio de atividades a cargo do Distrito Federal". Inegável que a Emenda Constitucional 19/98 promoveu uma plêiade de mudanças no regime jurídico-administrativo brasileiro.

Tais mudanças decorreram da inclusão ou alteração de normas no texto da Constitucional, entre as quais merecem destaque: **a)** inclusão do princípio da eficiência no *caput* do art. 37, da CF, visando à implantação do modelo gerencial de administração pública no Brasil; **b)** alteração do art. 22, XXVII, da CF, que viabilizou, em articulação com o art. 173, § 1º, III, da CF, também por ela inserido, a existência de legislação voltada ao regramento de licitações e contratações por empresas públicas e sociedades de economia mista, circunstância esta que restou materializada pela edição do Estatuto das Estatais (Lei 13.303/2016); **c)** novo regramento acerca do modelo remuneratório dos agentes políticos, através de subsídios (art. 39, § 4º, da CF), prevendo quanto ao tema vários outros limites (art. 27, § 2º; art. 28, § 2º; art. 29, V e VI; todas da Constituição Federal), bem como a possibilidade de extensão de tal sistemática a outras categorias de servidores públicos (art. 39, § 8º, art. 135 e art. 144, § 9º, todos, da CF); **d)** novo regramento quanto a normas próprias de empregados e servidores públicos, tais como o acesso e o ingresso em cargos, empregos e funções públicas (art. 37, I e II e V, § 7º, da CF), o direito de greve (art. 37, VII, da CF), a remuneração dos agentes administrativos (art. 37, X, XI, XIII, XIV, XV, § 9º e art. 39, § 1º e § 5º, todos da CF), a extensão de direitos sociais individuais (art. 39, § 3º, da CF) e a proibição de acumulação remunerada de cargos empregos e funções públicas (art. 37, XVI e XVII, da CF); **e)** novo regramento quanto à garantia funcional da estabilidade (art. 41 e 247, da CF); **f)** alteração do texto original do art. 39 da Constituição Federal, que previa a obrigatoriedade do regime jurídico único e planos de carreiras para os servidores da Administração Pública Direta, autárquica e fundacional, passando a dispor sobre os conselho de política de administração e remuneração de pessoal, alteração esta suspensa em razão do reconhecimento, pelo STF, de vício de inconstitucionalidade formal, quando da decisão da MC-ADI 2.135; **g)** previsão de legislação pertinente à proteção dos direitos dos usuários dos serviços públicos (art. 37, § 3º, da CF), a qual surgiu somente recentemente com a edição da Lei 13.460/2017; **h)** possibilidade de ampliação da autonomia gerencial, orçamentária e financeira dos órgãos e entidades da Administração Pública (art. 37, § 8º, da CF); **i)** regras referentes a finanças públicas, notadamente quanto aos orçamentos (art. 167, X e art. 169, ambos da CF), os quais contribuíram como fundamento de validade para a edição da Lei Complementar 101/2000 (Lei de Responsabilidade Fiscal); **j)** regras referentes aos subsídios e outras garantias de determinadas carreiras públicas, tais como a magistratura (art. 93, V, art. 95, III e art. 96, II, *b*, da CF), o Ministério Público (art. 127, § 2º e art. 128, § 5º, I, *c*, da CF), advocacia pública (art. 132 da CF) e carreiras relacionadas com segurança pública (art. 144 da CF); **k)** regramento pertinente às entidades da Administração Pública Indireta (*v.g.* art. 37, XIX, da CF), especialmente quanto às estatais (empresas públicas, sociedades de economia mista e suas subsidiárias) exploradoras de atividade econômica em sentido estrito (art. 173, § 1º, da CF); **l)** ampliação dos destinatários do dever de prestar constas aos Tribunais de Contas (art. 70, parágrafo único, da CF); **m)** constitucionalização dos consórcios públicos e convênios de cooperação entre os Entes Federados (União, Estados, DF e Municípios) voltados à gestão associada de serviços públicos, além da transferência de encargos, serviços, pessoal e bens essenciais à continuidade dos serviços transferidos (art. 241 da CF), sendo que os consórcios públicos foram regulamentados, no plano infraconstitucional, pela Lei 11.107/2005.

Tais alterações promovidas diretamente no texto da Constituição Federal, a despeito da extrema relevância que as caracteriza, não serão analisadas neste breve ensaio, porquanto já foram objeto dos respectivos comentários em todo o curso desta obra.

O que se almeja, pois, é a análise das normas contidas na própria Emenda Constitucional 19/98, notadamente algumas daquelas contidas nos artigos 25 a 31 e 33. Considerado o tema intrínseco ao art. 31 da Emenda Constitucional 19/98, referente aos servidores públicos federais, municipais e integrantes da carreira policial que estavam em exercício quando da transformação dos ex-Territórios do Amapá e Roraima em Estados-Membros, também serão analisadas neste breve trabalho as Emendas Constitucionais 79/2014 e 98/2017.

2 – Regras previstas diretamente na Emenda Constitucional 19/98: Como antes referido, o escopo deste breve ensaio diz respeito às normas previstas diretamente no texto da Emenda Constitucional 19/98, assim compreendidas aquelas que não se prestaram à alteração ou inclusão de preceitos na própria Constituição Federal. Por tal razão, não serão analisados os artigos 1º a 24 e 32, da Emenda Constitucional 19/98. Também não merecerá destaque o art. 34, que versa sobre o momento da entrada em vigor da EC 19/98.

Inicia-se, pois, pelo **art. 25 da Emenda Constitucional 19/98**. Contudo, para a compreensão de tal norma jurídica, impõe-se que seja colocada em destaca a relação da União com os serviços públicos do Distrito Federal. Com efeito, desde a redação original da Constituição Federal, estabeleceu-se, no art. 21, XIV, da CF, ser da competência material exclusiva da União, além da organização e manutenção da polícia federal, da polícia rodoviária e ferroviária federais, a atribuição referente à organização e manutenção da polícia civil, da polícia militar e do corpo de bombeiros militar do Distrito Federal e dos Territórios. Não se pode deixar de reconhecer o contrassenso – aliás, já apontado pelo próprio STF (AgR-SS 1.154, DJ 06-96/1997) – decorrente do fato de que, embora organizadas e mantidas pela União, "as polícias militares e corpos de bombeiros militares, forças auxiliares e reserva do Exército, subordinam-se, juntamente com as polícias civis, aos Governadores dos Estados, do Distrito Federal e dos Territórios" (art. 144, § 6º, da CF). Com a promulgação da Emenda Constitucional 19/98, alterou-se o referido art. 21, XIV, passando tal regra a dispor que seria competência da União "organizar e manter a polícia civil, a polícia militar e o corpo de bombeiros militar do Distrito Federal, bem como prestar assistência financeira ao Distrito Federal para a execução de serviços públicos, por meio de fundo próprio". Posteriormente, com a promulgação da Emenda Constitucional n. 104, de 2019, o art. 21, XIV, da CF passou a mencionar também a polícia penal no rol das corporações de natureza policial que a União tem competência para organização e manutenção no Distrito Federal. De qualquer sorte, a inovação trazida pela EC 19/98 não foi propriamente o fato de a União ter competência para organizar e manter a polícia civil, militar e o corpo de bombeiros do Distrito Federal, mas o fato de que a Constituição Federal passou a determinar que a União também haveria de prestar assistência financeira ao DF para a execução de serviços públicos, por meio de fundo próprio. O art. 25 da Emenda Constitucional preceituava tão somente que "até a instituição do fundo a que se refere o inciso XIV do art. 21 da Constituição Federal, compete à União manter os atuais compromissos financeiros com a prestação de serviços públicos do Distrito Federal". Tal regra, contudo, deixou de ter relevância quando da edição da Lei 10.633/2002, cujo art. 1º estabelece que "fica instituído o Fundo Constitucional do Distrito Federal – FCDF, de natureza contábil, com a finalidade de prover os recursos necessários à organização e manutenção da polícia civil, da polícia militar e do corpo de bombeiros militar do Distrito Federal, bem como assistência financeira para execução de serviços públicos de saúde e educação, conforme disposto no inciso XIV do art. 21 da Constituição Federal".

O **art. 26 da Emenda Constitucional 19/98** estabeleceu que "no prazo de dois anos da promulgação desta Emenda, as entidades da administração indireta terão seus estatutos revistos quanto à respectiva natureza jurídica, tendo em conta a finalidade e as competências efetivamente executadas". Estreme de dúvidas, tratou-se de norma elogiável, uma vez que muitas entidades da Administração Pública Indireta possuíam competências inadequadas às respectivas naturezas jurídicas. Não raro, havia – e ainda existem – empresas estatais incumbidas de tarefas que não se enquadravam entre as funções legitimadoras da intervenção direta do Estado na economia. Igualmente, era frequente a criação ou a manutenção de fundações públicas para funções típicas de administração pública, ou seja, funções pertinentes a autarquias. Por fim, também havia – e ainda há – autarquias cujas atribuições inseriam-se na noção de atividade econômica em sentido amplo (atividade econômica em sentido estrito ou serviços públicos). Ou seja, a regra contida no art. 26 da Emenda Constitucional permitiu uma espécie de freio de arrumação, através do qual se poderia conferir um mínimo de racionalidade, voltada à compatibilização das diversas categorias de entidades da Administração Pública Indireta às competências constitucional e legalmente a elas previstas. A despeito de elogiável e pertinente, tal determinação restou estabelecida desacompanhada de qualquer consequência para sua inobservância. Diante disso, nada ocorreu ou ocorreria com as entidades da Administração Pública indireta que deixaram de adaptar seus estatutos quanto às respectivas naturezas jurídicas no prazo estabelecido na Emenda Constitucional 19/98. Justamente por tal razão, o STF deixou de reconhecer motivos para o deferimento de medida cautelar visando à suspensão de tal regra (art. 26 da Emenda Constitucional 19/98), uma vez que exaurido o prazo estipulado quando o Pretório Excelso tratou da matéria (MC-ADI 2.135, DJ de 06-03-2008), quando se estabeleceu que a ADI estaria "prejudicada quanto ao art. 26 da EC 19/98, pelo exaurimento do prazo estipulado para sua vigência".

Fenômeno similar é o ocorrido com o **art. 27 da Emenda Constitucional 19/98** pelo qual "o Congresso Nacional, dentro de cento e vinte dias da promulgação desta Emenda, elaborará lei de defesa do usuário de serviços públicos". Tal comando normativo há de ser compreendido juntamente com o já referido art. 37, § 3º, da CF, com a redação dada pela EC 19/98 ("lei disciplinará as formas de participação do usuário na administração pública direta e indireta, regulando especialmente: I – as reclamações relativas à prestação dos serviços públicos em geral, asseguradas a manutenção de serviços de atendimento ao usuário e a avaliação periódica, externa e interna, da qualidade dos serviços; II – o acesso dos usuários a registros administrativos e a informações sobre atos de governo, observado o disposto no art. 5º, X e XXIII; III – a disciplina da representação contra o exercício negligente ou abusivo de cargo, emprego ou função na administração pública"). Ocorre que, apesar da clareza de tal norma, o Congresso Nacional somente em 26 de junho de 2017, ou seja, passados quase vinte anos da EC 19/98 e não os 120 dias referidos no art. 27 da referida Emenda Constitucional, é que adveio a Lei 13.460, que dispõe sobre a "participação, proteção e defesa dos direitos do usuário dos serviços públicos da administração pública".

O **art. 28 da Emenda Constitucional 19/98** não traz maiores perplexidades. Em efeito, na redação original da Carta Política brasileira, previa-se um prazo de dois anos para a aquisição da estabilidade. A Emenda Constitucional 19/98 alterou o art. 41 da Constituição Federal, para os fins de ampliar o prazo de aquisição de estabilidade. Além disso, foram previstos novos casos de perda do cargo pelos servidores estáveis (art. 41, § 1º), bem como a necessidade de "avaliação especial de desempenho por comissão instituída para essa finalidade" como requisito para aquisição da estabilidade (art. 41, § 4º). O art. 28 da Emenda Constitucional 19/98 contemplou regra de transição, mantendo-se o prazo de 2 anos de efetivo exercício para a aquisição de estabilidade por parte dos servidores que já se encontravam em estágio probatório quando da promulgação da referida Emenda, ou seja, em 4 de junho de 1998. Trata-se de regra de transição que assegura concreção aos princípios da segurança jurídica e proteção da confiança e, portanto, merecedora de encômios. Destaque-se que tal regra de transição manteve o prazo de dois anos previsto antes da promulgação da EC 19/98 para os servidores que já se encontravam em estágio probatório, mas não os dispensou da sujeição ao novel requisito consistente na avaliação de desempenho por comissão instituído para tal finalidade.

A história constitucional brasileira mostra a existência de uma série de tentativas, muitas das quais frustradas, de limitação dos padrões remuneratórios dos agentes públicos. Tais providências, em linhas gerais, vieram acompanhadas de normas jurídicas como a presente no **art. 29 da Emenda Constitucional 19/98**, segundo a qual "os subsídios, vencimentos, remuneração, proventos da aposentadoria e pensões e quaisquer outras espécies remuneratórias adequar-se-ão, a partir da promulgação desta Emenda, aos limites decorrentes da Constituição Federal, não se admitindo a percepção de excesso a qualquer título". Não se olvide, neste diapasão, que a própria redação original da Constituição Federal, em seu Ato das Disposições Constitucionais Transitórias – ADCT, contém regra assemelhada, como o caso do art. 17 do ADCT ("os vencimentos, a remuneração, as vantagens e os adicionais, bem como os proventos de aposentadoria que estejam sendo percebidos em desacordo com a Constituição serão imediatamente reduzidos aos limites dela decorrentes, não se admitindo, neste caso, invocação de direito adquirido ou percepção de excesso a qualquer título"). Também no mesmo sentido, tem-se o art. 9º da Emenda Constitucional 41/03, segundo o qual se aplica "o disposto no art. 17 do Ato das Disposições Constitucionais Transitórias aos vencimentos, remunerações e subsídios dos ocupantes de cargos, funções e empregos públicos da administração direta, autárquica e fundacional, dos membros de qualquer dos Poderes da União, dos Estados, do Distrito Federal e dos Municípios, dos detentores de mandato eletivo e dos demais agentes políticos e os proventos, pensões ou outra espécie remuneratória percebidos cumulativamente ou não, incluídas as vantagens pessoais ou de qualquer outra natureza".

O **art. 30 da Emenda Constitucional 19/98** contempla mais uma norma impositiva – e inobservada – de prazo para o início de processo legislativo. No caso, estabelece que "o projeto de lei complementar a que se refere o art. 163 da Constituição Federal será apresentado pelo Poder Executivo ao Congresso Nacional no prazo máximo de cento e oitenta dias da promulgação desta Emenda".

Tema sensível e complexo restou tratado pelo **art. 31 da Emenda Constitucional 19/98**, sendo prova disso o fato de que após a promulgação de tal norma, duas outras Emendas Constitucionais (EC 79/2014 e 98/2017), aqui também analisadas, restaram promulgadas para tratar do mesmo assunto. A redação original de tal preceito estabelecia que "os servidores públicos federais da administração direta e indireta, os servidores municipais e os integrantes da carreira policial militar dos ex-Territórios Federais do Amapá e de Roraima, que comprovadamente encontravam-se no exercício regular de suas funções prestando serviços àqueles ex-Territórios na data em que foram transformados em Estados; os policiais militares que tenham sido admitidos por força de lei federal, custeados pela União; e, ainda, os servidores civis nesses Estados com vínculo funcional já reconhecido pela União, constituirão quadro em extinção da administração federal, assegurados os direitos e vantagens inerentes aos seus servidores, vedado o pagamento, a qualquer título, de diferenças remuneratórias".

Posteriormente, com a promulgação da **Emenda Constitucional 79/2014**, alterou-se o texto de tal regra (art. 31 da EC 19/98), passando a mesma a dispor que "os servidores públicos federais da administração direta e indireta, os servidores municipais e os integrantes da carreira policial militar dos ex-Territórios Federais do Amapá e de Roraima que comprovadamente encontravam-se no exercício regular de suas funções prestando serviços àqueles ex-Territórios na data em que foram transformados em Estados, os servidores e os policiais militares admitidos regularmente pelos governos dos Estados do Amapá e de Roraima no período entre a transformação e a efetiva instalação desses Estados em outubro de 1993 e, ainda, os servidores nesses Estados com vínculo funcional já reconhecido pela União integrarão, mediante opção, quadro em extinção da administração federal". Além disso, a EC 79/2014 previu a questão do enquadramento dos servidores regulamente admitidos entre a transformação dos ex-Territórios e a efetiva implantação dos respectivos Estados-membros em outubro de 1993 (art. 31, §1º, da EC 19/98 e arts. 4º, 6º, 7º e 8º, da EC 79/2014), bem como a manutenção de tal carga de trabalho a tais Estados na condição de cedência (art. 31, §§ 2º e 3º, da EC 19/98).

Também a **Emenda Constitucional 98/2017** promoveu alteração no art. 31 da EC 19/98, o qual passou a dispor que "a pessoa que revestiu a condição de servidor público federal da administração direta, autárquica ou fundacional, de servidor municipal ou de integrante da carreira de policial, civil ou militar, dos ex-Territórios Federais do Amapá e de Roraima e que, comprovadamente, encontrava-se no exercício de suas funções, prestando serviço à administração pública dos ex-Territórios ou de prefeituras neles localizadas, na data em que foram transformados em Estado, ou a condição de servidor ou de policial, civil ou militar, admitido pelos Estados do Amapá e de Roraima, entre a data de sua transformação em Estado e outubro de 1993, bem como a pessoa que comprove ter mantido, nesse período, relação ou vínculo funcional, de caráter efetivo ou não, ou relação ou vínculo empregatício, estatutário ou de trabalho com a administração pública dos ex-Territórios, dos Estados ou das prefeituras neles localizadas ou com empresa pública ou sociedade de economia mista que haja sido constituída pelo ex-Território ou pela União para atuar no âmbito do ex-Território Federal, inclusive as extintas, poderão integrar, mediante opção, quadro em extinção da administração pública federal". Trata-se, pois, de mais uma aplicação aos destinatários de tal regra de transição. Alterou-se, ainda, a regra do art. 19, § 3º, da EC 19/98, para dispor que "as pessoas a que se referem este artigo prestarão serviços aos respectivos Estados ou a seus Municípios, na condição de servidores cedidos, sem ônus para o cessionário, até seu aproveitamento em órgão ou entidade da administração federal direta, autárquica ou fundacional, podendo os Estados, por conta e delegação da União, adotar os procedimentos necessários à cessão de servidores a seus Municípios". Estabeleceu a EC 98/2017, também, dentre outras, regras (art. 31, §§ 4º e 5º, da EC 19/98) acerca do modo de comprovação dos vínculos havidos com o ex-Territórios referidos no *caput* do art. 31, da EC 19/98.

Por fim, o **art. 33 da Emenda Constitucional 19/98** previu que se consideram "servidores não estáveis, para os fins do art. 169, § 3º, II, da Constituição Federal aqueles admitidos na administração direta, autárquica e fundacional sem concurso público de provas ou de provas e títulos após o dia 5 de outubro de 1983". A compreensão de tal regra exige alguns cuidados históricos. Com efeito, a Constituição Federal de 1988 contemplou a regra geral do concurso público como forma ordinária de provimento originário de cargos e empregos públicos. Em elogiável regra de transição, contudo, o art. 19 do ADCT previu que "os servidores públicos civis da União, dos Estados, do Distrito Federal e dos Municípios, da administração direta, autárquica e das fundações públicas, em exercício na data da promulgação da Constituição, há pelo menos cinco anos continuados, e que não tenham sido admitidos na forma regulada no art. 37, da Constituição, são considerados estáveis no serviço público". Ou seja, embora se tenha estabelecido o concurso como regra geral, a Constituição estabilizou servidores que houvessem ingressado no serviço público, em cargos de provimento efetivo, sem concurso público desde que tal ingresso houvesse ocorrido antes de 5 de outubro de 1983, ou seja, até cinco anos antes da promulgação da Constituição Federal. Destaque-se que tal estabilização não ocorreria caso o vínculo decorresse de cargo em comissão, porquanto se trata de vínculo cuja natureza é ontologicamente refratária à noção de estabilidade (art. 19, § 2º, do ADCT). De qualquer sorte, os servidores que houvessem ingressado em seus respectivos cargos de provimento efetivo, sem concurso público, após 5 de outubro de 1983, não tiveram reconhecido o direito à estabilidade, o que induziria à conclusão de que deveriam ser desligados do serviço público. Ocorre que tais servidores públicos que ingressaram em cargos de provimento efetivo sem concurso público após 5 de outubro de 1983 foram estabilizados, no plano infraconstitucional, pelo art. 243, da Lei 8.112/90, sendo justamente este o fundamento da ADI 2.968 no STF. Diante disso, e justamente tendo em vista o fato de que o excesso de despesas com folha de pagamento poderia levar à adoção de providências como a exoneração dos servidores não estáveis (art. 169, § 3º, II, da Constituição Federal), o art. 33 da Emenda Constitucional 19/98 esclareceu que todos os servidores públicos ocupantes de cargos de provimento efetivo que ingressarem sem aprovação em concurso público após 5 de outubro de 1983 seriam considerados servidores não estáveis e, portanto, suscetíveis da exoneração a que se refere o art. 169, § 3º, II, da Constituição Federal.

3 – Jurisprudência selecionada: Supremo Tribunal Federal: Súmula 647 (*DJ* de 09-10-2003): Compete privativamente à União legislar sobre vencimentos dos membros das polícias civil e militar do Distrito Federal; ADI 3.791/DF (*DJ* de 27-08-2010): reconheceu a inconstitucional de Lei Distrital que instituiu gratificação a integrantes da carreira militar, porquanto reconhecida a usurpação de competência da União. Além disso, reconheceu-se o vício de iniciativa, pois o processo legislativo teve início por projeto de lei apresentado por Deputado Distrital. Por fim, decidiu-se que "tendo em conta a natureza alimentar da gratificação e a presunção de boa-fé, a operar em favor dos militares do Distrito Federal, atribui-se à declaração de inconstitucionalidade efeitos prospectivos (*ex nunc*)"; MC-ADI 2.135, *DJ* de 06-03-2008: que entendeu ser inviável o controle concentrado de constitucionalidade, ao menos em sede de medida cautelar, em face do art. 26 da Emenda Constitucional 19/98, pelo exaurimento do prazo estipulado para sua vigência; MC-ADI 2.075 (*DJ* de 27-06-2003): entendeu não ser aplicável a norma inscrita no art. 29 da EC 19/98 até a edição de lei formal a que se refere o art. 48, XV, da Constituição da República, pois a imediata adequação ao novo teto dependeria, essencialmente, da fixação do subsídio devido aos Ministros do Supremo Tribunal Federal; AR 2.553 (*DJ* de 08-09-2021), que assegurou o prazo de dois anos para aquisição de estabilidade, para servidores que haviam ingressado até a promulgação da Emenda Constitucional n. 19.

EMENDA CONSTITUCIONAL N. 20, DE 15 DE DEZEMBRO DE 1998*

Modifica o sistema de previdência social, estabelece normas de transição e dá outras providências.

As Mesas da Câmara dos Deputados e do Senado Federal, nos termos do § 3º do art. 60 da Constituição Federal, promulgam a seguinte Emenda ao texto constitucional:

Art. 1º A Constituição Federal passa a vigorar com as seguintes alterações:

"Art. 7º ....

XII – salário-família pago em razão do dependente do trabalhador de baixa renda nos termos da lei;

....

XXXIII – proibição de trabalho noturno, perigoso ou insalubre a menores de dezoito e de qualquer trabalho a menores de dezesseis anos, salvo na condição de aprendiz, a partir de quatorze anos;"

....

"Art. 37. ....

§ 10. É vedada a percepção simultânea de proventos de aposentadoria decorrentes do art. 40 ou dos arts. 42 e 142 com a remuneração de cargo, emprego ou função pública, ressalvados os cargos acumuláveis na forma desta Constituição, os cargos eletivos e os cargos em comissão declarados em lei de livre nomeação e exoneração."

"Art. 40. Aos servidores titulares de cargos efetivos da União, dos Estados, do Distrito Federal e dos Municípios, incluídas suas autarquias e fundações, é assegurado regime de previdência de caráter contributivo, observados critérios que preservem o equilíbrio financeiro e atuarial e o disposto neste artigo.

§ 1º Os servidores abrangidos pelo regime de previdência de que trata este artigo serão aposentados, calculados os seus proventos a partir dos valores fixados na forma do § 3º:

I – por invalidez permanente, sendo os proventos proporcionais ao tempo de contribuição, exceto se decorrente de acidente em serviço, moléstia profissional ou doença grave, contagiosa ou incurável, especificadas em lei;

II – compulsoriamente, aos setenta anos de idade, com proventos proporcionais ao tempo de contribuição;

III – voluntariamente, desde que cumprido tempo mínimo de dez anos de efetivo exercício no serviço público e cinco anos no cargo efetivo em que se dará a aposentadoria, observadas as seguintes condições:

a) sessenta anos de idade e trinta e cinco de contribuição, se homem, e cinquenta e cinco anos de idade e trinta de contribuição, se mulher;

b) sessenta e cinco anos de idade, se homem, e sessenta anos de idade, se mulher, com proventos proporcionais ao tempo de contribuição.

§ 2º Os proventos de aposentadoria e as pensões, por ocasião de sua concessão, não poderão exceder a remuneração do respectivo servidor, no cargo efetivo em que se deu a aposentadoria ou que serviu de referência para a concessão da pensão.

§ 3º Os proventos de aposentadoria, por ocasião da sua concessão, serão calculados com base na remuneração do servidor no cargo efetivo em que se der a aposentadoria e, na forma da lei, corresponderão à totalidade da remuneração.

§ 4º É vedada a adoção de requisitos e critérios diferenciados para a concessão de aposentadoria aos abrangidos pelo regime de que trata este artigo, ressalvados os casos de atividades exercidas exclusivamente sob condições especiais que prejudiquem a saúde ou a integridade física, definidos em lei complementar.

§ 5º Os requisitos de idade e de tempo de contribuição serão reduzidos em cinco anos, em relação ao disposto no § 1º, III, *a*, para o professor que comprove exclusivamente tempo de efetivo exercício das funções de magistério na educação infantil e no ensino fundamental e médio.

§ 6º Ressalvadas as aposentadorias decorrentes dos cargos acumuláveis na forma desta Constituição, é vedada a percepção de mais de uma aposentadoria à conta do regime de previdência previsto neste artigo.

§ 7º Lei disporá sobre a concessão do benefício da pensão por morte, que será igual ao valor dos proventos do servidor falecido ou ao valor dos proventos a que teria direito o servidor em atividade na data de seu falecimento, observado o disposto no § 3º.

§ 8º Observado o disposto no art. 37, XI, os proventos de aposentadoria e as pensões serão revistos na mesma proporção e na mesma data, sempre que se modificar a remuneração dos servidores em atividade, sendo também estendidos aos aposentados e aos pensionistas quaisquer benefícios ou vantagens posteriormente concedidos aos servidores em atividade, inclusive quando decorrentes da transformação ou reclassificação do cargo ou função em que se deu a aposentadoria ou que serviu de referência para a concessão da pensão, na forma da lei.

§ 9º O tempo de contribuição federal, estadual ou municipal será contado para efeito de aposentadoria e o tempo de serviço correspondente para efeito de disponibilidade.

---

*. Publicada no *Diário Oficial da União* de 16-12-1998.

§ 10. A lei não poderá estabelecer qualquer forma de contagem de tempo de contribuição fictício.

§ 11. Aplica-se o limite fixado no art. 37, XI, à soma total dos proventos de inatividade, inclusive quando decorrentes da acumulação de cargos ou empregos públicos, bem como de outras atividades sujeitas a contribuição para o regime geral de previdência social, e ao montante resultante da adição de proventos de inatividade com remuneração de cargo acumulável na forma desta Constituição, cargo em comissão declarado em lei de livre nomeação e exoneração, e de cargo eletivo.

§ 12. Além do disposto neste artigo, o regime de previdência dos servidores públicos titulares de cargo efetivo observará, no que couber, os requisitos e critérios fixados para o regime geral de previdência social.

§ 13. Ao servidor ocupante, exclusivamente, de cargo em comissão declarado em lei de livre nomeação e exoneração bem como de outro cargo temporário ou de emprego público, aplica-se o regime geral de previdência social.

§ 14. A União, os Estados, o Distrito Federal e os Municípios, desde que instituam regime de previdência complementar para os seus respectivos servidores titulares de cargo efetivo, poderão fixar, para o valor das aposentadorias e pensões a serem concedidas pelo regime de que trata este artigo, o limite máximo estabelecido para os benefícios do regime geral de previdência social de que trata o art. 201.

§ 15. Observado o disposto no art. 202, lei complementar disporá sobre as normas gerais para a instituição de regime de previdência complementar pela União, Estados, Distrito Federal e Municípios, para atender aos seus respectivos servidores titulares de cargo efetivo.

§ 16. Somente mediante sua prévia e expressa opção, o disposto nos §§ 14 e 15 poderá ser aplicado ao servidor que tiver ingressado no serviço público até a data da publicação do ato de instituição do correspondente regime de previdência complementar."

"Art. 42. ....

§ 1º Aplicam-se aos militares dos Estados, do Distrito Federal e dos Territórios, além do que vier a ser fixado em lei, as disposições do art. 14, § 8º; do art. 40, § 9º; e do art. 142, §§ 2º e 3º, cabendo a lei estadual específica dispor sobre as matérias do art. 142, § 3º, inciso X, sendo as patentes dos oficiais conferidas pelos respectivos governadores.

§ 2º Aos militares dos Estados, do Distrito Federal e dos Territórios e a seus pensionistas, aplica-se o disposto no art. 40, §§ 7º e 8º"

"Art. 73. ....

§ 3º Os Ministros do Tribunal de Contas da União terão as mesmas garantias, prerrogativas, impedimentos, vencimentos e vantagens dos Ministros do Superior Tribunal de Justiça, aplicando-se-lhes, quanto à aposentadoria e pensão, as normas constantes do art. 40.

.... "

"Art. 93. ....

VI – a aposentadoria dos magistrados e a pensão de seus dependentes observarão o disposto no art. 40;

.... "

"Art. 100. ....

§ 3º O disposto no *caput* deste artigo, relativamente à expedição de precatórios, não se aplica aos pagamentos de obrigações definidas em lei como de pequeno valor que a Fazenda Federal, Estadual ou Municipal deva fazer em virtude de sentença judicial transitada em julgado."

"Art. 114. ....

§ 3º Compete ainda à Justiça do Trabalho executar, de ofício, as contribuições sociais previstas no art. 195, I, *a*, e II, e seus acréscimos legais, decorrentes das sentenças que proferir."

Art. 142. ....

§ 3º ....

IX – aplica-se aos militares e a seus pensionistas o disposto no art. 40, §§ 7º e 8º;

.... "

"Art. 167. ....

XI – a utilização dos recursos provenientes das contribuições sociais de que trata o art. 195, I, a, e II, para a realização de despesas distintas do pagamento de benefícios do regime geral de previdência social de que trata o art. 201.

.... "

"Art. 194. ....

Parágrafo único. ....

VII – caráter democrático e descentralizado da administração, mediante gestão quadripartite, com participação dos trabalhadores, dos empregadores, dos aposentados e do Governo nos órgãos colegiados."

"Art. 195 – ....

I – do empregador, da empresa e da entidade a ela equiparada na forma da lei, incidentes sobre:

a) a folha de salários e demais rendimentos do trabalho pagos ou creditados, a qualquer título, à pessoa física que lhe preste serviço, mesmo sem vínculo empregatício;

b) a receita ou o faturamento;

c) o lucro;

II – do trabalhador e dos demais segurados da previdência social, não incidindo contribuição sobre aposentadoria e pensão concedidas pelo regime geral de previdência social de que trata o art. 201;

....

§ 8º O produtor, o parceiro, o meeiro e o arrendatário rurais e o pescador artesanal, bem como os respectivos cônjuges, que exerçam suas atividades em regime de economia familiar, sem empregados permanentes, contribuirão para a seguridade social mediante a aplicação de uma alíquota sobre o resultado da comercialização da produção e farão jus aos benefícios nos termos da lei.

§ 9º As contribuições sociais previstas no inciso I deste artigo poderão ter alíquotas ou bases de cálculo diferenciadas, em razão da atividade econômica ou da utilização intensiva de mão de obra.

§ 10. A lei definirá os critérios de transferência de recursos para o sistema único de saúde e ações de assistência social da União para os Estados, o Distrito Federal e os Municípios, e dos Estados para os Municípios, observada a respectiva contrapartida de recursos.

§ 11. É vedada a concessão de remissão ou anistia das contribuições sociais de que tratam os incisos I, *a*, e II deste artigo, para débitos em montante superior ao fixado em lei complementar."

"Art. 201. A previdência social será organizada sob a forma de regime geral, de caráter contributivo e de filiação obrigatória, observados critérios que preservem o equilíbrio financeiro e atuarial, e atenderá, nos termos da lei, a:

I – cobertura dos eventos de doença, invalidez, morte e idade avançada;

II – proteção à maternidade, especialmente à gestante;

III – proteção ao trabalhador em situação de desemprego involuntário;

IV – salário-família e auxílio-reclusão para os dependentes dos segurados de baixa renda;

V – pensão por morte do segurado, homem ou mulher, ao cônjuge ou companheiro e dependentes, observado o disposto no § 2º

§ 1º É vedada a adoção de requisitos e critérios diferenciados para a concessão de aposentadoria aos beneficiários do regime geral de previdência social, ressalvados os casos de atividades exercidas sob condições especiais que prejudiquem a saúde ou a integridade física, definidos em lei complementar.

§ 2º Nenhum benefício que substitua o salário de contribuição ou o rendimento do trabalho do segurado terá valor mensal inferior ao salário mínimo.

§ 3º Todos os salários de contribuição considerados para o cálculo de benefício serão devidamente atualizados, na forma da lei.

§ 4º É assegurado o reajustamento dos benefícios para preservar-lhes, em caráter permanente, o valor real, conforme critérios definidos em lei.

§ 5º É vedada a filiação ao regime geral de previdência social, na qualidade de segurado facultativo, de pessoa participante de regime próprio de previdência.

§ 6º A gratificação natalina dos aposentados e pensionistas terá por base o valor dos proventos do mês de dezembro de cada ano.

§ 7º É assegurada aposentadoria no regime geral de previdência social, nos termos da lei, obedecidas as seguintes condições:

I – trinta e cinco anos de contribuição, se homem, e trinta anos de contribuição, se mulher;

II – sessenta e cinco anos de idade, se homem, e sessenta anos de idade, se mulher, reduzido em cinco anos o limite para os trabalhadores rurais de ambos os sexos e para os que exerçam suas atividades em regime de economia familiar, nestes incluídos o produtor rural, o garimpeiro e o pescador artesanal.

§ 8º Os requisitos a que se refere o inciso I do parágrafo anterior serão reduzidos em cinco anos, para o professor que comprove exclusivamente tempo de efetivo exercício das funções de magistério na educação infantil e no ensino fundamental e médio.

§ 9º Para efeito de aposentadoria, é assegurada a contagem recíproca do tempo de contribuição na administração pública e na atividade privada, rural e urbana, hipótese em que os diversos regimes de previdência social se compensarão financeiramente, segundo critérios estabelecidos em lei.

§ 10. Lei disciplinará a cobertura do risco de acidente do trabalho, a ser atendida concorrentemente pelo regime geral de previdência social e pelo setor privado.

§ 11. Os ganhos habituais do empregado, a qualquer título, serão incorporados ao salário para efeito de contribuição previdenciária e consequente repercussão em benefícios, nos casos e na forma da lei."

"Art. 202. O regime de previdência privada, de caráter complementar e organizado de forma autônoma em relação ao regime geral de previdência social, será facultativo, baseado na constituição de reservas que garantam o benefício contratado, e regulado por lei complementar.

§ 1º A lei complementar de que trata este artigo assegurará ao participante de planos de benefícios de entidades de previdência privada o pleno acesso às informações relativas à gestão de seus respectivos planos.

§ 2º As contribuições do empregador, os benefícios e as condições contratuais previstas nos estatutos, regulamentos e planos de benefícios das entidades de previdência privada não integram o contrato de trabalho dos participantes, assim como, à exceção dos benefícios concedidos, não integram a remuneração dos participantes, nos termos da lei.

§ 3º É vedado o aporte de recursos a entidade de previdência privada pela União, Estados, Distrito Federal e Municípios, suas autarquias, fundações, empresas públicas, sociedades de economia mista e outras entidades públicas, salvo na qualidade de patrocinador, situação na qual, em hipótese alguma, sua contribuição normal poderá exceder a do segurado.

§ 4º Lei complementar disciplinará a relação entre a União, Estados, Distrito Federal ou Municípios, inclusive suas autarquias, fundações, sociedades de economia mista e empresas controladas direta ou indiretamente, enquanto patrocinadoras de entidades fechadas de previdência privada, e suas respectivas entidades fechadas de previdência privada.

§ 5º A lei complementar de que trata o parágrafo anterior aplicar-se-á, no que couber, às empresas privadas permissionárias ou concessionárias de prestação de serviços públicos, quando patrocinadoras de entidades fechadas de previdência privada.

§ 6º A lei complementar a que se refere o § 4º deste artigo estabelecerá os requisitos para a designação dos membros das diretorias das entidades fechadas de previdência privada e disciplinará a inserção dos participantes nos colegiados e instâncias de decisão em que seus interesses sejam objeto de discussão e deliberação."

Art. 2º A Constituição Federal, nas Disposições Constitucionais Gerais, é acrescida dos seguintes artigos:

"Art. 248. Os benefícios pagos, a qualquer título, pelo órgão responsável pelo regime geral de previdência social, ainda que à conta do Tesouro Nacional, e os não sujeitos ao limite máximo de valor fixado para os benefícios concedidos por esse regime observarão os limites fixados no art. 37, XI.

Art. 249. Com o objetivo de assegurar recursos para o pagamento de proventos de aposentadoria e pensões concedidas aos respectivos servidores e seus dependentes, em adição aos recursos dos respectivos tesouros, a União, os Estados, o Distrito Federal e os Municípios poderão constituir fundos integrados pelos recursos provenientes de contribuições e por bens, direitos e ativos de qualquer natureza, mediante lei que disporá sobre a natureza e administração desses fundos.

Art. 250. Com o objetivo de assegurar recursos para o pagamento dos benefícios concedidos pelo regime geral de previdência social, em adição aos recursos de sua arrecadação, a União poderá constituir fundo integrado por bens, direitos e ativos de qualquer natureza, mediante lei que disporá sobre a natureza e administração desse fundo."

Art. 3º É assegurada a concessão de aposentadoria e pensão, a qualquer tempo, aos servidores públicos e aos segurados do regime geral de previdência social, bem como aos seus dependentes, que, até a data da publicação desta Emenda, tenham cumprido os requisitos para a obtenção destes benefícios, com base nos critérios da legislação então vigente.

§ 1º O servidor de que trata este artigo, que tenha completado as exigências para aposentadoria integral e que opte por permanecer em atividade fará jus à isenção da contribuição previdenciária até completar as exigências para aposentadoria contidas no art. 40, § 1º, III, *a*, da Constituição Federal.

§ 2º Os proventos da aposentadoria a ser concedida aos servidores públicos referidos no *caput*, em termos integrais ou proporcionais ao tempo de serviço já exercido até a data de publicação desta Emenda, bem como as pensões de seus dependentes, serão calculados de acordo com a legislação em vigor à época em que foram atendidas as prescrições nela estabelecidas para a concessão destes benefícios ou nas condições da legislação vigente.

§ 3º São mantidos todos os direitos e garantias assegurados nas disposições constitucionais vigentes à data de publicação desta Emenda aos servidores e militares, inativos e pensionistas, aos anistiados e aos ex-combatentes, assim como àqueles que já cumpriram, até aquela data, os requisitos para usufruírem tais direitos, observado o disposto no art. 37, XI, da Constituição Federal.

Jane Lucia Wilhelm Berwanger
Marco Aurélio Serau Junior

1. História da norma

Não se conhece norma precedente no ordenamento jurídico brasileiro.

2. Constituições brasileiras anteriores

Não foram localizadas em Constituições brasileiras anteriores disposições semelhantes.

3. Constituições estrangeiras

Não se conhecem normas semelhantes em Constituições estrangeiras.

4. Direito internacional

Não há disposições semelhantes em documentos de organismos internacionais.

5. Remissões constitucionais (outros artigos da Constituição) e legais (leis reguladoras)

Arts. 40 e 201 da Constituição.

Art. 3º da Emenda Constitucional 103, de 13.11.2019.

Na legislação ordinária, destacam-se:

Lei n. 8.112, de 11 de dezembro de 1990. Dispõe sobre o regime jurídico dos servidores públicos civis da União, das autarquias e das fundações públicas federais.

Lei n. 8.213, de 24 de julho de 1991. Dispõe sobre os Planos de Benefícios da Previdência Social e dá outras providências.

6. Jurisprudência

BRASIL. Supremo Tribunal Federal. Mandado de Segurança n. 32.833-DF. Relator: Min. Roberto Barroso, 1ª Turma, DF, 23 de setembro de 2016. *Diário de Justiça da União*, 5 out. 2016. Disponível em: <http://www.stf.jus.br/portal/jurisprudencia/listarJurisprudencia.asp?s1=%28MS%24%2ESCLA%2E+E+32833%2ENUME%2E%29+OU+%28MS%2EACMS%2E+ADJ2+32833%2EACMS%2E%29&base=baseAcordaos&url=http://tinyurl.com/nx8qjd3>. Acesso em: 08 mar. 2018.

BRASIL. Supremo Tribunal Federal. Recurso Extraordinário n. 690.300-DF. Relator: Min. Dias Toffoli, 1ª Turma, DF, 07 de maio de 2013. *Diário de Justiça da União*, 01 ago. 2013. Disponível em: <http://www.stf.jus.br/portal/jurisprudencia/listarJurisprudencia.asp?s1=%28RE%24%2ESCLA%2E+E+690300%2ENUME%2E%29+OU+%28RE%2EACMS%2E+ADJ2+690300%2EACMS%2E%29&base=baseAcordaos&url=http://tinyurl.com/cvwwq73>. Acesso em: 08 mar. 2018.

BRASIL. Supremo Tribunal Federal. Ação Direta de Inconstitucionalidade n. 3.104-DF. Relatora: Min. Carmen Lúcia, Tribunal Pleno, DF, 26 de setembro de 2007. *Diário de Justiça da União*, 26 nov. 2007. Disponível em: <http://www.stf.gov.br/portal/processo/verProcessoAndamento.asp?numero=3104&classe=ADI&origem=AP&recurso=0&tipoJulgamento=M>. Acesso em: 24 jan. 2008.

7. Referências bibliográficas

BARROSO, Marcelo. *Direitos Previdenciários Expectados*. Curitiba: Juruá, 2012.

BARROSO, Marcelo. *Regimes Próprios de Previdência Social*. 8. ed. Curitiba: Juruá, 2017.

MARTINS, Bruno Sá Freire. *Direito Constitucional Previdenciário do Servidor Público*. 2. ed. São Paulo: LTr, 2014.

PORTO, Valeria. *Previdência Social dos Servidores Públicos – Regime Próprio e Previdência Complementar*. Curitiba: Juruá, 2014.

8. Comentários

O *caput* desse dispositivo reforça a aplicação do direito adquirido, já consolidado no inc. XXXVI do art. 5º da Constituição Federal, aos benefícios de aposentadoria e pensão de trabalhadores vinculados ao Regime Geral de Previdência Social e servidores abrangidos pelos Regimes Próprios de Previdência Social.

Deve-se compreender, nesse instituto, a hipótese de preenchimento de todos os requisitos exigidos pela legislação em vigor até a edição da nova norma: o direito já poderia ter sido exercido, pois já se incorporou ao patrimônio jurídico de seu titular, embora este não tenha manifestado a sua vontade antes da mudança da lei.

A Jurisprudência entende que não há direito adquirido à aplicação de um regime jurídico, assim entendido o conjunto de regras que regem determinado instituto, como a aposentadoria ou a pensão. Os Tribunais não protegem a expectativa de direito; no entanto, parte da doutrina defende o respeito ao direito expectado daquele servidor que está há anos contribuindo para o regime, garantindo-lhe o direito de se aposentar por regras de transição com requisitos diferenciados, a fim de lhe garantir a forma de cálculo que existia anteriormente à modificação.

O direito adquirido abrange o valor dos proventos de aposentadoria ou da pensão, na medida em que o cálculo deve respeitar a legislação em vigor à época em que atendidos os requisitos para concessão.

Já o § 1º garante o direito à isenção da contribuição previdenciária ao servidor que já poderia se aposentar, mas optou por permanecer em atividade, protelando o exercício desse direito. A referida isenção era concedida até a data em que o servidor completasse 60 anos de idade e 35 anos de contribuição, se homem, e 55 anos de idade e 30 anos de contribuição, se mulher. Após o implemento desses requisitos, o servidor teria que voltar a contribuir. Esta regra, entretanto, não mais tem aplicabilidade, visto que a Emenda Constitucional n. 41/03 estabeleceu o abono de permanência como nova forma de incentivo à permanência do servidor no serviço ativo, mesmo já reunindo condições de se aposentar. No caso do abono, o servidor pode recebê-lo até implementar o requisito da aposentadoria compulsória.

A Emenda Constitucional n. 20/98 expressamente estende todos os direitos e garantias assegurados na Constituição aos militares, inativos e pensionistas, aos anistiados e aos ex-combatentes, especialmente o direito adquirido e a manutenção dos benefícios já concedidos.

O Brasil observou inúmeras outras reformas previdenciárias posteriores à Emenda Constitucional n. 20, de 16.12.1998. Nesse sentido, destacam-se as Emendas Constitucionais n. 41/2003, 47/2005 e, mais recentemente, a Emenda Constitucional n. 103, de 13.11.2019.

O art. 3º dessa novel Emenda Constitucional assegura aos segurados do Regime Geral de Previdência Social e servidores públicos que já se encontravam filiados a seus respectivos regimes previdenciários, o direito adquirido aos benefícios previdenciários e correspondente forma de cálculo, caso já tivessem preenchido os requisitos necessários no momento de início da vigência da norma.

Art. 4º Observado o disposto no art. 40, § 10, da Constituição Federal, o tempo de serviço considerado pela legislação vigente para efeito de aposentadoria, cumprido até que a lei discipline a matéria, será contado como tempo de contribuição.

Daniel Machado da Rocha

1. História da norma

Trata-se de norma inovadora que não encontra precedente em nossa história constitucional.

2. Constituições brasileiras anteriores

Não há registro pertinente.

3. Constituições estrangeiras

O enunciado normativo em foco não encontra similaridade nas demais constituições.

4. Direito internacional

Os instrumentos de Direito Internacional tendem a ser universais, buscando promover a garantia de direitos sociais mínimos que protejam a generalidade dos trabalhadores, razão pela qual não há disposição de relevância a ser destacada.

5. Remissões constitucionais e legais

§§ 9º e 10 do art. 40, § 9º do art. 201, todos da CF/88. Emendas Constitucionais n. 20/98, n. 41/03 e n. 47/05. No plano infraconstitucional são relevantes as Leis: 8.112/90, de 11 de dezembro de 1990, 9.717, de 27 de novembro de 1998, e 10.887, de 18 de junho de 2004.

6. Jurisprudência

BRASIL. Supremo Tribunal Federal. AI 727410 AgR, Rel. Min. Gilmar Mendes, 2ª Turma, *DJ* 02-04-2012.

7. Referências bibliográficas

MODESTO, Paulo. Reforma da Previdência e regime jurídico da aposentadoria dos titulares de cargo público. In: MODESTO, Paulo (Org.). *Reforma da Previdência*: análise e crítica da Emenda Constitucional n. 41/2003 (doutrina, pareceres e normas selecionadas). Belo Horizonte: Fórum, 2004. p. 21-105.

ROCHA, Daniel Machado da. *Comentários à Lei do Regime jurídico único dos servidores públicos civis da União: Lei n. 8.112, de 11 de dezembro de 1990*. Porto Alegre: Livraria do Advogado, 2006.

8. Comentários

A Emenda Constitucional n. 20, de 15 de dezembro de 1998, operou uma transformação substancial ao substituir o paradigma do tempo de serviço pelo do tempo de contribuição, mediante a inserção do § 9º no artigo 40, buscando fortalecer o princípio da manutenção do equilíbrio financeiro e atuarial.

Tendo em foco o objetivo de propiciar uma correspondência adequada entre a arrecadação e o pagamento dos benefícios nos regimes previdenciários – ideia motriz do princípio do equilíbrio financeiro e atuarial –, é perfeitamente aceitável a vedação da utilização de tempos fictícios, isto é, aqueles períodos nos quais não há prestação de serviço ou a correspondente contribuição.

Não se trata de uma vedação absoluta. No julgamento do RE583834, o STF decidiu que o § 5º do art. 29 da Lei 8.213/1991 seria uma exceção razoável à regra proibitiva de tempo de contribuição ficto com apoio no inciso II do art. 55 da mesma lei[1].

Considerando a necessidade de respeitar as situações já consolidadas, o artigo 4º da EC n. 20/98 permitiu que todo o tempo de serviço seja computado como tempo de contribuição até que a lei defina os períodos considerados como válidos, diferenciando as situações que efetivamente são justificáveis das meras ficções contábeis. Especificamente sobre este enunciado normativo, apreciando a questão relativa à possibilidade de averbação do período correspondente ao tempo de inscrição na OAB como advogado, inclusive aquele prestado na qualidade de estagiário, para fins de aposentadoria e disponibilidade, entendeu o STF que, como a Lei anterior admitiu a contagem do referido interregno, o seu aproveitamento estaria assegurado pela norma extraída do art. 4º da EC n.20/98[2].

Alguns exemplos de situações desarrazoadas já foram examinadas no item 8.12.2 dos comentários ao artigo 40, para onde remetemos o leitor.

Art. 5º O disposto no art. 202, § 3º, da Constituição Federal, quanto à exigência de paridade entre a contribuição da patrocinadora e a contribuição do segurado, terá vigência no prazo de 2 (dois) anos a partir da publicação desta Emenda, ou, caso ocorra antes, na data de publicação da lei complementar a que se refere o § 4º do mesmo artigo.

Jane Lucia Wilhelm Berwanger
Marco Aurélio Serau Junior

1. História da norma

Não houve outra norma com esse conteúdo, uma vez que se trata de regra de transição específica do novo Texto Constitucional.

2. Constituições brasileiras anteriores

Não houve, em Constituições anteriores, normas semelhantes, já que se trata de regra de transição específica.

3. Constituições estrangeiras

Não há previsão semelhante em Constituições de outros países.

4. Direito internacional

Não há dispositivo semelhante em normas internacionais.

5. Remissões legais (leis reguladoras)

Lei Complementar n. 108, de 29 de maio de 2001. Dispõe sobre a relação entre a União, Estados, o Distrito Federal e os Municípios, suas autarquias, fundações, sociedades de economia mista e outras entidades públicas e suas respectivas entidades fechadas de previdência complementar, e dá outras providências.

Lei Complementar n. 109, de 29 de maio de 2001. Dispõe sobre o Regime de Previdência Complementar e dá outras providências.

6. Jurisprudência

BRASIL. Superior Tribunal de Justiça. Recurso Especial n. 1.111.077-DF. Relator: Min. João Otávio de Noronha, 4ª Turma, DF, 04 de agosto de 2011. *Diário de Justiça da União*, 19 dez. 2011. Disponível em: <https://ww2.stj.jus.br/processo/revista/inteiroteor/?num_registro=200900153556&dt_publicacao=19/12/2011>. Acesso em: 13 mar. 2018.

BRASIL. Superior Tribunal de Justiça. Agravo Regimental no Recurso Especial n. 704.718-DF. Relatora: Min. Laurita Vaz, Corte Especial, DF, 03 de junho de 2015. *Diário de Justiça da União*, 17 jun. 2015. Disponível em: <https://ww2.stj.jus.br/processo/revista/inteiroteor/?num_registro=200401657611&dt_publicacao=17/06/2015>. Acesso em: 13 mar. 2018.

7. Referência bibliográfica

CORREIA, Marcus Orione Gonçalves; VILELA, José Corrêa (coords.). *Previdência privada*: doutrina e comentários à Lei Complementar n. 109/01. São Paulo: LTr, 2005.

MARTINS, Danilo Ribeiro Miranda. *Previdência Privada – Limites e Diretrizes para a Intervenção do Estado*. Curitiba: Juruá, 2018.

POVOAS, Manuel Sebastião Soares. *Previdência Privada – Filosofia, Fundamentos Técnicos e Conceituação Jurídica*. 2. Ed. São Paulo: Quartier Latin, 2007.

PULINO, Daniel. *Previdência Complementar – Natureza jurídico-constitucional e seu desenvolvimento pelas Entidades Fechadas*. Florianópolis: Conceito Editorial, 2011.

WEINTRAUB, Arthur Bragança de Vasconcellos. *Previdência Privada – Doutrina e Jurisprudência*. São Paulo: Quartier Latin, 2005.

8. Comentário

Trata-se de norma de transição que objetiva um prazo de adaptação das organização das entidades de previdência complementar para que passe a ser aplicada a paridade de contribuição entre o ente público e o participante. O art. 202, §3º, veda o aporte de recursos para a entidade de previdência privada União, Estados, Distrito Federal e Municípios, suas autarquias, fundações, empresas públicas, sociedades de economia mista e outras entidades públicas, salvo na qualidade de patrocinador, situação na qual, em hipótese alguma, sua contribuição normal poderá exceder a do segurado.

---

1. STF, RE 583834, Ayres Britto, Pleno, *DJe* 14-02-2012.
2. STF, AI 727410 AgR, Gilmar Mendes, 2ª Turma, *DJ* 02-04-2012.

Entendemos que esse dispositivo visa evitar retribuição econômica, ainda que a longo prazo, aos servidores, através do aporte de recursos dos entes públicos às entidades de previdência privada. Além disso, demonstra que o compromisso do ente para com o plano não deve ser maior que o do próprio servidor, maior interessado em aderir ao plano de previdência e mantê-lo.

> **Art. 6º** As entidades fechadas de previdência privada patrocinadas por entidades públicas, inclusive empresas públicas e sociedades de economia mista, deverão rever, no prazo de 2 (dois) anos, a contar da publicação desta Emenda, seus planos de benefícios e serviços, de modo a ajustá-los atuarialmente a seus ativos, sob pena de intervenção, sendo seus dirigentes e os de suas respectivas patrocinadoras responsáveis civil e criminalmente pelo descumprimento do disposto neste artigo.
>
> *Jane Lucia Wilhelm Berwanger*
> *Marco Aurélio Serau Junior*

1. História da norma

Não há norma anterior semelhante no ordenamento jurídico pátrio, inclusive porque se trata de regra de transição.

2. Constituições brasileiras anteriores

Não houve, em Constituições anteriores, normas semelhantes, já que se trata de regra de transição específica.

3. Constituições estrangeiras

Não há previsão semelhante em Constituições de outros países.

4. Direito internacional

Não há dispositivo semelhantes em normas internacionais.

5. Remissão legal (lei reguladora)

Lei Complementar n. 108, de 29 de maio de 2001. Dispõe sobre a relação entre a União, Estados, o Distrito Federal e os Municípios, suas autarquias, fundações, sociedades de economia mista e outras entidades públicas e suas respectivas entidades fechadas de previdência complementar, e dá outras providências.

Lei Complementar n. 109, de 29 de maio de 2001. Dispõe sobre o Regime de Previdência Complementar e dá outras providências.

6. Jurisprudência

Ausente disposição sobre o tema que mereça ser destacada.

7. Referências bibliográficas

CORREIA, Marcus Orione Gonçalves; VILELA, José Corrêa (coords.). *Previdência privada*: doutrina e comentários à Lei Complementar n. 109/01. São Paulo: LTr, 2005.

MARTINS, Danilo Ribeiro Miranda. *Previdência Privada – Limites e Diretrizes para a Intervenção do Estado*. Curitiba: Juruá, 2018.

POVOAS, Manuel Sebastião Soares. *Previdência Privada – Filosofia, Fundamentos Técnicos e Conceituação Jurídica*. 2. Ed. São Paulo: Quartier Latin, 2007.

PULINO, Daniel. *Previdência Complementar – Natureza jurídico-constitucional e seu desenvolvimento pelas Entidades Fechadas*. Florianópolis: Conceito Editorial, 2011.

WEINTRAUB, Arthur Bragança de Vasconcellos. *Previdência Privada – Doutrina e Jurisprudência*. São Paulo: Quartier Latin, 2005.

8. Comentário

Essa norma demonstra preocupação com a sustentabilidade das entidades de previdência privada a longo prazo, no mesmo sentido do art. 5º, que determina a adaptação das entidades, no prazo de dois anos, de modo que se aplique a paridade e especialmente para dar conta da vedação do aporte de recursos públicos para os entes. A previdência complementar não deve ser suportada pelo Estado e as mudanças promovidas pela Emenda Constitucional n. 20/98 foram no sentido de efetivar essa opção.

No âmbito infraconstitucional, é melhor especificada a exigência do ajuste ao cálculo atuarial, tanto na Lei Complementar 108, como na Lei Complementar 109. O cálculo deve demonstrar a viabilidade do plano de modo a atender a cobertura integral dos compromissos assumidos, a partir de algumas premissas como a tábua de mortalidade e a taxa de juros.

> **Art. 7º** Os projetos das leis complementares previstos no art. 202 da Constituição Federal deverão ser apresentados ao Congresso Nacional no prazo máximo de 90 (noventa) dias após a publicação desta Emenda.
>
> **Art. 8º** (*Revogado pela Emenda Constitucional n. 41, de 19-12-2003.*)
>
> *Jane Lucia Wilhelm Berwanger*
> *Marco Aurélio Serau Junior*

1. História da norma

Não há norma anterior semelhante no ordenamento jurídico pátrio, inclusive porque se trata de regra de transição.

2. Constituições brasileiras anteriores

Não houve, em Constituições anteriores, normas semelhantes, já que se trata de regra de transição específica.

3. Constituições estrangeiras

Não há previsão semelhante em Constituições de outros países.

4. Direito internacional

Não há dispositivo semelhantes em normas internacionais.

5. Remissões legais (leis reguladoras)

Lei Complementar n. 108, de 29 de maio de 2001. Dispõe sobre a relação entre a União, os Estados, o Distrito Federal e os Municípios, suas autarquias, fundações, sociedades de economia mista e outras entidades públicas e suas respectivas entidades fechadas de previdência complementar, e dá outras providências.

Lei Complementar n. 109, de 29 de maio de 2001. Dispõe sobre o Regime de Previdência Complementar e dá outras providências.

6. Jurisprudência

Não decisões que se referem a esse dispositivo, porque trata apenas de regra de transição que já não se aplica mais, pois as normas ali referidas já foram publicadas.

7. Referências bibliográficas

CORREIA, Marcus Orione Gonçalves; VILELA, José Corrêa (coords.). *Previdência privada*: doutrina e comentários à Lei Complementar n. 109/01. São Paulo: LTr, 2005.

MARTINS, Danilo Ribeiro Miranda. *Previdência Privada – Limites e Diretrizes para a Intervenção do Estado*. Curitiba: Juruá, 2018.

POVOAS, Manuel Sebastião Soares. *Previdência Privada – Filosofia, Fundamentos Técnicos e Conceituação Jurídica*. 2. Ed. São Paulo: Quartier Latin, 2007.

PULINO, Daniel. *Previdência Complementar – Natureza jurídico-constitucional e seu desenvolvimento pelas Entidades Fechadas*. Florianópolis: Conceito Editorial, 2011.

WEINTRAUB, Arthur Bragança de Vasconcellos. *Previdência Privada – Doutrina e Jurisprudência*. São Paulo: Quartier Latin, 2005.

8. Comentário

Com a edição das Leis Complementares 108 e 109, de 29 de maio de 2001, esse dispositivo perdeu sua aplicabilidade. Os projetos foram efetivamente apresentados no prazo determinado por esse dispositivo. A apresentação ocorreu em 16 de março de 1999; portanto, antes de encerrado o prazo de seis meses após a Emenda Constitucional n. 20/98.

> **Art. 9º** (*Revogado pela Emenda Constitucional n. 103, de 12-11-2019.*)
>
> **Art. 10.** (*Revogado pela Emenda Constitucional n. 41, de 19-12-2003.*)
>
> **Art. 11.** A vedação prevista no art. 37, § 10, da Constituição Federal, não se aplica aos membros de poder e aos inativos, servidores e militares, que, até a publicação desta Emenda, tenham ingressado novamente no serviço público por concurso público de provas ou de provas e títulos, e pelas demais formas previstas na Constituição Federal, sendo-lhes proibida a percepção de mais de uma aposentadoria pelo regime de previdência a que se refere o art. 40 da Constituição Federal, aplicando-se-lhes, em qualquer hipótese, o limite de que trata o § 11 deste mesmo artigo.
>
> *Jane Lucia Wilhelm Berwanger*
> *Marco Aurélio Serau Junior*

1. História da norma

Este artigo é inédito no Direito Constitucional brasileiro, tendo sido introduzido no Texto Constitucional pela Emenda Constitucional n. 20/98, permitindo uma regra de transição específica, permitindo àquelas pessoas já aposentadas antes da vigência desta Emenda Constitucional que acumulem os proventos de aposentadoria e um novo cargo público, mas vedando uma nova aposentadoria.

2. Constituições brasileiras anteriores

Não há, nas Constituições brasileiras anteriores, dispositivo semelhante.

3. Constituições estrangeiras

Não existe dispositivo constitucional semelhante nas Constituições portuguesa, francesa, italiana, japonesa, do Reino Unido e da Argentina.

4. Direito internacional

Não existe dispositivo correspondente na Declaração Universal dos Direitos Humanos, na Carta Geral das Nações Unidas, no Pacto Internacional dos Direitos Econômicos, Sociais e Culturais (1966), no Protocolo de San Salvador (Protocolo adicional à Convenção Interamericana Sobre Direitos Humanos em Matéria de Direitos Econômicos, Sociais e Culturais), tampouco no Pacto de San José da Costa Rica.

5. Remissão constitucional

Artigos 37 e 40 da CF/88.

6. Jurisprudência

Não há jurisprudência relevante a respeito do artigo em tela.

7. Referências bibliográficas

BARROSO, Marcelo de Lima Brito. *Regime próprio de Previdência Social dos Servidores Públicos*, 2ª ed., Curitiba: Juruá, 2009. 619 p.

TAVARES, Marcelo Leonardo (org.). *A reforma da previdência social*. Rio de Janeiro: Lumen Juris, 2004. 248 p.

8. Comentário

Esse dispositivo se refere aos regimes próprios de previdência, tratados no art. 40, da Constituição Federal e destinados aos servidores públicos ocupantes de cargos efetivos.

Foi introduzido na Constituição Federal de 1988 por obra da Emenda Constitucional n. 20/98, trazendo uma regra de transição específica, permitindo àquelas pessoas que já se encontravam aposentadas antes da vigência desta Emenda Constitucional e retornaram ao serviço público por novo concurso público que acumulem, excepcionalmente, os proventos de aposentadoria e os vencimentos deste novo cargo público.

É importante destacar que se trata de ressalva específica, pois a regra geral, contida no art. 40, da Constituição Federal, é a da inacumulatividade de cargos e proventos de aposentadoria (salvo as hipóteses ali expressamente previstas, a saber: acumulação de dois cargos de magistério; dois cargos na área da saúde, em profissões regulamentadas, ou um cargo de nível técnico-científico com outro de magistério).

> **Art. 12.** Até que produzam efeitos as leis que irão dispor sobre as contribuições de que trata o art. 195 da Constituição Federal, são exigíveis as estabelecidas em lei, destinadas ao custeio da seguridade social e dos diversos regimes previdenciários.
>
> *Jane Lucia Wilhelm Berwanger*
> *Marco Aurélio Serau Junior*

1. História da norma

Não se conhece de norma semelhante no ordenamento jurídico brasileiro, inclusive porque se trata de regra de transição.

2. Constituições brasileiras anteriores

Não foram localizadas disposições semelhantes em Constituições brasileiras anteriores.

3. Constituições estrangeiras

Não se verificou disposição semelhante em constituições estrangeiras.

4. Direito internacional

Não há, de acordo com a pesquisa realizada, disposição idêntica em documentos internacionais.

5. Remissões constitucionais (outros artigos da Constituição) e legais (leis reguladoras)

Art. 195 da Constituição Federal.

Lei n. 8.212, de 24 de julho de 1991. Dispõe sobre a organização da Seguridade Social, institui Plano de Custeio, e dá outras providências.

Lei n. 10.637, de 30 de dezembro de 2002. Dispõe sobre a não-cumulatividade na cobrança da contribuição para os Programas de Integração Social (PIS) e de Formação do Patrimônio do Servidor Público (Pasep), nos casos que especifica; sobre o pagamento e o parcelamento de débitos tributários federais, a compensação de créditos fiscais, a declaração de inaptidão de inscrição de pessoas jurídicas, a legislação aduaneira, e dá outras providências.

Lei n. 10.833, de 29 de dezembro de 2003. Altera a Legislação Tributária Federal e dá outras providências.

6. Jurisprudência

BRASIL. Supremo Tribunal Federal. Recurso Extraordinário n. 346.084-PR. Relator: Min. Ilmar Galvão, Tribunal Pleno, DF, 09 de novembro de 2005. *Diário de Justiça da União*, 01 set. 2006, p. 19. Disponível em: <http://redir.stf.jus.br/paginadorpub/paginador.jsp?docTP=AC&docID=261096>. Acesso em: 23 mar. 2018.

BRASIL. Supremo Tribunal Federal. Recurso Extraordinário n. 527.602-PR. Relator: Min. Eros Grau, Tribunal Pleno, DF, 05 de agosto de 2009. *Diário de Justiça Eletrônico*, 12 nov. 2009, Disponível em: <http://redir.stf.jus.br/paginadorpub/paginador.jsp?docTP=AC&docID=605653>. Acesso em: 23 mar. 2018.

7. Referências bibliográficas

KERTZMANN, Ivan. *Curso Prático de Direito Previdenciário*. 16. Ed. Atual. Rev. Ampl. Salvador: Jus Podivm, 2018.

KONKEL JR, Nicolau. *Contribuições Sociais*. São Paulo: Quartier Latin, 2005.

PAULSEN, Leandro; VELOSO, Andrei Pitten. *Contribuições sociais – Teoria Geral – Contribuições em espécie*. 3. Ed. Porto Alegre: Do Advogado, 2015.

8. Comentário

Esse dispositivo buscou manter as contribuições já instituídas na legislação ordinária, até que novas leis venham a ser publicadas. A Emenda Constitucional n. 20 alterou a incidência da contribuição social, incluindo receita, além do faturamento, que já constava anteriormente.

Antes da publicação da Emenda Constitucional n. 20/98 foram publicadas as Leis n. 9.715 e 9.718, que tratavam dos tributos PIS (Programa de Integração Social) e COFINS (Contribuição para o Financiamento da Seguridade Social). Com o dispositivo em comento, essas leis teriam sido recepcionadas, até que nova lei venha a ser publicada. Porém, o Supremo Tribunal Federal entendeu que a constitucionalidade superveniente não existe no ordenamento jurídico brasileiro.

Isso hoje já se encontra superado pelas leis posteriores n. 10.637/02 e 10.833/03.

> **Art. 13.** Até que a lei discipline o acesso ao salário-família e auxílio-reclusão para os servidores, segurados e seus dependentes, esses benefícios serão concedidos apenas àqueles que tenham renda bruta mensal igual ou inferior a R$ 360,00 (trezentos e sessenta reais), que, até a publicação da lei, serão corrigidos pelos mesmos índices aplicados aos benefícios do regime geral de previdência social. (*Revogado pela Emenda Constitucional n. 103, de 2019.*)
>
> *Jane Lucia Wilhelm Berwanger*
> *Marco Aurélio Serau Junior*

1. História da norma

Trata-se de norma de conteúdo novo, não encontrado em legislação anterior, no que se refere ao critério de concessão, embora os benefícios já tenham sido previstos anteriormente.

2. Constituições brasileiras anteriores

Não consta nas constituições brasileiras anteriores a norma ou mesmo disposições legais similares.

3. Constituições estrangeiras

O ineditismo da norma diz respeito não apenas ao histórico constitucional brasileiro, mas também às legislações estrangeiras, não sendo encontrado nestas semelhante conteúdo normativo.

4. Direito Internacional

O texto da norma não existe em documentos internacionais de que se têm notícia.

5. Remissões legais (leis reguladoras)

Art. 27 da Emenda Constitucional n. 103, de 13.11.2019.

Decreto n. 3.048, de 6 de maio de 1999. Aprova o Regulamento da Previdência Social, e dá outras providências.

Lei n. 8.213, de 24 de julho de 1991. Dispõe sobre os Planos de Benefícios da Previdência Social e dá outras providências.

6. Jurisprudência

BRASIL. Supremo Tribunal Federal. Recurso Extraordinário n 1587.365/SC. Relator: Min. Ricardo Lewandowski, Tribunal Pleno, DF, 12 de junho de 2008. *Diário de Justiça Eletrônico*, 26. Jun. 2008. Disponível em: <http://redir.stf.jus.br/paginadorpub/paginador.jsp?docTP=AC&docID=536243>. Acesso em: 23 mar. 2018.

BRASIL. Superior Tribunal de Justiça. Recurso Especial n 1.479.564/SP. Relator: Min. Napoleão Nunes Maia Filho, Primeira Turma, DF, 06 de novembro de 2014. *Diário de Justiça Eletrônico*, 18 nov. 2014. Disponível em: <http://www.stj.jus.br/SCON/jurisprudencia/doc.jsp?livre=1479564&b=ACOR&p=true&l=10&i=2>. Acesso em: 23 mar. 2018.

BRASIL. Superior Tribunal de Justiça. Recurso Especial n 1.385.417/MS. Relator: Min. Herman Benjamin, Primeira Seção, DF, 22 de novembro de 2017. *Diário de Justiça Eletrônico*, 02 fev. 2018. Disponível em: <http://www.stj.jus.br/SCON/jurisprudencia/toc.jsp?livre=AUXILIO+RECLUSAO+DESEMPREGADO&repetitivos=REPETITIVOS&&tipo_visualizacao=RESUMO&b=ACOR>. Acesso em: 23 mar. 2018.

7. Referências bibliográficas

ALVES, Helio Gustavo. *Auxílio-Reclusão*. 2. ed. São Paulo, 2014.

CASTRO, Carlos Alberto; LAZZARI, João Batista. *Manual de Direito Previdenciário*. 20. ed. São Paulo: Gen, 2017.

IBRAHIM, Fabio Zambitte. *Curso de Direito Previdenciário*. 20. ed. Rio de Janeiro: Impetus, 2015.

ROCHA, Daniel Machado; BALTAZAR JR., José Paulo. *Comentários à Lei de Benefícios da Previdência Social*. 13. ed. rev. atual. São Paulo: Atlas, 2015.

8. Comentários

O auxílio-reclusão consiste em benefício previdenciário destinado aos dependentes do segurado recluso. Tal fato não é novo, existindo no ordenamento jurídico brasileiro desde a Lei Orgânica da Assistência Social, instituída pela Lei n. 3.807/60. A inovação da Emenda Constitucional foi no sentido de limitar a concessão do benefício aos segurados que sejam considerados, conforme critério econômico especificado, de baixa renda. Essa interpretação, no entanto, foi pacificada apenas na data de 25 de março de 2009, a partir da decisão do STF no Recurso Extraordinário 587.365-0/SC, de relatoria do Ministro Ricardo Lewandowski.

Previamente a essa decisão, havia entendimento jurisprudencial, firmado na Súmula n. 5 da Turma Recursal dos Juizados Especiais Federais de Santa Catarina, de que a limitação de renda de que trata o Art. 13 da EC 20/98 estaria referindo-se aos dependentes, e não ao segurado. A perspectiva adotada pelo STF, por sua vez, foi a de que a renda auferida seria a do segurado, no momento da prisão.

A limitação de renda imposta pela norma e também a interpretação da Suprema Corte foram alvo de significativas críticas. Considera-se que a norma destoa do fundamento constitucional para a concessão do auxílio-reclusão, qual seja a proteção social dos dependentes do segurado em privação de liberdade. Há importante questionamento sobre qual o fundamento para estabelecer-se tal restrição: por qual motivo não poderia um segurado cujo rendimento é superior ao estipulado como de baixa renda prover subsistência à sua família na ocasião de sua prisão? Por que amparar apenas os dependentes dos segurados cuja renda seja inferior à especificada? Na configuração atual, se o segurado recebe pouco mais do que o valor estipulado como máximo, sua família estará totalmente desamparada caso venha a ser preso.

No que se refere ao entendimento de ser o segurado aquele cuja renda deve ser avaliada para que exista o direito ao benefício, as indagações continuam: por que a limitação concerne à renda do segurado, se são seus dependentes os beneficiários do direito em questão?

De um ponto de vista mais abrangente, cabe ainda perguntar de qual modo espera-se que a norma aqui abordada promova a materialização dos direitos sociais, que é, em última instância, razão de ser dos benefícios previdenciários? Desde a aprovação da EC 20/98, o texto do art. 13 suscita dúvidas sobre se o plano do Poder Constituinte estar sendo devidamente resguardado, tendo em vista que há nítida redução da proteção social. Há que se observar, por fim, que o Superior Tribunal de Justiça entendeu que essa regra deve ser flexibilizada, que não é uma regra absoluta e que se o segurado está desempregado deve-se entender que pela inexistência de renda, logo, pelo enquadramento.

O art. 13 da Emenda Constitucional n. 20, de 16.12.1998, foi revogado pela Emenda Constitucional n. 113, de 13.11.2019. O art. 27 da novel Emenda Constitucional define que, até que lei discipline o acesso ao auxílio-reclusão, esse benefício será concedido apenas àqueles que tenham renda bruta mensal igual ou inferior a R$ 1.364,43 (mil, trezentos e sessenta e quatro reais e quarenta e três centavos), valores que serão corrigidos pelos mesmos índices aplicados aos benefícios do Regime Geral de Previdência Social.

Ademais, o mesmo art. 27, § 1º, da Emenda Constitucional n. 103, de 13.11.2019, estabelece que, até que lei discipline o valor do auxílio-reclusão, seu cálculo será realizado na forma daquele aplicável à pensão por morte, não podendo exceder o valor de 1 (um) salário mínimo.

> **Art. 14.** O limite máximo para o valor dos benefícios do regime geral de previdência social de que trata o art. 201 da Constituição Federal é fixado em R$ 1.200,00 (um mil e duzentos reais), devendo, a partir da data da publicação desta Emenda, ser reajustado de forma a preservar, em caráter permanente, seu valor real, atualizado pelos mesmos índices aplicados aos benefícios do regime geral de previdência social.
>
> *Jane Lucia Wilhelm Berwanger*
> *Marco Aurélio Serau Junior*

1. História da norma

Não há registro de norma semelhante no ordenamento jurídico pátrio, não tendo aparecido em qualquer outra disposição constitucional ou infraconstitucional precedente.

2. Constituições brasileiras anteriores

Não se conhece de disposições semelhantes em Constituições brasileiras anteriores. A existência de um teto para os benefícios previdenciários, todavia, era recepcionada, conforme posicionamentos jurisprudencial.

3. Constituições estrangeiras

Não se verificou disposição semelhante em Constituições de outros países.

4. Direito internacional

Não foi localizada disposição idêntica em normas internacionais, embora a existência de um teto tenha sido orientação recorrente do Banco Mundial.

5. Remissões legais (leis reguladoras)

Decreto n. 3.048, de 6 de maio de 1999. Aprova o Regulamento da Previdência Social, e dá outras providências.

Lei n. 8.212, de 24 de julho de 1991. Dispõe sobre a organização da Seguridade Social, institui Plano de Custeio, e dá outras providências.

Lei n. 8.213, de 24 de julho de 1991. Dispõe sobre os Planos de Benefícios da Previdência Social e dá outras providências.

6. Jurisprudência (STF e STJ): leading cases, principais posições e votos divergentes; tendências atuais no sentido da mudança da jurisprudência

BRASIL. Supremo Tribunal Federal. Repercussão Geral no Recurso Extraordinário n. 937.595-SP. Relator: Min. Roberto Barroso, Tribunal Pleno, DF, 02 de fevereiro de 2017. *Diário de Justiça Eletrônico*, 15 maio 2017. Disponível em: <http://redir.stf.jus.br/paginadorpub/paginador.jsp?docTP=TP&docID=12890385>. Acesso em: 19 mar. 2018.

BRASIL. Supremo Tribunal Federal. Recurso Extraordinário n. 564.354-SE. Relator: Min. Menezes Direito, Tribunal Pleno, DF, 01 de maio de 2008. *Diário de Justiça da União*, 05 jun. 2008. Disponível em: <http://redir.stf.jus.br/paginadorpub/paginador.jsp?docTP=AC&docID=532269>. Acesso em: 19 mar. 2018.

BRASIL. Supremo Tribunal Federal. Embargos de Declaração no Recurso Extraordinário n. 489.207-MG. Relator: Min. Sepúlveda Pertence, 1ª Turma, DF, 17 de outubro de 2006. *Diário de Justiça da União*, 10 nov. 2006, p. 56. Disponível em: <http://www.stf.gov.br/portal/inteiroTeor/obterInteiroTeor.asp?numero=489207&classe=RE-ED>. Acesso em: 19 mar. 2018.

BRASIL. Supremo Tribunal Federal. Embargos de Declaração no Recurso Extraordinário n. 489.207-MG. Relator: Min. Sepúlveda Pertence, 1ª Turma, DF, 17 de outubro de 2006. *Diário de Justiça da União*, 10 nov. 2006, p. 56. Disponível em: <http://www.stf.gov.br/portal/inteiroTeor/obterInteiroTeor.asp?numero=489207&classe=RE-ED>. Acesso em: 19 mar. 2018.

7. Referência bibliográfica

AMADO, Frederico. *Revisão e Reajustamento dos Benefícios da Previdência Social.* Salvador: Jus Podivm, 2011.

CASTRO, Carlos Alberto; LAZZARI, João Batista. *Manual de Direito Previdenciário.* 20 ed. São Paulo: Gen, 2017.

ROCHA, Daniel Machado; BALTAZAR JR., José Paulo. *Comentários à Lei de Benefícios da Previdência Social.* 13. Ed. rev. atual. São Paulo: Atlas, 2015.

8. Comentários

No Regulamento dos Institutos de Previdência de 1954 (Decreto n. 35.448) havia teto, calculado da seguinte forma: o valor de até cinco salários mínimos era integral; no valor que excedia até 10 (dez) salários mínimos tinha um redutor de um terço; do que passava 10 (dez) salários mínimos tinha um redutor de dois terços. Na Lei Orgânica da Previdência Social (Lei 3.807/60) o limite era de 10 (dez) vezes o maior salário mínimo vigente no país. Em 1973, com a Lei 5.890, surgiu o menor valor-teto de 10 (dez) salários mínimos e o maior valor teto de 20 (vinte) salários mínimos. Em 1975, pela Lei 6.210, o maior valor-teto e o menor valor-teto deixaram de estar vinculados ao salário mínimo e passaram apenas a serem corrigidos pelo índice de correção monetária da época.

Nem a Constituição Federal nem a Lei de Benefícios da Previdência Social (Lei n. 8.213/91) determinaram a vinculação dos benefícios em número de salários mínimos. Mas o valor estipulado na Emenda Constitucional n. 20/98, de R$ 1.200,00 (um mil e duzentos reais) representava 10 (dez) salários mínimos. Também não houve nova vinculação ao salário mínimo a partir desta data. Esse valor passou a ser corrigido por índices de correção que foram sendo modificados ao longo do tempo. Atualmente o índice de correção usado é o INPC – Índice Nacional de Peços.

O valor máximo de benefício previdenciário também é o valor máximo de salário de contribuição, o que caracteriza coerência e razoabilidade, pois não seria justo pagar sobre um valor maior do que o limite de concessão dos benefícios.

Quando foi publicada a Emenda Constitucional n. 20/98, houve ajuizamento de ações judiciais buscando a readequação do valor dos benefícios, tendo em vista o estabelecimento de novo teto previdenciário, o que foi reconhecido pelo Supremo Tribunal Federal.

Art. 15. Até que a lei complementar a que se refere o art. 201, § 1º, da Constituição Federal, seja publicada, permanece em vigor o disposto nos arts. 57 e 58 da Lei n. 8.213, de 24 de julho de 1991, na redação vigente à data da publicação desta Emenda. (*Revogado pela Emenda Constitucional n. 103, de 2019.*)

Jane Lucia Wilhelm Berwanger
Marco Aurélio Serau Junior

1. História da norma

Pela própria característica de regra de transição, esta norma é nova no ordenamento jurídico pátrio.

2. Constituições brasileiras anteriores

Não foram localizadas em Constituições brasileiras anteriores disposições semelhantes.

3. Constituições estrangeiras

Não se constatou disposição semelhante em Constituições de outros países.

4. Direito internacional

Não encontrada, na pesquisa realizada, disposição semelhante.

5. Remissões constitucionais (outros artigos da Constituição) e legais (leis reguladoras)

Art. 19 da Emenda Constitucional n. 103, de 13.11.2019.

Medida Provisória 1.663, de 28 de maio de 1998, convertida na Lei 9.711, de 20 de novembro de 1998.

Decreto n. 3.048, de 6 de maio de 1999. Aprova o Regulamento da Previdência Social, e dá outras providências.

Lei n. 8.213, de 24 de julho de 1991. Dispõe sobre os Planos de Benefícios da Previdência Social e dá outras providências.

Lei n. 9.711, de 20 de novembro de 1998. Dispõe sobre a recuperação de haveres do Tesouro Nacional e do Instituto Nacional do Seguro Social – INSS, a utilização de Títulos da Dívida Pública, de responsabilidade do Tesouro Nacional, na quitação de débitos com o INSS, altera dispositivos das Leis ns. 7.986, de 28 de dezembro de 1989, 8.036, de 11 de maio de 1990, 8.212, de 24 de julho de 1991, 8.213, de 24 de julho de 1991, 8.742, de 7 de dezembro de 1993, e 9.639, de 25 de maio de 1998, e dá outras providências.

6. Jurisprudência (STF e STJ): *leading cases*, principais posições e votos divergentes; tendências atuais no sentido da mudança da jurisprudência

BRASIL. Supremo Tribunal Federal. Recurso Extraordinário com Agravo n. 664.335-SC. Relator: Min. Luiz Fux, Tribunal Pleno, DF, 04 de dezembro de 2014. *Diário de Justiça Eletrônico*, 11 fev. 2015. Disponível em: <http://redir.stf.jus.br/paginadorpub/paginador.jsp?docTP=TP&docID=7734901>. Acesso em: 23 mar. 2018.

BRASIL. Supremo Tribunal Federal. Mandado de Injunção n. 795-DF. Relatora: Min. Carmen Lucia, Tribunal Pleno, DF, 15 de abril de 2009. *Diário de Justiça Eletrônico*, 12 maio. 2009. Disponível em: <http://redir.stf.jus.br/paginadorpub/paginador.jsp?docTP=AC&docID=593668>. Acesso em: 23 mar. 2018.

BRASIL. Superior Tribunal de Justiça. Recurso Especial n. 1.1151.363-MG. Relator: Min. Jorge Mussi, Terceira Seção, DF, 23 de março de 2011. *Diário de Justiça Eletrônico*, 05 abr. 2011. Disponível em: <http://www.stj.jus.br/SCON/jurisprudencia/doc.jsp?livre=1151363&repetitivos=REPETITIVOS&b=ACOR&p=true&l=10&i=3>. Acesso em: 23 mar. 2018.

BRASIL. Superior Tribunal de Justiça. Recurso Especial n. 956.110-SP. Relator: Min. Napoleão Nunes Maia Filho, 5ª Turma, DF, 29 de agosto de 2007. *Diário de Justiça da União*, 22 out. 2007. Disponível em: <https://ww2.stj.gov.br/revistaeletronica/ita.asp?registro=200701232482&dt_publicacao=22/10/2007>. Acesso em: 23 mar. 2018.

BRASIL. Superior Tribunal de Justiça. Tema 1031. Relator: Min. Napoleão Nunes Maia Filho, 1ª Seção, DF, 9 de dezembro de 2020. Disponível em: https://processo.stj.jus.br/repetitivos/temas_repetitivos/pesquisa.jsp?novaConsulta=true&tipo_pesquisa=T&num_processo_classe=1831371. Acesso em: 19 abr. 2023.

7. Referências bibliográficas

CASTRO, Carlos Alberto; LAZZARI, João Batista. *Manual de Direito Previdenciário*. 20. ed. São Paulo: Gen, 2017.

LADENTHIN, Adriane Bramante de Castro. *Aposentadoria especial*. 4. ed. Curitiba: Juruá, 2018.

RIBEIRO, Maria Helena Carreira Alvim. *Aposentadoria especial*. 4. ed. rev. e atual. Curitiba: Juruá, 2011.

ROCHA, Daniel Machado; BALTAZAR JR., José Paulo. *Comentários à Lei de Benefícios da Previdência Social*. 13. ed. rev. atual. São Paulo: Atlas, 2015.

8. Comentários

Desde a Lei Orgânica da Previdência Social – Lei 3.807, de 26 de agosto de 1960 – há regras diferenciadas na concessão de aposentadoria àqueles trabalhadores que exercem atividades nocivas. A Lei n. 8.213/91 manteve essa previsão de tratamento diferenciado, com a concessão de aposentadoria especial aos 15 (quinze), 20 (vinte) ou 25 (vinte e cinco) anos de atividade, conforme a nocividade, de acordo com os decretos regulamentadores vigentes em cada época (Decreto n. 53.831/64, Decreto n. 83.080/79, Decreto n. 2.172/97 e Decreto 3.048/99).

A Emenda Constitucional n. 20 previu a obrigatoriedade de edição de lei complementar, alterando o § 1º do art. 201 da Constituição Federal. Porém, determinou, até que fosse publicada esta Lei Complementar, a manutenção das normas em vigor, e as especificou: arts. 57 e 58 da Lei n. 8.213/91. Esses dispositivos versam sobre a concessão de aposentadoria especial, a comprovação dessa especialidade, a conversão de atividade, o valor do benefício e os efeitos da concessão da aposentadoria especial.

A lei complementar não chegou a ser editada; portanto, mantiveram-se os dispositivos citados. Houve uma tentativa de extinção da conversão de atividade especial para comum, porém isso foi rechaçado pela Jurisprudência com base no dispositivo em comento.

O INSS, nas suas instruções normativas, nunca chegou a entender pela impossibilidade de conversão da atividade especial para comum, circunstância que foi considerada pelo Superior Tribunal de Justiça, quando julgou a matéria.

O regime jurídico da aposentadoria especial foi profundamente alterado pela Emenda Constitucional n. 103, de 13.11.2019, no que concerne tanto às regras permanentes como às regras de transição, destacando-se a imposição de idade mínima para essa modalidade de aposentadoria (o que não era exigido na sistemática anterior).

Art. 16. Esta Emenda Constitucional entra em vigor na data de sua publicação.

Art. 17. Revoga-se o inciso II do § 2º do art. 153 da Constituição Federal.

Brasília, 15 de dezembro de 1998.

Mesa da Câmara dos Deputados
Deputado MICHEL TEMER
Presidente
Mesa do Senado Federal
Senador ANTONIO CARLOS MAGALHÃES
Presidente

EMENDA CONSTITUCIONAL N. 21,
DE 18 DE MARÇO DE 1999*

Prorroga, alterando a alíquota, a contribuição provisória sobre movimentação ou transmissão de valores e de créditos e de direitos de natureza financeira, a que se refere o art. 74 do Ato das Disposições Constitucionais Transitórias.

As Mesas da Câmara dos Deputados e do Senado Federal, nos termos do § 3º do art. 60 da Constituição Federal, promulgam a seguinte Emenda ao texto constitucional:

---
*. Publicada no *Diário Oficial da União* de 19-3-1999.

Art. 1º Fica incluído o art. 75 no Ato das Disposições Constitucionais Transitórias, com a seguinte redação:

"Art. 75. É prorrogada, por trinta e seis meses, a cobrança da contribuição provisória sobre movimentação ou transmissão de valores e de créditos e direitos de natureza financeira de que trata o art. 74, instituída pela Lei n. 9.311, de 24 de outubro de 1996, modificada pela Lei n. 9.539, de 12 de dezembro de 1997, cuja vigência é também prorrogada por idêntico prazo.

§ 1º Observado o disposto no § 6º do art. 195 da Constituição Federal, a alíquota da contribuição será de trinta e oito centésimos por cento, nos primeiros doze meses, e de trinta centésimos, nos meses subsequentes, facultado ao Poder Executivo reduzi-la total ou parcialmente, nos limites aqui definidos.

§ 2º O resultado do aumento da arrecadação, decorrente da alteração da alíquota, nos exercícios financeiros de 1999, 2000 e 2001, será destinado ao custeio da previdência social.

§ 3º É a União autorizada a emitir títulos da dívida pública interna, cujos recursos serão destinados ao custeio da saúde e da previdência social, em montante equivalente ao produto da arrecadação da contribuição, prevista e não realizada em 1999."

Art. 2º Esta Emenda entra em vigor na data de sua publicação.

Brasília, 18 de março de 1999.

Mesa da Câmara dos Deputados
Deputado MICHEL TEMER
Presidente
Mesa do Senado Federal
Senador ANTONIO CARLOS MAGALHÃES
Presidente

EMENDA CONSTITUCIONAL N. 22,
DE 18 DE MARÇO DE 1999**

Acrescenta parágrafo único ao art. 98 e altera as alíneas i do inciso I do art. 102 e c do inciso I do art. 105 da Constituição Federal.

As Mesas da Câmara dos Deputados e do Senado Federal, nos termos do § 3º do art. 60 da Constituição Federal, promulgam a seguinte Emenda ao texto constitucional:

Art. 1º É acrescentado ao art. 98 da Constituição Federal o seguinte parágrafo único:

"Art. 98..
Parágrafo único. Lei federal disporá sobre a criação de juizados especiais no âmbito da Justiça Federal."

Art. 2º A alínea *i* do inciso I do art. 102 da Constituição Federal passa a vigorar com a seguinte redação:

**. Publicada no *Diário Oficial da União* de 19-3-1999.

"Art. 102. ....
I – ....
....

i) o *habeas corpus*, quando o coator for Tribunal Superior ou quando o coator ou o paciente for autoridade ou funcionário cujos atos estejam sujeitos diretamente à jurisdição do Supremo Tribunal Federal, ou se trate de crime sujeito à mesma jurisdição em uma única instância;
...."

Art. 3º A alínea *c* do inciso I do art. 105 da Constituição Federal passa a vigorar com a seguinte redação:

"Art. 105. ....
I – ....

c) os *habeas corpus*, quando o coator ou o paciente for qualquer das pessoas mencionadas na alínea *a*, quando coator for tribunal, sujeito à sua jurisdição, ou Ministro de Estado, ressalvada a competência da Justiça Eleitoral;
...."

Art. 4º Esta Emenda Constitucional entra em vigor na data de sua publicação.

Brasília, 18 de março de 1999.

Mesa da Câmara dos Deputados
Deputado MICHEL TEMER
Presidente
Mesa do Senado Federal
Senador ANTONIO CARLOS MAGALHÃES
Presidente

EMENDA CONSTITUCIONAL N. 23, DE 2 DE SETEMBRO DE 1999*

Altera os arts. 12, 52, 84, 91, 102 e 105 da Constituição Federal (criação do Ministério da Defesa).

As Mesas da Câmara dos Deputados e do Senado Federal, nos termos do § 3º do art. 60 da Constituição Federal, promulgam a seguinte Emenda ao texto constitucional:

Art. 1º Os arts. 12, 52, 84, 91, 102 e 105 da Constituição Federal, passam a vigorar com as seguintes alterações:

"Art. 12..
....
§ 3º ....
....
VII – de Ministro de Estado da Defesa.
...." (NR)

"Art. 52. ....
I – processar e julgar o Presidente e o Vice-Presidente da República nos crimes de responsabilidade, bem como os Ministros de Estado e os Comandantes da Marinha, do Exército e da Aeronáutica nos crimes da mesma natureza conexos com aqueles; (NR)
...."

"Art. 84. ....

XIII – exercer o comando supremo das Forças Armadas, nomear os Comandantes da Marinha, do Exército e da Aeronáutica, promover seus oficiais-generais e nomeá-los para os cargos que lhes são privativos;
...." (NR)

"Art. 91. ....
....
V – o Ministro de Estado da Defesa;
....
VIII – os Comandantes da Marinha, do Exército e da Aeronáutica.
...." (NR)

"Art. 102. ....
I – ....
....
c) nas infrações penais comuns e nos crimes de responsabilidade, os Ministros de Estado e os Comandantes da Marinha, do Exército e da Aeronáutica, ressalvado o disposto no art. 52, I, os membros dos Tribunais Superiores, os do Tribunal de Contas da União e os chefes de missão diplomática de caráter permanente;
...." (NR)

"Art. 105. ....
I – ....
....
b) os mandados de segurança e os habeas data contra ato de Ministro de Estado, dos Comandantes da Marinha, do Exército e da Aeronáutica ou do próprio Tribunal; (NR)
c) os *habeas corpus*, quando o coator ou paciente for qualquer das pessoas mencionadas na alínea *a*, ou quando o coator for tribunal sujeito à sua jurisdição, Ministro de Estado ou Comandante da Marinha, do Exército ou da Aeronáutica, ressalvada a competência da Justiça Eleitoral;
...." (NR)

Art. 2º Esta Emenda Constitucional entra em vigor na data de sua publicação.

Brasília, 2 de setembro de 1999.

Mesa da Câmara dos Deputados
Deputado MICHEL TEMER
Presidente
Mesa do Senado Federal
Senador ANTONIO CARLOS MAGALHÃES
Presidente

---

*. Publicada no *Diário Oficial da União* de 3-9-1999.

EMENDA CONSTITUCIONAL N. 24, DE 9 DE DEZEMBRO DE 1999*

Altera dispositivos da Constituição Federal pertinentes à representação classista na Justiça do Trabalho.

As Mesas da Câmara dos Deputados e do Senado Federal, nos termos do § 3º do art. 60 da Constituição Federal, promulgam a seguinte Emenda ao texto constitucional:

Art. 1º Os arts. 111, 112, 113, 115 e 116 da Constituição Federal passam a vigorar com a seguinte redação:

"Art. 111. ....
....

III – Juízes do Trabalho. (NR)

§ 1º O Tribunal Superior do Trabalho compor-se-á de dezessete Ministros, togados e vitalícios, escolhidos dentre brasileiros com mais de trinta e cinco e menos de sessenta e cinco anos, nomeados pelo Presidente da República, após aprovação pelo Senado Federal, dos quais onze escolhidos dentre juízes dos Tribunais Regionais do Trabalho, integrantes da carreira da magistratura trabalhista, três dentre advogados e três dentre membros do Ministério Público do Trabalho. (NR)

I – (Revogado).

II – (Revogado).

§ 2º O Tribunal encaminhará ao Presidente da República listas tríplices, observando-se, quanto às vagas destinadas aos advogados e aos membros do Ministério Público, o disposto no art. 94; as listas tríplices para o provimento de cargos destinados aos juízes da magistratura trabalhista de carreira deverão ser elaboradas pelos Ministros togados e vitalícios. (NR)

....

"Art. 112. Haverá pelo menos um Tribunal Regional do Trabalho em cada Estado e no Distrito Federal, e a lei instituirá as Varas do Trabalho, podendo, nas comarcas onde não forem instituídas, atribuir sua jurisdição aos juízes de direito." (NR)

"Art. 113. A lei disporá sobre a constituição, investidura, jurisdição, competência, garantias e condições de exercício dos órgãos da Justiça do Trabalho." (NR)

"Art. 115. Os Tribunais Regionais do Trabalho serão compostos de juízes nomeados pelo Presidente da República, observada a proporcionalidade estabelecida no § 2º do art. 111. (NR)

Parágrafo único. ....

III – (Revogado)."

"Art. 116. Nas Varas do Trabalho, a jurisdição será exercida por um juiz singular. (NR)

Parágrafo único. (Revogado)"

Art. 2º É assegurado o cumprimento dos mandatos dos atuais ministros classistas temporários do Tribunal Superior do Trabalho e dos atuais juízes classistas temporários dos Tribunais Regionais do Trabalho e das Juntas de Conciliação e Julgamento.

Art. 3º Esta Emenda Constitucional entra em vigor na data de sua publicação.

Art. 4º Revoga-se o art. 117 da Constituição Federal.

Brasília, em 9 de dezembro de 1999.

Mesa da Câmara dos Deputados
Deputado MICHEL TEMER
Presidente
Mesa do Senado Federal
Senador ANTONIO CARLOS MAGALHÃES
Presidente

EMENDA CONSTITUCIONAL N. 25, DE 14 DE FEVEREIRO DE 2000**

Altera o inciso VI do art. 29 e acrescenta o art. 29-A à Constituição Federal, que dispõem sobre limites de despesas com o Poder Legislativo Municipal.

As Mesas da Câmara dos Deputados e do Senado Federal, nos termos do § 3º do art. 60 da Constituição Federal, promulgam a seguinte Emenda ao texto constitucional:

Art. 1º O inciso VI do art. 29 da Constituição Federal passa a vigorar com a seguinte redação:

"Art. 29..
....

'VI – o subsídio dos Vereadores será fixado pelas respectivas Câmaras Municipais em cada legislatura para a subsequente, observado o que dispõe esta Constituição, observados os critérios estabelecidos na respectiva Lei Orgânica e os seguintes limites máximos:' (NR)

'a) em Municípios de até dez mil habitantes, o subsídio máximo dos Vereadores corresponderá a vinte por cento do subsídio dos Deputados Estaduais;' (AC) AC = acréscimo.

'b) em Municípios de dez mil e um a cinquenta mil habitantes, o subsídio máximo dos Vereadores corresponderá a trinta por cento do subsídio dos Deputados Estaduais;' (AC)

'c) em Municípios de cinquenta mil e um a cem mil habitantes, o subsídio máximo dos Vereadores corresponderá a quarenta por cento do subsídio dos Deputados Estaduais;' (AC)

'd) em Municípios de cem mil e um a trezentos mil habitantes, o subsídio máximo dos Vereadores corresponderá a cinquenta por cento do subsídio dos Deputados Estaduais;'

---

*. Publicada no *Diário Oficial da União* de 10-12-1999.

**. Publicada no *Diário Oficial da União* de 15-2-2000.

(AC)

'e) em Municípios de trezentos mil e um a quinhentos mil habitantes, o subsídio máximo dos Vereadores corresponderá a sessenta por cento do subsídio dos Deputados Estaduais;' (AC)

'f) em Municípios de mais de quinhentos mil habitantes, o subsídio máximo dos Vereadores corresponderá a setenta e cinco por cento do subsídio dos Deputados Estaduais;' (AC)

...."

Art. 2º A Constituição Federal passa a vigorar acrescida do seguinte art. 29-A:

"Art. 29-A. O total da despesa do Poder Legislativo Municipal, incluídos os subsídios dos Vereadores e excluídos os gastos com inativos, não poderá ultrapassar os seguintes percentuais, relativos ao somatório da receita tributária e das transferências previstas no § 5o do art. 153 e nos arts. 158 e 159, efetivamente realizado no exercício anterior:" (AC)

"I – oito por cento para Municípios com população de até cem mil habitantes;" (AC)

"II – sete por cento para Municípios com população entre cem mil e um e trezentos mil habitantes;" (AC)

"III – seis por cento para Municípios com população entre trezentos mil e um e quinhentos mil habitantes;" (AC)

"IV – cinco por cento para Municípios com população acima de quinhentos mil habitantes." (AC)

"§ 1º A Câmara Municipal não gastará mais de setenta por cento de sua receita com folha de pagamento, incluído o gasto com o subsídio de seus Vereadores." (AC)

"§ 2º Constitui crime de responsabilidade do Prefeito Municipal:" (AC)

"I – efetuar repasse que supere os limites definidos neste artigo;" (AC)

"II – não enviar o repasse até o dia vinte de cada mês; ou" (AC)

"III – enviá-lo a menor em relação à proporção fixada na Lei Orçamentária." (AC)

"§ 3º Constitui crime de responsabilidade do Presidente da Câmara Municipal o desrespeito ao § 1º deste artigo." (AC)

Art. 3º Esta Emenda Constitucional entra em vigor em 1º de janeiro de 2001.

Brasília, 14 de fevereiro de 2000.

Mesa da Câmara dos Deputados
Deputado MICHEL TEMER
Presidente
Mesa do Senado Federal
Senador ANTONIO CARLOS MAGALHÃES
Presidente

EMENDA CONSTITUCIONAL N. 26, DE 14 DE FEVEREIRO DE 2000*

Altera a redação do art. 6º da Constituição Federal.

As Mesas da Câmara dos Deputados e do Senado Federal, nos termos do § 3º do art. 60 da Constituição Federal, promulgam a seguinte Emenda ao texto constitucional:

Art. 1º O art. 6º da Constituição Federal passa a vigorar com a seguinte redação:

"Art. 6º São direitos sociais a educação, a saúde, o trabalho, a moradia, o lazer, a segurança, a previdência social, a proteção à maternidade e à infância, a assistência aos desamparados, na forma desta Constituição." (NR)

Art. 2º Esta Emenda Constitucional entra em vigor na data de sua publicação.

Brasília, 14 de fevereiro de 2000.

Mesa da Câmara dos Deputados
Deputado MICHEL TEMER
Presidente
Mesa do Senado Federal
Senador ANTONIO CARLOS MAGALHÃES
Presidente

EMENDA CONSTITUCIONAL N. 27, DE 21 DE MARÇO DE 2000**

Acrescenta o art. 76 ao Ato das Disposições Constitucionais Transitórias, instituindo a desvinculação de arrecadação de impostos e contribuições sociais da União.

As Mesas da Câmara dos Deputados e do Senado Federal, nos termos do § 3º do art. 60 da Constituição Federal, promulgam a seguinte Emenda ao texto constitucional:

Art. 1º É incluído o art. 76 ao Ato das Disposições Constitucionais Transitórias, com a seguinte redação:

"Art. 76. É desvinculado de órgão, fundo ou despesa, no período de 2000 a 2003, vinte por cento da arrecadação de impostos e contribuições sociais da União, já instituídos ou que vierem a ser criados no referido período, seus adicionais e respectivos acréscimos legais." (AC)

"§ 1º O disposto no *caput* deste artigo não reduzirá a base de cálculo das transferências a Estados, Distrito Federal e Municípios na forma dos arts. 153, § 5º; 157, I; 158, I e II; e 159, I, *a* e *b*, e II, da Constituição, bem como a base de cálculo das aplicações em programas de financiamento ao setor

---

*. Publicada no *Diário Oficial da União* de 15-2-2000.
**. Publicada no *Diário Oficial da União* de 22-3-2000.

produtivo das regiões Norte, Nordeste e Centro-Oeste a que se refere o art. 159, I, *c*, da Constituição." (AC)

"§ 2º Excetua-se da desvinculação de que trata o *caput* deste artigo a arrecadação da contribuição social do salário-educação a que se refere o art. 212, § 5º, da Constituição." (AC)

Art. 2º Esta Emenda Constitucional entra em vigor na data de sua publicação.

Brasília, 21 de março de 2000.

Mesa da Câmara dos Deputados
Deputado MICHEL TEMER
Presidente
Mesa do Senado Federal
Senador ANTONIO CARLOS MAGALHÃES
Presidente

EMENDA CONSTITUCIONAL N. 28, DE 25 DE MAIO DE 2000*

Dá nova redação ao inciso XXIX do art. 7º e revoga o art. 233 da Constituição Federal.

As Mesas da Câmara dos Deputados e do Senado Federal, nos termos do § 3º do art. 60 da Constituição Federal, promulgam a seguinte Emenda ao texto constitucional:

Art. 1º O inciso XXIX do art. 7º da Constituição Federal passa a vigorar com a seguinte redação:

"XXIX – ação, quanto aos créditos resultantes das relações de trabalho, com prazo prescricional de cinco anos para os trabalhadores urbanos e rurais, até o limite de dois anos após a extinção do contrato de trabalho;" (NR)
"a) (Revogada)."
"b) (Revogada)."

Art. 2º Revoga-se o art. 233 da Constituição Federal.
Art. 3º Esta Emenda Constitucional entra em vigor na data de sua publicação.

Brasília, em 25 de maio de 2000.

Mesa da Câmara dos Deputados
Deputado MICHEL TEMER
Presidente
Mesa do Senado Federal
Senador ANTONIO CARLOS MAGALHÃES
Presidente

---

*. Publicada no *Diário Oficial da União* de 26-5-2000. Retificada em 29-5-2000.

EMENDA CONSTITUCIONAL N. 29, DE 13 DE SETEMBRO DE 2000**

Altera os arts. 34, 35, 156, 160, 167 e 198 da Constituição Federal e acrescenta artigo ao Ato das Disposições Constitucionais Transitórias, para assegurar os recursos mínimos para o financiamento das ações e serviços públicos de saúde.

As Mesas da Câmara dos Deputados e do Senado Federal, nos termos do § 3º do art. 60 da Constituição Federal, promulgam a seguinte Emenda ao texto constitucional:

Art. 1º A alínea *e* do inciso VII do art. 34 passa a vigorar com a seguinte redação:

"Art. 34...
...."
"VII –
...."
"*e*) aplicação do mínimo exigido da receita resultante de impostos estaduais, compreendida a proveniente de transferências, na manutenção e desenvolvimento do ensino e nas ações e serviços públicos de saúde." (NR)

Art. 2º O inciso III do art. 35 passa a vigorar com a seguinte redação:

"Art. 35...
...."
"III – não tiver sido aplicado o mínimo exigido da receita municipal na manutenção e desenvolvimento do ensino e nas ações e serviços públicos de saúde;" (NR)

Art. 3º O § 1º do art. 156 da Constituição Federal passa a vigorar com a seguinte redação:

"Art. 156.."
"§ 1º Sem prejuízo da progressividade no tempo a que se refere o art. 182, § 4º, inciso II, o imposto previsto no inciso I poderá:" (NR)
"I – ser progressivo em razão do valor do imóvel; e" (AC)
"II – ter alíquotas diferentes de acordo com a localização e o uso do imóvel." (AC)
".."

Art. 4º O parágrafo único do art. 160 passa a vigorar com a seguinte redação:

"Art.160.."
"Parágrafo único. A vedação prevista neste artigo não impede a União e os Estados de condicionarem a entrega de recursos:" (NR)
"I – ao pagamento de seus créditos, inclusive de suas autarquias;" (AC)

**. Publicada no *Diário Oficial da União* de 14-9-2000.

"II – ao cumprimento do disposto no art. 198, § 2º, incisos II e III." (AC)

Art. 5º O inciso IV do art. 167 passa a vigorar com a seguinte redação:

"Art. 167...
...."

"IV – a vinculação de receita de impostos a órgão, fundo ou despesa, ressalvadas a repartição do produto da arrecadação dos impostos a que se referem os arts. 158 e 159, a destinação de recursos para as ações e serviços públicos de saúde e para manutenção e desenvolvimento do ensino, como determinado, respectivamente, pelos arts. 198, § 2º, e 212, e a prestação de garantias às operações de crédito por antecipação de receita, previstas no art. 165, § 8º, bem como o disposto no § 4º deste artigo;" (NR)

".."

Art. 6º O art. 198 passa a vigorar acrescido dos seguintes §§ 2º e 3º, numerando-se o atual parágrafo único como § 1º:

"Art. 198...
...."

"§ 1º (parágrafo único original).........................."

"§ 2º A União, os Estados, o Distrito Federal e os Municípios aplicarão, anualmente, em ações e serviços públicos de saúde recursos mínimos derivados da aplicação de percentuais calculados sobre:" (AC)

"I – no caso da União, na forma definida nos termos da lei complementar prevista no § 3º;" (AC)

"II – no caso dos Estados e do Distrito Federal, o produto da arrecadação dos impostos a que se refere o art. 155 e dos recursos de que tratam os arts. 157 e 159, inciso I, alínea *a*, e inciso II, deduzidas as parcelas que forem transferidas aos respectivos Municípios;" (AC)

"III – no caso dos Municípios e do Distrito Federal, o produto da arrecadação dos impostos a que se refere o art. 156 e dos recursos de que tratam os arts. 158 e 159, inciso I, alínea *b* e § 3º" (AC)

"§ 3º Lei complementar, que será reavaliada pelo menos a cada cinco anos, estabelecerá:" (AC)

"I – os percentuais de que trata o § 2º;" (AC)

"II – os critérios de rateio dos recursos da União vinculados à saúde destinados aos Estados, ao Distrito Federal e aos Municípios, e dos Estados destinados a seus respectivos Municípios, objetivando a progressiva redução das disparidades regionais;" (AC)

"III – as normas de fiscalização, avaliação e controle das despesas com saúde nas esferas federal, estadual, distrital e municipal;" (AC)

"IV – as normas de cálculo do montante a ser aplicado pela União." (AC)

Art. 7º O Ato das Disposições Constitucionais Transitórias passa a vigorar acrescido do seguinte art. 77:

"Art. 77. Até o exercício financeiro de 2004, os recursos mínimos aplicados nas ações e serviços públicos de saúde serão equivalentes:" (AC)

"I – no caso da União:" (AC)

"*a*) no ano 2000, o montante empenhado em ações e serviços públicos de saúde no exercício financeiro de 1999 acrescido de, no mínimo, cinco por cento;" (AC)

"*b*) do ano 2001 ao ano 2004, o valor apurado no ano anterior, corrigido pela variação nominal do Produto Interno Bruto – PIB;" (AC)

"II – no caso dos Estados e do Distrito Federal, doze por cento do produto da arrecadação dos impostos a que se refere o art. 155 e dos recursos de que tratam os arts. 157 e 159, inciso I, alínea *a*, e inciso II, deduzidas as parcelas que forem transferidas aos respectivos Municípios; e" (AC)

"III – no caso dos Municípios e do Distrito Federal, quinze por cento do produto da arrecadação dos impostos a que se refere o art. 156 e dos recursos de que tratam os arts. 158 e 159, inciso I, alínea *b* e § 3º" (AC)

"§ 1º Os Estados, o Distrito Federal e os Municípios que apliquem percentuais inferiores aos fixados nos incisos II e III deverão elevá-los gradualmente, até o exercício financeiro de 2004, reduzida a diferença à razão de, pelo menos, um quinto por ano, sendo que, a partir de 2000, a aplicação será de pelo menos sete por cento." (AC)

"§ 2º Dos recursos da União apurados nos termos deste artigo, quinze por cento, no mínimo, serão aplicados nos Municípios, segundo o critério populacional, em ações e serviços básicos de saúde, na forma da lei." (AC)

"§ 3º Os recursos dos Estados, do Distrito Federal e dos Municípios destinados às ações e serviços públicos de saúde e os transferidos pela União para a mesma finalidade serão aplicados por meio de Fundo de Saúde que será acompanhado e fiscalizado por Conselho de Saúde, sem prejuízo do disposto no art. 74 da Constituição Federal." (AC)

"§ 4º Na ausência da lei complementar a que se refere o art. 198, § 3º, a partir do exercício financeiro de 2005, aplicar-se-á à União, aos Estados, ao Distrito Federal e aos Municípios o disposto neste artigo." (AC)

Art. 8º Esta Emenda Constitucional entra em vigor na data de sua publicação.

Brasília, 13 de setembro de 2000.

Mesa da Câmara dos Deputados
Deputado MICHEL TEMER
Presidente
Mesa do Senado Federal
Senador ANTONIO CARLOS MAGALHÃES
Presidente

EMENDA CONSTITUCIONAL N. 30, DE 13 DE SETEMBRO DE 2000*

Altera a redação do art. 100 da Constituição Federal e acrescenta o art. 78 no Ato das Disposições Constitucionais Transitórias, referente ao pagamento de precatórios judiciários.

As Mesas da Câmara dos Deputados e do Senado Federal, nos termos do § 3º do art. 60 da Constituição Federal, promulgam a seguinte Emenda ao texto constitucional:

Art. 1º O art. 100 da Constituição Federal passa a vigorar com a seguinte redação:

"Art. 100. .... "

"§ 1º É obrigatória a inclusão, no orçamento das entidades de direito público, de verba necessária ao pagamento de seus débitos oriundos de sentenças transitadas em julgado, constantes de precatórios judiciários, apresentados até 1º de julho, fazendo-se o pagamento até o final do exercício seguinte, quando terão seus valores atualizados monetariamente." (NR)

"§ 1º-A Os débitos de natureza alimentícia compreendem aqueles decorrentes de salários, vencimentos, proventos, pensões e suas complementações, benefícios previdenciários e indenizações por morte ou invalidez, fundadas na responsabilidade civil, em virtude de sentença transitada em julgado." (AC)

"§ 2º As dotações orçamentárias e os créditos abertos serão consignados diretamente ao Poder Judiciário, cabendo ao Presidente do Tribunal que proferir a decisão exequenda determinar o pagamento segundo as possibilidades do depósito, e autorizar, a requerimento do credor, e exclusivamente para o caso de preterimento de seu direito de precedência, o sequestro da quantia necessária à satisfação do débito." (NR)

"§ 3º O disposto no *caput* deste artigo, relativamente à expedição de precatórios, não se aplica aos pagamentos de obrigações definidas em lei como de pequeno valor que a Fazenda Federal, Estadual, Distrital ou Municipal deva fazer em virtude de sentença judicial transitada em julgado."(NR)

"§ 4º A lei poderá fixar valores distintos para o fim previsto no § 3º deste artigo, segundo as diferentes capacidades das entidades de direito público." (AC)

"§ 5º O Presidente do Tribunal competente que, por ato comissivo ou omissivo, retardar ou tentar frustrar a liquidação regular de precatório incorrerá em crime de responsabilidade." (AC)

Art. 2º É acrescido, no Ato das Disposições Constitucionais Transitórias, o art. 78, com a seguinte redação:

"Art. 78. Ressalvados os créditos definidos em lei como de pequeno valor, os de natureza alimentícia, os de que trata o art. 33 deste Ato das Disposições Constitucionais Transitórias e suas complementações e os que já tiverem os seus respectivos recursos liberados ou depositados em juízo, os precatórios pendentes na data de promulgação desta Emenda e os que decorram de ações iniciais ajuizadas até 31 de dezembro de 1999 serão liquidados pelo seu valor real, em moeda corrente, acrescido de juros legais, em prestações anuais, iguais e sucessivas, no prazo máximo de dez anos, permitida a cessão dos créditos." (AC)

"§ 1º É permitida a decomposição de parcelas, a critério do credor." (AC)

"§ 2º As prestações anuais a que se refere o *caput* deste artigo terão, se não liquidadas até o final do exercício a que se referem, poder liberatório do pagamento de tributos da entidade devedora." (AC)

"§ 3º O prazo referido no *caput* deste artigo fica reduzido para dois anos, nos casos de precatórios judiciais originários de desapropriação de imóvel residencial do credor, desde que comprovadamente único à época da imissão na posse." (AC)

"§ 4º O Presidente do Tribunal competente deverá, vencido o prazo ou em caso de omissão no orçamento, ou preterição ao direito de precedência, a requerimento do credor, requisitar ou determinar o sequestro de recursos financeiros da entidade executada, suficientes à satisfação da prestação." (AC)

Art. 3º Esta Emenda Constitucional entra em vigor na data de sua publicação.

Brasília, 13 de setembro de 2000.

Mesa da Câmara dos Deputados
Deputado MICHEL TEMER
Presidente
Mesa do Senado Federal
Senador ANTONIO CARLOS MAGALHÃES
Presidente

EMENDA CONSTITUCIONAL N. 31, DE 14 DE DEZEMBRO DE 2000**

Altera o Ato das Disposições Constitucionais Transitórias, introduzindo artigos que criam o Fundo de Combate e Erradicação da Pobreza.

As Mesas da Câmara dos Deputados e do Senado Federal, nos termos do § 3º do art. 60 da Constituição Federal, promulgam a seguinte emenda ao texto constitucional:

Art. 1º A Constituição Federal, no Ato das Disposições Constitucionais Transitórias, é acrescida dos seguintes artigos:

---

*. Publicada no *Diário Oficial da União* de 14-9-2000.

**. Publicada no *Diário Oficial da União* de 18-12-2000. *Vide* art. 4º da Emenda Constitucional n. 42, de 19-12-2003.

"Art. 79. É instituído, para vigorar até o ano de 2010, no âmbito do Poder Executivo Federal, o Fundo de Combate e Erradicação da Pobreza, a ser regulado por lei complementar com o objetivo de viabilizar a todos os brasileiros acesso a níveis dignos de subsistência, cujos recursos serão aplicados em ações suplementares de nutrição, habitação, educação, saúde, reforço de renda familiar e outros programas de relevante interesse social voltados para melhoria da qualidade de vida.

Parágrafo único. O Fundo previsto neste artigo terá Conselho Consultivo e de Acompanhamento que conte com a participação de representantes da sociedade civil, nos termos da lei.

Art. 80. Compõem o Fundo de Combate e Erradicação da Pobreza:

I – a parcela do produto da arrecadação correspondente a um adicional de oito centésimos por cento, aplicável de 18 de junho de 2000 a 17 de junho de 2002, na alíquota da contribuição social de que trata o art. 75 do Ato das Disposições Constitucionais Transitórias;

II – a parcela do produto da arrecadação correspondente a um adicional de cinco pontos percentuais na alíquota do Imposto sobre Produtos Industrializados – IPI, ou do imposto que vier a substituí-lo, incidente sobre produtos supérfluos e aplicável até a extinção do Fundo;

III – o produto da arrecadação do imposto de que trata o art. 153, inciso VII, da Constituição;

IV – dotações orçamentárias;

V – doações, de qualquer natureza, de pessoas físicas ou jurídicas do País ou do exterior;

VI – outras receitas, a serem definidas na regulamentação do referido Fundo.

§ 1º Aos recursos integrantes do Fundo de que trata este artigo não se aplica o disposto nos arts. 159 e 167, inciso IV, da Constituição, assim como qualquer desvinculação de recursos orçamentários.

§ 2º A arrecadação decorrente do disposto no inciso I deste artigo, no período compreendido entre 18 de junho de 2000 e o início da vigência da lei complementar a que se refere a art. 79, será integralmente repassada ao Fundo, preservado o seu valor real, em títulos públicos federais, progressivamente resgatáveis após 18 de junho de 2002, na forma da lei.

Art. 81. É instituído Fundo constituído pelos recursos recebidos pela União em decorrência da desestatização de sociedades de economia mista ou empresas públicas por ela controladas, direta ou indiretamente, quando a operação envolver a alienação do respectivo controle acionário a pessoa ou entidade não integrante da Administração Pública, ou de participação societária remanescente após a alienação, cujos rendimentos, gerados a partir de 18 de junho de 2002, reverterão ao Fundo de Combate e Erradicação de Pobreza.

§ 1º Caso o montante anual previsto nos rendimentos transferidos ao Fundo de Combate e Erradicação da Pobreza, na forma deste artigo, não alcance o valor de quatro bilhões de reais, far-se-á complementação na forma do art. 80, inciso IV, do Ato das disposições Constitucionais Transitórias.

§ 2º Sem prejuízo do disposto no § 1º, o Poder Executivo poderá destinar ao Fundo a que se refere este artigo outras receitas decorrentes da alienação de bens da União.

§ 3º A constituição do Fundo a que se refere o *caput*, a transferência de recursos ao Fundo de Combate e Erradicação da Pobreza e as demais disposições referentes ao § 1º deste artigo serão disciplinadas em lei, não se aplicando o disposto no art. 165, § 9º, inciso II, da Constituição.

Art. 82. Os Estados, o Distrito Federal e os Municípios devem instituir Fundos de Combate á Pobreza, com os recursos de que trata este artigo e outros que vierem a destinar, devendo os referidos Fundos ser geridos por entidades que contem com a participação da sociedade civil.

§ 1º Para o financiamento dos Fundos Estaduais e Distrital, poderá ser criado adicional de até dois pontos percentuais na alíquota do Imposto sobre Circulação de Mercadorias e Serviços – ICMS, ou do imposto que vier a substituí-lo, sobre os produtos e serviços supérfluos, não se aplicando, sobre este adicional, o disposto no art. 158, inciso IV, da Constituição.

§ 2º Para o financiamento dos Fundos Municipais, poderá ser criado adicional de até meio ponto percentual na alíquota do Imposto sobre serviços ou do imposto que vier a substituí-lo, sobre serviços supérfluos.

Art. 83. Lei federal definirá os produtos e serviços supérfluos a que se referem os arts. 80, inciso II, e 82, §§ 1º e 2º"

Art. 2º Esta Emenda Constitucional entra em vigor na data de sua publicação.

Brasília, 14 de dezembro de 2000.

Mesa da Câmara dos Deputados
Deputado MICHEL TEMER
Presidente
Mesa do Senado Federal
Senador ANTONIO CARLOS MAGALHÃES
Presidente

EMENDA CONSTITUCIONAL N. 32, DE 11 DE SETEMBRO DE 2001*

Altera dispositivos dos arts. 48, 57, 61, 62, 64, 66, 84, 88 e 246 da Constituição Federal, e dá outras providências.

As Mesas da Câmara dos Deputados e do Senado Federal, nos termos do § 3º do art. 60 da Constituição Federal, promulgam a seguinte Emenda ao texto constitucional:

Art. 1º Os arts. 48, 57, 61, 62, 64, 66, 84, 88 e 246 da Constituição Federal passam a vigorar com as seguintes alterações:

"Art. 48. ....
....

---

*. Publicada no *Diário Oficial da União* de 12-9-2001.

X – criação, transformação e extinção de cargos, empregos e funções públicas, observado o que estabelece o art. 84, VI, *b*;
XI – criação e extinção de Ministérios e órgãos da administração pública;
.... "(NR)
"Art. 57. ....
....

§ 7º Na sessão legislativa extraordinária, o Congresso Nacional somente deliberará sobre a matéria para a qual foi convocado, ressalvada a hipótese do § 8º, vedado o pagamento de parcela indenizatória em valor superior ao subsídio mensal.

§ 8º Havendo medidas provisórias em vigor na data de convocação extraordinária do Congresso Nacional, serão elas automaticamente incluídas na pauta da convocação." (NR)
"Art. 61. ....
§ 1º ....
....
II – ....
....
e) criação e extinção de Ministérios e órgãos da administração pública, observado o disposto no art. 84, VI;
.... " (NR)

"Art. 62. Em caso de relevância e urgência, o Presidente da República poderá adotar medidas provisórias, com força de lei, devendo submetê-las de imediato ao Congresso Nacional.

§ 1º É vedada a edição de medidas provisórias sobre matéria:
I – relativa a:
a) nacionalidade, cidadania, direitos políticos, partidos políticos e direito eleitoral;
b) direito penal, processual penal e processual civil;
c) organização do Poder Judiciário e do Ministério Público, a carreira e a garantia de seus membros;
d) planos plurianuais, diretrizes orçamentárias, orçamento e créditos adicionais e suplementares, ressalvado o previsto no art. 167, § 3º;
II – que vise a detenção ou sequestro de bens, de poupança popular ou qualquer outro ativo financeiro;
III – reservada a lei complementar;
IV – já disciplinada em projeto de lei aprovado pelo Congresso Nacional e pendente de sanção ou veto do Presidente da República.

§ 2º Medida provisória que implique instituição ou majoração de impostos, exceto os previstos nos arts. 153, I, II, IV, V, e 154, II, só produzirá efeitos no exercício financeiro seguinte se houver sido convertida em lei até o último dia daquele em que foi editada.

§ 3º As medidas provisórias, ressalvado o disposto nos §§ 11 e 12 perderão eficácia, desde a edição, se não forem convertidas em lei no prazo de sessenta dias, prorrogável, nos termos do § 7º, uma vez por igual período, devendo o Congresso Nacional disciplinar, por decreto legislativo, as relações jurídicas delas decorrentes.

§ 4º O prazo a que se refere o § 3º contar-se-á da publicação da medida provisória, suspendendo-se durante os períodos de recesso do Congresso Nacional.

§ 5º A deliberação de cada uma das Casas do Congresso Nacional sobre o mérito das medidas provisórias dependerá de juízo prévio sobre o atendimento de seus pressupostos constitucionais.

§ 6º Se a medida provisória não for apreciada em até quarenta e cinco dias contados de sua publicação, entrará em regime de urgência, subsequentemente, em cada uma das Casas do Congresso Nacional, ficando sobrestadas, até que se ultime a votação, todas as demais deliberações legislativas da Casa em que estiver tramitando.

§ 7º Prorrogar-se-á uma única vez por igual período a vigência de medida provisória que, no prazo de sessenta dias, contado de sua publicação, não tiver a sua votação encerrada nas duas Casas do Congresso Nacional.

§ 8º As medidas provisórias terão sua votação iniciada na Câmara dos Deputados.

§ 9º Caberá à comissão mista de Deputados e Senadores examinar as medidas provisórias e sobre elas emitir parecer, antes de serem apreciadas, em sessão separada, pelo plenário de cada uma das Casas do Congresso Nacional.

§ 10. É vedada a reedição, na mesma sessão legislativa, de medida provisória que tenha sido rejeitada ou que tenha perdido sua eficácia por decurso de prazo.

§ 11. Não editado o decreto legislativo a que se refere o § 3º até sessenta dias após a rejeição ou perda de eficácia de medida provisória, as relações jurídicas constituídas e decorrentes de atos praticados durante sua vigência conservar-se-ão por ela regidas.

§ 12. Aprovado projeto de lei de conversão alterando o texto original da medida provisória, esta manter-se-á integralmente em vigor até que seja sancionado ou vetado o projeto."(NR)
"Art. 64. ....
....

§ 2º Se, no caso do § 1º, a Câmara dos Deputados e o Senado Federal não se manifestarem sobre a proposição, cada qual sucessivamente, em até quarenta e cinco dias, sobrestar-se-ão todas as demais deliberações legislativas da respectiva Casa, com exceção das que tenham prazo constitucional determinado, até que se ultime a votação.
.... " (NR)
"Art. 66. ....
....

§ 6º Esgotado sem deliberação o prazo estabelecido no § 4º, o veto será colocado na ordem do dia da sessão imediata, sobrestadas as demais proposições, até sua votação final.
.... " (NR)
"Art. 84. ....
....
VI – dispor, mediante decreto, sobre:
a) organização e funcionamento da administração federal, quando não implicar aumento de despesa nem criação ou extinção de órgãos públicos;
b) extinção de funções ou cargos públicos, quando vagos;
.... " (NR)

"Art. 88. A lei disporá sobre a criação e extinção de Ministérios e órgãos da administração pública." (NR)

"Art. 246. É vedada a adoção de medida provisória na regulamentação de artigo da Constituição cuja redação tenha sido alterada por meio de emenda promulgada entre 1º de janeiro de 1995 até a promulgação desta emenda, inclusive." (NR)

Art. 2º As medidas provisórias editadas em data anterior à da publicação desta emenda continuam em vigor até que medida provisória ulterior as revogue explicitamente ou até deliberação definitiva do Congresso Nacional.

Art. 3º Esta Emenda Constitucional entra em vigor na data de sua publicação.

Brasília, 11 de setembro de 2001.

Mesa da Câmara dos Deputados
Deputado AÉCIO NEVES
Presidente
Mesa do Senado Federal
Senador EDISON LOBÃO
Presidente, Interino

EMENDA CONSTITUCIONAL N. 33, DE 11 DE DEZEMBRO DE 2001*

Altera os arts. 149, 155 e 177 da Constituição Federal.

As Mesas da Câmara dos Deputados e do Senado Federal, nos termos do § 3º do art. 60 da Constituição Federal, promulgam a seguinte Emenda ao texto constitucional:

Art. 1º O art. 149 da Constituição Federal passa a vigorar acrescido dos seguintes parágrafos, renumerando-se o atual parágrafo único para § 1º:

"Art. 149. ....

§ 1º ....

§ 2º As contribuições sociais e de intervenção no domínio econômico de que trata o *caput* deste artigo:

I – não incidirão sobre as receitas decorrentes de exportação;

II – poderão incidir sobre a importação de petróleo e seus derivados, gás natural e seus derivados e álcool combustível;

III – poderão ter alíquotas:

a) ad valorem, tendo por base o faturamento, a receita bruta ou o valor da operação e, no caso de importação, o valor aduaneiro;

b) específica, tendo por base a unidade de medida adotada.

§ 3º A pessoa natural destinatária das operações de importação poderá ser equiparada a pessoa jurídica, na forma da lei.

§ 4º A lei definirá as hipóteses em que as contribuições incidirão uma única vez." (NR)

Art. 2º O art. 155 da Constituição Federal passa a vigorar com as seguintes alterações:

"Art. 155. ....

....

§ 2º ....

....

IX – ....

a) sobre a entrada de bem ou mercadoria importados do exterior por pessoa física ou jurídica, ainda que não seja contribuinte habitual do imposto, qualquer que seja a sua finalidade, assim como sobre o serviço prestado no exterior, cabendo o imposto ao Estado onde estiver situado o domicílio ou o estabelecimento do destinatário da mercadoria, bem ou serviço;

....

XII – ....

....

h) definir os combustíveis e lubrificantes sobre os quais o imposto incidirá uma única vez, qualquer que seja a sua finalidade, hipótese em que não se aplicará o disposto no inciso X, *b*;

i) fixar a base de cálculo, de modo que o montante do imposto a integre, também na importação do exterior de bem, mercadoria ou serviço.

§ 3º À exceção dos impostos de que tratam o inciso II do *caput* deste artigo e o art. 153, I e II, nenhum outro imposto poderá incidir sobre operações relativas a energia elétrica, serviços de telecomunicações, derivados de petróleo, combustíveis e minerais do País.

§ 4º Na hipótese do inciso XII, *h*, observar-se-á o seguinte:

I – nas operações com os lubrificantes e combustíveis derivados de petróleo, o imposto caberá ao Estado onde ocorrer o consumo;

II – nas operações interestaduais, entre contribuintes, com gás natural e seus derivados, e lubrificantes e combustíveis não incluídos no inciso I deste parágrafo, o imposto será repartido entre os Estados de origem e de destino, mantendo-se a mesma proporcionalidade que ocorre nas operações com as demais mercadorias;

III – nas operações interestaduais com gás natural e seus derivados, e lubrificantes e combustíveis não incluídos no inciso I deste parágrafo, destinadas a não contribuinte, o imposto caberá ao Estado de origem;

IV – as alíquotas do imposto serão definidas mediante deliberação dos Estados e Distrito Federal, nos termos do § 2º, XII, *g*, observando-se o seguinte:

a) serão uniformes em todo o território nacional, podendo ser diferenciadas por produto;

b) poderão ser específicas, por unidade de medida adotada, ou ad valorem, incidindo sobre o valor da operação ou sobre o preço que o produto ou seu similar alcançaria em uma venda em condições de livre concorrência;

c) poderão ser reduzidas e restabelecidas, não se lhes aplicando o disposto no art. 150, III, *b*.

§ 5º As regras necessárias à aplicação do disposto no § 4º, inclusive as relativas à apuração e à destinação do imposto,

---

*. Publicada no *Diário Oficial da União* de 12-12-2001.

serão estabelecidas mediante deliberação dos Estados e do Distrito Federal, nos termos do § 2º, XII, g."(NR)

Art. 3º O art. 177 da Constituição Federal passa a vigorar acrescido do seguinte parágrafo:

"Art. 177. ....
....

§ 4º A lei que instituir contribuição de intervenção no domínio econômico relativa às atividades de importação ou comercialização de petróleo e seus derivados, gás natural e seus derivados e álcool combustível deverá atender aos seguintes requisitos:

I – a alíquota da contribuição poderá ser:

a) diferenciada por produto ou uso;

b) reduzida e restabelecida por ato do Poder Executivo, não se lhe aplicando o disposto no art. 150, III, b;

II – os recursos arrecadados serão destinados:

a) ao pagamento de subsídios a preços ou transporte de álcool combustível, gás natural e seus derivados e derivados de petróleo;

b) ao financiamento de projetos ambientais relacionados com a indústria do petróleo e do gás;

c) ao financiamento de programas de infraestrutura de transportes." (NR)

Art. 4º Enquanto não entrar em vigor a lei complementar de que trata o art. 155, § 2º, XII, h, da Constituição Federal, os Estados e o Distrito Federal, mediante convênio celebrado nos termos do § 2º, XII, g, do mesmo artigo, fixarão normas para regular provisoriamente a matéria.

Art. 5º Esta Emenda Constitucional entra em vigor na data de sua promulgação.

Brasília, 11 de dezembro de 2001.

Mesa da Câmara dos Deputados
Deputado AÉCIO NEVES
Presidente
Mesa do Senado Federal
Senador RAMEZ TEBET
Presidente

EMENDA CONSTITUCIONAL N. 34, DE 13 DE DEZEMBRO DE 2001*

Dá nova redação à alínea c do inciso XVI do art. 37 da Constituição Federal.

As Mesas da Câmara dos Deputados e do Senado Federal, nos termos do § 3º do art. 60 da Constituição Federal, promulgam a seguinte Emenda ao texto constitucional:

Art. 1º A alínea c do inciso XVI do art. 37 da Constituição Federal passa a vigorar com a seguinte redação:

"Art. 37. ....
....

XVI – ....
....

c) a de dois cargos ou empregos privativos de profissionais de saúde, com profissões regulamentadas; (NR)
...."

Art. 2º Esta Emenda Constitucional entra em vigor na data de sua publicação.

Brasília, 13 de dezembro de 2001.

Mesa da Câmara dos Deputados
Deputado AÉCIO NEVES
Presidente
Mesa do Senado Federal
Senador RAMEZ TEBET
Presidente

EMENDA CONSTITUCIONAL N. 35, DE 20 DE DEZEMBRO DE 2001**

Dá nova redação ao art. 53 da Constituição Federal.

As Mesas da Câmara dos Deputados e do Senado Federal, nos termos do § 3º do art. 60 da Constituição Federal, promulgam a seguinte Emenda ao texto constitucional:

Art. 1º O art. 53 da Constituição Federal passa a vigorar com as seguintes alterações:

"Art. 53. Os Deputados e Senadores são invioláveis, civil e penalmente, por quaisquer de suas opiniões, palavras e votos.

§ 1º Os Deputados e Senadores, desde a expedição do diploma, serão submetidos a julgamento perante o Supremo Tribunal Federal.

§ 2º Desde a expedição do diploma, os membros do Congresso Nacional não poderão ser presos, salvo em flagrante de crime inafiançável. Nesse caso, os autos serão remetidos dentro de vinte e quatro horas à Casa respectiva, para que, pelo voto da maioria de seus membros, resolva sobre a prisão.

§ 3º Recebida a denúncia contra o Senador ou Deputado, por crime ocorrido após a diplomação, o Supremo Tribunal Federal dará ciência à Casa respectiva, que, por iniciativa de partido político nela representado e pelo voto da maioria de seus membros, poderá, até a decisão final, sustar o andamento da ação.

---

*. Publicada no *Diário Oficial da União* de 14-12-2001.

**. Publicada no *Diário Oficial da União* de 21-12-2001.

§ 4º O pedido de sustação será apreciado pela Casa respectiva no prazo improrrogável de quarenta e cinco dias do seu recebimento pela Mesa Diretora.

§ 5º A sustação do processo suspende a prescrição, enquanto durar o mandato.

§ 6º Os Deputados e Senadores não serão obrigados a testemunhar sobre informações recebidas ou prestadas em razão do exercício do mandato, nem sobre as pessoas que lhes confiaram ou deles receberam informações.

§ 7º A incorporação às Forças Armadas de Deputados e Senadores, embora militares e ainda que em tempo de guerra, dependerá de prévia licença da Casa respectiva.

§ 8º As imunidades de Deputados ou Senadores subsistirão durante o estado de sítio, só podendo ser suspensas mediante o voto de dois terços dos membros da Casa respectiva, nos casos de atos praticados fora do recinto do Congresso Nacional, que sejam incompatíveis com a execução da medida." (NR)

Art. 2º Esta Emenda Constitucional entra em vigor na data de sua publicação.

Brasília, 20 de dezembro de 2001.

Mesa da Câmara dos Deputados
Deputado AÉCIO NEVES
Presidente
Mesa do Senado Federal
Senador RAMEZ TEBET
Presidente

EMENDA CONSTITUCIONAL N. 36, DE 28 DE MAIO DE 2002*

Dá nova redação ao art. 222 da Constituição Federal, para permitir a participação de pessoas jurídicas no capital social de empresas jornalísticas e de radiodifusão sonora e de sons e imagens, nas condições que especifica.

As Mesas da Câmara dos Deputados e do Senado Federal, nos termos do § 3º do art. 60 da Constituição Federal, promulgam a seguinte Emenda ao texto constitucional:

Art. 1º O art. 222 da Constituição Federal passa a vigorar com a seguinte redação:

"Art. 222. A propriedade de empresa jornalística e de radiodifusão sonora e de sons e imagens é privativa de brasileiros natos ou naturalizados há mais de dez anos, ou de pessoas jurídicas constituídas sob as leis brasileiras e que tenham sede no País.

§ 1º Em qualquer caso, pelo menos setenta por cento do capital total e do capital votante das empresas jornalísticas e de radiodifusão sonora e de sons e imagens deverá pertencer, direta ou indiretamente, a brasileiros natos ou naturalizados há mais de dez anos, que exercerão obrigatoriamente a gestão das atividades e estabelecerão o conteúdo da programação.

§ 2º A responsabilidade editorial e as atividades de seleção e direção da programação veiculada são privativas de brasileiros natos ou naturalizados há mais de dez anos, em qualquer meio de comunicação social.

§ 3º Os meios de comunicação social eletrônica, independentemente da tecnologia utilizada para a prestação do serviço, deverão observar os princípios enunciados no art. 221, na forma de lei específica, que também garantirá a prioridade de profissionais brasileiros na execução de produções nacionais.

§ 4º Lei disciplinará a participação de capital estrangeiro nas empresas de que trata o § 1º

§ 5º As alterações de controle societário das empresas de que trata o § 1º serão comunicadas ao Congresso Nacional." (NR)

Art. 2º Esta Emenda Constitucional entra em vigor na data de sua publicação.

Brasília, 28 de maio de 2002.

Mesa da Câmara dos Deputados
Deputado AÉCIO NEVES
Presidente
Mesa do Senado Federal
Senador RAMEZ TEBET
Presidente

EMENDA CONSTITUCIONAL N. 37, DE 12 DE JUNHO DE 2002**

Altera os arts. 100 e 156 da Constituição Federal e acrescenta os arts. 84, 85, 86, 87 e 88 ao Ato das Disposições Constitucionais Transitórias.

As Mesas da Câmara dos Deputados e do Senado Federal, nos termos do § 3º do art. 60 da Constituição Federal, promulgam a seguinte Emenda ao texto constitucional:

Art. 1º O art. 100 da Constituição Federal passa a vigorar acrescido do seguinte § 4º, renumerando-se os subsequentes:

"Art. 100. ....

§ 4º São vedados a expedição de precatório complementar ou suplementar de valor pago, bem como fracionamento, repartição ou quebra do valor da execução, a fim de que seu pagamento não se faça, em parte, na forma estabelecida no § 3º deste artigo e, em parte, mediante expedição de precatório.

.... "(NR)

---

*. Publicada no *Diário Oficial da União* de 29-5-2002.

**. Publicada no *Diário Oficial da União* de 13-6-2002.

Art. 2º O § 3º do art. 156 da Constituição Federal passa a vigorar com a seguinte redação:

"Art. 156. ....

....

§ 3º Em relação ao imposto previsto no inciso III do *caput* deste artigo, cabe à lei complementar:

I – fixar as suas alíquotas máximas e mínimas;

....

III – regular a forma e as condições como isenções, incentivos e benefícios fiscais serão concedidos e revogados.

...." (NR)

Art. 3º O Ato das Disposições Constitucionais Transitórias passa a vigorar acrescido dos seguintes arts. 84, 85, 86, 87 e 88:

"Art. 84. A contribuição provisória sobre movimentação ou transmissão de valores e de créditos e direitos de natureza financeira, prevista nos arts. 74, 75 e 80, I, deste Ato das Disposições Constitucionais Transitórias, será cobrada até 31 de dezembro de 2004.

§ 1º Fica prorrogada, até a data referida no *caput* deste artigo, a vigência da Lei n. 9.311, de 24 de outubro de 1996, e suas alterações.

§ 2º Do produto da arrecadação da contribuição social de que trata este artigo será destinada a parcela correspondente à alíquota de:

I – vinte centésimos por cento ao Fundo Nacional de Saúde, para financiamento das ações e serviços de saúde;

II – dez centésimos por cento ao custeio da previdência social;

III – oito centésimos por cento ao Fundo de Combate e Erradicação da Pobreza, de que tratam os arts. 80 e 81 deste Ato das Disposições Constitucionais Transitórias.

§ 3º A alíquota da contribuição de que trata este artigo será de:

I – trinta e oito centésimos por cento, nos exercícios financeiros de 2002 e 2003;

II – oito centésimos por cento, no exercício financeiro de 2004, quando será integralmente destinada ao Fundo de Combate e Erradicação da Pobreza, de que tratam os arts. 80 e 81 deste Ato das Disposições Constitucionais Transitórias.

Art. 85. A contribuição a que se refere o art. 84 deste Ato das Disposições Constitucionais Transitórias não incidirá, a partir do trigésimo dia da data de publicação desta Emenda Constitucional, nos lançamentos:

I – em contas correntes de depósito especialmente abertas e exclusivamente utilizadas para operações de:

a) câmaras e prestadoras de serviços de compensação e de liquidação de que trata o parágrafo único do art. 2º da Lei n. 10.214, de 27 de março de 2001;

b) companhias securitizadoras de que trata a Lei n. 9.514, de 20 de novembro de 1997;

c) sociedades anônimas que tenham por objeto exclusivo a aquisição de créditos oriundos de operações praticadas no mercado financeiro;

II – em contas correntes de depósito, relativos a:

a) operações de compra e venda de ações, realizadas em recintos ou sistemas de negociação de bolsas de valores e no mercado de balcão organizado;

b) contratos referenciados em ações ou índices de ações, em suas diversas modalidades, negociados em bolsas de valores, de mercadorias e de futuros;

III – em contas de investidores estrangeiros, relativos a entradas no País e a remessas para o exterior de recursos financeiros empregados, exclusivamente, em operações e contratos referidos no inciso II deste artigo.

§ 1º O Poder Executivo disciplinará o disposto neste artigo no prazo de trinta dias da data de publicação desta Emenda Constitucional.

§ 2º O disposto no inciso I deste artigo aplica-se somente às operações relacionadas em ato do Poder Executivo, dentre aquelas que constituam o objeto social das referidas entidades.

§ 3º O disposto no inciso II deste artigo aplica-se somente a operações e contratos efetuados por intermédio de instituições financeiras, sociedades corretoras de títulos e valores mobiliários, sociedades distribuidoras de títulos e valores mobiliários e sociedades corretoras de mercadorias.

Art. 86. Serão pagos conforme disposto no art. 100 da Constituição Federal, não se lhes aplicando a regra de parcelamento estabelecida no *caput* do art. 78 deste Ato das Disposições Constitucionais Transitórias, os débitos da Fazenda Federal, Estadual, Distrital ou Municipal oriundos de sentenças transitadas em julgado, que preencham, cumulativamente, as seguintes condições:

I – ter sido objeto de emissão de precatórios judiciários;

II – ter sido definidos como de pequeno valor pela lei de que trata o § 3º do art. 100 da Constituição Federal ou pelo art. 87 deste Ato das Disposições Constitucionais Transitórias;

III – estar, total ou parcialmente, pendentes de pagamento na data da publicação desta Emenda Constitucional.

§ 1º Os débitos a que se refere o *caput* deste artigo, ou os respectivos saldos, serão pagos na ordem cronológica de apresentação dos respectivos precatórios, com precedência sobre os de maior valor.

§ 2º Os débitos a que se refere o *caput* deste artigo, se ainda não tiverem sido objeto de pagamento parcial, nos termos do art. 78 deste Ato das Disposições Constitucionais Transitórias, poderão ser pagos em duas parcelas anuais, se assim dispuser a lei.

§ 3º Observada a ordem cronológica de sua apresentação, os débitos de natureza alimentícia previstos neste artigo terão precedência para pagamento sobre todos os demais.

Art. 87. Para efeito do que dispõem o § 3º do art. 100 da Constituição Federal e o art. 78 deste Ato das Disposições Constitucionais Transitórias serão considerados de pequeno valor, até que se dê a publicação oficial das respectivas leis definidoras pelos entes da Federação, observado o disposto no § 4º do art. 100 da Constituição Federal, os débitos ou obrigações consignados em precatório judiciário, que tenham valor igual ou inferior a:

I – quarenta salários mínimos, perante a Fazenda dos Estados e do Distrito Federal;

II – trinta salários mínimos, perante a Fazenda dos Municípios.

Parágrafo único. Se o valor da execução ultrapassar o estabelecido neste artigo, o pagamento far-se-á, sempre, por meio de precatório, sendo facultada à parte exequente a renúncia ao crédito do valor excedente, para que possa optar pelo pagamento do saldo sem o precatório, da forma prevista no § 3º do art. 100.

Art. 88. Enquanto lei complementar não disciplinar o disposto nos incisos I e III do § 3º do art. 156 da Constituição Federal, o imposto a que se refere o inciso III do *caput* do mesmo artigo:

I – terá alíquota mínima de dois por cento, exceto para os serviços a que se referem os itens 32, 33 e 34 da Lista de Serviços anexa ao Decreto-Lei n. 406, de 31 de dezembro de 1968;

II – não será objeto de concessão de isenções, incentivos e benefícios fiscais, que resulte, direta ou indiretamente, na redução da alíquota mínima estabelecida no inciso I."

Art. 4º Esta Emenda Constitucional entra em vigor na data de sua publicação.

Brasília, em 12 de junho de 2002.

Mesa da Câmara dos Deputados
Deputado AÉCIO NEVES
Presidente
Mesa do Senado Federal
Senador RAMEZ TEBET
Presidente

EMENDA CONSTITUCIONAL N. 38, DE 12 DE JUNHO DE 2002*

Acrescenta o art. 89 ao Ato das Disposições Constitucionais Transitórias, incorporando os Policiais Militares do extinto Território Federal de Rondônia aos Quadros da União.

As Mesas da Câmara dos Deputados e do Senado Federal, nos termos do § 3º do art. 60 da Constituição Federal, promulgam a seguinte Emenda ao texto constitucional:

Art. 1º O Ato das Disposições Constitucionais Transitórias passa a vigorar acrescido do seguinte art. 89:

"Art. 89. Os integrantes da carreira policial militar do ex-Território Federal de Rondônia, que comprovadamente se encontravam no exercício regular de suas funções prestando serviços àquele ex-Território na data em que foi transformado em Estado, bem como os Policiais Militares admitidos por força de lei federal, custeados pela União, constituirão quadro em extinção da administração federal, assegurados os direitos e vantagens a eles inerentes, vedado o pagamento, a qualquer título, de diferenças remuneratórias, bem como ressarcimentos ou indenizações de qualquer espécie, anteriores à promulgação desta Emenda.

Parágrafo único. Os servidores da carreira policial militar continuarão prestando serviços ao Estado de Rondônia na condição de cedidos, submetidos às disposições legais e regulamentares a que estão sujeitas as corporações da respectiva Polícia Militar, observadas as atribuições de função compatíveis com seu grau hierárquico."

Art. 2º Esta Emenda Constitucional entra em vigor na data de sua publicação.

Brasília, em 12 de junho de 2002.

Mesa da Câmara dos Deputados
Deputado AÉCIO NEVES
Presidente
Mesa do Senado Federal
Senador RAMEZ TEBET
Presidente

EMENDA CONSTITUCIONAL N. 39, DE 19 DE DEZEMBRO DE 2002**

Acrescenta o art. 149-A à Constituição Federal (instituindo contribuição para custeio do serviço de iluminação pública nos Municípios e no Distrito Federal).

As Mesas da Câmara dos Deputados e do Senado Federal, nos termos do § 3º do art. 60 da Constituição Federal, promulgam a seguinte Emenda ao texto constitucional:

Art. 1º A Constituição Federal passa a vigorar acrescida do seguinte art. 149-A:

"Art. 149-A. Os Municípios e o Distrito Federal poderão instituir contribuição, na forma das respectivas leis, para o custeio do serviço de iluminação pública, observado o disposto no art. 150, I e III.

Parágrafo único. É facultada a cobrança da contribuição a que se refere o *caput*, na fatura de consumo de energia elétrica."

Art. 2º Esta Emenda Constitucional entra em vigor na data de sua publicação.

Brasília, em 19 de dezembro de 2002.

Mesa da Câmara dos Deputados
Deputado EFRAIM MORAIS
Presidente
Mesa do Senado Federal
Senador RAMEZ TEBET
Presidente

---

*. Publicada no *Diário Oficial da União* de 13-6-2002.

**. Publicada no *Diário Oficial da União* de 20-12-2002.

EMENDA CONSTITUCIONAL N. 40, DE 29 DE MAIO DE 2003*

Altera o inciso V do art. 163 e o art. 192 da Constituição Federal, e o caput do art. 52 do Ato das Disposições Constitucionais Transitórias.

As Mesas da Câmara dos Deputados e do Senado Federal, nos termos do § 3º do art. 60 da Constituição Federal, promulgam a seguinte Emenda ao texto constitucional:

Art. 1º O inciso V do art. 163 da Constituição Federal passa a vigorar com a seguinte redação:

"Art. 163. ....
....

V – fiscalização financeira da administração pública direta e indireta;

...." (NR)

Art. 2º O art. 192 da Constituição Federal passa a vigorar com a seguinte redação:

"Art. 192. O sistema financeiro nacional, estruturado de forma a promover o desenvolvimento equilibrado do País e a servir aos interesses da coletividade, em todas as partes que o compõem, abrangendo as cooperativas de crédito, será regulado por leis complementares que disporão, inclusive, sobre a participação do capital estrangeiro nas instituições que o integram.

I – (Revogado).

II – (Revogado).

III – (Revogado).

a) (Revogado).

b) (Revogado).

IV – (Revogado).

V – (Revogado).

VI – (Revogado).

VII – (Revogado).

VIII – (Revogado).

§ 1º (Revogado).

§ 2º (Revogado).

§ 3º (Revogado)" (NR)

Art. 3º O *caput* do art. 52 do Ato das Disposições Constitucionais Transitórias passa a vigorar com a seguinte redação:

"Art. 52. Até que sejam fixadas as condições do art. 192, são vedados:

...."(NR)

Art. 4º Esta Emenda Constitucional entra em vigor na data de sua publicação.

Brasília, em 29 de maio de 2003.

Mesa da Câmara dos Deputados
Deputado JOÃO PAULO CUNHA
Presidente
Mesa do Senado Federal
Senador JOSÉ SARNEY
Presidente

EMENDA CONSTITUCIONAL N. 41, DE 19 DE DEZEMBRO DE 2003**

Modifica os arts. 37, 40, 42, 48, 96, 149 e 201 da Constituição Federal, revoga o inciso IX do § 3º do art. 142 da Constituição Federal e dispositivos da Emenda Constitucional n. 20, de 15 de dezembro de 1998, e dá outras providências.

As Mesas da Câmara dos Deputados e do Senado Federal, nos termos do § 3º do art. 60 da Constituição Federal, promulgam a seguinte Emenda ao texto constitucional:

Art. 1º A Constituição Federal passa a vigorar com as seguintes alterações:

"Art. 37. ....
....

XI – a remuneração e o subsídio dos ocupantes de cargos, funções e empregos públicos da administração direta, autárquica e fundacional, dos membros de qualquer dos Poderes da União, dos Estados, do Distrito Federal e dos Municípios, dos detentores de mandato eletivo e dos demais agentes políticos e os proventos, pensões ou outra espécie remuneratória, percebidos cumulativamente ou não, incluídas as vantagens pessoais ou de qualquer outra natureza, não poderão exceder o subsídio mensal, em espécie, dos Ministros do Supremo Tribunal Federal, aplicando-se como limite, nos Municípios, o subsídio do Prefeito, e nos Estados e no Distrito Federal, o subsídio mensal do Governador no âmbito do Poder Executivo, o subsídio dos Deputados Estaduais e Distritais no âmbito do Poder Legislativo e o subsídio dos Desembargadores do Tribunal de Justiça, limitado a noventa inteiros e vinte e cinco centésimos por cento do subsídio mensal, em espécie, dos Ministros do Supremo Tribunal Federal, no âmbito do Poder Judiciário, aplicável este limite aos membros do Ministério Público, aos Procuradores e aos Defensores Públicos;

...." (NR)

"Art. 40. Aos servidores titulares de cargos efetivos da União, dos Estados, do Distrito Federal e dos Municípios, incluídas suas autarquias e fundações, é assegurado regime

---

*. Publicada no *Diário Oficial da União* de 30-5-2003.

**. Publicada no *Diário Oficial da União* de 31-12-2003. A Lei n. 10.887, de 18-6-2004, dispõe sobre a aplicação de disposições desta Emenda Constitucional.

de previdência de caráter contributivo e solidário, mediante contribuição do respectivo ente público, dos servidores ativos e inativos e dos pensionistas, observados critérios que preservem o equilíbrio financeiro e atuarial e o disposto neste artigo.

§ 1º Os servidores abrangidos pelo regime de previdência de que trata este artigo serão aposentados, calculados os seus proventos a partir dos valores fixados na forma dos §§ 3º e 17:

I – por invalidez permanente, sendo os proventos proporcionais ao tempo de contribuição, exceto se decorrente de acidente em serviço, moléstia profissional ou doença grave, contagiosa ou incurável, na forma da lei;

....

§ 3º Para o cálculo dos proventos de aposentadoria, por ocasião da sua concessão, serão consideradas as remunerações utilizadas como base para as contribuições do servidor aos regimes de previdência de que tratam este artigo e o art. 201, na forma da lei.

....

§ 7º Lei disporá sobre a concessão do benefício de pensão por morte, que será igual:

I – ao valor da totalidade dos proventos do servidor falecido, até o limite máximo estabelecido para os benefícios do regime geral de previdência social de que trata o art. 201, acrescido de setenta por cento da parcela excedente a este limite, caso aposentado à data do óbito; ou

II – ao valor da totalidade da remuneração do servidor no cargo efetivo em que se deu o falecimento, até o limite máximo estabelecido para os benefícios do regime geral de previdência social de que trata o art. 201, acrescido de setenta por cento da parcela excedente a este limite, caso em atividade na data do óbito.

§ 8º É assegurado o reajustamento dos benefícios para preservar-lhes, em caráter permanente, o valor real, conforme critérios estabelecidos em lei.

....

§ 15. O regime de previdência complementar de que trata o § 14 será instituído por lei de iniciativa do respectivo Poder Executivo, observado o disposto no art. 202 e seus parágrafos, no que couber, por intermédio de entidades fechadas de previdência complementar, de natureza pública, que oferecerão aos respectivos participantes planos de benefícios somente na modalidade de contribuição definida.

....

§ 17. Todos os valores de remuneração considerados para o cálculo do benefício previsto no § 3º serão devidamente atualizados, na forma da lei.

§ 18. Incidirá contribuição sobre os proventos de aposentadorias e pensões concedidas pelo regime de que trata este artigo que superem o limite máximo estabelecido para os benefícios do regime geral de previdência social de que trata o art. 201, com percentual igual ao estabelecido para os servidores titulares de cargos efetivos.

§ 19. O servidor de que trata este artigo que tenha completado as exigências para aposentadoria voluntária estabelecidas no § 1º, III, a, e que opte por permanecer em atividade fará jus a um abono de permanência equivalente ao valor da sua contribuição previdenciária até completar as exigências para aposentadoria compulsória contidas no § 1º, II.

§ 20. Fica vedada a existência de mais de um regime próprio de previdência social para os servidores titulares de cargos efetivos, e de mais de uma unidade gestora do respectivo regime em cada ente estatal, ressalvado o disposto no art. 142, § 3º, X." (NR)

"Art. 42. ....

....

§ 2º Aos pensionistas dos militares dos Estados, do Distrito Federal e dos Territórios aplica-se o que for fixado em lei específica do respectivo ente estatal." (NR)

"Art. 48. ....

....

XV – fixação do subsídio dos Ministros do Supremo Tribunal Federal, observado o que dispõem os arts. 39, § 4º; 150, II; 153, III; e 153, § 2º, I." (NR)

"Art. 96. ....

....

II – ....

....

b) a criação e a extinção de cargos e a remuneração dos seus serviços auxiliares e dos juízes que lhes forem vinculados, bem como a fixação do subsídio de seus membros e dos juízes, inclusive dos tribunais inferiores, onde houver;

...." (NR)

"Art. 149. ....

§ 1º Os Estados, o Distrito Federal e os Municípios instituirão contribuição, cobrada de seus servidores, para o custeio, em benefício destes, do regime previdenciário de que trata o art. 40, cuja alíquota não será inferior à da contribuição dos servidores titulares de cargos efetivos da União.

...." (NR)

"Art. 201. ....

....

§ 12. Lei disporá sobre sistema especial de inclusão previdenciária para trabalhadores de baixa renda, garantindo-lhes acesso a benefícios de valor igual a um salário mínimo, exceto aposentadoria por tempo de contribuição." (NR)

Art. 2º Observado o disposto no art. 4º da Emenda Constitucional n. 20, de 15 de dezembro de 1998, é assegurado o direito de opção pela aposentadoria voluntária com proventos calculados de acordo com o art. 40, §§ 3º e 17, da Constituição Federal, àquele que tenha ingressado regularmente em cargo efetivo na Administração Pública direta, autárquica e fundacional, até a data de publicação daquela Emenda, quando o servidor, cumulativamente:

I – tiver cinquenta e três anos de idade, se homem, e quarenta e oito anos de idade, se mulher;

II – tiver cinco anos de efetivo exercício no cargo em que se der a aposentadoria;

III – contar tempo de contribuição igual, no mínimo, à soma de:

a) trinta e cinco anos, se homem, e trinta anos, se mulher; e

b) um período adicional de contribuição equivalente a vinte por cento do tempo que, na data de publicação daquela Emenda, faltaria para atingir o limite de tempo constante da alínea *a* deste inciso.

§ 1º O servidor de que trata este artigo que cumprir as exigências para aposentadoria na forma do *caput* terá os seus proventos de inatividade reduzidos para cada ano antecipado em relação aos limites de idade estabelecidos pelo art. 40, § 1º, III, *a*, e § 5º da Constituição Federal, na seguinte proporção:

I – três inteiros e cinco décimos por cento, para aquele que completar as exigências para aposentadoria na forma do *caput* até 31 de dezembro de 2005;

II – cinco por cento, para aquele que completar as exigências para aposentadoria na forma do *caput* a partir de 1º de janeiro de 2006.

§ 2º Aplica-se ao magistrado e ao membro do Ministério Público e de Tribunal de Contas o disposto neste artigo.

§ 3º Na aplicação do disposto no § 2º deste artigo, o magistrado ou o membro do Ministério Público ou de Tribunal de Contas, se homem, terá o tempo de serviço exercido até a data de publicação da Emenda Constitucional n. 20, de 15 de dezembro de 1998, contado com acréscimo de dezessete por cento, observado o disposto no § 1º deste artigo.

§ 4º O professor, servidor da União, dos Estados, do Distrito Federal e dos Municípios, incluídas suas autarquias e fundações, que, até a data de publicação da Emenda Constitucional n. 20, de 15 de dezembro de 1998, tenha ingressado, regularmente, em cargo efetivo de magistério e que opte por aposentar-se na forma do disposto no *caput*, terá o tempo de serviço exercido até a publicação daquela Emenda contado com o acréscimo de dezessete por cento, se homem, e de vinte por cento, se mulher, desde que se aposente, exclusivamente, com tempo de efetivo exercício nas funções de magistério, observado o disposto no § 1º

§ 5º O servidor de que trata este artigo, que tenha completado as exigências para aposentadoria voluntária estabelecidas no *caput*, e que opte por permanecer em atividade, fará jus a um abono de permanência equivalente ao valor da sua contribuição previdenciária até completar as exigências para aposentadoria compulsória contidas no art. 40, § 1º, II, da Constituição Federal.

§ 6º Às aposentadorias concedidas de acordo com este artigo aplica-se o disposto no art. 40, § 8º, da Constituição Federal.
(*Revogado pela Emenda Constitucional n. 103, de 12-11-2019.*)

Daniel Machado da Rocha

1. História da norma

A EC n. 41/2003 foi redigida com o escopo de, tanto quanto possível, aproximar os regimes próprios do regime geral para uma futura unificação. Nesse contexto, seus efeitos seriam extremamente reduzidos se a regra de transição instituída pela EC n. 20/98 continuasse a vigorar. Assim, com o objetivo de substituir esta regra são criadas duas novas regras de transição: a regra do artigo 2º, que concede um benefício reduzido para quem antecipa a aposentadoria, considerando-se a idade exigida pela regra geral; e a regra do art. 6º, portadora de requisitos mais rigorosos para o servidor que ainda pretende obter um benefício com integralidade e paridade.

2. Constituições brasileiras anteriores

Como a Constituição de 1988 foi a primeira a tratar de regimes próprios de previdência, quando da sua modificação, a EC n. 20/98 disciplinou a situação daqueles servidores que ainda não haviam implementado todos os requisitos necessários para a obtenção de aposentadorias voluntárias. Por conseguinte, a inspiração direta do presente dispositivo é o artigo 8º da EC n. 20/98.

3. Constituições estrangeiras

O enunciado normativo em foco não encontra similaridade nas demais constituições.

4. Direito internacional

Os instrumentos de Direito Internacional tendem a ser universais, buscando promover a garantia de direitos sociais mínimos que protejam a generalidade dos trabalhadores, razão pela qual não há disposição de relevância a ser destacada.

5. Remissões constitucionais e legais

Alínea *a* do inciso III do § 1º, § 3º, § 5º, § 17 todos do art. 40 da CF/88. Art. 4º e 8º da Emenda Constitucional n. 20/98. No plano infraconstitucional é relevante a Lei n. 10.887, de 18 de junho de 2004.

6. Jurisprudência

BRASIL. Supremo Tribunal Federal. Ação Direta de Inconstitucionalidade n. 3.104/DF, Rel. Min. Cármen Lúcia, Pleno, *DJU* 09.11.07.

7. Referências bibliográficas

CORREIA, Marcus Orione Gonçalves. A reforma da Previdência Social e os servidores que ingressaram no serviço público em data anterior à da publicação da Emenda Constitucional n. 41/03. In: TAVARES, Marcelo Leonardo. *A Reforma da Previdência Social*: temas polêmicos e aspectos controvertidos. Rio de Janeiro: Lumen Juris, 2004.

ROCHA, Daniel Machado da. *Comentários à Lei do Regime Jurídico Único dos Servidores Públicos Civis da União: Lei n. 8.112, de 11 de dezembro de 1990*. Curitiba: Alteridade, 2016.

SARLET, Ingo Wolfgang. A eficácia do Direito Fundamental à Segurança Jurídica: dignidade da pessoa humana, direitos fundamentais e proibição do retrocesso social no direito constitucional brasileiro. In: ROCHA, Cármen Lúcia Antunes. *A Constituição e Segurança Jurídica: direito adquirido, ato jurídico perfeito e coisa julgada*. 2ª ed. Belo Horizonte: Fórum, 2005.

SILVA, José Afonso. *Parecer*. Disponível em: <http://www.conamp.org.br/ref_prev/parecer_JAS.htm>. Acesso em: 2 fev. 2004.

TAVARES, Marcelo Leonardo (coord.). *Comentários à Reforma da Previdência*. Rio de Janeiro: Impetus, 2004.

8. Comentários

Constantemente, entre o novo que necessita ser instituído, mas que ainda não pode ser aplicado, em sua inteireza, e o velho com o qual se deseja romper, são estabelecidas regras para despressurizar a tensão, permitindo uma transição razoavelmente tranquila para os novos tempos. Assim, embora seja sempre possível a modificação dos sistemas de proteção social para promover uma adaptação aos novos contornos sociais, desde que o seu núcleo essencial seja preservado, tais transformações reclamam regras de transição adequadas e proporcionais.

Na precisa lição de Sarlet, em matéria previdenciárias, tais regras devem oferecer uma proteção tão mais intensa quanto for o tempo de vinculação do cidadão ao sistema, não sendo razoável tratar quem está vinculado a dois anos da mesma maneira daquele que está vertendo contribuições há vinte anos[1].

Ainda, como imanação direta do princípio da segurança jurídica, quando são estabelecidas regras de transição de um sistema para outro o constituinte derivado não poderia ter a mesma disponibilidade para modificá-las ou revogá-las. Exemplo emblemático de insegurança jurídica foi a EC n. 41/2003, que promoveu a revogação do artigo 8º da EC n. 20, o qual teve uma existência incrivelmente fulgaz. Compare-se a redação do dispositivo revogado com a do art. 2º:

"Art. 8º Observado o disposto no art. 4º desta Emenda e ressalvado o direito de opção à aposentadoria pelas normas por ela estabelecidas, é assegurado o direito à aposentadoria voluntária com proventos calculados de acordo com o art. 40, § 3º, da Constituição Federal, àquele que tenha ingressado regularmente em cargo efetivo na Administração Pública, direta, autárquica e fundacional, até a data de publicação desta Emenda, quando o servidor, cumulativamente:

I – tiver cinquenta e três anos de idade, se homem, e quarenta e oito anos de idade, se mulher;

II – tiver cinco anos de efetivo exercício no cargo em que se dará a aposentadoria;

III – contar tempo de contribuição igual, no mínimo, à soma de:

a) trinta e cinco anos, se homem, e trinta anos, se mulher; e

b) um período adicional de contribuição equivalente a vinte por cento do tempo que, na data da publicação desta Emenda, faltaria para atingir o limite de tempo constante da alínea anterior.

§ 1º O servidor de que trata este artigo, desde que atendido o disposto em seus incisos I e II, e observado o disposto no art. 4º desta Emenda, pode aposentar-se com proventos proporcionais ao tempo de contribuição, quando atendidas as seguintes condições:

I – contar tempo de contribuição igual, no mínimo, à soma de:

a) trinta anos, se homem, e vinte e cinco anos, se mulher; e

b) um período adicional de contribuição equivalente a quarenta por cento do tempo que, na data da publicação desta Emenda, faltaria para atingir o limite de tempo constante da alínea anterior.

II – os proventos da aposentadoria proporcional serão equivalentes a setenta por cento do valor máximo que o servidor poderia obter de acordo com o *caput*, acrescido de cinco por cento por ano de contribuição que supere a soma a que se refere o inciso anterior, até o limite de cem por cento.

§ 2º Aplica-se ao magistrado e ao membro do Ministério Público e de Tribunal de Contas o disposto neste artigo.

§ 3º Na aplicação do disposto no parágrafo anterior, o magistrado ou membro do Ministério Público ou de Tribunal de Contas, se homem, terá o tempo de serviço exercido até a publicação desta Emenda contado com o acréscimo de dezessete por cento.

§ 4º O professor, servidor da União, dos Estados, do Distrito Federal e dos Municípios, incluídas suas autarquias e fundações, que, até a data da publicação desta Emenda, tenha ingressado, regularmente, em cargo efetivo de magistério e que opte por aposentar-se na forma do disposto no *caput*, terá o tempo de serviço exercido até a publicação desta Emenda contado com o acréscimo de dezessete por cento, se homem, e de vinte por cento, se mulher, desde que se aposente, exclusivamente, com tempo de efetivo exercício das funções de magistério.

§ 5º O servidor de que trata este artigo, que, após completar as exigências para aposentadoria estabelecidas no *caput*, permanecer em atividade, fará jus a isenção da contribuição previdenciária até completar as exigências para aposentadoria contidas no art. 40, § 1º, III, *a*, da Constituição Federal.

§ 6º Para os efeitos do cálculo dos proventos de aposentadoria previstos no *caput* deste artigo, a lei a que se refere o art. 40, § 3º, da Constituição, ao estabelecer a gradualidade prevista em seu inciso II, observará a remuneração percebida pelo servidor e o tempo de serviço prestado à data da publicação desta Emenda".

O âmbito subjetivo da regra em comento é o mesmo – ou seja, os servidores que ingressaram no serviço público, em cargo efetivo, até a data de publicação da EC n. 20/98 –, bem como os requisitos de elegibilidade para a modalidade de aposentadoria prevista no *caput*. Tais requisitos são: a) idade de 53 anos para o homem e 48 para a mulher; b) tempo de efetivo exercício de 5 anos no cargo em que se dará a aposentadoria; c) tempo de contribuição de 35 anos para o servidor e 30 para a servidora; e d) período adicional de 20% sobre o tempo que faltava na data de publicação da EC n. 20/98 para atingir o limite de tempo constante da regra geral (35 anos para o homem e 30 para a mulher).

As diferenças entre o artigo 8º da EC n. 20/98 e o artigo 2º da EC n. 41/03 residem na forma de cálculo da prestação e no reajustamento, podendo ser assim detalhadas: a) a modalidade de aposentadoria proporcional foi eliminada; b) o benefício é calculado com base no provento médio; c) a nova regra prevê a aplicação de um redutor, cujo impacto aumenta à proporção que se reduz a idade do servidor em cotejo com a regra geral do artigo 40; e d) o benefício não terá reajuste paritário com os ativos.

Da mesma forma que o preceito revogado, permite-se o aproveitamento qualificado do tempo de serviço de magistrado, membro do Ministério Público, membro do Tribunal de Contas, ou de professor exercido até 15.12.98 (§§ 3º e 4º).

Consoante o declinado nos comentários ao artigo 40, as aposentadorias dos servidores públicos, quanto aos requisitos de elegibilidade, não foram afetadas pela EC n. 41/03. As substanciais modificações foram perpetradas no procedimento de cálculo dos

---

1. SARLET, Ingo. *A eficácia do direito fundamental à segurança jurídica: dignidade da pessoa humana, direitos fundamentais e proibição do retrocesso no direito constitucional brasileiro*, p. 97.

benefícios e no mecanismo de reajustamento. No intento de que a Emenda pudesse produzir efeitos imediatos, promoveu-se a revogação da regra de transição ventilada pela EC 20/98 (art. 10 da EC n. 41/03). Inicialmente, a PEC 40, no seu artigo 2º, pretendia apenas alterar a redação do artigo 8º da EC n. 20/98 mas, por força da Emenda Aglutinativa Global n. 4, o Congresso deliberou promover a efetiva revogação deste dispositivo.

A regra gestada com o intuito de disciplinar a situação dos servidores – cujo ingresso na administração pública ocorreu até 15.12.98 –, introduzida pelo artigo 2º da EC n. 41/03, contempla um duplo ônus para o servidor. Além do tempo adicional de permanência no serviço público, requisito já imposto pelo artigo 8º (pedágio), restou introduzido um redutor de proventos excessivamente severo para o servidor.

Se o regime jurídico estatutário, pela sua própria natureza, comporta alterações para torná-lo mais adequado às contingências do cenário no qual a administração pública e os servidores estão inseridos, a EC n. 41/03 suscita uma outra questão de extrema importância: a possibilidade de modificar as regras transitórias de acesso à aposentação dos servidores públicos que ingressaram nos regimes próprios antes do advento da EC n. 20/98. Entendendo ser inadmissível a revogação da regra de transição, destaque-se o excelente parecer de José Afonso da Silva[2]. Em sentido contrário, defendendo que as regras de transição são razoáveis e constitucionais, veja-se a opinião de Marcelo Tavares[3].

Contra a revogação do enunciado normativo previsto no art. 8 da EC n. 20/98 – promovida pelo artigo 2º e pelo artigo 10º da EC n. 41/03 – foi proposta a ADI 3.104. Em resumo, a argumentação tecida na Ação Direta de Inconstitucionalidade era no sentido de que o artigo em foco teria conferido um direito subjetivo ao regime de aposentadoria, porquanto preservava o direito de jubilação basicamente nas mesmas condições previstas no momento em que os servidores ingressaram antes de 16.12.98. A maioria da Corte Constitucional entendeu que se tratava, mais uma vez, da inexistência de direito adquirido a regime jurídico previdenciário, pois somente haveria direito adquirido, na forma do art. 3º da precitada Emenda, para os servidores que implementaram todos os requisitos exigidos, antes do advento da EC n. 41/03[4].

As regras de transição antigas, dos arts. 2º, 6º e 6º-A da EC n. 41/2003, e do art. 3º da EC n. 47/2005, apesar de revogadas pelo art. 35 da EC n. 103/2019 no âmbito federal, poderão ensejar aposentadorias para os servidores dos Estados, Municípios e do Distrito Federal, cujos requisitos tenham sido implementados, antes da ratificação das mudanças pelas Constituições e Leis Orgânicas respectivas (alínea *b* do inciso II do art. 36 da EC n. 103/2019). Para uma análise mais ampla do impacto da EC n. 103/2019, sugerimos a leitura dos comentários ao art. 40 da CF.

---

2. SILVA, José Afonso. Parecer disponível em: <http://www.conamp.org.br/ref_prev/parecer_JAS.htm>. Acesso em 2 fev. 2004.
3. TAVARES, Marcelo Leonardo (coord.). *Comentários à Reforma da Previdência*. Rio de Janeiro: Impetus, 2004.
4. STF, ADI 3.104, Rel. Min. Cármen Lúcia, Pleno, *DJU* 09.11.07.

Art. 3º É assegurada a concessão, a qualquer tempo, de aposentadoria aos servidores públicos, bem como pensão aos seus dependentes, que, até a data de publicação desta Emenda, tenham cumprido todos os requisitos para obtenção desses benefícios, com base nos critérios da legislação então vigente.

§ 1º O servidor de que trata este artigo que opte por permanecer em atividade tendo completado as exigências para aposentadoria voluntária e que conte com, no mínimo, vinte e cinco anos de contribuição, se mulher, ou trinta anos de contribuição, se homem, fará jus a um abono de permanência equivalente ao valor da sua contribuição previdenciária até completar as exigências para aposentadoria compulsória contidas no art. 40, § 1º, II, da Constituição Federal.

§ 2º Os proventos da aposentadoria a ser concedida aos servidores públicos referidos no *caput*, em termos integrais ou proporcionais ao tempo de contribuição já exercido até a data de publicação desta Emenda, bem como as pensões de seus dependentes, serão calculados de acordo com a legislação em vigor à época em que foram atendidos os requisitos nela estabelecidos para a concessão desses benefícios ou nas condições da legislação vigente.

Art. 4º Os servidores inativos e os pensionistas da União, dos Estados, do Distrito Federal e dos Municípios, incluídas suas autarquias e fundações, em gozo de benefícios na data de publicação desta Emenda, bem como os alcançados pelo disposto no seu art. 3º, contribuirão para o custeio do regime de que trata o art. 40 da Constituição Federal com percentual igual ao estabelecido para os servidores titulares de cargos efetivos.

Parágrafo único. A contribuição previdenciária a que se refere o *caput* incidirá apenas sobre a parcela dos proventos e das pensões que supere:

I – cinquenta por cento do limite máximo estabelecido para os benefícios do regime geral de previdência social de que trata o art. 201 da Constituição Federal, para os servidores inativos e os pensionistas dos Estados, do Distrito Federal e dos Municípios;

II – sessenta por cento do limite máximo estabelecido para os benefícios do regime geral de previdência social de que trata o art. 201 da Constituição Federal, para os servidores inativos e os pensionistas da União.

Art. 5º O limite máximo para o valor dos benefícios do regime geral de previdência social de que trata o art. 201 da Constituição Federal é fixado em R$ 2.400,00 (dois mil e quatrocentos reais), devendo, a partir da data de publicação desta Emenda, ser reajustado de forma a preservar, em caráter permanente, seu valor real, atualizado pelos mesmos índices aplicados aos benefícios do regime geral de previdência social.

Art. 6º Ressalvado o direito de opção à aposentadoria pelas normas estabelecidas pelo art. 40 da Constituição Federal ou pelas regras estabelecidas pelo art. 2º desta Emenda, o servidor da União, dos Estados, do Distrito Federal e dos Municípios, incluídas suas autarquias e fundações, que tenha ingressado no serviço público até a data de publica-

> ção desta Emenda poderá aposentar-se com proventos integrais, que corresponderão à totalidade da remuneração do servidor no cargo efetivo em que se der a aposentadoria, na forma da lei, quando, observadas as reduções de idade e tempo de contribuição contidas no § 5º do art. 40 da Constituição Federal, vier a preencher, cumulativamente, as seguintes condições:

I – sessenta anos de idade, se homem, e cinquenta e cinco anos de idade, se mulher;

II – trinta e cinco anos de contribuição, se homem, e trinta anos de contribuição, se mulher;

III – vinte anos de efetivo exercício no serviço público; e

IV – dez anos de carreira e cinco anos de efetivo exercício no cargo em que se der a aposentadoria.

Parágrafo único. (*Revogado pela Emenda Constitucional n. 47, de 2005.*)

(*Revogado pela Emenda Constitucional n. 103, de 12-11-2019.*)

Daniel Machado da Rocha

1. História da norma

A EC n. 41/2003 foi redigida com o escopo de, tanto quanto possível, aproximar os regimes próprios do regime geral para uma futura unificação. Nesse contexto, seus efeitos seriam extremamente reduzidos se a regra de transição do art. 8º da EC n. 20/98 continuasse a vigorar.

2. Constituições brasileiras anteriores

Como a Constituição de 1988 foi a primeira a tratar de regimes próprios de previdência, quando da sua modificação, a EC n. 20/98 disciplinou a situação daqueles servidores que ainda não haviam implementado todos os requisitos necessários para a obtenção de aposentadorias voluntárias. Por conseguinte, a inspiração direta do presente dispositivo, assim como o artigo 2º, é o artigo 8º da EC n. 20/98.

3. Constituições estrangeiras

O enunciado normativo em foco não encontra similaridade nas demais constituições.

4. Direito internacional

Os instrumentos de Direito Internacional tendem a ser universais, buscando promover a garantia de direitos sociais mínimos que protejam a generalidade dos trabalhadores, razão pela qual não há disposição de relevância a ser destacada.

5. Remissões constitucionais e legais

Alínea *a* do inciso III do § 1º, § 3º, § 5º, § 17 todos do art. 40 da CF/88. Arts. 4º e 8º da Emenda Constitucional n. 20/98. No plano infraconstitucional é relevante a Lei n. 10.887, de 18 de junho de 2004.

6. Jurisprudência

Na pesquisa específica sobre o tema, não foi encontrado precedente relevante.

7. Referências bibliográficas

MEIRELLES, Hely Lopes. *Direito Administrativo Brasileiro*, 33 ed. São Paulo: Malheiros, 2007.

MODESTO, Paulo. Reforma da Previdência e regime jurídico da aposentadoria dos titulares de cargo público. In: MODESTO, Paulo (Org.). *Reforma da Previdência*: análise e crítica da Emenda Constitucional n. 41/2003 (doutrina, pareceres e normas selecionadas). Belo Horizonte: Fórum, 2004. p. 21-105.

ROCHA, Daniel Machado da (coord.). Comentários à Lei do Regime jurídico único dos servidores públicos civis da União: Lei n. 8.112, de 11 de dezembro de 1990. Curitiba: Alteridade, 2016.

TAVARES, Marcelo Leonardo (Coord.). *Comentários à Reforma da Previdência*. Rio de Janeiro: Impetus, 2004.

8. Comentários

A regra do art. 6º contempla um âmbito subjetivo mais amplo do que a prevista no artigo 2º já examinado. Seus destinatários são os agentes públicos que tenham ingressado no serviço público, em qualquer esfera, até 31 de dezembro de 2003, data de publicação da EC n. 41/03, enquanto o artigo 2º beneficia apenas os servidores que ingressaram no serviço público até 16 de dezembro de 1998. Relativamente à data de ingresso no serviço público, para fins de enquadramento nas regras de transição, nas situações em que o agente ocupou diferentes cargos, consultem-se nossos comentários ao artigo 40, item 12.3.

Diferentemente do artigo 2º, oferta-se a possibilidade de obtenção de aposentadoria com proventos integrais, correspondentes à totalidade da remuneração do servidor no cargo efetivo e reajustes paritários. Por isso, os requisitos de elegibilidade são mais rigorosos. Embora a idade e o tempo de contribuição sejam os mesmos da regra geral do artigo 40, exige-se um aumento significativo no tempo de serviço público – o qual dobrou, sendo necessários vinte anos – e um requisito novo: o tempo de carreira de dez anos, além de cinco anos de exercício efetivo no cargo em que se der a aposentadoria.

Segundo o ensinamento de Hely Lopes Meirelles, carreira é o agrupamento de classes da mesma profissão ou atividade, escalonada segundo a hierarquia do serviço, para acesso privativo dos titulares dos cargos que a integram, mediante provimento originário[1]. Para o melhor atendimento do interesse público, em conformidade com o § 1º do art. 39 da CF/88, os cargos públicos, que correspondem a um lugar na organização do serviço público, devem ser estruturados em níveis segundo sua natureza, complexidade e grau de responsabilidade, de acordo com o plano definido pela lei de cada ente federativo. Assim, para a concessão da prestação especial prevista neste artigo, o servidor também deve-

---

1. MEIRELLES, Hely Lopes. *Direito Administrativo Brasileiro*, p.420.

rá cumprir dez anos na carreira que abrange o seu cargo. Se o cargo não integrar nenhuma carreira, o tempo exercício no cargo deverá ser de dez anos e não de cinco. Em conformidade com o entendimento da Administração Previdenciária, o tempo de carreira deve ser cumprido no mesmo Poder e no mesmo ente federativo (art. 66 da Orientação Normativa 01/07).

Havia segmento doutrinário que extraía do parágrafo único do art. 6º uma regra que não garantia a paridade e a integralidade plena, entendendo que, em face da diferença de redação dos enunciados normativos, não haveria clara extensão das vantagens e gratificações[2].

A questão perdeu interesse com a Emenda n. 47/2005, cujo parágrafo único do art. 3º determinou que fosse aplicado às aposentadorias de que trata o art. 6º daquela Emenda o critério de paridade plena constante do art. 7º da Emenda n. 41/03.

A reforma promovida pela EC n. 103/2019, em muitos pontos, é aplicável automaticamente apenas para os servidores públicos federais. Para os demais entes federados, as mudanças entraram em vigor em conformidade com a definição efetuada nas constituições estaduais e nas leis orgânicas municipais (inciso II do art. 36 da EC n. 103/2019). Assim, seria necessário que o ente federado ratificasse o seu conteúdo, situação que, no momento em que este livro é atualizado, ainda não ocorreu em muitos Municípios.

As regras de transição antigas, dos arts. 2º, 6º e 6º-A da EC n. 41/2003, e do art. 3º da EC n. 47/2005, apesar de revogadas pelo art. 35 da EC n. 103/2019 no âmbito federal, poderão ensejar aposentadorias para os servidores dos Estados, dos Municípios e do Distrito Federal, cujos requisitos tenham sido implementados, antes da ratificação das mudanças pelas Constituições e Leis Orgânicas respectivas (alínea *b* do inciso II do art. 36 da EC n. 103/2019). Para uma análise mais ampla do impacto da EC n. 103/2019, sugerimos a leitura dos comentários ao art. 40 da CF.

Art. 6º-A. O servidor da União, dos Estados, do Distrito Federal e dos Municípios, incluídas suas autarquias e fundações, que tenha ingressado no serviço público até a data de publicação desta Emenda Constitucional e que tenha se aposentado ou venha a se aposentar por invalidez permanente, com fundamento no inciso I do § 1º do art. 40 da Constituição Federal, tem direito a proventos de aposentadoria calculados com base na remuneração do cargo efetivo em que se der a aposentadoria, na forma da lei, não sendo aplicáveis as disposições constantes dos §§ 3º, 8º e 17 do art. 40 da Constituição Federal.

Parágrafo único. Aplica-se ao valor dos proventos de aposentadorias concedidas com base no *caput* o disposto no art. 7º desta Emenda Constitucional, observando-se igual critério de revisão às pensões derivadas dos proventos desses servidores.

(*Revogado pela Emenda Constitucional n. 103, de 12-11-2019.*)

Daniel Machado da Rocha

1. História da norma

A norma é inédita no ordenamento jurídico.

2. Constituições brasileiras anteriores

Não há dispositivo semelhante em outras constituições.

3. Constituições estrangeiras

O enunciado normativo em foco não encontra similaridade nas demais constituições.

4. Direito internacional

Os instrumentos de Direito Internacional tendem a ser universais, buscando promover a garantia de direitos sociais mínimos que protejam a generalidade dos trabalhadores, razão pela qual não há disposição de relevância a ser destacada.

5. Remissões constitucionais e legais

Inciso I do § 1º, § 3º, § 8º, § 17 todos do art. 40 da CF/88.

6. Jurisprudência

Na pesquisa específica sobre o tema, não foi encontrado precedente relevante.

7. Referências bibliográficas

MODESTO, Paulo. Reforma da Previdência e regime jurídico da aposentadoria dos titulares de cargo público. In: MODESTO, Paulo (Org.). *Reforma da Previdência*: análise e crítica da Emenda Constitucional n. 41/2003 (doutrina, pareceres e normas selecionadas). Belo Horizonte: Fórum, 2004. p. 21-105.

ROCHA, Daniel Machado da (coord.). Comentários à Lei do Regime jurídico único dos servidores públicos civis da União: Lei n. 8.112, de 11 de dezembro de 1990. Curitiba: Alteridade, 2016.

8. Comentários

A regra de transição favorece os agentes públicos que ingressaram no serviço público até 31/12/2003 e já se aposentaram, ou serão aposentados por invalidez, independentemente de quando for concedido este benefício. Com efeito, a redação aprovada, que introduziu o art. 6º-A ao corpo da EC n. 41/2003, afasta a aplicação dos §§ 3º, 8º e 17 do art. 40 para os servidores que ficarem inválidos, quando o ingresso no serviço público ocorreu até 31/12/2003. Ou seja, no cálculo dos proventos desses servidores, a proporcionalidade será aplicada sobre a última remuneração do servidor, não sendo realizada a apuração da média, como ocorre nos outros benefícios proporcionais em decorrência do fim da paridade.

Por sua vez, o parágrafo único do art. 6º-A garantiu a revisão, na mesma proporção e na mesma data em que for revisada a remuneração dos agentes públicos em atividade (paridade), para as aposentadorias concedidas com base na nova regra de transição.

---

2. IBRAHIM, Fábio Zambitte. In: TAVARES, Marcelo Leonardo (coord.). *Comentários à Reforma da Previdência*, p. 102.

As regras de transição antigas, dos arts. 2º, 6º e 6º-A da EC n. 41/2003, e do art. 3º da EC n. 47/2005, apesar de revogadas pelo art. 35 da EC n. 103/2019 no âmbito federal, poderão ensejar aposentadorias para os servidores dos Estados, Municípios e do Distrito Federal, cujos requisitos tenham sido implementados, antes da ratificação das mudanças pelas Constituições e Leis Orgânicas respectivas (alínea *b* do inciso II do art. 36 da EC n. 103/2019). Para uma análise mais ampla do impacto da EC n. 103/2019, sugerimos a leitura dos comentários ao art. 40 da CF.

Art. 7º Observado o disposto no art. 37, XI, da Constituição Federal, os proventos de aposentadoria dos servidores públicos titulares de cargo efetivo e as pensões dos seus dependentes pagos pela União, Estados, Distrito Federal e Municípios, incluídas suas autarquias e fundações, em fruição na data de publicação desta Emenda, bem como os proventos de aposentadoria dos servidores e as pensões dos dependentes abrangidos pelo art. 3º desta Emenda, serão revistos na mesma proporção e na mesma data, sempre que se modificar a remuneração dos servidores em atividade, sendo também estendidos aos aposentados e pensionistas quaisquer benefícios ou vantagens posteriormente concedidos aos servidores em atividade, inclusive quando decorrentes da transformação ou reclassificação do cargo ou função em que se deu a aposentadoria ou que serviu de referência para a concessão da pensão, na forma da lei.

Daniel Machado da Rocha

1. História da norma

A EC n. 41/2003 foi redigida com o escopo de, tanto quanto possível, aproximar os regimes próprios do regime geral para uma futura unificação.

2. Constituições brasileiras anteriores

Não há dispositivo semelhante em outras constituições.

3. Constituições estrangeiras

O enunciado normativo em foco não encontra similaridade nas demais constituições.

4. Direito internacional

Os instrumentos de Direito Internacional tendem a ser universais, buscando promover a garantia de direitos sociais mínimos que protejam a generalidade dos trabalhadores, razão pela qual não há disposição de relevância a ser destacada.

5. Remissões constitucionais e legais

Alínea *a* do inciso III do § 1º, § 3º, § 5º, § 17 todos do art. 40 da CF/88. Arts. 4º e 8º da Emenda Constitucional n. 20/98. No plano infraconstitucional é relevante a Lei n. 10.887, de 18 de junho de 2004.

6. Jurisprudência

BRASIL. Supremo Tribunal Federal. Recurso Extraordinário n. 603580, Rel. Min. RICARDO LEWANDOWSKI, Pleno, *DJ* 04.08.2015.

7. Referências bibliográficas

MEIRELLES, Hely Lopes. *Direito Administrativo Brasileiro*, 33 ed. São Paulo: Malheiros, 2007.

MODESTO, Paulo. Reforma da Previdência e regime jurídico da aposentadoria dos titulares de cargo público. In: MODESTO, Paulo (Org.). *Reforma da Previdência*: análise e crítica da Emenda Constitucional n. 41/2003 (doutrina, pareceres e normas selecionadas). Belo Horizonte: Fórum, 2004. p. 21-105.

ROCHA, Daniel Machado da (coord.). Comentários à Lei do Regime jurídico único dos servidores públicos civis da União: Lei n. 8.112, de 11 de dezembro de 1990. Curitiba: Alteridade, 2016.

TAVARES, Marcelo Leonardo (Coord.). *Comentários à Reforma da Previdência*. Rio de Janeiro: Impetus, 2004.

8. Comentários

Para os aposentados e pensionistas que já estavam em fruição de benefício, bem como aqueles que já tinham direito adquirido, o enunciado normativo assegurou a paridade, importante garantia para que os benefícios dos servidores não restassem comprometidos pelos efeitos do fenômeno inflacionário. Há referência expressa ao inciso XI do art. 37, coloca em evidência a necessidade de observar o teto e os subtetos.

Art. 8º Até que seja fixado o valor do subsídio de que trata o art. 37, XI, da Constituição Federal, será considerado, para os fins do limite fixado naquele inciso, o valor da maior remuneração atribuída por lei na data de publicação desta Emenda a Ministro do Supremo Tribunal Federal, a título de vencimento, de representação mensal e da parcela recebida em razão de tempo de serviço, aplicando-se como limite, nos Municípios, o subsídio do Prefeito, e nos Estados e no Distrito Federal, o subsídio mensal do Governador no âmbito do Poder Executivo, o subsídio dos Deputados Estaduais e Distritais no âmbito do Poder Legislativo e o subsídio dos Desembargadores do Tribunal de Justiça, limitado a noventa inteiros e vinte e cinco centésimos por cento da maior remuneração mensal de Ministro do Supremo Tribunal Federal a que se refere este artigo, no âmbito do Poder Judiciário, aplicável este limite aos membros do Ministério Público, aos Procuradores e aos Defensores Públicos.

Art. 9º Aplica-se o disposto no art. 17 do Ato das Disposições Constitucionais Transitórias aos vencimentos, remunerações e subsídios dos ocupantes de cargos, funções e empregos públicos da administração direta, autárquica e fundacional, dos membros de qualquer dos Poderes da União, dos Estados, do Distrito Federal e dos Municípios, dos detentores de mandato eletivo e dos demais agentes políticos e os proventos, pensões ou outra espécie remuneratória percebidos cumulativamente ou não, incluídas as vantagens pessoais ou de qualquer outra natureza.

Art. 10. Revogam-se o inciso IX do § 3º do art. 142 da Constituição Federal, bem como os arts. 8º e 10 da Emenda Constitucional n. 20, de 15 de dezembro de 1998.

Art. 11. Esta Emenda Constitucional entra em vigor na data de sua publicação.

Brasília, em 19 de dezembro de 2003.

Mesa da Câmara dos Deputados
Deputado JOÃO PAULO CUNHA
Presidente
Mesa do Senado Federal
Senador JOSÉ SARNEY
Presidente

EMENDA CONSTITUCIONAL N. 42, DE 19 DE DEZEMBRO DE 2003*

Altera o Sistema Tributário Nacional e dá outras providências.

As Mesas da Câmara dos Deputados e do Senado Federal, nos termos do § 3º do art. 60 da Constituição Federal, promulgam a seguinte Emenda ao texto constitucional:

Art. 1º Os artigos da Constituição a seguir enumerados passam a vigorar com as seguintes alterações:

"Art. 37 ....
....

XXII – as administrações tributárias da União, dos Estados, do Distrito Federal e dos Municípios, atividades essenciais ao funcionamento do Estado, exercidas por servidores de carreiras específicas, terão recursos prioritários para a realização de suas atividades e atuarão de forma integrada, inclusive com o compartilhamento de cadastros e de informações fiscais, na forma da lei ou convênio.

.... " (NR)

"Art. 52...

XV – avaliar periodicamente a funcionalidade do Sistema Tributário Nacional, em sua estrutura e seus componentes, e o desempenho das administrações tributárias da União, dos Estados e do Distrito Federal e dos Municípios.

.... " (NR)

"Art. 146..
....

III – ....
....

d) definição de tratamento diferenciado e favorecido para as microempresas e para as empresas de pequeno porte, inclu-

sive regimes especiais ou simplificados no caso do imposto previsto no art. 155, II, das contribuições previstas no art. 195, I e §§ 12 e 13, e da contribuição a que se refere o art. 239.

Parágrafo único. A lei complementar de que trata o inciso III, d, também poderá instituir um regime único de arrecadação dos impostos e contribuições da União, dos Estados, do Distrito Federal e dos Municípios, observado que:

I – será opcional para o contribuinte;

II – poderão ser estabelecidas condições de enquadramento diferenciadas por Estado;

III – o recolhimento será unificado e centralizado e a distribuição da parcela de recursos pertencentes aos respectivos entes federados será imediata, vedada qualquer retenção ou condicionamento;

IV – a arrecadação, a fiscalização e a cobrança poderão ser compartilhadas pelos entes federados, adotado cadastro nacional único de contribuintes." (NR)

"Art. 146-A. Lei complementar poderá estabelecer critérios especiais de tributação, com o objetivo de prevenir desequilíbrios da concorrência, sem prejuízo da competência de a União, por lei, estabelecer normas de igual objetivo."

"Art. 149...
....

§ 2º ....
....

II – incidirão também sobre a importação de produtos estrangeiros ou serviços;

.... " (NR)

"Art. 150..

III – ....
....

c) antes de decorridos noventa dias da data em que haja sido publicada a lei que os instituiu ou aumentou, observado o disposto na alínea b;

....

§ 1º A vedação do inciso III, b, não se aplica aos tributos previstos nos arts. 148, I, 153, I, II, IV e V; e 154, II; e a vedação do inciso III, c, não se aplica aos tributos previstos nos arts. 148, I, 153, I, II, III e V; e 154, II, nem à fixação da base de cálculo dos impostos previstos nos arts. 155, III, e 156, I.

.... " (NR)

"Art. 153..
....

§ 3º ....
....

IV – terá reduzido seu impacto sobre a aquisição de bens de capital pelo contribuinte do imposto, na forma da lei.

§ 4º O imposto previsto no inciso VI do *caput*:

I – será progressivo e terá suas alíquotas fixadas de forma a desestimular a manutenção de propriedades improdutivas;

II – não incidirá sobre pequenas glebas rurais, definidas em lei, quando as explore o proprietário que não possua outro imóvel;

---

*. Publicada no *Diário Oficial da União* de 31-12-2003.

III – será fiscalizado e cobrado pelos Municípios que assim optarem, na forma da lei, desde que não implique redução do imposto ou qualquer outra forma de renúncia fiscal.

.... "(NR)

"Art. 155. ....

....

§ 2º ....

....

X – ....

a) sobre operações que destinem mercadorias para o exterior, nem sobre serviços prestados a destinatários no exterior, assegurada a manutenção e o aproveitamento do montante do imposto cobrado nas operações e prestações anteriores;

d) nas prestações de serviço de comunicação nas modalidades de radiodifusão sonora e de sons e imagens de recepção livre e gratuita;

....

§ 6º O imposto previsto no inciso III:

I – terá alíquotas mínimas fixadas pelo Senado Federal;

II – poderá ter alíquotas diferenciadas em função do tipo e utilização." (NR)

"Art. 158. ....

....

II – cinquenta por cento do produto da arrecadação do imposto da União sobre a propriedade territorial rural, relativamente aos imóveis neles situados, cabendo a totalidade na hipótese da opção a que se refere o art. 153, § 4º, III;

.... " (NR)

"Art. 159. ....

....

III – do produto da arrecadação da contribuição de intervenção no domínio econômico prevista no art. 177, § 4º, vinte e cinco por cento para os Estados e o Distrito Federal, distribuídos na forma da lei, observada a destinação a que refere o inciso II, c, do referido parágrafo.

....

§ 4º Do montante de recursos de que trata o inciso III que cabe a cada Estado, vinte e cinco por cento serão destinados aos seus Municípios, na forma da lei a que se refere o mencionado inciso." (NR)

"Art. 167. ....

....

IV – a vinculação de receita de impostos a órgão, fundo ou despesa, ressalvadas a repartição do produto da arrecadação dos impostos a que se referem os arts. 158 e 159, a destinação de recursos para as ações e serviços públicos de saúde, para manutenção e desenvolvimento do ensino e para realização de atividades da administração tributária, como determinado, respectivamente, pelos arts. 198, § 2º, 212 e 37, XXII, e a prestação de garantias às operações de crédito por antecipação de receita, previstas no art. 165, § 8º, bem como o disposto no § 4º deste artigo;

.... " (NR)

"Art. 170. ....

....

VI – defesa do meio ambiente, inclusive mediante tratamento diferenciado conforme o impacto ambiental dos produtos e serviços e de seus processos de elaboração e prestação;

.... " (NR)

"Art. 195. ....

....

IV – do importador de bens ou serviços do exterior, ou de quem a lei a ele equiparar.

....

§ 12. A lei definirá os setores de atividade econômica para os quais as contribuições incidentes na forma dos incisos I, b; e IV do caput, serão não cumulativas.

§ 13. Aplica-se o disposto no § 12 inclusive na hipótese de substituição gradual, total ou parcial, da contribuição incidente na forma do inciso I, a, pela incidente sobre a receita ou o faturamento."(NR)

"Art. 204. ....

....

Parágrafo único. É facultado aos Estados e ao Distrito Federal vincular a programa de apoio à inclusão e promoção social até cinco décimos por cento de sua receita tributária líquida, vedada a aplicação desses recursos no pagamento de:

I – despesas com pessoal e encargos sociais;

II – serviço da dívida;

III – qualquer outra despesa corrente não vinculada diretamente aos investimentos ou ações apoiados."(NR)

"Art. 216. ....

....

§ 6º É facultado aos Estados e ao Distrito Federal vincular a fundo estadual de fomento à cultura até cinco décimos por cento de sua receita tributária líquida, para o financiamento de programas e projetos culturais, vedada a aplicação desses recursos no pagamento de:

I – despesas com pessoal e encargos sociais;

II – serviço da dívida;

III – qualquer outra despesa corrente não vinculada diretamente aos investimentos ou ações apoiados." (NR)

Art. 2º Os artigos do Ato das Disposições Constitucionais Transitórias a seguir enumerados passam a vigorar com as seguintes alterações:

"Art. 76. É desvinculado de órgão, fundo ou despesa, no período de 2003 a 2007, vinte por cento da arrecadação da União de impostos, contribuições sociais e de intervenção no domínio econômico, já instituídos ou que vierem a ser criados no referido período, seus adicionais e respectivos acréscimos legais.

§ 1º O disposto no caput deste artigo não reduzirá a base de cálculo das transferências a Estados, Distrito Federal e Municípios na forma dos arts. 153, § 5º; 157, I; 158, I e II; e 159, I, a e b; e II, da Constituição, bem como a base de cálculo das destinações a que se refere o art. 159, I, c, da Constituição.

.... " (NR)

"Art. 82. ....

§ 1º Para o financiamento dos Fundos Estaduais e Distrital, poderá ser criado adicional de até dois pontos percentuais na alíquota do Imposto sobre Circulação de Mercadorias e Serviços – ICMS, sobre os produtos e serviços supérfluos e nas condições definidas na lei complementar de que trata o art. 155, § 2º, XII, da Constituição, não se aplicando, sobre este percentual, o disposto no art. 158, IV, da Constituição.
.... " (NR)

"Art. 83. Lei federal definirá os produtos e serviços supérfluos a que se referem os arts. 80, II, e 82, § 2º" (NR)

Art. 3º O Ato das Disposições Constitucionais Transitórias passa a vigorar acrescido dos seguintes artigos:

"Art. 90. O prazo previsto no *caput* do art. 84 deste Ato das Disposições Constitucionais Transitórias fica prorrogado até 31 de dezembro de 2007.

§ 1º Fica prorrogada, até a data referida no *caput* deste artigo, a vigência da Lei n. 9.311, de 24 de outubro de 1996, e suas alterações.

§ 2º Até a data referida no *caput* deste artigo, a alíquota da contribuição de que trata o art. 84 deste Ato das Disposições Constitucionais Transitórias será de trinta e oito centésimos por cento."

"Art. 91. A União entregará aos Estados e ao Distrito Federal o montante definido em lei complementar, de acordo com critérios, prazos e condições nela determinados, podendo considerar as exportações para o exterior de produtos primários e semielaborados, a relação entre as exportações e as importações, os créditos decorrentes de aquisições destinadas ao ativo permanente e a efetiva manutenção e aproveitamento do crédito do imposto a que se refere o art. 155, § 2º, X, *a*.

§ 1º Do montante de recursos que cabe a cada Estado, setenta e cinco por cento pertencem ao próprio Estado, e vinte e cinco por cento, aos seus Municípios, distribuídos segundo os critérios a que se refere o art. 158, parágrafo único, da Constituição.

§ 2º A entrega de recursos prevista neste artigo perdurará, conforme definido em lei complementar, até que o imposto a que se refere o art. 155, II, tenha o produto de sua arrecadação destinado predominantemente, em proporção não inferior a oitenta por cento, ao Estado onde ocorrer o consumo das mercadorias, bens ou serviços.

§ 3º Enquanto não for editada a lei complementar de que trata o *caput*, em substituição ao sistema de entrega de recursos nele previsto, permanecerá vigente o sistema de entrega de recursos previsto no art. 31 e Anexo da Lei Complementar n. 87, de 13 de setembro de 1996, com a redação dada pela Lei Complementar n. 115, de 26 de dezembro de 2002.

§ 4º Os Estados e o Distrito Federal deverão apresentar à União, nos termos das instruções baixadas pelo Ministério da Fazenda, as informações relativas ao imposto de que trata o art. 155, II, declaradas pelos contribuintes que realizarem operações ou prestações com destino ao exterior."

"Art. 92. São acrescidos dez anos ao prazo fixado no art. 40 deste Ato das Disposições Constitucionais Transitórias."

"Art. 93. A vigência do disposto no art. 159, III, e § 4º, iniciará somente após a edição da lei de que trata o referido inciso III."

"Art. 94. Os regimes especiais de tributação para microempresas e empresas de pequeno porte próprios da União, dos Estados, do Distrito Federal e dos Municípios cessarão a partir da entrada em vigor do regime previsto no art. 146, III, *d*, da Constituição."

Art. 4º Os adicionais criados pelos Estados e pelo Distrito Federal até a data da promulgação desta Emenda, naquilo em que estiverem em desacordo com o previsto nesta Emenda, na Emenda Constitucional n. 31, de 14 de dezembro de 2000, ou na lei complementar de que trata o art. 155, § 2º, XII, da Constituição, terão vigência, no máximo, até o prazo previsto no art. 79 do Ato das Disposições Constitucionais Transitórias.

Art. 5º O Poder Executivo, em até sessenta dias contados da data da promulgação desta Emenda, encaminhará ao Congresso Nacional projeto de lei, sob o regime de urgência constitucional, que disciplinará os benefícios fiscais para a capacitação do setor de tecnologia da informação, que vigerão até 2019 nas condições que estiverem em vigor no ato da aprovação desta Emenda.

Art. 6º Fica revogado o inciso II do § 3º do art. 84 do Ato das Disposições Constitucionais Transitórias.

Brasília, em 19 de dezembro de 2003.

Mesa da Câmara dos Deputados
Deputado JOÃO PAULO CUNHA
Presidente
Mesa do Senado Federal
Senador JOSÉ SARNEY
Presidente

EMENDA CONSTITUCIONAL N. 43, DE 15 DE ABRIL DE 2004*

Altera o art. 42 do Ato das Disposições Constitucionais Transitórias, prorrogando, por 10 (dez) anos, a aplicação, por parte da União, de percentuais mínimos do total dos recursos destinados à irrigação nas Regiões Centro-Oeste e Nordeste.

As Mesas da Câmara dos Deputados e do Senado Federal, nos termos do § 3º do art. 60 da Constituição Federal, promulgam a seguinte Emenda ao texto constitucional:

Art. 1º O *caput* do art. 42 do Ato das Disposições Constitucionais Transitórias passa a vigorar com a seguinte redação:

"Art. 42. Durante 25 (vinte e cinco) anos, a União aplicará, dos recursos destinados à irrigação:
.... " (NR)

---

*. Publicada no *Diário Oficial da União* de 16-4-2004.

Art. 2º Esta Emenda Constitucional entra em vigor na data de sua publicação.

Brasília, 15 de abril de 2004.

Mesa da Câmara dos Deputados
Deputado JOÃO PAULO CUNHA
Presidente
Mesa do Senado Federal
Senador JOSÉ SARNEY
Presidente

EMENDA CONSTITUCIONAL N. 44, DE 30 DE JUNHO DE 2004*

Altera o Sistema Tributário Nacional e dá outras providências.

As Mesas da Câmara dos Deputados e do Senado Federal, nos termos do § 3º do art. 60 da Constituição Federal, promulgam a seguinte Emenda ao texto constitucional:

Art. 1º O inciso III do art. 159 da Constituição passa a vigorar com a seguinte redação:

"Art. 159. ....
....

III – do produto da arrecadação da contribuição de intervenção no domínio econômico prevista no art. 177, § 4º, 29% (vinte e nove por cento) para os Estados e o Distrito Federal, distribuídos na forma da lei, observada a destinação a que se refere o inciso II, *c*, do referido parágrafo.
.... (NR)

Art. 2º Esta Emenda à Constituição entra em vigor na data de sua publicação.

Brasília, 30 de junho de 2004.

Mesa da Câmara dos Deputados
Deputado JOÃO PAULO CUNHA
Presidente
Mesa do Senado Federal
Senador JOSÉ SARNEY
Presidente

EMENDA CONSTITUCIONAL N. 45, DE 8 DE DEZEMBRO DE 2004**

Altera dispositivos dos arts. 5º, 36, 52, 92, 93, 95, 98, 99, 102, 103, 104, 105, 107, 109, 111, 112, 114, 115, 125, 126, 127, 128, 129, 134 e 168 da Constituição Federal, e acrescenta os arts. 103-A, 103-B, 111-A e 130-A, e dá outras providências.

---

*. Publicada no *Diário Oficial da União* de 1º-7-2004.
**. Publicada no *Diário Oficial da União* de 31-12-2004.

As Mesas da Câmara dos Deputados e do Senado Federal, nos termos do § 3º do art. 60 da Constituição Federal, promulgam a seguinte Emenda ao texto constitucional:

Art. 1º Os arts. 5º, 36, 52, 92, 93, 95, 98, 99, 102, 103, 104, 105, 107, 109, 111, 112, 114, 115, 125, 126, 127, 128, 129, 134 e 168 da Constituição Federal passam a vigorar com a seguinte redação:

"Art. 5º ....
....

LXXVIII – a todos, no âmbito judicial e administrativo, são assegurados a razoável duração do processo e os meios que garantam a celeridade de sua tramitação.
....

§ 3º Os tratados e convenções internacionais sobre direitos humanos que forem aprovados, em cada Casa do Congresso Nacional, em dois turnos, por três quintos dos votos dos respectivos membros, serão equivalentes às emendas constitucionais.

§ 4º O Brasil se submete à jurisdição de Tribunal Penal Internacional a cuja criação tenha manifestado adesão." (NR)

"Art. 36. ....
....

III – de provimento, pelo Supremo Tribunal Federal, de representação do Procurador-Geral da República, na hipótese do art. 34, VII, e no caso de recusa à execução de lei federal.

IV – (Revogado).
...." (NR)

"Art. 52 ....
....

II – processar e julgar os Ministros do Supremo Tribunal Federal, os membros do Conselho Nacional de Justiça e do Conselho Nacional do Ministério Público, o Procurador-Geral da República e o Advogado-Geral da União nos crimes de responsabilidade;
...." (NR)

"Art. 92 ....
....

I-A – o Conselho Nacional de Justiça;
....

§ 1º O Supremo Tribunal Federal, o Conselho Nacional de Justiça e os Tribunais Superiores têm sede na Capital Federal.

§ 2º O Supremo Tribunal Federal e os Tribunais Superiores têm jurisdição em todo o território nacional." (NR)

"Art. 93. ....

I – ingresso na carreira, cujo cargo inicial será o de juiz substituto, mediante concurso público de provas e títulos, com a participação da Ordem dos Advogados do Brasil em todas as fases, exigindo-se do bacharel em direito, no mínimo, três anos de atividade jurídica e obedecendo-se, nas nomeações, à ordem de classificação;

II – ....
....

c) aferição do merecimento conforme o desempenho e pelos critérios objetivos de produtividade e presteza no exercício da jurisdição e pela frequência e aproveitamento em cursos oficiais ou reconhecidos de aperfeiçoamento;

d) na apuração de antiguidade, o tribunal somente poderá recusar o juiz mais antigo pelo voto fundamentado de dois terços de seus membros, conforme procedimento próprio, e assegurada ampla defesa, repetindo-se a votação até fixar-se a indicação;

e) não será promovido o juiz que, injustificadamente, retiver autos em seu poder além do prazo legal, não podendo devolvê-los ao cartório sem o devido despacho ou decisão;

III – o acesso aos tribunais de segundo grau far-se-á por antiguidade e merecimento, alternadamente, apurados na última ou única entrância;

IV – previsão de cursos oficiais de preparação, aperfeiçoamento e promoção de magistrados, constituindo etapa obrigatória do processo de vitaliciamento a participação em curso oficial ou reconhecido por escola nacional de formação e aperfeiçoamento de magistrados;

....

VII – o juiz titular residirá na respectiva comarca, salvo autorização do tribunal;

VIII – o ato de remoção, disponibilidade e aposentadoria do magistrado, por interesse público, fundar-se-á em decisão por voto da maioria absoluta do respectivo tribunal ou do Conselho Nacional de Justiça, assegurada ampla defesa;

VIII-A – a remoção a pedido ou a permuta de magistrados de comarca de igual entrância atenderá, no que couber, ao disposto nas alíneas *a*, *b*, *c* e *e* do inciso II;

IX – todos os julgamentos dos órgãos do Poder Judiciário serão públicos, e fundamentadas todas as decisões, sob pena de nulidade, podendo a lei limitar a presença, em determinados atos, às próprias partes e a seus advogados, ou somente a estes, em casos nos quais a preservação do direito à intimidade do interessado no sigilo não prejudique o interesse público à informação;

X – as decisões administrativas dos tribunais serão motivadas e em sessão pública, sendo as disciplinares tomadas pelo voto da maioria absoluta de seus membros;

XI – nos tribunais com número superior a vinte e cinco julgadores, poderá ser constituído órgão especial, com o mínimo de onze e o máximo de vinte e cinco membros, para o exercício das atribuições administrativas e jurisdicionais delegadas da competência do tribunal pleno, provendo-se metade das vagas por antiguidade e a outra metade por eleição pelo tribunal pleno;

XII – a atividade jurisdicional será ininterrupta, sendo vedado férias coletivas nos juízos e tribunais de segundo grau, funcionando, nos dias em que não houver expediente forense normal, juízes em plantão permanente;

XIII – o número de juízes na unidade jurisdicional será proporcional à efetiva demanda judicial e à respectiva população;

XIV – os servidores receberão delegação para a prática de atos de administração e atos de mero expediente sem caráter decisório;

XV – a distribuição de processos será imediata, em todos os graus de jurisdição." (NR)

"Art. 95. ....

....

Parágrafo único. Aos juízes é vedado:

....

IV – receber, a qualquer título ou pretexto, auxílios ou contribuições de pessoas físicas, entidades públicas ou privadas, ressalvadas as exceções previstas em lei;

V – exercer a advocacia no juízo ou tribunal do qual se afastou, antes de decorridos três anos do afastamento do cargo por aposentadoria ou exoneração." (NR)

"Art. 98. ....

....

§ 1º (antigo parágrafo único) ....

§ 2º As custas e emolumentos serão destinados exclusivamente ao custeio dos serviços afetos às atividades específicas da Justiça." (NR)

"Art. 99. ....

....

§ 3º Se os órgãos referidos no § 2º não encaminharem as respectivas propostas orçamentárias dentro do prazo estabelecido na lei de diretrizes orçamentárias, o Poder Executivo considerará, para fins de consolidação da proposta orçamentária anual, os valores aprovados na lei orçamentária vigente, ajustados de acordo com os limites estipulados na forma do § 1º deste artigo.

§ 4º Se as propostas orçamentárias de que trata este artigo forem encaminhadas em desacordo com os limites estipulados na forma do § 1º, o Poder Executivo procederá aos ajustes necessários para fins de consolidação da proposta orçamentária anual.

§ 5º Durante a execução orçamentária do exercício, não poderá haver a realização de despesas ou a assunção de obrigações que extrapolem os limites estabelecidos na lei de diretrizes orçamentárias, exceto se previamente autorizadas, mediante a abertura de créditos suplementares ou especiais." (NR)

"Art. 102. ....

I – ....

....

b) (Revogada)

....

r) as ações contra o Conselho Nacional de Justiça e contra o Conselho Nacional do Ministério Público;

....

III – ....

....

d) julgar válida lei local contestada em face de lei federal.

....

§ 2º As decisões definitivas de mérito, proferidas pelo Supremo Tribunal Federal, nas ações diretas de inconstitucionalidade e nas ações declaratórias de constitucionalidade produzirão eficácia contra todos e efeito vinculante, relativamente aos demais órgãos do Poder Judiciário e à administração pública direta e indireta, nas esferas federal, estadual e municipal.

§ 3º No recurso extraordinário o recorrente deverá demonstrar a repercussão geral das questões constitucionais discutidas no caso, nos termos da lei, a fim de que o Tribunal examine a admissão do recurso, somente podendo recusá-lo pela manifestação de dois terços de seus membros." (NR)

"Art. 103. Podem propor a ação direta de inconstitucionalidade e a ação declaratória de constitucionalidade:

....

IV – a Mesa de Assembleia Legislativa ou da Câmara Legislativa do Distrito Federal;

V – o Governador de Estado ou do Distrito Federal;

....

§ 4º (Revogado)." (NR)

"Art. 104. ....

Parágrafo único. Os Ministros do Superior Tribunal de Justiça serão nomeados pelo Presidente da República, dentre brasileiros com mais de trinta e cinco e menos de sessenta e cinco anos, de notável saber jurídico e reputação ilibada, depois de aprovada a escolha pela maioria absoluta do Senado Federal, sendo:

...." (NR)

"Art. 105. ....

I – ....

....

i) a homologação de sentenças estrangeiras e a concessão de *exequatur* às cartas rogatórias;

....

III – ....

....

b) julgar válido ato de governo local contestado em face de lei federal;

....

Parágrafo único. Funcionarão junto ao Superior Tribunal de Justiça:

I – a Escola Nacional de Formação e Aperfeiçoamento de Magistrados, cabendo-lhe, dentre outras funções, regulamentar os cursos oficiais para o ingresso e promoção na carreira;

II – o Conselho da Justiça Federal, cabendo-lhe exercer, na forma da lei, a supervisão administrativa e orçamentária da Justiça Federal de primeiro e segundo graus, como órgão central do sistema e com poderes correicionais, cujas decisões terão caráter vinculante." (NR)

"Art. 107. ....

....

§ 1º (antigo parágrafo único) ....

§ 2º Os Tribunais Regionais Federais instalarão a justiça itinerante, com a realização de audiências e demais funções da atividade jurisdicional, nos limites territoriais da respectiva jurisdição, servindo-se de equipamentos públicos e comunitários.

§ 3º Os Tribunais Regionais Federais poderão funcionar descentralizadamente, constituindo Câmaras regionais, a fim de assegurar o pleno acesso do jurisdicionado à justiça em todas as fases do processo." (NR)

"Art. 109. ....

....

V-A – as causas relativas a direitos humanos a que se refere o § 5º deste artigo;

....

§ 5º Nas hipóteses de grave violação de direitos humanos, o Procurador-Geral da República, com a finalidade de assegurar o cumprimento de obrigações decorrentes de tratados internacionais de direitos humanos dos quais o Brasil seja parte, poderá suscitar, perante o Superior Tribunal de Justiça, em qualquer fase do inquérito ou processo, incidente de deslocamento de competência para a Justiça Federal." (NR)

"Art. 111. ....

....

§ 1º (Revogado).

§ 2º (Revogado).

§ 3º (Revogado)." (NR)

"Art. 112. A lei criará varas da Justiça do Trabalho, podendo, nas comarcas não abrangidas por sua jurisdição, atribuí-la aos juízes de direito, com recurso para o respectivo Tribunal Regional do Trabalho." (NR)

"Art. 114. Compete à Justiça do Trabalho processar e julgar:

I – as ações oriundas da relação de trabalho, abrangidos os entes de direito público externo e da administração pública direta e indireta da União, dos Estados, do Distrito Federal e dos Municípios;

II – as ações que envolvam exercício do direito de greve;

III – as ações sobre representação sindical, entre sindicatos, entre sindicatos e trabalhadores, e entre sindicatos e empregadores;

IV – os mandados de segurança, *habeas corpus* e *habeas data*, quando o ato questionado envolver matéria sujeita à sua jurisdição;

V – os conflitos de competência entre órgãos com jurisdição trabalhista, ressalvado o disposto no art. 102, I, *o*;

VI – as ações de indenização por dano moral ou patrimonial, decorrentes da relação de trabalho;

VII – as ações relativas às penalidades administrativas impostas aos empregadores pelos órgãos de fiscalização das relações de trabalho;

VIII – a execução, de ofício, das contribuições sociais previstas no art. 195, I, *a*, e II, e seus acréscimos legais, decorrentes das sentenças que proferir;

IX – outras controvérsias decorrentes da relação de trabalho, na forma da lei.

§ 1º ....

§ 2º Recusando-se qualquer das partes à negociação coletiva ou à arbitragem, é facultado às mesmas, de comum acordo, ajuizar dissídio coletivo de natureza econômica, podendo a Justiça do Trabalho decidir o conflito, respeitadas as disposições mínimas legais de proteção ao trabalho, bem como as convencionadas anteriormente.

§ 3º Em caso de greve em atividade essencial, com possibilidade de lesão do interesse público, o Ministério Público do Trabalho poderá ajuizar dissídio coletivo, competindo à Justiça do Trabalho decidir o conflito." (NR)

"Art. 115. Os Tribunais Regionais do Trabalho compõem-se de, no mínimo, sete juízes, recrutados, quando possível, na respectiva região, e nomeados pelo Presidente da República dentre brasileiros com mais de trinta e menos de sessenta e cinco anos, sendo:

I – um quinto dentre advogados com mais de dez anos de efetiva atividade profissional e membros do Ministério Público do Trabalho com mais de dez anos de efetivo exercício, observado o disposto no art. 94;

II – os demais, mediante promoção de juízes do trabalho por antiguidade e merecimento, alternadamente.

§ 1º Os Tribunais Regionais do Trabalho instalarão a justiça itinerante, com a realização de audiências e demais funções de atividade jurisdicional, nos limites territoriais da respectiva jurisdição, servindo-se de equipamentos públicos e comunitários.

§ 2º Os Tribunais Regionais do Trabalho poderão funcionar descentralizadamente, constituindo Câmaras regionais, a fim de assegurar o pleno acesso do jurisdicionado à justiça em todas as fases do processo." (NR)

"Art. 125. ....
....

§ 3º A lei estadual poderá criar, mediante proposta do Tribunal de Justiça, a Justiça Militar estadual, constituída, em primeiro grau, pelos juízes de direito e pelos Conselhos de Justiça e, em segundo grau, pelo próprio Tribunal de Justiça, ou por Tribunal de Justiça Militar nos Estados em que o efetivo militar seja superior a vinte mil integrantes.

§ 4º Compete à Justiça Militar estadual processar e julgar os militares dos Estados, nos crimes militares definidos em lei e as ações judiciais contra atos disciplinares militares, ressalvada a competência do júri quando a vítima for civil, cabendo ao tribunal competente decidir sobre a perda do posto e da patente dos oficiais e da graduação das praças.

§ 5º Compete aos juízes de direito do juízo militar processar e julgar, singularmente, os crimes militares cometidos contra civis e as ações judiciais contra atos disciplinares militares, cabendo ao Conselho de Justiça, sob a presidência de juiz de direito, processar e julgar os demais crimes militares.

§ 6º O Tribunal de Justiça poderá funcionar descentralizadamente, constituindo Câmaras regionais, a fim de assegurar o pleno acesso do jurisdicionado à justiça em todas as fases do processo.

§ 7º O Tribunal de Justiça instalará a justiça itinerante, com a realização de audiências e demais funções da atividade jurisdicional, nos limites territoriais da respectiva jurisdição, servindo-se de equipamentos públicos e comunitários." (NR)

"Art. 126. Para dirimir conflitos fundiários, o Tribunal de Justiça proporá a criação de varas especializadas, com competência exclusiva para questões agrárias.

.... " (NR)

"Art. 127. ....
....

§ 4º Se o Ministério Público não encaminhar a respectiva proposta orçamentária dentro do prazo estabelecido na lei de diretrizes orçamentárias, o Poder Executivo considerará, para fins de consolidação da proposta orçamentária anual, os valores aprovados na lei orçamentária vigente, ajustados de acordo com os limites estipulados na forma do § 3º

§ 5º Se a proposta orçamentária de que trata este artigo for encaminhada em desacordo com os limites estipulados na forma do § 3º, o Poder Executivo procederá aos ajustes necessários para fins de consolidação da proposta orçamentária anual.

§ 6º Durante a execução orçamentária do exercício, não poderá haver a realização de despesas ou a assunção de obrigações que extrapolem os limites estabelecidos na lei de diretrizes orçamentárias, exceto se previamente autorizadas, mediante a abertura de créditos suplementares ou especiais." (NR)

"Art. 128. ....
....

§ 5º ....

I – ....

b) inamovibilidade, salvo por motivo de interesse público, mediante decisão do órgão colegiado competente do Ministério Público, pelo voto da maioria absoluta de seus membros, assegurada ampla defesa;

....

II – ....
....

e) exercer atividade político-partidária;

f) receber, a qualquer título ou pretexto, auxílios ou contribuições de pessoas físicas, entidades públicas ou privadas, ressalvadas as exceções previstas em lei.

§ 6º Aplica-se aos membros do Ministério Público o disposto no art. 95, parágrafo único, V." (NR)

"Art. 129. ....
....

§ 2º As funções do Ministério Público só podem ser exercidas por integrantes da carreira, que deverão residir na comarca da respectiva lotação, salvo autorização do chefe da instituição.

§ 3º O ingresso na carreira do Ministério Público far-se-á mediante concurso público de provas e títulos, assegurada a participação da Ordem dos Advogados do Brasil em sua realização, exigindo-se do bacharel em direito, no mínimo, três anos de atividade jurídica e observando-se, nas nomeações, a ordem de classificação.

§ 4º Aplica-se ao Ministério Público, no que couber, o disposto no art. 93.

§ 5º A distribuição de processos no Ministério Público será imediata." (NR)

"Art. 134. ....

§ 1º (antigo parágrafo único) ....

§ 2º Às Defensorias Públicas Estaduais são asseguradas autonomia funcional e administrativa e a iniciativa de sua proposta orçamentária dentro dos limites estabelecidos na lei de diretrizes orçamentárias e subordinação ao disposto no art. 99, § 2º" (NR)

"Art. 168. Os recursos correspondentes às dotações orçamentárias, compreendidos os créditos suplementares e especiais, destinados aos órgãos dos Poderes Legislativo e Judiciário, do Ministério Público e da Defensoria Pública, ser-lhes-ão entregues até o dia 20 de cada mês, em duodécimos, na forma da lei complementar a que se refere o art. 165, § 9º" (NR)

Art. 2º A Constituição Federal passa a vigorar acrescida dos seguintes arts. 103-A, 103-B, 111-A e 130-A:

"Art. 103-A. O Supremo Tribunal Federal poderá, de ofício ou por provocação, mediante decisão de dois terços dos seus membros, após reiteradas decisões sobre matéria constitucional, aprovar súmula que, a partir de sua publicação na imprensa oficial, terá efeito vinculante em relação aos demais órgãos do Poder Judiciário e à administração pública direta e indireta, nas esferas federal, estadual e municipal, bem como proceder à sua revisão ou cancelamento, na forma estabelecida em lei.

§ 1º A súmula terá por objetivo a validade, a interpretação e a eficácia de normas determinadas, acerca das quais haja controvérsia atual entre órgãos judiciários ou entre esses e a administração pública que acarrete grave insegurança jurídica e relevante multiplicação de processos sobre questão idêntica.

§ 2º Sem prejuízo do que vier a ser estabelecido em lei, a aprovação, revisão ou cancelamento de súmula poderá ser provocada por aqueles que podem propor a ação direta de inconstitucionalidade.

§ 3º Do ato administrativo ou decisão judicial que contrariar a súmula aplicável ou que indevidamente a aplicar, caberá reclamação ao Supremo Tribunal Federal que, julgando-a procedente, anulará o ato administrativo ou cassará a decisão judicial reclamada, e determinará que outra seja proferida com ou sem a aplicação da súmula, conforme o caso."

"Art. 103-B. O Conselho Nacional de Justiça compõe-se de quinze membros com mais de trinta e cinco e menos de sessenta e seis anos de idade, com mandato de dois anos, admitida uma recondução, sendo:

I – um Ministro do Supremo Tribunal Federal, indicado pelo respectivo tribunal;

II – um Ministro do Superior Tribunal de Justiça, indicado pelo respectivo tribunal;

III – um Ministro do Tribunal Superior do Trabalho, indicado pelo respectivo tribunal;

IV – um desembargador de Tribunal de Justiça, indicado pelo Supremo Tribunal Federal;

V – um juiz estadual, indicado pelo Supremo Tribunal Federal;

VI – um juiz de Tribunal Regional Federal, indicado pelo Superior Tribunal de Justiça;

VII – um juiz federal, indicado pelo Superior Tribunal de Justiça;

VIII – um juiz de Tribunal Regional do Trabalho, indicado pelo Tribunal Superior do Trabalho;

IX – um juiz do trabalho, indicado pelo Tribunal Superior do Trabalho;

X – um membro do Ministério Público da União, indicado pelo Procurador-Geral da República;

XI – um membro do Ministério Público estadual, escolhido pelo Procurador-Geral da República dentre os nomes indicados pelo órgão competente de cada instituição estadual;

XII – dois advogados, indicados pelo Conselho Federal da Ordem dos Advogados do Brasil;

XIII – dois cidadãos, de notável saber jurídico e reputação ilibada, indicados um pela Câmara dos Deputados e outro pelo Senado Federal.

§ 1º O Conselho será presidido pelo Ministro do Supremo Tribunal Federal, que votará em caso de empate, ficando excluído da distribuição de processos naquele tribunal.

§ 2º Os membros do Conselho serão nomeados pelo Presidente da República, depois de aprovada a escolha pela maioria absoluta do Senado Federal.

§ 3º Não efetuadas, no prazo legal, as indicações previstas neste artigo, caberá a escolha ao Supremo Tribunal Federal.

§ 4º Compete ao Conselho o controle da atuação administrativa e financeira do Poder Judiciário e do cumprimento dos deveres funcionais dos juízes, cabendo-lhe, além de outras atribuições que lhe forem conferidas pelo Estatuto da Magistratura:

I – zelar pela autonomia do Poder Judiciário e pelo cumprimento do Estatuto da Magistratura, podendo expedir atos regulamentares, no âmbito de sua competência, ou recomendar providências;

II – zelar pela observância do art. 37 e apreciar, de ofício ou mediante provocação, a legalidade dos atos administrativos praticados por membros ou órgãos do Poder Judiciário, podendo desconstituí-los, revê-los ou fixar prazo para que se adotem as providências necessárias ao exato cumprimento da lei, sem prejuízo da competência do Tribunal de Contas da União;

III – receber e conhecer das reclamações contra membros ou órgãos do Poder Judiciário, inclusive contra seus serviços auxiliares, serventias e órgãos prestadores de serviços notariais e de registro que atuem por delegação do poder público ou oficializados, sem prejuízo da competência disciplinar e correicional dos tribunais, podendo avocar processos disciplinares em curso e determinar a remoção, a disponibilidade ou a aposentadoria com subsídios ou proventos proporcionais ao tempo de serviço e aplicar outras sanções administrativas, assegurada ampla defesa;

IV – representar ao Ministério Público, no caso de crime contra a administração pública ou de abuso de autoridade;

V – rever, de ofício ou mediante provocação, os processos disciplinares de juízes e membros de tribunais julgados há menos de um ano;

VI – elaborar semestralmente relatório estatístico sobre processos e sentenças prolatadas, por unidade da Federação, nos diferentes órgãos do Poder Judiciário;

VII – elaborar relatório anual, propondo as providências que julgar necessárias, sobre a situação do Poder Judiciário no País e as atividades do Conselho, o qual deve integrar mensagem do Presidente do Supremo Tribunal Federal a ser remetida ao Congresso Nacional, por ocasião da abertura da sessão legislativa.

§ 5º O Ministro do Superior Tribunal de Justiça exercerá a função de Ministro-Corregedor e ficará excluído da distribuição de processos no Tribunal, competindo-lhe, além das atribuições que lhe forem conferidas pelo Estatuto da Magistratura, as seguintes:

I – receber as reclamações e denúncias, de qualquer interessado, relativas aos magistrados e aos serviços judiciários;

II – exercer funções executivas do Conselho, de inspeção e de correição geral;

III – requisitar e designar magistrados, delegando-lhes atribuições, e requisitar servidores de juízos ou tribunais, inclusive nos Estados, Distrito Federal e Territórios.

§ 6º Junto ao Conselho oficiarão o Procurador-Geral da República e o Presidente do Conselho Federal da Ordem dos Advogados do Brasil.

§ 7º A União, inclusive no Distrito Federal e nos Territórios, criará ouvidorias de justiça, competentes para receber reclamações e denúncias de qualquer interessado contra membros ou órgãos do Poder Judiciário, ou contra seus serviços auxiliares, representando diretamente ao Conselho Nacional de Justiça."

"Art. 111-A. O Tribunal Superior do Trabalho compor-se-á de vinte e sete Ministros, escolhidos dentre brasileiros com mais de trinta e cinco e menos de sessenta e cinco anos, nomeados pelo Presidente da República após aprovação pela maioria absoluta do Senado Federal, sendo:

I – um quinto dentre advogados com mais de dez anos de efetiva atividade profissional e membros do Ministério Público do Trabalho com mais de dez anos de efetivo exercício, observado o disposto no art. 94;

II – os demais dentre juízes dos Tribunais Regionais do Trabalho, oriundos da magistratura da carreira, indicados pelo próprio Tribunal Superior.

§ 1º A lei disporá sobre a competência do Tribunal Superior do Trabalho.

§ 2º Funcionarão junto ao Tribunal Superior do Trabalho:

I – a Escola Nacional de Formação e Aperfeiçoamento de Magistrados do Trabalho, cabendo-lhe, dentre outras funções, regulamentar os cursos oficiais para o ingresso e promoção na carreira;

II – o Conselho Superior da Justiça do Trabalho, cabendo-lhe exercer, na forma da lei, a supervisão administrativa, orçamentária, financeira e patrimonial da Justiça do Trabalho de primeiro e segundo graus, como órgão central do sistema, cujas decisões terão efeito vinculante."

"Art. 130-A. O Conselho Nacional do Ministério Público compõe-se de quatorze membros nomeados pelo Presidente da República, depois de aprovada a escolha pela maioria absoluta do Senado Federal, para um mandato de dois anos, admitida uma recondução, sendo:

I – o Procurador-Geral da República, que o preside;

II – quatro membros do Ministério Público da União, assegurada a representação de cada uma de suas carreiras;

III – três membros do Ministério Público dos Estados;

IV – dois juízes, indicados um pelo Supremo Tribunal Federal e outro pelo Superior Tribunal de Justiça;

V – dois advogados, indicados pelo Conselho Federal da Ordem dos Advogados do Brasil;

VI – dois cidadãos de notável saber jurídico e reputação ilibada, indicados um pela Câmara dos Deputados e outro pelo Senado Federal.

§ 1º Os membros do Conselho oriundos do Ministério Público serão indicados pelos respectivos Ministérios Públicos, na forma da lei.

§ 2º Compete ao Conselho Nacional do Ministério Público o controle da atuação administrativa e financeira do Ministério Público e do cumprimento dos deveres funcionais de seus membros, cabendo-lhe:

I – zelar pela autonomia funcional e administrativa do Ministério Público, podendo expedir atos regulamentares, no âmbito de sua competência, ou recomendar providências;

II – zelar pela observância do art. 37 e apreciar, de ofício ou mediante provocação, a legalidade dos atos administrativos praticados por membros ou órgãos do Ministério Público da União e dos Estados, podendo desconstituí-los, revê-los ou fixar prazo para que se adotem as providências necessárias ao exato cumprimento da lei, sem prejuízo da competência dos Tribunais de Contas;

III – receber e conhecer das reclamações contra membros ou órgãos do Ministério Público da União ou dos Estados, inclusive contra seus serviços auxiliares, sem prejuízo da competência disciplinar e correicional da instituição, podendo avocar processos disciplinares em curso, determinar a remoção, a disponibilidade ou a aposentadoria com subsídios ou proventos proporcionais ao tempo de serviço e aplicar outras sanções administrativas, assegurada ampla defesa;

IV – rever, de ofício ou mediante provocação, os processos disciplinares de membros do Ministério Público da União ou dos Estados julgados há menos de um ano;

V – elaborar relatório anual, propondo as providências que julgar necessárias sobre a situação do Ministério Público no País e as atividades do Conselho, o qual deve integrar a mensagem prevista no art. 84, XI.

§ 3º O Conselho escolherá, em votação secreta, um Corregedor nacional, dentre os membros do Ministério Público que o integram, vedada a recondução, competindo-lhe, além das atribuições que lhe forem conferidas pela lei, as seguintes:

I – receber reclamações e denúncias, de qualquer interessado, relativas aos membros do Ministério Público e dos seus serviços auxiliares;

II – exercer funções executivas do Conselho, de inspeção e correição geral;

III – requisitar e designar membros do Ministério Público, delegando-lhes atribuições, e requisitar servidores de órgãos do Ministério Público.

§ 4º O Presidente do Conselho Federal da Ordem dos Advogados do Brasil oficiará junto ao Conselho.

§ 5º Leis da União e dos Estados criarão ouvidorias do Ministério Público, competentes para receber reclamações e denúncias de qualquer interessado contra membros ou órgãos do Ministério Público, inclusive contra seus serviços auxiliares, representando diretamente ao Conselho Nacional do Ministério Público."

Art. 3º A lei criará o Fundo de Garantia das Execuções Trabalhistas, integrado pelas multas decorrentes de condenações trabalhistas e administrativas oriundas da fiscalização do trabalho, além de outras receitas.

Art. 4º Ficam extintos os tribunais de Alçada, onde houver, passando os seus membros a integrar os Tribunais de Justiça dos respectivos Estados, respeitadas a antiguidade e classe de origem.

Parágrafo único. No prazo de cento e oitenta dias, contado da promulgação desta Emenda, os Tribunais de Justiça, por ato administrativo, promoverão a integração dos membros dos tribunais extintos em seus quadros, fixando-lhes a competência e remetendo, em igual prazo, ao Poder Legislativo, proposta de alteração da organização e da divisão judiciária correspondentes, assegurados os direitos dos inativos e pensionistas e o aproveitamento dos servidores no Poder Judiciário estadual.

Art. 5º O Conselho Nacional de Justiça e o Conselho Nacional do Ministério Público serão instalados no prazo de cento e oitenta dias a contar da promulgação desta Emenda, devendo a indicação ou escolha de seus membros ser efetuada até trinta dias antes do termo final.

§ 1º Não efetuadas as indicações e escolha dos nomes para os Conselhos Nacional de Justiça e do Ministério Público dentro do prazo fixado no *caput* deste artigo, caberá, respectivamente, ao Supremo Tribunal Federal e ao Ministério Público da União realizá-las.

§ 2º Até que entre em vigor o Estatuto da Magistratura, o Conselho Nacional de Justiça, mediante resolução, disciplinará seu funcionamento e definirá as atribuições do Ministro-Corregedor.

Art. 6º O Conselho Superior da Justiça do Trabalho será instalado no prazo de cento e oitenta dias, cabendo ao Tribunal Superior do Trabalho regulamentar seu funcionamento por resolução, enquanto não promulgada a lei a que se refere o art. 111-A, § 2º, II.

Art. 7º O Congresso Nacional instalará, imediatamente após a promulgação desta Emenda Constitucional, comissão especial mista, destinada a elaborar, em cento e oitenta dias, os projetos de lei necessários à regulamentação da matéria nela tratada, bem como promover alterações na legislação federal objetivando tornar mais amplo o acesso à Justiça e mais célere a prestação jurisdicional.

Art. 8º As atuais súmulas do Supremo Tribunal Federal somente produzirão efeito vinculante após sua confirmação por dois terços de seus integrantes e publicação na imprensa oficial.

Art. 9º São revogados o inciso IV do art. 36; a alínea *h* do inciso I do art. 102; o § 4º do art. 103; e os §§ 1º a 3º do art. 111.

Art. 10. Esta Emenda Constitucional entra em vigor na data de sua publicação.

Brasília, em 8 de dezembro de 2004.

Mesa da Câmara dos Deputados
Deputado JOÃO PAULO CUNHA
Presidente
Mesa do Senado Federal
Senador JOSÉ SARNEY
Presidente

EMENDA CONSTITUCIONAL N. 46, DE 5 DE MAIO DE 2005*

Altera o inciso IV do art. 20 da Constituição Federal.

As Mesas da Câmara dos Deputados e do Senado Federal, nos termos do § 3º do art. 60 da Constituição Federal, promulgam a seguinte Emenda ao texto constitucional:

Art. 1º O inciso IV do art. 20 da Constituição Federal passa a vigorar com a seguinte redação:

"Art. 20. ....

IV – as ilhas fluviais e lacustres nas zonas limítrofes com outros países; as praias marítimas; as ilhas oceânicas e as costeiras, excluídas, destas, as que contenham a sede de Municípios, exceto aquelas áreas afetadas ao serviço público e a unidade ambiental federal, e as referidas no art. 26, II;
...." (NR)

Art. 2º Esta Emenda Constitucional entra em vigor na data de sua publicação.

Brasília, em 5 de maio de 2005.

Mesa da Câmara dos Deputados
Deputado SEVERINO CAVALCANTI
Presidente
Mesa do Senado Federal
Senador RENAN CALHEIROS
Presidente

EMENDA CONSTITUCIONAL N. 47, DE 5 DE JULHO DE 2005**

Altera os arts. 37, 40, 195 e 201 da Constituição Federal, para dispor sobre a previdência social, e dá outras providências.

As Mesas da Câmara dos Deputados e do Senado Federal, nos termos do § 3º do art. 60 da Constituição Federal, promulgam a seguinte Emenda ao texto constitucional:

---

*. Publicada no *Diário Oficial da União* de 6-5-2005.

**. Publicada no *Diário Oficial da União* de 6-7-2005.

Art. 1º Os arts. 37, 40, 195 e 201 da Constituição Federal passam a vigorar com a seguinte redação:

"Art. 37. ....
....

§ 11. Não serão computadas, para efeito dos limites remuneratórios de que trata o inciso XI do *caput* deste artigo, as parcelas de caráter indenizatório previstas em lei.

§ 12. Para os fins do disposto no inciso XI do *caput* deste artigo, fica facultado aos Estados e ao Distrito Federal fixar, em seu âmbito, mediante emenda às respectivas Constituições e Lei Orgânica, como limite único, o subsídio mensal dos Desembargadores do respectivo Tribunal de Justiça, limitado a noventa inteiros e vinte e cinco centésimos por cento do subsídio mensal dos Ministros do Supremo Tribunal Federal, não se aplicando o disposto neste parágrafo aos subsídios dos Deputados Estaduais e Distritais e dos Vereadores." (NR)

"Art. 40. ....
....

§ 4º É vedada a adoção de requisitos e critérios diferenciados para a concessão de aposentadoria aos abrangidos pelo regime de que trata este artigo, ressalvados, nos termos definidos em leis complementares, os casos de servidores:

I – portadores de deficiência;

II – que exerçam atividades de risco;

III – cujas atividades sejam exercidas sob condições especiais que prejudiquem a saúde ou a integridade física.

....

§ 21. A contribuição prevista no § 18 deste artigo incidirá apenas sobre as parcelas de proventos de aposentadoria e de pensão que superem o dobro do limite máximo estabelecido para os benefícios do regime geral de previdência social de que trata o art. 201 desta Constituição, quando o beneficiário, na forma da lei, for portador de doença incapacitante." (NR)

"Art. 195. ....
....

§ 9º As contribuições sociais previstas no inciso I do *caput* deste artigo poderão ter alíquotas ou bases de cálculo diferenciadas, em razão da atividade econômica, da utilização intensiva de mão de obra, do porte da empresa ou da condição estrutural do mercado de trabalho.

...." (NR)

"Art. 201. ....
....

§ 1º É vedada a adoção de requisitos e critérios diferenciados para a concessão de aposentadoria aos beneficiários do regime geral de previdência social, ressalvados os casos de atividades exercidas sob condições especiais que prejudiquem a saúde ou a integridade física e quando se tratar de segurados portadores de deficiência, nos termos definidos em lei complementar.

....

§ 12. Lei disporá sobre sistema especial de inclusão previdenciária para atender a trabalhadores de baixa renda e àqueles sem renda própria que se dediquem exclusivamente ao trabalho doméstico no âmbito de sua residência, desde que pertencentes a famílias de baixa renda, garantindo-lhes acesso a benefícios de valor igual a um salário mínimo.

§ 13. O sistema especial de inclusão previdenciária de que trata o § 12 deste artigo terá alíquotas e carências inferiores às vigentes para os demais segurados do regime geral de previdência social." (NR)

Art. 2º Aplica-se aos proventos de aposentadorias dos servidores públicos que se aposentarem na forma do *caput* do art. 6º da Emenda Constitucional n. 41, de 2003, o disposto no art. 7º da mesma Emenda.

Art. 3º Ressalvado o direito de opção à aposentadoria pelas normas estabelecidas pelo art. 40 da Constituição Federal ou pelas regras estabelecidas pelos arts. 2º e 6º da Emenda Constitucional n. 41, de 2003, o servidor da União, dos Estados, do Distrito Federal e dos Municípios, incluídas suas autarquias e fundações, que tenha ingressado no serviço público até 16 de dezembro de 1998 poderá aposentar-se com proventos integrais, desde que preencha, cumulativamente, as seguintes condições:

I – trinta e cinco anos de contribuição, se homem, e trinta anos de contribuição, se mulher;

II – vinte e cinco anos de efetivo exercício no serviço público, quinze anos de carreira e cinco anos no cargo em que se der a aposentadoria;

III – idade mínima resultante da redução, relativamente aos limites do art. 40, § 1º, inciso III, alínea *a*, da Constituição Federal, de um ano de idade para cada ano de contribuição que exceder a condição prevista no inciso I do *caput* deste artigo.

Parágrafo único. Aplica-se ao valor dos proventos de aposentadorias concedidas com base neste artigo o disposto no art. 7º da Emenda Constitucional n. 41, de 2003, observando-se igual critério de revisão às pensões derivadas dos proventos de servidores falecidos que tenham se aposentado em conformidade com este artigo.

▪ O artigo 3º da EC 47, de 2005, foi revogado pelo inciso IV do art. 35 da EC 103, de 2019.

Art. 4º Enquanto não editada a lei a que se refere o § 11 do art. 37 da Constituição Federal, não será computada, para efeito dos limites remuneratórios de que trata o inciso XI do *caput* do mesmo artigo, qualquer parcela de caráter indenizatório, assim definida pela legislação em vigor na data de publicação da Emenda Constitucional n. 41, de 2003.

Art. 5º Revoga-se o parágrafo único do art. 6º da Emenda Constitucional n. 41, de 19 de dezembro de 2003.

Art. 6º Esta Emenda Constitucional entra em vigor na data de sua publicação, com efeitos retroativos à data de vigência da Emenda Constitucional n. 41, de 2003.

Brasília, em 5 de julho de 2005.

Mesa da Câmara dos Deputados
Deputado SEVERINO CAVALCANTI
Presidente

EMENDA CONSTITUCIONAL N. 48, DE 10 DE AGOSTO DE 2005*

Acrescenta o § 3º ao art. 215 da Constituição Federal, instituindo o Plano Nacional de Cultura.

As Mesas da Câmara dos Deputados e do Senado Federal, nos termos do art. 60 da Constituição Federal, promulgam a seguinte Emenda ao texto constitucional:

Art. 1º O art. 215 da Constituição Federal passa a vigorar acrescido do seguinte § 3º:

"Art. 215. ....

....

§ 3º A lei estabelecerá o Plano Nacional de Cultura, de duração plurianual, visando ao desenvolvimento cultural do País e à integração das ações do poder público que conduzem à:

I – defesa e valorização do patrimônio cultural brasileiro;

II – produção, promoção e difusão de bens culturais;

III – formação de pessoal qualificado para a gestão da cultura em suas múltiplas dimensões;

IV – democratização do acesso aos bens de cultura;

V – valorização da diversidade étnica e regional." (NR)

Art. 2º Esta Emenda Constitucional entra em vigor na data de sua publicação.

Brasília, em 10 de agosto de 2005.

Mesa da Câmara dos Deputados
Deputado SEVERINO CAVALCANTI
Presidente
Mesa do Senado Federal
Senador RENAN CALHEIROS
Presidente

EMENDA CONSTITUCIONAL N. 49, DE 8 DE FEVEREIRO DE 2006**

Altera a redação da alínea b e acrescenta alínea c ao inciso XXIII do caput do art. 21 e altera a redação do inciso V do caput do art. 177 da Constituição Federal para excluir do monopólio da União a produção, a comercialização e a utilização de radioisótopos de meia-vida curta, para usos médicos, agrícolas e industriais.

As Mesas da Câmara dos Deputados e do Senado Federal, nos termos do art. 60 da Constituição Federal, promulgam a seguinte Emenda ao texto constitucional:

Art. 1º O inciso XXIII do art. 21 da Constituição Federal passa a vigorar com a seguinte redação:

"Art. 21. ....

XXIII – ....

....

b) sob regime de permissão, são autorizadas a comercialização e a utilização de radioisótopos para a pesquisa e usos médicos, agrícolas e industriais;

c) sob regime de permissão, são autorizadas a produção, comercialização e utilização de radioisótopos de meia-vida igual ou inferior a duas horas;

d) a responsabilidade civil por danos nucleares independe da existência de culpa;

...." (NR)

Art. 2º O inciso V do *caput* do art. 177 da Constituição Federal passa a vigorar com a seguinte redação:

"Art. 177 ....

....

V – a pesquisa, a lavra, o enriquecimento, o reprocessamento, a industrialização e o comércio de minérios e minerais nucleares e seus derivados, com exceção dos radioisótopos cuja produção, comercialização e utilização poderão ser autorizadas sob regime de permissão, conforme as alíneas *b* e *c* do inciso XXIII do *caput* do art. 21 desta Constituição Federal.

...." (NR)

Art. 3º Esta Emenda Constitucional entra em vigor na data de sua publicação.

Brasília, em 8 de fevereiro de 2006.

Mesa da Câmara dos Deputados
Deputado ALDO REBELO
Presidente
Mesa do Senado Federal
Senador RENAN CALHEIROS
Presidente

EMENDA CONSTITUCIONAL N. 50, DE 14 DE FEVEREIRO DE 2006***

Modifica o art. 57 da Constituição Federal.

As Mesas da Câmara dos Deputados e do Senado Federal, nos termos do art. 60 da Constituição Federal, promulgam a seguinte Emenda ao texto constitucional:

---

*. Publicada no *Diário Oficial da União* de 11-8-2005.
**. Publicada no *Diário Oficial da União* de 9-2-2006.
***. Publicada no *Diário Oficial da União* de 15-2-2006.

Art. 1º O art. 57 da Constituição Federal passa a vigorar com a seguinte redação:

"Art. 57. O Congresso Nacional reunir-se-á, anualmente, na Capital Federal, de 2 de fevereiro a 17 de julho e de 1º de agosto a 22 de dezembro.

....

§ 4º Cada uma das Casas reunir-se-á em sessões preparatórias, a partir de 1º de fevereiro, no primeiro ano da legislatura, para a posse de seus membros e eleição das respectivas Mesas, para mandato de 2 (dois) anos, vedada a recondução para o mesmo cargo na eleição imediatamente subsequente.

....

§ 6º A convocação extraordinária do Congresso Nacional far-se-á:

....

II – pelo Presidente da República, pelos Presidentes da Câmara dos Deputados e do Senado Federal ou a requerimento da maioria dos membros de ambas as Casas, em caso de urgência ou interesse público relevante, em todas as hipóteses deste inciso com a aprovação da maioria absoluta de cada uma das Casas do Congresso Nacional.

§ 7º Na sessão legislativa extraordinária, o Congresso Nacional somente deliberará sobre a matéria para a qual foi convocado, ressalvada a hipótese do § 8º deste artigo, vedado o pagamento de parcela indenizatória, em razão da convocação.

...." (NR)

Art. 2º Esta Emenda Constitucional entra em vigor na data de sua publicação.

Brasília, em 14 de fevereiro de 2006.

Mesa da Câmara dos Deputados
Deputado ALDO REBELO
Presidente
Mesa do Senado Federal
Senador RENAN CALHEIROS
Presidente

EMENDA CONSTITUCIONAL N. 51, DE 14 DE FEVEREIRO DE 2006*

Acrescenta os §§ 4º, 5º e 6º ao art. 198 da Constituição Federal.

As Mesas da Câmara dos Deputados e do Senado Federal, nos termos do art. 60 da Constituição Federal, promulgam a seguinte Emenda ao texto constitucional:

Art. 1º O art. 198 da Constituição Federal passa a vigorar acrescido dos seguintes §§ 4º, 5º e 6º:

"Art. 198..

....

§ 4º Os gestores locais do sistema único de saúde poderão admitir agentes comunitários de saúde e agentes de combate às endemias por meio de processo seletivo público, de acordo com a natureza e complexidade de suas atribuições e requisitos específicos para sua atuação.

§ 5º Lei federal disporá sobre o regime jurídico e a regulamentação das atividades de agente comunitário de saúde e agente de combate às endemias.

§ 6º Além das hipóteses previstas no § 1º do art. 41 e no § 4º do art. 169 da Constituição Federal, o servidor que exerça funções equivalentes às de agente comunitário de saúde ou de agente de combate às endemias poderá perder o cargo em caso de descumprimento dos requisitos específicos, fixados em lei, para o seu exercício." (NR)

Art. 2º Após a promulgação da presente Emenda Constitucional, os agentes comunitários de saúde e os agentes de combate às endemias somente poderão ser contratados diretamente pelos Estados, pelo Distrito Federal ou pelos Municípios na forma do § 4º do art. 198 da Constituição Federal, observado o limite de gasto estabelecido na Lei Complementar de que trata o art. 169 da Constituição Federal.

Parágrafo único. Os profissionais que, na data de promulgação desta Emenda e a qualquer título, desempenharem as atividades de agente comunitário de saúde ou de agente de combate às endemias, na forma da lei, ficam dispensados de se submeter ao processo seletivo público a que se refere o § 4º do art. 198 da Constituição Federal, desde que tenham sido contratados a partir de anterior processo de Seleção Pública efetuado por órgãos ou entes da administração direta ou indireta de Estado, Distrito Federal ou Município ou por outras instituições com a efetiva supervisão e autorização da administração direta dos entes da federação.

Art. 3º Esta Emenda Constitucional entra em vigor na data da sua publicação.

Brasília, em 14 de fevereiro de 2006.

Mesa da Câmara dos Deputados
Deputado ALDO REBELO
Presidente
Mesa do Senado Federal
Senador RENAN CALHEIROS
Presidente

EMENDA CONSTITUCIONAL N. 52, DE 8 DE MARÇO DE 2006**

Dá nova redação ao § 1º do art. 17 da Constituição Federal para disciplinar as coligações eleitorais.

---

*. Publicada no *Diário Oficial da União* de 15-2-2006.

**. Publicada no *Diário Oficial da União* de 9-3-2006.

As Mesas da Câmara dos Deputados e do Senado Federal, nos termos do § 3º do art. 60 da Constituição Federal, promulgam a seguinte Emenda ao texto constitucional:

Art. 1º O § 1º do art. 17 da Constituição Federal passa a vigorar com a seguinte redação:

"Art. 17. ....

§ 1º É assegurada aos partidos políticos autonomia para definir sua estrutura interna, organização e funcionamento e para adotar os critérios de escolha e o regime de suas coligações eleitorais, sem obrigatoriedade de vinculação entre as candidaturas em âmbito nacional, estadual, distrital ou municipal, devendo seus estatutos estabelecer normas de disciplina e fidelidade partidária.

.... " (NR)

Art. 2º Esta Emenda Constitucional entra em vigor na data de sua publicação, aplicando-se às eleições que ocorrerão no ano de 2002.

Mesa da Câmara dos Deputados
Deputado ALDO REBELO
Presidente
Mesa do Senado Federal
Senador RENAN CALHEIROS
Presidente

EMENDA CONSTITUCIONAL N. 53, DE 19 DE DEZEMBRO DE 2006*

Dá nova redação aos arts. 7º, 23, 30, 206, 208, 211 e 212 da Constituição Federal, e ao art. 60 do Ato das Disposições Constitucionais Transitórias.

As Mesas da Câmara dos Deputados e do Senado Federal, nos termos do § 3º do art. 60 da Constituição Federal, promulgam a seguinte Emenda ao texto constitucional:

Art. 1º A Constituição Federal passa a vigorar com as seguintes alterações:

"Art. 7º ....
....

XXV – assistência gratuita aos filhos e dependentes desde o nascimento até 5 (cinco) anos de idade em creches e pré-escolas;

.... "(NR)

"Art. 23. ....

Parágrafo único. Leis complementares fixarão normas para a cooperação entre a União e os Estados, o Distrito Federal e os Municípios, tendo em vista o equilíbrio do desenvolvimento e do bem-estar em âmbito nacional." (NR)

"Art. 30. ....
....

VI – manter, com a cooperação técnica e financeira da União e do Estado, programas de educação infantil e de ensino fundamental;

.... " (NR)

"Art. 206. ....
....

V – valorização dos profissionais da educação escolar, garantidos, na forma da lei, planos de carreira, com ingresso exclusivamente por concurso público de provas e títulos, aos das redes públicas;

....

VIII – piso salarial profissional nacional para os profissionais da educação escolar pública, nos termos de lei federal.

Parágrafo único. A lei disporá sobre as categorias de trabalhadores considerados profissionais da educação básica e sobre a fixação de prazo para a elaboração ou adequação de seus planos de carreira, no âmbito da União, dos Estados, do Distrito Federal e dos Municípios." (NR)

"Art. 208. ....
....

IV – educação infantil, em creche e pré-escola, às crianças até 5 (cinco) anos de idade;

.... "(NR)

"Art. 211. ....
....

§ 5º A educação básica pública atenderá prioritariamente ao ensino regular."(NR)

"Art. 212. ....
....

§ 5º A educação básica pública terá como fonte adicional de financiamento a contribuição social do salário-educação, recolhida pelas empresas na forma da lei.

§ 6º As cotas estaduais e municipais da arrecadação da contribuição social do salário-educação serão distribuídas proporcionalmente ao número de alunos matriculados na educação básica nas respectivas redes públicas de ensino."(NR)

Art. 2º O art. 60 do Ato das Disposições Constitucionais Transitórias passa a vigorar com a seguinte redação:

"Art. 60. Até o 14º (décimo quarto) ano a partir da promulgação desta Emenda Constitucional, os Estados, o Distrito Federal e os Municípios destinarão parte dos recursos a que se refere o *caput* do art. 212 da Constituição Federal à manutenção e desenvolvimento da educação básica e à remuneração condigna dos trabalhadores da educação, respeitadas as seguintes disposições:

I – a distribuição dos recursos e de responsabilidades entre o Distrito Federal, os Estados e seus Municípios é assegurada mediante a criação, no âmbito de cada Estado e do Distrito Federal, de um Fundo de Manutenção e Desenvolvimento da Educação Básica e de Valorização dos Profissionais da Educação – FUNDEB, de natureza contábil;

II – os Fundos referidos no inciso I do *caput* deste artigo serão constituídos por 20% (vinte por cento) dos recursos

---

*. Publicada no *Diário Oficial da União* de 20-12-2006.

a que se referem os incisos I, II e III do art. 155; o inciso II do *caput* do art. 157; os incisos II, III e IV do *caput* do art. 158; e as alíneas *a* e *b* do inciso I e o inciso II do *caput* do art. 159, todos da Constituição Federal, e distribuídos entre cada Estado e seus Municípios, proporcionalmente ao número de alunos das diversas etapas e modalidades da educação básica presencial, matriculados nas respectivas redes, nos respectivos âmbitos de atuação prioritária estabelecidos nos §§ 2º e 3º do art. 211 da Constituição Federal;

III – observadas as garantias estabelecidas nos incisos I, II, III e IV do *caput* do art. 208 da Constituição Federal e as metas de universalização da educação básica estabelecidas no Plano Nacional de Educação, a lei disporá sobre:

a) a organização dos Fundos, a distribuição proporcional de seus recursos, as diferenças e as ponderações quanto ao valor anual por aluno entre etapas e modalidades da educação básica e tipos de estabelecimento de ensino;

b) a forma de cálculo do valor anual mínimo por aluno;

c) os percentuais máximos de apropriação dos recursos dos Fundos pelas diversas etapas e modalidades da educação básica, observados os arts. 208 e 214 da Constituição Federal, bem como as metas do Plano Nacional de Educação;

d) a fiscalização e o controle dos Fundos;

e) prazo para fixar, em lei específica, piso salarial profissional nacional para os profissionais do magistério público da educação básica;

IV – os recursos recebidos à conta dos Fundos instituídos nos termos do inciso I do *caput* deste artigo serão aplicados pelos Estados e Municípios exclusivamente nos respectivos âmbitos de atuação prioritária, conforme estabelecido nos §§ 2º e 3º do art. 211 da Constituição Federal;

V – a União complementará os recursos dos Fundos a que se refere o inciso II do *caput* deste artigo sempre que, no Distrito Federal e em cada Estado, o valor por aluno não alcançar o mínimo definido nacionalmente, fixado em observância ao disposto no inciso VII do *caput* deste artigo, vedada a utilização dos recursos a que se refere o § 5º do art. 212 da Constituição Federal;

VI – até 10% (dez por cento) da complementação da União prevista no inciso V do *caput* deste artigo poderá ser distribuída para os Fundos por meio de programas direcionados para a melhoria da qualidade da educação, na forma da lei a que se refere o inciso III do *caput* deste artigo;

VII – a complementação da União de que trata o inciso V do *caput* deste artigo será de, no mínimo:

a) R$ 2.000.000.000,00 (dois bilhões de reais), no primeiro ano de vigência dos Fundos;

b) R$ 3.000.000.000,00 (três bilhões de reais), no segundo ano de vigência dos Fundos;

c) R$ 4.500.000.000,00 (quatro bilhões e quinhentos milhões de reais), no terceiro ano de vigência dos Fundos;

d) 10% (dez por cento) do total dos recursos a que se refere o inciso II do *caput* deste artigo, a partir do quarto ano de vigência dos Fundos;

VIII – a vinculação de recursos à manutenção e desenvolvimento do ensino estabelecida no art. 212 da Constituição Federal suportará, no máximo, 30% (trinta por cento) da complementação da União, considerando-se para os fins deste inciso os valores previstos no inciso VII do *caput* deste artigo;

IX – os valores a que se referem as alíneas *a*, *b*, e *c* do inciso VII do *caput* deste artigo serão atualizados, anualmente, a partir da promulgação desta Emenda Constitucional, de forma a preservar, em caráter permanente, o valor real da complementação da União;

X – aplica-se à complementação da União o disposto no art. 160 da Constituição Federal;

XI – o não cumprimento do disposto nos incisos V e VII do *caput* deste artigo importará crime de responsabilidade da autoridade competente;

XII – proporção não inferior a 60% (sessenta por cento) de cada Fundo referido no inciso I do *caput* deste artigo será destinada ao pagamento dos profissionais do magistério da educação básica em efetivo exercício.

§ 1º A União, os Estados, o Distrito Federal e os Municípios deverão assegurar, no financiamento da educação básica, a melhoria da qualidade de ensino, de forma a garantir padrão mínimo definido nacionalmente.

§ 2º O valor por aluno do ensino fundamental, no Fundo de cada Estado e do Distrito Federal, não poderá ser inferior ao praticado no âmbito do Fundo de Manutenção e Desenvolvimento do Ensino Fundamental e de Valorização do Magistério – FUNDEF, no ano anterior à vigência desta Emenda Constitucional.

§ 3º O valor anual mínimo por aluno do ensino fundamental, no âmbito do Fundo de Manutenção e Desenvolvimento da Educação Básica e de Valorização dos Profissionais da Educação – FUNDEB, não poderá ser inferior ao valor mínimo fixado nacionalmente no ano anterior ao da vigência desta Emenda Constitucional.

§ 4º Para efeito de distribuição de recursos dos Fundos a que se refere o inciso I do *caput* deste artigo, levar-se-á em conta a totalidade das matrículas no ensino fundamental e considerar-se-á para a educação infantil, para o ensino médio e para a educação de jovens e adultos 1/3 (um terço) das matrículas no primeiro ano, 2/3 (dois terços) no segundo ano e sua totalidade a partir do terceiro ano.

§ 5º A porcentagem dos recursos de constituição dos Fundos, conforme o inciso II do *caput* deste artigo, será alcançada gradativamente nos primeiros 3 (três) anos de vigência dos Fundos, da seguinte forma:

I – no caso dos impostos e transferências constantes do inciso II do *caput* do art. 155; do inciso IV do *caput* do art. 158; e das alíneas *a* e *b* do inciso I e do inciso II do *caput* do art. 159 da Constituição Federal:

a) 16,66% (dezesseis inteiros e sessenta e seis centésimos por cento), no primeiro ano;

b) 18,33% (dezoito inteiros e trinta e três centésimos por cento), no segundo ano;

c) 20% (vinte por cento), a partir do terceiro ano;

II – no caso dos impostos e transferências constantes dos incisos I e III do *caput* do art. 155; do inciso II do *caput* do art. 157; e dos incisos II e III do *caput* do art. 158 da Constituição Federal:

a) 6,66% (seis inteiros e sessenta e seis centésimos por cento), no primeiro ano;

b) 13,33% (treze inteiros e trinta e três centésimos por cento), no segundo ano;

c) 20% (vinte por cento), a partir do terceiro ano."(NR)

§ 6º (Revogado).

§ 7º (Revogado)."(NR)

Art. 3º Esta Emenda Constitucional entra em vigor na data de sua publicação, mantidos os efeitos do art. 60 do Ato das Disposições Constitucionais Transitórias, conforme estabelecido pela Emenda Constitucional n. 14, de 12 de setembro de 1996, até o início da vigência dos Fundos, nos termos desta Emenda Constitucional.

Brasília, em 19 de dezembro de 2006.

Mesa da Câmara dos Deputados
Deputado ALDO REBELO
Presidente
Mesa do Senado Federal
Senador RENAN CALHEIROS
Presidente

EMENDA CONSTITUCIONAL N. 54, DE 20 DE SETEMBRO DE 2007[*]

Dá nova redação à alínea c do inciso I do art. 12 da Constituição Federal e acrescenta art. 95 ao Ato das Disposições Constitucionais Transitórias, assegurando o registro nos consulados de brasileiros nascidos no estrangeiro.

As Mesas da Câmara dos Deputados e do Senado Federal, nos termos do § 3º do art. 60 da Constituição Federal, promulgam a seguinte Emenda ao texto constitucional:

Art. 1º A alínea *c* do inciso I do art. 12 da Constituição Federal passa a vigorar com a seguinte redação:

"Art. 12 ....

I – ....

....

c) os nascidos no estrangeiro de pai brasileiro ou de mãe brasileira, desde que sejam registrados em repartição brasileira competente ou venham a residir na República Federativa do Brasil e optem, em qualquer tempo, depois de atingida a maioridade, pela nacionalidade brasileira;

.... "(NR)

Art. 2º O Ato das Disposições Constitucionais Transitórias passa a vigorar acrescido do seguinte art. 95:

"Art. 95. Os nascidos no estrangeiro entre 7 de junho de 1994 e a data da promulgação desta Emenda Constitucional, filhos de pai brasileiro ou mãe brasileira, poderão ser registrados em repartição diplomática ou consular brasileira competente ou em ofício de registro, se vierem a residir na República Federativa do Brasil."

Art. 3º Esta Emenda Constitucional entra em vigor na data de sua publicação.

Mesa da Câmara dos Deputados
Deputado ARLINDO CHINAGLIA
Presidente
Mesa do Senado Federal
Senador RENAN CALHEIROS
Presidente

EMENDA CONSTITUCIONAL N. 55, DE 20 DE SETEMBRO DE 2007[**]

Altera o art. 159 da Constituição Federal, aumentando a entrega de recursos pela União ao Fundo de Participação dos Municípios.

As Mesas da Câmara dos Deputados e do Senado Federal, nos termos do § 3º do art. 60 da Constituição Federal, promulgam a seguinte Emenda ao texto constitucional:

Art. 1º O art. 159 da Constituição Federal passa a vigorar com as seguintes alterações:

"Art. 159 ....

I – do produto da arrecadação dos impostos sobre renda e proventos de qualquer natureza e sobre produtos industrializados quarenta e oito por cento na seguinte forma:

....

d) um por cento ao Fundo de Participação dos Municípios, que será entregue no primeiro decêndio do mês de dezembro de cada ano;

.... " (NR)

Art. 2º No exercício de 2007, as alterações do art. 159 da Constituição Federal previstas nesta Emenda Constitucional somente se aplicam sobre a arrecadação dos impostos sobre renda e proventos de qualquer natureza e sobre produtos industrializados realizada a partir de 1º de setembro de 2007.

Art. 3º Esta Emenda Constitucional entra em vigor na data de sua publicação.

Mesa da Câmara dos Deputados
Deputado ARLINDO CHINAGLIA
Presidente
Mesa do Senado Federal
Senador RENAN CALHEIROS
Presidente

---

[*]. Publicada no *Diário Oficial da União* de 21-9-2007.

[**]. Publicada no *Diário Oficial da União* de 21-9-2007.

EMENDA CONSTITUCIONAL N. 56, DE 20 DE DEZEMBRO DE 2007*

Prorroga o prazo previsto no caput do art. 76 do Ato das Disposições Constitucionais Transitórias e dá outras providências.

As Mesas da Câmara dos Deputados e do Senado Federal, nos termos do § 3º do art. 60 da Constituição Federal, promulgam a seguinte Emenda ao texto constitucional:

Art. 1º O *caput* do art. 76 do Ato das Disposições Constitucionais Transitórias passa a vigorar com a seguinte redação:

"Art. 76. É desvinculado de órgão, fundo ou despesa, até 31 de dezembro de 2011, 20% (vinte por cento) da arrecadação da União de impostos, contribuições sociais e de intervenção no domínio econômico, já instituídos ou que vierem a ser criados até a referida data, seus adicionais e respectivos acréscimos legais.

...." (NR)

Art. 2º Esta Emenda Constitucional entra em vigor na data da sua publicação.

Brasília, em 20 de dezembro de 2007.

Mesa da Câmara dos Deputados
Deputado ARLINDO CHINAGLIA
Presidente
Mesa do Senado Federal
Senador GARIBALDI ALVES FILHO
Presidente

EMENDA CONSTITUCIONAL N. 57, DE 18 DE DEZEMBRO DE 2008**

Acrescenta artigo ao Ato das Disposições Constitucionais Transitórias para convalidar os atos de criação, fusão, incorporação e desmembramento de Municípios.

As Mesas da Câmara dos Deputados e do Senado Federal, nos termos do § 3º do art. 60 da Constituição Federal, promulgam a seguinte Emenda ao texto constitucional:

Art. 1º O Ato das Disposições Constitucionais Transitórias passa a vigorar acrescido do seguinte art. 96:

"Art. 96. Ficam convalidados os atos de criação, fusão, incorporação e desmembramento de Municípios, cuja lei tenha sido publicada até 31 de dezembro de 2006, atendidos os requisitos estabelecidos na legislação do respectivo Estado à época de sua criação."

Art. 2º Esta Emenda Constitucional entra em vigor na data de sua publicação.

Brasília, em 18 de dezembro de 2008.

Mesa da Câmara dos Deputados
Deputado ARLINDO CHINAGLIA
Presidente
Mesa do Senado Federal
Senador GARIBALDI ALVES FILHO
Presidente

EMENDA CONSTITUCIONAL N. 58, DE 23 DE SETEMBRO DE 2009***

Altera a redação do inciso IV do caput do art. 29 e do art. 29-A da Constituição Federal, tratando das disposições relativas à recomposição das Câmaras Municipais.

As Mesas da Câmara dos Deputados e do Senado Federal, nos termos do § 3º do art. 60 da Constituição Federal, promulgam a seguinte Emenda ao texto constitucional:

Art. 1º O inciso IV do *caput* do art. 29 da Constituição Federal passa a vigorar com a seguinte redação:

"Art. 29. ....
....

IV – para a composição das Câmaras Municipais, será observado o limite máximo de:

a) 9 (nove) Vereadores, nos Municípios de até 15.000 (quinze mil) habitantes;

b) 11 (onze) Vereadores, nos Municípios de mais de 15.000 (quinze mil) habitantes e de até 30.000 (trinta mil) habitantes;

c) 13 (treze) Vereadores, nos Municípios com mais de 30.000 (trinta mil) habitantes e de até 50.000 (cinquenta mil) habitantes;

d) 15 (quinze) Vereadores, nos Municípios de mais de 50.000 (cinquenta mil) habitantes e de até 80.000 (oitenta mil) habitantes;

e) 17 (dezessete) Vereadores, nos Municípios de mais de 80.000 (oitenta mil) habitantes e de até 120.000 (cento e vinte mil) habitantes;

f) 19 (dezenove) Vereadores, nos Municípios de mais de 120.000 (cento e vinte mil) habitantes e de até 160.000 (cento e sessenta mil) habitantes;

g) 21 (vinte e um) Vereadores, nos Municípios de mais de 160.000 (cento e sessenta mil) habitantes e de até 300.000 (trezentos mil) habitantes;

h) 23 (vinte e três) Vereadores, nos Municípios de mais de 300.000 (trezentos mil) habitantes e de até 450.000 (quatrocentos e cinquenta mil) habitantes;

---

*. Publicada no *Diário Oficial da União* de 21-12-2007.

**. Publicada no *Diário Oficial da União* de 18-12-2008 – Edição extra.

***. Publicada no *Diário Oficial da União* de 24-9-2009.

i) 25 (vinte e cinco) Vereadores, nos Municípios de mais de 450.000 (quatrocentos e cinquenta mil) habitantes e de até 600.000 (seiscentos mil) habitantes;

j) 27 (vinte e sete) Vereadores, nos Municípios de mais de 600.000 (seiscentos mil) habitantes e de até 750.000 (setecentos cinquenta mil) habitantes;

k) 29 (vinte e nove) Vereadores, nos Municípios de mais de 750.000 (setecentos e cinquenta mil) habitantes e de até 900.000 (novecentos mil) habitantes;

l) 31 (trinta e um) Vereadores, nos Municípios de mais de 900.000 (novecentos mil) habitantes e de até 1.050.000 (um milhão e cinquenta mil) habitantes;

m) 33 (trinta e três) Vereadores, nos Municípios de mais de 1.050.000 (um milhão e cinquenta mil) habitantes e de até 1.200.000 (um milhão e duzentos mil) habitantes;

n) 35 (trinta e cinco) Vereadores, nos Municípios de mais de 1.200.000 (um milhão e duzentos mil) habitantes e de até 1.350.000 (um milhão e trezentos e cinquenta mil) habitantes;

o) 37 (trinta e sete) Vereadores, nos Municípios de 1.350.000 (um milhão e trezentos e cinquenta mil) habitantes e de até 1.500.000 (um milhão e quinhentos mil) habitantes;

p) 39 (trinta e nove) Vereadores, nos Municípios de mais de 1.500.000 (um milhão e quinhentos mil) habitantes e de até 1.800.000 (um milhão e oitocentos mil) habitantes;

q) 41 (quarenta e um) Vereadores, nos Municípios de mais de 1.800.000 (um milhão e oitocentos mil) habitantes e de até 2.400.000 (dois milhões e quatrocentos mil) habitantes;

r) 43 (quarenta e três) Vereadores, nos Municípios de mais de 2.400.000 (dois milhões e quatrocentos mil) habitantes e de até 3.000.000 (três milhões) de habitantes;

s) 45 (quarenta e cinco) Vereadores, nos Municípios de mais de 3.000.000 (três milhões) de habitantes e de até 4.000.000 (quatro milhões) de habitantes;

t) 47 (quarenta e sete) Vereadores, nos Municípios de mais de 4.000.000 (quatro milhões) de habitantes e de até 5.000.000 (cinco milhões) de habitantes;

u) 49 (quarenta e nove) Vereadores, nos Municípios de mais de 5.000.000 (cinco milhões) de habitantes e de até 6.000.000 (seis milhões) de habitantes;

v) 51 (cinquenta e um) Vereadores, nos Municípios de mais de 6.000.000 (seis milhões) de habitantes e de até 7.000.000 (sete milhões) de habitantes;

w) 53 (cinquenta e três) Vereadores, nos Municípios de mais de 7.000.000 (sete milhões) de habitantes e de até 8.000.000 (oito milhões) de habitantes; e

x) 55 (cinquenta e cinco) Vereadores, nos Municípios de mais de 8.000.000 (oito milhões) de habitantes;

...."(NR)

Art. 2º O art. 29-A da Constituição Federal passa a vigorar com a seguinte redação:

"Art. 29-A. ....

I – 7% (sete por cento) para Municípios com população de até 100.000 (cem mil) habitantes;

II – 6% (seis por cento) para Municípios com população entre 100.000 (cem mil) e 300.000 (trezentos mil) habitantes;

III – 5% (cinco por cento) para Municípios com população entre 300.001 (trezentos mil e um) e 500.000 (quinhentos mil) habitantes;

IV – 4,5% (quatro inteiros e cinco décimos por cento) para Municípios com população entre 500.001 (quinhentos mil e um) e 3.000.000 (três milhões) de habitantes;

V – 4% (quatro por cento) para Municípios com população entre 3.000.001 (três milhões e um) e 8.000.000 (oito milhões) de habitantes;

VI – 3,5% (três inteiros e cinco décimos por cento) para Municípios com população acima de 8.000.001 (oito milhões e um) habitantes.

.... "(NR)

Art. 3º Esta Emenda Constitucional entra em vigor na data de sua promulgação, produzindo efeitos:

I – o disposto no art. 1º, a partir do processo eleitoral de 2008; e

II – o disposto no art. 2º, a partir de 1º de janeiro do ano subsequente ao da promulgação desta Emenda.

Brasília, em 23 de setembro de 2009.

Mesa da Câmara dos Deputados
Deputado MICHEL TEMER
Presidente
Mesa do Senado Federal
Senador JOSÉ SARNEY
Presidente

EMENDA CONSTITUCIONAL N. 59, DE 11 DE NOVEMBRO DE 2009[*]

Acrescenta § 3º ao art. 76 do Ato das Disposições Constitucionais Transitórias para reduzir, anualmente, a partir do exercício de 2009, o percentual da Desvinculação das Receitas da União incidente sobre os recursos destinados à manutenção e desenvolvimento do ensino de que trata o art. 212 da Constituição Federal, dá nova redação aos incisos I e VII do art. 208, de forma a prever a obrigatoriedade do ensino de quatro a dezessete anos e ampliar a abrangência dos programas suplementares para todas as etapas da educação básica, e dá nova redação ao § 4º do art. 211 e ao § 3º do art. 212 e ao caput do art. 214, com a inserção neste dispositivo de inciso VI.

As Mesas da Câmara dos Deputados e do Senado Federal, nos termos do § 3º do art. 60 da Constituição Federal, promulgam a seguinte Emenda ao texto constitucional:

Art. 1º Os incisos I e VII do art. 208 da Constituição Federal passam a vigorar com as seguintes alterações:

"Art. 208. ....

I – educação básica obrigatória e gratuita dos 4 (quatro) aos 17 (dezessete) anos de idade, assegurada inclusive sua oferta

---

[*]. Publicada no *Diário Oficial da União* de 12-11-2009.

gratuita para todos os que a ela não tiveram acesso na idade própria; (NR)

....

VII – atendimento ao educando, em todas as etapas da educação básica, por meio de programas suplementares de material didático-escolar, transporte, alimentação e assistência à saúde." (NR)

Art. 2º O § 4º do art. 211 da Constituição Federal passa a vigorar com a seguinte redação:

"Art. 211. ....

....

§ 4º Na organização de seus sistemas de ensino, a União, os Estados, o Distrito Federal e os Municípios definirão formas de colaboração, de modo a assegurar a universalização do ensino obrigatório."(NR)

Art. 3º O § 3º do art. 212 da Constituição Federal passa a vigorar com a seguinte redação:

"Art. 212. ....

§ 3º A distribuição dos recursos públicos assegurará prioridade ao atendimento das necessidades do ensino obrigatório, no que se refere a universalização, garantia de padrão de qualidade e equidade, nos termos do plano nacional de educação."(NR)

Art. 4º O *caput* do art. 214 da Constituição Federal passa a vigorar com a seguinte redação, acrescido do inciso VI:

"Art. 214. A lei estabelecerá o plano nacional de educação, de duração decenal, com o objetivo de articular o sistema nacional de educação em regime de colaboração e definir diretrizes, objetivos, metas e estratégias de implementação para assegurar a manutenção e desenvolvimento do ensino em seus diversos níveis, etapas e modalidades por meio de ações integradas dos poderes públicos das diferentes esferas federativas que conduzam a:

....

VI – estabelecimento de meta de aplicação de recursos públicos em educação como proporção do produto interno bruto."(NR)

Art. 5º O art. 76 do Ato das Disposições Constitucionais Transitórias passa a vigorar acrescido do seguinte § 3º:

"Art. 76. ....

....

§ 3º Para efeito do cálculo dos recursos para manutenção e desenvolvimento do ensino de que trata o art. 212 da Constituição, o percentual referido no *caput* deste artigo será de 12,5 % (doze inteiros e cinco décimos por cento) no exercício de 2009, 5% (cinco por cento) no exercício de 2010, e nulo no exercício de 2011."(NR)

Art. 6º O disposto no inciso I do art. 208 da Constituição Federal deverá ser implementado progressivamente, até 2016, nos termos do Plano Nacional de Educação, com apoio técnico e financeiro da União.

Art. 7º Esta Emenda Constitucional entra em vigor na data da sua publicação.

Brasília, em 11 de novembro de 2009.

Mesa da Câmara dos Deputados
Deputado MICHEL TEMER
Presidente
Mesa do Senado Federal
Senador JOSÉ SARNEY
Presidente

EMENDA CONSTITUCIONAL N. 60, DE 11 DE NOVEMBRO DE 2009*

Altera o art. 89 do Ato das Disposições Constitucionais Transitórias para dispor sobre o quadro de servidores civis e militares do ex-Território Federal de Rondônia.

As Mesas da Câmara dos Deputados e do Senado Federal, nos termos do § 3º do art. 60 da Constituição Federal, promulgam a seguinte Emenda ao texto constitucional:

Art. 1º O art. 89 do Ato das Disposições Constitucionais Transitórias passa a vigorar com a seguinte redação, vedado o pagamento, a qualquer título, em virtude de tal alteração, de ressarcimentos ou indenizações, de qualquer espécie, referentes a períodos anteriores à data de publicação desta Emenda Constitucional:

"Art. 89. Os integrantes da carreira policial militar e os servidores municipais do ex-Território Federal de Rondônia que, comprovadamente, se encontravam no exercício regular de suas funções prestando serviço àquele ex-Território na data em que foi transformado em Estado, bem como os servidores e os policiais militares alcançados pelo disposto no art. 36 da Lei Complementar n. 41, de 22 de dezembro de 1981, e aqueles admitidos regularmente nos quadros do Estado de Rondônia até a data de posse do primeiro Governador eleito, em 15 de março de 1987, constituirão, mediante opção, quadro em extinção da administração federal, assegurados os direitos e as vantagens a eles inerentes, vedado o pagamento, a qualquer título, de diferenças remuneratórias.

§ 1º Os membros da Polícia Militar continuarão prestando serviços ao Estado de Rondônia, na condição de cedidos, submetidos às corporações da Polícia Militar, observadas as atribuições de função compatíveis com o grau hierárquico.

§ 2º Os servidores a que se refere o *caput* continuarão prestando serviços ao Estado de Rondônia na condição de cedi-

---

*. Publicada no *Diário Oficial da União* de 12-11-2009.

dos, até seu aproveitamento em órgão ou entidade da administração federal direta, autárquica ou fundacional."(NR)

Art. 2º Esta Emenda Constitucional entra em vigor na data de sua publicação, não produzindo efeitos retroativos.

Brasília, em 11 de novembro de 2009.

Mesa da Câmara dos Deputados
Deputado MICHEL TEMER
Presidente
Mesa do Senado Federal
Senador JOSÉ SARNEY
Presidente

EMENDA CONSTITUCIONAL N. 61, DE 11 DE NOVEMBRO DE 2009*

Altera o art. 103-B da Constituição Federal, para modificar a composição do Conselho Nacional de Justiça.

As Mesas da Câmara dos Deputados e do Senado Federal, nos termos do § 3º do art. 60 da Constituição Federal, promulgam a seguinte Emenda ao texto constitucional:

Art. 1º O art. 103-B da Constituição Federal passa a vigorar com a seguinte redação:

"Art. 103-B. O Conselho Nacional de Justiça compõe-se de 15 (quinze) membros com mandato de 2 (dois) anos, admitida 1 (uma) recondução, sendo:

I – o Presidente do Supremo Tribunal Federal;

....

§ 1º O Conselho será presidido pelo Presidente do Supremo Tribunal Federal e, nas suas ausências e impedimentos, pelo Vice-Presidente do Supremo Tribunal Federal.

§ 2º Os demais membros do Conselho serão nomeados pelo Presidente da República, depois de aprovada a escolha pela maioria absoluta do Senado Federal.

...." (NR)

Art. 2º Esta Emenda Constitucional entra em vigor na data de sua publicação.

Brasília, em 11 de novembro de 2009.

Mesa da Câmara dos Deputados
Deputado MICHEL TEMER
Presidente
Mesa do Senado Federal
Senador JOSÉ SARNEY
Presidente

---

*. Publicada no *Diário Oficial da União* de 12-11-2009.

EMENDA CONSTITUCIONAL N. 62, DE 9 DE DEZEMBRO DE 2009**

Altera o art. 100 da Constituição Federal e acrescenta o art. 97 ao Ato das Disposições Constitucionais Transitórias, instituindo regime especial de pagamento de precatórios pelos Estados, Distrito Federal e Municípios.

As Mesas da Câmara dos Deputados e do Senado Federal, nos termos do § 3º do art. 60 da Constituição Federal, promulgam a seguinte Emenda ao texto constitucional:

Art. 1º O art. 100 da Constituição Federal passa a vigorar com a seguinte redação:

"Art. 100. Os pagamentos devidos pelas Fazendas Públicas Federal, Estaduais, Distrital e Municipais, em virtude de sentença judiciária, far-se-ão exclusivamente na ordem cronológica de apresentação dos precatórios e à conta dos créditos respectivos, proibida a designação de casos ou de pessoas nas dotações orçamentárias e nos créditos adicionais abertos para este fim.

§ 1º Os débitos de natureza alimentícia compreendem aqueles decorrentes de salários, vencimentos, proventos, pensões e suas complementações, benefícios previdenciários e indenizações por morte ou por invalidez, fundadas em responsabilidade civil, em virtude de sentença judicial transitada em julgado, e serão pagos com preferência sobre todos os demais débitos, exceto sobre aqueles referidos no § 2º deste artigo.

§ 2º Os débitos de natureza alimentícia cujos titulares tenham 60 (sessenta) anos de idade ou mais na data de expedição do precatório, ou sejam portadores de doença grave, definidos na forma da lei, serão pagos com preferência sobre todos os demais débitos, até o valor equivalente ao triplo do fixado em lei para os fins do disposto no § 3º deste artigo, admitido o fracionamento para essa finalidade, sendo que o restante será pago na ordem cronológica de apresentação do precatório.

§ 3º O disposto no *caput* deste artigo relativamente à expedição de precatórios não se aplica aos pagamentos de obrigações definidas em leis como de pequeno valor que as Fazendas referidas devam fazer em virtude de sentença judicial transitada em julgado.

§ 4º Para os fins do disposto no § 3º, poderão ser fixados, por leis próprias, valores distintos às entidades de direito público, segundo as diferentes capacidades econômicas, sendo o mínimo igual ao valor do maior benefício do regime geral de previdência social.

§ 5º É obrigatória a inclusão, no orçamento das entidades de direito público, de verba necessária ao pagamento de seus débitos, oriundos de sentenças transitadas em julgado, constantes de precatórios judiciários apresentados até 1º de julho, fazendo-se o pagamento até o final do exercício seguinte, quando terão seus valores atualizados monetariamente.

§ 6º As dotações orçamentárias e os créditos abertos serão consignados diretamente ao Poder Judiciário, cabendo ao

---

**. Publicada no *Diário Oficial da União* de 10-12-2009.

Presidente do Tribunal que proferir a decisão exequenda determinar o pagamento integral e autorizar, a requerimento do credor e exclusivamente para os casos de preterimento de seu direito de precedência ou de não alocação orçamentária do valor necessário à satisfação do seu débito, o sequestro da quantia respectiva.

§ 7º O Presidente do Tribunal competente que, por ato comissivo ou omissivo, retardar ou tentar frustrar a liquidação regular de precatórios incorrerá em crime de responsabilidade e responderá, também, perante o Conselho Nacional de Justiça.

§ 8º É vedada a expedição de precatórios complementares ou suplementares de valor pago, bem como o fracionamento, repartição ou quebra do valor da execução para fins de enquadramento de parcela do total ao que dispõe o § 3º deste artigo.

§ 9º No momento da expedição dos precatórios, independentemente de regulamentação, deles deverá ser abatido, a título de compensação, valor correspondente aos débitos líquidos e certos, inscritos ou não em dívida ativa e constituídos contra o credor original pela Fazenda Pública devedora, incluídas parcelas vincendas de parcelamentos, ressalvados aqueles cuja execução esteja suspensa em virtude de contestação administrativa ou judicial.

§ 10. Antes da expedição dos precatórios, o Tribunal solicitará à Fazenda Pública devedora, para resposta em até 30 (trinta) dias, sob pena de perda do direito de abatimento, informação sobre os débitos que preencham as condições estabelecidas no § 9º, para os fins nele previstos.

§ 11. É facultada ao credor, conforme estabelecido em lei da entidade federativa devedora, a entrega de créditos em precatórios para compra de imóveis públicos do respectivo ente federado.

§ 12. A partir da promulgação desta Emenda Constitucional, a atualização de valores de requisitórios, após sua expedição, até o efetivo pagamento, independentemente de sua natureza, será feita pelo índice oficial de remuneração básica da caderneta de poupança, e, para fins de compensação da mora, incidirão juros simples no mesmo percentual de juros incidentes sobre a caderneta de poupança, ficando excluída a incidência de juros compensatórios.

§ 13. O credor poderá ceder, total ou parcialmente, seus créditos em precatórios a terceiros, independentemente da concordância do devedor, não se aplicando ao cessionário o disposto nos §§ 2º e 3º.

§ 14. A cessão de precatórios somente produzirá efeitos após comunicação, por meio de petição protocolizada, ao tribunal de origem e à entidade devedora.

§ 15. Sem prejuízo do disposto neste artigo, lei complementar a esta Constituição Federal poderá estabelecer regime especial para pagamento de crédito de precatórios de Estados, Distrito Federal e Municípios, dispondo sobre vinculações à receita corrente líquida e forma e prazo de liquidação.

§ 16. A seu critério exclusivo e na forma de lei, a União poderá assumir débitos, oriundos de precatórios, de Estados, Distrito Federal e Municípios, refinanciando-os diretamente."(NR)

Art. 2º O Ato das Disposições Constitucionais Transitórias passa a vigorar acrescido do seguinte art. 97:

"Art. 97. Até que seja editada a lei complementar de que trata o § 15 do art. 100 da Constituição Federal, os Estados, o Distrito Federal e os Municípios que, na data de publicação desta Emenda Constitucional, estejam em mora na quitação de precatórios vencidos, relativos às suas administrações direta e indireta, inclusive os emitidos durante o período de vigência do regime especial instituído por este artigo, farão esses pagamentos de acordo com as normas a seguir estabelecidas, sendo inaplicável o disposto no art. 100 desta Constituição Federal, exceto em seus §§ 2º, 3º, 9º, 10, 11, 12, 13 e 14, e sem prejuízo dos acordos de juízos conciliatórios já formalizados na data de promulgação desta Emenda Constitucional.

§ 1º Os Estados, o Distrito Federal e os Municípios sujeitos ao regime especial de que trata este artigo optarão, por meio de ato do Poder Executivo:

I – pelo depósito em conta especial do valor referido pelo § 2º deste artigo; ou

II – pela adoção do regime especial pelo prazo de até 15 (quinze) anos, caso em que o percentual a ser depositado na conta especial a que se refere o § 2º deste artigo corresponderá, anualmente, ao saldo total dos precatórios devidos, acrescido do índice oficial de remuneração básica da caderneta de poupança e de juros simples no mesmo percentual de juros incidentes sobre a caderneta de poupança para fins de compensação da mora, excluída a incidência de juros compensatórios, diminuído das amortizações e dividido pelo número de anos restantes no regime especial de pagamento.

§ 2º Para saldar os precatórios, vencidos e a vencer, pelo regime especial, os Estados, o Distrito Federal e os Municípios devedores depositarão mensalmente, em conta especial criada para tal fim, 1/12 (um doze avos) do valor calculado percentualmente sobre as respectivas receitas correntes líquidas, apuradas no segundo mês anterior ao mês de pagamento, sendo que esse percentual, calculado no momento de opção pelo regime e mantido fixo até o final do prazo a que se refere o § 14 deste artigo, será:

I – para os Estados e para o Distrito Federal:

a) de, no mínimo, 1,5% (um inteiro e cinco décimos por cento), para os Estados das regiões Norte, Nordeste e Centro-Oeste, além do Distrito Federal, ou cujo estoque de precatórios pendentes das suas administrações direta e indireta corresponder a até 35% (trinta e cinco por cento) do total da receita corrente líquida;

b) de, no mínimo, 2% (dois por cento), para os Estados das regiões Sul e Sudeste, cujo estoque de precatórios pendentes das suas administrações direta e indireta corresponder a mais de 35% (trinta e cinco por cento) da receita corrente líquida;

II – para Municípios:

a) de, no mínimo, 1% (um por cento), para Municípios das regiões Norte, Nordeste e Centro-Oeste, ou cujo estoque de precatórios pendentes das suas administrações direta e indireta corresponder a até 35% (trinta e cinco por cento) da receita corrente líquida;

b) de, no mínimo, 1,5% (um inteiro e cinco décimos por cento), para Municípios das regiões Sul e Sudeste, cujo estoque de precatórios pendentes das suas administrações direta e indireta corresponder a mais de 35 % (trinta e cinco por cento) da receita corrente líquida.

§ 3º Entende-se como receita corrente líquida, para os fins de que trata este artigo, o somatório das receitas tributárias, patrimoniais, industriais, agropecuárias, de contribuições e de serviços, transferências correntes e outras receitas correntes, incluindo as oriundas do § 1º do art. 20 da Constituição Federal, verificado no período compreendido pelo mês de referência e os 11 (onze) meses anteriores, excluídas as duplicidades, e deduzidas:

I – nos Estados, as parcelas entregues aos Municípios por determinação constitucional;

II – nos Estados, no Distrito Federal e nos Municípios, a contribuição dos servidores para custeio do seu sistema de previdência e assistência social e as receitas provenientes da compensação financeira referida no § 9º do art. 201 da Constituição Federal.

§ 4º As contas especiais de que tratam os §§ 1º e 2º serão administradas pelo Tribunal de Justiça local, para pagamento de precatórios expedidos pelos tribunais.

§ 5º Os recursos depositados nas contas especiais de que tratam os §§ 1º e 2º deste artigo não poderão retornar para Estados, Distrito Federal e Municípios devedores.

§ 6º Pelo menos 50% (cinquenta por cento) dos recursos de que tratam os §§ 1º e 2º deste artigo serão utilizados para pagamento de precatórios em ordem cronológica de apresentação, respeitadas as preferências definidas no § 1º, para os requisitórios do mesmo ano e no § 2º do art. 100, para requisitórios de todos os anos.

§ 7º Nos casos em que não se possa estabelecer a precedência cronológica entre 2 (dois) precatórios, pagar-se-á primeiramente o precatório de menor valor.

§ 8º A aplicação dos recursos restantes dependerá de opção a ser exercida por Estados, Distrito Federal e Municípios devedores, por ato do Poder Executivo, obedecendo à seguinte forma, que poderá ser aplicada isoladamente ou simultaneamente:

I – destinados ao pagamento dos precatórios por meio do leilão;

II – destinados a pagamento a vista de precatórios não quitados na forma do § 6º e do inciso I, em ordem única e crescente de valor por precatório;

III – destinados a pagamento por acordo direto com os credores, na forma estabelecida por lei própria da entidade devedora, que poderá prever criação e forma de funcionamento de câmara de conciliação.

§ 9º Os leilões de que trata o inciso I do § 8º deste artigo:

I – serão realizados por meio de sistema eletrônico administrado por entidade autorizada pela Comissão de Valores Mobiliários ou pelo Banco Central do Brasil;

II – admitirão a habilitação de precatórios, ou parcela de cada precatório indicada pelo seu detentor, em relação aos quais não esteja pendente, no âmbito do Poder Judiciário, recurso ou impugnação de qualquer natureza, permitida por iniciativa do Poder Executivo a compensação com débitos líquidos e certos, inscritos ou não em dívida ativa e constituídos contra devedor originário pela Fazenda Pública devedora até a data da expedição do precatório, ressalvados aqueles cuja exigibilidade esteja suspensa nos termos da legislação, ou que já tenham sido objeto de abatimento nos termos do § 9º do art. 100 da Constituição Federal;

III – ocorrerão por meio de oferta pública a todos os credores habilitados pelo respectivo ente federativo devedor;

IV – considerarão automaticamente habilitado o credor que satisfaça o que consta no inciso II;

V – serão realizados tantas vezes quanto necessário em função do valor disponível;

VI – a competição por parcela do valor total ocorrerá a critério do credor, com deságio sobre o valor desta;

VII – ocorrerão na modalidade deságio, associado ao maior volume ofertado cumulado ou não com o maior percentual de deságio, pelo maior percentual de deságio, podendo ser fixado valor máximo por credor, ou por outro critério a ser definido em edital;

VIII – o mecanismo de formação de preço constará nos editais publicados para cada leilão;

IX – a quitação parcial dos precatórios será homologada pelo respectivo Tribunal que o expediu.

§ 10. No caso de não liberação tempestiva dos recursos de que tratam o inciso II do § 1º e os §§ 2º e 6º deste artigo:

I – haverá o sequestro de quantia nas contas de Estados, Distrito Federal e Municípios devedores, por ordem do Presidente do Tribunal referido no § 4º, até o limite do valor não liberado;

II – constituir-se-á, alternativamente, por ordem do Presidente do Tribunal requerido, em favor dos credores de precatórios, contra Estados, Distrito Federal e Municípios devedores, direito líquido e certo, autoaplicável e independentemente de regulamentação, à compensação automática com débitos líquidos lançados por esta contra aqueles, e, havendo saldo em favor do credor, o valor terá automaticamente poder liberatório do pagamento de tributos de Estados, Distrito Federal e Municípios devedores, até onde se compensarem;

III – o chefe do Poder Executivo responderá na forma da legislação de responsabilidade fiscal e de improbidade administrativa;

IV – enquanto perdurar a omissão, a entidade devedora:

a) não poderá contrair empréstimo externo ou interno;

b) ficará impedida de receber transferências voluntárias;

V – a União reterá os repasses relativos ao Fundo de Participação dos Estados e do Distrito Federal e ao Fundo de Participação dos Municípios, e os depositará nas contas especiais referidas no § 1º, devendo sua utilização obedecer ao que prescreve o § 5º, ambos deste artigo.

§ 11. No caso de precatórios relativos a diversos credores, em litisconsórcio, admite-se o desmembramento do valor, realizado pelo Tribunal de origem do precatório, por credor, e, por este, a habilitação do valor total a que tem direito, não se aplicando, neste caso, a regra do § 3º do art. 100 da Constituição Federal.

§ 12. Se a lei a que se refere o § 4º do art. 100 não estiver publicada em até 180 (cento e oitenta) dias, contados da data de publicação desta Emenda Constitucional, será considerado, para os fins referidos, em relação a Estados, Distrito Federal e Municípios devedores, omissos na regulamentação, o valor de:

I – 40 (quarenta) salários mínimos para Estados e para o Distrito Federal;

II – 30 (trinta) salários mínimos para Municípios.

§ 13. Enquanto Estados, Distrito Federal e Municípios devedores estiverem realizando pagamentos de precatórios pelo regime especial, não poderão sofrer sequestro de valores, exceto no caso de não liberação tempestiva dos recursos de que tratam o inciso II do § 1º e o § 2º deste artigo.

§ 14. O regime especial de pagamento de precatório previsto no inciso I do § 1º vigorará enquanto o valor dos precatórios devidos for superior ao valor dos recursos vinculados, nos termos do § 2º, ambos deste artigo, ou pelo prazo fixo de até 15 (quinze) anos, no caso da opção prevista no inciso II do § 1º.

§ 15. Os precatórios parcelados na forma do art. 33 ou do art. 78 deste Ato das Disposições Constitucionais Transitórias e ainda pendentes de pagamento ingressarão no regime especial com o valor atualizado das parcelas não pagas relativas a cada precatório, bem como o saldo dos acordos judiciais e extrajudiciais.

§ 16. A partir da promulgação desta Emenda Constitucional, a atualização de valores de requisitórios, até o efetivo pagamento, independentemente de sua natureza, será feita pelo índice oficial de remuneração básica da caderneta de poupança, e, para fins de compensação da mora, incidirão juros simples no mesmo percentual de juros incidentes sobre a caderneta de poupança, ficando excluída a incidência de juros compensatórios.

§ 17. O valor que exceder o limite previsto no § 2º do art. 100 da Constituição Federal será pago, durante a vigência do regime especial, na forma prevista nos §§ 6º e 7º ou nos incisos I, II e III do § 8º deste artigo, devendo os valores despendidos para o atendimento do disposto no § 2º do art. 100 da Constituição Federal serem computados para efeito do § 6º deste artigo.

§ 18. Durante a vigência do regime especial a que se refere este artigo, gozarão também da preferência a que se refere o § 6º os titulares originais de precatórios que tenham completado 60 (sessenta) anos de idade até a data da promulgação desta Emenda Constitucional."

Art. 3º A implantação do regime de pagamento criado pelo art. 97 do Ato das Disposições Constitucionais Transitórias deverá ocorrer no prazo de até 90 (noventa) dias, contados da data da publicação desta Emenda Constitucional.

Art. 4º A entidade federativa voltará a observar somente o disposto no art. 100 da Constituição Federal:

I – no caso de opção pelo sistema previsto no inciso I do § 1º do art. 97 do Ato das Disposições Constitucionais Transitórias, quando o valor dos precatórios devidos for inferior ao dos recursos destinados ao seu pagamento;

II – no caso de opção pelo sistema previsto no inciso II do § 1º do art. 97 do Ato das Disposições Constitucionais Transitórias, ao final do prazo.

Art. 5º Ficam convalidadas todas as cessões de precatórios efetuadas antes da promulgação desta Emenda Constitucional, independentemente da concordância da entidade devedora.

Art. 6º Ficam também convalidadas todas as compensações de precatórios com tributos vencidos até 31 de outubro de 2009 da entidade devedora, efetuadas na forma do disposto no § 2º do art. 78 do ADCT, realizadas antes da promulgação desta Emenda Constitucional.

Art. 7º Esta Emenda Constitucional entra em vigor na data de sua publicação.

Brasília, em 9 de dezembro de 2009.

Mesa da Câmara dos Deputados
Deputado MICHEL TEMER
Presidente
Mesa do Senado Federal
Senador MARCONI PERILLO
1º Vice-Presidente, no exercício da Presidência

EMENDA CONSTITUCIONAL N. 63, DE 4 DE FEVEREIRO DE 2010*

Altera o § 5º do art. 198 da Constituição Federal para dispor sobre piso salarial profissional nacional e diretrizes para os Planos de Carreira de agentes comunitários de saúde e de agentes de combate às endemias.

As Mesas da Câmara dos Deputados e do Senado Federal, nos termos do art. 60 da Constituição Federal, promulgam a seguinte Emenda ao texto constitucional:

Art. 1º O § 5º do art. 198 da Constituição Federal passa a vigorar com a seguinte redação:

"Art. 198. ....

....

§ 5º Lei federal disporá sobre o regime jurídico, o piso salarial profissional nacional, as diretrizes para os Planos de Carreira e a regulamentação das atividades de agente comunitário de saúde e agente de combate às endemias, competindo à União, nos termos da lei, prestar assistência financeira complementar aos Estados, ao Distrito Federal e aos Municípios, para o cumprimento do referido piso salarial.

...." (NR)

*. Publicada no *Diário Oficial da União* de 5-2-2010.

> **Art. 2º** Esta Emenda Constitucional entra em vigor na data de sua publicação.

Brasília, em 4 de fevereiro de 2010.

Mesa da Câmara dos Deputados
Deputado MICHEL TEMER
Presidente
Mesa do Senado Federal
Senador JOSÉ SARNEY
Presidente

EMENDA CONSTITUCIONAL N. 64, DE 4 DE FEVEREIRO DE 2010*

Altera o art. 6º da Constituição Federal, para introduzir a alimentação como direito social.

As Mesas da Câmara dos Deputados e do Senado Federal, nos termos do art. 60 da Constituição Federal, promulgam a seguinte Emenda ao texto constitucional:

> **Art. 1º** O art. 6º da Constituição Federal passa a vigorar com a seguinte redação:

"Art. 6º São direitos sociais a educação, a saúde, a alimentação, o trabalho, a moradia, o lazer, a segurança, a previdência social, a proteção à maternidade e à infância, a assistência aos desamparados, na forma desta Constituição." (NR)

> **Art. 2º** Esta Emenda Constitucional entra em vigor na data de sua publicação.

Brasília, em 4 de fevereiro de 2010.

Mesa da Câmara dos Deputados
Deputado MICHEL TEMER
Presidente
Mesa do Senado Federal
Senador JOSÉ SARNEY
Presidente

EMENDA CONSTITUCIONAL N. 65, DE 13 DE JULHO DE 2010**

Altera a denominação do Capítulo VII do Título VIII da Constituição Federal e modifica o seu art. 227, para cuidar dos interesses da juventude.

As Mesas da Câmara dos Deputados e do Senado Federal, nos termos do art. 60 da Constituição Federal, promulgam a seguinte Emenda ao texto constitucional:

> **Art. 1º** O Capítulo VII do Título VIII da Constituição Federal passa a denominar-se "Da Família, da Criança, do Adolescente, do Jovem e do Idoso".

> **Art. 2º** O art. 227 da Constituição Federal passa a vigorar com a seguinte redação:

"Art. 227. É dever da família, da sociedade e do Estado assegurar à criança, ao adolescente e ao jovem, com absoluta prioridade, o direito à vida, à saúde, à alimentação, à educação, ao lazer, à profissionalização, à cultura, à dignidade, ao respeito, à liberdade e à convivência familiar e comunitária, além de colocá-los a salvo de toda forma de negligência, discriminação, exploração, violência, crueldade e opressão.

§ 1º O Estado promoverá programas de assistência integral à saúde da criança, do adolescente e do jovem, admitida a participação de entidades não governamentais, mediante políticas específicas e obedecendo aos seguintes preceitos:

....

II – criação de programas de prevenção e atendimento especializado para as pessoas portadoras de deficiência física, sensorial ou mental, bem como de integração social do adolescente e do jovem portador de deficiência, mediante o treinamento para o trabalho e a convivência, e a facilitação do acesso aos bens e serviços coletivos, com a eliminação de obstáculos arquitetônicos e de todas as formas de discriminação.

....

§ 3º

....

III – garantia de acesso do trabalhador adolescente e jovem à escola;

....

VII – programas de prevenção e atendimento especializado à criança, ao adolescente e ao jovem dependente de entorpecentes e drogas afins.

....

§ 8º A lei estabelecerá:

I – o estatuto da juventude, destinado a regular os direitos dos jovens;

II – o plano nacional de juventude, de duração decenal, visando à articulação das várias esferas do poder público para a execução de políticas públicas." (NR)

> **Art. 3º** Esta Emenda Constitucional entra em vigor na data de sua publicação.

Brasília, em 13 de julho de 2010.

Mesa da Câmara dos Deputados
Deputado MICHEL TEMER
Presidente
Mesa do Senado Federal
Senador JOSÉ SARNEY
Presidente

---

*. Publicada no *Diário Oficial da União* de 5-2-2010.
**. Publicada no *Diário Oficial da União* de 14-7-2010.

EMENDA CONSTITUCIONAL N. 66, DE 13 DE JULHO DE 2010*

Dá nova redação ao § 6º do art. 226 da Constituição Federal, que dispõe sobre a dissolubilidade do casamento civil pelo divórcio, suprimindo o requisito de prévia separação judicial por mais de 1 (um) ano ou de comprovada separação de fato por mais de 2 (dois) anos.

As Mesas da Câmara dos Deputados e do Senado Federal, nos termos do art. 60 da Constituição Federal, promulgam a seguinte Emenda ao texto constitucional:

Art. 1º O § 6º do art. 226 da Constituição Federal passa a vigorar com a seguinte redação:

"Art. 226. ....
....
§ 6º O casamento civil pode ser dissolvido pelo divórcio." (NR)

Art. 2º Esta Emenda Constitucional entra em vigor na data de sua publicação.

Brasília, em 13 de julho de 2010.

Mesa da Câmara dos Deputados
Deputado MICHEL TEMER
Presidente
Mesa do Senado Federal
Senador JOSÉ SARNEY
Presidente

EMENDA CONSTITUCIONAL N. 67, DE 22 DE DEZEMBRO DE 2010**

Prorroga, por tempo indeterminado, o prazo de vigência do Fundo de Combate e Erradicação da Pobreza.

As Mesas da Câmara dos Deputados e do Senado Federal, nos termos do § 3º do art. 60 da Constituição Federal, promulgam a seguinte Emenda ao texto constitucional:

Art. 1º Prorrogam-se, por tempo indeterminado, o prazo de vigência do Fundo de Combate e Erradicação da Pobreza a que se refere o *caput* do art. 79 do Ato das Disposições Constitucionais Transitórias e, igualmente, o prazo de vigência da Lei Complementar n. 111, de 6 de julho de 2001, que "Dispõe sobre o Fundo de Combate e Erradicação da Pobreza, na forma prevista nos arts. 79, 80 e 81 do Ato das Disposições Constitucionais Transitórias".

Art. 2º Esta Emenda Constitucional entra em vigor na data de sua publicação.

Brasília, em 22 de dezembro de 2010.

Mesa da Câmara dos Deputados
Deputado MARCO MAIA
Presidente
Mesa do Senado Federal
Senador JOSÉ SARNEY

EMENDA CONSTITUCIONAL N. 68, DE 21 DE DEZEMBRO DE 2011***

Altera o art. 76 do Ato das Disposições Constitucionais Transitórias.

As Mesas da Câmara dos Deputados e do Senado Federal, nos termos do § 3º do art. 60 da Constituição Federal, promulgam a seguinte Emenda ao texto constitucional:

Art. 1º O art. 76 do Ato das Disposições Constitucionais Transitórias passa a vigorar com a seguinte redação:

"Art. 76. São desvinculados de órgão, fundo ou despesa, até 31 de dezembro de 2015, 20% (vinte por cento) da arrecadação da União de impostos, contribuições sociais e de intervenção no domínio econômico, já instituídos ou que vierem a ser criados até a referida data, seus adicionais e respectivos acréscimos legais.

§ 1º O disposto no *caput* não reduzirá a base de cálculo das transferências a Estados, Distrito Federal e Municípios, na forma do § 5º do art. 153, do inciso I do art. 157, dos incisos I e II do art. 158 e das alíneas *a*, *b* e *d* do inciso I e do inciso II do art. 159 da Constituição Federal, nem a base de cálculo das destinações a que se refere a alínea *c* do inciso I do art. 159 da Constituição Federal.

§ 2º Excetua-se da desvinculação de que trata o *caput* a arrecadação da contribuição social do salário-educação a que se refere o § 5º do art. 212 da Constituição Federal.

§ 3º Para efeito do cálculo dos recursos para manutenção e desenvolvimento do ensino de que trata o art. 212 da Constituição Federal, o percentual referido no *caput* será nulo." (NR)

Art. 2º Esta Emenda Constitucional entra em vigor na data da sua publicação.

Brasília, 21 de dezembro de 2011.

Mesa da Câmara dos Deputados
Deputado MARCO MAIA
Presidente
Mesa do Senado Federal
Senador JOSÉ SARNEY
Presidente

---

*. Publicada no *Diário Oficial da União* de 14-7-2010.
**. Publicada no *Diário Oficial da União* de 23-12-2010.
***. Publicada no *Diário Oficial da União* de 22-12-2011.

EMENDA CONSTITUCIONAL N. 69, DE 29 DE MARÇO DE 2012*

Altera os arts. 21, 22 e 48 da Constituição Federal, para transferir da União para o Distrito Federal as atribuições de organizar e manter a Defensoria Pública do Distrito Federal.

As Mesas da Câmara dos Deputados e do Senado Federal, nos termos do art. 60 da Constituição Federal, promulgam a seguinte Emenda ao texto constitucional:

Art. 1º Os arts. 21, 22 e 48 da Constituição Federal passam a vigorar com a seguinte redação:

"Art. 21. ....
....

XIII – organizar e manter o Poder Judiciário, o Ministério Público do Distrito Federal e dos Territórios e a Defensoria Pública dos Territórios;

...." (NR)

"Art. 22. ....
....

XVII – organização judiciária, do Ministério Público do Distrito Federal e dos Territórios e da Defensoria Pública dos Territórios, bem como organização administrativa destes;

...." (NR)

"Art. 48. ....
....

IX – organização administrativa, judiciária, do Ministério Público e da Defensoria Pública da União e dos Territórios e organização judiciária e do Ministério Público do Distrito Federal;

...." (NR)

Art. 2º Sem prejuízo dos preceitos estabelecidos na Lei Orgânica do Distrito Federal, aplicam-se à Defensoria Pública do Distrito Federal os mesmos princípios e regras que, nos termos da Constituição Federal, regem as Defensorias Públicas dos Estados.

Art. 3º O Congresso Nacional e a Câmara Legislativa do Distrito Federal, imediatamente após a promulgação desta Emenda Constitucional e de acordo com suas competências, instalarão comissões especiais destinadas a elaborar, em 60 (sessenta) dias, os projetos de lei necessários à adequação da legislação infraconstitucional à matéria nela tratada.

Art. 4º Esta Emenda Constitucional entra em vigor na data de sua publicação, produzindo efeitos quanto ao disposto no art. 1º após decorridos 120 (cento e vinte) dias de sua publicação oficial.

Brasília, 29 de março de 2012.

Mesa da Câmara dos Deputados
Deputado MARCO MAIA
Presidente
Mesa do Senado Federal
Senador JOSÉ SARNEY
Presidente

EMENDA CONSTITUCIONAL N. 70, DE 29 DE MARÇO DE 2012**

Acrescenta art. 6º-A à Emenda Constitucional n. 41, de 2003, para estabelecer critérios para o cálculo e a correção dos proventos da aposentadoria por invalidez dos servidores públicos que ingressaram no serviço público até a data da publicação daquela Emenda Constitucional.

As Mesas da Câmara dos Deputados e do Senado Federal, nos termos do § 3º do art. 60 da Constituição Federal, promulgam a seguinte Emenda ao texto constitucional:

Art. 1º A Emenda Constitucional n. 41, de 19 de dezembro de 2003, passa a vigorar acrescida do seguinte art. 6º-A:

"Art. 6º-A. O servidor da União, dos Estados, do Distrito Federal e dos Municípios, incluídas suas autarquias e fundações, que tenha ingressado no serviço público até a data de publicação desta Emenda Constitucional e que tenha se aposentado ou venha a se aposentar por invalidez permanente, com fundamento no inciso I do § 1º do art. 40 da Constituição Federal, tem direito a proventos de aposentadoria calculados com base na remuneração do cargo efetivo em que se der a aposentadoria, na forma da lei, não sendo aplicáveis as disposições constantes dos §§ 3º, 8º e 17 do art. 40 da Constituição Federal.

Parágrafo único. Aplica-se ao valor dos proventos de aposentadorias concedidas com base no *caput* o disposto no art. 7º desta Emenda Constitucional, observando-se igual critério de revisão às pensões derivadas dos proventos desses servidores."

Art. 2º A União, os Estados, o Distrito Federal e os Municípios, assim como as respectivas autarquias e fundações, procederão, no prazo de 180 (cento e oitenta) dias da entrada em vigor desta Emenda Constitucional, à revisão das aposentadorias, e das pensões delas decorrentes, concedidas a partir de 1º de janeiro de 2004, com base na redação dada ao § 1º do art. 40 da Constituição Federal pela Emenda Constitucional n. 20, de 15 de dezembro de 1998, com efeitos financeiros a partir da data de promulgação desta Emenda Constitucional.

Art. 3º Esta Emenda Constitucional entra em vigor na data de sua publicação.

---

*. Publicada no *Diário Oficial da União* de 30-3-2012.

**. Publicada no *Diário Oficial da União* de 30-3-2012.

Brasília, 29 de março de 2012.

Mesa da Câmara dos Deputados
Deputado MARCO MAIA
Presidente
Mesa do Senado Federal
Senador JOSÉ SARNEY
Presidente

EMENDA CONSTITUCIONAL N. 71, DE 29 DE NOVEMBRO DE 2012*

Acrescenta o art. 216-A à Constituição Federal para instituir o Sistema Nacional de Cultura.

As Mesas da Câmara dos Deputados e do Senado Federal, nos termos do § 3º do art. 60 da Constituição Federal, promulgam a seguinte Emenda ao texto constitucional:

Art. 1º A Constituição Federal passa a vigorar acrescida do seguinte art. 216-A:

"Art. 216-A. O Sistema Nacional de Cultura, organizado em regime de colaboração, de forma descentralizada e participativa, institui um processo de gestão e promoção conjunta de políticas públicas de cultura, democráticas e permanentes, pactuadas entre os entes da Federação e a sociedade, tendo por objetivo promover o desenvolvimento humano, social e econômico com pleno exercício dos direitos culturais.

§ 1º O Sistema Nacional de Cultura fundamenta-se na política nacional de cultura e nas suas diretrizes, estabelecidas no Plano Nacional de Cultura, e rege-se pelos seguintes princípios:

I – diversidade das expressões culturais;
II – universalização do acesso aos bens e serviços culturais;
III – fomento à produção, difusão e circulação de conhecimento e bens culturais;
IV – cooperação entre os entes federados, os agentes públicos e privados atuantes na área cultural;
V – integração e interação na execução das políticas, programas, projetos e ações desenvolvidas;
VI – complementaridade nos papéis dos agentes culturais;
VII – transversalidade das políticas culturais;
VIII – autonomia dos entes federados e das instituições da sociedade civil;
IX – transparência e compartilhamento das informações;
X – democratização dos processos decisórios com participação e controle social;
XI – descentralização articulada e pactuada da gestão, dos recursos e das ações;
XII – ampliação progressiva dos recursos contidos nos orçamentos públicos para a cultura.

§ 2º Constitui a estrutura do Sistema Nacional de Cultura, nas respectivas esferas da Federação:

I – órgãos gestores da cultura;
II – conselhos de política cultural;
III – conferências de cultura;
IV – comissões intergestores;
V – planos de cultura;
VI – sistemas de financiamento à cultura;
VII – sistemas de informações e indicadores culturais;
VIII – programas de formação na área da cultura; e
IX – sistemas setoriais de cultura.

§ 3º Lei federal disporá sobre a regulamentação do Sistema Nacional de Cultura, bem como de sua articulação com os demais sistemas nacionais ou políticas setoriais de governo.

§ 4º Os Estados, o Distrito Federal e os Municípios organizarão seus respectivos sistemas de cultura em leis próprias."

Art. 2º Esta Emenda Constitucional entra em vigor na data de sua publicação.

Brasília, em 29 de novembro de 2012.

Mesa da Câmara dos Deputados
Deputado MARCO MAIA
Presidente
Mesa do Senado Federal
Senador JOSÉ SARNEY
Presidente

EMENDA CONSTITUCIONAL N. 72, DE 2 DE ABRIL DE 2013**

Altera a redação do parágrafo único do art. 7º da Constituição Federal para estabelecer a igualdade de direitos trabalhistas entre os trabalhadores domésticos e os demais trabalhadores urbanos e rurais.

As Mesas da Câmara dos Deputados e do Senado Federal, nos termos do § 3º do art. 60 da Constituição Federal, promulgam a seguinte Emenda ao texto constitucional:

Artigo único. O parágrafo único do art. 7º da Constituição Federal passa a vigorar com a seguinte redação:

"Art. 7º ....
....

Parágrafo único. São assegurados à categoria dos trabalhadores domésticos os direitos previstos nos incisos IV, VI, VII, VIII, X, XIII, XV, XVI, XVII, XVIII, XIX, XXI, XXII, XXIV, XXVI, XXX, XXXI e XXXIII e, atendidas as condições estabelecidas em lei e observada a simplificação do cumprimento das obrigações tributárias, principais e acessórias, decorrentes da relação de trabalho e suas pe-

---

*. Publicada no *Diário Oficial da União* de 30-11-2012.

**. Publicada no *Diário Oficial da União* de 3-4-2013.

culiaridades, os previstos nos incisos I, II, III, IX, XII, XXV e XXVIII, bem como a sua integração à previdência social." (NR)

Brasília, em 2 de abril de 2013.

Mesa da Câmara dos Deputados
Deputado HENRIQUE EDUARDO ALVES
Presidente
Mesa do Senado Federal
Senador RENAN CALHEIROS
Presidente

EMENDA CONSTITUCIONAL N. 73, DE 6 DE ABRIL DE 2013*

Cria os Tribunais Regionais Federais da 6ª, 7ª, 8ª e 9ª Regiões.

As Mesas da Câmara dos Deputados e do Senado Federal, nos termos do § 3º do art. 60 da Constituição Federal, promulgam a seguinte Emenda ao texto constitucional:

Art. 1º O art. 27 do Ato das Disposições Constitucionais Transitórias passa a vigorar acrescido do seguinte § 11:

"Art. 27. ....

....

§ 11. São criados, ainda, os seguintes Tribunais Regionais Federais: o da 6ª Região, com sede em Curitiba, Estado do Paraná, e jurisdição nos Estados do Paraná, Santa Catarina e Mato Grosso do Sul; o da 7ª Região, com sede em Belo Horizonte, Estado de Minas Gerais, e jurisdição no Estado de Minas Gerais; o da 8ª Região, com sede em Salvador, Estado da Bahia, e jurisdição nos Estados da Bahia e Sergipe; e o da 9ª Região, com sede em Manaus, Estado do Amazonas, e jurisdição nos Estados do Amazonas, Acre, Rondônia e Roraima."(NR)

Art. 2º Os Tribunais Regionais Federais da 6ª, 7ª, 8ª e 9ª Regiões deverão ser instalados no prazo de 6 (seis) meses, a contar da promulgação desta Emenda Constitucional.

Art. 3º Esta Emenda Constitucional entra em vigor na data de sua publicação.

Brasília, em 6 de junho de 2013.

Mesa da Câmara dos Deputados
Deputado ANDRÉ VARGAS
1º Vice-Presidente no exercício da Presidência
Mesa do Senado Federal
Senador ROMERO JUCÁ
2º Vice-Presidente no exercício da Presidência

---

*. Publicada no *Diário Oficial da União* de 7-4-2013.

EMENDA CONSTITUCIONAL N. 74, DE 6 DE ABRIL DE 2013**

Altera o art. 134 da Constituição Federal.

As Mesas da Câmara dos Deputados e do Senado Federal, nos termos do § 3º do art. 60 da Constituição Federal, promulgam a seguinte Emenda ao texto constitucional:

Art. 1º O art. 134 da Constituição Federal passa a vigorar acrescido do seguinte § 3º:

"Art. 134. ....

....

§ 3º Aplica-se o disposto no § 2º às Defensorias Públicas da União e do Distrito Federal."(NR)

Art. 2º Esta Emenda Constitucional entra em vigor na data de sua publicação.

Brasília, em 6 de agosto de 2013.

Mesa da Câmara dos Deputados
Deputado HENRIQUE EDUARDO ALVES
Presidente
Mesa do Senado Federal
Senador RENAN CALHEIROS
Presidente

EMENDA CONSTITUCIONAL N. 75, DE 15 DE OUTUBRO DE 2013***

Acrescenta a alínea e ao inciso VI do art. 150 da Constituição Federal, instituindo imunidade tributária sobre os fonogramas e videofonogramas musicais produzidos no Brasil contendo obras musicais ou literomusicais de autores brasileiros e/ou obras em geral interpretadas por artistas brasileiros bem como os suportes materiais ou arquivos digitais que os contenham.

As Mesas da Câmara dos Deputados e do Senado Federal, nos termos do § 3º do art. 60 da Constituição Federal, promulgam a seguinte Emenda ao texto constitucional:

Art. 1º O inciso VI do art. 150 da Constituição Federal passa a vigorar acrescido da seguinte alínea *e*:

"Art. 150...

VI – ....

....

e) fonogramas e videofonogramas musicais produzidos no Brasil contendo obras musicais ou literomusicais de autores brasileiros e/ou obras em geral interpretadas por artistas brasileiros bem como os suportes materiais ou arquivos di-

---

**. Publicada no *Diário Oficial da União* de 6-8-2013.

***. Publicada no *DOU* de 16-10-2013. A alteração determinada por esta EC já foi processada no texto da CF.

gitais que os contenham, salvo na etapa de replicação industrial de mídias ópticas de leitura a *laser*.
.... ".

Art. 2º Esta Emenda Constitucional entra em vigor na data de sua publicação.

Brasília, em 15 de outubro de 2013.

Mesa da Câmara dos Deputados
Deputado HENRIQUE EDUARDO ALVES
Presidente
Mesa do Senado Federal
Senador RENAN CALHEIROS
Presidente

EMENDA CONSTITUCIONAL N. 76, DE 28 DE NOVEMBRO DE 2013*

Altera o § 2º do art. 55 e o § 4º do art. 66 da Constituição Federal, para abolir a votação secreta nos casos de perda de mandato de Deputado ou Senador e de apreciação de veto.

As Mesas da Câmara dos Deputados e do Senado Federal, nos termos do § 3º do art. 60 da Constituição Federal, promulgam a seguinte Emenda ao texto constitucional:

Art. 1º Os arts. 55 e 66 da Constituição Federal passam a vigorar com as seguintes alterações:

"Art. 55..
....

§ 2º Nos casos dos incisos I, II e VI, a perda do mandato será decidida pela Câmara dos Deputados ou pelo Senado Federal, por maioria absoluta, mediante provocação da respectiva Mesa ou de partido político representado no Congresso Nacional, assegurada ampla defesa.
...."

"Art. 66..
§ 4º O veto será apreciado em sessão conjunta, dentro de trinta dias a contar de seu recebimento, só podendo ser rejeitado pelo voto da maioria absoluta dos Deputados e Senadores.
...."

Art. 2º Esta Emenda Constitucional entra em vigor na data de sua publicação.

Brasília, em 28 de novembro de 2013.

Mesa da Câmara dos Deputados
Deputado HENRIQUE EDUARDO ALVES
Presidente
Mesa do Senado Federal
Senador RENAN CALHEIROS
Presidente

EMENDA CONSTITUCIONAL N. 77, DE 11 DE FEVEREIRO DE 2014**

Altera os incisos II, III e VIII do § 3º do art. 142 da Constituição Federal, para estender aos profissionais de saúde das Forças Armadas a possibilidade de cumulação de cargo a que se refere o art. 37, XVI, c.

As Mesas da Câmara dos Deputados e do Senado Federal, nos termos do § 3º do art. 60 da Constituição Federal, promulgam a seguinte Emenda ao texto constitucional:

Artigo único. Os incisos II, III e VIII do § 3º do art. 142 da Constituição Federal passam a vigorar com as seguintes alterações:

"Art. 142..
§ 3º...

II – o militar em atividade que tomar posse em cargo ou emprego público civil permanente, ressalvada a hipótese prevista no art. 37, XVI, c, será transferido para a reserva, nos termos da lei;

III – o militar da ativa que, de acordo com a lei, tomar posse em cargo, emprego ou função pública civil temporária, não eletiva, ainda que da administração indireta, ressalvada a hipótese prevista no art. 37, XVI, c, ficará agregado ao respectivo quadro e somente poderá, enquanto permanecer nessa situação, ser promovido por antiguidade, contando-se-lhe o tempo de serviço apenas para aquela promoção e transferência para a reserva, sendo depois de 2 (dois) anos de afastamento, contínuos ou não, transferido para a reserva, nos termos da lei;
....

VIII – aplica-se aos militares o disposto no art. 7º, VIII, XII, XVII, XVIII, XIX e XXV, e no art. 37, XI, XIII, XIV e XV, bem como, na forma da lei e com prevalência da atividade militar, no art. 37, XVI, c;
...."

Brasília, em 11 de fevereiro de 2014.

Mesa da Câmara dos Deputados
Deputado HENRIQUE EDUARDO ALVES
Presidente
Mesa do Senado Federal
Senador RENAN CALHEIROS
Presidente

---

*. Publicada no *DOU* de 29-11-2013. As alterações determinadas por esta EC já foram processadas no texto da Constituição.

**. Publicada no *DOU* de 12-2-2014. As alterações determinadas por esta EC já foram processadas no texto da Constituição.

EMENDA CONSTITUCIONAL N. 78, DE 14 DE MAIO DE 2014*

Acrescenta o art. 54-A ao Ato das Disposições Constitucionais Transitórias, para dispor sobre indenização devida aos seringueiros de que trata o art. 54 desse Ato.

As Mesas da Câmara dos Deputados e do Senado Federal, nos termos do § 3º do art. 60 da Constituição Federal, promulgam a seguinte Emenda ao texto constitucional:

Art. 1º O Ato das Disposições Constitucionais Transitórias passa a vigorar acrescido do seguinte art. 54-A:

"Art. 54-A. Os seringueiros de que trata o art. 54 deste Ato das Disposições Constitucionais Transitórias receberão indenização, em parcela única, no valor de R$ 25.000,00 (vinte e cinco mil reais)".

Art. 2º A indenização de que trata o art. 54-A do Ato das Disposições Constitucionais Transitórias somente se estende aos dependentes dos seringueiros que, na data de entrada em vigor desta Emenda Constitucional, detenham a condição de dependentes na forma do § 2º do art. 54 do Ato das Disposições Constitucionais Transitórias, devendo o valor de R$ 25.000,00 (vinte e cinco mil reais) ser rateado entre os pensionistas na proporção de sua cota-parte na pensão.

Art. 3º Esta Emenda Constitucional entra em vigor no exercício financeiro seguinte ao de sua publicação.

Brasília, em 14 de maio de 2014.

Mesa da Câmara dos Deputados
Deputado HENRIQUE EDUARDO ALVES
Presidente
Mesa do Senado Federal
Senador RENAN CALHEIROS
Presidente

EMENDA CONSTITUCIONAL N. 79, DE 27 DE MAIO DE 2014**

Altera o art. 31 da Emenda Constitucional n. 19, de 4 de junho de 1998, para prever a inclusão, em quadro em extinção da Administração Federal, de servidores e policiais militares admitidos pelos Estados do Amapá e de Roraima, na fase de instalação dessas unidades federadas, e dá outras providências.

As Mesas da Câmara dos Deputados e do Senado Federal, nos termos do § 3º do art. 60 da Constituição Federal, promulgam a seguinte Emenda ao texto constitucional:

Art. 1º O art. 31 da Emenda Constitucional n. 19, de 4 de junho de 1998, passa a vigorar com a seguinte redação:

■■ Alteração prejudicada pela Emenda Constitucional n. 98, de 6-12-2017, que deu nova redação ao art. 31 da Emenda Constitucional n. 19, de 4-6-1998.

"Art. 31. Os servidores públicos federais da administração direta e indireta, os servidores municipais e os integrantes da carreira policial militar dos ex-Territórios Federais do Amapá e de Roraima que comprovadamente encontravam-se no exercício regular de suas funções prestando serviços àqueles ex-Territórios na data em que foram transformados em Estados, os servidores e os policiais militares admitidos regularmente pelos governos dos Estados do Amapá e de Roraima no período entre a transformação e a efetiva instalação desses Estados em outubro de 1993 e, ainda, os servidores nesses Estados com vínculo funcional já reconhecido pela União integrarão, mediante opção, quadro em extinção da administração federal.

§ 1º O enquadramento referido no *caput* para os servidores ou para os policiais militares admitidos regularmente entre a transformação e a instalação dos Estados em outubro de 1993 deverá dar-se no cargo em que foram originariamente admitidos ou em cargo equivalente.

§ 2º Os integrantes da carreira policial militar a que se refere o *caput* continuarão prestando serviços aos respectivos Estados, na condição de cedidos, submetidos às disposições estatutárias a que estão sujeitas as corporações das respectivas Polícias Militares, observados as atribuições de função compatíveis com seu grau hierárquico e o direito às devidas promoções.

§ 3º Os servidores a que se refere o *caput* continuarão prestando serviços aos respectivos Estados e a seus Municípios, na condição de cedidos, até seu aproveitamento em órgão ou entidade da administração federal direta, autárquica ou fundacional".

Art. 2º Para fins do enquadramento disposto no *caput* do art. 31 da Emenda Constitucional n. 19, de 4 de junho de 1998, e no *caput* do art. 89 do Ato das Disposições Constitucionais Transitórias, é reconhecido o vínculo funcional, com a União, dos servidores regularmente admitidos nos quadros dos Municípios integrantes dos ex-Territórios do Amapá, de Roraima e de Rondônia em efetivo exercício na data de transformação desses ex-Territórios em Estados.

Art. 3º Os servidores dos ex-Territórios do Amapá, de Roraima e de Rondônia incorporados a quadro em extinção da União serão enquadrados em cargos de atribuições equivalentes ou assemelhadas, integrantes de planos de cargos e carreiras da União, no nível de progressão alcançado, assegurados os direitos, vantagens e padrões remuneratórios a eles inerentes.

---

*. Publicada no *DOU* de 15-5-2014. A alteração determinada por esta EC já foi processada no texto da Constituição.

**. Publicada no *DOU* de 28-5-2014. A alteração determinada por esta EC já foi processada no texto da Publicada no *DOU* de 28-5-2014.

Art. 4º Cabe à União, no prazo máximo de 180 (cento e oitenta) dias, contado a partir da data de publicação desta Emenda Constitucional, regulamentar o enquadramento de servidores estabelecido no art. 31 da Emenda Constitucional n. 19, de 4 de junho de 1998, e no art. 89 do Ato das Disposições Constitucionais Transitórias.

Parágrafo único. No caso de a União não regulamentar o enquadramento previsto no *caput*, o optante tem direito ao pagamento retroativo das diferenças remuneratórias desde a data do encerramento do prazo para a regulamentação referida neste artigo.

Art. 5º A opção para incorporação em quadro em extinção da União, conforme disposto no art. 31 da Emenda Constitucional n. 19, de 4 de junho de 1998, e no art. 89 do Ato das Disposições Constitucionais Transitórias, deverá ser formalizada pelos servidores e policiais militares interessados perante a administração, no prazo máximo de 180 (cento e oitenta) dias, contado a partir da regulamentação prevista no art. 4º.

Art. 6º Os servidores admitidos regularmente que comprovadamente se encontravam no exercício de funções policiais nas Secretarias de Segurança Pública dos ex-Territórios do Amapá, de Roraima e de Rondônia na data em que foram transformados em Estados serão enquadrados no quadro da Polícia Civil dos ex-Territórios, no prazo de 180 (cento e oitenta) dias, assegurados os direitos, vantagens e padrões remuneratórios a eles inerentes.

■■ *Vide* art. 6º da Emenda Constitucional n. 98, de 6-12-2017.

Art. 7º Aos servidores admitidos regularmente pela União nas Carreiras do Grupo Tributação, Arrecadação e Fiscalização de que trata a Lei n. 6.550, de 5 de julho de 1978, cedidos aos Estados do Amapá, de Roraima e de Rondônia são assegurados os mesmos direitos remuneratórios auferidos pelos integrantes das Carreiras correspondentes do Grupo Tributação, Arrecadação e Fiscalização da União de que trata a Lei n. 5.645, de 10 de dezembro de 1970.

■■ *Vide* art. 5º da Emenda Constitucional n. 98, de 6-12-2017.

Art. 8º Os proventos das aposentadorias, pensões, reformas e reservas remuneradas, originadas no período de outubro de 1988 a outubro de 1993, passam a ser mantidos pela União a partir da data de publicação desta Emenda Constitucional, vedado o pagamento, a qualquer título, de valores referentes a períodos anteriores a sua publicação.

Art. 9º É vedado o pagamento, a qualquer título, em virtude das alterações promovidas por esta Emenda Constitucional, de remunerações, proventos, pensões ou indenizações referentes a períodos anteriores à data do enquadramento, salvo o disposto no parágrafo único do art. 4º.

Art. 10. Esta Emenda Constitucional entra em vigor na data de sua publicação.

Brasília, em 27 de maio de 2014.

Mesa da Câmara dos Deputados
Deputado HENRIQUE EDUARDO ALVES
Presidente
Mesa do Senado Federal
Senador RENAN CALHEIROS
Presidente

■ *Vide* comentários a Emenda Constitucional n. 19.

EMENDA CONSTITUCIONAL N. 80, DE 4 DE JUNHO DE 2014*

Altera o Capítulo IV – Das Funções Essenciais à Justiça, do Título IV – Da Organização dos Poderes, e acrescenta artigo ao Ato das Disposições Constitucionais Transitórias da Constituição Federal.

As Mesas da Câmara dos Deputados e do Senado Federal, nos termos do § 3º do art. 60 da Constituição Federal, promulgam a seguinte Emenda ao texto constitucional:

Art. 1º O Capítulo IV – Das Funções Essenciais à Justiça, do Título IV – Da Organização dos Poderes, passa a vigorar com as seguintes alterações:

Título I
DA ORGANIZAÇÃO DOS PODERES
....
Capítulo I
DAS FUNÇÕES ESSENCIAIS À JUSTIÇA
....
Seção III
Da Advocacia
....
Seção IV
Da Defensoria Pública

Art. 134. A Defensoria Pública é instituição permanente, essencial à função jurisdicional do Estado, incumbindo-lhe, como expressão e instrumento do regime democrático, fundamentalmente, a orientação jurídica, a promoção dos direitos humanos e a defesa, em todos os graus, judicial e extrajudicial, dos direitos individuais e coletivos, de forma integral e gratuita, aos necessitados, na forma do inciso LXXIV do art. 5º desta Constituição Federal.
....
§ 4º São princípios institucionais da Defensoria Pública a unidade, a indivisibilidade e a independência funcional, aplicando-se também, no que couber, o disposto no art. 93 e no inciso II do art. 96 desta Constituição Federal.

---

*. Publicada no *DOU* de 5-6-2014. As alterações determinadas por esta EC já foram processadas no texto da Constituição.

Art. 2º O Ato das Disposições Constitucionais Transitórias passa a vigorar acrescido do seguinte art. 98:

"Art. 98. O número de defensores públicos na unidade jurisdicional será proporcional à efetiva demanda pelo serviço da Defensoria Pública e à respectiva população.

§ 1º No prazo de 8 (oito) anos, a União, os Estados e o Distrito Federal deverão contar com defensores públicos em todas as unidades jurisdicionais, observado o disposto no *caput* deste artigo.

§ 2º Durante o decurso do prazo previsto no § 1º deste artigo, a lotação dos defensores públicos ocorrerá, prioritariamente, atendendo as regiões com maiores índices de exclusão social e adensamento populacional".

Art. 3º Esta Emenda Constitucional entra em vigor na data de sua publicação.

Brasília, em 4 de junho de 2014.

Mesa da Câmara dos Deputados
Deputado HENRIQUE EDUARDO ALVES
Presidente
Mesa do Senado Federal
Senador RENAN CALHEIROS
Presidente

EMENDA CONSTITUCIONAL N. 81, DE 5 DE JUNHO DE 2014*

Dá nova redação ao art. 243 da Constituição Federal.

As Mesas da Câmara dos Deputados e do Senado Federal, nos termos do § 3º do art. 60 da Constituição Federal, promulgam a seguinte Emenda ao texto constitucional:

Art. 1º O art. 243 da Constituição Federal passa a vigorar com a seguinte redação:

"Art. 243. As propriedades rurais e urbanas de qualquer região do País onde forem localizadas culturas ilegais de plantas psicotrópicas ou a exploração de trabalho escravo na forma da lei serão expropriadas e destinadas à reforma agrária e a programas de habitação popular, sem qualquer indenização ao proprietário e sem prejuízo de outras sanções previstas em lei, observado, no que couber, o disposto no art. 5º

Parágrafo único. Todo e qualquer bem de valor econômico apreendido em decorrência do tráfico ilícito de entorpecentes e drogas afins e da exploração de trabalho escravo será confiscado e reverterá a fundo especial com destinação específica, na forma da lei".

Art. 2º Esta Emenda Constitucional entra em vigor na data de sua publicação.

Brasília, em 5 de junho de 2014.

Mesa da Câmara dos Deputados
Deputado HENRIQUE EDUARDO ALVES
Presidente
Mesa do Senado Federal
Senador RENAN CALHEIROS
Presidente

EMENDA CONSTITUCIONAL N. 82, DE 16 DE JULHO DE 2014**

Inclui o § 10 ao art. 144 da Constituição Federal, para disciplinar a segurança viária no âmbito dos Estados, do Distrito Federal e dos Municípios.

As Mesas da Câmara dos Deputados e do Senado Federal, nos termos do § 3º do art. 60 da Constituição Federal, promulgam a seguinte Emenda ao texto constitucional:

Art. 1º O art. 144 da Constituição Federal passa a vigorar acrescido do seguinte § 10:

"Art. 144..

....

§ 10. A segurança viária, exercida para a preservação da ordem pública e da incolumidade das pessoas e do seu patrimônio nas vias públicas:

I – compreende a educação, engenharia e fiscalização de trânsito, além de outras atividades previstas em lei, que assegurem ao cidadão o direito à mobilidade urbana eficiente; e

II – compete, no âmbito dos Estados, do Distrito Federal e dos Municípios, aos respectivos órgãos ou entidades executivos e seus agentes de trânsito, estruturados em Carreira, na forma da lei".

Art. 2º Esta Emenda Constitucional entra em vigor na data de sua publicação.

Brasília, em 16 de julho de 2014.

Mesa da Câmara dos Deputados
Deputado HENRIQUE EDUARDO ALVES
Presidente
Mesa do Senado Federal
Senador RENAN CALHEIROS
Presidente

---

*. Publicada no *DOU* de 6-6-2014. As alterações determinadas por esta EC já foram processadas no texto da Constituição.

**. Publicada no *DOU* de 17-7-2014. As alterações determinadas por esta EC já foram processadas no texto da Constituição.

EMENDA CONSTITUCIONAL N. 83, DE 5 DE AGOSTO DE 2014*

Acrescenta o art. 92-A ao Ato das Disposições Constitucionais Transitórias – ADCT.

As Mesas da Câmara dos Deputados e do Senado Federal, nos termos do § 3º do art. 60 da Constituição Federal, promulgam a seguinte Emenda ao texto constitucional:

Art. 1º O Ato das Disposições Constitucionais Transitórias passa a vigorar acrescido do seguinte art. 92-A:

"Art. 92-A. São acrescidos 50 (cinquenta) anos ao prazo fixado pelo art. 92 deste Ato das Disposições Constitucionais Transitórias."

Art. 2º Esta Emenda Constitucional entra em vigor na data de sua publicação.

Brasília, em 5 de agosto de 2014.

Mesa da Câmara dos Deputados
Deputado HENRIQUE EDUARDO ALVES
Presidente
Mesa do Senado Federal
Senador RENAN CALHEIROS
Presidente

EMENDA CONSTITUCIONAL N. 84, DE 2 DE DEZEMBRO DE 2014**

Altera o art. 159 da Constituição Federal para aumentar a entrega de recursos pela União para o Fundo de Participação dos Municípios.

As Mesas da Câmara dos Deputados e do Senado Federal, nos termos do § 3º do art. 60 da Constituição Federal, promulgam a seguinte Emenda ao texto constitucional:

Art. 1º O art. 159 da Constituição Federal passa a vigorar com a seguinte redação:

"Art. 159..

I – do produto da arrecadação dos impostos sobre renda e proventos de qualquer natureza e sobre produtos industrializados, 49% (quarenta e nove por cento), na seguinte forma:

....

e) 1% (um por cento) ao Fundo de Participação dos Municípios, que será entregue no primeiro decêndio do mês de julho de cada ano;

...."

Art. 2º Para os fins do disposto na alínea *e* do inciso I do *caput* do art. 159 da Constituição Federal, a União entregará ao Fundo de Participação dos Municípios o percentual de 0,5% (cinco décimos por cento) do produto da arrecadação dos impostos sobre renda e proventos de qualquer natureza e sobre produtos industrializados no primeiro exercício em que esta Emenda Constitucional gerar efeitos financeiros, acrescentando-se 0,5% (cinco décimos por cento) a cada exercício, até que se alcance o percentual de 1% (um por cento).

Art. 3º Esta Emenda Constitucional entra em vigor na data de sua publicação, com efeitos financeiros a partir de 1º de janeiro do exercício subsequente.

Brasília, em 2 de dezembro de 2014.

Mesa da Câmara dos Deputados
Deputado HENRIQUE EDUARDO ALVES
Presidente
Mesa do Senado Federal
Senador RENAN CALHEIROS
Presidente

EMENDA CONSTITUCIONAL N. 85, DE 26 DE FEVEREIRO DE 2015***

Altera e adiciona dispositivos na Constituição Federal para atualizar o tratamento das atividades de ciência, tecnologia e inovação.

As Mesas da Câmara dos Deputados e do Senado Federal, nos termos do § 3º do art. 60 da Constituição Federal, promulgam a seguinte Emenda ao texto constitucional:

Art. 1º A Constituição Federal passa a vigorar com as seguintes alterações:

"Art. 23..

V – proporcionar os meios de acesso à cultura, à educação, à ciência, à tecnologia, à pesquisa e à inovação;

....".

"Art. 24..

IX – educação, cultura, ensino, desporto, ciência, tecnologia, pesquisa, desenvolvimento e inovação;

....".

"Art. 167..

§ 5º A transposição, o remanejamento ou a transferência de recursos de uma categoria de programação para outra poderão ser admitidos, no âmbito das atividades de ciência, tecnologia e inovação, com o objetivo de viabilizar os resultados de projetos restritos a essas funções, mediante ato do

---

*. Publicada no *DOU* de 6-8-2014. As alterações determinadas por esta EC já foram processadas no texto da Constituição.

**. Publicada no *DOU* de 3-12-2014. As alterações determinadas por esta EC já foram processadas no texto da CF.

***. Publicada no *DOU* de 3-3-2015.

Poder Executivo, sem necessidade da prévia autorização legislativa prevista no inciso VI deste artigo."
"Art. 200...

V – incrementar, em sua área de atuação, o desenvolvimento científico e tecnológico e a inovação;
....".
"Art. 213. ....

§ 2º As atividades de pesquisa, de extensão e de estímulo e fomento à inovação realizadas por universidades e/ou por instituições de educação profissional e tecnológica poderão receber apoio financeiro do Poder Público."
"CAPÍTULO IV
DA CIÊNCIA, TECNOLOGIA E INOVAÇÃO"
"Art. 218. O Estado promoverá e incentivará o desenvolvimento científico, a pesquisa, a capacitação científica e tecnológica e a inovação.

§ 1º A pesquisa científica básica e tecnológica receberá tratamento prioritário do Estado, tendo em vista o bem público e o progresso da ciência, tecnologia e inovação.
....

§ 3º O Estado apoiará a formação de recursos humanos nas áreas de ciência, pesquisa, tecnologia e inovação, inclusive por meio do apoio às atividades de extensão tecnológica, e concederá aos que delas se ocupem meios e condições especiais de trabalho.
....

§ 6º O Estado, na execução das atividades previstas no *caput*, estimulará a articulação entre entes, tanto públicos quanto privados, nas diversas esferas de governo.

§ 7º O Estado promoverá e incentivará a atuação no exterior das instituições públicas de ciência, tecnologia e inovação, com vistas à execução das atividades previstas no *caput*."
"Art. 219. ....
Parágrafo único. O Estado estimulará a formação e o fortalecimento da inovação nas empresas, bem como nos demais entes, públicos ou privados, a constituição e a manutenção de parques e polos tecnológicos e de demais ambientes promotores da inovação, a atuação dos inventores independentes e a criação, absorção, difusão e transferência de tecnologia."

Art. 2º O Capítulo IV do Título VIII da Constituição Federal passa a vigorar acrescido dos seguintes arts. 219-A e 219-B:

"Art. 219-A. A União, os Estados, o Distrito Federal e os Municípios poderão firmar instrumentos de cooperação com órgãos e entidades públicos e com entidades privadas, inclusive para o compartilhamento de recursos humanos especializados e capacidade instalada, para a execução de projetos de pesquisa, de desenvolvimento científico e tecnológico e de inovação, mediante contrapartida financeira ou não financeira assumida pelo ente beneficiário, na forma da lei".

"Art. 219-B. O Sistema Nacional de Ciência, Tecnologia e Inovação será organizado em regime de colaboração entre entes, tanto públicos quanto privados, com vistas a promover o desenvolvimento científico e tecnológico e a inovação.

§ 1º Lei federal disporá sobre as normas gerais do Sistema Nacional de Ciência, Tecnologia e Inovação.

§ 2º Os Estados, o Distrito Federal e os Municípios legislarão concorrentemente sobre suas peculiaridades."

Art. 3º Esta Emenda Constitucional entra em vigor na data de sua publicação.

Brasília, em 26 de fevereiro de 2015.
Mesa da Câmara dos Deputados
Deputado EDUARDO CUNHA
Presidente
Mesa do Senado Federal
Senador RENAN CALHEIROS
Presidente

EMENDA CONSTITUCIONAL N. 86, DE 17 DE MARÇO DE 2015[*]

Altera os arts. 165, 166 e 198 da Constituição Federal, para tornar obrigatória a execução da programação orçamentária que especifica.

As Mesas da Câmara dos Deputados e do Senado Federal, nos termos do § 3º do art. 60 da Constituição Federal, promulgam a seguinte Emenda ao texto constitucional:

Art. 1º Os arts. 165, 166 e 198 da Constituição Federal passam a vigorar com as seguintes alterações:

"Art. 165...
....

§ 9º...
....

III – dispor sobre critérios para a execução equitativa, além de procedimentos que serão adotados quando houver impedimentos legais e técnicos, cumprimento de restos a pagar e limitação das programações de caráter obrigatório, para a realização do disposto no § 11 do art. 166".
"Art. 166..
....

§ 9º As emendas individuais ao projeto de lei orçamentária serão aprovadas no limite de 1,2% (um inteiro e dois décimos por cento) da receita corrente líquida prevista no projeto encaminhado pelo Poder Executivo, sendo que a metade deste percentual será destinada a ações e serviços públicos de saúde.

§ 10. A execução do montante destinado a ações e serviços públicos de saúde previsto no § 9º, inclusive custeio, será

---

[*]. Publicada no *DOU* de 18-3-2015.

computada para fins do cumprimento do inciso I do § 2º do art. 198, vedada a destinação para pagamento de pessoal ou encargos sociais.

§ 11. É obrigatória a execução orçamentária e financeira das programações a que se refere o § 9º deste artigo, em montante correspondente a 1,2% (um inteiro e dois décimos por cento) da receita corrente líquida realizada no exercício anterior, conforme os critérios para a execução equitativa da programação definidos na lei complementar prevista no § 9º do art. 165.

§ 12. As programações orçamentárias previstas no § 9º deste artigo não serão de execução obrigatória nos casos dos impedimentos de ordem técnica.

§ 13. Quando a transferência obrigatória da União, para a execução da programação prevista no § 11 deste artigo, for destinada a Estados, ao Distrito Federal e a Municípios, independerá da adimplência do ente federativo destinatário e não integrará a base de cálculo da receita corrente líquida para fins de aplicação dos limites de despesa de pessoal de que trata o *caput* do art. 169.

§ 14. No caso de impedimento de ordem técnica, no empenho de despesa que integre a programação, na forma do § 11 deste artigo, serão adotadas as seguintes medidas:

I – até 120 (cento e vinte) dias após a publicação da lei orçamentária, o Poder Executivo, o Poder Legislativo, o Poder Judiciário, o Ministério Público e a Defensoria Pública enviarão ao Poder Legislativo as justificativas do impedimento;

II – até 30 (trinta) dias após o término do prazo previsto no inciso I, o Poder Legislativo indicará ao Poder Executivo o remanejamento da programação cujo impedimento seja insuperável;

III – até 30 de setembro ou até 30 (trinta) dias após o prazo previsto no inciso II, o Poder Executivo encaminhará projeto de lei sobre o remanejamento da programação cujo impedimento seja insuperável;

IV – se, até 20 de novembro ou até 30 (trinta) dias após o término do prazo previsto no inciso III, o Congresso Nacional não deliberar sobre o projeto, o remanejamento será implementado por ato do Poder Executivo, nos termos previstos na lei orçamentária.

§ 15. Após o prazo previsto no inciso IV do § 14, as programações orçamentárias previstas no § 11 não serão de execução obrigatória nos casos dos impedimentos justificados na notificação prevista no inciso I do § 14.

§ 16. Os restos a pagar poderão ser considerados para fins de cumprimento da execução financeira prevista no § 11 deste artigo, até o limite de 0,6% (seis décimos por cento) da receita corrente líquida realizada no exercício anterior.

§ 17. Se for verificado que a reestimativa da receita e da despesa poderá resultar no não cumprimento da meta de resultado fiscal estabelecida na lei de diretrizes orçamentárias, o montante previsto no § 11 deste artigo poderá ser reduzido em até a mesma proporção da limitação incidente sobre o conjunto das despesas discricionárias.

§ 18. Considera-se equitativa a execução das programações de caráter obrigatório que atenda de forma igualitária e impessoal às emendas apresentadas, independentemente da autoria."

"Art. 198. ....
....

§ 2º ....
I – no caso da União, a receita corrente líquida do respectivo exercício financeiro, não podendo ser inferior a 15% (quinze por cento);
....

§ 3º ....
I – os percentuais de que tratam os incisos II e III do § 2º;
....
IV – (revogado).
...."

Art. 2º (Revogado pela Emenda Constitucional n. 95, de 15-12-2016.)

Art. 3º As despesas com ações e serviços públicos de saúde custeados com a parcela da União oriunda da participação no resultado ou da compensação financeira pela exploração de petróleo e gás natural, de que trata o § 1º do art. 20 da Constituição Federal, serão computadas para fins de cumprimento do disposto no inciso I do § 2º do art. 198 da Constituição Federal.

Art. 4º Esta Emenda Constitucional entra em vigor na data de sua publicação e produzirá efeitos a partir da execução orçamentária do exercício de 2014.

Art. 5º Fica revogado o inciso IV do § 3º do art. 198 da Constituição Federal.

Brasília, em 17 de março de 2015.

Mesa da Câmara dos Deputados
Deputado EDUARDO CUNHA
Presidente
Mesa do Senado Federal
Senador RENAN CALHEIROS
Presidente

EMENDA CONSTITUCIONAL N. 87, DE 16 DE ABRIL DE 2015*

Altera o § 2º do art. 155 da Constituição Federal e inclui o art. 99 no Ato das Disposições Constitucionais Transitórias, para tratar da sistemática de cobrança do imposto sobre operações relativas à circulação de mercadorias e sobre prestações de serviços de transporte interestadual e intermunicipal e de comunicação incidente sobre as operações e prestações que destinem bens e serviços a consumidor final, contribuinte ou não do imposto, localizado em outro Estado.

As Mesas da Câmara dos Deputados e do Senado Federal, nos termos do § 3º do art. 60 da Constituição Federal, promulgam a seguinte Emenda ao texto constitucional:

Art. 1º Os incisos VII e VIII do § 2º do art. 155 da Constituição Federal passam a vigorar com as seguintes alterações:

---

*. Publicada no *DOU* de 17-4-2015. As alterações determinadas por esta EC já foram processadas no texto da CF.

"Art. 155. ....
....
§ 2º ....
....
VII – nas operações e prestações que destinem bens e serviços a consumidor final, contribuinte ou não do imposto, localizado em outro Estado, adotar-se-á a alíquota interestadual e caberá ao Estado de localização do destinatário o imposto correspondente à diferença entre a alíquota interna do Estado destinatário e a alíquota interestadual;

a) (Revogada.)

b) (Revogada.)

VIII – a responsabilidade pelo recolhimento do imposto correspondente à diferença entre a alíquota interna e a interestadual de que trata o inciso VII será atribuída:

a) ao destinatário, quando este for contribuinte do imposto;

b) ao remetente, quando o destinatário não for contribuinte do imposto;

....".

Art. 2º O Ato das Disposições Constitucionais Transitórias passa a vigorar acrescido do seguinte art. 99:

"Art. 99. Para efeito do disposto no inciso VII do § 2º do art. 155, no caso de operações e prestações que destinem bens e serviços a consumidor final não contribuinte localizado em outro Estado, o imposto correspondente à diferença entre a alíquota interna e a interestadual será partilhado entre os Estados de origem e de destino, na seguinte proporção:

I – para o ano de 2015: 20% (vinte por cento) para o Estado de destino e 80% (oitenta por cento) para o Estado de origem;

II – para o ano de 2016: 40% (quarenta por cento) para o Estado de destino e 60% (sessenta por cento) para o Estado de origem;

III – para o ano de 2017: 60% (sessenta por cento) para o Estado de destino e 40% (quarenta por cento) para o Estado de origem;

IV – para o ano de 2018: 80% (oitenta por cento) para o Estado de destino e 20% (vinte por cento) para o Estado de origem;

V – a partir do ano de 2019: 100% (cem por cento) para o Estado de destino".

Art. 3º Esta Emenda Constitucional entra em vigor na data de sua publicação, produzindo efeitos no ano subsequente e após 90 (noventa) dias desta.

Brasília, em 16 de abril de 2015.

Mesa da Câmara dos Deputados
Deputado EDUARDO CUNHA
Presidente
Mesa do Senado Federal
Senador RENAN CALHEIROS
Presidente

EMENDA CONSTITUCIONAL N. 88, DE 7 DE MAIO DE 2015*

Altera o art. 40 da Constituição Federal, relativamente ao limite de idade para a aposentadoria compulsória do servidor público em geral, e acrescenta dispositivo ao Ato das Disposições Constitucionais Transitórias.

As Mesas da Câmara dos Deputados e do Senado Federal, nos termos do § 3º do art. 60 da Constituição Federal, promulgam a seguinte Emenda ao texto constitucional:

Art. 1º O art. 40 da Constituição Federal passa a vigorar com a seguinte alteração:

"Art. 40. ....
§ 1º ....
....

II – compulsoriamente, com proventos proporcionais ao tempo de contribuição, aos 70 (setenta) anos de idade, ou aos 75 (setenta e cinco) anos de idade, na forma de lei complementar;

....".

Art. 2º O Ato das Disposições Constitucionais Transitórias passa a vigorar acrescido do seguinte art. 100:

"Art. 100. Até que entre em vigor a lei complementar de que trata o inciso II do § 1º do art. 40 da Constituição Federal, os Ministros do Supremo Tribunal Federal, dos Tribunais Superiores e do Tribunal de Contas da União aposentar-se-ão, compulsoriamente, aos 75 (setenta e cinco) anos de idade, nas condições do art. 52 da Constituição Federal".

Art. 3º Esta Emenda Constitucional entra em vigor na data de sua publicação.

Brasília, em 7 de abril de 2015.

Mesa da Câmara dos Deputados
Deputado EDUARDO CUNHA
Presidente
Mesa do Senado Federal
Senador RENAN CALHEIROS
Presidente

EMENDA CONSTITUCIONAL N. 89, DE 15 DE SETEMBRO DE 2015**

Dá nova redação ao art. 42 do Ato das Disposições Constitucionais Transitórias, ampliando o prazo em que a União deverá

---

*. Publicada no *DOU* de 8-5-2015. As alterações determinadas por esta EC já foram processadas no texto da Constituição.

**. Publicada no *DOU* de 16-9-2015. As alterações determinadas por esta EC já foram processadas no texto da CF.

destinar às Regiões Centro-Oeste e Nordeste percentuais mínimos dos recursos destinados à irrigação.

As Mesas da Câmara dos Deputados e do Senado Federal, nos termos do art. 60 da Constituição Federal, promulgam a seguinte Emenda ao texto constitucional:

Art. 1º O art. 42 do Ato das Disposições Constitucionais Transitórias passa a vigorar com a seguinte redação:

"Art. 42. Durante 40 (quarenta) anos, a União aplicará dos recursos destinados à irrigação:

I – 20% (vinte por cento) na Região Centro-Oeste;

II – 50% (cinquenta por cento) na Região Nordeste, preferencialmente no Semiárido.

Parágrafo único. Dos percentuais previstos nos incisos I e II do *caput*, no mínimo 50% (cinquenta por cento) serão destinados a projetos de irrigação que beneficiem agricultores familiares que atendam aos requisitos previstos em legislação específica".

Art. 2º Esta Emenda Constitucional entra em vigor na data de sua publicação.

Brasília, em 15 de setembro de 2015.

Mesa da Câmara dos Deputados
Deputado EDUARDO CUNHA
Presidente
Mesa do Senado Federal
Senador RENAN CALHEIROS
Presidente

EMENDA CONSTITUCIONAL N. 90, DE 15 DE SETEMBRO DE 2015*

Dá nova redação ao art. 6º da Constituição Federal, para introduzir o transporte como direito social.

As Mesas da Câmara dos Deputados e do Senado Federal, nos termos do art. 60 da Constituição Federal, promulgam a seguinte Emenda ao texto constitucional:

Artigo único. O art. 6º da Constituição Federal de 1988 passa a vigorar com a seguinte redação:

"Art. 6º São direitos sociais a educação, a saúde, a alimentação, o trabalho, a moradia, o transporte, o lazer, a segurança, a previdência social, a proteção à maternidade e à infância, a assistência aos desamparados, na forma desta Constituição".

Brasília, em 15 de setembro de 2015.

Mesa da Câmara dos Deputados
Deputado EDUARDO CUNHA
Presidente
Mesa do Senado Federal
Senador RENAN CALHEIROS
Presidente

EMENDA CONSTITUCIONAL N. 91, DE 18 DE FEVEREIRO DE 2016**

Altera a Constituição Federal para estabelecer a possibilidade, excepcional e em período determinado, de desfiliação partidária, sem prejuízo do mandato.

As Mesas da Câmara dos Deputados e do Senado Federal, nos termos do § 3º do art. 60 da Constituição Federal, promulgam a seguinte Emenda ao texto constitucional:

Art. 1º É facultado ao detentor de mandato eletivo desligar-se do partido pelo qual foi eleito nos trinta dias seguintes à promulgação desta Emenda Constitucional, sem prejuízo do mandato, não sendo essa desfiliação considerada para fins de distribuição dos recursos do Fundo Partidário e de acesso gratuito ao tempo de rádio e televisão.

- O art. 22-A da Lei n. 9.096 dispõe sobre desfiliação partidária.
- CE: Lei n. 4.737, de 15-7-1965.

Art. 2º Esta Emenda Constitucional entra em vigor na data de sua publicação.

Brasília, em 18 de fevereiro de 2016.

Mesa da Câmara dos Deputados
Deputado EDUARDO CUNHA
1º Vice-Presidente
Mesa do Senado Federal
Senador RENAN CALHEIROS
Presidente

- *Vide* comentários ao art. 17, da Constituição Federal.

EMENDA CONSTITUCIONAL N. 92, DE 12 DE JULHO DE 2016***

Altera os arts. 92 e 111-A da Constituição Federal, para explicitar o Tribunal Superior do Trabalho como órgão do Poder Judiciário, alterar os requisitos para o provimento dos cargos de Ministros daquele Tribunal e modificar-lhe a competência.

As Mesas da Câmara dos Deputados e do Senado Federal, nos termos do § 3º do art. 60 da Constituição Federal, promulgam a seguinte Emenda ao texto constitucional:

---

*. Publicada no *DOU* de 16-9-2015. As alterações determinadas por esta EC já foram processadas no texto da CF.

**. Publicada no *DOU* de 19-2-2016.

***. Publicada no *DOU* de 13-7-2016. As alterações determinadas por esta EC já foram processadas no texto da CF.

Art. 1º Os arts. 92 e 111-A da Constituição Federal passam a vigorar com as seguintes alterações:

"Art. 92...
....
II-A – o Tribunal Superior do Trabalho;
...."

"Seção V
Do Tribunal Superior do Trabalho, dos Tribunais Regionais do Trabalho e dos Juízes do Trabalho
....

'Art. 111-A. O Tribunal Superior do Trabalho compor-se-á de vinte e sete Ministros, escolhidos dentre brasileiros com mais de trinta e cinco anos e menos de sessenta e cinco anos, de notável saber jurídico e reputação ilibada, nomeados pelo Presidente da República após aprovação pela maioria absoluta do Senado Federal, sendo:

....

§ 3º Compete ao Tribunal Superior do Trabalho processar e julgar, originariamente, a reclamação para a preservação de sua competência e garantia da autoridade de suas decisões.'
...."

Art. 2º Esta Emenda Constitucional entra em vigor na data de sua publicação.

Brasília, em 12 de julho de 2016.

Mesa da Câmara dos Deputados
Deputado WALDIR MARANHÃO
1º Vice-Presidente, no exercício da Presidência
Mesa do Senado Federal
Senador RENAN CALHEIROS
Presidente

EMENDA CONSTITUCIONAL N. 93, DE 8 DE SETEMBRO DE 2016*

Altera o Ato das Disposições Constitucionais Transitórias para prorrogar a desvinculação de receitas da União e estabelecer a desvinculação de receitas dos Estados, Distrito Federal e Municípios.

As Mesas da Câmara dos Deputados e do Senado Federal, nos termos do § 3º do art. 60 da Constituição Federal, promulgam a seguinte Emenda ao texto constitucional:

Art. 1º O art. 76 do Ato das Disposições Constitucionais Transitórias passa a vigorar com a seguinte redação:

"Art. 76. São desvinculados de órgão, fundo ou despesa, até 31 de dezembro de 2023, 30% (trinta por cento) da arrecadação da União relativa às contribuições sociais, sem prejuízo do pagamento das despesas do Regime Geral da Previdência Social, às contribuições de intervenção no domínio econômico e às taxas, já instituídas ou que vierem a ser criadas até a referida data.
§ 1º (Revogado).
§ 2º...
§ 3º (Revogado)."

Art. 2º O Ato das Disposições Constitucionais Transitórias passa a vigorar acrescido dos seguintes arts. 76-A e 76-B:

"Art. 76-A. São desvinculados de órgão, fundo ou despesa, até 31 de dezembro de 2023, 30% (trinta por cento) das receitas dos Estados e do Distrito Federal relativas a impostos, taxas e multas, já instituídos ou que vierem a ser criados até a referida data, seus adicionais e respectivos acréscimos legais, e outras receitas correntes.
Parágrafo único. Excetuam-se da desvinculação de que trata o *caput*:
I – recursos destinados ao financiamento das ações e serviços públicos de saúde e à manutenção e desenvolvimento do ensino de que tratam, respectivamente, os incisos II e III do § 2º do art. 198 e o art. 212 da Constituição Federal;
II – receitas que pertencem aos Municípios decorrentes de transferências previstas na Constituição Federal;
III – receitas de contribuições previdenciárias e de assistência à saúde dos servidores;
IV – demais transferências obrigatórias e voluntárias entre entes da Federação com destinação especificada em lei;
V – fundos instituídos pelo Poder Judiciário, pelos Tribunais de Contas, pelo Ministério Público, pelas Defensorias Públicas e pelas Procuradorias-Gerais dos Estados e do Distrito Federal."

"Art. 76-B. São desvinculados de órgão, fundo ou despesa, até 31 de dezembro de 2023, 30% (trinta por cento) das receitas dos Municípios relativas a impostos, taxas e multas, já instituídos ou que vierem a ser criados até a referida data, seus adicionais e respectivos acréscimos legais, e outras receitas correntes.
Parágrafo único. Excetuam-se da desvinculação de que trata o *caput*:
I – recursos destinados ao financiamento das ações e serviços públicos de saúde e à manutenção e desenvolvimento do ensino de que tratam, respectivamente, os incisos II e III do § 2º do art. 198 e o art. 212 da Constituição Federal;
II – receitas de contribuições previdenciárias e de assistência à saúde dos servidores;
III – transferências obrigatórias e voluntárias entre entes da Federação com destinação especificada em lei;
IV – fundos instituídos pelo Tribunal de Contas do Município."

Art. 3º Esta Emenda Constitucional entra em vigor na data de sua publicação, produzindo efeitos a partir de 1º de janeiro de 2016.

---

*. Publicada no *DOU* de 9-9-2016, Edição Extra. As alterações determinadas por esta EC já foram processadas no texto da CF.

Brasília, em 8 de setembro de 2016.

Mesa da Câmara dos Deputados
Deputado RODRIGO MAIA
Presidente
Mesa do Senado Federal
Senador RENAN CALHEIROS
Presidente

EMENDA CONSTITUCIONAL N. 94, DE 15 DE DEZEMBRO DE 2016*

Altera o art. 100 da Constituição Federal, para dispor sobre o regime de pagamento de débitos públicos decorrentes de condenações judiciais; e acrescenta dispositivos ao Ato das Disposições Constitucionais Transitórias, para instituir regime especial de pagamento para os casos em mora.

As Mesas da Câmara dos Deputados e do Senado Federal, nos termos do § 3º do art. 60 da Constituição Federal, promulgam a seguinte Emenda ao texto constitucional:

Art. 1º O art. 100 da Constituição Federal passa a vigorar com a seguinte redação:

"Art. 100. ....
....

§ 2º Os débitos de natureza alimentícia cujos titulares, originários ou por sucessão hereditária, tenham 60 (sessenta) anos de idade, ou sejam portadores de doença grave, ou pessoas com deficiência, assim definidos na forma da lei, serão pagos com preferência sobre todos os demais débitos, até o valor equivalente ao triplo fixado em lei para os fins do disposto no § 3º deste artigo, admitido o fracionamento para essa finalidade, sendo que o restante será pago na ordem cronológica de apresentação do precatório.

....

§ 17. A União, os Estados, o Distrito Federal e os Municípios aferirão mensalmente, em base anual, o comprometimento de suas respectivas receitas correntes líquidas com o pagamento de precatórios e obrigações de pequeno valor.

§ 18. Entende-se como receita corrente líquida, para os fins de que trata o § 17, o somatório das receitas tributárias, patrimoniais, industriais, agropecuárias, de contribuições e de serviços, de transferências correntes e outras receitas correntes, incluindo as oriundas do § 1º do art. 20 da Constituição Federal, verificado no período compreendido pelo segundo mês imediatamente anterior ao de referência e os 11 (onze) meses precedentes, excluídas as duplicidades, e deduzidas:

I – na União, as parcelas entregues aos Estados, ao Distrito Federal e aos Municípios por determinação constitucional;

II – nos Estados, as parcelas entregues aos Municípios por determinação constitucional;

III – na União, nos Estados, no Distrito Federal e nos Municípios, a contribuição dos servidores para custeio de seu sistema de previdência e assistência social e as receitas provenientes da compensação financeira referida no § 9º do art. 201 da Constituição Federal.

§ 19. Caso o montante total de débitos decorrentes de condenações judiciais em precatórios e obrigações de pequeno valor, em período de 12 (doze) meses, ultrapasse a média do comprometimento percentual da receita corrente líquida nos 5 (cinco) anos imediatamente anteriores, a parcela que exceder esse percentual poderá ser financiada, excetuada dos limites de endividamento de que tratam os incisos VI e VII do art. 52 da Constituição Federal e de quaisquer outros limites de endividamento previstos, não se aplicando a esse financiamento a vedação de vinculação de receita prevista no inciso IV do art. 167 da Constituição Federal.

§ 20. Caso haja precatório com valor superior a 15% (quinze por cento) do montante dos precatórios apresentados nos termos do § 5º deste artigo, 15% (quinze por cento) do valor deste precatório serão pagos até o final do exercício seguinte e o restante em parcelas iguais nos cinco exercícios subsequentes, acrescidas de juros de mora e correção monetária, ou mediante acordos diretos, perante Juízos Auxiliares de Conciliação de Precatórios, com redução máxima de 40% (quarenta por cento) do valor do crédito atualizado, desde que em relação ao crédito não penda recurso ou defesa judicial e que sejam observados os requisitos definidos na regulamentação editada pelo ente federado".

Art. 2º O Ato das Disposições Constitucionais Transitórias passa a vigorar acrescido dos seguintes arts. 101 a 105:

"Art. 101. Os Estados, o Distrito Federal e os Municípios que, em 25 de março de 2015, estiverem em mora com o pagamento de seus precatórios quitarão até 31 de dezembro de 2020 seus débitos vencidos e os que vencerão dentro desse período, depositando, mensalmente, em conta especial do Tribunal de Justiça local, sob única e exclusiva administração desse, 1/12 (um doze avos) do valor calculado percentualmente sobre as respectivas receitas correntes líquidas, apuradas no segundo mês anterior ao mês de pagamento, em percentual suficiente para a quitação de seus débitos e, ainda que variável, nunca inferior, em cada exercício, à média do comprometimento percentual da receita corrente líquida no período de 2012 a 2014, em conformidade com plano de pagamento a ser anualmente apresentado ao Tribunal de Justiça local.

§ 1º Entende-se como receita corrente líquida, para os fins de que trata este artigo, o somatório das receitas tributárias, patrimoniais, industriais, agropecuárias, de contribuições e de serviços, de transferências correntes e outras receitas correntes, incluindo as oriundas do § 1º do art. 20 da Constituição Federal, verificado no período compreendido pelo segundo mês imediatamente anterior ao de referência e os 11 (onze) meses precedentes, excluídas as duplicidades, e deduzidas:

I – nos Estados, as parcelas entregues aos Municípios por determinação constitucional;

II – nos Estados, no Distrito Federal e nos Municípios, a contribuição dos servidores para custeio de seu sistema de

---

*. Publicada no *DOU* de 16-12-2016. As alterações determinadas por esta EC já foram processadas no texto da Constituição.

previdência e assistência social e as receitas provenientes da compensação financeira referida no § 9º do art. 201 da Constituição Federal.

§ 2º O débito de precatórios poderá ser pago mediante a utilização de recursos orçamentários próprios e dos seguintes instrumentos:

I – até 75% (setenta e cinco por cento) do montante dos depósitos judiciais e dos depósitos administrativos em dinheiro referentes a processos judiciais ou administrativos, tributários ou não tributários, nos quais o Estado, o Distrito Federal ou os Municípios, ou suas autarquias, fundações e empresas estatais dependentes, sejam parte;

II – até 20% (vinte por cento) dos demais depósitos judiciais da localidade, sob jurisdição do respectivo Tribunal de Justiça, excetuados os destinados à quitação de créditos de natureza alimentícia, mediante instituição de fundo garantidor composto pela parcela restante dos depósitos judiciais, destinando-se:

a) no caso do Distrito Federal, 100% (cem por cento) desses recursos ao próprio Distrito Federal;

b) no caso dos Estados, 50% (cinquenta por cento) desses recursos ao próprio Estado e 50% (cinquenta por cento) a seus Municípios;

III – contratação de empréstimo, excetuado dos limites de endividamento de que tratam os incisos VI e VII do art. 52 da Constituição Federal e de quaisquer outros limites de endividamento previstos, não se aplicando a esse empréstimo a vedação de vinculação de receita prevista no inciso IV do art. 167 da Constituição Federal".

"Art. 102. Enquanto viger o regime especial previsto nesta Emenda Constitucional, pelo menos 50% (cinquenta por cento) dos recursos que, nos termos do art. 101 deste Ato das Disposições Constitucionais Transitórias, forem destinados ao pagamento dos precatórios em mora serão utilizados no pagamento segundo a ordem cronológica de apresentação, respeitadas as preferências dos créditos alimentares, e, nessas, as relativas à idade, ao estado de saúde e à deficiência, nos termos do § 2º do art. 100 da Constituição Federal, sobre todos os demais créditos de todos os anos.

Parágrafo único. A aplicação dos recursos remanescentes, por opção a ser exercida por Estados, Distrito Federal e Municípios, por ato do respectivo Poder Executivo, observada a ordem de preferência dos credores, poderá ser destinada ao pagamento mediante acordos diretos, perante Juízos Auxiliares de Conciliação de Precatórios, com redução máxima de 40% (quarenta por cento) do valor do crédito atualizado, desde que em relação ao crédito não penda recurso ou defesa judicial e que sejam observados os requisitos definidos na regulamentação editada pelo ente federado."

"Art. 103. Enquanto os Estados, o Distrito Federal e os Municípios estiverem efetuando o pagamento da parcela mensal devida como previsto no *caput* do art. 101 deste Ato das Disposições Constitucionais Transitórias, nem eles, nem as respectivas autarquias, fundações e empresas estatais dependentes poderão sofrer sequestro de valores, exceto no caso de não liberação tempestiva dos recursos."

"Art. 104. Se os recursos referidos no art. 101 deste Ato das Disposições Constitucionais Transitórias para o pagamento de precatórios não forem tempestivamente liberados, no todo ou em parte:

I – o Presidente do Tribunal de Justiça local determinará o sequestro, até o limite do valor não liberado, das contas do ente federado inadimplente;

II – o chefe do Poder Executivo do ente federado inadimplente responderá, na forma da legislação de responsabilidade fiscal e de improbidade administrativa;

III – a União reterá os recursos referentes aos repasses ao Fundo de Participação dos Estados e do Distrito Federal e ao Fundo de Participação dos Municípios e os depositará na conta especial referida no art. 101 deste Ato das Disposições Constitucionais Transitórias, para utilização como nele previsto;

IV – os Estados reterão os repasses previstos no parágrafo único do art. 158 da Constituição Federal e os depositarão na conta especial referida no art. 101 deste Ato das Disposições Constitucionais Transitórias, para utilização como nele previsto.

Parágrafo único. Enquanto perdurar a omissão, o ente federado não poderá contrair empréstimo externo ou interno, exceto para os fins previstos no § 2º do art. 101 deste Ato das Disposições Constitucionais Transitórias, e ficará impedido de receber transferências voluntárias."

"Art. 105. Enquanto viger o regime de pagamento de precatórios previsto no art. 101 deste Ato das Disposições Constitucionais Transitórias, é facultada aos credores de precatórios, próprios ou de terceiros, a compensação com débitos de natureza tributária ou de outra natureza que até 25 de março de 2015 tenham sido inscritos na dívida ativa dos Estados, do Distrito Federal ou dos Municípios, observados os requisitos definidos em lei própria do ente federado.

Parágrafo único. Não se aplica às compensações referidas no *caput* deste artigo qualquer tipo de vinculação, como as transferências a outros entes e as destinadas à educação, à saúde e a outras finalidades."

Art. 3º Esta Emenda Constitucional entra em vigor na data de sua publicação.

Brasília, em 15 de dezembro de 2016.

Mesa da Câmara dos Deputados
Deputado RODRIGO MAIA
Presidente
Mesa do Senado Federal
Senador RENAN CALHEIROS
Presidente

EMENDA CONSTITUCIONAL N. 95, DE 15 DE DEZEMBRO DE 2016[*]

Altera o Ato das Disposições Constitucionais Transitórias, para instituir o Novo Regime Fiscal, e dá outras providências.

---

[*]. Publicada no *DOU* de 16-12-2016. As alterações determinadas por esta EC já foram processadas no texto da Constituição.

As Mesas da Câmara dos Deputados e do Senado Federal, nos termos do § 3º do art. 60 da Constituição Federal, promulgam a seguinte Emenda ao texto constitucional:

Art. 1º O Ato das Disposições Constitucionais Transitórias passa a vigorar acrescido dos seguintes arts. 106, 107, 108, 109, 110, 111, 112, 113 e 114:

"Art. 106. Fica instituído o Novo Regime Fiscal no âmbito dos Orçamentos Fiscal e da Seguridade Social da União, que vigorará por vinte exercícios financeiros, nos termos dos arts. 107 a 114 deste Ato das Disposições Constitucionais Transitórias."

"Art. 107. Ficam estabelecidos, para cada exercício, limites individualizados para as despesas primárias:

I – do Poder Executivo;

II – do Supremo Tribunal Federal, do Superior Tribunal de Justiça, do Conselho Nacional de Justiça, da Justiça do Trabalho, da Justiça Federal, da Justiça Militar da União, da Justiça Eleitoral e da Justiça do Distrito Federal e Territórios, no âmbito do Poder Judiciário;

III – do Senado Federal, da Câmara dos Deputados e do Tribunal de Contas da União, no âmbito do Poder Legislativo;

IV – do Ministério Público da União e do Conselho Nacional do Ministério Público; e

V – da Defensoria Pública da União.

§ 1º Cada um dos limites a que se refere o *caput* deste artigo equivalerá:

I – para o exercício de 2017, à despesa primária paga no exercício de 2016, incluídos os restos a pagar pagos e demais operações que afetam o resultado primário, corrigida em 7,2% (sete inteiros e dois décimos por cento); e

II – para os exercícios posteriores, ao valor do limite referente ao exercício imediatamente anterior, corrigido pela variação do Índice Nacional de Preços ao Consumidor Amplo – IPCA, publicado pelo Instituto Brasileiro de Geografia e Estatística, ou de outro índice que vier a substituí-lo, para o período de doze meses encerrado em junho do exercício anterior a que se refere a lei orçamentária.

§ 2º Os limites estabelecidos na forma do inciso IV do *caput* do art. 51, do inciso XIII do *caput* do art. 52, do § 1º do art. 99, do § 3º do art. 127 e do § 3º do art. 134 da Constituição Federal não poderão ser superiores aos estabelecidos nos termos deste artigo.

§ 3º A mensagem que encaminhar o projeto de lei orçamentária demonstrará os valores máximos de programação compatíveis com os limites individualizados calculados na forma do § 1º deste artigo, observados os §§ 7º a 9º deste artigo.

§ 4º As despesas primárias autorizadas na lei orçamentária anual sujeitas aos limites de que trata este artigo não poderão exceder os valores máximos demonstrados nos termos do § 3º deste artigo.

§ 5º É vedada a abertura de crédito suplementar ou especial que amplie o montante total autorizado de despesa primária sujeita aos limites de que trata este artigo.

§ 6º Não se incluem na base de cálculo e nos limites estabelecidos neste artigo:

I – transferências constitucionais estabelecidas no § 1º do art. 20, no inciso III do parágrafo único do art. 146, no § 5º do art. 153, no art. 157, nos incisos I e II do art. 158, no art. 159 e no § 6º do art. 212, as despesas referentes ao inciso XIV do *caput* do art. 21, todos da Constituição Federal, e as complementações de que tratam os incisos V e VII do *caput* do art. 60, deste Ato das Disposições Constitucionais Transitórias;

II – créditos extraordinários a que se refere o § 3º do art. 167 da Constituição Federal;

III – despesas não recorrentes da Justiça Eleitoral com a realização de eleições; e

IV – despesas com aumento de capital de empresas estatais não dependentes.

§ 7º Nos três primeiros exercícios financeiros da vigência do Novo Regime Fiscal, o Poder Executivo poderá compensar com redução equivalente na sua despesa primária, consoante os valores estabelecidos no projeto de lei orçamentária encaminhado pelo Poder Executivo no respectivo exercício, o excesso de despesas primárias em relação aos limites de que tratam os incisos II a V do *caput* deste artigo.

§ 8º A compensação de que trata o § 7º deste artigo não excederá a 0,25% (vinte e cinco centésimos por cento) do limite do Poder Executivo.

§ 9º Respeitado o somatório em cada um dos incisos de II a IV do *caput* deste artigo, a lei de diretrizes orçamentárias poderá dispor sobre a compensação entre os limites individualizados dos órgãos elencados em cada inciso.

§ 10. Para fins de verificação do cumprimento dos limites de que trata este artigo, serão consideradas as despesas primárias pagas, incluídos os restos a pagar pagos e demais operações que afetam o resultado primário no exercício.

§ 11. O pagamento de restos a pagar inscritos até 31 de dezembro de 2015 poderá ser excluído da verificação do cumprimento dos limites de que trata este artigo, até o excesso de resultado primário dos Orçamentos Fiscal e da Seguridade Social do exercício em relação à meta fixada na lei de diretrizes orçamentárias."

"Art. 108. O Presidente da República poderá propor, a partir do décimo exercício da vigência do Novo Regime Fiscal, projeto de lei complementar para alteração do método de correção dos limites a que se refere o inciso II do § 1º do art. 107 deste Ato das Disposições Constitucionais Transitórias.

Parágrafo único. Será admitida apenas uma alteração do método de correção dos limites por mandato presidencial."

"Art. 109. No caso de descumprimento de limite individualizado, aplicam-se, até o final do exercício de retorno das despesas aos respectivos limites, ao Poder Executivo ou a órgão elencado nos incisos II a V do *caput* do art. 107 deste Ato das Disposições Constitucionais Transitórias que o descumpriu, sem prejuízo de outras medidas, as seguintes vedações:

I – concessão, a qualquer título, de vantagem, aumento, reajuste ou adequação de remuneração de membros de Poder ou de órgão, de servidores e empregados públicos e militares, exceto dos derivados de sentença judicial transitada em julgado ou de determinação legal decorrente de atos anteriores à entrada em vigor desta Emenda Constitucional;

II – criação de cargo, emprego ou função que implique aumento de despesa;

III – alteração de estrutura de carreira que implique aumento de despesa;

IV – admissão ou contratação de pessoal, a qualquer título, ressalvadas as reposições de cargos de chefia e de direção que não acarretem aumento de despesa e aquelas decorrentes de vacâncias de cargos efetivos ou vitalícios;

V – realização de concurso público, exceto para as reposições de vacâncias previstas no inciso IV;

VI – criação ou majoração de auxílios, vantagens, bônus, abonos, verbas de representação ou benefícios de qualquer natureza em favor de membros de Poder, do Ministério Público ou da Defensoria Pública e de servidores e empregados públicos e militares;

VII – criação de despesa obrigatória; e

VIII – adoção de medida que implique reajuste de despesa obrigatória acima da variação da inflação, observada a preservação do poder aquisitivo referida no inciso IV do *caput* do art. 7º da Constituição Federal.

§ 1º As vedações previstas nos incisos I, III e VI do *caput*, quando descumprido qualquer dos limites individualizados dos órgãos elencados nos incisos II, III e IV do *caput* do art. 107 deste Ato das Disposições Constitucionais Transitórias, aplicam-se ao conjunto dos órgãos referidos em cada inciso.

§ 2º Adicionalmente ao disposto no *caput*, no caso de descumprimento do limite de que trata o inciso I do *caput* do art. 107 deste Ato das Disposições Constitucionais Transitórias, ficam vedadas:

I – a criação ou expansão de programas e linhas de financiamento, bem como a remissão, renegociação ou refinanciamento de dívidas que impliquem ampliação das despesas com subsídios e subvenções; e

II – a concessão ou a ampliação de incentivo ou benefício de natureza tributária.

§ 3º No caso de descumprimento de qualquer dos limites individualizados de que trata o *caput* do art. 107 deste Ato das Disposições Constitucionais Transitórias, fica vedada a concessão da revisão geral prevista no inciso X do *caput* do art. 37 da Constituição Federal.

§ 4º As vedações previstas neste artigo aplicam-se também a proposições legislativas."

"Art. 110. Na vigência do Novo Regime Fiscal, as aplicações mínimas em ações e serviços públicos de saúde e em manutenção e desenvolvimento do ensino equivalerão:

I – no exercício de 2017, às aplicações mínimas calculadas nos termos do inciso I do § 2º do art. 198 e do *caput* do art. 212, da Constituição Federal; e

II – nos exercícios posteriores, aos valores calculados para as aplicações mínimas do exercício imediatamente anterior, corrigidos na forma estabelecida pelo inciso II do § 1º do art. 107 deste Ato das Disposições Constitucionais Transitórias."

"Art. 111. A partir do exercício financeiro de 2018, até o último exercício de vigência do Novo Regime Fiscal, a aprovação e a execução previstas nos §§ 9º e 11 do art. 166 da Constituição Federal corresponderão ao montante de execução obrigatória para o exercício de 2017, corrigido na forma estabelecida pelo inciso II do § 1º do art. 107 deste Ato das Disposições Constitucionais Transitórias."

"Art. 112. As disposições introduzidas pelo Novo Regime Fiscal:

I – não constituirão obrigação de pagamento futuro pela União ou direitos de outrem sobre o erário; e

II – não revogam, dispensam ou suspendem o cumprimento de dispositivos constitucionais e legais que disponham sobre metas fiscais ou limites máximos de despesas."

"Art. 113. A proposição legislativa que crie ou altere despesa obrigatória ou renúncia de receita deverá ser acompanhada da estimativa do seu impacto orçamentário e financeiro."

"Art. 114. A tramitação de proposição elencada no *caput* do art. 59 da Constituição Federal, ressalvada a referida no seu inciso V, quando acarretar aumento de despesa ou renúncia de receita, será suspensa por até vinte dias, a requerimento de um quinto dos membros da Casa, nos termos regimentais, para análise de sua compatibilidade com o Novo Regime Fiscal."

Art. 2º Esta Emenda Constitucional entra em vigor na data de sua promulgação.

Art. 3º Fica revogado o art. 2º da Emenda Constitucional n. 86, de 17 de março de 2015.

Brasília, em 15 de dezembro de 2016.

Mesa da Câmara dos Deputados
Deputado RODRIGO MAIA
Presidente
Mesa do Senado Federal
Senador RENAN CALHEIROS
Presidente

EMENDA CONSTITUCIONAL N. 96, DE 6 DE JUNHO DE 2017*

Acrescenta § 7º ao art. 225 da Constituição Federal para determinar que práticas desportivas que utilizem animais não são consideradas cruéis, nas condições que especifica.

As Mesas da Câmara dos Deputados e do Senado Federal, nos termos do § 3º do art. 60 da Constituição Federal, promulgam a seguinte Emenda ao texto constitucional:

Art. 1º O art. 225 da Constituição Federal passa a vigorar acrescido do seguinte § 7º:

"Art. 225. ....

....

§ 7º Para fins do disposto na parte final do inciso VII do § 1º deste artigo, não se consideram cruéis as práticas des-

---

*. Publicada no *DOU* de 7-6-2017. As alterações determinadas por esta EC já foram processadas no texto da Constituição.

portivas que utilizem animais, desde que sejam manifestações culturais, conforme o § 1º do art. 215 desta Constituição Federal, registradas como bem de natureza imaterial integrante do patrimônio cultural brasileiro, devendo ser regulamentadas por lei específica que assegure o bem-estar dos animais envolvidos."

Art. 2º Esta Emenda Constitucional entra em vigor na data de sua publicação.

Brasília, em 6 de junho de 2017.

Mesa da Câmara dos Deputados
Deputado RODRIGO MAIA
Presidente
Mesa do Senado Federal
Senador EUNÍCIO OLIVEIRA
Presidente

EMENDA CONSTITUCIONAL N. 97, DE 4 DE OUTUBRO DE 2017[*]

Altera a Constituição Federal para vedar as coligações partidárias nas eleições proporcionais, estabelecer normas sobre acesso dos partidos políticos aos recursos do fundo partidário e ao tempo de propaganda gratuito no rádio e na televisão e dispor sobre regras de transição.

As Mesas da Câmara dos Deputados e do Senado Federal, nos termos do § 3º do art. 60 da Constituição Federal, promulgam a seguinte Emenda ao texto constitucional:

Art. 1º A Constituição Federal passa a vigorar com as seguintes alterações:

"Art. 17...
§ 1º É assegurada aos partidos políticos autonomia para definir sua estrutura interna e estabelecer regras sobre escolha, formação e duração de seus órgãos permanentes e provisórios e sobre sua organização e funcionamento e para adotar os critérios de escolha e o regime de suas coligações nas eleições majoritárias, vedada a sua celebração nas eleições proporcionais, sem obrigatoriedade de vinculação entre as candidaturas em âmbito nacional, estadual, distrital ou municipal, devendo seus estatutos estabelecer normas de disciplina e fidelidade partidária.

....

§ 3º Somente terão direito a recursos do fundo partidário e acesso gratuito ao rádio e à televisão, na forma da lei, os partidos políticos que alternativamente:

I – obtiverem, nas eleições para a Câmara dos Deputados, no mínimo, 3% (três por cento) dos votos válidos, distribuídos em pelo menos um terço das unidades da Federação, com um mínimo de 2% (dois por cento) dos votos válidos em cada uma delas; ou

II – tiverem elegido pelo menos quinze Deputados Federais distribuídos em pelo menos um terço das unidades da Federação.

....

§ 5º Ao eleito por partido que não preencher os requisitos previstos no § 3º deste artigo é assegurado o mandato e facultada a filiação, sem perda do mandato, a outro partido que os tenha atingido, não sendo essa filiação considerada para fins de distribuição dos recursos do fundo partidário e de acesso gratuito ao tempo de rádio e de televisão."

Art. 2º A vedação à celebração de coligações nas eleições proporcionais, prevista no § 1º do art. 17 da Constituição Federal, aplicar-se-á a partir das eleições de 2020.

Art. 3º O disposto no § 3º do art. 17 da Constituição Federal quanto ao acesso dos partidos políticos aos recursos do fundo partidário e à propaganda gratuita no rádio e na televisão aplicar-se-á a partir das eleições de 2030.

Parágrafo único. Terão acesso aos recursos do fundo partidário e à propaganda gratuita no rádio e na televisão os partidos políticos que:

I – na legislatura seguinte às eleições de 2018:

a) obtiverem, nas eleições para a Câmara dos Deputados, no mínimo, 1,5% (um e meio por cento) dos votos válidos, distribuídos em pelo menos um terço das unidades da Federação, com um mínimo de 1% (um por cento) dos votos válidos em cada uma delas; ou

b) tiverem elegido pelo menos nove Deputados Federais distribuídos em pelo menos um terço das unidades da Federação;

II – na legislatura seguinte às eleições de 2022:

a) obtiverem, nas eleições para a Câmara dos Deputados, no mínimo, 2% (dois por cento) dos votos válidos, distribuídos em pelo menos um terço das unidades da Federação, com um mínimo de 1% (um por cento) dos votos válidos em cada uma delas; ou

b) tiverem elegido pelo menos onze Deputados Federais distribuídos em pelo menos um terço das unidades da Federação;

III – na legislatura seguinte às eleições de 2026:

a) obtiverem, nas eleições para a Câmara dos Deputados, no mínimo, 2,5% (dois e meio por cento) dos votos válidos, distribuídos em pelo menos um terço das unidades da Federação, com um mínimo de 1,5% (um e meio por cento) dos votos válidos em cada uma delas; ou

b) tiverem elegido pelo menos treze Deputados Federais distribuídos em pelo menos um terço das unidades da Federação.

Art. 4º Esta Emenda Constitucional entra em vigor na data de sua publicação.

Brasília, em 4 de outubro de 2017.

---

[*]. Publicada no *DOU* de 5-10-2017. As alterações determinadas por esta EC já foram processadas no texto da Constituição.

Mesa da Câmara dos Deputados
Deputado RODRIGO MAIA
Presidente
Mesa do Senado Federal
Senador EUNÍCIO OLIVEIRA
Presidente

- *Vide* comentários ao art. 17, da Constituição Federal.

EMENDA CONSTITUCIONAL N. 98, DE 6 DE DEZEMBRO DE 2017*

Altera o art. 31 da Emenda Constitucional n. 19, de 4 de junho de 1998, para prever a inclusão, em quadro em extinção da administração pública federal, de servidor público, de integrante da carreira de policial, civil ou militar, e de pessoa que haja mantido relação ou vínculo funcional, empregatício, estatutário ou de trabalho com a administração pública dos ex-Territórios ou dos Estados do Amapá ou de Roraima, inclusive suas prefeituras, na fase de instalação dessas unidades federadas, e dá outras providências.

As Mesas da Câmara dos Deputados e do Senado Federal, nos termos do § 3º do art. 60 da Constituição Federal, promulgam a seguinte Emenda ao texto constitucional:

Art. 1º O art. 31 da Emenda Constitucional n. 19, de 4 de junho de 1998, passa a vigorar com as seguintes alterações:

".."

Art. 2º Cabe à União, no prazo máximo de noventa dias, contado a partir da data de publicação desta Emenda Constitucional, regulamentar o disposto no art. 31 da Emenda Constitucional n. 19, de 4 de junho de 1998, a fim de que se exerça o direito de opção nele previsto.

§ 1º Descumprido o prazo de que trata o *caput* deste artigo, a pessoa a quem assista o direito de opção fará jus ao pagamento de eventuais acréscimos remuneratórios, desde a data de encerramento desse prazo, caso se confirme o seu enquadramento.

§ 2º É vedado o pagamento, a qualquer título, de acréscimo remuneratório, ressarcimento, auxílio, salário, retribuição ou valor em virtude de ato ou fato anterior à data de enquadramento da pessoa optante, ressalvado o pagamento de que trata o § 1º deste artigo.

Art. 3º O direito à opção, nos termos previstos no art. 31 da Emenda Constitucional n. 19, de 4 de junho de 1998, deverá ser exercido no prazo de até trinta dias, contado a partir da data de regulamentação desta Emenda Constitucional.

---

*. Publicada no *Diário Oficial da União* de 11-12-2017. A Medida Provisória n. 817, de 4-1-2018, disciplina o disposto nesta Emenda Constitucional. A alteração determinada por esta EC já foi processada no texto da EC n. 19/1998.

§ 1º São convalidados todos os direitos já exercidos até a data de regulamentação desta Emenda Constitucional, inclusive nos casos em que, feita a opção, o enquadramento ainda não houver sido efetivado, aplicando-se-lhes, para todos os fins, inclusive o de enquadramento, a legislação vigente à época em que houver sido feita a opção ou, sendo mais benéficas ou favoráveis ao optante, as normas previstas nesta Emenda Constitucional e em seu regulamento.

§ 2º Entre a data de promulgação desta Emenda Constitucional e a de publicação de seu regulamento, o exercício do direito de opção será feito com base nas disposições contidas na Emenda Constitucional n. 79, de 27 de maio de 2014, e em suas normas regulamentares, sem prejuízo do disposto no § 1º deste artigo.

Art. 4º É reconhecido o vínculo funcional com a União dos servidores do ex-Território do Amapá, a que se refere a Portaria n.4.481, de 19 de dezembro de 1995, do Ministério da Administração Federal e Reforma do Estado, publicada no *Diário Oficial da União* de 21 de dezembro de 1995, convalidando-se os atos de gestão, de admissão, aposentadoria, pensão, progressão, movimentação e redistribuição relativos a esses servidores, desde que não tenham sido excluídos dos quadros da União por decisão do Tribunal de Contas da União, da qual não caiba mais recurso judicial.

Art. 5º O disposto no art. 7º da Emenda Constitucional n. 79, de 27 de maio de 2014, aplica-se aos servidores que, em iguais condições, hajam sido admitidos pelos Estados de Rondônia até 1987, e do Amapá e de Roraima até outubro de 1993.

Art. 6º O disposto no art. 6º da Emenda Constitucional n. 79, de 27 de maio de 2014, aplica-se aos servidores que, admitidos e lotados pelas Secretarias de Segurança Pública dos Estados de Rondônia até 1987, e do Amapá e de Roraima até outubro de 1993, exerciam função policial.

Art. 7º As disposições desta Emenda Constitucional aplicam-se aos aposentados e pensionistas, civis e militares, vinculados aos respectivos regimes próprios de previdência, vedado o pagamento, a qualquer título, de valores referentes a períodos anteriores à sua publicação.

Parágrafo único. Haverá compensação financeira entre os regimes próprios de previdência por ocasião da aposentação ou da inclusão de aposentados e pensionistas em quadro em extinção da União, observado o disposto no § 9º do art. 201 da Constituição Federal.

Art. 8º Esta Emenda Constitucional entra em vigor na data de sua publicação.

Brasília, em 6 de dezembro de 2017.

Mesa da Câmara dos Deputados
Deputado RODRIGO MAIA
Presidente
Mesa do Senado Federal
Senador EUNÍCIO OLIVEIRA
Presidente

- *Vide* comentários a Emenda Constitucional n. 19.

EMENDA CONSTITUCIONAL N. 99, DE 14 DE DEZEMBRO DE 2017*

Altera o art. 101 do Ato das Disposições Constitucionais Transitórias, para instituir novo regime especial de pagamento de precatórios, e os arts. 102, 103 e 105 do Ato das Disposições Constitucionais Transitórias.

As Mesas da Câmara dos Deputados e do Senado Federal, nos termos do § 3º do art. 60 da Constituição Federal, promulgam a seguinte Emenda ao texto constitucional:

Art. 1º O art. 101 do Ato das Disposições Constitucionais Transitórias passa a vigorar com as seguintes alterações:

"Art. 101. Os Estados, o Distrito Federal e os Municípios que, em 25 de março de 2015, se encontravam em mora no pagamento de seus precatórios quitarão, até 31 de dezembro de 2024, seus débitos vencidos e os que vencerão dentro desse período, atualizados pelo Índice Nacional de Preços ao Consumidor Amplo Especial (IPCA-E), ou por outro índice que venha a substituí-lo, depositando mensalmente em conta especial do Tribunal de Justiça local, sob única e exclusiva administração deste, 1/12 (um doze avos) do valor calculado percentualmente sobre suas receitas correntes líquidas apuradas no segundo mês anterior ao mês de pagamento, em percentual suficiente para a quitação de seus débitos e, ainda que variável, nunca inferior, em cada exercício, ao percentual praticado na data da entrada em vigor do regime especial a que se refere este artigo, em conformidade com plano de pagamento a ser anualmente apresentado ao Tribunal de Justiça local.

....

§ 2º O débito de precatórios será pago com recursos orçamentários próprios provenientes das fontes de receita corrente líquida referidas no § 1º deste artigo e, adicionalmente, poderão ser utilizados recursos dos seguintes instrumentos:

I – até 75% (setenta e cinco por cento) dos depósitos judiciais e dos depósitos administrativos em dinheiro referentes a processos judiciais ou administrativos, tributários ou não tributários, nos quais sejam parte os Estados, o Distrito Federal ou os Municípios, e as respectivas autarquias, fundações e empresas estatais dependentes, mediante a instituição de fundo garantidor em montante equivalente a 1/3 (um terço) dos recursos levantados, constituído pela parcela restante dos depósitos judiciais e remunerado pela taxa referencial do Sistema Especial de Liquidação e de Custódia (Selic) para títulos federais, nunca inferior aos índices e critérios aplicados aos depósitos levantados;

II – até 30% (trinta por cento) dos demais depósitos judiciais da localidade sob jurisdição do respectivo Tribunal de Justiça, mediante a instituição de fundo garantidor em montante equivalente aos recursos levantados, constituído pela parcela restante dos depósitos judiciais e remunerado pela taxa referencial do Sistema Especial de Liquidação e de Custódia (Selic) para títulos federais, nunca inferior aos índices e critérios aplicados aos depósitos levantados, destinando-se:

....

b) no caso dos Estados, 50% (cinquenta por cento) desses recursos ao próprio Estado e 50% (cinquenta por cento) aos respectivos Municípios, conforme a circunscrição judiciária onde estão depositados os recursos, e, se houver mais de um Município na mesma circunscrição judiciária, os recursos serão rateados entre os Municípios concorrentes, proporcionalmente às respectivas populações, utilizado como referência o último levantamento censitário ou a mais recente estimativa populacional da Fundação Instituto Brasileiro de Geografia e Estatística (IBGE);

III – empréstimos, excetuados para esse fim os limites de endividamento de que tratam os incisos VI e VII do *caput* do art. 52 da Constituição Federal e quaisquer outros limites de endividamento previstos em lei, não se aplicando a esses empréstimos a vedação de vinculação de receita prevista no inciso IV do *caput* do art. 167 da Constituição Federal;

IV – a totalidade dos depósitos em precatórios e requisições diretas de pagamento de obrigações de pequeno valor efetuados até 31 de dezembro de 2009 e ainda não levantados, com o cancelamento dos respectivos requisitórios e a baixa das obrigações, assegurada a revalidação dos requisitórios pelos juízes dos processos perante os Tribunais, a requerimento dos credores e após a oitiva da entidade devedora, mantidas a posição de ordem cronológica original e a remuneração de todo o período.

§ 3º Os recursos adicionais previstos nos incisos I, II e IV do § 2º deste artigo serão transferidos diretamente pela instituição financeira depositária para a conta especial referida no *caput* deste artigo, sob única e exclusiva administração do Tribunal de Justiça local, e essa transferência deverá ser realizada em até sessenta dias contados a partir da entrada em vigor deste parágrafo, sob pena de responsabilização pessoal do dirigente da instituição financeira por improbidade.

§ 4º No prazo de até seis meses contados da entrada em vigor do regime especial a que se refere este artigo, a União, diretamente, ou por intermédio das instituições financeiras oficiais sob seu controle, disponibilizará aos Estados, ao Distrito Federal e aos Municípios, bem como às respectivas autarquias, fundações e empresas estatais dependentes, linha de crédito especial para pagamento dos precatórios submetidos ao regime especial de pagamento de que trata este artigo, observadas as seguintes condições:

I – no financiamento dos saldos remanescentes de precatórios a pagar a que se refere este parágrafo serão adotados os índices e critérios de atualização que incidem sobre o pagamento de precatórios, nos termos do § 12 do art. 100 da Constituição Federal;

II – o financiamento dos saldos remanescentes de precatórios a pagar a que se refere este parágrafo será feito em parcelas mensais suficientes à satisfação da dívida assim constituída;

III – o valor de cada parcela a que se refere o inciso II deste parágrafo será calculado percentualmente sobre a receita

---

*. Publicada no *Diário Oficial da União* de 15-12-2017. As alterações determinadas por esta EC já foram processadas no texto do ADCT.

corrente líquida, respectivamente, do Estado, do Distrito Federal e do Município, no segundo mês anterior ao pagamento, em percentual equivalente à média do comprometimento percentual mensal de 2012 até o final do período referido no *caput* deste artigo, considerados para esse fim somente os recursos próprios de cada ente da Federação aplicados no pagamento de precatórios;

IV – nos empréstimos a que se refere este parágrafo não se aplicam os limites de endividamento de que tratam os incisos VI e VII do *caput* do art. 52 da Constituição Federal e quaisquer outros limites de endividamento previstos em lei".

Art. 2º O art. 102 do Ato das Disposições Constitucionais Transitórias passa a vigorar acrescido do seguinte § 2º, numerando-se o atual parágrafo único como § 1º:

"Art. 102. ....
§ 1º ....
§ 2º Na vigência do regime especial previsto no art. 101 deste Ato das Disposições Constitucionais Transitórias, as preferências relativas à idade, ao estado de saúde e à deficiência serão atendidas até o valor equivalente ao quíntuplo fixado em lei para os fins do disposto no § 3º do art. 100 da Constituição Federal, admitido o fracionamento para essa finalidade, e o restante será pago em ordem cronológica de apresentação do precatório".

Art. 3º O art. 103 do Ato das Disposições Constitucionais Transitórias passa a vigorar acrescido do seguinte parágrafo único:

"Art. 103. ....
Parágrafo único. Na vigência do regime especial previsto no art. 101 deste Ato das Disposições Constitucionais Transitórias, ficam vedadas desapropriações pelos Estados, pelo Distrito Federal e pelos Municípios, cujos estoques de precatórios ainda pendentes de pagamento, incluídos os precatórios a pagar de suas entidades da administração indireta, sejam superiores a 70% (setenta por cento) das respectivas receitas correntes líquidas, excetuadas as desapropriações para fins de necessidade pública nas áreas de saúde, educação, segurança pública, transporte público, saneamento básico e habitação de interesse social".

Art. 4º O art. 105 do Ato das Disposições Constitucionais Transitórias passa a vigorar acrescido dos seguintes §§ 2º e 3º, numerando-se o atual parágrafo único como § 1º:

"Art. 105. ....
§ 1º ....
§ 2º Os Estados, o Distrito Federal e os Municípios regulamentarão nas respectivas leis o disposto no *caput* deste artigo em até cento e vinte dias a partir de 1º de janeiro de 2018.
§ 3º Decorrido o prazo estabelecido no § 2º deste artigo sem a regulamentação nele prevista, ficam os credores de precatórios autorizados a exercer a faculdade a que se refere o *caput* deste artigo".

Art. 5º Esta Emenda Constitucional entra em vigor na data de sua publicação.

Brasília, em 14 de dezembro de 2017.

Mesa da Câmara dos Deputados
Deputado RODRIGO MAIA
Presidente
Mesa do Senado Federal
Senador EUNÍCIO OLIVEIRA
Presidente

EMENDA CONSTITUCIONAL N. 100, DE 26 DE JUNHO DE 2019*

Altera os arts. 165 e 166 da Constituição Federal para tornar obrigatória a execução da programação orçamentária proveniente de emendas de bancada de parlamentares de Estado ou do Distrito Federal.

As Mesas da Câmara dos Deputados e do Senado Federal, nos termos do § 3º do art. 60 da Constituição Federal, promulgam a seguinte Emenda ao texto constitucional:

Art. 1º Os arts. 165 e 166 da Constituição Federal passam a vigorar com as seguintes alterações:

"Art. 165. ....
§ 9º ....
III – dispor sobre critérios para a execução equitativa, além de procedimentos que serão adotados quando houver impedimentos legais e técnicos, cumprimento de restos a pagar e limitação das programações de caráter obrigatório, para a realização do disposto nos §§ 11 e 12 do art. 166.
§ 10. A administração tem o dever de executar as programações orçamentárias, adotando os meios e as medidas necessários, com o propósito de garantir a efetiva entrega de bens e serviços à sociedade." (NR)

"Art. 166. ....
§ 12. A garantia de execução de que trata o § 11 deste artigo aplica-se também às programações incluídas por todas as emendas de iniciativa de bancada de parlamentares de Estado ou do Distrito Federal, no montante de até 1% (um por cento) da receita corrente líquida realizada no exercício anterior.
§ 13. As programações orçamentárias previstas nos §§ 11 e 12 deste artigo não serão de execução obrigatória nos casos dos impedimentos de ordem técnica.
§ 14. Para fins de cumprimento do disposto nos §§ 11 e 12 deste artigo, os órgãos de execução deverão observar, nos

---

*. Publicada no *Diário Oficial da União* de 15-12-2017. As alterações determinadas por esta EC já foram processadas no texto do ADCT.

termos da lei de diretrizes orçamentárias, cronograma para análise e verificação de eventuais impedimentos das programações e demais procedimentos necessários à viabilização da execução dos respectivos montantes.

I – (revogado);

II – (revogado);

III – (revogado);

IV – (revogado).

§ 15. (Revogado)

§ 16. Quando a transferência obrigatória da União para a execução da programação prevista nos §§ 11 e 12 deste artigo for destinada a Estados, ao Distrito Federal e a Municípios, independerá da adimplência do ente federativo destinatário e não integrará a base de cálculo da receita corrente líquida para fins de aplicação dos limites de despesa de pessoal de que trata o *caput* do art. 169.

§ 17. Os restos a pagar provenientes das programações orçamentárias previstas nos §§ 11 e 12 poderão ser considerados para fins de cumprimento da execução financeira até o limite de 0,6% (seis décimos por cento) da receita corrente líquida realizada no exercício anterior, para as programações das emendas individuais, e até o limite de 0,5% (cinco décimos por cento), para as programações das emendas de iniciativa de bancada de parlamentares de Estado ou do Distrito Federal.

§ 18. Se for verificado que a reestimativa da receita e da despesa poderá resultar no não cumprimento da meta de resultado fiscal estabelecida na lei de diretrizes orçamentárias, os montantes previstos nos §§ 11 e 12 deste artigo poderão ser reduzidos em até a mesma proporção da limitação incidente sobre o conjunto das demais despesas discricionárias.

§ 19. Considera-se equitativa a execução das programações de caráter obrigatório que observe critérios objetivos e imparciais e que atenda de forma igualitária e impessoal às emendas apresentadas, independentemente da autoria.

§ 20. As programações de que trata o § 12 deste artigo, quando versarem sobre o início de investimentos com duração de mais de 1 (um) exercício financeiro ou cuja execução já tenha sido iniciada, deverão ser objeto de emenda pela mesma bancada estadual, a cada exercício, até a conclusão da obra ou do empreendimento." (NR)

Art. 2º O montante previsto no § 12 do art. 166 da Constituição Federal será de 0,8% (oito décimos por cento) no exercício subsequente ao da promulgação desta Emenda Constitucional.

Art. 3º A partir do 3º (terceiro) ano posterior à promulgação desta Emenda Constitucional até o último exercício de vigência do regime previsto na Emenda Constitucional n. 95, de 15 de dezembro de 2016, a execução prevista no § 12 do art. 166 da Constituição Federal corresponderá ao montante de execução obrigatória para o exercício anterior, corrigido na forma estabelecida no inciso II do § 1º do art. 107 do Ato das Disposições Constitucionais Transitórias

Art. 4º Esta Emenda Constitucional entra em vigor na data de sua publicação e produzirá efeitos a partir da execução orçamentária do exercício financeiro subsequente.

Brasília, em 26 de junho de 2019.

Mesa da Câmara dos Deputados
Deputado RODRIGO MAIA
Presidente
Mesa do Senado Federal
Senador DAVI ALCOLUMBRE
Presidente

▪ *Vide* os comentários aos arts. 165 e 166, da Constituição.

EMENDA CONSTITUCIONAL N. 101, DE 3 DE JULHO DE 2019*

Acrescenta § 3º ao art. 42 da Constituição Federal para estender aos militares dos Estados, do Distrito Federal e dos Territórios o direito à acumulação de cargos públicos prevista no art. 37, inciso XVI.

As Mesas da Câmara dos Deputados e do Senado Federal, nos termos do § 3º do art. 60 da Constituição Federal, promulgam a seguinte Emenda ao texto constitucional:

Art. 1º O art. 42 da Constituição Federal passa a vigorar acrescido do seguinte § 3º:

"Art. 42..
....

§ 3º Aplica-se aos militares dos Estados, do Distrito Federal e dos Territórios o disposto no art. 37, inciso XVI, com prevalência da atividade militar." (NR)

Art. 2º Esta Emenda Constitucional entra em vigor na data de sua publicação.

Brasília, em 3 de julho de 2019.

Mesa da Câmara dos Deputados
Deputado RODRIGO MAIA
Presidente
Mesa do Senado Federal
Senador DAVI ALCOLUMBRE
Presidente

EMENDA CONSTITUCIONAL N. 102, DE 26 DE SETEMBRO DE 2019**

Dá nova redação ao art. 20 da Constituição Federal e altera o art. 165 da Constituição Federal e o art. 107 do Ato das Disposições Constitucionais Transitórias.

---

*. Publicada no *Diário Oficial da União* de 4-7-2019.

**. Publicada no *Diário Oficial da União* de 27-9-2019.

As Mesas da Câmara dos Deputados e do Senado Federal, nos termos do § 3º do art. 60 da Constituição Federal, promulgam a seguinte Emenda ao texto constitucional:

Art. 1º O § 1º do art. 20 da Constituição Federal passa a vigorar com a seguinte redação:

"Art. 20. ....

....

§ 1º É assegurada, nos termos da lei, à União, aos Estados, ao Distrito Federal e aos Municípios a participação no resultado da exploração de petróleo ou gás natural, de recursos hídricos para fins de geração de energia elétrica e de outros recursos minerais no respectivo território, plataforma continental, mar territorial ou zona econômica exclusiva, ou compensação financeira por essa exploração.

...." (NR)

Art. 2º O art. 165 da Constituição Federal passa a vigorar com a seguinte redação:

"Art. 165. ....

....

§ 11. O disposto no § 10 deste artigo, nos termos da lei de diretrizes orçamentárias:

I – subordina-se ao cumprimento de dispositivos constitucionais e legais que estabeleçam metas fiscais ou limites de despesas e não impede o cancelamento necessário à abertura de créditos adicionais;

II – não se aplica nos casos de impedimentos de ordem técnica devidamente justificados;

III – aplica-se exclusivamente às despesas primárias discricionárias.

§ 12. Integrará a lei de diretrizes orçamentárias, para o exercício a que se refere e, pelo menos, para os 2 (dois) exercícios subsequentes, anexo com previsão de agregados fiscais e a proporção dos recursos para investimentos que serão alocados na lei orçamentária anual para a continuidade daqueles em andamento.

§ 13. O disposto no inciso III do § 9º e nos §§ 10, 11 e 12 deste artigo aplica-se exclusivamente aos orçamentos fiscal e da seguridade social da União.

§ 14. A lei orçamentária anual poderá conter previsões de despesas para exercícios seguintes, com a especificação dos investimentos plurianuais e daqueles em andamento.

§ 15. A União organizará e manterá registro centralizado de projetos de investimento contendo, por Estado ou Distrito Federal, pelo menos, análises de viabilidade, estimativas de custos e informações sobre a execução física e financeira." (NR)

Art. 3º O art. 107 do Ato das Disposições Constitucionais Transitórias passa a vigorar com a seguinte redação:

"Art. 107. ....

§ 6º ....

....

V – transferências a Estados, Distrito Federal e Municípios de parte dos valores arrecadados com os leilões dos volumes excedentes ao limite a que se refere o § 2º do art. 1º da Lei n. 12.276, de 30 de junho de 2010, e a despesa decorrente da revisão do contrato de cessão onerosa de que trata a mesma Lei.

...." (NR)

Art. 4º Esta Emenda Constitucional entra em vigor na data de sua publicação e produzirá efeitos a partir da execução orçamentária do exercício financeiro subsequente, excetuada a alteração ao Ato das Disposições Constitucionais Transitórias, que terá eficácia no mesmo exercício de sua publicação.

Brasília, em 26 de setembro de 2019.

Mesa da Câmara dos Deputados
Deputado RODRIGO MAIA
Presidente
Mesa do Senado Federal
Senador DAVI ALCOLUMBRE
Presidente

■ Para compreensão dos efeitos da cláusula de vigência constante do art. 4º desta Emenda, *vide* os comentários aos dispositivos alterados.

EMENDA CONSTITUCIONAL N. 103, DE 12 DE NOVEMBRO DE 2019*

Altera o sistema de previdência social e estabelece regras de transição e disposições transitórias.

As Mesas da Câmara dos Deputados e do Senado Federal, nos termos do § 3º do art. 60 da Constituição Federal, promulgam a seguinte Emenda ao texto constitucional:

Art. 1º A Constituição Federal passa a vigorar com as seguintes alterações:

"Art. 22. ....

....

XXI – normas gerais de organização, efetivos, material bélico, garantias, convocação, mobilização, inatividades e pensões das polícias militares e dos corpos de bombeiros militares;

...." (NR)

"Art. 37. ....

....

§ 13. O servidor público titular de cargo efetivo poderá ser readaptado para exercício de cargo cujas atribuições e responsabilidades sejam compatíveis com a limitação que te-

---

*. Publicada no *Diário Oficial da União* de 13-11-2019.

nha sofrido em sua capacidade física ou mental, enquanto permanecer nesta condição, desde que possua a habilitação e o nível de escolaridade exigidos para o cargo de destino, mantida a remuneração do cargo de origem.

§ 14. A aposentadoria concedida com a utilização de tempo de contribuição decorrente de cargo, emprego ou função pública, inclusive do Regime Geral de Previdência Social, acarretará o rompimento do vínculo que gerou o referido tempo de contribuição.

§ 15. É vedada a complementação de aposentadorias de servidores públicos e de pensões por morte a seus dependentes que não seja decorrente do disposto nos §§ 14 a 16 do art. 40 ou que não seja prevista em lei que extinga regime próprio de previdência social." (NR)

"Art. 38..
....

V – na hipótese de ser segurado de regime próprio de previdência social, permanecerá filiado a esse regime, no ente federativo de origem." (NR)

"Art. 39..
....

§ 9º É vedada a incorporação de vantagens de caráter temporário ou vinculadas ao exercício de função de confiança ou de cargo em comissão à remuneração do cargo efetivo." (NR)

"Art. 40. O regime próprio de previdência social dos servidores titulares de cargos efetivos terá caráter contributivo e solidário, mediante contribuição do respectivo ente federativo, de servidores ativos, de aposentados e de pensionistas, observados critérios que preservem o equilíbrio financeiro e atuarial.

§ 1º O servidor abrangido por regime próprio de previdência social será aposentado:

I – por incapacidade permanente para o trabalho, no cargo em que estiver investido, quando insuscetível de readaptação, hipótese em que será obrigatória a realização de avaliações periódicas para verificação da continuidade das condições que ensejaram a concessão da aposentadoria, na forma de lei do respectivo ente federativo;

....

III – no âmbito da União, aos 62 (sessenta e dois) anos de idade, se mulher, e aos 65 (sessenta e cinco) anos de idade, se homem, e, no âmbito dos Estados, do Distrito Federal e dos Municípios, na idade mínima estabelecida mediante emenda às respectivas Constituições e Leis Orgânicas, observados o tempo de contribuição e os demais requisitos estabelecidos em lei complementar do respectivo ente federativo.

§ 2º Os proventos de aposentadoria não poderão ser inferiores ao valor mínimo a que se refere o § 2º do art. 201 ou superiores ao limite máximo estabelecido para o Regime Geral de Previdência Social, observado o disposto nos §§ 14 a 16.

§ 3º As regras para cálculo de proventos de aposentadoria serão disciplinadas em lei do respectivo ente federativo.

§ 4º É vedada a adoção de requisitos ou critérios diferenciados para concessão de benefícios em regime próprio de previdência social, ressalvado o disposto nos §§ 4º-A, 4º-B, 4º-C e 5º

§ 4º-A. Poderão ser estabelecidos por lei complementar do respectivo ente federativo idade e tempo de contribuição diferenciados para aposentadoria de servidores com deficiência, previamente submetidos a avaliação biopsicossocial realizada por equipe multiprofissional e interdisciplinar.

§ 4º-B. Poderão ser estabelecidos por lei complementar do respectivo ente federativo idade e tempo de contribuição diferenciados para aposentadoria de ocupantes do cargo de agente penitenciário, de agente socioeducativo ou de policial dos órgãos de que tratam o inciso IV do caput do art. 51, o inciso XIII do caput do art. 52 e os incisos I a IV do caput do art. 144.

§ 4º-C. Poderão ser estabelecidos por lei complementar do respectivo ente federativo idade e tempo de contribuição diferenciados para aposentadoria de servidores cujas atividades sejam exercidas com efetiva exposição a agentes químicos, físicos e biológicos prejudiciais à saúde, ou associação desses agentes, vedada a caracterização por categoria profissional ou ocupação.

§ 5º Os ocupantes do cargo de professor terão idade mínima reduzida em 5 (cinco) anos em relação às idades decorrentes da aplicação do disposto no inciso III do § 1º, desde que comprovem tempo de efetivo exercício das funções de magistério na educação infantil e no ensino fundamental e médio fixado em lei complementar do respectivo ente federativo.

§ 6º Ressalvadas as aposentadorias decorrentes dos cargos acumuláveis na forma desta Constituição, é vedada a percepção de mais de uma aposentadoria à conta de regime próprio de previdência social, aplicando-se outras vedações, regras e condições para a acumulação de benefícios previdenciários estabelecidas no Regime Geral de Previdência Social.

§ 7º Observado o disposto no § 2º do art. 201, quando se tratar da única fonte de renda formal auferida pelo dependente, o benefício de pensão por morte será concedido nos termos de lei do respectivo ente federativo, a qual tratará de forma diferenciada a hipótese de morte dos servidores de que trata o § 4º-B decorrente de agressão sofrida no exercício ou em razão da função.

....

§ 9º O tempo de contribuição federal, estadual, distrital ou municipal será contado para fins de aposentadoria, observado o disposto nos §§ 9º e 9º-A do art. 201, e o tempo de serviço correspondente será contado para fins de disponibilidade.

....

§ 12. Além do disposto neste artigo, serão observados, em regime próprio de previdência social, no que couber, os requisitos e critérios fixados para o Regime Geral de Previdência Social.

§ 13. Aplica-se ao agente público ocupante, exclusivamente, de cargo em comissão declarado em lei de livre nomeação e exoneração, de outro cargo temporário, inclusive mandato eletivo, ou de emprego público, o Regime Geral de Previdência Social.

§ 14. A União, os Estados, o Distrito Federal e os Municípios instituirão, por lei de iniciativa do respectivo Poder Executivo, regime de previdência complementar para servidores públicos ocupantes de cargo efetivo, observado o limite máximo dos benefícios do Regime Geral de Previdência Social para o valor das aposentadorias e das pensões em regime próprio de previdência social, ressalvado o disposto no § 16.

§ 15. O regime de previdência complementar de que trata o § 14 oferecerá plano de benefícios somente na modalidade contribuição definida, observará o disposto no art. 202 e será efetivado por intermédio de entidade fechada de previdência complementar ou de entidade aberta de previdência complementar.

....

§ 19. Observados critérios a serem estabelecidos em lei do respectivo ente federativo, o servidor titular de cargo efetivo que tenha completado as exigências para a aposentadoria voluntária e que opte por permanecer em atividade poderá fazer jus a um abono de permanência equivalente, no máximo, ao valor da sua contribuição previdenciária, até completar a idade para aposentadoria compulsória.

§ 20. É vedada a existência de mais de um regime próprio de previdência social e de mais de um órgão ou entidade gestora desse regime em cada ente federativo, abrangidos todos os poderes, órgãos e entidades autárquicas e fundacionais, que serão responsáveis pelo seu financiamento, observados os critérios, os parâmetros e a natureza jurídica definidos na lei complementar de que trata o § 22.

§ 21. (Revogado).

§ 22. Vedada a instituição de novos regimes próprios de previdência social, lei complementar federal estabelecerá, para os que já existam, normas gerais de organização, de funcionamento e de responsabilidade em sua gestão, dispondo, entre outros aspectos, sobre:

I – requisitos para sua extinção e consequente migração para o Regime Geral de Previdência Social;

II – modelo de arrecadação, de aplicação e de utilização dos recursos;

III – fiscalização pela União e controle externo e social;

IV – definição de equilíbrio financeiro e atuarial;

V – condições para instituição do fundo com finalidade previdenciária de que trata o art. 249 e para vinculação a ele dos recursos provenientes de contribuições e dos bens, direitos e ativos de qualquer natureza;

VI – mecanismos de equacionamento do deficit atuarial;

VII – estruturação do órgão ou entidade gestora do regime, observados os princípios relacionados com governança, controle interno e transparência;

VIII – condições e hipóteses para responsabilização daqueles que desempenhem atribuições relacionadas, direta ou indiretamente, com a gestão do regime;

IX – condições para adesão a consórcio público;

X – parâmetros para apuração da base de cálculo e definição de alíquota de contribuições ordinárias e extraordinárias." (NR)

"Art. 93..

....

VIII – o ato de remoção ou de disponibilidade do magistrado, por interesse público, fundar-se-á em decisão por voto da maioria absoluta do respectivo tribunal ou do Conselho Nacional de Justiça, assegurada ampla defesa;

...." (NR)

"Art. 103-B...

....

§ 4º..

III – receber e conhecer das reclamações contra membros ou órgãos do Poder Judiciário, inclusive contra seus serviços auxiliares, serventias e órgãos prestadores de serviços notariais e de registro que atuem por delegação do poder público ou oficializados, sem prejuízo da competência disciplinar e correicional dos tribunais, podendo avocar processos disciplinares em curso, determinar a remoção ou a disponibilidade e aplicar outras sanções administrativas, assegurada ampla defesa;

...." (NR)

"Art. 109. ....

....

§ 3º Lei poderá autorizar que as causas de competência da Justiça Federal em que forem parte instituição de previdência social e segurado possam ser processadas e julgadas na justiça estadual quando a comarca do domicílio do segurado não for sede de vara federal.

...." (NR)

"Art. 130-A. ....

....

§ 2º..

III – receber e conhecer das reclamações contra membros ou órgãos do Ministério Público da União ou dos Estados, inclusive contra seus serviços auxiliares, sem prejuízo da competência disciplinar e correicional da instituição, podendo avocar processos disciplinares em curso, determinar a remoção ou a disponibilidade e aplicar outras sanções administrativas, assegurada ampla defesa;

...." (NR)

"Art. 149. ....

§ 1º A União, os Estados, o Distrito Federal e os Municípios instituirão, por meio de lei, contribuições para custeio de regime próprio de previdência social, cobradas dos servidores ativos, dos aposentados e dos pensionistas, que poderão ter alíquotas progressivas de acordo com o valor da base de contribuição ou dos proventos de aposentadoria e de pensões.

§ 1º-A. Quando houver deficit atuarial, a contribuição ordinária dos aposentados e pensionistas poderá incidir sobre o valor dos proventos de aposentadoria e de pensões que supere o salário mínimo.

§ 1º-B. Demonstrada a insuficiência da medida prevista no § 1º-A para equacionar o deficit atuarial, é facultada a instituição de contribuição extraordinária, no âmbito da União, dos servidores públicos ativos, dos aposentados e dos pensionistas.

§ 1º-C. A contribuição extraordinária de que trata o § 1º-B deverá ser instituída simultaneamente com outras medidas para equacionamento do deficit e vigorará por período determinado, contado da data de sua instituição.

...." (NR)

"Art. 167. ....
....
XII – na forma estabelecida na lei complementar de que trata o § 22 do art. 40, a utilização de recursos de regime próprio de previdência social, incluídos os valores integrantes dos fundos previstos no art. 249, para a realização de despesas distintas do pagamento dos benefícios previdenciários do respectivo fundo vinculado àquele regime e das despesas necessárias à sua organização e ao seu funcionamento;
XIII – a transferência voluntária de recursos, a concessão de avais, as garantias e as subvenções pela União e a concessão de empréstimos e de financiamentos por instituições financeiras federais aos Estados, ao Distrito Federal e aos Municípios na hipótese de descumprimento das regras gerais de organização e de funcionamento de regime próprio de previdência social.
.... (NR)
"Art. 194. ....
Parágrafo único. ....
....
VI – diversidade da base de financiamento, identificando-se, em rubricas contábeis específicas para cada área, as receitas e as despesas vinculadas a ações de saúde, previdência e assistência social, preservado o caráter contributivo da previdência social;
...." (NR)
"Art. 195. ....
....
II – do trabalhador e dos demais segurados da previdência social, podendo ser adotadas alíquotas progressivas de acordo com o valor do salário de contribuição, não incidindo contribuição sobre aposentadoria e pensão concedidas pelo Regime Geral de Previdência Social;
....
§ 9º As contribuições sociais previstas no inciso I do *caput* deste artigo poderão ter alíquotas diferenciadas em razão da atividade econômica, da utilização intensiva de mão de obra, do porte da empresa ou da condição estrutural do mercado de trabalho, sendo também autorizada a adoção de bases de cálculo diferenciadas apenas no caso das alíneas *b* e *c* do inciso I do *caput*.
....
§ 11. São vedados a moratória e o parcelamento em prazo superior a 60 (sessenta) meses e, na forma de lei complementar, a remissão e a anistia das contribuições sociais de que tratam a alínea *a* do inciso I e o inciso II do *caput*.
....
§ 13. (Revogado).
§ 14. O segurado somente terá reconhecida como tempo de contribuição ao Regime Geral de Previdência Social a competência cuja contribuição seja igual ou superior à contribuição mínima mensal exigida para sua categoria, assegurado o agrupamento de contribuições." (NR)
"Art. 201. A previdência social será organizada sob a forma do Regime Geral de Previdência Social, de caráter contributivo e de filiação obrigatória, observados critérios que preservem o equilíbrio financeiro e atuarial, e atenderá, na forma da lei, a:

I – cobertura dos eventos de incapacidade temporária ou permanente para o trabalho e idade avançada;
....
§ 1º É vedada a adoção de requisitos ou critérios diferenciados para concessão de benefícios, ressalvada, nos termos de lei complementar, a possibilidade de previsão de idade e tempo de contribuição distintos da regra geral para concessão de aposentadoria exclusivamente em favor dos segurados:
I – com deficiência, previamente submetidos a avaliação biopsicossocial realizada por equipe multiprofissional e interdisciplinar;
II – cujas atividades sejam exercidas com efetiva exposição a agentes químicos, físicos e biológicos prejudiciais à saúde, ou associação desses agentes, vedada a caracterização por categoria profissional ou ocupação.
....
§ 7º ....
I – 65 (sessenta e cinco) anos de idade, se homem, e 62 (sessenta e dois) anos de idade, se mulher, observado tempo mínimo de contribuição;
II – 60 (sessenta) anos de idade, se homem, e 55 (cinquenta e cinco) anos de idade, se mulher, para os trabalhadores rurais e para os que exerçam suas atividades em regime de economia familiar, nestes incluídos o produtor rural, o garimpeiro e o pescador artesanal.
§ 8º O requisito de idade a que se refere o inciso I do § 7º será reduzido em 5 (cinco) anos, para o professor que comprove tempo de efetivo exercício das funções de magistério na educação infantil e no ensino fundamental e médio fixado em lei complementar.
§ 9º Para fins de aposentadoria, será assegurada a contagem recíproca do tempo de contribuição entre o Regime Geral de Previdência Social e os regimes próprios de previdência social, e destes entre si, observada a compensação financeira, de acordo com os critérios estabelecidos em lei.
§ 9º-A. O tempo de serviço militar exercido nas atividades de que tratam os arts. 42, 142 e 143 e o tempo de contribuição ao Regime Geral de Previdência Social ou a regime próprio de previdência social terão contagem recíproca para fins de inativação militar ou aposentadoria, e a compensação financeira será devida entre as receitas de contribuição referentes aos militares e as receitas de contribuição aos demais regimes.
§ 10. Lei complementar poderá disciplinar a cobertura de benefícios não programados, inclusive os decorrentes de acidente do trabalho, a ser atendida concorrentemente pelo Regime Geral de Previdência Social e pelo setor privado.
....
§ 12. Lei instituirá sistema especial de inclusão previdenciária, com alíquotas diferenciadas, para atender aos trabalhadores de baixa renda, inclusive os que se encontram em situação de informalidade, e àqueles sem renda própria que se dediquem exclusivamente ao trabalho doméstico no âmbito de sua residência, desde que pertencentes a famílias de baixa renda.
§ 13. A aposentadoria concedida ao segurado de que trata o § 12 terá valor de 1 (um) salário mínimo.

§ 14. É vedada a contagem de tempo de contribuição fictício para efeito de concessão dos benefícios previdenciários e de contagem recíproca.

§ 15. Lei complementar estabelecerá vedações, regras e condições para a acumulação de benefícios previdenciários.

§ 16. Os empregados dos consórcios públicos, das empresas públicas, das sociedades de economia mista e das suas subsidiárias serão aposentados compulsoriamente, observado o cumprimento do tempo mínimo de contribuição, ao atingir a idade máxima de que trata o inciso II do § 1º do art. 40, na forma estabelecida em lei." (NR)

"Art. 202. ....
....

§ 4º Lei complementar disciplinará a relação entre a União, Estados, Distrito Federal ou Municípios, inclusive suas autarquias, fundações, sociedades de economia mista e empresas controladas direta ou indiretamente, enquanto patrocinadores de planos de benefícios previdenciários, e as entidades de previdência complementar.

§ 5º A lei complementar de que trata o § 4º aplicar-se-á, no que couber, às empresas privadas permissionárias ou concessionárias de prestação de serviços públicos, quando patrocinadoras de planos de benefícios em entidades de previdência complementar.

§ 6º Lei complementar estabelecerá os requisitos para a designação dos membros das diretorias das entidades fechadas de previdência complementar instituídas pelos patrocinadores de que trata o § 4º e disciplinará a inserção dos participantes nos colegiados e instâncias de decisão em que seus interesses sejam objeto de discussão e deliberação." (NR)

"Art. 239. A arrecadação decorrente das contribuições para o Programa de Integração Social, criado pela Lei Complementar n. 7, de 7 de setembro de 1970, e para o Programa de Formação do Patrimônio do Servidor Público, criado pela Lei Complementar n. 8, de 3 de dezembro de 1970, passa, a partir da promulgação desta Constituição, a financiar, nos termos que a lei dispuser, o programa do seguro-desemprego, outras ações da previdência social e o abono de que trata o § 3º deste artigo.

§ 1º Dos recursos mencionados no *caput*, no mínimo 28% (vinte e oito por cento) serão destinados para o financiamento de programas de desenvolvimento econômico, por meio do Banco Nacional de Desenvolvimento Econômico e Social, com critérios de remuneração que preservem o seu valor.
....

§ 5º Os programas de desenvolvimento econômico financiados na forma do § 1º e seus resultados serão anualmente avaliados e divulgados em meio de comunicação social eletrônico e apresentados em reunião da comissão mista permanente de que trata o § 1º do art. 166." (NR)

Art. 2º O art. 76 do Ato das Disposições Constitucionais Transitórias passa a vigorar com a seguinte redação:

"Art. 76. ....
....

§ 4º A desvinculação de que trata o *caput* não se aplica às receitas das contribuições sociais destinadas ao custeio da seguridade social." (NR)

Art. 3º A concessão de aposentadoria ao servidor público federal vinculado a regime próprio de previdência social e ao segurado do Regime Geral de Previdência Social e de pensão por morte aos respectivos dependentes será assegurada, a qualquer tempo, desde que tenham sido cumpridos os requisitos para obtenção desses benefícios até a data de entrada em vigor desta Emenda Constitucional, observados os critérios da legislação vigente na data em que foram atendidos os requisitos para a concessão da aposentadoria ou da pensão por morte.

§ 1º Os proventos de aposentadoria devidos ao servidor público a que se refere o *caput* e as pensões por morte devidas aos seus dependentes serão calculados e reajustados de acordo com a legislação em vigor à época em que foram atendidos os requisitos nela estabelecidos para a concessão desses benefícios.

§ 2º Os proventos de aposentadoria devidos ao segurado a que se refere o *caput* e as pensões por morte devidas aos seus dependentes serão apurados de acordo com a legislação em vigor à época em que foram atendidos os requisitos nela estabelecidos para a concessão desses benefícios.

§ 3º Até que entre em vigor lei federal de que trata o § 19 do art. 40 da Constituição Federal, o servidor de que trata o *caput* que tenha cumprido os requisitos para aposentadoria voluntária com base no disposto na alínea *a* do inciso III do § 1º do art. 40 da Constituição Federal, na redação vigente até a data de entrada em vigor desta Emenda Constitucional, no art. 2º, no § 1º do art. 3º ou no art. 6º da Emenda Constitucional n. 41, de 19 de dezembro de 2003, ou no art. 3º da Emenda Constitucional n. 47, de 5 de julho de 2005, que optar por permanecer em atividade fará jus a um abono de permanência equivalente ao valor da sua contribuição previdenciária, até completar a idade para aposentadoria compulsória.

■ *Vide* os comentários ao art. 40, da Constituição.

Art. 4º O servidor público federal que tenha ingressado no serviço público em cargo efetivo até a data de entrada em vigor desta Emenda Constitucional poderá aposentar-se voluntariamente quando preencher, cumulativamente, os seguintes requisitos:

I – 56 (cinquenta e seis) anos de idade, se mulher, e 61 (sessenta e um) anos de idade, se homem, observado o disposto no § 1º;

II – 30 (trinta) anos de contribuição, se mulher, e 35 (trinta e cinco) anos de contribuição, se homem;

III – 20 (vinte) anos de efetivo exercício no serviço público;

IV – 5 (cinco) anos no cargo efetivo em que se der a aposentadoria; e

V – somatório da idade e do tempo de contribuição, incluídas as frações, equivalente a 86 (oitenta e seis) pontos, se mulher, e 96 (noventa e seis) pontos, se homem, observado o disposto nos §§ 2º e 3º.

§ 1º A partir de 1º de janeiro de 2022, a idade mínima a que se refere o inciso I do *caput* será de 57 (cinquenta e sete) anos de idade, se mulher, e 62 (sessenta e dois) anos de idade, se homem.

§ 2º A partir de 1º de janeiro de 2020, a pontuação a que se refere o inciso V do *caput* será acrescida a cada ano de 1 (um) ponto, até atingir o limite de 100 (cem) pontos, se mulher, e de 105 (cento e cinco) pontos, se homem.

§ 3º A idade e o tempo de contribuição serão apurados em dias para o cálculo do somatório de pontos a que se referem o inciso V do *caput* e o § 2º

§ 4º Para o titular do cargo de professor que comprovar exclusivamente tempo de efetivo exercício das funções de magistério na educação infantil e no ensino fundamental e médio, os requisitos de idade e de tempo de contribuição de que tratam os incisos I e II do *caput* serão:

I – 51 (cinquenta e um) anos de idade, se mulher, e 56 (cinquenta e seis) anos de idade, se homem;

II – 25 (vinte e cinco) anos de contribuição, se mulher, e 30 (trinta) anos de contribuição, se homem; e

III – 52 (cinquenta e dois) anos de idade, se mulher, e 57 (cinquenta e sete) anos de idade, se homem, a partir de 1º de janeiro de 2022.

§ 5º O somatório da idade e do tempo de contribuição de que trata o inciso V do *caput* para as pessoas a que se refere o § 4º, incluídas as frações, será de 81 (oitenta e um) pontos, se mulher, e 91 (noventa e um) pontos, se homem, aos quais serão acrescidos, a partir de 1º de janeiro de 2020, 1 (um) ponto a cada ano, até atingir o limite de 92 (noventa e dois) pontos, se mulher, e de 100 (cem) pontos, se homem.

§ 6º Os proventos das aposentadorias concedidas nos termos do disposto neste artigo corresponderão:

I – à totalidade da remuneração do servidor público no cargo efetivo em que se der a aposentadoria, observado o disposto no § 8º, para o servidor público que tenha ingressado no serviço público em cargo efetivo até 31 de dezembro de 2003 e que não tenha feito a opção de que trata o § 16 do art. 40 da Constituição Federal, desde que tenha, no mínimo, 62 (sessenta e dois) anos de idade, se mulher, e 65 (sessenta e cinco) anos de idade, se homem, ou, para os titulares do cargo de professor de que trata o § 4º, 57 (cinquenta e sete) anos de idade, se mulher, e 60 (sessenta) anos de idade, se homem;

II – ao valor apurado na forma da lei, para o servidor público não contemplado no inciso I.

§ 7º Os proventos das aposentadorias concedidas nos termos do disposto neste artigo não serão inferiores ao valor a que se refere o § 2º do art. 201 da Constituição Federal e serão reajustados:

I – de acordo com o disposto no art. 7º da Emenda Constitucional n. 41, de 19 de dezembro de 2003, se cumpridos os requisitos previstos no inciso I do § 6º; ou II – nos termos estabelecidos para o Regime Geral de Previdência Social, na hipótese prevista no inciso II do § 6º

§ 8º Considera-se remuneração do servidor público no cargo efetivo, para fins de cálculo dos proventos de aposentadoria com fundamento no disposto no inciso I do § 6º ou no inciso I do § 2º do art. 20, o valor constituído pelo subsídio, pelo vencimento e pelas vantagens pecuniárias permanentes do cargo, estabelecidos em lei, acrescidos dos adicionais de caráter individual e das vantagens pessoais permanentes, observados os seguintes critérios:

I – se o cargo estiver sujeito a variações na carga horária, o valor das rubricas que refletem essa variação integrará o cálculo do valor da remuneração do servidor público no cargo efetivo em que se deu a aposentadoria, considerando-se a média aritmética simples dessa carga horária proporcional ao número de anos completos de recebimento e contribuição, contínuos ou intercalados, em relação ao tempo total exigido para a aposentadoria;

II – se as vantagens pecuniárias permanentes forem variáveis por estarem vinculadas a indicadores de desempenho, produtividade ou situação similar, o valor dessas vantagens integrará o cálculo da remuneração do servidor público no cargo efetivo mediante a aplicação, sobre o valor atual de referência das vantagens pecuniárias permanentes variáveis, da média aritmética simples do indicador, proporcional ao número de anos completos de recebimento e de respectiva contribuição, contínuos ou intercalados, em relação ao tempo total exigido para a aposentadoria ou, se inferior, ao tempo total de percepção da vantagem.

§ 9º Aplicam-se às aposentadorias dos servidores dos Estados, do Distrito Federal e dos Municípios as normas constitucionais e infraconstitucionais anteriores à data de entrada em vigor desta Emenda Constitucional, enquanto não promovidas alterações na legislação interna relacionada ao respectivo regime próprio de previdência social.

§ 10. Estende-se o disposto no § 9º às normas sobre aposentadoria de servidores públicos incompatíveis com a redação atribuída por esta Emenda Constitucional aos §§ 4º, 4º-A, 4º-B e 4º-C do art. 40 da Constituição Federal.

▪ *Vide* os comentários ao art. 40, da Constituição.

Art. 5º O policial civil do órgão a que se refere o inciso XIV do *caput* do art. 21 da Constituição Federal, o policial dos órgãos a que se referem o inciso IV do *caput* do art. 51, o inciso XIII do *caput* do art. 52 e os incisos I a III do *caput* do art. 144 da Constituição Federal e o ocupante de cargo de agente federal penitenciário ou socioeducativo que tenham ingressado na respectiva carreira até a data de entrada em vigor desta Emenda Constitucional poderão aposentar-se, na forma da Lei Complementar n. 51, de 20 de dezembro de 1985, observada a idade mínima de 55 (cinquenta e cinco) anos para ambos os sexos ou o disposto no § 3º

§ 1º Serão considerados tempo de exercício em cargo de natureza estritamente policial, para os fins do inciso II do art. 1º da Lei Complementar n. 51, de 20 de dezembro de 1985, o tempo de atividade militar nas Forças Armadas, nas polícias militares e nos corpos de bombeiros militares e o tempo de atividade como agente penitenciário ou socioeducativo.

§ 2º Aplicam-se às aposentadorias dos servidores dos Estados de que trata o § 4º-B do art. 40 da Constituição Federal as normas constitucionais e infraconstitucionais anteriores à data de entrada em vigor desta Emenda Constitucional, enquanto não promovidas alterações na legislação interna relacionada ao respectivo regime próprio de previdência social.

§ 3º Os servidores de que trata o *caput* poderão aposentar-se aos 52 (cinquenta e dois) anos de idade, se mulher, e aos 53 (cinquenta e três) anos de idade, se homem, desde que cumprido período adicional de contribuição correspondente ao tempo que, na data de entrada em vigor desta Emenda Constitucional, faltaria para atingir o tempo de contribuição previsto na Lei Complementar n. 51, de 20 de dezembro de 1985.

- *Vide* os comentários ao art. 40, da Constituição.

Art. 6º O disposto no § 14 do art. 37 da Constituição Federal não se aplica a aposentadorias concedidas pelo Regime Geral de Previdência Social até a data de entrada em vigor desta Emenda Constitucional.

- *Vide* os comentários ao art. 40, da Constituição.

Art. 7º O disposto no § 15 do art. 37 da Constituição Federal não se aplica a complementações de aposentadorias e pensões concedidas até a data de entrada em vigor desta Emenda Constitucional.

Art. 8º Até que entre em vigor lei federal de que trata o § 19 do art. 40 da Constituição Federal, o servidor público federal que cumprir as exigências para a concessão da aposentadoria voluntária nos termos do disposto nos arts. 4º, 5º, 20, 21 e 22 e que optar por permanecer em atividade fará jus a um abono de permanência equivalente ao valor da sua contribuição previdenciária, até completar a idade para aposentadoria compulsória.

- *Vide* os comentários ao art. 40, da Constituição.

Art. 9º Até que entre em vigor lei complementar que discipline o § 22 do art. 40 da Constituição Federal, aplicam-se aos regimes próprios de previdência social o disposto na Lei n. 9.717, de 27 de novembro de 1998, e o disposto neste artigo.

§ 1º O equilíbrio financeiro e atuarial do regime próprio de previdência social deverá ser comprovado por meio de garantia de equivalência, a valor presente, entre o fluxo das receitas estimadas e das despesas projetadas, apuradas atuarialmente, que, juntamente com os bens, direitos e ativos vinculados, comparados às obrigações assumidas, evidenciem a solvência e a liquidez do plano de benefícios.

§ 2º O rol de benefícios dos regimes próprios de previdência social fica limitado às aposentadorias e à pensão por morte.

§ 3º Os afastamentos por incapacidade temporária para o trabalho e o salário-maternidade serão pagos diretamente pelo ente federativo e não correrão à conta do regime próprio de previdência social ao qual o servidor se vincula.

§ 4º Os Estados, o Distrito Federal e os Municípios não poderão estabelecer alíquota inferior à da contribuição dos servidores da União, exceto se demonstrado que o respectivo regime próprio de previdência social não possui deficit atuarial a ser equacionado, hipótese em que a alíquota não poderá ser inferior às alíquotas aplicáveis ao Regime Geral de Previdência Social.

§ 5º Para fins do disposto no § 4º, não será considerada como ausência de deficit a implementação de segregação da massa de segurados ou a previsão em lei de plano de equacionamento de deficit.

§ 6º A instituição do regime de previdência complementar na forma dos §§ 14 a 16 do art. 40 da Constituição Federal e a adequação do órgão ou entidade gestora do regime próprio de previdência social ao § 20 do art. 40 da Constituição Federal deverão ocorrer no prazo máximo de 2 (dois) anos da data de entrada em vigor desta Emenda Constitucional.

§ 7º Os recursos de regime próprio de previdência social poderão ser aplicados na concessão de empréstimos a seus segurados, na modalidade de consignados, observada regulamentação específica estabelecida pelo Conselho Monetário Nacional.

§ 8º Por meio de lei, poderá ser instituída contribuição extraordinária pelo prazo máximo de 20 (vinte) anos, nos termos dos §§ 1º-B e 1º-C do art. 149 da Constituição Federal.

§ 9º O parcelamento ou a moratória de débitos dos entes federativos com seus regimes próprios de previdência social fica limitado ao prazo a que se refere o § 11 do art. 195 da Constituição.

- *Vide* os comentários ao art. 40, da Constituição.

Art. 10. Até que entre em vigor lei federal que discipline os benefícios do regime próprio de previdência social dos servidores da União, aplica-se o disposto neste artigo.

§ 1º Os servidores públicos federais serão aposentados:

I – voluntariamente, observados, cumulativamente, os seguintes requisitos:

a) 62 (sessenta e dois) anos de idade, se mulher, e 65 (sessenta e cinco) anos de idade, se homem; e

b) 25 (vinte e cinco) anos de contribuição, desde que cumprido o tempo mínimo de 10 (dez) anos de efetivo exercício no serviço público e de 5 (cinco) anos no cargo efetivo em que for concedida a aposentadoria;

II – por incapacidade permanente para o trabalho, no cargo em que estiverem investidos, quando insuscetíveis de readaptação, hipótese em que será obrigatória a realização de avaliações periódicas para verificação da continuidade das condições que ensejaram a concessão da aposentadoria; ou

III – compulsoriamente, na forma do disposto no inciso II do § 1º do art. 40 da Constituição Federal.

§ 2º Os servidores públicos federais com direito a idade mínima ou tempo de contribuição distintos da regra geral para concessão de aposentadoria na forma dos §§ 4º-B, 4º-C e 5º do art. 40 da Constituição Federal poderão aposentar-se, observados os seguintes requisitos:

I – o policial civil do órgão a que se refere o inciso XIV do *caput* do art. 21 da Constituição Federal, o policial dos órgãos a que se referem o inciso IV do *caput* do art. 51, o inciso XIII do *caput* do art. 52 e os incisos I a III do *caput* do art. 144 da Constituição Federal e o ocupante de cargo de agente federal penitenciário ou socioeducativo, aos 55 (cinquenta e cinco) anos de idade, com 30 (trinta) anos de contribuição e 25 (vinte e cinco) anos de efetivo exercício em cargo dessas carreiras, para ambos os sexos;

II – o servidor público federal cujas atividades sejam exercidas com efetiva exposição a agentes químicos, físicos e biológicos prejudiciais à saúde, ou associação desses agentes, vedada a caracterização por categoria profissional ou ocupação, aos 60 (sessenta) anos de idade, com 25 (vinte e cinco) anos de efetiva exposição e contribuição, 10 (dez) anos de efetivo exercício de serviço público e 5 (cinco) anos no cargo efetivo em que for concedida a aposentadoria;

III – o titular do cargo federal de professor, aos 60 (sessenta) anos de idade, se homem, aos 57 (cinquenta e sete) anos, se mulher, com 25 (vinte e cinco) anos de contribuição exclusivamente em efetivo exercício das funções de magistério na educação infantil e no ensino fundamental e médio, 10 (dez) anos de efetivo exercício de serviço público e 5 (cinco) anos no cargo efetivo em que for concedida a aposentadoria, para ambos os sexos.

§ 3º A aposentadoria a que se refere o § 4º-C do art. 40 da Constituição Federal observará adicionalmente as condições e os requisitos estabelecidos para o Regime Geral de Previdência Social, naquilo em que não conflitarem com as regras específicas aplicáveis ao regime próprio de previdência social da União, vedada a conversão de tempo especial em comum.

§ 4º Os proventos das aposentadorias concedidas nos termos do disposto neste artigo serão apurados na forma da lei.

§ 5º Até que entre em vigor lei federal de que trata o § 19 do art. 40 da Constituição Federal, o servidor federal que cumprir as exigências para a concessão da aposentadoria voluntária nos termos do disposto neste artigo e que optar por permanecer em atividade fará jus a um abono de permanência equivalente ao valor da sua contribuição previdenciária, até completar a idade para aposentadoria compulsória.

§ 6º A pensão por morte devida aos dependentes do policial civil do órgão a que se refere o inciso XIV do *caput* do art. 21 da Constituição Federal, do policial dos órgãos a que se referem o inciso IV do *caput* do art. 51, o inciso XIII do *caput* do art. 52 e os incisos I a III do *caput* do art. 144 da Constituição Federal e dos ocupantes dos cargos de agente federal penitenciário ou socioeducativo decorrente de agressão sofrida no exercício ou em razão da função será vitalícia para o cônjuge ou companheiro e equivalente à remuneração do cargo.

§ 7º Aplicam-se às aposentadorias dos servidores dos Estados, do Distrito Federal e dos Municípios as normas constitucionais e infraconstitucionais anteriores à data de entrada em vigor desta Emenda Constitucional, enquanto não promovidas alterações na legislação interna relacionada ao respectivo regime próprio de previdência social.

▪ *Vide* os comentários ao art. 40, da Constituição.

Art. 11. Até que entre em vigor lei que altere a alíquota da contribuição previdenciária de que tratam os arts. 4º, 5º e 6º da Lei n. 10.887, de 18 de junho de 2004, esta será de 14 (quatorze por cento).

§ 1º A alíquota prevista no *caput* será reduzida ou majorada, considerado o valor da base de contribuição ou do benefício recebido, de acordo com os seguintes parâmetros:

I – até 1 (um) salário mínimo, redução de seis inteiros e cinco décimos pontos percentuais;

II – acima de 1 (um) salário mínimo até R$ 2.000,00 (dois mil reais), redução de cinco pontos percentuais;

III – de R$ 2.000,01 (dois mil reais e um centavo) até R$ 3.000,00 (três mil reais), redução de dois pontos percentuais;

IV – de R$ 3.000,01 (três mil reais e um centavo) até R$ 5.839,45 (cinco mil oitocentos e trinta e nove reais e quarenta e cinco centavos), sem redução ou acréscimo;

V – de R$ 5.839,46 (cinco mil oitocentos e trinta e nove reais e quarenta e seis centavos) até R$ 10.000,00 (dez mil reais), acréscimo de meio ponto percentual;

VI – de R$ 10.000,01 (dez mil reais e um centavo) até R$ 20.000,00 (vinte mil reais), acréscimo de dois inteiros e cinco décimos pontos percentuais;

VII – de R$ 20.000,01 (vinte mil reais e um centavo) até R$ 39.000,00 (trinta e nove mil reais), acréscimo de cinco pontos percentuais; e

VIII – acima de R$ 39.000,00 (trinta e nove mil reais), acréscimo de oito pontos percentuais.

§ 2º A alíquota, reduzida ou majorada nos termos do disposto no § 1º, será aplicada de forma progressiva sobre a base de contribuição do servidor ativo, incidindo cada alíquota sobre a faixa de valores compreendida nos respectivos limites.

§ 3º Os valores previstos no § 1º serão reajustados, a partir da data de entrada em vigor desta Emenda Constitucional, na mesma data e com o mesmo índice em que se der o reajuste dos benefícios do Regime Geral de Previdência Social, ressalvados aqueles vinculados ao salário mínimo, aos quais se aplica a legislação específica.

§ 4º A alíquota de contribuição de que trata o *caput*, com a redução ou a majoração decorrentes do disposto no § 1º, será devida pelos aposentados e pensionistas de quaisquer dos Poderes da União, incluídas suas entidades autárquicas e suas fundações, e incidirá sobre o valor da parcela dos proventos de aposentadoria e de pensões que supere o limite máximo estabelecido para os benefícios do Regime Geral de Previdência Social, hipótese em que será considerada a totalidade do valor do benefício para fins de definição das alíquotas aplicáveis.

▪ *Vide* os comentários ao art. 40, da Constituição.

Art. 12. A União instituirá sistema integrado de dados relativos às remunerações, proventos e pensões dos segurados dos regimes de previdência de que tratam os arts. 40, 201 e 202 da Constituição Federal, aos benefícios dos programas de assistência social de que trata o art. 203 da Constituição Federal e às remunerações, proventos de inatividade e pensão por morte decorrentes das atividades militares de que tratam os arts. 42 e 142 da Constituição Federal, em interação com outras bases de dados, ferramentas e plataformas, para o fortalecimento de sua gestão, governança e transparência e o cumprimento das disposições estabelecidas nos incisos XI e XVI do art. 37 da Constituição Federal.

§ 1º A União, os Estados, o Distrito Federal e os Municípios e os órgãos e entidades gestoras dos regimes, dos sistemas e dos programas a que se refere o *caput* disponibilizarão as informações necessárias para a estruturação do sistema integrado de dados e terão acesso ao compartilhamento das referidas informações, na forma da legislação.

§ 2º É vedada a transmissão das informações de que trata este artigo a qualquer pessoa física ou jurídica para a prática de atividade não relacionada à fiscalização dos regimes, dos sistemas e dos programas a que se refere o *caput*.

Fabrício Motta

A – REFERÊNCIAS

1. Constituições brasileiras anteriores

Não há norma assemelhada nas Constituições anteriores.

2. Remissões constitucionais (outros artigos da Constituição) e legais (leis reguladoras)

Decreto n. 9.203, de 22 de novembro de 2017.

B – COMENTÁRIOS

A Emenda Constitucional n. 103/2019 teve origem na PEC 6/2019, proposta pelo Poder Executivo, com o intuito de estabelecer lógica mais sustentável para o funcionamento da previdência social. Na motivação da proposta, consta que "a adoção de tais medidas mostra-se imprescindível para garantir, de forma gradual, a sustentabilidade do sistema atual, evitando custos excessivos para as futuras gerações e comprometimento do pagamento dos benefícios dos aposentados e pensionistas, e permitindo a construção de um novo modelo que fortaleça a poupança e o desenvolvimento no futuro"[1]. A proposta original de emenda à Constituição demonstra preocupação extrema com o crescimento das despesas previdenciárias e com a redução do endividamento. Essas razões, é fácil perceber, inspiram a edição da regra comentada: trata-se da criação de dever à União de criar sistemas integrados de dados para verificar o cumprimento das novas regras relativas à remuneração e aos proventos pagos a ocupantes de cargos públicos, pensões de segurados dos regimes de Previdência Social geral e próprios (incluindo militares), além de benefícios sociais.

Convém perceber a importância de que *gestão* e *transparência* sejam tratados no contexto de um conceito adequado de *governança*. Em abordagem normativa, pode-se considerar como *governança pública* o "conjunto de mecanismos de liderança, estratégia e controle postos em prática para avaliar, direcionar e monitorar a gestão, com vistas à condução de políticas públicas e à prestação de serviços de interesse da sociedade" (Decreto n. 9.203/2017, art. 2º, I). A despeito da existência de diversos conceitos doutrinários de governança, é possível identificar como

[1]. https://www.camara.leg.br/proposicoesWeb/prop_mostrarintegra?codteor=1712459&filename=PEC%206/

elementos básicos a escolha de meios (processos) para a satisfação do interesse público, com ênfase nos seguintes valores: a) transparência das informações; b) participação, cooperação e coordenação dos atores na ação publica, englobando, inclusive, a sociedade e o mercado; c) controle dos resultados obtidos, mediante avaliação e monitoramento, como forma de otimização da gestão e responsabilidade do agente"[2].

Finalmente, o necessário envolvimento dos Estados, Distrito Federal e Municípios torna clara a importância da cooperação federativa no compartilhamento de informações relevantes para a construção do sistema delineado no *caput* do dispositivo. Por outro lado, a vedação constante do § 2º torna ainda mais clara a finalidade visada pela norma, vedando a utilização para objetivos distintos.

Art. 13. Não se aplica o disposto no § 9º do art. 39 da Constituição Federal a parcelas remuneratórias decorrentes de incorporação de vantagens de caráter temporário ou vinculadas ao exercício de função de confiança ou de cargo em comissão efetivada até a data de entrada em vigor desta Emenda Constitucional.

▪ *Vide* comentários ao § 9º do art. 39, da Constituição.

Art. 14. Vedadas a adesão de novos segurados e a instituição de novos regimes dessa natureza, os atuais segurados de regime de previdência aplicável a titulares de mandato eletivo da União, dos Estados, do Distrito Federal e dos Municípios poderão, por meio de opção expressa formalizada no prazo de 180 (cento e oitenta) dias, contado da data de entrada em vigor desta Emenda Constitucional, retirar-se dos regimes previdenciários aos quais se encontrem vinculados.

§ 1º Os segurados, atuais e anteriores, do regime de previdência de que trata a Lei n. 9.506, de 30 de outubro de 1997, que fizerem a opção de permanecer nesse regime previdenciário deverão cumprir período adicional correspondente a 30% (trinta por cento) do tempo de contribuição que faltaria para aquisição do direito à aposentadoria na data de entrada em vigor desta Emenda Constitucional e somente poderão aposentar-se a partir dos 62 (sessenta e dois) anos de idade, se mulher, e 65 (sessenta e cinco) anos de idade, se homem.

§ 2º Se for exercida a opção prevista no *caput*, será assegurada a contagem do tempo de contribuição vertido para o regime de previdência ao qual o segurado se encontrava vinculado, nos termos do disposto no § 9º do art. 201 da Constituição Federal.

§ 3º A concessão de aposentadoria aos titulares de mandato eletivo e de pensão por morte aos dependentes de titular de mandato eletivo falecido será assegurada, a qualquer tempo, desde que cumpridos os requisitos para obtenção desses bene-

[2]. MOTTA, Fabrício; NICOLI, Camila. Avanços na construção da boa governança pública no Brasil com o advento da Lei 13.655/2018 – LINDB. In: MAFFINI, Rafael; RAMOS, Rafael. *Nova LINDB: proteção da confiança, consensualidade, participação democrática e precedentes administrativos*. Rio de Janeiro: Lumen Juris, 2021, p. 1-24.

fícios até a data de entrada em vigor desta Emenda Constitucional, observados os critérios da legislação vigente na data em que foram atendidos os requisitos para a concessão da aposentadoria ou da pensão por morte.

§ 4º Observado o disposto nos §§ 9º e 9º-A do art. 201 da Constituição Federal, o tempo de contribuição a regime próprio de previdência social e ao Regime Geral de Previdência Social, assim como o tempo de contribuição decorrente das atividades militares de que tratam os arts. 42 e 142 da Constituição Federal, que tenha sido considerado para a concessão de benefício pelos regimes a que se refere o *caput* não poderá ser utilizado para obtenção de benefício naqueles regimes.

§ 5º Lei específica do Estado, do Distrito Federal ou do Município deverá disciplinar a regra de transição a ser aplicada aos segurados que, na forma do *caput*, fizerem a opção de permanecer no regime previdenciário de que trata este artigo.

Art. 15. Ao segurado filiado ao Regime Geral de Previdência Social até a data de entrada em vigor desta Emenda Constitucional, fica assegurado o direito à aposentadoria quando forem preenchidos, cumulativamente, os seguintes requisitos:

I – 30 (trinta) anos de contribuição, se mulher, e 35 (trinta e cinco) anos de contribuição, se homem; e

II – somatório da idade e do tempo de contribuição, incluídas as frações, equivalente a 86 (oitenta e seis) pontos, se mulher, e 96 (noventa e seis) pontos, se homem, observado o disposto nos §§ 1º e 2º

§ 1º A partir de 1º de janeiro de 2020, a pontuação a que se refere o inciso II do *caput* será acrescida a cada ano de 1 (um) ponto, até atingir o limite de 100 (cem) pontos, se mulher, e de 105 (cento e cinco) pontos, se homem.

§ 2º A idade e o tempo de contribuição serão apurados em dias para o cálculo do somatório de pontos a que se referem o inciso II do *caput* e o § 1º.

§ 3º Para o professor que comprovar exclusivamente 25 (vinte e cinco) anos de contribuição, se mulher, e 30 (trinta) anos de contribuição, se homem, em efetivo exercício das funções de magistério na educação infantil e no ensino fundamental e médio, o somatório da idade e do tempo de contribuição, incluídas as frações, será equivalente a 81 (oitenta e um) pontos, se mulher, e 91 (noventa e um) pontos, se homem, aos quais serão acrescidos, a partir de 1º de janeiro de 2020, 1 (um) ponto a cada ano para o homem e para a mulher, até atingir o limite de 92 (noventa e dois) pontos, se mulher, e 100 (cem) pontos, se homem.

§ 4º O valor da aposentadoria concedida nos termos do disposto neste artigo será apurado na forma da lei.

Carlos Luiz Strapazzon

Comentário

Este dispositivo introduz a primeira regra de transição para aposentadoria de segurados filiados ao Regime Geral de Previdência Social até a data de entrada em vigor desta Emenda, ou seja, até o dia 13.11.2019. Os titulares do direito aqui estabelecido podem se aposentar, se assim desejarem, com o tempo de contribuição (Inc. I) e com a somatória de idade e tempo de contribuição (Inc. II), adotando o sistema de pontos, como ficou conhecido o regime criado pela Lei n. 13.183/2015, que alterou a Lei n. 8213/91. Pela fórmula criada neste dispositivo, a cada ano, a partir de 2020, será acrescida a exigência de um ponto adicional, chegando a 105 pontos para homens, em 2028 e 100 pontos para mulheres, em 2033. Assim ficam estabelecidos os critérios de aposentadoria proporcional e integral, pelo modelo de pontos. No caso de professores da educação básica, reduzem-se em cinco anos o tempo de contribuição e em cinco os pontos exigidos.

Art. 16. Ao segurado filiado ao Regime Geral de Previdência Social até a data de entrada em vigor desta Emenda Constitucional fica assegurado o direito à aposentadoria quando preencher, cumulativamente, os seguintes requisitos:

I – 30 (trinta) anos de contribuição, se mulher, e 35 (trinta e cinco) anos de contribuição, se homem; e

II – idade de 56 (cinquenta e seis) anos, se mulher, e 61 (sessenta e um) anos, se homem.

§ 1º A partir de 1º de janeiro de 2020, a idade a que se refere o inciso II do *caput* será acrescida de 6 (seis) meses a cada ano, até atingir 62 (sessenta e dois) anos de idade, se mulher, e 65 (sessenta e cinco) anos de idade, se homem.

§ 2º Para o professor que comprovar exclusivamente tempo de efetivo exercício das funções de magistério na educação infantil e no ensino fundamental e médio, o tempo de contribuição e a idade de que tratam os incisos I e II do *caput* deste artigo serão reduzidos em 5 (cinco) anos, sendo, a partir de 1º de janeiro de 2020, acrescidos 6 (seis) meses, a cada ano, às idades previstas no inciso II do *caput*, até atingirem 57 (cinquenta e sete) anos, se mulher, e 60 (sessenta) anos, se homem.

§ 3º O valor da aposentadoria concedida nos termos do disposto neste artigo será apurado na forma da lei.

Art. 17. Ao segurado filiado ao Regime Geral de Previdência Social até a data de entrada em vigor desta Emenda Constitucional e que na referida data contar com mais de 28 (vinte e oito) anos de contribuição, se mulher, e 33 (trinta e três) anos de contribuição, se homem, fica assegurado o direito à aposentadoria quando preencher, cumulativamente, os seguintes requisitos:

I – 30 (trinta) anos de contribuição, se mulher, e 35 (trinta e cinco) anos de contribuição, se homem; e

II – cumprimento de período adicional correspondente a 50% (cinquenta por cento) do tempo que, na data de entrada em vigor desta Emenda Constitucional, faltaria para atingir 30 (trinta) anos de contribuição, se mulher, e 35 (trinta e cinco) anos de contribuição, se homem.

Parágrafo único. O benefício concedido nos termos deste artigo terá seu valor apurado de acordo com a média aritmética simples dos salários de contribuição e das remunerações calculada na forma da lei, multiplicada pelo fator previdenciário, calculado na forma do disposto nos §§ 7º a 9º do art. 29 da Lei n. 8.213, de 24 de julho de 1991.

Art. 18. O segurado de que trata o inciso I do § 7º do art. 201 da Constituição Federal filiado ao Regime Geral de Previdência Social até a data de entrada em vigor desta Emenda Constitucional poderá aposentar-se quando preencher, cumulativamente, os seguintes requisitos:

I – 60 (sessenta) anos de idade, se mulher, e 65 (sessenta e cinco) anos de idade, se homem; e

II – 15 (quinze) anos de contribuição, para ambos os sexos.

§ 1º A partir de 1º de janeiro de 2020, a idade de 60 (sessenta) anos da mulher, prevista no inciso I do *caput*, será acrescida em 6 (seis) meses a cada ano, até atingir 62 (sessenta e dois) anos de idade.

§ 2º O valor da aposentadoria de que trata este artigo será apurado na forma da lei.

Art. 19. Até que lei disponha sobre o tempo de contribuição a que se refere o inciso I do § 7º do art. 201 da Constituição Federal, o segurado filiado ao Regime Geral de Previdência Social após a data de entrada em vigor desta Emenda Constitucional será aposentado aos 62 (sessenta e dois) anos de idade, se mulher, 65 (sessenta e cinco) anos de idade, se homem, com 15 (quinze) anos de tempo de contribuição, se mulher, e 20 (vinte) anos de tempo de contribuição, se homem.

§ 1º Até que lei complementar disponha sobre a redução de idade mínima ou tempo de contribuição prevista nos §§ 1º e 8º do art. 201 da Constituição Federal, será concedida aposentadoria:

I – aos segurados que comprovem o exercício de atividades com efetiva exposição a agentes químicos, físicos e biológicos prejudiciais à saúde, ou associação desses agentes, vedada a caracterização por categoria profissional ou ocupação, durante, no mínimo, 15 (quinze), 20 (vinte) ou 25 (vinte e cinco) anos, nos termos do disposto nos arts. 57 e 58 da Lei n. 8.213, de 24 de julho de 1991, quando cumpridos:

a) 55 (cinquenta e cinco) anos de idade, quando se tratar de atividade especial de 15 (quinze) anos de contribuição;

b) 58 (cinquenta e oito) anos de idade, quando se tratar de atividade especial de 20 (vinte) anos de contribuição; ou

c) 60 (sessenta) anos de idade, quando se tratar de atividade especial de 25 (vinte e cinco) anos de contribuição;

II – ao professor que comprove 25 (vinte e cinco) anos de contribuição exclusivamente em efetivo exercício das funções de magistério na educação infantil e no ensino fundamental e médio e tenha 57 (cinquenta e sete) anos de idade, se mulher, e 60 (sessenta) anos de idade, se homem.

§ 2º O valor das aposentadorias de que trata este artigo será apurado na forma da lei.

Art. 20. O segurado ou o servidor público federal que se tenha filiado ao Regime Geral de Previdência Social ou ingressado no serviço público em cargo efetivo até a data de entrada em vigor desta Emenda Constitucional poderá aposentar-se voluntariamente quando preencher, cumulativamente, os seguintes requisitos:

I – 57 (cinquenta e sete) anos de idade, se mulher, e 60 (sessenta) anos de idade, se homem;

II – 30 (trinta) anos de contribuição, se mulher, e 35 (trinta e cinco) anos de contribuição, se homem;

III – para os servidores públicos, 20 (vinte) anos de efetivo exercício no serviço público e 5 (cinco) anos no cargo efetivo em que se der a aposentadoria;

IV – período adicional de contribuição correspondente ao tempo que, na data de entrada em vigor desta Emenda Constitucional, faltaria para atingir o tempo mínimo de contribuição referido no inciso II.

§ 1º Para o professor que comprovar exclusivamente tempo de efetivo exercício das funções de magistério na educação infantil e no ensino fundamental e médio serão reduzidos, para ambos os sexos, os requisitos de idade e de tempo de contribuição em 5 (cinco) anos.

§ 2º O valor das aposentadorias concedidas nos termos do disposto neste artigo corresponderá:

I – em relação ao servidor público que tenha ingressado no serviço público em cargo efetivo até 31 de dezembro de 2003 e que não tenha feito a opção de que trata o § 16 do art. 40 da Constituição Federal, à totalidade da remuneração no cargo efetivo em que se der a aposentadoria, observado o disposto no § 8º do art. 4º; e

II – em relação aos demais servidores públicos e aos segurados do Regime Geral de Previdência Social, ao valor apurado na forma da lei.

§ 3º O valor das aposentadorias concedidas nos termos do disposto neste artigo não será inferior ao valor a que se refere o § 2º do art. 201 da Constituição Federal e será reajustado:

I – de acordo com o disposto no art. 7º da Emenda Constitucional n. 41, de 19 de dezembro de 2003, se cumpridos os requisitos previstos no inciso I do § 2º;

II – nos termos estabelecidos para o Regime Geral de Previdência Social, na hipótese prevista no inciso II do § 2º

§ 4º Aplicam-se às aposentadorias dos servidores dos Estados, do Distrito Federal e dos Municípios as normas constitucionais e infraconstitucionais anteriores à data de entrada em vigor desta Emenda Constitucional, enquanto não promovidas alterações na legislação interna relacionada ao respectivo regime próprio de previdência social.

▪ *Vide* os comentários ao art. 40, da Constituição.

Art. 21. O segurado ou o servidor público federal que se tenha filiado ao Regime Geral de Previdência Social ou ingressado no serviço público em cargo efetivo até a data de entrada em vigor desta Emenda Constitucional cujas atividades tenham sido exercidas com efetiva exposição a agentes químicos, físicos e biológicos prejudiciais à saúde, ou associação desses agentes, vedada a caracterização por categoria profissional ou ocupação, desde que cumpridos, no caso do servidor, o tempo mínimo de 20 (vinte) anos de efetivo exercício no serviço público e de 5 (cinco) anos no cargo efetivo em que for concedida a aposentadoria, na forma dos arts. 57 e 58 da Lei n. 8.213, de 24 de julho de 1991, poderão aposentar-se quando o total da soma resultante da sua idade e do tempo de contribuição e o tempo de efetiva exposição forem, respectivamente, de:

I – 66 (sessenta e seis) pontos e 15 (quinze) anos de efetiva exposição;

II – 76 (setenta e seis) pontos e 20 (vinte) anos de efetiva exposição; e

III – 86 (oitenta e seis) pontos e 25 (vinte e cinco) anos de efetiva exposição.

§ 1º A idade e o tempo de contribuição serão apurados em dias para o cálculo do somatório de pontos a que se refere o *caput*.

§ 2º O valor da aposentadoria de que trata este artigo será apurado na forma da lei.

§ 3º Aplicam-se às aposentadorias dos servidores dos Estados, do Distrito Federal e dos Municípios cujas atividades sejam exercidas com efetiva exposição a agentes químicos, físicos e biológicos prejudiciais à saúde, ou associação desses agentes, vedada a caracterização por categoria profissional ou ocupação, na forma do § 4º-C do art. 40 da Constituição Federal, as normas constitucionais e infraconstitucionais anteriores à data de entrada em vigor desta Emenda Constitucional, enquanto não promovidas alterações na legislação interna relacionada ao respectivo regime próprio de previdência social.

▪ *Vide* os comentários ao art. 40, da Constituição.

Art. 22. Até que lei discipline o § 4º-A do art. 40 e o inciso I do § 1º do art. 201 da Constituição Federal, a aposentadoria da pessoa com deficiência segurada do Regime Geral de Previdência Social ou do servidor público federal com deficiência vinculado a regime próprio de previdência social, desde que cumpridos, no caso do servidor, o tempo mínimo de 10 (dez) anos de efetivo exercício no serviço público e de 5 (cinco) anos no cargo efetivo em que for concedida a aposentadoria, será concedida na forma da Lei Complementar n. 142, de 8 de maio de 2013, inclusive quanto aos critérios de cálculo dos benefícios.

Parágrafo único. Aplicam-se às aposentadorias dos servidores com deficiência dos Estados, do Distrito Federal e dos Municípios as normas constitucionais e infraconstitucionais anteriores à data de entrada em vigor desta Emenda Constitucional, enquanto não promovidas alterações na legislação interna relacionada ao respectivo regime próprio de previdência social.

▪ *Vide* os comentários ao art. 40, da Constituição.

Art. 23. A pensão por morte concedida a dependente de segurado do Regime Geral de Previdência Social ou de servidor público federal será equivalente a uma cota familiar de 50% (cinquenta por cento) do valor da aposentadoria recebida pelo segurado ou servidor ou daquela a que teria direito se fosse aposentado por incapacidade permanente na data do óbito, acrescida de cotas de 10 (dez) pontos percentuais por dependente, até o máximo de 100% (cem por cento).

§ 1º As cotas por dependente cessarão com a perda dessa qualidade e não serão reversíveis aos demais dependentes, preservado o valor de 100% (cem por cento) da pensão por morte quando o número de dependentes remanescente for igual ou superior a 5 (cinco).

§ 2º Na hipótese de existir dependente inválido ou com deficiência intelectual, mental ou grave, o valor da pensão por morte de que trata o *caput* será equivalente a:

I – 100% (cem por cento) da aposentadoria recebida pelo segurado ou servidor ou daquela a que teria direito se fosse aposentado por incapacidade permanente na data do óbito, até o limite máximo de benefícios do Regime Geral de Previdência Social; e

II – uma cota familiar de 50% (cinquenta por cento) acrescida de cotas de 10 (dez) pontos percentuais por dependente, até o máximo de 100% (cem por cento), para o valor que supere o limite máximo de benefícios do Regime Geral de Previdência Social.

§ 3º Quando não houver mais dependente inválido ou com deficiência intelectual, mental ou grave, o valor da pensão será recalculado na forma do disposto no *caput* e no § 1º.

§ 4º O tempo de duração da pensão por morte e das cotas individuais por dependente até a perda dessa qualidade, o rol de dependentes e sua qualificação e as condições necessárias para enquadramento serão aqueles estabelecidos na Lei n. 8.213, de 24 de julho de 1991.

§ 5º Para o dependente inválido ou com deficiência intelectual, mental ou grave, sua condição pode ser reconhecida previamente ao óbito do segurado, por meio de avaliação biopsicossocial realizada por equipe multiprofissional e interdisciplinar, observada revisão periódica na forma da legislação.

§ 6º Equiparam-se a filho, para fins de recebimento da pensão por morte, exclusivamente o enteado e o menor tutelado, desde que comprovada a dependência econômica.

§ 7º As regras sobre pensão previstas neste artigo e na legislação vigente na data de entrada em vigor desta Emenda Constitucional poderão ser alteradas na forma da lei para o Regime Geral de Previdência Social e para o regime próprio de previdência social da União.

§ 8º Aplicam-se às pensões concedidas aos dependentes de servidores dos Estados, do Distrito Federal e dos Municípios as normas constitucionais e infraconstitucionais anteriores à data de entrada em vigor desta Emenda Constitucional, enquanto não promovidas alterações na legislação interna relacionada ao respectivo regime próprio de previdência social.

▪ *Vide* os comentários ao art. 40, da Constituição.

Art. 24. É vedada a acumulação de mais de uma pensão por morte deixada por cônjuge ou companheiro, no âmbito do mesmo regime de previdência social, ressalvadas as pensões do mesmo instituidor decorrentes do exercício de cargos acumuláveis na forma do art. 37 da Constituição Federal.

§ 1º Será admitida, nos termos do § 2º, a acumulação de:

I – pensão por morte deixada por cônjuge ou companheiro de um regime de previdência social com pensão por morte concedida por outro regime de previdência social ou com pensões decorrentes das atividades militares de que tratam os arts. 42 e 142 da Constituição Federal;

II – pensão por morte deixada por cônjuge ou companheiro de um regime de previdência social com aposentadoria concedida no âmbito do Regime Geral de Previdência Social ou de regime próprio de previdência social ou com proventos de inatividade decorrentes das atividades militares de que tratam os arts. 42 e 142 da Constituição Federal; ou

III – pensões decorrentes das atividades militares de que tratam os arts. 42 e 142 da Constituição Federal com aposentadoria concedida no âmbito do Regime Geral de Previdência Social ou de regime próprio de previdência social.

§ 2º Nas hipóteses das acumulações previstas no § 1º, é assegurada a percepção do valor integral do benefício mais vantajoso e de uma parte de cada um dos demais benefícios, apurada cumulativamente de acordo com as seguintes faixas:

I – 60% (sessenta por cento) do valor que exceder 1 (um) salário mínimo, até o limite de 2 (dois) salários mínimos;

II – 40% (quarenta por cento) do valor que exceder 2 (dois) salários mínimos, até o limite de 3 (três) salários mínimos;

III – 20% (vinte por cento) do valor que exceder 3 (três) salários mínimos, até o limite de 4 (quatro) salários mínimos; e

IV – 10% (dez por cento) do valor que exceder 4 (quatro) salários mínimos.

§ 3º A aplicação do disposto no § 2º poderá ser revista a qualquer tempo, a pedido do interessado, em razão de alteração de algum dos benefícios.

§ 4º As restrições previstas neste artigo não serão aplicadas se o direito aos benefícios houver sido adquirido antes da data de entrada em vigor desta Emenda Constitucional.

§ 5º As regras sobre acumulação previstas neste artigo e na legislação vigente na data de entrada em vigor desta Emenda Constitucional poderão ser alteradas na forma do § 6º do art. 40 e do § 15 do art. 201 da Constituição Federal.

▪ *Vide* os comentários ao art. 40, da Constituição.

Art. 25. Será assegurada a contagem de tempo de contribuição fictício no Regime Geral de Previdência Social decorrente de hipóteses descritas na legislação vigente até a data de entrada em vigor desta Emenda Constitucional para fins de concessão de aposentadoria, observando-se, a partir da sua entrada em vigor, o disposto no § 14 do art. 201 da Constituição Federal.

§ 1º Para fins de comprovação de atividade rural exercida até a data de entrada em vigor desta Emenda Constitucional, o prazo de que tratam os §§ 1º e 2º do art. 38-B da Lei n. 8.213, de 24 de julho de 1991, será prorrogado até a data em que o Cadastro Nacional de Informações Sociais (CNIS) atingir a cobertura mínima de 50% (cinquenta por cento) dos trabalhadores de que trata o § 8º do art. 195 da Constituição Federal, apurada conforme quantitativo da Pesquisa Nacional por Amostra de Domicílios Contínua (Pnad).

§ 2º Será reconhecida a conversão de tempo especial em comum, na forma prevista na Lei n. 8.213, de 24 de julho de 1991, ao segurado do Regime Geral de Previdência Social que comprovar tempo de efetivo exercício de atividade sujeita a condições especiais que efetivamente prejudiquem a saúde, cumprido até a data de entrada em vigor desta Emenda Constitucional, vedada a conversão para o tempo cumprido após esta data.

§ 3º Considera-se nula a aposentadoria que tenha sido concedida ou que venha a ser concedida por regime próprio de previdência social com contagem recíproca do Regime Geral de Previdência Social mediante o cômputo de tempo de serviço sem o recolhimento da respectiva contribuição ou da correspondente indenização pelo segurado obrigatório responsável, à época do exercício da atividade, pelo recolhimento de suas próprias contribuições previdenciárias.

▪ *Vide* os comentários ao art. 40, da Constituição.

Art. 26. Até que lei discipline o cálculo dos benefícios do regime próprio de previdência social da União e do Regime Geral de Previdência Social, será utilizada a média aritmética simples dos salários de contribuição e das remunerações adotados como base para contribuições a regime próprio de previdência social e ao Regime Geral de Previdência Social, ou como base para contribuições decorrentes das atividades militares de que tratam os arts. 42 e 142 da Constituição Federal, atualizados monetariamente, correspondentes a 100% (cem por cento) do período contributivo desde a competência julho de 1994 ou desde o início da contribuição, se posterior àquela competência.

§ 1º A média a que se refere o *caput* será limitada ao valor máximo do salário de contribuição do Regime Geral de Previdência Social para os segurados desse regime e para o servidor que ingressou no serviço público em cargo efetivo após a implantação do regime de previdência complementar ou que tenha exercido a opção correspondente, nos termos do disposto nos §§ 14 a 16 do art. 40 da Constituição Federal.

§ 2º O valor do benefício de aposentadoria corresponderá a 60% (sessenta por cento) da média aritmética definida na forma prevista no *caput* e no § 1º, com acréscimo de 2 (dois) pontos percentuais para cada ano de contribuição que exceder o tempo de 20 (vinte) anos de contribuição nos casos:

I – do inciso II do § 6º do art. 4º, do § 4º do art. 15, do § 3º do art. 16 e do § 2º do art. 18;

II – do § 4º do art. 10, ressalvado o disposto no inciso II do § 3º e no § 4º deste artigo;

III – de aposentadoria por incapacidade permanente aos segurados do Regime Geral de Previdência Social, ressalvado o disposto no inciso II do § 3º deste artigo; e

IV – do § 2º do art. 19 e do § 2º do art. 21, ressalvado o disposto no § 5º deste artigo.

§ 3º O valor do benefício de aposentadoria corresponderá a 100% (cem por cento) da média aritmética definida na forma prevista no *caput* e no § 1º:

I – no caso do inciso II do § 2º do art. 20;

II – no caso de aposentadoria por incapacidade permanente, quando decorrer de acidente de trabalho, de doença profissional e de doença do trabalho.

§ 4º O valor do benefício da aposentadoria de que trata o inciso III do § 1º do art. 10 corresponderá ao resultado do tempo de contribuição dividido por 20 (vinte) anos, limitado a um inteiro, multiplicado pelo valor apurado na forma do *caput* do § 2º deste artigo, ressalvado o caso de cumprimento de critérios de acesso para aposentadoria voluntária que resulte em situação mais favorável.

§ 5º O acréscimo a que se refere o *caput* do § 2º será aplicado para cada ano que exceder 15 (quinze) anos de tempo de contribuição para os segurados de que tratam a alínea *a* do inciso I do § 1º do art. 19 e o inciso I do art. 21 e para as mulheres filiadas ao Regime Geral de Previdência Social.

§ 6º Poderão ser excluídas da média as contribuições que resultem em redução do valor do benefício, desde que mantido o tempo mínimo de contribuição exigido, vedada a utilização do tempo excluído para qualquer finalidade, inclusive para o acréscimo a que se referem os §§ 2º e 5º, para a averbação em outro regime previdenciário ou para a obtenção dos proventos de inatividade das atividades de que tratam os arts. 42 e 142 da Constituição Federal.

§ 7º Os benefícios calculados nos termos do disposto neste artigo serão reajustados nos termos estabelecidos para o Regime Geral de Previdência Social.

- *Vide* os comentários ao art. 40, da Constituição.

Art. 27. Até que lei discipline o acesso ao salário-família e ao auxílio-reclusão de que trata o inciso IV do art. 201 da Constituição Federal, esses benefícios serão concedidos apenas àqueles que tenham renda bruta mensal igual ou inferior a R$ 1.364,43 (mil, trezentos e sessenta e quatro reais e quarenta e três centavos), que serão corrigidos pelos mesmos índices aplicados aos benefícios do Regime Geral de Previdência Social.

§ 1º Até que lei discipline o valor do auxílio-reclusão, de que trata o inciso IV do art. 201 da Constituição Federal, seu cálculo será realizado na forma daquele aplicável à pensão por morte, não podendo exceder o valor de 1 (um) salário mínimo.

§ 2º Até que lei discipline o valor do salário-família, de que trata o inciso IV do art. 201 da Constituição Federal, seu valor será de R$ 46,54 (quarenta e seis reais e cinquenta e quatro centavos).

Art. 28. Até que lei altere as alíquotas da contribuição de que trata a Lei n. 8.212, de 24 de julho de 1991, devidas pelo segurado empregado, inclusive o doméstico, e pelo trabalhador avulso, estas serão de:

I – até 1 (um) salário mínimo, 7,5% (sete inteiros e cinco décimos por cento);

II – acima de 1 (um) salário mínimo até R$ 2.000,00 (dois mil reais), 9% (nove por cento);

III – de R$ 2.000,01 (dois mil reais e um centavo) até R$ 3.000,00 (três mil reais), 12% (doze por cento); e

IV – de R$ 3.000,01 (três mil reais e um centavo) até o limite do salário de contribuição, 14% (quatorze por cento).

§ 1º As alíquotas previstas no *caput* serão aplicadas de forma progressiva sobre o salário de contribuição do segurado, incidindo cada alíquota sobre a faixa de valores compreendida nos respectivos limites.

§ 2º Os valores previstos no *caput* serão reajustados, a partir da data de entrada em vigor desta Emenda Constitucional, na mesma data e com o mesmo índice em que se der o reajuste dos benefícios do Regime Geral de Previdência Social, ressalvados aqueles vinculados ao salário mínimo, aos quais se aplica a legislação específica.

Art. 29. Até que entre em vigor lei que disponha sobre o § 14 do art. 195 da Constituição Federal, o segurado que, no somatório de remunerações auferidas no período de 1 (um) mês, receber remuneração inferior ao limite mínimo mensal do salário de contribuição poderá:

I – complementar a sua contribuição, de forma a alcançar o limite mínimo exigido;

II – utilizar o valor da contribuição que exceder o limite mínimo de contribuição de uma competência em outra; ou

III – agrupar contribuições inferiores ao limite mínimo de diferentes competências, para aproveitamento em contribuições mínimas mensais.

Parágrafo único. Os ajustes de complementação ou agrupamento de contribuições previstos nos incisos I, II e III do *caput* somente poderão ser feitos ao longo do mesmo ano civil.

Art. 30. A vedação de diferenciação ou substituição de base de cálculo decorrente do disposto no § 9º do art. 195 da Constituição Federal não se aplica a contribuições que substituam a contribuição de que trata a alínea *a* do inciso I do *caput* do art. 195 da Constituição Federal instituídas antes da data de entrada em vigor desta Emenda Constitucional.

- *Vide* comentários ao § 9º do art. 195, da Constituição.

Art. 31. O disposto no § 11 do art. 195 da Constituição Federal não se aplica aos parcelamentos previstos na legislação vigente até a data de entrada em vigor desta Emenda Constitucional, sendo vedadas a reabertura ou a prorrogação de prazo para adesão.

Art. 32. Até que entre em vigor lei que disponha sobre a alíquota da contribuição de que trata a Lei n. 7.689, de 15 de dezembro de 1988, esta será de 20% (vinte por cento no caso das pessoas jurídicas referidas no inciso I do § 1º do art. 1º da Lei Complementar n. 105, de 10 de janeiro de 2001.

Art. 33. Até que seja disciplinada a relação entre a União, os Estados, o Distrito Federal e os Municípios e entidades abertas de previdência complementar na forma do disposto nos §§ 4º e 5º do art. 202 da Constituição Federal, somente entidades fechadas de previdência complementar estão autorizadas a administrar planos de benefícios patrocinados pela União, Estados, Distrito Federal ou Municípios, inclusive suas autarquias, fundações, sociedades de economia mista e empresas controladas direta ou indiretamente.

- *Vide* os comentários ao art. 40, da Constituição.

Art. 34. Na hipótese de extinção por lei de regime previdenciário e migração dos respectivos segurados para o Regime Geral de Previdência Social, serão observados, até que lei federal disponha sobre a matéria, os seguintes requisitos pelo ente federativo:

I – assunção integral da responsabilidade pelo pagamento dos benefícios concedidos durante a vigência do regime extinto, bem como daqueles cujos requisitos já tenham sido implementados antes da sua extinção;

II – previsão de mecanismo de ressarcimento ou de complementação de benefícios aos que tenham contribuído acima do limite máximo do Regime Geral de Previdência Social;

III – vinculação das reservas existentes no momento da extinção, exclusivamente:

a) ao pagamento dos benefícios concedidos e a conceder, ao ressarcimento de contribuições ou à complementação de benefícios, na forma dos incisos I e II; e

b) à compensação financeira com o Regime Geral de Previdência Social.

Parágrafo único. A existência de superavit atuarial não constitui óbice à extinção de regime próprio de previdência social e à consequente migração para o Regime Geral de Previdência Social.

Art. 35. Revogam-se:

I – os seguintes dispositivos da Constituição Federal:

a) o § 21 do art. 40;

b) o § 13 do art. 195;

II – os arts. 9º, 13 e 15 da Emenda Constitucional n. 20, de 15 de dezembro de 1998;

III – os arts. 2º, 6º e 6º-A da Emenda Constitucional n. 41, de 19 de dezembro de 2003;

IV – o art. 3º da Emenda Constitucional n. 47, de 5 de julho de 2005.

- *Vide* os comentários ao art. 40, da Constituição.

Art. 36. Esta Emenda Constitucional entra em vigor:

I – no primeiro dia do quarto mês subsequente ao da data de publicação desta Emenda Constitucional, quanto ao disposto nos arts. 11, 28 e 32;

II – para os regimes próprios de previdência social dos Estados, do Distrito Federal e dos Municípios, quanto à alteração promovida pelo art. 1º desta Emenda Constitucional no art. 149 da Constituição Federal e às revogações previstas na alínea *a* do inciso I e nos incisos III e IV do art. 35, na data de publicação de lei de iniciativa privativa do respectivo Poder Executivo que as referende integralmente;

III – nos demais casos, na data de sua publicação.

Parágrafo único. A lei de que trata o inciso II do *caput* não produzirá efeitos anteriores à data de sua publicação.

- *Vide* os comentários ao art. 40, da Constituição.

Brasília, em 12 de novembro de 2019.

Mesa da Câmara dos Deputados
Deputado RODRIGO MAIA
Presidente
Mesa do Senado Federal
Senador DAVI ALCOLUMBRE
Presidente

EMENDA CONSTITUCIONAL N. 104, DE 4 DE DEZEMBRO DE 2019[*]

Altera o inciso XIV do caput *do art. 21, o § 4º do art. 32 e o art. 144 da Constituição Federal, para criar as polícias penais federal, estaduais e distrital.*

As Mesas da Câmara dos Deputados e do Senado Federal, nos termos do § 3º do art. 60 da Constituição Federal, promulgam a seguinte Emenda ao texto constitucional:

Art. 1º O inciso XIV do *caput* do art. 21 da Constituição Federal passa a vigorar com a seguinte redação:

"Art. 21. ....

XIV – organizar e manter a polícia civil, a polícia penal, a polícia militar e o corpo de bombeiros militar do Distrito Federal, bem como prestar assistência financeira ao Distrito Federal para a execução de serviços públicos, por meio de fundo próprio;

...." (NR)

Art. 2º O § 4º do art. 32 da Constituição Federal passa a vigorar com a seguinte redação:

"Art. 32. ....

§ 4º Lei federal disporá sobre a utilização, pelo Governo do Distrito Federal, da polícia civil, da polícia penal, da polícia militar e do corpo de bombeiros militar." (NR)

Art. 3º O art. 144 da Constituição Federal passa a vigorar com as seguintes alterações:

"Art. 144. ....

VI – polícias penais federal, estaduais e distrital.

....

---

[*]. Publicada no *Diário Oficial da União* de 5-12-2019.

§ 5º-A. Às polícias penais, vinculadas ao órgão administrador do sistema penal da unidade federativa a que pertencem, cabe a segurança dos estabelecimentos penais.

§ 6º As polícias militares e os corpos de bombeiros militares, forças auxiliares e reserva do Exército subordinam-se, juntamente com as polícias civis e as polícias penais estaduais e distrital, aos Governadores dos Estados, do Distrito Federal e dos Territórios.

.... " (NR)

Art. 4º O preenchimento do quadro de servidores das polícias penais será feito, exclusivamente, por meio de concurso público e por meio da transformação dos cargos isolados, dos cargos de carreira dos atuais agentes penitenciários e dos cargos públicos equivalentes.

Art. 5º Esta Emenda Constitucional entra em vigor na data de sua publicação.

Brasília, em 4 de dezembro de 2019.

Mesa da Câmara dos Deputados
Deputado RODRIGO MAIA
Presidente
Mesa do Senado Federal
Senador DAVI ALCOLUMBRE
Presidente

EMENDA CONSTITUCIONAL N. 105, DE 12 DE DEZEMBRO DE 2019*

Acrescenta o art. 166-A à Constituição Federal, para autorizar a transferência de recursos federais a Estados, ao Distrito Federal e a Municípios mediante emendas ao projeto de lei orçamentária anual.

As Mesas da Câmara dos Deputados e do Senado Federal, nos termos do § 3º do art. 60 da Constituição Federal, promulgam a seguinte Emenda ao texto constitucional:

Art. 1º A Constituição Federal passa a vigorar acrescida do seguinte art. 166-A:

"Art. 166-A. As emendas individuais impositivas apresentadas ao projeto de lei orçamentária anual poderão alocar recursos a Estados, ao Distrito Federal e a Municípios por meio de:

I – transferência especial; ou

II – transferência com finalidade definida.

§ 1º Os recursos transferidos na forma do *caput* deste artigo não integrarão a receita do Estado, do Distrito Federal e dos Municípios para fins de repartição e para o cálculo dos limites da despesa com pessoal ativo e inativo, nos termos do § 16 do art. 166, e de endividamento do ente federado, vedada, em qualquer caso, a aplicação dos recursos a que se refere o *caput* deste artigo no pagamento de:

I – despesas com pessoal e encargos sociais relativas a ativos e inativos, e com pensionistas; e

II – encargos referentes ao serviço da dívida.

§ 2º Na transferência especial a que se refere o inciso I do *caput* deste artigo, os recursos:

I – serão repassados diretamente ao ente federado beneficiado, independentemente de celebração de convênio ou de instrumento congênere;

II – pertencerão ao ente federado no ato da efetiva transferência financeira; e

III – serão aplicadas em programações finalísticas das áreas de competência do Poder Executivo do ente federado beneficiado, observado o disposto no § 5º deste artigo.

§ 3º O ente federado beneficiado da transferência especial a que se refere o inciso I do *caput* deste artigo poderá firmar contratos de cooperação técnica para fins de subsidiar o acompanhamento da execução orçamentária na aplicação dos recursos.

§ 4º Na transferência com finalidade definida a que se refere o inciso II do *caput* deste artigo, os recursos serão:

I – vinculados à programação estabelecida na emenda parlamentar; e

II – aplicados nas áreas de competência constitucional da União.

§ 5º Pelo menos 70% (setenta por cento) das transferências especiais de que trata o inciso I do *caput* deste artigo deverão ser aplicadas em despesas de capital, observada a restrição a que se refere o inciso II do § 1º deste artigo."

Art. 2º No primeiro semestre do exercício financeiro subsequente ao da publicação desta Emenda Constitucional, fica assegurada a transferência financeira em montante mínimo equivalente a 60% (sessenta por cento) dos recursos de que trata o inciso I do *caput* do art. 166-A da Constituição Federal.

Art. 3º Esta Emenda Constitucional entra em vigor em 1º de janeiro do ano subsequente ao de sua publicação.

Brasília, em 12 de dezembro de 2019.

Mesa da Câmara dos Deputados
Deputado RODRIGO MAIA
Presidente
Mesa do Senado Federal
Senador DAVI ALCOLUMBRE
Presidente

EMENDA CONSTITUCIONAL N. 106, DE 7 DE MAIO DE 2020**

Institui regime extraordinário fiscal, financeiro e de contratações para enfrentamento de calamidade pública nacional decorrente de pandemia.

---

*. Publicada no *Diário Oficial da União* de 13-12-2019.

**. Publicada no *Diário Oficial da União* de 8-5-2020.

As Mesas da Câmara dos Deputados e do Senado Federal, nos termos do § 3º do art. 60 da Constituição Federal, promulgam a seguinte Emenda ao texto constitucional:

Art. 1º Durante a vigência de estado de calamidade pública nacional reconhecido pelo Congresso Nacional em razão de emergência de saúde pública de importância internacional decorrente de pandemia, a União adotará regime extraordinário fiscal, financeiro e de contratações para atender às necessidades dele decorrentes, somente naquilo em que a urgência for incompatível com o regime regular, nos termos definidos nesta Emenda Constitucional.

Art. 2º Com o propósito exclusivo de enfrentamento do contexto da calamidade e de seus efeitos sociais e econômicos, no seu período de duração, o Poder Executivo federal, no âmbito de suas competências, poderá adotar processos simplificados de contratação de pessoal, em caráter temporário e emergencial, e de obras, serviços e compras que assegurem, quando possível, competição e igualdade de condições a todos os concorrentes, dispensada a observância do § 1º do art. 169 da Constituição Federal na contratação de que trata o inciso IX do caput do art. 37 da Constituição Federal, limitada a dispensa às situações de que trata o referido inciso, sem prejuízo da tutela dos órgãos de controle.

Parágrafo único. Nas hipóteses de distribuição de equipamentos e insumos de saúde imprescindíveis ao enfrentamento da calamidade, a União adotará critérios objetivos, devidamente publicados, para a respectiva destinação a Estados e a Municípios.

Art. 3º Desde que não impliquem despesa permanente, as proposições legislativas e os atos do Poder Executivo com propósito exclusivo de enfrentar a calamidade e suas consequências sociais e econômicas, com vigência e efeitos restritos à sua duração, ficam dispensados da observância das limitações legais quanto à criação, à expansão ou ao aperfeiçoamento de ação governamental que acarrete aumento de despesa e à concessão ou à ampliação de incentivo ou benefício de natureza tributária da qual decorra renúncia de receita.

Parágrafo único. Durante a vigência da calamidade pública nacional de que trata o art. 1º desta Emenda Constitucional, não se aplica o disposto no § 3º do art. 195 da Constituição Federal.

Art. 4º Será dispensada, durante a integralidade do exercício financeiro em que vigore a calamidade pública nacional de que trata o art. 1º desta Emenda Constitucional, a observância do inciso III do caput do art. 167 da Constituição Federal.

Parágrafo único. O Ministério da Economia publicará, a cada 30 (trinta) dias, relatório com os valores e o custo das operações de crédito realizadas no período de vigência do estado de calamidade pública nacional de que trata o art. 1º desta Emenda Constitucional.

Art. 5º As autorizações de despesas relacionadas ao enfrentamento da calamidade pública nacional de que trata o art. 1º desta Emenda Constitucional e de seus efeitos sociais e econômicos deverão:

I – constar de programações orçamentárias específicas ou contar com marcadores que as identifiquem; e

II – ser separadamente avaliadas na prestação de contas do Presidente da República e evidenciadas, até 30 (trinta) dias após o encerramento de cada bimestre, no relatório a que se refere o § 3º do art. 165 da Constituição Federal.

Parágrafo único. Decreto do Presidente da República, editado até 15 (quinze) dias após a entrada em vigor desta Emenda Constitucional, disporá sobre a forma de identificação das autorizações de que trata o caput deste artigo, incluídas as anteriores à vigência desta Emenda Constitucional.

Art. 6º Durante a vigência da calamidade pública nacional de que trata o art. 1º desta Emenda Constitucional, os recursos decorrentes de operações de crédito realizadas para o refinanciamento da dívida mobiliária poderão ser utilizados também para o pagamento de seus juros e encargos.

Art. 7º O Banco Central do Brasil, limitado ao enfrentamento da calamidade pública nacional de que trata o art. 1º desta Emenda Constitucional, e com vigência e efeitos restritos ao período de sua duração, fica autorizado a comprar e a vender:

I – títulos de emissão do Tesouro Nacional, nos mercados secundários local e internacional; e

II – os ativos, em mercados secundários nacionais no âmbito de mercados financeiros, de capitais e de pagamentos, desde que, no momento da compra, tenham classificação em categoria de risco de crédito no mercado local equivalente a BB- ou superior, conferida por pelo menos 1 (uma) das 3 (três) maiores agências internacionais de classificação de risco, e preço de referência publicado por entidade do mercado financeiro acreditada pelo Banco Central do Brasil.

§ 1º Respeitadas as condições previstas no inciso II do caput deste artigo, será dada preferência à aquisição de títulos emitidos por microempresas e por pequenas e médias empresas.

§ 2º O Banco Central do Brasil fará publicar diariamente as operações realizadas, de forma individualizada, com todas as respectivas informações, inclusive as condições financeiras e econômicas das operações, como taxas de juros pactuadas, valores envolvidos e prazos.

§ 3º O Presidente do Banco Central do Brasil prestará contas ao Congresso Nacional, a cada 30 (trinta) dias, do conjunto das operações previstas neste artigo, sem prejuízo do previsto no § 2º deste artigo.

§ 4º A alienação de ativos adquiridos pelo Banco Central do Brasil, na forma deste artigo, poderá dar-se em data posterior à vigência do estado de calamidade pública nacional de que trata o art. 1º desta Emenda Constitucional, se assim justificar o interesse público.

Art. 8º Durante a vigência desta Emenda Constitucional, o Banco Central do Brasil editará regulamentação sobre exigências de contrapartidas ao comprar ativos de instituições financeiras em conformidade com a previsão do inciso II do caput do art. 7º desta Emenda Constitucional, em especial a vedação de:

I – pagar juros sobre o capital próprio e dividendos acima do mínimo obrigatório estabelecido em lei ou no estatuto social vigente na data de entrada em vigor desta Emenda Constitucional;

II – aumentar a remuneração, fixa ou variável, de diretores e membros do conselho de administração, no caso das sociedades anônimas, e dos administradores, no caso de sociedades limitadas.

Parágrafo único. A remuneração variável referida no inciso II do *caput* deste artigo inclui bônus, participação nos lucros e quaisquer parcelas de remuneração diferidas e outros incentivos remuneratórios associados ao desempenho.

Art. 9º Em caso de irregularidade ou de descumprimento dos limites desta Emenda Constitucional, o Congresso Nacional poderá sustar, por decreto legislativo, qualquer decisão de órgão ou entidade do Poder Executivo relacionada às medidas autorizadas por esta Emenda Constitucional.

Art. 10. Ficam convalidados os atos de gestão praticados a partir de 20 de março de 2020, desde que compatíveis com o teor desta Emenda Constitucional.

Art. 11. Esta Emenda Constitucional entra em vigor na data de sua publicação e ficará automaticamente revogada na data do encerramento do estado de calamidade pública reconhecido pelo Congresso Nacional.

Brasília, em 7 de maio de 2020.

Mesa da Câmara dos Deputados
Deputado RODRIGO MAIA
Presidente

Mesa do Senado Federal
Senador DAVI ALCOLUMBRE
Presidente

Celso de Barros Correia Neto
José Roberto Afonso

1. História da norma

A Emenda Constitucional n. 106, de 2020, resultou da aprovação da Proposta de Emenda Constitucional n. 10/2020 de iniciativa parlamentar. Seu objetivo foi estabelecer regime provisório e extraordinário fiscal, financeiro e de contratações para que a União pudesse atender às necessidades decorrentes de calamidade pública nacional reconhecida pelo Congresso Nacional em virtude de pandemia de saúde pública de importância internacional (art. 115, *caput*).

Com tramitação célere e em rito de deliberação remota, a PEC foi apresentada em 1º.4.2020 e promulgada em 7.5.2020, na sequência da decretação da calamidade pública decorrente da pandemia de Covid-19. Foi a primeira alteração constitucional realizada por meio de deliberação remota na história, sem a presença dos parlamentares nos plenários da Câmara dos Deputados e do Senado Federal, muito menos sem o funcionamento das comissões.

O parecer do Senador Antonio Anastasia, relator da matéria no Senado Federal, destacava a gravidade do momento e a excepcionalidade daquela iniciativa legislativa, em seu parecer: "*Em uma situação normal, nenhum parlamentar defenderia a flexibilização de regras administrativas, fiscais, financeiras e monetárias presentes na Constituição. Em uma situação normal, o Senado Federal se reuniria fisicamente para apreciar propostas de emenda ao texto constitucional, com reuniões da Comissão de Constituição, Justiça e Cidadania, sessões de discussão do Plenário no Palácio do Congresso Nacional, em Brasília, e votação em dois turnos. Lamentavelmente, não estamos em uma situação normal. Pelo contrário, estamos diante de uma situação excepcional sobre a qual – mesmo não tendo sido prevista pela Constituição – temos o dever de dar uma resposta concreta*". Daí concluiu: "*A atual situação de pandemia foge de qualquer padrão de normalidade. Lamentamos, mas a realidade se impõe*".

Detrás da ideia do que se convencionou chamar de "orçamento de guerra", havia a percepção da gravidade e da excepcionalidade do quadro socioeconômico instalado em decorrência da pandemia de Covid-19. Enfrentava-se algo similar a uma guerra, contra um inimigo invisível (vírus), e a "condução de políticas em um cenário tão excepcional como este também requer um regime orçamentário de exceção" (AFONSO, 2020).

Assim, foi preciso criar um regime extraordinário de prestação de serviços, não apenas em matéria de saúde pública, mas também em termos de organização das finanças públicas e privadas e demais ações essenciais para atender às necessidades decorrentes da calamidade pública nacional, enquanto estivesse em vigor. Em outras palavras, o que se propôs foi algo como um "regime de quarentena", a funcionar em paralelo ao normal, por tempo limitado, para "dar uma resposta à altura da gravidade da situação, de forma coordenada e rápida" (AFONSO, 2020).

2. Constituições brasileiras anteriores

As disposições que compõem o regime extraordinário fiscal, financeiro e de contratações instituído pela EC n. 106, de 2020, não têm precedente em Constituições brasileiras anteriores. Foram aprovadas para enfrentamento de calamidade pública nacional decorrente de pandemia de Covid-19.

3. Direito Internacional

A matéria regulada EC n. 106, de 2020, não compõe temário clássico do direito internacional nem é objeto de atos internacionais de que a República Federativa do Brasil seja parte.

4. Remissões constitucionais e legais

O regime extraordinário instituído pela EC n. 106, de 2020, dialoga com diversos dispositivos constitucionais e legais relativos à administração e finanças públicas, notadamente os que tratam de despesa com pessoal, endividamento público, gasto público e renúncia de receita.

Diante da necessidade do Poder Público de se endividar rápida e drasticamente, fez-se necessário desde já suspender o inciso III do *caput* do art. 167 da Constituição Federal. Trata-se da chamada "regra de ouro", que proíbe "a realização de operações de créditos que excedam o montante das despesas de capital, ressalvadas as autorizadas mediante créditos suplementares ou especiais com finalidade precisa, aprovados pelo Poder Legislativo por maioria absoluta". O escopo da regra é evitar que o endividamento sirva à manutenção da máquina pública, em vez de financiar despesas com investimento. O art. 4º da emenda é claro ao afastar sua aplicação durante a integralidade do exercício financeiro em que vigore a calamidade pública nacional de que trata a EC n. 106, 2020. A preocupação com o endividamento público, aliás, encontra-se também em outros dispositivos constitucionais: e.g., nas competências do Senado Federal (art. 52, IV, V, VI, VII, VIII e IX); nas matérias sujeitas a lei complementar (art. 163, I, III e IV); e nas vedações em matéria orçamentária (art. 167, III e X).

Quanto ao controle do gasto público, especialmente a despesa com pessoal, o art. 2º dispensa a observância do § 1º do art. 169 da Constituição Federal na contratação por tempo determinado para atender a necessidade temporária de excepcional interesse público de que trata o inciso IX do caput do art. 37 da Constituição Federal. O § 1º do art. 169 da Constituição Federal refere-se às condições para concessão de vantagem ou aumento de remuneração, criação de cargos, empregos e funções ou alteração de estrutura de carreiras, bem como a admissão ou contratação de pessoal pela administração direta ou indireta.

O art. 3º da Emenda suspendeu a observância das limitações legais quanto à criação, à expansão ou ao aperfeiçoamento de ação governamental que acarrete aumento de despesa e à concessão ou à ampliação de incentivo ou benefício de natureza tributária da qual decorra renúncia de receita. Restou dispensado, portanto, o cumprimento das regras dos arts. 14, 16, 17 e 24, da Lei Complementar n. 101, de 4 de maio de 2000 (Lei de Responsabilidade Fiscal).

Ainda no plano constitucional, é importante mencionar que a experiência da EC n. 106, de 2020, e, em particular a própria redação de seus dispositivos, serviu de alguma inspiração para parte da seguinte EC n. 109, de 15 de março de 2021. Tal emenda passou a prever um rito para decretação do "estado de calamidade pública de âmbito nacional", para o fim de adotar um "regime extraordinário fiscal, financeiro e de contratações para atender às necessidades dele decorrentes, somente naquilo em que a urgência for incompatível com o regime regular" (art. 167-B). O escopo e o teor das medidas previstas pela EC n. 109, de 2012, é muito similar aos previstos inicialmente na EC n. 106, de 2020. Vale dizer: processos simplificados de contratação (art. 167-C); afastamento das limitações para aumento de despesa e concessão de benefício de natureza tributária (art. 167-D); suspensão da "regra de ouro" do art. 167, III, da Constituição (art. 167-E); e suspensão das restrições para a contratação de operações de crédito (art. 167-F).

Quanto às principais alterações legislativas, no plano infraconstitucional, realizadas para enfrentamento das consequências socioeconômicas do Coronavírus, vale destacar a Lei Complementar n. 173, de 27 de maio de 2020, que estabeleceu o Programa Federativo de Enfrentamento ao Coronavírus SARS-CoV-2 (Covid-19), a vigorar exclusivamente para o exercício financeiro de 2020.

O Programa foi composto essencialmente por três iniciativas: (1) suspensão dos pagamentos das dívidas contratadas entre a União e os Estados e o Distrito Federal e entre a União e os Municípios; (2) reestruturação de operações de crédito interno e externo junto ao sistema financeiro e instituições multilaterais de crédito; e (3) entrega de recursos da União, na forma de auxílio financeiro, aos Estados, ao Distrito Federal e aos Municípios, no exercício de 2020, e em ações de enfrentamento ao Coronavírus SARS-CoV-2 (Covid-19).

A Lei Complementar n. 173, de 2020, afasta expressamente as condições e vedações previstas no art. 14, no inciso II do caput do art. 16 e no art. 17 da Lei Complementar n. 101, de 2000, durante o estado de calamidade pública decretado para o enfrentamento da Covid-19.

No que se refere especificamente ao regime jurídico aplicável à renúncia de receita tributária, a disposição é redundante em relação ao que dispõe o art. 3º da Emenda Constitucional n. 106, de 2020: tanto a Emenda quanto a Lei Complementar suspendem o art. 14. Determinar a suspensão das exigências previstas no art. 14 da Lei de Responsabilidade Fiscal significou sobretudo afastar o dever de adotar medidas de compensação por meio do aumento de receita, proveniente da elevação de alíquotas, ampliação da base de cálculo, majoração ou criação de tributo ou contribuição, previsto no inciso II da disposição.

O dever de apresentar estimativa do impacto orçamentário-financeiro previsto no caput do art. 14, embora alcançado pela suspensão, segue vigente na regra do art. 113 do ADCT. A disposição estabelece que qualquer "proposição legislativa que crie ou altere despesa obrigatória ou renúncia de receita deverá ser acompanhada da estimativa do seu impacto orçamentário e financeiro" não foi alcançada pela Emenda Constitucional n. 106, de 2020, tampouco pela Lei Complementar n. 173, de 2020.

A Lei Complementar em análise também fez modificações permanentes no corpo da Lei Complementar n. 101, de 2000. Foi alterada a redação dos arts. 21 e 65 da LRF. A redação alterada do art. 65 passou a prever, no tocante às renúncias fiscais, que "serão afastadas as condições e as vedações previstas nos arts. 14, 16 e 17 desta Lei Complementar, desde que o incentivo ou benefício e a criação ou o aumento da despesa sejam destinados ao combate à calamidade pública".

A alteração (art. 7º) de regra permanente no texto da LRF supre lacuna existente na lei, que não previa suspensão das restrições relativas à concessão ou ampliação de benefício de natureza tributária da qual decorra renúncia de receita. A redação originária do art. 65, embora previsse a suspensão e dispensa do cumprimento de diversas exigências na hipótese de ocorrência de calamidade pública reconhecida pelo Congresso Nacional, não abarcava as restrições às renúncias fiscais previstas no art. 14.

É importante mencionar também o Decreto Legislativo n. 6º, de 2020, que reconheceu, para os fins do art. 65 da Lei Complementar n. 101, de 4 de maio de 2000, a ocorrência do estado de calamidade pública, nos termos da solicitação do Presidente da República encaminhada por meio da Mensagem n. 93, de 18 de março de 2020.

5. Jurisprudência

A preocupação com a instituição de um regime jurídico que permitisse a adoção de medidas excepcionais para o enfrentamento da pandemia de Covid-19 chegou ao STF mesmo antes da promulgação da EC n. 106, de 2020, pela propositura da ADI 6.357, rel. Min. Alexandre de Moraes. Na ação, discutia-se a suspensão de limites legais e constitucionais à ampliação do gasto público e concessão de renúncia de receita tributária, diante da disseminação do coronavírus.

A ADI 6.357 foi proposta pelo Presidente da República com o objetivo de afastar a exigência de demonstração de adequação e compensação orçamentárias em relação à criação/expansão de programas públicos destinados ao enfrentamento do contexto de calamidade gerado pela disseminação da Covid-19. Para fundamentar o pedido, argumentou que o contexto de excepcionalidade sanitária, econômica e fiscal justificaria "[...] afastar a adequação orçamentária exigida nos dispositivos da Lei de Responsabilidade Fiscal, no tocante à exigência de medidas de compensação quanto às políticas públicas destinadas aos programas de prevenção da disseminação do coronavírus e de proteção da população vulnerável atingida por referida pandemia".

A medida era necessária, porque a Lei Complementar n. 101, de 2000 (Lei de Responsabilidade Fiscal – LRF), não previa mecanismos legais para o afastamento dos requisitos relativos à concessão de benefícios fiscais nem mesmo em estado de calamidade pública. O art. 65, em sua redação originária, estabelecia que, na ocorrência de calamidade pública reconhecida pelo Congresso Nacional ou pelas Assembleias Legislativas, conforme o caso, serão suspensas a contagem dos prazos e as disposições estabelecidas nos arts. 23, 31 e 70 e serão dispensados o atingimento dos resultados fiscais e a limitação de empenho prevista no art. 9º da LRF. Mas a disposição não se referia às regras pertinentes à renúncia de receita tributária previstas nos arts. 14, 16, 17 e 24 da mesma Lei.

A liminar foi, então, deferida por decisão monocrática do ministro relator, em 29/3/2020, para conceder interpretação conforme à constituição aos arts. 14, 16, 17 e 24 da Lei de Responsabilidade Fiscal, e 114, *caput*, *in fine* e § 14, da Lei de Diretrizes Orçamentárias, de 2020. A decisão afastou, durante a emergência em Saúde Pública de importância nacional e o estado de calamidade pública decorrente da Covid-19, a exigência de demonstração de adequação e compensação orçamentárias em relação à criação/expansão de programas públicos destinados ao enfrentamento do contexto de calamidade gerado pela disseminação da Covid-19. Em tempos de crise extrema e extraordinária, o equilíbrio fiscal perde espaço para a preservação da própria economia e da sociedade. Os efeitos da decisão alcançavam todos os entes federativos que decretaram estado de calamidade pública decorrente da pandemia da Covid-19.

Posteriormente, a decisão foi submetida ao Plenário do Tribunal, que, em 13/5/2020, por maioria, referendou a medida cautelar deferida e extinguiu a ação por perda superveniente de objeto, nos termos do voto do Relator. A extinção da ação justificou-se pela promulgação da Emenda Constitucional n. 106, chamada de "orçamento de guerra", que conta com disposição (art. 3º) com efeitos muitos semelhantes aos pretendidos na ação.

Lê-se na ementa do julgado: "*O excepcional afastamento da incidência dos arts. 14, 16, 17 e 24 da LRF, e 114, caput, in fine, e § 14, da LDO/2020, durante o estado de calamidade pública e para fins exclusivos de combate integral da pandemia de Covid-19, não conflita com a prudência fiscal e o equilíbrio orçamentário intertemporal consagrados pela LRF. Realização de gastos orçamentários destinados à proteção da vida, da saúde e da própria subsistência dos brasileiros afetados pela gravidade da situação vivenciada*" (ADI 6.357 MC-Ref, Rel. Min. Alexandre de Moraes, Tribunal Pleno, julgado em 13.5.2020).

6. Referências bibliográficas

AFONSO, José Roberto R. Orçamento de guerra e quarentena fiscal. *Conjuntura Econômica*. Rio de Janeiro, v. 74, p. 24-27, 2020.

AFONSO, José Roberto R. *Keynes, Crise e Política Fiscal*. Saraiva: São Paulo, 2017.

AFONSO, José Roberto R.; CORREIA NETO, Celso de Barros. Renúncia de receita na pandemia: quais limites permanecem? *Consultor Jurídico (CONJUR)*, 30 abr. 2020. Disponível em: https://www.conjur.com.br/2020-abr-30/afonso-correia-neto-renuncia-receita-pandemia. Acesso em: 12 jun. 2020.

CORREIA NETO, Celso de Barros. *O Avesso do Tributo*. 2. ed. São Paulo: Almedina, 2016.

MENDES, Gilmar F.; SANTANA, Hadassah Laís S.; AFONSO, José Roberto. *Governance 4.0 para COVID-19 no Brasil*: propostos para gestão pública e para políticas sociais e econômicas. São Paulo: Saraiva, 2020.

7. Comentários

"Uma guerra". Foi a conclusão simples e objetiva a respeito dos primeiros relatos da expansão do vírus, desde a Ásia para o mundo, e de seus impactos inevitáveis na sociedade e na economia, diante da dimensão da gravidade rapidamente reconhecida por organismos internacionais. Desde cedo, ficou claro que seria preciso ir à guerra, ainda que dentro das fronteiras, e adotar medidas extraordinárias para salvar vidas e mitigar os efeitos da pandemia nas relações sociais e econômicas.

O cenário que se desenhava ainda mais complexo e grave para o caso brasileiro, porque não se limitaria apenas à batalha da saúde contra o coronavírus. Afinal, nossa economia já vinha quase estagnada, e o ajuste fiscal tão prometido em pouco tinha avançado, diante de outras dificuldades da política econômica e de insuficiências estruturais. Desafios brasileiros, que vinham sendo ignorados ou adiados, por anos, tornaram-se então iminentes e precisavam ser enfrentados em poucos meses ou semanas.

Foi preciso realizar um monumental esforço extraordinário para recriar nas finanças públicas uma quarentena como a imposta à sociedade, por meio de um conjunto de regras fiscais e contas públicas que integrassem um regime extraordinário, apartado do outro, o ordinário, que seguiu sendo aplicado a tudo aquilo que não esteja envolvido no esforço de combate à pandemia

A inspiração da medida foi colhida, segundo Afonso (2020), em Keynes, que foi o mentor da separação das despesas públicas, entre as correntes, para manutenção da máquina governamental (*e.g.* salários de servidores, custeio), e as de capital, para expansão do mesmo estado (*e.g.* obras e máquinas). O economista britânico contribuiu para a concepção e o aperfeiçoamento do orçamento público, ao separar com muita clareza o orçamento ordinário, voltado para despesas correntes e manutenção da máquina pública, do orçamento de capital.

Sobre o instrumento orçamentário diferenciado, vale acrescentar: "*Mais do que uma mera peça do planejamento e da administração do governo, o orçamento de capital refletiria uma proposta de política a partir de uma ótica estrutural: é possível inferir que, pelo lado dos usos, poderia contemplar os investimentos em infraes-*

trutura básica ou econômica (até pelo tamanho dos recursos desejados), e, pelo lado das fontes, poderia recorrer ao crédito no lugar dos tributos que custeiam a manutenção da máquina governamental tradicional" (AFONSO, 2017).

Cuidou-se então de adaptar e atualizar a ideia de separação de contas e coisas públicas, sugerida por Keynes, para o enfrentamento da pandemia, pela criação de um "orçamento de guerra", que ganhou forma, no nível constitucional, pela instituição de um regime extraordinário fiscal, financeiro e de contratações para enfrentamento de calamidade pública nacional decorrente de pandemia, nos termos da EC n. 106, de 2020.

7.1. Despesa Pública e Endividamento

Como vimos, a condução de políticas públicas em um cenário tão excepcional, como foi a pandemia de Covid-19, indicou a necessidade de adoção de um regime orçamentário provisório e de exceção, que ganhou forma constitucional com a promulgação da EC n. 106, de 2020.

Como visto, cuidou-se de separar, grosso modo, o orçamento e as medidas emergenciais destinadas ao enfrentamento da pandemia do orçamento geral da União. O texto da emenda deixa claro seu "propósito exclusivo de enfrentamento do contexto da calamidade e de seus efeitos sociais e econômicos". Entre as medidas extraordinárias previstas para atendimento deste objetivo na emenda em comento estão: (1) processo simplificado para contratação de pessoal, em caráter temporário e emergencial, compras, serviços e obras (art. 2º, *caput*); (2) suspensão das limitações legais à ampliação de ação governamental que implique aumento de despesa e à concessão de renúncia de receita (art. 3º, *caput*); (3) suspensão da proibição de contratar com o Poder Público e receber benefícios fiscais para empresas em débito com a seguridade social (art. 3º, parágrafo único); (4) autorização para realização de operações de crédito em montante superior às despesas de capital – regra de ouro –, sem prévia autorização legislativa, como exige o art. 167, III, da Constituição (art. 4º, *caput*); (5) autorização para que o Banco Central compre e venda títulos do Tesouro Nacional, nos mercados secundários local e internacional, e ativos, em mercados secundários nacionais no âmbito de mercados financeiros, de capitais e de pagamentos, atendidos os requisitos especificados na emenda.

A autorização para adoção pelo Poder Executivo federal de processos simplificados de contratação de pessoal, em caráter temporário e emergencial, afasta a regra do § 1º do art. 169 da Constituição Federal, que trata das condições para concessão de vantagem ou aumento de remuneração, a criação de cargos, empregos e funções ou alteração de estrutura de carreiras, bem como a admissão ou contratação de pessoal. Segundo o dispositivo, tais iniciativas ficam ordinariamente condicionadas: (1) à existência de prévia dotação orçamentária suficiente para atender às projeções de despesa de pessoal e aos acréscimos dela decorrentes; e (2) à autorização específica na lei de diretrizes orçamentárias. A redação do dispositivo deixa claro que a flexibilização das regras deve ser aplicada com o "propósito exclusivo de enfrentamento do contexto da calamidade e de seus efeitos sociais e econômicos".

O art. 4º da emenda afasta a chamada "regra que ouro", prevista no inciso III do *caput* do art. 167 da Constituição Federal. A disposição suspensa veda "a realização de operações de créditos que excedam o montante das despesas de capital, ressalvadas as autorizadas mediante créditos suplementares ou especiais com finalidade precisa, aprovados pelo Poder Legislativo por maioria absoluta". Enquanto vigorou a EC n. 106, 2020, ficou, portanto, dispensada a exigência de autorização legislativa prevista no art. 167, III, da Constituição.

A EC n. 106, 2020, por outro lado, trouxe também a exigência de que a União adotasse critérios objetivos, devidamente publicados, para a respectiva destinação a Estados e a Municípios, quando da distribuição de equipamentos e insumos de saúde imprescindíveis ao enfrentamento da calamidade (art. 2º, parágrafo único). Estabeleceu também um conjunto de regras para apartar autorizações de despesas relacionadas ao enfrentamento da calamidade pública nacional e de seus efeitos sociais e econômicos (art. 5º, *caput*). As autorizações de despesas devem: (1) constar de programações orçamentárias específicas ou contar com marcadores que as identifiquem; e (2) ser separadamente avaliadas na prestação de contas do Presidente da República e evidenciadas, até trinta dias após o encerramento de cada bimestre, no relatório resumido da execução orçamentária de que trata o § 3º do art. 165 da Constituição Federal (art. 5º, I e II).

A regra do art. 9º estabelece também que, constatada irregularidade ou descumprimento dos limites desta Emenda Constitucional, o Congresso Nacional poderá sustar, por decreto legislativo, qualquer decisão de órgão ou entidade do Poder Executivo relacionada às medidas autorizadas pela EC n. 106, de 2020. Não consta que a medida tenha sido efetivamente adotada. A emenda convalidou, no entanto, os atos de gestão praticados a partir de 20 de março de 2020, desde que compatíveis com as diretrizes que introduziu na ordem constitucional, como forma de assegurar segurança jurídica para os gestores públicos.

A vigência da EC n. 106, de 2020, ficou restrita ao período de estado de calamidade pública. O art. 11 previu expressamente que a revogação automática da emenda "na data do encerramento do estado de calamidade pública reconhecido pelo Congresso Nacional", o que se deu em 31 de dezembro de 2020, com fim da vigência do Decreto Legislativo n. 6, de 2020, promulgado em 20/3/2020. No entanto, é bom lembrar que o fim da Emergência em Saúde Pública de Importância Nacional (ESPIN) em decorrência do novo coronavírus só foi declarado em 2022, com a publicação da Portaria GM/MS n. 913, de 22 de abril de 2022, do Ministério da Saúde.

Após o encerramento da sua vigência, diversos dispositivos da EC n. 106, de 2020, serviram de inspiração para a redação de dispositivos do corpo permanente da Constituição Federal, pela EC n. 109, de 15 de março de 2021, nas alterações realizadas nos arts. 49 e 84 da Constituição Federal e na inclusão dos arts. 167-A, 167-B, 167-C, 167-D, 167-E, 167-F e 167-G.

O texto constitucional permanente passou a prever um rito para decretação do "estado de calamidade pública de âmbito nacional", tendo como consequência a adoção de um "regime extraordinário fiscal, financeiro e de contratações para atender às necessidades dele decorrentes, somente naquilo em que a urgência for incompatível com o regime regular", na forma do 167-B, similar ao previsto na EC n. 106, de 2020. Entre as medidas previstas no regime extraordinário, estão *e.g.*: processos simplificados de contratação de pessoal, em caráter temporário e emergencial, e de obras, serviços e compras (art. 167-C); dispensa da observância das limitações legais quanto ao aumento de despesa e à concessão ou à ampliação de incentivo ou benefício de natureza tributária (art. 167-D); suspensão da "regra de ouro" do art. 167, III, da Constituição (art. 167-E); e dispensa do cumprimento das restrições aplicáveis à União para a contratação de operações de crédito (art. 167-F). A semelhança entre o regime extraordinário da EC n. 109, de, 2021, e o da EC n. 106, de 2020, é evidente.

7.2. Benefícios Fiscais e Aumento de Despesa

A EC n. 106, de 2020, traz regras específicas para a concessão ou ampliação de incentivo ou benefício de natureza tributária da qual decorra renúncia de receita. Na redação original da proposta, cuidava do tema a previsão do § 5º do art. 115 do ADCT. O texto, no entanto, foi modificado no Senado Federal, passando a matéria a constar do caput do art. 3º da Emenda, nos termos da redação final aprovada.

Na redação proposta pela PEC e aprovada pela Câmara dos Deputados, as regras excepcionais em matéria de incentivo ou benefício de natureza tributária constavam no § 5º do art. 115 a ser inserido no ADCT. A redação era a seguinte: "§ 5º Desde que não se trate de despesa permanente, as proposições legislativas e os atos do Poder Executivo com propósito exclusivo de enfrentamento do contexto da calamidade e de seus efeitos sociais e econômicos, com vigência e efeitos restritos ao seu período de duração, ficam dispensados do cumprimento das restrições constitucionais e legais quanto a criação, expansão ou aperfeiçoamento de ação governamental que acarrete aumento da despesa e a concessão ou ampliação de incentivo ou benefício de natureza tributária da qual decorra renúncia de receita".

O texto era claro no seu objetivo de afastar restrições constitucionais e legais a criação, expansão ou aperfeiçoamento do gasto público direto ou indireto – isto é, na forma de renúncia de receita –, para o enfrentamento do contexto da calamidade e de seus efeitos sociais e econômicos. Em se tratando de renúncias, isso significa que seriam suspensas as exigências previstas no art. 113 do ADCT, para a União, e no art. 14 da Lei de Responsabilidade Fiscal, para todos os níveis de governo.

No Senado Federal, a redação do dispositivo foi substancialmente alterada, restringindo-se o alcance da disposição. Foram dispensadas as restrições previstas no nível da lei, mas preservadas as que constam no próprio texto constitucional, à exceção da previsão do § 3º do art. 195. A única restrição constitucional afastada foi a proibição de pessoa jurídica em débito com o sistema da seguridade social de contratar com o Poder Público e dele receber benefícios fiscais ou creditícios.

O art. 3º da emenda trata especificamente das proposições legislativas e dos atos do Poder Executivo voltados ao aumento de despesa e à renúncia da receita. A regra permitia que, atendidas as condições ali previstas, essas medidas ficassem dispensadas da "observância das limitações legais quanto à criação, à expansão ou ao aperfeiçoamento de ação governamental que acarrete aumento de despesa e à concessão ou à ampliação de incentivo ou benefício de natureza tributária da qual decorra renúncia de receita".

A dispensa do cumprimento das limitações legais para criação e aumento de despesa ou renúncia de receita está em consonância com o sentido de excepcionalidade do regime extraordinário (e transitório) estabelecido pela emenda e aplica-se exclusivamente à União. Enquanto perdurar o estado de calamidade pública nacional, não se aplicam as limitações legais que restringem ou condicionam a concessão e ampliação de incentivos fiscais, entre as quais se incluem sobretudo as do art. 14 da Lei de Responsabilidade Fiscal.

O texto final construído no Senado Federal é menos amplo do que o inicialmente proposto na Câmara dos Deputados. Assim, a exceção que vigorou no art. 3º suspendeu apenas as limitações estabelecidas no plano da lei. Tivesse o Congresso mantido a redação originariamente proposta para a emenda, a concessão de benefícios fiscais durante o período de calamidade pública dispensaria inclusive o cumprimento da própria legalidade (art. 150, § 6º) e o respeito à discriminação constitucional de competência tributária (e.g. arts. 153, 154, 155 e 156). Não foi o que prevaleceu.

A Emenda Constitucional n. 106, de 2020, apesar de ter facilitado a concessão de benefícios fiscais, manteve o dever de observância dos limites previstos na própria Constituição Federal. Assim, ainda vigorou e seguiu plenamente aplicável e.g. o disposto no art. 113 do ADCT, que exige elaboração de estimativa de impacto financeiro orçamentário para a concessão e ampliação de renúncia de receita.

Ademais, a regra do art. 3º da Emenda trouxe ao menos duas condições para a sua aplicabilidade. São elas: (1) a temporariedade da medida adotada ("não se trate de despesa permanente" e "vigência e efeitos restritos ao seu período de duração"); e (2) a destinação específica ("propósito exclusivo de enfrentamento do contexto da calamidade e de seus efeitos sociais e econômicos").

A primeira é o controle de escopo. Para que se beneficiem do regime extraordinário/emergencial previsto na Emenda, o incentivo fiscal em questão deve ser destinado ao enfretamento dos efeitos socioeconômicos da pandemia. O texto é claro nesse sentido ao exigir o "propósito exclusivo de enfrentar a calamidade e suas consequências sociais e econômicas". Ou seja, nem todo benefício fiscal deliberado no ano de 2020 estaria necessariamente livre do cumprimento dos requisitos do art. 14 da LRF. Apenas os que atendessem ao escopo previsto no art. 3º.

A segunda é o controle temporal ou de vigência. Os benefícios fiscais concedidos sem respeito aos parâmetros de responsabilidade fiscal não podem ser permanentes nem perdurar além do estado de calamidade. Devem ter vigência e efeitos restritos a esse período. Superado este momento, não se justifica o levantamento das restrições que, de ordinário, são de se aplicar à concessão e expansão de renúncias de receita, inclusive em cenários de crise fiscal ou econômica.

Aliás, embora a redação do texto inicial do caput do art. 3º mencione "Desde que não impliquem despesa permanente", a leitura integral do dispositivo não deixa dúvidas de que a expressão merece interpretação ampla: não podem ser permanentes nem as despesas diretas nem os benefícios fiscais, também chamados de "despesas fiscais" ou "gastos tributários". O requisito aplica-se a ambos.

O que o art. 3º não deixa exatamente claro é se o período de vigência das medidas a que se refere deve necessariamente coincidir com a duração do estado de calamidade pública que as justifica ou se poderá excedê-lo. O texto exige temporariedade e que ações governamentais e dos benefícios fiscais aprovados em regime excepcional tenham o "propósito exclusivo de enfrentar a calamidade e suas consequências sociais e econômicas, com vigência e efeitos restritos à sua duração". Mas isso significar que as ações governamentais ou programas de benefício fiscal aprovados nos termos do art. 3º não poderiam vigorar para além do termo final de vigência do estado de calamidade pública reconhecido pelo Congresso Nacional? Não é essa a interpretação que nos parece mais adequada. É evidente que os impactos econômicos negativos da pandemia podem perdurar muito além do estado de calamidade pública.

Cabe, portanto, distinguir estes dois momentos: (1) o momento de concessão das medidas fiscais de que trata o art. 3º; e (2) o período de produção de seus efeitos. Para que gozem do regime extraordinário previsto na Emenda n. 106, de 2020, as ações governamentais e os benefícios fiscais devem ser aprovados – isto é, criados, expandidos, aperfeiçoados, concedidos ou ampliados – durante a vigência do estado de calamidade pública. Mas nada impede que se mantenham vigentes e produzam efeitos após esse período, enquanto perdurarem as consequências socioeconômicas da pandemia, desde que se respeite o requisito de transitoriedade e a vinculação de escopo expressamente estabelecidos no *caput* do art. 3º da Emenda. Afinal, permanentes e desvinculada de seu propósito inicial, os benefícios fiscais concedidos com base no regime extraordinário do art. 3º tornam-se meros privilégios, desconectados do espírito que justificou sua edição.

EMENDA CONSTITUCIONAL N. 107, DE 2 DE JULHO DE 2020*

Adia, em razão da pandemia da Covid-19, as eleições municipais de outubro de 2020 e os prazos eleitorais respectivos

As Mesas da Câmara dos Deputados e do Senado Federal, nos termos do § 3º do art. 60 da Constituição Federal, promulgam a seguinte Emenda ao texto constitucional:

Art. 1º As eleições municipais previstas para outubro de 2020 realizar-se-ão no dia 15 de novembro, em primeiro turno, e no dia 29 de novembro de 2020, em segundo turno, onde houver, observado o disposto no § 4º deste artigo.

§ 1º Ficam estabelecidas, para as eleições de que trata o caput deste artigo, as seguintes datas:

I – a partir de 11 de agosto, para a vedação às emissoras para transmitir programa apresentado ou comentado por pré-candidato, conforme previsto no § 1º do art. 45 da Lei n. 9.504, de 30 de setembro de 1997

II – entre 31 de agosto e 16 de setembro, para a realização das convenções para escolha dos candidatos pelos partidos e a deliberação sobre coligações, a que se refere o caput do art. 8º da Lei n. 9.504, de 30 de setembro de 199;

III – até 26 de setembro, para que os partidos e coligações solicitem à Justiça Eleitoral o registro de seus candidatos, conforme disposto no caput do art. 11 da Lei n. 9.504, de 30 de setembro de 1997, e no caput do art. 93 da Lei n. 4.737, de 15 de julho de 1965

IV – após 26 de setembro, para o início da propaganda eleitoral, inclusive na internet, conforme disposto nos arts. 36 e 57-A da Lei n. 9.504, de 30 de setembro de 1997, e no caput do art. 240 da Lei n. 4.737, de 15 de julho de 1965;

V – a partir de 26 de setembro, para que a Justiça Eleitoral convoque os partidos e a representação das emissoras de rádio e de televisão para elaborarem plano de mídia, conforme disposto no art. 52 da Lei n. 9.504, de 30 de setembro de 1997;

VI – 27 de outubro, para que os partidos políticos, as coligações e os candidatos, obrigatoriamente, divulguem o relatório que discrimina as transferências do Fundo Partidário e do Fundo Especial de Financiamento de Campanha, os recursos em dinheiro e os estimáveis em dinheiro recebidos, bem como os gastos realizados, conforme disposto no inciso II do § 4º do art. 28 da Lei n. 9.504, de 30 de setembro de 1997;

VII – até 15 de dezembro, para o encaminhamento à Justiça Eleitoral do conjunto das prestações de contas de campanha dos candidatos e dos partidos políticos, relativamente ao primeiro e, onde houver, ao segundo turno das eleições, conforme disposto nos incisos III e IV do caput do art. 29 da Lei n. 9.504, de 30 de setembro de 1997.

§ 2º Os demais prazos fixados na Lei n. 9.504, de 30 de setembro de 1997, e na Lei n. 4.737, de 15 de julho de 1965, que não tenham transcorrido na data da publicação desta Emenda Constitucional e tenham como referência a data do pleito serão computados considerando-se a nova data das eleições de 2020.

§ 3º Nas eleições de que trata este artigo serão observadas as seguintes disposições:

I – o prazo previsto no § 1º do art. 30 da Lei n. 9.504, de 30 de setembro de 1997, não será aplicado, e a decisão que julgar as contas dos candidatos eleitos deverá ser publicada até o dia 12 de fevereiro de 2021;

II – o prazo para a propositura da representação de que trata o art. 30-A da Lei n. 9.504, de 30 de setembro de 1997, será até o dia 1º de março de 2021;

III – os partidos políticos ficarão autorizados a realizar, por meio virtual, independentemente de qualquer disposição estatutária, convenções ou reuniões para a escolha de candidatos e a formalização de coligações, bem como para a definição dos critérios de distribuição dos recursos do Fundo Especial de Financiamento de Campanha, de que trata o art. 16-C da Lei n. 9.504, de 30 de setembro de 1997;

IV – os prazos para desincompatibilização que, na data da publicação desta Emenda Constitucional, estiverem:

a) a vencer: serão computados considerando-se a nova data de realização das eleições de 2020;

b) vencidos: serão considerados preclusos, vedada a sua reabertura;

V – a diplomação dos candidatos eleitos ocorrerá em todo o País até o dia 18 de dezembro, salvo a situação prevista no § 4º deste artigo;

VI – os atos de propaganda eleitoral não poderão ser limitados pela legislação municipal ou pela Justiça Eleitoral, salvo se a decisão estiver fundamentada em prévio parecer técnico emitido por autoridade sanitária estadual ou nacional;

VII – em relação à conduta vedada prevista no inciso VII do *caput* do art. 73 da Lei n. 9.504, de 30 de setembro de 1997, os

---

*. Publicada no *Diário Oficial da União* de 3-7-2020.

gastos liquidados com publicidade institucional realizada até 15 de agosto de 2020 não poderão exceder a média dos gastos dos 2 (dois) primeiros quadrimestres dos 3 (três) últimos anos que antecedem ao pleito, salvo em caso de grave e urgente necessidade pública, assim reconhecida pela Justiça Eleitoral;

VIII – no segundo semestre de 2020, poderá ser realizada a publicidade institucional de atos e campanhas dos órgãos públicos municipais e de suas respectivas entidades da administração indireta destinados ao enfrentamento à pandemia da Covid-19 e à orientação da população quanto a serviços públicos e a outros temas afetados pela pandemia, resguardada a possibilidade de apuração de eventual conduta abusiva nos termos do art. 22 da Lei Complementar n. 64, de 18 de maio de 1990

§ 4º No caso de as condições sanitárias de um Estado ou Município não permitirem a realização das eleições nas datas previstas no caput deste artigo, o Congresso Nacional, por provocação do Tribunal Superior Eleitoral, instruída com manifestação da autoridade sanitária nacional, e após parecer da Comissão Mista de que trata o art. 2º do Decreto Legislativo n. 6, de 20 de março de 2020, poderá editar decreto legislativo a fim de designar novas datas para a realização do pleito, observada como data-limite o dia 27 de dezembro de 2020, e caberá ao Tribunal Superior Eleitoral dispor sobre as medidas necessárias à conclusão do processo eleitoral.

§ 5º O Tribunal Superior Eleitoral fica autorizado a promover ajustes nas normas referentes a:

I – prazos para fiscalização e acompanhamento dos programas de computador utilizados nas urnas eletrônicas para os processos de votação, apuração e totalização, bem como de todas as fases do processo de votação, apuração das eleições e processamento eletrônico da totalização dos resultados, para adequá-los ao novo calendário eleitoral;

II – recepção de votos, justificativas, auditoria e fiscalização no dia da eleição, inclusive no tocante ao horário de funcionamento das seções eleitorais e à distribuição dos eleitores no período, de forma a propiciar a melhor segurança sanitária possível a todos os participantes do processo eleitoral.

Art. 2º Não se aplica o art. 16 da Constituição Federal ao disposto nesta Emenda Constitucional.

Art. 3º Esta Emenda Constitucional entra em vigor na data de sua publicação.

Brasília, em 2 de julho de 2020.

Mesa da Câmara dos Deputados
Deputado RODRIGO MAIA
Presidente
Mesa do Senado Federal
Senador DAVI ALCOLUMBRE
Presidente

■ Excepcionando o art. 16, da Constituição, que estabelece que lei modificadora do processo eleitoral entrará em vigor na data de sua publicação, não se aplicando à eleição que ocorra até um ano da data de sua vigência, a EC 107, de 2020, adiou as eleições municipais do mesmo ano, modificando, igualmente, alguns dos prazos eleitorais correspondentes, tudo em razão da pandemia de Covid-19.

EMENDA CONSTITUCIONAL N. 108, DE 26 DE AGOSTO DE 2020*

Altera a Constituição Federal para estabelecer critérios de distribuição da cota municipal do Imposto sobre Operações Relativas à Circulação de Mercadorias e sobre Prestações de Serviços de Transporte Interestadual e Intermunicipal e de Comunicação (ICMS), para disciplinar a disponibilização de dados contábeis pelos entes federados, para tratar do planejamento na ordem social e para dispor sobre o Fundo de Manutenção e Desenvolvimento da Educação Básica e de Valorização dos Profissionais da Educação (Fundeb); altera o Ato das Disposições Constitucionais Transitórias; e dá outras providências.

As Mesas da Câmara dos Deputados e do Senado Federal, nos termos do § 3º do art. 60 da Constituição Federal, promulgam a seguinte Emenda ao texto constitucional:

Art. 1º A Constituição Federal passa a vigorar com as seguintes alterações:

"Art. 158. ....
....
Parágrafo único. ....
I – 65% (sessenta e cinco por cento), no mínimo, na proporção do valor adicionado nas operações relativas à circulação de mercadorias e nas prestações de serviços, realizadas em seus territórios;
II – até 35% (trinta e cinco por cento), de acordo com o que dispuser lei estadual, observada, obrigatoriamente, a distribuição de, no mínimo, 10 (dez) pontos percentuais com base em indicadores de melhoria nos resultados de aprendizagem e de aumento da equidade, considerado o nível socioeconômico dos educandos." (NR)

"Art. 163-A. A União, os Estados, o Distrito Federal e os Municípios disponibilizarão suas informações e dados contábeis, orçamentários e fiscais, conforme periodicidade, formato e sistema estabelecidos pelo órgão central de contabilidade da União, de forma a garantir a rastreabilidade, a comparabilidade e a publicidade dos dados coletados, os quais deverão ser divulgados em meio eletrônico de amplo acesso público."

"Art. 193. ....
Parágrafo único. O Estado exercerá a função de planejamento das políticas sociais, assegurada, na forma da lei, a participação da sociedade nos processos de formulação, de monitoramento, de controle e de avaliação dessas políticas."(NR)

"Art. 206. ....
....

---

*. Publicada no *Diário Oficial da União* de 27-8-2020.

IX – garantia do direito à educação e à aprendizagem ao longo da vida.

.... " (NR)

"Art. 211..

....

§ 4º Na organização de seus sistemas de ensino, a União, os Estados, o Distrito Federal e os Municípios definirão formas de colaboração, de forma a assegurar a universalização, a qualidade e a equidade do ensino obrigatório.

....

§ 6º A União, os Estados, o Distrito Federal e os Municípios exercerão ação redistributiva em relação a suas escolas.

§ 7º O padrão mínimo de qualidade de que trata o § 1º deste artigo considerará as condições adequadas de oferta e terá como referência o Custo Aluno Qualidade (CAQ), pactuados em regime de colaboração na forma disposta em lei complementar, conforme o parágrafo único do art. 23 desta Constituição." (NR)

"Art. 212. ....

....

§ 7º É vedado o uso dos recursos referidos no caput e nos §§ 5º e 6º deste artigo para pagamento de aposentadorias e de pensões.

§ 8º Na hipótese de extinção ou de substituição de impostos, serão redefinidos os percentuais referidos no caput deste artigo e no inciso II do caput do art. 212-A, de modo que resultem recursos vinculados à manutenção e ao desenvolvimento do ensino, bem como os recursos subvinculados aos fundos de que trata o art. 212-A desta Constituição, em aplicações equivalentes às anteriormente praticadas.

§ 9º A lei disporá sobre normas de fiscalização, de avaliação e de controle das despesas com educação nas esferas estadual, distrital e municipal." (NR)

"Art. 212-A. Os Estados, o Distrito Federal e os Municípios destinarão parte dos recursos a que se refere o caput do art. 212 desta Constituição à manutenção e ao desenvolvimento do ensino na educação básica e à remuneração condigna de seus profissionais, respeitadas as seguintes disposições:

I – a distribuição dos recursos e de responsabilidades entre o Distrito Federal, os Estados e seus Municípios é assegurada mediante a instituição, no âmbito de cada Estado e do Distrito Federal, de um Fundo de Manutenção e Desenvolvimento da Educação Básica e de Valorização dos Profissionais da Educação (Fundeb), de natureza contábil;

II – os fundos referidos no inciso I do caput deste artigo serão constituídos por 20% (vinte por cento) dos recursos a que se referem os incisos I, II e III do caput do art. 155, o inciso II do caput do art. 157, os incisos II, III e IV do caput do art. 158 e as alíneas a e b do inciso I e o inciso II do caput do art. 159 desta Constituição;

III – os recursos referidos no inciso II do caput deste artigo serão distribuídos entre cada Estado e seus Municípios, proporcionalmente ao número de alunos das diversas etapas e modalidades da educação básica presencial matriculados nas respectivas redes, nos âmbitos de atuação prioritária, conforme estabelecido nos §§ 2º e 3º do art. 211 desta Constituição, observadas as ponderações referidas na alínea a do inciso X do caput e no § 2º deste artigo;

IV – a União complementará os recursos dos fundos a que se refere o inciso II do caput deste artigo;

V – a complementação da União será equivalente a, no mínimo, 23% (vinte e três por cento) do total de recursos a que se refere o inciso II do caput deste artigo, distribuída da seguinte forma:

a) 10 (dez) pontos percentuais no âmbito de cada Estado e do Distrito Federal, sempre que o valor anual por aluno (VAAF), nos termos do inciso III do caput deste artigo, não alcançar o mínimo definido nacionalmente;

b) no mínimo, 10,5 (dez inteiros e cinco décimos) pontos percentuais em cada rede pública de ensino municipal, estadual ou distrital, sempre que o valor anual total por aluno (VAAT), referido no inciso VI do caput deste artigo, não alcançar o mínimo definido nacionalmente;

c) 2,5 (dois inteiros e cinco décimos) pontos percentuais nas redes públicas que, cumpridas condicionalidades de melhoria de gestão previstas em lei, alcançarem evolução de indicadores a serem definidos, de atendimento e melhoria da aprendizagem com redução das desigualdades, nos termos do sistema nacional de avaliação da educação básica;

VI – o VAAT será calculado, na forma da lei de que trata o inciso X do caput deste artigo, com base nos recursos a que se refere o inciso II do caput deste artigo, acrescidos de outras receitas e de transferências vinculadas à educação, observado o disposto no § 1º e consideradas as matrículas nos termos do inciso III do caput deste artigo;

VII – os recursos de que tratam os incisos II e IV do caput deste artigo serão aplicados pelos Estados e pelos Municípios exclusivamente nos respectivos âmbitos de atuação prioritária, conforme estabelecido nos §§ 2º e 3º do art. 211 desta Constituição;

VIII – a vinculação de recursos à manutenção e ao desenvolvimento do ensino estabelecida no art. 212 desta Constituição suportará, no máximo, 30% (trinta por cento) da complementação da União, considerados para os fins deste inciso os valores previstos no inciso V do caput deste artigo;

IX – o disposto no caput do art. 160 desta Constituição aplica-se aos recursos referidos nos incisos II e IV do caput deste artigo, e seu descumprimento pela autoridade competente importará em crime de responsabilidade;

X – a lei disporá, observadas as garantias estabelecidas nos incisos I, II, III e IV do caput e no § 1º do art. 208 e as metas pertinentes do plano nacional de educação, nos termos previstos no art. 214 desta Constituição, sobre:

a) a organização dos fundos referidos no inciso I do caput deste artigo e a distribuição proporcional de seus recursos, as diferenças e as ponderações quanto ao valor anual por aluno entre etapas, modalidades, duração da jornada e tipos de estabelecimento de ensino, observados as respectivas especificidades e os insumos necessários para a garantia de sua qualidade;

b) a forma de cálculo do VAAF decorrente do inciso III do caput deste artigo e do VAAT referido no inciso VI do caput deste artigo;

c) a forma de cálculo para distribuição prevista na alínea c do inciso V do caput deste artigo;

d) a transparência, o monitoramento, a fiscalização e o controle interno, externo e social dos fundos referidos no inciso I do *caput* deste artigo, assegurada a criação, a autonomia, a manutenção e a consolidação de conselhos de acompanhamento e controle social, admitida sua integração aos conselhos de educação;

e) o conteúdo e a periodicidade da avaliação, por parte do órgão responsável, dos efeitos redistributivos, da melhoria dos indicadores educacionais e da ampliação do atendimento;

XI – proporção não inferior a 70% (setenta por cento) de cada fundo referido no inciso I do *caput* deste artigo, excluídos os recursos de que trata a alínea *c* do inciso V do *caput* deste artigo, será destinada ao pagamento dos profissionais da educação básica em efetivo exercício, observado, em relação aos recursos previstos na alínea *b* do inciso V do *caput* deste artigo, o percentual mínimo de 15% (quinze por cento) para despesas de capital;

XII – lei específica disporá sobre o piso salarial profissional nacional para os profissionais do magistério da educação básica pública;

XIII – a utilização dos recursos a que se refere o § 5º do art. 212 desta Constituição para a complementação da União ao Fundeb, referida no inciso V do *caput* deste artigo, é vedada.

§ 1º O cálculo do VAAT, referido no inciso VI do *caput* deste artigo, deverá considerar, além dos recursos previstos no inciso II do *caput* deste artigo, pelo menos, as seguintes disponibilidades:

I – receitas de Estados, do Distrito Federal e de Municípios vinculadas à manutenção e ao desenvolvimento do ensino não integrantes dos fundos referidos no inciso I do *caput* deste artigo;

II – cotas estaduais e municipais da arrecadação do salário-educação de que trata o § 6º do art. 212 desta Constituição;

III – complementação da União transferida a Estados, ao Distrito Federal e a Municípios nos termos da alínea *a* do inciso V do *caput* deste artigo.

§ 2º Além das ponderações previstas na alínea *a* do inciso X do *caput* deste artigo, a lei definirá outras relativas ao nível socioeconômico dos educandos e aos indicadores de disponibilidade de recursos vinculados à educação e de potencial de arrecadação tributária de cada ente federado, bem como seus prazos de implementação.

§ 3º Será destinada à educação infantil a proporção de 50% (cinquenta por cento) dos recursos globais a que se refere a alínea *b* do inciso V do *caput* deste artigo, nos termos da lei."

Art. 2º O Ato das Disposições Constitucionais Transitórias passa a vigorar com as seguintes alterações:

"Art. 60. A complementação da União referida no inciso IV do *caput* do art. 212-A da Constituição Federal será implementada progressivamente até alcançar a proporção estabelecida no inciso V do *caput* do mesmo artigo, a partir de 1º de janeiro de 2021, nos seguintes valores mínimos:

I – 12% (doze por cento), no primeiro ano;
II – 15% (quinze por cento), no segundo ano;
III – 17% (dezessete por cento), no terceiro ano;
IV – 19% (dezenove por cento), no quarto ano;
V – 21% (vinte e um por cento), no quinto ano;
VI – 23% (vinte e três por cento), no sexto ano.

§ 1º A parcela da complementação de que trata a alínea *b* do inciso V do *caput* do art. 212-A da Constituição Federal observará, no mínimo, os seguintes valores:

I – 2 (dois) pontos percentuais, no primeiro ano;
II – 5 (cinco) pontos percentuais, no segundo ano;
III – 6,25 (seis inteiros e vinte e cinco centésimos) pontos percentuais, no terceiro ano;
IV – 7,5 (sete inteiros e cinco décimos) pontos percentuais, no quarto ano;
V – 9 (nove) pontos percentuais, no quinto ano;
VI – 10,5 (dez inteiros e cinco décimos) pontos percentuais, no sexto ano.

§ 2º A parcela da complementação de que trata a alínea *c* do inciso V do *caput* do art. 212-A da Constituição Federal observará os seguintes valores:

I – 0,75 (setenta e cinco centésimos) ponto percentual, no terceiro ano;
II – 1,5 (um inteiro e cinco décimos) ponto percentual, no quarto ano;
III – 2 (dois) pontos percentuais, no quinto ano;
IV – 2,5 (dois inteiros e cinco décimos) pontos percentuais, no sexto ano." (NR)

"Art. 60-A. Os critérios de distribuição da complementação da União e dos fundos a que se refere o inciso I do *caput* do art. 212-A da Constituição Federal serão revistos em seu sexto ano de vigência e, a partir dessa primeira revisão, periodicamente, a cada 10 (dez) anos."

"Art. 107. ....
....

§ 6º ....

I – transferências constitucionais estabelecidas no § 1º do art. 20, no inciso III do parágrafo único do art. 146, no § 5º do art. 153, no art. 157, nos incisos I e II do *caput* do art. 158, no art. 159 e no § 6º do art. 212, as despesas referentes ao inciso XIV do *caput* do art. 21 e as complementações de que tratam os incisos IV e V do *caput* do art. 212-A, todos da Constituição Federal;

...." (NR)

Art. 3º Os Estados terão prazo de 2 (dois) anos, contado da data da promulgação desta Emenda Constitucional, para aprovar lei estadual prevista no inciso II do parágrafo único do art. 158 da Constituição Federal.

Art. 4º Esta Emenda Constitucional entra em vigor na data de sua publicação e produzirá efeitos financeiros a partir de 1º de janeiro de 2021.

Parágrafo único. Ficam mantidos os efeitos do art. 60 do Ato das Disposições Constitucionais Transitórias, conforme estabelecido pela Emenda Constitucional n. 53, de 19 de dezembro de 2006, até o início dos efeitos financeiros desta Emenda Constitucional.

Brasília, em 26 de agosto de 2020.

Mesa da Câmara dos Deputados
Deputado RODRIGO MAIA
Presidente
Mesa do Senado Federal
Senador DAVI ALCOLUMBRE
Presidente

EMENDA CONSTITUCIONAL N. 109, DE 15 DE MARÇO DE 2021*

Altera os arts. 29-A, 37, 49, 84, 163, 165, 167, 168 e 169 da Constituição Federal e os arts. 101 e 109 do Ato das Disposições Constitucionais Transitórias; acrescenta à Constituição Federal os arts. 164-A, 167- A, 167-B, 167-C, 167-D, 167-E, 167-F e 167-G; revoga dispositivos do Ato das Disposições Constitucionais Transitórias e institui regras transitórias sobre redução de benefícios tributários; desvincula parcialmente o superávit financeiro de fundos públicos; e suspende condicionalidades para realização de despesas com concessão de auxílio emergencial residual para enfrentar as consequências sociais e econômicas da pandemia da Covid-19.

As Mesas da Câmara dos Deputados e do Senado Federal, nos termos do § 3º do art. 60 da Constituição Federal, promulgam a seguinte Emenda ao texto constitucional:

Art. 1º A Constituição Federal passa a vigorar com as seguintes alterações:

• *Vide* os comentários aos dispositivos constitucionais modificados.

"Art. 29-A. O total da despesa do Poder Legislativo Municipal, incluídos os subsídios dos Vereadores e os demais gastos com pessoal inativo e pensionistas, não poderá ultrapassar os seguintes percentuais, relativos ao somatório da receita tributária e das transferências previstas no § 5º do art. 153 e nos arts. 158 e 159 desta Constituição, efetivamente realizado no exercício anterior:

...." (NR)

"Art. 37. ....

....

§ 16. Os órgãos e entidades da administração pública, individual ou conjuntamente, devem realizar avaliação das políticas públicas, inclusive com divulgação do objeto a ser avaliado e dos resultados alcançados, na forma da lei." (NR)

"Art. 49. ....

....

XVIII – decretar o estado de calamidade pública de âmbito nacional previsto nos arts. 167-B, 167-C, 167-D, 167-E, 167-F e 167-G desta Constituição." (NR)

"Art. 84. ....

---

*. Publicada no *Diário Oficial da União* de 16-3-2021.

XXVIII – propor ao Congresso Nacional a decretação do estado de calamidade pública de âmbito nacional previsto nos arts. 167-B, 167-C, 167-D, 167-E, 167-F e 167-G desta Constituição.

...." (NR)

"Art. 163. ....

....

VIII – sustentabilidade da dívida, especificando:

a) indicadores de sua apuração;

b) níveis de compatibilidade dos resultados fiscais com a trajetória da dívida;

c) trajetória de convergência do montante da dívida com os limites definidos em legislação;

d) medidas de ajuste, suspensões e vedações;

e) planejamento de alienação de ativos com vistas à redução do montante da dívida.

Parágrafo único. A lei complementar de que trata o inciso VIII do *caput* deste artigo pode autorizar a aplicação das vedações previstas no art. 167-A desta Constituição." (NR)

"Art. 164-A. A União, os Estados, o Distrito Federal e os Municípios devem conduzir suas políticas fiscais de forma a manter a dívida pública em níveis sustentáveis, na forma da lei complementar referida no inciso VIII do *caput* do art. 163 desta Constituição.

Parágrafo único. A elaboração e a execução de planos e orçamentos devem refletir a compatibilidade dos indicadores fiscais com a sustentabilidade da dívida."

"Art. 165. ....

....

§ 2º A lei de diretrizes orçamentárias compreenderá as metas e prioridades da administração pública federal, estabelecerá as diretrizes de política fiscal e respectivas metas, em consonância com trajetória sustentável da dívida pública, orientará a elaboração da lei orçamentária anual, disporá sobre as alterações na legislação tributária e estabelecerá a política de aplicação das agências financeiras oficiais de fomento.

....

§ 16. As leis de que trata este artigo devem observar, no que couber, os resultados do monitoramento e da avaliação das políticas públicas previstos no § 16 do art. 37 desta Constituição." (NR)

"Art. 167. ....

....

XIV – a criação de fundo público, quando seus objetivos puderem ser alcançados mediante a vinculação de receitas orçamentárias específicas ou mediante a execução direta por programação orçamentária e financeira de órgão ou entidade da administração pública.

....

§ 4º É permitida a vinculação das receitas a que se referem os arts. 155, 156, 157, 158 e as alíneas *a*, *b*, *d* e *e* do inciso I e o inciso II do *caput* do art. 159 desta Constituição para pagamento de débitos com a União e para prestar-lhe garantia ou contragarantia.

....

§ 6º Para fins da apuração ao término do exercício financeiro do cumprimento do limite de que trata o inciso III do *caput* deste artigo, as receitas das operações de crédito efetuadas no contexto da gestão da dívida pública mobiliária federal somente serão consideradas no exercício financeiro em que for realizada a respectiva despesa." (NR)

"Art. 167-A. Apurado que, no período de 12 (doze) meses, a relação entre despesas correntes e receitas correntes supera 95% (noventa e cinco por cento), no âmbito dos Estados, do Distrito Federal e dos Municípios, é facultado aos Poderes Executivo, Legislativo e Judiciário, ao Ministério Público, ao Tribunal de Contas e à Defensoria Pública do ente, enquanto permanecer a situação, aplicar o mecanismo de ajuste fiscal de vedação da:

I – concessão, a qualquer título, de vantagem, aumento, reajuste ou adequação de remuneração de membros de Poder ou de órgão, de servidores e empregados públicos e de militares, exceto dos derivados de sentença judicial transitada em julgado ou de determinação legal anterior ao início da aplicação das medidas de que trata este artigo;

II – criação de cargo, emprego ou função que implique aumento de despesa;

III – alteração de estrutura de carreira que implique aumento de despesa;

IV – admissão ou contratação de pessoal, a qualquer título, ressalvadas:

a) as reposições de cargos de chefia e de direção que não acarretem aumento de despesa;

b) as reposições decorrentes de vacâncias de cargos efetivos ou vitalícios;

c) as contratações temporárias de que trata o inciso IX do *caput* do art. 37 desta Constituição; e

d) as reposições de temporários para prestação de serviço militar e de alunos de órgãos de formação de militares;

V – realização de concurso público, exceto para as reposições de vacâncias previstas no inciso IV deste *caput*;

VI – criação ou majoração de auxílios, vantagens, bônus, abonos, verbas de representação ou benefícios de qualquer natureza, inclusive os de cunho indenizatório, em favor de membros de Poder, do Ministério Público ou da Defensoria Pública e de servidores e empregados públicos e de militares, ou ainda de seus dependentes, exceto quando derivados de sentença judicial transitada em julgado ou de determinação legal anterior ao início da aplicação das medidas de que trata este artigo;

VII – criação de despesa obrigatória;

VIII – adoção de medida que implique reajuste de despesa obrigatória acima da variação da inflação, observada a preservação do poder aquisitivo referida no inciso IV do *caput* do art. 7º desta Constituição;

IX – criação ou expansão de programas e linhas de financiamento, bem como remissão, renegociação ou refinanciamento de dívidas que impliquem ampliação das despesas com subsídios e subvenções;

X – concessão ou ampliação de incentivo ou benefício de natureza tributária.

§ 1º Apurado que a despesa corrente supera 85% (oitenta e cinco por cento) da receita corrente, sem exceder o percentual mencionado no *caput* deste artigo, as medidas nele indicadas podem ser, no todo ou em parte, implementadas por atos do Chefe do Poder Executivo com vigência imediata, facultado aos demais Poderes e órgãos autônomos implementá-las em seus respectivos âmbitos.

§ 2º O ato de que trata o § 1º deste artigo deve ser submetido, em regime de urgência, à apreciação do Poder Legislativo.

§ 3º O ato perde a eficácia, reconhecida a validade dos atos praticados na sua vigência, quando:

I – rejeitado pelo Poder Legislativo;

II – transcorrido o prazo de 180 (cento e oitenta) dias sem que se ultime a sua apreciação; ou

III – apurado que não mais se verifica a hipótese prevista no § 1º deste artigo, mesmo após a sua aprovação pelo Poder Legislativo.

§ 4º A apuração referida neste artigo deve ser realizada bimestralmente.

§ 5º As disposições de que trata este artigo:

I – não constituem obrigação de pagamento futuro pelo ente da Federação ou direitos de outrem sobre o erário;

II – não revogam, dispensam ou suspendem o cumprimento de dispositivos constitucionais e legais que disponham sobre metas fiscais ou limites máximos de despesas.

§ 6º Ocorrendo a hipótese de que trata o *caput* deste artigo, até que todas as medidas nele previstas tenham sido adotadas por todos os Poderes e órgãos nele mencionados, de acordo com declaração do respectivo Tribunal de Contas, é vedada:

I – a concessão, por qualquer outro ente da Federação, de garantias ao ente envolvido;

II – a tomada de operação de crédito por parte do ente envolvido com outro ente da Federação, diretamente ou por intermédio de seus fundos, autarquias, fundações ou empresas estatais dependentes, ainda que sob a forma de novação, refinanciamento ou postergação de dívida contraída anteriormente, ressalvados os financiamentos destinados a projetos específicos celebrados na forma de operações típicas das agências financeiras oficiais de fomento."

"Art. 167-B. Durante a vigência de estado de calamidade pública de âmbito nacional, decretado pelo Congresso Nacional por iniciativa privativa do Presidente da República, a União deve adotar regime extraordinário fiscal, financeiro e de contratações para atender às necessidades dele decorrentes, somente naquilo em que a urgência for incompatível com o regime regular, nos termos definidos nos arts. 167-C, 167-D, 167-E, 167-F e 167-G desta Constituição."

"Art. 167-C. Com o propósito exclusivo de enfrentamento da calamidade pública e de seus efeitos sociais e econômicos, no seu período de duração, o Poder Executivo federal pode adotar processos simplificados de contratação de pessoal, em caráter temporário e emergencial, e de obras, serviços e compras que assegurem, quando possível, competição e igualdade de condições a todos os concorrentes, dispensada a observância do § 1º do art. 169 na contratação de que trata o inciso IX do *caput* do art. 37 desta Constituição, limitada a dispensa às situações de que trata o referido inciso, sem prejuízo do controle dos órgãos competentes."

"Art. 167-D. As proposições legislativas e os atos do Poder Executivo com propósito exclusivo de enfrentar a calamidade e suas consequências sociais e econômicas, com vigência e efeitos restritos à sua duração, desde que não impliquem despesa obrigatória de caráter continuado, ficam dispensados da observância das limitações legais quanto à criação, à expansão ou ao aperfeiçoamento de ação governamental que acarrete aumento de despesa e à concessão ou à ampliação de incentivo ou benefício de natureza tributária da qual decorra renúncia de receita.

Parágrafo único. Durante a vigência da calamidade pública de âmbito nacional de que trata o art. 167-B, não se aplica o disposto no § 3º do art. 195 desta Constituição."

"Art. 167-E. Fica dispensada, durante a integralidade do exercício financeiro em que vigore a calamidade pública de âmbito nacional, a observância do inciso III do *caput* do art. 167 desta Constituição."

"Art. 167-F. Durante a vigência da calamidade pública de âmbito nacional de que trata o art. 167-B desta Constituição:

I – são dispensados, durante a integralidade do exercício financeiro em que vigore a calamidade pública, os limites, as condições e demais restrições aplicáveis à União para a contratação de operações de crédito, bem como sua verificação;

II – o superávit financeiro apurado em 31 de dezembro do ano imediatamente anterior ao reconhecimento pode ser destinado à cobertura de despesas oriundas das medidas de combate à calamidade pública de âmbito nacional e ao pagamento da dívida pública.

§ 1º Lei complementar pode definir outras suspensões, dispensas e afastamentos aplicáveis durante a vigência do estado de calamidade pública de âmbito nacional.

§ 2º O disposto no inciso II do *caput* deste artigo não se aplica às fontes de recursos:

I – decorrentes de repartição de receitas a Estados, ao Distrito Federal e a Municípios;

II – decorrentes das vinculações estabelecidas pelos arts. 195, 198, 201, 212, 212-A e 239 desta Constituição;

III – destinadas ao registro de receitas oriundas da arrecadação de doações ou de empréstimos compulsórios, de transferências recebidas para o atendimento de finalidades determinadas ou das receitas de capital produto de operações de financiamento celebradas com finalidades contratualmente determinadas."

"Art. 167-G. Na hipótese de que trata o art. 167-B, aplicam-se à União, até o término da calamidade pública, as vedações previstas no art. 167-A desta Constituição.

§ 1º Na hipótese de medidas de combate à calamidade pública cuja vigência e efeitos não ultrapassem a sua duração, não se aplicam as vedações referidas nos incisos II, IV, VII, IX e X do *caput* do art. 167-A desta Constituição.

§ 2º Na hipótese de que trata o art. 167-B, não se aplica a alínea "c" do inciso I do *caput* do art. 159 desta Constituição, devendo a transferência a que se refere aquele dispositivo ser efetuada nos mesmos montantes transferidos no exercício anterior à decretação da calamidade.

§ 3º É facultada aos Estados, ao Distrito Federal e aos Municípios a aplicação das vedações referidas no *caput*, nos termos deste artigo, e, até que as tenham adotado na integralidade, estarão submetidos às restrições do § 6º do art. 167-A desta Constituição, enquanto perdurarem seus efeitos para a União."

"Art. 168. ....

§ 1º É vedada a transferência a fundos de recursos financeiros oriundos de repasses duodecimais.

§ 2º O saldo financeiro decorrente dos recursos entregues na forma do *caput* deste artigo deve ser restituído ao caixa único do Tesouro do ente federativo, ou terá seu valor deduzido das primeiras parcelas duodecimais do exercício seguinte." (NR)

"Art. 169. A despesa com pessoal ativo e inativo e pensionistas da União, dos Estados, do Distrito Federal e dos Municípios não pode exceder os limites estabelecidos em lei complementar.

...." (NR)

Art. 2º O Ato das Disposições Constitucionais Transitórias passa a vigorar com as seguintes alterações:

▪ *Vide* os comentários aos dispositivos constitucionais modificados.

"Art. 101. Os Estados, o Distrito Federal e os Municípios que, em 25 de março de 2015, se encontravam em mora no pagamento de seus precatórios quitarão, até 31 de dezembro de 2029, seus débitos vencidos e os que vencerão dentro desse período, atualizados pelo Índice Nacional de Preços ao Consumidor Amplo Especial (IPCA-E), ou por outro índice que venha a substituí-lo, depositando mensalmente em conta especial do Tribunal de Justiça local, sob única e exclusiva administração deste, 1/12 (um doze avos) do valor calculado percentualmente sobre suas receitas correntes líquidas apuradas no segundo mês anterior ao mês de pagamento, em percentual suficiente para a quitação de seus débitos e, ainda que variável, nunca inferior, em cada exercício, ao percentual praticado na data da entrada em vigor do regime especial a que se refere este artigo, em conformidade com plano de pagamento a ser anualmente apresentado ao Tribunal de Justiça local.

....

§ 4º (Revogado).

I – (revogado);

II – (revogado);

III – (revogado);

IV – (revogado)." (NR)

"Art. 109. Se verificado, na aprovação da lei orçamentária, que, no âmbito das despesas sujeitas aos limites do art. 107 deste Ato das Disposições Constitucionais Transitórias, a proporção da despesa obrigatória primária em relação à despesa primária total foi superior a 95% (noventa e cinco por cento), aplicam-se ao respectivo Poder ou órgão, até o final do exercício a que se refere a lei orçamentária, sem prejuízo de outras medidas, as seguintes vedações:

I – concessão, a qualquer título, de vantagem, aumento, reajuste ou adequação de remuneração de membros de Poder ou de órgão, de servidores e empregados públicos e de militares, exceto dos derivados de sentença judicial transitada em julgado ou de determinação legal anterior ao início da aplicação das medidas de que trata este artigo;

....

IV – admissão ou contratação de pessoal, a qualquer título, ressalvadas:

a) as reposições de cargos de chefia e de direção que não acarretem aumento de despesa;

b) as reposições decorrentes de vacâncias de cargos efetivos ou vitalícios;

c) as contratações temporárias de que trata o inciso IX do *caput* do art. 37 da Constituição Federal; e

d) as reposições de temporários para prestação de serviço militar e de alunos de órgãos de formação de militares;

....

VI – criação ou majoração de auxílios, vantagens, bônus, abonos, verbas de representação ou benefícios de qualquer natureza, inclusive os de cunho indenizatório, em favor de membros de Poder, do Ministério Público ou da Defensoria Pública, de servidores e empregados públicos e de militares, ou ainda de seus dependentes, exceto quando derivados de sentença judicial transitada em julgado ou de determinação legal anterior ao início da aplicação das medidas de que trata este artigo;

....

IX – aumento do valor de benefícios de cunho indenizatório destinados a qualquer membro de Poder, servidor ou empregado da administração pública e a seus dependentes, exceto quando derivado de sentença judicial transitada em julgado ou de determinação legal anterior ao início da aplicação das medidas de que trata este artigo.

§ 1º As vedações previstas nos incisos I, III e VI do *caput* deste artigo, quando acionadas as vedações para qualquer dos órgãos elencados nos incisos II, III e IV do *caput* do art. 107 deste Ato das Disposições Constitucionais Transitórias, aplicam-se ao conjunto dos órgãos referidos em cada inciso.

§ 2º Caso as vedações de que trata o *caput* deste artigo sejam acionadas para o Poder Executivo, ficam vedadas:

....

§ 3º Caso as vedações de que trata o *caput* deste artigo sejam acionadas, fica vedada a concessão da revisão geral prevista no inciso X do *caput* do art. 37 da Constituição Federal.

§ 4º As disposições deste artigo:

I – não constituem obrigação de pagamento futuro pela União ou direitos de outrem sobre o erário;

II – não revogam, dispensam ou suspendem o cumprimento de dispositivos constitucionais e legais que disponham sobre metas fiscais ou limites máximos de despesas; e

III – aplicam-se também a proposições legislativas.

§ 5º O disposto nos incisos II, IV, VII e VIII do *caput* e no § 2º deste artigo não se aplica a medidas de combate a calamidade pública nacional cuja vigência e efeitos não ultrapassem a sua duração." (NR)

Art. 3º Durante o exercício financeiro de 2021, a proposição legislativa com o propósito exclusivo de conceder auxílio emergencial residual para enfrentar as consequências sociais e econômicas da pandemia da Covid-19 fica dispensada da observância das limitações legais quanto à criação, à expansão ou ao aperfeiçoamento de ação governamental que acarrete aumento de despesa.

§ 1º As despesas decorrentes da concessão do auxílio referido no *caput* deste artigo realizadas no exercício financeiro de 2021 não são consideradas, até o limite de R$ 44.000.000.000,00 (quarenta e quatro bilhões de reais), para fins de:

I – apuração da meta de resultado primário estabelecida no *caput* do art. 2º da Lei n. 14.116, de 31 de dezembro de 2020;

II – limite para despesas primárias estabelecido no inciso I do *caput* do art. 107 do Ato das Disposições Constitucionais Transitórias.

§ 2º As operações de crédito realizadas para custear a concessão do auxílio referido no *caput* deste artigo ficam ressalvadas do limite estabelecido no inciso III do *caput* do art. 167 da Constituição Federal.

§ 3º A despesa de que trata este artigo deve ser atendida por meio de crédito extraordinário.

§ 4º A abertura do crédito extraordinário referido no § 3º deste artigo dar-se-á independentemente da observância dos requisitos exigidos no § 3º do art. 167 da Constituição Federal.

§ 5º O disposto neste artigo aplica-se apenas à União, vedada sua adoção pelos Estados, pelo Distrito Federal e pelos Municípios.

Carlos Luiz Strapazzon

Comentário

A Lei n. 13.982, de 02.04.2020 (art. 2º) criou o Auxílio Emergencial de R$ 600,00 e alterou a política nacional da Assistência Social (Lei n. 8.742/1993), para adequar o sistema de pagamentos sociais assistenciais às circunstâncias extraordinárias da calamidade pública em saúde, de Covid-19. Este dispositivo da EC 109/2021 contém duas orientações especiais: a primeira, dispensou o cumprimento de limitações legais para aumento de despesas para as proposições legislativas do ano de 2021 que concederam o benefício assistencial de natureza emergencial denominado Auxílio Emergencial; a segunda, é uma autorização de execução de até R$ 44 bilhões em despesa extraordinária para custear o referido benefício assistencial, sem impactos nas metas de resultados primários, previstos na Lei de Diretrizes Orçamentária de 2020 e nos limites de despesa primária estabelecidos pelo assim denominado *Novo Regime Fiscal*, conhecido como a política fiscal do *teto de gastos*. Este dispositivo também autoriza a União Federal, exclusivamente, a abrir créditos extraordinários e a realizar operações de crédito, ou seja, operações de endividamento público, para obter os recursos adicionais que menciona. Ou seja, autoriza a expansão de dívida pública para cobrir despesas correntes reconhecidas como extraordinárias, liberando a União Federal de cumprir requisitos ordinários de abertura de créditos especiais. Com essa medida o Congresso Nacional viabilizou recursos adicionais para o pagamento de mais um lote do benefício assistencial extraordinário a cidadãos e famílias inscritos no Cadastro Único de serviços e pagamentos sociais, ou seja, a cidadãos em situação de pobreza ou vulnerabilidade social.

> **Art. 4º** O Presidente da República deve encaminhar ao Congresso Nacional, em até 6 (seis) meses após a promulgação desta Emenda Constitucional, plano de redução gradual de incentivos e benefícios federais de natureza tributária, acompanhado das correspondentes proposições legislativas e das estimativas dos respectivos impactos orçamentários e financeiros.

§ 1º As proposições legislativas a que se refere o *caput* devem propiciar, em conjunto, redução do montante total dos incentivos e benefícios referidos no *caput* deste artigo:

I – para o exercício em que forem encaminhadas, de pelo menos 10% (dez por cento), em termos anualizados, em relação aos incentivos e benefícios vigentes por ocasião da promulgação desta Emenda Constitucional;

II – de modo que esse montante, no prazo de até 8 (oito) anos, não ultrapasse 2% (dois por cento) do produto interno bruto.

§ 2º O disposto no *caput* deste artigo, bem como o atingimento das metas estabelecidas no § 1º deste artigo, não se aplica aos incentivos e benefícios:

I – estabelecidos com fundamento na alínea *d* do inciso III do *caput* e no parágrafo único do art. 146 da Constituição Federal;

II – concedidos a entidades sem fins lucrativos com fundamento na alínea "c" do inciso VI do *caput* do art. 150 e no § 7º do art. 195 da Constituição Federal;

III – concedidos aos programas de que trata a alínea *c* do inciso I do *caput* do art. 159 da Constituição Federal;

IV – relativos ao regime especial estabelecido nos termos do art. 40 do Ato das Disposições Constitucionais Transitórias e às áreas de livre comércio e zonas francas estabelecidas na forma da lei; (*Redação dada pela Emenda Constitucional n. 121, de 2022.*)

IV – relativos ao regime especial estabelecido nos termos do art. 40 do Ato das Disposições Constitucionais Transitórias, às áreas de livre comércio e zonas francas e à política industrial para o setor de tecnologias da informação e comunicação e para o setor de semicondutores, na forma da lei;

V – relacionados aos produtos que compõem a cesta básica; e

VI – concedidos aos programas estabelecidos em lei destinados à concessão de bolsas de estudo integrais e parciais para estudantes de cursos superiores em instituições privadas de ensino superior, com ou sem fins lucrativos.

§ 3º Para efeitos deste artigo, considera-se incentivo ou benefício de natureza tributária aquele assim definido na mais recente publicação do demonstrativo a que se refere o § 6º do art. 165 da Constituição Federal.

§ 4º Lei complementar tratará de:

I – critérios objetivos, metas de desempenho e procedimentos para a concessão e a alteração de incentivo ou benefício de natureza tributária, financeira ou creditícia para pessoas jurídicas do qual decorra diminuição de receita ou aumento de despesa;

II – regras para a avaliação periódica obrigatória dos impactos econômicos sociais dos incentivos ou benefícios de que trata o inciso I deste parágrafo, com divulgação irrestrita dos respectivos resultados;

III – redução gradual de incentivos fiscais federais de natureza tributária, sem prejuízo do plano emergencial de que trata o *caput* deste artigo.

Celso de Barros Correia Neto

1. História da norma[1]

A Emenda Constitucional n. 109, de 15 de março de 2021, resultou da aprovação Proposta de Emenda à Constituição n. 186, de 2019, que pretendia instituir sobre "medidas permanentes e emergenciais de controle do crescimento das despesas obrigatórias e de reequilíbrio fiscal no âmbito dos Orçamentos Fiscal e da Seguridade Social da União". A PEC foi inicialmente apresentada no Senado Federal, subscrita pelo Senador Fernando Bezerra Coelho, entre outros, com o declarado objetivo de "contenção do crescimento das despesas obrigatórias para todos os níveis de governo, de forma a viabilizar o gradual ajuste fiscal indicado pelo Teto de Gastos e dispor instrumentos para que os gestores públicos locais, preocupados com a saúde financeira dos entes, cumpram sua missão", como consta na justificação da proposição legislativa.

Propunham-se, inicialmente, alterações no corpo permanente da Constituição no controle das despesas de pessoal, na vedação estabelecida pela regra de ouro e nos mecanismos para atendê-la, na avaliação e concessão de benefícios tributários, financeiros, ou creditícios e na metodologia de apuração dos gastos mínimos em saúde e educação.

No que se refere ao controle de benefícios fiscais, consta na justificação da PEC: "*Constatou-se ainda a necessidade do Brasil se alinhar às melhores práticas internacionais em relação à concessão de incentivos e benefícios de natureza tributária, creditícia e financeira, tornando obrigatória a sua reavaliação, no máximo, a cada quatro anos, observado o princípio da publicidade, analisada a sua efetividade, proporcionalidade e focalização, e o objetivo fundamental da República Federativa do Brasil de combate às desigualdades regionais. Especificamente em relação aos benefícios e incentivos de natureza tributária pela União, observa-se que, no ano de 2006, o montante correlato correspondia a apenas 2 p.p. do Produto Interno Bruto (PIB), enquanto que, atualmente, supera 4 pontos percentuais, sem qualquer demonstração de eficiência ou incremento de equidade. Estudos demonstram que esses benefícios se mostram regressivos, destinando-se às classes mais abastadas, diferentemente, por exemplo, das transferências diretas à população, a exemplo do Bolsa Família*"[2].

A PEC estava então alinhada com o objetivo de redução de benefício fiscais previsto no art. 177 da Lei n. 13.898, de 11 de novembro de 2019, que dispõe sobre as diretrizes para a elabora-

---

1. Estes comentários foram redigidos em conjunto com a Prof.ª Ms. Núbia Nette Alves Oliveira de Castilhos, a quem o autor agradece a colaboração.

2. BRASIL. Senado Federal. Disponível em: https://legis.senado.leg.br/sdleg-getter/documento?dm=8035573&ts=1681409350598&disposition=inline&_gl=1*88on2n*_ga*MTM4MzY0MTc3My4xNjczODk2Nzk4*_ga_CW3ZH25XMK*MTY4NDM1MzU1Ni41LjAuMTY4NDM1MzU1Ni4wLjAuMA. Acesso em: 17 maio 2023.

ção e a execução da Lei Orçamentária de 2020. A previsão desse artigo, no entanto, foi posteriormente revogada pela Lei n. 13.983, de 3 de abril de 2020.

O texto original da PEC pretendia incluir no rol das vedações permanentes do art. 167 da Constituição Federal o inciso XII com a proibição de *"criação, ampliação ou renovação de benefício ou incentivo de natureza tributária pela União, se o montante anual correspondente aos benefícios ou incentivos de natureza tributária superar 2 p.p. (dois pontos percentuais) do Produto Interno Bruto no demonstrativo a que se refere o § 6º do art. 165 da Constituição Federal"*[3].

Além dessa previsão, também se propunha a inclusão de um § 6º no art. 167, criando regras de reavaliação dos benefícios de natureza tributária, creditícia e financeira, sob a perspectiva do princípio da publicidade, efetividade, proporcionalidade, focalização, e do combate às desigualdades regionais. A redação dada para o dispositivo era a seguinte: *"§ 6º Incentivos ou benefícios de natureza tributária, creditícia e financeira serão reavaliados, no máximo, a cada quatro anos, observadas as seguintes diretrizes: I – análise da efetividade, proporcionalidade e focalização; II – combate às desigualdades regionais; e III – publicidade do resultado das análises"*[4].

O art. 6º, *caput*, da PEC n. 186, de 2019, continha cláusula de vigência diferenciada, para prever que a vedação do inciso XII do art. 167 da CF entrasse em vigor a partir de 1º de janeiro de 2026. Já o parágrafo único do mesmo artigo (art. 6º da PEC) propunha que o comando de revisão periódica prevista no § 6º a ser inserido no art. 167 da Constituição, seria aplicável *"aos incentivos e benefícios de natureza tributária, creditícia ou financeira já existentes, observado como termo inicial a data de promulgação desta Emenda Constitucional"*.

Para justificar *vacatio legis* prevista para a proibição de criação, ampliação ou renovação de benefício fiscais prevista para o inciso XII do art. 167 da Constituição, afirmava-se que a postergação deveria assegurar ao Parlamento o tempo necessário para reavaliar, nos termos do § 6º, as leis de incentivo em vigor. "Até 2026, o Congresso Nacional terá tempo mais do que suficiente para reavaliar, um a um, todos os benefícios ou incentivos de natureza tributária federais"[5].

Durante a tramitação da proposição no Senado Federal, o texto da PEC foi consideravelmente alterado, no que se refere ao regramento da revisão dos limites aplicáveis à concessão e à alteração de benefícios fiscais, passando a disposições relativas à matéria a figurar no art. 4º do corpo emenda, com a redação hoje vigente.

---

3. BRASIL. Senado Federal. Disponível em: https://legis.senado.leg.br/sdleg-getter/documento?dm=8035573&ts=1681409350598&disposition=inline&_gl=1*88on2n*_ga*MTM4MzY0MTc3My4xNjczODk2Nzk4*_ga_CW3ZH25XMK*MTY4NDM1MzU1Ni41LjAuMTY4NDM1MzU1Ni4wLjAuMA. Acesso em: 17 maio 2023.

4. BRASIL. Senado Federal. Disponível em: https://legis.senado.leg.br/sdleg-getter/documento?dm=8035573&ts=1681409350598&disposition=inline&_gl=1*88on2n*_ga*MTM4MzY0MTc3My4xNjczODk2Nzk4*_ga_CW3ZH25XMK*MTY4NDM1MzU1Ni41LjAuMTY4NDM1MzU1Ni4wLjAuMA. Acesso em: 17 maio 2023.

5. BRASIL. Senado Federal. Disponível em: https://legis.senado.leg.br/sdleg-getter/documento?dm=8035573&ts=1681409350598&disposition=inline&_gl=1*88on2n*_ga*MTM4MzY0MTc3My4xNjczODk2Nzk4*_ga_CW3ZH25XMK*MTY4NDM1MzU1Ni41LjAuMTY4NDM1MzU1Ni4wLjAuMA. Acesso em: 17 maio 2023.

2. Constituições brasileiras anteriores

Não há precedentes específicos nas constituições brasileiras anteriores. Muito embora autorização, expressa ou implícita, para a concessão de benefícios fiscais já estivesse prevista em textos constitucionais anteriores, a preocupação com o volume de renúncias de receita tributárias, especialmente no nível federal, é relativamente recente no Brasil e ainda requer debates legislativos e acadêmicos mais aprofundados.

3. Direito Internacional

A matéria regulada no art. 4º do EC 109, de 2020, não compõe temário clássico do direito internacional nem é objeto de atos internacionais de que a República Federativa do Brasil seja parte.

4. Remissões constitucionais e legais

Além do art. 4º do EC 109, de 2020, diversos dispositivos constitucionais presentes já na redação originária da Constituição de 1988 referem-se a incentivos ou benefícios fiscais ou a renúncia de receita. A terminologia utilizada pelo constituinte – também pelo legislador – não é uniforme nem precisa.

A menção a benefícios ou incentivo fiscais está no texto da Constituição Federal de 1988 nos arts. 150, § 6º, 151, I, 155, § 2º, XII, g, e 156, § 3º, III, e nos arts. 40 e 41 do ADCT. O art. 150, § 6º, exige lei específica para concessão de *"qualquer subsídio ou isenção, redução de base de cálculo, concessão de crédito presumido, anistia ou remissão, relativos a impostos, taxas ou contribuições"*.

A concessão de benefícios fiscais em matéria de ICMS tem tratamento peculiar na Constituição Federal. A matéria está prevista no art. 155, XII, *g*, e é regulada pela Lei Complementar n. 24/1975. Cabe à lei complementar: *"g) regular a forma como, mediante deliberação dos Estados e do Distrito Federal, isenções, incentivos e benefícios fiscais serão concedidos e revogados"*. A Lei Complementar n. 24/1975 exige decisão unânime para concessão de benefícios fiscais.

No âmbito do imposto sobre serviços de qualquer natureza, o texto constitucional também prevê tratamento peculiar para desonerações. A Constituição Federal refere-se ao tema no art. 156, § 3º, III, que determina que *"§ 3º Em relação ao imposto previsto no inciso III do caput deste artigo [ISSQN], cabe à lei complementar: I – fixar as suas alíquotas máximas e mínimas; [...] III – regular a forma e as condições como isenções, incentivos e benefícios fiscais serão concedidos e revogados"*.

Outros dispositivos constitucionais voltam-se à preocupação pelo viés da renúncia de receita tributária. É o caso do art. 70 da Constituição Federal de 1988, que trata da competência do Congresso Nacional para exercer controle externo sobre as ações do Poder Executivo federal, inclusive a *"aplicação das subvenções e renúncia de receitas"* e do art. 153, § 4º, III, que veda aos Municípios que optem por realizar a fiscalização e a cobrança do imposto territorial rural, a redução do valor do imposto ou *"qualquer outra forma de renúncia fiscal"*.

A mesma preocupação orienta o § 6º do art. 165 da Constituição Federal, que determina que o projeto de lei orçamentária anual seja acompanhado de *"demonstrativo regionalizado do efeito, sobre as receitas e despesas, decorrente de isenções, anistias, remissões, subsídios e benefícios de natureza financeira, tributária e creditícia"*.

A preocupação com o controle das renúncias de receita também orienta as regras previstas nos arts. 113 e 114, do ADCT, incluídos pela EC 95, de 2016. O art. 113 exige estimativa de impacto orçamentário e financeiro para qualquer proposição legislativa que crie ou altere despesa obrigatória ou renúncia de receita. O art. 114 autoriza suspensão de proposição legislativa que acarretar aumento de despesa ou renúncia de receita, a requerimento de um quinto dos membros da Casa, nos termos regimentais, para análise de sua compatibilidade com o Novo Regime Fiscal. A previsão de revogação constante do art. 9º da EC 126, de 2022, alcança a regra do art. 114 do ADCT, mas não a do art. 113, que segue vigente.

O controle dos incentivos fiscais que implicam renúncia de receita também é tema de destaque na Lei de Responsabilidade Fiscal. A *obediência a limites e condições no que tange à renúncia de receita* integra o conceito de gestão fiscal responsável, previsto no art. 1º, § 1º, da Lei Complementar n. 101/2000. A matéria é regulada nos arts. 4º, § 2º, 5º, II, e 14 da LRF. Vale destacar, em especial, a disposição do art. 14 da LRF, que estabelece condições para a *"concessão ou ampliação de incentivo ou benefício de natureza tributária da qual decorra renúncia de receita"*. São quatro condições a serem cumpridas: (i) a realização de estimativa de impacto orçamentário-financeiro; (ii) o atendimento ao disposto na lei de diretrizes orçamentárias; (iii) a demonstração de que a renúncia foi considerada na estimativa de receita da lei orçamentária e que não afetará as metas de resultados fiscais; ou (iv), alternativamente, a utilização de medidas de compensação da receita renunciada.

5. Jurisprudência

Foram propostas pelo menos três ações diretas no STF contra dispositivos da EC 109, de 2021. Nenhum dos questionamentos recai especificamente sobre o art. 4º, ora em comento. A ADI 6752, ajuizada por partidos políticos, impugna o art. 5º da emenda, sob alegação de afronta ao art. 60, § 2º, da Constituição Federal. Segundo aduz o requerente, a deliberação de destaque relativo ao art. 5º e a seu § 2º não teria observado o devido processo legislativo. A ação é de relatoria do Ministro Nunes Marques.

O Conselho Federal da Ordem dos Advogados do Brasil ajuizou duas ações contra a Emenda Constitucional 109/2021. Na ADI 6804, a OAB impugna o art. 2º da Emenda Constitucional 109/2021, que alterou a redação do art. 101, *caput*, do ADCT. A disposição posterga o prazo de pagamento dos precatórios devidos pelos Estados, Distrito Federal e Municípios. Alega-se violação à cláusula constitucional do Estado de Direito (CF, art. 1º, *caput*), ao princípio da Separação de Poderes (CF, art. 2º), o postulado da isonomia (CF, art. 5º), à garantia do acesso à justiça e a efetividade da tutela jurisdicional (CF, art. 5º, XXXV), ao direito adquirido e à coisa julgada (CF, art. 5º, XXXVI). O relator da ADI é o Ministro André Mendonça. A OAB também questiona, na ADI 6805, o artigo 2º da EC 109/2021, na parte em que revoga o § 4º do art. 101 do ADCT e, consequentemente, revoga linha de crédito especial concedido pela União aos entes políticos devedores. Ambas as ações diretas são de relatoria do Ministro André Mendonça e não foram julgadas até o fechamento desta edição.

A alteração constitucional promovida pelo art. 4º do EC 109, de 2020, é recente e não foi ainda regulamentada. Não se tem notícia de julgados do Supremo Tribunal Federal em que se discuta especificamente a aplicação do artigo 4º da EC 109, de 2021. No entanto, a temática a que se refere esse dispositivo – isto é, o controle de incentivos e renúncias fiscais – ganha cada vez mais espaço na jurisprudência do STF. Muito do crescimento da importância do tema no âmbito do Tribunal se deve à inclusão no texto da Constituição da regra do art. 113 do ADCT, pela EC 95, de 2016.

Com efeito, se tradicionalmente os casos examinados pelo STF, envolvendo benefícios fiscais, estiverem restritos a aspectos formais da aprovação de leis de incentivo ou a disputas federativas, em matéria de ICMS, desde a promulgação da EC 95, de 2016, abriu-se um novo caminho para o controle de benefícios fiscais, a partir da exigência de estimativa do impacto orçamentário e financeiro prevista no nível da Constituição Federal, no artigo 113 do ADCT. São prova dessa tendência os seguintes julgados: ADI 5816, Relator Ministro Alexandre de Moraes, Tribunal Pleno, julgado 05/11/2019, e ADI 6303, Relator Roberto Barroso, Tribunal Pleno, julgado 14/03/2022.

A regulamentação do art. 4º, ora em análise, poderá alargar ainda mais, segundo nos parece, as possibilidades de controle judicial de constitucionalidade na matéria, especialmente se editada a lei complementar prevista no § 4º do art. 4º da emenda. Estabelecidos novos parâmetros jurídicos para avaliação de benefícios tributários, amplia-se espaço do controle judicial de constitucionalidade das leis de incentivo, inclusive pela via da ação direta, à semelhança do que já se observa há anos em relação aos benefícios fiscais em matéria de ICMS, questionadas com base no art. 155, XII, "g", da Constituição, sempre que desrespeitado o rito de aprovação previsto na Lei Complementar n. 24/1975.

6. Referências bibliográficas

BRASIL. Câmara dos Deputados. Consultoria de Orçamento e Fiscalização Financeira. Nota Técnica n. 09, de 2021. Disponível em: NotaTcnica_92021_EC109_21_ContenodeGastoseAuxlioEmergencial19mar_publicado.pdf (camara.leg.br). Acesso em: 2 jul. 2022.

BRASIL. Secretaria da Receita Federal do Brasil. Disponível em: https://www.gov.br/receitafederal/pt-br/acesso-a-informacao/dados-abertos/receitadata/renuncia-fiscal/demonstrativos-dos-gastos-tributarios/arquivos-e-imagens/dgt-bases-efetivas-2018-serie-2016-a-2021-base-conceitual-e-gerencial.pdf. Acesso em: 31 maio 2022.

BRASIL. Secretaria da Receita Federal do Brasil. Disponível em: https://www.gov.br/receitafederal/pt-br/acesso-a-informacao/dados-abertos/receitadata/renuncia-fiscal/previsoes-ploa/arquivos-ploa/ploa-2022/dgt-ploa-2022-base-conceitual-versao-1-0.pdf. Acesso em: 21 jun. 2022.

BRASIL. Senado Federal. Disponível em: https://legis.senado.leg.br/sdleg-getter/documento?dm=8035573&ts=1681409350598&disposition=inline&_gl=1*88on2n*_ga*MTM4MzY0MTc3My4xNjczODk2Nzk4*_ga_CW3ZH25XMK*MTY4NDM1MzU1Ni41LjAuMTY4NDM1MzU1Ni4wLjAuMA. Acesso em: 17 maio 2023.

CORREIA NETO, Celso de Barros. *O Avesso do Tributo*. 2ª ed. São Paulo: Almedina, 2016.

MENDES, Marcos. *Emenda Constitucional 109 (PEC Emergencial): a fragilidade e a incerteza fiscal permanecem*. Insper, março de 2021. Disponível em: https://www.insper.edu.br/wp-content/uploads/2021/03/PEC-Emergencial_Marcos-Mende_mar2021.pdf. Acesso em: 3 jul. 2022.

TAVARES, José F. Cosentino et al. *Nota Técnica n. 9, 2021*. Análise das Disposições da EC n. 109/2021. Cria o Auxílio Emergencial Residual em 2021 e Institui Regras Fiscais de Controle de Gastos. Câmara dos Deputados. Consultoria de Orçamento e Fiscalização Financeira. Brasília: março, 2021.

7. Comentários

O art. 4º da Emenda Constitucional n. 109, de 15 de março de 2021, institui regras sobre a redução de benefícios tributários. O *caput* do dispositivo determina que o Presidente da República deve encaminhar ao Congresso Nacional, em até seis meses após a promulgação da Emenda, "plano de redução gradual de incentivos e benefícios federais de natureza tributária, acompanhado das correspondentes proposições legislativas e das estimativas dos respectivos impactos orçamentários e financeiros". O Projeto de Lei n. 3.203/2021, que dispõe sobre o plano de redução gradual de incentivos e benefícios federais de natureza tributária e o encerramento de benefícios fiscais, nos termos do disposto no art. 4º da Emenda Constitucional n. 109, de 2021, foi efetivamente encaminhado à Câmara dos Deputados em 16/9/2021.

O § 1º do dispositivo estabelece duas metas. A primeira é que a redução de dez por cento para o exercício de 2021, dos gastos tributários vigentes na data da promulgação da EC n. 109, de 2021. A segunda meta é de que o conjunto dos gastos tributários, no prazo de até oito anos, não ultrapasse dois por cento do PIB.

Uma das polêmicas em torno do artigo diz respeito ao seu § 2º. É que, ao estabelecer diversas exceções ao *caput* e ao atingimento das metas do § 1º, reduziu a eficácia da meta de redução dos benefícios fiscais. Ficaram de fora benefícios fiscais que implicam vultosas renúncias de receita, como é o caso, por exemplo, dos relativos à Zona Franca de Manaus.

Entre as exceções previstas no dispositivo também se incluem: Simples Nacional, imunidades vertidas na alínea *c* do inciso VI do *caput* do art. 150 e no § 7º do art. 195 da CF, programas de incentivo ao setor produtivo de Norte, Nordeste e Centro-Oeste via fundos regionais; desonerações dos produtos da cesta básica; e os benefícios fiscais concedidos no âmbito dos programas estabelecidos em lei destinados à concessão de bolsas de estudo integrais e parciais para estudantes de cursos superiores em instituições privadas de ensino superior, com ou sem fins lucrativos (*e.g.* PROUNI). Acrescente-se que, por intermédio da Emenda Constitucional n. 121, de 10 de maio de 2022, o Congresso Nacional modificou o inciso IV do § 2º do art. 4º da EC n. 109, de 2021, para incluir entre as mencionadas exceções os benefícios fiscais relativos à "política industrial para o setor de tecnologias da informação e comunicação e para o setor de semicondutores, na forma da lei".

Ainda sobre as exclusões levadas a efeito pelo § 2º do art. 4º da EC n. 109, de 2021, Nota Técnica n. 9, de 2021, da Consultoria de Orçamento e Fiscalização Financeira da Câmara dos Deputados, que analisou as disposições da EC n. 109, de 2021, explica: "*O § 2º do art. 4º lista os incentivos e benefícios ('gastos tributários') que não devem ser considerados no plano de redução, nem no atingimento das metas do § 1º. Não devem, portanto, ser considerados na redução inicial de 10%, ou seja, não serão objeto do plano nem das proposições que, se aprovadas, levariam o gasto tributário a 2% do PIB ou menos nos 8 anos seguintes. Nem, no mesmo sentido, a redução de tais gastos tributários será meio para se chegar a esse patamar ao fim dos 8 anos*".

Assim, o que se tem, a rigor, são dois grupos de benefícios. O primeiro é composto por "*aqueles excetuados do plano de redução e da meta pretendida, cujo montante é de cerca de 2% do PIB*". O segundo é formado pelos "*demais gastos tributários que integram o plano de redução e que podem ser reduzidos para fins de atingimento das metas, a exemplo de: deduções do rendimento tributável, isenções não tributáveis IRPF, renúncias na área da agricultura e agroindústria, medicamentos, etc*" (TAVARES, 2021). Posto isso, "*o plano de redução gradual dos gastos tributários do nível atual de 4% do PIB para o limite máximo de até 2% do PIB em 8 anos ficou de difícil consecução por duas razões: (a) as exclusões listadas no art. 4º da EC 109, que representam em torno de 1,9% do PIB. Ou seja, ao final de 8 anos praticamente somente os benefícios ressalvados seriam mantidos; e (b) dificilmente proposições legislativas eliminando praticamente todos os demais benefícios restantes seriam aprovados*" (TAVARES, 2021).

Abolir do cálculo da redução justamente os maiores gastos tributários atualmente considerados pela Secretaria da Receita Federal do Brasil (RFB), traz ainda dois pontos que merecem destaque. O primeiro é de ordem política: o art. 4º da EC n. 109, de 2021, traz uma disposição de difícil efetivação, tendo em vista as notórias dificuldades políticas de se enfrentar a discussão dos gastos tributários no Brasil. O segundo diz respeito ao conceito de benefício fiscal: é preciso definir se os regimes tributários com base constitucional e as imunidades representam, de fato, benefícios fiscais – ou gastos tributários – na acepção técnica do termo, e, portanto, se devem ser discutidos e revistos em conjunto com as demais desonerações previstas unicamente no nível da lei.

Outro aspecto que merece destaque diz respeito à maneira como a EC n. 109, de 2021, pode contribuir para a constitucionalização de alguns benefícios tributários previstos em lei, o que poderia dificultar sua revogação, contrariando o objetivo ao estampado do *caput* do art. 4º (MENDES, 2021). Em outras palavras, ao listar os benefícios que estariam isentos de corte no âmbito do plano de redução, a EC n. 109, de 2021, atribuiu-lhes algum nível de respaldo constitucional. E isso pode, em tese, colocar em xeque iniciativas legislativas voltadas à revogação das desonerações tributárias ali previstas, como a que se refere a produtos da cesta básica ou às entidades de educação no âmbito do PROUNI.

Em que pese se tratar de um efeito simbólico relevante do ponto de vista político, não nos parece que juridicamente essa interpretação se sustente. A mera inclusão de desonerações tributárias no rol dos § 2º do art. 4º não as torna permanentes, tampouco eleva as isenções à categoria de imunidades. As desonerações tributárias do rol do § 2º do art. 4º não compõe a base de cálculo a ser considerada para efeito das metas de redução de benefícios tributários federais previstas no artigo. Mas isso não significa que não possam ser alterados. Indica apenas que efeito dessa redução será computado para as metas previstas no art. 4º.

Ademais, a "redução gradual de incentivos e benefícios federais de natureza tributária" propugnada pelo art. 4º da emeda passa por uma questão preliminar que é definir o que se deve considerar "benefício de natureza tributária". Não há definição legal vigente no Brasil nem consenso doutrinário. A rigor, há divergência inclusive quanto à terminologia que deve ser empregada e.g.: incentivos fiscais, benefícios tributários, gastos tributários, desonerações tributárias, renúncia de receita, renúncia fiscal, entre outros.

A solução adotada no § 3º do art. 4º da emenda foi remeter ao "demonstrativo regionalizado do efeito, sobre receitas e despesas, decorrente de isenções, anistias, remissões, subsídios e benefícios de natureza financeira, tributária e creditícia" previsto no § 6º do art. 165 da Constituição Federal. Ou seja, a emenda fez referência ao conceito que é empregado pelo Executivo federal para elaborar a lista de benefícios fiscais que acompanha o projeto da lei orçamentária anual.

O documento chama-se "Demonstrativo de Gastos Tributários", e é elaborado pela Receita Federal do Brasil, anualmente. Desde 2004, a Receita Federal passou a utilizar a terminologia "gastos tributários", em vez de "benefícios tributários", termo empregado de 1998 a 2003. No Demonstrativo de Gastos Tributários de 2021, encontramos a seguinte definição: "Para a Receita Federal do Brasil, Gastos tributários são gastos indiretos do governo realizados por intermédio do sistema tributário, visando a atender objetivos econômicos e sociais e constituem-se em uma exceção ao Sistema Tributário de Referência – STR, reduzindo a arrecadação potencial e, consequentemente, aumentando a disponibilidade econômica do contribuinte". Inclui-se no demonstrativo lista de benefícios federais de natureza tributária – ou, gastos tributários, como prefere designar o documento desde 2003/2004 – e estimativa do seu custo, em termos de impacto orçamentário.

A técnica legislativa empregada pelo § 3º do art. 4º da emenda é pouco usual e, em certa medida, pode submeter a eficácia do dispositivo à decisão – interpretação – da Receita Federal do Brasil. Por outro lado, tem a vantagem de simplificar a aplicação da regra do caput do art. 4º, evitando maiores debates a respeito do que se deve considerar benefício tributário, o que poderia representar um entrave à efetivação do comando estabelecido na emenda. Em suma, a remissão do § 3º do art. 4º da emenda ao § 6º do art. 165 da Constituição Federal determina que sejam considerados benefícios tributários os listados do último DGT publicado.

Em 16 de setembro de 2021, o plano de redução dos benefícios foi efetivamente encaminhado pelo Presidente da República ao Congresso Nacional anteprojeto. Trata-se do Projeto de Lei n. 3.203/2021, que "dispõe sobre o plano de redução gradual de incentivos e benefícios federais de natureza tributária e o encerramento de benefícios fiscais, nos termos do disposto no art. 4º da Emenda Constitucional n. 109, de 15 de março de 2021"[6].

Da Exposição de Motivos n. 248/2021 ME, que acompanhou o anteprojeto, consta a seguinte explicação sobre o plano encaminhado pelo chefe do Poder Executivo federal: "*3. O referido Plano de Redução propõe-se inicialmente que diversos benefícios fiscais que possuem prazo determinado não sejam prorrogados ao final do prazo de suas vigências. Dessa forma, não seriam prorrogados 7 benefícios que findam em 2022, 4 que findam em 2023, 8 que findam em 2024 e 1 que tem o prazo final previsto para 2025. Essa medida não está prevista no texto normativo encaminhado porque não se trata de revogação, mas de mera não prorrogação. 4. Além disso, para alcançar o montante de redução exigido pelo inciso I do artigo 4º da Emenda Constitucional 109, de 2021, o citado Plano de Redução também: a) revogar o benefício da redução de 70% no IRRF sobre as remessas na aquisição de obras estrangeiras (arts. 3º e 3º-A da Lei n. 8.685, de 1993); b) reduzir o valor de estimativas de renúncia decorrente do benefício de redução do IPI na importação de autopeças (arts. 20 a 26 da Lei n. 13.755, de 2018) dos atuais R$ 667 milhões para R$ 469 milhões (redução de R$ 198 milhões no valor da renúncia). 5. Ainda, o Plano propõe revogar em 01 de janeiro de 2022 os diversos benefícios fiscais cuja revogação já consta do texto do Projeto de Lei n. 2.337, de 2021 (Reforma do Imposto sobre a Renda), aprovado pelo plenário da Câmara dos Deputados em sessões nos dias 01 e 02 de setembro de 2021, e encaminhado para continuidade de tramitação perante o Senado Federal*".

Do item 5 da EM n. 248/2021 ME, vislumbra-se que a estimativa era de que a revogação de benefícios fiscais aventada provocasse o impacto orçamentário e financeiro de R$ 22.415 milhões, em um total de R$ 371,07 bilhões (renúncia de receitas tributárias projetadas para 2022). O PLP, contudo, ainda não logrou aprovação no Congresso Nacional até o momento.

É importante mencionar ainda a regra do § 4º do art. 4º da EC n. 109, de 2021. A disposição previu competência para edição de lei complementar para tratar da governança dos gastos tributários: critérios, metas de desempenho e procedimentos para a concessão e alteração; regras para avaliação e divulgação dos resultados e redução gradual de "incentivos fiscais federais de natureza tributária", sem prejuízo do plano emergencial de que trata o caput do art. 4º. Ou seja, a lei complementar a que se refere § 4º do art. 4º tem existência autônoma e independente em relação às demais proposições legislativas mencionada no artigo, ainda que possam comungar do mesmo objetivo, que é o de reduzir o volume de benefícios fiscais federais.

Aliás, tal leitura não é sugerida apenas pela literalidade do dispositivo constitucional, senão também pelo histórico de sua tramitação legislativa. Ao menos em parte, a previsão do § 4º do art. 4º vem ao encontro das medidas inicialmente propostas para constar no § 6º do art. 167 da Constituição Federal, na redação inicialmente prevista na Proposta de Emenda à Constituição n. 186, de 2019.

Apesar de não ter recebido inicialmente tanta atenção quanto outros dispositivos legais do art. 4º, parece-nos que a regra de competência o § 4º revela-se especialmente importante pela maneira como pode influenciar o debate a respeito do controle dos benefícios fiscais no Brasil, tanto no âmbito do controle judicial realizado pelo STF quando no âmbito do controle externo realizado pelo Tribunal de Contas da União (TCU).

A regra do § 4º, ao prever lei complementar para sobre critérios objetivos, metas de desempenho e procedimentos para a concessão e a alteração de incentivo de natureza tributária, financeira ou creditícia, bem como sobre regras para sua avaliação periódica obrigatória, vai ao encontro de diretrizes há muito estabelecidas, inclusive pelo TCU, para melhoria da governança nas políticas públicas efetivadas por meio de leis de incentivo. Nesse sentido, virá em boa hora a lei complementar do § 4º.

Ademais, parece-nos que a menção a critérios, metas de desempenho, regras para avaliação e procedimentos para a concessão

---

6. BRASIL. Câmara dos Deputados. Disponível em: https://www.camara.leg.br/proposicoesWeb/fichadetramitacao?idProposicao=2299134. Acesso em: 3 jul. 2022.

e alteração de benefícios para pessoas jurídica oferece novos parâmetros para o controle das leis de incentivo editadas após EC 109, de 2021. Editada a lei complementar, o descumprimento dos parâmetros que estabelecer, inclusive quanto aos "*procedimentos* para a concessão e a alteração de incentivo", pode ser tomado como ofensa direta à regra de competência prevista no § 4º do art. 4º da emenda. *Mutatis mutandis*, o raciocínio é semelhante ao aplicado pelo STF em relação à concessão de benefícios fiscais em matéria de ICMS de forma unilateral, sem observância do rito de deliberação previsto na Lei Complementar n. 24, de 1975. Trata-se de uma violação direta à regra do art. 155, § 2º, XII, *g*, da Constituição.

Enquanto não sobrevier a lei, parece-nos razoável sustentar também que, mesmo antes da edição da lei complementar de que trata o § 4º, as leis de incentivo, ao menos no nível federal, já devem prever critérios e metas de desempenho, com base na própria previsão da emenda, no inciso I do § 4º do art. 4º. Também não podem prescindir de cláusula de vigência ou de regras para a avaliação periódica obrigatória dos impactos econômicos e sociais, tal como exige o inciso II do § 4º do mesmo artigo.

Assim sendo, é de se esperar que a previsão do § 4º do art. 4º da EC n. 109, de 2021, contribua para a ampliar o espaço do controle judicial dos benefícios fiscais, na linha do que fez art. 113 do ADCT. E isso ocorre de duas maneiras, ao menos. Ou porque a violação dos parâmetros a serem estabelecidos na futura lei complementar representa afronta direta à própria Constituição Federal, a justificar a abertura da via da ação direta no STF. Ou porque a previsão dos elementos do § 4º do art. 4º já são hoje exigíveis (eficácia mínima) enquanto não sobrevier a lei complementar (eficácia plena ou máxima).

Art. 5º O superávit financeiro das fontes de recursos dos fundos públicos do Poder Executivo, exceto os saldos decorrentes do esforço de arrecadação dos servidores civis e militares da União, apurado ao final de cada exercício, poderá ser destinado: (*Redação dada pela Emenda Constitucional n. 127, de 2022.*)

I – à amortização da dívida pública do respectivo ente, nos exercícios de 2021 e de 2022; e (*Incluído pela Emenda Constitucional n. 127, de 2022.*)

II – ao pagamento de que trata o § 12 do art. 198 da Constituição Federal, nos exercícios de 2023 a 2027. (*Incluído pela Emenda Constitucional n. 127, de 2022.*)

§ 1º No período de que trata o inciso I do *caput* deste artigo, se o ente não tiver dívida pública a amortizar, o superávit financeiro das fontes de recursos dos fundos públicos do Poder Executivo será de livre aplicação. (*Redação dada pela Emenda Constitucional n. 127, de 2022.*)

§ 2º Não se aplica o disposto no *caput* deste artigo:

I – aos fundos públicos de fomento e desenvolvimento regionais, operados por instituição financeira de caráter regional;

II – aos fundos ressalvados no inciso IV do art. 167 da Constituição Federal.

Carlos Luiz Strapazzon

Comentário

A origem deste dispositivo é a PEC 390, de 2014, da Câmara dos Deputados, e a PEC 42, do Senado Federal, que deram origem à EC 127/2022. Antes desta, a EC 124/2022 adicionou o § 12 no art. 198 da CR e estabeleceu que lei federal deveria instituir pisos salariais nacionais para enfermeiro, técnico de enfermagem, auxiliar de enfermagem e parteira. Em agosto de 2022 foi editada a Lei n. 14.434 para instituir o referido piso. O STF suspendeu os efeitos da Lei do piso para esclarecimentos sobre o impacto da medida nos gastos públicos e o risco de demissões no setor privado de saúde (ADI 7.222). Em resposta, o CN editou a EC 127/2022 e estabeleceu que compete à União, nos termos de lei, prestar assistência financeira complementar aos Estados, ao Distrito Federal e aos Municípios e às entidades filantrópicas, bem como aos prestadores de serviços contratualizados que atendam, no mínimo, 60% de seus pacientes pelo sistema único de saúde, para o cumprimento dos referidos pisos salariais. Além disso, a EC 127/2022 alterou o art. 5º da EC 109/2021, para apresentar uma solução provisória de transferências de receitas da União para os demais entes federados, alocando o *superavit* de fundos públicos como forma de viabilizar o pagamento dos novos pisos salariais até o ano de 2027.

A EC 127/2022 alterou o art. 5º da EC 109/2021 para oferecer uma solução provisória de financiamento do piso salarial de profissionais da enfermagem, visto que o tema, surgido com a Lei 14.434/2022, estava *sub judice* (ADI 7.222). A partir desta mudança, o *superavit* de fundos públicos do Poder Executivo da União (com algumas exceções) serão utilizados para o pagamento dos novos pisos salariais, até o ano de 2027. A regra geral estabelecida autoriza a União Federal a alocar tais *superavits* em dois destinos: a) até 2022, em pagamento de dívida pública; b) de 2023 até 2027, em pagamento de piso salarial da enfermagem, tanto de servidores da União como de Estados e Municípios, mediante a transferência de recursos a municípios e estados. Foram excepcionados os fundos previdenciários de servidores públicos da União, como disposto no *caput*; os fundos públicos de fomento e desenvolvimento regionais, operados por instituição financeira de caráter regional (I do § 2º) e, como dispõe o inciso IV do art. 167, os fundos de participação de Estados e Municípios (CR arts. 158 e 159), o Fundo Nacional para Desenvolvimento da Educação e o Fundo Nacional da Saúde, ambos indicados no corpo do inciso IV, do art. 167.

Art. 6º Ficam revogados:

I – o art. 91 do Ato das Disposições Constitucionais Transitórias; e

II – o § 4º do art. 101 do Ato das Disposições Constitucionais Transitórias.

Art. 7º Esta Emenda Constitucional entra em vigor na data de sua publicação, exceto quanto à alteração do art. 29-A da Constituição Federal, a qual entra em vigor a partir do início da primeira legislatura municipal após a data de publicação desta Emenda Constitucional.

Brasília, em 15 de março de 2021.

Mesa da Câmara dos Deputados
Deputado ARTHUR LIRA
Presidente

EMENDA CONSTITUCIONAL N. 110, DE 15 DE MARÇO DE 2021*

Acrescenta o art. 18-A ao Ato das Disposições Constitucionais Transitórias, para dispor sobre a convalidação de atos administrativos praticados no Estado do Tocantins entre 1º de janeiro de 1989 e 31 de dezembro de 1994.

As Mesas da Câmara dos Deputados e do Senado Federal, nos termos do § 3º do art. 60 da Constituição Federal, promulgam a seguinte Emenda ao texto constitucional:

Art. 1º O Ato das Disposições Constitucionais Transitórias passa a vigorar acrescido do seguinte art. 18-A:

"Art. 18-A. Os atos administrativos praticados no Estado do Tocantins, decorrentes de sua instalação, entre 1º de janeiro de 1989 e 31 de dezembro de 1994, eivados de qualquer vício jurídico e dos quais decorram efeitos favoráveis para os destinatários ficam convalidados após 5 (cinco) anos, contados da data em que foram praticados, salvo comprovada má-fé."

Art. 2º Esta Emenda Constitucional entra em vigor na data de sua publicação.

Brasília, em 12 de julho de 2021.

Mesa da Câmara dos Deputados
Deputado ARTHUR LIRA
Presidente
Mesa do Senado Federal
Senador RODRIGO PACHECO
Presidente

- *Vide* nota ao art. 18-A, do ADCT.

EMENDA CONSTITUCIONAL N. 111, DE 28 DE SETEMBRO DE 2021**

Altera a Constituição Federal para disciplinar a realização de consultas populares concomitantes às eleições municipais, dispor sobre o instituto da fidelidade partidária, alterar a data de posse de Governadores e do Presidente da República e estabelecer regras transitórias para distribuição entre os partidos políticos dos recursos do fundo partidário e do Fundo Especial de Financiamento de Campanha (FEFC) e para o funcionamento dos partidos políticos.

As Mesas da Câmara dos Deputados e do Senado Federal, nos termos do § 3º do art. 60 da Constituição Federal, promulgam a seguinte Emenda ao texto constitucional:

Art. 1º A Constituição Federal passa a vigorar com as seguintes alterações:

"Art.14...

§ 12. Serão realizadas concomitantemente às eleições municipais as consultas populares sobre questões locais aprovadas pelas Câmaras Municipais e encaminhadas à Justiça Eleitoral até 90 (noventa) dias antes da data das eleições, observados os limites operacionais relativos ao número de quesitos.

§ 13. As manifestações favoráveis e contrárias às questões submetidas às consultas populares nos termos do § 12 ocorrerão durante as campanhas eleitorais, sem a utilização de propaganda gratuita no rádio e na televisão." (NR)

"Art. 17...

§ 6º Os Deputados Federais, os Deputados Estaduais, os Deputados Distritais e os Vereadores que se desligarem do partido pelo qual tenham sido eleitos perderão o mandato, salvo nos casos de anuência do partido ou de outras hipóteses de justa causa estabelecidas em lei, não computada, em qualquer caso, a migração de partido para fins de distribuição de recursos do fundo partidário ou de outros fundos públicos e de acesso gratuito ao rádio e à televisão." (NR)

"Art. 28. A eleição do Governador e do Vice-Governador de Estado, para mandato de 4 (quatro) anos, realizar-se-á no primeiro domingo de outubro, em primeiro turno, e no último domingo de outubro, em segundo turno, se houver, do ano anterior ao do término do mandato de seus antecessores, e a posse ocorrerá em 6 de janeiro do ano subsequente, observado, quanto ao mais, o disposto no art. 77 desta Constituição.

...." (NR)

"Art. 82. O mandato do Presidente da República é de 4 (quatro) anos e terá início em 5 de janeiro do ano seguinte ao de sua eleição." (NR)

- *Vide* os comentários aos respectivos artigos modificados.

Art. 2º Para fins de distribuição entre os partidos políticos dos recursos do fundo partidário e do Fundo Especial de Financiamento de Campanha (FEFC), os votos dados a candidatas mulheres ou a candidatos negros para a Câmara dos Deputados nas eleições realizadas de 2022 a 2030 serão contados em dobro.

Parágrafo único. A contagem em dobro de votos a que se refere o caput somente se aplica uma única vez.

- *Vide* os comentários ao artigo 17, da Constituição

Art. 3º Até que entre em vigor lei que discipline cada uma das seguintes matérias, observar-se-ão os seguintes procedimentos:

---

*. Publicada no *Diário Oficial da União* de 13-7-2021.
**. Publicada no *Diário Oficial da União* de 29-9-2021.

I – nos processos de incorporação de partidos políticos, as sanções eventualmente aplicadas aos órgãos partidários regionais e municipais do partido incorporado, inclusive as decorrentes de prestações de contas, bem como as de responsabilização de seus antigos dirigentes, não serão aplicadas ao partido incorporador nem aos seus novos dirigentes, exceto aos que já integravam o partido incorporado;

II – nas anotações relativas às alterações dos estatutos dos partidos políticos, serão objeto de análise pelo Tribunal Superior Eleitoral apenas os dispositivos objeto de alteração;

■ *Vide* os comentários ao artigo 17, da Constituição.

Art. 4º O Presidente da República e os Governadores de Estado e do Distrito Federal eleitos em 2022 tomarão posse em 1º de janeiro de 2023, e seus mandatos durarão até a posse de seus sucessores, em 5 e 6 de janeiro de 2027, respectivamente.

■ *Vide* os comentários aos artigos 28 e 82, da Constituição.

Art. 5º As alterações efetuadas nos arts. 28 e 82 da Constituição Federal constantes do art. 1º desta Emenda Constitucional, relativas às datas de posse de Governadores, de Vice-Governadores, do Presidente e do Vice-Presidente da República, serão aplicadas somente a partir das eleições de 2026.

■ *Vide* os comentários aos artigos 28 e 82, da Constituição.

Art. 6º Esta Emenda Constitucional entra em vigor na data de sua publicação.

Brasília, em 28 de setembro de 2021.

Mesa da Câmara dos Deputados
Deputado ARTHUR LIRA
Presidente
Mesa do Senado Federal
Senador RODRIGO PACHECO
Presidente

EMENDA CONSTITUCIONAL N. 112, DE 27 DE OUTUBRO DE 2021*

Altera o art. 159 da Constituição Federal para disciplinar a distribuição de recursos pela União ao Fundo de Participação dos Municípios.

As Mesas da Câmara dos Deputados e do Senado Federal, nos termos do § 3º do art. 60 da Constituição Federal, promulgam a seguinte Emenda ao texto constitucional:

Art. 1º O art. 159 da Constituição Federal passa a vigorar com a seguinte redação:

"Art. 159. ....

I – do produto da arrecadação dos impostos sobre renda e proventos de qualquer natureza e sobre produtos industrializados, 50% (cinquenta por cento), da seguinte forma:

....

f) 1% (um por cento) ao Fundo de Participação dos Municípios, que será entregue no primeiro decêndio do mês de setembro de cada ano;

.... " (NR)

Art. 2º Para os fins do disposto na alínea *f* do inciso I do *caput* do art. 159 da Constituição Federal, a União entregará ao Fundo de Participação dos Municípios, do produto da arrecadação dos impostos sobre renda e proventos de qualquer natureza e sobre produtos industrializados, 0,25% (vinte e cinco centésimos por cento), 0,5% (cinco décimos por cento) e 1% (um por cento), respectivamente, em cada um dos 2 (dois) primeiros exercícios, no terceiro exercício e a partir do quarto exercício em que esta Emenda Constitucional gerar efeitos financeiros.

Art. 3º Esta Emenda Constitucional entra em vigor na data de sua publicação e produzirá efeitos financeiros a partir de 1º de janeiro do exercício subsequente.

Brasília, em 27 de outubro de 2021.

Mesa da Câmara dos Deputados
Deputado ARTHUR LIRA
Presidente
Mesa do Senado Federal
Senador RODRIGO PACHECO
Presidente

EMENDA CONSTITUCIONAL N. 113, DE 8 DE DEZEMBRO DE 2021**

Altera a Constituição Federal e o Ato das Disposições Constitucionais Transitórias para estabelecer o novo regime de pagamentos de precatórios, modificar normas relativas ao Novo Regime Fiscal e autorizar o parcelamento de débitos previdenciários dos Municípios; e dá outras providências.

As Mesas da Câmara dos Deputados e do Senado Federal, nos termos do § 3º do art. 60 da Constituição Federal, promulgam a seguinte Emenda ao texto constitucional:

Art. 1º Os arts. 100 e 160 da Constituição Federal passam a vigorar com as seguintes alterações:

"Art. 100. ....

---

*. Publicada no *Diário Oficial da União* de 28-10-2021.

**. Publicada no *Diário Oficial da União* de 9-12-2021.

....

§ 9º Sem que haja interrupção no pagamento do precatório e mediante comunicação da Fazenda Pública ao Tribunal, o valor correspondente aos eventuais débitos inscritos em dívida ativa contra o credor do requisitório e seus substituídos deverá ser depositado à conta do juízo responsável pela ação de cobrança, que decidirá pelo seu destino definitivo.

....

§ 11. É facultada ao credor, conforme estabelecido em lei do ente federativo devedor, com auto aplicabilidade para a União, a oferta de créditos líquidos e certos que originalmente lhe são próprios ou adquiridos de terceiros reconhecidos pelo ente federativo ou por decisão judicial transitada em julgado para:

I – quitação de débitos parcelados ou débitos inscritos em dívida ativa do ente federativo devedor, inclusive em transação resolutiva de litígio, e, subsidiariamente, débitos com a administração autárquica e fundacional do mesmo ente;

II – compra de imóveis públicos de propriedade do mesmo ente disponibilizados para venda;

III – pagamento de outorga de delegações de serviços públicos e demais espécies de concessão negocial promovidas pelo mesmo ente;

IV – aquisição, inclusive minoritária, de participação societária, disponibilizada para venda, do respectivo ente federativo; ou

V – compra de direitos, disponibilizados para cessão, do respectivo ente federativo, inclusive, no caso da União, da antecipação de valores a serem recebidos a título do excedente em óleo em contratos de partilha de petróleo.

....

§ 14. A cessão de precatórios, observado o disposto no § 9º deste artigo, somente produzirá efeitos após comunicação, por meio de petição protocolizada, ao Tribunal de origem e ao ente federativo devedor.

....

§ 21. Ficam a União e os demais entes federativos, nos montantes que lhes são próprios, desde que aceito por ambas as partes, autorizados a utilizar valores objeto de sentenças transitadas em julgado devidos à pessoa jurídica de direito público para amortizar dívidas, vencidas ou vincendas:

I – nos contratos de refinanciamento cujos créditos sejam detidos pelo ente federativo que figure como devedor na sentença de que trata o *caput* deste artigo;

II – nos contratos em que houve prestação de garantia a outro ente federativo;

III – nos parcelamentos de tributos ou de contribuições sociais; e

IV – nas obrigações decorrentes do descumprimento de prestação de contas ou de desvio de recursos.

§ 22. A amortização de que trata o § 21 deste artigo:

I – nas obrigações vencidas, será imputada primeiramente às parcelas mais antigas;

II – nas obrigações vincendas, reduzirá uniformemente o valor de cada parcela devida, mantida a duração original do respectivo contrato ou parcelamento." (NR)

"Art. 160. ....

§ 1º ....

....

§ 2º Os contratos, os acordos, os ajustes, os convênios, os parcelamentos ou as renegociações de débitos de qualquer espécie, inclusive tributários, firmados pela União com os entes federativos conterão cláusulas para autorizar a dedução dos valores devidos dos montantes a serem repassados relacionados às respectivas cotas nos Fundos de Participação ou aos precatórios federais." (NR)

Art. 2º O Ato das Disposições Constitucionais Transitórias passa a vigorar com as seguintes alterações:

"Art. 101. ....

....

§ 5º Os empréstimos de que trata o inciso III do § 2º deste artigo poderão ser destinados, por meio de ato do Poder Executivo, exclusivamente ao pagamento de precatórios por acordo direto com os credores, na forma do disposto no inciso III do § 8º do art. 97 deste Ato das Disposições Constitucionais Transitórias." (NR)

"Art. 107. ....

....

§ 1º ....

....

II – para os exercícios posteriores, ao valor do limite referente ao exercício imediatamente anterior, corrigido pela variação do Índice Nacional de Preços ao Consumidor Amplo (IPCA), publicado pela Fundação Instituto Brasileiro de Geografia e Estatística, ou de outro índice que vier a substituí-lo, apurado no exercício anterior a que se refere a lei orçamentária.

....

§ 12. Para fins da elaboração do projeto de lei orçamentária anual, o Poder Executivo considerará o valor realizado até junho do índice previsto no inciso II do § 1º deste artigo, relativo ao ano de encaminhamento do projeto, e o valor estimado até dezembro desse mesmo ano.

§ 13. A estimativa do índice a que se refere o § 12 deste artigo, juntamente com os demais parâmetros macroeconômicos, serão elaborados mensalmente pelo Poder Executivo e enviados à comissão mista de que trata o § 1º do art. 166 da Constituição Federal.

§ 14. O resultado da diferença aferida entre as projeções referidas nos §§ 12 e 13 deste artigo e a efetiva apuração do índice previsto no inciso II do § 1º deste artigo será calculado pelo Poder Executivo, para fins de definição da base de cálculo dos respectivos limites do exercício seguinte, a qual será comunicada aos demais Poderes por ocasião da elaboração do projeto de lei orçamentária." (NR)

"Art. 115. Fica excepcionalmente autorizado o parcelamento das contribuições previdenciárias e dos demais débitos dos Municípios, incluídas suas autarquias e fundações, com os respectivos regimes próprios de previdência social, com vencimento até 31 de outubro de 2021, inclusive os parcelados anteriormente, no prazo máximo de 240 (duzentos e quarenta) prestações mensais, mediante autorização em lei municipal específica, desde que comprovem ter alterado a legislação do regime próprio de previdência social para atendimento das seguintes condições, cumulativamente:

I – adoção de regras de elegibilidade, de cálculo e de reajustamento dos benefícios que contemplem, nos termos previstos nos incisos I e III do § 1º e nos §§ 3º a 5º, 7º e 8º do art. 40 da Constituição Federal, regras assemelhadas às aplicáveis aos servidores públicos do regime próprio de previdência social da União e que contribuam efetivamente para o atingimento e a manutenção do equilíbrio financeiro e atuarial;

II – adequação do rol de benefícios ao disposto nos §§ 2º e 3º do art. 9º da Emenda Constitucional n. 103, de 12 de novembro de 2019;

III – adequação da alíquota de contribuição devida pelos servidores, nos termos do § 4º do art. 9º da Emenda Constitucional n. 103, de 12 de novembro de 2019; e

IV – instituição do regime de previdência complementar e adequação do órgão ou entidade gestora do regime próprio de previdência social, nos termos do § 6º do art. 9º da Emenda Constitucional n. 103, de 12 de novembro de 2019.

Parágrafo único. Ato do Ministério do Trabalho e Previdência, no âmbito de suas competências, definirá os critérios para o parcelamento previsto neste artigo, inclusive quanto ao cumprimento do disposto nos incisos I, II, III e IV do *caput* deste artigo, bem como disponibilizará as informações aos Municípios sobre o montante das dívidas, as formas de parcelamento, os juros e os encargos incidentes, de modo a possibilitar o acompanhamento da evolução desses débitos."

"Art. 116. Fica excepcionalmente autorizado o parcelamento dos débitos decorrentes de contribuições previdenciárias dos Municípios, incluídas suas autarquias e fundações, com o Regime Geral de Previdência Social, com vencimento até 31 de outubro de 2021, ainda que em fase de execução fiscal ajuizada, inclusive os decorrentes do descumprimento de obrigações acessórias e os parcelados anteriormente, no prazo máximo de 240 (duzentos e quarenta) prestações mensais.

§ 1º Os Municípios que possuam regime próprio de previdência social deverão comprovar, para fins de formalização do parcelamento com o Regime Geral de Previdência Social, de que trata este artigo, terem atendido as condições estabelecidas nos incisos I, II, III e IV do caput do art. 115 deste Ato das Disposições Constitucionais Transitórias.

§ 2º Os débitos parcelados terão redução de 40% (quarenta por cento) das multas de mora, de ofício e isoladas, de 80% (oitenta por cento) dos juros de mora, de 40% (quarenta por cento) dos encargos legais e de 25% (vinte e cinco por cento) dos honorários advocatícios.

§ 3º O valor de cada parcela será acrescido de juros equivalentes à taxa referencial do Sistema Especial de Liquidação e de Custódia (Selic), acumulada mensalmente, calculados a partir do mês subsequente ao da consolidação até o mês anterior ao do pagamento.

§ 4º Não constituem débitos dos Municípios aqueles considerados prescritos ou atingidos pela decadência.

§ 5º A Secretaria Especial da Receita Federal do Brasil e a Procuradoria-Geral da Fazenda Nacional, no âmbito de suas competências, deverão fixar os critérios para o parcelamento previsto neste artigo, bem como disponibilizar as informações aos Municípios sobre o montante das dívidas, as formas de parcelamento, os juros e os encargos incidentes, de modo a possibilitar o acompanhamento da evolução desses débitos."

"Art. 117. A formalização dos parcelamentos de que tratam os arts. 115 e 116 deste Ato das Disposições Constitucionais Transitórias deverá ocorrer até 30 de junho de 2022 e ficará condicionada à autorização de vinculação do Fundo de Participação dos Municípios para fins de pagamento das prestações acordadas nos termos de parcelamento, observada a seguinte ordem de preferência:

I – a prestação de garantia ou de contra garantia à União ou os pagamentos de débitos em favor da União, na forma do § 4º do art. 167 da Constituição Federal;

II – as contribuições parceladas devidas ao Regime Geral de Previdência Social;

III – as contribuições parceladas devidas ao respectivo regime próprio de previdência social."

Art. 3º Nas discussões e nas condenações que envolvam a Fazenda Pública, independentemente de sua natureza e para fins de atualização monetária, de remuneração do capital e de compensação da mora, inclusive do precatório, haverá a incidência, uma única vez, até o efetivo pagamento, do índice da taxa referencial do Sistema Especial de Liquidação e de Custódia (Selic), acumulado mensalmente.

▪ *Vide* comentários ao art. 100, da Constituição.

Art. 4º Os limites resultantes da aplicação do disposto no inciso II do § 1º do art. 107 do Ato das Disposições Constitucionais Transitórias serão aplicáveis a partir do exercício de 2021, observado o disposto neste artigo.

§ 1º No exercício de 2021, o eventual aumento dos limites de que trata o *caput* deste artigo fica restrito ao montante de até R$ 15.000.000.000,00 (quinze bilhões de reais), a ser destinado exclusivamente ao atendimento de despesas de vacinação contra a covid-19 ou relacionadas a ações emergenciais e temporárias de caráter socioeconômico.

§ 2º As operações de crédito realizadas para custear o aumento de limite referido no § 1º deste artigo ficam ressalvadas do estabelecido no inciso III do *caput* do art. 167 da Constituição Federal.

§ 3º As despesas de que trata o § 1º deste artigo deverão ser atendidas por meio de créditos extraordinários e ter como fonte de recurso o produto de operações de crédito.

§ 4º A abertura dos créditos extraordinários referidos no § 3º deste artigo dar-se-á independentemente da observância dos requisitos exigidos no § 3º do art. 167 da Constituição Federal.

§ 5º O aumento do limite previsto no § 1º deste artigo será destinado, ainda, ao atendimento de despesas de programa de transferência de renda. (*Incluído pela Emenda Constitucional n. 114, de 2021.*)

§ 6º O aumento do limite decorrente da aplicação do disposto no inciso II do § 1º do art. 107 do Ato das Disposições Constitucionais Transitórias deverá, no exercício de 2022, ser destinado somente ao atendimento das despesas de ampliação de programas sociais de combate à pobreza e à extrema pobreza, nos termos do parágrafo único do art. 6º e do inciso VI do *caput* do art. 203 da Constituição Federal, à saúde, à previdência e à assistência social. (*Incluído pela Emenda Constitucional n. 114, de 2021.*)

Celso de Barros Correia Neto

1. História da norma

A Emenda Constitucional n 113, de 8 de dezembro de 2021, decorre da aprovação da Proposta de Emenda Constitucional n. 23, de 2021, de autoria do Poder Executivo. Segundo a Exposição de Motivos n. 00206/2021 ME, a proposta objetivava "tratar o impacto orçamentário produzido pelas condenações oriundas de sentenças transitadas em julgado".

Para justificar a alteração constitucional, apontava-se que "*cerca de R$90 bilhões deveriam ser direcionados para gastos com sentenças judiciais no Orçamento federal de 2022, o que representa um elevado comprometimento das despesas discricionárias e uma variação positiva de 143% se comparados com os montantes de 2018*". Assim, "*Com os limites para o Poder Executivo estabelecidos pelo Novo Regime Fiscal, a inclusão do montante necessário à honra das sentenças judiciais ocupará espaço relevante que poderia ser utilizado para realização de relevantes investimentos, bem como aperfeiçoamentos de programas e ações do Governo Federal e provimento de bens e serviços públicos*".

Daí a necessidade, segundo o Poder Executivo, de se alterar o texto da Constituição para "*evitar um colapso financeiro e da máquina pública diante do esvaziamento quase que completo dos recursos discricionários pelas despesas decorrentes de condenações em sentenças judiciais*".

2. Constituições brasileiras anteriores

As disposições do art. 4º da Emenda Constitucional n. 113, de 8 de dezembro de 2021, não têm precedente em Constituições brasileiras anteriores.

3. Direito Internacional

A matéria regulada EC 113, de 2021, não compõe temário clássico do direito internacional nem é objeto de atos internacionais de que a República Federativa do Brasil seja parte.

4. Remissões constitucionais e legais

As regras do art. 4º têm estreita conexão com o conjunto de disposições que compõem o teto de gastos do "Novo Regime Fiscal", instituído pela Emenda Constitucional n. 95, de 2016, inicialmente nos arts. 106, 107, 108, 109, 110, 111, 112, 113 e 114, do ADCT. Assim, sugere-se a leitura dos comentários que tratam desses artigos, especialmente no que concernentes às remissões constitucionais e legais desses dispositivos.

5. Jurisprudência

Foram propostas contra a EC 113, de 2021, duas ações diretas de inconstitucionalidade, as ADIs 7047 e 7064. Ambas as ações são de relatoria do Ministro Luiz Fux e não houve até o momento decisão.

A ADI 7047 foi ajuizada por partido político, em face do inteiro teor da Emenda Constitucional n. 113, de 9 de dezembro de 2021, para questionar sobretudo as modificações atinentes ao pagamento de precatórios, por afronta ao direito de propriedade (art. 5º, XII, da CF), entre outros fundamentos. Na ação, impugna-se a previsão do art. 4º da EC 113, de 2021, sob alegação de que a permissão para abertura de créditos extraordinários sem observância dos requisitos exigidos no § 3º do art. 167 da Constituição Federal, violaria o princípio da separação de poderes, cláusula pétrea prevista no art. 60, § 4º, III, da Constituição.

A ADI 7064 foi ajuizada pela Conselho Federal da Ordem dos Advogados do Brasil (OAB), pela Associação dos Magistrados Brasileiros (AMB) e por quatro entidades que representam servidores públicos, contra alterações no regime constitucional de precatórios previstas nas Emendas Constitucionais n. 113, de 2021, e 114, de 2021. Alegava-se violação ao Estado Democrático de Direito (art. 1º, CF), ao devido processo legal legislativo (arts. 5º, LIV, 55, III, 60, I e § 2º, CF), ao princípio da separação dos poderes (art. 2º, CF), ao direito de propriedade (art. 5º, XXII, CF), ao princípio da isonomia (art. 5º, *caput*, CF), ao direito à tutela jurisdicional efetiva e razoável duração do processo (5º, LXXVIII, CF), ao princípio da segurança jurídica (art. 5º, XXXVI, CF), à coisa julgada e ao direito adquirido (art. 5º, XXXVI, CF) e aos princípios da moralidade, impessoalidade e eficiência administrativas (art. 37, CF).

6. Referências bibliográficas

CORREIA NETO, Celso de Barros. *O Avesso do Tributo*. 2ª ed. São Paulo: Almedina, 2016.

FONSECA, Rafael Campos Soares da. *O Orçamento Público e suas Emergências Programadas*. Belo Horizonte: D'Plácido, 2017.

GREGGIANIN, Eugênio *et al*. *Regras e Mecanismos de Controle Fiscal*: Análise Comparativa das normas fiscais vigentes no país. Estudo Técnico no 03/2023. Câmara dos Deputados. Consultoria de Orçamento e Fiscalização Financeira. Brasília: 24 de março de 2023. Disponível em: https://www2.camara.leg.br/orcamento-da-uniao/estudos/2023/EstudosobreregrasfiscaisnaUniao24mar2023.pdf.

7. Comentários

A EC n. 113, de 2021, altera a Constituição Federal e o Ato das Disposições Constitucionais Transitórias, para estabelecer o novo regime de pagamentos de precatórios, modificar normas relativas ao Novo Regime Fiscal instituído pela EC n. 95, de 2016, e autorizar o parcelamento de débitos previdenciários dos Municípios.

No que se refere ao teto de gastos, a EC n. 113, de 2021, modificou a forma de correções dos limites previstos no art. 107, §1º, II, além de ampliar o limite "destinado exclusivamente ao atendimento de despesas de vacinação contra a Covid-19 ou relacionadas a ações emergenciais e temporárias de caráter socioeconômico", como consta do seu art. 4º. Para o exercício de 2021, o § 1º do art. 4º restringe o aumento ao montante de até R$ 15.000.000.000,00 (quinze bilhões de reais), observada a referida destinação.

Restou expressamente revogada a regra do art. 108 do Ato das Disposições Constitucionais Transitórias, que previa originariamente o envio de projeto de lei complementar pelo Presidente da República para alteração do método de correção do inciso II do § 1º do art. 107 do ADCT. A mudança diz respeito essencialmente ao período de apuração da correção do teto. Em vez de se aplicar a correção pelo IPCA, "para o período de doze meses encerrado em junho do exercício anterior a que se refere a lei orçamentária", a correção pelo IPCA passou a ser aplicada pelo IPCA "apurado no exercício anterior a que se refere a lei orçamentária".

A emenda estabeleceu ainda regras específicas para o exercício de 2021. Consta no art. 4º, §1º: "No exercício de 2021, o eventual aumento dos limites de que trata o *caput* deste artigo fica restrito ao montante de até R$ 15.000.000.000,00 (quinze bilhões de reais), a ser destinado exclusivamente ao atendimento de despesas de vacinação contra a Covid-19 ou relacionadas a ações emergenciais e temporárias de caráter socioeconômico". Além disso, permitiu que as operações de crédito realizadas para custear o aumento de limite ficassem ressalvadas do estabelecido no inciso III do *caput* do art. 167 da Constituição Federal.

Também autorizou que fossem abertos créditos extraordinários para dispêndio desses recursos, sem observância das exigências constitucionais previstas § 3º do art. 167 da Constituição Federal, que só admite a abertura de crédito extraordinário "para atender a despesas imprevisíveis e urgentes, como as decorrentes de guerra, comoção interna ou calamidade pública".

Art. 5º As alterações relativas ao regime de pagamento dos precatórios aplicam-se a todos os requisitórios já expedidos, inclusive no orçamento fiscal e da seguridade social do exercício de 2022.

- *Vide* comentários ao art. 100, da Constituição.

Art. 6º Revoga-se o art. 108 do Ato das Disposições Constitucionais Transitórias.

Art. 7º Esta Emenda Constitucional entra em vigor na data de sua publicação.

Brasília, em 8 de dezembro de 2021.
Mesa da Câmara dos Deputados
Deputado ARTHUR LIRA
Presidente
Mesa do Senado Federal
Senador RODRIGO PACHECO
Presidente

- *Vide* os comentários aos dispositivos alterados.

EMENDA CONSTITUCIONAL N. 114, DE 16 DE DEZEMBRO DE 2021*

Altera a Constituição Federal e o Ato das Disposições Constitucionais Transitórias para estabelecer o novo regime de pagamentos de precatórios, modificar normas relativas ao Novo Regime Fiscal e autorizar o parcelamento de débitos previdenciários dos Municípios; e dá outras providências.

As Mesas da Câmara dos Deputados e do Senado Federal, nos termos do § 3º do art. 60 da Constituição Federal, promulgam a seguinte Emenda ao texto constitucional:

Art. 1º Os arts. 6º, 100 e 203 da Constituição Federal passam a vigorar com as seguintes alterações:

"Art. 6º ....
Parágrafo único. Todo brasileiro em situação de vulnerabilidade social terá direito a uma renda básica familiar, garantida pelo poder público em programa permanente de transferência de renda, cujas normas e requisitos de acesso serão determinados em lei, observada a legislação fiscal e orçamentária." (NR)
"Art. 100. ....
....
§ 5º É obrigatória a inclusão no orçamento das entidades de direito público de verba necessária ao pagamento de seus débitos oriundos de sentenças transitadas em julgado constantes de precatórios judiciários apresentados até 2 de abril, fazendo-se o pagamento até o final do exercício seguinte, quando terão seus valores atualizados monetariamente.
...." (NR)
"Art. 203...
....
VI – a redução da vulnerabilidade socioeconômica de famílias em situação de pobreza ou de extrema pobreza." (NR)

Art. 2º O Ato das Disposições Constitucionais Transitórias passa a vigorar acrescido dos seguintes arts. 107-A e 118:

"Art. 107-A. Até o fim de 2026, fica estabelecido, para cada exercício financeiro, limite para alocação na proposta orçamentária das despesas com pagamentos em virtude de sentença judiciária de que trata o art. 100 da Constituição Federal, equivalente ao valor da despesa paga no exercício de 2016, incluídos os restos a pagar pagos, corrigido na forma do § 1º do art. 107 deste Ato das Disposições Constitucionais Transitórias, devendo o espaço fiscal decorrente da diferença entre o valor dos precatórios expedidos e o respectivo limite ser destinado ao programa previsto no parágrafo único do art. 6º e à seguridade social, nos termos do art. 194, ambos da Constituição Federal, a ser calculado da seguinte forma:
I – no exercício de 2022, o espaço fiscal decorrente da diferença entre o valor dos precatórios expedidos e o limite es-

*. Publicada no *Diário Oficial da União* de 17-12-2021.

tabelecido no *caput* deste artigo deverá ser destinado ao programa previsto no parágrafo único do art. 6º e à seguridade social, nos termos do art. 194, ambos da Constituição Federal;

II – no exercício de 2023, pela diferença entre o total de precatórios expedidos entre 2 de julho de 2021 e 2 de abril de 2022 e o limite de que trata o *caput* deste artigo válido para o exercício de 2023; e

III – nos exercícios de 2024 a 2026, pela diferença entre o total de precatórios expedidos entre 3 de abril de dois anos anteriores e 2 de abril do ano anterior ao exercício e o limite de que trata o *caput* deste artigo válido para o mesmo exercício.

§ 1º O limite para o pagamento de precatórios corresponderá, em cada exercício, ao limite previsto no *caput* deste artigo, reduzido da projeção para a despesa com o pagamento de requisições de pequeno valor para o mesmo exercício, que terão prioridade no pagamento.

§ 2º Os precatórios que não forem pagos em razão do previsto neste artigo terão prioridade para pagamento em exercícios seguintes, observada a ordem cronológica e o disposto no § 8º deste artigo.

§ 3º É facultado ao credor de precatório que não tenha sido pago em razão do disposto neste artigo, além das hipóteses previstas no § 11 do art. 100 da Constituição Federal e sem prejuízo dos procedimentos previstos nos §§ 9º e 21 do referido artigo, optar pelo recebimento, mediante acordos diretos perante Juízos Auxiliares de Conciliação de Pagamento de Condenações Judiciais contra a Fazenda Pública Federal, em parcela única, até o final do exercício seguinte, com renúncia de 40% (quarenta por cento) do valor desse crédito.

§ 4º O Conselho Nacional de Justiça regulamentará a atuação dos Presidentes dos Tribunais competentes para o cumprimento deste artigo.

§ 5º Não se incluem no limite estabelecido neste artigo as despesas para fins de cumprimento do disposto nos §§ 11, 20 e 21 do art. 100 da Constituição Federal e no § 3º deste artigo, bem como a atualização monetária dos precatórios inscritos no exercício.

§ 6º Não se incluem nos limites estabelecidos no art. 107 deste Ato das Disposições Constitucionais Transitórias o previsto nos §§ 11, 20 e 21 do art. 100 da Constituição Federal e no § 3º deste artigo.

§ 7º Na situação prevista no § 3º deste artigo, para os precatórios não incluídos na proposta orçamentária de 2022, os valores necessários à sua quitação serão providenciados pela abertura de créditos adicionais durante o exercício de 2022.

§ 8º Os pagamentos em virtude de sentença judiciária de que trata o art. 100 da Constituição Federal serão realizados na seguinte ordem:

I – obrigações definidas em lei como de pequeno valor, previstas no § 3º do art. 100 da Constituição Federal;

II – precatórios de natureza alimentícia cujos titulares, originários ou por sucessão hereditária, tenham no mínimo 60 (sessenta) anos de idade, ou sejam portadores de doença grave ou pessoas com deficiência, assim definidos na forma da lei, até o valor equivalente ao triplo do montante fixado em lei como obrigação de pequeno valor;

III – demais precatórios de natureza alimentícia até o valor equivalente ao triplo do montante fixado em lei como obrigação de pequeno valor;

IV – demais precatórios de natureza alimentícia além do valor previsto no inciso III deste parágrafo;

V – demais precatórios."

"Art. 118. Os limites, as condições, as normas de acesso e os demais requisitos para o atendimento do disposto no parágrafo único do art. 6º e no inciso VI do *caput* do art. 203 da Constituição Federal serão determinados, na forma da lei e respectivo regulamento, até 31 de dezembro de 2022, dispensada, exclusivamente no exercício de 2022, a observância das limitações legais quanto à criação, à expansão ou ao aperfeiçoamento de ação governamental que acarrete aumento de despesa no referido exercício."

Art. 3º O art. 4º da Emenda Constitucional n. 113, de 8 de dezembro de 2021, passa a vigorar acrescido dos seguintes §§ 5º e 6º:

"Art. 4º...

....

§ 5º O aumento do limite previsto no § 1º deste artigo será destinado, ainda, ao atendimento de despesas de programa de transferência de renda.

§ 6º O aumento do limite decorrente da aplicação do disposto no inciso II do § 1º do art. 107 do Ato das Disposições Constitucionais Transitórias deverá, no exercício de 2022, ser destinado somente ao atendimento das despesas de ampliação de programas sociais de combate à pobreza e à extrema pobreza, nos termos do parágrafo único do art. 6º e do inciso VI do *caput* do art. 203 da Constituição Federal, à saúde, à previdência e à assistência social." (NR)

Art. 4º Os precatórios decorrentes de demandas relativas à complementação da União aos Estados e aos Municípios por conta do Fundo de Manutenção e Desenvolvimento do Ensino Fundamental e de Valorização do Magistério (Fundef) serão pagos em 3 (três) parcelas anuais e sucessivas, da seguinte forma:

I – 40% (quarenta por cento) no primeiro ano;

II – 30% (trinta por cento) no segundo ano;

III – 30% (trinta por cento) no terceiro ano.

Parágrafo único. Não se incluem nos limites estabelecidos nos arts. 107 e 107-A do Ato das Disposições Constitucionais Transitórias, a partir de 2022, as despesas para os fins de que trata este artigo.

Fernando Facury Scaff
Luma Cavaleiro de Macedo Scaff

1. Origem do texto

O texto foi incluído pela Emenda Constitucional n. 114/2021.

2. Constituições brasileiras anteriores

Não consta.

3. Preceitos constitucionais correlacionados da Constituição de 1988

Arts. 6º; 100; 203; 208, I; 211, § 5º; 212-A e Arts. 107 e 104-A do ADCT.

4. Legislação

Lei de Responsabilidade Fiscal – Lei Complementar n. 101/2000. Lei n. 4320/64. Lei n. 14.133/2020.

5. Jurisprudência

Súmula 732 STF. ADPF 528 STF. ACO 3.564 Ref-TP, red. do Ac. Min. André Mendonça, j. 9-5-2022, P, *DJe* de 1º-6-2022.

6. Referências bibliográficas

ABRAHAM, Marcus. A compensação de precatórios com créditos da Fazenda Pública na Emenda Constitucional n. 62/2009. *Revista Dialética de Direito Tributário*. São Paulo: Dialética, v. 182, nov. 2010.

ARAUJO, Luiz Alberto David; NUNES JÚNIOR, Vidal Serrano. *Curso de direito constitucional*. 8. ed. São Paulo: Saraiva, 2004.

COÊLHO, Sacha Calmon Navarro. Precatórios: o estado da arte. In: Valdir de Oliveira Rocha (coord.). *Grandes questões atuais de direito tributário*. São Paulo: Dialética, v. 14, p. 324-347, 2010.

COÊLHO, Sacha Calmon Navarro; DERZI, Misabel Abreu Machado. Precatórios. Tributos e a Emenda Constitucional n. 62/2009. *Revista Dialética de Direito Tributário*. São Paulo: Dialética, v. 180, nov. 2010.

CUNHA, Leonardo José Carneiro. *A Fazenda Pública em juízo*. 7. ed. São Paulo: Dialética, 2009.

_____. A execução contra a Fazenda Pública e as alterações impostas pela Emenda Constitucional n. 62/2009. *Revista Dialética de Direito Processual*. São Paulo: Dialética, v. 85, abr. 2010.

FERRAZ, Roberto. O pagamento de tributos com precatórios – Caso de uso de moeda e não de compensação – A inconstitucionalidade dinâmica da vedação à compensação. In: Valdir de Oliveira Rocha (coord.). *Grandes questões atuais de direito tributário*. São Paulo: Dialética, v. 13, p. 344-356, 2009.

GIACOMONI, James. *Orçamento público*. 14. ed. São Paulo: Atlas, 2009.

GRUPENMACHER, Betina Treiger. O uso de precatório no pagamento de tributos. In: ROCHA, Valdir de Oliveira (coord.). *Grandes questões atuais de direito tributário*. São Paulo: Dialética, 2009. v. 13, p. 34-55.

MACHADO, Hugo de Brito; MACHADO SEGUNDO, Hugo de Brito. Parecer: Precatório alimentar. Não pagamento. Crédito tributário. Compensação. *Revista Dialética de Direito Processual*. São Paulo: Dialética, v. 59, fev. 2008.

OLIVEIRA, Regis Fernandes de. *Curso de direito financeiro*. São Paulo: Revista dos Tribunais, 2006.

PIMENTA, Paulo Roberto Lyrio. O pagamento de tributos por meio de créditos de precatórios: inovações da Emenda Constitucional n. 62/2009. In: ROCHA, Valdir de Oliveira (coord.). *Grandes questões atuais de direito tributário*. São Paulo: Dialética, v. 14, p. 283-289, 2010.

SCAFF, Fernando Facury. O uso de precatórios para pagamento de tributos. In: ROCHA, Valdir de Oliveira (coord.). *Grandes questões atuais de direito tributário*. São Paulo: Dialética, v. 13, p. 102-116, 2009.

_____. O uso de precatórios para pagamento de tributos após a EC 62. *Revista Dialética de Direito Tributário*. São Paulo: Dialética, v. 175, abr. 2010.

SILVA, José Afonso da. *Curso de direito constitucional positivo*. 20. ed. São Paulo: Malheiros, 2002.

TORRES, Ricardo Lobo. *Curso de direito financeiro e tributário*. Rio de Janeiro: Renovar, 2005.

_____. *Tratado de direito constitucional financeiro e tributário: o orçamento na Constituição*. v. V. 3. ed. Rio de Janeiro: Renovar, 2008.

7. Anotações

Este dispositivo deve ser analisado em conjunto ao art. 100 da Constituição Federal, o qual se refere ao regime de precatórios e ao art. 212, que trata do Fundo de Manutenção e Desenvolvimento do Ensino Fundamental e de Valorização do Magistério (FUNDEF). Infelizmente adotou-se o hábito de estabelecer normas constitucionais não incorporadas formalmente ao texto constitucional, o que era hábito durante a vigência da Constituição de 1967/69. A norma sob comento é uma norma constitucionais, pois foi aprovada em razão de uma Emenda à Constituição, mas não foi inserida em seu corpo, nem no permanente nem no ADCT, devendo ser analisada dentro desse contexto.

O Fundo de Manutenção e Desenvolvimento do Ensino Fundamental e de Valorização do Magistério (FUNDEF) foi instituído pela Emenda Constitucional n. 14/1996 e regulamentado pela Lei n. 9.424/1966, alterada pela Lei n. 14.133/2020, regulada pelo Decreto n. 2.264/1998. Trouxe como inovação a mudança da estrutura de financiamento do ensino fundamental no País, pela subvinculação de uma parcela dos recursos destinados a esse nível de ensino.

Trata-se de fundo público instituído em cada Estado da Federação e no Distrito Federal, cujos recursos devem ser aplicados exclusivamente na manutenção e desenvolvimento do ensino fundamental público e na valorização de seu magistério. O FUNDEF, assim como o FUNDEB, são fundos compostos por valores provenientes de impostos e transferências dos Estados, Municípios e do Distrito Federal usados para financiar a educação pública. Por lei, uma porcentagem desse montante deve ser destinada ao pagamento de professores.

O art. 60 do ADCT prevê que a complementação para esses fundos pela União será implementada progressivamente até alcançar os valores mínimos previsto na Constituição Federal. A questão sensível que merece ser pontuada é que, entre 1998 e 2006, a União complementou essa verba de forma insuficiente. A necessidade de pagamento aliada ao chamado de erro de cálculo levou à judicialização das demandas, com condenação ao pagamento das diferenças, por meio de precatórios, com relevo para a ADPF 528 em trâmite no STF.

Segundo a EC 114, no artigo ora em comento, é permitido que os precatórios decorrentes das demandas relativas à complementação da União aos Estados e aos Municípios por conta do Fundef sejam pagos em três parcelas anuais e sucessivas a partir de sua expedição: 40% no primeiro ano, 30% no segundo ano e 30% no terceiro ano. Portanto, texto introduz na Constituição Federal uma regra determinando aos Estados, ao Distrito Federal e Municípios a aplicação dos recursos obtidos com os precatórios do Fundef conforme destinação originária do fundo.

Desse total, 60% deverão ser repassados aos profissionais do magistério, inclusive aposentados e pensionistas, na forma de abono, proibida a incorporação na remuneração, aposentadoria ou pensão. Com isso, a União poderá pagar em maior quantidade de parcelas até o fim do ano seguindo esses percentuais. Aqueles a vencer em 2022 originalmente serão pagos em 2022, 2023 e 2024.

Outra novidade é que esses precatórios também ficarão de fora dos limites do teto de gastos e de pagamento anual de precatórios.

Art. 5º As receitas que os Estados e os Municípios receberem a título de pagamentos da União por força de ações judiciais que tenham por objeto a complementação de parcela desta no Fundo de Manutenção e Desenvolvimento do Ensino Fundamental e de Valorização do Magistério (Fundef) deverão ser aplicadas na manutenção e desenvolvimento do ensino fundamental público e na valorização de seu magistério, conforme destinação originária do Fundo.

Parágrafo único. Da aplicação de que trata o *caput* deste artigo, no mínimo 60% (sessenta por cento) deverão ser repassados aos profissionais do magistério, inclusive aposentados e pensionistas, na forma de abono, vedada a incorporação na remuneração, na aposentadoria ou na pensão.

Art. 6º No prazo de 1 (um) ano a contar da promulgação desta Emenda Constitucional, o Congresso Nacional promoverá, por meio de comissão mista, exame analítico dos atos, dos fatos e das políticas públicas com maior potencial gerador de precatórios e de sentenças judiciais contrárias à Fazenda Pública da União.

§ 1º A comissão atuará em cooperação com o Conselho Nacional de Justiça e com o auxílio do Tribunal de Contas da União e poderá requisitar informações e documentos de órgãos e entidades da administração pública direta e indireta de qualquer dos Poderes da União, dos Estados, do Distrito Federal e dos Municípios, buscando identificar medidas legislativas a serem adotadas com vistas a trazer maior segurança jurídica no âmbito federal.

§ 2º O exame de que trata o *caput* deste artigo analisará os mecanismos de aferição de risco fiscal e de prognóstico de efetivo pagamento de valores decorrentes de decisão judicial, segregando esses pagamentos por tipo de risco e priorizando os temas que possuam maior impacto financeiro.

§ 3º Apurados os resultados, o Congresso Nacional encaminhará suas conclusões aos presidentes do Supremo Tribunal Federal e do Superior Tribunal de Justiça, para a adoção de medidas de sua competência.

Fernando Facury Scaff
Luma Cavaleiro de Macedo Scaff

1. Origem do texto

O texto foi incluído pela Emenda Constitucional n. 114/2021.

2. Constituições brasileiras anteriores

Não consta.

3. Preceitos constitucionais correlacionados da Constituição de 1988

Arts. 6º, 44, 70, 100 e 102.

4. Legislação

Lei de Responsabilidade Fiscal – Lei Complementar n. 101/2000. Lei n. 4320/64.

5. Jurisprudência

Não consta.

6. Referências bibliográficas

ABRAHAM, Marcus. A compensação de precatórios com créditos da Fazenda Pública na Emenda Constitucional n. 62/2009. *Revista Dialética de Direito Tributário*. São Paulo: Dialética, v. 182, nov. 2010.

ARAUJO, Luiz Alberto David; NUNES JÚNIOR, Vidal Serrano. *Curso de direito constitucional*. 8. ed. São Paulo: Saraiva, 2004.

COÊLHO, Sacha Calmon Navarro. Precatórios: o estado da arte. In: Valdir de Oliveira Rocha (coord.). *Grandes questões atuais de direito tributário*. São Paulo: Dialética, v. 14, p. 324-347, 2010.

COÊLHO, Sacha Calmon Navarro; DERZI, Misabel Abreu Machado. Precatórios. Tributos e a Emenda Constitucional n. 62/2009. *Revista Dialética de Direito Tributário*. São Paulo: Dialética, v. 180, nov. 2010.

CUNHA, Leonardo José Carneiro. *A Fazenda Pública em juízo*. 7. ed. São Paulo: Dialética, 2009.

_____. A execução contra a Fazenda Pública e as alterações impostas pela Emenda Constitucional n. 62/2009. *Revista Dialética de Direito Processual*. São Paulo: Dialética, v. 85, abr. 2010.

FERRAZ, Roberto. O pagamento de tributos com precatórios – Caso de uso de moeda e não de compensação – A inconstitucionalidade dinâmica da vedação à compensação. In: Valdir de Oliveira Rocha (coord.). *Grandes questões atuais de direito tributário*. São Paulo: Dialética, v. 13, p. 344-356, 2009.

GIACOMONI, James. *Orçamento público*. 14. ed. São Paulo: Atlas, 2009.

GRUPENMACHER, Betina Treiger. O uso de precatório no pagamento de tributos. In: ROCHA, Valdir de Oliveira (coord.). *Grandes questões atuais de direito tributário*. São Paulo: Dialética, v. 13, p. 34-55, 2009.

MACHADO, Hugo de Brito; MACHADO SEGUNDO, Hugo de Brito. Parecer: Precatório alimentar. Não pagamento. Crédito tributário. Compensação. *Revista Dialética de Direito Processual*. São Paulo: Dialética, v. 59, fev. 2008.

OLIVEIRA, Regis Fernandes de. *Curso de direito financeiro*. São Paulo: Revista dos Tribunais, 2006.

PIMENTA, Paulo Roberto Lyrio. O pagamento de tributos por meio de créditos de precatórios: inovações da Emenda Constitucional n. 62/2009. In: ROCHA, Valdir de Oliveira (coord.). *Grandes questões atuais de direito tributário*. São Paulo: Dialética, v. 14, p. 283-289, 2010.

SCAFF, Fernando Facury. O uso de precatórios para pagamento de tributos. In: ROCHA, Valdir de Oliveira (coord.). *Grandes questões atuais de direito tributário*. São Paulo: Dialética, v. 13, p. 102-116, 2009.

_____. O uso de precatórios para pagamento de tributos após a EC 62. *Revista Dialética de Direito Tributário*. São Paulo: Dialética, v. 175, abr. 2010.

SILVA, José Afonso da. *Curso de direito constitucional positivo*. 20. ed. São Paulo: Malheiros, 2002.

TORRES, Ricardo Lobo. *Curso de direito financeiro e tributário*. Rio de Janeiro: Renovar, 2005.

_____. *Tratado de direito constitucional financeiro e tributário*: o orçamento na Constituição. v. V. 3. ed. Rio de Janeiro: Renovar, 2008.

7. Anotações

A pretexto de garantir eficiência e de promover o cumprimento das decisões judiciais, a Emenda Constitucional 114/2021, que estabeleceu o novo regime de pagamento de precatórios e modificou normas relativas ao Regime Fiscal, determinou a criação, pelo Congresso Nacional, de Comissão mista para exame analítico dos atos, fatos e das políticas públicas com maior potencial gerador de precatórios e de sentenças judiciais contrárias à Fazenda Pública.

Este dispositivo atribui ao Poder Legislativo, por intermédio do Congresso Nacional, a obrigação de promover o exame analítico dos atos, dos fatos e das políticas públicas. Para tanto, estabelece a necessidade de criação de uma Comissão Mista a fim de analisar o potencial gerador e o impacto provenientes dos precatórios e de sentenças judiciais contrárias à Fazenda Pública da União. É interessante a ideia de monitoramento dos efeitos das sentenças transitadas em julgado, pois, com isso, pode-se buscar as causas dessa litigância e reduzi-la, de forma que as mudanças sucessivas no regime de precatórios não mais sejam essa "colcha de retalhos", sem o devido cuidado de planejamento e equilíbrio das contas públicas.

Esta Comissão deveria ter sido criada no prazo de 1 (um) ano, a partir da sua publicação, ou seja, até 16 de dezembro de 2022, e atuaria em cooperação com o Conselho Nacional de Justiça e com o auxílio do Tribunal de Contas da União.

Vale pontuar que as principais finalidades deste grupo técnico são: a identificação de medidas legislativas adotadas com vistas a trazer maior segurança jurídica no âmbito federal; a análise dos mecanismos de aferição de risco fiscal e de prognóstico de efetivo pagamento de valores decorrentes de decisão judicial e a separação dos pagamentos por tipo de risco, priorizando os temas que possuam maior impacto financeiro. Observa-se que o monitoramento de um sistema de políticas públicas está restrito aos precatórios e ao cumprimento de decisões judiciais.

Mesmo com a justificativa de maior controle e correção das distorções orçamentárias de forma a evitar o "efeito surpresa", pois as mudanças legislativas ora em andamento seguem com fragilidades nos estudos prévios de impacto ou com difícil planejamento fiscal para fins de responsabilidade fiscal.

Nota-se a inércia do Poder Público em solucionar os passivos contingentes, em outras palavras, de identificar possíveis novas obrigações decorrentes de demandas judiciais, seja uma análise de risco para eventos futuros ou incertos, seja para uma análise de impacto fiscal global. Como consequência, fica mais difícil mensurar a probabilidade de sua ocorrência e os consequentes impactos orçamentários de longo prazo, o que evidencia, ainda mais, o já frágil e inconsistente sistema de pagamento de decisões judiciais transitadas em julgado (precatórios) no Brasil.

Art. 7º Os entes da Federação que tiverem descumprido a medida prevista no art. 4º da Lei Complementar n. 156, de 28 de dezembro de 2016, e que optarem por não firmar termo aditivo na forma prevista no art. 4º-A da referida Lei Complementar poderão restituir à União os valores diferidos por força do prazo adicional proporcionalmente à quantidade de prestações remanescentes dos respectivos contratos, aplicados os encargos contratuais de adimplência e desde que adotem, durante o prazo de restituição dos valores para a União, as medidas previstas no art. 167-A da Constituição Federal.

Art. 8º Esta Emenda Constitucional entra em vigor:

I – a partir de 2022, para a alteração do § 5º do art. 100 da Constituição Federal, constante do art. 1º desta Emenda Constitucional;

II – na data de sua publicação, para os demais dispositivos.

Brasília, em 16 de dezembro de 2021.

Mesa da Câmara dos Deputados
Deputado ARTHUR LIRA
Presidente
Mesa do Senado Federal
Senador RODRIGO PACHECO
Presidente

EMENDA CONSTITUCIONAL N. 115, DE 10 DE FEVEREIRO DE 2022*

Altera a Constituição Federal para incluir a proteção de dados pessoais entre os direitos e garantias fundamentais e para fixar a competência privativa da União para legislar sobre proteção e tratamento de dados pessoais.

As Mesas da Câmara dos Deputados e do Senado Federal, nos termos do § 3º do art. 60 da Constituição Federal, promulgam a seguinte Emenda ao texto constitucional:

Art. 1º O *caput* do art. 5º da Constituição Federal passa a vigorar acrescido do seguinte inciso LXXIX:

"Art. 5º ....

....

LXXIX – é assegurado, nos termos da lei, o direito à proteção dos dados pessoais, inclusive nos meios digitais.

.... (NR)

Art. 2º O *caput* do art. 21 da Constituição Federal passa a vigorar acrescido do seguinte inciso XXVI:

"Art. 21. ....

....

XXVI – organizar e fiscalizar a proteção e o tratamento de dados pessoais, nos termos da lei." (NR)

Art. 3º O *caput* do art. 22 da Constituição Federal passa a vigorar acrescido do seguinte inciso XXX:

"Art. 22. ....

....

XXX – proteção e tratamento de dados pessoais.

.... " (NR)

Art. 4º Esta Emenda Constitucional entra em vigor na data de sua publicação.

Brasília, em 10 de fevereiro de 2022.

Mesa da Câmara dos Deputados
Deputado ARTHUR LIRA
Presidente
Mesa do Senado Federal
Senador RODRIGO PACHECO
Presidente

EMENDA CONSTITUCIONAL N. 116, DE 17 DE FEVEREIRO DE 2022**

Acrescenta § 1º-A ao art. 156 da Constituição Federal para prever a não incidência sobre templos de qualquer culto do Imposto sobre a Propriedade Predial e Territorial Urbana (IPTU), ainda que as entidades abrangidas pela imunidade tributária sejam apenas locatárias do bem imóvel.

As Mesas da Câmara dos Deputados e do Senado Federal, nos termos do § 3º do art. 60 da Constituição Federal, promulgam a seguinte Emenda ao texto constitucional:

Art. 1º O art. 156 da Constituição Federal passa a vigorar acrescido do seguinte § 1º-A:

"Art. 156 ....

....

§ 1º-A O imposto previsto no inciso I do *caput* deste artigo não incide sobre templos de qualquer culto, ainda que as entidades abrangidas pela imunidade de que trata a alínea *b* do inciso VI do *caput* do art. 150 desta Constituição sejam apenas locatárias do bem imóvel.

.... (NR)

Art. 2º Esta Emenda Constitucional entra em vigor na data de sua publicação.

Brasília, em 17 de fevereiro de 2022.

Mesa da Câmara dos Deputados
Deputado ARTHUR LIRA
Presidente
Mesa do Senado Federal
Senador RODRIGO PACHECO
Presidente

EMENDA CONSTITUCIONAL N. 117, DE 5 DE ABRIL DE 2022***

Altera o art. 17 da Constituição Federal para impor aos partidos políticos a aplicação de recursos do fundo partidário na promoção e difusão da participação política das mulheres, bem como a aplicação de recursos desse fundo e do Fundo Especial de Financiamento de Campanha e a divisão do tempo de propaganda gratuita no rádio e na televisão no percentual mínimo de 30% (trinta por cento) para candidaturas femininas.

As Mesas da Câmara dos Deputados e do Senado Federal, nos termos do § 3º do art. 60 da Constituição Federal, promulgam a seguinte Emenda ao texto constitucional:

Art. 1º O art. 17 da Constituição Federal passa a vigorar acrescido dos seguintes §§ 7º e 8º:

"Art. 17. ....

....

---

*. Publicada no *Diário Oficial da União* de 11-2-2022.
**. Publicada no *Diário Oficial da União* de 18-2-2022.
***. Publicada no *Diário Oficial da União* de 6-4-2022.

§ 7º Os partidos políticos devem aplicar no mínimo 5% (cinco por cento) dos recursos do fundo partidário na criação e na manutenção de programas de promoção e difusão da participação política das mulheres, de acordo com os interesses intrapartidários.

§ 8º O montante do Fundo Especial de Financiamento de Campanha e da parcela do fundo partidário destinada a campanhas eleitorais, bem como o tempo de propaganda gratuita no rádio e na televisão a ser distribuído pelos partidos às respectivas candidatas, deverão ser de no mínimo 30% (trinta por cento), proporcional ao número de candidatas, e a distribuição deverá ser realizada conforme critérios definidos pelos respectivos órgãos de direção e pelas normas estatutárias, considerados a autonomia e o interesse partidário." (NR)

Art. 2º Aos partidos políticos que não tenham utilizado os recursos destinados aos programas de promoção e difusão da participação política das mulheres ou cujos valores destinados a essa finalidade não tenham sido reconhecidos pela Justiça Eleitoral é assegurada a utilização desses valores nas eleições subsequentes, vedada a condenação pela Justiça Eleitoral nos processos de prestação de contas de exercícios financeiros anteriores que ainda não tenham transitado em julgado até a data de promulgação desta Emenda Constitucional.

Art. 3º Não serão aplicadas sanções de qualquer natureza, inclusive de devolução de valores, multa ou suspensão do fundo partidário, aos partidos que não preencheram a cota mínima de recursos ou que não destinaram os valores mínimos em razão de sexo e raça em eleições ocorridas antes da promulgação desta Emenda Constitucional.

Art. 4º Esta Emenda Constitucional entra em vigor na data de sua publicação.

Brasília, em 5 de abril de 2022.

Mesa da Câmara dos Deputados
Deputado ARTHUR LIRA
Presidente
Mesa do Senado Federal
Senador RODRIGO PACHECO
Presidente

■ *Vide* os comentários ao art. 17, da Constituição.

EMENDA CONSTITUCIONAL N. 118, DE 26 DE ABRIL DE 2022*

Dá nova redação às alíneas b e c do inciso XXIII do caput do art. 21 da Constituição Federal, para autorizar a produção, a comercialização e a utilização de radioisótopos para pesquisa e uso médicos.

As Mesas da Câmara dos Deputados e do Senado Federal, nos termos do § 3º do art. 60 da Constituição Federal, promulgam a seguinte Emenda ao texto constitucional:

Art. 1º As alíneas *b* e *c* do inciso XXIII do *caput* do art. 21 da Constituição Federal passam a vigorar com a seguinte redação:

"Art. 21. ....

XXIII – ....

....

b) sob regime de permissão, são autorizadas a comercialização e a utilização de radioisótopos para pesquisa e uso agrícolas e industriais;

c) sob regime de permissão, são autorizadas a produção, a comercialização e a utilização de radioisótopos para pesquisa e uso médicos;

...." (NR)

Art. 2º Esta Emenda Constitucional entra em vigor na data de sua publicação.

Brasília, em 26 de abril de 2022.

Mesa da Câmara dos Deputados
Deputado ARTHUR LIRA
Presidente
Mesa do Senado Federal
Senador RODRIGO PACHECO
Presidente

EMENDA CONSTITUCIONAL N. 119, DE 27 DE ABRIL DE 2022**

Altera o Ato das Disposições Constitucionais Transitórias para determinar a impossibilidade de responsabilização dos Estados, do Distrito Federal, dos Municípios e dos agentes públicos desses entes federados pelo descumprimento, nos exercícios financeiros de 2020 e 2021, do disposto no caput do art. 212 da Constituição Federal; e dá outras providências.

As Mesas da Câmara dos Deputados e do Senado Federal, nos termos do § 3º do art. 60 da Constituição Federal, promulgam a seguinte Emenda ao texto constitucional:

Art. 1º O Ato das Disposições Constitucionais Transitórias passa a vigorar acrescido do seguinte art. 119:

"Art. 119. Em decorrência do estado de calamidade pública provocado pela pandemia da Covid-19, os Estados, o Distrito Federal, os Municípios e os agentes públicos desses entes federados não poderão ser responsabiliza-

---

*. Publicada no *Diário Oficial da União* de 27-4-2022.

**. Publicada no *Diário Oficial da União* de 28-4-2022.

dos administrativa, civil ou criminalmente pelo descumprimento, exclusivamente nos exercícios financeiros de 2020 e 2021, do disposto no *caput* do art. 212 da Constituição Federal.

Parágrafo único. Para efeitos do disposto no *caput* deste artigo, o ente deverá complementar na aplicação da manutenção e desenvolvimento do ensino, até o exercício financeiro de 2023, a diferença a menor entre o valor aplicado, conforme informação registrada no sistema integrado de planejamento e orçamento, e o valor mínimo exigível constitucionalmente para os exercícios de 2020 e 2021."

Art. 2º O disposto no *caput* do art. 119 do Ato das Disposições Constitucionais Transitórias impede a aplicação de quaisquer penalidades, sanções ou restrições aos entes subnacionais para fins cadastrais, de aprovação e de celebração de ajustes onerosos ou não, incluídas a contratação, a renovação ou a celebração de aditivos de quaisquer tipos, de ajustes e de convênios, entre outros, inclusive em relação à possibilidade de execução financeira desses ajustes e de recebimento de recursos do orçamento geral da União por meio de transferências voluntárias.

Parágrafo único. O disposto no *caput* do art. 119 do Ato das Disposições Constitucionais Transitórias também obsta a ocorrência dos efeitos do inciso III do *caput* do art. 35 da Constituição Federal.

Art. 3º Esta Emenda Constitucional entra em vigor na data de sua publicação.

Brasília, em 27 de abril de 2022.

Mesa da Câmara dos Deputados
Deputado ARTHUR LIRA
Presidente
Mesa do Senado Federal
Senador RODRIGO PACHECO
Presidente

EMENDA CONSTITUCIONAL N. 120, DE 5 DE MAIO DE 2022*

Acrescenta §§ 7º, 8º, 9º, 10 e 11 ao art. 198 da Constituição Federal, para dispor sobre a responsabilidade financeira da União, corresponsável pelo Sistema Único de Saúde (SUS), na política remuneratória e na valorização dos profissionais que exercem atividades de agente comunitário de saúde e de agente de combate às endemias.

As Mesas da Câmara dos Deputados e do Senado Federal, nos termos do § 3º do art. 60 da Constituição Federal, promulgam a seguinte Emenda ao texto constitucional:

---
*. Publicada no *Diário Oficial da União* de 6-5-2022.

Art. 1º O art. 198 da Constituição Federal passa a vigorar acrescido dos seguintes §§ 7º, 8º, 9º, 10 e 11:

"Art. 198. ....
....

§ 7º O vencimento dos agentes comunitários de saúde e dos agentes de combate às endemias fica sob responsabilidade da União, e cabe aos Estados, ao Distrito Federal e aos Municípios estabelecer, além de outros consectários e vantagens, incentivos, auxílios, gratificações e indenizações, a fim de valorizar o trabalho desses profissionais.

§ 8º Os recursos destinados ao pagamento do vencimento dos agentes comunitários de saúde e dos agentes de combate às endemias serão consignados no orçamento geral da União com dotação própria e exclusiva.

§ 9º O vencimento dos agentes comunitários de saúde e dos agentes de combate às endemias não será inferior a 2 (dois) salários mínimos, repassados pela União aos Municípios, aos Estados e ao Distrito Federal.

§ 10. Os agentes comunitários de saúde e os agentes de combate às endemias terão também, em razão dos riscos inerentes às funções desempenhadas, aposentadoria especial e, somado aos seus vencimentos, adicional de insalubridade.

§ 11. Os recursos financeiros repassados pela União aos Estados, ao Distrito Federal e aos Municípios para pagamento do vencimento ou de qualquer outra vantagem dos agentes comunitários de saúde e dos agentes de combate às endemias não serão objeto de inclusão no cálculo para fins do limite de despesa com pessoal." (NR)

Art. 2º Esta Emenda Constitucional entra em vigor na data de sua publicação.

Brasília, em 5 de maio de 2022.

Mesa da Câmara dos Deputados
Deputado ARTHUR LIRA
Presidente
Mesa do Senado Federal
Senador RODRIGO PACHECO
Presidente

EMENDA CONSTITUCIONAL N. 121, DE 10 DE MAIO DE 2022**

Altera o inciso IV do § 2º do art. 4º da Emenda Constitucional n. 109, de 15 de março de 2021.

As Mesas da Câmara dos Deputados e do Senado Federal, nos termos do § 3º do art. 60 da Constituição Federal, promulgam a seguinte Emenda ao texto constitucional:

**. Publicada no *Diário Oficial da União* de 11-5-2022.

Art. 1º O inciso IV do § 2º do art. 4º da Emenda Constitucional n. 109, de 15 de março de 2021, passa a vigorar com a seguinte redação:

"Art. 4º ....

§ 2º ....

....

IV – relativos ao regime especial estabelecido nos termos do art. 40 do Ato das Disposições Constitucionais Transitórias, às áreas de livre comércio e zonas francas e à política industrial para o setor de tecnologias da informação e comunicação e para o setor de semicondutores, na forma da lei;

...." (NR)

Art. 2º Esta Emenda Constitucional entra em vigor na data de sua publicação.

Brasília, em 10 de maio de 2022.

Mesa da Câmara dos Deputados
Deputado ARTHUR LIRA
Presidente
Mesa do Senado Federal
Senador RODRIGO PACHECO
Presidente

EMENDA CONSTITUCIONAL N. 122, DE 17 DE MAIO DE 2022*

Altera a Constituição Federal para elevar para setenta anos a idade máxima para a escolha e nomeação de membros do Supremo Tribunal Federal, do Superior Tribunal de Justiça, dos Tribunais Regionais Federais, do Tribunal Superior do Trabalho, dos Tribunais Regionais do Trabalho, do Tribunal de Contas da União e dos Ministros civis do Superior Tribunal Militar.

As Mesas da Câmara dos Deputados e do Senado Federal, nos termos do § 3º do art. 60 da Constituição Federal, promulgam a seguinte Emenda ao texto constitucional:

Art. 1º Os arts. 73, 101, 104, 107, 111-A, 115 e 123 da Constituição Federal passam a vigorar com as seguintes alterações:

"Art. 73 ....

§ 1º ....

I – mais de trinta e cinco e menos de setenta anos de idade;

...." (NR)

"Art. 101. O Supremo Tribunal Federal compõe-se de onze Ministros, escolhidos dentre cidadãos com mais de trinta e cinco e menos de setenta anos de idade, de notável saber jurídico e reputação ilibada.

...." (NR)

"Art. 104. ....

Parágrafo único. Os Ministros do Superior Tribunal de Justiça serão nomeados pelo Presidente da República, dentre brasileiros com mais de trinta e cinco e menos de setenta anos de idade, de notável saber jurídico e reputação ilibada, depois de aprovada a escolha pela maioria absoluta do Senado Federal, sendo:

...." (NR)

"Art. 107. Os Tribunais Regionais Federais compõem-se de, no mínimo, sete juízes, recrutados, quando possível, na respectiva região e nomeados pelo Presidente da República dentre brasileiros com mais de trinta e menos de setenta anos de idade, sendo:

...." (NR)

"Art. 111-A. O Tribunal Superior do Trabalho compõe-se de vinte e sete Ministros, escolhidos dentre brasileiros com mais de trinta e cinco e menos de setenta anos de idade, de notável saber jurídico e reputação ilibada, nomeados pelo Presidente da República após aprovação pela maioria absoluta do Senado Federal, sendo:

...." (NR)

"Art. 115. Os Tribunais Regionais do Trabalho compõem-se de, no mínimo, sete juízes, recrutados, quando possível, na respectiva região e nomeados pelo Presidente da República dentre brasileiros com mais de trinta e cinco e menos de setenta anos de idade, sendo:

...." (NR)

"Art. 123. ....

Parágrafo único. Os Ministros civis serão escolhidos pelo Presidente da República dentre brasileiros com mais de trinta e cinco e menos de setenta anos de idade, sendo:

...." (NR)

Art. 2º Esta Emenda Constitucional entra em vigor na data de sua publicação.

Brasília, em 17 de maio de 2022.

Mesa da Câmara dos Deputados
Deputado ARTHUR LIRA
Presidente
Mesa do Senado Federal
Senador RODRIGO PACHECO
Presidente

EMENDA CONSTITUCIONAL N. 123, DE 14 DE JULHO DE 2022**

Altera o art. 225 da Constituição Federal para estabelecer diferencial de competitividade para os biocombustíveis; inclui o art. 120 no Ato das Disposições Constitucionais Transitórias para reco-

---

*. Publicada no *Diário Oficial da União* de 18-5-2022.

**. Publicada no *Diário Oficial da União* de 15-7-2022.

nhecer o estado de emergência decorrente da elevação extraordinária e imprevisível dos preços do petróleo, combustíveis e seus derivados e dos impactos sociais dela decorrentes; autoriza a União a entregar auxílio financeiro aos Estados e ao Distrito Federal que outorgarem créditos tributários do Imposto sobre Operações relativas à Circulação de Mercadorias e sobre Prestações de Serviços de Transporte Interestadual e Intermunicipal e de Comunicação (ICMS) aos produtores e distribuidores de etanol hidratado; expande o auxílio Gás dos Brasileiros, de que trata a Lei n. 14.237, de 19 de novembro de 2021; institui auxílio para caminhoneiros autônomos; expande o Programa Auxílio Brasil, de que trata a Lei n. 14.284, de 29 de dezembro de 2021; e institui auxílio para entes da Federação financiarem a gratuidade do transporte público.

As Mesas da Câmara dos Deputados e do Senado Federal, nos termos do § 3º do art. 60 da Constituição Federal, promulgam a seguinte Emenda ao texto constitucional:

Art. 1º Esta Emenda Constitucional dispõe sobre o estabelecimento de diferencial de competitividade para os biocombustíveis e sobre medidas para atenuar os efeitos do estado de emergência decorrente da elevação extraordinária e imprevisível dos preços do petróleo, combustíveis e seus derivados e dos impactos sociais dela decorrentes.

Art. 2º O § 1º do art. 225 da Constituição Federal passa a vigorar acrescido do seguinte inciso VIII:

"Art. 225. ....

§ 1º ....

VIII – manter regime fiscal favorecido para os biocombustíveis destinados ao consumo final, na forma de lei complementar, a fim de assegurar-lhes tributação inferior à incidente sobre os combustíveis fósseis, capaz de garantir diferencial competitivo em relação a estes, especialmente em relação às contribuições de que tratam a alínea *b* do inciso I e o inciso IV do *caput* do art. 195 e o art. 239 e ao imposto a que se refere o inciso II do *caput* do art. 155 desta Constituição.

...." (NR)

Art. 3º O Ato das Disposições Constitucionais Transitórias passa a vigorar acrescido do seguinte art. 120:

"Art. 120. Fica reconhecido, no ano de 2022, o estado de emergência decorrente da elevação extraordinária e imprevisível dos preços do petróleo, combustíveis e seus derivados e dos impactos sociais dela decorrentes.

Parágrafo único. Para enfretamento ou mitigação dos impactos decorrentes do estado de emergência reconhecido, as medidas implementadas, até os limites de despesas previstos em uma única e exclusiva norma constitucional observarão o seguinte:

I – quanto às despesas:

a) serão atendidas por meio de crédito extraordinário;

b) não serão consideradas para fins de apuração da meta de resultado primário estabelecida no *caput* do art. 2º da Lei n. 14.194, de 20 de agosto de 2021, e do limite estabelecido para as despesas primárias, conforme disposto no inciso I do *caput* do art. 107 do Ato das Disposições Constitucionais Transitórias; e

c) ficarão ressalvadas do disposto no inciso III do *caput* do art. 167 da Constituição Federal;

II – a abertura do crédito extraordinário para seu atendimento dar-se-á independentemente da observância dos requisitos exigidos no § 3º do art. 167 da Constituição Federal; e

III – a dispensa das limitações legais, inclusive quanto à necessidade de compensação:

a) à criação, à expansão ou ao aperfeiçoamento de ação governamental que acarrete aumento de despesa; e

b) à renúncia de receita que possa ocorrer."

- *Vide* comentários aos arts. 106 a 114 do ADCT.

Art. 4º Enquanto não entrar em vigor a lei complementar a que se refere o inciso VIII do § 1º do art. 225 da Constituição Federal, o diferencial competitivo dos biocombustíveis destinados ao consumo final em relação aos combustíveis fósseis será garantido pela manutenção, em termos percentuais, da diferença entre as alíquotas aplicáveis a cada combustível fóssil e aos biocombustíveis que lhe sejam substitutos em patamar igual ou superior ao vigente em 15 de maio de 2022.

§ 1º Alternativamente ao disposto no *caput* deste artigo, quando o diferencial competitivo não for determinado pelas alíquotas, ele será garantido pela manutenção do diferencial da carga tributária efetiva entre os combustíveis.

§ 2º No período de 20 (vinte) anos após a promulgação desta Emenda Constitucional, a lei complementar federal não poderá estabelecer diferencial competitivo em patamar inferior ao referido no *caput* deste artigo.

§ 3º A modificação, por proposição legislativa estadual ou federal ou por decisão judicial com efeito erga omnes, das alíquotas aplicáveis a um combustível fóssil implicará automática alteração das alíquotas aplicáveis aos biocombustíveis destinados ao consumo final que lhe sejam substitutos, a fim de, no mínimo, manter a diferença de alíquotas existente anteriormente.

§ 4º A lei complementar a que se refere o inciso VIII do § 1º do art. 225 da Constituição Federal disporá sobre critérios ou mecanismos para assegurar o diferencial competitivo dos biocombustíveis destinados ao consumo final na hipótese de ser implantada, para o combustível fóssil de que são substitutos, a sistemática de recolhimento de que trata a alínea *h* do inciso XII do § 2º do art. 155 da Constituição Federal.

§ 5º Na aplicação deste artigo, é dispensada a observância do disposto no inciso VI do § 2º do art. 155 da Constituição Federal.

- *Vide* os comentários ao inciso VIII do § 1º do art. 225, da Constituição.

Art. 5º Observado o disposto no art. 120 do Ato das Disposições Constitucionais Transitórias, a União, como únicas e exclusivas medidas a que se refere o parágrafo único do referido dispositivo, excluída a possibilidade de adoção de quaisquer outras:

I – assegurará a extensão do Programa Auxílio Brasil, de que trata a Lei n. 14.284, de 29 de dezembro de 2021, às famílias elegíveis na data de promulgação desta Emenda Constitucional, e concederá às famílias beneficiárias desse programa acréscimo mensal extraordinário, durante 5 (cinco) meses, de R$ 200,00 (duzentos reais), no período de 1º de agosto a 31 de dezembro de 2022, até o limite de R$ 26.000.000.000,00 (vinte e seis bilhões de reais), incluídos os valores essencialmente necessários para a implementação do benefício, vedado o uso para qualquer tipo de publicidade institucional;

II – assegurará às famílias beneficiadas pelo auxílio Gás dos Brasileiros, de que trata a Lei n. 14.237, de 19 de novembro de 2021, a cada bimestre, entre 1º de julho e 31 de dezembro de 2022, valor monetário correspondente a 1 (uma) parcela extraordinária adicional de 50% (cinquenta por cento) da média do preço nacional de referência do botijão de 13 kg (treze quilogramas) de gás liquefeito de petróleo (GLP), estabelecido pelo Sistema de Levantamento de Preços (SLP) da Agência Nacional do Petróleo, Gás Natural e Biocombustíveis (ANP), nos 6 (seis) meses anteriores, até o limite de R$ 1.050.000.000,00 (um bilhão e cinquenta milhões de reais), incluídos os valores essencialmente necessários para a implementação do benefício, vedado o uso para qualquer tipo de publicidade institucional;

III – concederá, entre 1º de julho e 31 de dezembro de 2022, aos Transportadores Autônomos de Cargas devidamente cadastrados no Registro Nacional de Transportadores Rodoviários de Cargas (RNTRC) até a data de 31 de maio de 2022, auxílio de R$ 1.000,00 (mil reais) mensais, até o limite de R$ 5.400.000.000,00 (cinco bilhões e quatrocentos milhões de reais);

IV – aportará à União, aos Estados, ao Distrito Federal e aos Municípios que dispõem de serviços regulares em operação de transporte público coletivo urbano, semiurbano ou metropolitano assistência financeira em caráter emergencial no valor de R$ 2.500.000.000,00 (dois bilhões e quinhentos milhões de reais), a serem utilizados para auxílio no custeio ao direito previsto no § 2º do art. 230 da Constituição Federal, regulamentado no art. 39 da Lei n. 10.741, de 1º de outubro de 2003 (Estatuto do Idoso), até 31 de dezembro de 2022;

V – entregará na forma de auxílio financeiro o valor de até R$ 3.800.000.000,00 (três bilhões e oitocentos milhões de reais), em 5 (cinco) parcelas mensais no valor de até R$ 760.000.000,00 (setecentos e sessenta milhões de reais) cada uma, de agosto a dezembro de 2022, exclusivamente para os Estados e o Distrito Federal que outorgarem créditos tributários do Imposto sobre Operações relativas à Circulação de Mercadorias e sobre Prestações de Serviços de Transporte Interestadual e Intermunicipal e de Comunicação (ICMS) aos produtores ou distribuidores de etanol hidratado em seu território, em montante equivalente ao valor recebido;

VI – concederá, entre 1º de julho e 31 de dezembro de 2022, aos motoristas de táxi devidamente registrados até 31 de maio de 2022, auxílio até o limite de R$ 2.000.000.000,00 (dois bilhões de reais);

VII – assegurará ao Programa Alimenta Brasil, de que trata a Lei n. 14.284, de 29 de dezembro de 2021, a suplementação orçamentária de R$ 500.000.000,00 (quinhentos milhões de reais).

§ 1º O acréscimo mensal extraordinário de que trata o inciso I do *caput* deste artigo será complementar à soma dos benefícios previstos nos incisos I, II, III e IV do *caput* do art. 4º da Lei n. 14.284, de 29 de dezembro de 2021, e não será considerado para fins de cálculo do benefício previsto na Lei n. 14.342, de 18 de maio de 2022.

§ 2º A parcela extraordinária de que trata o inciso II do *caput* deste artigo será complementar ao previsto no art. 3º da Lei n. 14.237, de 19 de novembro de 2021.

§ 3º O auxílio de que trata o inciso III do *caput* deste artigo observará o seguinte:

I – terá por objetivo auxiliar os Transportadores Autônomos de Cargas em decorrência do estado de emergência de que trata o *caput* do art. 120 do Ato das Disposições Constitucionais Transitórias;

II – será concedido para cada Transportador Autônomo de Cargas, independentemente do número de veículos que possuir;

III – será recebido independentemente de comprovação da aquisição de óleo diesel;

IV – será disponibilizada pelo Poder Executivo solução tecnológica em suporte à operacionalização dos pagamentos do auxílio; e

V – para fins de pagamento do auxílio, será definido pelo Ministério do Trabalho e Previdência o operador bancário responsável, entre as instituições financeiras federais, pela operacionalização dos pagamentos.

§ 4º O aporte de recursos da União para os Estados, para o Distrito Federal e para os Municípios de que trata o inciso IV do *caput* deste artigo observará o seguinte:

I – terá função de complementariedade aos subsídios tarifários, subsídios orçamentários e aportes de recursos de todos os gêneros concedidos pelos Estados, pelo Distrito Federal e pelos Municípios, bem como às gratuidades e aos demais custeios do sistema de transporte público coletivo suportados por esses entes;

II – será concedido em observância à premissa de equilíbrio econômico-financeiro dos contratos de concessão do transporte público coletivo e às diretrizes da modicidade tarifária;

III – será repassado a qualquer fundo apto a recebê-lo, inclusive aos que já recebem recursos federais, ou a qualquer conta bancária aberta especificamente para esse fim, ressalvada a necessidade de que o aporte se vincule estritamente à assistência financeira para a qual foi instituído;

IV – será distribuído em proporção à população maior de 65 (sessenta e cinco) anos residente no Distrito Federal e nos Municípios que dispõem de serviços de transporte público coletivo urbano intramunicipal regular em operação;

V – serão retidos 30% (trinta por cento) pela União e repassados aos respectivos entes estaduais ou a órgão da União responsáveis pela gestão do serviço, nos casos de Municípios atendidos por redes de transporte público coletivo intermunicipal ou interestadual de caráter urbano ou semiurbano;

VI – será integralmente entregue ao Município responsável pela gestão, nos casos de Municípios responsáveis pela gestão do sistema de transporte público integrado metropolitano, considerado o somatório da população maior de 65 (sessenta e cinco) anos residente nos Municípios que compõem a região metropolitana administrada;

VII – será distribuído com base na estimativa populacional mais atualizada publicada pelo Departamento de Informática do Sistema Único de Saúde (DataSUS) a partir de dados da Fundação Instituto Brasileiro de Geografia e Estatística (IBGE); e

VIII – será entregue somente aos entes federados que comprovarem possuir, em funcionamento, sistema de transporte público coletivo de caráter urbano, semiurbano ou metropolitano, na forma do regulamento.

§ 5º Os créditos de que trata o inciso V do *caput* deste artigo observarão o seguinte:

I – deverão ser outorgados até 31 de dezembro de 2022, podendo ser aproveitados nos exercícios posteriores;

II – terão por objetivo reduzir a carga tributária da cadeia produtiva do etanol hidratado, de modo a manter diferencial competitivo em relação à gasolina;

III – serão proporcionais à participação dos Estados e do Distrito Federal em relação ao consumo total do etanol hidratado em todos os Estados e no Distrito Federal no ano de 2021;

IV – seu recebimento pelos Estados ou pelo Distrito Federal importará na renúncia ao direito sobre o qual se funda eventual ação que tenha como causa de pedir, direta ou indiretamente, qualquer tipo de indenização relativa a eventual perda de arrecadação decorrente da adoção do crédito presumido de que trata o inciso V do *caput* deste artigo nas operações com etanol hidratado em seu território;

V – o auxílio financeiro será entregue pela Secretaria do Tesouro Nacional da Secretaria Especial do Tesouro e Orçamento do Ministério da Economia, mediante depósito, no Banco do Brasil S.A., na mesma conta bancária em que são depositados os repasses regulares do Fundo de Participação dos Estados e do Distrito Federal (FPE), da seguinte forma:

a) primeira parcela até o dia 31 de agosto de 2022;

b) segunda parcela até o dia 30 de setembro de 2022;

c) terceira parcela até o dia 31 de outubro de 2022;

d) quarta parcela até o dia 30 de novembro de 2022;

e) quinta parcela até o dia 27 de dezembro de 2022;

VI – serão livres de vinculações a atividades ou a setores específicos, observadas:

a) a repartição com os Municípios na proporção a que se refere o inciso IV do *caput* do art. 158 da Constituição Federal;

b) a inclusão na base de cálculo para efeitos de aplicação do art. 212 e do inciso II do *caput* do art. 212-A da Constituição Federal;

VII – serão entregues após a aprovação de norma específica, independentemente da deliberação de que trata a alínea *g* do inciso XII do § 2º do art. 155 da Constituição Federal; e

VIII – serão incluídos, como receita, no orçamento do ente beneficiário do auxílio e, como despesa, no orçamento da União e deverão ser deduzidos da receita corrente líquida da União.

§ 6º O auxílio de que trata o inciso VI do *caput* deste artigo:

I – considerará taxistas os profissionais que residam e trabalhem no Brasil, comprovado mediante apresentação do documento de permissão para prestação do serviço emitido pelo poder público municipal ou distrital;

II – será regulamentado pelo Poder Executivo quanto à formação do cadastro para sua operacionalização, à sistemática de seu pagamento e ao seu valor.

§ 7º Compete aos ministérios setoriais, no âmbito de suas competências, a edição de atos complementares à implementação dos benefícios previstos nos incisos I, II, III e IV do *caput* deste artigo.

Celso de Barros Correia Neto

1. História da norma

A Emenda Constitucional n. 123, de 14 de julho de 2022, decorre da aprovação conjunta de duas Propostas de Emenda à Constituição – as PECs n. 15/2022 e 1/2022, apelidadas de "PEC dos Auxílios" ou "PEC Kamikaze".

Ambas as proposições legislativas iniciaram sua tramitação pelo Senado Federal. A PEC 15, de 2022, originalmente tratava apenas da tributação dos biocombustíveis e pretendia alterar o art. 225 da Constituição Federal para estabelecer diferencial de competitividade para os biocombustíveis. A PEC n. 1, de 2022, por sua vez, pretendia alterar a Emenda Constitucional n. 109, de 15 de março de 2021, para dispor sobre a concessão temporária de auxílio diesel a caminhoneiros autônomos, de subsídio para aquisição de gás liquefeito de petróleo pelas famílias de baixa renda brasileiras e de repasse de recursos da União para garantir a mobilidade urbana dos idosos, mediante a utilização dos serviços de transporte público coletivo, e autorizar a União, os Estados, o Distrito Federal e os Municípios a reduzirem os tributos sobre os preços de diesel, biodiesel, gás e energia elétrica, bem como outros tributos de caráter extrafiscal, segundo constava de sua ementa.

Na Câmara dos Deputados, PEC n. 15, de 2022, foi apensada à PEC n. 1, de 2022, por decisão do Presidente daquela Casa de Leis, de modo que as duas propostas passaram a tramitar conjuntamente.

A respeito da apensação das PECs, explicou o relator da matéria, Deputado Danilo Fortes, em seu parecer: *"Para se perfazer a junção das PECs 15/2022 e 01/2022, confeccionou-se o substitutivo em anexo, o qual não tem modificação, apesar de conter algumas alterações de redação. Foram alteradas a redação dos incisos IV e V do § 3º; do inciso III do § 5º; e do inciso II do § 6º, todos do art. 3º da PEC 01/2022. Esses dispositivos repetem em seu corpo referência já feita no* caput *do respectivo parágrafo, por isso, em face da técnica legislativa, optou-se por retirar a referência repetida".*

As disposições do art. 3º, que incluiu o art. 120 no ADCT, e a do art. 5º, que trata do pagamento dos auxílios e benefícios sociais a que se refere, advêm da PEC n. 1, de 2022, e foram incluídas, com sua redação atual, no substitutivo apresentado pelo relator da matéria no Senado Federal Fernando Bezerra Coelho.

2. Constituições brasileiras anteriores

As disposições do art. 5º da Emenda Constitucional n. 123, de 14 de julho de 2022, não têm precedente em Constituições brasileiras anteriores.

3. Direito Internacional

A matéria regulada pelo art. 5º da Emenda Constitucional n. 123, de 2022, não compõe temário clássico do direito internacional nem é objeto de atos internacionais de que a República Federativa do Brasil seja parte.

4. Remissões constitucionais e legais

A disposição do art. 5º da Emenda Constitucional n. 123, de 14 de julho de 2022, está diretamente ligada ao teto de gastos previsto no "Novo Regime Fiscal", instituído pela Emenda Constitucional n. 95, de 2016, que acresceu os arts. 106, 107, 108, 109, 110, 111, 112, 113 e 114, ao ADCT. Recomenda-se a leitura dos comentários elaborados a respeito dessas disposições.

5. Jurisprudência

A tramitação das PECs 1 e 15, ambas de 2022, que deram origem à emenda, foi objeto de questionamento no STF por meio do Mandado de Segurança n. 38.659, impetrado por parlamentares, ao fundamento de que teria havido supressão de prerrogativas parlamentares no âmbito do processo legislativo. A liminar foi indeferida pelo Relator Ministro André Mendonça. Em seguida, a ação restou prejudicada pela perda superveniente do objeto, tendo em vista a aprovação da PEC.

Em seguida, promulgada a EC 123, de 2022, foram ajuizadas as ADIs 7212 e 7213, de relatoria do Ministro André Mendonça, propostas por partido político com representação no Congresso Nacional e pela Associação Brasileira de Imprensa (ABI), respectivamente.

Nas ações, questiona-se o próprio conceito de "estado de emergência", utilizado na emenda, ao fundamento de que restaria configurado desvio de poder e violação do princípio da segurança jurídica (art. 5º), tendo em vista que as hipóteses de estado de exceção são taxativas e já estão previstas na Constituição – estado de sítio e estado defesa. Argumenta-se que a aprovação da emenda configura ainda desvio de poder, violação do arts. 5º (segurança jurídica), 16 (anualidade eleitoral) e 60, § 4º, II, (voto direto, secreto, universal e periódico), entre outros fundamentos.

O julgamento das ações, iniciado em sessão virtual, foi interrompido por destaque do Ministro Edson Fachin, após os votos dos Ministros André Mendonça e Alexandre de Moraes, que conheciam, em parte, da ação direta de inconstitucionalidade e, na parte conhecida, julgavam-na improcedente.

6. Referências bibliográficas

CORREIA NETO, Celso de Barros. *O Avesso do Tributo*. 2ª ed. São Paulo: Almedina, 2016.

FONSECA, Rafael Campos Soares da. *O Orçamento Público e suas Emergências Programadas*. Belo Horizonte: D'Plácido, 2017.

GREGGIANIN, Eugênio et al. *Regras e Mecanismos de Controle Fiscal*: Análise Comparativa das normas fiscais vigentes no país. Estudo Técnico no 03/2023. Câmara dos Deputados. Consultoria de Orçamento e Fiscalização Financeira. Brasília: 24 de março de 2023. Disponível em: https://www2.camara.leg.br/orcamento-da-uniao/estudos/2023/EstudosobreregrasfiscaisnaUniao24mar2023.pdf.

7. Comentários

A EC 123, de 2022, reconheceu, no ano de 2022, o "estado de emergência decorrente da elevação extraordinária e imprevisível dos preços do petróleo, combustíveis e seus derivados e dos impactos sociais dela decorrentes" (art. 120, *caput*, do ADCT). Para mitigar e enfrentar seus impactos autorizou a abertura de créditos extraordinários independentemente da observância dos requisitos exigidos de imprevisibilidade e urgência previstos no § 3º do art. 167 da Constituição Federal, bem como pagamento, até 31.12.2022, dos benefícios sociais e econômicas que especifica (*e.g.* Programa Auxílio Brasil, auxílio Gás dos Brasileiros, além de ajuda financeira a caminhoneiros e taxistas).

Na prática, a alteração constitucional permitiu afastar a aplicação do teto de gastos para recursos da ordem de R$ 41,25 bilhões, para o exercício de 2022, ano em que realizada a eleição presidencial. Daí as principais críticas apresentadas contra a EC 123, de 2022, ao fundamento de que o constituinte poderia ter incorrido em casuísmo eleitoral ou mesmo em abuso de poder de emendar a Constituição.

Art. 6º Até 31 de dezembro de 2022, a alíquota de tributos incidentes sobre a gasolina poderá ser fixada em zero, desde que a alíquota do mesmo tributo incidente sobre o etanol hidratado também seja fixada em zero.

Art. 7º Esta Emenda Constitucional entra em vigor na data de sua publicação.

Brasília, em 14 de julho de 2022.

Mesa da Câmara dos Deputados
Deputado ARTHUR LIRA
Presidente
Mesa do Senado Federal
Senador RODRIGO PACHECO
Presidente

EMENDA CONSTITUCIONAL N. 124, DE 14 DE JULHO DE 2022*

Institui o piso salarial nacional do enfermeiro, do técnico de enfermagem, do auxiliar de enfermagem e da parteira.

As Mesas da Câmara dos Deputados e do Senado Federal, nos termos do § 3º do art. 60 da Constituição Federal, promulgam a seguinte Emenda ao texto constitucional:

Art. 1º O art. 198 da Constituição Federal passa a vigorar acrescido dos seguintes §§ 12 e 13:

---

*. Publicada no *Diário Oficial da União* de 15-7-2022.

"Art. 198. ....
....

§ 12. Lei federal instituirá pisos salariais profissionais nacionais para o enfermeiro, o técnico de enfermagem, o auxiliar de enfermagem e a parteira, a serem observados por pessoas jurídicas de direito público e de direito privado.

§ 13. A União, os Estados, o Distrito Federal e os Municípios, até o final do exercício financeiro em que for publicada a lei de que trata o § 12 deste artigo, adequarão a remuneração dos cargos ou dos respectivos planos de carreiras, quando houver, de modo a atender aos pisos estabelecidos para cada categoria profissional." (NR)

Art. 2º Esta Emenda Constitucional entra em vigor na data de sua publicação.

Brasília, em 14 de julho de 2022.

Mesa da Câmara dos Deputados
Deputado ARTHUR LIRA
Presidente
Mesa do Senado Federal
Senador RODRIGO PACHECO
Presidente

EMENDA CONSTITUCIONAL N. 125, DE 14 DE JULHO DE 2022*

Altera o art. 105 da Constituição Federal para instituir no recurso especial o requisito da relevância das questões de direito federal infraconstitucional.

As Mesas da Câmara dos Deputados e do Senado Federal, nos termos do § 3º do art. 60 da Constituição Federal, promulgam a seguinte Emenda ao texto constitucional:

Art. 1º O art. 105 da Constituição Federal passa a vigorar com as seguintes alterações:

"Art. 105. ....
§ 1º ....

§ 2º No recurso especial, o recorrente deve demonstrar a relevância das questões de direito federal infraconstitucional discutidas no caso, nos termos da lei, a fim de que a admissão do recurso seja examinada pelo Tribunal, o qual somente pode dele não conhecer com base nesse motivo pela manifestação de 2/3 (dois terços) dos membros do órgão competente para o julgamento.

§ 3º Haverá a relevância de que trata o § 2º deste artigo nos seguintes casos:

I – ações penais;

II – ações de improbidade administrativa;

III – ações cujo valor da causa ultrapasse 500 (quinhentos) salários mínimos;

IV – ações que possam gerar inelegibilidade;

V – hipóteses em que o acórdão recorrido contrariar jurisprudência dominante do Superior Tribunal de Justiça;

VI – outras hipóteses previstas em lei." (NR)

Art. 2º A relevância de que trata o § 2º do art. 105 da Constituição Federal será exigida nos recursos especiais interpostos após a entrada em vigor desta Emenda Constitucional, ocasião em que a parte poderá atualizar o valor da causa para os fins de que trata o inciso III do § 3º do referido artigo.

■ *Vide* comentários aos §§ 2º e 3º do art. 105, da Constituição.

Art. 3º Esta Emenda Constitucional entra em vigor na data de sua publicação.

Brasília, em 14 de julho de 2022.

Mesa da Câmara dos Deputados
Deputado ARTHUR LIRA
Presidente
Mesa do Senado Federal
Senador RODRIGO PACHECO
Presidente

EMENDA CONSTITUCIONAL N. 126, DE 21 DE DEZEMBRO DE 2022**

Altera a Constituição Federal, para dispor sobre as emendas individuais ao projeto de lei orçamentária, e o Ato das Disposições Constitucionais Transitórias para excluir despesas dos limites previstos no art. 107; define regras para a transição da Presidência da República aplicáveis à Lei Orçamentária de 2023; e dá outras providências.

As Mesas da Câmara dos Deputados e do Senado Federal, nos termos do § 3º do art. 60 da Constituição Federal, promulgam a seguinte Emenda ao texto constitucional:

Art. 1º A Constituição Federal passa a vigorar com as seguintes alterações:

§ 1º ....
....

V – não incidirá sobre as doações destinadas, no âmbito do Poder Executivo da União, a projetos socioambientais ou destinados a mitigar os efeitos das mudanças climáticas e às instituições federais de ensino.

...." (NR)

"Art. 166. ....
....

§ 9º As emendas individuais ao projeto de lei orçamentária

---

*. Publicada no *Diário Oficial da União* de 15-7-2022.

**. Publicada no *Diário Oficial da União* de 22-12-2022.

serão aprovadas no limite de 2% (dois por cento) da receita corrente líquida do exercício anterior ao do encaminhamento do projeto, observado que a metade desse percentual será destinada a ações e serviços públicos de saúde.

§ 9º-A. Do limite a que se refere o § 9º deste artigo, 1,55% (um inteiro e cinquenta e cinco centésimos por cento) caberá às emendas de Deputados e 0,45% (quarenta e cinco centésimos por cento) às de Senadores.

....

§ 11. É obrigatória a execução orçamentária e financeira das programações oriundas de emendas individuais, em montante correspondente ao limite a que se refere o § 9º deste artigo, conforme os critérios para a execução equitativa da programação definidos na lei complementar prevista no § 9º do art. 165 desta Constituição, observado o disposto no § 9º-A deste artigo.

....

§ 17. Os restos a pagar provenientes das programações orçamentárias previstas nos §§ 11 e 12 deste artigo poderão ser considerados para fins de cumprimento da execução financeira até o limite de 1% (um por cento) da receita corrente líquida do exercício anterior ao do encaminhamento do projeto de lei orçamentária, para as programações das emendas individuais, e até o limite de 0,5% (cinco décimos por cento), para as programações das emendas de iniciativa de bancada de parlamentares de Estado ou do Distrito Federal.

....

§ 19. Considera-se equitativa a execução das programações de caráter obrigatório que observe critérios objetivos e imparciais e que atenda de forma igualitária e impessoal às emendas apresentadas, independentemente da autoria, observado o disposto no § 9º-A deste artigo.

...." (NR)

Art. 2º O Ato das Disposições Constitucionais Transitórias passa a vigorar com as seguintes alterações:

"Art. 76. São desvinculados de órgão, fundo ou despesa, até 31 de dezembro de 2024, 30% (trinta por cento) da arrecadação da União relativa às contribuições sociais, sem prejuízo do pagamento das despesas do Regime Geral de Previdência Social, às contribuições de intervenção no domínio econômico e às taxas, já instituídas ou que vierem a ser criadas até a referida data.

...." (NR)

"Art. 107. ....

§ 6º-A. Não se incluem no limite estabelecido no inciso I do caput deste artigo, a partir do exercício financeiro de 2023:

I – despesas com projetos socioambientais ou relativos às mudanças climáticas custeadas com recursos de doações, bem como despesas com projetos custeados com recursos decorrentes de acordos judiciais ou extrajudiciais firmados em função de desastres ambientais;

II – despesas das instituições federais de ensino e das Instituições Científicas, Tecnológicas e de Inovação (ICTs) custeadas com receitas próprias, de doações ou de convênios, contratos ou outras fontes, celebrados com os demais entes da Federação ou entidades privadas;

III – despesas custeadas com recursos oriundos de transferências dos demais entes da Federação para a União destinados à execução direta de obras e serviços de engenharia.

§ 6º-B. Não se incluem no limite estabelecido no inciso I do caput deste artigo as despesas com investimentos em montante que corresponda ao excesso de arrecadação de receitas correntes do exercício anterior ao que se refere a lei orçamentária, limitadas a 6,5% (seis inteiros e cinco décimos por cento) do excesso de arrecadação de receitas correntes do exercício de 2021.

§ 6º-C. As despesas previstas no § 6º-B deste artigo não serão consideradas para fins de verificação do cumprimento da meta de resultado primário estabelecida no caput do art. 2º da Lei n. 14.436, de 9 de agosto de 2022.

...." (NR)

"Art. 107-A. Até o fim de 2026, fica estabelecido, para cada exercício financeiro, limite para alocação na proposta orçamentária das despesas com pagamentos em virtude de sentença judiciária de que trata o art. 100 da Constituição Federal, equivalente ao valor da despesa paga no exercício de 2016, incluídos os restos a pagar pagos, corrigido, para o exercício de 2017, em 7,2% (sete inteiros e dois décimos por cento) e, para os exercícios posteriores, pela variação do Índice Nacional de Preços ao Consumidor Amplo (IPCA), publicado pela Fundação Instituto Brasileiro de Geografia e Estatística, ou de outro índice que vier a substituí-lo, apurado no exercício anterior a que se refere a lei orçamentária, devendo o espaço fiscal decorrente da diferença entre o valor dos precatórios expedidos e o respectivo limite ser destinado ao programa previsto no parágrafo único do art. 6º e à seguridade social, nos termos do art. 194, ambos da Constituição Federal, a ser calculado da seguinte forma:

...." (NR)

"Art. 111. A partir do exercício financeiro de 2018, até o exercício financeiro de 2022, a aprovação e a execução previstas nos §§ 9º e 11 do art. 166 da Constituição Federal corresponderão ao montante de execução obrigatória para o exercício de 2017, corrigido na forma estabelecida no inciso II do § 1º do art. 107 deste Ato das Disposições Constitucionais Transitórias." (NR)

"Art. 111-A. A partir do exercício financeiro de 2024, até o último exercício de vigência do Novo Regime Fiscal, a aprovação e a execução previstas nos §§ 9º e 11 do art. 166 da Constituição Federal corresponderão ao montante de execução obrigatória para o exercício de 2023, corrigido na forma estabelecida no inciso II do § 1º do art. 107 deste Ato das Disposições Constitucionais Transitórias."

"Art. 121. As contas referentes aos patrimônios acumulados de que trata o § 2º do art. 239 da Constituição Federal cujos recursos não tenham sido reclamados por prazo superior a 20 (vinte) anos serão encerradas após o prazo de 60 (sessenta) dias da publicação de aviso no Diário Oficial da União, ressalvada reivindicação por eventual interessado legítimo dentro do referido prazo.

Parágrafo único. Os valores referidos no caput deste artigo serão tidos por abandonados, nos termos do inciso III do *caput* do art. 1.275 da Lei n. 10.406, de 10 de janeiro de 2002 (Código Civil), e serão apropriados pelo Tesouro Nacional como receita primária para realização de despesas de investimento de que trata o § 6º-B do art. 107, que não serão computadas nos limites previstos no art. 107, ambos deste Ato das Disposições Constitucionais Transitórias, podendo o interessado reclamar ressarcimento à União no prazo de até 5 (cinco) anos do encerramento das contas."

"Art. 122. As transferências financeiras realizadas pelo Fundo Nacional de Saúde e pelo Fundo Nacional de Assistência Social diretamente aos fundos de saúde e assistência social estaduais, municipais e distritais, para enfrentamento da pandemia da Covid-19, poderão ser executadas pelos entes federativos até 31 de dezembro de 2023."

Art. 3º O limite estabelecido no inciso I do *caput* do art. 107 do Ato das Disposições Constitucionais Transitórias fica acrescido em R$ 145.000.000.000,00 (cento e quarenta e cinco bilhões de reais) para o exercício financeiro de 2023.

Parágrafo único. As despesas decorrentes do aumento de limite previsto no *caput* deste artigo não serão consideradas para fins de verificação do cumprimento da meta de resultado primário estabelecida no *caput* do art. 2º da Lei n. 14.436, de 9 de agosto de 2022, e ficam ressalvadas, no exercício financeiro de 2023, do disposto no inciso III do *caput* do art. 167 da Constituição Federal.

Art. 4º Os atos editados em 2023 relativos ao programa de que trata o art. 2º da Lei n. 14.284, de 29 de dezembro de 2021, ou ao programa que vier a substituí-lo, e ao programa auxílio Gás dos Brasileiros, de que trata a Lei n. 14.237, de 19 de novembro de 2021, ficam dispensados da observância das limitações legais quanto à criação, à expansão ou ao aperfeiçoamento de ação governamental, inclusive quanto à necessidade de compensação.

Parágrafo único. O disposto no *caput* deste artigo não se aplica a atos cujos efeitos financeiros tenham início a partir do exercício de 2024.

Art. 5º Para o exercício financeiro de 2023, a ampliação de dotações orçamentárias sujeitas ao limite previsto no inciso I do *caput* do art. 107 do Ato das Disposições Constitucionais Transitórias prevista nesta Emenda Constitucional poderá ser destinada ao atendimento de solicitações das comissões permanentes do Congresso Nacional ou de suas Casas.

§ 1º Fica o relator-geral do Projeto de Lei Orçamentária de 2023 autorizado a apresentar emendas para a ampliação de dotações orçamentárias referida no *caput* deste artigo.

§ 2º As emendas referidas no § 1º deste artigo:

I – não se sujeitam aos limites aplicáveis às emendas ao projeto de lei orçamentária;

II – devem ser classificadas de acordo com as alíneas *a* ou *b* do inciso II do § 4º do art. 7º da Lei n. 14.436, de 9 de agosto de 2022.

§ 3º O disposto no *caput* deste artigo não impede os cancelamentos necessários à abertura de créditos adicionais.

§ 4º As ações diretamente destinadas a políticas públicas para mulheres deverão constar entre as diretrizes sobre como a margem aberta será empregada.

Art. 6º O Presidente da República deverá encaminhar ao Congresso Nacional, até 31 de agosto de 2023, projeto de lei complementar com o objetivo de instituir regime fiscal sustentável para garantir a estabilidade macroeconômica do País e criar as condições adequadas ao crescimento socioeconômico, inclusive quanto à regra estabelecida no inciso III do *caput* do art. 167 da Constituição Federal.

Art. 7º O disposto nesta Emenda Constitucional não altera a base de cálculo estabelecida no § 1º do art. 107 do Ato das Disposições Constitucionais Transitórias.

Art. 8º Fica o relator-geral do Projeto de Lei Orçamentária de 2023 autorizado a apresentar emendas para ações direcionadas à execução de políticas públicas até o valor de R$ 9.850.000.000,00 (nove bilhões oitocentos e cinquenta milhões de reais), classificadas de acordo com a alínea *b* do inciso II do § 4º do art. 7º da Lei n. 14.436, de 9 de agosto de 2022.

Art. 9º Ficam revogados os arts. 106, 107, 109, 110, 111, 111-A, 112 e 114 do Ato das Disposições Constitucionais Transitórias após a sanção da lei complementar prevista no art. 6º desta Emenda Constitucional.

Celso de Barros Correia Neto

1. História da norma

A Emenda Constitucional n. 126, de 21 de dezembro de 2022, resulta da chamada "PEC da Transição" (PEC 32/22). A emenda modificou o texto permanente da Constituição Federal, para dispor sobre as emendas individuais ao projeto de lei orçamentária. Também alterou o Ato das Disposições Constitucionais Transitórias para excluir despesas dos limites previstos no art. 107, além de definir regras para a transição da Presidência da República aplicáveis à Lei Orçamentária de 2023.

A aprovação da emenda marca a transição do Governo Bolsonaro para o Governo Lula, eleito para o terceiro mandato. Afora outras modificações no texto constitucional, a emenda promoveu alterações no conjunto de regras do Novo Regime Fiscal e acresceu 145 bilhões ao teto aplicável ao Poder Executivo para o exercício financeiro de 2023. Trouxe também normas para a substituição do regime previsto na EC n. 95/2016, por um novo regime fiscal fixado em lei complementar. As medidas adotadas pretendiam ampliar a destinação de recursos para programas de transferência de renda, além de outras políticas públicas.

Segundo consta na justificação da proposta, "A Proposta de Emenda à Constituição inclui o art. 121 no ADCT para prever que as despesas relativas ao programa de transferência de renda que trata a Lei n. 14.284, de 29 de dezembro de 2021, ou de programa que vier a sucedê-lo, não serão contabilizadas no teto de gastos (entre 2023 e 2026), na regra de ouro (entre 2023 e 2026) e na meta de resultado primário (em 2023) e serão excepcionalizadas em relação às regras de criação, aperfeiçoamento ou expansão da ação governamental (em 2023)".

A alteração viabilizaria a manutenção do benefício no valor de R$ 600,00, uma vez que "O projeto de lei orçamentária para 2023 não previu o valor necessário para assegurar a renda dos mais vulneráveis, de modo que implicaria redução das transferências às famílias em situação de pobreza".

A PEC, em sua redação originária, já previa autorização para "o relator-geral do Projeto de Lei Orçamentária de 2023 a apresentar emendas para atender às solicitações da equipe de transição em relação ao orçamento".

2. Constituições brasileiras anteriores

As disposições que compõem os arts. 3º a 9º da Emenda Constitucional n. 126, de 2022, não têm precedente em Constituições brasileiras anteriores.

3. Direito Internacional

A matéria regulada nos arts. 3º a 9º da Emenda Constitucional n. 126, de 2022, não compõe temário clássico do direito internacional nem é objeto de atos internacionais de que a República Federativa do Brasil seja parte.

4. Remissões constitucionais e legais

As modificações instituídas pela EC n. 126, de 2022, estão diretamente relacionadas ao teto de gastos ("Novo Regime Fiscal"), instituído pela Emenda Constitucional n. 95, de 2016. É o caso dos dispositivos inseridos (*e.g.* arts. 111-A, 121, parágrafo único) e das alterações redacionais promovidas pelo art. 2º da emenda nos ADCT (*e.g.* arts. 107, 107-A e 111), bem como dos arts. 3º, 7º e 9º da emenda.

A EC n. 126, de 2022, representa possivelmente a etapa final de uma sequência de alterações constitucionais promovidas no conjunto de dispositivos que formam o Novo Regime Fiscal, previsto inicialmente nos arts. 106, 107, 108, 109, 110, 111, 112, 113 e 114, ou com ele relacionadas, especialmente a título de promover ajustes, exceções ou mitigações. Foram ao menos oito emendas constitucionais editadas com tais propósitos: EC n. 102, de 26 de setembro de 2019, EC n. 108, de 26 de agosto de 2020, EC n. 109, de 15 de março de 2021, EC n. 113, de 8 de dezembro de 2021, EC n. 114, 16 de dezembro de 2021, EC n. 123, de 14 de julho de 2022, EC n. 126, de 21 de dezembro de 2022, e EC n. 127, de 22 de dezembro de 2022.

A EC n. 126, de 2022, estabelece regra para substituição do chamado "teto de gastos", regime previsto na EC n. 95/2016, por um novo "regime fiscal sustentável para garantir a estabilidade macroeconômica do País e criar as condições adequadas ao crescimento socioeconômico", a ser fixado em lei complementar. Uma vez sancionada a referida lei complementar, o art. 9º estabelece a automática revogação dos arts. 106, 107, 109, 110, 111, 111-A, 112 e 114 do Ato das Disposições Constitucionais Transitórias. O projeto de lei complementar foi apresentado em 18/04/2023 (PLP 93/2023).

5. Jurisprudência

Como visto, alterações realizadas pela Emenda Constitucional n. 126, de 2022, vêm no contexto da transição do Governo Bolsonaro para o Governo Lula, eleito para o terceiro mandato. Têm o declarado objetivo de permitir que novo governo pudesse ampliar em R$ 145 bilhões o teto de gastos previsto no inciso I do *caput* do art. 107 do ADCT, de modo que pudessem ser contemplados no Orçamento de 2023 despesas como o Bolsa Família, o Auxílio Gás, a Farmácia Popular, entre outras políticas públicas.

Entre os precedentes relacionados com a matéria, necessários inclusive à compreensão do contexto político-institucional que envolvia o tema, vale mencionar o julgamento das Arguições de Descumprimento de Preceito Fundamental (ADPFs) 850, 851, 854 e 1.014, de relatoria da Ministra Rosa Weber, nas quais se discutia a compatibilidade com a Constituição Federal das chamadas emendas do Relator-Geral do orçamento, aglutinadas sob a rubrica RP-9.

O Plenário do Supremo Tribunal Federal julgou procedentes as ações, nos termos do voto da relatora, para "(a) declarar incompatíveis com a ordem constitucional brasileira as práticas orçamentárias viabilizadoras do chamado 'esquema do orçamento secreto', consistentes no uso indevido das emendas do Relator-Geral do orçamento para efeito de inclusão de novas despesas públicas ou programações no projeto de lei orçamentária anual da União".

O STF também declarou a inconstitucionalidade do art. 4º do Ato Conjunto das Mesas da Câmara dos Deputados e do Senado Federal n. 1/2021 e do inteiro teor da Resolução CN n. 2/2021 e conferiu interpretação conforme às leis orçamentárias anuais de 2021 (Lei n. 14.144/2021) e de 2022 (Lei n. 14.303/2022). Vedou, assim, "a utilização das despesas classificadas sob o indicador orçamentário RP 9 para o propósito de atender a solicitações de despesas e indicações de beneficiários realizadas por Deputados Federais, Senadores da República, Relatores da Comissão Mista de Orçamento (CMO) e quaisquer 'usuários externos' não vinculados aos órgãos da Administração Pública Federal [...]".

Na mesma decisão, o Tribunal determinou ainda "a todas as unidades orçamentárias e órgãos da Administração Pública em geral que realizaram o empenho, liquidação e pagamento de despesas classificadas sob o indicador orçamentário RP 9, nos exercícios financeiros de 2020 a 2022, a publicação dos dados referentes aos serviços, obras e compras realizadas com tais verbas públicas, assim como a identificação dos respectivos solicitadores e beneficiários, de modo acessível, claro e fidedigno, no prazo de 90 (noventa) dias" (ADPF 850, Rel. Min. Rosa Weber, Tribunal Pleno, j. 19/12/2022).

Também compõe o quadro institucional da aprovação da emenda em comento a decisão proferida no Mandado de Injunção (MI) 7300, de relatoria do Ministro Gilmar Mendes. O relator, em 18/12/2022, em atenção a requerimento do partido político com representação no Congresso Nacional, deferiu parcialmente as medidas pleiteadas e conferiu interpretação conforme à Constituição ao art. 107-A, II, do ADCT, para "assentar que, no ano de 2023, o espaço fiscal decorrente da diferença entre o valor dos precatórios expedidos e o limite estabelecido no seu *caput* deverá ser destinado exclusivamente ao programa social de combate à pobreza e à extrema pobreza, nos termos do parágrafo único do art. 6º da CF, ou outro que o substitua, determinando que seja mantido o valor de R$ 600,00, e, desde já, autorizando, caso seja necessário, a utilização suplementar de crédito extraordinário (art. 167, § 3º, da CF)".

Na prática, a decisão criou exceção ao teto de gastos, permitindo que benefícios para garantia de renda mínima pudessem ser pagos, por força de decisão judicial, a despeito do que estabelecia o art. 107 do ADCT.

6. Referências bibliográficas

CORREIA NETO, Celso de Barros. *O Avesso do Tributo*. 2ª ed. São Paulo: Almedina, 2016.

FONSECA, Rafael Campos Soares da. *O Orçamento Público e suas Emergências Programadas*. Belo Horizonte: D'Plácido, 2017.

GREGGIANIN, Eugênio et al. Regras e Mecanismos de Controle Fiscal: Análise Comparativa das normas fiscais vigentes no país. Estudo Técnico n. 03/2023. Câmara dos Deputados. Consultoria de Orçamento e Fiscalização Financeira. Brasília: 24 de março de 2023. Disponível em: https://www2.camara.leg.br/orcamento-da-uniao/estudos/2023/EstudosobreregrasfiscaisnaUniao24mar2023.pdf.

7. Comentários

A EC n. 126, de 2022, resulta da chamada "PEC da Transição" (PEC 32/22), aprovada no contexto da transição do Governo Bolsonaro para o Governo Lula, eleito para o terceiro mandato. Além de diversas outras alterações no texto constitucional, a emenda promoveu alterações no conjunto de regras do Novo Regime Fiscal, acresceu 145 bilhões ao teto aplicável ao Poder Executivo para o exercício financeiro de 2023 e estabeleceu normas para a substituição do regime previsto na EC n. 95/2016, por um novo regime fiscal fixado em lei complementar. As medidas adotadas destinavam-se a ampliar a destinação de recursos para programas de transferência de renda, além de outras políticas públicas.

Entre as mudanças previstas na emenda, está a inclusão do § 6º-A ao art. 107 para estabelecer exceções ao teto de gastos constitucionais especificamente para o exercício de 2023, a saber: (1) despesas com projetos socioambientais ou relativos às mudanças climáticas custeadas com recursos de doações, bem como despesas com projetos custeados com recursos decorrentes de acordos judiciais ou extrajudiciais firmados em função de desastres ambientais; (2) despesas das instituições federais de ensino e das Instituições Científicas, Tecnológicas e de Inovação (ICTs) custeadas com receitas próprias, de doações ou de convênios, contratos ou outras fontes, celebrados com os demais entes da Federação ou entidades privadas; (3) despesas custeadas com recursos oriundos de transferências dos demais entes da Federação para a União destinados à execução direta de obras e serviços de engenharia.

A EC n. 126, de 2022, prevê a substituição do regime previsto na EC n. 95/2016, por um novo regime fixado em lei complementar. Com base no art. 6º, coube ao Presidente da República o envio de projeto de lei complementar – PLP n. 93/2023, apresentado em 18/04/2023 – destinado a "instituir regime fiscal sustentável para garantir a estabilidade macroeconômica do País e criar as condições adequadas ao crescimento socioeconômico", em substituição ao regime do teto de gastos, chamado "Novo Regime Fiscal", previsto nos arts. 106, 107, 109, 110, 111, 111-A, 112 e 114 do Ato das Disposições Constitucionais Transitórias.

Art. 10. Esta Emenda Constitucional entra em vigor na data de sua publicação.

Brasília, em 21 de dezembro de 2022.

Mesa da Câmara dos Deputados
Deputado ARTHUR LIRA
Presidente
Mesa do Senado Federal
Senador RODRIGO PACHECO
Presidente

EMENDA CONSTITUCIONAL N. 127,
DE 22 DE DEZEMBRO DE 2022[*]

Altera a Constituição Federal e o Ato das Disposições Constitucionais Transitórias para estabelecer que compete à União prestar assistência financeira complementar aos Estados, ao Distrito Federal e aos Municípios e às entidades filantrópicas, para o cumprimento dos pisos salariais profissionais nacionais para o enfermeiro, o técnico de enfermagem, o auxiliar de enfermagem e a parteira; altera a Emenda Constitucional n. 109, de 15 de março de 2021, para estabelecer o superávit financeiro dos fundos públicos do Poder Executivo como fonte de recursos para o cumprimento dos pisos salariais profissionais nacionais para o enfermeiro, o técnico de enfermagem, o auxiliar de enfermagem e a parteira; e dá outras providências.

As Mesas da Câmara dos Deputados e do Senado Federal, nos termos do § 3º do art. 60 da Constituição Federal, promulgam a seguinte Emenda ao texto constitucional:

Art. 1º O art. 198 da Constituição Federal passa a vigorar acrescido dos seguintes §§ 14 e 15:

"Art. 198. ....
....

§ 14. Compete à União, nos termos da lei, prestar assistência financeira complementar aos Estados, ao Distrito Federal e aos Municípios e às entidades filantrópicas, bem como aos prestadores de serviços contratualizados que atendam, no mínimo, 60% (sessenta por cento) de seus pacientes pelo sistema único de saúde, para o cumprimento dos pisos salariais de que trata o § 12 deste artigo.

§ 15. Os recursos federais destinados aos pagamentos da assistência financeira complementar aos Estados, ao Distrito Federal e aos Municípios e às entidades filantrópicas, bem como aos prestadores de serviços contratualizados que atendam, no mínimo, 60% (sessenta por cento) de seus pacientes pelo sistema único de saúde, para o cumprimento dos pisos salariais de que trata o § 12 deste artigo serão con-

---

[*]. Publicada no *Diário Oficial da União* de 23-12-2022.

signados no orçamento geral da União com dotação própria e exclusiva." (NR)

Art. 2º O Ato das Disposições Constitucionais Transitórias passa a vigorar com as seguintes alterações:

"Art. 38...

§ 1º ....

§ 2º As despesas com pessoal resultantes do cumprimento do disposto nos §§ 12, 13, 14 e 15 do art. 198 da Constituição Federal serão contabilizadas, para fins dos limites de que trata o art. 169 da Constituição Federal, da seguinte forma:

I – até o fim do exercício financeiro subsequente ao da publicação deste dispositivo, não serão contabilizadas para esses limites;

II – no segundo exercício financeiro subsequente ao da publicação deste dispositivo, serão deduzidas em 90% (noventa por cento) do seu valor;

III – entre o terceiro e o décimo segundo exercício financeiro subsequente ao da publicação deste dispositivo, a dedução de que trata o inciso II deste parágrafo será reduzida anualmente na proporção de 10% (dez por cento) de seu valor." (NR)

"Art. 107..

....

§ 6º ....

VI – despesas correntes ou transferências aos fundos de saúde dos Estados, do Distrito Federal e dos Municípios, destinadas ao pagamento de despesas com pessoal para cumprimento dos pisos nacionais salariais para o enfermeiro, o técnico de enfermagem, o auxiliar de enfermagem e a parteira, de acordo com os §§ 12, 13, 14 e 15 do art. 198 da Constituição Federal.

.... " (NR)

Art. 3º O art. 5º da Emenda Constitucional n. 109, de 15 de março de 2021, passa a vigorar com as seguintes alterações:

"Art. 5º O superávit financeiro das fontes de recursos dos fundos públicos do Poder Executivo, exceto os saldos decorrentes do esforço de arrecadação dos servidores civis e militares da União, apurado ao final de cada exercício, poderá ser destinado:

I – à amortização da dívida pública do respectivo ente, nos exercícios de 2021 e de 2022; e

II – ao pagamento de que trata o § 12 do art. 198 da Constituição Federal, nos exercícios de 2023 a 2027.

§ 1º No período de que trata o inciso I do *caput* deste artigo, se o ente não tiver dívida pública a amortizar, o superávit financeiro das fontes de recursos dos fundos públicos do Poder Executivo será de livre aplicação.

.... " (NR)

■ *Vide* comentários aos arts. 106 a 114 do ADCT.

Art. 4º Poderão ser utilizados como fonte para pagamento da assistência financeira complementar de que trata o § 15 do art. 198 da Constituição Federal os recursos vinculados ao Fundo Social (FS) de que trata o art. 49 da Lei n. 12.351, de 22 de dezembro de 2010, ou de lei que venha a substituí-la, sem prejuízo à parcela que estiver destinada à área de educação.

Parágrafo único. Os recursos previstos no *caput* deste artigo serão acrescidos ao montante aplicado nas ações e serviços públicos de saúde, nos termos da Lei Complementar n. 141, de 13 de janeiro de 2012, ou de lei complementar que venha a substituí-la, e não serão computados para fins dos recursos mínimos de que trata o § 2º do art. 198 da Constituição Federal.

Art. 5º Esta Emenda Constitucional entra em vigor na data de sua publicação.

Brasília, em 22 de dezembro de 2022.

Mesa da Câmara dos Deputados
Deputado ARTHUR LIRA
Presidente
Mesa do Senado Federal
Senador RODRIGO PACHECO
Presidente

EMENDA CONSTITUCIONAL N. 128, DE 22 DE DEZEMBRO DE 2022*

Acrescenta § 7º ao art. 167 da Constituição Federal, para proibir a imposição e a transferência, por lei, de qualquer encargo financeiro decorrente da prestação de serviço público para a União, os Estados, o Distrito Federal e os Municípios.

As Mesas da Câmara dos Deputados e do Senado Federal, nos termos do § 3º do art. 60 da Constituição Federal, promulgam a seguinte Emenda ao texto constitucional:

Art. 1º O art. 167 da Constituição Federal passa a vigorar acrescido do seguinte § 7º:

"Art. 167..

....

§ 7º A lei não imporá nem transferirá qualquer encargo financeiro decorrente da prestação de serviço público, inclusive despesas de pessoal e seus encargos, para a União, os Estados, o Distrito Federal ou os Municípios, sem a previsão de fonte orçamentária e financeira necessária à realização da despesa ou sem a previsão da correspondente transferência de recursos financeiros necessários ao seu custeio, ressalvadas as obrigações assumidas espontaneamente pelos entes federados e aquelas decorrentes da fixação do salário mínimo, na forma do inciso IV do *caput* do art. 7º desta Constituição."(NR)

---

*. Publicada no *Diário Oficial da União* de 23-12-2022.

Art. 2º Esta Emenda Constitucional entra em vigor na data de sua publicação.

Brasília, em 22 de dezembro de 2022.

Mesa da Câmara dos Deputados
Deputado ARTHUR LIRA
Presidente
Mesa do Senado Federal
Senador RODRIGO PACHECO
Presidente

EMENDA CONSTITUCIONAL N. 129, DE 5 DE JULHO DE 2023*

Acrescenta o art. 123 ao Ato das Disposições Constitucionais Transitórias, para assegurar prazo de vigência adicional aos instrumentos de permissão lotérica.

As Mesas da Câmara dos Deputados e do Senado Federal, nos termos do § 3º do art. 60 da Constituição Federal, promulgam a seguinte Emenda ao texto constitucional:

Art. 1º O Ato das Disposições Constitucionais Transitórias passa a vigorar acrescido do seguinte art. 123:

"Art. 123. Todos os termos de credenciamentos, contratos, aditivos e outras formas de ajuste de permissão lotérica, em vigor, indistintamente, na data de publicação deste dispositivo, destinados a viabilizar a venda de serviços lotéricos, disciplinados em lei ou em outros instrumentos de alcance específico, terão assegurado prazo de vigência adicional, contado do término do prazo do instrumento vigente, independentemente da data de seu termo inicial".

Art. 2º Esta Emenda Constitucional entra em vigor na data de sua publicação.

Brasília, em 5 de julho de 2023.

Mesa da Câmara dos Deputados
Deputado ARTHUR LIRA
Presidente
Mesa do Senado Federal
Senador RODRIGO PACHECO
Presidente

---

*. Publicada no *Diário Oficial da União* de 6-7-2023.